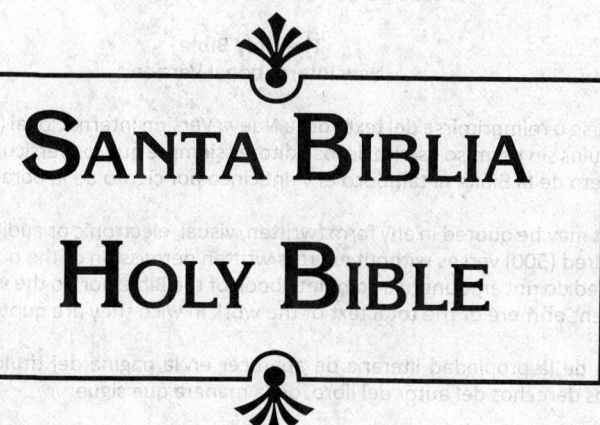

SANTA BIBLIA
HOLY BIBLE

NVI ◆ NIV

Nueva Versión International

New International Version

Contenido / Contents

Antiguo Testamento / The Old Testament

Nuevo Testamento / The New Testament

Prefacio

La *Nueva Versión Internacional* es una traducción de las Sagradas Escrituras elaborada por expertos biblistas que representan a una docena de países de habla española, y que pertenecen a varias denominaciones cristianas evangélicas. La traducción se hizo directamente de los textos hebreos, arameos y griegos en sus mejores ediciones disponibles. Se aprovechó, en buena medida, el trabajo de investigación y exégesis que antes efectuaron los traductores de la New International Version, traducción de la Biblia al inglés, ampliamente conocida.

Claridad, fidelidad, dignidad y elegancia son las características de esta nueva versión de la Biblia, cualidades garantizadas por la cuidadosa labor de los traductores, reconocidos expertos en las diferentes campos del saber bíblico. Muchos de ellos son pastores o ejercen la docencia en seminarios e institutos bíblicos a lo largo y ancho de nuestro continente. Más importante aun, son fervientes creyentes en el valor infinito de la Palabra, como revelación infalible de la verdad divina y única regla de fe y de vida para todos.

La alta calidad de esta *Nueva Versión Internacional* está, además, garantizada por el minucioso proceso de traducción, en el que se invirtieron miles de horas de trabajo de los traductores a quienes se les asignaron determinados libros; de los revisores, que cuidadosamente cotejaron los primeros borradores producidos por los traductores; de los diferentes comités que, a su vez, revisaron frase por frase y palabra por palabra el trabajo de los traductores y revisores; y de los lectores que enviaron sus observaciones al comité de estilo. A este comité le correspondió, en última instancia, velar para que la versión final fuera no sólo exacta, clara y fiel a los originales, sino digna y elegante, conforme a los cánones del mejor estilo de nuestra lengua.

Claridad y exactitud en la traducción y fidelidad al sentido y mensaje de los escritores originales fueron las preocupaciones fundamentales de los traductores. Una traducción es clara, exacta y fiel cuando reproduce en la lengua de los lectores de hoy lo que el autor quiso transmitir a la gente de su tiempo, en su propia lengua. Claridad, exactitud y fidelidad no significan necesariamente traducir palabra por palabra o, como se dice, hacer una traducción literal del texto. Las estructuras fonológicas, sintácticas y semánticas varían de una lengua a otra. Por eso una traducción fiel y exacta tiene que tomar en cuenta no sólo la lengua original, sino también la lengua receptora. Esto significa vaciar el contenido total del mensaje en las nuevas formas gramaticales de la lengua receptora, cuidando de que no se pierda «ni una letra ni una tilde» de ese mensaje (Mt 5:18). Para lograrlo, los traductores de esta *Nueva Versión Internacional* procuraron emplear el lenguaje más fresco y contemporáneo posible, a fin de que el mensaje de la Palabra divina sea tan claro, sencillo y natural como lo fue cuando el Espíritu Santo inspiró el texto original. A la vez cuidaron que el lenguaje conservara la dignidad y belleza que se merece la Palabra inspirada. Términos y expresiones que ya han hecho carrera entre el pueblo cristiano evangélico, y que son bien entendidos por los lectores familiarizados con la Biblia, se han dejado intactos, en lo posible. Al mismo tiempo se buscaron nuevos giros y expresiones para comunicar lo que en otras versiones no parecía tan evidente. Se añadió, además, un glosario que explica el significado de términos que en el texto lo preceden un asterisco; se trata de términos poco conocidos o difíciles de traducir. Esperamos que todo esto, más un buen número de notas explicativas al pie de página, sea de gran ayuda al lector.

En las notas al pie de página aparecen las siguientes abreviaturas:

Lit. (traducción literal): indica una posible representación más exacta, aunque no necesariamente más clara, del texto original, la cual puede ser de ayuda para algunos lectores.

Alt. (traducción alterna): indica que existen otras posibles traducciones o interpretaciones del texto que cuentan con el apoyo de otras versiones o de otros eruditos.

Var. (variante textual): se usa solamente en el Nuevo Testamento e indica que hay diferencias entre los manuscritos neotestamentarios. La traducción se basa en el *texto crítico griego* actual, que da preferencia a los manuscritos más antiguos. Cuando hay diferencias sustanciales entre este texto crítico griego y el texto tradicional conocido como *Textus Receptus,* la lectura tradicional se incluye en una nota como variante textual. Otras variantes importantes también se incluyen en esta clase de notas.

En el Antiguo Testamento, las diferencias textuales se indican de otro modo. La base de la traducción es el *Texto Masorético* (TM), pero en algunos pasajes se aceptó una lectura diferente. En estos casos, la nota incluye entre paréntesis la evidencia textual (sobre todo en las versiones antiguas) que apoya tal lectura; luego se indica lo que dice el TM.

Además, en el Antiguo Testamento se usó el vocablo SEÑOR para representar las cuatro consonantes hebreas que constituyen el nombre de Dios, es decir, YHVH, que posiblemente se pronunciaba *Yahvé.* La combinación de estas consonantes con la forma reverencial *Adonay* («Señor» sin versalitas) dieron como resultado el nombre «Jehová», que aparece en las versiones tradicionales. En pasajes donde YHVH y *Adonay* aparecen juntos, se varió la traducción (p.ej. «SEÑOR mi Dios»).

Otra diferencia entre la *Nueva Versión*

Internacional y las versiones tradicionales tiene que ver con la onomástica hebrea. En el caso de nombres propios bien conocidos, esta versión mantuvo las formas tradicionales, aun cuando no correspondan con las del hebreo (p.ej. *Jeremías,* aunque el hebreo es *Yirmeyahu*). En otros casos se hizo una revisión moderada para que los nombres no sólo reflejen con mayor exactitud el texto original (p.ej., la consonante *jet* se representó con *j* en vez de *h*), sino también para que se ajusten a la fonología castellana (p.ej., se evitó usar la consonante *m* en posición final).

Como todas las traducciones de la Biblia, la *Nueva Versión Internacional* que hoy colocamos en manos de nuestros lectores es susceptible de perfeccionarse. Y seguiremos trabajando para que así ocurra en sucesivas ediciones de la misma. Con todo, estamos muy agradecidos al Señor por el gran trabajo que nos permitió realizar, en el cual todos los integrantes del comité de traducción bíblica de la Sociedad Bíblica Internacional hemos puesto el mayor empeño, amor y fe, a fin de entregar a los lectores de este siglo la mejor versión posible del texto bíblico. Que todo sea para la mayor gloria de Dios y el más amplio conocimiento de su Palabra. Dedicamos este trabajo a Aquel, cuyo nombre debe honrarlo todos los que lean su Palabra. Y oramos para que, a través de esta edición de la *Nueva Versión Internacional,* muchos puedan entender, asimilar y aceptar el mensaje de salvación que, por medio de Jesucristo, tiene el Dios de la Biblia para cada uno de ellos.

Comité de Traducción Bíblica
Sociedad Bíblica Internacional
P.O. Box 522241 Miami, Florida 33152-2241
EE.UU.
Septiembre de 1999

Preface

The New International Version is a completely new translation of the Holy Bible made by over a hundred scholars working directly from the best available Hebrew, Aramaic, and Greek texts. It had its beginning in 1965 when, after several years of exploratory study by committees from the Christian Reformed Church and the National Association of Evangelicals, a group of scholars met at Palos Heights, Illinois, and concurred in the need for a new translation of the Bible in contemporary English. This group, though not made up of official church representatives, was transdenominational. Its conclusion was endorsed by a large number of leaders from many denominations who met in Chicago in 1966.

Responsibility for the new version was delegated by the Palos Heights group to a self-governing body of fifteen, the Committee on Bible Translation, composed for the most part of biblical scholars from colleges, universities and seminaries. In 1967 the New York Bible Society (now the International Bible Society) generously undertook the financial sponsorship of the project-a sponsorship that made it possible to enlist the help of many distinguished scholars. The fact that the participants of the United States, Great Britain, Canada, Australia and New Zealand worked together gave the project its international scope. That they were from many denominations-including Anglican, Assemblies of God, Baptist, Brethren, Christian Reformed, Church of Christ, Evangelical Free, Lutheran, Mennonite, Methodist, Nazarene, Presbyterian, Wesleyan and other churches-helped to safeguard the translation from sectarian bias.

How it was made helps to give the New International Version its distinctiveness. The translation of each book was assigned to team of scholars. Next, one of the Intermediate Editorial Committees revised the initial translation, with constant reference to the Hebrew, Aramaic or Greek. Their work then went to one of the General Editorial Committees, which checked it in detail and made another thorough revision. This revision in turn was carefully reviewed by the Committee on Bible Translation, which made further changes and then released the final version for publication. In this way the entire Bible underwent three revisions, during each of which the translation was examined for its faithfulness to the original languages and for its English style. All this involved many thousands of hours of research and discussion regarding the meaning of the texts and the precise way of putting them into English. It may well be that no other translation has been made by a more thorough process of review and revision form committee to committee than this one.

From the beginning of the project, the Committee on Bible Translation held to certain goals for the New International Version: that it would be an accurate translation and one that would have clarity and literary quality an so prove suitable for public and private reading, teaching, preaching, memorizing, and liturgical use. The Committee also sought to preserve some measure of continuity with the long tradition of translating the Scriptures into English.

In working toward these goals, the translators were united in their commitment to the authority and infallibility of the Bible as God's Word in written form. They believe that it contains the divine answer to the deepest needs of humanity, that it sheds unique light on our path in a dark world, and that it sets forth the way to our eternal wellbeing.

The first concern of then translators has been the accuracy of the translation and its fidelity to the thought of the biblical writers. They have weighed the significance of the lexical and grammatical details of the Hebrew, Aramaic and Greek texts. At the same time, they have striven for more than a word-for-word translation. Because thought patterns and syntax differ from language to language, faithful communication of the meaning of the writers of the Bible demands frequent modifications in sentence structure and constant regard for the contextual meaning s of words.

A sensitive feeling for style does not always accompany scholarship. Accordingly the Committee on Bible Translation submitted the developing version to a number of stylistic consultants. Two of them read every book of both Old and New Testaments twice-once before and once after the major revision-and made invaluable suggestions. Samples of the translation were tested for clarity and ease of reading by various kinds of people-young and old, highly educated and less well educated, ministers and laymen.

Concern for a clear and natural English-that the New International Version should be idiomatic but not idiosyncratic, contemporary but not dated-motivated the translators and consultants. At the same time, they tried to reflect the differing styles of the biblical writers. In view of the international use of English, the translators sought to avoid obvious Americanisms on the one hand and obvious Anglicisms on the other. A British edition reflects the comparatively few differences of significant idiom and of spelling.

As for the traditional pronouns "thou," "thee" and "thine" in reference to the Deity, the translators judged that to use these archaisms (along with the old verb forms such as "doest," "wouldest" and "hadst") would violate accuracy in translation. Neither Hebrew, Aramaic nor Greek uses special pronouns for the persons of the Godhead. A present-day translation is not enhanced by forms that in the time of the King James Version were used in everyday speech, whether referring to God or man.

For the Old Testament the standard Hebrew text, the Masoretic Text as published in the latest editions of Biblia Hebraica, was used throughout. The Dead Sea Scrolls contain material bearing on an earlier stage of the Hebrew text. They were consulted, as were the Samaritan Pentateuch and the ancient scribal traditions relating to textual changes. Sometimes a variant Hebrew reading in the margin of the Masoretic Text was followed instead of the text itself. Such instances, being variants within the Masoretic tradition, are not specified by footnotes. In rare cases, words in the consonantal text were divided differently form the way they appear in the Masoretic Text. Footnotes indicate this. The translators also consulted the more important early versions-the Septuagint; Aquila, Symmachus and Theodotion; the Vulgate; the Syriac Peshitta; the Targums; and for the Psalms the Juxta Hebraica of Jerome. Readings from these versions were occasionally followed where the Masoretic Text seemed doubtful and where accepted principles of textual criticism showed that one or more of these textual witnesses appeared to provide the correct reading. Such instances are footnoted. Sometimes vowel letters and vowel signs did not, in the judgement of translators, represent the correct vowels for the original consonantal text. Accordingly some words were read with a different set of vowels. These instances are usually not indicated by footnotes.

The Greek text used in translating the New Testament

was an eclectic one. No other piece of ancient literature has such abundance of manuscript witnesses as does the New Testament. Where existing manuscripts differ, the translators made their choice of readings according to accepted principles of New Testament textual criticism. Footnotes call attention to places where there was uncertainty about what the original text was. The best current printed texts of the Greek New Testament were used.

There is a sense in which the work of translation is never wholly finished. This applies to all great literature and uniquely so to the Bible. In 1973 the New Testament in the New International Version was published. Since then, suggestions for corrections and revisions have been received from various sources. The Committee on Bible Translation carefully considered the suggestions and adopted a number of them. These were incorporated in the first printing of the entire Bible in 1978. Additional revisions were made by the Committee on Bible Translation in 1983 and appear in printings after that date.

As in other ancient documents, the precise meaning of the biblical texts is sometimes uncertain. This is more often the case with the Hebrew and Aramaic texts than with the Greek text. Although archeological and linguistic discoveries in this century aid in understanding difficult passages, some uncertainties remain. The more significant of these have been called to the reader's attention in the footnotes.

In regard to the divine name YHWH, commonly referred to as the Tetragrammaton, the translators adopted the device used in most English versions of rendering that name as "Lord" in capital letters to distinguish it from Adonai, another Hebrew word rendered to "Lord," for which small letters are used. Wherever the two names stand together in the Old Testament as a compound name of God, they are rendered "Sovereign Lord."

Because for most readers today the phrases "the Lord of hosts" and "God of hosts" have little meaning, this version renders them "the Lord Almighty" and "God Almighty." These renderings convey the sense of the Hebrew, namely, "he who is sovereign over all the 'hosts' (powers) in heaven and on earth, especially over the 'hosts' (armies) of Israel." For readers unacquainted with Hebrew this does not make clear the distinction between Sabaoth ("hosts" or "Almighty") and Shaddai (which can also be translated "Almighty"), but the latter occurs infrequently and is always footnoted. When Adonai and YHWH Sabaoth occur together , they are rendered "the Lord, the Lord Almighty."

As for other proper pronouns, the familiar spellings of the King James Version are generally retained. Names traditionally spelled with "ch," except where it is final, are usually spelled in this translation with "k" or "c," since the biblical languages do not have the sound that "ch" frequently indicates in English-for example, in chant. For well-known names such as Zechariah, however, the traditional spelling has been retained. Variation in the spelling of names in the original languages has usually not been indicated. Where a person or place has to or more different names in the Hebrew, Aramaic or Greek texts, the more familiar one has generally been used, with footnotes where needed.

To achieve clarity the translators sometimes supplied words not in the original texts but required by the context. If there was uncertainty about such material, it is enclosed in brackets. Also for the sake of clarity or style, nouns, including some proper nouns, are sometimes substituted for pronouns, and vice versa. And though the Hebrew writers shifted back and forth between first, second and third personal pronouns without change of antecedent, this translation often makes them uniform, in accordance with English style and without the use of footnotes.

Poetical passages are printed as poetry, that is, with indentation of lines and with separate stanzas. These are generally designed to reflect the structure of Hebrew poetry. This poetry is normally characterized by parallelism in balanced lines. Most of the poetry in the Bible is in the Old Testament, and scholars differ regarding the scansion divisions for the most part by analysis of the subject matter. The stanzas therefore serve as poetic paragraphs.

As an aid to the reader, italicized sectional headings are inserted in most of the books. They are not to be regarded as part of the NIV text, are not for oral reading, and are not intended to dictate the interpretation of the sections they head.

The footnotes in this version are of several kinds, most of which need no explanation. Those giving alternative translations begin with "Or" and generally introduce the alternative with the last word preceding it in the text, except when it is a single-word alternative; in poetry quoted in a footnote a slant mark indicates a line division. Footnotes introduced by "Or" do not have uniform significance. In some cases two possible translations were considered to have about equal validity. In other cases, though the translators were convinced that the translation in the text was correct, they judged that another interpretation was possible and of sufficient importance to be represented in a footnote.

In the New Testament, footnotes that refer to uncertainty regarding the original texts are introduced by "Some manuscripts" or similar expressions. In the Old Testament, evidence for the reading chosen is given first and evidence for the alternative is added after a semicolon (for example: Septuagint; Hebrew father). In such notes the term "Hebrew" refers to the Masoretic Text.

It should be noted that minerals, flora and fauna, architectural details, articles of clothing and jewelry, musical instruments and other articles cannot always be identified with precision. Also measurements of capacity in the biblical period are particularly uncertain (see the table of weights and measures following the text).

Like all translations of the Bible, made as they are by imperfect man, this one undoubtedly falls short of its goals. Yet we are grateful to God for the extent to which he has enabled us to realize these goals and for the strength ha has given us and our colleagues to complete the our task. We offer this version of the Bible to him in whose name and for whose glory it has been made. We pray that it will lead many into a better understanding of the Holy Scriptures and a fuller knowledge of Jesus Christ the incarnate Word, of whom the Scriptures so faithfully testify.

The Committee on Bible Translation

June 1978
(Revised august 1983)

Names of the translators and editors mat be secured from the International Bible Society, translation sponsors of the New International Version, 1820 Jet Stream Drive, Colorado Springs, Colorado, 80921-3696 U.S.A.

Antiguo Testamento
The Old Testament

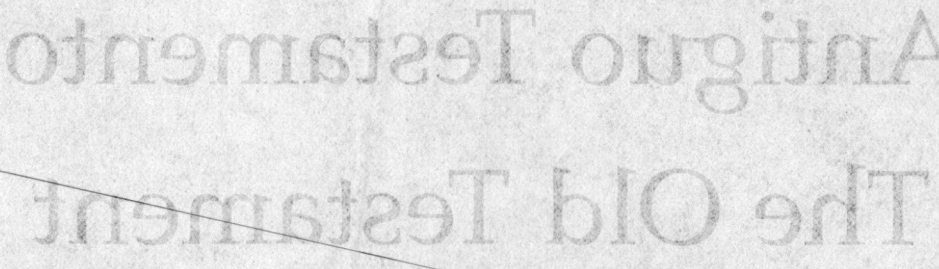

Antiguo Testamento

The Old Testament

Génesis

La creación

1 Dios, en el principio,
creó los cielos y la tierra.
² La tierra era un caos total,
las tinieblas cubrían el abismo,
y el Espíritu*a* de Dios iba y venía
sobre la superficie de las aguas.
³ Y dijo Dios: «¡Que exista la luz!»
Y la luz llegó a existir.
⁴ Dios consideró que la luz era buena
y la separó de las tinieblas.
⁵ A la luz la llamó «día»,
y a las tinieblas, «noche».
Y vino la noche, y llegó la mañana:
ése fue el primer día.

⁶ Y dijo Dios: «¡Que exista el firmamento
en medio de las aguas, y que las separe!»
⁷ Y así sucedió: Dios hizo el firmamento
y separó las aguas que están abajo,
de las aguas que están arriba.
⁸ Al firmamento Dios lo llamó «cielo».
Y vino la noche, y llegó la mañana:
ése fue el segundo día.

⁹ Y dijo Dios: «¡Que las aguas debajo del cielo
se reúnan en un solo lugar,
y que aparezca lo seco!»
Y así sucedió. ¹⁰ A lo seco Dios lo llamó
«tierra»,
y al conjunto de aguas lo llamó «mar».
Y Dios consideró que esto era bueno.
¹¹ Y dijo Dios: «¡Que haya vegetación sobre la
tierra;
que ésta produzca hierbas que den semilla,
y árboles que den su fruto con semilla,
todos según su especie!»
Y así sucedió. ¹² Comenzó a brotar la
vegetación:
hierbas que dan semilla,
y árboles que dan su fruto con semilla,
todos según su especie.
Y Dios consideró que esto era bueno.
¹³ Y vino la noche, y llegó la mañana:
ése fue el tercer día.

¹⁴ Y dijo Dios: «¡Que haya luces en el
firmamento
que separen el día de la noche;
que sirvan como señales de las estaciones,
de los días y de los años,
¹⁵ y que brillen en el firmamento
para iluminar la tierra!»
Y sucedió así. ¹⁶ Dios hizo los dos grandes
astros:
el astro mayor para gobernar el día,
y el menor para gobernar la noche.
También hizo las estrellas.
¹⁷ Dios colocó en el firmamento
los astros para alumbrar la tierra.

Genesis

The Beginning

1 In the beginning God created the heavens and
the earth. ²Now the earth was*a* formless and
empty, darkness was over the surface of the deep,
and the Spirit of God was hovering over the waters.

³And God said, "Let there be light," and there was
light. ⁴God saw that the light was good, and he
separated the light from the darkness. ⁵God called
the light "day," and the darkness he called "night."
And there was evening, and there was morning—
the first day.

⁶And God said, "Let there be an expanse between the
waters to separate water from water." ⁷So God
made the expanse and separated the water under
the expanse from the water above it. And it was
so. ⁸God called the expanse "sky." And there was
evening, and there was morning—the second day.

⁹And God said, "Let the water under the sky be gathered to one place, and let dry ground appear." And
it was so. ¹⁰God called the dry ground "land," and
the gathered waters he called "seas." And God
saw that it was good.

¹¹Then God said, "Let the land produce vegetation: seed-bearing plants and trees on the land that
bear fruit with seed in it, according to their various
kinds." And it was so. ¹²The land produced vegetation: plants bearing seed according to their kinds
and trees bearing fruit with seed in it according to
their kinds. And God saw that it was good. ¹³And
there was evening, and there was morning—the
third day.

¹⁴And God said, "Let there be lights in the expanse of
the sky to separate the day from the night, and let
them serve as signs to mark seasons and days and
years, ¹⁵and let them be lights in the expanse of
the sky to give light on the earth." And it was so.
¹⁶God made two great lights—the greater light to
govern the day and the lesser light to govern the
night. He also made the stars. ¹⁷God set them in
the expanse of the sky to give light on the earth,

---

a 1:2 Espíritu. Alt. *viento* o *soplo.*   *a 2* Or possibly *became*

18 Los hizo para gobernar el día y la noche,
　 y para separar la luz de las tinieblas.
Y Dios consideró que esto era bueno.
19 　Y vino la noche, y llegó la mañana:
　 ése fue el cuarto día.

20 Y dijo Dios: «¡Que rebosen de seres vivientes
　 las aguas,
　 y que vuelen las aves sobre la tierra
　 a lo largo del firmamento!»
21 Y creó Dios los grandes animales marinos,
　 y todos los seres vivientes
　 que se mueven y pululan en las aguas
　 y todas las aves,
　 según su especie.
Y Dios consideró que esto era bueno,
22 　y los bendijo con estas palabras:
«Sean fructíferos y multiplíquense;
　 llenen las aguas de los mares.
　 ¡Que las aves se multipliquen sobre la
　 tierra!»
23 Y vino la noche, y llegó la mañana:
　 ése fue el quinto día.

24 Y dijo Dios: «¡Que produzca la tierra seres
　 vivientes:
　 animales domésticos, animales salvajes,
　 y reptiles, según su especie!»
Y sucedió así. 25 Dios hizo los animales
　 domésticos,
　 los animales salvajes, y todos los reptiles,
　 según su especie.
Y Dios consideró que esto era bueno,
26 　y dijo: «Hagamos al *ser humano
　 a nuestra imagen y semejanza.
Que tenga dominio sobre los peces del mar,
　 y sobre las aves del cielo;
sobre los animales domésticos,
　 sobre los animales salvajes,b
y sobre todos los reptiles
　 que se arrastran por el suelo.»
27 Y Dios creó al ser humano a su imagen;
　 lo creó a imagen de Dios.
*Hombre y mujer los creó,
28 　y los bendijo con estas palabras:
«Sean fructíferos y multiplíquense;
　 llenen la tierra y sométanla;
dominen a los peces del mar y a las aves del
　 cielo,
　 y a todos los reptiles que se arrastran por el
　 suelo.»
29 También les dijo: «Yo les doy de la tierra
　 todas las plantas que producen semilla
　 y todos los árboles que dan fruto con semilla;
　 todo esto les servirá de alimento.
30 Y doy la hierba verde como alimento
　 a todas las fieras de la tierra,
a todas las aves del cielo
　 y a todos los seres vivientes
　 que se arrastran por la tierra.»
Y así sucedió. 31 Dios miró todo lo que había
　 hecho,
　 y consideró que era muy bueno.
Y vino la noche, y llegó la mañana:
　 ése fue el sexto día.

18 to govern the day and the night, and to separate light from darkness. And God saw that it was good. 19 And there was evening, and there was morning—the fourth day.
20 And God said, "Let the water teem with living creatures, and let birds fly above the earth across the expanse of the sky." 21 So God created the great creatures of the sea and every living and moving thing with which the water teems, according to their kinds, and every winged bird according to its kind. And God saw that it was good. 22 God blessed them and said, "Be fruitful and increase in number and fill the water in the seas, and let the birds increase on the earth." 23 And there was evening, and there was morning—the fifth day.
24 And God said, "Let the land produce living creatures according to their kinds: livestock, creatures that move along the ground, and wild animals, each according to its kind." And it was so. 25 God made the wild animals according to their kinds, the livestock according to their kinds, and all the creatures that move along the ground according to their kinds. And God saw that it was good.
26 Then God said, "Let us make man in our image, in our likeness, and let them rule over the fish of the sea and the birds of the air, over the livestock, over all the earth,b and over all the creatures that move along the ground."

27 So God created man in his own image,
　 in the image of God he created him;
　 male and female he created them.

28 God blessed them and said to them, "Be fruitful and increase in number; fill the earth and subdue it. Rule over the fish of the sea and the birds of the air and over every living creature that moves on the ground."
29 Then God said, "I give you every seed-bearing plant on the face of the whole earth and every tree that has fruit with seed in it. They will be yours for food. 30 And to all the beasts of the earth and all the birds of the air and all the creatures that move on the ground—everything that has the breath of life in it—I give every green plant for food." And it was so.
31 God saw all that he had made, and it was very good. And there was evening, and there was morning—the sixth day.

---

b 1:26 los animales salvajes (Siríaca); toda la tierra (TM).　　　b 26 Hebrew; Syriac all the wild animals

2 Así quedaron terminados los cielos y la tierra, y todo lo que hay en ellos. ²Al llegar el séptimo día, Dios descansó porque había terminado la obra que había emprendido. ³Dios bendijo el séptimo día, y lo *santificó, porque en ese día descansó de toda su obra creadora. ⁴Ésta es la historia*c* de la creación de los cielos y la tierra

Adán y Eva

Cuando Dios el SEÑOR hizo la tierra y los cielos, ⁵aún no había ningún arbusto del campo sobre la tierra, ni había brotado la hierba, porque Dios el SEÑOR todavía no había hecho llover sobre la tierra ni existía el *hombre para que la cultivara. ⁶No obstante, salía de la tierra un manantial que regaba toda la superficie del suelo. ⁷Y Dios el SEÑOR formó al hombre*d* del polvo de la tierra, y sopló en su nariz hálito de vida, y el hombre se convirtió en un ser viviente.

⁸Dios el SEÑOR plantó un jardín al oriente del Edén, y allí puso al hombre que había formado. ⁹Dios el SEÑOR hizo que creciera toda clase de árboles hermosos, los cuales daban frutos buenos y apetecibles. En medio del jardín hizo crecer el árbol de la vida y también el árbol del conocimiento del bien y del mal.

¹⁰Del Edén nacía un río que regaba el jardín, y que desde allí se dividía en cuatro ríos menores. ¹¹El primero se llamaba Pisón, y recorría toda la región de Javilá, donde había oro. ¹²El oro de esa región era fino, y también había allí resina muy buena y piedra de ónice. ¹³El segundo se llamaba Guijón, que recorría toda la región de Cus.*e* ¹⁴El tercero se llamaba Tigris, que corría al este de Asiria. El cuarto era el Éufrates.

¹⁵Dios el SEÑOR tomó al hombre y lo puso en el jardín del Edén para que lo cultivara y lo cuidara, ¹⁶y le dio este mandato: «Puedes comer de todos los árboles del jardín, ¹⁷pero del árbol del conocimiento del bien y del mal no deberás comer. El día que de él comas, ciertamente morirás.»

¹⁸Luego Dios el SEÑOR dijo: «No es bueno que el hombre esté solo. Voy a hacerle una ayuda adecuada.» ¹⁹Entonces Dios el SEÑOR formó de la tierra toda ave del cielo y todo animal del campo, y se los llevó al hombre para ver qué *nombre les pondría. El hombre les puso nombre a todos los seres vivos, y con ese nombre se les conoce. ²⁰Así el hombre fue poniéndoles nombre a todos los animales domésticos, a todas las aves del cielo y a todos los animales del campo. Sin embargo, no se encontró entre ellos la ayuda adecuada para el hombre.

²¹Entonces Dios el SEÑOR hizo que el hombre cayera en un sueño profundo y, mientras éste dormía, le sacó una costilla y le cerró la herida. ²²De la costilla que le había quitado al hombre, Dios el SEÑOR hizo una mujer y se la presentó al hombre, ²³el cual exclamó:

«Ésta sí es hueso de mis huesos
   y carne de mi carne.
Se llamará "mujer"*f*
   porque del hombre fue sacada.»

2 Thus the heavens and the earth were completed in all their vast array.

²By the seventh day God had finished the work he had been doing; so on the seventh day he rested*c* from all his work. ³And God blessed the seventh day and made it holy, because on it he rested from all the work of creating that he had done.

Adam and Eve

⁴This is the account of the heavens and the earth when they were created.

When the LORD God made the earth and the heavens— ⁵and no shrub of the field had yet appeared on the earth*d* and no plant of the field had yet sprung up, for the LORD God had not sent rain on the earth*d* and there was no man to work the ground, ⁶but streams*e* came up from the earth and watered the whole surface of the ground— ⁷the LORD God formed the man*f* from the dust of the ground and breathed into his nostrils the breath of life, and the man became a living being.

⁸Now the LORD God had planted a garden in the east, in Eden; and there he put the man he had formed. ⁹And the LORD God made all kinds of trees grow out of the ground—trees that were pleasing to the eye and good for food. In the middle of the garden were the tree of life and the tree of the knowledge of good and evil.

¹⁰A river watering the garden flowed from Eden; from there it was separated into four headwaters. ¹¹The name of the first is the Pishon; it winds through the entire land of Havilah, where there is gold. ¹²(The gold of that land is good; aromatic resin*g* and onyx are also there.) ¹³The name of the second river is the Gihon; it winds through the entire land of Cush.*h* ¹⁴The name of the third river is the Tigris; it runs along the east side of Asshur. And the fourth river is the Euphrates.

¹⁵The LORD God took the man and put him in the Garden of Eden to work it and take care of it. ¹⁶And the LORD God commanded the man, "You are free to eat from any tree in the garden; ¹⁷but you must not eat from the tree of the knowledge of good and evil, for when you eat of it you will surely die."

¹⁸The LORD God said, "It is not good for the man to be alone. I will make a helper suitable for him." ¹⁹Now the LORD God had formed out of the ground all the beasts of the field and all the birds of the air. He brought them to the man to see what he would name them; and whatever the man called each living creature, that was its name. ²⁰So the man gave names to all the livestock, the birds of the air and all the beasts of the field.

But for Adam*i* no suitable helper was found. ²¹So the LORD God caused the man to fall into a deep sleep; and while he was sleeping, he took one of the man's ribs*j* and closed up the place with flesh. ²²Then the LORD God made a woman from the rib*k* he had taken out of the man, and he brought her to the man.

²³The man said,

"This is now bone of my bones
   and flesh of my flesh;
she shall be called 'woman,'*l*
   for she was taken out of man."

---

c2:4 Ésta es la historia. Lit. *Éstas son las generaciones*; véanse 6:9; 10:1; 11:10,27; 25:12,19; 36:1,9; 37:2; véase también 5:1.
d2:7 El término hebreo que significa *hombre* (*adam*) está relacionado con el que significa *tierra* (*adamá*). Además, el mismo término *adam* corresponde al nombre propio *Adán* (véase 4:25).
e2:13 Cus. Posiblemente la región sudeste de Mesopotamia.
f2:23 En hebreo, la palabra que significa *mujer* ('*ishah*) suena como la palabra que significa *hombre* ('*ish*).

c2 Or *ceased*; also in verse 3   *d5* Or *land*; also in verse 6
e6 Or *mist*   *f7* The Hebrew for *man* (*adam*) sounds like and may be related to the Hebrew for *ground* (*adamah*); it is also the name *Adam* (see Gen. 2:20).   *g12* Or *good; pearls*
h13 Possibly southeast Mesopotamia   *i20* Or *the man*
j21 Or *took part of the man's side*   *k22* Or *part*
l23 The Hebrew for *woman* sounds like the Hebrew for *man*.

24Por eso el hombre deja a su padre y a su madre, y se une a su mujer, y los dos se funden en un solo ser.*g*

25En ese tiempo el hombre y la mujer estaban desnudos, pero ninguno de los dos sentía vergüenza.

La caída del ser humano

3 La serpiente era más astuta que todos los animales del campo que Dios el SEÑOR había hecho, así que le preguntó a la mujer:

—¿Es verdad que Dios les dijo que no comieran de ningún árbol del jardín?

2—Podemos comer del fruto de todos los árboles —respondió la mujer—. 3Pero, en cuanto al fruto del árbol que está en medio del jardín, Dios nos ha dicho: "No coman de ese árbol, ni lo toquen; de lo contrario, morirán."

4Pero la serpiente le dijo a la mujer:

—¡No es cierto, no van a morir! 5Dios sabe muy bien que, cuando coman de ese árbol, se les abrirán los ojos y llegarán a ser como Dios, conocedores del bien y del mal.

6La mujer vio que el fruto del árbol era bueno para comer, y que tenía buen aspecto y era deseable para adquirir sabiduría, así que tomó de su fruto y comió. Luego le dio a su esposo, y también él comió. 7En ese momento se les abrieron los ojos, y tomaron conciencia de su desnudez. Por eso, para cubrirse entretejieron hojas de higuera.

8Cuando el día comenzó a refrescar, oyeron el *hombre y la mujer que Dios andaba recorriendo el jardín; entonces corrieron a esconderse entre los árboles, para que Dios no los viera. 9Pero Dios el SEÑOR llamó al hombre y le dijo:

—¿Dónde estás?

10El hombre contestó:

—Escuché que andabas por el jardín, y tuve miedo porque estoy desnudo. Por eso me escondí.

11—¿Y quién te ha dicho que estás desnudo? —le preguntó Dios—. ¿Acaso has comido del fruto del árbol que yo te prohibí comer?

12Él respondió:

—La mujer que me diste por compañera me dio de ese fruto, y yo lo comí.

13Entonces Dios el SEÑOR le preguntó a la mujer:

—¿Qué es lo que has hecho?

—La serpiente me engañó, y comí —contestó ella.

14Dios el SEÑOR dijo entonces a la serpiente:

«Por causa de lo que has hecho,
¡maldita serás entre todos los animales,
tanto domésticos como salvajes!
Te arrastrarás sobre tu vientre,
y comerás polvo todos los días de tu vida.
15Pondré enemistad entre tú y la mujer,
y entre tu simiente y la de ella;
su simiente te aplastará la cabeza,
pero tú le morderás el talón.»

16A la mujer le dijo:

«Multiplicaré tus dolores en el parto,
y darás a luz a tus hijos con dolor.
Desearás a tu marido,
y él te dominará.»

24For this reason a man will leave his father and mother and be united to his wife, and they will become one flesh.

25The man and his wife were both naked, and they felt no shame.

The Fall of Man

3 Now the serpent was more crafty than any of the wild animals the LORD God had made. He said to the woman, "Did God really say, 'You must not eat from any tree in the garden'?"

2The woman said to the serpent, "We may eat fruit from the trees in the garden, 3but God did say, 'You must not eat fruit from the tree that is in the middle of the garden, and you must not touch it, or you will die.'"

4"You will not surely die," the serpent said to the woman. 5"For God knows that when you eat of it your eyes will be opened, and you will be like God, knowing good and evil."

6When the woman saw that the fruit of the tree was good for food and pleasing to the eye, and also desirable for gaining wisdom, she took some and ate it. She also gave some to her husband, who was with her, and he ate it. 7Then the eyes of both of them were opened, and they realized they were naked; so they sewed fig leaves together and made coverings for themselves.

8Then the man and his wife heard the sound of the LORD God as he was walking in the garden in the cool of the day, and they hid from the LORD God among the trees of the garden. 9But the LORD God called to the man, "Where are you?"

10He answered, "I heard you in the garden, and I was afraid because I was naked; so I hid."

11And he said, "Who told you that you were naked? Have you eaten from the tree that I commanded you not to eat from?"

12The man said, "The woman you put here with me—she gave me some fruit from the tree, and I ate it."

13Then the LORD God said to the woman, "What is this you have done?"

The woman said, "The serpent deceived me, and I ate."

14So the LORD God said to the serpent, "Because you have done this,

"Cursed are you above all the livestock
and all the wild animals!
You will crawl on your belly
and you will eat dust
all the days of your life.
15And I will put enmity
between you and the woman,
and between your offspring*m* and hers;
he will crush*n* your head,
and you will strike his heel."

16To the woman he said,

"I will greatly increase your pains in
childbearing;
with pain you will give birth to children.
Your desire will be for your husband,
and he will rule over you."

---

g 2:24 se funden en un solo ser. Lit. *llegan a ser una sola carne.*   *m 15 Or seed*   *n 15 Or strike*

17 Al hombre le dijo:

«Por cuanto le hiciste caso a tu mujer,
y comiste del árbol del que te prohibí comer,
¡maldita será la tierra por tu culpa!
Con penosos trabajos comerás de ella
todos los días de tu vida.
18 La tierra te producirá cardos y espinas,
y comerás hierbas silvestres.
19 Te ganarás el pan con el sudor de tu frente,
hasta que vuelvas a la misma tierra
de la cual fuiste sacado.
Porque polvo eres,
y al polvo volverás.»

20 El hombre llamó Eva[h] a su mujer, porque ella
sería la madre de todo ser viviente.
21 Dios el SEÑOR hizo ropa de pieles para el hombre y
su mujer, y los vistió. 22 Y dijo: «El *ser humano ha
llegado a ser como uno de nosotros, pues tiene conocimiento del bien y del mal. No vaya a ser que extienda
su mano y también tome del fruto del árbol de la vida,
y lo coma y viva para siempre.» 23 Entonces Dios el
SEÑOR expulsó al ser humano del jardín del Edén, para
que trabajara la tierra de la cual había sido hecho.
24 Luego de expulsarlo, puso al oriente del jardín del
Edén a los *querubines, y una espada ardiente que se
movía por todos lados, para custodiar el camino que
lleva al árbol de la vida.

Caín y Abel

4 El *hombre se unió a su mujer Eva, y ella concibió
y dio a luz a Caín.[i] Y dijo: «¡Con la ayuda del
SEÑOR, he tenido un hijo varón!» 2 Después dio a luz a
Abel, hermano de Caín. Abel se dedicó a pastorear
ovejas, mientras que Caín se dedicó a trabajar la tierra.
3 Tiempo después, Caín presentó al SEÑOR una ofrenda
del fruto de la tierra. 4 Abel también presentó al SEÑOR
lo mejor de su rebaño, es decir, los primogénitos con su
grasa. Y el SEÑOR miró con agrado a Abel y a su ofrenda, 5 pero no miró así a Caín ni a su ofrenda. Por eso
Caín se enfureció y andaba cabizbajo.

6 Entonces el SEÑOR le dijo: «¿Por qué estás tan enojado? ¿Por qué andas cabizbajo? 7 Si hicieras lo bueno,
podrías andar con la frente en alto. Pero si haces lo
malo, el pecado te acecha, como una fiera lista para
atraparte. No obstante, tú puedes dominarlo.»

8 Caín habló con su hermano Abel. Mientras estaban
en el campo, Caín atacó a su hermano y lo mató.

9 El SEÑOR le preguntó a Caín:

—¿Dónde está tu hermano Abel?

—No lo sé —respondió—. ¿Acaso soy yo el que
debe cuidar a mi hermano?

10 —¡Qué has hecho! —exclamó el SEÑOR—. Desde
la tierra, la sangre de tu hermano reclama justicia.
11 Por eso, ahora quedarás bajo la maldición de la tierra,
la cual ha abierto sus fauces para recibir la sangre de tu
hermano, que tú has derramado. 12 Cuando cultives la
tierra, no te dará sus frutos, y en el mundo serás un
fugitivo errante.

13 —Este castigo es más de lo que puedo soportar

17 To Adam he said, "Because you listened to your
wife and ate from the tree about which I commanded
you, 'You must not eat of it,'

"Cursed is the ground because of you;
through painful toil you will eat of it
all the days of your life.
18 It will produce thorns and thistles for you,
and you will eat the plants of the field.
19 By the sweat of your brow
you will eat your food
until you return to the ground,
since from it you were taken;
for dust you are
and to dust you will return."

20 Adam[o] named his wife Eve,[p] because she would
become the mother of all the living.

21 The LORD God made garments of skin for Adam
and his wife and clothed them. 22 And the LORD God
said, "The man has now become like one of us, knowing good and evil. He must not be allowed to reach out
his hand and take also from the tree of life and eat, and
live forever." 23 So the LORD God banished him from
the Garden of Eden to work the ground from which he
had been taken. 24 After he drove the man out, he placed
on the east side[q] of the Garden of Eden cherubim and
a flaming sword flashing back and forth to guard the
way to the tree of life.

Cain and Abel

4 Adam[o] lay with his wife Eve, and she became
pregnant and gave birth to Cain.[r] She said, "With
the help of the LORD I have brought forth[s] a man."
2 Later she gave birth to his brother Abel.

Now Abel kept flocks, and Cain worked the soil. 3 In
the course of time Cain brought some of the fruits of
the soil as an offering to the LORD. 4 But Abel brought
fat portions from some of the firstborn of his flock. The
LORD looked with favor on Abel and his offering, 5 but
on Cain and his offering he did not look with favor. So
Cain was very angry, and his face was downcast.

6 Then the LORD said to Cain, "Why are you angry?
Why is your face downcast? 7 If you do what is right,
will you not be accepted? But if you do not do what is
right, sin is crouching at your door; it desires to have
you, but you must master it."

8 Now Cain said to his brother Abel, "Let's go out to
the field."[t] And while they were in the field, Cain
attacked his brother Abel and killed him.

9 Then the LORD said to Cain, "Where is your brother
Abel?"

"I don't know," he replied. "Am I my brother's
keeper?"

10 The LORD said, "What have you done? Listen!
Your brother's blood cries out to me from the ground.
11 Now you are under a curse and driven from the
ground, which opened its mouth to receive your brother's blood from your hand. 12 When you work the
ground, it will no longer yield its crops for you. You
will be a restless wanderer on the earth."

13 Cain said to the LORD, "My punishment is more

h 3:20 En hebreo, *Eva* significa *Vida*. i 4:1 En hebreo, *Caín* suena como el verbo que significa *llegar a tener, adquirir*.

o 20,1 Or *The man* p 20 *Eve* probably means *living*.
q 24 Or *placed in front* r 1 *Cain* sounds like the Hebrew for *brought forth* or *acquired*. s 1 Or *have acquired*
t 8 Samaritan Pentateuch, Septuagint, Vulgate and Syriac; Masoretic Text does not have *"Let's go out to the field."*

—le dijo Caín al SEÑOR—. 14 Hoy me condenas al destierro, y nunca más podré estar en tu presencia. Andaré por el mundo errante como un fugitivo, y cualquiera que me encuentre me matará.

15 —No será así*j* —replicó el SEÑOR—. El que mate a Caín, será castigado siete veces.

Entonces el SEÑOR le puso una marca a Caín, para que no fuera a matarlo quien lo hallara. 16 Así Caín se alejó de la presencia del SEÑOR y se fue a vivir a la región llamada Nod,*k* al este del Edén.

17 Caín se unió a su mujer, la cual concibió y dio a luz a Enoc. Caín había estado construyendo una ciudad, a la que le puso el *nombre de su hijo Enoc. 18 Luego Enoc tuvo un hijo llamado Irad, que fue el padre de Mejuyael. Éste, a su vez, fue el padre de Metusael, y Metusael fue el padre de Lamec. 19 Lamec tuvo dos mujeres. Una de ellas se llamaba Ada, y la otra Zila. 20 Ada dio a luz a Jabal, quien a su vez fue el antepasado de los que viven en tiendas de campaña y crían ganado. 21 Jabal tuvo un hermano llamado Jubal, quien fue el antepasado de los que tocan el arpa y la flauta. 22 Por su parte, Zila dio a luz a Tubal Caín, que fue herrero y forjador de toda clase de herramientas de bronce y de hierro. Tubal Caín tuvo una hermana que se llamaba Noamá.

23 Lamec dijo a sus mujeres Ada y Zila:

«¡Escuchen bien, mujeres de Lamec!
  ¡Escuchen mis palabras!
Maté a un hombre por haberme herido,
  y a un muchacho por golpearme.
24 Si Caín será vengado siete veces,
  setenta y siete veces será vengado Lamec.»

25 Adán volvió a unirse a su mujer, y ella tuvo un hijo al que llamó Set,*l* porque dijo: «Dios me ha concedido otro hijo en lugar de Abel, al que mató Caín.» 26 También Set tuvo un hijo, a quien llamó Enós. Desde entonces se comenzó a invocar el nombre del SEÑOR.

Descendientes de Adán

5 Ésta es la lista de los descendientes de Adán. Cuando Dios creó al *ser humano, lo hizo a semejanza de Dios mismo. 2 Los creó *hombre y mujer, y los bendijo. El día que fueron creados los llamó «seres humanos».*m*

3 Cuando Adán llegó a la edad de ciento treinta años, tuvo un hijo a su imagen y semejanza, y lo llamó Set. 4 Después del nacimiento de Set, Adán vivió ochocientos años más, y tuvo otros hijos y otras hijas. 5 De modo que Adán murió a los novecientos treinta años de edad.

6 Set tenía ciento cinco años cuando fue padre de*n* Enós. 7 Después del nacimiento de Enós, Set vivió ochocientos siete años más, y tuvo otros hijos y otras hijas. 8 De modo que Set murió a los novecientos doce años de edad.

9 Enós tenía noventa años cuando fue padre de Cainán. 10 Después del nacimiento de Cainán, Enós vivió ochocientos quince años más, y tuvo otros hijos y otras hijas. 11 De modo que Enós murió a los novecientos cinco años de edad.

12 Cainán tenía setenta años cuando fue padre de Malalel. 13 Después del nacimiento de Malalel, Cainán vivió ochocientos cuarenta años más, y tuvo otros hijos

than I can bear. 14 Today you are driving me from the land, and I will be hidden from your presence; I will be a restless wanderer on the earth, and whoever finds me will kill me."

15 But the LORD said to him, "Not so*u*; if anyone kills Cain, he will suffer vengeance seven times over." Then the LORD put a mark on Cain so that no one who found him would kill him. 16 So Cain went out from the LORD's presence and lived in the land of Nod,*v* east of Eden.

17 Cain lay with his wife, and she became pregnant and gave birth to Enoch. Cain was then building a city, and he named it after his son Enoch. 18 To Enoch was born Irad, and Irad was the father of Mehujael, and Mehujael was the father of Methushael, and Methushael was the father of Lamech.

19 Lamech married two women, one named Adah and the other Zillah. 20 Adah gave birth to Jabal; he was the father of those who live in tents and raise livestock. 21 His brother's name was Jubal; he was the father of all who play the harp and flute. 22 Zillah also had a son, Tubal-Cain, who forged all kinds of tools out of*w* bronze and iron. Tubal-Cain's sister was Naamah.

23 Lamech said to his wives,

"Adah and Zillah, listen to me;
  wives of Lamech, hear my words.
I have killed*x* a man for wounding me,
  a young man for injuring me.
24 If Cain is avenged seven times,
  then Lamech seventy-seven times."

25 Adam lay with his wife again, and she gave birth to a son and named him Seth,*y* saying, "God has granted me another child in place of Abel, since Cain killed him." 26 Seth also had a son, and he named him Enosh.

At that time men began to call on*z* the name of the LORD.

From Adam to Noah

5 This is the written account of Adam's line.

When God created man, he made him in the likeness of God. 2 He created them male and female and blessed them. And when they were created, he called them "man.*a*"

3 When Adam had lived 130 years, he had a son in his own likeness, in his own image; and he named him Seth. 4 After Seth was born, Adam lived 800 years and had other sons and daughters. 5 Altogether, Adam lived 930 years, and then he died.

6 When Seth had lived 105 years, he became the father*b* of Enosh. 7 And after he became the father of Enosh, Seth lived 807 years and had other sons and daughters. 8 Altogether, Seth lived 912 years, and then he died.

9 When Enosh had lived 90 years, he became the father of Kenan. 10 And after he became the father of Kenan, Enosh lived 815 years and had other sons and daughters. 11 Altogether, Enosh lived 905 years, and then he died.

12 When Kenan had lived 70 years, he became the father of Mahalalel. 13 And after he became the father of Mahalalel, Kenan lived 840 years and had other sons

---

j 4:15 No será así (LXX, Vulgata y Siríaca); Por tanto (TM).
k 4:16 En hebreo, Nod significa errante (véanse vv. 12 y 14).
l 4:25 En hebreo, Set significa concedido.   *m 5:2* seres humanos. Lit. Adán. El término hebreo también significa hombre en el sentido genérico de humanidad.   *n 5:6* fue padre de. Lit. engendró a; y así sucesivamente en el resto de esta genealogía. En este contexto, padre puede significar antepasado; también en vv. 7-26.

u 15 Septuagint, Vulgate and Syriac; Hebrew Very well
v 16 Nod means wandering (see verses 12 and 14).   *w 22* Or who instructed all who work in   *x 23* Or I will kill   *y 25* Seth probably means granted.   *z 26* Or to proclaim   *a 2* Hebrew adam   *b 6* Father may mean ancestor; also in verses 7-26.

y otras hijas. 14 De modo que Cainán murió a los novecientos diez años de edad.

15 Malalel tenía sesenta y cinco años cuando fue padre de Jared. 16 Después del nacimiento de Jared, Malalel vivió ochocientos treinta años más, y tuvo otros hijos y otras hijas. 17 De modo que Malalel murió a los ochocientos noventa y cinco años de edad.

18 Jared tenía ciento sesenta y dos años cuando fue padre de Enoc. 19 Después del nacimiento de Enoc, Jared vivió ochocientos años más, y tuvo otros hijos y otras hijas. 20 De modo que Jared murió a los novecientos sesenta y dos años de edad.

21 Enoc tenía sesenta y cinco años cuando fue padre de Matusalén. 22 Después del nacimiento de Matusalén, Enoc anduvo fielmente con Dios trescientos años más, y tuvo otros hijos y otras hijas. 23 En total, Enoc vivió trescientos sesenta y cinco años, 24 y como anduvo fielmente con Dios, un día desapareció porque Dios se lo llevó.

25 Matusalén tenía ciento ochenta y siete años cuando fue padre de Lamec. 26 Después del nacimiento de Lamec, Matusalén vivió setecientos ochenta y dos años más, y tuvo otros hijos y otras hijas. 27 De modo que Matusalén murió a los novecientos sesenta y nueve años de edad.

28 Lamec tenía ciento ochenta y dos años cuando fue padre de Noé.ñ 29 Le dio ese *nombre porque dijo: «Este niño nos dará descanso en nuestra tarea y penosos trabajos, en esta tierra que maldijo el SEÑOR.» 30 Después del nacimiento de Noé, Lamec vivió quinientos noventa y cinco años más, y tuvo otros hijos y otras hijas. 31 De modo que Lamec murió a los setecientos setenta y siete años de edad.

32 Noé ya había cumplido quinientos años cuando fue padre de Sem, Cam y Jafet.

La maldad humana

6 Cuando los *seres humanos comenzaron a multiplicarse sobre la tierra y tuvieron hijas, 2 los hijos de Dios vieron que las hijas de los seres humanos eran hermosas. Entonces tomaron como mujeres a todas las que desearon. 3 Pero el SEÑOR dijo: «Mi espíritu no permanecerá en el *ser humano para siempre, porque no es más que un simple *mortal; por eso vivirá solamente ciento veinte años.»

4 Al unirse los hijos de Dios con las hijas de los seres humanos y tener hijos con ellas, nacieron gigantes, que fueron los famosos héroes de antaño. A partir de entonces hubo gigantes en la tierra.

5 Al ver el SEÑOR que la maldad del ser humano en la tierra era muy grande, y que todos sus pensamientos tendían siempre hacia el mal, 6 se arrepintió de haber hecho al ser humano en la tierra, y le dolió en el corazón. 7 Entonces dijo: «Voy a borrar de la tierra al ser humano que he creado. Y haré lo mismo con los animales, los reptiles y las aves del cielo. ¡Me arrepiento de haberlos creado!» 8 Pero Noé contaba con el favor del SEÑOR.

El diluvio

9 Ésta es la historia de Noé.

Noé era un hombre justo y honrado entre su gente. Siempre anduvo fielmente con Dios. 10 Tuvo tres hijos: Sem, Cam y Jafet. 11 Pero Dios vio que la tierra estaba corrompida y llena de violencia. 12 Al ver Dios tanta corrupción en la tierra, y tanta perversión en la gente,

and daughters. 14 Altogether, Kenan lived 910 years, and then he died.

15 When Mahalalel had lived 65 years, he became the father of Jared. 16 And after he became the father of Jared, Mahalalel lived 830 years and had other sons and daughters. 17 Altogether, Mahalalel lived 895 years, and then he died.

18 When Jared had lived 162 years, he became the father of Enoch. 19 And after he became the father of Enoch, Jared lived 800 years and had other sons and daughters. 20 Altogether, Jared lived 962 years, and then he died.

21 When Enoch had lived 65 years, he became the father of Methuselah. 22 And after he became the father of Methuselah, Enoch walked with God 300 years and had other sons and daughters. 23 Altogether, Enoch lived 365 years. 24 Enoch walked with God; then he was no more, because God took him away.

25 When Methuselah had lived 187 years, he became the father of Lamech. 26 And after he became the father of Lamech, Methuselah lived 782 years and had other sons and daughters. 27 Altogether, Methuselah lived 969 years, and then he died.

28 When Lamech had lived 182 years, he had a son. 29 He named him Noahc and said, "He will comfort us in the labor and painful toil of our hands caused by the ground the LORD has cursed." 30 After Noah was born, Lamech lived 595 years and had other sons and daughters. 31 Altogether, Lamech lived 777 years, and then he died.

32 After Noah was 500 years old, he became the father of Shem, Ham and Japheth.

The Flood

6 When men began to increase in number on the earth and daughters were born to them, 2 the sons of God saw that the daughters of men were beautiful, and they married any of them they chose. 3 Then the LORD said, "My Spirit will not contend withd man forever, for he is mortale; his days will be a hundred and twenty years."

4 The Nephilim were on the earth in those days—and also afterward—when the sons of God went to the daughters of men and had children by them. They were the heroes of old, men of renown.

5 The LORD saw how great man's wickedness on the earth had become, and that every inclination of the thoughts of his heart was only evil all the time. 6 The LORD was grieved that he had made man on the earth, and his heart was filled with pain. 7 So the LORD said, "I will wipe mankind, whom I have created, from the face of the earth—men and animals, and creatures that move along the ground, and birds of the air—for I am grieved that I have made them." 8 But Noah found favor in the eyes of the LORD.

9 This is the account of Noah.

Noah was a righteous man, blameless among the people of his time, and he walked with God. 10 Noah had three sons: Shem, Ham and Japheth.

11 Now the earth was corrupt in God's sight and was full of violence. 12 God saw how corrupt the earth had become, for all the people on earth had corrupted their

---

ñ 5:28 En hebreo, el nombre propio Noé suena como la palabra que significa descanso.

c 29 Noah sounds like the Hebrew for comfort.   d 3 Or My spirit will not remain in   e 3 Or corrupt

13 le dijo a Noé: «He decidido acabar con toda la gente, pues por causa de ella la tierra está llena de violencia. Así que voy a destruir a la gente junto con la tierra. 14 Constrúyete un arca de madera resinosa,*o* hazle compartimentos, y cúbrela con brea por dentro y por fuera. 15 Dale las siguientes medidas: ciento cuarenta metros de largo, veintitrés de ancho y catorce de alto.*p* 16 Hazla de tres pisos, con una abertura a medio metro*q* del techo y con una puerta en uno de sus costados. 17 Porque voy a enviar un diluvio sobre la tierra, para destruir a todos los seres vivientes bajo el cielo. Todo lo que existe en la tierra morirá. 18 Pero contigo estableceré mi *pacto, y entrarán en el arca tú y tus hijos, tu esposa y tus nueras. 19 Haz que entre en el arca una pareja de todos los seres vivientes, es decir, un macho y una hembra de cada especie, para que sobrevivan contigo. 20 Contigo entrará también una pareja de cada especie de aves, de ganado y de reptiles, para que puedan sobrevivir. 21 Recoge además toda clase de alimento, y almacénalo, para que a ti y a ellos les sirva de comida.» 22 Y Noé hizo todo según lo que Dios le había mandado.

7 El SEÑOR le dijo a Noé: «Entra en el arca con toda tu familia, porque tú eres el único *hombre justo que he encontrado en esta generación. 2 De todos los animales puros, lleva siete machos y siete hembras; pero de los impuros, sólo un macho y una hembra. 3 Lleva también siete machos y siete hembras de las aves del cielo, para conservar su especie sobre la tierra. 4 Porque dentro de siete días haré que llueva sobre la tierra durante cuarenta días y cuarenta noches, y así borraré de la faz de la tierra a todo ser viviente que hice.»

5 Noé hizo todo de acuerdo con lo que el SEÑOR le había mandado. 6 Tenía Noé seiscientos años de edad cuando las aguas del diluvio inundaron la tierra. 7 Entonces entró en el arca junto con sus hijos, su esposa y sus nueras, para salvarse de las aguas del diluvio. 8 De los animales puros e impuros, de las aves y de todos los seres que se arrastran por el suelo, 9 entraron con Noé por parejas, el macho y su hembra, tal como Dios se lo había mandado. 10 Al cabo de los siete días, las aguas del diluvio comenzaron a caer sobre la tierra.

11 Cuando Noé tenía seiscientos años, precisamente en el día diecisiete del mes segundo, se reventaron las fuentes del mar profundo y se abrieron las compuertas del cielo. 12 Cuarenta días y cuarenta noches llovió sobre la tierra. 13 Ese mismo día entraron en el arca Noé, sus hijos Sem, Cam y Jafet, su esposa y sus tres nueras. 14 Junto con ellos entró toda clase de animales salvajes y domésticos, de animales que se arrastran por el suelo, y de aves. 15 Así entraron en el arca con Noé parejas de todos los seres vivientes; 16 entraron un macho y una hembra de cada especie, tal como Dios se lo había mandado a Noé. Luego el SEÑOR cerró la puerta del arca.

17 El diluvio cayó sobre la tierra durante cuarenta días. Cuando crecieron las aguas, elevaron el arca por encima de la tierra. 18 Las aguas crecían y aumentaban cada vez más, pero el arca se mantenía a flote sobre

ways. 13 So God said to Noah, "I am going to put an end to all people, for the earth is filled with violence because of them. I am surely going to destroy both them and the earth. 14 So make yourself an ark of cypress*f* wood; make rooms in it and coat it with pitch inside and out. 15 This is how you are to build it: The ark is to be 450 feet long, 75 feet wide and 45 feet high.*g* 16 Make a roof for it and finish*h* the ark to within 18 inches*i* of the top. Put a door in the side of the ark and make lower, middle and upper decks. 17 I am going to bring floodwaters on the earth to destroy all life under the heavens, every creature that has the breath of life in it. Everything on earth will perish. 18 But I will establish my covenant with you, and you will enter the ark—you and your sons and your wife and your sons' wives with you. 19 You are to bring into the ark two of all living creatures, male and female, to keep them alive with you. 20 Two of every kind of bird, of every kind of animal and of every kind of creature that moves along the ground will come to you to be kept alive. 21 You are to take every kind of food that is to be eaten and store it away as food for you and for them."

22 Noah did everything just as God commanded him.

7 The LORD then said to Noah, "Go into the ark, you and your whole family, because I have found you righteous in this generation. 2 Take with you seven*j* of every kind of clean animal, a male and its mate, and two of every kind of unclean animal, a male and its mate, 3 and also seven of every kind of bird, male and female, to keep their various kinds alive throughout the earth. 4 Seven days from now I will send rain on the earth for forty days and forty nights, and I will wipe from the face of the earth every living creature I have made."

5 And Noah did all that the LORD commanded him.

6 Noah was six hundred years old when the floodwaters came on the earth. 7 And Noah and his sons and his wife and his sons' wives entered the ark to escape the waters of the flood. 8 Pairs of clean and unclean animals, of birds and of all creatures that move along the ground, 9 male and female, came to Noah and entered the ark, as God had commanded Noah. 10 And after the seven days the floodwaters came on the earth.

11 In the six hundredth year of Noah's life, on the seventeenth day of the second month—on that day all the springs of the great deep burst forth, and the floodgates of the heavens were opened. 12 And rain fell on the earth forty days and forty nights.

13 On that very day Noah and his sons, Shem, Ham and Japheth, together with his wife and the wives of his three sons, entered the ark. 14 They had with them every wild animal according to its kind, all livestock according to their kinds, every creature that moves along the ground according to its kind and every bird according to its kind, everything with wings. 15 Pairs of all creatures that have the breath of life in them came to Noah and entered the ark. 16 The animals going in were male and female of every living thing, as God had commanded Noah. Then the LORD shut him in.

17 For forty days the flood kept coming on the earth, and as the waters increased they lifted the ark high above the earth. 18 The waters rose and increased greatly on the earth, and the ark floated on the surface of the

---

o 6:14 resinosa. Palabra de difícil traducción.   *p 6:15 ciento cuarenta metros de largo, veintitrés de ancho y catorce de alto.* Lit. *300 *codos de largo, 50 codos de ancho y 30 codos de alto.*   *q 6:16 medio metro.* Lit. *un codo.*

f 14 The meaning of the Hebrew for this word is uncertain.   *g 15* Hebrew *300 cubits long, 50 cubits wide and 30 cubits high* (about 140 meters long, 23 meters wide and 13.5 meters high)   *h 16* Or *Make an opening for light by finishing*   *i 16* Hebrew *a cubit* (about 0.5 meter)   *J 2* Or *seven pairs*; also in verse 3

ellas. 19Tanto crecieron las aguas, que cubrieron las montañas más altas que hay debajo de los cielos. 20El nivel del agua subió más de siete metrosʳ por encima de las montañas. 21Así murió todo *ser viviente que se movía sobre la tierra: las aves, los animales salvajes y domésticos, todo tipo de animal que se arrastraba por el suelo, y todo ser humano. 22Pereció todo ser que habitaba la tierra firme y tenía aliento de vida. 23Dios borró de la faz de la tierra a todo ser viviente, desde los seres humanos hasta los ganados, los reptiles y las aves del cielo. Todos fueron borrados de la faz de la tierra. Sólo quedaron Noé y los que estaban con él en el arca. 24Y la tierra quedó inundada ciento cincuenta días.

8 Dios se acordó entonces de Noé y de todos los animales salvajes y domésticos que estaban con él en el arca. Hizo que soplara un fuerte viento sobre la tierra, y las aguas comenzaron a bajar. 2Se cerraron las fuentes del mar profundo y las compuertas del cielo, y dejó de llover. 3Poco a poco las aguas se fueron retirando de la tierra. Al cabo de ciento cincuenta días las aguas habían disminuido. 4El día diecisiete del mes séptimo el arca se detuvo sobre las montañas de Ararat, 5y las aguas siguieron bajando hasta que el primer día del mes décimo pudieron verse las cimas de las montañas.

6Después de cuarenta días, Noé abrió la ventana del arca que había hecho 7y soltó un cuervo, el cual estuvo volando de un lado a otro, esperando a que se secara la tierra. 8Luego soltó una paloma, para ver si las aguas que cubrían la tierra ya se habían retirado. 9Pero la paloma no encontró un lugar donde posarse, y volvió al arca porque las aguas aún cubrían la tierra. Noé extendió la mano, tomó la paloma y la metió consigo en el arca. 10Esperó siete días más y volvió a soltar la paloma fuera del arca. 11Caía la noche cuando la paloma regresó, trayendo en su pico una ramita de olivo recién cortada. Así Noé se dio cuenta de que las aguas habían bajado hasta dejar la tierra al descubierto. 12Esperó siete días más y volvió a soltar la paloma, pero esta vez la paloma ya no regresó.

13Noé tenía seiscientos un años cuando las aguas se secaron. El primer día del primer mes de ese año, Noé quitó la cubierta del arca y vio que la tierra estaba seca. 14Para el día veintisiete del segundo mes, la tierra estaba ya completamente seca. 15Entonces Dios le dijo a Noé: 16«Sal del arca junto con tus hijos, tu esposa y tus nueras. 17Saca también a todos los seres vivientes que están contigo: las aves, el ganado y todos los animales que se arrastran por el suelo. ¡Que sean fecundos! ¡Que se multipliquen y llenen la tierra!»

18Salieron, pues, del arca Noé y sus hijos, su esposa y sus nueras. 19Salieron también todos los animales: el ganado, las aves, y todos los reptiles que se mueven sobre la tierra, cada uno según su especie.

20Luego Noé construyó un altar al SEÑOR, y sobre ese altar ofreció como *holocausto animales puros y aves

water. 19They rose greatly on the earth, and all the high mountains under the entire heavens were covered. 20The waters rose and covered the mountains to a depth of more than twenty feet.ᵏˡ 21Every living thing that moved on the earth perished—birds, livestock, wild animals, all the creatures that swarm over the earth, and all mankind. 22Everything on dry land that had the breath of life in its nostrils died. 23Every living thing on the face of the earth was wiped out; men and animals and the creatures that move along the ground and the birds of the air were wiped from the earth. Only Noah was left, and those with him in the ark.

24The waters flooded the earth for a hundred and fifty days.

8 But God remembered Noah and all the wild animals and the livestock that were with him in the ark, and he sent a wind over the earth, and the waters receded. 2Now the springs of the deep and the floodgates of the heavens had been closed, and the rain had stopped falling from the sky. 3The water receded steadily from the earth. At the end of the hundred and fifty days the water had gone down, 4and on the seventeenth day of the seventh month the ark came to rest on the mountains of Ararat. 5The waters continued to recede until the tenth month, and on the first day of the tenth month the tops of the mountains became visible.

6After forty days Noah opened the window he had made in the ark 7and sent out a raven, and it kept flying back and forth until the water had dried up from the earth. 8Then he sent out a dove to see if the water had receded from the surface of the ground. 9But the dove could find no place to set its feet because there was water over all the surface of the earth; so it returned to Noah in the ark. He reached out his hand and took the dove and brought it back to himself in the ark. 10He waited seven more days and again sent out the dove from the ark. 11When the dove returned to him in the evening, there in its beak was a freshly plucked olive leaf! Then Noah knew that the water had receded from the earth. 12He waited seven more days and sent the dove out again, but this time it did not return to him.

13By the first day of the first month of Noah's six hundred and first year, the water had dried up from the earth. Noah then removed the covering from the ark and saw that the surface of the ground was dry. 14By the twenty-seventh day of the second month the earth was completely dry.

15Then God said to Noah, 16"Come out of the ark, you and your wife and your sons and their wives. 17Bring out every kind of living creature that is with you—the birds, the animals, and all the creatures that move along the ground—so they can multiply on the earth and be fruitful and increase in number upon it."

18So Noah came out, together with his sons and his wife and his sons' wives. 19All the animals and all the creatures that move along the ground and all the birds—everything that moves on the earth—came out of the ark, one kind after another.

20Then Noah built an altar to the LORD and, taking some of all the clean animals and clean birds, he sacri-

---

ʳ 7:20 siete metros. Lit. quince *codos.

ᵏ 20 Hebrew fifteen cubits (about 6.9 meters)   ˡ 20 Or rose more than twenty feet, and the mountains were covered

puras. ²¹Cuando el Señor percibió el grato aroma, se dijo a sí mismo: «Aunque las intenciones del *ser humano son perversas desde su juventud, nunca más volveré a maldecir la tierra por culpa suya. Tampoco volveré a destruir a todos los seres vivientes, como acabo de hacerlo.

²²»Mientras la tierra exista,
habrá siembra y cosecha,
frío y calor,
verano e invierno,
y días y noches.»

El pacto de Dios con Noé

9 Dios bendijo a Noé y a sus hijos con estas palabras: «Sean fecundos, multiplíquense y llenen la tierra. ²Todos los animales de la tierra sentirán temor y respeto ante ustedes: las aves, las bestias salvajes, los animales que se arrastran por el suelo, y los peces del mar. Todos estarán bajo su dominio. ³Todo lo que se mueve y tiene vida, al igual que las verduras, les servirá de alimento. Yo les doy todo esto. ⁴Pero no deberán comer carne con su *vida, es decir, con su sangre. ⁵Por cierto, de la sangre de ustedes yo habré de pedirles cuentas. A todos los animales y a todos los seres humanos les pediré cuentas de la vida de sus semejantes.

⁶»Si alguien derrama la sangre de un *ser
humano,
otro ser humano derramará la suya,
porque el ser humano ha sido creado
a imagen de Dios mismo.

⁷»En cuanto a ustedes, sean fecundos y multiplíquense; sí, multiplíquense y llenen la tierra.»

⁸Dios les habló otra vez a Noé y a sus hijos, y les dijo: ⁹«Yo establezco mi *pacto con ustedes, con sus descendientes, ¹⁰y con todos los seres vivientes que están con ustedes, es decir, con todos los seres vivientes de la tierra que salieron del arca: las aves, y los animales domésticos y salvajes. ¹¹Éste es mi pacto con ustedes: Nunca más serán exterminados los seres humanos por un diluvio; nunca más habrá un diluvio que destruya la tierra.»

¹²Y Dios añadió: «Ésta es la señal del pacto que establezco para siempre con ustedes y con todos los seres vivientes que los acompañan: ¹³He colocado mi arco iris en las nubes, el cual servirá como señal de mi pacto con la tierra. ¹⁴Cuando yo cubra la tierra de nubes, y en ellas aparezca el arco iris, ¹⁵me acordaré del pacto que he establecido con ustedes y con todos los seres vivientes. Nunca más las aguas se convertirán en un diluvio para destruir a todos los mortales. ¹⁶Cada vez que aparezca el arco iris entre las nubes, yo lo veré y me acordaré del pacto que establecí para siempre con todos los seres vivientes que hay sobre la tierra.»

¹⁷Dios concluyó diciéndole a Noé: «Éste es el pacto que establezco con todos los seres vivientes que hay en la tierra.»

Los hijos de Noé

¹⁸Los hijos de Noé que salieron del arca fueron Sem, Cam, que fue el padre de Canaán, y Jafet. ¹⁹Éstos fueron los tres hijos de Noé que con su descendencia poblaron toda la tierra.

ficed burnt offerings on it. ²¹The Lord smelled the pleasing aroma and said in his heart: "Never again will I curse the ground because of man, even though*m* every inclination of his heart is evil from childhood. And never again will I destroy all living creatures, as I have done.

²²"As long as the earth endures,
seedtime and harvest,
cold and heat,
summer and winter,
day and night
will never cease."

God's Covenant With Noah

9 Then God blessed Noah and his sons, saying to them, "Be fruitful and increase in number and fill the earth. ²The fear and dread of you will fall upon all the beasts of the earth and all the birds of the air, upon every creature that moves along the ground, and upon all the fish of the sea; they are given into your hands. ³Everything that lives and moves will be food for you. Just as I gave you the green plants, I now give you everything.

⁴"But you must not eat meat that has its lifeblood still in it. ⁵And for your lifeblood I will surely demand an accounting. I will demand an accounting from every animal. And from each man, too, I will demand an accounting for the life of his fellow man.

⁶"Whoever sheds the blood of man,
by man shall his blood be shed;
for in the image of God
has God made man.

⁷As for you, be fruitful and increase in number; multiply on the earth and increase upon it."

⁸Then God said to Noah and to his sons with him: ⁹"I now establish my covenant with you and with your descendants after you ¹⁰and with every living creature that was with you—the birds, the livestock and all the wild animals, all those that came out of the ark with you—every living creature on earth. ¹¹I establish my covenant with you: Never again will all life be cut off by the waters of a flood; never again will there be a flood to destroy the earth."

¹²And God said, "This is the sign of the covenant I am making between me and you and every living creature with you, a covenant for all generations to come: ¹³I have set my rainbow in the clouds, and it will be the sign of the covenant between me and the earth. ¹⁴Whenever I bring clouds over the earth and the rainbow appears in the clouds, ¹⁵I will remember my covenant between me and you and all living creatures of every kind. Never again will the waters become a flood to destroy all life. ¹⁶Whenever the rainbow appears in the clouds, I will see it and remember the everlasting covenant between God and all living creatures of every kind on the earth."

¹⁷So God said to Noah, "This is the sign of the covenant I have established between me and all life on the earth."

The Sons of Noah

¹⁸The sons of Noah who came out of the ark were Shem, Ham and Japheth. (Ham was the father of Canaan.) ¹⁹These were the three sons of Noah, and from them came the people who were scattered over the earth.

m 21 Or man, for

20 Noé se dedicó a cultivar la tierra, y plantó una viña. 21 Un día, bebió vino y se embriagó, quedándose desnudo dentro de su carpa. 22 Cam, el padre de Canaán, vio a su padre desnudo y fue a contárselo a sus hermanos, que estaban afuera. 23 Entonces Sem y Jafet tomaron un manto, se lo echaron sobre los hombros, y caminando hacia atrás, cubrieron la desnudez de su padre. Como miraban en dirección opuesta, no lo vieron desnudo.

24 Cuando Noé despertó de su borrachera y se enteró de lo que su hijo menor le había hecho, 25 declaró:

> «¡Maldito sea Canaán!
> Será de sus dos hermanos
> el más bajo de sus esclavos.»

26 Y agregó:

> «¡Bendito sea el SEÑOR, Dios de Sem!
> ¡Que Canaán sea su esclavo!
> 27 ¡Que Dios extienda el territorio de Jafet!s
> ¡Que habite Jafet en los campamentos de
> Sem,
> y que Canaán sea su esclavo!»

28 Después del diluvio Noé vivió trescientos cincuenta años más, 29 de modo que murió a la edad de novecientos cincuenta años.

Las naciones de la tierra

10 Ésta es la historia de Sem, Cam y Jafet, hijos de Noé, quienes después del diluvio tuvieron sus propios hijos.
2 Los hijost de Jafet fueron Gómer, Magog, Maday, Javán, Tubal, Mésec y Tirás.
3 Los hijos de Gómer fueron Asquenaz, Rifat y Togarma.
4 Los hijos de Javán fueron Elisá, Tarsis, Quitín y Rodanín.u
5 Algunos de ellos, que poblaron las costas, formaron naciones y clanes en sus respectivos territorios y con sus propios idiomas.
6 Los hijos de Cam fueron Cus, Misrayin, Fut y Canaán.
7 Los hijos de Cus fueron Seba, Javilá, Sabtá, Ragama y Sabteca.
Los hijos de Ragama fueron Sabá y Dedán.
8 Cus fue el padre de Nimrod, conocido como el primer hombre fuerte de la tierra, 9 quien llegó a ser un valiente cazador ante el SEÑOR. Por eso se dice: «Como Nimrod, valiente cazador ante el SEÑOR.» 10 Las principales ciudades de su reino fueron Babel, Érec, Acad y Calné, en la región de Sinar. 11 Desde esa región Nimrod salió hacia Asur, donde construyóv las ciudades

20 Noah, a man of the soil, proceededn to plant a vineyard. 21 When he drank some of its wine, he became drunk and lay uncovered inside his tent. 22 Ham, the father of Canaan, saw his father's nakedness and told his two brothers outside. 23 But Shem and Japheth took a garment and laid it across their shoulders; then they walked in backward and covered their father's nakedness. Their faces were turned the other way so that they would not see their father's nakedness.

24 When Noah awoke from his wine and found out what his youngest son had done to him, 25 he said,

> "Cursed be Canaan!
> The lowest of slaves
> will he be to his brothers."

26 He also said,

> "Blessed be the LORD, the God of Shem!
> May Canaan be the slave of Shem.o
> 27 May God extend the territory of Japhethp;
> may Japheth live in the tents of Shem,
> and may Canaan be hisq slave."

28 After the flood Noah lived 350 years. 29 Altogether, Noah lived 950 years, and then he died.

The Table of Nations

10 This is the account of Shem, Ham and Japheth, Noah's sons, who themselves had sons after the flood.

The Japhethites

2 The sonsr of Japheth:
Gomer, Magog, Madai, Javan, Tubal, Meshech and Tiras.
3 The sons of Gomer:
Ashkenaz, Riphath and Togarmah.
4 The sons of Javan:
Elishah, Tarshish, the Kittim and the Rodanim.s 5 (From these the maritime peoples spread out into their territories by their clans within their nations, each with its own language.)

The Hamites

6 The sons of Ham:
Cush, Mizraim,t Put and Canaan.
7 The sons of Cush:
Seba, Havilah, Sabtah, Raamah and Sabteca.
The sons of Raamah:
Sheba and Dedan.

8 Cush was the fatheru of Nimrod, who grew to be a mighty warrior on the earth. 9 He was a mighty hunter before the LORD; that is why it is said, "Like Nimrod, a mighty hunter before the LORD." 10 The first centers of his kingdom were Babylon, Erech, Akkad and Calneh, inv Shinar.w 11 From that land he went to Assyr-

---

n 20 Or soil, was the first   o 26 Or be his slave   p 27 Japheth sounds like the Hebrew for extend.   q 27 Or their   r 2 Sons may mean descendants or successors or nations; also in verses 3, 4, 6, 7, 20-23, 29 and 31.   s 4 Some manuscripts of the Masoretic Text and Samaritan Pentateuch (see also Septuagint and 1 Chron. 1:7); most manuscripts of the Masoretic Text Dodanim   t 6 That is, Egypt; also in verse 13   u 8 Father may mean ancestor or predecessor or founder; also in verses 13, 15, 24 and 26.   v 10 Or Erech and Akkad—all of them in   w 10 That is, Babylonia

---

s 9:27 En hebreo, el nombre propio Jafet suena como el verbo que significa extender.   t 10:2 En este contexto hijos puede significar descendientes; así en el resto de este capítulo.   u 10:4 Rodanín (varios mss. hebreos y 1Cr 1:7); Dodanín (TM).   v 10:11 Desde esa región Nimrod salió hacia Asur, donde construyó. Alt. Desde esa región salió Asur, quien construyó.

de Nínive, Rejobot Ir,ʷ Cala ¹²y Resén, la gran ciudad que está entre Nínive y Cala.

¹³Misrayin fue el antepasado de los ludeos, los anameos, los leabitas, los naftuitas, ¹⁴los patruseos, los caslujitas y los caftoritas, de quienes descienden los filisteos.

¹⁵Canaán fue el padre de Sidón, su primogénito, y de Het, ¹⁶y el antepasado de los jebuseos, los amorreos, los gergeseos, ¹⁷los heveos, los araceos, los sineos, ¹⁸los arvadeos, los zemareos y los jamatitas.

Luego, estos clanes cananeos se dispersaron, ¹⁹y su territorio se extendió desde Sidón hasta Guerar y Gaza, y en dirección de Sodoma, Gomorra, Admá y Zeboyín, hasta Lasa.

²⁰Éstos fueron los descendientes de Cam, según sus clanes e idiomas, territorios y naciones.

²¹Sem, antepasado de todos los hijos de Éber, y hermano mayor de Jafet, también tuvo hijos.

²²Los hijos de Sem fueron Elam, Asur, Arfaxad, Lud y Aram.

²³Los hijos de Aram fueron Uz, Hul, Guéter y Mas.

²⁴Arfaxad fue el padre de Selaj.

Selaj fue el padre de Éber.

²⁵Éber tuvo dos hijos: el primero se llamó Péleg,ˣ porque en su tiempo se dividió la tierra; su hermano se llamó Joctán.

²⁶Joctán fue el padre de Almodad, Sélef, Jazar Mávet, Yeraj, ²⁷Hadorán, Uzal, Diclá, ²⁸Obal, Abimael, Sabá, ²⁹Ofir, Javilá y Jobab. Todos éstos fueron hijos de Joctán, ³⁰y vivieron en la región que va desde Mesá hasta Sefar, en la región montañosa oriental.

³¹Éstos fueron los hijos de Sem, según sus clanes y sus idiomas, sus territorios y naciones.

³²Éstos son los clanes de los hijos de Noé, según sus genealogías y sus naciones. A partir de estos clanes, las naciones se extendieron sobre la tierra después del diluvio.

La torre de Babel

11 En ese entonces se hablaba un solo idioma en toda la tierra. ²Al emigrar al oriente, la gente encontró una llanura en la región de Sinar, y allí se asentaron. ³Un día se dijeron unos a otros: «Vamos a hacer ladrillos, y a cocerlos al fuego.» Fue así como usaron ladrillos en vez de piedras, y asfalto en vez de mezcla. ⁴Luego dijeron: «Construyamos una ciudad con una torre que llegue hasta el cielo. De ese modo nos haremos famosos y evitaremos ser dispersados por toda la tierra.»

⁵Pero el SEÑOR bajó para observar la ciudad y la torre que los *hombres estaban construyendo, ⁶y se dijo: «Todos forman un solo pueblo y hablan un solo idioma; esto es sólo el comienzo de sus obras, y todo lo que

ia, where he built Nineveh, Rehoboth Ir,ˣ Calah ¹²and Resen, which is between Nineveh and Calah; that is the great city.

¹³Mizraim was the father of
the Ludites, Anamites, Lehabites, Naphtuhites, ¹⁴Pathrusites, Casluhites (from whom the Philistines came) and Caphtorites.

¹⁵Canaan was the father of
Sidon his firstborn,ʸ and of the Hittites, ¹⁶Jebusites, Amorites, Girgashites, ¹⁷Hivites, Arkites, Sinites, ¹⁸Arvadites, Zemarites and Hamathites.

Later the Canaanite clans scattered ¹⁹and the borders of Canaan reached from Sidon toward Gerar as far as Gaza, and then toward Sodom, Gomorrah, Admah and Zeboiim, as far as Lasha.

²⁰These are the sons of Ham by their clans and languages, in their territories and nations.

The Semites

²¹Sons were also born to Shem, whose older brother wasᶻ Japheth; Shem was the ancestor of all the sons of Eber.

²²The sons of Shem:
Elam, Asshur, Arphaxad, Lud and Aram.

²³The sons of Aram:
Uz, Hul, Gether and Meshech.ᵃ

²⁴Arphaxad was the father ofᵇ Shelah,
and Shelah the father of Eber.

²⁵Two sons were born to Eber:
One was named Peleg,ᶜ because in his time the earth was divided; his brother was named Joktan.

²⁶Joktan was the father of
Almodad, Sheleph, Hazarmaveth, Jerah, ²⁷Hadoram, Uzal, Diklah, ²⁸Obal, Abimael, Sheba, ²⁹Ophir, Havilah and Jobab. All these were sons of Joktan.

³⁰The region where they lived stretched from Mesha toward Sephar, in the eastern hill country.

³¹These are the sons of Shem by their clans and languages, in their territories and nations.

³²These are the clans of Noah's sons, according to their lines of descent, within their nations. From these the nations spread out over the earth after the flood.

The Tower of Babel

11 Now the whole world had one language and a common speech. ²As men moved eastward,ᵈ they found a plain in Shinarᵉ and settled there. ³They said to each other, "Come, let's make bricks and bake them thoroughly." They used brick instead of stone, and tar for mortar. ⁴Then they said, "Come, let us build ourselves a city, with a tower that reaches to the heavens, so that we may make a name for ourselves and not be scattered over the face of the whole earth."

⁵But the LORD came down to see the city and the tower that the men were building. ⁶The LORD said, "If as one people speaking the same language they have begun to do this, then nothing they plan to do will be

---

ˣ 11 Or *Nineveh with its city squares*   ʸ 15 Or *of the Sidonians, the foremost*   ᶻ 21 Or *Shem, the older brother of*
ᵃ 23 See Septuagint and 1 Chron. 1:17; Hebrew *Mash*
ᵇ 24 Hebrew; Septuagint *father of Cainan, and Cainan was the father of*   ᶜ 25 *Peleg* means *division.*   ᵈ 2 Or *from the east*; or *in the east*   ᵉ 2 That is, Babylonia

ʷ 10:11 *Rejobot Ir.* Alt. *con sus plazas urbanas.*   ˣ 10:25 En hebreo, *Péleg* significa *división.*

se propongan lo podrán lograr. ⁷Será mejor que bajemos a confundir su idioma, para que ya no se entiendan entre ellos mismos.»

⁸De esta manera el SEÑOR los dispersó desde allí por toda la tierra, y por lo tanto dejaron de construir la ciudad. ⁹Por eso a la ciudad se le llamó Babel, *y* porque fue allí donde el SEÑOR confundió el idioma de toda la gente de la tierra, y de donde los dispersó por todo el mundo.

Descendientes de Sem

¹⁰Ésta es la historia de Sem:

Dos años después del diluvio, cuando Sem tenía cien años, nació su hijo Arfaxad. ¹¹Después del nacimiento de Arfaxad, Sem vivió quinientos años más, y tuvo otros hijos y otras hijas.

¹²Cuando Arfaxad tenía treinta y cinco años, nació su hijo Selaj. ¹³Después del nacimiento de Selaj, Arfaxad vivió cuatrocientos tres años más, y tuvo otros hijos y otras hijas.

¹⁴Cuando Selaj tenía treinta años, nació su hijo Éber. ¹⁵Después del nacimiento de Éber, Selaj vivió cuatrocientos tres años más, y tuvo otros hijos y otras hijas.

¹⁶Cuando Éber tenía treinta y cuatro años, nació su hijo Péleg. ¹⁷Después del nacimiento de Péleg, Éber vivió cuatrocientos treinta años más, y tuvo otros hijos y otras hijas.

¹⁸Cuando Péleg tenía treinta años, nació su hijo Reú. ¹⁹Después del nacimiento de Reú, Péleg vivió doscientos nueve años más, y tuvo otros hijos y otras hijas.

²⁰Cuando Reú tenía treinta y dos años, nació su hijo Serug. ²¹Después del nacimiento de Serug, Reú vivió doscientos siete años más, y tuvo otros hijos y otras hijas.

²²Cuando Serug tenía treinta años, nació su hijo Najor. ²³Después del nacimiento de Najor, Serug vivió doscientos años más, y tuvo otros hijos y otras hijas.

²⁴Cuando Najor tenía veintinueve años, nació su hijo Téraj. ²⁵Después del nacimiento de Téraj, Najor vivió ciento diecinueve años más, y tuvo otros hijos y otras hijas.

²⁶Cuando Téraj tenía setenta años, ya habían nacido sus hijos Abram, Najor y Jarán.

Descendientes de Téraj

²⁷Ésta es la historia de Téraj, el padre de Abram, Najor y Jarán.

Jarán fue el padre de Lot, ²⁸y murió en Ur de los *caldeos, su tierra natal, cuando su padre Téraj aún vivía. ²⁹Abram se casó con Saray, y Najor se casó con Milca, la hija de Jarán, el cual tuvo otra hija llamada Iscá. ³⁰Pero Saray era estéril; no podía tener hijos.

³¹Téraj salió de Ur de los caldeos rumbo a Canaán. Se fue con su hijo Abram, su nieto Lot y su nuera Saray, la esposa de Abram. Sin embargo, al llegar a la ciudad de Jarán, se quedaron a vivir en aquel lugar, ³²y allí mismo murió Téraj a los doscientos años de edad.

---

impossible for them. ⁷Come, let us go down and confuse their language so they will not understand each other."

⁸So the LORD scattered them from there over all the earth, and they stopped building the city. ⁹That is why it was called Babel*f*—because there the LORD confused the language of the whole world. From there the LORD scattered them over the face of the whole earth.

From Shem to Abram

¹⁰This is the account of Shem.

Two years after the flood, when Shem was 100 years old, he became the father*g* of Arphaxad. ¹¹And after he became the father of Arphaxad, Shem lived 500 years and had other sons and daughters.

¹²When Arphaxad had lived 35 years, he became the father of Shelah. ¹³And after he became the father of Shelah, Arphaxad lived 403 years and had other sons and daughters.*h*

¹⁴When Shelah had lived 30 years, he became the father of Eber. ¹⁵And after he became the father of Eber, Shelah lived 403 years and had other sons and daughters.

¹⁶When Eber had lived 34 years, he became the father of Peleg. ¹⁷And after he became the father of Peleg, Eber lived 430 years and had other sons and daughters.

¹⁸When Peleg had lived 30 years, he became the father of Reu. ¹⁹And after he became the father of Reu, Peleg lived 209 years and had other sons and daughters.

²⁰When Reu had lived 32 years, he became the father of Serug. ²¹And after he became the father of Serug, Reu lived 207 years and had other sons and daughters.

²²When Serug had lived 30 years, he became the father of Nahor. ²³And after he became the father of Nahor, Serug lived 200 years and had other sons and daughters.

²⁴When Nahor had lived 29 years, he became the father of Terah. ²⁵And after he became the father of Terah, Nahor lived 119 years and had other sons and daughters.

²⁶After Terah had lived 70 years, he became the father of Abram, Nahor and Haran.

²⁷This is the account of Terah.

Terah became the father of Abram, Nahor and Haran. And Haran became the father of Lot. ²⁸While his father Terah was still alive, Haran died in Ur of the Chaldeans, in the land of his birth. ²⁹Abram and Nahor both married. The name of Abram's wife was Sarai, and the name of Nahor's wife was Milcah; she was the daughter of Haran, the father of both Milcah and Iscah. ³⁰Now Sarai was barren; she had no children.

³¹Terah took his son Abram, his grandson Lot son of Haran, and his daughter-in-law Sarai, the wife of his son Abram, and together they set out from Ur of the Chaldeans to go to Canaan. But when they came to Haran, they settled there.

³²Terah lived 205 years, and he died in Haran.

---

f 9 That is, Babylon; *Babel* sounds like the Hebrew for *confused.*

g 10 Father may mean *ancestor*; also in verses 11-25.

h 12,13 Hebrew; Septuagint (see also Luke 3:35, 36 and note at Gen. 10:24) *35 years, he became the father of Cainan.* ¹³*And after he became the father of Cainan, Arphaxad lived 430 years and had other sons and daughters, and then he died. When Cainan had lived 130 years, he became the father of Shelah. And after he became the father of Shelah, Cainan lived 330 years and had other sons and daughters*

---

y 11:9 En hebreo, *Babel* suena como el verbo que significa *confundir.*

Llamamiento de Abram

12 El SEÑOR le dijo a Abram: «Deja tu tierra, tus parientes y la casa de tu padre, y vete a la tierra que te mostraré.

2 »Haré de ti una nación grande,
    y te bendeciré;
haré famoso tu *nombre,
    y serás una bendición.
3 Bendeciré a los que te bendigan
    y maldeciré a los que te maldigan;
¡por medio de ti serán bendecidas
    todas las familias de la tierra!»

4 Abram partió, tal como el SEÑOR se lo había ordenado, y Lot se fue con él. Abram tenía setenta y cinco años cuando salió de Jarán. 5 Al encaminarse hacia la tierra de Canaán, Abram se llevó a su esposa Saray, a su sobrino Lot, a toda la gente que habían adquirido en Jarán, y todos los bienes que habían acumulado. Cuando llegaron a Canaán, 6 Abram atravesó toda esa región hasta llegar a Siquén, donde se encuentra la encina sagrada de Moré. En aquella época, los cananeos vivían en esa región. 7 Allí el SEÑOR se le apareció a Abram y le dijo: «Yo le daré esta tierra a tu descendencia.» Entonces Abram erigió un altar al SEÑOR, porque se le había aparecido. 8 De allí se dirigió a la región montañosa que está al este de Betel, donde armó su campamento, teniendo a Betel al oeste y Hai al este. También en ese lugar erigió un altar al SEÑOR e invocó su nombre. 9 Después, Abram siguió su viaje por etapas hasta llegar a la región del Néguev.

Abram en Egipto

10 En ese entonces, hubo tanta hambre en aquella región que Abram se fue a vivir a Egipto. 11 Cuando estaba por entrar a Egipto, le dijo a su esposa Saray: «Yo sé que eres una mujer muy hermosa. 12 Estoy seguro que en cuanto te vean los egipcios, dirán: "Es su esposa"; entonces a mí me matarán, pero a ti te dejarán con vida. 13 Por favor, di que eres mi hermana, para que gracias a ti me vaya bien y me dejen con vida.»

14 Cuando Abram llegó a Egipto, los egipcios vieron que Saray era muy hermosa. 15 También los funcionarios del faraón la vieron, y fueron a contarle al faraón lo hermosa que era. Entonces la llevaron al palacio real. 16 Gracias a ella trataron muy bien a Abram. Le dieron ovejas, vacas, esclavos y esclavas, asnos y asnas, y camellos. 17 Pero por causa de Saray, la esposa de Abram, el SEÑOR castigó al faraón y a su familia con grandes plagas. 18 Entonces el faraón llamó a Abram y le dijo: «¿Qué me has hecho? ¿Por qué no me dijiste que era tu esposa? 19 ¿Por qué dijiste que era tu hermana? ¡Yo pude haberla tomado por esposa! ¡Anda, toma a tu esposa y vete!» 20 Y el faraón ordenó a sus hombres que expulsaran a Abram y a su esposa, junto con todos sus bienes.

Abram y Lot se separan

13 Abram salió de Egipto con su esposa, con Lot y con todos sus bienes, en dirección a la región del Néguev. 2 Abram se había hecho muy rico en ganado, plata y oro. 3 Desde el Néguev, Abram regresó por etapas hasta Betel, es decir, hasta el lugar donde había

The Call of Abram

12 The LORD had said to Abram, "Leave your country, your people and your father's household and go to the land I will show you.

2 "I will make you into a great nation
    and I will bless you;
I will make your name great,
    and you will be a blessing.
3 I will bless those who bless you,
    and whoever curses you I will curse;
and all peoples on earth
    will be blessed through you."

4 So Abram left, as the LORD had told him; and Lot went with him. Abram was seventy-five years old when he set out from Haran. 5 He took his wife Sarai, his nephew Lot, all the possessions they had accumulated and the people they had acquired in Haran, and they set out for the land of Canaan, and they arrived there.

6 Abram traveled through the land as far as the site of the great tree of Moreh at Shechem. At that time the Canaanites were in the land. 7 The LORD appeared to Abram and said, "To your offspring[i] I will give this land." So he built an altar there to the LORD, who had appeared to him.

8 From there he went on toward the hills east of Bethel and pitched his tent, with Bethel on the west and Ai on the east. There he built an altar to the LORD and called on the name of the LORD. 9 Then Abram set out and continued toward the Negev.

Abram in Egypt

10 Now there was a famine in the land, and Abram went down to Egypt to live there for a while because the famine was severe. 11 As he was about to enter Egypt, he said to his wife Sarai, "I know what a beautiful woman you are. 12 When the Egyptians see you, they will say, 'This is his wife.' Then they will kill me but will let you live. 13 Say you are my sister, so that I will be treated well for your sake and my life will be spared because of you."

14 When Abram came to Egypt, the Egyptians saw that she was a very beautiful woman. 15 And when Pharaoh's officials saw her, they praised her to Pharaoh, and she was taken into his palace. 16 He treated Abram well for her sake, and Abram acquired sheep and cattle, male and female donkeys, menservants and maidservants, and camels.

17 But the LORD inflicted serious diseases on Pharaoh and his household because of Abram's wife Sarai. 18 So Pharaoh summoned Abram. "What have you done to me?" he said. "Why didn't you tell me she was your wife? 19 Why did you say, 'She is my sister,' so that I took her to be my wife? Now then, here is your wife. Take her and go!" 20 Then Pharaoh gave orders about Abram to his men, and they sent him on his way, with his wife and everything he had.

Abram and Lot Separate

13 So Abram went up from Egypt to the Negev, with his wife and everything he had, and Lot went with him. 2 Abram had become very wealthy in livestock and in silver and gold.

3 From the Negev he went from place to place until he came to Bethel, to the place between Bethel and Ai

i 7 Or seed

acampado al principio, entre Betel y Hai. 4En ese lugar había erigido antes un altar, y allí invocó Abram el *nombre del SEÑOR.

5También Lot, que iba acompañando a Abram, tenía rebaños, ganado y tiendas de campaña. 6La región donde estaban no daba abasto para mantener a los dos, porque tenían demasiado como para vivir juntos. 7Por eso comenzaron las fricciones entre los pastores de los rebaños de Abram y los que cuidaban los ganados de Lot. Además, los cananeos y los ferezeos también habitaban allí en aquel tiempo.

8Así que Abram le dijo a Lot: «No debe haber pleitos entre nosotros, ni entre nuestros pastores, porque somos parientes. 9Allí tienes toda la tierra a tu disposición. Por favor, aléjate de mí. Si te vas a la izquierda, yo me iré a la derecha, y si te vas a la derecha, yo me iré a la izquierda.»

10Lot levantó la vista y observó que todo el valle del Jordán, hasta Zoar, era tierra de regadío, como el jardín del SEÑOR o como la tierra de Egipto. Así era antes de que el SEÑOR destruyera a Sodoma y a Gomorra. 11Entonces Lot escogió para sí todo el valle del Jordán, y partió hacia el oriente. Fue así como Abram y Lot se separaron. 12Abram se quedó a vivir en la tierra de Canaán, mientras que Lot se fue a vivir entre las ciudades del valle, estableciendo su campamento cerca de la ciudad de Sodoma. 13Los habitantes de Sodoma eran malvados y cometían muy graves pecados contra el SEÑOR.

14Después de que Lot se separó de Abram, el SEÑOR le dijo: «Abram, levanta la vista desde el lugar donde estás, y mira hacia el norte y hacia el sur, hacia el este y hacia el oeste. 15Yo te daré a ti y a tu descendencia, para siempre, toda la tierra que abarca tu mirada. 16Multiplicaré tu descendencia como el polvo de la tierra. Si alguien puede contar el polvo de la tierra, también podrá contar tus descendientes. 17¡Ve y recorre el país a lo largo y a lo ancho, porque a ti te lo daré!»

18Entonces Abram levantó su campamento y se fue a vivir cerca de Hebrón, junto al encinar de Mamré. Allí erigió un altar al SEÑOR.

Abram rescata a Lot

14 En aquel tiempo los reyes Amrafel de Sinar,z Arioc de Elasar, Quedorlaómer de Elam, y Tidal de Goyim 2estuvieron en guerra contra los reyes Bera de Sodoma, Birsá de Gomorra, Sinab de Admá, Semeber de Zeboyín, y el rey de Bela, es decir, de Zoar. 3Estos cinco últimos aunaron fuerzas en el valle de Sidín, conocido como el Mar Muerto. 4Durante doce años habían estado bajo el dominio de Quedorlaómer, pero en el año trece se rebelaron contra él. 5Al año siguiente, Quedorlaómer y los reyes que estaban con él salieron y derrotaron a los refaítas en la región de Astarot Carnayin; luego derrotaron a los zuzitas en Jam, a los emitas en Save Quiriatayin, 6y a los horeos en los montes de Seír, hasta El Parán, que está cerca del desierto. 7Al volver, llegaron hasta Enmispat, es decir, Cades, y conquistaron todo el territorio de los amalecitas, y también el de los amorreos que vivían en la región de Jazezón Tamar.

8Entonces los reyes de Sodoma, Gomorra, Admá, Zeboyín y Bela, es decir, Zoar, salieron al valle de

where his tent had been earlier 4and where he had first built an altar. There Abram called on the name of the LORD.

5Now Lot, who was moving about with Abram, also had flocks and herds and tents. 6But the land could not support them while they stayed together, for their possessions were so great that they were not able to stay together. 7And quarreling arose between Abram's herdsmen and the herdsmen of Lot. The Canaanites and Perizzites were also living in the land at that time.

8So Abram said to Lot, "Let's not have any quarreling between you and me, or between your herdsmen and mine, for we are brothers. 9Is not the whole land before you? Let's part company. If you go to the left, I'll go to the right; if you go to the right, I'll go to the left."

10Lot looked up and saw that the whole plain of the Jordan was well watered, like the garden of the LORD, like the land of Egypt, toward Zoar. (This was before the LORD destroyed Sodom and Gomorrah.) 11So Lot chose for himself the whole plain of the Jordan and set out toward the east. The two men parted company: 12Abram lived in the land of Canaan, while Lot lived among the cities of the plain and pitched his tents near Sodom. 13Now the men of Sodom were wicked and were sinning greatly against the LORD.

14The LORD said to Abram after Lot had parted from him, "Lift up your eyes from where you are and look north and south, east and west. 15All the land that you see I will give to you and your offspringj forever. 16I will make your offspring like the dust of the earth, so that if anyone could count the dust, then your offspring could be counted. 17Go, walk through the length and breadth of the land, for I am giving it to you."

18So Abram moved his tents and went to live near the great trees of Mamre at Hebron, where he built an altar to the LORD.

Abram Rescues Lot

14 At this time Amraphel king of Shinar,k Arioch king of Ellasar, Kedorlaomer king of Elam and Tidal king of Goiim 2went to war against Bera king of Sodom, Birsha king of Gomorrah, Shinab king of Admah, Shemeber king of Zeboiim, and the king of Bela (that is, Zoar). 3All these latter kings joined forces in the Valley of Siddim (the Salt Seal). 4For twelve years they had been subject to Kedorlaomer, but in the thirteenth year they rebelled.

5In the fourteenth year, Kedorlaomer and the kings allied with him went out and defeated the Rephaites in Ashteroth Karnaim, the Zuzites in Ham, the Emites in Shaveh Kiriathaim 6and the Horites in the hill country of Seir, as far as El Paran near the desert. 7Then they turned back and went to En Mishpat (that is, Kadesh), and they conquered the whole territory of the Amalekites, as well as the Amorites who were living in Hazazon Tamar.

8Then the king of Sodom, the king of Gomorrah, the king of Admah, the king of Zeboiim and the king of Bela (that is, Zoar) marched out and drew up their

---

z14:1 Sinar. Es decir, Babilonia; también en v. 9.

j15 Or seed; also in verse 16   k1 That is, Babylonia; also in verse 9   l3 That is, the Dead Sea

Sidín y presentaron batalla ⁹a los reyes Quedorlaómer de Elam, Tidal de Goyim, Amrafel de Sinar, y Arioc de Elasar. Eran cuatro reyes contra cinco. ¹⁰El valle de Sidín estaba lleno de pozos de asfalto, y cuando los reyes de Sodoma y Gomorra huyeron, se cayeron en ellos, pero los demás lograron escapar hacia los montes. ¹¹Los vencedores saquearon todos los bienes de Sodoma y de Gomorra, junto con todos los alimentos, y luego se retiraron. ¹²Y como Lot, el sobrino de Abram, habitaba en Sodoma, también se lo llevaron a él, con todas sus posesiones.

¹³Uno de los que habían escapado le informó todo esto a Abram el hebreo, que estaba acampando junto al encinar de Mamré el amorreo. Mamré era hermano*a* de Escol y de Aner, y éstos eran aliados de Abram. ¹⁴En cuanto Abram supo que su sobrino estaba cautivo, convocó a trescientos dieciocho hombres adiestrados que habían nacido en su casa, y persiguió a los invasores hasta Dan. ¹⁵Durante la noche Abram y sus siervos desplegaron sus fuerzas y los derrotaron, persiguiéndolos hasta Hobá, que está al norte de Damasco. ¹⁶Así recuperó todos los bienes, y también rescató a su sobrino Lot, junto con sus posesiones, las mujeres y la demás gente.

¹⁷Cuando Abram volvía de derrotar a Quedorlaómer y a los reyes que estaban con él, el rey de Sodoma salió a su encuentro en el valle de Save, es decir, en el valle del Rey.

¹⁸Y Melquisedec, rey de *Salén y sacerdote del Dios *altísimo, le ofreció pan y vino. ¹⁹Luego bendijo a Abram con estas palabras:

«¡Que el Dios altísimo,
    creador*b* del cielo y de la tierra,
    bendiga a Abram!
²⁰¡Bendito sea el Dios altísimo,
    que entregó en tus manos a tus enemigos!»

Entonces Abram le dio el diezmo de todo.
²¹El rey de Sodoma le dijo a Abram:
—Dame las personas y quédate con los bienes.
²²Pero Abram le contestó:
—He jurado por el SEÑOR, el Dios altísimo, creador del cielo y de la tierra, ²³que no tomaré nada de lo que es tuyo, ni siquiera un hilo ni la correa de una sandalia. Así nunca podrás decir: "Yo hice rico a Abram." ²⁴No quiero nada para mí, salvo lo que mis hombres ya han comido. En cuanto a los hombres que me acompañaron, es decir, Aner, Escol y Mamré, que tomen ellos su parte.

Dios hace un pacto con Abram

15 Después de esto, la palabra del SEÑOR vino a Abram en una visión:

«No temas, Abram.
    Yo soy tu escudo,
    y muy grande será tu recompensa.»

²Pero Abram le respondió:
—SEÑOR y Dios, ¿para qué vas a darme algo, si aún sigo sin tener hijos, y el heredero*c* de mis bienes será Eliezer de Damasco? ³Como no me has dado ningún hijo, mi herencia la recibirá uno de mis criados.
⁴—¡No! Ese hombre no ha de ser tu heredero —le contestó el SEÑOR—. Tu heredero será tu propio hijo.

battle lines in the Valley of Siddim ⁹against Kedorlaomer king of Elam, Tidal king of Goiim, Amraphel king of Shinar and Arioch king of Ellasar—four kings against five. ¹⁰Now the Valley of Siddim was full of tar pits, and when the kings of Sodom and Gomorrah fled, some of the men fell into them and the rest fled to the hills. ¹¹The four kings seized all the goods of Sodom and Gomorrah and all their food; then they went away. ¹²They also carried off Abram's nephew Lot and his possessions, since he was living in Sodom.

¹³One who had escaped came and reported this to Abram the Hebrew. Now Abram was living near the great trees of Mamre the Amorite, a brother*m* of Eshcol and Aner, all of whom were allied with Abram. ¹⁴When Abram heard that his relative had been taken captive, he called out the 318 trained men born in his household and went in pursuit as far as Dan. ¹⁵During the night Abram divided his men to attack them and he routed them, pursuing them as far as Hobah, north of Damascus. ¹⁶He recovered all the goods and brought back his relative Lot and his possessions, together with the women and the other people.

¹⁷After Abram returned from defeating Kedorlaomer and the kings allied with him, the king of Sodom came out to meet him in the Valley of Shaveh (that is, the King's Valley).

¹⁸Then Melchizedek king of Salem*n* brought out bread and wine. He was priest of God Most High, ¹⁹and he blessed Abram, saying,

"Blessed be Abram by God Most High,
    Creator*o* of heaven and earth.
²⁰And blessed be*p* God Most High,
    who delivered your enemies into your
        hand."

Then Abram gave him a tenth of everything.
²¹The king of Sodom said to Abram, "Give me the people and keep the goods for yourself."
²²But Abram said to the king of Sodom, "I have raised my hand to the LORD, God Most High, Creator of heaven and earth, and have taken an oath ²³that I will accept nothing belonging to you, not even a thread or the thong of a sandal, so that you will never be able to say, 'I made Abram rich.' ²⁴I will accept nothing but what my men have eaten and the share that belongs to the men who went with me—to Aner, Eshcol and Mamre. Let them have their share."

God's Covenant With Abram

15 After this, the word of the LORD came to Abram in a vision:

"Do not be afraid, Abram.
    I am your shield,*q*
    your very great reward.*r*"

²But Abram said, "O Sovereign LORD, what can you give me since I remain childless and the one who will inherit*s* my estate is Eliezer of Damascus?" ³And Abram said, "You have given me no children; so a servant in my household will be my heir." ⁴Then the word of the LORD came to him: "This man will not be your heir, but a son coming from your own

---

a 14:13 hermano. Alt. pariente o un aliado.   b 14:19 creador.
Alt. dueño; también en v. 22.   c 15:2 heredero. Palabra de difícil
traducción.

m 13 Or a relative; or an ally   n 18 That is, Jerusalem
o 19 Or Possessor; also in verse 22   p 20 Or And praise be to
q 1 Or sovereign   r 1 Or shield; / your reward will be very great
s 2 The meaning of the Hebrew for this phrase is uncertain.

5 Luego el SEÑOR lo llevó afuera y le dijo:

—Mira hacia el cielo y cuenta las estrellas, a ver si puedes. ¡Así de numerosa será tu descendencia!

6 Abram creyó al SEÑOR, y el SEÑOR lo reconoció a él como justo. 7 Además, le dijo:

—Yo soy el SEÑOR, que te hice salir de Ur de los *caldeos para darte en posesión esta tierra.

8 Pero Abram le preguntó:

—SEÑOR y Dios, ¿cómo sabré que voy a poseerla?

9 El SEÑOR le respondió:

—Tráeme una ternera, una cabra y un carnero, todos ellos de tres años, y también una tórtola y un pichón de paloma.

10 Abram llevó todos estos animales, los partió por la mitad, y puso una mitad frente a la otra, pero a las aves no las partió. 11 Y las aves de rapiña comenzaron a lanzarse sobre los animales muertos, pero Abram las espantaba.

12 Al anochecer, Abram cayó en un profundo sueño, y lo envolvió una oscuridad aterradora. 13 El SEÑOR le dijo:

—Debes saber que tus descendientes vivirán como extranjeros en tierra extraña, donde serán esclavizados y maltratados durante cuatrocientos años. 14 Pero yo castigaré a la nación que los esclavizará, y luego tus descendientes saldrán en libertad y con grandes riquezas. 15 Tú, en cambio, te reunirás en *paz con tus antepasados, y te enterrarán cuando ya seas muy anciano. 16 Cuatro generaciones después tus descendientes volverán a este lugar, porque antes de eso no habrá llegado al colmo la iniquidad de los amorreos.

17 Cuando el sol se puso y cayó la noche, aparecieron una hornilla humeante y una antorcha encendida, las cuales pasaban entre los animales descuartizados. 18 En aquel día el SEÑOR hizo un *pacto con Abram. Le dijo:

—A tus descendientes les daré esta tierra, desde el río de Egipto hasta el gran río, el Éufrates. 19 Me refiero a la tierra de los quenitas, los quenizitas, los cadmoneos, 20 los hititas, los ferezeos, los refaítas, 21 los amorreos, los cananeos, los gergeseos y los jebuseos.

Agar e Ismael

16 Saray, la esposa de Abram, no le había dado hijos. Pero como tenía una esclava egipcia llamada Agar, 2 Saray le dijo a Abram:

—El SEÑOR me ha hecho estéril. Por lo tanto, ve y acuéstate con mi esclava Agar. Tal vez por medio de ella podré tener hijos.

Abram aceptó la propuesta que le hizo Saray. 3 Entonces ella tomó a Agar, la esclava egipcia, y se la entregó a Abram como mujer. Esto ocurrió cuando ya hacía diez años que Abram vivía en Canaán.

4 Abram tuvo relaciones con Agar, y ella concibió un hijo. Al darse cuenta Agar de que estaba embarazada, comenzó a mirar con desprecio a su dueña. 5 Entonces Saray le dijo a Abram:

—¡Tú tienes la culpa de mi afrenta! Yo puse a mi esclava en tus brazos, y ahora que se ve embarazada me mira con desprecio. ¡Que el SEÑOR juzgue entre tú y yo!

6 —Tu esclava está en tus manos —contestó Abram—; haz con ella lo que bien te parezca.

Y de tal manera comenzó Saray a maltratar a Agar, que ésta huyó al desierto. 7 Allí, junto a un manantial que está en el camino a la región de Sur, la encontró el

body will be your heir." 5 He took him outside and said, "Look up at the heavens and count the stars—if indeed you can count them." Then he said to him, "So shall your offspring be."

6 Abram believed the LORD, and he credited it to him as righteousness.

7 He also said to him, "I am the LORD, who brought you out of Ur of the Chaldeans to give you this land to take possession of it."

8 But Abram said, "O Sovereign LORD, how can I know that I will gain possession of it?"

9 So the LORD said to him, "Bring me a heifer, a goat and a ram, each three years old, along with a dove and a young pigeon.

10 Abram brought all these to him, cut them in two and arranged the halves opposite each other; the birds, however, he did not cut in half. 11 Then birds of prey came down on the carcasses, but Abram drove them away.

12 As the sun was setting, Abram fell into a deep sleep, and a thick and dreadful darkness came over him. 13 Then the LORD said to him, "Know for certain that your descendants will be strangers in a country not their own, and they will be enslaved and mistreated four hundred years. 14 But I will punish the nation they serve as slaves, and afterward they will come out with great possessions. 15 You, however, will go to your fathers in peace and be buried at a good old age. 16 In the fourth generation your descendants will come back here, for the sin of the Amorites has not yet reached its full measure."

17 When the sun had set and darkness had fallen, a smoking firepot with a blazing torch appeared and passed between the pieces. 18 On that day the LORD made a covenant with Abram and said, "To your descendants I give this land, from the river[l] of Egypt to the great river, the Euphrates— 19 the land of the Kenites, Kenizzites, Kadmonites, 20 Hittites, Perizzites, Rephaites, 21 Amorites, Canaanites, Girgashites and Jebusites."

Hagar and Ishmael

16 Now Sarai, Abram's wife, had borne him no children. But she had an Egyptian maidservant named Hagar; 2 so she said to Abram, "The LORD has kept me from having children. Go, sleep with my maidservant; perhaps I can build a family through her."

Abram agreed to what Sarai said. 3 So after Abram had been living in Canaan ten years, Sarai his wife took her Egyptian maidservant Hagar and gave her to her husband to be his wife. 4 He slept with Hagar, and she conceived.

When she knew she was pregnant, she began to despise her mistress. 5 Then Sarai said to Abram, "You are responsible for the wrong I am suffering. I put my servant in your arms, and now that she knows she is pregnant, she despises me. May the LORD judge between you and me."

6 "Your servant is in your hands," Abram said. "Do with her whatever you think best." Then Sarai mistreated Hagar; so she fled from her.

7 The angel of the LORD found Hagar near a spring in the desert; it was the spring that is beside the road to

l 18 Or Wadi

ángel del SEÑOR 8 y le preguntó:

—Agar, esclava de Saray, ¿de dónde vienes y a dónde vas?

—Estoy huyendo de mi dueña Saray —respondió ella.

9 —Vuelve junto a ella y sométete a su autoridad —le dijo el ángel—. 10 De tal manera multiplicaré tu descendencia, que no se podrá contar.

11 »Estás embarazada, y darás a luz un hijo,
    y le pondrás por *nombre Ismael,d
  porque el SEÑOR ha escuchado tu aflicción.
12 Será un hombre indómito como asno salvaje.
    Luchará contra todos, y todos lucharán
      contra él;
  y vivirá en conflicto con todos sus
      hermanos.

13 Como el SEÑOR le había hablado, Agar le puso por nombre «El Dios que me ve»,e pues se decía: «Ahora he visto alf que me ve.» 14 Por eso también el pozo que está entre Cades y Béred se conoce con el nombre de «Pozo del Viviente que me ve».g

15 Agar le dio a Abram un hijo, a quien Abram llamó Ismael. 16 Abram tenía ochenta y seis años cuando nació Ismael.

El pacto y la circuncisión

17 Cuando Abram tenía noventa y nueve años, el SEÑOR se le apareció y le dijo:

—Yo soy el Dios *Todopoderoso. Vive en mi presencia y sé intachable. 2 Así confirmaré mi *pacto contigo, y multiplicaré tu descendencia en gran manera.

3 Al oír que Dios le hablaba, Abram cayó rostro en tierra, y Dios continuó:

4 —Éste es el pacto que establezco contigo: Tú serás el padre de una multitud de naciones. 5 Ya no te llamarás Abram,h sino que de ahora en adelante tu *nombre será Abraham,i porque te he confirmado como padre de una multitud de naciones. 6 Te haré tan fecundo que de ti saldrán reyes y naciones. 7 Estableceré mi pacto contigo y con tu descendencia, como pacto perpetuo, por todas las generaciones. Yo seré tu Dios, y el Dios de tus descendientes. 8 A ti y a tu descendencia les daré, en posesión perpetua, toda la tierra de Canaán, donde ahora andan peregrinando. Y yo seré su Dios.

9 Dios también le dijo a Abraham:

—Cumple con mi pacto, tú y toda tu descendencia, por todas las generaciones. 10 Y éste es el pacto que establezco contigo y con tu descendencia, y que todos deberán cumplir: Todos los varones entre ustedes deberán ser circuncidados. 11 Circuncidarán la carne de su prepucio, y ésa será la señal del pacto entre nosotros. 12 Todos los varones de cada generación deberán ser circuncidados a los ocho días de nacidos, tanto los niños nacidos en casa como los que hayan sido comprados por dinero a un extranjero y que, por lo tanto, no sean de la estirpe de ustedes. 13 Todos sin excepción, tanto el nacido en casa como el que haya sido comprado por dinero, deberán ser circuncidados. De esta manera mi pacto quedará como una marca indeleble en la

Shur. 8 And he said, "Hagar, servant of Sarai, where have you come from, and where are you going?"

"I'm running away from my mistress Sarai," she answered.

9 Then the angel of the LORD told her, "Go back to your mistress and submit to her." 10 The angel added, "I will so increase your descendants that they will be too numerous to count."

11 The angel of the LORD also said to her:

  "You are now with child
    and you will have a son.
  You shall name him Ishmael,u
    for the LORD has heard of your misery.
12 He will be a wild donkey of a man;
  his hand will be against everyone
    and everyone's hand against him,
  and he will live in hostility
    towardv all his brothers."

13 She gave this name to the LORD who spoke to her: "You are the God who sees me," for she said, "I have now seenw the One who sees me." 14 That is why the well was called Beer Lahai Roix; it is still there, between Kadesh and Bered.

15 So Hagar bore Abram a son, and Abram gave the name Ishmael to the son she had borne. 16 Abram was eighty-six years old when Hagar bore him Ishmael.

The Covenant of Circumcision

17 When Abram was ninety-nine years old, the LORD appeared to him and said, "I am God Almightyy; walk before me and be blameless. 2 I will confirm my covenant between me and you and will greatly increase your numbers."

3 Abram fell facedown, and God said to him, 4 "As for me, this is my covenant with you: You will be the father of many nations. 5 No longer will you be called Abramz; your name will be Abraham,a for I have made you a father of many nations. 6 I will make you very fruitful; I will make nations of you, and kings will come from you. 7 I will establish my covenant as an everlasting covenant between me and you and your descendants after you for the generations to come, to be your God and the God of your descendants after you. 8 The whole land of Canaan, where you are now an alien, I will give as an everlasting possession to you and your descendants after you; and I will be their God."

9 Then God said to Abraham, "As for you, you must keep my covenant, you and your descendants after you for the generations to come. 10 This is my covenant with you and your descendants after you, the covenant you are to keep: Every male among you shall be circumcised. 11 You are to undergo circumcision, and it will be the sign of the covenant between me and you. 12 For the generations to come every male among you who is eight days old must be circumcised, including those born in your household or bought with money from a foreigner—those who are not your offspring. 13 Whether born in your household or bought with your money, they must be circumcised. My covenant in your flesh is

---

d 16:11 En hebreo, Ismael significa Dios escucha.   e 16:13 El Dios que me ve. Lit. El Roí.   f 16:13 he visto al. Lit. he visto la espalda del.   g 16:14 Pozo del Viviente que me ve. Lit. Ber Lajay Roí.   h 17:5 En hebreo, Abram significa padre enaltecido. i 17:5 En hebreo, Abraham puede significar padre de muchos o padre de misericordia.

u 11 Ishmael means God hears.   v 12 Or live to the east / of w 13 Or seen the back of   x 14 Beer Lahai Roi means well of the Living One who sees me.   y 1 Hebrew El-Shaddai z 5 Abram means exalted father.   a 5 Abraham means father of many.

carne de ustedes, como un pacto perpetuo. 14 Pero el varón incircunciso, al que no se le haya cortado la carne del prepucio, será eliminado de su pueblo por quebrantar mi pacto.

15 También le dijo Dios a Abraham:

—A Saray, tu esposa, ya no la llamarás Saray, sino que su nombre será Sara.*j* 16 Yo la bendeciré, y por medio de ella te daré un hijo. Tanto la bendeciré, que será madre de naciones, y de ella surgirán reyes de pueblos.

17 Entonces Abraham inclinó el rostro hasta el suelo y se rió de pensar: «¿Acaso puede un hombre tener un hijo a los cien años, y ser madre Sara a los noventa?» 18 Por eso le dijo a Dios:

—¡Concédele a Ismael vivir bajo tu bendición!

19 A lo que Dios contestó:

—¡Pero es Sara, tu esposa, la que te dará un hijo, al que llamarás Isaac!*k* Yo estableceré mi pacto con él y con sus descendientes, como pacto perpetuo. 20 En cuanto a Ismael, ya te he escuchado. Yo lo bendeciré, lo haré fecundo y le daré una descendencia numerosa. Él será el padre de doce príncipes. Haré de él una nación muy grande. 21 Pero mi pacto lo estableceré con Isaac, el hijo que te dará Sara de aquí a un año, por estos días.

22 Cuando Dios terminó de hablar con Abraham, se retiró de su presencia. 23 Ese mismo día Abraham tomó a su hijo Ismael, a los criados nacidos en su casa, a los que había comprado con su dinero y a todos los otros varones que había en su casa, y los circuncidó, tal como Dios se lo había mandado. 24 Abraham tenía noventa y nueve años cuando fue circuncidado, 25 mientras que su hijo Ismael tenía trece. 26 Así que ambos fueron circuncidados el mismo día 27 junto con todos los varones de su casa, tanto los nacidos en ella como los comprados a extranjeros.

La visita del SEÑOR

18 El SEÑOR se le apareció a Abraham junto al encinar de Mamré, cuando Abraham estaba sentado a la entrada de su carpa, a la hora más calurosa del día. 2 Abraham alzó la vista, y vio a tres hombres de pie cerca de él. Al verlos, corrió desde la entrada de la carpa a saludarlos. Inclinándose hasta el suelo, 3 dijo:

—Mi señor, si este servidor suyo cuenta con su favor, le ruego que no me pase de largo. 4 Haré que les traigan un poco de agua para que ustedes se laven los pies, y luego podrán descansar bajo el árbol. 5 Ya que han pasado por donde está su servidor, déjenme traerles algo de comer para que se sientan mejor antes de seguir su camino.

—¡Está bien —respondieron ellos—, hazlo así!

6 Abraham fue rápidamente a la carpa donde estaba Sara, y le dijo:

—¡Date prisa! Toma unos veinte kilos*l* de harina fina, amásalos y haz unos panes.

7 Después Abraham fue corriendo adonde estaba el ganado, eligió un ternero bueno y tierno, y se lo dio a su sirviente, quien a toda prisa se puso a prepararlo. 8 Luego les sirvió requesón y leche con el ternero que estaba preparado. Mientras comían, Abraham se quedó de pie junto a ellos, debajo del árbol. 9 Entonces ellos le preguntaron:

—¿Dónde está Sara, tu esposa?

—Allí en la carpa —les respondió.

to be an everlasting covenant. 14 Any uncircumcised male, who has not been circumcised in the flesh, will be cut off from his people; he has broken my covenant."

15 God also said to Abraham, "As for Sarai your wife, you are no longer to call her Sarai; her name will be Sarah. 16 I will bless her and will surely give you a son by her. I will bless her so that she will be the mother of nations; kings of peoples will come from her."

17 Abraham fell facedown; he laughed and said to himself, "Will a son be born to a man a hundred years old? Will Sarah bear a child at the age of ninety?" 18 And Abraham said to God, "If only Ishmael might live under your blessing!"

19 Then God said, "Yes, but your wife Sarah will bear you a son, and you will call him Isaac.*b* I will establish my covenant with him as an everlasting covenant for his descendants after him. 20 And as for Ishmael, I have heard you: I will surely bless him; I will make him fruitful and will greatly increase his numbers. He will be the father of twelve rulers, and I will make him into a great nation. 21 But my covenant I will establish with Isaac, whom Sarah will bear to you by this time next year." 22 When he had finished speaking with Abraham, God went up from him.

23 On that very day Abraham took his son Ishmael and all those born in his household or bought with his money, every male in his household, and circumcised them, as God told him. 24 Abraham was ninety-nine years old when he was circumcised, 25 and his son Ishmael was thirteen; 26 Abraham and his son Ishmael were both circumcised on that same day. 27 And every male in Abraham's household, including those born in his household or bought from a foreigner, was circumcised with him.

The Three Visitors

18 The LORD appeared to Abraham near the great trees of Mamre while he was sitting at the entrance to his tent in the heat of the day. 2 Abraham looked up and saw three men standing nearby. When he saw them, he hurried from the entrance of his tent to meet them and bowed low to the ground.

3 He said, "If I have found favor in your eyes, my lord,*c* do not pass your servant by. 4 Let a little water be brought, and then you may all wash your feet and rest under this tree. 5 Let me get you something to eat, so you can be refreshed and then go on your way— now that you have come to your servant."

"Very well," they answered, "do as you say."

6 So Abraham hurried into the tent to Sarah. "Quick," he said, "get three seahs*d* of fine flour and knead it and bake some bread."

7 Then he ran to the herd and selected a choice, tender calf and gave it to a servant, who hurried to prepare it. 8 He then brought some curds and milk and the calf that had been prepared, and set these before them. While they ate, he stood near them under a tree.

9 "Where is your wife Sarah?" they asked him.

"There, in the tent," he said.

---

j 17:15 En hebreo, *Sara* significa *princesa.*   *k 17:19* En hebreo, *Isaac* significa *él se ríe.*   *l 18:6* *unos veinte kilos.* Lit. *tres* *seah.*

b 19 Isaac means *he laughs.*   *c 3* Or *O Lord*   *d 6* That is, probably about 20 quarts (about 22 liters)

10 —Dentro de un año volveré a verte —dijo uno de ellos—, y para entonces tu esposa Sara tendrá un hijo.

Sara estaba escuchando a la entrada de la carpa, a espaldas del que hablaba. 11 Abraham y Sara eran ya bastante ancianos, y Sara ya había dejado de menstruar. 12 Por eso, Sara se rió y pensó: «¿Acaso voy a tener este placer, ahora que ya estoy consumida y mi esposo es tan viejo?» 13 Pero el SEÑOR le dijo a Abraham:

—¿Por qué se ríe Sara? ¿No cree que podrá tener un hijo en su vejez? 14 ¿Acaso hay algo imposible para el SEÑOR? El año que viene volveré a visitarte en esta fecha, y para entonces Sara habrá tenido un hijo.

15 Sara, por su parte, tuvo miedo y mintió al decirle:
—Yo no me estaba riendo.

Pero el SEÑOR le replicó:
—Sí te reíste.

Abraham intercede en favor de Sodoma

16 Luego aquellos visitantes se levantaron y partieron de allí en dirección a Sodoma. Abraham los acompañó para despedirlos. 17 Pero el SEÑOR estaba pensando: «¿Le ocultaré a Abraham lo que estoy por hacer? 18 Es un hecho que Abraham se convertirá en una nación grande y poderosa, y en él serán bendecidas todas las naciones de la tierra. 19 Yo lo he elegido para que instruya a sus hijos y a su familia, a fin de que se mantengan en el *camino del SEÑOR y pongan en práctica lo que es justo y recto. Así el SEÑOR cumplirá lo que le ha prometido.»

20 Entonces el SEÑOR le dijo a Abraham:

—El clamor contra Sodoma y Gomorra resulta ya insoportable, y su pecado es gravísimo. 21 Por eso bajaré, a ver si realmente sus acciones son tan malas como el clamor contra ellas me lo indica; y si no, he de saberlo.

22 Dos de los visitantes partieron de allí y se encaminaron a Sodoma, pero Abraham se quedó de pie frente al SEÑOR. 23 Entonces se acercó al SEÑOR y le dijo:

—¿De veras vas a exterminar al justo junto con el malvado? 24 Quizá haya cincuenta justos en la ciudad. ¿Exterminarás a todos, y no perdonarás a ese lugar por amor a los cincuenta justos que allí hay? 25 ¡Lejos de ti el hacer tal cosa! ¿Matar al justo junto con el malvado, y que ambos sean tratados de la misma manera? ¡Jamás hagas tal cosa! Tú, que eres el Juez de toda la tierra, ¿no harás justicia?

26 El SEÑOR le respondió:

—Si encuentro cincuenta justos en Sodoma, por ellos perdonaré a toda la ciudad.

27 Abraham le dijo:

—Reconozco que he sido muy atrevido al dirigirme a mi SEÑOR, yo, que apenas soy polvo y ceniza. 28 Pero tal vez falten cinco justos para completar los cincuenta. ¿Destruirás a toda la ciudad si faltan esos cinco?

—Si encuentro cuarenta y cinco justos no la destruiré —contestó el SEÑOR.

29 Pero Abraham insistió:

—Tal vez se encuentren sólo cuarenta.

—Por esos cuarenta justos, no destruiré la ciudad —respondió el SEÑOR.

30 Abraham volvió a insistir:

—No se enoje mi SEÑOR, pero permítame seguir hablando. Tal vez se encuentren sólo treinta.

—No lo haré si encuentro allí a esos treinta —contestó el SEÑOR.

10 Then the LORD[e] said, "I will surely return to you about this time next year, and Sarah your wife will have a son."

Now Sarah was listening at the entrance to the tent, which was behind him. 11 Abraham and Sarah were already old and well advanced in years, and Sarah was past the age of childbearing. 12 So Sarah laughed to herself as she thought, "After I am worn out and my master[f] is old, will I now have this pleasure?"

13 Then the LORD said to Abraham, "Why did Sarah laugh and say, 'Will I really have a child, now that I am old?' 14 Is anything too hard for the LORD? I will return to you at the appointed time next year and Sarah will have a son."

15 Sarah was afraid, so she lied and said, "I did not laugh."

But he said, "Yes, you did laugh."

Abraham Pleads for Sodom

16 When the men got up to leave, they looked down toward Sodom, and Abraham walked along with them to see them on their way. 17 Then the LORD said, "Shall I hide from Abraham what I am about to do? 18 Abraham will surely become a great and powerful nation, and all nations on earth will be blessed through him. 19 For I have chosen him, so that he will direct his children and his household after him to keep the way of the LORD by doing what is right and just, so that the LORD will bring about for Abraham what he has promised him."

20 Then the LORD said, "The outcry against Sodom and Gomorrah is so great and their sin so grievous 21 that I will go down and see if what they have done is as bad as the outcry that has reached me. If not, I will know."

22 The men turned away and went toward Sodom, but Abraham remained standing before the LORD.[g] 23 Then Abraham approached him and said: "Will you sweep away the righteous with the wicked? 24 What if there are fifty righteous people in the city? Will you really sweep it away and not spare[h] the place for the sake of the fifty righteous people in it? 25 Far be it from you to do such a thing—to kill the righteous with the wicked, treating the righteous and the wicked alike. Far be it from you! Will not the Judge[i] of all the earth do right?"

26 The LORD said, "If I find fifty righteous people in the city of Sodom, I will spare the whole place for their sake."

27 Then Abraham spoke up again: "Now that I have been so bold as to speak to the Lord, though I am nothing but dust and ashes, 28 what if the number of the righteous is five less than fifty? Will you destroy the whole city because of five people?"

"If I find forty-five there," he said, "I will not destroy it."

29 Once again he spoke to him, "What if only forty are found there?"

He said, "For the sake of forty, I will not do it."

30 Then he said, "May the Lord not be angry, but let me speak. What if only thirty can be found there?"

He answered, "I will not do it if I find thirty there."

---

e 10 Hebrew Then he   f 12 Or husband   g 22 Masoretic Text; an ancient Hebrew scribal tradition but the LORD remained standing before Abraham   h 24 Or forgive; also in verse 26
i 25 Or Ruler

³¹Abraham siguió insistiendo:

—Sé que he sido muy atrevido en hablarle así a mi SEÑOR, pero tal vez se encuentren sólo veinte.

—Por esos veinte no la destruiré.

³²Abraham volvió a decir:

—No se enoje mi SEÑOR, pero permítame hablar una vez más. Tal vez se encuentren sólo diez...

—Aun por esos diez no la destruiré —respondió el SEÑOR por última vez.

³³Cuando el SEÑOR terminó de hablar con Abraham, se fue de allí, y Abraham regresó a su carpa.

Destrucción de Sodoma y Gomorra

19 Caía la tarde cuando los dos ángeles llegaron a Sodoma. Lot estaba sentado a la entrada de la ciudad. Al verlos, se levantó para recibirlos y se postró rostro en tierra. ²Les dijo:

—Por favor, señores, les ruego que pasen la noche en la casa de este servidor suyo. Allí podrán lavarse los pies, y mañana al amanecer seguirán su camino.

—No, gracias —respondieron ellos—. Pasaremos la noche en la plaza.

³Pero tanto les insistió Lot que fueron con él y entraron en su casa. Allí Lot les preparó una buena comida y coció panes sin levadura, y ellos comieron.

⁴Aún no se habían acostado cuando los hombres de la ciudad de Sodoma rodearon la casa. Todo el pueblo sin excepción, tanto jóvenes como ancianos, estaba allí presente. ⁵Llamaron a Lot y le dijeron:

—¿Dónde están los hombres que vinieron a pasar la noche en tu casa? ¡Échalos afuera! ¡Queremos acostarnos con ellos!

⁶Lot salió a la puerta y, cerrándola detrás de sí, ⁷les dijo:

—Por favor, amigos míos, no cometan tal perversidad. ⁸Tengo dos hijas que todavía son vírgenes; voy a traérselas para que hagan con ellas lo que les plazca, pero a estos hombres no les hagan nada, pues han venido a hospedarse bajo mi techo.

⁹—¡Quítate de ahí! —le contestaron, y añadieron—: Éste ni siquiera es de aquí, y ahora nos quiere mandar. ¡Pues ahora te vamos a tratar peor que a ellos!

Entonces se lanzaron contra Lot y se acercaron a la puerta con intenciones de derribarla. ¹⁰Pero los dos hombres extendieron los brazos, metieron a Lot en la casa y cerraron la puerta. ¹¹Luego, a los jóvenes y ancianos que se agolparon contra la puerta de la casa los dejaron ciegos, de modo que ya no podían encontrar la puerta. ¹²Luego le advirtieron a Lot:

—¿Tienes otros familiares aquí? Saca de esta ciudad a tus yernos, hijos, hijas, y a todos los que te pertenezcan, ¹³porque vamos a destruirla. El clamor contra esta gente ha llegado hasta el SEÑOR, y ya resulta insoportable. Por eso nos ha enviado a destruirla.

¹⁴Lot salió para hablar con sus futuros yernos, es decir, con los prometidos de sus hijas.

—¡Apúrense! —les dijo—. ¡Abandonen la ciudad, porque el SEÑOR está por destruirla!

Pero ellos creían que Lot estaba bromeando, ¹⁵así que al amanecer los ángeles insistieron con Lot. Exclamaron:

—¡Apúrate! Llévate a tu esposa y a tus dos hijas que están aquí, para que no perezcan cuando la ciudad sea castigada.

¹⁶Como Lot titubeaba, los hombres lo tomaron de la mano, lo mismo que a su esposa y a sus dos hijas, y los sacaron de la ciudad, porque el SEÑOR les tuvo compa-

---

³¹Abraham said, "Now that I have been so bold as to speak to the Lord, what if only twenty can be found there?"

He said, "For the sake of twenty, I will not destroy it."

³²Then he said, "May the Lord not be angry, but let me speak just once more. What if only ten can be found there?"

He answered, "For the sake of ten, I will not destroy it."

³³When the LORD had finished speaking with Abraham, he left, and Abraham returned home.

Sodom and Gomorrah Destroyed

19 The two angels arrived at Sodom in the evening, and Lot was sitting in the gateway of the city. When he saw them, he got up to meet them and bowed down with his face to the ground. ²"My lords," he said, "please turn aside to your servant's house. You can wash your feet and spend the night and then go on your way early in the morning."

"No," they answered, "we will spend the night in the square."

³But he insisted so strongly that they did go with him and entered his house. He prepared a meal for them, baking bread without yeast, and they ate. ⁴Before they had gone to bed, all the men from every part of the city of Sodom—both young and old—surrounded the house. ⁵They called to Lot, "Where are the men who came to you tonight? Bring them out to us so that we can have sex with them."

⁶Lot went outside to meet them and shut the door behind him ⁷and said, "No, my friends. Don't do this wicked thing. ⁸Look, I have two daughters who have never slept with a man. Let me bring them out to you, and you can do what you like with them. But don't do anything to these men, for they have come under the protection of my roof."

⁹"Get out of our way," they replied. And they said, "This fellow came here as an alien, and now he wants to play the judge! We'll treat you worse than them." They kept bringing pressure on Lot and moved forward to break down the door.

¹⁰But the men inside reached out and pulled Lot back into the house and shut the door. ¹¹Then they struck the men who were at the door of the house, young and old, with blindness so that they could not find the door.

¹²The two men said to Lot, "Do you have anyone else here—sons-in-law, sons or daughters, or anyone else in the city who belongs to you? Get them out of here, ¹³because we are going to destroy this place. The outcry to the LORD against its people is so great that he has sent us to destroy it."

¹⁴So Lot went out and spoke to his sons-in-law, who were pledged to marry ʲ his daughters. He said, "Hurry and get out of this place, because the LORD is about to destroy the city!" But his sons-in-law thought he was joking.

¹⁵With the coming of dawn, the angels urged Lot, saying, "Hurry! Take your wife and your two daughters who are here, or you will be swept away when the city is punished."

¹⁶When he hesitated, the men grasped his hand and the hands of his wife and of his two daughters and led them safely out of the city, for the LORD was merciful

---

ʲ 14 Or *were married to*

sión. ¹⁷Cuando ya los habían sacado de la ciudad, uno de los ángeles le dijo:

—¡Escápate! No mires hacia atrás, ni te detengas en ninguna parte del valle. Huye hacia las montañas, no sea que perezcas.

¹⁸—¡No, señor mío, por favor! —respondió Lot—. ¹⁹Tú has visto con buenos ojos a este siervo tuyo, y tu lealtad ha sido grande al salvarme la *vida. Pero yo no puedo escaparme a las montañas, no sea que la destrucción me alcance y pierda yo la vida. ²⁰Cerca de aquí hay una ciudad pequeña, en la que podría refugiarme. ¿Por qué no dejan que me escape hacia allá? Es una ciudad muy pequeña, y en ella me pondré a salvo.

²¹—Está bien —le respondió—; también esta petición te la concederé. No destruiré la ciudad de que hablas. ²²Pero date prisa y huye de una vez, porque no puedo hacer nada hasta que llegues allí.

Por eso aquella ciudad recibió el *nombre de Zoar.^m

²³Lot llegó a Zoar cuando estaba amaneciendo. ²⁴Entonces el Señor hizo que cayera del cielo una lluvia de fuego y azufre sobre Sodoma y Gomorra. ²⁵Así destruyó a esas ciudades y a todos sus habitantes, junto con toda la llanura y la vegetación del suelo. ²⁶Pero la esposa de Lot miró hacia atrás, y se quedó convertida en estatua de sal.

²⁷Al día siguiente Abraham madrugó y regresó al lugar donde se había encontrado con el Señor. ²⁸Volvió la mirada hacia Sodoma y Gomorra, y hacia toda la llanura, y vio que de la tierra subía humo, como de un horno.

²⁹Así arrasó Dios a las ciudades de la llanura, pero se acordó de Abraham y sacó a Lot de en medio de la catástrofe que destruyó a las ciudades en que había habitado.

Lot y sus hijas

³⁰Luego, por miedo a quedarse en Zoar, Lot se fue con sus dos hijas a vivir en la región montañosa. Allí vivió con ellas en una cueva. ³¹Un día, la hija mayor le dijo a la menor:

—Nuestro padre ya está viejo, y no quedan hombres en esta región para que se casen con nosotras, como es la costumbre de todo el mundo. ³²Ven, vamos a emborracharlo, y nos acostaremos con él; y así, por medio de él tendremos descendencia.

³³Esa misma noche emborracharon a su padre y, sin que éste se diera cuenta de nada, la hija mayor fue y se acostó con él. ³⁴A la mañana siguiente, la mayor le dijo a la menor:

—Mira, anoche me acosté con mi padre. Vamos a emborracharlo de nuevo esta noche, y ahora tú te acostarás con él; y así, por medio de él tendremos descendencia.

³⁵Esa misma noche volvieron a emborrachar a su padre y, sin que éste se diera cuenta de nada, la hija menor fue y se acostó con él. ³⁶Así las dos hijas de Lot quedaron embarazadas de su padre. ³⁷La mayor tuvo un hijo, a quien llamó Moab,ⁿ padre de los actuales moabitas. ³⁸La hija menor también tuvo un hijo, a quien llamó Ben Amí,^ñ padre de los actuales amonitas.

to them. ¹⁷As soon as they had brought them out, one of them said, "Flee for your lives! Don't look back, and don't stop anywhere in the plain! Flee to the mountains or you will be swept away!"

¹⁸But Lot said to them, "No, my lords,^k please! ¹⁹Your^l servant has found favor in your^l eyes, and you^l have shown great kindness to me in sparing my life. But I can't flee to the mountains; this disaster will overtake me, and I'll die. ²⁰Look, here is a town near enough to run to, and it is small. Let me flee to it—it is very small, isn't it? Then my life will be spared."

²¹He said to him, "Very well, I will grant this request too; I will not overthrow the town you speak of. ²²But flee there quickly, because I cannot do anything until you reach it." (That is why the town was called Zoar.^m)

²³By the time Lot reached Zoar, the sun had risen over the land. ²⁴Then the LORD rained down burning sulfur on Sodom and Gomorrah—from the LORD out of the heavens. ²⁵Thus he overthrew those cities and the entire plain, including all those living in the cities—and also the vegetation in the land. ²⁶But Lot's wife looked back, and she became a pillar of salt.

²⁷Early the next morning Abraham got up and returned to the place where he had stood before the LORD. ²⁸He looked down toward Sodom and Gomorrah, toward all the land of the plain, and he saw dense smoke rising from the land, like smoke from a furnace.

²⁹So when God destroyed the cities of the plain, he remembered Abraham, and he brought Lot out of the catastrophe that overthrew the cities where Lot had lived.

Lot and His Daughters

³⁰Lot and his two daughters left Zoar and settled in the mountains, for he was afraid to stay in Zoar. He and his two daughters lived in a cave. ³¹One day the older daughter said to the younger, "Our father is old, and there is no man around here to lie with us, as is the custom all over the earth. ³²Let's get our father to drink wine and then lie with him and preserve our family line through our father."

³³That night they got their father to drink wine, and the older daughter went in and lay with him. He was not aware of it when she lay down or when she got up.

³⁴The next day the older daughter said to the younger, "Last night I lay with my father. Let's get him to drink wine again tonight, and you go in and lie with him so we can preserve our family line through our father." ³⁵So they got their father to drink wine that night also, and the younger daughter went and lay with him. Again he was not aware of it when she lay down or when she got up.

³⁶So both of Lot's daughters became pregnant by their father. ³⁷The older daughter had a son, and she named him Moabⁿ; he is the father of the Moabites of today. ³⁸The younger daughter also had a son, and she named him Ben-Ammi^o; he is the father of the Ammonites of today.

---

^m *19:22* En hebreo, *Zoar* significa *pequeña.*   ⁿ *19:37* En hebreo, *Moab* suena como la palabra que significa *por parte del padre.* ^ñ *19:38* En hebreo, *Ben Amí* suena como la palabra que significa *hijo de mi pueblo.*

^k *18* Or *No, Lord*; or *No, my lord*   ^l *19* The Hebrew is singular. ^m *22 Zoar* means *small.*   ⁿ *37 Moab* sounds like the Hebrew for *from father.*   ^o *38 Ben-Ammi* means *son of my people.*

Abraham y Abimélec

20 Abraham partió desde allí en dirección a la región del Néguev, y se quedó a vivir entre Cades y Sur. Mientras vivía en Guerar, 2 Abraham decía que Sara, su esposa, era su hermana. Entonces Abimélec, rey de Guerar, mandó llamar a Sara y la tomó por esposa. 3 Pero aquella noche Dios se le apareció a Abimélec en sueños y le dijo:

—Puedes darte por muerto a causa de la mujer que has tomado, porque ella es casada.

4 Pero como Abimélec todavía no se había acostado con ella, le contestó:

—Señor, ¿acaso vas a matar al inocente?[o] 5 Como Abraham me dijo que ella era su hermana, y ella me lo confirmó, yo hice todo esto de buena fe y sin mala intención.

6 —Sí, ya sé que has hecho todo esto de buena fe —le respondió Dios en el sueño—; por eso no te permití tocarla, para que no pecaras contra mí. 7 Pero ahora devuelve esa mujer a su esposo, porque él es profeta y va a interceder por ti para que vivas. Si no lo haces, ten por seguro que morirás junto con todos los tuyos.

8 En la madrugada del día siguiente, Abimélec se levantó y llamó a todos sus servidores para contarles en detalle lo que había ocurrido, y un gran temor se apoderó de ellos. 9 Entonces Abimélec llamó a Abraham y le reclamó:

—¡Qué nos has hecho! ¿En qué te he ofendido, que has traído un pecado tan grande sobre mí y sobre mi reino? ¡Lo que me has hecho no tiene nombre! 10 ¿Qué pretendías conseguir con todo esto?

Al reclamo de Abimélec, 11 Abraham contestó:

—Yo pensé que en este lugar no había temor de Dios, y que por causa de mi esposa me matarían. 12 Pero en realidad ella es mi hermana, porque es hija de mi padre aunque no de mi madre; y además es mi esposa. 13 Cuando Dios me mandó dejar la casa de mi padre y andar errante, yo le dije a mi esposa: "Te pido que me hagas este favor: Dondequiera que vayamos, di siempre que soy tu hermano."

14 Abimélec tomó entonces ovejas y vacas, esclavos y esclavas, y se los regaló a Abraham. Al mismo tiempo, le devolvió a Sara, su esposa, 15 y le dijo:

—Mira, ahí está todo mi territorio; quédate a vivir donde mejor te parezca.

16 A Sara le dijo:

—Le he dado a tu hermano mil monedas de plata, que servirán de compensación por todo lo que te ha pasado; así quedarás vindicada ante todos los que están contigo.[p]

17 Entonces Abraham oró a Dios, y Dios sanó a Abimélec y permitió que su esposa y sus siervas volvieran a tener hijos, 18 porque a causa de lo ocurrido con Sara, la esposa de Abraham, el SEÑOR había hecho que todas las mujeres en la casa de Abimélec quedaran estériles.

Nacimiento de Isaac

21 Tal como el SEÑOR lo había dicho, se ocupó de Sara y cumplió con la promesa que le había hecho. 2 Sara quedó embarazada y le dio un hijo a Abraham en su vejez. Esto sucedió en el tiempo anunciado por Dios. 3 Al hijo que Sara le dio, Abraham le puso por *nombre Isaac.[q] 4 Cuando su hijo Isaac cumplió ocho días de nacido, Abraham lo circuncidó, tal como Dios se lo había ordenado. 5 Abraham tenía ya

[o] 20:4 *al inocente.* Lit. *a una nación justa.* [p] 20:16 *que servirán ... contigo.* Texto de difícil traducción. [q] 21:3 En hebreo, *Isaac* significa *él se ríe.*

Abraham and Abimelech

20 Now Abraham moved on from there into the region of the Negev and lived between Kadesh and Shur. For a while he stayed in Gerar, 2 and there Abraham said of his wife Sarah, "She is my sister." Then Abimelech king of Gerar sent for Sarah and took her.

3 But God came to Abimelech in a dream one night and said to him, "You are as good as dead because of the woman you have taken; she is a married woman."

4 Now Abimelech had not gone near her, so he said, "Lord, will you destroy an innocent nation? 5 Did he not say to me, 'She is my sister,' and didn't she also say, 'He is my brother'? I have done this with a clear conscience and clean hands."

6 Then God said to him in the dream, "Yes, I know you did this with a clear conscience, and so I have kept you from sinning against me. That is why I did not let you touch her. 7 Now return the man's wife, for he is a prophet, and he will pray for you and you will live. But if you do not return her, you may be sure that you and all yours will die."

8 Early the next morning Abimelech summoned all his officials, and when he told them all that had happened, they were very much afraid. 9 Then Abimelech called Abraham in and said, "What have you done to us? How have I wronged you that you have brought such great guilt upon me and my kingdom? You have done things to me that should not be done." 10 And Abimelech asked Abraham, "What was your reason for doing this?"

11 Abraham replied, "I said to myself, 'There is surely no fear of God in this place, and they will kill me because of my wife.' 12 Besides, she really is my sister, the daughter of my father though not of my mother; and she became my wife. 13 And when God had me wander from my father's household, I said to her, 'This is how you can show your love to me: Everywhere we go, say of me, "He is my brother." ' "

14 Then Abimelech brought sheep and cattle and male and female slaves and gave them to Abraham, and he returned Sarah his wife to him. 15 And Abimelech said, "My land is before you; live wherever you like."

16 To Sarah he said, "I am giving your brother a thousand shekels[p] of silver. This is to cover the offense against you before all who are with you; you are completely vindicated."

17 Then Abraham prayed to God, and God healed Abimelech, his wife and his slave girls so they could have children again, 18 for the LORD had closed up every womb in Abimelech's household because of Abraham's wife Sarah.

The Birth of Isaac

21 Now the LORD was gracious to Sarah as he had said, and the LORD did for Sarah what he had promised. 2 Sarah became pregnant and bore a son to Abraham in his old age, at the very time God had promised him. 3 Abraham gave the name Isaac[q] to the son Sarah bore him. 4 When his son Isaac was eight days old, Abraham circumcised him, as God commanded him. 5 Abraham was a hundred years old when his son Isaac was born to him.

[p] 16 That is, about 25 pounds (about 11.5 kilograms) [q] 3 *Isaac* means *he laughs.*

cien años cuando nació su hijo Isaac. 6 Sara dijo entonces: «Dios me ha hecho reír, y todos los que se enteren de que he tenido un hijo, se reirán conmigo. 7 ¿Quién le hubiera dicho a Abraham que Sara amamantaría hijos? Sin embargo, le he dado un hijo en su vejez.»

Expulsión de Agar e Ismael

8 El niño Isaac creció y fue destetado. Ese mismo día, Abraham hizo un gran banquete. 9 Pero Sara se dio cuenta de que el hijo que Agar la egipcia le había dado a Abraham se burlaba de su hijo Isaac.*r* 10 Por eso le dijo a Abraham:

—¡Echa de aquí a esa esclava y a su hijo! El hijo de esa esclava jamás tendrá parte en la herencia con mi hijo Isaac.

11 Este asunto angustió mucho a Abraham porque se trataba de su propio hijo. 12 Pero Dios le dijo a Abraham: «No te angusties por el muchacho ni por la esclava. Hazle caso a Sara, porque tu descendencia se establecerá por medio de Isaac. 13 Pero también del hijo de la esclava haré una gran nación, porque es hijo tuyo.»

14 Al día siguiente, Abraham se levantó de madrugada, tomó un pan y un odre de agua, y se los dio a Agar, poniéndoselos sobre el hombro. Luego le entregó a su hijo y la despidió. Agar partió y anduvo errante por el desierto de Berseba. 15 Cuando se acabó el agua del odre, puso al niño debajo de un arbusto 16 y fue a sentarse sola a cierta distancia,*s* pues pensaba: «No quiero ver morir al niño.» En cuanto ella se sentó, comenzó a llorar desconsoladamente.

17 Cuando Dios oyó al niño sollozar, el ángel de Dios llamó a Agar desde el cielo y le dijo: «¿Qué te pasa, Agar? No temas, pues Dios ha escuchado los sollozos del niño. 18 Levántate y tómalo de la mano, que yo haré de él una gran nación.»

19 En ese momento Dios le abrió a Agar los ojos, y ella vio un pozo de agua. En seguida fue a llenar el odre y le dio de beber al niño. 20 Dios acompañó al niño, y éste fue creciendo; vivió en el desierto y se convirtió en un experto arquero; 21 habitó en el desierto de Parán y su madre lo casó con una egipcia.

Pacto entre Abraham y Abimélec

22 En aquel tiempo Abimélec, que estaba acompañado por Ficol, jefe de su ejército, le dijo a Abraham:

—Dios está contigo en todo lo que haces. 23 Júrame ahora, por Dios mismo, que no me tratarás a mí con falsedad, ni tampoco a mis hijos ni a mis descendientes. Júrame que a mí y al país que te ha recibido como extranjero nos tratarás con la misma lealtad con que yo te he tratado.

24 —¡Lo juro! —respondió Abraham.

25 Luego Abraham se quejó ante Abimélec por causa de un pozo de agua del cual los siervos de Abimélec se habían apropiado. 26 Pero Abimélec dijo:

—No sé quién pudo haberlo hecho. Me acabo de enterar, pues tú no me lo habías dicho.

27 Entonces Abraham llevó ovejas y vacas, y se las dio a Abimélec, y los dos hicieron un pacto. 28 Pero Abraham apartó siete corderas del rebaño, 29 por lo que Abimélec le preguntó:

—¿Qué pasa? ¿Por qué has apartado estas siete corderas?

30 —Acepta estas siete corderas —le contestó Abraham—. Ellas servirán de prueba de que yo cavé este pozo.

6 Sarah said, "God has brought me laughter, and everyone who hears about this will laugh with me." 7 And she added, "Who would have said to Abraham that Sarah would nurse children? Yet I have borne him a son in his old age."

Hagar and Ishmael Sent Away

8 The child grew and was weaned, and on the day Isaac was weaned Abraham held a great feast. 9 But Sarah saw that the son whom Hagar the Egyptian had borne to Abraham was mocking, 10 and she said to Abraham, "Get rid of that slave woman and her son, for that slave woman's son will never share in the inheritance with my son Isaac."

11 The matter distressed Abraham greatly because it concerned his son. 12 But God said to him, "Do not be so distressed about the boy and your maidservant. Listen to whatever Sarah tells you, because it is through Isaac that your offspring*r* will be reckoned. 13 I will make the son of the maidservant into a nation also, because he is your offspring."

14 Early the next morning Abraham took some food and a skin of water and gave them to Hagar. He set them on her shoulders and then sent her off with the boy. She went on her way and wandered in the desert of Beersheba.

15 When the water in the skin was gone, she put the boy under one of the bushes. 16 Then she went off and sat down nearby, about a bowshot away, for she thought, "I cannot watch the boy die." And as she sat there nearby, she*s* began to sob.

17 God heard the boy crying, and the angel of God called to Hagar from heaven and said to her, "What is the matter, Hagar? Do not be afraid; God has heard the boy crying as he lies there. 18 Lift the boy up and take him by the hand, for I will make him into a great nation."

19 Then God opened her eyes and she saw a well of water. So she went and filled the skin with water and gave the boy a drink. 20 God was with the boy as he grew up. He lived in the desert and became an archer. 21 While he was living in the Desert of Paran, his mother got a wife for him from Egypt.

The Treaty at Beersheba

22 At that time Abimelech and Phicol the commander of his forces said to Abraham, "God is with you in everything you do. 23 Now swear to me here before God that you will not deal falsely with me or my children or my descendants. Show to me and the country where you are living as an alien the same kindness I have shown to you."

24 Abraham said, "I swear it."

25 Then Abraham complained to Abimelech about a well of water that Abimelech's servants had seized. 26 But Abimelech said, "I don't know who has done this. You did not tell me, and I heard about it only today."

27 So Abraham brought sheep and cattle and gave them to Abimelech, and the two men made a treaty. 28 Abraham set apart seven ewe lambs from the flock, 29 and Abimelech asked Abraham, "What is the meaning of these seven ewe lambs you have set apart by themselves?"

30 He replied, "Accept these seven lambs from my hand as a witness that I dug this well."

---

r 21:9 de su hijo Isaac (LXX); TM no incluye estas palabras.
s 21:16 a cierta distancia. Lit. *a la distancia de un tiro de arco.*

r 12 Or *seed*   *s 16* Hebrew; Septuagint *the child*

31 Por eso a aquel lugar le dieron el nombre de Berseba,ᵗ porque allí los dos hicieron un juramento. 32 Después de haber hecho el pacto en Berseba, Abimélec y Ficol, el jefe de su ejército, volvieron al país de los filisteos. 33 Abraham plantó un tamarisco en Berseba, y en ese lugar invocó el *nombre del SEÑOR, el Dios eterno. 34 Y se quedó en el país de los filisteos durante mucho tiempo.

Dios prueba a Abraham

22 Pasado cierto tiempo, Dios puso a prueba a Abraham y le dijo:

—¡Abraham!

—Aquí estoy —respondió.

2 Y Dios le ordenó:

—Toma a tu hijo, el único que tienes y al que tanto amas, y ve a la región de Moria. Una vez allí, ofrécelo como *holocausto en el monte que yo te indicaré.

3 Abraham se levantó de madrugada y ensilló su asno. También cortó leña para el holocausto y, junto con dos de sus criados y su hijo Isaac, se encaminó hacia el lugar que Dios le había indicado. 4 Al tercer día, Abraham alzó los ojos y a lo lejos vio el lugar. 5 Entonces le dijo a sus criados:

—Quédense aquí con el asno. El muchacho y yo seguiremos adelante para adorar a Dios, y luego regresaremos junto a ustedes.

6 Abraham tomó la leña del holocausto y la puso sobre Isaac, su hijo; él, por su parte, cargó con el fuego y el cuchillo. Y los dos siguieron caminando juntos.

7 Isaac le dijo a Abraham:

—¡Padre!

—Dime, hijo mío.

—Aquí tenemos el fuego y la leña —continuó Isaac—; pero, ¿dónde está el cordero para el holocausto?

8 —El cordero, hijo mío, lo proveerá Dios —le respondió Abraham.

Y siguieron caminando juntos.

9 Cuando llegaron al lugar señalado por Dios, Abraham construyó un altar y preparó la leña. Después ató a su hijo Isaac y lo puso sobre el altar, encima de la leña. 10 Entonces tomó el cuchillo para sacrificar a su hijo, 11 pero en ese momento el ángel del SEÑOR le gritó desde el cielo:

—¡Abraham! ¡Abraham!

—Aquí estoy —respondió.

12 —No pongas tu mano sobre el muchacho, ni le hagas ningún daño —le dijo el ángel—. Ahora sé que temes a Dios, porque ni siquiera te has negado a darme a tu único hijo.

13 Abraham alzó la vista y, en un matorral, vio un carnero enredado por los cuernos. Fue entonces, tomó el carnero y lo ofreció como holocausto, en lugar de su hijo. 14 A ese sitio Abraham le puso por *nombre: «El SEÑOR provee.» Por eso hasta el día de hoy se dice: «En un monte provee el SEÑOR.»

15 El ángel del SEÑOR llamó a Abraham por segunda vez desde el cielo, 16 y le dijo:

—Como has hecho esto, y no me has negado a tu único hijo, juro por mí mismo —afirma el SEÑOR— 17 que te bendeciré en gran manera, y que multiplicaré tu descendencia como las estrellas del cielo y como la arena del mar. Además, tus descendientes conquistarán

31 So that place was called Beersheba,ᵗ because the two men swore an oath there.

32 After the treaty had been made at Beersheba, Abimelech and Phicol the commander of his forces returned to the land of the Philistines. 33 Abraham planted a tamarisk tree in Beersheba, and there he called upon the name of the LORD, the Eternal God. 34 And Abraham stayed in the land of the Philistines for a long time.

Abraham Tested

22 Some time later God tested Abraham. He said to him, "Abraham!"

"Here I am," he replied.

2 Then God said, "Take your son, your only son, Isaac, whom you love, and go to the region of Moriah. Sacrifice him there as a burnt offering on one of the mountains I will tell you about."

3 Early the next morning Abraham got up and saddled his donkey. He took with him two of his servants and his son Isaac. When he had cut enough wood for the burnt offering, he set out for the place God had told him about. 4 On the third day Abraham looked up and saw the place in the distance. 5 He said to his servants, "Stay here with the donkey while I and the boy go over there. We will worship and then we will come back to you."

6 Abraham took the wood for the burnt offering and placed it on his son Isaac, and he himself carried the fire and the knife. As the two of them went on together, 7 Isaac spoke up and said to his father Abraham, "Father?"

"Yes, my son?" Abraham replied.

"The fire and wood are here," Isaac said, "but where is the lamb for the burnt offering?"

8 Abraham answered, "God himself will provide the lamb for the burnt offering, my son." And the two of them went on together.

9 When they reached the place God had told him about, Abraham built an altar there and arranged the wood on it. He bound his son Isaac and laid him on the altar, on top of the wood. 10 Then he reached out his hand and took the knife to slay his son. 11 But the angel of the LORD called out to him from heaven, "Abraham! Abraham!"

"Here I am," he replied.

12 "Do not lay a hand on the boy," he said. "Do not do anything to him. Now I know that you fear God, because you have not withheld from me your son, your only son."

13 Abraham looked up and there in a thicket he saw a ramᵘ caught by its horns. He went over and took the ram and sacrificed it as a burnt offering instead of his son. 14 So Abraham called that place The LORD Will Provide. And to this day it is said, "On the mountain of the LORD it will be provided."

15 The angel of the LORD called to Abraham from heaven a second time 16 and said, "I swear by myself, declares the LORD, that because you have done this and have not withheld your son, your only son, 17 I will surely bless you and make your descendants as numerous as the stars in the sky and as the sand on the seashore. Your descendants will take possession of the

---

ᵗ 21:31 En hebreo, *Berseba* significa *pozo de los siete*, o *pozo del juramento*.

ᵗ 31 *Beersheba* can mean *well of seven* or *well of the oath*.
ᵘ 13 Many manuscripts of the Masoretic Text, Samaritan Pentateuch, Septuagint and Syriac; most manuscripts of the Masoretic Text *a ram behind ⌐him⌐*

las ciudades de sus enemigos. ¹⁸Puesto que me has obedecido, todas las naciones del mundo serán bendecidas por medio de tu descendencia.

¹⁹Abraham regresó al lugar donde estaban sus criados, y juntos partieron hacia Berseba, donde Abraham se quedó a vivir.

Los hijos de Najor

²⁰Pasado cierto tiempo, Abraham recibió la noticia de que también Milca le había dado hijos a su hermano Najor. ²¹Su hijo primogénito fue Uz; luego nacieron sus hermanos Buz y Quemuel. Este último fue el padre de Aram. ²²Después siguieron Quésed, Jazó, Pildás, Yidlaf y Betuel, ²³que fue el padre de Rebeca. Éstos fueron los ocho hijos que Milca le dio a Najor, hermano de Abraham. ²⁴Najor también tuvo hijos con Reumá, su concubina. Ellos fueron Tébaj, Gaján, Tajás y Macá.

Muerte de Sara

23 Sara vivió ciento veintisiete años, ²y murió en Quiriat Arbá, es decir, en la ciudad de Hebrón, en la tierra de Canaán. Abraham hizo duelo y lloró por ella. ³Luego se retiró de donde estaba la difunta y fue a proponer a los hititas lo siguiente:

⁴—Entre ustedes yo soy un extranjero; no obstante, quiero pedirles que me vendan un sepulcro para enterrar a mi esposa.

⁵Los hititas le respondieron:

⁶—Escúchenos, señor; usted es un príncipe poderoso entre nosotros. Sepulte a su esposa en el mejor de nuestros sepulcros. Ninguno de nosotros le negará su tumba para que pueda sepultar a su esposa.

⁷Abraham se levantó, hizo una reverencia ante los hititas del lugar, ⁸y les dijo:

—Si les parece bien que yo entierre aquí a mi difunta, les ruego que intercedan ante Efrón hijo de Zojar ⁹para que me venda la cueva de Macpela, que está en los linderos de su campo. Díganle que me la venda en su justo precio, y así tendré entre ustedes un sepulcro para mi familia.

¹⁰Efrón el hitita, que estaba sentado allí entre su gente, le respondió a Abraham en presencia de todos ellos y de los que pasaban por la *puerta de su ciudad:

¹¹—No, señor mío, escúcheme bien: yo le regalo el campo, y también la cueva que está en él. Los hijos de mi pueblo son testigos de que yo se los regalo. Entierre usted a su esposa.

¹²Una vez más, Abraham hizo una reverencia ante la gente de ese lugar, ¹³y en presencia de los que allí estaban le dijo a Efrón:

—Escúcheme, por favor. Yo insisto en pagarle el precio justo del campo. Acéptelo usted, y así yo podré enterrar allí a mi esposa.

¹⁴Efrón le contestó a Abraham:

¹⁵—Señor mío, escúcheme. El campo vale cuatrocientas monedas*^u* de plata. ¿Qué es eso entre nosotros? Vaya tranquilo y entierre a su esposa.

¹⁶Abraham se puso de acuerdo con Efrón, y en presencia de los hititas le pagó lo convenido: cuatrocientas monedas de plata, moneda corriente entre los comerciantes.

¹⁷Así fue como el campo de Efrón, que estaba en Macpela, cerca de Mamré, pasó a ser propiedad de Abraham, junto con la cueva y todos los árboles que estaban dentro de los límites del campo. ¹⁸La transacción se hizo en presencia de los hititas y de los que

cities of their enemies, ¹⁸and through your offspring^v all nations on earth will be blessed, because you have obeyed me."

¹⁹Then Abraham returned to his servants, and they set off together for Beersheba. And Abraham stayed in Beersheba.

Nahor's Sons

²⁰Some time later Abraham was told, "Milcah is also a mother; she has borne sons to your brother Nahor: ²¹Uz the firstborn, Buz his brother, Kemuel (the father of Aram), ²²Kesed, Hazo, Pildash, Jidlaph and Bethuel." ²³Bethuel became the father of Rebekah. Milcah bore these eight sons to Abraham's brother Nahor. ²⁴His concubine, whose name was Reumah, also had sons: Tebah, Gaham, Tahash and Maacah.

The Death of Sarah

23 Sarah lived to be a hundred and twenty-seven years old. ²She died at Kiriath Arba (that is, Hebron) in the land of Canaan, and Abraham went to mourn for Sarah and to weep over her.

³Then Abraham rose from beside his dead wife and spoke to the Hittites.^w He said, ⁴"I am an alien and a stranger among you. Sell me some property for a burial site here so I can bury my dead."

⁵The Hittites replied to Abraham, ⁶"Sir, listen to us. You are a mighty prince among us. Bury your dead in the choicest of our tombs. None of us will refuse you his tomb for burying your dead."

⁷Then Abraham rose and bowed down before the people of the land, the Hittites. ⁸He said to them, "If you are willing to let me bury my dead, then listen to me and intercede with Ephron son of Zohar on my behalf ⁹so he will sell me the cave of Machpelah, which belongs to him and is at the end of his field. Ask him to sell it to me for the full price as a burial site among you."

¹⁰Ephron the Hittite was sitting among his people and he replied to Abraham in the hearing of all the Hittites who had come to the gate of his city. ¹¹"No, my lord," he said. "Listen to me; I give^x you the field, and I give^x you the cave that is in it. I give^x it to you in the presence of my people. Bury your dead."

¹²Again Abraham bowed down before the people of the land ¹³and he said to Ephron in their hearing, "Listen to me, if you will. I will pay the price of the field. Accept it from me so I can bury my dead there."

¹⁴Ephron answered Abraham, ¹⁵"Listen to me, my lord; the land is worth four hundred shekels^y of silver, but what is that between me and you? Bury your dead."

¹⁶Abraham agreed to Ephron's terms and weighed out for him the price he had named in the hearing of the Hittites: four hundred shekels of silver, according to the weight current among the merchants.

¹⁷So Ephron's field in Machpelah near Mamre— both the field and the cave in it, and all the trees within the borders of the field—was deeded ¹⁸to Abraham as his property in the presence of all the Hittites who had

---

^u *23:15 monedas.* Lit. *siclos.*

^v 18 Or *seed*   ^w 3 Or *the sons of Heth*; also in verses 5, 7, 10, 16, 18 and 20   ^x 11 Or *sell*   ^y 15 That is, about 10 pounds (about 4.5 kilograms)

pasaban por la puerta de su ciudad. 19 Luego Abraham sepultó a su esposa Sara en la cueva del campo de Macpela que está cerca de Mamré, es decir, en Hebrón, en la tierra de Canaán. 20 De esta manera, el campo y la cueva que estaba en él dejó de ser de los hititas y pasó a ser propiedad de Abraham para sepultura.

Isaac y Rebeca

24 Abraham estaba ya entrado en años, y el SEÑOR lo había bendecido en todo. 2 Un día, Abraham le dijo al criado más antiguo de su casa, que era quien le administraba todos sus bienes:

—Pon tu mano debajo de mi muslo, 3 y júrame por el SEÑOR, el Dios del cielo y de la tierra, que no tomarás de esta tierra de Canaán, donde yo habito, una mujer para mi hijo 4 Isaac, sino que irás a mi tierra, donde vive mi familia, y de allí le escogerás una esposa.

5 —¿Qué pasa si la mujer no está dispuesta a venir conmigo a esta tierra? —respondió el criado—. ¿Debo entonces llevar a su hijo hasta la tierra de donde usted vino?

6 —¡De ninguna manera debes llevar a mi hijo hasta allá! —le replicó Abraham—. 7 El SEÑOR, el Dios del cielo, que me sacó de la casa de mi padre y de la tierra de mis familiares, y que bajo juramento me prometió dar esta tierra a mis descendientes, enviará su ángel delante de ti para que puedas traer de allá una mujer para mi hijo. 8 Si la mujer no está dispuesta a venir contigo, quedarás libre de este juramento; pero ¡en ningún caso llevarás a mi hijo hasta allá!

9 El criado puso la mano debajo del muslo de Abraham, su amo, y le juró que cumpliría con su encargo. 10 Luego tomó diez camellos de su amo, y toda clase de regalos, y partió hacia la ciudad de Najor en Aram Najarayin.v 11 Allí hizo que los camellos se arrodillaran junto al pozo de agua que estaba en las afueras de la ciudad. Caía la tarde, que es cuando las mujeres salen a buscar agua. 12 Entonces comenzó a orar: «SEÑOR, Dios de mi amo Abraham, te ruego que hoy me vaya bien, y que demuestres el amor que le tienes a mi amo. 13 Aquí me tienes, a la espera junto a la fuente, mientras las jóvenes de esta ciudad vienen a sacar agua. 14 Permite que la joven a quien le diga: "Por favor, baje usted su cántaro para que tome yo un poco de agua", y que me conteste: "Tome usted, y además les daré agua a sus camellos", sea la que tú has elegido para tu siervo Isaac. Así estaré seguro de que tú has demostrado el amor que le tienes a mi amo.»

15 Aún no había terminado de orar cuando vio que se acercaba Rebeca, con su cántaro al hombro. Rebeca era hija de Betuel, que a su vez era hijo de Milca y Najor, el hermano de Abraham. 16 La joven era muy hermosa, y además virgen, pues no había tenido relaciones sexuales con ningún hombre. Bajó hacia la fuente y llenó su cántaro. Ya se preparaba para subir 17 cuando el criado corrió a su encuentro y le dijo:

—¿Podría usted darme un poco de agua de su cántaro?

18 —Sírvase, mi señor —le respondió.

Y en seguida bajó el cántaro y, sosteniéndolo entre sus manos, le dio de beber.

19 Cuando ya el criado había bebido, ella le dijo:

—Voy también a sacar agua para que sus camellos beban todo lo que quieran.

20 De inmediato vació su cántaro en el bebedero, y volvió corriendo al pozo para buscar más agua, repitiendo la acción hasta que hubo suficiente agua para

come to the gate of the city. 19 Afterward Abraham buried his wife Sarah in the cave in the field of Machpelah near Mamre (which is at Hebron) in the land of Canaan. 20 So the field and the cave in it were deeded to Abraham by the Hittites as a burial site.

Isaac and Rebekah

24 Abraham was now old and well advanced in years, and the LORD had blessed him in every way. 2 He said to the chiefz servant in his household, the one in charge of all that he had, "Put your hand under my thigh. 3 I want you to swear by the LORD, the God of heaven and the God of earth, that you will not get a wife for my son from the daughters of the Canaanites, among whom I am living, 4 but will go to my country and my own relatives and get a wife for my son Isaac."

5 The servant asked him, "What if the woman is unwilling to come back with me to this land? Shall I then take your son back to the country you came from?"

6 "Make sure that you do not take my son back there," Abraham said. 7 "The LORD, the God of heaven, who brought me out of my father's household and my native land and who spoke to me and promised me on oath, saying, 'To your offspringa I will give this land'—he will send his angel before you so that you can get a wife for my son from there. 8 If the woman is unwilling to come back with you, then you will be released from this oath of mine. Only do not take my son back there." 9 So the servant put his hand under the thigh of his master Abraham and swore an oath to him concerning this matter.

10 Then the servant took ten of his master's camels and left, taking with him all kinds of good things from his master. He set out for Aram Naharaimb and made his way to the town of Nahor. 11 He had the camels kneel down near the well outside the town; it was toward evening, the time the women go out to draw water.

12 Then he prayed, "O LORD, God of my master Abraham, give me success today, and show kindness to my master Abraham. 13 See, I am standing beside this spring, and the daughters of the townspeople are coming out to draw water. 14 May it be that when I say to a girl, 'Please let down your jar that I may have a drink,' and she says, 'Drink, and I'll water your camels too'—let her be the one you have chosen for your servant Isaac. By this I will know that you have shown kindness to my master."

15 Before he had finished praying, Rebekah came out with her jar on her shoulder. She was the daughter of Bethuel son of Milcah, who was the wife of Abraham's brother Nahor. 16 The girl was very beautiful, a virgin; no man had ever lain with her. She went down to the spring, filled her jar and came up again.

17 The servant hurried to meet her and said, "Please give me a little water from your jar."

18 "Drink, my lord," she said, and quickly lowered the jar to her hands and gave him a drink.

19 After she had given him a drink, she said, "I'll draw water for your camels too, until they have finished drinking." 20 So she quickly emptied her jar into the trough, ran back to the well to draw more water,

---

v 24:10 Aram Najarayin. Es decir, el noroeste de Mesopotamia.

z 2 Or oldest   a 7 Or seed   b 10 That is, Northwest Mesopotamia

todos los camellos. ²¹ Mientras tanto, el criado de Abraham la observaba en silencio, para ver si el SEÑOR había coronado su viaje con el éxito.

²² Cuando los camellos terminaron de beber, el criado tomó un anillo de oro que pesaba seis gramos, y se lo puso a la joven en la nariz;ʷ también le colocó en los brazos dos pulseras de oro que pesaban más de cien gramos,ˣ y le preguntó:

²³ —¿Podría usted decirme de quién es hija, y si habrá lugar en la casa de su padre para hospedarnos?

²⁴ —Soy hija de Betuel, el hijo de Milca y Najor —respondió ella, ²⁵ a lo que agregó—: No sólo tenemos lugar para ustedes, sino que también tenemos paja y forraje en abundancia para los camellos.

²⁶ Entonces el criado de Abraham se arrodilló y adoró al SEÑOR ²⁷ con estas palabras: «Bendito sea el SEÑOR, el Dios de mi amo Abraham, que no ha dejado de manifestarle su amor y fidelidad, y que a mí me ha guiado a la casa de sus parientes.»

²⁸ La joven corrió hasta la casa de su madre, y allí contó lo que le había sucedido. ²⁹ Tenía Rebeca un hermano llamado Labán, que salió corriendo al encuentro del criado, quien seguía junto a la fuente. ³⁰ Labán se había fijado en el anillo y las pulseras en los brazos de su hermana, y también la había escuchado contar lo que el criado le había dicho. Por eso salió en busca del criado, y lo encontró junto a la fuente, con sus camellos.

³¹ —¡Ven, bendito del SEÑOR! —le dijo—. ¿Por qué te quedas afuera? ¡Ya he preparado la casa y un lugar para los camellos!

³² El criado entró en la casa. En seguida Labán desaparejó los camellos, les dio paja y forraje, y llevó agua para que el criado y sus acompañantes se lavaran los pies. ³³ Cuando le sirvieron de comer, el criado dijo:

—No comeré hasta haberles dicho lo que tengo que decir.

—Habla con toda confianza —respondió Labán.

³⁴ —Yo soy criado de Abraham —comenzó él—. ³⁵ El SEÑOR ha bendecido mucho a mi amo y lo ha prosperado. Le ha dado ovejas y ganado, oro y plata, siervos y siervas, camellos y asnos. ³⁶ Sara, la esposa de mi amo, le dio en su vejez un hijo, al que mi amo le ha dejado todo lo que tiene. ³⁷ Mi amo me hizo jurar, y me dijo: "No tomarás para mi hijo una mujer de entre las hijas de los cananeos, en cuyo país habito. ³⁸ Al contrario, irás a la familia de mi padre, y le buscarás una esposa entre las mujeres de mis parientes." ³⁹ Yo le pregunté a mi amo: "¿Y si la mujer no acepta venir conmigo?" ⁴⁰ Él me respondió: "El SEÑOR, en cuya presencia he caminado, enviará su ángel contigo, y él hará prosperar tu viaje para que consigas para mi hijo una esposa que pertenezca a la familia de mi padre. ⁴¹ Sólo quedarás libre del juramento si vas a ver a mi familia y ellos no te conceden a la joven."

⁴² »Cuando hoy llegué a la fuente, dije: "SEÑOR, Dios de mi amo Abraham, si es tu voluntad, te ruego que hagas prosperar mi viaje. ⁴³ Aquí me tienes, a la espera junto a la fuente. Si una joven sale a buscar agua, y yo le digo: 'Por favor, déjame usted beber un poco de agua de su cántaro', ⁴⁴ y ella me contesta: 'Beba usted, y también le daré agua a sus camellos', que sea ella la mujer que tú, SEÑOR, has escogido para el hijo de mi amo."

⁴⁵ »Todavía no había terminado yo de orar cuando vi que Rebeca se acercaba con un cántaro sobre el hombro. Bajó a la fuente para sacar agua, y yo le dije: "Por

and drew enough for all his camels. ²¹ Without saying a word, the man watched her closely to learn whether or not the LORD had made his journey successful.

²² When the camels had finished drinking, the man took out a gold nose ring weighing a bekaᶜ and two gold bracelets weighing ten shekels.ᵈ ²³ Then he asked, "Whose daughter are you? Please tell me, is there room in your father's house for us to spend the night?"

²⁴ She answered him, "I am the daughter of Bethuel, the son that Milcah bore to Nahor." ²⁵ And she added, "We have plenty of straw and fodder, as well as room for you to spend the night."

²⁶ Then the man bowed down and worshiped the LORD, ²⁷ saying, "Praise be to the LORD, the God of my master Abraham, who has not abandoned his kindness and faithfulness to my master. As for me, the LORD has led me on the journey to the house of my master's relatives."

²⁸ The girl ran and told her mother's household about these things. ²⁹ Now Rebekah had a brother named Laban, and he hurried out to the man at the spring. ³⁰ As soon as he had seen the nose ring, and the bracelets on his sister's arms, and had heard Rebekah tell what the man said to her, he went out to the man and found him standing by the camels near the spring. ³¹ "Come, you who are blessed by the LORD," he said. "Why are you standing out here? I have prepared the house and a place for the camels."

³² So the man went to the house, and the camels were unloaded. Straw and fodder were brought for the camels, and water for him and his men to wash their feet. ³³ Then food was set before him, but he said, "I will not eat until I have told you what I have to say."

"Then tell us," Laban said.

³⁴ So he said, "I am Abraham's servant. ³⁵ The LORD has blessed my master abundantly, and he has become wealthy. He has given him sheep and cattle, silver and gold, menservants and maidservants, and camels and donkeys. ³⁶ My master's wife Sarah has borne him a son in herᵉ old age, and he has given him everything he owns. ³⁷ And my master made me swear an oath, and said, 'You must not get a wife for my son from the daughters of the Canaanites, in whose land I live, ³⁸ but go to my father's family and to my own clan, and get a wife for my son.'

³⁹ "Then I asked my master, 'What if the woman will not come back with me?'

⁴⁰ "He replied, 'The LORD, before whom I have walked, will send his angel with you and make your journey a success, so that you can get a wife for my son from my own clan and from my father's family. ⁴¹ Then, when you go to my clan, you will be released from my oath even if they refuse to give her to you— you will be released from my oath.'

⁴² "When I came to the spring today, I said, 'O LORD, God of my master Abraham, if you will, please grant success to the journey on which I have come. ⁴³ See, I am standing beside this spring; if a maiden comes out to draw water and I say to her, "Please let me drink a little water from your jar," ⁴⁴ and if she says to me, "Drink, and I'll draw water for your camels too," let her be the one the LORD has chosen for my master's son.'

⁴⁵ "Before I finished praying in my heart, Rebekah came out, with her jar on her shoulder. She went down to the spring and drew water, and I said to her, 'Please give me a drink.'

ʷ 24:22 se lo puso a la joven en la nariz (Pentateuco Samaritano). TM no incluye esta frase; véase v. 47.   ˣ 24:22 seis gramos ... más de cien gramos. Lit. un *becá ... diez *siclos.

ᶜ 22 That is, about 1/5 ounce (about 5.5 grams)   ᵈ 22 That is, about 4 ounces (about 110 grams)   ᵉ 36 Or his

favor, déme usted de beber." 46 En seguida bajó ella su cántaro y me dijo: "Beba usted, y también les daré de beber a sus camellos." Mientras yo bebía, ella les dio agua a los camellos. 47 Luego le pregunté: "¿Hija de quién es usted?" Y cuando ella me respondió: "Soy hija de Betuel, el hijo de Najor y de Milca", yo le puse un anillo en la nariz y pulseras en los brazos, 48 y me incliné para adorar al SEÑOR. Bendije al SEÑOR, el Dios de Abraham, que me guió por el camino correcto para llevarle al hijo de mi amo una parienta cercana suya. 49 Y ahora, si desean mostrarle lealtad y fidelidad a mi amo, díganmelo; y si no, díganmelo también. Así yo sabré qué hacer.

50 Labán y Betuel respondieron:

—Sin duda todo esto proviene del SEÑOR, y nosotros no podemos decir ni que sí ni que no. 51 Aquí está Rebeca; tómela usted y llévesela para que sea la esposa del hijo de su amo, tal como el SEÑOR lo ha dispuesto.

52 Al escuchar esto, el criado de Abraham se postró en tierra delante del SEÑOR. 53 Luego sacó joyas de oro y de plata, y vestidos, y se los dio a Rebeca. También entregó regalos a su hermano y a su madre. 54 Más tarde, él y sus acompañantes comieron y bebieron, y pasaron allí la noche.

A la mañana siguiente, cuando se levantaron, el criado de Abraham dijo:

—Déjenme ir a la casa de mi amo.

55 Pero el hermano y la madre de Rebeca le respondieron:

—Que se quede la joven con nosotros unos diez días, y luego podrás irte.

56 —No me detengan —repuso el criado—. El SEÑOR ha prosperado mi viaje, así que déjenme ir a la casa de mi amo.

57 —Llamemos a la joven, a ver qué piensa ella —respondieron.

58 Así que llamaron a Rebeca y le preguntaron:

—¿Quieres irte con este hombre?

—Sí —respondió ella.

59 Entonces dejaron ir a su hermana Rebeca y a su nodriza con el criado de Abraham y sus acompañantes. 60 Y bendijeron a Rebeca con estas palabras:

«Hermana nuestra:
¡que seas madre de millares!
¡Que dominen tus descendientes
las ciudades de sus enemigos!»

61 Luego Rebeca y sus criadas se prepararon, montaron en los camellos y siguieron al criado de Abraham. Así fue como él tomó a Rebeca y se marchó de allí.

62 Ahora bien, Isaac había vuelto del pozo de Lajay Roí, porque vivía en la región del Néguev. 63 Una tarde, salió a dar un paseoᵞ por el campo. De pronto, al levantar la vista, vio que se acercaban unos camellos. 64 También Rebeca levantó la vista y, al ver a Isaac, se bajó del camello 65 y le preguntó al criado:

—¿Quién es ese hombre que viene por el campo a nuestro encuentro?

—Es mi amo —contestó el criado.

Entonces ella tomó el velo y se cubrió.

66 El criado le contó a Isaac todo lo que había hecho. 67 Luego Isaac llevó a Rebeca a la carpa de Sara, su madre, y la tomó por esposa. Isaac amó a Rebeca, y así se consoló de la muerte de su madre.

46 "She quickly lowered her jar from her shoulder and said, 'Drink, and I'll water your camels too.' So I drank, and she watered the camels also.

47 "I asked her, 'Whose daughter are you?'

"She said, 'The daughter of Bethuel son of Nahor, whom Milcah bore to him.'

"Then I put the ring in her nose and the bracelets on her arms, 48 and I bowed down and worshiped the LORD. I praised the LORD, the God of my master Abraham, who had led me on the right road to get the granddaughter of my master's brother for his son. 49 Now if you will show kindness and faithfulness to my master, tell me; and if not, tell me, so I may know which way to turn."

50 Laban and Bethuel answered, "This is from the LORD; we can say nothing to you one way or the other. 51 Here is Rebekah; take her and go, and let her become the wife of your master's son, as the LORD has directed."

52 When Abraham's servant heard what they said, he bowed down to the ground before the LORD. 53 Then the servant brought out gold and silver jewelry and articles of clothing and gave them to Rebekah; he also gave costly gifts to her brother and to her mother. 54 Then he and the men who were with him ate and drank and spent the night there.

When they got up the next morning, he said, "Send me on my way to my master."

55 But her brother and her mother replied, "Let the girl remain with us ten days or so; then youᶠ may go."

56 But he said to them, "Do not detain me, now that the LORD has granted success to my journey. Send me on my way so I may go to my master."

57 Then they said, "Let's call the girl and ask her about it." 58 So they called Rebekah and asked her, "Will you go with this man?"

"I will go," she said.

59 So they sent their sister Rebekah on her way, along with her nurse and Abraham's servant and his men. 60 And they blessed Rebekah and said to her,

"Our sister, may you increase
to thousands upon thousands;
may your offspring possess
the gates of their enemies."

61 Then Rebekah and her maids got ready and mounted their camels and went back with the man. So the servant took Rebekah and left.

62 Now Isaac had come from Beer Lahai Roi, for he was living in the Negev. 63 He went out to the field one evening to meditate,ᵍ and as he looked up, he saw camels approaching. 64 Rebekah also looked up and saw Isaac. She got down from her camel 65 and asked the servant, "Who is that man in the field coming to meet us?"

"He is my master," the servant answered. So she took her veil and covered herself.

66 Then the servant told Isaac all he had done. 67 Isaac brought her into the tent of his mother Sarah, and he married Rebekah. So she became his wife, and he loved her; and Isaac was comforted after his mother's death.

ᵞ 24:63 a dar un paseo. Texto de difícil traducción.

ᶠ 55 Or she   ᵍ 63 The meaning of the Hebrew for this word is uncertain.

Muerte de Abraham

25 Abraham volvió a casarse, esta vez con una mujer llamada Cetura. ²Los hijos que tuvo con ella fueron: Zimrán, Jocsán, Medán, Madián, Isbac y Súaj.

³Jocsán fue el padre de Sabá y Dedán.

Los descendientes de Dedán fueron los asureos, los letuseos y los leumeos.

⁴Los hijos de Madián fueron Efá, Éfer, Janoc, Abidá y Eldá. Todos éstos fueron hijos de Cetura.

⁵Abraham entregó todos sus bienes a Isaac. ⁶A los hijos de sus concubinas les hizo regalos y, mientras él todavía estaba con vida, los separó de su hijo Isaac, enviándolos a las regiones orientales.

⁷Abraham vivió ciento setenta y cinco años, ⁸y murió en buena vejez, luego de haber vivido muchos años, y fue a reunirse con sus antepasados. ⁹Sus hijos Isaac e Ismael lo sepultaron en la cueva de Macpela, que está cerca de Mamré, es decir, en el campo del hitita Efrón hijo de Zojar. ¹⁰Éste era el campo que Abraham les había comprado a los hititas. Allí lo enterraron, junto a su esposa Sara. ¹¹Luego de la muerte de Abraham, Dios bendijo a Isaac, hijo de Abraham, quien se quedó a vivir cerca del pozo de Lajay Roí.

Descendientes de Ismael

¹²Ésta es la descendencia de Ismael, el hijo que Abraham tuvo con Agar, la criada egipcia de Sara. ¹³Éstos son los nombres de los hijos de Ismael, comenzando por el primogénito: Nebayot, Cedar, Adbel, Mibsán, ¹⁴Mismá, Dumá, Masá, ¹⁵Hadar, Temá, Jetur, Nafis y Cedema. ¹⁶Éstos fueron los hijos de Ismael, y éstos los nombres de los doce jefes de tribus, según sus propios territorios y campamentos.

¹⁷Ismael vivió ciento treinta y siete años. Al morir, fue a reunirse con sus antepasados. ¹⁸Sus descendientes se quedaron a vivir en la región que está entre Javilá y Sur, cerca de Egipto, en la ruta que conduce a Asiria. Allí se establecieron en franca oposición a todos sus hermanos.

Nacimiento de Jacob y de Esaú

¹⁹Ésta es la historia de Isaac, el hijo que tuvo Abraham. ²⁰Isaac tenía cuarenta años cuando se casó con Rebeca, que era hija de Betuel y hermana de Labán. Betuel y Labán eran *arameos de Padán Aram.ᶻ ²¹Isaac oró al SEÑOR en favor de su esposa, porque era estéril. El SEÑOR oyó su oración, y ella quedó embarazada. ²²Pero como los niños luchaban dentro de su seno, ella se preguntó: «Si esto va a seguir así, ¿para qué sigo viviendo?» Entonces fue a consultar al SEÑOR, ²³y él le contestó:

«Dos naciones hay en tu seno;
    dos pueblos se dividen desde tus entrañas.
Uno será más fuerte que el otro,
    y el mayor servirá al menor.»

²⁴Cuando le llegó el momento de dar a luz, resultó que en su seno había mellizos. ²⁵El primero en nacer era pelirrojo, y tenía todo el cuerpo cubierto de vello.

The Death of Abraham

25 Abraham tookʰ another wife, whose name was Keturah. ²She bore him Zimran, Jokshan, Medan, Midian, Ishbak and Shuah. ³Jokshan was the father of Sheba and Dedan; the descendants of Dedan were the Asshurites, the Letushites and the Leummites. ⁴The sons of Midian were Ephah, Epher, Hanoch, Abida and Eldaah. All these were descendants of Keturah.

⁵Abraham left everything he owned to Isaac. ⁶But while he was still living, he gave gifts to the sons of his concubines and sent them away from his son Isaac to the land of the east.

⁷Altogether, Abraham lived a hundred and seventy-five years. ⁸Then Abraham breathed his last and died at a good old age, an old man and full of years; and he was gathered to his people. ⁹His sons Isaac and Ishmael buried him in the cave of Machpelah near Mamre, in the field of Ephron son of Zohar the Hittite, ¹⁰the field Abraham had bought from the Hittites.ⁱ There Abraham was buried with his wife Sarah. ¹¹After Abraham's death, God blessed his son Isaac, who then lived near Beer Lahai Roi.

Ishmael's Sons

¹²This is the account of Abraham's son Ishmael, whom Sarah's maidservant, Hagar the Egyptian, bore to Abraham.

¹³These are the names of the sons of Ishmael, listed in the order of their birth: Nebaioth the firstborn of Ishmael, Kedar, Adbeel, Mibsam, ¹⁴Mishma, Dumah, Massa, ¹⁵Hadad, Tema, Jetur, Naphish and Kedemah. ¹⁶These were the sons of Ishmael, and these are the names of the twelve tribal rulers according to their settlements and camps. ¹⁷Altogether, Ishmael lived a hundred and thirty-seven years. He breathed his last and died, and he was gathered to his people. ¹⁸His descendants settled in the area from Havilah to Shur, near the border of Egypt, as you go toward Asshur. And they lived in hostility towardʲ all their brothers.

Jacob and Esau

¹⁹This is the account of Abraham's son Isaac.

Abraham became the father of Isaac, ²⁰and Isaac was forty years old when he married Rebekah daughter of Bethuel the Aramean from Paddan Aramᵏ and sister of Laban the Aramean.

²¹Isaac prayed to the LORD on behalf of his wife, because she was barren. The LORD answered his prayer, and his wife Rebekah became pregnant. ²²The babies jostled each other within her, and she said, "Why is this happening to me?" So she went to inquire of the LORD.

²³The LORD said to her,

"Two nations are in your womb,
    and two peoples from within you will be
      separated;
one people will be stronger than the other,
    and the older will serve the younger."

²⁴When the time came for her to give birth, there were twin boys in her womb. ²⁵The first to come out was red, and his whole body was like a hairy garment;

ᶻ25:20 Padán Aram. Es decir, el noroeste de Mesopotamia.

ʰ1 Or had taken   ⁱ10 Or the sons of Heth   ʲ18 Or lived to the east of   ᵏ20 That is, Northwest Mesopotamia

A éste lo llamaron Esaú.ª 26 Luego nació su hermano, agarrado con una mano del talón de Esaú. A éste lo llamaron Jacob.ᵇ Cuando nacieron los mellizos, Isaac tenía sesenta años.

27 Los niños crecieron. Esaú era un hombre de campo y se convirtió en un excelente cazador, mientras que Jacob era un hombre tranquilo que prefería quedarse en el campamento. 28 Isaac quería más a Esaú, porque le gustaba comer de lo que él cazaba; pero Rebeca quería más a Jacob.

29 Un día, cuando Jacob estaba preparando un guiso, Esaú llegó agotado del campo y le dijo:

30 —Dame de comer de ese guiso rojizo, porque estoy muy cansado. (Por eso a Esaú se le llamó Edom.)ᶜ

31 —Véndeme primero tus derechos de hijo mayor —le respondió Jacob.

32 —Me estoy muriendo de hambre —contestó Esaú—, así que ¿de qué me sirven los derechos de primogénito?

33 —Véndeme entonces los derechos bajo juramento —insistió Jacob.

Esaú se lo juró, y fue así como le vendió a Jacob sus derechos de primogénito. 34 Jacob, por su parte, le dio a Esaú pan y guiso de lentejas.

Luego de comer y beber, Esaú se levantó y se fue. De esta manera menospreció sus derechos de hijo mayor.

Isaac y Abimélec

26 En ese tiempo hubo mucha hambre en aquella región, además de la que hubo en tiempos de Abraham. Por eso Isaac se fue a Guerar, donde se encontraba Abimélec, rey de los filisteos. 2 Allí el SEÑOR se le apareció y le dijo: «No vayas a Egipto. Quédate en la región de la que te he hablado. 3 Vive en ese lugar por un tiempo. Yo estaré contigo y te bendeciré, porque a ti y a tu descendencia les daré todas esas tierras. Así confirmaré el juramento que le hice a tu padre Abraham. 4 Multiplicaré a tus descendientes como las estrellas del cielo, y les daré todas esas tierras. Por medio de tu descendencia todas las naciones de la tierra serán bendecidas, 5 porque Abraham me obedeció y cumplió mis preceptos y mis mandamientos, mis normas y mis enseñanzas.»

6 Isaac se quedó en Guerar. 7 Y cuando la gente del lugar le preguntaba a Isaac acerca de su esposa, él respondía que ella era su hermana. Tan bella era Rebeca que Isaac tenía miedo de decir que era su esposa, pues pensaba que por causa de ella podrían matarlo.

8 Algún tiempo después, mientras Abimélec, el rey de los filisteos, miraba por una ventana, vio a Isaac acariciando a su esposa Rebeca. 9 Entonces mandó llamar a Isaac y le dijo:

—¡Conque ella es tu esposa! ¿Por qué dijiste que era tu hermana?

—Yo pensé que por causa de ella podrían matarme —contestó Isaac.

10 —¿Por qué nos hiciste esto? —replicó Abimélec—. Alguno de nosotros podría haberse acostado con tu esposa, ¡y tú nos habrías hecho a todos culpables de ese pecado!

11 Por eso Abimélec envió esta orden a todo el pueblo:

—Si alguien molesta a este hombre o a su esposa, será condenado a muerte.

so they named him Esau.ˡ 26 After this, his brother came out, with his hand grasping Esau's heel; so he was named Jacob.ᵐ Isaac was sixty years old when Rebekah gave birth to them.

27 The boys grew up, and Esau became a skillful hunter, a man of the open country, while Jacob was a quiet man, staying among the tents. 28 Isaac, who had a taste for wild game, loved Esau, but Rebekah loved Jacob.

29 Once when Jacob was cooking some stew, Esau came in from the open country, famished. 30 He said to Jacob, "Quick, let me have some of that red stew! I'm famished!" (That is why he was also called Edom.ⁿ)

31 Jacob replied, "First sell me your birthright."

32 "Look, I am about to die," Esau said. "What good is the birthright to me?"

33 But Jacob said, "Swear to me first." So he swore an oath to him, selling his birthright to Jacob.

34 Then Jacob gave Esau some bread and some lentil stew. He ate and drank, and then got up and left.

So Esau despised his birthright.

Isaac and Abimelech

26 Now there was a famine in the land—besides the earlier famine of Abraham's time—and Isaac went to Abimelech king of the Philistines in Gerar. 2 The LORD appeared to Isaac and said, "Do not go down to Egypt; live in the land where I tell you to live. 3 Stay in this land for a while, and I will be with you and will bless you. For to you and your descendants I will give all these lands and will confirm the oath I swore to your father Abraham. 4 I will make your descendants as numerous as the stars in the sky and will give them all these lands, and through your offspringº all nations on earth will be blessed, 5 because Abraham obeyed me and kept my requirements, my commands, my decrees and my laws." 6 So Isaac stayed in Gerar.

7 When the men of that place asked him about his wife, he said, "She is my sister," because he was afraid to say, "She is my wife." He thought, "The men of this place might kill me on account of Rebekah, because she is beautiful."

8 When Isaac had been there a long time, Abimelech king of the Philistines looked down from a window and saw Isaac caressing his wife Rebekah. 9 So Abimelech summoned Isaac and said, "She is really your wife! Why did you say, 'She is my sister'?"

Isaac answered him, "Because I thought I might lose my life on account of her."

10 Then Abimelech said, "What is this you have done to us? One of the men might well have slept with your wife, and you would have brought guilt upon us."

11 So Abimelech gave orders to all the people: "Anyone who molests this man or his wife shall surely be put to death."

ª 25:25 En hebreo, *Esaú* puede significar *velludo*; véase también v. 30.   ᵇ 25:26 En hebreo, *Jacob* significa *él agarra el talón*.   ᶜ 25:30 En hebreo, *Edom* significa *rojo*.

ˡ 25 *Esau* may mean *hairy*; he was also called Edom, which means *red*.   ᵐ 26 *Jacob* means *he grasps the heel* (figuratively, *he deceives*).   ⁿ 30 *Edom* means *red*.   º 4 Or *seed*

12 Isaac sembró en aquella región, y ese año cosechó al ciento por uno, porque el SEÑOR lo había bendecido. 13 Así Isaac fue acumulando riquezas, hasta que llegó a ser muy rico. 14 Esto causó que los filisteos comenzaran a tenerle envidia, pues llegó a tener muchas ovejas, vacas y siervos. 15 Ahora bien, los filisteos habían cegado todos los pozos de agua que los siervos del padre de Isaac habían cavado. 16 Así que Abimélec le dijo a Isaac:

—Aléjate de nosotros, pues ya eres más poderoso que nosotros.

17 Isaac se fue de allí, y acampó en el valle de Guerar, donde se quedó a vivir. 18 Abrió nuevamente los pozos de agua que habían sido cavados en tiempos de su padre Abraham, y que los filisteos habían tapado después de su muerte, y les puso los mismos *nombres que su padre les había dado.

19 Cierta vez, cuando los siervos de Isaac estaban cavando en el valle, encontraron un manantial. 20 Pero los pastores de Guerar discutieron acaloradamente con los pastores de Isaac, alegando que el agua era de ellos. Por eso Isaac llamó a ese pozo Pleito,[d] porque habían peleado con él. 21 Después sus siervos cavaron otro pozo, por el cual también se pelearon. Por eso Isaac lo llamó Enemistad.[e] 22 Entonces Isaac se fue de allí y cavó otro pozo, pero esta vez no hubo ninguna disputa. A este pozo lo llamó Espacios libres,[f] y dijo: «El SEÑOR nos ha dado espacio para que prosperemos en esta región.»

23 De allí Isaac se dirigió a Berseba. 24 Esa noche se le apareció el SEÑOR, y le dijo:

«Yo soy el Dios de tu padre Abraham.
No temas, que yo estoy contigo.
Por amor a mi siervo Abraham,
te bendeciré y multiplicaré tu descendencia.»

25 Allí Isaac construyó un altar e invocó el nombre del SEÑOR. Acampó en ese lugar, y sus siervos cavaron un pozo. 26 Cierto día, Abimélec fue a ver a Isaac desde Guerar. Llegó acompañado de su consejero Ajuzat, y de Ficol, el jefe de su ejército. 27 Isaac les preguntó:

—Si tanto me odian, que hasta me echaron de su tierra, ¿para qué vienen a verme?

28 —Nos hemos dado cuenta de que el SEÑOR está contigo —respondieron—. Hemos pensado que tú y nosotros debiéramos hacer un pacto, respaldado por un juramento. Ese pacto será el siguiente: 29 Tú no nos harás ningún daño, ya que nosotros no te hemos perjudicado, sino que te hemos tratado bien y te hemos dejado ir en *paz. ¡Ahora el bendecido del SEÑOR eres tú!

30 Isaac les preparó un banquete, y comieron y bebieron. 31 A la mañana siguiente se levantaron muy temprano, e hicieron un compromiso mutuo. Luego Isaac los despidió, y ellos se fueron en calidad de amigos.

32 Aquel mismo día, los siervos de Isaac fueron y le informaron acerca de un pozo que habían cavado, y le dijeron:

—¡Hemos encontrado agua!

33 Isaac llamó a ese pozo Juramento.[g] Por eso la ciudad se llama Berseba[h] hasta el día de hoy.

Isaac bendice a Jacob

34 Esaú tenía cuarenta años de edad cuando se casó con Judit hija de Beerí, el hitita. También se casó con

12 Isaac planted crops in that land and the same year reaped a hundredfold, because the LORD blessed him. 13 The man became rich, and his wealth continued to grow until he became very wealthy. 14 He had so many flocks and herds and servants that the Philistines envied him. 15 So all the wells that his father's servants had dug in the time of his father Abraham, the Philistines stopped up, filling them with earth.

16 Then Abimelech said to Isaac, "Move away from us; you have become too powerful for us."

17 So Isaac moved away from there and encamped in the Valley of Gerar and settled there. 18 Isaac reopened the wells that had been dug in the time of his father Abraham, which the Philistines had stopped up after Abraham died, and he gave them the same names his father had given them.

19 Isaac's servants dug in the valley and discovered a well of fresh water there. 20 But the herdsmen of Gerar quarreled with Isaac's herdsmen and said, "The water is ours!" So he named the well Esek,[p] because they disputed with him. 21 Then they dug another well, but they quarreled over that one also; so he named it Sitnah.[q] 22 He moved on from there and dug another well, and no one quarreled over it. He named it Rehoboth,[r] saying, "Now the LORD has given us room and we will flourish in the land."

23 From there he went up to Beersheba. 24 That night the LORD appeared to him and said, "I am the God of your father Abraham. Do not be afraid, for I am with you; I will bless you and will increase the number of your descendants for the sake of my servant Abraham."

25 Isaac built an altar there and called on the name of the LORD. There he pitched his tent, and there his servants dug a well.

26 Meanwhile, Abimelech had come to him from Gerar, with Ahuzzath his personal adviser and Phicol the commander of his forces. 27 Isaac asked them, "Why have you come to me, since you were hostile to me and sent me away?"

28 They answered, "We saw clearly that the LORD was with you; so we said, 'There ought to be a sworn agreement between us'—between us and you. Let us make a treaty with you 29 that you will do us no harm, just as we did not molest you but always treated you well and sent you away in peace. And now you are blessed by the LORD."

30 Isaac then made a feast for them, and they ate and drank. 31 Early the next morning the men swore an oath to each other. Then Isaac sent them on their way, and they left him in peace.

32 That day Isaac's servants came and told him about the well they had dug. They said, "We've found water!" 33 He called it Shibah,[s] and to this day the name of the town has been Beersheba.[t]

34 When Esau was forty years old, he married Judith daughter of Beeri the Hittite, and also Basemath

[d] *26:20 Pleito.* Hebreo *Esek.* [e] *26:21 Enemistad.* Hebreo *Sitna.* [f] *26:22 Espacios libres.* Hebreo *Rejobot.* [g] *26:33 Juramento.* Alt. *Siete.* [h] *26:33* En hebreo, *Berseba* puede significar *Pozo del Juramento* o *Pozo de los Siete.*

[p] *20 Esek* means *dispute.* [q] *21 Sitnah* means *opposition.* [r] *22 Rehoboth* means *room.* [s] *33 Shibah* can mean *oath* or *seven.* [t] *33 Beersheba* can mean *well of the oath* or *well of seven.*

Basemat, hija de un hitita llamado Elón. ³⁵Estas dos mujeres les causaron mucha amargura a Isaac y a Rebeca.

27 Isaac había llegado a viejo y se había quedado ciego. Un día llamó a Esaú, su hijo mayor.

—¡Hijo mío! —le dijo.

—Aquí estoy —le contestó Esaú.

² —Como te darás cuenta, ya estoy muy viejo y en cualquier momento puedo morirme. ³Toma, pues, tus armas, tu arco y tus flechas, y ve al campo a cazarme algún animal. ⁴Prepárame luego un buen guiso, como a mí me gusta, y tráemelo para que me lo coma. Entonces te bendeciré antes de que muera.

⁵Como Rebeca había estado escuchando mientras Isaac le hablaba a su hijo Esaú, en cuanto éste se fue al campo a cazar un animal para su padre, ⁶ella le dijo a su hijo Jacob:

—Según acabo de escuchar, tu padre le ha pedido a tu hermano Esaú ⁷que cace un animal y se lo traiga para hacerle un guiso como a él le gusta. También le ha prometido que antes de morirse lo va a bendecir, poniendo al SEÑOR como testigo. ⁸Ahora bien, hijo mío, escúchame bien, y haz lo que te mando. ⁹Ve al rebaño y tráeme de allí dos de los mejores cabritos, para que yo le prepare a tu padre un guiso como a él le gusta. ¹⁰Tú se lo llevarás para que se lo coma, y así él te dará su bendición antes de morirse.

¹¹Pero Jacob le dijo a su madre:

—Hay un problema: mi hermano Esaú es muy velludo, y yo soy lampiño. ¹²Si mi padre me toca, se dará cuenta de que quiero engañarlo, y esto hará que me maldiga en vez de bendecirme.

¹³ —Hijo mío, ¡que esa maldición caiga sobre mí! —le contestó su madre—. Tan sólo haz lo que te pido, y ve a buscarme esos cabritos.

¹⁴Jacob fue a buscar los cabritos, se los llevó a su madre, y ella preparó el guiso tal como le gustaba a su padre. ¹⁵Luego sacó la mejor ropa de su hijo mayor Esaú, la cual tenía en casa, y con ella vistió a su hijo menor Jacob. ¹⁶Con la piel de los cabritos le cubrió los brazos y la parte lampiña del cuello, ¹⁷y le entregó a Jacob el guiso y el pan que había preparado.

¹⁸Jacob se presentó ante su padre y le dijo:

—¡Padre!

—Dime, hijo mío, ¿quién eres tú? —preguntó Isaac.

¹⁹ —Soy Esaú, tu primogénito —le contestó Jacob—. Ya hice todo lo que me pediste. Ven, por favor, y siéntate a comer de lo que he cazado; así podrás darme tu bendición.

²⁰Pero Isaac le preguntó a su hijo:

—¿Cómo fue que lo encontraste tan pronto, hijo mío?

—El SEÑOR tu Dios me ayudó —respondió Jacob.

²¹Isaac le dijo:

—Acércate, hijo mío, para que pueda tocarte y saber si de veras eres o no mi hijo Esaú.

²²Jacob se acercó a su padre, quien al tocarlo dijo:

—La voz es la de Jacob, pero las manos son las de Esaú.

²³Así que no lo reconoció, porque sus manos eran velludas como las de Esaú. Ya se disponía a bendecirlo ²⁴cuando volvió a preguntarle:

—¿En serio eres mi hijo Esaú?

—Claro que sí —respondió Jacob.

daughter of Elon the Hittite. ³⁵They were a source of grief to Isaac and Rebekah.

Jacob Gets Isaac's Blessing

27 When Isaac was old and his eyes were so weak that he could no longer see, he called for Esau his older son and said to him, "My son."

"Here I am," he answered.

²Isaac said, "I am now an old man and don't know the day of my death. ³Now then, get your weapons—your quiver and bow—and go out to the open country to hunt some wild game for me. ⁴Prepare me the kind of tasty food I like and bring it to me to eat, so that I may give you my blessing before I die."

⁵Now Rebekah was listening as Isaac spoke to his son Esau. When Esau left for the open country to hunt game and bring it back, ⁶Rebekah said to her son Jacob, "Look, I overheard your father say to your brother Esau, ⁷'Bring me some game and prepare me some tasty food to eat, so that I may give you my blessing in the presence of the LORD before I die.' ⁸Now, my son, listen carefully and do what I tell you: ⁹Go out to the flock and bring me two choice young goats, so I can prepare some tasty food for your father, just the way he likes it. ¹⁰Then take it to your father to eat, so that he may give you his blessing before he dies."

¹¹Jacob said to Rebekah his mother, "But my brother Esau is a hairy man, and I'm a man with smooth skin. ¹²What if my father touches me? I would appear to be tricking him and would bring down a curse on myself rather than a blessing."

¹³His mother said to him, "My son, let the curse fall on me. Just do what I say; go and get them for me."

¹⁴So he went and got them and brought them to his mother, and she prepared some tasty food, just the way his father liked it. ¹⁵Then Rebekah took the best clothes of Esau her older son, which she had in the house, and put them on her younger son Jacob. ¹⁶She also covered his hands and the smooth part of his neck with the goatskins. ¹⁷Then she handed to her son Jacob the tasty food and the bread she had made.

¹⁸He went to his father and said, "My father."

"Yes, my son," he answered. "Who is it?"

¹⁹Jacob said to his father, "I am Esau your firstborn. I have done as you told me. Please sit up and eat some of my game so that you may give me your blessing."

²⁰Isaac asked his son, "How did you find it so quickly, my son?"

"The LORD your God gave me success," he replied.

²¹Then Isaac said to Jacob, "Come near so I can touch you, my son, to know whether you really are my son Esau or not."

²²Jacob went close to his father Isaac, who touched him and said, "The voice is the voice of Jacob, but the hands are the hands of Esau." ²³He did not recognize him, for his hands were hairy like those of his brother Esau; so he blessed him. ²⁴"Are you really my son Esau?" he asked.

"I am," he replied.

25 Entonces su padre le dijo:

—Tráeme lo que has cazado, para que lo coma, y te daré mi bendición.

Jacob le sirvió, y su padre comió. También le llevó vino, y su padre lo bebió. 26 Luego le dijo su padre:

—Acércate ahora, hijo mío, y dame un beso.

27 Jacob se acercó y lo besó. Cuando Isaac olió su ropa, lo bendijo con estas palabras:

«El olor de mi hijo es como el de un campo
    bendecido por el SEÑOR.
28 Que Dios te conceda el rocío del cielo;
    que de la riqueza de la tierra
    te dé trigo y vino en abundancia.
29 Que te sirvan los pueblos;
    que ante ti se inclinen las naciones.
Que seas señor de tus hermanos;
    que ante ti se inclinen los hijos de tu madre.
Maldito sea el que te maldiga,
    y bendito el que te bendiga.»

30 No bien había terminado Isaac de bendecir a Jacob, y éste de salir de la presencia de su padre, cuando Esaú volvió de cazar. 31 También él preparó un guiso, se lo llevó a su padre y le dijo:

—Levántate, padre mío, y come de lo que ha cazado tu hijo. Luego podrás darme tu bendición.

32 Pero Isaac lo interrumpió:

—¿Quién eres tú?

—Soy Esaú, tu hijo primogénito —respondió.

33 Isaac comenzó a temblar y, muy sobresaltado, dijo:

—¿Quién fue el que ya me trajo lo que había cazado? Poco antes de que llegaras, yo me lo comí todo. Le di mi bendición, y bendecido quedará.

34 Al escuchar Esaú las palabras de su padre, lanzó un grito aterrador y, lleno de amargura, le dijo:

—¡Padre mío, te ruego que también a mí me bendigas!

35 Pero Isaac le respondió:

—Tu hermano vino y me engañó, y se llevó la bendición que a ti te correspondía.

36 —¡Con toda razón le pusieron Jacob![i] —replicó Esaú—. Ya van dos veces que me engaña: primero me quita mis derechos de primogénito, y ahora se lleva mi bendición. ¿No te queda ninguna bendición para mí?

37 Isaac le respondió:

—Ya lo he puesto por señor tuyo: todos sus hermanos serán siervos suyos; lo he sustentado con trigo y con vino. ¿Qué puedo hacer ahora por ti, hijo mío?

38 Pero Esaú insistió:

—¿Acaso tienes una sola bendición, padre mío? ¡Bendíceme también a mí!

Y se echó a llorar. 39 Entonces su padre le dijo:

«Vivirás lejos de las riquezas de la tierra,
    lejos del rocío que cae del cielo.
40 Gracias a tu espada,
    vivirás y servirás a tu hermano.
Pero cuando te impacientes,
    te librarás de su opresión.»

Jacob huye de Esaú

41 A partir de ese momento, Esaú guardó un profundo rencor hacia su hermano por causa de la bendición que le había dado su padre, y pensaba: «Ya falta poco para que hagamos duelo por mi padre; después de eso, mataré a mi hermano Jacob.»

25 Then he said, "My son, bring me some of your game to eat, so that I may give you my blessing."

Jacob brought it to him and he ate; and he brought some wine and he drank. 26 Then his father Isaac said to him, "Come here, my son, and kiss me."

27 So he went to him and kissed him. When Isaac caught the smell of his clothes, he blessed him and said,

"Ah, the smell of my son
    is like the smell of a field
    that the LORD has blessed.
28 May God give you of heaven's dew
    and of earth's richness—
    an abundance of grain and new wine.
29 May nations serve you
    and peoples bow down to you.
Be lord over your brothers,
    and may the sons of your mother bow
        down to you.
May those who curse you be cursed
    and those who bless you be blessed."

30 After Isaac finished blessing him and Jacob had scarcely left his father's presence, his brother Esau came in from hunting. 31 He too prepared some tasty food and brought it to his father. Then he said to him, "My father, sit up and eat some of my game, so that you may give me your blessing."

32 His father Isaac asked him, "Who are you?"

"I am your son," he answered, "your firstborn, Esau."

33 Isaac trembled violently and said, "Who was it, then, that hunted game and brought it to me? I ate it just before you came and I blessed him—and indeed he will be blessed!"

34 When Esau heard his father's words, he burst out with a loud and bitter cry and said to his father, "Bless me—me too, my father!"

35 But he said, "Your brother came deceitfully and took your blessing."

36 Esau said, "Isn't he rightly named Jacob[u]? He has deceived me these two times: He took my birthright, and now he's taken my blessing!" Then he asked, "Haven't you reserved any blessing for me?"

37 Isaac answered Esau, "I have made him lord over you and have made all his relatives his servants, and I have sustained him with grain and new wine. So what can I possibly do for you, my son?"

38 Esau said to his father, "Do you have only one blessing, my father? Bless me too, my father!" Then Esau wept aloud.

39 His father Isaac answered him,

"Your dwelling will be
    away from the earth's richness,
    away from the dew of heaven above.
40 You will live by the sword
    and you will serve your brother.
But when you grow restless,
    you will throw his yoke
    from off your neck."

Jacob Flees to Laban

41 Esau held a grudge against Jacob because of the blessing his father had given him. He said to himself, "The days of mourning for my father are near; then I will kill my brother Jacob."

---

[i] 27:36 En hebreo, *Jacob* significa *él agarra el talón* (en sentido figurado: *él suplanta* o *engaña*).

[u] 36 *Jacob* means *he grasps the heel* (figuratively, *he deceives*).

42 Cuando Rebeca se enteró de lo que estaba pensando Esaú, mandó llamar a Jacob, y le dijo:

—Mira, tu hermano Esaú está planeando matarte para vengarse de ti. 43 Por eso, hijo mío, obedéceme: Prepárate y huye en seguida a Jarán, a la casa de mi hermano Labán, 44 y quédate con él por un tiempo, hasta que se calme el enojo de tu hermano. 45 Cuando ya se haya tranquilizado, y olvide lo que le has hecho, yo enviaré a buscarte. ¿Por qué voy a perder a mis dos hijos en un solo día?

46 Luego Rebeca le dijo a Isaac:

—Estas mujeres hititas me tienen harta. Me han quitado las ganas de vivir. Si Jacob se llega a casar con una de las hititas que viven en este país, ¡más me valdría morir!

28 Isaac llamó a Jacob, lo bendijo y le ordenó:

—No te cases con ninguna mujer de aquí de Canaán. 2 Vete ahora mismo a Padán Aram, a la casa de Betuel, tu abuelo materno, y cásate allá con una de las hijas de tu tío Labán. 3 Que el Dios *Todopoderoso te bendiga, te haga fecundo y haga que salgan de ti numerosas naciones. 4 Que también te dé, a ti y a tu descendencia, la bendición de Abraham, para que puedan poseer esta tierra donde ahora vives como extranjero, esta tierra que Dios le prometió a Abraham.

5 Así envió Isaac a Jacob a Padán Aram, a la casa de Labán, quien era hijo de Betuel el *arameo, y hermano de Rebeca, la madre de Jacob y de Esaú.

6 Esaú supo que Isaac había bendecido a Jacob, y que lo había enviado a Padán Aram para casarse allá. También se enteró de que, al bendecirlo, le dio la orden de no casarse con ninguna cananea, 7 y de que Jacob había partido hacia Padán Aram en obediencia a su padre y a su madre. 8 Entonces Esaú se dio cuenta de la antipatía de su padre por las cananeas. 9 Por eso, aunque ya tenía otras esposas cananeas, Esaú fue hasta donde vivía Ismael hijo de Abraham y se casó con su hija Majalat, que era hermana de Nebayot.

El sueño de Jacob en Betel

10 Jacob partió de Berseba y se encaminó hacia Jarán. 11 Cuando llegó a cierto lugar, se detuvo para pasar la noche, porque ya estaba anocheciendo. Tomó una piedra, la usó como almohada, y se acostó a dormir en ese lugar. 12 Allí soñó que había una escalinata apoyada en la tierra, y cuyo extremo superior llegaba hasta el cielo. Por ella subían y bajaban los ángeles de Dios. 13 En el sueño, el SEÑOR estaba de pie junto a él y le decía: «Yo soy el SEÑOR, el Dios de tu abuelo Abraham y de tu padre Isaac. A ti y a tu descendencia les daré la tierra sobre la que estás acostado. 14 Tu descendencia será tan numerosa como el polvo de la tierra. Te extenderás de norte a sur, y de oriente a occidente, y todas las familias de la tierra serán bendecidas por medio de ti y de tu descendencia. 15 Yo estoy contigo. Te protegeré por dondequiera que vayas, y te traeré de vuelta a esta tierra. No te abandonaré hasta cumplir con todo lo que te he prometido.»

16 Al despertar Jacob de su sueño, pensó: «En realidad, el SEÑOR está en este lugar, y yo no me había dado

42 When Rebekah was told what her older son Esau had said, she sent for her younger son Jacob and said to him, "Your brother Esau is consoling himself with the thought of killing you. 43 Now then, my son, do what I say: Flee at once to my brother Laban in Haran. 44 Stay with him for a while until your brother's fury subsides. 45 When your brother is no longer angry with you and forgets what you did to him, I'll send word for you to come back from there. Why should I lose both of you in one day?"

46 Then Rebekah said to Isaac, "I'm disgusted with living because of these Hittite women. If Jacob takes a wife from among the women of this land, from Hittite women like these, my life will not be worth living."

28 So Isaac called for Jacob and blessed[v] him and commanded him: "Do not marry a Canaanite woman. 2 Go at once to Paddan Aram,[w] to the house of your mother's father Bethuel. Take a wife for yourself there, from among the daughters of Laban, your mother's brother. 3 May God Almighty[x] bless you and make you fruitful and increase your numbers until you become a community of peoples. 4 May he give you and your descendants the blessing given to Abraham, so that you may take possession of the land where you now live as an alien, the land God gave to Abraham." 5 Then Isaac sent Jacob on his way, and he went to Paddan Aram, to Laban son of Bethuel the Aramean, the brother of Rebekah, who was the mother of Jacob and Esau.

6 Now Esau learned that Isaac had blessed Jacob and had sent him to Paddan Aram to take a wife from there, and that when he blessed him he commanded him, "Do not marry a Canaanite woman," 7 and that Jacob had obeyed his father and mother and had gone to Paddan Aram. 8 Esau then realized how displeasing the Canaanite women were to his father Isaac; 9 so he went to Ishmael and married Mahalath, the sister of Nebaioth and daughter of Ishmael son of Abraham, in addition to the wives he already had.

Jacob's Dream at Bethel

10 Jacob left Beersheba and set out for Haran. 11 When he reached a certain place, he stopped for the night because the sun had set. Taking one of the stones there, he put it under his head and lay down to sleep. 12 He had a dream in which he saw a stairway[y] resting on the earth, with its top reaching to heaven, and the angels of God were ascending and descending on it. 13 There above it[z] stood the LORD, and he said: "I am the LORD, the God of your father Abraham and the God of Isaac. I will give you and your descendants the land on which you are lying. 14 Your descendants will be like the dust of the earth, and you will spread out to the west and to the east, to the north and to the south. All peoples on earth will be blessed through you and your offspring. 15 I am with you and will watch over you wherever you go, and I will bring you back to this land. I will not leave you until I have done what I have promised you."

16 When Jacob awoke from his sleep, he thought, "Surely the LORD is in this place, and I was not aware

---

j 28:2 Padán Aram. Es decir, el noroeste de Mesopotamia; también en vv. 5,6 y 7.

v 1 Or greeted   w 2 That is, Northwest Mesopotamia; also in verses 5, 6 and 7   x 3 Hebrew El-Shaddai   y 12 Or ladder   z 13 Or There beside him

cuenta.» 17 Y con mucho temor, añadió: «¡Qué asombroso es este lugar! Es nada menos que la casa de Dios; ¡es la puerta del cielo!»

18 A la mañana siguiente Jacob se levantó temprano, tomó la piedra que había usado como almohada, la erigió como una *estela y derramó aceite sobre ella. 19 En aquel lugar había una ciudad que se llamaba Luz, pero Jacob le cambió el *nombre y le puso Betel.k

20 Luego Jacob hizo esta promesa: «Si Dios me acompaña y me protege en este viaje que estoy haciendo, y si me da alimento y ropa para vestirme, 21 y si regreso sano y salvo a la casa de mi padre, entonces el SEÑOR será mi Dios. 22 Y esta piedra que yo erigí como pilar será casa de Dios, y de todo lo que Dios me dé, le daré la décima parte.»

Jacob llega a Padán Aram

29 Jacob continuó su viaje y llegó a la tierra de los orientales. 2 Al llegar vio, en medio del campo, un pozo donde descansaban tres rebaños de ovejas, ya que éstas bebían agua de allí. Sobre la boca del pozo había una piedra muy grande. 3 Por eso los pastores corrían la piedra sólo cuando estaban juntos todos los rebaños, y luego de abrevar a las ovejas volvían a colocarla en su lugar, sobre la boca del pozo.

4 Jacob les preguntó a los pastores:

—¿De dónde son ustedes?

—Somos de Jarán —respondieron.

5 —¿Conocen a Labán, el hijo de Najor? —volvió a preguntar Jacob.

—Claro que sí —respondieron.

6 Jacob siguió preguntando:

—¿Se encuentra bien de salud?

—Sí, está bien —le contestaron—. A propósito, ahí viene su hija Raquel con las ovejas.

7 Entonces Jacob les dijo:

—Todavía estamos en pleno día, y es muy temprano para encerrar el rebaño. ¿Por qué no les dan de beber a las ovejas y las llevan a pastar?

8 Y ellos respondieron:

—No podemos hacerlo hasta que se junten todos los rebaños y los pastores quiten la piedra que está sobre la boca del pozo. Sólo entonces podremos dar de beber a las ovejas.

9 Todavía estaba Jacob hablando con ellos, cuando Raquel llegó con las ovejas de su padre, pues era ella quien las cuidaba. 10 En cuanto Jacob vio a Raquel, hija de su tío Labán, con las ovejas de éste, se acercó y quitó la piedra que estaba sobre la boca del pozo, y les dio de beber a las ovejas. 11 Luego besó a Raquel, rompió en llanto, 12 y le contó que era pariente de Labán, por ser hijo de su hermana Rebeca. Raquel salió entonces corriendo a contárselo a su padre.

13 Al oír Labán las noticias acerca de su sobrino Jacob, salió a recibirlo y, entre abrazos y besos, lo llevó a su casa. Allí Jacob le contó todo lo que había sucedido, 14 y Labán le dijo: «Realmente, tú eres de mi propia sangre.»

Jacob se casa con Lea y Raquel

Jacob había estado ya un mes con Labán 15 cuando éste le dijo:

—Por más que seas mi pariente, no vas a trabajar para mí gratis. Dime cuánto quieres ganar.

16 Labán tenía dos hijas. La mayor se llamaba Lea, y la menor, Raquel. 17 Lea tenía ojos apagados,l mien-

of it." 17 He was afraid and said, "How awesome is this place! This is none other than the house of God; this is the gate of heaven."

18 Early the next morning Jacob took the stone he had placed under his head and set it up as a pillar and poured oil on top of it. 19 He called that place Bethel,a though the city used to be called Luz.

20 Then Jacob made a vow, saying, "If God will be with me and will watch over me on this journey I am taking and will give me food to eat and clothes to wear 21 so that I return safely to my father's house, then the LORDb will be my God 22 andc this stone that I have set up as a pillar will be God's house, and of all that you give me I will give you a tenth."

Jacob Arrives in Paddan Aram

29 Then Jacob continued on his journey and came to the land of the eastern peoples. 2 There he saw a well in the field, with three flocks of sheep lying near it because the flocks were watered from that well. The stone over the mouth of the well was large. 3 When all the flocks were gathered there, the shepherds would roll the stone away from the well's mouth and water the sheep. Then they would return the stone to its place over the mouth of the well.

4 Jacob asked the shepherds, "My brothers, where are you from?"

"We're from Haran," they replied.

5 He said to them, "Do you know Laban, Nahor's grandson?"

"Yes, we know him," they answered.

6 Then Jacob asked them, "Is he well?"

"Yes, he is," they said, "and here comes his daughter Rachel with the sheep."

7 "Look," he said, "the sun is still high; it is not time for the flocks to be gathered. Water the sheep and take them back to pasture."

8 "We can't," they replied, "until all the flocks are gathered and the stone has been rolled away from the mouth of the well. Then we will water the sheep."

9 While he was still talking with them, Rachel came with her father's sheep, for she was a shepherdess. 10 When Jacob saw Rachel daughter of Laban, his mother's brother, and Laban's sheep, he went over and rolled the stone away from the mouth of the well and watered his uncle's sheep. 11 Then Jacob kissed Rachel and began to weep aloud. 12 He had told Rachel that he was a relative of her father and a son of Rebekah. So she ran and told her father.

13 As soon as Laban heard the news about Jacob, his sister's son, he hurried to meet him. He embraced him and kissed him and brought him to his home, and there Jacob told him all these things. 14 Then Laban said to him, "You are my own flesh and blood."

Jacob Marries Leah and Rachel

After Jacob had stayed with him for a whole month, 15 Laban said to him, "Just because you are a relative of mine, should you work for me for nothing? Tell me what your wages should be."

16 Now Laban had two daughters; the name of the older was Leah, and the name of the younger was Rachel. 17 Leah had weakd eyes, but Rachel was love-

---

k 28:19 En hebreo, Betel significa casa de Dios.
l 29:17 apagados. Alt. tiernos.

a 19 Bethel means house of God.　　b 20,21 Or Since God . . . father's house, the LORD　　c 21,22 Or house, and the LORD will be my God, 22 then　　d 17 Or delicate

tras que Raquel era una mujer muy hermosa. ¹⁸Como Jacob se había enamorado de Raquel, le dijo a su tío:

—Me ofrezco a trabajar para ti siete años, a cambio de Raquel, tu hija menor.

¹⁹Labán le contestó:

—Es mejor que te la entregue a ti, y no a un extraño. Quédate conmigo.

²⁰Así que Jacob trabajó siete años para poder casarse con Raquel, pero como estaba muy enamorado de ella le pareció poco tiempo. ²¹Entonces Jacob le dijo a Labán:

—Ya he cumplido con el tiempo pactado. Dame mi mujer para que me case con ella.

²²Labán reunió a toda la gente del lugar y ofreció una gran fiesta. ²³Pero cuando llegó la noche, tomó a su hija Lea y se la entregó a Jacob, y Jacob se acostó con ella. ²⁴Además, como Lea tenía una criada que se llamaba Zilpá, Labán se la dio, para que la atendiera.

²⁵A la mañana siguiente, Jacob se dio cuenta de que había estado con Lea, y le reclamó a Labán:

—¿Qué me has hecho? ¿Acaso no trabajé contigo para casarme con Raquel? ¿Por qué me has engañado?

²⁶Labán le contestó:

—La costumbre en nuestro país es casar primero a la mayor y luego a la menor. ²⁷Por eso, cumple ahora con la semana nupcial de ésta, y por siete años más de trabajo te daré la otra.

²⁸Así lo hizo Jacob, y cuando terminó la semana nupcial de la primera, Labán le entregó a Raquel por esposa. ²⁹También Raquel tenía una criada, llamada Bilhá, y Labán se la dio para que la atendiera. ³⁰Jacob entonces se acostó con Raquel, y la amó mucho más que a Lea, aunque tuvo que trabajar para Labán siete años más.

Los hijos de Jacob

³¹Cuando el SEÑOR vio que Lea no era amada, le concedió hijos. Mientras tanto, Raquel permaneció estéril. ³²Lea quedó embarazada y dio a luz un hijo, al que llamó Rubén,ᵐ porque dijo: «El SEÑOR ha visto mi aflicción; ahora sí me amará mi esposo.» ³³Lea volvió a quedar embarazada y dio a luz otro hijo, al que llamó Simeón,ⁿ porque dijo: «Llegó a oídos del SEÑOR que no soy amada, y por eso me dio también este hijo.»

³⁴Luego quedó embarazada de nuevo y dio a luz un tercer hijo, al que llamó Leví,ñ porque dijo: «Ahora sí me amará mi esposo, porque le he dado tres hijos.»

³⁵Lea volvió a quedar embarazada, y dio a luz un cuarto hijo, al que llamó Judáᵒ porque dijo: «Esta vez alabaré al SEÑOR.» Después de esto, dejó de dar a luz.

30 Cuando Raquel se dio cuenta de que no le podía dar hijos a Jacob, tuvo envidia de su hermana y le dijo a Jacob:

—¡Dame hijos! Si no me los das, ¡me muero!

²Pero Jacob se enojó muchísimo con ella y le dijo:

—¿Acaso crees que soy Dios? ¡Es él quien te ha hecho estéril!

³—Aquí tienes a mi criada Bilhá —propuso Raquel —. Acuéstate con ella. Así ella dará a luz sobre mis rodillas, y por medio de ella también yo podré formar una familia.

⁴Entonces Raquel le dio a Jacob por mujer su criada

ly in form, and beautiful. ¹⁸Jacob was in love with Rachel and said, "I'll work for you seven years in return for your younger daughter Rachel."

¹⁹Laban said, "It's better that I give her to you than to some other man. Stay here with me." ²⁰So Jacob served seven years to get Rachel, but they seemed like only a few days to him because of his love for her.

²¹Then Jacob said to Laban, "Give me my wife. My time is completed, and I want to lie with her."

²²So Laban brought together all the people of the place and gave a feast. ²³But when evening came, he took his daughter Leah and gave her to Jacob, and Jacob lay with her. ²⁴And Laban gave his servant girl Zilpah to his daughter as her maidservant.

²⁵When morning came, there was Leah! So Jacob said to Laban, "What is this you have done to me? I served you for Rachel, didn't I? Why have you deceived me?"

²⁶Laban replied, "It is not our custom here to give the younger daughter in marriage before the older one. ²⁷Finish this daughter's bridal week; then we will give you the younger one also, in return for another seven years of work."

²⁸And Jacob did so. He finished the week with Leah, and then Laban gave him his daughter Rachel to be his wife. ²⁹Laban gave his servant girl Bilhah to his daughter Rachel as her maidservant. ³⁰Jacob lay with Rachel also, and he loved Rachel more than Leah. And he worked for Laban another seven years.

Jacob's Children

³¹When the LORD saw that Leah was not loved, he opened her womb, but Rachel was barren. ³²Leah became pregnant and gave birth to a son. She named him Reuben,ᵉ for she said, "It is because the LORD has seen my misery. Surely my husband will love me now."

³³She conceived again, and when she gave birth to a son she said, "Because the LORD heard that I am not loved, he gave me this one too." So she named him Simeon.ᶠ

³⁴Again she conceived, and when she gave birth to a son she said, "Now at last my husband will become attached to me, because I have borne him three sons." So he was named Levi.ᵍ

³⁵She conceived again, and when she gave birth to a son she said, "This time I will praise the LORD." So she named him Judah.ʰ Then she stopped having children.

30 When Rachel saw that she was not bearing Jacob any children, she became jealous of her sister. So she said to Jacob, "Give me children, or I'll die!"

²Jacob became angry with her and said, "Am I in the place of God, who has kept you from having children?"

³Then she said, "Here is Bilhah, my maidservant. Sleep with her so that she can bear children for me and that through her I too can build a family."

⁴So she gave him her servant Bilhah as a wife. Jacob

ᵐ 29:32 En hebreo, *Rubén* suena como las palabras que significan *miren, un hijo*, y también *él vio mi aflicción.*   ⁿ 29:33 En hebreo, *Simeón* probablemente significa *el que oye*.   ñ 29:34 En hebreo, *Leví* suena parecido al verbo que significa *unir, amar*.   ᵒ 29:35 En hebreo, *Judá* tiene un sonido parecido al verbo que significa *alabar.*

ᵉ 32 *Reuben* sounds like the Hebrew for *he has seen my misery*; the name means *see, a son*.   ᶠ 33 *Simeon* probably means *one who hears*.   ᵍ 34 *Levi* sounds like and may be derived from the Hebrew for *attached*.   ʰ 35 *Judah* sounds like and may be derived from the Hebrew for *praise*.

Bilhá, y Jacob se acostó con ella. 5 Bilhá quedó embarazada y le dio un hijo a Jacob. 6 Y Raquel exclamó: «¡Dios me ha hecho justicia! ¡Escuchó mi plegaria y me ha dado un hijo!» Por eso Raquel le puso por *nombre Dan.p

7 Después Bilhá, la criada de Raquel, quedó embarazada otra vez y dio a luz un segundo hijo de Jacob. 8 Y Raquel dijo: «He tenido una lucha muy grande con mi hermana, pero he vencido.» Por eso Raquel lo llamó Neftalí.q

9 Lea, al ver que ya no podía tener hijos, tomó a su criada Zilpá y se la entregó a Jacob por mujer, 10 y ésta le dio a Jacob un hijo. 11 Entonces Lea exclamó: «¡Qué suerte!» Por eso lo llamó Gad.r

12 Zilpá, la criada de Lea, le dio un segundo hijo a Jacob. 13 Lea volvió a exclamar: «¡Qué feliz soy! Las mujeres me dirán que soy feliz.» Por eso lo llamó Aser.s

14 Durante los días de la cosecha de trigo, Rubén salió al campo. Allí encontró unas frutas llamadas mandrágoras, y se las llevó a Lea, su madre. Entonces Raquel le dijo a Lea:

—Por favor, dame algunas mandrágoras de las que te trajo tu hijo.

15 Pero Lea le contestó:

—¿Te parece poco el haberme quitado a mi marido, que ahora quieres también quitarme las mandrágoras de mi hijo?

—Bueno —contestó Raquel—, te propongo que, a cambio de las mandrágoras de tu hijo, Jacob duerma contigo esta noche.

16 Al anochecer, cuando Jacob volvía del campo, Lea salió a su encuentro y le dijo:

—Hoy te acostarás conmigo, porque te he alquilado a cambio de las mandrágoras de mi hijo.

Y Jacob durmió con ella esa noche.

17 Dios escuchó a Lea, y ella quedó embarazada y le dio a Jacob un quinto hijo. 18 Entonces dijo Lea: «Dios me ha recompensado, porque yo le entregué mi criada a mi esposo.» Por eso lo llamó Isacar.t

19 Lea quedó embarazada de nuevo, y le dio a Jacob un sexto hijo. 20 «Dios me ha favorecido con un buen regalo —dijo Lea—. Esta vez mi esposo se quedará conmigo,u porque le he dado seis hijos.» Por eso lo llamó Zabulón.v

21 Luego Lea dio a luz una hija, a la cual llamó Dina. 22 Pero Dios también se acordó de Raquel; la escuchó y le quitó la esterilidad. 23 Fue así como ella quedó embarazada y dio a luz un hijo. Entonces exclamó: «Dios ha borrado mi desgracia.» 24 Por eso lo llamó José, y dijo: «Quiera el SEÑOR darme otro hijo.»

Jacob se enriquece

25 Después de que Raquel dio a luz a José, Jacob le dijo a Labán:

—Déjame regresar a mi hogar y a mi propia tierra. 26 Dame las mujeres por las que te he servido, y mis hijos, y déjame ir. Tú bien sabes cómo he trabajado para ti.

27 Pero Labán le contestó:

—Por favor, quédate. He sabido por adivinación que, gracias a ti, el SEÑOR me ha bendecido.

slept with her, 5 and she became pregnant and bore him a son. 6 Then Rachel said, "God has vindicated me; he has listened to my plea and given me a son." Because of this she named him Dan.i

7 Rachel's servant Bilhah conceived again and bore Jacob a second son. 8 Then Rachel said, "I have had a great struggle with my sister, and I have won." So she named him Naphtali.j

9 When Leah saw that she had stopped having children, she took her maidservant Zilpah and gave her to Jacob as a wife. 10 Leah's servant Zilpah bore Jacob a son. 11 Then Leah said, "What good fortune!"k So she named him Gad.l

12 Leah's servant Zilpah bore Jacob a second son. 13 Then Leah said, "How happy I am! The women will call me happy." So she named him Asher.m

14 During wheat harvest, Reuben went out into the fields and found some mandrake plants, which he brought to his mother Leah. Rachel said to Leah, "Please give me some of your son's mandrakes."

15 But she said to her, "Wasn't it enough that you took away my husband? Will you take my son's mandrakes too?"

"Very well," Rachel said, "he can sleep with you tonight in return for your son's mandrakes."

16 So when Jacob came in from the fields that evening, Leah went out to meet him. "You must sleep with me," she said. "I have hired you with my son's mandrakes." So he slept with her that night.

17 God listened to Leah, and she became pregnant and bore Jacob a fifth son. 18 Then Leah said, "God has rewarded me for giving my maidservant to my husband." So she named him Issachar.n

19 Leah conceived again and bore Jacob a sixth son. 20 Then Leah said, "God has presented me with a precious gift. This time my husband will treat me with honor, because I have borne him six sons." So she named him Zebulun.o

21 Some time later she gave birth to a daughter and named her Dinah.

22 Then God remembered Rachel; he listened to her and opened her womb. 23 She became pregnant and gave birth to a son and said, "God has taken away my disgrace." 24 She named him Joseph,p and said, "May the LORD add to me another son."

Jacob's Flocks Increase

25 After Rachel gave birth to Joseph, Jacob said to Laban, "Send me on my way so I can go back to my own homeland. 26 Give me my wives and children, for whom I have served you, and I will be on my way. You know how much work I've done for you."

27 But Laban said to him, "If I have found favor in your eyes, please stay. I have learned by divination

---

p 30:6 En hebreo, Dan significa él hizo justicia.   q 30:8 En hebreo, Neftalí significa mi lucha.   r 30:11 En hebreo, Gad puede significar suerte, buena fortuna.   s 30:13 En hebreo, Aser significa feliz, dichoso.   t 30:18 En hebreo, Isacar tiene un sonido parecido a las palabras que significan premiar y alquilar. u 30:20 se quedará conmigo. Lit. me honrará.   v 30:20 En hebreo, Zabulón suena como el verbo que significa honrar.

i 6 Dan here means he has vindicated.   j 8 Naphtali means my struggle.   k 11 Or "A troop is coming!"   l 11 Gad can mean good fortune or a troop.   m 13 Asher means happy. n 18 Issachar sounds like the Hebrew for reward.   o 20 Zebulun probably means honor.   p 24 Joseph means may he add.

28 Y le propuso:

—Fija tú mismo el salario que quieras ganar, y yo te lo pagaré.

29 Jacob le respondió:

—Tú bien sabes cómo he trabajado, y cómo gracias a mis desvelos han mejorado tus animales. 30 Lo que tenías antes de mi venida, que era muy poco, se ha multiplicado enormemente. Gracias a mí, el SEÑOR te ha bendecido. Ahora quiero hacer algo por mi propia familia.

31 —¿Cuánto quieres que te pague? —preguntó Labán.

—No tienes que pagarme nada —respondió Jacob—. Si aceptas lo que estoy por proponerte, seguiré cuidando tus ovejas. 32 Hoy, cuando pase yo con todo tu rebaño, tú irás apartando toda oveja manchada o moteada, y todos los corderos negros, y todos los cabritos manchados o moteados. Ellos serán mi salario. 33 Así, el día de mañana, cuando vengas a controlar lo que he ganado, mi honradez responderá por mí: si encuentras alguna oveja o cabrito que no sea manchado o moteado, o algún cordero que no sea negro, será que te lo he robado.

34 —Está bien —acordó Labán—, acepto tu propuesta.

35 Ese mismo día Labán apartó todos los chivos rayados y moteados, todas las cabras manchadas y moteadas, todas las que tenían alguna mancha blanca, y todos los corderos negros, y los puso al cuidado de sus hijos. 36 Después de eso, puso una distancia de tres días de viaje entre él y Jacob. Mientras tanto, Jacob seguía cuidando las otras ovejas de Labán.

37 Jacob cortó ramas verdes de álamo, de almendro y de plátano, y las peló de tal manera que quedaran franjas blancas al descubierto. 38 Luego tomó las ramas que había pelado, y las puso en todos los abrevaderos para que el rebaño las tuviera enfrente cuando se acercara a beber agua. Cuando las ovejas estaban en celo y llegaban a los abrevaderos, 39 los machos se unían con las hembras frente a las ramas, y así tenían crías rayadas, moteadas o manchadas. 40 Entonces Jacob apartaba estos corderos y los ponía frente a los animales rayados y negros del rebaño de Labán. De esta manera logró crear su propio rebaño, diferente al de Labán. 41 Además, cuando las hembras más robustas estaban en celo, Jacob colocaba las ramas en los bebederos, frente a los animales, para que se unieran mirando hacia las ramas. 42 Pero cuando llegaban los animales más débiles, no colocaba las ramas. Así los animales débiles eran para Labán y los robustos eran para Jacob. 43 De esta manera Jacob prosperó muchísimo y llegó a tener muchos rebaños, criados y criadas, camellos y asnos.

Jacob huye de Labán

31 Pero Jacob se enteró de que los hijos de Labán andaban diciendo: «Jacob se ha ido apoderando de todo lo que le pertenecía a nuestro padre, y se ha enriquecido a costa suya.» 2 También notó que Labán ya no lo trataba como antes. 3 Entonces el SEÑOR le dijo a Jacob: «Vuélvete a la tierra de tus padres, donde están tus parientes, que yo estaré contigo.»

4 Jacob mandó llamar a Raquel y a Lea al campo donde estaba el rebaño, 5 y les dijo:

—Me he dado cuenta de que su padre ya no me trata como antes. ¡Pero el Dios de mi padre ha estado conmigo! 6 Ustedes saben muy bien que yo he trabajado

that q the LORD has blessed me because of you." 28 He added, "Name your wages, and I will pay them."

29 Jacob said to him, "You know how I have worked for you and how your livestock has fared under my care. 30 The little you had before I came has increased greatly, and the LORD has blessed you wherever I have been. But now, when may I do something for my own household?"

31 "What shall I give you?" he asked.

"Don't give me anything," Jacob replied. "But if you will do this one thing for me, I will go on tending your flocks and watching over them: 32 Let me go through all your flocks today and remove from them every speckled or spotted sheep, every dark-colored lamb and every spotted or speckled goat. They will be my wages. 33 And my honesty will testify for me in the future, whenever you check on the wages you have paid me. Any goat in my possession that is not speckled or spotted, or any lamb that is not dark-colored, will be considered stolen."

34 "Agreed," said Laban. "Let it be as you have said." 35 That same day he removed all the male goats that were streaked or spotted, and all the speckled or spotted female goats (all that had white on them) and all the dark-colored lambs, and he placed them in the care of his sons. 36 Then he put a three-day journey between himself and Jacob, while Jacob continued to tend the rest of Laban's flocks.

37 Jacob, however, took fresh-cut branches from poplar, almond and plane trees and made white stripes on them by peeling the bark and exposing the white inner wood of the branches. 38 Then he placed the peeled branches in all the watering troughs, so that they would be directly in front of the flocks when they came to drink. When the flocks were in heat and came to drink, 39 they mated in front of the branches. And they bore young that were streaked or speckled or spotted. 40 Jacob set apart the young of the flock by themselves, but made the rest face the streaked and dark-colored animals that belonged to Laban. Thus he made separate flocks for himself and did not put them with Laban's animals. 41 Whenever the stronger females were in heat, Jacob would place the branches in the troughs in front of the animals so they would mate near the branches, 42 but if the animals were weak, he would not place them there. So the weak animals went to Laban and the strong ones to Jacob. 43 In this way the man grew exceedingly prosperous and came to own large flocks, and maidservants and menservants, and camels and donkeys.

Jacob Flees From Laban

31 Jacob heard that Laban's sons were saying, "Jacob has taken everything our father owned and has gained all this wealth from what belonged to our father." 2 And Jacob noticed that Laban's attitude toward him was not what it had been.

3 Then the LORD said to Jacob, "Go back to the land of your fathers and to your relatives, and I will be with you."

4 So Jacob sent word to Rachel and Leah to come out to the fields where his flocks were. 5 He said to them, "I see that your father's attitude toward me is not what it was before, but the God of my father has been with me. 6 You know that I've worked for your father with

---

q 27 Or possibly *have become rich and*

para su padre Labán con todas mis fuerzas. 7 No obstante, él me ha engañado y me ha cambiado el salario muchas veces.w Pero Dios no le ha permitido causarme ningún daño. 8 Si él acordaba conmigo: "Los animales manchados serán tu salario", todas las hembras tenían crías manchadas; y si él acordaba: "Los animales rayados serán tu salario", todas las hembras tenían crías rayadas. 9 Así Dios le ha quitado el ganado al padre de ustedes, y me lo ha dado a mí.

10 »En cierta ocasión, durante la época en que los animales estaban en celo, tuve un sueño. En ese sueño veía que los chivos que cubrían a las cabras eran rayados, manchados o moteados. 11 En ese mismo sueño, el ángel de Dios me llamó: "¡Jacob!" Y yo le respondí: "Aquí estoy." 12 Entonces él me dijo: "Fíjate bien, y te darás cuenta de que todos los chivos que cubren a las cabras son rayados, manchados o moteados. Yo he visto todo lo que te ha hecho Labán. 13 Yo soy el Dios de Betel, donde ungiste una *estela y me hiciste una promesa. Vete ahora de esta tierra, y vuelve a la tierra de tu origen."

14 Raquel y Lea le respondieron:

—Ya no tenemos ninguna parte ni herencia en la casa de nuestro padre. 15 Al contrario, nos ha tratado como si fuéramos extranjeras. Nos ha vendido, y se ha gastado todo lo que recibió por nosotras. 16 Lo cierto es que toda la riqueza que Dios le ha quitado a nuestro padre es nuestra y de nuestros hijos. Por eso, haz ahora todo lo que Dios te ha ordenado.

17 Entonces Jacob se preparó y montó a sus hijos y a sus esposas en los camellos, 18 puso en marcha todo su ganado, junto con todos los bienes que había acumulado en Padán Aram,x y se dirigió hacia la tierra de Canaán, donde vivía su padre Isaac.

19 Mientras Labán estaba ausente esquilando sus ovejas, Raquel aprovechó el momento para robarse los ídolos familiares. 20 Fue así como Jacob engañó a Labán el *arameo y huyó sin decirle nada. 21 Jacob se escapó con todo lo que tenía. Una vez que cruzó el río Éufrates, se encaminó hacia la región montañosa de Galaad.

Labán persigue a Jacob

22 Al tercer día le informaron a Labán que Jacob se había escapado. 23 Entonces Labán reunió a sus parientes y lo persiguió durante siete días, hasta que lo alcanzó en los montes de Galaad. 24 Pero esa misma noche Dios se le apareció en un sueño a Labán el *arameo, y le dijo: «¡Cuidado con amenazar a Jacob!»

25 Labán alcanzó a Jacob en los montes de Galaad, donde éste había acampado. También Labán acampó allí, junto con sus parientes, 26 y le reclamó a Jacob:

—¿Qué has hecho? ¡Me has engañado, y te has llevado a mis hijas como si fueran prisioneras de guerra! 27 ¿Por qué has huido en secreto, con engaños y sin decirme nada? Yo te habría despedido con alegría, y con música de tambores y de arpa. 28 Ni siquiera me dejaste besar a mis hijas y a mis nietos. ¡Te has comportado como un necio! 29 Mi poder es más que suficiente para hacerles daño, pero anoche el Dios de tu padre me habló y me dijo: "¡Cuidado con amenazar a Jacob!" 30 Ahora bien, entiendo que hayas querido irte porque añoras la casa de tu padre, pero, ¿por qué me robaste mis dioses?

31 Jacob le respondió:

—La verdad es que me entró mucho miedo, porque pensé que podrías quitarme a tus hijas por la fuerza.

all my strength, 7 yet your father has cheated me by changing my wages ten times. However, God has not allowed him to harm me. 8 If he said, 'The speckled ones will be your wages,' then all the flocks gave birth to speckled young; and if he said, 'The streaked ones will be your wages,' then all the flocks bore streaked young. 9 So God has taken away your father's livestock and has given them to me.

10 "In breeding season I once had a dream in which I looked up and saw that the male goats mating with the flock were streaked, speckled or spotted. 11 The angel of God said to me in the dream, 'Jacob.' I answered, 'Here I am.' 12 And he said, 'Look up and see that all the male goats mating with the flock are streaked, speckled or spotted, for I have seen all that Laban has been doing to you. 13 I am the God of Bethel, where you anointed a pillar and where you made a vow to me. Now leave this land at once and go back to your native land.'"

14 Then Rachel and Leah replied, "Do we still have any share in the inheritance of our father's estate? 15 Does he not regard us as foreigners? Not only has he sold us, but he has used up what was paid for us. 16 Surely all the wealth that God took away from our father belongs to us and our children. So do whatever God has told you."

17 Then Jacob put his children and his wives on camels, 18 and he drove all his livestock ahead of him, along with all the goods he had accumulated in Paddan Aram,r to go to his father Isaac in the land of Canaan.

19 When Laban had gone to shear his sheep, Rachel stole her father's household gods. 20 Moreover, Jacob deceived Laban the Aramean by not telling him he was running away. 21 So he fled with all he had, and crossing the River,s he headed for the hill country of Gilead.

Laban Pursues Jacob

22 On the third day Laban was told that Jacob had fled. 23 Taking his relatives with him, he pursued Jacob for seven days and caught up with him in the hill country of Gilead. 24 Then God came to Laban the Aramean in a dream at night and said to him, "Be careful not to say anything to Jacob, either good or bad."

25 Jacob had pitched his tent in the hill country of Gilead when Laban overtook him, and Laban and his relatives camped there too. 26 Then Laban said to Jacob, "What have you done? You've deceived me, and you've carried off my daughters like captives in war. 27 Why did you run off secretly and deceive me? Why didn't you tell me, so I could send you away with joy and singing to the music of tambourines and harps? 28 You didn't even let me kiss my grandchildren and my daughters good-by. You have done a foolish thing. 29 I have the power to harm you; but last night the God of your father said to me, 'Be careful not to say anything to Jacob, either good or bad.' 30 Now you have gone off because you longed to return to your father's house. But why did you steal my gods?"

31 Jacob answered Laban, "I was afraid, because I thought you would take your daughters away from me

---

w 31:7 muchas veces. Lit. diez veces.　x 31:18 Padán Aram. Es decir, el noroeste de Mesopotamia.

r 18 That is, Northwest Mesopotamia　s 21 That is, the Euphrates

³²Pero si encuentras tus dioses en poder de alguno de los que están aquí, tal persona no quedará con vida. Pongo a nuestros parientes como testigos: busca lo que sea tuyo, y llévatelo.

Pero Jacob no sabía que Raquel se había robado los ídolos de Labán, ³³así que Labán entró en la carpa de Jacob, luego en la de Lea y en la de las dos criadas, pero no encontró lo que buscaba. Cuando salió de la carpa de Lea, entró en la de Raquel. ³⁴Pero Raquel, luego de tomar los ídolos y esconderlos bajo la montura del camello, se sentó sobre ellos. Labán los buscó por toda la carpa, pero no los encontró. ³⁵Entonces Raquel le dijo a su padre:

—Por favor, no se enoje mi padre si no puedo levantarme ante usted, pero es que estoy en mi período de menstruación.

Labán buscó los ídolos, pero no logró encontrarlos.
³⁶Entonces Jacob se enojó con Labán, e indignado le reclamó:

—¿Qué crimen o pecado he cometido, para que me acoses de esta manera? ³⁷Ya has registrado todas mis cosas, ¿y acaso has encontrado algo que te pertenezca? Si algo has encontrado, ponlo aquí, frente a nuestros parientes, y que ellos determinen quién de los dos tiene la razón. ³⁸Durante los veinte años que estuve contigo, nunca abortaron tus ovejas ni tus cabras, ni jamás me comí un carnero de tus rebaños. ³⁹Nunca te traje un animal despedazado por las fieras, ya que yo mismo me hacía cargo de esa pérdida. Además, lo que se robaban de día o de noche, tú me lo reclamabas. ⁴⁰De día me consumía el calor, y de noche me moría de frío, y ni dormir podía. ⁴¹De los veinte años que estuve en tu casa, catorce te serví por tus dos hijas, y seis por tu ganado, y muchas veces*y* me cambiaste el salario. ⁴²Si no hubiera estado conmigo el Dios de mi padre, el Dios de Abraham, el Dios a quien Isaac temía, seguramente me habrías despedido con las manos vacías. Pero Dios vio mi aflicción y el trabajo de mis manos, y anoche me hizo justicia.

⁴³Labán le replicó a Jacob:

—Estas mujeres son mis hijas, y estos muchachos son mis nietos; mías también son las ovejas; todo lo que ves me pertenece. Pero, ¿qué podría hacerles ahora a mis hijas y a mis nietos? ⁴⁴Hagamos un pacto tú y yo, y que ese pacto nos sirva como testimonio.

⁴⁵Entonces Jacob tomó una piedra, la levantó como una *estela, ⁴⁶y les dijo a sus parientes:

—¡Junten piedras!

Ellos juntaron piedras, las amontonaron, y comieron allí, junto al montón de piedras. ⁴⁷A ese lugar Labán le puso por *nombre Yegar Saduta, mientras que Jacob lo llamó Galaad.*z*

⁴⁸—Este montón de piedras —declaró Labán— nos servirá de testimonio.

Por eso se le llamó Galaad a ese lugar, ⁴⁹y también se le llamó Mizpa, porque Labán juró:

—Que el SEÑOR nos vigile cuando ya estemos lejos el uno del otro. ⁵⁰Si tú maltratas a mis hijas, o tomas otras mujeres que no sean ellas, recuerda que Dios es nuestro testigo, aunque no haya ningún otro testigo entre nosotros. ⁵¹Mira este montón de piedras y la estela que he levantado entre nosotros —señaló Labán—. ⁵²Ambos serán testigos de que ni tú ni yo cruzaremos esta línea

by force. ³²But if you find anyone who has your gods, he shall not live. In the presence of our relatives, see for yourself whether there is anything of yours here with me; and if so, take it." Now Jacob did not know that Rachel had stolen the gods.

³³So Laban went into Jacob's tent and into Leah's tent and into the tent of the two maidservants, but he found nothing. After he came out of Leah's tent, he entered Rachel's tent. ³⁴Now Rachel had taken the household gods and put them inside her camel's saddle and was sitting on them. Laban searched through everything in the tent but found nothing.

³⁵Rachel said to her father, "Don't be angry, my lord, that I cannot stand up in your presence; I'm having my period." So he searched but could not find the household gods.

³⁶Jacob was angry and took Laban to task. "What is my crime?" he asked Laban. "What sin have I committed that you hunt me down? ³⁷Now that you have searched through all my goods, what have you found that belongs to your household? Put it here in front of your relatives and mine, and let them judge between the two of us.

³⁸"I have been with you for twenty years now. Your sheep and goats have not miscarried, nor have I eaten rams from your flocks. ³⁹I did not bring you animals torn by wild beasts; I bore the loss myself. And you demanded payment from me for whatever was stolen by day or night. ⁴⁰This was my situation: The heat consumed me in the daytime and the cold at night, and sleep fled from my eyes. ⁴¹It was like this for the twenty years I was in your household. I worked for you fourteen years for your two daughters and six years for your flocks, and you changed my wages ten times. ⁴²If the God of my father, the God of Abraham and the Fear of Isaac, had not been with me, you would surely have sent me away empty-handed. But God has seen my hardship and the toil of my hands, and last night he rebuked you."

⁴³Laban answered Jacob, "The women are my daughters, the children are my children, and the flocks are my flocks. All you see is mine. Yet what can I do today about these daughters of mine, or about the children they have borne? ⁴⁴Come now, let's make a covenant, you and I, and let it serve as a witness between us."

⁴⁵So Jacob took a stone and set it up as a pillar. ⁴⁶He said to his relatives, "Gather some stones." So they took stones and piled them in a heap, and they ate there by the heap. ⁴⁷Laban called it Jegar Sahadutha,*t* and Jacob called it Galeed.*u*

⁴⁸Laban said, "This heap is a witness between you and me today." That is why it was called Galeed. ⁴⁹It was also called Mizpah,*v* because he said, "May the LORD keep watch between you and me when we are away from each other. ⁵⁰If you mistreat my daughters or if you take any wives besides my daughters, even though no one is with us, remember that God is a witness between you and me."

⁵¹Laban also said to Jacob, "Here is this heap, and here is this pillar I have set up between you and me. ⁵²This heap is a witness, and this pillar is a witness, that I will not go past this heap to your side to harm you and that you will not go past this heap and pillar to my

---

y 31:41 muchas veces. Lit. diez veces.   *z 31:47* Yegar Saduta en arameo, y Galaad en hebreo, significan montículo del testimonio.

t 47 The Aramaic *Jegar Sahadutha* means *witness heap.*
u 47 The Hebrew *Galeed* means *witness heap.*   *v 49* Mizpah means *watchtower.*

con el propósito de hacernos daño. ⁵³¡Que el Dios de Abraham y el Dios de Najor sea nuestro juez!

Entonces Jacob juró por el Dios a quien temía su padre Isaac. ⁵⁴Luego ofreció un sacrificio en lo alto de un monte, e invitó a sus parientes a participar en la comida. Después de que todos comieron, pasaron la noche allí.

⁵⁵A la madrugada del día siguiente Labán se levantó, besó y bendijo a sus nietos y a sus hijas, y regresó a su casa.

Jacob envía mensajeros a Esaú

32 Jacob también siguió su camino, pero unos ángeles de Dios salieron a su encuentro. ²Al verlos, exclamó: «¡Éste es el campamento de Dios!» Por eso llamó a ese lugar Majanayin.ᵃ

³Luego Jacob envió mensajeros a su hermano Esaú, que estaba en la tierra de Seír, en la región de Edom. ⁴Y les ordenó que le dijeran: «Mi señor Esaú, su siervo Jacob nos ha enviado a decirle que él ha vivido en la casa de Labán todo este tiempo, ⁵y que ahora tiene vacas, asnos, ovejas, esclavos y esclavas. Le manda este mensaje, con la esperanza de ganarse su favor.»

⁶Cuando los mensajeros regresaron, le dijeron a Jacob: «Fuimos a hablar con su hermano Esaú, y ahora viene al encuentro de usted, acompañado de cuatrocientos hombres.»

⁷Jacob sintió mucho miedo, y se puso muy angustiado. Por eso dividió en dos grupos a la gente que lo acompañaba, y lo mismo hizo con las ovejas, las vacas y los camellos, ⁸pues pensó: «Si Esaú ataca a un grupo, el otro grupo podrá escapar.»

⁹Entonces Jacob se puso a orar: «SEÑOR, Dios de mi abuelo Abraham y de mi padre Isaac, que me dijiste que regresara a mi tierra y a mis familiares, y que me harías prosperar: ¹⁰realmente yo, tu siervo, no soy digno de la bondad y fidelidad con que me has privilegiado. Cuando crucé este río Jordán, no tenía más que mi bastón; pero ahora he llegado a formar dos campamentos. ¹¹¡Líbrame del poder de mi hermano Esaú, pues tengo miedo de que venga a matarme a mí y a las madres y a los niños! ¹²Tú mismo afirmaste que me harías prosperar, y que mis descendientes serían tan numerosos como la arena del mar, que no se puede contar.»

¹³Jacob pasó la noche en aquel lugar, y de lo que tenía consigo escogió, como regalo para su hermano Esaú, ¹⁴doscientas cabras, veinte chivos, doscientas ovejas, veinte carneros, ¹⁵treinta camellas con sus crías, cuarenta vacas, diez novillos, veinte asnas y diez asnos. ¹⁶Luego los puso a cargo de sus siervos, cada manada por separado, y les dijo: «Vayan adelante, pero dejen un buen espacio entre manada y manada.»

¹⁷Al que iba al frente, le ordenó: «Cuando te encuentres con mi hermano Esaú y te pregunte de quién eres, a dónde te diriges y de quién es el ganado que llevas, ¹⁸le contestarás: "Es un regalo para usted, mi señor Esaú, que de sus ganados le manda su siervo Jacob. Además, él mismo viene detrás de nosotros."»

¹⁹Jacob le dio la misma orden al segundo y al tercer grupo, y a todos los demás que iban detrás del ganado. Les dijo: «Cuando se encuentren con Esaú, le dirán todo esto, ²⁰y añadirán: "Su siervo Jacob viene detrás de nosotros."»

Jacob pensaba: «Lo apaciguaré con los regalos que le llegarán primero, y luego me presentaré ante él; tal

side to harm me. ⁵³May the God of Abraham and the God of Nahor, the God of their father, judge between us."

So Jacob took an oath in the name of the Fear of his father Isaac. ⁵⁴He offered a sacrifice there in the hill country and invited his relatives to a meal. After they had eaten, they spent the night there.

⁵⁵Early the next morning Laban kissed his grandchildren and his daughters and blessed them. Then he left and returned home.

Jacob Prepares to Meet Esau

32 Jacob also went on his way, and the angels of God met him. ²When Jacob saw them, he said, "This is the camp of God!" So he named that place Mahanaim.ʷ

³Jacob sent messengers ahead of him to his brother Esau in the land of Seir, the country of Edom. ⁴He instructed them: "This is what you are to say to my master Esau: 'Your servant Jacob says, I have been staying with Laban and have remained there till now. ⁵I have cattle and donkeys, sheep and goats, menservants and maidservants. Now I am sending this message to my lord, that I may find favor in your eyes.' "

⁶When the messengers returned to Jacob, they said, "We went to your brother Esau, and now he is coming to meet you, and four hundred men are with him."

⁷In great fear and distress Jacob divided the people who were with him into two groups,ˣ and the flocks and herds and camels as well. ⁸He thought, "If Esau comes and attacks one group,ʸ the groupʸ that is left may escape."

⁹Then Jacob prayed, "O God of my father Abraham, God of my father Isaac, O LORD, who said to me, 'Go back to your country and your relatives, and I will make you prosper,' ¹⁰I am unworthy of all the kindness and faithfulness you have shown your servant. I had only my staff when I crossed this Jordan, but now I have become two groups. ¹¹Save me, I pray, from the hand of my brother Esau, for I am afraid he will come and attack me, and also the mothers with their children. ¹²But you have said, 'I will surely make you prosper and will make your descendants like the sand of the sea, which cannot be counted.' "

¹³He spent the night there, and from what he had with him he selected a gift for his brother Esau: ¹⁴two hundred female goats and twenty male goats, two hundred ewes and twenty rams, ¹⁵thirty female camels with their young, forty cows and ten bulls, and twenty female donkeys and ten male donkeys. ¹⁶He put them in the care of his servants, each herd by itself, and said to his servants, "Go ahead of me, and keep some space between the herds."

¹⁷He instructed the one in the lead: "When my brother Esau meets you and asks, 'To whom do you belong, and where are you going, and who owns all these animals in front of you?' ¹⁸then you are to say, 'They belong to your servant Jacob. They are a gift sent to my lord Esau, and he is coming behind us.' "

¹⁹He also instructed the second, the third and all the others who followed the herds: "You are to say the same thing to Esau when you meet him. ²⁰And be sure to say, 'Your servant Jacob is coming behind us.' " For he thought, "I will pacify him with these gifts I am sending on ahead; later, when I see him, perhaps he

---

ᵃ 32:2 En hebreo, *Majanayin* significa *dos campamentos*.

ʷ 2 *Mahanaim* means *two camps.*   ˣ 7 Or *camps*; also in verse 10
ʸ 8 Or *camp*

vez así me reciba bien.» ²¹De esta manera los regalos lo precedieron, pero Jacob se quedó esa noche en el campamento.

Jacob lucha con un ángel

²²Aquella misma noche Jacob se levantó, tomó a sus dos esposas, a sus dos esclavas y a sus once hijos, y cruzó el vado del río Jaboc. ²³Una vez que lo habían cruzado, hizo pasar también todas sus posesiones, ²⁴quedándose solo. Entonces un hombre luchó con él hasta el amanecer. ²⁵Cuando ese hombre se dio cuenta de que no podía vencer a Jacob, lo tocó en la coyuntura de la cadera, y ésta se le dislocó mientras luchaban. ²⁶Entonces el hombre le dijo:

—¡Suéltame, que ya está por amanecer!

—¡No te soltaré hasta que me bendigas! —respondió Jacob.

²⁷—¿Cómo te llamas? —le preguntó el hombre.

—Me llamo Jacob —respondió.

²⁸Entonces el hombre le dijo:

—Ya no te llamarás Jacob, sino Israel*b*, porque has luchado con Dios y con los *hombres, y has vencido.

²⁹—Y tú, ¿cómo te llamas? —le preguntó Jacob.

—¿Por qué preguntas cómo me llamo? —le respondió el hombre.

Y en ese mismo lugar lo bendijo. ³⁰Jacob llamó a ese lugar Penuel,*c* porque dijo: «He visto a Dios cara a cara, y todavía sigo con *vida.»

³¹Cruzaba Jacob por el lugar llamado Penuel, cuando salió el sol. A causa de la cadera dislocada iba rengueando. ³²Por esta razón los israelitas no comen el tendón que está en la coyuntura de la cadera, porque a Jacob se le tocó en dicho tendón.

Encuentro de Jacob con Esaú

33 Cuando Jacob alzó la vista y vio que Esaú se acercaba con cuatrocientos hombres, repartió a los niños entre Lea, Raquel y las dos esclavas. ²Al frente de todos colocó a las criadas con sus hijos, luego a Lea con sus hijos, y por último a Raquel con José. ³Jacob, por su parte, se adelantó a ellos, inclinándose hasta el suelo siete veces mientras se iba acercando a su hermano. ⁴Pero Esaú corrió a su encuentro y, echándole los brazos al cuello, lo abrazó y lo besó. Entonces los dos se pusieron a llorar. ⁵Luego Esaú alzó la vista y, al ver a las mujeres y a los niños, preguntó:

—¿Quiénes son estos que te acompañan?

—Son los hijos que Dios le ha concedido a tu siervo —respondió Jacob.

⁶Las esclavas y sus hijos se acercaron y se inclinaron ante Esaú. ⁷Luego, Lea y sus hijos hicieron lo mismo y, por último, también se inclinaron José y Raquel.

⁸—¿Qué significan todas estas manadas que han salido a mi encuentro? —preguntó Esaú.

—Intentaba con ellas ganarme tu confianza —contestó Jacob.

⁹—Hermano mío —repuso Esaú—, ya tengo más que suficiente. Quédate con lo que te pertenece.

¹⁰—No, por favor —insistió Jacob—; si me he ganado tu confianza, acepta este presente que te ofrezco. Ya que me has recibido tan bien, ¡ver tu rostro es como ver a Dios mismo! ¹¹Acéptame el regalo que te he traído. Dios ha sido muy bueno conmigo, y tengo más de lo que necesito.

Fue tanta la insistencia de Jacob que, finalmente, Esaú aceptó. ¹²Más tarde, Esaú le dijo:

—Sigamos nuestro viaje; yo te acompañaré.

will receive me." ²¹So Jacob's gifts went on ahead of him, but he himself spent the night in the camp.

Jacob Wrestles With God

²²That night Jacob got up and took his two wives, his two maidservants and his eleven sons and crossed the ford of the Jabbok. ²³After he had sent them across the stream, he sent over all his possessions. ²⁴So Jacob was left alone, and a man wrestled with him till daybreak. ²⁵When the man saw that he could not overpower him, he touched the socket of Jacob's hip so that his hip was wrenched as he wrestled with the man. ²⁶Then the man said, "Let me go, for it is daybreak."

But Jacob replied, "I will not let you go unless you bless me."

²⁷The man asked him, "What is your name?"

"Jacob," he answered.

²⁸Then the man said, "Your name will no longer be Jacob, but Israel,*z* because you have struggled with God and with men and have overcome."

²⁹Jacob said, "Please tell me your name."

But he replied, "Why do you ask my name?" Then he blessed him there.

³⁰So Jacob called the place Peniel,*a* saying, "It is because I saw God face to face, and yet my life was spared."

³¹The sun rose above him as he passed Peniel,*b* and he was limping because of his hip. ³²Therefore to this day the Israelites do not eat the tendon attached to the socket of the hip, because the socket of Jacob's hip was touched near the tendon.

Jacob Meets Esau

33 Jacob looked up and there was Esau, coming with his four hundred men; so he divided the children among Leah, Rachel and the two maidservants. ²He put the maidservants and their children in front, Leah and her children next, and Rachel and Joseph in the rear. ³He himself went on ahead and bowed down to the ground seven times as he approached his brother.

⁴But Esau ran to meet Jacob and embraced him; he threw his arms around his neck and kissed him. And they wept. ⁵Then Esau looked up and saw the women and children. "Who are these with you?" he asked.

Jacob answered, "They are the children God has graciously given your servant."

⁶Then the maidservants and their children approached and bowed down. ⁷Next, Leah and her children came and bowed down. Last of all came Joseph and Rachel, and they too bowed down.

⁸Esau asked, "What do you mean by all these droves I met?"

"To find favor in your eyes, my lord," he said.

⁹But Esau said, "I already have plenty, my brother. Keep what you have for yourself."

¹⁰"No, please!" said Jacob. "If I have found favor in your eyes, accept this gift from me. For to see your face is like seeing the face of God, now that you have received me favorably. ¹¹Please accept the present that was brought to you, for God has been gracious to me and I have all I need." And because Jacob insisted, Esau accepted it.

¹²Then Esau said, "Let us be on our way; I'll accompany you."

---

b 32:28 En hebreo, *Israel* significa *él lucha con Dios.*
c 32:30 En hebreo, *Penuel* significa *cara de Dios.*

z 28 Israel means *he struggles with God.*   *a 30 Peniel* means *face of God.*   *b 31* Hebrew *Penuel,* a variant of *Peniel*

13 Pero Jacob se disculpó:

—Mi hermano y señor debe saber que los niños son todavía muy débiles, y que las ovejas y las vacas acaban de tener cría, y debo cuidarlas. Si les exijo demasiado, en un solo día se me puede morir todo el rebaño. 14 Es mejor que mi señor se adelante a su siervo, que yo seguiré al paso de la manada y de los niños, hasta que nos encontremos en Seír.

15 —Está bien —accedió Esaú—, pero permíteme dejarte algunos de mis hombres para que te acompañen.

—¿Para qué te vas a molestar? —contestó Jacob—. Lo importante es que me he ganado tu confianza.

16 Aquel mismo día, Esaú regresó a Seír. 17 Jacob, en cambio, se fue hacia Sucot, y allí se hizo una casa para él y cobertizos para su ganado. Por eso a ese lugar se le llamó Sucot.*d*

18 Cuando Jacob volvió de Padán Aram,*e* llegó sano y salvo a la ciudad de Siquén, en Canaán, y acampó frente a ella. 19 Luego, por cien monedas de plata les compró una parcela a los hijos de Jamor, el padre de Siquén, y allí instaló su carpa. 20 También construyó un altar, y lo llamó El Elohé Israel.*f*

Rapto y violación de Dina

34 En cierta ocasión Dina, la hija que Jacob tuvo con Lea, salió a visitar a las mujeres del lugar. 2 Cuando la vio Siquén, que era hijo de Jamor el heveo, jefe del lugar, la agarró por la fuerza, se acostó con ella y la violó. 3 Pero luego se enamoró de ella y trató de ganarse su afecto. 4 Entonces le dijo a su padre: «Consígueme a esta muchacha para que sea mi esposa.»

5 Jacob se enteró de que Siquén había violado a su hija Dina pero, como sus hijos estaban en el campo cuidando el ganado, no dijo nada hasta que ellos regresaron. 6 Mientras tanto Jamor, el padre de Siquén, salió en busca de Jacob para hablar con él. 7 Cuando los hijos de Jacob volvieron del campo y se enteraron de lo sucedido, quedaron muy dolidos y, a la vez, llenos de ira. Siquén había cometido una ofensa muy grande contra Israel al abusar de su hija; era algo que nunca debió haber hecho. 8 Pero Jamor les dijo:

—Mi hijo Siquén está enamorado de la hermana de ustedes. Por favor, permitan que ella se case con él. 9 Háganse parientes nuestros. Intercambiemos nuestras hijas en casamiento. 10 Así ustedes podrán vivir entre nosotros y el país quedará a su disposición para que lo habiten, hagan negocios*g* y adquieran terrenos.

11 Siquén, por su parte, les dijo al padre y a los hermanos de Dina:

—Si ustedes me hallan digno de su favor, yo les daré lo que me pidan. 12 Pueden pedirme cuanta dote quieran, y exigirme muchos regalos, pero permitan que la muchacha se case conmigo.

13 Sin embargo, por el hecho de que su hermana Dina había sido deshonrada, los hijos de Jacob les respondieron con engaños a Siquén y a su padre Jamor.

14 —Nosotros no podemos hacer algo así —les explicaron—. Sería una vergüenza para todos nosotros entregarle nuestra hermana a un hombre que no está circuncidado. 15 Sólo aceptaremos con esta condición: que todos los varones entre ustedes se circunciden para

13 But Jacob said to him, "My lord knows that the children are tender and that I must care for the ewes and cows that are nursing their young. If they are driven hard just one day, all the animals will die. 14 So let my lord go on ahead of his servant, while I move along slowly at the pace of the droves before me and that of the children, until I come to my lord in Seir."

15 Esau said, "Then let me leave some of my men with you."

"But why do that?" Jacob asked. "Just let me find favor in the eyes of my lord."

16 So that day Esau started on his way back to Seir. 17 Jacob, however, went to Succoth, where he built a place for himself and made shelters for his livestock. That is why the place is called Succoth.*c*

18 After Jacob came from Paddan Aram,*d* he arrived safely at the*e* city of Shechem in Canaan and camped within sight of the city. 19 For a hundred pieces of silver,*f* he bought from the sons of Hamor, the father of Shechem, the plot of ground where he pitched his tent. 20 There he set up an altar and called it El Elohe Israel.*g*

Dinah and the Shechemites

34 Now Dinah, the daughter Leah had borne to Jacob, went out to visit the women of the land. 2 When Shechem son of Hamor the Hivite, the ruler of that area, saw her, he took her and violated her. 3 His heart was drawn to Dinah daughter of Jacob, and he loved the girl and spoke tenderly to her. 4 And Shechem said to his father Hamor, "Get me this girl as my wife."

5 When Jacob heard that his daughter Dinah had been defiled, his sons were in the fields with his livestock; so he kept quiet about it until they came home.

6 Then Shechem's father Hamor went out to talk with Jacob. 7 Now Jacob's sons had come in from the fields as soon as they heard what had happened. They were filled with grief and fury, because Shechem had done a disgraceful thing in*h* Israel by lying with Jacob's daughter—a thing that should not be done.

8 But Hamor said to them, "My son Shechem has his heart set on your daughter. Please give her to him as his wife. 9 Intermarry with us; give us your daughters and take our daughters for yourselves. 10 You can settle among us; the land is open to you. Live in it, trade*i* in it, and acquire property in it."

11 Then Shechem said to Dinah's father and brothers, "Let me find favor in your eyes, and I will give you whatever you ask. 12 Make the price for the bride and the gift I am to bring as great as you like, and I'll pay whatever you ask me. Only give me the girl as my wife."

13 Because their sister Dinah had been defiled, Jacob's sons replied deceitfully as they spoke to Shechem and his father Hamor. 14 They said to them, "We can't do such a thing; we can't give our sister to a man who is not circumcised. That would be a disgrace to us. 15 We will give our consent to you on one condition only: that you become like us by circumcising all your

---

d 33:17 En hebreo, *Sucot* significa *cobertizos, enramadas o cabañas.*
e 33:18 Padán Aram. Es decir, el noroeste de Mesopotamia.
f 33:20 En hebreo, *El Elohé Israel* puede significar *Dios, el Dios de Israel, o poderoso es el Dios de Israel.* *g 34:10* hagan negocios. Alt. *se muevan con libertad.*

c 17 Succoth means shelters. *d 18* That is, Northwest Mesopotamia. *e 18* Or arrived at Shalem, a *f 19* Hebrew *hundred kesitahs*; a kesitah was a unit of money of unknown weight and value. *g 20* El Elohe Israel can mean God, the God of Israel or mighty is the God of Israel. *h 7* Or against *i 10* Or move about freely; also in verse 21

que sean como nosotros. 16Entonces sí intercambiaremos nuestras hijas con las de ustedes en casamiento, y viviremos entre ustedes y formaremos un solo pueblo. 17Pero si no aceptan nuestra condición de circuncidarse, nos llevaremos a nuestra hermana*h* y nos iremos de aquí.

18Jamor y Siquén estuvieron de acuerdo con la propuesta; 19y tan enamorado estaba Siquén de la hija de Jacob que no demoró en circuncidarse.

Como Siquén era el hombre más respetado en la familia, 20su padre Jamor lo acompañó hasta la entrada de la ciudad, y allí hablaron con todos sus conciudadanos. Les dijeron:

21—Estos hombres se han portado como amigos. Dejen que se establezcan en nuestro país, y que lleven a cabo sus negocios aquí, ya que hay suficiente espacio para ellos. Además, nosotros nos podremos casar con sus hijas, y ellos con las nuestras. 22Pero ellos aceptan quedarse entre nosotros y formar un solo pueblo, con una sola condición: que todos nuestros varones se circunciden, como lo hacen ellos. 23Aceptemos su condición, para que se queden a vivir entre nosotros. De esta manera su ganado, sus propiedades y todos sus animales serán nuestros.

24Todos los que se reunían a la entrada de la ciudad estuvieron de acuerdo con Jamor y con su hijo Siquén, y fue así como todos los varones fueron circuncidados. 25Al tercer día, cuando los varones todavía estaban muy adoloridos, dos de los hijos de Jacob, Simeón y Leví, hermanos de Dina, empuñaron cada uno su espada y fueron a la ciudad, donde los varones se encontraban desprevenidos, y los mataron a todos. 26También mataron a filo de espada a Jamor y a su hijo Siquén, sacaron a Dina de la casa de Siquén y se retiraron. 27Luego los otros hijos de Jacob llegaron y, pasando sobre los cadáveres, saquearon la ciudad en venganza por la deshonra que había sufrido su hermana. 28Se apropiaron de sus ovejas, ganado y asnos, y de todo lo que había en la ciudad y en el campo. 29Se llevaron todos sus bienes, y sus hijos y mujeres, y saquearon todo lo que encontraron en las casas.

30Entonces Jacob les dijo a Simeón y Leví:

—Me han provocado un problema muy serio. De ahora en adelante los cananeos y ferezeos, habitantes de este lugar, me van a odiar. Si ellos se unen contra mí y me atacan, me matarán a mí y a toda mi familia, pues cuento con muy pocos hombres.

31Pero ellos replicaron:

—¿Acaso podíamos dejar que él tratara a nuestra hermana como a una prostituta?

Jacob vuelve a Betel

35 Dios le dijo a Jacob: «Ponte en marcha, y vete a vivir a Betel. Erige allí un altar al Dios que se te apareció cuando escapabas de tu hermano Esaú.» 2Entonces Jacob dijo a su familia y a quienes lo acompañaban: «Desháganse de todos los dioses extraños que tengan con ustedes, purifíquense y cámbiense de ropa. 3Vámonos a Betel. Allí construiré un altar al Dios que me socorrió cuando estaba yo en peligro, y que me ha acompañado en mi camino.» 4Así que le entregaron a Jacob todos los dioses extraños que tenían, junto con los aretes que llevaban en las orejas, y Jacob los enterró a la sombra de la encina que estaba cerca de Siquén. 5Cuando partieron, nadie persiguió a la familia de Jacob, porque un terror divino se apoderó de las ciudades vecinas.

males. 16Then we will give you our daughters and take your daughters for ourselves. We'll settle among you and become one people with you. 17But if you will not agree to be circumcised, we'll take our sister*j* and go."

18Their proposal seemed good to Hamor and his son Shechem. 19The young man, who was the most honored of all his father's household, lost no time in doing what they said, because he was delighted with Jacob's daughter. 20So Hamor and his son Shechem went to the gate of their city to speak to their fellow townsmen. 21"These men are friendly toward us," they said. "Let them live in our land and trade in it; the land has plenty of room for them. We can marry their daughters and they can marry ours. 22But the men will consent to live with us as one people only on the condition that our males be circumcised, as they themselves are. 23Won't their livestock, their property and all their other animals become ours? So let us give our consent to them, and they will settle among us."

24All the men who went out of the city gate agreed with Hamor and his son Shechem, and every male in the city was circumcised.

25Three days later, while all of them were still in pain, two of Jacob's sons, Simeon and Levi, Dinah's brothers, took their swords and attacked the unsuspecting city, killing every male. 26They put Hamor and his son Shechem to the sword and took Dinah from Shechem's house and left. 27The sons of Jacob came upon the dead bodies and looted the city where*k* their sister had been defiled. 28They seized their flocks and herds and donkeys and everything else of theirs in the city and out in the fields. 29They carried off all their wealth and all their women and children, taking as plunder everything in the houses.

30Then Jacob said to Simeon and Levi, "You have brought trouble on me by making me a stench to the Canaanites and Perizzites, the people living in this land. We are few in number, and if they join forces against me and attack me, I and my household will be destroyed."

31But they replied, "Should he have treated our sister like a prostitute?"

Jacob Returns to Bethel

35 Then God said to Jacob, "Go up to Bethel and settle there, and build an altar there to God, who appeared to you when you were fleeing from your brother Esau."

2So Jacob said to his household and to all who were with him, "Get rid of the foreign gods you have with you, and purify yourselves and change your clothes. 3Then come, let us go up to Bethel, where I will build an altar to God, who answered me in the day of my distress and who has been with me wherever I have gone." 4So they gave Jacob all the foreign gods they had and the rings in their ears, and Jacob buried them under the oak at Shechem. 5Then they set out, and the terror of God fell upon the towns all around them so that no one pursued them.

---

h 34:17 hermana. Lit. *hija.*   *j 17* Hebrew *daughter*   *k 27* Or *because*

6 Fue así como Jacob y quienes lo acompañaban llegaron a Luz, es decir, Betel, en la tierra de Canaán. 7 Erigió un altar y llamó a ese lugar El Betel,*i* porque allí se le había revelado Dios cuando escapaba de su hermano Esaú.

8 Por esos días murió Débora, la nodriza de Rebeca, y la sepultaron a la sombra de la encina que se encuentra cerca de Betel. Por eso Jacob llamó a ese lugar Elón Bacut.*j*

9 Cuando Jacob regresó de Padán Aram*k*, Dios se le apareció otra vez y lo bendijo 10 con estas palabras: «Tu *nombre es Jacob,*l* pero ya no te llamarás así. De aquí en adelante te llamarás Israel.»*m* Y, en efecto, ese fue el nombre que le puso.

11 Luego Dios añadió: «Yo soy el Dios *Todopoderoso. Sé fecundo y multiplícate. De ti nacerá una nación y una comunidad de naciones, y habrá reyes entre tus vástagos. 12 La tierra que les di a Abraham y a Isaac te la doy a ti, y también a tus descendientes.» 13 Y Dios se alejó del lugar donde había hablado con Jacob.

14 Jacob erigió una *estela de piedra en el lugar donde Dios le había hablado. Vertió sobre ella una libación, y la ungió con aceite, 15 y al lugar donde Dios le había hablado lo llamó Betel.*n*

Muerte de Raquel y de Isaac

16 Después partieron de Betel. Cuando todavía estaban lejos de Efrata, Raquel dio a luz, pero tuvo un parto muy difícil. 17 En el momento más difícil del parto, la partera le dijo: «¡No temas; estás por tener otro varón!» 18 No obstante, ella se estaba muriendo, y en sus últimos suspiros alcanzó a llamar a su hijo Benoní,*ñ* pero Jacob, su padre, le puso por *nombre Benjamín.*o*

19 Así murió Raquel, y la sepultaron en el camino que va hacia Efrata, que es Belén. 20 Sobre la tumba Jacob erigió una estela, que hasta el día de hoy señala el lugar donde Raquel fue sepultada.

21 Israel siguió su camino y acampó más allá de Migdal Edar. 22 Mientras vivía en esa región, Rubén fue y se acostó con Bilhá, la concubina de su padre. Cuando Israel se enteró de esto, se enojó muchísimo.*p*

Jacob tuvo doce hijos:

23 Los hijos de Lea fueron Rubén, que era el primogénito de Jacob, Simeón, Leví, Judá, Isacar y Zabulón.

24 Los hijos de Raquel fueron José y Benjamín.

25 Los hijos de Bilhá, la esclava de Raquel, fueron Dan y Neftalí.

26 Los hijos de Zilpá, la esclava de Lea, fueron Gad y Aser.

Éstos fueron los hijos que tuvo Jacob en Padán Aram.

27 Jacob volvió a la casa de su padre Isaac en Mamré, cerca de Quiriat Arbá, es decir, Hebrón, donde también habían vivido Abraham e Isaac. 28 Isaac tenía ciento ochenta años 29 cuando se reunió con sus antepasados. Era ya muy anciano cuando murió, y lo sepultaron sus hijos Esaú y Jacob.

6 Jacob and all the people with him came to Luz (that is, Bethel) in the land of Canaan. 7 There he built an altar, and he called the place El Bethel,*l* because it was there that God revealed himself to him when he was fleeing from his brother.

8 Now Deborah, Rebekah's nurse, died and was buried under the oak below Bethel. So it was named Allon Bacuth.*m*

9 After Jacob returned from Paddan Aram,*n* God appeared to him again and blessed him. 10 God said to him, "Your name is Jacob,*o* but you will no longer be called Jacob; your name will be Israel."*p* So he named him Israel.

11 And God said to him, "I am God Almighty*q*; be fruitful and increase in number. A nation and a community of nations will come from you, and kings will come from your body. 12 The land I gave to Abraham and Isaac I also give to you, and I will give this land to your descendants after you." 13 Then God went up from him at the place where he had talked with him.

14 Jacob set up a stone pillar at the place where God had talked with him, and he poured out a drink offering on it; he also poured oil on it. 15 Jacob called the place where God had talked with him Bethel.*r*

The Deaths of Rachel and Isaac

16 Then they moved on from Bethel. While they were still some distance from Ephrath, Rachel began to give birth and had great difficulty. 17 And as she was having great difficulty in childbirth, the midwife said to her, "Don't be afraid, for you have another son." 18 As she breathed her last—for she was dying—she named her son Ben-Oni.*s* But his father named him Benjamin.*t*

19 So Rachel died and was buried on the way to Ephrath (that is, Bethlehem). 20 Over her tomb Jacob set up a pillar, and to this day that pillar marks Rachel's tomb.

21 Israel moved on again and pitched his tent beyond Migdal Eder. 22 While Israel was living in that region, Reuben went in and slept with his father's concubine Bilhah, and Israel heard of it.

Jacob had twelve sons:

23 The sons of Leah:
Reuben the firstborn of Jacob,
Simeon, Levi, Judah, Issachar and Zebulun.

24 The sons of Rachel:
Joseph and Benjamin.

25 The sons of Rachel's maidservant Bilhah:
Dan and Naphtali.

26 The sons of Leah's maidservant Zilpah:
Gad and Asher.

These were the sons of Jacob, who were born to him in Paddan Aram.

27 Jacob came home to his father Isaac in Mamre, near Kiriath Arba (that is, Hebron), where Abraham and Isaac had stayed. 28 Isaac lived a hundred and eighty years. 29 Then he breathed his last and died and was gathered to his people, old and full of years. And his sons Esau and Jacob buried him.

i 35:7 En hebreo, *El Betel* significa *Dios de Betel.*   *j 35:8* En hebreo, *Elón Bacut* significa *encina del llanto.*   *k 35:9* *Padán Aram.* Es decir, el noroeste de Mesopotamia; también en v. 26. *l 35:10* En hebreo, *Jacob* significa *él agarra el talón* (en sentido figurado: *él suplanta* o *engaña*).   *m 35:10* En hebreo, *Israel* significa *él lucha con Dios.*   *n 35:15* En hebreo, *Betel* significa *casa de Dios.*   *ñ 35:18* En hebreo, *Benoní* significa *hijo de mi aflicción* o *hijo de mi tristeza.*   *o 35:18* En hebreo, *Benjamín* significa *hijo de mi mano derecha.*   *p 35:22* *Cuando Israel se enteró, se enojó muchísimo* (LXX); *Israel se enteró* (TM).

l 7 *El Bethel* means *God of Bethel.*   *m 8* *Allon Bacuth* means *oak of weeping.*   *n 9* That is, Northwest Mesopotamia; also in verse 26   *o 10* *Jacob* means *he grasps the heel* (figuratively, *he deceives*).   *p 10* *Israel* means *he struggles with God.*   *q 11* Hebrew *El-Shaddai*   *r 15* *Bethel* means *house of God.*   *s 18* *Ben-Oni* means *son of my trouble.*   *t 18* *Benjamin* means *son of my right hand.*

Descendientes de Esaú

36 Éstos son los descendientes de Esaú, o sea Edom.

2 Esaú se casó con mujeres cananeas: con Ada, hija de Elón el hitita; con Aholibama, hija de Aná y nieta de Zibeón el heveo; 3 y con Basemat, hija de Ismael y hermana de Nebayot.

4 Esaú tuvo estos hijos: con Ada tuvo a Elifaz; con Basemat, a Reuel; 5 con Aholibama, a Jeús, Jalán y Coré. Éstos fueron los hijos que tuvo Esaú mientras vivía en la tierra de Canaán.

6 Después Esaú tomó a sus esposas, hijos e hijas, y a todas las personas que lo acompañaban, junto con su ganado y todos sus animales, y todos los bienes que había adquirido en la tierra de Canaán, y se trasladó a otra región para alejarse de su hermano Jacob. 7 Los dos habían acumulado tantos bienes que no podían estar juntos; la tierra donde vivían no bastaba para alimentar al ganado de ambos. 8 Fue así como Esaú, o sea Edom, se asentó en la región montañosa de Seír.

9 Éstos son los descendientes de Esaú, padre de los edomitas, que habitaron en la región montañosa de Seír. 10 Los nombres de sus hijos son éstos:

Elifaz hijo de Ada, esposa de Esaú; y Reuel hijo de Basemat, esposa de Esaú.

11 Los hijos de Elifaz fueron Temán, Omar, Zefo, Gatán y Quenaz.

12 Elifaz tuvo un hijo con una concubina suya, llamada Timná, al que llamó Amalec.

Todos éstos fueron nietos de Ada, esposa de Esaú.

13 Los hijos de Reuel fueron Najat, Zera, Sama y Mizá. Éstos fueron los nietos de Basemat, esposa de Esaú.

14 Los hijos de la otra esposa de Esaú, Aholibama, que era hija de Aná y nieta de Zibeón fueron Jeús, Jalán y Coré.

15 Éstos fueron los jefes de los descendientes de Esaú:

De los hijos de Elifaz, primogénito de Esaú, los jefes fueron Temán, Omar, Zefo, Quenaz, 16 Coré, Gatán y Amalec. Éstos fueron los jefes de los descendientes de Elifaz en la tierra de Edom, y todos ellos fueron nietos de Ada.

17 De los hijos de Reuel hijo de Esaú, los jefes fueron Najat, Zera, Sama y Mizá.

Éstos fueron los jefes de los descendientes de Reuel en la tierra de Edom, y todos ellos fueron nietos de Basemat, esposa de Esaú.

18 De los hijos de Aholibama, hija de Aná y esposa de Esaú, los jefes fueron Jeús, Jalán y Coré.

19 Éstos fueron descendientes de Esaú, también llamado Edom, y a su vez jefes de sus respectivas tribus.

20 Éstos fueron los descendientes de Seír el horeo, que habitaban en aquella región:

Lotán, Sobal, Zibeón, Aná, 21 Disón, Ezer y Disán. Estos descendientes de Seír fueron los jefes de los horeos en la tierra de Edom.

22 Los hijos de Lotán fueron Horí y Homán. Lotán tenía una hermana llamada Timná.

23 Los hijos de Sobal fueron: Alván, Manajat, Ebal, Sefó y Onam.

Esau's Descendants

36 This is the account of Esau (that is, Edom).

2 Esau took his wives from the women of Canaan: Adah daughter of Elon the Hittite, and Oholibamah daughter of Anah and granddaughter of Zibeon the Hivite— 3 also Basemath daughter of Ishmael and sister of Nebaioth.

4 Adah bore Eliphaz to Esau, Basemath bore Reuel, 5 and Oholibamah bore Jeush, Jalam and Korah. These were the sons of Esau, who were born to him in Canaan.

6 Esau took his wives and sons and daughters and all the members of his household, as well as his livestock and all his other animals and all the goods he had acquired in Canaan, and moved to a land some distance from his brother Jacob. 7 Their possessions were too great for them to remain together; the land where they were staying could not support them both because of their livestock. 8 So Esau (that is, Edom) settled in the hill country of Seir.

9 This is the account of Esau the father of the Edomites in the hill country of Seir.

10 These are the names of Esau's sons:

Eliphaz, the son of Esau's wife Adah, and Reuel, the son of Esau's wife Basemath.

11 The sons of Eliphaz:

Teman, Omar, Zepho, Gatam and Kenaz.

12 Esau's son Eliphaz also had a concubine named Timna, who bore him Amalek. These were grandsons of Esau's wife Adah.

13 The sons of Reuel:

Nahath, Zerah, Shammah and Mizzah. These were grandsons of Esau's wife Basemath.

14 The sons of Esau's wife Oholibamah daughter of Anah and granddaughter of Zibeon, whom she bore to Esau:

Jeush, Jalam and Korah.

15 These were the chiefs among Esau's descendants:

The sons of Eliphaz the firstborn of Esau:

Chiefs Teman, Omar, Zepho, Kenaz, 16 Korah,*u* Gatam and Amalek. These were the chiefs descended from Eliphaz in Edom; they were grandsons of Adah.

17 The sons of Esau's son Reuel:

Chiefs Nahath, Zerah, Shammah and Mizzah. These were the chiefs descended from Reuel in Edom; they were grandsons of Esau's wife Basemath.

18 The sons of Esau's wife Oholibamah:

Chiefs Jeush, Jalam and Korah. These were the chiefs descended from Esau's wife Oholibamah daughter of Anah.

19 These were the sons of Esau (that is, Edom), and these were their chiefs.

20 These were the sons of Seir the Horite, who were living in the region:

Lotan, Shobal, Zibeon, Anah, 21 Dishon, Ezer and Dishan. These sons of Seir in Edom were Horite chiefs.

22 The sons of Lotan:

Hori and Homam.*v* Timna was Lotan's sister.

23 The sons of Shobal:

Alvan, Manahath, Ebal, Shepho and Onam.

---

u 16 Masoretic Text; Samaritan Pentateuch (see also Gen. 36:11 and 1 Chron. 1:36) does not have *Korah.*   *v 22* Hebrew *Hemam*, a variant of *Homam* (see 1 Chron. 1:39)

²⁴Los hijos de Zibeón fueron Ayá y Aná. Este último es el mismo que encontró las aguas termales^q en el desierto mientras cuidaba los asnos de su padre Zibeón.

²⁵Los hijos de Aná fueron: Disón y Aholibama, hija de Aná.

²⁶Los hijos de Disón fueron Hemdán, Esbán, Itrán y Querán.

²⁷Los hijos de Ezer fueron Bilán, Zaván y Acán.

²⁸Los hijos de Disán fueron Uz y Arán.

²⁹Los jefes de los horeos fueron Lotán, Sobal, Zibeón, Aná, ³⁰Disón, Ezer y Disán. Cada uno de ellos fue jefe de su tribu en la región de Seír.

Los reyes de Edom

³¹Antes de que los israelitas tuvieran rey, éstos fueron los reyes que reinaron en el país de Edom:

³²Bela hijo de Beor, que reinó en Edom. El nombre de su ciudad era Dinaba.

³³Cuando murió Bela, reinó en su lugar Jobab hijo de Zera, que provenía de Bosra.

³⁴Cuando murió Jobab, reinó en su lugar Jusán, que venía de la región de Temán.

³⁵Cuando murió Jusán, reinó en su lugar Hadad hijo de Bedad. Éste derrotó a Madián en el campo de Moab. El nombre de su ciudad era Avit.

³⁶Cuando murió Hadad, reinó en su lugar Samla, que era del pueblo de Masreca.

³⁷Cuando murió Samla, reinó en su lugar Saúl de Rejobot del Río.

³⁸Cuando murió Saúl, reinó en su lugar Baal Janán hijo de Acbor.

³⁹Cuando murió Baal Janán hijo de Acbor, reinó en su lugar Hadad.^r El nombre de su ciudad era Pau. Su esposa se llamaba Mehitabel, y era hija de Matred y nieta de Mezab.

⁴⁰Éstos son los nombres de los jefes que descendieron de Esaú, cada uno según su clan y región: Timná, Alvá, Jetet, ⁴¹Aholibama, Elá, Pinón, ⁴²Quenaz, Temán, Mibzar, ⁴³Magdiel e Iram. Éstos fueron los jefes de Edom, según los lugares que habitaron.

Éste fue Esaú, padre de los edomitas.

Los sueños de José

37 Jacob se estableció en la tierra de Canaán, donde su padre había residido como extranjero.

²Ésta es la historia de Jacob y su familia.

Cuando José tenía diecisiete años, apacentaba el rebaño junto a sus hermanos, los hijos de Bilhá y de Zilpá, que eran concubinas de su padre. El joven José solía informar a su padre de la mala fama que tenían estos hermanos suyos.

³Israel amaba a José más que a sus otros hijos, porque lo había tenido en su vejez. Por eso mandó que le confeccionaran una túnica especial de mangas largas.^s

²⁴The sons of Zibeon:

Aiah and Anah. This is the Anah who discovered the hot springs^w in the desert while he was grazing the donkeys of his father Zibeon.

²⁵The children of Anah:

Dishon and Oholibamah daughter of Anah.

²⁶The sons of Dishon^x:

Hemdan, Eshban, Ithran and Keran.

²⁷The sons of Ezer:

Bilhan, Zaavan and Akan.

²⁸The sons of Dishan:

Uz and Aran.

²⁹These were the Horite chiefs:

Lotan, Shobal, Zibeon, Anah, ³⁰Dishon, Ezer and Dishan. These were the Horite chiefs, according to their divisions, in the land of Seir.

The Rulers of Edom

³¹These were the kings who reigned in Edom before any Israelite king reigned^y:

³²Bela son of Beor became king of Edom. His city was named Dinhabah.

³³When Bela died, Jobab son of Zerah from Bozrah succeeded him as king.

³⁴When Jobab died, Husham from the land of the Temanites succeeded him as king.

³⁵When Husham died, Hadad son of Bedad, who defeated Midian in the country of Moab, succeeded him as king. His city was named Avith.

³⁶When Hadad died, Samlah from Masrekah succeeded him as king.

³⁷When Samlah died, Shaul from Rehoboth on the river^z succeeded him as king.

³⁸When Shaul died, Baal-Hanan son of Acbor succeeded him as king.

³⁹When Baal-Hanan son of Acbor died, Hadad^a succeeded him as king. His city was named Pau, and his wife's name was Mehetabel daughter of Matred, the daughter of Me-Zahab.

⁴⁰These were the chiefs descended from Esau, by name, according to their clans and regions:

Timna, Alvah, Jetheth, ⁴¹Oholibamah, Elah, Pinon, ⁴²Kenaz, Teman, Mibzar, ⁴³Magdiel and Iram. These were the chiefs of Edom, according to their settlements in the land they occupied.

This was Esau the father of the Edomites.

Joseph's Dreams

37 Jacob lived in the land where his father had stayed, the land of Canaan.

²This is the account of Jacob.

Joseph, a young man of seventeen, was tending the flocks with his brothers, the sons of Bilhah and the sons of Zilpah, his father's wives, and he brought their father a bad report about them.

³Now Israel loved Joseph more than any of his other sons, because he had been born to him in his old age; and he made a richly ornamented^b robe for him.

---

^q36:24 *aguas termales*. Texto de difícil traducción.
^r36:39 *Hadad* (mss. hebreos, Pentateuco Samaritano y Siríaca; véase 1Cr 1:50); *Hadar* (TM).   ^s37:3 *de mangas largas*. Frase de difícil traducción; también en vv. 23 y 32.

^w24 Vulgate; Syriac *discovered water;* the meaning of the Hebrew for this word is uncertain.   ^x26 Hebrew *Dishan,* a variant of *Dishon*   ^y31 Or *before an Israelite king reigned over them*   ^z37 Possibly the Euphrates   ^a39 Many manuscripts of the Masoretic Text, Samaritan Pentateuch and Syriac (see also 1 Chron. 1:50); most manuscripts of the Masoretic Text *Hadar*   ^b3 The meaning of the Hebrew for *richly ornamented* is uncertain; also in verses 23 and 32.

4 Viendo sus hermanos que su padre amaba más a José que a ellos, comenzaron a odiarlo y ni siquiera lo saludaban.

5 Cierto día José tuvo un sueño y, cuando se lo contó a sus hermanos, éstos le tuvieron más odio todavía, 6 pues les dijo:

—Préstenme atención, que les voy a contar lo que he soñado. 7 Resulta que estábamos todos nosotros en el campo atando gavillas. De pronto, mi gavilla se levantó y quedó erguida, mientras que las de ustedes se juntaron alrededor de la mía y le hicieron reverencias.

8 Sus hermanos replicaron:

—¿De veras crees que vas a reinar sobre nosotros, y que nos vas a someter?

Y lo odiaron aún más por los sueños que él les contaba.

9 Después José tuvo otro sueño, y se lo contó a sus hermanos. Les dijo:

—Tuve otro sueño, en el que veía que el sol, la luna y once estrellas me hacían reverencias.

10 Cuando se lo contó a su padre y a sus hermanos, su padre lo reprendió:

—¿Qué quieres decirnos con este sueño que has tenido? —le preguntó—. ¿Acaso tu madre, tus hermanos y yo vendremos a hacerte reverencias?

11 Sus hermanos le tenían envidia, pero su padre meditaba en todo esto.

José es vendido por sus hermanos

12 En cierta ocasión, los hermanos de José se fueron a Siquén para apacentar las ovejas de su padre. 13 Israel le dijo a José:

—Tus hermanos están en Siquén apacentando las ovejas. Quiero que vayas a verlos.

—Está bien —contestó José.

14 Israel continuó:

—Vete a ver cómo están tus hermanos y el rebaño, y tráeme noticias frescas.

Y lo envió desde el valle de Hebrón. Cuando José llegó a Siquén, 15 un hombre lo encontró perdido en el campo y le preguntó:

—¿Qué andas buscando?

16 —Ando buscando a mis hermanos —contestó José—. ¿Podría usted indicarme dónde están apacentando el rebaño?

17 —Ya se han marchado de aquí —le informó el hombre—. Les oí decir que se dirigían a Dotán.

José siguió buscando a sus hermanos, y los encontró cerca de Dotán. 18 Como ellos alcanzaron a verlo desde lejos, antes de que se acercara tramaron un plan para matarlo. 19 Se dijeron unos a otros:

—Ahí viene ese soñador. 20 Ahora sí que le llegó la hora. Vamos a matarlo y echarlo en una de estas cisternas, y diremos que lo devoró un animal salvaje. ¡Y a ver en qué terminan sus sueños!

21 Cuando Rubén escuchó esto, intentó librarlo de las garras de sus hermanos, así que les propuso:

—No lo matemos. 22 No derramen sangre. Arrójenlo en esta cisterna en el desierto, pero no le pongan la mano encima.

Rubén dijo esto porque su intención era rescatar a José y devolverlo a su padre.

23 Cuando José llegó adonde estaban sus hermanos, le arrancaron la túnica especial de mangas largas, 24 lo agarraron y lo echaron en una cisterna que estaba vacía y seca. 25 Luego se sentaron a comer. En eso, al levantar la vista, divisaron una caravana de ismaelitas que venía de Galaad. Sus camellos estaban cargados de perfumes, bálsamo y mirra, que llevaban a Egipto.

4 When his brothers saw that their father loved him more than any of them, they hated him and could not speak a kind word to him.

5 Joseph had a dream, and when he told it to his brothers, they hated him all the more. 6 He said to them, "Listen to this dream I had: 7 We were binding sheaves of grain out in the field when suddenly my sheaf rose and stood upright, while your sheaves gathered around mine and bowed down to it."

8 His brothers said to him, "Do you intend to reign over us? Will you actually rule us?" And they hated him all the more because of his dream and what he had said.

9 Then he had another dream, and he told it to his brothers. "Listen," he said, "I had another dream, and this time the sun and moon and eleven stars were bowing down to me."

10 When he told his father as well as his brothers, his father rebuked him and said, "What is this dream you had? Will your mother and I and your brothers actually come and bow down to the ground before you?" 11 His brothers were jealous of him, but his father kept the matter in mind.

Joseph Sold by His Brothers

12 Now his brothers had gone to graze their father's flocks near Shechem, 13 and Israel said to Joseph, "As you know, your brothers are grazing the flocks near Shechem. Come, I am going to send you to them."

"Very well," he replied.

14 So he said to him, "Go and see if all is well with your brothers and with the flocks, and bring word back to me." Then he sent him off from the Valley of Hebron.

When Joseph arrived at Shechem, 15 a man found him wandering around in the fields and asked him, "What are you looking for?"

16 He replied, "I'm looking for my brothers. Can you tell me where they are grazing their flocks?"

17 "They have moved on from here," the man answered. "I heard them say, 'Let's go to Dothan.' "

So Joseph went after his brothers and found them near Dothan. 18 But they saw him in the distance, and before he reached them, they plotted to kill him.

19 "Here comes that dreamer!" they said to each other. 20 "Come now, let's kill him and throw him into one of these cisterns and say that a ferocious animal devoured him. Then we'll see what comes of his dreams."

21 When Reuben heard this, he tried to rescue him from their hands. "Let's not take his life," he said. 22 "Don't shed any blood. Throw him into this cistern here in the desert, but don't lay a hand on him." Reuben said this to rescue him from them and take him back to his father.

23 So when Joseph came to his brothers, they stripped him of his robe—the richly ornamented robe he was wearing— 24 and they took him and threw him into the cistern. Now the cistern was empty; there was no water in it.

25 As they sat down to eat their meal, they looked up and saw a caravan of Ishmaelites coming from Gilead. Their camels were loaded with spices, balm and myrrh, and they were on their way to take them down to Egypt.

26 Entonces Judá les propuso a sus hermanos:

—¿Qué ganamos con matar a nuestro hermano y ocultar su muerte? 27 En vez de eliminarlo, vendámoslo a los ismaelitas; al fin de cuentas, es nuestro propio hermano.

Sus hermanos estuvieron de acuerdo con él, 28 así que cuando los mercaderes madianitas se acercaron, sacaron a José de la cisterna y se lo vendieron a los ismaelitas por veinte monedas de plata. Fue así como se llevaron a José a Egipto.

29 Cuando Rubén volvió a la cisterna y José ya no estaba allí, se rasgó las vestiduras en señal de duelo. 30 Regresó entonces adonde estaban sus hermanos, y les reclamó:

—¡Ya no está ese mocoso! Y ahora, ¿qué hago?

31 En seguida los hermanos tomaron la túnica especial de José, degollaron un cabrito, y con la sangre empaparon la túnica. 32 Luego la mandaron a su padre con el siguiente mensaje: «Encontramos esto. Fíjate bien si es o no la túnica de tu hijo.»

33 En cuanto Jacob la reconoció, exclamó: «¡Sí, es la túnica de mi hijo! ¡Seguro que un animal salvaje se lo devoró y lo hizo pedazos!» 34 Y Jacob se rasgó las vestiduras y se vistió de luto, y por mucho tiempo hizo duelo por su hijo. 35 Todos sus hijos y sus hijas intentaban calmarlo, pero él no se dejaba consolar, sino que decía: «No. Guardaré luto hasta que descienda al *sepulcro para reunirme con mi hijo.» Así Jacob siguió llorando la muerte de José.

36 En Egipto, los madianitas[t] lo vendieron a un tal Potifar, funcionario del faraón y capitán de la guardia.

Judá y Tamar

38 Por esos días, Judá se apartó de sus hermanos y se fue a vivir a la casa de un hombre llamado Hirá, residente del pueblo de Adulán. 2 Allí Judá conoció a una mujer, hija de un cananeo llamado Súa, y se casó con ella. Luego de tener relaciones con él, 3 ella concibió y dio a luz un hijo, al que llamó Er. 4 Tiempo después volvió a concebir, y dio a luz otro hijo, al que llamó Onán. 5 Pasado el tiempo tuvo otro hijo, al que llamó Selá, el cual nació en Quezib.

6 Judá consiguió para Er, su hijo mayor, una esposa que se llamaba Tamar. 7 Pero al SEÑOR no le agradó la conducta del primogénito de Judá, y le quitó la vida. 8 Entonces Judá le dijo a Onán: «Cásate con la viuda de tu hermano y cumple con tu deber de cuñado; así le darás descendencia a tu hermano.» 9 Pero Onán sabía que los hijos que nacieran no serían reconocidos como suyos. Por eso, cada vez que tenía relaciones con ella, derramaba el semen en el suelo, y así evitaba que su hermano tuviera descendencia. 10 Esta conducta ofendió mucho al SEÑOR, así que también a él le quitó la vida. 11 Entonces Judá le dijo a su nuera Tamar: «Quédate como viuda en la casa de tu padre, hasta que mi hijo Selá tenga edad de casarse.» Pero en realidad Judá pensaba que Selá podría morirse, lo mismo que sus hermanos. Así que Tamar se fue a vivir a la casa de su padre.

12 Después de mucho tiempo, murió la esposa de Judá, la hija de Súa. Al concluir el tiempo de duelo, Judá fue al pueblo de Timnat para esquilar sus ovejas. Lo acompañó su amigo Hirá, el adulanita. 13 Cuando Tamar se enteró de que su suegro se dirigía hacia Tim-

26 Judah said to his brothers, "What will we gain if we kill our brother and cover up his blood? 27 Come, let's sell him to the Ishmaelites and not lay our hands on him; after all, he is our brother, our own flesh and blood." His brothers agreed.

28 So when the Midianite merchants came by, his brothers pulled Joseph up out of the cistern and sold him for twenty shekels[c] of silver to the Ishmaelites, who took him to Egypt.

29 When Reuben returned to the cistern and saw that Joseph was not there, he tore his clothes. 30 He went back to his brothers and said, "The boy isn't there! Where can I turn now?"

31 Then they got Joseph's robe, slaughtered a goat and dipped the robe in the blood. 32 They took the ornamented robe back to their father and said, "We found this. Examine it to see whether it is your son's robe."

33 He recognized it and said, "It is my son's robe! Some ferocious animal has devoured him. Joseph has surely been torn to pieces."

34 Then Jacob tore his clothes, put on sackcloth and mourned for his son many days. 35 All his sons and daughters came to comfort him, but he refused to be comforted. "No," he said, "in mourning will I go down to the grave[d] to my son." So his father wept for him.

36 Meanwhile, the Midianites[e] sold Joseph in Egypt to Potiphar, one of Pharaoh's officials, the captain of the guard.

Judah and Tamar

38 At that time, Judah left his brothers and went down to stay with a man of Adullam named Hirah. 2 There Judah met the daughter of a Canaanite man named Shua. He married her and lay with her; 3 she became pregnant and gave birth to a son, who was named Er. 4 She conceived again and gave birth to a son and named him Onan. 5 She gave birth to still another son and named him Shelah. It was at Kezib that she gave birth to him.

6 Judah got a wife for Er, his firstborn, and her name was Tamar. 7 But Er, Judah's firstborn, was wicked in the LORD's sight; so the LORD put him to death. 8 Then Judah said to Onan, "Lie with your brother's wife and fulfill your duty to her as a brother-in-law to produce offspring for your brother." 9 But Onan knew that the offspring would not be his; so whenever he lay with his brother's wife, he spilled his semen on the ground to keep from producing offspring for his brother. 10 What he did was wicked in the LORD's sight; so he put him to death also.

11 Judah then said to his daughter-in-law Tamar, "Live as a widow in your father's house until my son Shelah grows up." For he thought, "He may die too, just like his brothers." So Tamar went to live in her father's house.

12 After a long time Judah's wife, the daughter of Shua, died. When Judah had recovered from his grief, he went up to Timnah, to the men who were shearing his sheep, and his friend Hirah the Adullamite went with him.

13 When Tamar was told, "Your father-in-law is on

---

t 37:36 madianitas (Pentateuco Samaritano, LXX, Vulgata y Siríaca; véase v. 28); medanitas (TM).

c 28 That is, about 8 ounces (about 0.2 kilogram)   d 35 Hebrew Sheol   e 36 Samaritan Pentateuch, Septuagint, Vulgate and Syriac (see also verse 28); Masoretic Text Medanites

nat para esquilar sus ovejas, 14 se quitó el vestido de viuda, se cubrió con un velo para que nadie la reconociera, y se sentó a la entrada del pueblo de Enayin, que está en el camino a Timnat. Esto lo hizo porque se dio cuenta de que Selá ya tenía edad de casarse y aún no se lo daban a ella por esposo.

15 Cuando Judá la vio con el rostro cubierto, la tomó por una prostituta. 16 No sabiendo que era su nuera, se acercó a la orilla del camino y le dijo:

—Deja que me acueste contigo.

—¿Qué me das si te digo que sí? —le preguntó ella.

17 —Te mandaré uno de los cabritos de mi rebaño —respondió Judá.

—Está bien —respondió ella—, pero déjame algo en garantía hasta que me lo mandes.

18 —¿Qué prenda quieres que te deje? —preguntó Judá.

—Dame tu sello y su cordón, y el bastón que llevas en la mano —respondió Tamar.

Judá se los entregó, se acostó con ella y la dejó embarazada. 19 Cuando ella se levantó, se fue inmediatamente de allí, se quitó el velo y volvió a ponerse la ropa de viuda.

20 Más tarde, Judá envió el cabrito por medio de su amigo adulanita, para recuperar las prendas que había dejado con la mujer; pero su amigo no dio con ella. 21 Entonces le preguntó a la gente del lugar:

—¿Dónde está la prostituta u de Enayin, la que se sentaba junto al camino?

—Aquí nunca ha habido una prostituta así —le contestaron.

22 El amigo regresó adonde estaba Judá y le dijo:

—No la pude encontrar. Además, la gente del lugar me informó que allí nunca había estado una prostituta como ésa.

23 —Que se quede con las prendas —replicó Judá—; no es cuestión de que hagamos el ridículo. Pero que quede claro: yo le envié el cabrito, y tú no la encontraste.

24 Como tres meses después, le informaron a Judá lo siguiente:

—Tu nuera Tamar se ha prostituido, y como resultado de sus andanzas ha quedado embarazada.

—¡Sáquenla y quémenla! —exclamó Judá.

25 Pero cuando la estaban sacando, ella mandó este mensaje a su suegro: «El dueño de estas prendas fue quien me embarazó. A ver si reconoce usted de quién son este sello, el cordón del sello, y este bastón.»

26 Judá los reconoció y declaró: «Su conducta es más justa que la mía, pues yo no la di por esposa a mi hijo Selá.» Y no volvió a acostarse con ella.

27 Cuando llegó el tiempo de que Tamar diera a luz, resultó que tenía mellizos en su seno. 28 En el momento de nacer, uno de los mellizos sacó la mano; la partera le ató un hilo rojo en la mano, y dijo: «Éste salió primero.» 29 Pero en ese momento el niño metió la mano, y salió primero el otro. Entonces la partera dijo: «¡Cómo te abriste paso!» Por eso al niño lo llamaron Fares. v 30 Luego salió su hermano, con el hilo rojo atado en la mano, y lo llamaron Zera. w

his way to Timnah to shear his sheep," 14 she took off her widow's clothes, covered herself with a veil to disguise herself, and then sat down at the entrance to Enaim, which is on the road to Timnah. For she saw that, though Shelah had now grown up, she had not been given to him as his wife.

15 When Judah saw her, he thought she was a prostitute, for she had covered her face. 16 Not realizing that she was his daughter-in-law, he went over to her by the roadside and said, "Come now, let me sleep with you."

"And what will you give me to sleep with you?" she asked.

17 "I'll send you a young goat from my flock," he said.

"Will you give me something as a pledge until you send it?" she asked.

18 He said, "What pledge should I give you?"

"Your seal and its cord, and the staff in your hand," she answered. So he gave them to her and slept with her, and she became pregnant by him. 19 After she left, she took off her veil and put on her widow's clothes again.

20 Meanwhile Judah sent the young goat by his friend the Adullamite in order to get his pledge back from the woman, but he did not find her. 21 He asked the men who lived there, "Where is the shrine prostitute who was beside the road at Enaim?"

"There hasn't been any shrine prostitute here," they said.

22 So he went back to Judah and said, "I didn't find her. Besides, the men who lived there said, 'There hasn't been any shrine prostitute here.' "

23 Then Judah said, "Let her keep what she has, or we will become a laughingstock. After all, I did send her this young goat, but you didn't find her."

24 About three months later Judah was told, "Your daughter-in-law Tamar is guilty of prostitution, and as a result she is now pregnant."

Judah said, "Bring her out and have her burned to death!"

25 As she was being brought out, she sent a message to her father-in-law. "I am pregnant by the man who owns these," she said. And she added, "See if you recognize whose seal and cord and staff these are."

26 Judah recognized them and said, "She is more righteous than I, since I wouldn't give her to my son Shelah." And he did not sleep with her again.

27 When the time came for her to give birth, there were twin boys in her womb. 28 As she was giving birth, one of them put out his hand; so the midwife took a scarlet thread and tied it on his wrist and said, "This one came out first." 29 But when he drew back his hand, his brother came out, and she said, "So this is how you have broken out!" And he was named Perez. f 30 Then his brother, who had the scarlet thread on his wrist, came out and he was given the name Zerah. g

---

u 38:21 prostituta. Lit. consagrada; es decir, una prostituta consagrada al culto.   v 38:29 En hebreo, Fares significa abertura, brecha.   w 38:30 En hebreo, Zera puede significar rojo, brillo o resplandor.

f 29 Perez means breaking out.   g 30 Zerah can mean scarlet or brightness.

José y la esposa de Potifar

39 Cuando José fue llevado a Egipto, los ismaelitas que lo habían trasladado allá lo vendieron a Potifar, un egipcio que era funcionario del faraón y capitán de su guardia. ²Ahora bien, el SEÑOR estaba con José y las cosas le salían muy bien. Mientras José vivía en la casa de su patrón egipcio, ³éste se dio cuenta de que el SEÑOR estaba con José y lo hacía prosperar en todo. ⁴José se ganó la confianza de Potifar, y éste le nombró mayordomo de toda su casa y le confió la administración de todos sus bienes. ⁵Por causa de José, el SEÑOR bendijo la casa del egipcio Potifar a partir del momento en que puso a José a cargo de su casa y de todos sus bienes. La bendición del SEÑOR se extendió sobre todo lo que tenía el egipcio, tanto en la casa como en el campo. ⁶Por esto Potifar dejó todo a cargo de José, y tan sólo se preocupaba por lo que tenía que comer.

José tenía muy buen físico y era muy atractivo. ⁷Después de algún tiempo, la esposa de su patrón empezó a echarle el ojo y le propuso:

—Acuéstate conmigo.

⁸Pero José no quiso saber nada, sino que le contestó:

—Mire, señora: mi patrón ya no tiene que preocuparse de nada en la casa, porque todo me lo ha confiado a mí. ⁹En esta casa no hay nadie más importante que yo. Mi patrón no me ha negado nada, excepto meterme con usted, que es su esposa. ¿Cómo podría yo cometer tal maldad y pecar así contra Dios?

¹⁰Y por más que ella lo acosaba día tras día para que se acostara con ella y le hiciera compañía, José se mantuvo firme en su rechazo.

¹¹Un día, en un momento en que todo el personal de servicio se encontraba ausente, José entró en la casa para cumplir con sus responsabilidades. ¹²Entonces la mujer de Potifar lo agarró del manto y le rogó: «¡Acuéstate conmigo!»

Pero José, dejando el manto en manos de ella, salió corriendo de la casa. ¹³Al ver ella que él había dejado el manto en sus manos y había salido corriendo, ¹⁴llamó a los siervos de la casa y les dijo: «¡Miren!, el hebreo que nos trajo mi esposo sólo ha venido a burlarse de nosotros. Entró a la casa con la intención de acostarse conmigo, pero yo grité con todas mis fuerzas. ¹⁵En cuanto me oyó gritar, salió corriendo y dejó su manto a mi lado.»

¹⁶La mujer guardó el manto de José hasta que su marido volvió a su casa. ¹⁷Entonces le contó la misma historia: «El esclavo hebreo que nos trajiste quiso aprovecharse de mí. ¹⁸Pero en cuanto grité con todas mis fuerzas, salió corriendo y dejó su manto a mi lado.»

¹⁹Cuando el patrón de José escuchó de labios de su mujer cómo la había tratado el esclavo, se enfureció ²⁰y mandó que echaran a José en la cárcel donde estaban los presos del rey.

Pero aun en la cárcel ²¹el SEÑOR estaba con él y no dejó de mostrarle su amor. Hizo que se ganara la confianza del guardia de la cárcel, ²²el cual puso a José a cargo de todos los prisioneros y de todo lo que allí se hacía. ²³Como el SEÑOR estaba con José y hacía prosperar todo lo que él hacía, el guardia de la cárcel no se preocupaba de nada de lo que dejaba en sus manos.

El copero y el panadero

40 Tiempo después, el copero y el panadero del rey de Egipto ofendieron a su señor. ²El faraón se enojó contra estos dos funcionarios suyos, es decir, contra el jefe de los coperos y el jefe de los panaderos, ³así que los mandó presos a la casa del capitán de la guardia, que era la misma cárcel donde estaba preso

Joseph and Potiphar's Wife

39 Now Joseph had been taken down to Egypt. Potiphar, an Egyptian who was one of Pharaoh's officials, the captain of the guard, bought him from the Ishmaelites who had taken him there.

²The LORD was with Joseph and he prospered, and he lived in the house of his Egyptian master. ³When his master saw that the LORD was with him and that the LORD gave him success in everything he did, ⁴Joseph found favor in his eyes and became his attendant. Potiphar put him in charge of his household, and he entrusted to his care everything he owned. ⁵From the time he put him in charge of his household and of all that he owned, the LORD blessed the household of the Egyptian because of Joseph. The blessing of the LORD was on everything Potiphar had, both in the house and in the field. ⁶So he left in Joseph's care everything he had; with Joseph in charge, he did not concern himself with anything except the food he ate.

Now Joseph was well-built and handsome, ⁷and after a while his master's wife took notice of Joseph and said, "Come to bed with me!"

⁸But he refused. "With me in charge," he told her, "my master does not concern himself with anything in the house; everything he owns he has entrusted to my care. ⁹No one is greater in this house than I am. My master has withheld nothing from me except you, because you are his wife. How then could I do such a wicked thing and sin against God?" ¹⁰And though she spoke to Joseph day after day, he refused to go to bed with her or even be with her.

¹¹One day he went into the house to attend to his duties, and none of the household servants was inside. ¹²She caught him by his cloak and said, "Come to bed with me!" But he left his cloak in her hand and ran out of the house.

¹³When she saw that he had left his cloak in her hand and had run out of the house, ¹⁴she called her household servants. "Look," she said to them, "this Hebrew has been brought to us to make sport of us! He came in here to sleep with me, but I screamed. ¹⁵When he heard me scream for help, he left his cloak beside me and ran out of the house."

¹⁶She kept his cloak beside her until his master came home. ¹⁷Then she told him this story: "That Hebrew slave you brought us came to me to make sport of me. ¹⁸But as soon as I screamed for help, he left his cloak beside me and ran out of the house."

¹⁹When his master heard the story his wife told him, saying, "This is how your slave treated me," he burned with anger. ²⁰Joseph's master took him and put him in prison, the place where the king's prisoners were confined.

But while Joseph was there in the prison, ²¹the LORD was with him; he showed him kindness and granted him favor in the eyes of the prison warden. ²²So the warden put Joseph in charge of all those held in the prison, and he was made responsible for all that was done there. ²³The warden paid no attention to anything under Joseph's care, because the LORD was with Joseph and gave him success in whatever he did.

The Cupbearer and the Baker

40 Some time later, the cupbearer and the baker of the king of Egypt offended their master, the king of Egypt. ²Pharaoh was angry with his two officials, the chief cupbearer and the chief baker, ³and put them in custody in the house of the captain of the guard, in the same prison where Joseph was confined.

José. 4Allí el capitán de la guardia le encargó a José que atendiera a estos funcionarios.

Después de haber estado algún tiempo en la cárcel, 5una noche los dos funcionarios, es decir, el copero y el panadero, tuvieron cada uno un sueño, cada sueño con su propio significado. 6A la mañana siguiente, cuando José fue a verlos, los encontró muy preocupados, 7y por eso les preguntó:

—¿Por qué andan hoy tan cabizbajos?

8—Los dos tuvimos un sueño —respondieron—, y no hay nadie que nos lo interprete.

—¿Acaso no es Dios quien da la interpretación? —preguntó José—. ¿Por qué no me cuentan lo que soñaron?

9Entonces el jefe de los coperos le contó a José el sueño que había tenido:

—Soñé que frente a mí había una vid, 10la cual tenía tres ramas. En cuanto la vid echó brotes, floreció; y maduraron las uvas en los racimos. 11Yo tenía la copa del faraón en la mano. Tomé las uvas, las exprimí en la copa, y luego puse la copa en manos del faraón.

12Entonces José le dijo:

—Ésta es la interpretación de su sueño: Las tres ramas son tres días. 13Dentro de los próximos tres días el faraón lo indultará a usted y volverá a colocarlo en su cargo. Usted volverá a poner la copa del faraón en su mano, tal como lo hacía antes, cuando era su copero. 14Yo le ruego que no se olvide de mí. Por favor, cuando todo se haya arreglado, háblele usted de mí al faraón para que me saque de esta cárcel. 15A mí me trajeron por la fuerza, de la tierra de los hebreos. ¡Yo no hice nada aquí para que me echaran en la cárcel!

16Al ver que la interpretación había sido favorable, el jefe de los panaderos le dijo a José:

—Yo también tuve un sueño. En ese sueño, llevaba yo tres canastas de pan*x* sobre la cabeza. 17En la canasta de arriba había un gran surtido de repostería para el faraón, pero las aves venían a comer de la canasta que llevaba sobre la cabeza.

18José le respondió:

—Ésta es la interpretación de su sueño: Las tres canastas son tres días. 19Dentro de los próximos tres días, el faraón mandará que a usted lo decapiten y lo cuelguen de un árbol, y las aves devorarán su cuerpo.

20En efecto, tres días después el faraón celebró su cumpleaños y ofreció una gran fiesta para todos sus funcionarios. En presencia de éstos, mandó sacar de la cárcel al jefe de los coperos y al jefe de los panaderos. 21Al jefe de los coperos le restituyó en su cargo para que, una vez más, pusiera la copa en manos del faraón. 22Pero, tal como lo había predicho José, al jefe de los panaderos mandó que lo ahorcaran. 23Sin embargo, el jefe de los coperos no se acordó de José, sino que se olvidó de él por completo.

Los sueños del faraón

41 Dos años más tarde, el faraón tuvo un sueño: Estaba de pie junto al río Nilo 2cuando, de pronto, del río salieron siete vacas hermosas y gordas que se pusieron a pastar entre los juncos. 3Detrás de ellas salieron otras siete vacas, feas y flacas, que se pararon a orillas del Nilo, junto a las primeras. 4¡Y las vacas feas y flacas se comieron a las vacas hermosas y gordas!

En ese momento el faraón se despertó. 5Pero volvió a dormirse, y tuvo otro sueño: Siete espigas de trigo,

4The captain of the guard assigned them to Joseph, and he attended them.

After they had been in custody for some time, 5each of the two men—the cupbearer and the baker of the king of Egypt, who were being held in prison—had a dream the same night, and each dream had a meaning of its own.

6When Joseph came to them the next morning, he saw that they were dejected. 7So he asked Pharaoh's officials who were in custody with him in his master's house, "Why are your faces so sad today?"

8"We both had dreams," they answered, "but there is no one to interpret them."

Then Joseph said to them, "Do not interpretations belong to God? Tell me your dreams."

9So the chief cupbearer told Joseph his dream. He said to him, "In my dream I saw a vine in front of me, 10and on the vine were three branches. As soon as it budded, it blossomed, and its clusters ripened into grapes. 11Pharaoh's cup was in my hand, and I took the grapes, squeezed them into Pharaoh's cup and put the cup in his hand."

12"This is what it means," Joseph said to him. "The three branches are three days. 13Within three days Pharaoh will lift up your head and restore you to your position, and you will put Pharaoh's cup in his hand, just as you used to do when you were his cupbearer. 14But when all goes well with you, remember me and show me kindness; mention me to Pharaoh and get me out of this prison. 15For I was forcibly carried off from the land of the Hebrews, and even here I have done nothing to deserve being put in a dungeon."

16When the chief baker saw that Joseph had given a favorable interpretation, he said to Joseph, "I too had a dream: On my head were three baskets of bread.*h* 17In the top basket were all kinds of baked goods for Pharaoh, but the birds were eating them out of the basket on my head."

18"This is what it means," Joseph said. "The three baskets are three days. 19Within three days Pharaoh will lift off your head and hang you on a tree.*i* And the birds will eat away your flesh."

20Now the third day was Pharaoh's birthday, and he gave a feast for all his officials. He lifted up the heads of the chief cupbearer and the chief baker in the presence of his officials: 21He restored the chief cupbearer to his position, so that he once again put the cup into Pharaoh's hand, 22but he hanged*j* the chief baker, just as Joseph had said to them in his interpretation.

23The chief cupbearer, however, did not remember Joseph; he forgot him.

Pharaoh's Dreams

41 When two full years had passed, Pharaoh had a dream: He was standing by the Nile, 2when out of the river there came up seven cows, sleek and fat, and they grazed among the reeds. 3After them, seven other cows, ugly and gaunt, came up out of the Nile and stood beside those on the riverbank. 4And the cows that were ugly and gaunt ate up the seven sleek, fat cows. Then Pharaoh woke up.

5He fell asleep again and had a second dream: Seven heads of grain, healthy and good, were growing on a

---

x40:16 pan. Alt. mimbre.

h16 Or three wicker baskets   i19 Or and impale you on a pole
j22 Or impaled

grandes y hermosas, crecían de un solo tallo. 6 Tras ellas brotaron otras siete espigas, delgadas y quemadas por el viento solano. 7 ¡Y las siete espigas delgadas se comieron a las espigas grandes y hermosas!

En eso el faraón se despertó y se dio cuenta de que sólo era un sueño. 8 Sin embargo, a la mañana siguiente se levantó muy preocupado, mandó llamar a todos los magos y sabios de Egipto, y les contó los dos sueños. Pero nadie se los pudo interpretar. 9 Entonces el jefe de los coperos le dijo al faraón: «Ahora me doy cuenta del grave error que he cometido. 10 Cuando el faraón se enojó con sus servidores, es decir, conmigo y con el jefe de los panaderos, nos mandó a la cárcel, bajo la custodia del capitán de la guardia. 11 Una misma noche, los dos tuvimos un sueño, cada sueño con su propio significado. 12 Allí, con nosotros, había un joven hebreo, esclavo del capitán de la guardia. Le contamos nuestros sueños, y a cada uno nos interpretó el sueño. 13 ¡Y todo sucedió tal como él lo había interpretado! A mí me restituyeron mi cargo, y al jefe de los panaderos lo ahorcaron.»

14 El faraón mandó llamar a José, y en seguida lo sacaron de la cárcel. Luego de afeitarse y cambiarse de ropa, José se presentó ante el faraón, 15 quien le dijo:

—Tuve un sueño que nadie ha podido interpretar. Pero me he enterado de que, cuando tú oyes un sueño, eres capaz de interpretarlo.

16 —No soy yo quien puede hacerlo —respondió José—, sino que es Dios quien le dará al faraón una respuesta favorable.

17 El faraón le contó a José lo siguiente:

—En mi sueño, estaba yo de pie a orillas del río Nilo. 18 De pronto, salieron del río siete vacas gordas y hermosas, y se pusieron a pastar entre los juncos. 19 Detrás de ellas salieron otras siete vacas, feas y flacas. ¡Jamás se habían visto vacas tan raquíticas en toda la tierra de Egipto! 20 Y las siete vacas feas y flacas se comieron a las siete vacas gordas. 21 Pero, después de habérselas comido, no se les notaba en lo más mínimo, porque seguían tan feas como antes. Entonces me desperté.

22 »Después tuve otro sueño: Siete espigas de trigo, grandes y hermosas, crecían de un solo tallo. 23 Tras ellas brotaron otras siete espigas marchitas, delgadas y quemadas por el viento solano. 24 Las siete espigas delgadas se comieron a las espigas grandes y hermosas. Todo esto se lo conté a los magos, pero ninguno de ellos me lo pudo interpretar.

25 José le explicó al faraón:

—En realidad, los dos sueños del faraón son uno solo. Dios le ha anunciado lo que está por hacer. 26 Las siete vacas hermosas y las siete espigas hermosas son siete años. Se trata del mismo sueño. 27 Y las siete vacas flacas y feas, que salieron detrás de las otras, y las siete espigas delgadas y quemadas por el viento solano, son también siete años. Pero éstos serán siete años de hambre.

28 »Tal como le he dicho al faraón, Dios le está mostrando lo que está por hacer. 29 Están por venir siete años de mucha abundancia en todo Egipto, 30 a los que les seguirán siete años de hambre, que harán olvidar toda la abundancia que antes hubo. ¡El hambre acabará con Egipto! 31 Tan terrible será el hambre, que nadie se acordará de la abundancia que antes hubo en el país. 32 El faraón tuvo el mismo sueño dos veces porque Dios ha resuelto firmemente hacer esto, y lo llevará a cabo muy pronto.

33 »Por todo esto, el faraón debería buscar un hombre competente y sabio, para que se haga cargo de la tierra

single stalk. 6 After them, seven other heads of grain sprouted—thin and scorched by the east wind. 7 The thin heads of grain swallowed up the seven healthy, full heads. Then Pharaoh woke up; it had been a dream.

8 In the morning his mind was troubled, so he sent for all the magicians and wise men of Egypt. Pharaoh told them his dreams, but no one could interpret them for him.

9 Then the chief cupbearer said to Pharaoh, "Today I am reminded of my shortcomings. 10 Pharaoh was once angry with his servants, and he imprisoned me and the chief baker in the house of the captain of the guard. 11 Each of us had a dream the same night, and each dream had a meaning of its own. 12 Now a young Hebrew was there with us, a servant of the captain of the guard. We told him our dreams, and he interpreted them for us, giving each man the interpretation of his dream. 13 And things turned out exactly as he interpreted them to us: I was restored to my position, and the other man was hanged.*k*"

14 So Pharaoh sent for Joseph, and he was quickly brought from the dungeon. When he had shaved and changed his clothes, he came before Pharaoh.

15 Pharaoh said to Joseph, "I had a dream, and no one can interpret it. But I have heard it said of you that when you hear a dream you can interpret it."

16 "I cannot do it," Joseph replied to Pharaoh, "but God will give Pharaoh the answer he desires."

17 Then Pharaoh said to Joseph, "In my dream I was standing on the bank of the Nile, 18 when out of the river there came up seven cows, fat and sleek, and they grazed among the reeds. 19 After them, seven other cows came up—scrawny and very ugly and lean. I had never seen such ugly cows in all the land of Egypt. 20 The lean, ugly cows ate up the seven fat cows that came up first. 21 But even after they ate them, no one could tell that they had done so; they looked just as ugly as before. Then I woke up.

22 "In my dreams I also saw seven heads of grain, full and good, growing on a single stalk. 23 After them, seven other heads sprouted—withered and thin and scorched by the east wind. 24 The thin heads of grain swallowed up the seven good heads. I told this to the magicians, but none could explain it to me."

25 Then Joseph said to Pharaoh, "The dreams of Pharaoh are one and the same. God has revealed to Pharaoh what he is about to do. 26 The seven good cows are seven years, and the seven good heads of grain are seven years; it is one and the same dream. 27 The seven lean, ugly cows that came up afterward are seven years, and so are the seven worthless heads of grain scorched by the east wind: They are seven years of famine.

28 "It is just as I said to Pharaoh: God has shown Pharaoh what he is about to do. 29 Seven years of great abundance are coming throughout the land of Egypt, 30 but seven years of famine will follow them. Then all the abundance in Egypt will be forgotten, and the famine will ravage the land. 31 The abundance in the land will not be remembered, because the famine that follows it will be so severe. 32 The reason the dream was given to Pharaoh in two forms is that the matter has been firmly decided by God, and God will do it soon.

33 "And now let Pharaoh look for a discerning and wise man and put him in charge of the land of Egypt.

de Egipto. 34 Además, el faraón debería nombrar inspectores en todo Egipto, para que durante los siete años de abundancia recauden la quinta parte de la cosecha en todo el país. 35 Bajo el control del faraón, esos inspectores deberán juntar el grano de los años buenos que vienen y almacenarlo en las ciudades, para que haya una reserva de alimento. 36 Este alimento almacenado le servirá a Egipto para los siete años de hambre que sufrirá, y así la gente del país no morirá de hambre.

37 Al faraón y a sus servidores les pareció bueno el plan. 38 Entonces el faraón les preguntó a sus servidores:

—¿Podremos encontrar una persona así, en quien repose el espíritu de Dios?

39 Luego le dijo a José:

—Puesto que Dios te ha revelado todo esto, no hay nadie más competente y sabio que tú. 40 Quedarás a cargo de mi palacio, y todo mi pueblo cumplirá tus órdenes. Sólo yo tendré más autoridad que tú, porque soy el rey.

José, gobernador de Egipto

41 Así que el faraón le informó a José:

—Mira, yo te pongo a cargo de todo el territorio de Egipto.

42 De inmediato, el faraón se quitó el anillo oficial y se lo puso a José. Hizo que lo vistieran con ropas de lino fino, y que le pusieran un collar de oro en el cuello. 43 Después lo invitó a subirse al carro reservado para el segundo en autoridad, y ordenó que gritaran: «¡Abran paso!»[y] Fue así como el faraón puso a José al frente de todo el territorio de Egipto.

44 Entonces el faraón le dijo:

—Yo soy el faraón, pero nadie en todo Egipto podrá hacer nada sin tu permiso.

45 Y le cambió el *nombre a José, y lo llamó Zafenat Panea; además, le dio por esposa a Asenat, hija de Potifera, sacerdote de la ciudad de On.[z] De este modo quedó José a cargo de Egipto. 46 Tenía treinta años cuando comenzó a trabajar al servicio del faraón, rey de Egipto.

Tan pronto como se retiró José de la presencia del faraón, se dedicó a recorrer todo el territorio de Egipto. 47 Durante los siete años de abundancia la tierra produjo grandes cosechas, 48 así que José fue recogiendo todo el alimento que se produjo en Egipto durante esos siete años, y lo almacenó en las ciudades. 49 Juntó alimento como quien junta arena del mar, y fue tanto lo que recogió que dejó de contabilizarlo. ¡Ya no había forma de mantener el control!

50 Antes de comenzar el primer año de hambre, José tuvo dos hijos con su esposa Asenat, la hija de Potifera, sacerdote de On. 51 Al primero lo llamó Manasés, porque dijo: «Dios ha hecho que me olvide de todos mis problemas, y de mi casa paterna.» 52 Al segundo lo llamó Efraín, porque dijo: «Dios me ha hecho fecundo en esta tierra donde he sufrido.»

53 Los siete años de abundancia en Egipto llegaron a su fin 54 y, tal como José lo había anunciado, comenzaron los siete años de hambre, la cual se extendió por todos los países. Pero a lo largo y a lo ancho del territorio de Egipto había alimento. 55 Cuando también en Egipto comenzó a sentirse el hambre, el pueblo clamó al faraón pidiéndole comida. Entonces el faraón le dijo a todo el pueblo de Egipto: «Vayan a ver a José, y hagan lo que él les diga.»

56 Cuando ya el hambre se había extendido por todo el territorio, y había arreciado, José abrió los graneros

[y] *41:43 «¡Abran paso!»* Alt. *«¡Inclínense!»* [z] *41:45 On.* Es decir, *Heliópolis* (Ciudad del Sol); también en v. 50.

34 Let Pharaoh appoint commissioners over the land to take a fifth of the harvest of Egypt during the seven years of abundance. 35 They should collect all the food of these good years that are coming and store up the grain under the authority of Pharaoh, to be kept in the cities for food. 36 This food should be held in reserve for the country, to be used during the seven years of famine that will come upon Egypt, so that the country may not be ruined by the famine."

37 The plan seemed good to Pharaoh and to all his officials. 38 So Pharaoh asked them, "Can we find anyone like this man, one in whom is the spirit of God[l]?"

39 Then Pharaoh said to Joseph, "Since God has made all this known to you, there is no one so discerning and wise as you. 40 You shall be in charge of my palace, and all my people are to submit to your orders. Only with respect to the throne will I be greater than you."

Joseph in Charge of Egypt

41 So Pharaoh said to Joseph, "I hereby put you in charge of the whole land of Egypt." 42 Then Pharaoh took his signet ring from his finger and put it on Joseph's finger. He dressed him in robes of fine linen and put a gold chain around his neck. 43 He had him ride in a chariot as his second-in-command,[m] and men shouted before him, "Make way[n]!" Thus he put him in charge of the whole land of Egypt.

44 Then Pharaoh said to Joseph, "I am Pharaoh, but without your word no one will lift hand or foot in all Egypt." 45 Pharaoh gave Joseph the name Zaphenath-Paneah and gave him Asenath daughter of Potiphera, priest of On,[o] to be his wife. And Joseph went throughout the land of Egypt.

46 Joseph was thirty years old when he entered the service of Pharaoh king of Egypt. And Joseph went out from Pharaoh's presence and traveled throughout Egypt. 47 During the seven years of abundance the land produced plentifully. 48 Joseph collected all the food produced in those seven years of abundance in Egypt and stored it in the cities. In each city he put the food grown in the fields surrounding it. 49 Joseph stored up huge quantities of grain, like the sand of the sea; it was so much that he stopped keeping records because it was beyond measure.

50 Before the years of famine came, two sons were born to Joseph by Asenath daughter of Potiphera, priest of On. 51 Joseph named his firstborn Manasseh[p] and said, "It is because God has made me forget all my trouble and all my father's household." 52 The second son he named Ephraim[q] and said, "It is because God has made me fruitful in the land of my suffering."

53 The seven years of abundance in Egypt came to an end, 54 and the seven years of famine began, just as Joseph had said. There was famine in all the other lands, but in the whole land of Egypt there was food. 55 When all Egypt began to feel the famine, the people cried to Pharaoh for food. Then Pharaoh told all the Egyptians, "Go to Joseph and do what he tells you."

56 When the famine had spread over the whole country, Joseph opened the storehouses and sold grain to the Egyptians, for the famine was severe throughout

[l] *38* Or *of the gods* [m] *43* Or *in the chariot of his second-in-command*; or *in his second chariot* [n] *43* Or *Bow down* [o] *45* That is, Heliopolis; also in verse 50
[p] *51* *Manasseh* sounds like and may be derived from the Hebrew for *forget.* [q] *52* *Ephraim* sounds like the Hebrew for *twice fruitful.*

para vender alimento a los egipcios. 57 Además, de todos los países llegaban a Egipto para comprarle alimento a José, porque el hambre cundía ya por todo el mundo.

Los hermanos de José van a Egipto

42 Cuando Jacob se enteró de que había alimento en Egipto, les dijo a sus hijos: «¿Qué hacen ahí parados, mirándose unos a otros? 2 He sabido que hay alimento en Egipto. Vayan allá y compren comida para nosotros, para que no muramos, sino que podamos sobrevivir.»

3 Diez de los hermanos de José fueron a Egipto a comprar alimento. 4 Pero Jacob no dejó que Benjamín, el hermano de José, se fuera con ellos porque pensó que podría sucederle alguna desgracia. 5 Fue así como los hijos de Israel fueron a comprar alimento, al igual que otros, porque el hambre se había apoderado de Canaán.

6 José era el gobernador del país, y el que vendía trigo a todo el mundo. Cuando sus hermanos llegaron ante él, se postraron rostro en tierra. 7 En cuanto José vio a sus hermanos, los reconoció; pero, fingiendo no conocerlos, les habló con rudeza:

—¡Y ustedes!, ¿de dónde vienen?

—Venimos de Canaán, para comprar alimento —contestaron.

8 Aunque José los había reconocido, sus hermanos no lo reconocieron a él. 9 En ese momento se acordó José de los sueños que había tenido acerca de ellos, y les dijo:

—¡De seguro ustedes son espías, y han venido para investigar las zonas desprotegidas del país!

10 —¡No, señor! —respondieron—. Sus siervos hemos venido a comprar alimento. 11 Todos nosotros somos hijos de un mismo padre, y además somos gente honrada. ¡Sus siervos no somos espías!

12 —¡No es verdad! —insistió José—. Ustedes han venido para investigar las zonas desprotegidas del país.

13 Pero ellos volvieron a responder:

—Nosotros, sus siervos, éramos doce hermanos, todos hijos de un mismo padre que vive en Canaán. El menor se ha quedado con nuestro padre, y el otro ya no vive.

14 Pero José los increpó una vez más:

—Es tal como les he dicho. ¡Ustedes son espías! 15 Y con esto lo vamos a comprobar: Les juro por la vida del faraón, que de aquí no saldrán con vida a menos que traigan a su hermano menor. 16 Manden a uno de ustedes a buscar a su hermano; los demás se quedarán en la cárcel. Así sabremos si es verdad lo que dicen. Y si no es así, ¡por la vida del faraón, ustedes son espías!

17 José los encerró en la cárcel durante tres días. 18 Al tercer día les dijo:

—Yo soy un hombre temeroso de Dios. Hagan lo siguiente y salvarán su vida. 19 Si en verdad son honrados, quédese uno de ustedes bajo custodia, y vayan los demás y lleven alimento para calmar el hambre de sus familias. 20 Pero tráiganme a su hermano menor y pruébenme que dicen la verdad. Así no morirán.

Ellos aceptaron la propuesta, 21 pero se decían unos a otros:

—Sin duda estamos sufriendo las consecuencias de lo que hicimos con nuestro hermano. Aunque vimos su angustia cuando nos suplicaba que le tuviéramos compasión, no le hicimos caso. Por eso ahora nos vemos en aprietos.

Egypt. 57 And all the countries came to Egypt to buy grain from Joseph, because the famine was severe in all the world.

Joseph's Brothers Go to Egypt

42 When Jacob learned that there was grain in Egypt, he said to his sons, "Why do you just keep looking at each other?" 2 He continued, "I have heard that there is grain in Egypt. Go down there and buy some for us, so that we may live and not die."

3 Then ten of Joseph's brothers went down to buy grain from Egypt. 4 But Jacob did not send Benjamin, Joseph's brother, with the others, because he was afraid that harm might come to him. 5 So Israel's sons were among those who went to buy grain, for the famine was in the land of Canaan also.

6 Now Joseph was the governor of the land, the one who sold grain to all its people. So when Joseph's brothers arrived, they bowed down to him with their faces to the ground. 7 As soon as Joseph saw his brothers, he recognized them, but he pretended to be a stranger and spoke harshly to them. "Where do you come from?" he asked.

"From the land of Canaan," they replied, "to buy food."

8 Although Joseph recognized his brothers, they did not recognize him. 9 Then he remembered his dreams about them and said to them, "You are spies! You have come to see where our land is unprotected."

10 "No, my lord," they answered. "Your servants have come to buy food. 11 We are all the sons of one man. Your servants are honest men, not spies."

12 "No!" he said to them. "You have come to see where our land is unprotected."

13 But they replied, "Your servants were twelve brothers, the sons of one man, who lives in the land of Canaan. The youngest is now with our father, and one is no more."

14 Joseph said to them, "It is just as I told you: You are spies! 15 And this is how you will be tested: As surely as Pharaoh lives, you will not leave this place unless your youngest brother comes here. 16 Send one of your number to get your brother; the rest of you will be kept in prison, so that your words may be tested to see if you are telling the truth. If you are not, then as surely as Pharaoh lives, you are spies!" 17 And he put them all in custody for three days.

18 On the third day, Joseph said to them, "Do this and you will live, for I fear God: 19 If you are honest men, let one of your brothers stay here in prison, while the rest of you go and take grain back for your starving households. 20 But you must bring your youngest brother to me, so that your words may be verified and that you may not die." This they proceeded to do.

21 They said to one another, "Surely we are being punished because of our brother. We saw how distressed he was when he pleaded with us for his life, but we would not listen; that's why this distress has come upon us."

22 Entonces habló Rubén:

—Yo les advertí que no le hicieran daño al mucha-cho, pero no me hicieron caso. ¡Ahora tenemos que pagar el precio de su sangre!

23 Como José les hablaba por medio de un intérprete, ellos no sabían que él entendía todo lo que estaban diciendo. 24 José se apartó de ellos y se echó a llorar. Luego, cuando se controló y pudo hablarles, apartó a Simeón y ordenó que lo ataran en presencia de ellos.

25 José dio también la orden de que llenaran de ali-mentos sus costales, que repusieran en cada una de sus bolsas el dinero que habían pagado, y que les dieran provisiones para el viaje. Y así se hizo. 26 Entonces ellos cargaron el alimento sobre sus asnos y empren-dieron el viaje de vuelta.

27 Cuando llegaron al lugar donde acamparían esa noche, uno de ellos abrió su bolsa para darle de comer a su asno, ¡y allí en la abertura descubrió su dinero! 28 Entonces les dijo a sus hermanos:

—¡Me devolvieron el dinero! Miren, ¡aquí está, en mi bolsa!

Los otros se asustaron mucho, y temblando se decían unos a otros:

—¿Qué es lo que Dios nos ha hecho?

29 Al llegar a Canaán, donde estaba su padre Jacob, le contaron todo lo que les había sucedido:

30 —El hombre que gobierna aquel país nos trató con rudeza, a tal grado que nos acusó de ser espías. 31 Noso-tros le dijimos: "Somos gente honrada. No somos es-pías." 32 Además, le dijimos: "Somos doce hermanos, hijos de un mismo padre. Uno ya no vive, y el menor se ha quedado con nuestro padre en Canaán."

33 »Entonces el hombre que gobierna aquel país nos dijo: "Con esto voy a comprobar si en verdad son gente honrada. Dejen aquí conmigo a uno de sus hermanos, y vayan a llevar alimento para calmar el hambre de sus familias. 34 Pero a la vuelta tráiganme a su hermano menor. Así comprobaré que no son espías, y que en verdad son gente honrada. Luego les entregaré de vuel-ta a su hermano, y podrán moverse*a* con libertad por el país."

35 Cuando comenzaron a vaciar sus costales, se en-contraron con que la bolsa de dinero de cada uno estaba allí. Esto hizo que ellos y su padre se llenaran de temor. 36 Entonces Jacob, su padre, les dijo:

—¡Ustedes me van a dejar sin hijos! José ya no está con nosotros, Simeón tampoco está aquí, ¡y ahora se quieren llevar a Benjamín! ¡Todo esto me perjudica!

37 Pero Rubén le dijo a su padre:

—Yo me hago cargo de Benjamín. Si no te lo de-vuelvo, podrás matar a mis dos hijos.

38 —¡Mi hijo no se irá con ustedes! —replicó Jacob—. Su hermano José ya está muerto, y ahora sólo él me queda. Si le llega a pasar una desgracia en el viaje que van a emprender, ustedes tendrán la culpa de que este pobre viejo se muera de tristeza.

Los hermanos de José vuelven a Egipto

43 El hambre seguía aumentando en aquel país. 2 Llegó el momento en que se les acabó el ali-mento que habían llevado de Egipto. Entonces su padre les dijo:

—Vuelvan a Egipto y compren un poco más de ali-mento para nosotros.

3 Pero Judá le recordó:

—Aquel hombre nos advirtió claramente que no nos presentáramos ante él, a menos que lo hiciéramos con

22 Reuben replied, "Didn't I tell you not to sin against the boy? But you wouldn't listen! Now we must give an accounting for his blood." 23 They did not realize that Joseph could understand them, since he was using an interpreter.

24 He turned away from them and began to weep, but then turned back and spoke to them again. He had Simeon taken from them and bound before their eyes.

25 Joseph gave orders to fill their bags with grain, to put each man's silver back in his sack, and to give them provisions for their journey. After this was done for them, 26 they loaded their grain on their donkeys and left.

27 At the place where they stopped for the night one of them opened his sack to get feed for his donkey, and he saw his silver in the mouth of his sack. 28 "My silver has been returned," he said to his brothers. "Here it is in my sack."

Their hearts sank and they turned to each other trem-bling and said, "What is this that God has done to us?"

29 When they came to their father Jacob in the land of Canaan, they told him all that had happened to them. They said, 30 "The man who is lord over the land spoke harshly to us and treated us as though we were spying on the land. 31 But we said to him, 'We are honest men; we are not spies. 32 We were twelve brothers, sons of one father. One is no more, and the youngest is now with our father in Canaan.'

33 "Then the man who is lord over the land said to us, 'This is how I will know whether you are honest men: Leave one of your brothers here with me, and take food for your starving households and go. 34 But bring your youngest brother to me so I will know that you are not spies but honest men. Then I will give your brother back to you, and you can trade*r* in the land.' "

35 As they were emptying their sacks, there in each man's sack was his pouch of silver! When they and their father saw the money pouches, they were fright-ened. 36 Their father Jacob said to them, "You have deprived me of my children. Joseph is no more and Simeon is no more, and now you want to take Benja-min. Everything is against me!"

37 Then Reuben said to his father, "You may put both of my sons to death if I do not bring him back to you. Entrust him to my care, and I will bring him back."

38 But Jacob said, "My son will not go down there with you; his brother is dead and he is the only one left. If harm comes to him on the journey you are taking, you will bring my gray head down to the graves*s* in sorrow."

The Second Journey to Egypt

43 Now the famine was still severe in the land. 2 So when they had eaten all the grain they had brought from Egypt, their father said to them, "Go back and buy us a little more food."

3 But Judah said to him, "The man warned us sol-emnly, 'You will not see my face again unless your

---

a 42:34 moverse. Alt. *comerciar.*   *r 34* Or *move about freely*   *s 38* Hebrew *Sheol*

nuestro hermano menor. ⁴Si tú nos permites llevar a nuestro hermano menor, iremos a comprarte alimento. ⁵De lo contrario, no tiene objeto que vayamos. Aquel hombre fue muy claro en cuanto a no presentarnos ante él sin nuestro hermano menor.

⁶—¿Por qué me han causado este mal? —inquirió Israel—. ¿Por qué le dijeron a ese hombre que tenían otro hermano?

⁷—Porque aquel hombre nos preguntó específicamente acerca de nuestra familia —respondieron ellos—. "¿Vive todavía el padre de ustedes? —nos preguntó— . ¿Tienen algún otro hermano?" Lo único que hicimos fue responder a sus preguntas. ¿Cómo íbamos a saber que nos pediría llevar a nuestro hermano menor?

⁸Judá le dijo a su padre Israel:

—Bajo mi responsabilidad, envía al muchacho y nos iremos ahora mismo, para que nosotros y nuestros hijos podamos seguir viviendo. ⁹Yo te respondo por su seguridad; a mí me pedirás cuentas. Si no te lo devuelvo sano y salvo, yo seré el culpable ante ti para toda la vida. ¹⁰Si no nos hubiéramos demorado tanto, ¡ya habríamos ido y vuelto dos veces!

¹¹Entonces Israel, su padre, les dijo:

—Ya que no hay más remedio, hagan lo siguiente: Echen en sus costales los mejores productos de esta región, y llévenselos de regalo a ese hombre: un poco de bálsamo, un poco de miel, perfumes, mirra, nueces, almendras. ¹²Lleven también el doble del dinero, pues deben devolver el que estaba en sus bolsas, ya que seguramente fue un error. ¹³Vayan con su hermano menor y preséntense ante ese hombre. ¹⁴¡Que el Dios *Todopoderoso permita que ese hombre les tenga compasión y deje libre a su otro hermano, y además vuelvan con Benjamín! En cuanto a mí, si he de perder a mis hijos, ¡qué le voy a hacer! ¡Los perderé!

¹⁵Ellos tomaron los regalos, el doble del dinero, y a Benjamín, y emprendieron el viaje a Egipto. Allí se presentaron ante José. ¹⁶Cuando éste vio a Benjamín con ellos, le dijo a su mayordomo: «Lleva a estos hombres a mi casa. Luego, mata un animal y prepáralo, pues estos hombres comerán conmigo al mediodía.»

¹⁷El mayordomo cumplió la orden y los llevó a la casa de José. ¹⁸Al ver ellos que los llevaban a la casa de José, se asustaron mucho y se dijeron: «Nos llevan por causa del dinero que se puso en nuestras bolsas la vez pasada. Ahora nos atacarán, nos acusarán, y hasta nos harán sus esclavos, con nuestros animales y todo.»

¹⁹Entonces se acercaron al mayordomo de la casa de José, y antes de entrar le dijeron:

²⁰—Perdón, señor: nosotros ya vinimos antes para comprar alimento; ²¹pero a nuestro regreso, cuando acampamos para pasar la noche, descubrimos que en cada una de nuestras bolsas estaba el dinero que habíamos pagado. ¡Pero lo hemos traído para devolverlo! ²²También hemos traído más dinero para comprar alimento. ¡No sabemos quién pudo haber puesto el dinero de vuelta en nuestras bolsas!

²³—Está bien, no tengan miedo —contestó aquel hombre—. El Dios de ustedes y de su padre habrá puesto ese tesoro en sus bolsas. A mí me consta que recibí el dinero que ustedes pagaron.

El mayordomo les llevó a Simeón, ²⁴y a todos los hizo pasar a la casa de José. Allí les dio agua para que se lavaran los pies, y les dio de comer a sus asnos. ²⁵Ellos, por su parte, prepararon los regalos, mientras esperaban que José llegara al mediodía, pues habían oído que comerían allí.

²⁶Cuando José entró en su casa, le entregaron los regalos que le habían llevado, y rostro en tierra se

brother is with you.' ⁴If you will send our brother along with us, we will go down and buy food for you. ⁵But if you will not send him, we will not go down, because the man said to us, 'You will not see my face again unless your brother is with you.' "

⁶Israel asked, "Why did you bring this trouble on me by telling the man you had another brother?"

⁷They replied, "The man questioned us closely about ourselves and our family. 'Is your father still living?' he asked us. 'Do you have another brother?' We simply answered his questions. How were we to know he would say, 'Bring your brother down here'?"

⁸Then Judah said to Israel his father, "Send the boy along with me and we will go at once, so that we and you and our children may live and not die. ⁹I myself will guarantee his safety; you can hold me personally responsible for him. If I do not bring him back to you and set him here before you, I will bear the blame before you all my life. ¹⁰As it is, if we had not delayed, we could have gone and returned twice."

¹¹Then their father Israel said to them, "If it must be, then do this: Put some of the best products of the land in your bags and take them down to the man as a gift—a little balm and a little honey, some spices and myrrh, some pistachio nuts and almonds. ¹²Take double the amount of silver with you, for you must return the silver that was put back into the mouths of your sacks. Perhaps it was a mistake. ¹³Take your brother also and go back to the man at once. ¹⁴And may God Almightyⁱ grant you mercy before the man so that he will let your other brother and Benjamin come back with you. As for me, if I am bereaved, I am bereaved."

¹⁵So the men took the gifts and double the amount of silver, and Benjamin also. They hurried down to Egypt and presented themselves to Joseph. ¹⁶When Joseph saw Benjamin with them, he said to the steward of his house, "Take these men to my house, slaughter an animal and prepare dinner; they are to eat with me at noon."

¹⁷The man did as Joseph told him and took the men to Joseph's house. ¹⁸Now the men were frightened when they were taken to his house. They thought, "We were brought here because of the silver that was put back into our sacks the first time. He wants to attack us and overpower us and seize us as slaves and take our donkeys."

¹⁹So they went up to Joseph's steward and spoke to him at the entrance to the house. ²⁰"Please, sir," they said, "we came down here the first time to buy food. ²¹But at the place where we stopped for the night we opened our sacks and each of us found his silver—the exact weight—in the mouth of his sack. So we have brought it back with us. ²²We have also brought additional silver with us to buy food. We don't know who put our silver in our sacks."

²³"It's all right," he said. "Don't be afraid. Your God, the God of your father, has given you treasure in your sacks; I received your silver." Then he brought Simeon out to them.

²⁴The steward took the men into Joseph's house, gave them water to wash their feet and provided fodder for their donkeys. ²⁵They prepared their gifts for Joseph's arrival at noon, because they had heard that they were to eat there.

²⁶When Joseph came home, they presented to him the gifts they had brought into the house, and they

---

ⁱ14 Hebrew *El-Shaddai*

postraron ante él. ²⁷ José les preguntó cómo estaban, y añadió:

—¿Cómo está su padre, el anciano del cual me hablaron? ¿Vive todavía?

²⁸ —Nuestro padre, su siervo, se encuentra bien, y todavía vive —respondieron ellos.

Y en seguida le hicieron una reverencia para honrarlo. ²⁹ José miró a su alrededor y, al ver a Benjamín, su hermano de padre y madre, les preguntó:

—¿Es éste su hermano menor, del cual me habían hablado? ¡Que Dios te guarde, hijo mío!

³⁰ Conmovido por la presencia de su hermano, y no pudiendo contener el llanto, José salió de prisa. Entró en su habitación, y allí se echó a llorar desconsoladamente. ³¹ Después se lavó la cara y, ya más calmado, salió y ordenó: «¡Sirvan la comida!»

³² A José le sirvieron en un sector, a los hermanos en otro, y en otro más a los egipcios que comían con José. Los egipcios no comían con los hebreos porque, para los habitantes de Egipto, era una abominación. ³³ Los hermanos de José estaban sentados frente a él, de mayor a menor, y unos a otros se miraban con asombro. ³⁴ Las porciones les eran servidas desde la mesa de José, pero a Benjamín se le servían porciones mucho más grandes que a los demás. En compañía de José, todos bebieron y se alegraron.

La copa de José

44 Más tarde, José ordenó al mayordomo de su casa: «Llena con todo el alimento que les quepa los costales de estos hombres, y pon en sus bolsas el dinero de cada uno de ellos. ² Luego mete mi copa de plata en la bolsa del hermano menor, junto con el dinero que pagó por el alimento.» Y el mayordomo hizo todo lo que José le ordenó.

³ A la mañana siguiente, muy temprano, los hermanos de José fueron enviados de vuelta, junto con sus asnos. ⁴ Todavía no estaban muy lejos de la ciudad cuando José le dijo al mayordomo de su casa: «¡Anda! ¡Persigue a esos hombres! Cuando los alcances, diles: "¿Por qué me han pagado mal por bien? ⁵ ¿Por qué han robado la copa que usa mi señor para beber y para adivinar? ¡Esto que han hecho está muy mal!"»

⁶ Cuando el mayordomo los alcanzó, les repitió esas mismas palabras. ⁷ Pero ellos respondieron:

—¿Por qué nos dice usted tales cosas, mi señor? ¡Lejos sea de nosotros actuar de esa manera! ⁸ Es más, nosotros le trajimos de vuelta de Canaán el dinero que habíamos pagado, pero que encontramos en nuestras bolsas. ¿Por qué, entonces, habríamos de robar oro o plata de la casa de su señor? ⁹ Si se encuentra la copa en poder de alguno de nosotros, que muera el que la tenga, y el resto de nosotros seremos esclavos de mi señor.

¹⁰ —Está bien —respondió el mayordomo—, se hará como ustedes dicen, pero sólo el que tenga la copa en su poder será mi esclavo; el resto de ustedes quedará libre de todo cargo.

¹¹ En seguida cada uno de ellos bajó al suelo su bolsa y la abrió. ¹² El mayordomo revisó cada bolsa, comenzando con la del hermano mayor y terminando con la del menor. ¡Y encontró la copa en la bolsa de Benjamín! ¹³ Al ver esto, los hermanos de José se rasgaron las vestiduras en señal de duelo y, luego de cargar sus asnos, volvieron a la ciudad.

¹⁴ Todavía estaba José en su casa cuando llegaron

bowed down before him to the ground. ²⁷ He asked them how they were, and then he said, "How is your aged father you told me about? Is he still living?"

²⁸ They replied, "Your servant our father is still alive and well." And they bowed low to pay him honor.

²⁹ As he looked about and saw his brother Benjamin, his own mother's son, he asked, "Is this your youngest brother, the one you told me about?" And he said, "God be gracious to you, my son." ³⁰ Deeply moved at the sight of his brother, Joseph hurried out and looked for a place to weep. He went into his private room and wept there.

³¹ After he had washed his face, he came out and, controlling himself, said, "Serve the food."

³² They served him by himself, the brothers by themselves, and the Egyptians who ate with him by themselves, because Egyptians could not eat with Hebrews, for that is detestable to Egyptians. ³³ The men had been seated before him in the order of their ages, from the firstborn to the youngest; and they looked at each other in astonishment. ³⁴ When portions were served to them from Joseph's table, Benjamin's portion was five times as much as anyone else's. So they feasted and drank freely with him.

A Silver Cup in a Sack

44 Now Joseph gave these instructions to the steward of his house: "Fill the men's sacks with as much food as they can carry, and put each man's silver in the mouth of his sack. ² Then put my cup, the silver one, in the mouth of the youngest one's sack, along with the silver for his grain." And he did as Joseph said.

³ As morning dawned, the men were sent on their way with their donkeys. ⁴ They had not gone far from the city when Joseph said to his steward, "Go after those men at once, and when you catch up with them, say to them, 'Why have you repaid good with evil? ⁵ Isn't this the cup my master drinks from and also uses for divination? This is a wicked thing you have done.' "

⁶ When he caught up with them, he repeated these words to them. ⁷ But they said to him, "Why does my lord say such things? Far be it from your servants to do anything like that! ⁸ We even brought back to you from the land of Canaan the silver we found inside the mouths of our sacks. So why would we steal silver or gold from your master's house? ⁹ If any of your servants is found to have it, he will die; and the rest of us will become my lord's slaves."

¹⁰ "Very well, then," he said, "let it be as you say. Whoever is found to have it will become my slave; the rest of you will be free from blame."

¹¹ Each of them quickly lowered his sack to the ground and opened it. ¹² Then the steward proceeded to search, beginning with the oldest and ending with the youngest. And the cup was found in Benjamin's sack. ¹³ At this, they tore their clothes. Then they all loaded their donkeys and returned to the city.

¹⁴ Joseph was still in the house when Judah and his

Judá y sus hermanos. Entonces se postraron rostro en tierra, 15 y José les dijo:

—¿Qué manera de portarse es ésta? ¿Acaso no saben que un hombre como yo puede adivinar?

16 —¡No sabemos qué decirle, mi señor! —contestó Judá—. ¡No hay excusa que valga! ¿Cómo podemos demostrar nuestra inocencia? Dios ha puesto al descubierto la maldad de sus siervos. Aquí nos tiene usted: somos sus esclavos, nosotros y el que tenía la copa.

17 —¡Jamás podría yo actuar de ese modo! —respondió José—. Sólo será mi esclavo el que tenía la copa en su poder. En cuanto a ustedes, regresen tranquilos a la casa de su padre.

18 Entonces Judá se acercó a José para decirle:

—Mi señor, no se enoje usted conmigo, pero le ruego que me permita hablarle en privado. Para mí, usted es tan importante como el faraón. 19 Cuando mi señor nos preguntó si todavía teníamos un padre o algún otro hermano, 20 nosotros le contestamos que teníamos un padre anciano, y un hermano que le nació a nuestro padre en su vejez. Nuestro padre quiere muchísimo a este último porque es el único que le queda de la misma madre, ya que el otro murió. 21 Entonces usted nos obligó a traer a este hermano menor para conocerlo. 22 Nosotros le dijimos que el joven no podía dejar a su padre porque, si lo hacía, seguramente su padre moriría. 23 Pero usted insistió y nos advirtió que, si no traíamos a nuestro hermano menor, nunca más seríamos recibidos en su presencia. 24 Entonces regresamos adonde vive mi padre, su siervo, y le informamos de todo lo que usted nos había dicho. 25 Tiempo después nuestro padre nos dijo: "Vuelvan otra vez a comprar un poco de alimento." 26 Nosotros le contestamos: "No podemos ir si nuestro hermano menor no va con nosotros. No podremos presentarnos ante hombre tan importante, a menos que nuestro hermano menor nos acompañe." 27 Mi padre, su siervo, respondió: "Ustedes saben que mi esposa me dio dos hijos. 28 Uno desapareció de mi lado, y no he vuelto a verlo. Con toda seguridad fue despedazado por las fieras. 29 Si también se llevan a éste, y le pasa alguna desgracia, ¡ustedes tendrán la culpa de que este pobre viejo se muera de tristeza!"

30 »Así que, si yo regreso a mi padre, su siervo, y el joven, cuya *vida está tan unida a la de mi padre, no regresa con nosotros, 31 seguramente mi padre, al no verlo, morirá, y nosotros seremos los culpables de que nuestro padre se muera de tristeza. 32 Este siervo suyo quedó ante mi padre como responsable del joven. Le dije: "Si no te lo devuelvo, padre mío, seré culpable ante ti toda mi vida." 33 Por eso, permita usted que yo me quede como esclavo suyo en lugar de mi hermano menor, y que él regrese con sus hermanos. 34 ¿Cómo podré volver junto a mi padre si mi hermano menor no está conmigo? ¡No soy capaz de ver la desgracia que le sobrevendrá a mi padre!

José se da a conocer

45 José ya no pudo controlarse delante de sus servidores, así que ordenó: «¡Que salgan todos de mi presencia!» Y ninguno de ellos quedó con él. Cuando se dio a conocer a sus hermanos, 2 comenzó a llorar tan fuerte que los egipcios se enteraron, y la noticia llegó hasta la casa del faraón.

3 —Yo soy José —les declaró a sus hermanos—. ¿Vive todavía mi padre?

brothers came in, and they threw themselves to the ground before him. 15 Joseph said to them, "What is this you have done? Don't you know that a man like me can find things out by divination?"

16 "What can we say to my lord?" Judah replied. "What can we say? How can we prove our innocence? God has uncovered your servants' guilt. We are now my lord's slaves—we ourselves and the one who was found to have the cup."

17 But Joseph said, "Far be it from me to do such a thing! Only the man who was found to have the cup will become my slave. The rest of you, go back to your father in peace."

18 Then Judah went up to him and said: "Please, my lord, let your servant speak a word to my lord. Do not be angry with your servant, though you are equal to Pharaoh himself. 19 My lord asked his servants, 'Do you have a father or a brother?' 20 And we answered, 'We have an aged father, and there is a young son born to him in his old age. His brother is dead, and he is the only one of his mother's sons left, and his father loves him.'

21 "Then you said to your servants, 'Bring him down to me so I can see him for myself.' 22 And we said to my lord, 'The boy cannot leave his father; if he leaves him, his father will die.' 23 But you told your servants, 'Unless your youngest brother comes down with you, you will not see my face again.' 24 When we went back to your servant my father, we told him what my lord had said.

25 "Then our father said, 'Go back and buy a little more food.' 26 But we said, 'We cannot go down. Only if our youngest brother is with us will we go. We cannot see the man's face unless our youngest brother is with us.'

27 "Your servant my father said to us, 'You know that my wife bore me two sons. 28 One of them went away from me, and I said, "He has surely been torn to pieces." And I have not seen him since. 29 If you take this one from me too and harm comes to him, you will bring my gray head down to the grave[u] in misery.'

30 "So now, if the boy is not with us when I go back to your servant my father and if my father, whose life is closely bound up with the boy's life, 31 sees that the boy isn't there, he will die. Your servants will bring the gray head of our father down to the grave in sorrow. 32 Your servant guaranteed the boy's safety to my father. I said, 'If I do not bring him back to you, I will bear the blame before you, my father, all my life!'

33 "Now then, please let your servant remain here as my lord's slave in place of the boy, and let the boy return with his brothers. 34 How can I go back to my father if the boy is not with me? No! Do not let me see the misery that would come upon my father."

Joseph Makes Himself Known

45 Then Joseph could no longer control himself before all his attendants, and he cried out, "Have everyone leave my presence!" So there was no one with Joseph when he made himself known to his brothers. 2 And he wept so loudly that the Egyptians heard him, and Pharaoh's household heard about it.

3 Joseph said to his brothers, "I am Joseph! Is my father still living?" But his brothers were not able to answer him, because they were terrified at his presence.

u 29 Hebrew Sheol; also in verse 31

Pero ellos estaban tan pasmados que no atinaban a contestarle. 4 No obstante, José insistió:

—¡Acérquense!

Cuando ellos se acercaron, él añadió:

—Yo soy José, el hermano de ustedes, a quien vendieron a Egipto. 5 Pero ahora, por favor no se aflijan más ni se reprochen el haberme vendido, pues en realidad fue Dios quien me mandó delante de ustedes para salvar vidas, 6 Desde hace dos años la región está sufriendo de hambre, y todavía faltan cinco años más en que no habrá siembras ni cosechas. 7 Por eso Dios me envió delante de ustedes: para salvarles la vida de manera extraordinaria[b] y de ese modo asegurarles descendencia sobre la tierra. 8 Fue Dios quien me envió aquí, y no ustedes. Él me ha puesto como asesor[c] del faraón y administrador de su casa, y como gobernador de todo Egipto. 9 ¡Vamos, apúrense! Vuelvan a la casa de mi padre y díganle: "Así dice tu hijo José: 'Dios me ha hecho gobernador de todo Egipto. Ven a verme. No te demores. 10 Vivirás en la región de Gosén, cerca de mí, con tus hijos y tus nietos, y con tus ovejas, y vacas y todas tus posesiones. 11 Yo les proveeré alimento allí, porque aún quedan cinco años más de hambre. De lo contrario, tú y tu familia, y todo lo que te pertenece, caerán en la miseria.' " 12 Además, ustedes y mi hermano Benjamín son testigos de que yo mismo lo he dicho. 13 Cuéntenle a mi padre del prestigio que tengo en Egipto, y de todo lo que han visto. ¡Pero apúrense y tráiganlo ya!

14 Y abrazó José a su hermano Benjamín, y comenzó a llorar. Benjamín, a su vez, también lloró abrazado a su hermano José. 15 Luego José, bañado en lágrimas, besó a todos sus hermanos. Sólo entonces se animaron ellos a hablarle.

16 Cuando llegó al palacio del faraón la noticia de que habían llegado los hermanos de José, tanto el faraón como sus funcionarios se alegraron. 17 Y el faraón le dijo a José: «Ordena a tus hermanos que carguen sus animales y vuelvan a Canaán. 18 Que me traigan a su padre y a sus familias. Yo les daré lo mejor de Egipto, y comerán de la abundancia de este país. 19 Diles, además, que se lleven carros de Egipto para traer a sus niños y mujeres, y también al padre de ustedes, 20 y que no se preocupen por las cosas que tengan que dejar, porque lo mejor de todo Egipto será para ustedes.»

21 Así lo hicieron los hijos de Israel. José les proporcionó los carros, conforme al mandato del faraón, y también les dio provisiones para el viaje. 22 Además, a cada uno le dio ropa nueva, y a Benjamín le entregó trescientas monedas de plata y cinco mudas de ropa. 23 A su padre le envió lo siguiente: diez asnos cargados con lo mejor de Egipto, diez asnas cargadas de cereales, y pan y otras provisiones para el viaje de su padre. 24 Al despedirse de sus hermanos, José les recomendó: «¡No se vayan peleando por el camino!»

25 Los hermanos de José salieron de Egipto y llegaron a Canaán, donde residía su padre Jacob. 26 Al llegar le dijeron: «José vive, José vive! ¡Es el gobernador de todo Egipto!» Jacob quedó atónito y no les creía, 27 pero ellos le repetían una y otra vez todo lo que José les había dicho. Y cuando su padre Jacob vio los carros que José había enviado para llevarlo, se reanimó. 28 Entonces exclamó: «¡Con esto me basta! ¡Mi hijo José aún vive! Iré a verlo antes de morirme.»

4 Then Joseph said to his brothers, "Come close to me." When they had done so, he said, "I am your brother Joseph, the one you sold into Egypt! 5 And now, do not be distressed and do not be angry with yourselves for selling me here, because it was to save lives that God sent me ahead of you. 6 For two years now there has been famine in the land, and for the next five years there will not be plowing and reaping. 7 But God sent me ahead of you to preserve for you a remnant on earth and to save your lives by a great deliverance.[v]

8 "So then, it was not you who sent me here, but God. He made me father to Pharaoh, lord of his entire household and ruler of all Egypt. 9 Now hurry back to my father and say to him, 'This is what your son Joseph says: God has made me lord of all Egypt. Come down to me; don't delay. 10 You shall live in the region of Goshen and be near me—you, your children and grandchildren, your flocks and herds, and all you have. 11 I will provide for you there, because five years of famine are still to come. Otherwise you and your household and all who belong to you will become destitute.'

12 "You can see for yourselves, and so can my brother Benjamin, that it is really I who am speaking to you. 13 Tell my father about all the honor accorded me in Egypt and about everything you have seen. And bring my father down here quickly."

14 Then he threw his arms around his brother Benjamin and wept, and Benjamin embraced him, weeping. 15 And he kissed all his brothers and wept over them. Afterward his brothers talked with him.

16 When the news reached Pharaoh's palace that Joseph's brothers had come, Pharaoh and all his officials were pleased. 17 Pharaoh said to Joseph, "Tell your brothers, 'Do this: Load your animals and return to the land of Canaan, 18 and bring your father and your families back to me. I will give you the best of the land of Egypt and you can enjoy the fat of the land.'

19 "You are also directed to tell them, 'Do this: Take some carts from Egypt for your children and your wives, and get your father and come. 20 Never mind about your belongings, because the best of all Egypt will be yours.' "

21 So the sons of Israel did this. Joseph gave them carts, as Pharaoh had commanded, and he also gave them provisions for their journey. 22 To each of them he gave new clothing, but to Benjamin he gave three hundred shekels[w] of silver and five sets of clothes. 23 And this is what he sent to his father: ten donkeys loaded with the best things of Egypt, and ten female donkeys loaded with grain and bread and other provisions for his journey. 24 Then he sent his brothers away, and as they were leaving he said to them, "Don't quarrel on the way!"

25 So they went up out of Egypt and came to their father Jacob in the land of Canaan. 26 They told him, "Joseph is still alive! In fact, he is ruler of all Egypt." Jacob was stunned; he did not believe them. 27 But when they told him everything Joseph had said to them, and when he saw the carts Joseph had sent to carry him back, the spirit of their father Jacob revived. 28 And Israel said, "I'm convinced! My son Joseph is still alive. I will go and see him before I die."

---

b 45:7 *salvarles ... extraordinaria.* Alt. *salvarlos como un gran número de sobrevivientes.*   c 45:8 *asesor.* Lit. *padre.*

v 7 Or *save you as a great band of survivors*   w 22 That is, about 7 1/2 pounds (about 3.5 kilograms)

Jacob viaja a Egipto

46 Israel emprendió el viaje con todas sus pertenencias. Al llegar a Berseba, ofreció sacrificios al Dios de su padre Isaac. ² Esa noche Dios le habló a Israel en una visión:

—¡Jacob! ¡Jacob!

—Aquí estoy —respondió.

³ —Yo soy Dios, el Dios de tu padre —le dijo—. No tengas temor de ir a Egipto, porque allí haré de ti una gran nación. ⁴ Yo te acompañaré a Egipto, y yo mismo haré que vuelvas. Además, cuando mueras, será José quien te cierre los ojos.

⁵ Luego Jacob salió de Berseba, y los hijos de Israel hicieron que su padre Jacob, y sus hijos y sus mujeres, subieran en los carros que el faraón había enviado para trasladarlos. ⁶ También se llevaron el ganado y las posesiones que habían adquirido en Canaán. Fue así como Jacob y sus descendientes llegaron a Egipto. ⁷ Con él se llevó a todos sus hijos, hijas, nietos y nietas, es decir, a todos sus descendientes.

⁸ Éstos son los nombres de los israelitas que fueron a Egipto, es decir, Jacob y sus hijos:

Rubén, el primogénito de Jacob.

⁹ Los hijos de Rubén: Janoc, Falú, Jezrón y Carmí.

¹⁰ Los hijos de Simeón: Jemuel, Jamín, Oad, Jaquín, Zojar y Saúl, hijo de una cananea.

¹¹ Los hijos de Leví: Guersón, Coat y Merari.

¹² Los hijos de Judá: Er, Onán, Selá, Fares y Zera (Er y Onán habían muerto en Canaán).

Los hijos de Fares: Jezrón y Jamul.

¹³ Los hijos de Isacar: Tola, Fuvá, Job y Simrón.

¹⁴ Los hijos de Zabulón: Séred, Elón y Yalel.

¹⁵ Éstos fueron los hijos que Jacob tuvo con Lea en Padán Aram,ᵈ además de su hija Dina. En total, entre hombres y mujeres eran treinta y tres personas.

¹⁶ Los hijos de Gad: Zefón, Jaguí, Esbón, Suni, Erí, Arodí y Arelí.

¹⁷ Los hijos de Aser: Imná, Isvá, Isví, Beriá, y su hermana que se llamaba Sera.

Los hijos de Beriá: Héber y Malquiel.

¹⁸ Éstos fueron los hijos que Zilpá tuvo con Jacob. Zilpá era la esclava que Labán le había regalado a su hija Lea. Sus descendientes eran en total dieciséis personas.

¹⁹ Los hijos de Raquel, la esposa de Jacob: José y Benjamín.

²⁰ En Egipto, José tuvo los siguientes hijos con Asenat, hija de Potifera, sacerdote de On: Manasés y Efraín.

²¹ Los hijos de Benjamín: Bela, Béquer, Asbel, Guerá, Naamán, Ehí, Ros, Mupín, Jupín y Ard.

²² Éstos fueron los descendientes de Jacob y Raquel, en total catorce personas.

Jacob Goes to Egypt

46 So Israel set out with all that was his, and when he reached Beersheba, he offered sacrifices to the God of his father Isaac. ²And God spoke to Israel in a vision at night and said, "Jacob! Jacob!"

"Here I am," he replied.

³"I am God, the God of your father," he said. "Do not be afraid to go down to Egypt, for I will make you into a great nation there. ⁴I will go down to Egypt with you, and I will surely bring you back again. And Joseph's own hand will close your eyes."

⁵Then Jacob left Beersheba, and Israel's sons took their father Jacob and their children and their wives in the carts that Pharaoh had sent to transport him. ⁶They also took with them their livestock and the possessions they had acquired in Canaan, and Jacob and all his offspring went to Egypt. ⁷He took with him to Egypt his sons and grandsons and his daughters and granddaughters—all his offspring.

⁸These are the names of the sons of Israel (Jacob and his descendants) who went to Egypt:

Reuben the firstborn of Jacob.

⁹The sons of Reuben: Hanoch, Pallu, Hezron and Carmi.

¹⁰The sons of Simeon: Jemuel, Jamin, Ohad, Jakin, Zohar and Shaul the son of a Canaanite woman.

¹¹The sons of Levi: Gershon, Kohath and Merari.

¹²The sons of Judah: Er, Onan, Shelah, Perez and Zerah (but Er and Onan had died in the land of Canaan).

The sons of Perez: Hezron and Hamul.

¹³The sons of Issachar: Tola, Puah,ˣ Jashubʸ and Shimron.

¹⁴The sons of Zebulun: Sered, Elon and Jahleel.

¹⁵These were the sons Leah bore to Jacob in Paddan Aram,ᶻ besides his daughter Dinah. These sons and daughters of his were thirty-three in all.

¹⁶The sons of Gad: Zephon,ᵃ Haggi, Shuni, Ezbon, Eri, Arodi and Areli.

¹⁷The sons of Asher: Imnah, Ishvah, Ishvi and Beriah.

Their sister was Serah.

The sons of Beriah: Heber and Malkiel.

¹⁸These were the children born to Jacob by Zilpah, whom Laban had given to his daughter Leah—sixteen in all.

¹⁹The sons of Jacob's wife Rachel: Joseph and Benjamin. ²⁰In Egypt, Manasseh and Ephraim were born to Joseph by Asenath daughter of Potiphera, priest of On.ᵇ

²¹The sons of Benjamin: Bela, Beker, Ashbel, Gera, Naaman, Ehi, Rosh, Muppim, Huppim and Ard.

²²These were the sons of Rachel who were born to Jacob—fourteen in all.

ˣ13 Samaritan Pentateuch and Syriac (see also 1 Chron. 7:1); Masoretic Text *Puvah*   ʸ13 Samaritan Pentateuch and some Septuagint manuscripts (see also Num. 26:24 and 1 Chron. 7:1); Masoretic Text *Iob*   ᶻ15 That is, Northwest Mesopotamia
ᵃ16 Samaritan Pentateuch and Septuagint (see also Num. 26:15); Masoretic Text *Ziphion*   ᵇ20 That is, Heliopolis

ᵈ46:15 *Padán Aram.* Es decir, el noroeste de Mesopotamia.

23 El hijo de Dan: Jusín.

24 Los hijos de Neftalí: Yazel, Guní, Jéser y Silén.

25 Éstos fueron los hijos que Jacob tuvo con Bilhá. Ella era la esclava que Labán le regaló a su hija Raquel. El total de sus descendientes fue de siete personas.

26 Todos los familiares de Jacob que llegaron a Egipto, y que eran de su misma sangre, fueron sesenta y seis, sin contar a las nueras. 27 José tenía dos hijos que le nacieron en Egipto. En total los familiares de Jacob que llegaron a Egipto fueron setenta.

28 Jacob mandó a Judá que se adelantara para que le anunciara a José su llegada y éste lo recibiera en Gosén. Cuando llegaron a esa región, 29 José hizo que prepararan su carruaje, y salió a Gosén para recibir a su padre Israel. Cuando se encontraron, José se fundió con su padre en un abrazo, y durante un largo rato lloró sobre su hombro. 30 Entonces Israel le dijo a José:

—¡Ya me puedo morir! ¡Te he visto y aún estás con vida!

31 José les dijo a sus hermanos y a la familia de su padre:

—Voy a informarle al faraón que mis hermanos y la familia de mi padre, quienes vivían en Canaán, han venido a quedarse conmigo. 32 Le diré que ustedes son pastores que cuidan ganado, y que han traído sus ovejas y sus vacas, y todo cuanto tenían. 33 Por eso, cuando el faraón los llame y les pregunte a qué se dedican, 34 díganle que siempre se han ocupado de cuidar ganado, al igual que sus antepasados. Así podrán establecerse en la región de Gosén, pues los egipcios detestan el oficio de pastor.

47 José fue a informarle al faraón, y le dijo:

—Mi padre y mis hermanos han venido desde Canaán con sus ovejas y sus vacas y todas sus pertenencias. Ya se encuentran en la región de Gosén.

2 Además, José había elegido a cinco de sus hermanos para presentárselos al faraón. 3 Y éste les preguntó:

—¿En qué trabajan ustedes?

—Nosotros, sus siervos, somos pastores, al igual que nuestros antepasados —respondieron ellos—. 4 Hemos venido a vivir en este país porque en Canaán ya no hay pastos para nuestros rebaños. ¡Es terrible el hambre que acosa a ese país! Por eso le rogamos a usted nos permita vivir en la región de Gosén.

5 Entonces el faraón le dijo a José:

—Tu padre y tus hermanos han venido a estar contigo. 6 La tierra de Egipto está a tu disposición. Haz que se asienten en lo mejor de la tierra; que residan en la región de Gosén. Y si sabes que hay entre ellos hombres capaces, ponlos a cargo de mi propio ganado.

7 Luego José llevó a Jacob, su padre, y se lo presentó al faraón. Jacob saludó al faraón con reverencia,e 8 y el faraón le preguntó:

—¿Cuántos años tienes?

9 —Ya tengo ciento treinta años —respondió Jacob—. Mis años de andar peregrinando de un lado a otro han sido pocos y difíciles, pero no se comparan con los años de peregrinaje de mis antepasados.

10 Luego Jacob se despidió del faraón con sumo respeto,f y se retiró de su presencia.

23 The son of Dan:
  Hushim.

24 The sons of Naphtali:
  Jahziel, Guni, Jezer and Shillem.

25 These were the sons born to Jacob by Bilhah, whom Laban had given to his daughter Rachel—seven in all.

26 All those who went to Egypt with Jacob—those who were his direct descendants, not counting his sons' wives—numbered sixty-six persons. 27 With the two sonsc who had been born to Joseph in Egypt, the members of Jacob's family, which went to Egypt, were seventyd in all.

28 Now Jacob sent Judah ahead of him to Joseph to get directions to Goshen. When they arrived in the region of Goshen, 29 Joseph had his chariot made ready and went to Goshen to meet his father Israel. As soon as Joseph appeared before him, he threw his arms around his fathere and wept for a long time.

30 Israel said to Joseph, "Now I am ready to die, since I have seen for myself that you are still alive."

31 Then Joseph said to his brothers and to his father's household, "I will go up and speak to Pharaoh and will say to him, 'My brothers and my father's household, who were living in the land of Canaan, have come to me. 32 The men are shepherds; they tend livestock, and they have brought along their flocks and herds and everything they own.' 33 When Pharaoh calls you in and asks, 'What is your occupation?' 34 you should answer, 'Your servants have tended livestock from our boyhood on, just as our fathers did.' Then you will be allowed to settle in the region of Goshen, for all shepherds are detestable to the Egyptians."

47 Joseph went and told Pharaoh, "My father and brothers, with their flocks and herds and everything they own, have come from the land of Canaan and are now in Goshen." 2 He chose five of his brothers and presented them before Pharaoh.

3 Pharaoh asked the brothers, "What is your occupation?"

"Your servants are shepherds," they replied to Pharaoh, "just as our fathers were." 4 They also said to him, "We have come to live here awhile, because the famine is severe in Canaan and your servants' flocks have no pasture. So now, please let your servants settle in Goshen."

5 Pharaoh said to Joseph, "Your father and your brothers have come to you, 6 and the land of Egypt is before you; settle your father and your brothers in the best part of the land. Let them live in Goshen. And if you know of any among them with special ability, put them in charge of my own livestock."

7 Then Joseph brought his father Jacob in and presented him before Pharaoh. After Jacob blessedf Pharaoh, 8 Pharaoh asked him, "How old are you?"

9 And Jacob said to Pharaoh, "The years of my pilgrimage are a hundred and thirty. My years have been few and difficult, and they do not equal the years of the pilgrimage of my fathers." 10 Then Jacob blessedg Pharaoh and went out from his presence.

---

e 47:7 saludó al faraón con reverencia. Lit. bendijo al faraón.
f 47:10 se despidió del faraón con sumo respeto. Lit. bendijo al faraón.

c 27 Hebrew; Septuagint the nine children   d 27 Hebrew (see also Exodus 1:5 and footnote); Septuagint (see also Acts 7:14) seventy-five   e 29 Hebrew around him   f 7 Or greeted   g 10 Or said farewell to

¹¹José instaló a su padre y a sus hermanos, y les entregó terrenos en la mejor región de Egipto, es decir, en el distrito de Ramsés, tal como lo había ordenado el faraón. ¹²José también proveyó de alimentos a su padre y a sus hermanos, y a todos sus familiares, según las necesidades de cada uno.

La administración de José

¹³El hambre en Egipto y en Canaán era terrible. No había alimento en ninguna parte, y la gente estaba a punto de morir. ¹⁴Todo el dinero que los habitantes de Egipto y de Canaán habían pagado por el alimento, José lo recaudó para depositarlo en el palacio del faraón. ¹⁵Cuando a egipcios y cananeos se les acabó el dinero, los egipcios fueron a ver a José y le reclamaron:

—¡Dénos de comer! ¿Hemos de morir en su presencia sólo porque no tenemos más dinero?

¹⁶Y José les contestó:

—Si ya se les acabó el dinero, traigan su ganado y, a cambio, les daré alimento.

¹⁷Los egipcios llevaron a José su ganado, es decir, sus caballos, vacas, ovejas y asnos, y a cambio de ellos José les dio alimento durante todo ese año. ¹⁸Al año siguiente fueron a decirle a José:

—Señor, no podemos ocultar el hecho de que ya no tenemos más dinero, y de que todo nuestro ganado ya es suyo. Ya no tenemos nada que ofrecerle, de no ser nuestros propios cuerpos y nuestras tierras. ¹⁹¿Va usted a permitir que nos muramos junto con nuestras tierras? Cómprenos usted a nosotros y a nuestras tierras, a cambio de alimento. Así seremos esclavos del faraón junto con nuestras tierras. ¡Pero dénos usted semilla, para que podamos vivir y la tierra no quede desolada!

²⁰De esta manera José adquirió para el faraón todas las tierras de Egipto, porque los egipcios, obligados por el hambre, le vendieron todos sus terrenos. Fue así como todo el país llegó a ser propiedad del faraón, ²¹y todos en Egipto quedaron reducidos a la esclavitud.ᵍ ²²Los únicos terrenos que José no compró fueron los que pertenecían a los sacerdotes. Éstos no tuvieron que vender sus terrenos porque recibían una ración de alimento de parte del faraón.

²³Luego José le informó al pueblo:

—Desde ahora ustedes y sus tierras pertenecen al faraón, porque yo los he comprado. Aquí tienen semilla. Siembren la tierra. ²⁴Cuando llegue la cosecha, deberán entregarle al faraón la quinta parte de lo cosechado. Las otras cuatro partes serán para la siembra de los campos, y para alimentarlos a ustedes, a sus hijos y a sus familiares.

²⁵—¡Usted nos ha salvado la vida, y hemos contado con su favor! —respondieron ellos—. ¡Seremos esclavos del faraón!

²⁶José estableció esta ley en toda la tierra de Egipto, que hasta el día de hoy sigue vigente: la quinta parte de la cosecha le pertenece al faraón. Sólo las tierras de los sacerdotes no llegaron a ser del faraón.

²⁷Los israelitas se asentaron en Egipto, en la región de Gosén. Allí adquirieron propiedades, prosperaron y llegaron a ser muy numerosos. ²⁸Jacob residió diecisiete años en Egipto, y llegó a vivir un total de ciento cuarenta y siete años. ²⁹Cuando Israel estaba a punto de morir, mandó llamar a su hijo José y le dijo:

—Si de veras me quieres, pon tu mano debajo de mi muslo y prométeme amor y lealtad. ¡Por favor, no me

¹¹So Joseph settled his father and his brothers in Egypt and gave them property in the best part of the land, the district of Rameses, as Pharaoh directed. ¹²Joseph also provided his father and his brothers and all his father's household with food, according to the number of their children.

Joseph and the Famine

¹³There was no food, however, in the whole region because the famine was severe; both Egypt and Canaan wasted away because of the famine. ¹⁴Joseph collected all the money that was to be found in Egypt and Canaan in payment for the grain they were buying, and he brought it to Pharaoh's palace. ¹⁵When the money of the people of Egypt and Canaan was gone, all Egypt came to Joseph and said, "Give us food. Why should we die before your eyes? Our money is used up."

¹⁶"Then bring your livestock," said Joseph. "I will sell you food in exchange for your livestock, since your money is gone." ¹⁷So they brought their livestock to Joseph, and he gave them food in exchange for their horses, their sheep and goats, their cattle and donkeys. And he brought them through that year with food in exchange for all their livestock.

¹⁸When that year was over, they came to him the following year and said, "We cannot hide from our lord the fact that since our money is gone and our livestock belongs to you, there is nothing left for our lord except our bodies and our land. ¹⁹Why should we perish before your eyes—we and our land as well? Buy us and our land in exchange for food, and we with our land will be in bondage to Pharaoh. Give us seed so that we may live and not die, and that the land may not become desolate."

²⁰So Joseph bought all the land in Egypt for Pharaoh. The Egyptians, one and all, sold their fields, because the famine was too severe for them. The land became Pharaoh's, ²¹and Joseph reduced the people to servitude,ʰ from one end of Egypt to the other. ²²However, he did not buy the land of the priests, because they received a regular allotment from Pharaoh and had food enough from the allotment Pharaoh gave them. That is why they did not sell their land.

²³Joseph said to the people, "Now that I have bought you and your land today for Pharaoh, here is seed for you so you can plant the ground. ²⁴But when the crop comes in, give a fifth of it to Pharaoh. The other four-fifths you may keep as seed for the fields and as food for yourselves and your households and your children."

²⁵"You have saved our lives," they said. "May we find favor in the eyes of our lord; we will be in bondage to Pharaoh."

²⁶So Joseph established it as a law concerning land in Egypt—still in force today—that a fifth of the produce belongs to Pharaoh. It was only the land of the priests that did not become Pharaoh's.

²⁷Now the Israelites settled in Egypt in the region of Goshen. They acquired property there and were fruitful and increased greatly in number.

²⁸Jacob lived in Egypt seventeen years, and the years of his life were a hundred and forty-seven. ²⁹When the time drew near for Israel to die, he called for his son Joseph and said to him, "If I have found favor in your eyes, put your hand under my thigh and promise that you will show me kindness and faithfulness. Do not

---

ᵍ 47:21 *quedaron reducidos a la esclavitud* (Pentateuco Samaritano, LXX; véase también Vulgata); *fueron trasladados a las ciudades* (TM).

ʰ 21 Samaritan Pentateuch and Septuagint (see also Vulgate); Masoretic Text *and he moved the people into the cities*

entierres en Egipto! 30 Cuando vaya a descansar junto a mis antepasados, sácame de Egipto y entiérrame en el sepulcro de ellos.

—Haré lo que me pides —contestó José.

31 —¡Júramelo! —insistió su padre.

José se lo juró, e Israel se reclinó sobre la cabecera de la cama.

Bendición de Efraín y Manasés

48 Poco tiempo después le informaron a José que su padre estaba enfermo. Entonces fue a visitarlo y llevó consigo a sus dos hijos, Manasés y Efraín. 2 Cuando le avisaron a Jacob que su hijo venía a verlo, hizo un esfuerzo, se sentó en la cama 3 y le dijo a José:

—El Dios *Todopoderoso se me apareció en Luz, en la tierra de Canaán, y me bendijo 4 con esta promesa: "Te haré fecundo, te multiplicaré, y haré que tus descendientes formen una comunidad de naciones. Además, a tu descendencia le daré esta tierra como su posesión perpetua." 5 Ahora bien, los dos hijos que te nacieron aquí en Egipto, antes de que me reuniera contigo, serán considerados míos. Efraín y Manasés serán tan míos como lo son Rubén y Simeón. 6 Los hijos que tengas después de ellos serán tuyos, y a través de sus hermanos recibirán su herencia. 7 Cuando yo regresaba de Padán Aram,ʰ su madre murió cerca de Efrata, en tierra de Canaán, y allí la sepulté junto al camino de Efrata, es decir, Belén.

8 Al ver a los hijos de José, Israel preguntó:

—Y estos chicos, ¿quiénes son?

9 —Son los hijos que Dios me ha concedido aquí —le respondió José a su padre.

Entonces Israel le dijo:

—Acércalos, por favor, para que les dé mi bendición.

10 Israel ya era muy anciano, y por su avanzada edad casi no podía ver; por eso José los acercó, y su padre los besó y abrazó. 11 Luego le dijo a José:

—Ya había perdido la esperanza de volver a verte, ¡y ahora Dios me ha concedido ver también a tus hijos!

12 José los retiró de las rodillas de Israel y se postró rostro en tierra. 13 Luego tomó a sus dos hijos, a Efraín con la *derecha y a Manasés con la izquierda, y se los presentó a su padre. De esta manera Efraín quedó a la izquierda de Israel y Manasés a su derecha. 14 Pero Israel, al extender las manos, las entrecruzó y puso su derecha sobre la cabeza de Efraín, aunque era el menor, y su izquierda sobre la cabeza de Manasés, aunque era el mayor. 15 Y los bendijo con estas palabras:

«Que el Dios en cuya presencia
     caminaron mis padres, Abraham e Isaac,
el Dios que me ha guiado
     desde el día en que nací hasta hoy,
16 el ángel que me ha rescatado de todo mal,
     bendiga a estos jóvenes.
Que por medio de ellos sea recordado
     mi *nombre y el de mis padres, Abraham e
         Isaac.
Que crezcan y se multipliquen
     sobre la tierra.»

bury me in Egypt, 30 but when I rest with my fathers, carry me out of Egypt and bury me where they are buried."

"I will do as you say," he said.

31 "Swear to me," he said. Then Joseph swore to him, and Israel worshiped as he leaned on the top of his staff.ⁱ

Manasseh and Ephraim

48 Some time later Joseph was told, "Your father is ill." So he took his two sons Manasseh and Ephraim along with him. 2 When Jacob was told, "Your son Joseph has come to you," Israel rallied his strength and sat up on the bed.

3 Jacob said to Joseph, "God Almightyʲ appeared to me at Luz in the land of Canaan, and there he blessed me 4 and said to me, 'I am going to make you fruitful and will increase your numbers. I will make you a community of peoples, and I will give this land as an everlasting possession to your descendants after you.'

5 "Now then, your two sons born to you in Egypt before I came to you here will be reckoned as mine; Ephraim and Manasseh will be mine, just as Reuben and Simeon are mine. 6 Any children born to you after them will be yours; in the territory they inherit they will be reckoned under the names of their brothers. 7 As I was returning from Paddan,ᵏ to my sorrow Rachel died in the land of Canaan while we were still on the way, a little distance from Ephrath. So I buried her there beside the road to Ephrath" (that is, Bethlehem).

8 When Israel saw the sons of Joseph, he asked, "Who are these?"

9 "They are the sons God has given me here," Joseph said to his father.

Then Israel said, "Bring them to me so I may bless them."

10 Now Israel's eyes were failing because of old age, and he could hardly see. So Joseph brought his sons close to him, and his father kissed them and embraced them.

11 Israel said to Joseph, "I never expected to see your face again, and now God has allowed me to see your children too."

12 Then Joseph removed them from Israel's knees and bowed down with his face to the ground. 13 And Joseph took both of them, Ephraim on his right toward Israel's left hand and Manasseh on his left toward Israel's right hand, and brought them close to him. 14 But Israel reached out his right hand and put it on Ephraim's head, though he was the younger, and crossing his arms, he put his left hand on Manasseh's head, even though Manasseh was the firstborn.

15 Then he blessed Joseph and said,

"May the God before whom my fathers
     Abraham and Isaac walked,
the God who has been my shepherd
     all my life to this day,
16 the Angel who has delivered me from all
         harm
     —may he bless these boys.
May they be called by my name
     and the names of my fathers Abraham and
         Isaac,
and may they increase greatly
     upon the earth."

ʰ 48:7 *Padán Aram*. Es decir, el noroeste de Mesopotamia.

ⁱ 31 Or *Israel bowed down at the head of his bed*   ʲ 3 Hebrew *El-Shaddai*   ᵏ 7 That is, Northwest Mesopotamia

17 A José no le agradó ver que su padre pusiera su mano derecha sobre la cabeza de Efraín, así que tomando la mano de su padre, la pasó de la cabeza de Efraín a la de Manasés, 18 mientras le reclamaba:

—¡Así no, padre mío! ¡Pon tu mano derecha sobre la cabeza de éste, que es el primogénito!

19 Pero su padre se resistió, y le contestó:

—¡Ya lo sé, hijo, ya lo sé! También él gestará a un pueblo, y llegará a ser importante. Pero su hermano menor será aún más importante, y su descendencia dará origen a muchas naciones.

20 Aquel día Jacob los bendijo así:

«Ésta será la bendición
    que en Israel se habrá de pronunciar:
"Que Dios cuide de ti
    como cuidó de Efraín y de Manasés."»

De este modo, Israel dio a Efraín la primacía sobre Manasés.

21 Finalmente, Israel le dijo a José:

—Yo estoy a punto de morir; pero Dios estará con ustedes y los hará volver a la tierra de sus antepasados. 22 Y a ti, que estás por encima de tus hermanos, te doy Siquén,i tierra que luchando a brazo partidoj arrebaté a los amorreos.

Jacob bendice a sus hijos

49 Jacob llamó a sus hijos y les dijo: «Reúnanse, que voy a declararles lo que les va a suceder en el futuro:

2 »Hijos de Jacob: acérquense y escuchen;
    presten atención a su padre Israel.

3 »Tú, Rubén, eres mi primogénito,
    primer fruto de mi fuerza y virilidad,
    primero en honor y en poder.
4 Impetuoso como un torrente,
    ya no serás el primero;
    te acostaste en mi cama;
    profanaste la cama de tu propio padre.

5 »Simeón y Leví son chacales;k
    sus espadasl son instrumentos de violencia.
6 ¡No quiero participar de sus reuniones,
    ni arriesgar mi honor en sus asambleas!
En su furor mataron *hombres,
    y por capricho mutilaron toros.
7 ¡Malditas sean la violencia de su enojo
    y la crueldad de su furor!
Los dispersaré en el país de Jacob,
    los desparramaré en la tierra de Israel.

8 »Tú, Judá, serás alabadom por tu hermanos;
    dominarás a tus enemigos,
    y tus propios hermanos se inclinarán ante ti.
9 Mi hijo Judá es como un cachorro de león
    que se ha nutrido de la presa.
Se tiende al acecho como león,
    como leona que nadie se atreve a molestar.
10 El cetro no se apartará de Judá,
    ni de entre sus pies el bastón de mando,
hasta que llegue el verdadero rey,n
    quien merece la obediencia de los pueblos.

17 When Joseph saw his father placing his right hand on Ephraim's head he was displeased; so he took hold of his father's hand to move it from Ephraim's head to Manasseh's head. 18 Joseph said to him, "No, my father, this one is the firstborn; put your right hand on his head."

19 But his father refused and said, "I know, my son, I know. He too will become a people, and he too will become great. Nevertheless, his younger brother will be greater than he, and his descendants will become a group of nations." 20 He blessed them that day and said,

"In yourl name will Israel pronounce this
    blessing:
'May God make you like Ephraim and
    Manasseh.' "

So he put Ephraim ahead of Manasseh.

21 Then Israel said to Joseph, "I am about to die, but God will be with youm and take youm back to the land of yourm fathers. 22 And to you, as one who is over your brothers, I give the ridge of landn I took from the Amorites with my sword and my bow."

Jacob Blesses His Sons

49 Then Jacob called for his sons and said: "Gather around so I can tell you what will happen to you in days to come.

2 "Assemble and listen, sons of Jacob;
    listen to your father Israel.

3 "Reuben, you are my firstborn,
    my might, the first sign of my strength,
    excelling in honor, excelling in power.
4 Turbulent as the waters, you will no longer
    excel,
    for you went up onto your father's bed,
    onto my couch and defiled it.

5 "Simeon and Levi are brothers—
    their swordso are weapons of violence.
6 Let me not enter their council,
    let me not join their assembly,
for they have killed men in their anger
    and hamstrung oxen as they pleased.
7 Cursed be their anger, so fierce,
    and their fury, so cruel!
I will scatter them in Jacob
    and disperse them in Israel.

8 "Judah,p your brothers will praise you;
    your hand will be on the neck of your
        enemies;
    your father's sons will bow down to you.
9 You are a lion's cub, O Judah;
    you return from the prey, my son.
Like a lion he crouches and lies down,
    like a lioness—who dares to rouse him?
10 The scepter will not depart from Judah,
    nor the ruler's staff from between his feet,
until he comes to whom it belongsq
    and the obedience of the nations is his.

---

i 48:22 Siquén. Alt. una franja de tierra. Palabra de difícil traducción.   j 48:22 luchando ... partido. Lit. con mi espada y con mi arco.   k 49:5 chacales (lectura probable); hermanos (TM).   l 49:5 espadas. Palabra de difícil traducción.
m 49:8 En hebreo, Judá suena como el verbo que significa alabar.   n 49:10 el verdadero rey. Alt. Siló. Texto de difícil traducción.

l 20 The Hebrew is singular.   m 21 The Hebrew is plural.
n 22 Or And to you I give one portion more than to your brothers—the portion   o 5 The meaning of the Hebrew for this word is uncertain.   p 8 Judah sounds like and may be derived from the Hebrew for praise.   q 10 Or until Shiloh comes; or until he comes to whom tribute belongs

11 Judá amarra su asno a la vid,
   y la cría de su asno a la mejor cepa;
   lava su ropa en vino;
   su manto, en la sangre de las uvas.
12 Sus ojos son más oscuros que el vino;
   sus dientes, más blancos que la leche.ñ

13 »Zabulón vivirá a la orilla del mar;
   será puerto seguro para las naves,
   y sus fronteras llegarán hasta Sidón.

14 »Isacar es un asno fuerte
   echado entre dos alforjas.
15 Al ver que el establo era bueno
   y que la tierra era agradable,
   agachó el hombro para llevar la carga
   y se sometió a la esclavitud.

16 »Dan hará justicia en su pueblo,
   como una de las tribus de Israel.
17 Dan es una serpiente junto al camino,
   una víbora junto al sendero,
   que muerde los talones del caballo
   y hace caer de espaldas al jinete.

18 »¡SEÑOR, espero tu *salvación!

19 »Las hordas atacan a Gad,
   pero él las atacará por la espalda.

20 »Aser disfrutará de comidas deliciosas;
   ofrecerá manjares de reyes.

21 »Neftalí es una gacela libre,
   que tiene hermosos cervatillos.o

22 »José es un retoño fértil,
   fértil retoño junto al agua,
   cuyas ramas trepan por el muro.
23 Los arqueros lo atacaron sin piedad;
   le tiraron flechas, lo hostigaron.
24 Pero su arco se mantuvo firme,
   porque sus brazos son fuertes.
   ¡Gracias al Dios fuerte de Jacob,
   al Pastor y Roca de Israel!
25 ¡Gracias al Dios de tu padre, que te ayuda!
   ¡Gracias al *Todopoderoso, que te bendice!
   ¡Con bendiciones de lo alto!
   ¡Con bendiciones del abismo!
   ¡Con bendiciones de los pechos y del seno
     materno!
26 Son mejores las bendiciones de tu padre
   que las de los montes de antaño,
   que la abundancia de las colinas eternas.
   ¡Que descansen estas bendiciones
   sobre la cabeza de José,
   sobre la frente del escogido entre sus
     hermanos!

27 »Benjamín es un lobo rapaz
   que en la mañana devora la presa
   y en la tarde reparte los despojos.»

11 He will tether his donkey to a vine,
   his colt to the choicest branch;
   he will wash his garments in wine,
   his robes in the blood of grapes.
12 His eyes will be darker than wine,
   his teeth whiter than milk.r

13 "Zebulun will live by the seashore
   and become a haven for ships;
   his border will extend toward Sidon.

14 "Issachar is a rawboneds donkey
   lying down between two saddlebags.t
15 When he sees how good is his resting place
   and how pleasant is his land,
   he will bend his shoulder to the burden
   and submit to forced labor.

16 "Danu will provide justice for his people
   as one of the tribes of Israel.
17 Dan will be a serpent by the roadside,
   a viper along the path,
   that bites the horse's heels
   so that its rider tumbles backward.

18 "I look for your deliverance, O LORD.

19 "Gadv will be attacked by a band of
     raiders,
   but he will attack them at their heels.

20 "Asher's food will be rich;
   he will provide delicacies fit for a king.

21 "Naphtali is a doe set free
   that bears beautiful fawns.w

22 "Joseph is a fruitful vine,
   a fruitful vine near a spring,
   whose branches climb over a wall.x
23 With bitterness archers attacked him;
   they shot at him with hostility.
24 But his bow remained steady,
   his strong arms stayedy limber,
  because of the hand of the Mighty One of
     Jacob,
  because of the Shepherd, the Rock of
     Israel,
25 because of your father's God, who helps
     you,
  because of the Almighty,z who blesses
     you
  with blessings of the heavens above,
  blessings of the deep that lies below,
  blessings of the breast and womb.
26 Your father's blessings are greater
  than the blessings of the ancient
     mountains,
  thana the bounty of the age-old hills.
  Let all these rest on the head of Joseph,
  on the brow of the prince amongb his
     brothers.

27 "Benjamin is a ravenous wolf;
   in the morning he devours the prey,
   in the evening he divides the plunder."

---

r 12 Or will be dull from wine, / his teeth white from milk
s 14 Or strong   t 14 Or campfires   u 16 Dan here means he
provides justice.   v 19 Gad can mean attack and band of raiders.
w 21 Or free; / he utters beautiful words   x 22 Or Joseph is a
wild colt, / a wild colt near a spring, / a wild donkey on a terraced
hill   y 23,24 Or archers will attack . . . will shoot . . . will
remain . . . will stay   z 25 Hebrew Shaddai   a 26 Or of my
progenitors, / as great as   b 26 Or the one separated from

ñ 49:12 Sus ojos ... la leche. Alt. Sus ojos están oscurecidos por el
vino; sus dientes, blanqueados por la leche.   o 49:21 que ...
cervatillos. Alt. que pronuncia hermosas palabras.

28 Éstas son las doce tribus de Israel, y esto es lo que su padre les dijo cuando impartió a cada una de ellas su bendición.

Muerte de Jacob

29 Además, Jacob les dio estas instrucciones: «Ya estoy a punto de reunirme con los míos. Entiérrenme junto a mis antepasados, en la cueva que está en el campo de Efrón el hitita. 30 Se trata de la cueva de Macpela, frente a Mamré, en la tierra de Canaán. Está en el campo que Abraham le compró a Efrón el hitita, para que fuera el sepulcro de la familia. 31 Allí fueron sepultados Abraham y su esposa Sara, Isaac y su esposa Rebeca, y allí también enterré a Lea. 32 Ese campo y su cueva se les compró a los hititas.»

33 Cuando Jacob terminó de dar estas instrucciones a sus hijos, volvió a acostarse, exhaló el último suspiro, y fue a reunirse con sus antepasados.

50 Entonces José se abrazó al cuerpo de su padre y, llorando, lo besó. 2 Luego ordenó a los médicos a su servicio que embalsamaran el cuerpo, y así lo hicieron. 3 El proceso para embalsamarlo tardó unos cuarenta días, que es el tiempo requerido. Los egipcios, por su parte, guardaron luto por Israel durante setenta días.

4 Pasados los días de duelo, José se dirigió así a los miembros de la corte del faraón:

—Si me he ganado el respeto de la corte, díganle por favor al faraón 5 que mi padre, antes de morirse, me hizo jurar que yo lo sepultaría en la tumba que él mismo se preparó en la tierra de Canaán. Por eso le ruego encarecidamente me permita ir a sepultar a mi padre, y luego volveré.

6 El faraón le respondió:

—Ve a sepultar a tu padre, conforme a la promesa que te pidió hacerle.

7 José fue a sepultar a su padre, y lo acompañaron los servidores del faraón, es decir, los ancianos de su corte y todos los ancianos de Egipto. 8 A éstos se sumaron todos los familiares de José, es decir, sus hermanos y los de la casa de Jacob. En la región de Gosén dejaron únicamente a los niños y a los animales. 9 También salieron con él carros y jinetes, formando así un cortejo muy grande.

10 Al llegar a la era de Hatad, que está cerca del río Jordán, hicieron grandes y solemnes lamentaciones. Allí José guardó luto por su padre durante siete días. 11 Cuando los cananeos que vivían en esa región vieron en la era de Hatad aquellas manifestaciones de duelo, dijeron: «Los egipcios están haciendo un duelo muy solemne.» Por eso al lugar, que está cerca del Jordán, lo llamaron Abel Misrayin.p

12 Los hijos de Jacob hicieron con su padre lo que él les había pedido: 13 lo llevaron a la tierra de Canaán y lo sepultaron en la cueva que está en el campo de Macpela, frente a Mamré, en el mismo campo que Abraham le había comprado a Efrón el hitita para sepultura de la familia. 14 Luego de haber sepultado a su padre, José regresó a Egipto junto con sus hermanos y con toda la gente que lo había acompañado.

La promesa de José a sus hermanos

15 Al reflexionar sobre la muerte de su padre, los hermanos de José concluyeron: «Tal vez José nos guarde rencor, y ahora quiera vengarse de todo el mal que le hicimos.» 16 Por eso le mandaron a decir: «Antes de

28 All these are the twelve tribes of Israel, and this is what their father said to them when he blessed them, giving each the blessing appropriate to him.

The Death of Jacob

29 Then he gave them these instructions: "I am about to be gathered to my people. Bury me with my fathers in the cave in the field of Ephron the Hittite, 30 the cave in the field of Machpelah, near Mamre in Canaan, which Abraham bought as a burial place from Ephron the Hittite, along with the field. 31 There Abraham and his wife Sarah were buried, there Isaac and his wife Rebekah were buried, and there I buried Leah. 32 The field and the cave in it were bought from the Hittites.c "

33 When Jacob had finished giving instructions to his sons, he drew his feet up into the bed, breathed his last and was gathered to his people.

50 Joseph threw himself upon his father and wept over him and kissed him. 2 Then Joseph directed the physicians in his service to embalm his father Israel. So the physicians embalmed him, 3 taking a full forty days, for that was the time required for embalming. And the Egyptians mourned for him seventy days.

4 When the days of mourning had passed, Joseph said to Pharaoh's court, "If I have found favor in your eyes, speak to Pharaoh for me. Tell him, 5 'My father made me swear an oath and said, "I am about to die; bury me in the tomb I dug for myself in the land of Canaan." Now let me go up and bury my father; then I will return.' "

6 Pharaoh said, "Go up and bury your father, as he made you swear to do."

7 So Joseph went up to bury his father. All Pharaoh's officials accompanied him—the dignitaries of his court and all the dignitaries of Egypt— 8 besides all the members of Joseph's household and his brothers and those belonging to his father's household. Only their children and their flocks and herds were left in Goshen. 9 Chariots and horsemend also went up with him. It was a very large company.

10 When they reached the threshing floor of Atad, near the Jordan, they lamented loudly and bitterly; and there Joseph observed a seven-day period of mourning for his father. 11 When the Canaanites who lived there saw the mourning at the threshing floor of Atad, they said, "The Egyptians are holding a solemn ceremony of mourning." That is why that place near the Jordan is called Abel Mizraim.e

12 So Jacob's sons did as he had commanded them: 13 They carried him to the land of Canaan and buried him in the cave in the field of Machpelah, near Mamre, which Abraham had bought as a burial place from Ephron the Hittite, along with the field. 14 After burying his father, Joseph returned to Egypt, together with his brothers and all the others who had gone with him to bury his father.

Joseph Reassures His Brothers

15 When Joseph's brothers saw that their father was dead, they said, "What if Joseph holds a grudge against us and pays us back for all the wrongs we did to him?" 16 So they sent word to Joseph, saying, "Your father left

morir tu padre, dejó estas instrucciones: 17"Díganle a José que perdone, por favor, la terrible maldad que sus hermanos cometieron contra él." Así que, por favor, perdona la maldad de los siervos del Dios de tu padre.»

Cuando José escuchó estas palabras, se echó a llorar. 18Luego sus hermanos se presentaron ante José, se inclinaron delante de él y le dijeron:

—Aquí nos tienes; somos tus esclavos.

19—No tengan miedo —les contestó José—. ¿Puedo acaso tomar el lugar de Dios? 20Es verdad que ustedes pensaron hacerme mal, pero Dios transformó ese mal en bien para lograr lo que hoy estamos viendo: salvar la vida de mucha gente. 21Así que, ¡no tengan miedo! Yo cuidaré de ustedes y de sus hijos.

Y así, con el corazón en la mano, José los reconfortó.

Muerte de José

22José y la familia de su padre permanecieron en Egipto. Alcanzó la edad de ciento diez años, 23y llegó a ver nacer a los hijos de Efraín hasta la tercera generación. Además, cuando nacieron los hijos de Maquir, hijo de Manasés, él los recibió sobre sus rodillas.q

24Tiempo después, José les dijo a sus hermanos: «Yo estoy a punto de morir, pero sin duda Dios vendrá a ayudarlos, y los llevará de este país a la tierra que prometió a Abraham, Isaac y Jacob.» 25Entonces José hizo que sus hijos le prestaran juramento. Les dijo: «Sin duda Dios vendrá a ayudarlos. Cuando esto ocurra, ustedes deberán llevarse de aquí mis huesos.»

26José murió en Egipto a los ciento diez años de edad. Una vez que lo embalsamaron, lo pusieron en un ataúd.

these instructions before he died: 17'This is what you are to say to Joseph: I ask you to forgive your brothers the sins and the wrongs they committed in treating you so badly.' Now please forgive the sins of the servants of the God of your father." When their message came to him, Joseph wept.

18His brothers then came and threw themselves down before him. "We are your slaves," they said.

19But Joseph said to them, "Don't be afraid. Am I in the place of God? 20You intended to harm me, but God intended it for good to accomplish what is now being done, the saving of many lives. 21So then, don't be afraid. I will provide for you and your children." And he reassured them and spoke kindly to them.

The Death of Joseph

22Joseph stayed in Egypt, along with all his father's family. He lived a hundred and ten years 23and saw the third generation of Ephraim's children. Also the children of Makir son of Manasseh were placed at birth on Joseph's knees.f

24Then Joseph said to his brothers, "I am about to die. But God will surely come to your aid and take you up out of this land to the land he promised on oath to Abraham, Isaac and Jacob." 25And Joseph made the sons of Israel swear an oath and said, "God will surely come to your aid, and then you must carry my bones up from this place."

26So Joseph died at the age of a hundred and ten. And after they embalmed him, he was placed in a coffin in Egypt.

---

q 50:23 *él los recibió sobre sus rodillas.* Es decir, fueron considerados como suyos.

f 23 That is, were counted as his

Éxodo

Los egipcios oprimen a los israelitas

1 Éstos son los nombres de los hijos de Israel que, acompañados de sus familias, llegaron con Jacob a Egipto: 2Rubén, Simeón, Leví, Judá, 3Isacar, Zabulón, Benjamín, 4Dan, Neftalí, Gad y Aser. 5En total, los descendientes de Jacob eran setenta. José ya estaba en Egipto.

6Murieron José y sus hermanos y toda aquella generación. 7Sin embargo, los israelitas tuvieron muchos hijos, y a tal grado se multiplicaron que fueron haciéndose más y más poderosos. El país se fue llenando de ellos.

8Pero llegó al poder en Egipto otro rey que no había conocido a José, 9y le dijo a su pueblo: «¡Cuidado con los israelitas, que ya son más fuertes y numerosos que nosotros! 10Vamos a tener que manejarlos con mucha astucia; de lo contrario, seguirán aumentando y, si estalla una guerra, se unirán a nuestros enemigos, nos combatirán y se irán del país.»

11Fue así como los egipcios pusieron capataces para que oprimieran a los israelitas. Les impusieron trabajos forzados, tales como los de edificar para el faraón las ciudades de almacenaje Pitón y Ramsés. 12Pero cuanto más los oprimían, más se multiplicaban y se extendían, de modo que los egipcios llegaron a tenerles miedo; 13por eso les imponían trabajos pesados y los trataban con crueldad. 14Les amargaban la vida obligándolos a hacer mezcla y ladrillos, y todas las labores del campo. En todos los trabajos de esclavos que los israelitas realizaban, los egipcios los trataban con crueldad.

15Había dos parteras hebreas, llamadas Sifrá y Fuvá, a las que el rey de Egipto ordenó:

16—Cuando ayuden a las hebreas en sus partos, fíjense en el sexo:a si es niño, mátenlo; pero si es niña, déjenla con vida.

17Sin embargo, las parteras temían a Dios, así que no siguieron las órdenes del rey de Egipto sino que dejaron con vida a los varones. 18Entonces el rey de Egipto mandó llamar a las parteras, y les preguntó:

—¿Por qué han hecho esto? ¿Por qué han dejado con vida a los varones?

19Las parteras respondieron:

—Resulta que las hebreas no son como las egipcias, sino que están llenas de vida y dan a luz antes de que lleguemos.

20De este modo los israelitas se hicieron más fuertes y más numerosos. Además, Dios trató muy bien a las parteras 21y, por haberse mostrado temerosas de Dios, les concedió tener muchos hijos. 22El faraón, por su parte, dio esta orden a todo su pueblo:

—¡Tiren al río a todos los niños hebreos que nazcan! A las niñas, déjenlas con vida.

Nacimiento de Moisés

2 Hubo un levita que tomó por esposa a una mujer de su propia tribu. 2La mujer quedó embarazada y tuvo un hijo, y al verlo tan hermoso lo escondió duran-

Exodus

The Israelites Oppressed

1 These are the names of the sons of Israel who went to Egypt with Jacob, each with his family: 2Reuben, Simeon, Levi and Judah; 3Issachar, Zebulun and Benjamin; 4Dan and Naphtali; Gad and Asher. 5The descendants of Jacob numbered seventya in all; Joseph was already in Egypt.

6Now Joseph and all his brothers and all that generation died, 7but the Israelites were fruitful and multiplied greatly and became exceedingly numerous, so that the land was filled with them.

8Then a new king, who did not know about Joseph, came to power in Egypt. 9"Look," he said to his people, "the Israelites have become much too numerous for us. 10Come, we must deal shrewdly with them or they will become even more numerous and, if war breaks out, will join our enemies, fight against us and leave the country."

11So they put slave masters over them to oppress them with forced labor, and they built Pithom and Rameses as store cities for Pharaoh. 12But the more they were oppressed, the more they multiplied and spread; so the Egyptians came to dread the Israelites 13and worked them ruthlessly. 14They made their lives bitter with hard labor in brick and mortar and with all kinds of work in the fields; in all their hard labor the Egyptians used them ruthlessly.

15The king of Egypt said to the Hebrew midwives, whose names were Shiphrah and Puah, 16"When you help the Hebrew women in childbirth and observe them on the delivery stool, if it is a boy, kill him; but if it is a girl, let her live." 17The midwives, however, feared God and did not do what the king of Egypt had told them to do; they let the boys live. 18Then the king of Egypt summoned the midwives and asked them, "Why have you done this? Why have you let the boys live?"

19The midwives answered Pharaoh, "Hebrew women are not like Egyptian women; they are vigorous and give birth before the midwives arrive."

20So God was kind to the midwives and the people increased and became even more numerous. 21And because the midwives feared God, he gave them families of their own.

22Then Pharaoh gave this order to all his people: "Every boy that is bornb you must throw into the Nile, but let every girl live."

The Birth of Moses

2 Now a man of the house of Levi married a Levite woman, 2and she became pregnant and gave birth to a son. When she saw that he was a fine child, she hid

---

a5 Masoretic Text (see also Gen. 46:27); Dead Sea Scrolls and Septuagint (see also Acts 7:14 and note at Gen. 46:27) *seventy-five*
b22 Masoretic Text; Samaritan Pentateuch, Septuagint and Targums *born to the Hebrews*

---

a 1:16 *el sexo*. Lit. *las dos piedras*.

te tres meses. ³Cuando ya no pudo seguir ocultándolo, preparó una cesta de papiro, la embadurnó con brea y asfalto y, poniendo en ella al niño, fue a dejar la cesta entre los juncos que había a la orilla del Nilo. ⁴Pero la hermana del niño se quedó a cierta distancia para ver qué pasaría con él.

⁵En eso, la hija del faraón bajó a bañarse en el Nilo. Sus doncellas, mientras tanto, se paseaban por la orilla del río. De pronto la hija del faraón vio la cesta entre los juncos, y ordenó a una de sus esclavas que fuera por ella. ⁶Cuando la hija del faraón abrió la cesta y vio allí dentro un niño que lloraba, le tuvo compasión, pero aclaró que se trataba de un niño hebreo.

⁷La hermana del niño preguntó entonces a la hija del faraón:

—¿Quiere usted que vaya y llame a una nodriza hebrea, para que críe al niño por usted?

⁸—Ve a llamarla —contestó.

La muchacha fue y trajo a la madre del niño, ⁹y la hija del faraón le dijo:

—Llévate a este niño y críamelo. Yo te pagaré por hacerlo.

Fue así como la madre del niño se lo llevó y lo crió. ¹⁰Ya crecido el niño, se lo llevó a la hija del faraón, y ella lo adoptó como hijo suyo; además, le puso por *nombre Moisés,ᵇ pues dijo: «¡Yo lo saqué del río!»

Huida de Moisés a Madián

¹¹Un día, cuando ya Moisés era mayor de edad, fue a ver a sus hermanos de sangre y pudo observar sus penurias. De pronto, vio que un egipcio golpeaba a uno de sus hermanos, es decir, a un hebreo. ¹²Miró entonces a uno y otro lado y, al no ver a nadie, mató al egipcio y lo escondió en la arena. ¹³Al día siguiente volvió a salir y, al ver que dos hebreos peleaban entre sí, le preguntó al culpable:

—¿Por qué golpeas a tu compañero?

¹⁴—¿Y quién te nombró a ti gobernante y juez sobre nosotros? —respondió aquél—. ¿Acaso piensas matarme a mí, como mataste al egipcio?

Esto le causó temor a Moisés, pues pensó: «¡Ya se supo lo que hice!» ¹⁵Y, en efecto, el faraón se enteró de lo sucedido y trató de matar a Moisés; pero Moisés huyó del faraón y se fue a la tierra de Madián, donde se quedó a vivirᶜ junto al pozo.

¹⁶El sacerdote de Madián tenía siete hijas, las cuales solían ir a sacar agua para llenar los abrevaderos y dar de beber a las ovejas de su padre. ¹⁷Pero los pastores llegaban y las echaban de allí. Un día, Moisés intervino en favor de ellas: las puso a salvo de los pastores y dio de beber a sus ovejas. ¹⁸Cuando las muchachas volvieron a la casa de Reuel, su padre, éste les preguntó:

—¿Por qué volvieron hoy tan temprano?

¹⁹—Porque un egipcio nos libró de los pastores —le respondieron—. ¡Hasta nos sacó el agua del pozo y dio de beber al rebaño!

²⁰—¿Y dónde está ese hombre? —les contestó—. ¿Por qué lo dejaron solo? ¡Invítenlo a comer!

²¹Moisés convino en quedarse a vivir en casa de aquel hombre, quien le dio por esposa a su hija Séfora. ²²Ella tuvo un hijo, y Moisés le puso por *nombre Guersón,ᵈ pues razonó: «Soy un extranjero en tierra extraña.»

²³Mucho tiempo después murió el rey de Egipto. Los israelitas, sin embargo, seguían lamentando su condición de esclavos y clamaban pidiendo ayuda. Sus

him for three months. ³But when she could hide him no longer, she got a papyrus basket for him and coated it with tar and pitch. Then she placed the child in it and put it among the reeds along the bank of the Nile. ⁴His sister stood at a distance to see what would happen to him.

⁵Then Pharaoh's daughter went down to the Nile to bathe, and her attendants were walking along the river bank. She saw the basket among the reeds and sent her slave girl to get it. ⁶She opened it and saw the baby. He was crying, and she felt sorry for him. "This is one of the Hebrew babies," she said.

⁷Then his sister asked Pharaoh's daughter, "Shall I go and get one of the Hebrew women to nurse the baby for you?"

⁸"Yes, go," she answered. And the girl went and got the baby's mother. ⁹Pharaoh's daughter said to her, "Take this baby and nurse him for me, and I will pay you." So the woman took the baby and nursed him. ¹⁰When the child grew older, she took him to Pharaoh's daughter and he became her son. She named him Moses,ᶜ saying, "I drew him out of the water."

Moses Flees to Midian

¹¹One day, after Moses had grown up, he went out to where his own people were and watched them at their hard labor. He saw an Egyptian beating a Hebrew, one of his own people. ¹²Glancing this way and that and seeing no one, he killed the Egyptian and hid him in the sand. ¹³The next day he went out and saw two Hebrews fighting. He asked the one in the wrong, "Why are you hitting your fellow Hebrew?"

¹⁴The man said, "Who made you ruler and judge over us? Are you thinking of killing me as you killed the Egyptian?" Then Moses was afraid and thought, "What I did must have become known."

¹⁵When Pharaoh heard of this, he tried to kill Moses, but Moses fled from Pharaoh and went to live in Midian, where he sat down by a well. ¹⁶Now a priest of Midian had seven daughters, and they came to draw water and fill the troughs to water their father's flock. ¹⁷Some shepherds came along and drove them away, but Moses got up and came to their rescue and watered their flock.

¹⁸When the girls returned to Reuel their father, he asked them, "Why have you returned so early today?"

¹⁹They answered, "An Egyptian rescued us from the shepherds. He even drew water for us and watered the flock."

²⁰"And where is he?" he asked his daughters. "Why did you leave him? Invite him to have something to eat."

²¹Moses agreed to stay with the man, who gave his daughter Zipporah to Moses in marriage. ²²Zipporah gave birth to a son, and Moses named him Gershom,ᵈ saying, "I have become an alien in a foreign land."

²³During that long period, the king of Egypt died. The Israelites groaned in their slavery and cried out, and their cry for help because of their slavery went up

---

ᵇ 2:10 En hebreo, *Moisés* suena como el verbo que significa *sacar*. ᶜ 2:15 *donde se quedó a vivir.* Alt. *y se sentó.*   ᵈ 2:22 En hebreo, *Guersón* suena como la frase que significa *extranjero allí.*

ᶜ 10 *Moses* sounds like the Hebrew for *draw out.*   ᵈ 22 *Gershom* sounds like the Hebrew for *an alien there.*

gritos desesperados llegaron a oídos de Dios, 24 quien al oír sus quejas se acordó del *pacto que había hecho con Abraham, Isaac y Jacob. 25 Fue así como Dios se fijó en los israelitas y los tomó en cuenta.

Moisés y la zarza ardiente

3 Un día en que Moisés estaba cuidando el rebaño de Jetro, su suegro, que era sacerdote de Madián, llevó las ovejas hasta el otro extremo del desierto y llegó a Horeb, la montaña de Dios. 2 Estando allí, el ángel del SEÑOR se le apareció entre las llamas de una zarza ardiente. Moisés notó que la zarza estaba envuelta en llamas, pero que no se consumía, 3 así que pensó: «¡Qué increíble! Voy a ver por qué no se consume la zarza.»

4 Cuando el SEÑOR vio que Moisés se acercaba a mirar, lo llamó desde la zarza:

—¡Moisés, Moisés!

—Aquí me tienes —respondió.

5 —No te acerques más —le dijo Dios—. Quítate las sandalias, porque estás pisando tierra santa. 6 Yo soy el Dios de tu padre. Soy el Dios de Abraham, de Isaac y de Jacob.

Al oír esto, Moisés se cubrió el rostro, pues tuvo miedo de mirar a Dios. 7 Pero el SEÑOR siguió diciendo:

—Ciertamente he visto la opresión que sufre mi pueblo en Egipto. Los he escuchado quejarse de sus capataces, y conozco bien sus penurias. 8 Así que he descendido para librarlos del poder de los egipcios y sacarlos de ese país, para llevarlos a una tierra buena y espaciosa, tierra donde abundan la leche y la miel. Me refiero al país de los cananeos, hititas, amorreos, ferezeos, heveos y jebuseos. 9 Han llegado a mis oídos los gritos desesperados de los israelitas, y he visto también cómo los oprimen los egipcios. 10 Así que dispónte a partir. Voy a enviarte al faraón para que saques de Egipto a los israelitas, que son mi pueblo.

11 Pero Moisés le dijo a Dios:

—¿Y quién soy yo para presentarme ante el faraón y sacar de Egipto a los israelitas?

12 —Yo estaré contigo —le respondió Dios—. Y te voy a dar una señal de que soy yo quien te envía: Cuando hayas sacado de Egipto a mi pueblo, todos ustedes me rendirán culto*e* en esta montaña.

13 Pero Moisés insistió:

—Supongamos que me presento ante los israelitas y les digo: "El Dios de sus antepasados me ha enviado a ustedes." ¿Qué les respondo si me preguntan: "¿Y cómo se llama?"

14 —YO SOY EL QUE SOY*f* —respondió Dios a Moisés—. Y esto es lo que tienes que decirles a los israelitas: "YO SOY me ha enviado a ustedes."

15 Además, Dios le dijo a Moisés:

—Diles esto a los israelitas: "El SEÑOR,*g* el Dios de sus antepasados, el Dios de Abraham, de Isaac y de Jacob, me ha enviado a ustedes. Éste es mi *nombre eterno; éste es mi nombre por todas las generaciones."

16 Y tú, anda y reúne a los *ancianos de Israel, y diles: "El SEÑOR, el Dios de sus antepasados, el Dios de Abraham, de Isaac y de Jacob, se me apareció y me dijo: 'Yo he estado pendiente de ustedes. He visto cómo los

to God. 24 God heard their groaning and he remembered his covenant with Abraham, with Isaac and with Jacob. 25 So God looked on the Israelites and was concerned about them.

Moses and the Burning Bush

3 Now Moses was tending the flock of Jethro his father-in-law, the priest of Midian, and he led the flock to the far side of the desert and came to Horeb, the mountain of God. 2 There the angel of the LORD appeared to him in flames of fire from within a bush. Moses saw that though the bush was on fire it did not burn up. 3 So Moses thought, "I will go over and see this strange sight—why the bush does not burn up."

4 When the LORD saw that he had gone over to look, God called to him from within the bush, "Moses! Moses!"

And Moses said, "Here I am."

5 "Do not come any closer," God said. "Take off your sandals, for the place where you are standing is holy ground." 6 Then he said, "I am the God of your father, the God of Abraham, the God of Isaac and the God of Jacob." At this, Moses hid his face, because he was afraid to look at God.

7 The LORD said, "I have indeed seen the misery of my people in Egypt. I have heard them crying out because of their slave drivers, and I am concerned about their suffering. 8 So I have come down to rescue them from the hand of the Egyptians and to bring them up out of that land into a good and spacious land, a land flowing with milk and honey—the home of the Canaanites, Hittites, Amorites, Perizzites, Hivites and Jebusites. 9 And now the cry of the Israelites has reached me, and I have seen the way the Egyptians are oppressing them. 10 So now, go. I am sending you to Pharaoh to bring my people the Israelites out of Egypt."

11 But Moses said to God, "Who am I, that I should go to Pharaoh and bring the Israelites out of Egypt?"

12 And God said, "I will be with you. And this will be the sign to you that it is I who have sent you: When you have brought the people out of Egypt, you*e* will worship God on this mountain."

13 Moses said to God, "Suppose I go to the Israelites and say to them, 'The God of your fathers has sent me to you,' and they ask me, 'What is his name?' Then what shall I tell them?"

14 God said to Moses, "I AM WHO I AM.*f* This is what you are to say to the Israelites: 'I AM has sent me to you.'"

15 God also said to Moses, "Say to the Israelites, 'The LORD,*g* the God of your fathers—the God of Abraham, the God of Isaac and the God of Jacob—has sent me to you.' This is my name forever, the name by which I am to be remembered from generation to generation.

16 "Go, assemble the elders of Israel and say to them, 'The LORD, the God of your fathers—the God of Abraham, Isaac and Jacob—appeared to me and said: I have watched over you and have seen what has been done to

---

e 3:12 me rendirán culto. Lit. *me servirán*. Aquí y en el resto de este libro, el texto hebreo usa el mismo verbo *servir* para indicar el servicio al faraón como esclavos, y el servir a Dios rindiéndole culto. *f 3:14 YO SOY EL QUE SOY*. Alt. *YO SERÉ EL QUE SERÉ*. *g 3:15 La palabra hebrea que se traduce como SEÑOR suena como la forma verbal que en el v. 14 se ha traducido como YO SOY.*

e 12 The Hebrew is plural. f 14 Or I WILL BE WHAT I WILL BE g 15 The Hebrew for LORD sounds like and may be derived from the Hebrew for I AM in verse 14.

han maltratado en Egipto. 17 Por eso me propongo sacarlos de su opresión en Egipto y llevarlos al país de los cananeos, hititas, amorreos, ferezeos, heveos y jebuseos. ¡Es una tierra donde abundan la leche y la miel!' " 18 Los ancianos de Israel te harán caso. Entonces ellos y tú se presentarán ante el rey de Egipto y le dirán: "El SEÑOR, Dios de los hebreos, ha venido a nuestro encuentro. Déjanos hacer un viaje de tres días al desierto, para ofrecerle sacrificios al SEÑOR nuestro Dios." 19 Yo sé bien que el rey de Egipto no va a dejarlos ir, a no ser por la fuerza. 20 Entonces manifestaré mi poder y heriré de muerte a los egipcios con todas las maravillas que realizaré entre ellos. Después de eso el faraón los dejará ir. 21 Pero yo haré que este pueblo se gane la simpatía de los egipcios, de modo que cuando ustedes salgan de Egipto no se vayan con las manos vacías. 22 Toda mujer israelita le pedirá a su vecina, y a cualquier otra mujer que viva en su casa, objetos de oro y de plata, y ropa para vestir a sus hijos y a sus hijas. Así despojarán ustedes a los egipcios.

Señales para Moisés

4 Moisés volvió a preguntar:
—¿Y qué hago si no me creen ni me hacen caso? ¿Qué hago si me dicen: "El SEÑOR no se te ha aparecido"?

2 —¿Qué tienes en la mano? —preguntó el SEÑOR.
—Una vara —respondió Moisés.
3 —Déjala caer al suelo —ordenó el SEÑOR.

Moisés la dejó caer al suelo, y la vara se convirtió en una serpiente. Moisés trató de huir de ella, 4 pero el SEÑOR le mandó que la agarrara por la cola. En cuanto Moisés agarró la serpiente, ésta se convirtió en una vara en sus propias manos.

5 —Esto es para que crean que yo el SEÑOR, el Dios de sus padres, Dios de Abraham, de Isaac y de Jacob, me he aparecido a ti. 6 Y ahora —ordenó el SEÑOR—, ¡llévate la mano al pecho!

Moisés se llevó la mano al pecho y, cuando la sacó, la tenía toda cubierta de *lepra y blanca como la nieve.

7 —¡Llévatela otra vez al pecho! —insistió el Señor.

Moisés se llevó de nuevo la mano al pecho y, cuando la sacó, la tenía tan sana como el resto de su cuerpo.

8 —Si con la primera señal milagrosa no te creen ni te hacen caso —dijo el SEÑOR—, tal vez te crean con la segunda. 9 Pero si no te creen ni te hacen caso después de estas dos señales, toma agua del Nilo y derrámala en el suelo. En cuanto el agua del río toque el suelo, se convertirá en sangre.

10 —SEÑOR, yo nunca me he distinguido por mi facilidad de palabra —objetó Moisés—. Y esto no es algo que haya comenzado ayer ni anteayer, ni hoy que te diriges a este servidor tuyo. Francamente, me cuesta mucho trabajo hablar.

11 —¿Y quién le puso la boca al *hombre? —le respondió el SEÑOR—. ¿Acaso no soy yo, el SEÑOR, quien lo hace sordo o mudo, quien le da la vista o se la quita? 12 Anda, ponte en marcha, que yo te ayudaré a hablar y te diré lo que debas decir.

13 —SEÑOR —insistió Moisés—, te ruego que envíes a alguna otra persona.

14 Entonces el SEÑOR ardió en ira contra Moisés y le dijo:

—¿Y qué hay de tu hermano Aarón, el levita? Yo sé que él es muy elocuente. Además, ya ha salido a tu encuentro, y cuando te vea se le alegrará el *corazón. 15 Tú hablarás con él y le pondrás las palabras en la boca; yo los ayudaré a hablar, a ti y a él, y les enseñaré

you in Egypt. 17 And I have promised to bring you up out of your misery in Egypt into the land of the Canaanites, Hittites, Amorites, Perizzites, Hivites and Jebusites—a land flowing with milk and honey.'

18 "The elders of Israel will listen to you. Then you and the elders are to go to the king of Egypt and say to him, 'The LORD, the God of the Hebrews, has met with us. Let us take a three-day journey into the desert to offer sacrifices to the LORD our God.' 19 But I know that the king of Egypt will not let you go unless a mighty hand compels him. 20 So I will stretch out my hand and strike the Egyptians with all the wonders that I will perform among them. After that, he will let you go.

21 "And I will make the Egyptians favorably disposed toward this people, so that when you leave you will not go empty-handed. 22 Every woman is to ask her neighbor and any woman living in her house for articles of silver and gold and for clothing, which you will put on your sons and daughters. And so you will plunder the Egyptians."

Signs for Moses

4 Moses answered, "What if they do not believe me or listen to me and say, 'The LORD did not appear to you'?"

2 Then the LORD said to him, "What is that in your hand?"

"A staff," he replied.

3 The LORD said, "Throw it on the ground."

Moses threw it on the ground and it became a snake, and he ran from it. 4 Then the LORD said to him, "Reach out your hand and take it by the tail." So Moses reached out and took hold of the snake and it turned back into a staff in his hand. 5 "This," said the LORD, "is so that they may believe that the LORD, the God of their fathers—the God of Abraham, the God of Isaac and the God of Jacob—has appeared to you."

6 Then the LORD said, "Put your hand inside your cloak." So Moses put his hand into his cloak, and when he took it out, it was leprous,h like snow.

7 "Now put it back into your cloak," he said. So Moses put his hand back into his cloak, and when he took it out, it was restored, like the rest of his flesh.

8 Then the LORD said, "If they do not believe you or pay attention to the first miraculous sign, they may believe the second. 9 But if they do not believe these two signs or listen to you, take some water from the Nile and pour it on the dry ground. The water you take from the river will become blood on the ground."

10 Moses said to the LORD, "O Lord, I have never been eloquent, neither in the past nor since you have spoken to your servant. I am slow of speech and tongue."

11 The LORD said to him, "Who gave man his mouth? Who makes him deaf or mute? Who gives him sight or makes him blind? Is it not I, the LORD? 12 Now go; I will help you speak and will teach you what to say."

13 But Moses said, "O Lord, please send someone else to do it."

14 Then the LORD's anger burned against Moses and he said, "What about your brother, Aaron the Levite? I know he can speak well. He is already on his way to meet you, and his heart will be glad when he sees you. 15 You shall speak to him and put words in his mouth; I will help both of you speak and will teach you what

---

h 6 The Hebrew word was used for various diseases affecting the skin—not necessarily leprosy.

lo que tienen que hacer. 16Él hablará por ti al pueblo, como si tú mismo le hablaras, y tú le hablarás a él por mí, como si le hablara yo mismo. 17Pero no te olvides de llevar contigo esta vara, porque con ella harás señales milagrosas.

Moisés regresa a Egipto

18Moisés se fue de allí y volvió a la casa de Jetro, su suegro. Al llegar le dijo:

—Debo marcharme. Quiero volver a Egipto, donde están mis hermanos de sangre. Voy a ver si todavía viven.

—Anda, pues; que te vaya bien —le contestó Jetro.

19Ya en Madián el SEÑOR le había dicho a Moisés: «Vuelve a Egipto, que ya han muerto todos los que querían matarte.» 20Así que Moisés tomó a su mujer y a sus hijos, los montó en un asno y volvió a Egipto. En la mano llevaba la vara de Dios.

21El SEÑOR le había advertido a Moisés: «Cuando vuelvas a Egipto, no dejes de hacer ante el faraón todos los prodigios que te he dado el poder de realizar. Yo, por mi parte, endureceré su *corazón para que no deje ir al pueblo. 22Entonces tú le dirás de mi parte al faraón: "Israel es mi primogénito. 23Ya te he dicho que dejes ir a mi hijo para que me rinda culto, pero tú no has querido dejarlo ir. Por lo tanto, voy a quitarle la vida a tu primogénito."»

24Ya en el camino, el SEÑOR salió al encuentro de Moisésh en una posada y estuvo a punto de matarlo. 25Pero Séfora, tomando un cuchillo de pedernal, le cortó el prepucio a su hijo; luego tocó los piesi de Moisés con el prepucio y le dijo: «No hay duda. Tú eres para mí un esposo de sangre.» 26Después de eso, el SEÑOR se apartó de Moisés. Pero Séfora había llamado a Moisés «esposo de sangre» por causa de la circuncisión.

27El SEÑOR le dijo a Aarón: «Anda a recibir a Moisés en el desierto.» Aarón fue y se encontró con Moisés en la montaña de Dios, y lo besó. 28Entonces Moisés le comunicó a Aarón todo lo que el SEÑOR le había ordenado decir y todas las señales milagrosas que le mandaba realizar. 29Luego Moisés y Aarón reunieron a todos los *ancianos israelitas, 30y Aarón, además de repetirles todo lo que el SEÑOR le había dicho a Moisés, realizó también las señales a la vista del pueblo, 31con lo que el pueblo creyó. Y al oír que el SEÑOR había estado pendiente de ellos y había visto su aflicción, los israelitas se inclinaron y adoraron al SEÑOR.

Primer encuentro con el faraón

5 Después de eso, Moisés y Aarón se presentaron ante el faraón y le dijeron:

—Así dice el SEÑOR, Dios de Israel: "Deja ir a mi pueblo para que celebre en el desierto una fiesta en mi honor."

2—¿Y quién es el SEÑOR —respondió el faraón— para que yo le obedezca y deje ir a Israel? ¡Ni conozco al SEÑOR, ni voy a dejar que Israel se vaya!

3—El Dios de los hebreos nos ha salido al encuentro —contestaron—. Así que debemos hacer un viaje de tres días, hasta el desierto, para ofrecer sacrificios al SEÑOR nuestro Dios. De lo contrario, podría castigarnos con plagas o matarnos a filo de espada.

4—Moisés y Aarón —replicó el rey de Egipto—, ¿por qué distraen al pueblo de sus quehaceres? ¡Vuelvan a sus obligaciones! 5Dense cuenta de que es mucha la gente de este país, y ustedes no los dejan trabajar.

to do. 16He will speak to the people for you, and it will be as if he were your mouth and as if you were God to him. 17But take this staff in your hand so you can perform miraculous signs with it."

Moses Returns to Egypt

18Then Moses went back to Jethro his father-in-law and said to him, "Let me go back to my own people in Egypt to see if any of them are still alive."

Jethro said, "Go, and I wish you well."

19Now the LORD had said to Moses in Midian, "Go back to Egypt, for all the men who wanted to kill you are dead." 20So Moses took his wife and sons, put them on a donkey and started back to Egypt. And he took the staff of God in his hand.

21The LORD said to Moses, "When you return to Egypt, see that you perform before Pharaoh all the wonders I have given you the power to do. But I will harden his heart so that he will not let the people go. 22Then say to Pharaoh, 'This is what the LORD says: Israel is my firstborn son, 23and I told you, "Let my son go, so he may worship me." But you refused to let him go; so I will kill your firstborn son.' "

24At a lodging place on the way, the LORD met ⌊Moses⌋i and was about to kill him. 25But Zipporah took a flint knife, cut off her son's foreskin and touched ⌊Moses'⌋ feet with it.j "Surely you are a bridegroom of blood to me," she said. 26So the LORD let him alone. (At that time she said "bridegroom of blood," referring to circumcision.)

27The LORD said to Aaron, "Go into the desert to meet Moses." So he met Moses at the mountain of God and kissed him. 28Then Moses told Aaron everything the LORD had sent him to say, and also about all the miraculous signs he had commanded him to perform.

29Moses and Aaron brought together all the elders of the Israelites, 30and Aaron told them everything the LORD had said to Moses. He also performed the signs before the people, 31and they believed. And when they heard that the LORD was concerned about them and had seen their misery, they bowed down and worshiped.

Bricks Without Straw

5 Afterward Moses and Aaron went to Pharaoh and said, "This is what the LORD, the God of Israel, says: 'Let my people go, so that they may hold a festival to me in the desert.' "

2Pharaoh said, "Who is the LORD, that I should obey him and let Israel go? I do not know the LORD and I will not let Israel go."

3Then they said, "The God of the Hebrews has met with us. Now let us take a three-day journey into the desert to offer sacrifices to the LORD our God, or he may strike us with plagues or with the sword."

4But the king of Egypt said, "Moses and Aaron, why are you taking the people away from their labor? Get back to your work!" 5Then Pharaoh said, "Look, the people of the land are now numerous, and you are stopping them from working."

---

h4:24 Moisés. lrLit. él; también en vv. 25-26.   i4:25 los pies. Puede ser un eufemismo para referirse a los órganos sexuales.

i24 Or ⌊Moses' son⌋; Hebrew him   j25 Or and drew near ⌊Moses'⌋ feet

6 Ese mismo día el faraón les ordenó a los capataces y a los jefes de cuadrilla: 7 «Ya no le den paja a la gente para hacer ladrillos. ¡Que vayan ellos mismos a recogerla! 8 Pero sigan exigiéndoles la misma cantidad de ladrillos que han estado haciendo. ¡No les reduzcan la cuota! Son unos holgazanes, y por eso me ruegan: "Déjanos ir a ofrecerle sacrificios a nuestro Dios." 9 Impónganles tareas más pesadas. Manténganlos ocupados. Así no harán caso de mentiras.»

10 Los capataces y los jefes de cuadrilla salieron de allí y fueron a decirle al pueblo: «Así dice el faraón: "Ya no voy a darles paja. 11 Vayan ustedes mismos a recogerla donde la encuentren. Pero eso sí, ¡en nada se les rebajará la tarea!"»

12 Fue así como el pueblo se esparció por todo Egipto para recoger rastrojo y usarlo en lugar de paja. 13 Los capataces no dejaban de apremiarlos y decirles: «Cumplan con su tarea diaria, como cuando se les daba paja.» 14 Además, esos mismos capataces del faraón golpeaban a los jefes de cuadrilla israelitas que ellos mismos habían nombrado, y les preguntaban: «¿Por qué ni ayer ni hoy cumplieron con su cuota de ladrillos, como antes lo hacían?»

15 Los jefes de cuadrilla israelitas fueron entonces a quejarse ante el faraón. Le dijeron:

—¿Por qué Su Majestad trata así a sus siervos? 16 ¡Ya ni paja recibimos! A pesar de eso, ¡se nos exige hacer ladrillos y, como si fuera poco, se nos golpea! ¡La gente de Su Majestad no está actuando bien!

17 —¡Haraganes, haraganes! —exclamó el faraón—. ¡Eso es lo que son! Por eso andan diciendo: "Déjanos ir a ofrecerle sacrificios al SEÑOR." 18 Ahora, ¡vayan a trabajar! No se les va a dar paja, pero tienen que entregar su cuota de ladrillos.

19 Los jefes de cuadrilla israelitas se dieron cuenta de que estaban en un aprieto cuando se les dijo que la cuota diaria de ladrillos no se les iba a rebajar. 20 Así que al encontrarse con Moisés y Aarón, que los estaban esperando a la salida, 21 les dijeron: «¡Que el SEÑOR los examine y los juzgue! ¡Por culpa de ustedes somos unos apestados ante el faraón y sus siervos! ¡Ustedes mismos les han puesto la espada en la mano, para que nos maten!»

Dios promete liberación

22 Moisés se volvió al SEÑOR y le dijo:

—¡Ay, SEÑOR! ¿Por qué tratas tan mal a este pueblo? ¿Para esto me enviaste? 23 Desde que me presenté ante el faraón y le hablé en tu *nombre, no ha hecho más que maltratar a este pueblo, que es tu pueblo. ¡Y tú no has hecho nada para librarlo!

6 El SEÑOR le respondió:

—Ahora verás lo que voy a hacer con el faraón. Realmente, sólo por mi mano poderosa va a dejar que se vayan; sólo por mi mano poderosa va a echarlos de su país.

2 En otra ocasión, Dios habló con Moisés y le dijo: «Yo soy el SEÑOR. 3 Me aparecí a Abraham, a Isaac y a Jacob bajo el nombre de Dios *Todopoderoso, pero no les revelé mi verdadero nombre, que es el SEÑOR.j 4 También con ellos confirmé mi *pacto de darles la tierra de Canaán, donde residieron como forasteros. 5 He oído además el gemir de los israelitas, a quienes los egipcios han esclavizado, y he recordado mi pacto.

6 That same day Pharaoh gave this order to the slave drivers and foremen in charge of the people: 7 "You are no longer to supply the people with straw for making bricks; let them go and gather their own straw. 8 But require them to make the same number of bricks as before; don't reduce the quota. They are lazy; that is why they are crying out, 'Let us go and sacrifice to our God.' 9 Make the work harder for the men so that they keep working and pay no attention to lies."

10 Then the slave drivers and the foremen went out and said to the people, "This is what Pharaoh says: 'I will not give you any more straw. 11 Go and get your own straw wherever you can find it, but your work will not be reduced at all.' " 12 So the people scattered all over Egypt to gather stubble to use for straw. 13 The slave drivers kept pressing them, saying, "Complete the work required of you for each day, just as when you had straw." 14 The Israelite foremen appointed by Pharaoh's slave drivers were beaten and were asked, "Why didn't you meet your quota of bricks yesterday or today, as before?"

15 Then the Israelite foremen went and appealed to Pharaoh: "Why have you treated your servants this way? 16 Your servants are given no straw, yet we are told, 'Make bricks!' Your servants are being beaten, but the fault is with your own people."

17 Pharaoh said, "Lazy, that's what you are—lazy! That is why you keep saying, 'Let us go and sacrifice to the LORD.' 18 Now get to work. You will not be given any straw, yet you must produce your full quota of bricks."

19 The Israelite foremen realized they were in trouble when they were told, "You are not to reduce the number of bricks required of you for each day." 20 When they left Pharaoh, they found Moses and Aaron waiting to meet them, 21 and they said, "May the LORD look upon you and judge you! You have made us a stench to Pharaoh and his officials and have put a sword in their hand to kill us."

God Promises Deliverance

22 Moses returned to the LORD and said, "O Lord, why have you brought trouble upon this people? Is this why you sent me? 23 Ever since I went to Pharaoh to speak in your name, he has brought trouble upon this people, and you have not rescued your people at all."

6 Then the LORD said to Moses, "Now you will see what I will do to Pharaoh: Because of my mighty hand he will let them go; because of my mighty hand he will drive them out of his country."

2 God also said to Moses, "I am the LORD. 3 I appeared to Abraham, to Isaac and to Jacob as God Almighty,k but by my name the LORD l I did not make myself known to them.m 4 I also established my covenant with them to give them the land of Canaan, where they lived as aliens. 5 Moreover, I have heard the groaning of the Israelites, whom the Egyptians are enslaving, and I have remembered my covenant.

---

j 6:3 Véase nota en 3:15.

k 3 Hebrew El-Shaddai   l 3 See note at Exodus 3:15.
m 3 Or Almighty, and by my name the LORD did I not let myself be known to them?

6 Así que ve y diles a los israelitas: "Yo soy el SEÑOR, y voy a quitarles de encima la opresión de los egipcios. Voy a librarlos de su esclavitud; voy a liberarlos con gran despliegue de poder y con grandes actos de *justicia. 7 Haré de ustedes mi pueblo; y yo seré su Dios. Así sabrán que yo soy el SEÑOR su Dios, que los libró de la opresión de los egipcios. 8 Y los llevaré a la tierra que bajo juramento prometí darles a Abraham, Isaac y Jacob. Yo, el SEÑOR, les daré a ustedes posesión de ella." »

9 Moisés les dio a conocer esto a los israelitas, pero por su desánimo y las penurias de su esclavitud ellos no le hicieron caso. 10 Entonces el SEÑOR habló con Moisés y le dijo:

11 —Ve y habla con el faraón, el rey de Egipto. Dile que deje salir de su país a los israelitas.

12 Pero Moisés se enfrentó al SEÑOR y le dijo:

—¿Y cómo va a hacerme caso el faraón, si ni siquiera los israelitas me creen? Además, no tengo facilidad de palabra.k

13 En otra ocasión el SEÑOR habló con Moisés y Aarón acerca de los israelitas y del faraón, rey egipcio, y les ordenó sacar de Egipto a los israelitas.

Antepasados de Moisés y de Aarón

14 Éstos fueron los jefes de las familias patriarcales:

Los hijos de Rubén, primogénito de Israel: Janoc, Falú, Jezrón y Carmí. Éstos fueron los clanes de Rubén.

15 Los hijos de Simeón: Jemuel, Jamín, Oad, Jaquín, Zojar y Saúl, hijo de la cananea. Éstos fueron los clanes de Simeón.

16 Según los registros familiares, éstos son los nombres de los hijos de Leví, quien vivió ciento treinta y siete años: Guersón, Coat y Merari.

17 Los hijos de Guersón, según sus clanes: Libní y Simí.

18 Los hijos de Coat, quien vivió ciento treinta y tres años: Amirán, Izar, Hebrón y Uziel.

19 Los hijos de Merari: Majlí y Musí.

Éstos fueron los clanes de Leví, según sus registros familiares. 20 Amirán, que vivió ciento treinta y siete años, se casó con su tía Jocabed, la cual le dio dos hijos, Aarón y Moisés.

21 Los hijos de Izar: Coré, Néfeg y Zicrí.

22 Los hijos de Uziel: Misael, Elzafán y Sitri.

23 Aarón se casó con Elisabet, hija de Aminadab y hermana de Naasón, y ella le dio cuatro hijos: Nadab, Abiú, Eleazar e Itamar.

24 Los hijos de Coré: Asir, Elcaná y Abiasaf. Éstos fueron los clanes de Coré.

25 Eleazar hijo de Aarón se casó con una de las hijas de Futiel, la cual le dio un hijo, Finés.

Éstos fueron los jefes de los clanes levitas, en orden de familias.

26 Aarón y Moisés son los mismos a quienes el SEÑOR mandó que sacaran de Egipto a los israelitas, ordenados en escuadrones. 27 Son ellos quienes hablaron con el faraón, rey egipcio, en cuanto a sacar de Egipto a los israelitas.

6 "Therefore, say to the Israelites: 'I am the LORD, and I will bring you out from under the yoke of the Egyptians. I will free you from being slaves to them, and I will redeem you with an outstretched arm and with mighty acts of judgment. 7 I will take you as my own people, and I will be your God. Then you will know that I am the LORD your God, who brought you out from under the yoke of the Egyptians. 8 And I will bring you to the land I swore with uplifted hand to give to Abraham, to Isaac and to Jacob. I will give it to you as a possession. I am the LORD.' "

9 Moses reported this to the Israelites, but they did not listen to him because of their discouragement and cruel bondage.

10 Then the LORD said to Moses, 11 "Go, tell Pharaoh king of Egypt to let the Israelites go out of his country."

12 But Moses said to the LORD, "If the Israelites will not listen to me, why would Pharaoh listen to me, since I speak with faltering lipsn ?"

Family Record of Moses and Aaron

13 Now the LORD spoke to Moses and Aaron about the Israelites and Pharaoh king of Egypt, and he commanded them to bring the Israelites out of Egypt.

14 These were the heads of their familieso:

The sons of Reuben the firstborn son of Israel were Hanoch and Pallu, Hezron and Carmi. These were the clans of Reuben.

15 The sons of Simeon were Jemuel, Jamin, Ohad, Jakin, Zohar and Shaul the son of a Canaanite woman. These were the clans of Simeon.

16 These were the names of the sons of Levi according to their records: Gershon, Kohath and Merari. Levi lived 137 years.

17 The sons of Gershon, by clans, were Libni and Shimei.

18 The sons of Kohath were Amram, Izhar, Hebron and Uzziel. Kohath lived 133 years.

19 The sons of Merari were Mahli and Mushi. These were the clans of Levi according to their records.

20 Amram married his father's sister Jochebed, who bore him Aaron and Moses. Amram lived 137 years.

21 The sons of Izhar were Korah, Nepheg and Zicri.

22 The sons of Uzziel were Mishael, Elzaphan and Sithri.

23 Aaron married Elisheba, daughter of Amminadab and sister of Nahshon, and she bore him Nadab and Abihu, Eleazar and Ithamar.

24 The sons of Korah were Assir, Elkanah and Abiasaph. These were the Korahite clans.

25 Eleazar son of Aaron married one of the daughters of Putiel, and she bore him Phinehas.

These were the heads of the Levite families, clan by clan.

26 It was this same Aaron and Moses to whom the LORD said, "Bring the Israelites out of Egypt by their divisions." 27 They were the ones who spoke to Pharaoh king of Egypt about bringing the Israelites out of Egypt. It was the same Moses and Aaron.

---

k 6:12 no tengo facilidad de palabra. Lit. soy incircunciso de labios; también en v. 30.

n 12 Hebrew I am uncircumcised of lips; also in verse 30
o 14 The Hebrew for families here and in verse 25 refers to units larger than clans.

Aarón, vocero de Moisés

28 Cuando el SEÑOR habló con Moisés en Egipto, 29 le dijo:

—Yo soy el SEÑOR. Habla con el faraón, rey de Egipto, y comunícale todo lo que yo te diga.

30 Pero Moisés se enfrentó al SEÑOR y le dijo:

—¿Y cómo va a hacerme caso el faraón, si yo no tengo facilidad de palabra?

7 —Toma en cuenta —le dijo el SEÑOR a Moisés— que te pongo por Dios ante el faraón. Tu hermano Aarón será tu profeta. 2 Tu obligación es decir todo lo que yo te ordene que digas; tu hermano Aarón, por su parte, le pedirá al faraón que deje salir de su país a los israelitas. 3 Yo voy a endurecer el *corazón del faraón, y aunque haré muchas señales milagrosas y prodigios en Egipto, 4 él no les hará caso. Entonces descargaré mi poder sobre Egipto; ¡con grandes actos de *justicia sacaré de allí a los escuadrones de mi pueblo, los israelitas! 5 Y cuando yo despliegue mi poder contra Egipto y saque de allí a los israelitas, sabrán los egipcios que yo soy el SEÑOR.

La vara de Moisés

6 Moisés y Aarón cumplieron al pie de la letra las órdenes del SEÑOR. 7 Cuando hablaron con el faraón, Moisés tenía ochenta años y Aarón ochenta y tres.

8 El SEÑOR les dijo a Moisés y a Aarón: 9 «Cuando el faraón les pida que hagan un milagro, le dirás a Aarón que tome la vara y la arroje al suelo ante el faraón. Así la vara se convertirá en serpiente.»

10 Moisés y Aarón fueron a ver al faraón y cumplieron las órdenes del SEÑOR. Aarón arrojó su vara al suelo ante el faraón y sus funcionarios, y la vara se convirtió en serpiente. 11 Pero el faraón llamó a los sabios y hechiceros y, mediante sus artes secretas, también los magos egipcios hicieron lo mismo: 12 Cada uno de ellos arrojó su vara al suelo, y cada vara se convirtió en una serpiente. Sin embargo, la vara de Aarón se tragó las varas de todos ellos. 13 A pesar de esto, y tal como lo había advertido el SEÑOR, el faraón endureció su *corazón y no les hizo caso.

La plaga de sangre

14 El SEÑOR le dijo a Moisés: «El *corazón del faraón se ha obstinado, y se niega a dejar salir al pueblo. 15 Anda a verlo por la mañana, cuando salga a bañarse. Espéralo a orillas del río Nilo, y sal luego a su encuentro. No dejes de llevar la vara que se convirtió en serpiente. 16 Dile allí: "El SEÑOR, Dios de los hebreos, me ha enviado a decirte: '¡Deja ir a mi pueblo para que me rinda culto en el desierto!' Como no has querido obedecer, 17 el SEÑOR dice: '¡Ahora vas a saber que yo soy el SEÑOR!' Con esta vara que llevo en la mano voy a golpear las aguas del Nilo, y el río se convertirá en sangre. 18 Morirán los peces que hay en el río, y el río apestará y los egipcios no podrán beber agua de allí." »

19 Dijo también el SEÑOR a Moisés: «Dile a Aarón que tome su vara y extienda el brazo sobre las aguas de Egipto, para que se conviertan en sangre sus arroyos y canales, y sus lagunas y depósitos de agua. Habrá sangre por todo el territorio de Egipto, ¡hasta en las vasijas de madera y de piedra!»

20 Moisés y Aarón cumplieron las órdenes del SEÑOR. En presencia del faraón y de sus funcionarios, Aarón levantó su vara y golpeó las aguas del Nilo. ¡Y toda el

Aaron to Speak for Moses

28 Now when the LORD spoke to Moses in Egypt, 29 he said to him, "I am the LORD. Tell Pharaoh king of Egypt everything I tell you."

30 But Moses said to the LORD, "Since I speak with faltering lips, why would Pharaoh listen to me?"

7 Then the LORD said to Moses, "See, I have made you like God to Pharaoh, and your brother Aaron will be your prophet. 2 You are to say everything I command you, and your brother Aaron is to tell Pharaoh to let the Israelites go out of his country. 3 But I will harden Pharaoh's heart, and though I multiply my miraculous signs and wonders in Egypt, 4 he will not listen to you. Then I will lay my hand on Egypt and with mighty acts of judgment I will bring out my divisions, my people the Israelites. 5 And the Egyptians will know that I am the LORD when I stretch out my hand against Egypt and bring the Israelites out of it."

6 Moses and Aaron did just as the LORD commanded them. 7 Moses was eighty years old and Aaron eighty-three when they spoke to Pharaoh.

Aaron's Staff Becomes a Snake

8 The LORD said to Moses and Aaron, 9 "When Pharaoh says to you, 'Perform a miracle,' then say to Aaron, 'Take your staff and throw it down before Pharaoh,' and it will become a snake."

10 So Moses and Aaron went to Pharaoh and did just as the LORD commanded. Aaron threw his staff down in front of Pharaoh and his officials, and it became a snake. 11 Pharaoh then summoned wise men and sorcerers, and the Egyptian magicians also did the same things by their secret arts: 12 Each one threw down his staff and it became a snake. But Aaron's staff swallowed up their staffs. 13 Yet Pharaoh's heart became hard and he would not listen to them, just as the LORD had said.

The Plague of Blood

14 Then the LORD said to Moses, "Pharaoh's heart is unyielding; he refuses to let the people go. 15 Go to Pharaoh in the morning as he goes out to the water. Wait on the bank of the Nile to meet him, and take in your hand the staff that was changed into a snake. 16 Then say to him, 'The LORD, the God of the Hebrews, has sent me to say to you: Let my people go, so that they may worship me in the desert. But until now you have not listened. 17 This is what the LORD says: By this you will know that I am the LORD: With the staff that is in my hand I will strike the water of the Nile, and it will be changed into blood. 18 The fish in the Nile will die, and the river will stink; the Egyptians will not be able to drink its water.' "

19 The LORD said to Moses, "Tell Aaron, 'Take your staff and stretch out your hand over the waters of Egypt—over the streams and canals, over the ponds and all the reservoirs'—and they will turn to blood. Blood will be everywhere in Egypt, even in the wooden buckets and stone jars."

20 Moses and Aaron did just as the LORD had commanded. He raised his staff in the presence of Pharaoh and his officials and struck the water of the Nile, and

agua del río se convirtió en sangre! 21 Murieron los peces que había en el Nilo, y tan mal olía el río que los egipcios no podían beber agua de allí. Por todo Egipto se veía sangre.

22 Sin embargo, mediante sus artes secretas los magos egipcios hicieron lo mismo, de modo que el faraón endureció su corazón y, tal como el SEÑOR lo había advertido, no les hizo caso ni a Aarón ni a Moisés. 23 Como si nada hubiera pasado, se dio media vuelta y regresó a su palacio. 24 Mientras tanto, todos los egipcios hacían pozos a la orilla del Nilo en busca de agua potable, porque no podían beber el agua del río.

La plaga de ranas

25 Siete días pasaron después de que el SEÑOR golpeó el Nilo.

8 El SEÑOR le ordenó a Moisés: «Ve a advertirle al faraón que así dice el SEÑOR: "Deja ir a mi pueblo para que me rinda culto. 2 Si no los dejas ir, infestaré de ranas todo tu país. 3 El Nilo hervirá de ranas, y se meterán en tu palacio, y hasta en tu alcoba y en tu cama, y en las casas de tus funcionarios y de tu pueblo, y en tus hornos y artesas. 4 Se treparán sobre ti, sobre tu pueblo y sobre tus funcionarios." »

5 Luego el SEÑOR le dijo a Moisés: «Dile a Aarón que extienda su vara sobre ríos, arroyos y lagunas, para que todo Egipto se llene de ranas.»

6 Aarón extendió su brazo sobre las aguas de Egipto, y las ranas llegaron a cubrir todo el país. 7 Pero, mediante sus artes secretas, los magos hicieron lo mismo, de modo que hicieron venir ranas sobre todo Egipto. 8 Entonces el faraón mandó llamar a Moisés y a Aarón, y les dijo:

—Ruéguenle al SEÑOR que aleje las ranas de mí y de mi pueblo, y yo dejaré ir al pueblo para que le ofrezca sacrificios.

9 Moisés le respondió:

—Dime cuándo quieres que ruegue al SEÑOR por ti, por tus funcionarios y por tu pueblo. Las ranas se quedarán sólo en el Nilo, y tú y tus casas se librarán de ellas.

10 —Mañana mismo —contestó el faraón.

—Así se hará —respondió Moisés—, y sabrás que no hay dios como el SEÑOR, nuestro Dios. 11 Las ranas se apartarán de ti y de tus casas, de tus funcionarios y de tu pueblo, y se quedarán únicamente en el Nilo. 12 Tan pronto como salieron Moisés y Aarón de hablar con el faraón, Moisés clamó al SEÑOR en cuanto a las ranas que había mandado sobre el faraón. 13 El SEÑOR atendió a los ruegos de Moisés, y las ranas comenzaron a morirse en las casas, en los patios y en los campos. 14 La gente las recogía y las amontonaba, y el hedor de las ranas llenaba el país. 15 Pero en cuanto el faraón experimentó alivio, endureció su *corazón y, tal como el SEÑOR lo había advertido, ya no quiso saber nada de Moisés ni de Aarón.

La plaga de mosquitos

16 El SEÑOR le ordenó a Moisés que le dijera a Aarón: «Extiende tu vara y golpea el suelo, para que en todo Egipto el polvo se convierta en mosquitos.» 17 Así lo hizo. Y Aarón extendió su brazo, golpeó el suelo con la vara, y del polvo salieron mosquitos que picaban a *hombres y animales. En todo Egipto el polvo se convirtió en mosquitos.

all the water was changed into blood. 21 The fish in the Nile died, and the river smelled so bad that the Egyptians could not drink its water. Blood was everywhere in Egypt.

22 But the Egyptian magicians did the same things by their secret arts, and Pharaoh's heart became hard; he would not listen to Moses and Aaron, just as the LORD had said. 23 Instead, he turned and went into his palace, and did not take even this to heart. 24 And all the Egyptians dug along the Nile to get drinking water, because they could not drink the water of the river.

The Plague of Frogs

25 Seven days passed after the LORD struck the Nile.

8 Then the LORD said to Moses, "Go to Pharaoh and say to him, 'This is what the LORD says: Let my people go, so that they may worship me. 2 If you refuse to let them go, I will plague your whole country with frogs. 3 The Nile will teem with frogs. They will come up into your palace and your bedroom and onto your bed, into the houses of your officials and on your people, and into your ovens and kneading troughs. 4 The frogs will go up on you and your people and all your officials.' "

5 Then the LORD said to Moses, "Tell Aaron, 'Stretch out your hand with your staff over the streams and canals and ponds, and make frogs come up on the land of Egypt.' "

6 So Aaron stretched out his hand over the waters of Egypt, and the frogs came up and covered the land. 7 But the magicians did the same things by their secret arts; they also made frogs come up on the land of Egypt.

8 Pharaoh summoned Moses and Aaron and said, "Pray to the LORD to take the frogs away from me and my people, and I will let your people go to offer sacrifices to the LORD."

9 Moses said to Pharaoh, "I leave to you the honor of setting the time for me to pray for you and your officials and your people that you and your houses may be rid of the frogs, except for those that remain in the Nile."

10 "Tomorrow," Pharaoh said.

Moses replied, "It will be as you say, so that you may know there is no one like the LORD our God. 11 The frogs will leave you and your houses, your officials and your people; they will remain only in the Nile."

12 After Moses and Aaron left Pharaoh, Moses cried out to the LORD about the frogs he had brought on Pharaoh. 13 And the LORD did what Moses asked. The frogs died in the houses, in the courtyards and in the fields. 14 They were piled into heaps, and the land reeked of them. 15 But when Pharaoh saw that there was relief, he hardened his heart and would not listen to Moses and Aaron, just as the LORD had said.

The Plague of Gnats

16 Then the LORD said to Moses, "Tell Aaron, 'Stretch out your staff and strike the dust of the ground,' and throughout the land of Egypt the dust will become gnats." 17 They did this, and when Aaron stretched out his hand with the staff and struck the dust of the ground, gnats came upon men and animals. All the dust throughout the land of Egypt became gnats.

18 Los magos, recurriendo a sus artes secretas, trataron también de producir mosquitos, pero no pudieron. Mientras tanto, los mosquitos picaban a hombres y animales. 19 «En todo esto anda la mano de Dios», admitieron los magos ante el faraón, pero éste había endurecido su *corazón, así que no les hizo caso, tal como el SEÑOR lo había advertido.

La plaga de tábanos

20 El SEÑOR le dijo a Moisés: «Mañana vas a madrugar. Le saldrás al paso al faraón cuando baje al río, y le advertirás: "Así dice el SEÑOR: 'Deja ir a mi pueblo para que me rinda culto. 21 Si no lo dejas ir, enviaré enjambres de tábanos sobre ti y sobre tus funcionarios, sobre tu pueblo y sobre tus casas. Todas las casas egipcias, y aun el suelo que pisan, se llenarán de tábanos. 22 Cuando eso suceda, la única región donde no habrá tábanos será la de Gosén, porque allí vive mi pueblo. Así sabrás que yo, el SEÑOR, estoy en este país. 23 Haré distinción*l* entre mi pueblo y tu pueblo. Esta señal milagrosa tendrá lugar mañana.' "»

24 Y así lo hizo el SEÑOR. Densas nubes de tábanos irrumpieron en el palacio del faraón y en las casas de sus funcionarios, y por todo Egipto. Por causa de las tábanos, el país quedó arruinado. 25 Llamó entonces el faraón a Moisés y a Aarón, y les dijo:

—Vayan y ofrezcan sacrificios a su Dios aquí en el país.

26 —No estaría bien hacerlo así —contestó Moisés—, porque los sacrificios que ofrecemos al SEÑOR nuestro Dios resultan ofensivos para los egipcios. Si a la vista de ellos ofrecemos sacrificios que les son ofensivos, seguramente nos apedrearán. 27 Tenemos que hacer un viaje de tres días, hasta el desierto, para ofrecerle sacrificios al SEÑOR nuestro Dios, pues así nos lo ha ordenado.

28 El faraón respondió:

—Voy a dejarlos ir para que ofrezcan sacrificios al SEÑOR su Dios en el desierto, con tal de que no se vayan muy lejos y de que rueguen a Dios por mí.

29 —En cuanto salga yo de aquí —le aseguró Moisés al faraón—, rogaré por ti al SEÑOR, y de aquí a mañana los tábanos se habrán apartado de ti, de tus funcionarios y de tu pueblo. Pero tú no debes seguir engañándonos ni impidiendo que el pueblo vaya a ofrecerle sacrificios al SEÑOR.

30 Así que Moisés salió y le rogó al SEÑOR por el faraón. 31 El SEÑOR accedió a los ruegos de Moisés y apartó los tábanos del faraón, de sus funcionarios y de su pueblo. No quedó un solo tábano. 32 Pero una vez más el faraón endureció su *corazón y no dejó que el pueblo se fuera.

La plaga en el ganado

9 El SEÑOR le ordenó a Moisés que fuera a hablar con el faraón y le advirtiera: «Así dice el SEÑOR, Dios de los hebreos: "Deja ir a mi pueblo para que me rinda culto." 2 Si te niegas a dejarlos ir y sigues reteniéndolos, 3 la mano del SEÑOR provocará una terrible plaga entre los ganados que tienes en el campo, y entre tus caballos, asnos, camellos, vacas y ovejas. 4 Pero el SEÑOR hará distinción entre el ganado de Israel y el de Egipto, de modo que no morirá un solo animal que pertenezca a los israelitas.»

5 Además, el SEÑOR fijó un plazo y dijo: «Mañana yo,

18 But when the magicians tried to produce gnats by their secret arts, they could not. And the gnats were on men and animals.

19 The magicians said to Pharaoh, "This is the finger of God." But Pharaoh's heart was hard and he would not listen, just as the LORD had said.

The Plague of Flies

20 Then the LORD said to Moses, "Get up early in the morning and confront Pharaoh as he goes to the water and say to him, 'This is what the LORD says: Let my people go, so that they may worship me. 21 If you do not let my people go, I will send swarms of flies on you and your officials, on your people and into your houses. The houses of the Egyptians will be full of flies, and even the ground where they are.

22 " 'But on that day I will deal differently with the land of Goshen, where my people live; no swarms of flies will be there, so that you will know that I, the LORD, am in this land. 23 I will make a distinction*p* between my people and your people. This miraculous sign will occur tomorrow.' "

24 And the LORD did this. Dense swarms of flies poured into Pharaoh's palace and into the houses of his officials, and throughout Egypt the land was ruined by the flies.

25 Then Pharaoh summoned Moses and Aaron and said, "Go, sacrifice to your God here in the land."

26 But Moses said, "That would not be right. The sacrifices we offer the LORD our God would be detestable to the Egyptians. And if we offer sacrifices that are detestable in their eyes, will they not stone us? 27 We must take a three-day journey into the desert to offer sacrifices to the LORD our God, as he commands us."

28 Pharaoh said, "I will let you go to offer sacrifices to the LORD your God in the desert, but you must not go very far. Now pray for me."

29 Moses answered, "As soon as I leave you, I will pray to the LORD, and tomorrow the flies will leave Pharaoh and his officials and his people. Only be sure that Pharaoh does not act deceitfully again by not letting the people go to offer sacrifices to the LORD."

30 Then Moses left Pharaoh and prayed to the LORD, 31 and the LORD did what Moses asked: The flies left Pharaoh and his officials and his people; not a fly remained. 32 But this time also Pharaoh hardened his heart and would not let the people go.

The Plague on Livestock

9 Then the LORD said to Moses, "Go to Pharaoh and say to him, 'This is what the LORD, the God of the Hebrews, says: "Let my people go, so that they may worship me." 2 If you refuse to let them go and continue to hold them back, 3 the hand of the LORD will bring a terrible plague on your livestock in the field—on your horses and donkeys and camels and on your cattle and sheep and goats. 4 But the LORD will make a distinction between the livestock of Israel and that of Egypt, so that no animal belonging to the Israelites will die.' "

5 The LORD set a time and said, "Tomorrow the LORD

---

l 8:23 distinción (LXX, Siríaca y Vulgata); *liberación* (TM).   *p 23* Septuagint and Vulgate; Hebrew *will put a deliverance*

el SEÑOR, haré esto en el país.» 6En efecto, al día siguiente murió todo el ganado de los egipcios, pero del ganado de los israelitas no murió ni un solo animal. 7Envió el faraón gente a ver los ganados de los israelitas, y se encontraron con que ni un solo animal había muerto. Sin embargo, el faraón endureció su *corazón y no quiso dejar ir al pueblo.

La plaga de úlceras

8Entonces el SEÑOR les dijo a Moisés y a Aarón: «Tomen de algún horno puñados de ceniza, y que la arroje Moisés al aire en presencia del faraón. 9La ceniza se convertirá en polvo fino, y caerá sobre todo Egipto y abrirá úlceras en personas y animales en todo el país.»

10Moisés y Aarón tomaron ceniza de un horno y se plantaron ante el faraón. Allí Moisés la arrojó al aire, y se abrieron úlceras purulentas en personas y animales. 11Los magos no pudieron enfrentarse a Moisés, pues ellos y todos los egipcios tenían úlceras. 12Pero el SEÑOR endureció el *corazón del faraón y, tal como el SEÑOR se lo había advertido a Moisés, no quiso el faraón saber nada de Moisés ni de Aarón.

La plaga de granizo

13El SEÑOR le ordenó a Moisés madrugar al día siguiente, y salirle al paso al faraón para advertirle: «Así dice el SEÑOR y Dios de los hebreos: "Deja ir a mi pueblo para que me rinda culto. 14Porque esta vez voy a enviar el grueso de mis plagas contra ti, y contra tus funcionarios y tu pueblo, para que sepas que no hay en toda la tierra nadie como yo. 15Si en este momento desplegara yo mi poder, y a ti y a tu pueblo los azotara con una plaga, desaparecerían de la tierra. 16Pero te he dejado con vida precisamente para mostrarte mi poder, y para que mi *nombre sea proclamado por toda la tierra. 17Tú, sin embargo, sigues enfrentándote a mi pueblo y no quieres dejarlo ir. 18Por eso mañana a esta hora enviaré la peor granizada que haya caído en Egipto desde su fundación. 19Ordena inmediatamente que se pongan bajo techo tus ganados y todo lo que tengas en el campo, lo mismo personas que animales, porque el granizo caerá sobre los que anden al aire libre y los matará."»

20Algunos funcionarios del faraón temieron la palabra del SEÑOR y se apresuraron a poner bajo techo a sus esclavos y ganados, 21pero otros no hicieron caso de la palabra de Dios y dejaron en el campo a sus esclavos y ganados.

22Entonces el SEÑOR le dijo a Moisés: «Levanta los brazos al cielo, para que en todo Egipto caiga granizo sobre la *gente y los animales, y sobre todo lo que crece en el campo.»

23Moisés levantó su vara hacia el cielo, y el SEÑOR hizo que cayera granizo sobre todo Egipto: envió truenos, granizo y rayos sobre toda la tierra. 24Llovió granizo, y con el granizo caían rayos zigzagueantes. Nunca en toda la historia de Egipto como nación hubo una tormenta peor que ésta. 25El granizo arrasó con todo lo que había en los campos de Egipto, y con personas y animales; acabó con todos los cultivos y derribó todos los árboles. 26El único lugar en donde no granizó fue en la tierra de Gosén, donde estaban los israelitas.

27Entonces el faraón mandó llamar a Moisés y a Aarón, y les dijo:

—Esta vez reconozco mi pecado. El SEÑOR ha actuado con justicia, mientras que yo y mi pueblo hemos actuado mal. 28No voy a detenerlos más tiempo; voy a dejarlos ir. Pero rueguen por mí al SEÑOR, que truenos y granizo los hemos tenido de sobra.

will do this in the land." 6And the next day the LORD did it: All the livestock of the Egyptians died, but not one animal belonging to the Israelites died. 7Pharaoh sent men to investigate and found that not even one of the animals of the Israelites had died. Yet his heart was unyielding and he would not let the people go.

The Plague of Boils

8Then the LORD said to Moses and Aaron, "Take handfuls of soot from a furnace and have Moses toss it into the air in the presence of Pharaoh. 9It will become fine dust over the whole land of Egypt, and festering boils will break out on men and animals throughout the land."

10So they took soot from a furnace and stood before Pharaoh. Moses tossed it into the air, and festering boils broke out on men and animals. 11The magicians could not stand before Moses because of the boils that were on them and on all the Egyptians. 12But the LORD hardened Pharaoh's heart and he would not listen to Moses and Aaron, just as the LORD had said to Moses.

The Plague of Hail

13Then the LORD said to Moses, "Get up early in the morning, confront Pharaoh and say to him, 'This is what the LORD, the God of the Hebrews, says: Let my people go, so that they may worship me, 14or this time I will send the full force of my plagues against you and against your officials and your people, so you may know that there is no one like me in all the earth. 15For by now I could have stretched out my hand and struck you and your people with a plague that would have wiped you off the earth. 16But I have raised you up[q] for this very purpose, that I might show you my power and that my name might be proclaimed in all the earth. 17You still set yourself against my people and will not let them go. 18Therefore, at this time tomorrow I will send the worst hailstorm that has ever fallen on Egypt, from the day it was founded till now. 19Give an order now to bring your livestock and everything you have in the field to a place of shelter, because the hail will fall on every man and animal that has not been brought in and is still out in the field, and they will die.' "

20Those officials of Pharaoh who feared the word of the LORD hurried to bring their slaves and their livestock inside. 21But those who ignored the word of the LORD left their slaves and livestock in the field.

22Then the LORD said to Moses, "Stretch out your hand toward the sky so that hail will fall all over Egypt—on men and animals and on everything growing in the fields of Egypt." 23When Moses stretched out his staff toward the sky, the LORD sent thunder and hail, and lightning flashed down to the ground. So the LORD rained hail on the land of Egypt; 24hail fell and lightning flashed back and forth. It was the worst storm in all the land of Egypt since it had become a nation. 25Throughout Egypt hail struck everything in the fields—both men and animals; it beat down everything growing in the fields and stripped every tree. 26The only place it did not hail was the land of Goshen, where the Israelites were.

27Then Pharaoh summoned Moses and Aaron. "This time I have sinned," he said to them. "The LORD is in the right, and I and my people are in the wrong. 28Pray to the LORD, for we have had enough thunder and hail. I will let you go; you don't have to stay any longer."

---

q 16 Or have spared you

29 —En cuanto yo salga de la ciudad —le contestó Moisés—, elevaré mis manos en oración al SEÑOR, y cesarán los truenos y dejará de granizar. Así sabrás que la tierra es del SEÑOR. 30 Sin embargo, yo sé que tú y tus funcionarios aún no tienen temor de Dios.

31 El lino y la cebada fueron destruidos, ya que la cebada estaba en espiga, y el lino en flor. 32 Sin embargo, el trigo y la espelta no se echaron a perder porque maduran más tarde.

33 Tan pronto como Moisés dejó al faraón y salió de la ciudad, elevó sus manos en oración al SEÑOR y, en seguida, cesaron los truenos y dejó de granizar y de llover sobre la tierra. 34 Pero en cuanto vio el faraón que habían cesado la lluvia, el granizo y los truenos, reincidió en su pecado, y tanto él como sus funcionarios endurecieron su *corazón. 35 Tal como el SEÑOR lo había advertido por medio de Moisés, el faraón endureció su corazón y ya no dejó que los israelitas se fueran.

La plaga de langostas

10 El SEÑOR le dijo a Moisés: «Ve a hablar con el faraón. En realidad, soy yo quien ha endurecido su *corazón y el de sus funcionarios, para realizar entre ellos mis señales milagrosas. 2 Lo hice para que puedas contarles a tus hijos y a tus nietos la dureza con que traté a los egipcios,*m* y las señales que realicé entre ellos. Así sabrán que yo soy el SEÑOR.»

3 Moisés y Aarón se presentaron ante el faraón, y le advirtieron: «Así dice el SEÑOR y Dios de los hebreos: "¿Hasta cuándo te opondrás a humillarte en mi presencia? Deja ir a mi pueblo para que me rinda culto. 4 Si te niegas a dejarlos ir, mañana mismo traeré langostas sobre tu país. 5 De tal manera cubrirán la superficie de la tierra que no podrá verse el suelo. Se comerán lo poco que haya quedado después del granizo, y acabarán con todos los árboles que haya en los campos. 6 Infestarán tus casas, y las de tus funcionarios y las de todos los egipcios. ¡Será algo que ni tus padres ni tus antepasados vieron jamás, desde el día en que se establecieron en este país hasta la fecha!"» Dicho esto, Moisés se dio media vuelta y se retiró de la presencia del faraón. 7 Entonces los funcionarios le dijeron al faraón:

—¿Hasta cuándo este individuo será una trampa para nosotros? ¡Deja que el pueblo se vaya y que rinda culto al SEÑOR su Dios! ¿Acaso no sabes que Egipto está arruinado?

8 El faraón mandó llamar a Moisés y a Aarón, y les dijo:

—Vayan y rindan culto al SEÑOR su Dios. Tan sólo díganme quiénes van a ir.

9 —Nos van a acompañar nuestros jóvenes y nuestros ancianos —respondió Moisés—. También nos acompañarán nuestros hijos y nuestras hijas, y nuestros rebaños y nuestros ganados, pues vamos a celebrar la fiesta del SEÑOR.

10 —Que el SEÑOR los acompañe —repuso el faraón—, ¡si es que yo dejo que se vayan con sus mujeres y sus hijos! ¡Claramente se ven sus malas intenciones!*n* 11 ¡Pero no será como ustedes quieren! Si lo que quieren es rendirle culto al SEÑOR, ¡vayan sólo ustedes los hombres!

Y Moisés y Aarón fueron arrojados de la presencia

The Plague of Locusts

10 Then the LORD said to Moses, "Go to Pharaoh, for I have hardened his heart and the hearts of his officials so that I may perform these miraculous signs of mine among them 2 that you may tell your children and grandchildren how I dealt harshly with the Egyptians and how I performed my signs among them, and that you may know that I am the LORD."

3 So Moses and Aaron went to Pharaoh and said to him, "This is what the LORD, the God of the Hebrews, says: 'How long will you refuse to humble yourself before me? Let my people go, so that they may worship me. 4 If you refuse to let them go, I will bring locusts into your country tomorrow. 5 They will cover the face of the ground so that it cannot be seen. They will devour what little you have left after the hail, including every tree that is growing in your fields. 6 They will fill your houses and those of all your officials and all the Egyptians—something neither your fathers nor your forefathers have ever seen from the day they settled in this land till now.' " Then Moses turned and left Pharaoh.

7 Pharaoh's officials said to him, "How long will this man be a snare to us? Let the people go, so that they may worship the LORD their God. Do you not yet realize that Egypt is ruined?"

8 Then Moses and Aaron were brought back to Pharaoh. "Go, worship the LORD your God," he said. "But just who will be going?"

9 Moses answered, "We will go with our young and old, with our sons and daughters, and with our flocks and herds, because we are to celebrate a festival to the LORD."

10 Pharaoh said, "The LORD be with you—if I let you go, along with your women and children! Clearly you are bent on evil.*r* 11 No! Have only the men go; and worship the LORD, since that's what you have been asking for." Then Moses and Aaron were driven out of Pharaoh's presence.

---

m 10:2 la dureza con que traté a los egipcios. Alt. *cómo me burlé de los egipcios.*   *n 10:10* ¡Claramente se ven sus malas intenciones!. Alt. *¡Tengan cuidado; los espera la aflicción!*

r 10 Or *Be careful, trouble is in store for you!*

del faraón. ¹²Entonces el SEÑOR le dijo a Moisés: «Extiende los brazos sobre todo Egipto, para que vengan langostas y cubran todo el país, y se coman todo lo que crece en los campos y todo lo que dejó el granizo.»

¹³Moisés extendió su vara sobre Egipto, y el SEÑOR hizo que todo ese día y toda esa noche un viento del este soplara sobre el país. A la mañana siguiente, el viento del este había traído las langostas, ¹⁴las cuales invadieron todo Egipto y se asentaron en gran número por todos los rincones del país. ¡Nunca antes hubo semejante plaga de langostas, ni la habrá después! ¹⁵Eran tantas las langostas que cubrían la superficie de la tierra, que ni el suelo podía verse. Se comieron todas las plantas del campo y todos los frutos de los árboles que dejó el granizo. En todo Egipto no quedó nada verde, ni en los árboles ni en las plantas.

¹⁶A toda prisa mandó llamar el faraón a Moisés y a Aarón, y admitió: «He pecado contra el SEÑOR su Dios y contra ustedes. ¹⁷Yo les pido que perdonen mi pecado una vez más, y que rueguen por mí al SEÑOR su Dios, para que por lo menos aleje de donde yo estoy esta plaga mortal.»

¹⁸En cuanto Moisés salió de la presencia del faraón, rogó al SEÑOR por el faraón. ¹⁹El SEÑOR hizo entonces que el viento cambiara, y que un fuerte viento del oeste se llevara las langostas y las echara al *Mar Rojo. En todo Egipto no quedó una sola langosta. ²⁰Pero el SEÑOR endureció el corazón del faraón, y éste no dejó que los israelitas se fueran.

La plaga de tinieblas

²¹El SEÑOR le dijo a Moisés: «Levanta los brazos al cielo, para que todo Egipto se cubra de tinieblas, ¡tinieblas tan densas que se puedan palpar!» ²²Moisés levantó los brazos al cielo, y durante tres días todo Egipto quedó envuelto en densas tinieblas. ²³Durante ese tiempo los egipcios no podían verse unos a otros, ni moverse de su sitio. Sin embargo, en todos los hogares israelitas había luz.

²⁴Entonces el faraón mandó llamar a Moisés y le dijo:

—Vayan y rindan culto al SEÑOR. Llévense también a sus hijos, pero dejen atrás sus rebaños y sus ganados.

²⁵A esto replicó Moisés:

—¡Al contrario!, tú vas a darnos los sacrificios y *holocaustos que hemos de presentar al SEÑOR nuestro Dios, ²⁶y además nuestro ganado tiene que ir con nosotros. ¡No puede quedarse aquí ni una sola pezuña! Para rendirle culto al SEÑOR nuestro Dios tendremos que tomar algunos de nuestros animales, y no sabremos cuáles debemos presentar como ofrenda hasta que lleguemos allá.

²⁷Pero el SEÑOR endureció el *corazón del faraón, y éste no quiso dejarlos ir, ²⁸sino que le gritó a Moisés:

—¡Largo de aquí! ¡Y cuidado con volver a presentarte ante mí! El día que vuelvas a verme, puedes darte por muerto.

²⁹—¡Bien dicho! —le respondió Moisés—. ¡Jamás volveré a verte!

La plaga contra los primogénitos

11 El SEÑOR le dijo a Moisés: «Voy a traer una plaga más sobre el faraón y sobre Egipto. Después de eso, dejará que se vayan. Y cuando lo haga, los echará de aquí para siempre. ²Habla con el pueblo y diles que todos ellos, hombres y mujeres, deben pedirles a sus vecinos y vecinas objetos de oro y de plata.»

¹²And the LORD said to Moses, "Stretch out your hand over Egypt so that locusts will swarm over the land and devour everything growing in the fields, everything left by the hail."

¹³So Moses stretched out his staff over Egypt, and the LORD made an east wind blow across the land all that day and all that night. By morning the wind had brought the locusts; ¹⁴they invaded all Egypt and settled down in every area of the country in great numbers. Never before had there been such a plague of locusts, nor will there ever be again. ¹⁵They covered all the ground until it was black. They devoured all that was left after the hail—everything growing in the fields and the fruit on the trees. Nothing green remained on tree or plant in all the land of Egypt.

¹⁶Pharaoh quickly summoned Moses and Aaron and said, "I have sinned against the LORD your God and against you. ¹⁷Now forgive my sin once more and pray to the LORD your God to take this deadly plague away from me."

¹⁸Moses then left Pharaoh and prayed to the LORD. ¹⁹And the LORD changed the wind to a very strong west wind, which caught up the locusts and carried them into the Red Sea.ˢ Not a locust was left anywhere in Egypt. ²⁰But the LORD hardened Pharaoh's heart, and he would not let the Israelites go.

The Plague of Darkness

²¹Then the LORD said to Moses, "Stretch out your hand toward the sky so that darkness will spread over Egypt—darkness that can be felt." ²²So Moses stretched out his hand toward the sky, and total darkness covered all Egypt for three days. ²³No one could see anyone else or leave his place for three days. Yet all the Israelites had light in the places where they lived.

²⁴Then Pharaoh summoned Moses and said, "Go, worship the LORD. Even your women and children may go with you; only leave your flocks and herds behind."

²⁵But Moses said, "You must allow us to have sacrifices and burnt offerings to present to the LORD our God. ²⁶Our livestock too must go with us; not a hoof is to be left behind. We have to use some of them in worshiping the LORD our God, and until we get there we will not know what we are to use to worship the LORD."

²⁷But the LORD hardened Pharaoh's heart, and he was not willing to let them go. ²⁸Pharaoh said to Moses, "Get out of my sight! Make sure you do not appear before me again! The day you see my face you will die."

²⁹"Just as you say," Moses replied, "I will never appear before you again."

The Plague on the Firstborn

11 Now the LORD had said to Moses, "I will bring one more plague on Pharaoh and on Egypt. After that, he will let you go from here, and when he does, he will drive you out completely. ²Tell the people that men and women alike are to ask their neighbors for articles of silver and gold." ³(The LORD made the

---

ˢ 19 Hebrew *Yam Suph*; that is, Sea of Reeds

3 El Señor hizo que los egipcios vieran con buenos ojos a los israelitas. Además, en todo Egipto Moisés mismo era altamente respetado por los funcionarios del faraón y por el pueblo.

4 Moisés anunció: «Así dice el Señor: "Hacia la medianoche pasaré por todo Egipto, 5 y todo primogénito egipcio morirá: desde el primogénito del faraón que ahora ocupa el trono hasta el primogénito de la esclava que trabaja en el molino, lo mismo que todo primogénito del ganado. 6 En todo Egipto habrá grandes lamentos, como no los ha habido ni volverá a haberlos. 7 Pero entre los israelitas, ni los perros le ladrarán a persona o animal alguno. Así sabrán que el Señor hace distinción entre Egipto e Israel. 8 Todos estos funcionarios tuyos vendrán a verme, y de rodillas me suplicarán: '¡Vete ya, con todo el pueblo que te sigue!' Cuando esto suceda, me iré."»

Y ardiendo de ira, salió Moisés de la presencia del faraón, 9 aunque ya el Señor le había advertido a Moisés que el faraón no les iba a hacer caso, y que tenía que ser así para que las maravillas del Señor se multiplicaran en Egipto.

10 Moisés y Aarón realizaron ante el faraón todas estas maravillas; pero el Señor endureció el *corazón del faraón, y éste no dejó salir de su país a los israelitas.

La Pascua

12 En Egipto el Señor habló con Moisés y Aarón. Les dijo: 2 «Este mes será para ustedes el más importante, pues será el primer mes del año. 3 Hablen con toda la comunidad de Israel, y díganles que el día décimo de este mes todos ustedes tomarán un cordero[ñ] por familia, uno por cada casa. 4 Si alguna familia es demasiado pequeña para comerse un cordero entero, deberá compartirlo con sus vecinos más cercanos, teniendo en cuenta el número de personas que sean y las raciones de cordero que se necesiten, según lo que cada persona haya de comer. 5 El animal que se escoja puede ser un cordero o un cabrito de un año y sin defecto, 6 al que cuidarán hasta el catorce del mes, día en que la comunidad de Israel en pleno lo sacrificará al caer la noche. 7 Tomarán luego un poco de sangre y la untarán en los dos postes y en el dintel de la puerta de la casa donde coman el cordero. 8 Deberán comer la carne esa misma noche, asada al fuego y acompañada de hierbas amargas y pan sin levadura. 9 No deberán comerla cruda ni hervida, sino asada al fuego, junto con la cabeza, las patas y los intestinos. 10 Y no deben dejar nada. En caso de que algo quede, lo quemarán al día siguiente. 11 Comerán el cordero de este modo: con el manto ceñido a la cintura, con las sandalias puestas, con la vara en la mano, y de prisa. Se trata de la Pascua del Señor.

12 »Esa misma noche pasaré por todo Egipto y heriré de muerte a todos los primogénitos, tanto de personas como de animales, y ejecutaré mi sentencia contra todos los dioses de Egipto. Yo soy el Señor. 13 La sangre servirá para señalar las casas donde ustedes se encuentren, pues al verla pasaré de largo. Así, cuando hiera yo de muerte a los egipcios, no los tocará a ustedes ninguna plaga destructora.

14 »Éste es un día que por ley deberán conmemorar siempre. Es una fiesta en honor del Señor, y las generaciones futuras deberán celebrarla. 15 Durante siete días comerán pan sin levadura, de modo que deben retirar de sus casas la levadura el primer día. Todo el que coma algo con levadura desde el día primero hasta el

Egyptians favorably disposed toward the people, and Moses himself was highly regarded in Egypt by Pharaoh's officials and by the people.)

4 So Moses said, "This is what the Lord says: 'About midnight I will go throughout Egypt. 5 Every firstborn son in Egypt will die, from the firstborn son of Pharaoh, who sits on the throne, to the firstborn son of the slave girl, who is at her hand mill, and all the firstborn of the cattle as well. 6 There will be loud wailing throughout Egypt—worse than there has ever been or ever will be again. 7 But among the Israelites not a dog will bark at any man or animal.' Then you will know that the Lord makes a distinction between Egypt and Israel. 8 All these officials of yours will come to me, bowing down before me and saying, 'Go, you and all the people who follow you!' After that I will leave." Then Moses, hot with anger, left Pharaoh.

9 The Lord had said to Moses, "Pharaoh will refuse to listen to you—so that my wonders may be multiplied in Egypt." 10 Moses and Aaron performed all these wonders before Pharaoh, but the Lord hardened Pharaoh's heart, and he would not let the Israelites go out of his country.

The Passover

12 The Lord said to Moses and Aaron in Egypt, 2 "This month is to be for you the first month, the first month of your year. 3 Tell the whole community of Israel that on the tenth day of this month each man is to take a lamb[i] for his family, one for each household. 4 If any household is too small for a whole lamb, they must share one with their nearest neighbor, having taken into account the number of people there are. You are to determine the amount of lamb needed in accordance with what each person will eat. 5 The animals you choose must be year-old males without defect, and you may take them from the sheep or the goats. 6 Take care of them until the fourteenth day of the month, when all the people of the community of Israel must slaughter them at twilight. 7 Then they are to take some of the blood and put it on the sides and tops of the doorframes of the houses where they eat the lambs. 8 That same night they are to eat the meat roasted over the fire, along with bitter herbs, and bread made without yeast. 9 Do not eat the meat raw or cooked in water, but roast it over the fire—head, legs and inner parts. 10 Do not leave any of it till morning; if some is left till morning, you must burn it. 11 This is how you are to eat it: with your cloak tucked into your belt, your sandals on your feet and your staff in your hand. Eat it in haste; it is the Lord's Passover.

12 "On that same night I will pass through Egypt and strike down every firstborn—both men and animals—and I will bring judgment on all the gods of Egypt. I am the Lord. 13 The blood will be a sign for you on the houses where you are; and when I see the blood, I will pass over you. No destructive plague will touch you when I strike Egypt.

14 "This is a day you are to commemorate; for the generations to come you shall celebrate it as a festival to the Lord—a lasting ordinance. 15 For seven days you are to eat bread made without yeast. On the first day remove the yeast from your houses, for whoever eats anything with yeast in it from the first day through

---

ñ 12:3 cordero. Alt. cabrito; también en v. 4.

i 3 The Hebrew word can mean lamb or kid; also in verse 4.

séptimo será eliminado de Israel. 16Celebrarán una reunión solemne el día primero, y otra el día séptimo. En todo ese tiempo no harán ningún trabajo, excepto preparar los alimentos que cada uno haya de comer. Sólo eso podrán hacer.

17»Celebrarán la fiesta de los Panes sin levadura, porque fue ese día cuando los saqué de Egipto formados en escuadrones. Por ley, las generaciones futuras siempre deberán celebrar ese día. 18Comerán pan sin levadura desde la tarde del día catorce del mes primero hasta la tarde del día veintiuno del mismo mes. 19Durante siete días se abstendrán de tener levadura en sus casas. Todo el que coma algo con levadura, sea extranjero o israelita, será eliminado de la comunidad de Israel. 20No coman nada que tenga levadura. Dondequiera que vivan ustedes, comerán pan sin levadura.»

21Convocó entonces Moisés a todos los *ancianos israelitas, y les dijo: «Vayan en seguida a sus rebaños, escojan el cordero para sus respectivas familias, y mátenlo para celebrar la Pascua. 22Tomen luego un manojo de *hisopo, mójenlo en la sangre recogida en la palangana, unten de sangre el dintel y los dos postes de la puerta, ¡y no salga ninguno de ustedes de su casa hasta la mañana siguiente! 23Cuando el SEÑOR pase por el país para herir de muerte a los egipcios, verá la sangre en el dintel y en los postes de la puerta, y pasará de largo por esa casa. No permitirá el SEÑOR que el ángel exterminador entre en las casas de ustedes y los hiera.

24»Obedezcan estas instrucciones. Será una ley perpetua para ustedes y para sus hijos. 25Cuando entren en la tierra que el SEÑOR ha prometido darles, ustedes seguirán celebrando esta ceremonia. 26Y cuando sus hijos les pregunten: "¿Qué significa para ustedes esta ceremonia?", 27les responderán: "Este sacrificio es la Pascua del SEÑOR, que en Egipto pasó de largo por las casas israelitas. Hirió de muerte a los egipcios, pero a nuestras familias les salvó la vida."»

Al oír esto, los israelitas se inclinaron y adoraron al SEÑOR, 28y fueron y cumplieron al pie de la letra lo que el SEÑOR les había ordenado a Moisés y a Aarón.

Muerte de los primogénitos egipcios

29A medianoche el SEÑOR hirió de muerte a todos los primogénitos egipcios, desde el primogénito del faraón en el trono hasta el primogénito del preso en la cárcel, así como a las primeras crías de todo el ganado. 30Todos en Egipto se levantaron esa noche, lo mismo el faraón que sus funcionarios, y hubo grandes lamentos en el país. No había una sola casa egipcia donde no hubiera algún muerto.

31Esa misma noche mandó llamar el faraón a Moisés y a Aarón, y les ordenó: «¡Largo de aquí! ¡Aléjense de mi pueblo ustedes y los israelitas! ¡Vayan a adorar al SEÑOR, como lo han estado pidiendo! 32Llévense también sus rebaños y sus ganados, como lo han pedido, ¡pero váyanse ya, que para mí será una bendición!»

33El pueblo egipcio, por su parte, instaba a los israelitas a que abandonaran pronto el país. «De lo contrario —decían—, ¡podemos darnos por muertos!» 34Entonces los israelitas tomaron las artesas de masa todavía sin leudar y, luego de envolverlas en sus ropas, se las echaron al hombro. 35Después, siguiendo las instrucciones que Moisés les había dado, pidieron a los egipcios que les dieran objetos de oro y de plata, y también ropa. 36El SEÑOR hizo que los egipcios vieran con buenos ojos a los israelitas, así que les dieron todo lo que les pedían. De este modo los israelitas despojaron por completo a los egipcios.

the seventh must be cut off from Israel. 16On the first day hold a sacred assembly, and another one on the seventh day. Do no work at all on these days, except to prepare food for everyone to eat—that is all you may do.

17"Celebrate the Feast of Unleavened Bread, because it was on this very day that I brought your divisions out of Egypt. Celebrate this day as a lasting ordinance for the generations to come. 18In the first month you are to eat bread made without yeast, from the evening of the fourteenth day until the evening of the twenty-first day. 19For seven days no yeast is to be found in your houses. And whoever eats anything with yeast in it must be cut off from the community of Israel, whether he is an alien or native-born. 20Eat nothing made with yeast. Wherever you live, you must eat unleavened bread."

21Then Moses summoned all the elders of Israel and said to them, "Go at once and select the animals for your families and slaughter the Passover lamb. 22Take a bunch of hyssop, dip it into the blood in the basin and put some of the blood on the top and on both sides of the doorframe. Not one of you shall go out the door of his house until morning. 23When the LORD goes through the land to strike down the Egyptians, he will see the blood on the top and sides of the doorframe and will pass over that doorway, and he will not permit the destroyer to enter your houses and strike you down.

24"Obey these instructions as a lasting ordinance for you and your descendants. 25When you enter the land that the LORD will give you as he promised, observe this ceremony. 26And when your children ask you, 'What does this ceremony mean to you?' 27then tell them, 'It is the Passover sacrifice to the LORD, who passed over the houses of the Israelites in Egypt and spared our homes when he struck down the Egyptians.' " Then the people bowed down and worshiped. 28The Israelites did just what the LORD commanded Moses and Aaron.

29At midnight the LORD struck down all the firstborn in Egypt, from the firstborn of Pharaoh, who sat on the throne, to the firstborn of the prisoner, who was in the dungeon, and the firstborn of all the livestock as well. 30Pharaoh and all his officials and all the Egyptians got up during the night, and there was loud wailing in Egypt, for there was not a house without someone dead.

The Exodus

31During the night Pharaoh summoned Moses and Aaron and said, "Up! Leave my people, you and the Israelites! Go, worship the LORD as you have requested. 32Take your flocks and herds, as you have said, and go. And also bless me."

33The Egyptians urged the people to hurry and leave the country. "For otherwise," they said, "we will all die!" 34So the people took their dough before the yeast was added, and carried it on their shoulders in kneading troughs wrapped in clothing. 35The Israelites did as Moses instructed and asked the Egyptians for articles of silver and gold and for clothing. 36The LORD had made the Egyptians favorably disposed toward the people, and they gave them what they asked for; so they plundered the Egyptians.

El éxodo

37 Los israelitas partieron de Ramsés, en dirección a Sucot. Sin contar a las mujeres y a los niños, eran unos seiscientos mil hombres de a pie. 38 Con ellos salió también gente de toda laya, y grandes manadas de ganado, tanto de ovejas como de vacas. 39 Con la masa que sacaron de Egipto cocieron panes sin levadura, pues la masa aún no había fermentado. Como los echaron de Egipto, no tuvieron tiempo de preparar comida.

40 Los israelitas habían vivido en Egipto cuatrocientos treinta años. 41 Precisamente el día en que se cumplían los cuatrocientos treinta años, todos los escuadrones del SEÑOR salieron de Egipto. 42 Aquella noche el SEÑOR la pasó en vela para sacar de Egipto a los israelitas. Por eso también las generaciones futuras de israelitas deben pasar esa noche en vela, en honor del SEÑOR.

Restricciones para la Pascua

43 El SEÑOR les dijo a Moisés y a Aarón: «Éstas son las normas para la Pascua:

»Ningún extranjero podrá participar de ella.

44 »Podrán participar de ella todos los esclavos que hayas comprado con tu dinero, siempre y cuando los hayas circuncidado antes.

45 »Ningún residente temporal ni trabajador a sueldo podrá participar de ella.

46 »La Pascua deberá comerse en casa, y de allí no se sacará ni un solo pedazo de carne. Tampoco se le quebrará ningún hueso al animal sacrificado.

47 »Toda la comunidad de Israel debe celebrar la Pascua.

48 »Todo extranjero que viva entre ustedes y quiera celebrar la Pascua del SEÑOR, deberá primero circuncidar a todos los varones de su familia; sólo entonces podrá participar de la Pascua como si fuera nativo del país.

»Ningún incircunciso podrá participar de ella.

49 »La misma ley se aplicará al nativo y al extranjero que viva entre ustedes.»

50 Todos los israelitas cumplieron al pie de la letra lo que el SEÑOR les había ordenado a Moisés y a Aarón. 51 Ese mismo día el SEÑOR sacó de Egipto a los israelitas, escuadrón por escuadrón.

Consagración de los primogénitos israelitas

13 El SEÑOR habló con Moisés y le dijo: 2 «Conságrame el primogénito de todo vientre. Míos son todos los primogénitos israelitas y todos los primeros machos de sus animales.»

3 Moisés le dijo al pueblo: «Acuérdense de este día en que salen de Egipto, país donde han sido esclavos y de donde el SEÑOR los saca desplegando su poder. No coman pan con levadura. 4 Ustedes salen hoy, en el mes de *aviv, 5 y en este mismo mes deberán celebrar esta ceremonia, cuando ya el SEÑOR los haya hecho entrar en la tierra que prometió dar a los antepasados de ustedes. Se trata de la tierra de los cananeos, hititas, amorreos, heveos y jebuseos: ¡tierra donde abundan la leche y la miel! 6 Durante siete días comerán pan sin levadura, y el día séptimo celebrarán una fiesta en honor al SEÑOR. 7 En ningún lugar de su territorio debe haber nada que contenga levadura. Ni siquiera habrá levadura entre ustedes. Comerán pan sin levadura durante esos siete días.

8 »Ese día ustedes les dirán a sus hijos: o "Esto lo hacemos por lo que hizo el SEÑOR por nosotros cuando

37 The Israelites journeyed from Rameses to Succoth. There were about six hundred thousand men on foot, besides women and children. 38 Many other people went up with them, as well as large droves of livestock, both flocks and herds. 39 With the dough they had brought from Egypt, they baked cakes of unleavened bread. The dough was without yeast because they had been driven out of Egypt and did not have time to prepare food for themselves.

40 Now the length of time the Israelite people lived in Egypt u was 430 years. 41 At the end of the 430 years, to the very day, all the LORD's divisions left Egypt. 42 Because the LORD kept vigil that night to bring them out of Egypt, on this night all the Israelites are to keep vigil to honor the LORD for the generations to come.

Passover Restrictions

43 The LORD said to Moses and Aaron, "These are the regulations for the Passover:

"No foreigner is to eat of it. 44 Any slave you have bought may eat of it after you have circumcised him, 45 but a temporary resident and a hired worker may not eat of it.

46 "It must be eaten inside one house; take none of the meat outside the house. Do not break any of the bones. 47 The whole community of Israel must celebrate it.

48 "An alien living among you who wants to celebrate the LORD's Passover must have all the males in his household circumcised; then he may take part like one born in the land. No uncircumcised male may eat of it. 49 The same law applies to the native-born and to the alien living among you."

50 All the Israelites did just what the LORD had commanded Moses and Aaron. 51 And on that very day the LORD brought the Israelites out of Egypt by their divisions.

Consecration of the Firstborn

13 The LORD said to Moses, 2 "Consecrate to me every firstborn male. The first offspring of every womb among the Israelites belongs to me, whether man or animal."

3 Then Moses said to the people, "Commemorate this day, the day you came out of Egypt, out of the land of slavery, because the LORD brought you out of it with a mighty hand. Eat nothing containing yeast. 4 Today, in the month of Abib, you are leaving. 5 When the LORD brings you into the land of the Canaanites, Hittites, Amorites, Hivites and Jebusites—the land he swore to your forefathers to give you, a land flowing with milk and honey—you are to observe this ceremony in this month: 6 For seven days eat bread made without yeast and on the seventh day hold a festival to the LORD. 7 Eat unleavened bread during those seven days; nothing with yeast in it is to be seen among you, nor shall any yeast be seen anywhere within your borders. 8 On that day tell your son, 'I do this because of what the LORD

---

o 13:8 ustedes les dirán a sus hijos. Lit. le dirás a tu hijo. En vv. 8-16 el texto hebreo usa el singular en sentido colectivo.

u 40 Masoretic Text; Samaritan Pentateuch and Septuagint Egypt and Canaan

salimos de Egipto." ⁹Y será para ustedes como una marca distintiva en la mano o en la frente, que les hará recordar que la *ley del SEÑOR debe estar en sus labios, porque el SEÑOR los sacó de Egipto desplegando su poder. ¹⁰Año tras año, en la misma fecha, cumplirán con esta ley.

¹¹»Una vez que el SEÑOR los haga entrar en la tierra de los cananeos y se la haya dado, conforme al juramento que les hizo a ustedes y a sus antepasados, ¹²le dedicarán al SEÑOR el primogénito de todo vientre, y todo primer macho de su ganado, pues éstos le pertenecen al SEÑOR. ¹³El primogénito de una asna podrá ser rescatado a cambio de un cordero; pero si no se rescata, se le quebrará el cuello. Todos los primogénitos de ustedes o de sus descendientes deberán ser rescatados.

¹⁴»El día de mañana, cuando sus hijos les pregunten: "¿Y esto qué significa?", les dirán: "El SEÑOR, desplegando su poder, nos sacó de Egipto, país donde fuimos esclavos. ¹⁵Cuando el faraón se empeñó en no dejarnos ir, el SEÑOR les quitó la vida a todos los primogénitos de Egipto, tanto de *hombres como de animales. Por eso le ofrecemos al SEÑOR en sacrificio el primer macho que nace, y rescatamos a nuestros primogénitos." ¹⁶Esto será para ustedes como una marca distintiva en la mano o en la frente, de que el SEÑOR nos sacó de Egipto desplegando su poder.»

El paso del Mar Rojo

¹⁷Cuando el faraón dejó salir a los israelitas, Dios no los llevó por el camino que atraviesa la tierra de los filisteos, que era el más corto, pues pensó: «Si se les presentara batalla, podrían cambiar de idea y regresar a Egipto.» ¹⁸Por eso les hizo dar un rodeo por el camino del desierto, en dirección al *Mar Rojo.

Los israelitas salieron de Egipto en formación de combate. ¹⁹Moisés se llevó consigo los restos de José, según éste se lo había pedido a los israelitas bajo juramento. Éstas habían sido las palabras de José: «Pueden contar ustedes con que Dios vendrá en su ayuda. Cuando eso suceda, llévense de aquí mis restos.»

²⁰Los israelitas partieron de Sucot y acamparon en Etam, donde comienza el desierto. ²¹De día, el SEÑOR iba al frente de ellos en una columna de nube para indicarles el camino; de noche, los alumbraba con una columna de fuego. De ese modo podían viajar de día y de noche. ²²Jamás la columna de nube dejaba de guiar al pueblo durante el día, ni la columna de fuego durante la noche.

14 El SEÑOR habló con Moisés y le dijo: ²«Ordénales a los israelitas que regresen y acampen frente a Pi Ajirot, entre Migdol y el mar. Que acampen junto al mar, frente a Baal Zefón. ³El faraón va a pensar: "Los israelitas andan perdidos en esa tierra. ¡El desierto los tiene acorralados!" ⁴Yo, por mi parte, endureceré el *corazón del faraón para que él los persiga. Voy a cubrirme de gloria, a costa del faraón y de todo su ejército. ¡Y los egipcios sabrán que yo soy el SEÑOR!»

Así lo hicieron los israelitas. ⁵Y cuando el rey de Egipto se enteró de que el pueblo se había escapado, tanto él como sus funcionarios cambiaron de parecer en cuanto a los israelitas y dijeron: «¡Pero qué hemos hecho! ¿Cómo pudimos dejar que se fueran los israelitas y abandonaran su trabajo?» ⁶Al momento ordenó el faraón que le prepararan su carro y, echando mano de su ejército, ⁷se llevó consigo seiscientos de los mejores carros y todos los demás carros de Egipto, cada uno de ellos bajo el mando de un oficial.

did for me when I came out of Egypt.' ⁹This observance will be for you like a sign on your hand and a reminder on your forehead that the law of the LORD is to be on your lips. For the LORD brought you out of Egypt with his mighty hand. ¹⁰You must keep this ordinance at the appointed time year after year.

¹¹"After the LORD brings you into the land of the Canaanites and gives it to you, as he promised on oath to you and your forefathers, ¹²you are to give over to the LORD the first offspring of every womb. All the firstborn males of your livestock belong to the LORD. ¹³Redeem with a lamb every firstborn donkey, but if you do not redeem it, break its neck. Redeem every firstborn among your sons.

¹⁴"In days to come, when your son asks you, 'What does this mean?' say to him, 'With a mighty hand the LORD brought us out of Egypt, out of the land of slavery. ¹⁵When Pharaoh stubbornly refused to let us go, the LORD killed every firstborn in Egypt, both man and animal. This is why I sacrifice to the LORD the first male offspring of every womb and redeem each of my firstborn sons.' ¹⁶And it will be like a sign on your hand and a symbol on your forehead that the LORD brought us out of Egypt with his mighty hand."

Crossing the Sea

¹⁷When Pharaoh let the people go, God did not lead them on the road through the Philistine country, though that was shorter. For God said, "If they face war, they might change their minds and return to Egypt." ¹⁸So God led the people around by the desert road toward the Red Sea.ᵛ The Israelites went up out of Egypt armed for battle.

¹⁹Moses took the bones of Joseph with him because Joseph had made the sons of Israel swear an oath. He had said, "God will surely come to your aid, and then you must carry my bones up with you from this place."ʷ

²⁰After leaving Succoth they camped at Etham on the edge of the desert. ²¹By day the LORD went ahead of them in a pillar of cloud to guide them on their way and by night in a pillar of fire to give them light, so that they could travel by day or night. ²²Neither the pillar of cloud by day nor the pillar of fire by night left its place in front of the people.

14 Then the LORD said to Moses, ²"Tell the Israelites to turn back and encamp near Pi Hahiroth, between Migdol and the sea. They are to encamp by the sea, directly opposite Baal Zephon. ³Pharaoh will think, 'The Israelites are wandering around the land in confusion, hemmed in by the desert.' ⁴And I will harden Pharaoh's heart, and he will pursue them. But I will gain glory for myself through Pharaoh and all his army, and the Egyptians will know that I am the LORD." So the Israelites did this.

⁵When the king of Egypt was told that the people had fled, Pharaoh and his officials changed their minds about them and said, "What have we done? We have let the Israelites go and have lost their services!" ⁶So he had his chariot made ready and took his army with him. ⁷He took six hundred of the best chariots, along with all the other chariots of Egypt, with officers over all of

---

ᵛ18 Hebrew *Yam Suph*; that is, Sea of Reeds   ʷ19 See Gen. 50:25.

8 El SEÑOR endureció el corazón del faraón, rey de Egipto, para que saliera en persecución de los israelitas, los cuales marchaban con aire triunfal. 9 Todo el ejército del faraón —caballos, carros, jinetes*p* y tropas de Egipto— salió tras los israelitas y les dio alcance cuando éstos acampaban junto al mar, cerca de Pi Ajirot y frente a Baal Zefón.

10 El faraón iba acercándose. Cuando los israelitas se fijaron y vieron a los egipcios pisándoles los talones, sintieron mucho miedo y clamaron al SEÑOR. 11 Entonces le reclamaron a Moisés:

—¿Acaso no había sepulcros en Egipto, que nos sacaste de allá para morir en el desierto? ¿Qué has hecho con nosotros? ¿Para qué nos sacaste de Egipto? 12 Ya en Egipto te decíamos: "¡Déjanos en paz! ¡Preferimos servir a los egipcios!" ¡Mejor nos hubiera sido servir a los egipcios que morir en el desierto!

13 —No tengan miedo —les respondió Moisés—. Mantengan sus posiciones, que hoy mismo serán testigos de la *salvación que el SEÑOR realizará en favor de ustedes. A esos egipcios que hoy ven, ¡jamás volverán a verlos! 14 Ustedes quédense quietos, que el SEÑOR presentará batalla por ustedes.

15 Pero el SEÑOR le dijo a Moisés: «¿Por qué clamas a mí? ¡Ordena a los israelitas que se pongan en marcha! 16 Y tú, levanta tu vara, extiende tu brazo sobre el mar y divide las aguas, para que los israelitas lo crucen sobre terreno seco. 17 Yo voy a endurecer el corazón de los egipcios, para que los persigan. ¡Voy a cubrirme de gloria a costa del faraón y de su ejército, y de sus carros y jinetes! 18 Y cuando me haya cubierto de gloria a costa de ellos, los egipcios sabrán que yo soy el SEÑOR.»

19 Entonces el ángel de Dios, que marchaba al frente del ejército israelita, se dio vuelta y fue a situarse detrás de éste. Lo mismo sucedió con la columna de nube, que dejó su puesto de vanguardia y se desplazó hacia la retaguardia, 20 quedando entre los egipcios y los israelitas. Durante toda la noche, la nube fue oscuridad para unos y luz para otros, así que en toda esa noche no pudieron acercarse los unos a los otros.

21 Moisés extendió su brazo sobre el mar, y toda la noche el SEÑOR envió sobre el mar un recio viento del este que lo hizo retroceder, convirtiéndolo en tierra seca. Las aguas del mar se dividieron, 22 y los israelitas lo cruzaron sobre tierra seca. El mar era para ellos una muralla de agua a la derecha y otra a la izquierda.

23 Los egipcios los persiguieron. Todos los caballos y carros del faraón, y todos sus jinetes, entraron en el mar tras ellos. 24 Cuando ya estaba por amanecer, el SEÑOR miró al ejército egipcio desde la columna de fuego y de nube, y sembró la confusión entre ellos: 25 hizo que las ruedas de sus carros se atascaran, de modo que se les hacía muy difícil avanzar. Entonces exclamaron los egipcios: «¡Alejémonos de los israelitas, pues el SEÑOR está peleando por ellos y contra nosotros!»

26 Entonces el SEÑOR le dijo a Moisés: «Extiende tu brazo sobre el mar, para que las aguas se vuelvan contra los egipcios y contra sus carros y jinetes.» 27 Moisés extendió su brazo sobre el mar y, al despuntar el alba, el agua volvió a su estado normal. Los egipcios, en su huida, se toparon con el mar, y así el SEÑOR los hundió en el fondo del mar. 28 Al recobrar las aguas su estado normal, se tragaron a todos los carros y jinetes del faraón, y a todo el ejército que había entrado al mar para perseguir a los israelitas. Ninguno de ellos quedó con vida. 29 Los israelitas, sin embargo, cruzaron el mar sobre tierra seca, pues para ellos el mar formó una muralla de agua a la derecha y otra a la izquierda.

them. 8 The LORD hardened the heart of Pharaoh king of Egypt, so that he pursued the Israelites, who were marching out boldly. 9 The Egyptians—all Pharaoh's horses and chariots, horsemen*x* and troops—pursued the Israelites and overtook them as they camped by the sea near Pi Hahiroth, opposite Baal Zephon.

10 As Pharaoh approached, the Israelites looked up, and there were the Egyptians, marching after them. They were terrified and cried out to the LORD. 11 They said to Moses, "Was it because there were no graves in Egypt that you brought us to the desert to die? What have you done to us by bringing us out of Egypt? 12 Didn't we say to you in Egypt, 'Leave us alone; let us serve the Egyptians'? It would have been better for us to serve the Egyptians than to die in the desert!"

13 Moses answered the people, "Do not be afraid. Stand firm and you will see the deliverance the LORD will bring you today. The Egyptians you see today you will never see again. 14 The LORD will fight for you; you need only to be still."

15 Then the LORD said to Moses, "Why are you crying out to me? Tell the Israelites to move on. 16 Raise your staff and stretch out your hand over the sea to divide the water so that the Israelites can go through the sea on dry ground. 17 I will harden the hearts of the Egyptians so that they will go in after them. And I will gain glory through Pharaoh and all his army, through his chariots and his horsemen. 18 The Egyptians will know that I am the LORD when I gain glory through Pharaoh, his chariots and his horsemen."

19 Then the angel of God, who had been traveling in front of Israel's army, withdrew and went behind them. The pillar of cloud also moved from in front and stood behind them, 20 coming between the armies of Egypt and Israel. Throughout the night the cloud brought darkness to the one side and light to the other side; so neither went near the other all night long.

21 Then Moses stretched out his hand over the sea, and all that night the LORD drove the sea back with a strong east wind and turned it into dry land. The waters were divided, 22 and the Israelites went through the sea on dry ground, with a wall of water on their right and on their left.

23 The Egyptians pursued them, and all Pharaoh's horses and chariots and horsemen followed them into the sea. 24 During the last watch of the night the LORD looked down from the pillar of fire and cloud at the Egyptian army and threw it into confusion. 25 He made the wheels of their chariots come off*y* so that they had difficulty driving. And the Egyptians said, "Let's get away from the Israelites! The LORD is fighting for them against Egypt."

26 Then the LORD said to Moses, "Stretch out your hand over the sea so that the waters may flow back over the Egyptians and their chariots and horsemen." 27 Moses stretched out his hand over the sea, and at daybreak the sea went back to its place. The Egyptians were fleeing toward*z* it, and the LORD swept them into the sea. 28 The water flowed back and covered the chariots and horsemen—the entire army of Pharaoh that had followed the Israelites into the sea. Not one of them survived.

29 But the Israelites went through the sea on dry ground, with a wall of water on their right and on their

---

p 14:9 jinetes. Alt. *aurigas;* también en vv. 17,23,26 y 28.

x 9 Or *charioteers;* also in verses 17, 18, 23, 26 and 28
y 25 Or *He jammed the wheels of their chariots* (see Samaritan Pentateuch, Septuagint and Syriac)   *z 27* Or *from*

³⁰En ese día el Señor salvó a Israel del poder de Egipto. Los israelitas vieron los cadáveres de los egipcios tendidos a la orilla del mar. ³¹Y al ver los israelitas el gran poder que el Señor había desplegado en contra de los egipcios, temieron al Señor y creyeron en él y en su siervo Moisés.

El cántico de Moisés

15 Entonces Moisés y los israelitas entonaron un cántico en honor del Señor, que a la letra decía:

Cantaré al Señor, que se ha coronado de
　　*triunfo
　arrojando al mar caballos y jinetes.
²El Señor es mi fuerza y mi cántico;
　él es mi *salvación.
Él es mi Dios, y lo alabaré;
　es el Dios de mi padre, y lo enalteceré.
³El Señor es un guerrero;
　su *nombre es el Señor.
⁴El Señor arrojó al mar
　los carros y el ejército del faraón.
Los mejores oficiales egipcios
　se ahogaron en el *Mar Rojo.
⁵Las aguas profundas se los tragaron;
　¡como piedras se hundieron en los abismos!

⁶Tu diestra, Señor, reveló su gran poder;
　tu diestra, Señor, despedazó al enemigo.
⁷Fue tan grande tu *victoria
　que derribaste a tus oponentes;
diste rienda suelta a tu ardiente ira,
　y fueron consumidos como rastrojo.
⁸Bastó un soplo de tu nariz
　para que se amontonaran las aguas.
Las olas se irguieron como murallas;
　¡se inmovilizaron las aguas en el fondo del
　　mar!
⁹«Iré tras ellos y les daré alcance
　—alardeaba el enemigo—.
Repartiré sus despojos
　hasta quedar hastiado.
¡Desenvainaré la espada
　y los destruiré con mi propia mano!»
¹⁰Pero con un soplo tuyo se los tragó el mar;
　¡se hundieron como plomo en las aguas
　　turbulentas!

¹¹¿Quién, Señor, se te compara entre los dioses?
　¿Quién se te compara en grandeza y
　　*santidad?
Tú, hacedor de maravillas,
　nos impresionas con tus portentos.
¹²Extendiste tu brazo derecho,
　¡y se los tragó la tierra!

¹³Por tu gran amor guías al pueblo que has
　　rescatado;
　por tu fuerza los llevas a tu santa morada.
¹⁴Las naciones temblarán al escucharlo;
　la angustia dominará a los filisteos.

left. ³⁰That day the Lord saved Israel from the hands of the Egyptians, and Israel saw the Egyptians lying dead on the shore. ³¹And when the Israelites saw the great power the Lord displayed against the Egyptians, the people feared the Lord and put their trust in him and in Moses his servant.

The Song of Moses and Miriam

15 Then Moses and the Israelites sang this song to the Lord:

"I will sing to the Lord,
　for he is highly exalted.
The horse and its rider
　he has hurled into the sea.
²The Lord is my strength and my song;
　he has become my salvation.
He is my God, and I will praise him,
　my father's God, and I will exalt him.
³The Lord is a warrior;
　the Lord is his name.
⁴Pharaoh's chariots and his army
　he has hurled into the sea.
The best of Pharaoh's officers
　are drowned in the Red Sea.ᵃ
⁵The deep waters have covered them;
　they sank to the depths like a stone.

⁶"Your right hand, O Lord,
　was majestic in power.
Your right hand, O Lord,
　shattered the enemy.
⁷In the greatness of your majesty
　you threw down those who opposed you.
You unleashed your burning anger;
　it consumed them like stubble.
⁸By the blast of your nostrils
　the waters piled up.
The surging waters stood firm like a wall;
　the deep waters congealed in the heart of
　　the sea.
⁹"The enemy boasted,
　'I will pursue, I will overtake them.
I will divide the spoils;
　I will gorge myself on them.
I will draw my sword
　and my hand will destroy them.'
¹⁰But you blew with your breath,
　and the sea covered them.
They sank like lead
　in the mighty waters.

¹¹"Who among the gods is like you, O Lord?
　Who is like you—
　　majestic in holiness,
　　awesome in glory,
　　working wonders?
¹²You stretched out your right hand
　and the earth swallowed them.

¹³"In your unfailing love you will lead
　the people you have redeemed.
In your strength you will guide them
　to your holy dwelling.
¹⁴The nations will hear and tremble;
　anguish will grip the people of Philistia.

ᵃ4 Hebrew Yam Suph; that is, Sea of Reeds; also in verse 22

15 Los jefes edomitas se llenarán de terror;
    temblarán de miedo los caudillos de Moab.
Los cananeos perderán el ánimo,
16   pues caerá sobre ellos pavor y espanto.
Por tu gran poder, SEÑOR,
    quedarán mudos como piedras
hasta que haya pasado tu pueblo,
    el pueblo que adquiriste para ti.
17 Tú los harás entrar, y los plantarás,
    en el monte que te pertenece;
en el lugar donde tú, SEÑOR, habitas;
    en el santuario que tú, Señor, te hiciste.

18 ¡El SEÑOR reina por siempre y para siempre!

El cántico de Miriam

19 Cuando los caballos y los carros del faraón entraron en el mar con sus jinetes,q el SEÑOR hizo que las aguas se les vinieran encima. Los israelitas, sin embargo, cruzaron el mar sobre tierra seca. 20 Entonces Miriam la profetisa, hermana de Aarón, tomó una pandereta, y mientras todas las mujeres la seguían danzando y tocando panderetas, 21 Miriam les cantaba así:

    Canten al SEÑOR, que se ha coronado de
        *triunfo
    arrojando al mar caballos y jinetes.

Las aguas de Mara y de Elim

22 Moisés les ordenó a los israelitas que partieran del *Mar Rojo y que se internaran en el desierto de Sur. Y los israelitas anduvieron tres días por el desierto sin hallar agua. 23 Llegaron a Mara,r lugar que se llama así porque sus aguas son amargas, y no pudieron apagar su sed allí. 24 Comenzaron entonces a murmurar en contra de Moisés, y preguntaban: «¿Qué vamos a beber?» 25 Moisés clamó al SEÑOR, y él le mostró un pedazo de madera, el cual echó Moisés al agua, y al instante el agua se volvió dulce.

En ese lugar el SEÑOR los puso a prueba y les dio una *ley como norma de conducta. 26 Les dijo: «Yo soy el SEÑOR su Dios. Si escuchan mi voz y hacen lo que yo considero justo, y si cumplen mis leyes y mandamientos, no traeré sobre ustedes ninguna de las enfermedades que traje sobre los egipcios. Yo soy el SEÑOR, que les devuelve la salud.»

27 Después los israelitas llegaron a Elim, donde había doce manantiales y setenta palmeras, y acamparon allí, cerca del agua.

El maná y las codornices

16 Toda la comunidad israelita partió de Elim y llegó al desierto de Sin, que está entre Elim y el Sinaí. Esto ocurrió a los quince días del mes segundo, contados a partir de su salida de Egipto. 2 Allí, en el desierto, toda la comunidad murmuró contra Moisés y Aarón:

3 —¡Cómo quisiéramos que el SEÑOR nos hubiera quitado la vida en Egipto! —les decían los israelitas—. Allá nos sentábamos en torno a las ollas de carne y comíamos pan hasta saciarnos. ¡Ustedes han traído nuestra comunidad a este desierto para matarnos de hambre a todos!

15 The chiefs of Edom will be terrified,
    the leaders of Moab will be seized with
        trembling,
the people[b] of Canaan will melt away;
16   terror and dread will fall upon them.
By the power of your arm
    they will be as still as a stone—
until your people pass by, O LORD,
    until the people you bought[c] pass by.
17 You will bring them in and plant them
    on the mountain of your inheritance—
the place, O LORD, you made for your
        dwelling,
the sanctuary, O Lord, your hands
        established.
18 The LORD will reign
    for ever and ever."

19 When Pharaoh's horses, chariots and horsemen[d] went into the sea, the LORD brought the waters of the sea back over them, but the Israelites walked through the sea on dry ground. 20 Then Miriam the prophetess, Aaron's sister, took a tambourine in her hand, and all the women followed her, with tambourines and dancing. 21 Miriam sang to them:

    "Sing to the LORD,
        for he is highly exalted.
    The horse and its rider
        he has hurled into the sea."

The Waters of Marah and Elim

22 Then Moses led Israel from the Red Sea and they went into the Desert of Shur. For three days they traveled in the desert without finding water. 23 When they came to Marah, they could not drink its water because it was bitter. (That is why the place is called Marah.[e]) 24 So the people grumbled against Moses, saying, "What are we to drink?"

25 Then Moses cried out to the LORD, and the LORD showed him a piece of wood. He threw it into the water, and the water became sweet.

There the LORD made a decree and a law for them, and there he tested them. 26 He said, "If you listen carefully to the voice of the LORD your God and do what is right in his eyes, if you pay attention to his commands and keep all his decrees, I will not bring on you any of the diseases I brought on the Egyptians, for I am the LORD, who heals you."

27 Then they came to Elim, where there were twelve springs and seventy palm trees, and they camped there near the water.

Manna and Quail

16 The whole Israelite community set out from Elim and came to the Desert of Sin, which is between Elim and Sinai, on the fifteenth day of the second month after they had come out of Egypt. 2 In the desert the whole community grumbled against Moses and Aaron. 3 The Israelites said to them, "If only we had died by the LORD's hand in Egypt! There we sat around pots of meat and ate all the food we wanted, but you have brought us out into this desert to starve this entire assembly to death."

---

q 15:19 jinetes Alt. aurigas.   r 15:23 En hebreo, Mara significa amarga.

b 15 Or rulers   c 16 Or created   d 19 Or charioteers
e 23 Marah means bitter.

⁴Entonces el Señor le dijo a Moisés: «Voy a hacer que les llueva pan del cielo. El pueblo deberá salir todos los días a recoger su ración diaria. Voy a ponerlos a prueba, para ver si cumplen o no mis instrucciones. ⁵El día sexto recogerán una doble porción, y todo esto lo dejarán preparado.»

⁶Moisés y Aarón les dijeron a todos los israelitas:

—Esta tarde sabrán que fue el Señor quien los sacó de Egipto, ⁷y mañana por la mañana verán la gloria del Señor. Ya él sabe que ustedes andan murmurando contra él. Nosotros no somos nadie, para que ustedes murmuren contra nosotros.

⁸Y añadió Moisés:

—Esta tarde el Señor les dará a comer carne, y mañana los saciará de pan, pues ya los oyó murmurar contra él. Porque ¿quiénes somos nosotros? ¡Ustedes no están murmurando contra nosotros sino contra el Señor!

⁹Luego se dirigió Moisés a Aarón:

—Dile a toda la comunidad israelita que se acerque al Señor, pues los ha oído murmurar contra él.

¹⁰Mientras Aarón hablaba con toda la comunidad israelita, volvieron la mirada hacia el desierto, y vieron que la gloria del Señor se hacía presente en una nube.

¹¹El Señor habló con Moisés y le dijo: ¹²«Han llegado a mis oídos las murmuraciones de los israelitas. Diles que antes de que caiga la noche comerán carne, y que mañana por la mañana se hartarán de pan. Así sabrán que yo soy el Señor su Dios.»

¹³Esa misma tarde el campamento se llenó de codornices, y por la mañana una capa de rocío rodeaba el campamento. ¹⁴Al desaparecer el rocío, sobre el desierto quedaron unos copos muy finos, semejantes a la escarcha que cae sobre la tierra. ¹⁵Como los israelitas no sabían lo que era, al verlo se preguntaban unos a otros: «¿Y esto qué es?» Moisés les respondió:

—Es el pan que el Señor les da para comer. ¹⁶Y éstas son las órdenes que el Señor me ha dado: "Recoja cada uno de ustedes la cantidad que necesite para toda la familia, calculando dos litrosˢ por persona."

¹⁷Así lo hicieron los israelitas. Algunos recogieron mucho; otros recogieron poco. ¹⁸Pero cuando lo midieron por litros, ni al que recogió mucho le sobraba, ni al que recogió poco le faltaba: cada uno recogió la cantidad necesaria. ¹⁹Entonces Moisés les dijo:

—Nadie debe guardar nada para el día siguiente.

²⁰Hubo algunos que no le hicieron caso a Moisés y guardaron algo para el día siguiente, pero lo guardado se llenó de gusanos y comenzó a apestar. Entonces Moisés se enojó contra ellos.

²¹Todas las mañanas cada uno recogía la cantidad que necesitaba, porque se derretía en cuanto calentaba el sol. ²²Pero el día sexto recogieron el doble, es decir, cuatro litrosᵗ por persona, así que los jefes de la comunidad fueron a informar de esto a Moisés.

²³—Esto es lo que el Señor ha ordenado —les contestó—. Mañana *sábado es día de reposo consagrado al Señor. Así que cuezan lo que tengan que cocer, y hiervan lo que tengan que hervir. Lo que sobre, apártenlo y guárdenlo para mañana.

²⁴Los israelitas cumplieron las órdenes de Moisés y guardaron para el día siguiente lo que les sobró, ¡y no se pudrió ni se agusanó!

²⁵—Cómanlo hoy sábado —les dijo Moisés—, que es el día de reposo consagrado al Señor. Hoy no encontrarán nada en el campo. ²⁶Deben recogerlo durante seis días, porque el día séptimo, que es sábado, no encontrarán nada.

²⁷Algunos israelitas salieron a recogerlo el día sépti-

⁴Then the Lord said to Moses, "I will rain down bread from heaven for you. The people are to go out each day and gather enough for that day. In this way I will test them and see whether they will follow my instructions. ⁵On the sixth day they are to prepare what they bring in, and that is to be twice as much as they gather on the other days."

⁶So Moses and Aaron said to all the Israelites, "In the evening you will know that it was the Lord who brought you out of Egypt, ⁷and in the morning you will see the glory of the Lord, because he has heard your grumbling against him. Who are we, that you should grumble against us?" ⁸Moses also said, "You will know that it was the Lord when he gives you meat to eat in the evening and all the bread you want in the morning, because he has heard your grumbling against him. Who are we? You are not grumbling against us, but against the Lord."

⁹Then Moses told Aaron, "Say to the entire Israelite community, 'Come before the Lord, for he has heard your grumbling.' "

¹⁰While Aaron was speaking to the whole Israelite community, they looked toward the desert, and there was the glory of the Lord appearing in the cloud.

¹¹The Lord said to Moses, ¹²"I have heard the grumbling of the Israelites. Tell them, 'At twilight you will eat meat, and in the morning you will be filled with bread. Then you will know that I am the Lord your God.' "

¹³That evening quail came and covered the camp, and in the morning there was a layer of dew around the camp. ¹⁴When the dew was gone, thin flakes like frost on the ground appeared on the desert floor. ¹⁵When the Israelites saw it, they said to each other, "What is it?" For they did not know what it was.

Moses said to them, "It is the bread the Lord has given you to eat. ¹⁶This is what the Lord has commanded: 'Each one is to gather as much as he needs. Take an omerᶠ for each person you have in your tent.' "

¹⁷The Israelites did as they were told; some gathered much, some little. ¹⁸And when they measured it by the omer, he who gathered much did not have too much, and he who gathered little did not have too little. Each one gathered as much as he needed.

¹⁹Then Moses said to them, "No one is to keep any of it until morning."

²⁰However, some of them paid no attention to Moses; they kept part of it until morning, but it was full of maggots and began to smell. So Moses was angry with them.

²¹Each morning everyone gathered as much as he needed, and when the sun grew hot, it melted away. ²²On the sixth day, they gathered twice as much—two omersᵍ for each person—and the leaders of the community came and reported this to Moses. ²³He said to them, "This is what the Lord commanded: 'Tomorrow is to be a day of rest, a holy Sabbath to the Lord. So bake what you want to bake and boil what you want to boil. Save whatever is left and keep it until morning.' "

²⁴So they saved it until morning, as Moses commanded, and it did not stink or get maggots in it. ²⁵"Eat it today," Moses said, "because today is a Sabbath to the Lord. You will not find any of it on the ground today. ²⁶Six days you are to gather it, but on the seventh day, the Sabbath, there will not be any."

²⁷Nevertheless, some of the people went out on the

ˢ 16:16 dos litros. Lit. un *gómer; también en vv. 18 y 36.
ᵗ 16:22 cuatro litros. Lit. dos gómer.

ᶠ 16 That is, probably about 2 quarts (about 2 liters); also in verses 18, 32, 33 and 36   ᵍ 22 That is, probably about 4 quarts (about 4.5 liters)

mo, pero no encontraron nada, 28 así que el SEÑOR le dijo a Moisés: «¿Hasta cuándo seguirán desobedeciendo mis *leyes y mandamientos? 29 Tomen en cuenta que yo, el SEÑOR, les he dado el sábado. Por eso en el día sexto les doy pan para dos días. El día séptimo nadie debe salir. Todos deben quedarse donde estén.»

30 Fue así como los israelitas descansaron el día séptimo. 31 Y llamaron al pan «maná».u Era blanco como la semilla de cilantro, y dulce como las tortas con miel.

32 —Esto es lo que ha ordenado el SEÑOR —dijo Moisés—: "Tomen unos dos litrosv de maná, y guárdenlos para que las generaciones futuras puedan ver el pan que yo les di a comer en el desierto, cuando los saqué de Egipto."

33 Luego Moisés le dijo a Aarón:

—Toma una vasija y pon en ella unos dos litros de maná. Colócala después en la presencia del SEÑOR, a fin de conservarla para las generaciones futuras.

34 Aarón puso el maná ante el arca del *pacto, para que fuera conservado como se lo ordenó el SEÑOR a Moisés. 35 Comieron los israelitas maná cuarenta años, hasta que llegaron a los límites de la tierra de Canaán, que fue su país de residencia.

36 La medida de dos litros, a la que llamaban gómer, era la décima parte de la medida a la que llamaban *efa.w

El agua de la roca

17 Toda la comunidad israelita partió del desierto de Sin por etapas, según lo había ordenado el SEÑOR. Acamparon en Refidín, pero no había allí agua para que bebieran, 2 así que altercaron con Moisés.

—Danos agua para beber —le exigieron.

—¿Por qué pelean conmigo? —se defendió Moisés—. ¿Por qué provocan al SEÑOR?

3 Pero los israelitas estaban sedientos, y murmuraron contra Moisés.

—¿Para qué nos sacaste de Egipto? —reclamaban—. ¿Sólo para matarnos de sed a nosotros, a nuestros hijos y a nuestro ganado?

4 Clamó entonces Moisés al SEÑOR, y le dijo:

—¿Qué voy a hacer con este pueblo? ¡Sólo falta que me maten a pedradas!

5 —Adelántate al pueblo —le aconsejó el SEÑOR— y llévate contigo a algunos *ancianos de Israel, pero lleva también la vara con que golpeaste el Nilo. Ponte en marcha, 6 que yo estaré esperándote junto a la *roca que está en Horeb. Aséstale un golpe a la roca, y de ella brotará agua para que beba el pueblo.

Así lo hizo Moisés, a la vista de los ancianos de Israel. 7 Además, a ese lugar lo llamó Masá,x y también Meribá,y porque los israelitas habían altercado con él y provocado al SEÑOR al decir: «¿Está o no está el SEÑOR entre nosotros?»

Derrota de los amalecitas

8 Los amalecitas vinieron a Refidín y atacaron a los israelitas. 9 Entonces Moisés le ordenó a Josué: «Escoge algunos de nuestros hombres y sal a combatir a los amalecitas. Mañana yo estaré en la cima de la colina con la vara de Diosz en la mano.»

10 Josué siguió las órdenes de Moisés y les presentó batalla a los amalecitas. Por su parte, Moisés, Aarón y

seventh day to gather it, but they found none. 28 Then the LORD said to Moses, "How long will youh refuse to keep my commands and my instructions? 29 Bear in mind that the LORD has given you the Sabbath; that is why on the sixth day he gives you bread for two days. Everyone is to stay where he is on the seventh day; no one is to go out." 30 So the people rested on the seventh day.

31 The people of Israel called the bread manna.i It was white like coriander seed and tasted like wafers made with honey. 32 Moses said, "This is what the LORD has commanded: 'Take an omer of manna and keep it for the generations to come, so they can see the bread I gave you to eat in the desert when I brought you out of Egypt.' "

33 So Moses said to Aaron, "Take a jar and put an omer of manna in it. Then place it before the LORD to be kept for the generations to come."

34 As the LORD commanded Moses, Aaron put the manna in front of the Testimony, that it might be kept. 35 The Israelites ate manna forty years, until they came to a land that was settled; they ate manna until they reached the border of Canaan.

36 (An omer is one tenth of an ephah.)

Water From the Rock

17 The whole Israelite community set out from the Desert of Sin, traveling from place to place as the LORD commanded. They camped at Rephidim, but there was no water for the people to drink. 2 So they quarreled with Moses and said, "Give us water to drink."

Moses replied, "Why do you quarrel with me? Why do you put the LORD to the test?"

3 But the people were thirsty for water there, and they grumbled against Moses. They said, "Why did you bring us up out of Egypt to make us and our children and livestock die of thirst?"

4 Then Moses cried out to the LORD, "What am I to do with these people? They are almost ready to stone me."

5 The LORD answered Moses, "Walk on ahead of the people. Take with you some of the elders of Israel and take in your hand the staff with which you struck the Nile, and go. 6 I will stand there before you by the rock at Horeb. Strike the rock, and water will come out of it for the people to drink." So Moses did this in the sight of the elders of Israel. 7 And he called the place Massahj and Meribahk because the Israelites quarreled and because they tested the LORD saying, "Is the LORD among us or not?"

The Amalekites Defeated

8 The Amalekites came and attacked the Israelites at Rephidim. 9 Moses said to Joshua, "Choose some of our men and go out to fight the Amalekites. Tomorrow I will stand on top of the hill with the staff of God in my hands."

10 So Joshua fought the Amalekites as Moses had ordered, and Moses, Aaron and Hur went to the top of

---

u 16:31 En hebreo, maná significa ¿Qué es? (Véase v. 15.)
v 16:32 unos dos litros. Lit. un gómer; también en v. 33.
w 16:36 La medida ... efa. Lit. Un gómer es la décima parte de un efa.   x 17:7 En hebreo, Masá significa prueba o provocación.
y 17:7 En hebreo, Meribá significa altercado.   z 17:9 vara de Dios. Alt. vara milagrosa.

h 28 The Hebrew is plural.   i 31 Manna means What is it? (see verse 15).   j 7 Massah means testing.   k 7 Meribah means quarreling.

Jur subieron a la cima de la colina. ¹¹Mientras Moisés mantenía los brazos*a* en alto, la batalla se inclinaba en favor de los israelitas; pero cuando los bajaba, se inclinaba en favor de los amalecitas. ¹²Cuando a Moisés se le cansaron los brazos, tomaron una piedra y se la pusieron debajo para que se sentara en ella; luego Aarón y Jur le sostuvieron los brazos, uno el izquierdo y otro el derecho, y así Moisés pudo mantenerlos firmes hasta la puesta del sol. ¹³Fue así como Josué derrotó al ejército amalecita a filo de espada.

¹⁴Entonces el SEÑOR le dijo a Moisés: «Pon esto por escrito en un rollo de cuero, para que se recuerde, y que lo oiga bien Josué: Yo borraré por completo, bajo el cielo, todo rastro de los amalecitas.»

¹⁵Moisés edificó un altar y lo llamó «El SEÑOR es mi estandarte». ¹⁶Y exclamó: «¡Echa mano al estandarte*b* del SEÑOR! ¡La guerra del SEÑOR contra Amalec será de generación en generación!»

Jetro visita a Moisés

18 Todo lo que Dios había hecho por Moisés y por su pueblo Israel, y la manera como el SEÑOR había sacado a Israel de Egipto, llegó a oídos de Jetro, sacerdote de Madián y suegro de Moisés. ²Cuando Moisés despidió a Séfora, su esposa, Jetro la recibió a ella ³y a sus dos hijos. Uno de ellos se llamaba Guersón,*c* porque dijo Moisés: «Soy un extranjero en tierra extraña»; ⁴el otro se llamaba Eliezer,*d* porque dijo: «El Dios de mi padre me ayudó y me salvó de la espada del faraón.»

⁵Jetro fue al desierto para ver a Moisés, que estaba acampando junto a la montaña de Dios. Lo acompañaban la esposa y los hijos de Moisés. ⁶Jetro le había avisado: «Yo, tu suegro Jetro, voy a verte. Me acompañan tu esposa y tus dos hijos.»

⁷Moisés salió al encuentro de su suegro, se inclinó delante de él y lo besó. Luego de intercambiar saludos y desearse lo mejor, entraron en la tienda de campaña. ⁸Allí Moisés le contó a su suegro todo lo que el SEÑOR les había hecho al faraón y a los egipcios en favor de Israel, todas las dificultades con que se habían encontrado en el camino, y cómo el SEÑOR los había salvado.

⁹Jetro se alegró de saber que el SEÑOR había tratado bien a Israel y lo había rescatado del poder de los egipcios, ¹⁰y exclamó: «¡Alabado sea el SEÑOR, que los salvó a ustedes del poder de los egipcios! ¡Alabado sea el que salvó a los israelitas del poder opresor del faraón! ¹¹Ahora sé que el SEÑOR es más grande que todos los dioses, por lo que hizo a quienes trataron a Israel con arrogancia.» ¹²Dicho esto, Jetro le presentó a Dios un *holocausto y otros sacrificios, y Aarón y todos los *ancianos de Israel se sentaron a comer con el suegro de Moisés en presencia de Dios.

¹³Al día siguiente, Moisés ocupó su lugar como juez del pueblo, y los israelitas estuvieron de pie ante Moisés desde la mañana hasta la noche. ¹⁴Cuando su suegro vio cómo procedía Moisés con el pueblo, le dijo:

—¡Pero qué es lo que haces con esta gente! ¿Cómo es que sólo tú te sientas, mientras todo este pueblo se queda de pie ante ti desde la mañana hasta la noche?

¹⁵—Es que el pueblo viene a verme para consultar a Dios —le contestó Moisés—. ¹⁶Cuando tienen algún problema, me lo traen a mí para que yo dicte sentencia entre las dos partes. Además, les doy a conocer las *leyes y las enseñanzas de Dios.

the hill. ¹¹As long as Moses held up his hands, the Israelites were winning, but whenever he lowered his hands, the Amalekites were winning. ¹²When Moses' hands grew tired, they took a stone and put it under him and he sat on it. Aaron and Hur held his hands up—one on one side, one on the other—so that his hands remained steady till sunset. ¹³So Joshua overcame the Amalekite army with the sword.

¹⁴Then the LORD said to Moses, "Write this on a scroll as something to be remembered and make sure that Joshua hears it, because I will completely blot out the memory of Amalek from under heaven."

¹⁵Moses built an altar and called it The LORD is my Banner. ¹⁶He said, "For hands were lifted up to the throne of the LORD. The*l* LORD will be at war against the Amalekites from generation to generation."

Jethro Visits Moses

18 Now Jethro, the priest of Midian and father-in-law of Moses, heard of everything God had done for Moses and for his people Israel, and how the LORD had brought Israel out of Egypt.

²After Moses had sent away his wife Zipporah, his father-in-law Jethro received her ³and her two sons. One son was named Gershom,*m* for Moses said, "I have become an alien in a foreign land"; ⁴and the other was named Eliezer,*n* for he said, "My father's God was my helper; he saved me from the sword of Pharaoh."

⁵Jethro, Moses' father-in-law, together with Moses' sons and wife, came to him in the desert, where he was camped near the mountain of God. ⁶Jethro had sent word to him, "I, your father-in-law Jethro, am coming to you with your wife and her two sons."

⁷So Moses went out to meet his father-in-law and bowed down and kissed him. They greeted each other and then went into the tent. ⁸Moses told his father-in-law about everything the LORD had done to Pharaoh and the Egyptians for Israel's sake and about all the hardships they had met along the way and how the LORD had saved them.

⁹Jethro was delighted to hear about all the good things the LORD had done for Israel in rescuing them from the hand of the Egyptians. ¹⁰He said, "Praise be to the LORD, who rescued you from the hand of the Egyptians and of Pharaoh, and who rescued the people from the hand of the Egyptians. ¹¹Now I know that the LORD is greater than all other gods, for he did this to those who had treated Israel arrogantly." ¹²Then Jethro, Moses' father-in-law, brought a burnt offering and other sacrifices to God, and Aaron came with all the elders of Israel to eat bread with Moses' father-in-law in the presence of God.

¹³The next day Moses took his seat to serve as judge for the people, and they stood around him from morning till evening. ¹⁴When his father-in-law saw all that Moses was doing for the people, he said, "What is this you are doing for the people? Why do you alone sit as judge, while all these people stand around you from morning till evening?"

¹⁵Moses answered him, "Because the people come to me to seek God's will. ¹⁶Whenever they have a dispute, it is brought to me, and I decide between the parties and inform them of God's decrees and laws."

---

a 17:11 los brazos (las versiones antiguas); *el brazo* (TM).
b 17:16 estandarte. Lit. *trono.*   *c 18:3* En hebreo, *Guersón* suena como la frase que significa *extranjero allí.*   *d 18:4* En hebreo, *Eliezer* significa *mi Dios es mi ayuda.*

l 16 Or "*Because a hand was against the throne of the LORD, the*
m 3 Gershom sounds like the Hebrew for *an alien there.*
n 4 Eliezer means *my God is helper.*

17—No está bien lo que estás haciendo —le respondió su suegro—, 18 pues te cansas tú y se cansa la gente que te acompaña. La tarea es demasiado pesada para ti; no la puedes desempeñar tú solo. 19 Oye bien el consejo que voy a darte, y que Dios te ayude. Tú debes representar al pueblo ante Dios y presentarle los problemas que ellos tienen. 20 A ellos los debes instruir en las leyes y en las enseñanzas de Dios, y darles a conocer la conducta que deben llevar y las obligaciones que deben cumplir. 21 Elige tú mismo entre el pueblo hombres capaces y temerosos de Dios, que amen la verdad y aborrezcan las ganancias mal habidas, y desígnalos jefes de mil, de cien, de cincuenta y de diez personas. 22 Serán ellos los que funjan como jueces de tiempo completo, atendiendo los casos sencillos, y los casos difíciles te los traerán a ti. Eso te aligerará la carga, porque te ayudarán a llevarla. 23 Si pones esto en práctica y Dios así te lo ordena, podrás aguantar; el pueblo, por su parte, se irá a casa satisfecho.

24 Moisés atendió a la voz de su suegro y siguió sus sugerencias. 25 Escogió entre todos los israelitas hombres capaces, y los puso al frente de los israelitas como jefes de mil, cien, cincuenta y diez personas. 26 Estos jefes fungían como jueces de tiempo completo, atendiendo los casos sencillos pero remitiendo a Moisés los casos difíciles.

27 Más tarde Moisés despidió a su suegro, quien volvió entonces a su país.

Los israelitas en el Sinaí

19 Los israelitas llegaron al desierto de Sinaí a los tres meses de haber salido de Egipto. 2 Después de partir de Refidín, se internaron en el desierto de Sinaí, y allí en el desierto acamparon, frente al monte, 3 al cual subió Moisés para encontrarse con Dios. Y desde allí lo llamó el SEÑOR y le dijo:

«Anúnciale esto al pueblo de Jacob;
    declárale esto al pueblo de Israel:
4 "Ustedes son testigos de lo que hice con
      Egipto,
y de que los he traído hacia mí
    como sobre alas de águila.
5 Si ahora ustedes me son del todo obedientes,
    y cumplen mi *pacto,
serán mi propiedad exclusiva
    entre todas las naciones.
Aunque toda la tierra me pertenece,
6   ustedes serán para mí un reino de sacerdotes
    y una nación santa."

»Comunícales todo esto a los israelitas.»

7 Moisés volvió y convocó a los *ancianos del pueblo para exponerles todas estas palabras que el SEÑOR le había ordenado comunicarles, 8 y todo el pueblo respondió a una sola voz: «Cumpliremos con todo lo que el SEÑOR nos ha ordenado.»

Así que Moisés le llevó al SEÑOR la respuesta del pueblo, 9 y el SEÑOR le dijo:

—Voy a presentarme ante ti en medio de una densa nube, para que el pueblo me oiga hablar contigo y así tenga siempre confianza en ti.

Moisés refirió al SEÑOR lo que el pueblo le había dicho, 10 y el SEÑOR le dijo:

—Ve y consagra al pueblo hoy y mañana. Diles que laven sus ropas 11 y que se preparen para el tercer día, porque en ese mismo día yo descenderé sobre el monte

17 Moses' father-in-law replied, "What you are doing is not good. 18 You and these people who come to you will only wear yourselves out. The work is too heavy for you; you cannot handle it alone. 19 Listen now to me and I will give you some advice, and may God be with you. You must be the people's representative before God and bring their disputes to him. 20 Teach them the decrees and laws, and show them the way to live and the duties they are to perform. 21 But select capable men from all the people—men who fear God, trustworthy men who hate dishonest gain—and appoint them as officials over thousands, hundreds, fifties and tens. 22 Have them serve as judges for the people at all times, but have them bring every difficult case to you; the simple cases they can decide themselves. That will make your load lighter, because they will share it with you. 23 If you do this and God so commands, you will be able to stand the strain, and all these people will go home satisfied."

24 Moses listened to his father-in-law and did everything he said. 25 He chose capable men from all Israel and made them leaders of the people, officials over thousands, hundreds, fifties and tens. 26 They served as judges for the people at all times. The difficult cases they brought to Moses, but the simple ones they decided themselves.

27 Then Moses sent his father-in-law on his way, and Jethro returned to his own country.

At Mount Sinai

19 In the third month after the Israelites left Egypt—on the very day—they came to the Desert of Sinai. 2 After they set out from Rephidim, they entered the Desert of Sinai, and Israel camped there in the desert in front of the mountain.

3 Then Moses went up to God, and the LORD called to him from the mountain and said, "This is what you are to say to the house of Jacob and what you are to tell the people of Israel: 4 'You yourselves have seen what I did to Egypt, and how I carried you on eagles' wings and brought you to myself. 5 Now if you obey me fully and keep my covenant, then out of all nations you will be my treasured possession. Although the whole earth is mine, 6 you*o* will be for me a kingdom of priests and a holy nation.' These are the words you are to speak to the Israelites."

7 So Moses went back and summoned the elders of the people and set before them all the words the LORD had commanded him to speak. 8 The people all responded together, "We will do everything the LORD has said." So Moses brought their answer back to the LORD.

9 The LORD said to Moses, "I am going to come to you in a dense cloud, so that the people will hear me speaking with you and will always put their trust in you." Then Moses told the LORD what the people had said.

10 And the LORD said to Moses, "Go to the people and consecrate them today and tomorrow. Have them wash their clothes 11 and be ready by the third day, because on that day the LORD will come down on

---

o 5,6 Or possession, for the whole earth is mine. 6 You

Sinaí, a la vista de todo el pueblo. 12 Pon un cerco alrededor del monte para que el pueblo no pase. Diles que no suban al monte, y que ni siquiera pongan un pie en él, pues cualquiera que lo toque será condenado a muerte. 13 Sea *hombre o animal, no quedará con vida. Quien se atreva a tocarlo, morirá a pedradas o a flechazos. Sólo podrán subir al monte cuando se oiga el toque largo de la trompeta.

14 En cuanto Moisés bajó del monte, consagró al pueblo; ellos, por su parte, lavaron sus ropas. 15 Luego Moisés les dijo: «Prepárense para el tercer día, y absténganse de relaciones sexuales.»

16 En la madrugada del tercer día hubo truenos y relámpagos, y una densa nube se posó sobre el monte. Un toque muy fuerte de trompeta puso a temblar a todos los que estaban en el campamento. 17 Entonces Moisés sacó del campamento al pueblo para que fuera a su encuentro con Dios, y ellos se detuvieron al pie del monte Sinaí. 18 El monte estaba cubierto de humo, porque el Señor había descendido sobre él en medio de fuego. Era tanto el humo que salía del monte, que parecía un horno; todo el monte se sacudía violentamente, 19 y el sonido de la trompeta era cada vez más fuerte. Entonces habló Moisés, y Dios le respondió en el trueno.e

20 El Señor descendió a la cumbre del monte Sinaí, y desde allí llamó a Moisés para que subiera. Cuando Moisés llegó a la cumbre, 21 el Señor le dijo:

—Baja y advierte al pueblo que no intenten ir más allá del cerco para verme, no sea que muchos de ellos pierdan la vida. 22 Hasta los sacerdotes que se acercan a mí deben consagrarse; de lo contrario, yo arremeteré contra ellos.

23 Moisés le dijo al Señor:

—El pueblo no puede subir al monte Sinaí, pues tú mismo nos has advertido: "Pon un cerco alrededor del monte, y conságramelo."

24 El Señor le respondió:

—Baja y dile a Aarón que suba contigo. Pero ni los sacerdotes ni el pueblo deben intentar subir adonde estoy, pues de lo contrario, yo arremeteré contra ellos. 25 Moisés bajó y repitió eso mismo al pueblo.

Los Diez Mandamientos

20 Dios habló, y dio a conocer todos estos mandamientos:

2 «Yo soy el Señor tu Dios. Yo te saqué de Egipto, del país donde eras esclavo.

3 »No tengas otros dioses además de mí.f

4 »No te hagas ningún ídolo, ni nada que guarde semejanza con lo que hay arriba en el cielo, ni con lo que hay abajo en la tierra, ni con lo que hay en las aguas debajo de la tierra. 5 No te inclines delante de ellos ni los adores. Yo, el Señor tu Dios, soy un Dios celoso. Cuando los padres son malvados y me odian, yo castigo a sus hijos hasta la tercera y cuarta generación. 6 Por el contrario, cuando me aman y cumplen mis mandamientos, les muestro mi amor por mil generaciones.

7 »No pronuncies el *nombre del Señor tu Dios a la ligera. Yo, el Señor, no tendré por inocente a quien se atreva a pronunciar mi nombre a la ligera.

8 »Acuérdate del *sábado, para consagrarlo. 9 Trabaja seis días, y haz en ellos todo lo que tengas que

Mount Sinai in the sight of all the people. 12 Put limits for the people around the mountain and tell them, 'Be careful that you do not go up the mountain or touch the foot of it. Whoever touches the mountain shall surely be put to death. 13 He shall surely be stoned or shot with arrows; not a hand is to be laid on him. Whether man or animal, he shall not be permitted to live.' Only when the ram's horn sounds a long blast may they go up to the mountain."

14 After Moses had gone down the mountain to the people, he consecrated them, and they washed their clothes. 15 Then he said to the people, "Prepare yourselves for the third day. Abstain from sexual relations."

16 On the morning of the third day there was thunder and lightning, with a thick cloud over the mountain, and a very loud trumpet blast. Everyone in the camp trembled. 17 Then Moses led the people out of the camp to meet with God, and they stood at the foot of the mountain. 18 Mount Sinai was covered with smoke, because the Lord descended on it in fire. The smoke billowed up from it like smoke from a furnace, the whole mountainp trembled violently, 19 and the sound of the trumpet grew louder and louder. Then Moses spoke and the voice of God answered him.q

20 The Lord descended to the top of Mount Sinai and called Moses to the top of the mountain. So Moses went up 21 and the Lord said to him, "Go down and warn the people so they do not force their way through to see the Lord and many of them perish. 22 Even the priests, who approach the Lord, must consecrate themselves, or the Lord will break out against them."

23 Moses said to the Lord, "The people cannot come up Mount Sinai, because you yourself warned us, 'Put limits around the mountain and set it apart as holy.' "

24 The Lord replied, "Go down and bring Aaron up with you. But the priests and the people must not force their way through to come up to the Lord, or he will break out against them."

25 So Moses went down to the people and told them.

The Ten Commandments

20 And God spoke all these words:

2 "I am the Lord your God, who brought you out of Egypt, out of the land of slavery.

3 "You shall have no other gods beforer me.

4 "You shall not make for yourself an idol in the form of anything in heaven above or on the earth beneath or in the waters below. 5 You shall not bow down to them or worship them; for I, the Lord your God, am a jealous God, punishing the children for the sin of the fathers to the third and fourth generation of those who hate me, 6 but showing love to a thousand ∟ generations⌋ of those who love me and keep my commandments.

7 "You shall not misuse the name of the Lord your God, for the Lord will not hold anyone guiltless who misuses his name.

8 "Remember the Sabbath day by keeping it holy. 9 Six days you shall labor and do all your

---

e 19:19 en el trueno. Lit. con su voz.   f 20:3 además de mí. Lit. junto a mí.

p 18 Most Hebrew manuscripts; a few Hebrew manuscripts and Septuagint all the people   q 19 Or and God answered him with thunder   r 3 Or besides

hacer, 10pero el día séptimo será un día de reposo para honrar al SEÑOR tu Dios. No hagas en ese día ningún trabajo, ni tampoco tu hijo, ni tu hija, ni tu esclavo, ni tu esclava, ni tus animales, ni tampoco los extranjeros que vivan en tus ciudades.g 11Acuérdate de que en seis días hizo el SEÑOR los cielos y la tierra, el mar y todo lo que hay en ellos, y que descansó el séptimo día. Por eso el SEÑOR bendijo y consagró el día de reposo.

12»Honra a tu padre y a tu madre, para que disfrutes de una larga vida en la tierra que te da el SEÑOR tu Dios.

13»No mates.

14»No cometas adulterio.

15»No robes.

16»No des falso testimonio en contra de tu prójimo.

17»No codicies la casa de tu prójimo: No codicies su esposa, ni su esclavo, ni su esclava, ni su buey, ni su burro, ni nada que le pertenezca.»

Reacción temerosa de los israelitas

18Ante ese espectáculo de truenos y relámpagos, de sonidos de trompeta y de la montaña envuelta en humo, los israelitas temblaban de miedo y se mantenían a distancia. 19Así que le suplicaron a Moisés:

—Háblanos tú, y te escucharemos. Si Dios nos habla, seguramente moriremos.

20—No tengan miedo —les respondió Moisés—. Dios ha venido a ponerlos a prueba, para que sientan temor de él y no pequen.

21Entonces Moisés se acercó a la densa oscuridad en la que estaba Dios, pero los israelitas se mantuvieron a distancia.

El altar de piedra

22El SEÑOR le ordenó a Moisés:

«Diles lo siguiente a los israelitas: "Ustedes mismos han oído que les he hablado desde el cielo. 23No me ofendan; no se hagan dioses de plata o de oro, ni los adoren. 24Háganme un altar de tierra, y ofrézcanme sobre él sus *holocaustos y sacrificios de *comunión, sus ovejas y sus toros. Yo vendré al lugar donde les pida invocar mi *nombre, y los bendeciré. 25Si me hacen un altar de piedra, no lo construyan con piedras labradas, pues las herramientas profanan la piedra. 26Y no le pongan escalones a mi altar, no sea que al subir se les vean los genitales."

Esclavos hebreos

21 »Éstas son las leyes que tú les expondrás: 2»Si alguien compra un esclavo hebreo, éste le servirá durante seis años, pero en el séptimo año recobrará su libertad sin pagar nada a cambio.

3»Si el esclavo llega soltero, soltero se irá.

»Si llega casado, su esposa se irá con él.

4»Si el amo le da mujer al esclavo, como ella es propiedad del amo, serán también del amo los hijos o hijas que el esclavo tenga con ella. Así que el esclavo se irá solo.

5»Si el esclavo llega a declarar: "Yo no quiero recobrar mi libertad, pues les tengo cariño a mi amo, a mi mujer y a mis hijos", 6el amo lo hará comparecer ante los jueces,h luego no llevará a una puerta, o al marco de una puerta, y allí le horadará la oreja con un punzón. Así el esclavo se quedará de por vida con su amo.

work, 10but the seventh day is a Sabbath to the LORD your God. On it you shall not do any work, neither you, nor your son or daughter, nor your manservant or maidservant, nor your animals, nor the alien within your gates. 11For in six days the LORD made the heavens and the earth, the sea, and all that is in them, but he rested on the seventh day. Therefore the LORD blessed the Sabbath day and made it holy.

12"Honor your father and your mother, so that you may live long in the land the LORD your God is giving you.

13"You shall not murder.

14"You shall not commit adultery.

15"You shall not steal.

16"You shall not give false testimony against your neighbor.

17"You shall not covet your neighbor's house. You shall not covet your neighbor's wife, or his manservant or maidservant, his ox or donkey, or anything that belongs to your neighbor."

18When the people saw the thunder and lightning and heard the trumpet and saw the mountain in smoke, they trembled with fear. They stayed at a distance 19and said to Moses, "Speak to us yourself and we will listen. But do not have God speak to us or we will die."

20Moses said to the people, "Do not be afraid. God has come to test you, so that the fear of God will be with you to keep you from sinning."

21The people remained at a distance, while Moses approached the thick darkness where God was.

Idols and Altars

22Then the LORD said to Moses, "Tell the Israelites this: 'You have seen for yourselves that I have spoken to you from heaven: 23Do not make any gods to be alongside me; do not make for yourselves gods of silver or gods of gold.

24" 'Make an altar of earth for me and sacrifice on it your burnt offerings and fellowship offerings,s your sheep and goats and your cattle. Wherever I cause my name to be honored, I will come to you and bless you. 25If you make an altar of stones for me, do not build it with dressed stones, for you will defile it if you use a tool on it. 26And do not go up to my altar on steps, lest your nakedness be exposed on it.'

21 "These are the laws you are to set before them:

Hebrew Servants

2"If you buy a Hebrew servant, he is to serve you for six years. But in the seventh year, he shall go free, without paying anything. 3If he comes alone, he is to go free alone; but if he has a wife when he comes, she is to go with him. 4If his master gives him a wife and she bears him sons or daughters, the woman and her children shall belong to her master, and only the man shall go free.

5"But if the servant declares, 'I love my master and my wife and children and do not want to go free,' 6then his master must take him before the judges.t He shall take him to the door or the doorpost and pierce his ear with an awl. Then he will be his servant for life.

---

g 20:10 en tus ciudades. Lit. dentro de tus puertas.   h 21:6 ante los jueces. Alt. ante Dios.

s 24 Traditionally peace offerings   t 6 Or before God

7»Si alguien vende a su hija como esclava, la muchacha no se podrá ir como los esclavos varones.

8»Si el amo no toma a la muchacha como mujer por no ser ella de su agrado, deberá permitir que sea rescatada. Como la rechazó, no podrá vendérsela a ningún extranjero.

9»Si el amo entrega la muchacha a su hijo, deberá tratarla con todos los derechos de una hija.

10»Si toma como esposa a otra mujer, no podrá privar a su primera esposa de sus derechos conyugales, ni de alimentación y vestido.

11»Si no le provee esas tres cosas, la mujer podrá irse sin que se pague nada por ella.

Injurias personales

12»El que hiera a otro y lo mate será condenado a muerte.

13»Si el homicidio no fue intencional, pues ya estaba de Dios que ocurriera, el asesino podrá huir al lugar que yo designaré.

14»Si el homicidio es premeditado, el asesino será condenado a muerte aun cuando busque refugio en mi altar.

15»El que mate a su padre o a su madre será condenado a muerte.

16»El que secuestre a otro y lo venda, o al ser descubierto lo tenga aún en su poder, será condenado a muerte.

17»El que maldiga a su padre o a su madre será condenado a muerte.

18»Si en una riña alguien golpea a otro con una piedra, o con el puño,ⁱ y el herido no muere pero se ve obligado a guardar cama, 19el agresor deberá indemnizar al herido por daños y perjuicios. Sin embargo, quedará libre de culpa si el herido se levanta y puede caminar por sí mismo o con la ayuda de un bastón.

20»Si alguien golpea con un palo a su esclavo o a su esclava, y como resultado del golpe él o ella muere, su crimen será castigado. 21Pero si después de uno o dos días el esclavo se recupera, el agresor no será castigado porque el esclavo era de su propiedad.

22»Si en una riña los contendientes golpean a una mujer encinta, y la hacen abortar pero sin poner en peligro su *vida, se les impondrá la multa que el marido de la mujer exija y que en justicia le corresponda.

23»Si se pone en peligro la vida de la mujer, ésta será la indemnización: vida por vida, 24ojo por ojo, diente por diente, mano por mano, pie por pie, 25quemadura por quemadura, golpe por golpe, herida por herida.

26»Si alguien golpea en el ojo a su esclavo o a su esclava, y se lo saca, en compensación por el ojo los pondrá en libertad.

27»Si alguien le rompe un diente a su esclavo o a su esclava, en compensación por el diente los pondrá en libertad.

28»Si un toro cornea y mata a un hombre o a una mujer, se matará al toro a pedradas y no se comerá su carne. En tal caso, no se hará responsable al dueño del toro.

29»Si el toro tiene la costumbre de cornear, se le matará a pedradas si llega a matar a un hombre o a una mujer. Si su dueño sabía de la costumbre del toro, pero no lo mantuvo sujeto, también será condenado a muerte.

30»Si a cambio de su vida se le exige algún pago, deberá pagarlo.

31»Esta misma ley se aplicará en caso de que el toro cornee a un muchacho o a una muchacha.

7"If a man sells his daughter as a servant, she is not to go free as menservants do. 8If she does not please the master who has selected her for himself,ᵘ he must let her be redeemed. He has no right to sell her to foreigners, because he has broken faith with her. 9If he selects her for his son, he must grant her the rights of a daughter. 10If he marries another woman, he must not deprive the first one of her food, clothing and marital rights. 11If he does not provide her with these three things, she is to go free, without any payment of money.

Personal Injuries

12"Anyone who strikes a man and kills him shall surely be put to death. 13However, if he does not do it intentionally, but God lets it happen, he is to flee to a place I will designate. 14But if a man schemes and kills another man deliberately, take him away from my altar and put him to death.

15"Anyone who attacksᵛ his father or his mother must be put to death.

16"Anyone who kidnaps another and either sells him or still has him when he is caught must be put to death.

17"Anyone who curses his father or mother must be put to death.

18"If men quarrel and one hits the other with a stone or with his fistʷ and he does not die but is confined to bed, 19the one who struck the blow will not be held responsible if the other gets up and walks around outside with his staff; however, he must pay the injured man for the loss of his time and see that he is completely healed.

20"If a man beats his male or female slave with a rod and the slave dies as a direct result, he must be punished, 21but he is not to be punished if the slave gets up after a day or two, since the slave is his property.

22"If men who are fighting hit a pregnant woman and she gives birth prematurelyˣ but there is no serious injury, the offender must be fined whatever the woman's husband demands and the court allows. 23But if there is serious injury, you are to take life for life, 24eye for eye, tooth for tooth, hand for hand, foot for foot, 25burn for burn, wound for wound, bruise for bruise.

26"If a man hits a manservant or maidservant in the eye and destroys it, he must let the servant go free to compensate for the eye. 27And if he knocks out the tooth of a manservant or maidservant, he must let the servant go free to compensate for the tooth.

28"If a bull gores a man or a woman to death, the bull must be stoned to death, and its meat must not be eaten. But the owner of the bull will not be held responsible. 29If, however, the bull has had the habit of goring and the owner has been warned but has not kept it penned up and it kills a man or woman, the bull must be stoned and the owner also must be put to death. 30However, if payment is demanded of him, he may redeem his life by paying whatever is demanded. 31This law also ap-

---

ⁱ21:18 el puño Alt. alguna herramienta.

32»Si el toro cornea a un esclavo o a una esclava, el dueño del toro deberá pagarle treinta monedas*j* de plata al amo del esclavo o de la esclava. El toro será apedreado.

33»Si alguien deja abierto un pozo, o cava un pozo y no lo tapa, y llegan a caerse en él un buey o un asno, 34el dueño del pozo indemnizará al dueño del animal, y podrá quedarse con el animal muerto.

35»Si un toro cornea a otro toro, y el toro corneado muere, se venderá el toro vivo, y los dos dueños se repartirán por partes iguales el dinero y el animal muerto.

36»Si el toro tenía la maña de cornear, y su dueño le conocía esta maña pero no lo mantuvo amarrado, tendrá que pagar por el animal muerto con un animal vivo, pero podrá quedarse con el animal muerto.

Protección de la propiedad

22 »Si alguien roba un toro o una oveja, y lo mata o lo vende, deberá devolver cinco cabezas de ganado por el toro, y cuatro ovejas por la oveja.

2»Si a alguien se le sorprende robando, y se le mata, su muerte no se considerará homicidio. 3»Si se mata al ladrón a plena luz del día, su muerte se considerará homicidio.

»El ladrón está obligado a restituir lo robado. Si no tiene con qué hacerlo, será vendido para restituir lo robado. 4»Si el animal robado se halla en su poder y todavía con vida, deberá restituirlo doble, ya sea que se trate de un toro, un asno o una oveja.

5»Si alguien apacienta su ganado en un campo o en una viña, y por dejar a sus animales sueltos ellos pastan en campo ajeno, el dueño del animal deberá reparar el daño con lo mejor de su cosecha.

6»Si se prende fuego en pasto seco, y el fuego se propaga y quema algún trigal, o el trigo ya apilado, o algún campo sembrado, el que haya comenzado el fuego deberá reparar el daño.

7»Si alguien deja dinero o bienes en la casa de un amigo, y esos bienes le son robados, el ladrón deberá devolver el doble, en caso de que lo atrapen.

8»Si no se atrapa al ladrón, el dueño de la casa deberá comparecer ante los jueces*k* para que se determine si no dispuso de los bienes del otro.

9»En todos los casos de posesión ilegal, las dos partes deberán llevar el asunto ante los jueces. El que sea declarado culpable deberá restituir el doble a su prójimo, ya sea que se trate de un toro, o de un asno, o de una oveja, o de ropa, o de cualquier otra cosa perdida que alguien reclame como de su propiedad.

10»Si alguien deja al cuidado de algún amigo suyo un asno, un toro, una oveja, o cualquier otro animal, y el animal muere, o sufre algún daño, o es robado sin que nadie lo vea, 11el amigo del dueño jurará ante el Señor no haberse adueñado de la propiedad de su amigo. El dueño deberá aceptar ese juramento, y el amigo no deberá restituirle nada.

12»Si el animal le fue robado al amigo, éste deberá indemnizar al dueño.

13»Si el animal fue despedazado por una fiera, el amigo no tendrá que indemnizar al dueño si presenta como evidencia los restos del animal.

14»Si alguien pide prestado un animal de algún amigo suyo, y el animal sufre algún daño, o muere, no estando presente su dueño, el que lo pidió prestado deberá restituirlo.

plies if the bull gores a son or daughter. 32If the bull gores a male or female slave, the owner must pay thirty shekels*y* of silver to the master of the slave, and the bull must be stoned.

33"If a man uncovers a pit or digs one and fails to cover it and an ox or a donkey falls into it, 34the owner of the pit must pay for the loss; he must pay its owner, and the dead animal will be his.

35"If a man's bull injures the bull of another and it dies, they are to sell the live one and divide both the money and the dead animal equally. 36However, if it was known that the bull had the habit of goring, yet the owner did not keep it penned up, the owner must pay, animal for animal, and the dead animal will be his.

Protection of Property

22 "If a man steals an ox or a sheep and slaughters it or sells it, he must pay back five head of cattle for the ox and four sheep for the sheep.

2"If a thief is caught breaking in and is struck so that he dies, the defender is not guilty of bloodshed; 3but if it happens*z* after sunrise, he is guilty of bloodshed.

"A thief must certainly make restitution, but if he has nothing, he must be sold to pay for his theft.

4"If the stolen animal is found alive in his possession—whether ox or donkey or sheep—he must pay back double.

5"If a man grazes his livestock in a field or vineyard and lets them stray and they graze in another man's field, he must make restitution from the best of his own field or vineyard.

6"If a fire breaks out and spreads into thornbushes so that it burns shocks of grain or standing grain or the whole field, the one who started the fire must make restitution.

7"If a man gives his neighbor silver or goods for safekeeping and they are stolen from the neighbor's house, the thief, if he is caught, must pay back double. 8But if the thief is not found, the owner of the house must appear before the judges*a* to determine whether he has laid his hands on the other man's property. 9In all cases of illegal possession of an ox, a donkey, a sheep, a garment, or any other lost property about which somebody says, 'This is mine,' both parties are to bring their cases before the judges. The one whom the judges declare*b* guilty must pay back double to his neighbor.

10"If a man gives a donkey, an ox, a sheep or any other animal to his neighbor for safekeeping and it dies or is injured or is taken away while no one is looking, 11the issue between them will be settled by the taking of an oath before the Lord that the neighbor did not lay hands on the other person's property. The owner is to accept this, and no restitution is required. 12But if the animal was stolen from the neighbor, he must make restitution to the owner. 13If it was torn to pieces by a wild animal, he shall bring in the remains as evidence and he will not be required to pay for the torn animal.

14"If a man borrows an animal from his neighbor and it is injured or dies while the owner is not present, he

---

*j*21:32 *monedas.* Lit. **siclos.* *k*22:8 *ante los jueces.* Alt. *ante Dios;* también en v. 9.

*y*32 That is, about 12 ounces (about 0.3 kilogram) *z*3 Or *if he strikes him* *a*8 Or *before God;* also in verse 9 *b*9 Or *whom God declares*

¹⁵»Si el dueño del animal estaba presente, el que pidió prestado el animal no tendrá que pagar nada.

»Si el animal fue alquilado, el precio del alquiler cubrirá la pérdida.

Responsabilidades sociales

¹⁶»Si alguien seduce a una mujer virgen que no esté comprometida para casarse, y se acuesta con ella, deberá pagarle su precio al padre y tomarla por esposa. ¹⁷Aun si el padre se niega a entregársela, el seductor deberá pagar el precio establecido para las vírgenes.

¹⁸»No dejes con vida a ninguna hechicera.

¹⁹»Todo el que tenga relaciones sexuales con un animal será condenado a muerte.

²⁰»Todo el que ofrezca sacrificios a otros dioses, en vez de ofrecérselos al SEÑOR, será condenado a muerte.

²¹»No maltrates ni oprimas a los extranjeros, pues también tú y tu pueblo fueron extranjeros en Egipto.

²²»No explotes a las viudas ni a los huérfanos, ²³porque si tú y tu pueblo lo hacen, y ellos me piden ayuda, yo te aseguro que atenderé a su clamor: ²⁴arderá mi furor y los mataré a ustedes a filo de espada. ¡Y sus mujeres se quedarán viudas, y sus hijos se quedarán huérfanos!

²⁵»Si uno de ustedes presta dinero a algún necesitado de mi pueblo, no deberá tratarlo como los prestamistas ni le cobrará intereses.

²⁶»Si alguien toma en prenda el manto de su prójimo, deberá devolvérselo al caer la noche. ²⁷Ese manto es lo único que tiene para abrigarse; no tiene otra cosa sobre la cual dormir. Si se queja ante mí, yo atenderé a su clamor, pues soy un Dios compasivo.

²⁸»No blasfemes nunca contra Dios,ᶫ ni maldigas al jefe de tu pueblo.

²⁹»No te demores en presentarme las ofrendas de tus graneros y de tus lagares.ᵐ

»Tus hijos primogénitos serán para mí.

³⁰»También serán para mí tus toros y tus ovejas. Los dejarás con sus madres siete días, pero al octavo día me los entregarás.

³¹»Ustedes serán mi pueblo *santo.

»No comerán la carne de ningún animal que haya sido despedazado por las fieras. Esa carne se la echarán a los perros.

Leyes de justicia y de misericordia

23 »No divulgues informes falsos.

»No te hagas cómplice del malvado ni apoyes los testimonios del violento.

²»No imites la maldad de las mayorías.

»No te dejes llevar por la mayoría en un proceso legal.

»No perviertas la justicia tomando partido con la mayoría.

³»No seas parcial con el pobre en sus demandas legales.

⁴»Si encuentras un toro o un asno perdido, devuélvelo, aunque sea de tu enemigo.

⁵»Si ves un asno caído bajo el peso de su carga, no lo dejes así; ayúdalo, aunque sea de tu enemigo.

⁶»No tuerzas la justicia contra los pobres de tu pueblo en sus demandas legales.

⁷»Manténte al margen de cuestiones fraudulentas.

»No le quites la vida al que es inocente y honrado, porque yo no absuelvo al malvado.

---

must make restitution. ¹⁵But if the owner is with the animal, the borrower will not have to pay. If the animal was hired, the money paid for the hire covers the loss.

Social Responsibility

¹⁶"If a man seduces a virgin who is not pledged to be married and sleeps with her, he must pay the bride-price, and she shall be his wife. ¹⁷If her father absolutely refuses to give her to him, he must still pay the bride-price for virgins.

¹⁸"Do not allow a sorceress to live.

¹⁹"Anyone who has sexual relations with an animal must be put to death.

²⁰"Whoever sacrifices to any god other than the LORD must be destroyed.ᶜ

²¹"Do not mistreat an alien or oppress him, for you were aliens in Egypt.

²²"Do not take advantage of a widow or an orphan. ²³If you do and they cry out to me, I will certainly hear their cry. ²⁴My anger will be aroused, and I will kill you with the sword; your wives will become widows and your children fatherless.

²⁵"If you lend money to one of my people among you who is needy, do not be like a moneylender; charge him no interest.ᵈ ²⁶If you take your neighbor's cloak as a pledge, return it to him by sunset, ²⁷because his cloak is the only covering he has for his body. What else will he sleep in? When he cries out to me, I will hear, for I am compassionate.

²⁸"Do not blaspheme Godᵉ or curse the ruler of your people.

²⁹"Do not hold back offerings from your granaries or your vats.ᶠ

"You must give me the firstborn of your sons. ³⁰Do the same with your cattle and your sheep. Let them stay with their mothers for seven days, but give them to me on the eighth day.

³¹"You are to be my holy people. So do not eat the meat of an animal torn by wild beasts; throw it to the dogs.

Laws of Justice and Mercy

23 "Do not spread false reports. Do not help a wicked man by being a malicious witness.

²"Do not follow the crowd in doing wrong. When you give testimony in a lawsuit, do not pervert justice by siding with the crowd, ³and do not show favoritism to a poor man in his lawsuit.

⁴"If you come across your enemy's ox or donkey wandering off, be sure to take it back to him. ⁵If you see the donkey of someone who hates you fallen down under its load, do not leave it there; be sure you help him with it.

⁶"Do not deny justice to your poor people in their lawsuits. ⁷Have nothing to do with a false charge and do not put an innocent or honest person to death, for I will not acquit the guilty.

ᶫ22:28 *No blasfemes nunca contra Dios.* Alt. *Nunca desprecies a los jueces.* ᵐ22:29 *las ofrendas ... lagares.* Frase de difícil traducción.

ᶜ20 The Hebrew term refers to the irrevocable giving over of things or persons to the LORD, often by totally destroying them. ᵈ25 Or *excessive interest* ᵉ28 Or *Do not revile the judges* ᶠ29 The meaning of the Hebrew for this phrase is uncertain.

8»No aceptes soborno, porque nubla la vista y tuerce las sentencias justas.

9»No opriman al extranjero, pues ya lo han experimentado en carne propia: ustedes mismos fueron extranjeros en Egipto.

Leyes sabáticas

10»Seis años sembrarás tus campos y recogerás tus cosechas, 11 pero el séptimo año no cultivarás la tierra. Déjala descansar, para que la gente pobre del pueblo obtenga de ella su alimento, y para que los animales del campo se coman lo que la gente deje.

»Haz lo mismo con tus viñas y con tus olivares.

12»Seis días trabajarás, pero el día séptimo descansarán tus bueyes y tus asnos, y recobrarán sus fuerzas los esclavos nacidos en casa y los extranjeros.

13»Cumplan con todo lo que les he ordenado.

»No invoquen los *nombres de otros dioses. Jamás los pronuncien.

Las tres fiestas anuales

14»Tres veces al año harás fiesta en mi honor.

15»La fiesta de los Panes sin levadura la celebrarás en el mes de *aviv, que es la fecha establecida. Fue en ese mes cuando ustedes salieron de Egipto. De acuerdo con mis instrucciones, siete días comerán pan sin levadura.

»Nadie se presentará ante mí con las manos vacías.

16»La fiesta de la cosecha la celebrarás cuando recojas las *primicias de tus siembras.

»La fiesta de recolección de fin de año la celebrarás cuando recojas tus cosechas.

17»Tres veces al año todo varón se presentará ante mí, su SEÑOR y Dios.

18»No mezcles con levadura la sangre del sacrificio que me ofrezcas.

»No guardes hasta el día siguiente la grasa que me ofreces en las fiestas.

19»Llevarás a la casa del SEÑOR tu Dios lo mejor de tus primicias.

»No cocerás ningún cabrito en la leche de su madre.

El ángel del SEÑOR

20»Date cuenta, Israel, que yo envío mi ángel delante de ti, para que te proteja en el camino y te lleve al lugar que te he preparado. 21 Préstale atención y obedécelo. No te rebeles contra él, porque va en representación mía y no perdonará tu rebelión. 22 Si lo obedeces y cumples con todas mis instrucciones, seré enemigo de tus enemigos y me opondré a quienes se te opongan. 23 Mi ángel te guiará y te introducirá en la tierra de estos pueblos que voy a exterminar: tierra de amorreos, hititas, ferezeos, cananeos, heveos y jebuseos. 24»No te inclines ante los dioses de esos pueblos. No les rindas culto ni imites sus prácticas. Más bien, derriba sus ídolos y haz pedazos sus piedras sagradas. 25»Adora al SEÑOR tu Dios, y él bendecirá tu pan y tu agua.

»Yo apartaré de ustedes toda enfermedad.

26»En tu país ninguna mujer abortará ni será estéril. ¡Yo te concederé larga vida!

27»En toda nación donde pongas el pie haré que tus enemigos te tengan miedo, se turben y huyan de ti. 28»Delante de ti enviaré avispas, para que ahuyenten a los heveos, cananeos e hititas. 29 Sin embargo, no los desalojaré en un solo año, no sea que, al quedarse desolada la tierra, aumente el número de animales salvajes y te ataquen. 30 Los desalojaré poco a poco, hasta que seas lo bastante fuerte para tomar posesión de la tierra.

8"Do not accept a bribe, for a bribe blinds those who see and twists the words of the righteous.

9"Do not oppress an alien; you yourselves know how it feels to be aliens, because you were aliens in Egypt.

Sabbath Laws

10"For six years you are to sow your fields and harvest the crops, 11 but during the seventh year let the land lie unplowed and unused. Then the poor among your people may get food from it, and the wild animals may eat what they leave. Do the same with your vineyard and your olive grove.

12"Six days do your work, but on the seventh day do not work, so that your ox and your donkey may rest and the slave born in your household, and the alien as well, may be refreshed.

13"Be careful to do everything I have said to you. Do not invoke the names of other gods; do not let them be heard on your lips.

The Three Annual Festivals

14"Three times a year you are to celebrate a festival to me.

15"Celebrate the Feast of Unleavened Bread; for seven days eat bread made without yeast, as I commanded you. Do this at the appointed time in the month of Abib, for in that month you came out of Egypt.

"No one is to appear before me empty-handed.

16"Celebrate the Feast of Harvest with the firstfruits of the crops you sow in your field.

"Celebrate the Feast of Ingathering at the end of the year, when you gather in your crops from the field.

17"Three times a year all the men are to appear before the Sovereign LORD.

18"Do not offer the blood of a sacrifice to me along with anything containing yeast.

"The fat of my festival offerings must not be kept until morning.

19"Bring the best of the firstfruits of your soil to the house of the LORD your God.

"Do not cook a young goat in its mother's milk.

God's Angel to Prepare the Way

20"See, I am sending an angel ahead of you to guard you along the way and to bring you to the place I have prepared. 21 Pay attention to him and listen to what he says. Do not rebel against him; he will not forgive your rebellion, since my Name is in him. 22 If you listen carefully to what he says and do all that I say, I will be an enemy to your enemies and will oppose those who oppose you. 23 My angel will go ahead of you and bring you into the land of the Amorites, Hittites, Perizzites, Canaanites, Hivites and Jebusites, and I will wipe them out. 24 Do not bow down before their gods or worship them or follow their practices. You must demolish them and break their sacred stones to pieces. 25 Worship the LORD your God, and his blessing will be on your food and water. I will take away sickness from among you, 26 and none will miscarry or be barren in your land. I will give you a full life span.

27"I will send my terror ahead of you and throw into confusion every nation you encounter. I will make all your enemies turn their backs and run. 28 I will send the hornet ahead of you to drive the Hivites, Canaanites and Hittites out of your way. 29 But I will not drive them out in a single year, because the land would become desolate and the wild animals too numerous for you. 30 Little by little I will drive them out before you, until you have increased enough to take possession of the land.

31 »Extenderé las fronteras de tu país, desde el *Mar Rojo hasta el mar Mediterráneo,[n] y desde el desierto hasta el río Éufrates. Pondré bajo tu dominio a los que habitan allí, y tú los desalojarás.

32 »No hagas ningún *pacto con ellos ni con sus dioses.

33 »Si los dejas vivir en tu tierra, te pondrán una trampa para que adores a sus dioses, y acabarás pecando contra mí.»

Ratificación del pacto

24 También le dijo el SEÑOR a Moisés: «Sube al monte a verme, junto con Aarón, Nadab y Abiú, y setenta de los ancianos de Israel. Ellos podrán arrodillarse a cierta distancia, 2 pero sólo tú, Moisés, podrás acercarte a mí. El resto del pueblo no deberá acercarse ni subir contigo.»

3 Moisés fue y refirió al pueblo todas las palabras y disposiciones del SEÑOR, y ellos respondieron a una voz: «Haremos todo lo que el SEÑOR ha dicho.» 4 Moisés puso entonces por escrito lo que el SEÑOR había dicho.

A la mañana siguiente, madrugó y levantó un altar al pie del monte, y en representación de las doce tribus de Israel consagró doce piedras. 5 Luego envió a unos jóvenes israelitas para que ofrecieran al SEÑOR novillos como *holocaustos y sacrificios de *comunión. 6 La mitad de la sangre la echó Moisés en unos tazones, y la otra mitad la roció sobre el altar. 7 Después tomó el libro del *pacto y lo leyó ante el pueblo, y ellos respondieron:

—Haremos todo lo que el SEÑOR ha dicho, y le obedeceremos.

8 Moisés tomó la sangre, roció al pueblo con ella y dijo:

—Ésta es la sangre del pacto que, con base en estas palabras, el SEÑOR ha hecho con ustedes.

9 Moisés y Aarón, Nadab y Abiú, y los setenta ancianos de Israel subieron 10 y vieron al Dios de Israel. Bajo sus pies había una especie de pavimento de zafiro, tan claro como el cielo mismo. 11 Y a pesar de que estos jefes de los israelitas vieron a Dios, siguieron con vida,[ñ] pues Dios no alzó su mano contra ellos.

12 El SEÑOR le dijo a Moisés: «Sube a encontrarte conmigo en el monte, y quédate allí. Voy a darte las tablas con la *ley y los mandamientos que he escrito para guiarlos en la vida.»

13 Moisés subió al monte de Dios, acompañado por su asistente Josué, 14 pero a los ancianos les dijo: «Esperen aquí hasta que volvamos. Aarón y Jur se quedarán aquí con ustedes. Si alguno tiene un problema, que acuda a ellos.»

15 En cuanto Moisés subió, una nube cubrió el monte, 16 y la gloria del SEÑOR se posó sobre el Sinaí. Seis días la nube cubrió el monte. Al séptimo día, desde el interior de la nube el SEÑOR llamó a Moisés. 17 A los ojos de los israelitas, la gloria del SEÑOR en la cumbre del monte parecía un fuego consumidor. 18 Moisés se internó en la nube y subió al monte, y allí permaneció cuarenta días y cuarenta noches.

Las ofrendas para el santuario

25 El SEÑOR habló con Moisés y le dijo: 2 «Ordénales a los israelitas que me traigan una ofrenda. La deben presentar todos los que sientan deseos de traérmela. 3 Como ofrenda se les aceptará lo siguiente:

31 "I will establish your borders from the Red Sea[g] to the Sea of the Philistines,[h] and from the desert to the River.[i] I will hand over to you the people who live in the land and you will drive them out before you. 32 Do not make a covenant with them or with their gods. 33 Do not let them live in your land, or they will cause you to sin against me, because the worship of their gods will certainly be a snare to you."

The Covenant Confirmed

24 Then he said to Moses, "Come up to the LORD, you and Aaron, Nadab and Abihu, and seventy of the elders of Israel. You are to worship at a distance, 2 but Moses alone is to approach the LORD; the others must not come near. And the people may not come up with him."

3 When Moses went and told the people all the LORD's words and laws, they responded with one voice, "Everything the LORD has said we will do." 4 Moses then wrote down everything the LORD had said.

He got up early the next morning and built an altar at the foot of the mountain and set up twelve stone pillars representing the twelve tribes of Israel. 5 Then he sent young Israelite men, and they offered burnt offerings and sacrificed young bulls as fellowship offerings[j] to the LORD. 6 Moses took half of the blood and put it in bowls, and the other half he sprinkled on the altar. 7 Then he took the Book of the Covenant and read it to the people. They responded, "We will do everything the LORD has said; we will obey."

8 Moses then took the blood, sprinkled it on the people and said, "This is the blood of the covenant that the LORD has made with you in accordance with all these words."

9 Moses and Aaron, Nadab and Abihu, and the seventy elders of Israel went up 10 and saw the God of Israel. Under his feet was something like a pavement made of sapphire,[k] clear as the sky itself. 11 But God did not raise his hand against these leaders of the Israelites; they saw God, and they ate and drank.

12 The LORD said to Moses, "Come up to me on the mountain and stay here, and I will give you the tablets of stone, with the law and commands I have written for their instruction."

13 Then Moses set out with Joshua his aide, and Moses went up on the mountain of God. 14 He said to the elders, "Wait here for us until we come back to you. Aaron and Hur are with you, and anyone involved in a dispute can go to them."

15 When Moses went up on the mountain, the cloud covered it, 16 and the glory of the LORD settled on Mount Sinai. For six days the cloud covered the mountain, and on the seventh day the LORD called to Moses from within the cloud. 17 To the Israelites the glory of the LORD looked like a consuming fire on top of the mountain. 18 Then Moses entered the cloud as he went on up the mountain. And he stayed on the mountain forty days and forty nights.

Offerings for the Tabernacle

25 The LORD said to Moses, 2 "Tell the Israelites to bring me an offering. You are to receive the offering for me from each man whose heart prompts him to give. 3 These are the offerings you are to receive

---

[n] 23:31 mar Mediterráneo. Lit. mar de los filisteos.
[ñ] 24:11 siguieron con vida. Lit. comieron y bebieron.

g 31 Hebrew Yam Suph; that is, Sea of Reeds   h 31 That is, the Mediterranean   i 31 That is, the Euphrates   j 5 Traditionally peace offerings   k 10 Or lapis lazuli

oro, plata, bronce, [4]lana teñida de púrpura, carmesí y escarlata; lino fino, pelo de cabra, [5]pieles de carnero teñidas de rojo, pieles de delfín, madera de acacia, [6]aceite para las lámparas, especias para aromatizar el aceite de la unción y el incienso, [7]y piedras de ónice y otras piedras preciosas para adornar el *efod y el pectoral del sacerdote. [8]Después me harán un santuario, para que yo habite entre ustedes. [9]El santuario y todo su mobiliario deberán ser una réplica exacta del modelo que yo te mostraré.

El arca

[10]»Haz[o] un arca de madera de acacia, de un metro con diez centímetros de largo, setenta centímetros de ancho y setenta centímetros de alto.[p] [11]Recúbrela de oro puro por dentro y por fuera, y ponle en su derredor una moldura de oro. [12]Funde cuatro anillos de oro para colocarlos en sus cuatro patas, dos en cada costado. [13]Prepara luego unas varas de madera de acacia, y recúbrelas de oro. [14]Introduce las varas en los anillos que van a los costados del arca, para transportarla. [15]Deja las varas en los anillos del arca, y no las saques de allí, [16]y pon dentro del arca la *ley que voy a entregarte.

[17]»Haz un *propiciatorio de oro puro, de un metro con diez centímetros de largo por setenta centímetros de ancho,[q] [18]y también dos *querubines de oro labrado a martillo, para los dos extremos del propiciatorio. [19]En cada uno de los extremos irá un querubín. Hazlos de modo que formen una sola pieza con el propiciatorio.

[20]»Los querubines deberán tener las alas extendidas por encima del propiciatorio, y cubrirlo con ellas. Quedarán el uno frente al otro, mirando hacia el propiciatorio.

[21]»Coloca el propiciatorio encima del arca, y pon dentro de ella la ley que voy a entregarte. [22]Yo me reuniré allí contigo en medio de los dos querubines que están sobre el arca del *pacto. Desde la parte superior del propiciatorio te daré todas las instrucciones que habrás de comunicarles a los israelitas.

La mesa

[23]»Haz una mesa de madera de acacia, de noventa centímetros de largo por cuarenta y cinco de ancho y setenta de alto.[r] [24]Recúbrela de oro puro, y ponle en su derredor una moldura de oro. [25]Haz también un reborde de veinte centímetros[s] de ancho, y una moldura de oro para ponerla alrededor del reborde.

[26]»Haz cuatro anillos de oro para la mesa, y sujétalos a sus cuatro esquinas, donde van las cuatro patas. [27]Los anillos deben quedar junto al reborde, a fin de que por ellos pasen las varas para transportar la mesa. [28]»Esas varas deben ser de madera de acacia, y estar recubiertas de oro. [29]También deben ser de oro puro sus platos y sus bandejas, así como sus jarras y tazones para verter las ofrendas. [30]Sobre la mesa pondrás el *pan de la Presencia, para que esté ante mí siempre.

El candelabro

[31]»Haz un candelabro de oro puro labrado a martillo. Su base, su tallo y sus copas, cálices y flores, formarán una sola pieza. [32]Seis de sus brazos se abrirán a los

from them: gold, silver and bronze; [4]blue, purple and scarlet yarn and fine linen; goat hair; [5]ram skins dyed red and hides of sea cows[l]; acacia wood; [6]olive oil for the light; spices for the anointing oil and for the fragrant incense; [7]and onyx stones and other gems to be mounted on the ephod and breastpiece.

[8]"Then have them make a sanctuary for me, and I will dwell among them. [9]Make this tabernacle and all its furnishings exactly like the pattern I will show you.

The Ark

[10]"Have them make a chest of acacia wood—two and a half cubits long, a cubit and a half wide, and a cubit and a half high.[m] [11]Overlay it with pure gold, both inside and out, and make a gold molding around it. [12]Cast four gold rings for it and fasten them to its four feet, with two rings on one side and two rings on the other. [13]Then make poles of acacia wood and overlay them with gold. [14]Insert the poles into the rings on the sides of the chest to carry it. [15]The poles are to remain in the rings of this ark; they are not to be removed. [16]Then put in the ark the Testimony, which I will give you.

[17]"Make an atonement cover[n] of pure gold—two and a half cubits long and a cubit and a half wide.[o] [18]And make two cherubim out of hammered gold at the ends of the cover. [19]Make one cherub on one end and the second cherub on the other; make the cherubim of one piece with the cover, at the two ends. [20]The cherubim are to have their wings spread upward, overshadowing the cover with them. The cherubim are to face each other, looking toward the cover. [21]Place the cover on top of the ark and put in the ark the Testimony, which I will give you. [22]There, above the cover between the two cherubim that are over the ark of the Testimony, I will meet with you and give you all my commands for the Israelites.

The Table

[23]"Make a table of acacia wood—two cubits long, a cubit wide and a cubit and a half high.[p] [24]Overlay it with pure gold and make a gold molding around it. [25]Also make around it a rim a handbreadth[q] wide and put a gold molding on the rim. [26]Make four gold rings for the table and fasten them to the four corners, where the four legs are. [27]The rings are to be close to the rim to hold the poles used in carrying the table. [28]Make the poles of acacia wood, overlay them with gold and carry the table with them. [29]And make its plates and dishes of pure gold, as well as its pitchers and bowls for the pouring out of offerings. [30]Put the bread of the Presence on this table to be before me at all times.

The Lampstand

[31]"Make a lampstand of pure gold and hammer it out, base and shaft; its flowerlike cups, buds and blossoms shall be of one piece with it. [32]Six branches are to extend from the sides of the lampstand—three on

---

[o] 25:10 *Haz* (LXX y Pentateuco Samaritano); *Hagan ustedes* (TM).
[p] 25:10 *de un metro ... de alto.* Lit. *de dos *codos y medio de largo, de un codo y medio de ancho y de un codo y medio de alto.*
[q] 25:17 *de un metro ... de ancho.* Lit. *de dos codos y medio de largo por un codo y medio de ancho.* [r] 25:23 *de noventa ... de alto.* Lit. *de dos codos de largo por un codo de ancho, y un codo y medio de alto.* [s] 25:25 *veinte centímetros.* Lit. *un *palmo.*

[l] 5 That is, dugongs   [m] 10 That is, about 3 3/4 feet (about 1.1 meters) long and 2 1/4 feet (about 0.7 meter) wide and high
[n] 17 Traditionally *a mercy seat*   [o] 17 That is, about 3 3/4 feet (about 1.1 meters) long and 2 1/4 feet (about 0.7 meter) wide
[p] 23 That is, about 3 feet (about 0.9 meter) long and 1 1/2 feet (about 0.5 meter) wide and 2 1/4 feet (about 0.7 meter) high
[q] 25 That is, about 3 inches (about 8 centimeters)

costados, tres de un lado y tres del otro. ³³Cada uno de los seis brazos del candelabro tendrá tres copas en forma de flor de almendro, con cálices y pétalos. ³⁴El candelabro mismo tendrá cuatro copas en forma de flor de almendro, con cálices y pétalos. ³⁵Cada uno de los tres pares de brazos tendrá un cáliz en la parte inferior, donde se unen con el tallo del candelabro. ³⁶Los cálices y los brazos deben formar una sola pieza con el candelabro, y ser de oro puro labrado a martillo.

³⁷»Hazle también sus siete lámparas, y colócalas de tal modo que alumbren hacia el frente. ³⁸Sus cortapabilos y braseros deben ser de oro puro. ³⁹Para hacer el candelabro y todos estos accesorios se usarán treinta y tres kilos*ᶠ* de oro puro.

⁴⁰»Procura que todo esto sea una réplica exacta de lo que se te mostró en el monte.

El santuario

26 »Haz el santuario con diez cortinas de lino fino y de lana teñida de púrpura, carmesí y escarlata, con dos *querubines artísticamente bordados en ellas. ²Todas las cortinas deben medir lo mismo, es decir, doce metros y medio de largo por un metro con ochenta centímetros de ancho.ᵘ

³»Cose cinco cortinas, uniendo la una con la otra por el borde, y haz lo mismo con las otras cinco. ⁴En el borde superior del primer conjunto de cortinas pon unas presillas de lana teñida de púrpura, lo mismo que en el borde del otro conjunto de cortinas. ⁵En las cortinas del primer conjunto pon cincuenta presillas, lo mismo que en las cortinas del otro conjunto, de modo que cada presilla tenga su pareja. ⁶Haz luego cincuenta ganchos de oro para que las cortinas queden enganchadas una con otra, de modo que el santuario tenga unidad de conjunto.

⁷»Haz once cortinas de pelo de cabra para cubrir el santuario a la manera de una tienda de campaña. ⁸Todas ellas deben medir lo mismo, es decir, trece metros y medio de largo por un metro con ochenta centímetros de ancho.ᵛ ⁹Cose cinco cortinas en un conjunto, y las otras seis en otro conjunto, doblando la sexta cortina en la parte frontal del santuario.

¹⁰»Haz cincuenta presillas en el borde de la cortina con que termina el primer conjunto, y otras cincuenta presillas en el borde de la cortina con que termina el segundo. ¹¹Haz luego cincuenta ganchos de bronce y mételos en las presillas para formar el santuario, de modo que éste tenga unidad de conjunto. ¹²Las diez cortinas tendrán una cortina restante, que quedará colgando a espaldas del santuario. ¹³A esta cortina le sobrarán cincuenta centímetrosʷ en cada extremo, y con esa parte sobrante se cerrará el santuario.

¹⁴»Haz para el santuario un toldo de piel de carnero, teñido de rojo, y para la parte superior un toldo de piel de delfín. ¹⁵Prepara para el santuario unos tablones de acacia, para que sirvan de pilares. ¹⁶Cada tablón debe medir cuatro metros y medio de largo por setenta centímetros de ancho,ˣ ¹⁷y contar con dos ranuras para que cada tablón encaje con el otro. Todos los tablones para el santuario los harás así. ¹⁸Serán veinte los tablones para el lado sur del santuario.

one side and three on the other. ³³Three cups shaped like almond flowers with buds and blossoms are to be on one branch, three on the next branch, and the same for all six branches extending from the lampstand. ³⁴And on the lampstand there are to be four cups shaped like almond flowers with buds and blossoms. ³⁵One bud shall be under the first pair of branches extending from the lampstand, a second bud under the second pair, and a third bud under the third pair—six branches in all. ³⁶The buds and branches shall all be of one piece with the lampstand, hammered out of pure gold.

³⁷"Then make its seven lamps and set them up on it so that they light the space in front of it. ³⁸Its wick trimmers and trays are to be of pure gold. ³⁹A talentʳ of pure gold is to be used for the lampstand and all these accessories. ⁴⁰See that you make them according to the pattern shown you on the mountain.

The Tabernacle

26 "Make the tabernacle with ten curtains of finely twisted linen and blue, purple and scarlet yarn, with cherubim worked into them by a skilled craftsman. ²All the curtains are to be the same size—twenty-eight cubits long and four cubits wide.ˢ ³Join five of the curtains together, and do the same with the other five. ⁴Make loops of blue material along the edge of the end curtain in one set, and do the same with the end curtain in the other set. ⁵Make fifty loops on one curtain and fifty loops on the end curtain of the other set, with the loops opposite each other. ⁶Then make fifty gold clasps and use them to fasten the curtains together so that the tabernacle is a unit.

⁷"Make curtains of goat hair for the tent over the tabernacle—eleven altogether. ⁸All eleven curtains are to be the same size—thirty cubits long and four cubits wide.ᵗ ⁹Join five of the curtains together into one set and the other six into another set. Fold the sixth curtain double at the front of the tent. ¹⁰Make fifty loops along the edge of the end curtain in one set and also along the edge of the end curtain in the other set. ¹¹Then make fifty bronze clasps and put them in the loops to fasten the tent together as a unit. ¹²As for the additional length of the tent curtains, the half curtain that is left over is to hang down at the rear of the tabernacle. ¹³The tent curtains will be a cubitᵘ longer on both sides; what is left will hang over the sides of tabernacle so as to cover it. ¹⁴Make for the tent a covering of ram skins dyed red, and over that a covering of hides of sea cows.ᵛ

¹⁵"Make upright frames of acacia wood for the tabernacle. ¹⁶Each frame is to be ten cubits long and a cubit and a half wide,ʷ ¹⁷with two projections set parallel to each other. Make all the frames of the tabernacle in this way. ¹⁸Make twenty frames for the south

---

ᵗ25:39 treinta y tres kilos. Lit. un *talento.   ᵘ26:2 doce metros ... de ancho. Lit. veintiocho *codos de largo por cuatro codos de ancho.   ᵛ26:8 trece metros ... de ancho. Lit. treinta codos de largo por cuatro codos de ancho.   ʷ26:13 cincuenta centímetros. Lit. un codo.   ˣ26:16 cuatro metros ... de ancho. Lit. diez codos de largo por un codo y medio de ancho.

ʳ39 That is, about 75 pounds (about 34 kilograms)   ˢ2 That is, about 42 feet (about 12.5 meters) long and 6 feet (about 1.8 meters) wide   ᵗ8 That is, about 45 feet (about 13.5 meters) long and 6 feet (about 1.8 meters) wide   ᵘ13 That is, about 1 1/2 feet (about 0.5 meter)   ᵛ14 That is, dugongs   ʷ16 That is, about 15 feet (about 4.5 meters) long and 2 1/4 feet (about 0.7 meter) wide

19»Haz también cuarenta bases de plata para colocarlas debajo de los tablones, dos bases por tablón, para que las dos ranuras de cada tablón encajen en cada base. 20Para el lado opuesto, es decir, para el lado norte del santuario, prepararás también veinte tablones 21y cuarenta bases de plata, y pondrás dos bases debajo de cada tablón. 22Pondrás seis tablones en el lado posterior, que es el lado occidental del santuario, 23y dos tablones más en las esquinas de ese mismo lado. 24Estos dos tablones deben ser dobles en la base, quedando unidos por un solo anillo en la parte superior. Haz lo mismo en ambas esquinas, 25de modo que haya ocho tablones y dieciséis bases de plata, es decir, dos bases debajo de cada tablón.

26»Prepara también unos travesaños de acacia: cinco para los tablones de un costado del santuario, 27cinco para los del costado opuesto, y cinco para los del costado occidental, es decir, para la parte posterior. 28El travesaño central deberá pasar de uno a otro extremo, a media altura de los tablones. 29Recubre de oro los tablones, y haz unos anillos de oro para que los travesaños pasen por ellos. También debes recubrir de oro los travesaños. 30Erige el santuario ciñéndote al modelo que se te mostró en el monte.

31»Haz una cortina de púrpura, carmesí, escarlata y lino fino, con querubines artísticamente bordados en ella. 32Cuélgala con ganchos de oro en cuatro postes de madera de acacia recubiertos de oro, los cuales levantarás sobre cuatro bases de plata. 33Cuelga de los ganchos la cortina, la cual separará el Lugar Santo del Lugar Santísimo, y coloca el arca del *pacto detrás de la cortina. 34Pon el *propiciatorio sobre el arca del pacto, dentro del Lugar Santísimo, 35y coloca la mesa fuera de la cortina, en el lado norte del santuario. El candelabro lo pondrás frente a la mesa, en el lado sur.

36»Haz para la entrada del santuario una cortina de púrpura, carmesí, escarlata y lino fino, recamada artísticamente. 37Para esta cortina prepara cinco postes de acacia recubiertos de oro, con sus respectivos ganchos de oro, y funde para los postes cinco bases de bronce.

El altar de los holocaustos

27 »Haz un altar de madera de acacia, cuadrado, de dos metros con treinta centímetros*y* por lado, y de un metro con treinta centímetros*z* de alto. 2Ponle un cuerno en cada una de sus cuatro esquinas, de manera que los cuernos y el altar formen una sola pieza, y recubre de bronce el altar. 3Haz de bronce todos sus utensilios, es decir, sus portacenizas, sus tenazas, sus aspersorios, sus tridentes y sus braseros. 4Hazle también un enrejado de bronce, con un anillo del mismo metal en cada una de sus cuatro esquinas. 5El anillo irá bajo el reborde del altar, de modo que quede a media altura del mismo. 6Prepara para el altar varas de madera de acacia, y recúbrelas de bronce. 7Las varas deberán pasar por los anillos, de modo que sobresalgan en los dos extremos del altar para que éste pueda ser transportado. 8El altar lo harás hueco y de tablas, exactamente como el que se te mostró en el monte.

El atrio

9»Haz un atrio para el santuario. El lado sur debe medir cuarenta y cinco metros*a* de largo, y tener cortinas de lino fino, 10veinte postes y veinte bases de bronce. Los postes deben contar con empalmes y ganchos

side of the tabernacle 19and make forty silver bases to go under them—two bases for each frame, one under each projection. 20For the other side, the north side of the tabernacle, make twenty frames 21and forty silver bases—two under each frame. 22Make six frames for the far end, that is, the west end of the tabernacle, 23and make two frames for the corners at the far end. 24At these two corners they must be double from the bottom all the way to the top, and fitted into a single ring; both shall be like that. 25So there will be eight frames and sixteen silver bases—two under each frame.

26"Also make crossbars of acacia wood: five for the frames on one side of the tabernacle, 27five for those on the other side, and five for the frames on the west, at the far end of the tabernacle. 28The center crossbar is to extend from end to end at the middle of the frames. 29Overlay the frames with gold and make gold rings to hold the crossbars. Also overlay the crossbars with gold.

30"Set up the tabernacle according to the plan shown you on the mountain.

31"Make a curtain of blue, purple and scarlet yarn and finely twisted linen, with cherubim worked into it by a skilled craftsman. 32Hang it with gold hooks on four posts of acacia wood overlaid with gold and standing on four silver bases. 33Hang the curtain from the clasps and place the ark of the Testimony behind the curtain. The curtain will separate the Holy Place from the Most Holy Place. 34Put the atonement cover on the ark of the Testimony in the Most Holy Place. 35Place the table outside the curtain on the north side of the tabernacle and put the lampstand opposite it on the south side.

36"For the entrance to the tent make a curtain of blue, purple and scarlet yarn and finely twisted linen—the work of an embroiderer. 37Make gold hooks for this curtain and five posts of acacia wood overlaid with gold. And cast five bronze bases for them.

The Altar of Burnt Offering

27 "Build an altar of acacia wood, three cubits*x* high; it is to be square, five cubits long and five cubits wide.*y* 2Make a horn at each of the four corners, so that the horns and the altar are of one piece, and overlay the altar with bronze. 3Make all its utensils of bronze—its pots to remove the ashes, and its shovels, sprinkling bowls, meat forks and firepans. 4Make a grating for it, a bronze network, and make a bronze ring at each of the four corners of the network. 5Put it under the ledge of the altar so that it is halfway up the altar. 6Make poles of acacia wood for the altar and overlay them with bronze. 7The poles are to be inserted into the rings so they will be on two sides of the altar when it is carried. 8Make the altar hollow, out of boards. It is to be made just as you were shown on the mountain.

The Courtyard

9"Make a courtyard for the tabernacle. The south side shall be a hundred cubits*z* long and is to have curtains of finely twisted linen, 10with twenty posts and twenty bronze bases and with silver hooks and bands

---

y 27:1 dos metros con treinta centímetros. Lit. *cinco* *codos.*
z 27:1 un metro con treinta centímetros. Lit. *tres codos.*
a 27:9 cuarenta y cinco metros. Lit. *cien codos;* también en v. 11.

x 1 That is, about 4 1/2 feet (about 1.3 meters)   *y 1* That is, about 7 1/2 feet (about 2.3 meters) long and wide   *z 9* That is, about 150 feet (about 46 meters); also in verse 11

de plata. 11También el lado norte debe medir cuarenta y cinco metros de largo y tener cortinas, veinte postes y veinte bases de bronce. Los postes deben también contar con empalmes y ganchos de plata.

12»A todo lo ancho del lado occidental del atrio, que debe medir veintidós metros y medio,*b* habrá cortinas, diez postes y diez bases. 13El lado oriental del atrio, que da hacia la salida del sol, también deberá medir veintidós metros y medio. 14Habrá cortinas de siete metros*c* de largo, y tres postes y tres bases a un lado de la entrada, 15lo mismo que del otro lado.

16»A la entrada del atrio habrá una cortina de nueve metros*d* de largo, de púrpura, carmesí, escarlata y lino fino, recamada artísticamente, y además cuatro postes y cuatro bases. 17Todos los postes alrededor del atrio deben tener empalmes y ganchos de plata, y bases de bronce. 18El atrio medirá cuarenta y cinco metros de largo por veintidós metros y medio de ancho,*e* con cortinas de lino fino de dos metros con treinta centímetros*f* de alto, y con bases de bronce. 19Todas las estacas y los demás utensilios para el servicio del santuario serán de bronce, incluyendo las estacas del atrio.

El aceite para el candelabro

20»Ordénales a los israelitas que te traigan aceite puro de oliva, para que las lámparas estén siempre encendidas. 21Aarón y sus hijos deberán mantenerlas encendidas toda la noche en presencia del SEÑOR, en la *Tienda de reunión, fuera de la cortina que está ante el arca del *pacto. Esta ley deberá cumplirse entre los israelitas siempre, por todas las generaciones.

Las vestiduras sacerdotales

28 »Haz que comparezcan ante ti tu hermano Aarón y sus hijos Nadab, Abiú, Eleazar e Itamar. De entre todos los israelitas, ellos me servirán como sacerdotes. 2Hazle a tu hermano Aarón vestiduras sagradas que le confieran honra y dignidad. 3Habla con todos los expertos a quienes he dado habilidades especiales, para que hagan las vestiduras de Aarón, y así lo consagre yo como mi sacerdote.

4»Las vestiduras que le harás son las siguientes: un pectoral, un *efod, un manto, una túnica bordada, un turbante y una faja. Estas vestiduras sagradas se harán para tu hermano Aarón y para sus hijos, a fin de que me sirvan como sacerdotes. 5Al efecto se usará oro, púrpura, carmesí, escarlata y lino.

El efod

6»El *efod se bordará artísticamente con oro, púrpura, carmesí, escarlata y lino fino. 7En sus dos extremos tendrá hombreras con cintas, para que pueda sujetarse. 8El cinturón bordado con el que se sujeta el efod deberá ser del mismo material, es decir, de oro, púrpura, carmesí, escarlata y lino fino, y formará con el efod una sola pieza.

9»Toma dos piedras de ónice, y graba en ellas los *nombres de los doce hijos de Israel 10por orden de nacimiento, seis nombres en una piedra, y seis en la otra. 11Un joyero grabará los nombres en las dos piedras, como los orfebres graban sellos: engarzará las

on the posts. 11The north side shall also be a hundred cubits long and is to have curtains, with twenty posts and twenty bronze bases and with silver hooks and bands on the posts.

12"The west end of the courtyard shall be fifty cubits*a* wide and have curtains, with ten posts and ten bases. 13On the east end, toward the sunrise, the courtyard shall also be fifty cubits wide. 14Curtains fifteen cubits*b* long are to be on one side of the entrance, with three posts and three bases, 15and curtains fifteen cubits long are to be on the other side, with three posts and three bases.

16"For the entrance to the courtyard, provide a curtain twenty cubits*c* long, of blue, purple and scarlet yarn and finely twisted linen—the work of an embroiderer—with four posts and four bases. 17All the posts around the courtyard are to have silver bands and hooks, and bronze bases. 18The courtyard shall be a hundred cubits long and fifty cubits wide,*d* with curtains of finely twisted linen five cubits*e* high, and with bronze bases. 19All the other articles used in the service of the tabernacle, whatever their function, including all the tent pegs for it and those for the courtyard, are to be of bronze.

Oil for the Lampstand

20"Command the Israelites to bring you clear oil of pressed olives for the light so that the lamps may be kept burning. 21In the Tent of Meeting, outside the curtain that is in front of the Testimony, Aaron and his sons are to keep the lamps burning before the LORD from evening till morning. This is to be a lasting ordinance among the Israelites for the generations to come.

The Priestly Garments

28 "Have Aaron your brother brought to you from among the Israelites, along with his sons Nadab and Abihu, Eleazar and Ithamar, so they may serve me as priests. 2Make sacred garments for your brother Aaron, to give him dignity and honor. 3Tell all the skilled men to whom I have given wisdom in such matters that they are to make garments for Aaron, for his consecration, so he may serve me as priest. 4These are the garments they are to make: a breastpiece, an ephod, a robe, a woven tunic, a turban and a sash. They are to make these sacred garments for your brother Aaron and his sons, so they may serve me as priests. 5Have them use gold, and blue, purple and scarlet yarn, and fine linen.

The Ephod

6"Make the ephod of gold, and of blue, purple and scarlet yarn, and of finely twisted linen—the work of a skilled craftsman. 7It is to have two shoulder pieces attached to two of its corners, so it can be fastened. 8Its skillfully woven waistband is to be like it—of one piece with the ephod and made with gold, and with blue, purple and scarlet yarn, and with finely twisted linen.

9"Take two onyx stones and engrave on them the names of the sons of Israel 10in the order of their birth—six names on one stone and the remaining six on the other. 11Engrave the names of the sons of Israel on the two stones the way a gem cutter engraves a seal.

---

b 27:12 veintidós metros y medio. Lit. *cincuenta codos;* también en v. 13.   *c 27:14 siete metros.* Lit. *quince codos;* también en v. 15.
d 27:16 nueve metros. Lit. *veinte codos.*   *e 27:18 cuarenta y cinco...de ancho.* Lit. *cien codos de largo por cincuenta codos de ancho.*   *f 27:18 dos metros con treinta centímetros.* Lit. *cinco codos.*

a 12 That is, about 75 feet (about 23 meters); also in verse 13
b 14 That is, about 22 1/2 feet (about 6.9 meters); also in verse 15
c 16 That is, about 30 feet (about 9 meters)   *d 18* That is, about 150 feet (about 46 meters) long and 75 feet (about 23 meters) wide
e 18 That is, about 7 1/2 feet (about 2.3 meters)

piedras en filigrana de oro 12 y las sujetará a las hombreras del efod. Así Aarón llevará en sus hombros los nombres de los hijos de Israel, para recordarlos ante el SEÑOR. 13 Haz también engastes en filigrana de oro, 14 y dos cadenillas de oro puro, a manera de cordón, para fijar las cadenillas en los engastes.

El pectoral

15 »El pectoral para impartir justicia lo bordarás artísticamente con oro, púrpura, carmesí, escarlata y lino fino, como hiciste con el *efod. 16 Será doble y cuadrado, de veinte centímetros g de largo por veinte de ancho. 17 Engarzarás en él cuatro hileras de piedras preciosas. En la primera pondrás un rubí, un crisólito y una esmeralda; 18 en la segunda, una turquesa, un zafiro y un jade; 19 en la tercera, un jacinto, un ágata y una amatista, 20 y en la cuarta, un topacio, un ónice y un jaspe.h Engárzalas en filigrana de oro. 21 Deben ser doce piedras, una por cada uno de los doce hijos de Israel. Cada una de las piedras llevará grabada como un sello el *nombre de una de las doce tribus.

22 »Haz unas cadenillas de oro puro, en forma de cordón, para el pectoral. 23 Ponle al pectoral dos anillos de oro, y sujétalos a sus dos extremos. 24 Sujeta las dos cadenillas de oro a los anillos del pectoral, 25 y une los extremos de las cadenillas a los dos engastes, para fijarlos por la parte delantera a las hombreras del efod.

26 »Haz otros dos anillos de oro, y fíjalos en los extremos del pectoral, en su borde interno cercano al efod. 27 Haz dos anillos más, también de oro, para fijarlos por el frente del efod, pero por debajo de las hombreras, cerca de la costura que va justamente arriba del cinturón. 28 Los anillos del pectoral deberán sujetarse a los anillos del efod con un cordón azul, trabándolo con el cinturón para que el pectoral y el efod queden unidos. 29 De este modo, siempre que Aarón entre en el Lugar Santo llevará sobre su *corazón, en el pectoral para impartir justicia, los nombres de los hijos de Israel para recordarlos siempre ante el SEÑOR. 30 Sobre el pectoral para impartir justicia pondrás el *urim y el tumim. De esta manera, siempre que Aarón se presente ante el SEÑOR, llevará en el pecho la causa de los israelitas.

Otras vestiduras sacerdotales

31 »Haz de púrpura todo el manto del *efod, 32 con una abertura en el centro para meter la cabeza. Alrededor de la abertura le pondrás un refuerzo, como el que se pone a los chalecos,i para que no se desgarre. 33 En torno al borde inferior del manto pondrás granadas de púrpura, carmesí y escarlata, alternándolas con campanillas de oro. 34 Por todo el borde del manto pondrás primero una campanilla y luego una granada. 35 Aarón debe llevar puesto el manto mientras esté ejerciendo su ministerio, para que el tintineo de las campanillas se oiga todo el tiempo que él esté ante el SEÑOR en el Lugar Santo, y así él no muera.

36 »Haz una placa de oro puro, y graba en ella, a manera de sello: CONSAGRADO AL SEÑOR. 37 Sujétala al turbante con un cordón púrpura, de modo que quede

Then mount the stones in gold filigree settings 12 and fasten them on the shoulder pieces of the ephod as memorial stones for the sons of Israel. Aaron is to bear the names on his shoulders as a memorial before the LORD. 13 Make gold filigree settings 14 and two braided chains of pure gold, like a rope, and attach the chains to the settings.

The Breastpiece

15 "Fashion a breastpiece for making decisions—the work of a skilled craftsman. Make it like the ephod: of gold, and of blue, purple and scarlet yarn, and of finely twisted linen. 16 It is to be square—a span f long and a span wide—and folded double. 17 Then mount four rows of precious stones on it. In the first row there shall be a ruby, a topaz and a beryl; 18 in the second row a turquoise, a sapphire g and an emerald; 19 in the third row a jacinth, an agate and an amethyst; 20 in the fourth row a chrysolite, an onyx and a jasper.h Mount them in gold filigree settings. 21 There are to be twelve stones, one for each of the names of the sons of Israel, each engraved like a seal with the name of one of the twelve tribes.

22 "For the breastpiece make braided chains of pure gold, like a rope. 23 Make two gold rings for it and fasten them to two corners of the breastpiece. 24 Fasten the two gold chains to the rings at the corners of the breastpiece, 25 and the other ends of the chains to the two settings, attaching them to the shoulder pieces of the ephod at the front. 26 Make two gold rings and attach them to the other two corners of the breastpiece on the inside edge next to the ephod. 27 Make two more gold rings and attach them to the bottom of the shoulder pieces on the front of the ephod, close to the seam just above the waistband of the ephod. 28 The rings of the breastpiece are to be tied to the rings of the ephod with blue cord, connecting it to the waistband, so that the breastpiece will not swing out from the ephod.

29 "Whenever Aaron enters the Holy Place, he will bear the names of the sons of Israel over his heart on the breastpiece of decision as a continuing memorial before the LORD. 30 Also put the Urim and the Thummim in the breastpiece, so they may be over Aaron's heart whenever he enters the presence of the LORD. Thus Aaron will always bear the means of making decisions for the Israelites over his heart before the LORD.

Other Priestly Garments

31 "Make the robe of the ephod entirely of blue cloth, 32 with an opening for the head in its center. There shall be a woven edge like a collari around this opening, so that it will not tear. 33 Make pomegranates of blue, purple and scarlet yarn around the hem of the robe, with gold bells between them. 34 The gold bells and the pomegranates are to alternate around the hem of the robe. 35 Aaron must wear it when he ministers. The sound of the bells will be heard when he enters the Holy Place before the LORD and when he comes out, so that he will not die.

36 "Make a plate of pure gold and engrave on it as on a seal: HOLY TO THE LORD. 37 Fasten a blue cord to it to attach it to the turban; it is to be on the front of the

---

g 28:16 veinte centímetros. Lit. un *palmo.   h 28:20 La identificación de algunas de estas piedras preciosas no ha podido establecerse con precisión.   i 28:32 como el que se pone a los chalecos. Frase de difícil traducción.

f 16 That is, about 9 inches (about 22 centimeters)   g 18 Or lapis lazuli   h 20 The precise identification of some of these precious stones is uncertain.   i 32 The meaning of the Hebrew for this word is uncertain.

fija a éste por la parte delantera. 38 Esta placa estará siempre sobre la frente de Aarón, para que el SEÑOR acepte todas las ofrendas de los israelitas, ya que Aarón llevará sobre sí el pecado en que ellos incurran al dedicar sus ofrendas sagradas.

39 »La túnica y el turbante los harás de lino. El cinturón deberá estar recamado artísticamente. 40 A los hijos de Aarón les harás túnicas, cinturones y mitras, para conferirles honra y dignidad. 41 Una vez que hayas vestido a tu hermano Aarón y a sus hijos, los ungirás para conferirles autoridad*j* y consagrarlos como mis sacerdotes.

42 »Hazles también calzoncillos de lino que les cubran el cuerpo desde la cintura hasta el muslo. 43 Aarón y sus hijos deberán ponérselos siempre que entren en la *Tienda de reunión, o cuando se acerquen al altar para ejercer su ministerio en el Lugar Santo, a fin de que no incurran en pecado y mueran. Ésta es una ley perpetua para Aarón y sus descendientes.

Consagración de los sacerdotes

29 »Para consagrarlos como sacerdotes a mi servicio, harás lo siguiente: Tomarás un novillo y dos carneros sin defecto, 2 y con harina fina de trigo harás panes y tortas sin levadura amasadas con aceite, y obleas sin levadura untadas con aceite. 3 Pondrás los panes, las tortas y las obleas en un canastillo, y me los presentarás junto con el novillo y los dos carneros. 4 Luego llevarás a Aarón y a sus hijos a la entrada de la *Tienda de reunión, y los bañarás. 5 Tomarás las vestiduras y le pondrás a Aarón la túnica, el *efod con su manto, y el pectoral. El efod se lo sujetarás con el cinturón. 6 Le pondrás el turbante en la cabeza, y sobre el turbante, la tiara sagrada. 7 Luego lo ungirás derramando el aceite de la unción sobre su cabeza. 8 Acercarás entonces a sus hijos y les pondrás las túnicas 9 y las mitras; a continuación, les ceñirás los cinturones a Aarón y a sus hijos. Así les conferirás autoridad, y el sacerdocio será para ellos una ley perpetua.

10 »Arrimarás el novillo a la entrada de la Tienda de reunión para que Aarón y sus hijos le pongan las manos sobre la cabeza, 11 y allí, en presencia del SEÑOR, sacrificarás al novillo. 12 Con el dedo tomarás un poco de la sangre del novillo y la untarás en los cuernos del altar, y al pie del altar derramarás la sangre restante. 13 Al hígado y a los dos riñones les quitarás la grasa que los recubre, y la quemarás sobre el altar; 14 pero la carne del novillo, su piel y su excremento los quemarás fuera del campamento, pues se trata de un sacrificio por el pecado.

15 »Tomarás luego uno de los carneros para que Aarón y sus hijos le pongan las manos sobre la cabeza; 16 lo sacrificarás, y con la sangre rociarás el altar y sus cuatro costados. 17 Destazarás el carnero y, luego de lavarle los intestinos y las piernas, los pondrás sobre los pedazos y la cabeza del carnero, 18 y quemarás todo el carnero sobre el altar. Se trata de un *holocausto, de una ofrenda presentada por fuego, de aroma grato al SEÑOR.

19 »Tomarás entonces el otro carnero para que Aarón y sus hijos le pongan las manos sobre la cabeza, 20 y lo sacrificarás, poniendo un poco de su sangre en el lóbulo de la oreja derecha de Aarón y de sus hijos, lo mismo que en el pulgar derecho y en el dedo gordo derecho. Después de eso rociarás el altar y sus cuatro

turban. 38 It will be on Aaron's forehead, and he will bear the guilt involved in the sacred gifts the Israelites consecrate, whatever their gifts may be. It will be on Aaron's forehead continually so that they will be acceptable to the LORD.

39 "Weave the tunic of fine linen and make the turban of fine linen. The sash is to be the work of an embroiderer. 40 Make tunics, sashes and headbands for Aaron's sons, to give them dignity and honor. 41 After you put these clothes on your brother Aaron and his sons, anoint and ordain them. Consecrate them so they may serve me as priests.

42 "Make linen undergarments as a covering for the body, reaching from the waist to the thigh. 43 Aaron and his sons must wear them whenever they enter the Tent of Meeting or approach the altar to minister in the Holy Place, so that they will not incur guilt and die.

"This is to be a lasting ordinance for Aaron and his descendants.

Consecration of the Priests

29 "This is what you are to do to consecrate them, so they may serve me as priests: Take a young bull and two rams without defect. 2 And from fine wheat flour, without yeast, make bread, and cakes mixed with oil, and wafers spread with oil. 3 Put them in a basket and present them in it—along with the bull and the two rams. 4 Then bring Aaron and his sons to the entrance to the Tent of Meeting and wash them with water. 5 Take the garments and dress Aaron with the tunic, the robe of the ephod, the ephod itself and the breastpiece. Fasten the ephod on him by its skillfully woven waistband. 6 Put the turban on his head and attach the sacred diadem to the turban. 7 Take the anointing oil and anoint him by pouring it on his head. 8 Bring his sons and dress them in tunics 9 and put headbands on them. Then tie sashes on Aaron and his sons.*j* The priesthood is theirs by a lasting ordinance. In this way you shall ordain Aaron and his sons.

10 "Bring the bull to the front of the Tent of Meeting, and Aaron and his sons shall lay their hands on its head. 11 Slaughter it in the LORD's presence at the entrance to the Tent of Meeting. 12 Take some of the bull's blood and put it on the horns of the altar with your finger, and pour out the rest of it at the base of the altar. 13 Then take all the fat around the inner parts, the covering of the liver, and both kidneys with the fat on them, and burn them on the altar. 14 But burn the bull's flesh and its hide and its offal outside the camp. It is a sin offering.

15 "Take one of the rams, and Aaron and his sons shall lay their hands on its head. 16 Slaughter it and take the blood and sprinkle it against the altar on all sides. 17 Cut the ram into pieces and wash the inner parts and the legs, putting them with the head and the other pieces. 18 Then burn the entire ram on the altar. It is a burnt offering to the LORD, a pleasing aroma, an offering made to the LORD by fire.

19 "Take the other ram, and Aaron and his sons shall lay their hands on its head. 20 Slaughter it, take some of its blood and put it on the lobes of the right ears of Aaron and his sons, on the thumbs of their right hands, and on the big toes of their right feet. Then sprinkle

---

j 28:41 para conferirles autoridad. Lit. *y llenarás sus manos;* también en 29:9.

j 9 Hebrew; Septuagint *on them*

costados con la sangre, 21 y rociarás también un poco de esa sangre y del aceite de la unción sobre Aarón y sus hijos, y sobre sus vestiduras. Así Aarón y sus hijos y sus vestiduras quedarán consagrados.

22 »De este carnero, que representa la autoridad conferida a los sacerdotes, tomarás la cola, la grasa que recubre las vísceras, el hígado, los dos riñones y el muslo derecho. 23 Del canastillo del pan sin levadura que está ante el SEÑOR, tomarás uno de los panes, una torta hecha con aceite y una oblea, 24 y meciéndolos ante el SEÑOR los pondrás en las manos de Aarón y de sus hijos. Se trata de una ofrenda mecida. 25 Luego ellos deberán devolverte todo esto para que tú, en presencia del SEÑOR, lo quemes sobre el altar, junto con el holocausto de aroma grato. Ésta es una ofrenda presentada por fuego en honor del SEÑOR. 26 Después de eso, tomarás el pecho del carnero que representa la autoridad conferida a Aarón, y lo mecerás ante el SEÑOR, pues se trata de una ofrenda mecida. Esa porción será la tuya.

27 »Aparta el pecho del carnero que fue mecido para conferirles autoridad a Aarón y a sus hijos, y también el muslo que fue presentado como ofrenda, pues son las porciones que a ellos les corresponden. 28 Éstas son las porciones que, de sus sacrificios de *comunión al SEÑOR, les darán siempre los israelitas a Aarón y a sus hijos como contribución.

29 »Las vestiduras sagradas de Aarón pasarán a ser de sus descendientes, para que sean ungidos y ordenados con ellas. 30 Cualquiera de los sacerdotes descendientes de Aarón que se presente en la Tienda de reunión para ministrar en el Lugar Santo, deberá llevar puestas esas vestiduras durante siete días.

31 »Toma el carnero con que se les confirió autoridad, y cuece su carne en el lugar sagrado. 32 A la entrada de la Tienda de reunión, Aarón y sus hijos comerán la carne del carnero y el pan que está en el canastillo. 33 Con esas ofrendas se hizo *expiación por ellos, se les confirió autoridad y se les consagró; sólo ellos podrán comerlas, y nadie más, porque son ofrendas sagradas. 34 Si hasta el otro día queda algo del carnero con que se les confirió autoridad, o algo del pan, quémalo. No debe comerse, porque es parte de las ofrendas sagradas.

35 »Haz con Aarón y con sus hijos todo lo que te he ordenado. Dedica siete días a conferirles autoridad. 36 Para hacer expiación, cada día ofrecerás un novillo como ofrenda por el pecado. Purificarás el altar haciendo expiación por él y ungiéndolo para consagrarlo. 37 Esto lo harás durante siete días. Así el altar y cualquier cosa que lo toque quedarán consagrados.

38 »Todos los días ofrecerás sobre el altar dos corderos de un año. 39 Al despuntar el día, ofrecerás uno de ellos, y al caer la tarde, el otro. 40 Con el primer cordero ofrecerás, como ofrenda de libación, dos kilos*k* de harina fina mezclada con un litro de aceite de oliva, y un litro*l* de vino. 41 El otro cordero lo sacrificarás al caer la tarde, como ofrenda presentada por fuego de aroma grato al SEÑOR, junto con una ofrenda de libación como la presentada en la mañana.

42 »Las generaciones futuras deberán ofrecer siempre este holocausto al SEÑOR. Lo harán a la entrada de la Tienda de reunión, donde yo me reuniré contigo y te hablaré, 43 y donde también me reuniré con los israelitas. Mi gloriosa presencia *santificará ese lugar.

44 »Consagraré la Tienda de reunión y el altar, y consagraré también a Aarón y a sus hijos para que me sirvan como sacerdotes. 45 Habitaré entre los israelitas,

blood against the altar on all sides. 21 And take some of the blood on the altar and some of the anointing oil and sprinkle it on Aaron and his garments and on his sons and their garments. Then he and his sons and their garments will be consecrated.

22 "Take from this ram the fat, the fat tail, the fat around the inner parts, the covering of the liver, both kidneys with the fat on them, and the right thigh. (This is the ram for the ordination.) 23 From the basket of bread made without yeast, which is before the LORD, take a loaf, and a cake made with oil, and a wafer. 24 Put all these in the hands of Aaron and his sons and wave them before the LORD as a wave offering. 25 Then take them from their hands and burn them on the altar along with the burnt offering for a pleasing aroma to the LORD, an offering made to the LORD by fire. 26 After you take the breast of the ram for Aaron's ordination, wave it before the LORD as a wave offering, and it will be your share.

27 "Consecrate those parts of the ordination ram that belong to Aaron and his sons: the breast that was waved and the thigh that was presented. 28 This is always to be the regular share from the Israelites for Aaron and his sons. It is the contribution the Israelites are to make to the LORD from their fellowship offerings.*k*

29 "Aaron's sacred garments will belong to his descendants so that they can be anointed and ordained in them. 30 The son who succeeds him as priest and comes to the Tent of Meeting to minister in the Holy Place is to wear them seven days.

31 "Take the ram for the ordination and cook the meat in a sacred place. 32 At the entrance to the Tent of Meeting, Aaron and his sons are to eat the meat of the ram and the bread that is in the basket. 33 They are to eat these offerings by which atonement was made for their ordination and consecration. But no one else may eat them, because they are sacred. 34 And if any of the meat of the ordination ram or any bread is left over till morning, burn it up. It must not be eaten, because it is sacred.

35 "Do for Aaron and his sons everything I have commanded you, taking seven days to ordain them. 36 Sacrifice a bull each day as a sin offering to make atonement. Purify the altar by making atonement for it, and anoint it to consecrate it. 37 For seven days make atonement for the altar and consecrate it. Then the altar will be most holy, and whatever touches it will be holy.

38 "This is what you are to offer on the altar regularly each day: two lambs a year old. 39 Offer one in the morning and the other at twilight. 40 With the first lamb offer a tenth of an ephah*l* of fine flour mixed with a quarter of a hin*m* of oil from pressed olives, and a quarter of a hin of wine as a drink offering. 41 Sacrifice the other lamb at twilight with the same grain offering and its drink offering as in the morning—a pleasing aroma, an offering made to the LORD by fire.

42 "For the generations to come this burnt offering is to be made regularly at the entrance to the Tent of Meeting before the LORD. There I will meet you and speak to you; 43 there also I will meet with the Israelites, and the place will be consecrated by my glory.

44 "So I will consecrate the Tent of Meeting and the altar and will consecrate Aaron and his sons to serve me as priests. 45 Then I will dwell among the Israelites

---

k 29:40 dos kilos. Lit. un *efa.*   *l 29:40* un litro ... un litro. Lit. un cuarto de *hin ... un cuarto de hin.

k 28 Traditionally *peace offerings*   *l 40* That is, probably about 2 quarts (about 2 liters)   *m 40* That is, probably about 1 quart (about 1 liter)

y seré su Dios. 46 Así sabrán que yo soy el SEÑOR su Dios, que los sacó de Egipto para habitar entre ellos. Yo soy el SEÑOR su Dios.

El altar del incienso

30 »Haz un altar de madera de acacia para quemar incienso. 2 Hazlo cuadrado, de cuarenta y cinco centímetros de largo por cuarenta y cinco centímetros de ancho y noventa centímetros de alto.m Sus cuernos deben formar una pieza con el altar. 3 Recubre de oro puro su parte superior, sus cuatro costados y los cuernos, y ponle una moldura de oro alrededor. 4 Ponle también dos anillos de oro en cada uno de sus costados, debajo de la moldura, para que pasen por ellos las varas para transportarlo. 5 Prepara las varas de madera de acacia, y recúbrelas de oro. 6 Pon el altar frente a la cortina que está ante el arca del *pacto, es decir, ante el *propiciatorio que está sobre el arca, que es donde me reuniré contigo.

7 »Cada mañana, cuando Aarón prepare las lámparas, quemará incienso aromático sobre el altar, 8 y también al caer la tarde, cuando las encienda. Las generaciones futuras deberán quemar siempre incienso ante el SEÑOR. 9 No ofrezcas sobre ese altar ningún otro incienso, ni *holocausto ni ofrenda de grano, ni derrames sobre él libación alguna. 10 Cada año Aarón hará *expiación por el pecado de las generaciones futuras. Lo hará poniendo la sangre de la ofrenda de expiación sobre los cuernos del altar. Este altar estará completamente consagrado al SEÑOR.»

Dinero para la expiación

11 El SEÑOR habló con Moisés y le dijo: 12 «Cuando hagas el censo y cuentes a los israelitas, cada uno deberá pagar al SEÑOR rescate por su *vida, para que no le sobrevenga ninguna plaga durante el censo. 13 Cada uno de los censados deberá pagar como ofrenda al SEÑOR seis gramosn de plata, que es la mitad de la tasación oficial del santuario.ñ 14 Todos los censados mayores de veinte años deberán entregar esta ofrenda al SEÑOR. 15 Al pagar su rescate, ni el rico dará más de seis gramos, ni el pobre dará menos. 16 Tú mismo recibirás esta plata de manos de los israelitas, y la entregarás para el servicio de la *Tienda de reunión. De esta manera el SEÑOR tendrá presente que los israelitas pagaron su rescate.»

El lavamanos

17 El SEÑOR habló con Moisés y le dijo: 18 «Haz un lavamanos de bronce, con un pedestal también de bronce, y colócalo entre la *Tienda de reunión y el altar. Échale agua, 19 pues en ella deben lavarse Aarón y sus hijos las manos y los pies. 20 Siempre que entren en la Tienda de reunión, o cuando se acerquen al altar y presenten al SEÑOR alguna ofrenda por fuego, deberán lavarse con agua 21 las manos y los pies para que no mueran. Ésta será una ley perpetua para Aarón y sus descendientes por todas las generaciones.»

El aceite de la unción

22 El SEÑOR habló con Moisés y le dijo: 23 «Toma las siguientes especias finas: seis kilos de mirra líquida, tres kilos de canela aromática, tres kilos de caña aro-

and be their God. 46 They will know that I am the LORD their God, who brought them out of Egypt so that I might dwell among them. I am the LORD their God.

The Altar of Incense

30 "Make an altar of acacia wood for burning incense. 2 It is to be square, a cubit long and a cubit wide, and two cubits highn—its horns of one piece with it. 3 Overlay the top and all the sides and the horns with pure gold, and make a gold molding around it. 4 Make two gold rings for the altar below the molding—two on opposite sides—to hold the poles used to carry it. 5 Make the poles of acacia wood and overlay them with gold. 6 Put the altar in front of the curtain that is before the ark of the Testimony—before the atonement cover that is over the Testimony—where I will meet with you.

7 "Aaron must burn fragrant incense on the altar every morning when he tends the lamps. 8 He must burn incense again when he lights the lamps at twilight so incense will burn regularly before the LORD for the generations to come. 9 Do not offer on this altar any other incense or any burnt offering or grain offering, and do not pour a drink offering on it. 10 Once a year Aaron shall make atonement on its horns. This annual atonement must be made with the blood of the atoning sin offering for the generations to come. It is most holy to the LORD."

Atonement Money

11 Then the LORD said to Moses, 12 "When you take a census of the Israelites to count them, each one must pay the LORD a ransom for his life at the time he is counted. Then no plague will come on them when you number them. 13 Each one who crosses over to those already counted is to give a half shekel,o according to the sanctuary shekel, which weighs twenty gerahs. This half shekel is an offering to the LORD. 14 All who cross over, those twenty years old or more, are to give an offering to the LORD. 15 The rich are not to give more than a half shekel and the poor are not to give less when you make the offering to the LORD to atone for your lives. 16 Receive the atonement money from the Israelites and use it for the service of the Tent of Meeting. It will be a memorial for the Israelites before the LORD, making atonement for your lives."

Basin for Washing

17 Then the LORD said to Moses, 18 "Make a bronze basin, with its bronze stand, for washing. Place it between the Tent of Meeting and the altar, and put water in it. 19 Aaron and his sons are to wash their hands and feet with water from it. 20 Whenever they enter the Tent of Meeting, they shall wash with water so that they will not die. Also, when they approach the altar to minister by presenting an offering made to the LORD by fire, 21 they shall wash their hands and feet so that they will not die. This is to be a lasting ordinance for Aaron and his descendants for the generations to come."

Anointing Oil

22 Then the LORD said to Moses, 23 "Take the following fine spices: 500 shekelsp of liquid myrrh, half as much (that is, 250 shekels) of fragrant cinnamon, 250

---

m 30:2 cuarenta y cinco ... de alto. Lit. un *codo de largo por un codo de ancho y dos codos de alto.   n 30:13 seis gramos. Lit. medio *siclo; también en v. 15.   ñ 30:13 que es la mitad de la tasación oficial del santuario. Lit. según el siclo del santuario, que es de veinte *guerás.

n 2 That is, about 1 1/2 feet (about 0.5 meter) long and wide and about 3 feet (about 0.9 meter) high   o 13 That is, about 1/5 ounce (about 6 grams); also in verse 15   p 23 That is, about 12 1/2 pounds (about 6 kilograms)

mática, 24seis kilos[o] de casia, y cuatro litros[p] de aceite de oliva, según la tasación oficial[q] del santuario. 25Con estos ingredientes harás un aceite, es decir, una mezcla aromática como las de los fabricantes de perfumes. Éste será el aceite de la unción sagrada. 26Con él deberás ungir la *Tienda de reunión, el arca del *pacto, 27la mesa y todos sus utensilios, el candelabro y sus accesorios, el altar del incienso, 28el altar de los *holocaustos y todos sus utensilios, y el lavamanos con su pedestal. 29De este modo los consagrarás, y serán objetos santísimos; cualquier cosa que toque esos objetos quedará también consagrada.

30»Unge a Aarón y a sus hijos, y conságralos para que me sirvan como sacerdotes. 31A los israelitas les darás las siguientes instrucciones: "De aquí en adelante, éste será mi aceite de la unción sagrada. 32No lo derramen sobre el cuerpo de cualquier hombre, ni preparen otro aceite con la misma fórmula. Es un aceite sagrado, y así deberán considerarlo. 33Cualquiera que haga un perfume como éste, y cualquiera que unja con él a alguien que no sea sacerdote, será eliminado de su pueblo."»

El incienso

34El SEÑOR le dijo a Moisés: «Toma una misma cantidad de resina, ámbar, gálbano e incienso puro, 35y mezcla todo esto para hacer un incienso aromático, como lo hacen los fabricantes de perfumes. Agrégale sal a la mezcla, para que sea un incienso puro y sagrado. 36Muele parte de la mezcla hasta hacerla polvo, y colócala en la *Tienda de reunión, frente al arca del *pacto, donde yo me reuniré contigo. Este incienso será para ustedes algo muy sagrado, 37y no deberá hacerse ningún otro incienso con la misma fórmula, pues le pertenece al SEÑOR. Ustedes deberán considerarlo como algo sagrado. 38Quien haga otro incienso parecido para disfrutar de su fragancia, será eliminado de su pueblo.»

Bezalel y Aholiab

31 El SEÑOR habló con Moisés y le dijo: 2«Toma en cuenta que he escogido a Bezalel, hijo de Uri y nieto de Jur, de la tribu de Judá, 3y lo he llenado del Espíritu de Dios, de sabiduría, inteligencia y capacidad creativa 4para hacer trabajos artísticos en oro, plata y bronce, 5para cortar y engastar piedras preciosas, para hacer tallados en madera y para realizar toda clase de artesanías.

6»Además, he designado como su ayudante a Aholiab hijo de Ajisamac, de la tribu de Dan, y he dotado de habilidad a todos los artesanos para que hagan todo lo que te he mandado hacer, es decir:

7la *Tienda de reunión,
el arca del *pacto,
el *propiciatorio que va encima de ella,
el resto del mobiliario de la Tienda,
8la mesa y sus utensilios,
el candelabro de oro puro y todos sus accesorios,
el altar del incienso,
9el altar de los *holocaustos y todos sus utensilios,
el lavamanos con su pedestal,
10las vestiduras tejidas, tanto las vestiduras sagradas
para Aarón el sacerdote como las vestiduras
sacerdotales de sus hijos,

[o] 30:23-24 *seis kilos ... tres kilos ... tres kilos ... seis kilos.* Lit. *quinientos siclos ... doscientos cincuenta siclos ... doscientos cincuenta siclos ... quinientos siclos.* [p] 30:24 *cuatro litros.* Lit. *un hin.* [q] 30:24 *la tasación oficial.* Lit. *el siclo.*

shekels of fragrant cane, 24500 shekels of cassia—all according to the sanctuary shekel—and a hin[q] of olive oil. 25Make these into a sacred anointing oil, a fragrant blend, the work of a perfumer. It will be the sacred anointing oil. 26Then use it to anoint the Tent of Meeting, the ark of the Testimony, 27the table and all its articles, the lampstand and its accessories, the altar of incense, 28the altar of burnt offering and all its utensils, and the basin with its stand. 29You shall consecrate them so they will be most holy, and whatever touches them will be holy.

30"Anoint Aaron and his sons and consecrate them so they may serve me as priests. 31Say to the Israelites, 'This is to be my sacred anointing oil for the generations to come. 32Do not pour it on men's bodies and do not make any oil with the same formula. It is sacred, and you are to consider it sacred. 33Whoever makes perfume like it and whoever puts it on anyone other than a priest must be cut off from his people.'"

Incense

34Then the LORD said to Moses, "Take fragrant spices—gum resin, onycha and galbanum—and pure frankincense, all in equal amounts, 35and make a fragrant blend of incense, the work of a perfumer. It is to be salted and pure and sacred. 36Grind some of it to powder and place it in front of the Testimony in the Tent of Meeting, where I will meet with you. It shall be most holy to you. 37Do not make any incense with this formula for yourselves; consider it holy to the LORD. 38Whoever makes any like it to enjoy its fragrance must be cut off from his people."

Bezalel and Oholiab

31 Then the LORD said to Moses, 2"See, I have chosen Bezalel son of Uri, the son of Hur, of the tribe of Judah, 3and I have filled him with the Spirit of God, with skill, ability and knowledge in all kinds of crafts— 4to make artistic designs for work in gold, silver and bronze, 5to cut and set stones, to work in wood, and to engage in all kinds of craftsmanship. 6Moreover, I have appointed Oholiab son of Ahisamach, of the tribe of Dan, to help him. Also I have given skill to all the craftsmen to make everything I have commanded you: 7the Tent of Meeting, the ark of the Testimony with the atonement cover on it, and all the other furnishings of the tent— 8the table and its articles, the pure gold lampstand and all its accessories, the altar of incense, 9the altar of burnt offering and all its utensils, the basin with its stand— 10and also the woven garments, both the sacred garments for Aaron the priest and the garments for his sons when they

[q] 24 That is, probably about 4 quarts (about 4 liters)

11 el aceite de la unción,

y el incienso aromático para el Lugar Santo.

»Todo deberán hacerlo tal como te he mandado que lo hagas.»

El sábado

12 El SEÑOR le ordenó a Moisés:

13 «Diles lo siguiente a los israelitas: "Ustedes deberán observar mis *sábados. En todas las generaciones venideras, el sábado será una señal entre ustedes y yo, para que sepan que yo, el SEÑOR, los he consagrado para que me sirvan.r

14 » "El sábado será para ustedes un día sagrado. Obsérvenlo.

» "Quien no lo observe será condenado a muerte.

» "Quien haga algún trabajo en sábado será eliminado de su pueblo.

15 » "Durante seis días se podrá trabajar, pero el día séptimo, el sábado, será de reposo consagrado al SEÑOR.

» "Quien haga algún trabajo en sábado será condenado a muerte."

16 »Los israelitas deberán observar el sábado. En todas las generaciones futuras será para ellos un *pacto perpetuo, 17 una señal eterna entre ellos y yo.

»En efecto, en seis días hizo el SEÑOR los cielos y la tierra, y el séptimo día descansó.»

18 Y cuando terminó de hablar con Moisés en el monte Sinaí, le dio las dos tablas de la *ley, que eran dos lajas escritas por el dedo mismo de Dios.

El becerro de oro

32 Al ver los israelitas que Moisés tardaba en bajar del monte, fueron a reunirse con Aarón y le dijeron:

—Tienes que hacernos dioses que marchens al frente de nosotros, porque a ese Moisés que nos sacó de Egipto, ¡no sabemos qué pudo haberle pasado!

2 Aarón les respondió:

—Quítenles a sus mujeres los aretes de oro, y también a sus hijos e hijas, y tráiganmelos.

3 Todos los israelitas se quitaron los aretes de oro que llevaban puestos, y se los llevaron a Aarón, 4 quien los recibió y los fundió; luego cinceló el oro fundido e hizo un ídolo en forma de becerro. Entonces exclamó el pueblo: «Israel, ¡aquí tienes a tu dios que te sacó de Egipto!»

5 Cuando Aarón vio esto, construyó un altar enfrente del becerro y anunció:

—Mañana haremos fiesta en honor del SEÑOR.

6 En efecto, al día siguiente los israelitas madrugaron y presentaron *holocaustos y sacrificios de *comunión. Luego el pueblo se sentó a comer y a beber, y se entregó al desenfreno. 7 Entonces el SEÑOR le dijo a Moisés:

—Baja, porque ya se ha corrompido el pueblo que sacaste de Egipto. 8 Demasiado pronto se han apartado del *camino que les ordené seguir, pues no sólo han fundido oro y se han hecho un ídolo en forma de becerro, sino que se han inclinado ante él, le han ofrecido sacrificios, y han declarado: "Israel, ¡aquí tienes a tu dios que te sacó de Egipto!"

9 »Ya me he dado cuenta de que éste es un pueblo

serve as priests, 11 and the anointing oil and fragrant incense for the Holy Place. They are to make them just as I commanded you."

The Sabbath

12 Then the LORD said to Moses, 13 "Say to the Israelites, 'You must observe my Sabbaths. This will be a sign between me and you for the generations to come, so you may know that I am the LORD, who makes you holy.r

14 " 'Observe the Sabbath, because it is holy to you. Anyone who desecrates it must be put to death; whoever does any work on that day must be cut off from his people. 15 For six days, work is to be done, but the seventh day is a Sabbath of rest, holy to the LORD. Whoever does any work on the Sabbath day must be put to death. 16 The Israelites are to observe the Sabbath, celebrating it for the generations to come as a lasting covenant. 17 It will be a sign between me and the Israelites forever, for in six days the LORD made the heavens and the earth, and on the seventh day he abstained from work and rested.' "

18 When the LORD finished speaking to Moses on Mount Sinai, he gave him the two tablets of the Testimony, the tablets of stone inscribed by the finger of God.

The Golden Calf

32 When the people saw that Moses was so long in coming down from the mountain, they gathered around Aaron and said, "Come, make us godss who will go before us. As for this fellow Moses who brought us up out of Egypt, we don't know what has happened to him."

2 Aaron answered them, "Take off the gold earrings that your wives, your sons and your daughters are wearing, and bring them to me." 3 So all the people took off their earrings and brought them to Aaron. 4 He took what they handed him and made it into an idol cast in the shape of a calf, fashioning it with a tool. Then they said, "These are your gods,t O Israel, who brought you up out of Egypt."

5 When Aaron saw this, he built an altar in front of the calf and announced, "Tomorrow there will be a festival to the LORD." 6 So the next day the people rose early and sacrificed burnt offerings and presented fellowship offerings.u Afterward they sat down to eat and drink and got up to indulge in revelry.

7 Then the LORD said to Moses, "Go down, because your people, whom you brought up out of Egypt, have become corrupt. 8 They have been quick to turn away from what I commanded them and have made themselves an idol cast in the shape of a calf. They have bowed down to it and sacrificed to it and have said, 'These are your gods, O Israel, who brought you up out of Egypt.'

9 "I have seen these people," the LORD said to Moses,

---

r 31:13 los he consagrado para que me sirvan. Alt. los he separado como santos.   s 32:1 dioses que marchen. Alt. un dios que marche; también en v. 23.

r 13 Or who sanctifies you; or who sets you apart as holy
s 1 Or a god; also in verses 23 and 31   t 4 Or This is your god; also in verse 8   u 6 Traditionally peace offerings

terco —añadió el SEÑOR, dirigiéndose a Moisés—. 10 Tú no te metas. Yo voy a descargar mi ira sobre ellos, y los voy a destruir. Pero de ti haré una gran nación.

11 Moisés intentó apaciguar al SEÑOR su Dios, y le suplicó:

—SEÑOR, ¿por qué ha de encenderse tu ira contra este pueblo tuyo, que sacaste de Egipto con gran poder y con mano poderosa? 12 ¿Por qué dar pie a que los egipcios digan que nos sacaste de su país con la intención de matarnos en las montañas y borrarnos de la faz de la tierra? ¡Calma ya tu enojo! ¡Aplácate y no traigas sobre tu pueblo esa desgracia! 13 Acuérdate de tus siervos Abraham, Isaac e Israel. Tú mismo les juraste que harías a sus descendientes tan numerosos como las estrellas del cielo; ¡tú les prometiste que a sus descendientes les darías toda esta tierra como su herencia eterna!

14 Entonces el SEÑOR se calmó y desistió de hacerle a su pueblo el daño que le había sentenciado.

15 Moisés volvió entonces del monte. Cuando bajó, traía en sus manos las dos tablas de la *ley, las cuales estaban escritas por sus dos lados. 16 Tanto las tablas como la escritura grabada en ellas eran obra de Dios.

17 Cuando Josué oyó el ruido y los gritos del pueblo, le dijo a Moisés:

—Se oyen en el campamento gritos de guerra.

18 Pero Moisés respondió:

«Lo que escucho no son gritos de victoria,
ni tampoco lamentos de derrota;
más bien, lo que escucho son canciones.»

19 Cuando Moisés se acercó al campamento y vio el becerro y las danzas, ardió en ira y arrojó de sus manos las tablas de la ley, haciéndolas pedazos al pie del monte. 20 Tomó entonces el becerro que habían hecho, lo arrojó al fuego, luego de machacarlo hasta hacerlo polvo, lo esparció en el agua y se la dio a beber a los israelitas. 21 A Aarón le dijo:

—¿Qué te hizo este pueblo? ¿Por qué lo has hecho cometer semejante pecado?

22 —Hermano mío,ᵗ no te enojes —contestó Aarón—. Tú bien sabes cuán inclinado al mal es este pueblo. 23 Ellos me dijeron: "Tienes que hacernos dioses que marchen al frente de nosotros, porque a ese Moisés que nos sacó de Egipto, ¡no sabemos qué pudo haberle pasado!" 24 Yo les contesté que todo el que tuviera joyas de oro se desprendiera de ellas. Ellos me dieron el oro, yo lo eché al fuego, ¡y lo que salió fue este becerro!

25 Al ver Moisés que el pueblo estaba desenfrenado y que Aarón les había permitido desmandarse y convertirse en el hazmerreír de sus enemigos, 26 se puso a la entrada del campamento y dijo: «Todo el que esté de parte del SEÑOR, que se pase de mi lado.» Y se le unieron todos los levitas.

27 Entonces les dijo Moisés: «El SEÑOR, Dios de Israel, ordena lo siguiente: "Cíñase cada uno la espada y recorra todo el campamento de un extremo al otro, y mate al que se le ponga enfrente, sea hermano, amigo o vecino."» 28 Los levitas hicieron lo que les mandó Moisés, y aquel día mataron como a tres mil israelitas. 29 Entonces dijo Moisés: «Hoy han recibido ustedes plena autoridad de parte del SEÑOR; él los ha bendecido este día, pues se pusieron en contra de sus propios hijos y hermanos.»

30 Al día siguiente, Moisés les dijo a los israelitas: «Ustedes han cometido un gran pecado. Pero voy a subir ahora para reunirme con el SEÑOR, y tal vez logre yo que Dios les perdone su pecado.»

"and they are a stiff-necked people. 10 Now leave me alone so that my anger may burn against them and that I may destroy them. Then I will make you into a great nation."

11 But Moses sought the favor of the LORD his God. "O LORD," he said, "why should your anger burn against your people, whom you brought out of Egypt with great power and a mighty hand? 12 Why should the Egyptians say, 'It was with evil intent that he brought them out, to kill them in the mountains and to wipe them off the face of the earth'? Turn from your fierce anger; relent and do not bring disaster on your people. 13 Remember your servants Abraham, Isaac and Israel, to whom you swore by your own self: 'I will make your descendants as numerous as the stars in the sky and I will give your descendants all this land I promised them, and it will be their inheritance forever.'"

14 Then the LORD relented and did not bring on his people the disaster he had threatened.

15 Moses turned and went down the mountain with the two tablets of the Testimony in his hands. They were inscribed on both sides, front and back. 16 The tablets were the work of God; the writing was the writing of God, engraved on the tablets.

17 When Joshua heard the noise of the people shouting, he said to Moses, "There is the sound of war in the camp."

18 Moses replied:

"It is not the sound of victory,
it is not the sound of defeat;
it is the sound of singing that I hear."

19 When Moses approached the camp and saw the calf and the dancing, his anger burned and he threw the tablets out of his hands, breaking them to pieces at the foot of the mountain. 20 And he took the calf they had made and burned it in the fire; then he ground it to powder, scattered it on the water and made the Israelites drink it.

21 He said to Aaron, "What did these people do to you, that you led them into such great sin?"

22 "Do not be angry, my lord," Aaron answered. "You know how prone these people are to evil. 23 They said to me, 'Make us gods who will go before us. As for this fellow Moses who brought us up out of Egypt, we don't know what has happened to him.' 24 So I told them, 'Whoever has any gold jewelry, take it off.' Then they gave me the gold, and I threw it into the fire, and out came this calf!"

25 Moses saw that the people were running wild and that Aaron had let them get out of control and so become a laughingstock to their enemies. 26 So he stood at the entrance to the camp and said, "Whoever is for the LORD, come to me." And all the Levites rallied to him.

27 Then he said to them, "This is what the LORD, the God of Israel, says: 'Each man strap a sword to his side. Go back and forth through the camp from one end to the other, each killing his brother and friend and neighbor.'" 28 The Levites did as Moses commanded, and that day about three thousand of the people died. 29 Then Moses said, "You have been set apart to the LORD today, for you were against your own sons and brothers, and he has blessed you this day."

30 The next day Moses said to the people, "You have committed a great sin. But now I will go up to the LORD; perhaps I can make atonement for your sin."

ᵗ 32:22 Hermano mío. Lit. Señor mío.

31 Volvió entonces Moisés para hablar con el Señor, y le dijo:

—¡Qué pecado tan grande ha cometido este pueblo al hacerse dioses*u* de oro! 32 Sin embargo, yo te ruego que les perdones su pecado. Pero si no vas a perdonarlos, ¡bórrame del libro que has escrito!

33 El Señor le respondió a Moisés:

—Sólo borraré de mi libro a quien haya pecado contra mí. 34 Tú ve y lleva al pueblo al lugar del que te hablé. Delante de ti irá mi ángel. Llegará el día en que deba castigarlos por su pecado, y entonces los castigaré.

35 Fue así como, por causa del becerro que había hecho Aarón, el Señor lanzó una plaga sobre el pueblo.

33 El Señor le dijo a Moisés: «Anda, vete de este lugar, junto con el pueblo que sacaste de Egipto, y dirígete a la tierra que bajo juramento prometí a Abraham, Isaac y Jacob que les daría a sus descendientes. 2 Enviaré un ángel delante de ti, y desalojaré a cananeos, amorreos, hititas, ferezeos, heveos y jebuseos. 3 Ve a la tierra donde abundan la leche y la miel. Yo no los acompañaré, porque ustedes son un pueblo terco, y podría yo destruirlos en el camino.»

4 Cuando los israelitas oyeron estas palabras tan demoledoras, comenzaron a llorar y nadie volvió a ponerse sus joyas, 5 pues el Señor le había dicho a Moisés: «Diles a los israelitas que son un pueblo terco. Si aun por un momento tuviera que acompañarlos, podría destruirlos. Diles que se quiten esas joyas, que ya decidiré qué hacer con ellos.» 6 Por eso, a partir del monte Horeb los israelitas no volvieron a ponerse joyas.

La Tienda de reunión

7 Moisés tomó una tienda de campaña y la armó a cierta distancia fuera del campamento. La llamó «la *Tienda de la reunión con el Señor». Cuando alguien quería consultar al Señor, tenía que salir del campamento e ir a esa tienda. 8 Siempre que Moisés se dirigía a ella, todo el pueblo se quedaba de pie a la entrada de su carpa y seguía a Moisés con la mirada, hasta que éste entraba en la Tienda de reunión. 9 En cuanto Moisés entraba en ella, la columna de nube descendía y tapaba la entrada, mientras el Señor hablaba con Moisés. 10 Cuando los israelitas veían que la columna de nube se detenía a la entrada de la Tienda de reunión, todos ellos se inclinaban a la entrada de su carpa y adoraban al Señor. 11 Y hablaba el Señor con Moisés cara a cara, como quien habla con un amigo. Después de eso, Moisés regresaba al campamento; pero Josué, su joven asistente, nunca se apartaba de la Tienda de reunión.

La gloria del Señor

12 Moisés le dijo al Señor:

—Tú insistes en que yo debo guiar a este pueblo, pero no me has dicho a quién enviarás conmigo. También me has dicho que soy tu amigo*v* y que cuento con tu favor. 13 Pues si realmente es así, dime qué quieres que haga. Así sabré que en verdad cuento con tu favor. Ten presente que los israelitas son tu pueblo.

14 —Yo mismo iré contigo y te daré descanso —respondió el Señor.

15 —O vas con todos nosotros —replicó Moisés—, o

31 So Moses went back to the Lord and said, "Oh, what a great sin these people have committed! They have made themselves gods of gold. 32 But now, please forgive their sin—but if not, then blot me out of the book you have written."

33 The Lord replied to Moses, "Whoever has sinned against me I will blot out of my book. 34 Now go, lead the people to the place I spoke of, and my angel will go before you. However, when the time comes for me to punish, I will punish them for their sin."

35 And the Lord struck the people with a plague because of what they did with the calf Aaron had made.

33 Then the Lord said to Moses, "Leave this place, you and the people you brought up out of Egypt, and go up to the land I promised on oath to Abraham, Isaac and Jacob, saying, 'I will give it to your descendants.' 2 I will send an angel before you and drive out the Canaanites, Amorites, Hittites, Perizzites, Hivites and Jebusites. 3 Go up to the land flowing with milk and honey. But I will not go with you, because you are a stiff-necked people and I might destroy you on the way."

4 When the people heard these distressing words, they began to mourn and no one put on any ornaments. 5 For the Lord had said to Moses, "Tell the Israelites, 'You are a stiff-necked people. If I were to go with you even for a moment, I might destroy you. Now take off your ornaments and I will decide what to do with you.'" 6 So the Israelites stripped off their ornaments at Mount Horeb.

The Tent of Meeting

7 Now Moses used to take a tent and pitch it outside the camp some distance away, calling it the "tent of meeting." Anyone inquiring of the Lord would go to the tent of meeting outside the camp. 8 And whenever Moses went out to the tent, all the people rose and stood at the entrances to their tents, watching Moses until he entered the tent. 9 As Moses went into the tent, the pillar of cloud would come down and stay at the entrance, while the Lord spoke with Moses. 10 Whenever the people saw the pillar of cloud standing at the entrance to the tent, they all stood and worshiped, each at the entrance to his tent. 11 The Lord would speak to Moses face to face, as a man speaks with his friend. Then Moses would return to the camp, but his young aide Joshua son of Nun did not leave the tent.

Moses and the Glory of the Lord

12 Moses said to the Lord, "You have been telling me, 'Lead these people,' but you have not let me know whom you will send with me. You have said, 'I know you by name and you have found favor with me.' 13 If you are pleased with me, teach me your ways so I may know you and continue to find favor with you. Remember that this nation is your people."

14 The Lord replied, "My Presence will go with you, and I will give you rest."

15 Then Moses said to him, "If your Presence does

---

u 32:31 dioses. Alt. *un dios.*   *v 33:12 me has dicho que soy tu amigo.* Lit. *has dicho: «Te conozco por nombre».*

mejor no nos hagas salir de aquí. 16 Si no vienes con nosotros, ¿cómo vamos a saber, tu pueblo y yo, que contamos con tu favor? ¿En qué seríamos diferentes de los demás pueblos de la tierra?

17 —Está bien, haré lo que me pides —le dijo el SEÑOR a Moisés—, pues cuentas con mi favor y te considero mi amigo.w

18 —Déjame verte en todo tu esplendor —insistió Moisés.

19 Y el SEÑOR le respondió:

—Voy a darte pruebas de mi bondad, y te daré a conocer mi *nombre. Y verás que tengo clemencia de quien quiero tenerla, y soy compasivo con quien quiero serlo. 20 Pero debo aclararte que no podrás ver mi rostro, porque nadie puede verme y seguir con vida.

21 »Cerca de mí hay un lugar sobre una *roca —añadió el SEÑOR—. Puedes quedarte allí. 22 Cuando yo pase en todo mi esplendor, te pondré en una hendidura de la roca y te cubriré con mi mano, hasta que haya pasado. 23 Luego, retiraré la mano y podrás verme la espalda. Pero mi rostro no lo verás.

Las nuevas tablas de piedra

34 El SEÑOR le dijo a Moisés: «Labra dos tablas de piedra semejantes a las primeras que rompiste. Voy a escribir en ellas lo mismo que estaba escrito en las primeras. 2 Prepárate para subir mañana a la cumbre del monte Sinaí, y presentarte allí ante mí. 3 Nadie debe acompañarte, ni debe verse a nadie en ninguna parte del monte. Ni siquiera las ovejas y las vacas deben pastar frente al monte.»

4 Moisés labró dos tablas de piedra semejantes a las primeras, y muy de mañana subió con ellas al monte Sinaí, como se lo había ordenado el SEÑOR. 5 El SEÑOR descendió en la nube y se puso junto a Moisés. Luego le dio a conocer su *nombre: 6 pasando delante de él, proclamó:

—El SEÑOR, el SEÑOR, Dios clemente y compasivo, lento para la ira y grande en amor y fidelidad, 7 que mantiene su amor hasta mil generaciones después, y que perdona la iniquidad, la rebelión y el pecado; pero que no deja sin castigo al culpable, sino que castiga la maldad de los padres en los hijos y en los nietos, hasta la tercera y la cuarta generación.

8 En seguida Moisés se inclinó hasta el suelo, y oró al Señor 9 de la siguiente manera:

—Señor, si realmente cuento con tu favor, ven y quédate entre nosotros. Reconozco que éste es un pueblo terco, pero perdona nuestra iniquidad y nuestro pecado, y adóptanos como tu herencia.

10 —Mira el *pacto que hago contigo —respondió el SEÑOR—. A la vista de todo tu pueblo haré maravillas que ante ninguna nación del mundo han sido realizadas. El pueblo en medio del cual vives verá las imponentes obras que yo, el SEÑOR, haré por ti. 11 Por lo que a ti toca, cumple con lo que hoy te mando. Echaré de tu presencia a los amorreos, cananeos, hititas, ferezeos, heveos y jebuseos. 12 Ten mucho cuidado de no hacer ningún pacto con los habitantes de la tierra que vas a ocupar, pues de lo contrario serán para ti una trampa. 13 Derriba sus altares, y haz pedazos sus piedras sagradas y sus imágenes de la diosa Aserá. 14 No adores a otros dioses, porque el SEÑOR es muy celoso. Su nombre es Dios celoso.

15 »No hagas ningún pacto con los habitantes de esta tierra, porque se prostituyen por ir tras sus dioses, y cuando les ofrezcan sacrificios a esos dioses, te invita-

not go with us, do not send us up from here. 16 How will anyone know that you are pleased with me and with your people unless you go with us? What else will distinguish me and your people from all the other people on the face of the earth?"

17 And the LORD said to Moses, "I will do the very thing you have asked, because I am pleased with you and I know you by name."

18 Then Moses said, "Now show me your glory."

19 And the LORD said, "I will cause all my goodness to pass in front of you, and I will proclaim my name, the LORD, in your presence. I will have mercy on whom I will have mercy, and I will have compassion on whom I will have compassion. 20 But," he said, "you cannot see my face, for no one may see me and live."

21 Then the LORD said, "There is a place near me where you may stand on a rock. 22 When my glory passes by, I will put you in a cleft in the rock and cover you with my hand until I have passed by. 23 Then I will remove my hand and you will see my back; but my face must not be seen."

The New Stone Tablets

34 The LORD said to Moses, "Chisel out two stone tablets like the first ones, and I will write on them the words that were on the first tablets, which you broke. 2 Be ready in the morning, and then come up on Mount Sinai. Present yourself to me there on top of the mountain. 3 No one is to come with you or be seen anywhere on the mountain; not even the flocks and herds may graze in front of the mountain."

4 So Moses chiseled out two stone tablets like the first ones and went up Mount Sinai early in the morning, as the LORD had commanded him; and he carried the two stone tablets in his hands. 5 Then the LORD came down in the cloud and stood there with him and proclaimed his name, the LORD. 6 And he passed in front of Moses, proclaiming, "The LORD, the LORD, the compassionate and gracious God, slow to anger, abounding in love and faithfulness, 7 maintaining love to thousands, and forgiving wickedness, rebellion and sin. Yet he does not leave the guilty unpunished; he punishes the children and their children for the sin of the fathers to the third and fourth generation."

8 Moses bowed to the ground at once and worshiped. 9 "O Lord, if I have found favor in your eyes," he said, "then let the Lord go with us. Although this is a stiff-necked people, forgive our wickedness and our sin, and take us as your inheritance."

10 Then the LORD said: "I am making a covenant with you. Before all your people I will do wonders never before done in any nation in all the world. The people you live among will see how awesome is the work that I, the LORD, will do for you. 11 Obey what I command you today. I will drive out before you the Amorites, Canaanites, Hittites, Perizzites, Hivites and Jebusites. 12 Be careful not to make a treaty with those who live in the land where you are going, or they will be a snare among you. 13 Break down their altars, smash their sacred stones and cut down their Asherah poles.v 14 Do not worship any other god, for the LORD, whose name is Jealous, is a jealous God.

15 "Be careful not to make a treaty with those who live in the land; for when they prostitute themselves to their gods and sacrifice to them, they will invite you

---

w 33:17 te considero mi amigo. Lit. te conozco por nombre.   v 13 That is, symbols of the goddess Asherah

rán a participar de ellos. 16 Y si casas a tu hijo con una de sus mujeres, cuando ella se prostituya por ir tras sus dioses, inducirá a tu hijo a hacer lo mismo.

17 »No te hagas ídolos de metal fundido.

18 »Celebra la fiesta de los Panes sin levadura, y come de ese pan durante siete días, como te lo he ordenado. Celebra esa fiesta en el mes de *aviv*, que es la fecha señalada, pues en ese mes saliste de Egipto.

19 »Todo hijo primogénito me pertenece, incluyendo las primeras crías de tus vacas y de tus ovejas. 20 Deberás rescatar a todos tus primogénitos. Al asno primogénito podrás rescatarlo a cambio de un cordero; pero si no lo rescatas, tendrás que romperle el cuello.

»Nadie se presentará ante mí con las manos vacías.

21 »Trabaja durante seis días, pero descansa el séptimo. Ese día deberás descansar, incluso en el tiempo de arar y cosechar.

22 »Celebra con las *primicias la fiesta de las semanas, y también la fiesta de la cosecha de fin de año. x

23 »Todos tus varones deberán presentarse ante mí, su Señor y Dios, el Dios de Israel, tres veces al año. 24 Entonces yo echaré de tu presencia a las naciones, ensancharé tu territorio y nadie codiciará tu tierra.

25 »Cuando me ofrezcas un animal, no mezcles con levadura su sangre.

»Del animal que se ofrece en la fiesta de la Pascua no debe quedar nada para el día siguiente.

26 »Lleva tus mejores primicias a la casa del Señor tu Dios.

»No cuezas ningún cabrito en la leche de su madre.

27 El Señor le dijo a Moisés:

—Pon estas palabras por escrito, pues en ellas se basa el pacto que ahora hago contigo y con Israel. 28 Y Moisés se quedó en el monte, con el Señor, cuarenta días y cuarenta noches, sin comer ni beber nada. Allí, en las tablas, escribió los términos del pacto, es decir, los diez mandamientos.

El rostro radiante de Moisés

29 Cuando Moisés descendió del monte Sinaí, traía en sus manos las dos tablas de la *ley. Pero no sabía que, por haberle hablado el Señor, de su rostro salía un haz de luz. 30 Al ver Aarón y todos los israelitas el rostro resplandeciente de Moisés, tuvieron miedo de acercársele; 31 pero Moisés llamó a Aarón y a todos los jefes, y ellos regresaron para hablar con él. 32 Luego se le acercaron todos los israelitas, y Moisés les ordenó acatar todo lo que el Señor le había dicho en el monte Sinaí.

33 En cuanto Moisés terminó de hablar con ellos, se cubrió el rostro con un velo. 34 Siempre que entraba a la presencia del Señor para hablar con él, se quitaba el velo mientras no salía. Al salir, les comunicaba a los israelitas lo que el Señor le había ordenado decir. 35 Y como los israelitas veían que su rostro resplandecía, Moisés se cubría de nuevo el rostro, hasta que entraba a hablar otra vez con el Señor.

Normas para el sábado

35 Moisés reunió a toda la comunidad israelita, y les dijo: «Éstas son las órdenes que el Señor les manda cumplir: 2 Trabajen durante seis días, pero el

and you will eat their sacrifices. 16 And when you choose some of their daughters as wives for your sons and those daughters prostitute themselves to their gods, they will lead your sons to do the same.

17 "Do not make cast idols.

18 "Celebrate the Feast of Unleavened Bread. For seven days eat bread made without yeast, as I commanded you. Do this at the appointed time in the month of Abib, for in that month you came out of Egypt.

19 "The first offspring of every womb belongs to me, including all the firstborn males of your livestock, whether from herd or flock. 20 Redeem the firstborn donkey with a lamb, but if you do not redeem it, break its neck. Redeem all your firstborn sons.

"No one is to appear before me empty-handed.

21 "Six days you shall labor, but on the seventh day you shall rest; even during the plowing season and harvest you must rest.

22 "Celebrate the Feast of Weeks with the firstfruits of the wheat harvest, and the Feast of Ingathering at the turn of the year. w 23 Three times a year all your men are to appear before the Sovereign Lord, the God of Israel. 24 I will drive out nations before you and enlarge your territory, and no one will covet your land when you go up three times each year to appear before the Lord your God.

25 "Do not offer the blood of a sacrifice to me along with anything containing yeast, and do not let any of the sacrifice from the Passover Feast remain until morning.

26 "Bring the best of the firstfruits of your soil to the house of the Lord your God.

"Do not cook a young goat in its mother's milk."

27 Then the Lord said to Moses, "Write down these words, for in accordance with these words I have made a covenant with you and with Israel." 28 Moses was there with the Lord forty days and forty nights without eating bread or drinking water. And he wrote on the tablets the words of the covenant—the Ten Commandments.

The Radiant Face of Moses

29 When Moses came down from Mount Sinai with the two tablets of the Testimony in his hands, he was not aware that his face was radiant because he had spoken with the Lord. 30 When Aaron and all the Israelites saw Moses, his face was radiant, and they were afraid to come near him. 31 But Moses called to them; so Aaron and all the leaders of the community came back to him, and he spoke to them. 32 Afterward all the Israelites came near him, and he gave them all the commands the Lord had given him on Mount Sinai.

33 When Moses finished speaking to them, he put a veil over his face. 34 But whenever he entered the Lord's presence to speak with him, he removed the veil until he came out. And when he came out and told the Israelites what he had been commanded, 35 they saw that his face was radiant. Then Moses would put the veil back over his face until he went in to speak with the Lord.

Sabbath Regulations

35 Moses assembled the whole Israelite community and said to them, "These are the things the Lord has commanded you to do: 2 For six days, work

---

x 34:22 El fin de año caía en otoño.

w 22 That is, in the fall

séptimo día, el *sábado, será para ustedes un día de reposo consagrado al SEÑOR. Quien haga algún trabajo en él será condenado a muerte. ³En sábado no se encenderá ningún fuego en ninguna de sus casas.»

Materiales para el santuario

⁴Moisés le dijo a toda la comunidad israelita: «Esto es lo que el SEÑOR les ordena: ⁵Tomen de entre sus pertenencias una ofrenda para el SEÑOR. Todo el que se sienta movido a hacerlo, presente al SEÑOR una ofrenda de oro, plata y bronce; ⁶lana púrpura, carmesí y escarlata; lino, pelo de cabra, ⁷pieles de carnero teñidas de rojo y pieles de delfín, madera de acacia, ⁸aceite de oliva para el alumbrado, especias para el aceite de la unción y para el incienso aromático, ⁹y piedras de ónice y otras piedras preciosas para engastarlas en el *efod y en el pectoral.

¹⁰»Todos los artesanos hábiles que haya entre ustedes deben venir y hacer todo lo que el SEÑOR ha ordenado que se haga: ¹¹el santuario, con su tienda y su toldo, sus ganchos, sus tablones, sus travesaños, sus postes y sus bases; ¹²el arca con sus varas, el *propiciatorio y la cortina que resguarda el arca; ¹³la mesa con sus varas y todos sus utensilios, y el *pan de la Presencia; ¹⁴el candelabro para el alumbrado y sus accesorios, las lámparas y el aceite para el alumbrado; ¹⁵el altar del incienso con sus varas, el aceite de la unción y el incienso aromático, la cortina para la puerta a la entrada del santuario; ¹⁶el altar de los *holocaustos con su enrejado de bronce, sus varas y todos sus utensilios, el lavamanos de bronce con su pedestal, ¹⁷las cortinas del atrio con sus postes y bases, la cortina para la entrada del atrio, ¹⁸las estacas del toldo para el santuario y para el atrio, y sus cuerdas; ¹⁹y las vestiduras tejidas que deben llevar los sacerdotes para ministrar en el santuario, tanto las vestiduras sagradas para Aarón como las vestiduras para sus hijos.»

²⁰Toda la comunidad israelita se retiró de la presencia de Moisés, ²¹y todos los que en su interior se sintieron movidos a hacerlo llevaron una ofrenda al SEÑOR para las obras en la *Tienda de reunión, para todo su servicio, y para las vestiduras sagradas. ²²Así mismo, todos los que se sintieron movidos a hacerlo, tanto hombres como mujeres, llevaron como ofrenda toda clase de joyas de oro: broches, pendientes, anillos, y otros adornos de oro. Todos ellos presentaron su oro como ofrenda mecida al SEÑOR, ²³o bien llevaron lo que tenían: lana púrpura, carmesí y escarlata, lino, pelo de cabra, pieles de carnero teñidas de rojo, y pieles de delfín. ²⁴Los que tenían plata o bronce los presentaron como ofrenda al SEÑOR, lo mismo que quienes tenían madera de acacia, contribuyendo así con algo para la obra. ²⁵Las mujeres expertas en artes manuales presentaron los hilos de lana púrpura, carmesí o escarlata que habían torcido, y lino. ²⁶Otras, que conocían bien el oficio y se sintieron movidas a hacerlo, torcieron hilo de pelo de cabra. ²⁷Los jefes llevaron piedras de ónice y otras piedras preciosas, para que se engastaran en el efod y en el pectoral. ²⁸También llevaron especias y aceite de oliva para el alumbrado, el aceite de la unción y el incienso aromático. ²⁹Todos los israelitas que se sintieron movidos a hacerlo, lo mismo hombres que mujeres, presentaron al SEÑOR ofrendas voluntarias para toda la obra que el SEÑOR, por medio de Moisés, les había mandado hacer.

Bezalel y Aholiab

³⁰Moisés les dijo a los israelitas: «Tomen en cuenta que el SEÑOR ha escogido expresamente a Bezalel, hijo

is to be done, but the seventh day shall be your holy day, a Sabbath of rest to the LORD. Whoever does any work on it must be put to death. ³Do not light a fire in any of your dwellings on the Sabbath day."

Materials for the Tabernacle

⁴Moses said to the whole Israelite community, "This is what the LORD has commanded: ⁵From what you have, take an offering for the LORD. Everyone who is willing is to bring to the LORD an offering of gold, silver and bronze; ⁶blue, purple and scarlet yarn and fine linen; goat hair; ⁷ram skins dyed red and hides of sea cows*ˣ*; acacia wood; ⁸olive oil for the light; spices for the anointing oil and for the fragrant incense; ⁹and onyx stones and other gems to be mounted on the ephod and breastpiece.

¹⁰"All who are skilled among you are to come and make everything the LORD has commanded: ¹¹the tabernacle with its tent and its covering, clasps, frames, crossbars, posts and bases; ¹²the ark with its poles and the atonement cover and the curtain that shields it; ¹³the table with its poles and all its articles and the bread of the Presence; ¹⁴the lampstand that is for light with its accessories, lamps and oil for the light; ¹⁵the altar of incense with its poles, the anointing oil and the fragrant incense; the curtain for the doorway at the entrance to the tabernacle; ¹⁶the altar of burnt offering with its bronze grating, its poles and all its utensils; the bronze basin with its stand; ¹⁷the curtains of the courtyard with its posts and bases, and the curtain for the entrance to the courtyard; ¹⁸the tent pegs for the tabernacle and for the courtyard, and their ropes; ¹⁹the woven garments worn for ministering in the sanctuary— both the sacred garments for Aaron the priest and the garments for his sons when they serve as priests."

²⁰Then the whole Israelite community withdrew from Moses' presence, ²¹and everyone who was willing and whose heart moved him came and brought an offering to the LORD for the work on the Tent of Meeting, for all its service, and for the sacred garments. ²²All who were willing, men and women alike, came and brought gold jewelry of all kinds: brooches, earrings, rings and ornaments. They all presented their gold as a wave offering to the LORD. ²³Everyone who had blue, purple or scarlet yarn or fine linen, or goat hair, ram skins dyed red or hides of sea cows brought them. ²⁴Those presenting an offering of silver or bronze brought it as an offering to the LORD, and everyone who had acacia wood for any part of the work brought it. ²⁵Every skilled woman spun with her hands and brought what she had spun—blue, purple or scarlet yarn or fine linen. ²⁶And all the women who were willing and had the skill spun the goat hair. ²⁷The leaders brought onyx stones and other gems to be mounted on the ephod and breastpiece. ²⁸They also brought spices and olive oil for the light and for the anointing oil and for the fragrant incense. ²⁹All the Israelite men and women who were willing brought to the LORD freewill offerings for all the work the LORD through Moses had commanded them to do.

Bezalel and Oholiab

³⁰Then Moses said to the Israelites, "See, the LORD has chosen Bezalel son of Uri, the son of Hur, of the

---

ˣ7 That is, dugongs; also in verse 23

de Uri y nieto de Jur, de la tribu de Judá, 31 y lo ha llenado del Espíritu de Dios, de sabiduría, inteligencia y capacidad creativa 32 para hacer trabajos artísticos en oro, plata y bronce, 33 para cortar y engastar piedras preciosas, para hacer tallados en madera y realizar toda clase de diseños artísticos y artesanías. 34 Dios les ha dado a él y a Aholiab hijo de Ajisamac, de la tribu de Dan, la habilidad de enseñar a otros. 35 Los ha llenado de gran sabiduría para realizar toda clase de artesanías, diseños y recamados en lana púrpura, carmesí y escarlata, y lino. Son expertos tejedores y hábiles artesanos en toda clase de labores y diseños.

36 »Así, pues, Bezalel y Aholiab llevarán a cabo los trabajos para el servicio del santuario, tal y como el SEÑOR lo ha ordenado, junto con todos los que tengan ese mismo espíritu artístico, y a quienes el SEÑOR haya dado pericia y habilidad para realizar toda la obra del servicio del santuario.»

2 Moisés llamó a Bezalel y a Aholiab, y a todos los que tenían el mismo espíritu artístico, y a quienes el SEÑOR había dado pericia y habilidad y se sentían movidos a venir y hacer el trabajo, 3 y les entregó todas las ofrendas que los israelitas habían llevado para realizar la obra del servicio del santuario. Pero como día tras día el pueblo seguía llevando ofrendas voluntarias, 4 todos los artesanos y expertos que estaban ocupados en la obra del santuario suspendieron su trabajo 5 para ir a decirle a Moisés: «La gente está trayendo más de lo que se necesita para llevar a cabo la obra que el SEÑOR mandó hacer.»

6 Entonces Moisés ordenó que corriera la voz por todo el campamento: «¡Que nadie, ni hombre ni mujer, haga más labores ni traiga más ofrendas para el santuario!» De ese modo los israelitas dejaron de llevar más ofrendas, 7 pues lo que ya habían hecho era más que suficiente para llevar a cabo toda la obra.

El santuario

8 Todos los obreros con espíritu artístico hicieron el santuario con diez cortinas de lino fino y de lana púrpura, carmesí y escarlata, con *querubines artísticamente bordados en ellas. 9 Todas las cortinas medían lo mismo, es decir, doce metros y medio de largo por un metro con ochenta centímetros de ancho.y 10 Cosieron cinco cortinas una con otra, e hicieron lo mismo con las otras cinco. 11 En el borde de la cortina, en el extremo del primer conjunto, hicieron presillas de lana púrpura; lo mismo hicieron con la cortina que estaba en el extremo del otro conjunto. 12 También hicieron cincuenta presillas en una cortina, y otras cincuenta presillas en la cortina del extremo del otro conjunto, quedando las presillas unas frente a las otras. 13 Después hicieron cincuenta ganchos de oro y los usaron para sujetar los dos conjuntos de cortinas, de modo que el santuario tenía unidad de conjunto.

14 Hicieron un total de once cortinas de pelo de cabra para cubrir el santuario a la manera de una tienda de campaña. 15 Las once cortinas tenían las mismas medidas, es decir, trece metros y medio de largo por un metro con ochenta centímetros de ancho.z 16 Cosieron dos conjuntos de cortinas, uno de cinco y otro de seis; 17 hicieron cincuenta presillas en el borde de la cortina del extremo de uno de los conjuntos, y también en el

36 1 So Bezalel, Oholiab and every skilled person to whom the LORD has given skill and ability to know how to carry out all the work of constructing the sanctuary are to do the work just as the LORD has commanded."

2 Then Moses summoned Bezalel and Oholiab and every skilled person to whom the LORD had given ability and who was willing to come and do the work. 3 They received from Moses all the offerings the Israelites had brought to carry out the work of constructing the sanctuary. And the people continued to bring freewill offerings morning after morning. 4 So all the skilled craftsmen who were doing all the work on the sanctuary left their work 5 and said to Moses, "The people are bringing more than enough for doing the work the LORD commanded to be done."

6 Then Moses gave an order and they sent this word throughout the camp: "No man or woman is to make anything else as an offering for the sanctuary." And so the people were restrained from bringing more, 7 because what they already had was more than enough to do all the work.

The Tabernacle

8 All the skilled men among the workmen made the tabernacle with ten curtains of finely twisted linen and blue, purple and scarlet yarn, with cherubim worked into them by a skilled craftsman. 9 All the curtains were the same size—twenty-eight cubits long and four cubits wide.y 10 They joined five of the curtains together and did the same with the other five. 11 Then they made loops of blue material along the edge of the end curtain in one set, and the same was done with the end curtain in the other set. 12 They also made fifty loops on one curtain and fifty loops on the end curtain of the other set, with the loops opposite each other. 13 Then they made fifty gold clasps and used them to fasten the two sets of curtains together so that the tabernacle was a unit.

14 They made curtains of goat hair for the tent over the tabernacle—eleven altogether. 15 All eleven curtains were the same size—thirty cubits long and four cubits wide.z 16 They joined five of the curtains into one set and the other six into another set. 17 Then they made fifty loops along the edge of the end curtain in one set and also along the edge of the end curtain in the

---

y 36:9 doce metros ... de ancho. Lit. veintiocho *codos de largo por cuatro de ancho.　　　z 36:15 trece metros ... de ancho. Lit. treinta codos de largo por cuatro de ancho.

y 9 That is, about 42 feet (about 12.5 meters) long and 6 feet (about 1.8 meters) wide　　　z 15 That is, about 45 feet (about 13.5 meters) long and 6 feet (about 1.8 meters) wide

borde de la cortina del extremo del otro conjunto, 18e hicieron cincuenta ganchos de bronce para unir la tienda en un solo conjunto. 19Luego hicieron para la tienda un toldo de pieles de carnero teñidas de rojo, y sobre ese toldo pusieron otro de pieles de delfín.

20Hicieron tablones de madera de acacia para el santuario, y los colocaron en posición vertical. 21Cada tablón medía cuatro metros y medio de largo por setenta centímetros de ancho,a 22con dos ranuras paralelas entre sí. Todos los tablones del santuario los hicieron así:

23Veinte tablones para el lado sur del santuario, 24con cuarenta bases de plata que iban debajo de ellos, dos por cada tablón, una debajo de cada ranura;

25veinte tablones para el lado opuesto, el lado norte del santuario, 26con cuarenta bases de plata que iban debajo de ellos, dos por cada tablón, una debajo de cada ranura;

27seis tablones para el extremo occidental del santuario, que era el más distante, y

28dos tablones más para las esquinas del santuario en el extremo opuesto.

29En estas dos esquinas los tablones eran dobles de abajo hacia arriba, pero quedaban unidos por un solo anillo. En ambas esquinas se hizo lo mismo, 30de modo que había ocho tablones y dieciséis bases de plata, dos debajo de cada tablón.

31También hicieron travesaños de madera de acacia: cinco para los tablones de un costado del santuario, 32cinco para los tablones del costado opuesto, y cinco para los tablones del costado occidental, en la parte posterior del santuario. 33El travesaño central lo hicieron de tal modo que pasaba de uno a otro extremo, a media altura de los tablones. 34Recubrieron de oro los tablones, e hicieron unos anillos de oro para que los travesaños pasaran por ellos. También recubrieron de oro los travesaños.

35La cortina la hicieron de lana púrpura, carmesí y escarlata, y de lino fino, con querubines artísticamente bordados en ella. 36Le hicieron cuatro postes de madera de acacia y los recubrieron de oro, les pusieron ganchos de oro, y fundieron para ellos cuatro bases de plata. 37Para la entrada de la tienda hicieron una cortina de lana teñida de púrpura, carmesí y escarlata, y de lino fino, recamada artísticamente, 38y cinco postes con ganchos, para los que hicieron cinco bases de bronce; también recubrieron de oro los capiteles y los empalmes de los postes.

El arca

37 Bezalel hizo el arca de madera de acacia, de un metro con diez centímetros de largo por setenta centímetros de ancho y setenta centímetros de alto.b 2La recubrió de oro puro por dentro y por fuera, y puso en su derredor una moldura de oro. 3Fundió cuatro anillos de oro para el arca, y se los ajustó a sus cuatro patas, colocando dos anillos en un lado y dos en el otro. 4Hizo luego unas varas de madera de acacia, las recubrió de oro, 5y las pasó a través de los anillos en los costados del arca para poder transportarla.

6El *propiciatorio lo hizo de oro puro, de un metro con diez centímetros de largo por setenta centímetros de ancho.c 7Para los dos extremos del propiciatorio

other set. 18They made fifty bronze clasps to fasten the tent together as a unit. 19Then they made for the tent a covering of ram skins dyed red, and over that a covering of hides of sea cows.a

20They made upright frames of acacia wood for the tabernacle. 21Each frame was ten cubits long and a cubit and a half wide,b 22with two projections set parallel to each other. They made all the frames of the tabernacle in this way. 23They made twenty frames for the south side of the tabernacle 24and made forty silver bases to go under them—two bases for each frame, one under each projection. 25For the other side, the north side of the tabernacle, they made twenty frames 26and forty silver bases—two under each frame. 27They made six frames for the far end, that is, the west end of the tabernacle, 28and two frames were made for the corners of the tabernacle at the far end. 29At these two corners the frames were double from the bottom all the way to the top and fitted into a single ring; both were made alike. 30So there were eight frames and sixteen silver bases—two under each frame.

31They also made crossbars of acacia wood: five for the frames on one side of the tabernacle, 32five for those on the other side, and five for the frames on the west, at the far end of the tabernacle. 33They made the center crossbar so that it extended from end to end at the middle of the frames. 34They overlaid the frames with gold and made gold rings to hold the crossbars. They also overlaid the crossbars with gold.

35They made the curtain of blue, purple and scarlet yarn and finely twisted linen, with cherubim worked into it by a skilled craftsman. 36They made four posts of acacia wood for it and overlaid them with gold. They made gold hooks for them and cast their four silver bases. 37For the entrance to the tent they made a curtain of blue, purple and scarlet yarn and finely twisted linen—the work of an embroiderer; 38and they made five posts with hooks for them. They overlaid the tops of the posts and their bands with gold and made their five bases of bronze.

The Ark

37 Bezalel made the ark of acacia wood—two and a half cubits long, a cubit and a half wide, and a cubit and a half high.c 2He overlaid it with pure gold, both inside and out, and made a gold molding around it. 3He cast four gold rings for it and fastened them to its four feet, with two rings on one side and two rings on the other. 4Then he made poles of acacia wood and overlaid them with gold. 5And he inserted the poles into the rings on the sides of the ark to carry it.

6He made the atonement cover of pure gold—two and a half cubits long and a cubit and a half wide.d 7Then he made two cherubim out of hammered gold at

---

a 36:21 cuatro metros ... de ancho. Lit. diez codos de largo por un codo y medio de ancho.   b 37:1 un metro ... de alto. Lit. dos *codos y medio de largo por un codo y medio de ancho y un codo y medio de alto.   c 37:6 un metro ... de ancho. Lit. dos codos y medio de largo por un codo y medio de ancho.

a 19 That is, dugongs   b 21 That is, about 15 feet (about 4.5 meters) long and 2 1/4 feet (about 0.7 meter) wide   c 1 That is, about 3 3/4 feet (about 1.1 meters) long and 2 1/4 feet (about 0.7 meter) wide and high   d 6 That is, about 3 3/4 feet (about 1.1 meters) long and 2 1/4 feet (about 0.7 meter) wide

hizo dos *querubines de oro trabajado a martillo. 8 Uno de ellos iba en uno de los extremos, y el otro iba en el otro extremo; los hizo de modo que en ambos extremos los dos querubines formaran una sola pieza con el propiciatorio. 9 Los querubines tenían las alas extendidas por encima del propiciatorio, y con ellas lo cubrían. Quedaban el uno frente al otro, mirando hacia el propiciatorio.

La mesa

10 Bezalel hizo la mesa de madera de acacia, de noventa centímetros de largo por cuarenta y cinco centímetros de ancho y setenta centímetros de alto.d 11 La recubrió de oro puro y le puso en derredor una moldura de oro. 12 También le hizo un reborde de veinte centímetrose de ancho, y alrededor del reborde le puso una moldura de oro. 13 Fundió cuatro anillos de oro para la mesa y se los sujetó a las cuatro esquinas, donde iban las cuatro patas. 14 Los anillos fueron colocados cerca del reborde para pasar por ellos las varas empleadas para transportar la mesa. 15 Esas varas eran de madera de acacia y estaban recubiertas de oro. 16 Los utensilios para la mesa, y sus platos, bandejas, tazones, y jarras para derramar las ofrendas de libación, los hizo de oro puro.

El candelabro

17 Bezalel hizo el candelabro de oro puro labrado a martillo. Su base y su tallo, y sus copas, cálices y flores formaban una sola pieza con él. 18 De los costados del candelabro salían seis brazos, tres de un lado y tres del otro. 19 En cada uno de los seis brazos del candelabro había tres copas en forma de flores de almendro, con cálices y pétalos. 20 El candelabro mismo tenía cuatro copas en forma de flor de almendro, con cálices y pétalos. 21 Debajo del primer par de brazos que salía del candelabro había un cáliz; debajo del segundo par de brazos había un segundo cáliz, y debajo del tercer par de brazos había un tercer cáliz. 22 Los cálices y los brazos formaban una sola pieza con el candelabro, el cual era de oro puro labrado a martillo.

23 Hizo también de oro puro sus siete lámparas, lo mismo que sus cortapabilos y braseros. 24 Para hacer el candelabro y todos sus accesorios, usó treinta y tres kilos f de oro puro.

El altar del incienso

25 Bezalel hizo de madera de acacia el altar del incienso. Era cuadrado, de cuarenta y cinco centímetros de largo por cuarenta y cinco centímetros de ancho y noventa centímetros de alto. g Sus cuernos formaban una sola pieza con el altar. 26 Recubrió de oro puro su parte superior, sus cuatro costados y sus cuernos, y en su derredor le puso una moldura de oro. 27 Debajo de la moldura le puso dos anillos de oro, es decir, dos en cada uno de sus costados, para pasar por ellos las varas empleadas para transportarlo. 28 Las varas eran de madera de acacia, y las recubrió de oro.

29 Bezalel hizo también el aceite de la unción sagrada y el incienso puro y aromático, como lo hacen los fabricantes de perfumes.

---

the ends of the cover. 8 He made one cherub on one end and the second cherub on the other; at the two ends he made them of one piece with the cover. 9 The cherubim had their wings spread upward, overshadowing the cover with them. The cherubim faced each other, looking toward the cover.

The Table

10 They e made the table of acacia wood—two cubits long, a cubit wide, and a cubit and a half high. f 11 Then they overlaid it with pure gold and made a gold molding around it. 12 They also made around it a rim a handbreadth g wide and put a gold molding on the rim. 13 They cast four gold rings for the table and fastened them to the four corners, where the four legs were. 14 The rings were put close to the rim to hold the poles used in carrying the table. 15 The poles for carrying the table were made of acacia wood and were overlaid with gold. 16 And they made from pure gold the articles for the table—its plates and dishes and bowls and its pitchers for the pouring out of drink offerings.

The Lampstand

17 They made the lampstand of pure gold and hammered it out, base and shaft; its flowerlike cups, buds and blossoms were of one piece with it. 18 Six branches extended from the sides of the lampstand—three on one side and three on the other. 19 Three cups shaped like almond flowers with buds and blossoms were on one branch, three on the next branch and the same for all six branches extending from the lampstand. 20 And on the lampstand were four cups shaped like almond flowers with buds and blossoms. 21 One bud was under the first pair of branches extending from the lampstand, a second bud under the second pair, and a third bud under the third pair—six branches in all. 22 The buds and the branches were all of one piece with the lampstand, hammered out of pure gold.

23 They made its seven lamps, as well as its wick trimmers and trays, of pure gold. 24 They made the lampstand and all its accessories from one talent h of pure gold.

The Altar of Incense

25 They made the altar of incense out of acacia wood. It was square, a cubit long and a cubit wide, and two cubits high i—its horns of one piece with it. 26 They overlaid the top and all the sides and the horns with pure gold, and made a gold molding around it. 27 They made two gold rings below the molding—two on opposite sides—to hold the poles used to carry it. 28 They made the poles of acacia wood and overlaid them with gold.

29 They also made the sacred anointing oil and the pure, fragrant incense—the work of a perfumer.

---

d 37:10 noventa ... de alto. Lit. dos codos de largo por un codo de ancho y un codo y medio de alto.   e 37:12 veinte centímetros. Lit. un *palmo.   f 37:24 treinta y tres kilos. Lit. un *talento.   g 37:25 cuarenta y cinco ... de alto. Lit. un codo de largo por un codo de ancho y dos codos de alto.

e 10 Or He; also in verses 11-29   f 10 That is, about 3 feet (about 0.9 meter) long, 1 1/2 feet (about 0.5 meter) wide, and 2 1/4 feet (about 0.7 meter) high   g 12 That is, about 3 inches (about 8 centimeters)   h 24 That is, about 75 pounds (about 34 kilograms)   i 25 That is, about 1 1/2 feet (about 0.5 meter) long and wide, and about 3 feet (about 0.9 meter) high

El altar de los holocaustos

38 Bezalel hizo de madera de acacia el altar de los *holocaustos. Era cuadrado, de dos metros con treinta centímetros por lado, y de un metro con treinta centímetros de alto.ʰ ²Puso un cuerno en cada una de sus cuatro esquinas, los cuales formaban una sola pieza con el altar, y el altar lo recubrió de bronce. ³Hizo de bronce todos sus utensilios: sus portacenizas, sus tenazas, sus aspersorios, sus tridentes y sus braseros. ⁴Hizo también un enrejado para el altar —una rejilla de bronce—, y la puso bajo el reborde inferior del altar, a media altura del mismo. ⁵Fundió cuatro anillos de bronce para las cuatro esquinas del enrejado de bronce, para pasar por ellos las varas; ⁶hizo las varas de madera de acacia, las recubrió de bronce ⁷y las introdujo en los anillos, de modo que quedaron a los dos costados del altar para poder transportarlo. El altar lo hizo hueco y de tablas. ⁸Además, con el bronce de los espejos de las mujeres que servían a la entrada de la *Tienda de reunión, hizo el lavamanos y su pedestal.

El atrio

⁹Después hicieron el atrio. El lado sur medía cuarenta y cinco metrosⁱ de largo, y tenía cortinas de lino fino, ¹⁰veinte postes y veinte bases de bronce, con ganchos y empalmes de plata en los postes. ¹¹El lado norte medía también cuarenta y cinco metros de largo, y tenía veinte postes y veinte bases de bronce, con ganchos y empalmes de plata en los postes.

¹²El lado occidental medía veintidós metros y medioʲ de ancho, y tenía cortinas y diez postes y diez bases, con ganchos y empalmes de plata en los postes. ¹³Por el lado oriental, hacia la salida del sol, medía también veintidós metros y medio de ancho. ¹⁴A un lado de la entrada había cortinas de siete metrosᵏ de largo, tres postes y tres bases, ¹⁵y al otro lado de la entrada había también cortinas de siete metros de largo, tres postes y tres bases. ¹⁶Todas las cortinas que rodeaban el atrio eran de lino fino. ¹⁷Las bases para los postes eran de bronce, los ganchos y los empalmes en los postes eran de plata, y sus capiteles estaban recubiertos de plata. Todos los postes del atrio tenían empalmes de plata.

¹⁸La cortina a la entrada del atrio era de lana teñida de púrpura, carmesí y escarlata, y de lino fino, recamada artísticamente. Medía nueve metrosˡ de largo por dos metros con treinta centímetrosᵐ de alto, como las cortinas del atrio, ¹⁹y tenía cuatro postes y cuatro bases de bronce. Sus ganchos y sus empalmes eran de plata, y sus capiteles estaban recubiertos de plata. ²⁰Todas las estacas del toldo para el santuario y del atrio que lo rodeaba eran de bronce.

Los materiales usados

²¹Éstas son las cantidades de los materiales usados para el santuario del *pacto. Los levitas hicieron este registro por orden de Moisés y bajo la dirección de Itamar, hijo del sacerdote Aarón. ²²Bezalel, hijo de Uri y nieto de Jur, de la tribu de Judá, hizo todo lo que el Señor le ordenó a Moisés. ²³Con él estaba Aholiab hijo de Ajisamac, de la tribu de Dan, que era artesano, diseñador y recamador en lana teñida de púrpura, carmesí y escarlata, y en lino.

The Altar of Burnt Offering

38 Theyʲ built the altar of burnt offering of acacia wood, three cubitsᵏ high; it was square, five cubits long and five cubits wide.ˡ ²They made a horn at each of the four corners, so that the horns and the altar were of one piece, and they overlaid the altar with bronze. ³They made all its utensils of bronze—its pots, shovels, sprinkling bowls, meat forks and firepans. ⁴They made a grating for the altar, a bronze network, to be under its ledge, halfway up the altar. ⁵They cast bronze rings to hold the poles for the four corners of the bronze grating. ⁶They made the poles of acacia wood and overlaid them with bronze. ⁷They inserted the poles into the rings so they would be on the sides of the altar for carrying it. They made it hollow, out of boards.

Basin for Washing

⁸They made the bronze basin and its bronze stand from the mirrors of the women who served at the entrance to the Tent of Meeting.

The Courtyard

⁹Next they made the courtyard. The south side was a hundred cubitsᵐ long and had curtains of finely twisted linen, ¹⁰with twenty posts and twenty bronze bases, and with silver hooks and bands on the posts. ¹¹The north side was also a hundred cubits long and had twenty posts and twenty bronze bases, with silver hooks and bands on the posts.

¹²The west end was fifty cubitsⁿ wide and had curtains, with ten posts and ten bases, with silver hooks and bands on the posts. ¹³The east end, toward the sunrise, was also fifty cubits wide. ¹⁴Curtains fifteen cubitsᵒ long were on one side of the entrance, with three posts and three bases, ¹⁵and curtains fifteen cubits long were on the other side of the entrance to the courtyard, with three posts and three bases. ¹⁶All the curtains around the courtyard were of finely twisted linen. ¹⁷The bases for the posts were bronze. The hooks and bands on the posts were silver, and their tops were overlaid with silver; so all the posts of the courtyard had silver bands.

¹⁸The curtain for the entrance to the courtyard was of blue, purple and scarlet yarn and finely twisted linen—the work of an embroiderer. It was twenty cubitsᵖ long and, like the curtains of the courtyard, five cubitsᵍ high, ¹⁹with four posts and four bronze bases. Their hooks and bands were silver, and their tops were overlaid with silver. ²⁰All the tent pegs of the tabernacle and of the surrounding courtyard were bronze.

The Materials Used

²¹These are the amounts of the materials used for the tabernacle, the tabernacle of the Testimony, which were recorded at Moses' command by the Levites under the direction of Ithamar son of Aaron, the priest. ²²(Bezalel son of Uri, the son of Hur, of the tribe of Judah, made everything the Lord commanded Moses; ²³with him was Oholiab son of Ahisamach, of the tribe of Dan—a craftsman and designer, and an embroiderer

---

ʰ 38:1 dos metros ... de alto. Lit. cinco *codos de largo por cinco codos de ancho y tres codos de alto. ⁱ 38:9 cuarenta y cinco metros. Lit. cien codos; también en v. 11. ʲ 38:12 veintidós metros y medio. Lit. cincuenta codos; también en v. 13. ᵏ 38:14 siete metros. Lit. quince codos; también en v. 15. ˡ 38:18 nueve metros. Lit. veinte codos. ᵐ 38:18 dos metros con treinta centímetros. Lit. cinco codos.

ʲ 1 Or He; also in verses 2-9 ᵏ 1 That is, about 4 1/2 feet (about 1.3 meters) ˡ 1 That is, about 7 1/2 feet (about 2.3 meters) long and wide ᵐ 9 That is, about 150 feet (about 46 meters) ⁿ 12 That is, about 75 feet (about 23 meters) ᵒ 14 That is, about 22 1/2 feet (about 6.9 meters) ᵖ 18 That is, about 30 feet (about 9 meters) ᵍ 18 That is, about 7 1/2 feet (about 2.3 meters)

24 El total del oro dado como ofrenda y empleado en toda la obra del santuario era de una tonelada,[n] según la tasación oficial[ñ] del santuario.

25 La plata entregada por los miembros de la comunidad contados en el censo llegó a tres toneladas y media,[o] según la tasación oficial del santuario. 26 Todos los mayores de veinte años de edad que fueron censados llegaron a un total de seiscientos tres mil quinientos cincuenta, y cada uno de ellos dio seis gramos[p] de plata, según la tasación oficial del santuario. 27 Tres mil trescientos kilos[q] de plata se emplearon en las cien bases fundidas para el santuario y para la cortina, de modo que cada base pesaba treinta y tres kilos.[r] 28 La plata restante[s] se empleó en hacer los ganchos para los postes y recubrir los capiteles de los postes, y para hacer sus empalmes.

29 El total del bronce dado como ofrenda fue de dos mil trescientos cuarenta kilos,[t] 30 y se empleó en las bases para la entrada de la *Tienda de reunión, en el altar de bronce con su enrejado de bronce y todos sus utensilios, 31 en las bases para el atrio y la entrada al atrio, y en todas las estacas del toldo para el santuario y para el atrio que lo rodeaba.

Las vestiduras sacerdotales

39 Las vestiduras tejidas para ministrar en el santuario se hicieron de lana teñida de púrpura, carmesí y escarlata. También se hicieron vestiduras sagradas para Aarón, como se lo mandó el SEÑOR a Moisés.

El efod

2 El *efod lo hizo Bezalel de oro, lana teñida de púrpura, carmesí y escarlata, y lino fino. 3 Martillaron finas láminas de oro, y las cortaron en hebras para entretejerlas artísticamente con la lana teñida de púrpura, carmesí y escarlata, y con el lino. 4 Se hicieron hombreras para el efod, las cuales se sujetaron a sus dos extremos. 5 Su cinturón tenía la misma hechura que el efod, y formaba una sola pieza con él; estaba hecho de oro, lana teñida de púrpura, carmesí y escarlata, y lino fino, como se lo mandó el SEÑOR a Moisés.

6 Las piedras de ónice se engarzaron en los engastes de filigrana de oro, y en ellas se grabaron, a manera de sello, los *nombres de los hijos de Israel. 7 Luego las sujetaron a las hombreras del efod para recordar a los hijos de Israel, como se lo mandó el SEÑOR a Moisés.

El pectoral

8 Bezalel hizo también el pectoral, bordado artísticamente, como el *efod, con hilo de oro, lana teñida de púrpura, carmesí y escarlata, y lino fino, 9 doble y cuadrado, de veinte centímetros por lado.[u] 10 En él se engastaron cuatro filas de piedras preciosas. En la primera fila había un rubí, un crisólito y una esmeralda; 11 en la segunda hilera, una turquesa, un zafiro y un jade; 12 en la tercera hilera, un jacinto, un ágata y una

[n] *38:24 era de una tonelada.* Lit. *fue de veintinueve *talentos y setecientos treinta *siclos.* [ñ] *38:24 la tasación oficial.* Lit. *el siclo*; también en vv. 25,26. [o] *38:25 tres toneladas y media.* Lit. *cien talentos y mil setecientos setenta y cinco siclos.* [p] *38:26 seis gramos.* Lit. *un becá, es decir, medio siclo.* [q] *38:27 tres mil trescientos kilos.* Lit. *cien talentos.* [r] *38:27 treinta y tres kilos.* Lit. *un talento.* [s] *38:28 La plata restante.* Lit. *Los mil setecientos setenta y cinco siclos.* [t] *38:29 dos mil trescientos cuarenta kilos.* Lit. *setenta talentos y dos mil cuatrocientos siclos.* [u] *39:9 veinte centímetros por lado.* Lit. *un *palmo de largo y un palmo de ancho.*

in blue, purple and scarlet yarn and fine linen.) 24 The total amount of the gold from the wave offering used for all the work on the sanctuary was 29 talents and 730 shekels,[r] according to the sanctuary shekel.

25 The silver obtained from those of the community who were counted in the census was 100 talents and 1,775 shekels,[s] according to the sanctuary shekel— 26 one beka per person, that is, half a shekel,[t] according to the sanctuary shekel, from everyone who had crossed over to those counted, twenty years old or more, a total of 603,550 men. 27 The 100 talents[u] of silver were used to cast the bases for the sanctuary and for the curtain—100 bases from the 100 talents, one talent for each base. 28 They used the 1,775 shekels[v] to make the hooks for the posts, to overlay the tops of the posts, and to make their bands.

29 The bronze from the wave offering was 70 talents and 2,400 shekels.[w] 30 They used it to make the bases for the entrance to the Tent of Meeting, the bronze altar with its bronze grating and all its utensils, 31 the bases for the surrounding courtyard and those for its entrance and all the tent pegs for the tabernacle and those for the surrounding courtyard.

The Priestly Garments

39 From the blue, purple and scarlet yarn they made woven garments for ministering in the sanctuary. They also made sacred garments for Aaron, as the LORD commanded Moses.

The Ephod

2 They[x] made the ephod of gold, and of blue, purple and scarlet yarn, and of finely twisted linen. 3 They hammered out thin sheets of gold and cut strands to be worked into the blue, purple and scarlet yarn and fine linen—the work of a skilled craftsman. 4 They made shoulder pieces for the ephod, which were attached to two of its corners, so it could be fastened. 5 Its skillfully woven waistband was like it—of one piece with the ephod and made with gold, and with blue, purple and scarlet yarn, and with finely twisted linen, as the LORD commanded Moses.

6 They mounted the onyx stones in gold filigree settings and engraved them like a seal with the names of the sons of Israel. 7 Then they fastened them on the shoulder pieces of the ephod as memorial stones for the sons of Israel, as the LORD commanded Moses.

The Breastpiece

8 They fashioned the breastpiece—the work of a skilled craftsman. They made it like the ephod: of gold, and of blue, purple and scarlet yarn, and of finely twisted linen. 9 It was square—a span[y] long and a span wide—and folded double. 10 Then they mounted four rows of precious stones on it. In the first row there was a ruby, a topaz and a beryl; 11 in the second row a turquoise, a sapphire[z] and an emerald; 12 in the third

[r] *24* The weight of the gold was a little over one ton (about 1 metric ton). [s] *25* The weight of the silver was a little over 3 3/4 tons (about 3.4 metric tons). [t] *26* That is, about 1/5 ounce (about 5.5 grams) [u] *27* That is, about 3 3/4 tons (about 3.4 metric tons) [v] *28* That is, about 45 pounds (about 20 kilograms) [w] *29* The weight of the bronze was about 2 1/2 tons (about 2.4 metric tons). [x] *2* Or *He*; also in verses 7, 8 and 22 [y] *9* That is, about 9 inches (about 22 centimeters) [z] *11* Or *lapis lazuli*

amatista; [13] en la cuarta hilera, un topacio, un ónice y un jaspe.[v] Estaban engarzadas en engastes de filigrana de oro, [14] y eran doce piedras, una por cada uno de los hijos de Israel, grabada a manera de sello con el *nombre de cada una de las doce tribus.

[15] Para el pectoral se hicieron cadenillas de oro puro, a manera de cordón. [16] Se hicieron dos engastes en filigrana de oro y dos anillos de oro, y se sujetaron los anillos en los dos extremos del pectoral; [17] luego se sujetaron las dos cadenillas de oro en los anillos a los extremos del pectoral, [18] y los otros dos extremos de las cadenillas en los dos engastes, asegurándolos a las hombreras del efod por la parte delantera. [19] Se hicieron otros dos anillos de oro, y los sujetaron a los otros dos extremos del pectoral, en el borde interior, junto al efod. [20] Además, se hicieron otros dos anillos de oro, los cuales sujetaron la parte inferior de las hombreras, por delante del efod y junto a la costura, exactamente encima del cinturón del efod. [21] Con un cordón de lana púrpura ataron los anillos del pectoral a los anillos del efod, a fin de unir el pectoral al cinturón para que no se desprendiera del efod, como se lo mandó el SEÑOR a Moisés.

Otras vestiduras sacerdotales

[22] Bezalel hizo de lana teñida de púrpura, y tejido artísticamente, todo el manto del *efod. [23] Lo hizo con una abertura en el centro, como abertura para la cabeza,[w] y con un refuerzo alrededor de la abertura, para que no se rasgara. [24] En todo el borde inferior del manto se hicieron granadas de lana púrpura, carmesí y escarlata, y de lino fino, [25] lo mismo que campanillas de oro puro, las cuales se colocaron en todo el borde inferior, entre las granadas. [26] Las campanillas y las granadas se colocaron, en forma alternada, en todo el borde inferior del manto que debía llevarse para ejercer el ministerio, como se lo mandó el SEÑOR a Moisés.

[27] Para Aarón y sus hijos se hicieron túnicas de lino tejidas artísticamente, [28] las mitras y el turbante de lino, y la ropa interior de lino fino. [29] La faja era de lino fino y de lana teñida de púrpura, carmesí y escarlata, recamada artísticamente, como se lo mandó el SEÑOR a Moisés.

[30] La placa sagrada se hizo de oro puro, y se grabó en ella, a manera de sello, *SANTO PARA EL SEÑOR. [31] Luego se le ató un cordón de lana teñida de púrpura para sujetarla al turbante, como se lo mandó el SEÑOR a Moisés.

Moisés inspecciona el santuario

[32] Toda la obra del santuario, es decir, la *Tienda de reunión, quedó terminada. Los israelitas lo hicieron todo tal y como el SEÑOR se lo mandó a Moisés, [33] y le presentaron a Moisés el santuario, la tienda y todos sus utensilios, sus ganchos, tablones, travesaños, postes y bases, [34] el toldo de pieles de carnero teñidas de rojo, el toldo de pieles de delfín y la cortina que resguardaba el arca, [35] el arca del *pacto con sus varas y el *propiciatorio, [36] la mesa con todos sus utensilios y el *pan de la Presencia, [37] el candelabro de oro puro con su hilera de lámparas y todos sus utensilios, y el aceite para el alumbrado; [38] el altar de oro, el aceite de la unción, el incienso aromático y la cortina para la entrada de la tienda, [39] el altar de bronce con su enrejado de bronce, sus varas y todos sus utensilios; el lavamanos y su

row a jacinth, an agate and an amethyst; [13] in the fourth row a chrysolite, an onyx and a jasper.[a] They were mounted in gold filigree settings. [14] There were twelve stones, one for each of the names of the sons of Israel, each engraved like a seal with the name of one of the twelve tribes.

[15] For the breastpiece they made braided chains of pure gold, like a rope. [16] They made two gold filigree settings and two gold rings, and fastened the rings to two of the corners of the breastpiece. [17] They fastened the two gold chains to the rings at the corners of the breastpiece, [18] and the other ends of the chains to the two settings, attaching them to the shoulder pieces of the ephod at the front. [19] They made two gold rings and attached them to the other two corners of the breastpiece on the inside edge next to the ephod. [20] Then they made two more gold rings and attached them to the bottom of the shoulder pieces on the front of the ephod, close to the seam just above the waistband of the ephod. [21] They tied the rings of the breastpiece to the rings of the ephod with blue cord, connecting it to the waistband so that the breastpiece would not swing out from the ephod—as the LORD commanded Moses.

Other Priestly Garments

[22] They made the robe of the ephod entirely of blue cloth—the work of a weaver— [23] with an opening in the center of the robe like the opening of a collar,[b] and a band around this opening, so that it would not tear. [24] They made pomegranates of blue, purple and scarlet yarn and finely twisted linen around the hem of the robe. [25] And they made bells of pure gold and attached them around the hem between the pomegranates. [26] The bells and pomegranates alternated around the hem of the robe to be worn for ministering, as the LORD commanded Moses.

[27] For Aaron and his sons, they made tunics of fine linen—the work of a weaver— [28] and the turban of fine linen, the linen headbands and the undergarments of finely twisted linen. [29] The sash was of finely twisted linen and blue, purple and scarlet yarn—the work of an embroiderer—as the LORD commanded Moses.

[30] They made the plate, the sacred diadem, out of pure gold and engraved on it, like an inscription on a seal: HOLY TO THE LORD. [31] Then they fastened a blue cord to it to attach it to the turban, as the LORD commanded Moses.

Moses Inspects the Tabernacle

[32] So all the work on the tabernacle, the Tent of Meeting, was completed. The Israelites did everything just as the LORD commanded Moses. [33] Then they brought the tabernacle to Moses: the tent and all its furnishings, its clasps, frames, crossbars, posts and bases; [34] the covering of ram skins dyed red, the covering of hides of sea cows[c] and the shielding curtain; [35] the ark of the Testimony with its poles and the atonement cover; [36] the table with all its articles and the bread of the Presence; [37] the pure gold lampstand with its row of lamps and all its accessories, and the oil for the light; [38] the gold altar, the anointing oil, the fragrant incense, and the curtain for the entrance to the tent; [39] the bronze altar with its bronze grating, its poles and all its uten-

---

[v] 39:13 La identificación de algunas de estas piedras preciosas no ha podido establecerse con precisión. [w] 39:23 cabeza. Palabra de difícil traducción.

[a] 13 The precise identification of some of these precious stones is uncertain. [b] 23 The meaning of the Hebrew for this word is uncertain. [c] 34 That is, dugongs

pedestal, 40 las cortinas del atrio con sus postes y bases, y la cortina para la entrada del atrio; las cuerdas y las estacas del toldo para el atrio; todos los utensilios para el santuario, la Tienda de reunión, 41 y las vestiduras tejidas para ministrar en el santuario, tanto las vestiduras sagradas para el sacerdote Aarón como las vestiduras sacerdotales para sus hijos.

42 Los israelitas hicieron toda la obra tal y como el SEÑOR se lo había ordenado a Moisés. 43 Moisés, por su parte, inspeccionó la obra y, al ver que la habían hecho tal y como el SEÑOR se lo había ordenado, los bendijo.

Se levanta el santuario

40 El SEÑOR habló con Moisés y le dijo: 2 «En el día primero del mes primero, levanta el santuario, es decir, la *Tienda de reunión. 3 Pon en su interior el arca del *pacto, y cúbrela con la cortina. 4 Lleva adentro la mesa y ponla en orden. Pon también dentro del santuario el candelabro, y enciende sus lámparas. 5 Coloca el altar del incienso frente al arca del pacto, y cuelga la cortina a la entrada del santuario.

6 »Coloca el altar de los *holocaustos frente a la entrada del santuario, la Tienda de reunión; 7 coloca el lavamanos entre la Tienda de reunión y el altar, y pon agua en él. 8 Levanta el atrio en su derredor, y coloca la cortina a la entrada del atrio.

9 »Toma el aceite de la unción, y unge el santuario y todo lo que haya en él; conságralo, junto con todos sus utensilios, para que sea un objeto sagrado. 10 Unge también el altar de los holocaustos y todos sus utensilios; conságralo, para que sea un objeto muy sagrado. 11 Unge además, y consagra, el lavamanos y su pedestal.

12 »Lleva luego a Aarón y a sus hijos a la entrada de la Tienda de reunión, haz que se bañen, 13 y ponle a Aarón sus vestiduras sagradas. Úngelo y conságralo, para que ministre como sacerdote mío. 14 Acerca entonces a sus hijos, ponles sus túnicas, 15 y úngelos como ungiste a su padre, para que ministren como mis sacerdotes. La unción les conferirá un sacerdocio válido para todas las generaciones venideras.»

16 Moisés hizo todo tal y como el SEÑOR se lo mandó. 17 Fue así como el santuario se instaló el día primero del mes primero del año segundo. 18 Al instalar el santuario, Moisés puso en su lugar las bases, levantó los tablones, los insertó en los travesaños, y levantó los postes; 19 luego extendió la tienda de campaña sobre el santuario, y encima de ésta puso el toldo, tal y como el SEÑOR se lo mandó.

20 A continuación, tomó el documento del pacto y lo puso en el arca; luego ajustó las varas al arca, y sobre ella puso el *propiciatorio. 21 Llevó el arca al interior del santuario, y colgó la cortina para resguardarla. De este modo protegió el arca del pacto, tal y como el SEÑOR se lo había ordenado.

22 Moisés puso la mesa en la Tienda de reunión, en el lado norte del santuario, fuera de la cortina, 23 y puso el pan en orden ante el SEÑOR, como el SEÑOR se lo había ordenado. 24 Colocó luego el candelabro en la Tienda de reunión, frente a la mesa, en el lado sur del santuario, 25 y encendió las lámparas ante el SEÑOR, como el SEÑOR se lo había ordenado. 26 Puso también el altar de oro en la Tienda de reunión, frente a la cortina, 27 y sobre él quemó incienso aromático, tal y como el SEÑOR se lo había ordenado. 28 Después de eso colgó la cortina a la entrada del santuario.

sils; the basin with its stand; 40 the curtains of the courtyard with its posts and bases, and the curtain for the entrance to the courtyard; the ropes and tent pegs for the courtyard; all the furnishings for the tabernacle, the Tent of Meeting; 41 and the woven garments worn for ministering in the sanctuary, both the sacred garments for Aaron the priest and the garments for his sons when serving as priests.

42 The Israelites had done all the work just as the LORD had commanded Moses. 43 Moses inspected the work and saw that they had done it just as the LORD had commanded. So Moses blessed them.

Setting Up the Tabernacle

40 Then the LORD said to Moses: 2 "Set up the tabernacle, the Tent of Meeting, on the first day of the first month. 3 Place the ark of the Testimony in it and shield the ark with the curtain. 4 Bring in the table and set out what belongs on it. Then bring in the lampstand and set up its lamps. 5 Place the gold altar of incense in front of the ark of the Testimony and put the curtain at the entrance to the tabernacle.

6 "Place the altar of burnt offering in front of the entrance to the tabernacle, the Tent of Meeting; 7 place the basin between the Tent of Meeting and the altar and put water in it. 8 Set up the courtyard around it and put the curtain at the entrance to the courtyard.

9 "Take the anointing oil and anoint the tabernacle and everything in it; consecrate it and all its furnishings, and it will be holy. 10 Then anoint the altar of burnt offering and all its utensils; consecrate the altar, and it will be most holy. 11 Anoint the basin and its stand and consecrate them.

12 "Bring Aaron and his sons to the entrance to the Tent of Meeting and wash them with water. 13 Then dress Aaron in the sacred garments, anoint him and consecrate him so he may serve me as priest. 14 Bring his sons and dress them in tunics. 15 Anoint them just as you anointed their father, so they may serve me as priests. Their anointing will be to a priesthood that will continue for all generations to come." 16 Moses did everything just as the LORD commanded him.

17 So the tabernacle was set up on the first day of the first month in the second year. 18 When Moses set up the tabernacle, he put the bases in place, erected the frames, inserted the crossbars and set up the posts. 19 Then he spread the tent over the tabernacle and put the covering over the tent, as the LORD commanded him.

20 He took the Testimony and placed it in the ark, attached the poles to the ark and put the atonement cover over it. 21 Then he brought the ark into the tabernacle and hung the shielding curtain and shielded the ark of the Testimony, as the LORD commanded him.

22 Moses placed the table in the Tent of Meeting on the north side of the tabernacle outside the curtain 23 and set out the bread on it before the LORD, as the LORD commanded him.

24 He placed the lampstand in the Tent of Meeting opposite the table on the south side of the tabernacle 25 and set up the lamps before the LORD, as the LORD commanded him.

26 Moses placed the gold altar in the Tent of Meeting in front of the curtain 27 and burned fragrant incense on it, as the LORD commanded him. 28 Then he put up the curtain at the entrance to the tabernacle.

29 Moisés puso también el altar de los holocaustos a la entrada del santuario, la Tienda de reunión, y sobre él ofreció holocaustos y ofrendas de grano, tal y como el SEÑOR se lo había ordenado. 30 Colocó luego el lavamanos entre la Tienda de reunión y el altar, y echó en ella agua para lavarse, 31 y Moisés, Aarón y sus hijos se lavaron allí las manos y los pies. 32 Siempre que entraban en la Tienda de reunión o se acercaban al altar se lavaban, tal y como el SEÑOR se lo había ordenado.

33 Después levantó Moisés el atrio en torno al santuario y al altar, y colgó la cortina a la entrada del atrio. Así terminó Moisés la obra.

La gloria del SEÑOR

34 En ese instante la nube cubrió la *Tienda de reunión, y la gloria del SEÑOR llenó el santuario. 35 Moisés no podía entrar en la Tienda de reunión porque la nube se había posado en ella y la gloria del SEÑOR llenaba el santuario.

36 Siempre que la nube se levantaba y se apartaba del santuario, los israelitas levantaban campamento y se ponían en marcha. 37 Si la nube no se levantaba, ellos no se ponían en marcha. 38 Durante todas las marchas de los israelitas, la nube del SEÑOR reposaba sobre el santuario durante el día, pero durante la noche había fuego en la nube, a la vista de todo el pueblo de Israel.

29 He set the altar of burnt offering near the entrance to the tabernacle, the Tent of Meeting, and offered on it burnt offerings and grain offerings, as the LORD commanded him.

30 He placed the basin between the Tent of Meeting and the altar and put water in it for washing, 31 and Moses and Aaron and his sons used it to wash their hands and feet. 32 They washed whenever they entered the Tent of Meeting or approached the altar, as the LORD commanded Moses.

33 Then Moses set up the courtyard around the tabernacle and altar and put up the curtain at the entrance to the courtyard. And so Moses finished the work.

The Glory of the LORD

34 Then the cloud covered the Tent of Meeting, and the glory of the LORD filled the tabernacle. 35 Moses could not enter the Tent of Meeting because the cloud had settled upon it, and the glory of the LORD filled the tabernacle.

36 In all the travels of the Israelites, whenever the cloud lifted from above the tabernacle, they would set out; 37 but if the cloud did not lift, they did not set out—until the day it lifted. 38 So the cloud of the LORD was over the tabernacle by day, and fire was in the cloud by night, in the sight of all the house of Israel during all their travels.

Levítico

Leviticus

El holocausto

1 El SEÑOR llamó a Moisés y le habló desde la *Tienda de reunión. Le ordenó ²que les dijera a los israelitas: «Cuando alguno de ustedes traiga una ofrenda al SEÑOR, deberá presentar un animal de ganado vacuno u ovino.

³»Si el animal que ofrece en *holocausto es de ganado vacuno, deberá presentar un macho sin defecto, a la entrada de la Tienda de reunión. Así será aceptable al SEÑOR. ⁴Pondrá su mano sobre la cabeza de la víctima, la cual le será aceptada en su lugar y le servirá de *propiciación. ⁵Después degollará el novillo ante el SEÑOR, y los hijos de Aarón, los sacerdotes, tomarán la sangre y la derramarán alrededor del altar que está a la entrada de la Tienda de reunión. ⁶Luego desollará la víctima del holocausto y la cortará en trozos. ⁷Los hijos de Aarón, los sacerdotes, harán fuego sobre el altar y le echarán leña; ⁸después acomodarán los trozos sobre la leña encendida del altar, junto con la cabeza y el sebo. ⁹Las entrañas y las patas se lavarán con agua, y el sacerdote lo quemará todo en el altar. Es un holocausto, una ofrenda presentada por fuego de aroma grato al SEÑOR.

¹⁰»Si alguien ofrece un holocausto de ganado ovino, sea de corderos o de cabras, deberá presentar un macho sin defecto. ¹¹Lo degollará ante el SEÑOR, en el costado norte del altar, y los hijos de Aarón, los sacerdotes, derramarán la sangre alrededor del altar. ¹²Luego lo cortará en trozos, los cuales el sacerdote acomodará sobre la leña encendida del altar, junto con la cabeza y el sebo. ¹³Las entrañas y las patas se lavarán con agua, y el sacerdote lo tomará todo y lo quemará en el altar. Es un holocausto, una ofrenda presentada por fuego de aroma grato al SEÑOR.

¹⁴»Si alguien ofrece al SEÑOR un holocausto de ave, deberá presentar una tórtola o un pichón de paloma. ¹⁵El sacerdote llevará el ave al altar y le arrancará la cabeza, y luego la quemará en el altar. Después exprimirá la sangre en un costado del altar, ¹⁶y le quitará también el buche y las entrañas, y los arrojará hacia el costado oriental del altar, donde se echa la ceniza. ¹⁷Después la desgarrará por las alas, pero sin arrancárselas. Entonces el sacerdote la quemará en el altar, sobre la leña encendida. Es un holocausto, una ofrenda presentada por fuego de aroma grato al SEÑOR.

La ofrenda de cereal

2 »Si alguien presenta al SEÑOR una ofrenda de cereal, ésta será de flor de harina, sobre la cual pondrá aceite e incienso. ²Luego la llevará a los hijos de Aarón, los sacerdotes; allí tomará un puñado de flor de harina con aceite, junto con todo el incienso, y el sacerdote quemará esa ofrenda memorial en el altar. Es una ofrenda presentada por fuego de aroma grato al SEÑOR.

The Burnt Offering

1 The LORD called to Moses and spoke to him from the Tent of Meeting. He said, ²"Speak to the Israelites and say to them: 'When any of you brings an offering to the LORD, bring as your offering an animal from either the herd or the flock.

³" 'If the offering is a burnt offering from the herd, he is to offer a male without defect. He must present it at the entrance to the Tent of Meeting so that it[a] will be acceptable to the LORD. ⁴He is to lay his hand on the head of the burnt offering, and it will be accepted on his behalf to make atonement for him. ⁵He is to slaughter the young bull before the LORD, and then Aaron's sons the priests shall bring the blood and sprinkle it against the altar on all sides at the entrance to the Tent of Meeting. ⁶He is to skin the burnt offering and cut it into pieces. ⁷The sons of Aaron the priest are to put fire on the altar and arrange wood on the fire. ⁸Then Aaron's sons the priests shall arrange the pieces, including the head and the fat, on the burning wood that is on the altar. ⁹He is to wash the inner parts and the legs with water, and the priest is to burn all of it on the altar. It is a burnt offering, an offering made by fire, an aroma pleasing to the LORD.

¹⁰" 'If the offering is a burnt offering from the flock, from either the sheep or the goats, he is to offer a male without defect. ¹¹He is to slaughter it at the north side of the altar before the LORD, and Aaron's sons the priests shall sprinkle its blood against the altar on all sides. ¹²He is to cut it into pieces, and the priest shall arrange them, including the head and the fat, on the burning wood that is on the altar. ¹³He is to wash the inner parts and the legs with water, and the priest is to bring all of it and burn it on the altar. It is a burnt offering, an offering made by fire, an aroma pleasing to the LORD.

¹⁴" 'If the offering to the LORD is a burnt offering of birds, he is to offer a dove or a young pigeon. ¹⁵The priest shall bring it to the altar, wring off the head and burn it on the altar; its blood shall be drained out on the side of the altar. ¹⁶He is to remove the crop with its contents[b] and throw it to the east side of the altar, where the ashes are. ¹⁷He shall tear it open by the wings, not severing it completely, and then the priest shall burn it on the wood that is on the fire on the altar. It is a burnt offering, an offering made by fire, an aroma pleasing to the LORD.

The Grain Offering

2 " 'When someone brings a grain offering to the LORD, his offering is to be of fine flour. He is to pour oil on it, put incense on it ²and take it to Aaron's sons the priests. The priest shall take a handful of the fine flour and oil, together with all the incense, and burn this as a memorial portion on the altar, an offering made by fire, an aroma pleasing to the LORD. ³The rest

a 3 Or *he*   *b 16* Or *crop and the feathers*; the meaning of the Hebrew for this word is uncertain.

³El resto de la ofrenda de cereal será para Aarón y sus hijos. Entre las ofrendas por fuego que se presentan al SEÑOR, ésta es sumamente sagrada.

⁴»Si presentas una ofrenda de cereal cocida al horno, ésta será de panes de flor de harina sin levadura, amasados con aceite, o de obleas sin levadura untadas con aceite.

⁵»Si presentas una ofrenda de cereal cocida en la sartén, la ofrenda será de flor de harina sin levadura, amasada con aceite. ⁶La partirás en pedazos y le echarás aceite. Es una ofrenda de cereal.

⁷»Si presentas una ofrenda de cereal cocida a la olla, la ofrenda será de flor de harina con aceite. ⁸Así preparada la ofrenda de cereal, se la llevarás al SEÑOR, es decir, se la llevarás al sacerdote, quien la presentará en el altar. ⁹El sacerdote, luego de tomar una parte como ofrenda memorial, la quemará en el altar. Es una ofrenda presentada por fuego de aroma grato al SEÑOR. ¹⁰El resto de la ofrenda de cereal será para Aarón y sus hijos. Entre las ofrendas por fuego que se presentan al SEÑOR, ésta es sumamente sagrada.

¹¹»Ninguna ofrenda de cereal que ustedes presenten al SEÑOR se hará de masa fermentada, porque en una ofrenda al Señor presentada por fuego no se deben quemar ni miel ni levadura. ¹²Llevarán al SEÑOR levadura y miel como ofrenda de *primicias, pero no las pondrán sobre el altar como aroma grato. ¹³Todas las ofrendas de cereal las sazonarán con sal, y no dejarán que les falte la sal del *pacto de su Dios. A todas las ofrendas deberán ponerles sal.

¹⁴»Si le presentas al SEÑOR una ofrenda de las primicias de tus cereales, ésta será de trigo nuevo, molido y tostado al fuego. Es la ofrenda de cereal de tus primicias. ¹⁵Le pondrás aceite e incienso; es una ofrenda de cereal. ¹⁶El sacerdote quemará parte del trigo nuevo y molido como ofrenda memorial, junto con todo el incienso y el aceite. Es una ofrenda al SEÑOR presentada por fuego.

El sacrificio de comunión

3 »Si alguien ofrece ganado vacuno al SEÑOR como sacrificio de *comunión, deberá presentarle un animal sin defecto, sea macho o hembra. ²Pondrá su mano sobre la cabeza del animal, al que degollará a la entrada de la *Tienda de reunión. Luego los hijos de Aarón, los sacerdotes, derramarán la sangre alrededor del altar. ³El oferente le presentará al SEÑOR, como ofrenda por fuego, las siguientes partes del sacrificio de comunión: la grasa que recubre los intestinos y la que se adhiere a éstos, ⁴los dos riñones y la grasa que los recubre, la grasa que recubre los lomos, y también el lóbulo del hígado, el cual se extraerá junto con los riñones. ⁵Entonces los hijos de Aarón quemarán todo esto en el altar, encima del *holocausto que está sobre la leña encendida. Es una ofrenda presentada por fuego de aroma grato al SEÑOR.

⁶»Si el sacrificio de comunión es de ganado ovino, el oferente deberá presentarle al SEÑOR un animal sin defecto, sea macho o hembra. ⁷Si la ofrenda es un cordero, lo presentará ante el SEÑOR ⁸y le impondrá la mano sobre la cabeza, degollando luego al animal ante la Tienda de reunión. Luego los hijos de Aarón derramarán la sangre alrededor del altar. ⁹El oferente le presentará al SEÑOR, como ofrenda por fuego, las siguientes partes de este sacrificio: la grasa, la cola entera (la cual cortará desde el espinazo), la grasa que recubre los intestinos y la que se adhiere a éstos, ¹⁰los dos riñones y la grasa que los recubre, la grasa que recubre los lomos, y también el lóbulo del hígado, el

of the grain offering belongs to Aaron and his sons; it is a most holy part of the offerings made to the LORD by fire.

⁴" 'If you bring a grain offering baked in an oven, it is to consist of fine flour: cakes made without yeast and mixed with oil, or*c* wafers made without yeast and spread with oil. ⁵If your grain offering is prepared on a griddle, it is to be made of fine flour mixed with oil, and without yeast. ⁶Crumble it and pour oil on it; it is a grain offering. ⁷If your grain offering is cooked in a pan, it is to be made of fine flour and oil. ⁸Bring the grain offering made of these things to the LORD; present it to the priest, who shall take it to the altar. ⁹He shall take out the memorial portion from the grain offering and burn it on the altar as an offering made by fire, an aroma pleasing to the LORD. ¹⁰The rest of the grain offering belongs to Aaron and his sons; it is a most holy part of the offerings made to the LORD by fire.

¹¹" 'Every grain offering you bring to the LORD must be made without yeast, for you are not to burn any yeast or honey in an offering made to the LORD by fire. ¹²You may bring them to the LORD as an offering of the firstfruits, but they are not to be offered on the altar as a pleasing aroma. ¹³Season all your grain offerings with salt. Do not leave the salt of the covenant of your God out of your grain offerings; add salt to all your offerings.

¹⁴" 'If you bring a grain offering of firstfruits to the LORD, offer crushed heads of new grain roasted in the fire. ¹⁵Put oil and incense on it; it is a grain offering. ¹⁶The priest shall burn the memorial portion of the crushed grain and the oil, together with all the incense, as an offering made to the LORD by fire.

The Fellowship Offering

3 " 'If someone's offering is a fellowship offering,*d* and he offers an animal from the herd, whether male or female, he is to present before the LORD an animal without defect. ²He is to lay his hand on the head of his offering and slaughter it at the entrance to the Tent of Meeting. Then Aaron's sons the priests shall sprinkle the blood against the altar on all sides. ³From the fellowship offering he is to bring a sacrifice made to the LORD by fire: all the fat that covers the inner parts or is connected to them, ⁴both kidneys with the fat on them near the loins, and the covering of the liver, which he will remove with the kidneys. ⁵Then Aaron's sons are to burn it on the altar on top of the burnt offering that is on the burning wood, as an offering made by fire, an aroma pleasing to the LORD.

⁶" 'If he offers an animal from the flock as a fellowship offering to the LORD, he is to offer a male or female without defect. ⁷If he offers a lamb, he is to present it before the LORD. ⁸He is to lay his hand on the head of his offering and slaughter it in front of the Tent of Meeting. Then Aaron's sons shall sprinkle its blood against the altar on all sides. ⁹From the fellowship offering he is to bring a sacrifice made to the LORD by fire: its fat, the entire fat tail cut off close to the backbone, all the fat that covers the inner parts or is connected to them, ¹⁰both kidneys with the fat on them near the loins, and the covering of the liver, which he

c4 Or *and*   *d1* Traditionally *peace offering*; also in verses 3, 6 and 9

cual se extraerá junto con los riñones. ¹¹Entonces el sacerdote quemará todo esto en el altar. Es una comida, una ofrenda presentada por fuego al SEÑOR.

¹²»Si la ofrenda es una cabra, la presentará ante el SEÑOR ¹³poniendo la mano sobre la cabeza del animal, al que degollará ante la Tienda de reunión. Luego los hijos de Aarón derramarán la sangre alrededor del altar. ¹⁴El oferente le presentará al SEÑOR, como ofrenda por fuego, las siguientes partes del animal: la grasa que recubre los intestinos y la que se adhiere a éstos, ¹⁵los dos riñones y la grasa que los recubre, la grasa que recubre los lomos, y también el lóbulo del hígado, el cual se extraerá junto con los riñones. ¹⁶Entonces el sacerdote quemará todo esto en el altar. Es una comida, una ofrenda presentada por fuego de aroma grato. Toda la grasa pertenece al SEÑOR.

¹⁷»Éste será un estatuto perpetuo para los descendientes de ustedes, dondequiera que habiten: No se comerán la grasa ni la sangre.»

El sacrificio expiatorio

4 El SEÑOR le ordenó a Moisés ²que les dijera a los israelitas: «Cuando alguien viole inadvertidamente cualquiera de los mandamientos del SEÑOR, e incurra en algo que esté prohibido, se procederá de la siguiente manera:

El sacrificio expiatorio por el pecado del sacerdote

³»Si el que peca es el sacerdote ungido, haciendo con ello culpable al pueblo, deberá ofrecer al SEÑOR, como sacrificio *expiatorio por su pecado, un novillo sin defecto. ⁴Llevará el novillo ante el SEÑOR, a la entrada de la *Tienda de reunión, e impondrá la mano sobre la cabeza del novillo, al que degollará en presencia del SEÑOR. ⁵El sacerdote ungido tomará un poco de la sangre del novillo y la llevará a la Tienda de reunión. ⁶Mojará el dedo en la sangre, y rociará con ella siete veces en dirección a la cortina del santuario, en presencia del SEÑOR. ⁷Después el sacerdote untará un poco de la sangre en los cuernos del altar del incienso aromático, que está ante el SEÑOR, en la Tienda de reunión. El resto de la sangre del novillo la derramará al pie del altar del *holocausto, que está a la entrada de la Tienda de reunión. ⁸Luego, al novillo del sacrificio expiatorio le sacará toda la grasa que recubre los intestinos, y la que se adhiere a éstos, ⁹los dos riñones y la grasa que los recubre, la grasa que recubre los lomos, y también el lóbulo del hígado, el cual se extraerá junto con los riñones. ¹⁰Esto se hará tal y como se saca la grasa de la res para el sacrificio de *comunión. Entonces el sacerdote quemará todo esto en el altar del holocausto, ¹¹pero sacará del campamento la piel y toda la carne del novillo, junto con la cabeza, las patas, los intestinos y el excremento. ¹²Todo esto, es decir, el resto del novillo, lo sacará del campamento y lo llevará a un lugar ritualmente *puro, al vertedero de la ceniza, y dejará que se consuma sobre la leña encendida. Sobre el vertedero de la ceniza se consumirá.

El sacrificio expiatorio por el pecado de la comunidad

¹³»Si la que peca inadvertidamente es toda la comunidad de Israel, toda la asamblea será culpable de haber hecho algo que los mandamientos del SEÑOR prohíben. ¹⁴Cuando la asamblea se dé cuenta del pecado que ha cometido, deberá ofrecer un novillo como sacrificio

will remove with the kidneys. ¹¹The priest shall burn them on the altar as food, an offering made to the LORD by fire.

¹²" 'If his offering is a goat, he is to present it before the LORD. ¹³He is to lay his hand on its head and slaughter it in front of the Tent of Meeting. Then Aaron's sons shall sprinkle its blood against the altar on all sides. ¹⁴From what he offers he is to make this offering to the LORD by fire: all the fat that covers the inner parts or is connected to them, ¹⁵both kidneys with the fat on them near the loins, and the covering of the liver, which he will remove with the kidneys. ¹⁶The priest shall burn them on the altar as food, an offering made by fire, a pleasing aroma. All the fat is the LORD's.

¹⁷" 'This is a lasting ordinance for the generations to come, wherever you live: You must not eat any fat or any blood.' "

The Sin Offering

4 The LORD said to Moses, ²"Say to the Israelites: 'When anyone sins unintentionally and does what is forbidden in any of the LORD's commands—

³" 'If the anointed priest sins, bringing guilt on the people, he must bring to the LORD a young bull without defect as a sin offering for the sin he has committed. ⁴He is to present the bull at the entrance to the Tent of Meeting before the LORD. He is to lay his hand on its head and slaughter it before the LORD. ⁵Then the anointed priest shall take some of the bull's blood and carry it into the Tent of Meeting. ⁶He is to dip his finger into the blood and sprinkle some of it seven times before the LORD, in front of the curtain of the sanctuary. ⁷The priest shall then put some of the blood on the horns of the altar of fragrant incense that is before the LORD in the Tent of Meeting. The rest of the bull's blood he shall pour out at the base of the altar of burnt offering at the entrance to the Tent of Meeting. ⁸He shall remove all the fat from the bull of the sin offering—the fat that covers the inner parts or is connected to them, ⁹both kidneys with the fat on them near the loins, and the covering of the liver, which he will remove with the kidneys— ¹⁰just as the fat is removed from the ox*ᵉ* sacrificed as a fellowship offering.*ᶠ* Then the priest shall burn them on the altar of burnt offering. ¹¹But the hide of the bull and all its flesh, as well as the head and legs, the inner parts and offal— ¹²that is, all the rest of the bull—he must take outside the camp to a place ceremonially clean, where the ashes are thrown, and burn it in a wood fire on the ash heap.

¹³" 'If the whole Israelite community sins unintentionally and does what is forbidden in any of the LORD's commands, even though the community is unaware of the matter, they are guilty. ¹⁴When they become aware of the sin they committed, the assembly must bring a young bull as a sin offering and present

---

ᵉ 10 The Hebrew word can include both male and female.
ᶠ 10 Traditionally *peace offering*; also in verses 26, 31 and 35

*expiatorio. Lo llevarán a la *Tienda de reunión, 15 y allí, en presencia del Señor, los *ancianos de la comunidad impondrán las manos sobre la cabeza del novillo y lo degollarán. 16 Luego el sacerdote ungido tomará un poco de la sangre del novillo y la llevará a la Tienda de reunión. 17 Mojará el dedo en la sangre, y rociará con ella siete veces en dirección a la cortina en presencia del Señor. 18 Después untará un poco de la sangre en los cuernos del altar, que está ante el Señor, en la Tienda de reunión. El resto de la sangre la derramará al pie del altar del *holocausto, que está a la entrada de la Tienda de reunión, 19 y sacará del animal toda la grasa, quemándola en el altar. 20 Se hará con este novillo lo mismo que se hace con el de la ofrenda expiatoria. Así el sacerdote hará expiación por ellos, y serán perdonados. 21 Luego sacará del campamento el resto del novillo y dejará que se consuma en el fuego, como al otro. Éste es el sacrificio expiatorio por la asamblea.

El sacrificio expiatorio por el pecado de un gobernante

22 »Si el que peca inadvertidamente es uno de los gobernantes, e incurre en algo que los mandamientos del Señor su Dios prohíben, será culpable. 23 Cuando se le haga saber que ha cometido un pecado, llevará como ofrenda un macho cabrío sin defecto, 24 pondrá la mano sobre la cabeza del macho cabrío, y lo degollará en presencia del Señor, en el mismo lugar donde se degüellan los animales para el *holocausto. Es un sacrificio *expiatorio. 25 Entonces el sacerdote tomará con el dedo un poco de la sangre del sacrificio expiatorio y la untará en los cuernos del altar del holocausto, después de lo cual derramará al pie del altar del holocausto el resto de la sangre. 26 Toda la grasa del animal la quemará en el altar, tal como se hace con el sacrificio de *comunión. Así el sacerdote hará expiación por el pecado del gobernante, y su pecado le será perdonado.

El sacrificio expiatorio por el pecado de un miembro del pueblo

27 »Si el que peca inadvertidamente es alguien del pueblo, e incurre en algo que los mandamientos del Señor prohíben, será culpable. 28 Cuando se le haga saber que ha cometido un pecado, llevará como ofrenda por su pecado una cabra sin defecto. 29 Pondrá la mano sobre la cabeza del animal, y lo degollará en el lugar donde se degüellan los animales para el *holocausto. 30 Entonces el sacerdote tomará con el dedo un poco de la sangre y la untará en los cuernos del altar del holocausto, después de lo cual derramará el resto de la sangre al pie del altar. 31 Luego le sacará al animal toda la grasa, tal y como se le saca la grasa al sacrificio de *comunión, y el sacerdote la quemará toda en el altar, como aroma grato al Señor. Así el sacerdote hará *expiación por él, y su pecado le será perdonado.

32 »Si la persona ofrece como sacrificio expiatorio un cordero, deberá presentar una hembra sin defecto. 33 Pondrá la mano sobre la cabeza del animal, y lo degollará como sacrificio expiatorio en el lugar donde se degüellan los animales para el holocausto. 34 Entonces el sacerdote tomará con el dedo un poco de la sangre del sacrificio expiatorio y la untará en los cuernos del altar del holocausto, después de lo cual derramará al pie del altar el resto de la sangre. 35 Luego le sacará al animal toda la grasa, tal y como se le saca la grasa al cordero del sacrificio de comunión, y el sacerdote la quemará en el altar sobre la ofrenda presentada por fuego al Señor. Así el sacerdote hará expiación por esa persona, y el pecado que haya cometido le será perdonado.

it before the Tent of Meeting. 15 The elders of the community are to lay their hands on the bull's head before the Lord, and the bull shall be slaughtered before the Lord. 16 Then the anointed priest is to take some of the bull's blood into the Tent of Meeting. 17 He shall dip his finger into the blood and sprinkle it before the Lord seven times in front of the curtain. 18 He is to put some of the blood on the horns of the altar that is before the Lord in the Tent of Meeting. The rest of the blood he shall pour out at the base of the altar of burnt offering at the entrance to the Tent of Meeting. 19 He shall remove all the fat from it and burn it on the altar, 20 and do with this bull just as he did with the bull for the sin offering. In this way the priest will make atonement for them, and they will be forgiven. 21 Then he shall take the bull outside the camp and burn it as he burned the first bull. This is the sin offering for the community.

22 " 'When a leader sins unintentionally and does what is forbidden in any of the commands of the Lord his God, he is guilty. 23 When he is made aware of the sin he committed, he must bring as his offering a male goat without defect. 24 He is to lay his hand on the goat's head and slaughter it at the place where the burnt offering is slaughtered before the Lord. It is a sin offering. 25 Then the priest shall take some of the blood of the sin offering with his finger and put it on the horns of the altar of burnt offering and pour out the rest of the blood at the base of the altar. 26 He shall burn all the fat on the altar as he burned the fat of the fellowship offering. In this way the priest will make atonement for the man's sin, and he will be forgiven.

27 " 'If a member of the community sins unintentionally and does what is forbidden in any of the Lord's commands, he is guilty. 28 When he is made aware of the sin he committed, he must bring as his offering for the sin he committed a female goat without defect. 29 He is to lay his hand on the head of the sin offering and slaughter it at the place of the burnt offering. 30 Then the priest is to take some of the blood with his finger and put it on the horns of the altar of burnt offering and pour out the rest of the blood at the base of the altar. 31 He shall remove all the fat, just as the fat is removed from the fellowship offering, and the priest shall burn it on the altar as an aroma pleasing to the Lord. In this way the priest will make atonement for him, and he will be forgiven.

32 " 'If he brings a lamb as his sin offering, he is to bring a female without defect. 33 He is to lay his hand on its head and slaughter it for a sin offering at the place where the burnt offering is slaughtered. 34 Then the priest shall take some of the blood of the sin offering with his finger and put it on the horns of the altar of burnt offering and pour out the rest of the blood at the base of the altar. 35 He shall remove all the fat, just as the fat is removed from the lamb of the fellowship offering, and the priest shall burn it on the altar on top of the offerings made to the Lord by fire. In this way the priest will make atonement for him for the sin he has committed, and he will be forgiven.

El sacrificio expiatorio por diversos pecados

5 »Si alguien peca por negarse a declarar bajo juramento lo que vio o escuchó, sufrirá las consecuencias de su pecado.

2 »Si alguien sin darse cuenta toca alguna cosa ritualmente *impura, tal como el cadáver de un animal impuro, sea o no doméstico, o el cadáver de un reptil impuro, se vuelve impuro él mismo y es culpable.

3 »Si alguien sin darse cuenta toca alguna impureza humana, cualquiera que ésta sea, se vuelve impuro él mismo. Pero al darse cuenta, será culpable.

4 »Si alguien hace uno de esos juramentos que se acostumbra hacer a la ligera, y sin saberlo jura hacer bien o mal, ha pecado. Pero al darse cuenta, será culpable de haber hecho ese juramento.

5 »Si alguien resulta culpable de alguna de estas cosas, deberá reconocer que ha pecado 6 y llevarle al SEÑOR en sacrificio *expiatorio por la culpa del pecado cometido, una hembra del rebaño, que podrá ser una oveja o una cabra. Así el sacerdote hará expiación por ese pecado.

El caso del pobre

7 »Si a alguien no le alcanza para comprar ganado menor, entonces le llevará al SEÑOR, como sacrificio por la culpa del pecado cometido, dos tórtolas o dos pichones de paloma, una de las aves como sacrificio por el pecado y la otra como *holocausto. 8 Se las llevará al sacerdote, quien primero ofrecerá el ave para el sacrificio *expiatorio. Para esto, le retorcerá el cuello, pero sin desprenderle del todo la cabeza. 9 Luego rociará un poco de la sangre del sacrificio expiatorio en un costado del altar, y al pie del altar exprimirá el resto de la sangre. Es un sacrificio expiatorio. 10 Con la segunda ave hará un holocausto, como ya ha sido prescrito. Así el sacerdote hará expiación por el pecado cometido, y ese pecado le será perdonado.

11 »Si a esa persona tampoco le alcanza para comprar dos tórtolas o dos pichones, presentará entonces en sacrificio expiatorio, como ofrenda por el pecado cometido, dos litros*a* de flor de harina. Como se trata de un sacrificio expiatorio, no se le pondrá aceite ni incienso. 12 Llevará este sacrificio al sacerdote, quien tomará un puñado de la ofrenda memorial y lo quemará en el altar junto con los sacrificios presentados por fuego al SEÑOR. Es un sacrificio expiatorio. 13 Así el sacerdote hará expiación por el pecado cometido en alguna de estas cosas, y ese pecado le será perdonado. El resto de la ofrenda será para el sacerdote, como sucede con la ofrenda de cereal.»

El sacrificio por la culpa

14 El SEÑOR le dijo a Moisés: 15 «Si alguien comete una falta y peca inadvertidamente contra lo que ha sido consagrado al SEÑOR, le llevará al SEÑOR un carnero sin defecto como sacrificio por la culpa. Su precio será tasado en plata, según la tasación oficial del santuario. Es un sacrificio por la culpa. 16 Además, el culpable hará restitución por haber pecado contra lo consagrado, añadiendo la quinta parte, la cual entregará al sacerdote. Así el sacerdote hará *expiación por él mediante el carnero del sacrificio por la culpa, y ese pecado le será perdonado.

17 »Si alguien peca inadvertidamente e incurre en algo que los mandamientos del SEÑOR prohíben, es cul-

5 " 'If a person sins because he does not speak up when he hears a public charge to testify regarding something he has seen or learned about, he will be held responsible.

2" 'Or if a person touches anything ceremonially unclean—whether the carcasses of unclean wild animals or of unclean livestock or of unclean creatures that move along the ground—even though he is unaware of it, he has become unclean and is guilty.

3" 'Or if he touches human uncleanness—anything that would make him unclean—even though he is unaware of it, when he learns of it he will be guilty.

4" 'Or if a person thoughtlessly takes an oath to do anything, whether good or evil—in any matter one might carelessly swear about—even though he is unaware of it, in any case when he learns of it he will be guilty.

5" 'When anyone is guilty in any of these ways, he must confess in what way he has sinned 6 and, as a penalty for the sin he has committed, he must bring to the LORD a female lamb or goat from the flock as a sin offering; and the priest shall make atonement for him for his sin.

7" 'If he cannot afford a lamb, he is to bring two doves or two young pigeons to the LORD as a penalty for his sin—one for a sin offering and the other for a burnt offering. 8 He is to bring them to the priest, who shall first offer the one for the sin offering. He is to wring its head from its neck, not severing it completely, 9 and is to sprinkle some of the blood of the sin offering against the side of the altar; the rest of the blood must be drained out at the base of the altar. It is a sin offering. 10 The priest shall then offer the other as a burnt offering in the prescribed way and make atonement for him for the sin he has committed, and he will be forgiven.

11" 'If, however, he cannot afford two doves or two young pigeons, he is to bring as an offering for his sin a tenth of an ephah*g* of fine flour for a sin offering. He must not put oil or incense on it, because it is a sin offering. 12 He is to bring it to the priest, who shall take a handful of it as a memorial portion and burn it on the altar on top of the offerings made to the LORD by fire. It is a sin offering. 13 In this way the priest will make atonement for him for any of these sins he has committed, and he will be forgiven. The rest of the offering will belong to the priest, as in the case of the grain offering.' "

The Guilt Offering

14 The LORD said to Moses: 15 "When a person commits a violation and sins unintentionally in regard to any of the LORD's holy things, he is to bring to the LORD as a penalty a ram from the flock, one without defect and of the proper value in silver, according to the sanctuary shekel.*h* It is a guilt offering. 16 He must make restitution for what he has failed to do in regard to the holy things, add a fifth of the value to that and give it all to the priest, who will make atonement for him with the ram as a guilt offering, and he will be forgiven.

17 "If a person sins and does what is forbidden in any of the LORD's commands, even though he does not

---

*g 11 That is, probably about 2 quarts (about 2 liters)   h 15 That is, about 2/5 ounce (about 11.5 grams)

pable y sufrirá las consecuencias de su pecado. 18 Le llevará al sacerdote un carnero sin defecto, cuyo precio será fijado como sacrificio por la culpa. Así el sacerdote hará expiación por el pecado que esa persona cometió inadvertidamente, y ese pecado le será perdonado. 19 Es un sacrificio por la culpa, de la que se hizo acreedor por pecar contra el SEÑOR.»

6 El SEÑOR le dijo a Moisés: 2 «Si alguien comete una falta y peca contra el SEÑOR al defraudar a su prójimo en algo que se dejó a su cuidado, o si roba u oprime a su prójimo despojándolo de lo que es suyo, 3 o si encuentra algo que se perdió y niega tenerlo, o si comete perjurio en alguna de las cosas en que se acostumbra pecar, 4 será culpable y deberá devolver lo que haya robado, o quitado, o lo que se le haya dado a guardar, o el objeto perdido que niega tener, 5 o cualquier otra cosa por la que haya cometido perjurio. Así que deberá restituirlo íntegramente y añadir la quinta parte de su valor. Todo esto lo entregará a su dueño el día que presente su sacrificio por la culpa. 6 Le llevará al SEÑOR un carnero sin defecto, cuyo precio será fijado como sacrificio por la culpa. Lo presentará al sacerdote, 7 quien hará *expiación ante el SEÑOR por esa persona, y cualquier cosa por la que se haya hecho culpable le será perdonada.»

El holocausto

8 El SEÑOR le dijo a Moisés 9 que les ordenara a Aarón y a sus hijos: «Ésta es la ley respecto al *holocausto: El holocausto se dejará arder sobre el altar toda la noche hasta el amanecer, y el fuego del altar se mantendrá encendido. 10 El sacerdote, vestido con su túnica de lino y su ropa interior de lino, removerá las cenizas del holocausto consumido por el fuego sobre el altar, y las echará a un lado del altar. 11 Luego se cambiará de ropa y sacará del campamento las cenizas, llevándolas a un lugar ritualmente *puro. 12 Mientras tanto, el fuego se mantendrá encendido sobre el altar; no deberá apagarse. Cada mañana el sacerdote pondrá más leña sobre el altar, y encima de éste colocará el holocausto para quemar en él la grasa del sacrificio de *comunión. 13 El fuego sobre el altar no deberá apagarse nunca; siempre deberá estar encendido.

La ofrenda de cereal

14 »Ésta es la ley respecto a la ofrenda de cereal: Los hijos de Aarón la presentarán ante el SEÑOR, delante del altar. 15 El sacerdote tomará de la ofrenda un puñado de flor de harina con aceite, así como todo el incienso que está sobre la ofrenda de cereal. Todo esto lo quemará en el altar, como ofrenda memorial de aroma grato al SEÑOR. 16 Aarón y sus hijos se comerán el resto de la ofrenda, pero sin levadura y en un lugar *santo, que podrá ser el atrio de la *Tienda de reunión. 17 No se cocerá con levadura, porque esa es la porción que les doy de mis sacrificios presentados por fuego. Es una porción sumamente sagrada, como lo son el sacrificio *expiatorio y el sacrificio por la culpa. 18 Todos los hijos varones de Aarón podrán comer de ella. Es un estatuto[b] perpetuo para los descendientes de ustedes, respecto a los sacrificios presentados por fuego al SEÑOR. Cualquier cosa que toque los sacrificios quedará consagrada.»

La ofrenda de los sacerdotes

19 El SEÑOR le dijo a Moisés: 20 «Ésta es la ofrenda que

know it, he is guilty and will be held responsible. 18 He is to bring to the priest as a guilt offering a ram from the flock, one without defect and of the proper value. In this way the priest will make atonement for him for the wrong he has committed unintentionally, and he will be forgiven. 19 It is a guilt offering; he has been guilty of[i] wrongdoing against the LORD."

6 The LORD said to Moses: 2 "If anyone sins and is unfaithful to the LORD by deceiving his neighbor about something entrusted to him or left in his care or stolen, or if he cheats him, 3 or if he finds lost property and lies about it, or if he swears falsely, or if he commits any such sin that people may do— 4 when he thus sins and becomes guilty, he must return what he has stolen or taken by extortion, or what was entrusted to him, or the lost property he found, 5 or whatever it was he swore falsely about. He must make restitution in full, add a fifth of the value to it and give it all to the owner on the day he presents his guilt offering. 6 And as a penalty he must bring to the priest, that is, to the LORD, his guilt offering, a ram from the flock, one without defect and of the proper value. 7 In this way the priest will make atonement for him before the LORD, and he will be forgiven for any of these things he did that made him guilty."

The Burnt Offering

8 The LORD said to Moses: 9 "Give Aaron and his sons this command: 'These are the regulations for the burnt offering: The burnt offering is to remain on the altar hearth throughout the night, till morning, and the fire must be kept burning on the altar. 10 The priest shall then put on his linen clothes, with linen undergarments next to his body, and shall remove the ashes of the burnt offering that the fire has consumed on the altar and place them beside the altar. 11 Then he is to take off these clothes and put on others, and carry the ashes outside the camp to a place that is ceremonially clean. 12 The fire on the altar must be kept burning; it must not go out. Every morning the priest is to add firewood and arrange the burnt offering on the fire and burn the fat of the fellowship offerings[j] on it. 13 The fire must be kept burning on the altar continuously; it must not go out.

The Grain Offering

14 " 'These are the regulations for the grain offering: Aaron's sons are to bring it before the LORD, in front of the altar. 15 The priest is to take a handful of fine flour and oil, together with all the incense on the grain offering, and burn the memorial portion on the altar as an aroma pleasing to the LORD. 16 Aaron and his sons shall eat the rest of it, but it is to be eaten without yeast in a holy place; they are to eat it in the courtyard of the Tent of Meeting. 17 It must not be baked with yeast; I have given it as their share of the offerings made to me by fire. Like the sin offering and the guilt offering, it is most holy. 18 Any male descendant of Aaron may eat it. It is his regular share of the offerings made to the LORD by fire for the generations to come. Whatever touches them will become holy.[k] ' "

19 The LORD also said to Moses, 20 "This is the offer-

---

[b] 6:18 estatuto. Alt. derecho; también en vv. 22 y 36.

[i] 19 Or has made full expiation for his   [j] 12 Traditionally peace offerings   [k] 18 Or Whoever touches them must be holy; similarly in verse 27

Aarón y sus hijos deben presentar al SEÑOR el día en que sean ungidos: dos kilos*c* de flor de harina, como ofrenda regular de cereal. Una mitad de la ofrenda se presentará por la mañana, y la otra mitad por la tarde. ²¹Se preparará con aceite en una sartén, y se llevará amasada y se presentará en porciones, como una ofrenda de cereal de aroma grato al SEÑOR. ²²La preparará el hijo de Aarón que lo suceda como sacerdote ungido. Éste es el estatuto perpetuo del SEÑOR: La ofrenda se quemará completamente. ²³No se comerá ninguna de las ofrendas que presenten los sacerdotes; todas deberán quemarse por completo.»

El sacrificio expiatorio

²⁴El SEÑOR le ordenó a Moisés ²⁵que les dijera a Aarón y a sus hijos: «Ésta es la ley respecto al sacrificio *expiatorio: La víctima deberá ser degollada ante el SEÑOR, en el mismo lugar donde se degüellan los animales para el *holocausto. Es algo sumamente sagrado. ²⁶El mismo sacerdote que ofrezca el sacrificio expiatorio deberá comérselo. Se lo comerá en un lugar *santo, que podrá ser el atrio de la *Tienda de reunión. ²⁷Cualquier cosa que toque la carne del sacrificio quedará consagrada. Si su sangre llega a salpicar algún vestido, éste deberá lavarse en un lugar santo. ²⁸Además, deberá romperse la vasija de barro en que se haya cocido el sacrificio; pero si se cuece en una vasija de bronce, ésta se restregará y se enjuagará con agua. ²⁹Todo varón entre los sacerdotes podrá comer del sacrificio. Es algo sumamente sagrado. ³⁰Pero no se comerá ningún sacrificio expiatorio cuya sangre haya sido llevada a la Tienda de reunión para hacer *propiciación en el santuario; este sacrificio se consumirá en el fuego.

El sacrificio por la culpa

7 »Ésta es la ley respecto al sacrificio por la culpa, el cual es sumamente sagrado: ²La víctima deberá ser degollada en el mismo lugar donde se degüellan los animales para el *holocausto, y su sangre será derramada alrededor del altar. ³Luego se ofrecerá toda su grasa: la cola, la grasa que recubre los intestinos, ⁴los dos riñones y la grasa que los recubre, la grasa que recubre los lomos, y también el lóbulo del hígado, el cual se extraerá junto con los riñones. ⁵El sacerdote quemará todo esto en el altar como ofrenda presentada por fuego al SEÑOR. Es un sacrificio por la culpa. ⁶Todo varón entre los sacerdotes podrá comer del sacrificio, pero deberá comerlo en un lugar *santo. Es algo sumamente sagrado.

Derechos de los sacerdotes

⁷»La misma ley se aplica tanto al sacrificio *expiatorio como al sacrificio por la culpa: El animal pertenecerá al sacerdote que haga *propiciación con él. ⁸La piel de la víctima del holocausto también será para el sacerdote que la ofrezca. ⁹Así mismo, toda ofrenda de cereal cocida al horno, a la olla o a la sartén, será del sacerdote que la ofrezca. ¹⁰Toda ofrenda de cereal, ya sea seca o amasada con aceite, pertenecerá a todos los hijos de Aarón, por partes iguales.

Diversos sacrificios de comunión

¹¹»Ésta es la ley respecto al sacrificio de *comunión que se ofrece al SEÑOR: ¹²Si se ofrece en acción de gracias, entonces se ofrecerán también panes sin levadura amasados con aceite, obleas sin levadura untadas con aceite, o panes de flor de harina amasados con

ing Aaron and his sons are to bring to the LORD on the day he*l* is anointed: a tenth of an ephah*m* of fine flour as a regular grain offering, half of it in the morning and half in the evening. ²¹Prepare it with oil on a griddle; bring it well-mixed and present the grain offering broken*n* in pieces as an aroma pleasing to the LORD. ²²The son who is to succeed him as anointed priest shall prepare it. It is the LORD's regular share and is to be burned completely. ²³Every grain offering of a priest shall be burned completely; it must not be eaten."

The Sin Offering

²⁴The LORD said to Moses, ²⁵"Say to Aaron and his sons: 'These are the regulations for the sin offering: The sin offering is to be slaughtered before the LORD in the place the burnt offering is slaughtered; it is most holy. ²⁶The priest who offers it shall eat it; it is to be eaten in a holy place, in the courtyard of the Tent of Meeting. ²⁷Whatever touches any of the flesh will become holy, and if any of the blood is spattered on a garment, you must wash it in a holy place. ²⁸The clay pot the meat is cooked in must be broken; but if it is cooked in a bronze pot, the pot is to be scoured and rinsed with water. ²⁹Any male in a priest's family may eat it; it is most holy. ³⁰But any sin offering whose blood is brought into the Tent of Meeting to make atonement in the Holy Place must not be eaten; it must be burned.

The Guilt Offering

7 " 'These are the regulations for the guilt offering, which is most holy: ²The guilt offering is to be slaughtered in the place where the burnt offering is slaughtered, and its blood is to be sprinkled against the altar on all sides. ³All its fat shall be offered: the fat tail and the fat that covers the inner parts, ⁴both kidneys with the fat on them near the loins, and the covering of the liver, which is to be removed with the kidneys. ⁵The priest shall burn them on the altar as an offering made to the LORD by fire. It is a guilt offering. ⁶Any male in a priest's family may eat it, but it must be eaten in a holy place; it is most holy.

⁷" 'The same law applies to both the sin offering and the guilt offering: They belong to the priest who makes atonement with them. ⁸The priest who offers a burnt offering for anyone may keep its hide for himself. ⁹Every grain offering baked in an oven or cooked in a pan or on a griddle belongs to the priest who offers it, ¹⁰and every grain offering, whether mixed with oil or dry, belongs equally to all the sons of Aaron.

The Fellowship Offering

¹¹" 'These are the regulations for the fellowship offering*o* a person may present to the LORD:

¹²" 'If he offers it as an expression of thankfulness, then along with this thank offering he is to offer cakes of bread made without yeast and mixed with oil, wafers made without yeast and spread with oil, and cakes of

---

c 6:20 *dos kilos.* Lit. *una décima de efa.*

l 20 Or *each*   *m* 20 That is, probably about 2 quarts (about 2 liters)   *n* 21 The meaning of the Hebrew for this word is uncertain.   *o* 11 Traditionally *peace offering*; also in verses 13-37

aceite. [13] Junto con el sacrificio de comunión en acción de gracias, se deberá presentar una ofrenda de pan con levadura. [14] De toda ofrenda deberá presentarse una parte como contribución al SEÑOR, y se destinará al sacerdote a quien le corresponda derramar la sangre del sacrificio de comunión. [15] La carne de este sacrificio deberá comerse el día en que se ofrezca, sin dejar nada para el día siguiente.

[16] »Si el sacrificio tiene que ver con un voto, o si se trata de una ofrenda voluntaria, no sólo se comerá en el día que se ofrezca el sacrificio, sino que podrá comerse el resto al día siguiente. [17] Pero toda la carne que quede hasta el tercer día se quemará en el fuego.

[18] »Si alguna carne del sacrificio de comunión llega a comerse al tercer día, tal sacrificio no será válido ni se tomará en cuenta, porque la carne ya está descompuesta. El que la coma sufrirá las consecuencias de su pecado.

[19] »No deberá comerse la carne que haya tocado alguna cosa ritualmente *impura, sino que se quemará en el fuego. En cuanto a otra carne, toda persona pura podrá comerla.

[20] »Si una persona impura come la carne ofrecida al SEÑOR en el sacrificio de comunión, será eliminada de su pueblo.

[21] »Si alguien toca cualquier clase de impureza humana, o de animal o de algo detestable, y luego come la carne ofrecida al SEÑOR en el sacrificio de comunión, será eliminado de su pueblo.»

Prohibiciones acerca de la grasa y de la sangre

[22] El SEÑOR le ordenó a Moisés [23] que les dijera a los israelitas: «Ustedes no comerán grasa de ganado vacuno, ovino o cabrío. [24] La grasa de un animal muerto o destrozado podrá usarse con cualquier otro fin, menos para comerla. [25] Todo el que coma grasa de animales presentados como ofrenda por fuego al SEÑOR, será eliminado de su pueblo. [26] Vivan donde vivan, ustedes no comerán grasa ni sangre alguna, sea de ave o de otro animal. [27] Todo el que coma cualquier clase de sangre, será eliminado de su pueblo.»

La porción de los sacerdotes

[28] El SEÑOR le ordenó a Moisés [29] que les dijera a los israelitas: «El que ofrezca al SEÑOR un sacrificio de *comunión deberá presentar al SEÑOR parte de ese sacrificio, [30] y presentarle también una ofrenda por fuego. Llevará la grasa y el pecho, y mecerá ante el SEÑOR el pecho de la víctima como ofrenda mecida. [31] El sacerdote quemará la grasa en el altar, pero el pecho será para Aarón y sus hijos. [32] Al sacerdote se le dará, como contribución, el muslo derecho del sacrificio de comunión. [33] El muslo derecho será la porción del sacerdote[d] a quien le toque ofrecer la sangre y la grasa del sacrificio. [34] Porque de los sacrificios de comunión que ofrecen los israelitas, yo he tomado el pecho mecido y el muslo para dárselos, como contribución, al sacerdote Aarón y a sus hijos. Éste será un estatuto[e] perpetuo entre los israelitas.»

[35] De las ofrendas presentadas por fuego al SEÑOR, ésa es la porción consagrada para Aarón y sus hijos desde el día en que Moisés se los presentó al SEÑOR como sacerdotes. [36] El día en que fueron ungidos, el SEÑOR ordenó a los israelitas darles esa porción. Es un estatuto perpetuo para sus descendientes.

[37] Ésta es la ley respecto a los *holocaustos, las ofrendas de cereales, los sacrificios *expiatorios, los sacrificios por la culpa, los sacrificios de ordenación y

fine flour well-kneaded and mixed with oil. [13] Along with his fellowship offering of thanksgiving he is to present an offering with cakes of bread made with yeast. [14] He is to bring one of each kind as an offering, a contribution to the LORD; it belongs to the priest who sprinkles the blood of the fellowship offerings. [15] The meat of his fellowship offering of thanksgiving must be eaten on the day it is offered; he must leave none of it till morning.

[16] " 'If, however, his offering is the result of a vow or is a freewill offering, the sacrifice shall be eaten on the day he offers it, but anything left over may be eaten on the next day. [17] Any meat of the sacrifice left over till the third day must be burned up. [18] If any meat of the fellowship offering is eaten on the third day, it will not be accepted. It will not be credited to the one who offered it, for it is impure; the person who eats any of it will be held responsible.

[19] " 'Meat that touches anything ceremonially unclean must not be eaten; it must be burned up. As for other meat, anyone ceremonially clean may eat it. [20] But if anyone who is unclean eats any meat of the fellowship offering belonging to the LORD, that person must be cut off from his people. [21] If anyone touches something unclean—whether human uncleanness or an unclean animal or any unclean, detestable thing—and then eats any of the meat of the fellowship offering belonging to the LORD, that person must be cut off from his people.' "

Eating Fat and Blood Forbidden

[22] The LORD said to Moses, [23] "Say to the Israelites: 'Do not eat any of the fat of cattle, sheep or goats. [24] The fat of an animal found dead or torn by wild animals may be used for any other purpose, but you must not eat it. [25] Anyone who eats the fat of an animal from which an offering by fire may be[p] made to the LORD must be cut off from his people. [26] And wherever you live, you must not eat the blood of any bird or animal. [27] If anyone eats blood, that person must be cut off from his people.' "

The Priests' Share

[28] The LORD said to Moses, [29] "Say to the Israelites: 'Anyone who brings a fellowship offering to the LORD is to bring part of it as his sacrifice to the LORD. [30] With his own hands he is to bring the offering made to the LORD by fire; he is to bring the fat, together with the breast, and wave the breast before the LORD as a wave offering. [31] The priest shall burn the fat on the altar, but the breast belongs to Aaron and his sons. [32] You are to give the right thigh of your fellowship offerings to the priest as a contribution. [33] The son of Aaron who offers the blood and the fat of the fellowship offering shall have the right thigh as his share. [34] From the fellowship offerings of the Israelites, I have taken the breast that is waved and the thigh that is presented and have given them to Aaron the priest and his sons as their regular share from the Israelites.' "

[35] This is the portion of the offerings made to the LORD by fire that were allotted to Aaron and his sons on the day they were presented to serve the LORD as priests. [36] On the day they were anointed, the LORD commanded that the Israelites give this to them as their regular share for the generations to come.

[37] These, then, are the regulations for the burnt offering, the grain offering, the sin offering, the guilt offering, the ordination offering and the fellowship offering,

---

d 7:33 *del sacerdote.* Lit. *de entre los hijos de Aarón.*
e 7:34 *estatuto.* Alt. *derecho;* también en v. 36.

p 25 Or *fire is*

los sacrificios de comunión. 38 El SEÑOR se la dio a Moisés en el monte Sinaí el día en que mandó a los israelitas presentarle ofrendas en el desierto de Sinaí.

La ordenación de Aarón y sus hijos

8 El SEÑOR le dijo a Moisés: 2 «Toma a Aarón y a sus hijos, junto con sus vestiduras, el aceite de la unción, el novillo para el sacrificio *expiatorio, los dos carneros y el canastillo de los panes sin levadura, 3 y congrega a toda la comunidad a la entrada de la *Tienda de reunión.»

4 Moisés llevó a cabo la orden del SEÑOR, y congregó a la comunidad a la entrada de la Tienda de reunión. 5 Allí Moisés les dijo: «Esto es lo que el SEÑOR nos ha ordenado hacer.» 6 Acto seguido, Moisés hizo que se acercaran Aarón y sus hijos, y los lavó con agua. 7 A Aarón le puso la túnica y se la ciñó con la faja; luego lo cubrió con el manto, y encima le puso el *efod, ciñéndoselo con la cinta del mismo. 8 En seguida, le colocó el pectoral, y sobre éste puso el *urim y el tumim. 9 Por último, le colocó la tiara en la cabeza, y en la parte delantera puso la placa de oro, símbolo de su consagración, tal como el SEÑOR se lo había mandado.

10 Después Moisés tomó el aceite de la unción, y ungió el santuario y todo lo que había en él, para consagrarlos. 11 Siete veces roció el aceite sobre el altar, para ungirlo y consagrarlo junto con el lavamanos y su base, y todos sus utensilios. 12 Luego, para consagrar a Aarón, lo ungió derramando sobre su cabeza el aceite de la unción.

13 Acto seguido, Moisés hizo que los hijos de Aarón se acercaran, y los vistió con las túnicas; se las ciñó con la faja, y les sujetó las mitras, tal como el SEÑOR se lo había mandado. 14 Luego hizo traer el novillo del sacrificio expiatorio, y Aarón y sus hijos pusieron las manos sobre la cabeza del novillo. 15 Después Moisés lo degolló, y tomando un poco de sangre con el dedo, la untó en los cuernos alrededor del altar para *purificarlo. El resto de la sangre la derramó al pie del altar, y así lo consagró e hizo *propiciación por él. 16 Luego Moisés tomó toda la grasa que recubre los intestinos, el lóbulo del hígado, los dos riñones y su grasa, y los quemó en el altar. 17 Pero el resto del novillo, es decir, la piel, la carne y el excremento, lo quemó en el fuego, fuera del campamento, tal como el SEÑOR se lo había mandado.

18 Moisés mandó traer el carnero del *holocausto, y Aarón y sus hijos pusieron las manos sobre la cabeza del carnero. 19 Moisés lo degolló, y derramó la sangre alrededor del altar. 20 Cortó luego el carnero en trozos, y quemó la cabeza, los trozos y el sebo. 21 Lavó con agua los intestinos y las patas, y luego quemó todo el carnero en el altar como holocausto de aroma grato, como ofrenda presentada por fuego al SEÑOR, tal como el SEÑOR se lo había mandado.

22 Después Moisés mandó traer el otro carnero, el del sacrificio de ordenación, y Aarón y sus hijos pusieron las manos sobre la cabeza del carnero. 23 Moisés lo degolló, y tomando un poco de la sangre, se la untó a Aarón en el lóbulo de la oreja derecha, en el pulgar de la mano derecha y en el dedo gordo del pie derecho. 24 Además, hizo que los hijos de Aarón se acercaran, y les untó sangre en el lóbulo de la oreja derecha, en el pulgar de la mano derecha y en el dedo gordo del pie derecho. Luego derramó la sangre alrededor del altar. 25 Tomó la grasa y la cola, y toda la grasa que recubre los intestinos, el lóbulo del hígado, los dos riñones y su grasa, y el muslo derecho, 26 y tomando del canastillo que estaba colocado ante el SEÑOR un pan sin levadura, una oblea y una torta de pan amasada con aceite, lo

38 which the LORD gave Moses on Mount Sinai on the day he commanded the Israelites to bring their offerings to the LORD, in the Desert of Sinai.

The Ordination of Aaron and His Sons

8 The LORD said to Moses, 2 "Bring Aaron and his sons, their garments, the anointing oil, the bull for the sin offering, the two rams and the basket containing bread made without yeast, 3 and gather the entire assembly at the entrance to the Tent of Meeting." 4 Moses did as the LORD commanded him, and the assembly gathered at the entrance to the Tent of Meeting.

5 Moses said to the assembly, "This is what the LORD has commanded to be done." 6 Then Moses brought Aaron and his sons forward and washed them with water. 7 He put the tunic on Aaron, tied the sash around him, clothed him with the robe and put the ephod on him. He also tied the ephod to him by its skillfully woven waistband; so it was fastened on him. 8 He placed the breastpiece on him and put the Urim and Thummim in the breastpiece. 9 Then he placed the turban on Aaron's head and set the gold plate, the sacred diadem, on the front of it, as the LORD commanded Moses.

10 Then Moses took the anointing oil and anointed the tabernacle and everything in it, and so consecrated them. 11 He sprinkled some of the oil on the altar seven times, anointing the altar and all its utensils and the basin with its stand, to consecrate them. 12 He poured some of the anointing oil on Aaron's head and anointed him to consecrate him. 13 Then he brought Aaron's sons forward, put tunics on them, tied sashes around them and put headbands on them, as the LORD commanded Moses.

14 He then presented the bull for the sin offering, and Aaron and his sons laid their hands on its head. 15 Moses slaughtered the bull and took some of the blood, and with his finger he put it on all the horns of the altar to purify the altar. He poured out the rest of the blood at the base of the altar. So he consecrated it to make atonement for it. 16 Moses also took all the fat around the inner parts, the covering of the liver, and both kidneys and their fat, and burned it on the altar. 17 But the bull with its hide and its flesh and its offal he burned up outside the camp, as the LORD commanded Moses.

18 He then presented the ram for the burnt offering, and Aaron and his sons laid their hands on its head. 19 Then Moses slaughtered the ram and sprinkled the blood against the altar on all sides. 20 He cut the ram into pieces and burned the head, the pieces and the fat. 21 He washed the inner parts and the legs with water and burned the whole ram on the altar as a burnt offering, a pleasing aroma, an offering made to the LORD by fire, as the LORD commanded Moses.

22 He then presented the other ram, the ram for the ordination, and Aaron and his sons laid their hands on its head. 23 Moses slaughtered the ram and took some of its blood and put it on the lobe of Aaron's right ear, on the thumb of his right hand and on the big toe of his right foot. 24 Moses also brought Aaron's sons forward and put some of the blood on the lobes of their right ears, on the thumbs of their right hands and on the big toes of their right feet. Then he sprinkled blood against the altar on all sides. 25 He took the fat, the fat tail, all the fat around the inner parts, the covering of the liver, both kidneys and their fat and the right thigh. 26 Then from the basket of bread made without yeast, which was before the LORD, he took a cake of bread, and one made with oil, and a wafer; he put these on the fat

puso todo sobre la grasa y el muslo derecho. ²⁷Todo esto lo puso sobre las manos de Aarón y de sus hijos, y Aarón lo ofreció ante el SEÑOR como ofrenda mecida. ²⁸Después se lo entregaron a Moisés, quien lo quemó en el altar, junto con el holocausto, como un sacrificio de ordenación de aroma grato, como una ofrenda presentada por fuego al SEÑOR. ²⁹Luego, de la parte de la ofrenda que le pertenecía, Moisés tomó el pecho de la víctima y se lo presentó al SEÑOR como ofrenda mecida, tal como el SEÑOR se lo había mandado.

³⁰Moisés tomó un poco del aceite de la unción y de la sangre del altar, y roció a Aarón y a sus hijos, junto con sus vestiduras. Así consagró Moisés a Aarón y a sus hijos, junto con sus vestiduras.

³¹Luego les dijo Moisés a Aarón y a sus hijos: «Cuezan la carne a la entrada de la Tienda de reunión, y cómanla allí junto con el pan del sacrificio de ordenación, tal como lo ordené cuando dije: "Aarón y sus hijos se lo comerán." ³²Quemen después en el fuego el resto de la carne y del pan. ³³Quédense siete días a la entrada de la Tienda de reunión, hasta que se complete el rito de su ordenación, que dura siete días. ³⁴El SEÑOR mandó que se hiciera propiciación por ustedes, tal como se ha hecho hoy. ³⁵Así que siete días con sus noches se quedarán a la entrada de la Tienda de reunión, cumpliendo con lo que el SEÑOR ha prescrito, para que no mueran. Así me lo ha mandado el SEÑOR.» ³⁶Y Aarón y sus hijos hicieron todo lo que el SEÑOR había mandado por medio de Moisés.

Los sacerdotes inician su ministerio

9 Al octavo día Moisés llamó a Aarón y a sus hijos, y a los *ancianos de Israel. ²A Aarón le dijo: «Toma un becerro para el sacrificio *expiatorio y un carnero para el *holocausto, ambos sin defecto, y preséntaselos al SEÑOR. ³Diles después a los israelitas: "Traigan un macho cabrío para el sacrificio expiatorio, y un becerro y un cordero para el holocausto, ambos de un año y sin defecto. ⁴Traigan también un toro y un carnero para ofrecérselos al SEÑOR como sacrificio de *comunión; y traigan una ofrenda de cereal amasada con aceite. El SEÑOR se manifestará hoy ante ustedes."»

⁵Los israelitas llevaron hasta la *Tienda de reunión lo que Moisés había mandado; y toda la comunidad se acercó y se quedó de pie ante el SEÑOR. ⁶Y Moisés les dijo: «Esto es lo que el Señor les manda hacer, para que la gloria del SEÑOR se manifieste ante ustedes.»

⁷Después Moisés le dijo a Aarón: «Acércate al altar, y ofrece tu sacrificio expiatorio y tu holocausto. Haz *propiciación por ti y por el pueblo. Presenta la ofrenda por el pueblo y haz propiciación por ellos, tal como el SEÑOR lo ha mandado.»

⁸Aarón se acercó al altar y degolló el becerro como sacrificio expiatorio por sí mismo. ⁹Sus hijos le llevaron la sangre, y él mojó el dedo en la sangre y la untó en los cuernos del altar, derramando luego la sangre al pie del altar. ¹⁰Luego quemó en el altar la grasa, los riñones y el lóbulo del hígado del animal sacrificado, tal como el SEÑOR se lo había mandado a Moisés. ¹¹La carne y la piel las quemó fuera del campamento.

¹²Después Aarón degolló la víctima del holocausto. Sus hijos le llevaron la sangre, y él la derramó alrededor del altar. ¹³También le fueron pasando los trozos del animal y la cabeza, y él lo quemó todo en el altar.

portions and on the right thigh. ²⁷He put all these in the hands of Aaron and his sons and waved them before the LORD as a wave offering. ²⁸Then Moses took them from their hands and burned them on the altar on top of the burnt offering as an ordination offering, a pleasing aroma, an offering made to the LORD by fire. ²⁹He also took the breast—Moses' share of the ordination ram—and waved it before the LORD as a wave offering, as the LORD commanded Moses.

³⁰Then Moses took some of the anointing oil and some of the blood from the altar and sprinkled them on Aaron and his garments and on his sons and their garments. So he consecrated Aaron and his garments and his sons and their garments.

³¹Moses then said to Aaron and his sons, "Cook the meat at the entrance to the Tent of Meeting and eat it there with the bread from the basket of ordination offerings, as I commanded, saying,*q* 'Aaron and his sons are to eat it.' ³²Then burn up the rest of the meat and the bread. ³³Do not leave the entrance to the Tent of Meeting for seven days, until the days of your ordination are completed, for your ordination will last seven days. ³⁴What has been done today was commanded by the LORD to make atonement for you. ³⁵You must stay at the entrance to the Tent of Meeting day and night for seven days and do what the LORD requires, so you will not die; for that is what I have been commanded." ³⁶So Aaron and his sons did everything the LORD commanded through Moses.

The Priests Begin Their Ministry

9 On the eighth day Moses summoned Aaron and his sons and the elders of Israel. ²He said to Aaron, "Take a bull calf for your sin offering and a ram for your burnt offering, both without defect, and present them before the LORD. ³Then say to the Israelites: 'Take a male goat for a sin offering, a calf and a lamb—both a year old and without defect—for a burnt offering, ⁴and an ox*r* and a ram for a fellowship offering*s* to sacrifice before the LORD, together with a grain offering mixed with oil. For today the LORD will appear to you.' "

⁵They took the things Moses commanded to the front of the Tent of Meeting, and the entire assembly came near and stood before the LORD. ⁶Then Moses said, "This is what the LORD has commanded you to do, so that the glory of the LORD may appear to you."

⁷Moses said to Aaron, "Come to the altar and sacrifice your sin offering and your burnt offering and make atonement for yourself and the people; sacrifice the offering that is for the people and make atonement for them, as the LORD has commanded."

⁸So Aaron came to the altar and slaughtered the calf as a sin offering for himself. ⁹His sons brought the blood to him, and he dipped his finger into the blood and put it on the horns of the altar; the rest of the blood he poured out at the base of the altar. ¹⁰On the altar he burned the fat, the kidneys and the covering of the liver from the sin offering, as the LORD commanded Moses; ¹¹the flesh and the hide he burned up outside the camp.

¹²Then he slaughtered the burnt offering. His sons handed him the blood, and he sprinkled it against the altar on all sides. ¹³They handed him the burnt offering piece by piece, including the head, and he burned them

---

q 31 Or I was commanded: *r 4 The Hebrew word can include both male and female; also in verses 18 and 19.*
s 4 Traditionally peace offering; also in verses 18 and 22

¹⁴Lavó los intestinos y las patas, y luego quemó todo esto en el altar, junto con el holocausto.

¹⁵Entonces Aarón presentó la ofrenda del pueblo, es decir, el macho cabrío del sacrificio expiatorio. Lo tomó y lo degolló, ofreciéndolo como sacrificio expiatorio, como hizo con el primero.

¹⁶Luego presentó la víctima del holocausto, la cual sacrificó en la forma prescrita. ¹⁷También presentó la ofrenda de cereal, y tomando un puñado lo quemó en el altar, además del holocausto de la mañana.

¹⁸Después degolló el toro y el carnero como sacrificio de comunión por el pueblo. Sus hijos le llevaron la sangre, y él la derramó alrededor del altar. ¹⁹Pero tomó la grasa del toro y del carnero, es decir, la cola, el sebo que recubre los intestinos, los riñones y el lóbulo del hígado, ²⁰y lo puso todo sobre el pecho de las víctimas para quemarlo en el altar. ²¹Aarón meció ante el Señor el pecho y el muslo derecho de las víctimas. Fue una ofrenda mecida, tal como Moisés se lo había mandado.

²²Aarón levantó las manos hacia el pueblo, y los bendijo. Una vez que terminó de ofrecer el sacrificio expiatorio, el holocausto y el sacrificio de comunión, se retiró del altar.

²³Moisés y Aarón entraron en la Tienda de reunión. Al salir, bendijeron al pueblo, y la gloria del Señor se manifestó a todo el pueblo. ²⁴De la presencia del Señor salió un fuego, que consumió el holocausto y la grasa que estaban sobre el altar. Al ver esto, todo el pueblo prorrumpió en gritos de júbilo y cayó rostro en tierra.

Muerte de Nadab y Abiú

10 Pero Nadab y Abiú, hijos de Aarón, tomaron cada uno su incensario y, poniendo en ellos fuego e incienso, ofrecieron ante el Señor un fuego que no tenían por qué ofrecer, pues él no se lo había mandado. ²Entonces salió de la presencia del Señor un fuego que los consumió, y murieron ante él. ³Moisés le dijo a Aarón: «De esto hablaba el Señor cuando dijo:

»"Entre los que se acercan a mí
    manifestaré mi *santidad,
y ante todo el pueblo
    manifestaré mi gloria."»

Y Aarón guardó silencio.

⁴Moisés mandó llamar a Misael y a Elzafán, hijos de Uziel, tío de Aarón, y les dijo: «Vengan acá y retiren del santuario a sus hermanos. ¡Sáquenlos del campamento!» ⁵Ellos se acercaron a, tomándolos por las túnicas, se los llevaron fuera del campamento, tal como Moisés lo había ordenado.

Ley sobre el duelo sacerdotal

⁶Luego Moisés les dijo a Aarón y a sus hijos Eleazar e Itamar: «No anden ustedes con el pelo despeinado, ni se rasguen los vestidos. Así no morirán ustedes ni se irritará el Señor contra toda la comunidad. Sus hermanos israelitas harán duelo por el incendio que produjo el Señor, ⁷pero ustedes no vayan a salir de la *Tienda de reunión, no sea que mueran, porque el aceite de la unción del Señor está sobre ustedes.» Y ellos hicieron lo que Moisés les dijo.

Ley sobre el culto y el licor

⁸El Señor le dijo a Aarón: ⁹«Ni tú ni tus hijos deben beber vino ni licor cuando entren en la Tienda de reunión, pues de lo contrario morirán. Éste es un estatuto

¹⁴He washed the inner parts and the legs and burned them on top of the burnt offering on the altar.

¹⁵Aaron then brought the offering that was for the people. He took the goat for the people's sin offering and slaughtered it and offered it for a sin offering as he did with the first one.

¹⁶He brought the burnt offering and offered it in the prescribed way. ¹⁷He also brought the grain offering, took a handful of it and burned it on the altar in addition to the morning's burnt offering.

¹⁸He slaughtered the ox and the ram as the fellowship offering for the people. His sons handed him the blood, and he sprinkled it against the altar on all sides. ¹⁹But the fat portions of the ox and the ram—the fat tail, the layer of fat, the kidneys and the covering of the liver— ²⁰these they laid on the breasts, and then Aaron burned the fat on the altar. ²¹Aaron waved the breasts and the right thigh before the Lord as a wave offering, as Moses commanded.

²²Then Aaron lifted his hands toward the people and blessed them. And having sacrificed the sin offering, the burnt offering and the fellowship offering, he stepped down.

²³Moses and Aaron then went into the Tent of Meeting. When they came out, they blessed the people; and the glory of the Lord appeared to all the people. ²⁴Fire came out from the presence of the Lord and consumed the burnt offering and the fat portions on the altar. And when all the people saw it, they shouted for joy and fell facedown.

The Death of Nadab and Abihu

10 Aaron's sons Nadab and Abihu took their censers, put fire in them and added incense; and they offered unauthorized fire before the Lord, contrary to his command. ²So fire came out from the presence of the Lord and consumed them, and they died before the Lord. ³Moses then said to Aaron, "This is what the Lord spoke of when he said:

" 'Among those who approach me
    I will show myself holy;
in the sight of all the people
    I will be honored.' "

Aaron remained silent.

⁴Moses summoned Mishael and Elzaphan, sons of Aaron's uncle Uzziel, and said to them, "Come here; carry your cousins outside the camp, away from the front of the sanctuary." ⁵So they came and carried them, still in their tunics, outside the camp, as Moses ordered.

⁶Then Moses said to Aaron and his sons Eleazar and Ithamar, "Do not let your hair become unkempt,^t and do not tear your clothes, or you will die and the Lord will be angry with the whole community. But your relatives, all the house of Israel, may mourn for those the Lord has destroyed by fire. ⁷Do not leave the entrance to the Tent of Meeting or you will die, because the Lord's anointing oil is on you." So they did as Moses said.

⁸Then the Lord said to Aaron, ⁹"You and your sons are not to drink wine or other fermented drink whenever you go into the Tent of Meeting, or you will die. This is a lasting ordinance for the generations to come.

---

^t6 Or Do not uncover your heads

perpetuo para tus descendientes, 10 para que puedan distinguir entre lo *santo y lo profano, y entre lo *puro y lo impuro, 11 y puedan también enseñar a los israelitas todos los estatutos que el SEÑOR les ha dado a conocer por medio de Moisés.»

La porción de los sacerdotes

12 Moisés le dijo a Aarón, y también a Eleazar e Itamar, los hijos que le quedaban a Aarón: «Tomen el resto de la ofrenda de cereal presentada al SEÑOR, y cómanla sin levadura, junto al altar, porque es sumamente sagrada. 13 Cómanla en un lugar *santo, porque así se me ha mandado. Es un estatuto/ para ti y para tus hijos con respecto a la ofrenda presentada por fuego al SEÑOR.

14 »Tú y tus hijos e hijas podrán comer también, en un lugar *puro, el pecho que es ofrenda mecida y el muslo dado como contribución. Ambos son parte de los sacrificios de *comunión de los israelitas, y a ti y a tus hijos se les han dado como estatuto. 15 Tanto el muslo como el pecho serán presentados junto con la ofrenda de la grasa, para ofrecérselos al SEÑOR como ofrenda mecida. Será un estatuto perpetuo para ti y para tus hijos, tal como lo ha mandado el SEÑOR.»

Un caso especial

16 Moisés pidió con insistencia el macho cabrío del sacrificio *expiatorio, pero éste ya había sido quemado en el fuego. Irritado con Eleazar e Itamar, los hijos sobrevivientes de Aarón, les preguntó:

17 —¿Por qué no comieron el sacrificio expiatorio dentro del santuario? Es un sacrificio sumamente sagrado; se les dio para quitar la culpa de la comunidad y hacer *propiciación por ellos ante el SEÑOR. 18 Si no se introdujo en el Lugar Santo la sangre del macho cabrío, ustedes debieron haberse comido el animal en el área del santuario, tal como se lo mandé.

19 Entonces Aarón le respondió a Moisés:

—Hoy mis hijos ofrecieron ante el SEÑOR su sacrificio expiatorio y su *holocausto, ¡y es cuando tenía que sucederme semejante desgracia! Si hoy hubiera yo comido del sacrificio expiatorio, ¿le habría parecido correcto al SEÑOR?

20 Al oír esto, Moisés quedó satisfecho con la respuesta.

Leyes sobre animales puros e impuros g

11 El SEÑOR les ordenó a Moisés y a Aarón 2 que les dijeran a los israelitas: «De todas las bestias que hay en tierra firme, éstos son los animales que ustedes podrán comer: 3 los rumiantes que tienen la pezuña partida en dos. 4 Hay, sin embargo, rumiantes que no tienen la pezuña partida. De esos animales no podrán comer los siguientes:

»El camello, porque es rumiante pero no tiene la pezuña partida; este animal será *impuro para ustedes.

5 »El conejo, porque es rumiante pero no tiene la pezuña partida; este animal será impuro para ustedes.

6 »La liebre, porque es rumiante h pero no tiene la pezuña partida; este animal será impuro para ustedes.

7 »El cerdo, porque tiene la pezuña partida en dos pero no es rumiante; este animal será impuro para ustedes.

10 You must distinguish between the holy and the common, between the unclean and the clean, 11 and you must teach the Israelites all the decrees the LORD has given them through Moses."

12 Moses said to Aaron and his remaining sons, Eleazar and Ithamar, "Take the grain offering left over from the offerings made to the LORD by fire and eat it prepared without yeast beside the altar, for it is most holy. 13 Eat it in a holy place, because it is your share and your sons' share of the offerings made to the LORD by fire; for so I have been commanded. 14 But you and your sons and your daughters may eat the breast that was waved and the thigh that was presented. Eat them in a ceremonially clean place; they have been given to you and your children as your share of the Israelites' fellowship offerings. u 15 The thigh that was presented and the breast that was waved must be brought with the fat portions of the offerings made by fire, to be waved before the LORD as a wave offering. This will be the regular share for you and your children, as the LORD has commanded."

16 When Moses inquired about the goat of the sin offering and found that it had been burned up, he was angry with Eleazar and Ithamar, Aaron's remaining sons, and asked, 17 "Why didn't you eat the sin offering in the sanctuary area? It is most holy; it was given to you to take away the guilt of the community by making atonement for them before the LORD. 18 Since its blood was not taken into the Holy Place, you should have eaten the goat in the sanctuary area, as I commanded."

19 Aaron replied to Moses, "Today they sacrificed their sin offering and their burnt offering before the LORD, but such things as this have happened to me. Would the LORD have been pleased if I had eaten the sin offering today?" 20 When Moses heard this, he was satisfied.

Clean and Unclean Food

11 The LORD said to Moses and Aaron, 2 "Say to the Israelites: 'Of all the animals that live on land, these are the ones you may eat: 3 You may eat any animal that has a split hoof completely divided and that chews the cud.

4 " 'There are some that only chew the cud or only have a split hoof, but you must not eat them. The camel, though it chews the cud, does not have a split hoof; it is ceremonially unclean for you. 5 The coney, v though it chews the cud, does not have a split hoof; it is unclean for you. 6 The rabbit, though it chews the cud, does not have a split hoof; it is unclean for you. 7 And the pig, though it has a split hoof completely divided, does not chew the cud; it is unclean for you.

---

f 10:13 estatuto. Alt. derecho; también en vv. 14 y 15.
g 11:1 tít. La identificación de algunos animales, aves e insectos de este capítulo no ha podido establecerse con precisión.
h 11:5,6 rumiante ... rumiante. Así percibían los hebreos al conejo y a la liebre.

u 14 Traditionally peace offerings   v 5 That is, the hyrax or rock badger

8»No comerán la carne ni tocarán el cadáver de estos animales. Ustedes los considerarán animales impuros. 9»De los animales que hay en las aguas, es decir, en los mares y en los ríos, ustedes podrán comer los que tengan aletas y escamas. 10En cambio, considerarán inmundos a todos los animales de los mares y de los ríos que no tengan aletas ni escamas, sean reptiles u otros animales acuáticos. 11No comerán su carne, y rechazarán su cadáver, porque ustedes los considerarán animales inmundos. 12Todo animal acuático que no tenga aletas ni escamas será para ustedes un animal inmundo.

13»Las siguientes aves serán las rechazarán y no las comerán, porque las considerarán animales inmundos: el águila, el quebrantahuesos, el águila marina, 14toda clase de milanos y gavilanes, 15toda clase de cuervos, 16el avestruz, la lechuza, toda clase de gaviotas, 17el búho, el avetoro, el cisne, 18la lechuza nocturna, el pelícano, el buitre, 19la cigüeña, toda clase de garzas, la abubilla y el murciélago.

20»A todo insecto alado que camina en cuatro patas lo considerarán ustedes un animal inmundo. 21Hay, sin embargo, algunos insectos alados que caminan en cuatro patas y que ustedes podrán comer: los que además de sus patas tienen zancas para saltar, 22y también toda clase de langostas, grillos y saltamontes. 23Pero a los demás insectos alados que caminan en cuatro patas ustedes los considerarán animales inmundos.

Leyes sobre la impureza por tocar un animal impuro

24»Ustedes quedarán *impuros por lo siguiente:
»Todo el que toque el cadáver de esos animales quedará impuro hasta el anochecer.

25»Todo el que recoja alguno de esos cadáveres deberá lavarse la ropa, y quedará impuro hasta el anochecer.

26»Considerarán impuro a todo animal que no tenga la pezuña partida ni sea rumiante. Cualquiera que lo toque quedará impuro.

27»De los animales de cuatro patas, tendrán por impuro a todo el que se apoya sobre sus plantas. Cualquiera que toque su cadáver quedará impuro hasta el anochecer, 28y todo el que lo recoja deberá lavarse la ropa, y quedará impuro hasta el anochecer. A estos animales ustedes los considerarán impuros.

29»Entre los animales que se arrastran, ustedes considerarán impuros a la comadreja, al ratón, a toda clase de lagartos, 30a la salamanquesa, a la iguana, al camaleón y a la salamandra. 31Estos son los animales que ustedes considerarán impuros entre los que se arrastran. Todo el que toque el cadáver de esos animales quedará impuro hasta el anochecer.

Otras leyes sobre el contacto con animales impuros

32»Cuando el cadáver de algún animal *impuro toque algún objeto de madera, o ropa, o piel, o un saco o cualquier utensilio de uso cotidiano, tal objeto quedará impuro. Deberá lavarse con agua, y quedará impuro hasta el anochecer. Entonces volverá a ser puro.

33»Si el cadáver de alguno de estos animales cae dentro de una vasija de barro, todo lo que la vasija contenga quedará impuro, y habrá que romperla. 34Todo alimento sobre el que caiga agua de dicha vasija quedará impuro; lo mismo sucederá con todo líquido que haya en esa vasija. 35Cualquier cosa sobre la que caiga parte de estos cadáveres quedará impura, y habrá que destruir los hornos y los fogones con los que haya entrado en contacto. Los cadáveres son impuros, y así

8You must not eat their meat or touch their carcasses; they are unclean for you.

9" 'Of all the creatures living in the water of the seas and the streams, you may eat any that have fins and scales. 10But all creatures in the seas or streams that do not have fins and scales—whether among all the swarming things or among all the other living creatures in the water—you are to detest. 11And since you are to detest them, you must not eat their meat and you must detest their carcasses. 12Anything living in the water that does not have fins and scales is to be detestable to you.

13" 'These are the birds you are to detest and not eat because they are detestable: the eagle, the vulture, the black vulture, 14the red kite, any kind of black kite, 15any kind of raven, 16the horned owl, the screech owl, the gull, any kind of hawk, 17the little owl, the cormorant, the great owl, 18the white owl, the desert owl, the osprey, 19the stork, any kind of heron, the hoopoe and the bat.w

20" 'All flying insects that walk on all fours are to be detestable to you. 21There are, however, some winged creatures that walk on all fours that you may eat: those that have jointed legs for hopping on the ground. 22Of these you may eat any kind of locust, katydid, cricket or grasshopper. 23But all other winged creatures that have four legs you are to detest.

24" 'You will make yourselves unclean by these; whoever touches their carcasses will be unclean till evening. 25Whoever picks up one of their carcasses must wash his clothes, and he will be unclean till evening.

26" 'Every animal that has a split hoof not completely divided or that does not chew the cud is unclean for you; whoever touches the carcass of any of them will be unclean. 27Of all the animals that walk on all fours, those that walk on their paws are unclean for you; whoever touches their carcasses will be unclean till evening. 28Anyone who picks up their carcasses must wash his clothes, and he will be unclean till evening. They are unclean for you.

29" 'Of the animals that move about on the ground, these are unclean for you: the weasel, the rat, any kind of great lizard, 30the gecko, the monitor lizard, the wall lizard, the skink and the chameleon. 31Of all those that move along the ground, these are unclean for you. Whoever touches them when they are dead will be unclean till evening. 32When one of them dies and falls on something, that article, whatever its use, will be unclean, whether it is made of wood, cloth, hide or sackcloth. Put it in water; it will be unclean till evening, and then it will be clean. 33If one of them falls into a clay pot, everything in it will be unclean, and you must break the pot. 34Any food that could be eaten but has water on it from such a pot is unclean, and any liquid that could be drunk from it is unclean. 35Anything that one of their carcasses falls on becomes unclean; an oven or cooking pot must be broken up. They

---

w 19 The precise identification of some of the birds, insects and animals in this chapter is uncertain.

deberán considerarlos. 36 Sólo las fuentes o las cisternas que recogen agua permanecerán puras; cualquier otra cosa que toque un cadáver quedará impura.

37 »Si alguno de esos cadáveres cae sobre la semilla destinada a la siembra, la semilla permanecerá pura. 38 Pero si la semilla se remoja en agua, y alguno de esos cadáveres cae sobre ella, deberán considerarla impura.

39 »Si muere algún animal de los que está permitido comer, quien toque su cadáver quedará impuro hasta el anochecer. 40 Quien coma carne de ese cadáver se lavará la ropa y quedará impuro hasta el anochecer. Quien lo recoja se lavará la ropa y quedará impuro hasta el anochecer.

Resumen sobre los reptiles y la santidad

41 »No comerán ustedes ninguno de los animales que se arrastran, porque son inmundos. 42 No comerán ningún animal que se arrastre sobre su vientre, o que se apoye sobre sus plantas, o que tenga más de cuatro patas. En resumen, no comerán ustedes ningún animal que se arrastra, porque es inmundo; 43 es decir, no se *contaminen por causa de su inmundicia, pues son animales inmundos. 44 Yo soy el SEÑOR su Dios, así que *santifíquense y manténganse santos, porque yo soy santo. No se hagan *impuros por causa de los animales que se arrastran. 45 Yo soy el SEÑOR, que los sacó de la tierra de Egipto, para ser su Dios. Sean, pues, santos, porque yo soy santo.

Conclusión

46 »Ésta es la ley acerca de los animales y de las aves, y de todo ser que se mueve dentro de las aguas o que se arrastra por el suelo, 47 para que así puedan distinguir entre lo puro y lo impuro, y entre lo que se puede comer y lo que no se debe comer.»

Purificación después del alumbramiento

12 El SEÑOR le ordenó a Moisés 2 que les dijera a los israelitas: «Cuando una mujer conciba y dé a luz un niño, quedará *impura durante siete días, como lo es en el tiempo de su menstruación. 3 Al octavo día, el niño será circuncidado. 4 La madre deberá permanecer treinta y tres días más purificándose de su flujo de sangre. No tocará ninguna cosa *santa, ni irá al santuario, hasta que termine su período de purificación.

5 »Si da a luz una niña, la madre quedará impura durante dos semanas, como lo es en el tiempo de su menstruación, y permanecerá sesenta y seis días más purificándose de su flujo de sangre.

6 »Una vez cumplido su período de purificación, sea que haya tenido un niño o una niña, tomará un cordero de un año como *holocausto, y un pichón de paloma o una tórtola como sacrificio *expiatorio, y los llevará al sacerdote, a la entrada de la *Tienda de reunión, 7 quien los ofrecerá ante el SEÑOR. Así el sacerdote hará *propiciación por la mujer, y la purificará de su flujo de sangre.

»Ésta es la ley concerniente a la mujer que dé a luz un niño o una niña. 8 Pero si no le alcanza para comprar un cordero, tomará dos tórtolas o dos pichones de paloma, uno como holocausto y el otro como sacrificio expiatorio. Así el sacerdote hará propiciación por la mujer, y ella quedará purificada.»

Leyes sobre enfermedades cutáneas

13 El SEÑOR les dijo a Moisés y a Aarón: 2 «Cuando a una persona le salga en la piel alguna inflamación, erupción o mancha blancuzca que pueda conver-

are unclean, and you are to regard them as unclean. 36 A spring, however, or a cistern for collecting water remains clean, but anyone who touches one of these carcasses is unclean. 37 If a carcass falls on any seeds that are to be planted, they remain clean. 38 But if water has been put on the seed and a carcass falls on it, it is unclean for you.

39 " 'If an animal that you are allowed to eat dies, anyone who touches the carcass will be unclean till evening. 40 Anyone who eats some of the carcass must wash his clothes, and he will be unclean till evening. Anyone who picks up the carcass must wash his clothes, and he will be unclean till evening.

41 " 'Every creature that moves about on the ground is detestable; it is not to be eaten. 42 You are not to eat any creature that moves about on the ground, whether it moves on its belly or walks on all fours or on many feet; it is detestable. 43 Do not defile yourselves by any of these creatures. Do not make yourselves unclean by means of them or be made unclean by them. 44 I am the LORD your God; consecrate yourselves and be holy, because I am holy. Do not make yourselves unclean by any creature that moves about on the ground. 45 I am the LORD who brought you up out of Egypt to be your God; therefore be holy, because I am holy.

46 " 'These are the regulations concerning animals, birds, every living thing that moves in the water and every creature that moves about on the ground. 47 You must distinguish between the unclean and the clean, between living creatures that may be eaten and those that may not be eaten.' "

Purification After Childbirth

12 The LORD said to Moses, 2 "Say to the Israelites: 'A woman who becomes pregnant and gives birth to a son will be ceremonially unclean for seven days, just as she is unclean during her monthly period. 3 On the eighth day the boy is to be circumcised. 4 Then the woman must wait thirty-three days to be purified from her bleeding. She must not touch anything sacred or go to the sanctuary until the days of her purification are over. 5 If she gives birth to a daughter, for two weeks the woman will be unclean, as during her period. Then she must wait sixty-six days to be purified from her bleeding.

6 " 'When the days of her purification for a son or daughter are over, she is to bring to the priest at the entrance to the Tent of Meeting a year-old lamb for a burnt offering and a young pigeon or a dove for a sin offering. 7 He shall offer them before the LORD to make atonement for her, and then she will be ceremonially clean from her flow of blood.

" 'These are the regulations for the woman who gives birth to a boy or a girl. 8 If she cannot afford a lamb, she is to bring two doves or two young pigeons, one for a burnt offering and the other for a sin offering. In this way the priest will make atonement for her, and she will be clean.' "

Regulations About Infectious Skin Diseases

13 The LORD said to Moses and Aaron, 2 "When anyone has a swelling or a rash or a bright spot on his skin that may become an infectious skin dis-

tirse en infección,[i] se le llevará al sacerdote Aarón, o a alguno de sus descendientes los sacerdotes. ³El sacerdote examinará la llaga. Si el vello en la parte afectada se ha puesto blanco y la llaga se ve más hundida que la piel, entonces se trata de una enfermedad infecciosa. Después de examinar a la persona, el sacerdote la declarará *impura.

4»Si la mancha blancuzca no se ve más hundida que la piel, ni el vello se le ha puesto blanco, el sacerdote aislará a la persona enferma durante siete días, ⁵y al séptimo día la examinará de nuevo. Si juzga que la infección no ha seguido extendiéndose sobre la piel, aislará a esa persona otros siete días. ⁶Cumplidos los siete días, el sacerdote la examinará otra vez, y si el mal no se ha extendido sobre la piel sino que ha disminuido, la declarará pura. No era más que una erupción, así que la persona enferma se lavará la ropa y quedará pura.

7»Si la erupción se le sigue extendiendo sobre la piel luego de haberse presentado ante el sacerdote para su purificación, la persona enferma tendrá que volver a presentarse ante él. ⁸El sacerdote la examinará, y si la erupción se ha extendido sobre la piel, declarará impura a esa persona, pues se trata de una enfermedad infecciosa.

Leyes sobre enfermedades infecciosas

9»Cuando una persona tenga una infección en la piel, deberá ser llevada ante el sacerdote, ¹⁰quien la examinará. Si ocurre que la inflamación y el vello se han puesto blancos, y se ve la carne viva, ¹¹se trata de una infección crónica. El sacerdote declarará *impura a tal persona. Pero no hará falta aislarla otra vez, porque ya se sabe que es impura.

12»Si la infección se ha extendido sobre la piel de tal manera que, hasta donde el sacerdote pueda ver, cubre toda la piel de la persona enferma, ¹³entonces el sacerdote la examinará. Si ve que la infección le cubre todo el cuerpo, la declarará pura. Esa persona es pura porque todo el cuerpo se le ha puesto blanco. ¹⁴Pero será impura en el momento en que le aparezca una llaga ulcerosa. ¹⁵Cuando el sacerdote examine la carne viva, declarará impura a esa persona. La carne viva es impura, pues se trata de una enfermedad infecciosa. ¹⁶Pero si la llaga ulcerosa se le pone blanca, la persona enferma deberá ir al sacerdote ¹⁷para que la examine. Si la llaga se le ha puesto blanca, el sacerdote declarará pura a esa persona, y en efecto lo será.

Leyes sobre los abscesos

18»Si alguien ha tenido un absceso en la piel, y luego sana ¹⁹pero en el sitio del absceso le aparece una inflamación blancuzca, o una mancha rojiza, deberá presentarse ante el sacerdote ²⁰para que lo examine. Si la inflamación se ve más hundida que la piel y el vello se le ha puesto blanco, el sacerdote lo declarará *impuro. Se trata de una enfermedad infecciosa que ha brotado en el sitio donde estaba el absceso. ²¹Pero si, al examinar al enfermo, encuentra el sacerdote que el vello no se le ha puesto blanco, y que el absceso no se ve más hundido que la piel sino que ha disminuido, entonces aislará al enfermo durante siete días. ²²Si el absceso se extiende sobre la piel, declarará impuro al enfermo, pues se trata de una enfermedad. ²³Si el absceso no se desarrolla ni la mancha blanca se extiende sino que ha cicatrizado, declarará puro al enfermo.

ease,[x] he must be brought to Aaron the priest or to one of his sons[y] who is a priest. ³The priest is to examine the sore on his skin, and if the hair in the sore has turned white and the sore appears to be more than skin deep,[z] it is an infectious skin disease. When the priest examines him, he shall pronounce him ceremonially unclean. ⁴If the spot on his skin is white but does not appear to be more than skin deep and the hair in it has not turned white, the priest is to put the infected person in isolation for seven days. ⁵On the seventh day the priest is to examine him, and if he sees that the sore is unchanged and has not spread in the skin, he is to keep him in isolation another seven days. ⁶On the seventh day the priest is to examine him again, and if the sore has faded and has not spread in the skin, the priest shall pronounce him clean; it is only a rash. The man must wash his clothes, and he will be clean. ⁷But if the rash does spread in his skin after he has shown himself to the priest to be pronounced clean, he must appear before the priest again. ⁸The priest is to examine him, and if the rash has spread in the skin, he shall pronounce him unclean; it is an infectious disease.

9"When anyone has an infectious skin disease, he must be brought to the priest. ¹⁰The priest is to examine him, and if there is a white swelling in the skin that has turned the hair white and if there is raw flesh in the swelling, ¹¹it is a chronic skin disease and the priest shall pronounce him unclean. He is not to put him in isolation, because he is already unclean.

12"If the disease breaks out all over his skin and, so far as the priest can see, it covers all the skin of the infected person from head to foot, ¹³the priest is to examine him, and if the disease has covered his whole body, he shall pronounce that person clean. Since it has all turned white, he is clean. ¹⁴But whenever raw flesh appears on him, he will be unclean. ¹⁵When the priest sees the raw flesh, he shall pronounce him unclean. The raw flesh is unclean; he has an infectious disease. ¹⁶Should the raw flesh change and turn white, he must go to the priest. ¹⁷The priest is to examine him, and if the sores have turned white, the priest shall pronounce the infected person clean; then he will be clean.

18"When someone has a boil on his skin and it heals, ¹⁹and in the place where the boil was, a white swelling or reddish-white spot appears, he must present himself to the priest. ²⁰The priest is to examine it, and if it appears to be more than skin deep and the hair in it has turned white, the priest shall pronounce him unclean. It is an infectious skin disease that has broken out where the boil was. ²¹But if, when the priest examines it, there is no white hair in it and it is not more than skin deep and has faded, then the priest is to put him in isolation for seven days. ²²If it is spreading in the skin, the priest shall pronounce him unclean; it is infectious. ²³But if the spot is unchanged and has not spread, it is only a scar from the boil, and the priest shall pronounce him clean.

---

[i] 13:2 infección. Tradicionalmente *lepra; así en el resto de este capítulo y en el siguiente.

[x] 2 Traditionally leprosy; the Hebrew word was used for various diseases affecting the skin—not necessarily leprosy; also elsewhere in this chapter.   [y] 2 Or descendants   [z] 3 Or be lower than the rest of the skin; also elsewhere in this chapter

Leyes sobre las quemaduras

24 »Si alguien se quema, y sobre la quemadura le aparece una mancha blancuzca o rojiza, 25 el sacerdote deberá examinarla. Si el vello de la mancha se le ha puesto blanco, y la mancha misma se ve más hundida que la piel, se trata de una enfermedad infecciosa que brotó en el sitio de la quemadura. El sacerdote declarará *impuro al enfermo, pues se trata de una infección.

26 »Si al examinar la quemadura encuentra el sacerdote que el vello no se ha puesto blanco ni la mancha se ve más hundida que la piel, sino que ha disminuido, entonces aislará al enfermo durante siete días. 27 Al séptimo día el sacerdote volverá a examinarlo, y si observa que la mancha se ha extendido sobre la piel, lo declarará impuro, pues se trata de una infección. 28 En cambio, si la mancha blancuzca no ha seguido extendiéndose sobre la piel, se trata sólo de la inflamación de la quemadura. Entonces el sacerdote lo declarará puro, ya que se trata sólo de una quemadura cicatrizada.

Leyes sobre enfermedades del cuero cabelludo y de la barba

29 »Si a un hombre o a una mujer les sale una llaga en la cabeza o en el mentón, 30 el sacerdote deberá examinar la llaga. Si ésta se ve más hundida que la piel, y el pelo se ve amarillento y delgado, declarará *impuro al enfermo. Se trata de tiña, que es una infección en la cabeza o en el mentón. 31 Pero si al examinar la llaga tiñosa el sacerdote ve que no está más hundida que la piel ni tiene pelo negro, aislará al enfermo de tiña durante siete días. 32 Al séptimo día el sacerdote deberá examinar otra vez al enfermo; si la tiña no se ha extendido, ni tiene pelo amarillento ni se ve más hundida que la piel, 33 entonces el enfermo se afeitará el pelo, pero no la parte afectada, y el sacerdote lo aislará otros siete días. 34 Al séptimo día el sacerdote volverá a examinar al enfermo; si la tiña no se ha extendido por la piel ni se ve más hundida que ésta, lo declarará puro. Entonces el enfermo se lavará la ropa y quedará puro.

35 »Si después de su purificación la tiña se extiende por toda la piel, 36 el sacerdote deberá examinarlo. Si la tiña se ha extendido por toda la piel, ya no hará falta que el sacerdote busque pelo amarillento, porque el enfermo es impuro. 37 En cambio, si considera que la tiña no se ha desarrollado y nota que le ha crecido pelo negro, entonces el enfermo ha sanado. Es puro, y así deberá declararlo el sacerdote.

Afecciones cutáneas benignas

38 »Si a un hombre o a una mujer les salen manchas blancuzcas en la piel, 39 el sacerdote deberá examinarlas. Si las manchas resultan ser blancuzcas, se trata sólo de una erupción cutánea, de modo que la persona es *pura.

Leyes sobre la calvicie

40 »Si a alguien se le cae el pelo de la nuca, y se queda calvo, es puro. 41 Si se le cae el pelo de las sienes y se queda calvo, también es puro. 42 Pero si en su calvicie de la nuca o de las sienes le aparece una llaga rojiza, se trata de una infección que le ha brotado en la parte calva. 43 El sacerdote deberá examinarlo. Si la inflamación es rojiza, parecida a las infecciones de la piel, 44 se trata entonces de una persona infectada e impura. El sacerdote la declarará impura por esa llaga en la cabeza.

24 "When someone has a burn on his skin and a reddish-white or white spot appears in the raw flesh of the burn, 25 the priest is to examine the spot, and if the hair in it has turned white, and it appears to be more than skin deep, it is an infectious disease that has broken out in the burn. The priest shall pronounce him unclean; it is an infectious skin disease. 26 But if the priest examines it and there is no white hair in the spot and if it is not more than skin deep and has faded, then the priest is to put him in isolation for seven days. 27 On the seventh day the priest is to examine him, and if it is spreading in the skin, the priest shall pronounce him unclean; it is an infectious skin disease. 28 If, however, the spot is unchanged and has not spread in the skin but has faded, it is a swelling from the burn, and the priest shall pronounce him clean; it is only a scar from the burn.

29 "If a man or woman has a sore on the head or on the chin, 30 the priest is to examine the sore, and if it appears to be more than skin deep and the hair in it is yellow and thin, the priest shall pronounce that person unclean; it is an itch, an infectious disease of the head or chin. 31 But if, when the priest examines this kind of sore, it does not seem to be more than skin deep and there is no black hair in it, then the priest is to put the infected person in isolation for seven days. 32 On the seventh day the priest is to examine the sore, and if the itch has not spread and there is no yellow hair in it and it does not appear to be more than skin deep, 33 he must be shaved except for the diseased area, and the priest is to keep him in isolation another seven days. 34 On the seventh day the priest is to examine the itch, and if it has not spread in the skin and appears to be no more than skin deep, the priest shall pronounce him clean. He must wash his clothes, and he will be clean. 35 But if the itch does spread in the skin after he is pronounced clean, 36 the priest is to examine him, and if the itch has spread in the skin, the priest does not need to look for yellow hair; the person is unclean. 37 If, however, in his judgment it is unchanged and black hair has grown in it, the itch is healed. He is clean, and the priest shall pronounce him clean.

38 "When a man or woman has white spots on the skin, 39 the priest is to examine them, and if the spots are dull white, it is a harmless rash that has broken out on the skin; that person is clean.

40 "When a man has lost his hair and is bald, he is clean. 41 If he has lost his hair from the front of his scalp and has a bald forehead, he is clean. 42 But if he has a reddish-white sore on his bald head or forehead, it is an infectious disease breaking out on his head or forehead. 43 The priest is to examine him, and if the swollen sore on his head or forehead is reddish-white like an infectious skin disease, 44 the man is diseased and is unclean. The priest shall pronounce him unclean because of the sore on his head.

Ley sobre las infecciones

45 »La persona que contraiga una infección se vestirá de harapos y no se peinará; con el rostro semicubierto irá gritando: "¡*Impuro! ¡Impuro!", 46 y será impuro todo el tiempo que le dure la enfermedad. Es impuro, así que deberá vivir aislado y fuera del campamento.

Leyes sobre el moho

47 »Cuando la ropa de lana o de lino se llene de moho, 48 o éste aparezca en la urdimbre o trama del lino o de la lana, o en algún cuero o artículo de piel, 49 y su color sea verdusco o rojizo, se trata de una infección de moho, y deberá mostrársele al sacerdote, 50 quien examinará la mancha y aislará durante siete días el objeto infectado. 51 Al séptimo día el sacerdote examinará la mancha. Si ésta se ha extendido en la ropa o en la urdimbre, o en la trama, o en el cuero o en cualquier artículo de piel, se trata de un moho corrosivo. Tal objeto es *impuro. 52 Se le prenderá fuego a la ropa o a la urdimbre, trama, lana, lino o cualquier artículo de piel que haya sido infectado, porque se trata de un moho corrosivo. El objeto deberá ser quemado.

53 »Si al examinar el objeto, el sacerdote observa que la mancha no se ha extendido sobre el vestido, ni sobre la urdimbre, trama, lana, lino, o cualquier artículo de cuero, 54 entonces mandará lavar el objeto infectado y lo aislará otros siete días. 55 Una vez lavado el objeto, el sacerdote procederá a examinarlo. Si observa que la mancha no ha cambiado de aspecto, dicho objeto será considerado impuro aun cuando la mancha no se haya extendido. El objeto será quemado por estar corroído, sea por dentro o por fuera.

56 »Si después de lavado el objeto, el sacerdote lo examina y observa que la mancha ha disminuido, deberá arrancar la parte manchada del vestido, del cuero, de la urdimbre o de la trama. 57 Si la mancha reaparece en la ropa, en la urdimbre, en la trama o en cualquier artículo de piel, significa que ha vuelto a brotar. La parte infectada será quemada, 58 pero toda ropa, urdimbre, trama o artículo de piel que al lavarse pierda la mancha, se volverá a lavar, y el objeto quedará puro.»

59 Ésta es la ley respecto al moho que infecta la ropa, la lana, el lino, la urdimbre, la trama o cualquier artículo de piel, para poder declararlos puros o impuros.

Purificación de las enfermedades cutáneas

14 El SEÑOR le dijo a Moisés: 2 «Ésta es la ley que se aplicará para declarar *pura a una persona infectada. Será presentada ante el sacerdote, 3 quien la examinará fuera del campamento. Si el sacerdote comprueba que la persona infectada se ha sanado de su enfermedad, 4 mandará traer para la purificación de esa persona dos aves vivas y puras, un pedazo de madera de cedro, un paño escarlata y una rama de *hisopo. 5 Después el sacerdote mandará degollar la primera ave sobre una vasija de barro llena de agua de manantial. 6 Tomará la otra ave viva, la madera de cedro, el paño escarlata y la rama de hisopo, y mojará todo esto junto con el ave viva en la sangre del ave que fue degollada sobre el agua de manantial. 7 Luego rociará siete veces a quien va a ser purificado de la infección, y lo declarará puro. Entonces dejará libre a campo abierto el ave viva.

45 "The person with such an infectious disease must wear torn clothes, let his hair be unkempt,[a] cover the lower part of his face and cry out, 'Unclean! Unclean!' 46 As long as he has the infection he remains unclean. He must live alone; he must live outside the camp.

Regulations About Mildew

47 "If any clothing is contaminated with mildew— any woolen or linen clothing, 48 any woven or knitted material of linen or wool, any leather or anything made of leather— 49 and if the contamination in the clothing, or leather, or woven or knitted material, or any leather article, is greenish or reddish, it is a spreading mildew and must be shown to the priest. 50 The priest is to examine the mildew and isolate the affected article for seven days. 51 On the seventh day he is to examine it, and if the mildew has spread in the clothing, or the woven or knitted material, or the leather, whatever its use, it is a destructive mildew; the article is unclean. 52 He must burn up the clothing, or the woven or knitted material of wool or linen, or any leather article that has the contamination in it, because the mildew is destructive; the article must be burned up.

53 "But if, when the priest examines it, the mildew has not spread in the clothing, or the woven or knitted material, or the leather article, 54 he shall order that the contaminated article be washed. Then he is to isolate it for another seven days. 55 After the affected article has been washed, the priest is to examine it, and if the mildew has not changed its appearance, even though it has not spread, it is unclean. Burn it with fire, whether the mildew has affected one side or the other. 56 If, when the priest examines it, the mildew has faded after the article has been washed, he is to tear the contaminated part out of the clothing, or the leather, or the woven or knitted material. 57 But if it reappears in the clothing, or in the woven or knitted material, or in the leather article, it is spreading, and whatever has the mildew must be burned with fire. 58 The clothing, or the woven or knitted material, or any leather article that has been washed and is rid of the mildew, must be washed again, and it will be clean."

59 These are the regulations concerning contamination by mildew in woolen or linen clothing, woven or knitted material, or any leather article, for pronouncing them clean or unclean.

Cleansing From Infectious Skin Diseases

14 The LORD said to Moses, 2 "These are the regulations for the diseased person at the time of his ceremonial cleansing, when he is brought to the priest: 3 The priest is to go outside the camp and examine him. If the person has been healed of his infectious skin disease,[b] 4 the priest shall order that two live clean birds and some cedar wood, scarlet yarn and hyssop be brought for the one to be cleansed. 5 Then the priest shall order that one of the birds be killed over fresh water in a clay pot. 6 He is then to take the live bird and dip it, together with the cedar wood, the scarlet yarn and the hyssop, into the blood of the bird that was killed over the fresh water. 7 Seven times he shall sprinkle the one to be cleansed of the infectious disease and pronounce him clean. Then he is to release the live bird in the open fields.

---

[a] 45 Or *clothes, uncover his head*   [b] 3 Traditionally *leprosy*; the Hebrew word was used for various diseases affecting the skin—not necessarily leprosy; also elsewhere in this chapter.

8»El que se purifica deberá lavarse la ropa, afeitarse todo el pelo y bañarse. Así quedará puro. Después de esto podrá entrar en el campamento, pero se quedará fuera de su carpa durante siete días. 9 Al séptimo día se rapará por completo el cabello, la barba y las cejas; se lavará la ropa y se bañará. Así quedará puro.

10»Al octavo día, el que se purifica deberá traer dos corderos sin defecto y una cordera de un año, también sin defecto; como ofrenda de cereal traerá seis kilos*j* de flor de harina amasada con aceite, junto con un tercio de litro*k* de aceite. 11 El sacerdote que oficia en la purificación presentará ante el SEÑOR, a la entrada de la *Tienda de reunión, al que se purifica y a sus ofrendas. 12 Después el sacerdote tomará uno de los corderos y, junto con el aceite, lo ofrecerá como sacrificio por la culpa. Lo mecerá ante el SEÑOR, pues se trata de una ofrenda mecida. 13 Después degollará al cordero en el lugar *santo, donde se degüellan las víctimas del sacrificio *expiatorio y del *holocausto, porque el sacrificio por la culpa, al igual que el sacrificio expiatorio, pertenecen al sacerdote. Se trata de algo sumamente sagrado. 14 Luego tomará el sacerdote un poco de sangre del sacrificio por la culpa y la untará en el lóbulo de la oreja derecha, en el pulgar de la mano derecha y en el dedo gordo del pie derecho del que se purifica. 15 El sacerdote tomará un poco de aceite y se lo echará en la palma de la mano izquierda. 16 Mojará el índice de la mano derecha en el aceite que tiene en la palma izquierda, y rociará el aceite siete veces ante el SEÑOR. 17 Luego, del aceite que le quede en la mano, el sacerdote untará un poco en el lóbulo de la oreja derecha, en el pulgar de la mano derecha y en el dedo gordo del pie derecho del que se purifica, sobre la sangre del sacrificio por la culpa. 18 El sacerdote derramará sobre la cabeza del que se purifica el aceite que le quede en la mano. De este modo celebrará ante el SEÑOR el rito de *propiciación por él. 19 A continuación, el sacerdote ofrecerá el sacrificio expiatorio, haciendo propiciación por el que se purifica de su impureza. Hecho esto, degollará la víctima del holocausto, 20 y la ofrecerá en el altar junto con la ofrenda de cereal. Así hará propiciación por él, y lo declarará puro.

21»Si el que se purifica es pobre y no tiene para comprar lo requerido, tomará como sacrificio por la culpa un solo cordero, el cual será mecido para hacer propiciación por él. También llevará como ofrenda de cereal dos kilos*l* de flor de harina amasada con aceite, y un cuarto de litro de aceite, 22 junto con dos tórtolas o dos pichones de paloma, según lo que pueda pagar, uno como sacrificio expiatorio y otro como holocausto. 23 Al octavo día los llevará a la entrada de la Tienda de reunión, ante el sacerdote, para su purificación en presencia del SEÑOR. 24 El sacerdote tomará el cordero del sacrificio por la culpa, junto con el aceite, y los mecerá ante el SEÑOR, pues se trata de una ofrenda mecida. 25 Después degollará al cordero del sacrificio por la culpa, tomará un poco de sangre y la untará en el lóbulo de la oreja derecha, en el pulgar de la mano derecha y en el dedo gordo del pie derecho del que se purifica. 26 El sacerdote se echará aceite en la palma de la mano izquierda, 27 y con el índice de la mano derecha lo rociará siete veces ante el SEÑOR. 28 Luego, al que se purifica, el sacerdote le untará un poco del aceite que le quede en la mano. Se lo untará en el lóbulo de la oreja derecha, en el pulgar de la mano derecha y en el dedo gordo del pie derecho, allí donde puso la sangre

8"The person to be cleansed must wash his clothes, shave off all his hair and bathe with water; then he will be ceremonially clean. After this he may come into the camp, but he must stay outside his tent for seven days. 9 On the seventh day he must shave off all his hair; he must shave his head, his beard, his eyebrows and the rest of his hair. He must wash his clothes and bathe himself with water, and he will be clean.

10"On the eighth day he must bring two male lambs and one ewe lamb a year old, each without defect, along with three-tenths of an ephah*c* of fine flour mixed with oil for a grain offering, and one log*d* of oil. 11 The priest who pronounces him clean shall present both the one to be cleansed and his offerings before the LORD at the entrance to the Tent of Meeting.

12"Then the priest is to take one of the male lambs and offer it as a guilt offering, along with the log of oil; he shall wave them before the LORD as a wave offering. 13 He is to slaughter the lamb in the holy place where the sin offering and the burnt offering are slaughtered. Like the sin offering, the guilt offering belongs to the priest; it is most holy. 14 The priest is to take some of the blood of the guilt offering and put it on the lobe of the right ear of the one to be cleansed, on the thumb of his right hand and on the big toe of his right foot. 15 The priest shall then take some of the log of oil, pour it in the palm of his own left hand, 16 dip his right forefinger into the oil in his palm, and with his finger sprinkle some of it before the LORD seven times. 17 The priest is to put some of the oil remaining in his palm on the lobe of the right ear of the one to be cleansed, on the thumb of his right hand and on the big toe of his right foot, on top of the blood of the guilt offering. 18 The rest of the oil in his palm the priest shall put on the head of the one to be cleansed and make atonement for him before the LORD.

19"Then the priest is to sacrifice the sin offering and make atonement for the one to be cleansed from his uncleanness. After that, the priest shall slaughter the burnt offering 20 and offer it on the altar, together with the grain offering, and make atonement for him, and he will be clean.

21"If, however, he is poor and cannot afford these, he must take one male lamb as a guilt offering to be waved to make atonement for him, together with a tenth of an ephah*e* of fine flour mixed with oil for a grain offering, a log of oil, 22 and two doves or two young pigeons, which he can afford, one for a sin offering and the other for a burnt offering.

23"On the eighth day he must bring them for his cleansing to the priest at the entrance to the Tent of Meeting, before the LORD. 24 The priest is to take the lamb for the guilt offering, together with the log of oil, and wave them before the LORD as a wave offering. 25 He shall slaughter the lamb for the guilt offering and take some of its blood and put it on the lobe of the right ear of the one to be cleansed, on the thumb of his right hand and on the big toe of his right foot. 26 The priest is to pour some of the oil into the palm of his own left hand, 27 and with his right forefinger sprinkle some of the oil from his palm seven times before the LORD. 28 Some of the oil in his palm he is to put on the same places he put the blood of the guilt offering—on the lobe of the right ear of the one to be cleansed, on the thumb of his right hand and on the big toe of his right

---

j 14:10 seis kilos. Lit. *tres décimas* (de *efa).   *k 14:10 un tercio de litro.* Lit. *un *log;* también en v. 21.   *l 14:21 dos kilos.* Lit. *una décima* (de efa).

c 10 That is, probably about 6 quarts (about 6.5 liters)   *d 10* That is, probably about 2/3 pint (about 0.3 liter); also in verses 12, 15, 21 and 24   *e 21* That is, probably about 2 quarts (about 2 liters)

del sacrificio por la culpa. ²⁹El aceite que le quede en la mano lo untará el sacerdote en la cabeza del que se purifica, y así hará propiciación por él ante el SEÑOR. ³⁰Luego ofrecerá las tórtolas o los pichones de paloma, según lo que pueda pagar el oferente, ³¹uno como sacrificio expiatorio y otro como holocausto, junto con la ofrenda de cereal. Así hará el sacerdote propiciación ante el SEÑOR en favor del que se purifica.»

³²Esta ley se aplicará a la persona que haya contraído una infección cutánea y no tenga para pagar las ofrendas regulares de su purificación.

Purificación de casas infectadas

³³El SEÑOR les dijo a Moisés y a Aarón: ³⁴«Si al entrar ustedes en la tierra de Canaán, la cual les doy en propiedad, yo pongo moho infeccioso en alguna de sus casas, ³⁵el dueño de la casa deberá decirle al sacerdote: "En mi casa ha aparecido una especie de moho." ³⁶Entonces el sacerdote, antes de entrar para examinar el moho, mandará que desocupen la casa para que no se *contamine todo lo que haya en ella. Hecho esto, el sacerdote entrará a examinarla. ³⁷Si el moho de las paredes forma cavidades verduscas o rojizas que parezcan hundirse en la pared, ³⁸el sacerdote saldrá de la casa y la clausurará durante siete días. ³⁹Al séptimo día regresará y la examinará. Si el moho se ha extendido por las paredes de la casa, ⁴⁰mandará quitar las piedras mohosas y tirarlas fuera de la ciudad, en un lugar *impuro. ⁴¹También mandará raspar todo el interior de la casa, y el material raspado lo arrojará fuera de la ciudad, en un lugar impuro. ⁴²Después se repondrán las antiguas piedras con otras nuevas, y se resanará la casa con estuco nuevo.

⁴³»Si después de haber quitado las piedras infectadas y de haber raspado y resanado la casa, vuelve a aparecer el moho y se extiende por toda ella, ⁴⁴el sacerdote irá a examinarla. Si el moho se ha extendido por toda la casa, se trata de moho corrosivo. Por lo tanto, la casa es impura ⁴⁵y deberán demolerla y arrojar, en un lugar impuro fuera de la ciudad, las piedras, el maderamen y el estuco.

⁴⁶»Cualquiera que entre en la casa mientras esté clausurada quedará impuro hasta el anochecer, ⁴⁷y todo el que duerma o coma en dicha casa deberá lavarse la ropa.

⁴⁸»Si después de haber sido resanada la casa, el sacerdote la examina y el moho no se ha extendido, la declarará pura, porque la infección ha desaparecido.

⁴⁹»Para purificar la casa, el sacerdote deberá tomar dos aves, pedazos de madera de cedro, ramas de *hisopo y un paño escarlata. ⁵⁰Degollará una de las aves sobre una vasija de barro llena de agua de manantial; ⁵¹tomará la madera de cedro, las ramas de hisopo, el paño escarlata y la otra ave viva, y mojará todo esto en la sangre del ave degollada y en el agua de manantial. ⁵²Luego rociará la casa siete veces, y así la purificará con la sangre del ave, con el agua de manantial y con el ave viva, la madera de cedro, las ramas de hisopo y el paño escarlata. ⁵³Soltará entonces el ave viva a campo abierto. Así hará *propiciación por la casa, y ésta quedará pura.

⁵⁴»Ésta es la ley respecto a cualquier tipo de infección cutánea o de tiña, ⁵⁵o de moho, ya sea en la ropa o en una casa, ⁵⁶o de inflamación, o erupción o mancha blancuzca ⁵⁷para así poder enseñar al pueblo cuándo algo es puro o impuro. Ésta es la ley respecto a las infecciones.»

foot. ²⁹The rest of the oil in his palm the priest shall put on the head of the one to be cleansed, to make atonement for him before the LORD. ³⁰Then he shall sacrifice the doves or the young pigeons, which the person can afford, ³¹one*f* as a sin offering and the other as a burnt offering, together with the grain offering. In this way the priest will make atonement before the LORD on behalf of the one to be cleansed."

³²These are the regulations for anyone who has an infectious skin disease and who cannot afford the regular offerings for his cleansing.

Cleansing From Mildew

³³The LORD said to Moses and Aaron, ³⁴"When you enter the land of Canaan, which I am giving you as your possession, and I put a spreading mildew in a house in that land, ³⁵the owner of the house must go and tell the priest, 'I have seen something that looks like mildew in my house.' ³⁶The priest is to order the house to be emptied before he goes in to examine the mildew, so that nothing in the house will be pronounced unclean. After this the priest is to go in and inspect the house. ³⁷He is to examine the mildew on the walls, and if it has greenish or reddish depressions that appear to be deeper than the surface of the wall, ³⁸the priest shall go out the doorway of the house and close it up for seven days. ³⁹On the seventh day the priest shall return to inspect the house. If the mildew has spread on the walls, ⁴⁰he is to order that the contaminated stones be torn out and thrown into an unclean place outside the town. ⁴¹He must have all the inside walls of the house scraped and the material that is scraped off dumped into an unclean place outside the town. ⁴²Then they are to take other stones to replace these and take new clay and plaster the house.

⁴³"If the mildew reappears in the house after the stones have been torn out and the house scraped and plastered, ⁴⁴the priest is to go and examine it and, if the mildew has spread in the house, it is a destructive mildew; the house is unclean. ⁴⁵It must be torn down— its stones, timbers and all the plaster—and taken out of the town to an unclean place.

⁴⁶"Anyone who goes into the house while it is closed up will be unclean till evening. ⁴⁷Anyone who sleeps or eats in the house must wash his clothes.

⁴⁸"But if the priest comes to examine it and the mildew has not spread after the house has been plastered, he shall pronounce the house clean, because the mildew is gone. ⁴⁹To purify the house he is to take two birds and some cedar wood, scarlet yarn and hyssop. ⁵⁰He shall kill one of the birds over fresh water in a clay pot. ⁵¹Then he is to take the cedar wood, the hyssop, the scarlet yarn and the live bird, dip them into the blood of the dead bird and the fresh water, and sprinkle the house seven times. ⁵²He shall purify the house with the bird's blood, the fresh water, the live bird, the cedar wood, the hyssop and the scarlet yarn. ⁵³Then he is to release the live bird in the open fields outside the town. In this way he will make atonement for the house, and it will be clean."

⁵⁴These are the regulations for any infectious skin disease, for an itch, ⁵⁵for mildew in clothing or in a house, ⁵⁶and for a swelling, a rash or a bright spot, ⁵⁷to determine when something is clean or unclean.

These are the regulations for infectious skin diseases and mildew.

---

f31 Septuagint and Syriac; Hebrew *31such as the person can afford, one*

Impurezas sexuales en el hombre

15 El Señor les ordenó a Moisés y a Aarón ²que les dijeran a los israelitas: «Si algún hombre tiene un derrame seminal, tal derrame es *impuro, ³lo mismo que el hombre, ya sea que su órgano sexual emita el flujo o que el flujo obstruya el órgano.

»El flujo causa impureza en los siguientes casos:

⁴»Será impura toda cama donde se acueste el afectado por el flujo, lo mismo que todo objeto sobre el que se siente.

⁵»Todo el que toque la cama del afectado por el flujo deberá lavarse la ropa y bañarse, y quedará impuro hasta el anochecer.

⁶»Todo el que se siente donde se haya sentado el afectado por el flujo deberá lavarse la ropa y bañarse, y quedará impuro hasta el anochecer.

⁷»Todo el que toque el cuerpo del afectado por el flujo deberá lavarse la ropa y bañarse con agua, y quedará impuro hasta el anochecer.

⁸»Si el afectado por el flujo escupe sobre alguien no *contaminado, éste deberá lavarse la ropa y bañarse, y quedará impuro hasta el anochecer.

⁹»Toda montura sobre la que cabalgue el afectado por el flujo quedará impura.

¹⁰»Todo el que toque algún objeto que haya estado debajo del afectado por el flujo quedará impuro hasta el anochecer; el que transporte dicho objeto deberá lavarse la ropa y bañarse, y quedará impuro hasta el anochecer.

¹¹»Si el afectado por el flujo toca a alguien sin haberse lavado las manos con agua, el que fue tocado deberá lavarse la ropa y bañarse, y quedará impuro hasta el anochecer.

¹²»Si el afectado por el flujo toca alguna vasija de barro, se romperá la vasija; si toca algún utensilio de madera, éste deberá lavarse con agua.

¹³»Si al afectado le cesa el flujo, deberá esperar siete días para el rito de su purificación. Se lavará la ropa y se bañará con agua de manantial, y así quedará puro. ¹⁴Al octavo día tomará dos tórtolas o dos pichones de paloma, y se presentará ante el Señor, a la entrada de la *Tienda de reunión. Allí entregará las aves al sacerdote, ¹⁵quien ofrecerá una como sacrificio *expiatorio y la otra como *holocausto. Así, en presencia del Señor, el sacerdote hará *propiciación por el afectado a causa de su flujo.

¹⁶»Cuando un hombre tenga una eyaculación, deberá bañarse todo el cuerpo, y quedará impuro hasta el anochecer. ¹⁷Toda ropa o piel sobre la que haya caído semen deberá lavarse con agua, y quedará impura hasta el anochecer.

¹⁸»Cuando un hombre y una mujer tengan relaciones sexuales con eyaculación, ambos deberán bañarse, y quedarán impuros hasta el anochecer.

Impurezas sexuales en la mujer

¹⁹»Cuando a una mujer le llegue su menstruación, quedará *impura durante siete días.

»Todo el que la toque quedará impuro hasta el anochecer.

²⁰»Todo aquello sobre lo que ella se acueste mientras dure su período menstrual quedará impuro.

»Todo aquello sobre lo que ella se siente durante su período menstrual quedará impuro.

²¹»Todo el que toque la cama de esa mujer deberá lavarse la ropa y bañarse, y quedará impuro hasta el anochecer.

²²»Todo el que toque algún objeto donde ella se haya sentado, deberá lavarse la ropa y bañarse, y quedará impuro hasta el anochecer.

Discharges Causing Uncleanness

15 The Lord said to Moses and Aaron, ²"Speak to the Israelites and say to them: 'When any man has a bodily discharge, the discharge is unclean. ³Whether it continues flowing from his body or is blocked, it will make him unclean. This is how his discharge will bring about uncleanness:

⁴" 'Any bed the man with a discharge lies on will be unclean, and anything he sits on will be unclean. ⁵Anyone who touches his bed must wash his clothes and bathe with water, and he will be unclean till evening. ⁶Whoever sits on anything that the man with a discharge sat on must wash his clothes and bathe with water, and he will be unclean till evening.

⁷" 'Whoever touches the man who has a discharge must wash his clothes and bathe with water, and he will be unclean till evening.

⁸" 'If the man with the discharge spits on someone who is clean, that person must wash his clothes and bathe with water, and he will be unclean till evening.

⁹" 'Everything the man sits on when riding will be unclean, ¹⁰and whoever touches any of the things that were under him will be unclean till evening; whoever picks up those things must wash his clothes and bathe with water, and he will be unclean till evening.

¹¹" 'Anyone the man with a discharge touches without rinsing his hands with water must wash his clothes and bathe with water, and he will be unclean till evening.

¹²" 'A clay pot that the man touches must be broken, and any wooden article is to be rinsed with water.

¹³" 'When a man is cleansed from his discharge, he is to count off seven days for his ceremonial cleansing; he must wash his clothes and bathe himself with fresh water, and he will be clean. ¹⁴On the eighth day he must take two doves or two young pigeons and come before the Lord to the entrance to the Tent of Meeting and give them to the priest. ¹⁵The priest is to sacrifice them, the one for a sin offering and the other for a burnt offering. In this way he will make atonement before the Lord for the man because of his discharge.

¹⁶" 'When a man has an emission of semen, he must bathe his whole body with water, and he will be unclean till evening. ¹⁷Any clothing or leather that has semen on it must be washed with water, and it will be unclean till evening. ¹⁸When a man lies with a woman and there is an emission of semen, both must bathe with water, and they will be unclean till evening.

¹⁹" 'When a woman has her regular flow of blood, the impurity of her monthly period will last seven days, and anyone who touches her will be unclean till evening.

²⁰" 'Anything she lies on during her period will be unclean, and anything she sits on will be unclean. ²¹Whoever touches her bed must wash his clothes and bathe with water, and he will be unclean till evening. ²²Whoever touches anything she sits on must wash his clothes and bathe with water, and he will be unclean till

23 »Si alguien toca algún objeto que estuvo sobre su cama o en el lugar donde ella se sentó, quedará impuro hasta el anochecer.

24 »Si un hombre tiene relaciones sexuales con esa mujer, se *contaminará con su menstruación y quedará impuro durante siete días. Además, toda cama en la que él se acueste quedará también impura.

25 »Cuando una mujer tenga flujo continuo de sangre fuera de su período menstrual, o cuando se le prolongue el flujo, quedará impura todo el tiempo que le dure, como durante su período.

26 »Toda cama en la que se acueste mientras dure su flujo quedará impura, como durante su período.

»Todo aquello sobre lo que se siente quedará impuro, como durante su período.

27 »Todo el que toque cualquiera de estos objetos quedará impuro. Deberá lavarse la ropa y bañarse, y quedará impuro hasta el anochecer.

28 »Cuando ella sane de su flujo, deberá esperar siete días para el rito de su purificación. 29 Al octavo día tomará dos tórtolas o dos pichones de paloma, y los llevará a la entrada de la *Tienda de reunión, donde se los entregará al sacerdote, 30 quien ofrecerá uno como sacrificio *expiatorio y el otro como *holocausto. Así, en presencia del SEÑOR, el sacerdote hará *propiciación por ella a causa de su flujo.

31 »Ustedes deben mantener apartados de la impureza a los israelitas. Así evitarán que ellos mueran por haber contaminado mi santuario, que está en medio de ellos.

32 »Esta ley se aplicará a quien quede impuro por derrame seminal, 33 a la que tenga flujo menstrual, al hombre y a la mujer que tenga relaciones sexuales con eyaculación, y a quien tenga relaciones sexuales con una mujer impura.»

Leyes para la expiación de pecados

16 El SEÑOR le habló a Moisés después de la muerte de los dos hijos de Aarón, quienes murieron al acercarse imprudentemente al SEÑOR. 2 Le dijo el SEÑOR a Moisés: «Dile a tu hermano Aarón que no entre a cualquier hora en la parte del santuario que está detrás de la cortina, es decir, delante del *propiciatorio que está sobre el arca, no sea que muera cuando yo aparezca en la nube por encima del propiciatorio.

3 »Aarón deberá entrar en el santuario con un novillo para el sacrificio *expiatorio y un carnero para el *holocausto. 4 Se pondrá la túnica sagrada de lino y la ropa interior de lino. Se ceñirá con la faja de lino y se pondrá la tiara de lino. Éstas son las vestiduras sagradas que se pondrá después de haberse bañado con agua.

5 »De la comunidad de los israelitas, Aarón tomará dos machos cabríos para el sacrificio expiatorio y un carnero para el holocausto. 6 Después de que haya ofrecido el novillo del sacrificio expiatorio como propiciación por él y por su familia, 7 tomará los dos machos cabríos y los presentará ante el SEÑOR, a la entrada de la *Tienda de reunión. 8 Entonces Aarón echará suertes sobre los dos machos cabríos, uno para el SEÑOR y otro para soltarlo en el desierto.m 9 Aarón ofrecerá como sacrificio expiatorio el macho cabrío que le tocó al SEÑOR, 10 pero presentará vivo ante el SEÑOR, como propiciación, el macho cabrío que soltará en el desierto; es decir, lo enviará a Azazel.

11 »Aarón presentará el novillo para su propio sacrificio expiatorio, y hará propiciación por él y por su familia. Degollará el novillo para su propio sacrificio expia-

evening. 23 Whether it is the bed or anything she was sitting on, when anyone touches it, he will be unclean till evening.

24 " 'If a man lies with her and her monthly flow touches him, he will be unclean for seven days; any bed he lies on will be unclean.

25 " 'When a woman has a discharge of blood for many days at a time other than her monthly period or has a discharge that continues beyond her period, she will be unclean as long as she has the discharge, just as in the days of her period. 26 Any bed she lies on while her discharge continues will be unclean, as is her bed during her monthly period, and anything she sits on will be unclean, as during her period. 27 Whoever touches them will be unclean; he must wash his clothes and bathe with water, and he will be unclean till evening.

28 " 'When she is cleansed from her discharge, she must count off seven days, and after that she will be ceremonially clean. 29 On the eighth day she must take two doves or two young pigeons and bring them to the priest at the entrance to the Tent of Meeting. 30 The priest is to sacrifice one for a sin offering and the other for a burnt offering. In this way he will make atonement for her before the LORD for the uncleanness of her discharge.

31 " 'You must keep the Israelites separate from things that make them unclean, so they will not die in their uncleanness for defiling my dwelling place,g which is among them.' "

32 These are the regulations for a man with a discharge, for anyone made unclean by an emission of semen, 33 for a woman in her monthly period, for a man or a woman with a discharge, and for a man who lies with a woman who is ceremonially unclean.

The Day of Atonement

16 The LORD spoke to Moses after the death of the two sons of Aaron who died when they approached the LORD. 2 The LORD said to Moses: "Tell your brother Aaron not to come whenever he chooses into the Most Holy Place behind the curtain in front of the atonement cover on the ark, or else he will die, because I appear in the cloud over the atonement cover.

3 "This is how Aaron is to enter the sanctuary area: with a young bull for a sin offering and a ram for a burnt offering. 4 He is to put on the sacred linen tunic, with linen undergarments next to his body; he is to tie the linen sash around him and put on the linen turban. These are sacred garments; so he must bathe himself with water before he puts them on. 5 From the Israelite community he is to take two male goats for a sin offering and a ram for a burnt offering.

6 "Aaron is to offer the bull for his own sin offering to make atonement for himself and his household. 7 Then he is to take the two goats and present them before the LORD at the entrance to the Tent of Meeting. 8 He is to cast lots for the two goats—one lot for the LORD and the other for the scapegoat.h 9 Aaron shall bring the goat whose lot falls to the LORD and sacrifice it for a sin offering. 10 But the goat chosen by lot as the scapegoat shall be presented alive before the LORD to be used for making atonement by sending it into the desert as a scapegoat.

11 "Aaron shall bring the bull for his own sin offering to make atonement for himself and his household, and

---

m 16:8 para soltarlo en el desierto. Lit. para Azazel (que puede significar un lugar árido); también en v. 26.

g 31 Or my tabernacle   h 8 That is, the goat of removal; Hebrew azazel; also in verses 10 and 26

torio; [12] luego tomará del altar que está ante el SEÑOR un incensario lleno de brasas, junto con dos puñados llenos de incienso aromático en polvo, y los llevará tras la cortina; [13] colocará entonces el incienso sobre el fuego, en presencia del SEÑOR, para que la nube de incienso cubra el propiciatorio que está sobre el arca del pacto. De esa manera Aarón no morirá. [14] Después tomará un poco de la sangre del novillo y la rociará con su dedo al costado oriental del propiciatorio; la rociará delante del propiciatorio siete veces.

[15] »Luego degollará el macho cabrío del sacrificio expiatorio en favor del pueblo. Llevará su sangre detrás de la cortina, y hará con esa sangre lo mismo que hizo con la del novillo: la rociará sobre y delante del propiciatorio. [16] Así hará propiciación por el santuario para *purificarlo de las impurezas y transgresiones de los israelitas, cualesquiera que hayan sido sus pecados. Hará lo mismo por la Tienda de reunión, que está entre ellos en medio de sus impurezas. [17] Nadie deberá estar en la Tienda de reunión desde el momento en que Aarón entre para hacer propiciación en el santuario hasta que salga, es decir, mientras esté haciendo propiciación por sí mismo, por su familia y por toda la asamblea de Israel.

[18] »Aarón saldrá luego para hacer propiciación por el altar que está delante del SEÑOR. Tomará sangre del novillo y del macho cabrío, y la untará sobre cada uno de los cuernos del altar, [19] y con el dedo rociará con sangre el altar siete veces. Así lo *santificará y lo purificará de las impurezas de los israelitas.

[20] »Cuando Aarón haya terminado de hacer propiciación por el santuario, la Tienda de reunión y el altar, presentará el macho cabrío vivo, [21] y le impondrá las manos sobre la cabeza. Confesará entonces todas las iniquidades y transgresiones de los israelitas, cualesquiera que hayan sido sus pecados. Así el macho cabrío cargará con ellos, y será enviado al desierto por medio de un hombre designado para esto. [22] El hombre soltará en el desierto al macho cabrío, y éste se llevará a tierra árida todas las iniquidades.

[23] »Entonces Aarón entrará en la Tienda de reunión, se quitará los vestidos de lino que se puso antes de entrar en el santuario, y allí los dejará. [24] Se bañará con agua en un lugar *santo y se volverá a vestir. Después saldrá y ofrecerá su propio holocausto y el del pueblo. Así hará propiciación por sí mismo y por el pueblo. [25] Además, quemará sobre el altar la grasa del sacrificio expiatorio.

[26] »El encargado de soltar el macho cabrío en el desierto deberá lavarse la ropa y bañarse con agua. Sólo después de hacer esto podrá volver al campamento.

[27] »El novillo del sacrificio expiatorio y el macho cabrío del sacrificio expiatorio, cuya sangre se llevó para hacer propiciación por el santuario, se sacarán del campamento, y la piel, la carne y el excremento se quemarán. [28] El que les prenda fuego deberá lavarse la ropa y bañarse. Sólo después de hacer esto podrá volver al campamento.

[29] »Éste será para ustedes un estatuto perpetuo, tanto para el nativo como para el extranjero: El día diez del mes séptimo ayunarán y no realizarán ningún tipo de trabajo. [30] En dicho día se hará propiciación por ustedes para purificarlos, y delante del SEÑOR serán purificados de todos sus pecados. [31] Será para ustedes un día de completo reposo, en el cual ayunarán. Es un estatuto perpetuo.

[32] »La propiciación la realizará el sacerdote que haya sido ungido y ordenado como sucesor de su padre. Se

he is to slaughter the bull for his own sin offering. [12] He is to take a censer full of burning coals from the altar before the LORD and two handfuls of finely ground fragrant incense and take them behind the curtain. [13] He is to put the incense on the fire before the LORD, and the smoke of the incense will conceal the atonement cover above the Testimony, so that he will not die. [14] He is to take some of the bull's blood and with his finger sprinkle it on the front of the atonement cover; then he shall sprinkle some of it with his finger seven times before the atonement cover.

[15] "He shall then slaughter the goat for the sin offering for the people and take its blood behind the curtain and do with it as he did with the bull's blood: He shall sprinkle it on the atonement cover and in front of it. [16] In this way he will make atonement for the Most Holy Place because of the uncleanness and rebellion of the Israelites, whatever their sins have been. He is to do the same for the Tent of Meeting, which is among them in the midst of their uncleanness. [17] No one is to be in the Tent of Meeting from the time Aaron goes in to make atonement in the Most Holy Place until he comes out, having made atonement for himself, his household and the whole community of Israel.

[18] "Then he shall come out to the altar that is before the LORD and make atonement for it. He shall take some of the bull's blood and some of the goat's blood and put it on all the horns of the altar. [19] He shall sprinkle some of the blood on it with his finger seven times to cleanse it and to consecrate it from the uncleanness of the Israelites.

[20] "When Aaron has finished making atonement for the Most Holy Place, the Tent of Meeting and the altar, he shall bring forward the live goat. [21] He is to lay both hands on the head of the live goat and confess over it all the wickedness and rebellion of the Israelites—all their sins—and put them on the goat's head. He shall send the goat away into the desert in the care of a man appointed for the task. [22] The goat will carry on itself all their sins to a solitary place; and the man shall release it in the desert.

[23] "Then Aaron is to go into the Tent of Meeting and take off the linen garments he put on before he entered the Most Holy Place, and he is to leave them there. [24] He shall bathe himself with water in a holy place and put on his regular garments. Then he shall come out and sacrifice the burnt offering for himself and the burnt offering for the people, to make atonement for himself and for the people. [25] He shall also burn the fat of the sin offering on the altar.

[26] "The man who releases the goat as a scapegoat must wash his clothes and bathe himself with water; afterward he may come into the camp. [27] The bull and the goat for the sin offerings, whose blood was brought into the Most Holy Place to make atonement, must be taken outside the camp; their hides, flesh and offal are to be burned up. [28] The man who burns them must wash his clothes and bathe himself with water; afterward he may come into the camp.

[29] "This is to be a lasting ordinance for you: On the tenth day of the seventh month you must deny yourselves[i] and not do any work—whether native-born or an alien living among you— [30] because on this day atonement will be made for you, to cleanse you. Then, before the LORD, you will be clean from all your sins. [31] It is a sabbath of rest, and you must deny yourselves; it is a lasting ordinance. [32] The priest who is anointed and ordained to succeed his father as high priest is to make atonement. He is to put on the sacred linen gar-

i 29 Or *must fast*; also in verse 31

pondrá las vestiduras sagradas de lino, 33 y hará propiciación por el lugar santísimo, por la Tienda de reunión y por el altar. También hará propiciación por los sacerdotes y por toda la comunidad allí reunida.

34 »Éste les será un estatuto perpetuo: Una vez al año se deberá hacer propiciación por todos los israelitas a causa de todos sus pecados.»

Y se hizo tal como el SEÑOR se lo había mandado a Moisés.

Prohibición de comer sangre

17 El SEÑOR le ordenó a Moisés 2 que les dijera a Aarón y a sus hijos, y a todos los israelitas: «Esto es lo que ha mandado el SEÑOR:

3 »Cuando algún israelita sacrifique una res, un cordero o una cabra dentro o fuera del campamento, 4 será considerado culpable de haber derramado sangre si no lleva el animal a la entrada de la *Tienda de reunión y lo presenta como ofrenda al SEÑOR ante su santuario. Por lo tanto, ese israelita será eliminado de su pueblo. 5 El propósito de este mandamiento es que los israelitas lleven al SEÑOR los sacrificios que suelen hacer en el campo. Deberán llevarlos al sacerdote, a la entrada de la Tienda de reunión, y ofrecérselos al SEÑOR como sacrificios de *comunión. 6 El sacerdote derramará la sangre sobre el altar del SEÑOR, a la entrada de la Tienda de reunión, y quemará la grasa como aroma grato al SEÑOR. 7 Y nunca más volverán a ofrecer ningún sacrificio a sus ídolos que tienen forma de machos cabríos,n con los que se han prostituido. Éste es un estatuto perpetuo para ellos y para sus descendientes.

8 »Cuando algún israelita o extranjero que viva entre ustedes ofrezca un *holocausto o sacrificio 9 y no lo lleve a la entrada de la Tienda de reunión para ofrecerlo al SEÑOR, el tal será eliminado de su pueblo.

10 »Cuando algún israelita o extranjero que viva entre ustedes coma cualquier clase de sangre, yo me pondré en su contra y lo eliminaré de su pueblo. 11 Porque la *vida de toda criatura está en la sangre. Yo mismo se la he dado a ustedes sobre el altar, para que hagan *propiciación por ustedes mismos, ya que la propiciación se hace por medio de la sangre. 12 Por eso les digo: Ninguno de ustedes deberá comer sangre, ni tampoco deberá comerla el extranjero que viva entre ustedes.

13 »Cuando un israelita o algún extranjero que viva entre ustedes cace algún animal o ave que sea lícito comer, le extraerá la sangre y la cubrirá con tierra, 14 pues la vida de toda criatura está en su sangre. Por eso les he dicho: No coman la sangre de ninguna criatura, porque la vida de toda criatura está en la sangre; cualquiera que la coma será eliminado.

15 »Todo nativo o extranjero que coma la carne de un animal que las fieras hayan matado o despedazado, deberá lavarse la ropa y bañarse con agua, y quedará *impuro hasta el anochecer; después de eso quedará puro. 16 Pero si no se lava la ropa ni se baña, sufrirá las consecuencias de su pecado.»

Relaciones sexuales ilícitas

18 El SEÑOR le ordenó a Moisés 2 que les dijera a los israelitas: «Yo soy el SEÑOR su Dios. 3 No imitarán ustedes las costumbres de Egipto, donde antes habitaban, ni tampoco las de Canaán, adonde los llevo.

---

ments 33 and make atonement for the Most Holy Place, for the Tent of Meeting and the altar, and for the priests and all the people of the community.

34 "This is to be a lasting ordinance for you: Atonement is to be made once a year for all the sins of the Israelites."

And it was done, as the LORD commanded Moses.

Eating Blood Forbidden

17 The LORD said to Moses, 2 "Speak to Aaron and his sons and to all the Israelites and say to them: 'This is what the LORD has commanded: 3 Any Israelite who sacrifices an ox,j a lamb or a goat in the camp or outside of it 4 instead of bringing it to the entrance to the Tent of Meeting to present it as an offering to the LORD in front of the tabernacle of the LORD—that man shall be considered guilty of bloodshed; he has shed blood and must be cut off from his people. 5 This is so the Israelites will bring to the LORD the sacrifices they are now making in the open fields. They must bring them to the priest, that is, to the LORD, at the entrance to the Tent of Meeting and sacrifice them as fellowship offerings.k 6 The priest is to sprinkle the blood against the altar of the LORD at the entrance to the Tent of Meeting and burn the fat as an aroma pleasing to the LORD. 7 They must no longer offer any of their sacrifices to the goat idolsl to whom they prostitute themselves. This is to be a lasting ordinance for them and for the generations to come.'

8 "Say to them: 'Any Israelite or any alien living among them who offers a burnt offering or sacrifice 9 and does not bring it to the entrance to the Tent of Meeting to sacrifice it to the LORD—that man must be cut off from his people.

10 " 'Any Israelite or any alien living among them who eats any blood—I will set my face against that person who eats blood and will cut him off from his people. 11 For the life of a creature is in the blood, and I have given it to you to make atonement for yourselves on the altar; it is the blood that makes atonement for one's life. 12 Therefore I say to the Israelites, "None of you may eat blood, nor may an alien living among you eat blood."

13 " 'Any Israelite or any alien living among you who hunts any animal or bird that may be eaten must drain out the blood and cover it with earth, 14 because the life of every creature is its blood. That is why I have said to the Israelites, "You must not eat the blood of any creature, because the life of every creature is its blood; anyone who eats it must be cut off."

15 " 'Anyone, whether native-born or alien, who eats anything found dead or torn by wild animals must wash his clothes and bathe with water, and he will be ceremonially unclean till evening; then he will be clean. 16 But if he does not wash his clothes and bathe himself, he will be held responsible.' "

Unlawful Sexual Relations

18 The LORD said to Moses, 2 "Speak to the Israelites and say to them: 'I am the LORD your God. 3 You must not do as they do in Egypt, where you used to live, and you must not do as they do in the land of Canaan, where I am bringing you. Do not follow their

---

n 17:7 ídolos que tienen forma de machos cabríos. Alt. demonios.

j 3 The Hebrew word can include both male and female.
k 5 Traditionally peace offerings   l 7 Or demons

No se conducirán según sus estatutos, ⁴sino que pondrán en práctica mis preceptos y observarán atentamente mis leyes. Yo soy el SEÑOR su Dios. ⁵Observen mis estatutos y mis preceptos, pues todo el que los practique vivirá por ellos. Yo soy el SEÑOR.

Relaciones no permitidas

⁶»Nadie se acercará a ningún pariente cercano para tener relaciones sexuales con él o con ella. Yo soy el SEÑOR.

⁷»No deshonrarás a tu padre, teniendo relaciones sexuales con tu madre. No lo hagas, porque es tu madre.

⁸»No tendrás relaciones sexuales con la esposa de tu padre, porque sería como tenerlas con él.

⁹»No tendrás relaciones sexuales con tu hermana por parte de padre o de madre, ya sea nacida en la misma casa o en otro lugar.

¹⁰»No tendrás relaciones sexuales con la hija de tu hijo, ni con la hija de tu hija, porque sería deshonrarte a ti mismo.

¹¹»No tendrás relaciones sexuales con la hija que tu padre haya tenido con su mujer. No la deshonres, porque es tu hermana.

¹²»No tendrás relaciones sexuales con la hermana de tu padre, porque sería como tenerlas con tu padre.

¹³»No tendrás relaciones sexuales con la hermana de tu madre, porque sería como tenerlas con tu madre.

¹⁴»No deshonrarás al hermano de tu padre, teniendo relaciones sexuales con su mujer, porque es tu tía.

¹⁵»No tendrás relaciones sexuales con tu nuera. No las tendrás, porque sería como tenerlas con tu hijo.

¹⁶»No tendrás relaciones sexuales con la mujer de tu hermano, porque sería como tenerlas con él mismo.

¹⁷»No tendrás relaciones sexuales con dos mujeres que sean madre e hija, ni con las nietas de ellas, ya sea por parte de un hijo o de una hija de las mismas. Son parientes cercanas, de modo que eso sería una perversión.

¹⁸»No te casarás con la hermana de tu esposa, ni tendrás relaciones sexuales con ella mientras tu esposa viva, para no crear rivalidades entre ellas.

Otras relaciones ilícitas

¹⁹»No tendrás relaciones sexuales con ninguna mujer durante su período de *impureza menstrual.

²⁰»No tendrás trato sexual con la mujer de tu prójimo, para que no te hagas impuro por causa de ella.

²¹»No profanarás el *nombre de tu Dios, entregando a tus hijos para que sean quemados como sacrificio a Moloc. Yo soy el SEÑOR.

²²»No te acostarás con un hombre como quien se acuesta con una mujer. Eso es una abominación.

²³»No tendrás trato sexual con ningún animal. No te hagas impuro por causa de él.

»Ninguna mujer tendrá trato sexual con ningún animal. Eso es una depravación.

²⁴»No se *contaminen con estas prácticas, porque así se contaminaron las naciones que por amor a ustedes estoy por arrojar, ²⁵y aun la tierra misma se contaminó. Por eso la castigué por su perversidad, y ella vomitó a sus habitantes. ²⁶Ustedes obedezcan mis estatutos y preceptos. Ni los nativos ni los extranjeros que vivan entre ustedes deben practicar ninguna de estas abominaciones, ²⁷pues las practicaron los que vivían en esta tierra antes que ustedes, y la tierra se contaminó. ²⁸Si ustedes contaminan la tierra, ella los vomitará como vomitó a las naciones que la habitaron antes que ustedes.

²⁹»Cualquiera que practique alguna de estas abomi-

practices. ⁴You must obey my laws and be careful to follow my decrees. I am the LORD your God. ⁵Keep my decrees and laws, for the man who obeys them will live by them. I am the LORD.

⁶" 'No one is to approach any close relative to have sexual relations. I am the LORD.

⁷" 'Do not dishonor your father by having sexual relations with your mother. She is your mother; do not have relations with her.

⁸" 'Do not have sexual relations with your father's wife; that would dishonor your father.

⁹" 'Do not have sexual relations with your sister, either your father's daughter or your mother's daughter, whether she was born in the same home or elsewhere.

¹⁰" 'Do not have sexual relations with your son's daughter or your daughter's daughter; that would dishonor you.

¹¹" 'Do not have sexual relations with the daughter of your father's wife, born to your father; she is your sister.

¹²" 'Do not have sexual relations with your father's sister; she is your father's close relative.

¹³" 'Do not have sexual relations with your mother's sister, because she is your mother's close relative.

¹⁴" 'Do not dishonor your father's brother by approaching his wife to have sexual relations; she is your aunt.

¹⁵" 'Do not have sexual relations with your daughter-in-law. She is your son's wife; do not have relations with her.

¹⁶" 'Do not have sexual relations with your brother's wife; that would dishonor your brother.

¹⁷" 'Do not have sexual relations with both a woman and her daughter. Do not have sexual relations with either her son's daughter or her daughter's daughter; they are her close relatives. That is wickedness.

¹⁸" 'Do not take your wife's sister as a rival wife and have sexual relations with her while your wife is living.

¹⁹" 'Do not approach a woman to have sexual relations during the uncleanness of her monthly period.

²⁰" 'Do not have sexual relations with your neighbor's wife and defile yourself with her.

²¹" 'Do not give any of your children to be sacrificedᵐ to Molech, for you must not profane the name of your God. I am the LORD.

²²" 'Do not lie with a man as one lies with a woman; that is detestable.

²³" 'Do not have sexual relations with an animal and defile yourself with it. A woman must not present herself to an animal to have sexual relations with it; that is a perversion.

²⁴" 'Do not defile yourselves in any of these ways, because this is how the nations that I am going to drive out before you became defiled. ²⁵Even the land was defiled; so I punished it for its sin, and the land vomited out its inhabitants. ²⁶But you must keep my decrees and my laws. The native-born and the aliens living among you must not do any of these detestable things, ²⁷for all these things were done by the people who lived in the land before you, and the land became defiled. ²⁸And if you defile the land, it will vomit you out as it vomited out the nations that were before you.

²⁹" 'Everyone who does any of these detestable things—such persons must be cut off from their peo-

---

m 21 Or to be passed through ⌐the fire⌐

naciones será eliminado de su pueblo. ³⁰Ustedes observen mis mandamientos y absténganse de seguir las abominables costumbres que se practicaban en la tierra antes de que ustedes llegaran. No se contaminen por causa de ellas. Yo soy el SEÑOR su Dios.»

Llamado a la santidad

19 El SEÑOR le ordenó a Moisés ²que hablara con toda la asamblea de los israelitas y les dijera: «Sean *santos, porque yo, el SEÑOR su Dios, soy santo.

³»Respeten todos ustedes a su madre y a su padre, y observen mis *sábados. Yo soy el SEÑOR su Dios.

⁴»No se vuelvan a los ídolos inútiles, ni se hagan dioses de metal fundido. Yo soy el SEÑOR su Dios.

⁵»Cuando le ofrezcan al SEÑOR un sacrificio de *comunión, háganlo de tal manera que el SEÑOR lo acepte de buen grado. ⁶Cómanselo el día en que lo sacrifiquen, o al día siguiente. Lo que sobre para el tercer día deberán quemarlo. ⁷Si alguien lo come al tercer día, tal sacrificio no le será válido, pues la carne ya se habrá descompuesto. ⁸Cualquiera que lo coma sufrirá las consecuencias de su pecado por profanar lo que ha sido consagrado al SEÑOR. Tal persona será eliminada de su pueblo.

Relaciones sociales

⁹»Cuando llegue el tiempo de la cosecha, no sieguen hasta el último rincón de sus campos ni recojan todas las espigas que allí queden.

¹⁰»No rebusquen hasta el último racimo de sus viñas, ni recojan las uvas que se hayan caído. Déjenlas para los pobres y los extranjeros. Yo soy el SEÑOR su Dios.

¹¹»No roben.

»No mientan.

»No engañen a su prójimo.

¹²»No juren en mi *nombre sólo por jurar, ni profanen el nombre de su Dios. Yo soy el SEÑOR.

¹³»No explotes a tu prójimo, ni lo despojes de nada.

»No retengas el salario de tu jornalero hasta el día siguiente.

¹⁴»No maldigas al sordo, ni le pongas tropiezos al ciego, sino teme a tu Dios. Yo soy el SEÑOR.

¹⁵»No perviertas la justicia, ni te muestres parcial en favor del pobre o del rico, sino juzga a todos con justicia.

¹⁶»No andes difundiendo calumnias entre tu pueblo, ni expongas la vida de tu prójimo con falsos testimonios. Yo soy el SEÑOR.

¹⁷»No alimentes odios secretos contra tu hermano, sino reprende con franqueza a tu prójimo para que no sufras las consecuencias de su pecado.

¹⁸»No seas vengativo con tu prójimo, ni le guardes rencor. Ama a tu prójimo como a ti mismo.^ñ Yo soy el SEÑOR.

Otras exigencias de la santidad

¹⁹»Cumplan mis estatutos:

»No crucen animales de especies diferentes.

»No planten en su campo dos clases distintas de semilla.

»No usen ropa tejida con dos clases distintas de hilo.

²⁰»Si un hombre se acuesta con una esclava prometida a otro en matrimonio, pero que aún no ha sido rescatada ni declarada libre, a los dos se les impondrá el castigo debido,^o pero no se les condenará a muerte

ple. ³⁰Keep my requirements and do not follow any of the detestable customs that were practiced before you came and do not defile yourselves with them. I am the LORD your God.' "

19 The LORD said to Moses, ²"Speak to the entire assembly of Israel and say to them: 'Be holy because I, the LORD your God, am holy.

³" 'Each of you must respect his mother and father, and you must observe my Sabbaths. I am the LORD your God.

⁴" 'Do not turn to idols or make gods of cast metal for yourselves. I am the LORD your God.

⁵" 'When you sacrifice a fellowship offeringⁿ to the LORD, sacrifice it in such a way that it will be accepted on your behalf. ⁶It shall be eaten on the day you sacrifice it or on the next day; anything left over until the third day must be burned up. ⁷If any of it is eaten on the third day, it is impure and will not be accepted. ⁸Whoever eats it will be held responsible because he has desecrated what is holy to the LORD; that person must be cut off from his people.

⁹" 'When you reap the harvest of your land, do not reap to the very edges of your field or gather the gleanings of your harvest. ¹⁰Do not go over your vineyard a second time or pick up the grapes that have fallen. Leave them for the poor and the alien. I am the LORD your God.

¹¹" 'Do not steal.

" 'Do not lie.

" 'Do not deceive one another.

¹²" 'Do not swear falsely by my name and so profane the name of your God. I am the LORD.

¹³" 'Do not defraud your neighbor or rob him.

" 'Do not hold back the wages of a hired man overnight.

¹⁴" 'Do not curse the deaf or put a stumbling block in front of the blind, but fear your God. I am the LORD.

¹⁵" 'Do not pervert justice; do not show partiality to the poor or favoritism to the great, but judge your neighbor fairly.

¹⁶" 'Do not go about spreading slander among your people.

" 'Do not do anything that endangers your neighbor's life. I am the LORD.

¹⁷" 'Do not hate your brother in your heart. Rebuke your neighbor frankly so you will not share in his guilt.

¹⁸" 'Do not seek revenge or bear a grudge against one of your people, but love your neighbor as yourself. I am the LORD.

¹⁹" 'Keep my decrees.

" 'Do not mate different kinds of animals.

" 'Do not plant your field with two kinds of seed.

" 'Do not wear clothing woven of two kinds of material.

²⁰" 'If a man sleeps with a woman who is a slave girl promised to another man but who has not been ransomed or given her freedom, there must be due punishment. Yet they are not to be put to death, because she

---

^ñ 19:18 *como a ti mismo.* Alt. *que es como tú.*   ^o 19:20 *a los dos se les impondrá el castigo debido.* Alt. *los dos deberán ser investigados.*

ⁿ 5 Traditionally *peace offering*

porque ella aún no ha sido declarada libre. 21 No obstante, el hombre deberá ofrecer al SEÑOR un carnero como ofrenda por su culpa. Lo llevará a la entrada de la *Tienda de reunión, 22 y el sacerdote hará *expiación ante el SEÑOR por el pecado cometido. De este modo su pecado le será perdonado.

23 »Cuando ustedes entren en la tierra y planten cualquier clase de árboles frutales, durante tres años no comerán su fruto, sino que lo considerarán inmundo.p 24 En el cuarto año todo su fruto será consagrado como una ofrenda de alabanza al SEÑOR, 25 y en el quinto año ya podrán comer de su fruto. De este modo aumentarán sus cosechas. Yo soy el SEÑOR su Dios.

26 »No coman nada que tenga sangre.

»No practiquen la adivinación ni los sortilegios.

27 »No se corten el cabello en redondo ni se despunten la barba.

28 »No se hagan heridas en el cuerpo por causa de los muertos, ni tatuajes en la piel. Yo soy el SEÑOR.

29 »No degraden a su hija haciendo de ella una prostituta, para que tampoco se prostituya la tierra ni se llene de perversidad.

Otros deberes

30 »Observen mis *sábados, y tengan reverencia por mi santuario. Yo soy el SEÑOR.

31 »No acudan a la nigromancia, ni busquen a los espiritistas, porque se harán *impuros por causa de ellos. Yo soy el SEÑOR su Dios.

32 »Ponte de pie en presencia de los mayores.

»Respeta a los *ancianos.

»Teme a tu Dios. Yo soy el SEÑOR.

33 »Cuando algún extranjero se establezca en el país de ustedes, no lo traten mal. 34 Al contrario, trátenlo como si fuera uno de ustedes. Ámenlo como a ustedes mismos, porque también ustedes fueron extranjeros en Egipto. Yo soy el SEÑOR y Dios de Israel.

35 »No cometan injusticias falseando las medidas de longitud, de peso y de capacidad. 36 Usen balanzas, pesas y medidasq justas. Yo soy el SEÑOR su Dios, que los saqué de Egipto.

37 »Obedezcan todos mis estatutos. Pongan por obra todos mis preceptos. Yo soy el SEÑOR.»

Castigos por el pecado

20 El SEÑOR le ordenó a Moisés 2 que les dijera a los israelitas: «Todo israelita o extranjero residente en Israel que entregue a uno de sus hijos para quemarlo como sacrificio a Moloc, será condenado a muerte. Los miembros de la comunidad lo matarán a pedradas. 3 Yo mismo me pondré en contra de ese hombre y lo eliminaré de su pueblo porque, al entregar a uno de sus hijos para quemarlo como sacrificio a Moloc, profana mi santuario y mi *santo nombre.

4 »Si los miembros de la comunidad hacen caso omiso del hombre que haya entregado alguno de sus hijos a Moloc, y no lo condenan a muerte, 5 yo mismo me pondré en contra de él y de su familia; eliminaré del pueblo a ese hombre y a todos los que se hayan prostituido con él, siguiendo a Moloc.

6 »También me pondré en contra de quien acuda a la nigromancia y a los espiritistas, y por seguirlos se prostituya. Lo eliminaré de su pueblo.

7 »Conságrense a mí, y sean santos, porque yo soy el SEÑOR su Dios.

8 »Obedezcan mis estatutos y pónganlos por obra. Yo soy el SEÑOR, que los santifica.

---

had not been freed. 21 The man, however, must bring a ram to the entrance to the Tent of Meeting for a guilt offering to the LORD. 22 With the ram of the guilt offering the priest is to make atonement for him before the LORD for the sin he has committed, and his sin will be forgiven.

23 " 'When you enter the land and plant any kind of fruit tree, regard its fruit as forbidden.o For three years you are to consider it forbiddeno; it must not be eaten. 24 In the fourth year all its fruit will be holy, an offering of praise to the LORD. 25 But in the fifth year you may eat its fruit. In this way your harvest will be increased. I am the LORD your God.

26 " 'Do not eat any meat with the blood still in it.

" 'Do not practice divination or sorcery.

27 " 'Do not cut the hair at the sides of your head or clip off the edges of your beard.

28 " 'Do not cut your bodies for the dead or put tattoo marks on yourselves. I am the LORD.

29 " 'Do not degrade your daughter by making her a prostitute, or the land will turn to prostitution and be filled with wickedness.

30 " 'Observe my Sabbaths and have reverence for my sanctuary. I am the LORD.

31 " 'Do not turn to mediums or seek out spiritists, for you will be defiled by them. I am the LORD your God.

32 " 'Rise in the presence of the aged, show respect for the elderly and revere your God. I am the LORD.

33 " 'When an alien lives with you in your land, do not mistreat him. 34 The alien living with you must be treated as one of your native-born. Love him as yourself, for you were aliens in Egypt. I am the LORD your God.

35 " 'Do not use dishonest standards when measuring length, weight or quantity. 36 Use honest scales and honest weights, an honest ephahp and an honest hin.q I am the LORD your God, who brought you out of Egypt.

37 " 'Keep all my decrees and all my laws and follow them. I am the LORD.' "

Punishments for Sin

20 The LORD said to Moses, 2 "Say to the Israelites: 'Any Israelite or any alien living in Israel who givesr any of his children to Molech must be put to death. The people of the community are to stone him. 3 I will set my face against that man and I will cut him off from his people; for by giving his children to Molech, he has defiled my sanctuary and profaned my holy name. 4 If the people of the community close their eyes when that man gives one of his children to Molech and they fail to put him to death, 5 I will set my face against that man and his family and will cut off from their people both him and all who follow him in prostituting themselves to Molech.

6 " 'I will set my face against the person who turns to mediums and spiritists to prostitute himself by following them, and I will cut him off from his people.

7 " 'Consecrate yourselves and be holy, because I am the LORD your God. 8 Keep my decrees and follow them. I am the LORD, who makes you holy.s

---

p 19:23 inmundo. Lit. incircunciso.   q 19:36 medidas. Lit. *efas
e *hins.

o 23 Hebrew uncircumcised   p 36 An ephah was a dry measure.
q 36 A hin was a liquid measure.   r 2 Or sacrifices; also in
verses 3 and 4   s 8 Or who sanctifies you; or who sets you apart
as holy

9»Si alguien maldice a su padre o a su madre, será condenado a muerte: ha maldecido a su padre o a su madre, y será responsable de su propia muerte.

10»Si alguien comete adulterio con la mujer de su prójimo, tanto el adúltero como la adúltera serán condenados a muerte.

11»Si alguien se acuesta con la mujer de su padre, deshonra a su padre. Tanto el hombre como la mujer serán condenados a muerte, de la cual ellos mismos serán responsables.

12»Si alguien se acuesta con su nuera, hombre y mujer serán condenados a muerte. Han cometido un acto depravado, y ellos mismos serán responsables de su propia muerte.

13»Si alguien se acuesta con otro hombre como quien se acuesta con una mujer, comete un acto abominable y los dos serán condenados a muerte, de la cual ellos mismos serán responsables.

14»Si alguien tiene relaciones sexuales con hija y madre, comete un acto depravado. Tanto él como ellas morirán quemados, para que no haya tal depravación entre ustedes.

15»Si alguien tiene trato sexual con un animal, será condenado a muerte, y se matará también al animal.

16»Si una mujer tiene trato sexual con un animal, se les dará muerte a ambos, y ellos serán responsables de su muerte.

17»Si alguien tiene relaciones sexuales con una hermana suya, comete un acto vergonzoso y los dos serán ejecutados en público. Ha deshonrado a su hermana, y sufrirá las consecuencias de su pecado.

18»Si alguien se acuesta con una mujer y tiene relaciones sexuales con ella durante su período menstrual, pone al descubierto su flujo, y también ella expone el flujo de su sangre. Los dos serán eliminados de su pueblo.

19»No tendrás relaciones sexuales ni con tu tía materna ni con tu tía paterna, pues eso significaría la deshonra de un pariente cercano y los dos sufrirían las consecuencias de su pecado.

20»Si alguien se acuesta con su tía, deshonra a su tío, y los dos sufrirán las consecuencias de su pecado: morirán sin tener descendencia.

21»Si alguien viola a la esposa de su hermano, comete un acto de *impureza: ha deshonrado a su hermano, y los dos se quedarán sin descendencia.

22»Cumplan todos mis estatutos y preceptos; pónganlos por obra, para que no los vomite la tierra adonde los llevo a vivir. 23No vivan según las costumbres de las naciones que por amor a ustedes voy a expulsar. Porque ellas hicieron todas estas cosas, y yo las aborrecí. 24Pero a ustedes les digo: "Poseerán la tierra que perteneció a esas naciones, tierra donde abundan la leche y la miel. Yo mismo se la daré a ustedes como herencia".

»Yo soy el SEÑOR su Dios, que los he distinguido entre las demás naciones. 25Por consiguiente, también ustedes deben distinguir entre los animales puros y los impuros, y entre las aves puras y las impuras. No se hagan detestables ustedes mismos por causa de animales, de aves o de cualquier alimaña que se arrastra por el suelo, pues yo se los he señalado como impuros. 26Sean ustedes santos, porque yo, el SEÑOR, soy santo, y los he distinguido entre las demás naciones, para que sean míos.

27»Cualquiera de ustedes, hombre o mujer, que sea nigromante o espiritista, será condenado a muerte. Morirá apedreado, y será responsable de su propia muerte.»

9" 'If anyone curses his father or mother, he must be put to death. He has cursed his father or his mother, and his blood will be on his own head.

10" 'If a man commits adultery with another man's wife—with the wife of his neighbor—both the adulterer and the adulteress must be put to death.

11" 'If a man sleeps with his father's wife, he has dishonored his father. Both the man and the woman must be put to death; their blood will be on their own heads.

12" 'If a man sleeps with his daughter-in-law, both of them must be put to death. What they have done is a perversion; their blood will be on their own heads.

13" 'If a man lies with a man as one lies with a woman, both of them have done what is detestable. They must be put to death; their blood will be on their own heads.

14" 'If a man marries both a woman and her mother, it is wicked. Both he and they must be burned in the fire, so that no wickedness will be among you.

15" 'If a man has sexual relations with an animal, he must be put to death, and you must kill the animal.

16" 'If a woman approaches an animal to have sexual relations with it, kill both the woman and the animal. They must be put to death; their blood will be on their own heads.

17" 'If a man marries his sister, the daughter of either his father or his mother, and they have sexual relations, it is a disgrace. They must be cut off before the eyes of their people. He has dishonored his sister and will be held responsible.

18" 'If a man lies with a woman during her monthly period and has sexual relations with her, he has exposed the source of her flow, and she has also uncovered it. Both of them must be cut off from their people.

19" 'Do not have sexual relations with the sister of either your mother or your father, for that would dishonor a close relative; both of you would be held responsible.

20" 'If a man sleeps with his aunt, he has dishonored his uncle. They will be held responsible; they will die childless.

21" 'If a man marries his brother's wife, it is an act of impurity; he has dishonored his brother. They will be childless.

22" 'Keep all my decrees and laws and follow them, so that the land where I am bringing you to live may not vomit you out. 23You must not live according to the customs of the nations I am going to drive out before you. Because they did all these things, I abhorred them. 24But I said to you, "You will possess their land; I will give it to you as an inheritance, a land flowing with milk and honey." I am the LORD your God, who has set you apart from the nations.

25" 'You must therefore make a distinction between clean and unclean animals and between unclean and clean birds. Do not defile yourselves by any animal or bird or anything that moves along the ground—those which I have set apart as unclean for you. 26You are to be holy to me[^i] because I, the LORD, am holy, and I have set you apart from the nations to be my own.

27" 'A man or woman who is a medium or spiritist among you must be put to death. You are to stone them; their blood will be on their own heads.' "

La santidad de los sacerdotes

21 El SEÑOR le ordenó a Moisés que les dijera a los sacerdotes, hijos de Aarón: «No se *contaminen tocando el cadáver de alguien de su pueblo, 2excepto en el caso de un pariente cercano, como su madre, su padre, su hijo, su hija, su hermano 3o una hermana soltera que, por no tener marido, dependa de él. 4Como jefes de su pueblo, no deben hacerse *impuros ni contaminarse.

5»Los sacerdotes no se raparán la cabeza, ni se despuntarán la barba ni se harán heridas en el cuerpo. 6Deben ser *santos para su Dios, y no profanar su *nombre. Son ellos los que presentan al SEÑOR las ofrendas por fuego, que son como el pan de su Dios. Por eso deben ser santos.

7»Ningún sacerdote se casará con una prostituta, ni con una divorciada, ni con una mujer que no sea virgen, porque está consagrado a su Dios. 8Considéralo santo, porque él ofrece el pan de tu Dios. Santo será para ti, porque santo soy yo, el SEÑOR, que los santifico a ustedes.

9»La hija de un sacerdote que se hace prostituta se profana a sí misma y profana a su padre. Deberá ser quemada viva.

Santidad del sumo sacerdote

10»Aquel que sea elegido sumo sacerdote entre sus hermanos, y sobre cuya cabeza se haya derramado el aceite de la unción, y a quien se le haya conferido autoridadʳ para llevar las vestiduras sacerdotales, no deberá andar despeinado ni rasgarse las vestiduras.

11»No entrará en ningún lugar donde haya un cadáver.

»No deberá *contaminarse, ni siquiera por su padre o por su madre.

12»No saldrá del santuario, para no profanar el santuario de su Dios, porque ha sido consagrado mediante el aceite de la unción divina. Yo soy el SEÑOR.

13»La mujer que tome por esposa debe ser virgen. 14No debe casarse con una viuda, ni con una divorciada ni con una prostituta. Debe casarse con una virgen de su mismo pueblo, 15para que no profane su descendencia entre su pueblo. Yo soy el SEÑOR, que lo *santifica.»

Impedimentos para ejercer el sacerdocio

16El SEÑOR le ordenó a Moisés 17que le dijera a Aarón: «Ninguno de tus descendientes que tenga defecto físico deberá acercarse jamás a su Dios para presentarle la ofrenda de pan. 18En efecto, no deberá acercarse nadie que tenga algún defecto físico: ninguno que sea ciego, cojo, mutilado, deforme, 19lisiado de pies o manos, 20jorobado o enano; o que tenga sarna o tiña, o cataratas en los ojos, o que haya sido castrado. 21Ningún descendiente del sacerdote Aarón que tenga algún defecto podrá acercarse a presentar al SEÑOR las ofrendas por fuego. No podrá acercarse para presentarle a su Dios la ofrenda de pan por tener un defecto. 22Podrá comer de la ofrenda de pan, tanto del alimento *santo como del santísimo, 23pero por causa de su defecto no pasará más allá de la cortina ni se acercará al altar, para no profanar mi santuario. Yo soy el SEÑOR, que santifico a los sacerdotes.»

24Y Moisés les comunicó todo esto a Aarón y a sus hijos, y a todos los israelitas.

Rules for Priests

21 The LORD said to Moses, "Speak to the priests, the sons of Aaron, and say to them: 'A priest must not make himself ceremonially unclean for any of his people who die, 2except for a close relative, such as his mother or father, his son or daughter, his brother, 3or an unmarried sister who is dependent on him since she has no husband—for her he may make himself unclean. 4He must not make himself unclean for people related to him by marriage,ᵘ and so defile himself.

5" 'Priests must not shave their heads or shave off the edges of their beards or cut their bodies. 6They must be holy to their God and must not profane the name of their God. Because they present the offerings made to the LORD by fire, the food of their God, they are to be holy.

7" 'They must not marry women defiled by prostitution or divorced from their husbands, because priests are holy to their God. 8Regard them as holy, because they offer up the food of your God. Consider them holy, because I the LORD am holy—I who make you holy.ᵛ

9" 'If a priest's daughter defiles herself by becoming a prostitute, she disgraces her father; she must be burned in the fire.

10" 'The high priest, the one among his brothers who has had the anointing oil poured on his head and who has been ordained to wear the priestly garments, must not let his hair become unkemptʷ or tear his clothes. 11He must not enter a place where there is a dead body. He must not make himself unclean, even for his father or mother, 12nor leave the sanctuary of his God or desecrate it, because he has been dedicated by the anointing oil of his God. I am the LORD.

13" 'The woman he marries must be a virgin. 14He must not marry a widow, a divorced woman, or a woman defiled by prostitution, but only a virgin from his own people, 15so he will not defile his offspring among his people. I am the LORD, who makes him holy.ˣ ' "

16The LORD said to Moses, 17"Say to Aaron: 'For the generations to come none of your descendants who has a defect may come near to offer the food of his God. 18No man who has any defect may come near: no man who is blind or lame, disfigured or deformed; 19no man with a crippled foot or hand, 20or who is hunchbacked or dwarfed, or who has any eye defect, or who has festering or running sores or damaged testicles. 21No descendant of Aaron the priest who has any defect is to come near to present the offerings made to the LORD by fire. He has a defect; he must not come near to offer the food of his God. 22He may eat the most holy food of his God, as well as the holy food; 23yet because of his defect, he must not go near the curtain or approach the altar, and so desecrate my sanctuary. I am the LORD, who makes them holy.ʸ ' "

24So Moses told this to Aaron and his sons and to all the Israelites.

ᵘ4 Or unclean as a leader among his people   ᵛ8 Or who sanctify you; or who set you apart as holy   ʷ10 Or not uncover his head   ˣ15 Or who sanctifies him; or who sets him apart as holy   ʸ23 Or who sanctifies them; or who sets them apart as holy

ʳ21:10 y a quien se le haya conferido autoridad. Lit. y quien llenó sus manos.

Las ofrendas del Señor

22 El Señor le ordenó a Moisés 2que les dijera a Aarón y a sus hijos: «Traten con mucho respeto las ofrendas sagradas que me consagran los israelitas, para no profanar mi *santo *nombre. Yo soy el Señor.»

3 También le ordenó decirles: «Si alguno de los descendientes de Aarón está ritualmente *impuro y se acerca a las ofrendas que los israelitas consagran al Señor, será eliminado de mi presencia. Yo soy el Señor.

4 »Si un descendiente de Aarón padece de alguna enfermedad infecciosa en la piel,s o de derrame seminal, deberá abstenerse de comer de las ofrendas sagradas, hasta que se purifique. Cualquiera que toque un objeto *contaminado por el contacto con un cadáver, o que tenga derrame de semen, 5 o que toque algún animal u *hombre impuros, cualquiera que sea la impureza, 6 quedará impuro hasta el anochecer. Por tanto, se abstendrá de comer de las ofrendas sagradas. Lavará su cuerpo con agua, 7 y al ponerse el sol quedará puro. Después de esto podrá comer de las ofrendas sagradas, porque son su alimento. 8 No deberá comer nada que sea hallado muerto o despedazado por las fieras, pues de lo contrario quedará impuro. Yo soy el Señor.

9 »Los sacerdotes cumplirán con mis instrucciones, y así no pecarán ni sufrirán la muerte por haber profanado las ofrendas. Yo soy el Señor, que santifico a los sacerdotes.

10 »Nadie ajeno a la familia sacerdotal comerá de las ofrendas sagradas, ni tampoco comerá de ellas ningún huésped del sacerdote, ni su jornalero. 11 Pero sí podrá comer de ellas el esclavo comprado por un sacerdote, y el esclavo nacido en casa del mismo. 12 Si la hija de un sacerdote se casa con alguien que no sea sacerdote, no podrá comer de las ofrendas recibidas como contribución. 13 Pero si queda viuda o divorciada y, sin haber tenido hijos, regresa a la casa de su padre como cuando era soltera, entonces sí podrá comer del alimento de su padre. Pero nadie ajeno a la familia sacerdotal está autorizado para comerlo.

14 »Si inadvertidamente alguien come de una ofrenda sagrada, deberá restituir la ofrenda al sacerdote y añadirle una quinta parte de su valor.

15 »No deberán los sacerdotes profanar las ofrendas sagradas que los israelitas presentan al Señor, 16 porque al permitir que las coman harán recaer sobre sí mismos un pecado que requiere un sacrificio por la culpa. Yo soy el Señor, que los santifico.»

Sacrificios inaceptables

17 El Señor le ordenó a Moisés 18 que les dijera a Aarón y a sus hijos, y a todos los israelitas: «Si alguno de ustedes, sea israelita o extranjero residente en Israel, presenta un *holocausto al Señor para cumplir un voto, o como ofrenda voluntaria, 19 para que le sea aceptado deberá presentar un macho sin defecto de entre el ganado vacuno, ovino o cabrío. 20 No presenten ningún animal que tenga algún defecto, porque no se les aceptará.

21 »Si alguien, para cumplir un voto especial o como ofrenda voluntaria, le presenta al Señor ganado vacuno u ovino como sacrificio de *comunión, para que el animal le sea aceptado no deberá tener ningún defecto. 22 No deberán presentarle al Señor, como ofrenda por fuego, animales ciegos, cojos, mutilados, llagados, sarnosos ni tiñosos. No ofrecerán en el altar ningún ani-

22 The Lord said to Moses, 2"Tell Aaron and his sons to treat with respect the sacred offerings the Israelites consecrate to me, so they will not profane my holy name. I am the Lord.

3"Say to them: 'For the generations to come, if any of your descendants is ceremonially unclean and yet comes near the sacred offerings that the Israelites consecrate to the Lord, that person must be cut off from my presence. I am the Lord.

4" 'If a descendant of Aaron has an infectious skin diseasez or a bodily discharge, he may not eat the sacred offerings until he is cleansed. He will also be unclean if he touches something defiled by a corpse or by anyone who has an emission of semen, 5 or if he touches any crawling thing that makes him unclean, or any person who makes him unclean, whatever the uncleanness may be. 6 The one who touches any such thing will be unclean till evening. He must not eat any of the sacred offerings unless he has bathed himself with water. 7 When the sun goes down, he will be clean, and after that he may eat the sacred offerings, for they are his food. 8 He must not eat anything found dead or torn by wild animals, and so become unclean through it. I am the Lord.

9" 'The priests are to keep my requirements so that they do not become guilty and die for treating them with contempt. I am the Lord, who makes them holy.a

10" 'No one outside a priest's family may eat the sacred offering, nor may the guest of a priest or his hired worker eat it. 11 But if a priest buys a slave with money, or if a slave is born in his household, that slave may eat his food. 12 If a priest's daughter marries anyone other than a priest, she may not eat any of the sacred contributions. 13 But if a priest's daughter becomes a widow or is divorced, yet has no children, and she returns to live in her father's house as in her youth, she may eat of her father's food. No unauthorized person, however, may eat any of it.

14" 'If anyone eats a sacred offering by mistake, he must make restitution to the priest for the offering and add a fifth of the value to it. 15 The priests must not desecrate the sacred offerings the Israelites present to the Lord 16 by allowing them to eat the sacred offerings and so bring upon them guilt requiring payment. I am the Lord, who makes them holy.' "

Unacceptable Sacrifices

17 The Lord said to Moses, 18"Speak to Aaron and his sons and to all the Israelites and say to them: 'If any of you—either an Israelite or an alien living in Israel—presents a gift for a burnt offering to the Lord, either to fulfill a vow or as a freewill offering, 19 you must present a male without defect from the cattle, sheep or goats in order that it may be accepted on your behalf. 20 Do not bring anything with a defect, because it will not be accepted on your behalf. 21 When anyone brings from the herd or flock a fellowship offeringb to the Lord to fulfill a special vow or as a freewill offering, it must be without defect or blemish to be acceptable. 22 Do not offer to the Lord the blind, the injured or the maimed, or anything with warts or festering or running sores. Do not place any of these on the altar as an

---

s 22:4 alguna enfermedad infecciosa en la piel. Tradicionalmente *lepra.

z 4 Traditionally leprosy; the Hebrew word was used for various diseases affecting the skin—not necessarily leprosy.   a 9 Or who sanctifies them; or who sets them apart as holy; also in verse 16
b 21 Traditionally peace offering

mal así. 23 Podrán presentar como ofrenda voluntaria una res o una oveja deforme o enana, pero tal ofrenda no será aceptada en cumplimiento de un voto.

24 »No ofrecerán al SEÑOR ningún animal con los testículos lastimados, magullados, cortados o arrancados. No harán esto en su tierra. 25 No recibirán de manos de un extranjero animales así, para ofrecerlos como alimento del Dios de ustedes. No se les aceptarán porque son deformes y tienen defectos.»

26 El SEÑOR le dijo a Moisés: 27 «Cuando nazca un ternero, un cordero o un cabrito, se quedará con su madre durante siete días. Del octavo día en adelante será aceptable al SEÑOR como ofrenda por fuego. 28 »No degollarán el mismo día una vaca o una oveja con su cría.

29 »Cuando sacrifiquen una ofrenda de acción de gracias al SEÑOR, háganlo de tal modo que les sea aceptada. 30 Deberá comerse ese mismo día, sin dejar nada para el siguiente. Yo soy el SEÑOR.

31 »Obedezcan mis mandamientos y pónganlos por obra. Yo soy el SEÑOR.

32 »No profanen mi *santo *nombre sino reconózcanme como santo en medio de los israelitas. Yo soy el SEÑOR, que los santifica. 33 Yo los saqué de Egipto para ser su Dios. Yo soy el SEÑOR.»

Calendario de fiestas solemnes

23 El SEÑOR le ordenó a Moisés 2 que les dijera a los israelitas: «Éstas son las fiestas que yo he establecido, y a las que ustedes han de convocar como fiestas solemnes en mi honor. Yo, el SEÑOR, las establecí.

Celebración del sábado

3 »Trabajarán ustedes durante seis días, pero el séptimo día es de reposo, es un día de fiesta solemne en mi honor, en el que no harán ningún trabajo. Dondequiera que ustedes vivan, será *sábado consagrado al SEÑOR.

Fiesta de la Pascua

4 »Éstas son las fiestas que el SEÑOR ha establecido, las fiestas solemnes en su honor que ustedes deberán convocar en las fechas señaladas para ellas:

5 »La Pascua del SEÑOR comienza el día catorce del mes primero, a la hora del crepúsculo. 6 El día quince del mismo mes comienza la fiesta de los Panes sin levadura en honor al SEÑOR. Durante siete días comerán pan sin levadura. 7 El primer día celebrarán una fiesta solemne en su honor; ese día no harán ningún trabajo. 8 Durante siete días presentarán al SEÑOR ofrendas por fuego, y el séptimo día celebrarán una fiesta solemne en su honor; ese día no harán ningún trabajo.»

Fiesta de las Primicias

9 El SEÑOR le ordenó a Moisés 10 que les dijera a los israelitas: «Cuando ustedes hayan entrado en la tierra que les voy a dar, y sieguen la mies, deberán llevar al sacerdote una gavilla de las primeras espigas que cosechen. 11 El sacerdote mecerá la gavilla ante el SEÑOR para que les sea aceptada. La mecerá a la mañana siguiente del *sábado. 12 Ese mismo día sacrificarán ustedes un cordero de un año, sin defecto, como *holocausto al SEÑOR. 13 También presentarán cuatro kilos*f* de harina fina mezclada con aceite, como ofrenda de cereal, ofrenda por fuego, de aroma grato al SEÑOR, y un

offering made to the LORD by fire. 23 You may, however, present as a freewill offering an ox*c* or a sheep that is deformed or stunted, but it will not be accepted in fulfillment of a vow. 24 You must not offer to the LORD an animal whose testicles are bruised, crushed, torn or cut. You must not do this in your own land, 25 and you must not accept such animals from the hand of a foreigner and offer them as the food of your God. They will not be accepted on your behalf, because they are deformed and have defects.' "

26 The LORD said to Moses, 27 "When a calf, a lamb or a goat is born, it is to remain with its mother for seven days. From the eighth day on, it will be acceptable as an offering made to the LORD by fire. 28 Do not slaughter a cow or a sheep and its young on the same day.

29 "When you sacrifice a thank offering to the LORD, sacrifice it in such a way that it will be accepted on your behalf. 30 It must be eaten that same day; leave none of it till morning. I am the LORD.

31 "Keep my commands and follow them. I am the LORD. 32 Do not profane my holy name. I must be acknowledged as holy by the Israelites. I am the LORD, who makes*d* you holy*e* 33 and who brought you out of Egypt to be your God. I am the LORD."

The Appointed Feasts

23 The LORD said to Moses, 2 "Speak to the Israelites and say to them: 'These are my appointed feasts, the appointed feasts of the LORD, which you are to proclaim as sacred assemblies.

The Sabbath

3 " 'There are six days when you may work, but the seventh day is a Sabbath of rest, a day of sacred assembly. You are not to do any work; wherever you live, it is a Sabbath to the LORD.

The Passover and Unleavened Bread

4 " 'These are the LORD's appointed feasts, the sacred assemblies you are to proclaim at their appointed times: 5 The LORD's Passover begins at twilight on the fourteenth day of the first month. 6 On the fifteenth day of that month the LORD's Feast of Unleavened Bread begins; for seven days you must eat bread made without yeast. 7 On the first day hold a sacred assembly and do no regular work. 8 For seven days present an offering made to the LORD by fire. And on the seventh day hold a sacred assembly and do no regular work.' "

Firstfruits

9 The LORD said to Moses, 10 "Speak to the Israelites and say to them: 'When you enter the land I am going to give you and you reap its harvest, bring to the priest a sheaf of the first grain you harvest. 11 He is to wave the sheaf before the LORD so it will be accepted on your behalf; the priest is to wave it on the day after the Sabbath. 12 On the day you wave the sheaf, you must sacrifice as a burnt offering to the LORD a lamb a year old without defect, 13 together with its grain offering of two-tenths of an ephah*f* of fine flour mixed with oil— an offering made to the LORD by fire, a pleasing aroma—and its drink offering of a quarter of a hin*g* of

---

c 23 The Hebrew word can include both male and female.
d 32 Or *made*   *e 32* Or *who sanctifies you;* or *who sets you apart as holy*   *f 13* That is, probably about 4 quarts (about 4.5 liters); also in verse 17   *g 13* That is, probably about 1 quart (about 1 liter)

---

f 23:13 cuatro kilos. Lit. *dos décimas* (de **efa*); también en v. 17.

litro^u de vino como ofrenda de libación. ¹⁴No comerán pan, ni grano tostado o nuevo, hasta el día en que traigan esta ofrenda a su Dios. Éste será un estatuto perpetuo para todos tus descendientes, dondequiera que habiten.

Fiesta de las Semanas

¹⁵»A partir del día siguiente al *sábado, es decir, a partir del día en que traigan la gavilla de la ofrenda mecida, contarán siete semanas completas. ¹⁶En otras palabras, contarán cincuenta días incluyendo la mañana siguiente al séptimo sábado; entonces presentarán al SEÑOR una ofrenda de grano nuevo. ¹⁷Desde su lugar de residencia la llevarán al SEÑOR, como ofrenda mecida de las *primicias, dos panes hechos con cuatro kilos de flor de harina, cocidos con levadura. ¹⁸Junto con el pan deberán presentar siete corderos de un año, sin defecto, un novillo y dos carneros. Serán, junto con sus ofrendas de cereal y sus ofrendas de libación, un *holocausto al SEÑOR, una ofrenda presentada por fuego, de aroma grato al SEÑOR. ¹⁹Luego sacrificarán un macho cabrío como ofrenda por el pecado, y dos corderos de un año como sacrificio de *comunión. ²⁰El sacerdote mecerá los dos corderos, junto con el pan de las primicias. Son una ofrenda mecida ante el SEÑOR, una ofrenda consagrada al SEÑOR y reservada para el sacerdote. ²¹Ese mismo día convocarán ustedes a una fiesta solemne en honor del SEÑOR, y en ese día no harán ningún trabajo. Éste será un estatuto perpetuo para todos tus descendientes, dondequiera que habiten.

²²»Cuando llegue el tiempo de la cosecha, no sieguen hasta el último rincón del campo ni recojan todas las espigas que queden de la mies. Déjenlas para los pobres y los extranjeros. Yo soy el SEÑOR su Dios.»

Fiesta de las Trompetas

²³El SEÑOR le ordenó a Moisés ²⁴que les dijera a los israelitas: «El primer día del mes séptimo será para ustedes un día de reposo, una conmemoración con toques de trompeta, una fiesta solemne en honor al SEÑOR. ²⁵Ese día no harán ningún trabajo, sino que presentarán al SEÑOR ofrendas por fuego.»

El día del Perdón

²⁶El SEÑOR le dijo a Moisés: ²⁷«El día diez del mes séptimo es el día del Perdón. Celebrarán una fiesta solemne en honor al SEÑOR, y ayunarán y le presentarán ofrendas por fuego. ²⁸En ese día no harán ningún tipo de trabajo, porque es el día del Perdón, cuando se hace *expiación por ustedes ante el SEÑOR su Dios. ²⁹Cualquiera que no observe el ayuno será eliminado de su pueblo. ³⁰Si alguien hace algún trabajo en ese día, yo mismo lo eliminaré de su pueblo. ³¹Por tanto, no harán ustedes ningún trabajo. Éste será un estatuto perpetuo para todos sus descendientes, dondequiera que habiten. ³²Será para ustedes un *sábado de solemne reposo, y deberán observar el ayuno. Este sábado lo observarán desde la tarde del día nueve del mes hasta la tarde siguiente.»

Fiesta de las Enramadas

³³El SEÑOR le ordenó a Moisés ³⁴que les dijera a los israelitas: «El día quince del mes séptimo comienza la fiesta de las *Enramadas en honor al SEÑOR, la cual durará siete días. ³⁵El primer día se celebrará una fiesta solemne en honor al SEÑOR. Ese día no harán ningún

wine. ¹⁴You must not eat any bread, or roasted or new grain, until the very day you bring this offering to your God. This is to be a lasting ordinance for the generations to come, wherever you live.

Feast of Weeks

¹⁵" 'From the day after the Sabbath, the day you brought the sheaf of the wave offering, count off seven full weeks. ¹⁶Count off fifty days up to the day after the seventh Sabbath, and then present an offering of new grain to the LORD. ¹⁷From wherever you live, bring two loaves made of two-tenths of an ephah of fine flour, baked with yeast, as a wave offering of firstfruits to the LORD. ¹⁸Present with this bread seven male lambs, each a year old and without defect, one young bull and two rams. They will be a burnt offering to the LORD, together with their grain offerings and drink offerings—an offering made by fire, an aroma pleasing to the LORD. ¹⁹Then sacrifice one male goat for a sin offering and two lambs, each a year old, for a fellowship offering.ʰ ²⁰The priest is to wave the two lambs before the LORD as a wave offering, together with the bread of the firstfruits. They are a sacred offering to the LORD for the priest. ²¹On that same day you are to proclaim a sacred assembly and do no regular work. This is to be a lasting ordinance for the generations to come, wherever you live.

²²" 'When you reap the harvest of your land, do not reap to the very edges of your field or gather the gleanings of your harvest. Leave them for the poor and the alien. I am the LORD your God.' "

Feast of Trumpets

²³The LORD said to Moses, ²⁴"Say to the Israelites: 'On the first day of the seventh month you are to have a day of rest, a sacred assembly commemorated with trumpet blasts. ²⁵Do no regular work, but present an offering made to the LORD by fire.' "

Day of Atonement

²⁶The LORD said to Moses, ²⁷"The tenth day of this seventh month is the Day of Atonement. Hold a sacred assembly and deny yourselves,ⁱ and present an offering made to the LORD by fire. ²⁸Do no work on that day, because it is the Day of Atonement, when atonement is made for you before the LORD your God. ²⁹Anyone who does not deny himself on that day must be cut off from his people. ³⁰I will destroy from among his people anyone who does any work on that day. ³¹You shall do no work at all. This is to be a lasting ordinance for the generations to come, wherever you live. ³²It is a sabbath of rest for you, and you must deny yourselves. From the evening of the ninth day of the month until the following evening you are to observe your sabbath."

Feast of Tabernacles

³³The LORD said to Moses, ³⁴"Say to the Israelites: 'On the fifteenth day of the seventh month the LORD's Feast of Tabernacles begins, and it lasts for seven days. ³⁵The first day is a sacred assembly; do no regular

---

^u 23:13 un litro. Lit. un cuarto de *hin.

ʰ 19 Traditionally *peace offering*   ⁱ 27 Or *and fast*; also in verses 29 and 32

trabajo. 36Durante siete días le presentarán al Señor ofrendas por fuego. Al octavo día celebrarán una fiesta solemne en honor al Señor y volverán a presentarle ofrendas por fuego. Es una fiesta solemne; ese día no harán ningún trabajo.

37»Éstas son las fiestas que el Señor ha establecido, y a las que ustedes habrán de convocar como fiestas solemnes en su honor, para presentarle ofrendas por fuego, *holocaustos, ofrendas de cereal, y sacrificios y ofrendas de libación, tal como está prescrito para cada día. 38Todas estas fiestas son adicionales a los *sábados del Señor y a los tributos y ofrendas votivas o voluntarias que ustedes le presenten.

39»A partir del día quince del mes séptimo, luego de que hayan recogido los frutos de la tierra, celebrarán durante siete días la fiesta del Señor. El primer día y el octavo serán de descanso especial. 40El primer día tomarán frutos de los mejores árboles, ramas de palmera, de árboles frondosos y de sauces de los arroyos, y durante siete días se regocijarán en presencia del Señor su Dios. 41Cada año, durante siete días, celebrarán esta fiesta en honor al Señor. La celebrarán en el mes séptimo. Éste será un estatuto perpetuo para las generaciones venideras. 42Durante siete días vivirán bajo enramadas. Todos los israelitas nativos vivirán bajo enramadas, 43para que sus descendientes sepan que yo hice vivir así a los israelitas cuando los saqué de Egipto. Yo soy el Señor su Dios.»

44Así anunció Moisés a los israelitas las fiestas establecidas por el Señor.

Iluminación del santuario

24 El Señor le dijo a Moisés: 2«Manda a los israelitas que te traigan aceite *puro de olivas prensadas, para la iluminación del santuario. Así las lámparas se mantendrán siempre encendidas. 3Aarón preparará las lámparas en la *Tienda de reunión, fuera de la cortina del *pacto, para que ardan delante del Señor toda la noche. Éste será un estatuto perpetuo para las generaciones venideras. 4Las lámparas que están sobre el candelabro de oro puro se mantendrán siempre encendidas delante del Señor.

Los panes ofrecidos al Señor

5»Toma flor de harina y hornea doce tortas de pan. Cada torta debe pesar cuatro kilos.v 6Ponlas ante el Señor sobre la mesa de oro puro, en dos hileras de seis tortas cada una. 7En cada hilera pondrás incienso puro. Así el pan será una ofrenda memorial presentada por fuego al Señor. 8Este pan se dispondrá regularmente ante el Señor todos los *sábados. Éste es un *pacto perpetuo de los israelitas. 9El pan les pertenece a Aarón y a sus hijos, quienes lo comerán en un lugar *santo. Es una parte sumamente sagrada de las ofrendas que se presentan por fuego al Señor. Es un estatuto perpetuo.»

Lapidación de un blasfemo

10Entre los israelitas vivía un hombre, hijo de madre israelita y de padre egipcio. Y sucedió que un día este hombre y un israelita iniciaron un pleito en el campamento. 11Pero el hijo de la mujer israelita, al lanzar una maldición, pronunció el *nombre del Señor; así que se lo llevaron a Moisés. (El nombre de su madre era Selomit hija de Dibrí, de la tribu de Dan.) 12Y lo pusieron bajo arresto hasta que el Señor les dijera qué hacer con él.

work. 36For seven days present offerings made to the Lord by fire, and on the eighth day hold a sacred assembly and present an offering made to the Lord by fire. It is the closing assembly; do no regular work.

37(" 'These are the Lord's appointed feasts, which you are to proclaim as sacred assemblies for bringing offerings made to the Lord by fire—the burnt offerings and grain offerings, sacrifices and drink offerings required for each day. 38These offerings are in addition to those for the Lord's Sabbaths andj in addition to your gifts and whatever you have vowed and all the freewill offerings you give to the Lord.)

39" 'So beginning with the fifteenth day of the seventh month, after you have gathered the crops of the land, celebrate the festival to the Lord for seven days; the first day is a day of rest, and the eighth day also is a day of rest. 40On the first day you are to take choice fruit from the trees, and palm fronds, leafy branches and poplars, and rejoice before the Lord your God for seven days. 41Celebrate this as a festival to the Lord for seven days each year. This is to be a lasting ordinance for the generations to come; celebrate it in the seventh month. 42Live in booths for seven days: All native-born Israelites are to live in booths 43so your descendants will know that I had the Israelites live in booths when I brought them out of Egypt. I am the Lord your God.' "

44So Moses announced to the Israelites the appointed feasts of the Lord.

Oil and Bread Set Before the Lord

24 The Lord said to Moses, 2"Command the Israelites to bring you clear oil of pressed olives for the light so that the lamps may be kept burning continually. 3Outside the curtain of the Testimony in the Tent of Meeting, Aaron is to tend the lamps before the Lord from evening till morning, continually. This is to be a lasting ordinance for the generations to come. 4The lamps on the pure gold lampstand before the Lord must be tended continually.

5"Take fine flour and bake twelve loaves of bread, using two-tenths of an ephahk for each loaf. 6Set them in two rows, six in each row, on the table of pure gold before the Lord. 7Along each row put some pure incense as a memorial portion to represent the bread and to be an offering made to the Lord by fire. 8This bread is to be set out before the Lord regularly, Sabbath after Sabbath, on behalf of the Israelites, as a lasting covenant. 9It belongs to Aaron and his sons, who are to eat it in a holy place, because it is a most holy part of their regular share of the offerings made to the Lord by fire."

A Blasphemer Stoned

10Now the son of an Israelite mother and an Egyptian father went out among the Israelites, and a fight broke out in the camp between him and an Israelite. 11The son of the Israelite woman blasphemed the Name with a curse; so they brought him to Moses. (His mother's name was Shelomith, the daughter of Dibri the Danite.) 12They put him in custody until the will of the Lord should be made clear to them.

---

v 24:5 pesar cuatro kilos. Lit. tener dos décimas (de *efa).

j 38 Or These feasts are in addition to the Lord's Sabbaths, and these offerings are   k 5 That is, probably about 4 quarts (about 4.5 liters)

13 Entonces el SEÑOR le dijo a Moisés: 14 «Saca al blasfemo fuera del campamento. Quienes lo hayan oído impondrán las manos sobre su cabeza, y toda la asamblea lo apedreará. 15 Diles a los israelitas: "Todo el que *blasfeme contra su Dios sufrirá las consecuencias de su pecado." 16 Además, todo el que pronuncie el nombre del SEÑOR al maldecir a su prójimo será condenado a muerte. Toda la asamblea lo apedreará. Sea extranjero o nativo, si pronuncia el nombre del SEÑOR al maldecir a su prójimo, será condenado a muerte.

La ley del talión

17 »El que le quite la *vida a otro *ser humano será condenado a muerte.

18 »El que le quite la vida a algún animal ajeno, reparará el daño con otro animal.

19 »Al que lesione a su prójimo se le infligirá el mismo daño que haya causado: 20 fractura por fractura, ojo por ojo, diente por diente. Sufrirá en carne propia el mismo daño que haya causado.

21 »Todo el que mate un animal reparará el daño, pero el que mate a un *hombre será condenado a muerte. 22 Una sola ley regirá, tanto para el nativo como para el extranjero. Yo soy el SEÑOR su Dios.»

23 Moisés les comunicó todo esto a los israelitas, y ellos sacaron al blasfemo fuera del campamento, y allí lo apedrearon. Los israelitas procedieron tal como el SEÑOR se lo ordenó a Moisés.

El año sabático

25 En el monte Sinaí el SEÑOR le ordenó a Moisés 2 que les dijera a los israelitas: «Cuando ustedes hayan entrado en la tierra que les voy a dar, la tierra misma deberá observar un año de reposo[w] en honor al SEÑOR. 3 Durante seis años sembrarás tus campos, podarás tus viñas y cosecharás sus productos; 4 pero llegado el séptimo año la tierra gozará de un año de reposo en honor al SEÑOR. No sembrarás tus campos ni podarás tus viñas; 5 no segarás lo que haya brotado por sí mismo ni vendimiarás las uvas de tus viñas no cultivadas. La tierra gozará de un año completo de reposo. 6 Sin embargo, de todo lo que la tierra produzca durante ese año sabático, podrán comer no sólo tú sino también tu siervo y tu sierva, el jornalero y el residente transitorio entre ustedes. 7 También podrán alimentarse tu ganado y los animales que haya en el país. Todo lo que la tierra produzca ese año será sólo para el consumo diario.

El año del jubileo

8 »Siete veces contarás siete años sabáticos, de modo que los siete años sabáticos sumen cuarenta y nueve años, 9 y el día diez del mes séptimo, es decir, el día del Perdón, harás resonar la trompeta por todo el país. 10 El año cincuenta será declarado *santo, y se proclamará en el país la liberación de todos sus habitantes. Será para ustedes un jubileo, y cada uno volverá a su heredad familiar y a su propio clan. 11 El año cincuenta será para ustedes un jubileo: ese año no sembrarán ni cosecharán lo que haya brotado por sí mismo, ni tampoco vendimiarán las viñas no cultivadas. 12 Ese año es jubileo y será santo para ustedes. Comerán solamente lo que los campos produzcan por sí mismos.

13 »En el año de jubileo cada uno volverá a su heredad familiar.

14 »Si entre ustedes se realizan transacciones de com-

13 Then the LORD said to Moses: 14 "Take the blasphemer outside the camp. All those who heard him are to lay their hands on his head, and the entire assembly is to stone him. 15 Say to the Israelites: 'If anyone curses his God, he will be held responsible; 16 anyone who blasphemes the name of the LORD must be put to death. The entire assembly must stone him. Whether an alien or native-born, when he blasphemes the Name, he must be put to death.

17 " 'If anyone takes the life of a human being, he must be put to death. 18 Anyone who takes the life of someone's animal must make restitution—life for life. 19 If anyone injures his neighbor, whatever he has done must be done to him: 20 fracture for fracture, eye for eye, tooth for tooth. As he has injured the other, so he is to be injured. 21 Whoever kills an animal must make restitution, but whoever kills a man must be put to death. 22 You are to have the same law for the alien and the native-born. I am the LORD your God.' "

23 Then Moses spoke to the Israelites, and they took the blasphemer outside the camp and stoned him. The Israelites did as the LORD commanded Moses.

The Sabbath Year

25 The LORD said to Moses on Mount Sinai, 2 "Speak to the Israelites and say to them: 'When you enter the land I am going to give you, the land itself must observe a sabbath to the LORD. 3 For six years sow your fields, and for six years prune your vineyards and gather their crops. 4 But in the seventh year the land is to have a sabbath of rest, a sabbath to the LORD. Do not sow your fields or prune your vineyards. 5 Do not reap what grows of itself or harvest the grapes of your untended vines. The land is to have a year of rest. 6 Whatever the land yields during the sabbath year will be food for you—for yourself, your manservant and maidservant, and the hired worker and temporary resident who live among you, 7 as well as for your livestock and the wild animals in your land. Whatever the land produces may be eaten.

The Year of Jubilee

8 " 'Count off seven sabbaths of years—seven times seven years—so that the seven sabbaths of years amount to a period of forty-nine years. 9 Then have the trumpet sounded everywhere on the tenth day of the seventh month; on the Day of Atonement sound the trumpet throughout your land. 10 Consecrate the fiftieth year and proclaim liberty throughout the land to all its inhabitants. It shall be a jubilee for you; each one of you is to return to his family property and each to his own clan. 11 The fiftieth year shall be a jubilee for you; do not sow and do not reap what grows of itself or harvest the untended vines. 12 For it is a jubilee and is to be holy for you; eat only what is taken directly from the fields.

13 " 'In this Year of Jubilee everyone is to return to his own property.

14 " 'If you sell land to one of your countrymen or buy any from him, do not take advantage of each other.

---

[w] 25:2 *un año de reposo.* Lit. *un sábado;* también en vv. 4-6.

praventa, no se exploten los unos a los otros. ¹⁵ Tú comprarás de tu prójimo a un precio proporcional al número de años que falten para el próximo jubileo, y él te venderá a un precio proporcional al número de años que queden por cosechar. ¹⁶ Si aún faltan muchos años para el jubileo, aumentarás el precio en la misma proporción; pero si faltan pocos, rebajarás el precio proporcionalmente, porque lo que se te está vendiendo es sólo el número de cosechas. ¹⁷ No se explotarán los unos a los otros, sino que temerán a su Dios. Yo soy el SEÑOR su Dios.

Consecuencias de la obediencia

¹⁸ »Pongan en práctica mis estatutos y observen mis preceptos, y habitarán seguros en la tierra. ¹⁹ La tierra dará su fruto, y comerán hasta saciarse, y allí vivirán seguros.

²⁰ »Si acaso se preguntan: "¿Qué comeremos en el séptimo año, si no plantamos ni cosechamos nuestros productos?", ²¹ déjenme decirles que en el sexto año les enviaré una bendición tan grande que la tierra producirá como para tres años. ²² Cuando ustedes siembren durante el octavo año, todavía estarán comiendo de la cosecha anterior, y continuarán comiendo de ella hasta la cosecha del año siguiente.

Leyes sobre el rescate de propiedades

²³ »La tierra no se venderá a perpetuidad, porque la tierra es mía y ustedes no son aquí más que forasteros y huéspedes. ²⁴ Por tanto, en el país habrá la posibilidad de recobrar todo terreno que haya sido heredad familiar.

²⁵ »En el caso de que uno de tus compatriotas se empobrezca y tenga que vender parte de su heredad familiar, su pariente más cercano rescatará lo que su hermano haya vendido. ²⁶ Si el hombre no tiene a nadie que pague el rescate a su favor, pero él mismo llega a prosperar y consigue lo suficiente para rescatar su propiedad, ²⁷ deberá calcular el número de años transcurridos desde la venta y reembolsar el saldo a quien se la haya comprado. Así podrá volver a su propiedad. ²⁸ Pero si no consigue lo suficiente para rescatarla, la tierra quedará en posesión del comprador hasta el año del jubileo, cuando el que la vendió la recobrará, y ésta volverá a su heredad familiar.

²⁹ »Si alguno vende una casa en una ciudad amurallada, tendrá derecho a rescatarla durante un año completo a partir de la fecha de venta. Ése es el tiempo que dura su derecho a rescatarla. ³⁰ Si no rescata la casa antes de cumplirse el año, no se le devolverá en el jubileo sino que pasará a ser propiedad perpetua del comprador y de sus descendientes. ³¹ »Las casas que estén en aldeas sin murallas se considerarán campo abierto, pero podrán rescatarse y se devolverán en el jubileo. ³² »Los levitas tendrán siempre el derecho de rescatar sus casas en las ciudades de su propiedad. ³³ Si alguno de los levitas hace valer su derecho, la casa que vendió en una de sus ciudades se le devolverá en el jubileo, porque las casas en las ciudades de los levitas son su heredad familiar entre los israelitas. ³⁴ Pero los campos alrededor de sus ciudades no se venderán, pues son su propiedad inalienable.

³⁵ »Si alguno de tus compatriotas se empobrece y no tiene cómo sostenerse, ayúdale como lo harías con el extranjero o con el residente transitorio; así podrá seguir viviendo entre ustedes. ³⁶ No le exigirás interés cuando le prestes dinero o víveres, sino que temerás a tu Dios; así tu compatriota podrá seguir viviendo entre ustedes. ³⁷ Tampoco le prestarás dinero con intereses ni

¹⁵ You are to buy from your countryman on the basis of the number of years since the Jubilee. And he is to sell to you on the basis of the number of years left for harvesting crops. ¹⁶ When the years are many, you are to increase the price, and when the years are few, you are to decrease the price, because what he is really selling you is the number of crops. ¹⁷ Do not take advantage of each other, but fear your God. I am the LORD your God.

¹⁸ " 'Follow my decrees and be careful to obey my laws, and you will live safely in the land. ¹⁹ Then the land will yield its fruit, and you will eat your fill and live there in safety. ²⁰ You may ask, "What will we eat in the seventh year if we do not plant or harvest our crops?" ²¹ I will send you such a blessing in the sixth year that the land will yield enough for three years. ²² While you plant during the eighth year, you will eat from the old crop and will continue to eat from it until the harvest of the ninth year comes in.

²³ " 'The land must not be sold permanently, because the land is mine and you are but aliens and my tenants. ²⁴ Throughout the country that you hold as a possession, you must provide for the redemption of the land. ²⁵ " 'If one of your countrymen becomes poor and sells some of his property, his nearest relative is to come and redeem what his countryman has sold. ²⁶ If, however, a man has no one to redeem it for him but he himself prospers and acquires sufficient means to redeem it, ²⁷ he is to determine the value for the years since he sold it and refund the balance to the man to whom he sold it; he can then go back to his own property. ²⁸ But if he does not acquire the means to repay him, what he sold will remain in the possession of the buyer until the Year of Jubilee. It will be returned in the Jubilee, and he can then go back to his property.

²⁹ " 'If a man sells a house in a walled city, he retains the right of redemption a full year after its sale. During that time he may redeem it. ³⁰ If it is not redeemed before a full year has passed, the house in the walled city shall belong permanently to the buyer and his descendants. It is not to be returned in the Jubilee. ³¹ But houses in villages without walls around them are to be considered as open country. They can be redeemed, and they are to be returned in the Jubilee.

³² " 'The Levites always have the right to redeem their houses in the Levitical towns, which they possess. ³³ So the property of the Levites is redeemable—that is, a house sold in any town they hold—and is to be returned in the Jubilee, because the houses in the towns of the Levites are their property among the Israelites. ³⁴ But the pastureland belonging to their towns must not be sold; it is their permanent possession.

³⁵ " 'If one of your countrymen becomes poor and is unable to support himself among you, help him as you would an alien or a temporary resident, so he can continue to live among you. ³⁶ Do not take interest of any kind[l] from him, but fear your God, so that your countryman may continue to live among you. ³⁷ You must not lend him money at interest or sell him food at a

---

l 36 Or take excessive interest; similarly in verse 37

le impondrás recargo a los víveres que le fíes. ³⁸ Yo soy el SEÑOR su Dios, que los saqué de Egipto para darles la tierra de Canaán y para ser su Dios.

³⁹ »Si alguno de tus compatriotas se empobrece y se ve obligado a venderse a ti, no lo hagas trabajar como esclavo. ⁴⁰ Trátalo como al jornalero o como al residente transitorio que vive entre ustedes. Trabajará para ti, sólo hasta el año del jubileo. ⁴¹ Entonces lo pondrás en libertad junto con sus hijos, y podrán volver a su propia familia y a la heredad de sus antepasados. ⁴² Todos los israelitas son mis siervos. Yo los saqué de Egipto, así que no serán vendidos como esclavos. ⁴³ No serás un amo cruel, sino que temerás a tu Dios.

⁴⁴ »Asegúrate de que tus esclavos y esclavas provengan de las naciones vecinas; allí podrás comprarlos. ⁴⁵ También podrás comprar esclavos nacidos en tu país, siempre y cuando sean de las familias extranjeras que vivan en medio de ustedes. Ellos serán propiedad de ustedes, ⁴⁶ y podrán dejárselos a sus hijos como herencia para que les sirvan de por vida. En lo que respecta a tus compatriotas, no serás un amo cruel.

⁴⁷ »Si un extranjero o un residente transitorio entre ustedes se enriquece, y uno de tus compatriotas se empobrece y tiene que venderse a un extranjero o a un familiar de ese extranjero, ⁴⁸ no perderá su derecho a ser rescatado después de haberse vendido. Podrá rescatarlo cualquiera de sus parientes: ⁴⁹ un tío, un primo o cualquier otro de sus parientes. Y si llegara a prosperar, él mismo podrá pagar su rescate. ⁵⁰ Él y su dueño calcularán el tiempo transcurrido, desde el año en que se vendió hasta el año del jubileo. El precio de su liberación se determinará en proporción al sueldo de un jornalero por ese número de años. ⁵¹ Si aún faltan muchos años, pagará por su rescate una suma proporcional a la que se pagó por él. ⁵² Si sólo faltan pocos años para el jubileo, calculará y pagará por su rescate en proporción a esos años. ⁵³ Ustedes vigilarán que su dueño lo trate como a los que trabajan por contrato anual, y que no lo trate con crueldad.

⁵⁴ »Si tu compatriota no es rescatado por ninguno de esos medios, tanto él como sus hijos quedarán en libertad en el año del jubileo.

⁵⁵ »Los israelitas son mis siervos. Yo los saqué de Egipto. Yo soy el SEÑOR su Dios.

Bendiciones de la obediencia

26 »No se hagan ídolos, ni levanten imágenes ni piedras sagradas. No coloquen en su territorio piedras esculpidas ni se inclinen ante ellas. Yo soy el SEÑOR su Dios.

² »Observen mis *sábados y muestren reverencia por mi santuario. Yo soy el SEÑOR.

³ »Si se conducen según mis estatutos, y obedecen fielmente mis mandamientos, ⁴ yo les enviaré lluvia a su tiempo, y la tierra y los árboles del campo darán sus frutos; ⁵ la trilla durará hasta la vendimia, y la vendimia durará hasta la siembra. Comerán hasta saciarse y vivirán seguros en su tierra.

⁶ »Yo traeré *paz al país, y ustedes podrán dormir sin ningún temor. Quitaré de la tierra las bestias salvajes, y no habrá guerra en su territorio. ⁷ Perseguirán a sus enemigos, y ante ustedes caerán a filo de espada. ⁸ Cinco de ustedes perseguirán a cien, y cien de ustedes perseguirán a diez mil, y ante ustedes sus enemigos caerán a filo de espada.

⁹ »Yo les mostraré mi favor. Yo los haré fecundos. Los multiplicaré, y mantendré mi *pacto con ustedes.

profit. ³⁸ I am the LORD your God, who brought you out of Egypt to give you the land of Canaan and to be your God.

³⁹ " 'If one of your countrymen becomes poor among you and sells himself to you, do not make him work as a slave. ⁴⁰ He is to be treated as a hired worker or a temporary resident among you; he is to work for you until the Year of Jubilee. ⁴¹ Then he and his children are to be released, and he will go back to his own clan and to the property of his forefathers. ⁴² Because the Israelites are my servants, whom I brought out of Egypt, they must not be sold as slaves. ⁴³ Do not rule over them ruthlessly, but fear your God.

⁴⁴ " 'Your male and female slaves are to come from the nations around you; from them you may buy slaves. ⁴⁵ You may also buy some of the temporary residents living among you and members of their clans born in your country, and they will become your property. ⁴⁶ You can will them to your children as inherited property and can make them slaves for life, but you must not rule over your fellow Israelites ruthlessly.

⁴⁷ " 'If an alien or a temporary resident among you becomes rich and one of your countrymen becomes poor and sells himself to the alien living among you or to a member of the alien's clan, ⁴⁸ he retains the right of redemption after he has sold himself. One of his relatives may redeem him: ⁴⁹ An uncle or a cousin or any blood relative in his clan may redeem him. Or if he prospers, he may redeem himself. ⁵⁰ He and his buyer are to count the time from the year he sold himself up to the Year of Jubilee. The price for his release is to be based on the rate paid to a hired man for that number of years. ⁵¹ If many years remain, he must pay for his redemption a larger share of the price paid for him. ⁵² If only a few years remain until the Year of Jubilee, he is to compute that and pay for his redemption accordingly. ⁵³ He is to be treated as a man hired from year to year; you must see to it that his owner does not rule over him ruthlessly.

⁵⁴ " 'Even if he is not redeemed in any of these ways, he and his children are to be released in the Year of Jubilee, ⁵⁵ for the Israelites belong to me as servants. They are my servants, whom I brought out of Egypt. I am the LORD your God.

Reward for Obedience

26 " 'Do not make idols or set up an image or a sacred stone for yourselves, and do not place a carved stone in your land to bow down before it. I am the LORD your God.

² " 'Observe my Sabbaths and have reverence for my sanctuary. I am the LORD.

³ " 'If you follow my decrees and are careful to obey my commands, ⁴ I will send you rain in its season, and the ground will yield its crops and the trees of the field their fruit. ⁵ Your threshing will continue until grape harvest and the grape harvest will continue until planting, and you will eat all the food you want and live in safety in your land.

⁶ " 'I will grant peace in the land, and you will lie down and no one will make you afraid. I will remove savage beasts from the land, and the sword will not pass through your country. ⁷ You will pursue your enemies, and they will fall by the sword before you. ⁸ Five of you will chase a hundred, and a hundred of you will chase ten thousand, and your enemies will fall by the sword before you.

⁹ " 'I will look on you with favor and make you fruitful and increase your numbers, and I will keep my

10 Todavía estarán comiendo de la cosecha del año anterior cuando tendrán que sacarla para dar lugar a la nueva. 11 Estableceré mi morada en medio de ustedes, y no los aborreceré. 12 Caminaré entre ustedes. Yo seré su Dios, y ustedes serán mi pueblo. 13 Yo soy el SEÑOR su Dios, que los saqué de Egipto para que dejaran de ser esclavos. Yo rompí las coyundas de su yugo y los hice caminar con la cabeza erguida.

Maldiciones de la desobediencia

14 »Si ustedes no me obedecen ni ponen por obra todos estos mandamientos, 15 sino que desprecian mis estatutos y aborrecen mis preceptos, y dejan de poner por obra todos mis mandamientos, violando así mi *pacto, 16 entonces yo mismo los castigaré con un terror repentino, con enfermedades y con fiebre que los debilitarán, les harán perder la vista y acabarán con su *vida. En vano sembrarán su semilla, porque se la comerán sus enemigos. 17 Yo les negaré mi favor, y sus adversarios los derrotarán. Sus enemigos los dominarán, y ustedes huirán sin que nadie los persiga.

18 »Si después de todo esto siguen sin obedecerme, siete veces los castigaré por sus pecados. 19 Yo quebrantaré su orgullo y terquedad. Endureceré el cielo como el hierro y la tierra como el bronce, 20 por lo que en vano agotarán sus fuerzas, y ni el suelo ni los árboles del campo les darán sus frutos.

21 »Si a pesar de esto siguen oponiéndose a mí, y se niegan a obedecerme, siete veces los castigaré por sus pecados. 22 Lanzaré sobre ustedes fieras salvajes, que les arrebatarán sus hijos y destruirán su ganado. De tal manera los diezmarán, que sus caminos quedarán desiertos.

23 »Si a pesar de todo esto no aceptan mi disciplina, sino que continúan oponiéndose a mí, 24 yo también seguiré oponiéndome a ustedes. Yo mismo los heriré siete veces por sus pecados. 25 Dejaré caer sobre ustedes la espada de la venganza prescrita en el pacto. Cuando se retiren a sus ciudades, les enviaré una plaga, y caerán en poder del enemigo. 26 Cuando yo destruya sus trigales, diez mujeres hornearán para ustedes pan en un solo horno. Y lo distribuirán racionado, de tal manera que comerán pero no se saciarán.

27 »Si a pesar de esto todavía no me obedecen, sino que continúan oponiéndose a mí, 28 entonces yo también me pondré definitivamente en su contra. Siete veces los castigaré por sus pecados, 29 y tendrán que comerse la carne de sus hijos y de sus hijas. 30 Destruiré sus *santuarios paganos, demoleré sus altares de incienso, y amontonaré sus cadáveres sobre las figuras sin vida de sus ídolos. Volcaré mi odio sobre ustedes; 31 convertiré en ruinas sus ciudades, y asolaré sus santuarios. No me complaceré más en el aroma de sus ofrendas, que me era grato. 32 De tal manera asolaré al país, que sus enemigos que vengan a ocuparlo quedarán atónitos. 33 Los dispersaré entre las naciones: desenvainaré la espada, y los perseguiré hasta dejar desolada su tierra, y en ruinas sus ciudades. 34 Entonces la tierra disfrutará de sus años sabáticos todo el tiempo que permanezca desolada, mientras ustedes vivan en el país de sus enemigos. Así la tierra descansará y disfrutará de sus *sábados. 35 Mientras la tierra esté desolada, tendrá el descanso que no tuvo durante los años sabáticos en que ustedes la habitaron.

covenant with you. 10 You will still be eating last year's harvest when you will have to move it out to make room for the new. 11 I will put my dwelling place *m* among you, and I will not abhor you. 12 I will walk among you and be your God, and you will be my people. 13 I am the LORD your God, who brought you out of Egypt so that you would no longer be slaves to the Egyptians; I broke the bars of your yoke and enabled you to walk with heads held high.

Punishment for Disobedience

14 " 'But if you will not listen to me and carry out all these commands, 15 and if you reject my decrees and abhor my laws and fail to carry out all my commands and so violate my covenant, 16 then I will do this to you: I will bring upon you sudden terror, wasting diseases and fever that will destroy your sight and drain away your life. You will plant seed in vain, because your enemies will eat it. 17 I will set my face against you so that you will be defeated by your enemies; those who hate you will rule over you, and you will flee even when no one is pursuing you.

18 " 'If after all this you will not listen to me, I will punish you for your sins seven times over. 19 I will break down your stubborn pride and make the sky above you like iron and the ground beneath you like bronze. 20 Your strength will be spent in vain, because your soil will not yield its crops, nor will the trees of the land yield their fruit.

21 " 'If you remain hostile toward me and refuse to listen to me, I will multiply your afflictions seven times over, as your sins deserve. 22 I will send wild animals against you, and they will rob you of your children, destroy your cattle and make you so few in number that your roads will be deserted.

23 " 'If in spite of these things you do not accept my correction but continue to be hostile toward me, 24 I myself will be hostile toward you and will afflict you for your sins seven times over. 25 And I will bring the sword upon you to avenge the breaking of the covenant. When you withdraw into your cities, I will send a plague among you, and you will be given into enemy hands. 26 When I cut off your supply of bread, ten women will be able to bake your bread in one oven, and they will dole out the bread by weight. You will eat, but you will not be satisfied.

27 " 'If in spite of this you still do not listen to me but continue to be hostile toward me, 28 then in my anger I will be hostile toward you, and I myself will punish you for your sins seven times over. 29 You will eat the flesh of your sons and the flesh of your daughters. 30 I will destroy your high places, cut down your incense altars and pile your dead bodies on the lifeless forms of your idols, and I will abhor you. 31 I will turn your cities into ruins and lay waste your sanctuaries, and I will take no delight in the pleasing aroma of your offerings. 32 I will lay waste the land, so that your enemies who live there will be appalled. 33 I will scatter you among the nations and will draw out my sword and pursue you. Your land will be laid waste, and your cities will lie in ruins. 34 Then the land will enjoy its sabbath years all the time that it lies desolate and you are in the country of your enemies; then the land will rest and enjoy its sabbaths. 35 All the time that it lies desolate, the land will have the rest it did not have during the sabbaths you lived in it.

m 11 Or my tabernacle

36»En cuanto a los que sobrevivan, tan profundo será
el temor que les infundiré en tierra de sus enemigos,
que hasta el susurro de una hoja movida por el viento
los pondrá en fuga. Correrán como quien huye de la
espada, y caerán sin que nadie los persiga. 37Como si
huyeran de la espada, tropezarán unos con otros sin que
nadie los persiga, y no podrán hacerles frente a sus
enemigos. 38Perecerán en medio de las naciones; el
país de sus enemigos los devorará. 39Aquellos de ustedes que sobrevivan serán abatidos en país enemigo,
porque a sus pecados se añadirá el de sus padres.

40»Pero si confiesan su maldad y la maldad de sus
padres, y su traición y constante rebeldía contra mí,
41las cuales me han obligado a enviarlos al país de sus
enemigos, y si su obstinado *corazón se humilla y
reconoce su pecado, 42entonces me acordaré de mi
pacto con Jacob, Isaac y Abraham, y también me acordaré de la tierra. 43Al abandonar ellos la tierra, ésta
disfrutará de sus sábados mientras permanezca deshabitada. Pero tendrán que reconocer sus pecados, por
cuanto rechazaron mis preceptos y aborrecieron mis
estatutos.

44»A pesar de todo, y aunque estén en la tierra de sus
enemigos, no los rechazaré ni los aborreceré hasta el
punto de exterminarlos, ni romperé tampoco mi pacto
con ellos. Yo soy el SEÑOR su Dios. 45Antes bien, recordaré en su favor el pacto que hice con sus antepasados,
a quienes, a la vista de las naciones, saqué de Egipto
para ser su Dios. Yo soy el SEÑOR.»

46Éstos son los estatutos, preceptos y leyes que, por
medio de Moisés, estableció el SEÑOR en el monte Sinaí
entre él y los israelitas.

Rescate de las ofrendas al SEÑOR

27 El SEÑOR le ordenó a Moisés 2que les dijera a los
israelitas: «Cuando alguien quiera hacerle al
SEÑOR un voto especial equivalente al valor de una persona, 3se aplicará el siguiente cálculo:

»Por los varones de veinte a sesenta años de edad se
pagarán cincuenta monedas[x] de plata, según la tasación oficial[y] del santuario.

4»Por las mujeres se pagarán treinta monedas de
plata.

5»Por los varones de cinco a veinte años de edad se
pagarán veinte monedas, y diez monedas por las mujeres de la misma edad.

6»Por los niños de un mes a cinco años se pagarán
cinco monedas, y tres monedas por las niñas de la
misma edad.

7»Por los varones mayores de sesenta años se pagarán quince monedas, y diez monedas por las mujeres de
la misma edad.

8»Si quien hace el voto es tan pobre que ni el precio
estipulado puede pagar, se le hará comparecer ante el
sacerdote, el cual fijará el valor a pagar, según los
recursos de quien haga el voto.

9»Si lo que se presenta como ofrenda al SEÑOR es un
animal, éste quedará consagrado por haber sido ofrecido al SEÑOR. 10No podrá cambiarse ni sustituirse un
animal bueno por uno malo, ni un animal malo por uno
bueno. Si se cambia un animal por otro, ambos quedarán consagrados.

11»Si lo que se presenta como ofrenda al SEÑOR es un
animal *impuro, se llevará el animal ante el sacerdote,

[x]*27:3 monedas.* Lit. **siclos*; así en el resto de este capítulo.
[y]*27:3 la tasación oficial.* Lit. *el *siclo*; también en v. 25.

36" 'As for those of you who are left, I will make
their hearts so fearful in the lands of their enemies that
the sound of a windblown leaf will put them to flight.
They will run as though fleeing from the sword, and
they will fall, even though no one is pursuing them.
37They will stumble over one another as though fleeing
from the sword, even though no one is pursuing them.
So you will not be able to stand before your enemies.
38You will perish among the nations; the land of your
enemies will devour you. 39Those of you who are left
will waste away in the lands of their enemies because
of their sins; also because of their fathers' sins they will
waste away.

40" 'But if they will confess their sins and the sins of
their fathers—their treachery against me and their hostility toward me, 41which made me hostile toward them
so that I sent them into the land of their enemies—then
when their uncircumcised hearts are humbled and they
pay for their sin, 42I will remember my covenant with
Jacob and my covenant with Isaac and my covenant
with Abraham, and I will remember the land. 43For the
land will be deserted by them and will enjoy its sabbaths while it lies desolate without them. They will pay
for their sins because they rejected my laws and abhorred my decrees. 44Yet in spite of this, when they are
in the land of their enemies, I will not reject them or
abhor them so as to destroy them completely, breaking
my covenant with them. I am the LORD their God.
45But for their sake I will remember the covenant with
their ancestors whom I brought out of Egypt in the
sight of the nations to be their God. I am the LORD.' "

46These are the decrees, the laws and the regulations
that the LORD established on Mount Sinai between
himself and the Israelites through Moses.

Redeeming What Is the LORD's

27 The LORD said to Moses, 2"Speak to the Israelites and say to them: 'If anyone makes a special
vow to dedicate persons to the LORD by giving equivalent values, 3set the value of a male between the ages
of twenty and sixty at fifty shekels[n] of silver, according to the sanctuary shekel[o]; 4and if it is a female, set
her value at thirty shekels.[p] 5If it is a person between
the ages of five and twenty, set the value of a male at
twenty shekels[q] and of a female at ten shekels.[r] 6If
it is a person between one month and five years, set the
value of a male at five shekels[s] of silver and that of
a female at three shekels[t] of silver. 7If it is a person
sixty years old or more, set the value of a male at
fifteen shekels[u] and of a female at ten shekels. 8If
anyone making the vow is too poor to pay the specified
amount, he is to present the person to the priest, who
will set the value for him according to what the man
making the vow can afford.

9" 'If what he vowed is an animal that is acceptable
as an offering to the LORD, such an animal given to the
LORD becomes holy. 10He must not exchange it or
substitute a good one for a bad one, or a bad one for a
good one; if he should substitute one animal for another, both it and the substitute become holy. 11If what he
vowed is a ceremonially unclean animal—one that is
not acceptable as an offering to the LORD—the animal

[n]*3* That is, about 1 1/4 pounds (about 0.6 kilogram); also in verse 16
[o]*3* That is, about 2/5 ounce (about 11.5 grams); also in verse 25
[p]*4* That is, about 12 ounces (about 0.3 kilogram)
[q]*5* That is, about 8 ounces (about 0.2 kilogram)
[r]*5* That is, about 4 ounces (about 110 grams); also in verse 7
[s]*6* That is, about 2 ounces (about 55 grams)
[t]*6* That is, about 1 1/4 ounces (about 35 grams)
[u]*7* That is, about 6 ounces (about 170 grams)

12quien determinará el valor del animal. El cálculo aplicado por el sacerdote deberá aceptarse, cualquiera que éste sea. 13Si el dueño quiere rescatar el animal, deberá añadir una quinta parte al valor que haya fijado el sacerdote.

14»Si alguno consagra su casa al SEÑOR, el sacerdote determinará su valor. El cálculo aplicado por el sacerdote deberá aceptarse, cualquiera que éste sea. 15Si el que consagró su casa quiere rescatarla, deberá añadir una quinta parte al valor que haya fijado el sacerdote, y la casa volverá a ser suya.

16»Si alguno consagra al SEÑOR parte del campo de su heredad familiar, su precio se determinará según la cantidad de semilla que se requiera para sembrarlo, a razón de cincuenta monedas de plata por cada doscientos veinte litrosz de semilla de cebada. 17Si consagra su campo a partir del año del jubileo, dicho precio se mantendrá; 18pero si lo consagra después del jubileo, el sacerdote hará el cálculo según el número de años que falten para el próximo jubileo, con el descuento correspondiente.

19»Si el que consagra su campo realmente quiere rescatarlo, deberá añadir una quinta parte al valor que haya fijado el sacerdote, y el campo volverá a ser suyo. 20Pero si no lo rescata, o se lo vende a otro, ya no podrá rescatarlo. 21Cuando en el jubileo el campo quede libre, será consagrado como campo reservado para el SEÑOR, y pasará a ser propiedad del sacerdote.

22»Si alguno compra un campo que no sea parte de su heredad familiar, y lo consagra al SEÑOR, 23el sacerdote determinará su precio según el tiempo que falte para el año del jubileo. Ese mismo día, el que consagra el campo pagará el monto de su valor. Es algo consagrado al SEÑOR. 24En el año del jubileo, el campo volverá a ser parte de la heredad familiar de su dueño anterior.

25»Todo precio se fijará según la tasación oficial del santuario, que es de diez gramosa por moneda.

26»Sin embargo, nadie podrá consagrar la primera cría de su ganado, sea de res o de oveja, pues por derecho de las primeras crías le pertenecen al SEÑOR. 27Si se trata de animales impuros, se podrán rescatar pagando el valor fijado por el sacerdote, más una quinta parte. Si no se rescata, se venderá en el precio que el sacerdote haya fijado.

28»Nadie podrá vender ni rescatar sus bienes, sean *hombres, animales o campos, si los ha consagrado como propiedad exclusiva del SEÑOR. Todo cuanto se consagra como propiedad exclusiva del SEÑOR, es cosa *santísima. 29Ninguna persona así consagrada podrá ser rescatada, sino que será *condenada a muerte.

30»El diezmo de todo producto del campo, ya sea grano de los sembrados o fruto de los árboles, pertenece al SEÑOR, pues le está consagrado. 31Si alguien desea rescatar algo de su diezmo, deberá añadir a su valor una quinta parte. 32En cuanto al diezmo del ganado mayor y menor, uno de cada diez animales contadosb será consagrado al SEÑOR. 33El pastor no hará distinción entre animales buenos y malos, ni hará sustitución alguna. En caso de cambiar un animal por otro, los dos quedarán consagrados y no se les podrá rescatar.»

34»Éstos son los mandamientos que el SEÑOR le dio a Moisés para los israelitas, en el monte Sinaí.

must be presented to the priest, 12who will judge its quality as good or bad. Whatever value the priest then sets, that is what it will be. 13If the owner wishes to redeem the animal, he must add a fifth to its value.

14" 'If a man dedicates his house as something holy to the LORD, the priest will judge its quality as good or bad. Whatever value the priest then sets, so it will remain. 15If the man who dedicates his house redeems it, he must add a fifth to its value, and the house will again become his.

16" 'If a man dedicates to the LORD part of his family land, its value is to be set according to the amount of seed required for it—fifty shekels of silver to a homerv of barley seed. 17If he dedicates his field during the Year of Jubilee, the value that has been set remains. 18But if he dedicates his field after the Jubilee, the priest will determine the value according to the number of years that remain until the next Year of Jubilee, and its set value will be reduced. 19If the man who dedicates the field wishes to redeem it, he must add a fifth to its value, and the field will again become his. 20If, however, he does not redeem the field, or if he has sold it to someone else, it can never be redeemed. 21When the field is released in the Jubilee, it will become holy, like a field devoted to the LORD; it will become the property of the priests.w

22" 'If a man dedicates to the LORD a field he has bought, which is not part of his family land, 23the priest will determine its value up to the Year of Jubilee, and the man must pay its value on that day as something holy to the LORD. 24In the Year of Jubilee the field will revert to the person from whom he bought it, the one whose land it was. 25Every value is to be set according to the sanctuary shekel, twenty gerahs to the shekel.

26" 'No one, however, may dedicate the firstborn of an animal, since the firstborn already belongs to the LORD; whether an oxx or a sheep, it is the LORD's. 27If it is one of the unclean animals, he may buy it back at its set value, adding a fifth of the value to it. If he does not redeem it, it is to be sold at its set value.

28" 'But nothing that a man owns and devotesy to the LORD—whether man or animal or family land—may be sold or redeemed; everything so devoted is most holy to the LORD.

29" 'No person devoted to destructionz may be ransomed; he must be put to death.

30" 'A tithe of everything from the land, whether grain from the soil or fruit from the trees, belongs to the LORD; it is holy to the LORD. 31If a man redeems any of his tithe, he must add a fifth of the value to it. 32The entire tithe of the herd and flock—every tenth animal that passes under the shepherd's rod—will be holy to the LORD. 33He must not pick out the good from the bad or make any substitution. If he does make a substitution, both the animal and its substitute become holy and cannot be redeemed.' "

34These are the commands the LORD gave Moses on Mount Sinai for the Israelites.

---

z 27:16 cada doscientos veinte litros. Lit. cada *jómer.
a 27:25 diez gramos. Lit. veinte *guerás.   b 27:32 contados. Lit. que pasen bajo la vara del pastor.

v 16 That is, probably about 6 bushels (about 220 liters)
w 21 Or priest   x 26 The Hebrew word can include both male and female.   y 28 The Hebrew term refers to the irrevocable giving over of things or persons to the LORD.   z 29 The Hebrew term refers to the irrevocable giving over of things or persons to the LORD, often by totally destroying them.

Números

Numbers

Censo de las tribus de Israel

1 El Señor le habló a Moisés en el desierto de Sinaí, en la *Tienda de reunión, el día primero del mes segundo, en el segundo año después de que los israelitas salieron de Egipto. Le dijo: 2 «Hagan un censo de toda la comunidad de Israel por clanes y por familias patriarcales, anotando uno por uno los nombres de todos los varones. 3 Tú y Aarón reclutarán por escuadrones a todos los varones israelitas mayores de veinte años que sean aptos para el servicio militar. 4 Para esto contarán con la colaboración de un hombre de cada tribu, que sea jefe de una familia patriarcal.

Los encargados del censo

5 »Éstos son los nombres de quienes habrán de ayudarles:

por la tribu de Rubén, Elisur hijo de Sedeúr;
6 por la de Simeón, Selumiel hijo de Zurisaday;
7 por la de Judá, Naasón hijo de Aminadab;
8 por la de Isacar, Natanael hijo de Zuar;
9 por la de Zabulón, Eliab hijo de Helón;
10 por las tribus de los hijos de José: Elisama hijo de Amiud por la tribu de Efraín, y Gamaliel hijo de Pedasur por la de Manasés;
11 por la tribu de Benjamín, Abidán hijo de Gedeoni;
12 por la de Dan, Ajiezer hijo de Amisaday;
13 por la de Aser, Paguiel hijo de Ocrán;
14 por la de Gad, Eliasaf hijo de Deuel;
15 por la de Neftalí, Ajirá hijo de Enán.»

16 A éstos la comunidad los nombró jefes de las tribus patriarcales y comandantes de los escuadrones de Israel.

El censo y sus resultados

17 Moisés y Aarón tomaron consigo a los hombres que habían sido designados por nombre, 18 y el día primero del mes segundo reunieron a toda la comunidad. Uno por uno fueron empadronados por clanes y por familias patriarcales. De este modo quedaron anotados los nombres de todos los varones mayores de veinte años, 19 tal como el Señor se lo había mandado a Moisés. Este censo lo hizo Moisés en el desierto de Sinaí.

20 Los descendientes de Rubén, primogénito de Israel, quedaron registrados por clanes y por familias patriarcales, según su genealogía. Uno por uno fueron empadronados todos los varones mayores de veinte años que eran aptos para el servicio militar. 21 El número de la tribu de Rubén llegó a cuarenta y seis mil quinientos hombres.

22 Los descendientes de Simeón quedaron registrados por clanes y por familias patriarcales según su genealogía. Uno por uno fueron empadronados todos los varones mayores de veinte años que eran aptos para el servicio militar. 23 El número de la tribu de Simeón llegó a cincuenta y nueve mil trescientos hombres.

The Census

1 The LORD spoke to Moses in the Tent of Meeting in the Desert of Sinai on the first day of the second month of the second year after the Israelites came out of Egypt. He said: 2 "Take a census of the whole Israelite community by their clans and families, listing every man by name, one by one. 3 You and Aaron are to number by their divisions all the men in Israel twenty years old or more who are able to serve in the army. 4 One man from each tribe, each the head of his family, is to help you. 5 These are the names of the men who are to assist you:

from Reuben, Elizur son of Shedeur;
6 from Simeon, Shelumiel son of Zurishaddai;
7 from Judah, Nahshon son of Amminadab;
8 from Issachar, Nethanel son of Zuar;
9 from Zebulun, Eliab son of Helon;
10 from the sons of Joseph:
from Ephraim, Elishama son of Ammihud;
from Manasseh, Gamaliel son of Pedahzur;
11 from Benjamin, Abidan son of Gideoni;
12 from Dan, Ahiezer son of Ammishaddai;
13 from Asher, Pagiel son of Ocran;
14 from Gad, Eliasaph son of Deuel;
15 from Naphtali, Ahira son of Enan."

16 These were the men appointed from the community, the leaders of their ancestral tribes. They were the heads of the clans of Israel.

17 Moses and Aaron took these men whose names had been given, 18 and they called the whole community together on the first day of the second month. The people indicated their ancestry by their clans and families, and the men twenty years old or more were listed by name, one by one, 19 as the LORD commanded Moses. And so he counted them in the Desert of Sinai:

20 From the descendants of Reuben the firstborn son of Israel:

All the men twenty years old or more who were able to serve in the army were listed by name, one by one, according to the records of their clans and families. 21 The number from the tribe of Reuben was 46,500.

22 From the descendants of Simeon:

All the men twenty years old or more who were able to serve in the army were counted and listed by name, one by one, according to the records of their clans and families. 23 The number from the tribe of Simeon was 59,300.

24 Los descendientes de Gad quedaron registrados por clanes y por familias patriarcales según su genealogía. Uno por uno fueron empadronados todos los varones mayores de veinte años que eran aptos para el servicio militar. 25 El número de la tribu de Gad llegó a cuarenta y cinco mil seiscientos cincuenta hombres.

26 Los descendientes de Judá quedaron registrados por clanes y por familias patriarcales según su genealogía. Uno por uno fueron empadronados todos los varones mayores de veinte años que eran aptos para el servicio militar. 27 El número de la tribu de Judá llegó a setenta y cuatro mil seiscientos hombres.

28 Los descendientes de Isacar quedaron registrados por clanes y por familias patriarcales según su genealogía. Uno por uno fueron empadronados todos los varones mayores de veinte años que eran aptos para el servicio militar. 29 El número de la tribu de Isacar llegó a cincuenta y cuatro mil cuatrocientos hombres.

30 Los descendientes de Zabulón quedaron registrados por clanes y por familias patriarcales según su genealogía. Uno por uno fueron empadronados todos los varones mayores de veinte años que eran aptos para el servicio militar. 31 El número de la tribu de Zabulón llegó a cincuenta y siete mil cuatrocientos hombres.

32 Los descendientes de José:

Los descendientes de Efraín quedaron registrados por clanes y por familias patriarcales según su genealogía. Uno por uno fueron empadronados todos los varones mayores de veinte años que eran aptos para el servicio militar. 33 El número de la tribu de Efraín llegó a cuarenta mil quinientos hombres.

34 Los descendientes de Manasés quedaron registrados por clanes y por familias patriarcales según su genealogía. Uno por uno fueron empadronados todos los varones mayores de veinte años que eran aptos para el servicio militar. 35 El número de la tribu de Manasés llegó a treinta y dos mil doscientos hombres.

36 Los descendientes de Benjamín quedaron registrados por clanes y por familias patriarcales según su genealogía. Uno por uno fueron empadronados todos los varones mayores de veinte años que eran aptos para el servicio militar. 37 El número de la tribu de Benjamín llegó a treinta y cinco mil cuatrocientos hombres.

38 Los descendientes de Dan quedaron registrados por clanes y por familias patriarcales según su genealogía. Uno por uno fueron empadronados todos los varones mayores de veinte años que eran aptos para el servicio militar. 39 El número de la tribu de Dan llegó a sesenta y dos mil setecientos hombres.

40 Los descendientes de Aser quedaron registrados por clanes y por familias patriarcales según su genealogía. Uno por uno fueron empadronados todos los varones mayores de veinte años que eran aptos para el servicio militar. 41 El número de la tribu de Aser llegó a cuarenta y un mil quinientos hombres.

42 Los descendientes de Neftalí quedaron registrados por clanes y por familias patriarcales según su genealogía. Uno por uno fueron empadronados todos los varones mayores de veinte años que eran

24 From the descendants of Gad:
All the men twenty years old or more who were able to serve in the army were listed by name, according to the records of their clans and families. 25 The number from the tribe of Gad was 45,650.

26 From the descendants of Judah:
All the men twenty years old or more who were able to serve in the army were listed by name, according to the records of their clans and families. 27 The number from the tribe of Judah was 74,600.

28 From the descendants of Issachar:
All the men twenty years old or more who were able to serve in the army were listed by name, according to the records of their clans and families. 29 The number from the tribe of Issachar was 54,400.

30 From the descendants of Zebulun:
All the men twenty years old or more who were able to serve in the army were listed by name, according to the records of their clans and families. 31 The number from the tribe of Zebulun was 57,400.

32 From the sons of Joseph:
From the descendants of Ephraim:
All the men twenty years old or more who were able to serve in the army were listed by name, according to the records of their clans and families. 33 The number from the tribe of Ephraim was 40,500.

34 From the descendants of Manasseh:
All the men twenty years old or more who were able to serve in the army were listed by name, according to the records of their clans and families. 35 The number from the tribe of Manasseh was 32,200.

36 From the descendants of Benjamin:
All the men twenty years old or more who were able to serve in the army were listed by name, according to the records of their clans and families. 37 The number from the tribe of Benjamin was 35,400.

38 From the descendants of Dan:
All the men twenty years old or more who were able to serve in the army were listed by name, according to the records of their clans and families. 39 The number from the tribe of Dan was 62,700.

40 From the descendants of Asher:
All the men twenty years old or more who were able to serve in the army were listed by name, according to the records of their clans and families. 41 The number from the tribe of Asher was 41,500.

42 From the descendants of Naphtali:
All the men twenty years old or more who were able to serve in the army were listed by name, according to the records of their clans

aptos para el servicio militar. 43 El número de la tribu de Neftalí llegó a cincuenta y tres mil cuatrocientos hombres.

44 Éste es el resultado del censo que hicieron Moisés y Aarón, con la ayuda de los doce jefes de Israel, cada uno en representación de su familia patriarcal. 45 Todos los israelitas mayores de veinte años que eran aptos para el servicio militar fueron anotados, según su familia patriarcal. 46 El total llegó a seiscientos tres mil quinientos cincuenta israelitas censados.

Los levitas

47 Los levitas no fueron censados con los demás, 48 porque el SEÑOR le había dicho a Moisés: 49 «A la tribu de Leví no la incluirás en el censo de los hijos de Israel. 50 Más bien, tú mismo los pondrás a cargo del santuario del *pacto, de todos sus utensilios y de todo lo relacionado con él. Los levitas transportarán el santuario y todos sus utensilios. Además, serán los ministros del santuario y acamparán a su alrededor. 51 Cuando haya que trasladar el santuario, los levitas se encargarán de desarmarlo; cuando haya que instalarlo, serán ellos quienes lo armen. Pero cualquiera que se acerque al santuario y no sea sacerdote, morirá. 52 Todos los israelitas acamparán bajo su propio estandarte y en su propio campamento, según sus escuadrones. 53 En cambio, los levitas acamparán alrededor del santuario del pacto, para evitar que Dios descargue su ira sobre la comunidad de Israel. Serán, pues, los levitas los encargados de cuidar el santuario del pacto.»

54 Los israelitas hicieron todo conforme a lo que el SEÑOR le había mandado a Moisés.

Disposición de las tribus en el campamento

2 El SEÑOR les dijo a Moisés y a Aarón: 2 «Los israelitas acamparán alrededor de la *Tienda de reunión, mirando hacia ella, cada cual bajo el estandarte de su propia familia patriarcal.

3 »Al este, por donde sale el sol, acamparán los que se agrupan bajo el estandarte del campamento de Judá, según sus escuadrones. Su jefe es Naasón hijo de Aminadab. 4 Su ejército está integrado por setenta y cuatro mil seiscientos hombres.

5 »A un lado de Judá acampará la tribu de Isacar. Su jefe es Natanael hijo de Zuar. 6 Su ejército está integrado por cincuenta y cuatro mil cuatrocientos hombres.

7 »Al otro lado acampará la tribu de Zabulón. Su jefe es Eliab hijo de Helón. 8 Su ejército está integrado por cincuenta y siete mil cuatrocientos hombres.

9 »Todos los reclutas del campamento de Judá, según sus escuadrones, suman ciento ochenta y seis mil cuatrocientos hombres, los cuales marcharán a la cabeza.

10 »Al sur acamparán los que se agrupan bajo el estandarte del campamento de Rubén, según sus escuadrones. Su jefe es Elisur hijo de Sedeúr. 11 Su ejército está integrado por cuarenta y seis mil quinientos hombres.

12 »A un lado de Rubén acampará la tribu de Simeón. Su jefe es Selumiel hijo de Zurisaday. 13 Su ejército está integrado por cincuenta y nueve mil trescientos hombres.

14 »Al otro lado acampará la tribu de Gad. Su jefe

and families. 43 The number from the tribe of Naphtali was 53,400.

44 These were the men counted by Moses and Aaron and the twelve leaders of Israel, each one representing his family. 45 All the Israelites twenty years old or more who were able to serve in Israel's army were counted according to their families. 46 The total number was 603,550.

47 The families of the tribe of Levi, however, were not counted along with the others. 48 The LORD had said to Moses: 49 "You must not count the tribe of Levi or include them in the census of the other Israelites. 50 Instead, appoint the Levites to be in charge of the tabernacle of the Testimony—over all its furnishings and everything belonging to it. They are to carry the tabernacle and all its furnishings; they are to take care of it and encamp around it. 51 Whenever the tabernacle is to move, the Levites are to take it down, and whenever the tabernacle is to be set up, the Levites shall do it. Anyone else who goes near it shall be put to death. 52 The Israelites are to set up their tents by divisions, each man in his own camp under his own standard. 53 The Levites, however, are to set up their tents around the tabernacle of the Testimony so that wrath will not fall on the Israelite community. The Levites are to be responsible for the care of the tabernacle of the Testimony."

54 The Israelites did all this just as the LORD commanded Moses.

The Arrangement of the Tribal Camps

2 The LORD said to Moses and Aaron: 2 "The Israelites are to camp around the Tent of Meeting some distance from it, each man under his standard with the banners of his family."

3 On the east, toward the sunrise, the divisions of the camp of Judah are to encamp under their standard. The leader of the people of Judah is Nahshon son of Amminadab. 4 His division numbers 74,600.

5 The tribe of Issachar will camp next to them. The leader of the people of Issachar is Nethanel son of Zuar. 6 His division numbers 54,400.

7 The tribe of Zebulun will be next. The leader of the people of Zebulun is Eliab son of Helon. 8 His division numbers 57,400.

9 All the men assigned to the camp of Judah, according to their divisions, number 186,400. They will set out first.

10 On the south will be the divisions of the camp of Reuben under their standard. The leader of the people of Reuben is Elizur son of Shedeur. 11 His division numbers 46,500.

12 The tribe of Simeon will camp next to them. The leader of the people of Simeon is Shelumiel son of Zurishaddai. 13 His division numbers 59,300.

14 The tribe of Gad will be next. The leader of the people of Gad is Eliasaph son of Deuel.[a]

---

[a] 14 Many manuscripts of the Masoretic Text, Samaritan Pentateuch and Vulgate (see also Num. 1:14); most manuscripts of the Masoretic Text Reuel

es Eliasaf hijo de Reuel.ᵃ ¹⁵Su ejército está integrado por cuarenta y cinco mil seiscientos cincuenta hombres.

¹⁶»Todos los reclutas del campamento de Rubén, según sus escuadrones, suman ciento cincuenta y un mil cuatrocientos cincuenta hombres, los cuales marcharán en segundo lugar.

¹⁷»Entonces se pondrá en marcha la Tienda de reunión junto con el campamento de los levitas que está situado en medio de los demás campamentos. Partirán en el mismo orden en que hayan acampado, cada uno en su lugar y bajo su estandarte.

¹⁸»Al oeste acamparán los que se agrupan bajo el estandarte del campamento de Efraín, según sus escuadrones. Su jefe es Elisama hijo de Amiud. ¹⁹Su ejército está integrado por cuarenta mil quinientos hombres.

²⁰»A un lado de Efraín acampará la tribu de Manasés. Su jefe es Gamaliel hijo de Pedasur. ²¹Su ejército está integrado por treinta y dos mil doscientos hombres.

²²»Al otro lado acampará la tribu de Benjamín. Su jefe es Abidán hijo de Gedeoni. ²³Su ejército está integrado por treinta y cinco mil cuatrocientos hombres.

²⁴»Todos los reclutas del campamento de Efraín, según sus escuadrones, suman ciento ocho mil cien hombres, los cuales marcharán en tercer lugar.

²⁵»Al norte, acamparán los que se agrupan bajo el estandarte del campamento de Dan, según sus escuadrones. Su jefe es Ajiezer hijo de Amisaday. ²⁶Su ejército está integrado por sesenta y dos mil setecientos hombres.

²⁷»A un lado de Dan acampará la tribu de Aser. Su jefe es Paguiel hijo de Ocrán. ²⁸Su escuadrón está integrado por cuarenta y un mil quinientos hombres.

²⁹»Al otro lado acampará la tribu de Neftalí. Su jefe es Ajirá hijo de Enán. ³⁰Su escuadrón está integrado por cincuenta y tres mil cuatrocientos hombres.

³¹»Todos los reclutas del campamento de Dan, según sus escuadrones, suman ciento cincuenta y siete mil seiscientos hombres, los cuales marcharán en último lugar, según sus estandartes.»

³²Éstos son los israelitas reclutados de entre las familias patriarcales. El total de reclutas por escuadrones suma seiscientos tres mil quinientos cincuenta hombres. ³³Pero los levitas no están incluidos con los demás israelitas, conforme a lo que el SEÑOR le había mandado a Moisés.

³⁴Los israelitas hicieron todo lo que el SEÑOR le mandó a Moisés: acampaban bajo sus propios estandartes, y se ponían en marcha, según sus clanes y familias patriarcales.

La tribu de Leví

3 Así quedó registrada la familia de Aarón y Moisés cuando el SEÑOR habló con Moisés en el monte Sinaí.

Los sacerdotes

²Los nombres de los hijos de Aarón son los siguientes: Nadab el primogénito, Abiú, Eleazar e Itamar. ³Ellos fueron los aaronitas ungidos, ordenados al sa-

---

¹⁵His division numbers 45,650.

¹⁶All the men assigned to the camp of Reuben, according to their divisions, number 151,450. They will set out second.

¹⁷Then the Tent of Meeting and the camp of the Levites will set out in the middle of the camps. They will set out in the same order as they encamp, each in his own place under his standard.

¹⁸On the west will be the divisions of the camp of Ephraim under their standard. The leader of the people of Ephraim is Elishama son of Ammihud. ¹⁹His division numbers 40,500.

²⁰The tribe of Manasseh will be next to them. The leader of the people of Manasseh is Gamaliel son of Pedahzur. ²¹His division numbers 32,200.

²²The tribe of Benjamin will be next. The leader of the people of Benjamin is Abidan son of Gideoni. ²³His division numbers 35,400.

²⁴All the men assigned to the camp of Ephraim, according to their divisions, number 108,100. They will set out third.

²⁵On the north will be the divisions of the camp of Dan, under their standard. The leader of the people of Dan is Ahiezer son of Ammishaddai. ²⁶His division numbers 62,700.

²⁷The tribe of Asher will camp next to them. The leader of the people of Asher is Pagiel son of Ocran. ²⁸His division numbers 41,500.

²⁹The tribe of Naphtali will be next. The leader of the people of Naphtali is Ahira son of Enan. ³⁰His division numbers 53,400.

³¹All the men assigned to the camp of Dan number 157,600. They will set out last, under their standards.

³²These are the Israelites, counted according to their families. All those in the camps, by their divisions, number 603,550. ³³The Levites, however, were not counted along with the other Israelites, as the LORD commanded Moses.

³⁴So the Israelites did everything the LORD commanded Moses; that is the way they encamped under their standards, and that is the way they set out, each with his clan and family.

The Levites

3 This is the account of the family of Aaron and Moses at the time the LORD talked with Moses on Mount Sinai.

²The names of the sons of Aaron were Nadab the firstborn and Abihu, Eleazar and Ithamar. ³Those were the names of Aaron's sons, the anointed priests, who

---

ᵃ 2:14 *Reuel* (mss. hebreos, Pentateuco Samaritano y Vulgata); *Deuel* (TM).

cerdocio. ⁴Nadab y Abiú murieron en presencia del SEÑOR cuando, en el desierto de Sinaí, le ofrecieron sacrificios con fuego profano. Como Nadab y Abiú no tuvieron hijos, sólo Eleazar e Itamar ejercieron el sacerdocio en vida de su padre Aarón.

Ministerio de los levitas

⁵El SEÑOR le dijo a Moisés: ⁶«Trae a la tribu de Leví y preséntasela a Aarón. Los levitas le ayudarán en el ministerio. ⁷Desempeñarán sus funciones en lugar de Aarón y de toda la comunidad, encargándose del servicio del santuario en la *Tienda de reunión. ⁸Cuidarán allí de todos los utensilios de la Tienda de reunión y desempeñarán sus funciones en lugar de los israelitas, encargándose del servicio del santuario. ⁹Pondrás a los levitas a las órdenes de Aarón y de sus hijos. Entre los israelitas, serán ellos los que estén totalmente dedicados a mí.ᵇ ¹⁰A Aarón y a sus hijos les asignarás el ministerio sacerdotal. Pero cualquiera que se acerque al santuario y no sea sacerdote, será condenado a muerte.»

Elección de los levitas

¹¹El SEÑOR le dijo a Moisés: ¹²«Yo mismo he escogido a los levitas de entre los israelitas, como sustitutos de todo primogénito. Los levitas son míos, ¹³porque míos son todos los primogénitos. Cuando exterminé a todos los primogénitos de Egipto, consagré para mí a todo primogénito de Israel, tanto de *hombres como de animales. Por lo tanto, son míos. Yo soy el SEÑOR.»

Censo de la tribu de Leví

¹⁴El SEÑOR le dijo a Moisés en el desierto de Sinaí: ¹⁵«Haz un censo de los levitas por clanes y por familias patriarcales, tomando en cuenta a todo varón mayor de un mes.»

¹⁶Moisés llevó a cabo el censo, tal como el SEÑOR mismo se lo había ordenado. ¹⁷Hijos de Leví:
    Guersón, Coat y Merari.
¹⁸Clanes guersonitas:
    Libní y Simí.
¹⁹Clanes coatitas:
    Amirán, Izar, Hebrón y Uziel.
²⁰Clanes meraritas:
    Majlí y Musí.
Éstos son los clanes levitas, según sus familias patriarcales.

Los clanes guersonitas

²¹De Guersón procedían los clanes de Libní y de Simí. Éstos eran los clanes guersonitas. ²²El total de los varones censados mayores de un mes llegó a siete mil quinientos. ²³Los clanes guersonitas acampaban al oeste, detrás del santuario. ²⁴El jefe de la familia patriarcal de los guersonitas era Eliasaf hijo de Lael. ²⁵En lo que atañe a la *Tienda de reunión, los guersonitas tenían a su cargo la tienda que cubría el santuario, su toldo, la cortina que estaba a la entrada, ²⁶el cortinaje del atrio y la cortina a la entrada del atrio que rodea el santuario y el altar, como también las cuerdas y todo lo necesario para su servicio.

Los clanes coatitas

²⁷De Coat procedían los clanes de Amirán, Izar, Hebrón y Uziel. Éstos eran los clanes coatitas, ²⁸que tenían a su cargo el santuario. El total de los varones mayores de un mes llegó a ocho mil seiscientos. ²⁹Los

were ordained to serve as priests. ⁴Nadab and Abihu, however, fell dead before the LORD when they made an offering with unauthorized fire before him in the Desert of Sinai. They had no sons; so only Eleazar and Ithamar served as priests during the lifetime of their father Aaron.

⁵The LORD said to Moses, ⁶"Bring the tribe of Levi and present them to Aaron the priest to assist him. ⁷They are to perform duties for him and for the whole community at the Tent of Meeting by doing the work of the tabernacle. ⁸They are to take care of all the furnishings of the Tent of Meeting, fulfilling the obligations of the Israelites by doing the work of the tabernacle. ⁹Give the Levites to Aaron and his sons; they are the Israelites who are to be given wholly to him.ᵇ ¹⁰Appoint Aaron and his sons to serve as priests; anyone else who approaches the sanctuary must be put to death."

¹¹The LORD also said to Moses, ¹²"I have taken the Levites from among the Israelites in place of the first male offspring of every Israelite woman. The Levites are mine, ¹³for all the firstborn are mine. When I struck down all the firstborn in Egypt, I set apart for myself every firstborn in Israel, whether man or animal. They are to be mine. I am the LORD."

¹⁴The LORD said to Moses in the Desert of Sinai, ¹⁵"Count the Levites by their families and clans. Count every male a month old or more." ¹⁶So Moses counted them, as he was commanded by the word of the LORD.

¹⁷These were the names of the sons of Levi:
    Gershon, Kohath and Merari.
¹⁸These were the names of the Gershonite clans:
    Libni and Shimei.
¹⁹The Kohathite clans:
    Amram, Izhar, Hebron and Uzziel.
²⁰The Merarite clans:
    Mahli and Mushi.
These were the Levite clans, according to their families.

²¹To Gershon belonged the clans of the Libnites and Shimeites; these were the Gershonite clans. ²²The number of all the males a month old or more who were counted was 7,500. ²³The Gershonite clans were to camp on the west, behind the tabernacle. ²⁴The leader of the families of the Gershonites was Eliasaph son of Lael. ²⁵At the Tent of Meeting the Gershonites were responsible for the care of the tabernacle and tent, its coverings, the curtain at the entrance to the Tent of Meeting, ²⁶the curtains of the courtyard, the curtain at the entrance to the courtyard surrounding the tabernacle and altar, and the ropes—and everything related to their use.

²⁷To Kohath belonged the clans of the Amramites, Izharites, Hebronites and Uzzielites; these were the Kohathite clans. ²⁸The number of all the males a month old or more was 8,600.ᶜ The Kohathites were responsible for the care of the sanctuary. ²⁹The Kohathite clans were to camp on the south side of the tabernacle.

ᵇ 3:9   a mí (mss. hebreos, LXX y Pentateuco Samaritano); a él (TM).

ᵇ 9   Most manuscripts of the Masoretic Text; some manuscripts of the Masoretic Text, Samaritan Pentateuch and Septuagint (see also Num. 8:16) to me   ᶜ 28   Hebrew; some Septuagint manuscripts 8,300

clanes coatitas acampaban al sur del santuario. ³⁰El jefe de la familia patriarcal de los coatitas era Elizafán hijo de Uziel. ³¹Tenían a su cargo el arca, la mesa, el candelabro, los altares, los utensilios del santuario con los que ministraban, y la cortina de la entrada, como también todo lo necesario para su servicio.

³²El jefe principal de los levitas era Eleazar, hijo de Aarón el sacerdote, a quien se designó como jefe de los que tenían a su cargo el santuario.

Los clanes meraritas

³³De Merari procedían los clanes de Majlí y Musí. Éstos eran los clanes meraritas. ³⁴El total de los varones censados mayores de un mes llegó a seis mil doscientos. ³⁵El jefe de la familia patriarcal de los meraritas era Zuriel hijo de Abijaíl. Los clanes meraritas acampaban al norte del santuario. ³⁶Tenían a su cargo el armazón del santuario, es decir, sus travesaños, postes y bases, junto con todos sus utensilios y todo lo necesario para su servicio. ³⁷También cuidaban de los postes que estaban alrededor del atrio, junto con sus bases, estacas y cuerdas.

La tribu de Leví

³⁸Moisés, Aarón y sus hijos acampaban delante del santuario, es decir, al este de la *Tienda de reunión, por donde sale el sol, ya que tenían a su cargo el santuario en representación de los israelitas. Pero cualquiera que, sin ser sacerdote, se acercaba al santuario, era condenado a muerte.

³⁹Moisés y Aarón censaron a los levitas, tal como el Señor mismo se lo había ordenado. El total de los levitas mayores de un mes censados por clanes llegó a veintidós mil.

Los levitas y los primogénitos

⁴⁰El Señor le dijo a Moisés: «Haz un censo de todos los primogénitos israelitas mayores de un mes, y registra sus nombres. ⁴¹Apártame a los levitas en sustitución de todos los primogénitos israelitas, así como el ganado de los levitas en sustitución de todas las primeras crías del ganado de los israelitas. Yo soy el Señor.»

⁴²Moisés hizo el censo de todos los primogénitos israelitas, conforme a lo que el Señor le había mandado. ⁴³El total de los primogénitos mayores de un mes, anotados por nombre, llegó a veintidós mil doscientos setenta y tres.

⁴⁴El Señor le dijo a Moisés: ⁴⁵«Apártame a los levitas en sustitución de todos los primogénitos de los israelitas, así como el ganado de los levitas en sustitución del ganado de los israelitas. Los levitas son míos. Yo soy el Señor.

⁴⁶»Para rescatar a los doscientos setenta y tres primogénitos israelitas que exceden al número de levitas, ⁴⁷recaudarás cinco monedas de plata por cabeza, según la moneda oficial del santuario, que pesa once gramos.ᶜ ⁴⁸Esa suma se la entregarás a Aarón y a sus hijos, como rescate por los israelitas que exceden a su número.»

⁴⁹Moisés recaudó el dinero del rescate de los israelitas que excedían al número de los rescatados por los levitas. ⁵⁰En total recaudó mil trescientas sesenta y cinco monedas de plata, según la moneda oficial del santuario.ᵈ ⁵¹Luego entregó ese dinero a Aarón y a sus hijos, tal como el Señor mismo se lo había ordenado.

³⁰The leader of the families of the Kohathite clans was Elizaphan son of Uzziel. ³¹They were responsible for the care of the ark, the table, the lampstand, the altars, the articles of the sanctuary used in ministering, the curtain, and everything related to their use. ³²The chief leader of the Levites was Eleazar son of Aaron, the priest. He was appointed over those who were responsible for the care of the sanctuary.

³³To Merari belonged the clans of the Mahlites and the Mushites; these were the Merarite clans. ³⁴The number of all the males a month old or more who were counted was 6,200. ³⁵The leader of the families of the Merarite clans was Zuriel son of Abihail; they were to camp on the north side of the tabernacle. ³⁶The Merarites were appointed to take care of the frames of the tabernacle, its crossbars, posts, bases, all its equipment, and everything related to their use, ³⁷as well as the posts of the surrounding courtyard with their bases, tent pegs and ropes.

³⁸Moses and Aaron and his sons were to camp to the east of the tabernacle, toward the sunrise, in front of the Tent of Meeting. They were responsible for the care of the sanctuary on behalf of the Israelites. Anyone else who approached the sanctuary was to be put to death.

³⁹The total number of Levites counted at the Lord's command by Moses and Aaron according to their clans, including every male a month old or more, was 22,000.

⁴⁰The Lord said to Moses, "Count all the firstborn Israelite males who are a month old or more and make a list of their names. ⁴¹Take the Levites for me in place of all the firstborn of the Israelites, and the livestock of the Levites in place of all the firstborn of the livestock of the Israelites. I am the Lord."

⁴²So Moses counted all the firstborn of the Israelites, as the Lord commanded him. ⁴³The total number of firstborn males a month old or more, listed by name, was 22,273.

⁴⁴The Lord also said to Moses, ⁴⁵"Take the Levites in place of all the firstborn of Israel, and the livestock of the Levites in place of their livestock. The Levites are to be mine. I am the Lord. ⁴⁶To redeem the 273 firstborn Israelites who exceed the number of the Levites, ⁴⁷collect five shekelsᵈ for each one, according to the sanctuary shekel, which weighs twenty gerahs. ⁴⁸Give the money for the redemption of the additional Israelites to Aaron and his sons."

⁴⁹So Moses collected the redemption money from those who exceeded the number redeemed by the Levites. ⁵⁰From the firstborn of the Israelites he collected silver weighing 1,365 shekels,ᵉ according to the sanctuary shekel. ⁵¹Moses gave the redemption money to Aaron and his sons, as he was commanded by the word of the Lord.

ᶜ 3:47 cinco monedas ... once gramos. Lit. cinco *siclos por cabeza, según el siclo del santuario, que pesa veinte *guerás.
ᵈ 3:50 monedas ... santuario. Lit. siclos, según el siclo del santuario.

ᵈ 47 That is, about 2 ounces (about 55 grams)   ᵉ 50 That is, about 35 pounds (about 15.5 kilograms)

Ministerio de los coatitas

4 El SEÑOR les dijo a Moisés y a Aarón: ²«Hagan un censo, por clanes y por familias patriarcales, de los levitas que descienden de Coat. ³Incluye en él a todos los varones de treinta a cincuenta años de edad que sean aptos para trabajar en la *Tienda de reunión.

⁴»El ministerio de los coatitas en la Tienda de reunión consiste en cuidar de las cosas más sagradas. ⁵Cuando los israelitas deban ponerse en marcha, Aarón y sus hijos entrarán en el santuario y descolgarán la cortina que lo resguarda, y con ella cubrirán el arca del *pacto. ⁶Después la cubrirán con piel de delfín y con un paño púrpura, y le colocarán las varas para transportarla.

⁷»Sobre la mesa de la presencia del SEÑOR extenderán un paño púrpura y colocarán los platos, las bandejas, los tazones y las jarras para las libaciones. También estará allí el pan de la ofrenda permanente. ⁸Sobre todo esto extenderán un paño escarlata. Luego cubrirán la mesa con piel de delfín y le colocarán las varas para transportarla.

⁹»Con un paño púrpura cubrirán el candelabro y sus lámparas, cortapabilos, ceniceros y utensilios que sirven para suministrarle aceite. ¹⁰Después cubrirán el candelabro y todos sus accesorios con piel de delfín, y lo colocarán sobre las andas.

¹¹»Extenderán un paño púrpura sobre el altar de oro, lo cubrirán con piel de delfín y le colocarán las varas para transportarlo.

¹²»Envolverán en un paño púrpura todos los utensilios con los que ministran en el santuario, los cubrirán con piel de delfín, y luego los colocarán sobre las andas.

¹³»Al altar del *holocausto le quitarán las cenizas y lo cubrirán con un paño carmesí. ¹⁴Sobre el altar pondrán todos los utensilios que usan en su ministerio: ceniceros, tenedores, tenazas, aspersorios y todos los utensilios del altar. Luego lo cubrirán con piel de delfín y le colocarán las varas para transportarlo.

¹⁵»Cuando Aarón y sus hijos hayan terminado de cubrir el santuario y todos sus accesorios, los israelitas podrán ponerse en marcha. Entonces vendrán los coatitas para transportar el santuario, pero sin tocarlo para que no mueran. También transportarán los objetos que están en la Tienda de reunión.

¹⁶»En cambio, Eleazar hijo de Aarón estará a cargo del aceite para el candelabro, del incienso aromático, de la ofrenda permanente de cereal y del aceite de la unción. Además, cuidará del santuario y de todos sus utensilios.»

¹⁷El SEÑOR les dijo a Moisés y a Aarón: ¹⁸«Asegúrense de que los clanes de Coat no vayan a ser eliminados de la tribu de Leví. ¹⁹Para que no mueran cuando se acerquen a las cosas más sagradas, deberán hacer lo siguiente: Aarón y sus hijos asignarán a cada uno lo que deba hacer y transportar. ²⁰Pero los coatitas no mirarán ni por un momento las cosas sagradas; de lo contrario, morirán.»

Ministerio de los guersonitas

²¹El SEÑOR les dijo a Moisés y a Aarón: ²²«Hagan también un censo de los guersonitas por clanes y por familias patriarcales. ²³Incluyan a todos los varones de treinta a cincuenta años que sean aptos para servir en la *Tienda de reunión.

²⁴»El ministerio de los clanes guersonitas consiste en encargarse del transporte. ²⁵Llevarán las cortinas del santuario, la Tienda de reunión, su toldo, la cubierta de piel de delfín que va encima, y la cortina de la

The Kohathites

4 The LORD said to Moses and Aaron: ²"Take a census of the Kohathite branch of the Levites by their clans and families. ³Count all the men from thirty to fifty years of age who come to serve in the work in the Tent of Meeting.

⁴"This is the work of the Kohathites in the Tent of Meeting: the care of the most holy things. ⁵When the camp is to move, Aaron and his sons are to go in and take down the shielding curtain and cover the ark of the Testimony with it. ⁶Then they are to cover this with hides of sea cows,*f* spread a cloth of solid blue over that and put the poles in place.

⁷"Over the table of the Presence they are to spread a blue cloth and put on it the plates, dishes and bowls, and the jars for drink offerings; the bread that is continually there is to remain on it. ⁸Over these they are to spread a scarlet cloth, cover that with hides of sea cows and put its poles in place.

⁹"They are to take a blue cloth and cover the lampstand that is for light, together with its lamps, its wick trimmers and trays, and all its jars for the oil used to supply it. ¹⁰Then they are to wrap it and all its accessories in a covering of hides of sea cows and put it on a carrying frame.

¹¹"Over the gold altar they are to spread a blue cloth and cover that with hides of sea cows and put its poles in place.

¹²"They are to take all the articles used for ministering in the sanctuary, wrap them in a blue cloth, cover that with hides of sea cows and put them on a carrying frame.

¹³"They are to remove the ashes from the bronze altar and spread a purple cloth over it. ¹⁴Then they are to place on it all the utensils used for ministering at the altar, including the firepans, meat forks, shovels and sprinkling bowls. Over it they are to spread a covering of hides of sea cows and put its poles in place.

¹⁵"After Aaron and his sons have finished covering the holy furnishings and all the holy articles, and when the camp is ready to move, the Kohathites are to come to do the carrying. But they must not touch the holy things or they will die. The Kohathites are to carry those things that are in the Tent of Meeting.

¹⁶"Eleazar son of Aaron, the priest, is to have charge of the oil for the light, the fragrant incense, the regular grain offering and the anointing oil. He is to be in charge of the entire tabernacle and everything in it, including its holy furnishings and articles."

¹⁷The LORD said to Moses and Aaron, ¹⁸"See that the Kohathite tribal clans are not cut off from the Levites. ¹⁹So that they may live and not die when they come near the most holy things, do this for them: Aaron and his sons are to go into the sanctuary and assign to each man his work and what he is to carry. ²⁰But the Kohathites must not go in to look at the holy things, even for a moment, or they will die."

The Gershonites

²¹The LORD said to Moses, ²²"Take a census also of the Gershonites by their families and clans. ²³Count all the men from thirty to fifty years of age who come to serve in the work at the Tent of Meeting.

²⁴"This is the service of the Gershonite clans as they work and carry burdens: ²⁵They are to carry the curtains of the tabernacle, the Tent of Meeting, its covering and the outer covering of hides of sea cows, the

---

f 6 That is, dugongs; also in verses 8, 10, 11, 12, 14 and 25

entrada a la Tienda de reunión. 26También transportarán el cortinaje del atrio y la cortina que está a la entrada del atrio que rodea el santuario y el altar, junto con las cuerdas y todos los utensilios necesarios para su servicio. Deberán ocuparse de todo lo relacionado con éstos. 27Todo su trabajo, ya sea transportando los utensilios o sirviendo en la Tienda, deberán hacerlo bajo la dirección de Aarón y de sus hijos. De ellos será la responsabilidad de todo el transporte. 28El servicio de los clanes de Guersón en la Tienda de reunión será supervisado por Itamar, hijo del sacerdote Aarón.

Ministerio de los meraritas

29»Haz un censo de los meraritas por clanes y por familias patriarcales. 30Incluye a todos los varones de treinta a cincuenta años que sean aptos para servir en la *Tienda de reunión. 31Su trabajo en la Tienda de reunión consistirá en transportar el armazón del santuario, es decir, sus travesaños, postes y bases, 32lo mismo que los postes que están alrededor del atrio, sus bases, estacas y cuerdas, como también todos los utensilios necesarios para su servicio. Asígnale a cada uno los objetos que deberá transportar. 33El servicio de los clanes de Merari en la Tienda de reunión será supervisado por Itamar, hijo del sacerdote Aarón.»

Censo del clan de Coat

34Moisés, Aarón y los líderes de la comunidad hicieron un censo de los coatitas por clanes y por familias patriarcales. 35El censo incluía a todos los varones de treinta a cincuenta años que eran aptos para servir en la *Tienda de reunión. 36El total de los censados por clanes llegó a dos mil setecientos cincuenta hombres. 37Éste fue el total de los censados entre los clanes de Coat para servir en la Tienda de reunión, según el recuento que hicieron Moisés y Aarón, conforme al mandato del SEÑOR por medio de Moisés.

Censo del clan de Guersón

38Se hizo un censo de guersonitas por clanes y por familias patriarcales. 39El censo incluía a todos los varones de treinta a cincuenta años que eran aptos para servir en la *Tienda de reunión. 40El total de los censados por familias patriarcales llegó a dos mil seiscientos treinta hombres. 41Éste fue el total de los censados entre los clanes de Guersón para servir en la Tienda de reunión, según el recuento que hicieron Moisés y Aarón, conforme al mandato del SEÑOR.

Censo del clan de Merari

42Se hizo un censo de los meraritas por clanes y por familias patriarcales. 43El censo incluía a todos los varones de treinta a cincuenta años que eran aptos para servir en la *Tienda de reunión. 44El total de los censados por clanes llegó a tres mil doscientos hombres. 45Éste fue el total de los censados entre los clanes de Merari, según el recuento que hicieron Moisés y Aarón, conforme al mandato del SEÑOR por medio de Moisés.

Conclusión

46Moisés, Aarón y los líderes de Israel hicieron un censo de todos los levitas por clanes y por familias patriarcales. 47El total de los varones de treinta a cincuenta años, que eran aptos para servir en la *Tienda

curtains for the entrance to the Tent of Meeting, 26the curtains of the courtyard surrounding the tabernacle and altar, the curtain for the entrance, the ropes and all the equipment used in its service. The Gershonites are to do all that needs to be done with these things. 27All their service, whether carrying or doing other work, is to be done under the direction of Aaron and his sons. You shall assign to them as their responsibility all they are to carry. 28This is the service of the Gershonite clans at the Tent of Meeting. Their duties are to be under the direction of Ithamar son of Aaron, the priest.

The Merarites

29"Count the Merarites by their clans and families. 30Count all the men from thirty to fifty years of age who come to serve in the work at the Tent of Meeting. 31This is their duty as they perform service at the Tent of Meeting: to carry the frames of the tabernacle, its crossbars, posts and bases, 32as well as the posts of the surrounding courtyard with their bases, tent pegs, ropes, all their equipment and everything related to their use. Assign to each man the specific things he is to carry. 33This is the service of the Merarite clans as they work at the Tent of Meeting under the direction of Ithamar son of Aaron, the priest."

The Numbering of the Levite Clans

34Moses, Aaron and the leaders of the community counted the Kohathites by their clans and families. 35All the men from thirty to fifty years of age who came to serve in the work in the Tent of Meeting, 36counted by clans, were 2,750. 37This was the total of all those in the Kohathite clans who served in the Tent of Meeting. Moses and Aaron counted them according to the LORD's command through Moses.

38The Gershonites were counted by their clans and families. 39All the men from thirty to fifty years of age who came to serve in the work at the Tent of Meeting, 40counted by their clans and families, were 2,630. 41This was the total of those in the Gershonite clans who served at the Tent of Meeting. Moses and Aaron counted them according to the LORD's command.

42The Merarites were counted by their clans and families. 43All the men from thirty to fifty years of age who came to serve in the work at the Tent of Meeting, 44counted by their clans, were 3,200. 45This was the total of those in the Merarite clans. Moses and Aaron counted them according to the LORD's command through Moses.

46So Moses, Aaron and the leaders of Israel counted all the Levites by their clans and families. 47All the men from thirty to fifty years of age who came to do the work of serving and carrying the Tent of Meeting

de reunión y transportarla, 48 llegó a ocho mil quinientos ochenta. 49 Conforme al mandato del Señor por medio de Moisés, a cada uno se le asignó lo que tenía que hacer y transportar.

Así fueron censados, según el mandato que Moisés recibió del Señor.

La pureza del campamento

5 El Señor le dijo a Moisés: 2 «Ordénales a los israelitas que expulsen del campamento a cualquiera que tenga una infección en la piel,e o padezca de flujo venéreo, o haya quedado ritualmente *impuro por haber tocado un cadáver. 3 Ya sea que se trate de hombres o de mujeres, los expulsarás del campamento para que no *contaminen el lugar donde habito en medio de mi pueblo.» 4 Y los israelitas los expulsaron del campamento, tal como el Señor se lo había mandado a Moisés.

Restitución por daños

5 El Señor le ordenó a Moisés 6 que les dijera a los israelitas: «El hombre o la mujer que peque contra su prójimo, traiciona al Señor y tendrá que responder por ello. 7 Deberá confesar su pecado y pagarle a la persona perjudicada una compensación por el daño causado, con un recargo del veinte por ciento. 8 Pero si la persona perjudicada no tiene ningún pariente, la compensación será para el Señor y se le entregará al sacerdote, junto con el carnero para *expiación del culpable. 9 Toda contribución que los israelitas consagren para dársela al sacerdote, será del sacerdote. 10 Lo que cada uno consagra es suyo, pero lo que se da al sacerdote es del sacerdote.»

Ley sobre los celos

11 El Señor le ordenó a Moisés 12 que les dijera a los israelitas: «Supongamos que una mujer se desvía del buen *camino y le es infiel a su esposo 13 acostándose con otro; supongamos también que el asunto se mantiene oculto, ya que ella se mancilló en secreto, y no hubo testigos ni fue sorprendida en el acto. 14 Si al esposo le da un ataque de celos y sospecha que ella está mancillada, o le da un ataque de celos y sospecha de ella, aunque no esté mancillada, 15 entonces la llevará ante el sacerdote y ofrecerá por ella dos kilos f de harina de cebada. No derramará aceite sobre la ofrenda ni le pondrá incienso, puesto que se trata de una ofrenda por causa de celos, una ofrenda memorial de cereal para señalar un pecado.

16 »El sacerdote llevará a la mujer ante el Señor, 17 pondrá agua pura en un recipiente de barro, y le echará un poco de tierra del suelo del santuario. 18 Luego llevará a la mujer ante el Señor, le soltará el cabello y pondrá en sus manos la ofrenda memorial por los celos, mientras él sostiene la vasija con las aguas amargas de la maldición. 19 Entonces el sacerdote pondrá a la mujer bajo juramento, y le dirá: "Si estando bajo la potestad de tu esposo no te has acostado con otro hombre, ni te has desviado hacia la *impureza, estas aguas amargas de la maldición no te dañarán. 20 Pero si estando bajo la potestad de tu esposo te has desviado, mancillándote y acostándote con otro hombre 21 —aquí el sacerdote pondrá a la mujer bajo el juramento del voto de maldición—, que el Señor haga recaer sobre ti la maldición y el juramento en medio de tu pueblo, que te

48 numbered 8,580. 49 At the LORD's command through Moses, each was assigned his work and told what to carry.

Thus they were counted, as the LORD commanded Moses.

The Purity of the Camp

5 The LORD said to Moses, 2 "Command the Israelites to send away from the camp anyone who has an infectious skin disease g or a discharge of any kind, or who is ceremonially unclean because of a dead body. 3 Send away male and female alike; send them outside the camp so they will not defile their camp, where I dwell among them." 4 The Israelites did this; they sent them outside the camp. They did just as the LORD had instructed Moses.

Restitution for Wrongs

5 The LORD said to Moses, 6 "Say to the Israelites: 'When a man or woman wrongs another in any way h and so is unfaithful to the LORD, that person is guilty 7 and must confess the sin he has committed. He must make full restitution for his wrong, add one fifth to it and give it all to the person he has wronged. 8 But if that person has no close relative to whom restitution can be made for the wrong, the restitution belongs to the LORD and must be given to the priest, along with the ram with which atonement is made for him. 9 All the sacred contributions the Israelites bring to a priest will belong to him. 10 Each man's sacred gifts are his own, but what he gives to the priest will belong to the priest.' "

The Test for an Unfaithful Wife

11 Then the LORD said to Moses, 12 "Speak to the Israelites and say to them: 'If a man's wife goes astray and is unfaithful to him 13 by sleeping with another man, and this is hidden from her husband and her impurity is undetected (since there is no witness against her and she has not been caught in the act), 14 and if feelings of jealousy come over her husband and he suspects his wife and she is impure—or if he is jealous and suspects her even though she is not impure— 15 then he is to take his wife to the priest. He must also take an offering of a tenth of an ephah i of barley flour on her behalf. He must not pour oil on it or put incense on it, because it is a grain offering for jealousy, a reminder offering to draw attention to guilt.

16 " 'The priest shall bring her and have her stand before the LORD. 17 Then he shall take some holy water in a clay jar and put some dust from the tabernacle floor into the water. 18 After the priest has had the woman stand before the LORD, he shall loosen her hair and place in her hands the reminder offering, the grain offering for jealousy, while he himself holds the bitter water that brings a curse. 19 Then the priest shall put the woman under oath and say to her, "If no other man has slept with you and you have not gone astray and become impure while married to your husband, may this bitter water that brings a curse not harm you. 20 But if you have gone astray while married to your husband and you have defiled yourself by sleeping with a man other than your husband"— 21 here the priest is to put the woman under this curse of the oath—"may the LORD cause your people to curse and denounce you when he causes your thigh to waste away and your

---

e 5:2 una infección en la piel. Tradicionalmente *lepra.
f 5:15 dos kilos. Lit. una décima de *efa.

g 2 Traditionally leprosy; the Hebrew word was used for various diseases affecting the skin—not necessarily leprosy.
h 6 Or woman commits any wrong common to mankind
i 15 That is, probably about 2 quarts (about 2 liters)

haga estéril, y que el vientre se te hinche. 22Cuando estas aguas de la maldición entren en tu cuerpo, que te hinchen el vientre y te hagan estéril." Y la mujer responderá: "¡Amén! ¡Que así sea!"

23»El sacerdote escribirá estas maldiciones en un documento, que lavará con las aguas amargas. 24Después hará que la mujer se beba las aguas amargas de la maldición, que entrarán en ella para causarle amargura.

25»El sacerdote recibirá de ella la ofrenda por los celos. Procederá a mecer ante el SEÑOR la ofrenda de cereal, la cual presentará sobre el altar; 26tomará de la ofrenda un puñado de cereal como memorial, y lo quemará en el altar. Después hará que la mujer se beba las aguas. 27Cuando ella se haya bebido las aguas de la maldición, y éstas entren en ella para causarle amargura, si le fue infiel a su esposo y se mancilló, se le hinchará el vientre y quedará estéril. Así esa mujer caerá bajo maldición en medio de su pueblo. 28Pero si no se mancilló, sino que se mantuvo pura, entonces no sufrirá daño alguno y será fértil.

29»Ésta es la ley en cuanto a los celos, cuando se dé el caso de que una mujer, estando bajo la potestad de su esposo, se desvíe del buen camino y se mancille a sí misma, 30o cuando al esposo le dé un ataque de celos y sospeche de su esposa. El sacerdote llevará a la mujer a la presencia del SEÑOR y le aplicará esta ley al pie de la letra. 31El esposo quedará exento de culpa, pero la mujer sufrirá las consecuencias de su pecado.»

Los nazareos

6 El SEÑOR le ordenó a Moisés 2que les dijera a los israelitas: «Cuando un hombre o una mujer haga un voto especial, un voto que le consagre al SEÑOR como nazareo, 3deberá abstenerse de vino y de otras bebidas fermentadas. No beberá vinagre de vino ni de otra bebida fermentada; tampoco beberá jugo de uvas ni comerá uvas ni pasas. 4Mientras dure su voto de nazareo, no comerá ningún producto de la vid, desde la semilla hasta la cáscara.

5»Mientras dure el tiempo de su consagración al SEÑOR, es decir, mientras dure su voto de nazareo, tampoco se cortará el cabello, sino que se lo dejará crecer y se mantendrá *santo.

6»Mientras dure el tiempo de su consagración al SEÑOR, no podrá acercarse a ningún cadáver, 7ni siquiera en caso de que muera su padre, su madre, su hermano o su hermana. No deberá hacerse ritualmente *impuro a causa de ellos, porque lleva sobre la cabeza el símbolo de su consagración al SEÑOR. 8Mientras dure el tiempo de su consagración al SEÑOR, se mantendrá santo.

9»Si de improviso alguien muere junto a él, la consagración de su cabeza quedará anulada; así que al cabo de siete días, en el día de su purificación, deberá rasurarse la cabeza. 10Al octavo día llevará dos palomas o dos tórtolas, y se las entregará al sacerdote a la entrada de la *Tienda de reunión. 11El sacerdote ofrecerá una de ellas como sacrificio *expiatorio, y la otra como *holocausto. Así el sacerdote hará expiación por el nazareo, ya que éste pecó al entrar en contacto con un cadáver. Ese mismo día el nazareo volverá a santificarse la cabeza, 12consagrando al SEÑOR el tiempo de su nazareato y llevando un cordero de un año como sacrificio por la culpa. No se le tomará en cuenta el tiempo anterior, porque su consagración quedó anulada.

---

abdomen to swell.j 22May this water that brings a curse enter your body so that your abdomen swells and your thigh wastes away.k"

" 'Then the woman is to say, "Amen. So be it."

23" 'The priest is to write these curses on a scroll and then wash them off into the bitter water. 24He shall have the woman drink the bitter water that brings a curse, and this water will enter her and cause bitter suffering. 25The priest is to take from her hands the grain offering for jealousy, wave it before the LORD and bring it to the altar. 26The priest is then to take a handful of the grain offering as a memorial offering and burn it on the altar; after that, he is to have the woman drink the water. 27If she has defiled herself and been unfaithful to her husband, then when she is made to drink the water that brings a curse, it will go into her and cause bitter suffering; her abdomen will swell and her thigh waste away,l and she will become accursed among her people. 28If, however, the woman has not defiled herself and is free from impurity, she will be cleared of guilt and will be able to have children.

29" 'This, then, is the law of jealousy when a woman goes astray and defiles herself while married to her husband, 30or when feelings of jealousy come over a man because he suspects his wife. The priest is to have her stand before the LORD and is to apply this entire law to her. 31The husband will be innocent of any wrongdoing, but the woman will bear the consequences of her sin.' "

The Nazirite

6 The LORD said to Moses, 2"Speak to the Israelites and say to them: 'If a man or woman wants to make a special vow, a vow of separation to the LORD as a Nazirite, 3he must abstain from wine and other fermented drink and must not drink vinegar made from wine or from other fermented drink. He must not drink grape juice or eat grapes or raisins. 4As long as he is a Nazirite, he must not eat anything that comes from the grapevine, not even the seeds or skins.

5" 'During the entire period of his vow of separation no razor may be used on his head. He must be holy until the period of his separation to the LORD is over; he must let the hair of his head grow long. 6Throughout the period of his separation to the LORD he must not go near a dead body. 7Even if his own father or mother or brother or sister dies, he must not make himself ceremonially unclean on account of them, because the symbol of his separation to God is on his head. 8Throughout the period of his separation he is consecrated to the LORD.

9" 'If someone dies suddenly in his presence, thus defiling the hair he has dedicated, he must shave his head on the day of his cleansing—the seventh day. 10Then on the eighth day he must bring two doves or two young pigeons to the priest at the entrance to the Tent of Meeting. 11The priest is to offer one as a sin offering and the other as a burnt offering to make atonement for him because he sinned by being in the presence of the dead body. That same day he is to consecrate his head. 12He must dedicate himself to the LORD for the period of his separation and must bring a year-old male lamb as a guilt offering. The previous days do not count, because he became defiled during his separation.

---

j 21 Or causes you to have a miscarrying womb and barrenness
k 22 Or body and cause you to be barren and have a miscarrying womb　l 27 Or suffering; she will have barrenness and a miscarrying womb

¹³»Esta ley se aplicará al nazareo al cumplir su período de consagración. Será llevado a la entrada de la Tienda de reunión, ¹⁴y allí ofrecerá como holocausto al SEÑOR un cordero de un año, sin defecto; como sacrificio expiatorio una oveja de un año, sin defecto; y como sacrificio de *comunión un carnero sin defecto. ¹⁵Ofrecerá además un canastillo de panes sin levadura, panes de flor de harina amasados con aceite, obleas sin levadura untadas con aceite, y también ofrendas de cereal y de libación.

¹⁶»Entonces el sacerdote las presentará al SEÑOR y ofrecerá el sacrificio expiatorio y el holocausto en favor del nazareo. ¹⁷Ofrecerá el carnero al SEÑOR como sacrificio de comunión, junto con el canastillo de panes sin levadura. También presentará las ofrendas de cereal y de libación.

¹⁸»Luego, a la entrada de la Tienda de reunión, el nazareo se rapará la cabeza. Tomará el cabello que consagró, y lo echará al fuego que arde bajo el sacrificio de comunión.

¹⁹»Una vez que el nazareo se haya rapado la cabeza, el sacerdote tomará del canastillo un pan sin levadura y una oblea sin levadura, más la pierna cocida del carnero, y pondrá todo esto en manos del nazareo, ²⁰después de lo cual mecerá todo esto ante el SEÑOR como una ofrenda. Todo esto es santo y le pertenece al sacerdote, lo mismo que el pecho mecido y el muslo ofrecido como contribución. Finalizado este rito, el nazareo podrá beber vino.

²¹»Esta ley se aplicará al nazareo que haga un voto. Ésta es la ofrenda que presentará al SEÑOR por su nazareato, aparte de lo que pueda dar según sus recursos. Según la ley del nazareato, deberá cumplir el voto que hizo.»

Bendición sacerdotal

²²El SEÑOR le ordenó a Moisés: ²³«Diles a Aarón y a sus hijos que impartan la bendición a los israelitas con estas palabras:

²⁴»"El SEÑOR te bendiga
y te guarde;
²⁵el SEÑOR te mire con agradoᵍ
y te extienda su amor;
²⁶el SEÑOR te muestre su favor
y te conceda la *paz."

²⁷»Así invocarán mi *nombre sobre los israelitas, para que yo los bendiga.»

Ofrendas para la consagración del santuario

7 Cuando Moisés terminó de levantar el santuario, lo consagró ungiéndolo junto con todos sus utensilios. También ungió y consagró el altar y sus utensilios. ²Entonces los jefes de Israel, es decir, los jefes de las familias patriarcales y de las tribus, que habían presidido el censo, hicieron una ofrenda ³y la llevaron al santuario para presentarla ante el SEÑOR. La ofrenda consistía en una carreta por cada dos jefes, y un buey por cada uno de ellos; eran, en total, seis carretas cubiertas y doce bueyes.

⁴El SEÑOR le dijo a Moisés: ⁵«Recibe estas ofrendas que te entregan, para que sean usadas en el ministerio de la *Tienda de reunión. Tú se las entregarás a los levitas, según lo requiera el trabajo de cada uno.»

⁶Moisés recibió las carretas y los bueyes, y se los entregó a los levitas. ⁷A los guersonitas les dio dos carretas y cuatro bueyes, como lo requería su ministe-

¹³" 'Now this is the law for the Nazirite when the period of his separation is over. He is to be brought to the entrance to the Tent of Meeting. ¹⁴There he is to present his offerings to the LORD: a year-old male lamb without defect for a burnt offering, a year-old ewe lamb without defect for a sin offering, a ram without defect for a fellowship offering,ᵐ ¹⁵together with their grain offerings and drink offerings, and a basket of bread made without yeast—cakes made of fine flour mixed with oil, and wafers spread with oil.

¹⁶" 'The priest is to present them before the LORD and make the sin offering and the burnt offering. ¹⁷He is to present the basket of unleavened bread and is to sacrifice the ram as a fellowship offering to the LORD, together with its grain offering and drink offering.

¹⁸" 'Then at the entrance to the Tent of Meeting, the Nazirite must shave off the hair that he dedicated. He is to take the hair and put it in the fire that is under the sacrifice of the fellowship offering.

¹⁹" 'After the Nazirite has shaved off the hair of his dedication, the priest is to place in his hands a boiled shoulder of the ram, and a cake and a wafer from the basket, both made without yeast. ²⁰The priest shall then wave them before the LORD as a wave offering; they are holy and belong to the priest, together with the breast that was waved and the thigh that was presented. After that, the Nazirite may drink wine.

²¹" 'This is the law of the Nazirite who vows his offering to the LORD in accordance with his separation, in addition to whatever else he can afford. He must fulfill the vow he has made, according to the law of the Nazirite.' "

The Priestly Blessing

²²The LORD said to Moses, ²³"Tell Aaron and his sons, 'This is how you are to bless the Israelites. Say to them:

²⁴" ' "The LORD bless you
and keep you;
²⁵the LORD make his face shine upon you
and be gracious to you;
²⁶the LORD turn his face toward you
and give you peace." '

²⁷"So they will put my name on the Israelites, and I will bless them."

Offerings at the Dedication of the Tabernacle

7 When Moses finished setting up the tabernacle, he anointed it and consecrated it and all its furnishings. He also anointed and consecrated the altar and all its utensils. ²Then the leaders of Israel, the heads of families who were the tribal leaders in charge of those who were counted, made offerings. ³They brought as their gifts before the LORD six covered carts and twelve oxen—an ox from each leader and a cart from every two. These they presented before the tabernacle.

⁴The LORD said to Moses, ⁵"Accept these from them, that they may be used in the work at the Tent of Meeting. Give them to the Levites as each man's work requires."

⁶So Moses took the carts and oxen and gave them to the Levites. ⁷He gave two carts and four oxen to the

---

ᵍ 6:25 *te mire con agrado*. Lit. *haga resplandecer su rostro sobre ti.*   ᵐ 14 Traditionally *peace offering*; also in verses 17 and 18

rio. 8A los meraritas les dio cuatro carretas y ocho bueyes, como lo requería su ministerio. Todos ellos estaban bajo las órdenes de Itamar, hijo del sacerdote Aarón. 9A los coatitas no les dio nada, porque la responsabilidad de ellos era llevar las cosas sagradas sobre sus propios hombros.

Ofrendas para la dedicación del altar

10Cuando el altar fue consagrado, los jefes llevaron una ofrenda de dedicación y la presentaron ante el altar, 11porque el SEÑOR le había dicho a Moisés: «Para presentar su ofrenda de dedicación del altar, cada jefe tendrá su propio día.»

La ofrenda de Judá

12El primer día le tocó presentar su ofrenda a Naasón hijo de Aminadab, de la tribu de Judá.
13Para la ofrenda de cereal, presentó una fuente de plata y un aspersorio de plata, llenos de flor de harina amasada con aceite. Según la tasación oficial del santuario, la fuente pesaba un kilo y medio, y el aspersorio pesaba ochocientos gramos.h
14También presentó una bandeja de oro de ciento diez gramos,i llena de incienso.
15Para el *holocausto, presentó un novillo, un carnero y un cordero de un año.
16Para el sacrificio *expiatorio, presentó un macho cabrío.
17Para el sacrificio de *comunión, presentó dos bueyes, cinco carneros, cinco machos cabríos y cinco corderos de un año.
Ésta fue la ofrenda de Naasón hijo de Aminadab.

La ofrenda de Isacar

18El segundo día le tocó presentar su ofrenda a Natanael hijo de Zuar, jefe de la tribu de Isacar.
19Para la ofrenda de cereal, presentó una fuente de plata y un aspersorio de plata, llenos de flor de harina amasada con aceite. Según la tasación oficial del santuario, la fuente pesaba un kilo y medio, y el aspersorio pesaba ochocientos gramos.
20También presentó una bandeja de oro de ciento diez gramos, llena de incienso.
21Para el holocausto, presentó un novillo, un carnero y un cordero de un año.
22Para el sacrificio expiatorio, presentó un macho cabrío.
23Para el sacrificio de comunión, presentó dos bueyes, cinco carneros, cinco machos cabríos y cinco corderos de un año.
Ésta fue la ofrenda de Natanael hijo de Zuar.

La ofrenda de Zabulón

24El tercer día le tocó presentar su ofrenda a Eliab hijo de Helón, jefe de la tribu de Zabulón.
25Para la ofrenda de cereal, presentó una fuente de plata y un aspersorio de plata, llenos de flor de harina amasada con aceite. Según la tasación oficial del santuario, la fuente pesaba un kilo y medio, y el aspersorio pesaba ochocientos gramos.
26También presentó una bandeja de oro de ciento diez gramos, llena de incienso.
27Para el holocausto, presentó un novillo, un carnero y un cordero de un año.
28Para el sacrificio expiatorio, presentó un macho cabrío.

Gershonites, as their work required, 8and he gave four carts and eight oxen to the Merarites, as their work required. They were all under the direction of Ithamar son of Aaron, the priest. 9But Moses did not give any to the Kohathites, because they were to carry on their shoulders the holy things, for which they were responsible.

10When the altar was anointed, the leaders brought their offerings for its dedication and presented them before the altar. 11For the LORD had said to Moses, "Each day one leader is to bring his offering for the dedication of the altar."

12The one who brought his offering on the first day was Nahshon son of Amminadab of the tribe of Judah.
13His offering was one silver plate weighing a hundred and thirty shekels,n and one silver sprinkling bowl weighing seventy shekels,o both according to the sanctuary shekel, each filled with fine flour mixed with oil as a grain offering; 14one gold dish weighing ten shekels,p filled with incense; 15one young bull, one ram and one male lamb a year old, for a burnt offering; 16one male goat for a sin offering; 17and two oxen, five rams, five male goats and five male lambs a year old, to be sacrificed as a fellowship offering.q This was the offering of Nahshon son of Amminadab.

18On the second day Nethanel son of Zuar, the leader of Issachar, brought his offering.
19The offering he brought was one silver plate weighing a hundred and thirty shekels, and one silver sprinkling bowl weighing seventy shekels, both according to the sanctuary shekel, each filled with fine flour mixed with oil as a grain offering; 20one gold dish weighing ten shekels, filled with incense; 21one young bull, one ram and one male lamb a year old, for a burnt offering; 22one male goat for a sin offering; 23and two oxen, five rams, five male goats and five male lambs a year old, to be sacrificed as a fellowship offering. This was the offering of Nethanel son of Zuar.

24On the third day, Eliab son of Helon, the leader of the people of Zebulun, brought his offering.
25His offering was one silver plate weighing a hundred and thirty shekels, and one silver sprinkling bowl weighing seventy shekels, both according to the sanctuary shekel, each filled with fine flour mixed with oil as a grain offering; 26one gold dish weighing ten shekels, filled with incense; 27one young bull, one ram and one male lamb a year old, for a burnt offering; 28one male goat for

---

h 7:13 la tasación oficial ... un kilo y medio ... ochocientos gramos. Lit. el *siclo ... ciento treinta siclos ... setenta siclos; así en el resto de este capítulo.   i 7:14 ciento diez gramos. Lit. diez siclos; así en el resto de este capítulo.

n 13 That is, about 3 1/4 pounds (about 1.5 kilograms); also elsewhere in this chapter   o 13 That is, about 1 3/4 pounds (about 0.8 kilogram); also elsewhere in this chapter   p 14 That is, about 4 ounces (about 110 grams); also elsewhere in this chapter   q 17 Traditionally peace offering; also elsewhere in this chapter

²⁹Para el sacrificio de comunión, presentó dos bueyes, cinco carneros, cinco machos cabríos, y cinco corderos de un año.

Ésta fue la ofrenda de Eliab hijo de Helón.

La ofrenda de Rubén

³⁰El cuarto día le tocó presentar su ofrenda a Elisur hijo de Sedeúr, jefe de la tribu de Rubén.

³¹Para la ofrenda de cereal, presentó una fuente de plata y un aspersorio de plata, llenos de flor de harina amasada con aceite. Según la tasación oficial del santuario, la fuente pesaba un kilo y medio, y el aspersorio pesaba ochocientos gramos.

³²También presentó una bandeja de oro de ciento diez gramos, llena de incienso.

³³Para el holocausto, presentó un novillo, un carnero y un cordero de un año.

³⁴Para el sacrificio expiatorio, presentó un macho cabrío.

³⁵Para el sacrificio de comunión, presentó dos bueyes, cinco carneros, cinco machos cabríos, y cinco corderos de un año.

Ésta fue la ofrenda de Elisur hijo de Sedeúr.

La ofrenda de Simeón

³⁶El quinto día le tocó presentar su ofrenda a Selumiel hijo de Zurisaday, jefe de la tribu de Simeón.

³⁷Para la ofrenda de cereal, presentó una fuente de plata y un aspersorio de plata, llenos de flor de harina amasada con aceite. Según la tasación oficial del santuario, la fuente pesaba un kilo y medio, y el aspersorio pesaba ochocientos gramos.

³⁸También presentó una bandeja de oro de ciento diez gramos, llena de incienso.

³⁹Para el holocausto, presentó un novillo, un carnero y un cordero de un año.

⁴⁰Para el sacrificio expiatorio, presentó un macho cabrío.

⁴¹Para el sacrificio de comunión, presentó dos bueyes, cinco carneros, cinco machos cabríos, y cinco corderos de un año.

Ésta fue la ofrenda de Selumiel hijo de Zurisaday.

La ofrenda de Gad

⁴²El sexto día le tocó presentar su ofrenda a Eliasaf hijo de Deuel, jefe de la tribu de Gad.

⁴³Para la ofrenda de cereal, presentó una fuente de plata y un aspersorio de plata, llenos de flor de harina amasada con aceite. Según la tasación oficial del santuario, la fuente pesaba un kilo y medio, y el aspersorio pesaba ochocientos gramos.

⁴⁴También presentó una bandeja de oro de ciento diez gramos, llena de incienso.

⁴⁵Para el holocausto, presentó un novillo, un carnero y un cordero de un año.

⁴⁶Para el sacrificio expiatorio, presentó un macho cabrío.

⁴⁷Para el sacrificio de comunión, presentó dos bueyes, cinco carneros, cinco machos cabríos, y cinco corderos de un año.

Ésta fue la ofrenda de Eliasaf hijo de Deuel.

La ofrenda de Efraín

⁴⁸El séptimo día le tocó presentar su ofrenda a Elisama hijo de Amiud, jefe de la tribu de Efraín.

⁴⁹Para la ofrenda de cereal, presentó una fuente de plata y un aspersorio de plata, llenos de flor de harina amasada con aceite. Según la tasación oficial del santuario, la fuente pesaba un kilo y medio, y el aspersorio pesaba ochocientos gramos.

a sin offering; ²⁹and two oxen, five rams, five male goats and five male lambs a year old, to be sacrificed as a fellowship offering. This was the offering of Eliab son of Helon.

³⁰On the fourth day Elizur son of Shedeur, the leader of the people of Reuben, brought his offering. ³¹His offering was one silver plate weighing a hundred and thirty shekels, and one silver sprinkling bowl weighing seventy shekels, both according to the sanctuary shekel, each filled with fine flour mixed with oil as a grain offering; ³²one gold dish weighing ten shekels, filled with incense; ³³one young bull, one ram and one male lamb a year old, for a burnt offering; ³⁴one male goat for a sin offering; ³⁵and two oxen, five rams, five male goats and five male lambs a year old, to be sacrificed as a fellowship offering. This was the offering of Elizur son of Shedeur.

³⁶On the fifth day Shelumiel son of Zurishaddai, the leader of the people of Simeon, brought his offering. ³⁷His offering was one silver plate weighing a hundred and thirty shekels, and one silver sprinkling bowl weighing seventy shekels, both according to the sanctuary shekel, each filled with fine flour mixed with oil as a grain offering; ³⁸one gold dish weighing ten shekels, filled with incense; ³⁹one young bull, one ram and one male lamb a year old, for a burnt offering; ⁴⁰one male goat for a sin offering; ⁴¹and two oxen, five rams, five male goats and five male lambs a year old, to be sacrificed as a fellowship offering. This was the offering of Shelumiel son of Zurishaddai.

⁴²On the sixth day Eliasaph son of Deuel, the leader of the people of Gad, brought his offering. ⁴³His offering was one silver plate weighing a hundred and thirty shekels, and one silver sprinkling bowl weighing seventy shekels, both according to the sanctuary shekel, each filled with fine flour mixed with oil as a grain offering; ⁴⁴one gold dish weighing ten shekels, filled with incense; ⁴⁵one young bull, one ram and one male lamb a year old, for a burnt offering; ⁴⁶one male goat for a sin offering; ⁴⁷and two oxen, five rams, five male goats and five male lambs a year old, to be sacrificed as a fellowship offering. This was the offering of Eliasaph son of Deuel.

⁴⁸On the seventh day Elishama son of Ammihud, the leader of the people of Ephraim, brought his offering. ⁴⁹His offering was one silver plate weighing a hundred and thirty shekels, and one silver sprinkling bowl weighing seventy shekels, both according to the sanctuary shekel, each filled with fine

⁵⁰ También presentó una bandeja de oro de ciento diez gramos, llena de incienso.

⁵¹ Para el holocausto, presentó un novillo, un carnero y un cordero de un año.

⁵² Para el sacrificio expiatorio, presentó un macho cabrío.

⁵³ Para el sacrificio de comunión, presentó dos bueyes, cinco carneros, cinco machos cabríos, y cinco corderos de un año.

Ésta fue la ofrenda de Elisama hijo de Amiud.

La ofrenda de Manasés

⁵⁴ El octavo día le tocó presentar su ofrenda a Gamaliel hijo de Pedasur, jefe de la tribu de Manasés.

⁵⁵ Para la ofrenda de cereal, presentó una fuente de plata y un aspersorio de plata, llenos de flor de harina amasada con aceite. Según la tasación oficial del santuario, la fuente pesaba un kilo y medio, y el aspersorio pesaba ochocientos gramos.

⁵⁶ También presentó una bandeja de oro de ciento diez gramos, llena de incienso.

⁵⁷ Para el holocausto, presentó un novillo, un carnero y un cordero de un año.

⁵⁸ Para el sacrificio expiatorio, presentó un macho cabrío.

⁵⁹ Para el sacrificio de comunión, presentó dos bueyes, cinco carneros, cinco machos cabríos, y cinco corderos de un año.

Ésta fue la ofrenda de Gamaliel hijo de Pedasur.

La ofrenda de Benjamín

⁶⁰ El noveno día le tocó presentar su ofrenda a Abidán hijo de Gedeoni, jefe de la tribu de Benjamín.

⁶¹ Para la ofrenda de cereal, presentó una fuente de plata y un aspersorio de plata, llenos de flor de harina amasada con aceite. Según la tasación oficial del santuario, la fuente pesaba un kilo y medio, y el aspersorio pesaba ochocientos gramos.

⁶² También presentó una bandeja de oro de ciento diez gramos, llena de incienso.

⁶³ Para el holocausto, presentó un novillo, un carnero y un cordero de un año.

⁶⁴ Para el sacrificio expiatorio, presentó un macho cabrío.

⁶⁵ Para el sacrificio de comunión, presentó dos bueyes, cinco carneros, cinco machos cabríos, y cinco corderos de un año.

Ésta fue la ofrenda de Abidán hijo de Gedeoni.

La ofrenda de Dan

⁶⁶ El décimo día le tocó presentar su ofrenda a Ajiezer hijo de Amisaday, jefe de la tribu de Dan.

⁶⁷ Para la ofrenda de cereal, presentó una fuente de plata y un aspersorio de plata, llenos de flor de harina amasada con aceite. Según la tasación oficial del santuario, la fuente pesaba un kilo y medio, y el aspersorio pesaba ochocientos gramos.

⁶⁸ También presentó una bandeja de oro de ciento diez gramos, llena de incienso.

⁶⁹ Para el holocausto, presentó un novillo, un carnero y un cordero de un año.

⁷⁰ Para el sacrificio expiatorio, presentó un macho cabrío.

⁷¹ Para el sacrificio de comunión, presentó dos bueyes, cinco carneros, cinco machos cabríos, y cinco corderos de un año.

Ésta fue la ofrenda de Ajiezer hijo de Amisaday.

flour mixed with oil as a grain offering; ⁵⁰one gold dish weighing ten shekels, filled with incense; ⁵¹one young bull, one ram and one male lamb a year old, for a burnt offering; ⁵²one male goat for a sin offering; ⁵³and two oxen, five rams, five male goats and five male lambs a year old, to be sacrificed as a fellowship offering. This was the offering of Elishama son of Ammihud.

⁵⁴On the eighth day Gamaliel son of Pedahzur, the leader of the people of Manasseh, brought his offering. ⁵⁵His offering was one silver plate weighing a hundred and thirty shekels, and one silver sprinkling bowl weighing seventy shekels, both according to the sanctuary shekel, each filled with fine flour mixed with oil as a grain offering; ⁵⁶one gold dish weighing ten shekels, filled with incense; ⁵⁷one young bull, one ram and one male lamb a year old, for a burnt offering; ⁵⁸one male goat for a sin offering; ⁵⁹and two oxen, five rams, five male goats and five male lambs a year old, to be sacrificed as a fellowship offering. This was the offering of Gamaliel son of Pedahzur.

⁶⁰On the ninth day Abidan son of Gideoni, the leader of the people of Benjamin, brought his offering. ⁶¹His offering was one silver plate weighing a hundred and thirty shekels, and one silver sprinkling bowl weighing seventy shekels, both according to the sanctuary shekel, each filled with fine flour mixed with oil as a grain offering; ⁶²one gold dish weighing ten shekels, filled with incense; ⁶³one young bull, one ram and one male lamb a year old, for a burnt offering; ⁶⁴one male goat for a sin offering; ⁶⁵and two oxen, five rams, five male goats and five male lambs a year old, to be sacrificed as a fellowship offering. This was the offering of Abidan son of Gideoni.

⁶⁶On the tenth day Ahiezer son of Ammishaddai, the leader of the people of Dan, brought his offering. ⁶⁷His offering was one silver plate weighing a hundred and thirty shekels, and one silver sprinkling bowl weighing seventy shekels, both according to the sanctuary shekel, each filled with fine flour mixed with oil as a grain offering; ⁶⁸one gold dish weighing ten shekels, filled with incense; ⁶⁹one young bull, one ram and one male lamb a year old, for a burnt offering; ⁷⁰one male goat for a sin offering; ⁷¹and two oxen, five rams, five male goats and five male lambs a year old, to be sacrificed as a fellowship offering. This was the offering of Ahiezer son of Ammishaddai.

La ofrenda de Aser

72 El undécimo día le tocó presentar su ofrenda a Paguiel hijo de Ocrán, jefe de la tribu de Aser.

73 Para la ofrenda de cereal, presentó una fuente de plata y un aspersorio de plata, llenos de flor de harina amasada con aceite. Según la tasación oficial del santuario, la fuente pesaba un kilo y medio, y el aspersorio pesaba ochocientos gramos.

74 También presentó una bandeja de oro de ciento diez gramos, llena de incienso.

75 Para el holocausto, presentó un novillo, un carnero y un cordero de un año.

76 Para el sacrificio expiatorio, presentó un macho cabrío.

77 Para el sacrificio de comunión, presentó dos bueyes, cinco carneros, cinco machos cabríos, y cinco corderos de un año.

Ésta fue la ofrenda de Paguiel hijo de Ocrán.

La ofrenda de Neftalí

78 El duodécimo día le tocó presentar su ofrenda a Ajirá hijo de Enán, jefe de la tribu de Neftalí.

79 Para la ofrenda de cereal, presentó una fuente de plata y un aspersorio de plata, llenos de flor de harina amasada con aceite. Según la tasación oficial del santuario, la fuente pesaba un kilo y medio, y el aspersorio pesaba ochocientos gramos.

80 También presentó una bandeja de oro de ciento diez gramos, llena de incienso.

81 Para el holocausto, presentó un novillo, un carnero y un cordero de un año.

82 Para el sacrificio expiatorio, presentó un macho cabrío.

83 Para el sacrificio de comunión, presentó dos bueyes, cinco carneros, cinco machos cabríos, y cinco corderos de un año.

Ésta fue la ofrenda de Ajirá hijo de Enán.

Conclusión

84 Las ofrendas de dedicación que los jefes de Israel presentaron cuando se consagró el altar fueron las siguientes: doce fuentes de plata, doce aspersorios de plata y doce bandejas de oro. 85 Cada fuente de plata pesaba un kilo y medio, y cada aspersorio, ochocientos gramos. El peso total de los objetos de plata llegaba a veintisiete kilos,*j* según la tasación oficial*k* del santuario. 86 Las doce bandejas de oro llenas de incienso pesaban ciento diez gramos cada una, según la tasación oficial del santuario. El peso total de las bandejas de oro era de un kilo con cuatrocientos gramos.*l* 87 Los animales para el *holocausto fueron en total doce novillos, doce carneros, doce corderos de un año, y doce machos cabríos para el sacrificio *expiatorio, más las ofrendas de cereal. 88 Los animales para el sacrificio de *comunión fueron en total veinticuatro bueyes, sesenta carneros, sesenta machos cabríos y sesenta corderos de un año. Éstas fueron las ofrendas para la dedicación del altar después de haber sido consagrado.

Dios se revela en medio del pueblo

89 Cuando Moisés entró en la *Tienda de reunión para hablar con el SEÑOR, escuchó su voz de entre los dos *querubines, desde la cubierta del *propiciatorio que estaba sobre el arca del *pacto. Así hablaba el SEÑOR con Moisés.

72 On the eleventh day Pagiel son of Ocran, the leader of the people of Asher, brought his offering.

73 His offering was one silver plate weighing a hundred and thirty shekels, and one silver sprinkling bowl weighing seventy shekels, both according to the sanctuary shekel, each filled with fine flour mixed with oil as a grain offering; 74 one gold dish weighing ten shekels, filled with incense; 75 one young bull, one ram and one male lamb a year old, for a burnt offering; 76 one male goat for a sin offering; 77 and two oxen, five rams, five male goats and five male lambs a year old, to be sacrificed as a fellowship offering. This was the offering of Pagiel son of Ocran.

78 On the twelfth day Ahira son of Enan, the leader of the people of Naphtali, brought his offering.

79 His offering was one silver plate weighing a hundred and thirty shekels, and one silver sprinkling bowl weighing seventy shekels, both according to the sanctuary shekel, each filled with fine flour mixed with oil as a grain offering; 80 one gold dish weighing ten shekels, filled with incense; 81 one young bull, one ram and one male lamb a year old, for a burnt offering; 82 one male goat for a sin offering; 83 and two oxen, five rams, five male goats and five male lambs a year old, to be sacrificed as a fellowship offering. This was the offering of Ahira son of Enan.

84 These were the offerings of the Israelite leaders for the dedication of the altar when it was anointed: twelve silver plates, twelve silver sprinkling bowls and twelve gold dishes. 85 Each silver plate weighed a hundred and thirty shekels, and each sprinkling bowl seventy shekels. Altogether, the silver dishes weighed two thousand four hundred shekels,*r* according to the sanctuary shekel. 86 The twelve gold dishes filled with incense weighed ten shekels each, according to the sanctuary shekel. Altogether, the gold dishes weighed a hundred and twenty shekels.*s* 87 The total number of animals for the burnt offering came to twelve young bulls, twelve rams and twelve male lambs a year old, together with their grain offering. Twelve male goats were used for the sin offering. 88 The total number of animals for the sacrifice of the fellowship offering came to twenty-four oxen, sixty rams, sixty male goats and sixty male lambs a year old. These were the offerings for the dedication of the altar after it was anointed.

89 When Moses entered the Tent of Meeting to speak with the LORD, he heard the voice speaking to him from between the two cherubim above the atonement cover on the ark of the Testimony. And he spoke with him.

---

j 7:85 kilo y medio ... ochocientos gramos ... veintisiete kilos. Lit. *ciento treinta siclos...setenta siclos...dos mil cuatrocientos siclos.*
k 7:85 la tasación oficial. Lit. *el siclo;* también en v. 86.
l 7:86 ciento diez gramos ... un kilo con cuatrocientos gramos. Lit. *diez siclos ... ciento veinte siclos.*

r 85 That is, about 60 pounds (about 28 kilograms)   s 86 That is, about 3 pounds (about 1.4 kilograms)

Las lámparas del candelabro

8 El SEÑOR le dijo a Moisés: ²«Dile a Aarón: "Cuando instales las siete lámparas, éstas deberán alumbrar hacia la parte delantera del candelabro."»

³Así lo hizo Aarón. Instaló las lámparas de modo que alumbraran hacia la parte delantera del candelabro, tal como el SEÑOR se lo había ordenado a Moisés. ⁴Desde la base hasta las flores, el candelabro estaba hecho de oro labrado, según el modelo que el SEÑOR le había revelado a Moisés.

Consagración de los levitas

⁵El SEÑOR le dijo a Moisés: ⁶«Toma a los levitas de entre los israelitas, y *purifícalos. ⁷Para purificarlos, rocíales agua *expiatoria, y haz que se afeiten todo el cuerpo y se laven los vestidos. Así quedarán purificados. ⁸Luego tomarán un novillo y una ofrenda de flor de harina amasada con aceite. Tú, por tu parte, tomarás otro novillo para el sacrificio expiatorio. ⁹Llevarás a los levitas a la *Tienda de reunión y congregarás a toda la comunidad israelita. ¹⁰Presentarás a los levitas ante el SEÑOR, y los israelitas les impondrán las manos. ¹¹Entonces Aarón presentará a los levitas ante el SEÑOR, como ofrenda mecida de parte de los israelitas. Así quedarán consagrados al servicio del SEÑOR.

¹²»Los levitas pondrán las manos sobre la cabeza de los novillos, y tú harás *propiciación por ellos ofreciendo un novillo como sacrificio expiatorio y otro como *holocausto para el SEÑOR. ¹³Harás que los levitas se pongan de pie frente a Aarón y sus hijos, y los presentarás al SEÑOR como ofrenda mecida. ¹⁴De este modo apartarás a los levitas del resto de los israelitas, para que sean míos.

¹⁵»Después de que hayas purificado a los levitas y los hayas presentado como ofrenda mecida, ellos irán a ministrar en la Tienda de reunión. ¹⁶De todos los israelitas, ellos me pertenecen por completo; son mi regalo especial. Los he apartado para mí en lugar de todos los primogénitos de Israel. ¹⁷Porque mío es todo primogénito de Israel, ya sea *hombre o animal. Los aparté para mí cuando herí de muerte a todos los primogénitos de Egipto. ¹⁸Sin embargo, he tomado a los levitas en lugar de todos los primogénitos de los israelitas, ¹⁹y se los he entregado a Aarón y a sus hijos como un regalo. Los levitas ministrarán en la Tienda de reunión en favor de los israelitas, y harán propiciación por ellos, para que no sufran una desgracia al acercarse al santuario.»

²⁰Así lo hicieron Moisés y Aarón, y toda la comunidad de Israel. Los israelitas hicieron todo lo que el SEÑOR le había mandado a Moisés en cuanto a los levitas, ²¹los cuales se purificaron y lavaron sus vestidos. Aarón los presentó ante el SEÑOR como ofrenda mecida, e hizo propiciación por ellos para purificarlos. ²²Después de esto los levitas fueron a la Tienda de reunión, para ministrar allí bajo la supervisión de Aarón y de sus hijos. De este modo se cumplió todo lo que el SEÑOR le había mandado a Moisés en cuanto a los levitas.

²³El SEÑOR le dijo a Moisés: ²⁴«Esta ley se aplicará a los levitas: Para el servicio de la Tienda de reunión se inscribirá a los que tengan veinticinco años o más; ²⁵pero cesarán en sus funciones y se jubilarán cuando cumplan los cincuenta, ²⁶después de lo cual podrán seguir ayudando a sus hermanos en el ejercicio de sus deberes en la Tienda de reunión, pero no estarán ya a cargo del ministerio. Éstas son las obligaciones que asignarás a los levitas.»

Setting Up the Lamps

8 The LORD said to Moses, ²"Speak to Aaron and say to him, 'When you set up the seven lamps, they are to light the area in front of the lampstand.' "

³Aaron did so; he set up the lamps so that they faced forward on the lampstand, just as the LORD commanded Moses. ⁴This is how the lampstand was made: It was made of hammered gold—from its base to its blossoms. The lampstand was made exactly like the pattern the LORD had shown Moses.

The Setting Apart of the Levites

⁵The LORD said to Moses: ⁶"Take the Levites from among the other Israelites and make them ceremonially clean. ⁷To purify them, do this: Sprinkle the water of cleansing on them; then have them shave their whole bodies and wash their clothes, and so purify themselves. ⁸Have them take a young bull with its grain offering of fine flour mixed with oil; then you are to take a second young bull for a sin offering. ⁹Bring the Levites to the front of the Tent of Meeting and assemble the whole Israelite community. ¹⁰You are to bring the Levites before the LORD, and the Israelites are to lay their hands on them. ¹¹Aaron is to present the Levites before the LORD as a wave offering from the Israelites, so that they may be ready to do the work of the LORD.

¹²"After the Levites lay their hands on the heads of the bulls, use the one for a sin offering to the LORD and the other for a burnt offering, to make atonement for the Levites. ¹³Have the Levites stand in front of Aaron and his sons and then present them as a wave offering to the LORD. ¹⁴In this way you are to set the Levites apart from the other Israelites, and the Levites will be mine.

¹⁵"After you have purified the Levites and presented them as a wave offering, they are to come to do their work at the Tent of Meeting. ¹⁶They are the Israelites who are to be given wholly to me. I have taken them as my own in place of the firstborn, the first male offspring from every Israelite woman. ¹⁷Every firstborn male in Israel, whether man or animal, is mine. When I struck down all the firstborn in Egypt, I set them apart for myself. ¹⁸And I have taken the Levites in place of all the firstborn sons in Israel. ¹⁹Of all the Israelites, I have given the Levites as gifts to Aaron and his sons to do the work at the Tent of Meeting on behalf of the Israelites and to make atonement for them so that no plague will strike the Israelites when they go near the sanctuary."

²⁰Moses, Aaron and the whole Israelite community did with the Levites just as the LORD commanded Moses. ²¹The Levites purified themselves and washed their clothes. Then Aaron presented them as a wave offering before the LORD and made atonement for them to purify them. ²²After that, the Levites came to do their work at the Tent of Meeting under the supervision of Aaron and his sons. They did with the Levites just as the LORD commanded Moses.

²³The LORD said to Moses, ²⁴"This applies to the Levites: Men twenty-five years old or more shall come to take part in the work at the Tent of Meeting, ²⁵but at the age of fifty, they must retire from their regular service and work no longer. ²⁶They may assist their brothers in performing their duties at the Tent of Meeting, but they themselves must not do the work. This, then, is how you are to assign the responsibilities of the Levites."

La fecha de la Pascua

9 El Señor le habló a Moisés en el desierto de Sinaí, en el primer mes del segundo año después de la salida de Egipto. Le dijo: 2 «Los israelitas celebrarán la Pascua en la fecha señalada. 3 La celebrarán al atardecer del día catorce del mes, que es la fecha señalada. La celebrarán ciñéndose a todos sus estatutos y preceptos.»

4 Moisés mandó que los israelitas celebraran la Pascua, 5 y ellos la celebraron en el desierto de Sinaí, al atardecer del día catorce del mes primero. Los israelitas hicieron todo lo que el Señor le había mandado a Moisés.

Casos excepcionales

6 Pero algunos no pudieron celebrar la Pascua en aquel día, pues estaban ritualmente *impuros por haber tocado un cadáver. Ese mismo día se acercaron a Moisés y a Aarón, 7 y les dijeron:

—Hemos tocado un cadáver, así que estamos impuros. Ahora bien, ésa no es razón para que no presentemos nuestras ofrendas al Señor en la fecha establecida, junto con los demás israelitas.

8 Moisés les respondió:

—Esperen a que averigüe lo que el Señor dispone con relación a ustedes.

9 Entonces el Señor le ordenó a Moisés 10 que les dijera a los israelitas: «Cuando alguno de ustedes o de sus descendientes esté ritualmente impuro por haber tocado un cadáver, o se encuentre fuera del país, aun así podrá celebrar la Pascua del Señor. 11 Sólo que, en ese caso, la celebrará al atardecer del día catorce del mes segundo. Comerá el cordero con pan sin levadura y hierbas amargas, 12 y no dejará nada del cordero para el día siguiente ni le quebrará un solo hueso. Cuando celebre la Pascua, lo hará según las disposiciones al respecto.

13 »Si alguien deja de celebrar la Pascua no estando impuro ni fuera del país, será eliminado de su pueblo por no haber presentado sus ofrendas al Señor en la fecha establecida. Así que sufrirá las consecuencias de su pecado.

14 »Si el extranjero que vive entre ustedes quiere celebrar la Pascua del Señor, deberá hacerlo ciñéndose a sus estatutos y preceptos. Las mismas disposiciones se aplicarán tanto a nativos como a extranjeros.»

La nube sobre el santuario

15 El día en que se armó el santuario, es decir, la Tienda del *pacto, la nube lo cubrió, y durante toda la noche cobró apariencia de fuego. 16 Así sucedía siempre: de día la nube cubría el santuario, mientras que de noche cobraba apariencia de fuego. 17 Cada vez que la nube se levantaba de la Tienda, los israelitas se ponían en marcha; y donde la nube se detenía, allí acampaban. 18 Dependiendo de lo que el Señor les indicara, los israelitas se ponían en marcha o acampaban; y todo el tiempo que la nube reposaba sobre el santuario, se quedaban allí. 19 No importaba que se quedara muchos días sobre el santuario; los israelitas obedecían el mandamiento del Señor y no abandonaban el lugar. 20 Lo mismo ocurría cuando la nube reposaba poco tiempo sobre el santuario: cuando el Señor así lo indicaba, los israelitas acampaban o se ponían en marcha. 21 A veces la nube se quedaba una sola noche; pero ya fuera de día o de noche, cuando la nube se levantaba, los israelitas se ponían en marcha. 22 Aunque la nube reposara sobre el santuario un par de días, un mes o más tiempo, los israelitas se quedaban en el campamento y no partían; pero cuando se levantaba, se ponían en marcha.

The Passover

9 The Lord spoke to Moses in the Desert of Sinai in the first month of the second year after they came out of Egypt. He said, 2 "Have the Israelites celebrate the Passover at the appointed time. 3 Celebrate it at the appointed time, at twilight on the fourteenth day of this month, in accordance with all its rules and regulations."

4 So Moses told the Israelites to celebrate the Passover, 5 and they did so in the Desert of Sinai at twilight on the fourteenth day of the first month. The Israelites did everything just as the Lord commanded Moses.

6 But some of them could not celebrate the Passover on that day because they were ceremonially unclean on account of a dead body. So they came to Moses and Aaron that same day 7 and said to Moses, "We have become unclean because of a dead body, but why should we be kept from presenting the Lord's offering with the other Israelites at the appointed time?"

8 Moses answered them, "Wait until I find out what the Lord commands concerning you."

9 Then the Lord said to Moses, 10 "Tell the Israelites: 'When any of you or your descendants are unclean because of a dead body or are away on a journey, they may still celebrate the Lord's Passover. 11 They are to celebrate it on the fourteenth day of the second month at twilight. They are to eat the lamb, together with unleavened bread and bitter herbs. 12 They must not leave any of it till morning or break any of its bones. When they celebrate the Passover, they must follow all the regulations. 13 But if a man who is ceremonially clean and not on a journey fails to celebrate the Passover, that person must be cut off from his people because he did not present the Lord's offering at the appointed time. That man will bear the consequences of his sin.

14 " 'An alien living among you who wants to celebrate the Lord's Passover must do so in accordance with its rules and regulations. You must have the same regulations for the alien and the native-born.' "

The Cloud Above the Tabernacle

15 On the day the tabernacle, the Tent of the Testimony, was set up, the cloud covered it. From evening till morning the cloud above the tabernacle looked like fire. 16 That is how it continued to be; the cloud covered it, and at night it looked like fire. 17 Whenever the cloud lifted from above the Tent, the Israelites set out; wherever the cloud settled, the Israelites encamped. 18 At the Lord's command the Israelites set out, and at his command they encamped. As long as the cloud stayed over the tabernacle, they remained in camp. 19 When the cloud remained over the tabernacle a long time, the Israelites obeyed the Lord's order and did not set out. 20 Sometimes the cloud was over the tabernacle only a few days; at the Lord's command they would encamp, and then at his command they would set out. 21 Sometimes the cloud stayed only from evening till morning, and when it lifted in the morning, they set out. Whether by day or by night, whenever the cloud lifted, they set out. 22 Whether the cloud stayed over the tabernacle for two days or a month or a year, the Israelites would remain in camp and not set out; but when it lifted, they

23 Cuando el SEÑOR así lo indicaba, los israelitas acampaban o se ponían en marcha. Así obedecían el mandamiento del SEÑOR, según lo que el SEÑOR les había dicho por medio de Moisés.

La señal de las trompetas

10 El SEÑOR le dijo a Moisés: 2 «Hazte dos trompetas de plata labrada, y úsalas para reunir al pueblo acampado y para dar la señal de ponerse en marcha. 3 Cuando ambas trompetas den el toque de reunión, toda la comunidad se reunirá contigo a la entrada de la *Tienda de reunión. 4 Cuando sólo una de ellas dé el toque, se reunirán contigo únicamente los jefes de las tribus de Israel. 5 Al primer toque de avance, se pondrán en marcha las tribus que acampan al este, 6 y al segundo, las que acampan al sur. Es decir, la señal de partida será el toque de avance. 7 Cuando se quiera reunir a la comunidad, el toque de reunión que se dé será diferente.

8 »Las trompetas las tocarán los sacerdotes aaronitas. Esto será un estatuto perpetuo para ustedes y sus descendientes.

9 »Cuando estén ya en su propia tierra y tengan que salir a la guerra contra el enemigo opresor, las trompetas darán la señal de combate. Entonces el SEÑOR se acordará de ustedes y los salvará de sus enemigos.

10 »Cuando celebren fiestas en fechas solemnes o en novilunios, también tocarán trompetas para anunciar los *holocaustos y los sacrificios de *comunión. Así Dios se acordará de ustedes. Yo soy el SEÑOR tu Dios.»

Desde el Sinaí hasta Parán

11 El día veinte del segundo mes del año segundo, la nube se levantó del santuario del *pacto. 12 Entonces los israelitas avanzaron desde el desierto de Sinaí hasta el desierto de Parán, donde la nube se detuvo. 13 A la orden que el SEÑOR dio por medio de Moisés, los israelitas emprendieron la marcha por primera vez.

14 Los primeros en partir fueron los escuadrones que marchaban bajo el estandarte del campamento de Judá. Los comandaba Naasón hijo de Aminadab. 15 Natanael hijo de Zuar comandaba el escuadrón de la tribu de Isacar. 16 Eliab hijo de Helón comandaba el escuadrón de la tribu de Zabulón.

17 Entonces se desmontó el santuario, y los guersonitas y meraritas que lo transportaban se pusieron en marcha.

18 Les siguieron los escuadrones que marchaban bajo el estandarte del campamento de Rubén. Los comandaba Elisur hijo de Sedeúr. 19 Selumiel hijo de Zurisaday comandaba el escuadrón de la tribu de Simeón, 20 y Eliasaf hijo de Deuel comandaba el escuadrón de la tribu de Gad. 21 Luego partieron los coatitas, que llevaban las cosas sagradas. El santuario se levantaba antes de que ellos llegaran al próximo lugar de campamento.

22 Les siguieron los escuadrones que marchaban bajo el estandarte del campamento de Efraín. Los comandaba Elisama hijo de Amiud. 23 Gamaliel hijo de Pedasur comandaba el escuadrón de la tribu de Manasés, 24 y Abidán hijo de Gedeoni comandaba el escuadrón de la tribu de Benjamín.

25 Por último, a la retaguardia de todos los campamentos, partieron los escuadrones que marchaban bajo el estandarte del campamento de Dan. Los comandaba Ajiezer hijo de Amisaday. 26 Paguiel hijo de Ocrán comandaba el escuadrón de la tribu de Aser, 27 y Ajirá hijo de Enán comandaba el escuadrón de la tribu de Neftalí. 28 Éste era el orden de los escuadrones israelitas, cuando se ponían en marcha.

would set out. 23 At the LORD's command they encamped, and at the LORD's command they set out. They obeyed the LORD's order, in accordance with his command through Moses.

The Silver Trumpets

10 The LORD said to Moses: 2 "Make two trumpets of hammered silver, and use them for calling the community together and for having the camps set out. 3 When both are sounded, the whole community is to assemble before you at the entrance to the Tent of Meeting. 4 If only one is sounded, the leaders—the heads of the clans of Israel—are to assemble before you. 5 When a trumpet blast is sounded, the tribes camping on the east are to set out. 6 At the sounding of a second blast, the camps on the south are to set out. The blast will be the signal for setting out. 7 To gather the assembly, blow the trumpets, but not with the same signal.

8 "The sons of Aaron, the priests, are to blow the trumpets. This is to be a lasting ordinance for you and the generations to come. 9 When you go into battle in your own land against an enemy who is oppressing you, sound a blast on the trumpets. Then you will be remembered by the LORD your God and rescued from your enemies. 10 Also at your times of rejoicing—your appointed feasts and New Moon festivals—you are to sound the trumpets over your burnt offerings and fellowship offerings, *i* and they will be a memorial for you before your God. I am the LORD your God."

The Israelites Leave Sinai

11 On the twentieth day of the second month of the second year, the cloud lifted from above the tabernacle of the Testimony. 12 Then the Israelites set out from the Desert of Sinai and traveled from place to place until the cloud came to rest in the Desert of Paran. 13 They set out, this first time, at the LORD's command through Moses.

14 The divisions of the camp of Judah went first, under their standard. Nahshon son of Amminadab was in command. 15 Nethanel son of Zuar was over the division of the tribe of Issachar, 16 and Eliab son of Helon was over the division of the tribe of Zebulun. 17 Then the tabernacle was taken down, and the Gershonites and Merarites, who carried it, set out.

18 The divisions of the camp of Reuben went next, under their standard. Elizur son of Shedeur was in command. 19 Shelumiel son of Zurishaddai was over the division of the tribe of Simeon, 20 and Eliasaph son of Deuel was over the division of the tribe of Gad. 21 Then the Kohathites set out, carrying the holy things. The tabernacle was to be set up before they arrived.

22 The divisions of the camp of Ephraim went next, under their standard. Elishama son of Ammihud was in command. 23 Gamaliel son of Pedahzur was over the division of the tribe of Manasseh, 24 and Abidan son of Gideoni was over the division of the tribe of Benjamin.

25 Finally, as the rear guard for all the units, the divisions of the camp of Dan set out, under their standard. Ahiezer son of Ammishaddai was in command. 26 Pagiel son of Ocran was over the division of the tribe of Asher, 27 and Ahira son of Enan was over the division of the tribe of Naphtali. 28 This was the order of march for the Israelite divisions as they set out.

---

i 10 Traditionally *peace offerings*

Moisés invita a Hobab

29 Entonces Moisés le dijo al madianita Hobab hijo de Reuel, que era su suegro:

—Estamos por partir hacia la tierra que el SEÑOR prometió darnos. Ven con nosotros. Seremos generosos contigo, ya que el SEÑOR ha prometido ser generoso con Israel.

30 —No, no iré —respondió Hobab—; quiero regresar a mi tierra y a mi familia.

31 —Por favor, no nos dejes —insistió Moisés—. Tú conoces bien los lugares del desierto donde debemos acampar. Tú serás nuestro guía. 32 Si vienes con nosotros, compartiremos contigo todo lo bueno que el SEÑOR nos dé.

Israel se pone en marcha

33 Los israelitas partieron de la montaña del SEÑOR y anduvieron por espacio de tres días, durante los cuales el arca del *pacto del SEÑOR marchaba al frente de ellos para buscarles un lugar donde acampar. 34 Cuando partían, la nube del SEÑOR permanecía sobre ellos todo el día. 35 Cada vez que el arca se ponía en marcha, Moisés decía:

«¡Levántate, SEÑOR!
    Sean dispersados tus enemigos;
    huyan de tu presencia los que te odian.»

36 Pero cada vez que el arca se detenía, Moisés decía:

«¡Regresa, SEÑOR,
    a la incontable muchedumbre de Israel!»

El fuego del SEÑOR en Taberá

11 Un día, el pueblo se quejó de sus penalidades que estaba sufriendo. Al oírlos el SEÑOR, ardió en ira y su fuego consumió los alrededores del campamento. 2 Entonces el pueblo clamó a Moisés, y éste oró al SEÑOR por ellos y el fuego se apagó. 3 Por eso aquel lugar llegó a ser conocido como Taberá,_m_ pues el fuego del SEÑOR ardió entre ellos.

Queja del pueblo en Quibrot Hataavá

4 Al populacho que iba con ellos le vino un apetito voraz. Y también los israelitas volvieron a llorar, y dijeron: «¡Quién nos diera carne! 5 ¡Cómo echamos de menos el pescado que comíamos gratis en Egipto! ¡También comíamos pepinos y melones, y puerros, cebollas y ajos! 6 Pero ahora, tenemos reseca la garganta; ¡y no vemos nada que no sea este maná!»

7 A propósito, el maná se parecía a la semilla del cilantro y brillaba como la resina. 8 El pueblo salía a recogerlo, y lo molía entre dos piedras, o bien lo machacaba en morteros, y lo cocía en una olla o hacía pan con él. Sabía a pan amasado con aceite. 9 Por la noche, cuando el rocío caía sobre el campamento, también caía el maná.

Queja de Moisés en Quibrot Hataavá

10 Moisés escuchó que las familias del pueblo lloraban, cada una a la entrada de su tienda, con lo cual hacían que la ira del SEÑOR se encendiera en extremo. Entonces, muy disgustado, 11 Moisés oró al SEÑOR:

—Si yo soy tu siervo, ¿por qué me perjudicas? ¿Por qué me niegas tu favor y me obligas a cargar con todo este pueblo? 12 ¿Acaso yo lo concebí, o lo di a luz, para que me exijas que lo lleve en mi regazo, como si fuera su nodriza, y lo lleve hasta la tierra que les prometiste a sus antepasados? 13 Todo este pueblo viene llorando

29 Now Moses said to Hobab son of Reuel the Midianite, Moses' father-in-law, "We are setting out for the place about which the LORD said, 'I will give it to you.' Come with us and we will treat you well, for the LORD has promised good things to Israel."

30 He answered, "No, I will not go; I am going back to my own land and my own people."

31 But Moses said, "Please do not leave us. You know where we should camp in the desert, and you can be our eyes. 32 If you come with us, we will share with you whatever good things the LORD gives us."

33 So they set out from the mountain of the LORD and traveled for three days. The ark of the covenant of the LORD went before them during those three days to find them a place to rest. 34 The cloud of the LORD was over them by day when they set out from the camp.

35 Whenever the ark set out, Moses said,

"Rise up, O LORD!
    May your enemies be scattered;
    may your foes flee before you."

36 Whenever it came to rest, he said,

"Return, O LORD,
    to the countless thousands of Israel."

Fire From the LORD

11 Now the people complained about their hardships in the hearing of the LORD, and when he heard them his anger was aroused. Then fire from the LORD burned among them and consumed some of the outskirts of the camp. 2 When the people cried out to Moses, he prayed to the LORD and the fire died down. 3 So that place was called Taberah,_u_ because fire from the LORD had burned among them.

Quail From the LORD

4 The rabble with them began to crave other food, and again the Israelites started wailing and said, "If only we had meat to eat! 5 We remember the fish we ate in Egypt at no cost—also the cucumbers, melons, leeks, onions and garlic. 6 But now we have lost our appetite; we never see anything but this manna!"

7 The manna was like coriander seed and looked like resin. 8 The people went around gathering it, and then ground it in a handmill or crushed it in a mortar. They cooked it in a pot or made it into cakes. And it tasted like something made with olive oil. 9 When the dew settled on the camp at night, the manna also came down.

10 Moses heard the people of every family wailing, each at the entrance to his tent. The LORD became exceedingly angry, and Moses was troubled. 11 He asked the LORD, "Why have you brought this trouble on your servant? What have I done to displease you that you put the burden of all these people on me? 12 Did I conceive all these people? Did I give them birth? Why do you tell me to carry them in my arms, as a nurse carries an infant, to the land you promised on oath to their forefathers? 13 Where can I get meat for all these people? They keep wailing to me, 'Give us

---

_m 11:3_ En hebreo, _Taberá_ significa _arder_.

u 3 Taberah means _burning_.

a pedirme carne. ¿De dónde voy a sacarla? 14 Yo solo no puedo con todo este pueblo. ¡Es una carga demasiado pesada para mí! 15 Si éste es el trato que vas a darme, ¡me harás un favor si me quitas la vida! ¡Así me veré libre de mi desgracia!

El Señor le responde a Moisés

16 El Señor le respondió a Moisés:

—Tráeme a setenta *ancianos de Israel, y asegúrate de que sean ancianos y gobernantes del pueblo. Llévalos a la *Tienda de reunión, y haz que esperen allí contigo. 17 Yo descenderé para hablar contigo, y compartiré con ellos el Espíritu que está sobre ti, para que te ayuden a llevar la carga que te significa este pueblo. Así no tendrás que llevarla tú solo.

18 »Al pueblo sólo le dirás lo siguiente: "*Santifíquense para mañana, pues van a comer carne. Ustedes lloraron ante el Señor, y le dijeron: '¡Quién nos diera carne! ¡En Egipto la pasábamos mejor!' Pues bien, el Señor les dará carne, y tendrán que comérsela. 19 No la comerán un solo día, ni dos, ni cinco, ni diez, ni veinte, 20 sino todo un mes, hasta que les salga por las narices y les provoque náuseas. Y esto, por haber despreciado al Señor, que está en medio de ustedes, y por haberle llorado, diciendo: '¿Por qué tuvimos que salir de Egipto?' "

La palabra de Dios se cumple

21 Moisés replicó:

—Me encuentro en medio de un ejército de seiscientos mil hombres, ¿y tú hablas de darles carne todo un mes? 22 Aunque se les degollaran rebaños y manadas completas, ¿les alcanzaría? Y aunque se les pescaran todos los peces del mar, ¿eso les bastaría?

23 El Señor le respondió a Moisés:

—¿Acaso el poder del Señor es limitado? ¡Pues ahora verás si te cumplo o no mi palabra!

24 Moisés fue y le comunicó al pueblo lo que el Señor le había dicho. Después juntó a setenta *ancianos del pueblo, y se quedó esperando con ellos alrededor de la *Tienda de reunión. 25 El Señor descendió en la nube y habló con Moisés, y compartió con los setenta ancianos el Espíritu que estaba sobre él. Cuando el Espíritu descansó sobre ellos, se pusieron a profetizar. Pero esto no volvió a repetirse.

26 Dos de los ancianos se habían quedado en el campamento. Uno se llamaba Eldad y el otro Medad. Aunque habían sido elegidos, no acudieron a la Tienda de reunión. Sin embargo, el Espíritu descansó sobre ellos y se pusieron a profetizar dentro del campamento. 27 Entonces un muchacho corrió a contárselo a Moisés:

—¡Eldad y Medad están profetizando dentro del campamento!

28 Josué hijo de Nun, uno de los siervos escogidos de Moisés, exclamó:

—¡Moisés, señor mío, deténlos!

29 Pero Moisés le respondió:

—¿Estás celoso por mí? ¡Cómo quisiera que todo el pueblo del Señor profetizara, y que el Señor pusiera su Espíritu en todos ellos!

30 Entonces Moisés y los ancianos regresaron al campamento.

Las codornices

31 El Señor desató un viento que trajo codornices del mar y las dejó caer sobre el campamento. Las codornices cubrieron los alrededores del campamento, en una superficie de casi un día de camino y a una altura de

meat to eat!' 14 I cannot carry all these people by myself; the burden is too heavy for me. 15 If this is how you are going to treat me, put me to death right now— if I have found favor in your eyes—and do not let me face my own ruin."

16 The LORD said to Moses: "Bring me seventy of Israel's elders who are known to you as leaders and officials among the people. Have them come to the Tent of Meeting, that they may stand there with you. 17 I will come down and speak with you there, and I will take of the Spirit that is on you and put the Spirit on them. They will help you carry the burden of the people so that you will not have to carry it alone.

18 "Tell the people: 'Consecrate yourselves in preparation for tomorrow, when you will eat meat. The LORD heard you when you wailed, "If only we had meat to eat! We were better off in Egypt!" Now the LORD will give you meat, and you will eat it. 19 You will not eat it for just one day, or two days, or five, ten or twenty days, 20 but for a whole month—until it comes out of your nostrils and you loathe it—because you have rejected the LORD, who is among you, and have wailed before him, saying, "Why did we ever leave Egypt?" ' "

21 But Moses said, "Here I am among six hundred thousand men on foot, and you say, 'I will give them meat to eat for a whole month!' 22 Would they have enough if flocks and herds were slaughtered for them? Would they have enough if all the fish in the sea were caught for them?"

23 The LORD answered Moses, "Is the LORD's arm too short? You will now see whether or not what I say will come true for you."

24 So Moses went out and told the people what the LORD had said. He brought together seventy of their elders and had them stand around the Tent. 25 Then the LORD came down in the cloud and spoke with him, and he took of the Spirit that was on him and put the Spirit on the seventy elders. When the Spirit rested on them, they prophesied, but they did not do so again.^{v}

26 However, two men, whose names were Eldad and Medad, had remained in the camp. They were listed among the elders, but did not go out to the Tent. Yet the Spirit also rested on them, and they prophesied in the camp. 27 A young man ran and told Moses, "Eldad and Medad are prophesying in the camp."

28 Joshua son of Nun, who had been Moses' aide since youth, spoke up and said, "Moses, my lord, stop them!"

29 But Moses replied, "Are you jealous for my sake? I wish that all the LORD's people were prophets and that the LORD would put his Spirit on them!" 30 Then Moses and the elders of Israel returned to the camp.

31 Now a wind went out from the LORD and drove quail in from the sea. It brought them^w down all around the camp to about three feet^x above the

---

^{v} 25 Or prophesied and continued to do so　　^{w} 31 Or They flew
^{x} 31 Hebrew two cubits (about 1 meter)

casi un metro[n] sobre la superficie del suelo. 32El pueblo estuvo recogiendo codornices todo ese día y toda esa noche, y todo el día siguiente. ¡Ninguno recogió menos de dos toneladas![ñ] Después las distribuyeron por todo el campamento.

33Ni siquiera habían empezado a masticar la carne que tenían en la boca cuando la ira del SEÑOR se encendió contra el pueblo y los hirió con gran mortandad. 34Por eso llamaron a ese lugar Quibrot Hatavá,[o] porque allí fue sepultado el pueblo glotón.

35Desde Quibrot Hatavá el pueblo partió rumbo a Jazerot, y allí se quedó.

Quejas de Miriam y de Aarón

12 Moisés había tomado por esposa a una egipcia,[p] así que Miriam y Aarón empezaron a murmurar contra él por causa de ella. 2Decían: «¿Acaso no ha hablado el SEÑOR con otro que no sea Moisés? ¿No nos ha hablado también a nosotros?» Y el SEÑOR oyó sus murmuraciones.

3A propósito, Moisés era muy humilde, más humilde que cualquier otro sobre la tierra.

4De pronto el SEÑOR les dijo a Moisés, Aarón y Miriam: «Salgan los tres de la *Tienda de reunión.» Y los tres salieron. 5Entonces el SEÑOR descendió en una columna de nube y se detuvo a la entrada de la Tienda. Llamó a Aarón y a Miriam, y cuando ambos se acercaron, 6el SEÑOR les dijo: «Escuchen lo que voy a decirles:

»Cuando un profeta del SEÑOR
   se levanta entre ustedes,
yo le hablo en visiones
   y me revelo a él en sueños.
7Pero esto no ocurre así
   con mi siervo Moisés,
porque en toda mi casa
   él es mi hombre de confianza.
8Con él hablo cara a cara,
   claramente y sin enigmas.
Él contempla la imagen del SEÑOR.
   ¿Cómo se atreven a murmurar
   contra mi siervo Moisés?»

9Entonces la ira del SEÑOR se encendió contra ellos, y el SEÑOR se marchó. 10Tan pronto como la nube se apartó de la Tienda, a Miriam se le puso la piel blanca[q] como la nieve. Cuando Aarón se volvió hacia ella, vio que tenía una enfermedad infecciosa. 11Entonces le dijo a Moisés: «Te suplico, mi señor, que no nos tomes en cuenta este pecado que neciamente hemos cometido. 12No la dejes como un abortivo, que sale del vientre de su madre con el cuerpo medio deshecho.»

Moisés intercede por Miriam

13Moisés le rogó al SEÑOR: «¡Oh Dios, te ruego que la sanes!»

14El SEÑOR le respondió a Moisés: «Si su padre le hubiera escupido el rostro, ¿no habría durado su humillación siete días? Que se le confine siete días fuera del campamento, y después de eso será readmitida.»

15Así que Miriam quedó confinada siete días fuera del campamento. El pueblo no se puso en marcha hasta que ella se reintegró. 16Después el pueblo partió de Jazerot y acampó en el desierto de Parán.

ground, as far as a day's walk in any direction. 32All that day and night and all the next day the people went out and gathered quail. No one gathered less than ten homers.[y] Then they spread them out all around the camp. 33But while the meat was still between their teeth and before it could be consumed, the anger of the LORD burned against the people, and he struck them with a severe plague. 34Therefore the place was named Kibroth Hattaavah,[z] because there they buried the people who had craved other food.

35From Kibroth Hattaavah the people traveled to Hazeroth and stayed there.

Miriam and Aaron Oppose Moses

12 Miriam and Aaron began to talk against Moses because of his Cushite wife, for he had married a Cushite. 2"Has the LORD spoken only through Moses?" they asked. "Hasn't he also spoken through us?" And the LORD heard this.

3(Now Moses was a very humble man, more humble than anyone else on the face of the earth.)

4At once the LORD said to Moses, Aaron and Miriam, "Come out to the Tent of Meeting, all three of you." So the three of them came out. 5Then the LORD came down in a pillar of cloud; he stood at the entrance to the Tent and summoned Aaron and Miriam. When both of them stepped forward, 6he said, "Listen to my words:

"When a prophet of the LORD is among you,
   I reveal myself to him in visions,
   I speak to him in dreams.
7But this is not true of my servant Moses;
   he is faithful in all my house.
8With him I speak face to face,
   clearly and not in riddles;
   he sees the form of the LORD.
Why then were you not afraid
   to speak against my servant Moses?"

9The anger of the LORD burned against them, and he left them.

10When the cloud lifted from above the Tent, there stood Miriam—leprous,[a] like snow. Aaron turned toward her and saw that she had leprosy; 11and he said to Moses, "Please, my lord, do not hold against us the sin we have so foolishly committed. 12Do not let her be like a stillborn infant coming from its mother's womb with its flesh half eaten away."

13So Moses cried out to the LORD, "O God, please heal her!"

14The LORD replied to Moses, "If her father had spit in her face, would she not have been in disgrace for seven days? Confine her outside the camp for seven days; after that she can be brought back." 15So Miriam was confined outside the camp for seven days, and the people did not move on till she was brought back.

16After that, the people left Hazeroth and encamped in the Desert of Paran.

---

[n] 11:31 casi un metro. Lit. dos *codos. [ñ] 11:32 dos toneladas. Lit. diez *jómer. [o] 11:34 En hebreo, Quibrot Hatavá significa sepultura de la glotonería. [p] 12:1 egipcia. Lit. *cusita. [q] 12:10 blanca. Lit. leprosa.

[y] 32 That is, probably about 60 bushels (about 2.2 kiloliters)
[z] 34 Kibroth Hattaavah means graves of craving.
[a] 10 The Hebrew word was used for various diseases affecting the skin—not necessarily leprosy.

Los israelitas exploran Canaán

13 El SEÑOR le dijo a Moisés: 2 «Quiero que envíes a algunos de tus hombres a explorar la tierra que estoy por entregar a los israelitas. De cada tribu enviarás a un líder que la represente.»

3 De acuerdo con la orden del SEÑOR, Moisés los envió desde el desierto de Parán. Todos ellos eran jefes en Israel, 4 y éstos son sus nombres:

Samúa hijo de Zacur, de la tribu de Rubén;
5 Safat hijo de Horí, de la tribu de Simeón;
6 Caleb hijo de Jefone, de la tribu de Judá;
7 Igal hijo de José, de la tribu de Isacar;
8 Oseas hijo de Nun, de la tribu de Efraín;
9 Palti hijo de Rafú, de la tribu de Benjamín;
10 Gadiel hijo de Sodi, de la tribu de Zabulón;
11 Gadí hijo de Susi, de la tribu de Manasés (una de las tribus de José);
12 Amiel hijo de Guemalí, de la tribu de Dan;
13 Setur hijo de Micael, de la tribu de Aser;
14 Najbí hijo de Vapsi, de la tribu de Neftalí;
15 Geuel hijo de Maquí, de la tribu de Gad.

16 Éstos son los *nombres de los líderes que Moisés envió a explorar la tierra. (A Oseas hijo de Nun, Moisés le cambió el nombre y le puso Josué.)

17 Cuando Moisés los envió a explorar la tierra de Canaán, les dijo: «Suban por el Néguev, hasta llegar a la montaña. 18 Exploren el país, y fíjense cómo son sus habitantes, si son fuertes o débiles, muchos o pocos. 19 Averigüen si la tierra en que viven es buena o mala, y si sus ciudades son abiertas o amuralladas. 20 Examinen el terreno, y vean si es fértil o estéril, y si tiene árboles o no. ¡Adelante! Traigan algunos frutos del país.»

Ésa era la temporada en que maduran las primeras uvas.

21 Los doce hombres se fueron y exploraron la tierra, desde el desierto de Zin hasta Rejob, cerca de Lebó Jamat.r 22 Subieron por el Néguev y llegaron a Hebrón, donde vivían Ajimán, Sesay y Talmay, descendientes de Anac. (Hebrón había sido fundada siete años antes que la ciudad egipcia de Zoán.) 23 Cuando llegaron al valle del arroyo Escol,s cortaron un sarmiento que tenía un solo racimo de uvas, y entre dos lo llevaron colgado de una vara. También cortaron granadas e higos. 24 Por el racimo que estos israelitas cortaron, a ese lugar se le llamó Valle de Escol.

Informe de los exploradores

25 Al cabo de cuarenta días los doce hombres regresaron de explorar aquella tierra. 26 Volvieron a Cades, en el desierto de Parán, que era donde estaban Moisés, Aarón y toda la comunidad israelita, y les presentaron a todos ellos un informe, y les mostraron los frutos de esa tierra. 27 Éste fue el informe:

—Fuimos al país al que nos enviaste, ¡y por cierto que allí abundan la leche y la miel! Aquí pueden ver sus frutos. 28 Pero el pueblo que allí habita es poderoso, y sus ciudades son enormes y están fortificadas. Hasta vimos *anaquitas allí. 29 Los amalecitas habitan el Néguev; los hititas, jebuseos y amorreos viven en la montaña, y los cananeos ocupan la zona costera y la ribera del río Jordán.

30 Caleb hizo callar al pueblo ante Moisés, y dijo:
—Subamos a conquistar esa tierra. Estoy seguro de que podremos hacerlo.

Exploring Canaan

13 The LORD said to Moses, 2"Send some men to explore the land of Canaan, which I am giving to the Israelites. From each ancestral tribe send one of its leaders."

3 So at the LORD's command Moses sent them out from the Desert of Paran. All of them were leaders of the Israelites. 4 These are their names:

from the tribe of Reuben, Shammua son of Zaccur;
5 from the tribe of Simeon, Shaphat son of Hori;
6 from the tribe of Judah, Caleb son of Jephunneh;
7 from the tribe of Issachar, Igal son of Joseph;
8 from the tribe of Ephraim, Hoshea son of Nun;
9 from the tribe of Benjamin, Palti son of Raphu;
10 from the tribe of Zebulun, Gaddiel son of Sodi;
11 from the tribe of Manasseh (a tribe of Joseph), Gaddi son of Susi;
12 from the tribe of Dan, Ammiel son of Gemalli;
13 from the tribe of Asher, Sethur son of Michael;
14 from the tribe of Naphtali, Nahbi son of Vophsi;
15 from the tribe of Gad, Geuel son of Maki.

16 These are the names of the men Moses sent to explore the land. (Moses gave Hoshea son of Nun the name Joshua.)

17 When Moses sent them to explore Canaan, he said, "Go up through the Negev and on into the hill country. 18 See what the land is like and whether the people who live there are strong or weak, few or many. 19 What kind of land do they live in? Is it good or bad? What kind of towns do they live in? Are they unwalled or fortified? 20 How is the soil? Is it fertile or poor? Are there trees on it or not? Do your best to bring back some of the fruit of the land." (It was the season for the first ripe grapes.)

21 So they went up and explored the land from the Desert of Zin as far as Rehob, toward Lebob Hamath. 22 They went up through the Negev and came to Hebron, where Ahiman, Sheshai and Talmai, the descendants of Anak, lived. (Hebron had been built seven years before Zoan in Egypt.) 23 When they reached the Valley of Eshcol,c they cut off a branch bearing a single cluster of grapes. Two of them carried it on a pole between them, along with some pomegranates and figs. 24 That place was called the Valley of Eshcol because of the cluster of grapes the Israelites cut off there. 25 At the end of forty days they returned from exploring the land.

Report on the Exploration

26 They came back to Moses and Aaron and the whole Israelite community at Kadesh in the Desert of Paran. There they reported to them and to the whole assembly and showed them the fruit of the land. 27 They gave Moses this account: "We went into the land to which you sent us, and it does flow with milk and honey! Here is its fruit. 28 But the people who live there are powerful, and the cities are fortified and very large. We even saw descendants of Anak there. 29 The Amalekites live in the Negev; the Hittites, Jebusites and Amorites live in the hill country; and the Canaanites live near the sea and along the Jordan."

30 Then Caleb silenced the people before Moses and said, "We should go up and take possession of the land, for we can certainly do it."

---

r 13:21 Lebó Jamat. Alt. la entrada de Jamat.   s 13:23 En hebreo, Escol significa racimo; también en v. 24.

b 21 Or toward the entrance to   c 23 Eshcol means cluster; also in verse 24.

31 Pero los que habían ido con él respondieron:

—No podremos combatir contra esa gente. ¡Son más fuertes que nosotros!

32 Y comenzaron a esparcir entre los israelitas falsos rumores acerca de la tierra que habían explorado. Decían:

—La tierra que hemos explorado se traga a sus habitantes, y los hombres que allí vimos son enormes. 33 ¡Hasta vimos *anaquitas! Comparados con ellos, parecíamos langostas, y así nos veían ellos a nosotros.

El pueblo se rebela

14 Aquella noche toda la comunidad israelita se puso a gritar y a llorar. 2 En sus murmuraciones contra Moisés y Aarón, la comunidad decía: «¡Cómo quisiéramos haber muerto en Egipto! ¡Más nos valdría morir en este desierto! 3 ¿Para qué nos ha traído el SEÑOR a esta tierra? ¿Para morir atravesados por la espada, y que nuestras esposas y nuestros niños se conviertan en botín de guerra? ¿No sería mejor que volviéramos a Egipto?» 4 Y unos a otros se decían: «¡Escojamos un cabecilla que nos lleve a Egipto!»

5 Entonces Moisés y Aarón cayeron rostro en tierra ante toda la comunidad israelita. 6 Allí estaban también Josué hijo de Nun y Caleb hijo de Jefone, los cuales habían participado en la exploración de la tierra. Ambos se rasgaron las vestiduras en señal de duelo 7 y le dijeron a toda la comunidad israelita:

—La tierra que recorrimos y exploramos es increíblemente buena. 8 Si el SEÑOR se agrada de nosotros, nos hará entrar en ella. ¡Nos va a dar una tierra donde abundan la leche y la miel! 9 Así que no se rebelen contra el SEÑOR ni tengan miedo de la gente que habita en esa tierra. ¡Ya son pan comido! No tienen quién los proteja, porque el SEÑOR está de parte nuestra. Así que, ¡no les tengan miedo!

10 Pero como toda la comunidad hablaba de apedrearlos, la gloria del SEÑOR se manifestó en la Tienda, frente a todos los israelitas. 11 Entonces el SEÑOR le dijo a Moisés:

—¿Hasta cuándo esta gente me seguirá menospreciando? ¿Hasta cuándo se negarán a creer en mí, a pesar de todas las maravillas que he hecho entre ellos? 12 Voy a enviarles una plaga que los destruya, pero de ti haré un pueblo más grande y fuerte que ellos.

13 Moisés le argumentó al SEÑOR:

—¡Recuerda que fuiste tú quien con tu poder sacaste de Egipto a este pueblo! Cuando los egipcios se enteren de lo ocurrido, 14 se lo contarán a los habitantes de este país, quienes ya saben que tú, SEÑOR, estás en medio de este pueblo. También saben que a ti, SEÑOR, se te ha visto cara a cara; que tu nube reposa sobre tu pueblo, y que eres tú quien los guía, de día con la columna de nube y de noche con la columna de fuego. 15 De manera que, si matas a todo este pueblo, las naciones que han oído hablar de tu fama dirán: 16 "El SEÑOR no fue capaz de llevar a este pueblo a la tierra que juró darles, ¡y acabó matándolos en el desierto!"

17 »Ahora, Señor, ¡deja sentir tu poder! Tú mismo has dicho 18 que eres lento para la ira y grande en amor, y que aunque perdonas la maldad y la rebeldía, jamás dejas impune al culpable, sino que castigas la maldad de los padres en sus hijos, nietos, bisnietos y tataranietos. 19 Por tu gran amor, te suplico que perdones la maldad de este pueblo, tal como lo has venido perdonando desde que salió de Egipto.

20 El SEÑOR le respondió:

31 But the men who had gone up with him said, "We can't attack those people; they are stronger than we are." 32 And they spread among the Israelites a bad report about the land they had explored. They said, "The land we explored devours those living in it. All the people we saw there are of great size. 33 We saw the Nephilim there (the descendants of Anak come from the Nephilim). We seemed like grasshoppers in our own eyes, and we looked the same to them."

The People Rebel

14 That night all the people of the community raised their voices and wept aloud. 2 All the Israelites grumbled against Moses and Aaron, and the whole assembly said to them, "If only we had died in Egypt! Or in this desert! 3 Why is the LORD bringing us to this land only to let us fall by the sword? Our wives and children will be taken as plunder. Wouldn't it be better for us to go back to Egypt?" 4 And they said to each other, "We should choose a leader and go back to Egypt."

5 Then Moses and Aaron fell facedown in front of the whole Israelite assembly gathered there. 6 Joshua son of Nun and Caleb son of Jephunneh, who were among those who had explored the land, tore their clothes 7 and said to the entire Israelite assembly, "The land we passed through and explored is exceedingly good. 8 If the LORD is pleased with us, he will lead us into that land, a land flowing with milk and honey, and will give it to us. 9 Only do not rebel against the LORD. And do not be afraid of the people of the land, because we will swallow them up. Their protection is gone, but the LORD is with us. Do not be afraid of them."

10 But the whole assembly talked about stoning them. Then the glory of the LORD appeared at the Tent of Meeting to all the Israelites. 11 The LORD said to Moses, "How long will these people treat me with contempt? How long will they refuse to believe in me, in spite of all the miraculous signs I have performed among them? 12 I will strike them down with a plague and destroy them, but I will make you into a nation greater and stronger than they."

13 Moses said to the LORD, "Then the Egyptians will hear about it! By your power you brought these people up from among them. 14 And they will tell the inhabitants of this land about it. They have already heard that you, O LORD, are with these people and that you, O LORD, have been seen face to face, that your cloud stays over them, and that you go before them in a pillar of cloud by day and a pillar of fire by night. 15 If you put these people to death all at one time, the nations who have heard this report about you will say, 16 'The LORD was not able to bring these people into the land he promised them on oath; so he slaughtered them in the desert.'

17 "Now may the Lord's strength be displayed, just as you have declared: 18 'The LORD is slow to anger, abounding in love and forgiving sin and rebellion. Yet he does not leave the guilty unpunished; he punishes the children for the sin of the fathers to the third and fourth generation.' 19 In accordance with your great love, forgive the sin of these people, just as you have pardoned them from the time they left Egypt until now."

20 The LORD replied, "I have forgiven them, as you

—Me pides que los perdone, y los perdono. 21Pero juro por mí mismo, y por mi gloria que llena^t toda la tierra, 22que aunque vieron mi gloria y las maravillas que hice en Egipto y en el desierto, ninguno de los que me desobedecieron y me pusieron a prueba repetidas veces 23verá jamás la tierra que, bajo juramento, prometí dar a sus padres. ¡Ninguno de los que me despreciaron la verá jamás! 24En cambio, a mi siervo Caleb, que ha mostrado una actitud diferente y me ha sido fiel, le daré posesión de la tierra que exploró, y su descendencia la heredará. 25Pero regresen mañana al desierto por la ruta del *Mar Rojo, puesto que los amalecitas y los cananeos viven en el valle.

26El SEÑOR les dijo a Moisés y a Aarón:

27—¿Hasta cuándo ha de murmurar contra mí esta perversa comunidad? Ya he escuchado cómo se quejan contra mí los israelitas. 28Así que diles de parte mía: "Juro por mí mismo, que haré que se les cumplan sus deseos. 29Los cadáveres de todos ustedes quedarán tirados en este desierto. Ninguno de los censados mayores de veinte años, que murmuraron contra mí, 30tomará posesión de la tierra que les prometí. Sólo entrarán en ella Caleb hijo de Jefone y Josué hijo de Nun. 31También entrarán en la tierra los niños que ustedes dijeron que serían botín de guerra. Y serán ellos los que gocen de la tierra que ustedes rechazaron. 32Pero los cadáveres de todos ustedes quedarán tirados en este desierto. 33Durante cuarenta años los hijos de ustedes andarán errantes por el desierto. Cargarán con esta infidelidad, hasta que el último de ustedes caiga muerto en el desierto. 34La exploración del país duró cuarenta días, así que ustedes sufrirán un año por cada día. Cuarenta años llevarán a cuestas su maldad, y sabrán lo que es tenerme por enemigo." 35Yo soy el SEÑOR, y cumpliré al pie de la letra todo lo que anuncié contra esta perversa comunidad que se atrevió a desafiarme. En este desierto perecerán. ¡Morirán aquí mismo!

36Los hombres que Moisés había enviado a explorar el país fueron los que, al volver, difundieron la falsa información de que la tierra era mala. Con esto hicieron que toda la comunidad murmurara. 37Por eso los responsables de haber difundido este falso informe acerca de aquella tierra murieron delante del SEÑOR, víctimas de una plaga. 38De todos los hombres que fueron a explorar el país, sólo sobrevivieron Josué hijo de Nun y Caleb hijo de Jefone.

El pueblo intenta conquistar la tierra

39Cuando Moisés terminó de decirles esto, todos los israelitas se pusieron a llorar amargamente. 40Al otro día, muy de mañana, el pueblo empezó a subir a la parte alta de la zona montañosa, diciendo:

—Subamos al lugar que el SEÑOR nos ha prometido, pues reconocemos que hemos pecado.

41Pero Moisés les dijo:

—¿Por qué han vuelto a desobedecer la orden del SEÑOR? ¡Esto no les va a dar resultado! 42Si suben, los derrotarán sus enemigos, porque el SEÑOR no está entre ustedes. 43Tendrán que enfrentarse a los amalecitas y a los cananeos, que los matarán a filo de espada. Como ustedes se han alejado del SEÑOR, él no los ayudará.

44Pero ellos se empecinaron en subir a la zona montañosa, a pesar de que ni Moisés ni el arca del *pacto del SEÑOR salieron del campamento. 45Entonces los amalecitas y los cananeos que vivían en esa zona descendieron y los derrotaron, haciéndolos retroceder hasta Jormá.

asked. 21Nevertheless, as surely as I live and as surely as the glory of the LORD fills the whole earth, 22not one of the men who saw my glory and the miraculous signs I performed in Egypt and in the desert but who disobeyed me and tested me ten times— 23not one of them will ever see the land I promised on oath to their forefathers. No one who has treated me with contempt will ever see it. 24But because my servant Caleb has a different spirit and follows me wholeheartedly, I will bring him into the land he went to, and his descendants will inherit it. 25Since the Amalekites and Canaanites are living in the valleys, turn back tomorrow and set out toward the desert along the route to the Red Sea.^d"

26The LORD said to Moses and Aaron: 27"How long will this wicked community grumble against me? I have heard the complaints of these grumbling Israelites. 28So tell them, 'As surely as I live, declares the LORD, I will do to you the very things I heard you say: 29In this desert your bodies will fall—every one of you twenty years old or more who was counted in the census and who has grumbled against me. 30Not one of you will enter the land I swore with uplifted hand to make your home, except Caleb son of Jephunneh and Joshua son of Nun. 31As for your children that you said would be taken as plunder, I will bring them in to enjoy the land you have rejected. 32But you—your bodies will fall in this desert. 33Your children will be shepherds here for forty years, suffering for your unfaithfulness, until the last of your bodies lies in the desert. 34For forty years—one year for each of the forty days you explored the land—you will suffer for your sins and know what it is like to have me against you.' 35I, the LORD, have spoken, and I will surely do these things to this whole wicked community, which has banded together against me. They will meet their end in this desert; here they will die."

36So the men Moses had sent to explore the land, who returned and made the whole community grumble against him by spreading a bad report about it— 37these men responsible for spreading the bad report about the land were struck down and died of a plague before the LORD. 38Of the men who went to explore the land, only Joshua son of Nun and Caleb son of Jephunneh survived.

39When Moses reported this to all the Israelites, they mourned bitterly. 40Early the next morning they went up toward the high hill country. "We have sinned," they said. "We will go up to the place the LORD promised."

41But Moses said, "Why are you disobeying the LORD's command? This will not succeed! 42Do not go up, because the LORD is not with you. You will be defeated by your enemies, 43for the Amalekites and Canaanites will face you there. Because you have turned away from the LORD, he will not be with you and you will fall by the sword."

44Nevertheless, in their presumption they went up toward the high hill country, though neither Moses nor the ark of the LORD's covenant moved from the camp. 45Then the Amalekites and Canaanites who lived in that hill country came down and attacked them and beat them down all the way to Hormah.

---

t 14:21 juro por mí mismo, y por mi gloria que llena. Lit. *vivo yo y la gloria del SEÑOR llena.*

d 25 Hebrew *Yam Suph*; that is, Sea of Reeds

Leyes adicionales sobre las ofrendas

15 El Señor le ordenó a Moisés [2]que les dijera a los israelitas: «Después de que hayan entrado en la tierra que les doy para que la habiten, [3]tal vez alguno quiera ofrecerle al Señor una vaca o una oveja, ya sea como ofrenda presentada por fuego, o como *holocausto, o como sacrificio para cumplir un voto, o como ofrenda voluntaria, o para celebrar una fiesta solemne. Para que esa ofrenda sea un aroma grato al Señor, [4]el que presente su ofrenda deberá añadirle, como ofrenda de cereal, dos kilos de flor de harina mezclada con un litro[u] de aceite. [5]A cada cordero que se le ofrezca al Señor como holocausto o sacrificio se le añadirá como libación un litro[v] de vino.

[6]»Si se trata de un carnero, se preparará una ofrenda de cereal de cuatro kilos[w] de flor de harina, mezclada con un litro y medio[x] de aceite. [7]Como libación ofrecerás también un litro y medio de vino. Así será una ofrenda de aroma grato al Señor.

[8]»Si ofreces un novillo como holocausto o sacrificio, a fin de cumplir un voto o hacer un sacrificio de *comunión para el Señor, [9]junto con el novillo presentarás, como ofrenda de cereal, seis kilos[y] de flor de harina mezclada con dos litros[z] de aceite. [10]Presentarás también, como libación, dos litros de vino. Será una ofrenda presentada por fuego, de aroma grato al Señor. [11]Cada novillo, carnero, cordero o cabrito, deberá prepararse de la manera indicada. [12]Procederás así con cada uno de ellos, sin que importe el número de animales que ofrezcas.

[13]»Cada vez que un israelita presente una ofrenda por fuego, de aroma grato al Señor, se ceñirá a estas instrucciones. [14]Si un extranjero que viva entre ustedes desea presentar una ofrenda por fuego, de aroma grato al Señor, se ceñirá a estas mismas instrucciones, [15]porque en la comunidad regirá un solo estatuto para ti y para el extranjero que viva en tus ciudades. Será un estatuto perpetuo para todos tus descendientes. Tú y el extranjero son iguales ante el Señor, [16]así que la misma ley y el mismo derecho regirán, tanto para ti como para el extranjero que viva contigo.»

Ofrenda de los primeros frutos

[17]El Señor le ordenó a Moisés [18]que les dijera a los israelitas: «Cuando entren en la tierra adonde los llevo, [19]y coman de lo que ella produce, ofrecerán una contribución al Señor. [20]De tu primera horneada presentarás, como contribución, una torta de flor de harina. [21]Todos tus descendientes ofrecerán perpetuamente al Señor una contribución de la primera horneada.

Ofrendas por pecados inadvertidos

[22]»Podría ocurrir que ustedes pecaran inadvertidamente, y que no cumplieran con todos los mandamientos que el Señor entregó a Moisés, [23]es decir, con todos los mandamientos que el Señor les dio a ustedes por medio de Moisés, desde el día en que los promulgó para todos sus descendientes. [24]Si el pecado de la comunidad pasa inadvertido, ésta ofrecerá un novillo como *holocausto de aroma grato al Señor, junto con la libación, la ofrenda de cereal y un macho cabrío

Supplementary Offerings

15 The Lord said to Moses, [2]"Speak to the Israelites and say to them: 'After you enter the land I am giving you as a home [3]and you present to the Lord offerings made by fire, from the herd or the flock, as an aroma pleasing to the Lord—whether burnt offerings or sacrifices, for special vows or freewill offerings or festival offerings— [4]then the one who brings his offering shall present to the Lord a grain offering of a tenth of an ephah[e] of fine flour mixed with a quarter of a hin[f] of oil. [5]With each lamb for the burnt offering or the sacrifice, prepare a quarter of a hin of wine as a drink offering.

[6]" 'With a ram prepare a grain offering of two-tenths of an ephah[g] of fine flour mixed with a third of a hin[h] of oil, [7]and a third of a hin of wine as a drink offering. Offer it as an aroma pleasing to the Lord.

[8]" 'When you prepare a young bull as a burnt offering or sacrifice, for a special vow or a fellowship offering[i] to the Lord, [9]bring with the bull a grain offering of three-tenths of an ephah[j] of fine flour mixed with half a hin[k] of oil. [10]Also bring half a hin of wine as a drink offering. It will be an offering made by fire, an aroma pleasing to the Lord. [11]Each bull or ram, each lamb or young goat, is to be prepared in this manner. [12]Do this for each one, for as many as you prepare.

[13]" 'Everyone who is native-born must do these things in this way when he brings an offering made by fire as an aroma pleasing to the Lord. [14]For the generations to come, whenever an alien or anyone else living among you presents an offering made by fire as an aroma pleasing to the Lord, he must do exactly as you do. [15]The community is to have the same rules for you and for the alien living among you; this is a lasting ordinance for the generations to come. You and the alien shall be the same before the Lord: [16]The same laws and regulations will apply both to you and to the alien living among you.' "

[17]The Lord said to Moses, [18]"Speak to the Israelites and say to them: 'When you enter the land to which I am taking you [19]and you eat the food of the land, present a portion as an offering to the Lord. [20]Present a cake from the first of your ground meal and present it as an offering from the threshing floor. [21]Throughout the generations to come you are to give this offering to the Lord from the first of your ground meal.

Offerings for Unintentional Sins

[22]" 'Now if you unintentionally fail to keep any of these commands the Lord gave Moses— [23]any of the Lord's commands to you through him, from the day the Lord gave them and continuing through the generations to come— [24]and if this is done unintentionally without the community being aware of it, then the whole community is to offer a young bull for a burnt offering as an aroma pleasing to the Lord, along with its prescribed grain offering and drink offering, and a

[u] 15:4 dos kilos ... un litro. Lit. una décima (de *efa) ... un cuarto de *hin.   [v] 15:5 un litro. Lit. un cuarto de hin.
[w] 15:6 cuatro kilos. Lit. dos décimas (de efa).   [x] 15:6 litro y medio. Lit. un tercio de hin; también en v. 7.   [y] 15:9 seis kilos. Lit. tres décimas (de efa).   [z] 15:9 dos litros. Lit. medio hin; también en v. 10.

[e]4 That is, probably about 2 quarts (about 2 liters)   [f]4 That is, probably about 1 quart (about 1 liter); also in verse 5   [g]6 That is, probably about 4 quarts (about 4.5 liters)   [h]6 That is, probably about 1 1/4 quarts (about 1.2 liters); also in verse 7   [i]8 Traditionally peace offering   [j]9 That is, probably about 6 quarts (about 6.5 liters)   [k]9 That is, probably about 2 quarts (about 2 liters); also in verse 10

como sacrificio *expiatorio, tal como está prescrito. 25 El sacerdote hará *propiciación en favor de toda la comunidad israelita, y serán perdonados porque fue un pecado inadvertido y porque presentaron al SEÑOR una ofrenda por fuego y un sacrificio expiatorio por el pecado inadvertido que cometieron. 26 Toda la comunidad israelita será perdonada, junto con los extranjeros, porque todo el pueblo pecó inadvertidamente.

27 »Si es una persona la que peca inadvertidamente, deberá presentar, como sacrificio expiatorio, una cabra de un año. 28 El sacerdote hará propiciación ante el SEÑOR en favor de la persona que inadvertidamente haya pecado. El sacerdote hará propiciación, y la persona que pecó será perdonada. 29 Una sola ley se aplicará para todo el que peque inadvertidamente, tanto para el israelita como para el extranjero residente.

30 »Pero el que peque deliberadamente, sea nativo o extranjero, ofende al SEÑOR. Tal persona será eliminada de la comunidad, 31 y cargará con su culpa, por haber despreciado la palabra del SEÑOR y quebrantado su mandamiento.»

Quebrantamiento del día de reposo

32 Un *sábado, durante la estadía de los israelitas en el desierto, un hombre fue sorprendido recogiendo leña. 33 Quienes lo sorprendieron lo llevaron ante Moisés y Aarón, y ante toda la comunidad. 34 Al principio sólo quedó detenido, porque no estaba claro qué se debía hacer con él. 35 Entonces el SEÑOR le dijo a Moisés: «Ese hombre debe morir. Que toda la comunidad lo apedree fuera del campamento.» 36 Así que la comunidad lo llevó fuera del campamento y lo apedreó hasta matarlo, tal como el SEÑOR se lo ordenó a Moisés.

Flecos recordatorios

37 El SEÑOR le ordenó a Moisés 38 que les dijera a los israelitas: «Ustedes y todos sus descendientes deberán confeccionarse flecos, y coserlos sobre sus vestidos con hilo de color púrpura. 39 Estos flecos les ayudarán a recordar que deben cumplir con todos los mandamientos del SEÑOR, y que no deben prostituirse ni dejarse llevar por los impulsos de su *corazón ni por los deseos de sus ojos. 40 Tendrán presentes todos mis mandamientos, y los pondrán por obra. Así serán mi pueblo consagrado. 41 Yo soy el SEÑOR su Dios, que los sacó de Egipto para ser su Dios. ¡Yo soy el SEÑOR!»

La rebelión de Coré, Datán y Abirán

16 Coré, que era hijo de Izar, nieto de Coat y bisnieto de Leví, y los rubenitas Datán y Abirán, hijos de Eliab, y On hijo de Pélet, 2 se atrevieron a sublevarse contra Moisés, con el apoyo de doscientos cincuenta israelitas. Todos ellos eran personas de renombre y líderes que la comunidad misma había escogido. 3 Se reunieron para oponerse a Moisés y a Aarón, y les dijeron:

—¡Ustedes han ido ya demasiado lejos! Si toda la comunidad es *santa, lo mismo que sus miembros, ¿por qué se creen ustedes los dueños de la comunidad del SEÑOR?

4 Cuando Moisés escuchó lo que le decían, se inclinó ante ellos 5 y les respondió a Coré y a todo su grupo:

—Mañana el SEÑOR dirá quién es quién. Será él quien declare quién es su escogido, y hará que se le acerque. 6 Coré, esto es lo que tú y tu gente harán mañana:

male goat for a sin offering. 25 The priest is to make atonement for the whole Israelite community, and they will be forgiven, for it was not intentional and they have brought to the LORD for their wrong an offering made by fire and a sin offering. 26 The whole Israelite community and the aliens living among them will be forgiven, because all the people were involved in the unintentional wrong.

27 " 'But if just one person sins unintentionally, he must bring a year-old female goat for a sin offering. 28 The priest is to make atonement before the LORD for the one who erred by sinning unintentionally, and when atonement has been made for him, he will be forgiven. 29 One and the same law applies to everyone who sins unintentionally, whether he is a native-born Israelite or an alien.

30 " 'But anyone who sins defiantly, whether native-born or alien, blasphemes the LORD, and that person must be cut off from his people. 31 Because he has despised the LORD's word and broken his commands, that person must surely be cut off; his guilt remains on him.' "

The Sabbath-Breaker Put to Death

32 While the Israelites were in the desert, a man was found gathering wood on the Sabbath day. 33 Those who found him gathering wood brought him to Moses and Aaron and the whole assembly, 34 and they kept him in custody, because it was not clear what should be done to him. 35 Then the LORD said to Moses, "The man must die. The whole assembly must stone him outside the camp." 36 So the assembly took him outside the camp and stoned him to death, as the LORD commanded Moses.

Tassels on Garments

37 The LORD said to Moses, 38 "Speak to the Israelites and say to them: 'Throughout the generations to come you are to make tassels on the corners of your garments, with a blue cord on each tassel. 39 You will have these tassels to look at and so you will remember all the commands of the LORD, that you may obey them and not prostitute yourselves by going after the lusts of your own hearts and eyes. 40 Then you will remember to obey all my commands and will be consecrated to your God. 41 I am the LORD your God, who brought you out of Egypt to be your God. I am the LORD your God.' "

Korah, Dathan and Abiram

16 Korah son of Izhar, the son of Kohath, the son of Levi, and certain Reubenites—Dathan and Abiram, sons of Eliab, and On son of Peleth—became insolent[1] 2 and rose up against Moses. With them were 250 Israelite men, well-known community leaders who had been appointed members of the council. 3 They came as a group to oppose Moses and Aaron and said to them, "You have gone too far! The whole community is holy, every one of them, and the LORD is with them. Why then do you set yourselves above the LORD's assembly?"

4 When Moses heard this, he fell facedown. 5 Then he said to Korah and all his followers: "In the morning the LORD will show who belongs to him and who is holy, and he will have that person come near him. The man he chooses he will cause to come near him. 6 You, Korah, and all your followers are to do this: Take cen-

tomarán incensarios, 7 y les pondrán fuego e incienso en la presencia del SEÑOR. El escogido del SEÑOR será aquel a quien él elija. ¡Son ustedes, hijos de Leví, los que han ido demasiado lejos!

8 Moisés le dijo a Coré:

—¡Escúchenme ahora, levitas! 9 ¿Les parece poco que el Dios de Israel los haya separado del resto de la comunidad para que estén cerca de él, ministren en el santuario del SEÑOR, y se distingan como servidores de la comunidad? 10 Dios mismo los ha puesto a su lado, a ti y a todos los levitas, ¿y ahora quieren también el sacerdocio? 11 Tú y tu gente se han reunido para oponerse al SEÑOR, porque ¿quién es Aarón para que murmuren contra él?

12 Moisés mandó llamar a Datán y Abirán, hijos de Eliab, pero ellos contestaron:

—¡No iremos! 13 ¿Te parece poco habernos sacado de la tierra donde abundan la leche y la miel, para que ahora quieras matarnos en este desierto y dártelas de gobernante con nosotros? 14 Lo cierto es que tú no has logrado llevarnos todavía a esa tierra donde abundan la leche y la miel, ni nos has dado posesión de campos y viñas. Lo único que quieres es seguir engatuzando[a] a este pueblo. ¡Pues no iremos!

15 Entonces Moisés, sumamente enojado, le dijo al SEÑOR:

—No aceptes la ofrenda que te traigan, que yo de ellos no he tomado ni siquiera un asno, ni les he hecho ningún daño.

16 A Coré, Moisés le dijo:

—Tú y tu gente y Aarón se presentarán mañana ante el SEÑOR. 17 Cada uno de ustedes se acercará al SEÑOR con su incensario lleno de incienso, es decir, se acercarán con doscientos cincuenta incensarios. También tú y Aarón llevarán los suyos.

18 Así que cada uno, con su incensario lleno de fuego e incienso, se puso de pie a la entrada de la *Tienda de reunión, junto con Moisés y Aarón. 19 Cuando Coré hubo reunido a toda su gente en contra de Moisés y Aarón a la entrada de la Tienda de reunión, la gloria del SEÑOR se apareció ante todos ellos. 20 Entonces el SEÑOR les dijo a Moisés y a Aarón:

21 —Apártense de esta gente, para que yo la consuma de una vez por todas.

22 Pero Moisés y Aarón se postraron rostro en tierra, y exclamaron:

—SEÑOR, Dios de toda la humanidad,[b] un solo hombre ha pecado, ¿y vas tú a enojarte con todos ellos?

23 Entonces el SEÑOR le dijo a Moisés:

24 —Ordénales que se alejen de las tiendas de Coré, Datán y Abirán.

25 Moisés y los *ancianos de Israel fueron adonde estaban Datán y Abirán. 26 Entonces Moisés le advirtió a la gente:

—¡Aléjense de las tiendas de estos impíos! No toquen ninguna de sus pertenencias, para que ustedes no sean castigados por los pecados de ellos.

27 El pueblo se alejó de las tiendas de Coré, Datán y Abirán. Los dos últimos habían salido a la entrada de sus tiendas, y estaban allí, de pie, con sus esposas y todos sus hijos.

28 Moisés siguió diciendo:

—Ahora van a saber si el SEÑOR me ha enviado a hacer todas estas cosas, o si estoy actuando por mi cuenta. 29 Si estos hombres mueren de muerte natural, como es el destino de todos los hombres, eso querrá

sers 7 and tomorrow put fire and incense in them before the LORD. The man the LORD chooses will be the one who is holy. You Levites have gone too far!"

8 Moses also said to Korah, "Now listen, you Levites! 9 Isn't it enough for you that the God of Israel has separated you from the rest of the Israelite community and brought you near himself to do the work at the LORD's tabernacle and to stand before the community and minister to them? 10 He has brought you and all your fellow Levites near himself, but now you are trying to get the priesthood too. 11 It is against the LORD that you and all your followers have banded together. Who is Aaron that you should grumble against him?"

12 Then Moses summoned Dathan and Abiram, the sons of Eliab. But they said, "We will not come! 13 Isn't it enough that you have brought us up out of a land flowing with milk and honey to kill us in the desert? And now you also want to lord it over us? 14 Moreover, you haven't brought us into a land flowing with milk and honey or given us an inheritance of fields and vineyards. Will you gouge out the eyes of[m] these men? No, we will not come!"

15 Then Moses became very angry and said to the LORD, "Do not accept their offering. I have not taken so much as a donkey from them, nor have I wronged any of them."

16 Moses said to Korah, "You and all your followers are to appear before the LORD tomorrow—you and they and Aaron. 17 Each man is to take his censer and put incense in it—250 censers in all—and present it before the LORD. You and Aaron are to present your censers also." 18 So each man took his censer, put fire and incense in it, and stood with Moses and Aaron at the entrance to the Tent of Meeting. 19 When Korah had gathered all his followers in opposition to them at the entrance to the Tent of Meeting, the glory of the LORD appeared to the entire assembly. 20 The LORD said to Moses and Aaron, 21 "Separate yourselves from this assembly so I can put an end to them at once."

22 But Moses and Aaron fell facedown and cried out, "O God, God of the spirits of all mankind, will you be angry with the entire assembly when only one man sins?"

23 Then the LORD said to Moses, 24 "Say to the assembly, 'Move away from the tents of Korah, Dathan and Abiram.'"

25 Moses got up and went to Dathan and Abiram, and the elders of Israel followed him. 26 He warned the assembly, "Move back from the tents of these wicked men! Do not touch anything belonging to them, or you will be swept away because of all their sins." 27 So they moved away from the tents of Korah, Dathan and Abiram. Dathan and Abiram had come out and were standing with their wives, children and little ones at the entrances to their tents.

28 Then Moses said, "This is how you will know that the LORD has sent me to do all these things and that it was not my idea: 29 If these men die a natural death and experience only what usually happens to men, then the

---

a 16:14 seguir engatuzando. Lit. *sacarle los ojos.*   *b 16:22 toda la humanidad.* Lit. *los espíritus de toda carne.*

m 14 Or *you make slaves of;* or *you deceive*

decir que el Señor no me ha enviado. 30 Pero si el Señor crea algo nuevo, y hace que la tierra se abra y se los trague con todas sus pertenencias, de tal forma que desciendan vivos al *sepulcro, entonces sabrán que estos hombres menospreciaron al Señor.

31 Tan pronto como Moisés terminó de hablar, la tierra se abrió debajo de ellos; 32 se abrió y se los tragó, a ellos y a sus familias, junto con la gente y las posesiones de Coré. 33 Bajaron vivos al sepulcro, junto con todo lo que tenían, y la tierra se cerró sobre ellos. De este modo fueron eliminados de la comunidad. 34 Al oírlos gritar, todos los israelitas huyeron de allí exclamando:

—¡Corramos, no sea que la tierra nos trague también a nosotros!

35 Y los doscientos cincuenta hombres que ofrecían incienso fueron consumidos por el fuego del Señor.

Los incensarios

36 El Señor le dijo a Moisés: 37 «Ya que ahora los incensarios son *santos, ordena a Eleazar, hijo del sacerdote Aarón, que los retire del rescoldo y que esparza las brasas. 38 Toma los incensarios de aquellos que pecaron a costa de su *vida, y haz con ellos láminas para recubrir el altar. Ahora son santos, porque fueron presentados ante el Señor, y serán así una señal para los israelitas.»

39 Entonces el sacerdote Eleazar recogió esos incensarios, y con ellos mandó hacer láminas para recubrir el altar. 40 Las láminas quedaron allí, como advertencia a los israelitas, para que ninguno que no fuera descendiente de Aarón ni estuviera autorizado se atreviera a ofrecer incienso ante el Señor; de lo contrario, le sucedería lo mismo que a Coré y su gente, tal como el Señor se lo había advertido por medio de Moisés.

Aarón intercede por el pueblo

41 Al día siguiente, toda la congregación de los israelitas volvió a murmurar contra Moisés y Aarón, alegando:

—Ustedes mataron al pueblo del Señor.

42 Como la congregación empezó a amotinarse contra Moisés y Aarón, éstos se dirigieron a la *Tienda de reunión. De repente la nube cubrió la Tienda, y apareció la gloria del Señor. 43 Entonces Moisés y Aarón se detuvieron frente a la Tienda de reunión, 44 y el Señor le dijo a Moisés:

45 —Apártate de esta gente, para que yo la consuma de una vez por todas.

Ellos se postraron rostro en tierra, 46 y Moisés le dijo a Aarón:

—Toma tu incensario y pon en él algunas brasas del altar; agrégale incienso, y vete corriendo adonde está la congregación, para hacer *propiciación por ellos, porque la ira del Señor se ha desbordado y el azote divino ha caído sobre ellos.

47 Aarón hizo lo que Moisés le dijo, y corrió a ponerse en medio de la asamblea. El azote divino ya se había desatado entre el pueblo, así que Aarón ofreció incienso e hizo propiciación por el pueblo. 48 Se puso entre los vivos y los muertos, y así detuvo la mortandad. 49 Con todo, catorce mil setecientas personas murieron, sin contar las que perdieron la vida por causa de Coré. 50 Una vez que cesó la mortandad, Aarón volvió a la entrada de la Tienda de reunión, donde estaba Moisés.

Lord has not sent me. 30 But if the Lord brings about something totally new, and the earth opens its mouth and swallows them, with everything that belongs to them, and they go down alive into the grave,[n] then you will know that these men have treated the Lord with contempt."

31 As soon as he finished saying all this, the ground under them split apart 32 and the earth opened its mouth and swallowed them, with their households and all Korah's men and all their possessions. 33 They went down alive into the grave, with everything they owned; the earth closed over them, and they perished and were gone from the community. 34 At their cries, all the Israelites around them fled, shouting, "The earth is going to swallow us too!"

35 And fire came out from the Lord and consumed the 250 men who were offering the incense.

36 The Lord said to Moses, 37 "Tell Eleazar son of Aaron, the priest, to take the censers out of the smoldering remains and scatter the coals some distance away, for the censers are holy— 38 the censers of the men who sinned at the cost of their lives. Hammer the censers into sheets to overlay the altar, for they were presented before the Lord and have become holy. Let them be a sign to the Israelites."

39 So Eleazar the priest collected the bronze censers brought by those who had been burned up, and he had them hammered out to overlay the altar, 40 as the Lord directed him through Moses. This was to remind the Israelites that no one except a descendant of Aaron should come to burn incense before the Lord, or he would become like Korah and his followers.

41 The next day the whole Israelite community grumbled against Moses and Aaron. "You have killed the Lord's people," they said.

42 But when the assembly gathered in opposition to Moses and Aaron and turned toward the Tent of Meeting, suddenly the cloud covered it and the glory of the Lord appeared. 43 Then Moses and Aaron went to the front of the Tent of Meeting, 44 and the Lord said to Moses, 45 "Get away from this assembly so I can put an end to them at once." And they fell facedown.

46 Then Moses said to Aaron, "Take your censer and put incense in it, along with fire from the altar, and hurry to the assembly to make atonement for them. Wrath has come out from the Lord; the plague has started." 47 So Aaron did as Moses said, and ran into the midst of the assembly. The plague had already started among the people, but Aaron offered the incense and made atonement for them. 48 He stood between the living and the dead, and the plague stopped. 49 But 14,700 people died from the plague, in addition to those who had died because of Korah. 50 Then Aaron returned to Moses at the entrance to the Tent of Meeting, for the plague had stopped.

La vara de Aarón

17 El Señor le ordenó a Moisés: 2 «Diles a los israelitas que traigan doce varas, una por cada familia patriarcal, es decir, una por cada uno de los jefes de las familias patriarcales. Escribe el *nombre de cada uno de ellos sobre su propia vara. 3 Sobre la vara de Leví escribe el nombre de Aarón, pues cada jefe de familia patriarcal debe tener su vara. 4 Colócalas frente al arca del *pacto, en la Tienda donde me reúno con ustedes. 5 La vara que retoñe será la de mi elegido. De ese modo me quitaré de encima las constantes quejas que los israelitas levantan contra ustedes.»

6 Moisés se lo comunicó a los israelitas, y los jefes le entregaron doce varas, una por cada jefe de su familia patriarcal. Entre ellas estaba la vara de Aarón. 7 Moisés colocó las varas delante del Señor, en la Tienda del pacto.

8 Al día siguiente, Moisés entró en la Tienda del pacto y, al fijarse en la vara que representaba a la familia de Leví, vio que la vara de Aarón no sólo había retoñado, sino que también tenía botones, flores y almendras. 9 Sacó entonces de la presencia del Señor todas las varas, y las puso delante de los israelitas, para que por sí mismos vieran lo que había ocurrido, y cada jefe tomó su propia vara.

10 El Señor le dijo a Moisés: «Vuelve a colocar la vara de Aarón frente al arca del pacto, para que sirva de advertencia a los rebeldes. Así terminarás con las quejas en contra mía, y evitarás que mueran los israelitas.»

11 Moisés hizo todo tal como el Señor se lo ordenó. 12 Entonces los israelitas le dijeron a Moisés: «¡Estamos perdidos, totalmente perdidos! ¡Vamos a morir! 13 Todo el que se acerca al santuario del Señor muere, ¡así que todos moriremos!»

Deberes de sacerdotes y levitas

18 El Señor le dijo a Aarón: «Todos los de la tribu de Leví se expondrán a sufrir las consecuencias de acercarse a las cosas sagradas, pero de entre ellos sólo tú y tus hijos se expondrán a las consecuencias de ejercer el sacerdocio. 2 Cuando tú y tus hijos estén ministrando delante de la Tienda del *pacto, tendrán como ayudantes a sus hermanos de la tribu de Leví. 3 Ellos te ayudarán en tus deberes y estarán a cargo de la *Tienda de reunión, pero no se acercarán a los objetos sagrados ni al altar, para que no mueran. 4 Ellos serán tus ayudantes, y estarán a cargo de la Tienda de reunión y de todo su servicio. Así que, cuando ustedes ministren, nadie que no esté autorizado se les acercará.

5 »Sólo ustedes estarán a cargo de las cosas sagradas y del altar, para que no se vuelva a derramar mi ira sobre los israelitas. 6 Considera que yo mismo he escogido, de entre la comunidad, a tus hermanos los levitas, para dártelos como un regalo. Ellos han sido dedicados al Señor para que sirvan en la Tienda de reunión. 7 Pero sólo tú y tus hijos se harán cargo del sacerdocio, es decir, de todo lo referente al altar y a lo que está detrás de la cortina. A ustedes les doy de regalo el sacerdocio, pero cualquier otro que se acerque a las cosas sagradas será condenado a muerte.»

Privilegios de los sacerdotes

8 El Señor le dijo a Aarón: «Yo mismo te he puesto a cargo de todas las cosas sagradas que los israelitas me traen como contribución. A ti y a tus hijos se las he entregado como su porción consagrada, como estatuto

The Budding of Aaron's Staff

17 The Lord said to Moses, 2 "Speak to the Israelites and get twelve staffs from them, one from the leader of each of their ancestral tribes. Write the name of each man on his staff. 3 On the staff of Levi write Aaron's name, for there must be one staff for the head of each ancestral tribe. 4 Place them in the Tent of Meeting in front of the Testimony, where I meet with you. 5 The staff belonging to the man I choose will sprout, and I will rid myself of this constant grumbling against you by the Israelites."

6 So Moses spoke to the Israelites, and their leaders gave him twelve staffs, one for the leader of each of their ancestral tribes, and Aaron's staff was among them. 7 Moses placed the staffs before the Lord in the Tent of the Testimony.

8 The next day Moses entered the Tent of the Testimony and saw that Aaron's staff, which represented the house of Levi, had not only sprouted but had budded, blossomed and produced almonds. 9 Then Moses brought out all the staffs from the Lord's presence to all the Israelites. They looked at them, and each man took his own staff.

10 The Lord said to Moses, "Put back Aaron's staff in front of the Testimony, to be kept as a sign to the rebellious. This will put an end to their grumbling against me, so that they will not die." 11 Moses did just as the Lord commanded him.

12 The Israelites said to Moses, "We will die! We are lost, we are all lost! 13 Anyone who even comes near the tabernacle of the Lord will die. Are we all going to die?"

Duties of Priests and Levites

18 The Lord said to Aaron, "You, your sons and your father's family are to bear the responsibility for offenses against the sanctuary, and you and your sons alone are to bear the responsibility for offenses against the priesthood. 2 Bring your fellow Levites from your ancestral tribe to join you and assist you when you and your sons minister before the Tent of the Testimony. 3 They are to be responsible to you and are to perform all the duties of the Tent, but they must not go near the furnishings of the sanctuary or the altar, or both they and you will die. 4 They are to join you and be responsible for the care of the Tent of Meeting—all the work at the Tent—and no one else may come near where you are.

5 "You are to be responsible for the care of the sanctuary and the altar, so that wrath will not fall on the Israelites again. 6 I myself have selected your fellow Levites from among the Israelites as a gift to you, dedicated to the Lord to do the work at the Tent of Meeting. 7 But only you and your sons may serve as priests in connection with everything at the altar and inside the curtain. I am giving you the service of the priesthood as a gift. Anyone else who comes near the sanctuary must be put to death."

Offerings for Priests and Levites

8 Then the Lord said to Aaron, "I myself have put you in charge of the offerings presented to me; all the holy offerings the Israelites give me I give to you and

perpetuo. ⁹Te corresponderán las cosas más sagradas, que no se queman en el altar. Tuya será toda ofrenda que presenten los israelitas, junto con las ofrendas de cereal, los sacrificios *expiatorios y los sacrificios por la culpa. Todo esto que ellos me traen será algo muy *santo para ti y para tus hijos. ¹⁰Comerás de las cosas más sagradas, y las considerarás santas. Todo varón comerá de ellas.

¹¹»También te corresponderán las contribuciones de todas las ofrendas mecidas que me presenten los israelitas. A ti y a tus hijos y a tus hijas se las he dado, como estatuto perpetuo.

¹²»De las *primicias que ellos traen al SEÑOR te doy también lo mejor del aceite, del vino nuevo y de los cereales. ¹³Ellos traerán al SEÑOR las primicias de todo lo que la tierra produce, y yo te las entregaré a ti. Toda persona que esté ritualmente *pura podrá comer de ellas.

¹⁴»Todo lo que en Israel haya sido dedicado por completo al SEÑOR, será tuyo. ¹⁵Todo primogénito presentado al SEÑOR será tuyo, ya sea de *hombre o de animal. Pero rescatarás al primogénito nacido de hombre y al de animales impuros. ¹⁶El rescate tendrá lugar cuando el primogénito tenga un mes de edad. El precio del rescate será de cinco monedas de plata, según la moneda oficial del santuario, que pesa once gramos.ᶜ

¹⁷»Pero no podrás rescatar al primogénito de un toro, de una oveja o de un macho cabrío, pues son santos. Rociarás su sangre en el altar, y quemarás su grasa como ofrenda presentada por fuego, de aroma grato al SEÑOR. ¹⁸Pero la carne será tuya, lo mismo que el pecho de la ofrenda mecida y el muslo derecho. ¹⁹Yo, el SEÑOR, te entrego todas las contribuciones sagradas que los israelitas me presentan. Son tuyas, y de tus hijos y de tus hijas, como estatuto perpetuo. Éste es un *pacto perpetuo, sellado en mi presencia, con sal. Es un pacto que hago contigo y con tus descendientes.»

Privilegios de los levitas

²⁰El SEÑOR le dijo a Aarón: «Tú no tendrás herencia en el país, ni recibirás ninguna porción de tierra, porque yo soy tu porción; yo soy tu herencia entre los israelitas.

²¹»A los levitas les doy como herencia, y en pago por su servicio en la *Tienda de reunión, todos los diezmos de Israel. ²²Si los israelitas volvieran a cometer el pecado de acercarse a la Tienda de reunión, morirían. ²³Por eso únicamente los levitas servirán en la Tienda de reunión y cargarán con la culpa de los israelitas. El siguiente es un estatuto perpetuo para todas las generaciones venideras: Los levitas no recibirán herencia entre los israelitas, ²⁴porque yo les he dado como herencia los diezmos que los israelitas ofrecen al SEÑOR como contribución. Por eso he decidido que no tengan herencia entre los israelitas.»

El diezmo de los diezmos

²⁵El SEÑOR le ordenó a Moisés ²⁶que les dijera a los levitas: «Cuando reciban de los israelitas los diezmos que les he dado a ustedes como herencia, ofrézcanme, como contribución, el diezmo de esos diezmos. ²⁷La contribución que ustedes me presenten les será contada como si fuera trigo de la era o mosto del lagar. ²⁸Así que reservarán para mí, como su contribución, el diezmo de todos los diezmos que reciban de los israelitas, y se lo entregarán al sacerdote Aarón. ²⁹De todos los dones que reciban, reservarán para mí una contribución. Y me consagrarán lo mejor.

your sons as your portion and regular share. ⁹You are to have the part of the most holy offerings that is kept from the fire. From all the gifts they bring me as most holy offerings, whether grain or sin or guilt offerings, that part belongs to you and your sons. ¹⁰Eat it as something most holy; every male shall eat it. You must regard it as holy.

¹¹"This also is yours: whatever is set aside from the gifts of all the wave offerings of the Israelites. I give this to you and your sons and daughters as your regular share. Everyone in your household who is ceremonially clean may eat it.

¹²"I give you all the finest olive oil and all the finest new wine and grain they give the LORD as the firstfruits of their harvest. ¹³All the land's firstfruits that they bring to the LORD will be yours. Everyone in your household who is ceremonially clean may eat it.

¹⁴"Everything in Israel that is devotedᵒ to the LORD is yours. ¹⁵The first offspring of every womb, both man and animal, that is offered to the LORD is yours. But you must redeem every firstborn son and every firstborn male of unclean animals. ¹⁶When they are a month old, you must redeem them at the redemption price set at five shekelsᵖ of silver, according to the sanctuary shekel, which weighs twenty gerahs.

¹⁷"But you must not redeem the firstborn of an ox, a sheep or a goat; they are holy. Sprinkle their blood on the altar and burn their fat as an offering made by fire, an aroma pleasing to the LORD. ¹⁸Their meat is to be yours, just as the breast of the wave offering and the right thigh are yours. ¹⁹Whatever is set aside from the holy offerings the Israelites present to the LORD I give to you and your sons and daughters as your regular share. It is an everlasting covenant of salt before the LORD for both you and your offspring."

²⁰The LORD said to Aaron, "You will have no inheritance in their land, nor will you have any share among them; I am your share and your inheritance among the Israelites.

²¹"I give to the Levites all the tithes in Israel as their inheritance in return for the work they do while serving at the Tent of Meeting. ²²From now on the Israelites must not go near the Tent of Meeting, or they will bear the consequences of their sin and will die. ²³It is the Levites who are to do the work at the Tent of Meeting and bear the responsibility for offenses against it. This is a lasting ordinance for the generations to come. They will receive no inheritance among the Israelites. ²⁴Instead, I give to the Levites as their inheritance the tithes that the Israelites present as an offering to the LORD. That is why I said concerning them: 'They will have no inheritance among the Israelites.' "

²⁵The LORD said to Moses, ²⁶"Speak to the Levites and say to them: 'When you receive from the Israelites the tithe I give you as your inheritance, you must present a tenth of that tithe as the LORD's offering. ²⁷Your offering will be reckoned to you as grain from the threshing floor or juice from the winepress. ²⁸In this way you also will present an offering to the LORD from all the tithes you receive from the Israelites. From these tithes you must give the LORD's portion to Aaron the priest. ²⁹You must present as the LORD's portion the best and holiest part of everything given to you.'

ᶜ 18:16 *monedas ... gramos.* Lit. *siclos, según el siclo del santuario, que pesa veinte *guerás.*

ᵒ 14 The Hebrew term refers to the irrevocable giving over of things or persons to the LORD.   ᵖ 16 That is, about 2 ounces (about 55 grams)

³⁰»Cuando me hayan presentado la mejor parte, se les tomará en cuenta como si fuera vino o grano. ³¹Lo que sobre, ustedes y sus familias podrán comerlo donde quieran. Ése será el pago por su ministerio en la *Tienda de reunión. ³²Después de presentarme el diezmo de los diezmos, ya no será pecado que coman lo que sobre.

»No profanen las ofrendas sagradas de los israelitas, porque de lo contrario morirán.»

Purificación de los impuros

19 El SEÑOR les dijo a Moisés y a Aarón: ²«El siguiente estatuto forma parte de la ley que yo, el SEÑOR, he promulgado: Los israelitas traerán una vaca de piel rojiza, sin defecto, y que nunca haya llevado yugo. ³La entregarán al sacerdote Eleazar, quien ordenará que la saquen fuera del campamento y que en su presencia la degüellen. ⁴Después el sacerdote Eleazar mojará el dedo en la sangre y rociará siete veces en dirección a la *Tienda de reunión. ⁵Hará también que la vaca sea incinerada en su presencia. Se quemará la piel, la carne y la sangre, junto con el excremento. ⁶Luego el sacerdote tomará ramas de cedro y de *hisopo, y un paño escarlata, y lo echará al fuego donde se incinere la vaca. ⁷Finalmente, el sacerdote lavará sus vestidos y se bañará. Después de eso podrá volver al campamento, pero quedará *impuro hasta el anochecer. ⁸El que incinere la vaca lavará también sus vestidos y se bañará, y quedará impuro hasta el anochecer.

⁹»Un hombre ritualmente puro recogerá las cenizas de la vaca, y las llevará a un lugar puro fuera del campamento. Allí se depositarán las cenizas para que la comunidad israelita las use como sacrificio *expiatorio, junto con el agua de purificación. ¹⁰El que recoja las cenizas de la vaca lavará también sus vestidos, y quedará impuro hasta el anochecer. Éste será un estatuto perpetuo para los israelitas y para los extranjeros que vivan entre ellos.

El uso del agua de la purificación

¹¹»Quien toque el cadáver de alguna persona, quedará *impuro siete días. ¹²Para purificarse, los días tercero y séptimo usará el agua de la purificación, y así quedará puro. Pero si no se purifica durante esos días, quedará impuro.

¹³»Quien toque el cadáver de alguna persona, y no se purifique, contamina el santuario del SEÑOR. Tal persona será eliminada de Israel, pues habrá quedado impura por no haber recibido las aguas de purificación.

¹⁴»Ésta es la ley que se aplicará cuando alguien muera en alguna de las tiendas: Todo el que entre en la tienda, y todo el que^d se encuentre en ella, quedará impuro siete días. ¹⁵Toda vasija que no haya estado bien tapada también quedará impura.

¹⁶»Quien al pasar por un campo toque el cadáver de alguien que haya sido asesinado o que haya muerto de muerte natural, o toque huesos *humanos o un sepulcro, quedará impuro siete días.

¹⁷»Para purificar a la persona que quedó impura, en una vasija se pondrá un poco de la ceniza del sacrificio *expiatorio, y se le echará agua fresca. ¹⁸Después de eso, alguien ritualmente puro tomará *hisopo, lo mojará en el agua, y rociará la tienda y todos sus utensilios, y a todos los que estén allí. También se rociará al que haya tocado los huesos humanos, el sepulcro o el cadáver de alguien que haya sido asesinado o que haya

³⁰"Say to the Levites: 'When you present the best part, it will be reckoned to you as the product of the threshing floor or the winepress. ³¹You and your households may eat the rest of it anywhere, for it is your wages for your work at the Tent of Meeting. ³²By presenting the best part of it you will not be guilty in this matter; then you will not defile the holy offerings of the Israelites, and you will not die.' "

The Water of Cleansing

19 The LORD said to Moses and Aaron: ²"This is a requirement of the law that the LORD has commanded: Tell the Israelites to bring you a red heifer without defect or blemish and that has never been under a yoke. ³Give it to Eleazar the priest; it is to be taken outside the camp and slaughtered in his presence. ⁴Then Eleazar the priest is to take some of its blood on his finger and sprinkle it seven times toward the front of the Tent of Meeting. ⁵While he watches, the heifer is to be burned—its hide, flesh, blood and offal. ⁶The priest is to take some cedar wood, hyssop and scarlet wool and throw them onto the burning heifer. ⁷After that, the priest must wash his clothes and bathe himself with water. He may then come into the camp, but he will be ceremonially unclean till evening. ⁸The man who burns it must also wash his clothes and bathe with water, and he too will be unclean till evening.

⁹"A man who is clean shall gather up the ashes of the heifer and put them in a ceremonially clean place outside the camp. They shall be kept by the Israelite community for use in the water of cleansing; it is for purification from sin. ¹⁰The man who gathers up the ashes of the heifer must also wash his clothes, and he too will be unclean till evening. This will be a lasting ordinance both for the Israelites and for the aliens living among them.

¹¹"Whoever touches the dead body of anyone will be unclean for seven days. ¹²He must purify himself with the water on the third day and on the seventh day; then he will be clean. But if he does not purify himself on the third and seventh days, he will not be clean. ¹³Whoever touches the dead body of anyone and fails to purify himself defiles the LORD's tabernacle. That person must be cut off from Israel. Because the water of cleansing has not been sprinkled on him, he is unclean; his uncleanness remains on him.

¹⁴"This is the law that applies when a person dies in a tent: Anyone who enters the tent and anyone who is in it will be unclean for seven days, ¹⁵and every open container without a lid fastened on it will be unclean.

¹⁶"Anyone out in the open who touches someone who has been killed with a sword or someone who has died a natural death, or anyone who touches a human bone or a grave, will be unclean for seven days.

¹⁷"For the unclean person, put some ashes from the burned purification offering into a jar and pour fresh water over them. ¹⁸Then a man who is ceremonially clean is to take some hyssop, dip it in the water and sprinkle the tent and all the furnishings and the people who were there. He must also sprinkle anyone who has touched a human bone or a grave or someone who has been killed or someone who has died a natural death.

---

^d 19:14 *el que*. Alt. *lo que*.

muerto de muerte natural. 19El hombre ritualmente puro rociará a la persona impura los días tercero y séptimo. Al séptimo día, purificará a la persona impura, la cual lavará sus vestidos y se bañará. Así quedará purificada al anochecer. 20Pero si la persona impura no se purifica, será eliminada de la comunidad por haber contaminado el santuario del SEÑOR. Tal persona habrá quedado impura por no haber recibido las aguas de purificación. 21Éste es un estatuto perpetuo para Israel.

»El que rocía con las aguas de purificación también lavará sus vestidos, y quien toque el agua de purificación quedará impuro hasta el anochecer. 22Todo lo que el impuro toque quedará impuro, y quien lo toque a él, también quedará impuro.»

El agua de la roca

20 Toda la comunidad israelita llegó al desierto de Zin el mes primero, y acampó en Cades. Fue allí donde Miriam murió y fue sepultada.

2Como hubo una gran escasez de agua, los israelitas se amotinaron contra Moisés y Aarón, 3y le reclamaron a Moisés: «¡Ojalá el SEÑOR nos hubiera dejado morir junto con nuestros hermanos! 4¿No somos acaso la asamblea del SEÑOR? ¿Para qué nos trajiste a este desierto, a morir con nuestro ganado? 5¿Para qué nos sacaste de Egipto y nos metiste en este horrible lugar? Aquí no hay semillas, ni higueras, ni viñas, ni granados, ¡y ni siquiera hay agua!»

6Moisés y Aarón se apartaron de la asamblea y fueron a la entrada de la *Tienda de reunión, donde se postraron rostro en tierra. Entonces la gloria del SEÑOR se manifestó ante ellos, 7y el SEÑOR le dijo a Moisés: 8«Toma la vara y reúne a la asamblea. En presencia de ésta, tú y tu hermano le ordenarán a la *roca que dé agua. Así harán que de ella brote agua, y darán de beber a la asamblea y a su ganado.»

9Tal como el SEÑOR se lo había ordenado, Moisés tomó la vara que estaba ante el SEÑOR. 10Luego Moisés y Aarón reunieron a la asamblea frente a la roca, y Moisés dijo: «¡Escuchen, rebeldes! ¿Acaso tenemos que sacarles agua de esta roca?» 11Dicho esto, levantó la mano y dos veces golpeó la roca con la vara, ¡y brotó agua en abundancia, de la cual bebieron la asamblea y su ganado!

12El SEÑOR les dijo a Moisés y a Aarón: «Por no haber confiado en mí, ni haber reconocido mi *santidad en presencia de los israelitas, no serán ustedes los que lleven a esta comunidad a la tierra que les he dado.»

13A estas aguas se les conoce como la fuente de Meribá,[e] porque fue allí donde los israelitas le hicieron reclamaciones al SEÑOR, y donde él manifestó su santidad.

Edom le niega el paso a Israel

14Desde Cades, Moisés envío emisarios al rey de Edom, con este mensaje:

«Así dice tu hermano Israel: "Tú conoces bien todos los sufrimientos que hemos padecido. 15Sabes que nuestros antepasados fueron a Egipto, donde durante muchos años vivimos, y que los egipcios nos maltrataron a nosotros y a nuestros padres. 16También sabes que clamamos al SEÑOR, y que él escuchó nuestra súplica y nos envió a un ángel que nos sacó de Egipto.

» "Ya estamos en Cades, población que está en

[e] *20:13* En hebreo, *Meribá* significa *reclamación*.

19The man who is clean is to sprinkle the unclean person on the third and seventh days, and on the seventh day he is to purify him. The person being cleansed must wash his clothes and bathe with water, and that evening he will be clean. 20But if a person who is unclean does not purify himself, he must be cut off from the community, because he has defiled the sanctuary of the LORD. The water of cleansing has not been sprinkled on him, and he is unclean. 21This is a lasting ordinance for them.

"The man who sprinkles the water of cleansing must also wash his clothes, and anyone who touches the water of cleansing will be unclean till evening. 22Anything that an unclean person touches becomes unclean, and anyone who touches it becomes unclean till evening."

Water From the Rock

20 In the first month the whole Israelite community arrived at the Desert of Zin, and they stayed at Kadesh. There Miriam died and was buried.

2Now there was no water for the community, and the people gathered in opposition to Moses and Aaron. 3They quarreled with Moses and said, "If only we had died when our brothers fell dead before the LORD! 4Why did you bring the LORD's community into this desert, that we and our livestock should die here? 5Why did you bring us up out of Egypt to this terrible place? It has no grain or figs, grapevines or pomegranates. And there is no water to drink!"

6Moses and Aaron went from the assembly to the entrance to the Tent of Meeting and fell facedown, and the glory of the LORD appeared to them. 7The LORD said to Moses, 8"Take the staff, and you and your brother Aaron gather the assembly together. Speak to that rock before their eyes and it will pour out its water. You will bring water out of the rock for the community so they and their livestock can drink."

9So Moses took the staff from the LORD's presence, just as he commanded him. 10He and Aaron gathered the assembly together in front of the rock and Moses said to them, "Listen, you rebels, must we bring you water out of this rock?" 11Then Moses raised his arm and struck the rock twice with his staff. Water gushed out, and the community and their livestock drank.

12But the LORD said to Moses and Aaron, "Because you did not trust in me enough to honor me as holy in the sight of the Israelites, you will not bring this community into the land I give them."

13These were the waters of Meribah,[q] where the Israelites quarreled with the LORD and where he showed himself holy among them.

Edom Denies Israel Passage

14Moses sent messengers from Kadesh to the king of Edom, saying:

"This is what your brother Israel says: You know about all the hardships that have come upon us. 15Our forefathers went down into Egypt, and we lived there many years. The Egyptians mistreated us and our fathers, 16but when we cried out to the LORD, he heard our cry and sent an angel and brought us out of Egypt.

"Now we are here at Kadesh, a town on the

[q] *13* *Meribah* means *quarreling*.

las inmediaciones de tu territorio. 17 Sólo te pedimos que nos dejes cruzar por tus dominios. Te prometo que no entraremos en ningún campo ni viña, ni beberemos agua de ningún pozo. Nos limitaremos a pasar por el camino real, sin apartarnos de él para nada, hasta que salgamos de tu territorio."»

18 Pero el rey de Edom le mandó a decir:

«Ni siquiera intenten cruzar por mis dominios; de lo contrario, saldré con mi ejército y los atacaré.»

19 Los israelitas insistieron:

«Sólo pasaremos por el camino principal, y si nosotros o nuestro ganado llegamos a beber agua de tus pozos, te lo pagaremos. Lo único que pedimos es que nos permitas pasar por él.»

20 El rey fue tajante en su respuesta:

«¡Por aquí no pasarán!»

Y salió contra ellos con un poderoso ejército, 21 resuelto a no dejarlos cruzar por su territorio. Así que los israelitas se vieron obligados a ir por otro camino.

Muerte de Aarón

22 Toda la comunidad israelita partió de Cades y llegó al monte Hor, 23 cerca de la frontera de Edom. Allí el SEÑOR les dijo a Moisés y a Aarón: 24 «Pronto Aarón partirá de este mundo, de modo que no entrará en la tierra que les he dado a los israelitas porque ustedes dos no obedecieron la orden que les di en la fuente de Meribá. 25 Así que lleva a Aarón y a su hijo al monte Hor. 26 Allí le quitarás a Aarón sus vestiduras sacerdotales, y se las pondrás a su hijo Eleazar, pues allí Aarón se reunirá con sus antepasados.»

27 Moisés llevó a cabo lo que el SEÑOR le ordenó. A la vista de todo el pueblo, los tres subieron al monte Hor. 28 Moisés le quitó a Aarón las vestiduras sacerdotales, y se las puso a Eleazar. Allí, en la cumbre del monte, murió Aarón. Luego Moisés y Eleazar descendieron del monte. 29 Y cuando el pueblo se enteró de que Aarón había muerto, lo lloró treinta días.

Derrota de Arad

21 Cuando el cananeo que reinaba en la ciudad de Arad y vivía en el Néguev se enteró de que los israelitas venían por el camino de Atarín, los atacó y capturó a algunos de ellos. 2 Entonces el pueblo de Israel hizo este voto al SEÑOR: «Si tú nos aseguras la victoria sobre este enemigo, *destruiremos por completo sus ciudades.» 3 El SEÑOR atendió a la súplica de los israelitas y les concedió la victoria sobre los cananeos, a los que destruyeron por completo, junto con sus ciudades. Por eso a aquel lugar se le llamó Jormá.f

La serpiente de bronce

4 Los israelitas salieron del monte Hor por la ruta del *Mar Rojo, bordeando el territorio de Edom. En el camino se impacientaron 5 y comenzaron a hablar contra Dios y contra Moisés:

—¿Para qué nos trajeron ustedes de Egipto a morir en este desierto? ¡Aquí no hay pan ni agua! ¡Ya estamos hartos de esta pésima comida!

6 Por eso el SEÑOR mandó contra ellos serpientes venenosas, para que los mordieran, y muchos israelitas

edge of your territory. 17 Please let us pass through your country. We will not go through any field or vineyard, or drink water from any well. We will travel along the king's highway and not turn to the right or to the left until we have passed through your territory."

18 But Edom answered:

"You may not pass through here; if you try, we will march out and attack you with the sword."

19 The Israelites replied:

"We will go along the main road, and if we or our livestock drink any of your water, we will pay for it. We only want to pass through on foot—nothing else."

20 Again they answered:

"You may not pass through."

Then Edom came out against them with a large and powerful army. 21 Since Edom refused to let them go through their territory, Israel turned away from them.

The Death of Aaron

22 The whole Israelite community set out from Kadesh and came to Mount Hor. 23 At Mount Hor, near the border of Edom, the LORD said to Moses and Aaron, 24 "Aaron will be gathered to his people. He will not enter the land I give the Israelites, because both of you rebelled against my command at the waters of Meribah. 25 Get Aaron and his son Eleazar and take them up Mount Hor. 26 Remove Aaron's garments and put them on his son Eleazar, for Aaron will be gathered to his people; he will die there."

27 Moses did as the LORD commanded: They went up Mount Hor in the sight of the whole community. 28 Moses removed Aaron's garments and put them on his son Eleazar. And Aaron died there on top of the mountain. Then Moses and Eleazar came down from the mountain, 29 and when the whole community learned that Aaron had died, the entire house of Israel mourned for him thirty days.

Arad Destroyed

21 When the Canaanite king of Arad, who lived in the Negev, heard that Israel was coming along the road to Atharim, he attacked the Israelites and captured some of them. 2 Then Israel made this vow to the LORD: "If you will deliver these people into our hands, we will totally destroy^r their cities." 3 The LORD listened to Israel's plea and gave the Canaanites over to them. They completely destroyed them and their towns; so the place was named Hormah.^s

The Bronze Snake

4 They traveled from Mount Hor along the route to the Red Sea,^t to go around Edom. But the people grew impatient on the way; 5 they spoke against God and against Moses, and said, "Why have you brought us up out of Egypt to die in the desert? There is no bread! There is no water! And we detest this miserable food!"

6 Then the LORD sent venomous snakes among them;

---

f 21:3 En hebreo, *Jormá* significa *destrucción*.

r 2 The Hebrew term refers to the irrevocable giving over of things or persons to the LORD, often by totally destroying them; also in verse 3.   s 3 *Hormah* means *destruction*.   t 4 Hebrew *Yam Suph*; that is, Sea of Reeds

murieron. 7 El pueblo se acercó entonces a Moisés, y le dijo:

—Hemos pecado al hablar contra el SEÑOR y contra ti. Ruégale al SEÑOR que nos quite esas serpientes.

Moisés intercedió por el pueblo, 8 y el SEÑOR le dijo:

—Hazte una serpiente, y ponla en un asta. Todos los que sean mordidos y la miren, vivirán.

9 Moisés hizo una serpiente de bronce y la puso en un asta. Los que eran mordidos, miraban a la serpiente de bronce y vivían.

En camino a Moab

10 Los israelitas se pusieron en marcha y acamparon en Obot. 11 De allí partieron y acamparon en Iyé Abarín, que está en el desierto, al oriente de Moab. 12 De allí partieron y acamparon en el valle de Zéred. 13 De allí partieron y acamparon al otro lado del río Arnón, que está en el desierto que se extiende desde el territorio de los amorreos. El río Arnón sirve de frontera entre el territorio de los moabitas y el de los amorreos. 14 Por eso puede leerse en el libro de las guerras del SEÑOR:

> «... hacia el Mar Rojo,g los valles y el Arnón.
> 15 La ladera de los valles que se extienden
>   hasta la región de Ar y la frontera de
>   Moab.»

16 De allí continuaron hasta Ber, el pozo donde el SEÑOR le dijo a Moisés: «Reúne al pueblo, y les daré agua.» 17 En esa ocasión Israel entonó este cántico:

> «¡Que brote el agua!
>   ¡Que cante el pozo!
> 18 ¡Pozo que el gobernante cavó con su cetro
>   y que el noble abrió con su vara!»

Desde el desierto se dirigieron a Matana; 19 de Matana a Najaliel, de Najaliel a Bamot, 20 y de Bamot al valle que está en la región de Moab, hasta la cumbre del monte Pisgá, desde donde puede verse el desierto de Jesimón.

Victoria sobre Sijón

21 Israel envió emisarios a Sijón, rey de los amorreos, con este mensaje:

22 «Te pido que nos dejes pasar por tus dominios. Te prometo que no entraremos en ningún campo ni viña, ni beberemos agua de ningún pozo. Nos limitaremos a pasar por el camino real, hasta que salgamos de tu territorio.»

23 Pero Sijón no dejó que los israelitas pasaran por sus dominios. Más bien, reunió a sus tropas y salió a hacerles frente en el desierto. Cuando llegó a Yahaza, los atacó. 24 Pero los israelitas lo derrotaron y se apoderaron de su territorio, desde el río Arnón hasta el río Jaboc, es decir, hasta la frontera de los amonitas, la cual estaba fortificada. 25 Israel se apoderó de todas las ciudades amorreas y se estableció en ellas, incluso en Hesbón y en todas sus aldeas. 26 Hesbón era la ciudad capital de Sijón, rey de los amorreos, quien había luchado en contra del anterior rey de Moab, conquistando todo su territorio, hasta el río Arnón.

27 Por eso dicen los poetas:

> «Vengan a Hesbón, la ciudad de Sijón.
>   ¡Reconstrúyanla! ¡Restáurenla!

they bit the people and many Israelites died. 7 The people came to Moses and said, "We sinned when we spoke against the LORD and against you. Pray that the LORD will take the snakes away from us." So Moses prayed for the people.

8 The LORD said to Moses, "Make a snake and put it up on a pole; anyone who is bitten can look at it and live." 9 So Moses made a bronze snake and put it up on a pole. Then when anyone was bitten by a snake and looked at the bronze snake, he lived.

The Journey to Moab

10 The Israelites moved on and camped at Oboth. 11 Then they set out from Oboth and camped in Iye Abarim, in the desert that faces Moab toward the sunrise. 12 From there they moved on and camped in the Zered Valley. 13 They set out from there and camped alongside the Arnon, which is in the desert extending into Amorite territory. The Arnon is the border of Moab, between Moab and the Amorites. 14 That is why the Book of the Wars of the LORD says:

> ". . . Waheb in Suphahu and the ravines,
>   the Arnon 15 andv the slopes of the
>   ravines
> that lead to the site of Ar
>   and lie along the border of Moab."

16 From there they continued on to Beer, the well where the LORD said to Moses, "Gather the people together and I will give them water."

17 Then Israel sang this song:

> "Spring up, O well!
>   Sing about it,
> 18 about the well that the princes dug,
>   that the nobles of the people sank—
>   the nobles with scepters and staffs."

Then they went from the desert to Mattanah, 19 from Mattanah to Nahaliel, from Nahaliel to Bamoth, 20 and from Bamoth to the valley in Moab where the top of Pisgah overlooks the wasteland.

Defeat of Sihon and Og

21 Israel sent messengers to say to Sihon king of the Amorites:

22 "Let us pass through your country. We will not turn aside into any field or vineyard, or drink water from any well. We will travel along the king's highway until we have passed through your territory."

23 But Sihon would not let Israel pass through his territory. He mustered his entire army and marched out into the desert against Israel. When he reached Jahaz, he fought with Israel. 24 Israel, however, put him to the sword and took over his land from the Arnon to the Jabbok, but only as far as the Ammonites, because their border was fortified. 25 Israel captured all the cities of the Amorites and occupied them, including Heshbon and all its surrounding settlements. 26 Heshbon was the city of Sihon king of the Amorites, who had fought against the former king of Moab and had taken from him all his land as far as the Arnon.

27 That is why the poets say:

> "Come to Heshbon and let it be rebuilt;
>   let Sihon's city be restored.

---

u 14 The meaning of the Hebrew for this phrase is uncertain.
v 14,15 Or "I have been given from Suphah and the ravines / of the Arnon 15 to

²⁸ Porque de Hesbón ha salido fuego;
de la ciudad de Sijón salieron llamas.
¡Y consumieron las ciudades de Moab
y las alturas que dominan el Arnón!
²⁹ ¡Ay de ti, Moab!
¡Estás destruido, pueblo de Quemós!
Tu dios convirtió a tus hijos en fugitivos
y a tus hijas en prisioneras de Sijón,
rey de los amorreos.

³⁰ »Los hemos destruido por completo,
desde Hesbón hasta Dibón.
Los devastamos hasta Nofa,
¡los destruimos hasta Medeba!»

³¹ Así fue como Israel se estableció en la tierra de los amorreos.

Victoria sobre el rey Og de Basán

³² Moisés también envió a explorar Jazer, y los israelitas se apoderaron de sus aldeas, expulsando a los amorreos que vivían allí. ³³ Al volver, tomaron el camino de Basán. Fue allí donde Og, el rey de Basán, salió con su ejército para hacerles frente en Edrey.

³⁴ Pero el SEÑOR le dijo a Moisés: «No le tengas miedo, porque voy a entregar en tus manos a Og, a su ejército, y a su territorio. Harás con él lo mismo que hiciste con Sijón, el rey de los amorreos que vivía en Hesbón.»

³⁵ Así fue como los israelitas mataron a Og, a sus hijos y a todo su ejército, hasta no dejar sobreviviente, y se apoderaron de su territorio.

Balac manda llamar a Balán

22 Los israelitas se pusieron otra vez en marcha, y acamparon en las estepas de Moab, al otro lado del Jordán, a la altura de Jericó.

² Cuando Balac hijo de Zipor se dio cuenta de todo lo que Israel había hecho con los amorreos, ³ los moabitas sintieron mucho miedo de los israelitas. Estaban verdaderamente aterrorizados de ellos, porque eran un ejército muy numeroso.

⁴ Entonces dijeron los moabitas a los *ancianos de Madián: «¡Esta muchedumbre barrerá con todo lo que hay a nuestro alrededor, como cuando el ganado barre con la hierba del campo!»

En aquel tiempo, Balac hijo de Zipor era rey de Moab, ⁵ así que mandó llamar a Balán hijo de Beor, quien vivía en Petor, a orillas del río Éufrates, en la tierra de los amavitas.^h Balac mandó a decirle:

«Hay un pueblo que salió de Egipto, y que ahora cubre toda la tierra y ha venido a asentarse cerca de mí. ⁶ Te ruego que vengas y maldigas por mí a este pueblo, porque es más poderoso que yo. Tal vez así pueda yo vencerlos y echarlos fuera del país. Yo sé que a quien tú bendices, queda bendito, y a quien tú maldices, queda maldito.»

⁷ Los ancianos de Moab y de Madián fueron a darle a Balán el mensaje que Balac le enviaba, y llevaron consigo dinero para pagarle sus conjuros.

⁸ Balán los invitó a pasar allí la noche, prometiendo comunicarles después lo que el SEÑOR le dijera. Y los gobernantes se alojaron con él.

⁹ Dios se le apareció a Balán, y le dijo:

—¿Quiénes son estos hombres que se alojan contigo?

¹⁰ Balán le respondió:

—Son los mensajeros que envió Balac hijo de Zipor,

²⁸"Fire went out from Heshbon,
a blaze from the city of Sihon.
It consumed Ar of Moab,
the citizens of Arnon's heights.
²⁹Woe to you, O Moab!
You are destroyed, O people of Chemosh!
He has given up his sons as fugitives
and his daughters as captives
to Sihon king of the Amorites.

³⁰"But we have overthrown them;
Heshbon is destroyed all the way to Dibon.
We have demolished them as far as Nophah,
which extends to Medeba."

³¹So Israel settled in the land of the Amorites.

³²After Moses had sent spies to Jazer, the Israelites captured its surrounding settlements and drove out the Amorites who were there. ³³Then they turned and went up along the road toward Bashan, and Og king of Bashan and his whole army marched out to meet them in battle at Edrei.

³⁴The LORD said to Moses, "Do not be afraid of him, for I have handed him over to you, with his whole army and his land. Do to him what you did to Sihon king of the Amorites, who reigned in Heshbon."

³⁵So they struck him down, together with his sons and his whole army, leaving them no survivors. And they took possession of his land.

Balak Summons Balaam

22 Then the Israelites traveled to the plains of Moab and camped along the Jordan across from Jericho.^w

²Now Balak son of Zippor saw all that Israel had done to the Amorites, ³and Moab was terrified because there were so many people. Indeed, Moab was filled with dread because of the Israelites.

⁴The Moabites said to the elders of Midian, "This horde is going to lick up everything around us, as an ox licks up the grass of the field."

So Balak son of Zippor, who was king of Moab at that time, ⁵sent messengers to summon Balaam son of Beor, who was at Pethor, near the River,^x in his native land. Balak said:

"A people has come out of Egypt; they cover the face of the land and have settled next to me. ⁶Now come and put a curse on these people, because they are too powerful for me. Perhaps then I will be able to defeat them and drive them out of the country. For I know that those you bless are blessed, and those you curse are cursed."

⁷The elders of Moab and Midian left, taking with them the fee for divination. When they came to Balaam, they told him what Balak had said.

⁸"Spend the night here," Balaam said to them, "and I will bring you back the answer the LORD gives me." So the Moabite princes stayed with him.

⁹God came to Balaam and asked, "Who are these men with you?"

¹⁰Balaam said to God, "Balak son of Zippor, king of

---

^h 22:5 de los amavitas. Alt. de los hijos de su pueblo.

^w 1 Hebrew Jordan of Jericho; possibly an ancient name for the Jordan River   ^x 5 That is, the Euphrates

que es el rey de Moab. Los envió a decirme: 11"Un pueblo que salió de Egipto cubre ahora toda la tierra. Ven y échales una maldición por mí. Tal vez así pueda yo luchar contra ellos y echarlos fuera de mi territorio."

12 Pero Dios le dijo a Balán:

—No irás con ellos, ni pronunciarás ninguna maldición sobre los israelitas, porque son un pueblo bendito.

13 Al otro día Balán se levantó y les dijo a los gobernantes enviados por Balac: «Regresen a su tierra, porque el SEÑOR no quiere que yo vaya con ustedes.»

14 Los gobernantes moabitas regresaron adonde estaba Balac y le dijeron: «Balán no quiere venir con nosotros.»

15 Balac envió entonces a otros gobernantes, más numerosos y distinguidos que los primeros, 16 quienes fueron y le dijeron a Balán:

—Esto es lo que dice Balac hijo de Zipor:

"No permitas que nada te impida venir a verme, 17 porque yo te recompensaré con creces y haré todo lo que tú me pidas. Te ruego que vengas y maldigas por mí a este pueblo."

18 Pero Balán le respondió:

—Aun si Balac me diera su palacio lleno de oro y de plata, yo no podría hacer nada grande ni pequeño, sino ajustarme al mandamiento del SEÑOR mi Dios. 19 Ustedes pueden también alojarse aquí esta noche, mientras yo averiguo si el SEÑOR quiere decirme alguna otra cosa.

20 Aquella noche Dios se le apareció a Balán y le dijo: «Ya que estos hombres han venido a llamarte, ve con ellos, pero sólo harás lo que yo te ordene.»

Balán y su burra

21 Balán se levantó por la mañana, ensilló su burra, y partió con los gobernantes de Moab. 22 Mientras iba con ellos, la ira de Dios se encendió y en el camino el ángel del SEÑOR se hizo presente, dispuesto a no dejarlo pasar. Balán iba montado en su burra, y sus dos criados lo acompañaban. 23 Cuando la burra vio al ángel del SEÑOR en medio del camino, con la espada desenvainada, se apartó del camino para meterse en el campo. Pero Balán la golpeó para hacerla volver al camino.

24 El ángel del SEÑOR se detuvo en un sendero estrecho que estaba entre dos viñas, con cercos de piedra en ambos lados. 25 Cuando la burra vio al ángel del SEÑOR, se arrimó contra la pared, con lo que lastimó el pie de Balán. Entonces Balán volvió a pegarle.

26 El ángel del SEÑOR se les adelantó y se detuvo en un lugar más estrecho, donde ya no había hacia dónde volverse. 27 Cuando la burra vio al ángel del SEÑOR, se echó al suelo con Balán encima. Entonces se encendió la ira de Balán y golpeó a la burra con un palo. 28 Pero el SEÑOR hizo hablar a la burra, y ella le dijo a Balán:

—¿Se puede saber qué te he hecho, para que me hayas pegado tres veces?

29 Balán le respondió:

—¡Te has venido burlando de mí! Si hubiera tenido una espada en la mano, te habría matado de inmediato.

30 La burra le contestó a Balán:

—¿Acaso no soy la burra sobre la que siempre has montado, hasta el día de hoy? ¿Alguna vez te hice algo así?

—No —respondió Balán.

31 El SEÑOR abrió los ojos de Balán, y éste pudo ver al ángel del SEÑOR en el camino y empuñando la espada. Balán se inclinó entonces y se postró rostro en tierra.

Moab, sent me this message: 11 'A people that has come out of Egypt covers the face of the land. Now come and put a curse on them for me. Perhaps then I will be able to fight them and drive them away.' "

12 But God said to Balaam, "Do not go with them. You must not put a curse on those people, because they are blessed."

13 The next morning Balaam got up and said to Balak's princes, "Go back to your own country, for the LORD has refused to let me go with you."

14 So the Moabite princes returned to Balak and said, "Balaam refused to come with us."

15 Then Balak sent other princes, more numerous and more distinguished than the first. 16 They came to Balaam and said:

"This is what Balak son of Zippor says: Do not let anything keep you from coming to me, 17 because I will reward you handsomely and do whatever you say. Come and put a curse on these people for me."

18 But Balaam answered them, "Even if Balak gave me his palace filled with silver and gold, I could not do anything great or small to go beyond the command of the LORD my God. 19 Now stay here tonight as the others did, and I will find out what else the LORD will tell me."

20 That night God came to Balaam and said, "Since these men have come to summon you, go with them, but do only what I tell you."

Balaam's Donkey

21 Balaam got up in the morning, saddled his donkey and went with the princes of Moab. 22 But God was very angry when he went, and the angel of the LORD stood in the road to oppose him. Balaam was riding on his donkey, and his two servants were with him. 23 When the donkey saw the angel of the LORD standing in the road with a drawn sword in his hand, she turned off the road into a field. Balaam beat her to get her back on the road.

24 Then the angel of the LORD stood in a narrow path between two vineyards, with walls on both sides. 25 When the donkey saw the angel of the LORD, she pressed close to the wall, crushing Balaam's foot against it. So he beat her again.

26 Then the angel of the LORD moved on ahead and stood in a narrow place where there was no room to turn, either to the right or to the left. 27 When the donkey saw the angel of the LORD, she lay down under Balaam, and he was angry and beat her with his staff. 28 Then the LORD opened the donkey's mouth, and she said to Balaam, "What have I done to you to make you beat me these three times?"

29 Balaam answered the donkey, "You have made a fool of me! If I had a sword in my hand, I would kill you right now."

30 The donkey said to Balaam, "Am I not your own donkey, which you have always ridden, to this day? Have I been in the habit of doing this to you?"

"No," he said.

31 Then the LORD opened Balaam's eyes, and he saw the angel of the LORD standing in the road with his sword drawn. So he bowed low and fell facedown.

³²El ángel del SEÑOR le preguntó:

—¿Por qué golpeaste tres veces a tu burra? ¿No te das cuenta de que vengo dispuesto a no dejarte pasar porque he visto que tus *caminos son malos?ⁱ ³³Cuando la burra me vio, se apartó de mí tres veces. De no haber sido por ella, tú estarías ya muerto y ella seguiría con vida.

³⁴Balán le dijo al ángel del SEÑOR:

—He pecado. No me di cuenta de tu presencia en el camino para cerrarme el paso. Ahora bien, como esto te parece mal, voy a regresar.

³⁵Pero el ángel del SEÑOR le dijo a Balán:

—Ve con ellos, pero limítate a decir sólo lo que yo te mande.

Y Balán se fue con los jefes que Balac había enviado.

Balac se encuentra con Balán

³⁶Cuando Balac se enteró de que Balán venía, salió a recibirlo en una ciudad moabita que está en la frontera del río Arnón. ³⁷Balac le dijo a Balán:

—¿Acaso no te mandé llamar? ¿Por qué no viniste a mí? ¿Crees que no soy capaz de recompensarte?

³⁸—¡Bueno, ya estoy aquí! —contestó Balán—. Sólo que no podré decir nada que Dios no ponga en mi boca.

³⁹De allí se fueron Balán y Balac a Quiriat Jusot. ⁴⁰Balac ofreció en sacrificio vacas y ovejas, y las compartió con Balán y los gobernantes que estaban con él. ⁴¹A la mañana siguiente, Balac llevó a Balán a Bamot Baal, desde donde Balán pudo ver parte del campamento israelita.

Primer oráculo de Balán

23 Balán le dijo a Balac: «Edifícame siete altares en este lugar, y prepárame siete novillos y siete carneros.» ²Balac hizo lo que Balán le pidió, y juntos ofrecieron un novillo y un carnero en cada altar.

³Entonces Balán le dijo a Balac: «Quédate aquí, al lado de tu *holocausto, mientras yo voy a ver si el SEÑOR quiere reunirse conmigo. Luego te comunicaré lo que él me revele.» Y se fue a un cerro desierto.

⁴Dios vino a su encuentro, y Balán le dijo:

—He preparado siete altares, y en cada altar he ofrecido un novillo y un carnero.

⁵Entonces el SEÑOR puso su palabra en boca de Balán, y le dijo:

—Vuelve adonde está Balac, y repítele lo que te voy a decir.

⁶Balán regresó y encontró a Balac de pie, al lado de su holocausto, en compañía de todos los jefes de Moab.

⁷Y Balán pronunció su oráculo:

«De Aram, de las montañas de Oriente,
　　me trajo Balac, el rey de Moab.
"Ven —me dijo—, maldice por mí a Jacob;
　　ven, deséale el mal a Israel."
⁸¿Pero cómo podré echar maldiciones
　　sobre quien Dios no ha maldecido?
¿Cómo podré desearle el mal
　　a quien el SEÑOR no se lo desea?
⁹Desde la cima de las peñas lo veo;
　　desde las colinas lo contemplo:
es un pueblo que vive apartado,
　　que no se cuenta entre las naciones.

³²The angel of the LORD asked him, "Why have you beaten your donkey these three times? I have come here to oppose you because your path is a reckless one before me.ʸ ³³The donkey saw me and turned away from me these three times. If she had not turned away, I would certainly have killed you by now, but I would have spared her."

³⁴Balaam said to the angel of the LORD, "I have sinned. I did not realize you were standing in the road to oppose me. Now if you are displeased, I will go back."

³⁵The angel of the LORD said to Balaam, "Go with the men, but speak only what I tell you." So Balaam went with the princes of Balak.

³⁶When Balak heard that Balaam was coming, he went out to meet him at the Moabite town on the Arnon border, at the edge of his territory. ³⁷Balak said to Balaam, "Did I not send you an urgent summons? Why didn't you come to me? Am I really not able to reward you?"

³⁸"Well, I have come to you now," Balaam replied. "But can I say just anything? I must speak only what God puts in my mouth."

³⁹Then Balaam went with Balak to Kiriath Huzoth. ⁴⁰Balak sacrificed cattle and sheep, and gave some to Balaam and the princes who were with him. ⁴¹The next morning Balak took Balaam up to Bamoth Baal, and from there he saw part of the people.

Balaam's First Oracle

23 Balaam said, "Build me seven altars here, and prepare seven bulls and seven rams for me." ²Balak did as Balaam said, and the two of them offered a bull and a ram on each altar.

³Then Balaam said to Balak, "Stay here beside your offering while I go aside. Perhaps the LORD will come to meet with me. Whatever he reveals to me I will tell you." Then he went off to a barren height.

⁴God met with him, and Balaam said, "I have prepared seven altars, and on each altar I have offered a bull and a ram."

⁵The LORD put a message in Balaam's mouth and said, "Go back to Balak and give him this message."

⁶So he went back to him and found him standing beside his offering, with all the princes of Moab. ⁷Then Balaam uttered his oracle:

"Balak brought me from Aram,
　　the king of Moab from the eastern
　　　mountains.
'Come,' he said, 'curse Jacob for me;
　　come, denounce Israel.'
⁸How can I curse
　　those whom God has not cursed?
How can I denounce
　　those whom the LORD has not denounced?
⁹From the rocky peaks I see them,
　　from the heights I view them.
I see a people who live apart
　　and do not consider themselves one of the
　　　nations.

ⁱ 22:32 *son malos* (véase LXX y Vulgata). Texto de difícil traducción.

ʸ 32 The meaning of the Hebrew for this clause is uncertain.

10 ¿Quién puede calcular la descendencia de
       Jacob,
       tan numerosa como el polvo,
       o contar siquiera la cuarta parte de Israel?
       ¡Sea mi muerte como la del justo!
       ¡Sea mi fin semejante al suyo!»

11 Entonces Balac le reclamó a Balán:

—¿Qué me has hecho? Te traje para que lanzaras una maldición sobre mis enemigos, ¡y resulta que no has hecho más que bendecirlos!

12 Pero Balán le respondió:

—¿Acaso no debo decir lo que el SEÑOR me pide que diga?

Segundo oráculo de Balán

13 Entonces Balac le dijo:

—Por favor, ven conmigo a otro lugar. Desde allí podrás ver sólo a una parte del pueblo, y no a todos ellos, *j* y les desearás el mal.

14 Así que lo llevó al campo de Zofín en la cumbre del monte Pisgá. Allí edificó siete altares, y en cada uno de ellos ofreció un novillo y un carnero. 15 Allí Balán le dijo a Balac: «Quédate aquí, al lado de tu *holocausto, mientras yo voy a reunirme con Dios.»*k*

16 El SEÑOR se reunió con Balán y puso en boca de éste su palabra. Le dijo: «Vuelve adonde está Balac, y repite lo que te voy a decir.»

17 Balán se fue adonde estaba Balac, y lo encontró de pie, al lado de su holocausto, en compañía de los jefes de Moab. Balac le preguntó:

—¿Qué dijo el SEÑOR?

18 Entonces Balán pronunció su oráculo:

       «Levántate, Balac, y escucha;
       óyeme, hijo de Zipor.
19 Dios no es un simple *mortal
       para mentir y cambiar de parecer.
       ¿Acaso no cumple lo que promete
       ni lleva a cabo lo que dice?
20 Se me ha ordenado bendecir,
       y si eso es lo que Dios quiere,
       yo no puedo hacer otra cosa.

21 »Dios no se ha fijado en la maldad de Jacob
       ni ha reparado en la violencia de Israel.
       El SEÑOR su Dios está con ellos;
       y entre ellos se le aclama como rey.
22 Dios los sacó de Egipto
       con la fuerza de un toro salvaje.
23 Contra Jacob no hay brujería que valga,
       ni valen las hechicerías contra Israel.
       De Jacob y de Israel se dirá:
       “¡Miren lo que Dios ha hecho!”
24 Un pueblo se alza como leona;
       se levanta como león.
       No descansará hasta haber devorado su presa
       y bebido la sangre de sus víctimas.»

25 Balac le dijo entonces a Balán:

—¡Si no los vas a maldecir, tampoco los bendigas!

26 Balán le respondió:

—¿Acaso no te advertí que yo repetiría todo lo que el SEÑOR me ordenara decir?

10 Who can count the dust of Jacob
       or number the fourth part of Israel?
       Let me die the death of the righteous,
       and may my end be like theirs!"

11 Balak said to Balaam, "What have you done to me? I brought you to curse my enemies, but you have done nothing but bless them!"

12 He answered, "Must I not speak what the LORD puts in my mouth?"

Balaam's Second Oracle

13 Then Balak said to him, "Come with me to another place where you can see them; you will see only a part but not all of them. And from there, curse them for me." 14 So he took him to the field of Zophim on the top of Pisgah, and there he built seven altars and offered a bull and a ram on each altar.

15 Balaam said to Balak, "Stay here beside your offering while I meet with him over there."

16 The LORD met with Balaam and put a message in his mouth and said, "Go back to Balak and give him this message."

17 So he went to him and found him standing beside his offering, with the princes of Moab. Balak asked him, "What did the LORD say?"

18 Then he uttered his oracle:

       "Arise, Balak, and listen;
       hear me, son of Zippor.
19 God is not a man, that he should lie,
       nor a son of man, that he should change
       his mind.
       Does he speak and then not act?
       Does he promise and not fulfill?
20 I have received a command to bless;
       he has blessed, and I cannot change it.

21 "No misfortune is seen in Jacob,
       no misery observed in Israel.*z*
       The LORD their God is with them;
       the shout of the King is among them.
22 God brought them out of Egypt;
       they have the strength of a wild ox.
23 There is no sorcery against Jacob,
       no divination against Israel.
       It will now be said of Jacob
       and of Israel, 'See what God has done!'
24 The people rise like a lioness;
       they rouse themselves like a lion
       that does not rest till he devours his prey
       and drinks the blood of his victims."

25 Then Balak said to Balaam, "Neither curse them at all nor bless them at all!"

26 Balaam answered, "Did I not tell you I must do whatever the LORD says?"

---

j 23:13 *podrás ver sólo a una parte del pueblo, y no a todos ellos.*
Alt. *podrás ver al pueblo, ya que ahora sólo ves parte de él.*
k 23:15 *con Dios* (LXX); *allí* (TM).

z 21 Or *He has not looked on Jacob's offenses / or on the wrongs found in Israel.*

Tercer oráculo de Balán

27 Balac le dijo a Balán:

—Por favor, ven conmigo, que te llevaré a otro lugar. Tal vez a Dios le parezca bien que los maldigas desde allí.

28 Así que llevó a Balán hasta la cumbre del monte Peor, desde donde puede verse el desierto de Jesimón. 29 Allí Balán le dijo:

—Edifícame siete altares en este lugar, y prepárame siete novillos y siete carneros.

30 Balac hizo lo que Balán le pidió, y en cada altar ofreció un novillo y un carnero.

24 Pero cuando Balán se dio cuenta de que al SEÑOR le complacía que se bendijera a Israel, no recurrió a la hechicería, como otras veces, sino que volvió su rostro hacia el desierto. 2 Cuando Balán alzó la vista y vio a Israel acampando por tribus, el Espíritu del SEÑOR vino sobre él; 3 entonces pronunció su oráculo:

«Palabras de Balán hijo de Beor;
　　palabras del varón clarividente.
4 Palabras del que oye las palabras de Dios,
　　del que contempla la visión del
　　　　*Todopoderoso,
　　del que cae en trance y tiene visiones.

5 »¡Cuán hermosas son tus tiendas, Jacob!
　　¡Qué bello es tu campamento, Israel!
6 Son como arroyos que se ensanchan,
　　como jardines a la orilla del río,
　　como áloes plantados por el SEÑOR,
　　como cedros junto a las aguas.
7 Sus cántaros rebosan de agua;
　　su semilla goza de agua abundante.
Su rey es más grande que Agag;
　　su reinado se engrandece.

8 »Dios los sacó de Egipto
　　con la fuerza de un toro salvaje.
Israel devora a las naciones hostiles
　　y les parte los huesos;
　　¡las atraviesa con sus flechas!
9 Se agacha como un león,
　　se tiende como una leona:
　　¿quién se atreverá a molestarlo?
¡Benditos sean los que te bendigan!
　　¡Malditos sean los que te maldigan!»

10 Entonces la ira de Balac se encendió contra Balán, y chasqueando los dedos le dijo:

—Te mandé llamar para que echaras una maldición sobre mis enemigos, ¡y estas tres veces no has hecho sino bendecirlos! 11 ¡Más te vale volver a tu tierra! Prometí que te recompensaría, pero esa recompensa te la ha negado el SEÑOR.

12 Balán le contestó:

—Yo les dije a los mensajeros que me enviaste: 13 "Aun si Balac me diera su palacio lleno de oro y de plata, yo no podría hacer nada bueno ni malo, sino ajustarme al mandamiento del SEÑOR mi Dios. Lo que el SEÑOR me ordene decir, eso diré." 14 Ahora que vuelvo a mi pueblo, voy a advertirte en cuanto a lo que este pueblo hará con tu pueblo en los días postreros.

Balaam's Third Oracle

27 Then Balak said to Balaam, "Come, let me take you to another place. Perhaps it will please God to let you curse them for me from there." 28 And Balak took Balaam to the top of Peor, overlooking the wasteland.

29 Balaam said, "Build me seven altars here, and prepare seven bulls and seven rams for me." 30 Balak did as Balaam had said, and offered a bull and a ram on each altar.

24 Now when Balaam saw that it pleased the LORD to bless Israel, he did not resort to sorcery as at other times, but turned his face toward the desert. 2 When Balaam looked out and saw Israel encamped tribe by tribe, the Spirit of God came upon him 3 and he uttered his oracle:

"The oracle of Balaam son of Beor,
　　the oracle of one whose eye sees clearly,
4 the oracle of one who hears the words of
　　　　God,
　　who sees a vision from the Almighty,[a]
　　who falls prostrate, and whose eyes are
　　　　opened:

5 "How beautiful are your tents, O Jacob,
　　your dwelling places, O Israel!

6 "Like valleys they spread out,
　　like gardens beside a river,
　　like aloes planted by the LORD,
　　like cedars beside the waters.
7 Water will flow from their buckets;
　　their seed will have abundant water.

"Their king will be greater than Agag;
　　their kingdom will be exalted.

8 "God brought them out of Egypt;
　　they have the strength of a wild ox.
They devour hostile nations
　　and break their bones in pieces;
　　with their arrows they pierce them.
9 Like a lion they crouch and lie down,
　　like a lioness—who dares to rouse them?

"May those who bless you be blessed
　　and those who curse you be cursed!"

10 Then Balak's anger burned against Balaam. He struck his hands together and said to him, "I summoned you to curse my enemies, but you have blessed them these three times. 11 Now leave at once and go home! I said I would reward you handsomely, but the LORD has kept you from being rewarded."

12 Balaam answered Balak, "Did I not tell the messengers you sent me, 13 'Even if Balak gave me his palace filled with silver and gold, I could not do anything of my own accord, good or bad, to go beyond the command of the LORD—and I must say only what the LORD says'? 14 Now I am going back to my people, but come, let me warn you of what this people will do to your people in days to come."

Cuarto oráculo de Balán

15 Entonces Balán pronunció su oráculo:

«Palabras de Balán hijo de Beor,
  palabras del varón clarividente.
16 Palabras del que oye las palabras de Dios
  y conoce el pensamiento del *Altísimo;
del que contempla la visión del
    *Todopoderoso,
del que cae en trance y tiene visiones:

17 »Lo veo, pero no ahora;
  lo contemplo, pero no de cerca.
Una estrella saldrá de Jacob;
  un rey surgirá en Israel.
Aplastará las sienes de Moab
  y el cráneo de todos los hijos de Set.
18 Edom será conquistado;
  Seír, su enemigo, será dominado,
  mientras que Israel hará proezas.
19 De Jacob saldrá un soberano,
  y destruirá a los sobrevivientes de Ar.»

Últimos oráculos de Balán

20 Balán miró a Amalec y pronunció este oráculo:

«Amalec fue el primero entre las naciones,
  pero su fin será la destrucción total.»

21 Luego miró Balán al quenita y pronunció este oráculo:

«Aunque tienes una morada segura
  y tu nido está sobre las rocas,
22 tú, Caín, estás destinado al fuego,
  y Asiria te llevará cautivo.»

23 Después Balán pronunció este oráculo:

«¡Ay!, ¿quién seguirá con vida
  cuando Dios determine hacer esto?
24 Vendrán barcos desde las costas de Chipre,
  que oprimirán a Asiria y a Éber,
  pues ellos también serán destruidos.»

25 Después de esto Balán se levantó y volvió a su tierra, y también Balac se fue por su camino.

Infidelidad de Israel

25 Mientras los israelitas acampaban en Sitín, comenzaron a prostituirse con las mujeres moabitas, 2 las cuales los invitaban a participar en los sacrificios a sus dioses. Los israelitas comían delante de esos dioses y se inclinaban a adorarlos. 3 Esto los llevó a unirse al culto de Baal Peor. Por tanto, la ira del SEÑOR se encendió contra ellos.

4 Entonces el SEÑOR le dijo a Moisés: «Toma a todos los jefes del pueblo y ahórcalos en mi presencia a plena luz del día, para que el furor de mi ira se aparte de Israel.»

5 Moisés les ordenó a los jueces de Israel: «Maten a los hombres bajo su mando que se hayan unido al culto de Baal Peor.»

6 Mientras el pueblo lloraba a la entrada de la *Tienda de reunión, un israelita trajo una madianita y, en presencia de Moisés y de toda la comunidad israelita, tuvo el descaro de presentársela a su familia. 7 De esto se dio cuenta el sacerdote Finés, que era hijo de Eleazar y nieto del sacerdote Aarón. Finés abandonó la asam-

Balaam's Fourth Oracle

15 Then he uttered his oracle:

"The oracle of Balaam son of Beor,
  the oracle of one whose eye sees clearly,
16 the oracle of one who hears the words of
    God,
who has knowledge from the Most High,
who sees a vision from the Almighty,
who falls prostrate, and whose eyes are
    opened:

17 "I see him, but not now;
  I behold him, but not near.
A star will come out of Jacob;
  a scepter will rise out of Israel.
He will crush the foreheads of Moab,
  the skulls[b] of[c] all the sons of Sheth.[d]
18 Edom will be conquered;
  Seir, his enemy, will be conquered,
  but Israel will grow strong.
19 A ruler will come out of Jacob
  and destroy the survivors of the city."

Balaam's Final Oracles

20 Then Balaam saw Amalek and uttered his oracle:

"Amalek was first among the nations,
  but he will come to ruin at last."

21 Then he saw the Kenites and uttered his oracle:

"Your dwelling place is secure,
  your nest is set in a rock;
22 yet you Kenites will be destroyed
  when Asshur takes you captive."

23 Then he uttered his oracle:

"Ah, who can live when God does this?[e]
24   Ships will come from the shores of
    Kittim;
they will subdue Asshur and Eber,
  but they too will come to ruin."

25 Then Balaam got up and returned home and Balak went his own way.

Moab Seduces Israel

25 While Israel was staying in Shittim, the men began to indulge in sexual immorality with Moabite women, 2 who invited them to the sacrifices to their gods. The people ate and bowed down before these gods. 3 So Israel joined in worshiping the Baal of Peor. And the LORD's anger burned against them.

4 The LORD said to Moses, "Take all the leaders of these people, kill them and expose them in broad daylight before the LORD, so that the LORD's fierce anger may turn away from Israel."

5 So Moses said to Israel's judges, "Each of you must put to death those of your men who have joined in worshiping the Baal of Peor."

6 Then an Israelite man brought to his family a Midianite woman right before the eyes of Moses and the whole assembly of Israel while they were weeping at the entrance to the Tent of Meeting. 7 When Phinehas son of Eleazar, the son of Aaron, the priest, saw this,

---

b 17 Samaritan Pentateuch (see also Jer. 48:45); the meaning of the word in the Masoretic Text is uncertain.   c 17 Or possibly *Moab, / batter*   d 17 Or *all the noisy boasters*   e 23 Masoretic Text; with a different word division of the Hebrew *A people will gather from the north.*

blea y, lanza en mano, [8] siguió al hombre, entró en su tienda y atravesó al israelita y a la mujer.[l] De este modo cesó la mortandad que se había desatado contra los israelitas. [9] Con todo, los que murieron a causa de la plaga fueron veinticuatro mil.

[10] El SEÑOR le dijo a Moisés: [11] «Finés, hijo de Eleazar y nieto del sacerdote Aarón, ha hecho que mi ira se aparte de los israelitas, pues ha actuado con el mismo celo que yo habría tenido por mi honor. Por eso no destruí a los israelitas con el furor de mi celo. [12] Dile, pues, a Finés que yo le concedo mi *pacto de comunión, [13] por medio del cual él y sus descendientes gozarán de un sacerdocio eterno, ya que defendió celosamente mi honor e hizo *expiación por los israelitas.»

[14] El hombre que fue atravesado junto con la madianita se llamaba Zimri hijo de Salu, y era jefe de una familia de la tribu de Simeón. [15] La madianita se llamaba Cozbí, y era hija de Zur, jefe de una familia de Madián.

[16] El SEÑOR le dijo a Moisés: [17] «Ataca a los madianitas y mátalos, [18] porque ellos también los atacaron a ustedes con sus artimañas, pues en Baal Peor los sedujeron, como en el caso de Cozbí, la hija del jefe madianita que fue muerta el día de la mortandad en Baal Peor.»

Segundo censo de las tribus de Israel

26 Después de la mortandad, el SEÑOR les dijo a Moisés y al sacerdote Eleazar hijo de Aarón: [2] «Hagan un censo de toda la comunidad israelita por sus familias patriarcales. Enlisten a los varones mayores de veinte años, que sean aptos para el servicio militar en Israel.»

[3] Moisés y el sacerdote Eleazar hablaron con el pueblo en las llanuras de Moab, cerca del Jordán, a la altura de Jericó, y le ordenaron [4] levantar un censo de todos los varones mayores de veinte años, tal como el SEÑOR se lo había mandado a Moisés.

Los israelitas que salieron de Egipto fueron los siguientes:

[5-6] De Enoc, Falú, Jezrón y Carmí, hijos de Rubén, el primogénito de Israel, proceden los siguientes clanes: los enoquitas, los faluitas, los jezronitas y los carmitas. [7] Éstos son los clanes de la tribu de Rubén. Su número llegó a cuarenta y tres mil setecientos treinta hombres.

[8] Eliab fue el único hijo de Falú. [9] Los hijos de Eliab fueron Nemuel, Datán y Abirán. Éstos son los mismos Datán y Abirán que, no obstante haber sido escogidos por la comunidad como oficiales, se rebelaron contra Moisés y Aarón junto con la facción de Coré cuando este último se rebeló contra el SEÑOR. [10] En esa ocasión, la tierra abrió sus fauces y se los tragó junto con Coré, muriendo también sus seguidores. El fuego devoró a doscientos cincuenta hombres, y este hecho los convirtió en una señal de advertencia. [11] Sin embargo, los hijos de Coré no perecieron.

[12-13] De Nemuel, Jamín, Zera y Saúl, hijos de Simeón, proceden los siguientes clanes: los nemuelitas, los jaminitas, los zeraítas y los saulitas. [14] Éstos son los clanes de la tribu de Simeón. Su número llegó a veintidós mil doscientos hombres.

he left the assembly, took a spear in his hand [8] and followed the Israelite into the tent. He drove the spear through both of them—through the Israelite and into the woman's body. Then the plague against the Israelites was stopped; [9] but those who died in the plague numbered 24,000.

[10] The LORD said to Moses, [11] "Phinehas son of Eleazar, the son of Aaron, the priest, has turned my anger away from the Israelites; for he was as zealous as I am for my honor among them, so that in my zeal I did not put an end to them. [12] Therefore tell him I am making my covenant of peace with him. [13] He and his descendants will have a covenant of a lasting priesthood, because he was zealous for the honor of his God and made atonement for the Israelites."

[14] The name of the Israelite who was killed with the Midianite woman was Zimri son of Salu, the leader of a Simeonite family. [15] And the name of the Midianite woman who was put to death was Cozbi daughter of Zur, a tribal chief of a Midianite family.

[16] The LORD said to Moses, [17] "Treat the Midianites as enemies and kill them, [18] because they treated you as enemies when they deceived you in the affair of Peor and their sister Cozbi, the daughter of a Midianite leader, the woman who was killed when the plague came as a result of Peor."

The Second Census

26 After the plague the LORD said to Moses and Eleazar son of Aaron, the priest, [2] "Take a census of the whole Israelite community by families—all those twenty years old or more who are able to serve in the army of Israel." [3] So on the plains of Moab by the Jordan across from Jericho,[f] Moses and Eleazar the priest spoke with them and said, [4] "Take a census of the men twenty years old or more, as the LORD commanded Moses."

These were the Israelites who came out of Egypt:

[5] The descendants of Reuben, the firstborn son of Israel, were:

    through Hanoch, the Hanochite clan;
    through Pallu, the Palluite clan;
  [6] through Hezron, the Hezronite clan;
    through Carmi, the Carmite clan.

[7] These were the clans of Reuben; those numbered were 43,730.

[8] The son of Pallu was Eliab, [9] and the sons of Eliab were Nemuel, Dathan and Abiram. The same Dathan and Abiram were the community officials who rebelled against Moses and Aaron and were among Korah's followers when they rebelled against the LORD. [10] The earth opened its mouth and swallowed them along with Korah, whose followers died when the fire devoured the 250 men. And they served as a warning sign. [11] The line of Korah, however, did not die out.

[12] The descendants of Simeon by their clans were:
    through Nemuel, the Nemuelite clan;
    through Jamin, the Jaminite clan;
    through Jakin, the Jakinite clan;
  [13] through Zerah, the Zerahite clan;
    through Shaul, the Shaulite clan.

[14] These were the clans of Simeon; there were 22,200 men.

---

[l] 25:8 mujer (lectura probable); mujer, por el vientre de ella (TM).

[f] 3 Hebrew Jordan of Jericho; possibly an ancient name for the Jordan River; also in verse 63

15-17 De Zefón, Jaguí, Suni, Ozni, Erí, Arodí y Arelí, hijos de Gad, proceden los siguientes clanes: los zefonitas, los jaguitas, los sunitas, los oznitas, los eritas, los aroditas y los arelitas. 18 Éstos son los clanes de la tribu de Gad. Su número llegó a cuarenta mil quinientos hombres.

19-20 Er y Onán eran hijos de Judá, pero ambos murieron en Canaán. De sus hijos Selá, Fares y Zera proceden los siguientes clanes: los selaítas, los faresitas y los zeraítas.

21 De Jezrón y de Jamul, hijos de Fares, proceden los clanes jezronitas y jamulitas. 22 Éstos son los clanes de la tribu de Judá. Su número llegó a setenta y seis mil quinientos hombres.

23-24 De Tola, Fuvá, Yasub y Simrón, hijos de Isacar, proceden los siguientes clanes: los tolaítas, los fuvitas, los yasubitas y los simronitas. 25 Éstos son los clanes de la tribu de Isacar. Su número llegó a sesenta y cuatro mil trescientos hombres.

26 De Séred, Elón y Yalel, hijos de Zabulón, proceden los siguientes clanes: los sereditas, los elonitas y los yalelitas. 27 Éstos son los clanes de la tribu de Zabulón. Su número llegó a sesenta mil quinientos hombres.

28 De Manasés y Efraín, hijos de José, proceden los siguientes clanes:

29 De Maquir hijo de Manasés y de Galaad hijo de Maquir proceden el clan maquirita y el clan galaadita.

30-32 De Jezer, Jélec, Asriel, Siquén, Semidá y Héfer, hijos de Galaad, proceden los siguientes clanes: los jezeritas, los jelequitas, los asrielitas, los siquenitas, los semidaítas y los heferitas. 33 Zelofejad hijo de Héfer no tuvo hijos sino sólo hijas, cuyos nombres eran Majlá, Noa, Joglá, Milca y Tirsá. 34 Éstos son los clanes de la tribu de Manasés. Su número llegó a cincuenta y dos mil setecientos hombres.

35 De Sutela, Béquer y Taján, hijos de Efraín, proceden los siguientes clanes: los sutelaítas, los bequeritas y los tajanitas.

36 De Erán hijo de Sutela procede el clan de los eranitas. 37 Éstos son los clanes de la tribu de Efraín. Su número llegó a treinta y dos mil quinientos hombres.

Todos estos clanes descendieron de José.

15 The descendants of Gad by their clans were:
through Zephon, the Zephonite clan;
through Haggi, the Haggite clan;
through Shuni, the Shunite clan;
16 through Ozni, the Oznite clan;
through Eri, the Erite clan;
17 through Arodi, g the Arodite clan;
through Areli, the Arelite clan.
18 These were the clans of Gad; those numbered were 40,500.

19 Er and Onan were sons of Judah, but they died in Canaan.
20 The descendants of Judah by their clans were:
through Shelah, the Shelanite clan;
through Perez, the Perezite clan;
through Zerah, the Zerahite clan.
21 The descendants of Perez were:
through Hezron, the Hezronite clan;
through Hamul, the Hamulite clan.
22 These were the clans of Judah; those numbered were 76,500.

23 The descendants of Issachar by their clans were:
through Tola, the Tolaite clan;
through Puah, the Puite h clan;
24 through Jashub, the Jashubite clan;
through Shimron, the Shimronite clan.
25 These were the clans of Issachar; those numbered were 64,300.

26 The descendants of Zebulun by their clans were:
through Sered, the Seredite clan;
through Elon, the Elonite clan;
through Jahleel, the Jahleelite clan.
27 These were the clans of Zebulun; those numbered were 60,500.

28 The descendants of Joseph by their clans through Manasseh and Ephraim were:

29 The descendants of Manasseh:
through Makir, the Makirite clan (Makir was the father of Gilead);
through Gilead, the Gileadite clan.
30 These were the descendants of Gilead:
through Iezer, the Iezerite clan;
through Helek, the Helekite clan;
31 through Asriel, the Asrielite clan;
through Shechem, the Shechemite clan;
32 through Shemida, the Shemidaite clan;
through Hepher, the Hepherite clan.
33 (Zelophehad son of Hepher had no sons; he had only daughters, whose names were Mahlah, Noah, Hoglah, Milcah and Tirzah.)
34 These were the clans of Manasseh; those numbered were 52,700.

35 These were the descendants of Ephraim by their clans:
through Shuthelah, the Shuthelahite clan;
through Beker, the Bekerite clan;
through Tahan, the Tahanite clan.
36 These were the descendants of Shuthelah:
through Eran, the Eranite clan.
37 These were the clans of Ephraim; those numbered were 32,500.

These were the descendants of Joseph by their clans.

---

g 17 Samaritan Pentateuch and Syriac (see also Gen. 46:16); Masoretic Text *Arod*   h 23 Samaritan Pentateuch, Septuagint, Vulgate and Syriac (see also 1 Chron. 7:1); Masoretic Text *through Puvah, the Punite*

³⁸⁻³⁹De Bela, Asbel, Ajirán, Sufán y Jufán, hijos de Benjamín, proceden los siguientes clanes: los belaítas, los asbelitas, los ajiranitas, los sufanitas y los jufanitas.

⁴⁰De Ard y Naamán, hijos de Bela, proceden los clanes de los arditas y de los naamanitas. ⁴¹Éstos son los clanes de la tribu de Benjamín. Su número llegó a cuarenta y cinco mil seiscientos hombres.

⁴²De Suján hijo de Dan procede el clan de los sujanitas, que fueron los únicos clanes danitas. ⁴³Su número llegó a sesenta y cuatro mil cuatrocientos hombres.

⁴⁴De Imná, Isví y Beriá, hijos de Aser, proceden los siguientes clanes: los imnaítas, los isvitas y los beriaítas.

⁴⁵De Héber y Malquiel, hijos de Beriá, proceden los clanes de los heberitas y de los malquielitas. ⁴⁶Aser tuvo una hija llamada Sera. ⁴⁷Éstos son los clanes de la tribu de Aser. Su número llegó a cincuenta y tres mil cuatrocientos hombres.

⁴⁸⁻⁴⁹De Yazel, Guní, Jéser y Silén, hijos de Neftalí, proceden los siguientes clanes: los yazelitas, los gunitas, los jeseritas y los silenitas. ⁵⁰Éstos son los clanes de la tribu de Neftalí. Su número llegó a cuarenta y cinco mil cuatrocientos hombres.

⁵¹Los hombres de Israel eran en total seiscientos un mil setecientos treinta.

Instrucciones para el reparto de la tierra

⁵²El SEÑOR le dijo a Moisés: ⁵³«Reparte la tierra entre estas tribus para que sea su heredad. Hazlo según el número de nombres registrados. ⁵⁴A la tribu más numerosa le darás la heredad más grande, y a la tribu menos numerosa le darás la heredad más pequeña. Cada tribu recibirá su heredad en proporción al número de censados. ⁵⁵La tierra deberá repartirse por sorteo, según el nombre de las tribus patriarcales. ⁵⁶El sorteo se hará entre todas las tribus, grandes y pequeñas.»

Censo de los levitas

⁵⁷De los levitas Guersón, Coat y Merari proceden los clanes guersonitas, coatitas y meraritas.

⁵⁸De los levitas proceden también los siguientes clanes: los libnitas, los hebronitas, los majlitas, los musitas y los coreítas. Coat fue el padre de Amirán. ⁵⁹La esposa de Amirán se llamaba Jocabed hija de Leví, y había nacido en Egipto. Los hijos que ella tuvo de Amirán fueron Aarón y Moisés, y su hermana Miriam. ⁶⁰Aarón fue el padre de Nadab, Abiú, Eleazar e Itamar,

³⁸The descendants of Benjamin by their clans were:
   through Bela, the Belaite clan;
   through Ashbel, the Ashbelite clan;
   through Ahiram, the Ahiramite clan;
 ³⁹through Shupham,ⁱ the Shuphamite clan;
   through Hupham, the Huphamite clan.
⁴⁰The descendants of Bela through Ard and Naaman were:
   through Ard,^j the Ardite clan;
   through Naaman, the Naamite clan.
⁴¹These were the clans of Benjamin; those numbered were 45,600.

⁴²These were the descendants of Dan by their clans:
   through Shuham, the Shuhamite clan.
These were the clans of Dan: ⁴³All of them were Shuhamite clans; and those numbered were 64,400.

⁴⁴The descendants of Asher by their clans were:
   through Imnah, the Imnite clan;
   through Ishvi, the Ishvite clan;
   through Beriah, the Beriite clan;
 ⁴⁵and through the descendants of Beriah:
   through Heber, the Heberite clan;
   through Malkiel, the Malkielite clan.
⁴⁶(Asher had a daughter named Serah.)
⁴⁷These were the clans of Asher; those numbered were 53,400.

⁴⁸The descendants of Naphtali by their clans were:
   through Jahzeel, the Jahzeelite clan;
   through Guni, the Gunite clan;
 ⁴⁹through Jezer, the Jezerite clan;
   through Shillem, the Shillemite clan.
⁵⁰These were the clans of Naphtali; those numbered were 45,400.

⁵¹The total number of the men of Israel was 601,730.

⁵²The LORD said to Moses, ⁵³"The land is to be allotted to them as an inheritance based on the number of names. ⁵⁴To a larger group give a larger inheritance, and to a smaller group a smaller one; each is to receive its inheritance according to the number of those listed. ⁵⁵Be sure that the land is distributed by lot. What each group inherits will be according to the names for its ancestral tribe. ⁵⁶Each inheritance is to be distributed by lot among the larger and smaller groups."

⁵⁷These were the Levites who were counted by their clans:
   through Gershon, the Gershonite clan;
   through Kohath, the Kohathite clan;
   through Merari, the Merarite clan.
⁵⁸These also were Levite clans:
   the Libnite clan,
   the Hebronite clan,
   the Mahlite clan,
   the Mushite clan,
   the Korahite clan.
(Kohath was the forefather of Amram; ⁵⁹the name of Amram's wife was Jochebed, a descendant of Levi, who was born to the Levites^k in Egypt. To Amram she bore Aaron, Moses and their sister Miriam. ⁶⁰Aaron was the father of Nadab and Abi-

---

ⁱ39 A few manuscripts of the Masoretic Text, Samaritan Pentateuch, Vulgate and Syriac (see also Septuagint); most manuscripts of the Masoretic Text *Shephupham*   ^j40 Samaritan Pentateuch and Vulgate (see also Septuagint); Masoretic Text does not have *through Ard.*   ^k59 Or *Jochebed, a daughter of Levi, who was born to Levi*

61 pero Nadab y Abiú murieron bajo el juicio del Señor por haberle ofrecido fuego profano.

62 Los levitas mayores de un mes de edad fueron en total veintitrés mil. Pero no fueron censados junto con los demás israelitas porque no habrían de recibir heredad entre ellos.

63 Éstos fueron los israelitas censados por Moisés y el sacerdote Eleazar, cuando los contaron en las llanuras de Moab, cerca del río Jordán, a la altura de Jericó. 64 Entre los censados no figuraba ninguno de los registrados en el censo que Moisés y Aarón habían hecho antes en el desierto del Sinaí, 65 porque el Señor había dicho que todos morirían en el desierto. Con la excepción de Caleb hijo de Jefone y de Josué hijo de Nun, ninguno de ellos quedó con vida.

Las hijas de Zelofejad

27 Majlá, Noa, Joglá, Milca y Tirsá pertenecían a los clanes de Manasés hijo de José, pues eran hijas de Zelofejad hijo de Héfer, hijo de Galaad, hijo de Maquir, hijo de Manasés. Las cinco se acercaron 2 a la entrada de la *Tienda de reunión, para hablar con Moisés y el sacerdote Eleazar, y con los jefes de toda la comunidad. Les dijeron: 3 «Nuestro padre murió sin dejar hijos, pero no por haber participado en la rebelión de Coré contra el Señor. Murió en el desierto por su propio pecado. 4 ¿Será borrado de su clan el *nombre de nuestro padre por el solo hecho de no haber dejado hijos varones? Nosotras somos sus hijas. ¡Danos una heredad entre los parientes de nuestro padre!»

5 Moisés le presentó al Señor el caso de ellas, 6 y el Señor le respondió: 7 «Lo que piden las hijas de Zelofejad es algo justo, así que debes darles una propiedad entre los parientes de su padre. Traspásales a ellas la heredad de su padre.

8 »Además, diles a los israelitas: "Cuando un hombre muera sin dejar hijos, su heredad será traspasada a su hija. 9 Si no tiene hija, sus hermanos recibirán la herencia. 10 Si no tiene hermanos, se entregará la herencia a los hermanos de su padre. 11 Si su padre no tiene hermanos, se entregará la herencia al pariente más cercano de su clan, para que tome posesión de ella. Éste será el procedimiento legal que seguirán los israelitas, tal como yo se lo ordené a Moisés." »

Anuncio de la muerte de Moisés

12 El Señor le dijo a Moisés:

—Sube al monte Abarín y contempla desde allí la tierra que les he dado a los israelitas. 13 Después de que la hayas contemplado, partirás de este mundo para reunirte con tus antepasados, como tu hermano Aarón. 14 En el desierto de Zin, cuando la comunidad se puso a reclamar, ustedes dos me desobedecieron, pues al sacar agua de la *roca no reconocieron ante el pueblo mi santidad.

Esas aguas de Meribá están en Cades, en el desierto de Zin.

Moisés pide un líder para Israel

15 Moisés le respondió al Señor:

16 —Dígnate, Señor, Dios de toda la *humanidad,m nombrar un jefe sobre esta comunidad, 17 uno que los dirija en sus campañas, que los lleve a la guerra y los traiga de vuelta a casa. Así el pueblo del Señor no se quedará como rebaño sin pastor.

---

hu, Eleazar and Ithamar. 61 But Nadab and Abihu died when they made an offering before the LORD with unauthorized fire.)

62 All the male Levites a month old or more numbered 23,000. They were not counted along with the other Israelites because they received no inheritance among them.

63 These are the ones counted by Moses and Eleazar the priest when they counted the Israelites on the plains of Moab by the Jordan across from Jericho. 64 Not one of them was among those counted by Moses and Aaron the priest when they counted the Israelites in the Desert of Sinai. 65 For the LORD had told those Israelites they would surely die in the desert, and not one of them was left except Caleb son of Jephunneh and Joshua son of Nun.

Zelophehad's Daughters

27 The daughters of Zelophehad son of Hepher, the son of Gilead, the son of Makir, the son of Manasseh, belonged to the clans of Manasseh son of Joseph. The names of the daughters were Mahlah, Noah, Hoglah, Milcah and Tirzah. They approached 2 the entrance to the Tent of Meeting and stood before Moses, Eleazar the priest, the leaders and the whole assembly, and said, 3 "Our father died in the desert. He was not among Korah's followers, who banded together against the LORD, but he died for his own sin and left no sons. 4 Why should our father's name disappear from his clan because he had no son? Give us property among our father's relatives."

5 So Moses brought their case before the LORD 6 and the LORD said to him, 7 "What Zelophehad's daughters are saying is right. You must certainly give them property as an inheritance among their father's relatives and turn their father's inheritance over to them.

8 "Say to the Israelites, 'If a man dies and leaves no son, turn his inheritance over to his daughter. 9 If he has no daughter, give his inheritance to his brothers. 10 If he has no brothers, give his inheritance to his father's brothers. 11 If his father had no brothers, give his inheritance to the nearest relative in his clan, that he may possess it. This is to be a legal requirement for the Israelites, as the LORD commanded Moses.' "

Joshua to Succeed Moses

12 Then the LORD said to Moses, "Go up this mountain in the Abarim range and see the land I have given the Israelites. 13 After you have seen it, you too will be gathered to your people, as your brother Aaron was, 14 for when the community rebelled at the waters in the Desert of Zin, both of you disobeyed my command to honor me as holy before their eyes." (These were the waters of Meribah Kadesh, in the Desert of Zin.)

15 Moses said to the LORD, 16 "May the LORD, the God of the spirits of all mankind, appoint a man over this community 17 to go out and come in before them, one who will lead them out and bring them in, so the LORD's people will not be like sheep without a shepherd."

---

m 27:16 toda la humanidad. Lit. los espíritus de toda carne.

18 El SEÑOR le dijo a Moisés:

—Toma a Josué hijo de Nun, que es un hombre de gran espíritu.[n] Pon tus manos sobre él, 19 y haz que se presente ante el sacerdote Eleazar y ante toda la comunidad. En presencia de ellos le entregarás el mando. 20 Lo investirás con algunas de tus atribuciones, para que toda la comunidad israelita le obedezca. 21 Se presentará ante el sacerdote Eleazar, quien mediante el *urim consultará al SEÑOR. Cuando Josué ordene ir a la guerra, la comunidad entera saldrá con él, y cuando le ordene volver, volverá.

22 Moisés hizo lo que el SEÑOR le ordenó. Tomó a Josué y lo puso delante del sacerdote Eleazar y de toda la comunidad. 23 Luego le impuso las manos y le entregó el cargo, tal como el SEÑOR lo había mandado.

Calendario litúrgico

28 El SEÑOR le dijo a Moisés: 2 «Ordénale al pueblo de Israel que se asegure de que se me presente mi ofrenda en el día señalado. Esa ofrenda de aroma grato presentada por fuego es mi comida.

Sacrificio diario

3 »Dile también al pueblo que, como ofrenda presentada por fuego, todos los días me deben traer para el *holocausto continuo dos corderos de un año y sin defecto. 4 Uno de ellos lo ofrecerás en la mañana, y el otro al atardecer, 5 junto con dos kilos[ñ] de flor de harina mezclada con un litro[o] de aceite de oliva. 6 Éste es el holocausto diario, instituido en el monte Sinaí como ofrenda presentada por fuego, de aroma grato al SEÑOR. 7 Con cada cordero ofrecerás un litro de vino, como ofrenda de libación, la cual derramarás en el santuario en honor del SEÑOR. 8 El segundo cordero lo ofrecerás al atardecer, junto con una ofrenda de cereales y una libación semejantes a las que presentaste en la mañana. Es una ofrenda presentada por fuego, de aroma grato al SEÑOR.

Ofrendas del sábado

9 »Cada *sábado ofrecerás dos corderos de un año y sin defecto, junto con una libación y una ofrenda de cuatro kilos y medio[p] de flor de harina mezclada con aceite. 10 Éste es el *holocausto de cada sábado, además del holocausto que cada día se ofrece con su libación.

Ofrenda mensual

11 »Cada primer día del mes presentarás, como tu holocausto al SEÑOR, dos novillos, un carnero y siete corderos de un año y sin defecto. 12 Con cada novillo presentarás también una ofrenda de seis kilos y medio[q] de flor de harina mezclada con aceite; con el carnero, cuatro kilos y medio de flor de harina mezclada con aceite; 13 y con cada cordero, dos kilos de flor de harina mezclada con aceite. Éste será un holocausto, una ofrenda presentada por fuego, de aroma grato al SEÑOR. 14 Las libaciones serán las siguientes: Con cada novillo presentarás dos litros[r] de vino; con el carnero, un litro y un cuarto[s] de vino; y con cada cordero, un litro de vino. Éste es el holocausto que debes presentar durante todo el año, una vez al mes, en el día de luna

[n] *27:18 de gran espíritu.* Alt. *en quien mora el Espíritu.*
[ñ] *28:5 dos kilos.* Lit. *una décima de *efa*; también en vv. 13,21,29.
[o] *28:5 un litro.* Lit. *un cuarto de *hin*; también en vv. 7 y 14.
[p] *28:9 cuatro kilos y medio.* Lit. *dos décimas* (de efa); también en vv. 12,20,28. [q] *28:12 seis kilos y medio.* Lit. *tres décimas* (de efa); también en vv. 20 y 28. [r] *28:14 dos litros.* Lit. *la mitad de un hin.* [s] *28:14 un litro y un cuarto.* Lit. *un tercio de hin.*

18 So the LORD said to Moses, "Take Joshua son of Nun, a man in whom is the spirit,[l] and lay your hand on him. 19 Have him stand before Eleazar the priest and the entire assembly and commission him in their presence. 20 Give him some of your authority so the whole Israelite community will obey him. 21 He is to stand before Eleazar the priest, who will obtain decisions for him by inquiring of the Urim before the LORD. At his command he and the entire community of the Israelites will go out, and at his command they will come in."

22 Moses did as the LORD commanded him. He took Joshua and had him stand before Eleazar the priest and the whole assembly. 23 Then he laid his hands on him and commissioned him, as the LORD instructed through Moses.

Daily Offerings

28 The LORD said to Moses, 2 "Give this command to the Israelites and say to them: 'See that you present to me at the appointed time the food for my offerings made by fire, as an aroma pleasing to me.' 3 Say to them: 'This is the offering made by fire that you are to present to the LORD: two lambs a year old without defect, as a regular burnt offering each day. 4 Prepare one lamb in the morning and the other at twilight, 5 together with a grain offering of a tenth of an ephah[m] of fine flour mixed with a quarter of a hin[n] of oil from pressed olives. 6 This is the regular burnt offering instituted at Mount Sinai as a pleasing aroma, an offering made to the LORD by fire. 7 The accompanying drink offering is to be a quarter of a hin of fermented drink with each lamb. Pour out the drink offering to the LORD at the sanctuary. 8 Prepare the second lamb at twilight, along with the same kind of grain offering and drink offering that you prepare in the morning. This is an offering made by fire, an aroma pleasing to the LORD.

Sabbath Offerings

9 " 'On the Sabbath day, make an offering of two lambs a year old without defect, together with its drink offering and a grain offering of two-tenths of an ephah[o] of fine flour mixed with oil. 10 This is the burnt offering for every Sabbath, in addition to the regular burnt offering and its drink offering.

Monthly Offerings

11 " 'On the first of every month, present to the LORD a burnt offering of two young bulls, one ram and seven male lambs a year old, all without defect. 12 With each bull there is to be a grain offering of three-tenths of an ephah[p] of fine flour mixed with oil; with the ram, a grain offering of two-tenths of an ephah of fine flour mixed with oil; 13 and with each lamb, a grain offering of a tenth of an ephah of fine flour mixed with oil. This is for a burnt offering, a pleasing aroma, an offering made to the LORD by fire. 14 With each bull there is to be a drink offering of half a hin[q] of wine; with the ram, a third of a hin[r]; and with each lamb, a quarter of a hin. This is the monthly burnt offering to be made

[l] *18* Or *Spirit* [m] *5* That is, probably about 2 quarts (about 2 liters); also in verses 13, 21 and 29 [n] *5* That is, probably about 1 quart (about 1 liter); also in verses 7 and 14 [o] *9* That is, probably about 4 quarts (about 4.5 liters); also in verses 12, 20 and 28 [p] *12* That is, probably about 6 quarts (about 6.5 liters); also in verses 20 and 28 [q] *14* That is, probably about 2 quarts (about 2 liters) [r] *14* That is, probably about 1 1/4 quarts (about 1.2 liters)

nueva. ¹⁵ Además del holocausto diario y su libación, también presentarás al SEÑOR, como sacrificio *expiatorio, un macho cabrío.

La Pascua

¹⁶ »La Pascua del SEÑOR se celebrará el día catorce del mes primero. ¹⁷ El día quince del mismo mes celebrarás una fiesta, y durante siete días comerás pan sin levadura. ¹⁸ El primer día celebrarás una fiesta solemne, y nadie realizará ningún tipo de trabajo. ¹⁹ Presentarás al SEÑOR una ofrenda por fuego, un *holocausto que consistirá en dos novillos, un carnero y siete corderos de un año. Asegúrate de que los animales no tengan defecto. ²⁰ Con cada novillo presentarás una ofrenda de seis kilos y medio de flor de harina mezclada con aceite; con el carnero, cuatro kilos y medio; ²¹ y con cada uno de los siete corderos, dos kilos. ²² También incluirás un macho cabrío como sacrificio *expiatorio para hacer *propiciación en tu favor. ²³ Presentarás estas ofrendas, además del holocausto diario de cada mañana. ²⁴ De igual manera las ofrecerás cada día, durante siete días consecutivos; es un alimento que consiste en una ofrenda presentada por fuego, de aroma grato al SEÑOR. Todo esto se ofrecerá, además del holocausto diario y su libación. ²⁵ Al séptimo día celebrarás una fiesta solemne, y nadie realizará ningún tipo de trabajo.

Fiesta de las Semanas

²⁶ »Durante la fiesta de las Semanas, presentarás al SEÑOR una ofrenda de grano nuevo en el día de las *primicias, y celebrarás también una fiesta solemne. Ese día nadie realizará ningún tipo de trabajo. ²⁷ Ofrecerás dos novillos, un carnero y siete machos cabríos de un año, como *holocausto de aroma grato al SEÑOR. ²⁸ Con cada novillo presentarás una ofrenda de seis kilos y medio de flor de harina mezclada con aceite; con el carnero, cuatro kilos y medio de esa misma harina; ²⁹ y con cada uno de los siete corderos, dos kilos. ³⁰ Incluirás también un macho cabrío para hacer *propiciación en tu favor. ³¹ Presentarás todo esto junto con sus libaciones, además del holocausto diario y su libación. Los animales no deben tener ningún defecto.

Fiesta de las Trompetas

29 »El día primero del mes séptimo celebrarás una fiesta solemne, y nadie realizará ningún tipo de trabajo. Ese día se anunciará con toque de trompetas. ² Como *holocausto de aroma grato al SEÑOR, ofrecerás un novillo, un carnero, y siete corderos de un año y sin defecto. ³ Con el novillo presentarás seis kilos y medio de flor de harina mezclada con aceite; con el carnero, cuatro kilos y medioᵗ de esa misma harina; ⁴ y con cada uno de los siete corderos, dos kilos.ᵘ ⁵ Incluirás también un macho cabrío como sacrificio *expiatorio, para hacer *propiciación en tu favor. ⁶ Todo esto se ofrecerá junto con las ofrendas de cereales y las libaciones, además del holocausto mensual y del holocausto diario. Tal como está estipulado, todo esto lo presentarás como ofrenda por fuego, de aroma grato al SEÑOR.

El día del Perdón

⁷ »El día diez del mes séptimo celebrarás una fiesta solemne. En ese día se ayunará, y nadie realizará ningún tipo de trabajo. ⁸ Como *holocausto de aroma grato al SEÑOR presentarás un novillo, un carnero y siete corderos de un año. Los animales no deben tener ningún

at each new moon during the year. ¹⁵ Besides the regular burnt offering with its drink offering, one male goat is to be presented to the LORD as a sin offering.

The Passover

¹⁶ " 'On the fourteenth day of the first month the LORD's Passover is to be held. ¹⁷ On the fifteenth day of this month there is to be a festival; for seven days eat bread made without yeast. ¹⁸ On the first day hold a sacred assembly and do no regular work. ¹⁹ Present to the LORD an offering made by fire, a burnt offering of two young bulls, one ram and seven male lambs a year old, all without defect. ²⁰ With each bull prepare a grain offering of three-tenths of an ephah of fine flour mixed with oil; with the ram, two-tenths; ²¹ and with each of the seven lambs, one-tenth. ²² Include one male goat as a sin offering to make atonement for you. ²³ Prepare these in addition to the regular morning burnt offering. ²⁴ In this way prepare the food for the offering made by fire every day for seven days as an aroma pleasing to the LORD; it is to be prepared in addition to the regular burnt offering and its drink offering. ²⁵ On the seventh day hold a sacred assembly and do no regular work.

Feast of Weeks

²⁶ " 'On the day of firstfruits, when you present to the LORD an offering of new grain during the Feast of Weeks, hold a sacred assembly and do no regular work. ²⁷ Present a burnt offering of two young bulls, one ram and seven male lambs a year old as an aroma pleasing to the LORD. ²⁸ With each bull there is to be a grain offering of three-tenths of an ephah of fine flour mixed with oil; with the ram, two-tenths; ²⁹ and with each of the seven lambs, one-tenth. ³⁰ Include one male goat to make atonement for you. ³¹ Prepare these together with their drink offerings, in addition to the regular burnt offering and its grain offering. Be sure the animals are without defect.

Feast of Trumpets

29 " 'On the first day of the seventh month hold a sacred assembly and do no regular work. It is a day for you to sound the trumpets. ² As an aroma pleasing to the LORD, prepare a burnt offering of one young bull, one ram and seven male lambs a year old, all without defect. ³ With the bull prepare a grain offering of three-tenths of an ephahˢ of fine flour mixed with oil; with the ram, two-tenthsᵗ; ⁴ and with each of the seven lambs, one-tenth.ᵘ ⁵ Include one male goat as a sin offering to make atonement for you. ⁶ These are in addition to the monthly and daily burnt offerings with their grain offerings and drink offerings as specified. They are offerings made to the LORD by fire—a pleasing aroma.

Day of Atonement

⁷ " 'On the tenth day of this seventh month hold a sacred assembly. You must deny yourselvesᵛ and do no work. ⁸ Present as an aroma pleasing to the LORD a burnt offering of one young bull, one ram and seven

---

ᵗ 29:3 seis kilos y medio ... cuatro kilos y medio. Lit. tres décimas (de *efa) ... dos décimas (de efa); también en vv. 9 y 14. ᵘ 29:4 dos kilos. Lit. una décima (de efa); también en vv. 10 y 15.

ˢ 3 That is, probably about 6 quarts (about 6.5 liters); also in verses 9 and 14   ᵗ 3 That is, probably about 4 quarts (about 4.5 liters); also in verses 9 and 14   ᵘ 4 That is, probably about 2 quarts (about 2 liters); also in verses 10 and 15   ᵛ 7 Or must fast

defecto. 9 Con el novillo ofrecerás seis kilos y medio de flor de harina mezclada con aceite; con el carnero, cuatro kilos y medio de esa misma harina; 10 y con cada uno de los siete corderos, dos kilos. 11 Incluirás también un macho cabrío como sacrificio *expiatorio, además del sacrificio expiatorio para la *propiciación y del holocausto diario con su ofrenda de cereales y su libación.

Fiesta de las *Enramadas

12 »El día quince del mes séptimo celebrarás una fiesta solemne, y nadie realizará ningún tipo de trabajo. Durante siete días celebrarás una fiesta en honor del SEÑOR. 13 Como *holocausto presentado por fuego, de aroma grato al SEÑOR, ofrecerás trece novillos, dos carneros y catorce corderos de un año, que no tengan defecto. 14 Con cada uno de los trece novillos presentarás seis kilos y medio de flor de harina mezclada con aceite; con cada uno de los dos carneros, cuatro kilos y medio de esa misma harina; 15 y con cada uno de los catorce corderos, dos kilos. 16 Incluirás también un macho cabrío como sacrificio *expiatorio, además del holocausto diario con su ofrenda de cereales y su libación.

17 »El segundo día prepararás doce novillos, dos carneros y catorce corderos de un año y sin defecto. 18 Con los novillos, carneros y corderos presentarás ofrendas de cereales y libaciones, según lo que se especifica para cada número. 19 Incluirás también un macho cabrío como sacrificio expiatorio, además del holocausto diario con su ofrenda de cereales y su libación.

20 »El tercer día prepararás once novillos, dos carneros y catorce corderos de un año y sin defecto. 21 Con los novillos, carneros y corderos presentarás ofrendas de cereales y libaciones, según lo que se especifica para cada número. 22 Incluirás también un macho cabrío como sacrificio expiatorio, además del holocausto diario con su ofrenda de cereales y su libación.

23 »El cuarto día prepararás diez novillos, dos carneros y catorce corderos de un año y sin defecto. 24 Con los novillos, carneros y corderos presentarás ofrendas de cereales y libaciones, según lo que se especifica para cada número. 25 Incluirás también un macho cabrío como sacrificio expiatorio, además del holocausto diario con su ofrenda de cereales y su libación.

26 »El quinto día prepararás nueve novillos, dos carneros y catorce corderos de un año y sin defecto. 27 Con los novillos, carneros y corderos presentarás ofrendas de cereales y libaciones, según lo que se especifica para cada número. 28 Incluirás también un macho cabrío como sacrificio expiatorio, además del holocausto diario con su ofrenda de cereales y su libación.

29 »El sexto día prepararás ocho novillos, dos carneros y catorce corderos de un año y sin defecto. 30 Con los novillos, carneros y corderos presentarás ofrendas de cereales y libaciones, según lo que se especifica para cada número. 31 Incluirás también un macho cabrío como sacrificio expiatorio, además del holocausto diario con su ofrenda de cereales y su libación.

32 »El séptimo día prepararás siete novillos, dos carneros y catorce corderos de un año y sin defecto. 33 Con los novillos, carneros y corderos presentarás ofrendas de cereales y libaciones, según lo que se especifica para cada número. 34 Incluirás también un macho cabrío como sacrificio expiatorio, además del holocausto diario con su ofrenda de cereales y su libación.

35 »El octavo día celebrarás una fiesta solemne, y nadie realizará ningún tipo de trabajo. 36 Como holocausto presentado por fuego, de aroma grato al SEÑOR, ofrecerás un novillo, un carnero y siete corderos de un

male lambs a year old, all without defect. 9 With the bull prepare a grain offering of three-tenths of an ephah of fine flour mixed with oil; with the ram, two-tenths; 10 and with each of the seven lambs, one-tenth. 11 Include one male goat as a sin offering, in addition to the sin offering for atonement and the regular burnt offering with its grain offering, and their drink offerings.

Feast of Tabernacles

12 " 'On the fifteenth day of the seventh month, hold a sacred assembly and do no regular work. Celebrate a festival to the LORD for seven days. 13 Present an offering made by fire as an aroma pleasing to the LORD, a burnt offering of thirteen young bulls, two rams and fourteen male lambs a year old, all without defect. 14 With each of the thirteen bulls prepare a grain offering of three-tenths of an ephah of fine flour mixed with oil; with each of the two rams, two-tenths; 15 and with each of the fourteen lambs, one-tenth. 16 Include one male goat as a sin offering, in addition to the regular burnt offering with its grain offering and drink offering.

17 " 'On the second day prepare twelve young bulls, two rams and fourteen male lambs a year old, all without defect. 18 With the bulls, rams and lambs, prepare their grain offerings and drink offerings according to the number specified. 19 Include one male goat as a sin offering, in addition to the regular burnt offering with its grain offering, and their drink offerings.

20 " 'On the third day prepare eleven bulls, two rams and fourteen male lambs a year old, all without defect. 21 With the bulls, rams and lambs, prepare their grain offerings and drink offerings according to the number specified. 22 Include one male goat as a sin offering, in addition to the regular burnt offering with its grain offering and drink offering.

23 " 'On the fourth day prepare ten bulls, two rams and fourteen male lambs a year old, all without defect. 24 With the bulls, rams and lambs, prepare their grain offerings and drink offerings according to the number specified. 25 Include one male goat as a sin offering, in addition to the regular burnt offering with its grain offering and drink offering.

26 " 'On the fifth day prepare nine bulls, two rams and fourteen male lambs a year old, all without defect. 27 With the bulls, rams and lambs, prepare their grain offerings and drink offerings according to the number specified. 28 Include one male goat as a sin offering, in addition to the regular burnt offering with its grain offering and drink offering.

29 " 'On the sixth day prepare eight bulls, two rams and fourteen male lambs a year old, all without defect. 30 With the bulls, rams and lambs, prepare their grain offerings and drink offerings according to the number specified. 31 Include one male goat as a sin offering, in addition to the regular burnt offering with its grain offering and drink offering.

32 " 'On the seventh day prepare seven bulls, two rams and fourteen male lambs a year old, all without defect. 33 With the bulls, rams and lambs, prepare their grain offerings and drink offerings according to the number specified. 34 Include one male goat as a sin offering, in addition to the regular burnt offering with its grain offering and drink offering.

35 " 'On the eighth day hold an assembly and do no regular work. 36 Present an offering made by fire as an aroma pleasing to the LORD, a burnt offering of one bull, one ram and seven male lambs a year old, all

año y sin defecto. ³⁷Con el novillo, el carnero y los corderos presentarás ofrendas de cereales y libaciones, según lo que se especifica para cada número. ³⁸Incluirás también un macho cabrío como sacrificio expiatorio, además del holocausto diario con su ofrenda de cereales y su libación.

³⁹»Éstas son las ofrendas que presentarás al SEÑOR en las fiestas designadas, aparte de otros votos, ofrendas voluntarias, holocaustos, ofrendas de cereales, libaciones y sacrificios de *comunión que quieras presentarle.»

⁴⁰Y Moisés les comunicó a los israelitas todo lo que el SEÑOR le había mandado.

Votos de las mujeres

30 Moisés les dijo a los jefes de las tribus de Israel: «El SEÑOR ha ordenado que ²cuando un hombre haga un voto al SEÑOR, o bajo juramento haga un compromiso, no deberá faltar a su palabra sino que cumplirá con todo lo prometido.

³»Cuando una joven, que todavía viva en casa de su padre, haga un voto al SEÑOR y se comprometa en algo, ⁴si su padre se entera de su voto y de su compromiso pero no le dice nada, entonces ella estará obligada a cumplir con todos sus votos y promesas. ⁵Pero si su padre se entera y no lo aprueba, todos los votos y compromisos que la joven haya hecho quedarán anulados, y el SEÑOR la absolverá porque fue el padre quien los desaprobó.

⁶»Si la joven se casa después de haber hecho un voto o una promesa precipitada que la compromete, ⁷y su esposo se entera pero no le dice nada, entonces ella estará obligada a cumplir sus votos y promesas. ⁸Pero si su esposo se entera y no lo aprueba, el voto y la promesa que ella hizo en forma precipitada quedarán anulados, y el SEÑOR la absolverá.

⁹»La viuda o divorciada que haga un voto o compromiso estará obligada a cumplirlo.

¹⁰»Cuando una mujer casada haga un voto, o bajo juramento se comprometa en algo, ¹¹si su esposo se entera, pero se queda callado y no lo desaprueba, entonces ella estará obligada a cumplir todos sus votos y promesas. ¹²Pero si su esposo se entera y los anula, entonces ninguno de los votos o promesas que haya hecho le serán obligatorios, pues su esposo los anuló, El SEÑOR la absolverá.

¹³»El esposo tiene la autoridad de confirmar o de anular cualquier voto o juramento de abstinencia que ella haya hecho. ¹⁴En cambio, si los días pasan y el esposo se queda callado, su silencio confirmará todos los votos y compromisos contraídos por ella. El esposo los confirmará por no haber dicho nada cuando se enteró. ¹⁵Pero si llega a anularlos después de un tiempo de haberse enterado, entonces él cargará con la culpa de su esposa.»

¹⁶Éstos son los estatutos que el SEÑOR dio a Moisés en cuanto a la relación entre esposo y esposa, y entre el padre y la hija que todavía viva en su casa.

Guerra contra Madián

31 El SEÑOR le dijo a Moisés: ²«Antes de partir de este mundo para reunirte con tus antepasados, en nombre de tu pueblo tienes que vengarte de los madianitas.»

³Moisés se dirigió al pueblo y le dijo: «Preparen a algunos de sus hombres para la guerra contra Madián. Vamos a descargar sobre ellos la venganza del SEÑOR.

without defect. ³⁷With the bull, the ram and the lambs, prepare their grain offerings and drink offerings according to the number specified. ³⁸Include one male goat as a sin offering, in addition to the regular burnt offering with its grain offering and drink offering.

³⁹" 'In addition to what you vow and your freewill offerings, prepare these for the LORD at your appointed feasts: your burnt offerings, grain offerings, drink offerings and fellowship offerings.ʷ ' "

⁴⁰Moses told the Israelites all that the LORD commanded him.

Vows

30 Moses said to the heads of the tribes of Israel: "This is what the LORD commands: ²When a man makes a vow to the LORD or takes an oath to obligate himself by a pledge, he must not break his word but must do everything he said.

³"When a young woman still living in her father's house makes a vow to the LORD or obligates herself by a pledge ⁴and her father hears about her vow or pledge but says nothing to her, then all her vows and every pledge by which she obligated herself will stand. ⁵But if her father forbids her when he hears about it, none of her vows or the pledges by which she obligated herself will stand; the LORD will release her because her father has forbidden her.

⁶"If she marries after she makes a vow or after her lips utter a rash promise by which she obligates herself ⁷and her husband hears about it but says nothing to her, then her vows or the pledges by which she obligated herself will stand. ⁸But if her husband forbids her when he hears about it, he nullifies the vow that obligates her or the rash promise by which she obligates herself, and the LORD will release her.

⁹"Any vow or obligation taken by a widow or divorced woman will be binding on her.

¹⁰"If a woman living with her husband makes a vow or obligates herself by a pledge under oath ¹¹and her husband hears about it but says nothing to her and does not forbid her, then all her vows or the pledges by which she obligated herself will stand. ¹²But if her husband nullifies them when he hears about them, then none of the vows or pledges that came from her lips will stand. Her husband has nullified them, and the LORD will release her. ¹³Her husband may confirm or nullify any vow she makes or any sworn pledge to deny herself. ¹⁴But if her husband says nothing to her about it from day to day, then he confirms all her vows or the pledges binding on her. He confirms them by saying nothing to her when he hears about them. ¹⁵If, however, he nullifies them some time after he hears about them, then he is responsible for her guilt."

¹⁶These are the regulations the LORD gave Moses concerning relationships between a man and his wife, and between a father and his young daughter still living in his house.

Vengeance on the Midianites

31 The LORD said to Moses, ²"Take vengeance on the Midianites for the Israelites. After that, you will be gathered to your people."

³So Moses said to the people, "Arm some of your men to go to war against the Midianites and to carry

---

ʷ 39 Traditionally *peace offerings*

4 Que cada una de las tribus de Israel envíe mil hombres a la guerra.»

5 Los escuadrones de Israel proveyeron mil hombres por cada tribu, con lo que se reunieron doce mil hombres armados para la guerra. 6 Moisés envió a la guerra a los mil hombres de cada tribu. Con ellos iba Finés, hijo del sacerdote Eleazar, quien tenía a su cargo los utensilios del santuario y las trompetas que darían la señal de ataque.

7 Tal como el SEÑOR se lo había ordenado a Moisés, los israelitas entraron en batalla y mataron a todos los madianitas. 8 Pasaron a espada a Eví, Requen, Zur, Jur y Reba, que eran los cinco reyes de Madián, y también a Balán hijo de Beor. 9 Capturaron a las mujeres y a los niños de los madianitas, y tomaron como botín de guerra todo su ganado, rebaños y bienes. 10 A todas las ciudades y campamentos donde vivían los madianitas les prendieron fuego, 11 y se apoderaron de *gente y de animales. Todos los despojos y el botín 12 se los llevaron a Moisés y al sacerdote Eleazar, y a toda la comunidad israelita. A los prisioneros, el botín y los despojos los llevaron hasta el campamento que estaba en las llanuras de Moab, cerca del Jordán, a la altura de Jericó.

13 Moisés y el sacerdote Eleazar y todos los líderes de la comunidad salieron a recibirlos fuera del campamento. 14 Moisés estaba furioso con los jefes de mil y de cien soldados que regresaban de la batalla. 15 «¿Cómo es que dejaron con vida a las mujeres? —les preguntó—. 16 ¡Si fueron ellas las que, aconsejadas por Balán, hicieron que los israelitas traicionaran al SEÑOR en Baal Peor! Por eso murieron tantos del pueblo del SEÑOR. 17 Maten a todos los niños, y también a todas las mujeres que hayan tenido relaciones sexuales, 18 pero quédense con todas las muchachas que jamás las hayan tenido.

Purificación de combatientes y de prisioneros

19 »Todos los que hayan matado a alguien, o hayan tocado un cadáver, deberán quedarse fuera del campamento durante siete días. Al tercer día, y al séptimo, se *purificarán ustedes y sus prisioneros. 20 También deberán purificar toda la ropa, y todo artículo de cuero, de pelo de cabra, o de madera.»

21 El sacerdote Eleazar les dijo a los soldados que habían ido a la guerra: «Esto es lo que manda la ley que el SEÑOR le entregó a Moisés: 22 Oro, plata, bronce, hierro, estaño, plomo 23 y todo lo que resista el fuego, deberá ser pasado por el fuego para purificarse, pero también deberá limpiarse con las aguas de la purificación. Todo lo que no resista el fuego deberá pasar por las aguas de la purificación. 24 Al séptimo día, lavarán ustedes sus vestidos y quedarán purificados. Entonces podrán reintegrarse al campamento.»

Reparto del botín

25 El SEÑOR le dijo a Moisés: 26 «Tú y el sacerdote Eleazar y los jefes de las familias patriarcales harán un recuento de toda la *gente y de todos los animales capturados. 27 Dividirán el botín entre los soldados que fueron a la guerra y el resto de la comunidad. 28 A los que fueron a la guerra les exigirás del botín una contribución para el SEÑOR. Tanto de la gente como de los asnos, vacas u ovejas, apartarás uno de cada quinientos. 29 Los tomarás de la parte que les tocó a los soldados, y se los darás al sacerdote Eleazar como contribu-

out the LORD's vengeance on them. 4 Send into battle a thousand men from each of the tribes of Israel." 5 So twelve thousand men armed for battle, a thousand from each tribe, were supplied from the clans of Israel. 6 Moses sent them into battle, a thousand from each tribe, along with Phinehas son of Eleazar, the priest, who took with him articles from the sanctuary and the trumpets for signaling.

7 They fought against Midian, as the LORD commanded Moses, and killed every man. 8 Among their victims were Evi, Rekem, Zur, Hur and Reba—the five kings of Midian. They also killed Balaam son of Beor with the sword. 9 The Israelites captured the Midianite women and children and took all the Midianite herds, flocks and goods as plunder. 10 They burned all the towns where the Midianites had settled, as well as all their camps. 11 They took all the plunder and spoils, including the people and animals, 12 and brought the captives, spoils and plunder to Moses and Eleazar the priest and the Israelite assembly at their camp on the plains of Moab, by the Jordan across from Jericho.[x]

13 Moses, Eleazar the priest and all the leaders of the community went to meet them outside the camp. 14 Moses was angry with the officers of the army—the commanders of thousands and commanders of hundreds—who returned from the battle.

15 "Have you allowed all the women to live?" he asked them. 16 "They were the ones who followed Balaam's advice and were the means of turning the Israelites away from the LORD in what happened at Peor, so that a plague struck the LORD's people. 17 Now kill all the boys. And kill every woman who has slept with a man, 18 but save for yourselves every girl who has never slept with a man.

19 "All of you who have killed anyone or touched anyone who was killed must stay outside the camp seven days. On the third and seventh days you must purify yourselves and your captives. 20 Purify every garment as well as everything made of leather, goat hair or wood."

21 Then Eleazar the priest said to the soldiers who had gone into battle, "This is the requirement of the law that the LORD gave Moses: 22 Gold, silver, bronze, iron, tin, lead 23 and anything else that can withstand fire must be put through the fire, and then it will be clean. But it must also be purified with the water of cleansing. And whatever cannot withstand fire must be put through that water. 24 On the seventh day wash your clothes and you will be clean. Then you may come into the camp."

Dividing the Spoils

25 The LORD said to Moses, 26 "You and Eleazar the priest and the family heads of the community are to count all the people and animals that were captured. 27 Divide the spoils between the soldiers who took part in the battle and the rest of the community. 28 From the soldiers who fought in the battle, set apart as tribute for the LORD one out of every five hundred, whether persons, cattle, donkeys, sheep or goats. 29 Take this tribute from their half share and give it to Eleazar the priest as

x 12 Hebrew Jordan of Jericho; possibly an ancient name for the Jordan River

ción al SEÑOR. 30 De la parte que les toca a los israelitas, apartarás de la gente uno de cada cincuenta, lo mismo que de los asnos, vacas, ovejas u otros animales, y se los darás a los levitas, pues ellos son los responsables del cuidado de mi santuario.»

31 Moisés y el sacerdote Eleazar hicieron tal como el SEÑOR se lo ordenó a Moisés.

32 Sin tomar en cuenta los despojos que tomaron los soldados, el botín fue de seiscientas setenta y cinco mil ovejas, 33 setenta y dos mil cabezas de ganado, 34 sesenta y un mil asnos 35 y treinta y dos mil mujeres que jamás habían tenido relaciones sexuales.

36 A los que fueron a la guerra les tocó lo siguiente:

Trescientas treinta y siete mil quinientas ovejas, 37 de las cuales se entregaron seiscientas setenta y cinco como contribución al SEÑOR.
38 Treinta y seis mil vacas, de las cuales se entregaron setenta y dos como contribución al SEÑOR.
39 Treinta mil quinientos asnos, de los cuales se entregaron sesenta y uno como contribución al SEÑOR.
40 Dieciséis mil mujeres, de las cuales se entregaron treinta y dos como contribución al SEÑOR.

41 La parte que le correspondía al SEÑOR, se la entregó Moisés al sacerdote Eleazar, tal como el SEÑOR se lo había ordenado.

42 Del botín que trajeron los soldados, Moisés tomó la mitad que les correspondía a los israelitas, 43 de modo que a la comunidad le tocaron trescientas treinta y siete mil quinientas ovejas, 44 treinta y seis mil vacas, 45 treinta mil quinientos asnos 46 y dieciséis mil mujeres. 47 De la parte que les tocó a los israelitas, Moisés tomó una de cada cincuenta personas, y uno de cada cincuenta animales, tal como el SEÑOR se lo había ordenado, y todos ellos se los entregó a los levitas, que eran los responsables del cuidado del santuario del SEÑOR.

La ofrenda de los capitanes

48 Entonces los oficiales que estaban a cargo de la tropa, es decir, los jefes de mil y de cien soldados, se acercaron a Moisés 49 y le dijeron: «Tus siervos han pasado revista, y no falta ninguno de los soldados que estaban bajo nuestras órdenes. 50 Por eso hemos traído, como ofrenda al SEÑOR, los artículos de oro que cada uno de nosotros encontró: brazaletes, cadenas, sortijas, pendientes y collares. Todo esto lo traemos para hacer *propiciación por nosotros ante el SEÑOR.»

51 Moisés y el sacerdote Eleazar recibieron todos los artículos de oro. 52 Todo el oro que los jefes de mil y de cien soldados presentaron como contribución al SEÑOR pesó ciento noventa kilos.v 53 Cada soldado había tomado botín para sí mismo. 54 Moisés y el sacerdote Eleazar recibieron el oro de manos de los jefes, y lo llevaron a la *Tienda de reunión para que el SEÑOR tuviera presentes a los israelitas.

Rubén y Gad se establecen en Transjordania

32 Las tribus de Rubén y Gad, que tenían mucho ganado, se dieron cuenta de que las tierras de Jazer y Galaad eran apropiadas para la ganadería. 2 Así que fueron a decirles a Moisés, al sacerdote Eleazar y a los jefes de la comunidad:

3 —Las tierras de Atarot, Dibón, Jazer, Nimrá, Hesbón, Elalé, Sebán, Nebo y Beón 4 las conquistó el SEÑOR para el pueblo de Israel, y son apropiadas para la gana-

the LORD's part. 30 From the Israelites' half, select one out of every fifty, whether persons, cattle, donkeys, sheep, goats or other animals. Give them to the Levites, who are responsible for the care of the LORD's tabernacle." 31 So Moses and Eleazar the priest did as the LORD commanded Moses.

32 The plunder remaining from the spoils that the soldiers took was 675,000 sheep, 33 72,000 cattle, 34 61,000 donkeys 35 and 32,000 women who had never slept with a man.

36 The half share of those who fought in the battle was:

337,500 sheep, 37 of which the tribute for the LORD was 675;
38 36,000 cattle, of which the tribute for the LORD was 72;
39 30,500 donkeys, of which the tribute for the LORD was 61;
40 16,000 people, of which the tribute for the LORD was 32.

41 Moses gave the tribute to Eleazar the priest as the LORD's part, as the LORD commanded Moses.

42 The half belonging to the Israelites, which Moses set apart from that of the fighting men— 43 the community's half—was 337,500 sheep, 44 36,000 cattle, 45 30,500 donkeys 46 and 16,000 people. 47 From the Israelites' half, Moses selected one out of every fifty persons and animals, as the LORD commanded him, and gave them to the Levites, who were responsible for the care of the LORD's tabernacle.

48 Then the officers who were over the units of the army—the commanders of thousands and commanders of hundreds—went to Moses 49 and said to him, "Your servants have counted the soldiers under our command, and not one is missing. 50 So we have brought as an offering to the LORD the gold articles each of us acquired—armlets, bracelets, signet rings, earrings and necklaces—to make atonement for ourselves before the LORD."

51 Moses and Eleazar the priest accepted from them the gold—all the crafted articles. 52 All the gold from the commanders of thousands and commanders of hundreds that Moses and Eleazar presented as a gift to the LORD weighed 16,750 shekels.y 53 Each soldier had taken plunder for himself. 54 Moses and Eleazar the priest accepted the gold from the commanders of thousands and commanders of hundreds and brought it into the Tent of Meeting as a memorial for the Israelites before the LORD.

The Transjordan Tribes

32 The Reubenites and Gadites, who had very large herds and flocks, saw that the lands of Jazer and Gilead were suitable for livestock. 2 So they came to Moses and Eleazar the priest and to the leaders of the community, and said, 3 "Ataroth, Dibon, Jazer, Nimrah, Heshbon, Elealeh, Sebam, Nebo and Beon— 4 the land the LORD subdued before the people of Israel—are suitable for livestock, and your servants have

v 31:52 ciento noventa kilos. Lit. dieciséis mil setecientos cincuenta *siclos.

y 52 That is, about 420 pounds (about 190 kilograms)

dería de tus siervos. 5 Si nos hemos ganado tu favor, permítenos tomar esas tierras como heredad. No nos hagas cruzar el Jordán.

6 Entonces Moisés les dijo a los rubenitas y a los gaditas:

—¿Les parece justo que sus hermanos vayan al combate mientras ustedes se quedan aquí sentados? 7 Los israelitas se han propuesto conquistar la tierra que el SEÑOR les ha dado; ¿no se dan cuenta de que esto los desanimaría? 8 ¡Esto mismo hicieron los padres de ustedes cuando yo los envié a explorar la tierra de Cades Barnea! 9 Fueron a inspeccionar la tierra en el valle de Escol y, cuando volvieron, desanimaron a los israelitas para que no entraran en la tierra que el SEÑOR les había dado. 10 Ese día el SEÑOR se encendió en ira y juró: 11 "Por no haberme seguido de todo *corazón, ninguno de los mayores de veinte años que salieron de Egipto verá la tierra que juré darles a Abraham, Isaac y Jacob. 12 Ninguno de ellos la verá, con la sola excepción de Caleb hijo de Jefone, el quenizita, y Josué hijo de Nun, los cuales me siguieron de todo corazón." 13 El SEÑOR se encendió en ira contra Israel, y los hizo vagar por el desierto cuarenta años, hasta que murió toda la generación que había pecado.

14 »¡Y ahora ustedes, caterva de pecadores, vienen en lugar de sus padres para aumentar la ira del SEÑOR contra Israel! 15 Si ustedes se niegan a seguir al SEÑOR, él volverá a dejar en el desierto a todo este pueblo, y ustedes serán la causa de su destrucción.

16 Entonces ellos se acercaron otra vez a Moisés, y le dijeron:

—Vamos a construir corrales para el ganado, y a edificar ciudades para nuestros pequeños. 17 Sin embargo, tomaremos las armas y marcharemos al frente de los israelitas hasta llevarlos a su lugar. Mientras tanto, nuestros pequeños vivirán en ciudades fortificadas que los protejan de los habitantes del país. 18 No volveremos a nuestras casas hasta que cada uno de los israelitas haya recibido su heredad. 19 Nosotros no queremos compartir con ellos ninguna heredad al otro lado del Jordán, porque nuestra heredad está aquí, en el lado oriental del río.

20 Moisés les contestó:

—Si están dispuestos a hacerlo así, tomen las armas y marchen al combate. 21 Crucen con sus armas el Jordán, y con la ayuda del SEÑOR luchen hasta que él haya quitado del camino a sus enemigos. 22 Cuando a su paso el SEÑOR haya sometido la tierra, entonces podrán ustedes regresar a casa, pues habrán cumplido con su deber hacia el SEÑOR y hacia Israel. Y con la aprobación del SEÑOR esta tierra será de ustedes.

23 »Pero si se niegan, estarán pecando contra el SEÑOR. Y pueden estar seguros de que no escaparán de su pecado. 24 Edifiquen ciudades para sus pequeños, y construyan corrales para su ganado, pero cumplan también lo que han prometido.

25 Los gaditas y los rubenitas le dijeron a Moisés:

—Tus siervos harán tal como el Señor lo ha mandado. 26 Aquí en las ciudades de Galaad se quedarán nuestros pequeños, y todos nuestros ganados y rebaños, 27 pero tus siervos cruzarán con sus armas el Jordán para pelear a la vanguardia del SEÑOR, tal como él lo ha ordenado.

28 Así que Moisés dio las siguientes instrucciones al sacerdote Eleazar, y a Josué hijo de Nun y a los jefes de las familias patriarcales de las tribus de Israel:

29 —Si los gaditas y los rubenitas, armados para la guerra, cruzan el Jordán con ustedes y conquistan el país, como el SEÑOR quiere, ustedes les entregarán como

livestock. 5 If we have found favor in your eyes," they said, "let this land be given to your servants as our possession. Do not make us cross the Jordan."

6 Moses said to the Gadites and Reubenites, "Shall your countrymen go to war while you sit here? 7 Why do you discourage the Israelites from going over into the land the LORD has given them? 8 This is what your fathers did when I sent them from Kadesh Barnea to look over the land. 9 After they went up to the Valley of Eshcol and viewed the land, they discouraged the Israelites from entering the land the LORD had given them. 10 The LORD's anger was aroused that day and he swore this oath: 11 'Because they have not followed me wholeheartedly, not one of the men twenty years old or more who came up out of Egypt will see the land I promised on oath to Abraham, Isaac and Jacob— 12 not one except Caleb son of Jephunneh the Kenizzite and Joshua son of Nun, for they followed the LORD wholeheartedly.' 13 The LORD's anger burned against Israel and he made them wander in the desert forty years, until the whole generation of those who had done evil in his sight was gone.

14 "And here you are, a brood of sinners, standing in the place of your fathers and making the LORD even more angry with Israel. 15 If you turn away from following him, he will again leave all this people in the desert, and you will be the cause of their destruction."

16 Then they came up to him and said, "We would like to build pens here for our livestock and cities for our women and children. 17 But we are ready to arm ourselves and go ahead of the Israelites until we have brought them to their place. Meanwhile our women and children will live in fortified cities, for protection from the inhabitants of the land. 18 We will not return to our homes until every Israelite has received his inheritance. 19 We will not receive any inheritance with them on the other side of the Jordan, because our inheritance has come to us on the east side of the Jordan."

20 Then Moses said to them, "If you will do this—if you will arm yourselves before the LORD for battle, 21 and if all of you will go armed over the Jordan before the LORD until he has driven his enemies out before him— 22 then when the land is subdued before the LORD, you may return and be free from your obligation to the LORD and to Israel. And this land will be your possession before the LORD.

23 "But if you fail to do this, you will be sinning against the LORD; and you may be sure that your sin will find you out. 24 Build cities for your women and children, and pens for your flocks, but do what you have promised."

25 The Gadites and Reubenites said to Moses, "We your servants will do as our lord commands. 26 Our children and wives, our flocks and herds will remain here in the cities of Gilead. 27 But your servants, every man armed for battle, will cross over to fight before the LORD, just as our lord says."

28 Then Moses gave orders about them to Eleazar the priest and Joshua son of Nun and to the family heads of the Israelite tribes. 29 He said to them, "If the Gadites and Reubenites, every man armed for battle, cross over the Jordan with you before the LORD, then when the land is subdued before you, give them the land of Gile-

heredad la tierra de Galaad. ³⁰Pero si no lo cruzan, ellos recibirán su heredad entre ustedes en Canaán.

³¹Los gaditas y los rubenitas respondieron:

—Tus siervos harán lo que el SEÑOR ha mandado. ³²Tal como él lo quiere, cruzaremos armados a la tierra de Canaán. Pero nuestra heredad estará de este lado del Jordán.

³³Entonces Moisés entregó a los gaditas y rubenitas, y a la media tribu de Manasés hijo de José, el reino de Sijón, rey de los amorreos, y el reino de Og, rey de Basán. Les entregó la tierra con las ciudades que estaban dentro de sus fronteras, es decir, las ciudades de todo el país.

³⁴Los gaditas edificaron las ciudades de Dibón, Atarot, Aroer, ³⁵Atarot Sofán, Jazer, Yogbea, ³⁶Bet Nimrá y Bet Arán. Las edificaron como ciudades fortificadas, y construyeron corrales para sus rebaños. ³⁷También edificaron las ciudades de Hesbón, Elalé, Quiriatayin, ³⁸Nebo, Baal Megón y Sibma, y les cambiaron de *nombre.

³⁹Los descendientes de Maquir hijo de Manasés fueron a Galaad y la conquistaron, echando de allí a los amorreos que la habitaban. ⁴⁰Entonces Moisés entregó Galaad a los maquiritas, que eran descendientes de Manasés, y ellos se establecieron allí. ⁴¹Yaír hijo de Manasés capturó algunas aldeas y les puso por nombre Javot Yaír. ⁴²Noba capturó Quenat y sus aldeas, y a la región le dio su propio nombre.

Ruta de Israel por el desierto

33 Cuando los israelitas salieron de Egipto bajo la dirección de Moisés y de Aarón, marchaban ordenadamente, como un ejército. ²Por mandato del SEÑOR, Moisés anotaba cada uno de los lugares de donde partían y adonde llegaban. Ésta es la ruta que siguieron:

³El día quince del mes primero, un día después de la Pascua, los israelitas partieron de Ramsés. Marcharon desafiantes a la vista de todos los egipcios, ⁴mientras éstos sepultaban a sus primogénitos, a quienes el SEÑOR había herido de muerte. El SEÑOR también dictó sentencia contra los dioses egipcios.

⁵Los israelitas partieron de Ramsés y acamparon en Sucot.

⁶Partieron de Sucot y acamparon en Etam, en los límites del desierto.

⁷Partieron de Etam, pero volvieron a Pi Ajirot, al este de Baal Zefón, y acamparon cerca de Migdol.

⁸Partieron de Pi Ajirot y cruzaron el mar hasta llegar al desierto. Después de andar tres días por el desierto de Etam, acamparon en Mara.

⁹Partieron de Mara con dirección a Elim, donde había doce fuentes de agua y setenta palmeras, y acamparon allí.

¹⁰Partieron de Elim y acamparon cerca del *Mar Rojo.

¹¹Partieron del Mar Rojo y acamparon en el desierto de Sin.

¹²Partieron del desierto de Sin y acamparon en Dofcá.

¹³Partieron de Dofcá y acamparon en Alús.

¹⁴Partieron de Alús y acamparon en Refidín, donde los israelitas no tenían agua para beber.

¹⁵Partieron de Refidín y acamparon en el desierto de Sinaí.

ad as their possession. ³⁰But if they do not cross over with you armed, they must accept their possession with you in Canaan."

³¹The Gadites and Reubenites answered, "Your servants will do what the LORD has said. ³²We will cross over before the LORD into Canaan armed, but the property we inherit will be on this side of the Jordan."

³³Then Moses gave to the Gadites, the Reubenites and the half-tribe of Manasseh son of Joseph the kingdom of Sihon king of the Amorites and the kingdom of Og king of Bashan—the whole land with its cities and the territory around them.

³⁴The Gadites built up Dibon, Ataroth, Aroer, ³⁵Atroth Shophan, Jazer, Jogbehah, ³⁶Beth Nimrah and Beth Haran as fortified cities, and built pens for their flocks. ³⁷And the Reubenites rebuilt Heshbon, Elealeh and Kiriathaim, ³⁸as well as Nebo and Baal Meon (these names were changed) and Sibmah. They gave names to the cities they rebuilt.

³⁹The descendants of Makir son of Manasseh went to Gilead, captured it and drove out the Amorites who were there. ⁴⁰So Moses gave Gilead to the Makirites, the descendants of Manasseh, and they settled there. ⁴¹Jair, a descendant of Manasseh, captured their settlements and called them Havvoth Jair.ᶻ ⁴²And Nobah captured Kenath and its surrounding settlements and called it Nobah after himself.

Stages in Israel's Journey

33 Here are the stages in the journey of the Israelites when they came out of Egypt by divisions under the leadership of Moses and Aaron. ²At the LORD's command Moses recorded the stages in their journey. This is their journey by stages:

³The Israelites set out from Rameses on the fifteenth day of the first month, the day after the Passover. They marched out boldly in full view of all the Egyptians, ⁴who were burying all their firstborn, whom the LORD had struck down among them; for the LORD had brought judgment on their gods.

⁵The Israelites left Rameses and camped at Succoth.

⁶They left Succoth and camped at Etham, on the edge of the desert.

⁷They left Etham, turned back to Pi Hahiroth, to the east of Baal Zephon, and camped near Migdol.

⁸They left Pi Hahirothᵃ and passed through the sea into the desert, and when they had traveled for three days in the Desert of Etham, they camped at Marah.

⁹They left Marah and went to Elim, where there were twelve springs and seventy palm trees, and they camped there.

¹⁰They left Elim and camped by the Red Sea.ᵇ

¹¹They left the Red Sea and camped in the Desert of Sin.

¹²They left the Desert of Sin and camped at Dophkah.

¹³They left Dophkah and camped at Alush.

¹⁴They left Alush and camped at Rephidim, where there was no water for the people to drink.

¹⁵They left Rephidim and camped in the Desert of Sinai.

ᶻ41 Or *them the settlements of Jair*   ᵃ8 Many manuscripts of the Masoretic Text, Samaritan Pentateuch and Vulgate; most manuscripts of the Masoretic Text *left from before Hahiroth*   ᵇ10 Hebrew *Yam Suph*; that is, Sea of Reeds; also in verse 11

¹⁶Partieron del desierto de Sinaí y acamparon en Quibrot Hatavá.

¹⁷Partieron de Quibrot Hatavá y acamparon en Jazerot.

¹⁸Partieron de Jazerot y acamparon en Ritmá.

¹⁹Partieron de Ritmá y acamparon en Rimón Peres.

²⁰Partieron de Rimón Peres y acamparon en Libná.

²¹Partieron de Libná y acamparon en Risá.

²²Partieron de Risá y acamparon en Celata.

²³Partieron de Celata y acamparon en el monte Séfer.

²⁴Partieron del monte Séfer y acamparon en Jaradá.

²⁵Partieron de Jaradá y acamparon en Maquelot.

²⁶Partieron de Maquelot y acamparon en Tajat.

²⁷Partieron de Tajat y acamparon en Téraj.

²⁸Partieron de Téraj y acamparon en Mitca.

²⁹Partieron de Mitca y acamparon en Jasmoná.

³⁰Partieron de Jasmoná y acamparon en Moserot.

³¹Partieron de Moserot y acamparon en Bené Yacán.

³²Partieron de Bené Yacán y acamparon en el monte Guidgad.

³³Partieron del monte Guidgad y acamparon en Jotbata.

³⁴Partieron de Jotbata y acamparon en Abroná.

³⁵Partieron de Abroná y acamparon en Ezión Guéber.

³⁶Partieron de Ezión Guéber y acamparon en Cades, en el desierto de Zin.

³⁷Partieron de Cades y acamparon en el monte Hor, en la frontera con Edom. ³⁸Al mandato del SEÑOR, el sacerdote Aarón subió al monte Hor, donde murió el día primero del mes quinto, cuarenta años después de que los israelitas habían salido de Egipto. ³⁹Aarón murió en el monte Hor a la edad de ciento veintitrés años.

⁴⁰El rey cananeo de Arad, que vivía en el Néguev de Canaán, se enteró de que los israelitas se acercaban.

⁴¹Partieron del monte Hor y acamparon en Zalmona.

⁴²Partieron de Zalmona y acamparon en Punón.

⁴³Partieron de Punón y acamparon en Obot.

⁴⁴Partieron de Obot y acamparon en Iyé Abarín, en la frontera con Moab.

⁴⁵Partieron de Iyé Abarín y acamparon en Dibón Gad.

⁴⁶Partieron de Dibón Gad y acamparon en Almón Diblatayin.

⁴⁷Partieron de Almón Diblatayin y acamparon en los campos de Abarín, cerca de Nebo.

⁴⁸Partieron de los montes de Abarín y acamparon en las llanuras de Moab, cerca del Jordán, a la altura de Jericó. ⁴⁹Acamparon a lo largo del Jordán, desde Bet Yesimot hasta Abel Sitín, en las llanuras de Moab.

Instrucciones acerca de la tierra prometida

⁵⁰Allí en las llanuras de Moab, cerca del Jordán, a la altura de Jericó, el SEÑOR le dijo a Moisés: ⁵¹«Habla con los israelitas y diles que, una vez que crucen el Jordán y entren en Canaán, ⁵²deberán expulsar del país a todos sus habitantes y destruir a todos los ídolos e imágenes fundidas que ellos tienen. Ordénales que arrasen todos sus santuarios paganos ⁵³y conquisten la tierra y la habiten, porque yo se la he dado a ellos como heredad.

¹⁶They left the Desert of Sinai and camped at Kibroth Hattaavah.

¹⁷They left Kibroth Hattaavah and camped at Hazeroth.

¹⁸They left Hazeroth and camped at Rithmah.

¹⁹They left Rithmah and camped at Rimmon Perez.

²⁰They left Rimmon Perez and camped at Libnah.

²¹They left Libnah and camped at Rissah.

²²They left Rissah and camped at Kehelathah.

²³They left Kehelathah and camped at Mount Shepher.

²⁴They left Mount Shepher and camped at Haradah.

²⁵They left Haradah and camped at Makheloth.

²⁶They left Makheloth and camped at Tahath.

²⁷They left Tahath and camped at Terah.

²⁸They left Terah and camped at Mithcah.

²⁹They left Mithcah and camped at Hashmonah.

³⁰They left Hashmonah and camped at Moseroth.

³¹They left Moseroth and camped at Bene Jaakan.

³²They left Bene Jaakan and camped at Hor Haggidgad.

³³They left Hor Haggidgad and camped at Jotbathah.

³⁴They left Jotbathah and camped at Abronah.

³⁵They left Abronah and camped at Ezion Geber.

³⁶They left Ezion Geber and camped at Kadesh, in the Desert of Zin.

³⁷They left Kadesh and camped at Mount Hor, on the border of Edom. ³⁸At the LORD's command Aaron the priest went up Mount Hor, where he died on the first day of the fifth month of the fortieth year after the Israelites came out of Egypt. ³⁹Aaron was a hundred and twenty-three years old when he died on Mount Hor.

⁴⁰The Canaanite king of Arad, who lived in the Negev of Canaan, heard that the Israelites were coming.

⁴¹They left Mount Hor and camped at Zalmonah.

⁴²They left Zalmonah and camped at Punon.

⁴³They left Punon and camped at Oboth.

⁴⁴They left Oboth and camped at Iye Abarim, on the border of Moab.

⁴⁵They left Iyim^c and camped at Dibon Gad.

⁴⁶They left Dibon Gad and camped at Almon Diblathaim.

⁴⁷They left Almon Diblathaim and camped in the mountains of Abarim, near Nebo.

⁴⁸They left the mountains of Abarim and camped on the plains of Moab by the Jordan across from Jericho.^d ⁴⁹There on the plains of Moab they camped along the Jordan from Beth Jeshimoth to Abel Shittim.

⁵⁰On the plains of Moab by the Jordan across from Jericho the LORD said to Moses, ⁵¹"Speak to the Israelites and say to them: 'When you cross the Jordan into Canaan, ⁵²drive out all the inhabitants of the land before you. Destroy all their carved images and their cast idols, and demolish all their high places. ⁵³Take possession of the land and settle in it, for I have given you

---

^c45 That is, Iye Abarim　　^d48 Hebrew *Jordan of Jericho*; possibly an ancient name for the Jordan River; also in verse 50

54La tierra deberán repartirla por sorteo, según sus clanes. La tribu más numerosa recibirá la heredad más grande, mientras que la tribu menos numerosa recibirá la heredad más pequeña. Todo lo que les toque en el sorteo será de ellos, y recibirán su heredad según sus familias patriarcales.

55»Pero si no expulsan a los habitantes de la tierra que ustedes van a poseer, sino que los dejan allí, esa gente les causará problemas, como si tuvieran clavadas astillas en los ojos y espinas en los costados. 56Entonces yo haré con ustedes lo que había pensado hacer con ellos.»

Fronteras de Canaán

34 El SEÑOR le dijo a Moisés: 2«Hazles saber a los israelitas que las fronteras de Canaán, la tierra que van a recibir en heredad, serán las siguientes:

3»La frontera sur empezará en el desierto de Zin, en los límites con Edom. Por el este, la frontera sur estará donde termina el Mar Muerto. 4A partir de allí, la línea fronteriza avanzará hacia el sur, hacia la cuesta de los Alacranes, cruzará Zin hasta alcanzar Cades Barnea, y llegará hasta Jazar Adar y Asmón. 5De allí la frontera se volverá hacia el arroyo de Egipto, para terminar en el mar Mediterráneo.

6»La frontera occidental del país será la costa del mar Mediterráneo.

7»Para la frontera norte, la línea fronteriza correrá desde el mar Mediterráneo hasta el monte Hor, 8y desde el monte Hor hasta Lebó Jamat.w De allí, esta línea seguirá hasta llegar a Zedad, 9para continuar hasta Zifrón y terminar en Jazar Enán. Ésta será la frontera norte del país.

10»Para la frontera oriental, la línea fronteriza correrá desde Jazar Enán hasta Sefán. 11De Sefán bajará a Riblá, que está al este de Ayin; de allí descenderá al este, hasta encontrarse con la ribera del lago Quinéret,x 12y de allí la línea bajará por el río Jordán, hasta el Mar Muerto.

»Ésas serán las cuatro fronteras del país.»

13Moisés les dio a los israelitas la siguiente orden: «Ésta es la tierra que se repartirá por sorteo. El SEÑOR ha ordenado que sea repartida sólo entre las nueve tribus y media, 14pues las familias patriarcales de las tribus de Rubén y de Gad, y la media tribu de Manasés, ya recibieron su heredad. 15Estas dos tribus y media ya tienen su heredad en el este, cerca del río Jordán, a la altura de Jericó, por donde sale el sol.»

Repartición de la tierra

16El SEÑOR le dijo a Moisés: 17«Éstos son los nombres de los encargados de repartir la tierra como heredad: el sacerdote Eleazar, y Josué hijo de Nun. 18Ustedes, por su parte, tomarán a un jefe de cada tribu para que les ayuden a repartir la tierra.»

19Los nombres de los jefes de tribu fueron los siguientes:

Caleb hijo de Jefone, de la tribu de Judá;
20Samuel hijo de Amiud, de la tribu de Simeón;
21Elidad hijo de Quislón, de la tribu de Benjamín;
22Buquí hijo de Joglí, jefe de la tribu de Dan;
23Janiel hijo de Efod, jefe de la tribu de Manasés hijo de José;

the land to possess. 54Distribute the land by lot, according to your clans. To a larger group give a larger inheritance, and to a smaller group a smaller one. Whatever falls to them by lot will be theirs. Distribute it according to your ancestral tribes.

55" 'But if you do not drive out the inhabitants of the land, those you allow to remain will become barbs in your eyes and thorns in your sides. They will give you trouble in the land where you will live. 56And then I will do to you what I plan to do to them.' "

Boundaries of Canaan

34 The LORD said to Moses, 2"Command the Israelites and say to them: 'When you enter Canaan, the land that will be allotted to you as an inheritance will have these boundaries:

3" 'Your southern side will include some of the Desert of Zin along the border of Edom. On the east, your southern boundary will start from the end of the Salt Sea,e 4cross south of Scorpionf Pass, continue on to Zin and go south of Kadesh Barnea. Then it will go to Hazar Addar and over to Azmon, 5where it will turn, join the Wadi of Egypt and end at the Sea.g

6" 'Your western boundary will be the coast of the Great Sea. This will be your boundary on the west.

7" 'For your northern boundary, run a line from the Great Sea to Mount Hor 8and from Mount Hor to Leboh Hamath. Then the boundary will go to Zedad, 9continue to Ziphron and end at Hazar Enan. This will be your boundary on the north.

10" 'For your eastern boundary, run a line from Hazar Enan to Shepham. 11The boundary will go down from Shepham to Riblah on the east side of Ain and continue along the slopes east of the Sea of Kinnereth.i 12Then the boundary will go down along the Jordan and end at the Salt Sea.

" 'This will be your land, with its boundaries on every side.' "

13Moses commanded the Israelites: "Assign this land by lot as an inheritance. The LORD has ordered that it be given to the nine and a half tribes, 14because the families of the tribe of Reuben, the tribe of Gad and the half-tribe of Manasseh have received their inheritance. 15These two and a half tribes have received their inheritance on the east side of the Jordan of Jericho,j toward the sunrise."

16The LORD said to Moses, 17"These are the names of the men who are to assign the land for you as an inheritance: Eleazar the priest and Joshua son of Nun. 18And appoint one leader from each tribe to help assign the land. 19These are their names:

Caleb son of Jephunneh,
from the tribe of Judah;
20Shemuel son of Ammihud,
from the tribe of Simeon;
21Elidad son of Kislon,
from the tribe of Benjamin;
22Bukki son of Jogli,
the leader from the tribe of Dan;
23Hanniel son of Ephod,
the leader from the tribe of Manasseh son of Joseph;

---

e3 That is, the Dead Sea; also in verse 12   f4 Hebrew Akrabbim   g5 That is, the Mediterranean; also in verses 6 and 7 h8 Or to the entrance to   i11 That is, Galilee   j15 Jordan of Jericho was possibly an ancient name for the Jordan River.

---

w34:8 Lebó Jamat. Alt. la entrada de Jamat.   x34:11 lago Quinéret. Es decir, lago de Galilea.

24 Quemuel hijo de Siftán, jefe de la tribu de Efraín hijo de José;

25 Elizafán hijo de Parnac, jefe de la tribu de Zabulón;

26 Paltiel hijo de Azán, jefe de la tribu de Isacar;

27 Ajiud hijo de Selomí, jefe de la tribu de Aser;

28 Pedael hijo de Amiud, jefe de la tribu de Neftalí.

29 A éstos les encargó el SEÑOR repartir la heredad entre los israelitas, en la tierra de Canaán.

Ciudades levíticas

35 En las llanuras de Moab, cerca del Jordán, a la altura de Jericó, el SEÑOR le dijo a Moisés: 2 «Ordénales a los israelitas que, de las heredades que reciban, entreguen a los levitas ciudades donde vivir, junto con las tierras que rodean esas ciudades. 3 De esta manera los levitas tendrán ciudades donde vivir y tierras de pastoreo para su ganado, rebaños y animales.

4 »Las tierras de pastoreo que entreguen a los levitas rodearán la ciudad, a quinientos metros*y* de la muralla. 5 A partir de los límites de la ciudad, ustedes medirán mil metros*z* hacia el este, mil hacia el sur, mil hacia el oeste y mil hacia el norte. La ciudad quedará en el centro. Éstas serán las tierras de pastoreo de sus ciudades.

6 »De las ciudades que recibirán los levitas, seis serán ciudades de refugio. A ellas podrá huir cualquiera que haya matado a alguien. Además de estas seis ciudades, les entregarán otras cuarenta y dos. 7 En total, les darán cuarenta y ocho ciudades con sus tierras de pastoreo. 8 El número de ciudades que los israelitas entreguen a los levitas de la tierra que van a heredar, deberá ser proporcional a la heredad que le corresponda a cada tribu. Es decir, de una tribu numerosa se tomará un número mayor de ciudades, mientras que de una tribu pequeña se tomará un número menor de ciudades.»

Ciudades de refugio

9 El SEÑOR le ordenó a Moisés 10 que les dijera a los israelitas: «Cuando crucen el Jordán y entren a Canaán, 11 escojan ciudades de refugio adonde pueda huir quien inadvertidamente mate a alguien. 12 Esa persona podrá huir a esas ciudades para protegerse del vengador. Así se evitará que se mate al homicida antes de ser juzgado por la comunidad.

13 »Seis serán las ciudades que ustedes reservarán como ciudades de refugio. 14 Tres de ellas estarán en el lado este del Jordán, y las otras tres en Canaán. 15 Estas seis ciudades les servirán de refugio a los israelitas y a los extranjeros, sean éstos inmigrantes o residentes. Cualquiera que inadvertidamente dé muerte a alguien, podrá refugiarse en estas ciudades.

16 »Si alguien golpea a una persona con un objeto de hierro, y esa persona muere, el agresor es un asesino y será condenado a muerte.

17 »Si alguien golpea a una persona con una piedra, y esa persona muere, el agresor es un asesino y será condenado a muerte.

18 »Si alguien golpea a una persona con un pedazo de madera, y esa persona muere, el agresor es un asesino y será condenado a muerte. 19 Corresponderá al vengador matar al asesino. Cuando lo encuentre, lo matará.

24 Kemuel son of Shiphtan,
the leader from the tribe of Ephraim son of Joseph;

25 Elizaphan son of Parnach,
the leader from the tribe of Zebulun;

26 Paltiel son of Azzan,
the leader from the tribe of Issachar;

27 Ahihud son of Shelomi,
the leader from the tribe of Asher;

28 Pedahel son of Ammihud,
the leader from the tribe of Naphtali."

29 These are the men the LORD commanded to assign the inheritance to the Israelites in the land of Canaan.

Towns for the Levites

35 On the plains of Moab by the Jordan across from Jericho,*k* the LORD said to Moses, 2 "Command the Israelites to give the Levites towns to live in from the inheritance the Israelites will possess. And give them pasturelands around the towns. 3 Then they will have towns to live in and pasturelands for their cattle, flocks and all their other livestock.

4 "The pasturelands around the towns that you give the Levites will extend out fifteen hundred feet*l* from the town wall. 5 Outside the town, measure three thousand feet*m* on the east side, three thousand on the south side, three thousand on the west and three thousand on the north, with the town in the center. They will have this area as pastureland for the towns.

Cities of Refuge

6 "Six of the towns you give the Levites will be cities of refuge, to which a person who has killed someone may flee. In addition, give them forty-two other towns. 7 In all you must give the Levites forty-eight towns, together with their pasturelands. 8 The towns you give the Levites from the land the Israelites possess are to be given in proportion to the inheritance of each tribe: Take many towns from a tribe that has many, but few from one that has few."

9 Then the LORD said to Moses: 10 "Speak to the Israelites and say to them: 'When you cross the Jordan into Canaan, 11 select some towns to be your cities of refuge, to which a person who has killed someone accidentally may flee. 12 They will be places of refuge from the avenger, so that a person accused of murder may not die before he stands trial before the assembly. 13 These six towns you give will be your cities of refuge. 14 Give three on this side of the Jordan and three in Canaan as cities of refuge. 15 These six towns will be a place of refuge for Israelites, aliens and any other people living among them, so that anyone who has killed another accidentally can flee there.

16 " 'If a man strikes someone with an iron object so that he dies, he is a murderer; the murderer shall be put to death. 17 Or if anyone has a stone in his hand that could kill, and he strikes someone so that he dies, he is a murderer; the murderer shall be put to death. 18 Or if anyone has a wooden object in his hand that could kill, and he hits someone so that he dies, he is a murderer; the murderer shall be put to death. 19 The avenger of blood shall put the murderer to death; when he meets

---

y 35:4 *quinientos metros.* Lit. *mil *codos.*   *z* 35:5 *mil metros.* Lit. *dos mil codos.*

k 1 Hebrew *Jordan of Jericho*; possibly an ancient name for the Jordan River   *l* 4 Hebrew *a thousand cubits* (about 450 meters)   *m* 5 Hebrew *two thousand cubits* (about 900 meters)

20 »Si alguien mata a una persona por haberla empujado con malas intenciones, o por haberle lanzado algo intencionalmente, 21 o por haberle dado un puñetazo por enemistad, el agresor es un asesino y será condenado a muerte. Cuando el vengador lo encuentre, lo matará.

22 »Pero podría ocurrir que alguien sin querer empuje a una persona, o que sin mala intención le lance algún objeto, 23 o que sin darse cuenta le deje caer una piedra, y que esa persona muera. Como en este caso ellos no eran enemigos, ni hubo intención de hacer daño, 24 será la comunidad la que, de acuerdo con estas leyes, deberá arbitrar entre el acusado y el vengador. 25 La comunidad deberá proteger del vengador al acusado, dejando que el acusado regrese a la ciudad de refugio adonde huyó, y que se quede allí hasta la muerte del sumo sacerdote que fue ungido con el aceite sagrado.

26 »Pero si el acusado sale de los límites de la ciudad de refugio adonde huyó, 27 el vengador podrá matarlo, y no será culpable de homicidio si lo encuentra fuera de la ciudad. 28 Así que el acusado debe permanecer en su ciudad de refugio hasta la muerte del sumo sacerdote. Después de eso podrá volver a su heredad.

29 »Esta ley regirá siempre sobre todos tus descendientes, dondequiera que vivan.

30 »Sólo por el testimonio de varios testigos se le podrá dar muerte a una persona acusada de homicidio. Nadie podrá ser condenado a muerte por el testimonio de un solo testigo.

31 »No aceptarás rescate por la *vida de un asesino condenado a muerte. Tendrá que morir.

32 »Tampoco aceptarás rescate para permitir que el refugiado regrese a vivir a su tierra antes de la muerte del sumo sacerdote.

33 »No profanes la tierra que habitas. El derramamiento de sangre *contamina la tierra, y sólo con la sangre de aquel que la derramó es posible hacer *expiación en favor de la tierra.

34 »No profanes la tierra donde vives, y donde yo también vivo, porque yo, el SEÑOR, habito entre los israelitas.»

Herencia de las mujeres

36 Los jefes de las familias patriarcales de los clanes de Galaad fueron a hablar con Moisés y con los otros jefes de familias patriarcales israelitas. Galaad era hijo de Maquir y nieto de Manasés, por lo que sus clanes descendían de José. 2 Les dijeron:

—Cuando el SEÑOR te ordenó repartir por sorteo la tierra entre los israelitas, también te ordenó entregar la heredad de nuestro hermano Zelofejad a sus hijas. 3 Ahora bien, si ellas se casan con hombres de otras tribus, su heredad saldrá del círculo de nuestra familia patriarcal y será transferida a la tribu de aquellos con quienes ellas se casen. De este modo perderíamos parte de la heredad que nos tocó por sorteo. 4 Cuando los israelitas celebren el año del jubileo, esa heredad será incorporada a la tribu de sus esposos, y se perderá como propiedad de nuestra familia patriarcal.

5 Entonces, por mandato del SEÑOR, Moisés entregó esta ley a los israelitas:

—La tribu de los descendientes de José tiene razón. 6 Respecto a las hijas de Zelofejad, el SEÑOR ordena lo siguiente: Ellas podrán casarse con quien quieran, con tal de que se casen dentro de la tribu de José. 7 Ninguna heredad en Israel podrá pasar de una tribu a otra, porque cada israelita tiene el derecho de conservar la tierra

him, he shall put him to death. 20 If anyone with malice aforethought shoves another or throws something at him intentionally so that he dies 21 or if in hostility he hits him with his fist so that he dies, that person shall be put to death; he is a murderer. The avenger of blood shall put the murderer to death when he meets him.

22 " 'But if without hostility someone suddenly shoves another or throws something at him unintentionally 23 or, without seeing him, drops a stone on him that could kill him, and he dies, then since he was not his enemy and he did not intend to harm him, 24 the assembly must judge between him and the avenger of blood according to these regulations. 25 The assembly must protect the one accused of murder from the avenger of blood and send him back to the city of refuge to which he fled. He must stay there until the death of the high priest, who was anointed with the holy oil.

26 " 'But if the accused ever goes outside the limits of the city of refuge to which he has fled 27 and the avenger of blood finds him outside the city, the avenger of blood may kill the accused without being guilty of murder. 28 The accused must stay in his city of refuge until the death of the high priest; only after the death of the high priest may he return to his own property.

29 " 'These are to be legal requirements for you throughout the generations to come, wherever you live.

30 " 'Anyone who kills a person is to be put to death as a murderer only on the testimony of witnesses. But no one is to be put to death on the testimony of only one witness.

31 " 'Do not accept a ransom for the life of a murderer, who deserves to die. He must surely be put to death.

32 " 'Do not accept a ransom for anyone who has fled to a city of refuge and so allow him to go back and live on his own land before the death of the high priest.

33 " 'Do not pollute the land where you are. Bloodshed pollutes the land, and atonement cannot be made for the land on which blood has been shed, except by the blood of the one who shed it. 34 Do not defile the land where you live and where I dwell, for I, the LORD, dwell among the Israelites.' "

Inheritance of Zelophehad's Daughters

36 The family heads of the clan of Gilead son of Makir, the son of Manasseh, who were from the clans of the descendants of Joseph, came and spoke before Moses and the leaders, the heads of the Israelite families. 2 They said, "When the LORD commanded my lord to give the land as an inheritance to the Israelites by lot, he ordered you to give the inheritance of our brother Zelophehad to his daughters. 3 Now suppose they marry men from other Israelite tribes; then their inheritance will be taken from our ancestral inheritance and added to that of the tribe they marry into. And so part of the inheritance allotted to us will be taken away. 4 When the Year of Jubilee for the Israelites comes, their inheritance will be added to that of the tribe into which they marry, and their property will be taken from the tribal inheritance of our forefathers."

5 Then at the LORD's command Moses gave this order to the Israelites: "What the tribe of the descendants of Joseph is saying is right. 6 This is what the LORD commands for Zelophehad's daughters: They may marry anyone they please as long as they marry within the tribal clan of their father. 7 No inheritance in Israel is to pass from tribe to tribe, for every Israelite shall

que su tribu heredó de sus antepasados. ⁸Toda hija que herede tierras, en cualquiera de las tribus, deberá casarse con alguien que pertenezca a la familia patriarcal de sus antepasados. Así cada israelita podrá conservar la heredad de sus padres. ⁹Ninguna heredad podrá pasar de una tribu a otra, porque cada tribu israelita debe conservar la tierra que heredó.

¹⁰Las hijas de Zelofejad hicieron lo que el SEÑOR le ordenó a Moisés. ¹¹Se llamaban Majlá, Tirsá, Joglá, Milca y Noa. Se casaron con sus primos, ¹²dentro de los clanes de los descendientes de Manasés hijo de José, de modo que su heredad quedó dentro del clan y de la familia patriarcal de su padre.

¹³Éstos son los mandamientos y ordenanzas que, por medio de Moisés, dio el SEÑOR a los israelitas en las llanuras de Moab, cerca del Jordán, a la altura de Jericó.

keep the tribal land inherited from his forefathers. ⁸Every daughter who inherits land in any Israelite tribe must marry someone in her father's tribal clan, so that every Israelite will possess the inheritance of his fathers. ⁹No inheritance may pass from tribe to tribe, for each Israelite tribe is to keep the land it inherits."

¹⁰So Zelophehad's daughters did as the LORD commanded Moses. ¹¹Zelophehad's daughters—Mahlah, Tirzah, Hoglah, Milcah and Noah—married their cousins on their father's side. ¹²They married within the clans of the descendants of Manasseh son of Joseph, and their inheritance remained in their father's clan and tribe.

¹³These are the commands and regulations the LORD gave through Moses to the Israelites on the plains of Moab by the Jordan across from Jericho.ⁿ

ⁿ 13 Hebrew *Jordan of Jericho*; possibly an ancient name for the Jordan River

Deuteronomio

Moisés ordena salir de Horeb

1 Éstas son las palabras que Moisés dirigió a todo Israel en el desierto al este del Jordán, es decir, en el Arabá, frente a Suf, entre la ciudad de Parán y las ciudades de Tofel, Labán, Jazerot y Dizahab. ²Por la ruta del monte Seír hay once días de camino entre Horeb y Cades Barnea.

³El día primero del mes undécimo del año cuarenta, Moisés les declaró a los israelitas todo lo que el SEÑOR les había ordenado por medio de él. ⁴Poco antes, Moisés había derrotado a Sijón, rey de los amorreos, que reinaba en Hesbón, y a Og, rey de Basán, que reinaba en Astarot y en Edrey.

⁵Moisés comenzó a explicar esta *ley cuando todavía estaban los israelitas en el país de Moab, al este del Jordán. Les dijo:

⁶«Cuando estábamos en Horeb, el SEÑOR nuestro Dios nos ordenó: "Ustedes han permanecido ya demasiado tiempo en este monte. ⁷Pónganse en marcha y diríjanse a la región montañosa de los amorreos y a todas las zonas vecinas: el Arabá, las montañas, las llanuras occidentales, el Néguev y la costa, hasta la tierra de los cananeos, el Líbano y el gran río, el Éufrates. ⁸Yo les he entregado esta tierra; ¡adelante, tomen posesión de ella!" El SEÑOR juró que se la daría a los antepasados de ustedes, es decir, a Abraham, Isaac y Jacob, y a sus descendientes.

Nombramiento de jefes

⁹»En aquel tiempo les dije: "Yo solo no puedo con todos ustedes. ¹⁰El SEÑOR su Dios los ha hecho tan numerosos que hoy son ustedes tantos como las estrellas del cielo. ¹¹¡Que el SEÑOR, el Dios de sus antepasados, los multiplique mil veces más, y los bendiga tal como lo prometió! ¹²¿Cómo puedo seguir ocupándome de todos los problemas, las cargas y los pleitos de ustedes? ¹³Escojan de cada una de sus tribus a hombres sabios, inteligentes y experimentados, para que sean sus jefes."

¹⁴»Ustedes me respondieron: "Tu plan de acción nos parece excelente." ¹⁵Así que tomé a los líderes de sus tribus, hombres sabios y experimentados, y les di autoridad sobre ustedes. Los puse como jefes de grupos de mil, de cien, de cincuenta y de diez, y como funcionarios de las tribus. ¹⁶Además, en aquel tiempo les di a sus jueces la siguiente orden: "Atiendan todos los litigios entre sus hermanos, y juzguen con imparcialidad, tanto a los israelitas como a los extranjeros. ¹⁷No sean parciales en el juicio; consideren de igual manera la causa de los débiles y la de los poderosos. No se dejen intimidar por nadie, porque el juicio es de Dios. Los casos que no sean capaces de resolver, tráiganmelos, que yo los atenderé."

¹⁸»Fue en aquel tiempo cuando yo les ordené todo lo que ustedes debían hacer.

Misión de los espías

¹⁹»Obedecimos al SEÑOR nuestro Dios y salimos de Horeb rumbo a la región montañosa de los amorreos. Cruzamos todo aquel inmenso y terrible desierto que

Deuteronomy

The Command to Leave Horeb

1 These are the words Moses spoke to all Israel in the desert east of the Jordan—that is, in the Arabah—opposite Suph, between Paran and Tophel, Laban, Hazeroth and Dizahab. ²(It takes eleven days to go from Horeb to Kadesh Barnea by the Mount Seir road.)

³In the fortieth year, on the first day of the eleventh month, Moses proclaimed to the Israelites all that the LORD had commanded him concerning them. ⁴This was after he had defeated Sihon king of the Amorites, who reigned in Heshbon, and at Edrei had defeated Og king of Bashan, who reigned in Ashtaroth.

⁵East of the Jordan in the territory of Moab, Moses began to expound this law, saying:

⁶The LORD our God said to us at Horeb, "You have stayed long enough at this mountain. ⁷Break camp and advance into the hill country of the Amorites; go to all the neighboring peoples in the Arabah, in the mountains, in the western foothills, in the Negev and along the coast, to the land of the Canaanites and to Lebanon, as far as the great river, the Euphrates. ⁸See, I have given you this land. Go in and take possession of the land that the LORD swore he would give to your fathers—to Abraham, Isaac and Jacob—and to their descendants after them."

The Appointment of Leaders

⁹At that time I said to you, "You are too heavy a burden for me to carry alone. ¹⁰The LORD your God has increased your numbers so that today you are as many as the stars in the sky. ¹¹May the LORD, the God of your fathers, increase you a thousand times and bless you as he has promised! ¹²But how can I bear your problems and your burdens and your disputes all by myself? ¹³Choose some wise, understanding and respected men from each of your tribes, and I will set them over you."

¹⁴You answered me, "What you propose to do is good."

¹⁵So I took the leading men of your tribes, wise and respected men, and appointed them to have authority over you—as commanders of thousands, of hundreds, of fifties and of tens and as tribal officials. ¹⁶And I charged your judges at that time: Hear the disputes between your brothers and judge fairly, whether the case is between brother Israelites or between one of them and an alien. ¹⁷Do not show partiality in judging; hear both small and great alike. Do not be afraid of any man, for judgment belongs to God. Bring me any case too hard for you, and I will hear it. ¹⁸And at that time I told you everything you were to do.

Spies Sent Out

¹⁹Then, as the LORD our God commanded us, we set out from Horeb and went toward the hill country of the Amorites through all that vast and dreadful desert that you have seen, and so we reached Kadesh Barnea.

ustedes han visto, y así llegamos a Cades Barnea. ²⁰Entonces les dije: "Han llegado a la región montañosa de los amorreos, la cual el SEÑOR nuestro Dios nos da. ²¹Miren, el SEÑOR su Dios les ha entregado la tierra. Vayan y tomen posesión de ella como les dijo el SEÑOR, el Dios de sus antepasados. No tengan miedo ni se desanimen."

²²»Pero todos ustedes vinieron a decirme: "Enviemos antes algunos de los nuestros para que exploren la tierra y nos traigan un informe de la ruta que debemos seguir y de las ciudades en las que podremos entrar."

²³»Su propuesta me pareció buena, así que escogí a doce de ustedes, uno por cada tribu. ²⁴Los doce salieron en dirección a la región montañosa, y llegaron al valle de Escol y lo exploraron. ²⁵Tomaron consigo algunos de los frutos de la tierra, nos los trajeron y nos informaron lo buena que es la tierra que nos da el SEÑOR nuestro Dios.

Rebelión contra el SEÑOR

²⁶»Sin embargo, ustedes se negaron a subir y se rebelaron contra la orden del SEÑOR su Dios. ²⁷Se pusieron a murmurar en sus carpas y dijeron: "El SEÑOR nos aborrece; nos hizo salir de Egipto para entregarnos a los amorreos y destruirnos. ²⁸¿A dónde iremos? Nuestros hermanos nos han llenado de miedo, pues nos informan que la gente de allá es más fuerte y más alta que nosotros, y que las ciudades son grandes y tienen muros que llegan hasta el cielo. ¡Para colmo, nos dicen que allí vieron *anaquitas!"

²⁹»Entonces les respondí: "No se asusten ni les tengan miedo. ³⁰El SEÑOR su Dios marcha al frente y peleará por ustedes, como vieron que lo hizo en Egipto ³¹y en el desierto. Por todo el camino que han recorrido, hasta llegar a este lugar, ustedes han visto cómo el SEÑOR su Dios los ha guiado, como lo hace un padre con su hijo."

³²»A pesar de eso, ninguno de ustedes confió en el SEÑOR su Dios, ³³que se adelantaba a ustedes para buscarles dónde acampar. De noche lo hacía con fuego, para que vieran el camino a seguir, y de día los acompañaba con una nube.

³⁴»Cuando el SEÑOR oyó lo que ustedes dijeron, se enojó e hizo este juramento: ³⁵"Ni un solo *hombre de esta generación perversa verá la buena tierra que juré darles a sus antepasados. ³⁶Sólo la verá Caleb hijo de Jefone. A él y a sus descendientes les daré la tierra que han tocado sus pies, porque fue fiel al SEÑOR."

³⁷»Por causa de ustedes el SEÑOR se enojó también conmigo, y me dijo: "Tampoco tú entrarás en esa tierra. ³⁸Quien sí entrará es tu asistente, Josué hijo de Nun. Infúndele ánimo, pues él hará que Israel posea la tierra. ³⁹En cuanto a sus hijos pequeños, que todavía no saben distinguir entre el bien y el mal, y de quienes ustedes pensaron que servirían de botín, ellos sí entrarán en la tierra y la poseerán, porque yo se la he dado. ⁴⁰Y ahora, ¡regresen al desierto! Sigan la ruta del *Mar Rojo."

⁴¹»Ustedes me respondieron: "Hemos pecado contra el SEÑOR. Pero iremos y pelearemos, como el SEÑOR nuestro Dios nos lo ha ordenado." Así que cada uno de ustedes se equipó para la guerra, pensando que era fácil subir a la región montañosa.

⁴²»Pero el SEÑOR me dijo: "Diles que no suban ni peleen, porque yo no estaré con ellos. Si insisten, los derrotarán sus enemigos."

⁴³»Yo les di la información, pero ustedes no obedecieron. Se rebelaron contra la orden del SEÑOR y temera-

²⁰Then I said to you, "You have reached the hill country of the Amorites, which the LORD our God is giving us. ²¹See, the LORD your God has given you the land. Go up and take possession of it as the LORD, the God of your fathers, told you. Do not be afraid; do not be discouraged."

²²Then all of you came to me and said, "Let us send men ahead to spy out the land for us and bring back a report about the route we are to take and the towns we will come to."

²³The idea seemed good to me; so I selected twelve of you, one man from each tribe. ²⁴They left and went up into the hill country, and came to the Valley of Eshcol and explored it. ²⁵Taking with them some of the fruit of the land, they brought it down to us and reported, "It is a good land that the LORD our God is giving us."

Rebellion Against the LORD

²⁶But you were unwilling to go up; you rebelled against the command of the LORD your God. ²⁷You grumbled in your tents and said, "The LORD hates us; so he brought us out of Egypt to deliver us into the hands of the Amorites to destroy us. ²⁸Where can we go? Our brothers have made us lose heart. They say, 'The people are stronger and taller than we are; the cities are large, with walls up to the sky. We even saw the Anakites there.' "

²⁹Then I said to you, "Do not be terrified; do not be afraid of them. ³⁰The LORD your God, who is going before you, will fight for you, as he did for you in Egypt, before your very eyes, ³¹and in the desert. There you saw how the LORD your God carried you, as a father carries his son, all the way you went until you reached this place."

³²In spite of this, you did not trust in the LORD your God, ³³who went ahead of you on your journey, in fire by night and in a cloud by day, to search out places for you to camp and to show you the way you should go.

³⁴When the LORD heard what you said, he was angry and solemnly swore: ³⁵"Not a man of this evil generation shall see the good land I swore to give your forefathers, ³⁶except Caleb son of Jephunneh. He will see it, and I will give him and his descendants the land he set his feet on, because he followed the LORD wholeheartedly."

³⁷Because of you the LORD became angry with me also and said, "You shall not enter it, either. ³⁸But your assistant, Joshua son of Nun, will enter it. Encourage him, because he will lead Israel to inherit it. ³⁹And the little ones that you said would be taken captive, your children who do not yet know good from bad—they will enter the land. I will give it to them and they will take possession of it. ⁴⁰But as for you, turn around and set out toward the desert along the route to the Red Sea.ᵃ"

⁴¹Then you replied, "We have sinned against the LORD. We will go up and fight, as the LORD our God commanded us." So every one of you put on his weapons, thinking it easy to go up into the hill country.

⁴²But the LORD said to me, "Tell them, 'Do not go up and fight, because I will not be with you. You will be defeated by your enemies.' "

⁴³So I told you, but you would not listen. You rebelled against the LORD's command and in your arro-

---

ᵃ40 Hebrew *Yam Suph*; that is, Sea of Reeds

riamente subieron a la región montañosa. ⁴⁴Los amorreos que vivían en aquellas montañas les salieron al encuentro y los persiguieron como abejas, y los vencieron por completo desde Seír hasta Jormá. ⁴⁵Entonces ustedes regresaron y lloraron ante el SEÑOR, pero él no prestó atención a su lamento ni les hizo caso. ⁴⁶Por eso ustedes tuvieron que permanecer en Cades tanto tiempo.

Peregrinación por el desierto

2 »En seguida nos dirigimos hacia el desierto por la ruta del *Mar Rojo, como el SEÑOR me lo había ordenado. Nos llevó mucho tiempo rodear la región montañosa de Seír. ²Entonces el SEÑOR me dijo: ³"Dejen ya de andar rondando por estas montañas, y diríjanse al norte. ⁴Dale estas órdenes al pueblo: 'Pronto pasarán ustedes por el territorio de sus hermanos, los descendientes de Esaú, que viven en Seír. Aunque ellos les tienen miedo a ustedes, tengan mucho cuidado; ⁵no peleen con ellos, porque no les daré a ustedes ninguna porción de su territorio, ni siquiera el lugar donde ustedes planten el pie. A Esaú le he dado por herencia la región montañosa de Seír. ⁶Páguenles todo el alimento y el agua que ustedes consuman.' "

⁷»Bien saben que el SEÑOR su Dios los ha bendecido en todo lo que han emprendido, y los ha cuidado por todo este inmenso desierto. Durante estos cuarenta años, el SEÑOR su Dios ha estado con ustedes y no les ha faltado nada.

⁸»Así que bordeamos el territorio de nuestros hermanos, los descendientes de Esaú, que viven en Seír. Seguimos la ruta del Arabá, que viene desde Elat y Ezión Guéber. Luego dimos vuelta y viajamos por la ruta del desierto de Moab.

⁹»El SEÑOR también me dijo: "No ataquen a los moabitas, ni los provoquen a la guerra, porque no les daré a ustedes ninguna porción de su territorio. A los descendientes de Lot les he dado por herencia la región de Ar." »

¹⁰Tiempo atrás vivió allí un pueblo fuerte y numeroso, el de los emitas, que eran tan altos como los *anaquitas. ¹¹Tanto a ellos como a los anaquitas se les consideraba gigantes, pero los moabitas los llamaban emitas. ¹²Antiguamente los horeos vivieron en Seír, pero los descendientes de Esaú los desalojaron, los destruyeron y se establecieron en su lugar, tal como lo hará Israel en la tierra que el SEÑOR le va a dar en posesión.

¹³«El SEÑOR ordenó: "¡En marcha! ¡Crucen el arroyo Zéred!" Y así lo hicimos. ¹⁴Habían pasado treinta y ocho años desde que salimos de Cades Barnea hasta que cruzamos el arroyo Zéred. Para entonces ya había desaparecido del campamento toda la generación de guerreros, tal como el SEÑOR lo había jurado. ¹⁵El SEÑOR atacó el campamento hasta que los eliminó por completo.

¹⁶»Cuando ya no quedaba entre el pueblo ninguno de aquellos guerreros, ¹⁷el SEÑOR me dijo: ¹⁸"Hoy van a cruzar la frontera de Moab por la ciudad de Ar. ¹⁹Cuando lleguen a la frontera de los amonitas, no los ataquen ni los provoquen a la guerra, porque no les daré a ustedes ninguna porción de su territorio. Esa tierra se la he dado por herencia a los descendientes de Lot." ²⁰Hace mucho tiempo, a esta región se le consideró tierra de gigantes, porque antiguamente ellos vivían allí. Los amonitas los llamaban zamzumitas. ²¹Eran fuertes y numerosos, y tan altos como los *anaquitas, pero el SEÑOR los destruyó por medio de los amonitas, quienes luego de desalojarlos se establecie-

gance you marched up into the hill country. ⁴⁴The Amorites who lived in those hills came out against you; they chased you like a swarm of bees and beat you down from Seir all the way to Hormah. ⁴⁵You came back and wept before the LORD, but he paid no attention to your weeping and turned a deaf ear to you. ⁴⁶And so you stayed in Kadesh many days—all the time you spent there.

Wanderings in the Desert

2 Then we turned back and set out toward the desert along the route to the Red Sea,ᵇ as the LORD had directed me. For a long time we made our way around the hill country of Seir.

²Then the LORD said to me, ³"You have made your way around this hill country long enough; now turn north. ⁴Give the people these orders: 'You are about to pass through the territory of your brothers the descendants of Esau, who live in Seir. They will be afraid of you, but be very careful. ⁵Do not provoke them to war, for I will not give you any of their land, not even enough to put your foot on. I have given Esau the hill country of Seir as his own. ⁶You are to pay them in silver for the food you eat and the water you drink.' "

⁷The LORD your God has blessed you in all the work of your hands. He has watched over your journey through this vast desert. These forty years the LORD your God has been with you, and you have not lacked anything.

⁸So we went on past our brothers the descendants of Esau, who live in Seir. We turned from the Arabah road, which comes up from Elath and Ezion Geber, and traveled along the desert road of Moab.

⁹Then the LORD said to me, "Do not harass the Moabites or provoke them to war, for I will not give you any part of their land. I have given Ar to the descendants of Lot as a possession."

¹⁰(The Emites used to live there—a people strong and numerous, and as tall as the Anakites. ¹¹Like the Anakites, they too were considered Rephaites, but the Moabites called them Emites. ¹²Horites used to live in Seir, but the descendants of Esau drove them out. They destroyed the Horites from before them and settled in their place, just as Israel did in the land the LORD gave them as their possession.)

¹³And the LORD said, "Now get up and cross the Zered Valley." So we crossed the valley. ¹⁴Thirty-eight years passed from the time we left Kadesh Barnea until we crossed the Zered Valley. By then, that entire generation of fighting men had perished from the camp, as the LORD had sworn to them. ¹⁵The LORD's hand was against them until he had completely eliminated them from the camp.

¹⁶Now when the last of these fighting men among the people had died, ¹⁷the LORD said to me, ¹⁸"Today you are to pass by the region of Moab at Ar. ¹⁹When you come to the Ammonites, do not harass them or provoke them to war, for I will not give you possession of any land belonging to the Ammonites. I have given it as a possession to the descendants of Lot."

²⁰(That too was considered a land of the Rephaites, who used to live there; but the Ammonites called them Zamzummites. ²¹They were a people strong and numerous, and as tall as the Anakites. The LORD destroyed them from before the Ammonites, who drove

---

ᵇ 1 Hebrew *Yam Suph*; that is, Sea of Reeds

ron en su lugar. 22Lo mismo hizo el SEÑOR en favor de los descendientes de Esaú, que vivían en Seír, cuando por medio de ellos destruyó a los horeos. A éstos los desalojó para que los descendientes de Esaú se establecieran en su lugar, y hasta el día de hoy residen allí. 23Y en cuanto a los aveos que vivían en las aldeas cercanas a Gaza, los caftoritas procedentes de Creta los destruyeron y se establecieron en su lugar.

Derrota de Sijón, rey de Hesbón

24»Después nos dijo el SEÑOR: "Emprendan de nuevo el viaje y crucen el arroyo Arnón. Yo les entrego a Sijón el amorreo, rey de Hesbón, y su tierra. Láncense a la conquista. Declárenle la guerra. 25Hoy mismo comenzaré a infundir entre todas las naciones que hay debajo del cielo terror y espanto hacia ustedes. Cuando ellas escuchen hablar de ustedes, temblarán y se llenarán de pánico."

26»Desde el desierto de Cademot envié mensajeros a Sijón, rey de Hesbón, con esta oferta de paz: 27"Déjanos pasar por tu país; nos mantendremos en el camino principal, sin desviarnos ni a la derecha ni a la izquierda. 28Te pagaremos todo el alimento y toda el agua que consumamos. Sólo permítenos pasar, 29tal como nos lo permitieron los descendientes de Esaú, que viven en Seír, y los moabitas, que viven en Ar. Necesitamos cruzar el Jordán para entrar en la tierra que nos da el SEÑOR nuestro Dios."

30»Pero Sijón, rey de Hesbón, se negó a dejarnos pasar por allí, porque el SEÑOR nuestro Dios había ofuscado su espíritu y endurecido su *corazón, para hacerlo súbdito nuestro, como lo es hasta hoy. 31Entonces el SEÑOR me dijo: "Ahora mismo voy a entregarles a Sijón y su país. Láncense a conquistarlo, y tomen posesión de su territorio."

32»Cuando Sijón, acompañado de todo su ejército, salió a combatirnos en Yahaza, 33 el SEÑOR nuestro Dios nos lo entregó y lo derrotamos, junto con sus hijos y todo su ejército. 34En aquella ocasión conquistamos todas sus ciudades y las *destruimos por completo; matamos a varones, mujeres y niños. ¡Nadie quedó con vida! 35Sólo nos llevamos el ganado y el botín de las ciudades que conquistamos. 36Desde Aroer, que está a la orilla del arroyo Arnón, hasta Galaad, no hubo ciudad que nos ofreciera resistencia; el SEÑOR nuestro Dios nos entregó las ciudades una a una. 37Sin embargo, conforme a la orden del SEÑOR nuestro Dios, no nos acercamos al territorio amonita, es decir, a toda la franja que se extiende a lo largo del arroyo Jaboc, ni a las ciudades de la región montañosa.

Derrota de Og, rey de Basán

3 »Cuando tomamos la ruta hacia Basán, el rey Og, que gobernaba ese país, nos salió al encuentro en Edrey. Iba acompañado de todo su ejército, dispuesto a pelear. 2Pero el SEÑOR me dijo: "No le tengan miedo, porque se lo he entregado a ustedes, con todo su ejército y su territorio. Hagan con él lo que hicieron con Sijón, rey de los amorreos, que reinaba en Hesbón."

3»Y así sucedió. El SEÑOR nuestro Dios también entregó en nuestras manos al rey de Basán y a todo su ejército. Los derrotamos, y nadie vivió para contarlo. 4En aquella ocasión conquistamos todas sus ciudades. Nos apoderamos de las sesenta ciudades que se encontraban en la región de Argob, del reino de Og en Basán. 5Todas esas ciudades estaban fortificadas con altos muros, y con portones y barras, sin contar las muchas

them out and settled in their place. 22The LORD had done the same for the descendants of Esau, who lived in Seir, when he destroyed the Horites from before them. They drove them out and have lived in their place to this day. 23And as for the Avvites who lived in villages as far as Gaza, the Caphtorites coming out from Caphtor[c] destroyed them and settled in their place.)

Defeat of Sihon King of Heshbon

24"Set out now and cross the Arnon Gorge. See, I have given into your hand Sihon the Amorite, king of Heshbon, and his country. Begin to take possession of it and engage him in battle. 25This very day I will begin to put the terror and fear of you on all the nations under heaven. They will hear reports of you and will tremble and be in anguish because of you."

26From the desert of Kedemoth I sent messengers to Sihon king of Heshbon offering peace and saying, 27"Let us pass through your country. We will stay on the main road; we will not turn aside to the right or to the left. 28Sell us food to eat and water to drink for their price in silver. Only let us pass through on foot— 29as the descendants of Esau, who live in Seir, and the Moabites, who live in Ar, did for us—until we cross the Jordan into the land the LORD our God is giving us." 30But Sihon king of Heshbon refused to let us pass through. For the LORD your God had made his spirit stubborn and his heart obstinate in order to give him into your hands, as he has now done.

31The LORD said to me, "See, I have begun to deliver Sihon and his country over to you. Now begin to conquer and possess his land."

32When Sihon and all his army came out to meet us in battle at Jahaz, 33the LORD our God delivered him over to us and we struck him down, together with his sons and his whole army. 34At that time we took all his towns and completely destroyed[d] them—men, women and children. We left no survivors. 35But the livestock and the plunder from the towns we had captured we carried off for ourselves. 36From Aroer on the rim of the Arnon Gorge, and from the town in the gorge, even as far as Gilead, not one town was too strong for us. The LORD our God gave us all of them. 37But in accordance with the command of the LORD our God, you did not encroach on any of the land of the Ammonites, neither the land along the course of the Jabbok nor that around the towns in the hills.

Defeat of Og King of Bashan

3 Next we turned and went up along the road toward Bashan, and Og king of Bashan with his whole army marched out to meet us in battle at Edrei. 2The LORD said to me, "Do not be afraid of him, for I have handed him over to you with his whole army and his land. Do to him what you did to Sihon king of the Amorites, who reigned in Heshbon."

3So the LORD our God also gave into our hands Og king of Bashan and all his army. We struck them down, leaving no survivors. 4At that time we took all his cities. There was not one of the sixty cities that we did not take from them—the whole region of Argob, Og's kingdom in Bashan. 5All these cities were fortified with high walls and with gates and bars, and there were

---

c 23 That is, Crete   d 34 The Hebrew term refers to the irrevocable giving over of things or persons to the LORD, often by totally destroying them.

aldeas no amuralladas. 6 Tal como hicimos con Sijón, rey de Hesbón, *destruimos por completo las ciudades con sus varones, mujeres y niños, 7 pero nos quedamos con todo el ganado y el botín de sus ciudades.

8 »Fue así como en aquella ocasión nos apoderamos del territorio de esos dos reyes amorreos, es decir, de toda la porción al este del Jordán, desde el arroyo Arnón hasta el monte Hermón, 9 al que los sidonios llaman Sirión y los amorreos Senir. 10 También nos apoderamos de todas las ciudades de la meseta, todo Galaad y todo Basán, hasta Salcá y Edrey, ciudades del reino de Og en Basán. 11 Por cierto, el rey Og de Basán fue el último de los gigantes. Su cama*a* era de hierro y medía cuatro metros y medio de largo por dos de ancho.*b* Todavía se puede verla en Rabá de los amonitas.

División de la tierra

12 »Una vez que nos apoderamos de esa tierra, a los rubenitas y a los gaditas les entregué el territorio que está al norte de Aroer y junto al arroyo Arnón, y también la mitad de la región montañosa de Galaad con sus ciudades. 13 El resto de Galaad y todo el reino de Og, es decir, Basán, se los entregué a la media tribu de Manasés.

»Ahora bien, a toda la región de Argob en Basán se le conoce como tierra de gigantes. 14 Yaír, uno de los descendientes de Manasés, se apoderó de toda la región de Argob hasta la frontera de los guesureos y los macateos, y a esa región de Basán le puso su propio *nombre, llamándola Javot Yaír,*c* nombre que retiene hasta el día de hoy. 15 A Maquir le entregué Galaad, 16 y a los rubenitas y a los gaditas les entregué el territorio que se extiende desde Galaad hasta el centro del arroyo Arnón, y hasta el río Jaboc, que marca la frontera de los amonitas. 17 Su frontera occidental era el Jordán en el Arabá, desde el lago Quinéret*d* hasta el mar del Arabá, que es el Mar Muerto, en las laderas del monte Pisgá.

18 »En aquel tiempo les di esta orden: "El SEÑOR su Dios les ha dado posesión de esta tierra. Ustedes, los hombres fuertes y guerreros, pasen al otro lado al frente de sus hermanos israelitas. 19 En las ciudades que les he entregado permanecerán solamente sus mujeres, sus niños y el mucho ganado que yo sé que ustedes tienen. 20 No podrán volver al territorio que les he entregado hasta que el SEÑOR haya dado reposo a sus hermanos, como se lo ha dado a ustedes, y hasta que ellos hayan tomado posesión de la tierra que el SEÑOR su Dios les entregará al otro lado del Jordán."

Instrucciones a Josué

21 »En aquel tiempo le ordené a Josué: "Con tus propios ojos has visto todo lo que el SEÑOR, el Dios de ustedes, ha hecho con esos dos reyes. Y lo mismo hará con todos los reinos por donde vas a pasar. 22 No les tengas miedo, que el SEÑOR tu Dios pelea por ti."

Dios le prohíbe a Moisés cruzar el Jordán

23 »En aquella ocasión le supliqué al SEÑOR: 24 "Tú, SEÑOR y Dios, has comenzado a mostrarle a tu siervo tu grandeza y tu poder; pues ¿qué dios hay en el cielo o en la tierra capaz de hacer las obras y los prodigios que tú realizas? 25 Déjame pasar y ver la buena tierra al otro lado del Jordán, esa hermosa región montañosa y el Líbano." 26 Pero por causa de ustedes el SEÑOR se enojó conmigo y no me escuchó, sino que me dijo: "¡Basta

---

also a great many unwalled villages. 6 We completely destroyed*e* them, as we had done with Sihon king of Heshbon, destroying*e* every city—men, women and children. 7 But all the livestock and the plunder from their cities we carried off for ourselves.

8 So at that time we took from these two kings of the Amorites the territory east of the Jordan, from the Arnon Gorge as far as Mount Hermon. 9 (Hermon is called Sirion by the Sidonians; the Amorites call it Senir.) 10 We took all the towns on the plateau, and all Gilead, and all Bashan as far as Salecah and Edrei, towns of Og's kingdom in Bashan. 11 (Only Og king of Bashan was left of the remnant of the Rephaites. His bed*f* was made of iron and was more than thirteen feet long and six feet wide.*g* It is still in Rabbah of the Ammonites.)

Division of the Land

12 Of the land that we took over at that time, I gave the Reubenites and the Gadites the territory north of Aroer by the Arnon Gorge, including half the hill country of Gilead, together with its towns. 13 The rest of Gilead and also all of Bashan, the kingdom of Og, I gave to the half tribe of Manasseh. (The whole region of Argob in Bashan used to be known as a land of the Rephaites. 14 Jair, a descendant of Manasseh, took the whole region of Argob as far as the border of the Geshurites and the Maacathites; it was named after him, so that to this day Bashan is called Havvoth Jair.*h*) 15 And I gave Gilead to Makir. 16 But to the Reubenites and the Gadites I gave the territory extending from Gilead down to the Arnon Gorge (the middle of the gorge being the border) and out to the Jabbok River, which is the border of the Ammonites. 17 Its western border was the Jordan in the Arabah, from Kinnereth to the Sea of the Arabah (the Salt Sea*i*), below the slopes of Pisgah.

18 I commanded you at that time: "The LORD your God has given you this land to take possession of it. But all your able-bodied men, armed for battle, must cross over ahead of your brother Israelites. 19 However, your wives, your children and your livestock (I know you have much livestock) may stay in the towns I have given you, 20 until the LORD gives rest to your brothers as he has to you, and they too have taken over the land that the LORD your God is giving them, across the Jordan. After that, each of you may go back to the possession I have given you."

Moses Forbidden to Cross the Jordan

21 At that time I commanded Joshua: "You have seen with your own eyes all that the LORD your God has done to these two kings. The LORD will do the same to all the kingdoms over there where you are going. 22 Do not be afraid of them; the LORD your God himself will fight for you."

23 At that time I pleaded with the LORD: 24 "O Sovereign LORD, you have begun to show to your servant your greatness and your strong hand. For what god is there in heaven or on earth who can do the deeds and mighty works you do? 25 Let me go over and see the good land beyond the Jordan—that fine hill country and Lebanon." 26 But because of you the LORD was angry with me and would not listen to me. "That is enough," the LORD said. "Do not speak to me anymore about this matter.

---

a 3:11 cama. Alt. *sarcófago.*   *b 3:11 cuatro ... ancho.* Lit. *nueve* **codos de largo y cuatro codos de ancho según el codo de un hombre.*   *c 3:14 Javot Yaír.* Alt. *poblados de Yaír.* *d 3:17 lago Quinéret.* Es decir, lago de Galilea.

e 6 The Hebrew term refers to the irrevocable giving over of things or persons to the LORD, often by totally destroying them. *f 11* Or *sarcophagus*   *g 11* Hebrew *nine cubits long and four cubits wide* (about 4 meters long and 1.8 meters wide) *h 14* Or *called the settlements of Jair*   *i 17* That is, the Dead Sea

ya! No me hables más de este asunto. 27 Sube hasta la cumbre del Pisgá y mira al norte, al sur, al este y al oeste. Contempla la tierra con tus propios ojos, porque no vas a cruzar este río Jordán. 28 Dale a Josué las debidas instrucciones; anímalo y fortalécelo, porque será él quien pasará al frente de este pueblo y quien les dará en posesión la tierra que vas a ver."

29 »Y permanecimos en el valle, frente a Bet Peor.

Exhortación a la obediencia

4 »Ahora, israelitas, escuchen los preceptos y las normas que les enseñé, para que los pongan en práctica. Así vivirán y podrán entrar a la tierra que el SEÑOR, el Dios de sus antepasados, les da en posesión. 2 No añadan ni quiten palabra alguna a esto que yo les ordeno. Más bien, cumplan los mandamientos del SEÑOR su Dios.

3 »Ustedes vieron con sus propios ojos lo que el SEÑOR hizo en Baal Peor, y cómo el SEÑOR su Dios destruyó de entre ustedes a todos los que siguieron al dios de ese lugar. 4 Pero ustedes, los que se mantuvieron fieles al SEÑOR su Dios, todavía están vivos.

5 »Miren, yo les he enseñado los preceptos y las normas que me ordenó el SEÑOR mi Dios, para que ustedes los pongan en práctica en la tierra de la que ahora van a tomar posesión. 6 Obedézcanlos y pónganlos en práctica; así demostrarán su sabiduría e inteligencia ante las naciones. Ellas oirán todos estos preceptos, y dirán: "En verdad, éste es un pueblo sabio e inteligente; ¡ésta es una gran nación!" 7 ¿Qué otra nación hay tan grande como la nuestra? ¿Qué nación tiene dioses tan cerca de ella como lo está de nosotros el SEÑOR nuestro Dios cada vez que lo invocamos? 8 ¿Y qué nación hay tan grande que tenga normas y preceptos tan justos, como toda esta *ley que hoy les expongo?

9 »¡Pero tengan cuidado! Presten atención y no olviden las cosas que han visto sus ojos, ni las aparten de su *corazón mientras vivan. Cuéntenselas a sus hijos y a sus nietos. 10 El día que ustedes estuvieron ante el SEÑOR su Dios en Horeb, él me dijo: "Convoca al pueblo para que se presente ante mí y oiga mis palabras, para que aprenda a temerme todo el tiempo que viva en la tierra, y para que enseñe esto mismo a sus hijos." 11 Ustedes se acercaron al pie de la montaña, y allí permanecieron, mientras la montaña ardía en llamas que llegaban hasta el cielo mismo, entre negros nubarrones y densa oscuridad. 12 Entonces el SEÑOR les habló desde el fuego, y ustedes oyeron el sonido de las palabras, pero no vieron forma alguna; sólo se oía una voz. 13 El SEÑOR les dio a conocer su *pacto, los diez mandamientos, los cuales escribió en dos tablas de piedra y les ordenó que los pusieran en práctica. 14 En aquel tiempo el SEÑOR me ordenó que les enseñara los preceptos y las normas que ustedes deberán poner en práctica en la tierra que van a poseer al cruzar el Jordán.

Prohibición de la idolatría

15 »El día que el SEÑOR les habló en Horeb, en medio del fuego, ustedes no vieron ninguna figura. Por lo tanto, tengan mucho cuidado 16 de no corromperse haciendo ídolos o figuras que tengan alguna forma o imagen de hombre o de mujer, 17 o imágenes de animales terrestres o de aves que vuelan por el aire, 18 o imágenes de animales que se arrastran por la tierra, o peces

27 Go up to the top of Pisgah and look west and north and south and east. Look at the land with your own eyes, since you are not going to cross this Jordan. 28 But commission Joshua, and encourage and strengthen him, for he will lead this people across and will cause them to inherit the land that you will see." 29 So we stayed in the valley near Beth Peor.

Obedience Commanded

4 Hear now, O Israel, the decrees and laws I am about to teach you. Follow them so that you may live and may go in and take possession of the land that the LORD, the God of your fathers, is giving you. 2 Do not add to what I command you and do not subtract from it, but keep the commands of the LORD your God that I give you.

3 You saw with your own eyes what the LORD did at Baal Peor. The LORD your God destroyed from among you everyone who followed the Baal of Peor, 4 but all of you who held fast to the LORD your God are still alive today.

5 See, I have taught you decrees and laws as the LORD my God commanded me, so that you may follow them in the land you are entering to take possession of it. 6 Observe them carefully, for this will show your wisdom and understanding to the nations, who will hear about all these decrees and say, "Surely this great nation is a wise and understanding people." 7 What other nation is so great as to have their gods near them the way the LORD our God is near us whenever we pray to him? 8 And what other nation is so great as to have such righteous decrees and laws as this body of laws I am setting before you today?

9 Only be careful, and watch yourselves closely so that you do not forget the things your eyes have seen or let them slip from your heart as long as you live. Teach them to your children and to their children after them. 10 Remember the day you stood before the LORD your God at Horeb, when he said to me, "Assemble the people before me to hear my words so that they may learn to revere me as long as they live in the land and may teach them to their children." 11 You came near and stood at the foot of the mountain while it blazed with fire to the very heavens, with black clouds and deep darkness. 12 Then the LORD spoke to you out of the fire. You heard the sound of words but saw no form; there was only a voice. 13 He declared to you his covenant, the Ten Commandments, which he commanded you to follow and then wrote them on two stone tablets. 14 And the LORD directed me at that time to teach you the decrees and laws you are to follow in the land that you are crossing the Jordan to possess.

Idolatry Forbidden

15 You saw no form of any kind the day the LORD spoke to you at Horeb out of the fire. Therefore watch yourselves very carefully, 16 so that you do not become corrupt and make for yourselves an idol, an image of any shape, whether formed like a man or a woman, 17 or like any animal on earth or any bird that flies in the air, 18 or like any creature that moves along the ground or

que viven en las aguas debajo de la tierra. 19De lo contrario, cuando levanten los ojos y vean todo el ejército del cielo —es decir, el sol, la luna y las estrellas—, pueden sentirse tentados a postrarse ante ellos y adorarlos. Esos astros los ha designado el SEÑOR, el Dios de ustedes, como dioses de todas las naciones que están debajo del cielo. 20Pero a ustedes el SEÑOR los tomó y los sacó de Egipto, de ese horno donde se funde el hierro, para que fueran el pueblo de su propiedad, como lo son ahora.

21»Sin embargo, por culpa de ustedes el SEÑOR se enojó conmigo y juró que yo no cruzaría el Jordán ni entraría en la buena tierra que el SEÑOR su Dios les da en posesión. 22Yo moriré en esta tierra sin haber cruzado el Jordán, pero ustedes sí lo cruzarán y tomarán posesión de esa buena tierra. 23Tengan, pues, cuidado de no olvidar el *pacto que el SEÑOR su Dios ha hecho con ustedes. No se fabriquen ídolos de ninguna figura que el SEÑOR su Dios les haya prohibido, 24porque el SEÑOR su Dios es fuego consumidor y Dios celoso.

25»Si después de haber tenido hijos y nietos, y de haber vivido en la tierra mucho tiempo, ustedes se corrompen y se fabrican ídolos y toda clase de figuras, haciendo así lo malo ante el SEÑOR su Dios y provocándolo a ira, 26hoy pongo al cielo y a la tierra por testigos contra ustedes, de que muy pronto desaparecerán de la tierra que van a poseer al cruzar el Jordán. No vivirán allí mucho tiempo, sino que serán destruidos por completo. 27El SEÑOR los dispersará entre las naciones, y entre todas ellas sólo quedarán esparcidos unos pocos. 28Allí ustedes adorarán a dioses de madera y de piedra, hechos por *seres humanos: dioses que no pueden ver ni oír, ni comer ni oler.

29»Pero si desde allí buscas al SEÑOR tu Dios con todo tu *corazón y con toda tu alma, lo encontrarás. 30Y al cabo del tiempo, cuando hayas vivido en medio de todas esas angustias y dolores, volverás al SEÑOR tu Dios y escucharás su voz. 31Porque el SEÑOR tu Dios es un Dios compasivo, que no te abandonará ni te destruirá, ni se olvidará del pacto que mediante juramento hizo con tus antepasados.

El SEÑOR es Dios

32»Pregúntales ahora a los tiempos pasados que te precedieron, desde el día que Dios creó al *ser humano en la tierra, e investiga de un extremo a otro del cielo. ¿Ha sucedido algo así de grandioso, o se ha sabido alguna vez de algo semejante? 33¿Qué pueblo ha oído a Diose hablarle en medio del fuego, como lo has oído tú, y ha vivido para contarlo? 34¿Qué dios ha intentado entrar en una nación y tomarla para sí mediante pruebas, señales, milagros, guerras, actos portentosos y gran despliegue de fuerza y de poderf, como lo hizo por ti el SEÑOR tu Dios en Egipto, ante tus propios ojos?

35»A ti se te ha mostrado todo esto para que sepas que el SEÑOR es Dios, y que no hay otro fuera de él. 36Desde el cielo te permitió escuchar su voz, para instruirte. Y en la tierra te permitió ver su gran fuego, desde el cual te habló. 37El SEÑOR amó a tus antepasados y escogió a la descendencia de ellos; por eso te sacó de Egipto con su presencia y gran poder, 38y ante tus propios ojos desalojó a naciones más grandes y más fuertes que tú, para hacerte entrar en su tierra y dártela en posesión, como sucede hoy.

39»Reconoce y considera seriamente hoy que el SEÑOR es Dios arriba en el cielo y abajo en la tierra, y

any fish in the waters below. 19And when you look up to the sky and see the sun, the moon and the stars—all the heavenly array—do not be enticed into bowing down to them and worshiping things the LORD your God has apportioned to all the nations under heaven. 20But as for you, the LORD took you and brought you out of the iron-smelting furnace, out of Egypt, to be the people of his inheritance, as you now are.

21The LORD was angry with me because of you, and he solemnly swore that I would not cross the Jordan and enter the good land the LORD your God is giving you as your inheritance. 22I will die in this land; I will not cross the Jordan; but you are about to cross over and take possession of that good land. 23Be careful not to forget the covenant of the LORD your God that he made with you; do not make for yourselves an idol in the form of anything the LORD your God has forbidden. 24For the LORD your God is a consuming fire, a jealous God.

25After you have had children and grandchildren and have lived in the land a long time—if you then become corrupt and make any kind of idol, doing evil in the eyes of the LORD your God and provoking him to anger, 26I call heaven and earth as witnesses against you this day that you will quickly perish from the land that you are crossing the Jordan to possess. You will not live there long but will certainly be destroyed. 27The LORD will scatter you among the peoples, and only a few of you will survive among the nations to which the LORD will drive you. 28There you will worship manmade gods of wood and stone, which cannot see or hear or eat or smell. 29But if from there you seek the LORD your God, you will find him if you look for him with all your heart and with all your soul. 30When you are in distress and all these things have happened to you, then in later days you will return to the LORD your God and obey him. 31For the LORD your God is a merciful God; he will not abandon or destroy you or forget the covenant with your forefathers, which he confirmed to them by oath.

The LORD Is God

32Ask now about the former days, long before your time, from the day God created man on the earth; ask from one end of the heavens to the other. Has anything so great as this ever happened, or has anything like it ever been heard of? 33Has any other people heard the voice of Godj speaking out of fire, as you have, and lived? 34Has any god ever tried to take for himself one nation out of another nation, by testings, by miraculous signs and wonders, by war, by a mighty hand and an outstretched arm, or by great and awesome deeds, like all the things the LORD your God did for you in Egypt before your very eyes?

35You were shown these things so that you might know that the LORD is God; besides him there is no other. 36From heaven he made you hear his voice to discipline you. On earth he showed you his great fire, and you heard his words from out of the fire. 37Because he loved your forefathers and chose their descendants after them, he brought you out of Egypt by his Presence and his great strength, 38to drive out before you nations greater and stronger than you and to bring you into their land to give it to you for your inheritance, as it is today.

39Acknowledge and take to heart this day that the LORD is God in heaven above and on the earth below.

---

e4:33 a Dios. Alt. a un dios.   f4:34 gran despliegue de fuerza y de poder. Lit. mano fuerte y brazo extendido; también en otros pasajes similares.

j33 Or of a god

que no hay otro. ⁴⁰Obedece sus preceptos y normas que hoy te mando cumplir. De este modo a ti y a tus descendientes les irá bien, y permanecerán mucho tiempo en la tierra que el SEÑOR su Dios les da para siempre.»

Ciudades de refugio

⁴¹Entonces Moisés reservó tres ciudades al este del Jordán, ⁴²para que en alguna de ellas pudiera refugiarse el que, sin premeditación ni rencor alguno, hubiera matado a su prójimo. De este modo tendría a dónde huir para ponerse a salvo. ⁴³Para los rubenitas designó Béser en el desierto, en la planicie; para los gaditas, Ramot de Galaad; y para los manasesitas, Golán de Basán.

Introducción a la ley

⁴⁴Ésta es la *ley que Moisés expuso a los israelitas. ⁴⁵Éstos son los mandatos, preceptos y normas que Moisés les dictó después de que salieron de Egipto, ⁴⁶cuando todavía estaban al este del Jordán, en el valle cercano a Bet Peor. Era la tierra de Sijón, rey de los amorreos, que vivía en Hesbón y que había sido derrotado por Moisés y los israelitas cuando salieron de Egipto. ⁴⁷Los israelitas tomaron posesión de su tierra y de la tierra de Og, rey de Basán, es decir, de los dos reyes amorreos cuyos territorios estaban al este del Jordán. ⁴⁸Este territorio se extendía desde Aroer, a la orilla del arroyo Arnón, hasta el monte Sirión,ᵍ es decir, el monte Hermón. ⁴⁹Incluía además todo el Arabá al este del Jordán, hasta el mar del Arabá, en las laderas del monte Pisgá.

Los Diez Mandamientos

5 Moisés convocó a todo Israel y dijo:
«Escuchen, israelitas, los preceptos y las normas que yo les comunico hoy. Apréndanselos y procuren ponerlos en práctica. ²El SEÑOR nuestro Dios hizo un *pacto con nosotros en el monte Horeb. ³No fue con nuestros padres con quienes el SEÑOR hizo ese pacto, sino con nosotros, con todos los que hoy estamos vivos aquí. ⁴Desde el fuego el SEÑOR les habló cara a cara en la montaña. ⁵En aquel tiempo yo actué como intermediario entre el SEÑOR y ustedes, para declararles la palabra del SEÑOR, porque ustedes tenían miedo del fuego y no subieron a la montaña. El SEÑOR dijo:

⁶»Yo soy el SEÑOR tu Dios. Yo te saqué de Egipto, país donde eras esclavo.

⁷»No tengas otros dioses además de mí.ʰ

⁸»No hagas ningún ídolo ni nada que guarde semejanza con lo que hay arriba en el cielo, ni con lo que hay abajo en la tierra, ni con lo que hay en las aguas debajo de la tierra. ⁹No te inclines delante de ellos ni los adores. Yo, el SEÑOR tu Dios, soy un Dios celoso. Cuando los padres son malvados y me odian, yo castigo a sus hijos hasta la tercera y cuarta generación. ¹⁰Por el contrario, cuando me aman y cumplen mis mandamientos, les muestro mi amor por mil generaciones.

¹¹»No pronuncies el *nombre del SEÑOR tu Dios a la ligera. Yo, el SEÑOR, no tendré por inocente a quien se atreva a pronunciar mi nombre a la ligera.

¹²»Observa el día *sábado, y conságraselo al SEÑOR tu Dios, tal como él te lo ha ordenado. ¹³Trabaja seis días, y haz en ellos todo lo que tengas que hacer,

There is no other. ⁴⁰Keep his decrees and commands, which I am giving you today, so that it may go well with you and your children after you and that you may live long in the land the LORD your God gives you for all time.

Cities of Refuge

⁴¹Then Moses set aside three cities east of the Jordan, ⁴²to which anyone who had killed a person could flee if he had unintentionally killed his neighbor without malice aforethought. He could flee into one of these cities and save his life. ⁴³The cities were these: Bezer in the desert plateau, for the Reubenites; Ramoth in Gilead, for the Gadites; and Golan in Bashan, for the Manassites.

Introduction to the Law

⁴⁴This is the law Moses set before the Israelites. ⁴⁵These are the stipulations, decrees and laws Moses gave them when they came out of Egypt ⁴⁶and were in the valley near Beth Peor east of the Jordan, in the land of Sihon king of the Amorites, who reigned in Heshbon and was defeated by Moses and the Israelites as they came out of Egypt. ⁴⁷They took possession of his land and the land of Og king of Bashan, the two Amorite kings east of the Jordan. ⁴⁸This land extended from Aroer on the rim of the Arnon Gorge to Mount Siyonᵏ (that is, Hermon), ⁴⁹and included all the Arabah east of the Jordan, as far as the Sea of the Arabah,ˡ below the slopes of Pisgah.

The Ten Commandments

5 Moses summoned all Israel and said:
Hear, O Israel, the decrees and laws I declare in your hearing today. Learn them and be sure to follow them. ²The LORD our God made a covenant with us at Horeb. ³It was not with our fathers that the LORD made this covenant, but with us, with all of us who are alive here today. ⁴The LORD spoke to you face to face out of the fire on the mountain. ⁵(At that time I stood between the LORD and you to declare to you the word of the LORD, because you were afraid of the fire and did not go up the mountain.) And he said:

⁶"I am the LORD your God, who brought you out of Egypt, out of the land of slavery.

⁷"You shall have no other gods beforeᵐ me.

⁸"You shall not make for yourself an idol in the form of anything in heaven above or on the earth beneath or in the waters below. ⁹You shall not bow down to them or worship them; for I, the LORD your God, am a jealous God, punishing the children for the sin of the fathers to the third and fourth generation of those who hate me, ¹⁰but showing love to a thousand ∟ generations ⌐ of those who love me and keep my commandments.

¹¹"You shall not misuse the name of the LORD your God, for the LORD will not hold anyone guiltless who misuses his name.

¹²"Observe the Sabbath day by keeping it holy, as the LORD your God has commanded you. ¹³Six days you shall labor and do all your

---

ᵍ4:48 *Sirión* (Siríaca; véase también 3:9); *Sión* (TM).
ʰ5:7 *además de mí.* Lit. *junto a mí.*

ᵏ48 Hebrew; Syriac (see also Deut. 3:9) *Sirion*   ˡ49 That is, the Dead Sea   ᵐ7 Or *besides*

¹⁴pero observa el séptimo día como día de reposo para honrar al SEÑOR tu Dios. No hagas en ese día ningún trabajo, ni tampoco tu hijo, ni tu hija, ni tu esclavo, ni tu esclava, ni tu buey, ni tu burro, ni ninguno de tus animales, ni tampoco los extranjeros que vivan en tus ciudades. De ese modo podrán descansar tu esclavo y tu esclava, lo mismo que tú. ¹⁵Recuerda que fuiste esclavo en Egipto, y que el SEÑOR tu Dios te sacó de allí con gran despliegue de fuerza y de poder. Por eso el SEÑOR tu Dios te manda observar el día sábado.

¹⁶»Honra a tu padre y a tu madre, como el SEÑOR tu Dios te lo ha ordenado, para que disfrutes de una larga vida y te vaya bien en la tierra que te da el SEÑOR tu Dios.

¹⁷»No mates.

¹⁸»No cometas adulterio.

¹⁹»No robes.

²⁰»No des falso testimonio en contra de tu prójimo.

²¹»No codicies la esposa de tu prójimo, ni desees su casa, ni su tierra, ni su esclavo, ni su esclava, ni su buey, ni su burro, ni nada que le pertenezca.

²²»Éstas son las palabras que el SEÑOR pronunció con voz fuerte desde el fuego, la nube y la densa oscuridad, cuando ustedes estaban reunidos al pie de la montaña. No añadió nada más. Luego las escribió en dos tablas de piedra, y me las entregó.

²³»Cuando ustedes oyeron la voz que salía de la oscuridad, mientras la montaña ardía en llamas, todos los jefes de sus tribus y sus *ancianos vinieron a mí ²⁴y me dijeron: "El SEÑOR nuestro Dios nos ha mostrado su gloria y su majestad, y hemos oído su voz que salía del fuego. Hoy hemos visto que un simple *mortal puede seguir con vida aunque Dios hable con él. ²⁵Pero, ¿por qué tenemos que morir? Este gran fuego nos consumirá, y moriremos, si seguimos oyendo la voz del SEÑOR nuestro Dios. ²⁶Pues ¿qué mortal ha oído jamás la voz del Dios viviente hablarle desde el fuego, como la hemos oído nosotros, y ha vivido para contarlo? ²⁷Acércate tú al SEÑOR nuestro Dios, y escucha todo lo que él te diga. Repítenos luego todo lo que te comunique, y nosotros escucharemos y obedeceremos."

²⁸»El SEÑOR escuchó cuando ustedes me hablaban, y me dijo: "He oído lo que este pueblo te dijo. Todo lo que dijeron está bien. ²⁹¡Ojalá su *corazón esté siempre dispuesto a temerme y a cumplir todos mis mandamientos, para que a ellos y a sus hijos siempre les vaya bien!

³⁰» "Ve y diles que vuelvan a sus carpas. ³¹Pero tú quédate aquí conmigo, que voy a darte todos los mandamientos, preceptos y normas que has de enseñarles, para que los pongan en práctica en la tierra que les daré como herencia."

³²»Tengan, pues, cuidado de hacer lo que el SEÑOR su Dios les ha mandado; no se desvíen ni a la derecha ni a la izquierda. ³³Sigan por el *camino que el SEÑOR su Dios les ha trazado, para que vivan, prosperen y disfruten de larga vida en la tierra que van a poseer.

El amor a Dios

6 »Éstos son los mandamientos, preceptos y normas que el SEÑOR tu Dios mandó que yo te enseñara, para que los pongas en práctica en la tierra de la que vas a tomar posesión, ²para que durante toda tu vida tú

---

work, ¹⁴but the seventh day is a Sabbath to the LORD your God. On it you shall not do any work, neither you, nor your son or daughter, nor your manservant or maidservant, nor your ox, your donkey or any of your animals, nor the alien within your gates, so that your manservant and maidservant may rest, as you do. ¹⁵Remember that you were slaves in Egypt and that the LORD your God brought you out of there with a mighty hand and an outstretched arm. Therefore the LORD your God has commanded you to observe the Sabbath day.

¹⁶"Honor your father and your mother, as the LORD your God has commanded you, so that you may live long and that it may go well with you in the land the LORD your God is giving you.

¹⁷"You shall not murder.

¹⁸"You shall not commit adultery.

¹⁹"You shall not steal.

²⁰"You shall not give false testimony against your neighbor.

²¹"You shall not covet your neighbor's wife. You shall not set your desire on your neighbor's house or land, his manservant or maidservant, his ox or donkey, or anything that belongs to your neighbor."

²²These are the commandments the LORD proclaimed in a loud voice to your whole assembly there on the mountain from out of the fire, the cloud and the deep darkness; and he added nothing more. Then he wrote them on two stone tablets and gave them to me.

²³When you heard the voice out of the darkness, while the mountain was ablaze with fire, all the leading men of your tribes and your elders came to me. ²⁴And you said, "The LORD our God has shown us his glory and his majesty, and we have heard his voice from the fire. Today we have seen that a man can live even if God speaks with him. ²⁵But now, why should we die? This great fire will consume us, and we will die if we hear the voice of the LORD our God any longer. ²⁶For what mortal man has ever heard the voice of the living God speaking out of fire, as we have, and survived? ²⁷Go near and listen to all that the LORD our God says. Then tell us whatever the LORD our God tells you. We will listen and obey."

²⁸The LORD heard you when you spoke to me and the LORD said to me, "I have heard what this people said to you. Everything they said was good. ²⁹Oh, that their hearts would be inclined to fear me and keep all my commands always, so that it might go well with them and their children forever!

³⁰"Go, tell them to return to their tents. ³¹But you stay here with me so that I may give you all the commands, decrees and laws you are to teach them to follow in the land I am giving them to possess."

³²So be careful to do what the LORD your God has commanded you; do not turn aside to the right or to the left. ³³Walk in all the way that the LORD your God has commanded you, so that you may live and prosper and prolong your days in the land that you will possess.

Love the LORD Your God

6 These are the commands, decrees and laws the LORD your God directed me to teach you to observe in the land that you are crossing the Jordan to possess, ²so that you, your children and their children

y tus hijos y tus nietos honren al SEÑOR tu Dios cumpliendo todos los preceptos y mandamientos que te doy, y para que disfrutes de larga vida. ³Escucha, Israel, y esfuérzate en obedecer. Así te irá bien y serás un pueblo muy numeroso en la tierra donde abundan la leche y la miel, tal como te lo prometió el SEÑOR, el Dios de tus antepasados.

⁴»Escucha, Israel: El SEÑOR nuestro Dios es el único SEÑOR.ⁱ ⁵Ama al SEÑOR tu Dios con todo tu *corazón y con toda tu *alma y con todas tus fuerzas. ⁶Grábate en el corazón estas palabras que hoy te mando. ⁷Incúlcaselas continuamente a tus hijos. Háblales de ellas cuando estés en tu casa y cuando vayas por el camino, cuando te acuestes y cuando te levantes. ⁸Átalas a tus manos como un signo; llévalas en tu frente como una marca; ⁹escríbelas en los postes de tu casa y en los *portones de tus ciudades.

¹⁰»El SEÑOR tu Dios te hará entrar en la tierra que les juró a tus antepasados Abraham, Isaac y Jacob. Es una tierra con ciudades grandes y prósperas que tú no edificaste, ¹¹con casas llenas de toda clase de bienes que tú no acumulaste, con cisternas que no cavaste, y con viñas y olivares que no plantaste. Cuando comas de ellas y te sacies, ¹²cuídate de no olvidarte del SEÑOR, que os sacó de Egipto, la tierra donde viviste en esclavitud.

¹³»Teme al SEÑOR tu Dios, sírvele solamente a él, y jura sólo en su *nombre. ¹⁴No sigas a esos dioses de los pueblos que te rodean, ¹⁵pues el SEÑOR tu Dios está contigo y es un Dios celoso; no vaya a ser que su ira se encienda contra ti y te borre de la faz de la tierra.

¹⁶»No pongas a prueba al SEÑOR tu Dios, como lo hiciste en Masá. ¹⁷Cumple cuidadosamente los mandamientos del SEÑOR tu Dios, y los mandatos y preceptos que te ha dado. ¹⁸Haz lo que es recto y bueno a los ojos del SEÑOR, para que te vaya bien y tomes posesión de la buena tierra que el SEÑOR les juró a tus antepasados. ¹⁹El SEÑOR arrojará a todos los enemigos que encuentres en tu camino, tal como te lo prometió.

²⁰»En el futuro, cuando tu hijo te pregunte: "¿Qué significan los mandatos, preceptos y normas que el SEÑOR nuestro Dios les mandó?", ²¹le responderás: "En Egipto nosotros éramos esclavos del faraón, pero el SEÑOR nos sacó de allá con gran despliegue de fuerza. ²²Ante nuestros propios ojos, el SEÑOR realizó grandes señales y terribles prodigios en contra de Egipto, del faraón y de toda su familia. ²³Y nos sacó de allá para conducirnos a la tierra que a nuestros antepasados había jurado que nos daría. ²⁴El SEÑOR nuestro Dios nos mandó temerle y obedecer estos preceptos, para que siempre nos vaya bien y sigamos con vida. Y así ha sido hasta hoy. ²⁵Y si obedecemos fielmente todos estos mandamientos ante el SEÑOR nuestro Dios, tal como nos lo ha ordenado, entonces seremos justos."

Expulsión de las naciones

7 »El SEÑOR tu Dios te hará entrar en la tierra que vas a poseer, y expulsará de tu presencia a siete naciones más grandes y fuertes que tú, que son los hititas, los gergeseos, los amorreos, los cananeos, los ferezeos, los heveos y los jebuseos. ²Cuando el SEÑOR tu Dios te las

after them may fear the LORD your God as long as you live by keeping all his decrees and commands that I give you, and so that you may enjoy long life. ³Hear, O Israel, and be careful to obey so that it may go well with you and that you may increase greatly in a land flowing with milk and honey, just as the LORD, the God of your fathers, promised you.

⁴Hear, O Israel: The LORD our God, the LORD is one.ⁿ ⁵Love the LORD your God with all your heart and with all your soul and with all your strength. ⁶These commandments that I give you today are to be upon your hearts. ⁷Impress them on your children. Talk about them when you sit at home and when you walk along the road, when you lie down and when you get up. ⁸Tie them as symbols on your hands and bind them on your foreheads. ⁹Write them on the doorframes of your houses and on your gates.

¹⁰When the LORD your God brings you into the land he swore to your fathers, to Abraham, Isaac and Jacob, to give you—a land with large, flourishing cities you did not build, ¹¹houses filled with all kinds of good things you did not provide, wells you did not dig, and vineyards and olive groves you did not plant—then when you eat and are satisfied, ¹²be careful that you do not forget the LORD, who brought you out of Egypt, out of the land of slavery.

¹³Fear the LORD your God, serve him only and take your oaths in his name. ¹⁴Do not follow other gods, the gods of the peoples around you; ¹⁵for the LORD your God, who is among you, is a jealous God and his anger will burn against you, and he will destroy you from the face of the land. ¹⁶Do not test the LORD your God as you did at Massah. ¹⁷Be sure to keep the commands of the LORD your God and the stipulations and decrees he has given you. ¹⁸Do what is right and good in the LORD's sight, so that it may go well with you and you may go in and take over the good land that the LORD promised on oath to your forefathers, ¹⁹thrusting out all your enemies before you, as the LORD said.

²⁰In the future, when your son asks you, "What is the meaning of the stipulations, decrees and laws the LORD our God has commanded you?" ²¹tell him: "We were slaves of Pharaoh in Egypt, but the LORD brought us out of Egypt with a mighty hand. ²²Before our eyes the LORD sent miraculous signs and wonders—great and terrible—upon Egypt and Pharaoh and his whole household. ²³But he brought us out from there to bring us in and give us the land that he promised on oath to our forefathers. ²⁴The LORD commanded us to obey all these decrees and to fear the LORD our God, so that we might always prosper and be kept alive, as is the case today. ²⁵And if we are careful to obey all this law before the LORD our God, as he has commanded us, that will be our righteousness."

Driving Out the Nations

7 When the LORD your God brings you into the land you are entering to possess and drives out before you many nations—the Hittites, Girgashites, Amorites, Canaanites, Perizzites, Hivites and Jebusites, seven nations larger and stronger than you— ²and when the

---

ⁱ6:4 el SEÑOR nuestro Dios es el único SEÑOR. Alt. el SEÑOR es nuestro Dios, el SEÑOR es uno.

ⁿ4 Or The LORD our God is one LORD; or The LORD is our God, the LORD is one; or The LORD is our God, the LORD alone

haya entregado y tú las hayas derrotado, deberás *destruirlas por completo. No harás ningún pacto con ellas, ni les tendrás compasión. 3 Tampoco te unirás en matrimonio con ninguna de esas naciones; no darás tus hijas a sus hijos ni tomarás sus hijas para tus hijos, 4 porque ellas los apartarán del Señor y los harán servir a otros dioses. Entonces la ira del SEÑOR se encenderá contra ti y te destruirá de inmediato.

5 »Esto es lo que harás con esas naciones: Destruirás sus altares, romperás sus *piedras sagradas, derribarás sus imágenes de la diosa *Aserá y les prenderás fuego a sus ídolos. 6 Porque para el SEÑOR tu Dios tú eres un pueblo *santo; él te eligió para que fueras su posesión exclusiva entre todos los pueblos de la tierra.

7 »El SEÑOR se encariñó contigo y te eligió, aunque no eras el pueblo más numeroso sino el más insignificante de todos. 8 Lo hizo porque te ama y quería cumplir su juramento a tus antepasados; por eso te rescató del poder del faraón, el rey de Egipto, y te sacó de la esclavitud con gran despliegue de fuerza.

9 »Reconoce, por tanto, que el SEÑOR tu Dios es el Dios verdadero, el Dios fiel, que cumple su *pacto generación tras generación, y muestra su fiel amor a quienes lo aman y obedecen sus mandamientos, 10 pero que destruye a quienes lo odian y no se tarda en darles su merecido. 11 Por eso debes obedecer los mandamientos, los preceptos y las normas que hoy te mando que cumplas.

12 »Si prestas atención a estas normas, y las cumples y las obedeces, entonces el SEÑOR tu Dios cumplirá el pacto que bajo juramento hizo con tus antepasados, y te mostrará su amor fiel. 13 Te amará, te multiplicará y bendecirá el fruto de tu vientre, y también el fruto de la tierra que juró a tus antepasados que les daría. Es decir, bendecirá el trigo, el vino y el aceite, y las crías de tus ganados y los corderos de tus rebaños. 14 Bendito serás, más que cualquier otro pueblo; no habrá entre los tuyos hombre ni mujer estéril, ni habrá un solo animal de tus ganados que se quede sin cría. 15 El SEÑOR te mantendrá libre de toda enfermedad y alejará de ti las horribles enfermedades que conociste en Egipto; en cambio, las reservará para tus enemigos. 16 Destruye a todos los pueblos que el SEÑOR tu Dios entregue en tus manos. No te apiades de ellos ni sirvas a sus dioses, para que no te sean una trampa mortal.

17 »Tal vez te preguntes: "¿Cómo podré expulsar a estas naciones, si son más numerosas que yo?" 18 Pero no les temas; recuerda bien lo que el SEÑOR tu Dios hizo contra el faraón y contra todo Egipto. 19 Con tus propios ojos viste las grandes pruebas, señales y prodigios milagrosos que con gran despliegue de fuerza y de poder realizó el SEÑOR tu Dios para sacarte de Egipto, y lo mismo hará contra todos los pueblos a quienes ahora temes. 20 Además, el SEÑOR tu Dios enviará contra ellos avispas, hasta que hayan perecido todos los sobrevivientes y aun los que intenten esconderse de ti. 21 No te asustes ante ellos, pues el SEÑOR tu Dios, el Dios grande y temible, está contigo. 22 El SEÑOR tu Dios expulsará a las naciones que te salgan al paso, pero lo hará poco a poco. No las eliminarás a todas de una sola vez, para que los animales salvajes no se multipliquen ni invadan

LORD your God has delivered them over to you and you have defeated them, then you must destroy them totally.o Make no treaty with them, and show them no mercy. 3 Do not intermarry with them. Do not give your daughters to their sons or take their daughters for your sons, 4 for they will turn your sons away from following me to serve other gods, and the LORD's anger will burn against you and will quickly destroy you. 5 This is what you are to do to them: Break down their altars, smash their sacred stones, cut down their Asherah polesp and burn their idols in the fire. 6 For you are a people holy to the LORD your God. The LORD your God has chosen you out of all the peoples on the face of the earth to be his people, his treasured possession.

7 The LORD did not set his affection on you and choose you because you were more numerous than other peoples, for you were the fewest of all peoples. 8 But it was because the LORD loved you and kept the oath he swore to your forefathers that he brought you out with a mighty hand and redeemed you from the land of slavery, from the power of Pharaoh king of Egypt. 9 Know therefore that the LORD your God is God; he is the faithful God, keeping his covenant of love to a thousand generations of those who love him and keep his commands. 10 But

> those who hate him he will repay to their
>   face by destruction;
> he will not be slow to repay to their face
>   those who hate him.

11 Therefore, take care to follow the commands, decrees and laws I give you today.

12 If you pay attention to these laws and are careful to follow them, then the LORD your God will keep his covenant of love with you, as he swore to your forefathers. 13 He will love you and bless you and increase your numbers. He will bless the fruit of your womb, the crops of your land—your grain, new wine and oil—the calves of your herds and the lambs of your flocks in the land that he swore to your forefathers to give you. 14 You will be blessed more than any other people; none of your men or women will be childless, nor any of your livestock without young. 15 The LORD will keep you free from every disease. He will not inflict on you the horrible diseases you knew in Egypt, but he will inflict them on all who hate you. 16 You must destroy all the peoples the LORD your God gives over to you. Do not look on them with pity and do not serve their gods, for that will be a snare to you.

17 You may say to yourselves, "These nations are stronger than we are. How can we drive them out?" 18 But do not be afraid of them; remember well what the LORD your God did to Pharaoh and to all Egypt. 19 You saw with your own eyes the great trials, the miraculous signs and wonders, the mighty hand and outstretched arm, with which the LORD your God brought you out. The LORD your God will do the same to all the peoples you now fear. 20 Moreover, the LORD your God will send the hornet among them until even the survivors who hide from you have perished. 21 Do not be terrified by them, for the LORD your God, who is among you, is a great and awesome God. 22 The LORD your God will drive out those nations before you, little by little. You will not be allowed to eliminate them all at once,

---

o 2 The Hebrew term refers to the irrevocable giving over of things or persons to the LORD, often by totally destroying them; also in verse 26.   p 5 That is, symbols of the goddess Asherah; here and elsewhere in Deuteronomy

tu territorio. 23 El Señor tu Dios entregará a esas naciones en tus manos, y las llenará de gran confusión hasta destruirlas. 24 Pondrá a sus reyes bajo tu poder, y de sus *nombres tú borrarás hasta el recuerdo. Ninguna de esas naciones podrá resistir tu presencia, porque tú las destruirás. 25 Pero tú deberás quemar en el fuego las esculturas de sus dioses. No codicies la plata y el oro que las recubren, ni caigas en la trampa de quedarte con ellas, pues eso es algo que aborrece el Señor tu Dios. 26 No metas en tu casa nada que sea abominable. Todo eso debe ser *destruido. Recházalo y detéstalo por completo, para que no seas destruido tú también.

Recuerda al Señor tu Dios

8 »Cumple fielmente todos los mandamientos que hoy te mando, para que vivas, te multipliques y tomes posesión de la tierra que el Señor juró a tus antepasados. 2 Recuerda que durante cuarenta años el Señor tu Dios te llevó por todo el camino del desierto, y te humilló y te puso a prueba para conocer lo que había en tu *corazón y ver si cumplirías o no sus mandamientos. 3 Te humilló y te hizo pasar hambre, pero luego te alimentó con maná, comida que ni tú ni tus antepasados habían conocido, con lo que te enseñó que no sólo de pan vive el *hombre, sino de todo lo que sale de la boca del Señor. 4 Durante esos cuarenta años no se te gastó la ropa que llevabas puesta, ni se te hincharon los pies. 5 Reconoce en tu corazón que, así como un padre *disciplina a su hijo, también el Señor tu Dios te disciplina a ti. 6 Cumple los mandamientos del Señor tu Dios; témelo y sigue sus *caminos. 7 Porque el Señor tu Dios te conduce a una tierra buena: tierra de arroyos y de fuentes de agua, con manantiales que fluyen en los valles y en las colinas; 8 tierra de trigo y de cebada; de viñas, higueras y granados; de miel y de olivares; 9 tierra donde no escaseará el pan y donde nada te faltará; tierra donde las rocas son de hierro y de cuyas colinas sacarás cobre.

10 »Cuando hayas comido y estés satisfecho, alabarás al Señor tu Dios por la tierra buena que te habrá dado. 11 Pero ten cuidado de no olvidar al Señor tu Dios. No dejes de cumplir sus mandamientos, normas y preceptos que yo te mando hoy. 12 Y cuando hayas comido y te hayas saciado, cuando hayas edificado casas cómodas y las habites, 13 cuando se hayan multiplicado tus ganados y tus rebaños, y hayan aumentado tu plata y tu oro y sean abundantes tus riquezas, 14 no te vuelvas orgulloso ni olvides al Señor tu Dios, quien te sacó de Egipto, la tierra donde viviste como esclavo. 15 El Señor te guió a través del vasto y horrible desierto, esa tierra reseca y sedienta, llena de serpientes venenosas y escorpiones; te dio el agua que hizo brotar de la más dura *roca; 16 en el desierto te alimentó con maná, comida que jamás conocieron tus antepasados. Así te humilló y te puso a prueba, para que al fin de cuentas te fuera bien. 17 No se te ocurra pensar: "Esta riqueza es fruto de mi poder y de la fuerza de mis manos." 18 Recuerda al Señor tu Dios, porque es él quien te da el poder para producir esa riqueza; así ha confirmado hoy el *pacto que bajo juramento hizo con tus antepasados.

19 »Si llegas a olvidar al Señor tu Dios, y sigues a otros dioses para adorarlos e inclinarte ante ellos, testifico hoy en contra tuya que ciertamente serás destruido. 20 Si no obedeces al Señor tu Dios, te sucederá lo mismo que a las naciones que el Señor irá destruyendo a tu paso.

or the wild animals will multiply around you. 23 But the Lord your God will deliver them over to you, throwing them into great confusion until they are destroyed. 24 He will give their kings into your hand, and you will wipe out their names from under heaven. No one will be able to stand up against you; you will destroy them. 25 The images of their gods you are to burn in the fire. Do not covet the silver and gold on them, and do not take it for yourselves, or you will be ensnared by it, for it is detestable to the Lord your God. 26 Do not bring a detestable thing into your house or you, like it, will be set apart for destruction. Utterly abhor and detest it, for it is set apart for destruction.

Do Not Forget the Lord

8 Be careful to follow every command I am giving you today, so that you may live and increase and may enter and possess the land that the Lord promised on oath to your forefathers. 2 Remember how the Lord your God led you all the way in the desert these forty years, to humble you and to test you in order to know what was in your heart, whether or not you would keep his commands. 3 He humbled you, causing you to hunger and then feeding you with manna, which neither you nor your fathers had known, to teach you that man does not live on bread alone but on every word that comes from the mouth of the Lord. 4 Your clothes did not wear out and your feet did not swell during these forty years. 5 Know then in your heart that as a man disciplines his son, so the Lord your God disciplines you.

6 Observe the commands of the Lord your God, walking in his ways and revering him. 7 For the Lord your God is bringing you into a good land—a land with streams and pools of water, with springs flowing in the valleys and hills; 8 a land with wheat and barley, vines and fig trees, pomegranates, olive oil and honey; 9 a land where bread will not be scarce and you will lack nothing; a land where the rocks are iron and you can dig copper out of the hills.

10 When you have eaten and are satisfied, praise the Lord your God for the good land he has given you. 11 Be careful that you do not forget the Lord your God, failing to observe his commands, his laws and his decrees that I am giving you this day. 12 Otherwise, when you eat and are satisfied, when you build fine houses and settle down, 13 and when your herds and flocks grow large and your silver and gold increase and all you have is multiplied, 14 then your heart will become proud and you will forget the Lord your God, who brought you out of Egypt, out of the land of slavery. 15 He led you through the vast and dreadful desert, that thirsty and waterless land, with its venomous snakes and scorpions. He brought you water out of hard rock. 16 He gave you manna to eat in the desert, something your fathers had never known, to humble and to test you so that in the end it might go well with you. 17 You may say to yourself, "My power and the strength of my hands have produced this wealth for me." 18 But remember the Lord your God, for it is he who gives you the ability to produce wealth, and so confirms his covenant, which he swore to your forefathers, as it is today.

19 If you ever forget the Lord your God and follow other gods and worship and bow down to them, I testify against you today that you will surely be destroyed. 20 Like the nations the Lord destroyed before you, so you will be destroyed for not obeying the Lord your God.

El mérito no es de Israel

9 »Escucha, Israel: hoy vas a cruzar el Jordán para entrar y desposeer a naciones más grandes y fuertes que tú, que habitan en grandes ciudades con muros que llegan hasta el cielo. ²Esa gente es poderosa y de gran estatura; ¡son los *anaquitas! Tú ya los conoces y sabes que de ellos se dice: "¿Quién puede oponerse a los descendientes de Anac?" ³Pero tú, entiende bien hoy que el SEÑOR tu Dios avanzará al frente de ti, y que los destruirá como un fuego consumidor y los someterá a tu poder. Tú los expulsarás y los aniquilarás en seguida, tal como el SEÑOR te lo ha prometido.

⁴»Cuando el SEÑOR tu Dios los haya arrojado lejos de ti, no vayas a pensar: "El SEÑOR me ha traído hasta aquí, por mi propia justicia, para tomar posesión de esta tierra." ¡No! El SEÑOR expulsará a esas naciones por la maldad que las caracteriza. ⁵De modo que no es por tu justicia ni por tu rectitud por lo que vas a tomar posesión de su tierra. ¡No! La propia maldad de esas naciones hará que el SEÑOR tu Dios las arroje lejos de ti. Así cumplirá lo que juró a tus antepasados Abraham, Isaac y Jacob. ⁶Entiende bien que eres un pueblo terco, y que tu justicia y tu rectitud no tienen nada que ver con que el SEÑOR tu Dios te dé en posesión esta buena tierra.

El becerro de oro

⁷»Recuerda esto, y nunca olvides cómo provocaste la ira del SEÑOR tu Dios en el desierto. Desde el día en que saliste de Egipto hasta tu llegada aquí, has sido rebelde contra el SEÑOR. ⁸A tal grado provocaste su enojo en Horeb, que estuvo a punto de destruirte. ⁹Cuando subí a la montaña para recibir las tablas de piedra, es decir, las tablas del *pacto que el SEÑOR había hecho contigo, me quedé en la montaña cuarenta días y cuarenta noches, y no comí pan ni bebí agua. ¹⁰Allí el SEÑOR me dio dos tablas de piedra, en las que él mismo escribió todas las palabras que proclamó desde la montaña, de en medio del fuego, el día de la asamblea.

¹¹»Pasados los cuarenta días y las cuarenta noches, el SEÑOR me dio las dos tablas de piedra, es decir, las tablas del pacto, ¹²y me dijo: "Levántate y baja de aquí en seguida, porque ese pueblo tuyo, que sacaste de Egipto, se ha descarriado. Bien pronto se han apartado del *camino que les mandé seguir, y se han fabricado un ídolo de metal fundido."

¹³»También me dijo: "He visto a este pueblo, y ¡realmente es un pueblo terco! ¹⁴Déjame que lo destruya y borre hasta el recuerdo de su *nombre. De ti, en cambio, haré una nación más fuerte y numerosa que la de ellos."

¹⁵»Luego me di vuelta y bajé de la montaña que ardía en llamas. En las manos traía yo las dos tablas del pacto. ¹⁶Entonces vi que ustedes habían pecado contra el SEÑOR su Dios, pues se habían fabricado un ídolo fundido con forma de becerro. ¡Bien pronto se habían apartado del camino que el SEÑOR les había trazado! ¹⁷Así que tomé las dos tablas que traía en las manos y las arrojé al suelo, haciéndolas pedazos delante de ustedes.

¹⁸»Nuevamente me postré delante del SEÑOR cuarenta días y cuarenta noches, y no comí pan ni bebí agua. Lo hice por el gran pecado que ustedes habían cometido al hacer lo malo a los ojos del SEÑOR, provocando así su ira. ¹⁹Tuve verdadero miedo del enojo y de la ira del SEÑOR, pues a tal grado se indignó contra ustedes, que quiso destruirlos. Sin embargo, el SEÑOR me escuchó

Not Because of Israel's Righteousness

9 Hear, O Israel. You are now about to cross the Jordan to go in and dispossess nations greater and stronger than you, with large cities that have walls up to the sky. ²The people are strong and tall—Anakites! You know about them and have heard it said: "Who can stand up against the Anakites?" ³But be assured today that the LORD your God is the one who goes across ahead of you like a devouring fire. He will destroy them; he will subdue them before you. And you will drive them out and annihilate them quickly, as the LORD has promised you.

⁴After the LORD your God has driven them out before you, do not say to yourself, "The LORD has brought me here to take possession of this land because of my righteousness." No, it is on account of the wickedness of these nations that the LORD is going to drive them out before you. ⁵It is not because of your righteousness or your integrity that you are going in to take possession of their land; but on account of the wickedness of these nations, the LORD your God will drive them out before you, to accomplish what he swore to your fathers, to Abraham, Isaac and Jacob. ⁶Understand, then, that it is not because of your righteousness that the LORD your God is giving you this good land to possess, for you are a stiff-necked people.

The Golden Calf

⁷Remember this and never forget how you provoked the LORD your God to anger in the desert. From the day you left Egypt until you arrived here, you have been rebellious against the LORD. ⁸At Horeb you aroused the LORD's wrath so that he was angry enough to destroy you. ⁹When I went up on the mountain to receive the tablets of stone, the tablets of the covenant that the LORD had made with you, I stayed on the mountain forty days and forty nights; I ate no bread and drank no water. ¹⁰The LORD gave me two stone tablets inscribed by the finger of God. On them were all the commandments the LORD proclaimed to you on the mountain out of the fire, on the day of the assembly.

¹¹At the end of the forty days and forty nights, the LORD gave me the two stone tablets, the tablets of the covenant. ¹²Then the LORD told me, "Go down from here at once, because your people whom you brought out of Egypt have become corrupt. They have turned away quickly from what I commanded them and have made a cast idol for themselves."

¹³And the LORD said to me, "I have seen this people, and they are a stiff-necked people indeed! ¹⁴Let me alone, so that I may destroy them and blot out their name from under heaven. And I will make you into a nation stronger and more numerous than they."

¹⁵So I turned and went down from the mountain while it was ablaze with fire. And the two tablets of the covenant were in my hands.*q* ¹⁶When I looked, I saw that you had sinned against the LORD your God; you had made for yourselves an idol cast in the shape of a calf. You had turned aside quickly from the way that the LORD had commanded you. ¹⁷So I took the two tablets and threw them out of my hands, breaking them to pieces before your eyes.

¹⁸Then once again I fell prostrate before the LORD for forty days and forty nights; I ate no bread and drank no water, because of all the sin you had committed, doing what was evil in the LORD's sight and so provoking him to anger. ¹⁹I feared the anger and wrath of the LORD, for he was angry enough with you to destroy

q 15 Or And I had the two tablets of the covenant with me, one in each hand

una vez más. 20 Así mismo, tan enojado estaba el SEÑOR contra Aarón que quería destruirlo, y también en esa ocasión intercedí por él. 21 Luego agarré el becerro que ustedes se fabricaron, ese ídolo que los hizo pecar, y lo quemé en el fuego; lo desmenucé y lo reduje a polvo fino, y arrojé el polvo al arroyo que baja de la montaña.

22 »En Taberá, en Masá y en Quibrot Hatavá ustedes provocaron también la indignación del SEÑOR, 23 lo mismo que cuando el SEÑOR los envió desde Cades Barnea y les dijo: "Vayan y tomen posesión de la tierra que les he dado." Ustedes se rebelaron contra la orden del SEÑOR su Dios; no confiaron en él ni le obedecieron. 24 ¡Desde que los conozco han sido rebeldes al SEÑOR!

25 »Como el SEÑOR había dicho que los destruiría, yo me quedé postrado ante él esos cuarenta días y cuarenta noches. 26 Oré al SEÑOR y le dije: "SEÑOR y Dios, ¡no destruyas tu propia heredad, el pueblo que por tu grandeza redimiste y sacaste de Egipto con gran despliegue de fuerza! 27 ¡Acuérdate de tus siervos Abraham, Isaac y Jacob! Pasa por alto la terquedad de este pueblo, y su maldad y su pecado, 28 no sea que allá, en el país de donde nos sacaste, digan: 'El SEÑOR no pudo llevarlos a la tierra que les había prometido. Y como los aborrecía, los sacó para que murieran en el desierto.' 29 Después de todo, ellos son tu propia heredad; son el pueblo que sacaste con gran despliegue de fuerza y de poder."

Las nuevas tablas de la ley

10 »En aquel tiempo el SEÑOR me dijo: "Talla dos tablas de piedra iguales a las primeras, y haz un arca de madera; después de eso, sube a la montaña para que te encuentres conmigo. 2 Yo escribiré en esas tablas las mismas palabras que estaban escritas en las primeras, y después las guardarás en el arca."

3 »Hice, pues, el arca de madera de acacia, y tallé dos tablas de piedra como las primeras; luego subí a la montaña llevando en las manos las dos tablas. 4 En esas tablas, que luego me entregó, el SEÑOR escribió lo mismo que había escrito antes, es decir, los diez mandamientos que les dio a ustedes el día en que estábamos todos reunidos en asamblea, cuando habló desde el fuego en la montaña. 5 En seguida bajé de la montaña y guardé las tablas en el arca que había hecho. Y allí permanecen, tal como me lo ordenó el SEÑOR.»

Ministerio de los levitas

6 Después los israelitas se trasladaron de los pozos de Berot Bené Yacán a Moserá. Allí murió Aarón, y fue sepultado, y su hijo Eleazar lo sucedió en el sacerdocio. 7 De allí se fueron a Gudgoda, y siguieron hasta Jotbata, tierra con abundantes corrientes de agua. 8 En aquel tiempo el SEÑOR designó a la tribu de Leví para llevar el arca del *pacto y estar en su presencia, y para ministrar y pronunciar bendiciones en su *nombre, como hasta hoy lo hace. 9 Por eso los levitas no tienen patrimonio alguno entre sus hermanos, pues el SEÑOR es su herencia, como él mismo lo ha declarado.

Las demandas del SEÑOR

10 «Yo me quedé en la montaña cuarenta días y cuarenta noches, como lo hice la primera vez, y también esta vez el SEÑOR me escuchó. Como no era su voluntad destruirlos, 11 el SEÑOR me dijo: "Ve y guía al pueblo en su *camino, para que entren y tomen posesión de la tierra que juré a sus antepasados que les daría."

you. But again the LORD listened to me. 20 And the LORD was angry enough with Aaron to destroy him, but at that time I prayed for Aaron too. 21 Also I took that sinful thing of yours, the calf you had made, and burned it in the fire. Then I crushed it and ground it to powder as fine as dust and threw the dust into a stream that flowed down the mountain.

22 You also made the LORD angry at Taberah, at Massah and at Kibroth Hattaavah.

23 And when the LORD sent you out from Kadesh Barnea, he said, "Go up and take possession of the land I have given you." But you rebelled against the command of the LORD your God. You did not trust him or obey him. 24 You have been rebellious against the LORD ever since I have known you.

25 I lay prostrate before the LORD those forty days and forty nights because the LORD had said he would destroy you. 26 I prayed to the LORD and said, "O Sovereign LORD, do not destroy your people, your own inheritance that you redeemed by your great power and brought out of Egypt with a mighty hand. 27 Remember your servants Abraham, Isaac and Jacob. Overlook the stubbornness of this people, their wickedness and their sin. 28 Otherwise, the country from which you brought us will say, 'Because the LORD was not able to take them into the land he had promised them, and because he hated them, he brought them out to put them to death in the desert.' 29 But they are your people, your inheritance that you brought out by your great power and your outstretched arm."

Tablets Like the First Ones

10 At that time the LORD said to me, "Chisel out two stone tablets like the first ones and come up to me on the mountain. Also make a wooden chest.r 2 I will write on the tablets the words that were on the first tablets, which you broke. Then you are to put them in the chest."

3 So I made the ark out of acacia wood and chiseled out two stone tablets like the first ones, and I went up on the mountain with the two tablets in my hands. 4 The LORD wrote on these tablets what he had written before, the Ten Commandments he had proclaimed to you on the mountain, out of the fire, on the day of the assembly. And the LORD gave them to me. 5 Then I came back down the mountain and put the tablets in the ark I had made, as the LORD commanded me, and they are there now.

6 (The Israelites traveled from the wells of the Jaakanites to Moserah. There Aaron died and was buried, and Eleazar his son succeeded him as priest. 7 From there they traveled to Gudgodah and on to Jotbathah, a land with streams of water. 8 At that time the LORD set apart the tribe of Levi to carry the ark of the covenant of the LORD, to stand before the LORD to minister and to pronounce blessings in his name, as they still do today. 9 That is why the Levites have no share or inheritance among their brothers; the LORD is their inheritance, as the LORD your God told them.)

10 Now I had stayed on the mountain forty days and nights, as I did the first time, and the LORD listened to me at this time also. It was not his will to destroy you. 11 "Go," the LORD said to me, "and lead the people on their way, so that they may enter and possess the land that I swore to their fathers to give them."

---

r 1 That is, an ark

¹²»Y ahora, Israel, ¿qué te pide el Señor tu Dios? Simplemente que le temas y andes en todos sus caminos, que lo ames y le sirvas con todo tu *corazón y con toda tu *alma, ¹³y que cumplas los mandamientos y los preceptos que hoy te manda cumplir, para que te vaya bien.

¹⁴»Al Señor tu Dios le pertenecen los cielos y lo más alto de los cielos, la tierra y todo lo que hay en ella. ¹⁵Sin embargo, él se encariñó con tus antepasados y los amó; y a ti, que eres su descendencia, te eligió de entre todos los pueblos, como lo vemos hoy. ¹⁶Por eso, despójate de lo pagano que hay en tu corazón,ʲ y ya no seas terco. ¹⁷Porque el Señor tu Dios es Dios de dioses y Señor de señores; él es el gran Dios, poderoso y terrible, que no actúa con parcialidad ni acepta sobornos. ¹⁸Él defiende la causa del huérfano y de la viuda, y muestra su amor por el extranjero, proveyéndole ropa y alimentos. ¹⁹Así mismo debes tú mostrar amor por los extranjeros, porque también tú fuiste extranjero en Egipto. ²⁰Teme al Señor tu Dios y sírvele. Aférrate a él y jura sólo por su *nombre. ²¹Él es el motivo de tu alabanza; él es tu Dios, el que hizo en tu favor las grandes y maravillosas hazañas que tú mismo presenciaste. ²²Setenta eran los antepasados tuyos que bajaron a Egipto, y ahora el Señor tu Dios te ha hecho un pueblo tan numeroso como las estrellas del cielo.

Amor y obediencia al Señor

11 »Amen al Señor su Dios y cumplan siempre sus ordenanzas, preceptos, normas y mandamientos. ²Recuerden hoy que fueron ustedes, y no sus hijos, los que vieron y experimentaron la *disciplina del Señor su Dios. Ustedes vieron su gran despliegue de fuerza y de poder, ³y los hechos y señales que realizó en Egipto contra el faraón y contra todo su país. ⁴Ustedes vieron lo que hizo contra el ejército de los egipcios, y cómo desató las aguas del *Mar Rojo sobre sus caballos y carros de guerra, cuando éstos los perseguían a ustedes. El Señor los destruyó para siempre.

⁵»Recuerden también lo que él hizo por ustedes en el desierto, hasta que llegaron a este lugar. ⁶Además, vieron lo que les hizo a Datán y Abirán, hijos de Eliab el rubenita, pues en presencia de todo el pueblo hizo que la tierra se abriera y se los tragara junto con sus familias, sus carpas y todo lo que les pertenecía. ⁷Ciertamente ustedes han visto con sus propios ojos todas las maravillas que el Señor ha hecho.

⁸»Por eso, cumplan todos los mandamientos que hoy les mando, para que sean fuertes y puedan cruzar el Jordán y tomar posesión de la tierra, ⁹y para que vivan mucho tiempo en esa tierra que el Señor juró dar a los antepasados de ustedes y a sus descendientes, tierra donde abundan la leche y la miel. ¹⁰Esa tierra, de la que van a tomar posesión, no es como la de Egipto, de donde salieron; allá ustedes plantaban sus semillas y tenían que regarlasᵏ como se riega un huerto. ¹¹En cambio, la tierra que van a poseer es tierra de montañas y de valles, regada por la lluvia del cielo. ¹²El Señor su Dios es quien la cuida; los ojos del Señor su Dios están sobre ella todo el año, de principio a fin.

¹³»Si ustedes obedecen fielmente los mandamientos que hoy les doy, y si aman al Señor su Dios y le sirven

Fear the Lord

¹²And now, O Israel, what does the Lord your God ask of you but to fear the Lord your God, to walk in all his ways, to love him, to serve the Lord your God with all your heart and with all your soul, ¹³and to observe the Lord's commands and decrees that I am giving you today for your own good?

¹⁴To the Lord your God belong the heavens, even the highest heavens, the earth and everything in it. ¹⁵Yet the Lord set his affection on your forefathers and loved them, and he chose you, their descendants, above all the nations, as it is today. ¹⁶Circumcise your hearts, therefore, and do not be stiff-necked any longer. ¹⁷For the Lord your God is God of gods and Lord of lords, the great God, mighty and awesome, who shows no partiality and accepts no bribes. ¹⁸He defends the cause of the fatherless and the widow, and loves the alien, giving him food and clothing. ¹⁹And you are to love those who are aliens, for you yourselves were aliens in Egypt. ²⁰Fear the Lord your God and serve him. Hold fast to him and take your oaths in his name. ²¹He is your praise; he is your God, who performed for you those great and awesome wonders you saw with your own eyes. ²²Your forefathers who went down into Egypt were seventy in all, and now the Lord your God has made you as numerous as the stars in the sky.

Love and Obey the Lord

11 Love the Lord your God and keep his requirements, his decrees, his laws and his commands always. ²Remember today that your children were not the ones who saw and experienced the discipline of the Lord your God: his majesty, his mighty hand, his outstretched arm; ³the signs he performed and the things he did in the heart of Egypt, both to Pharaoh king of Egypt and to his whole country; ⁴what he did to the Egyptian army, to its horses and chariots, how he overwhelmed them with the waters of the Red Seaˢ as they were pursuing you, and how the Lord brought lasting ruin on them. ⁵It was not your children who saw what he did for you in the desert until you arrived at this place, ⁶and what he did to Dathan and Abiram, sons of Eliab the Reubenite, when the earth opened its mouth right in the middle of all Israel and swallowed them up with their households, their tents and every living thing that belonged to them. ⁷But it was your own eyes that saw all these great things the Lord has done.

⁸Observe therefore all the commands I am giving you today, so that you may have the strength to go in and take over the land that you are crossing the Jordan to possess, ⁹and so that you may live long in the land that the Lord swore to your forefathers to give to them and their descendants, a land flowing with milk and honey. ¹⁰The land you are entering to take over is not like the land of Egypt, from which you have come, where you planted your seed and irrigated it by foot as in a vegetable garden. ¹¹But the land you are crossing the Jordan to take possession of is a land of mountains and valleys that drinks rain from heaven. ¹²It is a land the Lord your God cares for; the eyes of the Lord your God are continually on it from the beginning of the year to its end.

¹³So if you faithfully obey the commands I am giving you today—to love the Lord your God and to serve him with all your heart and with all your soul—

ʲ 10:16 *despójate de lo pagano que hay en tu corazón.* Lit. *circuncídate el corazón.* ᵏ 11:10 *tenían que regarlas.* Lit. *las regabas con tu pie.* (Posiblemente se refiere a las ruedas que eran movidas con los pies para sacar el agua.)

ˢ 4 Hebrew *Yam Suph;* that is, Sea of Reeds

con todo el *corazón y con toda el *alma, 14entonces él enviará[l] la lluvia oportuna sobre su tierra, en otoño y en primavera[m], para que obtengan el trigo, el vino y el aceite. 15También hará[n] que crezca hierba en los campos para su ganado, y ustedes comerán y quedarán satisfechos.

16»¡Cuidado! No se dejen seducir. No se descarríen ni adoren a otros dioses, ni se inclinen ante ellos, 17porque entonces se encenderá la ira del SEÑOR contra ustedes, y cerrará los cielos para que no llueva; el suelo no dará sus frutos, y pronto ustedes desaparecerán de la buena tierra que les da el SEÑOR. 18Grábense estas palabras en el corazón y en la *mente; átenlas en sus manos como un signo, y llévenlas en su frente como una marca. 19Enséñenselas a sus hijos y repítanselas cuando estén en su casa y cuando anden por el camino, cuando se acuesten y cuando se levanten; 20escríbanlas en los postes de su casa y en los *portones de sus ciudades. 21Así, mientras existan los cielos sobre la tierra, ustedes y sus descendientes prolongarán su vida sobre la tierra que el SEÑOR juró a los antepasados de ustedes que les daría.

22»Si ustedes obedecen todos estos mandamientos que les doy, y aman al SEÑOR su Dios, y siguen por todos sus *caminos y le son fieles, 23entonces el SEÑOR expulsará del territorio de ustedes a todas esas naciones. Así podrán desposeerlas, aunque sean más grandes y más fuertes que ustedes. 24Todo lugar donde planten el pie será de ustedes; su territorio se extenderá desde el desierto hasta el monte Líbano, y desde el río Éufrates hasta el mar Mediterráneo. 25Nadie podrá hacerles frente. Por dondequiera que vayan, el SEÑOR su Dios hará que todo el mundo sienta miedo y terror ante ustedes, como se lo ha prometido.

26»Hoy les doy a elegir entre la bendición y la maldición: 27bendición, si obedecen los mandamientos que yo, el SEÑOR su Dios, hoy les mando obedecer; 28maldición, si desobedecen los mandamientos del SEÑOR su Dios y se apartan del camino que hoy les mando seguir, y se van tras dioses extraños que jamás han conocido. 29Cuando el SEÑOR su Dios los haya hecho entrar en la tierra que van a poseer, ustedes bendecirán al monte Guerizín y maldecirán al monte Ebal. 30Esos montes están al otro lado del Jordán, hacia el oeste, en el territorio de los cananeos que viven en el Arabá, en la vecindad de Guilgal, junto a las encinas de Moré.

31»Ustedes están a punto de cruzar el Jordán y entrar a tomar posesión de la tierra que les da el SEÑOR su Dios. Cuando la hayan tomado y ya estén viviendo allí, 32cuiden de obedecer todos los preceptos y las normas que hoy les mando.

El lugar único de adoración

12 »Éstos son los preceptos y las normas que tendrán cuidado de poner en práctica mientras vivan en la tierra que el SEÑOR y Dios de sus antepasados les ha dado en posesión: 2Destruirán por completo todos los lugares donde adoran a sus dioses las naciones que ustedes van a desposeer, es decir, en las montañas, en las colinas y debajo de todo árbol frondoso. 3Demolerán sus altares, harán pedazos sus *piedras sagradas, les prenderán fuego a sus imágenes de la diosa *Aserá, derribarán sus ídolos y borrarán de esos lugares los *nombres de sus dioses.

14then I will send rain on your land in its season, both autumn and spring rains, so that you may gather in your grain, new wine and oil. 15I will provide grass in the fields for your cattle, and you will eat and be satisfied.

16Be careful, or you will be enticed to turn away and worship other gods and bow down to them. 17Then the LORD's anger will burn against you, and he will shut the heavens so that it will not rain and the ground will yield no produce, and you will soon perish from the good land the LORD is giving you. 18Fix these words of mine in your hearts and minds; tie them as symbols on your hands and bind them on your foreheads. 19Teach them to your children, talking about them when you sit at home and when you walk along the road, when you lie down and when you get up. 20Write them on the doorframes of your houses and on your gates, 21so that your days and the days of your children may be many in the land that the LORD swore to give your forefathers, as many as the days that the heavens are above the earth.

22If you carefully observe all these commands I am giving you to follow—to love the LORD your God, to walk in all his ways and to hold fast to him— 23then the LORD will drive out all these nations before you, and you will dispossess nations larger and stronger than you. 24Every place where you set your foot will be yours: Your territory will extend from the desert to Lebanon, and from the Euphrates River to the western sea.[t] 25No man will be able to stand against you. The LORD your God, as he promised you, will put the terror and fear of you on the whole land, wherever you go.

26See, I am setting before you today a blessing and a curse— 27the blessing if you obey the commands of the LORD your God that I am giving you today; 28the curse if you disobey the commands of the LORD your God and turn from the way that I command you today by following other gods, which you have not known. 29When the LORD your God has brought you into the land you are entering to possess, you are to proclaim on Mount Gerizim the blessings, and on Mount Ebal the curses. 30As you know, these mountains are across the Jordan, west of the road,[u] toward the setting sun, near the great trees of Moreh, in the territory of those Canaanites living in the Arabah in the vicinity of Gilgal. 31You are about to cross the Jordan to enter and take possession of the land the LORD your God is giving you. When you have taken it over and are living there, 32be sure that you obey all the decrees and laws I am setting before you today.

The One Place of Worship

12 These are the decrees and laws you must be careful to follow in the land that the LORD, the God of your fathers, has given you to possess—as long as you live in the land. 2Destroy completely all the places on the high mountains and on the hills and under every spreading tree where the nations you are dispossessing worship their gods. 3Break down their altars, smash their sacred stones and burn their Asherah poles in the fire; cut down the idols of their gods and wipe out their names from those places.

4You must not worship the LORD your God in their

---

[l] 11:14 él enviará (LXX, Pentateuco Samaritano y Vulgata); yo enviaré (TM). [m] 11:14 en otoño y en primavera. Lit. la temprana y la tardía. [n] 11:15 hará (Pentateuco Samaritano y mss. de LXX); haré (TM).

[t] 24 That is, the Mediterranean [u] 30 Or Jordan, westward

4»No harán lo mismo con el SEÑOR su Dios, 5 sino que irán y lo buscarán en el lugar donde, de entre todas las tribus de ustedes, él decida habitar. 6 Allí llevarán ustedes sus *holocaustos, sacrificios, diezmos, contribuciones, promesas, ofrendas voluntarias, y los primogénitos de sus ganados y rebaños. 7 Allí, en la presencia del SEÑOR su Dios, ustedes y sus familias comerán y se regocijarán por los logros de su trabajo, porque el SEÑOR su Dios los habrá bendecido.

8»Ustedes no harán allí lo que ahora hacemos aquí, donde cada uno hace lo que mejor le parece, 9 pues todavía no han entrado en el reposo ni en la herencia que les da el SEÑOR su Dios. 10 Pero ustedes cruzarán el río Jordán y vivirán en la tierra que el SEÑOR su Dios les da en herencia; él los librará de sus enemigos que los rodean, y ustedes vivirán seguros. 11 Y al lugar donde el SEÑOR su Dios decida habitar llevarán todo lo que les he ordenado: holocaustos, sacrificios, diezmos, contribuciones, y las ofrendas más selectas que le hayan prometido al SEÑOR. 12 Y se regocijarán en la presencia del SEÑOR su Dios, junto con sus hijos e hijas, con sus esclavos y esclavas, y con los levitas que vivan en las ciudades de ustedes, pues ellos no tendrán ninguna posesión ni herencia.

13»Cuando ofrezcas holocaustos, cuídate de no hacerlo en el lugar que te plazca. 14 Los ofrecerás sólo en el lugar que el SEÑOR elija en una de tus tribus, y allí harás todo lo que yo te ordeno. 15 Sin embargo, siempre que lo desees podrás matar animales y comer su carne en cualquiera de tus ciudades, según el SEÑOR tu Dios te haya bendecido. Podrás comerla, estés o no ritualmente *puro, como si se tratara de carne de gacela o de ciervo. 16 Pero no deberás comer la sangre, sino que la derramarás en la tierra como si fuera agua.

17»No podrás comer en tus ciudades el diezmo de tu trigo, de tu vino o de tu aceite, ni los primogénitos de tus ganados y de tus rebaños, ni lo que hayas prometido dar, ni tus ofrendas voluntarias ni tus contribuciones. 18 Disfrutarás de ellos en presencia del SEÑOR tu Dios, en el lugar que él elija. Así también lo harán tu hijo y tu hija, tu esclavo y tu esclava, y los levitas que vivan en tus ciudades, y te alegrarás ante el SEÑOR tu Dios por los logros de tu trabajo. 19 Cuídate de no abandonar al levita mientras vivas en tu tierra.

20»Cuando el SEÑOR tu Dios haya extendido tu territorio, según te lo ha prometido, y digas: "¡Cómo quisiera comer carne!", podrás comer toda la carne que quieras. 21 Si queda demasiado lejos el lugar donde el SEÑOR tu Dios decida habitar, podrás sacrificar animales de tus ganados y rebaños, según mis instrucciones, y comer en tus pueblos todo lo que quieras. 22 Come de su carne como si fuera carne de gacela o de ciervo. Estés o no ritualmente puro, podrás comerla. 23 Pero asegúrate de no comer la sangre, porque la sangre es la *vida. No debes comer la vida con la carne. 24 En lugar de comerla, derrámala en la tierra como si fuera agua. 25 No comas la sangre, para que te vaya bien a ti y a tu descendencia, pues estarás haciendo lo recto a los ojos del SEÑOR.

26»Las cosas que hayas consagrado, y las ofrendas que hayas prometido, prepáralas y llévalas al lugar que el SEÑOR habrá de elegir. 27 Tanto la carne como la sangre de tus holocaustos las ofrecerás sobre el altar del SEÑOR tu Dios. Derramarás la sangre sobre el altar, pero podrás comer la carne.

way. 5 But you are to seek the place the LORD your God will choose from among all your tribes to put his Name there for his dwelling. To that place you must go; 6 there bring your burnt offerings and sacrifices, your tithes and special gifts, what you have vowed to give and your freewill offerings, and the firstborn of your herds and flocks. 7 There, in the presence of the LORD your God, you and your families shall eat and shall rejoice in everything you have put your hand to, because the LORD your God has blessed you.

8 You are not to do as we do here today, everyone as he sees fit, 9 since you have not yet reached the resting place and the inheritance the LORD your God is giving you. 10 But you will cross the Jordan and settle in the land the LORD your God is giving you as an inheritance, and he will give you rest from all your enemies around you so that you will live in safety. 11 Then to the place the LORD your God will choose as a dwelling for his Name—there you are to bring everything I command you: your burnt offerings and sacrifices, your tithes and special gifts, and all the choice possessions you have vowed to the LORD. 12 And there rejoice before the LORD your God, you, your sons and daughters, your menservants and maidservants, and the Levites from your towns, who have no allotment or inheritance of their own. 13 Be careful not to sacrifice your burnt offerings anywhere you please. 14 Offer them only at the place the LORD will choose in one of your tribes, and there observe everything I command you.

15 Nevertheless, you may slaughter your animals in any of your towns and eat as much of the meat as you want, as if it were gazelle or deer, according to the blessing the LORD your God gives you. Both the ceremonially unclean and the clean may eat it. 16 But you must not eat the blood; pour it out on the ground like water. 17 You must not eat in your own towns the tithe of your grain and new wine and oil, or the firstborn of your herds and flocks, or whatever you have vowed to give, or your freewill offerings or special gifts. 18 Instead, you are to eat them in the presence of the LORD your God at the place the LORD your God will choose—you, your sons and daughters, your menservants and maidservants, and the Levites from your towns—and you are to rejoice before the LORD your God in everything you put your hand to. 19 Be careful not to neglect the Levites as long as you live in your land.

20 When the LORD your God has enlarged your territory as he promised you, and you crave meat and say, "I would like some meat," then you may eat as much of it as you want. 21 If the place where the LORD your God chooses to put his Name is too far away from you, you may slaughter animals from the herds and flocks the LORD has given you, as I have commanded you, and in your own towns you may eat as much of them as you want. 22 Eat them as you would gazelle or deer. Both the ceremonially unclean and the clean may eat. 23 But be sure you do not eat the blood, because the blood is the life, and you must not eat the life with the meat. 24 You must not eat the blood; pour it out on the ground like water. 25 Do not eat it, so that it may go well with you and your children after you, because you will be doing what is right in the eyes of the LORD.

26 But take your consecrated things and whatever you have vowed to give, and go to the place the LORD will choose. 27 Present your burnt offerings on the altar of the LORD your God, both the meat and the blood. The blood of your sacrifices must be poured beside the altar

28»Ten cuidado de obedecer todos estos mandamientos que yo te he dado, para que siempre te vaya bien, lo mismo que a tu descendencia. Así habrás hecho lo bueno y lo recto a los ojos del SEÑOR tu Dios.

29»Ante tus propios ojos el SEÑOR tu Dios exterminará a las naciones que vas a invadir y desposeer. Cuando las hayas expulsado y te hayas establecido en su tierra, 30después de haberlas destruido cuídate de no seguir su ejemplo y caer en la trampa de inquirir acerca de sus dioses. No preguntes: "¿Cómo adoraban estas naciones a sus dioses, para que yo pueda hacer lo mismo?" 31No adorarás de esa manera al SEÑOR tu Dios, porque al SEÑOR le resulta abominable todo lo que ellos hacen para honrar a sus dioses. ¡Hasta quemaban a sus hijos e hijas en el fuego como sacrificios a sus dioses!

32»Cuídate de poner en práctica todo lo que te ordeno, sin añadir ni quitar nada.

Advertencia contra la idolatría

13 »Cuando en medio de ti aparezca algún profeta o visionario, y anuncie algún prodigio o señal milagrosa, 2si esa señal o prodigio se cumple y él te dice: "Vayamos a rendir culto a otros dioses", dioses que no has conocido, 3no prestes atención a las palabras de ese profeta o visionario. El SEÑOR tu Dios te estará probando para saber si lo amas con todo el *corazón y con toda el *alma. 4Solamente al SEÑOR tu Dios debes seguir y rendir culto. Cumple sus mandamientos y obedécelo; sírvele y permanece fiel a él. 5Condenarás a muerte a ese profeta o visionario por haberte aconsejado rebelarte contra el SEÑOR tu Dios, que te sacó de Egipto y te rescató de la tierra de esclavitud. Así extirparás el mal que haya en medio de ti, porque tal profeta habrá intentado apartarte del *camino que el SEÑOR tu Dios te mandó que siguieras.

6»Si tu propio hermano, o tu hijo, o tu hija, o tu esposa amada, o tu amigo íntimo, trata de engañarte y en secreto te insinúa: "Vayamos a rendir culto a otros dioses", dioses que ni tú ni tus padres conocieron, 7dioses de pueblos cercanos o lejanos que abarcan toda la tierra, 8no te dejes engañar ni le hagas caso. Tampoco le tengas lástima. No te compadezcas de él ni lo encubras, 9ni dudes en matarlo. Al contrario, sé tú el primero en alzar la mano para matarlo, y que haga lo mismo todo el pueblo. 10Apedréalo hasta que muera, porque trató de apartarte del SEÑOR tu Dios, que te sacó de Egipto, la tierra donde eras esclavo. 11Entonces todos en Israel oirán esto y temblarán de miedo, y nadie intentará otra vez cometer semejante maldad.

12»Si de alguna de las ciudades que el SEÑOR tu Dios te da para que las habites llega el rumor de 13que han surgido hombres perversos que descarrían a la gente y le dicen: "Vayamos a rendir culto a otros dioses", dioses que ustedes no han conocido, 14entonces deberás inquirir e investigar todo con sumo cuidado. Si se comprueba que tal hecho abominable ha ocurrido en medio de ti, 15no dudes en matar a filo de espada a todos los habitantes de esa ciudad. *Destrúyelos junto con todo lo que haya en ella, incluyendo el ganado. 16Lleva todo el botín a la plaza pública, y préndele fuego a la ciudad y a todo el botín. Será una ofrenda totalmente quemada para el SEÑOR tu Dios. La ciudad se quedará para siem-

Worshiping Other Gods

13 If a prophet, or one who foretells by dreams, appears among you and announces to you a miraculous sign or wonder, 2and if the sign or wonder of which he has spoken takes place, and he says, "Let us follow other gods" (gods you have not known) "and let us worship them," 3you must not listen to the words of that prophet or dreamer. The LORD your God is testing you to find out whether you love him with all your heart and with all your soul. 4It is the LORD your God you must follow, and him you must revere. Keep his commands and obey him; serve him and hold fast to him. 5That prophet or dreamer must be put to death, because he preached rebellion against the LORD your God, who brought you out of Egypt and redeemed you from the land of slavery; he has tried to turn you from the way the LORD your God commanded you to follow. You must purge the evil from among you.

6If your very own brother, or your son or daughter, or the wife you love, or your closest friend secretly entices you, saying, "Let us go and worship other gods" (gods that neither you nor your fathers have known, 7gods of the peoples around you, whether near or far, from one end of the land to the other), 8do not yield to him or listen to him. Show him no pity. Do not spare him or shield him. 9You must certainly put him to death. Your hand must be the first in putting him to death, and then the hands of all the people. 10Stone him to death, because he tried to turn you away from the LORD your God, who brought you out of Egypt, out of the land of slavery. 11Then all Israel will hear and be afraid, and no one among you will do such an evil thing again.

12If you hear it said about one of the towns the LORD your God is giving you to live in 13that wicked men have arisen among you and have led the people of their town astray, saying, "Let us go and worship other gods" (gods you have not known), 14then you must inquire, probe and investigate it thoroughly. And if it is true and it has been proved that this detestable thing has been done among you, 15you must certainly put to the sword,v all who live in that town. Destroy it completely,v both its people and its livestock. 16Gather all the plunder of the town into the middle of the public square and completely burn the town and all its plunder as a whole burnt offering to the LORD your God. It is

of the LORD your God, but you may eat the meat. 28Be careful to obey all these regulations I am giving you, so that it may always go well with you and your children after you, because you will be doing what is good and right in the eyes of the LORD your God.

29The LORD your God will cut off before you the nations you are about to invade and dispossess. But when you have driven them out and settled in their land, 30and after they have been destroyed before you, be careful not to be ensnared by inquiring about their gods, saying, "How do these nations serve their gods? We will do the same." 31You must not worship the LORD your God in their way, because in worshiping their gods, they do all kinds of detestable things the LORD hates. They even burn their sons and daughters in the fire as sacrifices to their gods.

32See that you do all I command you; do not add to it or take away from it.

---

v 15 The Hebrew term refers to the irrevocable giving over of things or persons to the LORD, often by totally destroying them.

pre en ruinas, y no volverá a ser reedificada. 17 No te apropies de nada que haya sido consagrado a la *destrucción. De ese modo, el SEÑOR alejará de ti el furor de su ira, te tratará con misericordia y compasión, y hará que te multipliques, tal como se lo juró a tus antepasados. 18 Así será, siempre y cuando obedezcas todos estos mandamientos que te ordeno hoy, y hagas lo recto ante el SEÑOR tu Dios.

Alimentos puros e impuros

14 »Eres hijo del SEÑOR tu Dios. No te hagas cortes en la piel ni te rapes la cabeza en honor de un muerto, 2 porque eres pueblo consagrado al SEÑOR tu Dios. Él te eligió de entre todos los pueblos de la tierra, para que fueras su posesión exclusiva.

3 »No comas ningún animal abominable. 4 Los que podrás comer son los siguientes: el buey, la oveja, la cabra, 5 el ciervo, la gacela, el venado, la cabra montés, el íbice, el antílope y el carnero montés.ñ 6 Podrás comer cualquier animal rumiante que tenga la pezuña hendida y partida en dos; 7 pero no podrás comer camello, liebre ni tejón porque, aunque rumian, no tienen la pezuña hendida. Los tendrás por animales *impuros.

8 »El cerdo es también impuro porque, aunque tiene la pezuña hendida, no rumia. No podrás comer su carne ni tocar su cadáver.

9 »De todos los animales que viven en el agua podrás comer los que tienen aletas y escamas, 10 pero no podrás comer los que no tienen aletas ni escamas, sino que los tendrás por animales impuros.

11 »Podrás comer cualquier ave que sea pura, 12 pero no podrás comer águila, quebrantahuesos, azor, 13 gallinazo, ni especie alguna de milanos ni de halcones, 14 ni especie alguna de cuervos, 15 ni avestruz, lechuza o gaviota, ni especie alguna de gavilanes, 16 ni búho, ibis, cisne, 17 pelícano, buitre, cuervo marino 18 o cigüeña, ni especie alguna de garzas, ni abubilla ni murciélago.

19 »A los insectos voladores los tendrás por impuros, así que no los comas. 20 Pero sí podrás comer cualquier animal alado que sea puro.

21 »No comas nada que encuentres ya muerto. Podrás dárselo al extranjero que viva en cualquiera de tus ciudades; él sí podrá comérselo, o vendérselo a un forastero. Pero tú eres un pueblo consagrado al SEÑOR tu Dios.

»No cocines el cabrito en la leche de su madre.o

Los diezmos

22 »Cada año, sin falta, apartarás la décima parte de todo lo que produzcan tus campos. 23 En la presencia del SEÑOR tu Dios comerás la décima parte de tu trigo, tu vino y tu aceite, y de los primogénitos de tus manadas y rebaños; lo harás en el lugar donde él decida habitar. Así aprenderás a temer siempre al SEÑOR tu Dios. 24 Pero si el SEÑOR tu Dios te ha bendecido y el lugar donde ha decidido habitar está demasiado distante, de modo que no puedes transportar tu diezmo hasta allá, 25 entonces lo venderás y te presentarás con el dinero en el lugar que el SEÑOR tu Dios haya elegido. 26 Con ese dinero podrás comprar lo que prefieras o más te guste: ganado, ovejas, vino u otra bebida fermentada, y allí, en presencia del SEÑOR tu Dios, tú y tu

to remain a ruin forever, never to be rebuilt. 17 None of those condemned thingsw shall be found in your hands, so that the LORD will turn from his fierce anger; he will show you mercy, have compassion on you, and increase your numbers, as he promised on oath to your forefathers, 18 because you obey the LORD your God, keeping all his commands that I am giving you today and doing what is right in his eyes.

Clean and Unclean Food

14 You are the children of the LORD your God. Do not cut yourselves or shave the front of your heads for the dead, 2 for you are a people holy to the LORD your God. Out of all the peoples on the face of the earth, the LORD has chosen you to be his treasured possession.

3 Do not eat any detestable thing. 4 These are the animals you may eat: the ox, the sheep, the goat, 5 the deer, the gazelle, the roe deer, the wild goat, the ibex, the antelope and the mountain sheep.x 6 You may eat any animal that has a split hoof divided in two and that chews the cud. 7 However, of those that chew the cud or that have a split hoof completely divided you may not eat the camel, the rabbit or the coney.y Although they chew the cud, they do not have a split hoof; they are ceremonially unclean for you. 8 The pig is also unclean; although it has a split hoof, it does not chew the cud. You are not to eat their meat or touch their carcasses.

9 Of all the creatures living in the water, you may eat any that has fins and scales. 10 But anything that does not have fins and scales you may not eat; for you it is unclean.

11 You may eat any clean bird. 12 But these you may not eat: the eagle, the vulture, the black vulture, 13 the red kite, the black kite, any kind of falcon, 14 any kind of raven, 15 the horned owl, the screech owl, the gull, any kind of hawk, 16 the little owl, the great owl, the white owl, 17 the desert owl, the osprey, the cormorant, 18 the stork, any kind of heron, the hoopoe and the bat.

19 All flying insects that swarm are unclean to you; do not eat them. 20 But any winged creature that is clean you may eat.

21 Do not eat anything you find already dead. You may give it to an alien living in any of your towns, and he may eat it, or you may sell it to a foreigner. But you are a people holy to the LORD your God.

Do not cook a young goat in its mother's milk.

Tithes

22 Be sure to set aside a tenth of all that your fields produce each year. 23 Eat the tithe of your grain, new wine and oil, and the firstborn of your herds and flocks in the presence of the LORD your God at the place he will choose as a dwelling for his Name, so that you may learn to revere the LORD your God always. 24 But if that place is too distant and you have been blessed by the LORD your God and cannot carry your tithe (because the place where the LORD will choose to put his Name is so far away), 25 then exchange your tithe for silver, and take the silver with you and go to the place the LORD your God will choose. 26 Use the silver to buy whatever you like: cattle, sheep, wine or other fermented drink, or anything you wish. Then you and your household shall eat there in the presence of the LORD

ñ 14:5 La identificación de algunas aves y animales de este capítulo no ha podido establecerse con precisión.   o 14:21 La última prohibición posiblemente alude a alguna práctica supersticiosa de los cananeos.

w 17 The Hebrew term refers to the irrevocable giving over of things or persons to the LORD, often by totally destroying them.   x 5 The precise identification of some of the birds and animals in this chapter is uncertain.   y 7 That is, the hyrax or rock badger

familia comerán y se regocijarán. 27 Pero toma en cuenta a los levitas que vivan en tus ciudades. Recuerda que, a diferencia de ti, ellos no tienen patrimonio alguno.

28 »Cada tres años reunirás los diezmos de todos tus productos de ese año, y los almacenarás en tus ciudades. 29 Así los levitas que no tienen patrimonio alguno, y los extranjeros, los huérfanos y las viudas que viven en tus ciudades podrán comer y quedar satisfechos. Entonces el Señor tu Dios bendecirá todo el trabajo de tus manos.

El año del perdón de las deudas

15 »Cada siete años perdonarás toda clase de deudas. 2 Lo harás de la siguiente manera: Cada acreedor le perdonará a su prójimo el préstamo que le haya hecho. Ya no le exigirá a su prójimo o hermano que le pague la deuda, porque se habrá proclamado el año del perdón de las deudas en honor del Señor. 3 Podrás exigirle el pago de sus deudas al forastero, pero a tu hermano le perdonarás cualquier deuda que tenga contigo. 4 Entre ustedes no deberá haber pobres, porque el Señor tu Dios te colmará de bendiciones en la tierra que él mismo te da para que la poseas como herencia. 5 Y así será, siempre y cuando obedezcas al Señor tu Dios y cumplas fielmente todos estos mandamientos que hoy te ordeno. 6 El Señor tu Dios te bendecirá, como lo ha prometido, y tú podrás darles prestado a muchas naciones, pero no tendrás que pedir prestado de ninguna. Dominarás a muchas naciones, pero ninguna te dominará a ti.

7 »Cuando en alguna de las ciudades de la tierra que el Señor tu Dios te da veas a un hermano hebreo pobre, no endurezcas tu *corazón ni le cierres tu mano. 8 Antes bien, tiéndele la mano y préstale generosamente lo que necesite. 9 No des cabida en tu corazón a la perversa idea de que, por acercarse el año séptimo, año del perdón de las deudas, puedes hacerle mala cara a tu hermano hebreo necesitado y no darle nada. De lo contrario, él podrá apelar al Señor contra ti, y tú resultarás convicto de pecado. 10 No seas mezquino sino generoso, y así el Señor tu Dios bendecirá todos tus trabajos y todo lo que emprendas. 11 Gente pobre en esta tierra, siempre la habrá; por eso te ordeno que seas generoso con tus hermanos hebreos y con los pobres y necesitados de tu tierra.

Liberación de los esclavos

12 »Si tu hermano hebreo, hombre o mujer, se vende a ti y te sirve durante seis años, en el séptimo año lo dejarás libre. 13 Y cuando lo liberes, no lo despidas con las manos vacías. 14 Abastécelo bien con regalos de tus rebaños, de tus cultivos y de tu lagar. Dale según el Señor tu Dios te haya bendecido. 15 Recuerda que fuiste esclavo en Egipto, y que el Señor tu Dios te dio libertad. Por eso te doy ahora esta orden.

16 »Pero si tu esclavo, porque te ama a ti y a tu familia y le va bien contigo, te dice: "No quiero dejarte", 17 entonces tomarás un punzón y, apoyándole la oreja contra una puerta, le perforarás el lóbulo. Así se convertirá en tu esclavo por vida. Lo mismo harás con la esclava. 18 No te pese dejar en libertad a tu esclavo, porque sus servicios durante esos seis años te costaron apenas la mitad de lo que le habrías pagado a un empleado. Así el Señor tu Dios te bendecirá en todo lo que hagas.

your God and rejoice. 27 And do not neglect the Levites living in your towns, for they have no allotment or inheritance of their own.

28 At the end of every three years, bring all the tithes of that year's produce and store it in your towns, 29 so that the Levites (who have no allotment or inheritance of their own) and the aliens, the fatherless and the widows who live in your towns may come and eat and be satisfied, and so that the LORD your God may bless you in all the work of your hands.

The Year for Canceling Debts

15 At the end of every seven years you must cancel debts. 2 This is how it is to be done: Every creditor shall cancel the loan he has made to his fellow Israelite. He shall not require payment from his fellow Israelite or brother, because the LORD's time for canceling debts has been proclaimed. 3 You may require payment from a foreigner, but you must cancel any debt your brother owes you. 4 However, there should be no poor among you, for in the land the LORD your God is giving you to possess as your inheritance, he will richly bless you, 5 if only you fully obey the LORD your God and are careful to follow all these commands I am giving you today. 6 For the LORD your God will bless you as he has promised, and you will lend to many nations but will borrow from none. You will rule over many nations but none will rule over you.

7 If there is a poor man among your brothers in any of the towns of the land that the LORD your God is giving you, do not be hardhearted or tightfisted toward your poor brother. 8 Rather be openhanded and freely lend him whatever he needs. 9 Be careful not to harbor this wicked thought: "The seventh year, the year for canceling debts, is near," so that you do not show ill will toward your needy brother and give him nothing. He may then appeal to the LORD against you, and you will be found guilty of sin. 10 Give generously to him and do so without a grudging heart; then because of this the LORD your God will bless you in all your work and in everything you put your hand to. 11 There will always be poor people in the land. Therefore I command you to be openhanded toward your brothers and toward the poor and needy in your land.

Freeing Servants

12 If a fellow Hebrew, a man or a woman, sells himself to you and serves you six years, in the seventh year you must let him go free. 13 And when you release him, do not send him away empty-handed. 14 Supply him liberally from your flock, your threshing floor and your winepress. Give to him as the LORD your God has blessed you. 15 Remember that you were slaves in Egypt and the LORD your God redeemed you. That is why I give you this command today.

16 But if your servant says to you, "I do not want to leave you," because he loves you and your family and is well off with you, 17 then take an awl and push it through his ear lobe into the door, and he will become your servant for life. Do the same for your maidservant.

18 Do not consider it a hardship to set your servant free, because his service to you these six years has been worth twice as much as that of a hired hand. And the LORD your God will bless you in everything you do.

Los animales primogénitos

19 »Apartarás para el SEÑOR tu Dios todo primogénito macho de tus manadas y rebaños. No pondrás a trabajar al primogénito de tus bueyes, ni esquilarás al primogénito de tus ovejas. 20 Cada año, tú y tu familia los comerán en la presencia del SEÑOR tu Dios, en el lugar que él habrá de elegir. 21 Si alguno de esos animales está cojo o ciego, o tiene algún otro defecto grave, no se lo presentarás en sacrificio al SEÑOR tu Dios. 22 En tal caso, podrás comerlo en tu propia ciudad, como si fuera una gacela o un ciervo, estés o no ritualmente *puro. 23 Pero no comerás la sangre, sino que la derramarás en la tierra, como si fuera agua.

Fiesta de la Pascua

16 »Aparta el mes de *aviv* para celebrar la *Pascua del SEÑOR tu Dios, porque fue en una noche del mes de *aviv* cuando el SEÑOR tu Dios te sacó de Egipto. 2 En la Pascua del SEÑOR tu Dios sacrificarás de tus vacas y ovejas, en el lugar donde el SEÑOR decida habitar. 3 No comerás la Pascua con pan leudado, sino que durante siete días comerás pan sin levadura, pan de aflicción, pues de Egipto saliste de prisa. Lo harás así para que toda tu vida te acuerdes del día en que saliste de Egipto. 4 Durante siete días no habrá levadura en todo el país. De la carne que sacrifiques al atardecer del primer día, no quedará nada para la mañana siguiente.

5 »No ofrecerás el sacrificio de la Pascua en ninguna de las otras ciudades que te dé el SEÑOR tu Dios. 6 Lo ofrecerás solamente en el lugar donde el SEÑOR decida habitar. Allí ofrecerás el sacrificio de la Pascua por la tarde, al ponerse el sol, que fue la hora en que saliste de Egipto. 7 Cocerás y comerás el sacrificio de la Pascua en el lugar que el SEÑOR tu Dios haya elegido, y a la mañana siguiente regresarás a tu casa. 8 Durante seis días comerás pan sin levadura, y el séptimo día convocarás una asamblea solemne para el SEÑOR tu Dios. Ese día no trabajarás.

Fiesta de las Semanas

9 »Contarás siete semanas a partir del día en que comience la cosecha del trigo. 10 Entonces celebrarás en honor del SEÑOR tu Dios la fiesta solemne de las Semanas, en la que presentarás ofrendas voluntarias en proporción a las bendiciones que el SEÑOR tu Dios te haya dado. 11 Y te alegrarás en presencia del SEÑOR tu Dios en el lugar donde él decida habitar, junto con tus hijos y tus hijas, tus esclavos y tus esclavas, los levitas de tus ciudades, los extranjeros, y los huérfanos y las viudas que vivan en medio de ti. 12 Recuerda que fuiste esclavo en Egipto; cumple, pues, fielmente estos preceptos.

Fiesta de las Enramadas

13 »Al terminar la vendimia y la cosecha del trigo, celebrarás durante siete días la fiesta de las *Enramadas. 14 Te alegrarás en la fiesta junto con tus hijos y tus hijas, tus esclavos y tus esclavas, y los levitas, extranjeros, huérfanos y viudas que vivan en tus ciudades. 15 Durante siete días celebrarás esta fiesta en honor al SEÑOR tu Dios, en el lugar que él elija, pues el SEÑOR tu Dios bendecirá toda tu cosecha y todo el trabajo de tus manos. Y tu alegría será completa.

The Firstborn Animals

19 Set apart for the LORD your God every firstborn male of your herds and flocks. Do not put the firstborn of your oxen to work, and do not shear the firstborn of your sheep. 20 Each year you and your family are to eat them in the presence of the LORD your God at the place he will choose. 21 If an animal has a defect, is lame or blind, or has any serious flaw, you must not sacrifice it to the LORD your God. 22 You are to eat it in your own towns. Both the ceremonially unclean and the clean may eat it, as if it were gazelle or deer. 23 But you must not eat the blood; pour it out on the ground like water.

Passover

16 Observe the month of Abib and celebrate the Passover of the LORD your God, because in the month of Abib he brought you out of Egypt by night. 2 Sacrifice as the Passover to the LORD your God an animal from your flock or herd at the place the LORD will choose as a dwelling for his Name. 3 Do not eat it with bread made with yeast, but for seven days eat unleavened bread, the bread of affliction, because you left Egypt in haste—so that all the days of your life you may remember the time of your departure from Egypt. 4 Let no yeast be found in your possession in all your land for seven days. Do not let any of the meat you sacrifice on the evening of the first day remain until morning.

5 You must not sacrifice the Passover in any town the LORD your God gives you 6 except in the place he will choose as a dwelling for his Name. There you must sacrifice the Passover in the evening, when the sun goes down, on the anniversary[z] of your departure from Egypt. 7 Roast it and eat it at the place the LORD your God will choose. Then in the morning return to your tents. 8 For six days eat unleavened bread and on the seventh day hold an assembly to the LORD your God and do no work.

Feast of Weeks

9 Count off seven weeks from the time you begin to put the sickle to the standing grain. 10 Then celebrate the Feast of Weeks to the LORD your God by giving a freewill offering in proportion to the blessings the LORD your God has given you. 11 And rejoice before the LORD your God at the place he will choose as a dwelling for his Name—you, your sons and daughters, your menservants and maidservants, the Levites in your towns, and the aliens, the fatherless and the widows living among you. 12 Remember that you were slaves in Egypt, and follow carefully these decrees.

Feast of Tabernacles

13 Celebrate the Feast of Tabernacles for seven days after you have gathered the produce of your threshing floor and your winepress. 14 Be joyful at your Feast—you, your sons and daughters, your menservants and maidservants, and the Levites, the aliens, the fatherless and the widows who live in your towns. 15 For seven days celebrate the Feast to the LORD your God at the place the LORD will choose. For the LORD your God will bless you in all your harvest and in all the work of your hands, and your joy will be complete.

z 6 Or down, at the time of day

16»Tres veces al año todos tus varones se presentarán ante el Señor tu Dios, en el lugar que él elija, para celebrar las fiestas de los Panes sin levadura, de las Semanas y de las Enramadas. Nadie se presentará ante el Señor con las manos vacías. 17Cada uno llevará ofrendas, según lo haya bendecido el Señor tu Dios.

Impartición de justicia

18»Nombrarás jueces y funcionarios que juzguen con justicia al pueblo, en cada una de las ciudades que el Señor tu Dios entregará a tus tribus. 19No pervertirás la justicia ni actuarás con parcialidad. No aceptarás soborno, pues el soborno nubla los ojos del sabio y tuerce las palabras del justo. 20Seguirás la justicia y solamente la justicia, para que puedas vivir y poseer la tierra que te da el Señor tu Dios.

Exhortación contra la idolatría

21»No levantarás ninguna imagen de la diosa *Aserá junto al altar que edifiques para el Señor tu Dios; 22tampoco erigirás *piedras sagradas, porque el Señor tu Dios las aborrece.

17 »No sacrificarás al Señor tu Dios ninguna oveja ni buey que tenga algún defecto o imperfección, pues eso es abominable para el Señor tu Dios.

2»Puede ser que a algún hombre o mujer entre los tuyos, habitante de una de las ciudades que el Señor tu Dios te dará, se le sorprenda haciendo lo malo a los ojos de Dios. Tal persona habrá violado el *pacto 3y desobedecido mi orden, al adorar a otros dioses e inclinarse ante ellos o ante el sol, la luna o las estrellas del cielo. 4Tan pronto como lo sepas, deberás hacer una investigación escrupulosa. Si resulta verdad y se comprueba que algo tan abominable se ha cometido en Israel, 5llevarás al culpable, sea hombre o mujer, fuera de las *puertas de la ciudad, para que muera apedreado. 6Por el testimonio de dos o tres testigos se podrá condenar a muerte a una persona, pero nunca por el testimonio de uno solo. 7Los primeros en ejecutar el castigo serán los testigos, y luego todo el pueblo. Así extirparás el mal que esté en medio de ti.

Los tribunales

8»Si te enfrentas a casos demasiado difíciles de juzgar, tales como homicidios, pleitos, violencia y otros litigios que surjan en las ciudades, irás al lugar que el Señor tu Dios elija 9y te presentarás ante los sacerdotes levitas y ante el juez en funciones. Los consultarás, y ellos te darán el veredicto. 10Actuarás conforme a la sentencia que ellos dicten en el lugar que el Señor elija, y harás todo lo que te digan. 11Procederás según las instrucciones que se den y el veredicto que pronuncien, y seguirás al pie de la letra todas sus decisiones. 12El soberbio que muestre desacato al juez o al sacerdote en funciones, será condenado a muerte. Así extirparás de Israel el mal. 13Todo el pueblo lo sabrá, y tendrá temor y dejará de ser altivo.

El rey

14»Cuando tomes posesión de la tierra que te da el Señor tu Dios, y te establezcas, si alguna vez dices: "Quiero tener sobre mí un rey que me gobierne, así como lo tienen todas las naciones que me rodean",

16Three times a year all your men must appear before the Lord your God at the place he will choose: at the Feast of Unleavened Bread, the Feast of Weeks and the Feast of Tabernacles. No man should appear before the Lord empty-handed: 17Each of you must bring a gift in proportion to the way the Lord your God has blessed you.

Judges

18Appoint judges and officials for each of your tribes in every town the Lord your God is giving you, and they shall judge the people fairly. 19Do not pervert justice or show partiality. Do not accept a bribe, for a bribe blinds the eyes of the wise and twists the words of the righteous. 20Follow justice and justice alone, so that you may live and possess the land the Lord your God is giving you.

Worshiping Other Gods

21Do not set up any wooden Asherah pole[a] beside the altar you build to the Lord your God, 22and do not erect a sacred stone, for these the Lord your God hates.

17 Do not sacrifice to the Lord your God an ox or a sheep that has any defect or flaw in it, for that would be detestable to him.

2If a man or woman living among you in one of the towns the Lord gives you is found doing evil in the eyes of the Lord your God in violation of his covenant, 3and contrary to my command has worshiped other gods, bowing down to them or to the sun or the moon or the stars of the sky, 4and this has been brought to your attention, then you must investigate it thoroughly. If it is true and it has been proved that this detestable thing has been done in Israel, 5take the man or woman who has done this evil deed to your city gate and stone that person to death. 6On the testimony of two or three witnesses a man shall be put to death, but no one shall be put to death on the testimony of only one witness. 7The hands of the witnesses must be the first in putting him to death, and then the hands of all the people. You must purge the evil from among you.

Law Courts

8If cases come before your courts that are too difficult for you to judge—whether bloodshed, lawsuits or assaults—take them to the place the Lord your God will choose. 9Go to the priests, who are Levites, and to the judge who is in office at that time. Inquire of them and they will give you the verdict. 10You must act according to the decisions they give you at the place the Lord will choose. Be careful to do everything they direct you to do. 11Act according to the law they teach you and the decisions they give you. Do not turn aside from what they tell you, to the right or to the left. 12The man who shows contempt for the judge or for the priest who stands ministering there to the Lord your God must be put to death. You must purge the evil from Israel. 13All the people will hear and be afraid, and will not be contemptuous again.

The King

14When you enter the land the Lord your God is giving you and have taken possession of it and settled in it, and you say, "Let us set a king over us like all the

---

a 21 Or Do not plant any tree dedicated to Asherah

¹⁵ asegúrate de nombrar como rey a uno de tu mismo pueblo, uno que el SEÑOR tu Dios elija. No aceptes como rey a ningún forastero ni extranjero.

¹⁶ »El rey no deberá adquirir gran cantidad de caballos, ni hacer que el pueblo vuelva a Egipto con el pretexto de aumentar su caballería, pues el SEÑOR te ha dicho: "No vuelvas más por ese camino." ¹⁷ El rey no tomará para sí muchas mujeres, no sea que se extravíe su *corazón, ni tampoco acumulará enormes cantidades de oro y plata.

¹⁸ »Cuando el rey tome posesión de su reino, ordenará que le hagan una copia del libro de la *ley, que está al cuidado de los sacerdotes levitas. ¹⁹ Esta copia la tendrá siempre a su alcance y la leerá todos los días de su vida. Así aprenderá a temer al SEÑOR su Dios, cumplirá fielmente todas las palabras de esta ley y sus preceptos, ²⁰ no se creerá superior a sus hermanos ni se apartará de la ley en el más mínimo detalle, y junto con su descendencia reinará por mucho tiempo sobre Israel.

Ofrendas para los sacerdotes levitas

18 »La tribu de Leví, a la que pertenecen los sacerdotes levitas, no tendrá patrimonio alguno en Israel. Vivirán de las ofrendas presentadas por fuego y de la herencia que corresponde al SEÑOR. ² Los levitas no tendrán herencia entre sus hermanos; el SEÑOR mismo es su herencia, según les prometió.

³ »Cuando alguien del pueblo sacrifique un buey o un cordero, los sacerdotes tendrán derecho a la espaldilla, las quijadas y los intestinos. ⁴ También les darás las *primicias de tu trigo, de tu vino y de tu aceite, así como la primera lana que esquiles de tus ovejas. ⁵ Porque el SEÑOR tu Dios los eligió a ellos y a su descendencia, de entre todas tus tribus, para que estuvieran siempre en su presencia, ministrando en su *nombre.

⁶ »Si un levita que viva en alguna de las ciudades de Israel, respondiendo al impulso de su *corazón se traslada al lugar que el SEÑOR haya elegido, ⁷ podrá ministrar en el nombre del SEÑOR su Dios como todos los otros levitas que sirvan allí, en la presencia del SEÑOR. ⁸ Recibirá los mismos beneficios que ellos, además de su patrimonio familiar.

Costumbres abominables

⁹ »Cuando entres en la tierra que te da el SEÑOR tu Dios, no imites las costumbres abominables de esas naciones. ¹⁰ Nadie entre los tuyos deberá sacrificar a su hijo o hija en el fuego; ni practicar adivinación, brujería o hechicería; ¹¹ ni hacer conjuros, servir de médium espiritista o consultar a los muertos. ¹² Cualquiera que practique estas costumbres se hará abominable al SEÑOR, y por causa de ellas el SEÑOR tu Dios expulsará de tu presencia a esas naciones. ¹³ A los ojos del SEÑOR tu Dios serás irreprensible.

El profeta

¹⁴ »Las naciones cuyo territorio vas a poseer consultan a hechiceros y adivinos, pero a ti el SEÑOR tu Dios no te ha permitido hacer nada de eso. ¹⁵ El SEÑOR tu Dios levantará de entre tus hermanos un profeta como yo. A él lo escucharás. ¹⁶ Eso fue lo que le pediste al SEÑOR tu Dios en Horeb, el día de la asamblea, cuando dijiste: "No quiero seguir escuchando la voz del SEÑOR mi Dios, ni volver a contemplar este enorme fuego, no sea que muera."

nations around us," ¹⁵ be sure to appoint over you the king the LORD your God chooses. He must be from among your own brothers. Do not place a foreigner over you, one who is not a brother Israelite. ¹⁶ The king, moreover, must not acquire great numbers of horses for himself or make the people return to Egypt to get more of them, for the LORD has told you, "You are not to go back that way again." ¹⁷ He must not take many wives, or his heart will be led astray. He must not accumulate large amounts of silver and gold.

¹⁸ When he takes the throne of his kingdom, he is to write for himself on a scroll a copy of this law, taken from that of the priests, who are Levites. ¹⁹ It is to be with him, and he is to read it all the days of his life so that he may learn to revere the LORD his God and follow carefully all the words of this law and these decrees ²⁰ and not consider himself better than his brothers and turn from the law to the right or to the left. Then he and his descendants will reign a long time over his kingdom in Israel.

Offerings for Priests and Levites

18 The priests, who are Levites—indeed the whole tribe of Levi—are to have no allotment or inheritance with Israel. They shall live on the offerings made to the LORD by fire, for that is their inheritance. ² They shall have no inheritance among their brothers; the LORD is their inheritance, as he promised them.

³ This is the share due the priests from the people who sacrifice a bull or a sheep: the shoulder, the jowls and the inner parts. ⁴ You are to give them the firstfruits of your grain, new wine and oil, and the first wool from the shearing of your sheep, ⁵ for the LORD your God has chosen them and their descendants out of all your tribes to stand and minister in the LORD's name always.

⁶ If a Levite moves from one of your towns anywhere in Israel where he is living, and comes in all earnestness to the place the LORD will choose, ⁷ he may minister in the name of the LORD his God like all his fellow Levites who serve there in the presence of the LORD. ⁸ He is to share equally in their benefits, even though he has received money from the sale of family possessions.

Detestable Practices

⁹ When you enter the land the LORD your God is giving you, do not learn to imitate the detestable ways of the nations there. ¹⁰ Let no one be found among you who sacrifices his son or daughter in^b the fire, who practices divination or sorcery, interprets omens, engages in witchcraft, ¹¹ or casts spells, or who is a medium or spiritist or who consults the dead. ¹² Anyone who does these things is detestable to the LORD, and because of these detestable practices the LORD your God will drive out those nations before you. ¹³ You must be blameless before the LORD your God.

The Prophet

¹⁴ The nations you will dispossess listen to those who practice sorcery or divination. But as for you, the LORD your God has not permitted you to do so. ¹⁵ The LORD your God will raise up for you a prophet like me from among your own brothers. You must listen to him. ¹⁶ For this is what you asked of the LORD your God at Horeb on the day of the assembly when you said, "Let us not hear the voice of the LORD our God nor see this great fire anymore, or we will die."

^b 10 Or *who makes his son or daughter pass through*

17»Y me dijo el SEÑOR: "Está bien lo que ellos dicen. 18Por eso levantaré entre sus hermanos un profeta como tú; pondré mis palabras en su boca, y él les dirá todo lo que yo le mande. 19Si alguien no presta oído a las palabras que el profeta proclame en mi nombre, yo mismo le pediré cuentas. 20Pero el profeta que se atreva a hablar en mi nombre y diga algo que yo no le haya mandado decir, morirá. La misma suerte correrá el profeta que hable en nombre de otros dioses."

21»Tal vez te preguntes: "¿Cómo podré reconocer un mensaje que no provenga del SEÑOR?" 22Si lo que el profeta proclame en nombre del SEÑOR no se cumple ni se realiza, será señal de que su mensaje no proviene del SEÑOR. Ese profeta habrá hablado con presunción. No le temas.

Las ciudades de refugio

19 »Cuando el SEÑOR tu Dios haya destruido a las naciones cuyo territorio va a entregarte, y tú las hayas expulsado y te hayas establecido en sus ciudades y en sus casas, 2apartarás tres ciudades centrales en la tierra que el SEÑOR tu Dios te da en posesión. 3Dividirás en tres partes la tierra que el SEÑOR tu Dios te da por herencia, y construirás caminos para que cualquiera que haya cometido un homicidio pueda ir a refugiarse en ellas.

4»En cuanto al homicida que llegue allí a refugiarse, sólo se salvará el que haya matado a su prójimo sin premeditación ni rencor alguno. 5Por ejemplo, si un *hombre va con su prójimo al bosque a cortar leña, y al dar el hachazo para cortar un árbol el hierro se desprende y golpea a su prójimo y lo mata, tal hombre podrá refugiarse en una de esas ciudades y ponerse a salvo. 6Es necesario evitar grandes distancias, para que el enfurecido vengador del delito de sangre no le dé alcance y lo mate; aquel hombre no merece la muerte, puesto que mató a su prójimo sin premeditación. 7Por eso te ordeno apartar tres ciudades.

8»Si el SEÑOR tu Dios extiende tu territorio, como se lo juró a tus antepasados, y te da toda la tierra que te prometió, 9y si tú obedeces todos estos mandamientos que hoy te ordeno, y amas al SEÑOR tu Dios y andas siempre en sus *caminos, entonces apartarás tres ciudades más. 10De este modo no se derramará sangre inocente en la tierra que el SEÑOR tu Dios te da por herencia, y tú no serás culpable de homicidio.

11»Pero si un hombre odia a su prójimo y le prepara una emboscada, y lo asalta y lo mata, y luego busca refugio en una de esas ciudades, 12los *ancianos de su ciudad mandarán arrestarlo y lo entregarán al vengador para que lo mate. 13No le tendrás lástima, porque así evitarás que Israel sea culpable de que se derrame sangre inocente, y a ti te irá bien.

14»Cuando ocupes el territorio que el SEÑOR tu Dios te da como herencia, no reduzcas el límite de la propiedad de tu prójimo, que hace mucho tiempo le fue señalado.

Los testigos requeridos

15»Un solo testigo no bastará para condenar a un hombre acusado de cometer algún crimen o delito. Todo asunto se resolverá mediante el testimonio de dos o tres testigos.

16»Si un testigo falso acusa a alguien de un crimen, 17las dos personas involucradas en la disputa se presentarán ante el SEÑOR, en presencia de los sacerdotes y de

17The LORD said to me: "What they say is good. 18I will raise up for them a prophet like you from among their brothers; I will put my words in his mouth, and he will tell them everything I command him. 19If anyone does not listen to my words that the prophet speaks in my name, I myself will call him to account. 20But a prophet who presumes to speak in my name anything I have not commanded him to say, or a prophet who speaks in the name of other gods, must be put to death."

21You may say to yourselves, "How can we know when a message has not been spoken by the LORD?" 22If what a prophet proclaims in the name of the LORD does not take place or come true, that is a message the LORD has not spoken. That prophet has spoken presumptuously. Do not be afraid of him.

Cities of Refuge

19 When the LORD your God has destroyed the nations whose land he is giving you, and when you have driven them out and settled in their towns and houses, 2then set aside for yourselves three cities centrally located in the land the LORD your God is giving you to possess. 3Build roads to them and divide into three parts the land the LORD your God is giving you as an inheritance, so that anyone who kills a man may flee there.

4This is the rule concerning the man who kills another and flees there to save his life—one who kills his neighbor unintentionally, without malice aforethought. 5For instance, a man may go into the forest with his neighbor to cut wood, and as he swings his ax to fell a tree, the head may fly off and hit his neighbor and kill him. That man may flee to one of these cities and save his life. 6Otherwise, the avenger of blood might pursue him in a rage, overtake him if the distance is too great, and kill him even though he is not deserving of death, since he did it to his neighbor without malice aforethought. 7This is why I command you to set aside for yourselves three cities.

8If the LORD your God enlarges your territory, as he promised on oath to your forefathers, and gives you the whole land he promised them, 9because you carefully follow all these laws I command you today—to love the LORD your God and to walk always in his ways—then you are to set aside three more cities. 10Do this so that innocent blood will not be shed in your land, which the LORD your God is giving you as your inheritance, and so that you will not be guilty of bloodshed.

11But if a man hates his neighbor and lies in wait for him, assaults and kills him, and then flees to one of these cities, 12the elders of his town shall send for him, bring him back from the city, and hand him over to the avenger of blood to die. 13Show him no pity. You must purge from Israel the guilt of shedding innocent blood, so that it may go well with you.

14Do not move your neighbor's boundary stone set up by your predecessors in the inheritance you receive in the land the LORD your God is giving you to possess.

Witnesses

15One witness is not enough to convict a man accused of any crime or offense he may have committed. A matter must be established by the testimony of two or three witnesses.

16If a malicious witness takes the stand to accuse a man of a crime, 17the two men involved in the dispute must stand in the presence of the LORD before the priests and the judges who are in office at the time.

los jueces que estén en funciones. ¹⁸ Los jueces harán una investigación minuciosa, y si comprueban que el testigo miente y que es falsa la declaración que ha dado contra su hermano, ¹⁹ entonces le harán a él lo mismo que se proponía hacerle a su hermano. Así extirparás el mal que haya en medio de ti. ²⁰ Y cuando todos los demás oigan esto, tendrán temor y nunca más se hará semejante maldad en el país. ²¹ No le tengas consideración a nadie. Cobra *vida por vida, ojo por ojo, diente por diente, mano por mano, y pie por pie.

Instrucciones para la guerra

20 »Cuando salgas a pelear contra tus enemigos y veas un ejército superior al tuyo, con muchos caballos y carros de guerra, no les temas, porque el SEÑOR tu Dios, que te sacó de Egipto, estará contigo. ² Cuando estés a punto de entrar en batalla, el sacerdote pasará al frente y exhortará al ejército ³ con estas palabras: "¡Escucha, Israel! Hoy vas a entrar en batalla contra tus enemigos. No te desanimes ni tengas miedo; no te acobardes ni te llenes de pavor ante ellos, ⁴ porque el SEÑOR tu Dios está contigo; él peleará en favor tuyo y te dará la *victoria sobre tus enemigos."

⁵ »Luego los oficiales le dirán al ejército: "Si alguno de ustedes ha construido una casa nueva y no la ha estrenado, que vuelva a su casa, no sea que muera en batalla y otro la estrene. ⁶ Y si alguno ha plantado una viña y no ha disfrutado de las uvas, que vuelva a su finca, no sea que muera en batalla y sea otro el que disfrute de ellas. ⁷ Y si alguno se ha comprometido con una mujer y no se ha casado, que regrese a su pueblo, no sea que muera en batalla y sea otro el que se case con ella." ⁸ Y añadirán los oficiales: "Si alguno de ustedes es miedoso o cobarde, que vuelva a su casa, no sea que desanime también a sus hermanos." ⁹ Cuando los oficiales hayan terminado de hablar, nombrarán capitanes que dirijan el ejército.

¹⁰ »Cuando te acerques a una ciudad para atacarla, hazle primero una oferta de paz. ¹¹ Si acepta y abre las *puertas, todos los habitantes de esa ciudad quedarán bajo tu dominio y serán tus esclavos. ¹² Pero si la ciudad rechaza la paz y entra en batalla contra ti, la sitiarás; ¹³ y cuando el SEÑOR tu Dios la entregue en tus manos, matarás a filo de espada a todos sus hombres. ¹⁴ Como botín, podrás retener a las mujeres y a los niños, y el ganado y todo lo demás que haya en la ciudad. También podrás comer del botín de tus enemigos, que te entrega el SEÑOR tu Dios. ¹⁵ Así tratarás a todas las ciudades lejanas que no pertenezcan a las naciones vecinas.

¹⁶ »Sin embargo, en las ciudades de los pueblos que el SEÑOR tu Dios te da como herencia, no dejarás nada con vida. ¹⁷ *Exterminarás del todo a hititas, amorreos, cananeos, ferezeos, heveos y jebuseos, tal como el SEÑOR tu Dios te lo ha mandado. ¹⁸ De lo contrario, ellos te enseñarán a hacer todas las cosas abominables que hacen para adorar a sus dioses, y pecarás contra el SEÑOR tu Dios.

¹⁹ »Si antes de conquistar una ciudad tienes que sitiarla por mucho tiempo, no derribes sus árboles a golpe de hacha, pues necesitarás alimentarte de sus frutos. No los derribes, pues no son hombres que puedan de-

¹⁸ The judges must make a thorough investigation, and if the witness proves to be a liar, giving false testimony against his brother, ¹⁹ then do to him as he intended to do to his brother. You must purge the evil from among you. ²⁰ The rest of the people will hear of this and be afraid, and never again will such an evil thing be done among you. ²¹ Show no pity: life for life, eye for eye, tooth for tooth, hand for hand, foot for foot.

Going to War

20 When you go to war against your enemies and see horses and chariots and an army greater than yours, do not be afraid of them, because the LORD your God, who brought you up out of Egypt, will be with you. ² When you are about to go into battle, the priest shall come forward and address the army. ³ He shall say: "Hear, O Israel, today you are going into battle against your enemies. Do not be fainthearted or afraid; do not be terrified or give way to panic before them. ⁴ For the LORD your God is the one who goes with you to fight for you against your enemies to give you victory."

⁵ The officers shall say to the army: "Has anyone built a new house and not dedicated it? Let him go home, or he may die in battle and someone else may dedicate it. ⁶ Has anyone planted a vineyard and not begun to enjoy it? Let him go home, or he may die in battle and someone else enjoy it. ⁷ Has anyone become pledged to a woman and not married her? Let him go home, or he may die in battle and someone else marry her." ⁸ Then the officers shall add, "Is any man afraid or fainthearted? Let him go home so that his brothers will not become disheartened too." ⁹ When the officers have finished speaking to the army, they shall appoint commanders over it.

¹⁰ When you march up to attack a city, make its people an offer of peace. ¹¹ If they accept and open their gates, all the people in it shall be subject to forced labor and shall work for you. ¹² If they refuse to make peace and they engage you in battle, lay siege to that city. ¹³ When the LORD your God delivers it into your hand, put to the sword all the men in it. ¹⁴ As for the women, the children, the livestock and everything else in the city, you may take these as plunder for yourselves. And you may use the plunder the LORD your God gives you from your enemies. ¹⁵ This is how you are to treat all the cities that are at a distance from you and do not belong to the nations nearby.

¹⁶ However, in the cities of the nations the LORD your God is giving you as an inheritance, do not leave alive anything that breathes. ¹⁷ Completely destroyᶜ them— the Hittites, Amorites, Canaanites, Perizzites, Hivites and Jebusites—as the LORD your God has commanded you. ¹⁸ Otherwise, they will teach you to follow all the detestable things they do in worshiping their gods, and you will sin against the LORD your God.

¹⁹ When you lay siege to a city for a long time, fighting against it to capture it, do not destroy its trees by putting an ax to them, because you can eat their fruit. Do not cut them down. Are the trees of the field people,

---

ᶜ 17 The Hebrew term refers to the irrevocable giving over of things or persons to the LORD, often by totally destroying them.

fenderse de ti sino sólo árboles del campo. 20 Sin embargo, podrás derribar los árboles que no sean frutales y construir con ellos instrumentos de asedio contra la ciudad que tengas sitiada, hasta que caiga bajo tu dominio.

Un caso especial de homicidio

21 »Si en algún campo de la tierra que el SEÑOR tu Dios te da en posesión se halla un muerto, y no se sabe quién pudo haberlo matado, 2 tus *ancianos y tus jueces irán y medirán la distancia que haya entre el cuerpo y las ciudades vecinas. 3 Entonces los ancianos de la ciudad más cercana al muerto tomarán una becerra, a la cual nunca se le haya hecho trabajar ni se le haya puesto el yugo. 4 La llevarán a algún valle donde no se haya arado ni plantado, y donde haya un arroyo de aguas continuas, y allí le romperán el cuello. 5 Los sacerdotes levitas pasarán al frente para cumplir su tarea, porque el SEÑOR tu Dios los eligió para pronunciar bendiciones en su *nombre, y para ministrar y decidir en todos los casos de disputas y asaltos. 6 Luego, todos los ancianos del pueblo más cercano al muerto se lavarán las manos sobre la becerra desnucada, 7 y declararán: "No derramaron nuestras manos esta sangre, ni vieron nuestros ojos lo ocurrido. 8 Perdona, SEÑOR, a tu pueblo Israel, al cual liberaste, y no lo culpes de esta sangre inocente." 9 Así quitarás de en medio de ti la culpa de esa sangre inocente, y habrás hecho lo recto a los ojos del SEÑOR.

El matrimonio con prisioneras de guerra

10 »Cuando salgas a la guerra contra tus enemigos, y el SEÑOR tu Dios los entregue en tus manos y los hagas prisioneros, 11 si ves entre las cautivas alguna mujer hermosa que te atraiga, podrás tomarla por esposa. 12 La llevarás a tu casa y harás que se rape la cabeza, se corte las uñas 13 y se deshaga de su ropa de cautiva. Después de que haya vivido en tu casa y guardado luto por su padre y su madre durante todo un mes, podrás unirte a ella y serán marido y mujer. 14 Pero si no resulta de tu agrado, la dejarás ir adonde ella lo desee. No deberás venderla ni tratarla como esclava, puesto que la habrás deshonrado.

El derecho del primogénito

15 »Tomemos el caso de un hombre que tiene dos esposas, y que ama a una de ellas, pero no a la otra; ambas le dan hijos, y el primogénito es el hijo de la mujer a quien no ama. 16 Cuando tal hombre reparta la herencia entre sus hijos, no dará los derechos de primogenitura al hijo de la esposa a quien ama, ni lo preferirá en perjuicio de su verdadero primogénito, es decir, el hijo de la esposa a quien no ama. 17 Más bien, reconocerá a éste como el primogénito, y le dará el doble de las posesiones que le correspondan. Ese hijo es el primer fruto de su vigor, y a él le pertenece el derecho de primogenitura.

Un hijo rebelde

18 »Si un hombre tiene un hijo obstinado y rebelde, que no escucha a su padre ni a su madre, ni los obedece cuando lo *disciplinan, 19 su padre y su madre lo llevarán a la *puerta de la ciudad y lo presentarán ante los

that you should besiege them?[d] 20 However, you may cut down trees that you know are not fruit trees and use them to build siege works until the city at war with you falls.

Atonement for an Unsolved Murder

21 If a man is found slain, lying in a field in the land the LORD your God is giving you to possess, and it is not known who killed him, 2 your elders and judges shall go out and measure the distance from the body to the neighboring towns. 3 Then the elders of the town nearest the body shall take a heifer that has never been worked and has never worn a yoke 4 and lead her down to a valley that has not been plowed or planted and where there is a flowing stream. There in the valley they are to break the heifer's neck. 5 The priests, the sons of Levi, shall step forward, for the LORD your God has chosen them to minister and to pronounce blessings in the name of the LORD and to decide all cases of dispute and assault. 6 Then all the elders of the town nearest the body shall wash their hands over the heifer whose neck was broken in the valley, 7 and they shall declare: "Our hands did not shed this blood, nor did our eyes see it done. 8 Accept this atonement for your people Israel, whom you have redeemed, O LORD, and do not hold your people guilty of the blood of an innocent man." And the bloodshed will be atoned for. 9 So you will purge from yourselves the guilt of shedding innocent blood, since you have done what is right in the eyes of the LORD.

Marrying a Captive Woman

10 When you go to war against your enemies and the LORD your God delivers them into your hands and you take captives, 11 if you notice among the captives a beautiful woman and are attracted to her, you may take her as your wife. 12 Bring her into your home and have her shave her head, trim her nails 13 and put aside the clothes she was wearing when captured. After she has lived in your house and mourned her father and mother for a full month, then you may go to her and be her husband and she shall be your wife. 14 If you are not pleased with her, let her go wherever she wishes. You must not sell her or treat her as a slave, since you have dishonored her.

The Right of the Firstborn

15 If a man has two wives, and he loves one but not the other, and both bear him sons but the firstborn is the son of the wife he does not love, 16 when he wills his property to his sons, he must not give the rights of the firstborn to the son of the wife he loves in preference to his actual firstborn, the son of the wife he does not love. 17 He must acknowledge the son of his unloved wife as the firstborn by giving him a double share of all he has. That son is the first sign of his father's strength. The right of the firstborn belongs to him.

A Rebellious Son

18 If a man has a stubborn and rebellious son who does not obey his father and mother and will not listen to them when they discipline him, 19 his father and mother shall take hold of him and bring him to the

---

d 19 Or down to use in the siege, for the fruit trees are for the benefit of man.

*ancianos. 20 Y dirán los padres a los ancianos: "Este hijo nuestro es obstinado y rebelde, libertino y borracho. No nos obedece." 21 Entonces todos los hombres de la ciudad lo apedrearán hasta matarlo. Así extirparás el mal que haya en medio de ti. Y todos en Israel lo sabrán, y tendrán temor.

Diversas leyes

22 »Si alguien, por ser culpable de un delito, es condenado a la horca, 23 no dejarás el cuerpo colgado del árbol durante la noche sino que lo sepultarás ese mismo día. Porque cualquiera que es colgado de un árbol está bajo la maldición de Dios. No *contaminarás la tierra que el SEÑOR tu Dios te da como herencia.

22 »Si ves que un buey o una oveja de tu hermano se ha extraviado, no te hagas el desentendido sino llévalo en seguida a su dueño. 2 Si el dueño no es tu vecino, o no lo conoces, lleva el animal a tu casa y cuídalo hasta que el dueño te lo reclame; entonces se lo devolverás. 3 Lo mismo harás si encuentras un burro, un manto, o cualquier otra cosa que se le haya perdido a tu hermano. No te portes con indiferencia.

4 »Si en el camino encuentras caído un burro o un buey que pertenezca a tu hermano, no te hagas el desentendido: ayúdalo a levantarlo.

5 »La mujer no se pondrá ropa de hombre, ni el hombre se pondrá ropa de mujer, porque el SEÑOR tu Dios detesta a cualquiera que hace tal cosa.

6 »Si en el camino encuentras el nido de un ave en un árbol o en el suelo, y a la madre echada sobre los polluelos o sobre los huevos, no te quedes con la madre y con la cría. 7 Quédate con los polluelos, pero deja ir a la madre. Así te irá bien y gozarás de larga vida.

8 »Cuando edifiques una casa nueva, construye una baranda alrededor de la azotea, no sea que alguien se caiga de allí y sobre tu familia recaiga la culpa de su muerte.

9 »Cuando plantes en tu viña, no mezcles diferentes clases de semilla; si lo haces, tendrás que consagrar a Dios tanto el producto de lo plantado como el fruto total de la viña.

10 »No ares con una yunta compuesta de un buey y un burro.

11 »No te vistas con ropa de lana mezclada con lino.

12 »Pon cuatro borlas en las puntas del manto con que te cubres.

Violación de las reglas matrimoniales

13 »Si un hombre se casa, y después de haberse acostado con su esposa le toma aversión, 14 y falsamente la difama y la acusa, alegando: "Me casé con esta mujer, pero al tener relaciones con ella descubrí que no era virgen"; 15 entonces el padre y la madre de la joven irán a la *puerta de la ciudad y entregarán a los *ancianos pruebas de que ella sí era virgen. 16 El padre de la joven dirá a los ancianos: "A este hombre le entregué mi hija en matrimonio, pero él le tomó aversión. 17 Ahora la difama y alega haber descubierto que no era virgen. ¡Pero aquí está la prueba de que sí lo era!" Entonces sus padres exhibirán la sábana a la vista de los ancianos del pueblo, 18 y ellos tomarán preso al hombre y lo castigarán; 19 además, le impondrán una multa de cien monedas de plata por haber difamado a una virgen israelita, y se las darán al padre de la joven. Ella seguirá siendo su esposa y, mientras él viva, no podrá divorciarse de ella.

20 »Pero si la acusación es verdadera y no se demues-

elders at the gate of his town. 20 They shall say to the elders, "This son of ours is stubborn and rebellious. He will not obey us. He is a profligate and a drunkard." 21 Then all the men of his town shall stone him to death. You must purge the evil from among you. All Israel will hear of it and be afraid.

Various Laws

22 If a man guilty of a capital offense is put to death and his body is hung on a tree, 23 you must not leave his body on the tree overnight. Be sure to bury him that same day, because anyone who is hung on a tree is under God's curse. You must not desecrate the land the LORD your God is giving you as an inheritance.

22 If you see your brother's ox or sheep straying, do not ignore it but be sure to take it back to him. 2 If the brother does not live near you or if you do not know who he is, take it home with you and keep it until he comes looking for it. Then give it back to him. 3 Do the same if you find your brother's donkey or his cloak or anything he loses. Do not ignore it.

4 If you see your brother's donkey or his ox fallen on the road, do not ignore it. Help him get it to its feet.

5 A woman must not wear men's clothing, nor a man wear women's clothing, for the LORD your God detests anyone who does this.

6 If you come across a bird's nest beside the road, either in a tree or on the ground, and the mother is sitting on the young or on the eggs, do not take the mother with the young. 7 You may take the young, but be sure to let the mother go, so that it may go well with you and you may have a long life.

8 When you build a new house, make a parapet around your roof so that you may not bring the guilt of bloodshed on your house if someone falls from the roof.

9 Do not plant two kinds of seed in your vineyard; if you do, not only the crops you plant but also the fruit of the vineyard will be defiled.e

10 Do not plow with an ox and a donkey yoked together.

11 Do not wear clothes of wool and linen woven together.

12 Make tassels on the four corners of the cloak you wear.

Marriage Violations

13 If a man takes a wife and, after lying with her, dislikes her 14 and slanders her and gives her a bad name, saying, "I married this woman, but when I approached her, I did not find proof of her virginity," 15 then the girl's father and mother shall bring proof that she was a virgin to the town elders at the gate. 16 The girl's father will say to the elders, "I gave my daughter in marriage to this man, but he dislikes her. 17 Now he has slandered her and said, 'I did not find your daughter to be a virgin.' But here is the proof of my daughter's virginity." Then her parents shall display the cloth before the elders of the town, 18 and the elders shall take the man and punish him. 19 They shall fine him a hundred shekels of silverƒ and give them to the girl's father, because this man has given an Israelite virgin a bad name. She shall continue to be his wife; he must not divorce her as long as he lives.

20 If, however, the charge is true and no proof of the

e 9 Or be forfeited to the sanctuary   ƒ 19 That is, about 2 1/2 pounds (about 1 kilogram)

tra la virginidad de la joven, 21 la llevarán a la puerta de la casa de su padre, y allí los hombres de la ciudad la apedrearán hasta matarla. Esto le pasará por haber cometido una maldad en Israel y por deshonrar con su mala conducta la casa de su padre. Así extirparás el mal que haya en medio de ti.

22 »Si un hombre es sorprendido durmiendo con la esposa de otro, los dos morirán, tanto el hombre que se acostó con ella como la mujer. Así extirparás el mal que haya en medio de Israel.

23 »Si en una ciudad se encuentra casualmente un hombre con una joven virgen, ya comprometida para casarse, y se acuesta con ella, 24 llevarán a ambos a la puerta de la ciudad y los apedrearán hasta matarlos; a la joven, por no gritar pidiendo ayuda a los de la ciudad, y al hombre, por deshonrar a la prometida de su prójimo. Así extirparás el mal que haya en medio de ti.

25 »Pero si un hombre se encuentra en el campo con una joven comprometida para casarse, y la viola, sólo morirá el hombre que forzó a la joven a acostarse con él. 26 A ella no le harás nada, pues ella no cometió ningún pecado que merezca la muerte. Este caso es como el de quien ataca y mata a su prójimo: 27 el hombre encontró a la joven en el campo y, aunque ella hubiera gritado, no habría habido quien la rescatara.

28 »Si un hombre se encuentra casualmente con una joven virgen que no esté comprometida para casarse, y la obliga a acostarse con él, y son sorprendidos, 29 el hombre le pagará al padre de la joven cincuenta monedas de plata, y además se casará con la joven por haberla deshonrado. En toda su vida no podrá divorciarse de ella.

30 »Ningún hombre tendrá relaciones íntimas con la esposa de su padre, ya que usurpa sus derechos de esposo.

Exclusión de la asamblea

23 »No podrá entrar en la asamblea del SEÑOR ningún hombre que tenga magullados los testículos o mutilado el pene.

2 »No podrá entrar en la asamblea del SEÑOR quien haya nacido de una unión ilegítima; tampoco podrá hacerlo ninguno de sus descendientes, hasta la décima generación.

3 »No podrán entrar en la asamblea del SEÑOR los amonitas ni los moabitas, ni ninguno de sus descendientes, hasta la décima generación. 4 Porque no te ofrecieron pan y agua cuando cruzaste por su territorio, después de haber salido de Egipto. Además, emplearon a Balán hijo de Beor, originario de Petor en Aram Najarayin,p para que te maldijera. 5 Sin embargo, por el amor que el SEÑOR tu Dios siente por ti, no quiso el SEÑOR escuchar a Balán, y cambió la maldición en bendición. 6 Por eso, a lo largo de toda tu existencia no procurarás ni la *paz ni el bienestar de ellos.

7 »No aborrecerás al edomita, pues es tu hermano. Tampoco aborrecerás al egipcio, porque viviste en su país como extranjero. 8 La tercera generación de sus descendientes sí podrá estar en la asamblea del SEÑOR.

Higiene en el campamento

9 »Cuando tengas que salir en campaña de guerra contra tus enemigos, te mantendrás alejado de *impurezas. 10 Si alguno de tus hombres queda impuro por causa de una emisión nocturna, saldrá del campamento y se quedará afuera, 11 pero se bañará al atardecer, y al ponerse el sol podrá volver al campamento.

girl's virginity can be found, 21 she shall be brought to the door of her father's house and there the men of her town shall stone her to death. She has done a disgraceful thing in Israel by being promiscuous while still in her father's house. You must purge the evil from among you.

22 If a man is found sleeping with another man's wife, both the man who slept with her and the woman must die. You must purge the evil from Israel.

23 If a man happens to meet in a town a virgin pledged to be married and he sleeps with her, 24 you shall take both of them to the gate of that town and stone them to death—the girl because she was in a town and did not scream for help, and the man because he violated another man's wife. You must purge the evil from among you.

25 But if out in the country a man happens to meet a girl pledged to be married and rapes her, only the man who has done this shall die. 26 Do nothing to the girl; she has committed no sin deserving death. This case is like that of someone who attacks and murders his neighbor, 27 for the man found the girl out in the country, and though the betrothed girl screamed, there was no one to rescue her.

28 If a man happens to meet a virgin who is not pledged to be married and rapes her and they are discovered, 29 he shall pay the girl's father fifty shekels of silver.g He must marry the girl, for he has violated her. He can never divorce her as long as he lives.

30 A man is not to marry his father's wife; he must not dishonor his father's bed.

Exclusion From the Assembly

23 No one who has been emasculated by crushing or cutting may enter the assembly of the LORD.

2 No one born of a forbidden marriageh nor any of his descendants may enter the assembly of the LORD, even down to the tenth generation.

3 No Ammonite or Moabite or any of his descendants may enter the assembly of the LORD, even down to the tenth generation. 4 For they did not come to meet you with bread and water on your way when you came out of Egypt, and they hired Balaam son of Beor from Pethor in Aram Naharaimi to pronounce a curse on you. 5 However, the LORD your God would not listen to Balaam but turned the curse into a blessing for you, because the LORD your God loves you. 6 Do not seek a treaty of friendship with them as long as you live.

7 Do not abhor an Edomite, for he is your brother. Do not abhor an Egyptian, because you lived as an alien in his country. 8 The third generation of children born to them may enter the assembly of the LORD.

Uncleanness in the Camp

9 When you are encamped against your enemies, keep away from everything impure. 10 If one of your men is unclean because of a nocturnal emission, he is to go outside the camp and stay there. 11 But as evening approaches he is to wash himself, and at sunset he may return to the camp.

---

g 29 That is, about 1 1/4 pounds (about 0.6 kilogram)
h 2 Or one of illegitimate birth   i 4 That is, Northwest Mesopotamia

p 23:4 Aram Najarayin. Es decir, el noroeste de Mesopotamia.

12 »Designarás un lugar fuera del campamento donde puedas ir a hacer tus necesidades. 13 Como parte de tu equipo tendrás una estaca, con la que cavarás un hueco y, luego de hacer tu necesidad, cubrirás tu excremento. 14 Porque el SEÑOR tu Dios anda por tu campamento para protegerte y para entregar a tus enemigos en tus manos. Por eso tu campamento debe ser un lugar *santo; si el Señor ve algo indecente, se apartará de ti.

Leyes misceláneas

15 »Si un esclavo huye de su amo y te pide refugio, no se lo entregues a su amo 16 sino déjalo que viva en medio de ti, en la ciudad que elija y donde se sienta a gusto. Y no lo oprimas.

17 »Ningún hombre o mujer de Israel se dedicará a la prostitución ritual.

18 »No lleves a la casa del SEÑOR tu Dios dineros ganados con estas prácticas, ni pagues con esos dineros ninguna ofrenda prometida, porque unos y otros son abominables al SEÑOR tu Dios.

19 »No le cobres intereses a tu hermano sobre el dinero, los alimentos, o cualquier otra cosa que gane intereses. 20 Cóbrale intereses a un extranjero, pero no a un hermano israelita. Así el SEÑOR tu Dios bendecirá todo el trabajo de tus manos en el territorio del que vas a tomar posesión.

21 »Si le haces una promesa al SEÑOR tu Dios, no tardes en cumplirla, porque sin duda él demandará que se la cumplas; si no se la cumples, habrás cometido pecado. 22 No serás culpable si evitas hacer una promesa. 23 Pero, si por tu propia voluntad le haces una promesa al SEÑOR tu Dios, cumple fielmente lo que le prometiste.

24 »Si entras a la viña de tu prójimo, podrás comer todas las uvas que quieras, pero no podrás llevarte nada en tu cesto.

25 »Si entras al trigal de tu prójimo, podrás arrancar espigas con las manos pero no cortar el trigo con la hoz.

24 »Si un hombre se casa con una mujer, pero luego deja de quererla por haber encontrado en ella algo indecoroso, sólo podrá despedirla si le entrega un certificado de divorcio. 2 Una vez que ella salga de la casa, podrá casarse con otro hombre. 3 »Si ocurre que el segundo esposo le toma aversión, y también le extiende un certificado de divorcio y la despide de su casa, o si el segundo esposo muere, 4 el primer esposo no podrá casarse con ella de nuevo, pues habrá quedado *impura. Eso sería abominable a los ojos del *SEÑOR.

»No perviertas la tierra que el SEÑOR tu Dios te da como herencia.

5 »No envíes a la guerra a ningún hombre recién casado, ni le impongas ningún otro deber. Tendrá libre todo un año para atender su casa y hacer feliz a la mujer que tomó por esposa.

6 »Si alguien se endeuda contigo, no tomes como prenda su molino de mano ni su piedra de moler, porque sería lo mismo que arrebatarle su propia subsistencia.

7 »Si se descubre que alguien ha secuestrado a uno de sus hermanos israelitas, y lo trata como esclavo, o lo vende, el secuestrador morirá. Así extirparás el mal que haya en medio de ti.

12 Designate a place outside the camp where you can go to relieve yourself. 13 As part of your equipment have something to dig with, and when you relieve yourself, dig a hole and cover up your excrement. 14 For the LORD your God moves about in your camp to protect you and to deliver your enemies to you. Your camp must be holy, so that he will not see among you anything indecent and turn away from you.

Miscellaneous Laws

15 If a slave has taken refuge with you, do not hand him over to his master. 16 Let him live among you wherever he likes and in whatever town he chooses. Do not oppress him.

17 No Israelite man or woman is to become a shrine prostitute. 18 You must not bring the earnings of a female prostitute or of a male prostitute*j* into the house of the LORD your God to pay any vow, because the LORD your God detests them both.

19 Do not charge your brother interest, whether on money or food or anything else that may earn interest. 20 You may charge a foreigner interest, but not a brother Israelite, so that the LORD your God may bless you in everything you put your hand to in the land you are entering to possess.

21 If you make a vow to the LORD your God, do not be slow to pay it, for the LORD your God will certainly demand it of you and you will be guilty of sin. 22 But if you refrain from making a vow, you will not be guilty. 23 Whatever your lips utter you must be sure to do, because you made your vow freely to the LORD your God with your own mouth.

24 If you enter your neighbor's vineyard, you may eat all the grapes you want, but do not put any in your basket. 25 If you enter your neighbor's grainfield, you may pick kernels with your hands, but you must not put a sickle to his standing grain.

24 If a man marries a woman who becomes displeasing to him because he finds something indecent about her, and he writes her a certificate of divorce, gives it to her and sends her from his house, 2 and if after she leaves his house she becomes the wife of another man, 3 and her second husband dislikes her and writes her a certificate of divorce, gives it to her and sends her from his house, or if he dies, 4 then her first husband, who divorced her, is not allowed to marry her again after she has been defiled. That would be detestable in the eyes of the LORD. Do not bring sin upon the land the LORD your God is giving you as an inheritance.

5 If a man has recently married, he must not be sent to war or have any other duty laid on him. For one year he is to be free to stay at home and bring happiness to the wife he has married.

6 Do not take a pair of millstones—not even the upper one—as security for a debt, because that would be taking a man's livelihood as security.

7 If a man is caught kidnapping one of his brother Israelites and treats him as a slave or sells him, the kidnapper must die. You must purge the evil from among you.

8»Cuando se trate de una infección de la piel,*q* ten mucho cuidado de seguir las instrucciones de los sacerdotes levitas. Sigue al pie de la letra todo lo que te he mandado. 9Recuerda lo que el SEÑOR tu Dios hizo con Miriam mientras andaban peregrinando, después de que el pueblo salió de Egipto.

10»Cuando le hagas un préstamo a tu prójimo, no entres en su casa ni tomes lo que te ofrezca en prenda. 11Quédate afuera y deja que él mismo te entregue la prenda. 12Si es pobre y en prenda te ofrece su manto, no se lo retengas durante la noche. 13Devuélveselo antes de la puesta del sol, para que se cubra con él durante la noche. Así estará él agradecido contigo, y tú habrás actuado con justicia a los ojos del SEÑOR tu Dios.

14»No te aproveches del empleado pobre y necesitado, sea éste un compatriota israelita o un extranjero. 15Le pagarás su jornal cada día, antes de la puesta del sol, porque es pobre y cuenta sólo con ese dinero. De lo contrario, él clamará al SEÑOR contra ti y tú resultarás convicto de pecado.

16»No se dará muerte a los padres por la culpa de sus hijos, ni se dará muerte a los hijos por la culpa de sus padres. Cada uno morirá por su propio pecado.

17»No le niegues sus derechos al extranjero ni al huérfano, ni tomes en prenda el manto de la viuda. 18Recuerda que fuiste esclavo en Egipto, y que el SEÑOR tu Dios te sacó de allí. Por eso te ordeno que actúes con justicia.

19»Cuando recojas la cosecha de tu campo y olvides una gavilla, no vuelvas por ella. Déjala para el extranjero, el huérfano y la viuda. Así el SEÑOR tu Dios bendecirá todo el trabajo de tus manos.

20»Cuando sacudas tus olivos, no rebusques en las ramas; las aceitunas que queden, déjalas para el extranjero, el huérfano y la viuda.

21»Cuando coseches las uvas de tu viña, no repases las ramas; los racimos que queden, déjalos para el inmigrante, el huérfano y la viuda.

22»Recuerda que fuiste esclavo en Egipto. Por eso te ordeno que actúes con justicia.

25 »Cuando dos hombres tengan un pleito, se presentarán ante el tribunal y los jueces decidirán el caso, absolviendo al inocente y condenando al culpable. 2Si el culpable merece que lo azoten, el juez le ordenará tenderse en el suelo y hará que allí mismo le den el número de azotes que su crimen merezca. 3Pero no se le darán más de cuarenta azotes; más de eso sería humillante para tu hermano.

4»No le pongas bozal al buey mientras esté trillando.

5»Si dos hermanos viven en el mismo hogar, y uno muere sin dejar hijos, su viuda no se casará fuera de la familia. El hermano del esposo la tomará y se casará con ella, para cumplir con su deber de cuñado. 6El primer hijo que ella tenga llevará el *nombre del hermano muerto, para que su nombre no desaparezca de Israel.

7»Si tal hombre no quiere casarse con la viuda de su hermano, ella recurrirá a los *ancianos, a la *entrada de la ciudad, y les dirá: "Mi cuñado no quiere mantener vivo en Israel el nombre de su hermano. Se niega a cumplir conmigo su deber de cuñado." 8Entonces los ancianos lo llamarán y le hablarán. Si persiste en decir:

8In cases of leprous*k* diseases be very careful to do exactly as the priests, who are Levites, instruct you. You must follow carefully what I have commanded them. 9Remember what the LORD your God did to Miriam along the way after you came out of Egypt.

10When you make a loan of any kind to your neighbor, do not go into his house to get what he is offering as a pledge. 11Stay outside and let the man to whom you are making the loan bring the pledge out to you. 12If the man is poor, do not go to sleep with his pledge in your possession. 13Return his cloak to him by sunset so that he may sleep in it. Then he will thank you, and it will be regarded as a righteous act in the sight of the LORD your God.

14Do not take advantage of a hired man who is poor and needy, whether he is a brother Israelite or an alien living in one of your towns. 15Pay him his wages each day before sunset, because he is poor and is counting on it. Otherwise he may cry to the LORD against you, and you will be guilty of sin.

16Fathers shall not be put to death for their children, nor children put to death for their fathers; each is to die for his own sin.

17Do not deprive the alien or the fatherless of justice, or take the cloak of the widow as a pledge. 18Remember that you were slaves in Egypt and the LORD your God redeemed you from there. That is why I command you to do this.

19When you are harvesting in your field and you overlook a sheaf, do not go back to get it. Leave it for the alien, the fatherless and the widow, so that the LORD your God may bless you in all the work of your hands. 20When you beat the olives from your trees, do not go over the branches a second time. Leave what remains for the alien, the fatherless and the widow. 21When you harvest the grapes in your vineyard, do not go over the vines again. Leave what remains for the alien, the fatherless and the widow. 22Remember that you were slaves in Egypt. That is why I command you to do this.

25 When men have a dispute, they are to take it to court and the judges will decide the case, acquitting the innocent and condemning the guilty. 2If the guilty man deserves to be beaten, the judge shall make him lie down and have him flogged in his presence with the number of lashes his crime deserves, 3but he must not give him more than forty lashes. If he is flogged more than that, your brother will be degraded in your eyes.

4Do not muzzle an ox while it is treading out the grain.

5If brothers are living together and one of them dies without a son, his widow must not marry outside the family. Her husband's brother shall take her and marry her and fulfill the duty of a brother-in-law to her. 6The first son she bears shall carry on the name of the dead brother so that his name will not be blotted out from Israel.

7However, if a man does not want to marry his brother's wife, she shall go to the elders at the town gate and say, "My husband's brother refuses to carry on his brother's name in Israel. He will not fulfill the duty of a brother-in-law to me." 8Then the elders of his town shall summon him and talk to him. If he persists

---

q 24:8 una infección de la piel. Tradicionalmente *lepra.*

k 8 The Hebrew word was used for various diseases affecting the skin—not necessarily leprosy.

"No quiero casarme con ella", ⁹la cuñada se acercará a él y, en presencia de los ancianos, le quitará una de las sandalias, le escupirá en la cara, y dirá: "Esto es lo que se hace con quien no quiere mantener viva la descendencia de su hermano." ¹⁰Y para siempre se conocerá en Israel a ese hombre y a su familia como "los descalzos".

¹¹»Cuando dos hombres se estén peleando y la esposa de uno de ellos venga a rescatar a su esposo de manos de su atacante, si la mujer le hiere los genitales al otro hombre, ¹²tú le cortarás a ella la mano. No le tendrás compasión.

¹³»No tendrás en tu bolsa dos pesas diferentes, una más pesada que la otra. ¹⁴Tampoco tendrás en tu casa dos medidas diferentes, una más grande que la otra. ¹⁵Más bien, tendrás pesas y medidas precisas y justas, para que vivas mucho tiempo en la tierra que te da el SEÑOR tu Dios, ¹⁶porque él aborrece a quien comete tales actos de injusticia.

¹⁷»Recuerda lo que te hicieron los amalecitas después de que saliste de Egipto: ¹⁸cuando estabas cansado y fatigado, salieron a tu encuentro y atacaron por la espalda a todos los rezagados. ¡No tuvieron temor de Dios! ¹⁹Por eso, cuando el SEÑOR tu Dios te dé la victoria sobre todas las naciones enemigas que rodean la tierra que él te da como herencia, borrarás para siempre el recuerdo de los descendientes de Amalec. ¡No lo olvides!

Diezmos y primicias

26 »Cuando hayas entrado en la tierra que el SEÑOR tu Dios te da como herencia, y tomes posesión de ella y te establezcas allí, ²tomarás de las *primicias de todo lo que produzca la tierra que el SEÑOR tu Dios te da, y las pondrás en una canasta. Luego irás al lugar donde el SEÑOR tu Dios haya decidido habitar, ³y le dirás al sacerdote que esté oficiando: "Hoy declaro, ante el SEÑOR tu Dios, que he entrado en la tierra que él nos dio, tal como se lo juró a nuestros antepasados."

⁴»El sacerdote tomará de tus manos la canasta y la pondrá frente al altar del SEÑOR tu Dios. ⁵Entonces tú declararás ante el SEÑOR tu Dios:

"Mi padre fue un *arameo errante, y descendió a Egipto con poca gente. Vivió allí hasta llegar a ser una gran nación, fuerte y numerosa. ⁶Pero los egipcios nos maltrataron, nos hicieron sufrir y nos sometieron a trabajos forzados. ⁷Nosotros clamamos al SEÑOR, el Dios de nuestros padres, y él escuchó nuestro ruego y vio la miseria, el trabajo y la opresión que nos habían impuesto. ⁸Por eso el SEÑOR nos sacó de Egipto con actos portentosos y gran despliegue de poder, con señales, prodigios y milagros que provocaron gran terror. ⁹Nos trajo a este lugar, y nos dio esta tierra, donde abundan la leche y la miel. ¹⁰Por eso ahora traigo las primicias de la tierra que el SEÑOR tu Dios me ha dado."

»Acto seguido, pondrás la canasta delante del SEÑOR tu Dios, y te postrarás ante él. ¹¹Y los levitas y los extranjeros celebrarán contigo todo lo bueno que el SEÑOR tu Dios te ha dado a ti y a tu familia.

¹²»Cuando ya hayas apartado la décima parte de todos tus productos del tercer año, que es el año del diezmo, se la darás al levita, al extranjero, al huérfano

in saying, "I do not want to marry her," ⁹his brother's widow shall go up to him in the presence of the elders, take off one of his sandals, spit in his face and say, "This is what is done to the man who will not build up his brother's family line." ¹⁰That man's line shall be known in Israel as The Family of the Unsandaled.

¹¹If two men are fighting and the wife of one of them comes to rescue her husband from his assailant, and she reaches out and seizes him by his private parts, ¹²you shall cut off her hand. Show her no pity.

¹³Do not have two differing weights in your bag—one heavy, one light. ¹⁴Do not have two differing measures in your house—one large, one small. ¹⁵You must have accurate and honest weights and measures, so that you may live long in the land the LORD your God is giving you. ¹⁶For the LORD your God detests anyone who does these things, anyone who deals dishonestly.

¹⁷Remember what the Amalekites did to you along the way when you came out of Egypt. ¹⁸When you were weary and worn out, they met you on your journey and cut off all who were lagging behind; they had no fear of God. ¹⁹When the LORD your God gives you rest from all the enemies around you in the land he is giving you to possess as an inheritance, you shall blot out the memory of Amalek from under heaven. Do not forget!

Firstfruits and Tithes

26 When you have entered the land the LORD your God is giving you as an inheritance and have taken possession of it and settled in it, ²take some of the firstfruits of all that you produce from the soil of the land the LORD your God is giving you and put them in a basket. Then go to the place the LORD your God will choose as a dwelling for his Name ³and say to the priest in office at the time, "I declare today to the LORD your God that I have come to the land the LORD swore to our forefathers to give us." ⁴The priest shall take the basket from your hands and set it down in front of the altar of the LORD your God. ⁵Then you shall declare before the LORD your God: "My father was a wandering Aramean, and he went down into Egypt with a few people and lived there and became a great nation, powerful and numerous. ⁶But the Egyptians mistreated us and made us suffer, putting us to hard labor. ⁷Then we cried out to the LORD, the God of our fathers, and the LORD heard our voice and saw our misery, toil and oppression. ⁸So the LORD brought us out of Egypt with a mighty hand and an outstretched arm, with great terror and with miraculous signs and wonders. ⁹He brought us to this place and gave us this land, a land flowing with milk and honey; ¹⁰and now I bring the firstfruits of the soil that you, O LORD, have given me." Place the basket before the LORD your God and bow down before him. ¹¹And you and the Levites and the aliens among you shall rejoice in all the good things the LORD your God has given to you and your household.

¹²When you have finished setting aside a tenth of all your produce in the third year, the year of the tithe, you shall give it to the Levite, the alien, the fatherless and

y a la viuda, para que coman y se sacien en tus ciudades. 13 Entonces le dirás al Señor tu Dios:

"Ya he retirado de mi casa la porción consagrada a ti, y se la he dado al levita, al extranjero, al huérfano y a la viuda, conforme a todo lo que tú me mandaste. No me he apartado de tus mandamientos ni los he olvidado. 14 Mientras estuve de luto, no comí nada de esta porción consagrada; mientras estuve *impuro, no tomé nada de ella ni se la ofrecí a los muertos. Señor mi Dios, yo te he obedecido y he hecho todo lo que me mandaste. 15 Mira desde el cielo, desde el *santo lugar donde resides y, tal como se lo juraste a nuestros antepasados, bendice a tu pueblo Israel y a la tierra que nos has dado, tierra donde abundan la leche y la miel."

Exhortación a seguir los mandamientos del Señor

16 »Hoy el Señor tu Dios te manda obedecer estos preceptos y normas. Pon todo lo que esté de tu parte para practicarlos con entusiasmo. 17 Hoy has declarado que el Señor es tu Dios y que andarás en sus *caminos, que prestarás oído a su voz y que cumplirás sus preceptos, mandamientos y normas. 18 Por su parte, hoy mismo el Señor ha declarado que tú eres su pueblo, su posesión preciosa, tal como lo prometió. Obedece, pues, todos sus mandamientos. 19 El Señor ha declarado que te pondrá por encima de todas las naciones que ha formado, para que seas alabado y recibas fama y honra. Serás una nación consagrada al Señor tu Dios.»

El altar sobre el monte Ebal

27 Moisés y los *ancianos de Israel le dieron al pueblo esta orden: «Cumple todos estos mandamientos que hoy te entrego. 2 Después de cruzar el Jordán y de entrar en la tierra que el Señor tu Dios te da, levantarás unas piedras grandes, las revocarás con cal, 3 y escribirás sobre ellas todas las palabras de esta *ley. Esto lo harás después de cruzar el Jordán y de entrar en la tierra que el Señor tu Dios te da, tierra donde abundan la leche y la miel, tal como el Señor tu Dios se lo prometió a tus antepasados. 4 Cuando hayas cruzado el Jordán, colocarás esas piedras sobre el monte Ebal y las revocarás con cal, tal como te lo ordeno hoy. 5 Edificarás allí un altar de piedra en honor al Señor tu Dios, pero no con piedras labradas con instrumentos de hierro, sino con piedras enteras, 6 porque el altar del Señor deberá construirse con piedras del campo. Quemarás sobre él ofrendas al Señor tu Dios; 7 ofrecerás allí sacrificios de *comunión, y los comerás y te regocijarás en la presencia del Señor tu Dios. 8 Sobre las piedras de ese altar escribirás claramente todas las palabras de esta ley.»

Maldiciones desde el monte Ebal

9 Entonces Moisés y los sacerdotes levitas dijeron a todo Israel: «¡Guarda silencio, Israel, y escucha! Hoy te has convertido en el pueblo del Señor tu Dios. 10 Obedece al Señor tu Dios y cumple los mandamientos y preceptos que hoy te mando.»

11 Ese mismo día Moisés le ordenó al pueblo:

12 «Cuando hayan cruzado el Jordán, las siguientes tribus estarán sobre el monte Guerizín para bendecir al pueblo: Simeón, Leví, Judá, Isacar, José y Benjamín. 13 »Sobre el monte Ebal estarán estas otras, para pronunciar las maldiciones: Rubén, Gad, Aser, Zabulón, Dan y Neftalí.

14 »Los levitas tomarán la palabra, y en voz alta le dirán a todo el pueblo de Israel:

---

the widow, so that they may eat in your towns and be satisfied. 13 Then say to the Lord your God: "I have removed from my house the sacred portion and have given it to the Levite, the alien, the fatherless and the widow, according to all you commanded. I have not turned aside from your commands nor have I forgotten any of them. 14 I have not eaten any of the sacred portion while I was in mourning, nor have I removed any of it while I was unclean, nor have I offered any of it to the dead. I have obeyed the Lord my God; I have done everything you commanded me. 15 Look down from heaven, your holy dwelling place, and bless your people Israel and the land you have given us as you promised on oath to our forefathers, a land flowing with milk and honey."

Follow the Lord's Commands

16 The Lord your God commands you this day to follow these decrees and laws; carefully observe them with all your heart and with all your soul. 17 You have declared this day that the Lord is your God and that you will walk in his ways, that you will keep his decrees, commands and laws, and that you will obey him. 18 And the Lord has declared this day that you are his people, his treasured possession as he promised, and that you are to keep all his commands. 19 He has declared that he will set you in praise, fame and honor high above all the nations he has made and that you will be a people holy to the Lord your God, as he promised.

The Altar on Mount Ebal

27 Moses and the elders of Israel commanded the people: "Keep all these commands that I give you today. 2 When you have crossed the Jordan into the land the Lord your God is giving you, set up some large stones and coat them with plaster. 3 Write on them all the words of this law when you have crossed over to enter the land the Lord your God is giving you, a land flowing with milk and honey, just as the Lord, the God of your fathers, promised you. 4 And when you have crossed the Jordan, set up these stones on Mount Ebal, as I command you today, and coat them with plaster. 5 Build there an altar to the Lord your God, an altar of stones. Do not use any iron tool upon them. 6 Build the altar of the Lord your God with fieldstones and offer burnt offerings on it to the Lord your God. 7 Sacrifice fellowship offerings[l] there, eating them and rejoicing in the presence of the Lord your God. 8 And you shall write very clearly all the words of this law on these stones you have set up."

Curses From Mount Ebal

9 Then Moses and the priests, who are Levites, said to all Israel, "Be silent, O Israel, and listen! You have now become the people of the Lord your God. 10 Obey the Lord your God and follow his commands and decrees that I give you today."

11 On the same day Moses commanded the people:

12 When you have crossed the Jordan, these tribes shall stand on Mount Gerizim to bless the people: Simeon, Levi, Judah, Issachar, Joseph and Benjamin. 13 And these tribes shall stand on Mount Ebal to pronounce curses: Reuben, Gad, Asher, Zebulun, Dan and Naphtali.

14 The Levites shall recite to all the people of Israel in a loud voice:

---

l 7 Traditionally peace offerings

¹⁵"Maldito sea quien haga un ídolo, ya sea tallado en madera o fundido en metal, y lo ponga en un lugar secreto. Es creación de las manos de un artífice, y por lo tanto es detestable al Señor."

Y todo el pueblo dirá: "¡Amén!"

¹⁶"Maldito sea quien deshonre a su padre o a su madre."

Y todo el pueblo dirá: "¡Amén!"

¹⁷"Maldito sea quien altere los límites de la propiedad de su prójimo."

Y todo el pueblo dirá: "¡Amén!"

¹⁸"Maldito sea quien desvíe de su camino a un ciego."

Y todo el pueblo dirá: "¡Amén!"

¹⁹"Maldito sea quien viole los derechos del extranjero, del huérfano o de la viuda."

Y todo el pueblo dirá: "¡Amén!"

²⁰"Maldito sea quien se acueste con la mujer de su padre, pues con tal acción deshonra el lecho de su padre."

Y todo el pueblo dirá: "¡Amén!"

²¹"Maldito sea quien tenga relaciones sexuales con un animal."

Y todo el pueblo dirá: "¡Amén!"

²²"Maldito sea quien se acueste con su hermana, hija de su padre o de su madre."

Y todo el pueblo dirá: "¡Amén!"

²³"Maldito sea quien se acueste con su suegra."

Y todo el pueblo dirá: "¡Amén!"

²⁴"Maldito sea quien mate a traición a su prójimo."

Y todo el pueblo dirá: "¡Amén!"

²⁵"Maldito sea quien acepte soborno para matar al inocente."

Y todo el pueblo dirá: "¡Amén!"

²⁶"Maldito sea quien no practique fielmente las palabras de esta *ley."

Y todo el pueblo dirá: "¡Amén!"

Bendiciones por la obediencia

28 »Si realmente escuchas al Señor tu Dios, y cumples fielmente todos estos mandamientos que hoy te ordeno, el Señor tu Dios te pondrá por encima de todas las naciones de la tierra. ²Si obedeces al Señor tu Dios, todas estas bendiciones vendrán sobre ti y te acompañarán siempre:

³»Bendito serás en la ciudad,
y bendito en el campo.

⁴»Benditos serán el fruto de tu vientre,
tus cosechas, las crías de tu ganado,
los terneritos de tus manadas
y los corderitos de tus rebaños.

⁵»Benditas serán tu canasta
y tu mesa de amasar.

⁶»Bendito serás en el hogar,
y bendito en el camino.^r

⁷»El Señor te concederá la victoria sobre tus enemigos. Avanzarán contra ti en perfecta formación, pero huirán en desbandada.

⁸»El Señor bendecirá tus graneros, y todo el trabajo de tus manos.

»El Señor tu Dios te bendecirá en la tierra que te ha dado.

¹⁵"Cursed is the man who carves an image or casts an idol—a thing detestable to the Lord, the work of the craftsman's hands—and sets it up in secret."

Then all the people shall say, "Amen!"

¹⁶"Cursed is the man who dishonors his father or his mother."

Then all the people shall say, "Amen!"

¹⁷"Cursed is the man who moves his neighbor's boundary stone."

Then all the people shall say, "Amen!"

¹⁸"Cursed is the man who leads the blind astray on the road."

Then all the people shall say, "Amen!"

¹⁹"Cursed is the man who withholds justice from the alien, the fatherless or the widow."

Then all the people shall say, "Amen!"

²⁰"Cursed is the man who sleeps with his father's wife, for he dishonors his father's bed."

Then all the people shall say, "Amen!"

²¹"Cursed is the man who has sexual relations with any animal."

Then all the people shall say, "Amen!"

²²"Cursed is the man who sleeps with his sister, the daughter of his father or the daughter of his mother."

Then all the people shall say, "Amen!"

²³"Cursed is the man who sleeps with his mother-in-law."

Then all the people shall say, "Amen!"

²⁴"Cursed is the man who kills his neighbor secretly."

Then all the people shall say, "Amen!"

²⁵"Cursed is the man who accepts a bribe to kill an innocent person."

Then all the people shall say, "Amen!"

²⁶"Cursed is the man who does not uphold the words of this law by carrying them out."

Then all the people shall say, "Amen!"

Blessings for Obedience

28 If you fully obey the Lord your God and carefully follow all his commands I give you today, the Lord your God will set you high above all the nations on earth. ²All these blessings will come upon you and accompany you if you obey the Lord your God:

³You will be blessed in the city and blessed in the country.

⁴The fruit of your womb will be blessed, and the crops of your land and the young of your livestock—the calves of your herds and the lambs of your flocks.

⁵Your basket and your kneading trough will be blessed.

⁶You will be blessed when you come in and blessed when you go out.

⁷The Lord will grant that the enemies who rise up against you will be defeated before you. They will come at you from one direction but flee from you in seven.

⁸The Lord will send a blessing on your barns and on everything you put your hand to. The Lord your God will bless you in the land he is giving you.

---

^r 28:6 *en el hogar ... en el camino.* Lit. *en tu entrar ... en tu salir*; también en v. 19.

9»El Señor te establecerá como su pueblo *santo, conforme a su juramento, si cumples sus mandamientos y andas en sus *caminos. 10Todas las naciones de la tierra te respetarán al reconocerte como el pueblo del Señor.

11»El Señor te concederá abundancia de bienes: multiplicará tus hijos, tu ganado y tus cosechas en la tierra que a tus antepasados juró que te daría.

12»El Señor abrirá los cielos, su generoso tesoro, para derramar a su debido tiempo la lluvia sobre la tierra, y para bendecir todo el trabajo de tus manos. Tú les prestarás a muchas naciones, pero no tomarás prestado de nadie. 13El Señor te pondrá a la cabeza, nunca en la cola. Siempre estarás en la cima, nunca en el fondo, con tal de que prestes atención a los mandamientos del Señor tu Dios que hoy te mando, y los obedezcas con cuidado. 14Jamás te apartes de ninguna de las palabras que hoy te ordeno, para seguir y servir a otros dioses.

Maldiciones por la desobediencia

15»Pero debes saber que, si no obedeces al Señor tu Dios ni cumples fielmente todos sus mandamientos y preceptos que hoy te ordeno, vendrán sobre ti y te alcanzarán todas estas maldiciones:

16»Maldito serás en la ciudad,
    y maldito en el campo.

17»Malditas serán tu canasta
    y tu mesa de amasar.

18»Malditos serán el fruto de tu vientre,
    tus cosechas,
  los terneritos de tus manadas
    y los corderitos de tus rebaños.

19»Maldito serás en el hogar,
    y maldito en el camino.

20»El Señor enviará contra ti maldición, confusión y fracaso en toda la obra de tus manos, hasta que en un abrir y cerrar de ojos quedes arruinado y exterminado por tu mala conducta y por haberme abandonado.

21»El Señor te infestará de plagas, hasta acabar contigo en la tierra de la que vas a tomar posesión. 22El Señor te castigará con epidemias mortales, fiebres malignas e inflamaciones, con calor sofocante y sequía, y con plagas y pestes sobre tus cultivos. Te hostigará hasta que perezcas. 23Sobre tu cabeza, el cielo será como bronce; bajo tus pies, la tierra será como hierro. 24En lugar de lluvia, el Señor enviará sobre tus campos polvo y arena; del cielo lloverá ceniza, hasta que seas aniquilado.

25»El Señor hará que te derroten tus enemigos. Avanzarás contra ellos en perfecta formación, pero huirás en desbandada. ¡Todos los reinos de la tierra te humillarán! 26Tu cadáver servirá de alimento a las aves de los cielos y a las bestias de la tierra, y no habrá quien las espante.

27»El Señor te afligirá con tumores y úlceras, como las de Egipto, y con sarna y comezón, y no podrás sanar.

28»El Señor te hará sufrir de locura, ceguera y delirio. 29En pleno día andarás a tientas, como ciego en la oscuridad. Fracasarás en todo lo que hagas; día tras día serás oprimido; te robarán y no habrá nadie que te socorra. 30Estarás comprometido para casarte, pero otro tomará a tu prometida y la violará. Construirás una casa, y no podrás habitarla. Plantarás una viña, pero no

9The Lord will establish you as his holy people, as he promised you on oath, if you keep the commands of the Lord your God and walk in his ways. 10Then all the peoples on earth will see that you are called by the name of the Lord, and they will fear you. 11The Lord will grant you abundant prosperity—in the fruit of your womb, the young of your livestock and the crops of your ground—in the land he swore to your forefathers to give you.

12The Lord will open the heavens, the storehouse of his bounty, to send rain on your land in season and to bless all the work of your hands. You will lend to many nations but will borrow from none. 13The Lord will make you the head, not the tail. If you pay attention to the commands of the Lord your God that I give you this day and carefully follow them, you will always be at the top, never at the bottom. 14Do not turn aside from any of the commands I give you today, to the right or to the left, following other gods and serving them.

Curses for Disobedience

15However, if you do not obey the Lord your God and do not carefully follow all his commands and decrees I am giving you today, all these curses will come upon you and overtake you:

16You will be cursed in the city and cursed in the country.

17Your basket and your kneading trough will be cursed.

18The fruit of your womb will be cursed, and the crops of your land, and the calves of your herds and the lambs of your flocks.

19You will be cursed when you come in and cursed when you go out.

20The Lord will send on you curses, confusion and rebuke in everything you put your hand to, until you are destroyed and come to sudden ruin because of the evil you have done in forsaking him.*m* 21The Lord will plague you with diseases until he has destroyed you from the land you are entering to possess. 22The Lord will strike you with wasting disease, with fever and inflammation, with scorching heat and drought, with blight and mildew, which will plague you until you perish. 23The sky over your head will be bronze, the ground beneath you iron. 24The Lord will turn the rain of your country into dust and powder; it will come down from the skies until you are destroyed.

25The Lord will cause you to be defeated before your enemies. You will come at them from one direction but flee from them in seven, and you will become a thing of horror to all the kingdoms on earth. 26Your carcasses will be food for all the birds of the air and the beasts of the earth, and there will be no one to frighten them away. 27The Lord will afflict you with the boils of Egypt and with tumors, festering sores and the itch, from which you cannot be cured. 28The Lord will afflict you with madness, blindness and confusion of mind. 29At midday you will grope about like a blind man in the dark. You will be unsuccessful in everything you do; day after day you will be oppressed and robbed, with no one to rescue you.

30You will be pledged to be married to a woman, but another will take her and ravish her. You will build a house, but you will not live in it. You will plant a vineyard, but you will not even begin to enjoy its fruit.

---

m 20 Hebrew me

podrás gozar de sus frutos. 31 Ante tus propios ojos degollarán a tu buey, y no probarás su carne. Te quitarán tu burro a la fuerza y no te lo devolverán. Tus ovejas pasarán a manos de tus enemigos, y nadie te ayudará a rescatarlas. 32 Tus hijos y tus hijas serán entregados a otra nación; te cansarás de buscarlos, y no los podrás encontrar. 33 Un pueblo desconocido se comerá los frutos de tu tierra y todo el producto de tu trabajo; para ti sólo habrá opresión y malos tratos cada día. 34 Tendrás visiones que te enloquecerán.

35 »El SEÑOR te herirá en las rodillas y en las piernas, y con llagas malignas e incurables que te cubrirán todo el cuerpo, desde la planta del pie hasta la coronilla.

36 »El SEÑOR hará que tú y el rey que hayas elegido para gobernarte sean deportados a un país que ni tú ni tus antepasados conocieron. Allí adorarás a otros dioses, dioses de madera y de piedra. 37 Serás motivo de horror y objeto de burla y de ridículo en todas las naciones a las que el SEÑOR te conduzca.

38 »Sembrarás en tus campos mucho, pero cosecharás poco, porque las langostas devorarán tus plantíos. 39 Plantarás viñas y las cultivarás, pero no cosecharás las uvas ni beberás el vino, porque los gusanos se comerán tus vides. 40 Tendrás olivares por todo tu territorio, pero no te ungirás con su aceite, porque se caerán las aceitunas. 41 Tendrás hijos e hijas pero no podrás retenerlos, porque serán llevados al cautiverio. 42 ¡Enjambres de langostas devorarán todos los árboles y las cosechas de tu tierra!

43 »Los extranjeros que vivan contigo alcanzarán cada vez más poder sobre ti, mientras que tú te irás hundiendo más y más. 44 Ellos serán tus acreedores, y tú serás su deudor. Ellos irán a la cabeza, y tú quedarás rezagado.

45 »Todas estas maldiciones caerán sobre ti. Te perseguirán y te alcanzarán hasta destruirte, porque desobedeciste al SEÑOR tu Dios y no cumpliste sus mandamientos y preceptos. 46 Ellos serán señal y advertencia permanente para ti y para tus descendientes, 47 pues no serviste al SEÑOR tu Dios con gozo y alegría cuando tenías de todo en abundancia. 48 Por eso sufrirás hambre y sed, desnudez y pobreza extrema, y serás esclavo de los enemigos que el SEÑOR enviará contra ti. Ellos te pondrán un yugo de hierro sobre el cuello, y te destruirán por completo.

49 »El SEÑOR levantará contra ti una nación muy lejana, cuyo idioma no podrás entender; vendrá de los confines de la tierra, veloz como un águila. 50 Esta nación tendrá un aspecto feroz y no respetará a los viejos ni se compadecerá de los jóvenes. 51 Devorará las crías de tu ganado y las cosechas de tu tierra, hasta aniquilarte. No te dejará trigo, ni mosto ni aceite, ni terneras en las manadas, ni corderos en los rebaños. ¡Te dejará completamente arruinado! 52 Te acorralará en todas las ciudades de tu tierra; te sitiará hasta que se derrumben esas murallas fortificadas en las que has confiado. ¡Te asediará en toda la tierra y en las ciudades que el SEÑOR tu Dios te ha dado!

53 »Tal será tu sufrimiento durante el sitio de la ciudad, que acabarás comiéndote el fruto de tu vientre, ¡la carne misma de los hijos y las hijas que el SEÑOR tu Dios te ha dado! 54 Aun el más tierno y sensible de tus hombres no tendrá compasión de su propio hermano, ni de la esposa que ama, ni de los hijos que todavía le queden, 55 a tal grado que no compartirá con ellos nada de la carne de sus hijos que esté comiendo, pues será todo lo que le quede.

»Tal será la angustia que te hará sentir tu enemigo

31 Your ox will be slaughtered before your eyes, but you will eat none of it. Your donkey will be forcibly taken from you and will not be returned. Your sheep will be given to your enemies, and no one will rescue them. 32 Your sons and daughters will be given to another nation, and you will wear out your eyes watching for them day after day, powerless to lift a hand. 33 A people that you do not know will eat what your land and labor produce, and you will have nothing but cruel oppression all your days. 34 The sights you see will drive you mad. 35 The LORD will afflict your knees and legs with painful boils that cannot be cured, spreading from the soles of your feet to the top of your head.

36 The LORD will drive you and the king you set over you to a nation unknown to you or your fathers. There you will worship other gods, gods of wood and stone. 37 You will become a thing of horror and an object of scorn and ridicule to all the nations where the LORD will drive you.

38 You will sow much seed in the field but you will harvest little, because locusts will devour it. 39 You will plant vineyards and cultivate them but you will not drink the wine or gather the grapes, because worms will eat them. 40 You will have olive trees throughout your country but you will not use the oil, because the olives will drop off. 41 You will have sons and daughters but you will not keep them, because they will go into captivity. 42 Swarms of locusts will take over all your trees and the crops of your land.

43 The alien who lives among you will rise above you higher and higher, but you will sink lower and lower. 44 He will lend to you, but you will not lend to him. He will be the head, but you will be the tail.

45 All these curses will come upon you. They will pursue you and overtake you until you are destroyed, because you did not obey the LORD your God and observe the commands and decrees he gave you. 46 They will be a sign and a wonder to you and your descendants forever. 47 Because you did not serve the LORD your God joyfully and gladly in the time of prosperity, 48 therefore in hunger and thirst, in nakedness and dire poverty, you will serve the enemies the LORD sends against you. He will put an iron yoke on your neck until he has destroyed you.

49 The LORD will bring a nation against you from far away, from the ends of the earth, like an eagle swooping down, a nation whose language you will not understand, 50 a fierce-looking nation without respect for the old or pity for the young. 51 They will devour the young of your livestock and the crops of your land until you are destroyed. They will leave you no grain, new wine or oil, nor any calves of your herds or lambs of your flocks until you are ruined. 52 They will lay siege to all the cities throughout your land until the high fortified walls in which you trust fall down. They will besiege all the cities throughout the land the LORD your God is giving you.

53 Because of the suffering that your enemy will inflict on you during the siege, you will eat the fruit of the womb, the flesh of the sons and daughters the LORD your God has given you. 54 Even the most gentle and sensitive man among you will have no compassion on his own brother or the wife he loves or his surviving children, 55 and he will not give to one of them any of the flesh of his children that he is eating. It will be all he has left because of the suffering your enemy will

durante el asedio de todas tus ciudades, 56que aun la más tierna y sensible de tus mujeres, tan sensible y tierna que no se atrevería a rozar el suelo con la planta de los pies, no tendrá compasión de su propio esposo al que ama, ni de sus hijos ni de su hijas. 57No compartirá el hijo que acaba de parir, ni su placenta, sino que se los comerá en secreto, pues será lo único que le quede. ¡Tal será la angustia que te hará sentir tu enemigo durante el asedio de todas tus ciudades!

58»Si no te empeñas en practicar todas las palabras de esta *ley, que están escritas en este libro, ni temes al SEÑOR tu Dios, ¡*nombre glorioso e imponente!, 59el SEÑOR enviará contra ti y contra tus descendientes plagas terribles y persistentes, y enfermedades malignas e incurables. 60Todas las plagas de Egipto, que tanto horror te causaron, vendrán sobre ti y no te darán respiro.

61»El SEÑOR también te enviará, hasta exterminarte, toda clase de enfermedades y desastres no registrados en este libro de la ley. 62Y tú, que como pueblo fuiste tan numeroso como las estrellas del cielo, quedarás reducido a unos cuantos por no haber obedecido al SEÑOR tu Dios. 63Así como al SEÑOR le agradó multiplicarte y hacerte prosperar, también le agradará arruinarte y destruirte. ¡Serás arrancado de raíz, de la misma tierra que ahora vas a poseer!

64»El SEÑOR te dispersará entre todas las naciones, de uno al otro extremo de la tierra. Allí adorarás a otros dioses, dioses de madera y de piedra, que ni tú ni tus antepasados conocieron. 65En esas naciones no hallarás *paz ni descanso. El SEÑOR mantendrá angustiado tu *corazón; tus ojos se cansarán de anhelar, y tu corazón perderá toda esperanza. 66Noche y día vivirás en constante zozobra, lleno de terror y nunca seguro de tu vida. 67Debido a las visiones que tendrás y al terror que se apoderará de ti, dirás en la mañana: "¡Si tan sólo fuera de noche!", y en la noche: "¡Si tan sólo fuera de día!" 68Y aunque el SEÑOR te prometió que jamás volverías por el camino de Egipto, te hará volver en barcos. Allá te ofrecerás a tus enemigos como esclavo, y no habrá nadie que quiera comprarte.»

La renovación del pacto

29 Éstos son los términos del *pacto que, por orden del SEÑOR, hizo Moisés en Moab con los israelitas, además del pacto que ya había hecho con ellos en Horeb. 2Moisés convocó a todos los israelitas y les dijo:

«Ustedes vieron todo lo que el SEÑOR hizo en Egipto con el faraón y sus funcionarios, y con todo su país. 3Con sus propios ojos vieron aquellas grandes pruebas, señales y maravillas. 4Pero hasta este día el SEÑOR no les ha dado *mente para entender, ni ojos para ver, ni oídos para oír. 5Durante los cuarenta años que los guié a través del desierto, no se les desgastó la ropa ni el calzado. 6No comieron pan ni bebieron vino ni ninguna bebida fermentada. Esto lo hice para que supieran que yo soy el SEÑOR su Dios.

7»Cuando llegaron a este lugar, Sijón, rey de Hesbón, y Og, rey de Basán, salieron a pelear contra nosotros, pero los derrotamos. 8Tomamos su territorio y se lo dimos como herencia a los rubenitas, a los gaditas y a la media tribu de Manasés.

9»Ahora, cumplan con cuidado las condiciones de este pacto para que prosperen en todo lo que hagan. 10Hoy están ante la presencia del SEÑOR su Dios todos ustedes, sus líderes y sus jefes, sus *ancianos y sus

inflict on you during the siege of all your cities. 56The most gentle and sensitive woman among you—so sensitive and gentle that she would not venture to touch the ground with the sole of her foot—will begrudge the husband she loves and her own son or daughter 57the afterbirth from her womb and the children she bears. For she intends to eat them secretly during the siege and in the distress that your enemy will inflict on you in your cities.

58If you do not carefully follow all the words of this law, which are written in this book, and do not revere this glorious and awesome name—the LORD your God— 59the LORD will send fearful plagues on you and your descendants, harsh and prolonged disasters, and severe and lingering illnesses. 60He will bring upon you all the diseases of Egypt that you dreaded, and they will cling to you. 61The LORD will also bring on you every kind of sickness and disaster not recorded in this Book of the Law, until you are destroyed. 62You who were as numerous as the stars in the sky will be left but few in number, because you did not obey the LORD your God. 63Just as it pleased the LORD to make you prosper and increase in number, so it will please him to ruin and destroy you. You will be uprooted from the land you are entering to possess.

64Then the LORD will scatter you among all nations, from one end of the earth to the other. There you will worship other gods—gods of wood and stone, which neither you nor your fathers have known. 65Among those nations you will find no repose, no resting place for the sole of your foot. There the LORD will give you an anxious mind, eyes weary with longing, and a despairing heart. 66You will live in constant suspense, filled with dread both night and day, never sure of your life. 67In the morning you will say, "If only it were evening!" and in the evening, "If only it were morning!"—because of the terror that will fill your hearts and the sights that your eyes will see. 68The LORD will send you back in ships to Egypt on a journey I said you should never make again. There you will offer yourselves for sale to your enemies as male and female slaves, but no one will buy you.

Renewal of the Covenant

29 These are the terms of the covenant the LORD commanded Moses to make with the Israelites in Moab, in addition to the covenant he had made with them at Horeb.

2Moses summoned all the Israelites and said to them:

Your eyes have seen all that the LORD did in Egypt to Pharaoh, to all his officials and to all his land. 3With your own eyes you saw those great trials, those miraculous signs and great wonders. 4But to this day the LORD has not given you a mind that understands or eyes that see or ears that hear. 5During the forty years that I led you through the desert, your clothes did not wear out, nor did the sandals on your feet. 6You ate no bread and drank no wine or other fermented drink. I did this so that you might know that I am the LORD your God.

7When you reached this place, Sihon king of Heshbon and Og king of Bashan came out to fight against us, but we defeated them. 8We took their land and gave it as an inheritance to the Reubenites, the Gadites and the half-tribe of Manasseh.

9Carefully follow the terms of this covenant, so that you may prosper in everything you do. 10All of you are standing today in the presence of the LORD your God—your leaders and chief men, your elders and officials,

oficiales, y todos los hombres de Israel, 11 junto con sus hijos y sus esposas, y los extranjeros que viven en sus campamentos, desde los que cortan la leña hasta los que acarrean el agua. 12 Están aquí para hacer un pacto con el SEÑOR su Dios, quien hoy lo establece con ustedes y lo sella con su juramento. 13 De esta manera confirma hoy que ustedes son su pueblo, y que él es su Dios, según lo prometió y juró a sus antepasados Abraham, Isaac y Jacob. 14 El SEÑOR nuestro Dios afirma que no sólo hace su pacto y su juramento con los que ahora estamos en su presencia, 15 sino también con los que todavía no se encuentran entre nosotros.

16 »Ustedes saben cómo fue nuestra vida en Egipto, y cómo avanzamos en medio de las naciones que encontramos en nuestro camino hasta aquí. 17 Ustedes vieron entre ellos sus detestables imágenes e ídolos de madera y de piedra, de plata y de oro. 18 Asegúrense de que ningún hombre ni mujer, ni clan ni tribu entre ustedes, aparte hoy su *corazón del SEÑOR nuestro Dios para ir a adorar a los dioses de esas naciones. Tengan cuidado de que ninguno de ustedes sea como una raíz venenosa y amarga.

19 »Si alguno de ustedes, al oír las palabras de este juramento, se cree bueno y piensa: "Todo me saldrá bien, aunque persista yo en hacer lo que me plazca", provocará la ruina de todos. 20 El SEÑOR no lo perdonará. La ira y el celo de Dios arderán contra ese hombre. Todas las maldiciones escritas en este libro caerán sobre él, y el SEÑOR hará que desaparezca hasta el último de sus descendientes. 21 El SEÑOR lo apartará de todas las tribus de Israel, para su desgracia, conforme a todas las maldiciones del pacto escritas en este libro de la *ley.

22 »Sus hijos y las generaciones futuras, y los extranjeros que vengan de países lejanos, verán las calamidades y enfermedades con que el SEÑOR habrá azotado esta tierra. 23 Toda ella será un desperdicio ardiente de sal y de azufre, donde nada podrá plantarse, nada germinará, y ni siquiera la hierba crecerá. Será como cuando el SEÑOR destruyó con su furor las ciudades de Sodoma y Gomorra, Admá y Zeboyín. 24 Todas las naciones preguntarán: "¿Por qué trató así el SEÑOR a esta tierra? ¿Por qué derramó con tanto ardor su furia sobre ella?" 25 Y la respuesta será: "Porque este pueblo abandonó el pacto del Dios de sus padres, pacto que el SEÑOR hizo con ellos cuando los sacó de Egipto. 26 Se fueron y adoraron a otros dioses; se inclinaron ante dioses que no conocían, dioses que no tenían por qué adorar. 27 Por eso se encendió la ira del SEÑOR contra esta tierra, y derramó sobre ella todas las maldiciones escritas en este libro. 28 Y como ahora podemos ver, con mucha furia y enojo el SEÑOR los arrancó de raíz de su tierra, y los arrojó a otro país."

29 »Lo secreto le pertenece al SEÑOR nuestro Dios, pero lo revelado nos pertenece a nosotros y a nuestros hijos para siempre, para que obedezcamos todas las palabras de esta ley.

Bendición a causa del arrepentimiento

30 »Cuando recibas todas estas bendiciones o sufras estas maldiciones de las que te he hablado, y las recuerdes en cualquier nación por donde el SEÑOR tu Dios te haya dispersado; 2 y cuando tú y tus hijos se vuelvan al SEÑOR tu Dios y le obedezcan con todo el *corazón y con toda el *alma, tal como hoy te lo ordeno, 3 entonces el SEÑOR tu Dios restaurará tu buena for-

and all the other men of Israel, 11 together with your children and your wives, and the aliens living in your camps who chop your wood and carry your water. 12 You are standing here in order to enter into a covenant with the LORD your God, a covenant the LORD is making with you this day and sealing with an oath, 13 to confirm you this day as his people, that he may be your God as he promised you and as he swore to your fathers, Abraham, Isaac and Jacob. 14 I am making this covenant, with its oath, not only with you 15 who are standing here with us today in the presence of the LORD our God but also with those who are not here today.

16 You yourselves know how we lived in Egypt and how we passed through the countries on the way here. 17 You saw among them their detestable images and idols of wood and stone, of silver and gold. 18 Make sure there is no man or woman, clan or tribe among you today whose heart turns away from the LORD our God to go and worship the gods of those nations; make sure there is no root among you that produces such bitter poison.

19 When such a person hears the words of this oath, he invokes a blessing on himself and therefore thinks, "I will be safe, even though I persist in going my own way." This will bring disaster on the watered land as well as the dry.[n] 20 The LORD will never be willing to forgive him; his wrath and zeal will burn against that man. All the curses written in this book will fall upon him, and the LORD will blot out his name from under heaven. 21 The LORD will single him out from all the tribes of Israel for disaster, according to all the curses of the covenant written in this Book of the Law.

22 Your children who follow you in later generations and foreigners who come from distant lands will see the calamities that have fallen on the land and the diseases with which the LORD has afflicted it. 23 The whole land will be a burning waste of salt and sulfur—nothing planted, nothing sprouting, no vegetation growing on it. It will be like the destruction of Sodom and Gomorrah, Admah and Zeboiim, which the LORD overthrew in fierce anger. 24 All the nations will ask: "Why has the LORD done this to this land? Why this fierce, burning anger?"

25 And the answer will be: "It is because this people abandoned the covenant of the LORD, the God of their fathers, the covenant he made with them when he brought them out of Egypt. 26 They went off and worshiped other gods and bowed down to them, gods they did not know, gods he had not given them. 27 Therefore the LORD's anger burned against this land, so that he brought on it all the curses written in this book. 28 In furious anger and in great wrath the LORD uprooted them from their land and thrust them into another land, as it is now."

29 The secret things belong to the LORD our God, but the things revealed belong to us and to our children forever, that we may follow all the words of this law.

Prosperity After Turning to the LORD

30 When all these blessings and curses I have set before you come upon you and you take them to heart wherever the LORD your God disperses you among the nations, 2 and when you and your children return to the LORD your God and obey him with all your heart and with all your soul according to everything I command you today, 3 then the LORD your God

---

n 19 Or way, in order to add drunkenness to thirst."

tuna[s] y se compadecerá de ti. ¡Volverá a reunirte de todas las naciones por donde te haya dispersado! 4 Aunque te encuentres desterrado en el lugar más distante de la tierra, desde allá el SEÑOR tu Dios te traerá de vuelta, y volverá a reunirte. 5 Te hará volver a la tierra que perteneció a tus antepasados, y tomarás posesión de ella. Te hará prosperar, y tendrás más descendientes que los que tuvieron tus antepasados. 6 El SEÑOR tu Dios quitará lo pagano que haya en tu corazón[t] y en el de tus descendientes, para que lo ames con todo tu corazón y con toda tu alma, y así tengas vida. 7 Además, el SEÑOR tu Dios hará que todas estas maldiciones caigan sobre tus enemigos, los cuales te odian y persiguen. 8 Y tú volverás a obedecer al SEÑOR y a cumplir todos sus mandamientos, tal como hoy te lo ordeno. 9 Entonces el SEÑOR tu Dios te bendecirá con mucha prosperidad en todo el trabajo de tus manos y en el fruto de tu vientre, en las crías de tu ganado y en las cosechas de tus campos. El SEÑOR se complacerá de nuevo en tu bienestar, así como se deleitó en la prosperidad de tus antepasados, 10 siempre y cuando obedezcas al SEÑOR tu Dios y cumplas sus mandamientos y preceptos, escritos en este libro de la *ley, y te vuelvas al SEÑOR tu Dios con todo tu corazón y con toda tu alma.

Elección entre la vida y la muerte

11 »Este mandamiento que hoy te ordeno obedecer no es superior a tus fuerzas ni está fuera de tu alcance. 12 No está arriba en el cielo, para que preguntes: "¿Quién subirá al cielo por nosotros, para que nos lo traiga, y así podamos escucharlo y obedecerlo?" 13 Tampoco está más allá del océano, para que preguntes: "¿Quién cruzará por nosotros hasta el otro lado del océano, para que nos lo traiga, y así podamos escucharlo y obedecerlo?" 14 ¡No! La palabra está muy cerca de ti; la tienes en la boca y en el *corazón, para que la obedezcas.

15 »Hoy te doy a elegir entre la vida y la muerte, entre el bien y el mal. 16 Hoy te ordeno que ames al SEÑOR tu Dios, que andes en sus *caminos, y que cumplas sus mandamientos, preceptos y leyes. Así vivirás y te multiplicarás, y el SEÑOR tu Dios te bendecirá en la tierra de la que vas a tomar posesión.

17 »Pero si tu corazón se rebela y no obedeces, sino que te desvías para adorar y servir a otros dioses, 18 te advierto hoy que serás destruido sin remedio. No vivirás mucho tiempo en el territorio que vas a poseer luego de cruzar el Jordán. 19 »Hoy pongo al cielo y a la tierra por testigos contra ti, de que te he dado a elegir entre la vida y la muerte, entre la bendición y la maldición. Elige, pues, la vida, para que vivan tú y tus descendientes. 20 Ama al SEÑOR tu Dios, obedécelo y sé fiel a él, porque de él depende tu vida, y por él vivirás mucho tiempo en el territorio que juró dar a tus antepasados Abraham, Isaac y Jacob.»

Josué, sucesor de Moisés

31 De nuevo habló Moisés a todo el pueblo de Israel, y les dijo: 2 «Ya tengo ciento veinte años de edad, y no puedo seguir siendo su líder. Además, el SEÑOR me ha dicho que no voy a cruzar el Jordán, 3 pues ha ordenado que sea Josué quien lo cruce al frente de ustedes. El SEÑOR su Dios marchará al frente de ustedes para destruir a todas las naciones que encuentren a su

will restore your fortunes[o] and have compassion on you and gather you again from all the nations where he scattered you. 4 Even if you have been banished to the most distant land under the heavens, from there the LORD your God will gather you and bring you back. 5 He will bring you to the land that belonged to your fathers, and you will take possession of it. He will make you more prosperous and numerous than your fathers. 6 The LORD your God will circumcise your hearts and the hearts of your descendants, so that you may love him with all your heart and with all your soul, and live. 7 The LORD your God will put all these curses on your enemies who hate and persecute you. 8 You will again obey the LORD and follow all his commands I am giving you today. 9 Then the LORD your God will make you most prosperous in all the work of your hands and in the fruit of your womb, the young of your livestock and the crops of your land. The LORD will again delight in you and make you prosperous, just as he delighted in your fathers, 10 if you obey the LORD your God and keep his commands and decrees that are written in this Book of the Law and turn to the LORD your God with all your heart and with all your soul.

The Offer of Life or Death

11 Now what I am commanding you today is not too difficult for you or beyond your reach. 12 It is not up in heaven, so that you have to ask, "Who will ascend into heaven to get it and proclaim it to us so we may obey it?" 13 Nor is it beyond the sea, so that you have to ask, "Who will cross the sea to get it and proclaim it to us so we may obey it?" 14 No, the word is very near you; it is in your mouth and in your heart so you may obey it.

15 See, I set before you today life and prosperity, death and destruction. 16 For I command you today to love the LORD your God, to walk in his ways, and to keep his commands, decrees and laws; then you will live and increase, and the LORD your God will bless you in the land you are entering to possess.

17 But if your heart turns away and you are not obedient, and if you are drawn away to bow down to other gods and worship them, 18 I declare to you this day that you will certainly be destroyed. You will not live long in the land you are crossing the Jordan to enter and possess.

19 This day I call heaven and earth as witnesses against you that I have set before you life and death, blessings and curses. Now choose life, so that you and your children may live 20 and that you may love the LORD your God, listen to his voice, and hold fast to him. For the LORD is your life, and he will give you many years in the land he swore to give to your fathers, Abraham, Isaac and Jacob.

Joshua to Succeed Moses

31 Then Moses went out and spoke these words to all Israel: 2 "I am now a hundred and twenty years old and I am no longer able to lead you. The LORD has said to me, 'You shall not cross the Jordan.' 3 The LORD your God himself will cross over ahead of you. He will destroy these nations before you, and you will take possession of their land. Joshua also will

---

[s] 30:3 *restaurará tu buena fortuna.* Alt. *te hará volver del destierro.*
[t] 30:6 *quitará lo pagano que haya en tu corazón.* Lit. *circuncidará tu corazón.*

[o] 3 Or *will bring you back from captivity*

paso, y ustedes se apoderarán de su territorio. 4 El SEÑOR las arrasará como arrasó a Sijón y a Og, los reyes de los amorreos, junto con sus países. 5 Cuando el SEÑOR los entregue en sus manos, ustedes los tratarán según mis órdenes. 6 Sean fuertes y valientes. No teman ni se asusten ante esas naciones, pues el SEÑOR su Dios siempre los acompañará; nunca los dejará ni los abandonará.»

7 Llamó entonces Moisés a Josué, y en presencia de todo Israel le dijo: «Sé fuerte y valiente, porque tú entrarás con este pueblo al territorio que el SEÑOR juró darles a sus antepasados. Tú harás que ellos tomen posesión de su herencia. 8 El SEÑOR mismo marchará al frente de ti y estará contigo; nunca te dejará ni te abandonará. No temas ni te desanimes.»

La lectura de la ley

9 Moisés escribió esta *ley y se la entregó a los sacerdotes levitas que transportaban el arca del *pacto del SEÑOR, y a todos los *ancianos de Israel. 10 Luego les ordenó: «Cada siete años, en el año de la cancelación de deudas, durante la fiesta de las *Enramadas, 11 cuando tú, Israel, te presentes ante el SEÑOR tu Dios en el lugar que él habrá de elegir, leerás en voz alta esta ley en presencia de todo Israel. 12 Reunirás a todos los hombres, mujeres y niños de tu pueblo, y a los extranjeros que vivan en tus ciudades, para que escuchen y aprendan a temer al SEÑOR tu Dios, y obedezcan fielmente todas las palabras de esta ley. 13 Y los descendientes de ellos, para quienes esta ley será desconocida, la oirán y aprenderán a temer al SEÑOR tu Dios mientras vivan en el territorio que vas a poseer al otro lado del Jordán.»

Predicción de la rebeldía de Israel

14 El SEÑOR le dijo a Moisés: «Ya se acerca el día de tu muerte. Llama a Josué, y preséntate con él en la *Tienda de reunión para que reciba mis órdenes.»

Fue así como Moisés y Josué se presentaron allí. 15 Entonces el SEÑOR se apareció a la entrada de la Tienda de reunión, en una columna de nube, 16 y le dijo a Moisés: «Tú irás a descansar con tus antepasados, y muy pronto esta gente me será infiel con los dioses extraños del territorio al que van a entrar. Me rechazarán y quebrantarán el *pacto que hice con ellos. 17 Cuando esto haya sucedido, se encenderá mi ira contra ellos y los abandonaré; ocultaré mi rostro, y serán presa fácil. Entonces les sobrevendrán muchos desastres y adversidades, y se preguntarán: "¿No es verdad que todos estos desastres nos han sobrevenido porque nuestro Dios ya no está con nosotros?" 18 Y ese día yo ocultaré aún más mi rostro, por haber cometido la maldad de irse tras otros dioses.

19 »Escriban, pues, este cántico, y enséñenselo al pueblo para que lo cante y sirva también de testimonio contra ellos.

20 »Cuando yo conduzca a los israelitas a la tierra que juré darles a sus antepasados, tierra donde abundan la leche y la miel, comerán hasta saciarse y engordarán; se irán tras otros dioses y los adorarán, despreciándome y quebrantando mi pacto. 21 Y cuando les sobrevengan muchos desastres y adversidades, este cántico servirá de testimonio contra ellos, porque sus descendientes lo recordarán y lo cantarán. Yo sé lo que mi pueblo piensa hacer, aun antes de introducirlo en el territorio que juré darle.»

22 Entonces Moisés escribió ese cántico aquel día, y

cross over ahead of you, as the LORD said. 4 And the LORD will do to them what he did to Sihon and Og, the kings of the Amorites, whom he destroyed along with their land. 5 The LORD will deliver them to you, and you must do to them all that I have commanded you. 6 Be strong and courageous. Do not be afraid or terrified because of them, for the LORD your God goes with you; he will never leave you nor forsake you."

7 Then Moses summoned Joshua and said to him in the presence of all Israel, "Be strong and courageous, for you must go with this people into the land that the LORD swore to their forefathers to give them, and you must divide it among them as their inheritance. 8 The LORD himself goes before you and will be with you; he will never leave you nor forsake you. Do not be afraid; do not be discouraged."

The Reading of the Law

9 So Moses wrote down this law and gave it to the priests, the sons of Levi, who carried the ark of the covenant of the LORD, and to all the elders of Israel. 10 Then Moses commanded them: "At the end of every seven years, in the year for canceling debts, during the Feast of Tabernacles, 11 when all Israel comes to appear before the LORD your God at the place he will choose, you shall read this law before them in their hearing. 12 Assemble the people—men, women and children, and the aliens living in your towns—so they can listen and learn to fear the LORD your God and follow carefully all the words of this law. 13 Their children, who do not know this law, must hear it and learn to fear the LORD your God as long as you live in the land you are crossing the Jordan to possess."

Israel's Rebellion Predicted

14 The LORD said to Moses, "Now the day of your death is near. Call Joshua and present yourselves at the Tent of Meeting, where I will commission him." So Moses and Joshua came and presented themselves at the Tent of Meeting.

15 Then the LORD appeared at the Tent in a pillar of cloud, and the cloud stood over the entrance to the Tent. 16 And the LORD said to Moses: "You are going to rest with your fathers, and these people will soon prostitute themselves to the foreign gods of the land they are entering. They will forsake me and break the covenant I made with them. 17 On that day I will become angry with them and forsake them; I will hide my face from them, and they will be destroyed. Many disasters and difficulties will come upon them, and on that day they will ask, 'Have not these disasters come upon us because our God is not with us?' 18 And I will certainly hide my face on that day because of all their wickedness in turning to other gods.

19 "Now write down for yourselves this song and teach it to the Israelites and have them sing it, so that it may be a witness for me against them. 20 When I have brought them into the land flowing with milk and honey, the land I promised on oath to their forefathers, and when they eat their fill and thrive, they will turn to other gods and worship them, rejecting me and breaking my covenant. 21 And when many disasters and difficulties come upon them, this song will testify against them, because it will not be forgotten by their descendants. I know what they are disposed to do, even before I bring them into the land I promised them on oath." 22 So Moses wrote down this song that day and taught it to the Israelites.

se lo enseñó a los israelitas. 23 Y el SEÑOR le dio a Josué hijo de Nun esta orden: «Esfuérzate y sé valiente, porque tú conducirás a los israelitas al territorio que juré darles, y yo mismo estaré contigo.»

24 Moisés terminó de escribir en un libro todas las palabras de esta *ley. 25 Luego dio esta orden a los levitas que transportaban el arca del pacto del SEÑOR: 26 «Tomen este libro de la ley, y pónganlo junto al arca del pacto del SEÑOR su Dios. Allí permanecerá como testigo contra ustedes los israelitas, 27 pues sé cuán tercos y rebeldes son. Si fueron rebeldes contra el SEÑOR mientras viví con ustedes, ¡cuánto más lo serán después de mi muerte! 28 Reúnan ante mí a todos los *ancianos y los líderes de sus tribus, para que yo pueda comunicarles estas palabras y las escuchen claramente. Pongo al cielo y a la tierra por testigos contra ustedes, 29 porque sé que después de mi muerte se pervertirán y se apartarán del *camino que les he mostrado. En días venideros les sobrevendrán calamidades, porque harán lo malo a los ojos del SEÑOR y con sus detestables actos provocarán su ira.»

El cántico de Moisés

30 Y éste fue el cántico que recitó Moisés de principio a fin, en presencia de toda la asamblea de Israel:

32 «Escuchen, cielos, y hablaré;
　　oye, tierra, las palabras de mi boca.
2 Que caiga mi enseñanza como lluvia
　　y desciendan mis palabras como rocío,
　como aguacero sobre el pasto nuevo,
　　como lluvia abundante sobre plantas tiernas.

3 Proclamaré el *nombre del SEÑOR.
　　¡Alaben la grandeza de nuestro Dios!
4 Él es la *Roca, sus obras son perfectas,
　　y todos sus *caminos son justos.
Dios es fiel; no practica la injusticia.
　　Él es recto y justo.

5 Actuaron contra él de manera corrupta;
　　para vergüenza de ellos, ya no son sus hijos;
　¡son una generación torcida y perversa!

6 »¿Y así le pagas al SEÑOR,
　　pueblo tonto y necio?
¿Acaso no es tu Padre, tu Creador,
　　el que te hizo y te formó?
7 Recuerda los días de antaño;
　　considera las épocas del remoto pasado.
Pídele a tu padre que te lo diga,
　　y a los ancianos que te lo expliquen.
8 Cuando el *Altísimo dio su herencia a las naciones,
　　cuando dividió a toda la *humanidad,
　les puso límites a los pueblos
　　según el número de los hijos de Israel.
9 Porque la porción del SEÑOR es su pueblo;
　　Jacob es su herencia asignada.

23 The LORD gave this command to Joshua son of Nun: "Be strong and courageous, for you will bring the Israelites into the land I promised them on oath, and I myself will be with you."

24 After Moses finished writing in a book the words of this law from beginning to end, 25 he gave this command to the Levites who carried the ark of the covenant of the LORD: 26 "Take this Book of the Law and place it beside the ark of the covenant of the LORD your God. There it will remain as a witness against you. 27 For I know how rebellious and stiff-necked you are. If you have been rebellious against the LORD while I am still alive and with you, how much more will you rebel after I die! 28 Assemble before me all the elders of your tribes and all your officials, so that I can speak these words in their hearing and call heaven and earth to testify against them. 29 For I know that after my death you are sure to become utterly corrupt and to turn from the way I have commanded you. In days to come, disaster will fall upon you because you will do evil in the sight of the LORD and provoke him to anger by what your hands have made."

The Song of Moses

30 And Moses recited the words of this song from beginning to end in the hearing of the whole assembly of Israel:

32 Listen, O heavens, and I will speak;
　　hear, O earth, the words of my mouth.
2 Let my teaching fall like rain
　　and my words descend like dew,
　like showers on new grass,
　　like abundant rain on tender plants.

3 I will proclaim the name of the LORD.
　　Oh, praise the greatness of our God!
4 He is the Rock, his works are perfect,
　　and all his ways are just.
A faithful God who does no wrong,
　　upright and just is he.

5 They have acted corruptly toward him;
　　to their shame they are no longer his children,
　　but a warped and crooked generation. P
6 Is this the way you repay the LORD,
　　O foolish and unwise people?
Is he not your Father, your Creator,q
　　who made you and formed you?

7 Remember the days of old;
　　consider the generations long past.
Ask your father and he will tell you,
　　your elders, and they will explain to you.
8 When the Most High gave the nations their inheritance,
　　when he divided all mankind,
　he set up boundaries for the peoples
　　according to the number of the sons of Israel.r
9 For the LORD's portion is his people,
　　Jacob his allotted inheritance.

---

p 5 Or Corrupt are they and not his children, / a generation warped and twisted to their shame　　q 6 Or Father, who bought you
r 8 Masoretic Text; Dead Sea Scrolls (see also Septuagint) sons of God

¹⁰Lo halló en una tierra desolada,
en la rugiente soledad del yermo.
Lo protegió y lo cuidó;
lo guardó como a la niña de sus ojos;
¹¹como un águila que agita el nido
y revolotea sobre sus polluelos,
que despliega su plumaje
y los lleva sobre sus alas.

¹²»Sólo el SEÑOR lo guiaba;
ningún Dios extraño iba con él.
¹³Lo hizo cabalgar sobre las alturas de la tierra
y lo alimentó con el fruto de los campos.
Lo nutrió con miel y aceite,
que hizo brotar de la roca;
¹⁴con natas y leche de la manada y del rebaño,
y con cebados corderos y cabritos;
con toros selectos de Basán
y las mejores espigas del trigo.
¡Bebió la sangre espumosa de la uva!

¹⁵»Jesurún^u engordó y pateó;
se hartó de comida,
y se puso corpulento y rollizo.
Abandonó al Dios que le dio vida
y rechazó a la Roca, su Salvador.
¹⁶Lo provocó a celos con dioses extraños
y lo hizo enojar con sus ídolos detestables.
¹⁷Ofreció sacrificios a los demonios,
que no son Dios;
dioses que no había conocido,
dioses recién aparecidos,
dioses no honrados por sus padres.
¹⁸¡Desertaste de la Roca que te engendró!
¡Olvidaste al Dios que te dio vida!

¹⁹»Al ver esto, el SEÑOR los rechazó
porque sus hijos y sus hijas lo irritaron.
²⁰"Les voy a dar la espalda —dijo—,
y a ver en qué terminan;
son una generación perversa,
¡son unos hijos infieles!
²¹Me provocaron a celos con quien no es Dios
como yo,
y me enojaron con sus ídolos indignos.
Pues yo haré que ustedes sientan envidia de los
que no son pueblo;
voy a irritarlos con una nación insensata.
²²Se ha encendido el fuego de mi ira,
que quema hasta lo profundo del *abismo.
Devorará la tierra y sus cosechas,
y consumirá la raíz de las montañas.

²³» "Amontonaré calamidades sobre ellos
y gastaré mis flechas en su contra.
²⁴Enviaré a que los consuman el hambre,
la pestilencia nauseabunda y la plaga mortal.
Lanzaré contra ellos los colmillos de las fieras
y el veneno de las víboras que se arrastran
por el polvo.
²⁵En la calle, la espada los dejará sin hijos,
y en sus casas reinará el terror.
Perecerán los jóvenes y las doncellas,
los que aún maman y los que peinan canas.

¹⁰In a desert land he found him,
in a barren and howling waste.
He shielded him and cared for him;
he guarded him as the apple of his eye,
¹¹like an eagle that stirs up its nest
and hovers over its young,
that spreads its wings to catch them
and carries them on its pinions.
¹²The LORD alone led him;
no foreign god was with him.
¹³He made him ride on the heights of the land
and fed him with the fruit of the fields.
He nourished him with honey from the rock,
and with oil from the flinty crag,
¹⁴with curds and milk from herd and flock
and with fattened lambs and goats,
with choice rams of Bashan
and the finest kernels of wheat.
You drank the foaming blood of the grape.

¹⁵Jeshurun^s grew fat and kicked;
filled with food, he became heavy and
sleek.
He abandoned the God who made him
and rejected the Rock his Savior.
¹⁶They made him jealous with their foreign
gods
and angered him with their detestable
idols.
¹⁷They sacrificed to demons, which are not
God—
gods they had not known,
gods that recently appeared,
gods your fathers did not fear.
¹⁸You deserted the Rock, who fathered you;
you forgot the God who gave you birth.

¹⁹The LORD saw this and rejected them
because he was angered by his sons and
daughters.
²⁰"I will hide my face from them," he said,
"and see what their end will be;
for they are a perverse generation,
children who are unfaithful.
²¹They made me jealous by what is no god
and angered me with their worthless idols.
I will make them envious by those who are
not a people;
I will make them angry by a nation that
has no understanding.
²²For a fire has been kindled by my wrath,
one that burns to the realm of death^t
below.
It will devour the earth and its harvests
and set afire the foundations of the
mountains.

²³"I will heap calamities upon them
and spend my arrows against them.
²⁴I will send wasting famine against them,
consuming pestilence and deadly plague;
I will send against them the fangs of wild
beasts,
the venom of vipers that glide in the dust.
²⁵In the street the sword will make them
childless;
in their homes terror will reign.
Young men and young women will perish,
infants and gray-haired men.

---

^u 32:15 En hebreo, *Jesurún* significa *el justo*, es decir, Israel.

^s 15 *Jeshurun* means *the upright one*, that is, Israel.
^t 22 Hebrew *to Sheol*

26 Me dije: 'Voy a dispersarlos;
    borraré de la tierra su memoria.'
27 Pero temí las provocaciones del enemigo;
    temí que el adversario no entendiera
y llegara a pensar: 'Hemos triunfado;
    nada de esto lo ha hecho el SEÑOR.' "

28 »Como nación, son unos insensatos;
    carecen de discernimiento.
29 ¡Si tan sólo fueran sabios y entendieran esto,
    y comprendieran cuál será su fin!
30 ¿Cómo podría un hombre perseguir a mil
    si su Roca no los hubiera vendido?
¿Cómo podrían dos hacer huir a diez mil
    si el SEÑOR no los hubiera entregado?
31 Su roca no es como la nuestra.
    ¡Aun nuestros enemigos lo reconocen!
32 Su viña es un retoño de Sodoma,
    de los campos de Gomorra.
Sus uvas están llenas de veneno;
    sus racimos, preñados de amargura.
33 Su vino es veneno de víboras,
    ponzoña mortal de serpientes.

34 »"¿No he tenido esto en reserva,
    y lo he sellado en mis archivos?
35 Mía es la venganza; yo pagaré.
    A su debido tiempo, su pie resbalará.
Se apresura su desastre,
    y el día del juicio se avecina."

36 »El SEÑOR defenderá a su pueblo
    cuando lo vea sin fuerzas;
tendrá compasión de sus siervos
    cuando ya no haya ni esclavos ni libres.
37 Y les dirá: "¿Dónde están ahora sus dioses,
    la roca en la cual se refugiaron?
38 ¿Dónde están los dioses
    que comieron la gordura de sus sacrificios
    y bebieron el vino de sus libaciones?
¡Que se levanten a ayudarles!
    ¡Que les den abrigo!

39 » "¡Vean ahora que yo soy único!
    No hay otro Dios fuera de mí.
Yo doy la muerte y devuelvo la vida,
    causo heridas y doy sanidad.
Nadie puede librarse de mi poder.
40 Levanto la mano al cielo y declaro:
    Tan seguro como que vivo para siempre,
41 cuando afile mi espada reluciente
    y en el día del juicio la tome en mis manos,
me vengaré de mis adversarios;
    ¡les daré su merecido a los que me odian!
42 Mis flechas se embriagarán de sangre,
    y mi espada se hartará de carne:
sangre de heridos y de cautivos,
    cabezas de caudillos enemigos."

43 »Alégrense, naciones, con el pueblo de Dios;v
    él vengará la sangre de sus siervos.
¡Sí! Dios se vengará de sus enemigos,
    y hará *expiación por su tierra y por su
      pueblo.»

44 Acompañado de Josué hijo de Nun, Moisés fue y recitó ante el pueblo todas las palabras de este cántico. 45 Cuando terminó, les dijo a todos los israelitas:

26 I said I would scatter them
    and blot out their memory from mankind,
27 but I dreaded the taunt of the enemy,
    lest the adversary misunderstand
and say, 'Our hand has triumphed;
    the LORD has not done all this.' "

28 They are a nation without sense,
    there is no discernment in them.
29 If only they were wise and would
    understand this
and discern what their end will be!
30 How could one man chase a thousand,
    or two put ten thousand to flight,
unless their Rock had sold them,
    unless the LORD had given them up?
31 For their rock is not like our Rock,
    as even our enemies concede.
32 Their vine comes from the vine of Sodom
    and from the fields of Gomorrah.
Their grapes are filled with poison,
    and their clusters with bitterness.
33 Their wine is the venom of serpents,
    the deadly poison of cobras.

34 "Have I not kept this in reserve
    and sealed it in my vaults?
35 It is mine to avenge; I will repay.
    In due time their foot will slip;
their day of disaster is near
    and their doom rushes upon them."

36 The LORD will judge his people
    and have compassion on his servants
when he sees their strength is gone
    and no one is left, slave or free.
37 He will say: "Now where are their gods,
    the rock they took refuge in,
38 the gods who ate the fat of their sacrifices
    and drank the wine of their drink
      offerings?
Let them rise up to help you!
    Let them give you shelter!

39 "See now that I myself am He!
    There is no god besides me.
I put to death and I bring to life,
    I have wounded and I will heal,
    and no one can deliver out of my hand.
40 I lift my hand to heaven and declare:
    As surely as I live forever,
41 when I sharpen my flashing sword
    and my hand grasps it in judgment,
I will take vengeance on my adversaries
    and repay those who hate me.
42 I will make my arrows drunk with blood,
    while my sword devours flesh:
the blood of the slain and the captives,
    the heads of the enemy leaders."

43 Rejoice, O nations, with his people,u, v
    for he will avenge the blood of his
      servants;
he will take vengeance on his enemies
    and make atonement for his land and
      people.

44 Moses came with Joshuaw son of Nun and spoke all the words of this song in the hearing of the people. 45 When Moses finished reciting all these words to all

v 32:43 Alégrense, naciones, con el pueblo de Dios. Alt. Hagan
regocijar al pueblo de Dios, naciones.

u 43 Or Make his people rejoice, O nations   v 43 Masoretic
Text; Dead Sea Scrolls (see also Septuagint) people, / and let all the
angels worship him /   w 44 Hebrew Hoshea, a variant of Joshua

46 «Mediten bien en todo lo que les he declarado solemnemente este día, y díganles a sus hijos que obedezcan fielmente todas las palabras de esta *ley. 47 Porque no son palabras vanas para ustedes, sino que de ellas depende su vida; por ellas vivirán mucho tiempo en el territorio que van a poseer al otro lado del Jordán.»

Anuncio de la muerte de Moisés

48 Ese mismo día el SEÑOR le dijo a Moisés: 49 «Sube a las montañas de Abarín, y contempla desde allí el monte Nebo, en el territorio de Moab, frente a Jericó, y el territorio de Canaán, el cual voy a dar en posesión a los israelitas. 50 En el monte al que vas a subir morirás, y te reunirás con los tuyos, así como tu hermano Aarón murió y se reunió con sus antepasados en el monte Hor. 51 Esto será así porque, a la vista de todos los israelitas, ustedes dos me fueron infieles en las aguas de Meribá Cades; en el desierto de Zin no honraron mi *santidad. 52 Por eso no entrarás en el territorio que voy a darle al pueblo de Israel; solamente podrás verlo de lejos.»

Moisés bendice a las tribus

33 Antes de su muerte, Moisés, hombre de Dios, bendijo así a los israelitas:

2 «Vino el SEÑOR desde el Sinaí:
vino sobre su pueblo, como aurora, desde
    Seír;
resplandeció desde el monte Parán,
    y llegó desde Meribá Cades
con rayos de luz en su diestra.w
3 Tú eres quien ama a su pueblo;
    todos los *santos están en tu mano.
Por eso siguen tus pasos
    y de ti reciben instrucción.
4 Es la *ley que nos dio Moisés,
    el tesoro de la asamblea de Jacob.
5 El SEÑOR era rey sobre Jesurúnx
    cuando los líderes del pueblo se reunieron,
junto con las tribus de Israel.

6 »Que Rubén viva, y que no muera;
    ¡sean innumerables sus hombres!»

7 Y esto dijo acerca de Judá:

«Oye, SEÑOR, el clamor de Judá;
    hazlo volver a su pueblo.
Judá defiende su causa con sus propias fuerzas.
    ¡Ayúdalo contra sus enemigos!»

8 Acerca de Leví dijo:

«El *urim y el tumim, que son tuyos,
    los has dado al hombre que favoreces.
Lo pusiste a prueba en Masá;
    en las aguas de Meribá contendiste con él.
9 Dijo de su padre y de su madre:
    "No los tomo en cuenta."
No reconoció a sus hermanos,
    y hasta desconoció a sus hijos,
pero tuvo en cuenta tu palabra
    y obedeció tu *pacto.

Israel, 46 he said to them, "Take to heart all the words I have solemnly declared to you this day, so that you may command your children to obey carefully all the words of this law. 47 They are not just idle words for you—they are your life. By them you will live long in the land you are crossing the Jordan to possess."

Moses to Die on Mount Nebo

48 On that same day the LORD told Moses, 49 "Go up into the Abarim Range to Mount Nebo in Moab, across from Jericho, and view Canaan, the land I am giving the Israelites as their own possession. 50 There on the mountain that you have climbed you will die and be gathered to your people, just as your brother Aaron died on Mount Hor and was gathered to his people. 51 This is because both of you broke faith with me in the presence of the Israelites at the waters of Meribah Kadesh in the Desert of Zin and because you did not uphold my holiness among the Israelites. 52 Therefore, you will see the land only from a distance; you will not enter the land I am giving to the people of Israel."

Moses Blesses the Tribes

33 This is the blessing that Moses the man of God pronounced on the Israelites before his death.
2 He said:

"The LORD came from Sinai
    and dawned over them from Seir;
he shone forth from Mount Paran.
He came withx myriads of holy ones
    from the south, from his mountain
        slopes.y
3 Surely it is you who love the people;
    all the holy ones are in your hand.
At your feet they all bow down,
    and from you receive instruction,
4 the law that Moses gave us,
    the possession of the assembly of Jacob.
5 He was king over Jeshurunz
    when the leaders of the people assembled,
along with the tribes of Israel.

6 "Let Reuben live and not die,
    nora his men be few."

7 And this he said about Judah:

"Hear, O LORD, the cry of Judah;
    bring him to his people.
With his own hands he defends his cause.
    Oh, be his help against his foes!"

8 About Levi he said:

"Your Thummim and Urim belong
    to the man you favored.
You tested him at Massah;
    you contended with him at the waters of
        Meribah.
9 He said of his father and mother,
    'I have no regard for them.'
He did not recognize his brothers
    or acknowledge his own children,
but he watched over your word
    and guarded your covenant.

---

w 33:2 con rayos de luz en su diestra. Frase de difícil traducción.
x 33:5 En hebreo, Jesurún significa el justo, es decir, Israel; también en v. 26.

x 2 Or from   y 2 The meaning of the Hebrew for this phrase is uncertain.   z 5 Jeshurun means the upright one, that is, Israel; also in verse 26.   a 6 Or but let

10 Le enseñó tus preceptos a Jacob
    y tu ley a Israel.
Presentó ante ti, sobre tu altar,
    el incienso y las ofrendas del todo
    quemadas.
11 Bendice, Señor, sus logros
    y acepta la obra de sus manos.
Destruye el poder de sus adversarios;
    ¡que nunca más se levanten sus enemigos!»

12 Acerca de Benjamín dijo:

«Que el amado del Señor repose seguro en él,
    porque lo protege todo el día
    y descansa tranquilo entre sus hombros.»

13 Acerca de José dijo:

«El Señor bendiga su tierra
    con el rocío precioso del cielo
    y con las aguas que brotan de la tierra;
14 con las mejores cosechas del año
    y los mejores frutos del mes;
15 con lo más selecto de las montañas de siempre
    y la fertilidad de las colinas eternas;
16 con lo mejor de lo que llena la tierra
    y el favor del que mora en la zarza ardiente.
Repose todo esto sobre la cabeza de José,
    sobre la corona del elegido entre sus
    hermanos.
17 José es majestuoso como primogénito de toro;
    ¡poderoso como un búfalo!
Con sus cuernos atacará a las naciones,
    hasta arrinconarlas en los confines del
    mundo.
¡Tales son los millares de Manasés,
    las decenas de millares de Efraín!»

18 Acerca de Zabulón dijo:

«Tú, Zabulón, eres feliz emprendiendo viajes,
    y tú, Isacar, quedándote en tu carpa.
19 Invitarán a los pueblos a subir a la montaña,
    para ofrecer allí sacrificios de justicia.
Disfrutarán de la abundancia del mar
    y de los tesoros escondidos en la arena.»

20 Acerca de Gad dijo:

«¡Bendito el que ensanche los dominios de
    Gad!
Ahí habita Gad como león,
    desgarrando brazos y cabezas.
21 Escogió la mejor tierra para sí;
    se guardó la porción del líder.
Cuando los jefes del pueblo se reunieron,
    cumplió la justa voluntad del Señor,
    los decretos que había dado a su pueblo.»

22 Acerca de Dan dijo:

«Dan es un cachorro de león,
    que salta desde Basán.»

23 Acerca de Neftalí dijo:

«Neftalí rebosa del favor del Señor,
    y está lleno de sus bendiciones;
sus dominios se extienden
    desde el mar hasta el desierto.»

10 He teaches your precepts to Jacob
    and your law to Israel.
He offers incense before you
    and whole burnt offerings on your altar.
11 Bless all his skills, O Lord,
    and be pleased with the work of his
    hands.
Smite the loins of those who rise up against
    him;
    strike his foes till they rise no more."

12 About Benjamin he said:

"Let the beloved of the Lord rest secure in
    him,
for he shields him all day long,
    and the one the Lord loves rests between
    his shoulders."

13 About Joseph he said:

"May the Lord bless his land
    with the precious dew from heaven above
    and with the deep waters that lie below;
14 with the best the sun brings forth
    and the finest the moon can yield;
15 with the choicest gifts of the ancient
    mountains
    and the fruitfulness of the everlasting
    hills;
16 with the best gifts of the earth and its
    fullness
    and the favor of him who dwelt in the
    burning bush.
Let all these rest on the head of Joseph,
    on the brow of the prince among[b] his
    brothers.
17 In majesty he is like a firstborn bull;
    his horns are the horns of a wild ox.
With them he will gore the nations,
    even those at the ends of the earth.
Such are the ten thousands of Ephraim;
    such are the thousands of Manasseh."

18 About Zebulun he said:

"Rejoice, Zebulun, in your going out,
    and you, Issachar, in your tents.
19 They will summon peoples to the mountain
    and there offer sacrifices of righteousness;
they will feast on the abundance of the seas,
    on the treasures hidden in the sand."

20 About Gad he said:

"Blessed is he who enlarges Gad's domain!
    Gad lives there like a lion,
    tearing at arm or head.
21 He chose the best land for himself;
    the leader's portion was kept for him.
When the heads of the people assembled,
    he carried out the Lord's righteous will,
    and his judgments concerning Israel."

22 About Dan he said:

"Dan is a lion's cub,
    springing out of Bashan."

23 About Naphtali he said:

"Naphtali is abounding with the favor of the
    Lord
    and is full of his blessing;
he will inherit southward to the lake."

b 16 Or of the one separated from

²⁴ Acerca de Aser dijo:

«Aser es el más bendito de los hijos;
   que sea el favorito de sus hermanos,
   y se empape en aceite los pies.
²⁵ Tus cerrojos serán de hierro y bronce;
   ¡que dure tu fuerza tanto como tus días!

²⁶ »No hay nadie como el Dios de Jesurún,
   que para ayudarte cabalga en los cielos,
   entre las nubes, con toda su majestad.
²⁷ El Dios sempiterno es tu refugio;
   por siempre te sostiene entre sus brazos.
Expulsará de tu presencia al enemigo
   y te ordenará que lo destruyas.
²⁸ ¡Vive seguro, Israel!
   ¡Habita sin enemigos, fuente de Jacob!
Tu tierra está llena de trigo y de mosto;
   tus cielos destilan rocío.
²⁹ ¡Sonríele a la vida, Israel!
   ¿Quién como tú,
   pueblo rescatado por el SEÑOR?
Él es tu escudo y tu ayuda;
   él es tu espada victoriosa.
Tus enemigos se doblegarán ante ti;
   sus espaldas te servirán de tapete.»^y

Muerte de Moisés

34 Moisés ascendió de las llanuras de Moab al monte Nebo, a la cima del monte Pisgá, frente a Jericó. Allí el SEÑOR le mostró todo el territorio que se extiende desde Galaad hasta Dan, ² todo el territorio de Neftalí y de Efraín, Manasés y Judá, hasta el mar Mediterráneo. ³ Le mostró también la región del Néguev y la del valle de Jericó, la ciudad de palmeras, hasta Zoar. ⁴ Luego el SEÑOR le dijo: «Éste es el territorio que juré a Abraham, Isaac y Jacob que daría a sus descendientes. Te he permitido verlo con tus propios ojos, pero no podrás entrar en él.»

⁵ Allí en Moab murió Moisés, siervo del SEÑOR, tal como el SEÑOR se lo había dicho. ⁶ Y fue sepultado en Moab, en el valle que está frente a Bet Peor, pero hasta la fecha nadie sabe dónde está su sepultura.

⁷ Moisés tenía ciento veinte años de edad cuando murió. Con todo, no se había debilitado su vista ni había perdido su vigor. ⁸ Durante treinta días los israelitas lloraron a Moisés en las llanuras de Moab, guardando así el tiempo de luto acostumbrado.

⁹ Entonces Josué hijo de Nun fue lleno de espíritu de sabiduría, porque Moisés puso sus manos sobre él. Los israelitas, por su parte, obedecieron a Josué e hicieron lo que el SEÑOR le había ordenado a Moisés.

¹⁰ Desde entonces no volvió a surgir en Israel otro profeta como Moisés, con quien el SEÑOR tenía trato directo. ¹¹ Sólo Moisés hizo todas aquellas señales y prodigios que el SEÑOR le mandó realizar en Egipto ante el faraón, sus funcionarios y todo su país. ¹² Nadie ha demostrado jamás tener un poder tan extraordinario, ni ha sido capaz de realizar las proezas que hizo Moisés ante todo Israel.

²⁴ About Asher he said:

"Most blessed of sons is Asher;
   let him be favored by his brothers,
   and let him bathe his feet in oil.
²⁵ The bolts of your gates will be iron and
    bronze,
   and your strength will equal your days.

²⁶ "There is no one like the God of Jeshurun,
   who rides on the heavens to help you
   and on the clouds in his majesty.
²⁷ The eternal God is your refuge,
   and underneath are the everlasting arms.
He will drive out your enemy before you,
   saying, 'Destroy him!'
²⁸ So Israel will live in safety alone;
   Jacob's spring is secure
in a land of grain and new wine,
   where the heavens drop dew.
²⁹ Blessed are you, O Israel!
   Who is like you,
   a people saved by the LORD?
He is your shield and helper
   and your glorious sword.
Your enemies will cower before you,
   and you will trample down their high
     places.^c"

The Death of Moses

34 Then Moses climbed Mount Nebo from the plains of Moab to the top of Pisgah, across from Jericho. There the LORD showed him the whole land— from Gilead to Dan, ² all of Naphtali, the territory of Ephraim and Manasseh, all the land of Judah as far as the western sea,^d ³ the Negev and the whole region from the Valley of Jericho, the City of Palms, as far as Zoar. ⁴ Then the LORD said to him, "This is the land I promised on oath to Abraham, Isaac and Jacob when I said, 'I will give it to your descendants.' I have let you see it with your eyes, but you will not cross over into it."

⁵ And Moses the servant of the LORD died there in Moab, as the LORD had said. ⁶ He buried him^e in Moab, in the valley opposite Beth Peor, but to this day no one knows where his grave is. ⁷ Moses was a hundred and twenty years old when he died, yet his eyes were not weak nor his strength gone. ⁸ The Israelites grieved for Moses in the plains of Moab thirty days, until the time of weeping and mourning was over.

⁹ Now Joshua son of Nun was filled with the spirit^f of wisdom because Moses had laid his hands on him. So the Israelites listened to him and did what the LORD had commanded Moses.

¹⁰ Since then, no prophet has risen in Israel like Moses, whom the LORD knew face to face, ¹¹ who did all those miraculous signs and wonders the LORD sent him to do in Egypt—to Pharaoh and to all his officials and to his whole land. ¹² For no one has ever shown the mighty power or performed the awesome deeds that Moses did in the sight of all Israel.

---

^y 33:29 sus espaldas te servirán de tapete. Alt. hollarás sus *santuarios paganos.

^c 29 Or will tread upon their bodies   ^d 2 That is, the Mediterranean   ^e 6 Or He was buried   ^f 9 Or Spirit

Josué

Orden del SEÑOR a Josué

1 Después de la muerte de Moisés, siervo del SEÑOR, Dios le dijo a Josué hijo de Nun, asistente de Moisés: [2] «Mi siervo Moisés ha muerto. Por eso tú y todo este pueblo deberán prepararse para cruzar el río Jordán y entrar a la tierra que les daré a ustedes los israelitas. [3] Tal como le prometí a Moisés, yo les entregaré a ustedes todo lugar que toquen sus pies. [4] Su territorio se extenderá desde el desierto hasta el Líbano, y desde el gran río Éufrates, territorio de los hititas, hasta el mar Mediterráneo, que se encuentra al oeste. [5] Durante todos los días de tu vida, nadie será capaz de enfrentarse a ti. Así como estuve con Moisés, también estaré contigo; no te dejaré ni te abandonaré.»

[6] »Sé fuerte y valiente, porque tú harás que este pueblo herede la tierra que les prometí a sus antepasados. [7] Sólo te pido que tengas mucho valor y firmeza para obedecer toda la *ley que mi siervo Moisés te mandó. No te apartes de ella para nada; sólo así tendrás éxito dondequiera que vayas. [8] Recita siempre el libro de la ley y medita en él de día y de noche; cumple con cuidado todo lo que en él está escrito. Así prosperarás y tendrás éxito. [9] Ya te lo he ordenado: ¡Sé fuerte y valiente! ¡No tengas miedo ni te desanimes! Porque el SEÑOR tu Dios te acompañará dondequiera que vayas.»

[10] Entonces Josué dio la siguiente orden a los jefes del pueblo: [11] «Vayan por todo el campamento y díganle al pueblo que prepare provisiones, porque dentro de tres días cruzará el río Jordán para tomar posesión del territorio que Dios el SEÑOR le da como herencia.»

[12] A los rubenitas, a los gaditas y a la media tribu de Manasés, Josué les mandó:

[13] —Recuerden la orden que les dio Moisés, siervo del SEÑOR: "Dios el SEÑOR les ha dado reposo y les ha entregado esta tierra." [14] Sus mujeres, sus niños y su ganado permanecerán en el territorio que Moisés les dio al este del Jordán. Pero ustedes, los hombres de guerra, cruzarán armados al frente de sus hermanos. Les prestarán ayuda [15] hasta que el SEÑOR les dé reposo, como lo ha hecho con ustedes, y hasta que ellos tomen posesión de la tierra que el SEÑOR su Dios les da. Sólo entonces podrán ustedes retornar a sus tierras y ocuparlas. Son las tierras que Moisés, siervo del SEÑOR, les dio al este del Jordán.

[16] Ellos le respondieron a Josué:

—Nosotros obedeceremos todo lo que nos has mandado, e iremos adondequiera que nos envíes. [17] Te obedeceremos en todo, tal como lo hicimos con Moisés. Lo único que pedimos es que el SEÑOR esté contigo como estuvo con Moisés. [18] Cualquiera que se rebele contra tus palabras o que no obedezca lo que tú ordenes, será condenado a muerte. Pero tú, ¡sé fuerte y valiente!

Joshua

The LORD Commands Joshua

1 After the death of Moses the servant of the LORD, the LORD said to Joshua son of Nun, Moses' aide: [2] "Moses my servant is dead. Now then, you and all these people, get ready to cross the Jordan River into the land I am about to give to them—to the Israelites. [3] I will give you every place where you set your foot, as I promised Moses. [4] Your territory will extend from the desert to Lebanon, and from the great river, the Euphrates—all the Hittite country—to the Great Sea[a] on the west. [5] No one will be able to stand up against you all the days of your life. As I was with Moses, so I will be with you; I will never leave you nor forsake you.

[6] "Be strong and courageous, because you will lead these people to inherit the land I swore to their forefathers to give them. [7] Be strong and very courageous. Be careful to obey all the law my servant Moses gave you; do not turn from it to the right or to the left, that you may be successful wherever you go. [8] Do not let this Book of the Law depart from your mouth; meditate on it day and night, so that you may be careful to do everything written in it. Then you will be prosperous and successful. [9] Have I not commanded you? Be strong and courageous. Do not be terrified; do not be discouraged, for the LORD your God will be with you wherever you go."

[10] So Joshua ordered the officers of the people: [11] "Go through the camp and tell the people, 'Get your supplies ready. Three days from now you will cross the Jordan here to go in and take possession of the land the LORD your God is giving you for your own.' "

[12] But to the Reubenites, the Gadites and the half-tribe of Manasseh, Joshua said, [13] "Remember the command that Moses the servant of the LORD gave you: 'The LORD your God is giving you rest and has granted you this land.' [14] Your wives, your children and your livestock may stay in the land that Moses gave you east of the Jordan, but all your fighting men, fully armed, must cross over ahead of your brothers. You are to help your brothers [15] until the LORD gives them rest, as he has done for you, and until they too have taken possession of the land that the LORD your God is giving them. After that, you may go back and occupy your own land, which Moses the servant of the LORD gave you east of the Jordan toward the sunrise."

[16] Then they answered Joshua, "Whatever you have commanded us we will do, and wherever you send us we will go. [17] Just as we fully obeyed Moses, so we will obey you. Only may the LORD your God be with you as he was with Moses. [18] Whoever rebels against your word and does not obey your words, whatever you may command them, will be put to death. Only be strong and courageous!"

---

a 4 That is, the Mediterranean

Rajab y los espías

2 Luego Josué hijo de Nun envió secretamente, desde Sitín, a dos espías con la siguiente orden: «Vayan a explorar la tierra, especialmente Jericó.» Cuando los espías llegaron a Jericó, se hospedaron en la casa de una prostituta llamada Rajab. ²Pero el rey de Jericó se enteró de que dos espías israelitas habían entrado esa noche en la ciudad para reconocer el país. ³Así que le envió a Rajab el siguiente mensaje: «Echa fuera a los hombres que han entrado en tu casa, pues vinieron a espiar nuestro país.»

⁴Pero la mujer, que ya había escondido a los espías, le respondió al rey: «Es cierto que unos hombres vinieron a mi casa, pero no sé quiénes eran ni de dónde venían. ⁵Salieron cuando empezó a oscurecer, a la hora de cerrar las *puertas de la ciudad, y no sé a dónde se fueron. Vayan tras ellos; tal vez les den alcance.» ⁶(En realidad, la mujer había llevado a los hombres al techo de la casa y los había escondido entre los manojos de lino que allí secaba.) ⁷Los hombres del rey fueron tras los espías, por el camino que lleva a los vados del río Jordán. En cuanto salieron, las puertas de Jericó se cerraron.

⁸Antes de que los espías se acostaran, Rajab subió al techo ⁹y les dijo:

—Yo sé que el SEÑOR les ha dado esta tierra, y por eso estamos aterrorizados; todos los habitantes del país están muertos de miedo ante ustedes. ¹⁰Tenemos noticias de cómo el SEÑOR secó las aguas del *Mar Rojo para que ustedes pasaran, después de haber salido de Egipto. También hemos oído cómo *destruyeron completamente a los reyes amorreos, Sijón y Og, al este del Jordán. ¹¹Por eso estamos todos tan amedrentados y descorazonados frente a ustedes. Yo sé que el SEÑOR y Dios es Dios de dioses tanto en el cielo como en la tierra. ¹²Por lo tanto, les pido ahora mismo que juren en el *nombre del SEÑOR que serán bondadosos con mi familia, como yo lo he sido con ustedes. Quiero que me den como garantía una señal ¹³de que perdonarán la vida de mis padres, de mis hermanos y de todos los que viven con ellos. ¡Juren que nos salvarán de la muerte!

¹⁴—¡Juramos por nuestra vida que la de ustedes no correrá peligro! —contestaron ellos—. Si no nos delatas, seremos bondadosos contigo y cumpliremos nuestra promesa cuando el SEÑOR nos entregue este país.

¹⁵Entonces Rajab los bajó por la ventana con una soga, pues la casa donde ella vivía estaba sobre la muralla de la ciudad. ¹⁶Ya les había dicho previamente: «Huyan rumbo a las montañas para que sus perseguidores no los encuentren. Escóndanse allí por tres días, hasta que ellos regresen. Entonces podrán seguir su camino.»

¹⁷Los hombres le dijeron a Rajab:

—Quedaremos libres del juramento que te hemos hecho ¹⁸si, cuando conquistemos la tierra, no vemos este cordón rojo atado a la ventana por la que nos bajas. Además, tus padres, tus hermanos y el resto de tu familia deberán estar reunidos en tu casa. ¹⁹Quien salga de la casa en ese momento, será responsable de su propia vida, y nosotros seremos inocentes. Sólo nos haremos responsables de quienes permanezcan en la casa, si alguien se atreve a ponerles la mano encima. ²⁰Conste que si nos delatas, nosotros quedaremos libres del juramento que nos obligaste hacer.

²¹—De acuerdo —respondió Rajab—. Que sea tal como ustedes han dicho.

Luego los despidió; ellos partieron, y ella ató el cordón rojo a la ventana.

Rahab and the Spies

2 Then Joshua son of Nun secretly sent two spies from Shittim. "Go, look over the land," he said, "especially Jericho." So they went and entered the house of a prostitute[b] named Rahab and stayed there.

²The king of Jericho was told, "Look! Some of the Israelites have come here tonight to spy out the land." ³So the king of Jericho sent this message to Rahab: "Bring out the men who came to you and entered your house, because they have come to spy out the whole land."

⁴But the woman had taken the two men and hidden them. She said, "Yes, the men came to me, but I did not know where they had come from. ⁵At dusk, when it was time to close the city gate, the men left. I don't know which way they went. Go after them quickly. You may catch up with them." ⁶(But she had taken them up to the roof and hidden them under the stalks of flax she had laid out on the roof.) ⁷So the men set out in pursuit of the spies on the road that leads to the fords of the Jordan, and as soon as the pursuers had gone out, the gate was shut.

⁸Before the spies lay down for the night, she went up on the roof ⁹and said to them, "I know that the LORD has given this land to you and that a great fear of you has fallen on us, so that all who live in this country are melting in fear because of you. ¹⁰We have heard how the LORD dried up the water of the Red Sea[c] for you when you came out of Egypt, and what you did to Sihon and Og, the two kings of the Amorites east of the Jordan, whom you completely destroyed.[d] ¹¹When we heard of it, our hearts melted and everyone's courage failed because of you, for the LORD your God is God in heaven above and on the earth below. ¹²Now then, please swear to me by the LORD that you will show kindness to my family, because I have shown kindness to you. Give me a sure sign ¹³that you will spare the lives of my father and mother, my brothers and sisters, and all who belong to them, and that you will save us from death."

¹⁴"Our lives for your lives!" the men assured her. "If you don't tell what we are doing, we will treat you kindly and faithfully when the LORD gives us the land."

¹⁵So she let them down by a rope through the window, for the house she lived in was part of the city wall. ¹⁶Now she had said to them, "Go to the hills so the pursuers will not find you. Hide yourselves there three days until they return, and then go on your way."

¹⁷The men said to her, "This oath you made us swear will not be binding on us ¹⁸unless, when we enter the land, you have tied this scarlet cord in the window through which you let us down, and unless you have brought your father and mother, your brothers and all your family into your house. ¹⁹If anyone goes outside your house into the street, his blood will be on his own head; we will not be responsible. As for anyone who is in the house with you, his blood will be on our head if a hand is laid on him. ²⁰But if you tell what we are doing, we will be released from the oath you made us swear."

²¹"Agreed," she replied. "Let it be as you say." So she sent them away and they departed. And she tied the scarlet cord in the window.

---

b 1 Or possibly *an innkeeper*   *c* 10 Hebrew *Yam Suph*; that is, Sea of Reeds   *d* 10 The Hebrew term refers to the irrevocable giving over of things or persons to the LORD, often by totally destroying them.

22 Los hombres se dirigieron a las montañas y permanecieron allí tres días, hasta que sus perseguidores regresaron a la ciudad. Los habían buscado por todas partes, pero sin éxito. 23 Los dos hombres emprendieron el regreso; bajando de las montañas, vadearon el río y llegaron adonde estaba Josué hijo de Nun. Allí le relataron todo lo que les había sucedido: 24 «El SEÑOR ha entregado todo el país en nuestras manos. ¡Todos sus habitantes tiemblan de miedo ante nosotros!»

El cruce del río Jordán

3 Muy de mañana, Josué y todos los israelitas partieron de Sitín y se dirigieron hacia el río Jordán; pero antes de cruzarlo, acamparon a sus orillas. 2 Al cabo de tres días, los jefes del pueblo recorrieron todo el campamento 3 con la siguiente orden: «Cuando vean el arca del *pacto del SEÑOR su Dios, y a los sacerdotes levitas que la llevan, abandonen sus puestos y pónganse en marcha detrás de ella. 4 Así sabrán por dónde ir, pues nunca antes han pasado por ese camino. Deberán, sin embargo, mantener como un kilómetro[a] de distancia entre ustedes y el arca; no se acerquen a ella.»

5 Josué le ordenó al pueblo: «*Purifíquense, porque mañana el SEÑOR va a realizar grandes prodigios entre ustedes.» 6 Y a los sacerdotes les dijo: «Carguen el arca del pacto y pónganse al frente del pueblo.» Los sacerdotes obedecieron y se pusieron al frente del pueblo.

7 Luego el SEÑOR le dijo a Josué: «Este día comenzaré a engrandecerte ante el pueblo de Israel. Así sabrán que estoy contigo como estuve con Moisés. 8 Dales la siguiente orden a los sacerdotes que llevan el arca del pacto: "Cuando lleguen a la orilla del Jordán, deténganse."»

9 Entonces Josué les dijo a los israelitas: «Acérquense y escuchen lo que Dios el SEÑOR tiene que decirles.» 10 Y añadió: «Ahora sabrán que el Dios viviente está en medio de ustedes, y que de seguro expulsará a los cananeos, los hititas, los heveos, los ferezeos, los gergeseos, los amorreos y los jebuseos. 11 El arca del pacto, que pertenece al Soberano de toda la tierra, cruzará el Jordán al frente de ustedes. 12 Ahora, pues, elijan doce hombres, uno por cada tribu de Israel. 13 Tan pronto como los sacerdotes que llevan el arca del SEÑOR, soberano de toda la tierra, pongan pie en el Jordán, las aguas dejarán de correr y se detendrán formando un muro.»

14 Cuando el pueblo levantó el campamento para cruzar el Jordán, los sacerdotes que llevaban el arca del pacto marcharon al frente de todos. 15 Ahora bien, las aguas del Jordán se desbordan en el tiempo de la cosecha. A pesar de eso, tan pronto como los pies de los sacerdotes que portaban el arca tocaron las aguas, 16 éstas dejaron de fluir y formaron un muro que se veía a la distancia, más o menos a la altura del pueblo de Adán, junto a la fortaleza de Saretán. A la vez, dejaron de correr las aguas que fluían en el mar del Arabá, es decir, el Mar Muerto, y así el pueblo pudo cruzar hasta quedar frente a Jericó. 17 Por su parte, los sacerdotes que portaban el arca del pacto del SEÑOR permanecieron de pie en terreno seco, en medio del Jordán, mientras todo el pueblo de Israel terminaba de cruzar el río por el cauce totalmente seco.

Crossing the Jordan

22 When they left, they went into the hills and stayed there three days, until the pursuers had searched all along the road and returned without finding them. 23 Then the two men started back. They went down out of the hills, forded the river and came to Joshua son of Nun and told him everything that had happened to them. 24 They said to Joshua, "The LORD has surely given the whole land into our hands; all the people are melting in fear because of us."

3 Early in the morning Joshua and all the Israelites set out from Shittim and went to the Jordan, where they camped before crossing over. 2 After three days the officers went throughout the camp, 3 giving orders to the people: "When you see the ark of the covenant of the LORD your God, and the priests, who are Levites, carrying it, you are to move out from your positions and follow it. 4 Then you will know which way to go, since you have never been this way before. But keep a distance of about a thousand yards[e] between you and the ark; do not go near it."

5 Joshua told the people, "Consecrate yourselves, for tomorrow the LORD will do amazing things among you."

6 Joshua said to the priests, "Take up the ark of the covenant and pass on ahead of the people." So they took it up and went ahead of them.

7 And the LORD said to Joshua, "Today I will begin to exalt you in the eyes of all Israel, so they may know that I am with you as I was with Moses. 8 Tell the priests who carry the ark of the covenant: 'When you reach the edge of the Jordan's waters, go and stand in the river.' "

9 Joshua said to the Israelites, "Come here and listen to the words of the LORD your God. 10 This is how you will know that the living God is among you and that he will certainly drive out before you the Canaanites, Hittites, Hivites, Perizzites, Girgashites, Amorites and Jebusites. 11 See, the ark of the covenant of the Lord of all the earth will go into the Jordan ahead of you. 12 Now then, choose twelve men from the tribes of Israel, one from each tribe. 13 And as soon as the priests who carry the ark of the LORD—the Lord of all the earth—set foot in the Jordan, its waters flowing downstream will be cut off and stand up in a heap."

14 So when the people broke camp to cross the Jordan, the priests carrying the ark of the covenant went ahead of them. 15 Now the Jordan is at flood stage all during harvest. Yet as soon as the priests who carried the ark reached the Jordan and their feet touched the water's edge, 16 the water from upstream stopped flowing. It piled up in a heap a great distance away, at a town called Adam in the vicinity of Zarethan, while the water flowing down to the Sea of the Arabah (the Salt Sea[f]) was completely cut off. So the people crossed over opposite Jericho. 17 The priests who carried the ark of the covenant of the LORD stood firm on dry ground in the middle of the Jordan, while all Israel passed by until the whole nation had completed the crossing on dry ground.

---

a 3:4 un kilómetro. Lit. dos mil *codos.

e 4 Hebrew about two thousand cubits (about 900 meters)
f 16 That is, the Dead Sea

Monumento conmemorativo

4 Cuando todo el pueblo terminó de cruzar el río Jordán, el Señor le dijo a Josué: 2 «Elijan a un hombre de cada una de las doce tribus de Israel, 3 y ordénenles que tomen doce piedras del cauce, exactamente del lugar donde los sacerdotes permanecieron de pie. Díganles que las coloquen en el lugar donde hoy pasarán la noche.»

4 Entonces Josué reunió a los doce hombres que había escogido de las doce tribus, 5 y les dijo: «Vayan al centro del cauce del río, hasta donde está el arca del Señor su Dios, y cada uno cargue al hombro una piedra. Serán doce piedras, una por cada tribu de Israel, 6 y servirán como señal entre ustedes. En el futuro, cuando sus hijos les pregunten: "¿Por qué están estas piedras aquí?", 7 ustedes les responderán: "El día en que el arca del *pacto del Señor cruzó el Jordán, las aguas del río se dividieron frente a ella. Para nosotros los israelitas, estas piedras que están aquí son un recuerdo permanente de aquella gran hazaña."»

8 Los israelitas hicieron lo que Josué les ordenó, según las instrucciones del Señor. Tomaron las piedras del cauce del Jordán, conforme al número de las tribus, las llevaron hasta el campamento y las colocaron allí. 9 Además, Josué colocó doce piedras en el cauce del río donde se detuvieron los sacerdotes que llevaban el arca del pacto. Esas piedras siguen allí hasta el día de hoy.

10 Los sacerdotes que llevaban el arca permanecieron en medio del cauce hasta que los israelitas hicieron todo lo que el Señor le había ordenado a Josué. Todo se hizo según las instrucciones que Josué había recibido de Moisés. El pueblo se apresuró a cruzar el río, 11 y cuando todos lo habían hecho, el arca del Señor y los sacerdotes cruzaron también en presencia del pueblo. 12 Acompañaban al pueblo los guerreros de las tribus de Rubén, Gad y la media tribu de Manasés, según las órdenes que había dado Moisés. 13 Unos cuarenta mil guerreros armados desfilaron en presencia del Señor y se dirigieron a la planicie de Jericó, listos para la guerra.

14 Aquel mismo día, el Señor engrandeció a Josué ante todo Israel. El pueblo admiró a Josué todos los días de su vida, como lo había hecho con Moisés.

15 Luego el Señor le dijo a Josué: 16 «Ordénales a los sacerdotes portadores del arca del pacto que salgan del Jordán.» 17 Josué les ordenó a los sacerdotes que salieran, 18 y así lo hicieron, portando el arca del pacto. Tan pronto como sus pies tocaron tierra firme, las aguas del río regresaron a su lugar y se desbordaron como de costumbre. 19 Así, el día diez del mes primero, el pueblo de Israel cruzó el Jordán y acampó en Guilgal, al este de Jericó. 20 Entonces Josué erigió allí las piedras que habían tomado del cauce del Jordán, 21 y se dirigió a los israelitas: «En el futuro, cuando sus hijos les pregunten: "¿Por qué están estas piedras aquí?", 22 ustedes les responderán: "Porque el pueblo de Israel cruzó el río Jordán en seco." 23 El Señor, Dios de ustedes, hizo lo mismo que había hecho con el *Mar Rojo cuando lo mantuvo seco hasta que todos nosotros cruzamos. 24 Esto sucedió para que todas las naciones de la tierra supieran que el Señor es poderoso, y para que ustedes aprendieran a temerlo para siempre.»

4 When the whole nation had finished crossing the Jordan, the Lord said to Joshua, 2 "Choose twelve men from among the people, one from each tribe, 3 and tell them to take up twelve stones from the middle of the Jordan from right where the priests stood and to carry them over with you and put them down at the place where you stay tonight."

4 So Joshua called together the twelve men he had appointed from the Israelites, one from each tribe, 5 and said to them, "Go over before the ark of the Lord your God into the middle of the Jordan. Each of you is to take up a stone on his shoulder, according to the number of the tribes of the Israelites, 6 to serve as a sign among you. In the future, when your children ask you, 'What do these stones mean?' 7 tell them that the flow of the Jordan was cut off before the ark of the covenant of the Lord. When it crossed the Jordan, the waters of the Jordan were cut off. These stones are to be a memorial to the people of Israel forever."

8 So the Israelites did as Joshua commanded them. They took twelve stones from the middle of the Jordan, according to the number of the tribes of the Israelites, as the Lord had told Joshua; and they carried them over with them to their camp, where they put them down. 9 Joshua set up the twelve stones that had been g in the middle of the Jordan at the spot where the priests who carried the ark of the covenant had stood. And they are there to this day.

10 Now the priests who carried the ark remained standing in the middle of the Jordan until everything the Lord had commanded Joshua was done by the people, just as Moses had directed Joshua. The people hurried over, 11 and as soon as all of them had crossed, the ark of the Lord and the priests came to the other side while the people watched. 12 The men of Reuben, Gad and the half-tribe of Manasseh crossed over, armed, in front of the Israelites, as Moses had directed them. 13 About forty thousand armed for battle crossed over before the Lord to the plains of Jericho for war.

14 That day the Lord exalted Joshua in the sight of all Israel; and they revered him all the days of his life, just as they had revered Moses.

15 Then the Lord said to Joshua, 16 "Command the priests carrying the ark of the Testimony to come up out of the Jordan."

17 So Joshua commanded the priests, "Come up out of the Jordan."

18 And the priests came up out of the river carrying the ark of the covenant of the Lord. No sooner had they set their feet on the dry ground than the waters of the Jordan returned to their place and ran at flood stage as before.

19 On the tenth day of the first month the people went up from the Jordan and camped at Gilgal on the eastern border of Jericho. 20 And Joshua set up at Gilgal the twelve stones they had taken out of the Jordan. 21 He said to the Israelites, "In the future when your descendants ask their fathers, 'What do these stones mean?' 22 tell them, 'Israel crossed the Jordan on dry ground.' 23 For the Lord your God dried up the Jordan before you until you had crossed over. The Lord your God did to the Jordan just what he had done to the Red Sea h when he dried it up before us until we had crossed over. 24 He did this so that all the peoples of the earth might know that the hand of the Lord is powerful and so that you might always fear the Lord your God."

---

g 9 Or *Joshua also set up twelve stones*   h 23 Hebrew *Yam Suph*; that is, Sea of Reeds

5 En efecto, un gran pánico invadió a todos los reyes amorreos que estaban al oeste del Jordán y a los reyes cananeos de la costa del Mediterráneo, cuando se enteraron de que el SEÑOR había secado el Jordán para que los israelitas lo cruzaran. ¡No se atrevían a hacerles frente!

Liberación del oprobio egipcio

2 En aquel tiempo, el SEÑOR le dijo a Josué: «Prepara cuchillos de pedernal, y vuelve a practicar la circuncisión entre los israelitas.» 3 Así que Josué hizo los cuchillos y circuncidó a los varones israelitas en la colina de Aralot.b 4 Realizó la ceremonia porque los israelitas en edad militar que habían salido de Egipto ya habían muerto en el desierto. 5 Todos ellos habían sido circuncidados, pero no los que nacieron en el desierto mientras el pueblo peregrinaba después de salir de Egipto. 6 Dios les había prometido a sus antepasados que les daría una tierra donde abundan la leche y la miel. Pero los israelitas que salieron de Egipto no obedecieron al SEÑOR, y por ello él juró que no verían esa tierra. En consecuencia, deambularon por el desierto durante cuarenta años, hasta que murieron todos los varones en edad militar. 7 A los hijos de éstos, a quienes Dios puso en lugar de ellos, los circuncidó Josué, pues no habían sido circuncidados durante el viaje. 8 Una vez que todos fueron circuncidados, permanecieron en el campamento hasta que se recuperaron.

9 Luego el SEÑOR le dijo a Josué: «Hoy les he quitado de encima el oprobio de Egipto.» Por esa razón, aquel lugar se llama Guilgalc hasta el día de hoy.

Celebración de la Pascua

10 Al caer la tarde del día catorce del mes primero, mientras acampaban en la llanura de Jericó, los israelitas celebraron la Pascua. 11 Al día siguiente, después de la Pascua, el pueblo empezó a alimentarse de los productos de la tierra, de panes sin levadura y de trigo tostado. 12 Desde ese momento dejó de caer maná, y durante todo ese año el pueblo se alimentó de los frutos de la tierra.

El comandante del ejército del SEÑOR

13 Cierto día Josué, que acampaba cerca de Jericó, levantó la vista y vio a un hombre de pie frente a él, espada en mano. Josué se le acercó y le preguntó:

—¿Es usted de los nuestros, o del enemigo?

14 —¡De ninguno! —respondió—. Me presento ante ti como comandante del ejército del SEÑOR.

Entonces Josué se postró rostro en tierra y le preguntó:

—¿Qué órdenes trae usted, mi Señor, para este siervo suyo?

15 El comandante del ejército del SEÑOR le contestó:

—Quítate las sandalias de los pies, porque el lugar que pisas es sagrado.

Y Josué le obedeció.

La conquista de Jericó

6 Las *puertas de Jericó estaban bien aseguradas por temor a los israelitas; nadie podía salir o entrar. 2 Pero el SEÑOR le dijo a Josué: «¡He entregado en tus manos a Jericó, y a su rey con sus guerreros! 3 Tú y tus soldados marcharán una vez alrededor de la ciudad; así

Circumcision at Gilgal

5 Now when all the Amorite kings west of the Jordan and all the Canaanite kings along the coast heard how the LORD had dried up the Jordan before the Israelites until we had crossed over, their hearts melted and they no longer had the courage to face the Israelites.

2 At that time the LORD said to Joshua, "Make flint knives and circumcise the Israelites again." 3 So Joshua made flint knives and circumcised the Israelites at Gibeath Haaraloth.i

4 Now this is why he did so: All those who came out of Egypt—all the men of military age—died in the desert on the way after leaving Egypt. 5 All the people that came out had been circumcised, but all the people born in the desert during the journey from Egypt had not. 6 The Israelites had moved about in the desert forty years until all the men who were of military age when they left Egypt had died, since they had not obeyed the LORD. For the LORD had sworn to them that they would not see the land that he had solemnly promised their fathers to give us, a land flowing with milk and honey. 7 So he raised up their sons in their place, and these were the ones Joshua circumcised. They were still uncircumcised because they had not been circumcised on the way. 8 And after the whole nation had been circumcised, they remained where they were in camp until they were healed.

9 Then the LORD said to Joshua, "Today I have rolled away the reproach of Egypt from you." So the place has been called Gilgalj to this day.

10 On the evening of the fourteenth day of the month, while camped at Gilgal on the plains of Jericho, the Israelites celebrated the Passover. 11 The day after the Passover, that very day, they ate some of the produce of the land: unleavened bread and roasted grain. 12 The manna stopped the day afterk they ate this food from the land; there was no longer any manna for the Israelites, but that year they ate of the produce of Canaan.

The Fall of Jericho

13 Now when Joshua was near Jericho, he looked up and saw a man standing in front of him with a drawn sword in his hand. Joshua went up to him and asked, "Are you for us or for our enemies?"

14 "Neither," he replied, "but as commander of the army of the LORD I have now come." Then Joshua fell facedown to the ground in reverence, and asked him, "What message does my Lordl have for his servant?"

15 The commander of the LORD's army replied, "Take off your sandals, for the place where you are standing is holy." And Joshua did so.

6 Now Jericho was tightly shut up because of the Israelites. No one went out and no one came in.

2 Then the LORD said to Joshua, "See, I have delivered Jericho into your hands, along with its king and its fighting men. 3 March around the city once with all the

---

b 5:3 En hebreo, *Aralot* significa *prepucios*.   c 5:9 En hebreo, *Guilgal* suena como el verbo traducido *he quitado*.

i 3 *Gibeath Haaraloth* means *hill of foreskins*.   j 9 *Gilgal* sounds like the Hebrew for *roll*.   k 12 Or *the day*   l 14 Or *lord*

lo harán durante seis días. 4 Siete sacerdotes llevarán trompetas hechas de cuernos de carneros, y marcharán frente al arca. El séptimo día ustedes marcharán siete veces alrededor de la ciudad, mientras los sacerdotes tocan las trompetas. 5 Cuando todos escuchen el toque de guerra, el pueblo deberá gritar a voz en cuello. Entonces los muros de la ciudad se derrumbarán, y cada uno entrará sin impedimento.»

6 Josué hijo de Nun llamó a los sacerdotes y les ordenó: «Carguen el arca del *pacto, y que siete de ustedes lleven trompetas y marchen frente a ella.» 7 Y le dijo al pueblo: «¡Adelante! ¡Marchen alrededor de la ciudad! Pero los hombres armados deben marchar al frente del arca del SEÑOR.»

8 Cuando Josué terminó de dar las instrucciones al pueblo, los siete sacerdotes marcharon al frente del arca del pacto del SEÑOR tocando sus trompetas; y el arca del pacto les seguía. 9 Los hombres armados marchaban al frente de los sacerdotes que tocaban las trompetas, y tras el arca marchaba la retaguardia. Durante todo ese tiempo las trompetas no cesaron de sonar. 10 Al resto del pueblo, en cambio, Josué le ordenó marchar en silencio, sin decir palabra alguna ni gritar hasta el día en que les diera la orden de gritar a voz en cuello.

11 Josué hizo llevar el arca alrededor de Jericó una sola vez. Después, el pueblo regresó al campamento para pasar la noche. 12 Al día siguiente, Josué se levantó temprano, y los sacerdotes cargaron el arca del SEÑOR. 13 Los siete sacerdotes que llevaban las trompetas tomaron la delantera y marcharon al frente del arca mientras tocaban sus trompetas. Los hombres armados marchaban al frente de ellos, y tras el arca del SEÑOR marchaba la retaguardia. ¡Nunca dejaron de oírse las trompetas! 14 También en este segundo día marcharon una sola vez alrededor de Jericó, y luego regresaron al campamento. Así hicieron durante seis días.

15 El séptimo día, a la salida del sol, se levantaron y marcharon alrededor de la ciudad tal como lo habían hecho los días anteriores, sólo que en ese día repitieron la marcha siete veces. 16 A la séptima vuelta, los sacerdotes tocaron las trompetas, y Josué le ordenó al ejército: «¡Empiecen a gritar! ¡El SEÑOR les ha entregado la ciudad! 17 Jericó, con todo lo que hay en ella, será destinada al *exterminio como ofrenda al SEÑOR. Sólo se salvarán la prostituta Rajab y los que se encuentren en su casa, porque ella escondió a nuestros mensajeros. 18 No vayan a tomar nada de lo que ha sido destinado al exterminio para que ni ustedes ni el campamento de Israel se pongan en peligro de exterminio y de desgracia. 19 El oro y la plata y los utensilios de bronce y de hierro pertenecen al SEÑOR: colóquenlos en su tesoro.»

20 Entonces los sacerdotes tocaron las trompetas, y la gente gritó a voz en cuello, ante la cual las murallas de Jericó se derrumbaron. El pueblo avanzó, sin ceder ni un centímetro, y tomó la ciudad. 21 Mataron a filo de espada a todo hombre y mujer, joven y anciano. Lo mismo hicieron con las vacas, las ovejas y los burros; destruyeron todo lo que tuviera aliento de vida. ¡La ciudad entera quedó *arrasada!

22 Ahora bien, Josué les había dicho a los dos exploradores: «Vayan a casa de la prostituta, y tráiganla junto con sus parientes, tal como se lo juraron.» 23 Así que los jóvenes exploradores entraron y sacaron a Rajab junto con sus padres y hermanos, y todas sus pertenencias, y llevaron a toda la familia a un lugar seguro,

armed men. Do this for six days. 4 Have seven priests carry trumpets of rams' horns in front of the ark. On the seventh day, march around the city seven times, with the priests blowing the trumpets. 5 When you hear them sound a long blast on the trumpets, have all the people give a loud shout; then the wall of the city will collapse and the people will go up, every man straight in."

6 So Joshua son of Nun called the priests and said to them, "Take up the ark of the covenant of the LORD and have seven priests carry trumpets in front of it." 7 And he ordered the people, "Advance! March around the city, with the armed guard going ahead of the ark of the LORD."

8 When Joshua had spoken to the people, the seven priests carrying the seven trumpets before the LORD went forward, blowing their trumpets, and the ark of the LORD's covenant followed them. 9 The armed guard marched ahead of the priests who blew the trumpets, and the rear guard followed the ark. All this time the trumpets were sounding. 10 But Joshua had commanded the people, "Do not give a war cry, do not raise your voices, do not say a word until the day I tell you to shout. Then shout!" 11 So he had the ark of the LORD carried around the city, circling it once. Then the people returned to camp and spent the night there.

12 Joshua got up early the next morning and the priests took up the ark of the LORD. 13 The seven priests carrying the seven trumpets went forward, marching before the ark of the LORD and blowing the trumpets. The armed men went ahead of them and the rear guard followed the ark of the LORD, while the trumpets kept sounding. 14 So on the second day they marched around the city once and returned to the camp. They did this for six days.

15 On the seventh day, they got up at daybreak and marched around the city seven times in the same manner, except that on that day they circled the city seven times. 16 The seventh time around, when the priests sounded the trumpet blast, Joshua commanded the people, "Shout! For the LORD has given you the city! 17 The city and all that is in it are to be devoted[m] to the LORD. Only Rahab the prostitute[n] and all who are with her in her house shall be spared, because she hid the spies we sent. 18 But keep away from the devoted things, so that you will not bring about your own destruction by taking any of them. Otherwise you will make the camp of Israel liable to destruction and bring trouble on it. 19 All the silver and gold and the articles of bronze and iron are sacred to the LORD and must go into his treasury."

20 When the trumpets sounded, the people shouted, and at the sound of the trumpet, when the people gave a loud shout, the wall collapsed; so every man charged straight in, and they took the city. 21 They devoted the city to the LORD and destroyed with the sword every living thing in it—men and women, young and old, cattle, sheep and donkeys.

22 Joshua said to the two men who had spied out the land, "Go into the prostitute's house and bring her out and all who belong to her, in accordance with your oath to her." 23 So the young men who had done the spying went in and brought out Rahab, her father and mother and brothers and all who belonged to her. They brought out her entire family and put them in a place outside the camp of Israel.

---

m 17 The Hebrew term refers to the irrevocable giving over of things or persons to the LORD, often by totally destroying them; also in verses 18 and 21.   *n 17* Or possibly *innkeeper*; also in verses 22 and 25

fuera del campamento israelita. ²⁴Sólo entonces los israelitas incendiaron la ciudad con todo lo que había en ella, menos los objetos de plata, de oro, de bronce y de hierro, los cuales depositaron en el tesoro de la casa del SEÑOR. ²⁵Así Josué salvó a la prostituta Rajab, a toda su familia y todas sus posesiones, por haber escondido a los mensajeros que él había enviado a Jericó. Y desde entonces, Rajab y su familia viven con el pueblo de Israel.

²⁶En aquel tiempo, Josué hizo este juramento:

«¡Maldito sea en la presencia del SEÑOR
el que se atreva a reconstruir esta ciudad!
Que eche los cimientos
a costa de la vida de su hijo mayor.
Que ponga las puertas
a costa de la vida de su hijo menor.»

²⁷El SEÑOR estuvo con Josué, y éste se hizo famoso por todo el país.

El pecado de Acán

7 Sin embargo, los israelitas desobedecieron al SEÑOR conservando lo que él había decidido que fuera destinado a la *destrucción, pues Acán hijo de Carmí, nieto de Zabdí y bisnieto de Zera, guardó para sí parte del botín que Dios había destinado al *exterminio. Este hombre de la tribu de Judá provocó la ira del SEÑOR contra los israelitas.

La derrota en Hai

²Josué envió a unos hombres de Jericó hacia Hai, lugar cercano a Bet Avén, frente a Betel, y les dijo: «Vayan a explorar la tierra.» Fueron, pues, a explorar la ciudad de Hai. ³Poco después regresaron y le dieron el siguiente informe a Josué: «No es necesario que todo el pueblo vaya a la batalla. Dos o tres mil soldados serán suficientes para que tomemos Hai. Esa población tiene muy pocos hombres y no hay necesidad de cansar a todo el pueblo.» ⁴Por esa razón, sólo fueron a la batalla tres mil soldados, pero los de Hai los derrotaron. ⁵El ejército israelita sufrió treinta y seis bajas, y fue perseguido desde la *puerta de la ciudad hasta las canteras. Allí, en una pendiente, fueron vencidos. Como resultado, todo el pueblo se acobardó y se llenó de miedo.

⁶Ante esto, Josué se rasgó las vestiduras y se postró rostro en tierra ante el arca del *pacto del SEÑOR. Lo acompañaban los jefes de Israel, quienes también mostraban su dolor y estaban consternados. ⁷Josué le reclamó a Dios:

—SEÑOR y Dios, ¿por qué hiciste que este pueblo cruzara el Jordán, y luego lo entregaste en manos de los amorreos para que lo destruyeran? ¡Mejor nos hubiéramos quedado al otro lado del río! ⁸Dime, Señor, ¿qué puedo decir ahora que Israel ha huido de sus enemigos? ⁹Los cananeos se enterarán y llamarán a los pueblos de la región; entonces nos rodearán y nos exterminarán. ¡Qué será de tu gran prestigio!

¹⁰Y el SEÑOR le contestó:

—¡Levántate! ¿Qué haces allí postrado? ¹¹Los israelitas han pecado y han violado la alianza que concerté con ellos. Se han apropiado del botín de guerra que debía ser *destruido y lo han escondido entre sus posesiones. ¹²Por eso los israelitas no podrán hacerles frente a sus enemigos, sino que tendrán que huir de sus adversarios. Ellos mismos se acarrearon su destrucción. Y si no destruyen ese botín que está en medio de

²⁴Then they burned the whole city and everything in it, but they put the silver and gold and the articles of bronze and iron into the treasury of the LORD's house. ²⁵But Joshua spared Rahab the prostitute, with her family and all who belonged to her, because she hid the men Joshua had sent as spies to Jericho—and she lives among the Israelites to this day.

²⁶At that time Joshua pronounced this solemn oath: "Cursed before the LORD is the man who undertakes to rebuild this city, Jericho:

"At the cost of his firstborn son
will he lay its foundations;
at the cost of his youngest
will he set up its gates."

²⁷So the LORD was with Joshua, and his fame spread throughout the land.

Achan's Sin

7 But the Israelites acted unfaithfully in regard to the devoted things^o; Achan son of Carmi, the son of Zimri,^p the son of Zerah, of the tribe of Judah, took some of them. So the LORD's anger burned against Israel.

²Now Joshua sent men from Jericho to Ai, which is near Beth Aven to the east of Bethel, and told them, "Go up and spy out the region." So the men went up and spied out Ai.

³When they returned to Joshua, they said, "Not all the people will have to go up against Ai. Send two or three thousand men to take it and do not weary all the people, for only a few men are there." ⁴So about three thousand men went up; but they were routed by the men of Ai, ⁵who killed about thirty-six of them. They chased the Israelites from the city gate as far as the stone quarries^q and struck them down on the slopes. At this the hearts of the people melted and became like water.

⁶Then Joshua tore his clothes and fell facedown to the ground before the ark of the LORD, remaining there till evening. The elders of Israel did the same, and sprinkled dust on their heads. ⁷And Joshua said, "Ah, Sovereign LORD, why did you ever bring this people across the Jordan to deliver us into the hands of the Amorites to destroy us? If only we had been content to stay on the other side of the Jordan! ⁸O Lord, what can I say, now that Israel has been routed by its enemies? ⁹The Canaanites and the other people of the country will hear about this and they will surround us and wipe out our name from the earth. What then will you do for your own great name?"

¹⁰The LORD said to Joshua, "Stand up! What are you doing down on your face? ¹¹Israel has sinned; they have violated my covenant, which I commanded them to keep. They have taken some of the devoted things; they have stolen, they have lied, they have put them with their own possessions. ¹²That is why the Israelites cannot stand against their enemies; they turn their backs and run because they have been made liable to destruction. I will not be with you anymore unless you destroy whatever among you is devoted to destruction.

---

^o 1 The Hebrew term refers to the irrevocable giving over of things or persons to the LORD, often by totally destroying them; also in verses 11, 12, 13 and 15.   ^p 1 See Septuagint and 1 Chron. 2:6; Hebrew *Zabdi*; also in verses 17 and 18.   ^q 5 Or *as far as Shebarim*

ustedes, yo no seguiré a su lado. ¹³ ¡Levántate! ¡*Purifica al pueblo! Diles que se consagren para presentarse ante mí mañana, y que yo, el SEÑOR, Dios de Israel, declaro: "¡La destrucción está en medio de ti, Israel! No podrás resistir a tus enemigos hasta que hayas quitado el oprobio que está en el pueblo." ¹⁴ Mañana por la mañana se presentarán por tribus. La tribu que yo señale por suertes presentará a sus clanes; el clan que el Señor señale presentará a sus familias; y la familia que el SEÑOR señale presentará a sus varones. ¹⁵ El que sea sorprendido en posesión del botín de guerra destinado a la destrucción será quemado junto con su familia y sus posesiones, pues ha violado el pacto del SEÑOR y ha causado el oprobio a Israel.

El castigo de Acán

¹⁶ Al día siguiente, muy de madrugada, Josué mandó llamar, una por una, las tribus de Israel; y la suerte cayó sobre Judá. ¹⁷ Todos los clanes de Judá se acercaron, y la suerte cayó sobre el clan de Zera. Del clan de Zera la suerte cayó sobre la familia de Zabdí. ¹⁸ Josué, entonces, hizo pasar a cada uno de los varones de la familia de Zabdí, y la suerte cayó sobre Acán hijo de Carmí, nieto de Zabdí y bisnieto de Zera. ¹⁹ Entonces Josué lo interpeló:

—Hijo mío, honra y alaba al SEÑOR, Dios de Israel. Cuéntame lo que has hecho. ¡No me ocultes nada!

²⁰ Acán le replicó:

—Es cierto que he pecado contra el SEÑOR, Dios de Israel. Ésta es mi falta: ²¹ Vi en el botín un hermoso manto de Babilonia, doscientas monedas de plata y una barra de oro de medio kilo.ᵈ Me deslumbraron y me apropié de ellos. Entonces los escondí en un hoyo que cavé en medio de mi carpa. La plata está también allí, debajo de todo.

²² En seguida, Josué envió a unos mensajeros, los cuales fueron corriendo a la carpa de Acán. Allí encontraron todo lo que Acán había escondido, ²³ lo recogieron y se lo llevaron a Josué y a los israelitas, quienes se lo presentaron al SEÑOR. ²⁴ Y Josué y todos los israelitas tomaron a Acán, bisnieto de Zera, y lo llevaron al valle de Acor, junto con la plata, el manto y el oro; también llevaron a sus hijos, sus hijas, el ganado, su carpa y todas sus posesiones. Cuando llegaron al valle de Acor, ²⁵ Josué exclamó:

—¿Por qué has traído esta desgracia sobre nosotros? ¡Que el SEÑOR haga caer sobre ti esa misma desgracia!

Entonces todos los israelitas apedrearon a Acán y a los suyos, y los quemaron. ²⁶ Luego colocaron sobre ellos un gran montón de piedras que sigue en pie hasta el día de hoy. Por eso aquel lugar se llama valle de Acor.ᵉ Así aplacó el SEÑOR el ardor de su ira.

Obediencia y victoria

8 El SEÑOR exhortó a Josué: «¡No tengas miedo ni te acobardes! Toma contigo a todo el ejército, y ataquen la ciudad de Hai. Yo les daré la victoria sobre su rey y su ejército; se apropiarán de su ciudad y de todo el territorio que la rodea. ² Tratarás a esta ciudad y a su rey como hiciste con Jericó y con su rey. Sin embargo, podrán quedarse con el botín de guerra y todo el ganado. Prepara una emboscada en la parte posterior de la ciudad.»

³ Se levantó Josué junto con su ejército y fueron a pelear contra Hai. Josué escogió treinta mil guerreros y

¹³"Go, consecrate the people. Tell them, 'Consecrate yourselves in preparation for tomorrow; for this is what the LORD, the God of Israel, says: That which is devoted is among you, O Israel. You cannot stand against your enemies until you remove it.

¹⁴" 'In the morning, present yourselves tribe by tribe. The tribe that the LORD takes shall come forward clan by clan; the clan that the LORD takes shall come forward family by family; and the family that the LORD takes shall come forward man by man. ¹⁵He who is caught with the devoted things shall be destroyed by fire, along with all that belongs to him. He has violated the covenant of the LORD and has done a disgraceful thing in Israel!' "

¹⁶Early the next morning Joshua had Israel come forward by tribes, and Judah was taken. ¹⁷The clans of Judah came forward, and he took the Zerahites. He had the clan of the Zerahites come forward by families, and Zimri was taken. ¹⁸Joshua had his family come forward man by man, and Achan son of Carmi, the son of Zimri, the son of Zerah, of the tribe of Judah, was taken.

¹⁹Then Joshua said to Achan, "My son, give glory to the LORD,ʳ the God of Israel, and give him the praise.ˢ Tell me what you have done; do not hide it from me."

²⁰Achan replied, "It is true! I have sinned against the LORD, the God of Israel. This is what I have done: ²¹When I saw in the plunder a beautiful robe from Babylonia,ᵗ two hundred shekelsᵘ of silver and a wedge of gold weighing fifty shekels,ᵛ I coveted them and took them. They are hidden in the ground inside my tent, with the silver underneath."

²²So Joshua sent messengers, and they ran to the tent, and there it was, hidden in his tent, with the silver underneath. ²³They took the things from the tent, brought them to Joshua and all the Israelites and spread them out before the LORD.

²⁴Then Joshua, together with all Israel, took Achan son of Zerah, the silver, the robe, the gold wedge, his sons and daughters, his cattle, donkeys and sheep, his tent and all that he had, to the Valley of Achor. ²⁵Joshua said, "Why have you brought this trouble on us? The LORD will bring trouble on you today."

Then all Israel stoned him, and after they had stoned the rest, they burned them. ²⁶Over Achan they heaped up a large pile of rocks, which remains to this day. Then the LORD turned from his fierce anger. Therefore that place has been called the Valley of Achorʷ ever since.

Ai Destroyed

8 Then the LORD said to Joshua, "Do not be afraid; do not be discouraged. Take the whole army with you, and go up and attack Ai. For I have delivered into your hands the king of Ai, his people, his city and his land. ²You shall do to Ai and its king as you did to Jericho and its king, except that you may carry off their plunder and livestock for yourselves. Set an ambush behind the city."

³So Joshua and the whole army moved out to attack Ai. He chose thirty thousand of his best fighting men

---

ᵈ7:21 doscientas ... medio kilo. Lit. doscientos *siclos de plata y una barra de oro de cincuenta siclos.   ᵉ7:26 En hebreo, Acor significa desgracia.

ʳ19 A solemn charge to tell the truth   ˢ19 Or and confess to him   ᵗ21 Hebrew Shinar   ᵘ21 That is, about 5 pounds (about 2.3 kilograms)   ᵛ21 That is, about 1 1/4 pounds (about 0.6 kilogram)   ʷ26 Achor means trouble.

los envió durante la noche 4con estas órdenes: «Ustedes pondrán una emboscada en la parte posterior de la ciudad. No se alejen mucho de ella, y manténganse en sus posiciones. 5 Yo me acercaré con mi tropa, y cuando los enemigos salgan a pelear contra nosotros, huiremos como la primera vez. 6Ellos nos perseguirán, pensando que estamos huyendo de nuevo, y así los alejaremos de la ciudad. 7Entonces ustedes saldrán de su escondite y se apoderarán de Hai. El SEÑOR les dará la victoria. 8Cuando hayan capturado la ciudad, quémenla tal como nos lo ordenó el SEÑOR. Éstas son mis órdenes.»

9Dicho esto, Josué envió a los guerreros a preparar la emboscada, y ellos se apostaron entre Betel y Hai, al oeste de la ciudad mientras él, por su parte, pasaba esa noche con su ejército.

10Muy de mañana se levantó Josué, pasó revista al ejército y, junto con los jefes de Israel, se puso en marcha hacia Hai. 11Todos los guerreros que iban con Josué llegaron cerca de Hai y acamparon al norte de la ciudad. Sólo había un valle entre ellos y la ciudad. 12Josué envió a cinco mil guerreros a preparar la emboscada, y ellos se escondieron entre Betel y Hai, al oeste de la ciudad. 13De esa manera, una tropa acampó al norte de la ciudad y la otra al oeste. Esa noche Josué avanzó hacia el medio del valle.

14Cuando el rey de Hai se dio cuenta de lo que pasaba, se apresuró a salir con toda su tropa a pelear contra Israel, en la pendiente que está frente al desierto, sin saber que le habían puesto una emboscada en la parte posterior de la ciudad. 15Josué y su tropa, fingiéndose derrotados, huyeron por el camino que lleva al desierto. 16Mientras tanto, todos los hombres que estaban en la ciudad recibieron el llamado de perseguir a los israelitas, alejándose así de Hai. 17No quedó ni un solo hombre en Hai o en Betel que no hubiera salido a perseguir a Israel, de modo que la ciudad de Hai quedó desprotegida.

18Entonces el SEÑOR le ordenó a Josué: «Apunta hacia Hai con la jabalina que llevas, pues en tus manos entregaré la ciudad.» Y así lo hizo Josué. 19Al ver esto, los que estaban en la emboscada salieron de inmediato de donde estaban y, entrando en la ciudad, la tomaron y la incendiaron.

20Cuando los hombres de Hai miraron hacia atrás, vieron que subía de la ciudad una nube de humo. Entonces se dieron cuenta de que no podían huir en ninguna dirección, porque la gente de Josué que antes huía hacia el desierto, ahora se lanzaba contra sus perseguidores. 21En efecto, tan pronto como Josué y todos los israelitas vieron que los que tendieron la emboscada habían tomado la ciudad y la habían incendiado, se volvieron y atacaron a los de Hai. 22Los de la emboscada salieron de la ciudad y persiguieron a los guerreros de Hai, y así éstos quedaron atrapados por todos lados. Los israelitas atacaron a sus enemigos hasta no dejar ni fugitivos ni sobrevivientes. 23Al rey de Hai lo capturaron vivo y se lo entregaron a Josué.

24Después de que los israelitas terminaron de matar a filo de espada, en el campo y el desierto, a todos los guerreros de Hai que habían salido a perseguirlos, regresaron a la ciudad y del mismo modo mataron a todos los que quedaban. 25Ese día murieron todos los habitantes de Hai, como doce mil hombres y mujeres. 26Josué mantuvo extendido el brazo con el que sostenía su jabalina, hasta que el ejército israelita *exterminó a

and sent them out at night 4with these orders: "Listen carefully. You are to set an ambush behind the city. Don't go very far from it. All of you be on the alert. 5I and all those with me will advance on the city, and when the men come out against us, as they did before, we will flee from them. 6They will pursue us until we have lured them away from the city, for they will say, 'They are running away from us as they did before.' So when we flee from them, 7you are to rise up from ambush and take the city. The LORD your God will give it into your hand. 8When you have taken the city, set it on fire. Do what the LORD has commanded. See to it; you have my orders."

9Then Joshua sent them off, and they went to the place of ambush and lay in wait between Bethel and Ai—to the west of Ai—but Joshua spent that night with the people.

10Early the next morning Joshua mustered his men, and he and the leaders of Israel marched before them to Ai. 11The entire force that was with him marched up and approached the city and arrived in front of it. They set up camp north of Ai, with the valley between them and the city. 12Joshua had taken about five thousand men and set them in ambush between Bethel and Ai, to the west of the city. 13They had the soldiers take up their positions—all those in the camp to the north of the city and the ambush to the west of it. That night Joshua went into the valley.

14When the king of Ai saw this, he and all the men of the city hurried out early in the morning to meet Israel in battle at a certain place overlooking the Arabah. But he did not know that an ambush had been set against him behind the city. 15Joshua and all Israel let themselves be driven back before them, and they fled toward the desert. 16All the men of Ai were called to pursue them, and they pursued Joshua and were lured away from the city. 17Not a man remained in Ai or Bethel who did not go after Israel. They left the city open and went in pursuit of Israel.

18Then the LORD said to Joshua, "Hold out toward Ai the javelin that is in your hand, for into your hand I will deliver the city." So Joshua held out his javelin toward Ai. 19As soon as he did this, the men in the ambush rose quickly from their position and rushed forward. They entered the city and captured it and quickly set it on fire.

20The men of Ai looked back and saw the smoke of the city rising against the sky, but they had no chance to escape in any direction, for the Israelites who had been fleeing toward the desert had turned back against their pursuers. 21For when Joshua and all Israel saw that the ambush had taken the city and that smoke was going up from the city, they turned around and attacked the men of Ai. 22The men of the ambush also came out of the city against them, so that they were caught in the middle, with Israelites on both sides. Israel cut them down, leaving them neither survivors nor fugitives. 23But they took the king of Ai alive and brought him to Joshua.

24When Israel had finished killing all the men of Ai in the fields and in the desert where they had chased them, and when every one of them had been put to the sword, all the Israelites returned to Ai and killed those who were in it. 25Twelve thousand men and women fell that day—all the people of Ai. 26For Joshua did not draw back the hand that held out his javelin until he

todos los habitantes de Hai. ²⁷ Y tal como el SEÑOR había mandado, el pueblo se quedó con el botín de guerra y todo el ganado. ²⁸ Luego Josué incendió la ciudad, reduciéndola a escombros, como permanece hasta el día de hoy. ²⁹ También mandó ahorcar en un árbol al rey de Hai, y ordenó que dejaran su cuerpo colgando hasta la tarde. Al ponerse el sol, Josué mandó que bajaran el cuerpo del rey y lo arrojaran a la *entrada de la ciudad. Así mismo, pidió que se amontonaran piedras encima del cadáver. Y ese montón de piedras permanece hasta el día de hoy.

Lectura de la ley en el monte Ebal

³⁰ Entonces Josué levantó, en el monte Ebal, un altar al SEÑOR, Dios de Israel, ³¹ tal como Moisés, siervo del SEÑOR, había ordenado a los israelitas. Lo levantó de acuerdo con lo que está escrito en el libro de la *ley de Moisés: un altar de piedras sin labrar, es decir, que no habían sido trabajadas con ninguna herramienta. En él ofrecieron *holocaustos y sacrificios de *comunión al SEÑOR.

³² Allí, en presencia de los israelitas, Josué escribió en tablas de piedra una copia de la ley que Moisés había escrito. ³³ Todos los israelitas, con sus jefes, oficiales y jueces, estaban de pie a ambos lados del arca del *pacto, frente a los sacerdotes levitas que la cargaban en hombros. Tanto los israelitas como los inmigrantes tomaron sus posiciones, la mitad de ellos hacia el monte Guerizín y la otra mitad hacia el monte Ebal, tal como Moisés, siervo del SEÑOR, había mandado cuando bendijo por primera vez al pueblo de Israel.

³⁴ Luego Josué leyó todas las palabras de la ley, tanto las bendiciones como las maldiciones, según lo que estaba escrito en el libro de la ley. ³⁵ De esta lectura que hizo Josué ante toda la asamblea de los israelitas, incluyendo a las mujeres, a los niños y a los inmigrantes, no se omitió ninguna palabra de lo ordenado por Moisés.

Astucia de los gabaonitas

9 Había reyes que vivían en el lado occidental del Jordán, en la montaña, en la llanura y a lo largo de la costa del Mediterráneo, hasta el Líbano: hititas, amorreos, cananeos, ferezeos, heveos y jebuseos. Cuando estos monarcas se enteraron de lo sucedido, ² se aliaron bajo un solo mando para hacer frente a Josué y a los israelitas.

³ Los gabaonitas, al darse cuenta de cómo Josué había tratado a las ciudades de Jericó y de Hai, ⁴ maquinaron un plan. Enviaron unos mensajeros, cuyos asnos llevaban costales viejos y odres para el vino, rotos y remendados. ⁵ Iban vestidos con ropa vieja y tenían sandalias gastadas y remendadas. El pan que llevaban para comer estaba duro y hecho migas. ⁶ Fueron al campamento de Guilgal, donde estaba Josué, y les dijeron a él y a los israelitas:

—Venimos de un país muy lejano. Queremos hacer un tratado con ustedes.

⁷ Los israelitas replicaron:

—Tal vez ustedes son de por acá y, en ese caso, no podemos hacer ningún tratado con ustedes.

⁸ Ellos le dijeron a Josué:

—Nosotros estamos dispuestos a servirles.

Y Josué les preguntó:

—¿Quiénes son ustedes y de dónde vienen?

had destroyedˣ all who lived in Ai. ²⁷ But Israel did carry off for themselves the livestock and plunder of this city, as the LORD had instructed Joshua.

²⁸ So Joshua burned Ai and made it a permanent heap of ruins, a desolate place to this day. ²⁹ He hung the king of Ai on a tree and left him there until evening. At sunset, Joshua ordered them to take his body from the tree and throw it down at the entrance of the city gate. And they raised a large pile of rocks over it, which remains to this day.

The Covenant Renewed at Mount Ebal

³⁰ Then Joshua built on Mount Ebal an altar to the LORD, the God of Israel, ³¹ as Moses the servant of the LORD had commanded the Israelites. He built it according to what is written in the Book of the Law of Moses—an altar of uncut stones, on which no iron tool had been used. On it they offered to the LORD burnt offerings and sacrificed fellowship offerings.ʸ ³² There, in the presence of the Israelites, Joshua copied on stones the law of Moses, which he had written. ³³ All Israel, aliens and citizens alike, with their elders, officials and judges, were standing on both sides of the ark of the covenant of the LORD, facing those who carried it—the priests, who were Levites. Half of the people stood in front of Mount Gerizim and half of them in front of Mount Ebal, as Moses the servant of the LORD had formerly commanded when he gave instructions to bless the people of Israel.

³⁴ Afterward, Joshua read all the words of the law—the blessings and the curses—just as it is written in the Book of the Law. ³⁵ There was not a word of all that Moses had commanded that Joshua did not read to the whole assembly of Israel, including the women and children, and the aliens who lived among them.

The Gibeonite Deception

9 Now when all the kings west of the Jordan heard about these things—those in the hill country, in the western foothills, and along the entire coast of the Great Seaᶻ as far as Lebanon (the kings of the Hittites, Amorites, Canaanites, Perizzites, Hivites and Jebusites)— ² they came together to make war against Joshua and Israel.

³ However, when the people of Gibeon heard what Joshua had done to Jericho and Ai, ⁴ they resorted to a ruse: They went as a delegation whose donkeys were loadedᵃ with worn-out sacks and old wineskins, cracked and mended. ⁵ The men put worn and patched sandals on their feet and wore old clothes. All the bread of their food supply was dry and moldy. ⁶ Then they went to Joshua in the camp at Gilgal and said to him and the men of Israel, "We have come from a distant country; make a treaty with us."

⁷ The men of Israel said to the Hivites, "But perhaps you live near us. How then can we make a treaty with you?"

⁸ "We are your servants," they said to Joshua.

But Joshua asked, "Who are you and where do you come from?"

ˣ26 The Hebrew term refers to the irrevocable giving over of things or persons to the LORD, often by totally destroying them.
ʸ31 Traditionally *peace offerings*   ᶻ1 That is, the Mediterranean
ᵃ4 Most Hebrew manuscripts; some Hebrew manuscripts, Vulgate and Syriac (see also Septuagint) *They prepared provisions and loaded their donkeys*

9 Ellos respondieron:

—Nosotros somos sus siervos, y hemos venido de un país muy distante, hasta donde ha llegado la fama del SEÑOR su Dios. Nos hemos enterado de todo lo que él hizo en Egipto 10 y de lo que les hizo a los dos reyes amorreos al este del Jordán: Sijón, rey de Hesbón, y Og, rey de Basán, el que residía en Astarot. 11 Por eso los habitantes de nuestro país, junto con nuestros *dirigentes, nos pidieron que nos preparáramos para el largo viaje y que les diéramos a ustedes el siguiente mensaje: "Deseamos ser siervos de ustedes; hagamos un tratado." 12 Cuando salimos para acá, nuestro pan estaba fresco y caliente, pero ahora, ¡mírenlo! Está duro y hecho migas. 13 Estos odres estaban nuevecitos y repletos de vino, y ahora, tal como pueden ver, están todos rotos. Y nuestra ropa y sandalias están gastadas por el largo viaje.

14 Los *hombres de Israel participaron de las provisiones de los gabaonitas, pero no consultaron al SEÑOR. 15 Entonces Josué hizo con ellos un tratado de ayuda mutua y se comprometió a perdonarles la vida. Y los jefes israelitas ratificaron el tratado.

16 Tres días después de haber concluido el tratado con los gabaonitas, los israelitas se enteraron de que eran sus vecinos y vivían en las cercanías. 17 Por eso se pusieron en marcha, y al tercer día llegaron a sus ciudades: Gabaón, Cafira, Berot y Quiriat Yearín. 18 Pero los israelitas no los atacaron porque los jefes de la comunidad les habían jurado en *nombre del SEÑOR, Dios de Israel, perdonarles la vida. Y aunque toda la comunidad se quejó contra sus jefes, 19 éstos contestaron:

—Hemos hecho un juramento en nombre del SEÑOR, y no podemos hacerles ningún daño. 20 Esto es lo que haremos con ellos: les perdonaremos la vida, para que no caiga sobre nosotros el castigo divino por quebrantar el juramento que hicimos.

21 Luego añadieron:

—Se les permitirá vivir, pero a cambio de ser los leñadores y aguateros de la comunidad.

De ese modo, los jefes de la comunidad cumplieron su promesa.

22 Entonces Josué llamó a los gabaonitas y les reclamó:

—¿Por qué nos engañaron con el cuento de que eran de tierras lejanas, cuando en verdad son nuestros vecinos? 23 A partir de ahora, ésta será su maldición: serán por siempre sirvientes del templo de mi Dios, responsables de cortar la leña y de acarrear el agua.

24 Los gabaonitas contestaron:

—Nosotros, servidores suyos, fuimos bien informados de que el SEÑOR su Dios ordenó a su siervo Moisés que les diera toda esta tierra y que destruyera a todos sus habitantes. Temimos tanto por nuestra *vida que decidimos hacer lo que ya saben. 25 Estamos a merced de ustedes. Hagan con nosotros lo que les parezca justo y bueno.

26 Así salvó Josué a los gabaonitas de morir a manos del pueblo de Israel. 27 Ese mismo día Josué los hizo leñadores y aguateros de la asamblea israelita, especialmente del altar del SEÑOR que está en el lugar que él mismo eligió. Y así han permanecido hasta el día de hoy.

9 They answered: "Your servants have come from a very distant country because of the fame of the LORD your God. For we have heard reports of him: all that he did in Egypt, 10 and all that he did to the two kings of the Amorites east of the Jordan—Sihon king of Heshbon, and Og king of Bashan, who reigned in Ashtaroth. 11 And our elders and all those living in our country said to us, 'Take provisions for your journey; go and meet them and say to them, "We are your servants; make a treaty with us." ' 12 This bread of ours was warm when we packed it at home on the day we left to come to you. But now see how dry and moldy it is. 13 And these wineskins that we filled were new, but see how cracked they are. And our clothes and sandals are worn out by the very long journey."

14 The men of Israel sampled their provisions but did not inquire of the LORD. 15 Then Joshua made a treaty of peace with them to let them live, and the leaders of the assembly ratified it by oath.

16 Three days after they made the treaty with the Gibeonites, the Israelites heard that they were neighbors, living near them. 17 So the Israelites set out and on the third day came to their cities: Gibeon, Kephirah, Beeroth and Kiriath Jearim. 18 But the Israelites did not attack them, because the leaders of the assembly had sworn an oath to them by the LORD, the God of Israel.

The whole assembly grumbled against the leaders, 19 but all the leaders answered, "We have given them our oath by the LORD, the God of Israel, and we cannot touch them now. 20 This is what we will do to them: We will let them live, so that wrath will not fall on us for breaking the oath we swore to them." 21 They continued, "Let them live, but let them be woodcutters and water carriers for the entire community." So the leaders' promise to them was kept.

22 Then Joshua summoned the Gibeonites and said, "Why did you deceive us by saying, 'We live a long way from you,' while actually you live near us? 23 You are now under a curse: You will never cease to serve as woodcutters and water carriers for the house of my God."

24 They answered Joshua, "Your servants were clearly told how the LORD your God had commanded his servant Moses to give you the whole land and to wipe out all its inhabitants from before you. So we feared for our lives because of you, and that is why we did this. 25 We are now in your hands. Do to us whatever seems good and right to you."

26 So Joshua saved them from the Israelites, and they did not kill them. 27 That day he made the Gibeonites woodcutters and water carriers for the community and for the altar of the LORD at the place the LORD would choose. And that is what they are to this day.

Ataque de los reyes amorreos

10 Adonisédec, rey de Jerusalén, se enteró de que Josué había tomado la ciudad de Hai y la había *destruido completamente, pues Josué hizo con Hai y su rey lo mismo que había hecho con Jericó y su rey. Adonisédec también supo que los habitantes de Gabaón habían hecho un tratado de ayuda mutua con los israelitas y se habían quedado a vivir con ellos. ²Esto, por supuesto, alarmó grandemente a Adonisédec y a su gente, porque Gabaón era más importante y más grande que la ciudad de Hai; era tan grande como las capitales reales, y tenía un ejército poderoso.

³Por eso Adonisédec envió un mensaje a los siguientes reyes: Hohán de Hebrón, Pirán de Jarmut, Jafía de Laquis, y Debir de Eglón. ⁴El mensaje decía: «Únanse a mí y conquistemos a Gabaón, porque ha hecho un tratado de ayuda mutua con Josué y los israelitas.»

⁵Entonces los cinco reyes amorreos de Jerusalén, Hebrón, Jarmut, Laquis y Eglón se unieron y marcharon con sus ejércitos para acampar frente a Gabaón y atacarla.

Derrota de los reyes amorreos

⁶Los gabaonitas, por su parte, enviaron el siguiente mensaje a Josué, que estaba en Guilgal: «No abandone usted a estos siervos suyos. ¡Venga de inmediato y sálvenos! Necesitamos su ayuda, porque todos los reyes amorreos de la región montañosa se han aliado contra nosotros.»

⁷Josué salió de Guilgal con todo su ejército, acompañados de su comando especial. ⁸Y el Señor le dijo a Josué: «No tiembles ante ellos, pues yo te los entrego; ninguno de ellos podrá resistirte.»

⁹Después de marchar toda la noche desde Guilgal, Josué los atacó por sorpresa. ¹⁰A su vez, el Señor llenó de pánico a los amorreos ante la presencia del ejército israelita, y éste les infligió una tremenda derrota en Gabaón. A los que huyeron los persiguieron por el camino de Bet Jorón, y acabaron con ellos por toda la vía que va a Azeca y Maquedá. ¹¹Mientras los amorreos huían de Israel, entre Bet Jorón y Azeca, el Señor mandó del cielo una tremenda granizada que mató a más gente de la que el ejército israelita había matado a filo de espada.

¹²Ese día en que el Señor entregó a los amorreos en manos de los israelitas, Josué le dijo al Señor en presencia de todo el pueblo:

«Sol, detente en Gabaón,
     luna, párate sobre Ayalón.»

¹³El sol se detuvo
     y la luna se paró,
hasta que Israel
     se vengó de sus adversarios.

Esto está escrito en el libro de Jaser. Y, en efecto, el sol se detuvo en el cenit y no se movió de allí por casi un día entero. ¹⁴Nunca antes ni después ha habido un día como aquél; fue el día en que el Señor obedeció la orden de un *ser humano. ¡No cabe duda de que el Señor estaba peleando por Israel!

¹⁵Al terminar todo, Josué regresó a Guilgal con todo el ejército israelita.

Muerte de los reyes amorreos

¹⁶Los cinco reyes habían huido y se habían refugiado en una cueva en Maquedá. ¹⁷Tan pronto como Josué supo que habían hallado a los cinco reyes en la cueva, ¹⁸dio la siguiente orden: «Coloquen rocas a la entrada de la cueva y pongan unos guardias para que

The Sun Stands Still

10 Now Adoni-Zedek king of Jerusalem heard that Joshua had taken Ai and totally destroyed[b] it, doing to Ai and its king as he had done to Jericho and its king, and that the people of Gibeon had made a treaty of peace with Israel and were living near them. ²He and his people were very much alarmed at this, because Gibeon was an important city, like one of the royal cities; it was larger than Ai, and all its men were good fighters. ³So Adoni-Zedek king of Jerusalem appealed to Hoham king of Hebron, Piram king of Jarmuth, Japhia king of Lachish and Debir king of Eglon. ⁴"Come up and help me attack Gibeon," he said, "because it has made peace with Joshua and the Israelites."

⁵Then the five kings of the Amorites—the kings of Jerusalem, Hebron, Jarmuth, Lachish and Eglon—joined forces. They moved up with all their troops and took up positions against Gibeon and attacked it.

⁶The Gibeonites then sent word to Joshua in the camp at Gilgal: "Do not abandon your servants. Come up to us quickly and save us! Help us, because all the Amorite kings from the hill country have joined forces against us."

⁷So Joshua marched up from Gilgal with his entire army, including all the best fighting men. ⁸The Lord said to Joshua, "Do not be afraid of them; I have given them into your hand. Not one of them will be able to withstand you."

⁹After an all-night march from Gilgal, Joshua took them by surprise. ¹⁰The Lord threw them into confusion before Israel, who defeated them in a great victory at Gibeon. Israel pursued them along the road going up to Beth Horon and cut them down all the way to Azekah and Makkedah. ¹¹As they fled before Israel on the road down from Beth Horon to Azekah, the Lord hurled large hailstones down on them from the sky, and more of them died from the hailstones than were killed by the swords of the Israelites.

¹²On the day the Lord gave the Amorites over to Israel, Joshua said to the Lord in the presence of Israel:

"O sun, stand still over Gibeon,
     O moon, over the Valley of Aijalon."
¹³So the sun stood still,
     and the moon stopped,
     till the nation avenged itself on[c] its
          enemies,

as it is written in the Book of Jashar.

The sun stopped in the middle of the sky and delayed going down about a full day. ¹⁴There has never been a day like it before or since, a day when the Lord listened to a man. Surely the Lord was fighting for Israel!

¹⁵Then Joshua returned with all Israel to the camp at Gilgal.

Five Amorite Kings Killed

¹⁶Now the five kings had fled and hidden in the cave at Makkedah. ¹⁷When Joshua was told that the five kings had been found hiding in the cave at Makkedah, ¹⁸he said, "Roll large rocks up to the mouth of the cave,

---

b 1 The Hebrew term refers to the irrevocable giving over of things or persons to the Lord, often by totally destroying them; also in verses 28, 35, 37, 39 and 40.   *c 13* Or *nation triumphed over*

la vigilen. ¹⁹¡Que nadie se detenga! Persigan a los enemigos y atáquenlos por la retaguardia. No les permitan llegar a sus ciudades. ¡El SEÑOR, Dios de ustedes, ya se los ha entregado!»

²⁰Josué y el ejército israelita *exterminaron a sus enemigos; muy pocos de éstos pudieron refugiarse en las ciudades amuralladas. ²¹Finalmente, todos los israelitas retornaron a Maquedá sanos y salvos. ¡Nadie en la comarca se atrevía a decir nada contra Israel!

²²Entonces Josué mandó que destaparan la entrada de la cueva y que le trajeran los cinco reyes amorreos. ²³De inmediato sacaron a los cinco reyes de la cueva: los reyes de Jerusalén, Hebrón, Jarmut, Laquis y Eglón. ²⁴Cuando se los trajeron, Josué convocó a todo el ejército israelita y les ordenó a todos los comandantes que lo habían acompañado: «Acérquense y písenle el cuello a estos reyes.» Los comandantes obedecieron al instante. ²⁵Entonces Josué les dijo: «No teman ni den un paso atrás; al contrario, sean fuertes y valientes. Esto es exactamente lo que el SEÑOR hará con todos los que ustedes enfrenten en batalla.»

²⁶Dicho esto, Josué mató a los reyes, los colgó en cinco árboles, y allí los dejó hasta el atardecer. ²⁷Cuando ya el sol estaba por ponerse, Josué mandó que los descolgaran de los árboles y los arrojaran en la misma cueva donde antes se habían escondido. Entonces taparon la cueva con unas enormes rocas, que permanecen allí hasta el día de hoy.

²⁸Ese mismo día Josué tomó Maquedá y mató a filo de espada a su rey y a todos sus habitantes; ¡nadie quedó con vida! Y al rey de Maquedá le sucedió lo mismo que al rey de Jericó.

Conquista de las ciudades del sur

²⁹De Maquedá, Josué y todo Israel se dirigieron a Libná y la atacaron. ³⁰El SEÑOR entregó en manos de Israel al rey y a sus habitantes. Josué pasó a filo de espada a todos sus habitantes; nadie quedó con vida. Y al rey de Libná le sucedió lo mismo que al rey de Jericó.

³¹De Libná, Josué y todo Israel se dirigieron a Laquis. El ejército la sitió y la atacó. ³²El SEÑOR la entregó en manos de Israel, y al segundo día la conquistaron. Todos en Laquis murieron a filo de espada, tal como había sucedido con Libná. ³³Además, Horán, rey de Guézer, que había salido a defender a Laquis, fue totalmente derrotado junto con su ejército; nadie sobrevivió a la espada de Josué.

³⁴De Laquis, Josué y todo Israel se dirigieron a Eglón. Sitiaron la ciudad y la atacaron. ³⁵En un solo día la conquistaron y *destruyeron a todos a filo de espada, tal como lo habían hecho con Laquis.

³⁶De Eglón, Josué y todo Israel se dirigieron a Hebrón, y la atacaron. ³⁷El ejército israelita tomó la ciudad y la pasó a filo de espada, de modo que nadie, ni el rey ni ninguno de los habitantes de la ciudad y de sus aldeas, escapó con vida. Y tal como sucedió en Eglón, Hebrón fue destruida completamente.

³⁸De Hebrón, Josué y todo Israel se dirigieron a Debir y la atacaron. ³⁹Se apoderaron de la ciudad, de su rey y de todas sus aldeas, y mataron a filo de espada a todos sus habitantes. Nadie quedó con vida; todo fue *arrasado. A Debir le sucedió lo mismo que le había sucedido a Libná, a Hebrón y a sus respectivos reyes.

⁴⁰Así Josué conquistó toda aquella región: la cordillera, el Néguev, los llanos y las laderas. Derrotó a todos sus reyes, sin dejar ningún sobreviviente. ¡Todo cuanto tenía aliento de vida fue *destruido completamente! Esto lo hizo según el mandato del SEÑOR, Dios

and post some men there to guard it. ¹⁹But don't stop! Pursue your enemies, attack them from the rear and don't let them reach their cities, for the LORD your God has given them into your hand."

²⁰So Joshua and the Israelites destroyed them completely—almost to a man—but the few who were left reached their fortified cities. ²¹The whole army then returned safely to Joshua in the camp at Makkedah, and no one uttered a word against the Israelites.

²²Joshua said, "Open the mouth of the cave and bring those five kings out to me." ²³So they brought the five kings out of the cave—the kings of Jerusalem, Hebron, Jarmuth, Lachish and Eglon. ²⁴When they had brought these kings to Joshua, he summoned all the men of Israel and said to the army commanders who had come with him, "Come here and put your feet on the necks of these kings." So they came forward and placed their feet on their necks.

²⁵Joshua said to them, "Do not be afraid; do not be discouraged. Be strong and courageous. This is what the LORD will do to all the enemies you are going to fight." ²⁶Then Joshua struck and killed the kings and hung them on five trees, and they were left hanging on the trees until evening.

²⁷At sunset Joshua gave the order and they took them down from the trees and threw them into the cave where they had been hiding. At the mouth of the cave they placed large rocks, which are there to this day.

²⁸That day Joshua took Makkedah. He put the city and its king to the sword and totally destroyed everyone in it. He left no survivors. And he did to the king of Makkedah as he had done to the king of Jericho.

Southern Cities Conquered

²⁹Then Joshua and all Israel with him moved on from Makkedah to Libnah and attacked it. ³⁰The LORD also gave that city and its king into Israel's hand. The city and everyone in it Joshua put to the sword. He left no survivors there. And he did to its king as he had done to the king of Jericho.

³¹Then Joshua and all Israel with him moved on from Libnah to Lachish; he took up positions against it and attacked it. ³²The LORD handed Lachish over to Israel, and Joshua took it on the second day. The city and everyone in it he put to the sword, just as he had done to Libnah. ³³Meanwhile, Horam king of Gezer had come up to help Lachish, but Joshua defeated him and his army—until no survivors were left.

³⁴Then Joshua and all Israel with him moved on from Lachish to Eglon; they took up positions against it and attacked it. ³⁵They captured it that same day and put it to the sword and totally destroyed everyone in it, just as they had done to Lachish.

³⁶Then Joshua and all Israel with him went up from Eglon to Hebron and attacked it. ³⁷They took the city and put it to the sword, together with its king, its villages and everyone in it. They left no survivors. Just as at Eglon, they totally destroyed it and everyone in it.

³⁸Then Joshua and all Israel with him turned around and attacked Debir. ³⁹They took the city, its king and its villages, and put them to the sword. Everyone in it they totally destroyed. They left no survivors. They did to Debir and its king as they had done to Libnah and its king and to Hebron.

⁴⁰So Joshua subdued the whole region, including the hill country, the Negev, the western foothills and the mountain slopes, together with all their kings. He left no survivors. He totally destroyed all who breathed, just as the LORD, the God of Israel, had commanded.

de Israel. 41 Josué conquistó a todos, desde Cades Barnea hasta Gaza, y desde la región de Gosén hasta Gabaón. 42 A todos esos reyes y sus territorios Josué los conquistó en una sola expedición, porque el SEÑOR, Dios de Israel, combatía por su pueblo.

43 Después Josué regresó al campamento de Guilgal junto con todo el ejército israelita.

Conquista de los reinos del norte

11 Cuando Jabín, rey de Jazor, se enteró de todo lo ocurrido, convocó a Jobab, rey de Madón, y a los reyes de Simrón y de Acsaf. 2 También llamó a los reyes de la región montañosa del norte; a los de la región al sur del lago Quinéret;f a los de los valles, y a los de Nafot Dor, g al occidente. 3 Llamó además a los cananeos de oriente y occidente, a los amorreos, a los hititas, a los ferezeos, a los jebuseos de las montañas y a los heveos que viven en las laderas del monte Hermón en Mizpa.

4 Todos ellos salieron con sus ejércitos, caballos y carros de guerra. Eran tan numerosos que parecían arena a la orilla del mar. 5 Formaron un solo ejército y acamparon junto a las aguas de Merón para pelear contra Israel.

6 Entonces el SEÑOR le dijo a Josué: «No les tengas miedo, porque mañana, a esta hora, yo le entregaré muerto a Israel todo ese ejército. Ustedes, por su parte, deberán desjarretar sus caballos e incendiar sus carros de guerra.»

7 Así que Josué partió acompañado de sus guerreros y tomó por sorpresa a sus enemigos junto a las aguas de Merón. 8 El SEÑOR los entregó en manos de los israelitas, quienes los atacaron y persiguieron hasta la gran ciudad de Sidón, y hasta Misrefot Mayin y el valle de Mizpa al este, y no quedaron sobrevivientes. 9 Josué cumplió con todo lo que el SEÑOR le había ordenado: desjarretó los caballos del enemigo e incendió sus carros de guerra.

10 Al regreso Josué conquistó Jazor y mató a filo de espada a su rey, pues Jazor había sido cabecera de todos aquellos reinados. 11 Los israelitas mataron a espada a todo cuanto tenía *vida. *Arrasaron la ciudad y le prendieron fuego. 12 Josué conquistó todas las ciudades de aquellos reinos junto con sus reyes; a éstos mató a filo de espada, *destruyéndolos por completo. Así obedeció Josué todo lo que Moisés, siervo del SEÑOR, le había mandado. 13 Las ciudades que estaban sobre los cerros fueron las únicas que los israelitas no quemaron, excepto Jazor. 14 Tomaron como botín de guerra todas las pertenencias del enemigo y su ganado, y mataron a todos los hombres a filo de espada, de modo que ninguno quedó con vida. 15 Así como el SEÑOR había ordenado a su siervo Moisés, también Moisés se lo ordenó a Josué. Y éste, por su parte, cumplió al pie de la letra todo lo que el SEÑOR le había ordenado a Moisés.

Síntesis de la conquista

16 Josué logró conquistar toda aquella tierra: la región montañosa, todo el Néguev, toda la región de Gosén, el valle, el Arabá, la región montañosa de Israel y su valle. 17 También se apoderó de todos los territorios, desde la montaña de Jalac que se eleva hacia Seír, hasta Baal Gad en el valle del Líbano, a las faldas del monte Hermón. Josué capturó a todos los reyes de esa región y los ejecutó, 18 después de combatir con ellos por largo tiempo.

Northern Kings Defeated

41 Joshua subdued them from Kadesh Barnea to Gaza and from the whole region of Goshen to Gibeon. 42 All these kings and their lands Joshua conquered in one campaign, because the LORD, the God of Israel, fought for Israel.

43 Then Joshua returned with all Israel to the camp at Gilgal.

11 When Jabin king of Hazor heard of this, he sent word to Jobab king of Madon, to the kings of Shimron and Acshaph, 2 and to the northern kings who were in the mountains, in the Arabah south of Kinnereth, in the western foothills and in Naphoth Dord on the west; 3 to the Canaanites in the east and west; to the Amorites, Hittites, Perizzites and Jebusites in the hill country; and to the Hivites below Hermon in the region of Mizpah. 4 They came out with all their troops and a large number of horses and chariots—a huge army, as numerous as the sand on the seashore. 5 All these kings joined forces and made camp together at the Waters of Merom, to fight against Israel.

6 The LORD said to Joshua, "Do not be afraid of them, because by this time tomorrow I will hand all of them over to Israel, slain. You are to hamstring their horses and burn their chariots."

7 So Joshua and his whole army came against them suddenly at the Waters of Merom and attacked them, 8 and the LORD gave them into the hand of Israel. They defeated them and pursued them all the way to Greater Sidon, to Misrephoth Maim, and to the Valley of Mizpah on the east, until no survivors were left. 9 Joshua did to them as the LORD had directed: He hamstrung their horses and burned their chariots.

10 At that time Joshua turned back and captured Hazor and put its king to the sword. (Hazor had been the head of all these kingdoms.) 11 Everyone in it they put to the sword. They totally destroyede them, not sparing anything that breathed, and he burned up Hazor itself.

12 Joshua took all these royal cities and their kings and put them to the sword. He totally destroyed them, as Moses the servant of the LORD had commanded. 13 Yet Israel did not burn any of the cities built on their mounds—except Hazor, which Joshua burned. 14 The Israelites carried off for themselves all the plunder and livestock of these cities, but all the people they put to the sword until they completely destroyed them, not sparing anyone that breathed. 15 As the LORD commanded his servant Moses, so Moses commanded Joshua, and Joshua did it; he left nothing undone of all that the LORD commanded Moses.

16 So Joshua took this entire land: the hill country, all the Negev, the whole region of Goshen, the western foothills, the Arabah and the mountains of Israel with their foothills, 17 from Mount Halak, which rises toward Seir, to Baal Gad in the Valley of Lebanon below Mount Hermon. He captured all their kings and struck them down, putting them to death. 18 Joshua waged war

---

f 11:2 lago Quinéret. Es decir, lago de Galilea.   g 11:2 Nafot Dor. Alt. las alturas de Dor.

d 2 Or in the heights of Dor   e 11 The Hebrew term refers to the irrevocable giving over of things or persons to the LORD, often by totally destroying them; also in verses 12, 20 and 21.

19 Ninguna ciudad hizo tratado de ayuda mutua con los israelitas, excepto los heveos de Gabaón. A todas esas ciudades Josué las derrotó en el campo de batalla, 20 porque el SEÑOR endureció el *corazón de los enemigos para que entablaran guerra con Israel. Así serían *exterminados sin compasión alguna, según el mandato que el SEÑOR le había dado a Moisés.

21 En aquel tiempo Josué destruyó a los *anaquitas del monte Hebrón, de Debir, de Anab y de la región montañosa de Judá e Israel. Habitantes y ciudades fueron *arrasados por Josué. 22 Ningún anaquita quedó con vida en la tierra que ocupó el pueblo de Israel. Su presencia se redujo sólo a Gaza, Gat y Asdod.

23 Así logró Josué conquistar toda aquella tierra, conforme a la orden que el SEÑOR le había dado a Moisés, y se la entregó como herencia al pueblo de Israel, según la distribución tribal. Por fin, aquella región descansó de las guerras.

Reyes derrotados por Moisés

12 Los israelitas derrotaron a dos reyes cuyos territorios se extendían al este del río Jordán, desde el arroyo Arnón hasta el monte Hermón, y abarcaban el Arabá al oriente.

2 Uno de ellos era Sijón, rey de los amorreos, cuyo trono estaba en Hesbón. Este rey gobernaba desde Aroer, ciudad asentada a orillas del arroyo Arnón, hasta el arroyo Jaboc, que era la frontera del territorio de los amonitas. El territorio de Sijón incluía la cuenca del valle y la mitad de Galaad. 3 Abarcaba también la parte oriental del Arabá hasta el lago Quinéret,h y de allí al mar del sur, que es el Mar Muerto, por la vía de Bet Yesimot y, más al sur, hasta las laderas del monte Pisgá.

4 El otro rey era Og, rey de Basán, uno de los últimos refaítas, que residía en Astarot y Edrey. 5 Este rey gobernaba desde el monte Hermón, en Salcá, y en toda la región de Basán, hasta la frontera de Guesur y de Macá, y en la mitad de Galaad, hasta la frontera del territorio de Sijón, rey de Hesbón.

6 Los israelitas bajo el mando de Moisés derrotaron a estos reyes. Y Moisés repartió aquel territorio entre los rubenitas, los gaditas y la media tribu de Manasés.

Reyes derrotados por Josué

7 A continuación aparece la lista de los reyes que los israelitas derrotaron bajo el mando de Josué. Sus territorios se encontraban al lado occidental del río Jordán, y se extendían desde Baal Gad, en el valle del Líbano, hasta el monte Jalac, que asciende hacia Seír. Josué entregó las tierras de estos reyes como propiedad a las tribus de Israel, según las divisiones tribales. 8 Tales territorios comprendían la región montañosa, los valles occidentales, el Arabá, las laderas, el desierto y el Néguev. Esas tierras habían pertenecido a los hititas, amorreos, cananeos, ferezeos, heveos y jebuseos. Ésta es la lista de reyes:

9 el rey de Jericó,
    el rey de Hai, ciudad cercana a Betel,
10 el rey de Jerusalén,
    el rey de Hebrón,
11 el rey de Jarmut,
    el rey de Laquis,
12 el rey de Eglón,
    el rey de Guézer,
13 el rey de Debir,
    el rey de Guéder,

against all these kings for a long time. 19 Except for the Hivites living in Gibeon, not one city made a treaty of peace with the Israelites, who took them all in battle. 20 For it was the LORD himself who hardened their hearts to wage war against Israel, so that he might destroy them totally, exterminating them without mercy, as the LORD had commanded Moses.

21 At that time Joshua went and destroyed the Anakites from the hill country: from Hebron, Debir and Anab, from all the hill country of Judah, and from all the hill country of Israel. Joshua totally destroyed them and their towns. 22 No Anakites were left in Israelite territory; only in Gaza, Gath and Ashdod did any survive. 23 So Joshua took the entire land, just as the LORD had directed Moses, and he gave it as an inheritance to Israel according to their tribal divisions.

Then the land had rest from war.

List of Defeated Kings

12 These are the kings of the land whom the Israelites had defeated and whose territory they took over east of the Jordan, from the Arnon Gorge to Mount Hermon, including all the eastern side of the Arabah:

2 Sihon king of the Amorites,
    who reigned in Heshbon. He ruled from Aroer on the rim of the Arnon Gorge—from the middle of the gorge—to the Jabbok River, which is the border of the Ammonites. This included half of Gilead. 3 He also ruled over the eastern Arabah from the Sea of Kinnerethf to the Sea of the Arabah (the Salt Seag), to Beth Jeshimoth, and then southward below the slopes of Pisgah.

4 And the territory of Og king of Bashan,
    one of the last of the Rephaites, who reigned in Ashtaroth and Edrei. 5 He ruled over Mount Hermon, Salecah, all of Bashan to the border of the people of Geshur and Maacah, and half of Gilead to the border of Sihon king of Heshbon.

6 Moses, the servant of the LORD, and the Israelites conquered them. And Moses the servant of the LORD gave their land to the Reubenites, the Gadites and the half-tribe of Manasseh to be their possession.

7 These are the kings of the land that Joshua and the Israelites conquered on the west side of the Jordan, from Baal Gad in the Valley of Lebanon to Mount Halak, which rises toward Seir (their lands Joshua gave as an inheritance to the tribes of Israel according to their tribal divisions— 8 the hill country, the western foothills, the Arabah, the mountain slopes, the desert and the Negev—the lands of the Hittites, Amorites, Canaanites, Perizzites, Hivites and Jebusites):

9 the king of Jericho	one
the king of Ai (near Bethel)	one
10 the king of Jerusalem	one
the king of Hebron	one
11 the king of Jarmuth	one
the king of Lachish	one
12 the king of Eglon	one
the king of Gezer	one
13 the king of Debir	one
the king of Geder	one

---

h 12:3 lago Quinéret. Es decir, lago de Galilea.   f 3 That is, Galilee   g 3 That is, the Dead Sea

14 el rey de Jormá,	
el rey de Arad,	
15 el rey de Libná,	
el rey de Adulán,	
16 el rey de Maquedá,	
el rey de Betel,	
17 el rey de Tapúaj,	
el rey de Héfer,	
18 el rey de Afec,	
el rey de Sarón,	
19 el rey de Madón,	
el rey de Jazor,	
20 el rey de Simrón Merón,	
el rey de Acsaf,	
21 el rey de Tanac,	
el rey de Meguido,	
22 el rey de Cedes,	
el rey de Jocneán que está en el Carmelo,	
23 el rey de Dor que está en Nafot Dor,*i*	
el rey Goyim de Guilgal	
24 y el rey de Tirsá.	

Eran treinta y un reyes en total.

El territorio no conquistado

13 Cuando Josué era ya bastante anciano, el SEÑOR le dijo: «Ya estás muy viejo, y todavía queda mucho territorio por conquistar. ² Me refiero a todo el territorio filisteo y guesureo, ³ que se extiende desde el río Sijor, al este de Egipto, hasta la frontera de Ecrón al norte. A ése se le considera territorio cananeo, y en él se encuentran los cinco gobernantes filisteos: el de Gaza, el de Asdod, el de Ascalón, el de Gat y el de Ecrón. También queda sin conquistar el territorio de los aveos. ⁴ Por el lado sur queda todo el territorio cananeo, desde Araj, tierra de los sidonios, hasta Afec, que está en la frontera de los amorreos. ⁵ Además queda el territorio de los guiblitas y todo el Líbano oriental, desde Baal Gad, al pie del monte Hermón, hasta Lebó Jamat.*j* ⁶ Yo mismo voy a echar de la presencia de los israelitas a todos los habitantes de Sidón y a cuantos viven en la región montañosa, desde el Líbano hasta Misrefot Mayin.

»Tú, por tu parte, repartirás y les darás por herencia esta tierra a los israelitas, tal como te lo he ordenado. ⁷ Ya es tiempo de que repartas esta tierra entre las nueve tribus restantes y la otra media tribu de Manasés.»

División de los territorios al oriente del Jordán

⁸ La otra media tribu de Manasés, los rubenitas y los gaditas ya habían recibido la herencia que Moisés, siervo del SEÑOR, les había asignado de antemano. ⁹ Abarcaba desde Aroer, que estaba a orillas del arroyo Arnón, con la población ubicada en medio del valle. Incluía también toda la meseta de Medeba hasta Dibón, ¹⁰ todas las ciudades de Sijón —rey de los amorreos que reinaba desde Hesbón—, hasta la frontera del país de los amonitas. ¹¹ Comprendía, además, Galaad, el territorio de la gente de Guesur y Macá, toda la montaña del Hermón y todo Basán hasta Salcá. ¹² Ésa era la tierra de Og, rey de Basán, que reinó en Astarot y Edrey; fue el último de los refaítas, a quienes Moisés

14 the king of Hormah	one
the king of Arad	one
15 the king of Libnah	one
the king of Adullam	one
16 the king of Makkedah	one
the king of Bethel	one
17 the king of Tappuah	one
the king of Hepher	one
18 the king of Aphek	one
the king of Lasharon	one
19 the king of Madon	one
the king of Hazor	one
20 the king of Shimron Meron	one
the king of Acshaph	one
21 the king of Taanach	one
the king of Megiddo	one
22 the king of Kedesh	one
the king of Jokneam in Carmel	one
23 the king of Dor (in Naphoth Dor*h*)	one
the king of Goyim in Gilgal	one
24 the king of Tirzah	one

thirty-one kings in all.

Land Still to Be Taken

13 When Joshua was old and well advanced in years, the LORD said to him, "You are very old, and there are still very large areas of land to be taken over.

² "This is the land that remains: all the regions of the Philistines and Geshurites: ³ from the Shihor River on the east of Egypt to the territory of Ekron on the north, all of it counted as Canaanite (the territory of the five Philistine rulers in Gaza, Ashdod, Ashkelon, Gath and Ekron—that of the Avites); ⁴ from the south, all the land of the Canaanites, from Arah of the Sidonians as far as Aphek, the region of the Amorites, ⁵ the area of the Gebalites*i*; and all Lebanon to the east, from Baal Gad below Mount Hermon to Lebo*j* Hamath.

⁶ "As for all the inhabitants of the mountain regions from Lebanon to Misrephoth Maim, that is, all the Sidonians, I myself will drive them out before the Israelites. Be sure to allocate this land to Israel for an inheritance, as I have instructed you, ⁷ and divide it as an inheritance among the nine tribes and half of the tribe of Manasseh."

Division of the Land East of the Jordan

⁸ The other half of Manasseh,*k* the Reubenites and the Gadites had received the inheritance that Moses had given them east of the Jordan, as he, the servant of the LORD, had assigned it to them.

⁹ It extended from Aroer on the rim of the Arnon Gorge, and from the town in the middle of the gorge, and included the whole plateau of Medeba as far as Dibon, ¹⁰ and all the towns of Sihon king of the Amorites, who ruled in Heshbon, out to the border of the Ammonites. ¹¹ It also included Gilead, the territory of the people of Geshur and Maacah, all of Mount Hermon and all Bashan as far as Salecah— ¹² that is, the whole kingdom of Og in Bashan, who had reigned in Ashtaroth and Edrei and had survived as one of the last of the Rephaites. Moses had defeated them and taken over

---

i 12:23 Nafot Dor. Alt. *las alturas de Dor.*   *j 13:5 Lebó Jamat.* Alt. *la entrada de Jamat.*

h 23 Or *in the heights of Dor*   *i 5* That is, the area of Byblos   *j 5* Or *to the entrance to*   *k 8* Hebrew *With it* (that is, with the other half of Manasseh)

había derrotado y arrojado de su territorio. ¹³Pero los israelitas no expulsaron de su territorio a los habitantes de Guesur y Macá, que hasta el día de hoy viven en territorio israelita.

¹⁴Sin embargo, a la tribu de Leví Moisés no le dio tierras por herencia, pues su herencia son las ofrendas del pueblo del SEÑOR, Dios de Israel, tal como él se lo había prometido.

¹⁵Éstas son las tierras que Moisés había entregado a cada uno de los clanes de la tribu de Rubén: ¹⁶abarcaban desde Aroer, que estaba a orillas del arroyo Arnón, con la población ubicada en medio del valle. Incluían también toda la meseta de Medeba ¹⁷hasta Hesbón y todas las poblaciones de la meseta: Dibón, Bamot Baal, Bet Baal Megón, ¹⁸Yahaza, Cademot, Mefat, ¹⁹Quiriatayin, Sibma, Zaret Sajar, que está en la colina del valle, ²⁰Bet Peor, Bet Yesimot y las laderas del monte Pisgá; ²¹es decir, las ciudades y los pueblos de la meseta, y todos los dominios de Sijón, rey amorreo que gobernó en Hesbón. Moisés había derrotado a este rey y a los príncipes madianitas Eví, Requen, Zur, Jur y Reba, todos ellos aliados de Sijón y habitantes de la región. ²²Los israelitas pasaron a filo de espada a muchos hombres en el campo de batalla, incluso al adivino Balán hijo de Beor. ²³El río Jordán sirvió como frontera del territorio perteneciente a los rubenitas. Estas ciudades y pueblos fueron la herencia de la tribu de Rubén, según sus clanes.

²⁴Moisés también había entregado a la tribu de Gad y a sus respectivos clanes los siguientes territorios: ²⁵las tierras de Jazer, todas las poblaciones de la región de Galaad y la mitad del territorio amonita, hasta Aroer, que está frente a Rabá; ²⁶y las tierras comprendidas entre Hesbón, Ramat Mizpé y Betonín, y entre Majanayin y la frontera de Debir. ²⁷En el valle recibieron Bet Aram, Bet Nimrá, Sucot y Zafón, junto con lo que quedaba del reino de Sijón, rey de Hesbón. Así que su territorio se extendía desde el este del Jordán hasta el sur del lago Quinéret.ᵏ ²⁸Estas ciudades y pueblos fueron la herencia de la tribu de Gad, según sus clanes.

²⁹Éstas son las tierras que Moisés había entregado a la media tribu de Manasés y sus clanes: ³⁰el territorio que abarca Majanayin y toda la región de Basán, es decir, todo el reino de Og, incluyendo las sesenta poblaciones de Yaír. ³¹Además, la mitad de Galaad, y Astarot y Edrey, ciudades del reino de Og, les correspondieron a la mitad de los descendientes de Maquir hijo de Manasés, según sus clanes.

³²Ésta es la herencia que Moisés repartió cuando se encontraba en los llanos de Moab, al otro lado del río Jordán, al este de Jericó. ³³Sin embargo, a la tribu de Leví Moisés no le dio tierras por herencia, porque el SEÑOR, Dios de Israel, es su herencia, tal como él se lo había prometido.

División de los territorios al occidente del Jordán

14 Éstas son las tierras cananeas que el sacerdote Eleazar, Josué hijo de Nun y los jefes de los clanes entregaron a los israelitas como herencia. ²Esa herencia se les repartió por sorteo a las nueve tribus y media, tal como el SEÑOR había ordenado por medio de Moisés. ³⁻⁴Ya éste les había dado por herencia la parte

their land. ¹³But the Israelites did not drive out the people of Geshur and Maacah, so they continue to live among the Israelites to this day.

¹⁴But to the tribe of Levi he gave no inheritance, since the offerings made by fire to the LORD, the God of Israel, are their inheritance, as he promised them.

¹⁵This is what Moses had given to the tribe of Reuben, clan by clan:

¹⁶The territory from Aroer on the rim of the Arnon Gorge, and from the town in the middle of the gorge, and the whole plateau past Medeba ¹⁷to Heshbon and all its towns on the plateau, including Dibon, Bamoth Baal, Beth Baal Meon, ¹⁸Jahaz, Kedemoth, Mephaath, ¹⁹Kiriathaim, Sibmah, Zereth Shahar on the hill in the valley, ²⁰Beth Peor, the slopes of Pisgah, and Beth Jeshimoth ²¹—all the towns on the plateau and the entire realm of Sihon king of the Amorites, who ruled at Heshbon. Moses had defeated him and the Midianite chiefs, Evi, Rekem, Zur, Hur and Reba—princes allied with Sihon—who lived in that country. ²²In addition to those slain in battle, the Israelites had put to the sword Balaam son of Beor, who practiced divination. ²³The boundary of the Reubenites was the bank of the Jordan. These towns and their villages were the inheritance of the Reubenites, clan by clan.

²⁴This is what Moses had given to the tribe of Gad, clan by clan:

²⁵The territory of Jazer, all the towns of Gilead and half the Ammonite country as far as Aroer, near Rabbah; ²⁶and from Heshbon to Ramath Mizpah and Betonim, and from Mahanaim to the territory of Debir; ²⁷and in the valley, Beth Haram, Beth Nimrah, Succoth and Zaphon with the rest of the realm of Sihon king of Heshbon (the east side of the Jordan, the territory up to the end of the Sea of Kinnerethˡ). ²⁸These towns and their villages were the inheritance of the Gadites, clan by clan.

²⁹This is what Moses had given to the half-tribe of Manasseh, that is, to half the family of the descendants of Manasseh, clan by clan:

³⁰The territory extending from Mahanaim and including all of Bashan, the entire realm of Og king of Bashan—all the settlements of Jair in Bashan, sixty towns, ³¹half of Gilead, and Ashtaroth and Edrei (the royal cities of Og in Bashan). This was for the descendants of Makir son of Manasseh—for half of the sons of Makir, clan by clan.

³²This is the inheritance Moses had given when he was in the plains of Moab across the Jordan east of Jericho. ³³But to the tribe of Levi, Moses had given no inheritance; the LORD, the God of Israel, is their inheritance, as he promised them.

Division of the Land West of the Jordan

14 Now these are the areas the Israelites received as an inheritance in the land of Canaan, which Eleazar the priest, Joshua son of Nun and the heads of the tribal clans of Israel allotted to them. ²Their inheritances were assigned by lot to the nine-and-a-half tribes, as the LORD had commanded through Moses.

ᵏ 13:27 *lago Quinéret.* Es decir, lago de Galilea.   ˡ 27 That is, Galilee

oriental del Jordán a las dos tribus y media, pues los descendientes de José se habían dividido en dos tribus, Manasés y Efraín. Pero a los levitas no les dio tierras, sino sólo algunas poblaciones con sus respectivos campos de cultivo y pastoreo. ⁵Así los israelitas dividieron el territorio tal como el SEÑOR se lo había ordenado a Moisés.

Caleb recibe Hebrón

⁶Los descendientes de Judá se acercaron a Josué en Guilgal. El quenizita Caleb hijo de Jefone le pidió a Josué: «Acuérdate de lo que el SEÑOR le dijo a Moisés, hombre de Dios, respecto a ti y a mí en Cades Barnea. ⁷Yo tenía cuarenta años cuando Moisés, siervo del SEÑOR, me envió desde Cades Barnea para explorar el país, y con toda franqueza le informé de lo que vi. ⁸Mis compañeros de viaje, por el contrario, desanimaron a la gente y le infundieron temor. Pero yo me mantuve fiel al SEÑOR mi Dios. ⁹Ese mismo día Moisés me hizo este juramento: "La tierra que toquen tus pies será herencia tuya y de tus descendientes para siempre, porque fuiste fiel al SEÑOR mi Dios."*l*

¹⁰»Ya han pasado cuarenta y cinco años desde que el SEÑOR hizo la promesa por medio de Moisés, mientras Israel peregrinaba por el desierto; aquí estoy este día con mis ochenta y cinco años: ¡el SEÑOR me ha mantenido con vida! ¹¹Y todavía mantengo la misma fortaleza que tenía el día en que Moisés me envió. Para la batalla tengo las mismas energías que tenía entonces. ¹²Dame, pues, la región montañosa que el SEÑOR me prometió en esa ocasión. Desde ese día, tú bien sabes que los *anaquitas habitan allí, y que sus ciudades son enormes y fortificadas. Sin embargo, con la ayuda del SEÑOR los expulsaré de ese territorio, tal como él ha prometido.»

¹³Entonces Josué bendijo a Caleb y le dio por herencia el territorio de Hebrón. ¹⁴A partir de ese día Hebrón ha pertenecido al quenizita Caleb hijo de Jefone, porque fue fiel al SEÑOR, Dios de Israel. ¹⁵Hebrón se llamaba originalmente Quiriat Arbá, porque Arbá fue un importante antepasado de los anaquitas.

Después de todo esto el país se vio libre de guerras.

Los territorios de Judá

15 El territorio asignado a los clanes de la tribu de Judá abarcaba las tierras comprendidas hasta la frontera de Edom, incluyendo el desierto de Zin en el sur.

²La frontera sur, que partía de la bahía ubicada al extremo sur del Mar Muerto, ³salía hacia el sur de la cuesta de Acrabín, cruzaba hacia el desierto de Zin y continuaba hacia Cades Barnea, al sur. De allí seguía por Jezrón, subía hacia Adar, daba la vuelta hacia Carcá, ⁴continuaba por Asmón y salía hacia el arroyo de Egipto, para terminar en el Mediterráneo. Ésta es la frontera sur de Judá.*m*

⁵La frontera oriental la formaba el Mar Muerto hasta la desembocadura del río Jordán.

La frontera norte se iniciaba en la bahía de la desembocadura del Jordán ⁶y subía por Bet Joglá, continuando al norte de Bet Arabá, hasta la peña de Bohán hijo de Rubén. ⁷Subía luego hacia Debir desde el valle de Acor, y giraba hacia el norte en dirección a Guilgal, al frente de la pendiente de Adumín, al sur del valle. Seguía bordeando las aguas de Ensemes y llegaba a

³Moses had granted the two-and-a-half tribes their inheritance east of the Jordan but had not granted the Levites an inheritance among the rest, ⁴for the sons of Joseph had become two tribes—Manasseh and Ephraim. The Levites received no share of the land but only towns to live in, with pasturelands for their flocks and herds. ⁵So the Israelites divided the land, just as the LORD had commanded Moses.

Hebron Given to Caleb

⁶Now the men of Judah approached Joshua at Gilgal, and Caleb son of Jephunneh the Kenizzite said to him, "You know what the LORD said to Moses the man of God at Kadesh Barnea about you and me. ⁷I was forty years old when Moses the servant of the LORD sent me from Kadesh Barnea to explore the land. And I brought him back a report according to my convictions, ⁸but my brothers who went up with me made the hearts of the people melt with fear. I, however, followed the LORD my God wholeheartedly. ⁹So on that day Moses swore to me, 'The land on which your feet have walked will be your inheritance and that of your children forever, because you have followed the LORD my God wholeheartedly.'*m*

¹⁰"Now then, just as the LORD promised, he has kept me alive for forty-five years since the time he said this to Moses, while Israel moved about in the desert. So here I am today, eighty-five years old! ¹¹I am still as strong today as the day Moses sent me out; I'm just as vigorous to go out to battle now as I was then. ¹²Now give me this hill country that the LORD promised me that day. You yourself heard then that the Anakites were there and their cities were large and fortified, but, the LORD helping me, I will drive them out just as he said."

¹³Then Joshua blessed Caleb son of Jephunneh and gave him Hebron as his inheritance. ¹⁴So Hebron has belonged to Caleb son of Jephunneh the Kenizzite ever since, because he followed the LORD, the God of Israel, wholeheartedly. ¹⁵(Hebron used to be called Kiriath Arba after Arba, who was the greatest man among the Anakites.)

Then the land had rest from war.

Allotment for Judah

15 The allotment for the tribe of Judah, clan by clan, extended down to the territory of Edom, to the Desert of Zin in the extreme south.

²Their southern boundary started from the bay at the southern end of the Salt Sea,*n* ³crossed south of Scorpion*o* Pass, continued on to Zin and went over to the south of Kadesh Barnea. Then it ran past Hezron up to Addar and curved around to Karka. ⁴It then passed along to Azmon and joined the Wadi of Egypt, ending at the sea. This is their*p* southern boundary.

⁵The eastern boundary is the Salt Sea as far as the mouth of the Jordan.

The northern boundary started from the bay of the sea at the mouth of the Jordan, ⁶went up to Beth Hoglah and continued north of Beth Arabah to the Stone of Bohan son of Reuben. ⁷The boundary then went up to Debir from the Valley of Achor and turned north to Gilgal, which faces the Pass of Adummim south of the gorge. It continued along to the waters of En Shemesh and came out

---

l 14:9 Dt 1:36   *m* 15:4 *Judá. Lit. ustedes.*

m 9 Deut. 1:36   *n* 2 That is, the Dead Sea; also in verse 5
o 3 Hebrew *Akrabbim*   *p* 4 Hebrew *your*

Enroguel. 8 Continuaba hacia el valle de Ben Hinón al sur de la cuesta de la ciudad jebusea, es decir, Jerusalén. Ascendía a la cumbre de la loma al oeste del valle de Hinón, al norte del valle de Refayin. 9 De aquella cumbre la frontera se dirigía hacia el manantial de Neftóaj, seguía por las ciudades del monte Efrón y descendía hacia Balá, también llamada Quiriat Yearín. 10 De allí giraba al oeste de Balá y se dirigía hacia el monte Seír, bordeaba por el norte las laderas del monte Yearín, llamado también Quesalón, y descendía hacia Bet Semes, pasando por Timná. 11 Después seguía por la parte norte las cuestas de Ecrón, giraba hacia Sicrón, rodeaba el monte Balá y llegaba hasta Jabnel. La línea fronteriza terminaba en el mar Mediterráneo.

12 La frontera occidental la formaba la costa del mar Mediterráneo.

Éstas son las fronteras de los territorios asignados a la tribu de Judá y sus clanes.

Caleb conquista Hebrón y Debir

13 De acuerdo con lo ordenado por el SEÑOR, Josué le dio a Caleb hijo de Jefone una porción del territorio asignado a Judá. Esa porción es Quiriat Arbá, es decir, Hebrón (Arbá fue un ancestro de los *anaquitas). 14 Caleb expulsó de Hebrón a tres descendientes de Anac: Sesay, Ajimán y Talmay. 15 De allí subió para atacar a los habitantes de Debir, ciudad que antes se llamaba Quiriat Séfer. 16 Y dijo: «Le daré mi hija Acsa como esposa al hombre que ataque y conquiste la ciudad de Quiriat Séfer.» 17 Entonces Otoniel hijo de Quenaz y sobrino de Caleb capturó Quiriat Séfer y se casó con Acsa.

18 Cuando ella llegó, Otoniel la convenció[n] de que le pidiera un terreno a su padre. Al bajar Acsa del asno, Caleb le preguntó:

—¿Qué te pasa?

19 —Concédeme un gran favor —respondió ella—. Ya que me has dado tierras en el Néguev, dame también manantiales.

Fue así como Caleb le dio a su hija manantiales en las zonas altas y en las bajas.

Ciudades de Judá

20 Ésta es la lista de los territorios que recibieron como herencia los clanes de la tribu de Judá:

21 Las ciudades sureñas de la tribu, ubicadas en el Néguev, cerca de la frontera con Edom:

Cabsel, Edar, Jagur, 22 Quiná, Dimoná, Adadá, 23 Cedes, Jazor, Itnán, 24 Zif, Telén, Bealot, 25 Jazor Jadatá, Queriot, Jezrón (conocida también como Jazor), 26 Amán, Semá, Moladá, 27 Jazar Gadá, Hesmón, Bet Pelet, 28 Jazar Súal, Berseba, con sus poblados,[ñ] 29 Balá, Iyín, Esen, 30 Eltolad, Quesil, Jormá, 31 Siclag, Madmana, Sansaná, 32 Lebaot, Siljín, Ayin y Rimón, es decir, un total de veintinueve ciudades con sus pueblos.

33 En la llanura:

Estaol, Zora, Asena, 34 Zanoa, Enganín, Tapúaj, Enam, 35 Jarmut, Adulán, Soco, Azeca, 36 Sajarayin, Aditayin, Guederá y Guederotayin, es decir, catorce ciudades con sus pueblos.

37 Zenán, Jadasá, Migdal Gad, 38 Dileán, Mizpa, Joctel, 39 Laquis, Boscat, Eglón, 40 Cabón, Lajmás, Quitlís, 41 Guederot, Bet Dagón, Noamá y Maquedá, es decir, dieciséis ciudades con sus pueblos.

42 Libná, Éter, Asán, 43 Jifta, Asena, Nezib,

---

at En Rogel. 8 Then it ran up the Valley of Ben Hinnom along the southern slope of the Jebusite city (that is, Jerusalem). From there it climbed to the top of the hill west of the Hinnom Valley at the northern end of the Valley of Rephaim. 9 From the hilltop the boundary headed toward the spring of the waters of Nephtoah, came out at the towns of Mount Ephron and went down toward Baalah (that is, Kiriath Jearim). 10 Then it curved westward from Baalah to Mount Seir, ran along the northern slope of Mount Jearim (that is, Kesalon), continued down to Beth Shemesh and crossed to Timnah. 11 It went to the northern slope of Ekron, turned toward Shikkeron, passed along to Mount Baalah and reached Jabneel. The boundary ended at the sea.

12 The western boundary is the coastline of the Great Sea.[q]

These are the boundaries around the people of Judah by their clans.

13 In accordance with the LORD's command to him, Joshua gave to Caleb son of Jephunneh a portion in Judah—Kiriath Arba, that is, Hebron. (Arba was the forefather of Anak.) 14 From Hebron Caleb drove out the three Anakites—Sheshai, Ahiman and Talmai—descendants of Anak. 15 From there he marched against the people living in Debir (formerly called Kiriath Sepher). 16 And Caleb said, "I will give my daughter Acsah in marriage to the man who attacks and captures Kiriath Sepher." 17 Othniel son of Kenaz, Caleb's brother, took it; so Caleb gave his daughter Acsah to him in marriage.

18 One day when she came to Othniel, she urged him[r] to ask her father for a field. When she got off her donkey, Caleb asked her, "What can I do for you?"

19 She replied, "Do me a special favor. Since you have given me land in the Negev, give me also springs of water." So Caleb gave her the upper and lower springs.

20 This is the inheritance of the tribe of Judah, clan by clan:

21 The southernmost towns of the tribe of Judah in the Negev toward the boundary of Edom were:

Kabzeel, Eder, Jagur, 22 Kinah, Dimonah, Adadah, 23 Kedesh, Hazor, Ithnan, 24 Ziph, Telem, Bealoth, 25 Hazor Hadattah, Kerioth Hezron (that is, Hazor), 26 Amam, Shema, Moladah, 27 Hazar Gaddah, Heshmon, Beth Pelet, 28 Hazar Shual, Beersheba, Biziothiah, 29 Baalah, Iim, Ezem, 30 Eltolad, Kesil, Hormah, 31 Ziklag, Madmannah, Sansannah, 32 Lebaoth, Shilhim, Ain and Rimmon—a total of twenty-nine towns and their villages.

33 In the western foothills:

Eshtaol, Zorah, Ashnah, 34 Zanoah, En Gannim, Tappuah, Enam, 35 Jarmuth, Adullam, Socoh, Azekah, 36 Shaaraim, Adithaim and Gederah (or Gederothaim)[s]—fourteen towns and their villages.

37 Zenan, Hadashah, Migdal Gad, 38 Dilean, Mizpah, Joktheel, 39 Lachish, Bozkath, Eglon, 40 Cabbon, Lahmas, Kitlish, 41 Gederoth, Beth Dagon, Naamah and Makkedah—sixteen towns and their villages.

42 Libnah, Ether, Ashan, 43 Iphtah, Ashnah, Ne-

ñ 15:18 Otoniel la convenció (mss. de LXX); lo convenció (TM).
ñ 15:28 con sus poblados (LXX); Biziotía (TM).

q 12 That is, the Mediterranean; also in verse 47　　r 18 Hebrew and some Septuagint manuscripts; other Septuagint manuscripts (see also note at Judges 1:14) Othniel, he urged her
s 36 Or Gederah and Gederothaim

44 Queilá, Aczib y Maresá, es decir, nueve ciudades con sus pueblos.

45 Ecrón, con sus pueblos y aldeas; 46 de allí al mar, todo el territorio colindante con Asdod, junto con sus poblaciones; 47 Asdod, con sus pueblos y aldeas, y Gaza, con sus pueblos y aldeas, hasta el arroyo de Egipto y la costa del mar Mediterráneo.

48 En la región montañosa:

Samir, Jatir, Soco, 49 Daná, Quiriat Saná (conocida como Debir), 50 Anab, Estemoa, Anín, 51 Gosén, Holón y Guiló, es decir, once ciudades con sus pueblos.

52 Arab, Dumá, Esán, 53 Yanún, Bet Tapúaj, Afecá, 54 Humtá, Quiriat Arbá (llamada también Hebrón) y Sior, es decir, nueve ciudades con sus pueblos.

55 Maón, Carmel, Zif, Yutá, 56 Jezrel, Jocdeán, Zanoa, 57 Caín, Guibeá y Timná, es decir, diez ciudades con sus pueblos.

58 Jaljul, Betsur, Guedor, 59 Marat, Bet Anot y Eltecón, es decir, seis ciudades con sus pueblos.

60 Quiriat Baal (o Quiriat Yearín) y Rabá, con sus pueblos.

61 En el desierto:

Bet Arabá, Midín, Secacá, 62 Nibsán, la Ciudad de la sal y Engadi, es decir, seis ciudades con sus pueblos.

63 Los descendientes de Judá no pudieron expulsar de la ciudad de Jerusalén a los jebuseos, así que hasta el día de hoy éstos viven allí junto con los descendientes de Judá.

Los territorios de Efraín y Manasés

16 El territorio asignado a los descendientes de José comenzaba en el río Jordán,*o* al este de los manantiales de Jericó; y de allí ascendía hacia la región montañosa de Betel, a través del desierto. 2 De Betel, es decir, Luz,*p* continuaba hacia el territorio de los arquitas hasta Astarot, 3 descendía hacia el oeste al territorio de los jafletitas hasta la región de Bet Jorón de Abajo y Guézer, y terminaba en el mar Mediterráneo. 4 Así fue como las tribus de Manasés y Efraín, descendientes de José, recibieron como herencia sus territorios.

El territorio de Efraín

5 Éste es el territorio que recibieron la tribu de Efraín y sus respectivos clanes:

En el lado oriental sus límites se extendían desde Atarot Adar hasta Bet Jorón de Arriba, 6 y llegaban hasta el mar Mediterráneo. En Micmetat, que está al norte, hacían una curva hacia el oriente rumbo a Tanat Siló y de allí llegaban a Janoa. 7 Descendían de Janoa hacia Atarot y Nará, pasando por Jericó hasta llegar al río Jordán. 8 De Tapúaj la frontera seguía hacia el occidente rumbo al arroyo de Caná y terminaba en el mar Mediterráneo. Éste es el territorio que recibió como herencia la tribu de Efraín por sus clanes. 9 El territorio también incluía las ciudades y sus respectivas aldeas que se encontraban en el territorio asignado a la tribu de Manasés.

zib, 44 Keilah, Aczib and Mareshah—nine towns and their villages.

45 Ekron, with its surrounding settlements and villages; 46 west of Ekron, all that were in the vicinity of Ashdod, together with their villages; 47 Ashdod, its surrounding settlements and villages; and Gaza, its settlements and villages, as far as the Wadi of Egypt and the coastline of the Great Sea.

48 In the hill country:

Shamir, Jattir, Socoh, 49 Dannah, Kiriath Sannah (that is, Debir), 50 Anab, Eshtemoh, Anim, 51 Goshen, Holon and Giloh—eleven towns and their villages.

52 Arab, Dumah, Eshan, 53 Janim, Beth Tappuah, Aphekah, 54 Humtah, Kiriath Arba (that is, Hebron) and Zior—nine towns and their villages.

55 Maon, Carmel, Ziph, Juttah, 56 Jezreel, Jokdeam, Zanoah, 57 Kain, Gibeah and Timnah—ten towns and their villages.

58 Halhul, Beth Zur, Gedor, 59 Maarath, Beth Anoth and Eltekon—six towns and their villages.

60 Kiriath Baal (that is, Kiriath Jearim) and Rabbah—two towns and their villages.

61 In the desert:

Beth Arabah, Middin, Secacah, 62 Nibshan, the City of Salt and En Gedi—six towns and their villages.

63 Judah could not dislodge the Jebusites, who were living in Jerusalem; to this day the Jebusites live there with the people of Judah.

Allotment for Ephraim and Manasseh

16 The allotment for Joseph began at the Jordan of Jericho,*t* east of the waters of Jericho, and went up from there through the desert into the hill country of Bethel. 2 It went on from Bethel (that is, Luz),*u* crossed over to the territory of the Arkites in Ataroth, 3 descended westward to the territory of the Japhletites as far as the region of Lower Beth Horon and on to Gezer, ending at the sea.

4 So Manasseh and Ephraim, the descendants of Joseph, received their inheritance.

5 This was the territory of Ephraim, clan by clan:

The boundary of their inheritance went from Ataroth Addar in the east to Upper Beth Horon 6 and continued to the sea. From Micmethath on the north it curved eastward to Taanath Shiloh, passing by it to Janoah on the east. 7 Then it went down from Janoah to Ataroth and Naarah, touched Jericho and came out at the Jordan. 8 From Tappuah the border went west to the Kanah Ravine and ended at the sea. This was the inheritance of the tribe of the Ephraimites, clan by clan. 9 It also included all the towns and their villages that were set aside for the Ephraimites within the inheritance of the Manassites.

---

o 16:1 en el río Jordán. Lit. *en el Jordán de Jericó* (uno de los antiguos nombres asignados al río Jordán). *p 16:2 de Betel, es decir, Luz* (véase v. 1 de LXX); *de Betel hacia Luz* (TM).

t 1 Jordan of Jericho was possibly an ancient name for the Jordan River. *u 2 Septuagint; Hebrew Bethel to Luz*

¹⁰Los efraimitas no expulsaron a los cananeos que vivían en Guézer; les permitieron vivir entre ellos, como sucede hasta el día de hoy, pero los sometieron a trabajos forzados.

¹⁰They did not dislodge the Canaanites living in Gezer; to this day the Canaanites live among the people of Ephraim but are required to do forced labor.

El territorio de Manasés

17 También a la tribu de Manasés se le asignó su propio territorio, porque él era el primogénito de José. A Maquir, primogénito de Manasés y antepasado de los galaaditas, se le concedió Galaad y Basán por ser hombre de guerra. ²Los demás clanes de la tribu de Manasés también recibieron sus territorios: Abiezer, Jélec, Asriel, Siquén, Héfer y Semidá. Éstos eran descendientes de Manasés hijo de José.

³Sucedió que Zelofejad hijo de Héfer, nieto de Galaad y bisnieto de Manasés, sólo tuvo hijas, cuyos nombres eran Majlá, Noa, Joglá, Milca y Tirsá. ⁴Ellas se presentaron ante Eleazar el sacerdote, ante Josué hijo de Nun y ante los jefes de Israel, y les dijeron: «El SEÑOR le ordenó a Moisés que nos diera tierras en los territorios asignados como herencia a nuestro clan.» Entonces Josué hizo tal como el SEÑOR le había ordenado.

⁵La tribu de Manasés recibió diez porciones de tierra, además de los territorios de Galaad y Basán, que están al lado oriental del Jordán. ⁶Esto se debió a que las hijas de Manasés recibieron tierras como herencia, además de las repartidas a los descendientes varones. Galaad fue asignada a los otros descendientes de Manasés.

⁷El territorio de Manasés abarcaba desde Aser hasta Micmetat, ubicada al este de Siquén. De allí la frontera seguía hacia el sur, hasta las tierras pertenecientes a Yasub*q* En Tapúaj. ⁸A Manasés le pertenecían también las tierras de Tapúaj, pero la ciudad de Tapúaj, ubicada en los límites de Manasés, era de los descendientes de Efraín. ⁹La frontera continuaba hacia el sur, por el lado norte del arroyo de Caná, hasta llegar al mar Mediterráneo. En esa zona, varias ciudades de la tribu de Efraín se mezclaban con ciudades pertenecientes a Manasés. ¹⁰Los territorios del sur le pertenecían a Efraín, y los del norte, a Manasés. El territorio de Manasés llegaba hasta el mar Mediterráneo y bordeaba, por el norte, con la tribu de Aser, y por el este, con la de Isacar. ¹¹Dentro de las fronteras de Isacar y Aser, la tribu de Manasés tenía las siguientes ciudades con sus poblaciones: Betseán, Ibleam, Dor, Endor, Tanac y Meguido. La tercera ciudad de la lista era Nafot.

¹²Los miembros de la tribu de Manasés no pudieron habitar estas ciudades, porque los cananeos persistieron en vivir en ellas. ¹³Cuando los israelitas se hicieron fuertes, redujeron a los cananeos a esclavitud, pero no los expulsaron totalmente de esas tierras.

¹⁴Las tribus de José le reprocharon a Josué:

—¿Por qué nos has dado sólo una parte del territorio? Nosotros somos numerosos, y el SEÑOR nos ha bendecido ricamente.

¹⁵Entonces Josué les respondió:

—Ya que son tan numerosos y encuentran que la región montañosa de Efraín es demasiado pequeña para ustedes, vayan a la zona de los bosques que están en territorio ferezeo y refaíta, y desmonten tierra para que habiten allá.

¹⁰They did not dislodge the Canaanites living in Gezer; to this day the Canaanites live among the people of Ephraim but are required to do forced labor.

17 This was the allotment for the tribe of Manasseh as Joseph's firstborn, that is, for Makir, Manasseh's firstborn. Makir was the ancestor of the Gileadites, who had received Gilead and Bashan because the Makirites were great soldiers. ²So this allotment was for the rest of the people of Manasseh—the clans of Abiezer, Helek, Asriel, Shechem, Hepher and Shemida. These are the other male descendants of Manasseh son of Joseph by their clans.

³Now Zelophehad son of Hepher, the son of Gilead, the son of Makir, the son of Manasseh, had no sons but only daughters, whose names were Mahlah, Noah, Hoglah, Milcah and Tirzah. ⁴They went to Eleazar the priest, Joshua son of Nun, and the leaders and said, "The LORD commanded Moses to give us an inheritance among our brothers." So Joshua gave them an inheritance along with the brothers of their father, according to the LORD's command. ⁵Manasseh's share consisted of ten tracts of land besides Gilead and Bashan east of the Jordan, ⁶because the daughters of the tribe of Manasseh received an inheritance among the sons. The land of Gilead belonged to the rest of the descendants of Manasseh.

⁷The territory of Manasseh extended from Asher to Micmethath east of Shechem. The boundary ran southward from there to include the people living at En Tappuah. ⁸(Manasseh had the land of Tappuah, but Tappuah itself, on the boundary of Manasseh, belonged to the Ephraimites.) ⁹Then the boundary continued south to the Kanah Ravine. There were towns belonging to Ephraim lying among the towns of Manasseh, but the boundary of Manasseh was the northern side of the ravine and ended at the sea. ¹⁰On the south the land belonged to Ephraim, on the north to Manasseh. The territory of Manasseh reached the sea and bordered Asher on the north and Issachar on the east.

¹¹Within Issachar and Asher, Manasseh also had Beth Shan, Ibleam and the people of Dor, Endor, Taanach and Megiddo, together with their surrounding settlements (the third in the list is Naphoth*v*).

¹²Yet the Manassites were not able to occupy these towns, for the Canaanites were determined to live in that region. ¹³However, when the Israelites grew stronger, they subjected the Canaanites to forced labor but did not drive them out completely.

¹⁴The people of Joseph said to Joshua, "Why have you given us only one allotment and one portion for an inheritance? We are a numerous people and the LORD has blessed us abundantly."

¹⁵"If you are so numerous," Joshua answered, "and if the hill country of Ephraim is too small for you, go up into the forest and clear land for yourselves there in the land of the Perizzites and Rephaites."

---

q 17:7 Yasub (lectura probable; véase LXX); *los habitantes de* (TM).   *v 11* That is, Naphoth Dor

16 Los descendientes de José replicaron:

—La región montañosa nos queda muy pequeña, y los cananeos que viven en el llano poseen carros de hierro, tanto los de Betsán y sus poblaciones como los del valle de Jezrel.

17 Pero Josué animó a las tribus de Efraín y Manasés, descendientes de José:

—Ustedes son numerosos y tienen mucho poder. No se quedarán con un solo territorio, 18 sino que poseerán la región de los bosques. Desmóntenla y ocúpenla hasta sus límites más lejanos. Y a pesar de que los cananeos tengan carros de hierro y sean muy fuertes, ustedes los podrán expulsar.

Los territorios de las otras tribus

18 Cuando el país quedó bajo el control de los israelitas, toda la asamblea israelita se reunió en Siló, donde habían establecido la *Tienda de reunión. 2 Para entonces, todavía quedaban siete tribus que no habían recibido como herencia sus respectivos territorios.

3 Así que Josué los desafió: «¿Hasta cuándo van a esperar para tomar posesión del territorio que les otorgó el SEÑOR, Dios de sus antepasados? 4 Nombren a tres hombres de cada tribu para que yo los envíe a reconocer las tierras, y que hagan por escrito una reseña de cada territorio. A su regreso, 5 dividan el resto del país en siete partes. Judá mantendrá sus territorios en el sur, y los descendientes de José, en el norte. 6 Cuando hayan terminado la descripción de las siete regiones, tráiganmela, y yo las asignaré echando suertes en presencia del SEÑOR nuestro Dios. 7 Los levitas, como ya saben, no recibirán ninguna porción de tierra, porque su herencia es su servicio sacerdotal ante el SEÑOR. Además, Gad, Rubén y la media tribu de Manasés ya han recibido sus respectivos territorios en el lado oriental del Jordán. Moisés, siervo del SEÑOR, se los entregó como herencia.»

8 Cuando los hombres estaban listos para salir a hacer el reconocimiento del país, Josué les ordenó: «Exploren todo el país y tráiganme una descripción escrita de todos sus territorios. Cuando regresen aquí a Siló, yo haré el sorteo de tierras en presencia del SEÑOR.» 9 Los hombres hicieron tal como Josué les ordenó, y regresaron a Siló con la descripción de todo el país, ciudad por ciudad, y su división en siete partes. 10 Josué hizo allí el sorteo en presencia del SEÑOR, y repartió los territorios entre los israelitas, según sus divisiones tribales.

El territorio de Benjamín

11 A la tribu de Benjamín se le asignó su territorio según sus clanes. Ese territorio quedó ubicado entre las tribus de Judá y José.

12 La frontera norte se iniciaba en el río Jordán, pasaba por las laderas al norte de Jericó y avanzaba en dirección occidental hacia la región montañosa, hasta llegar al desierto de Bet Avén. 13 Continuaba hacia la ladera sureña de Luz, también llamada Betel, y descendía desde Atarot Adar hasta el cerro que está al sur de Bet Jorón de Abajo.

14 De allí la frontera continuaba hacia el sur, por el lado occidental, hasta llegar a Quiriat Baal, llamada también Quiriat Yearín, una población perteneciente a Judá. Ésta era la frontera occidental.

15 La frontera sur partía desde Quiriat Yearín, en el lado occidental, y continuaba hasta el manantial de

16 The people of Joseph replied, "The hill country is not enough for us, and all the Canaanites who live in the plain have iron chariots, both those in Beth Shan and its settlements and those in the Valley of Jezreel."

17 But Joshua said to the house of Joseph—to Ephraim and Manasseh—"You are numerous and very powerful. You will have not only one allotment 18 but the forested hill country as well. Clear it, and its farthest limits will be yours; though the Canaanites have iron chariots and though they are strong, you can drive them out."

Division of the Rest of the Land

18 The whole assembly of the Israelites gathered at Shiloh and set up the Tent of Meeting there. The country was brought under their control, 2 but there were still seven Israelite tribes who had not yet received their inheritance.

3 So Joshua said to the Israelites: "How long will you wait before you begin to take possession of the land that the LORD, the God of your fathers, has given you? 4 Appoint three men from each tribe. I will send them out to make a survey of the land and to write a description of it, according to the inheritance of each. Then they will return to me. 5 You are to divide the land into seven parts. Judah is to remain in its territory on the south and the house of Joseph in its territory on the north. 6 After you have written descriptions of the seven parts of the land, bring them here to me and I will cast lots for you in the presence of the LORD our God. 7 The Levites, however, do not get a portion among you, because the priestly service of the LORD is their inheritance. And Gad, Reuben and the half-tribe of Manasseh have already received their inheritance on the east side of the Jordan. Moses the servant of the LORD gave it to them."

8 As the men started on their way to map out the land, Joshua instructed them, "Go and make a survey of the land and write a description of it. Then return to me, and I will cast lots for you here at Shiloh in the presence of the LORD." 9 So the men left and went through the land. They wrote its description on a scroll, town by town, in seven parts, and returned to Joshua in the camp at Shiloh. 10 Joshua then cast lots for them in Shiloh in the presence of the LORD, and there he distributed the land to the Israelites according to their tribal divisions.

Allotment for Benjamin

11 The lot came up for the tribe of Benjamin, clan by clan. Their allotted territory lay between the tribes of Judah and Joseph:

12 On the north side their boundary began at the Jordan, passed the northern slope of Jericho and headed west into the hill country, coming out at the desert of Beth Aven. 13 From there it crossed to the south slope of Luz (that is, Bethel) and went down to Ataroth Addar on the hill south of Lower Beth Horon.

14 From the hill facing Beth Horon on the south the boundary turned south along the western side and came out at Kiriath Baal (that is, Kiriath Jearim), a town of the people of Judah. This was the western side.

15 The southern side began at the outskirts of Kiriath Jearim on the west, and the boundary came

Neftóaj. ¹⁶ Descendía a las laderas del monte ubicado frente al valle de Ben Hinón, al norte del valle de Refayin. Seguía en descenso por el valle de Hinón, bordeando la cuesta de la ciudad de Jebús, hasta llegar a Enroguel. ¹⁷ De allí giraba hacia el norte, rumbo a Ensemes, seguía por Guelilot, al frente de la cuesta de Adumín, y descendía a la peña de Bohán hijo de Rubén. ¹⁸ La frontera continuaba hacia la cuesta norte de Bet Arabá,ʳ y descendía hasta el Arabá. ¹⁹ De allí se dirigía a la cuesta norte de Bet Joglá y salía en la bahía norte del Mar Muerto, donde desemboca el río Jordán. Ésta era la frontera sur.

²⁰ El río Jordán marcaba los límites del lado oriental.

Éstas eran las fronteras de las tierras asignadas como herencia a todos los clanes de la tribu de Benjamín.

²¹ Los clanes de la tribu de Benjamín poseyeron las siguientes ciudades: Jericó, Bet Joglá, Émec Casís, ²² Bet Arabá, Zemarayin, Betel, ²³ Avín, Pará, Ofra, ²⁴ Quefar Amoní, Ofni y Gueba, es decir, doce ciudades con sus poblaciones; ²⁵ y Gabaón, Ramá, Berot, ²⁶ Mizpa, Cafira, Mozá, ²⁷ Requen, Irpel, Taralá, ²⁸ Zela, Élef, Jebús, llamada también Jerusalén, Guibeá y Quiriat, es decir, catorce ciudades con sus poblaciones.

Ésta fue la herencia que recibieron los clanes de la tribu de Benjamín.

El territorio de Simeón

19 Simeón fue la segunda tribu que recibió sus territorios, según sus clanes. Su herencia estaba ubicada dentro del territorio de Judá. ² Le pertenecían las siguientes ciudades: Berseba (o Sabá), Moladá, ³ Jazar Súal, Balá, Esen, ⁴ Eltolad, Betul, Jormá, ⁵ Siclag, Bet Marcabot, Jazar Susá, ⁶ Bet Lebaot y Sarujén, es decir, trece ciudades con sus poblaciones; ⁷ y Ayin, Rimón, Éter y Asán, es decir, cuatro ciudades con sus poblaciones. ⁸ A estas ciudades se agregaban los pueblos que se contaban hasta los bordes de Balatber, ciudad de Ramat ubicada en el Néguev.

Éstos fueron los territorios asignados a los clanes de la tribu de Simeón. ⁹ Como la tribu de Judá tenía más territorio de lo que sus clanes necesitaban, la tribu de Simeón recibió su porción del territorio asignado a Judá.

El territorio de Zabulón

¹⁰ Zabulón fue la tercera tribu que recibió su territorio, según sus clanes. La frontera del territorio se extendía hasta Sarid. ¹¹ Por el occidente, se dirigía hacia Maralá, y llegaba a Dabéset, hasta tocar el arroyo frente a Jocneán. ¹² De allí, giraba al este de Sarid, hacia la salida del sol, hasta el territorio de Quislot Tabor, luego continuaba hasta alcanzar Daberat y subía hasta Jafía. ¹³ La frontera cruzaba por el oriente hacia Gat Jefer e Itacasín, hasta llegar a Rimón y girar hacia Negá. ¹⁴ De allí la frontera giraba hacia el norte hasta llegar a Janatón, y terminaba en el valle de Jeftel. ¹⁵ Ese territorio incluía doce ciudades y sus poblaciones, entre ellas

out at the spring of the waters of Nephtoah. ¹⁶ The boundary went down to the foot of the hill facing the Valley of Ben Hinnom, north of the Valley of Rephaim. It continued down the Hinnom Valley along the southern slope of the Jebusite city and so to En Rogel. ¹⁷ It then curved north, went to En Shemesh, continued to Geliloth, which faces the Pass of Adummim, and ran down to the Stone of Bohan son of Reuben. ¹⁸ It continued to the northern slope of Beth Arabahʷ and on down into the Arabah. ¹⁹ It then went to the northern slope of Beth Hoglah and came out at the northern bay of the Salt Sea,ˣ at the mouth of the Jordan in the south. This was the southern boundary.

²⁰ The Jordan formed the boundary on the eastern side.

These were the boundaries that marked out the inheritance of the clans of Benjamin on all sides.

²¹ The tribe of Benjamin, clan by clan, had the following cities:

Jericho, Beth Hoglah, Emek Keziz, ²² Beth Arabah, Zemaraim, Bethel, ²³ Avvim, Parah, Ophrah, ²⁴ Kephar Ammoni, Ophni and Geba—twelve towns and their villages.

²⁵ Gibeon, Ramah, Beeroth, ²⁶ Mizpah, Kephirah, Mozah, ²⁷ Rekem, Irpeel, Taralah, ²⁸ Zelah, Haeleph, the Jebusite city (that is, Jerusalem), Gibeah and Kiriath—fourteen towns and their villages.

This was the inheritance of Benjamin for its clans.

Allotment for Simeon

19 The second lot came out for the tribe of Simeon, clan by clan. Their inheritance lay within the territory of Judah. ² It included:

Beersheba (or Sheba),ʸ Moladah, ³ Hazar Shual, Balah, Ezem, ⁴ Eltolad, Bethul, Hormah, ⁵ Ziklag, Beth Marcaboth, Hazar Susah, ⁶ Beth Lebaoth and Sharuhen—thirteen towns and their villages;

⁷ Ain, Rimmon, Ether and Ashan—four towns and their villages— ⁸ and all the villages around these towns as far as Baalath Beer (Ramah in the Negev).

This was the inheritance of the tribe of the Simeonites, clan by clan. ⁹ The inheritance of the Simeonites was taken from the share of Judah, because Judah's portion was more than they needed. So the Simeonites received their inheritance within the territory of Judah.

Allotment for Zebulun

¹⁰ The third lot came up for Zebulun, clan by clan:

The boundary of their inheritance went as far as Sarid. ¹¹ Going west it ran to Maralah, touched Dabbesheth, and extended to the ravine near Jokneam. ¹² It turned east from Sarid toward the sunrise to the territory of Kisloth Tabor and went on to Daberath and up to Japhia. ¹³ Then it continued eastward to Gath Hepher and Eth Kazin; it came out at Rimmon and turned toward Neah. ¹⁴ There the boundary went around on the north to Hannathon and ended at the Valley of Iphtah El. ¹⁵ Included were Kattath, Nahalal, Shimron, Idalah and Bethlehem. There were twelve towns and their villages.

ʷ 18 Septuagint; Hebrew *slope facing the Arabah*   ˣ 19 That is, the Dead Sea   ʸ 2 Or *Beersheba, Sheba*; 1 Chron. 4:28 does not have *Sheba*.

Catat, Nalal, Simrón, Idalá y Belén. 16Éste es el territorio asignado como herencia a los clanes de la tribu de Zabulón, incluyendo sus ciudades y pueblos.

El territorio de Isacar

17Isacar fue la cuarta tribu que recibió su territorio, según sus clanes. 18Las ciudades que se encontraban dentro de ese territorio eran: Jezrel, Quesulot, Sunén, 19Jafarayin, Sijón, Anajarat, 20Rabit, Cisón, Abez, 21Rémet, Enganín, Enadá y Bet Pasés. 22La frontera llegaba a Tabor, Sajazimá y Bet Semes, y terminaba en el río Jordán. En total, dieciséis ciudades con sus poblaciones 23componían la herencia de los clanes de la tribu de Isacar.

El territorio de Aser

24Aser fue la quinta tribu que recibió su territorio, según sus clanes. 25En él se incluían las ciudades de Jelcat, Jalí, Betén, Acsaf, 26Alamélec, Amad y Miseal. La frontera tocaba, por el oeste, el monte Carmelo y Sijor Libnat. 27De allí giraba al este en dirección a Bet Dagón y llegaba a Zabulón, en el valle de Jeftel. Luego se dirigía al norte rumbo a Bet Émec y Neyel, bordeando, a la izquierda, Cabul. 28La frontera seguía hacia Abdón,s Rejob, Hamón y Caná, hasta tocar la gran ciudad de Sidón. 29Luego hacía un giro hacia Ramá, y de allí, hasta la ciudad fortificada de Tiro. Después giraba hacia Josá y salía al mar Mediterráneo. 30Las ciudades sumaban veintidós, entre ellas Majaleb, Aczib, Uma, Afec y Rejob.t 31Éste es el territorio asignado como herencia a los clanes de la tribu de Aser, incluyendo sus ciudades y pueblos.

El territorio de Neftalí

32Neftalí fue la sexta tribu que recibió su territorio, según sus clanes. 33Su territorio abarcaba desde Jélef y el gran árbol de Sananín hacia Adaminéqueb y Jabnel, y continuaba hacia Lacún, hasta el río Jordán. 34La frontera seguía por el occidente, pasando por Aznot Tabor, y proseguía en Hucoc. Bordeaba el territorio de la tribu de Zabulón por el sur, la de Aser por el occidente yu el río Jordán por el oriente. 35Las ciudades fortificadas eran: Sidín, Ser, Jamat, Racat, Quinéret, 36Adamá, Ramá, Jazor, 37Cedes, Edrey, Enjazor, 38Irón, Migdal El, Jorén, Bet Anat y Bet Semes. En total sumaban diecinueve ciudades con sus poblaciones. 39Éste es el territorio asignado como herencia a los clanes de la tribu de Neftalí, incluyendo sus ciudades y pueblos.

El territorio de Dan

40Dan fue la séptima tribu que recibió territorio, según sus clanes. 41Se incluían en el territorio Zora, Estaol, Ir Semes, 42Sagalbín, Ayalón, Jetlá, 43Elón, Timnat, Ecrón, 44Eltequé, Guibetón, Balat, 45Jehúd, Bené Berac, Gat Rimón, 46Mejarcón y Racón, con la región que estaba frente a Jope.

47Como a los danitas no les alcanzó el territorio que se les asignó, fueron a conquistar la ciudad de Lesén. Después de que la tomaron, pasaron a filo de espada a todos sus habitantes. Luego los danitas la habitaron y le dieron por nombre Dan, en honor a su antepasado. 48Así quedó establecido el territorio de los clanes de la tribu de Dan, junto con sus ciudades y pueblos.

16These towns and their villages were the inheritance of Zebulun, clan by clan.

Allotment for Issachar

17The fourth lot came out for Issachar, clan by clan. 18Their territory included:
Jezreel, Kesulloth, Shunem, 19Hapharaim, Shion, Anaharath, 20Rabbith, Kishion, Ebez, 21Remeth, En Gannim, En Haddah and Beth Pazzez. 22The boundary touched Tabor, Shahazumah and Beth Shemesh, and ended at the Jordan. There were sixteen towns and their villages.
23These towns and their villages were the inheritance of the tribe of Issachar, clan by clan.

Allotment for Asher

24The fifth lot came out for the tribe of Asher, clan by clan. 25Their territory included:
Helkath, Hali, Beten, Acshaph, 26Allammelech, Amad and Mishal. On the west the boundary touched Carmel and Shihor Libnath. 27It then turned east toward Beth Dagon, touched Zebulun and the Valley of Iphtah El, and went north to Beth Emek and Neiel, passing Cabul on the left. 28It went to Abdon,z Rehob, Hammon and Kanah, as far as Greater Sidon. 29The boundary then turned back toward Ramah and went to the fortified city of Tyre, turned toward Hosah and came out at the sea in the region of Aczib, 30Ummah, Aphek and Rehob. There were twenty-two towns and their villages.
31These towns and their villages were the inheritance of the tribe of Asher, clan by clan.

Allotment for Naphtali

32The sixth lot came out for Naphtali, clan by clan:
33Their boundary went from Heleph and the large tree in Zaanannim, passing Adami Nekeb and Jabneel to Lakkum and ending at the Jordan. 34The boundary ran west through Aznoth Tabor and came out at Hukkok. It touched Zebulun on the south, Asher on the west and the Jordana on the east. 35The fortified cities were Ziddim, Zer, Hammath, Rakkath, Kinnereth, 36Adamah, Ramah, Hazor, 37Kedesh, Edrei, En Hazor, 38Iron, Migdal El, Horem, Beth Anath and Beth Shemesh. There were nineteen towns and their villages.
39These towns and their villages were the inheritance of the tribe of Naphtali, clan by clan.

Allotment for Dan

40The seventh lot came out for the tribe of Dan, clan by clan. 41The territory of their inheritance included:
Zorah, Eshtaol, Ir Shemesh, 42Shaalabbin, Aijalon, Ithlah, 43Elon, Timnah, Ekron, 44Eltekeh, Gibbethon, Baalath, 45Jehud, Bene Berak, Gath Rimmon, 46Me Jarkon and Rakkon, with the area facing Joppa.
47(But the Danites had difficulty taking possession of their territory, so they went up and attacked Leshem, took it, put it to the sword and occupied it. They settled in Leshem and named it Dan after their forefather.)
48These towns and their villages were the inheritance of the tribe of Dan, clan by clan.

---

s 19:28 Abdón (mss. hebreos; véase 21:30); Hebrón (TM).
t 19:29-30 Mediterráneo. 30 Las ciudades ... Rejob. Alt. Mediterráneo en la región de Aczib, 30 Uma, Afec y Rejob. Las ciudades sumaban veintidós.   u 19:34 y (LXX); y la de Judá (TM).

z 28 Some Hebrew manuscripts (see also Joshua 21:30); most Hebrew manuscripts Ebron   a 34 Septuagint; Hebrew west, and Judah, the Jordan,

El territorio de Josué

49 Cuando se terminó de asignarle a cada tribu el territorio que le correspondía, el pueblo de Israel le entregó a Josué hijo de Nun el territorio que le pertenecía a él como herencia. 50 Así cumplieron con lo que el SEÑOR había ordenado. Josué recibió la ciudad de Timnat Sera, que estaba enclavada en la región montañosa de Efraín. Él la había solicitado, así que la reconstruyó y se estableció en ella.

51 De este modo terminaron de dividir los territorios el sacerdote Eleazar, Josué y los jefes de las tribus de Israel. El sorteo lo realizaron en Siló, en presencia del SEÑOR, a la entrada de la *Tienda de reunión.

Ciudades de refugio

20 El SEÑOR le dijo a Josué: 2 «Pídeles a los israelitas que designen algunas ciudades de refugio, tal como te lo ordené por medio de Moisés. 3 Así cualquier persona que mate a otra accidentalmente o sin premeditación podrá huir a esas ciudades para refugiarse del vengador del delito de sangre.

4 »Cuando tal persona huya a una de esas ciudades, se ubicará a la *entrada y allí presentará su caso ante los *ancianos de la ciudad. Acto seguido, los ancianos lo aceptarán en esa ciudad y le asignarán un lugar para vivir con ellos. 5 Si el vengador del delito de sangre persigue a la persona hasta esa ciudad, los ancianos no deberán entregárselo, pues ya habrán aceptado al que mató sin premeditación ni rencor alguno. 6 El acusado permanecerá en aquella ciudad hasta haber comparecido ante la asamblea del pueblo y hasta que el sumo sacerdote en funciones haya fallecido. Sólo después de esto el acusado podrá regresar a su hogar y al pueblo del cual huyó tiempo atrás.»

7 En respuesta a la orden de Josué, los israelitas designaron Cedes en Galilea, en la región montañosa de Neftalí; Siquén, en la región montañosa de Efraín, y Quiriat Arbá, conocida como Hebrón, en la región montañosa de Judá. 8 Al este del río Jordán,v escogieron las tres ciudades siguientes: Béser, en el desierto que está en la meseta perteneciente al territorio de la tribu de Rubén; Ramot de Galaad, en el territorio de la tribu de Gad, y Golán de Basán, en el territorio de la tribu de Manasés. 9 Todo israelita o inmigrante que hubiera matado accidentalmente a alguien podría huir hacia una de esas ciudades para no morir por mano del vengador del delito de sangre, antes de ser juzgado por la asamblea.

Las poblaciones de los levitas

21 Los jefes de familia de los levitas se acercaron al sacerdote Eleazar, a Josué hijo de Nun y a los representantes de los clanes israelitas, 2 los cuales estaban en Siló, en la tierra de Canaán, y les dijeron: «El SEÑOR ordenó por medio de Moisés que ustedes nos asignaran pueblos donde vivir y tierras para nuestro ganado.»

3 Entonces, según el mandato del SEÑOR, los israelitas entregaron, de su propiedad, las siguientes poblaciones y campos de pastoreo a los levitas:

4 Los primeros en recibir sus poblaciones, por sorteo, fueron los levitas descendientes de Coat. A estos descendientes del sacerdote Aarón se les entregaron trece poblaciones en los territorios de las tribus de Judá,

Allotment for Joshua

49 When they had finished dividing the land into its allotted portions, the Israelites gave Joshua son of Nun an inheritance among them, 50 as the LORD had commanded. They gave him the town he asked for—Timnath Serahb in the hill country of Ephraim. And he built up the town and settled there.

51 These are the territories that Eleazar the priest, Joshua son of Nun and the heads of the tribal clans of Israel assigned by lot at Shiloh in the presence of the LORD at the entrance to the Tent of Meeting. And so they finished dividing the land.

Cities of Refuge

20 Then the LORD said to Joshua: 2 "Tell the Israelites to designate the cities of refuge, as I instructed you through Moses, 3 so that anyone who kills a person accidentally and unintentionally may flee there and find protection from the avenger of blood.

4 "When he flees to one of these cities, he is to stand in the entrance of the city gate and state his case before the elders of that city. Then they are to admit him into their city and give him a place to live with them. 5 If the avenger of blood pursues him, they must not surrender the one accused, because he killed his neighbor unintentionally and without malice aforethought. 6 He is to stay in that city until he has stood trial before the assembly and until the death of the high priest who is serving at that time. Then he may go back to his own home in the town from which he fled."

7 So they set apart Kedesh in Galilee in the hill country of Naphtali, Shechem in the hill country of Ephraim, and Kiriath Arba (that is, Hebron) in the hill country of Judah. 8 On the east side of the Jordan of Jerichoc they designated Bezer in the desert on the plateau in the tribe of Reuben, Ramoth in Gilead in the tribe of Gad, and Golan in Bashan in the tribe of Manasseh. 9 Any of the Israelites or any alien living among them who killed someone accidentally could flee to these designated cities and not be killed by the avenger of blood prior to standing trial before the assembly.

Towns for the Levites

21 Now the family heads of the Levites approached Eleazar the priest, Joshua son of Nun, and the heads of the other tribal families of Israel 2 at Shiloh in Canaan and said to them, "The LORD commanded through Moses that you give us towns to live in, with pasturelands for our livestock." 3 So, as the LORD had commanded, the Israelites gave the Levites the following towns and pasturelands out of their own inheritance:

4 The first lot came out for the Kohathites, clan by clan. The Levites who were descendants of Aaron the priest were allotted thirteen towns from the tribes of

---

v 20:8 del río Jordán. Lit. del Jordán de Jericó (uno de los antiguos nombres asignados al río Jordán).

b 50 Also known as Timnath Heres (see Judges 2:9).　　c 8 Jordan of Jericho was possibly an ancient name for the Jordan River.

Simeón y Benjamín. 5 Al resto de los descendientes de Coat se les entregaron diez poblaciones en los territorios de las tribus de Efraín, Dan y la media tribu de Manasés.

6 A los descendientes de Guersón se les entregaron, por sorteo, trece poblaciones en los territorios de las tribus de Isacar, Aser, Neftalí y la media tribu de Manasés en Basán.

7 Los descendientes de Merari recibieron doce poblaciones en los territorios de las tribus de Rubén, Gad y Zabulón.

8 De este modo los israelitas asignaron todas estas poblaciones con sus campos de pastoreo a los levitas, según el mandato del SEÑOR por medio de Moisés.

9 Lo mismo se hizo con los territorios de las tribus de Judá y Simeón. 10 Las poblaciones que se asignaron las recibieron los descendientes aaronitas del clan de Coat, porque ellos fueron los primeros que resultaron favorecidos en el sorteo. 11 A ellos se les asignó Quiriat Arbá, es decir, Hebrón, junto con sus campos de pastoreo, en la región montañosa de Judá (Arbá fue un ancestro de los *anaquitas). 12 Pero las aldeas y los campos adyacentes a Hebrón no se asignaron a ningún levita, pues ya se habían asignado a Caleb hijo de Jefone.

13 Además de Hebrón (ciudad de refugio para los acusados de homicidio), a los descendientes del sacerdote Aarón se les asignaron las siguientes poblaciones con sus campos de pastoreo: Libná, 14 Jatir, Estemoa, 15 Holón, Debir, 16 Ayin, Yutá y Bet Semes, nueve poblaciones en total. 17 Del territorio de la tribu de Benjamín se asignaron las siguientes poblaciones con sus campos de pastoreo: Gabaón, Gueba, 18 Anatot y Almón, es decir, cuatro poblaciones. 19 En total fueron trece poblaciones con sus campos de pastoreo las que se asignaron a los sacerdotes descendientes de Aarón.

20 Al resto de los levitas descendientes de Coat se les asignaron poblaciones en el territorio de la tribu de Efraín. 21 En la región montañosa de Efraín se les asignó la ciudad de Siquén, que fue una de las ciudades de refugio para los acusados de homicidio. También se les asignaron Guézer, 22 Quibsayin y Bet Jorón, es decir, cuatro poblaciones con sus campos de pastoreo. 23 De la tribu de Dan se les asignaron Eltequé, Guibetón, 24 Ayalón y Gat Rimón, es decir, cuatro poblaciones con sus campos de pastoreo. 25 De la media tribu de Manasés se les asignaron Tanac y Gat Rimón, es decir, dos poblaciones con sus campos de pastoreo. 26 En total fueron diez poblaciones con sus campos de pastoreo las que se asignaron al resto de los descendientes de los clanes de Coat.

27 A los levitas descendientes de Guersón se les asignaron dos poblaciones con sus campos de pastoreo en el territorio de la media tribu de Manasés: Golán en Basán (ciudad de refugio para los acusados de homicidio) y Besterá. 28 De la tribu de Isacar se les asignaron Cisón, Daberat, 29 Jarmut y Enganín, es decir, cuatro poblaciones con sus campos de pastoreo. 30 De la tribu de Aser se les asignaron Miseal, Abdón, 31 Jelcat y Rejob, es decir, cuatro poblaciones con sus campos de pastoreo. 32 De la tribu de Neftalí se les asignaron tres poblaciones con sus campos de pastoreo: Cedes (ciudad de refugio en la región de Galilea), y las poblaciones de Jamot Dor y Cartán. 33 En total fueron trece poblaciones con sus campos de pastoreo las que se asignaron a los levitas descendientes de los clanes de Guersón.

34 A los meraritas, uno de los clanes levitas, se les asignaron cuatro poblaciones de la tribu de Zabulón,

Judah, Simeon and Benjamin. 5 The rest of Kohath's descendants were allotted ten towns from the clans of the tribes of Ephraim, Dan and half of Manasseh.

6 The descendants of Gershon were allotted thirteen towns from the clans of the tribes of Issachar, Asher, Naphtali and the half-tribe of Manasseh in Bashan.

7 The descendants of Merari, clan by clan, received twelve towns from the tribes of Reuben, Gad and Zebulun.

8 So the Israelites allotted to the Levites these towns and their pasturelands, as the LORD had commanded through Moses.

9 From the tribes of Judah and Simeon they allotted the following towns by name 10 (these towns were assigned to the descendants of Aaron who were from the Kohathite clans of the Levites, because the first lot fell to them):

11 They gave them Kiriath Arba (that is, Hebron), with its surrounding pastureland, in the hill country of Judah. (Arba was the forefather of Anak.) 12 But the fields and villages around the city they had given to Caleb son of Jephunneh as his possession.

13 So to the descendants of Aaron the priest they gave Hebron (a city of refuge for one accused of murder), Libnah, 14 Jattir, Eshtemoa, 15 Holon, Debir, 16 Ain, Juttah and Beth Shemesh, together with their pasturelands—nine towns from these two tribes.

17 And from the tribe of Benjamin they gave them Gibeon, Geba, 18 Anathoth and Almon, together with their pasturelands—four towns.

19 All the towns for the priests, the descendants of Aaron, were thirteen, together with their pasturelands.

20 The rest of the Kohathite clans of the Levites were allotted towns from the tribe of Ephraim:

21 In the hill country of Ephraim they were given Shechem (a city of refuge for one accused of murder) and Gezer, 22 Kibzaim and Beth Horon, together with their pasturelands—four towns.

23 Also from the tribe of Dan they received Eltekeh, Gibbethon, 24 Aijalon and Gath Rimmon, together with their pasturelands—four towns.

25 From half the tribe of Manasseh they received Taanach and Gath Rimmon, together with their pasturelands—two towns.

26 All these ten towns and their pasturelands were given to the rest of the Kohathite clans.

27 The Levite clans of the Gershonites were given:
from the half-tribe of Manasseh,
Golan in Bashan (a city of refuge for one accused of murder) and Be Eshtarah, together with their pasturelands—two towns;

28 from the tribe of Issachar,
Kishion, Daberath, 29 Jarmuth and En Gannim, together with their pasturelands—four towns;

30 from the tribe of Asher,
Mishal, Abdon, 31 Helkath and Rehob, together with their pasturelands—four towns;

32 from the tribe of Naphtali,
Kedesh in Galilee (a city of refuge for one accused of murder), Hammoth Dor and Kartan, together with their pasturelands—three towns.

33 All the towns of the Gershonite clans were thirteen, together with their pasturelands.

34 The Merarite clans (the rest of the Levites) were given:
from the tribe of Zebulun,

con sus campos de pastoreo: Jocneán, Cartá, 35 Dimná y Nalal. 36 De la tribu de Rubén se les asignaron cuatro poblaciones con sus campos de pastoreo: Béser, Yahaza, 37 Cademot y Mefat. 38 De la tribu de Gad se les asignaron cuatro poblaciones con sus campos de pastoreo: Ramot de Galaad (ciudad de refugio), Majanayin, 39 Hesbón y Jazer. 40 Fue así como los clanes levitas descendientes de Merari, los últimos a quienes se les asignaron poblaciones, recibieron un total de doce.

41 Los levitas recibieron en total cuarenta y ocho poblaciones con sus respectivos campos de pastoreo en territorio israelita. 42 Cada una de esas poblaciones estaba rodeada de campos de pastoreo.

43 Así fue como el SEÑOR les entregó a los israelitas todo el territorio que había prometido darles a sus antepasados; y el pueblo de Israel se estableció allí. 44 El SEÑOR les dio descanso en todo el territorio, cumpliendo así la promesa hecha años atrás a sus antepasados. Ninguno de sus enemigos pudo hacer frente a los israelitas, pues el SEÑOR entregó en sus manos a cada uno de los que se les oponían. 45 Y ni una sola de las buenas promesas del SEÑOR a favor de Israel dejó de cumplirse, sino que cada una se cumplió al pie de la letra.

Retorno de las tribus orientales

22 Luego Josué convocó a las tribus de Rubén y Gad, y a la media tribu de Manasés, 2 y les dijo: «Ustedes han cumplido todas las órdenes que les dio Moisés, siervo del SEÑOR. Además, ustedes me han obedecido en cada mandato que les he dado. 3 Durante todo el tiempo que ha pasado, hasta este mismo día, ustedes no han abandonado a sus hermanos los israelitas. Más bien, han cumplido todos los mandatos del SEÑOR. 4 Y ahora que el SEÑOR su Dios ha cumplido lo que prometió y les ha dado descanso a sus hermanos, regresen ustedes a sus hogares y a sus tierras que Moisés, siervo del SEÑOR, les entregó al lado oriental del río Jordán. 5 Y esfuércense por cumplir fielmente el mandamiento y la *ley que les ordenó Moisés, siervo del SEÑOR: amen al SEÑOR su Dios, condúzcanse de acuerdo con su voluntad, obedezcan sus mandamientos, manténganse unidos firmemente a él y sírvanle de todo *corazón y con todo su ser.»

6 Dicho esto, Josué les dio su bendición y los envió a sus hogares. 7 A la mitad de la tribu de Manasés, Moisés ya le había entregado el territorio de Basán; a la otra mitad Josué le entregó el territorio que está en el lado occidental del río Jordán, donde se estableció la mayoría de los israelitas. A los primeros, Josué los envió a sus hogares, junto con las tribus de Rubén y Gad, y los bendijo 8 así: «Regresen a sus hogares repletos de bienes: oro, plata, bronce, hierro, gran cantidad de ropa y mucho ganado. Compartan con sus hermanos lo que le han arrebatado al enemigo.»

9 Entonces los rubenitas, los gaditas y la media tribu de Manasés salieron de Siló en Canaán, donde estaban congregados todos los israelitas, y regresaron a Galaad, el territorio que habían adquirido según el mandato que el SEÑOR había dado por medio de Moisés.

10 Cuando llegaron a Guelilot, a orillas del río Jordán, todavía en territorio cananeo, las dos tribus y media construyeron un enorme altar. 11 Los demás israelitas se enteraron de que los rubenitas, los gaditas y la media tribu de Manasés habían construido aquel altar a orillas del Jordán, en pleno territorio israelita. 12 Entonces toda la asamblea se reunió en Siló con la intención de combatir contra las otras dos tribus y media.

13 Por tanto, los israelitas enviaron a Finés hijo del sacerdote Eleazar a la región de Galaad para hablar con

Jokneam, Kartah, 35 Dimnah and Nahalal, together with their pasturelands—four towns;
36 from the tribe of Reuben,
Bezer, Jahaz, 37 Kedemoth and Mephaath, together with their pasturelands—four towns;
38 from the tribe of Gad,
Ramoth in Gilead (a city of refuge for one accused of murder), Mahanaim, 39 Heshbon and Jazer, together with their pasturelands—four towns in all.
40 All the towns allotted to the Merarite clans, who were the rest of the Levites, were twelve.

41 The towns of the Levites in the territory held by the Israelites were forty-eight in all, together with their pasturelands. 42 Each of these towns had pasturelands surrounding it; this was true for all these towns.

43 So the LORD gave Israel all the land he had sworn to give their forefathers, and they took possession of it and settled there. 44 The LORD gave them rest on every side, just as he had sworn to their forefathers. Not one of their enemies withstood them; the LORD handed all their enemies over to them. 45 Not one of all the LORD's good promises to the house of Israel failed; every one was fulfilled.

Eastern Tribes Return Home

22 Then Joshua summoned the Reubenites, the Gadites and the half-tribe of Manasseh 2 and said to them, "You have done all that Moses the servant of the LORD commanded, and you have obeyed me in everything I commanded. 3 For a long time now—to this very day—you have not deserted your brothers but have carried out the mission the LORD your God gave you. 4 Now that the LORD your God has given your brothers rest as he promised, return to your homes in the land that Moses the servant of the LORD gave you on the other side of the Jordan. 5 But be very careful to keep the commandment and the law that Moses the servant of the LORD gave you: to love the LORD your God, to walk in all his ways, to obey his commands, to hold fast to him and to serve him with all your heart and all your soul."

6 Then Joshua blessed them and sent them away, and they went to their homes. 7 (To the half-tribe of Manasseh Moses had given land in Bashan, and to the other half of the tribe Joshua gave land on the west side of the Jordan with their brothers.) When Joshua sent them home, he blessed them, 8 saying, "Return to your homes with your great wealth—with large herds of livestock, with silver, gold, bronze and iron, and a great quantity of clothing—and divide with your brothers the plunder from your enemies."

9 So the Reubenites, the Gadites and the half-tribe of Manasseh left the Israelites at Shiloh in Canaan to return to Gilead, their own land, which they had acquired in accordance with the command of the LORD through Moses.

10 When they came to Geliloth near the Jordan in the land of Canaan, the Reubenites, the Gadites and the half-tribe of Manasseh built an imposing altar there by the Jordan. 11 And when the Israelites heard that they had built the altar on the border of Canaan at Geliloth near the Jordan on the Israelite side, 12 the whole assembly of Israel gathered at Shiloh to go to war against them.

13 So the Israelites sent Phinehas son of Eleazar, the priest, to the land of Gilead—to Reuben, Gad and the

esas tribus. ¹⁴Con él iban diez representantes de cada una de las tribus de Israel, jefes de clanes y tribus. ¹⁵Al llegar a Galaad, les dijeron a los de las dos tribus y media:

¹⁶—Toda la asamblea del SEÑOR quisiera saber por qué se han rebelado contra el Dios de Israel como lo han hecho. ¿Por qué le han dado la espalda al SEÑOR y se han rebelado contra él, construyéndose un altar? ¹⁷¿Acaso no hemos aprendido ninguna lección del pecado de Peor, del cual todavía no nos hemos *purificado? ¿Nada nos ha enseñado la muerte de tantos miembros de nuestro pueblo? ¹⁸¿Por qué insisten en darle la espalda al SEÑOR? ¡Si hoy se rebelan contra él, mañana su ira se descargará sobre todo Israel! ¹⁹Si la tierra que ustedes poseen es impura, crucen a esta tierra que le pertenece al SEÑOR, y en la cual se encuentra su santuario. ¡Vengan, habiten entre nosotros! Pero, por favor, no se rebelen contra él ni contra nosotros, erigiendo otro altar además del altar del SEÑOR nuestro Dios. ²⁰¿No es verdad que cuando Acán hijo de Zera pecó al hurtar de lo que estaba destinado a la *destrucción, la ira de Dios se descargó sobre toda la comunidad de Israel? Recuerden que Acán no fue el único que murió por su pecado.

²¹Los de las tribus de Rubén, Gad y la media tribu de Manasés respondieron a los líderes israelitas:

²²—¡El SEÑOR, Dios de dioses, sí, el SEÑOR, Dios de dioses, sabe bien que no hicimos esto por rebeldía o por infidelidad! Y que todo Israel también lo sepa. Si no es así, que no se nos perdone la vida. ²³¡Que el SEÑOR mismo nos llame a cuenta si hemos construido nuestro propio altar para abandonarlo a él o para ofrecer alguno de los sacrificios ordenados por Moisés! ²⁴En realidad lo construimos pensando en el futuro. Tememos que algún día los descendientes de ustedes les digan a los nuestros: "¡El SEÑOR, Dios de Israel, no tiene nada que ver con ustedes, ²⁵descendientes de Rubén y de Gad! Entre ustedes y nosotros el SEÑOR ha puesto el río Jordán como barrera. ¡Ustedes no tienen nada que ver con el SEÑOR!" Si esto sucediera, sus descendientes serían culpables de que los nuestros dejen de adorar al SEÑOR.

²⁶»Por eso decidimos construir este altar, como altar de *holocaustos y sacrificios, ²⁷sino como testimonio entre ustedes y nosotros y entre las generaciones futuras, de que también nosotros podemos servir al SEÑOR y ofrecerle los distintos sacrificios en su santuario. Así, en el futuro, los descendientes de ustedes nunca podrán decirles a los nuestros: "Ustedes no tienen nada que ver con el SEÑOR." ²⁸Por tanto, convenimos que si algún día nos dijeran eso a nosotros o a nuestros descendientes, nosotros les contestaríamos: "Miren la réplica del altar del SEÑOR que nuestros antepasados construyeron, no para hacer sacrificios en él, sino como testimonio entre ustedes y nosotros." ²⁹En fin, no tenemos intención alguna de rebelarnos contra el SEÑOR o de abandonarlo construyendo otro altar para holocaustos, ofrendas o sacrificios, además del que está construido a la entrada de su santuario.

³⁰Cuando escucharon lo que los rubenitas, los gaditas y la media tribu de Manasés tenían que decir, Finés el sacerdote y los jefes de clanes y de la comunidad quedaron satisfechos. ³¹Entonces Finés hijo de Eleazar les dijo a los de esas tribus:

—Ahora estamos seguros de que el SEÑOR está en medio de nosotros, pues ustedes no pretendían serle infieles al SEÑOR; así que nos han salvado del castigo divino.

half-tribe of Manasseh. ¹⁴With him they sent ten of the chief men, one for each of the tribes of Israel, each the head of a family division among the Israelite clans. ¹⁵When they went to Gilead—to Reuben, Gad and the half-tribe of Manasseh—they said to them: ¹⁶"The whole assembly of the LORD says: 'How could you break faith with the God of Israel like this? How could you turn away from the LORD and build yourselves an altar in rebellion against him now? ¹⁷Was not the sin of Peor enough for us? Up to this very day we have not cleansed ourselves from that sin, even though a plague fell on the community of the LORD! ¹⁸And are you now turning away from the LORD?

" 'If you rebel against the LORD today, tomorrow he will be angry with the whole community of Israel. ¹⁹If the land you possess is defiled, come over to the LORD's land, where the LORD's tabernacle stands, and share the land with us. But do not rebel against the LORD or against us by building an altar for yourselves, other than the altar of the LORD our God. ²⁰When Achan son of Zerah acted unfaithfully regarding the devoted things,ᵈ did not wrath come upon the whole community of Israel? He was not the only one who died for his sin.' "

²¹Then Reuben, Gad and the half-tribe of Manasseh replied to the heads of the clans of Israel: ²²"The Mighty One, God, the LORD! The Mighty One, God, the LORD! He knows! And let Israel know! If this has been in rebellion or disobedience to the LORD, do not spare us this day. ²³If we have built our own altar to turn away from the LORD and to offer burnt offerings and grain offerings, or to sacrifice fellowship offeringsᵉ on it, may the LORD himself call us to account.

²⁴"No! We did it for fear that some day your descendants might say to ours, 'What do you have to do with the LORD, the God of Israel? ²⁵The LORD has made the Jordan a boundary between us and you—you Reubenites and Gadites! You have no share in the LORD.' So your descendants might cause ours to stop fearing the LORD.

²⁶"That is why we said, 'Let us get ready and build an altar—but not for burnt offerings or sacrifices.' ²⁷On the contrary, it is to be a witness between us and you and the generations that follow, that we will worship the LORD at his sanctuary with our burnt offerings, sacrifices and fellowship offerings. Then in the future your descendants will not be able to say to ours, 'You have no share in the LORD.'

²⁸"And we said, 'If they ever say this to us, or to our descendants, we will answer: Look at the replica of the LORD's altar, which our fathers built, not for burnt offerings and sacrifices, but as a witness between us and you.'

²⁹"Far be it from us to rebel against the LORD and turn away from him today by building an altar for burnt offerings, grain offerings and sacrifices, other than the altar of the LORD our God that stands before his tabernacle."

³⁰When Phinehas the priest and the leaders of the community—the heads of the clans of the Israelites—heard what Reuben, Gad and Manasseh had to say, they were pleased. ³¹And Phinehas son of Eleazar, the priest, said to Reuben, Gad and Manasseh, "Today we know that the LORD is with us, because you have not acted unfaithfully toward the LORD in this matter. Now you have rescued the Israelites from the LORD's hand."

ᵈ20 The Hebrew term refers to the irrevocable giving over of things or persons to the LORD, often by totally destroying them.
ᵉ23 Traditionally *peace offerings*; also in verse 27

³²Luego Finés, hijo del sacerdote Eleazar, y los jefes de la nación se despidieron de las gaditas y rubenitas, y abandonaron Galaad para regresar a la tierra de Canaán con el fin de rendir su informe al resto de los israelitas. ³³Éstos recibieron el informe con agrado y alabaron a Dios, y no hablaron más de pelear con las tribus orientales ni de destruir sus tierras.

³⁴Y los rubenitas y los gaditas le dieron al altar el nombre de «Testimonio», porque dijeron: «Entre nosotros servirá de testimonio de que el SEÑOR es Dios.»

Despedida de Josué

23 Mucho tiempo después de que el SEÑOR le diera a Israel *paz con sus enemigos cananeos, Josué, anciano y cansado, ²convocó a toda la nación, incluyendo a sus líderes, jefes, jueces y oficiales, y les dijo: «Yo ya estoy muy viejo, y los años me pesan. ³Ustedes han visto todo lo que el SEÑOR su Dios ha hecho con todas aquellas naciones a favor de ustedes, pues él peleó las batallas por ustedes. ⁴Yo repartí por sorteo, como herencia de sus tribus, tanto las tierras de las naciones que aún quedan como las de aquellas que ya han sido conquistadas, entre el río Jordán y el mar Mediterráneo. ⁵El SEÑOR su Dios expulsará a esas naciones de estas tierras, y ustedes tomarán posesión de ellas, tal como él lo ha prometido.

⁶»Por lo tanto, esfuércense por cumplir todo lo que está escrito en el libro de la *ley de Moisés. No se aparten de esa ley para nada. ⁷No se mezclen con las naciones que aún quedan entre ustedes. No rindan culto a sus dioses ni juren por ellos. ⁸Permanezcan fieles a Dios, como lo han hecho hasta ahora. ⁹El SEÑOR ha expulsado a esas grandes naciones que se han enfrentado con ustedes, y hasta ahora ninguna de ellas ha podido resistirlos. ¹⁰Uno solo de ustedes hace huir a mil enemigos, porque el SEÑOR pelea por ustedes, tal como lo ha prometido. ¹¹Hagan, pues, todo lo que está de su parte para amar al SEÑOR su Dios. ¹²Porque si ustedes le dan la espalda a Dios y se unen a las naciones que aún quedan entre ustedes, mezclándose y formando matrimonios con ellas, ¹³tengan por cierto que el SEÑOR su Dios no expulsará de entre ustedes a esas naciones. Por el contrario, ellas serán como red y trampa contra ustedes, como látigos en sus espaldas y espinas en sus ojos, hasta que ustedes desaparezcan de esta buena tierra que el SEÑOR su Dios les ha entregado.

¹⁴»Por mi parte, yo estoy a punto de ir por el camino que todo mortal transita. Ustedes bien saben que ninguna de las buenas promesas del SEÑOR su Dios ha dejado de cumplirse al pie de la letra. Todas se han hecho realidad, pues él no ha faltado a ninguna de ellas. ¹⁵Pero así como el SEÑOR su Dios ha cumplido sus buenas promesas, también descargará sobre ustedes todo tipo de calamidades, hasta que cada uno sea borrado de esta tierra que él les ha entregado. ¹⁶Si no cumplen con el *pacto que el SEÑOR su Dios les ha ordenado, sino que siguen a otros dioses, adorándolos e inclinándose ante ellos, tengan por seguro que la ira del SEÑOR se descargará sobre ustedes y que serán borrados de la buena tierra que el SEÑOR les ha entregado.»

³²Then Phinehas son of Eleazar, the priest, and the leaders returned to Canaan from their meeting with the Reubenites and Gadites in Gilead and reported to the Israelites. ³³They were glad to hear the report and praised God. And they talked no more about going to war against them to devastate the country where the Reubenites and the Gadites lived.

³⁴And the Reubenites and the Gadites gave the altar this name: A Witness Between Us that the LORD is God.

Joshua's Farewell to the Leaders

23 After a long time had passed and the LORD had given Israel rest from all their enemies around them, Joshua, by then old and well advanced in years, ²summoned all Israel—their elders, leaders, judges and officials—and said to them: "I am old and well advanced in years. ³You yourselves have seen everything the LORD your God has done to all these nations for your sake; it was the LORD your God who fought for you. ⁴Remember how I have allotted as an inheritance for your tribes all the land of the nations that remain—the nations I conquered—between the Jordan and the Great Sea^f in the west. ⁵The LORD your God himself will drive them out of your way. He will push them out before you, and you will take possession of their land, as the LORD your God promised you.

⁶"Be very strong; be careful to obey all that is written in the Book of the Law of Moses, without turning aside to the right or to the left. ⁷Do not associate with these nations that remain among you; do not invoke the names of their gods or swear by them. You must not serve them or bow down to them. ⁸But you are to hold fast to the LORD your God, as you have until now.

⁹"The LORD has driven out before you great and powerful nations; to this day no one has been able to withstand you. ¹⁰One of you routs a thousand, because the LORD your God fights for you, just as he promised. ¹¹So be very careful to love the LORD your God.

¹²"But if you turn away and ally yourselves with the survivors of these nations that remain among you and if you intermarry with them and associate with them, ¹³then you may be sure that the LORD your God will no longer drive out these nations before you. Instead, they will become snares and traps for you, whips on your backs and thorns in your eyes, until you perish from this good land, which the LORD your God has given you.

¹⁴"Now I am about to go the way of all the earth. You know with all your heart and soul that not one of all the good promises the LORD your God gave you has failed. Every promise has been fulfilled; not one has failed. ¹⁵But just as every good promise of the LORD your God has come true, so the LORD will bring on you all the evil he has threatened, until he has destroyed you from this good land he has given you. ¹⁶If you violate the covenant of the LORD your God, which he commanded you, and go and serve other gods and bow down to them, the LORD's anger will burn against you, and you will quickly perish from the good land he has given you."

Renovación del pacto en Siquén

24 Josué reunió a todas las tribus de Israel en Siquén. Allí convocó a todos los jefes, líderes, jueces y oficiales del pueblo. Todos se reunieron en presencia de Dios. ²Josué se dirigió a todo el pueblo, y le exhortó:

—Así dice el Señor, Dios de Israel: "Hace mucho tiempo, sus antepasados, Téraj y sus hijos Abraham y Najor, vivían al otro lado del río Éufrates, y adoraban a otros dioses. ³Pero yo tomé de ese lugar a Abraham, antepasado de ustedes, lo conduje por toda la tierra de Canaán y le di una descendencia numerosa. Primero le di un hijo, Isaac, ⁴y a Isaac le di dos hijos, Jacob y Esaú. A Esaú le entregué la serranía de Seír, en tanto que Jacob y sus hijos descendieron a Egipto.

⁵»"Tiempo después, envié a Moisés y Aarón, y herí con plagas a Egipto hasta que los saqué a ustedes de allí. ⁶Cuando saqué de ese país a sus antepasados, ustedes llegaron al *Mar Rojo y los egipcios los persiguieron con sus carros de guerra y su caballería. ⁷Sus antepasados clamaron al Señor, y él interpuso oscuridad entre ellos y los egipcios. El Señor hizo que el mar cayera sobre éstos y los cubriera. Ustedes fueron testigos de lo que les hice a los egipcios. Después de esto, sus antepasados vivieron en el desierto durante mucho tiempo. ⁸A ustedes los traje a la tierra de los amorreos, los que vivían al este del río Jordán. Cuando ellos les hicieron la guerra, yo los entregué en sus manos; ustedes fueron testigos de cómo los destruí para que ustedes poseyeran su tierra. ⁹Y cuando Balac, hijo de Zipor y rey de Moab, se dispuso a presentarles combate, él envió al profeta Balán hijo de Beor para que los maldijera. ¹⁰Pero yo no quise escuchar a Balán, por lo cual él los bendijo una y otra vez, y así los salvé a ustedes de su poder. ¹¹Finalmente, cruzaron el río Jordán y llegaron a Jericó, cuyos habitantes pelearon contra ustedes. Lo mismo hicieron los amorreos, ferezeos, cananeos, hititas, gergeseos, heveos y jebuseos. Pero yo los entregué en sus manos. ¹²No fueron ustedes quienes, con sus espadas y arcos, derrotaron a los dos reyes amorreos; fui yo quien por causa de ustedes envié tábanos, para que expulsaran de la tierra a sus enemigos. ¹³A ustedes les entregué una tierra que no trabajaron y ciudades que no construyeron. Vivieron en ellas y se alimentaron de viñedos y olivares que no plantaron."

¹⁴»Por lo tanto, ahora ustedes entréguense al Señor y sírvanle fielmente. DeshágDeshanse de los dioses que sus antepasados adoraron al otro lado del río Éufrates y en Egipto, y sirvan sólo al Señor. ¹⁵Pero si a ustedes les parece mal servir al Señor, elijan ustedes mismos a quiénes van a servir: a los dioses que sirvieron sus antepasados al otro lado del río Éufrates, o a los dioses de los amorreos, en cuya tierra ustedes ahora habitan. Por mi parte, mi familia y yo serviremos al Señor.

¹⁶El pueblo respondió:

—¡Eso no pasará jamás! ¡Nosotros no abandonaremos al Señor por servir a otros dioses! ¹⁷El Señor nuestro Dios es quien nos sacó a nosotros y a nuestros antepasados del país de Egipto, aquella tierra de servidumbre. Él fue quien hizo aquellas grandes señales ante nuestros ojos. Nos protegió durante todo nuestro peregrinaje por el desierto y cuando pasamos entre tantas naciones. ¹⁸El Señor expulsó a todas las que vivían en este país, incluso a los amorreos. Por esa razón, nosotros también serviremos al Señor, porque él es nuestro Dios.

¹⁹Entonces Josué les dijo:

—Ustedes son incapaces de servir al Señor, porque él es Dios *santo y Dios celoso. No les tolerará sus

The Covenant Renewed at Shechem

24 Then Joshua assembled all the tribes of Israel at Shechem. He summoned the elders, leaders, judges and officials of Israel, and they presented themselves before God.

²Joshua said to all the people, "This is what the Lord, the God of Israel, says: 'Long ago your forefathers, including Terah the father of Abraham and Nahor, lived beyond the River[g] and worshiped other gods. ³But I took your father Abraham from the land beyond the River and led him throughout Canaan and gave him many descendants. I gave him Isaac, ⁴and to Isaac I gave Jacob and Esau. I assigned the hill country of Seir to Esau, but Jacob and his sons went down to Egypt.

⁵" 'Then I sent Moses and Aaron, and I afflicted the Egyptians by what I did there, and I brought you out. ⁶When I brought your fathers out of Egypt, you came to the sea, and the Egyptians pursued them with chariots and horsemen[h] as far as the Red Sea.[i] ⁷But they cried to the Lord for help, and he put darkness between you and the Egyptians; he brought the sea over them and covered them. You saw with your own eyes what I did to the Egyptians. Then you lived in the desert for a long time.

⁸" 'I brought you to the land of the Amorites who lived east of the Jordan. They fought against you, but I gave them into your hands. I destroyed them from before you, and you took possession of their land. ⁹When Balak son of Zippor, the king of Moab, prepared to fight against Israel, he sent for Balaam son of Beor to put a curse on you. ¹⁰But I would not listen to Balaam, so he blessed you again and again, and I delivered you out of his hand.

¹¹" 'Then you crossed the Jordan and came to Jericho. The citizens of Jericho fought against you, as did also the Amorites, Perizzites, Canaanites, Hittites, Girgashites, Hivites and Jebusites, but I gave them into your hands. ¹²I sent the hornet ahead of you, which drove them out before you—also the two Amorite kings. You did not do it with your own sword and bow. ¹³So I gave you a land on which you did not toil and cities you did not build; and you live in them and eat from vineyards and olive groves that you did not plant.'

¹⁴"Now fear the Lord and serve him with all faithfulness. Throw away the gods your forefathers worshiped beyond the River and in Egypt, and serve the Lord. ¹⁵But if serving the Lord seems undesirable to you, then choose for yourselves this day whom you will serve, whether the gods your forefathers served beyond the River, or the gods of the Amorites, in whose land you are living. But as for me and my household, we will serve the Lord."

¹⁶Then the people answered, "Far be it from us to forsake the Lord to serve other gods! ¹⁷It was the Lord our God himself who brought us and our fathers up out of Egypt, from that land of slavery, and performed those great signs before our eyes. He protected us on our entire journey and among all the nations through which we traveled. ¹⁸And the Lord drove out before us all the nations, including the Amorites, who lived in the land. We too will serve the Lord, because he is our God."

¹⁹Joshua said to the people, "You are not able to serve the Lord. He is a holy God; he is a jealous God.

---

g 2 That is, the Euphrates; also in verses 3, 14 and 15
h 6 Or charioteers   i 6 Hebrew Yam Suph; that is, Sea of Reeds

rebeliones y pecados. 20 Si ustedes lo abandonan y sirven a dioses ajenos, él se les echará encima y les traerá desastre; los *destruirá completamente, a pesar de haber sido bueno con ustedes.

21 Pero el pueblo insistió:

—¡Eso no pasará jamás! Nosotros sólo serviremos al SEÑOR.

22 Y Josué les dijo una vez más:

—Ustedes son testigos contra ustedes mismos de que han decidido servir al SEÑOR.

—Sí, sí lo somos —respondió toda la asamblea.

23 Josué replicó:

—Deshágan se de los dioses ajenos que todavía conservan. ¡Vuélvanse de todo *corazón al SEÑOR, Dios de Israel!

24 El pueblo respondió:

—Sólo al SEÑOR nuestro Dios serviremos, y sólo a él obedeceremos.

25 Aquel mismo día Josué renovó el *pacto con el pueblo de Israel. Allí mismo, en Siquén, les dio preceptos y normas, 26 y los registró en el libro de la *ley de Dios. Luego tomó una enorme piedra y la colocó bajo la encina que está cerca del santuario del SEÑOR. 27 Entonces le dijo a todo el pueblo:

—Esta piedra servirá de testigo contra ustedes. Ella ha escuchado todas las palabras que el SEÑOR nos ha dicho hoy. Testificará contra ustedes en caso de que ustedes digan falsedades contra su Dios.

28 Después de todo esto, Josué envió a todo el pueblo a sus respectivas propiedades.

Entierros en la Tierra prometida

29 Tiempo después murió Josué hijo de Nun, siervo del SEÑOR, a la edad de ciento diez años. 30 Fue sepultado en la parcela que se le había dado como herencia, en el lugar conocido como Timnat Sera, en la región montañosa de Efraín, al norte del monte Gaas. 31 Durante toda la vida de Josué, el pueblo de Israel había servido al SEÑOR. Así sucedió también durante el tiempo en que estuvieron al frente de Israel los jefes que habían compartido el liderazgo con Josué y que sabían todo lo que el SEÑOR había hecho a favor de su pueblo.

32 Los restos de José, que los israelitas habían traído de Egipto, fueron sepultados en Siquén, en un terreno que Jacob había comprado por cien monedas de plata a los hijos de Jamor, padre de Siquén. El terreno después llegó a ser propiedad de los descendientes de José.

33 Finalmente, Eleazar hijo de Aarón murió y fue sepultado en Guibeá, propiedad de su hijo Finés, en la región montañosa de Efraín.

He will not forgive your rebellion and your sins. 20 If you forsake the LORD and serve foreign gods, he will turn and bring disaster on you and make an end of you, after he has been good to you."

21 But the people said to Joshua, "No! We will serve the LORD."

22 Then Joshua said, "You are witnesses against yourselves that you have chosen to serve the LORD."

"Yes, we are witnesses," they replied.

23 "Now then," said Joshua, "throw away the foreign gods that are among you and yield your hearts to the LORD, the God of Israel."

24 And the people said to Joshua, "We will serve the LORD our God and obey him."

25 On that day Joshua made a covenant for the people, and there at Shechem he drew up for them decrees and laws. 26 And Joshua recorded these things in the Book of the Law of God. Then he took a large stone and set it up there under the oak near the holy place of the LORD.

27 "See!" he said to all the people. "This stone will be a witness against us. It has heard all the words the LORD has said to us. It will be a witness against you if you are untrue to your God."

Buried in the Promised Land

28 Then Joshua sent the people away, each to his own inheritance.

29 After these things, Joshua son of Nun, the servant of the LORD, died at the age of a hundred and ten. 30 And they buried him in the land of his inheritance, at Timnath Serah[j] in the hill country of Ephraim, north of Mount Gaash.

31 Israel served the LORD throughout the lifetime of Joshua and of the elders who outlived him and who had experienced everything the LORD had done for Israel.

32 And Joseph's bones, which the Israelites had brought up from Egypt, were buried at Shechem in the tract of land that Jacob bought for a hundred pieces of silver[k] from the sons of Hamor, the father of Shechem. This became the inheritance of Joseph's descendants.

33 And Eleazar son of Aaron died and was buried at Gibeah, which had been allotted to his son Phinehas in the hill country of Ephraim.

---

j 30 Also known as *Timnath Heres* (see Judges 2:9)
k 32 Hebrew *hundred kesitahs*; a kesitah was a unit of money of unknown weight and value.

Jueces

Judges

Israel continúa su lucha contra los cananeos

1 Después de la muerte de Josué, los israelitas le preguntaron al SEÑOR:

—¿Quién de nosotros será el primero en subir y pelear contra los cananeos?

2 El SEÑOR respondió:

—Judá será el primero en subir, puesto que ya le he entregado el país en sus manos.

3 Entonces los de la tribu de Judá dijeron a sus hermanos de la tribu de Simeón: «Suban con nosotros al territorio que nos ha tocado, y pelearemos contra los cananeos; después nosotros iremos con ustedes al territorio que les tocó.» Y los de la tribu de Simeón los acompañaron.

4 Cuando Judá atacó, el SEÑOR entregó en sus manos a los cananeos y a los ferezeos. En Bézec derrotaron a diez mil hombres. 5 Allí se toparon con Adoní Bézec y pelearon contra él, y derrotaron a los cananeos y a los ferezeos. 6 Adoní Bézec logró escapar, pero lo persiguieron hasta que lo alcanzaron, y le cortaron los pulgares de las manos y los dedos gordos de los pies.

7 Entonces Adoní Bézec exclamó: «¡Setenta reyes, cortados los pulgares de las manos y los dedos gordos de los pies, recogían migajas debajo de mi mesa! ¡Ahora Dios me ha pagado con la misma moneda!» Luego lo llevaron a Jerusalén, y allí murió.

8 Los de la tribu de Judá también atacaron a Jerusalén; la capturaron, matando a todos a filo de espada, y luego incendiaron la ciudad.

9 Después la tribu de Judá fue a pelear contra los cananeos que vivían en la región montañosa, en el Néguev y en la Sefelá. 10 Avanzaron contra los cananeos que vivían en Hebrón, ciudad que antes se llamaba Quiriat Arbá, y derrotaron a Sesay, Ajimán y Talmay.

11 Desde allí, avanzaron contra los habitantes de Debir, ciudad que antes se llamaba Quiriat Séfer. 12 Entonces Caleb dijo: «A quien derrote a Quiriat Séfer y la conquiste, yo le daré por esposa a mi hija Acsa.» 13 Y fue Otoniel hijo de Quenaz, hermano menor de Caleb, quien la conquistó; así que Caleb le dio por esposa a su hija Acsa. 14 Cuando ella llegó, Otoniel la convenció[a] de que le pidiera un terreno a su padre. Al bajar Acsa del asno, Caleb le preguntó:

—¿Qué te pasa?

15 —Concédeme un gran favor —respondió ella—. Ya que me has dado tierras en el Néguev, dame también manantiales.

Fue así como Caleb le dio a su hija manantiales en las zonas altas y en las bajas.

16 Los descendientes de Hobab[b] el quenita, suegro de Moisés, acompañaron a la tribu de Judá desde la Ciudad de las Palmeras[c] hasta el desierto de Judá, que está en el Néguev, cerca de Arad. Allí habitaron con la gente del lugar.

17 Después fueron los de la tribu de Judá con sus hermanos de la tribu de Simeón y derrotaron a los cananeos que vivían en Sefat, ciudad a la que *destruyeron por completo. Desde entonces Sefat fue llamada

Israel Fights the Remaining Canaanites

1 After the death of Joshua, the Israelites asked the LORD, "Who will be the first to go up and fight for us against the Canaanites?"

2 The LORD answered, "Judah is to go; I have given the land into their hands."

3 Then the men of Judah said to the Simeonites their brothers, "Come up with us into the territory allotted to us, to fight against the Canaanites. We in turn will go with you into yours." So the Simeonites went with them.

4 When Judah attacked, the LORD gave the Canaanites and Perizzites into their hands and they struck down ten thousand men at Bezek. 5 It was there that they found Adoni-Bezek and fought against him, putting to rout the Canaanites and Perizzites. 6 Adoni-Bezek fled, but they chased him and caught him, and cut off his thumbs and big toes.

7 Then Adoni-Bezek said, "Seventy kings with their thumbs and big toes cut off have picked up scraps under my table. Now God has paid me back for what I did to them." They brought him to Jerusalem, and he died there.

8 The men of Judah attacked Jerusalem also and took it. They put the city to the sword and set it on fire.

9 After that, the men of Judah went down to fight against the Canaanites living in the hill country, the Negev and the western foothills. 10 They advanced against the Canaanites living in Hebron (formerly called Kiriath Arba) and defeated Sheshai, Ahiman and Talmai.

11 From there they advanced against the people living in Debir (formerly called Kiriath Sepher). 12 And Caleb said, "I will give my daughter Acsah in marriage to the man who attacks and captures Kiriath Sepher." 13 Othniel son of Kenaz, Caleb's younger brother, took it; so Caleb gave his daughter Acsah to him in marriage.

14 One day when she came to Othniel, she urged him[a] to ask her father for a field. When she got off her donkey, Caleb asked her, "What can I do for you?"

15 She replied, "Do me a special favor. Since you have given me land in the Negev, give me also springs of water." Then Caleb gave her the upper and lower springs.

16 The descendants of Moses' father-in-law, the Kenite, went up from the City of Palms[b] with the men of Judah to live among the people of the Desert of Judah in the Negev near Arad.

17 Then the men of Judah went with the Simeonites their brothers and attacked the Canaanites living in Zephath, and they totally destroyed[c] the city. There-

---

a 1:14 *Otoniel la convenció* (LXX y Vulgata); *lo convenció* (TM).
b 1:16 *Hobab.* Véase 4:11.   c 1:16 *la Ciudad de las Palmeras.*
Es decir, Jericó.

a 14 Hebrew; Septuagint and Vulgate *Othniel, he urged her*
b 16 That is, Jericho   c 17 The Hebrew term refers to the irrevocable giving over of things or persons to the LORD, often by totally destroying them.

Jormá.*d* 18Los hombres de Judá también conquistaron las ciudades de Gaza, Ascalón y Ecrón, cada una de ellas con su propio territorio.

19El SEÑOR estaba con los hombres de Judá. Éstos tomaron posesión de la región montañosa, pero no pudieron expulsar a los que vivían en las llanuras, porque esa gente contaba con carros de hierro. 20Tal como lo había prometido Moisés, Caleb recibió Hebrón y expulsó de esa ciudad a los tres hijos de Anac. 21En cambio, los de la tribu de Benjamín no lograron expulsar a los jebuseos, que vivían en Jerusalén. Por eso hasta el día de hoy los jebuseos viven con los benjaminitas en Jerusalén.

22Los de la tribu de José, por su parte, subieron contra Betel, pues el SEÑOR estaba con ellos. 23Enviaron espías a Betel, ciudad que antes se llamaba Luz, 24y éstos, al ver que un hombre salía de la ciudad, le dijeron: «Muéstranos cómo entrar en la ciudad, y seremos bondadosos contigo.» 25Aquel hombre les mostró cómo entrar en la ciudad, y ellos la conquistaron a filo de espada; pero al hombre y a toda su familia les perdonaron la vida. 26Y ese hombre se fue a la tierra de los hititas, donde fundó una ciudad a la que llamó Luz, nombre que conserva hasta el día de hoy.

27Pero los de la tribu de Manasés no pudieron expulsar a los de Betseán y de Tanac con sus respectivas aldeas, ni tampoco a los habitantes de Dor, Ibleam y Meguido con sus respectivas aldeas, porque los cananeos estaban decididos a permanecer en esa tierra. 28Sólo cuando Israel se hizo fuerte pudo someter a los cananeos a trabajos forzados, aunque nunca pudo expulsarlos del todo. 29Los de la tribu de Efraín tampoco pudieron expulsar a los cananeos que vivían en Guézer, de modo que los cananeos siguieron viviendo entre ellos. 30Los de la tribu de Zabulón, por su parte, tampoco pudieron expulsar a los cananeos que vivían en Quitrón y Nalol, y éstos siguieron viviendo entre ellos, aunque fueron sometidos a trabajos forzados. 31Tampoco los de la tribu de Aser pudieron expulsar a los habitantes de Aco, Sidón, Ajlab, Aczib, Jelba, Afec y Rejob. 32Por eso, como no pudieron expulsarlos, el pueblo de la tribu de Aser vivió entre los cananeos que habitaban en aquella región. 33Tampoco los de la tribu de Neftalí pudieron expulsar a los habitantes de Bet Semes y Bet Anat, sino que vivieron entre los cananeos que habitaban en aquella región. Sin embargo, sometieron a trabajos forzados a los que vivían en Bet Semes y Bet Anat. 34Los amorreos hicieron retroceder a los de la tribu de Dan hasta la región montañosa, y no les permitieron bajar a la llanura. 35Los amorreos también estaban decididos a permanecer en el monte Heres, en Ayalón y en Salbín. Pero cuando se acrecentó el poder de la tribu de José, los amorreos también fueron sometidos a trabajos forzados. 36La frontera de los amorreos iba desde la cuesta de los Escorpiones hasta Selá, e incluso más arriba.

El ángel del SEÑOR en Boquín

2 El ángel del SEÑOR subió de Guilgal a Boquín y dijo: «Yo los saqué a ustedes de Egipto y los hice entrar en la tierra que juré darles a sus antepasados. Dije: "Nunca quebrantaré mi *pacto con ustedes; 2ustedes, por su parte, no harán ningún pacto con la gente de esta tierra, sino que derribarán sus altares." ¡Pero me han desobedecido! ¿Por qué han actuado así? 3Pues

fore it was called Hormah.*d* 18The men of Judah also took*e* Gaza, Ashkelon and Ekron—each city with its territory.

19The LORD was with the men of Judah. They took possession of the hill country, but they were unable to drive the people from the plains, because they had iron chariots. 20As Moses had promised, Hebron was given to Caleb, who drove from it the three sons of Anak. 21The Benjamites, however, failed to dislodge the Jebusites, who were living in Jerusalem; to this day the Jebusites live there with the Benjamites.

22Now the house of Joseph attacked Bethel, and the LORD was with them. 23When they sent men to spy out Bethel (formerly called Luz), 24the spies saw a man coming out of the city and they said to him, "Show us how to get into the city and we will see that you are treated well." 25So he showed them, and they put the city to the sword but spared the man and his whole family. 26He then went to the land of the Hittites, where he built a city and called it Luz, which is its name to this day.

27But Manasseh did not drive out the people of Beth Shan or Taanach or Dor or Ibleam or Megiddo and their surrounding settlements, for the Canaanites were determined to live in that land. 28When Israel became strong, they pressed the Canaanites into forced labor but never drove them out completely. 29Nor did Ephraim drive out the Canaanites living in Gezer, but the Canaanites continued to live there among them. 30Neither did Zebulun drive out the Canaanites living in Kitron or Nahalol, who remained among them; but they did subject them to forced labor. 31Nor did Asher drive out those living in Acco or Sidon or Ahlab or Aczib or Helbah or Aphek or Rehob, 32and because of this the people of Asher lived among the Canaanite inhabitants of the land. 33Neither did Naphtali drive out those living in Beth Shemesh or Beth Anath; but the Naphtalites too lived among the Canaanite inhabitants of the land, and those living in Beth Shemesh and Beth Anath became forced laborers for them. 34The Amorites confined the Danites to the hill country, not allowing them to come down into the plain. 35And the Amorites were determined also to hold out in Mount Heres, Aijalon and Shaalbim, but when the power of the house of Joseph increased, they too were pressed into forced labor. 36The boundary of the Amorites was from Scorpion*f* Pass to Sela and beyond.

The Angel of the LORD at Bokim

2 The angel of the LORD went up from Gilgal to Bokim and said, "I brought you up out of Egypt and led you into the land I swore to give to your forefathers. I said, 'I will never break my covenant with you, 2and you shall not make a covenant with the people of this land, but you shall break down their altars.' Yet you have disobeyed me. Why have you done this? 3Now therefore I tell you that I will not drive

d 1:17 En hebreo, *Jormá* significa *destrucción.*

d 17 Hormah means *destruction.*   *e 18* Hebrew; Septuagint *Judah did not take*   *f 36* Hebrew *Akrabbim*

quiero que sepan que no expulsaré de la presencia de ustedes a esa gente; ellos les harán la vida imposible, y sus dioses les serán una trampa.»

⁴Cuando el ángel del SEÑOR les habló así a todos los israelitas, el pueblo lloró a gritos. ⁵Por eso llamaron a aquel lugar Boquín,ᵉ y allí ofrecieron sacrificios al SEÑOR.

Desobediencia y derrota

⁶Cuando Josué despidió al pueblo, los israelitas se fueron a tomar posesión de la tierra, cada uno a su propio territorio. ⁷El pueblo sirvió al SEÑOR mientras vivieron Josué y los ancianos que le sobrevivieron, los cuales habían visto todas las grandes obras que el SEÑOR había hecho por Israel.

⁸Josué hijo de Nun, siervo del SEÑOR, murió a la edad de ciento diez años, ⁹y lo sepultaron en Timnat Jeres,ᶠ tierra de su heredad, en la región montañosa de Efraín, al norte del monte de Gaas. ¹⁰También murió toda aquella generación, y surgió otra que no conocía al SEÑOR ni sabía lo que él había hecho por Israel. ¹¹Esos israelitas hicieron lo que ofende al SEÑOR y adoraron a los ídolos de *Baal. ¹²Abandonaron al SEÑOR, Dios de sus padres, que los había sacado de Egipto, y siguieron a otros dioses —dioses de los pueblos que los rodeaban—, y los adoraron, provocando así la ira del SEÑOR. ¹³Abandonaron al SEÑOR, y adoraron a Baal y a las imágenes de *Astarté. ¹⁴Entonces el SEÑOR se enfureció contra los israelitas y los entregó en manos de invasores que los saquearon. Los vendió a sus enemigos que tenían a su alrededor, a los que ya no pudieron hacerles frente. ¹⁵Cada vez que los israelitas salían a combatir, la mano del SEÑOR estaba en contra de ellos para su mal, tal como el SEÑOR se lo había dicho y jurado. Así llegaron a verse muy angustiados.

¹⁶Entonces el SEÑOR hizo surgir caudillosᵍ que los libraron del poder de esos invasores. ¹⁷Pero tampoco escucharon a esos caudillos, sino que se prostituyeron al entregarse a otros dioses y adorarlos. Muy pronto se apartaron del *camino que habían seguido sus antepasados, el camino de la obediencia a los mandamientos del SEÑOR. ¹⁸Cada vez que el SEÑOR levantaba entre ellos un caudillo, estaba con él. Mientras ese caudillo vivía, los libraba del poder de sus enemigos, porque el SEÑOR se compadecía de ellos al oírlos gemir por causa de quienes los oprimían y afligían. ¹⁹Pero cuando el caudillo moría, ellos volvían a corromperse aún más que sus antepasados, pues se iban tras otros dioses, a los que servían y adoraban. De este modo se negaban a abandonar sus malvadas costumbres y su obstinada conducta.

²⁰Por eso el SEÑOR se enfureció contra Israel y dijo: «Puesto que esta nación ha violado el *pacto que yo establecí con sus antepasados y no me ha obedecido, ²¹tampoco yo echaré de su presencia a ninguna de las naciones que Josué dejó al morir. ²²Las usaré para poner a prueba a Israel y ver si guarda mi camino y anda por él, como lo hicieron sus antepasados.» ²³Por eso el SEÑOR dejó en paz a esas naciones; no las echó en seguida ni las entregó en manos de Josué.

them out before you; they will be ⌞thorns⌟ in your sides and their gods will be a snare to you."

⁴When the angel of the LORD had spoken these things to all the Israelites, the people wept aloud, ⁵and they called that place Bokim.ᵍ There they offered sacrifices to the LORD.

Disobedience and Defeat

⁶After Joshua had dismissed the Israelites, they went to take possession of the land, each to his own inheritance. ⁷The people served the LORD throughout the lifetime of Joshua and of the elders who outlived him and who had seen all the great things the LORD had done for Israel.

⁸Joshua son of Nun, the servant of the LORD, died at the age of a hundred and ten. ⁹And they buried him in the land of his inheritance, at Timnath Heresʰ in the hill country of Ephraim, north of Mount Gaash.

¹⁰After that whole generation had been gathered to their fathers, another generation grew up, who knew neither the LORD nor what he had done for Israel. ¹¹Then the Israelites did evil in the eyes of the LORD and served the Baals. ¹²They forsook the LORD, the God of their fathers, who had brought them out of Egypt. They followed and worshiped various gods of the peoples around them. They provoked the LORD to anger ¹³because they forsook him and served Baal and the Ashtoreths. ¹⁴In his anger against Israel the LORD handed them over to raiders who plundered them. He sold them to their enemies all around, whom they were no longer able to resist. ¹⁵Whenever Israel went out to fight, the hand of the LORD was against them to defeat them, just as he had sworn to them. They were in great distress.

¹⁶Then the LORD raised up judges,ⁱ who saved them out of the hands of these raiders. ¹⁷Yet they would not listen to their judges but prostituted themselves to other gods and worshiped them. Unlike their fathers, they quickly turned from the way in which their fathers had walked, the way of obedience to the LORD's commands. ¹⁸Whenever the LORD raised up a judge for them, he was with the judge and saved them out of the hands of their enemies as long as the judge lived; for the LORD had compassion on them as they groaned under those who oppressed and afflicted them. ¹⁹But when the judge died, the people returned to ways even more corrupt than those of their fathers, following other gods and serving and worshiping them. They refused to give up their evil practices and stubborn ways.

²⁰Therefore the LORD was very angry with Israel and said, "Because this nation has violated the covenant that I laid down for their forefathers and has not listened to me, ²¹I will no longer drive out before them any of the nations Joshua left when he died. ²²I will use them to test Israel and see whether they will keep the way of the LORD and walk in it as their forefathers did." ²³The LORD had allowed those nations to remain; he did not drive them out at once by giving them into the hands of Joshua.

ᵉ 2:5 En hebreo, *Boquín* significa *los que lloran.*　ᶠ 2:9 *Timnat Jeres*. También conocida como *Timnat Sera* (véanse Jos 19:50 y 24:30).　ᵍ 2:16 *caudillos*. Tradicionalmente *jueces*; así en el resto de este libro.

ᵍ 5 *Bokim* means *weepers.* (see Joshua 19:50 and 24:30)　ʰ 9 Also known as *Timnath Serah*　ⁱ 16 Or *leaders*; similarly in verses 17-19

3 Las siguientes naciones son las que el SEÑOR dejó a salvo para poner a prueba a todos los israelitas que no habían participado en ninguna de las guerras de Canaán. ²Lo hizo solamente para que los descendientes de los israelitas, que no habían tenido experiencia en el campo de batalla, aprendieran a combatir. ³Quedaron los cinco príncipes de los filisteos, todos los cananeos, y los sidonios y heveos que vivían en los montes del Líbano, desde el monte de Baal Hermón hasta Lebó Jamat.ʰ ⁴Allí los dejó el SEÑOR para poner a prueba a los israelitas, a ver si obedecían sus mandamientos, que él había dado a sus antepasados por medio de Moisés.

⁵Los israelitas vivían entre cananeos, hititas, amorreos, ferezeos, heveos y jebuseos. ⁶Se casaron con las hijas de esos pueblos, y a sus propias hijas las casaron con ellos y adoraron a sus dioses.

Otoniel

⁷Los israelitas hicieron lo que ofende al SEÑOR; se olvidaron del SEÑOR su Dios, y adoraron a las imágenes de *Baal y de *Aserá. ⁸El SEÑOR se enfureció contra Israel a tal grado que los vendió a Cusán Risatayin, rey de Aram Najarayin,ⁱ a quien estuvieron sometidos durante ocho años. ⁹Pero clamaron al SEÑOR, y él hizo que surgiera un libertador, Otoniel hijo de Quenaz, hermano menor de Caleb. Y Otoniel liberó a los israelitas. ¹⁰El Espíritu del SEÑOR vino sobre Otoniel, y así Otoniel se convirtió en caudillo de Israel y salió a la guerra. El SEÑOR entregó a Cusán Risatayin, rey de *Aram, en manos de Otoniel, quien prevaleció sobre él. ¹¹El país tuvo *paz durante cuarenta años, hasta que murió Otoniel hijo de Quenaz.

Aod

¹²Una vez más los israelitas hicieron lo que ofende al SEÑOR, y por causa del mal que hicieron, el SEÑOR le dio poder sobre ellos a Eglón, rey de Moab. ¹³Luego de aliarse con los amonitas y los amalecitas, Eglón fue y atacó a Israel, y se apoderó de la Ciudad de las Palmeras.ʲ ¹⁴Los israelitas estuvieron sometidos a Eglón, rey de Moab, durante dieciocho años.

¹⁵Los israelitas volvieron a clamar al SEÑOR, y el SEÑOR les levantó un libertador: Aod hijo de Guerá, de la tribu de Benjamín, quien era zurdo. Por medio de él los israelitas enviaron tributo a Eglón, rey de Moab. ¹⁶Aod se había hecho una espada de doble filo y de medio metroᵏ de largo, la cual sujetó a su muslo derecho por debajo de la ropa. ¹⁷Le presentó el tributo a Eglón, rey de Moab, que era muy gordo. ¹⁸Cuando Aod terminó de presentárselo, se fue a despedir a los hombres que habían transportado el tributo. ¹⁹Pero luego se regresó desde las canteras que estaban cerca de Guilgal, y dijo:

—Majestad, tengo un mensaje secreto para usted.

—¡Silencio! —ordenó el rey.

Y todos sus servidores se retiraron de su presencia. ²⁰Entonces Aod se acercó al rey, que estaba sentado solo en la habitación del piso superior de su palacio de verano,ˡ y le dijo:

—Tengo un mensaje de Dios para usted.

Cuando el rey se levantó de su trono, ²¹ Aod extendió la mano izquierda, sacó la espada que llevaba en el muslo derecho, y se la clavó al rey en el vientre. ²²La empuñadura se hundió tras la hoja, a tal punto que salió por la espalda.ᵐ Además, Aod no le sacó la espada, ya que ésta quedó totalmente cubierta por la gordu-

3 These are the nations the LORD left to test all those Israelites who had not experienced any of the wars in Canaan ²(he did this only to teach warfare to the descendants of the Israelites who had not had previous battle experience): ³the five rulers of the Philistines, all the Canaanites, the Sidonians, and the Hivites living in the Lebanon mountains from Mount Baal Hermon to Leboʲ Hamath. ⁴They were left to test the Israelites to see whether they would obey the LORD's commands, which he had given their forefathers through Moses.

⁵The Israelites lived among the Canaanites, Hittites, Amorites, Perizzites, Hivites and Jebusites. ⁶They took their daughters in marriage and gave their own daughters to their sons, and served their gods.

Othniel

⁷The Israelites did evil in the eyes of the LORD; they forgot the LORD their God and served the Baals and the Asherahs. ⁸The anger of the LORD burned against Israel so that he sold them into the hands of Cushan-Rishathaim king of Aram Naharaim,ᵏ to whom the Israelites were subject for eight years. ⁹But when they cried out to the LORD, he raised up for them a deliverer, Othniel son of Kenaz, Caleb's younger brother, who saved them. ¹⁰The Spirit of the LORD came upon him, so that he became Israel's judgeˡ and went to war. The LORD gave Cushan-Rishathaim king of Aram into the hands of Othniel, who overpowered him. ¹¹So the land had peace for forty years, until Othniel son of Kenaz died.

Ehud

¹²Once again the Israelites did evil in the eyes of the LORD, and because they did this evil the LORD gave Eglon king of Moab power over Israel. ¹³Getting the Ammonites and Amalekites to join him, Eglon came and attacked Israel, and they took possession of the City of Palms.ᵐ ¹⁴The Israelites were subject to Eglon king of Moab for eighteen years.

¹⁵Again the Israelites cried out to the LORD, and he gave them a deliverer—Ehud, a left-handed man, the son of Gera the Benjamite. The Israelites sent him with tribute to Eglon king of Moab. ¹⁶Now Ehud had made a double-edged sword about a foot and a halfⁿ long, which he strapped to his right thigh under his clothing. ¹⁷He presented the tribute to Eglon king of Moab, who was a very fat man. ¹⁸After Ehud had presented the tribute, he sent on their way the men who had carried it. ¹⁹At the idolsᵒ near Gilgal he himself turned back and said, "I have a secret message for you, O king."

The king said, "Quiet!" And all his attendants left him.

²⁰Ehud then approached him while he was sitting alone in the upper room of his summer palaceᵖ and said, "I have a message from God for you." As the king rose from his seat, ²¹Ehud reached with his left hand, drew the sword from his right thigh and plunged it into the king's belly. ²²Even the handle sank in after the blade, which came out his back. Ehud did not pull the

---

ʰ 3:3 Lebó Jamat. Alt. la entrada de Jamat.   ⁱ 3:8 Aram Najarayin. Es decir, el noroeste de Mesopotamia.   ʲ 3:13 la Ciudad de las Palmeras. Es decir, Jericó.   ᵏ 3:16 medio metro. Lit. un *codo.   ˡ 3:20 palacio de verano. Frase de difícil traducción.   ᵐ 3:22 la espalda. Palabra de difícil traducción.

ʲ 3 Or to the entrance to   ᵏ 8 That is, Northwest Mesopotamia   ˡ 10 Or leader   ᵐ 13 That is, Jericho   ⁿ 16 Hebrew a cubit (about 0.5 meter)   ᵒ 19 Or the stone quarries; also in verse 26   ᵖ 20 The meaning of the Hebrew for this phrase is uncertain.

ra. 23 Luego de cerrar y atrancar las puertas de la habitación del piso superior, Aod salió por la ventana.*n*

24 Cuando ya Aod se había ido, llegaron los siervos del rey y, al ver atrancadas las puertas de la habitación del piso superior, dijeron: «Tal vez está haciendo sus necesidades*ñ* en el cuarto interior de la casa.» 25 Y tanto esperaron que se sintieron desconcertados. Al ver que el rey no abría las puertas de la habitación, las abrieron con una llave. Allí encontraron a su señor tendido en el piso, ya muerto.

26 Mientras esperaban, Aod se escapó. Pasó junto a las canteras y huyó a Seirat. 27 Cuando llegó allí, tocó la trompeta en la región montañosa de Efraín, y los israelitas descendieron de la montaña, con él a la cabeza.

28 «Síganme —les ordenó—, porque el SEÑOR ha entregado en manos de ustedes a sus enemigos los moabitas.» Bajaron con él y, tomando posesión de los vados del Jordán que conducían a Moab, no dejaron pasar a nadie. 29 En aquella ocasión derrotaron a unos diez mil moabitas, todos robustos y aguerridos. No escapó ni un solo hombre. 30 Aquel día Moab quedó sometido a Israel, y el país tuvo *paz durante ochenta años.

Samgar

31 El sucesor de Aod fue Samgar hijo de Anat, quien derrotó a seiscientos filisteos con una vara para arrear bueyes. También él liberó a Israel.

Débora

4 Después de la muerte de Aod, los israelitas volvieron a hacer lo que ofende al SEÑOR. 2 Así que el SEÑOR los vendió a Jabín, un rey cananeo que reinaba en Jazor. El jefe de su ejército era Sísara, que vivía en Jaroset Goyim. 3 Los israelitas clamaron al SEÑOR porque Yabín tenía novecientos carros de hierro y, durante veinte años, había oprimido cruelmente a los israelitas.

4 En aquel tiempo gobernaba a Israel una profetisa llamada Débora, que era esposa de Lapidot. 5 Ella tenía su tribunal bajo la Palmera de Débora, entre Ramá y Betel, en la región montañosa de Efraín, y los israelitas acudían a ella para resolver sus disputas. 6 Débora mandó llamar a Barac hijo de Abinoán, que vivía en Cedes de Neftalí, y le dijo:

—El SEÑOR, el Dios de Israel, ordena: "Ve y reúne en el monte Tabor a diez mil hombres de la tribu de Neftalí y de la tribu de Zabulón. 7 Yo atraeré a Sísara, jefe del ejército de Jabín, con sus carros y sus tropas, hasta el arroyo Quisón. Allí lo entregaré en tus manos."

8 Barac le dijo:

—Sólo iré si tú me acompañas; de lo contrario, no iré.

9 —¡Está bien, iré contigo! —dijo Débora—. Pero, por la manera en que vas a encarar este asunto, la gloria no será tuya, ya que el SEÑOR entregará a Sísara en manos de una mujer.

Así que Débora fue con Barac hasta Cedes, 10 donde él convocó a las tribus de Zabulón y Neftalí. Diez mil hombres se pusieron a sus órdenes, y también Débora lo acompañó.

11 Héber el quenita se había separado de los otros quenitas que descendían de Hobab, el suegro de Moisés, y armó su campamento junto a la encina que está en Zanayin, cerca de Cedes.

12 Cuando le informaron a Sísara que Barac hijo de

sword out, and the fat closed in over it. 23 Then Ehud went out to the porch*q*; he shut the doors of the upper room behind him and locked them.

24 After he had gone, the servants came and found the doors of the upper room locked. They said, "He must be relieving himself in the inner room of the house." 25 They waited to the point of embarrassment, but when he did not open the doors of the room, they took a key and unlocked them. There they saw their lord fallen to the floor, dead.

26 While they waited, Ehud got away. He passed by the idols and escaped to Seirah. 27 When he arrived there, he blew a trumpet in the hill country of Ephraim, and the Israelites went down with him from the hills, with him leading them.

28 "Follow me," he ordered, "for the LORD has given Moab, your enemy, into your hands." So they followed him down and, taking possession of the fords of the Jordan that led to Moab, they allowed no one to cross over. 29 At that time they struck down about ten thousand Moabites, all vigorous and strong; not a man escaped. 30 That day Moab was made subject to Israel, and the land had peace for eighty years.

Shamgar

31 After Ehud came Shamgar son of Anath, who struck down six hundred Philistines with an oxgoad. He too saved Israel.

Deborah

4 After Ehud died, the Israelites once again did evil in the eyes of the LORD. 2 So the LORD sold them into the hands of Jabin, a king of Canaan, who reigned in Hazor. The commander of his army was Sisera, who lived in Harosheth Haggoyim. 3 Because he had nine hundred iron chariots and had cruelly oppressed the Israelites for twenty years, they cried to the LORD for help.

4 Deborah, a prophetess, the wife of Lappidoth, was leading*r* Israel at that time. 5 She held court under the Palm of Deborah between Ramah and Bethel in the hill country of Ephraim, and the Israelites came to her to have their disputes decided. 6 She sent for Barak son of Abinoam from Kedesh in Naphtali and said to him, "The LORD, the God of Israel, commands you: 'Go, take with you ten thousand men of Naphtali and Zebulun and lead the way to Mount Tabor. 7 I will lure Sisera, the commander of Jabin's army, with his chariots and his troops to the Kishon River and give him into your hands.' "

8 Barak said to her, "If you go with me, I will go; but if you don't go with me, I won't go."

9 "Very well," Deborah said, "I will go with you. But because of the way you are going about this,*s* the honor will not be yours, for the LORD will hand Sisera over to a woman." So Deborah went with Barak to Kedesh, 10 where he summoned Zebulun and Naphtali. Ten thousand men followed him, and Deborah also went with him.

11 Now Heber the Kenite had left the other Kenites, the descendants of Hobab, Moses' brother-in-law,*t* and pitched his tent by the great tree in Zaanannim near Kedesh.

12 When they told Sisera that Barak son of Abinoam

---

n 3:23 la ventana. Palabra de difícil traducción.   *ñ 3:24 haciendo sus necesidades.* Lit. *cubriéndose los pies.*

q 23 The meaning of the Hebrew for this word is uncertain.
r 4 Traditionally *judging*   *s 9* Or *But on the expedition you are undertaking*   *t 11* Or *father-in-law*

Abinoán había subido al monte Tabor, ¹³Sísara convocó a sus novecientos carros de hierro, y a todos sus soldados, desde Jaroset Goyim hasta el arroyo Quisón.

¹⁴Entonces Débora le dijo a Barac:

—¡Adelante! Éste es el día en que el SEÑOR entregará a Sísara en tus manos. ¿Acaso no marcha el SEÑOR al frente de tu ejército?

Barac descendió del monte Tabor, seguido por los diez mil hombres. ¹⁵Ante el avance de Barac, el SEÑOR desbarató a Sísara a filo de espada, con todos sus carros y su ejército, a tal grado que Sísara saltó de su carro y huyó a pie. ¹⁶Barac persiguió a los carros y al ejército hasta Jaroset Goyim. Todo el ejército de Sísara cayó a filo de espada; no quedó nadie con vida.

¹⁷Mientras tanto, Sísara había huido a pie hasta la carpa de Jael, la esposa de Héber el quenita, pues había buenas relaciones entre Jabín, rey de Jazor, y el clan de Héber el quenita.

¹⁸Jael salió al encuentro de Sísara, y le dijo:

—¡Adelante, mi señor! Entre usted por aquí. No tenga miedo.

Sísara entró en la carpa, y ella lo cubrió con una manta.

¹⁹—Tengo sed —dijo él—. ¿Podrías darme un poco de agua?

Ella destapó un odre de leche, le dio de beber, y volvió a cubrirlo.

²⁰—Párate a la entrada de la carpa —le dijo él—. Si alguien viene y te pregunta: "¿Hay alguien aquí?", contéstale que no.

²¹Pero Jael, esposa de Héber, tomó una estaca de la carpa y un martillo, y con todo sigilo se acercó a Sísara, quien agotado por el cansancio dormía profundamente. Entonces ella le clavó la estaca en la sien y se la atravesó, hasta clavarla en la tierra. Así murió Sísara.

²²Barac pasó por allí persiguiendo a Sísara, y Jael salió a su encuentro. «Ven —le dijo ella—, y te mostraré al hombre que buscas.» Barac entró con ella, y allí estaba tendido Sísara, muerto y con la estaca atravesándole la sien.

²³Aquel día Dios humilló en presencia de los israelitas a Jabín, el rey cananeo. ²⁴Y el poder de los israelitas contra Jabín se consolidaba cada vez más, hasta que lo destruyeron.

La canción de Débora

5 Aquel día Débora y Barac hijo de Abinoán entonaron este canto:

2 «Cuando los príncipes de Israel toman el
    mando,
  cuando el pueblo se ofrece voluntariamente,
  ¡bendito sea el SEÑOR!

3 »¡Oigan, reyes! ¡Escuchen, gobernantes!
  Yo cantaré, cantaré al SEÑOR;
  tocaré música al SEÑOR, el Dios de Israel.

4 »Oh SEÑOR, cuando saliste de Seír,
  cuando marchaste desde los campos de Edom,
    tembló la tierra,
    se estremecieron los cielos,
    las nubes derramaron agua.
5 Temblaron las montañas
    al ver al SEÑOR, el Dios del Sinaí;
    al ver al SEÑOR, el Dios de Israel.

had gone up to Mount Tabor, ¹³Sisera gathered together his nine hundred iron chariots and all the men with him, from Harosheth Haggoyim to the Kishon River.

¹⁴Then Deborah said to Barak, "Go! This is the day the LORD has given Sisera into your hands. Has not the LORD gone ahead of you?" So Barak went down Mount Tabor, followed by ten thousand men. ¹⁵At Barak's advance, the LORD routed Sisera and all his chariots and army by the sword, and Sisera abandoned his chariot and fled on foot. ¹⁶But Barak pursued the chariots and army as far as Harosheth Haggoyim. All the troops of Sisera fell by the sword; not a man was left.

¹⁷Sisera, however, fled on foot to the tent of Jael, the wife of Heber the Kenite, because there were friendly relations between Jabin king of Hazor and the clan of Heber the Kenite.

¹⁸Jael went out to meet Sisera and said to him, "Come, my lord, come right in. Don't be afraid." So he entered her tent, and she put a covering over him.

¹⁹"I'm thirsty," he said. "Please give me some water." She opened a skin of milk, gave him a drink, and covered him up.

²⁰"Stand in the doorway of the tent," he told her. "If someone comes by and asks you, 'Is anyone here?' say 'No.' "

²¹But Jael, Heber's wife, picked up a tent peg and a hammer and went quietly to him while he lay fast asleep, exhausted. She drove the peg through his temple into the ground, and he died.

²²Barak came by in pursuit of Sisera, and Jael went out to meet him. "Come," she said, "I will show you the man you're looking for." So he went in with her, and there lay Sisera with the tent peg through his temple—dead.

²³On that day God subdued Jabin, the Canaanite king, before the Israelites. ²⁴And the hand of the Israelites grew stronger and stronger against Jabin, the Canaanite king, until they destroyed him.

The Song of Deborah

5 On that day Deborah and Barak son of Abinoam sang this song:

2 "When the princes in Israel take the lead,
  when the people willingly offer
    themselves—
  praise the LORD!

3 "Hear this, you kings! Listen, you rulers!
  I will sing toᵘ the LORD, I will sing;
  I will make music toᵛ the LORD, the God
    of Israel.

4 "O LORD, when you went out from Seir,
  when you marched from the land of
    Edom,
  the earth shook, the heavens poured,
    the clouds poured down water.
5 The mountains quaked before the LORD, the
    One of Sinai,
  before the LORD, the God of Israel.

ᵘ3 Or of   ᵛ3 Or / with song I will praise

6 »En los días de Samgar hijo de Anat,
   en los días de Jael,
   los viajeros abandonaron los caminos
   y se fueron por sendas escabrosas.
7 Los guerreros de Israel desaparecieron;
   desaparecieron hasta que yo me levanté.
   ¡Yo, Débora, me levanté
   como una madre en Israel!
8 Cuando escogieron nuevos dioses,
   llegó la guerra a las *puertas de la ciudad,
   pero no se veía ni un escudo ni una lanza
   entre cuarenta mil hombres de Israel.
9 Mi *corazón está con los príncipes de Israel,
   con los voluntarios del pueblo.
   ¡Bendito sea el SEÑOR!

10 »Ustedes, los que montan asnas blancas
    y se sientan sobre tapices,
    y ustedes, los que andan por el camino,
    ¡pónganse a pensar!
11 La voz de los que cantan en los abrevaderos
    relata los actos de *justicia del SEÑOR,
    los actos de justicia de sus guerreros en
      Israel.
    Entonces el ejército del SEÑOR
      descendió a las puertas de la ciudad.

12 »¡Despierta, despierta, Débora!
    ¡Despierta, despierta, y entona una canción!
    ¡Levántate, Barac!
    Lleva cautivos a tus prisioneros,
    oh hijo de Abinoán.

13 »Los sobrevivientes
      descendieron con los nobles;
    el ejército del SEÑOR
      vino a mí con los valientes.
14 Algunos venían de Efraín,
      cuyas raíces estaban en Amalec;
    Benjamín estaba con el pueblo que te seguía.
    Desde Maquir bajaron capitanes;
      desde Zabulón, los que llevan el bastón de
        mando.
15 Con Débora estaban los príncipes de Isacar;
    Isacar estaba con Barac,
    y tras él se lanzó hasta el valle.
    En los distritos de Rubén
      hay grandes resoluciones.
16 ¿Por qué permaneciste entre las fogatas
      escuchando los silbidos para llamar a los
        rebaños?
    En los distritos de Rubén
      hay grandes titubeos.
17 Galaad habitó más allá del Jordán.
      Y Dan, ¿por qué se quedó junto a los
        barcos?
    Aser se quedó en la costa del mar;
      permaneció en sus ensenadas.
18 El pueblo de Zabulón arriesgó la *vida
      hasta la muerte misma,
    a ejemplo de Neftalí
      en las alturas del campo.

19 »Los reyes vinieron y lucharon
      junto a las aguas de Meguido;
    los reyes de Canaán lucharon en Tanac,
      pero no se llevaron plata ni botín.
20 Desde los cielos lucharon las estrellas,
      desde sus órbitas lucharon contra Sísara.

6 "In the days of Shamgar son of Anath,
   in the days of Jael, the roads were
      abandoned;
   travelers took to winding paths.
7 Village lifeʷ in Israel ceased,
   ceased until I,ˣ Deborah, arose,
   arose a mother in Israel.
8 When they chose new gods,
   war came to the city gates,
   and not a shield or spear was seen
   among forty thousand in Israel.
9 My heart is with Israel's princes,
   with the willing volunteers among the
      people.
   Praise the LORD!

10 "You who ride on white donkeys,
    sitting on your saddle blankets,
    and you who walk along the road,
    consider 11 the voice of the singersʸ at the
      watering places.
    They recite the righteous acts of the
      LORD,
    the righteous acts of his warriorsᶻ in
      Israel.

    "Then the people of the LORD
      went down to the city gates.
12 'Wake up, wake up, Deborah!
    Wake up, wake up, break out in song!
    Arise, O Barak!
    Take captive your captives, O son of
      Abinoam.'

13 "Then the men who were left
      came down to the nobles;
    the people of the LORD
      came to me with the mighty.
14 Some came from Ephraim, whose roots
      were in Amalek;
    Benjamin was with the people who
      followed you.
    From Makir captains came down,
      from Zebulun those who bear a
        commander's staff.
15 The princes of Issachar were with Deborah;
      yes, Issachar was with Barak,
      rushing after him into the valley.
    In the districts of Reuben
      there was much searching of heart.
16 Why did you stay among the campfiresᵃ
      to hear the whistling for the flocks?
    In the districts of Reuben
      there was much searching of heart.
17 Gilead stayed beyond the Jordan.
      And Dan, why did he linger by the ships?
    Asher remained on the coast
      and stayed in his coves.
18 The people of Zebulun risked their very
      lives;
    so did Naphtali on the heights of the field.

19 "Kings came, they fought;
      the kings of Canaan fought
    at Taanach by the waters of Megiddo,
      but they carried off no silver, no plunder.
20 From the heavens the stars fought,
      from their courses they fought against
        Sisera.

ʷ 7 Or Warriors   ˣ 7 Or you   ʸ 11 Or archers; the meaning
of the Hebrew for this word is uncertain.   ᶻ 11 Or villagers
ᵃ 16 Or saddlebags

21 El torrente Quisón los arrastró;
   el torrente antiguo, el torrente Quisón.
   ¡Marcha, *alma mía, con vigor!
22 Resonaron entonces los cascos equinos;
   ¡galopan, galopan sus briosos corceles!
23 "Maldice a Meroz —dijo el ángel del Señor—.
   Maldice a sus habitantes con dureza,
   porque no vinieron en ayuda del Señor,
   en ayuda del Señor y de sus valientes."

24 »¡Sea Jael, esposa de Héber el quenita,
   la más bendita entre las mujeres,
   la más bendita entre las mujeres
   que habitan en carpas!
25 Sísara pidió agua, Jael le dio leche;
   en taza de nobles le ofreció leche cuajada.
26 Su mano izquierda tomó la estaca,
   su mano derecha, el mazo de trabajo.
   Golpeó a Sísara, le machacó la cabeza
   y lo remató atravesándole las sienes.
27 A los pies de ella se desplomó;
   allí cayó y quedó tendido.
   Cayó desplomado a sus pies;
   allí donde cayó, quedó muerto.

28 »Por la ventana se asoma la madre de Sísara;
   tras la celosía clama a gritos:
   "¿Por qué se demora su carro en venir?
   ¿Por qué se atrasa el estruendo de sus
       carros?"
29 Las más sabias de sus damas le responden;
   y ella se repite a sí misma:
30 "Seguramente se están repartiendo
   el botín arrebatado al enemigo:
   una muchacha o dos para cada guerrero;
   telas de colores como botín para Sísara;
   una tela, dos telas, de colores
   bordadas para mi cuello.
   ¡Todo esto como botín!"

31 »¡Así perezcan todos tus enemigos, oh Señor!
   Pero los que te aman sean como el sol
   cuando sale en todo su esplendor.»

Entonces el país tuvo *paz durante cuarenta años.

Gedeón

6 Los israelitas hicieron lo que ofende al Señor, y él los entregó en manos de los madianitas durante siete años. 2 Era tal la tiranía de los madianitas que los israelitas se hicieron escondites en las montañas y en las cuevas, y en otros lugares donde pudieran defenderse. 3 Siempre que los israelitas sembraban, los madianitas, amalecitas y otros pueblos del oriente venían y los atacaban. 4 Acampaban y arruinaban las cosechas por todo el territorio, hasta la región de Gaza. No dejaban en Israel nada con vida: ni ovejas, ni bueyes ni asnos. 5 Llegaban con su ganado y con sus carpas como plaga de langostas. Tanto ellos como sus camellos eran incontables, e invadían el país para devastarlo. 6 Era tal la miseria de los israelitas por causa de los madianitas, que clamaron al Señor pidiendo ayuda.

7 Cuando los israelitas clamaron al Señor a causa de los madianitas, 8 el Señor les envió un profeta que dijo: «Así dice el Señor, Dios de Israel: "Yo los saqué de

---

21 The river Kishon swept them away,
   the age-old river, the river Kishon.
   March on, my soul; be strong!
22 Then thundered the horses' hoofs—
   galloping, galloping go his mighty steeds.
23 'Curse Meroz,' said the angel of the Lord.
   'Curse its people bitterly,
   because they did not come to help the
       Lord,
   to help the Lord against the mighty.'

24 "Most blessed of women be Jael,
   the wife of Heber the Kenite,
   most blessed of tent-dwelling women.
25 He asked for water, and she gave him milk;
   in a bowl fit for nobles she brought him
       curdled milk.
26 Her hand reached for the tent peg,
   her right hand for the workman's hammer.
   She struck Sisera, she crushed his head,
   she shattered and pierced his temple.
27 At her feet he sank,
   he fell; there he lay.
   At her feet he sank, he fell;
   where he sank, there he fell—dead.

28 "Through the window peered Sisera's
       mother;
   behind the lattice she cried out,
   'Why is his chariot so long in coming?
   Why is the clatter of his chariots
       delayed?'
29 The wisest of her ladies answer her;
   indeed, she keeps saying to herself,
30 'Are they not finding and dividing the
       spoils:
   a girl or two for each man,
   colorful garments as plunder for Sisera,
   colorful garments embroidered,
   highly embroidered garments for my
       neck—
   all this as plunder?'

31 "So may all your enemies perish, O Lord!
   But may they who love you be like the
       sun
   when it rises in its strength."

Then the land had peace forty years.

Gideon

6 Again the Israelites did evil in the eyes of the Lord, and for seven years he gave them into the hands of the Midianites. 2 Because the power of Midian was so oppressive, the Israelites prepared shelters for themselves in mountain clefts, caves and strongholds. 3 Whenever the Israelites planted their crops, the Midianites, Amalekites and other eastern peoples invaded the country. 4 They camped on the land and ruined the crops all the way to Gaza and did not spare a living thing for Israel, neither sheep nor cattle nor donkeys. 5 They came up with their livestock and their tents like swarms of locusts. It was impossible to count the men and their camels; they invaded the land to ravage it. 6 Midian so impoverished the Israelites that they cried out to the Lord for help.

7 When the Israelites cried to the Lord because of Midian, 8 he sent them a prophet, who said, "This is what the Lord, the God of Israel, says: I brought you

Egipto, tierra de esclavitud, 9y los libré de su poder. También los libré del poder de todos sus opresores, a quienes expulsé de la presencia de ustedes para entregarles su tierra." 10Les dije: "Yo soy el SEÑOR su Dios; no adoren a los dioses de los amorreos, en cuya tierra viven." Pero ustedes no me obedecieron.»

11El ángel del SEÑOR vino y se sentó bajo la encina que estaba en Ofra, la cual pertenecía a Joás, del clan de Abiezer. Su hijo Gedeón estaba trillando trigo en un lagar, para protegerlo de los madianitas. 12Cuando el ángel del SEÑOR se le apareció a Gedeón, le dijo:

—¡El SEÑOR está contigo, guerrero valiente!

13—Pero, señor —replicó Gedeón—, si el SEÑOR está con nosotros, ¿cómo es que nos sucede todo esto? ¿Dónde están todas las maravillas que nos contaban nuestros padres, cuando decían: "¡El SEÑOR nos sacó de Egipto!"? ¡La verdad es que el SEÑOR nos ha desamparado y nos ha entregado en manos de Madián!

14El SEÑOR lo encaró y le dijo:

—Ve con la fuerza que tienes, y salvarás a Israel del poder de Madián. Yo soy quien te envía.

15—Pero, Señor —objetó Gedeón—, ¿cómo voy a salvar a Israel? Mi clan es el más débil de la tribu de Manasés, y yo soy el más insignificante de mi familia.

16El SEÑOR respondió:

—Tú derrotarás a los madianitas como si fueran un solo hombre, porque yo estaré contigo.

17—Si me he ganado tu favor, dame una señal de que en realidad eres tú quien habla conmigo —respondió Gedeón—. 18Te ruego que no te vayas hasta que yo vuelva y traiga mi ofrenda y la ponga ante ti.

—Esperaré hasta que vuelvas —le dijo el SEÑOR.

19Gedeón se fue a preparar un cabrito; además, con una medida*o* de harina hizo panes sin levadura. Luego puso la carne en una canasta y el caldo en una olla, y los llevó y se los ofreció al ángel bajo la encina.

20El ángel de Dios le dijo:

—Toma la carne y el pan sin levadura, y ponlos sobre esta roca; y derrama el caldo.

Y así lo hizo Gedeón. 21Entonces, con la punta del bastón que llevaba en la mano, el ángel del SEÑOR tocó la carne y el pan sin levadura, ¡y de la roca salió fuego, que consumió la carne y el pan! Luego el ángel del SEÑOR desapareció de su vista. 22Cuando Gedeón se dio cuenta de que se trataba del ángel del SEÑOR, exclamó:

—¡Ay de mí, SEÑOR y Dios! ¡He visto al ángel del SEÑOR cara a cara!

23Pero el SEÑOR le dijo:

—¡Quédate tranquilo! No temas. No vas a morir.

24Entonces Gedeón construyó allí un altar al SEÑOR, y lo llamó «El SEÑOR es la *paz», el cual hasta el día de hoy se encuentra en Ofra de Abiezer.

25Aquella misma noche el SEÑOR le dijo: «Toma un toro del rebaño de tu padre; el segundo, el que tiene siete años.*p* Derriba el altar que tu padre ha dedicado a *Baal, y el poste con la imagen de la diosa *Aserá que está junto a él. 26Luego, sobre la cima de este lugar de refugio, construye un altar apropiado*q* para el SEÑOR tu Dios. Toma entonces la leña del poste de Aserá que cortaste, y ofrece el segundo toro*r* como un *holocausto.»

27Gedeón llevó a diez de sus siervos e hizo lo que el SEÑOR le había ordenado. Pero en lugar de hacerlo de día lo hizo de noche, pues tenía miedo de su familia y de los hombres de la ciudad.

up out of Egypt, out of the land of slavery. 9I snatched you from the power of Egypt and from the hand of all your oppressors. I drove them from before you and gave you their land. 10I said to you, 'I am the LORD your God; do not worship the gods of the Amorites, in whose land you live.' But you have not listened to me."

11The angel of the LORD came and sat down under the oak in Ophrah that belonged to Joash the Abiezrite, where his son Gideon was threshing wheat in a winepress to keep it from the Midianites. 12When the angel of the LORD appeared to Gideon, he said, "The LORD is with you, mighty warrior."

13"But sir," Gideon replied, "if the LORD is with us, why has all this happened to us? Where are all his wonders that our fathers told us about when they said, 'Did not the LORD bring us up out of Egypt?' But now the LORD has abandoned us and put us into the hand of Midian."

14The LORD turned to him and said, "Go in the strength you have and save Israel out of Midian's hand. Am I not sending you?"

15"But Lord,*b*" Gideon asked, "how can I save Israel? My clan is the weakest in Manasseh, and I am the least in my family."

16The LORD answered, "I will be with you, and you will strike down all the Midianites together."

17Gideon replied, "If now I have found favor in your eyes, give me a sign that it is really you talking to me. 18Please do not go away until I come back and bring my offering and set it before you."

And the LORD said, "I will wait until you return."

19Gideon went in, prepared a young goat, and from an ephah*c* of flour he made bread without yeast. Putting the meat in a basket and its broth in a pot, he brought them out and offered them to him under the oak.

20The angel of God said to him, "Take the meat and the unleavened bread, place them on this rock, and pour out the broth." And Gideon did so. 21With the tip of the staff that was in his hand, the angel of the LORD touched the meat and the unleavened bread. Fire flared from the rock, consuming the meat and the bread. And the angel of the LORD disappeared. 22When Gideon realized that it was the angel of the LORD, he exclaimed, "Ah, Sovereign LORD! I have seen the angel of the LORD face to face!"

23But the LORD said to him, "Peace! Do not be afraid. You are not going to die."

24So Gideon built an altar to the LORD there and called it The LORD is Peace. To this day it stands in Ophrah of the Abiezrites.

25That same night the LORD said to him, "Take the second bull from your father's herd, the one seven years old.*d* Tear down your father's altar to Baal and cut down the Asherah pole*e* beside it. 26Then build a proper kind of*f* altar to the LORD your God on the top of this height. Using the wood of the Asherah pole that you cut down, offer the second*g* bull as a burnt offering."

27So Gideon took ten of his servants and did as the LORD told him. But because he was afraid of his family and the men of the town, he did it at night rather than in the daytime.

---

*o*6:19 *una medida.* Lit. *un *efa, es decir, aprox. 22 litros.
*p*6:25 *Toma un toro ... siete años.* Alt. *Toma un toro crecido, plenamente desarrollado, del rebaño de tu padre.*
*q*6:26 *Construye un altar apropiado.* Alt. *Construye con capas de piedra un altar.*   *r*6:26 *el segundo toro.* Alt. *el toro crecido;* también en v. 28.

*b*15 Or *sir*   *c*19 That is, probably about 3/5 bushel (about 22 liters)   *d*25 Or *Take a full-grown, mature bull from your father's herd*   *e*25 That is, a symbol of the goddess Asherah; here and elsewhere in Judges   *f*26 Or *build with layers of stone an*   *g*26 Or *full-grown;* also in verse 28

28 Cuando los hombres de la ciudad se levantaron por la mañana, vieron que el altar de Baal estaba destruido, que el poste con la imagen de la diosa Aserá estaba cortado, y que el segundo toro había sido sacrificado sobre el altar recién construido.

29 Entonces se preguntaban el uno al otro: «¿Quién habrá hecho esto?» Luego de investigar cuidadosamente, llegaron a la conclusión: «Gedeón hijo de Joás lo hizo.» 30 Entonces los hombres de la ciudad le exigieron a Joás:

—Saca a tu hijo, pues debe morir, porque destruyó el altar de Baal y derribó la imagen de Aserá que estaba junto a él.

31 Pero Joás le respondió a todos los que lo amenazaban:

—¿Acaso van ustedes a defender a Baal? ¿Creen que lo van a salvar? ¡Cualquiera que defienda a Baal, que muera antes del amanecer! Si de veras Baal es un dios, debe poder defenderse de quien destruya su altar.

32 Por eso aquel día llamaron a Gedeón «Yerubaal»,*s* diciendo: «Que Baal se defienda contra él», porque él destruyó su altar.

33 Todos los madianitas y amalecitas, y otros pueblos del oriente, se aliaron y cruzaron el Jordán, acampando en el valle de Jezrel. 34 Entonces Gedeón, poseído por el Espíritu del SEÑOR, tocó la trompeta, y todos los del clan de Abiezer fueron convocados a seguirlo. 35 Envió mensajeros a toda la tribu de Manasés, convocándolos para que lo siguieran, y además los envió a Aser, Zabulón y Neftalí, de modo que también éstos se le unieron.

36 Gedeón le dijo a Dios: «Si has de salvar a Israel por mi conducto, como has prometido, 37 mira, tendré un vellón de lana en la era, sobre el suelo. Si el rocío cae sólo sobre el vellón y todo el suelo alrededor queda seco, entonces sabré que salvarás a Israel por mi conducto, como prometiste.»

38 Y así sucedió. Al día siguiente Gedeón se levantó temprano, exprimió el vellón para sacarle el rocío, y llenó una taza de agua. 39 Entonces Gedeón le dijo a Dios: «No te enojes conmigo. Déjame hacer sólo una petición más. Permíteme hacer una prueba más con el vellón. Esta vez haz que sólo el vellón quede seco, y que todo el suelo quede cubierto de rocío.»

40 Así lo hizo Dios aquella noche. Sólo el vellón quedó seco, mientras que todo el suelo estaba cubierto de rocío.

Gedeón derrota a los madianitas

7 Yerubaal —es decir, Gedeón— y todos sus hombres se levantaron de madrugada y acamparon en el manantial de Jarod. El campamento de los madianitas estaba al norte de ellos, en el valle que está al pie del monte de Moré. 2 El SEÑOR le dijo a Gedeón: «Tienes demasiada gente para que yo entregue a Madián en sus manos. A fin de que Israel no vaya a jactarse contra mí y diga que su propia fortaleza lo ha librado, 3 anúnciale ahora al pueblo: "¡Cualquiera que esté temblando de miedo, que se vuelva y se retire del monte de Galaad!"» Así que se volvieron veintidós mil hombres, y se quedaron diez mil.

4 Pero el SEÑOR le dijo a Gedeón: «Todavía hay demasiada gente. Hazlos bajar al agua, y allí los seleccionaré por ti. Si digo: "Éste irá contigo", ése irá; pero si digo: "Éste no irá contigo", ése no irá.»

28 In the morning when the men of the town got up, there was Baal's altar, demolished, with the Asherah pole beside it cut down and the second bull sacrificed on the newly built altar!

29 They asked each other, "Who did this?"

When they carefully investigated, they were told, "Gideon son of Joash did it."

30 The men of the town demanded of Joash, "Bring out your son. He must die, because he has broken down Baal's altar and cut down the Asherah pole beside it."

31 But Joash replied to the hostile crowd around him, "Are you going to plead Baal's cause? Are you trying to save him? Whoever fights for him shall be put to death by morning! If Baal really is a god, he can defend himself when someone breaks down his altar." 32 So that day they called Gideon "Jerub-Baal,"*h* saying, "Let Baal contend with him," because he broke down Baal's altar.

33 Now all the Midianites, Amalekites and other eastern peoples joined forces and crossed over the Jordan and camped in the Valley of Jezreel. 34 Then the Spirit of the LORD came upon Gideon, and he blew a trumpet, summoning the Abiezrites to follow him. 35 He sent messengers throughout Manasseh, calling them to arms, and also into Asher, Zebulun and Naphtali, so that they too went up to meet them.

36 Gideon said to God, "If you will save Israel by my hand as you have promised— 37 look, I will place a wool fleece on the threshing floor. If there is dew only on the fleece and all the ground is dry, then I will know that you will save Israel by my hand, as you said." 38 And that is what happened. Gideon rose early the next day; he squeezed the fleece and wrung out the dew—a bowlful of water.

39 Then Gideon said to God, "Do not be angry with me. Let me make just one more request. Allow me one more test with the fleece. This time make the fleece dry and the ground covered with dew." 40 That night God did so. Only the fleece was dry; all the ground was covered with dew.

Gideon Defeats the Midianites

7 Early in the morning, Jerub-Baal (that is, Gideon) and all his men camped at the spring of Harod. The camp of Midian was north of them in the valley near the hill of Moreh. 2 The LORD said to Gideon, "You have too many men for me to deliver Midian into their hands. In order that Israel may not boast against me that her own strength has saved her, 3 announce now to the people, 'Anyone who trembles with fear may turn back and leave Mount Gilead.' " So twenty-two thousand men left, while ten thousand remained.

4 But the LORD said to Gideon, "There are still too many men. Take them down to the water, and I will sift them for you there. If I say, 'This one shall go with you,' he shall go; but if I say, 'This one shall not go with you,' he shall not go."

---

s 6:32 En hebreo, *Yerubaal* significa *que Baal defienda.*

h 32 Jerub-Baal means *let Baal contend.*

5 Gedeón hizo que los hombres bajaran al agua. Allí el SEÑOR le dijo: «A los que laman el agua con la lengua, como los perros, sepáralos de los que se arrodillen a beber.»

6 Trescientos hombres lamieron el agua llevándola de la mano a la boca. Todos los demás se arrodillaron para beber. 7 El SEÑOR le dijo a Gedeón: «Con los trescientos hombres que lamieron el agua, yo los salvaré; y entregaré a los madianitas en tus manos. El resto, que se vaya a su casa.»

8 Entonces Gedeón mandó a los demás israelitas a sus carpas, pero retuvo a los trescientos, los cuales se hicieron cargo de las provisiones y de las trompetas de los otros.

El campamento de Madián estaba situado en el valle, más abajo del de Gedeón. 9 Aquella noche el SEÑOR le dijo a Gedeón: «Levántate y baja al campamento, porque voy a entregar en tus manos a los madianitas. 10 Si temes atacar, baja primero al campamento, con tu criado Furá, 11 y escucha lo que digan. Después de eso cobrarás valor para atacar el campamento.»

Así que él y Furá, su criado, bajaron hasta los puestos de los centinelas, en las afueras del campamento. 12 Los madianitas, los amalecitas y todos los otros pueblos del oriente que se habían establecido en el valle eran numerosos como langostas. Sus camellos eran incontables, como la arena a la orilla del mar.

13 Gedeón llegó precisamente en el momento en que un hombre le contaba su sueño a un amigo.

—Tuve un sueño —decía—, en el que un pan de cebada llegaba rodando al campamento madianita, y con tal fuerza golpeaba una carpa que ésta se volteaba y se venía abajo.

14 Su amigo le respondió:

—Esto no significa otra cosa que la espada del israelita Gedeón hijo de Joás. ¡Dios ha entregado en sus manos a los madianitas y a todo el campamento!

15 Cuando Gedeón oyó el relato del sueño y su interpretación, se inclinó y adoró. Luego volvió al campamento de Israel y ordenó: «¡Levántense! El SEÑOR ha entregado en manos de ustedes el campamento madianita.»

16 Gedeón dividió a los trescientos hombres en tres compañías y distribuyó entre todos ellos trompetas y cántaros vacíos, con antorchas dentro de los cántaros. 17 «Mírenme —les dijo—. Sigan mi ejemplo. Cuando llegue a las afueras del campamento, hagan exactamente lo mismo que me vean hacer. 18 Cuando yo y todos los que están conmigo toquemos nuestras trompetas, ustedes también toquen las suyas alrededor del campamento, y digan: "Por el SEÑOR y por Gedeón." »

19 Gedeón y los cien hombres que iban con él llegaron a las afueras del campamento durante el cambio de guardia, cuando estaba por comenzar el relevo de medianoche. Tocaron las trompetas y estrellaron contra el suelo los cántaros que llevaban en sus manos. 20 Las tres compañías tocaron las trompetas e hicieron pedazos los cántaros. Tomaron las antorchas en la mano izquierda y, sosteniendo en la mano derecha las trompetas que iban a tocar, gritaron: «¡Desenvainen sus espadas, por el SEÑOR y por Gedeón!» 21 Como cada hombre se mantuvo en su puesto alrededor del campamento, todos los madianitas salieron corriendo y dando alaridos mientras huían.

22 Al sonar las trescientas trompetas, el SEÑOR hizo que los hombres de todo el campamento se atacaran entre sí con sus espadas. El ejército huyó hasta Bet Sitá, en dirección a Zererá, hasta la frontera de Abel Mejolá, cerca de Tabat. 23 Entonces se convocó a los israelitas de Neftalí y Aser, y a toda la tribu de Mana-

5 So Gideon took the men down to the water. There the LORD told him, "Separate those who lap the water with their tongues like a dog from those who kneel down to drink." 6 Three hundred men lapped with their hands to their mouths. All the rest got down on their knees to drink.

7 The LORD said to Gideon, "With the three hundred men that lapped I will save you and give the Midianites into your hands. Let all the other men go, each to his own place." 8 So Gideon sent the rest of the Israelites to their tents but kept the three hundred, who took over the provisions and trumpets of the others.

Now the camp of Midian lay below him in the valley. 9 During that night the LORD said to Gideon, "Get up, go down against the camp, because I am going to give it into your hands. 10 If you are afraid to attack, go down to the camp with your servant Purah 11 and listen to what they are saying. Afterward, you will be encouraged to attack the camp." So he and Purah his servant went down to the outposts of the camp. 12 The Midianites, the Amalekites and all the other eastern peoples had settled in the valley, thick as locusts. Their camels could no more be counted than the sand on the seashore.

13 Gideon arrived just as a man was telling a friend his dream. "I had a dream," he was saying. "A round loaf of barley bread came tumbling into the Midianite camp. It struck the tent with such force that the tent overturned and collapsed."

14 His friend responded, "This can be nothing other than the sword of Gideon son of Joash, the Israelite. God has given the Midianites and the whole camp into his hands."

15 When Gideon heard the dream and its interpretation, he worshiped God. He returned to the camp of Israel and called out, "Get up! The LORD has given the Midianite camp into your hands." 16 Dividing the three hundred men into three companies, he placed trumpets and empty jars in the hands of all of them, with torches inside.

17 "Watch me," he told them. "Follow my lead. When I get to the edge of the camp, do exactly as I do. 18 When I and all who are with me blow our trumpets, then from all around the camp blow yours and shout, 'For the LORD and for Gideon.' "

19 Gideon and the hundred men with him reached the edge of the camp at the beginning of the middle watch, just after they had changed the guard. They blew their trumpets and broke the jars that were in their hands. 20 The three companies blew the trumpets and smashed the jars. Grasping the torches in their left hands and holding in their right hands the trumpets they were to blow, they shouted, "A sword for the LORD and for Gideon!" 21 While each man held his position around the camp, all the Midianites ran, crying out as they fled.

22 When the three hundred trumpets sounded, the LORD caused the men throughout the camp to turn on each other with their swords. The army fled to Beth Shittah toward Zererah as far as the border of Abel Meholah near Tabbath. 23 Israelites from Naphtali, Asher and all Manasseh were called out, and they pursued

sés, y éstos persiguieron a los madianitas. 24Por toda la región montañosa de Efraín, Gedeón envió mensajeros que decían: «Desciendan contra los madianitas, y apodérense antes que ellos de los vados del Jordán, hasta Bet Bará.»

Se convocó entonces a todos los hombres de Efraín, y éstos se apoderaron de los vados del Jordán, hasta Bet Bará. 25También capturaron a Oreb y Zeb, los dos jefes madianitas. A Oreb lo mataron en la roca de Oreb, y a Zeb en el lagar de Zeb. Luego de perseguir a los madianitas, llevaron la cabeza de Oreb y de Zeb a Gedeón, que estaba al otro lado del Jordán.

Zeba y Zalmuna

8 Los de la tribu de Efraín le dijeron a Gedeón:
—¿Por qué nos has tratado así? ¿Por qué no nos llamaste cuando fuiste a luchar contra los madianitas?
Y se lo reprocharon severamente.

2—¿Qué hice yo, comparado con lo que hicieron ustedes? —replicó él—. ¿No valen más los rebuscos de las uvas de Efraín que toda la vendimia de Abiezer? 3Dios entregó en manos de ustedes a Oreb y a Zeb, los jefes madianitas. Comparado con lo que hicieron ustedes, ¡lo que yo hice no fue nada!

Al oír la respuesta de Gedeón, se calmó el resentimiento de ellos contra él.

4Gedeón y sus trescientos hombres, agotados pero persistiendo en la persecución, llegaron al Jordán y lo cruzaron. 5Allí Gedeón dijo a la *gente de Sucot:

—Denles pan a mis soldados; están agotados y todavía estoy persiguiendo a Zeba y a Zalmuna, los reyes de Madián.

6Pero los jefes de Sucot le respondieron:

—¿Acaso tienes ya en tu poder las manos de Zeba y Zalmuna? ¿Por qué tendríamos que darle pan a tu ejército?

7Gedeón contestó:

—¡Está bien! Cuando el SEÑOR haya entregado en mis manos a Zeba y a Zalmuna, les desgarraré a ustedes la carne con espinas y zarzas del desierto.

8Desde allí subió a Penielⁱ y les pidió lo mismo. Pero los de Peniel le dieron la misma respuesta que los hombres de Sucot. 9Por eso les advirtió a los hombres de Peniel: «Cuando yo vuelva victorioso, derribaré esta torre.»

10Zeba y Zalmuna estaban en Carcor con una fuerza de quince mil guerreros, que era todo lo que quedaba de los ejércitos del oriente, pues habían caído en batalla ciento veinte mil soldados. 11Gedeón subió por la ruta de los nómadas, al este de Noba y Yogbea, y atacó al ejército cuando éste se creía seguro. 12Huyeron Zeba y Zalmuna, los dos reyes de Madián, pero él los persiguió y los capturó, aterrorizando a todo el ejército.

13Cuando Gedeón hijo de Joás volvió de la batalla por el paso de Jeres, 14capturó a un joven de Sucot y lo interrogó. Entonces el joven le anotó los nombres de los setenta y siete jefes y *ancianos de Sucot. 15Luego Gedeón fue y les dijo a los hombres de Sucot: «Aquí están Zeba y Zalmuna, por causa de quienes se burlaron de mí al decir: "¿Acaso tienes ya en tu poder las manos de Zeba y Zalmuna? ¿Por qué tendríamos que darles pan a tus hombres que están agotados?"» 16Se apoderó de los ancianos de la ciudad, tomó espinos y zarzas del desierto, y castigando con ellos a los hombres de Sucot les enseñó quién era él. 17También derribó la torre de Peniel y mató a los hombres de la ciudad.

---

the Midianites. 24Gideon sent messengers throughout the hill country of Ephraim, saying, "Come down against the Midianites and seize the waters of the Jordan ahead of them as far as Beth Barah."

So all the men of Ephraim were called out and they took the waters of the Jordan as far as Beth Barah. 25They also captured two of the Midianite leaders, Oreb and Zeeb. They killed Oreb at the rock of Oreb, and Zeeb at the winepress of Zeeb. They pursued the Midianites and brought the heads of Oreb and Zeeb to Gideon, who was by the Jordan.

Zebah and Zalmunna

8 Now the Ephraimites asked Gideon, "Why have you treated us like this? Why didn't you call us when you went to fight Midian?" And they criticized him sharply.

2But he answered them, "What have I accomplished compared to you? Aren't the gleanings of Ephraim's grapes better than the full grape harvest of Abiezer? 3God gave Oreb and Zeeb, the Midianite leaders, into your hands. What was I able to do compared to you?" At this, their resentment against him subsided.

4Gideon and his three hundred men, exhausted yet keeping up the pursuit, came to the Jordan and crossed it. 5He said to the men of Succoth, "Give my troops some bread; they are worn out, and I am still pursuing Zebah and Zalmunna, the kings of Midian."

6But the officials of Succoth said, "Do you already have the hands of Zebah and Zalmunna in your possession? Why should we give bread to your troops?"

7Then Gideon replied, "Just for that, when the LORD has given Zebah and Zalmunna into my hand, I will tear your flesh with desert thorns and briers."

8From there he went up to Penielⁱ and made the same request of them, but they answered as the men of Succoth had. 9So he said to the men of Peniel, "When I return in triumph, I will tear down this tower."

10Now Zebah and Zalmunna were in Karkor with a force of about fifteen thousand men, all that were left of the armies of the eastern peoples; a hundred and twenty thousand swordsmen had fallen. 11Gideon went up by the route of the nomads east of Nobah and Jogbehah and fell upon the unsuspecting army. 12Zebah and Zalmunna, the two kings of Midian, fled, but he pursued them and captured them, routing their entire army.

13Gideon son of Joash then returned from the battle by the Pass of Heres. 14He caught a young man of Succoth and questioned him, and the young man wrote down for him the names of the seventy-seven officials of Succoth, the elders of the town. 15Then Gideon came and said to the men of Succoth, "Here are Zebah and Zalmunna, about whom you taunted me by saying, 'Do you already have the hands of Zebah and Zalmunna in your possession? Why should we give bread to your exhausted men?' " 16He took the elders of the town and taught the men of Succoth a lesson by punishing them with desert thorns and briers. 17He also pulled down the tower of Peniel and killed the men of the town.

ⁱ8:8 Peniel. Alt. Penuel; también en vv. 9 y 17.

ⁱ8 Hebrew Penuel, a variant of Peniel; also in verses 9 and 17

18 Entonces les preguntó a Zeba y a Zalmuna:

—¿Cómo eran los hombres que ustedes mataron en Tabor?

—Parecidos a ti —respondieron ellos—; cada uno de ellos tenía el aspecto de un príncipe.

19 —¡Eran mis hermanos —replicó Gedeón—, los hijos de mi propia madre! Tan cierto como que vive el SEÑOR, si les hubieran perdonado la vida, yo no los mataría a ustedes.

20 Volviéndose a Jéter, su hijo mayor, le dijo:

—¡Vamos, mátalos!

Pero Jéter no sacó su espada, porque era apenas un muchacho y tenía miedo. 21 Zeba y Zalmuna dijeron:

—Vamos, mátanos tú mismo. "¡Al hombre se le conoce por su valentía!"

Gedeón se levantó y mató a Zeba y Zalmuna, y les quitó a sus camellos los adornos que llevaban en el cuello.

El efod de Gedeón

22 Entonces los israelitas le dijeron a Gedeón:

—Gobierna sobre nosotros, y después de ti, tu hijo y tu nieto; porque nos has librado del poder de los madianitas.

23 Pero Gedeón les dijo:

—Yo no los gobernaré, ni tampoco mi hijo. Sólo el SEÑOR los gobernará. 24 Pero tengo una petición —añadió—: que cada uno de ustedes me dé un anillo, de lo que les tocó del botín.

Era costumbre de los ismaelitas usar anillos de oro.

25 —Con mucho gusto te los daremos —le contestaron.

Así que tendieron una manta, y cada hombre echó en ella un anillo de su botín. 26 El peso de los anillos de oro que él les pidió llegó a diecinueve kilos,u sin contar los adornos, los aros y los vestidos de púrpura que usaban los reyes madianitas, ni los collares que llevaban sus camellos. 27 Con el oro Gedeón hizo un *efod, que puso en Ofra, su ciudad. Todo Israel se prostituyó al adorar allí el efod, el cual se convirtió en una trampa para Gedeón y su familia.

Muerte de Gedeón

28 Los madianitas fueron sometidos delante de los israelitas, y no volvieron a levantar cabeza. Y durante cuarenta años, mientras vivió Gedeón, el país tuvo *paz.

29 Yerubaal hijo de Joás regresó a vivir a su casa. 30 Tuvo setenta hijos, pues eran muchas sus esposas. 31 Su concubina que vivía en Siquén también le dio un hijo, a quien Gedeón llamó Abimélec. 32 Gedeón hijo de Joás murió a una edad avanzada y fue sepultado en la tumba de Joás, su padre, en Ofra, pueblo del clan de Abiezer.

33 En cuanto murió Gedeón, los israelitas volvieron a prostituirse ante los ídolos de *Baal. Erigieron a Baal Berit como su dios 34 y se olvidaron del SEÑOR su Dios, que los había rescatado del poder de todos los enemigos que los rodeaban. 35 También dejaron de mostrarse bondadosos con la familia de Yerubaal, es decir, Gedeón, no obstante todo lo bueno que él había hecho por Israel.

Abimélec

9 Abimélec hijo de Yerubaal fue a Siquén a ver a los hermanos de su madre, y les dijo a ellos y a todo el clan de su madre: 2 «Pregúntenles a todos los señores

18 Then he asked Zebah and Zalmunna, "What kind of men did you kill at Tabor?"

"Men like you," they answered, "each one with the bearing of a prince."

19 Gideon replied, "Those were my brothers, the sons of my own mother. As surely as the LORD lives, if you had spared their lives, I would not kill you." 20 Turning to Jether, his oldest son, he said, "Kill them!" But Jether did not draw his sword, because he was only a boy and was afraid.

21 Zebah and Zalmunna said, "Come, do it yourself. 'As is the man, so is his strength.' " So Gideon stepped forward and killed them, and took the ornaments off their camels' necks.

Gideon's Ephod

22 The Israelites said to Gideon, "Rule over us—you, your son and your grandson—because you have saved us out of the hand of Midian."

23 But Gideon told them, "I will not rule over you, nor will my son rule over you. The LORD will rule over you." 24 And he said, "I do have one request, that each of you give me an earring from your share of the plunder." (It was the custom of the Ishmaelites to wear gold earrings.)

25 They answered, "We'll be glad to give them." So they spread out a garment, and each man threw a ring from his plunder onto it. 26 The weight of the gold rings he asked for came to seventeen hundred shekels,j not counting the ornaments, the pendants and the purple garments worn by the kings of Midian or the chains that were on their camels' necks. 27 Gideon made the gold into an ephod, which he placed in Ophrah, his town. All Israel prostituted themselves by worshiping it there, and it became a snare to Gideon and his family.

Gideon's Death

28 Thus Midian was subdued before the Israelites and did not raise its head again. During Gideon's lifetime, the land enjoyed peace forty years.

29 Jerub-Baal son of Joash went back home to live. 30 He had seventy sons of his own, for he had many wives. 31 His concubine, who lived in Shechem, also bore him a son, whom he named Abimelech. 32 Gideon son of Joash died at a good old age and was buried in the tomb of his father Joash in Ophrah of the Abiezrites.

33 No sooner had Gideon died than the Israelites again prostituted themselves to the Baals. They set up Baal-Berith as their god and 34 did not remember the LORD their God, who had rescued them from the hands of all their enemies on every side. 35 They also failed to show kindness to the family of Jerub-Baal (that is, Gideon) for all the good things he had done for them.

Abimelech

9 Abimelech son of Jerub-Baal went to his mother's brothers in Shechem and said to them and to all his mother's clan, 2 "Ask all the citizens of Shechem,

u 8:26 diecinueve kilos. Lit. mil setecientos *siclos.

j 26 That is, about 43 pounds (about 19.5 kilograms)

de Siquén: "¿Qué les conviene más: que todos los setenta hijos de Yerubaal los gobiernen, o que los gobierne un solo hombre?" Acuérdense de que yo soy de la misma sangre que ustedes.»

3 Cuando los hermanos de su madre comunicaron todo esto a los señores de Siquén, éstos se inclinaron a favor de Abimélec, porque dijeron: «Él es nuestro hermano.» 4 Y le dieron setenta monedas de plata[v] del templo de Baal Berit, con el cual Abimélec contrató a unos maleantes sin escrúpulos para que lo siguieran. 5 Fue a Ofra, a la casa de su padre, y sobre una misma piedra asesinó a sus setenta hermanos, hijos de Yerubaal. Pero Jotán, el hijo menor de Yerubaal, se escondió y logró escaparse. 6 Todos los señores de Siquén y Bet Miló se reunieron junto a la encina y la *piedra sagrada que están en Siquén, para coronar como rey a Abimélec.

7 Cuando Jotán se enteró, subió a la cima del monte Guerizín y les gritó bien fuerte:

«¡Escúchenme, señores de Siquén,
    y que Dios los escuche a ustedes!

8 »Un día los árboles salieron
    a ungir un rey para sí mismos.
  Y le dijeron al olivo:
    "Reina sobre nosotros."
9 Pero el olivo les respondió:
    "¿He de renunciar a dar mi aceite,
    con el cual se honra a los dioses y a los
      *hombres,
    para ir a mecerme sobre los árboles?"

10 »Después los árboles le dijeron a la higuera:
    "Reina sobre nosotros."
11 Pero la higuera les respondió:
    "¿He de renunciar a mi fruto,
    tan bueno y dulce,
    para ir a mecerme sobre los árboles?"

12 »Luego los árboles le dijeron a la vid:
    "Reina sobre nosotros."
13 Pero la vid les respondió:
    "¿He de renunciar a mi vino,
    que alegra a los dioses y a los hombres,
    para ir a mecerme sobre los árboles?"

14 »Por último, todos los árboles le dijeron al
      espino:
    "Reina sobre nosotros."
15 Pero el espino respondió a los árboles:
    "Si de veras quieren ungirme como su rey,
    vengan y refúgiense bajo mi sombra;
    pero si no, ¡que salga fuego del espino,
    y que consuma los cedros del Líbano!"

16 »Ahora bien, ¿han actuado ustedes con honradez y buena fe al coronar rey a Abimélec? ¿Han sido justos con Yerubaal y su familia, y lo han tratado como se merecía? 17 Mi padre luchó por ustedes, y arriesgando su *vida los libró del poder de los madianitas. 18 Pero hoy ustedes se han rebelado contra la familia de mi padre; han matado a sus setenta hijos sobre una misma piedra, y han hecho de Abimélec, hijo de su esclava, el rey de los señores de Siquén sólo porque él es pariente de ustedes. 19 Si hoy han actuado con honradez y buena fe hacia Yerubaal y su familia, ¡que sean felices con Abimélec, y que también él lo sea con ustedes! 20 Pero si no, señores de Siquén y Bet Miló, ¡que salga fuego de Abimélec y los consuma, y que salga fuego de ustedes y consuma a Abimélec!»

'Which is better for you: to have all seventy of Jerub-Baal's sons rule over you, or just one man?' Remember, I am your flesh and blood.'"

3 When the brothers repeated all this to the citizens of Shechem, they were inclined to follow Abimelech, for they said, "He is our brother." 4 They gave him seventy shekels[k] of silver from the temple of Baal-Berith, and Abimelech used it to hire reckless adventurers, who became his followers. 5 He went to his father's home in Ophrah and on one stone murdered his seventy brothers, the sons of Jerub-Baal. But Jotham, the youngest son of Jerub-Baal, escaped by hiding. 6 Then all the citizens of Shechem and Beth Millo gathered beside the great tree at the pillar in Shechem to crown Abimelech king.

7 When Jotham was told about this, he climbed up on the top of Mount Gerizim and shouted to them, "Listen to me, citizens of Shechem, so that God may listen to you. 8 One day the trees went out to anoint a king for themselves. They said to the olive tree, 'Be our king.'

9 "But the olive tree answered, 'Should I give up my oil, by which both gods and men are honored, to hold sway over the trees?'

10 "Next, the trees said to the fig tree, 'Come and be our king.'

11 "But the fig tree replied, 'Should I give up my fruit, so good and sweet, to hold sway over the trees?'

12 "Then the trees said to the vine, 'Come and be our king.'

13 "But the vine answered, 'Should I give up my wine, which cheers both gods and men, to hold sway over the trees?'

14 "Finally all the trees said to the thornbush, 'Come and be our king.'

15 "The thornbush said to the trees, 'If you really want to anoint me king over you, come and take refuge in my shade; but if not, then let fire come out of the thornbush and consume the cedars of Lebanon!'

16 "Now if you have acted honorably and in good faith when you made Abimelech king, and if you have been fair to Jerub-Baal and his family, and if you have treated him as he deserves— 17 and to think that my father fought for you, risked his life to rescue you from the hand of Midian 18 (but today you have revolted against my father's family, murdered his seventy sons on a single stone, and made Abimelech, the son of his slave girl, king over the citizens of Shechem because he is your brother)— 19 if then you have acted honorably and in good faith toward Jerub-Baal and his family today, may Abimelech be your joy, and may you be his, too! 20 But if you have not, let fire come out from Abimelech and consume you, citizens of Shechem and Beth Millo, and let fire come out from you, citizens of Shechem and Beth Millo, and consume Abimelech!"

---

[v] 9:4 setenta monedas de plata. Lit. setenta ⌊*siclos⌋ de plata.   [k] 4 That is, about 1 3/4 pounds (about 0.8 kilogram)

²¹ Luego Jotán escapó, huyendo hasta Ber. Allí se quedó a vivir porque le tenía miedo a su hermano Abimélec.

²² Abimélec había ya gobernado a Israel tres años ²³ cuando Dios interpuso un *espíritu maligno entre Abimélec y los señores de Siquén, quienes lo traicionaron. ²⁴ Esto sucedió a fin de que la violencia contra los setenta hijos de Yerubaal, y el derramamiento de su sangre, recayera sobre su hermano Abimélec, que los había matado, y sobre los señores de Siquén, que habían sido sus cómplices en ese crimen. ²⁵ Los señores de Siquén le tendían emboscadas en las cumbres de las colinas, y asaltaban a todos los que pasaban por allí. Pero Abimélec se enteró de todo esto.

²⁶ Aconteció que Gaal hijo de Ébed llegó a Siquén, junto con sus hermanos, y los señores de aquella ciudad confiaron en él. ²⁷ Después de haber salido a los campos y recogido y pisado las uvas, celebraron un festival en el templo de su dios. Mientras comían y bebían, maldijeron a Abimélec. ²⁸ Gaal hijo de Ébed dijo: «¿Quién se cree Abimélec, y qué es Siquén, para que tengamos que estar sometidos a él? ¿No es acaso el hijo de Yerubaal, y no es Zebul su delegado? ¡Que sirvan a los hombres de Jamor, el padre de Siquén! ¿Por qué habremos de servir a Abimélec? ²⁹ ¡Si este pueblo estuviera bajo mis órdenes, yo echaría a Abimélec! Le diría:ʷ "¡Reúne a todo tu ejército y sal a pelear!"»

³⁰ Zebul, el gobernador de la ciudad, se enfureció cuando oyó lo que decía Gaal hijo de Ébed. ³¹ Entonces envió en secreto mensajeros a Abimélec, diciéndole: «Gaal hijo de Ébed y sus hermanos han llegado a Siquén y están instigando a la ciudad contra ti. ³² Ahora bien, levántense tú y tus hombres durante la noche, y pónganse al acecho en los campos. ³³ Por la mañana, a la salida del sol, lánzate contra la ciudad. Cuando Gaal y sus hombres salgan contra ti, haz lo que más te convenga.»

³⁴ Así que Abimélec y todo su ejército se levantaron de noche y se pusieron al acecho cerca de Siquén, divididos en cuatro compañías. ³⁵ Gaal hijo de Ébed había salido, y estaba de pie a la entrada de la *puerta de la ciudad, precisamente cuando Abimélec y sus soldados salían de donde estaban al acecho. ³⁶ Cuando Gaal los vio, le dijo a Zebul:

—¡Mira, viene bajando gente desde las cumbres de las colinas!

—Confundes con gente las sombras de las colinas —replicó Zebul.

³⁷ Pero Gaal insistió, diciendo:

—Mira, viene bajando gente por la colina Ombligo de la Tierra, y otra compañía viene por el camino de la Encina de los Adivinos.

³⁸ Zebul le dijo entonces:

—¿Dónde están ahora tus fanfarronerías, tú que decías: "¿Quién es Abimélec para que nos sometamos a él?" ¿No son ésos los hombres de los que tú te burlabas? ¡Sal y lucha contra ellos!

³⁹ Gaal salió al frente de los señores de Siquén y peleó contra Abimélec; ⁴⁰ pero éste los persiguió y, en la huida, muchos cayeron muertos por todo el camino, hasta la entrada de la puerta. ⁴¹ Abimélec se quedó en Arumá, y Zebul expulsó de Siquén a Gaal y a sus hermanos.

⁴² Al día siguiente el pueblo de Siquén salió a los campos, y fueron a contárselo a Abimélec. ⁴³ Entonces Abimélec tomó a sus hombres, los dividió en tres compañías, y se puso al acecho en los campos. Cuando vio que el ejército salía de la ciudad, se levantó para atacar-

²¹ Then Jotham fled, escaping to Beer, and he lived there because he was afraid of his brother Abimelech.

²² After Abimelech had governed Israel three years, ²³ God sent an evil spirit between Abimelech and the citizens of Shechem, who acted treacherously against Abimelech. ²⁴ God did this in order that the crime against Jerub-Baal's seventy sons, the shedding of their blood, might be avenged on their brother Abimelech and on the citizens of Shechem, who had helped him murder his brothers. ²⁵ In opposition to him these citizens of Shechem set men on the hilltops to ambush and rob everyone who passed by, and this was reported to Abimelech.

²⁶ Now Gaal son of Ebed moved with his brothers into Shechem, and its citizens put their confidence in him. ²⁷ After they had gone out into the fields and gathered the grapes and trodden them, they held a festival in the temple of their god. While they were eating and drinking, they cursed Abimelech. ²⁸ Then Gaal son of Ebed said, "Who is Abimelech, and who is Shechem, that we should be subject to him? Isn't he Jerub-Baal's son, and isn't Zebul his deputy? Serve the men of Hamor, Shechem's father! Why should we serve Abimelech? ²⁹ If only this people were under my command! Then I would get rid of him. I would say to Abimelech, 'Call out your whole army!' "ˡ

³⁰ When Zebul the governor of the city heard what Gaal son of Ebed said, he was very angry. ³¹ Under cover he sent messengers to Abimelech, saying, "Gaal son of Ebed and his brothers have come to Shechem and are stirring up the city against you. ³² Now then, during the night you and your men should come and lie in wait in the fields. ³³ In the morning at sunrise, advance against the city. When Gaal and his men come out against you, do whatever your hand finds to do."

³⁴ So Abimelech and all his troops set out by night and took up concealed positions near Shechem in four companies. ³⁵ Now Gaal son of Ebed had gone out and was standing at the entrance to the city gate just as Abimelech and his soldiers came out from their hiding place.

³⁶ When Gaal saw them, he said to Zebul, "Look, people are coming down from the tops of the mountains!"

Zebul replied, "You mistake the shadows of the mountains for men."

³⁷ But Gaal spoke up again: "Look, people are coming down from the center of the land, and a company is coming from the direction of the soothsayers' tree."

³⁸ Then Zebul said to him, "Where is your big talk now, you who said, 'Who is Abimelech that we should be subject to him?' Aren't these the men you ridiculed? Go out and fight them!"

³⁹ So Gaal led outᵐ the citizens of Shechem and fought Abimelech. ⁴⁰ Abimelech chased him, and many fell wounded in the flight—all the way to the entrance to the gate. ⁴¹ Abimelech stayed in Arumah, and Zebul drove Gaal and his brothers out of Shechem.

⁴² The next day the people of Shechem went out to the fields, and this was reported to Abimelech. ⁴³ So he took his men, divided them into three companies and set an ambush in the fields. When he saw the people

---

ʷ 9:29 *Le diría* (LXX); *Entonces él le dijo a Abimélec* (TM).

ˡ 29 Septuagint; Hebrew *him." Then he said to Abimelech, "Call out your whole army!"*   ᵐ 39 Or *Gaal went out in the sight of*

lo. 44 Abimélec y las compañías que estaban con él se apresuraron a ocupar posiciones a la entrada de la puerta de la ciudad. Luego dos de las compañías arremetieron contra los que estaban en los campos y los derrotaron. 45 Abimélec combatió contra la ciudad durante todo aquel día, hasta que la conquistó matando a sus habitantes; arrasó la ciudad y esparció sal sobre ella.

46 Al saber esto, los señores que ocupaban la torre de Siquén entraron en la fortaleza del templo de El Berit. 47 Cuando Abimélec se enteró de que ellos se habían reunido allí, 48 él y todos sus hombres subieron al monte Zalmón. Tomó un hacha, cortó algunas ramas, y se las puso sobre los hombros. A los hombres que estaban con él les ordenó: «¡Rápido! ¡Hagan lo mismo que me han visto hacer!» 49 Todos los hombres cortaron ramas y siguieron a Abimélec hasta la fortaleza, donde amontonaron las ramas y les prendieron fuego. Así murió toda la gente que estaba dentro de la torre de Siquén, que eran como mil hombres y mujeres.

50 Después Abimélec fue a Tebes, la sitió y la capturó. 51 Dentro de la ciudad había una torre fortificada, a la cual huyeron todos sus habitantes, hombres y mujeres. Se encerraron en la torre y subieron al techo. 52 Abimélec se dirigió a la torre y la atacó. Pero cuando se acercaba a la entrada para prenderle fuego, 53 una mujer le arrojó sobre la cabeza una piedra de moler y le partió el cráneo.

54 De inmediato llamó Abimélec a su escudero y le ordenó: «Saca tu espada y mátame, para que no se diga de mí: "¡Lo mató una mujer!"» Entonces su escudero le clavó la espada, y así murió. 55 Cuando los israelitas vieron que Abimélec estaba muerto, regresaron a sus casas.

56 Fue así como Dios le pagó a Abimélec con la misma moneda, por el crimen que había cometido contra su padre al matar a sus setenta hermanos. 57 Además, Dios hizo que los hombres de Siquén pagaran por toda su maldad. Así cayó sobre ellos la maldición de Jotán hijo de Yerubaal.

Tola

10 Después de Abimélec surgió un hombre de Isacar para salvar a Israel. Se llamaba Tola, y era hijo de Fuvá y nieto de Dodó. Vivía en Samir, en la región montañosa de Efraín, 2 y gobernó a Israel durante veintitrés años; entonces murió, y fue sepultado en Samir.

Yaír

3 A Tola lo sucedió Yaír de Galaad, que gobernó a Israel durante veintidós años. 4 Tuvo treinta hijos, cada uno de los cuales montaba su propio asno y gobernaba su propia ciudad en Galaad. Hasta el día de hoy estas ciudades se conocen como «los poblados de Yaír».× 5 Cuando murió Yaír, fue sepultado en Camón.

Jefté

6 Una vez más los israelitas hicieron lo que ofende al SEÑOR. Adoraron a los ídolos de *Baal y a las imágenes de *Astarté; a los dioses de *Aram, Sidón y Moab, y a los de los amonitas y los filisteos. Y como los israelitas abandonaron al SEÑOR y no le sirvieron más, 7 él se enfureció contra ellos. Los vendió a los filisteos y a los amonitas, 8 los cuales desde entonces y durante dieciocho años destrozaron y agobiaron a todos los israelitas que vivían en Galaad, un territorio amorreo, al otro

coming out of the city, he rose to attack them. 44 Abimelech and the companies with him rushed forward to a position at the entrance to the city gate. Then two companies rushed upon those in the fields and struck them down. 45 All that day Abimelech pressed his attack against the city until he had captured it and killed its people. Then he destroyed the city and scattered salt over it.

46 On hearing this, the citizens in the tower of Shechem went into the stronghold of the temple of El-Berith. 47 When Abimelech heard that they had assembled there, 48 he and all his men went up Mount Zalmon. He took an ax and cut off some branches, which he lifted to his shoulders. He ordered the men with him, "Quick! Do what you have seen me do!" 49 So all the men cut branches and followed Abimelech. They piled them against the stronghold and set it on fire over the people inside. So all the people in the tower of Shechem, about a thousand men and women, also died.

50 Next Abimelech went to Thebez and besieged it and captured it. 51 Inside the city, however, was a strong tower, to which all the men and women—all the people of the city—fled. They locked themselves in and climbed up on the tower roof. 52 Abimelech went to the tower and stormed it. But as he approached the entrance to the tower to set it on fire, 53 a woman dropped an upper millstone on his head and cracked his skull.

54 Hurriedly he called to his armor-bearer, "Draw your sword and kill me, so that they can't say, 'A woman killed him.' " So his servant ran him through, and he died. 55 When the Israelites saw that Abimelech was dead, they went home.

56 Thus God repaid the wickedness that Abimelech had done to his father by murdering his seventy brothers. 57 God also made the men of Shechem pay for all their wickedness. The curse of Jotham son of Jerub-Baal came on them.

Tola

10 After the time of Abimelech a man of Issachar, Tola son of Puah, the son of Dodo, rose to save Israel. He lived in Shamir, in the hill country of Ephraim. 2 He led[n] Israel twenty-three years; then he died, and was buried in Shamir.

Jair

3 He was followed by Jair of Gilead, who led Israel twenty-two years. 4 He had thirty sons, who rode thirty donkeys. They controlled thirty towns in Gilead, which to this day are called Havvoth Jair.[o] 5 When Jair died, he was buried in Kamon.

Jephthah

6 Again the Israelites did evil in the eyes of the LORD. They served the Baals and the Ashtoreths, and the gods of Aram, the gods of Sidon, the gods of Moab, the gods of the Ammonites and the gods of the Philistines. And because the Israelites forsook the LORD and no longer served him, 7 he became angry with them. He sold them into the hands of the Philistines and the Ammonites, 8 who that year shattered and crushed them. For eighteen years they oppressed all the Israelites on the east side of the Jordan in Gilead, the land of the Amorites.

× 10:4 los poblados de Yaír. Alt. Javot Yaír.

n 2 Traditionally judged; also in verse 3   o 4 Or called the settlements of Jair

lado del Jordán. ⁹También los amonitas cruzaron el Jordán para luchar contra las tribus de Judá, Benjamín y Efraín, por lo que Israel se encontró en una situación de extrema angustia. ¹⁰Entonces los israelitas clamaron al SEÑOR:

—¡Hemos pecado contra ti, al abandonar a nuestro Dios y adorar a los ídolos de Baal!

¹¹El SEÑOR respondió:

—Cuando los egipcios, los amorreos, los amonitas, los filisteos, ¹²los sidonios, los amalecitas y los madianitas^y los oprimían y ustedes clamaron a mí para que los ayudara, ¿acaso no los libré de su dominio? ¹³Pero ustedes me han abandonado y han servido a otros dioses; por lo tanto, no los volveré a salvar. ¹⁴Vayan y clamen a los dioses que han escogido. ¡Que ellos los libren en tiempo de angustia!

¹⁵Pero los israelitas le contestaron al SEÑOR:

—Hemos pecado. Haz con nosotros lo que mejor te parezca, pero te rogamos que nos salves en este día. ¹⁶Entonces se deshicieron de los dioses extranjeros que había entre ellos y sirvieron al SEÑOR. Y el SEÑOR no pudo soportar más el sufrimiento de Israel.

¹⁷Cuando los amonitas fueron convocados y acamparon en Galaad, los israelitas se reunieron y acamparon en Mizpa. ¹⁸Los jefes y el pueblo de Galaad se dijeron el uno al otro: «El que inicie el ataque contra los amonitas será el caudillo de todos los que viven en Galaad.»

11 Jefté el galaadita era un guerrero valiente, hijo de Galaad y de una prostituta. ²Galaad también tuvo hijos con su esposa, quienes cuando crecieron echaron a Jefté. «No tendrás parte en la herencia de nuestra familia —le dijeron—, porque eres hijo de otra mujer.» ³Entonces Jefté huyó de sus hermanos y se fue a vivir en la región de Tob, donde se le juntaron unos hombres sin escrúpulos, que salían con él a cometer fechorías.

⁴Después de algún tiempo, cuando los amonitas hicieron la guerra contra Israel, ⁵los *ancianos de Galaad fueron a traer a Jefté de la tierra de Tob.

⁶—Ven —le dijeron—, sé nuestro jefe, para que podamos luchar contra los amonitas.

⁷Jefté les contestó:

—¿No eran ustedes los que me odiaban y me echaron de la casa de mi padre? ¿Por qué vienen a verme ahora, cuando están en apuros?

⁸Los ancianos de Galaad le dijeron:

—Por eso ahora venimos a verte. Ven con nosotros a luchar contra los amonitas, y serás el caudillo de todos los que vivimos en Galaad.

⁹Jefté respondió:

—Si me llevan con ustedes para luchar contra los amonitas y el SEÑOR me los entrega, entonces de veras seré el caudillo de ustedes.

¹⁰Los ancianos de Galaad le aseguraron:

—El SEÑOR es nuestro testigo: haremos lo que tú digas.

¹¹Jefté fue con los ancianos de Galaad, y el pueblo lo puso como su caudillo y jefe. Y reiteró en Mizpa todas sus palabras en presencia del SEÑOR.

¹²Entonces Jefté envió unos mensajeros al rey de los amonitas, para que le preguntaran:

—¿Qué tienes contra mí, que has venido a hacerle la guerra a mi país?

⁹The Ammonites also crossed the Jordan to fight against Judah, Benjamin and the house of Ephraim; and Israel was in great distress. ¹⁰Then the Israelites cried out to the LORD, "We have sinned against you, forsaking our God and serving the Baals."

¹¹The LORD replied, "When the Egyptians, the Amorites, the Ammonites, the Philistines, ¹²the Sidonians, the Amalekites and the Maonites^p oppressed you and you cried to me for help, did I not save you from their hands? ¹³But you have forsaken me and served other gods, so I will no longer save you. ¹⁴Go and cry out to the gods you have chosen. Let them save you when you are in trouble!"

¹⁵But the Israelites said to the LORD, "We have sinned. Do with us whatever you think best, but please rescue us now." ¹⁶Then they got rid of the foreign gods among them and served the LORD. And he could bear Israel's misery no longer.

¹⁷When the Ammonites were called to arms and camped in Gilead, the Israelites assembled and camped at Mizpah. ¹⁸The leaders of the people of Gilead said to each other, "Whoever will launch the attack against the Ammonites will be the head of all those living in Gilead."

11 Jephthah the Gileadite was a mighty warrior. His father was Gilead; his mother was a prostitute. ²Gilead's wife also bore him sons, and when they were grown up, they drove Jephthah away. "You are not going to get any inheritance in our family," they said, "because you are the son of another woman." ³So Jephthah fled from his brothers and settled in the land of Tob, where a group of adventurers gathered around him and followed him.

⁴Some time later, when the Ammonites made war on Israel, ⁵the elders of Gilead went to get Jephthah from the land of Tob. ⁶"Come," they said, "be our commander, so we can fight the Ammonites."

⁷Jephthah said to them, "Didn't you hate me and drive me from my father's house? Why do you come to me now, when you're in trouble?"

⁸The elders of Gilead said to him, "Nevertheless, we are turning to you now; come with us to fight the Ammonites, and you will be our head over all who live in Gilead."

⁹Jephthah answered, "Suppose you take me back to fight the Ammonites and the LORD gives them to me—will I really be your head?"

¹⁰The elders of Gilead replied, "The LORD is our witness; we will certainly do as you say." ¹¹So Jephthah went with the elders of Gilead, and the people made him head and commander over them. And he repeated all his words before the LORD in Mizpah.

¹²Then Jephthah sent messengers to the Ammonite king with the question: "What do you have against us that you have attacked our country?"

y 10:12 madianitas (LXX); maonitas (TM).   p 12 Hebrew; some Septuagint manuscripts Midianites

¹³El rey de los amonitas respondió a los mensajeros de Jefté:

—Cuando Israel salió de Egipto, se apoderó de mi tierra desde el Arnón hasta el Jaboc, e incluso hasta el Jordán. Ahora devuélvemela por las buenas.

¹⁴Jefté volvió a enviar mensajeros al rey amonita, ¹⁵diciéndole:

«Así dice Jefté: "Israel no se apoderó de la tierra de los moabitas ni de los amonitas. ¹⁶Cuando los israelitas salieron de Egipto, caminaron por el desierto hasta el *Mar Rojo y siguieron hasta Cades. ¹⁷Entonces enviaron mensajeros al rey de Edom, diciéndole: 'Danos permiso para pasar por tu país.' Pero el rey de Edom no les hizo caso. Le enviaron el mismo mensaje al rey de Moab, pero él tampoco aceptó. Así que Israel se quedó a vivir en Cades.

¹⁸» "Después anduvieron por el desierto, y bordeando los territorios de Edom y Moab, entraron en territorio moabita por la parte oriental, y acamparon al otro lado del río Arnón. No entraron en el territorio moabita, pues el Arnón era la frontera.

¹⁹» "Entonces Israel mandó mensajeros a Sijón, rey de los amorreos, que gobernaba en Hesbón, y le dijo: 'Permítenos pasar por tu país hasta nuestro territorio.' ²⁰Pero Sijón desconfió de Israel^z en cuanto a dejarlo pasar por su territorio, por lo que reunió a todo su ejército y acampó en Yahaza y luchó contra Israel.

²¹» "El SEÑOR, Dios de Israel, entregó a Sijón y a todo su ejército en manos de Israel, y los derrotó. Así tomó Israel posesión de toda la tierra de los amorreos que vivían en aquel país, ²²ocupándolo todo, desde el Arnón hasta el Jaboc y desde el desierto hasta el Jordán.

²³» "El SEÑOR, Dios de Israel, les quitó esta tierra a los amorreos para dársela a su pueblo Israel, ¿y tú nos la vas a quitar? ²⁴¿Acaso no consideras tuyo lo que tu dios Quemós te da? Pues también nosotros consideramos nuestro lo que el SEÑOR nuestro Dios nos ha dado. ²⁵¿Acaso te crees mejor que Balac hijo de Zipor, rey de Moab? ¿Acaso alguna vez entró él en litigio con Israel, o luchó contra ellos? ²⁶Hace ya trescientos años que Israel ocupó a Hesbón y Aroer, con sus poblados y todas las ciudades en la ribera del Arnón. ¿Por qué no las recuperaron durante ese tiempo? ²⁷Yo no te he hecho ningún mal. Tú, en cambio, obras mal conmigo al librar una guerra contra mí. Que el SEÑOR, el gran Juez, dicte hoy su sentencia en esta contienda entre israelitas y amonitas." »

²⁸Sin embargo, el rey de los amonitas no prestó atención al mensaje que le envió Jefté.

²⁹Entonces Jefté, poseído por el Espíritu del SEÑOR, recorrió Galaad y Manasés, pasó por Mizpa de Galaad, y desde allí avanzó contra los amonitas. ³⁰Y Jefté le hizo un juramento solemne al SEÑOR: «Si verdaderamente entregas a los amonitas en mis manos, ³¹quien salga primero de la puerta de mi casa a recibirme, cuando yo vuelva de haber vencido a los amonitas, será del SEÑOR y lo ofreceré en *holocausto.»

³²Jefté cruzó el río para luchar contra los amonitas, y el SEÑOR los entregó en sus manos. ³³Derrotó veinte ciudades, desde Aroer hasta las inmediaciones de Minit, y hasta Abel Queramín. La derrota fue muy grande; así los amonitas quedaron sometidos a los israelitas.

³⁴Cuando Jefté volvió a su hogar en Mizpa, salió a recibirlo su hija, bailando al son de las panderetas. Ella

¹³The king of the Ammonites answered Jephthah's messengers, "When Israel came up out of Egypt, they took away my land from the Arnon to the Jabbok, all the way to the Jordan. Now give it back peaceably."

¹⁴Jephthah sent back messengers to the Ammonite king, ¹⁵saying:

"This is what Jephthah says: Israel did not take the land of Moab or the land of the Ammonites. ¹⁶But when they came up out of Egypt, Israel went through the desert to the Red Sea^q and on to Kadesh. ¹⁷Then Israel sent messengers to the king of Edom, saying, 'Give us permission to go through your country,' but the king of Edom would not listen. They sent also to the king of Moab, and he refused. So Israel stayed at Kadesh.

¹⁸"Next they traveled through the desert, skirted the lands of Edom and Moab, passed along the eastern side of the country of Moab, and camped on the other side of the Arnon. They did not enter the territory of Moab, for the Arnon was its border.

¹⁹"Then Israel sent messengers to Sihon king of the Amorites, who ruled in Heshbon, and said to him, 'Let us pass through your country to our own place.' ²⁰Sihon, however, did not trust Israel^r to pass through his territory. He mustered all his men and encamped at Jahaz and fought with Israel.

²¹"Then the LORD, the God of Israel, gave Sihon and all his men into Israel's hands, and they defeated them. Israel took over all the land of the Amorites who lived in that country, ²²capturing all of it from the Arnon to the Jabbok and from the desert to the Jordan.

²³"Now since the LORD, the God of Israel, has driven the Amorites out before his people Israel, what right have you to take it over? ²⁴Will you not take what your god Chemosh gives you? Likewise, whatever the LORD our God has given us, we will possess. ²⁵Are you better than Balak son of Zippor, king of Moab? Did he ever quarrel with Israel or fight with them? ²⁶For three hundred years Israel occupied Heshbon, Aroer, the surrounding settlements and all the towns along the Arnon. Why didn't you retake them during that time? ²⁷I have not wronged you, but you are doing me wrong by waging war against me. Let the LORD, the Judge,^s decide the dispute this day between the Israelites and the Ammonites."

²⁸The king of Ammon, however, paid no attention to the message Jephthah sent him.

²⁹Then the Spirit of the LORD came upon Jephthah. He crossed Gilead and Manasseh, passed through Mizpah of Gilead, and from there he advanced against the Ammonites. ³⁰And Jephthah made a vow to the LORD: "If you give the Ammonites into my hands, ³¹whatever comes out of the door of my house to meet me when I return in triumph from the Ammonites will be the LORD's, and I will sacrifice it as a burnt offering."

³²Then Jephthah went over to fight the Ammonites, and the LORD gave them into his hands. ³³He devastated twenty towns from Aroer to the vicinity of Minnith, as far as Abel Keramim. Thus Israel subdued Ammon.

³⁴When Jephthah returned to his home in Mizpah, who should come out to meet him but his daughter, dancing to the sound of tambourines! She was an only child. Except for her he had neither son nor daughter.

---

^z 11:20 desconfió de Israel. Alt. no acordó con Israel.

^q 16 Hebrew Yam Suph; that is, Sea of Reeds   ^r 20 Or however, would not make an agreement for Israel   ^s 27 Or Ruler

era hija única, pues Jefté no tenía otros hijos. 35 Cuando Jefté la vio, se rasgó las vestiduras y exclamó:

—¡Ay, hija mía, me has destrozado por completo! ¡Eres la causa de mi desgracia! Le juré algo al SEÑOR, y no puedo retractarme.

36 —Padre mío —replicó ella—, le has dado tu palabra al SEÑOR. Haz conmigo conforme a tu juramento, ya que el SEÑOR te ha vengado de tus enemigos, los amonitas. 37 Pero concédeme esta sola petición —añadió—. Ya que nunca me casaré, dame un plazo de dos meses para retirarme a las montañas y llorar allí con mis amigas.

38 —Está bien, puedes ir —le respondió él.

Y le permitió irse por dos meses. Ella y sus amigas se fueron a las montañas, y lloró porque nunca se casaría. 39 Cumplidos los dos meses volvió a su padre, y él hizo con ella conforme a su juramento. Ella era virgen.

De allí se originó la costumbre israelita 40 de que todos los años, durante cuatro días, las muchachas de Israel fueran a conmemorar la muerte de la hija de Jefté de Galaad.

Jefté y Efraín

12 Los hombres de Efraín se alistaron, y cruzaron el río hacia Zafón y le dijeron a Jefté:

—¿Por qué fuiste a luchar contra los amonitas sin llamarnos para ir contigo? ¡Ahora prenderemos fuego a tu casa, contigo adentro!

2 Jefté respondió:

—Mi pueblo y yo estábamos librando una gran contienda con los amonitas y, aunque yo los llamé, ustedes no me libraron de su poder. 3 Cuando vi que ustedes no me ayudarían, arriesgué mi *vida, marché contra los amonitas, y el SEÑOR los entregó en mis manos. ¿Por qué, pues, han subido hoy a luchar contra mí?

4 Entonces Jefté reunió a todos los hombres de Galaad y lucharon contra los de la tribu de Efraín. Los de Galaad derrotaron a los de Efraín porque éstos les habían dicho: «Ustedes los galaaditas son renegados de Efraín y Manasés.» 5 Los galaaditas ocuparon los vados del Jordán que conducen a Efraín, y cada vez que algún sobreviviente de Efraín decía: «Déjenme cruzar», los hombres de Galaad le preguntaban: «¿Eres de la tribu de Efraín?» Si él contestaba: «No», 6 ellos decían: «Muy bien, di "Shibolet".» Si decía: «Sibolet», porque no podía pronunciar la palabra correctamente, lo agarraban y allí mismo, en los vados del Jordán, lo degollaban. En aquella ocasión murieron cuarenta y dos mil hombres de la tribu de Efraín.

7 Jefté gobernó a Israel durante seis años. Cuando murió Jefté el galaadita, fue sepultado en su pueblo*a* de Galaad.

Ibsán, Elón y Abdón

8 Después de Jefté, gobernó a Israel Ibsán de Belén. 9 Tuvo treinta hijos y treinta hijas. A sus hijas las dio en matrimonio a gente que no pertenecía a su clan, y para sus hijos trajo como esposas a treinta muchachas que no eran de su tribu. Ibsán gobernó a Israel por siete años. 10 Cuando murió, fue sepultado en Belén.

11 Después de Ibsán gobernó a Israel Elón, de la tribu de Zabulón, durante diez años. 12 Cuando murió Elón el zabulonita, fue sepultado en Ayalón, en el territorio de Zabulón.

13 Después de Elón gobernó a Israel Abdón hijo de Hilel, de Piratón. 14 Tuvo cuarenta hijos y treinta nietos, cada uno de los cuales montaba su propio asno.

35 When he saw her, he tore his clothes and cried, "Oh! My daughter! You have made me miserable and wretched, because I have made a vow to the LORD that I cannot break."

36 "My father," she replied, "you have given your word to the LORD. Do to me just as you promised, now that the LORD has avenged you of your enemies, the Ammonites. 37 But grant me this one request," she said. "Give me two months to roam the hills and weep with my friends, because I will never marry."

38 "You may go," he said. And he let her go for two months. She and the girls went into the hills and wept because she would never marry. 39 After the two months, she returned to her father and he did to her as he had vowed. And she was a virgin.

From this comes the Israelite custom 40 that each year the young women of Israel go out for four days to commemorate the daughter of Jephthah the Gileadite.

Jephthah and Ephraim

12 The men of Ephraim called out their forces, crossed over to Zaphon and said to Jephthah, "Why did you go to fight the Ammonites without calling us to go with you? We're going to burn down your house over your head."

2 Jephthah answered, "I and my people were engaged in a great struggle with the Ammonites, and although I called, you didn't save me out of their hands. 3 When I saw that you wouldn't help, I took my life in my hands and crossed over to fight the Ammonites, and the LORD gave me the victory over them. Now why have you come up today to fight me?"

4 Jephthah then called together the men of Gilead and fought against Ephraim. The Gileadites struck them down because the Ephraimites had said, "You Gileadites are renegades from Ephraim and Manasseh." 5 The Gileadites captured the fords of the Jordan leading to Ephraim, and whenever a survivor of Ephraim said, "Let me cross over," the men of Gilead asked him, "Are you an Ephraimite?" If he replied, "No," 6 they said, "All right, say 'Shibboleth.' " If he said, "Sibboleth," because he could not pronounce the word correctly, they seized him and killed him at the fords of the Jordan. Forty-two thousand Ephraimites were killed at that time.

7 Jephthah led*i* Israel six years. Then Jephthah the Gileadite died, and was buried in a town in Gilead.

Ibzan, Elon and Abdon

8 After him, Ibzan of Bethlehem led Israel. 9 He had thirty sons and thirty daughters. He gave his daughters away in marriage to those outside his clan, and for his sons he brought in thirty young women as wives from outside his clan. Ibzan led Israel seven years. 10 Then Ibzan died, and was buried in Bethlehem.

11 After him, Elon the Zebulunite led Israel ten years. 12 Then Elon died, and was buried in Aijalon in the land of Zebulun.

13 After him, Abdon son of Hillel, from Pirathon, led Israel. 14 He had forty sons and thirty grandsons, who rode on seventy donkeys. He led Israel eight years.

---

a 12:7 *su pueblo* (LXX); *las ciudades* (TM).   *i* 7 Traditionally *judged*; also in verses 8-14

Gobernó a Israel durante ocho años. 15 Cuando murió Abdón hijo de Hilel, fue sepultado en Piratón, que está en el territorio de Efraín, en la región montañosa de los amalecitas.

Nacimiento de Sansón

13 Una vez más los israelitas hicieron lo que ofende al SEÑOR. Por eso él los entregó en manos de los filisteos durante cuarenta años.

2 Cierto hombre de Zora, llamado Manoa, de la tribu de Dan, tenía una esposa que no le había dado hijos porque era estéril. 3 Pero el ángel del SEÑOR se le apareció a ella y le dijo: «Eres estéril y no tienes hijos, pero vas a concebir y tendrás un hijo. 4 Cuídate de no beber vino ni ninguna otra bebida fuerte, ni tampoco comas nada *impuro, 5 porque concebirás y darás a luz un hijo. No pasará la navaja sobre su cabeza, porque el niño va a ser nazareo, consagrado a Dios desde antes de nacer. Él comenzará a librar a Israel del poder de los filisteos.»

6 La mujer fue adonde estaba su esposo y le dijo: «Un hombre de Dios vino adonde yo estaba. Por su aspecto imponente, parecía un ángel de Dios. Ni yo le pregunté de dónde venía, ni él me dijo cómo se llamaba. 7 Pero me dijo: "Concebirás y darás a luz un hijo. Ahora bien, cuídate de no beber vino ni ninguna otra bebida fuerte, ni de comer nada impuro, porque el niño será nazareo, consagrado a Dios desde antes de nacer hasta el día de su muerte." »

8 Entonces Manoa oró al SEÑOR: «Oh SEÑOR, te ruego que permitas que vuelva el hombre de Dios que nos enviaste, para que nos enseñe cómo criar al niño que va a nacer.»

9 Dios escuchó a Manoa, y el ángel de Dios volvió a aparecerse a la mujer mientras ésta se hallaba en el campo; pero Manoa su esposo no estaba con ella. 10 La mujer corrió de inmediato a avisarle a su esposo: «¡Está aquí! ¡El hombre que se me apareció el otro día!»

11 Manoa se levantó y siguió a su esposa. Cuando llegó adonde estaba el hombre, le dijo:

—¿Eres tú el que habló con mi esposa?

—Sí, soy yo —respondió él.

12 Así que Manoa le preguntó:

—Cuando se cumplan tus palabras, ¿cómo debemos criar al niño? ¿Cómo deberá portarse?

13 El ángel del SEÑOR contestó:

—Tu esposa debe cumplir con todo lo que le he dicho. 14 Ella no debe probar nada que proceda de la vid, ni beber vino ni ninguna otra bebida fuerte; tampoco debe comer nada impuro. En definitiva, debe cumplir con todo lo que le he ordenado.

15 Manoa le dijo al ángel del SEÑOR:

—Nos gustaría que te quedaras hasta que te preparemos un cabrito.

16 Pero el ángel del SEÑOR respondió:

—Aunque me detengan, no probaré nada de tu comida. Pero si preparas un *holocausto, ofréceselo al SEÑOR.

Manoa no se había dado cuenta de que aquél era el ángel del SEÑOR. 17 Así que le preguntó:

—¿Cómo te llamas, para que podamos honrarte cuando se cumpla tu palabra?

18 —¿Por qué me preguntas mi *nombre? —replicó él—. Es un misterio maravilloso.

19 Entonces Manoa tomó un cabrito, junto con la ofrenda de cereales, y lo sacrificó sobre una roca al SEÑOR. Y mientras Manoa y su esposa observaban, el

The Birth of Samson

15 Then Abdon son of Hillel died, and was buried at Pirathon in Ephraim, in the hill country of the Amalekites.

13 Again the Israelites did evil in the eyes of the LORD, so the LORD delivered them into the hands of the Philistines for forty years.

2 A certain man of Zorah, named Manoah, from the clan of the Danites, had a wife who was sterile and remained childless. 3 The angel of the LORD appeared to her and said, "You are sterile and childless, but you are going to conceive and have a son. 4 Now see to it that you drink no wine or other fermented drink and that you do not eat anything unclean, 5 because you will conceive and give birth to a son. No razor may be used on his head, because the boy is to be a Nazirite, set apart to God from birth, and he will begin the deliverance of Israel from the hands of the Philistines."

6 Then the woman went to her husband and told him, "A man of God came to me. He looked like an angel of God, very awesome. I didn't ask him where he came from, and he didn't tell me his name. 7 But he said to me, 'You will conceive and give birth to a son. Now then, drink no wine or other fermented drink and do not eat anything unclean, because the boy will be a Nazirite of God from birth until the day of his death.' "

8 Then Manoah prayed to the LORD: "O Lord, I beg you, let the man of God you sent to us come again to teach us how to bring up the boy who is to be born."

9 God heard Manoah, and the angel of God came again to the woman while she was out in the field; but her husband Manoah was not with her. 10 The woman hurried to tell her husband, "He's here! The man who appeared to me the other day!"

11 Manoah got up and followed his wife. When he came to the man, he said, "Are you the one who talked to my wife?"

"I am," he said.

12 So Manoah asked him, "When your words are fulfilled, what is to be the rule for the boy's life and work?"

13 The angel of the LORD answered, "Your wife must do all that I have told her. 14 She must not eat anything that comes from the grapevine, nor drink any wine or other fermented drink nor eat anything unclean. She must do everything I have commanded her."

15 Manoah said to the angel of the LORD, "We would like you to stay until we prepare a young goat for you."

16 The angel of the LORD replied, "Even though you detain me, I will not eat any of your food. But if you prepare a burnt offering, offer it to the LORD." (Manoah did not realize that it was the angel of the LORD.)

17 Then Manoah inquired of the angel of the LORD, "What is your name, so that we may honor you when your word comes true?"

18 He replied, "Why do you ask my name? It is beyond understanding.*u*" 19 Then Manoah took a young goat, together with the grain offering, and sacrificed it on a rock to the LORD. And the LORD did an amazing

---

u 18 Or is wonderful

SEÑOR hizo algo maravilloso: 20 Mientras la llama subía desde el altar hacia el cielo, el ángel del SEÑOR ascendía en la llama. Al ver eso, Manoa y su esposa se postraron en tierra sobre sus rostros. 21 Y el ángel del SEÑOR no se volvió a aparecer a Manoa y a su esposa. Entonces Manoa se dio cuenta de que aquél era el ángel del SEÑOR.

22 —¡Estamos condenados a morir! —le dijo a su esposa—. ¡Hemos visto a Dios!

23 Pero su esposa respondió:

—Si el SEÑOR hubiera querido matarnos, no nos habría aceptado el holocausto ni la ofrenda de cereales de nuestras manos; tampoco nos habría mostrado todas esas cosas ni anunciado todo esto.

24 La mujer dio a luz un niño y lo llamó Sansón. El niño creció y el SEÑOR lo bendijo. 25 Y el Espíritu del SEÑOR comenzó a manifestarse en él mientras estaba en Majané Dan, entre Zora y Estaol.

Matrimonio de Sansón

14 Sansón descendió a Timnat y vio allí a una joven filistea. 2 Cuando él volvió, les dijo a sus padres:

—He visto en Timnat a una joven filistea; pídanla para que sea mi esposa.

3 Pero sus padres le dijeron:

—¿Acaso no hay ninguna mujer aceptable entre tus parientes, o en todo nuestro[b] pueblo, que tienes que ir a buscar una esposa entre esos filisteos incircuncisos?

Sansón le respondió a su padre:

—¡Pídeme a ésa, que es la que a mí me gusta!

4 Sus padres no sabían que esto era de parte del SEÑOR, que buscaba la ocasión de confrontar a los filisteos; porque en aquel tiempo los filisteos dominaban a Israel. 5 Así que Sansón descendió a Timnat junto con sus padres. De repente, al llegar a los viñedos de Timnat, un rugiente cachorro de león le salió al encuentro. 6 Pero el Espíritu del SEÑOR vino con poder sobre Sansón, quien a mano limpia despedazó al león como quien despedaza a un cabrito. Pero no les contó a sus padres lo que había hecho. 7 Luego fue y habló con la mujer que le gustaba.

8 Pasado algún tiempo, cuando regresó para casarse con ella, se apartó del camino para mirar el león muerto, y vio que había en su cadáver un enjambre de abejas y un panal de miel. 9 Tomó con las manos un poco de miel y comió, mientras proseguía su camino. Cuando se reunió con sus padres, les ofreció miel, y también ellos comieron, pero no les dijo que la había sacado del cadáver del león.

10 Después de eso su padre fue a ver a la mujer. Allí Sansón ofreció un banquete, como era la costumbre entre los jóvenes. 11 Cuando los filisteos lo vieron, le dieron treinta compañeros para que estuvieran con él.

12 —Permítanme proponerles una adivinanza —les dijo Sansón—. Si me dan la solución dentro de los siete días que dura el banquete, yo les daré treinta vestidos de lino y treinta mudas de ropa de fiesta. 13 Pero si no me la dan, serán ustedes quienes me darán los treinta vestidos de lino y treinta mudas de ropa de fiesta.

—Dinos tu adivinanza —le respondieron—, que te estamos escuchando.

14 Entonces les dijo:

«Del que come salió comida;
y del fuerte salió dulzura.»

Pasaron tres días y no lograron resolver la adivinanza.

thing while Manoah and his wife watched: 20 As the flame blazed up from the altar toward heaven, the angel of the LORD ascended in the flame. Seeing this, Manoah and his wife fell with their faces to the ground. 21 When the angel of the LORD did not show himself again to Manoah and his wife, Manoah realized that it was the angel of the LORD.

22 "We are doomed to die!" he said to his wife. "We have seen God!"

23 But his wife answered, "If the LORD had meant to kill us, he would not have accepted a burnt offering and grain offering from our hands, nor shown us all these things or now told us this."

24 The woman gave birth to a boy and named him Samson. He grew and the LORD blessed him, 25 and the Spirit of the LORD began to stir him while he was in Mahaneh Dan, between Zorah and Eshtaol.

Samson's Marriage

14 Samson went down to Timnah and saw there a young Philistine woman. 2 When he returned, he said to his father and mother, "I have seen a Philistine woman in Timnah; now get her for me as my wife."

3 His father and mother replied, "Isn't there an acceptable woman among your relatives or among all our people? Must you go to the uncircumcised Philistines to get a wife?"

But Samson said to his father, "Get her for me. She's the right one for me." 4 (His parents did not know that this was from the LORD, who was seeking an occasion to confront the Philistines; for at that time they were ruling over Israel.) 5 Samson went down to Timnah together with his father and mother. As they approached the vineyards of Timnah, suddenly a young lion came roaring toward him. 6 The Spirit of the LORD came upon him in power so that he tore the lion apart with his bare hands as he might have torn a young goat. But he told neither his father nor his mother what he had done. 7 Then he went down and talked with the woman, and he liked her.

8 Some time later, when he went back to marry her, he turned aside to look at the lion's carcass. In it was a swarm of bees and some honey, 9 which he scooped out with his hands and ate as he went along. When he rejoined his parents, he gave them some, and they too ate it. But he did not tell them that he had taken the honey from the lion's carcass.

10 Now his father went down to see the woman. And Samson made a feast there, as was customary for bridegrooms. 11 When he appeared, he was given thirty companions.

12 "Let me tell you a riddle," Samson said to them. "If you can give me the answer within the seven days of the feast, I will give you thirty linen garments and thirty sets of clothes. 13 If you can't tell me the answer, you must give me thirty linen garments and thirty sets of clothes."

"Tell us your riddle," they said. "Let's hear it."

14 He replied,

"Out of the eater, something to eat;
out of the strong, something sweet."

For three days they could not give the answer.

---

b 14:3 nuestro. Lit. mi.

15 Al cuarto[c] día le dijeron a la esposa de Sansón: «Seduce a tu esposo para que nos revele la adivinanza; de lo contrario, te quemaremos a ti y a la familia de tu padre. ¿Acaso nos invitaron aquí para robarnos?»

16 Entonces la esposa de Sansón se tiró sobre él llorando, y le dijo:

—¡Me odias! ¡En realidad no me amas! Le propusiste a mi pueblo una adivinanza, pero no me has dicho la solución.

—Ni siquiera se la he dado a mis padres —replicó él—; ¿por qué habría de dártela a ti?

17 Pero ella le lloró los siete días que duró el banquete, hasta que al fin, el séptimo día, Sansón le dio la solución, porque ella seguía insistiéndole. A su vez ella fue y les reveló la solución a los de su pueblo.

18 Antes de la puesta del sol del séptimo día los hombres de la ciudad le dijeron:

> «¿Qué es más dulce que la miel?
> ¿Qué es más fuerte que un león?»

Sansón les respondió:

> «Si no hubieran arado con mi ternera,
> no habrían resuelto mi adivinanza.»

19 Entonces el Espíritu del SEÑOR vino sobre Sansón con poder, y éste descendió a Ascalón y derrotó a treinta de sus hombres, les quitó sus pertenencias y les dio sus ropas a los que habían resuelto la adivinanza. Luego, enfurecido, regresó a la casa de su padre. 20 Entonces la esposa de Sansón fue entregada a uno de los que lo habían acompañado en su boda.

Sansón se venga de los filisteos

15 Pasado algún tiempo, durante la cosecha de trigo, Sansón tomó un cabrito y fue a visitar a su esposa.

—Voy a la habitación de mi esposa —dijo él.

Pero el padre de ella no le permitió entrar, 2 sino que le dijo:

—Yo estaba tan seguro de que la odiabas, que se la di a tu amigo. ¿Pero acaso no es más atractiva su hermana menor? Tómala para ti, en lugar de la mayor.

3 Sansón replicó:

—¡Esta vez sí que no respondo por el daño que les cause a los filisteos!

4 Así que fue y cazó trescientas zorras, y las ató cola con cola en parejas, y a cada pareja le amarró una antorcha; 5 luego les prendió fuego a las antorchas y soltó a las zorras por los sembrados de los filisteos. Así incendió el trigo que ya estaba en gavillas y el que todavía estaba en pie, junto con los viñedos y olivares.

6 Cuando los filisteos preguntaron: «¿Quién hizo esto?», les dijeron: «Sansón, el yerno del timnateo, porque éste le quitó a su esposa y se la dio a su amigo.»

Por eso los filisteos fueron y la quemaron a ella y a su padre. 7 Pero Sansón les dijo: «Puesto que actuaron de esa manera, ¡no pararé hasta que me haya vengado de ustedes!» 8 Y los atacó tan furiosamente que causó entre ellos una tremenda masacre. Luego se fue a vivir a una cueva, que está en la peña de Etam.

9 Los filisteos subieron y acamparon en Judá, incursionando cerca de Lehí. 10 Los hombres de Judá preguntaron:

—¿Por qué han venido a luchar contra nosotros?

—Hemos venido a tomar prisionero a Sansón —les respondieron—, para hacerle lo mismo que nos hizo a nosotros.

15 On the fourth[v] day, they said to Samson's wife, "Coax your husband into explaining the riddle for us, or we will burn you and your father's household to death. Did you invite us here to rob us?"

16 Then Samson's wife threw herself on him, sobbing, "You hate me! You don't really love me. You've given my people a riddle, but you haven't told me the answer."

"I haven't even explained it to my father or mother," he replied, "so why should I explain it to you?" 17 She cried the whole seven days of the feast. So on the seventh day he finally told her, because she continued to press him. She in turn explained the riddle to her people.

18 Before sunset on the seventh day the men of the town said to him,

> "What is sweeter than honey?
> What is stronger than a lion?"

Samson said to them,

> "If you had not plowed with my heifer,
> you would not have solved my riddle."

19 Then the Spirit of the LORD came upon him in power. He went down to Ashkelon, struck down thirty of their men, stripped them of their belongings and gave their clothes to those who had explained the riddle. Burning with anger, he went up to his father's house. 20 And Samson's wife was given to the friend who had attended him at his wedding.

Samson's Vengeance on the Philistines

15 Later on, at the time of wheat harvest, Samson took a young goat and went to visit his wife. He said, "I'm going to my wife's room." But her father would not let him go in.

2 "I was so sure you thoroughly hated her," he said, "that I gave her to your friend. Isn't her younger sister more attractive? Take her instead."

3 Samson said to them, "This time I have a right to get even with the Philistines; I will really harm them." 4 So he went out and caught three hundred foxes and tied them tail to tail in pairs. He then fastened a torch to every pair of tails, 5 lit the torches and let the foxes loose in the standing grain of the Philistines. He burned up the shocks and standing grain, together with the vineyards and olive groves.

6 When the Philistines asked, "Who did this?" they were told, "Samson, the Timnite's son-in-law, because his wife was given to his friend."

So the Philistines went up and burned her and her father to death. 7 Samson said to them, "Since you've acted like this, I won't stop until I get my revenge on you." 8 He attacked them viciously and slaughtered many of them. Then he went down and stayed in a cave in the rock of Etam.

9 The Philistines went up and camped in Judah, spreading out near Lehi. 10 The men of Judah asked, "Why have you come to fight us?"

"We have come to take Samson prisoner," they answered, "to do to him as he did to us."

---

c 14:15 cuarto (mss. de LXX y Siríaca); séptimo (TM).   v 15 Some Septuagint manuscripts and Syriac; Hebrew seventh

11 Entonces tres mil hombres de Judá descendieron a la cueva en la peña de Etam y le dijeron a Sansón:

—¿No te das cuenta de que los filisteos nos gobiernan? ¿Por qué nos haces esto?

—Simplemente les he hecho lo que ellos me hicieron a mí —contestó él.

12 Ellos le dijeron:

—Hemos venido a atarte, para entregarte en manos de los filisteos.

—Júrenme que no me matarán ustedes mismos —dijo Sansón.

13 —De acuerdo —respondieron ellos—. Sólo te ataremos y te entregaremos en sus manos. No te mataremos.

Entonces lo ataron con dos sogas nuevas y lo sacaron de la peña. 14 Cuando se acercaba a Lehí, los filisteos salieron a su encuentro con gritos de victoria. En ese momento el Espíritu del SEÑOR vino sobre él con poder, y las sogas que ataban sus brazos se volvieron como fibra de lino quemada, y las ataduras de sus manos se deshicieron. 15 Al encontrar una quijada de burro que todavía estaba fresca, la agarró y con ella mató a mil hombres.

16 Entonces dijo Sansón:

«Con la quijada de un asno
    los he amontonado.d
Con una quijada de asno
    he matado a mil hombres.»

17 Cuando terminó de hablar, arrojó la quijada y llamó a aquel lugar Ramat Lehí.e 18 Como tenía mucha sed, clamó al SEÑOR: «Tú le has dado a tu siervo esta gran *victoria. ¿Acaso voy ahora a morir de sed, y a caer en manos de los incircuncisos?» 19 Entonces Dios abrió la hondonada que hay en Lehí, y de allí brotó agua. Cuando Sansón la bebió, recobró sus fuerzas y se reanimó. Por eso al manantial que todavía hoy está en Lehí se le llamó Enacoré.f

20 Y Sansón gobernó a Israel durante veinte años en tiempos de los filisteos.

Sansón y Dalila

16 Un día Sansón fue a Gaza, donde vio a una prostituta. Entonces entró para pasar la noche con ella. 2 Al pueblo de Gaza se le anunció: «¡Sansón ha venido aquí!» Así que rodearon el lugar y toda la noche estuvieron al acecho junto a la *puerta de la ciudad. Se quedaron quietos durante toda la noche diciéndose: «Lo mataremos al amanecer.»

3 Pero Sansón estuvo acostado allí hasta la medianoche; luego se levantó y arrancó las puertas de la entrada de la ciudad, junto con sus dos postes, con cerrojo y todo. Se las echó al hombro y las llevó hasta la cima del monte que está frente a Hebrón.

4 Pasado algún tiempo, Sansón se enamoró de una mujer del valle de Sorec, que se llamaba Dalila. 5 Los jefes de los filisteos fueron a verla y le dijeron: «Sedúcelo, para que te revele el secreto de su tremenda fuerza y cómo podemos vencerlo, de modo que lo atemos y lo tengamos sometido. Cada uno de nosotros te dará mil cien monedas de plata.»g

6 Dalila le dijo a Sansón:

—Dime el secreto de tu tremenda fuerza, y cómo se te puede atar y dominar.

11 Then three thousand men from Judah went down to the cave in the rock of Etam and said to Samson, "Don't you realize that the Philistines are rulers over us? What have you done to us?"

He answered, "I merely did to them what they did to me."

12 They said to him, "We've come to tie you up and hand you over to the Philistines."

Samson said, "Swear to me that you won't kill me yourselves."

13 "Agreed," they answered. "We will only tie you up and hand you over to them. We will not kill you." So they bound him with two new ropes and led him up from the rock. 14 As he approached Lehi, the Philistines came toward him shouting. The Spirit of the LORD came upon him in power. The ropes on his arms became like charred flax, and the bindings dropped from his hands. 15 Finding a fresh jawbone of a donkey, he grabbed it and struck down a thousand men.

16 Then Samson said,

"With a donkey's jawbone
    I have made donkeys of them.w
With a donkey's jawbone
    I have killed a thousand men."

17 When he finished speaking, he threw away the jawbone; and the place was called Ramath Lehi.x

18 Because he was very thirsty, he cried out to the LORD, "You have given your servant this great victory. Must I now die of thirst and fall into the hands of the uncircumcised?" 19 Then God opened up the hollow place in Lehi, and water came out of it. When Samson drank, his strength returned and he revived. So the spring was called En Hakkore,y and it is still there in Lehi.

20 Samson ledz Israel for twenty years in the days of the Philistines.

Samson and Delilah

16 One day Samson went to Gaza, where he saw a prostitute. He went in to spend the night with her. 2 The people of Gaza were told, "Samson is here!" So they surrounded the place and lay in wait for him all night at the city gate. They made no move during the night, saying, "At dawn we'll kill him."

3 But Samson lay there only until the middle of the night. Then he got up and took hold of the doors of the city gate, together with the two posts, and tore them loose, bar and all. He lifted them to his shoulders and carried them to the top of the hill that faces Hebron.

4 Some time later, he fell in love with a woman in the Valley of Sorek whose name was Delilah. 5 The rulers of the Philistines went to her and said, "See if you can lure him into showing you the secret of his great strength and how we can overpower him so we may tie him up and subdue him. Each one of us will give you eleven hundred shekelsa of silver."

6 So Delilah said to Samson, "Tell me the secret of your great strength and how you can be tied up and subdued."

---

d 15:16 los he amontonado. Alt. los he convertido en asnos; en hebreo, las palabras que significan asno y montón son idénticas.
e 15:17 En hebreo, Ramat Lehí significa colina de la quijada.
f 15:19 En hebreo, Enacoré significa manantial del que clama.
g 16:5 mil cien monedas de plata. Lit. mil cien *siclos de plata.

w 16 Or made a heap or two; the Hebrew for donkey sounds like the Hebrew for heap.   x 17 Ramath Lehi means jawbone hill.
y 19 En Hakkore means caller's spring.   z 20 Traditionally judged   a 5 That is, about 28 pounds (about 13 kilograms)

7 Sansón le respondió:

—Si se me ata con siete cuerdas de arco[h] que todavía no estén secas, me debilitaré y seré como cualquier otro hombre.

8 Los jefes de los filisteos le trajeron a ella siete cuerdas de arco que aún no se habían secado, y Dalila lo ató con ellas. 9 Estando unos hombres al acecho en el cuarto, ella le gritó:

—¡Sansón, los filisteos se lanzan sobre ti!

Pero él rompió las cuerdas como quien rompe un pedazo de cuerda chamuscada. De modo que no se descubrió el secreto de su fuerza.

10 Dalila le dijo a Sansón:

—¡Te burlaste de mí! ¡Me dijiste mentiras! Vamos, dime cómo se te puede atar.

11 —Si se me ata firmemente con sogas nuevas, sin usar —le dijo él—, me debilitaré y seré como cualquier otro hombre.

12 Mientras algunos filisteos estaban al acecho en el cuarto, Dalila tomó sogas nuevas y lo ató, y luego le gritó:

—¡Sansón, los filisteos se lanzan sobre ti!

Pero él rompió las sogas que ataban sus brazos, como quien rompe un hilo.

13 Entonces Dalila le dijo a Sansón:

—¡Hasta ahora te has burlado de mí, y me has dicho mentiras! Dime cómo se te puede atar.

—Si entretejes las siete trenzas de mi cabello con la tela del telar, y aseguras ésta con la clavija —respondió él—, me debilitaré y seré como cualquier otro hombre.

Entonces, mientras él dormía, Dalila tomó las siete trenzas de Sansón, las entretejió con la tela 14 y[i] las aseguró con la clavija.

Una vez más ella le gritó: «¡Sansón, los filisteos se lanzan sobre ti!» Sansón despertó de su sueño y arrancó la clavija y el telar, junto con la tela.

15 Entonces ella le dijo: «¿Cómo puedes decir que me amas, si no confías en mí? Ya van tres veces que te burlas de mí, y aún no me has dicho el secreto de tu tremenda fuerza.»

16 Como todos los días lo presionaba con sus palabras, y lo acosaba hasta hacerlo sentirse harto de la vida, 17 al fin se lo dijo todo. «Nunca ha pasado navaja sobre mi cabeza —le explicó—, porque soy nazareo, consagrado a Dios desde antes de nacer. Si se me afeitara la cabeza, perdería mi fuerza, y llegaría a ser tan débil como cualquier otro hombre.»

18 Cuando Dalila se dio cuenta de que esta vez le había confiado todo, mandó llamar a los jefes de los filisteos, y les dijo: «Vuelvan una vez más, que él me lo ha confiado todo.» Entonces los gobernantes de los filisteos regresaron a ella con la plata que le habían ofrecido. 19 Después de hacerlo dormir sobre sus rodillas, ella llamó a un hombre para que le cortara las siete trenzas de su cabello. Así comenzó a dominarlo. Y su fuerza lo abandonó.

20 Luego ella gritó: «¡Sansón, los filisteos se lanzan sobre ti!»

Sansón despertó de su sueño y pensó: «Me escaparé como las otras veces, y me los quitaré de encima.» Pero no sabía que el SEÑOR lo había abandonado.

21 Entonces los filisteos lo capturaron, le arrancaron los ojos y lo llevaron a Gaza. Lo sujetaron con cadenas de bronce, y lo pusieron a moler en la cárcel. 22 Pero en cuanto le cortaron el cabello, le comenzó a crecer de nuevo.

7 Samson answered her, "If anyone ties me with seven fresh thongs[b] that have not been dried, I'll become as weak as any other man."

8 Then the rulers of the Philistines brought her seven fresh thongs that had not been dried, and she tied him with them. 9 With men hidden in the room, she called to him, "Samson, the Philistines are upon you!" But he snapped the thongs as easily as a piece of string snaps when it comes close to a flame. So the secret of his strength was not discovered.

10 Then Delilah said to Samson, "You have made a fool of me; you lied to me. Come now, tell me how you can be tied."

11 He said, "If anyone ties me securely with new ropes that have never been used, I'll become as weak as any other man."

12 So Delilah took new ropes and tied him with them. Then, with men hidden in the room, she called to him, "Samson, the Philistines are upon you!" But he snapped the ropes off his arms as if they were threads.

13 Delilah then said to Samson, "Until now, you have been making a fool of me and lying to me. Tell me how you can be tied."

He replied, "If you weave the seven braids of my head into the fabric ⌊on the loom⌋ and tighten it with the pin, I'll become as weak as any other man." So while he was sleeping, Delilah took the seven braids of his head, wove them into the fabric 14 and[c] tightened it with the pin.

Again she called to him, "Samson, the Philistines are upon you!" He awoke from his sleep and pulled up the pin and the loom, with the fabric.

15 Then she said to him, "How can you say, 'I love you,' when you won't confide in me? This is the third time you have made a fool of me and haven't told me the secret of your great strength." 16 With such nagging she prodded him day after day until he was tired to death.

17 So he told her everything. "No razor has ever been used on my head," he said, "because I have been a Nazirite set apart to God since birth. If my head were shaved, my strength would leave me, and I would become as weak as any other man."

18 When Delilah saw that he had told her everything, she sent word to the rulers of the Philistines, "Come back once more; he has told me everything." So the rulers of the Philistines returned with the silver in their hands. 19 Having put him to sleep on her lap, she called a man to shave off the seven braids of his hair, and so began to subdue him.[d] And his strength left him.

20 Then she called, "Samson, the Philistines are upon you!"

He awoke from his sleep and thought, "I'll go out as before and shake myself free." But he did not know that the LORD had left him.

21 Then the Philistines seized him, gouged out his eyes and took him down to Gaza. Binding him with bronze shackles, they set him to grinding in the prison. 22 But the hair on his head began to grow again after it had been shaved.

---

[h] 16:7 *cuerdas de arco.* Alt. *correas nuevas*; también en vv. 8 y 9.
[i] 16:13,14 *—Si entretejes ... la tela* 14 y (algunos mss. de LXX): *—Hay que entretejer las siete trenzas de mi cabello en la tela del telar —respondió él. / 14 Así que ella* (TM).

[b] 7 Or *bowstrings*; also in verses 8 and 9   [c] 13,14 Some Septuagint manuscripts; Hebrew *"⌊I can⌋ if you weave the seven braids of my head into the fabric ⌊on the loom⌋." 14 So she*
[d] 19 Hebrew; some Septuagint manuscripts *and he began to weaken*

Muerte de Sansón

23 Los jefes de los filisteos se reunieron para festejar y ofrecerle un gran sacrificio a Dagón, su dios, diciendo:

«Nuestro dios ha entregado en nuestras manos
　　a Sansón, nuestro enemigo.»

24 Cuando el pueblo lo vio, todos alabaron a su dios diciendo:

«Nuestro dios ha entregado en nuestras manos
　　a nuestro enemigo,
al que asolaba nuestra tierra
　　y multiplicaba nuestras víctimas.»

25 Cuando ya estaban muy alegres, gritaron: «¡Saquen a Sansón para que nos divierta!» Así que sacaron a Sansón de la cárcel, y él les sirvió de diversión.

Cuando lo pusieron de pie entre las columnas, 26 Sansón le dijo al muchacho que lo llevaba de la mano: «Ponme donde pueda tocar las columnas que sostienen el templo, para que me pueda apoyar en ellas.» 27 En ese momento el templo estaba lleno de hombres y mujeres; todos los jefes de los filisteos estaban allí, y en la parte alta había unos tres mil hombres y mujeres que se divertían a costa de Sansón. 28 Entonces Sansón oró al SEÑOR: «Oh soberano SEÑOR, acuérdate de mí. Oh Dios, te ruego que me fortalezcas sólo una vez más, y déjame de una vez por todas vengarme de los filisteos por haberme sacado los ojos.» 29 Luego Sansón palpó las dos columnas centrales que sostenían el templo y se apoyó contra ellas, la mano derecha sobre una y la izquierda sobre la otra. 30 Y gritó: «¡Muera yo junto con los filisteos!» Luego empujó con toda su fuerza, y el templo se vino abajo sobre los jefes y sobre toda la gente que estaba allí. Fueron muchos más los que Sansón mató al morir, que los que había matado mientras vivía.

31 Sus hermanos y toda la familia de su padre descendieron para recogerlo. Lo llevaron de regreso y lo sepultaron entre Zora y Estaol, en la tumba de su padre Manoa. Sansón había gobernado a Israel durante veinte años.

Los ídolos de Micaías

17 En la región montañosa de Efraín había un hombre llamado Micaías, 2 quien le dijo a su madre:

—Con respecto a las mil cien monedas de plata[j] que te robaron y sobre las cuales te oí pronunciar una maldición, yo tengo esa plata; yo te la robé.

Su madre le dijo:

—¡Que el SEÑOR te bendiga, hijo mío!

3 Cuando Micaías le devolvió a su madre las mil cien monedas de plata, ella dijo:

—Solemnemente consagro mi plata al SEÑOR para que mi hijo haga una imagen tallada y un ídolo de fundición.[k] Ahora pues, te la devuelvo.

4 Cuando él le devolvió la plata a su madre, ella tomó doscientas monedas de plata[l] y se las dio a un platero, quien hizo con ellas una imagen tallada y un ídolo de fundición, que fueron puestos en la casa de Micaías.

5 Este Micaías tenía un santuario. Hizo un *efod y algunos ídolos domésticos, y consagró a uno de sus

The Death of Samson

23 Now the rulers of the Philistines assembled to offer a great sacrifice to Dagon their god and to celebrate, saying, "Our god has delivered Samson, our enemy, into our hands."

24 When the people saw him, they praised their god, saying,

"Our god has delivered our enemy
　　into our hands,
the one who laid waste our land
　　and multiplied our slain."

25 While they were in high spirits, they shouted, "Bring out Samson to entertain us." So they called Samson out of the prison, and he performed for them.

When they stood him among the pillars, 26 Samson said to the servant who held his hand, "Put me where I can feel the pillars that support the temple, so that I may lean against them." 27 Now the temple was crowded with men and women; all the rulers of the Philistines were there, and on the roof were about three thousand men and women watching Samson perform. 28 Then Samson prayed to the LORD, "O Sovereign LORD, remember me. O God, please strengthen me just once more, and let me with one blow get revenge on the Philistines for my two eyes." 29 Then Samson reached toward the two central pillars on which the temple stood. Bracing himself against them, his right hand on the one and his left hand on the other, 30 Samson said, "Let me die with the Philistines!" Then he pushed with all his might, and down came the temple on the rulers and all the people in it. Thus he killed many more when he died than while he lived.

31 Then his brothers and his father's whole family went down to get him. They brought him back and buried him between Zorah and Eshtaol in the tomb of Manoah his father. He had led[e] Israel twenty years.

Micah's Idols

17 Now a man named Micah from the hill country of Ephraim 2 said to his mother, "The eleven hundred shekels[f] of silver that were taken from you and about which I heard you utter a curse—I have that silver with me; I took it."

Then his mother said, "The LORD bless you, my son!"

3 When he returned the eleven hundred shekels of silver to his mother, she said, "I solemnly consecrate my silver to the LORD for my son to make a carved image and a cast idol. I will give it back to you."

4 So he returned the silver to his mother, and she took two hundred shekels[g] of silver and gave them to a silversmith, who made them into the image and the idol. And they were put in Micah's house.

5 Now this man Micah had a shrine, and he made an ephod and some idols and installed one of his sons as

---

j 17:2 mil cien monedas de plata. Lit. mil cien ⌐*siclos⌐ de plata; también en v. 3.　　k 17:3 una imagen tallada y un ídolo de fundición. Alt. una imagen tallada revestida de metal fundido; también en v. 4 y 18:14.　　l 17:4 doscientas monedas de plata. Lit. doscientos ⌐siclos⌐ de plata.

e 31 Traditionally judged　　f 2 That is, about 28 pounds (about 13 kilograms)　　g 4 That is, about 5 pounds (about 2.3 kilograms)

hijos como sacerdote. 6 En aquella época no había rey en Israel; cada uno hacía lo que le parecía mejor.

7 Un joven levita de Belén de Judá, que era forastero y de la tribu de Judá, 8 salió de aquella ciudad en busca de algún otro lugar donde vivir. En el curso de su viaje*m* llegó a la casa de Micaías en la región montañosa de Efraín.

9 —¿De dónde vienes? —le preguntó Micaías.

—Soy levita, de Belén de Judá —contestó él—, y estoy buscando un lugar donde vivir.

10 —Vive conmigo —le propuso Micaías—, y sé mi padre y sacerdote; yo te daré diez monedas de plata*n* al año, además de ropa y comida.

11 El joven levita aceptó quedarse a vivir con él, y fue para Micaías como uno de sus hijos. 12 Luego Micaías invistió al levita, y así el joven se convirtió en su sacerdote y vivió en su casa. 13 Y Micaías dijo: «Ahora sé que el SEÑOR me hará prosperar, porque tengo a un levita como sacerdote.»

La tribu de Dan se establece en Lais

18 En aquella época no había rey en Israel, y la tribu de Dan andaba buscando un territorio propio donde establecerse, porque hasta ese momento no había recibido la parte que le correspondía de entre las tribus de Israel. 2 Desde Zora y Estaol los danitas enviaron a cinco de sus hombres más valientes, para que espiaran la tierra y la exploraran. Les dijeron: «Vayan, exploren la tierra.»

Los hombres entraron en la región montañosa de Efraín y llegaron hasta la casa de Micaías, donde pasaron la noche. 3 Cuando estaban cerca de la casa de Micaías, reconocieron la voz del joven levita; así que entraron allí y le preguntaron:

—¿Quién te trajo aquí? ¿Qué haces en este lugar? ¿Qué buscas aquí?

4 El joven les contó lo que Micaías había hecho por él, y dijo:

—Me ha contratado, y soy su sacerdote.

5 Le dijeron:

—Te rogamos que consultes a Dios para que sepamos si vamos a tener éxito en nuestro viaje.

6 El sacerdote les respondió:

—Vayan en *paz. Su viaje tiene la aprobación del SEÑOR.

7 Los cinco hombres se fueron y llegaron a Lais, donde vieron que la gente vivía segura, tranquila y confiada, tal como vivían los sidonios. Gozaban de prosperidad y no les faltaba nada.*ñ* Además, vivían lejos de los sidonios y no se relacionaban con nadie más. 8 Cuando volvieron a Zora y Estaol, sus hermanos les preguntaron:

—¿Cómo les fue?

9 Ellos respondieron:

—¡Subamos, ataquémoslos! Hemos visto que la tierra es excelente. ¿Qué pasa? ¿Se van a quedar ahí, sin hacer nada? No duden un solo instante en marchar allí y apoderarse de ella. 10 Cuando lleguen allí, encontrarán a un pueblo confiado y una tierra espaciosa que Dios ha entregado en manos de ustedes. Sí, es una tierra donde no hace falta absolutamente nada.

11 Entonces partieron de Zora y Estaol seiscientos danitas armados para la batalla. 12 Subieron y acamparon cerca de Quiriat Yearín en Judá. Por eso hasta el día de hoy el sector oeste de Quiriat Yearín se llama

his priest. 6 In those days Israel had no king; everyone did as he saw fit.

7 A young Levite from Bethlehem in Judah, who had been living within the clan of Judah, 8 left that town in search of some other place to stay. On his way*h* he came to Micah's house in the hill country of Ephraim.

9 Micah asked him, "Where are you from?"

"I'm a Levite from Bethlehem in Judah," he said, "and I'm looking for a place to stay."

10 Then Micah said to him, "Live with me and be my father and priest, and I'll give you ten shekels*i* of silver a year, your clothes and your food." 11 So the Levite agreed to live with him, and the young man was to him like one of his sons. 12 Then Micah installed the Levite, and the young man became his priest and lived in his house. 13 And Micah said, "Now I know that the LORD will be good to me, since this Levite has become my priest."

Danites Settle in Laish

18 In those days Israel had no king.
And in those days the tribe of the Danites was seeking a place of their own where they might settle, because they had not yet come into an inheritance among the tribes of Israel. 2 So the Danites sent five warriors from Zorah and Eshtaol to spy out the land and explore it. These men represented all their clans. They told them, "Go, explore the land."

The men entered the hill country of Ephraim and came to the house of Micah, where they spent the night. 3 When they were near Micah's house, they recognized the voice of the young Levite; so they turned in there and asked him, "Who brought you here? What are you doing in this place? Why are you here?"

4 He told them what Micah had done for him, and said, "He has hired me and I am his priest."

5 Then they said to him, "Please inquire of God to learn whether our journey will be successful."

6 The priest answered them, "Go in peace. Your journey has the LORD's approval."

7 So the five men left and came to Laish, where they saw that the people were living in safety, like the Sidonians, unsuspecting and secure. And since their land lacked nothing, they were prosperous.*j* Also, they lived a long way from the Sidonians and had no relationship with anyone else.*k*

8 When they returned to Zorah and Eshtaol, their brothers asked them, "How did you find things?"

9 They answered, "Come on, let's attack them! We have seen that the land is very good. Aren't you going to do something? Don't hesitate to go there and take it over. 10 When you get there, you will find an unsuspecting people and a spacious land that God has put into your hands, a land that lacks nothing whatever."

11 Then six hundred men from the clan of the Danites, armed for battle, set out from Zorah and Eshtaol. 12 On their way they set up camp near Kiriath Jearim in Judah. This is why the place west of Kiriath Jearim is

---

m 17:8 *En el curso de su viaje.* Alt. *Para ejercer su oficio.*
n 17:10 *diez monedas de plata.* Lit. *diez ¡siclos¡ de plata.*
ñ 18:7 *Gozaban ... nada.* Frases de difícil traducción.

h 8 Or *To carry on his profession*   *i* 10 That is, about 4 ounces (about 110 grams)   *j* 7 The meaning of the Hebrew for this clause is uncertain.   *k* 7 Hebrew; some Septuagint manuscripts *with the Arameans*

Majané Dan.*o* 13 Desde allí cruzaron hasta la región montañosa de Efraín, y llegaron a la casa de Micaías.

14 Entonces los cinco hombres que habían explorado la tierra de Lais les dijeron a sus hermanos:

—¿Saben que una de esas casas tiene un *efod, algunos dioses domésticos, una imagen tallada y un ídolo de fundición? Ahora bien, ustedes sabrán qué hacer.

15 Ellos se acercaron hasta allí, y entraron en la casa del joven levita, que era la misma de Micaías, y lo saludaron amablemente. 16 Los seiscientos danitas armados para la batalla se quedaron haciendo guardia en la entrada de la puerta. 17 Los cinco hombres que habían explorado la tierra entraron y tomaron la imagen tallada, el efod, los dioses domésticos y el ídolo de fundición. Mientras tanto, el sacerdote y los seiscientos hombres armados para la batalla permanecían a la entrada de la puerta.

18 Cuando aquellos hombres entraron en la casa de Micaías y tomaron la imagen tallada, el efod, los dioses domésticos y el ídolo de fundición, el sacerdote les preguntó:

—¿Qué están haciendo?

19 Ellos le respondieron:

—¡Silencio! No digas ni una sola palabra. Ven con nosotros, y serás nuestro padre y sacerdote. ¿No crees que es mejor ser sacerdote de toda una tribu y de un clan de Israel, que de la familia de un solo hombre?

20 El sacerdote se alegró. Tomó el efod, los dioses domésticos y la imagen tallada, y se fue con esa gente. 21 Ellos, poniendo por delante a sus niños, su ganado y sus bienes, se volvieron y partieron.

22 Cuando ya se habían alejado de la casa de Micaías, los hombres que vivían cerca de Micaías se reunieron y dieron alcance a los danitas. 23 Como gritaban tras ellos, los danitas se dieron vuelta y le preguntaron a Micaías:

—¿Qué te sucede, que has convocado a tu gente?

24 Micaías les respondió:

—Ustedes se llevaron mis dioses, que yo mismo hice, y también se llevaron a mi sacerdote y luego se fueron. ¿Qué más me queda? ¡Y todavía se atreven a preguntarme qué me sucede!

25 Los danitas respondieron:

—No nos levantes la voz, no sea que algunos de los nuestros pierdan la cabeza y los ataquen a ustedes, y tú y tu familia pierdan la *vida.

26 Y así los danitas siguieron su camino. Micaías, viendo que eran demasiado fuertes para él, se dio la vuelta y regresó a su casa. 27 Así fue como los danitas se adueñaron de lo que había hecho Micaías, y también de su sacerdote, y marcharon contra Lais, un pueblo tranquilo y confiado; mataron a sus habitantes a filo de espada, y quemaron la ciudad. 28 No hubo nadie que los librara, porque vivían lejos de Sidón y no se relacionaban con nadie más. La ciudad estaba situada en un valle cercano a Bet Rejob.

Después los mismos danitas reconstruyeron la ciudad y se establecieron allí. 29 La llamaron Dan en honor a su antepasado del mismo nombre, que fue hijo de Israel, aunque antes la ciudad se llamaba Lais. 30 Allí erigieron para sí la imagen tallada, y Jonatán, hijo de Guersón y nieto de Moisés,*p* y sus hijos fueron sacerdotes de la tribu de Dan hasta el tiempo del exilio. 31 Instalaron la imagen tallada que había hecho Micaías, y allí quedó todo el tiempo que la casa de Dios estuvo en Siló.

called Mahaneh Dan*l* to this day. 13 From there they went on to the hill country of Ephraim and came to Micah's house.

14 Then the five men who had spied out the land of Laish said to their brothers, "Do you know that one of these houses has an ephod, other household gods, a carved image and a cast idol? Now you know what to do." 15 So they turned in there and went to the house of the young Levite at Micah's place and greeted him. 16 The six hundred Danites, armed for battle, stood at the entrance to the gate. 17 The five men who had spied out the land went inside and took the carved image, the ephod, the other household gods and the cast idol while the priest and the six hundred armed men stood at the entrance to the gate.

18 When these men went into Micah's house and took the carved image, the ephod, the other household gods and the cast idol, the priest said to them, "What are you doing?"

19 They answered him, "Be quiet! Don't say a word. Come with us, and be our father and priest. Isn't it better that you serve a tribe and clan in Israel as priest rather than just one man's household?" 20 Then the priest was glad. He took the ephod, the other household gods and the carved image and went along with the people. 21 Putting their little children, their livestock and their possessions in front of them, they turned away and left.

22 When they had gone some distance from Micah's house, the men who lived near Micah were called together and overtook the Danites. 23 As they shouted after them, the Danites turned and said to Micah, "What's the matter with you that you called out your men to fight?"

24 He replied, "You took the gods I made, and my priest, and went away. What else do I have? How can you ask, 'What's the matter with you?' "

25 The Danites answered, "Don't argue with us, or some hot-tempered men will attack you, and you and your family will lose your lives." 26 So the Danites went their way, and Micah, seeing that they were too strong for him, turned around and went back home.

27 Then they took what Micah had made, and his priest, and went on to Laish, against a peaceful and unsuspecting people. They attacked them with the sword and burned down their city. 28 There was no one to rescue them because they lived a long way from Sidon and had no relationship with anyone else. The city was in a valley near Beth Rehob.

The Danites rebuilt the city and settled there. 29 They named it Dan after their forefather Dan, who was born to Israel—though the city used to be called Laish. 30 There the Danites set up for themselves the idols, and Jonathan son of Gershom, the son of Moses,*m* and his sons were priests for the tribe of Dan until the time of the captivity of the land. 31 They continued to use the idols Micah had made, all the time the house of God was in Shiloh.

---

o 18:12 En hebreo, *Majané Dan* significa *Campamento de Dan.*
p 18:30 *Moisés* (una tradición rabínica, mss. de LXX y Vulgata); *Manasés* (TM).

l 12 *Mahaneh Dan* means *Dan's camp.*   *m 30* An ancient Hebrew scribal tradition, some Septuagint manuscripts and Vulgate; Masoretic Text *Manasseh*

El levita y su concubina

19 En la época en que no había rey en Israel, un levita que vivía en una zona remota de la región montañosa de Efraín tomó como concubina a una mujer de Belén de Judá. ²Pero ella le fue infiel y lo dejó, volviéndose a la casa de su padre, en Belén de Judá. Había estado allí cuatro meses ³cuando su esposo fue a verla para convencerla de que regresara. Con él llevó a un criado suyo y dos asnos. Ella lo hizo pasar a la casa de su propio padre, quien se alegró mucho de verlo. ⁴Su suegro, padre de la muchacha, lo convenció de que se quedara, y él se quedó con él tres días, comiendo, bebiendo y durmiendo allí.

⁵Al cuarto día madrugaron y él se dispuso a salir, pero el padre de la muchacha le dijo a su yerno: «Repón tus fuerzas con algo de comida; luego podrás irte.» ⁶Así que se sentaron a comer y a beber los dos juntos. Después el padre de la muchacha le pidió: «Por favor, quédate esta noche para pasarla bien.» ⁷Cuando el levita se levantó para irse, su suegro le insistió de tal manera que se vio obligado a quedarse allí esa noche. ⁸Al quinto día madrugó para irse, pero el padre de la muchacha le dijo: «Repón tus fuerzas. ¡Espera hasta la tarde!» Así que los dos comieron juntos.

⁹Cuando el hombre se levantó para irse con su concubina y su criado, su suegro, que era el padre de la muchacha, le dijo: «Mira, está a punto de oscurecer, y el día ya se termina. Pasa aquí la noche; quédate para pasarla bien. Mañana podrás madrugar y emprender tu camino a casa.» ¹⁰No queriendo quedarse otra noche, el hombre salió y partió rumbo a Jebús, es decir, Jerusalén, con sus dos asnos ensillados y su concubina.

¹¹Cuando estaban cerca de Jebús, y ya era casi de noche, el criado le dijo a su amo:

—Vamos, desviémonos hacia esta ciudad de los jebuseos y pasemos la noche en ella.

¹²Pero su amo le replicó:

—No. No nos desviaremos para entrar en una ciudad extranjera, cuyo pueblo no sea israelita. Seguiremos hasta Guibeá.

¹³Luego añadió:

—Ven, tratemos de acercarnos a Guibeá o a Ramá, y pasemos la noche en uno de esos lugares.

¹⁴Así que siguieron de largo, y al ponerse el sol estaban frente a Guibeá de Benjamín. ¹⁵Entonces se desviaron para pasar la noche en Guibeá. El hombre fue y se sentó en la plaza de la ciudad, pero nadie les ofreció alojamiento para pasar la noche.

¹⁶Aquella noche volvía de trabajar en el campo un anciano de la región montañosa de Efraín, que vivía en Guibeá como forastero, pues los hombres del lugar eran benjaminitas. ¹⁷Cuando el anciano miró y vio en la plaza de la ciudad al viajero, le preguntó:

—¿A dónde vas? ¿De dónde vienes?

¹⁸El viajero le respondió:

—Estamos de paso. Venimos de Belén de Judá, y vamos a una zona remota de la región montañosa de Efraín, donde yo vivo. He estado en Belén de Judá, y ahora me dirijo a la casa del SEÑOR, pero nadie me ha ofrecido alojamiento. ¹⁹Tenemos paja y forraje para nuestros asnos, y también pan y vino para mí y para tu sierva, y para el joven que está conmigo. No nos hace falta nada.

²⁰—En mi casa serás bienvenido —le dijo el anciano—. Yo me encargo de todo lo que necesites. Pero no pases la noche en la plaza.

²¹Así que lo llevó a su casa y dio de comer a sus asnos y, después de lavarse los pies, comieron y bebieron.

A Levite and His Concubine

19 In those days Israel had no king.
Now a Levite who lived in a remote area in the hill country of Ephraim took a concubine from Bethlehem in Judah. ²But she was unfaithful to him. She left him and went back to her father's house in Bethlehem, Judah. After she had been there four months, ³her husband went to her to persuade her to return. He had with him his servant and two donkeys. She took him into her father's house, and when her father saw him, he gladly welcomed him. ⁴His father-in-law, the girl's father, prevailed upon him to stay; so he remained with him three days, eating and drinking, and sleeping there.

⁵On the fourth day they got up early and he prepared to leave, but the girl's father said to his son-in-law, "Refresh yourself with something to eat; then you can go." ⁶So the two of them sat down to eat and drink together. Afterward the girl's father said, "Please stay tonight and enjoy yourself." ⁷And when the man got up to go, his father-in-law persuaded him, so he stayed there that night. ⁸On the morning of the fifth day, when he rose to go, the girl's father said, "Refresh yourself. Wait till afternoon!" So the two of them ate together.

⁹Then when the man, with his concubine and his servant, got up to leave, his father-in-law, the girl's father, said, "Now look, it's almost evening. Spend the night here; the day is nearly over. Stay and enjoy yourself. Early tomorrow morning you can get up and be on your way home." ¹⁰But, unwilling to stay another night, the man left and went toward Jebus (that is, Jerusalem), with his two saddled donkeys and his concubine.

¹¹When they were near Jebus and the day was almost gone, the servant said to his master, "Come, let's stop at this city of the Jebusites and spend the night."

¹²His master replied, "No. We won't go into an alien city, whose people are not Israelites. We will go on to Gibeah." ¹³He added, "Come, let's try to reach Gibeah or Ramah and spend the night in one of those places." ¹⁴So they went on, and the sun set as they neared Gibeah in Benjamin. ¹⁵There they stopped to spend the night. They went and sat in the city square, but no one took them into his home for the night.

¹⁶That evening an old man from the hill country of Ephraim, who was living in Gibeah (the men of the place were Benjamites), came in from his work in the fields. ¹⁷When he looked and saw the traveler in the city square, the old man asked, "Where are you going? Where did you come from?"

¹⁸He answered, "We are on our way from Bethlehem in Judah to a remote area in the hill country of Ephraim where I live. I have been to Bethlehem in Judah and now I am going to the house of the LORD. No one has taken me into his house. ¹⁹We have both straw and fodder for our donkeys and bread and wine for ourselves your servants—me, your maidservant, and the young man with us. We don't need anything."

²⁰"You are welcome at my house," the old man said. "Let me supply whatever you need. Only don't spend the night in the square." ²¹So he took him into his house and fed his donkeys. After they had washed their feet, they had something to eat and drink.

22 Mientras pasaban un momento agradable, algunos hombres perversos de la ciudad rodearon la casa. Golpeando la puerta, le gritaban al anciano dueño de la casa:

—¡Saca al hombre que llegó a tu casa! ¡Queremos tener relaciones sexuales con él!

23 El dueño de la casa salió y les dijo:

—No, hermanos míos, no sean tan viles, pues este hombre es mi huésped. ¡No cometan con él tal infamia! 24 Miren, aquí está mi hija, que todavía es virgen, y la concubina de este hombre. Las voy a sacar ahora, para que las usen y hagan con ellas lo que bien les parezca. Pero con este hombre no cometan tal infamia.

25 Aquellos perversos no quisieron hacerle caso, así que el levita tomó a su concubina y la echó a la calle. Los hombres la violaron y la ultrajaron toda la noche, hasta el amanecer; ya en la madrugada la dejaron ir. 26 Despuntaba el alba cuando la mujer volvió, y se desplomó a la entrada de la casa donde estaba hospedado su marido. Allí se quedó hasta que amaneció.

27 Cuando por la mañana su marido se levantó y abrió la puerta de la casa, dispuesto a seguir su camino, vio allí a su concubina, tendida a la entrada de la casa y con las manos en el umbral. 28 «¡Levántate, vámonos!», le dijo, pero no obtuvo respuesta. Entonces el hombre la puso sobre su asno y partió hacia su casa.

29 Cuando llegó a su casa, tomó un cuchillo y descuartizó a su concubina en doce pedazos, después de lo cual distribuyó los pedazos por todas las regiones de Israel. 30 Todo el que veía esto decía: «Nunca se ha visto, ni se ha hecho semejante cosa, desde el día que los israelitas salieron de la tierra de Egipto. ¡Piensen en esto! ¡Considérenlo y díganos qué hacer!»

Los israelitas derrotan a los benjaminitas

20 Todos los israelitas desde Dan hasta Berseba, incluso los de la tierra de Galaad, salieron como un solo *hombre y se reunieron ante el SEÑOR en Mizpa. 2 Los jefes de todo el pueblo, es decir, de todas las tribus de Israel, tomaron sus puestos en la asamblea del pueblo de Dios. Eran cuatrocientos mil soldados armados con espadas. 3 A su vez, los de la tribu de Benjamín se enteraron de que los israelitas habían subido a Mizpa. Entonces los israelitas le dijeron al levita:

—Cuéntanos cómo sucedió esta infamia.

4 El levita, esposo de la mujer asesinada, respondió:

—Mi concubina y yo llegamos a Guibeá de Benjamín para pasar la noche. 5 Durante la noche los hombres de Guibeá se levantaron contra mí y rodearon la casa, con la intención de matarme. Luego violaron a mi concubina de tal manera que murió. 6 Entonces la tomé, la corté en pedazos, y envié un pedazo a cada tribu en el territorio israelita, porque esa gente cometió un acto depravado e infame en Israel. 7 Ahora, todos ustedes israelitas, opinen y tomen una decisión aquí mismo.

8 Todo el pueblo se levantó como un solo hombre, y dijo:

—¡Ninguno de nosotros volverá a su carpa! ¡Nadie regresará a su casa! 9 Y esto es lo que le haremos ahora a Guibeá: Echaremos suertes para ver quiénes subirán contra ella. 10 De entre todas las tribus de Israel, tomaremos a diez hombres de cada cien, a cien de cada mil, y a mil de cada diez mil, para conseguir provisiones para el ejército. Cuando el ejército llegue a Guibeá de Benjamín, les dará su merecido por toda la infamia cometida en Israel.

11 Así que todos los israelitas, como un solo hombre,

22 While they were enjoying themselves, some of the wicked men of the city surrounded the house. Pounding on the door, they shouted to the old man who owned the house, "Bring out the man who came to your house so we can have sex with him."

23 The owner of the house went outside and said to them, "No, my friends, don't be so vile. Since this man is my guest, don't do this disgraceful thing. 24 Look, here is my virgin daughter, and his concubine. I will bring them out to you now, and you can use them and do to them whatever you wish. But to this man, don't do such a disgraceful thing."

25 But the men would not listen to him. So the man took his concubine and sent her outside to them, and they raped her and abused her throughout the night, and at dawn they let her go. 26 At daybreak the woman went back to the house where her master was staying, fell down at the door and lay there until daylight.

27 When her master got up in the morning and opened the door of the house and stepped out to continue on his way, there lay his concubine, fallen in the doorway of the house, with her hands on the threshold. 28 He said to her, "Get up; let's go." But there was no answer. Then the man put her on his donkey and set out for home.

29 When he reached home, he took a knife and cut up his concubine, limb by limb, into twelve parts and sent them into all the areas of Israel. 30 Everyone who saw it said, "Such a thing has never been seen or done, not since the day the Israelites came up out of Egypt. Think about it! Consider it! Tell us what to do!"

Israelites Fight the Benjamites

20 Then all the Israelites from Dan to Beersheba and from the land of Gilead came out as one man and assembled before the LORD in Mizpah. 2 The leaders of all the people of the tribes of Israel took their places in the assembly of the people of God, four hundred thousand soldiers armed with swords. 3 (The Benjamites heard that the Israelites had gone up to Mizpah.) Then the Israelites said, "Tell us how this awful thing happened."

4 So the Levite, the husband of the murdered woman, said, "I and my concubine came to Gibeah in Benjamin to spend the night. 5 During the night the men of Gibeah came after me and surrounded the house, intending to kill me. They raped my concubine, and she died. 6 I took my concubine, cut her into pieces and sent one piece to each region of Israel's inheritance, because they committed this lewd and disgraceful act in Israel. 7 Now, all you Israelites, speak up and give your verdict."

8 All the people rose as one man, saying, "None of us will go home. No, not one of us will return to his house. 9 But now this is what we'll do to Gibeah: We'll go up against it as the lot directs. 10 We'll take ten men out of every hundred from all the tribes of Israel, and a hundred from a thousand, and a thousand from ten thousand, to get provisions for the army. Then, when the army arrives at Gibeah[n] in Benjamin, it can give them what they deserve for all this vileness done in Israel." 11 So all the men of Israel got together and united as one man against the city.

---

n 10 One Hebrew manuscript; most Hebrew manuscripts *Geba,* a variant of *Gibeah*

unieron sus fuerzas para atacar la ciudad. ¹²Las tribus de Israel enviaron mensajeros por toda la tribu de Benjamín, diciendo: «¿Qué les parece este crimen que se cometió entre ustedes? ¹³Entreguen ahora a esos malvados de Guibeá, para que los matemos y eliminemos así la maldad en Israel.»

Pero los de la tribu de Benjamín no quisieron hacerles caso a sus hermanos israelitas. ¹⁴Al contrario, gente de todas sus ciudades se reunió en Guibeá para luchar contra los israelitas. ¹⁵En aquel día los de Benjamín movilizaron de entre sus ciudades veintiséis mil soldados armados de espada, además de setecientos hombres escogidos de los que vivían en Guibeá. ¹⁶Entre todos ellos había setecientos soldados escogidos que eran zurdos, todos ellos capaces de lanzar con la honda una piedra contra un cabello, sin errar.

¹⁷Israel, sin contar a Benjamín, movilizó a cuatrocientos mil soldados armados de espada, todos ellos expertos guerreros.

¹⁸Los israelitas subieron a Betel*q* y consultaron a Dios. Le preguntaron:

—¿Cuál de nosotros será el primero en combatir a los de la tribu de Benjamín?

El SEÑOR respondió:

—Judá será el primero.

¹⁹Los israelitas se levantaron temprano y acamparon frente a Guibeá; ²⁰salieron a luchar contra los de Benjamín, y frente a Guibeá se dispusieron contra ellos en orden de batalla. ²¹Pero los de Benjamín salieron de Guibeá y abatieron aquel día a veintidós mil israelitas en el campo de batalla. ²²Los israelitas se animaron unos a otros, y volvieron a presentar batalla donde se habían apostado el primer día, ²³pues habían subido a llorar en presencia del SEÑOR hasta el anochecer, y le habían consultado:

—¿Debemos subir y volver a luchar contra los de Benjamín, nuestros hermanos?

Y el SEÑOR les había contestado:

—Suban contra ellos.

²⁴Fue así como los israelitas se acercaron a Benjamín el segundo día. ²⁵Los de Benjamín salieron de Guibeá para combatirlos, abatiendo esta vez a dieciocho mil israelitas más, todos ellos armados con espadas.

²⁶Entonces los israelitas, con todo el pueblo, subieron a Betel, y allí se sentaron y lloraron en presencia del SEÑOR. Ayunaron aquel día hasta el anochecer y presentaron al SEÑOR *holocaustos y sacrificios de *comunión. ²⁷Después consultaron al SEÑOR, pues en aquel tiempo estaba allí el arca del *pacto de Dios, ²⁸y Finés, hijo de Eleazar y nieto de Aarón, ministraba delante de ella. Preguntaron:

—¿Debemos subir y volver a luchar contra los de Benjamín, nuestros hermanos, o nos retiramos?

El SEÑOR respondió:

—Suban, porque mañana los entregaré en sus manos.

²⁹Israel tendió una emboscada alrededor de Guibeá. ³⁰Al tercer día subieron contra los de Benjamín y se pusieron en orden de batalla contra Guibeá, como lo habían hecho antes. ³¹Los de Benjamín salieron a su encuentro, y se vieron obligados a alejarse de la ciudad. Comenzaron a causar bajas entre los israelitas, como en las ocasiones anteriores, y alcanzaron a matar a unos treinta hombres en el campo abierto y por el camino que lleva a Betel, y también por el que lleva a Guibeá.

³²Los benjaminitas decían: «Los estamos derrotando como antes», pero los israelitas decían: «Huyamos, para que se alejen de la ciudad hasta los caminos.»

¹²The tribes of Israel sent men throughout the tribe of Benjamin, saying, "What about this awful crime that was committed among you? ¹³Now surrender those wicked men of Gibeah so that we may put them to death and purge the evil from Israel."

But the Benjamites would not listen to their fellow Israelites. ¹⁴From their towns they came together at Gibeah to fight against the Israelites. ¹⁵At once the Benjamites mobilized twenty-six thousand swordsmen from their towns, in addition to seven hundred chosen men from those living in Gibeah. ¹⁶Among all these soldiers there were seven hundred chosen men who were left-handed, each of whom could sling a stone at a hair and not miss.

¹⁷Israel, apart from Benjamin, mustered four hundred thousand swordsmen, all of them fighting men.

¹⁸The Israelites went up to Bethel*o* and inquired of God. They said, "Who of us shall go first to fight against the Benjamites?"

The LORD replied, "Judah shall go first."

¹⁹The next morning the Israelites got up and pitched camp near Gibeah. ²⁰The men of Israel went out to fight the Benjamites and took up battle positions against them at Gibeah. ²¹The Benjamites came out of Gibeah and cut down twenty-two thousand Israelites on the battlefield that day. ²²But the men of Israel encouraged one another and again took up their positions where they had stationed themselves the first day. ²³The Israelites went up and wept before the LORD until evening, and they inquired of the LORD. They said, "Shall we go up again to battle against the Benjamites, our brothers?"

The LORD answered, "Go up against them."

²⁴Then the Israelites drew near to Benjamin the second day. ²⁵This time, when the Benjamites came out from Gibeah to oppose them, they cut down another eighteen thousand Israelites, all of them armed with swords.

²⁶Then the Israelites, all the people, went up to Bethel, and there they sat weeping before the LORD. They fasted that day until evening and presented burnt offerings and fellowship offerings*p* to the LORD. ²⁷And the Israelites inquired of the LORD. (In those days the ark of the covenant of God was there, ²⁸with Phinehas son of Eleazar, the son of Aaron, ministering before it.) They asked, "Shall we go up again to battle with Benjamin our brother, or not?"

The LORD responded, "Go, for tomorrow I will give them into your hands."

²⁹Then Israel set an ambush around Gibeah. ³⁰They went up against the Benjamites on the third day and took up positions against Gibeah as they had done before. ³¹The Benjamites came out to meet them and were drawn away from the city. They began to inflict casualties on the Israelites as before, so that about thirty men fell in the open field and on the roads—the one leading to Bethel and the other to Gibeah.

³²While the Benjamites were saying, "We are defeating them as before," the Israelites were saying, "Let's retreat and draw them away from the city to the roads."

---

q 20:18 *Betel.* Alt. *la casa de Dios;* también en v. 26.

o 18 Or *to the house of God;* also in verse 26   *p 26* Traditionally *peace offerings*

33 De pronto, los israelitas cambiaron de táctica y presentaron batalla en Baal Tamar, y los israelitas que estaban emboscados salieron a atacar al oeste^r de Guibeá. 34 Diez mil de los mejores guerreros de Israel lanzaron un ataque frontal contra Guibeá, y fue tan intenso el combate que los benjaminitas no se dieron cuenta de que la calamidad se les venía encima. 35 El Señor derrotó a Benjamín delante de Israel, y aquel día los israelitas mataron a veinticinco mil cien hombres de la tribu de Benjamín, todos ellos armados con espadas. 36 Allí los de Benjamín cayeron en cuenta de que habían sido vencidos.

Los hombres de Israel habían cedido terreno delante de Benjamín, porque confiaban en la emboscada que habían tendido contra Guibeá. 37 De repente los hombres que habían estado emboscados asaltaron a Guibeá, se desplegaron, y mataron a filo de espada a todos los habitantes de la ciudad. 38 Los israelitas habían acordado con los que estaban emboscados que, cuando éstos levantaran una gran nube de humo desde la ciudad, 39 los hombres de Israel volverían a la batalla.

Cuando los de Benjamín comenzaron a causar bajas entre los israelitas, matando a unos treinta, se decían: «¡Los estamos derrotando, como en la primera batalla!» 40 Pero cuando la columna de humo comenzó a levantarse de la ciudad, los de Benjamín se dieron vuelta y vieron que el fuego de la ciudad entera subía al cielo. 41 En ese momento atacaron los israelitas, y los hombres de Benjamín se aterrorizaron al darse cuenta de que la calamidad se les venía encima. 42 Así que huyeron ante los israelitas por el camino del desierto; pero no pudieron escapar de la batalla, pues a los que salían de las ciudades los abatieron allí. 43 Rodearon a los de Benjamín; los persiguieron y los aplastaron con facilidad^s en las inmediaciones de Guibeá, hacia el lado oriental. 44 Cayeron dieciocho mil de la tribu de Benjamín, todos ellos guerreros valientes. 45 Cuando se volvieron y huyeron hacia el desierto, a la peña de Rimón, los israelitas abatieron a cinco mil hombres junto a los caminos. Continuaron persiguiéndolos hasta Guidón, y mataron a dos mil más.

46 Aquel día cayeron en combate veinticinco mil soldados benjaminitas armados con espada, todos ellos guerreros valientes. 47 Pero seiscientos hombres se volvieron y huyeron por el desierto hasta la peña de Rimón, donde permanecieron cuatro meses. 48 Los israelitas se volvieron contra los de Benjamín y mataron a filo de espada a los habitantes de todas las ciudades, incluso a los animales, y destrozaron todo lo que encontraron a su paso. También les prendieron fuego a todas las ciudades.

Esposas para los benjaminitas

21 Los israelitas habían jurado en Mizpa: «Ninguno de nosotros dará su hija en matrimonio a un benjaminita.»

2 El pueblo fue a Betel,^t y allí permanecieron hasta el anochecer, clamando y llorando amargamente en presencia de Dios. 3 «Oh Señor, Dios de Israel —clamaban—, ¿por qué le ha sucedido esto a Israel? ¡Hoy ha desaparecido una de nuestras tribus!»

4 Al día siguiente el pueblo se levantó de madrugada, construyó allí un altar, y presentaron *holocaustos y sacrificios de *comunión.

33 All the men of Israel moved from their places and took up positions at Baal Tamar, and the Israelite ambush charged out of its place on the west^q of Gibeah.^r 34 Then ten thousand of Israel's finest men made a frontal attack on Gibeah. The fighting was so heavy that the Benjamites did not realize how near disaster was. 35 The LORD defeated Benjamin before Israel, and on that day the Israelites struck down 25,100 Benjamites, all armed with swords. 36 Then the Benjamites saw that they were beaten.

Now the men of Israel had given way before Benjamin, because they relied on the ambush they had set near Gibeah. 37 The men who had been in ambush made a sudden dash into Gibeah, spread out and put the whole city to the sword. 38 The men of Israel had arranged with the ambush that they should send up a great cloud of smoke from the city, 39 and then the men of Israel would turn in the battle.

The Benjamites had begun to inflict casualties on the men of Israel (about thirty), and they said, "We are defeating them as in the first battle." 40 But when the column of smoke began to rise from the city, the Benjamites turned and saw the smoke of the whole city going up into the sky. 41 Then the men of Israel turned on them, and the men of Benjamin were terrified, because they realized that disaster had come upon them. 42 So they fled before the Israelites in the direction of the desert, but they could not escape the battle. And the men of Israel who came out of the towns cut them down there. 43 They surrounded the Benjamites, chased them and easily^s overran them in the vicinity of Gibeah on the east. 44 Eighteen thousand Benjamites fell, all of them valiant fighters. 45 As they turned and fled toward the desert to the rock of Rimmon, the Israelites cut down five thousand men along the roads. They kept pressing after the Benjamites as far as Gidom and struck down two thousand more.

46 On that day twenty-five thousand Benjamite swordsmen fell, all of them valiant fighters. 47 But six hundred men turned and fled into the desert to the rock of Rimmon, where they stayed four months. 48 The men of Israel went back to Benjamin and put all the towns to the sword, including the animals and everything else they found. All the towns they came across they set on fire.

Wives for the Benjamites

21 The men of Israel had taken an oath at Mizpah: "Not one of us will give his daughter in marriage to a Benjamite."

2 The people went to Bethel,^t where they sat before God until evening, raising their voices and weeping bitterly. 3 "O LORD, the God of Israel," they cried, "why has this happened to Israel? Why should one tribe be missing from Israel today?"

4 Early the next day the people built an altar and presented burnt offerings and fellowship offerings.^u

---

r 20:33 oeste (mss. de LXX y Vulgata); palabra de difícil traducción.   s 20:43 con facilidad. Palabra de difícil traducción.   t 21:2 Betel. Alt. la casa de Dios.

q 33 Some Septuagint manuscripts and Vulgate; the meaning of the Hebrew for this word is uncertain.   r 33 Hebrew Geba, a variant of Gibeah   s 43 The meaning of the Hebrew for this word is uncertain.   t 2 Or to the house of God   u 4 Traditionally peace offerings

5 Luego preguntaron los israelitas: «¿Quién de entre todas las tribus de Israel no se presentó a la asamblea del Señor?» Porque habían pronunciado un juramento solemne contra cualquiera que no se presentara ante el Señor en Mizpa, diciendo: «Tendrá que morir.»

6 Los israelitas se afligieron por sus hermanos, los benjaminitas. «Hoy ha sido arrancada una tribu de Israel —dijeron ellos—. 7 ¿Cómo podemos proveerles esposas a los que quedan, si ya hemos jurado ante el Señor no darles ninguna de nuestras hijas en matrimonio?» 8 Entonces preguntaron: «¿Cuál de las tribus de Israel no se presentó ante el Señor en Mizpa?» Y resultó que ninguno de Jabés Galaad había llegado al campamento para la asamblea, 9 porque al pasar revista al pueblo notaron que de los habitantes de Jabés Galaad no había allí ninguno.

10 Así que la asamblea envió doce mil de los mejores guerreros con la siguiente orden: «Vayan y maten a filo de espada a los habitantes de Jabés Galaad. Maten también a las mujeres y a los niños. 11 Esto es lo que van a hacer: *Exterminarán a todos los hombres y a todas las mujeres que no sean vírgenes.» 12 Entre los habitantes de Jabés Galaad encontraron a cuatrocientas muchachas que no habían tenido relaciones sexuales con ningún hombre, y las llevaron al campamento de Siló, que está en la tierra de Canaán.

13 Entonces toda la comunidad envió una oferta de paz a los benjaminitas que estaban en la peña de Rimón. 14 En esa ocasión regresaron los benjaminitas, y se les dieron las mujeres de Jabés Galaad que habían dejado con vida. Pero no hubo mujeres para todos.

15 El pueblo todavía se afligía por Benjamín, porque el Señor había dejado un vacío en las tribus de Israel. 16 Y los *ancianos de la asamblea dijeron: «¿Cómo podemos darles mujeres a los hombres que quedaron, si las mujeres de Benjamín fueron exterminadas? 17 ¡Los sobrevivientes benjaminitas deben tener herederos —exclamaron—, para que no sea aniquilada una tribu de Israel! 18 Pero nosotros no podemos darles nuestras hijas como esposas, porque hemos jurado diciendo: "Maldito sea el que dé una mujer a un benjaminita." 19 Pero miren, se acerca la fiesta del Señor que todos los años se celebra en Siló, al norte de Betel, y al este del camino que va de Betel a Siquén, y al sur de Lebona.»

20 Así que dieron estas instrucciones a los de Benjamín: «Vayan, escóndanse en los viñedos 21 y estén atentos. Cuando las muchachas de Siló salgan a bailar, salgan ustedes de los viñedos y róbese cada uno de ustedes una de esas muchachas para esposa, y váyase a la tierra de Benjamín. 22 Y si sus padres o sus hermanos vienen a reclamarnos algo, les diremos: "Sean bondadosos con ellos, porque no conseguimos esposas para todos ellos durante la guerra. Además, ustedes son inocentes, ya que no les dieron sus hijas."»

23 Así lo hicieron los de la tribu de Benjamín. Mientras bailaban las muchachas, cada uno de ellos se robó una y se la llevó. Luego regresaron a sus propias tierras, reconstruyeron las ciudades y se establecieron en ellas.

24 Luego de eso los israelitas también se fueron de aquel lugar y regresaron a sus tribus y a sus clanes, cada uno a su propia tierra.

25 En aquella época no había rey en Israel; cada uno hacía lo que le parecía mejor.

5 Then the Israelites asked, "Who from all the tribes of Israel has failed to assemble before the Lord?" For they had taken a solemn oath that anyone who failed to assemble before the Lord at Mizpah should certainly be put to death.

6 Now the Israelites grieved for their brothers, the Benjamites. "Today one tribe is cut off from Israel," they said. 7 "How can we provide wives for those who are left, since we have taken an oath by the Lord not to give them any of our daughters in marriage?" 8 Then they asked, "Which one of the tribes of Israel failed to assemble before the Lord at Mizpah?" They discovered that no one from Jabesh Gilead had come to the camp for the assembly. 9 For when they counted the people, they found that none of the people of Jabesh Gilead were there.

10 So the assembly sent twelve thousand fighting men with instructions to go to Jabesh Gilead and put to the sword those living there, including the women and children. 11 "This is what you are to do," they said. "Kill every male and every woman who is not a virgin." 12 They found among the people living in Jabesh Gilead four hundred young women who had never slept with a man, and they took them to the camp at Shiloh in Canaan.

13 Then the whole assembly sent an offer of peace to the Benjamites at the rock of Rimmon. 14 So the Benjamites returned at that time and were given the women of Jabesh Gilead who had been spared. But there were not enough for all of them.

15 The people grieved for Benjamin, because the Lord had made a gap in the tribes of Israel. 16 And the elders of the assembly said, "With the women of Benjamin destroyed, how shall we provide wives for the men who are left? 17 The Benjamite survivors must have heirs," they said, "so that a tribe of Israel will not be wiped out. 18 We can't give them our daughters as wives, since we Israelites have taken this oath: 'Cursed be anyone who gives a wife to a Benjamite.' 19 But look, there is the annual festival of the Lord in Shiloh, to the north of Bethel, and east of the road that goes from Bethel to Shechem, and to the south of Lebonah."

20 So they instructed the Benjamites, saying, "Go and hide in the vineyards 21 and watch. When the girls of Shiloh come out to join in the dancing, then rush from the vineyards and each of you seize a wife from the girls of Shiloh and go to the land of Benjamin. 22 When their fathers or brothers complain to us, we will say to them, 'Do us a kindness by helping them, because we did not get wives for them during the war, and you are innocent, since you did not give your daughters to them.'"

23 So that is what the Benjamites did. While the girls were dancing, each man caught one and carried her off to be his wife. Then they returned to their inheritance and rebuilt the towns and settled in them.

24 At that time the Israelites left that place and went home to their tribes and clans, each to his own inheritance.

25 In those days Israel had no king; everyone did as he saw fit.

Rut

Ruth

Ruth

Noemí y Rut

1 En el tiempo en que los caudillos[a] gobernaban el país, hubo allí una época de hambre. Entonces un hombre de Belén de Judá emigró a la tierra de Moab, junto con su esposa y sus dos hijos. 2El hombre se llamaba Elimélec, su esposa se llamaba Noemí y sus dos hijos, Majlón y Quilión, todos ellos efrateos, de Belén de Judá. Cuando llegaron a la tierra de Moab, se quedaron a vivir allí.

3Pero murió Elimélec, esposo de Noemí, y ella se quedó sola con sus dos hijos. 4Éstos se casaron con mujeres moabitas, la una llamada Orfa y la otra Rut. Después de haber vivido allí unos diez años, 5murieron también Majlón y Quilión, y Noemí se quedó viuda y sin hijos.

6Noemí regresó de la tierra de Moab con sus dos nueras, porque allí se enteró de que el SEÑOR había acudido en ayuda de su pueblo al proveerle de alimento. 7Salió, pues, con sus dos nueras del lugar donde había vivido, y juntas emprendieron el camino que las llevaría hasta la tierra de Judá.

8Entonces Noemí les dijo a sus dos nueras:

—¡Miren, vuelva cada una a la casa de su madre! Que el SEÑOR las trate a ustedes con el mismo amor y lealtad que ustedes han mostrado con los que murieron y conmigo. 9Que el SEÑOR les conceda hallar seguridad en un nuevo hogar, al lado de un nuevo esposo.

Luego las besó. Pero ellas, deshechas en llanto, alzaron la voz 10y exclamaron:

—¡No! Nosotras volveremos contigo a tu pueblo.

11—¡Vuelvan a su casa, hijas mías! —insistió Noemí—. ¿Para qué se van a ir conmigo? ¿Acaso voy a tener más hijos que pudieran casarse con ustedes? 12¡Vuelvan a su casa, hijas mías! ¡Váyanse! Yo soy demasiado vieja para volver a casarme. Aun si abrigara esa esperanza, y esta misma noche me casara y llegara a tener hijos, 13¿los esperarían ustedes hasta que crecieran? ¿Y por ellos se quedarían sin casarse? ¡No, hijas mías! Mi amargura es mayor que la de ustedes; ¡la mano del SEÑOR se ha levantado contra mí!

14Una vez más alzaron la voz, deshechas en llanto. Luego Orfa se despidió de su suegra con un beso, pero Rut se aferró a ella.

15—Mira —dijo Noemí—, tu cuñada se vuelve a su pueblo y a sus dioses. Vuélvete con ella.

16Pero Rut respondió:

—¡No insistas en que te abandone o en que me separe de ti!

»Porque iré adonde tú vayas,
　　y viviré donde tú vivas.
Tu pueblo será mi pueblo,
　　y tu Dios será mi Dios.
17Moriré donde tú mueras,
　　y allí seré sepultada.
¡Que me castigue el SEÑOR con toda severidad
　　si me separa de ti algo que no sea la muerte!

18Al ver Noemí que Rut estaba tan decidida a acompañarla, no le insistió más.

Naomi and Ruth

1 In the days when the judges ruled,[a] there was a famine in the land, and a man from Bethlehem in Judah, together with his wife and two sons, went to live for a while in the country of Moab. 2The man's name was Elimelech, his wife's name Naomi, and the names of his two sons were Mahlon and Kilion. They were Ephrathites from Bethlehem, Judah. And they went to Moab and lived there.

3Now Elimelech, Naomi's husband, died, and she was left with her two sons. 4They married Moabite women, one named Orpah and the other Ruth. After they had lived there about ten years, 5both Mahlon and Kilion also died, and Naomi was left without her two sons and her husband.

6When she heard in Moab that the LORD had come to the aid of his people by providing food for them, Naomi and her daughters-in-law prepared to return home from there. 7With her two daughters-in-law she left the place where she had been living and set out on the road that would take them back to the land of Judah.

8Then Naomi said to her two daughters-in-law, "Go back, each of you, to your mother's home. May the LORD show kindness to you, as you have shown to your dead and to me. 9May the LORD grant that each of you will find rest in the home of another husband."

Then she kissed them and they wept aloud 10and said to her, "We will go back with you to your people."

11But Naomi said, "Return home, my daughters. Why would you come with me? Am I going to have any more sons, who could become your husbands? 12Return home, my daughters; I am too old to have another husband. Even if I thought there was still hope for me—even if I had a husband tonight and then gave birth to sons— 13would you wait until they grew up? Would you remain unmarried for them? No, my daughters. It is more bitter for me than for you, because the LORD's hand has gone out against me!"

14At this they wept again. Then Orpah kissed her mother-in-law good-by, but Ruth clung to her.

15"Look," said Naomi, "your sister-in-law is going back to her people and her gods. Go back with her."

16But Ruth replied, "Don't urge me to leave you or to turn back from you. Where you go I will go, and where you stay I will stay. Your people will be my people and your God my God. 17Where you die I will die, and there I will be buried. May the LORD deal with me, be it ever so severely, if anything but death separates you and me." 18When Naomi realized that Ruth was determined to go with her, she stopped urging her.

---

a 1:1 *caudillos*. Véase Jue 2:16.

a 1 Traditionally *judged*

¹⁹Entonces las dos mujeres siguieron caminando hasta llegar a Belén. Apenas llegaron, hubo gran conmoción en todo el pueblo a causa de ellas.

—¿No es ésta Noemí? —se preguntaban las mujeres del pueblo.

²⁰—Ya no me llamen Noemí*b* —repuso ella—. Llámenme Mara,*c* porque el *Todopoderoso ha colmado mi vida de amargura.

²¹»Me fui con las manos llenas,
    pero el SEÑOR me ha hecho volver sin nada.
¿Por qué me llaman Noemí
    si me ha afligido el SEÑOR,*d*
    si me ha hecho desdichada el Todopoderoso?

²²Así fue como Noemí volvió de la tierra de Moab acompañada por su nuera, Rut la moabita. Cuando llegaron a Belén, comenzaba la cosecha de cebada.

Encuentro de Rut con Booz

2 Noemí tenía, por parte de su esposo, un pariente que se llamaba Booz. Era un hombre rico e influyente de la familia de Elimélec.

²Y sucedió que Rut la moabita le dijo a Noemí:

—Permíteme ir al campo a recoger las espigas que vaya dejando alguien a quien yo le caiga bien.

—Anda, hija mía —le respondió su suegra.

³Rut salió y comenzó a recoger espigas en el campo, detrás de los segadores. Y dio la casualidad de que el campo donde estaba trabajando pertenecía a Booz, el pariente de Elimélec.

⁴En eso llegó Booz desde Belén y saludó a los segadores:

—¡Que el SEÑOR esté con ustedes!

—¡Que el SEÑOR lo bendiga! —respondieron ellos.

⁵—¿De quién es esa joven? —preguntó Booz al capataz de sus segadores.

⁶—Es una joven moabita que volvió de la tierra de Moab con Noemí —le contestó el capataz—. ⁷Ella me rogó que la dejara recoger espigas de entre las gavillas, detrás de los segadores. No ha dejado de trabajar desde esta mañana que entró en el campo, hasta ahora que ha venido a descansar un rato en el cobertizo.*e*

⁸Entonces Booz le dijo a Rut:

—Escucha, hija mía. No vayas a recoger espigas a otro campo, ni te alejes de aquí; quédate junto a mis criadas, ⁹fíjate bien en el campo donde se esté cosechando, y síguelas. Ya les ordené a los criados que no te molesten. Y cuando tengas sed, ve adonde están las vasijas y bebe del agua que los criados hayan sacado.

¹⁰Rut se inclinó hacia la tierra, se postró sobre su rostro y exclamó:

—¿Cómo es que le he caído tan bien a usted, hasta el punto de fijarse en mí, siendo sólo una extranjera?

¹¹—Ya me han contado —le respondió Booz— todo lo que has hecho por tu suegra desde que murió tu esposo; cómo dejaste padre y madre, y la tierra donde naciste, y viniste a vivir con un pueblo que antes no conocías. ¹²¡Que el SEÑOR te recompense por lo que has hecho! Que el SEÑOR, Dios de Israel, bajo cuyas alas has venido a refugiarte, te lo pague con creces.

¹³—¡Ojalá siga yo siendo de su agrado, mi señor! —contestó ella—. Usted me ha consolado y me ha hablado con cariño, aunque ni siquiera soy como una de sus servidoras.

¹⁹So the two women went on until they came to Bethlehem. When they arrived in Bethlehem, the whole town was stirred because of them, and the women exclaimed, "Can this be Naomi?"

²⁰"Don't call me Naomi,*b*" she told them. "Call me Mara,*c* because the Almighty*d* has made my life very bitter. ²¹I went away full, but the LORD has brought me back empty. Why call me Naomi? The LORD has afflicted*e* me; the Almighty has brought misfortune upon me."

²²So Naomi returned from Moab accompanied by Ruth the Moabitess, her daughter-in-law, arriving in Bethlehem as the barley harvest was beginning.

Ruth Meets Boaz

2 Now Naomi had a relative on her husband's side, from the clan of Elimelech, a man of standing, whose name was Boaz.

²And Ruth the Moabitess said to Naomi, "Let me go to the fields and pick up the leftover grain behind anyone in whose eyes I find favor."

Naomi said to her, "Go ahead, my daughter." ³So she went out and began to glean in the fields behind the harvesters. As it turned out, she found herself working in a field belonging to Boaz, who was from the clan of Elimelech.

⁴Just then Boaz arrived from Bethlehem and greeted the harvesters, "The LORD be with you!"

"The LORD bless you!" they called back.

⁵Boaz asked the foreman of his harvesters, "Whose young woman is that?"

⁶The foreman replied, "She is the Moabitess who came back from Moab with Naomi. ⁷She said, 'Please let me glean and gather among the sheaves behind the harvesters.' She went into the field and has worked steadily from morning till now, except for a short rest in the shelter."

⁸So Boaz said to Ruth, "My daughter, listen to me. Don't go and glean in another field and don't go away from here. Stay here with my servant girls. ⁹Watch the field where the men are harvesting, and follow along after the girls. I have told the men not to touch you. And whenever you are thirsty, go and get a drink from the water jars the men have filled."

¹⁰At this, she bowed down with her face to the ground. She exclaimed, "Why have I found such favor in your eyes that you notice me—a foreigner?"

¹¹Boaz replied, "I've been told all about what you have done for your mother-in-law since the death of your husband—how you left your father and mother and your homeland and came to live with a people you did not know before. ¹²May the LORD repay you for what you have done. May you be richly rewarded by the LORD, the God of Israel, under whose wings you have come to take refuge."

¹³"May I continue to find favor in your eyes, my lord," she said. "You have given me comfort and have spoken kindly to your servant—though I do not have the standing of one of your servant girls."

---

b 1:20 En hebreo, *Noemí* significa *placentera* o *dulce.*   *c 1:20* En hebreo, *Mara* significa *amarga.*   *d 1:21 si me ha afligido el SEÑOR.* Alt. *si el SEÑOR ha testificado contra mí.*   *e 2:7 que ha venido ... cobertizo.* Frase de difícil traducción.

b 20 Naomi means *pleasant*; also in verse 21.   *c 20 Mara* means *bitter.*   *d 20* Hebrew *Shaddai*; also in verse 21   *e 21* Or *has testified against*

¹⁴A la hora de comer, Booz le dijo:

—Ven acá. Sírvete pan y moja tu bocado en el vinagre.

Cuando Rut se sentó con los segadores, Booz le ofreció grano tostado. Ella comió, quedó satisfecha, y hasta le sobró. ¹⁵Después, cuando ella se levantó a recoger espigas, él dio estas órdenes a sus criados:

—Aun cuando saque espigas de las gavillas mismas, no la hagan pasar vergüenza. ¹⁶Más bien, dejen caer algunas espigas de los manojos para que ella las recoja, ¡y no la reprendan!

¹⁷Así que Rut recogió espigas en el campo hasta el atardecer. Luego desgranó la cebada que había recogido, la cual pesó más de veinte kilos.ᶠ ¹⁸La cargó de vuelta al pueblo, y su suegra vio cuánto traía. Además, Rut le entregó a su suegra lo que le había quedado después de haber comido hasta quedar satisfecha.

¹⁹Su suegra le preguntó:

—¿Dónde recogiste espigas hoy? ¿Dónde trabajaste? ¡Bendito sea el hombre que se fijó en ti!

Entonces Rut le contó a su suegra acerca del hombre con quién había estado trabajando. Le dijo:

—El hombre con quien hoy trabajé se llama Booz.

²⁰—¡Que el SEÑOR lo bendiga! —exclamó Noemí delante de su nuera—. El SEÑOR no ha dejado de mostrar su fiel amor hacia los vivos y los muertos. Ese hombre es nuestro pariente cercano; es uno de los parientes que nos pueden redimir.

²¹Rut la moabita añadió:

—Incluso me dijo que me quede allí con sus criados hasta que terminen de recogerle toda la cosecha.

²²—Hija mía, te conviene seguir con sus criadas —le dijo Noemí—, para que no se aprovechen de ti en otro campo.

²³Así que Rut se quedó junto con las criadas de Booz para recoger espigas hasta que terminó la cosecha de la cebada y del trigo. Mientras tanto, vivía con su suegra.

Rut y Booz en la era

3 Un día su suegra Noemí le dijo:

—Hija mía, ¿no debiera yo buscarte un hogar seguro donde no te falte nada? ²Además, ¿acaso Booz, con cuyas criadas has estado, no es nuestro pariente? Pues bien, él va esta noche a la era para aventar la cebada. ³Báñate y perfúmate, y ponte tu mejor ropa. Baja luego a la era, pero no dejes que él se dé cuenta de que estás allí hasta que haya terminado de comer y beber. ⁴Cuando se vaya a dormir, te fijas dónde se acuesta. Luego vas, le destapas los pies, y te acuestas allí. Verás que él mismo te dice lo que tienes que hacer.

⁵—Haré todo lo que me has dicho —respondió Rut.

⁶Y bajó a la era e hizo todo lo que su suegra le había mandado.

⁷Booz comió y bebió, y se puso alegre. Luego se fue a dormir detrás del montón de grano. Más tarde Rut se acercó sigilosamente, le destapó los pies y se acostó allí. ⁸A medianoche Booz se despertó sobresaltado y, al darse vuelta, descubrió que había una mujer acostada a sus pies.

⁹—¿Quién eres? —le preguntó.

—Soy Rut, su sierva. Extienda sobre mí el borde de su manto,ᵍ ya que usted es un pariente que me puede redimir.

¹⁰—Que el SEÑOR te bendiga, hija mía. Esta nueva muestra de lealtad de tu parte supera la anterior, ya que no has ido en busca de hombres jóvenes, sean ricos o

¹⁴At mealtime Boaz said to her, "Come over here. Have some bread and dip it in the wine vinegar."

When she sat down with the harvesters, he offered her some roasted grain. She ate all she wanted and had some left over. ¹⁵As she got up to glean, Boaz gave orders to his men, "Even if she gathers among the sheaves, don't embarrass her. ¹⁶Rather, pull out some stalks for her from the bundles and leave them for her to pick up, and don't rebuke her."

¹⁷So Ruth gleaned in the field until evening. Then she threshed the barley she had gathered, and it amounted to about an ephah.ᶠ ¹⁸She carried it back to town, and her mother-in-law saw how much she had gathered. Ruth also brought out and gave her what she had left over after she had eaten enough.

¹⁹Her mother-in-law asked her, "Where did you glean today? Where did you work? Blessed be the man who took notice of you!"

Then Ruth told her mother-in-law about the one at whose place she had been working. "The name of the man I worked with today is Boaz," she said.

²⁰"The LORD bless him!" Naomi said to her daughter-in-law. "He has not stopped showing his kindness to the living and the dead." She added, "That man is our close relative; he is one of our kinsman-redeemers."

²¹Then Ruth the Moabitess said, "He even said to me, 'Stay with my workers until they finish harvesting all my grain.' "

²²Naomi said to Ruth her daughter-in-law, "It will be good for you, my daughter, to go with his girls, because in someone else's field you might be harmed."

²³So Ruth stayed close to the servant girls of Boaz to glean until the barley and wheat harvests were finished. And she lived with her mother-in-law.

Ruth and Boaz at the Threshing Floor

3 One day Naomi her mother-in-law said to her, "My daughter, should I not try to find a homeᵍ for you, where you will be well provided for? ²Is not Boaz, with whose servant girls you have been, a kinsman of ours? Tonight he will be winnowing barley on the threshing floor. ³Wash and perfume yourself, and put on your best clothes. Then go down to the threshing floor, but don't let him know you are there until he has finished eating and drinking. ⁴When he lies down, note the place where he is lying. Then go and uncover his feet and lie down. He will tell you what to do."

⁵"I will do whatever you say," Ruth answered. ⁶So she went down to the threshing floor and did everything her mother-in-law told her to do.

⁷When Boaz had finished eating and drinking and was in good spirits, he went over to lie down at the far end of the grain pile. Ruth approached quietly, uncovered his feet and lay down. ⁸In the middle of the night something startled the man, and he turned and discovered a woman lying at his feet.

⁹"Who are you?" he asked.

"I am your servant Ruth," she said. "Spread the corner of your garment over me, since you are a kinsman-redeemer."

¹⁰"The LORD bless you, my daughter," he replied. "This kindness is greater than that which you showed earlier: You have not run after the younger men,

---

ᶠ2:17 *más de veinte kilos.* Lit. *casi un* *efa.* ᵍ3:9 *Extienda sobre mí el borde de su manto.* Esta acción implicaba una propuesta de matrimonio.

ᶠ17 That is, probably about 3/5 bushel (about 22 liters)
ᵍ1 Hebrew *find rest* (see Ruth 1:9)

pobres. ¹¹Y ahora, hija mía, no tengas miedo. Haré por ti todo lo que me pidas. Todo mi pueblo*h* sabe que eres una mujer ejemplar. ¹²Ahora bien, aunque es cierto que soy un pariente que puede redimirte, hay otro más cercano que yo. ¹³Quédate aquí esta noche. Mañana, si él quiere redimirte, está bien que lo haga. Pero si no está dispuesto a hacerlo, ¡tan cierto como que el SEÑOR vive, te juro que yo te redimiré! Ahora acuéstate aquí hasta que amanezca.

¹⁴Así que se quedó acostada a sus pies hasta el amanecer, y se levantó cuando aún estaba oscuro; pues él había dicho: «Que no se sepa que una mujer vino a la era.»

¹⁵Luego Booz le dijo:

—Pásame el manto que llevas puesto y sostenlo firmemente.

Rut lo hizo así, y él echó en el manto veinte kilos*i* de cebada y puso la carga sobre ella. Luego él regresó al pueblo.

¹⁶Cuando Rut llegó adonde estaba su suegra, ésta le preguntó:

—¿Cómo te fue, hija mía?

Rut le contó todo lo que aquel hombre había hecho por ella, ¹⁷y añadió:

—Me dio estos veinte kilos de cebada, y me dijo: "No debes volver a tu suegra con las manos vacías."

¹⁸Entonces Noemí le dijo:

—Espérate, hija mía, a ver qué sucede. Porque este hombre no va a descansar hasta dejar resuelto este asunto hoy mismo.

Matrimonio de Booz y Rut

4 Booz, por su parte, subió hasta la *puerta de la ciudad y se sentó allí. En eso pasó el pariente redentor que él había mencionado.

—Ven acá, amigo mío, y siéntate —le dijo Booz.

El hombre fue y se sentó.

²Entonces Booz llamó a diez de los *ancianos de la ciudad, y les dijo:

—Siéntense aquí.

Y ellos se sentaron. ³Booz le dijo al pariente redentor:

—Noemí, que ha regresado de la tierra de Moab, está vendiendo el terreno que perteneció a nuestro hermano Elimélec. ⁴Consideré que debía informarte del asunto y sugerirte que lo compres en presencia de estos testigos y de los ancianos de mi pueblo. Si vas a redimir el terreno, hazlo. Pero si no vas*j* a redimirlo, házmelo saber, para que yo lo sepa. Porque ningún otro tiene el derecho de redimirlo sino tú, y después de ti, yo tengo ese derecho.

—Yo lo redimo —le contestó.

⁵Pero Booz le aclaró:

—El día que adquieras el terreno de Noemí, adquieres también a Rut la moabita, viuda del difunto,*k* a fin de conservar su *nombre junto con su heredad.

⁶—Entonces no puedo redimirlo —respondió el pariente redentor—, porque podría perjudicar mi propia herencia. Redímelo tú; te cedo mi derecho. Yo no puedo ejercerlo.

⁷En aquellos tiempos, para ratificar la redención o el traspaso de una propiedad en Israel, una de las partes contratantes se quitaba la sandalia y se la daba a la otra. Así se acostumbraba legalizar los contratos en Israel.

whether rich or poor. ¹¹And now, my daughter, don't be afraid. I will do for you all you ask. All my fellow townsmen know that you are a woman of noble character. ¹²Although it is true that I am near of kin, there is a kinsman-redeemer nearer than I. ¹³Stay here for the night, and in the morning if he wants to redeem, good; let him redeem. But if he is not willing, as surely as the LORD lives I will do it. Lie here until morning."

¹⁴So she lay at his feet until morning, but got up before anyone could be recognized; and he said, "Don't let it be known that a woman came to the threshing floor."

¹⁵He also said, "Bring me the shawl you are wearing and hold it out." When she did so, he poured into it six measures of barley and put it on her. Then he*h* went back to town.

¹⁶When Ruth came to her mother-in-law, Naomi asked, "How did it go, my daughter?"

Then she told her everything Boaz had done for her ¹⁷and added, "He gave me these six measures of barley, saying, 'Don't go back to your mother-in-law empty-handed.'"

¹⁸Then Naomi said, "Wait, my daughter, until you find out what happens. For the man will not rest until the matter is settled today."

Boaz Marries Ruth

4 Meanwhile Boaz went up to the town gate and sat there. When the kinsman-redeemer he had mentioned came along, Boaz said, "Come over here, my friend, and sit down." So he went over and sat down.

²Boaz took ten of the elders of the town and said, "Sit here," and they did so. ³Then he said to the kinsman-redeemer, "Naomi, who has come back from Moab, is selling the piece of land that belonged to our brother Elimelech. ⁴I thought I should bring the matter to your attention and suggest that you buy it in the presence of these seated here and in the presence of the elders of my people. If you will redeem it, do so. But if you*i* will not, tell me, so I will know. For no one has the right to do it except you, and I am next in line."

"I will redeem it," he said.

⁵Then Boaz said, "On the day you buy the land from Naomi and from Ruth the Moabitess, you acquire*j* the dead man's widow, in order to maintain the name of the dead with his property."

⁶At this, the kinsman-redeemer said, "Then I cannot redeem it because I might endanger my own estate. You redeem it yourself. I cannot do it."

⁷(Now in earlier times in Israel, for the redemption and transfer of property to become final, one party took off his sandal and gave it to the other. This was the method of legalizing transactions in Israel.)

---

h 3:11 Todo mi pueblo. Lit. *Toda la *puerta de mi pueblo.*
i 3:15 veinte kilos. Lit. *seis ₍medidas₎;* también en v. 17.   *j 4:4 si no vas* (mss. hebreos, LXX, Vulgata y Siríaca); *si él no va* (TM).
k 4:5 de Noemí ... viuda (Vulgata y Siríaca); *de Noemí y de Rut la moabita, tendrás que casarte con la viuda* (TM).

h 15 Most Hebrew manuscripts; many Hebrew manuscripts, Vulgate and Syriac *she*   *i 4* Many Hebrew manuscripts, Septuagint, Vulgate and Syriac; most Hebrew manuscripts *he*   *j 5* Hebrew; Vulgate and Syriac *Naomi, you acquire Ruth the Moabitess,*

8 Por eso el pariente redentor le dijo a Booz:

—Cómpralo tú.

Y se quitó la sandalia.

9 Entonces Booz proclamó ante los ancianos y ante todo el pueblo:

—Hoy son ustedes testigos de que le he comprado a Noemí toda la propiedad de Elimélec, Quilión y Majlón, 10 y de que he tomado como esposa a Rut la moabita, viuda de Majlón, a fin de preservar el nombre del difunto con su heredad, para que su nombre no desaparezca de entre su familia ni de los registros del pueblo. ¡Hoy son ustedes testigos!

11 Los ancianos y todos los que estaban en la puerta respondieron:

—Somos testigos.

»¡Que el SEÑOR haga que la mujer que va a formar parte de tu hogar sea como Raquel y Lea, quienes juntas edificaron el pueblo de Israel!

»¡Que seas un hombre ilustre en Efrata, y que adquieras renombre en Belén!

12 »¡Que por medio de esta joven el SEÑOR te conceda una descendencia tal que tu familia sea como la de Fares, el hijo que Tamar le dio a Judá!

Genealogía de David

13 Así que Booz tomó a Rut y se casó con ella. Cuando se unieron, el SEÑOR le concedió quedar embarazada, de modo que tuvo un hijo. 14 Las mujeres le decían a Noemí: «¡Alabado sea el SEÑOR, que no te ha dejado hoy sin un redentor! ¡Que llegue a tener renombre en Israel! 15 Este niño renovará tu *vida y te sustentará en la vejez, porque lo ha dado a luz tu nuera, que te ama y es para ti mejor que siete hijos.»

16 Noemí tomó al niño, lo puso en su regazo y se encargó de criarlo. 17 Las vecinas decían: «¡Noemí ha tenido un hijo!» Y lo llamaron Obed. Éste fue el padre de Isaí, padre de David.

18 Así que éste es el linaje de Fares:

Fares fue el padre de Jezrón;
19 Jezrón, el padre de Ram;
   Ram, el padre de Aminadab;
20 Aminadab, el padre de Naasón;
   Naasón, el padre de Salmón;^l
21 Salmón, el padre de Booz;
   Booz, el padre de Obed;
22 Obed, el padre de Isaí;
   e Isaí, el padre de David.

8 So the kinsman-redeemer said to Boaz, "Buy it yourself." And he removed his sandal.

9 Then Boaz announced to the elders and all the people, "Today you are witnesses that I have bought from Naomi all the property of Elimelech, Kilion and Mahlon. 10 I have also acquired Ruth the Moabitess, Mahlon's widow, as my wife, in order to maintain the name of the dead with his property, so that his name will not disappear from among his family or from the town records. Today you are witnesses!"

11 Then the elders and all those at the gate said, "We are witnesses. May the LORD make the woman who is coming into your home like Rachel and Leah, who together built up the house of Israel. May you have standing in Ephrathah and be famous in Bethlehem. 12 Through the offspring the LORD gives you by this young woman, may your family be like that of Perez, whom Tamar bore to Judah."

The Genealogy of David

13 So Boaz took Ruth and she became his wife. Then he went to her, and the LORD enabled her to conceive, and she gave birth to a son. 14 The women said to Naomi: "Praise be to the LORD, who this day has not left you without a kinsman-redeemer. May he become famous throughout Israel! 15 He will renew your life and sustain you in your old age. For your daughter-in-law, who loves you and who is better to you than seven sons, has given him birth."

16 Then Naomi took the child, laid him in her lap and cared for him. 17 The women living there said, "Naomi has a son." And they named him Obed. He was the father of Jesse, the father of David.

18 This, then, is the family line of Perez:

Perez was the father of Hezron,
19 Hezron the father of Ram,
   Ram the father of Amminadab,
20 Amminadab the father of Nahshon,
   Nahshon the father of Salmon,^k
21 Salmon the father of Boaz,
   Boaz the father of Obed,
22 Obed the father of Jesse,
   and Jesse the father of David.

---

l 4:20 *Salmón* (mss. hebreos, mss. de LXX y Vulgata; véanse también v. 21 y LXX de 1Cr 2:11); *Salmá* (TM).

k 20 A few Hebrew manuscripts, some Septuagint manuscripts and Vulgate (see also verse 21 and Septuagint of 1 Chron. 2:11); most Hebrew manuscripts *Salma*

Primer Libro de
Samuel

Nacimiento de Samuel

1 En la sierra de Efraín había un hombre zufita de Ramatayin.[a] Su nombre era Elcaná hijo de Jeroán, hijo de Eliú, hijo de Tohu, hijo de Zuf, efraimita. ²Elcaná tenía dos esposas. Una de ellas se llamaba Ana, y la otra, Penina. Ésta tenía hijos, pero Ana no tenía ninguno.

³Cada año Elcaná salía de su pueblo para adorar al SEÑOR *Todopoderoso y ofrecerle sacrificios en Siló, donde Ofni y Finés, los dos hijos de Elí, oficiaban como sacerdotes del SEÑOR. ⁴Cuando llegaba el día de ofrecer su sacrificio, Elcaná solía darles a Penina y a todos sus hijos e hijas la porción que les correspondía. ⁵Pero a Ana le daba una porción especial,[b] pues la amaba a pesar de que el SEÑOR la había hecho estéril. ⁶Penina, su rival, solía atormentarla para que se enojara, ya que el SEÑOR la había hecho estéril.

⁷Cada año, cuando iban a la casa del SEÑOR, sucedía lo mismo: Penina la atormentaba, hasta que Ana se ponía a llorar y ni comer quería. ⁸Entonces Elcaná, su esposo, le decía: «Ana, ¿por qué lloras? ¿Por qué no comes? ¿Por qué estás resentida? ¿Acaso no soy para ti mejor que diez hijos?»

⁹Una vez, estando en Siló, Ana se levantó después de la comida. Y a la vista del sacerdote Elí, que estaba sentado en su silla junto a la puerta del santuario del SEÑOR, ¹⁰con gran angustia comenzó a orar al SEÑOR y a llorar desconsoladamente. ¹¹Entonces hizo este voto: «SEÑOR Todopoderoso, si te dignas mirar la desdicha de esta sierva tuya y, si en vez de olvidarme, te acuerdas de mí y me concedes un hijo varón, yo te lo entregaré para toda su vida, y nunca se le cortará el cabello.»

¹²Como Ana estuvo orando largo rato ante el SEÑOR, Elí se fijó en su boca. ¹³Sus labios se movían pero, debido a que Ana oraba en voz baja, no se podía oír su voz. Elí pensó que estaba borracha, ¹⁴así que le dijo:

—¿Hasta cuándo te va a durar la borrachera? ¡Deja ya el vino!

¹⁵—No, mi señor; no he bebido ni vino ni cerveza. Soy sólo una mujer angustiada que ha venido a desahogarse delante del SEÑOR. ¹⁶No me tome usted por una mala mujer. He pasado este tiempo orando debido a mi angustia y aflicción.

¹⁷—Vete en *paz —respondió Elí—. Que el Dios de Israel te conceda lo que le has pedido.

¹⁸—Gracias. Ojalá favorezca usted siempre a esta sierva suya.

Con esto, Ana se despidió y se fue a comer. Desde ese momento, su semblante cambió. ¹⁹Al día siguiente madrugaron y, después de adorar al SEÑOR, volvieron a su casa en Ramá. Luego Elcaná se unió a su esposa Ana, y el SEÑOR se acordó de ella. ²⁰Ana concibió y, pasado un año, dio a luz un hijo y le puso por nombre Samuel,[c] pues dijo: «Al SEÑOR se lo pedí.»

Ana dedica a Samuel

²¹Cuando Elcaná salió con toda su familia para cum-

The Birth of Samuel

1 There was a certain man from Ramathaim, a Zuphite[a] from the hill country of Ephraim, whose name was Elkanah son of Jeroham, the son of Elihu, the son of Tohu, the son of Zuph, an Ephraimite. ²He had two wives; one was called Hannah and the other Peninnah. Peninnah had children, but Hannah had none.

³Year after year this man went up from his town to worship and sacrifice to the LORD Almighty at Shiloh, where Hophni and Phinehas, the two sons of Eli, were priests of the LORD. ⁴Whenever the day came for Elkanah to sacrifice, he would give portions of the meat to his wife Peninnah and to all her sons and daughters. ⁵But to Hannah he gave a double portion because he loved her, and the LORD had closed her womb. ⁶And because the LORD had closed her womb, her rival kept provoking her in order to irritate her. ⁷This went on year after year. Whenever Hannah went up to the house of the LORD, her rival provoked her till she wept and would not eat. ⁸Elkanah her husband would say to her, "Hannah, why are you weeping? Why don't you eat? Why are you downhearted? Don't I mean more to you than ten sons?"

⁹Once when they had finished eating and drinking in Shiloh, Hannah stood up. Now Eli the priest was sitting on a chair by the doorpost of the LORD's temple.[b] ¹⁰In bitterness of soul Hannah wept much and prayed to the LORD. ¹¹And she made a vow, saying, "O LORD Almighty, if you will only look upon your servant's misery and remember me, and not forget your servant but give her a son, then I will give him to the LORD for all the days of his life, and no razor will ever be used on his head."

¹²As she kept on praying to the LORD, Eli observed her mouth. ¹³Hannah was praying in her heart, and her lips were moving but her voice was not heard. Eli thought she was drunk ¹⁴and said to her, "How long will you keep on getting drunk? Get rid of your wine."

¹⁵"Not so, my lord," Hannah replied, "I am a woman who is deeply troubled. I have not been drinking wine or beer; I was pouring out my soul to the LORD. ¹⁶Do not take your servant for a wicked woman; I have been praying here out of my great anguish and grief."

¹⁷Eli answered, "Go in peace, and may the God of Israel grant you what you have asked of him."

¹⁸She said, "May your servant find favor in your eyes." Then she went her way and ate something, and her face was no longer downcast.

¹⁹Early the next morning they arose and worshiped before the LORD and then went back to their home at Ramah. Elkanah lay with Hannah his wife, and the LORD remembered her. ²⁰So in the course of time Hannah conceived and gave birth to a son. She named him Samuel,[c] saying, "Because I asked the LORD for him."

Hannah Dedicates Samuel

²¹When the man Elkanah went up with all his family

---

a 1:1 zufita de Ramatayin. Lit. de Ramatayin Zofin.
b 1:5 especial. Alt. doble.   *c 1:20* En hebreo, el nombre Samuel suena como la expresión que significa Dios oyó.

a 1 Or from Ramathaim Zuphim   *b 9* That is, tabernacle
c 20 Samuel sounds like the Hebrew for heard of God.

plir su promesa y ofrecer su sacrificio anual al SEÑOR, 22 Ana no lo acompañó.

—No iré hasta que el niño sea destetado —le explicó a su esposo—. Entonces lo llevaré para dedicarlo al SEÑOR, y allí se quedará el resto de su vida.

23 —Bien, haz lo que te parezca mejor —respondió su esposo Elcaná—. Quédate hasta que lo destetes, con tal de que el SEÑOR cumpla su palabra.

Así pues, Ana se quedó en su casa y crió a su hijo hasta que lo destetó.

24 Cuando dejó de amamantarlo, salió con el niño, a pesar de ser tan pequeño, y lo llevó a la casa del SEÑOR en Siló. También llevó un becerro de tres años,d una medida de harina y un odre de vino. 25 Luego sacrificaron el becerro y presentaron el niño a Elí. 26 Dijo Ana: «Mi señor, tan cierto como que usted vive, le juro que yo soy la mujer que estuvo aquí a su lado orando al SEÑOR. 27 Éste es el niño que yo le pedí al SEÑOR, y él me lo concedió. 28 Ahora yo, por mi parte, se lo entrego al SEÑOR. Mientras el niño viva, estará dedicado a él.» Entonces Elíe se postró allí ante el SEÑOR.

Oración de Ana

2 Ana elevó esta oración:

«Mi *corazón se alegra en el SEÑOR;
    en él radica mi poder.f
Puedo celebrar su *salvación
    y burlarme de mis enemigos.

2 »Nadie es santo como el SEÑOR;
    no hay *roca como nuestro Dios.
¡No hay nadie como él!

3 »Dejen de hablar con tanto orgullo y altivez;
    ¡no profieran palabras soberbias!
El SEÑOR es un Dios que todo lo sabe,
    y él es quien juzga las acciones.

4 »El arco de los poderosos se quiebra,
    pero los débiles recobran las fuerzas.
5 Los que antes tenían comida de sobra
    se venden por un pedazo de pan;
los que antes sufrían hambre
    ahora viven saciados.
La estéril ha dado a luz siete veces,
    pero la que tenía muchos hijos languidece.

6 »Del SEÑOR vienen la muerte y la vida;
    él nos hace bajar al *sepulcro,
    pero también nos levanta.
7 El SEÑOR da la riqueza y la pobreza;
    humilla, pero también enaltece.
8 Levanta del polvo al desvalido
    y saca del basurero al pobre
para sentarlos en medio de príncipes
    y darles un trono esplendoroso.

»Del SEÑOR son los fundamentos de la tierra;
    ¡sobre ellos afianzó el mundo!

---

to offer the annual sacrifice to the LORD and to fulfill his vow, 22 Hannah did not go. She said to her husband, "After the boy is weaned, I will take him and present him before the LORD, and he will live there always."

23 "Do what seems best to you," Elkanah her husband told her. "Stay here until you have weaned him; only may the LORD make good hisd word." So the woman stayed at home and nursed her son until she had weaned him.

24 After he was weaned, she took the boy with her, young as he was, along with a three-year-old bull,e an ephahf of flour and a skin of wine, and brought him to the house of the LORD at Shiloh. 25 When they had slaughtered the bull, they brought the boy to Eli, 26 and she said to him, "As surely as you live, my lord, I am the woman who stood here beside you praying to the LORD. 27 I prayed for this child, and the LORD has granted me what I asked of him. 28 So now I give him to the LORD. For his whole life he will be given over to the LORD." And he worshiped the LORD there.

Hannah's Prayer

2 Then Hannah prayed and said:

"My heart rejoices in the LORD;
    in the LORD my horng is lifted high.
My mouth boasts over my enemies,
    for I delight in your deliverance.

2 "There is no one holyh like the LORD;
    there is no one besides you;
    there is no Rock like our God.

3 "Do not keep talking so proudly
    or let your mouth speak such arrogance,
for the LORD is a God who knows,
    and by him deeds are weighed.

4 "The bows of the warriors are broken,
    but those who stumbled are armed with
       strength.
5 Those who were full hire themselves out for
       food,
but those who were hungry hunger no
       more.
She who was barren has borne seven
       children,
but she who has had many sons pines
       away.

6 "The LORD brings death and makes alive;
    he brings down to the gravei and raises
       up.
7 The LORD sends poverty and wealth;
    he humbles and he exalts.
8 He raises the poor from the dust
    and lifts the needy from the ash heap;
he seats them with princes
    and has them inherit a throne of honor.

"For the foundations of the earth are the
      LORD's;
upon them he has set the world.

---

d 1:24 un becerro de tres años (Qumrán, LXX, Siríaca); tres becerros (TM).   e 1:28 Elí. Lit. él.   f 2:1 poder. Lit. cuerno; también en v. 10.

d 23 Masoretic Text; Dead Sea Scrolls, Septuagint and Syriac your
e 24 Dead Sea Scrolls, Septuagint and Syriac; Masoretic Text with three bulls   f 24 That is, probably about 3/5 bushel (about 22 liters)   g 1 Horn here symbolizes strength; also in verse 10.
h 2 Or no Holy One   i 6 Hebrew Sheol

9 Él guiará los pasos de sus fieles,
    pero los malvados se perderán entre las
       sombras.
    ¡Nadie triunfa por sus propias fuerzas!

10 »El SEÑOR destrozará a sus enemigos;
    desde el cielo lanzará truenos contra ellos.
   El SEÑOR juzgará los confines de la tierra,
    fortalecerá a su rey
    y enaltecerá el poder de su *ungido.»

11 Elcaná volvió a su casa en Ramá, pero el niño se quedó para servir al SEÑOR, bajo el cuidado del sacerdote Elí.

Perversidad de los hijos de Elí

12 Los hijos de Elí eran unos perversos que no tomaban en cuenta al SEÑOR. 13 La costumbre de estos sacerdotes era la siguiente: Cuando alguien ofrecía un sacrificio, el asistente del sacerdote se presentaba con un tenedor grande en la mano y, mientras se cocía la carne, 14 metía el tenedor en la olla, en el caldero, en la cacerola o en la cazuela; y el sacerdote tomaba para sí mismo todo lo que se enganchaba en el tenedor. De este modo trataban a todos los israelitas que iban a Siló. 15 Además, antes de quemarse la grasa, solía llegar el ayudante del sacerdote para decirle al que estaba por ofrecer el sacrificio: «Dame carne para el asado del sacerdote, pues no te la va a aceptar cocida, sino cruda.» 16 Y si el hombre contestaba: «Espera a que se queme la grasa, como es debido; luego podrás tomar lo que desees», el asistente replicaba: «No, dámela ahora mismo; de lo contrario, te la quito por la fuerza.» 17 Así que el pecado de estos jóvenes era gravísimo a los ojos del SEÑOR, pues trataban con desprecio las ofrendas que le pertenecían.

18 El niño Samuel, por su parte, vestido con un *efod de lino, seguía sirviendo en la presencia del SEÑOR. 19 Cada año su madre le hacía una pequeña túnica, y se la llevaba cuando iba con su esposo para ofrecer su sacrificio anual. 20 Elí entonces bendecía a Elcaná y a su esposa, diciendo: «Que el SEÑOR te conceda hijos de esta mujer, a cambio del niño que ella pidió para dedicárselo al SEÑOR.» Luego regresaban a su casa. 21 El SEÑOR bendijo a Ana, de manera que ella concibió y dio a luz tres hijos y dos hijas. Durante ese tiempo, Samuel crecía en la presencia del SEÑOR.

22 Elí, que ya era muy anciano, se enteró de todo lo que sus hijos le estaban haciendo al pueblo de Israel, incluso de que se acostaban con las mujeres que servían a la entrada del santuario. 23 Les dijo: «¿Por qué se comportan así? Todo el pueblo me habla de su mala conducta. 24 No, hijos míos; no es nada bueno lo que se comenta en el pueblo del SEÑOR. 25 Si alguien peca contra otra persona, Dios le servirá de árbitro; pero si peca contra el SEÑOR, ¿quién podrá interceder por él?» No obstante, ellos no le hicieron caso a la advertencia de su padre, pues la voluntad del SEÑOR era quitarles la vida.

26 Por su parte, el niño Samuel seguía creciendo y ganándose el aprecio del SEÑOR y de la gente.

Profecía contra la familia de Elí

27 Un hombre de Dios fue a ver a Elí, y le dijo:

    «Así dice el SEÑOR: "Bien sabes que yo me manifesté a tus antepasados cuando estaban en Egipto

9 He will guard the feet of his saints,
    but the wicked will be silenced in
       darkness.

"It is not by strength that one prevails;
10   those who oppose the LORD will be
       shattered.
He will thunder against them from heaven;
    the LORD will judge the ends of the earth.

"He will give strength to his king
    and exalt the horn of his anointed."

11 Then Elkanah went home to Ramah, but the boy ministered before the LORD under Eli the priest.

Eli's Wicked Sons

12 Eli's sons were wicked men; they had no regard for the LORD. 13 Now it was the practice of the priests with the people that whenever anyone offered a sacrifice and while the meat was being boiled, the servant of the priest would come with a three-pronged fork in his hand. 14 He would plunge it into the pan or kettle or caldron or pot, and the priest would take for himself whatever the fork brought up. This is how they treated all the Israelites who came to Shiloh. 15 But even before the fat was burned, the servant of the priest would come and say to the man who was sacrificing, "Give the priest some meat to roast; he won't accept boiled meat from you, but only raw."

16 If the man said to him, "Let the fat be burned up first, and then take whatever you want," the servant would then answer, "No, hand it over now; if you don't, I'll take it by force."

17 This sin of the young men was very great in the LORD's sight, for they[j] were treating the LORD's offering with contempt.

18 But Samuel was ministering before the LORD—a boy wearing a linen ephod. 19 Each year his mother made him a little robe and took it to him when she went up with her husband to offer the annual sacrifice. 20 Eli would bless Elkanah and his wife, saying, "May the LORD give you children by this woman to take the place of the one she prayed for and gave to the LORD." Then they would go home. 21 And the LORD was gracious to Hannah; she conceived and gave birth to three sons and two daughters. Meanwhile, the boy Samuel grew up in the presence of the LORD.

22 Now Eli, who was very old, heard about everything his sons were doing to all Israel and how they slept with the women who served at the entrance to the Tent of Meeting. 23 So he said to them, "Why do you do such things? I hear from all the people about these wicked deeds of yours. 24 No, my sons; it is not a good report that I hear spreading among the LORD's people. 25 If a man sins against another man, God[k] may mediate for him; but if a man sins against the LORD, who will intercede for him?" His sons, however, did not listen to their father's rebuke, for it was the LORD's will to put them to death.

26 And the boy Samuel continued to grow in stature and in favor with the LORD and with men.

Prophecy Against the House of Eli

27 Now a man of God came to Eli and said to him, "This is what the LORD says: 'Did I not clearly reveal myself to your father's house when they were in Egypt

bajo el poder del faraón. 28 De entre todas las tribus de Israel, escogí a Aarón para que fuera mi sacerdote, es decir, para que en mi presencia se acercara a mi altar, quemara el incienso y se pusiera el *efod. Además, a su familia le concedí las ofrendas que los israelitas queman en mi honor. 29 ¿Por qué, pues, tratan ustedes con tanto desprecio los sacrificios y ofrendas que yo he ordenado que me traigan? ¿Por qué honras a tus hijos más que a mí, y los engordas con lo mejor de todas las ofrendas de mi pueblo Israel?"

30 »Por cuanto has hecho esto, de ninguna manera permitiré que tus parientes me sirvan, aun cuando yo había prometido que toda tu familia, tanto tus antepasados como tus descendientes, me servirían siempre. Yo, el SEÑOR, Dios de Israel, lo afirmo. Yo honro a los que me honran, y humillo a los que me desprecian. 31 En efecto, se acerca el día en que acabaré con tu poder y con el de tu familia; ninguno de tus descendientes llegará a viejo. 32 Mirarás con envidia el bien que se le hará a Israel, y ninguno g de tus descendientes llegará a viejo. 33 Si permito que alguno de los tuyos continúe sirviendo en mi altar, será para empañarte de lágrimas los ojos y abatirte el *alma; todos tus descendientes morirán en la flor de la vida. 34 Y te doy esta señal: tus dos hijos, Ofni y Finés, morirán el mismo día.

35 »Pero yo levantaré a un sacerdote fiel, que hará mi voluntad y cumplirá mis deseos. Jamás le faltará descendencia, y vivirá una larga vida en presencia de mi *ungido. 36 Y los familiares tuyos que sobrevivan vendrán y de rodillas le rogarán que les regale una moneda de plata o un pedazo de pan. Le suplicarán: "¡Dame algún trabajo sacerdotal para mi sustento!"»

El SEÑOR llama a Samuel

3 Samuel, que todavía era joven, servía al SEÑOR bajo el cuidado de Elí. En esos tiempos no era común oír palabra del SEÑOR, ni eran frecuentes las visiones.

2 Elí ya se estaba quedando ciego. Un día, mientras él descansaba en su habitación, 3 Samuel dormía en el santuario, donde se encontraba el arca de Dios. La lámpara de Dios todavía estaba encendida. 4 El SEÑOR llamó a Samuel, y éste respondió:

—Aquí estoy.

5 Y en seguida fue corriendo adonde estaba Elí, y le dijo:

—Aquí estoy; ¿para qué me llamó usted?

—Yo no te he llamado —respondió Elí—. Vuelve a acostarte.

Y Samuel volvió a su cama.

6 Pero una vez más el SEÑOR lo llamó:

—¡Samuel!

Él se levantó, fue adonde estaba Elí y le dijo:

—Aquí estoy; ¿para qué me llamó usted?

—Hijo mío —respondió Elí—, yo no te he llamado. Vuelve a acostarte.

7 Samuel todavía no conocía al SEÑOR, ni su palabra se le había revelado.

8 Por tercera vez llamó el SEÑOR a Samuel. Él se levantó y fue adonde estaba Elí.

—Aquí estoy —le dijo—; ¿para qué me llamó usted?

Entonces Elí se dio cuenta de que el SEÑOR estaba llamando al muchacho.

9 —Ve y acuéstate —le dijo Elí—. Si alguien vuelve a llamarte, dile: "Habla, SEÑOR, que tu siervo escucha."

---

under Pharaoh? 28 I chose your father out of all the tribes of Israel to be my priest, to go up to my altar, to burn incense, and to wear an ephod in my presence. I also gave your father's house all the offerings made with fire by the Israelites. 29 Why do you l scorn my sacrifice and offering that I prescribed for my dwelling? Why do you honor your sons more than me by fattening yourselves on the choice parts of every offering made by my people Israel?'

30 "Therefore the LORD, the God of Israel, declares: 'I promised that your house and your father's house would minister before me forever.' But now the LORD declares: 'Far be it from me! Those who honor me I will honor, but those who despise me will be disdained. 31 The time is coming when I will cut short your strength and the strength of your father's house, so that there will not be an old man in your family line 32 and you will see distress in my dwelling. Although good will be done to Israel, in your family line there will never be an old man. 33 Every one of you that I do not cut off from my altar will be spared only to blind your eyes with tears and to grieve your heart, and all your descendants will die in the prime of life.

34 " 'And what happens to your two sons, Hophni and Phinehas, will be a sign to you—they will both die on the same day. 35 I will raise up for myself a faithful priest, who will do according to what is in my heart and mind. I will firmly establish his house, and he will minister before my anointed one always. 36 Then everyone left in your family line will come and bow down before him for a piece of silver and a crust of bread and plead, "Appoint me to some priestly office so I can have food to eat." ' "

The LORD Calls Samuel

3 The boy Samuel ministered before the LORD under Eli. In those days the word of the LORD was rare; there were not many visions.

2 One night Eli, whose eyes were becoming so weak that he could barely see, was lying down in his usual place. 3 The lamp of God had not yet gone out, and Samuel was lying down in the temple m of the LORD, where the ark of God was. 4 Then the LORD called Samuel.

Samuel answered, "Here I am." 5 And he ran to Eli and said, "Here I am; you called me."

But Eli said, "I did not call; go back and lie down." So he went and lay down.

6 Again the LORD called, "Samuel!" And Samuel got up and went to Eli and said, "Here I am; you called me."

"My son," Eli said, "I did not call; go back and lie down."

7 Now Samuel did not yet know the LORD: The word of the LORD had not yet been revealed to him.

8 The LORD called Samuel a third time, and Samuel got up and went to Eli and said, "Here I am; you called me."

Then Eli realized that the LORD was calling the boy. 9 So Eli told Samuel, "Go and lie down, and if he calls you, say, 'Speak, LORD, for your servant is listening.' " So Samuel went and lay down in his place.

---

g 2:32 *Mirarás ... y ninguno.* Alt. *Verás angustia en mi morada. Y aunque a Israel se le hará el bien, ninguno.*

l 29 The Hebrew is plural.   m 3 That is, tabernacle

Así que Samuel se fue y se acostó en su cama. [10]Entonces el SEÑOR se le acercó y lo llamó de nuevo:

—¡Samuel! ¡Samuel!

—Habla, que tu siervo escucha —respondió Samuel.

[11]—Mira —le dijo el SEÑOR—, estoy por hacer en Israel algo que a todo el que lo oiga le quedará retumbando en los oídos. [12]Ese día llevaré a cabo todo lo que he anunciado en contra de Elí y su familia. [13]Ya le dije que por la maldad de sus hijos he condenado a su familia para siempre; él sabía que estaban *blasfemando contra Dios[h] y, sin embargo, no los refrenó. [14]Por lo tanto, hago este juramento en contra de su familia: ¡Ningún sacrificio ni ofrenda podrá *expiar jamás el pecado de la familia de Elí!

[15]Samuel se acostó, y a la mañana siguiente abrió las puertas de la casa del SEÑOR, pero no se atrevía a contarle a Elí la visión. [16]Así que Elí tuvo que llamarlo.

—¡Samuel, hijo mío!

—Aquí estoy —respondió Samuel.

[17]—¿Qué fue lo que te dijo el SEÑOR? —le preguntó Elí—. Te pido que no me lo ocultes. ¡Que Dios te castigue sin piedad, si me ocultas una sola palabra de todo lo que te ha dicho!

[18]Samuel se lo refirió todo, sin ocultarle nada, y Elí dijo:

—Él es el SEÑOR; que haga lo que mejor le parezca.

[19]Mientras Samuel crecía, el SEÑOR estuvo con él y confirmó todo lo que le había dicho. [20]Y todo Israel, desde Dan hasta Berseba, se dio cuenta de que el SEÑOR había confirmado a Samuel como su profeta. [21]Además, el SEÑOR siguió manifestándose en Siló; allí se revelaba a Samuel y le comunicaba su palabra.

Los filisteos capturan el arca

4 La palabra de Samuel llegó a todo el pueblo de Israel. En aquellos días, los israelitas salieron a enfrentarse con los filisteos y acamparon cerca de Ebenezer. Los filisteos, que habían acampado en Afec, [2]desplegaron sus tropas para atacar a los israelitas. Se entabló la batalla, y los filisteos derrotaron a los israelitas, matando en el campo a unos cuatro mil de ellos. [3]Cuando el ejército regresó al campamento, los *ancianos de Israel dijeron: «¿Por qué nos ha derrotado hoy el SEÑOR por medio de los filisteos? Traigamos el arca del *pacto del SEÑOR, que está en Siló, para que nos acompañe y nos salve del poder de nuestros enemigos.»

[4]Así que enviaron un destacamento a Siló para sacar de allá el arca del pacto del SEÑOR *Todopoderoso, que reina entre los *querubines. Los dos hijos de Elí, Ofni y Finés, estaban a cargo del arca del pacto de Dios. [5]Cuando ésta llegó al campamento, los israelitas empezaron a gritar de tal manera que la tierra temblaba. [6]Los filisteos oyeron el griterío y preguntaron: «¿A qué viene tanto alboroto en el campamento hebreo?» Y al oír que el arca del SEÑOR había llegado al campamento, [7]los filisteos se acobardaron y dijeron: «Dios ha entrado en el campamento. ¡Ay de nosotros, que nunca nos ha pasado algo así! [8]¡Ay de nosotros! ¿Quién nos va a librar de las manos de dioses tan poderosos, que en el desierto hirieron a los egipcios con toda clase de plagas? [9]¡Ánimo, filisteos! Si no quieren llegar a ser esclavos de los hebreos, tal como ellos lo han sido de nosotros, ¡ármense de valor y luchen como hombres!»

[10]The LORD came and stood there, calling as at the other times, "Samuel! Samuel!"

Then Samuel said, "Speak, for your servant is listening."

[11]And the LORD said to Samuel: "See, I am about to do something in Israel that will make the ears of everyone who hears of it tingle. [12]At that time I will carry out against Eli everything I spoke against his family—from beginning to end. [13]For I told him that I would judge his family forever because of the sin he knew about; his sons made themselves contemptible,[n] and he failed to restrain them. [14]Therefore, I swore to the house of Eli, 'The guilt of Eli's house will never be atoned for by sacrifice or offering.' "

[15]Samuel lay down until morning and then opened the doors of the house of the LORD. He was afraid to tell Eli the vision, [16]but Eli called him and said, "Samuel, my son."

Samuel answered, "Here I am."

[17]"What was it he said to you?" Eli asked. "Do not hide it from me. May God deal with you, be it ever so severely, if you hide from me anything he told you." [18]So Samuel told him everything, hiding nothing from him. Then Eli said, "He is the LORD; let him do what is good in his eyes."

[19]The LORD was with Samuel as he grew up, and he let none of his words fall to the ground. [20]And all Israel from Dan to Beersheba recognized that Samuel was attested as a prophet of the LORD. [21]The LORD continued to appear at Shiloh, and there he revealed himself to Samuel through his word.

4 And Samuel's word came to all Israel.

The Philistines Capture the Ark

Now the Israelites went out to fight against the Philistines. The Israelites camped at Ebenezer, and the Philistines at Aphek. [2]The Philistines deployed their forces to meet Israel, and as the battle spread, Israel was defeated by the Philistines, who killed about four thousand of them on the battlefield. [3]When the soldiers returned to camp, the elders of Israel asked, "Why did the LORD bring defeat upon us today before the Philistines? Let us bring the ark of the LORD's covenant from Shiloh, so that it[o] may go with us and save us from the hand of our enemies."

[4]So the people sent men to Shiloh, and they brought back the ark of the covenant of the LORD Almighty, who is enthroned between the cherubim. And Eli's two sons, Hophni and Phinehas, were there with the ark of the covenant of God.

[5]When the ark of the LORD's covenant came into the camp, all Israel raised such a great shout that the ground shook. [6]Hearing the uproar, the Philistines asked, "What's all this shouting in the Hebrew camp?"

When they learned that the ark of the LORD had come into the camp, [7]the Philistines were afraid. "A god has come into the camp," they said. "We're in trouble! Nothing like this has happened before. [8]Woe to us! Who will deliver us from the hand of these mighty gods? They are the gods who struck the Egyptians with all kinds of plagues in the desert. [9]Be strong, Philistines! Be men, or you will be subject to the Hebrews, as they have been to you. Be men, and fight!"

---

[h] 3:13 *contra Dios* (LXX y tradición rabínica); *por sí mismos* (TM).

[n] 13 Masoretic Text; an ancient Hebrew scribal tradition and Septuagint *sons blasphemed God*   [o] 3 Or *he*

10Entonces los filisteos se lanzaron al ataque y derrotaron a los israelitas, los cuales huyeron en desbandada. La matanza fue terrible, pues de los israelitas cayeron treinta mil soldados de infantería. 11Además, fue capturada el arca de Dios, y murieron Ofni y Finés, los dos hijos de Elí.

Muerte de Elí

12Un soldado que pertenecía a la tribu de Benjamín salió corriendo del frente de batalla, y ese mismo día llegó a Siló, con la ropa hecha pedazos y la cabeza cubierta de polvo. 13Allí se encontraba Elí, sentado en su silla y vigilando el camino, pues su *corazón le temblaba sólo de pensar en el arca de Dios. Cuando el soldado entró en el pueblo y contó lo que había sucedido, todos se pusieron a gritar.

14—¿A qué viene tanto alboroto? —preguntó Elí, al oír el griterío.

El hombre corrió para darle la noticia. 15(Elí ya tenía noventa y ocho años, y sus ojos ni se movían, de modo que no podía ver.)

16—Vengo del frente de batalla —le dijo a Elí—; huí de las filas hoy mismo.

—¿Qué pasó, hijo mío? —preguntó Elí.

17—Los israelitas han huido ante los filisteos —respondió el mensajero—; el ejército ha sufrido una derrota terrible. Además, tus dos hijos, Ofni y Finés, han muerto, y el arca de Dios ha sido capturada.

18Solamente de oír mencionar el arca de Dios, Elí se fue de espaldas, cayéndose de la silla junto a la puerta. Como era viejo y pesaba mucho, se rompió la nuca y murió. Durante cuarenta años había dirigido al pueblo de Israel.

19Su nuera, la esposa de Finés, estaba embarazada y próxima a dar a luz. Cuando supo que el arca de Dios había sido capturada, y que tanto su suegro como su esposo habían muerto, le vinieron los dolores de parto y tuvo un alumbramiento muy difícil. 20Al verla agonizante, las parteras que la atendían le dijeron: «Anímate, que has dado a luz un niño.» Ella no respondió; ni siquiera les hizo caso. 21Pero por causa de la captura del arca de Dios, y por la muerte de su suegro y de su esposo, le puso al niño el nombre de Icabod,i para indicar que la gloria de Israel había sido desterrada. 22Exclamó: «¡Se han llevado la gloria de Israel! ¡El arca de Dios ha sido capturada!»

El arca en Asdod y Ecrón

5 Después de capturar el arca de Dios, los filisteos la llevaron de Ebenezer a Asdod 2y la pusieron junto a la estatua de Dagón, en el templo de ese dios. 3Al día siguiente, cuando los habitantes de Asdod se levantaron, vieron que la estatua de Dagón estaba tirada en el suelo, boca abajo, frente al arca del Señor. Así que la levantaron y la colocaron en su sitio. 4Pero al día siguiente, cuando se levantaron, volvieron a encontrar la estatua tirada en el suelo, boca abajo, frente al arca del Señor. Sobre el umbral estaban su cabeza y sus dos manos, separadas del tronco. 5Por eso, hasta el día de hoy, ninguno de los que entran en el templo de Dagón en Asdod pisan el umbral, ¡ni siquiera los sacerdotes!

6El Señor descargó su mano sobre la población de

10So the Philistines fought, and the Israelites were defeated and every man fled to his tent. The slaughter was very great; Israel lost thirty thousand foot soldiers. 11The ark of God was captured, and Eli's two sons, Hophni and Phinehas, died.

Death of Eli

12That same day a Benjamite ran from the battle line and went to Shiloh, his clothes torn and dust on his head. 13When he arrived, there was Eli sitting on his chair by the side of the road, watching, because his heart feared for the ark of God. When the man entered the town and told what had happened, the whole town sent up a cry.

14Eli heard the outcry and asked, "What is the meaning of this uproar?"

The man hurried over to Eli, 15who was ninety-eight years old and whose eyes were set so that he could not see. 16He told Eli, "I have just come from the battle line; I fled from it this very day."

Eli asked, "What happened, my son?"

17The man who brought the news replied, "Israel fled before the Philistines, and the army has suffered heavy losses. Also your two sons, Hophni and Phinehas, are dead, and the ark of God has been captured."

18When he mentioned the ark of God, Eli fell backward off his chair by the side of the gate. His neck was broken and he died, for he was an old man and heavy. He had ledp Israel forty years.

19His daughter-in-law, the wife of Phinehas, was pregnant and near the time of delivery. When she heard the news that the ark of God had been captured and that her father-in-law and her husband were dead, she went into labor and gave birth, but was overcome by her labor pains. 20As she was dying, the women attending her said, "Don't despair; you have given birth to a son." But she did not respond or pay any attention.

21She named the boy Ichabod,q saying, "The glory has departed from Israel"—because of the capture of the ark of God and the deaths of her father-in-law and her husband. 22She said, "The glory has departed from Israel, for the ark of God has been captured."

The Ark in Ashdod and Ekron

5 After the Philistines had captured the ark of God, they took it from Ebenezer to Ashdod. 2Then they carried the ark into Dagon's temple and set it beside Dagon. 3When the people of Ashdod rose early the next day, there was Dagon, fallen on his face on the ground before the ark of the Lord! They took Dagon and put him back in his place. 4But the following morning when they rose, there was Dagon, fallen on his face on the ground before the ark of the Lord! His head and hands had been broken off and were lying on the threshold; only his body remained. 5That is why to this day neither the priests of Dagon nor any others who enter Dagon's temple at Ashdod step on the threshold.

6The Lord's hand was heavy upon the people of Ashdod and its vicinity; he brought devastation upon

---

i4:21 En hebreo, *Icabod* significa *sin gloria*.   p18 Traditionally *judged*   q21 *Ichabod* means *no glory*.

Asdod y sus alredededores, y los azotó con tumores. 7 La gente de Asdod reconoció lo que estaba pasando, y declaró: «El arca del Dios de Israel no puede quedarse en medio nuestro, porque ese dios ha descargado su mano sobre nosotros y contra nuestro dios Dagón.»

8 Así que convocaron a todos los jefes filisteos y les preguntaron:

—¿Qué vamos a hacer con el arca del Dios de Israel?

—Trasládenla a la ciudad de Gat —respondieron los jefes.

Y así lo hicieron. 9 Pero después de que la trasladaron, el SEÑOR castigó a esa ciudad, afligiendo con una erupción de tumores a sus habitantes, desde el más pequeño hasta el mayor. Eso provocó un pánico horrible. 10 Entonces enviaron el arca de Dios a Ecrón pero, tan pronto como entró el arca en la ciudad, sus habitantes se pusieron a gritar: «¡Nos han traído el arca del Dios de Israel para matarnos a todos!» 11 Por eso convocaron a todos los jefes filisteos y protestaron: «¡Llévense el arca del Dios de Israel! ¡Devuélvanla a su lugar de origen, para que no nos mate a nosotros y a todos los nuestros!» Y es que el terror de la muerte se había apoderado de la ciudad, porque Dios había descargado su mano sobre ese lugar. 12 Los que no murieron fueron azotados por tumores, de modo que los gritos de la ciudad llegaban hasta el cielo.

Los filisteos devuelven el arca a Israel

6 El arca del SEÑOR estuvo en territorio filisteo siete meses, 2 y los filisteos convocaron a los sacerdotes y a los adivinos para preguntarles:

—¿Qué vamos a hacer con el arca del SEÑOR? Dígannos de qué modo hay que devolverla a su lugar.

3 —Si piensan devolverla —contestaron—, no la manden sin nada; tienen que presentarle a Dios una ofrenda compensatoria. Entonces recobrarán la salud y sabrán por qué Dios no ha dejado de castigarlos.

4 —¿Y qué le debemos ofrecer? —preguntaron los filisteos.

—Cinco figuras de oro en forma de tumor —respondieron aquéllos— y otras cinco en forma de rata, conforme al número de jefes filisteos, pues la misma plaga los ha azotado a ustedes y a sus jefes. 5 Así que hagan imágenes de los tumores y de las ratas que han devastado el país, y den honra al Dios de Israel. Tal vez suavice su castigo contra ustedes, sus dioses y su tierra. 6 ¿Por qué se van a obstinar, como lo hicieron los egipcios bajo el faraón? ¿No es cierto que Dios tuvo que hacerles daño para que dejaran ir a los israelitas? 7 »Ahora manden a construir una carreta nueva. Escojan también dos vacas con cría y que nunca hayan llevado yugo. Aten las vacas a la carreta, pero encierren los becerros en el establo. 8 Tomen luego el arca del SEÑOR y pónganla en la carreta. Coloquen una caja junto al arca, con los objetos de oro que van a entregarle a Dios como ofrenda compensatoria. Luego dejen que la carreta se vaya sola, 9 y obsérvenla. Si se va en dirección de Bet Semes, su propio territorio, eso quiere decir que el SEÑOR es quien nos ha causado esta calamidad tan terrible. Pero si la carreta se desvía para otro lugar, sabremos que no fue él quien nos hizo daño, sino que todo ha sido por casualidad.

10 Así lo hicieron. Tomaron dos vacas con cría y las ataron a la carreta, pero encerraron los becerros en el

them and afflicted them with tumors.r 7 When the men of Ashdod saw what was happening, they said, "The ark of the god of Israel must not stay here with us, because his hand is heavy upon us and upon Dagon our god." 8 So they called together all the rulers of the Philistines and asked them, "What shall we do with the ark of the god of Israel?"

They answered, "Have the ark of the god of Israel moved to Gath." So they moved the ark of the God of Israel.

9 But after they had moved it, the LORD's hand was against that city, throwing it into a great panic. He afflicted the people of the city, both young and old, with an outbreak of tumors.s 10 So they sent the ark of God to Ekron.

As the ark of God was entering Ekron, the people of Ekron cried out, "They have brought the ark of the god of Israel around to us to kill us and our people." 11 So they called together all the rulers of the Philistines and said, "Send the ark of the god of Israel away; let it go back to its own place, or itt will kill us and our people." For death had filled the city with panic; God's hand was very heavy upon it. 12 Those who did not die were afflicted with tumors, and the outcry of the city went up to heaven.

The Ark Returned to Israel

6 When the ark of the LORD had been in Philistine territory seven months, 2 the Philistines called for the priests and the diviners and said, "What shall we do with the ark of the LORD? Tell us how we should send it back to its place."

3 They answered, "If you return the ark of the god of Israel, do not send it away empty, but by all means send a guilt offering to him. Then you will be healed, and you will know why his hand has not been lifted from you."

4 The Philistines asked, "What guilt offering should we send to him?"

They replied, "Five gold tumors and five gold rats, according to the number of the Philistine rulers, because the same plague has struck both you and your rulers. 5 Make models of the tumors and of the rats that are destroying the country, and pay honor to Israel's god. Perhaps he will lift his hand from you and your gods and your land. 6 Why do you harden your hearts as the Egyptians and Pharaoh did? When heu treated them harshly, did they not send the Israelites out so they could go on their way?

7 "Now then, get a new cart ready, with two cows that have calved and have never been yoked. Hitch the cows to the cart, but take their calves away and pen them up. 8 Take the ark of the LORD and put it on the cart, and in a chest beside it put the gold objects you are sending back to him as a guilt offering. Send it on its way, 9 but keep watching it. If it goes up to its own territory, toward Beth Shemesh, then the LORD has brought this great disaster on us. But if it does not, then we will know that it was not his hand that struck us and that it happened to us by chance."

10 So they did this. They took two such cows and hitched them to the cart and penned up their calves.

r 6 Hebrew; Septuagint and Vulgate tumors. And rats appeared in their land, and death and destruction were throughout the city
s 9 Or with tumors in the groin (see Septuagint)   t 11 Or he
u 6 That is, God

establo. 11Además, en la carreta pusieron el arca del SEÑOR y la caja que contenía las figuras de ratas y de tumores de oro. 12¡Y las vacas se fueron mugiendo por todo el camino, directamente a Bet Semes! Siguieron esa ruta sin desviarse para ningún lado. Los jefes de los filisteos se fueron detrás de la carreta, hasta llegar al territorio de Bet Semes.

13Los habitantes de Bet Semes, que estaban en el valle cosechando el trigo, alzaron la vista y, al ver el arca, se llenaron de alegría. 14La carreta llegó hasta el campo de Josué de Bet Semes, donde había una gran piedra, y allí se detuvo. Entonces la gente del pueblo usó la madera de la carreta como leña, y ofreció las vacas en *holocausto al SEÑOR. 15Los levitas que habían descargado la carreta pusieron el arca del SEÑOR sobre la gran piedra, junto con la caja que contenía las figuras de oro. Aquel día los habitantes de Bet Semes ofrecieron holocaustos y sacrificios al SEÑOR. 16Los cinco jefes filisteos vieron todo esto, y regresaron a Ecrón ese mismo día.

17Las figuras de oro en forma de tumor, que los filisteos entregaron al SEÑOR como ofrenda compensatoria, correspondían a cada una de estas ciudades: Asdod, Gaza, Ascalón, Gat y Ecrón. 18Así mismo, el número de las ratas de oro correspondía al de las ciudades filisteas que pertenecían a los cinco jefes, tanto las ciudades fortificadas como las aldeas sin murallas. Y la gran piedra donde depositaron el arca del SEÑOR permanece hasta el día de hoy, como testimonio, en el campo de Josué de Bet Semes.

19Algunos hombres de ese lugar se atrevieron a mirar dentro del arca del SEÑOR, y Dios los mató. Fueron setentaj los que perecieron. El pueblo hizo duelo por el terrible castigo que el SEÑOR había enviado, 20y los habitantes de Bet Semes dijeron: «El SEÑOR es un Dios *santo. ¿Quién podrá presentarse ante él? ¿Y a dónde podremos enviar el arca para que no se quede entre nosotros?» 21Así que mandaron este mensaje a los habitantes de Quiriat Yearín: «Los filisteos han devuelto el arca del SEÑOR; vengan y llévensela.»

7 Los de Quiriat Yearín fueron a Bet Semes y se llevaron el arca del SEÑOR a la casa de Abinadab, que estaba en una loma. Luego consagraron a su hijo Eleazar para que estuviera a cargo de ella.

Samuel derrota a los filisteos en Mizpa

2El arca permaneció en Quiriat Yearín durante mucho tiempo. Pasaron veinte años, y todo el pueblo de Israel buscaba con ansiedad al SEÑOR. 3Por eso Samuel le dijo al pueblo: «Si ustedes desean volverse al SEÑOR de todo *corazón, desháganse de los dioses extranjeros y de las imágenes de *Astarté. Dedíquense totalmente a servir sólo al SEÑOR, y él los librará del poder de los filisteos.» 4Así que los israelitas echaron fuera a los ídolos de *Baal y a las imágenes de Astarté, y sirvieron sólo al SEÑOR.

5Luego Samuel ordenó: «Reúnan a todo Israel en Mizpa para que yo ruegue al SEÑOR por ustedes.» 6Cuando los israelitas se reunieron en Mizpa, sacaron agua y la derramaron ante el SEÑOR. También ayunaron durante el día, y públicamente confesaron: «Hemos pecado contra el SEÑOR.» Fue en Mizpa donde Samuel comenzó a gobernar a los israelitas.

11They placed the ark of the LORD on the cart and along with it the chest containing the gold rats and the models of the tumors. 12Then the cows went straight up toward Beth Shemesh, keeping on the road and lowing all the way; they did not turn to the right or to the left. The rulers of the Philistines followed them as far as the border of Beth Shemesh.

13Now the people of Beth Shemesh were harvesting their wheat in the valley, and when they looked up and saw the ark, they rejoiced at the sight. 14The cart came to the field of Joshua of Beth Shemesh, and there it stopped beside a large rock. The people chopped up the wood of the cart and sacrificed the cows as a burnt offering to the LORD. 15The Levites took down the ark of the LORD, together with the chest containing the gold objects, and placed them on the large rock. On that day the people of Beth Shemesh offered burnt offerings and made sacrifices to the LORD. 16The five rulers of the Philistines saw all this and then returned that same day to Ekron.

17These are the gold tumors the Philistines sent as a guilt offering to the LORD—one each for Ashdod, Gaza, Ashkelon, Gath and Ekron. 18And the number of the gold rats was according to the number of Philistine towns belonging to the five rulers—the fortified towns with their country villages. The large rock, on whichv they set the ark of the LORD, is a witness to this day in the field of Joshua of Beth Shemesh.

19But God struck down some of the men of Beth Shemesh, putting seventyw of them to death because they had looked into the ark of the LORD. The people mourned because of the heavy blow the LORD had dealt them, 20and the men of Beth Shemesh asked, "Who can stand in the presence of the LORD, this holy God? To whom will the ark go up from here?"

21Then they sent messengers to the people of Kiriath Jearim, saying, "The Philistines have returned the ark of the LORD. Come down and take it up to your place."

7 1So the men of Kiriath Jearim came and took up the ark of the LORD. They took it to Abinadab's house on the hill and consecrated Eleazar his son to guard the ark of the LORD.

Samuel Subdues the Philistines at Mizpah

2It was a long time, twenty years in all, that the ark remained at Kiriath Jearim, and all the people of Israel mourned and sought after the LORD. 3And Samuel said to the whole house of Israel, "If you are returning to the LORD with all your hearts, then rid yourselves of the foreign gods and the Ashtoreths and commit yourselves to the LORD and serve him only, and he will deliver you out of the hand of the Philistines." 4So the Israelites put away their Baals and Ashtoreths, and served the LORD only.

5Then Samuel said, "Assemble all Israel at Mizpah and I will intercede with the LORD for you." 6When they had assembled at Mizpah, they drew water and poured it out before the LORD. On that day they fasted and there they confessed, "We have sinned against the LORD." And Samuel was leaderx of Israel at Mizpah.

---

v18 A few Hebrew manuscripts (see also Septuagint); most Hebrew manuscripts *villages as far as Greater Abel, where*   w19 A few Hebrew manuscripts; most Hebrew manuscripts and Septuagint *50,070*   x6 Traditionally *judge*

7Cuando los filisteos se enteraron de que los israelitas se habían reunido en Mizpa, los jefes filisteos marcharon contra Israel. Al darse cuenta de esto, los israelitas tuvieron miedo de los filisteos 8y le dijeron a Samuel: «No dejes de clamar al SEÑOR por nosotros, para que nos salve del poder de los filisteos.» 9Samuel tomó entonces un cordero pequeño y lo ofreció en *holocausto al SEÑOR. Luego clamó al SEÑOR en favor de Israel, y el SEÑOR le respondió.

10Mientras Samuel ofrecía el sacrificio, los filisteos avanzaron para atacar a Israel. Pero aquel día el SEÑOR lanzó grandes truenos contra los filisteos. Esto creó confusión entre ellos, y cayeron derrotados ante los israelitas. 11Entonces los israelitas persiguieron a los filisteos desde Mizpa hasta más allá de Bet Car, matándolos por el camino. 12Después Samuel tomó una piedra, la colocó entre Mizpa y Sen, y la llamó Ebenezer,k «El Señor no ha dejado de ayudarnos.»

13Durante toda la vida de Samuel, el SEÑOR manifestó su poder sobre los filisteos. Éstos fueron subyugados por los israelitas y no volvieron a invadir su territorio. 14Fue así como los israelitas recuperaron las ciudades que los filisteos habían capturado anteriormente, desde Ecrón hasta Gat, y libraron todo ese territorio del dominio de los filisteos. También hubo paz entre Israel y los amorreos.

15Samuel siguió gobernando a Israel toda su vida. 16Todos los años recorría las ciudades de Betel, Guilgal y Mizpa, y atendía los asuntos del país en esas regiones. 17Luego regresaba a Ramá, donde residía, y desde allí gobernaba a Israel. También allí erigió un altar al SEÑOR.

Los israelitas piden un rey

8 Cuando Samuel entró en años, puso a sus hijos como gobernadores de Israel, 2con sede en Berseba. El hijo mayor se llamaba Joel, y el segundo, Abías. 3Pero ninguno de los dos siguió el ejemplo de su padre, sino que ambos se dejaron guiar por la avaricia, aceptando sobornos y pervirtiendo la justicia.

4Por eso se reunieron los *ancianos de Israel y fueron a Ramá para hablar con Samuel. 5Le dijeron: «Tú has envejecido ya, y tus hijos no siguen tu ejemplo. Mejor danos un rey que nos gobierne, como lo tienen todas las naciones.»

6Cuando le dijeron que querían tener un rey, Samuel se disgustó. Entonces se puso a orar al SEÑOR, 7pero el SEÑOR le dijo: «Considera seriamente todo lo que el pueblo te diga. En realidad, no te han rechazado a ti, sino a mí, pues no quieren que yo reine sobre ellos. 8Te están tratando del mismo modo que me han tratado a mí desde el día en que los saqué de Egipto hasta hoy. Me han abandonado para servir a otros dioses. 9Así que hazles caso, pero adviérteles claramente del poder que el rey va a ejercer sobre ellos.»

10Samuel comunicó entonces el mensaje del SEÑOR a la gente que le estaba pidiendo un rey. 11Les explicó:

—Esto es lo que hará el rey que va a ejercer el poder sobre ustedes: Les quitará a sus hijos para que se hagan cargo de los carros militares y de la caballería, y para que le abran paso al carro real. 12Los hará comandantes y capitanes,l y los pondrá a labrar y a cosechar, y a

7When the Philistines heard that Israel had assembled at Mizpah, the rulers of the Philistines came up to attack them. And when the Israelites heard of it, they were afraid because of the Philistines. 8They said to Samuel, "Do not stop crying out to the LORD our God for us, that he may rescue us from the hand of the Philistines." 9Then Samuel took a suckling lamb and offered it up as a whole burnt offering to the LORD. He cried out to the LORD on Israel's behalf, and the LORD answered him.

10While Samuel was sacrificing the burnt offering, the Philistines drew near to engage Israel in battle. But that day the LORD thundered with loud thunder against the Philistines and threw them into such a panic that they were routed before the Israelites. 11The men of Israel rushed out of Mizpah and pursued the Philistines, slaughtering them along the way to a point below Beth Car.

12Then Samuel took a stone and set it up between Mizpah and Shen. He named it Ebenezer,y saying, "Thus far has the LORD helped us." 13So the Philistines were subdued and did not invade Israelite territory again.

Throughout Samuel's lifetime, the hand of the LORD was against the Philistines. 14The towns from Ekron to Gath that the Philistines had captured from Israel were restored to her, and Israel delivered the neighboring territory from the power of the Philistines. And there was peace between Israel and the Amorites.

15Samuel continued as judge over Israel all the days of his life. 16From year to year he went on a circuit from Bethel to Gilgal to Mizpah, judging Israel in all those places. 17But he always went back to Ramah, where his home was, and there he also judged Israel. And he built an altar there to the LORD.

Israel Asks for a King

8 When Samuel grew old, he appointed his sons as judges for Israel. 2The name of his firstborn was Joel and the name of his second was Abijah, and they served at Beersheba. 3But his sons did not walk in his ways. They turned aside after dishonest gain and accepted bribes and perverted justice.

4So all the elders of Israel gathered together and came to Samuel at Ramah. 5They said to him, "You are old, and your sons do not walk in your ways; now appoint a king to leadz us, such as all the other nations have."

6But when they said, "Give us a king to lead us," this displeased Samuel; so he prayed to the LORD. 7And the LORD told him: "Listen to all that the people are saying to you; it is not you they have rejected, but they have rejected me as their king. 8As they have done from the day I brought them up out of Egypt until this day, forsaking me and serving other gods, so they are doing to you. 9Now listen to them; but warn them solemnly and let them know what the king who will reign over them will do."

10Samuel told all the words of the LORD to the people who were asking him for a king. 11He said, "This is what the king who will reign over you will do: He will take your sons and make them serve with his chariots and horses, and they will run in front of his chariots. 12Some he will assign to be commanders of thousands and commanders of fifties, and others to plow his ground and reap his harvest, and still others to make

---

k 7:12 En hebreo, Ebenezer significa piedra de ayuda.
l 8:12 comandantes y capitanes. Lit. jefes de mil y jefes de cincuenta.

y 12 Ebenezer means stone of help.   z 5 Traditionally judge; also in verses 6 and 20

fabricar armamentos y pertrechos. 13 También les quitará a sus hijas para emplearlas como perfumistas, cocineras y panaderas. 14 Se apoderará de sus mejores campos, viñedos y olivares, y se los dará a sus ministros, 15 y a ustedes les exigirá una décima parte de sus cosechas y vendimias para entregársela a sus funcionarios y ministros. 16 Además, les quitará sus criados y criadas, y sus mejores bueyes*m* y asnos, de manera que trabajen para él. 17 Les exigirá una décima parte de sus rebaños, y ustedes mismos le servirán como esclavos. 18 Cuando llegue aquel día, clamarán por causa del rey que hayan escogido, pero el SEÑOR no les responderá.

19 El pueblo, sin embargo, no le hizo caso a Samuel, sino que protestó:

—¡De ninguna manera! Queremos un rey que nos gobierne. 20 Así seremos como las otras naciones, con un rey que nos gobierne y que marche al frente de nosotros cuando vayamos a la guerra.

21 Después de oír lo que el pueblo quería, Samuel se lo comunicó al SEÑOR.

22 —Hazles caso —respondió el SEÑOR—; dales un rey.

Entonces Samuel les dijo a los israelitas:

—¡Regresen a sus pueblos!

Samuel unge a Saúl

9 Había un hombre de la tribu de Benjamín, muy respetado, cuyo nombre era Quis hijo de Abiel, hijo de Zeror, hijo de Becorat, hijo de Afía, también benjaminita. 2 Quis tenía un hijo llamado Saúl, que era buen mozo y apuesto como ningún otro israelita, tan alto que los demás apenas le llegaban al hombro.

3 En cierta ocasión se extraviaron las burras de su padre Quis, y éste le dijo a Saúl: «Toma a uno de los criados y ve a buscar las burras.» 4 Saúl y el criado se fueron y cruzaron la sierra de Efraín, hasta pasar por la región de Salisá, pero no las encontraron. Pasaron también por la región de Salín, y después por el territorio de Benjamín, pero tampoco allí las encontraron. 5 Cuando llegaron al territorio de Zuf, Saúl le dijo al criado que lo acompañaba:

—Vámonos. Debemos regresar, no sea que mi padre comience a preocuparse más por nosotros que por las burras.

6 El criado le contestó:

—En este pueblo vive un hombre de Dios que es muy famoso. Todo lo que dice se cumple sin falta. ¿Por qué no vamos allá? A lo mejor nos indica el camino que debemos seguir.

7 —Pero si vamos, ¿qué le podemos llevar? —preguntó Saúl—. En las alforjas no nos queda nada de comer, ni tenemos ningún regalo que ofrecerle.

8 —Aquí tengo casi tres gramos*n* de plata —respondió el criado—. Se los puedo dar al hombre de Dios para que nos indique el camino.

9 (Antiguamente, cuando alguien en Israel iba a consultar a Dios, solía decir: «Vamos a ver al vidente», porque así se le llamaba entonces al que ahora se le llama profeta.)

10 —Muy bien —dijo Saúl—, vamos.

Dicho esto, se dirigieron al pueblo donde vivía el hombre de Dios. 11 Subían por la cuesta de la ciudad cuando se encontraron con unas jóvenes que iban a sacar agua. Les preguntaron:

—¿Se encuentra por aquí el vidente?

---

weapons of war and equipment for his chariots. 13 He will take your daughters to be perfumers and cooks and bakers. 14 He will take the best of your fields and vineyards and olive groves and give them to his attendants. 15 He will take a tenth of your grain and of your vintage and give it to his officials and attendants. 16 Your menservants and maidservants and the best of your cattle*a* and donkeys he will take for his own use. 17 He will take a tenth of your flocks, and you yourselves will become his slaves. 18 When that day comes, you will cry out for relief from the king you have chosen, and the LORD will not answer you in that day."

19 But the people refused to listen to Samuel. "No!" they said. "We want a king over us. 20 Then we will be like all the other nations, with a king to lead us and to go out before us and fight our battles."

21 When Samuel heard all that the people said, he repeated it before the LORD. 22 The LORD answered, "Listen to them and give them a king."

Then Samuel said to the men of Israel, "Everyone go back to his town."

Samuel Anoints Saul

9 There was a Benjamite, a man of standing, whose name was Kish son of Abiel, the son of Zeror, the son of Becorath, the son of Aphiah of Benjamin. 2 He had a son named Saul, an impressive young man without equal among the Israelites—a head taller than any of the others.

3 Now the donkeys belonging to Saul's father Kish were lost, and Kish said to his son Saul, "Take one of the servants with you and go and look for the donkeys." 4 So he passed through the hill country of Ephraim and through the area around Shalisha, but they did not find them. They went on into the district of Shaalim, but the donkeys were not there. Then he passed through the territory of Benjamin, but they did not find them.

5 When they reached the district of Zuph, Saul said to the servant who was with him, "Come, let's go back, or my father will stop thinking about the donkeys and start worrying about us."

6 But the servant replied, "Look, in this town there is a man of God; he is highly respected, and everything he says comes true. Let's go there now. Perhaps he will tell us what way to take."

7 Saul said to his servant, "If we go, what can we give the man? The food in our sacks is gone. We have no gift to take to the man of God. What do we have?"

8 The servant answered him again. "Look," he said, "I have a quarter of a shekel*b* of silver. I will give it to the man of God so that he will tell us what way to take." 9 (Formerly in Israel, if a man went to inquire of God, he would say, "Come, let us go to the seer," because the prophet of today used to be called a seer.)

10 "Good," Saul said to his servant. "Come, let's go." So they set out for the town where the man of God was.

11 As they were going up the hill to the town, they met some girls coming out to draw water, and they asked them, "Is the seer here?"

---

m 8:16 *bueyes* (LXX); *jóvenes* (TM).   *n* 9:8 *casi tres gramos.* Lit. *un cuarto de* *siclo.*

a 16 Septuagint; Hebrew *young men*   *b* 8 That is, about 1/10 ounce (about 3 grams)

¹²—Sí, está más adelante —contestaron ellas—. Dense prisa, que acaba de llegar a la ciudad, y el pueblo va a ofrecer un sacrificio en el santuario del cerro. ¹³Cuando entren en la ciudad lo encontrarán, si llegan antes de que suba al santuario para comer. La gente no empezará a comer hasta que él llegue, pues primero tiene que bendecir el sacrificio, y luego los invitados comerán. Así que vayan de inmediato, que hoy mismo lo van a encontrar.

¹⁴Saúl y su criado se dirigieron entonces a la ciudad. Iban entrando cuando Samuel se encontró con ellos, camino al santuario del cerro.

¹⁵Un día antes de que Saúl llegara, el Señor le había hecho esta revelación a Samuel: ¹⁶«Mañana, a esta hora, te voy a enviar un hombre de la tierra de Benjamín. Lo ungirás como gobernante de mi pueblo Israel, para que lo libre del poder de los filisteos. Me he compadecido de mi pueblo, pues sus gritos de angustia han llegado hasta mí.» ¹⁷Cuando Samuel vio a Saúl, el Señor le dijo: «Ahí tienes al hombre de quien te hablé; él gobernará a mi pueblo.»

¹⁸Al llegar a la *puerta de la ciudad, Saúl se acercó a Samuel y le preguntó:

—¿Podría usted indicarme dónde está la casa del vidente?

¹⁹—Yo soy el vidente —respondió Samuel—. Acompáñame al santuario del cerro, que hoy comerán ustedes conmigo. Ya mañana, cuando te deje partir, responderé a todas tus inquietudes. ²⁰En cuanto a las burras que se te perdieron hace tres días, ni te preocupes, que ya las encontraron.

Y agregó:

—Lo que Israel más desea, ¿no tiene que ver contigo y con toda la familia de tu padre?

²¹—¿Por qué me dices eso? —respondió Saúl—. ¿No soy yo de la tribu de Benjamín, que es la más pequeña de Israel? ¿Y no es mi familia la más insignificante de la tribu de Benjamín?

²²No obstante, Samuel tomó a Saúl y a su criado, los llevó al salón y les dio un lugar especial entre los invitados, que eran unos treinta. ²³Luego Samuel le dijo al cocinero:

—Trae la ración de carne que te pedí que apartaras, y que yo mismo te entregué.

²⁴El cocinero sacó un pernil entero, y se lo sirvió a Saúl. Entonces Samuel dijo:

—Ahí tienes lo que estaba reservado para ti. Come, pues antes de invitar a los otros, tu ración ya había sido apartada para esta ocasión.

Así fue como Saúl comió aquel día con Samuel. ²⁵Luego bajaron del santuario a la ciudad, y Samuel conversó con Saúl en la azotea de su casa. ²⁶Al amanecer, a la hora de levantarse, Samuel habló con Saúl en ese mismo lugar:

—¡Levántate! —le dijo—; ya debes partir.

Saúl se levantó, y salieron de la casa juntos. ²⁷Mientras se dirigían a las afueras de la ciudad, Samuel le dijo a Saúl:

—Dile al criado que se adelante, pero tú quédate un momento, que te voy a dar un mensaje de parte de Dios.

El criado se adelantó.

¹²"He is," they answered. "He's ahead of you. Hurry now; he has just come to our town today, for the people have a sacrifice at the high place. ¹³As soon as you enter the town, you will find him before he goes up to the high place to eat. The people will not begin eating until he comes, because he must bless the sacrifice; afterward, those who are invited will eat. Go up now; you should find him about this time."

¹⁴They went up to the town, and as they were entering it, there was Samuel, coming toward them on his way up to the high place.

¹⁵Now the day before Saul came, the Lord had revealed this to Samuel: ¹⁶"About this time tomorrow I will send you a man from the land of Benjamin. Anoint him leader over my people Israel; he will deliver my people from the hand of the Philistines. I have looked upon my people, for their cry has reached me."

¹⁷When Samuel caught sight of Saul, the Lord said to him, "This is the man I spoke to you about; he will govern my people."

¹⁸Saul approached Samuel in the gateway and asked, "Would you please tell me where the seer's house is?"

¹⁹"I am the seer," Samuel replied. "Go up ahead of me to the high place, for today you are to eat with me, and in the morning I will let you go and will tell you all that is in your heart. ²⁰As for the donkeys you lost three days ago, do not worry about them; they have been found. And to whom is all the desire of Israel turned, if not to you and all your father's family?"

²¹Saul answered, "But am I not a Benjamite, from the smallest tribe of Israel, and is not my clan the least of all the clans of the tribe of Benjamin? Why do you say such a thing to me?"

²²Then Samuel brought Saul and his servant into the hall and seated them at the head of those who were invited—about thirty in number. ²³Samuel said to the cook, "Bring the piece of meat I gave you, the one I told you to lay aside."

²⁴So the cook took up the leg with what was on it and set it in front of Saul. Samuel said, "Here is what has been kept for you. Eat, because it was set aside for you for this occasion, from the time I said, 'I have invited guests.' " And Saul dined with Samuel that day.

²⁵After they came down from the high place to the town, Samuel talked with Saul on the roof of his house. ²⁶They rose about daybreak and Samuel called to Saul on the roof, "Get ready, and I will send you on your way." When Saul got ready, he and Samuel went outside together. ²⁷As they were going down to the edge of the town, Samuel said to Saul, "Tell the servant to go on ahead of us"—and the servant did so—"but you stay here awhile, so that I may give you a message from God."

10 Entonces Samuel tomó un frasco de aceite y lo derramó sobre la cabeza de Saúl. Luego lo besó y le dijo:

—¡Es el SEÑOR quien te ha ungido para que gobiernes a su pueblo!ñ 2 Hoy mismo, cuando te alejes de mí y llegues a Selsa, en el territorio de Benjamín, cerca de la tumba de Raquel verás a dos hombres. Ellos te dirán: "Ya encontramos las burras que andabas buscando. Pero tu padre ya no piensa en las burras, sino que ahora está preocupado por ustedes y se pregunta: '¿Qué puedo hacer para encontrar a mi hijo?' "

3 »Más adelante, cuando llegues a la encina de Tabor, te encontrarás con tres hombres que se dirigen a Betel para adorar a Dios. Uno de ellos lleva tres cabritos; otro, tres panes; y el otro, un odre de vino. 4 Después de saludarte, te entregarán dos panes. Acéptalos.

5 »De ahí llegarás a Guibeá de Dios, donde hay una guarnición filistea. Al entrar en la ciudad te encontrarás con un grupo de profetas que bajan del santuario en el cerro. Vendrán profetizando, precedidos por músicos que tocan liras, panderetas, flautas y arpas. 6 Entonces el Espíritu del SEÑOR vendrá sobre ti con poder, y tú profetizarás con ellos y serás una nueva persona. 7 Cuando se cumplan estas señales que has recibido, podrás hacer todo lo que esté a tu alcance, pues Dios estará contigo.

8 »Baja luego a Guilgal antes que yo. Allí me reuniré contigo para ofrecer *holocaustos y sacrificios de *comunión, y cuando llegue, te diré lo que tienes que hacer. Pero tú debes esperarme siete días.

Saúl es proclamado rey

9 Cuando Saúl se dio vuelta para alejarse de Samuel, Dios le cambió el *corazón, y ese mismo día se cumplieron todas esas señales. 10 En efecto, al llegar Saúl y su criado a Guibeá, un grupo de profetas les salió al encuentro. Entonces el Espíritu de Dios vino con poder sobre Saúl, quien cayó en trance profético junto con ellos. 11 Los que desde antes lo conocían, al verlo profetizar junto con los profetas se preguntaban unos a otros:

—¿Qué le pasa a Saúl hijo de Quis? ¿Acaso él también es uno de los profetas?

12 Alguien que vivía allí replicó:

—¿Y quién es el responsableo de ellos?

De ahí viene el dicho: «¿Acaso también Saúl es uno de los profetas?»

13 Cuando Saúl acabó de profetizar, subió al santuario del cerro. 14 Su tío les preguntó a él y a su criado:

—¿Y ustedes dónde estaban?

—Andábamos buscando las burras —respondió Saúl—; pero como no dábamos con ellas, fuimos a ver a Samuel.

15 —Cuéntame lo que les dijo Samuel —pidió el tío de Saúl.

16 —Nos aseguró que ya habían encontrado las burras.

Sin embargo, Saúl no le contó a su tío lo que Samuel le había dicho acerca del reino.

17 Después de esto, Samuel convocó al pueblo de Israel para que se presentara ante el SEÑOR en Mizpa. 18 Allí les dijo a los israelitas:

«Así dice el SEÑOR, Dios de Israel: "Yo saqué a Israel de Egipto. Yo los libré a ustedes del poder de los egipcios y de todos los reinos que los oprimían."

10 Then Samuel took a flask of oil and poured it on Saul's head and kissed him, saying, "Has not the LORD anointed you leader over his inheritance?c 2 When you leave me today, you will meet two men near Rachel's tomb, at Zelzah on the border of Benjamin. They will say to you, 'The donkeys you set out to look for have been found. And now your father has stopped thinking about them and is worried about you. He is asking, "What shall I do about my son?" '

3 "Then you will go on from there until you reach the great tree of Tabor. Three men going up to God at Bethel will meet you there. One will be carrying three young goats, another three loaves of bread, and another a skin of wine. 4 They will greet you and offer you two loaves of bread, which you will accept from them.

5 "After that you will go to Gibeah of God, where there is a Philistine outpost. As you approach the town, you will meet a procession of prophets coming down from the high place with lyres, tambourines, flutes and harps being played before them, and they will be prophesying. 6 The Spirit of the LORD will come upon you in power, and you will prophesy with them; and you will be changed into a different person. 7 Once these signs are fulfilled, do whatever your hand finds to do, for God is with you.

8 "Go down ahead of me to Gilgal. I will surely come down to you to sacrifice burnt offerings and fellowship offerings,d but you must wait seven days until I come to you and tell you what you are to do."

Saul Made King

9 As Saul turned to leave Samuel, God changed Saul's heart, and all these signs were fulfilled that day. 10 When they arrived at Gibeah, a procession of prophets met him; the Spirit of God came upon him in power, and he joined in their prophesying. 11 When all those who had formerly known him saw him prophesying with the prophets, they asked each other, "What is this that has happened to the son of Kish? Is Saul also among the prophets?"

12 A man who lived there answered, "And who is their father?" So it became a saying: "Is Saul also among the prophets?" 13 After Saul stopped prophesying, he went to the high place.

14 Now Saul's uncle asked him and his servant, "Where have you been?"

"Looking for the donkeys," he said. "But when we saw they were not to be found, we went to Samuel."

15 Saul's uncle said, "Tell me what Samuel said to you."

16 Saul replied, "He assured us that the donkeys had been found." But he did not tell his uncle what Samuel had said about the kingship.

17 Samuel summoned the people of Israel to the LORD at Mizpah 18 and said to them, "This is what the LORD, the God of Israel, says: 'I brought Israel up out of Egypt, and I delivered you from the power of Egypt

---

¹⁹Ahora, sin embargo, ustedes han rechazado a su Dios, quien los libra de todas las calamidades y aflicciones. Han dicho: "¡No! ¡Danos un rey que nos gobierne!" Por tanto, preséntense ahora ante el SEÑOR por tribus y por familias.»

²⁰Dicho esto, Samuel hizo que se acercaran todas las tribus de Israel y, al echar la suerte, fue escogida la tribu de Benjamín. ²¹Luego mandó que se acercara la tribu de Benjamín, familia por familia, y la suerte cayó sobre la familia de Matri, y finalmente sobre Saúl hijo de Quis. Entonces fueron a buscar a Saúl, pero no lo encontraron, ²²de modo que volvieron a consultar al SEÑOR:

—¿Ha venido aquí ese hombre?

—Sí —respondió el SEÑOR—, pero se ha escondido entre el equipaje.

²³Fueron corriendo y lo sacaron de allí. Y cuando Saúl se puso en medio de la gente, vieron que era tan alto que nadie le llegaba al hombro. ²⁴Dijo entonces Samuel a todo el pueblo:

—¡Miren al hombre que el SEÑOR ha escogido! ¡No hay nadie como él en todo el pueblo!

—¡Viva el rey! —exclamaron todos.

²⁵A continuación, Samuel le explicó al pueblo las leyes del reino y las escribió en un libro que depositó ante el SEÑOR. Luego mandó que todos regresaran a sus casas.

²⁶También Saúl se fue a su casa en Guibeá, acompañado por un grupo de hombres leales, a quienes el SEÑOR les había movido el corazón. ²⁷Pero algunos insolentes protestaron: «¿Y éste es el que nos va a salvar?» Y fue tanto su desprecio por Saúl, que ni le ofrecieron regalos. Saúl, por su parte, no les hizo caso.

Saúl libera la ciudad de Jabés

11 Najás el amonita subió contra Jabés de Galaad y la sitió. Los habitantes de la ciudad le dijeron:

—Haz un pacto con nosotros, y seremos tus siervos.

²—Haré un pacto con ustedes —contestó Najás el amonita—, pero con una condición: que les saque a cada uno de ustedes el ojo derecho. Así dejaré en desgracia a todo Israel.

³—Danos siete días para que podamos enviar mensajeros por todo el territorio de Israel —respondieron los *ancianos de Jabés—. Si no hay quien nos libre de ustedes, nos rendiremos.

⁴Cuando los mensajeros llegaron a Guibeá, que era la ciudad de Saúl, y le comunicaron el mensaje al pueblo, todos se echaron a llorar. ⁵En esos momentos Saúl regresaba del campo arreando sus bueyes, y preguntó: «¿Qué le pasa a la gente? ¿Por qué están llorando?» Entonces le contaron lo que habían dicho los habitantes de Jabés.

⁶Cuando Saúl escuchó la noticia, el Espíritu de Dios vino sobre él con poder. Enfurecido, ⁷agarró dos bueyes y los descuartizó, y con los mensajeros envió los pedazos por todo el territorio de Israel, con esta advertencia: «Así se hará con los bueyes de todo el que no salga para unirse a Saúl y Samuel.»

El temor del SEÑOR se apoderó del pueblo, y todos ellos, como un solo *hombre, salieron a la guerra. ⁸Saúl los reunió en Bézec para pasar revista, y había trescientos mil soldados de Israel y treinta mil de Judá. ⁹Luego les dijo^p a los mensajeros que habían venido: «Vayan y díganles a los habitantes de Jabés de Galaad: "Mañana, cuando más calor haga, serán librados." »

Los mensajeros fueron y les comunicaron el mensaje

and all the kingdoms that oppressed you.' ¹⁹But you have now rejected your God, who saves you out of all your calamities and distresses. And you have said, 'No, set a king over us.' So now present yourselves before the LORD by your tribes and clans."

²⁰When Samuel brought all the tribes of Israel near, the tribe of Benjamin was chosen. ²¹Then he brought forward the tribe of Benjamin, clan by clan, and Matri's clan was chosen. Finally Saul son of Kish was chosen. But when they looked for him, he was not to be found. ²²So they inquired further of the LORD, "Has the man come here yet?"

And the LORD said, "Yes, he has hidden himself among the baggage."

²³They ran and brought him out, and as he stood among the people he was a head taller than any of the others. ²⁴Samuel said to all the people, "Do you see the man the LORD has chosen? There is no one like him among all the people."

Then the people shouted, "Long live the king!"

²⁵Samuel explained to the people the regulations of the kingship. He wrote them down on a scroll and deposited it before the LORD. Then Samuel dismissed the people, each to his own home.

²⁶Saul also went to his home in Gibeah, accompanied by valiant men whose hearts God had touched. ²⁷But some troublemakers said, "How can this fellow save us?" They despised him and brought him no gifts. But Saul kept silent.

Saul Rescues the City of Jabesh

11 Nahash the Ammonite went up and besieged Jabesh Gilead. And all the men of Jabesh said to him, "Make a treaty with us, and we will be subject to you."

²But Nahash the Ammonite replied, "I will make a treaty with you only on the condition that I gouge out the right eye of every one of you and so bring disgrace on all Israel."

³The elders of Jabesh said to him, "Give us seven days so we can send messengers throughout Israel; if no one comes to rescue us, we will surrender to you."

⁴When the messengers came to Gibeah of Saul and reported these terms to the people, they all wept aloud. ⁵Just then Saul was returning from the fields, behind his oxen, and he asked, "What is wrong with the people? Why are they weeping?" Then they repeated to him what the men of Jabesh had said.

⁶When Saul heard their words, the Spirit of God came upon him in power, and he burned with anger. ⁷He took a pair of oxen, cut them into pieces, and sent the pieces by messengers throughout Israel, proclaiming, "This is what will be done to the oxen of anyone who does not follow Saul and Samuel." Then the terror of the LORD fell on the people, and they turned out as one man. ⁸When Saul mustered them at Bezek, the men of Israel numbered three hundred thousand and the men of Judah thirty thousand.

⁹They told the messengers who had come, "Say to the men of Jabesh Gilead, 'By the time the sun is hot tomorrow, you will be delivered.' " When the messengers went and reported this to the men of Jabesh, they

---

^p 11:9 les dijo. Lit. dijeron.

a los de Jabés. Éstos se llenaron de alegría [10] y les dijeron a los amonitas: «Mañana nos rendiremos, y podrán hacer con nosotros lo que bien les parezca.»

[11] Al día siguiente, antes del amanecer,[q] Saúl organizó a los soldados en tres columnas. Invadieron el campamento de los amonitas, e hicieron una masacre entre ellos hasta la hora más calurosa del día. Los que sobrevivieron fueron dispersados, así que no quedaron dos hombres juntos.

Saúl es confirmado como rey

[12] El pueblo le dijo entonces a Samuel:

—¿Quiénes son los que no querían que Saúl reinara sobre nosotros? Entréguenlos, que vamos a matarlos.

[13] —¡Nadie va a morir hoy! —intervino Saúl—. En este día el SEÑOR ha librado a Israel.

[14] —¡Vengan! —le dijo Samuel al pueblo—. Vamos a Guilgal para confirmar a Saúl como rey.

[15] Todos se fueron a Guilgal, y allí, ante el SEÑOR, confirmaron a Saúl como rey. También allí, ante el SEÑOR, ofrecieron sacrificios de *comunión, y Saúl y todos los israelitas celebraron la ocasión con gran alegría.

Discurso de despedida de Samuel

12 Samuel le habló a todo Israel:
—¡Préstenme atención! Yo les he hecho caso en todo lo que me han pedido, y les he dado un rey que los gobierne. [2] Ya tienen al rey que va a dirigirlos. En cuanto a mí, ya estoy viejo y lleno de canas, y mis hijos son parte del pueblo. Yo los he guiado a ustedes desde mi juventud hasta la fecha. [3] Aquí me tienen. Pueden acusarme en la presencia del SEÑOR y de su *ungido. ¿A quién le he robado un buey o un asno? ¿A quién he defraudado? ¿A quién he oprimido? ¿Por quién me he dejado sobornar? Acúsenme, y pagaré lo que corresponda.

[4] —No nos has defraudado —respondieron—; tampoco nos has oprimido ni le has robado nada a nadie.

[5] Samuel insistió:

—¡Que el SEÑOR y su ungido sean hoy testigos de que ustedes no me han hallado culpable de nada!

—¡Que lo sean! —fue la respuesta del pueblo.

[6] Además Samuel les dijo:

—Testigo es el SEÑOR, que escogió a Moisés y a Aarón para sacar de Egipto a los antepasados de ustedes. [7] Y ahora, préstenme atención. El SEÑOR los ha colmado de beneficios a ustedes y a sus antepasados, pero yo tengo una querella contra ustedes.

[8] »Después de que Jacob entró en Egipto, sus descendientes clamaron al SEÑOR. Entonces el SEÑOR envió a Moisés y a Aarón para sacarlos de Egipto y establecerlos en este lugar. [9] Pero como se olvidaron de su SEÑOR y Dios, él los entregó al poder de Sísara, comandante del ejército de Jazor, y al poder de los filisteos y del rey de Moab, y ellos les hicieron la guerra. [10] Por eso ustedes clamaron al SEÑOR: "Hemos pecado al abandonar al SEÑOR y adorar a los ídolos de *Baal y a las imágenes de *Astarté. Pero ahora, si nos libras del poder de nuestros enemigos, sólo a ti te serviremos." [11] Entonces el SEÑOR envió a Yerubaal, Barac,[r] Jefté y Samuel, y los libró a ustedes del poder de los enemigos que los rodeaban, para que vivieran seguros.

were elated. [10] They said to the Ammonites, "Tomorrow we will surrender to you, and you can do to us whatever seems good to you."

[11] The next day Saul separated his men into three divisions; during the last watch of the night they broke into the camp of the Ammonites and slaughtered them until the heat of the day. Those who survived were scattered, so that no two of them were left together.

Saul Confirmed as King

[12] The people then said to Samuel, "Who was it that asked, 'Shall Saul reign over us?' Bring these men to us and we will put them to death."

[13] But Saul said, "No one shall be put to death today, for this day the LORD has rescued Israel."

[14] Then Samuel said to the people, "Come, let us go to Gilgal and there reaffirm the kingship." [15] So all the people went to Gilgal and confirmed Saul as king in the presence of the LORD. There they sacrificed fellowship offerings[e] before the LORD, and Saul and all the Israelites held a great celebration.

Samuel's Farewell Speech

12 Samuel said to all Israel, "I have listened to everything you said to me and have set a king over you. [2] Now you have a king as your leader. As for me, I am old and gray, and my sons are here with you. I have been your leader from my youth until this day. [3] Here I stand. Testify against me in the presence of the LORD and his anointed. Whose ox have I taken? Whose donkey have I taken? Whom have I cheated? Whom have I oppressed? From whose hand have I accepted a bribe to make me shut my eyes? If I have done any of these, I will make it right."

[4] "You have not cheated or oppressed us," they replied. "You have not taken anything from anyone's hand."

[5] Samuel said to them, "The LORD is witness against you, and also his anointed is witness this day, that you have not found anything in my hand."

"He is witness," they said.

[6] Then Samuel said to the people, "It is the LORD who appointed Moses and Aaron and brought your forefathers up out of Egypt. [7] Now then, stand here, because I am going to confront you with evidence before the LORD as to all the righteous acts performed by the LORD for you and your fathers.

[8] "After Jacob entered Egypt, they cried to the LORD for help, and the LORD sent Moses and Aaron, who brought your forefathers out of Egypt and settled them in this place.

[9] "But they forgot the LORD their God; so he sold them into the hand of Sisera, the commander of the army of Hazor, and into the hands of the Philistines and the king of Moab, who fought against them. [10] They cried out to the LORD and said, 'We have sinned; we have forsaken the LORD and served the Baals and the Ashtoreths. But now deliver us from the hands of our enemies, and we will serve you.' [11] Then the LORD sent Jerub-Baal,[f] Barak,[g] Jephthah and Samuel,[h] and he delivered you from the hands of your enemies on every side, so that you lived securely.

---

e 15 Traditionally peace offerings   f 11 Also called Gideon
g 11 Some Septuagint manuscripts and Syriac; Hebrew Bedan
h 11 Hebrew; some Septuagint manuscripts and Syriac Samson

¹²»No obstante, cuando ustedes vieron que Najás, rey de los amonitas, los amenazaba, me dijeron: "¡No! ¡Queremos que nos gobierne un rey!" Y esto, a pesar de que el SEÑOR su Dios es el rey de ustedes. ¹³Pues bien, aquí tienen al rey que pidieron y que han escogido. Pero tengan en cuenta que es el SEÑOR quien les ha dado ese rey. ¹⁴Si ustedes y el rey que los gobierne temen al SEÑOR su Dios, y le sirven y le obedecen, acatando sus mandatos y manteniéndose fieles a él, ¡magnífico! ¹⁵En cambio, si lo desobedecen y no acatan sus mandatos, él descargará su mano sobre ustedes como la descargó contra sus antepasados.

¹⁶»Y ahora, préstenme atención y observen con sus propios ojos algo grandioso que el SEÑOR va a hacer. ¹⁷Ahora no es tiempo de lluvias sino de cosecha.ˢ Sin embargo, voy a invocar al SEÑOR, y él enviará truenos y lluvia; así se darán cuenta de la gran maldad que han cometido ante el SEÑOR al pedir un rey.

¹⁸Samuel invocó al SEÑOR, y ese mismo día el SEÑOR mandó truenos y lluvia. Todo el pueblo sintió un gran temor ante el SEÑOR y ante Samuel, ¹⁹y le dijeron a Samuel:

—Ora al SEÑOR tu Dios por nosotros, tus siervos, para que no nos quite la vida. A todos nuestros pecados hemos añadido la maldad de pedirle un rey.

²⁰—No teman —replicó Samuel—. Aunque ustedes han cometido una gran maldad, no se aparten del SEÑOR; más bien, sírvanle de todo *corazón. ²¹No se alejen de él por seguir a ídolos inútiles, que no los pueden ayudar ni rescatar, pues no sirven para nada. ²²Por amor a su gran *nombre, el SEÑOR no rechazará a su pueblo; de hecho él se ha dignado hacerlos a ustedes su propio pueblo. ²³En cuanto a mí, que el SEÑOR me libre de pecar contra él dejando de orar por ustedes. Yo seguiré enseñándoles el *camino bueno y recto. ²⁴Pero los exhorto a temer al SEÑOR y a servirle fielmente y de todo corazón, recordando los grandes beneficios que él ha hecho en favor de ustedes. ²⁵Si persisten en la maldad, tanto ustedes como su rey serán destruidos.

Samuel reprende a Saúl

13 Saúl tenía treinta añosᵗ cuando comenzó a reinar sobre Israel, y su reinado duró cuarenta y dos años.ᵘ

²De entre los israelitas, Saúl escogió tres mil soldados; dos mil estaban con él en Micmás y en los montes de Betel, y mil estaban con Jonatán en Guibeá de Benjamín. Al resto del ejército Saúl lo mandó a sus hogares.

³Jonatán atacó la guarnición filistea apostada en Gueba, y esto llegó a oídos de los filisteos. Entonces Saúl mandó que se tocara la trompeta por todo el país, pues dijo: «¡Que se enteren todos los hebreos!»

⁴Todo Israel se enteró de esta noticia: «Saúl ha atacado la guarnición filistea, así que los israelitas se han hecho odiosos a los filisteos.» Por tanto el pueblo se puso a las órdenes de Saúl en Guilgal.

⁵Los filisteos también se juntaron para hacerle la guerra a Israel. Contaban con tres milᵛ carros, seis mil jinetes, y un ejército tan numeroso como la arena a la orilla del mar. Avanzaron hacia Micmás, al este de Bet

¹²"But when you saw that Nahash king of the Ammonites was moving against you, you said to me, 'No, we want a king to rule over us'—even though the LORD your God was your king. ¹³Now here is the king you have chosen, the one you asked for; see, the LORD has set a king over you. ¹⁴If you fear the LORD and serve and obey him and do not rebel against his commands, and if both you and the king who reigns over you follow the LORD your God—good! ¹⁵But if you do not obey the LORD, and if you rebel against his commands, his hand will be against you, as it was against your fathers.

¹⁶"Now then, stand still and see this great thing the LORD is about to do before your eyes! ¹⁷Is it not wheat harvest now? I will call upon the LORD to send thunder and rain. And you will realize what an evil thing you did in the eyes of the LORD when you asked for a king."

¹⁸Then Samuel called upon the LORD, and that same day the LORD sent thunder and rain. So all the people stood in awe of the LORD and of Samuel.

¹⁹The people all said to Samuel, "Pray to the LORD your God for your servants so that we will not die, for we have added to all our other sins the evil of asking for a king."

²⁰"Do not be afraid," Samuel replied. "You have done all this evil; yet do not turn away from the LORD, but serve the LORD with all your heart. ²¹Do not turn away after useless idols. They can do you no good, nor can they rescue you, because they are useless. ²²For the sake of his great name the LORD will not reject his people, because the LORD was pleased to make you his own. ²³As for me, far be it from me that I should sin against the LORD by failing to pray for you. And I will teach you the way that is good and right. ²⁴But be sure to fear the LORD and serve him faithfully with all your heart; consider what great things he has done for you. ²⁵Yet if you persist in doing evil, both you and your king will be swept away."

Samuel Rebukes Saul

13 Saul was ⌊thirty⌋ⁱ years old when he became king, and he reigned over Israel ⌊forty-⌋ʲ two years.

²Saulᵏ chose three thousand men from Israel; two thousand were with him at Micmash and in the hill country of Bethel, and a thousand were with Jonathan at Gibeah in Benjamin. The rest of the men he sent back to their homes.

³Jonathan attacked the Philistine outpost at Geba, and the Philistines heard about it. Then Saul had the trumpet blown throughout the land and said, "Let the Hebrews hear!" ⁴So all Israel heard the news: "Saul has attacked the Philistine outpost, and now Israel has become a stench to the Philistines." And the people were summoned to join Saul at Gilgal.

⁵The Philistines assembled to fight Israel, with three thousandˡ chariots, six thousand charioteers, and soldiers as numerous as the sand on the seashore. They went up and camped at Micmash, east of Beth Aven.

ˢ 12:17 *Ahora no es ... de cosecha.* Lit. *¿Acaso no es la cosecha de trigo?*   ᵗ 13:1 *treinta años* (LXX). TM no incluye el número de años.   ᵘ 13:1 *cuarenta y dos años* (texto probable; véase Hch 13:21); *dos años* (TM).   ᵛ 13:5 *tres mil* (LXX y Siríaca); *treinta mil* (TM).

ⁱ 1 A few late manuscripts of the Septuagint; Hebrew does not have *thirty.*   ʲ 1 See the round number in Acts 13:21; Hebrew does not have *forty-.*   ᵏ 1,2 Or *and when he had reigned over Israel two years,* ²*he*   ˡ 5 Some Septuagint manuscripts and Syriac; Hebrew *thirty thousand*

Avén, y allí acamparon. 6 Los israelitas se dieron cuenta de que estaban en aprietos, pues todo el ejército se veía amenazado. Por eso tuvieron que esconderse en las cuevas, en los matorrales, entre las rocas, en las zanjas y en los pozos. 7 Algunos hebreos incluso cruzaron el Jordán para huir al territorio de Gad, en Galaad.

Saúl se había quedado en Guilgal, y todo el ejército que lo acompañaba temblaba de miedo. 8 Allí estuvo esperando siete días, según el plazo indicado por Samuel, pero éste no llegaba. Como los soldados comenzaban a desbandarse, 9 Saúl ordenó: «Tráiganme el *holocausto y los sacrificios de *comunión»; y él mismo ofreció el holocausto. 10 En el momento en que Saúl terminaba de celebrar el sacrificio, llegó Samuel. Saúl salió a recibirlo, y lo saludó. 11 Pero Samuel le reclamó:

—¿Qué has hecho?

Y Saúl le respondió:

—Pues como vi que la gente se desbandaba, que tú no llegabas en el plazo indicado, y que los filisteos se habían juntado en Micmás, 12 pensé: "Los filisteos ya están por atacarme en Guilgal, y ni siquiera he implorado la ayuda del SEÑOR." Por eso me atreví a ofrecer el holocausto.

13 —¡Eres un necio! —le replicó Samuel—. No has cumplido el mandato que te dio el SEÑOR tu Dios. El SEÑOR habría establecido tu reino sobre Israel para siempre, 14 pero ahora te digo que tu reino no permanecerá. El SEÑOR ya está buscando un hombre más de su agrado, pues tú no has cumplido su mandato.

15 Dicho esto, Samuel se fue de Guilgal hacia Guibeá de Benjamín.

Jonatán ataca a los filisteos

Saúl pasó revista de los soldados que estaban con él, y eran unos seiscientos hombres. 16 Él y su hijo Jonatán, junto con sus soldados, se quedaron en Gueba de Benjamín, mientras que los filisteos seguían acampados en Micmás. 17 Del campamento filisteo salió una tropa de asalto dividida en tres grupos: uno de ellos avanzó por el camino de Ofra, hacia el territorio de Súal; 18 otro, por Bet Jorón; y el tercero, por la frontera del valle de Zeboyín, en dirección al desierto. 19 En todo el territorio de Israel no había un solo herrero, pues los filisteos no permitían que los hebreos se forjaran espadas y lanzas. 20 Por tanto, todo Israel dependía de los filisteos para que les afilaran los arados, los azadones, las hachas y las hoces.w 21 Por un arado o un azadón cobraban ocho gramos de plata, y cuatro gramosx por una horqueta o un hacha, o por arreglar las aguijadas. 22 Así que ninguno de los soldados israelitas tenía espada o lanza, excepto Saúl y Jonatán.

23 Un destacamento de filisteos avanzó hasta el paso de Micmás.

14 Cierto día, Jonatán hijo de Saúl, sin decirle nada a su padre, le ordenó a su escudero: «Ven acá. Vamos a cruzar al otro lado, donde está el destacamento de los filisteos.» 2 Y es que Saúl estaba en las afueras

---

6 When the men of Israel saw that their situation was critical and that their army was hard pressed, they hid in caves and thickets, among the rocks, and in pits and cisterns. 7 Some Hebrews even crossed the Jordan to the land of Gad and Gilead.

Saul remained at Gilgal, and all the troops with him were quaking with fear. 8 He waited seven days, the time set by Samuel; but Samuel did not come to Gilgal, and Saul's men began to scatter. 9 So he said, "Bring me the burnt offering and the fellowship offerings.m" And Saul offered up the burnt offering. 10 Just as he finished making the offering, Samuel arrived, and Saul went out to greet him.

11 "What have you done?" asked Samuel.

Saul replied, "When I saw that the men were scattering, and that you did not come at the set time, and that the Philistines were assembling at Micmash, 12 I thought, 'Now the Philistines will come down against me at Gilgal, and I have not sought the LORD's favor.' So I felt compelled to offer the burnt offering."

13 "You acted foolishly," Samuel said. "You have not kept the command the LORD your God gave you; if you had, he would have established your kingdom over Israel for all time. 14 But now your kingdom will not endure; the LORD has sought out a man after his own heart and appointed him leader of his people, because you have not kept the LORD's command."

15 Then Samuel left Gilgaln and went up to Gibeah in Benjamin, and Saul counted the men who were with him. They numbered about six hundred.

Israel Without Weapons

16 Saul and his son Jonathan and the men with them were staying in Gibeaho in Benjamin, while the Philistines camped at Micmash. 17 Raiding parties went out from the Philistine camp in three detachments. One turned toward Ophrah in the vicinity of Shual, 18 another toward Beth Horon, and the third toward the borderland overlooking the Valley of Zeboim facing the desert.

19 Not a blacksmith could be found in the whole land of Israel, because the Philistines had said, "Otherwise the Hebrews will make swords or spears!" 20 So all Israel went down to the Philistines to have their plowshares, mattocks, axes and sicklesp sharpened. 21 The price was two thirds of a shekelq for sharpening plowshares and mattocks, and a third of a shekelr for sharpening forks and axes and for repointing goads.

22 So on the day of the battle not a soldier with Saul and Jonathan had a sword or spear in his hand; only Saul and his son Jonathan had them.

Jonathan Attacks the Philistines

23 Now a detachment of Philistines had gone out to the pass at Micmash.

14 1 One day Jonathan son of Saul said to the young man bearing his armor, "Come, let's go over to the Philistine outpost on the other side." But he did not tell his father.

---

w 13:20 las hoces (LXX); los arados (TM).   x 13:21 ocho gramos de plata ... cuatro gramos. Lit. un *pim ... un tercio de *siclo.

m 9 Traditionally peace offerings   n 15 Hebrew; Septuagint Gilgal and went his way; the rest of the people went after Saul to meet the army, and they went out of Gilgal   o 16 Two Hebrew manuscripts; most Hebrew manuscripts Geba, a variant of Gibeah   p 20 Septuagint; Hebrew plowshares   q 21 Hebrew pim; that is, about 1/4 ounce (about 8 grams)   r 21 That is, about 1/8 ounce (about 4 grams)

de Guibeá, bajo un granado en Migrón, y tenía con él unos seiscientos hombres. ³El *efod lo llevaba Abías hijo de Ajitob, que era hermano de Icabod, el hijo de Finés y nieto de Elí, sacerdote del SEÑOR en Siló.

Nadie sabía que Jonatán había salido, ⁴y para llegar a la guarnición filistea Jonatán tenía que cruzar un paso entre dos peñascos, llamados Bosés y Sene. ⁵El primero estaba al norte, frente a Micmás; el otro, al sur, frente a Gueba. ⁶Así que Jonatán le dijo a su escudero:

—Vamos a cruzar hacia la guarnición de esos paganos.ʸ Espero que el SEÑOR nos ayude, pues para él no es difícil salvarnos, ya sea con muchos o con pocos.

⁷—¡Adelante! —respondió el escudero—. Haga usted todo lo que tenga pensado hacer, que cuenta con todo mi apoyo.

⁸—Bien —dijo Jonatán—; vamos a cruzar hasta donde están ellos, para que nos vean. ⁹Si nos dicen: "¡Esperen a que los alcancemos!", ahí nos quedaremos, en vez de avanzar. ¹⁰Pero si nos dicen: "¡Vengan acá!", avanzaremos, pues será señal de que el SEÑOR nos va a dar la *victoria.

¹¹Así pues, los dos se dejaron ver por la guarnición filistea.

—¡Miren —exclamaron los filisteos—, los hebreos empiezan a salir de las cuevas donde estaban escondidos!

¹²Entonces los soldados de la guarnición les gritaron a Jonatán y a su escudero:

—¡Vengan acá! Tenemos algo que decirles.

—Ven conmigo —le dijo Jonatán a su escudero—, porque el SEÑOR le ha dado la victoria a Israel.

¹³Jonatán trepó con pies y manos, seguido por su escudero. A los filisteos que eran derribados por Jonatán, el escudero los remataba. ¹⁴En ese primer encuentro, que tuvo lugar en un espacio reducido, Jonatán y su escudero mataron a unos veinte hombres.

Israel derrota a los filisteos

¹⁵Cundió entonces el pánico en el campamento filisteo y entre el ejército que estaba en el campo abierto. Todos ellos se acobardaron, incluso los soldados de la guarnición y las tropas de asalto. Hasta la tierra tembló, y hubo un pánico extraordinario.ᶻ ¹⁶Desde Guibeá de Benjamín, los centinelas de Saúl podían ver que el campamento huía en desbandada. ¹⁷Saúl dijo entonces a sus soldados: «Pasen revista, a ver quién de los nuestros falta.» Así lo hicieron, y resultó que faltaban Jonatán y su escudero.

¹⁸Entonces Saúl le pidió a Ahías que trajera el arca de Dios. (En aquel tiempo el arca estaba con los israelitas.) ¹⁹Pero mientras hablaban, el desconcierto en el campo filisteo se hizo peor, así que Saúl le dijo al sacerdote: «¡No lo hagas!»

²⁰En seguida Saúl reunió a su ejército, y todos juntos se lanzaron a la batalla. Era tal la confusión entre los filisteos, que se mataban unos a otros. ²¹Además, los hebreos que hacía tiempo se habían unido a los filisteos, y que estaban con ellos en el campamento, se pasaron a las filas de los israelitas que estaban con Saúl y Jonatán. ²²Y los israelitas que se habían escondido en los montes de Efraín, al oír que los filisteos huían, se

²Saul was staying on the outskirts of Gibeah under a pomegranate tree in Migron. With him were about six hundred men, ³among whom was Ahijah, who was wearing an ephod. He was a son of Ichabod's brother Ahitub son of Phinehas, the son of Eli, the LORD's priest in Shiloh. No one was aware that Jonathan had left.

⁴On each side of the pass that Jonathan intended to cross to reach the Philistine outpost was a cliff; one was called Bozez, and the other Seneh. ⁵One cliff stood to the north toward Micmash, the other to the south toward Geba.

⁶Jonathan said to his young armor-bearer, "Come, let's go over to the outpost of those uncircumcised fellows. Perhaps the LORD will act in our behalf. Nothing can hinder the LORD from saving, whether by many or by few."

⁷"Do all that you have in mind," his armor-bearer said. "Go ahead; I am with you heart and soul."

⁸Jonathan said, "Come, then; we will cross over toward the men and let them see us. ⁹If they say to us, 'Wait there until we come to you,' we will stay where we are and not go up to them. ¹⁰But if they say, 'Come up to us,' we will climb up, because that will be our sign that the LORD has given them into our hands."

¹¹So both of them showed themselves to the Philistine outpost. "Look!" said the Philistines. "The Hebrews are crawling out of the holes they were hiding in." ¹²The men of the outpost shouted to Jonathan and his armor-bearer, "Come up to us and we'll teach you a lesson."

So Jonathan said to his armor-bearer, "Climb up after me; the LORD has given them into the hand of Israel."

¹³Jonathan climbed up, using his hands and feet, with his armor-bearer right behind him. The Philistines fell before Jonathan, and his armor-bearer followed and killed behind him. ¹⁴In that first attack Jonathan and his armor-bearer killed some twenty men in an area of about half an acre.ˢ

Israel Routs the Philistines

¹⁵Then panic struck the whole army—those in the camp and field, and those in the outposts and raiding parties—and the ground shook. It was a panic sent by God.ᵗ

¹⁶Saul's lookouts at Gibeah in Benjamin saw the army melting away in all directions. ¹⁷Then Saul said to the men who were with him, "Muster the forces and see who has left us." When they did, it was Jonathan and his armor-bearer who were not there.

¹⁸Saul said to Ahijah, "Bring the ark of God." (At that time it was with the Israelites.)ᵘ ¹⁹While Saul was talking to the priest, the tumult in the Philistine camp increased more and more. So Saul said to the priest, "Withdraw your hand."

²⁰Then Saul and all his men assembled and went to the battle. They found the Philistines in total confusion, striking each other with their swords. ²¹Those Hebrews who had previously been with the Philistines and had gone up with them to their camp went over to the Israelites who were with Saul and Jonathan. ²²When all the Israelites who had hidden in the hill country of Ephraim heard that the Philistines were on the run, they

---

ʸ 14:6 *paganos*. Lit. *incircuncisos.*   ᶻ 14:15 *pánico extraordinario*. Lit. *pánico de Dios.*

ˢ 14 Hebrew *half a yoke*; a "yoke" was the land plowed by a yoke of oxen in one day.   ᵗ 15 Or *a terrible panic*   ᵘ 18 Hebrew; Septuagint *"Bring the ephod." (At that time he wore the ephod before the Israelites.)*

unieron a la batalla para perseguirlos. ²³Así libró el SEÑOR a Israel aquel día, y la batalla se extendió más allá de Bet Avén.

El juramento de Saúl

²⁴Los israelitas desfallecían de hambre, pues Saúl había puesto al ejército bajo este juramento: «¡Maldito el que coma algo antes del anochecer, antes de que pueda vengarme de mis enemigos!» Así que aquel día ninguno de los soldados había probado bocado.

²⁵Al llegar a un bosque, notaron que había miel en el suelo. ²⁶Cuando el ejército entró en el bosque, vieron que la miel corría como agua, pero por miedo al juramento nadie se atrevió a probarla. ²⁷Sin embargo, Jonatán, que no había oído a su padre poner al ejército bajo juramento, alargó la vara que llevaba en la mano, hundió la punta en un panal de miel, y se la llevó a la boca. En seguida se le iluminó el rostro. ²⁸Pero uno de los soldados le advirtió:

—Tu padre puso al ejército bajo un juramento solemne, diciendo: "¡Maldito el que coma algo hoy!" Y por eso los soldados desfallecen.

²⁹—Mi padre le ha causado un gran daño al país —respondió Jonatán—. Miren cómo me volvió el color al rostro cuando probé un poco de esta miel. ³⁰¡Imagínense si todo el ejército hubiera comido del botín que se le arrebató al enemigo! ¡Cuánto mayor habría sido el estrago causado a los filisteos!

³¹Aquel día los israelitas mataron filisteos desde Micmás hasta Ayalón. Y como los soldados estaban exhaustos, ³²echaron mano del botín. Agarraron ovejas, vacas y terneros, los degollaron sobre el suelo, y se comieron la carne con todo y sangre. ³³Entonces le contaron a Saúl:

—Los soldados están pecando contra el SEÑOR, pues están comiendo carne junto con la sangre.

—¡Son unos traidores! —replicó Saúl—. Hagan rodar una piedra grande, y tráiganmela ahora mismo.

³⁴También les dijo:

—Vayan y díganle a la gente que cada uno me traiga su toro o su oveja para degollarlos y comerlos aquí; y que no coman ya carne junto con la sangre, para que no pequen contra el SEÑOR.

Esa misma noche cada uno llevó su toro, y lo degollaron allí. ³⁵Luego Saúl construyó un altar al SEÑOR. Éste fue el primer altar que levantó. ³⁶Y dijo:

—Vayamos esta noche tras los filisteos. Antes de que amanezca, quitémosles todo lo que tienen y no dejemos a nadie con vida.

—Haz lo que te parezca mejor —le respondieron.

—Primero debemos consultar a Dios —intervino el sacerdote.

³⁷Saúl entonces le preguntó a Dios: «¿Debo perseguir a los filisteos? ¿Los entregarás en manos de Israel?» Pero Dios no le respondió aquel día. ³⁸Así que Saúl dijo:

—Todos ustedes, jefes del ejército, acérquense y averigüen cuál es el pecado que se ha cometido hoy. ³⁹¡El SEÑOR y Salvador de Israel me es testigo de que, aun si el culpable es mi hijo Jonatán, morirá sin remedio!

Nadie se atrevió a decirle nada. ⁴⁰Les dijo entonces a todos los israelitas:

—Pónganse ustedes de un lado, y yo y mi hijo Jonatán nos pondremos del otro.

—Haz lo que te parezca mejor —respondieron ellos.

⁴¹Luego le rogó Saúl al SEÑOR, Dios de Israel, que le diera una respuesta clara. La suerte cayó sobre Jonatán

joined the battle in hot pursuit. ²³So the LORD rescued Israel that day, and the battle moved on beyond Beth Aven.

Jonathan Eats Honey

²⁴Now the men of Israel were in distress that day, because Saul had bound the people under an oath, saying, "Cursed be any man who eats food before evening comes, before I have avenged myself on my enemies!" So none of the troops tasted food.

²⁵The entire army*ᵛ* entered the woods, and there was honey on the ground. ²⁶When they went into the woods, they saw the honey oozing out, yet no one put his hand to his mouth, because they feared the oath. ²⁷But Jonathan had not heard that his father had bound the people with the oath, so he reached out the end of the staff that was in his hand and dipped it into the honeycomb. He raised his hand to his mouth, and his eyes brightened.*ʷ* ²⁸Then one of the soldiers told him, "Your father bound the army under a strict oath, saying, 'Cursed be any man who eats food today!' That is why the men are faint."

²⁹Jonathan said, "My father has made trouble for the country. See how my eyes brightened*ˣ* when I tasted a little of this honey. ³⁰How much better it would have been if the men had eaten today some of the plunder they took from their enemies. Would not the slaughter of the Philistines have been even greater?"

³¹That day, after the Israelites had struck down the Philistines from Micmash to Aijalon, they were exhausted. ³²They pounced on the plunder and, taking sheep, cattle and calves, they butchered them on the ground and ate them, together with the blood. ³³Then someone said to Saul, "Look, the men are sinning against the LORD by eating meat that has blood in it."

"You have broken faith," he said. "Roll a large stone over here at once." ³⁴Then he said, "Go out among the men and tell them, 'Each of you bring me your cattle and sheep, and slaughter them here and eat them. Do not sin against the LORD by eating meat with blood still in it.'"

So everyone brought his ox that night and slaughtered it there. ³⁵Then Saul built an altar to the LORD; it was the first time he had done this.

³⁶Saul said, "Let us go down after the Philistines by night and plunder them till dawn, and let us not leave one of them alive."

"Do whatever seems best to you," they replied.

But the priest said, "Let us inquire of God here."

³⁷So Saul asked God, "Shall I go down after the Philistines? Will you give them into Israel's hand?" But God did not answer him that day.

³⁸Saul therefore said, "Come here, all you who are leaders of the army, and let us find out what sin has been committed today. ³⁹As surely as the LORD who rescues Israel lives, even if it lies with my son Jonathan, he must die." But not one of the men said a word.

⁴⁰Saul then said to all the Israelites, "You stand over there; I and Jonathan my son will stand over here."

"Do what seems best to you," the men replied.

⁴¹Then Saul prayed to the LORD, the God of Israel, "Give me the right answer."*ʸ* And Jonathan and Saul

---

ᵛ25 Or *Now all the people of the land*   *ʷ27* Or *his strength was renewed*   *ˣ29* Or *my strength was renewed*   *ʸ41* Hebrew; Septuagint *"Why have you not answered your servant today? If the fault is in me or my son Jonathan, respond with Urim, but if the men of Israel are at fault, respond with Thummim."*

y Saúl, de modo que los demás quedaron libres. ⁴²Entonces dijo Saúl:

—Echen suertes entre mi hijo Jonatán y yo.

Y la suerte cayó sobre Jonatán, ⁴³así que Saúl le dijo:

—Cuéntame lo que has hecho.

—Es verdad que probé un poco de miel con la punta de mi vara —respondió Jonatán—. ¿Y por eso tengo que morir?

⁴⁴—Jonatán, si tú no mueres, ¡que Dios me castigue sin piedad! —exclamó Saúl.

⁴⁵Los soldados le replicaron:

—¡Cómo va a morir Jonatán, siendo que le ha dado esta gran victoria a Israel! ¡Jamás! Tan cierto como que el Señor vive, que ni un pelo de su cabeza caerá al suelo, pues con la ayuda de Dios hizo esta proeza.

Así libraron a Jonatán de la muerte. ⁴⁶Saúl, a su vez, dejó de perseguir a los filisteos, los cuales regresaron a su tierra.

⁴⁷Después de consolidar su reinado sobre Israel, Saúl luchó contra todos los enemigos que lo rodeaban, incluso contra los moabitas, los amonitas, los edomitas, los reyes de Sobá y los filisteos; y a todos los vencía ⁴⁸haciendo gala de valor. También derrotó a los amalecitas y libró a Israel de quienes lo saqueaban.

La familia de Saúl

⁴⁹Saúl tuvo tres hijos: Jonatán, Isví y Malquisúa. También tuvo dos hijas: la mayor se llamaba Merab, y la menor, Mical. ⁵⁰Su esposa era Ajinoán hija de Ajimaz. El general de su ejército era Abner hijo de Ner, tío de Saúl. ⁵¹Ner y Quis, el padre de Saúl, eran hermanos, y ambos eran hijos de Abiel.

⁵²Durante todo el reinado de Saúl se luchó sin cuartel contra los filisteos. Por eso, siempre que Saúl veía a alguien fuerte y valiente, lo alistaba en su ejército.

El Señor rechaza a Saúl

15 Un día Samuel le dijo a Saúl: «El Señor me envió a ungirte como rey sobre su pueblo Israel. Así que pon atención al mensaje del Señor. ²Así dice el Señor *Todopoderoso: "He decidido castigar a los amalecitas por lo que le hicieron a Israel, pues no lo dejaron pasar cuando salía de Egipto. ³Así que ve y ataca a los amalecitas ahora mismo. *Destruye por completo todo lo que les pertenezca; no les tengas compasión. Mátalos a todos, hombres y mujeres, niños y recién nacidos, toros y ovejas, camellos y asnos."»

⁴Saúl reunió al ejército y le pasó revista en Telayin: eran doscientos mil soldados de infantería más diez mil soldados de Judá. ⁵Luego se dirigió a la ciudad de Amalec y tendió una emboscada en el barranco. ⁶Los quenitas se apartaron de los amalecitas, pues Saúl les dijo: «¡Váyanse de aquí! Salgan y apártense de los amalecitas. Ustedes fueron bondadosos con todos los israelitas cuando ellos salieron de Egipto. Así que no quiero destruirlos a ustedes junto con ellos.»

⁷Saúl atacó a los amalecitas desde Javilá hasta Sur, que está cerca de la frontera de Egipto. ⁸A Agag, rey de Amalec, lo capturó vivo, pero a todos los habitantes

were taken by lot, and the men were cleared. ⁴²Saul said, "Cast the lot between me and Jonathan my son." And Jonathan was taken.

⁴³Then Saul said to Jonathan, "Tell me what you have done."

So Jonathan told him, "I merely tasted a little honey with the end of my staff. And now must I die?"

⁴⁴Saul said, "May God deal with me, be it ever so severely, if you do not die, Jonathan."

⁴⁵But the men said to Saul, "Should Jonathan die—he who has brought about this great deliverance in Israel? Never! As surely as the LORD lives, not a hair of his head will fall to the ground, for he did this today with God's help." So the men rescued Jonathan, and he was not put to death.

⁴⁶Then Saul stopped pursuing the Philistines, and they withdrew to their own land.

⁴⁷After Saul had assumed rule over Israel, he fought against their enemies on every side: Moab, the Ammonites, Edom, the kingsᶻ of Zobah, and the Philistines. Wherever he turned, he inflicted punishment on them.ᵃ ⁴⁸He fought valiantly and defeated the Amalekites, delivering Israel from the hands of those who had plundered them.

Saul's Family

⁴⁹Saul's sons were Jonathan, Ishvi and Malki-Shua. The name of his older daughter was Merab, and that of the younger was Michal. ⁵⁰His wife's name was Ahinoam daughter of Ahimaaz. The name of the commander of Saul's army was Abner son of Ner, and Ner was Saul's uncle. ⁵¹Saul's father Kish and Abner's father Ner were sons of Abiel.

⁵²All the days of Saul there was bitter war with the Philistines, and whenever Saul saw a mighty or brave man, he took him into his service.

The LORD Rejects Saul as King

15 Samuel said to Saul, "I am the one the LORD sent to anoint you king over his people Israel; so listen now to the message from the LORD. ²This is what the LORD Almighty says: 'I will punish the Amalekites for what they did to Israel when they waylaid them as they came up from Egypt. ³Now go, attack the Amalekites and totally destroyᵇ everything that belongs to them. Do not spare them; put to death men and women, children and infants, cattle and sheep, camels and donkeys.' "

⁴So Saul summoned the men and mustered them at Telaim—two hundred thousand foot soldiers and ten thousand men from Judah. ⁵Saul went to the city of Amalek and set an ambush in the ravine. ⁶Then he said to the Kenites, "Go away, leave the Amalekites so that I do not destroy you along with them; for you showed kindness to all the Israelites when they came up out of Egypt." So the Kenites moved away from the Amalekites.

⁷Then Saul attacked the Amalekites all the way from Havilah to Shur, to the east of Egypt. ⁸He took Agag king of the Amalekites alive, and all his people he

---

ᶻ47 Masoretic Text; Dead Sea Scrolls and Septuagint *king*
ᵃ47 Hebrew; Septuagint *he was victorious*   ᵇ3 The Hebrew term refers to the irrevocable giving over of things or persons to the LORD, often by totally destroying them; also in verses 8, 9, 15, 18, 20 and 21.

los mató a filo de espada. ⁹Además de perdonarle la vida al rey Agag, Saúl y su ejército preservaron las mejores ovejas y vacas, los terneros más gordos y, en fin, todo lo que era de valor. Nada de esto quisieron destruir; sólo destruyeron lo que era inútil y lo que no servía.

¹⁰La palabra del SEÑOR vino a Samuel: ¹¹«Me arrepiento de haber hecho rey a Saúl, pues se ha apartado de mí y no ha llevado a cabo mis instrucciones.»

Tanto se alteró Samuel que pasó la noche clamando al SEÑOR. ¹²Por la mañana, muy temprano, se levantó y fue a encontrarse con Saúl, pero le dijeron: «Saúl se fue a Carmel, y allí se erigió un monumento. Luego dio una vuelta y continuó hacia Guilgal.»

¹³Cuando Samuel llegó, Saúl le dijo:

—¡Que el SEÑOR te bendiga! He cumplido las instrucciones del SEÑOR.

¹⁴—Y entonces, ¿qué significan esos balidos de oveja que me parece oír? —le reclamó Samuel—. ¿Y cómo es que oigo mugidos de vaca?

¹⁵—Son las que nuestras tropas trajeron del país de Amalec —respondió Saúl—. Dejaron con vida a las mejores ovejas y vacas para ofrecerlas al SEÑOR tu Dios, pero todo lo demás lo destruimos.

¹⁶¡Basta! —lo interrumpió Samuel—. Voy a comunicarte lo que el SEÑOR me dijo anoche.

—Te escucho —respondió Saúl.

¹⁷Entonces Samuel le dijo:

—¿No es cierto que, aunque te creías poca cosa, has llegado a ser jefe de las tribus de Israel? ¿No fue el SEÑOR quien te ungió como rey de Israel, ¹⁸y te envió a cumplir una misión? Él te dijo: "Ve y destruye a esos pecadores, los amalecitas. Atácalos hasta acabar con ellos." ¹⁹¿Por qué, entonces, no obedeciste al SEÑOR? ¿Por qué echaste mano del botín e hiciste lo que ofende al SEÑOR?

²⁰—¡Yo sí he obedecido al SEÑOR! —insistió Saúl—. He cumplido la misión que él me encomendó. Traje prisionero a Agag, rey de Amalec, pero destruí a los amalecitas. ²¹Y del botín, los soldados tomaron ovejas y vacas con el propósito de ofrecerlas en Guilgal al SEÑOR tu Dios.

²²Samuel respondió:

«¿Qué le agrada más al SEÑOR:
    que se le ofrezcan *holocaustos y sacrificios,
    o que se obedezca lo que él dice?
El obedecer vale más que el sacrificio,
    y el prestar atención, más que la grasa de
        carneros.
²³La rebeldía es tan grave como la adivinación,
    y la arrogancia, como el pecado de la
        idolatría.
Y como tú has rechazado la palabra del SEÑOR,
    él te ha rechazado como rey.»

²⁴—¡He pecado! —admitió Saúl—. He quebrantado el mandato del SEÑOR y tus instrucciones. Los soldados me intimidaron y les hice caso. ²⁵Pero te ruego que perdones mi pecado, y que regreses conmigo para adorar al SEÑOR.

²⁶—No voy a regresar contigo —le respondió Samuel—. Tú has rechazado la palabra del SEÑOR, y él te ha rechazado como rey de Israel.

²⁷Cuando Samuel se dio vuelta para irse, Saúl le agarró el borde del manto, y se lo arrancó. ²⁸Entonces Samuel le dijo:

—Hoy mismo el SEÑOR ha arrancado de tus manos el reino de Israel, y se lo ha entregado a otro más digno

totally destroyed with the sword. ⁹But Saul and the army spared Agag and the best of the sheep and cattle, the fat calvesᶜ and lambs—everything that was good. These they were unwilling to destroy completely, but everything that was despised and weak they totally destroyed.

¹⁰Then the word of the LORD came to Samuel: ¹¹"I am grieved that I have made Saul king, because he has turned away from me and has not carried out my instructions." Samuel was troubled, and he cried out to the LORD all that night.

¹²Early in the morning Samuel got up and went to meet Saul, but he was told, "Saul has gone to Carmel. There he has set up a monument in his own honor and has turned and gone on down to Gilgal."

¹³When Samuel reached him, Saul said, "The LORD bless you! I have carried out the LORD's instructions."

¹⁴But Samuel said, "What then is this bleating of sheep in my ears? What is this lowing of cattle that I hear?"

¹⁵Saul answered, "The soldiers brought them from the Amalekites; they spared the best of the sheep and cattle to sacrifice to the LORD your God, but we totally destroyed the rest."

¹⁶"Stop!" Samuel said to Saul. "Let me tell you what the LORD said to me last night."

"Tell me," Saul replied.

¹⁷Samuel said, "Although you were once small in your own eyes, did you not become the head of the tribes of Israel? The LORD anointed you king over Israel. ¹⁸And he sent you on a mission, saying, 'Go and completely destroy those wicked people, the Amalekites; make war on them until you have wiped them out.' ¹⁹Why did you not obey the LORD? Why did you pounce on the plunder and do evil in the eyes of the LORD?"

²⁰"But I did obey the LORD," Saul said. "I went on the mission the LORD assigned me. I completely destroyed the Amalekites and brought back Agag their king. ²¹The soldiers took sheep and cattle from the plunder, the best of what was devoted to God, in order to sacrifice them to the LORD your God at Gilgal."

²²But Samuel replied:

"Does the LORD delight in burnt offerings
        and sacrifices
    as much as in obeying the voice of the
        LORD?
To obey is better than sacrifice,
    and to heed is better than the fat of rams.
²³For rebellion is like the sin of divination,
    and arrogance like the evil of idolatry.
Because you have rejected the word of the
        LORD,
    he has rejected you as king."

²⁴Then Saul said to Samuel, "I have sinned. I violated the LORD's command and your instructions. I was afraid of the people and so I gave in to them. ²⁵Now I beg you, forgive my sin and come back with me, so that I may worship the LORD."

²⁶But Samuel said to him, "I will not go back with you. You have rejected the word of the LORD, and the LORD has rejected you as king over Israel!"

²⁷As Samuel turned to leave, Saul caught hold of the hem of his robe, and it tore. ²⁸Samuel said to him, "The LORD has torn the kingdom of Israel from you today and has given it to one of your neighbors—to one

---

ᶜ9 Or *the grown bulls*; the meaning of the Hebrew for this phrase is uncertain.

que tú. ²⁹En verdad, el que es la Gloria de Israel no miente ni cambia de parecer, pues no es *hombre para que se arrepienta.

³⁰—¡He pecado! —respondió Saúl—. Pero te pido que por ahora me sigas reconociendo ante los *ancianos de mi pueblo y ante todo Israel. Regresa conmigo para adorar al Señor tu Dios.

³¹Samuel regresó con él, y Saúl adoró al Señor.
³²Luego dijo Samuel:

—Tráiganme a Agag, rey de Amalec.

Agag se le acercó muy confiado, pues pensaba: «Sin duda que el trago amargo de la muerte ya pasó.»

³³Pero Samuel le dijo:

—Ya que tu espada dejó a tantas mujeres sin hijos, también sin su hijo se quedará tu madre.

Y allí en Guilgal, en presencia del Señor, Samuel descuartizó a Agag. ³⁴Luego regresó a Ramá, mientras que Saúl se fue a su casa en Guibeá de Saúl. ³⁵Y como el Señor se había arrepentido de haber hecho a Saúl rey de Israel, nunca más volvió Samuel a ver a Saúl, sino que hizo duelo por él.

Samuel unge a David

16 El Señor le dijo a Samuel:

—¿Cuánto tiempo vas a quedarte llorando por Saúl, si ya lo he rechazado como rey de Israel? Mejor llena de aceite tu cuerno, y ponte en camino. Voy a enviarte a Belén, a la casa de Isaí, pues he escogido como rey a uno de sus hijos.

²—¿Y cómo voy a ir? —respondió Samuel—. Si Saúl llega a enterarse, me matará.

—Lleva una ternera —dijo el Señor—, y diles que vas a ofrecerle al Señor un sacrificio. ³Invita a Isaí al sacrificio, y entonces te explicaré lo que debes hacer, pues ungirás para mi servicio a quien yo te diga.

⁴Samuel hizo lo que le mandó el Señor. Pero cuando llegó a Belén, los *ancianos del pueblo lo recibieron con mucho temor.

—¿Vienes en son de paz? —le preguntaron.

⁵—Claro que sí. He venido a ofrecerle al Señor un sacrificio. Purifíquense y vengan conmigo para tomar parte en él.

Entonces Samuel *purificó a Isaí y a sus hijos, y los invitó al sacrificio. ⁶Cuando llegaron, Samuel se fijó en Eliab y pensó: «Sin duda que éste es el *ungido del Señor.» ⁷Pero el Señor le dijo a Samuel:

—No te dejes impresionar por su apariencia ni por su estatura, pues yo lo he rechazado. La gente se fija en las apariencias, pero yo me fijo en el *corazón.

⁸Entonces Isaí llamó a Abinadab para presentárselo a Samuel, pero Samuel dijo:

—A éste no lo ha escogido el Señor.

⁹Luego le presentó a Sama, y Samuel repitió:

—Tampoco a éste lo ha escogido.

¹⁰Isaí le presentó a siete de sus hijos, pero Samuel le dijo:

—El Señor no ha escogido a ninguno de ellos.
¹¹¿Son éstos todos tus hijos?

—Queda el más pequeño —respondió Isaí—, pero está cuidando el rebaño.

—Manda a buscarlo —insistió Samuel—, que no podemos continuar hasta que él llegue.

better than you. ²⁹He who is the Glory of Israel does not lie or change his mind; for he is not a man, that he should change his mind."

³⁰Saul replied, "I have sinned. But please honor me before the elders of my people and before Israel; come back with me, so that I may worship the Lord your God." ³¹So Samuel went back with Saul, and Saul worshiped the Lord.

³²Then Samuel said, "Bring me Agag king of the Amalekites."

Agag came to him confidently,ᵈ thinking, "Surely the bitterness of death is past."

³³But Samuel said,

> "As your sword has made women childless,
> so will your mother be childless among
> women."

And Samuel put Agag to death before the Lord at Gilgal.

³⁴Then Samuel left for Ramah, but Saul went up to his home in Gibeah of Saul. ³⁵Until the day Samuel died, he did not go to see Saul again, though Samuel mourned for him. And the Lord was grieved that he had made Saul king over Israel.

Samuel Anoints David

16 The Lord said to Samuel, "How long will you mourn for Saul, since I have rejected him as king over Israel? Fill your horn with oil and be on your way; I am sending you to Jesse of Bethlehem. I have chosen one of his sons to be king."

²But Samuel said, "How can I go? Saul will hear about it and kill me."

The Lord said, "Take a heifer with you and say, 'I have come to sacrifice to the Lord.' ³Invite Jesse to the sacrifice, and I will show you what to do. You are to anoint for me the one I indicate."

⁴Samuel did what the Lord said. When he arrived at Bethlehem, the elders of the town trembled when they met him. They asked, "Do you come in peace?"

⁵Samuel replied, "Yes, in peace; I have come to sacrifice to the Lord. Consecrate yourselves and come to the sacrifice with me." Then he consecrated Jesse and his sons and invited them to the sacrifice.

⁶When they arrived, Samuel saw Eliab and thought, "Surely the Lord's anointed stands here before the Lord."

⁷But the Lord said to Samuel, "Do not consider his appearance or his height, for I have rejected him. The Lord does not look at the things man looks at. Man looks at the outward appearance, but the Lord looks at the heart."

⁸Then Jesse called Abinadab and had him pass in front of Samuel. But Samuel said, "The Lord has not chosen this one either." ⁹Jesse then had Shammah pass by, but Samuel said, "Nor has the Lord chosen this one." ¹⁰Jesse had seven of his sons pass before Samuel, but Samuel said to him, "The Lord has not chosen these." ¹¹So he asked Jesse, "Are these all the sons you have?"

"There is still the youngest," Jesse answered, "but he is tending the sheep."

Samuel said, "Send for him; we will not sit downᵉ until he arrives."

ᵈ 32 Or *him trembling, yet*
Hebrew *not gather around*　　　ᵉ 11 Some Septuagint manuscripts;

12Isaí mandó a buscarlo, y se lo trajeron. Era buen mozo, trigueño y de buena presencia. El SEÑOR le dijo a Samuel:

—Éste es; levántate y úngelo.

13Samuel tomó el cuerno de aceite y ungió al joven en presencia de sus hermanos. Entonces el Espíritu del SEÑOR vino con poder sobre David, y desde ese día estuvo con él. Luego Samuel regresó a Ramá.

David al servicio de Saúl

14El Espíritu del SEÑOR se apartó de Saúl, y en su lugar el SEÑOR le envió un espíritu maligno para que lo atormentara. 15Sus servidores le dijeron:

—Como usted se dará cuenta, un espíritu maligno de parte de Dios lo está atormentando. 16Así que ordene Su Majestad a estos siervos suyos que busquen a alguien que sepa tocar el arpa. Así, cuando lo ataque el espíritu maligno de parte de Dios, el músico tocará, y Su Majestad se sentirá mejor.

17—Bien —les respondió Saúl—, consíganme un buen músico y tráiganlo.

18Uno de los cortesanos sugirió:

—Conozco a un muchacho que sabe tocar el arpa. Es valiente, hábil guerrero, sabe expresarse y es de buena presencia. Además, el SEÑOR está con él. Su padre es Isaí, el de Belén.

19Entonces Saúl envió unos mensajeros a Isaí para decirle: «Mándame a tu hijo David, el que cuida del rebaño.» 20Isaí tomó un asno, alimento, un odre de vino y un cabrito, y se los envió a Saúl por medio de su hijo David. 21Cuando David llegó, quedó al servicio de Saúl, quien lo llegó a apreciar mucho y lo hizo su escudero. 22Luego Saúl le mandó este mensaje a Isaí: «Permite que David se quede a mi servicio, pues me ha causado muy buena impresión.»

23Cada vez que el espíritu de parte de Dios atormentaba a Saúl, David tomaba su arpa y tocaba. La música calmaba a Saúl y lo hacía sentirse mejor, y el espíritu maligno se apartaba de él.

David y Goliat

17 Los filisteos reunieron sus ejércitos para la guerra, concentrando sus fuerzas en Soco, pueblo de Judá. Acamparon en Efesdamín, situado entre Soco y Azeca. 2Por su parte, Saúl y los israelitas se reunieron también y, acampando en el valle de Elá, ordenaron sus filas para la batalla contra los filisteos. 3Con el valle de por medio, los filisteos y los israelitas tomaron posiciones en montes opuestos.

4Un famoso guerrero, oriundo de Gat, salió del campamento filisteo. Su nombre era Goliat, y tenía una estatura de casi tres metros.a 5Llevaba en la cabeza un casco de bronce, y su coraza, que pesaba cincuenta y cinco kilos,b también era de bronce, 6como lo eran las polainas que le protegían las piernas y la jabalina que llevaba al hombro. 7El asta de su lanza se parecía al rodillo de un telar, y tenía una punta de hierro que pesaba casi siete kilos.c Delante de él marchaba un escudero.

8Goliat se detuvo ante los soldados israelitas, y los desafió: «¿Para qué están ordenando sus filas para la batalla? ¿No soy yo un filisteo? ¿Y no están ustedes al servicio de Saúl? ¿Por qué no escogen a alguien que se me enfrente? 9Si es capaz de hacerme frente y matarme, nosotros les serviremos a ustedes; pero si yo lo venzo y lo mato, ustedes serán nuestros esclavos y nos

12So he sent and had him brought in. He was ruddy, with a fine appearance and handsome features.

Then the LORD said, "Rise and anoint him; he is the one."

13So Samuel took the horn of oil and anointed him in the presence of his brothers, and from that day on the Spirit of the LORD came upon David in power. Samuel then went to Ramah.

David in Saul's Service

14Now the Spirit of the LORD had departed from Saul, and an evil/ spirit from the LORD tormented him.

15Saul's attendants said to him, "See, an evil spirit from God is tormenting you. 16Let our lord command his servants here to search for someone who can play the harp. He will play when the evil spirit from God comes upon you, and you will feel better."

17So Saul said to his attendants, "Find someone who plays well and bring him to me."

18One of the servants answered, "I have seen a son of Jesse of Bethlehem who knows how to play the harp. He is a brave man and a warrior. He speaks well and is a fine-looking man. And the LORD is with him."

19Then Saul sent messengers to Jesse and said, "Send me your son David, who is with the sheep." 20So Jesse took a donkey loaded with bread, a skin of wine and a young goat and sent them with his son David to Saul.

21David came to Saul and entered his service. Saul liked him very much, and David became one of his armor-bearers. 22Then Saul sent word to Jesse, saying, "Allow David to remain in my service, for I am pleased with him."

23Whenever the spirit from God came upon Saul, David would take his harp and play. Then relief would come to Saul; he would feel better, and the evil spirit would leave him.

David and Goliath

17 Now the Philistines gathered their forces for war and assembled at Socoh in Judah. They pitched camp at Ephes Dammim, between Socoh and Azekah. 2Saul and the Israelites assembled and camped in the Valley of Elah and drew up their battle line to meet the Philistines. 3The Philistines occupied one hill and the Israelites another, with the valley between them.

4A champion named Goliath, who was from Gath, came out of the Philistine camp. He was over nine feet8 tall. 5He had a bronze helmet on his head and wore a coat of scale armor of bronze weighing five thousand shekelsh; 6on his legs he wore bronze greaves, and a bronze javelin was slung on his back. 7His spear shaft was like a weaver's rod, and its iron point weighed six hundred shekels.i His shield bearer went ahead of him.

8Goliath stood and shouted to the ranks of Israel, "Why do you come out and line up for battle? Am I not a Philistine, and are you not the servants of Saul? Choose a man and have him come down to me. 9If he is able to fight and kill me, we will become your subjects; but if I overcome him and kill him, you will

---

a 17:4 casi tres metros. Lit. seis *codos y un *palmo.
b 17:5 cincuenta y cinco kilos. Lit. cinco mil *siclos.
c 17:7 casi siete kilos. Lit. seiscientos siclos.

f 14 Or injurious; also in verses 15, 16 and 23   g 4 Hebrew was six cubits and a span (about 3 meters)   h 5 That is, about 125 pounds (about 57 kilograms)   i 7 That is, about 15 pounds (about 7 kilograms)

servirán.» [10]Dijo además el filisteo: «¡Yo desafío hoy al ejército de Israel! ¡Elijan a un hombre que pelee conmigo!» [11]Al oír lo que decía el filisteo, Saúl y todos los israelitas se consternaron y tuvieron mucho miedo.

[12]David era hijo de Isaí, un efrateo que vivía en Belén de Judá. En tiempos de Saúl, Isaí era ya de edad muy avanzada, y tenía ocho hijos. [13]Sus tres hijos mayores habían marchado a la guerra con Saúl. El primogénito se llamaba Eliab; el segundo, Abinadab; y el tercero, Sama. [14]Estos tres habían seguido a Saúl por ser los mayores. David, que era el menor, [15]solía ir adonde estaba Saúl, pero regresaba a Belén para cuidar las ovejas de su padre.

[16]El filisteo salía mañana y tarde a desafiar a los israelitas, y así lo estuvo haciendo durante cuarenta días.

[17]Un día, Isaí le dijo a su hijo David: «Toma esta bolsa[d] de trigo tostado y estos diez panes, y vete pronto al campamento para dárselos a tus hermanos. [18]Lleva también estos tres quesos para el jefe del batallón. Averigua cómo les va a tus hermanos, y tráeme una prueba de que ellos están bien. [19]Los encontrarás en el valle de Elá, con Saúl y todos los soldados israelitas, peleando contra los filisteos.»

[20]David cumplió con las instrucciones de Isaí. Se levantó muy de mañana y, después de encargarle el rebaño a un pastor, tomó las provisiones y se puso en camino. Llegó al campamento en el momento en que los soldados, lanzando gritos de guerra, salían a tomar sus posiciones. [21]Los israelitas y los filisteos se alinearon frente a frente. [22]David, por su parte, dejó su carga al cuidado del encargado de las provisiones, y corrió a las filas para saludar a sus hermanos. [23]Mientras conversaban, Goliat, el gran guerrero filisteo de Gat, salió de entre las filas para repetir su desafío, y David lo oyó. [24]Cuando los israelitas vieron a Goliat, huyeron despavoridos. [25]Algunos decían: «¿Ven a ese hombre que sale a desafiar a Israel? A quien lo venza y lo mate, el rey lo colmará de riquezas. Además, le dará su hija como esposa, y su familia quedará exenta de impuestos aquí en Israel.»

[26]David preguntó a los que estaban con él:

—¿Qué dicen que le darán a quien mate a ese filisteo y salve así el honor de Israel? ¿Quién se cree este filisteo pagano,[e] que se atreve a desafiar al ejército del Dios viviente?

[27]—Al que lo mate —repitieron— se le dará la recompensa anunciada.

[28]Eliab, el hermano mayor de David, lo oyó hablar con los hombres y se puso furioso con él. Le reclamó:

—¿Qué has venido a hacer aquí? ¿Con quién has dejado esas pocas ovejas en el desierto? Yo te conozco. Eres un atrevido y mal intencionado. ¡Seguro que has venido para ver la batalla!

[29]—¿Y ahora qué hice? —protestó David—. ¡Si apenas he abierto la boca!

[30]Apartándose de su hermano, les preguntó a otros, quienes le dijeron lo mismo. [31]Algunos que oyeron lo que había dicho David, se lo contaron a Saúl, y éste mandó a llamarlo. [32]Entonces David le dijo a Saúl:

—¡Nadie tiene por qué desanimarse a causa de este filisteo! Yo mismo iré a pelear contra él.

[33]—¡Cómo vas a pelear tú solo contra este filisteo! —replicó Saúl—. No eres más que un muchacho, mientras que él ha sido un guerrero toda la vida.

become our subjects and serve us." [10]Then the Philistine said, "This day I defy the ranks of Israel! Give me a man and let us fight each other." [11]On hearing the Philistine's words, Saul and all the Israelites were dismayed and terrified.

[12]Now David was the son of an Ephrathite named Jesse, who was from Bethlehem in Judah. Jesse had eight sons, and in Saul's time he was old and well advanced in years. [13]Jesse's three oldest sons had followed Saul to the war: The firstborn was Eliab; the second, Abinadab; and the third, Shammah. [14]David was the youngest. The three oldest followed Saul, [15]but David went back and forth from Saul to tend his father's sheep at Bethlehem.

[16]For forty days the Philistine came forward every morning and evening and took his stand.

[17]Now Jesse said to his son David, "Take this ephah[j] of roasted grain and these ten loaves of bread for your brothers and hurry to their camp. [18]Take along these ten cheeses to the commander of their unit.[k] See how your brothers are and bring back some assurance[l] from them. [19]They are with Saul and all the men of Israel in the Valley of Elah, fighting against the Philistines."

[20]Early in the morning David left the flock with a shepherd, loaded up and set out, as Jesse had directed. He reached the camp as the army was going out to its battle positions, shouting the war cry. [21]Israel and the Philistines were drawing up their lines facing each other. [22]David left his things with the keeper of supplies, ran to the battle lines and greeted his brothers. [23]As he was talking with them, Goliath, the Philistine champion from Gath, stepped out from his lines and shouted his usual defiance, and David heard it. [24]When the Israelites saw the man, they all ran from him in great fear.

[25]Now the Israelites had been saying, "Do you see how this man keeps coming out? He comes out to defy Israel. The king will give great wealth to the man who kills him. He will also give him his daughter in marriage and will exempt his father's family from taxes in Israel."

[26]David asked the men standing near him, "What will be done for the man who kills this Philistine and removes this disgrace from Israel? Who is this uncircumcised Philistine that he should defy the armies of the living God?"

[27]They repeated to him what they had been saying and told him, "This is what will be done for the man who kills him."

[28]When Eliab, David's oldest brother, heard him speaking with the men, he burned with anger at him and asked, "Why have you come down here? And with whom did you leave those few sheep in the desert? I know how conceited you are and how wicked your heart is; you came down only to watch the battle."

[29]"Now what have I done?" said David. "Can't I even speak?" [30]He then turned away to someone else and brought up the same matter, and the men answered him as before. [31]What David said was overheard and reported to Saul, and Saul sent for him.

[32]David said to Saul, "Let no one lose heart on account of this Philistine; your servant will go and fight him."

[33]Saul replied, "You are not able to go out against this Philistine and fight him; you are only a boy, and he has been a fighting man from his youth."

---

[d]17:17 *esta bolsa*. Lit. *este *efa.*   [e]17:26 *pagano*. Lit. *incircunciso*; también en v. 36.

[j]17 That is, probably about 3/5 bushel (about 22 liters)   [k]18 Hebrew *thousand*   [l]18 Or *some token*; or *some pledge of spoils*

34 David le respondió:

—A mí me toca cuidar el rebaño de mi padre. Cuando un león o un oso viene y se lleva una oveja del rebaño, 35 yo lo persigo y lo golpeo hasta que suelta la presa. Y si el animal me ataca, lo sigo golpeando hasta matarlo. 36 Si este siervo de Su Majestad ha matado leones y osos, lo mismo puede hacer con ese filisteo pagano, porque está desafiando al ejército del Dios viviente. 37 El SEÑOR, que me libró de las garras del león y del oso, también me librará del poder de ese filisteo.

—Anda, pues —dijo Saúl—, y que el SEÑOR te acompañe.

38 Luego Saúl vistió a David con su uniforme de campaña. Le entregó también un casco de bronce y le puso una coraza. 39 David se ciñó la espada sobre la armadura e intentó caminar, pero no pudo porque no estaba acostumbrado.

—No puedo andar con todo esto —le dijo a Saúl—; no estoy entrenado para ello.

De modo que se quitó todo aquello, 40 tomó su bastón, fue al río a escoger cinco piedras lisas, y las metió en su bolsa de pastor. Luego, honda en mano, se acercó al filisteo. 41 Éste, por su parte, también avanzaba hacia David detrás de su escudero. 42 Le echó una mirada a David y, al darse cuenta de que era apenas un muchacho, trigueño y buen mozo, con desprecio 43 le dijo:

—¿Soy acaso un perro para que vengas a atacarme con palos?

Y maldiciendo a David en *nombre de sus dioses, 44 añadió:

—¡Ven acá, que les voy a echar tu carne a las aves del cielo y a las fieras del campo!

45 David le contestó:

—Tú vienes contra mí con espada, lanza y jabalina, pero yo vengo a ti en el nombre del SEÑOR *Todopoderoso, el Dios de los ejércitos de Israel, a los que has desafiado. 46 Hoy mismo el SEÑOR te entregará en mis manos; y yo te mataré y te cortaré la cabeza. Hoy mismo echaré los cadáveres del ejército filisteo a las aves del cielo y a las fieras del campo, y todo el mundo sabrá que hay un Dios en Israel. 47 Todos los que están aquí reconocerán que el SEÑOR salva sin necesidad de espada ni de lanza. La batalla es del SEÑOR, y él los entregará a ustedes en nuestras manos.

48 En cuanto el filisteo avanzó para acercarse a David y enfrentarse con él, también éste corrió rápidamente hacia la línea de batalla para hacerle frente. 49 Metiendo la mano en su bolsa sacó una piedra, y con la honda se la lanzó al filisteo, hiriéndolo en la frente. Con la piedra incrustada entre ceja y ceja, el filisteo cayó de bruces al suelo. 50 Así fue como David triunfó sobre el filisteo: lo hirió de muerte con una honda y una piedra, y sin empuñar la espada. 51 Luego corrió adonde estaba el filisteo, le quitó la espada y, desenvainándola, lo remató con ella y le cortó la cabeza.

Cuando los filisteos vieron que su héroe había muerto, salieron corriendo. 52 Entonces los soldados de Israel y de Judá, dando gritos de guerra, se lanzaron contra ellos y los persiguieron hasta la entrada de Gatf y hasta las *puertas de Ecrón. Todo el camino, desde Sajarayin hasta Gat y Ecrón, quedó regado de cadáveres de filisteos. 53 Cuando los israelitas dejaron de perseguir a los filisteos, regresaron para saquearles el campamento. 54 Luego David tomó la cabeza de Goliat y la llevó a Jerusalén, pero las armas las guardó en su tienda de campaña.

34 But David said to Saul, "Your servant has been keeping his father's sheep. When a lion or a bear came and carried off a sheep from the flock, 35 I went after it, struck it and rescued the sheep from its mouth. When it turned on me, I seized it by its hair, struck it and killed it. 36 Your servant has killed both the lion and the bear; this uncircumcised Philistine will be like one of them, because he has defied the armies of the living God. 37 The LORD who delivered me from the paw of the lion and the paw of the bear will deliver me from the hand of this Philistine."

Saul said to David, "Go, and the LORD be with you."

38 Then Saul dressed David in his own tunic. He put a coat of armor on him and a bronze helmet on his head. 39 David fastened on his sword over the tunic and tried walking around, because he was not used to them.

"I cannot go in these," he said to Saul, "because I am not used to them." So he took them off. 40 Then he took his staff in his hand, chose five smooth stones from the stream, put them in the pouch of his shepherd's bag and, with his sling in his hand, approached the Philistine.

41 Meanwhile, the Philistine, with his shield bearer in front of him, kept coming closer to David. 42 He looked David over and saw that he was only a boy, ruddy and handsome, and he despised him. 43 He said to David, "Am I a dog, that you come at me with sticks?" And the Philistine cursed David by his gods. 44 "Come here," he said, "and I'll give your flesh to the birds of the air and the beasts of the field!"

45 David said to the Philistine, "You come against me with sword and spear and javelin, but I come against you in the name of the LORD Almighty, the God of the armies of Israel, whom you have defied. 46 This day the LORD will hand you over to me, and I'll strike you down and cut off your head. Today I will give the carcasses of the Philistine army to the birds of the air and the beasts of the earth, and the whole world will know that there is a God in Israel. 47 All those gathered here will know that it is not by sword or spear that the LORD saves; for the battle is the LORD's, and he will give all of you into our hands."

48 As the Philistine moved closer to attack him, David ran quickly toward the battle line to meet him. 49 Reaching into his bag and taking out a stone, he slung it and struck the Philistine on the forehead. The stone sank into his forehead, and he fell facedown on the ground.

50 So David triumphed over the Philistine with a sling and a stone; without a sword in his hand he struck down the Philistine and killed him.

51 David ran and stood over him. He took hold of the Philistine's sword and drew it from the scabbard. After he killed him, he cut off his head with the sword.

When the Philistines saw that their hero was dead, they turned and ran. 52 Then the men of Israel and Judah surged forward with a shout and pursued the Philistines to the entrance of Gathm and to the gates of Ekron. Their dead were strewn along the Shaaraim road to Gath and Ekron. 53 When the Israelites returned from chasing the Philistines, they plundered their camp. 54 David took the Philistine's head and brought it to Jerusalem, and he put the Philistine's weapons in his own tent.

---

f 17:52 Gat (mss. de LXX); un valle (MT).　　　　　m 52 Some Septuagint manuscripts; Hebrew a valley

⁵⁵Anteriormente Saúl, al ver a David enfrentarse con el filisteo, le había preguntado a Abner, general de su ejército:

—Abner, ¿quién es el padre de ese muchacho?

—Le aseguro, Su Majestad, que no lo sé.

⁵⁶—Averíguame quién es —le había dicho el rey.

⁵⁷Tan pronto como David regresó, después de haber matado a Goliat, y con la cabeza del filisteo todavía en la mano, Abner lo llevó ante Saúl.

⁵⁸—¿De quién eres hijo, muchacho? —le preguntó Saúl.

—De Isaí de Belén, servidor de Su Majestad —respondió David.

Envidia de Saúl

18 ¹⁻²Una vez que David y Saúl terminaron de hablar, Saúl tomó a David a su servicio y, desde ese día, no lo dejó volver a la casa de su padre. Jonatán, por su parte, entabló con David una amistad entrañable y llegó a quererlo como a sí mismo. ³Tanto lo quería, que hizo un pacto con él: ⁴Se quitó el manto que llevaba puesto y se lo dio a David; también le dio su túnica, y aun su espada, su arco y su cinturón.

⁵Cualquier encargo que David recibía de Saúl, lo cumplía con éxito, de modo que Saúl lo puso al mando de todo su ejército, con la aprobación de los soldados de Saúl y hasta de sus oficiales.

⁶Ahora bien, cuando el ejército regresó, después de haber matado David al filisteo, de todos los pueblos de Israel salían mujeres a recibir al rey Saúl. Al son de liras y panderetas, cantaban y bailaban, ⁷y exclamaban con gran regocijo:

> «Saúl destruyó a un ejército,
> ¡pero David aniquiló a diez!»

⁸Disgustado por lo que decían, Saúl se enfureció y protestó: «A David le dan crédito por diez ejércitos, pero a mí por uno solo. ¡Lo único que falta es que le den el reino!» ⁹Y a partir de esa ocasión, Saúl empezó a mirar a David con recelo.

¹⁰Al día siguiente, el espíritu maligno de parte de Dios se apoderó de Saúl, quien cayó en trance en su propio palacio. Andaba con una lanza en la mano y, mientras David tocaba el arpa, como era su costumbre, ¹¹Saúl se la arrojó, pensando: «¡A éste lo clavo en la pared!» Dos veces lo intentó, pero David logró esquivar la lanza.

¹²Saúl sabía que el Señor lo había abandonado, y que ahora estaba con David. Por eso tuvo temor de David ¹³y lo alejó de su presencia, nombrándolo jefe de mil soldados para que dirigiera al ejército en campaña. ¹⁴David tuvo éxito en todas sus expediciones, porque el Señor estaba con él. ¹⁵Al ver el éxito de David, Saúl se llenó de temor. ¹⁶Pero todos en Israel y Judá sentían gran aprecio por David, porque él los dirigía en campaña.

¹⁷Un día Saúl le dijo a David:

—Aquí tienes a Merab, mi hija mayor. Te la entrego por esposa, con la condición de que me sirvas con valentía, peleando las batallas del Señor.

Saúl pensaba: «Será mejor que no muera por mi mano, sino a mano de los filisteos.»

¹⁸Pero David le respondió:

—¿Quién soy yo? ¿Y quiénes son en Israel mis parientes, o la familia de mi padre, para que yo me convierta en yerno del rey?

¹⁹Sin embargo, cuando llegó la fecha en que Saúl había de casar a su hija Merab con David, Saúl se la entregó por esposa a Adriel de Mejolá.

⁵⁵As Saul watched David going out to meet the Philistine, he said to Abner, commander of the army, "Abner, whose son is that young man?"

Abner replied, "As surely as you live, O king, I don't know."

⁵⁶The king said, "Find out whose son this young man is."

⁵⁷As soon as David returned from killing the Philistine, Abner took him and brought him before Saul, with David still holding the Philistine's head.

⁵⁸"Whose son are you, young man?" Saul asked him.

David said, "I am the son of your servant Jesse of Bethlehem."

Saul's Jealousy of David

18 After David had finished talking with Saul, Jonathan became one in spirit with David, and he loved him as himself. ²From that day Saul kept David with him and did not let him return to his father's house. ³And Jonathan made a covenant with David because he loved him as himself. ⁴Jonathan took off the robe he was wearing and gave it to David, along with his tunic, and even his sword, his bow and his belt.

⁵Whatever Saul sent him to do, David did it so successfully[n] that Saul gave him a high rank in the army. This pleased all the people, and Saul's officers as well.

⁶When the men were returning home after David had killed the Philistine, the women came out from all the towns of Israel to meet King Saul with singing and dancing, with joyful songs and with tambourines and lutes. ⁷As they danced, they sang:

> "Saul has slain his thousands,
> and David his tens of thousands."

⁸Saul was very angry; this refrain galled him. "They have credited David with tens of thousands," he thought, "but me with only thousands. What more can he get but the kingdom?" ⁹And from that time on Saul kept a jealous eye on David.

¹⁰The next day an evil[o] spirit from God came forcefully upon Saul. He was prophesying in his house, while David was playing the harp, as he usually did. Saul had a spear in his hand ¹¹and he hurled it, saying to himself, "I'll pin David to the wall." But David eluded him twice.

¹²Saul was afraid of David, because the LORD was with David but had left Saul. ¹³So he sent David away from him and gave him command over a thousand men, and David led the troops in their campaigns. ¹⁴In everything he did he had great success,[p] because the LORD was with him. ¹⁵When Saul saw how successful[q] he was, he was afraid of him. ¹⁶But all Israel and Judah loved David, because he led them in their campaigns.

¹⁷Saul said to David, "Here is my older daughter Merab. I will give her to you in marriage; only serve me bravely and fight the battles of the LORD." For Saul said to himself, "I will not raise a hand against him. Let the Philistines do that!"

¹⁸But David said to Saul, "Who am I, and what is my family or my father's clan in Israel, that I should become the king's son-in-law?" ¹⁹So[r] when the time came for Merab, Saul's daughter, to be given to David, she was given in marriage to Adriel of Meholah.

---

n 5 Or *wisely*　　*o 10* Or *injurious*　　*p 14* Or *he was very wise*
q 15 Or *wise*　　*r 19* Or *However,*

20 Mical, la otra hija de Saúl, se enamoró de David. Cuando se lo dijeron a Saúl, le agradó la noticia 21 y pensó: «Se la entregaré a él, como una trampa para que caiga en manos de los filisteos.» Así que volvió a decirle a David:

—Ahora sí vas a ser mi yerno.

22 Entonces Saúl ordenó a sus funcionarios:

—Hablen con David en privado y díganle: "Oye, el rey te aprecia, y todos sus funcionarios te quieren. Acepta ser su yerno."

23 Esto se lo repitieron a David, pero él respondió:

—¿Creen que es cosa fácil ser yerno del rey? ¡Yo no soy más que un plebeyo insignificante!

24 Los funcionarios le comunicaron a Saúl la reacción de David. 25 Pero Saúl insistió:

—Díganle a David: "Lo único que el rey quiere es vengarse de sus enemigos, y como dote por su hija pide cien prepucios de filisteos."

En realidad, lo que Saúl quería era que David cayera en manos de los filisteos.

26 Cuando los funcionarios de Saúl le dieron el mensaje a David, no le pareció mala la idea de convertirse en yerno del rey. Aún no se había cumplido el plazo 27 cuando David fue con sus soldados y mató a doscientos filisteos, cuyos prepucios entregó al rey para convertirse en su yerno. Así fue como Saúl le dio la mano de su hija Mical.

28 Saúl se dio cuenta de que, en efecto, el SEÑOR estaba con David, y de que su hija Mical lo amaba. 29 Por eso aumentó el temor que Saúl sentía por David, y se convirtió en su enemigo por el resto de su vida.

30 Además, cada vez que los jefes filisteos salían a campaña, David los enfrentaba con más éxito que los otros oficiales de Saúl. Por eso llegó a ser muy famoso.

Saúl intenta matar a David

19 Saúl les comunicó a su hijo Jonatán y a todos sus funcionarios su decisión de matar[s] a David. Pero como Jonatán le tenía tanto afecto a David, 2 le advirtió: «Mi padre Saúl está buscando una oportunidad para matarte. Así que ten mucho cuidado mañana; escóndete en algún sitio seguro, y quédate allí. 3 Yo saldré con mi padre al campo donde tú estés, y le hablaré de ti. Cuando averigüe lo que pasa, te lo haré saber.»

4 Jonatán le habló a su padre Saúl en favor de David:

—¡No vaya Su Majestad a hacerle daño a su siervo David! —le rogó—. Él no le ha hecho ningún mal; al contrario, lo que ha hecho ha sido de gran beneficio para Su Majestad. 5 Para matar al filisteo arriesgó su propia *vida, y el SEÑOR le dio una gran *victoria a todo Israel. Su Majestad mismo lo vio y se alegró. ¿Por qué ha de hacerle daño a un inocente y matar a David sin motivo?

6 Saúl le hizo caso a Jonatán, y exclamó:

—Tan cierto como que el SEÑOR vive, te juro que David no morirá.

7 Entonces Jonatán llamó a David y, después de contarle toda la conversación, lo llevó ante Saúl para que estuviera a su servicio como antes.

8 Volvió a estallar la guerra. David salió a pelear contra los filisteos, y los combatió con tal violencia que tuvieron que huir.

9 Sin embargo, un espíritu maligno de parte del SEÑOR se apoderó de Saúl. Estaba sentado en el palacio, con una lanza en la mano. Mientras David tocaba el arpa,

20 Now Saul's daughter Michal was in love with David, and when they told Saul about it, he was pleased. 21 "I will give her to him," he thought, "so that she may be a snare to him and so that the hand of the Philistines may be against him." So Saul said to David, "Now you have a second opportunity to become my son-in-law."

22 Then Saul ordered his attendants: "Speak to David privately and say, 'Look, the king is pleased with you, and his attendants all like you; now become his son-in-law.' "

23 They repeated these words to David. But David said, "Do you think it is a small matter to become the king's son-in-law? I'm only a poor man and little known."

24 When Saul's servants told him what David had said, 25 Saul replied, "Say to David, 'The king wants no other price for the bride than a hundred Philistine foreskins, to take revenge on his enemies.' " Saul's plan was to have David fall by the hands of the Philistines.

26 When the attendants told David these things, he was pleased to become the king's son-in-law. So before the allotted time elapsed, 27 David and his men went out and killed two hundred Philistines. He brought their foreskins and presented the full number to the king so that he might become the king's son-in-law. Then Saul gave him his daughter Michal in marriage.

28 When Saul realized that the LORD was with David and that his daughter Michal loved David, 29 Saul became still more afraid of him, and he remained his enemy the rest of his days.

30 The Philistine commanders continued to go out to battle, and as often as they did, David met with more success[s] than the rest of Saul's officers, and his name became well known.

Saul Tries to Kill David

19 Saul told his son Jonathan and all the attendants to kill David. But Jonathan was very fond of David 2 and warned him, "My father Saul is looking for a chance to kill you. Be on your guard tomorrow morning; go into hiding and stay there. 3 I will go out and stand with my father in the field where you are. I'll speak to him about you and will tell you what I find out."

4 Jonathan spoke well of David to Saul his father and said to him, "Let not the king do wrong to his servant David; he has not wronged you, and what he has done has benefited you greatly. 5 He took his life in his hands when he killed the Philistine. The LORD won a great victory for all Israel, and you saw it and were glad. Why then would you do wrong to an innocent man like David by killing him for no reason?"

6 Saul listened to Jonathan and took this oath: "As surely as the LORD lives, David will not be put to death."

7 So Jonathan called David and told him the whole conversation. He brought him to Saul, and David was with Saul as before.

8 Once more war broke out, and David went out and fought the Philistines. He struck them with such force that they fled before him.

9 But an evil[t] spirit from the LORD came upon Saul as he was sitting in his house with his spear in his hand.

---

s 19:1 comunicó ... su decisión de matar. Alt. ordenó ... que mataran.

s 30 Or David acted more wisely   t 9 Or injurious

10intentó clavarlo en la pared con la lanza, pero David esquivó el golpe de Saúl, de modo que la lanza quedó clavada en la pared. Esa misma noche David se dio a la fuga.

11Entonces Saúl mandó a varios hombres a casa de David, para que lo vigilaran durante la noche y lo mataran al día siguiente. Pero Mical, la esposa de David, le advirtió: «Si no te pones a salvo esta noche, mañana serás hombre muerto.» 12En seguida ella descolgó a David por la ventana, y así él pudo escapar. 13Luego Mical tomó un ídoloʰ y lo puso en la cama con un tejido de pelo de cabra en la cabeza, y lo cubrió con una sábana.

14Cuando Saúl mandó a los hombres para apresar a David, Mical les dijo: «Está enfermo.» 15Pero Saúl los mandó de nuevo a buscar a David: «Aunque esté en cama, ¡tráiganmelo aquí para matarlo!» 16Al entrar en la casa, los hombres vieron que lo que estaba en la cama era un ídolo, con un tejido de pelo de cabra en la cabeza. 17Entonces Saúl le reclamó a Mical:

—¿Por qué me has engañado así? ¿Por qué dejaste escapar a mi enemigo?

Ella respondió:

—Él me amenazó con matarme si no lo dejaba escapar.

18Después de huir y ponerse a salvo, David fue a Ramá para ver a Samuel y contarle todo lo que Saúl le había hecho. Entonces los dos se fueron a vivir a Nayot. 19Cuando Saúl se enteró de que David estaba en Nayot de Ramá, 20mandó a sus hombres para que lo apresaran. Pero se encontraron con un grupo de profetas, dirigidos por Samuel, que estaban profetizando. Entonces el Espíritu de Dios vino con poder sobre los hombres de Saúl, y también ellos cayeron en trance profético. 21Al oír la noticia, Saúl envió otro grupo, pero ellos también cayeron en trance. Luego mandó un tercer grupo, y les pasó lo mismo. 22Por fin, Saúl en persona fue a Ramá y llegó al gran pozo que está en Secú.

—¿Dónde están Samuel y David? —preguntó.

—En Nayot de Ramá —alguien le respondió.

23Saúl se dirigió entonces hacia allá, pero el Espíritu de Dios vino con poder también sobre él, y Saúl estuvo en trance profético por todo el camino, hasta llegar a Nayot de Ramá. 24Luego se quitó la ropa y, desnudo y en el suelo, estuvo en trance en presencia de Samuel todo el día y toda la noche. De ahí viene el dicho: «¿Acaso también Saúl es uno de los profetas?»

David y Jonatán

20 David huyó de Nayot de Ramá y fue adonde estaba Jonatán.

—¿Qué he hecho yo? —le preguntó—. ¿Qué crimen o delito he cometido contra tu padre, para que él quiera matarme?

2—¿Morir tú? ¡De ninguna manera! —respondió Jonatán—. Mi padre no hace nada, por insignificante que sea, sin que me lo diga. ¿Por qué me lo habría de ocultar? ¡Eso no es posible!

3Pero David juró y perjuró:

—Tu padre sabe muy bien que tú me estimas, así que seguramente habrá pensado: «Jonatán no debe enterarse, para que no se disguste.» Pero tan cierto como que el SEÑOR y tú viven, te aseguro que estoy a un paso de la muerte.

4—Dime qué quieres que haga, y lo haré —le respondió Jonatán.

While David was playing the harp, 10Saul tried to pin him to the wall with his spear, but David eluded him as Saul drove the spear into the wall. That night David made good his escape.

11Saul sent men to David's house to watch it and to kill him in the morning. But Michal, David's wife, warned him, "If you don't run for your life tonight, tomorrow you'll be killed." 12So Michal let David down through a window, and he fled and escaped. 13Then Michal took an idolᵘ and laid it on the bed, covering it with a garment and putting some goats' hair at the head.

14When Saul sent the men to capture David, Michal said, "He is ill."

15Then Saul sent the men back to see David and told them, "Bring him up to me in his bed so that I may kill him." 16But when the men entered, there was the idol in the bed, and at the head was some goats' hair.

17Saul said to Michal, "Why did you deceive me like this and send my enemy away so that he escaped?"

Michal told him, "He said to me, 'Let me get away. Why should I kill you?' "

18When David had fled and made his escape, he went to Samuel at Ramah and told him all that Saul had done to him. Then he and Samuel went to Naioth and stayed there. 19Word came to Saul: "David is in Naioth at Ramah"; 20so he sent men to capture him. But when they saw a group of prophets prophesying, with Samuel standing there as their leader, the Spirit of God came upon Saul's men and they also prophesied. 21Saul was told about it, and he sent more men, and they prophesied too. Saul sent men a third time, and they also prophesied. 22Finally, he himself left for Ramah and went to the great cistern at Secu. And he asked, "Where are Samuel and David?"

"Over in Naioth at Ramah," they said.

23So Saul went to Naioth at Ramah. But the Spirit of God came even upon him, and he walked along prophesying until he came to Naioth. 24He stripped off his robes and also prophesied in Samuel's presence. He lay that way all that day and night. This is why people say, "Is Saul also among the prophets?"

David and Jonathan

20 Then David fled from Naioth at Ramah and went to Jonathan and asked, "What have I done? What is my crime? How have I wronged your father, that he is trying to take my life?"

2"Never!" Jonathan replied. "You are not going to die! Look, my father doesn't do anything, great or small, without confiding in me. Why would he hide this from me? It's not so!"

3But David took an oath and said, "Your father knows very well that I have found favor in your eyes, and he has said to himself, 'Jonathan must not know this or he will be grieved.' Yet as surely as the LORD lives and as you live, there is only a step between me and death."

4Jonathan said to David, "Whatever you want me to do, I'll do for you."

ʰ 19:13 un ídolo. Lit. los terafines; también en v. 16.   ᵘ 13 Hebrew teraphim; also in verse 16

5 —Sabes —dijo David—, mañana es la fiesta de luna nueva, y se supone que yo debo sentarme a la mesa para comer con el rey. Pues bien, deja que me esconda en el campo hasta pasado mañana por la tarde. 6 Si tu padre me extraña, dile que yo insistí en que me dejaras ir en seguida a Belén, mi pueblo, pues toda mi familia estaba reunida allá para celebrar su sacrificio anual. 7 Si él responde que está bien, entonces no corro ningún peligro. Pero si se enfurece, con eso sabrás que ha decidido acabar conmigo. 8 Ya que en presencia del SEÑOR has hecho un pacto conmigo, que soy tu servidor, te ruego que me seas leal. Si me consideras culpable, no hace falta que me entregues a tu padre; ¡mátame tú mismo!

9 —¡No digas tal cosa! —exclamó Jonatán—. Si llegara a enterarme de que mi padre ha decidido hacerte algún daño, ¿no crees que te lo diría?

10 David le preguntó:

—Si tu padre te responde de mal modo, ¿quién me lo hará saber?

11 Por toda respuesta, Jonatán invitó a David a salir al campo. Una vez allí, 12 le dijo:

—David, te juro por el SEÑOR, Dios de Israel, que a más tardar pasado mañana a esta hora averiguaré lo que piensa mi padre. Si no corres peligro, de alguna manera te lo haré saber. 13 Pero si mi padre intenta hacerte daño, y yo no te aviso para que puedas escapar, ¡que el SEÑOR me castigue sin piedad, y que esté contigo como estuvo con mi padre! 14 Y si todavía estoy vivo cuando el SEÑOR te muestre su bondad, te pido que también tú seas bondadoso conmigo y no dejes que me maten. 15 ¡Nunca dejes de ser bondadoso con mi familia, aun cuando el SEÑOR borre de la faz de la tierra a todos tus enemigos! 16 ¡Que el SEÑOR pida cuentas de esto a tus enemigos!

De ese modo Jonatán hizo un pacto con la familia de David, 17 pues quería a David como a sí mismo. Por ese cariño que le tenía, le pidió a David confirmar el pacto bajo juramento. 18 Además le dijo:

—Mañana es la fiesta de luna nueva. Cuando vean tu asiento desocupado, te van a extrañar. 19 Pasado mañana, sin falta, ve adonde te escondiste la otra vez, y quédate junto a la piedra de Ézel. 20 Yo fingiré estar tirando al blanco y lanzaré tres flechas en esa dirección. 21 Entonces le diré a uno de mis criados que vaya a buscarlas. Si le digo: "Mira, las flechas están más acá, recógelas"; eso querrá decir que no hay peligro y podrás salir sin ninguna preocupación. ¡Tan cierto como que el SEÑOR vive! 22 Pero si le digo: "Mira, las flechas están más allá", eso querrá decir que el SEÑOR quiere que te vayas, así que ¡escápate! 23 ¡Que el SEÑOR sea siempre testigo del juramento que tú y yo nos hemos hecho!

24 David se escondió en el campo. Cuando llegó la fiesta de luna nueva, el rey se sentó a la mesa para comer 25 ocupando, como de costumbre, el puesto junto a la pared. Jonatán se sentó enfrente,i mientras que Abner se acomodó a un lado de Saúl. El asiento de David quedó desocupado. 26 Ese día Saúl no dijo nada, pues pensó: «Algo le habrá pasado a David, que lo dejó ritualmente *impuro, y seguramente no pudo purificarse.» 27 Pero como al día siguiente, que era el segundo del mes, el puesto de David seguía desocupado, Saúl le preguntó a Jonatán:

—¿Cómo es que ni ayer ni hoy vino el hijo de Isaí a la comida?

28 Jonatán respondió:

—David me insistió en que le diera permiso para ir

5 So David said, "Look, tomorrow is the New Moon festival, and I am supposed to dine with the king; but let me go and hide in the field until the evening of the day after tomorrow. 6 If your father misses me at all, tell him, 'David earnestly asked my permission to hurry to Bethlehem, his hometown, because an annual sacrifice is being made there for his whole clan.' 7 If he says, 'Very well,' then your servant is safe. But if he loses his temper, you can be sure that he is determined to harm me. 8 As for you, show kindness to your servant, for you have brought him into a covenant with you before the LORD. If I am guilty, then kill me yourself! Why hand me over to your father?"

9 "Never!" Jonathan said. "If I had the least inkling that my father was determined to harm you, wouldn't I tell you?"

10 David asked, "Who will tell me if your father answers you harshly?"

11 "Come," Jonathan said, "let's go out into the field." So they went there together.

12 Then Jonathan said to David: "By the LORD, the God of Israel, I will surely sound out my father by this time the day after tomorrow! If he is favorably disposed toward you, will I not send you word and let you know? 13 But if my father is inclined to harm you, may the LORD deal with me, be it ever so severely, if I do not let you know and send you away safely. May the LORD be with you as he has been with my father. 14 But show me unfailing kindness like that of the LORD as long as I live, so that I may not be killed, 15 and do not ever cut off your kindness from my family—not even when the LORD has cut off every one of David's enemies from the face of the earth."

16 So Jonathan made a covenant with the house of David, saying, "May the LORD call David's enemies to account." 17 And Jonathan had David reaffirm his oath out of love for him, because he loved him as he loved himself.

18 Then Jonathan said to David: "Tomorrow is the New Moon festival. You will be missed, because your seat will be empty. 19 The day after tomorrow, toward evening, go to the place where you hid when this trouble began, and wait by the stone Ezel. 20 I will shoot three arrows to the side of it, as though I were shooting at a target. 21 Then I will send a boy and say, 'Go, find the arrows.' If I say to him, 'Look, the arrows are on this side of you; bring them here,' then come, because, as surely as the LORD lives, you are safe; there is no danger. 22 But if I say to the boy, 'Look, the arrows are beyond you,' then you must go, because the LORD has sent you away. 23 And about the matter you and I discussed—remember, the LORD is witness between you and me forever."

24 So David hid in the field, and when the New Moon festival came, the king sat down to eat. 25 He sat in his customary place by the wall, opposite Jonathan,v and Abner sat next to Saul, but David's place was empty. 26 Saul said nothing that day, for he thought, "Something must have happened to David to make him ceremonially unclean—surely he is unclean." 27 But the next day, the second day of the month, David's place was empty again. Then Saul said to his son Jonathan, "Why hasn't the son of Jesse come to the meal, either yesterday or today?"

28 Jonathan answered, "David earnestly asked me for

---

i 20:25 *se sentó enfrente* (LXX); *se levantó* (TM).   v 25 Septuagint; Hebrew *wall. Jonathan arose*

a Belén. 29 Me dijo: "Por favor, déjame ir. Mi familia va a celebrar el sacrificio anual en nuestro pueblo, y mi hermano me ha ordenado que vaya. Hazme este favor, y permite que me dé una escapada para ver a mis hermanos." Por eso es que David no se ha sentado a comer con Su Majestad.

30 Al oír esto, Saúl se enfureció con Jonatán.

—¡Hijo de mala madre! —exclamó—. ¿Crees que no sé que eres muy amigo del hijo de Isaí, para vergüenza tuya y de tu desgraciada madre? 31 Mientras el hijo de Isaí viva en esta tierra, ¡ni tú ni tu reino estarán seguros! Así que manda a buscarlo, y tráemelo, pues está condenado a morir.

32 —¿Y por qué ha de morir? —le reclamó Jonatán—. ¿Qué mal ha hecho?

33 Por toda respuesta, Saúl le arrojó su lanza para herirlo. Así Jonatán se convenció de que su padre estaba decidido a matar a David. 34 Enfurecido, Jonatán se levantó de la mesa y no quiso tomar parte en la comida del segundo día de la fiesta. Estaba muy afligido porque su padre había insultado a David.

35 Por la mañana Jonatán salió al campo para encontrarse con David. Uno de sus criados más jóvenes lo acompañaba. 36 Jonatán le dijo: «Corre a buscar las flechas que voy a lanzar.»

El criado se echó a correr, y Jonatán lanzó una flecha que lo sobrepasó. 37 Cuando el criado llegó al lugar donde la flecha había caído, Jonatán le gritó: «¡Más allá! ¡La flecha está más allá! 38 ¡Date prisa! ¡No te detengas!» Y así continuó gritándole Jonatán. Cuando el criado recogió la flecha y se la trajo a su amo, 39 lo hizo sin sospechar nada, pues sólo Jonatán y David sabían de qué se trataba. 40 Entonces Jonatán le dio sus armas al criado. «Vete —le dijo—; llévalas de vuelta a la ciudad.»

41 En cuanto el criado se fue, David salió de su escondite/ y, luego de inclinarse tres veces, se postró rostro en tierra. En seguida se besaron y lloraron juntos, hasta que David se desahogó.

42 «Puedes irte tranquilo —le dijo Jonatán a David—, pues los dos hemos hecho un juramento eterno en *nombre del Señor, pidiéndole que juzgue entre tú y yo, y entre tus descendientes y los míos.» Así que David se fue, y Jonatán regresó a la ciudad.

David en Nob

21 Cuando David llegó a Nob, fue a ver al sacerdote Ajimélec, quien al encontrarse con David se puso nervioso.

—¿Por qué vienes solo? —le preguntó—. ¿Cómo es que nadie te acompaña?

2 David le respondió:

—Vengo por orden del rey, pero nadie debe saber a qué me ha enviado ni cuál es esa orden. En cuanto a mis hombres, ya les he indicado dónde encontrarnos. 3 ¿Qué provisiones tienes a mano? Dame unos cinco panes, o algo más que tengas.

4 —No tengo a la mano pan común y corriente —le contestó el sacerdote—. Podría darte el pan consagrado, si es que tus hombres se han abstenido por lo menos de estar con mujeres.

permission to go to Bethlehem. 29 He said, 'Let me go, because our family is observing a sacrifice in the town and my brother has ordered me to be there. If I have found favor in your eyes, let me get away to see my brothers.' That is why he has not come to the king's table."

30 Saul's anger flared up at Jonathan and he said to him, "You son of a perverse and rebellious woman! Don't I know that you have sided with the son of Jesse to your own shame and to the shame of the mother who bore you? 31 As long as the son of Jesse lives on this earth, neither you nor your kingdom will be established. Now send and bring him to me, for he must die!"

32 "Why should he be put to death? What has he done?" Jonathan asked his father. 33 But Saul hurled his spear at him to kill him. Then Jonathan knew that his father intended to kill David.

34 Jonathan got up from the table in fierce anger; on that second day of the month he did not eat, because he was grieved at his father's shameful treatment of David.

35 In the morning Jonathan went out to the field for his meeting with David. He had a small boy with him, 36 and he said to the boy, "Run and find the arrows I shoot." As the boy ran, he shot an arrow beyond him. 37 When the boy came to the place where Jonathan's arrow had fallen, Jonathan called out after him, "Isn't the arrow beyond you?" 38 Then he shouted, "Hurry! Go quickly! Don't stop!" The boy picked up the arrow and returned to his master. 39 (The boy knew nothing of all this; only Jonathan and David knew.) 40 Then Jonathan gave his weapons to the boy and said, "Go, carry them back to town."

41 After the boy had gone, David got up from the south side [of the stone] and bowed down before Jonathan three times, with his face to the ground. Then they kissed each other and wept together—but David wept the most.

42 Jonathan said to David, "Go in peace, for we have sworn friendship with each other in the name of the LORD, saying, 'The LORD is witness between you and me, and between your descendants and my descendants forever.'" Then David left, and Jonathan went back to the town.

David at Nob

21 David went to Nob, to Ahimelech the priest. Ahimelech trembled when he met him, and asked, "Why are you alone? Why is no one with you?"

2 David answered Ahimelech the priest, "The king charged me with a certain matter and said to me, 'No one is to know anything about your mission and your instructions.' As for my men, I have told them to meet me at a certain place. 3 Now then, what do you have on hand? Give me five loaves of bread, or whatever you can find."

4 But the priest answered David, "I don't have any ordinary bread on hand; however, there is some consecrated bread here—provided the men have kept themselves from women."

5David respondió:

—Te aseguro que, como es la costumbre cuando salimos en una expedición, no hemos tenido contacto con mujeres. Además, mis hombresk se consagran incluso en expediciones ordinarias, así que con más razón están consagrados ahora.

6Por tanto, el sacerdote le entregó a David el pan consagrado, ya que no había otro. Era el *pan de la Presencia que había sido quitado de delante del Señor y reemplazado por el pan caliente del día.

7Aquel día estaba allí uno de los oficiales de Saúl, que había tenido que quedarse en el santuario del Señor. Se trataba de un edomita llamado Doeg, que era jefe de los pastores de Saúl.

8Más tarde, David le preguntó a Ajimélec:

—¿No tienes a la mano una lanza o una espada? Tan urgente era el encargo del rey que no alcancé a tomar mi espada ni mis otras armas.

9El sacerdote respondió:

—Aquí tengo la espada del filisteo Goliat, a quien mataste en el valle de Elá. Está detrás del *efod, envuelta en un paño. Puedes llevártela, si quieres. Otras armas no tengo.

—Dámela —dijo David—. ¡Es la mejor que podrías ofrecerme!

David en Gat

10Ese mismo día David, todavía huyendo de Saúl, se dirigió a Aquis, rey de Gat. 11Los oficiales le dijeron a Aquis:

—¿No es éste David, el rey del país? ¿No es él por quien danzaban, y en los cantos decían:

«Saúl destruyó a un ejército,
　　pero David aniquiló a diez»?

12Al oír esto, David se preocupó y tuvo mucho miedo de Aquis, rey de Gat. 13Por lo tanto, cuando estaban por apresarlo, fingió perder la razón y, en público, comenzó a portarse como un loco, haciendo garabatos en las puertas y dejando que la saliva le corriera por la barba.

14Aquis dijo entonces a sus oficiales:

—¿Pero qué, no se fijan? ¡Ese hombre está loco! ¿Para qué me lo traen? 15¿Acaso me hacen falta más locos, que encima me traen a éste para hacer sus locuras en mi presencia? ¡Sáquenlo de mi palacio!

David huye a Adulán y a Mizpa

22 David se fue de Gat y huyó a la cueva de Adulán. Cuando sus hermanos y el resto de la familia se enteraron, fueron a verlo allí. 2Además, se le unieron muchos otros que estaban en apuros, cargados de deudas o amargados. Así, David llegó a tener bajo su mando a unos cuatrocientos hombres.

3De allí se dirigió a Mizpa, en Moab, y le pidió al rey de ese lugar: «Deja que mis padres vengan a vivir entre ustedes hasta que yo sepa lo que Dios quiere de mí.» 4Fue así como dejó a sus padres con el rey de Moab, y ellos se quedaron allí todo el tiempo que David permaneció en su refugio.

5Pero el profeta Gad le dijo a David: «No te quedes en el refugio. Es mejor que regreses a la tierra de Judá.» Entonces David se fue de allí, y se metió en el bosque de Jaret.

5David replied, "Indeed women have been kept from us, as usual wheneverw I set out. The men's thingsx are holy even on missions that are not holy. How much more so today!" 6So the priest gave him the consecrated bread, since there was no bread there except the bread of the Presence that had been removed from before the Lord and replaced by hot bread on the day it was taken away.

7Now one of Saul's servants was there that day, detained before the Lord; he was Doeg the Edomite, Saul's head shepherd.

8David asked Ahimelech, "Don't you have a spear or a sword here? I haven't brought my sword or any other weapon, because the king's business was urgent."

9The priest replied, "The sword of Goliath the Philistine, whom you killed in the Valley of Elah, is here; it is wrapped in a cloth behind the ephod. If you want it, take it; there is no sword here but that one."

David said, "There is none like it; give it to me."

David at Gath

10That day David fled from Saul and went to Achish king of Gath. 11But the servants of Achish said to him, "Isn't this David, the king of the land? Isn't he the one they sing about in their dances:

" 'Saul has slain his thousands,
　　and David his tens of thousands'?"

12David took these words to heart and was very much afraid of Achish king of Gath. 13So he pretended to be insane in their presence; and while he was in their hands he acted like a madman, making marks on the doors of the gate and letting saliva run down his beard.

14Achish said to his servants, "Look at the man! He is insane! Why bring him to me? 15Am I so short of madmen that you have to bring this fellow here to carry on like this in front of me? Must this man come into my house?"

David at Adullam and Mizpah

22 David left Gath and escaped to the cave of Adullam. When his brothers and his father's household heard about it, they went down to him there. 2All those who were in distress or in debt or discontented gathered around him, and he became their leader. About four hundred men were with him.

3From there David went to Mizpah in Moab and said to the king of Moab, "Would you let my father and mother come and stay with you until I learn what God will do for me?" 4So he left them with the king of Moab, and they stayed with him as long as David was in the stronghold.

5But the prophet Gad said to David, "Do not stay in the stronghold. Go into the land of Judah." So David left and went to the forest of Hereth.

---

k 21:5 *mis hombres*. Lit. *los utensilios de los jóvenes.*　　　　w 5 Or *from us in the past few days since*　　x 5 Or *bodies*

Saúl elimina a los sacerdotes de Nob

⁶Mientras Saúl estaba sentado a la sombra de un tamarisco que había en la colina de Guibeá, se enteró de que David y sus hombres habían sido localizados. Tenía Saúl su lanza en la mano, y lo rodeaban todos sus oficiales, ⁷a quienes les dijo:

—¡Pongan atención, hombres de Benjamín! ¿También ustedes creen que el hijo de Isaí les va a dar tierras y viñedos, y que a todos los va a nombrar jefes de mil y de cien soldados? ⁸¡Ahora veo por qué todos ustedes conspiran contra mí, y por qué nadie me informa del pacto que mi hijo ha hecho con el hijo de Isaí! Nadie se ha tomado la molestia de avisarme que mi propio hijo instiga a uno de mis súbditos a que se subleve y me aceche, como en realidad está pasando.

⁹Doeg el edomita, que se encontraba entre los oficiales de Saúl, le dijo:

—Yo vi al hijo de Isaí reunirse en Nob con Ajimélec hijo de Ajitob. ¹⁰Ajimélec consultó al SEÑOR por David y le dio provisiones, y hasta le entregó la espada de Goliat.

¹¹Entonces el rey mandó a llamar al sacerdote Ajimélec hijo de Ajitob, y a todos sus parientes, que eran sacerdotes en Nob. Cuando llegaron, ¹²Saúl le dijo:

—Escucha, hijo de Ajitob.

—Diga, mi señor —respondió Ajimélec.

¹³—¿Por qué tú y el hijo de Isaí conspiran contra mí? —le reclamó Saúl—. Le diste comida y una espada. También consultaste a Dios por él para que se subleve y me aceche, como en realidad está pasando.

¹⁴Ajimélec le respondió al rey:

—¿Quién entre todos los oficiales del rey es tan fiel como su yerno David, jefe de la guardia real y respetado en el palacio? ¹⁵¿Es acaso ésta la primera vez que consulto a Dios por él? ¡Claro que no! No debiera el rey acusarnos ni a mí ni a mi familia, pues de este asunto su servidor no sabe absolutamente nada.

¹⁶—¡Te llegó la hora, Ajimélec! —replicó el rey—. ¡Y no sólo a ti sino a toda tu familia!

¹⁷De inmediato el rey ordenó a los guardias que lo acompañaban:

—¡Maten a los sacerdotes del SEÑOR, que ellos también se han puesto de parte de David! Sabían que estaba huyendo, y sin embargo no me lo dijeron.

Pero los oficiales del rey no se atrevieron a levantar la mano en contra de los sacerdotes del SEÑOR. ¹⁸Así que el rey le ordenó a Doeg:

—¡Pues mátalos tú!

Entonces Doeg el edomita se lanzó contra ellos y los mató. Aquel día mató a ochenta y cinco hombres que tenían puesto el *efod de lino. ¹⁹Luego fue a Nob, el pueblo de los sacerdotes, y mató a filo de espada a hombres y mujeres, a niños y recién nacidos, y hasta a los bueyes, asnos y ovejas.

²⁰Sin embargo, un hijo de Ajimélec, llamado Abiatar, logró escapar y huyó hasta encontrarse con David. ²¹Cuando le informó que Saúl había matado a los sacerdotes del SEÑOR, ²²David le respondió:

—Ya desde aquel día, cuando vi a Doeg en Nob, sabía yo que él le avisaría a Saúl. Yo tengo la culpa de que hayan muerto todos tus parientes. ²³Pero no tengas miedo. Quédate conmigo, que aquí estarás a salvo. Quien quiera matarte tendrá que matarme a mí.

David libera la ciudad de Queilá

23 Los filisteos atacaron la ciudad de Queilá y saquearon los graneros. Cuando David se enteró de lo sucedido, ²consultó al SEÑOR:

Saul Kills the Priests of Nob

⁶Now Saul heard that David and his men had been discovered. And Saul, spear in hand, was seated under the tamarisk tree on the hill at Gibeah, with all his officials standing around him. ⁷Saul said to them, "Listen, men of Benjamin! Will the son of Jesse give all of you fields and vineyards? Will he make all of you commanders of thousands and commanders of hundreds? ⁸Is that why you have all conspired against me? No one tells me when my son makes a covenant with the son of Jesse. None of you is concerned about me or tells me that my son has incited my servant to lie in wait for me, as he does today."

⁹But Doeg the Edomite, who was standing with Saul's officials, said, "I saw the son of Jesse come to Ahimelech son of Ahitub at Nob. ¹⁰Ahimelech inquired of the LORD for him; he also gave him provisions and the sword of Goliath the Philistine."

¹¹Then the king sent for the priest Ahimelech son of Ahitub and his father's whole family, who were the priests at Nob, and they all came to the king. ¹²Saul said, "Listen now, son of Ahitub."

"Yes, my lord," he answered.

¹³Saul said to him, "Why have you conspired against me, you and the son of Jesse, giving him bread and a sword and inquiring of God for him, so that he has rebelled against me and lies in wait for me, as he does today?"

¹⁴Ahimelech answered the king, "Who of all your servants is as loyal as David, the king's son-in-law, captain of your bodyguard and highly respected in your household? ¹⁵Was that day the first time I inquired of God for him? Of course not! Let not the king accuse your servant or any of his father's family, for your servant knows nothing at all about this whole affair."

¹⁶But the king said, "You will surely die, Ahimelech, you and your father's whole family."

¹⁷Then the king ordered the guards at his side: "Turn and kill the priests of the LORD, because they too have sided with David. They knew he was fleeing, yet they did not tell me."

But the king's officials were not willing to raise a hand to strike the priests of the LORD.

¹⁸The king then ordered Doeg, "You turn and strike down the priests." So Doeg the Edomite turned and struck them down. That day he killed eighty-five men who wore the linen ephod. ¹⁹He also put to the sword Nob, the town of the priests, with its men and women, its children and infants, and its cattle, donkeys and sheep.

²⁰But Abiathar, a son of Ahimelech son of Ahitub, escaped and fled to join David. ²¹He told David that Saul had killed the priests of the LORD. ²²Then David said to Abiathar: "That day, when Doeg the Edomite was there, I knew he would be sure to tell Saul. I am responsible for the death of your father's whole family. ²³Stay with me; don't be afraid; the man who is seeking your life is seeking mine also. You will be safe with me."

David Saves Keilah

23 When David was told, "Look, the Philistines are fighting against Keilah and are looting the threshing floors," ²he inquired of the LORD, saying,

—¿Debo ir a luchar contra los filisteos?

—Ve —respondió el SEÑOR—, lucha contra los filisteos y libera a Queilá.

3 Pero los soldados le dijeron a David:

—Si aun aquí en Judá vivimos con miedo, ¡cuánto más si vamos a Queilá para atacar al ejército filisteo!

4 David volvió a consultar al SEÑOR, y él le respondió:

—Ponte en camino y ve a Queilá, que voy a entregar en tus manos a los filisteos.

5 Así que David y sus hombres fueron allá y lucharon contra los filisteos, derrotándolos por completo. David se apoderó de los ganados de los filisteos y rescató a los habitantes de la ciudad. 6 Ahora bien, cuando Abiatar hijo de Ajimélec huyó a Queilá para refugiarse con David, se llevó consigo el *efod.

Saúl persigue a David

7 Cuando le contaron a Saúl que David había ido a Queilá, exclamó: «¡Dios me lo ha entregado! David se ha metido en una ciudad con puertas y cerrojos, y no tiene escapatoria.» 8 Entonces convocó a todo su ejército para ir a combatir a David y a sus hombres, y sitiar la ciudad de Queilá.

9 David se enteró de que Saúl tramaba su destrucción. Por tanto, le ordenó a Abiatar que le llevara el *efod. 10 Luego David oró:

—Oh SEÑOR, Dios de Israel, yo, tu siervo, sé muy bien que por mi culpa Saúl se propone venir a Queilá para destruirla. 11 ¿Me entregarán los habitantes de esta ciudad en manos de Saúl? ¿Es verdad que Saúl vendrá, según me han dicho? Yo te ruego, SEÑOR, Dios de Israel, que me lo hagas saber.

—Sí, vendrá —le respondió el SEÑOR.

12 David volvió a preguntarle:

—¿Nos entregarán los habitantes de Queilá a mí y a mis hombres en manos de Saúl?

Y el SEÑOR le contestó:

—Sí, los entregarán.

13 Entonces David y sus hombres, que eran como seiscientos, se fueron de Queilá y anduvieron de un lugar a otro. Cuando le contaron a Saúl que David se había ido de Queilá, decidió suspender la campaña.

14 David se estableció en los refugios del desierto, en los áridos cerros de Zif. Día tras día Saúl lo buscaba, pero Dios no lo entregó en sus manos.

15 Estando David en Hores, en el desierto de Zif, se enteró de que Saúl había salido en su busca con la intención de matarlo. 16 Jonatán hijo de Saúl fue a ver a David en Hores, y lo animó a seguir confiando en Dios. 17 «No tengas miedo —le dijo—, que mi padre no podrá atraparte. Tú vas a ser el rey de Israel, y yo seré tu segundo. Esto, hasta mi padre lo sabe.» 18 Entonces los dos hicieron un pacto en presencia del SEÑOR, después de lo cual Jonatán regresó a su casa y David se quedó en Hores.

19 Los habitantes de Zif fueron a Guibeá y le dijeron a Saúl:

—¿No sabe Su Majestad que David se ha escondido en nuestro territorio? Está en el monte de Jaquilá, en los refugios de Hores, al sur del desierto. 20 Cuando Su Majestad tenga a bien venir, entregaremos a David en sus manos.

21 —¡Que el SEÑOR los bendiga por tenerme tanta consideración! —respondió Saúl—. 22 Vayan y averigüen bien por dónde anda y quién lo ha visto, pues me han dicho que es muy astuto. 23 Infórmense bien de todos los lugares donde se esconde, y tráiganme datos precisos. Entonces yo iré con ustedes, y si es verdad que está en esa región, lo buscaré entre todos los clanes de Judá.

"Shall I go and attack these Philistines?"

The LORD answered him, "Go, attack the Philistines and save Keilah."

3 But David's men said to him, "Here in Judah we are afraid. How much more, then, if we go to Keilah against the Philistine forces!"

4 Once again David inquired of the LORD, and the LORD answered him, "Go down to Keilah, for I am going to give the Philistines into your hand." 5 So David and his men went to Keilah, fought the Philistines and carried off their livestock. He inflicted heavy losses on the Philistines and saved the people of Keilah. 6 (Now Abiathar son of Ahimelech had brought the ephod down with him when he fled to David at Keilah.)

Saul Pursues David

7 Saul was told that David had gone to Keilah, and he said, "God has handed him over to me, for David has imprisoned himself by entering a town with gates and bars." 8 And Saul called up all his forces for battle, to go down to Keilah to besiege David and his men.

9 When David learned that Saul was plotting against him, he said to Abiathar the priest, "Bring the ephod." 10 David said, "O LORD, God of Israel, your servant has heard definitely that Saul plans to come to Keilah and destroy the town on account of me. 11 Will the citizens of Keilah surrender me to him? Will Saul come down, as your servant has heard? O LORD, God of Israel, tell your servant."

And the LORD said, "He will."

12 Again David asked, "Will the citizens of Keilah surrender me and my men to Saul?"

And the LORD said, "They will."

13 So David and his men, about six hundred in number, left Keilah and kept moving from place to place. When Saul was told that David had escaped from Keilah, he did not go there.

14 David stayed in the desert strongholds and in the hills of the Desert of Ziph. Day after day Saul searched for him, but God did not give David into his hands.

15 While David was at Horesh in the Desert of Ziph, he learned that Saul had come out to take his life. 16 And Saul's son Jonathan went to David at Horesh and helped him find strength in God. 17 "Don't be afraid," he said. "My father Saul will not lay a hand on you. You will be king over Israel, and I will be second to you. Even my father Saul knows this." 18 The two of them made a covenant before the LORD. Then Jonathan went home, but David remained at Horesh.

19 The Ziphites went up to Saul at Gibeah and said, "Is not David hiding among us in the strongholds at Horesh, on the hill of Hakilah, south of Jeshimon? 20 Now, O king, come down whenever it pleases you to do so, and we will be responsible for handing him over to the king."

21 Saul replied, "The LORD bless you for your concern for me. 22 Go and make further preparation. Find out where David usually goes and who has seen him there. They tell me he is very crafty. 23 Find out about all the hiding places he uses and come back to me with definite information.y Then I will go with you; if he is in the area, I will track him down among all the clans of Judah."

²⁴Los de Zif se despidieron de Saúl y volvieron a su tierra. Mientras tanto, David y sus hombres se encontraban en el desierto de Maón, en el Arabá, al sur del desierto. ²⁵Cuando le avisaron a David que Saúl y sus hombres venían en su búsqueda, bajó al peñasco del desierto de Maón. Al enterarse de esto, Saúl dirigió la persecución hacia ese lugar.

²⁶Saúl avanzaba por un costado del monte, mientras que David y sus hombres iban por el otro, apresurándose para escapar. Pero Saúl y sus hombres lo tenían rodeado. Ya estaban a punto de atraparlo, ²⁷cuando un mensajero llegó y le dijo a Saúl: «¡Apresúrese, Su Majestad, que los filisteos están saqueando el país!» ²⁸Saúl dejó entonces de perseguir a David y volvió para enfrentarse con los filisteos. Por eso aquel sitio se llama Sela Hamajlecot.[l] ²⁹Luego David se fue de allí para establecerse en los refugios de Engadi.

David le perdona la vida a Saúl

24 Cuando Saúl regresó de perseguir a los filisteos, le informaron que David estaba en el desierto de Engadi. ²Entonces Saúl tomó consigo tres batallones de hombres escogidos de todo Israel, y se fue por los Peñascos de las Cabras, en busca de David y de sus hombres.

³Por el camino, llegó a un redil de ovejas; y como había una cueva en el lugar, entró allí para hacer sus necesidades.[m] David estaba escondido en el fondo de la cueva, con sus hombres, ⁴y éstos le dijeron:

—En verdad, hoy se cumple la promesa que te hizo el SEÑOR cuando te dijo: "Yo pondré a tu enemigo en tus manos, para que hagas con él lo que mejor te parezca."

David se levantó y, sin hacer ruido, cortó el borde del manto de Saúl. ⁵Pero le remordió la conciencia por lo que había hecho, ⁶y les dijo a sus hombres:

—¡Que el SEÑOR me libre de hacerle al rey lo que ustedes sugieren! No puedo alzar la mano contra él, porque es el *ungido del SEÑOR.

⁷De este modo David contuvo a sus hombres, y no les permitió que atacaran a Saúl. Pero una vez que éste salió de la cueva para proseguir su camino, ⁸David lo siguió, gritando:

—¡Majestad, Majestad!

Saúl miró hacia atrás, y David, postrándose rostro en tierra, se inclinó ⁹y le dijo:

—¿Por qué hace caso Su Majestad a los que dicen que yo quiero hacerle daño? ¹⁰Usted podrá ver con sus propios ojos que hoy mismo, en esta cueva, el SEÑOR lo había entregado en mis manos. Mis hombres me incitaban a que lo matara, pero yo respeté su vida y dije: "No puedo alzar la mano contra el rey, porque es el ungido del SEÑOR." ¹¹Padre mío, mire usted el borde de su manto que tengo en la mano. Yo corté este pedazo, pero a usted no lo maté. Reconozca que no intento hacerle mal ni traicionarlo. Usted, sin embargo, me persigue para quitarme la *vida, aunque yo no le he hecho ningún agravio. ¹²¡Que el SEÑOR juzgue entre nosotros dos! ¡Y que el SEÑOR me vengue de usted! Pero mi mano no se alzará contra usted. ¹³Como dice el antiguo refrán: "De los malos, la maldad"; por eso mi mano jamás se alzará contra usted.

¹⁴»¿Contra quién ha salido el rey de Israel? ¿A quién persigue? ¡A un perro muerto! ¡A una pulga! ¹⁵¡Que sea el SEÑOR quien juzgue y dicte la sentencia entre nosotros dos! ¡Que examine mi causa, y me defienda y me libre de usted!

---

²⁴So they set out and went to Ziph ahead of Saul. Now David and his men were in the Desert of Maon, in the Arabah south of Jeshimon. ²⁵Saul and his men began the search, and when David was told about it, he went down to the rock and stayed in the Desert of Maon. When Saul heard this, he went into the Desert of Maon in pursuit of David.

²⁶Saul was going along one side of the mountain, and David and his men were on the other side, hurrying to get away from Saul. As Saul and his forces were closing in on David and his men to capture them, ²⁷a messenger came to Saul, saying, "Come quickly! The Philistines are raiding the land." ²⁸Then Saul broke off his pursuit of David and went to meet the Philistines. That is why they call this place Sela Hammahlekoth.[z] ²⁹And David went up from there and lived in the strongholds of En Gedi.

David Spares Saul's Life

24 After Saul returned from pursuing the Philistines, he was told, "David is in the Desert of En Gedi." ²So Saul took three thousand chosen men from all Israel and set out to look for David and his men near the Crags of the Wild Goats.

³He came to the sheep pens along the way; a cave was there, and Saul went in to relieve himself. David and his men were far back in the cave. ⁴The men said, "This is the day the LORD spoke of when he said[a] to you, 'I will give your enemy into your hands for you to deal with as you wish.' " Then David crept up unnoticed and cut off a corner of Saul's robe.

⁵Afterward, David was conscience-stricken for having cut off a corner of his robe. ⁶He said to his men, "The LORD forbid that I should do such a thing to my master, the LORD's anointed, or lift my hand against him; for he is the anointed of the LORD." ⁷With these words David rebuked his men and did not allow them to attack Saul. And Saul left the cave and went his way.

⁸Then David went out of the cave and called out to Saul, "My lord the king!" When Saul looked behind him, David bowed down and prostrated himself with his face to the ground. ⁹He said to Saul, "Why do you listen when men say, 'David is bent on harming you'? ¹⁰This day you have seen with your own eyes how the LORD delivered you into my hands in the cave. Some urged me to kill you, but I spared you; I said, 'I will not lift my hand against my master, because he is the LORD's anointed.' ¹¹See, my father, look at this piece of your robe in my hand! I cut off the corner of your robe but did not kill you. Now understand and recognize that I am not guilty of wrongdoing or rebellion. I have not wronged you, but you are hunting me down to take my life. ¹²May the LORD judge between you and me. And may the LORD avenge the wrongs you have done to me, but my hand will not touch you. ¹³As the old saying goes, 'From evildoers come evil deeds,' so my hand will not touch you.

¹⁴"Against whom has the king of Israel come out? Whom are you pursuing? A dead dog? A flea? ¹⁵May the LORD be our judge and decide between us. May he consider my cause and uphold it; may he vindicate me by delivering me from your hand."

16Cuando David terminó de hablar, Saúl le preguntó:

—David, hijo mío, ¡pero si eres tú quien me habla! Y alzando la voz, se echó a llorar.

17—Has actuado mejor que yo —continuó Saúl—. Me has devuelto bien por mal. 18Hoy me has hecho reconocer lo bien que me has tratado, pues el SEÑOR me entregó en tus manos, y no me mataste. 19¿Quién encuentra a su enemigo y le perdona la vida?[n] ¡Que el SEÑOR te recompense por lo bien que me has tratado hoy! 20Ahora caigo en cuenta de que tú serás el rey, y de que consolidarás el reino de Israel. 21Júrame entonces, por el SEÑOR, que no exterminarás mi descendencia ni borrarás el *nombre de mi familia.

22David se lo juró. Luego Saúl volvió a su palacio, y David y sus hombres subieron al refugio.

David, Nabal y Abigaíl

25 Samuel murió, y fue enterrado en Ramá, donde había vivido. Todo Israel se reunió para hacer duelo por él. Después de eso David bajó al desierto de Maón.[ñ]

2Había en Maón un hombre muy rico, dueño de mil cabras y tres mil ovejas, las cuales esquilaba en Carmel, donde tenía su hacienda. 3Se llamaba Nabal y pertenecía a la familia de Caleb. Su esposa, Abigaíl, era una mujer bella e inteligente; Nabal, por el contrario, era insolente y de mala conducta.

4Estando David en el desierto, se enteró de que Nabal estaba esquilando sus ovejas. 5Envió entonces diez de sus hombres con este encargo: «Vayan a Carmel para llevarle a Nabal un saludo de mi parte. 6Díganle: "¡Que tengan salud[o] y *paz tú y tu familia, y todo lo que te pertenece! 7Acabo de escuchar que estás esquilando tus ovejas. Como has de saber, cuando tus pastores estuvieron con nosotros, jamás los molestamos. En todo el tiempo que se quedaron en Carmel, nunca se les quitó nada. 8Pregúntales a tus criados, y ellos mismos te lo confirmarán. Por tanto, te agradeceré que recibas bien a mis hombres, pues este día hay que celebrarlo. Dales, por favor, a tus siervos y a tu hijo David lo que tengas a la mano."»

9Cuando los hombres de David llegaron, le dieron a Nabal este mensaje de parte de David y se quedaron esperando. 10Pero Nabal les contestó:

—¿Y quién es ese tal David? ¿Quién es el hijo de Isaí? Hoy día son muchos los esclavos que se escapan de sus amos. 11¿Por qué he de compartir mi pan y mi agua, y la carne que he reservado para mis esquiladores, con gente que ni siquiera sé de dónde viene?

12Los hombres de David se dieron la vuelta y se pusieron en camino. Cuando llegaron ante él, le comunicaron todo lo que Nabal había dicho. 13Entonces David les ordenó: «¡Cíñanse todos la espada!» Y todos, incluso él, se la ciñeron. Acompañaron a David unos cuatrocientos hombres, mientras que otros doscientos se quedaron cuidando el bagaje.

14Uno de los criados avisó a Abigaíl, la esposa de Nabal: «David envió desde el desierto unos mensajeros para saludar a nuestro amo, pero él los trató mal. 15Esos hombres se portaron muy bien con nosotros. En todo el tiempo que anduvimos con ellos por el campo, jamás nos molestaron ni nos quitaron nada. 16Día y noche nos protegieron mientras cuidábamos los reba-

16When David finished saying this, Saul asked, "Is that your voice, David my son?" And he wept aloud. 17"You are more righteous than I," he said. "You have treated me well, but I have treated you badly. 18You have just now told me of the good you did to me; the LORD delivered me into your hands, but you did not kill me. 19When a man finds his enemy, does he let him get away unharmed? May the LORD reward you well for the way you treated me today. 20I know that you will surely be king and that the kingdom of Israel will be established in your hands. 21Now swear to me by the LORD that you will not cut off my descendants or wipe out my name from my father's family."

22So David gave his oath to Saul. Then Saul returned home, but David and his men went up to the stronghold.

David, Nabal and Abigail

25 Now Samuel died, and all Israel assembled and mourned for him; and they buried him at his home in Ramah.

Then David moved down into the Desert of Maon.[b]

2A certain man in Maon, who had property there at Carmel, was very wealthy. He had a thousand goats and three thousand sheep, which he was shearing in Carmel. 3His name was Nabal and his wife's name was Abigail. She was an intelligent and beautiful woman, but her husband, a Calebite, was surly and mean in his dealings.

4While David was in the desert, he heard that Nabal was shearing sheep. 5So he sent ten young men and said to them, "Go up to Nabal at Carmel and greet him in my name. 6Say to him: 'Long life to you! Good health to you and your household! And good health to all that is yours!

7" 'Now I hear that it is sheep-shearing time. When your shepherds were with us, we did not mistreat them, and the whole time they were at Carmel nothing of theirs was missing. 8Ask your own servants and they will tell you. Therefore be favorable toward my young men, since we come at a festive time. Please give your servants and your son David whatever you can find for them.' "

9When David's men arrived, they gave Nabal this message in David's name. Then they waited.

10Nabal answered David's servants, "Who is this David? Who is this son of Jesse? Many servants are breaking away from their masters these days. 11Why should I take my bread and water, and the meat I have slaughtered for my shearers, and give it to men coming from who knows where?"

12David's men turned around and went back. When they arrived, they reported every word. 13David said to his men, "Put on your swords!" So they put on their swords, and David put on his. About four hundred men went up with David, while two hundred stayed with the supplies.

14One of the servants told Nabal's wife Abigail: "David sent messengers from the desert to give our master his greetings, but he hurled insults at them. 15Yet these men were very good to us. They did not mistreat us, and the whole time we were out in the fields near them nothing was missing. 16Night and day they were a wall around us all the time we were herd-

---

[n] 24:19 le perdona la vida. Lit. lo envía por buen camino.
[ñ] 25:1 Maón (LXX); Parán (TM).   [o] 25:6 salud. Palabra de difícil traducción.

[b] 1 Some Septuagint manuscripts; Hebrew Paran

ños cerca de ellos. ¹⁷ Piense usted bien lo que debe hacer, pues la ruina está por caer sobre nuestro amo y sobre toda su familia. Tiene tan mal genio que ni hablar se puede con él.»

¹⁸ Sin perder tiempo, Abigaíl reunió doscientos panes, dos odres de vino, cinco ovejas asadas, treinta y cinco litros*p* de trigo tostado, cien tortas de uvas pasas y doscientas tortas de higos. Después de cargarlo todo sobre unos asnos, ¹⁹ les dijo a los criados: «Adelántense, que yo los sigo.» Pero a Nabal, su esposo, no le dijo nada de esto.

²⁰ Montada en un asno, Abigaíl bajaba por la ladera del monte cuando vio que David y sus hombres venían en dirección opuesta, de manera que se encontraron. ²¹ David recién había comentado: «De balde estuve protegiendo en el desierto las propiedades de ese tipo, para que no perdiera nada. Ahora resulta que me paga mal por el bien que le hice. ²² ¡Que Dios me castigue*q* sin piedad si antes del amanecer no acabo con todos sus hombres!»

²³ Cuando Abigaíl vio a David, se bajó rápidamente del asno y se inclinó ante él, postrándose rostro en tierra. ²⁴ Se arrojó a sus pies y dijo:

—Señor mío, yo tengo la culpa. Deje que esta sierva suya le hable; le ruego que me escuche. ²⁵ No haga usted caso de ese grosero de Nabal, pues le hace honor a su *nombre, que significa "necio". La necedad lo acompaña por todas partes. Yo, por mi parte, no vi a los mensajeros que usted, mi señor, envió.

²⁶ »Pero ahora el SEÑOR le ha impedido a usted derramar sangre y hacerse justicia con sus propias manos. ¡Tan cierto como que el SEÑOR y usted viven! Por eso, pido que a sus enemigos, y a todos los que quieran hacerle daño, les pase lo mismo que a Nabal. ²⁷ Acepte usted este regalo que su servidora le ha traído, y repártalo entre los criados que lo acompañan. ²⁸ Yo le ruego que perdone la falta de esta servidora suya. Ciertamente, el SEÑOR le dará a usted una dinastía que se mantendrá firme, y nunca nadie podrá hacerle a usted ningún daño,*r* pues usted pelea las batallas del SEÑOR. ²⁹ Aun si alguien lo persigue con la intención de matarlo, su *vida estará protegida*s* por el SEÑOR su Dios, mientras que sus enemigos serán lanzados a la destrucción.*t* ³⁰ Así que, cuando el SEÑOR le haya hecho todo el bien que le ha prometido, y lo haya establecido como jefe de Israel, ³¹ no tendrá usted que sufrir la pena y el remordimiento de haberse vengado por sí mismo, ni de haber derramado sangre inocente. Acuérdese usted de esta servidora suya cuando el SEÑOR le haya dado prosperidad.

³² David le dijo entonces a Abigaíl:

—¡Bendito sea el SEÑOR, Dios de Israel, que te ha enviado hoy a mi encuentro! ³³ ¡Y bendita seas tú por tu buen juicio, pues me has impedido derramar sangre y vengarme con mis propias manos! ³⁴ El SEÑOR, Dios de Israel, me ha impedido hacerte mal; pero te digo que si no te hubieras dado prisa en venir a mi encuentro, para mañana no le habría quedado vivo a Nabal ni uno solo de sus hombres. ¡Tan cierto como que el SEÑOR vive!

ing our sheep near them. ¹⁷ Now think it over and see what you can do, because disaster is hanging over our master and his whole household. He is such a wicked man that no one can talk to him."

¹⁸ Abigail lost no time. She took two hundred loaves of bread, two skins of wine, five dressed sheep, five seahs*c* of roasted grain, a hundred cakes of raisins and two hundred cakes of pressed figs, and loaded them on donkeys. ¹⁹ Then she told her servants, "Go on ahead; I'll follow you." But she did not tell her husband Nabal.

²⁰ As she came riding her donkey into a mountain ravine, there were David and his men descending toward her, and she met them. ²¹ David had just said, "It's been useless—all my watching over this fellow's property in the desert so that nothing of his was missing. He has paid me back evil for good. ²² May God deal with David,*d* be it ever so severely, if by morning I leave alive one male of all who belong to him!"

²³ When Abigail saw David, she quickly got off her donkey and bowed down before David with her face to the ground. ²⁴ She fell at his feet and said: "My lord, let the blame be on me alone. Please let your servant speak to you; hear what your servant has to say. ²⁵ May my lord pay no attention to that wicked man Nabal. He is just like his name—his name is Fool, and folly goes with him. But as for me, your servant, I did not see the men my master sent.

²⁶ "Now since the LORD has kept you, my master, from bloodshed and from avenging yourself with your own hands, as surely as the LORD lives and as you live, may your enemies and all who intend to harm my master be like Nabal. ²⁷ And let this gift, which your servant has brought to my master, be given to the men who follow you. ²⁸ Please forgive your servant's offense, for the LORD will certainly make a lasting dynasty for my master, because he fights the LORD's battles. Let no wrongdoing be found in you as long as you live. ²⁹ Even though someone is pursuing you to take your life, the life of my master will be bound securely in the bundle of the living by the LORD your God. But the lives of your enemies he will hurl away as from the pocket of a sling. ³⁰ When the LORD has done for my master every good thing he promised concerning him and has appointed him leader over Israel, ³¹ my master will not have on his conscience the staggering burden of needless bloodshed or of having avenged himself. And when the LORD has brought my master success, remember your servant."

³² David said to Abigail, "Praise be to the LORD, the God of Israel, who has sent you today to meet me. ³³ May you be blessed for your good judgment and for keeping me from bloodshed this day and from avenging myself with my own hands. ³⁴ Otherwise, as surely as the LORD, the God of Israel, lives, who has kept me from harming you, if you had not come quickly to meet me, not one male belonging to Nabal would have been left alive by daybreak."

---

p 25:18 treinta y cinco litros. Lit. *cinco *seah.*   *q 25:22 me castigue* (lit. *castigue a David*; LXX); *castigue a los enemigos de David* (TM).   *r 25:28 nunca nadie ... ningún daño.* Alt. *nunca cometerá usted ningún mal.*   *s 25:29 estará protegida.* Lit. *está embolsada en la bolsa de los vivos.*   *t 25:29 sus enemigos ... destrucción.* Lit. *él lanzará la vida de sus enemigos de en medio de la palma de una honda.*

c 18 That is, probably about a bushel (about 37 liters)   *d 22* Some Septuagint manuscripts; Hebrew *with David's enemies*

35Dicho esto, David aceptó lo que ella le había traído.

—Vuelve tranquila a tu casa —añadió—. Como puedes ver, te he hecho caso: te concedo lo que me has pedido.*u*

36Cuando Abigaíl llegó a la casa, Nabal estaba dando un regio banquete. Se encontraba alegre y muy borracho, así que ella no le dijo nada hasta el día siguiente. 37Por la mañana, cuando a Nabal ya se le había pasado la borrachera, su esposa le contó lo sucedido. Al oírlo, Nabal sufrió un ataque al corazón y quedó paralizado. 38Unos diez días después, el Señor hirió a Nabal, y así murió.

39Cuando David se enteró de que Nabal había muerto, exclamó: «¡Bendito sea el Señor, que me ha hecho *justicia por la afrenta que recibí de Nabal! El Señor libró a este siervo suyo de hacer mal, pero hizo recaer sobre Nabal su propia maldad.»

Entonces David envió un mensaje a Abigaíl, proponiéndole matrimonio. 40Cuando los criados llegaron a Carmel, hablaron con Abigaíl y le dijeron:

—David nos ha enviado para pedirle a usted que se case con él.

41Ella se inclinó, y postrándose rostro en tierra dijo:

—Soy la sierva de David, y estoy para servirle. Incluso estoy dispuesta a lavarles los pies a sus criados.

42Sin perder tiempo, Abigaíl se dispuso a partir. Se montó en un asno y, acompañada de cinco criadas, se fue con los mensajeros de David. Después se casó con él.

43David también se había casado con Ajinoán de Jezrel, así que ambas fueron sus esposas. 44Saúl, por su parte, había entregado su hija Mical, esposa de David, a Paltiel*v* hijo de Lais, oriundo de Galín.

David le perdona la vida a Saúl

26 Los habitantes de Zif fueron a Guibeá y le dijeron a Saúl:

—¿No sabe el rey que David está escondido en el monte de Jaquilá, frente al desierto?

2Entonces Saúl se puso en marcha con los tres batallones de hombres escogidos de Israel, y bajó al desierto de Zif en busca de David. 3Acampó en el monte de Jaquilá, que está frente al desierto, junto al camino. Cuando David, que vivía en el desierto, se dio cuenta de que Saúl venía tras él, 4envió espías para averiguar dónde se encontraba. 5Luego se dirigió al campamento de Saúl, y observó el lugar donde dormían Saúl y Abner hijo de Ner, jefe del ejército. Saúl estaba dentro del campamento, y el ejército lo rodeaba. 6David entonces les preguntó a Ajimélec el hitita y a Abisay hijo de Sarvia, hermano de Joab:

—¿Quién quiere venir conmigo al campamento de Saúl?

—Yo voy contigo —respondió Abisay.

7David y Abisay llegaron esa noche y vieron a Saúl dormido en medio del campamento, con su lanza hincada en tierra a su cabecera. Abner y el ejército estaban acostados a su alrededor.

8—Hoy ha puesto Dios en tus manos a tu enemigo —le dijo Abisay a David—. Déjame matarlo. De un solo golpe de lanza lo dejaré clavado en el suelo. ¡Y no tendré que rematarlo!

9—¡No lo mates! —exclamó David—. ¿Quién puede impunemente alzar la mano contra el *ungido del Señor?

35Then David accepted from her hand what she had brought him and said, "Go home in peace. I have heard your words and granted your request."

36When Abigail went to Nabal, he was in the house holding a banquet like that of a king. He was in high spirits and very drunk. So she told him nothing until daybreak. 37Then in the morning, when Nabal was sober, his wife told him all these things, and his heart failed him and he became like a stone. 38About ten days later, the Lord struck Nabal and he died.

39When David heard that Nabal was dead, he said, "Praise be to the Lord, who has upheld my cause against Nabal for treating me with contempt. He has kept his servant from doing wrong and has brought Nabal's wrongdoing down on his own head."

Then David sent word to Abigail, asking her to become his wife. 40His servants went to Carmel and said to Abigail, "David has sent us to you to take you to become his wife."

41She bowed down with her face to the ground and said, "Here is your maidservant, ready to serve you and wash the feet of my master's servants." 42Abigail quickly got on a donkey and, attended by her five maids, went with David's messengers and became his wife. 43David had also married Ahinoam of Jezreel, and they both were his wives. 44But Saul had given his daughter Michal, David's wife, to Paltiel*e* son of Laish, who was from Gallim.

David Again Spares Saul's Life

26 The Ziphites went to Saul at Gibeah and said, "Is not David hiding on the hill of Hakilah, which faces Jeshimon?"

2So Saul went down to the Desert of Ziph, with his three thousand chosen men of Israel, to search there for David. 3Saul made his camp beside the road on the hill of Hakilah facing Jeshimon, but David stayed in the desert. When he saw that Saul had followed him there, 4he sent out scouts and learned that Saul had definitely arrived.*f*

5Then David set out and went to the place where Saul had camped. He saw where Saul and Abner son of Ner, the commander of the army, had lain down. Saul was lying inside the camp, with the army encamped around him.

6David then asked Ahimelech the Hittite and Abishai son of Zeruiah, Joab's brother, "Who will go down into the camp with me to Saul?"

"I'll go with you," said Abishai.

7So David and Abishai went to the army by night, and there was Saul, lying asleep inside the camp with his spear stuck in the ground near his head. Abner and the soldiers were lying around him.

8Abishai said to David, "Today God has delivered your enemy into your hands. Now let me pin him to the ground with one thrust of my spear; I won't strike him twice."

9But David said to Abishai, "Don't destroy him! Who can lay a hand on the Lord's anointed and be

---

u 25:35 te concedo lo que me has pedido. Lit. *he levantado tu semblante.*   *v 25:44 Paltiel.* Lit. *Palti* (variante de este nombre).

e 44 Hebrew *Palti,* a variant of *Paltiel*   *f 4* Or *had come to Nacon*

10 Y añadió:

—Tan cierto como que el SEÑOR vive, que él mismo lo herirá. O le llegará la hora de morir, o caerá en batalla. 11 En cuanto a mí, ¡que el SEÑOR me libre de alzar la mano contra su ungido! Sólo toma la lanza y el jarro de agua que están a su cabecera, y vámonos de aquí.

12 David mismo tomó la lanza y el jarro de agua que estaban a la cabecera de Saúl, y los dos se marcharon. Nadie los vio, ni se dio cuenta, pues todos estaban dormidos. No se despertaron, pues el SEÑOR los había hecho caer en un sueño profundo. 13 David cruzó al otro lado y se detuvo en la cumbre del monte, de modo que había una buena distancia entre ellos. 14 Entonces llamó al ejército y a Abner hijo de Ner:

—¡Abner! ¿Me oyes?

Abner replicó:

—¿Quién le está gritando al rey?

15 David le contestó:

—¿No eres tú el valiente sin par en Israel? ¿Cómo es que no has protegido a tu señor el rey? Te cuento que uno del pueblo entró con la intención de matarlo. 16 ¡Lo que has hecho no tiene nombre! Tan cierto como que el SEÑOR vive, que ustedes merecen la muerte por no haber protegido a su rey, el ungido del SEÑOR. A ver, ¿dónde están la lanza del rey y el jarro de agua que estaban a su cabecera?

17 Saúl, que reconoció la voz de David, dijo:

—David, hijo mío, ¡pero si eres tú quien habla!

—Soy yo, mi señor y rey —respondió David—. 18 ¿Por qué persigue mi señor a este siervo suyo? ¿Qué le he hecho? ¿Qué delito he cometido? 19 Le ruego a Su Majestad que escuche mis palabras. Si quien lo mueve a usted en mi contra es el SEÑOR, una ofrenda bastará para aplacarlo. Pero si son los hombres, ¡que el SEÑOR los maldiga! Hoy me expulsan de esta tierra, que es la herencia del SEÑOR, y me dicen: "¡Vete a servir a otros dioses!" 20 Ahora bien, no deje usted que mi sangre sea derramada lejos de la presencia del SEÑOR. ¿Por qué ha salido el rey de Israel en busca de una simple pulga? ¡Es como si estuviera cazando una perdiz en los montes!

21 —¡He pecado! —exclamó Saúl—. Regresa, David, hijo mío. Ya no voy a hacerte daño. Tú has valorado hoy mi vida; yo, en cambio, me he portado como un necio.

22 David respondió:

—Su Majestad, aquí está su lanza. Mande usted a uno de sus criados a recogerla. 23 Que el SEÑOR le pague a cada uno según su rectitud y lealtad, pues hoy él lo había puesto a usted en mis manos, pero yo no me atreví a tocar siquiera al ungido del SEÑOR. 24 Sin embargo, así como hoy valoré la *vida de usted, quiera el SEÑOR valorar mi propia vida y librarme de toda angustia.

25 —¡Bendito seas, David, hijo mío! —respondió Saúl—. Tú harás grandes cosas, y en todo triunfarás.

Luego David siguió su camino, y Saúl regresó a su palacio.

David entre los filisteos

27 Con todo, David pensaba: «Un día de éstos voy a morir a manos de Saúl. Lo mejor que puedo hacer es huir a la tierra de los filisteos. Así Saúl se cansará de buscarme por el territorio de Israel, y podré escapar de sus manos.»

2 Acompañado de sus seiscientos hombres, David se puso en marcha y se trasladó a la tierra de Gat, donde reinaba Aquis hijo de Maoc. 3 Tanto David como sus

guiltless? 10 As surely as the LORD lives," he said, "the LORD himself will strike him; either his time will come and he will die, or he will go into battle and perish. 11 But the LORD forbid that I should lay a hand on the LORD's anointed. Now get the spear and water jug that are near his head, and let's go."

12 So David took the spear and water jug near Saul's head, and they left. No one saw or knew about it, nor did anyone wake up. They were all sleeping, because the LORD had put them into a deep sleep.

13 Then David crossed over to the other side and stood on top of the hill some distance away; there was a wide space between them. 14 He called out to the army and to Abner son of Ner, "Aren't you going to answer me, Abner?"

Abner replied, "Who are you who calls to the king?"

15 David said, "You're a man, aren't you? And who is like you in Israel? Why didn't you guard your lord the king? Someone came to destroy your lord the king. 16 What you have done is not good. As surely as the LORD lives, you and your men deserve to die, because you did not guard your master, the LORD's anointed. Look around you. Where are the king's spear and water jug that were near his head?"

17 Saul recognized David's voice and said, "Is that your voice, David my son?"

David replied, "Yes it is, my lord the king." 18 And he added, "Why is my lord pursuing his servant? What have I done, and what wrong am I guilty of? 19 Now let my lord the king listen to his servant's words. If the LORD has incited you against me, then may he accept an offering. If, however, men have done it, may they be cursed before the LORD! They have now driven me from my share in the LORD's inheritance and have said, 'Go, serve other gods.' 20 Now do not let my blood fall to the ground far from the presence of the LORD. The king of Israel has come out to look for a flea—as one hunts a partridge in the mountains."

21 Then Saul said, "I have sinned. Come back, David my son. Because you considered my life precious today, I will not try to harm you again. Surely I have acted like a fool and have erred greatly."

22 "Here is the king's spear," David answered. "Let one of your young men come over and get it. 23 The LORD rewards every man for his righteousness and faithfulness. The LORD delivered you into my hands today, but I would not lay a hand on the LORD's anointed. 24 As surely as I valued your life today, so may the LORD value my life and deliver me from all trouble."

25 Then Saul said to David, "May you be blessed, my son David; you will do great things and surely triumph."

So David went on his way, and Saul returned home.

David Among the Philistines

27 But David thought to himself, "One of these days I will be destroyed by the hand of Saul. The best thing I can do is to escape to the land of the Philistines. Then Saul will give up searching for me anywhere in Israel, and I will slip out of his hand."

2 So David and the six hundred men with him left and went over to Achish son of Maoch king of Gath. 3 Da-

hombres se establecieron allí, y quedaron bajo la protección de Aquis. Cada hombre había llevado a su familia, y David tenía consigo a sus dos esposas, Ajinoán la jezrelita y Abigaíl de Carmel, la viuda de Nabal. ⁴En efecto, cuando Saúl se enteró de que David había huido a Gat, dejó de perseguirlo.

⁵David le dijo a Aquis: «Si en verdad cuento con el favor de Su Majestad, le ruego que me conceda algún pueblo en el campo, y allí viviré. No tiene ningún sentido que este siervo suyo viva en la capital del reino.»

⁶Aquel mismo día Aquis le dio la ciudad de Siclag, la cual hasta hoy pertenece a los reyes de Judá.

⁷David vivió en territorio filisteo un año y cuatro meses. ⁸Acostumbraba salir en campaña con sus hombres para saquear a los guesureos, guirzitas y amalecitas, pueblos que durante mucho tiempo habían habitado la zona que se extiende hacia Sur y hasta el país de Egipto. ⁹Cada vez que David atacaba la región, no dejaba a nadie con vida, ni hombre ni mujer. Antes de regresar adonde estaba Aquis se apoderaba de ovejas, vacas, asnos y camellos, y hasta de la ropa que vestían. ¹⁰Si Aquis le preguntaba: «¿Qué región saqueaste hoy?», David le respondía: «La del sur de Judá»; o bien: «La del sur de Jeramel»; o «La del sur, donde viven los quenitas». ¹¹David no dejaba con vida ni a hombre ni a mujer, pues pensaba que si llevaba prisioneros a Gat lo denunciarían por lo que estaba haciendo. Éste fue su patrón de conducta todo el tiempo que estuvo en territorio filisteo. ¹²Aquis, por su parte, confiaba en David y se decía: «David se está haciendo odioso a los israelitas, su propia gente. Sin duda me servirá para siempre.»

Saúl y la adivina de Endor

28 Por aquel tiempo, los filisteos reunieron sus tropas para ir a la guerra contra Israel. Por lo tanto, Aquis le dijo a David:

—Quiero que sepas que tú y tus hombres saldrán conmigo a la guerra.

²—Está bien —respondió David—. Ya verá Su Majestad de lo que es capaz este siervo suyo.

—Si es así —añadió Aquis—, de ahora en adelante te nombro mi guardaespaldas.

³Ya Samuel había muerto. Todo Israel había hecho duelo por él, y lo habían enterrado en Ramá, que era su propio pueblo. Saúl, por su parte, había expulsado del país a los adivinos y a los hechiceros.

⁴Los filisteos concentraron sus fuerzas y fueron a Sunén, donde acamparon. Saúl reunió entonces a los israelitas, y armaron su campamento en Guilboa. ⁵Pero cuando vio Saúl al ejército filisteo, le entró tal miedo que se descorazonó por completo. ⁶Por eso consultó al SEÑOR, pero él no le respondió ni en sueños, ni por el *urim* ni por los profetas. ⁷Por eso Saúl les ordenó a sus oficiales:

—Búsquenme a una adivina, para que yo vaya a consultarla.

—Pues hay una en Endor —le respondieron.

⁸Saúl se disfrazó con otra ropa y, acompañado de dos hombres, se fue de noche a ver a la mujer.

—Quiero que evoques a un espíritu —le pidió Saúl—. Haz que se me aparezca el que yo te diga.

⁹—¿Acaso no sabe usted lo que ha hecho Saúl? —respondió la mujer—. ¡Ha expulsado del país a los adivinos y a los hechiceros! ¿Por qué viene usted a tenderme una trampa y exponerme a la muerte?

¹⁰—¡Tan cierto como que el SEÑOR vive, te juro que nadie te va a castigar por esto! —contestó Saúl.

vid and his men settled in Gath with Achish. Each man had his family with him, and David had his two wives: Ahinoam of Jezreel and Abigail of Carmel, the widow of Nabal. ⁴When Saul was told that David had fled to Gath, he no longer searched for him.

⁵Then David said to Achish, "If I have found favor in your eyes, let a place be assigned to me in one of the country towns, that I may live there. Why should your servant live in the royal city with you?"

⁶So on that day Achish gave him Ziklag, and it has belonged to the kings of Judah ever since. ⁷David lived in Philistine territory a year and four months.

⁸Now David and his men went up and raided the Geshurites, the Girzites and the Amalekites. (From ancient times these peoples had lived in the land extending to Shur and Egypt.) ⁹Whenever David attacked an area, he did not leave a man or woman alive, but took sheep and cattle, donkeys and camels, and clothes. Then he returned to Achish.

¹⁰When Achish asked, "Where did you go raiding today?" David would say, "Against the Negev of Judah" or "Against the Negev of Jerahmeel" or "Against the Negev of the Kenites." ¹¹He did not leave a man or woman alive to be brought to Gath, for he thought, "They might inform on us and say, 'This is what David did.' " And such was his practice as long as he lived in Philistine territory. ¹²Achish trusted David and said to himself, "He has become so odious to his people, the Israelites, that he will be my servant forever."

Saul and the Witch of Endor

28 In those days the Philistines gathered their forces to fight against Israel. Achish said to David, "You must understand that you and your men will accompany me in the army."

²David said, "Then you will see for yourself what your servant can do."

Achish replied, "Very well, I will make you my bodyguard for life."

³Now Samuel was dead, and all Israel had mourned for him and buried him in his own town of Ramah. Saul had expelled the mediums and spiritists from the land.

⁴The Philistines assembled and came and set up camp at Shunem, while Saul gathered all the Israelites and set up camp at Gilboa. ⁵When Saul saw the Philistine army, he was afraid; terror filled his heart. ⁶He inquired of the LORD, but the LORD did not answer him by dreams or Urim or prophets. ⁷Saul then said to his attendants, "Find me a woman who is a medium, so I may go and inquire of her."

"There is one in Endor," they said.

⁸So Saul disguised himself, putting on other clothes, and at night he and two men went to the woman. "Consult a spirit for me," he said, "and bring up for me the one I name."

⁹But the woman said to him, "Surely you know what Saul has done. He has cut off the mediums and spiritists from the land. Why have you set a trap for my life to bring about my death?"

¹⁰Saul swore to her by the LORD, "As surely as the LORD lives, you will not be punished for this."

11 —¿A quién desea usted que yo haga aparecer? —preguntó la mujer.

—Evócame a Samuel —respondió Saúl.

12 Al ver a Samuel, la mujer pegó un grito.

—¡Pero si usted es Saúl! ¿Por qué me ha engañado? —le reclamó.

13 —No tienes nada que temer —dijo el rey—. Dime lo que has visto.

—Veo un espíritu que sube[w] de la tierra —respondió ella.

14 —¿Y qué aspecto tiene?

—El de un anciano, que sube envuelto en un manto.

Al darse cuenta Saúl de que era Samuel, se postró rostro en tierra.

15 Samuel le dijo a Saúl:

—¿Por qué me molestas, haciéndome subir?

—Estoy muy angustiado —respondió Saúl—. Los filisteos me están atacando, y Dios me ha abandonado. Ya no me responde, ni en sueños ni por medio de profetas. Por eso decidí llamarte, para que me digas lo que debo hacer.

16 Samuel le replicó:

—Pero si el SEÑOR se ha alejado de ti y se ha vuelto tu enemigo, ¿por qué me consultas a mí? 17 El SEÑOR ha cumplido lo que había anunciado por medio de mí: él te ha arrebatado de las manos el reino, y se lo ha dado a tu compañero David. 18 Tú no obedeciste al SEÑOR, pues no llevaste a cabo la furia de su castigo contra los amalecitas; por eso él te condena hoy. 19 El SEÑOR te entregará a ti y a Israel en manos de los filisteos. Mañana tú y tus hijos se unirán a mí, y el campamento israelita caerá en poder de los filisteos.

20 Al instante Saúl se desplomó. Y es que estaba lleno de miedo por lo que Samuel le había dicho, además de que se moría de hambre, pues en toda la noche y en todo el día no había comido nada. 21 Al verlo tan asustado, la mujer se le acercó y le dijo:

—Yo, su servidora, le hice caso a usted y, por obedecer sus órdenes, me jugué la *vida. 22 Ahora yo le pido que me haga caso a mí. Déjeme traerle algún alimento para que coma; así podrá recuperarse y seguir su camino.

23 Pero Saúl se negó a comer. Sin embargo, sus oficiales insistieron al igual que la mujer, y por fin consintió. Se levantó del suelo y tomó asiento. 24 La mujer tenía en su casa un ternero gordo, al que mató en seguida. También amasó harina y horneó unos panes sin levadura. 25 Luego les sirvió a Saúl y a sus oficiales. Esa misma noche, después de comer, todos ellos emprendieron el camino.

Los filisteos desconfían de David

29 Los filisteos reunieron a todas sus tropas en Afec. Los israelitas, por su parte, acamparon junto al manantial que está en Jezrel. 2 Los jefes filisteos avanzaban en compañías de cien y de mil soldados, seguidos de Aquis y de David y sus hombres.

3 —Y estos hebreos, ¿qué hacen aquí? —preguntaron los generales filisteos.

Aquis les respondió:

—¿No se dan cuenta de que éste es David, quien antes estuvo al servicio de Saúl, rey de Israel? Hace ya más de un año que está conmigo, y desde el primer día que se unió a nosotros no he visto nada que me haga desconfiar de él.

11 Then the woman asked, "Whom shall I bring up for you?"

"Bring up Samuel," he said.

12 When the woman saw Samuel, she cried out at the top of her voice and said to Saul, "Why have you deceived me? You are Saul!"

13 The king said to her, "Don't be afraid. What do you see?"

The woman said, "I see a spirit[g] coming up out of the ground."

14 "What does he look like?" he asked.

"An old man wearing a robe is coming up," she said.

Then Saul knew it was Samuel, and he bowed down and prostrated himself with his face to the ground.

15 Samuel said to Saul, "Why have you disturbed me by bringing me up?"

"I am in great distress," Saul said. "The Philistines are fighting against me, and God has turned away from me. He no longer answers me, either by prophets or by dreams. So I have called on you to tell me what to do."

16 Samuel said, "Why do you consult me, now that the LORD has turned away from you and become your enemy? 17 The LORD has done what he predicted through me. The LORD has torn the kingdom out of your hands and given it to one of your neighbors—to David. 18 Because you did not obey the LORD or carry out his fierce wrath against the Amalekites, the LORD has done this to you today. 19 The LORD will hand over both Israel and you to the Philistines, and tomorrow you and your sons will be with me. The LORD will also hand over the army of Israel to the Philistines."

20 Immediately Saul fell full length on the ground, filled with fear because of Samuel's words. His strength was gone, for he had eaten nothing all that day and night.

21 When the woman came to Saul and saw that he was greatly shaken, she said, "Look, your maidservant has obeyed you. I took my life in my hands and did what you told me to do. 22 Now please listen to your servant and let me give you some food so you may eat and have the strength to go on your way."

23 He refused and said, "I will not eat."

But his men joined the woman in urging him, and he listened to them. He got up from the ground and sat on the couch.

24 The woman had a fattened calf at the house, which she butchered at once. She took some flour, kneaded it and baked bread without yeast. 25 Then she set it before Saul and his men, and they ate. That same night they got up and left.

Achish Sends David Back to Ziklag

29 The Philistines gathered all their forces at Aphek, and Israel camped by the spring in Jezreel. 2 As the Philistine rulers marched with their units of hundreds and thousands, David and his men were marching at the rear with Achish. 3 The commanders of the Philistines asked, "What about these Hebrews?"

Achish replied, "Is this not David, who was an officer of Saul king of Israel? He has already been with me for over a year, and from the day he left Saul until now, I have found no fault in him."

---

w 28:13 *un espíritu que sube*. Lit. *dioses que suben*.   g 13 Or *see spirits*; or *see gods*

4 Pero los generales filisteos, enojados con Aquis, le ordenaron:

—Despídelo; que regrese al lugar que le diste. No dejes que nos acompañe en la batalla, no sea que en medio del combate se vuelva contra nosotros. ¿Qué mejor manera tendría de reconciliarse con su señor, que llevándole las cabezas de estos soldados? 5 ¿Acaso no es éste el David por quien danzaban, y en sus cantos decían:

«Saúl mató a sus miles;
      pero David, a sus diez miles»?

6 Ante esto, Aquis llamó a David y le dijo:

—Tan cierto como que el SEÑOR vive, que tú eres un hombre honrado y me gustaría que me acompañaras en esta campaña. Desde el día en que llegaste, no he visto nada que me haga desconfiar de ti. Pero los jefes filisteos te miran con recelo. 7 Así que, con mis mejores deseos, vuélvete a tu casa y no hagas nada que les desagrade.

8 —Pero, ¿qué es lo que he hecho? —reclamó David—. ¿Qué falla ha visto Su Majestad en este servidor suyo desde el día en que entré a su servicio hasta hoy? ¿Por qué no me permiten luchar contra los enemigos de mi señor y rey?

9 —Ya lo sé —respondió Aquis—. Para mí tú eres como un ángel de Dios. Sin embargo, los generales filisteos han decidido que no vayas con nosotros a la batalla. 10 Por lo tanto, levántense mañana temprano, tú y los siervos de tu señor que vinieron contigo, y váyanse con la primera luz del día.

11 Así que al día siguiente David y sus hombres se levantaron temprano para regresar al país filisteo. Por su parte, los filisteos avanzaron hacia Jezrel.

David derrota a los amalecitas

30 Al tercer día David y sus hombres llegaron a Siclag, pero se encontraron con que los amalecitas habían invadido la región del Néguev y con que, luego de atacar e incendiar a Siclag, 2 habían tomado cautivos a las mujeres y a todos los que estaban allí, desde el más grande hasta el más pequeño. Sin embargo, no habían matado a nadie.

3 Cuando David y sus hombres llegaron, encontraron que la ciudad había sido quemada, y que sus esposas, hijos e hijas habían sido llevados cautivos. 4 David y los que estaban con él se pusieron a llorar y a gritar hasta quedarse sin fuerzas. 5 También habían caído prisioneras dos esposas de David, la jezrelita Ajinoán y Abigaíl, la viuda de Nabal de Carmel.

6 David se alarmó, pues la tropa hablaba de apedrearlo; y es que todos se sentían amargados por la pérdida de sus hijos e hijas. Pero cobró ánimo y puso su confianza en el SEÑOR su Dios. 7 Entonces le dijo al sacerdote Abiatar hijo de Ajimélec:

—Tráeme el *efod.

Tan pronto como Abiatar se lo trajo, 8 David consultó al SEÑOR:

—¿Debo perseguir a esa banda? ¿Los voy a alcanzar?

—Persíguelos —le respondió el SEÑOR—. Vas a alcanzarlos, y rescatarás a los cautivos.

9 David partió con sus seiscientos hombres hasta llegar al arroyo de Besor. Allí se quedaron rezagados 10 doscientos hombres que estaban demasiado cansados para cruzar el arroyo. Así que David continuó la persecución con los cuatrocientos hombres restantes.

11 Los hombres de David se encontraron en el campo con un egipcio, y se lo llevaron a David. Le dieron de

4 But the Philistine commanders were angry with him and said, "Send the man back, that he may return to the place you assigned him. He must not go with us into battle, or he will turn against us during the fighting. How better could he regain his master's favor than by taking the heads of our own men? 5 Isn't this the David they sang about in their dances:

" 'Saul has slain his thousands,
      and David his tens of thousands'?"

6 So Achish called David and said to him, "As surely as the LORD lives, you have been reliable, and I would be pleased to have you serve with me in the army. From the day you came to me until now, I have found no fault in you, but the rulers don't approve of you. 7 Turn back and go in peace; do nothing to displease the Philistine rulers."

8 "But what have I done?" asked David. "What have you found against your servant from the day I came to you until now? Why can't I go and fight against the enemies of my lord the king?"

9 Achish answered, "I know that you have been as pleasing in my eyes as an angel of God; nevertheless, the Philistine commanders have said, 'He must not go up with us into battle.' 10 Now get up early, along with your master's servants who have come with you, and leave in the morning as soon as it is light."

11 So David and his men got up early in the morning to go back to the land of the Philistines, and the Philistines went up to Jezreel.

David Destroys the Amalekites

30 David and his men reached Ziklag on the third day. Now the Amalekites had raided the Negev and Ziklag. They had attacked Ziklag and burned it, 2 and had taken captive the women and all who were in it, both young and old. They killed none of them, but carried them off as they went on their way.

3 When David and his men came to Ziklag, they found it destroyed by fire and their wives and sons and daughters taken captive. 4 So David and his men wept aloud until they had no strength left to weep. 5 David's two wives had been captured—Ahinoam of Jezreel and Abigail, the widow of Nabal of Carmel. 6 David was greatly distressed because the men were talking of stoning him; each one was bitter in spirit because of his sons and daughters. But David found strength in the LORD his God.

7 Then David said to Abiathar the priest, the son of Ahimelech, "Bring me the ephod." Abiathar brought it to him, 8 and David inquired of the LORD, "Shall I pursue this raiding party? Will I overtake them?"

"Pursue them," he answered. "You will certainly overtake them and succeed in the rescue."

9 David and the six hundred men with him came to the Besor Ravine, where some stayed behind, 10 for two hundred men were too exhausted to cross the ravine. But David and four hundred men continued the pursuit. 11 They found an Egyptian in a field and brought him to David. They gave him water to drink and food to

comer y de beber, ¹²y le ofrecieron una torta de higo y dos tortas de uvas pasas, pues hacía tres días y tres noches que no había comido nada. En cuanto el egipcio comió, recobró las fuerzas.

¹³—¿A quién perteneces? —le preguntó David—. ¿De dónde vienes?

—Soy egipcio —le respondió—, esclavo de un amalecita. Hace tres días caí enfermo, y mi amo me abandonó. ¹⁴Habíamos invadido la región sur de los quereteos, de Judá y de Caleb; también incendiamos Siclag.

¹⁵—Guíanos adonde están esos bandidos —le dijo David.

—Júreme usted por Dios —suplicó el egipcio— que no me matará ni me entregará a mi amo. Con esa condición, lo llevo adonde está la banda.

¹⁶El egipcio los guió hasta los amalecitas, los cuales estaban dispersos por todo el campo, comiendo, bebiendo y festejando el gran botín que habían conseguido en el territorio filisteo y en el de Judá. ¹⁷David los atacó al amanecer y los combatió hasta la tarde del día siguiente. Los únicos que lograron escapar fueron cuatrocientos muchachos que huyeron en sus camellos. ¹⁸David pudo recobrar todo lo que los amalecitas se habían robado, y también rescató a sus dos esposas. ¹⁹Nada les faltó del botín, ni grande ni pequeño, ni hijos ni hijas, ni ninguna otra cosa de lo que les habían quitado. ²⁰David también se apoderó de todas las ovejas y del ganado. La gente llevaba todo al frente y pregonaba: «¡Éste es el botín de David!»

²¹Luego David regresó al arroyo de Besor, donde se habían quedado los doscientos hombres que estaban demasiado cansados para seguirlo. Ellos salieron al encuentro de David y su gente, y David, por su parte, se acercó para saludarlos. ²²Pero entre los que acompañaban a David había gente mala y perversa que reclamó:

—Éstos no vinieron con nosotros, así que no vamos a darles nada del botín que recobramos. Que tome cada uno a su esposa y a sus hijos, y que se vaya.

²³—No hagan eso, mis hermanos —les respondió David—. Fue el SEÑOR quien nos lo dio todo, y quien nos protegió y puso en nuestras manos a esa banda de maleantes que nos había atacado. ²⁴¿Quién va a estar de acuerdo con ustedes? Del botín participan tanto los que se quedan cuidando el bagaje como los que van a la batalla.

²⁵Aquel día David estableció esa norma como ley en Israel, la cual sigue vigente hasta el día de hoy.

²⁶Después de llegar a Siclag, David envió parte del botín a sus amigos que eran *ancianos de Judá, con este mensaje: «Aquí tienen un regalo del botín que rescatamos de los enemigos del SEÑOR.» ²⁷Recibieron ese regalo los ancianos de Betel, Ramot del Néguev, Jatir, ²⁸Aroer, Sifmot, Estemoa, ²⁹Racal, las ciudades de Jeramel, las ciudades quenitas ³⁰de Jormá, Corasán, Atac, ³¹y Hebrón, y los ancianos de todos los lugares donde David y sus hombres habían vivido.

Muerte de Saúl

31 Los filisteos fueron a la guerra contra Israel, y los israelitas huyeron ante ellos. Muchos cayeron muertos en el monte Guilboa. ²Entonces los filisteos se fueron en persecución de Saúl, y lograron matar a sus hijos Jonatán, Abinadab y Malquisúa. ³La batalla se intensificó contra Saúl, y los arqueros lo alcanzaron

eat— ¹²part of a cake of pressed figs and two cakes of raisins. He ate and was revived, for he had not eaten any food or drunk any water for three days and three nights.

¹³David asked him, "To whom do you belong, and where do you come from?"

He said, "I am an Egyptian, the slave of an Amalekite. My master abandoned me when I became ill three days ago. ¹⁴We raided the Negev of the Kerethites and the territory belonging to Judah and the Negev of Caleb. And we burned Ziklag."

¹⁵David asked him, "Can you lead me down to this raiding party?"

He answered, "Swear to me before God that you will not kill me or hand me over to my master, and I will take you down to them."

¹⁶He led David down, and there they were, scattered over the countryside, eating, drinking and reveling because of the great amount of plunder they had taken from the land of the Philistines and from Judah. ¹⁷David fought them from dusk until the evening of the next day, and none of them got away, except four hundred young men who rode off on camels and fled. ¹⁸David recovered everything the Amalekites had taken, including his two wives. ¹⁹Nothing was missing: young or old, boy or girl, plunder or anything else they had taken. David brought everything back. ²⁰He took all the flocks and herds, and his men drove them ahead of the other livestock, saying, "This is David's plunder."

²¹Then David came to the two hundred men who had been too exhausted to follow him and who were left behind at the Besor Ravine. They came out to meet David and the people with him. As David and his men approached, he greeted them. ²²But all the evil men and troublemakers among David's followers said, "Because they did not go out with us, we will not share with them the plunder we recovered. However, each man may take his wife and children and go."

²³David replied, "No, my brothers, you must not do that with what the LORD has given us. He has protected us and handed over to us the forces that came against us. ²⁴Who will listen to what you say? The share of the man who stayed with the supplies is to be the same as that of him who went down to the battle. All will share alike." ²⁵David made this a statute and ordinance for Israel from that day to this.

²⁶When David arrived in Ziklag, he sent some of the plunder to the elders of Judah, who were his friends, saying, "Here is a present for you from the plunder of the LORD's enemies."

²⁷He sent it to those who were in Bethel, Ramoth Negev and Jattir; ²⁸to those in Aroer, Siphmoth, Eshtemoa ²⁹and Racal; to those in the towns of the Jerahmeelites and the Kenites; ³⁰to those in Hormah, Bor Ashan, Athach ³¹and Hebron; and to those in all the other places where David and his men had roamed.

Saul Takes His Life

31 Now the Philistines fought against Israel; the Israelites fled before them, and many fell slain on Mount Gilboa. ²The Philistines pressed hard after Saul and his sons, and they killed his sons Jonathan, Abinadab and Malki-Shua. ³The fighting grew fierce around Saul, and when the archers overtook him, they wounded him critically.

con sus flechas. Al verse gravemente herido, ⁴Saúl le dijo a su escudero: «Saca la espada y mátame, no sea que lo hagan esos incircuncisos cuando lleguen, y se diviertan a costa mía.»

Pero el escudero estaba tan asustado que no quiso hacerlo, de modo que Saúl mismo tomó su espada y se dejó caer sobre ella. ⁵Cuando el escudero vio que Saúl caía muerto, también él se arrojó sobre su propia espada y murió con él. ⁶Así, en un mismo día murieron Saúl, sus tres hijos, su escudero y todos sus hombres.

⁷Cuando los israelitas que vivían al otro lado del valle y del Jordán vieron que el ejército de Israel había huido, y que Saúl y sus hijos habían muerto, también ellos abandonaron sus ciudades y se dieron a la fuga. Así fue como los filisteos las ocuparon.

⁸Al otro día, cuando los filisteos llegaron para despojar a los cadáveres, encontraron a Saúl y a sus hijos muertos en el monte Guilboa. ⁹Entonces lo decapitaron, le quitaron las armas, y enviaron mensajeros por todo el país filisteo para que proclamaran la noticia en el templo de sus ídolos y ante todo el pueblo. ¹⁰Sus armas las depositaron en el templo de la diosa *Astarté, y su cadáver lo colgaron en el muro de Betsán.

¹¹Cuando los habitantes de Jabés de Galaad se enteraron de lo que habían hecho los filisteos con Saúl, ¹²los más valientes de ellos caminaron toda la noche hacia Betsán, tomaron los cuerpos de Saúl y de sus hijos y, luego de bajarlos del muro, regresaron a Jabés. Allí los incineraron, ¹³y luego tomaron los huesos y los enterraron a la sombra del tamarisco de Jabés. Después de eso guardaron siete días de ayuno.

⁴Saul said to his armor-bearer, "Draw your sword and run me through, or these uncircumcised fellows will come and run me through and abuse me."

But his armor-bearer was terrified and would not do it; so Saul took his own sword and fell on it. ⁵When the armor-bearer saw that Saul was dead, he too fell on his sword and died with him. ⁶So Saul and his three sons and his armor-bearer and all his men died together that same day.

⁷When the Israelites along the valley and those across the Jordan saw that the Israelite army had fled and that Saul and his sons had died, they abandoned their towns and fled. And the Philistines came and occupied them.

⁸The next day, when the Philistines came to strip the dead, they found Saul and his three sons fallen on Mount Gilboa. ⁹They cut off his head and stripped off his armor, and they sent messengers throughout the land of the Philistines to proclaim the news in the temple of their idols and among their people. ¹⁰They put his armor in the temple of the Ashtoreths and fastened his body to the wall of Beth Shan.

¹¹When the people of Jabesh Gilead heard of what the Philistines had done to Saul, ¹²all their valiant men journeyed through the night to Beth Shan. They took down the bodies of Saul and his sons from the wall of Beth Shan and went to Jabesh, where they burned them. ¹³Then they took their bones and buried them under a tamarisk tree at Jabesh, and they fasted seven days.

Segundo Libro de

Samuel

2 Samuel

Noticia de la muerte de Saúl

1 Después de la muerte de Saúl, David se detuvo dos días en Siclag, luego de haber derrotado a los amalecitas. ²Al tercer día, llegó a Siclag un hombre que venía del campamento de Saúl. En señal de duelo se presentó ante David con la ropa rasgada y la cabeza cubierta de ceniza, y se postró rostro en tierra.

³—¿De dónde vienes? —le preguntó David.

—Vengo huyendo del campamento israelita —respondió.

⁴—Pero, ¿qué ha pasado? —exclamó David—. ¡Cuéntamelo todo!

—Pues resulta que nuestro ejército ha huido de la batalla, y muchos han caído muertos —contestó el mensajero—. Entre los caídos en combate se cuentan Saúl y su hijo Jonatán.

⁵—¿Y cómo sabes tú que Saúl y su hijo Jonatán han muerto? —le preguntó David al criado que le había traído la noticia.

⁶—Por casualidad me encontraba yo en el monte Guilboa. De pronto, vi a Saúl apoyado en su lanza y asediado por los carros y la caballería —respondió el criado—. ⁷Saúl se volvió y, al verme, me llamó. Yo me puse a sus órdenes. ⁸Me preguntó quién era yo, y le respondí que era amalecita. ⁹Entonces me pidió que me acercara y me ordenó: "¡Mátame de una vez, pues estoy agonizando y no acabo de morir!" ¹⁰Yo me acerqué y lo maté, pues me di cuenta de que no iba a sobrevivir al desastre. Luego le quité la diadema de la cabeza y el brazalete que llevaba en el brazo, para traérselos a usted, mi señor.

¹¹Al oírlo, David y los que estaban con él se rasgaron las vestiduras. ¹²Lloraron y ayunaron hasta el anochecer porque Saúl y su hijo Jonatán habían caído a filo de espada, y también por el ejército del SEÑOR y por la nación de Israel.

¹³Entonces David le preguntó al joven que le había traído la noticia:

—¿De dónde eres?

—Soy un extranjero amalecita —respondió.

¹⁴—¿Y cómo te atreviste a alzar la mano para matar al *ungido del SEÑOR? —le reclamó David.

¹⁵Y en seguida llamó a uno de sus hombres y le ordenó:

—¡Anda, mátalo!

Aquél cumplió la orden y lo mató. ¹⁶David, por su parte, dijo:

—¡Que tu sangre caiga sobre tu cabeza! Tu boca misma te condena al admitir que mataste al ungido del SEÑOR.

Lamento de David por Saúl y Jonatán

¹⁷David compuso este lamento en honor de Saúl y de su hijo Jonatán. ¹⁸Lo llamó el «Cántico del Arco» y ordenó que lo enseñaran a los habitantes de Judá. Así consta en el libro de Jaser:

¹⁹«¡Ay, Israel! Tu gloria yace herida
en las alturas de los montes.
¡Cómo han caído los valientes!

David Hears of Saul's Death

1 After the death of Saul, David returned from defeating the Amalekites and stayed in Ziklag two days. ²On the third day a man arrived from Saul's camp, with his clothes torn and with dust on his head. When he came to David, he fell to the ground to pay him honor.

³"Where have you come from?" David asked him.

He answered, "I have escaped from the Israelite camp."

⁴"What happened?" David asked. "Tell me."

He said, "The men fled from the battle. Many of them fell and died. And Saul and his son Jonathan are dead."

⁵Then David said to the young man who brought him the report, "How do you know that Saul and his son Jonathan are dead?"

⁶"I happened to be on Mount Gilboa," the young man said, "and there was Saul, leaning on his spear, with the chariots and riders almost upon him. ⁷When he turned around and saw me, he called out to me, and I said, 'What can I do?'

⁸"He asked me, 'Who are you?'

" 'An Amalekite,' I answered.

⁹"Then he said to me, 'Stand over me and kill me! I am in the throes of death, but I'm still alive.'

¹⁰"So I stood over him and killed him, because I knew that after he had fallen he could not survive. And I took the crown that was on his head and the band on his arm and have brought them here to my lord."

¹¹Then David and all the men with him took hold of their clothes and tore them. ¹²They mourned and wept and fasted till evening for Saul and his son Jonathan, and for the army of the LORD and the house of Israel, because they had fallen by the sword.

¹³David said to the young man who brought him the report, "Where are you from?"

"I am the son of an alien, an Amalekite," he answered.

¹⁴David asked him, "Why were you not afraid to lift your hand to destroy the LORD's anointed?"

¹⁵Then David called one of his men and said, "Go, strike him down!" So he struck him down, and he died. ¹⁶For David had said to him, "Your blood be on your own head. Your own mouth testified against you when you said, 'I killed the LORD's anointed.' "

David's Lament for Saul and Jonathan

¹⁷David took up this lament concerning Saul and his son Jonathan, ¹⁸and ordered that the men of Judah be taught this lament of the bow (it is written in the Book of Jashar):

¹⁹"Your glory, O Israel, lies slain on your
heights.
How the mighty have fallen!

20»No lo anuncien en Gat
  ni lo pregonen en las calles de Ascalón,
para que no se alegren las filisteas
  ni lo celebren esas paganas.*a*

21»¡Ay, montes de Guilboa,
  que no caiga sobre ustedes lluvia ni rocío!
  ¡Que no crezca el trigo para las ofrendas!*b*
Porque allí deshonraron el escudo de Saúl:
  ¡allí quedó manchado*c* el escudo de los
    valientes!

22¡Jamás volvía el arco de Jonatán
  sin haberse saciado con la sangre de los
    heridos,
ni regresaba la espada de Saúl
  sin haberse hartado con la grasa de sus
    oponentes!

23»¡Saúl! ¡Jonatán! ¡Nobles personas!
  Fueron amados en la vida,
  e inseparables en la muerte.
Más veloces eran que las águilas,
  y más fuertes que los leones.

24»¡Ay, mujeres de Israel! Lloren por Saúl,
  que las vestía con lujosa seda carmesí
  y las adornaba con joyas de oro.

25»¡Cómo han caído los valientes en batalla!
  Jonatán yace muerto en tus alturas.
26¡Cuánto sufro por ti, Jonatán,
  pues te quería como a un hermano!
Más preciosa fue para mí tu amistad
  que el amor de las mujeres.

27»¡Cómo han caído los valientes!
  ¡Las armas de guerra han perecido!»

David es ungido rey de Judá

2 Pasado algún tiempo, David consultó al SEÑOR:
—¿Debo ir a alguna de las ciudades de Judá?
—Sí, debes ir —le respondió el SEÑOR.
—¿Y a qué ciudad quieres que vaya?
—A Hebrón.

2 Así que David fue allá con sus dos esposas, Ajinoán la jezrelita y Abigaíl, la viuda de Nabal de Carmel. 3 Se llevó además a sus hombres, cada cual acompañado de su familia, y todos se establecieron en Hebrón y sus aldeas. 4 Entonces los habitantes de Judá fueron a Hebrón, y allí ungieron a David como rey de su tribu. Además, le comunicaron que los habitantes de Jabés de Galaad habían sepultado a Saúl. 5 Entonces David envió a los de Jabés el siguiente mensaje: «Que el SEÑOR los bendiga por haberle sido fieles a su señor Saúl, y por darle sepultura. 6 Y ahora, que el SEÑOR les muestre a ustedes su amor y fidelidad, aunque yo también quiero recompensarlos por esto que han hecho. 7 Cobren ánimo y sean valientes, pues aunque su señor Saúl ha muerto, la tribu de Judá me ha ungido como su rey.»

Guerra entre las tribus

8 Entretanto, Abner hijo de Ner, general del ejército de Saúl, llevó a Isboset hijo de Saúl a la ciudad de

20"Tell it not in Gath,
  proclaim it not in the streets of Ashkelon,
lest the daughters of the Philistines be glad,
  lest the daughters of the uncircumcised
    rejoice.

21"O mountains of Gilboa,
  may you have neither dew nor rain,
  nor fields that yield offerings ˪of grain˩.
For there the shield of the mighty was
    defiled,
  the shield of Saul—no longer rubbed with
    oil.
22From the blood of the slain,
  from the flesh of the mighty,
the bow of Jonathan did not turn back,
  the sword of Saul did not return
    unsatisfied.

23"Saul and Jonathan—
  in life they were loved and gracious,
  and in death they were not parted.
They were swifter than eagles,
  they were stronger than lions.

24"O daughters of Israel,
  weep for Saul,
who clothed you in scarlet and finery,
  who adorned your garments with
    ornaments of gold.

25"How the mighty have fallen in battle!
  Jonathan lies slain on your heights.
26I grieve for you, Jonathan my brother;
  you were very dear to me.
Your love for me was wonderful,
  more wonderful than that of women.

27"How the mighty have fallen!
  The weapons of war have perished!"

David Anointed King Over Judah

2 In the course of time, David inquired of the LORD. "Shall I go up to one of the towns of Judah?" he asked.
The LORD said, "Go up."
David asked, "Where shall I go?"
"To Hebron," the LORD answered.

2So David went up there with his two wives, Ahinoam of Jezreel and Abigail, the widow of Nabal of Carmel. 3David also took the men who were with him, each with his family, and they settled in Hebron and its towns. 4Then the men of Judah came to Hebron and there they anointed David king over the house of Judah.

When David was told that it was the men of Jabesh Gilead who had buried Saul, 5he sent messengers to the men of Jabesh Gilead to say to them, "The LORD bless you for showing this kindness to Saul your master by burying him. 6May the LORD now show you kindness and faithfulness, and I too will show you the same favor because you have done this. 7Now then, be strong and brave, for Saul your master is dead, and the house of Judah has anointed me king over them."

War Between the Houses of David and Saul

8Meanwhile, Abner son of Ner, the commander of Saul's army, had taken Ish-Bosheth son of Saul and

---

a 1:20 esas paganas. Lit. *hijas de incircuncisos.*   *b 1:21 ¡Que no crezca el trigo para las ofrendas!* Texto de difícil traducción.
c 1:21 allí quedó manchado. Lit. *sin ser ungido con aceite.*

Majanayin, 9 y allí lo instauró rey de Galaad, de Guesu-rí,*d* de Jezrel, de Efraín, de Benjamín y de todo Israel.

10 Isboset hijo de Saúl tenía cuarenta años cuando fue instaurado rey de Israel, y reinó dos años. La tribu de Judá, por su parte, reconoció a David, 11 quien desde Hebrón reinó sobre la tribu de Judá durante siete años y seis meses.

12 Abner hijo de Ner salió de Majanayin con las tropas de Isboset hijo de Saúl, y llegó a Gabaón. 13 Joab hijo de Sarvia, por su parte, salió al frente de las tropas de David. Los dos ejércitos se encontraron en el estanque de Gabaón y tomaron posiciones en lados opuestos. 14 Entonces Abner le dijo a Joab:

—Propongo que salgan unos cuantos jóvenes y midan sus armas en presencia de nosotros.

—De acuerdo —respondió Joab.

15 Así que pasaron al frente doce jóvenes del ejército benjaminita de Isboset hijo de Saúl, y doce de los siervos de David. 16 Cada soldado agarró a su rival por la cabeza y le clavó la espada en el costado, de modo que ambos combatientes murieron al mismo tiempo. Por eso a aquel lugar, que queda cerca de Gabaón, se le llama Jelcat Hazurín.*e*

17 Aquel día la batalla fue muy dura, y los siervos de David derrotaron a Abner y a los soldados de Israel. 18 Allí se encontraban Joab, Abisay y Asael, los tres hijos de Sarvia. Asael, que corría tan ligero como una gacela en campo abierto, 19 se lanzó tras Abner y lo persiguió sin vacilar. 20 Al mirar hacia atrás, Abner preguntó:

—¿Acaso no eres tú, Asael?

—¡Claro que sí! —respondió.

21 —¡Déjame tranquilo! —exclamó Abner—. Más te vale que agarres a algún otro y que te quedes con sus armas.

Pero Asael no le hizo caso, 22 así que Abner le advirtió una vez más:

—¡Deja ya de perseguirme, o me veré obligado a matarte! Y entonces, ¿cómo podría darle la cara a tu hermano Joab?

23 Como Asael no dejaba de perseguirlo, Abner le dio un golpe con la punta trasera de su lanza y le atravesó el vientre. La lanza le salió por la espalda, y ahí mismo Asael cayó muerto.

Todos los que pasaban por ahí se detenían a ver el cuerpo de Asael, 24 pero Joab y Abisay se lanzaron tras Abner. Ya se ponía el sol cuando llegaron al collado de Amá, frente a Guiaj, en el camino que lleva al desierto de Gabaón. 25 Entonces los soldados benjaminitas se reunieron para apoyar a Abner, y formando un grupo cerrado tomaron posiciones en lo alto de una colina.

26 Abner le gritó a Joab:

—¿Vamos a dejar que siga esta matanza? ¿No te das cuenta de que, al fin de cuentas, la victoria es amarga? ¿Qué esperas para ordenarles a tus soldados que dejen de perseguir a sus hermanos?

27 Joab respondió:

—Tan cierto como que Dios vive, que si no hubieras hablado, mis soldados habrían perseguido a sus hermanos hasta el amanecer.

28 En seguida Joab hizo tocar la trompeta, y todos los soldados, dejando de perseguir a los israelitas, se detuvieron y ya no pelearon más. 29 Toda esa noche Abner y sus hombres atravesaron el Arabá. Después de cruzar el Jordán, siguieron por todo el territorio de Bitrón*f* hasta llegar a Majanayin.

brought him over to Mahanaim. 9 He made him king over Gilead, Ashuri*a* and Jezreel, and also over Ephraim, Benjamin and all Israel.

10 Ish-Bosheth son of Saul was forty years old when he became king over Israel, and he reigned two years. The house of Judah, however, followed David. 11 The length of time David was king in Hebron over the house of Judah was seven years and six months.

12 Abner son of Ner, together with the men of Ish-Bosheth son of Saul, left Mahanaim and went to Gibeon. 13 Joab son of Zeruiah and David's men went out and met them at the pool of Gibeon. One group sat down on one side of the pool and one group on the other side.

14 Then Abner said to Joab, "Let's have some of the young men get up and fight hand to hand in front of us."

"All right, let them do it," Joab said.

15 So they stood up and were counted off—twelve men for Benjamin and Ish-Bosheth son of Saul, and twelve for David. 16 Then each man grabbed his opponent by the head and thrust his dagger into his opponent's side, and they fell down together. So that place in Gibeon was called Helkath Hazzurim.*b*

17 The battle that day was very fierce, and Abner and the men of Israel were defeated by David's men.

18 The three sons of Zeruiah were there: Joab, Abishai and Asahel. Now Asahel was as fleet-footed as a wild gazelle. 19 He chased Abner, turning neither to the right nor to the left as he pursued him. 20 Abner looked behind him and asked, "Is that you, Asahel?"

"It is," he answered.

21 Then Abner said to him, "Turn aside to the right or to the left; take on one of the young men and strip him of his weapons." But Asahel would not stop chasing him.

22 Again Abner warned Asahel, "Stop chasing me! Why should I strike you down? How could I look your brother Joab in the face?"

23 But Asahel refused to give up the pursuit; so Abner thrust the butt of his spear into Asahel's stomach, and the spear came out through his back. He fell there and died on the spot. And every man stopped when he came to the place where Asahel had fallen and died.

24 But Joab and Abishai pursued Abner, and as the sun was setting, they came to the hill of Ammah, near Giah on the way to the wasteland of Gibeon. 25 Then the men of Benjamin rallied behind Abner. They formed themselves into a group and took their stand on top of a hill.

26 Abner called out to Joab, "Must the sword devour forever? Don't you realize that this will end in bitterness? How long before you order your men to stop pursuing their brothers?"

27 Joab answered, "As surely as God lives, if you had not spoken, the men would have continued the pursuit of their brothers until morning.*c*"

28 So Joab blew the trumpet, and all the men came to a halt; they no longer pursued Israel, nor did they fight anymore.

29 All that night Abner and his men marched through the Arabah. They crossed the Jordan, continued through the whole Bithron*d* and came to Mahanaim.

---

d 2:9 Guesurí (Vulgata y Siríaca); *Asurí* o *Aser* (TM).
e 2:16 En hebreo, *Jelcat Hazurín* probablemente significa *campo de dagas.* *f 2:29 siguieron por todo el territorio de Bitrón.* Alt. *caminaron toda la mañana.*

a 9 Or *Asher*　　*b 16 Helkath Hazzurim* means *field of daggers* or *field of hostilities.*　　*c 27* Or *spoken this morning, the men would not have taken up the pursuit of their brothers; or spoken, the men would have given up the pursuit of their brothers by morning*　　*d 29* Or *morning;* or *ravine;* the meaning of the Hebrew for this word is uncertain.

30 Una vez que Joab dejó de perseguir a Abner, regresó y reunió a todo su ejército para contarlo. Además de Asael, faltaban diecinueve de los soldados de David. 31 Sin embargo, los soldados de David habían matado a trescientos sesenta de los soldados benjaminitas de Abner. 32 Tomaron luego el cuerpo de Asael y lo sepultaron en Belén, en la tumba de su padre. Toda esa noche Joab y sus hombres marcharon, y llegaron a Hebrón al amanecer.

3 La guerra entre las familias de Saúl y David se prolongó durante mucho tiempo. David consolidaba más y más su reino, en tanto que el de Saúl se iba debilitando.

Hijos de David nacidos en Hebrón

2 Mientras estuvo en Hebrón, David tuvo los siguientes hijos:

Su *primogénito fue Amnón hijo de Ajinoán la jezrelita;

3 el segundo, Quileab hijo de Abigaíl, viuda de Nabal de Carmel;

el tercero, Absalón hijo de Macá, la hija del rey Talmay de Guesur;

4 el cuarto, Adonías hijo de Jaguit;

el quinto, Sefatías hijo de Abital;

5 el sexto, Itreán hijo de Eglá, que era otra esposa de David.

Éstos son los hijos que le nacieron a David mientras estuvo en Hebrón.

Abner hace un pacto con David

6 Durante la guerra entre las familias de Saúl y David, Abner fue consolidando su posición en el reino de Saúl, 7 aunque Isboset le reclamó a Abner el haberse acostado con Rizpa hija de Ayá, que había sido concubina de Saúl. 8 A Abner le molestó mucho el reclamo, así que replicó:

—¿Acaso soy un *perro de Judá? Hasta el día de hoy me he mantenido fiel a la familia de tu padre Saúl, incluso a sus parientes y amigos, y conste que no te he entregado en manos de David. ¡Y ahora me sales con que he cometido una falta con esa mujer! 9 Que Dios me castigue sin piedad si ahora yo no procedo con David conforme a lo que el SEÑOR le juró: 10 Voy a quitarle el reino a la familia de Saúl y a establecer el trono de David sobre Israel y Judá, desde Dan hasta Berseba.

11 Isboset no se atrevió a responderle a Abner ni una sola palabra, pues le tenía miedo. 12 Entonces Abner envió unos mensajeros a decirle a David: «¿A quién le pertenece la tierra, si no a usted? Haga un pacto conmigo, y yo lo apoyaré para hacer que todo Israel se ponga de su parte.»

13 «Muy bien —respondió David—. Haré un pacto contigo, pero con esta condición: Cuando vengas a verme, trae contigo a Mical hija de Saúl. De lo contrario, no te recibiré.» 14 Además, David envió unos mensajeros a decirle a Isboset hijo de Saúl: «Devuélveme a mi esposa Mical, por la que di a cambio cien prepucios de filisteos.»

15 Por tanto, Isboset mandó que se la quitaran a Paltiel hijo de Lais, que era su esposo, 16 pero Paltiel se fue tras ella, llorando por todo el camino hasta llegar a Bajurín. Allí Abner le ordenó que regresara, y Paltiel obedeció.

17 Luego Abner habló con los *ancianos de Israel. «Hace tiempo que ustedes quieren hacer rey a David

30 Then Joab returned from pursuing Abner and assembled all his men. Besides Asahel, nineteen of David's men were found missing. 31 But David's men had killed three hundred and sixty Benjamites who were with Abner. 32 They took Asahel and buried him in his father's tomb at Bethlehem. Then Joab and his men marched all night and arrived at Hebron by daybreak.

3 The war between the house of Saul and the house of David lasted a long time. David grew stronger and stronger, while the house of Saul grew weaker and weaker.

2 Sons were born to David in Hebron:

His firstborn was Amnon the son of Ahinoam of Jezreel;

3 his second, Kileab the son of Abigail the widow of Nabal of Carmel;

the third, Absalom the son of Maacah daughter of Talmai king of Geshur;

4 the fourth, Adonijah the son of Haggith;

the fifth, Shephatiah the son of Abital;

5 and the sixth, Ithream the son of David's wife Eglah.

These were born to David in Hebron.

Abner Goes Over to David

6 During the war between the house of Saul and the house of David, Abner had been strengthening his own position in the house of Saul. 7 Now Saul had had a concubine named Rizpah daughter of Aiah. And Ish-Bosheth said to Abner, "Why did you sleep with my father's concubine?"

8 Abner was very angry because of what Ish-Bosheth said and he answered, "Am I a dog's head—on Judah's side? This very day I am loyal to the house of your father Saul and to his family and friends. I haven't handed you over to David. Yet now you accuse me of an offense involving this woman! 9 May God deal with Abner, be it ever so severely, if I do not do for David what the LORD promised him on oath 10 and transfer the kingdom from the house of Saul and establish David's throne over Israel and Judah from Dan to Beersheba." 11 Ish-Bosheth did not dare to say another word to Abner, because he was afraid of him.

12 Then Abner sent messengers on his behalf to say to David, "Whose land is it? Make an agreement with me, and I will help you bring all Israel over to you."

13 "Good," said David. "I will make an agreement with you. But I demand one thing of you: Do not come into my presence unless you bring Michal daughter of Saul when you come to see me." 14 Then David sent messengers to Ish-Bosheth son of Saul, demanding, "Give me my wife Michal, whom I betrothed to myself for the price of a hundred Philistine foreskins."

15 So Ish-Bosheth gave orders and had her taken away from her husband Paltiel son of Laish. 16 Her husband, however, went with her, weeping behind her all the way to Bahurim. Then Abner said to him, "Go back home!" So he went back.

17 Abner conferred with the elders of Israel and said, "For some time you have wanted to make David your

—les dijo—. 18 Ya pueden hacerlo, pues el Señor le ha prometido: "Por medio de ti, que eres mi siervo, libraré a mi pueblo Israel del poder de los filisteos y de todos sus enemigos."»

19 Abner habló también con los de Benjamín, y más tarde fue a Hebrón para contarle a David todo lo que Israel y la tribu de Benjamín deseaban hacer. 20 Cuando Abner llegó a Hebrón, David preparó un banquete para él y los veinte hombres que lo acompañaban. 21 Allí Abner le propuso a David: «Permítame Su Majestad convocar a todo Israel para que hagan un pacto con usted, y así su reino se extenderá a su gusto.» Con esto, David despidió a Abner, y éste se fue tranquilo.

Joab asesina a Abner

22 Ahora bien, los soldados de David regresaban con Joab de una de sus campañas, y traían un gran botín. Abner ya no estaba con David en Hebrón, pues David lo había despedido, y él se había ido tranquilo. 23 Cuando llegó Joab con la tropa que lo acompañaba, le notificaron que Abner hijo de Ner había visitado al rey, y que el rey no lo había dejado ir en paz.

24 Por tanto, Joab fue a ver al rey y le dijo: «¡Así que Abner vino a ver a Su Majestad! ¿Y cómo se le ocurre dejar que se vaya tal como vino? 25 ¡Ya Su Majestad lo conoce! Lo más seguro es que haya venido con engaño para averiguar qué planes tiene usted, y para enterarse de todo lo que usted está haciendo.»

26 En cuanto Joab salió de hablar con David, envió mensajeros tras Abner, los cuales lo hicieron volver del pozo de Sira. Pero de esto Joab no le dijo nada a David. 27 Cuando Abner regresó a Hebrón, Joab lo llevó aparte a la *entrada de la ciudad, como para hablar con él en privado. Allí lo apuñaló en el vientre, y Abner murió. Así Joab se vengó de la muerte de su hermano Asael.

28 Algún tiempo después, David se enteró de esto y declaró: «Hago constar ante el Señor, que mi reino y yo somos totalmente inocentes de la muerte de Abner hijo de Ner. 29 ¡Los responsables de su muerte son Joab y toda su familia! ¡Que nunca falte en la familia de Joab alguien que sufra de hemorragia o de *lepra, o que sea cojo, o que muera violentamente, o que pase hambre!»

30 Joab y su hermano Abisay asesinaron a Abner porque en la batalla de Gabaón él había matado a Asael, hermano de ellos.

31 David ordenó a Joab y a todos los que estaban con él: «Rásguense las vestiduras, vístanse de luto, y hagan duelo por Abner.» El rey David en persona marchó detrás del féretro, 32 y Abner fue enterrado en Hebrón. Junto a la tumba, el rey lloró a gritos, y todo el pueblo lloró con él. 33 Entonces el rey compuso este lamento por Abner:

«¿Por qué tenía que morir Abner
    como mueren los canallas?
34 ¡No tenías atadas las manos
    ni te habían encadenado los pies!
¡Caíste como el que cae
    en manos de criminales!»

Y el pueblo lloró aún más. 35 Todos se acercaron a David y le rogaron que comiera algo mientras todavía era de día, pero él hizo este juramento: «¡Que Dios me castigue sin piedad si pruebo pan o algún otro alimento antes de que se ponga el sol!»

36 La gente prestó atención, y a todos les pareció bien. En realidad, todo lo que hacía el rey les agradaba. 37 Aquel día todo el pueblo y todo Israel reconocieron que el rey no había sido responsable de la muerte de Abner hijo de Ner.

king. 18 Now do it! For the Lord promised David, 'By my servant David I will rescue my people Israel from the hand of the Philistines and from the hand of all their enemies.' "

19 Abner also spoke to the Benjamites in person. Then he went to Hebron to tell David everything that Israel and the whole house of Benjamin wanted to do. 20 When Abner, who had twenty men with him, came to David at Hebron, David prepared a feast for him and his men. 21 Then Abner said to David, "Let me go at once and assemble all Israel for my lord the king, so that they may make a compact with you, and that you may rule over all that your heart desires." So David sent Abner away, and he went in peace.

Joab Murders Abner

22 Just then David's men and Joab returned from a raid and brought with them a great deal of plunder. But Abner was no longer with David in Hebron, because David had sent him away, and he had gone in peace. 23 When Joab and all the soldiers with him arrived, he was told that Abner son of Ner had come to the king and that the king had sent him away and that he had gone in peace.

24 So Joab went to the king and said, "What have you done? Look, Abner came to you. Why did you let him go? Now he is gone! 25 You know Abner son of Ner; he came to deceive you and observe your movements and find out everything you are doing."

26 Joab then left David and sent messengers after Abner, and they brought him back from the well of Sirah. But David did not know it. 27 Now when Abner returned to Hebron, Joab took him aside into the gateway, as though to speak with him privately. And there, to avenge the blood of his brother Asahel, Joab stabbed him in the stomach, and he died.

28 Later, when David heard about this, he said, "I and my kingdom are forever innocent before the Lord concerning the blood of Abner son of Ner. 29 May his blood fall upon the head of Joab and upon all his father's house! May Joab's house never be without someone who has a running sore or leprosy e or who leans on a crutch or who falls by the sword or who lacks food." 30 (Joab and his brother Abishai murdered Abner because he had killed their brother Asahel in the battle at Gibeon.)

31 Then David said to Joab and all the people with him, "Tear your clothes and put on sackcloth and walk in mourning in front of Abner." King David himself walked behind the bier. 32 They buried Abner in Hebron, and the king wept aloud at Abner's tomb. All the people wept also.

33 The king sang this lament for Abner:

"Should Abner have died as the lawless die?
34   Your hands were not bound,
    your feet were not fettered.
You fell as one falls before wicked men."

And all the people wept over him again.

35 Then they all came and urged David to eat something while it was still day; but David took an oath, saying, "May God deal with me, be it ever so severely, if I taste bread or anything else before the sun sets!"

36 All the people took note and were pleased; indeed, everything the king did pleased them. 37 So on that day all the people and all Israel knew that the king had no part in the murder of Abner son of Ner.

---

e 29 The Hebrew word was used for various diseases affecting the skin—not necessarily leprosy.

38 El rey también le dijo a su gente: «¿No se dan cuenta de que hoy ha muerto en Israel un hombre extraordinario? 39 En cuanto a mí, aunque me han ungido rey, soy todavía débil; no puedo hacerles frente a estos hijos de Sarvia. ¡Que el SEÑOR le pague al malhechor según sus malas obras!»

38 Then the king said to his men, "Do you not realize that a prince and a great man has fallen in Israel this day? 39 And today, though I am the anointed king, I am weak, and these sons of Zeruiah are too strong for me. May the LORD repay the evildoer according to his evil deeds!"

Asesinato de Isboset

4 Cuando Isboset hijo de Saúl se enteró de que Abner había muerto en Hebrón, se acobardó, y con él todos los israelitas. 2 Isboset contaba con dos sujetos que comandaban bandas armadas. Uno de ellos se llamaba Baná, y el otro Recab, y ambos eran hijos de Rimón el berotita y pertenecían a la tribu de Benjamín. Berot se consideraba parte de Benjamín, 3 pues los habitantes de Berot se habían refugiado en Guitayin, donde hasta la fecha residen.

4 Por otra parte, Jonatán hijo de Saúl tenía un hijo de cinco años, llamado Mefiboset, que estaba tullido. Resulta que cuando de Jezrel llegó la noticia de la muerte de Saúl y Jonatán, su nodriza lo cargó para huir pero, con el apuro, se le cayó y por eso quedó cojo.

5 Ahora bien, Recab y Baná, los hijos de Rimón el berotita, partieron para la casa de Isboset y llegaron a la hora más calurosa del día, cuando él dormía la siesta. 6 Con el pretexto de sacar un poco de trigo, Recab y su hermano Baná entraron al interior de la casa, y allí mismo lo apuñalaron en el vientre. Después de eso, escaparon. 7 Se habían metido en la casa mientras Isboset estaba en la alcoba, acostado en su cama. Lo mataron a puñaladas, y luego le cortaron la cabeza y se la llevaron. Caminaron toda la noche por el Arabá 8 y, al llegar a Hebrón, le entregaron a David la cabeza de Isboset, diciendo:

—Mire, Su Majestad: aquí le traemos la cabeza de Isboset, hijo de su enemigo Saúl, que intentó matarlo a usted. El SEÑOR ha vengado hoy a Su Majestad por lo que Saúl y su descendencia le hicieron.

9 Pero David les respondió a Recab y a Baná, los hijos de Rimón el berotita:

—Tan cierto como que vive el SEÑOR, quien me ha librado de todas mis angustias, 10 les juro que quien me anunció la muerte de Saúl se imaginaba que me traía buenas noticias, ¡pero la recompensa que le di por tan "buenas noticias" fue apresarlo y matarlo en Siclag! 11 ¡Y con mayor razón castigaré a los malvados que han dado muerte a un inocente mientras éste dormía en su propia cama! ¿Acaso no voy a vengar su muerte exterminándolos a ustedes de la tierra?

12 Entonces David les ordenó a sus soldados que los mataran, y que además les cortaran las manos y los pies, y colgaran sus cuerpos junto al estanque de Hebrón. En cambio, la cabeza de Isboset la enterraron en Hebrón, en el sepulcro de Abner.

Ish-Bosheth Murdered

4 When Ish-Bosheth son of Saul heard that Abner had died in Hebron, he lost courage, and all Israel became alarmed. 2 Now Saul's son had two men who were leaders of raiding bands. One was named Baanah and the other Recab; they were sons of Rimmon the Beerothite from the tribe of Benjamin—Beeroth is considered part of Benjamin, 3 because the people of Beeroth fled to Gittaim and have lived there as aliens to this day.

4 (Jonathan son of Saul had a son who was lame in both feet. He was five years old when the news about Saul and Jonathan came from Jezreel. His nurse picked him up and fled, but as she hurried to leave, he fell and became crippled. His name was Mephibosheth.)

5 Now Recab and Baanah, the sons of Rimmon the Beerothite, set out for the house of Ish-Bosheth, and they arrived there in the heat of the day while he was taking his noonday rest. 6 They went into the inner part of the house as if to get some wheat, and they stabbed him in the stomach. Then Recab and his brother Baanah slipped away.

7 They had gone into the house while he was lying on the bed in his bedroom. After they stabbed and killed him, they cut off his head. Taking it with them, they traveled all night by way of the Arabah. 8 They brought the head of Ish-Bosheth to David at Hebron and said to the king, "Here is the head of Ish-Bosheth son of Saul, your enemy, who tried to take your life. This day the LORD has avenged my lord the king against Saul and his offspring."

9 David answered Recab and his brother Baanah, the sons of Rimmon the Beerothite, "As surely as the LORD lives, who has delivered me out of all trouble, 10 when a man told me, 'Saul is dead,' and thought he was bringing good news, I seized him and put him to death in Ziklag. That was the reward I gave him for his news! 11 How much more—when wicked men have killed an innocent man in his own house and on his own bed— should I not now demand his blood from your hand and rid the earth of you!"

12 So David gave an order to his men, and they killed them. They cut off their hands and feet and hung the bodies by the pool in Hebron. But they took the head of Ish-Bosheth and buried it in Abner's tomb at Hebron.

David es ungido rey de Israel

5 Todas las tribus de Israel fueron a Hebrón para hablar con David. Le dijeron: «Su Majestad y nosotros somos de la misma sangre. 2 Ya desde antes, cuando Saúl era nuestro rey, usted dirigía a Israel en sus campañas. El SEÑOR le dijo a Su Majestad: "Tú guiarás a mi pueblo Israel y lo gobernarás."» 3 Así pues, todos los *ancianos de Israel fueron a Hebrón para hablar con el rey David, y allí el rey hizo un pacto con ellos en presencia del SEÑOR. Después de eso, ungieron a David para que fuera rey sobre Israel.

4 David tenía treinta años cuando comenzó a reinar,

David Becomes King Over Israel

5 All the tribes of Israel came to David at Hebron and said, "We are your own flesh and blood. 2 In the past, while Saul was king over us, you were the one who led Israel on their military campaigns. And the LORD said to you, 'You will shepherd my people Israel, and you will become their ruler.'"

3 When all the elders of Israel had come to King David at Hebron, the king made a compact with them at Hebron before the LORD, and they anointed David king over Israel.

4 David was thirty years old when he became king,

y reinó cuarenta años. 5Durante siete años y seis meses fue rey de Judá en Hebrón; luego reinó en Jerusalén sobre todo Israel y Judá durante treinta y tres años.

David conquista Jerusalén

6El rey y sus soldados marcharon sobre Jerusalén para atacar a los jebuseos, que vivían allí. Los jebuseos, pensando que David no podría entrar en la ciudad, le dijeron a David: «Aquí no entrarás; para ponerte en retirada, nos bastan los ciegos y los cojos.» 7Pero David logró capturar la fortaleza de *Sión, que ahora se llama la Ciudad de David. 8Aquel día David dijo: «Todo el que vaya a matar a los jebuseos, que suba por el acueducto, para alcanzar a los cojos y a los ciegos. ¡Los aborrezco!» De ahí viene el dicho: «Los ciegos y los cojos no entrarán en el palacio.»

9David se instaló en la fortaleza y la llamó Ciudad de David. También construyó una muralla alrededor, desde el terraplén g hasta el palacio, 10y se fortaleció más y más, porque el SEÑOR Dios *Todopoderoso estaba con él.

11Hiram, rey de Tiro, envió una embajada a David, y también le envió madera de cedro, carpinteros y canteros, para construirle un palacio. 12Con esto David se dio cuenta de que el SEÑOR, por amor a su pueblo, lo había establecido a él como rey sobre Israel y había engrandecido su reino.

13Cuando David se trasladó de Hebrón a Jerusalén, tomó más concubinas y esposas, con las cuales tuvo otros hijos y otras hijas. 14Los hijos que allí tuvo fueron Samúa, Sobab, Natán, Salomón, 15Ibjar, Elisúa, Néfeg, Jafía, 16Elisama, Eliadá y Elifelet.

David derrota a los filisteos

17Al enterarse los filisteos de que David había sido ungido rey de Israel, subieron todos ellos contra él; pero David lo supo de antemano y bajó a la fortaleza. 18Los filisteos habían avanzado, desplegando sus fuerzas en el valle de Refayin, 19así que David consultó al SEÑOR:

—¿Debo atacar a los filisteos? ¿Los entregarás en mi poder?

—Atácalos —respondió el SEÑOR—; te aseguro que te los entregaré.

20Entonces David fue a Baal Perasín, y allí los derrotó. Por eso aquel lugar se llama Baal Perasín, h pues David dijo: «El SEÑOR ha abierto brechas a mi paso entre mis enemigos, así como se abren brechas en el agua.» 21Allí los filisteos dejaron abandonados sus ídolos, y David y sus soldados se los llevaron.

22Pero los filisteos volvieron a avanzar contra David, y desplegaron sus fuerzas en el valle de Refayin, 23así que David volvió a consultar al SEÑOR.

—No los ataques todavía —le respondió el SEÑOR—; rodéalos hasta llegar a los árboles de bálsamo, y entonces atácalos por la retaguardia. 24Tan pronto como oigas un ruido como de pasos sobre las copas de los árboles, lánzate al ataque, pues eso quiere decir que el SEÑOR va al frente de ti para derrotar al ejército filisteo.

25Así lo hizo David, tal como el SEÑOR se lo había ordenado, y derrotó a los filisteos desde Gabaón i hasta Guézer.

and he reigned forty years. 5In Hebron he reigned over Judah seven years and six months, and in Jerusalem he reigned over all Israel and Judah thirty-three years.

David Conquers Jerusalem

6The king and his men marched to Jerusalem to attack the Jebusites, who lived there. The Jebusites said to David, "You will not get in here; even the blind and the lame can ward you off." They thought, "David cannot get in here." 7Nevertheless, David captured the fortress of Zion, the City of David.

8On that day, David said, "Anyone who conquers the Jebusites will have to use the water shaft f to reach those 'lame and blind' who are David's enemies. g " That is why they say, "The 'blind and lame' will not enter the palace."

9David then took up residence in the fortress and called it the City of David. He built up the area around it, from the supporting terraces h inward. 10And he became more and more powerful, because the LORD God Almighty was with him.

11Now Hiram king of Tyre sent messengers to David, along with cedar logs and carpenters and stonemasons, and they built a palace for David. 12And David knew that the LORD had established him as king over Israel and had exalted his kingdom for the sake of his people Israel.

13After he left Hebron, David took more concubines and wives in Jerusalem, and more sons and daughters were born to him. 14These are the names of the children born to him there: Shammua, Shobab, Nathan, Solomon, 15Ibhar, Elishua, Nepheg, Japhia, 16Elishama, Eliada and Eliphelet.

David Defeats the Philistines

17When the Philistines heard that David had been anointed king over Israel, they went up in full force to search for him, but David heard about it and went down to the stronghold. 18Now the Philistines had come and spread out in the Valley of Rephaim; 19so David inquired of the LORD, "Shall I go and attack the Philistines? Will you hand them over to me?"

The LORD answered him, "Go, for I will surely hand the Philistines over to you."

20So David went to Baal Perazim, and there he defeated them. He said, "As waters break out, the LORD has broken out against my enemies before me." So that place was called Baal Perazim. i 21The Philistines abandoned their idols there, and David and his men carried them off.

22Once more the Philistines came up and spread out in the Valley of Rephaim; 23so David inquired of the LORD, and he answered, "Do not go straight up, but circle around behind them and attack them in front of the balsam trees. 24As soon as you hear the sound of marching in the tops of the balsam trees, move quickly, because that will mean the LORD has gone out in front of you to strike the Philistine army." 25So David did as the LORD commanded him, and he struck down the Philistines all the way from Gibeon j to Gezer.

---

g 5:9 terraplén. Alt. Milo.   h 5:20 En hebreo, Baal Perasín significa el dueño de las brechas.   i 5:25 Gabaón (LXX; véase 1Cr 14:16); Gueba (TM).

f 8 Or use scaling hooks   g 8 Or are hated by David h 9 Or the Millo   i 20 Baal Perazim means the lord who breaks out.   j 25 Septuagint (see also 1 Chron. 14:16); Hebrew Geba

David lleva el arca a Jerusalén

6 Una vez más, David reunió los treinta batallones de soldados escogidos de Israel, ²y con todo su ejército partió hacia Balá de Judá para trasladar de allí el arca de Dios, sobre la que se invoca su *nombre, el nombre del SEÑOR *Todopoderoso que reina entre los *querubines. ³Colocaron el arca de Dios en una carreta nueva y se la llevaron de la casa de Abinadab, que estaba situada en una colina. Uza y Ajío, hijos de Abinadab, guiaban la carreta nueva ⁴que llevaba el arca de Dios.ʲ Ajío iba delante del arca, ⁵mientras David y todo el pueblo de Israel danzaban ante el SEÑOR con gran entusiasmo y cantaban al son de arpas,ᵏ liras, panderetas, sistros y címbalos.

⁶Al llegar a la parcela de Nacón, los bueyes tropezaron; pero Uza, extendiendo las manos, sostuvo el arca de Dios. ⁷Con todo, la ira del SEÑOR se encendió contra Uza por su atrevimiento y lo hirió de muerte ahí mismo, de modo que Uza cayó fulminado junto al arca.

⁸David se enojó porque el SEÑOR había matado a Uza, así que llamó a aquel lugar Peres Uza,ˡ nombre que conserva hasta el día de hoy. ⁹Aquel día David se sintió temeroso del SEÑOR y exclamó: «¡Es mejor que no me lleve el arca del SEÑOR!» ¹⁰Y como ya no quería llevarse el arca del SEÑOR a la Ciudad de David, ordenó que la trasladaran a la casa de Obed Edom, oriundo de Gat. ¹¹Fue así como el arca del SEÑOR permaneció tres meses en la casa de Obed Edom de Gat, y el SEÑOR lo bendijo a él y a toda su familia.

¹²En cuanto le contaron al rey David que por causa del arca el SEÑOR había bendecido a la familia de Obed Edom y toda su hacienda, David fue a la casa de Obed Edom y, en medio de gran algarabía, trasladó el arca de Dios a la Ciudad de David. ¹³Apenas habían avanzado seis pasos los que llevaban el arca cuando David sacrificó un toro y un ternero engordado. ¹⁴Vestido tan sólo con un *efod de lino, se puso a bailar ante el SEÑOR con gran entusiasmo. ¹⁵Así que entre vítores y al son de cuernos de carnero, David y todo el pueblo de Israel llevaban el arca del SEÑOR.

¹⁶Sucedió que, al entrar el arca del SEÑOR a la Ciudad de David, Mical hija de Saúl se asomó a la ventana; y cuando vio que el rey David estaba saltando y bailando delante del SEÑOR, sintió por él un profundo desprecio.

¹⁷El arca del SEÑOR fue llevada a la tienda de campaña que David le había preparado. La instalaron en su sitio, y David ofreció *holocaustos y sacrificios de *comunión en presencia del SEÑOR. ¹⁸Después de ofrecer los holocaustos y los sacrificios de comunión, David bendijo al pueblo en el nombre del SEÑOR Todopoderoso, ¹⁹y a cada uno de los israelitas que estaban allí congregados, que eran toda una multitud de hombres y mujeres, les repartió pan, una torta de dátiles y una torta de uvas pasas. Después de eso, todos regresaron a sus casas.

²⁰Cuando David volvió para bendecir a su familia, Mical, la hija de Saúl, le salió al encuentro y le reprochó:

—¡Qué distinguido se ha visto hoy el rey de Israel, desnudándose como un cualquiera en presencia de las esclavas de sus oficiales!

The Ark Brought to Jerusalem

6 David again brought together out of Israel chosen men, thirty thousand in all. ²He and all his men set out from Baalah of Judahᵏ to bring up from there the ark of God, which is called by the Name,ˡ the name of the LORD Almighty, who is enthroned between the cherubim that are on the ark. ³They set the ark of God on a new cart and brought it from the house of Abinadab, which was on the hill. Uzzah and Ahio, sons of Abinadab, were guiding the new cart ⁴with the ark of God on it,ᵐ and Ahio was walking in front of it. ⁵David and the whole house of Israel were celebrating with all their might before the LORD, with songsⁿ and with harps, lyres, tambourines, sistrums and cymbals.

⁶When they came to the threshing floor of Nacon, Uzzah reached out and took hold of the ark of God, because the oxen stumbled. ⁷The LORD's anger burned against Uzzah because of his irreverent act; therefore God struck him down and he died there beside the ark of God.

⁸Then David was angry because the LORD's wrath had broken out against Uzzah, and to this day that place is called Perez Uzzah.ᵒ

⁹David was afraid of the LORD that day and said, "How can the ark of the LORD ever come to me?" ¹⁰He was not willing to take the ark of the LORD to be with him in the City of David. Instead, he took it aside to the house of Obed-Edom the Gittite. ¹¹The ark of the LORD remained in the house of Obed-Edom the Gittite for three months, and the LORD blessed him and his entire household.

¹²Now King David was told, "The LORD has blessed the household of Obed-Edom and everything he has, because of the ark of God." So David went down and brought up the ark of God from the house of Obed-Edom to the City of David with rejoicing. ¹³When those who were carrying the ark of the LORD had taken six steps, he sacrificed a bull and a fattened calf. ¹⁴David, wearing a linen ephod, danced before the LORD with all his might, ¹⁵while he and the entire house of Israel brought up the ark of the LORD with shouts and the sound of trumpets.

¹⁶As the ark of the LORD was entering the City of David, Michal daughter of Saul watched from a window. And when she saw King David leaping and dancing before the LORD, she despised him in her heart.

¹⁷They brought the ark of the LORD and set it in its place inside the tent that David had pitched for it, and David sacrificed burnt offerings and fellowship offeringsᵖ before the LORD. ¹⁸After he had finished sacrificing the burnt offerings and fellowship offerings, he blessed the people in the name of the LORD Almighty. ¹⁹Then he gave a loaf of bread, a cake of dates and a cake of raisins to each person in the whole crowd of Israelites, both men and women. And all the people went to their homes.

²⁰When David returned home to bless his household, Michal daughter of Saul came out to meet him and said, "How the king of Israel has distinguished himself today, disrobing in the sight of the slave girls of his servants as any vulgar fellow would!"

ʲ6:4 *que llevaba el arca de Dios* (Qumrán y mss. de LXX); *y se la llevaron de la casa de Abinadab, que estaba situada en una colina, con el arca de Dios* (TM).   ᵏ6:5 *danzaban ... arpas* (véanse Qumrán, LXX, 1Cr 13:8); *danzaban ante el SEÑOR al son de todo instrumento de madera, arpas* (TM).   ˡ6:8 En hebreo, *Peres Uza* significa *golpe de Uza* o *brecha en Uza*.

ᵏ2 That is, Kiriath Jearim; Hebrew *Baale Judah*, a variant of *Baalah of Judah*   ˡ2 Hebrew; Septuagint and Vulgate do not have *the Name.*   ᵐ3,4 Dead Sea Scrolls and some Septuagint manuscripts; Masoretic Text *cart ⁴and they brought it with the ark of God from the house of Abinadab, which was on the hill*   ⁿ5 See Dead Sea Scrolls, Septuagint and 1 Chronicles 13:8; Masoretic Text *celebrating before the LORD with all kinds of instruments made of pine.*   ᵒ8 *Perez Uzzah* means *outbreak against Uzzah.*   ᵖ17 Traditionally *peace offerings*; also in verse 18

21 David le respondió:

—Lo hice en presencia del Señor, quien en vez de escoger a tu padre o a cualquier otro de su familia, me escogió a mí y me hizo gobernante de Israel, que es el pueblo del Señor. De modo que seguiré bailando en presencia del Señor, 22 y me rebajaré más todavía, hasta humillarme completamente. Sin embargo, esas mismas esclavas de quienes hablas me rendirán honores.

23 Y Mical hija de Saúl murió sin haber tenido hijos.

Promesa de Dios a David

7 Una vez que el rey David se hubo establecido en su palacio, el Señor le dio descanso de todos los enemigos que lo rodeaban. 2 Entonces el rey le dijo al profeta Natán:

—Como puedes ver, yo habito en un palacio de cedro, mientras que el arca de Dios se encuentra bajo el toldo de una tienda de campaña.

3 —Bien —respondió Natán—. Haga Su Majestad lo que su *corazón le dicte, pues el Señor está con usted.

4 Pero aquella misma noche la palabra del Señor vino a Natán y le dijo:

5 «Ve y dile a mi siervo David que así dice el Señor: "¿Serás tú acaso quien me construya una casa para que yo la habite? 6 Desde el día en que saqué a los israelitas de Egipto, y hasta el día de hoy, no he habitado en casa alguna, sino que he andado de acá para allá, en una tienda de campaña a manera de santuario. 7 Todo el tiempo que anduve con los israelitas, cuando mandé a sus gobernantes que pastorearan a mi pueblo Israel, ¿acaso le reclamé a alguno de ellos el no haberme construido una casa de cedro?"

8 »Pues bien, dile a mi siervo David que así dice el Señor *Todopoderoso: "Yo te saqué del redil para que, en vez de cuidar ovejas, gobernaras a mi pueblo Israel. 9 Yo he estado contigo por dondequiera que has ido, y por ti he aniquilado a todos tus enemigos. Y ahora voy a hacerte tan famoso como los más grandes de la tierra. 10 También voy a designar un lugar para mi pueblo Israel, y allí los plantaré para que puedan vivir sin sobresaltos. Sus malvados enemigos no volverán a humillarlos como lo han hecho desde el principio, 11 desde el día en que nombré gobernantes sobre mi pueblo Israel. Y a ti te daré descanso de todos tus enemigos.

»Pero ahora el Señor te hace saber que será él quien te construya una casa. 12 "Cuando tu vida llegue a su fin y vayas a descansar entre tus antepasados, yo pondré en el trono a uno de tus propios descendientes, y afirmaré su reino. 13 Será él quien construya una casa en mi honor, y yo afirmaré su trono real para siempre. 14 Yo seré su padre, y él será mi hijo. Así que, cuando haga lo malo, lo castigaré con varas y azotes, como lo haría un padre. 15 Sin embargo, no le negaré mi amor, como se lo negué a Saúl, a quien abandoné para abrirte paso. 16 Tu casa y tu reino durarán para siempre delante de mí;*m* tu trono quedará establecido para siempre." »

17 Natán le comunicó todo esto a David, tal como lo había recibido por revelación.

21 David said to Michal, "It was before the Lord, who chose me rather than your father or anyone from his house when he appointed me ruler over the Lord's people Israel—I will celebrate before the Lord. 22 I will become even more undignified than this, and I will be humiliated in my own eyes. But by these slave girls you spoke of, I will be held in honor."

23 And Michal daughter of Saul had no children to the day of her death.

God's Promise to David

7 After the king was settled in his palace and the Lord had given him rest from all his enemies around him, 2 he said to Nathan the prophet, "Here I am, living in a palace of cedar, while the ark of God remains in a tent."

3 Nathan replied to the king, "Whatever you have in mind, go ahead and do it, for the Lord is with you."

4 That night the word of the Lord came to Nathan, saying:

5 "Go and tell my servant David, 'This is what the Lord says: Are you the one to build me a house to dwell in? 6 I have not dwelt in a house from the day I brought the Israelites up out of Egypt to this day. I have been moving from place to place with a tent as my dwelling. 7 Wherever I have moved with all the Israelites, did I ever say to any of their rulers whom I commanded to shepherd my people Israel, "Why have you not built me a house of cedar?" '

8 "Now then, tell my servant David, 'This is what the Lord Almighty says: I took you from the pasture and from following the flock to be ruler over my people Israel. 9 I have been with you wherever you have gone, and I have cut off all your enemies from before you. Now I will make your name great, like the names of the greatest men of the earth. 10 And I will provide a place for my people Israel and will plant them so that they can have a home of their own and no longer be disturbed. Wicked people will not oppress them anymore, as they did at the beginning 11 and have done ever since the time I appointed leaders*q* over my people Israel. I will also give you rest from all your enemies.

" 'The Lord declares to you that the Lord himself will establish a house for you: 12 When your days are over and you rest with your fathers, I will raise up your offspring to succeed you, who will come from your own body, and I will establish his kingdom. 13 He is the one who will build a house for my Name, and I will establish the throne of his kingdom forever. 14 I will be his father, and he will be my son. When he does wrong, I will punish him with the rod of men, with floggings inflicted by men. 15 But my love will never be taken away from him, as I took it away from Saul, whom I removed from before you. 16 Your house and your kingdom will endure forever before me*r*; your throne will be established forever.' "

17 Nathan reported to David all the words of this entire revelation.

---

m 7:16 mí (mss. hebreos; véanse LXX y Siríaca); *ti* (TM).

q 11 Traditionally *judges*　　*r 16* Some Hebrew manuscripts and Septuagint; most Hebrew manuscripts *you*

Oración de David

18 Luego el rey David se presentó ante el SEÑOR y le dijo:

«SEÑOR y Dios, ¿quién soy yo, y qué es mi familia, para que me hayas hecho llegar tan lejos? 19 Como si esto fuera poco, SEÑOR y Dios, también has hecho promesas a este siervo tuyo en cuanto al futuro de su dinastía. ¡Tal es tu plan para con los *hombres, SEÑOR y Dios!*n*

20 »¿Qué más te puede decir tu siervo David que tú no sepas, SEÑOR mi Dios? 21 Has hecho estas maravillas en cumplimiento de tu palabra, según tu voluntad, y las has revelado a tu siervo.

22 »¡Qué grande eres, SEÑOR omnipotente! Nosotros mismos hemos aprendido que no hay nadie como tú, y que aparte de ti no hay Dios, 23 ¿Y qué nación se puede comparar con tu pueblo Israel? Es la única nación en la tierra que tú has redimido, para hacerla tu propio pueblo y para dar a conocer tu *nombre. Hiciste prodigios y maravillas cuando al paso de tu pueblo, al cual redimiste de Egipto, expulsaste a las naciones y a sus dioses.*ñ* 24 Estableciste a Israel para que fuera tu pueblo para siempre, y para que tú, SEÑOR, fueras su Dios.

25 »Y ahora, SEÑOR y Dios, reafirma para siempre la promesa que les has hecho a tu siervo y a su dinastía. Cumple tu palabra 26 para que tu nombre sea siempre exaltado, y para que todos digan: "¡El SEÑOR *Todopoderoso es Dios de Israel!" Entonces la dinastía de tu siervo David quedará establecida en tu presencia.

27 »SEÑOR Todopoderoso, Dios de Israel, tú le has revelado a tu siervo el propósito de establecerle una dinastía, y por eso tu siervo se ha atrevido a hacerte esta súplica. 28 SEÑOR mi Dios, tú que le has prometido tanta bondad a tu siervo, ¡tú eres Dios, y tus promesas son fieles! 29 Dígnate entonces bendecir a la familia de tu siervo, de modo que bajo tu protección exista para siempre, pues tú mismo, SEÑOR omnipotente, lo has prometido. Si tú bendices a la dinastía de tu siervo, quedará bendita para siempre.»

Victorias de David

8 Pasado algún tiempo, David derrotó a los filisteos y los subyugó, quitándoles el control de Méteg Amá. 2 También derrotó a los moabitas, a quienes obligó a tenderse en el suelo y midió con un cordel; a los que cabían a lo largo de dos medidas los condenó a muerte, pero dejó con vida a los que quedaban dentro de la medida siguiente. Fue así como los moabitas pasaron a ser vasallos tributarios de David.

3 Además, David derrotó a Hadad Ezer, hijo del rey Rejob de Sobá, cuando Hadad Ezer trató de restablecer su dominio sobre la región del río Éufrates. 4 David le capturó mil carros, siete mil jinetes*o* y veinte mil soldados de infantería; también desjarretó los caballos de tiro, aunque dejó los caballos suficientes para cien carros.

David's Prayer

18 Then King David went in and sat before the LORD, and he said:

"Who am I, O Sovereign LORD, and what is my family, that you have brought me this far? 19 And as if this were not enough in your sight, O Sovereign LORD, you have also spoken about the future of the house of your servant. Is this your usual way of dealing with man, O Sovereign LORD?

20 "What more can David say to you? For you know your servant, O Sovereign LORD. 21 For the sake of your word and according to your will, you have done this great thing and made it known to your servant.

22 "How great you are, O Sovereign LORD! There is no one like you, and there is no God but you, as we have heard with our own ears. 23 And who is like your people Israel—the one nation on earth that God went out to redeem as a people for himself, and to make a name for himself, and to perform great and awesome wonders by driving out nations and their gods from before your people, whom you redeemed from Egypt?*s* 24 You have established your people Israel as your very own forever, and you, O LORD, have become their God.

25 "And now, LORD God, keep forever the promise you have made concerning your servant and his house. Do as you promised, 26 so that your name will be great forever. Then men will say, 'The LORD Almighty is God over Israel!' And the house of your servant David will be established before you.

27 "O LORD Almighty, God of Israel, you have revealed this to your servant, saying, 'I will build a house for you.' So your servant has found courage to offer you this prayer. 28 O Sovereign LORD, you are God! Your words are trustworthy, and you have promised these good things to your servant. 29 Now be pleased to bless the house of your servant, that it may continue forever in your sight; for you, O Sovereign LORD, have spoken, and with your blessing the house of your servant will be blessed forever."

David's Victories

8 In the course of time, David defeated the Philistines and subdued them, and he took Metheg Ammah from the control of the Philistines.

2 David also defeated the Moabites. He made them lie down on the ground and measured them off with a length of cord. Every two lengths of them were put to death, and the third length was allowed to live. So the Moabites became subject to David and brought tribute.

3 Moreover, David fought Hadadezer son of Rehob, king of Zobah, when he went to restore his control along the Euphrates River. 4 David captured a thousand of his chariots, seven thousand charioteers*t* and twenty thousand foot soldiers. He hamstrung all but a hundred of the chariot horses.

---

n 7:19 ¡Tal ... Dios! Alt. *¿Así procedes con el hombre, SEÑOR y Dios? o ¿Así actúa el hombre, SEÑOR y Dios? ñ 7:23 cuando al paso ... a sus dioses* (LXX; véase 1Cr 17:21); *por tu tierra al paso de tu pueblo, al cual redimiste de Egipto, de las naciones y sus dioses* (TM).   *o 8:4 mil carros, siete mil jinetes* (LXX; véanse Qumrán y 1Cr 18:4); *mil setecientos jinetes* (TM).

s 23 See Septuagint and 1 Chron. 17:21; Hebrew *wonders for your land and before your people, whom you redeemed from Egypt, from the nations and their gods.*   *t 4* Septuagint (see also Dead Sea Scrolls and 1 Chron. 18:4); Masoretic Text *captured seventeen hundred of his charioteers*

5 Luego, cuando los *sirios de Damasco acudieron en auxilio de Hadad Ezer, rey de Sobá, David aniquiló a veintidós mil de ellos. 6 También puso guarniciones en Damasco, de modo que los sirios pasaron a ser vasallos tributarios de David. En todas las campañas de David, el SEÑOR le daba la *victoria.

7 En cuanto a los escudos de oro que llevaban los oficiales de Hadad Ezer, David se apropió de ellos y los trasladó a Jerusalén. 8 Así mismo se apoderó de una gran cantidad de bronce que había en Tébaj*p* y Berotay, poblaciones de Hadad Ezer.

9 Tou,*q* rey de Jamat, se enteró de que David había derrotado por completo al ejército de Hadad Ezer. 10 Como Tou también era enemigo de Hadad Ezer, envió a su hijo Jorán*r* a desearle *bienestar al rey David, y a felicitarlo por haber derrotado a Hadad Ezer en batalla. Jorán llevó consigo objetos de plata, de oro y de bronce, 11 los cuales el rey David consagró al SEÑOR, tal como lo había hecho con la plata y el oro de las otras naciones que él había subyugado: 12 Edom,*s* Moab, los amonitas, los filisteos y los amalecitas. También consagró el botín que le había quitado a Hadad Ezer, hijo del rey Rejob de Sobá.

13 La fama de David creció aún más cuando regresó victorioso del valle de la Sal, donde aniquiló a dieciocho mil edomitas. 14 También puso guarniciones en Edom; las estableció por todo el país, de modo que los edomitas pasaron a ser vasallos tributarios de David. En todas sus campañas, el SEÑOR le daba la victoria.

Los oficiales de David

15 David reinó sobre todo Israel, gobernando al pueblo entero con justicia y rectitud. 16 Joab hijo de Sarvia era general del ejército; Josafat hijo de Ajilud era el secretario; 17 Sadoc hijo de Ajitob y Ajimélec hijo de Abiatar eran sacerdotes; Seraías era el cronista; 18 Benaías hijo de Joyadá estaba al mando de los soldados quereteos y peleteos, y los hijos de David eran ministros.*t*

David y Mefiboset

9 El rey David averiguó si había alguien de la familia de Saúl a quien pudiera beneficiar en memoria de Jonatán, 2 y como la familia de Saúl había tenido un administrador que se llamaba Siba, mandaron a llamarlo. Cuando Siba se presentó ante David, éste le preguntó:

—¿Tú eres Siba?

—A las órdenes de Su Majestad —respondió.

3 —¿No queda nadie de la familia de Saúl a quien yo pueda beneficiar en el *nombre de Dios? —volvió a preguntar el rey.

—Sí, Su Majestad. Todavía le queda a Jonatán un hijo que está tullido de ambos pies —le respondió Siba.

4 —¿Y dónde está?

—En Lo Debar; vive en casa de Maquir hijo de Amiel.

5 Entonces el rey David mandó a buscarlo a casa de Maquir hijo de Amiel, en Lo Debar. 6 Cuando Mefiboset, que era hijo de Jonatán y nieto de Saúl, estuvo en presencia de David, se inclinó ante él rostro en tierra.

—¿Tú eres Mefiboset? —le preguntó David.

—A las órdenes de Su Majestad —respondió.

5 When the Arameans of Damascus came to help Hadadezer king of Zobah, David struck down twenty-two thousand of them. 6 He put garrisons in the Aramean kingdom of Damascus, and the Arameans became subject to him and brought tribute. The LORD gave David victory wherever he went.

7 David took the gold shields that belonged to the officers of Hadadezer and brought them to Jerusalem. 8 From Tebah*u* and Berothai, towns that belonged to Hadadezer, King David took a great quantity of bronze.

9 When Tou*v* king of Hamath heard that David had defeated the entire army of Hadadezer, 10 he sent his son Joram*w* to King David to greet him and congratulate him on his victory in battle over Hadadezer, who had been at war with Tou. Joram brought with him articles of silver and gold and bronze.

11 King David dedicated these articles to the LORD, as he had done with the silver and gold from all the nations he had subdued: 12 Edom*x* and Moab, the Ammonites and the Philistines, and Amalek. He also dedicated the plunder taken from Hadadezer son of Rehob, king of Zobah.

13 And David became famous after he returned from striking down eighteen thousand Edomites*y* in the Valley of Salt.

14 He put garrisons throughout Edom, and all the Edomites became subject to David. The LORD gave David victory wherever he went.

David's Officials

15 David reigned over all Israel, doing what was just and right for all his people. 16 Joab son of Zeruiah was over the army; Jehoshaphat son of Ahilud was recorder; 17 Zadok son of Ahitub and Ahimelech son of Abiathar were priests; Seraiah was secretary; 18 Benaiah son of Jehoiada was over the Kerethites and Pelethites; and David's sons were royal advisers.*z*

David and Mephibosheth

9 David asked, "Is there anyone still left of the house of Saul to whom I can show kindness for Jonathan's sake?"

2 Now there was a servant of Saul's household named Ziba. They called him to appear before David, and the king said to him, "Are you Ziba?"

"Your servant," he replied.

3 The king asked, "Is there no one still left of the house of Saul to whom I can show God's kindness?"

Ziba answered the king, "There is still a son of Jonathan; he is crippled in both feet."

4 "Where is he?" the king asked.

Ziba answered, "He is at the house of Makir son of Ammiel in Lo Debar."

5 So King David had him brought from Lo Debar, from the house of Makir son of Ammiel.

6 When Mephibosheth son of Jonathan, the son of Saul, came to David, he bowed down to pay him honor.

David said, "Mephibosheth!"

"Your servant," he replied.

---

p 8:8 *Tébaj* (Siríaca; véanse mss. de LXX y 1Cr 18:8); *Beta* (TM). *q* 8:9 *Tou* (véanse mss. de LXX, Vulgata, Siríaca, 1Cr 18:9-10); *Toy* (TM); también en v. 10. *r* 8:10 *Jorán.* También llamado *Adorán* (véase 1Cr 18:10). *s* 8:12 *Edom* (mss. hebreos, LXX y Siríaca; véase 1Cr 18:11); *Aram* (TM); también en v. 13 (*edomitas*). *t* 8:18 *ministros.* Lit. *sacerdotes.*

u 8 See some Septuagint manuscripts (see also 1 Chron. 18:8); Hebrew *Betah*. *v* 9 Hebrew *Toi*, a variant of *Tou*; also in verse 10 *w* 10 A variant of *Hadoram* *x* 12 Some Hebrew manuscripts, Septuagint and Syriac (see also 1 Chron. 18:11); most Hebrew manuscripts *Aram* *y* 13 A few Hebrew manuscripts, Septuagint and Syriac (see also 1 Chron. 18:12); most Hebrew manuscripts *Aram* (that is, Arameans) *z* 18 Or *were priests*

7—No temas, pues en memoria de tu padre Jonatán he decidido beneficiarte. Voy a devolverte todas las tierras que pertenecían a tu abuelo Saúl, y de ahora en adelante te sentarás a mi mesa.

8Mefiboset se inclinó y dijo:

—¿Y quién es este siervo suyo, para que Su Majestad se fije en él? ¡Si no valgo más que un *perro muerto!

9Pero David llamó a Siba, el administrador de Saúl, y le dijo:

—Todo lo que pertenecía a tu amo Saúl y a su familia se lo entrego a su nieto Mefiboset. 10Te ordeno que cultives para él la tierra y guardes la cosecha para el sustento de su casa. Que te ayuden tus quince hijos y tus veinte criados. En cuanto al nieto de tu amo, siempre comerá en mi mesa.

11—Yo estoy para servir a Su Majestad. Haré todo lo que Su Majestad me mande —respondió Siba.

A partir de ese día Mefiboset se sentó a la mesa de Davidᵘ como uno más de los hijos del rey. 12Toda la familia de Siba estaba al servicio de Mefiboset, quien tenía un hijo pequeño llamado Micaías. 13Tullido de ambos pies, Mefiboset vivía en Jerusalén, pues siempre se sentaba a la mesa del rey.

David derrota a los amonitas

10 Pasado algún tiempo, murió el rey de los amonitas, y su hijo Janún lo sucedió en el trono. 2Entonces David pensó: «Debo ser leal con Janún hijo de Najás, tal como su padre lo fue conmigo.» Así que envió a unos mensajeros para darle el pésame por la muerte de su padre.

Cuando los mensajeros de David llegaron al país de los amonitas, 3los jefes de ese pueblo aconsejaron a Janún, su rey: «¿Y acaso cree Su Majestad que David ha enviado a estos mensajeros sólo para darle el pésame, y porque quiere honrar a su padre? ¿No será más bien que los ha enviado a espiar la ciudad para luego destruirla?» 4Entonces Janún mandó que apresaran a los mensajeros de David y que les afeitaran media barba y les rasgaran la ropa por la mitad, a la altura de las nalgas. Y así los despidió.

5Los hombres del rey David se sentían muy avergonzados. Cuando David se enteró de lo que les había pasado, mandó que los recibieran y les dieran este mensaje de su parte: «Quédense en Jericó, y no regresen hasta que les crezca la barba.»

6Al darse cuenta los amonitas de que habían ofendido a David, hicieron trámites para contratar mercenarios: de entre los *sirios de Bet Rejob y de Sobá, veinte mil soldados de infantería; del rey de Macá, mil hombres; y de Tob, doce mil hombres. 7Cuando David lo supo, despachó a Joab con todos los soldados del ejército. 8Los amonitas avanzaron hasta la *entrada de su ciudad y se alistaron para la batalla, mientras que los sirios de Sobá y Rejob se quedaron aparte, en campo abierto, junto con los hombres de Tob y de Macá.

9Joab se vio amenazado por el frente y por la retaguardia, así que escogió a las mejores tropas israelitas para pelear contra los sirios, 10y el resto de las tropas las puso al mando de su hermano Abisay, para que enfrentaran a los amonitas. 11A Abisay le ordenó: «Si los sirios pueden más que yo, tú vendrás a rescatarme; y si los amonitas pueden más que tú, yo iré a tu rescate. 12¡Ánimo! ¡Luchemos con valor por nuestro pueblo y por las ciudades de nuestro Dios! Y que el SEÑOR haga lo que bien le parezca.»

7"Don't be afraid," David said to him, "for I will surely show you kindness for the sake of your father Jonathan. I will restore to you all the land that belonged to your grandfather Saul, and you will always eat at my table."

8Mephibosheth bowed down and said, "What is your servant, that you should notice a dead dog like me?"

9Then the king summoned Ziba, Saul's servant, and said to him, "I have given your master's grandson everything that belonged to Saul and his family. 10You and your sons and your servants are to farm the land for him and bring in the crops, so that your master's grandson may be provided for. And Mephibosheth, grandson of your master, will always eat at my table." (Now Ziba had fifteen sons and twenty servants.)

11Then Ziba said to the king, "Your servant will do whatever my lord the king commands his servant to do." So Mephibosheth ate at David'sᵃ table like one of the king's sons.

12Mephibosheth had a young son named Mica, and all the members of Ziba's household were servants of Mephibosheth. 13And Mephibosheth lived in Jerusalem, because he always ate at the king's table, and he was crippled in both feet.

David Defeats the Ammonites

10 In the course of time, the king of the Ammonites died, and his son Hanun succeeded him as king. 2David thought, "I will show kindness to Hanun son of Nahash, just as his father showed kindness to me." So David sent a delegation to express his sympathy to Hanun concerning his father.

When David's men came to the land of the Ammonites, 3the Ammonite nobles said to Hanun their lord, "Do you think David is honoring your father by sending men to you to express sympathy? Hasn't David sent them to you to explore the city and spy it out and overthrow it?" 4So Hanun seized David's men, shaved off half of each man's beard, cut off their garments in the middle at the buttocks, and sent them away.

5When David was told about this, he sent messengers to meet the men, for they were greatly humiliated. The king said, "Stay at Jericho till your beards have grown, and then come back."

6When the Ammonites realized that they had become a stench in David's nostrils, they hired twenty thousand Aramean foot soldiers from Beth Rehob and Zobah, as well as the king of Maacah with a thousand men, and also twelve thousand men from Tob.

7On hearing this, David sent Joab out with the entire army of fighting men. 8The Ammonites came out and drew up in battle formation at the entrance to their city gate, while the Arameans of Zobah and Rehob and the men of Tob and Maacah were by themselves in the open country.

9Joab saw that there were battle lines in front of him and behind him; so he selected some of the best troops in Israel and deployed them against the Arameans. 10He put the rest of the men under the command of Abishai his brother and deployed them against the Ammonites. 11Joab said, "If the Arameans are too strong for me, then you are to come to my rescue; but if the Ammonites are too strong for you, then I will come to rescue you. 12Be strong and let us fight bravely for our people and the cities of our God. The LORD will do what is good in his sight."

ᵘ9:11 *la mesa de David* (LXX); *mi mesa* (TM).

ᵃ 11 Septuagint; Hebrew *my*

13 En seguida Joab y sus tropas avanzaron para atacar a los sirios, y éstos huyeron de él. 14 Al ver que los sirios se daban a la fuga, también los amonitas huyeron de Abisay y se refugiaron en la ciudad. Entonces Joab suspendió el ataque contra los amonitas y regresó a Jerusalén.

15 Los sirios, al verse derrotados por Israel, volvieron a reunirse. 16 Además, Hadad Ezer mandó movilizar a los sirios que estaban al otro lado del río Éufrates, los cuales fueron a Jelán bajo el mando de Sobac, general del ejército de Hadad Ezer.

17 Cuando David se enteró de esto, reunió a todo Israel, cruzó el Jordán y marchó hacia Jelán. Los sirios se enfrentaron con David y lo atacaron, 18 pero tuvieron que huir ante los israelitas. David mató a setecientos soldados sirios de caballería y cuarenta mil de infantería.v También hirió a Sobac, general del ejército sirio, quien murió allí mismo. 19 Al ver que los sirios habían sido derrotados por los israelitas, todos los reyes vasallos de Hadad Ezer hicieron la paz con los israelitas y se sometieron a ellos. Y nunca más se atrevieron los sirios a ir en auxilio de los amonitas.

13 Then Joab and the troops with him advanced to fight the Arameans, and they fled before him. 14 When the Ammonites saw that the Arameans were fleeing, they fled before Abishai and went inside the city. So Joab returned from fighting the Ammonites and came to Jerusalem.

15 After the Arameans saw that they had been routed by Israel, they regrouped. 16 Hadadezer had Arameans brought from beyond the River[b]; they went to Helam, with Shobach the commander of Hadadezer's army leading them.

17 When David was told of this, he gathered all Israel, crossed the Jordan and went to Helam. The Arameans formed their battle lines to meet David and fought against him. 18 But they fled before Israel, and David killed seven hundred of their charioteers and forty thousand of their foot soldiers.[c] He also struck down Shobach the commander of their army, and he died there. 19 When all the kings who were vassals of Hadadezer saw that they had been defeated by Israel, they made peace with the Israelites and became subject to them.

So the Arameans were afraid to help the Ammonites anymore.

David y Betsabé

11 En la primavera, que era la época en que los reyes[w] salían de campaña, David mandó a Joab con la guardia real y todo el ejército de Israel para que aniquilara a los amonitas y sitiara la ciudad de Rabá. Pero David se quedó en Jerusalén.

2 Una tarde, al levantarse David de la cama, comenzó a pasearse por la azotea del palacio, y desde allí vio a una mujer que se estaba bañando. La mujer era sumamente hermosa, 3 por lo que David mandó que averiguaran quién era, y le informaron: «Se trata de Betsabé, que es hija de Elián y esposa de Urías el hitita.» 4 Entonces David ordenó que la llevaran a su presencia, y cuando Betsabé llegó, él se acostó con ella. Después de eso, ella volvió a su casa. Hacía poco que Betsabé se había *purificado de su menstruación,x 5 así que quedó embarazada y se lo hizo saber a David.

6 Entonces David le envió este mensaje a Joab: «Mándame aquí a Urías el hitita.» Y Joab así lo hizo. 7 Cuando Urías llegó, David le preguntó cómo estaban Joab y los soldados, y cómo iba la campaña. 8 Luego le dijo: «Vete a tu casa y acuéstate con tu mujer.»y Tan pronto como salió del palacio, Urías recibió un regalo de parte del rey, 9 pero en vez de irse a su propia casa, se acostó a la entrada del palacio, donde dormía la guardia real.

10 David se enteró de que Urías no había ido a su casa, así que le preguntó:

—Has hecho un viaje largo; ¿por qué no fuiste a tu casa?

11 —En este momento —respondió Urías—, tanto el arca como los hombres de Israel y de Judá se guarecen en simples enramadas, y mi señor Joab y sus oficiales acampan al aire libre, ¿y yo voy a entrar en mi casa para darme un banquete y acostarme con mi esposa? ¡Tan cierto como que Su Majestad vive, que yo no puedo hacer tal cosa!

David and Bathsheba

11 In the spring, at the time when kings go off to war, David sent Joab out with the king's men and the whole Israelite army. They destroyed the Ammonites and besieged Rabbah. But David remained in Jerusalem.

2 One evening David got up from his bed and walked around on the roof of the palace. From the roof he saw a woman bathing. The woman was very beautiful, 3 and David sent someone to find out about her. The man said, "Isn't this Bathsheba, the daughter of Eliam and the wife of Uriah the Hittite?" 4 Then David sent messengers to get her. She came to him, and he slept with her. (She had purified herself from her uncleanness.) Then[d] she went back home. 5 The woman conceived and sent word to David, saying, "I am pregnant."

6 So David sent this word to Joab: "Send me Uriah the Hittite." And Joab sent him to David. 7 When Uriah came to him, David asked him how Joab was, how the soldiers were and how the war was going. 8 Then David said to Uriah, "Go down to your house and wash your feet." So Uriah left the palace, and a gift from the king was sent after him. 9 But Uriah slept at the entrance to the palace with all his master's servants and did not go down to his house.

10 When David was told, "Uriah did not go home," he asked him, "Haven't you just come from a distance? Why didn't you go home?"

11 Uriah said to David, "The ark and Israel and Judah are staying in tents, and my master Joab and my lord's men are camped in the open fields. How could I go to my house to eat and drink and lie with my wife? As surely as you live, I will not do such a thing!"

---

v 10:18 de infantería (mss. de LXX; véase también 1Cr 19:18); jinetes (TM).   w 11:1 reyes (LXX, Vulgata y varios mss. hebreos); mensajeros (TM).   x 11:4 Hacía poco ... se había purificado de su menstruación. Es decir, no había quedado embarazada por Urías, y era tiempo propicio para la concepción.   y 11:8 acuéstate con tu mujer. Lit. lávate los pies.

b 16 That is, the Euphrates   c 18 Some Septuagint manuscripts (see also 1 Chron. 19:18); Hebrew horsemen   d 4 Or with her. When she purified herself from her uncleanness,

12 —Bueno, entonces quédate hoy aquí, y mañana te enviaré de regreso —replicó David.

Urías se quedó ese día en Jerusalén. Pero al día siguiente 13David lo invitó a un banquete y logró emborracharlo. A pesar de eso, Urías no fue a su casa sino que volvió a pasar la noche donde dormía la guardia real. 14A la mañana siguiente, David le escribió una carta a Joab, y se la envió por medio de Urías. 15La carta decía: «Pongan a Urías al frente de la batalla, donde la lucha sea más dura. Luego déjenlo solo, para que lo hieran y lo maten.»

16Por tanto, cuando Joab ya había sitiado la ciudad, puso a Urías donde sabía que estaban los defensores más aguerridos. 17Los de la ciudad salieron para enfrentarse a Joab, y entre los oficiales de David que cayeron en batalla también perdió la vida Urías el hitita.

18Entonces Joab envió a David un informe con todos los detalles del combate, 19y le dio esta orden al mensajero: «Cuando hayas terminado de contarle al rey todos los pormenores del combate, 20tal vez se enoje y te pregunte: "¿Por qué se acercaron tanto a la ciudad para atacarla? ¿Acaso no sabían que les dispararían desde la muralla? 21¿Quién mató a Abimélec hijo de Yerubéset?z ¿No fue acaso una mujer la que le arrojó una piedra de molino desde la muralla de Tebes y lo mató? ¿Por qué se acercaron tanto a la muralla?" Pues si te hace estas preguntas, respóndele: "También ha muerto Urías el hitita, siervo de Su Majestad."»

22El mensajero partió, y al llegar le contó a David todo lo que Joab le había mandado decir.

23—Los soldados enemigos nos estaban venciendo —dijo el mensajero—, pero cuando nos atacaron a campo abierto pudimos rechazarlos hasta la *entrada de la ciudad. 24Entonces los arqueros dispararon desde la muralla a los soldados de Su Majestad, de modo que murieron varios de los nuestros. También ha muerto Urías el hitita, siervo de Su Majestad.

25Entonces David le dijo al mensajero:

—Dile a Joab de mi parte que no se aflija tanto por lo que ha pasado, pues la espada devora sin discriminar. Dile también que reanude el ataque contra la ciudad, hasta destruirla.

26Cuando Betsabé se enteró de que Urías, su esposo, había muerto, hizo duelo por él. 27Después del luto, David mandó que se la llevaran al palacio y la tomó por esposa. Con el tiempo, ella le dio un hijo. Sin embargo, lo que David había hecho le desagradó al SEÑOR.

Natán reprende a David

12 El SEÑOR envió a Natán para que hablara con David. Cuando este profeta se presentó ante David, le dijo:

—Dos hombres vivían en un pueblo. El uno era rico, y el otro pobre. 2El rico tenía muchísimas ovejas y vacas; 3en cambio, el pobre no tenía más que una sola ovejita que él mismo había comprado y criado. La ovejita creció con él y con sus hijos: comía de su plato, bebía de su vaso y dormía en su regazo. Era para ese hombre como su propia hija. 4Pero sucedió que un viajero llegó de visita a casa del hombre rico, y como éste no quería matar ninguna de sus propias ovejas o vacas para darle de comer al huésped, le quitó al hombre pobre su única ovejita.

5Tan grande fue el enojo de David contra aquel hombre, que le respondió a Natán:

—¡Tan cierto como que el SEÑOR vive, que quien hizo

12Then David said to him, "Stay here one more day, and tomorrow I will send you back." So Uriah remained in Jerusalem that day and the next. 13At David's invitation, he ate and drank with him, and David made him drunk. But in the evening Uriah went out to sleep on his mat among his master's servants; he did not go home.

14In the morning David wrote a letter to Joab and sent it with Uriah. 15In it he wrote, "Put Uriah in the front line where the fighting is fiercest. Then withdraw from him so he will be struck down and die."

16So while Joab had the city under siege, he put Uriah at a place where he knew the strongest defenders were. 17When the men of the city came out and fought against Joab, some of the men in David's army fell; moreover, Uriah the Hittite died.

18Joab sent David a full account of the battle. 19He instructed the messenger: "When you have finished giving the king this account of the battle, 20the king's anger may flare up, and he may ask you, 'Why did you get so close to the city to fight? Didn't you know they would shoot arrows from the wall? 21Who killed Abimelech son of Jerub-Beshethe? Didn't a woman throw an upper millstone on him from the wall, so that he died in Thebez? Why did you get so close to the wall?' If he asks you this, then say to him, 'Also, your servant Uriah the Hittite is dead.' "

22The messenger set out, and when he arrived he told David everything Joab had sent him to say. 23The messenger said to David, "The men overpowered us and came out against us in the open, but we drove them back to the entrance to the city gate. 24Then the archers shot arrows at your servants from the wall, and some of the king's men died. Moreover, your servant Uriah the Hittite is dead."

25David told the messenger, "Say this to Joab: 'Don't let this upset you; the sword devours one as well as another. Press the attack against the city and destroy it.' Say this to encourage Joab."

26When Uriah's wife heard that her husband was dead, she mourned for him. 27After the time of mourning was over, David had her brought to his house, and she became his wife and bore him a son. But the thing David had done displeased the LORD.

Nathan Rebukes David

12 The LORD sent Nathan to David. When he came to him, he said, "There were two men in a certain town, one rich and the other poor. 2The rich man had a very large number of sheep and cattle, 3but the poor man had nothing except one little ewe lamb he had bought. He raised it, and it grew up with him and his children. It shared his food, drank from his cup and even slept in his arms. It was like a daughter to him.

4"Now a traveler came to the rich man, but the rich man refrained from taking one of his own sheep or cattle to prepare a meal for the traveler who had come to him. Instead, he took the ewe lamb that belonged to the poor man and prepared it for the one who had come to him."

5David burned with anger against the man and said to Nathan, "As surely as the LORD lives, the man who

---

z 11:21 *Yerubéset.* Es decir, Yerubaal o Gedeón (véanse Jue 8:35; 9:1,53).

e 21 Also known as *Jerub-Baal* (that is, Gideon)

esto merece la muerte! 6¿Cómo pudo hacer algo tan ruin? ¡Ahora pagará cuatro veces el valor de la oveja!

7Entonces Natán le dijo a David:

—¡Tú eres ese hombre! Así dice el SEÑOR, Dios de Israel: "Yo te ungí como rey sobre Israel, y te libré del poder de Saúl. 8Te di el palacio de tu amo, y puse sus mujeres en tus brazos. También te permití gobernar a Israel y a Judá. Y por si esto hubiera sido poco, te habría dado mucho más. 9¿Por qué, entonces, despreciaste la palabra del SEÑOR haciendo lo que me desagrada? ¡Asesinaste a Urías el hitita para apoderarte de su esposa! ¡Lo mataste con la espada de los amonitas! 10Por eso la espada jamás se apartará de tu familia, pues me despreciaste al tomar la esposa de Urías el hitita para hacerla tu mujer."

11»Pues bien, así dice el SEÑOR: "Yo haré que el desastre que mereces surja de tu propia familia, y ante tus propios ojos tomaré a tus mujeres y se las daré a otro, el cual se acostará con ellas en pleno día. 12Lo que tú hiciste a escondidas, yo lo haré a plena luz, a la vista de todo Israel."

13—¡He pecado contra el SEÑOR! —reconoció David ante Natán.

—El SEÑOR ha perdonado ya tu pecado, y no morirás —contestó Natán—. 14Sin embargo, tu hijo sí morirá, pues con tus acciones has ofendido ala SEÑOR.

15Dicho esto, Natán volvió a su casa. Y el SEÑOR hirió al hijo que la esposa de Urías le había dado a David, de modo que el niño cayó gravemente enfermo. 16David se puso a rogar a Dios por él; ayunaba y pasaba las noches tirado en el suelo. 17Los ancianos de su corte iban a verlo y le rogaban que se levantara, pero él se resistía, y aun se negaba a comer con ellos.

18Siete días después, el niño murió. Los oficiales de David tenían miedo de darle la noticia, pues decían: «Si cuando el niño estaba vivo, le hablábamos al rey y no nos hacía caso, ¿qué locura no hará ahora si le decimos que el niño ha muerto?» 19Pero David, al ver que sus oficiales estaban cuchicheando, se dio cuenta de lo que había pasado y les preguntó:

—¿Ha muerto el niño?

—Sí, ya ha muerto —le respondieron.

20Entonces David se levantó del suelo y en seguida se bañó y se perfumó; luego se vistió y fue a la casa del SEÑOR para adorar. Después regresó al palacio, pidió que le sirvieran alimentos, y comió.

21—¿Qué forma de actuar es ésta? —le preguntaron sus oficiales—. Cuando el niño estaba vivo, usted ayunaba y lloraba; pero ahora que se ha muerto, ¡usted se levanta y se pone a comer!

22David respondió:

—Es verdad que cuando el niño estaba vivo yo ayunaba y lloraba, pues pensaba: "¿Quién sabe? Tal vez el SEÑOR tenga compasión de mí y permita que el niño viva." 23Pero ahora que ha muerto, ¿qué razón tengo para ayunar? ¿Acaso puedo devolverle la vida? Yo iré adonde él está, aunque él ya no volverá a mí.

24Luego David fue a consolar a su esposa y se unió a ella. Betsabé le dio un hijo, al que David llamó Salomón. El SEÑOR amó al niño 25y mandó a decir por medio del profeta Natán que le pusieran por *nombre Jedidías,b por disposición del SEÑOR.

26Mientras tanto, Joab había atacado la ciudad amo-

did this deserves to die! 6He must pay for that lamb four times over, because he did such a thing and had no pity."

7Then Nathan said to David, "You are the man! This is what the LORD, the God of Israel, says: 'I anointed you king over Israel, and I delivered you from the hand of Saul. 8I gave your master's house to you, and your master's wives into your arms. I gave you the house of Israel and Judah. And if all this had been too little, I would have given you even more. 9Why did you despise the word of the LORD by doing what is evil in his eyes? You struck down Uriah the Hittite with the sword and took his wife to be your own. You killed him with the sword of the Ammonites. 10Now, therefore, the sword will never depart from your house, because you despised me and took the wife of Uriah the Hittite to be your own.'

11"This is what the LORD says: 'Out of your own household I am going to bring calamity upon you. Before your very eyes I will take your wives and give them to one who is close to you, and he will lie with your wives in broad daylight. 12You did it in secret, but I will do this thing in broad daylight before all Israel.' "

13Then David said to Nathan, "I have sinned against the LORD."

Nathan replied, "The LORD has taken away your sin. You are not going to die. 14But because by doing this you have made the enemies of the LORD show utter contempt,f the son born to you will die."

15After Nathan had gone home, the LORD struck the child that Uriah's wife had borne to David, and he became ill. 16David pleaded with God for the child. He fasted and went into his house and spent the nights lying on the ground. 17The elders of his household stood beside him to get him up from the ground, but he refused, and he would not eat any food with them.

18On the seventh day the child died. David's servants were afraid to tell him that the child was dead, for they thought, "While the child was still living, we spoke to David but he would not listen to us. How can we tell him the child is dead? He may do something desperate."

19David noticed that his servants were whispering among themselves and he realized the child was dead. "Is the child dead?" he asked.

"Yes," they replied, "he is dead."

20Then David got up from the ground. After he had washed, put on lotions and changed his clothes, he went into the house of the LORD and worshiped. Then he went to his own house, and at his request they served him food, and he ate.

21His servants asked him, "Why are you acting this way? While the child was alive, you fasted and wept, but now that the child is dead, you get up and eat!"

22He answered, "While the child was still alive, I fasted and wept. I thought, 'Who knows? The LORD may be gracious to me and let the child live.' 23But now that he is dead, why should I fast? Can I bring him back again? I will go to him, but he will not return to me."

24Then David comforted his wife Bathsheba, and he went to her and lay with her. She gave birth to a son, and they named him Solomon. The LORD loved him; 25and because the LORD loved him, he sent word through Nathan the prophet to name him Jedidiah.g

26Meanwhile Joab fought against Rabbah of the Am-

---

a 12:14 al. Lit. a los enemigos del.   b 12:25 En hebreo, Jedidías significa amado por el SEÑOR.

f 14 Masoretic Text; an ancient Hebrew scribal tradition this you have shown utter contempt for the LORD   g 25 Jedidiah means loved by the LORD.

nita de Rabá y capturado la fortaleza^c real. ²⁷ Entonces envió unos mensajeros a decirle a David: «Acabo de atacar a Rabá y he capturado los depósitos^d de agua. ²⁸ Ahora, pues, le pido a Su Majestad que movilice el resto de las tropas para sitiar y capturar la ciudad. Si no, lo haré yo mismo y le pondrán mi nombre.»

²⁹ Por tanto, David, movilizando todas las tropas, marchó contra Rabá, la atacó y la capturó. ³⁰ Al rey de los amonitas^e le quitó la corona de oro que tenía puesta, la cual pesaba treinta y tres kilos^f y estaba adornada con piedras preciosas. Luego se la pusieron a David. Además, David saqueó la ciudad y se llevó un botín inmenso. ³¹ Expulsó de allí a sus habitantes y los puso a trabajar con sierras, trillos y hachas, y también los forzó a trabajar en los hornos de ladrillos. Lo mismo hizo con todos los pueblos amonitas, después de lo cual regresó a Jerusalén con todas sus tropas.

monites and captured the royal citadel. ²⁷ Joab then sent messengers to David, saying, "I have fought against Rabbah and taken its water supply. ²⁸ Now muster the rest of the troops and besiege the city and capture it. Otherwise I will take the city, and it will be named after me."

²⁹ So David mustered the entire army and went to Rabbah, and attacked and captured it. ³⁰ He took the crown from the head of their king^h—its weight was a talentⁱ of gold, and it was set with precious stones— and it was placed on David's head. He took a great quantity of plunder from the city ³¹ and brought out the people who were there, consigning them to labor with saws and with iron picks and axes, and he made them work at brickmaking.^j He did this to all the Ammonite towns. Then David and his entire army returned to Jerusalem.

Amnón y Tamar

13 Pasado algún tiempo, sucedió lo siguiente. Absalón hijo de David tenía una hermana muy bella, que se llamaba Tamar; y Amnón, otro hijo de David, se enamoró de ella. ² Pero como Tamar era virgen, Amnón se enfermó de angustia al pensar que le sería muy difícil llevar a cabo sus intenciones con su hermana. ³ Sin embargo, Amnón tenía un amigo muy astuto, que se llamaba Jonadab, que era hijo de Simá y sobrino de David. Jonadab ⁴ le preguntó a Amnón:

—¿Cómo es que tú, todo un príncipe, te ves cada día peor? ¿Por qué no me cuentas lo que te pasa?

—Es que estoy muy enamorado de mi hermana Tamar —respondió Amnón.

⁵ Jonadab le sugirió:

—Acuéstate y finge que estás enfermo. Cuando tu padre vaya a verte, dile: "Por favor, que venga mi hermana Tamar a darme de comer. Quisiera verla preparar la comida aquí mismo, y que ella me la sirva."

⁶ Así que Amnón se acostó y fingió estar enfermo. Y cuando el rey fue a verlo, Amnón le dijo:

—Por favor, que venga mi hermana Tamar a prepararme aquí mismo dos tortas, y que me las sirva.

⁷ David envió un mensajero a la casa de Tamar, para que le diera este recado: «Ve a casa de tu hermano Amnón, y prepárale la comida.» ⁸ Tamar fue a casa de su hermano Amnón y lo encontró acostado. Tomó harina, la amasó, preparó las tortas allí mismo, y las coció. ⁹ Luego tomó la sartén para servirle, pero Amnón se negó a comer y ordenó:

—¡Fuera de aquí todos! ¡No quiero ver a nadie!

Una vez que todos salieron, ¹⁰ Amnón le dijo a Tamar:

—Trae la comida a mi habitación, y dame de comer tú misma.

Ella tomó las tortas que había preparado y se las llevó a su hermano Amnón a la habitación, ¹¹ pero cuando se le acercó para darle de comer, él la agarró por la fuerza y le dijo:

—¡Ven, hermanita; acuéstate conmigo!

¹² Pero ella exclamó:

—¡No, hermano mío! No me humilles, que esto no se hace en Israel. ¡No cometas esta infamia! ¹³ ¿Adónde iría yo con mi vergüenza? ¿Y qué sería de ti? ¡Serías visto en Israel como un depravado! Yo te ruego que hables con el rey; con toda seguridad, no se opondrá a que yo sea tu esposa.

¹⁴ Pero Amnón no le hizo caso sino que, aprovechán-

Amnon and Tamar

13 In the course of time, Amnon son of David fell in love with Tamar, the beautiful sister of Absalom son of David.

² Amnon became frustrated to the point of illness on account of his sister Tamar, for she was a virgin, and it seemed impossible for him to do anything to her.

³ Now Amnon had a friend named Jonadab son of Shimeah, David's brother. Jonadab was a very shrewd man. ⁴ He asked Amnon, "Why do you, the king's son, look so haggard morning after morning? Won't you tell me?"

Amnon said to him, "I'm in love with Tamar, my brother Absalom's sister."

⁵ "Go to bed and pretend to be ill," Jonadab said. "When your father comes to see you, say to him, 'I would like my sister Tamar to come and give me something to eat. Let her prepare the food in my sight so I may watch her and then eat it from her hand.' "

⁶ So Amnon lay down and pretended to be ill. When the king came to see him, Amnon said to him, "I would like my sister Tamar to come and make some special bread in my sight, so I may eat from her hand."

⁷ David sent word to Tamar at the palace: "Go to the house of your brother Amnon and prepare some food for him." ⁸ So Tamar went to the house of her brother Amnon, who was lying down. She took some dough, kneaded it, made the bread in his sight and baked it. ⁹ Then she took the pan and served him the bread, but he refused to eat.

"Send everyone out of here," Amnon said. So everyone left him. ¹⁰ Then Amnon said to Tamar, "Bring the food here into my bedroom so I may eat from your hand." And Tamar took the bread she had prepared and brought it to her brother Amnon in his bedroom. ¹¹ But when she took it to him to eat, he grabbed her and said, "Come to bed with me, my sister."

¹² "Don't, my brother!" she said to him. "Don't force me. Such a thing should not be done in Israel! Don't do this wicked thing. ¹³ What about me? Where could I get rid of my disgrace? And what about you? You would be like one of the wicked fools in Israel. Please speak to the king; he will not keep me from being married to you." ¹⁴ But he refused to listen to her, and since he was stronger than she, he raped her.

---

^c 12:26 *fortaleza.* Lit. *ciudad.*   ^d 12:27 *los depósitos.* Lit. *la ciudad.*   ^e 12:30 *al rey de los amonitas.* Alt. *a* Milcón *(es decir, el dios Moloc).*   ^f 12:30 *treinta y tres kilos.* Lit. *un* *talento.

^h 30 Or *of Milcom* (that is, Molech)   ⁱ 30 That is, about 75 pounds (about 34 kilograms)   ^j 31 The meaning of the Hebrew for this clause is uncertain.

dose de su fuerza, se acostó con ella y la violó. 15Pero el odio que sintió por ella después de violarla fue mayor que el amor que antes le había tenido. Así que le dijo:

—¡Levántate y vete!

16 —¡No me eches de aquí! —replicó ella—. Después de lo que has hecho conmigo, ¡echarme de aquí sería una maldad aun más terrible!

Pero él no le hizo caso, 17sino que llamó a su criado y le ordenó:

—¡Echa de aquí a esta mujer! Y luego que la hayas echado, cierra bien la puerta.

18Así que el criado la echó de la casa, y luego cerró bien la puerta.

Tamar llevaba puesta una túnica especial de mangas largas,g pues así se vestían las princesas solteras. 19Al salir, se echó ceniza en la cabeza, se rasgó la túnica y, llevándose las manos a la cabeza, se fue por el camino llorando a gritos. 20Entonces su hermano Absalón le dijo:

—¡Así que tu hermano Amnón ha estado contigo! Pues bien, hermana mía, cálmate y no digas nada. Al fin de cuentas, es tu hermano.

Desolada, Tamar se quedó a vivir en casa de su hermano Absalón. 21El rey David, al enterarse de todo lo que había pasado, se enfureció. 22Absalón, por su parte, no le dirigía la palabra a Amnón, pues lo odiaba por haber violado a su hermana Tamar.

Asesinato de Amnón

23Pasados dos años, Absalón convidó a todos los hijos del rey a un banquete en Baal Jazor, cerca de la frontera de Efraín, donde sus hombres estaban esquilando ovejas. 24Además, se presentó ante el rey y le dijo:

—Su Majestad, este siervo suyo tiene esquiladores trabajando. Le ruego venir con su corte.

25 —No, hijo mío —le respondió el rey—. No debemos ir todos, pues te seríamos una carga.

Absalón insistió, pero el rey no quiso ir; sin embargo, le dio su bendición. 26Entonces Absalón le dijo:

—Ya que Su Majestad no viene, ¿por qué no permite que nos acompañe mi hermano Amnón?

—¿Y para qué va a ir contigo? —le preguntó el rey.

27Pero tanto insistió Absalón que el rey dejó que Amnón y sus otros hijos fueran con Absalón. 28Éste, por su parte, les había dado instrucciones a sus criados: «No pierdan de vista a Amnón. Y cuando se le haya subido el vino,h yo les daré la señal de ataque, y ustedes lo matarán. No tengan miedo, pues soy yo quien les da la orden. Ánimo; sean valientes.»

29Los criados hicieron con Amnón tal como Absalón les había ordenado. Entonces los otros hijos del rey se levantaron y, montando cada uno su mula, salieron huyendo.

30Todavía estaban en camino cuando llegó este rumor a oídos de David: «¡Absalón ha matado a todos los hijos del rey! ¡Ninguno de ellos ha quedado con vida!»

31El rey se levantó y, rasgándose las vestiduras en señal de duelo, se arrojó al suelo. También todos los oficiales que estaban con él se rasgaron las vestiduras. 32Pero Jonadab, el hijo de Simá y sobrino de David, intervino:

—No piense Su Majestad que todos los príncipes han sido asesinados, sino sólo Amnón. Absalón ya lo tenía decidido desde el día en que Amnón violó a su

15Then Amnon hated her with intense hatred. In fact, he hated her more than he had loved her. Amnon said to her, "Get up and get out!"

16"No!" she said to him. "Sending me away would be a greater wrong than what you have already done to me."

But he refused to listen to her. 17He called his personal servant and said, "Get this woman out of here and bolt the door after her." 18So his servant put her out and bolted the door after her. She was wearing a richly ornamentedk robe, for this was the kind of garment the virgin daughters of the king wore. 19Tamar put ashes on her head and tore the ornamentedl robe she was wearing. She put her hand on her head and went away, weeping aloud as she went.

20Her brother Absalom said to her, "Has that Amnon, your brother, been with you? Be quiet now, my sister; he is your brother. Don't take this thing to heart." And Tamar lived in her brother Absalom's house, a desolate woman.

21When King David heard all this, he was furious. 22Absalom never said a word to Amnon, either good or bad; he hated Amnon because he had disgraced his sister Tamar.

Absalom Kills Amnon

23Two years later, when Absalom's sheepshearers were at Baal Hazor near the border of Ephraim, he invited all the king's sons to come there. 24Absalom went to the king and said, "Your servant has had shearers come. Will the king and his officials please join me?"

25"No, my son," the king replied. "All of us should not go; we would only be a burden to you." Although Absalom urged him, he still refused to go, but gave him his blessing.

26Then Absalom said, "If not, please let my brother Amnon come with us."

The king asked him, "Why should he go with you?" 27But Absalom urged him, so he sent with him Amnon and the rest of the king's sons.

28Absalom ordered his men, "Listen! When Amnon is in high spirits from drinking wine and I say to you, 'Strike Amnon down,' then kill him. Don't be afraid. Have not I given you this order? Be strong and brave." 29So Absalom's men did to Amnon what Absalom had ordered. Then all the king's sons got up, mounted their mules and fled.

30While they were on their way, the report came to David: "Absalom has struck down all the king's sons; not one of them is left." 31The king stood up, tore his clothes and lay down on the ground; and all his servants stood by with their clothes torn.

32But Jonadab son of Shimeah, David's brother, said, "My lord should not think that they killed all the princes; only Amnon is dead. This has been Absalom's expressed intention ever since the day Amnon raped

---

g 13:18 de mangas largas. Frase de difícil traducción. Véase Gn 37:3.   h 13:28 se le haya subido el vino. Lit. se le alegre el corazón por el vino.

k 18 The meaning of the Hebrew for this phrase is uncertain.
l 19 The meaning of the Hebrew for this word is uncertain.

hermana Tamar. 33 Su Majestad no debe dejarse llevar por el rumor de que han muerto todos sus hijos, pues el único que ha muerto es Amnón.

34 El centinela de la ciudad alzó la vista y vio que del oeste, por la ladera del monte, venía bajando una gran multitud. Entonces fue a decirle al rey: «Veo venir gente en el camino de Joronayin, por la ladera del monte.»*i* Mientras tanto, Absalón había huido. 35 Jonadab le comentó al rey:

—¿Ya ve Su Majestad? Aquí llegan sus hijos, tal como yo se lo había dicho.

36 Apenas había terminado de hablar cuando entraron los hijos del rey, todos ellos llorando a voz en cuello, y también el rey y sus oficiales se pusieron a llorar desconsoladamente.

37-38 Absalón, en su huida, fue a refugiarse con Talmay hijo de Amiud, rey de Guesur, y allí se quedó tres años. David, por su parte, lloraba todos los días por su hijo Amnón, 39 y cuando se consoló por su muerte, comenzó a sentir grandes deseos de ver a Absalón.

Absalón regresa a Jerusalén

14 Joab hijo de Sarvia se dio cuenta de que el rey extrañaba mucho a Absalón. 2 Por eso mandó traer a una mujer muy astuta, la cual vivía en Tecoa, y le dijo:

—Quiero que te vistas de luto, y que no te eches perfume, sino que finjas estar de duelo, como si llevaras mucho tiempo llorando la muerte de alguien.

3 Luego Joab le ordenó presentarse ante el rey, explicándole antes lo que tenía que decirle. 4 Cuando aquella mujer de Tecoa se presentó ante el rey,*j* le hizo una reverencia y se postró rostro en tierra.

—¡Ayúdeme, Su Majestad! —exclamó.

5 —¿Qué te pasa? —le preguntó el rey.

—Soy una pobre viuda —respondió ella—; mi esposo ha muerto. 6 Esta servidora de Su Majestad tenía dos hijos, los cuales se pusieron a pelear en el campo. Como no había nadie que los separara, uno de ellos le asestó un golpe al otro y lo mató. 7 Pero ahora resulta que toda la familia se ha puesto en contra de esta servidora de Su Majestad. Me exigen que entregue al asesino para que lo maten, y así vengar la muerte de su hermano, aunque al hacerlo eliminen al heredero. La verdad es que de esa manera apagarían la última luz de esperanza que me queda, y dejarían a mi esposo sin *nombre ni descendencia sobre la tierra.

8 —Regresa a tu casa, que yo me encargaré de este asunto —respondió el rey.

9 Pero la mujer de Tecoa replicó:

—Su Majestad, que la culpa caiga sobre mí y sobre mi familia, y no sobre el rey ni su trono.

10 —Si alguien te amenaza —insistió el rey—, tráemelo para que no vuelva a molestarte.

11 Entonces ella le suplicó:

—¡Ruego a Su Majestad invocar al SEÑOR su Dios, para que quien deba vengar la muerte de mi hijo no aumente mi desgracia matando a mi otro hijo!

—¡Tan cierto como que el SEÑOR vive —respondió el rey—, juro que tu hijo no perderá ni un solo cabello!

12 Pero la mujer siguió diciendo:

—Permita Su Majestad a esta servidora suya decir algo más.

—Habla.

his sister Tamar. 33 My lord the king should not be concerned about the report that all the king's sons are dead. Only Amnon is dead."

34 Meanwhile, Absalom had fled.

Now the man standing watch looked up and saw many people on the road west of him, coming down the side of the hill. The watchman ran and told the king, "I see men in the direction of Horonaim, on the side of the hill."*m*

35 Jonadab said to the king, "See, the king's sons are here; it has happened just as your servant said."

36 As he finished speaking, the king's sons came in, wailing loudly. The king, too, and all his servants wept very bitterly.

37 Absalom fled and went to Talmai son of Ammihud, the king of Geshur. But King David mourned for his son every day.

38 After Absalom fled and went to Geshur, he stayed there three years. 39 And the spirit of the king*n* longed to go to Absalom, for he was consoled concerning Amnon's death.

Absalom Returns to Jerusalem

14 Joab son of Zeruiah knew that the king's heart longed for Absalom. 2 So Joab sent someone to Tekoa and had a wise woman brought from there. He said to her, "Pretend you are in mourning. Dress in mourning clothes, and don't use any cosmetic lotions. Act like a woman who has spent many days grieving for the dead. 3 Then go to the king and speak these words to him." And Joab put the words in her mouth.

4 When the woman from Tekoa went*o* to the king, she fell with her face to the ground to pay him honor, and she said, "Help me, O king!"

5 The king asked her, "What is troubling you?"

She said, "I am indeed a widow; my husband is dead. 6 I your servant had two sons. They got into a fight with each other in the field, and no one was there to separate them. One struck the other and killed him. 7 Now the whole clan has risen up against your servant; they say, 'Hand over the one who struck his brother down, so that we may put him to death for the life of his brother whom he killed; then we will get rid of the heir as well.' They would put out the only burning coal I have left, leaving my husband neither name nor descendant on the face of the earth."

8 The king said to the woman, "Go home, and I will issue an order in your behalf."

9 But the woman from Tekoa said to him, "My lord the king, let the blame rest on me and on my father's family, and let the king and his throne be without guilt."

10 The king replied, "If anyone says anything to you, bring him to me, and he will not bother you again."

11 She said, "Then let the king invoke the LORD his God to prevent the avenger of blood from adding to the destruction, so that my son will not be destroyed."

"As surely as the LORD lives," he said, "not one hair of your son's head will fall to the ground."

12 Then the woman said, "Let your servant speak a word to my lord the king."

"Speak," he replied.

---

i 13:34 Entonces fue ... monte (LXX); TM no incluye esta oración.
j 14:4 se presentó ante el rey (muchos mss. hebreos, LXX, Vulgata y Siríaca); *le habló al rey* (TM).

m 34 Septuagint; Hebrew does not have this sentence.
n 39 Dead Sea Scrolls and some Septuagint manuscripts; Masoretic Text *But the spirit of David the king*   *o 4* Many Hebrew manuscripts, Septuagint, Vulgate and Syriac; most Hebrew manuscripts *spoke*

¹³—¿Cómo es que Su Majestad intenta hacer lo mismo contra el pueblo de Dios? Al prometerme usted estas cosas, se declara culpable, pues no deja regresar a su hijo desterrado. ¹⁴Así como el agua que se derrama en tierra no se puede recoger, así también todos tenemos que morir. Pero Dios no nos arrebata la *vida, sino que provee los medios para que el desterrado no siga separado de él para siempre.

¹⁵»Yo he venido a hablar con Su Majestad porque hay gente que me ha infundido temor. He pensado: "Voy a hablarle al rey; tal vez me conceda lo que le pida, ¹⁶librándonos a mí y a mi hijo de quien quiere eliminarnos, para quedarse con la heredad que Dios nos ha dado."

¹⁷»Pensé, además, que su palabra me traería alivio, pues Su Majestad es como un ángel de Dios, que sabe distinguir entre lo bueno y lo malo. ¡Que el SEÑOR su Dios lo bendiga!

¹⁸Al llegar a este punto, el rey le dijo a la mujer:

—Voy a hacerte una pregunta, y te pido que no me ocultes nada.

—Dígame usted.

¹⁹—¿Acaso no está Joab detrás de todo esto?

La mujer respondió:

—Juro por la vida de Su Majestad que su pregunta ha dado en el blanco.ᵏ En efecto, fue su siervo Joab quien me instruyó y puso en mis labios todo lo que he dicho. ²⁰Lo hizo para disimular el asunto,ˡ pero Su Majestad tiene la sabiduría de un ángel de Dios, y sabe todo lo que sucede en el país.

²¹Entonces el rey llamó a Joab y le dijo:

—Estoy de acuerdo. Anda, haz que regrese el joven Absalón.

²²Postrándose rostro en tierra, Joab le hizo una reverencia al rey y le dio las gracias, añadiendo:

—Hoy sé que cuento con el favor de mi señor y rey, pues usted ha accedido a mi petición.

²³Dicho esto, Joab emprendió la marcha a Guesur, y regresó a Jerusalén con Absalón. ²⁴Pero el rey dio esta orden: «Que se retire a su casa, y que nunca me visite.» Por tanto, Absalón tuvo que irse a su casa sin presentarse ante el rey.

²⁵En todo Israel no había ningún hombre tan admirado como Absalón por su hermosura; era perfecto de pies a cabeza. ²⁶Tenía una cabellera tan pesada que una vez al año tenía que cortársela; y según la medida oficial, el pelo cortado pesaba dos kilos.ᵐ ²⁷Además, tuvo tres hijos y una hija. Su hija, que se llamaba Tamar, llegó a ser una mujer muy hermosa.

²⁸Absalón vivió en Jerusalén durante dos años sin presentarse ante el rey. ²⁹Un día, le pidió a Joab que fuera a ver al rey, pero Joab no quiso ir. Se lo volvió a pedir, pero Joab se negó a hacerlo. ³⁰Así que Absalón dio esta orden a sus criados: «Miren, Joab ha sembrado cebada en el campo que tiene junto al mío. ¡Vayan y préndanle fuego!»

Los criados fueron e incendiaron el campo de Joab. ³¹Entonces éste fue en seguida a casa de Absalón y le reclamó:

—¿Por qué tus criados le han prendido fuego a mi campo?

¹³The woman said, "Why then have you devised a thing like this against the people of God? When the king says this, does he not convict himself, for the king has not brought back his banished son? ¹⁴Like water spilled on the ground, which cannot be recovered, so we must die. But God does not take away life; instead, he devises ways so that a banished person may not remain estranged from him.

¹⁵"And now I have come to say this to my lord the king because the people have made me afraid. Your servant thought, 'I will speak to the king; perhaps he will do what his servant asks. ¹⁶Perhaps the king will agree to deliver his servant from the hand of the man who is trying to cut off both me and my son from the inheritance God gave us.'

¹⁷"And now your servant says, 'May the word of my lord the king bring me rest, for my lord the king is like an angel of God in discerning good and evil. May the LORD your God be with you.'"

¹⁸Then the king said to the woman, "Do not keep from me the answer to what I am going to ask you."

"Let my lord the king speak," the woman said.

¹⁹The king asked, "Isn't the hand of Joab with you in all this?"

The woman answered, "As surely as you live, my lord the king, no one can turn to the right or to the left from anything my lord the king says. Yes, it was your servant Joab who instructed me to do this and who put all these words into the mouth of your servant. ²⁰Your servant Joab did this to change the present situation. My lord has wisdom like that of an angel of God—he knows everything that happens in the land."

²¹The king said to Joab, "Very well, I will do it. Go, bring back the young man Absalom."

²²Joab fell with his face to the ground to pay him honor, and he blessed the king. Joab said, "Today your servant knows that he has found favor in your eyes, my lord the king, because the king has granted his servant's request."

²³Then Joab went to Geshur and brought Absalom back to Jerusalem. ²⁴But the king said, "He must go to his own house; he must not see my face." So Absalom went to his own house and did not see the face of the king.

²⁵In all Israel there was not a man so highly praised for his handsome appearance as Absalom. From the top of his head to the sole of his foot there was no blemish in him. ²⁶Whenever he cut the hair of his head—he used to cut his hair from time to time when it became too heavy for him—he would weigh it, and its weight was two hundred shekelsᵖ by the royal standard.

²⁷Three sons and a daughter were born to Absalom. The daughter's name was Tamar, and she became a beautiful woman.

²⁸Absalom lived two years in Jerusalem without seeing the king's face. ²⁹Then Absalom sent for Joab in order to send him to the king, but Joab refused to come to him. So he sent a second time, but he refused to come. ³⁰Then he said to his servants, "Look, Joab's field is next to mine, and he has barley there. Go and set it on fire." So Absalom's servants set the field on fire.

³¹Then Joab did go to Absalom's house and he said to him, "Why have your servants set my field on fire?"

ᵏ 14:19 su pregunta ha dado en el blanco. Lit. nadie va a la derecha o a la izquierda de todo lo que mi señor el rey ha dicho.
ˡ 14:20 para disimular el asunto. Alt. con el propósito de cambiar la situación.   ᵐ 14:26 dos kilos. Lit. doscientos *siclos.

ᵖ 26 That is, about 5 pounds (about 2.3 kilograms)

32 Y Absalón le respondió:

—Te pedí que fueras a ver al rey y le preguntaras para qué me vuelto de Guesur. ¡Más me habría valido quedarme allá! Voy a presentarme ante el rey, y si soy culpable de algo, ¡que me mate!

33 Joab fue a comunicárselo al rey; éste, por su parte, mandó llamar a Absalón, el cual se presentó ante el rey y, postrándose rostro en tierra, le hizo una reverencia. A su vez, el rey recibió a Absalón con un beso.

Absalón conspira contra David

15 Pasado algún tiempo, Absalón consiguió carros de combate, algunos caballos y una escolta de cincuenta soldados. 2 Se levantaba temprano y se ponía a la vera del camino, junto a la *entrada de la ciudad. Cuando pasaba alguien que iba a ver al rey para que le resolviera un pleito, Absalón lo llamaba y le preguntaba de qué pueblo venía. Aquél le decía de qué tribu israelita era, 3 y Absalón le aseguraba: «Tu demanda es muy justa, pero no habrá quien te escuche de parte del rey.» 4 En seguida añadía: «¡Ojalá me pusieran por juez en el país! Todo el que tuviera un pleito o una demanda vendría a mí, y yo le haría justicia.»

5 Además de esto, si alguien se le acercaba para inclinarse ante él, Absalón le tendía los brazos, lo abrazaba y lo saludaba con un beso. 6 Esto hacía Absalón con todos los israelitas que iban a ver al rey para que les resolviera algún asunto, y así fue ganándose el cariño del pueblo.

7 Al cabo de cuatro[n] años, Absalón le dijo al rey:

—Permítame Su Majestad ir a Hebrón, a cumplir un voto que le hice al SEÑOR. 8 Cuando vivía en Guesur de *Aram, hice este voto: "Si el SEÑOR me concede volver a Jerusalén, le ofreceré un sacrificio."

9 —Vete tranquilo —respondió el rey.

Absalón emprendió la marcha a Hebrón, 10 pero al mismo tiempo envió mensajeros por todas las tribus de Israel con este mensaje: «Tan pronto como oigan el toque de trompeta, exclamen: "¡Absalón reina en Hebrón!"» 11 Además, desde Jerusalén llevó Absalón a doscientos invitados, los cuales lo acompañaron de buena fe y sin sospechar nada. 12 Luego, mientras celebraba los sacrificios, Absalón mandó llamar a un consejero de su padre David, el cual se llamaba Ajitofel y era del pueblo de Guiló. Así la conspiración fue tomando fuerza, y el número de los que seguían a Absalón crecía más y más.

13 Un mensajero le llevó a David esta noticia: «Todos los israelitas se han puesto de parte de Absalón.»

14 Entonces David les dijo a todos los oficiales que estaban con él en Jerusalén:

—¡Vámonos de aquí! Tenemos que huir, pues de otro modo no podremos escapar de Absalón. Démonos prisa, no sea que él se nos adelante. Si nos alcanza, nos traerá la ruina y pasará a toda la gente a filo de espada.

15 —Como diga Su Majestad —respondieron los oficiales—; nosotros estamos para servirle.

16 De inmediato partió el rey acompañado de toda la corte, con excepción de diez concubinas que dejó para cuidar del palacio. 17 Habiendo salido del palacio con todo su séquito, se detuvo junto a la casa más lejana de

32 Absalom said to Joab, "Look, I sent word to you and said, 'Come here so I can send you to the king to ask, "Why have I come from Geshur? It would be better for me if I were still there!" ' Now then, I want to see the king's face, and if I am guilty of anything, let him put me to death."

33 So Joab went to the king and told him this. Then the king summoned Absalom, and he came in and bowed down with his face to the ground before the king. And the king kissed Absalom.

Absalom's Conspiracy

15 In the course of time, Absalom provided himself with a chariot and horses and with fifty men to run ahead of him. 2 He would get up early and stand by the side of the road leading to the city gate. Whenever anyone came with a complaint to be placed before the king for a decision, Absalom would call out to him, "What town are you from?" He would answer, "Your servant is from one of the tribes of Israel." 3 Then Absalom would say to him, "Look, your claims are valid and proper, but there is no representative of the king to hear you." 4 And Absalom would add, "If only I were appointed judge in the land! Then everyone who has a complaint or case could come to me and I would see that he gets justice."

5 Also, whenever anyone approached him to bow down before him, Absalom would reach out his hand, take hold of him and kiss him. 6 Absalom behaved in this way toward all the Israelites who came to the king asking for justice, and so he stole the hearts of the men of Israel.

7 At the end of four[q] years, Absalom said to the king, "Let me go to Hebron and fulfill a vow I made to the LORD. 8 While your servant was living at Geshur in Aram, I made this vow: 'If the LORD takes me back to Jerusalem, I will worship the LORD in Hebron.[r] ' "

9 The king said to him, "Go in peace." So he went to Hebron.

10 Then Absalom sent secret messengers throughout the tribes of Israel to say, "As soon as you hear the sound of the trumpets, then say, 'Absalom is king in Hebron.' " 11 Two hundred men from Jerusalem had accompanied Absalom. They had been invited as guests and went quite innocently, knowing nothing about the matter. 12 While Absalom was offering sacrifices, he also sent for Ahithophel the Gilonite, David's counselor, to come from Giloh, his hometown. And so the conspiracy gained strength, and Absalom's following kept on increasing.

David Flees

13 A messenger came and told David, "The hearts of the men of Israel are with Absalom."

14 Then David said to all his officials who were with him in Jerusalem, "Come! We must flee, or none of us will escape from Absalom. We must leave immediately, or he will move quickly to overtake us and bring ruin upon us and put the city to the sword."

15 The king's officials answered him, "Your servants are ready to do whatever our lord the king chooses."

16 The king set out, with his entire household following him; but he left ten concubines to take care of the palace. 17 So the king set out, with all the people following him, and they halted at a place some distance

---

[n] 15:7 *cuatro* (Siríaca, Josefo y mss. de LXX); *cuarenta* (TM).

[q] 7 Some Septuagint manuscripts, Syriac and Josephus; Hebrew *forty*   [r] 8 Some Septuagint manuscripts; Hebrew does not have *in Hebron.*

la ciudad. 18 Todos sus oficiales se pusieron a su lado. Entonces los quereteos y los peleteos, y seiscientos guititas que lo habían seguido desde Gat, desfilaron ante el rey.

19 El rey se dirigió a Itay el guitita:

—¿Y tú por qué vienes con nosotros? Regresa y quédate con el rey Absalón, ya que eres extranjero y has sido desterrado de tu propio país. 20 ¿Cómo voy a dejar que nos acompañes, si acabas de llegar y ni yo mismo sé a dónde vamos? Regresa y llévate a tus paisanos. ¡Y que el amor y la fidelidad de Dios te acompañen!

21 Pero Itay le respondió al rey:

—¡Tan cierto como que el SEÑOR y Su Majestad viven, juro que, para vida o para muerte, iré adondequiera que usted vaya!

22 —Está bien —contestó el rey—, ven con nosotros.

Así que Itay el guitita marchó con todos los hombres de David y con las familias que lo acompañaban. 23 Todo el pueblo lloraba a gritos mientras David pasaba con su gente, y cuando el rey cruzó el arroyo de Cedrón, toda la gente comenzó la marcha hacia el desierto. 24 Entre ellos se encontraba también Sadoc, con los levitas que llevaban el arca del *pacto de Dios. Éstos hicieron descansar el arca en el suelo, y Abiatar ofreció sacrificiosñ hasta que toda la gente terminó de salir de la ciudad. 25 Luego le dijo el rey al sacerdote Sadoc:

—Devuelve el arca de Dios a la ciudad. Si cuento con el favor del SEÑOR, él hará que yo regrese y vuelva a ver el arca y el lugar donde él reside. 26 Pero si el SEÑOR me hace saber que no le agrado, quedo a su merced y puede hacer conmigo lo que mejor le parezca.

27 También le dijo:

—Como tú eres vidente, puedes volver tranquilo a la ciudad con Abiatar, y llevarte contigo a tu hijo Ajimaz y a Jonatán hijo de Abiatar. 28 Yo me quedaré en los llanos del desierto hasta que ustedes me informen de la situación.

29 Entonces Sadoc y Abiatar volvieron a Jerusalén con el arca de Dios, y allí se quedaron. 30 David, por su parte, subió al monte de los Olivos llorando, con la cabeza cubierta y los pies descalzos. También todos los que lo acompañaban se cubrieron la cabeza y subieron llorando. 31 En eso le informaron a David que Ajitofel se había unido a la conspiración de Absalón. Entonces David oró: «SEÑOR, haz que fracasen los planes de Ajitofel.»

32 Cuando David llegó a la cumbre del monte, donde se rendía culto a Dios, se encontró con Husay el arquita, que en señal de duelo llevaba las vestiduras rasgadas y la cabeza cubierta de ceniza. 33 David le dijo:

—Si vienes conmigo, vas a serme una carga. 34 Es mejor que regreses a la ciudad y le digas a Absalón: "Majestad, estoy a su servicio. Antes fui siervo de su padre, pero ahora lo soy de usted." De ese modo podrás ayudarme a desbaratar los planes de Ajitofel. 35 Allí contarás con los sacerdotes Sadoc y Abiatar, así que manténlos informados de todo lo que escuches en el palacio real. 36 También contarás con Ajimaz hijo de Sadoc y con Jonatán hijo de Abiatar; comuníquenme ustedes por medio de ellos cualquier cosa que averigüen.

37 Husay, que era amigo de David, llegó a Jerusalén en el momento en que Absalón entraba en la ciudad.

away. 18 All his men marched past him, along with all the Kerethites and Pelethites; and all the six hundred Gittites who had accompanied him from Gath marched before the king.

19 The king said to Ittai the Gittite, "Why should you come along with us? Go back and stay with King Absalom. You are a foreigner, an exile from your homeland. 20 You came only yesterday. And today shall I make you wander about with us, when I do not know where I am going? Go back, and take your countrymen. May kindness and faithfulness be with you."

21 But Ittai replied to the king, "As surely as the LORD lives, and as my lord the king lives, wherever my lord the king may be, whether it means life or death, there will your servant be."

22 David said to Ittai, "Go ahead, march on." So Ittai the Gittite marched on with all his men and the families that were with him.

23 The whole countryside wept aloud as all the people passed by. The king also crossed the Kidron Valley, and all the people moved on toward the desert.

24 Zadok was there, too, and all the Levites who were with him were carrying the ark of the covenant of God. They set down the ark of God, and Abiathar offered sacrificess until all the people had finished leaving the city.

25 Then the king said to Zadok, "Take the ark of God back into the city. If I find favor in the LORD's eyes, he will bring me back and let me see it and his dwelling place again. 26 But if he says, 'I am not pleased with you,' then I am ready; let him do to me whatever seems good to him."

27 The king also said to Zadok the priest, "Aren't you a seer? Go back to the city in peace, with your son Ahimaaz and Jonathan son of Abiathar. You and Abiathar take your two sons with you. 28 I will wait at the fords in the desert until word comes from you to inform me." 29 So Zadok and Abiathar took the ark of God back to Jerusalem and stayed there.

30 But David continued up the Mount of Olives, weeping as he went; his head was covered and he was barefoot. All the people with him covered their heads too and were weeping as they went up. 31 Now David had been told, "Ahithophel is among the conspirators with Absalom." So David prayed, "O LORD, turn Ahithophel's counsel into foolishness."

32 When David arrived at the summit, where people used to worship God, Hushai the Arkite was there to meet him, his robe torn and dust on his head. 33 David said to him, "If you go with me, you will be a burden to me. 34 But if you return to the city and say to Absalom, 'I will be your servant, O king; I was your father's servant in the past, but now I will be your servant,' then you can help me by frustrating Ahithophel's advice. 35 Won't the priests Zadok and Abiathar be there with you? Tell them anything you hear in the king's palace. 36 Their two sons, Ahimaaz son of Zadok and Jonathan son of Abiathar, are there with them. Send them to me with anything you hear."

37 So David's friend Hushai arrived at Jerusalem as Absalom was entering the city.

ñ 15:24 ofreció sacrificios. Alt. subió.   s 24 Or Abiathar went up

David y Siba

16 Un poco más allá de la cumbre del monte, David se encontró con Siba, el criado de Mefiboset, que llevaba un par de asnos aparejados y cargados con doscientos panes, cien tortas de uvas pasas, cien tortas de higos y un odre de vino.

2 —¿Qué vas a hacer con todo esto? —le preguntó el rey.

Siba respondió:

—Los asnos son para que monte la familia de Su Majestad, el pan y la fruta son para que coman los soldados, y el vino es para que beban los que desfallezcan en el desierto.

3 Entonces el rey le preguntó:

—¿Dónde está el nieto de tu amo?

—Se quedó en Jerusalén —respondió Siba—. Él se imagina que ahora la nación de Israel le va a devolver el reino de su abuelo.

4 —Bueno —replicó el rey—, todo lo que antes fue de Mefiboset ahora es tuyo.

—¡A sus pies, mi señor y rey! —exclamó Siba—. ¡Que cuente yo siempre con el favor de Su Majestad!

Simí maldice a David

5 Cuando el rey David llegó a Bajurín, salía de allí un hombre de la familia de Saúl, llamado Simí hijo de Guerá. Éste se puso a maldecir, 6 y a tirarles piedras a David y a todos sus oficiales, a pesar de que las tropas y la guardia real rodeaban al rey. 7 En sus insultos, Simí le decía al rey:

—¡Largo de aquí! ¡Asesino! ¡Canalla! 8 El SEÑOR te está dando tu merecido por haber masacrado a la familia de Saúl para reinar en su lugar. Por eso el SEÑOR le ha entregado el reino a tu hijo Absalón. Has caído en desgracia, porque eres un asesino.

9 Abisay hijo de Sarvia le dijo al rey:

—¿Cómo se atreve este *perro muerto a maldecir a Su Majestad? ¡Déjeme que vaya y le corte la cabeza!

10 Pero el rey respondió:

—Esto no es asunto mío ni de ustedes, hijos de Sarvia. A lo mejor el SEÑOR le ha ordenado que me maldiga. Y si es así, ¿quién se lo puede reclamar?

11 Dirigiéndose a Abisay y a todos sus oficiales, David añadió:

—Si el hijo de mis entrañas intenta quitarme la *vida, ¡qué no puedo esperar de este benjaminita! Déjenlo que me maldiga, pues el SEÑOR se lo ha mandado. 12 A lo mejor el SEÑOR toma en cuenta mi aflicción y me paga con bendiciones las maldiciones que estoy recibiendo.

13 David y sus hombres reanudaron el viaje. Simí, por su parte, los seguía por la ladera del monte, maldiciendo a David, tirándole piedras y levantando polvo. 14 El rey y quienes lo acompañaban llegaron agotados a su destino, así que descansaron allí.

El consejo de Husay y Ajitofel

15 Mientras tanto, Absalón y todos los israelitas que lo seguían habían entrado en Jerusalén; también Ajitofel lo acompañaba. 16 Entonces Husay el arquita, amigo de David, fue a ver a Absalón y exclamó:

—¡Viva el rey! ¡Viva el rey!

17 Absalón le preguntó:

—¿Así muestras tu lealtad a tu amigo? ¿Cómo es que no te fuiste con él?

18 —De ningún modo —respondió Husay—. Soy más bien amigo del elegido del SEÑOR, elegido también por este pueblo y por todos los israelitas. Así que yo me quedo con usted. 19 Además, ¿a quién voy a servir? Serviré al hijo, como antes serví al padre.

David and Ziba

16 When David had gone a short distance beyond the summit, there was Ziba, the steward of Mephibosheth, waiting to meet him. He had a string of donkeys saddled and loaded with two hundred loaves of bread, a hundred cakes of raisins, a hundred cakes of figs and a skin of wine.

2 The king asked Ziba, "Why have you brought these?"

Ziba answered, "The donkeys are for the king's household to ride on, the bread and fruit are for the men to eat, and the wine is to refresh those who become exhausted in the desert."

3 The king then asked, "Where is your master's grandson?"

Ziba said to him, "He is staying in Jerusalem, because he thinks, 'Today the house of Israel will give me back my grandfather's kingdom.' "

4 Then the king said to Ziba, "All that belonged to Mephibosheth is now yours."

"I humbly bow," Ziba said. "May I find favor in your eyes, my lord the king."

Shimei Curses David

5 As King David approached Bahurim, a man from the same clan as Saul's family came out from there. His name was Shimei son of Gera, and he cursed as he came out. 6 He pelted David and all the king's officials with stones, though all the troops and the special guard were on David's right and left. 7 As he cursed, Shimei said, "Get out, get out, you man of blood, you scoundrel! 8 The LORD has repaid you for all the blood you shed in the household of Saul, in whose place you have reigned. The LORD has handed the kingdom over to your son Absalom. You have come to ruin because you are a man of blood!"

9 Then Abishai son of Zeruiah said to the king, "Why should this dead dog curse my lord the king? Let me go over and cut off his head."

10 But the king said, "What do you and I have in common, you sons of Zeruiah? If he is cursing because the LORD said to him, 'Curse David,' who can ask, 'Why do you do this?' "

11 David then said to Abishai and all his officials, "My son, who is of my own flesh, is trying to take my life. How much more, then, this Benjamite! Leave him alone; let him curse, for the LORD has told him to. 12 It may be that the LORD will see my distress and repay me with good for the cursing I am receiving today."

13 So David and his men continued along the road while Shimei was going along the hillside opposite him, cursing as he went and throwing stones at him and showering him with dirt. 14 The king and all the people with him arrived at their destination exhausted. And there he refreshed himself.

The Advice of Hushai and Ahithophel

15 Meanwhile, Absalom and all the men of Israel came to Jerusalem, and Ahithophel was with him. 16 Then Hushai the Arkite, David's friend, went to Absalom and said to him, "Long live the king! Long live the king!"

17 Absalom asked Hushai, "Is this the love you show your friend? Why didn't you go with your friend?"

18 Hushai said to Absalom, "No, the one chosen by the LORD, by these people, and by all the men of Israel—his I will be, and I will remain with him. 19 Furthermore, whom should I serve? Should I not serve the son? Just as I served your father, so I will serve you."

20 Luego le dijo Absalón a Ajitofel:

—Pónganse a pensar en lo que debemos hacer.

21 Ajitofel le respondió:

—Acuéstese usted con las concubinas que su padre dejó al cuidado del palacio. De ese modo todos los israelitas se darán cuenta de que Su Majestad ha roto con su padre, y quienes lo apoyan a usted se fortalecerán en el poder.

22 Entonces instalaron una tienda de campaña en la azotea para que Absalón se acostara con las concubinas de su padre a la vista de todos los israelitas. **23** En aquella época, recibir el consejo de Ajitofel era como oír la palabra misma de Dios, y esto era así tanto para David como para Absalón.

17 Además, Ajitofel le propuso a Absalón lo siguiente:

—Yo escogería doce mil soldados, y esta misma noche saldría en busca de David. **2** Como él debe de estar cansado y sin ánimo, lo atacaría, le haría sentir mucho miedo y pondría en fuga al resto de la gente que está con él. Pero mataría solamente al rey, **3** y los demás se los traería a Su Majestad. La muerte del hombre que usted busca dará por resultado el regreso de los otros,*o* y todo el pueblo quedará en *paz.

4 La propuesta le pareció acertada a Absalón, lo mismo que a todos los *ancianos de Israel, **5** pero Absalón dijo:

—Llamemos también a Husay el arquita, para ver cuál es su opinión.

6 Cuando Husay llegó, Absalón le preguntó:

—¿Debemos adoptar el plan que Ajitofel nos ha propuesto? Si no, ¿qué propones tú?

7 —Esta vez el plan de Ajitofel no es bueno —respondió Husay—. **8** Usted conoce bien a su padre David y a sus soldados: son valientes, y deben estar furiosos como una osa salvaje a la que le han robado su cría. Además, su padre tiene mucha experiencia como hombre de guerra y no ha de pasar la noche con las tropas. **9** Ya debe de estar escondido en alguna cueva o en otro lugar. Si él ataca primero,*p* cualquiera que se entere dirá: "Ha habido una matanza entre las tropas de Absalón." **10** Entonces aun los soldados más valientes, que son tan bravos como un león, se van a acobardar, pues todos los israelitas saben que David, su padre, es un gran soldado y cuenta con hombres muy valientes.

11 »El plan que yo propongo es el siguiente: Convoque Su Majestad a todos los israelitas que hay, desde Dan hasta Berseba. Son tan numerosos como la arena a la orilla del mar, y Su Majestad mismo debe dirigirlos en la batalla. **12** Atacaremos a David, no importa dónde se encuentre; caeremos sobre él como el rocío que cae sobre la tierra. No quedarán vivos ni él ni ninguno de sus soldados. **13** Y si llega a refugiarse en algún pueblo, todos los israelitas llevaremos sogas a ese lugar, y juntos arrastraremos a ese pueblo hasta el arroyo, de modo que no quede allí ni una piedra.

14 Absalón y todos los israelitas dijeron:

—El plan de Husay el arquita es mejor que el de Ajitofel.

Esto sucedió porque el SEÑOR había determinado hacer fracasar el consejo de Ajitofel, aunque era el más acertado, y de ese modo llevar a Absalón a la ruina.

20 Absalom said to Ahithophel, "Give us your advice. What should we do?"

21 Ahithophel answered, "Lie with your father's concubines whom he left to take care of the palace. Then all Israel will hear that you have made yourself a stench in your father's nostrils, and the hands of everyone with you will be strengthened." **22** So they pitched a tent for Absalom on the roof, and he lay with his father's concubines in the sight of all Israel.

23 Now in those days the advice Ahithophel gave was like that of one who inquires of God. That was how both David and Absalom regarded all of Ahithophel's advice.

17 Ahithophel said to Absalom, "I would*t* choose twelve thousand men and set out tonight in pursuit of David. **2** I would*u* attack him while he is weary and weak. I would*u* strike him with terror, and then all the people with him will flee. I would*u* strike down only the king **3** and bring all the people back to you. The death of the man you seek will mean the return of all; all the people will be unharmed." **4** This plan seemed good to Absalom and to all the elders of Israel.

5 But Absalom said, "Summon also Hushai the Arkite, so we can hear what he has to say." **6** When Hushai came to him, Absalom said, "Ahithophel has given this advice. Should we do what he says? If not, give us your opinion."

7 Hushai replied to Absalom, "The advice Ahithophel has given is not good this time. **8** You know your father and his men; they are fighters, and as fierce as a wild bear robbed of her cubs. Besides, your father is an experienced fighter; he will not spend the night with the troops. **9** Even now, he is hidden in a cave or some other place. If he should attack your troops first,*v* whoever hears about it will say, 'There has been a slaughter among the troops who follow Absalom.' **10** Then even the bravest soldier, whose heart is like the heart of a lion, will melt with fear, for all Israel knows that your father is a fighter and that those with him are brave.

11 "So I advise you: Let all Israel, from Dan to Beersheba—as numerous as the sand on the seashore—be gathered to you, with you yourself leading them into battle. **12** Then we will attack him wherever he may be found, and we will fall on him as dew settles on the ground. Neither he nor any of his men will be left alive. **13** If he withdraws into a city, then all Israel will bring ropes to that city, and we will drag it down to the valley until not even a piece of it can be found."

14 Absalom and all the men of Israel said, "The advice of Hushai the Arkite is better than that of Ahithophel." For the LORD had determined to frustrate the good advice of Ahithophel in order to bring disaster on Absalom.

---

o 17:3 *La muerte ... los otros.* Texto de difícil traducción.
p 17:9 *Si él ataca primero.* Alt. *Cuando algunos de los hombres caigan en el primer ataque.*

t 1 Or *Let me*   *u* 2 Or *will*   *v* 9 Or *When some of the men fall at the first attack*

15 Entonces Husay les dijo a los sacerdotes Sadoc y Abiatar:

—Ajitofel les propuso tal y tal plan a Absalón y a los ancianos de Israel, pero yo les propuse este otro. 16 Dense prisa y mándenle este mensaje a David: "No pase Su Majestad la noche en los llanos del desierto; más bien, cruce de inmediato al otro lado, no vaya a ser que Su Majestad y quienes lo acompañan sean aniquilados."

17 Jonatán y Ajimaz se habían quedado en Enroguel. Como no se podían arriesgar a que los vieran entrar en la ciudad, una criada estaba encargada de darles la información para que ellos se la pasaran al rey David. 18 Sin embargo, un joven los vio y se lo hizo saber a Absalón, así que ellos se fueron de allí en seguida. Cuando llegaron a la casa de cierto hombre en Bajurín, se metieron en un pozo que él tenía en el patio. 19 La esposa de aquel hombre cubrió el pozo y esparció trigo sobre la tapa. De esto nadie se enteró. 20 Al pasar los soldados de Absalón por la casa, le preguntaron a la mujer:

—¿Dónde están Jonatán y Ajimaz?

—Cruzaron el río*q* —respondió ella.

Los soldados salieron en busca de ellos, pero como no pudieron encontrarlos, regresaron a Jerusalén. 21 Después de que los soldados se fueron, Jonatán y Ajimaz salieron del pozo y se dirigieron adonde estaba David para ponerlo sobre aviso. Le dijeron:

—Crucen el río a toda prisa, pues Ajitofel ha aconsejado que los ataquen.

22 Por tanto, David y quienes lo acompañaban se fueron y cruzaron el Jordán antes de que amaneciera. Todos sin excepción lo cruzaron. 23 Ajitofel, por su parte, al ver que Absalón no había seguido su consejo, aparejó el asno y se fue a su pueblo. Cuando llegó a su casa, luego de arreglar sus asuntos, fue y se ahorcó. Así murió, y fue enterrado en la tumba de su padre.

24 David se dirigió a Majanayin, y Absalón lo siguió, cruzando el Jordán con todos los israelitas. 25 Ahora bien, en lugar de Joab, Absalón había nombrado general de su ejército a Amasá, que era hijo de un hombre llamado Itrá,*r* el cual era ismaelita*s* y se había casado con Abigaíl, hija de Najás y hermana de Sarvia, la madre de Joab. 26 Los israelitas que estaban con Absalón acamparon en el territorio de Galaad.

27 Cuando David llegó a Majanayin, allí estaban Sobí hijo de Najás, oriundo de Rabá, ciudad amonita; Maquir hijo de Amiel, que era de Lo Debar; y Barzilay el galaadita, habitante de Roguelín. 28 Éstos habían llevado camas, vasijas y ollas de barro, y también trigo, cebada, harina, grano tostado, habas, lentejas,*t* 29 miel, cuajada, queso de vaca y ovejas. Les ofrecieron esos alimentos a David y a su comitiva para que se los comieran, pues pensaban que en el desierto esta gente habría pasado hambre y sed, y estaría muy cansada.

Muerte de Absalón

18 David pasó revista a sus tropas y nombró jefes sobre grupos de mil y de cien soldados. 2 Los dividió en tres unidades y los envió a la batalla. La primera unidad estaba bajo el mando de Joab, la segunda bajo el mando de Abisay, hijo de Sarvia y hermano de Joab, y la tercera bajo el mando de Itay el guitita.

—Yo los voy a acompañar —dijo el rey.

15 Hushai told Zadok and Abiathar, the priests, "Ahithophel has advised Absalom and the elders of Israel to do such and such, but I have advised them to do so and so. 16 Now send a message immediately and tell David, 'Do not spend the night at the fords in the desert; cross over without fail, or the king and all the people with him will be swallowed up.' "

17 Jonathan and Ahimaaz were staying at En Rogel. A servant girl was to go and inform them, and they were to go and tell King David, for they could not risk being seen entering the city. 18 But a young man saw them and told Absalom. So the two of them left quickly and went to the house of a man in Bahurim. He had a well in his courtyard, and they climbed down into it. 19 His wife took a covering and spread it out over the opening of the well and scattered grain over it. No one knew anything about it.

20 When Absalom's men came to the woman at the house, they asked, "Where are Ahimaaz and Jonathan?"

The woman answered them, "They crossed over the brook."*w* The men searched but found no one, so they returned to Jerusalem.

21 After the men had gone, the two climbed out of the well and went to inform King David. They said to him, "Set out and cross the river at once; Ahithophel has advised such and such against you." 22 So David and all the people with him set out and crossed the Jordan. By daybreak, no one was left who had not crossed the Jordan.

23 When Ahithophel saw that his advice had not been followed, he saddled his donkey and set out for his house in his hometown. He put his house in order and then hanged himself. So he died and was buried in his father's tomb.

24 David went to Mahanaim, and Absalom crossed the Jordan with all the men of Israel. 25 Absalom had appointed Amasa over the army in place of Joab. Amasa was the son of a man named Jether,*x* an Israelite*y* who had married Abigail,*z* the daughter of Nahash and sister of Zeruiah the mother of Joab. 26 The Israelites and Absalom camped in the land of Gilead.

27 When David came to Mahanaim, Shobi son of Nahash from Rabbah of the Ammonites, and Makir son of Ammiel from Lo Debar, and Barzillai the Gileadite from Rogelim 28 brought bedding and bowls and articles of pottery. They also brought wheat and barley, flour and roasted grain, beans and lentils,*a* 29 honey and curds, sheep, and cheese from cows' milk for David and his people to eat. For they said, "The people have become hungry and tired and thirsty in the desert."

Absalom's Death

18 David mustered the men who were with him and appointed over them commanders of thousands and commanders of hundreds. 2 David sent the troops out—a third under the command of Joab, a third under Joab's brother Abishai son of Zeruiah, and a third under Ittai the Gittite. The king told the troops, "I myself will surely march out with you."

---

q 17:20 Cruzaron el río. Alt. Pasaron por el redil hacia el agua.
r 17:25 Itrá. También llamado Jeter (véase 1Cr 2:17).
s 17:25 ismaelita (mss. de LXX; véase 1Cr 2:17); israelita (TM).
t 17:28 lentejas (LXX y Siríaca); lentejas y grano tostado (TM).

3 Pero los soldados respondieron:

—No, Su Majestad no debe acompañarnos. Si tenemos que huir, el enemigo no se va a ocupar de nosotros. Y aun si la mitad de nosotros muere, a ellos no les va a importar. ¡Pero Su Majestad vale por diez mil de nosotros!ᵘ Así que es mejor que se quede y nos apoye desde la ciudad.

4 —Bien —dijo el rey—, haré lo que les parezca más conveniente.

Dicho esto, se puso a un lado de la *entrada de la ciudad, mientras todos los soldados marchaban en grupos de cien y de mil. 5 Además, el rey dio esta orden a Joab, Abisay e Itay:

—No me traten duro al joven Absalón.

Y todas las tropas oyeron las instrucciones que el rey le dio a cada uno de sus generales acerca de Absalón.

6 El ejército marchó al campo para pelear contra Israel, y la batalla se libró en el bosque de Efraín. 7 La lucha fue intensa aquel día: hubo veinte mil bajas. Sin embargo, los soldados de David derrotaron allí al ejército de Israel. 8 La batalla se extendió por toda el área, de modo que el bosque causó más muertes que la espada misma.

9 Absalón, que huía montado en una mula, se encontró con los soldados de David. La mula se metió por debajo de una gran encina, y a Absalón se le trabó la cabeza entre las ramas. Como la mula siguió de largo, Absalón quedó colgado en el aire. 10 Un soldado que vio lo sucedido le dijo a Joab:

—Acabo de ver a Absalón colgado de una encina.

11 —¡Cómo! —exclamó Joab—. ¿Lo viste y no lo mataste ahí mismo? Te habría dado diez monedas de plataᵛ y un cinturón.

12 Pero el hombre respondió:

—Aun si recibiera mil monedas, yo no alzaría la mano contra el hijo del rey. Todos oímos cuando el rey les ordenó a usted, a Abisay y a Itay que no le hicieran daño al joven Absalón. 13 Si yo me hubiera arriesgado,ʷ me habrían descubierto, pues nada se le escapa al rey; y usted, por su parte, me habría abandonado.

14 —No voy a malgastar mi tiempo contigo —replicó Joab.

Acto seguido, agarró tres lanzas y fue y se las clavó en el pecho a Absalón, que todavía estaba vivo en medio de la encina. 15 Luego, diez de los escuderos de Joab rodearon a Absalón y lo remataron.

16 Entonces Joab mandó tocar la trompeta para detener a las tropas, y dejaron de perseguir a los israelitas. 17 Después tomaron el cuerpo de Absalón, lo tiraron en un hoyo grande que había en el bosque, y sobre su cadáver amontonaron muchísimas piedras. Mientras tanto, todos los israelitas huyeron a sus hogares.

18 En vida, Absalón se había erigido una *estela en el valle del Rey, pues pensaba: «No tengo ningún hijo que conserve mi memoria.» Así que a esa estela le puso su propio *nombre, y por eso hasta la fecha se conoce como la Estela de Absalón.

David hace duelo

19 Ajimaz hijo de Sadoc le propuso a Joab:

—Déjame ir corriendo para avisarle al rey que el SEÑOR lo ha librado del poder de sus enemigos.

20 —No le llevarás esta noticia hoy —le respondió Joab—. Podrás hacerlo en otra ocasión, pero no hoy, pues ha muerto el hijo del rey.

3 But the men said, "You must not go out; if we are forced to flee, they won't care about us. Even if half of us die, they won't care; but you are worth ten thousand of us.ᵇ It would be better now for you to give us support from the city."

4 The king answered, "I will do whatever seems best to you."

So the king stood beside the gate while all the men marched out in units of hundreds and of thousands. 5 The king commanded Joab, Abishai and Ittai, "Be gentle with the young man Absalom for my sake." And all the troops heard the king giving orders concerning Absalom to each of the commanders.

6 The army marched into the field to fight Israel, and the battle took place in the forest of Ephraim. 7 There the army of Israel was defeated by David's men, and the casualties that day were great—twenty thousand men. 8 The battle spread out over the whole countryside, and the forest claimed more lives that day than the sword.

9 Now Absalom happened to meet David's men. He was riding his mule, and as the mule went under the thick branches of a large oak, Absalom's head got caught in the tree. He was left hanging in midair, while the mule he was riding kept on going.

10 When one of the men saw this, he told Joab, "I just saw Absalom hanging in an oak tree."

11 Joab said to the man who had told him this, "What! You saw him? Why didn't you strike him to the ground right there? Then I would have had to give you ten shekelsᶜ of silver and a warrior's belt."

12 But the man replied, "Even if a thousand shekelsᵈ were weighed out into my hands, I would not lift my hand against the king's son. In our hearing the king commanded you and Abishai and Ittai, 'Protect the young man Absalom for my sake.ᵉ' 13 And if I had put my life in jeopardyᶠ—and nothing is hidden from the king—you would have kept your distance from me."

14 Joab said, "I'm not going to wait like this for you." So he took three javelins in his hand and plunged them into Absalom's heart while Absalom was still alive in the oak tree. 15 And ten of Joab's armor-bearers surrounded Absalom, struck him and killed him.

16 Then Joab sounded the trumpet, and the troops stopped pursuing Israel, for Joab halted them. 17 They took Absalom, threw him into a big pit in the forest and piled up a large heap of rocks over him. Meanwhile, all the Israelites fled to their homes.

18 During his lifetime Absalom had taken a pillar and erected it in the King's Valley as a monument to himself, for he thought, "I have no son to carry on the memory of my name." He named the pillar after himself, and it is called Absalom's Monument to this day.

David Mourns

19 Now Ahimaaz son of Zadok said, "Let me run and take the news to the king that the LORD has delivered him from the hand of his enemies."

20 "You are not the one to take the news today," Joab told him. "You may take the news another time, but you must not do so today, because the king's son is dead."

ᵘ 18:3 Su Majestad vale por diez mil de nosotros (dos mss. hebreos; véanse también LXX y Vulgata); ahora hay diez mil como nosotros (TM).   ᵛ 18:11 diez monedas de plata. Lit. diez ⌐*siclos⌐ de plata.   ʷ 18:13 me hubiera arriesgado. Alt. lo hubiera traicionado.

ᵇ 3 Two Hebrew manuscripts, some Septuagint manuscripts and Vulgate; most Hebrew manuscripts care; for now there are ten thousand like us   ᶜ 11 That is, about 4 ounces (about 115 grams)   ᵈ 12 That is, about 25 pounds (about 11 kilograms)   ᵉ 12 A few Hebrew manuscripts, Septuagint, Vulgate and Syriac; most Hebrew manuscripts may be translated Absalom, whoever you may be.   ᶠ 13 Or Otherwise, if I had acted treacherously toward him

21 Entonces Joab se dirigió a un soldado *cusita y le ordenó:

—Ve tú y dile al rey lo que has visto.

El cusita se inclinó ante Joab y salió corriendo.
22 Pero Ajimaz hijo de Sadoc insistió:

—Pase lo que pase, déjame correr con el cusita.

—Pero muchacho —respondió Joab—, ¿para qué quieres ir? ¡Ni pienses que te van a dar una recompensa por la noticia!

23 —Pase lo que pase, quiero ir.

—Anda, pues.

Ajimaz salió corriendo por la llanura y se adelantó al cusita. 24 Mientras tanto, David se hallaba sentado en el pasadizo que está entre las dos *puertas de la ciudad. El centinela, que había subido al muro de la puerta, alzó la vista y vio a un hombre que corría solo. 25 Cuando el centinela se lo anunció al rey, éste comentó:

—Si viene solo, debe de traer buenas noticias.

Pero mientras el hombre seguía corriendo y se acercaba, 26 el centinela se dio cuenta de que otro hombre corría detrás de él, así que le anunció al guarda de la puerta:

—¡Por ahí viene otro hombre corriendo solo!

—Ése también debe de traer buenas noticias —dijo el rey.

27 El centinela añadió:

—Me parece que el primero corre como Ajimaz hijo de Sadoc.

—Es un buen hombre —comentó el rey—; seguro que trae buenas noticias.

28 Ajimaz llegó y saludó al rey postrándose rostro en tierra, y le dijo:

—¡Bendito sea el Señor, Dios de Su Majestad, pues nos ha entregado a los que se habían rebelado en contra suya!

29 —¿Y está bien el joven Absalón? —preguntó el rey.

Ajimaz respondió:

—En el momento en que tu siervo Joab me enviaba, vi que se armó un gran alboroto, pero no pude saber lo que pasaba.

30 —Pasa y quédate ahí —le dijo el rey.

Ajimaz se hizo a un lado. 31 Entonces llegó el cusita y anunció:

—Le traigo buenas noticias a Su Majestad. El Señor lo ha librado hoy de todos los que se habían rebelado en contra suya.

32 —¿Y está bien el joven Absalón? —preguntó el rey.

El cusita contestó:

—¡Que sufran como ese joven los enemigos de Su Majestad, y todos los que intentan hacerle mal!

33 Al oír esto, el rey se estremeció; y mientras subía al cuarto que está encima de la puerta, lloraba y decía: «¡Ay, Absalón, hijo mío! ¡Hijo mío, Absalón, hijo mío! ¡Ojalá hubiera muerto yo en tu lugar! ¡Ay, Absalón, hijo mío, hijo mío!»

19 Avisaron a Joab que el rey estaba llorando amargamente por Absalón. 2 Cuando las tropas se enteraron de que el rey estaba afligido por causa de su hijo, la victoria de aquel día se convirtió en duelo para todo el ejército. 3 Por eso las tropas entraron en la ciudad furtivamente, como lo hace un ejército abochornado por haber huido del combate. 4 Pero el rey, cubriéndose la cara, seguía gritando a voz en cuello: «¡Ay, Absalón, hijo mío! ¡Ay, Absalón, hijo mío, hijo mío!»

21 Then Joab said to a Cushite, "Go, tell the king what you have seen." The Cushite bowed down before Joab and ran off.

22 Ahimaaz son of Zadok again said to Joab, "Come what may, please let me run behind the Cushite."

But Joab replied, "My son, why do you want to go? You don't have any news that will bring you a reward."

23 He said, "Come what may, I want to run."

So Joab said, "Run!" Then Ahimaaz ran by way of the plain g and outran the Cushite.

24 While David was sitting between the inner and outer gates, the watchman went up to the roof of the gateway by the wall. As he looked out, he saw a man running alone. 25 The watchman called out to the king and reported it.

The king said, "If he is alone, he must have good news." And the man came closer and closer.

26 Then the watchman saw another man running, and he called down to the gatekeeper, "Look, another man running alone!"

The king said, "He must be bringing good news, too."

27 The watchman said, "It seems to me that the first one runs like Ahimaaz son of Zadok."

"He's a good man," the king said. "He comes with good news."

28 Then Ahimaaz called out to the king, "All is well!" He bowed down before the king with his face to the ground and said, "Praise be to the Lord your God! He has delivered up the men who lifted their hands against my lord the king."

29 The king asked, "Is the young man Absalom safe?"

Ahimaaz answered, "I saw great confusion just as Joab was about to send the king's servant and me, your servant, but I don't know what it was."

30 The king said, "Stand aside and wait here." So he stepped aside and stood there.

31 Then the Cushite arrived and said, "My lord the king, hear the good news! The Lord has delivered you today from all who rose up against you."

32 The king asked the Cushite, "Is the young man Absalom safe?"

The Cushite replied, "May the enemies of my lord the king and all who rise up to harm you be like that young man."

33 The king was shaken. He went up to the room over the gateway and wept. As he went, he said: "O my son Absalom! My son, my son Absalom! If only I had died instead of you—O Absalom, my son, my son!"

19 Joab was told, "The king is weeping and mourning for Absalom." 2 And for the whole army the victory that day was turned into mourning, because on that day the troops heard it said, "The king is grieving for his son." 3 The men stole into the city that day as men steal in who are ashamed when they flee from battle. 4 The king covered his face and cried aloud, "O my son Absalom! O Absalom, my son, my son!"

g 23 That is, the plain of the Jordan

⁵Entonces Joab fue adonde estaba el rey y le dijo: «Hoy Su Majestad ha llenado de vergüenza a todos sus siervos que le salvaron la *vida, y la de sus hijos e hijas y esposas y concubinas. ⁶¡Usted ama a quienes lo odian, y odia a quienes lo aman! Hoy ha dejado muy en claro que nada le importan sus generales ni sus soldados. Ahora me doy cuenta de que usted preferiría que todos nosotros estuviéramos muertos, con tal de que Absalón siguiera con vida. ⁷¡Vamos! ¡Salga usted y anime a sus tropas! Si no lo hace, juro por el Señor que para esta noche ni un solo soldado se quedará con usted. ¡Y eso sería peor que todas las calamidades que Su Majestad ha sufrido desde su juventud hasta ahora!»

⁸Ante esto, el rey se levantó y fue a sentarse junto a la puerta de la ciudad. Cuando los soldados lo supieron, fueron todos a presentarse ante él.

David regresa a Jerusalén

Los israelitas, mientras tanto, habían huido a sus hogares, ⁹y por todas las tribus de Israel se hablaba de la situación. Decían: «El rey nos rescató del poder de nuestros enemigos; él nos libró del dominio de los filisteos. Por causa de Absalón tuvo que huir del país. ¹⁰Pero ahora Absalón, al que habíamos ungido como rey, ha muerto en la batalla. ¿Qué nos impide pedirle al rey que vuelva?»

¹¹Entonces el rey David mandó este mensaje a los sacerdotes Sadoc y Abiatar: «Hablen con los *ancianos de Judá y díganles: "El rey se ha enterado de lo que se habla por todo Israel. ¿Serán ustedes los últimos en pedirme a mí, el rey, que regrese a mi palacio? ¹²Ustedes son mis hermanos, ¡son de mi propia sangre! ¿Por qué han de ser los últimos en llamarme?" ¹³Díganle también a Amasá: "¿Acaso no eres de mi propia sangre? Tú serás de por vida el general de mi ejército, en lugar de Joab. ¡Que Dios me castigue sin piedad si no lo cumplo!"»

¹⁴Así el rey se ganó el aprecio de todos los de Judá, quienes a una voz le pidieron que regresara con todas sus tropas, ¹⁵de modo que el rey emprendió el viaje y llegó hasta el Jordán. Los de Judá se dirigieron entonces a Guilgal para encontrarse con el rey y acompañarlo a cruzar el río. ¹⁶Pero el benjaminita Simí hijo de Guerá, oriundo de Bajurín, se apresuró a bajar con los de Judá para recibir al rey David. ¹⁷Con él iban mil benjaminitas, e incluso Siba, que había sido administrador de la familia de Saúl, con sus quince hijos y veinte criados. Éstos llegaron al Jordán antes que el rey ¹⁸y vadearon el río para ponerse a las órdenes del rey y ayudar a la familia real a cruzar el Jordán. Cuando el rey estaba por cruzarlo, Simí hijo de Guerá se inclinó ante él ¹⁹y le dijo:

—Ruego a mi señor el rey que no tome en cuenta mi delito ni recuerde el mal que hizo este servidor suyo el día en que Su Majestad salió de Jerusalén. Le ruego a Su Majestad que olvide eso. ²⁰Reconozco que he pecado, y por eso hoy, de toda la tribu de José, he sido el primero en salir a recibir a mi señor el rey.

²¹Pero Abisay hijo de Sarvia exclamó:

—¡Simí maldijo al *ungido del Señor, y merece la muerte!

²²David respondió:

—Hijos de Sarvia, esto no es asunto de ustedes, sino mío. Están actuando como si fueran mis adversarios. ¿Cómo va a morir hoy alguien del pueblo, cuando precisamente en este día vuelvo a ser rey de Israel?

²³Y dirigiéndose a Simí, el rey le juró:

—¡No morirás!

⁵Then Joab went into the house to the king and said, "Today you have humiliated all your men, who have just saved your life and the lives of your sons and daughters and the lives of your wives and concubines. ⁶You love those who hate you and hate those who love you. You have made it clear today that the commanders and their men mean nothing to you. I see that you would be pleased if Absalom were alive today and all of us were dead. ⁷Now go out and encourage your men. I swear by the Lord that if you don't go out, not a man will be left with you by nightfall. This will be worse for you than all the calamities that have come upon you from your youth till now."

⁸So the king got up and took his seat in the gateway. When the men were told, "The king is sitting in the gateway," they all came before him.

David Returns to Jerusalem

Meanwhile, the Israelites had fled to their homes. ⁹Throughout the tribes of Israel, the people were all arguing with each other, saying, "The king delivered us from the hand of our enemies; he is the one who rescued us from the hand of the Philistines. But now he has fled the country because of Absalom; ¹⁰and Absalom, whom we anointed to rule over us, has died in battle. So why do you say nothing about bringing the king back?"

¹¹King David sent this message to Zadok and Abiathar, the priests: "Ask the elders of Judah, 'Why should you be the last to bring the king back to his palace, since what is being said throughout Israel has reached the king at his quarters? ¹²You are my brothers, my own flesh and blood. So why should you be the last to bring back the king?' ¹³And say to Amasa, 'Are you not my own flesh and blood? May God deal with me, be it ever so severely, if from now on you are not the commander of my army in place of Joab.' "

¹⁴He won over the hearts of all the men of Judah as though they were one man. They sent word to the king, "Return, you and all your men." ¹⁵Then the king returned and went as far as the Jordan.

Now the men of Judah had come to Gilgal to go out and meet the king and bring him across the Jordan. ¹⁶Shimei son of Gera, the Benjamite from Bahurim, hurried down with the men of Judah to meet King David. ¹⁷With him were a thousand Benjamites, along with Ziba, the steward of Saul's household, and his fifteen sons and twenty servants. They rushed to the Jordan, where the king was. ¹⁸They crossed at the ford to take the king's household over and to do whatever he wished.

When Shimei son of Gera crossed the Jordan, he fell prostrate before the king ¹⁹and said to him, "May my lord not hold me guilty. Do not remember how your servant did wrong on the day my lord the king left Jerusalem. May the king put it out of his mind. ²⁰For I your servant know that I have sinned, but today I have come here as the first of the whole house of Joseph to come down and meet my lord the king."

²¹Then Abishai son of Zeruiah said, "Shouldn't Shimei be put to death for this? He cursed the Lord's anointed."

²²David replied, "What do you and I have in common, you sons of Zeruiah? This day you have become my adversaries! Should anyone be put to death in Israel today? Do I not know that today I am king over Israel?" ²³So the king said to Shimei, "You shall not die." And the king promised him on oath.

24 También Mefiboset, el nieto de Saúl, salió a recibir al rey. No se había lavado los pies ni la ropa, ni se había recortado el bigote, desde el día en que el rey tuvo que irse hasta que regresó sano y salvo. 25 Cuando llegó de Jerusalén para recibir al rey, éste le preguntó:

—Mefiboset, ¿por qué no viniste conmigo?

26 —Mi señor y rey, como este servidor suyo es cojo, yo quería que me aparejaran un asno para montar y así poder acompañarlo. Pero mi criado Siba me traicionó, 27 y ahora me ha calumniado ante Su Majestad. Sin embargo, Su Majestad es como un ángel de Dios y puede hacer conmigo lo que mejor le parezca. 28 No hay nadie en mi familia paterna que no merezca la muerte en presencia de mi señor el rey. A pesar de eso, Su Majestad le concedió a este servidor suyo comer en la mesa real. ¿Qué derecho tengo de pedirle algo más a Su Majestad?

29 El rey le dijo:

—No tienes que dar más explicaciones. Ya he decidido que tú y Siba se repartan las tierras.

30 —Él puede quedarse con todo —le respondió Mefiboset—; a mí me basta con que mi señor el rey haya regresado a su palacio sano y salvo.

31 También Barzilay el galaadita bajó al Jordán. Había viajado desde Roguelín para escoltar al rey cuando cruzara el río. 32 Barzilay, que ya era un anciano de ochenta años, le había proporcionado al rey todo lo necesario durante su estadía en Majanayin, pues era muy rico. 33 El rey le dijo:

—Acompáñame. Quédate conmigo en Jerusalén, y yo me encargaré de todo lo que necesites.

34 —Pero ¿cuántos años de vida me quedan? —respondió Barzilay—. ¿Para qué subir con el rey a Jerusalén? 35 Ya tengo ochenta años, y apenas puedo distinguir lo bueno de lo malo, o saborear lo que como y bebo, o aun apreciar las voces de los cantores y las cantoras. ¿Por qué ha de ser este servidor una carga más para mi señor el rey? 36 ¿Y por qué quiere Su Majestad recompensarme de este modo, cuando tan sólo voy a acompañarlo a cruzar el Jordán? 37 Déjeme usted regresar a mi propio pueblo, para que pueda morir allí y ser enterrado en la tumba de mis padres. Pero aquí le dejo a Quimán para que sirva a Su Majestad y lo acompañe a cruzar el río. Haga usted por él lo que haría por mí.

38 —Está bien —respondió el rey—, Quimán irá conmigo, y haré por él lo que me pides. Y a ti te daré todo lo que quieras.

39 La gente y el rey cruzaron el Jordán. Luego el rey le dio un beso a Barzilay y lo bendijo, y Barzilay volvió a su pueblo. 40 El rey, acompañado de Quimán y escoltado por las tropas de Judá y la mitad de las tropas de Israel, siguió hasta Guilgal. 41 Por eso los israelitas fueron a ver al rey y le reclamaron:

—¿Cómo es que nuestros hermanos de Judá se han adueñado del rey al cruzar el Jordán, y lo han escoltado a él, a su familia y a todas sus tropas?

42 Los de Judá respondieron:

—¿Y a qué viene ese enojo? ¡El rey es nuestro pariente cercano! ¿Acaso hemos vivido a costillas del rey? ¿Acaso nos hemos aprovechado de algo?

43 Pero los israelitas insistieron:

—¿Por qué nos tratan con tanto desprecio? ¡Nosotros tenemos diez veces más derecho que ustedes sobre el rey David! Además, ¿no fuimos nosotros los primeros en pedirle que volviera?

Entonces los de Judá les contestaron aun con más severidad.

24 Mephibosheth, Saul's grandson, also went down to meet the king. He had not taken care of his feet or trimmed his mustache or washed his clothes from the day the king left until the day he returned safely. 25 When he came from Jerusalem to meet the king, the king asked him, "Why didn't you go with me, Mephibosheth?"

26 He said, "My lord the king, since I your servant am lame, I said, 'I will have my donkey saddled and will ride on it, so I can go with the king.' But Ziba my servant betrayed me. 27 And he has slandered your servant to my lord the king. My lord the king is like an angel of God; so do whatever pleases you. 28 All my grandfather's descendants deserved nothing but death from my lord the king, but you gave your servant a place among those who eat at your table. So what right do I have to make any more appeals to the king?"

29 The king said to him, "Why say more? I order you and Ziba to divide the fields."

30 Mephibosheth said to the king, "Let him take everything, now that my lord the king has arrived home safely."

31 Barzillai the Gileadite also came down from Rogelim to cross the Jordan with the king and to send him on his way from there. 32 Now Barzillai was a very old man, eighty years of age. He had provided for the king during his stay in Mahanaim, for he was a very wealthy man. 33 The king said to Barzillai, "Cross over with me and stay with me in Jerusalem, and I will provide for you."

34 But Barzillai answered the king, "How many more years will I live, that I should go up to Jerusalem with the king? 35 I am now eighty years old. Can I tell the difference between what is good and what is not? Can your servant taste what he eats and drinks? Can I still hear the voices of men and women singers? Why should your servant be an added burden to my lord the king? 36 Your servant will cross over the Jordan with the king for a short distance, but why should the king reward me in this way? 37 Let your servant return, that I may die in my own town near the tomb of my father and mother. But here is your servant Kimham. Let him cross over with my lord the king. Do for him whatever pleases you."

38 The king said, "Kimham shall cross over with me, and I will do for him whatever pleases you. And anything you desire from me I will do for you."

39 So all the people crossed the Jordan, and then the king crossed over. The king kissed Barzillai and gave him his blessing, and Barzillai returned to his home.

40 When the king crossed over to Gilgal, Kimham crossed with him. All the troops of Judah and half the troops of Israel had taken the king over.

41 Soon all the men of Israel were coming to the king and saying to him, "Why did our brothers, the men of Judah, steal the king away and bring him and his household across the Jordan, together with all his men?"

42 All the men of Judah answered the men of Israel, "We did this because the king is closely related to us. Why are you angry about it? Have we eaten any of the king's provisions? Have we taken anything for ourselves?"

43 Then the men of Israel answered the men of Judah, "We have ten shares in the king; and besides, we have a greater claim on David than you have. So why do you treat us with contempt? Were we not the first to speak of bringing back our king?"

But the men of Judah responded even more harshly than the men of Israel.

Sabá se rebela contra David

20 Por allí se encontraba un malvado que se llamaba Sabá hijo de Bicrí, que era benjaminita. Dando un toque de trompeta, se puso a gritar:

«¡Pueblo de Israel, todos a sus casas,
pues no tenemos parte con David,
ni herencia con el hijo de Isaí!»

² Entonces todos los israelitas abandonaron a David y siguieron a Sabá hijo de Bicrí. Los de Judá, por su parte, se mantuvieron fieles a su rey y lo acompañaron desde el Jordán hasta Jerusalén. ³ Cuando el rey David llegó a su palacio en Jerusalén, sacó a las diez concubinas que había dejado a cargo del palacio y las puso bajo vigilancia. Siguió manteniéndolas, pero no volvió a acostarse con ellas. Hasta el día de su muerte, quedaron encerradas y viviendo como si fueran viudas.

⁴ Luego el rey le ordenó a Amasá: «Moviliza a las tropas de Judá, y preséntate aquí con ellas dentro de tres días.» ⁵ Amasá salió para movilizar a las tropas, pero no cumplió con el plazo. ⁶ Por eso David le dijo a Abisay: «Ahora Sabá hijo de Bicrí va a perjudicarnos más que Absalón. Así que hazte cargo de la guardia real, y sal a perseguirlo, no sea que llegue a alguna ciudad fortificada y se nos escape.»ˣ ⁷ Entonces los soldados de Joab, junto con los quereteos, los peleteos y todos los oficiales, bajo el mando de Abisay salieron de Jerusalén para perseguir a Sabá hijo de Bicrí.

⁸ Al llegar a la gran roca que está en Gabaón, Amasá les salió al encuentro. Joab tenía su uniforme ajustado con un cinturón, y ceñida al muslo llevaba una daga envainada. Pero al caminar, la daga se le cayó. ⁹ Con la mano derecha, Joab tomó a Amasá por la barba para besarlo, mientras le preguntaba: «¿Cómo estás, hermano?» ¹⁰ Amasá no se percató de que en la otra mano Joab llevaba la daga, así que Joab se la clavó en el vientre, y las entrañas de Amasá se derramaron por el suelo. Amasá murió de una sola puñalada, y luego Joab y su hermano Abisay persiguieron a Sabá hijo de Bicrí.

¹¹ Uno de los soldados de Joab, deteniéndose junto al cuerpo de Amasá, exclamó: «¡Todos los que estén a favor de Joab y que apoyen a David, sigan a Joab!» ¹² Como el cuerpo de Amasá, bañado en sangre, había quedado en medio del camino, todas las tropas que pasaban se detenían para verlo. Cuando aquel soldado se dio cuenta de esto, retiró el cuerpo hacia el campo y lo cubrió con un manto. ¹³ Luego de que Amasá fue apartado del camino, todas las tropas fueron con Joab a perseguir a Sabá hijo de Bicrí.

¹⁴ Sabá recorrió todas las tribus de Israel, hasta llegar a Abel Betmacá, y allí todos los del clan de Bicríʸ se le unieron. ¹⁵ Las tropas de Joab llegaron a la ciudad de Abel Betmacá y la sitiaron. Construyeron una rampa contra la fortificación para atacar la ciudad, y cuando los soldados comenzaban a derribar la muralla, ¹⁶ una astuta mujer de la ciudad les gritó:

—¡Escúchenme! ¡Escúchenme! Díganle a Joab que venga acá para que yo pueda hablar con él.

¹⁷ Joab se le acercó.

—¿Es usted Joab? —le preguntó la mujer.

—Así es.

Entonces la mujer le dijo:

—Ponga atención a las palabras de esta servidora suya.

—Te escucho —respondió Joab.

¹⁸ Ella continuó:

—Antiguamente, cuando había alguna discusión, la gente resolvía el asunto con este dicho: "Vayan y pre-

Sheba Rebels Against David

20 Now a troublemaker named Sheba son of Bicri, a Benjamite, happened to be there. He sounded the trumpet and shouted,

"We have no share in David,
no part in Jesse's son!
Every man to his tent, O Israel!"

² So all the men of Israel deserted David to follow Sheba son of Bicri. But the men of Judah stayed by their king all the way from the Jordan to Jerusalem.

³ When David returned to his palace in Jerusalem, he took the ten concubines he had left to take care of the palace and put them in a house under guard. He provided for them, but did not lie with them. They were kept in confinement till the day of their death, living as widows.

⁴ Then the king said to Amasa, "Summon the men of Judah to come to me within three days, and be here yourself." ⁵ But when Amasa went to summon Judah, he took longer than the time the king had set for him.

⁶ David said to Abishai, "Now Sheba son of Bicri will do us more harm than Absalom did. Take your master's men and pursue him, or he will find fortified cities and escape from us." ⁷ So Joab's men and the Kerethites and Pelethites and all the mighty warriors went out under the command of Abishai. They marched out from Jerusalem to pursue Sheba son of Bicri.

⁸ While they were at the great rock in Gibeon, Amasa came to meet them. Joab was wearing his military tunic, and strapped over it at his waist was a belt with a dagger in its sheath. As he stepped forward, it dropped out of its sheath.

⁹ Joab said to Amasa, "How are you, my brother?" Then Joab took Amasa by the beard with his right hand to kiss him. ¹⁰ Amasa was not on his guard against the dagger in Joab's hand, and Joab plunged it into his belly, and his intestines spilled out on the ground. Without being stabbed again, Amasa died. Then Joab and his brother Abishai pursued Sheba son of Bicri.

¹¹ One of Joab's men stood beside Amasa and said, "Whoever favors Joab, and whoever is for David, let him follow Joab!" ¹² Amasa lay wallowing in his blood in the middle of the road, and the man saw that all the troops came to a halt there. When he realized that everyone who came up to Amasa stopped, he dragged him from the road into a field and threw a garment over him. ¹³ After Amasa had been removed from the road, all the men went on with Joab to pursue Sheba son of Bicri.

¹⁴ Sheba passed through all the tribes of Israel to Abel Beth Maacahʰ and through the entire region of the Berites, who gathered together and followed him. ¹⁵ All the troops with Joab came and besieged Sheba in Abel Beth Maacah. They built a siege ramp up to the city, and it stood against the outer fortifications. While they were battering the wall to bring it down, ¹⁶ a wise woman called from the city, "Listen! Listen! Tell Joab to come here so I can speak to him." ¹⁷ He went toward her, and she asked, "Are you Joab?"

"I am," he answered.

She said, "Listen to what your servant has to say."

"I'm listening," he said.

¹⁸ She continued, "Long ago they used to say, 'Get

ˣ *20:6 se nos escape.* Lit. *libre nuestro ojo.*   ʸ *20:14 todos los del clan de Bicrí* (véase LXX); *todos los beritas* (TM).

ʰ *14 Or Abel, even Beth Maacah*; also in verse 15

gunten en Abel." ¹⁹Nuestra ciudad es la más pacífica y fiel del país, y muy importante en Israel; usted, sin embargo, intenta arrasarla. ¿Por qué quiere destruir la heredad del SEÑOR?

²⁰—¡Que Dios me libre! —replicó Joab—. ¡Que Dios me libre de arrasarla y destruirla! ²¹Yo no he venido a eso, sino a capturar a un hombre llamado Sabá hijo de Bicrí. Es de la sierra de Efraín y se ha sublevado contra el rey David. Si me entregan a ese hombre, me retiro de la ciudad.

—Muy bien —respondió la mujer—. Desde la muralla arrojaremos su cabeza.

²²Y fue tal la astucia con que la mujer habló con todo el pueblo, que le cortaron la cabeza a Sabá hijo de Bicrí y se la arrojaron a Joab. Entonces Joab hizo tocar la trompeta, y todos los soldados se retiraron de la ciudad y regresaron a sus casas. Joab, por su parte, volvió a Jerusalén para ver al rey.

²³Joab era general en jefe del ejército de Israel; Benaías hijo de Joyadá estaba al mando de los quereteos y los peleteos; ²⁴Adonirán supervisaba el trabajo forzado; Josafat hijo de Ajilud era el secretario; ²⁵Seva era el cronista; Sadoc y Abiatar eran los sacerdotes; ²⁶Ira el yairita era sacerdote personal de David.

Los gabaonitas se vengan

21 Durante el reinado de David hubo tres años consecutivos de hambre. David le pidió ayuda al SEÑOR, y él le contestó: «Esto sucede porque Saúl y su sanguinaria familia asesinaron a los gabaonitas.»

²Los gabaonitas no pertenecían a la nación de Israel, sino que eran un remanente de los amorreos. Los israelitas habían hecho un pacto con ellos, pero tanto era el celo de Saúl por Israel y Judá que trató de exterminarlos. Entonces David convocó a los gabaonitas ³y les preguntó:

—¿Qué quieren que haga por ustedes? ¿Cómo puedo reparar el mal que se les ha hecho, de modo que bendigan al pueblo que es herencia del SEÑOR?

⁴Los gabaonitas respondieron:

—No nos interesa el dinero de Saúl y de su familia, ni tampoco queremos que muera alguien en Israel.

—Entonces, ¿qué desean que haga por ustedes? —volvió a preguntar el rey.

⁵—Saúl quiso destruirnos —contestaron ellos—; se propuso exterminarnos y nos expulsó de todo el territorio israelita. ⁶Por eso pedimos que se nos entreguen siete de los descendientes de Saúl, a quien el SEÑOR escogió, para colgarlos en presencia del SEÑOR en Guibeá de Saúl.

—Se los entregaré —les prometió el rey.

⁷Sin embargo, por el juramento que David y Jonatán se habían hecho en presencia del SEÑOR, el rey tuvo compasión de Mefiboset, que era hijo de Jonatán y nieto de Saúl. ⁸Pero mandó apresar a Armoní y a Mefiboset, los dos hijos que Rizpa hija de Ayá había tenido con Saúl, y a los cinco hijos que Merab hija de Saúl había tenido con Adriel hijo de Barzilay, el mejolatita. ⁹David se los entregó a los gabaonitas, y ellos los colgaron en un monte, en presencia del SEÑOR. Los siete murieron juntos, ajusticiados en los primeros días de la siega, cuando se comenzaba a recoger la cebada.

your answer at Abel,' and that settled it. ¹⁹We are the peaceful and faithful in Israel. You are trying to destroy a city that is a mother in Israel. Why do you want to swallow up the LORD's inheritance?"

²⁰"Far be it from me!" Joab replied, "Far be it from me to swallow up or destroy! ²¹That is not the case. A man named Sheba son of Bicri, from the hill country of Ephraim, has lifted up his hand against the king, against David. Hand over this one man, and I'll withdraw from the city."

The woman said to Joab, "His head will be thrown to you from the wall."

²²Then the woman went to all the people with her wise advice, and they cut off the head of Sheba son of Bicri and threw it to Joab. So he sounded the trumpet, and his men dispersed from the city, each returning to his home. And Joab went back to the king in Jerusalem.

²³Joab was over Israel's entire army; Benaiah son of Jehoiada was over the Kerethites and Pelethites; ²⁴Adoniram*ⁱ* was in charge of forced labor; Jehoshaphat son of Ahilud was recorder; ²⁵Sheva was secretary; Zadok and Abiathar were priests; ²⁶and Ira the Jairite was David's priest.

The Gibeonites Avenged

21 During the reign of David, there was a famine for three successive years; so David sought the face of the LORD. The LORD said, "It is on account of Saul and his blood-stained house; it is because he put the Gibeonites to death."

²The king summoned the Gibeonites and spoke to them. (Now the Gibeonites were not a part of Israel but were survivors of the Amorites; the Israelites had sworn to ⌊spare⌋ them, but Saul in his zeal for Israel and Judah had tried to annihilate them.) ³David asked the Gibeonites, "What shall I do for you? How shall I make amends so that you will bless the LORD's inheritance?"

⁴The Gibeonites answered him, "We have no right to demand silver or gold from Saul or his family, nor do we have the right to put anyone in Israel to death."

"What do you want me to do for you?" David asked.

⁵They answered the king, "As for the man who destroyed us and plotted against us so that we have been decimated and have no place anywhere in Israel, ⁶let seven of his male descendants be given to us to be killed and exposed before the LORD at Gibeah of Saul—the LORD's chosen one."

So the king said, "I will give them to you."

⁷The king spared Mephibosheth son of Jonathan, the son of Saul, because of the oath before the LORD between David and Jonathan son of Saul. ⁸But the king took Armoni and Mephibosheth, the two sons of Aiah's daughter Rizpah, whom she had borne to Saul, together with the five sons of Saul's daughter Merab,*ʲ* whom she had borne to Adriel son of Barzillai the Meholathite. ⁹He handed them over to the Gibeonites, who killed and exposed them on a hill before the LORD. All seven of them fell together; they were put to death during the first days of the harvest, just as the barley harvest was beginning.

ᶻ21:8 Merab (Targum, Siríaca y algunos mss. hebreos y griegos; véase 1S 19:19); *Mical* (TM).

ⁱ24 Some Septuagint manuscripts (see also 1 Kings 4:6 and 5:14); Hebrew Adoram   ʲ8 Two Hebrew manuscripts, some Septuagint manuscripts and Syriac (see also 1 Samuel 18:19); most Hebrew and Septuagint manuscripts Michal

10 Rizpa hija de Ayá tomó un saco y lo tendió para acostarse sobre la peña, y allí se quedó desde el comienzo de la siega hasta que llegaron las lluvias. No permitía que las aves en el día ni las fieras en la noche tocaran los cadáveres. 11 Cuando le contaron a David lo que había hecho Rizpa hija de Ayá y concubina de Saúl, 12 fue a recoger los huesos de Saúl y de su hijo Jonatán, que estaban en Jabés de Galaad. Los filisteos los habían colgado en la plaza de Betsán el día en que derrotaron a Saúl en Guilboa, pero los habitantes de la ciudad se los habían robado de allí. 13 Así que David hizo que los trasladaran a Jerusalén, y que recogieran también los huesos de los siete hombres que habían sido colgados. 14 Así fue como los huesos de Saúl y de su hijo Jonatán fueron enterrados en la tumba de Quis, el padre de Saúl, que está en Zela de Benjamín. Todo se hizo en cumplimiento de las órdenes del rey, y después de eso Dios tuvo piedad del país.

Hazañas de los oficiales de David

15 Los filisteos reanudaron la guerra contra Israel, y David salió con sus oficiales para hacerles frente. Pero David se quedó agotado, 16 así que intentó matarlo un gigante[a] llamado Isbibenob, que iba armado con una espada nueva y una lanza de bronce que pesaba más de tres kilos.[b] 17 Sin embargo, Abisay hijo de Sarvia fue en su ayuda e hirió al filisteo y lo mató. Allí los soldados de David le hicieron este juramento: «Nunca más saldrá Su Majestad con nosotros a la batalla, no sea que alguien lo mate y se apague la lámpara de Israel.»

18 Algún tiempo después hubo en Gob otra batalla con los filisteos, y en esa ocasión Sibecay el jusatita mató al gigante Saf. 19 En una tercera batalla, que también se libró en Gob, Eljanán hijo de Yaré Oreguín, oriundo de Belén, mató a Goliat[c] el guitita, cuya lanza tenía un asta tan grande como el rodillo de un telar. 20 Hubo una batalla más en Gat. Allí había otro gigante, un hombre altísimo que tenía veinticuatro dedos, seis en cada mano y seis en cada pie. 21 Éste se puso a desafiar a los israelitas, pero Jonatán hijo de Simá, que era hermano de David, lo mató.

22 Esos cuatro gigantes, que eran descendientes de Rafá el guitita, cayeron a manos de David y de sus oficiales.

Salmo de David

22 David dedicó al SEÑOR la letra de esta canción cuando el SEÑOR lo libró de Saúl y de todos sus enemigos. 2 Dijo así:

«El SEÑOR es mi *roca, mi amparo, mi
    libertador;
3 es mi Dios, el peñasco en que me refugio.
Es mi escudo, el poder que me salva,[d]
    ¡mi más alto escondite!
Él es mi protector y mi salvador.
    ¡Tú me salvaste de la violencia!
4 Invoco al SEÑOR, que es digno de alabanza,
    y quedo a salvo de mis enemigos.

5 »Las olas de la muerte me envolvieron;
    los torrentes destructores me abrumaron.

10 Rizpah daughter of Aiah took sackcloth and spread it out for herself on a rock. From the beginning of the harvest till the rain poured down from the heavens on the bodies, she did not let the birds of the air touch them by day or the wild animals by night. 11 When David was told what Aiah's daughter Rizpah, Saul's concubine, had done, 12 he went and took the bones of Saul and his son Jonathan from the citizens of Jabesh Gilead. (They had taken them secretly from the public square at Beth Shan, where the Philistines had hung them after they struck Saul down on Gilboa.) 13 David brought the bones of Saul and his son Jonathan from there, and the bones of those who had been killed and exposed were gathered up.

14 They buried the bones of Saul and his son Jonathan in the tomb of Saul's father Kish, at Zela in Benjamin, and did everything the king commanded. After that, God answered prayer in behalf of the land.

Wars Against the Philistines

15 Once again there was a battle between the Philistines and Israel. David went down with his men to fight against the Philistines, and he became exhausted. 16 And Ishbi-Benob, one of the descendants of Rapha, whose bronze spearhead weighed three hundred shekels[k] and who was armed with a new ⌊sword⌋, said he would kill David. 17 But Abishai son of Zeruiah came to David's rescue; he struck the Philistine down and killed him. Then David's men swore to him, saying, "Never again will you go out with us to battle, so that the lamp of Israel will not be extinguished."

18 In the course of time, there was another battle with the Philistines, at Gob. At that time Sibbecai the Hushathite killed Saph, one of the descendants of Rapha.

19 In another battle with the Philistines at Gob, Elhanan son of Jaare-Oregim[l] the Bethlehemite killed Goliath[m] the Gittite, who had a spear with a shaft like a weaver's rod.

20 In still another battle, which took place at Gath, there was a huge man with six fingers on each hand and six toes on each foot—twenty-four in all. He also was descended from Rapha. 21 When he taunted Israel, Jonathan son of Shimeah, David's brother, killed him.

22 These four were descendants of Rapha in Gath, and they fell at the hands of David and his men.

David's Song of Praise

22 David sang to the LORD the words of this song when the LORD delivered him from the hand of all his enemies and from the hand of Saul. 2 He said:

"The LORD is my rock, my fortress and my
    deliverer;
3 my God is my rock, in whom I take
    refuge,
my shield and the horn[n] of my salvation.
He is my stronghold, my refuge and my
    savior—
    from violent men you save me.
4 I call to the LORD, who is worthy of praise,
    and I am saved from my enemies.

5 "The waves of death swirled about me;
    the torrents of destruction overwhelmed
    me.

---

a 21:16 un gigante. Lit. uno de los descendientes de Refa (también en vv. 18 y 20, con cierta variación).   b 21:16 más de tres kilos. Lit. trescientos *siclos.   c 21:19 Goliat. Es decir, el hermano de Goliat (véase 1Cr 20:5).   d 22:3 el poder que me salva. Lit. el cuerno de mi salvación.

k 16 That is, about 7 1/2 pounds (about 3.5 kilograms)   l 19 Or son of Jair the weaver   m 19 Hebrew and Septuagint; 1 Chron. 20:5 son of Jair killed Lahmi the brother of Goliath   n 3 Horn here symbolizes strength.

6 Me enredaron los lazos del *sepulcro,
  y me encontré ante las trampas de la muerte.
7 En mi angustia invoqué al SEÑOR;
  llamé a mi Dios,
 y él me escuchó desde su templo;
  ¡mi clamor llegó a sus oídos!

8 »La tierra tembló, se estremeció;
  se sacudieron los cimientos de los cielos;
  ¡se tambalearon a causa de su enojo!
9 Por la nariz echaba humo,
  por la boca, fuego consumidor;
  ¡lanzaba carbones encendidos!

10 »Rasgando el cielo, descendió,
  pisando sobre oscuros nubarrones.
11 Montando sobre un *querubín, surcó los cielos
  y se remontó*e* sobre las alas del viento.
12 De las tinieblas y de los cargados nubarrones
  hizo pabellones que lo rodeaban.
13 De su radiante presencia
  brotaron carbones encendidos.

14 »Desde el cielo se oyó el trueno del SEÑOR,
  resonó la voz del *Altísimo.
15 Lanzó flechas y centellas contra mis enemigos;
  los dispersó y los puso en fuga.
16 A causa de la reprensión del SEÑOR,
  y por el resoplido de su enojo,*f*
 las cuencas del mar quedaron a la vista;
  ¡al descubierto quedaron los cimientos de la
    tierra!

17 »Extendiendo su mano desde lo alto,
  tomó la mía y me sacó del mar profundo.
18 Me libró de mi enemigo poderoso,
  de aquellos que me odiaban
  y que eran más fuertes que yo.
19 En el día de mi desgracia
  me salieron al encuentro,
  pero mi apoyo fue el SEÑOR.
20 Me sacó a un amplio espacio;
  me libró porque se agradó de mí.

21 »El SEÑOR me ha pagado conforme a mi
    *justicia,
  me ha premiado conforme a la *limpieza de
    mis manos;
22 pues he andado en los *caminos del SEÑOR;
  no he cometido mal alguno
  ni me he apartado de mi Dios.
23 Presentes tengo todas sus sentencias;
  no me he alejado de sus *decretos.
24 He sido íntegro ante él
  y me he abstenido de pecar.
25 El SEÑOR me ha recompensado conforme a mi
    justicia,
  conforme a mi limpieza delante de él.

26 »Tú eres fiel con quien es fiel,
  e irreprochable con quien es irreprochable;
27 sincero eres con quien es sincero,
  pero sagaz con el que es tramposo.
28 Das la *victoria a los humildes,
  pero tu mirada humilla a los altaneros.

6 The cords of the grave*o* coiled around me;
  the snares of death confronted me.
7 In my distress I called to the LORD;
  I called out to my God.
 From his temple he heard my voice;
  my cry came to his ears.

8 "The earth trembled and quaked,
  the foundations of the heavens*p* shook;
  they trembled because he was angry.
9 Smoke rose from his nostrils;
  consuming fire came from his mouth,
  burning coals blazed out of it.
10 He parted the heavens and came down;
  dark clouds were under his feet.
11 He mounted the cherubim and flew;
  he soared*q* on the wings of the wind.
12 He made darkness his canopy around him—
  the dark*r* rain clouds of the sky.
13 Out of the brightness of his presence
  bolts of lightning blazed forth.
14 The LORD thundered from heaven;
  the voice of the Most High resounded.
15 He shot arrows and scattered ⌞the enemies⌟,
  bolts of lightning and routed them.
16 The valleys of the sea were exposed
  and the foundations of the earth laid bare
 at the rebuke of the LORD,
  at the blast of breath from his nostrils.

17 "He reached down from on high and took
    hold of me;
  he drew me out of deep waters.
18 He rescued me from my powerful enemy,
  from my foes, who were too strong for
    me.
19 They confronted me in the day of my
    disaster,
  but the LORD was my support.
20 He brought me out into a spacious place;
  he rescued me because he delighted in
    me.

21 "The LORD has dealt with me according to
    my righteousness;
  according to the cleanness of my hands he
    has rewarded me.
22 For I have kept the ways of the LORD;
  I have not done evil by turning from my
    God.
23 All his laws are before me;
  I have not turned away from his decrees.
24 I have been blameless before him
  and have kept myself from sin.
25 The LORD has rewarded me according to my
    righteousness,
  according to my cleanness*s* in his sight.

26 "To the faithful you show yourself faithful,
  to the blameless you show yourself
    blameless,
27 to the pure you show yourself pure,
  but to the crooked you show yourself
    shrewd.
28 You save the humble,
  but your eyes are on the haughty to bring
    them low.

---

o 6 Hebrew *Sheol*   *p 8* Hebrew; Vulgate and Syriac (see also Psalm 18:7) *mountains*   *q 11* Many Hebrew manuscripts (see also Psalm 18:10); most Hebrew manuscripts *appeared*   *r 12* Septuagint and Vulgate (see also Psalm 18:11); Hebrew *massed*   *s 25* Hebrew; Septuagint and Vulgate (see also Psalm 18:24) *to the cleanness of my hands*

---

e 22:11 se remontó (mss. hebreos; véanse Siríaca, Targum, Vulgata, Sal 18:10); *apareció* (TM).   *f 22:16 por ... su enojo.* Lit. *por el soplo del aliento de su nariz.*

²⁹Tú, SEÑOR, eres mi lámpara;
 tú, SEÑOR, iluminas mis tinieblas.
³⁰Con tu apoyo me lanzaré contra un ejército;
 contigo, Dios mío, podré asaltar murallas.

³¹»El camino de Dios es *perfecto;
 la palabra del SEÑOR es intachable.
 Escudo es Dios a los que en él se refugian.
³²¿Pues quién es Dios, si no el SEÑOR?
 ¿Quién es la roca, si no nuestro Dios?
³³Es él quien me arma de valor
 y endereza mi camino;
³⁴da a mis pies la ligereza del venado,
 y me mantiene firme en las alturas;
³⁵adiestra mis manos para la batalla,
 y mis brazos para tensar arcos de bronce.
³⁶Tú me cubres con el escudo de tu *salvación;
 tu bondad me ha hecho prosperar.
³⁷Me has despejado el camino;
 por eso mis tobillos no flaquean.

³⁸»Perseguí a mis enemigos y los destruí;
 no retrocedí hasta verlos aniquilados.
³⁹Los aplasté por completo. Ya no se levantan.
 ¡Cayeron debajo de mis pies!
⁴⁰Tú me armaste de valor para el combate;
 bajo mi planta sometiste a los rebeldes.
⁴¹Hiciste retroceder a mis enemigos,
 y así exterminé a los que me odiaban.
⁴²Pedían ayuda; no hubo quien los salvara.
 Al SEÑOR clamaron, pero no les respondió.
⁴³Los desmenucé. Parecían el polvo de la tierra.
 ¡Los pisoteé como al lodo de las calles!

⁴⁴»Me has librado de una turba amotinada;
 me has puesto por encima de los *paganos;
 me sirve gente que yo no conocía.
⁴⁵Son extranjeros, y me rinden homenaje;
 apenas me oyen, me obedecen.
⁴⁶¡Esos extraños se descorazonan,
 y temblando salen de sus refugios!

⁴⁷¡El SEÑOR vive! ¡Alabada sea mi roca!
 ¡Exaltado sea Dios mi Salvador!
⁴⁸Él es el Dios que me vindica,
 el que pone los pueblos a mis pies.
⁴⁹Tú me libras de mis enemigos,
 me exaltas por encima de mis adversarios,
 me salvas de los hombres violentos.
⁵⁰Por eso, SEÑOR, te alabo entre las naciones
 y canto salmos a tu *nombre.

⁵¹»El SEÑOR da grandes victorias a su rey;
 a su *ungido David y a sus descendientes
 les muestra por siempre su gran amor.»

²⁹You are my lamp, O LORD;
 the LORD turns my darkness into light.
³⁰With your help I can advance against a
 troop^t;
 with my God I can scale a wall.

³¹"As for God, his way is perfect;
 the word of the LORD is flawless.
 He is a shield
 for all who take refuge in him.
³²For who is God besides the LORD?
 And who is the Rock except our God?
³³It is God who arms me with strength^u
 and makes my way perfect.
³⁴He makes my feet like the feet of a deer;
 he enables me to stand on the heights.
³⁵He trains my hands for battle;
 my arms can bend a bow of bronze.
³⁶You give me your shield of victory;
 you stoop down to make me great.
³⁷You broaden the path beneath me,
 so that my ankles do not turn.

³⁸"I pursued my enemies and crushed them;
 I did not turn back till they were
 destroyed.
³⁹I crushed them completely, and they could
 not rise;
 they fell beneath my feet.
⁴⁰You armed me with strength for battle;
 you made my adversaries bow at my feet.
⁴¹You made my enemies turn their backs in
 flight,
 and I destroyed my foes.
⁴²They cried for help, but there was no one to
 save them—
 to the LORD, but he did not answer.
⁴³I beat them as fine as the dust of the earth;
 I pounded and trampled them like mud in
 the streets.

⁴⁴"You have delivered me from the attacks of
 my people;
 you have preserved me as the head of
 nations.
 People I did not know are subject to me,
⁴⁵ and foreigners come cringing to me;
 as soon as they hear me, they obey me.
⁴⁶They all lose heart;
 they come trembling^v from their
 strongholds.

⁴⁷"The LORD lives! Praise be to my Rock!
 Exalted be God, the Rock, my Savior!
⁴⁸He is the God who avenges me,
 who puts the nations under me,
⁴⁹ who sets me free from my enemies.
 You exalted me above my foes;
 from violent men you rescued me.
⁵⁰Therefore I will praise you, O LORD, among
 the nations;
 I will sing praises to your name.
⁵¹He gives his king great victories;
 he shows unfailing kindness to his
 anointed,
 to David and his descendants forever."

---

^t 30 Or can run through a barricade   ^u 33 Dead Sea Scrolls,
some Septuagint manuscripts, Vulgate and Syriac (see also Psalm
18:32); Masoretic Text who is my strong refuge ── ^v 46 Some
Septuagint manuscripts and Vulgate (see also Psalm 18:45);
Masoretic Text they arm themselves.

Últimas palabras de David

23 Éstas son las últimas palabras de David:

«Oráculo de David hijo de Isaí,
dulce cantor de Israel;
hombre exaltado por el *Altísimo
y ungido por el Dios de Jacob.

2 »El Espíritu del SEÑOR habló por medio de mí;
puso sus palabras en mi lengua.
3 El Dios de Israel habló,
la Roca de Israel me dijo:
"El que gobierne a la gente con justicia,
el que gobierne en el temor de Dios,
4 será como la luz de la aurora
en un amanecer sin nubes,
que tras la lluvia resplandece
para que brote la hierba en la tierra."

5 »Dios ha establecido mi casa;
ha hecho conmigo un *pacto eterno,
bien reglamentado y seguro.
Dios hará que brote mi *salvación
y que se cumpla todo mi deseo.
6 Pero los malvados son como espinos que se
desechan;
nadie los toca con la mano.
7 Se recogen con un hierro o con una lanza,
y ahí el fuego los consume.»

Héroes en el ejército de David

8 Éstos son los nombres de los soldados más valientes de David:

Joseb Basébet el tacmonita, que era el principal de los tres más famosos, en una batalla mató con su lanza*g* a ochocientos hombres.

9 En segundo lugar estaba Eleazar hijo de Dodó el ajojita, que también era uno de los tres más famosos. Estuvo con David cuando desafiaron a los filisteos que se habían concentrado en Pasdamín*h* para la batalla. Los israelitas se retiraron, 10 pero Eleazar se mantuvo firme y derrotó a tantos filisteos que, por la fatiga, la mano se le quedó pegada a la espada. Aquel día el SEÑOR les dio una gran *victoria. Las tropas regresaron adonde estaba Eleazar, pero sólo para tomar los despojos.

11 El tercer valiente era Sama hijo de Agué el ararita. En cierta ocasión, los filisteos formaron sus tropas*i* en un campo sembrado de lentejas. El ejército de Israel huyó ante ellos, 12 pero Sama se plantó en medio del campo y lo defendió, derrotando a los filisteos. El SEÑOR les dio una gran victoria.

13 En otra ocasión, tres de los treinta más valientes fueron a la cueva de Adulán, donde estaba David. Era el comienzo de la siega, y una tropa filistea acampaba en el valle de Refayin. 14 David se encontraba en su fortaleza, y en ese tiempo había una guarnición filistea en Belén. 15 Como David tenía mucha sed, exclamó: «¡Ojalá pudiera yo beber agua del pozo que está a la *entrada de Belén!» 16 Entonces los tres valientes se metieron en el campamento filisteo, sacaron agua del pozo de Belén, y se la llevaron a David. Pero él no quiso beberla, sino que derramó el agua en honor al

The Last Words of David

23 These are the last words of David:

"The oracle of David son of Jesse,
the oracle of the man exalted by the Most
High,
the man anointed by the God of Jacob,
Israel's singer of songs*w*:

2 "The Spirit of the LORD spoke through me;
his word was on my tongue.
3 The God of Israel spoke,
the Rock of Israel said to me:
'When one rules over men in righteousness,
when he rules in the fear of God,
4 he is like the light of morning at sunrise
on a cloudless morning,
like the brightness after rain
that brings the grass from the earth.'

5 "Is not my house right with God?
Has he not made with me an everlasting
covenant,
arranged and secured in every part?
Will he not bring to fruition my salvation
and grant me my every desire?
6 But evil men are all to be cast aside like
thorns,
which are not gathered with the hand.
7 Whoever touches thorns
uses a tool of iron or the shaft of a spear;
they are burned up where they lie."

David's Mighty Men

8 These are the names of David's mighty men:

Josheb-Basshebeth,*x* a Tahkemonite,*y* was chief of the Three; he raised his spear against eight hundred men, whom he killed*z* in one encounter.

9 Next to him was Eleazar son of Dodai the Ahohite. As one of the three mighty men, he was with David when they taunted the Philistines gathered ⌊at Pas Dammim⌋*a* for battle. Then the men of Israel retreated, 10 but he stood his ground and struck down the Philistines till his hand grew tired and froze to the sword. The LORD brought about a great victory that day. The troops returned to Eleazar, but only to strip the dead.

11 Next to him was Shammah son of Agee the Hararite. When the Philistines banded together at a place where there was a field full of lentils, Israel's troops fled from them. 12 But Shammah took his stand in the middle of the field. He defended it and struck the Philistines down, and the LORD brought about a great victory.

13 During harvest time, three of the thirty chief men came down to David at the cave of Adullam, while a band of Philistines was encamped in the Valley of Rephaim. 14 At that time David was in the stronghold, and the Philistine garrison was at Bethlehem. 15 David longed for water and said, "Oh, that someone would get me a drink of water from the well near the gate of Bethlehem!" 16 So the three mighty men broke through the Philistine lines, drew water from the well near the gate of Bethlehem and carried it back to David. But he refused to drink it; instead, he poured it out before the

---

g 23:8 mató con su lanza (mss. de LXX; véase 1Cr 11:11); *Adino el eznita mató* (TM). *h 23:9 en Pasdamín* (texto probable; véase 1Cr 11:13); *allí* (TM). *i 23:11 formaron sus tropas.* Alt. *se concentraron en Lehí.*

w 1 Or Israel's beloved singer   x 8 Hebrew; some Septuagint manuscripts suggest Ish-Bosheth, that is, Esh-Baal (see also 1 Chron. 11:11 Jashobeam).   y 8 Probably a variant of Hacmonite (see 1 Chron. 11:11)   z 8 Some Septuagint manuscripts (see also 1 Chron. 11:11); Hebrew and other Septuagint manuscripts Three; it was Adino the Eznite who killed eight hundred men   a 9 See 1 Chron. 11:13; Hebrew gathered there.

SEÑOR [17]y declaró solemnemente: «¡Que el SEÑOR me libre de beberla! ¡Eso sería como beberme la sangre de hombres que se han jugado la *vida!» Y no quiso beberla.

Tales hazañas hicieron esos tres héroes.

[18]Abisay, el hermano de Joab hijo de Sarvia, estaba al mando de los tres y ganó fama entre ellos. En cierta ocasión, lanza en mano atacó y mató a trescientos hombres. [19]Se destacó más que los tres valientes, y llegó a ser su jefe, pero no fue contado entre ellos.

[20]Benaías hijo de Joyadá era un guerrero de Cabsel que realizó muchas hazañas. Derrotó a dos de los mejores hombres[j] de Moab, y en otra ocasión, cuando estaba nevando, se metió en una cisterna y mató un león. [21]También derrotó a un egipcio de gran estatura. El egipcio empuñaba una lanza, pero Benaías, que no llevaba más que un palo, le arrebató la lanza y lo mató con ella. [22]Tales hazañas hizo Benaías hijo de Joyadá, y también él ganó fama como los tres valientes, [23]pero no fue contado entre ellos, aunque se destacó más que los treinta valientes. Además, David lo puso al mando de su guardia personal.

[24]Entre los treinta valientes estaban:
Asael hermano de Joab,
Eljanán hijo de Dodó, el de Belén,
[25]Sama el jarodita,
Elicá el jarodita,
[26]Heles el paltita,
Ira hijo de Iqués el tecoíta,
[27]Abiezer el anatotita,
Mebunay el jusatita,
[28]Zalmón el ajojita,
Maray el netofatita,
[29]Jéled[k] hijo de Baná el netofatita,
Itay hijo de Ribay, el de Guibeá de los benjaminitas,
[30]Benaías el piratonita,
Hiday, el de los arroyos de Gaas,
[31]Abí Albón el arbatita,
Azmávet el bajurinita,
[32]Elijaba el salbonita,
los hijos de Jasén,
Jonatán hijo de[l] [33]Sama el ararita,
Ahían hijo de Sarar el ararita,
[34]Elifelet hijo de Ajasbay el macateo,
Elián hijo de Ajitofel el guilonita,
[35]Jezró el de Carmel,
Paray el arbita,
[36]Igal hijo de Natán, el de Sobá,
el hijo de Hagrí,[m]
[37]Sélec el amonita,
Najaray el berotita, que fue escudero de Joab hijo de Sarvia,
[38]Ira el itrita,
Gareb el itrita,
[39]y Urías el hitita.
En total fueron treinta y siete.

LORD. [17]"Far be it from me, O LORD, to do this!" he said. "Is it not the blood of men who went at the risk of their lives?" And David would not drink it.

Such were the exploits of the three mighty men.

[18]Abishai the brother of Joab son of Zeruiah was chief of the Three.[b] He raised his spear against three hundred men, whom he killed, and so he became as famous as the Three. [19]Was he not held in greater honor than the Three? He became their commander, even though he was not included among them.

[20]Benaiah son of Jehoiada was a valiant fighter from Kabzeel, who performed great exploits. He struck down two of Moab's best men. He also went down into a pit on a snowy day and killed a lion. [21]And he struck down a huge Egyptian. Although the Egyptian had a spear in his hand, Benaiah went against him with a club. He snatched the spear from the Egyptian's hand and killed him with his own spear. [22]Such were the exploits of Benaiah son of Jehoiada; he too was as famous as the three mighty men. [23]He was held in greater honor than any of the Thirty, but he was not included among the Three. And David put him in charge of his bodyguard.

[24]Among the Thirty were:
Asahel the brother of Joab,
Elhanan son of Dodo from Bethlehem,
[25]Shammah the Harodite,
Elika the Harodite,
[26]Helez the Paltite,
Ira son of Ikkesh from Tekoa,
[27]Abiezer from Anathoth,
Mebunnai[c] the Hushathite,
[28]Zalmon the Ahohite,
Maharai the Netophathite,
[29]Heled[d] son of Baanah the Netophathite,
Ithai son of Ribai from Gibeah in Benjamin,
[30]Benaiah the Pirathonite,
Hiddai[e] from the ravines of Gaash,
[31]Abi-Albon the Arbathite,
Azmaveth the Barhumite,
[32]Eliahba the Shaalbonite,
the sons of Jashen,
Jonathan [33]son of[f] Shammah the Hararite,
Ahiam son of Sharar[g] the Hararite,
[34]Eliphelet son of Ahasbai the Maacathite,
Eliam son of Ahithophel the Gilonite,
[35]Hezro the Carmelite,
Paarai the Arbite,
[36]Igal son of Nathan from Zobah,
the son of Hagri,[h]
[37]Zelek the Ammonite,
Naharai the Beerothite, the armor-bearer of Joab son of Zeruiah,
[38]Ira the Ithrite,
Gareb the Ithrite
[39]and Uriah the Hittite.
There were thirty-seven in all.

---

j 23:20 dos de los mejores hombres. Alt. *los dos ,hijos, de Ariel.*
k 23:29 Jéled (mss. hebreos; véase 1Cr 11:30); *Jéleb* (TM).
l 23:32 Jonatán hijo de (mss. de LXX); *Jonatán* (TM).
m 23:36 el hijo de Hagrí (mss. de LXX; véase 1Cr 11:38); *Baní el gadita* (TM).

b 18 Most Hebrew manuscripts (see also 1 Chron. 11:20); two Hebrew manuscripts and Syriac *Thirty*   *c 27* Hebrew; some Septuagint manuscripts (see also 1 Chron. 11:29) *Sibbecai*
d 29 Some Hebrew manuscripts and Vulgate (see also 1 Chron. 11:30); most Hebrew manuscripts *Heleb*   *e 30* Hebrew; some Septuagint manuscripts (see also 1 Chron. 11:32) *Hurai*
f 33 Some Septuagint manuscripts (see also 1 Chron. 11:34); Hebrew does not have *son of.*   *g 33* Hebrew; some Septuagint manuscripts (see also 1 Chron. 11:35) *Sacar*   *h 36* Some Septuagint manuscripts (see also 1 Chron. 11:38); Hebrew *Haggadi*

David hace un censo militar

24 Una vez más, la ira del Señor se encendió contra Israel, así que el Señor incitó a David contra el pueblo al decirle: «Haz un censo de Israel y de Judá.» ²Entonces el rey les ordenó a Joab y a los capitanes del ejército que lo acompañaban:ⁿ

—Vayan por todas las tribus de Israel, desde Dan hasta Berseba, y hagan un censo militar, para que yo sepa cuántos pueden servir en el ejército.

³Joab le respondió:

—¡Que el Señor su Dios multiplique cien veces las tropas de Su Majestad, y le permita llegar a verlo con sus propios ojos! Pero, ¿qué lleva a Su Majestad a hacer tal cosa?

⁴Sin embargo, la orden del rey prevaleció sobre la opinión de Joab y de los capitanes del ejército, de modo que salieron de su audiencia con el rey para llevar a cabo el censo militar de Israel. ⁵Cruzaron el Jordán y acamparon cerca de Aroer, al sur del pueblo que está en el valle, después de lo cual siguieron hacia Gad y Jazer. ⁶Fueron por Galaad y por el territorio de Tajtín Jodsí, hasta llegar a Dan Jaán y a los alrededores de Sidón. ⁷Siguieron hacia la fortaleza de Tiro y recorrieron todas las ciudades de los heveos y los cananeos. Finalmente, llegaron a Berseba, en el Néguev de Judá.

⁸Al cabo de nueve meses y veinte días, y después de haber recorrido todo el país, regresaron a Jerusalén. ⁹Joab le entregó al rey los resultados del censo militar: en Israel había ochocientos mil hombres que podían servir en el ejército, y en Judá, quinientos mil.

¹⁰Entonces le remordió a David la conciencia por haber realizado este censo militar, y le dijo al Señor: «He cometido un pecado muy grande. He actuado como un necio. Yo te ruego, Señor, que perdones la maldad de tu siervo.»

¹¹Por la mañana, antes de que David se levantara, la palabra del Señor vino al profeta Gad, vidente de David, y le dio este mensaje: ¹²«Ve a decirle a David: "Así dice el Señor: 'Te doy a escoger entre estos tres castigos; dime cuál de ellos quieres que te imponga.' "» ¹³Entonces Gad fue a ver a David y le preguntó:

—¿Qué prefieres: que vengan tresⁿ años de hambre en el país, o que tus enemigos te persigan durante tres meses, y tengas que huir de ellos, o que el país sufra tres días de peste? Piénsalo bien, y dime qué debo responderle al que me ha enviado.

¹⁴—¡Estoy entre la espada y la pared! —respondió David—. Pero es mejor que caigamos en las manos del Señor, porque su amor es grande, y no que yo caiga en las manos de los *hombres.

¹⁵Por lo tanto, el Señor mandó contra Israel una peste que duró desde esa mañana hasta el tiempo señalado; y en todo el país, desde Dan hasta Berseba, murieron setenta mil personas. ¹⁶Entonces el ángel del Señor, que estaba junto a la parcela de Arauna el jebuseo, extendió su mano hacia Jerusalén para destruirla. Pero el Señor se arrepintió del castigo que había enviado. «¡Basta! —le dijo al ángel que estaba hiriendo al pueblo—. ¡Detén tu mano!»

¹⁷David, al ver que el ángel destruía a la gente, oró al Señor: «¿Qué culpa tienen estas ovejas? ¡Soy yo el que ha pecado! ¡Soy yo el que ha hecho mal! ¡Descarga tu mano sobre mí y sobre mi familia!»

David Counts the Fighting Men

24 Again the anger of the Lord burned against Israel, and he incited David against them, saying, "Go and take a census of Israel and Judah."

²So the king said to Joab and the army commandersⁱ with him, "Go throughout the tribes of Israel from Dan to Beersheba and enroll the fighting men, so that I may know how many there are."

³But Joab replied to the king, "May the Lord your God multiply the troops a hundred times over, and may the eyes of my lord the king see it. But why does my lord the king want to do such a thing?"

⁴The king's word, however, overruled Joab and the army commanders; so they left the presence of the king to enroll the fighting men of Israel.

⁵After crossing the Jordan, they camped near Aroer, south of the town in the gorge, and then went through Gad and on to Jazer. ⁶They went to Gilead and the region of Tahtim Hodshi, and on to Dan Jaan and around toward Sidon. ⁷Then they went toward the fortress of Tyre and all the towns of the Hivites and Canaanites. Finally, they went on to Beersheba in the Negev of Judah.

⁸After they had gone through the entire land, they came back to Jerusalem at the end of nine months and twenty days.

⁹Joab reported the number of the fighting men to the king: In Israel there were eight hundred thousand able-bodied men who could handle a sword, and in Judah five hundred thousand.

¹⁰David was conscience-stricken after he had counted the fighting men, and he said to the Lord, "I have sinned greatly in what I have done. Now, O Lord, I beg you, take away the guilt of your servant. I have done a very foolish thing."

¹¹Before David got up the next morning, the word of the Lord had come to Gad the prophet, David's seer: ¹²"Go and tell David, 'This is what the Lord says: I am giving you three options. Choose one of them for me to carry out against you.' "

¹³So Gad went to David and said to him, "Shall there come upon you threeʲ years of famine in your land? Or three months of fleeing from your enemies while they pursue you? Or three days of plague in your land? Now then, think it over and decide how I should answer the one who sent me."

¹⁴David said to Gad, "I am in deep distress. Let us fall into the hands of the Lord, for his mercy is great; but do not let me fall into the hands of men."

¹⁵So the Lord sent a plague on Israel from that morning until the end of the time designated, and seventy thousand of the people from Dan to Beersheba died. ¹⁶When the angel stretched out his hand to destroy Jerusalem, the Lord was grieved because of the calamity and said to the angel who was afflicting the people, "Enough! Withdraw your hand." The angel of the Lord was then at the threshing floor of Araunah the Jebusite.

¹⁷When David saw the angel who was striking down the people, he said to the Lord, "I am the one who has sinned and done wrong. These are but sheep. What have they done? Let your hand fall upon me and my family."

ⁿ 24:2 *les ordenó ... acompañaban* (LXX; véanse v. 4 y 1Cr 21:2); *le ordenó a Joab, capitán del ejército, que lo acompañaba* (TM).
ⁿ 24:13 *tres* (LXX; véase 1Cr 21:12); *siete* (TM).

ⁱ2 Septuagint (see also verse 4 and 1 Chron. 21:2); Hebrew *Joab the army commander*   ʲ13 Septuagint (see also 1 Chron. 21:12); Hebrew *seven*

David construye un altar

18 Ese mismo día, Gad volvió adonde estaba David y le dijo: «Sube y construye un altar al Señor en la parcela de Arauna el jebuseo.»

19 David se puso en camino, tal como el Señor se lo había ordenado por medio de Gad. 20 Arauna se asomó y, al ver que el rey y sus oficiales se acercaban, salió y rostro en tierra se postró delante de él.

21 —Su Majestad —dijo Arauna—, ¿a qué debo el honor de su visita?

—Quiero comprarte la parcela —respondió David— y construir un altar al Señor para que se detenga la plaga que está afligiendo al pueblo.

22 —Tome Su Majestad y presente como ofrenda lo que mejor le parezca. Aquí hay bueyes para el *holocausto, y hay también trillos y yuntas que usted puede usar como leña. 23 Todo esto se lo doy a usted. ¡Que el Señor su Dios vea a Su Majestad con agrado!

24 Pero el rey le respondió a Arauna:

—Eso no puede ser. No voy a ofrecer al Señor mi Dios holocaustos que nada me cuesten. Te lo compraré todo por su precio justo.

Fue así como David compró la parcela y los bueyes por cincuenta monedas⁰ de plata. 25 Allí construyó un altar al Señor y ofreció holocaustos y sacrificios de *comunión. Entonces el Señor tuvo piedad del país, y se detuvo la plaga que estaba afligiendo a Israel.

David Builds an Altar

18 On that day Gad went to David and said to him, "Go up and build an altar to the LORD on the threshing floor of Araunah the Jebusite." 19 So David went up, as the LORD had commanded through Gad. 20 When Araunah looked and saw the king and his men coming toward him, he went out and bowed down before the king with his face to the ground.

21 Araunah said, "Why has my lord the king come to his servant?"

"To buy your threshing floor," David answered, "so I can build an altar to the LORD, that the plague on the people may be stopped."

22 Araunah said to David, "Let my lord the king take whatever pleases him and offer it up. Here are oxen for the burnt offering, and here are threshing sledges and ox yokes for the wood. 23 O king, Araunah gives all this to the king." Araunah also said to him, "May the LORD your God accept you."

24 But the king replied to Araunah, "No, I insist on paying you for it. I will not sacrifice to the LORD my God burnt offerings that cost me nothing."

So David bought the threshing floor and the oxen and paid fifty shekelsᵏ of silver for them. 25 David built an altar to the LORD there and sacrificed burnt offerings and fellowship offerings.ˡ Then the LORD answered prayer in behalf of the land, and the plague on Israel was stopped.

⁰ 24:24 monedas. Lit. *siclos.

ᵏ 24 That is, about 1 1/4 pounds (about 0.6 kilogram)
ˡ 25 Traditionally peace offerings

Reyes

1 Kings

Adonías usurpa el trono

1 El rey David era ya tan anciano y tan entrado en años que, por más que lo abrigaban, no conseguía entrar en calor. 2 Por eso sus servidores le dijeron: «Busquemos a una joven soltera para que atienda a Su Majestad y lo cuide, y se acueste a su lado para darle calor.» 3 Así que fueron por todo Israel en busca de una muchacha hermosa, y encontraron a una sunamita llamada Abisag y se la llevaron al rey. 4 La muchacha era realmente muy hermosa, y se dedicó a cuidar y a servir al rey, aunque el rey nunca tuvo relaciones sexuales con ella.

5 Adonías, cuya madre fue Jaguit, ambicionaba ser rey, y por lo tanto se levantó en armas. Consiguió carros de combate, caballos[a] y cincuenta guardias de escolta. 6 Adonías era más joven que Absalón, y muy bien parecido. Como David, su padre, nunca lo había contrariado ni le había pedido cuentas de lo que hacía, 7 Adonías se confabuló con Joab hijo de Sarvia y con el sacerdote Abiatar, y éstos le dieron su apoyo. 8 Quienes no lo apoyaron fueron el sacerdote Sadoc, Benaías hijo de Joyadá, el profeta Natán, Simí y Reguí, y la guardia personal de David.

9 Cerca de Enroguel, junto a la peña de Zojélet, Adonías ofreció un sacrificio de ovejas, bueyes y terneros engordados. Invitó a todos sus hermanos, los hijos del rey, y a todos los funcionarios reales de Judá, 10 pero no invitó al profeta Natán, ni a Benaías, ni a la guardia real ni a su hermano Salomón. 11 Por eso Natán le preguntó a Betsabé, la madre de Salomón: «¿Ya sabes que Adonías, el hijo de Jaguit, se ha proclamado rey a espaldas de nuestro señor David? 12 Pues si quieres salvar tu *vida y la de tu hijo Salomón, déjame darte un consejo: 13 Ve a presentarte ante el rey David, y dile: "¿Acaso no le había jurado Su Majestad a esta servidora suya que mi hijo Salomón lo sucedería en el trono? ¿Cómo es que ahora el rey es Adonías?" 14 Mientras tú estés allí, hablando con el rey, yo entraré para confirmar tus palabras.»

15 Betsabé se dirigió entonces a la habitación del rey. Como éste ya era muy anciano, lo atendía Abisag la sunamita. 16 Al llegar Betsabé, se arrodilló ante el rey, y éste le preguntó:

—¿Qué quieres?

17 —Mi señor juró por el SEÑOR su Dios a esta servidora suya —contestó Betsabé—, que mi hijo Salomón sucedería en el trono a Su Majestad. 18 Pero ahora resulta que Adonías se ha proclamado rey a espaldas de Su Majestad. 19 Ha sacrificado una gran cantidad de toros, terneros engordados y ovejas, y ha invitado a todos los hijos del rey, al sacerdote Abiatar y a Joab, general del ejército; sin embargo, no invitó a Salomón, que es un fiel servidor de Su Majestad. 20 Mi señor y rey, todo Israel está a la expectativa y quiere que usted le diga quién lo sucederá en el trono. 21 De lo contrario, tan pronto como Su Majestad muera, mi hijo Salomón y yo seremos acusados de alta traición.

22 Mientras Betsabé hablaba con el rey, llegó el pro-

Adonijah Sets Himself Up as King

1 When King David was old and well advanced in years, he could not keep warm even when they put covers over him. 2 So his servants said to him, "Let us look for a young virgin to attend the king and take care of him. She can lie beside him so that our lord the king may keep warm."

3 Then they searched throughout Israel for a beautiful girl and found Abishag, a Shunammite, and brought her to the king. 4 The girl was very beautiful; she took care of the king and waited on him, but the king had no intimate relations with her.

5 Now Adonijah, whose mother was Haggith, put himself forward and said, "I will be king." So he got chariots and horses[a] ready, with fifty men to run ahead of him. 6 (His father had never interfered with him by asking, "Why do you behave as you do?" He was also very handsome and was born next after Absalom.)

7 Adonijah conferred with Joab son of Zeruiah and with Abiathar the priest, and they gave him their support. 8 But Zadok the priest, Benaiah son of Jehoiada, Nathan the prophet, Shimei and Rei[b] and David's special guard did not join Adonijah.

9 Adonijah then sacrificed sheep, cattle and fattened calves at the Stone of Zoheleth near En Rogel. He invited all his brothers, the king's sons, and all the men of Judah who were royal officials, 10 but he did not invite Nathan the prophet or Benaiah or the special guard or his brother Solomon.

11 Then Nathan asked Bathsheba, Solomon's mother, "Have you not heard that Adonijah, the son of Haggith, has become king without our lord David's knowing it? 12 Now then, let me advise you how you can save your own life and the life of your son Solomon. 13 Go in to King David and say to him, 'My lord the king, did you not swear to me your servant: "Surely Solomon your son shall be king after me, and he will sit on my throne"? Why then has Adonijah become king?' 14 While you are still there talking to the king, I will come in and confirm what you have said."

15 So Bathsheba went to see the aged king in his room, where Abishag the Shunammite was attending him. 16 Bathsheba bowed low and knelt before the king.

"What is it you want?" the king asked.

17 She said to him, "My lord, you yourself swore to me your servant by the LORD your God: 'Solomon your son shall be king after me, and he will sit on my throne.' 18 But now Adonijah has become king, and you, my lord the king, do not know about it. 19 He has sacrificed great numbers of cattle, fattened calves, and sheep, and has invited all the king's sons, Abiathar the priest and Joab the commander of the army, but he has not invited Solomon your servant. 20 My lord the king, the eyes of all Israel are on you, to learn from you who will sit on the throne of my lord the king after him. 21 Otherwise, as soon as my lord the king is laid to rest with his fathers, I and my son Solomon will be treated as criminals."

22 While she was still speaking with the king, Nathan

---

a 1:5 caballos. Alt. aurigas.

a 5 Or charioteers   b 8 Or and his friends

feta Natán, 23 y el rey se enteró de su llegada. Entonces Natán se presentó ante el rey y, arrodillándose, 24 le dijo:

—Mi señor y rey, ¿acaso ha decretado usted que Adonías lo suceda en el trono? 25 Pregunto esto porque él ha ido hoy a sacrificar una gran cantidad de toros, terneros engordados y ovejas. Además, ha invitado a todos los hijos de Su Majestad, a los comandantes del ejército y al sacerdote Abiatar, y allí están todos ellos comiendo y bebiendo, y gritando en su presencia: "¡Viva el rey Adonías!" 26 Sin embargo, no me invitó a mí, que estoy al servicio de Su Majestad, ni al sacerdote Sadoc, ni a Benaías hijo de Joyadá, ni a Salomón, que es un fiel servidor de Su Majestad. 27 ¿Será posible que mi señor y rey haya hecho esto sin dignarse comunicarles a sus servidores quién lo sucederá en el trono?

David proclama rey a Salomón

28 Al oír esto, el rey David ordenó:

—¡Llamen a Betsabé!

Ella entró y se quedó de pie ante el rey. 29 Entonces el rey le hizo este juramento:

—Tan cierto como que vive el SEÑOR, que me ha librado de toda angustia, 30 te aseguro que hoy cumpliré lo que te juré por el SEÑOR, el Dios de Israel. Yo te prometí que tu hijo Salomón me sucederá en el trono y reinará en mi lugar.

31 Betsabé se inclinó ante el rey y, postrándose rostro en tierra, exclamó:

—¡Que viva para siempre mi señor el rey David!

32 David ordenó:

—Llamen al sacerdote Sadoc, al profeta Natán y a Benaías hijo de Joyadá.

Cuando los tres se presentaron ante el rey, 33 éste les dijo:

—Tomen con ustedes a los funcionarios de la corte, monten a mi hijo Salomón en mi propia mula, y llévenlo a Guijón 34 para que el sacerdote Sadoc y el profeta Natán lo unjan como rey de Israel. Toquen luego la trompeta, y griten: "¡Viva el rey Salomón!" 35 Después de eso, regresen con él para que ocupe el trono en mi lugar y me suceda como rey, pues he dispuesto que sea él quien gobierne a Israel y a Judá.

36 —¡Que así sea! —le respondió Benaías hijo de Joyadá—. ¡Que así lo confirme el SEÑOR, Dios de Su Majestad! 37 Que así como el SEÑOR estuvo con Su Majestad, esté también con Salomón; ¡y que engrandezca su trono aún más que el trono de mi señor el rey David!

38 El sacerdote Sadoc, el profeta Natán y Benaías hijo de Joyadá, y los quereteos y los peleteos, montaron a Salomón en la mula del rey David y lo escoltaron mientras bajaban hasta Guijón. 39 Allí el sacerdote Sadoc tomó el cuerno de aceite que estaba en el santuario, y ungió a Salomón. Tocaron entonces la trompeta, y todo el pueblo gritó: «¡Viva el rey Salomón!» 40 Luego, todos subieron detrás de él, tocando flautas y lanzando gritos de alegría. Era tal el estruendo, que la tierra temblaba.

41 Adonías y todos sus invitados estaban por terminar de comer cuando sintieron el estruendo. Al oír el sonido de la trompeta, Joab preguntó:

—¿Por qué habrá tanta bulla en la ciudad?

42 Aún estaba hablando cuando llegó Jonatán, hijo del sacerdote Abiatar.

—¡Entra! —le dijo Adonías—. Un hombre respetable como tú debe traer buenas noticias.

43 —¡No es así! —exclamó Jonatán—. Nuestro señor el rey David ha nombrado rey a Salomón.

the prophet arrived. 23 And they told the king, "Nathan the prophet is here." So he went before the king and bowed with his face to the ground.

24 Nathan said, "Have you, my lord the king, declared that Adonijah shall be king after you, and that he will sit on your throne? 25 Today he has gone down and sacrificed great numbers of cattle, fattened calves, and sheep. He has invited all the king's sons, the commanders of the army and Abiathar the priest. Right now they are eating and drinking with him and saying, 'Long live King Adonijah!' 26 But me your servant, and Zadok the priest, and Benaiah son of Jehoiada, and your servant Solomon he did not invite. 27 Is this something my lord the king has done without letting his servants know who should sit on the throne of my lord the king after him?"

David Makes Solomon King

28 Then King David said, "Call in Bathsheba." So she came into the king's presence and stood before him.

29 The king then took an oath: "As surely as the LORD lives, who has delivered me out of every trouble, 30 I will surely carry out today what I swore to you by the LORD, the God of Israel: Solomon your son shall be king after me, and he will sit on my throne in my place."

31 Then Bathsheba bowed low with her face to the ground and, kneeling before the king, said, "May my lord King David live forever!"

32 King David said, "Call in Zadok the priest, Nathan the prophet and Benaiah son of Jehoiada." When they came before the king, 33 he said to them: "Take your lord's servants with you and set Solomon my son on my own mule and take him down to Gihon. 34 There have Zadok the priest and Nathan the prophet anoint him king over Israel. Blow the trumpet and shout, 'Long live King Solomon!' 35 Then you are to go up with him, and he is to come and sit on my throne and reign in my place. I have appointed him ruler over Israel and Judah."

36 Benaiah son of Jehoiada answered the king, "Amen! May the LORD, the God of my lord the king, so declare it. 37 As the LORD was with my lord the king, so may he be with Solomon to make his throne even greater than the throne of my lord King David!"

38 So Zadok the priest, Nathan the prophet, Benaiah son of Jehoiada, the Kerethites and the Pelethites went down and put Solomon on King David's mule and escorted him to Gihon. 39 Zadok the priest took the horn of oil from the sacred tent and anointed Solomon. Then they sounded the trumpet and all the people shouted, "Long live King Solomon!" 40 And all the people went up after him, playing flutes and rejoicing greatly, so that the ground shook with the sound.

41 Adonijah and all the guests who were with him heard it as they were finishing their feast. On hearing the sound of the trumpet, Joab asked, "What's the meaning of all the noise in the city?"

42 Even as he was speaking, Jonathan son of Abiathar the priest arrived. Adonijah said, "Come in, A worthy man like you must be bringing good news."

43 "Not at all!" Jonathan answered. "Our lord King

44También ha ordenado que el sacerdote Sadoc, el profeta Natán y Benaías hijo de Joyadá, con los quereteos y los peleteos, monten a Salomón en la mula del rey. 45Sadoc y Natán lo han ungido como rey en Guijón. Desde allí han subido lanzando gritos de alegría, y la ciudad está alborotada. A eso se debe tanta bulla. 46Además, Salomón se ha sentado en el trono real, 47y los funcionarios de la corte han ido a felicitar a nuestro señor, el rey David. Hasta le desearon que su Dios hiciera el *nombre de Salomón más famoso todavía que el de David, y que engrandeciera el trono de Salomón más que el suyo. Ante eso, el rey se inclinó en su cama 48y dijo: "¡Alabado sea el SEÑOR, Dios de Israel, que hoy me ha concedido ver a mi sucesor sentarse en mi trono!"

49Al oír eso, todos los invitados de Adonías se levantaron llenos de miedo y se dispersaron. 50Adonías, por temor a Salomón, se refugió en el santuario, en donde se agarró de los cuernos del altar. 51No faltó quien fuera a decirle a Salomón:

—Adonías tiene miedo de Su Majestad y está agarrado de los cuernos del altar. Ha dicho: "¡Quiero que hoy mismo jure el rey Salomón que no condenará a muerte a este servidor suyo!"

52Salomón respondió:

—Si demuestra que es un hombre de honor, no perderá ni un cabello de su cabeza; pero si se le sorprende en alguna maldad, será condenado a muerte.

53Acto seguido, el rey Salomón mandó que lo trajeran. Cuando Adonías llegó, se inclinó ante el rey Salomón, y éste le ordenó que se fuera a su casa.

Últimas instrucciones de David

2 David ya estaba próximo a morir, así que le dio estas instrucciones a su hijo Salomón:

2«Según el destino que a todos nos espera, pronto partiré de este mundo. ¡Cobra ánimo y pórtate como hombre! 3Cumple los mandatos del SEÑOR tu Dios; sigue sus sendas y obedece sus decretos, mandamientos, leyes y preceptos, los cuales están escritos en la *ley de Moisés. Así prosperarás en todo lo que hagas y por dondequiera que vayas, 4y el SEÑOR cumplirá esta promesa que me hizo: "Si tus descendientes cuidan su conducta y me son fieles con toda el *alma y de todo *corazón, nunca faltará un sucesor tuyo en el trono de Israel."

5»Ahora bien, tú mismo sabes que Joab hijo de Sarvia derramó sangre en tiempo de paz como si estuviera en guerra, y mató a Abner hijo de Ner y a Amasá hijo de Jéter, los dos comandantes de los ejércitos israelitas, manchándose así de sangre las manos.b 6Por tanto, usa la cabeza y no lo dejes llegar a viejo y morir en *paz.c 7En cambio, sé bondadoso con los hijos de Barzilay de Galaad y permíteles comer en tu mesa, pues ellos me ampararon cuando huía de tu hermano Absalón.

8»También encárgate de Simí hijo de Guerá, ese benjaminita de Bajurín que me lanzó terribles maldiciones cuando me dirigía a Majanayin. Es cierto que, cuando fue al Jordán a recibirme, le juré por el SEÑOR que no lo condenaría a muerte. 9Sin embargo, no tienes ya por qué perdonarle la vida. Tú eres inteligente, y sabrás qué hacer con él; aunque ya está viejo, hazlo sufrir una muerte sangrienta.»d

10David murió y fue sepultado en la ciudad que lleva

David has made Solomon king. 44The king has sent with him Zadok the priest, Nathan the prophet, Benaiah son of Jehoiada, the Kerethites and the Pelethites, and they have put him on the king's mule, 45and Zadok the priest and Nathan the prophet have anointed him king at Gihon. From there they have gone up cheering, and the city resounds with it. That's the noise you hear. 46Moreover, Solomon has taken his seat on the royal throne. 47Also, the royal officials have come to congratulate our lord King David, saying, 'May your God make Solomon's name more famous than yours and his throne greater than yours!' And the king bowed in worship on his bed 48and said, 'Praise be to the LORD, the God of Israel, who has allowed my eyes to see a successor on my throne today.' "

49At this, all Adonijah's guests rose in alarm and dispersed. 50But Adonijah, in fear of Solomon, went and took hold of the horns of the altar. 51Then Solomon was told, "Adonijah is afraid of King Solomon and is clinging to the horns of the altar. He says, 'Let King Solomon swear to me today that he will not put his servant to death with the sword.' "

52Solomon replied, "If he shows himself to be a worthy man, not a hair of his head will fall to the ground; but if evil is found in him, he will die." 53Then King Solomon sent men, and they brought him down from the altar. And Adonijah came and bowed down to King Solomon, and Solomon said, "Go to your home."

David's Charge to Solomon

2 When the time drew near for David to die, he gave a charge to Solomon his son.

2"I am about to go the way of all the earth," he said. "So be strong, show yourself a man, 3and observe what the LORD your God requires: Walk in his ways, and keep his decrees and commands, his laws and requirements, as written in the Law of Moses, so that you may prosper in all you do and wherever you go, 4and that the LORD may keep his promise to me: 'If your descendants watch how they live, and if they walk faithfully before me with all their heart and soul, you will never fail to have a man on the throne of Israel.'

5"Now you yourself know what Joab son of Zeruiah did to me—what he did to the two commanders of Israel's armies, Abner son of Ner and Amasa son of Jether. He killed them, shedding their blood in peacetime as if in battle, and with that blood stained the belt around his waist and the sandals on his feet. 6Deal with him according to your wisdom, but do not let his gray head go down to the gravec in peace.

7"But show kindness to the sons of Barzillai of Gilead and let them be among those who eat at your table. They stood by me when I fled from your brother Absalom.

8"And remember, you have with you Shimei son of Gera, the Benjamite from Bahurim, who called down bitter curses on me the day I went to Mahanaim. When he came down to meet me at the Jordan, I swore to him by the LORD: 'I will not put you to death by the sword.' 9But now, do not consider him innocent. You are a man of wisdom; you will know what to do to him. Bring his gray head down to the grave in blood."

10Then David rested with his fathers and was buried

---

b 2:5 las manos. Lit. su cinturón y sus sandalias.   c 2:6 no lo dejes llegar a viejo y morir en paz. Lit. no dejes que sus canas bajen en paz al *Seol.   d 2:9 aunque ... sangrienta. Lit. haz que sus canas bajen con sangre al *Seol.

c 6 Hebrew Sheol; also in verse 9

su *nombre. ¹¹Había reinado siete años en Hebrón y treinta y tres en Jerusalén, así que en total reinó en Israel cuarenta años. ¹²Lo sucedió en el trono su hijo Salomón, y así se consolidó firmemente su reino.

Salomón consolida el reino

¹³Adonías hijo de Jaguit fue a ver a Betsabé, madre de Salomón, y Betsabé le preguntó:

—¿Vienes en son de *paz?

—Sí —respondió él—; ¹⁴tengo algo que comunicarle.

—Habla —contestó ella.

¹⁵—Como usted sabe —dijo Adonías—, el reino me pertenecía, y todos los israelitas esperaban que yo llegara a ser rey. Pero ahora el reino ha pasado a mi hermano, que lo ha recibido por voluntad del Señor. ¹⁶Pues bien, tengo una petición que hacerle, y espero que me la conceda.

—Continúa —dijo ella.

¹⁷—Por favor, pídale usted al rey Salomón que me dé como esposa a Abisag la sunamita; a usted no se lo negará.

¹⁸—Muy bien —contestó Betsabé—; le hablaré al rey en tu favor.

¹⁹Betsabé fue a ver al rey Salomón para interceder en favor de Adonías. El rey se puso de pie para recibirla y se inclinó ante ella; luego se sentó en su trono y mandó que pusieran otro trono para su madre; y ella se sentó a la *derecha del rey.

²⁰—Quiero pedirte un pequeño favor —dijo ella—. Te ruego que no me lo niegues.

—Dime de qué se trata, madre mía. A ti no puedo negarte nada.

²¹Ella continuó:

—Concédele a tu hermano Adonías casarse con Abisag la sunamita.

²²—Pero ¿cómo puedes pedirme semejante cosa? —respondió el rey a su madre—. Es mi hermano mayor, y cuenta con el apoyo del sacerdote Abiatar y de Joab hijo de Sarvia. ¡Realmente me estás pidiendo que le ceda el trono!

²³Dicho esto, el rey Salomón juró por el Señor: «¡Que Dios me castigue sin piedad si no hago que Adonías pague con su *vida por esa petición! ²⁴El Señor me ha establecido firmemente en el trono de mi padre, y conforme a su promesa me ha dado una dinastía. Por tanto, tan cierto como que él vive, ¡juro que hoy mismo Adonías morirá!»

²⁵En seguida, el rey Salomón le dio a Benaías hijo de Joyadá la orden de matar a Adonías. ²⁶Al sacerdote Abiatar, el rey mismo le ordenó: «Regresa a tus tierras en Anatot. Mereces la muerte, pero por el momento no voy a quitarte la vida, pues compartiste con David mi padre todas sus penurias, y en su presencia llevaste el arca del Señor omnipotente.» ²⁷Fue así como, al destituir Salomón a Abiatar del sacerdocio del Señor, se cumplió la palabra que el Señor había pronunciado en Siló contra la familia de Elí.

²⁸Joab había conspirado con Adonías, aunque no con Absalón, así que al oír que Adonías había muerto, fue a refugiarse en el santuario del Señor, agarrándose de los cuernos del altar. ²⁹Cuando le dijeron a Salomón que Joab había huido al santuario, y que estaba junto al altar, el rey le ordenó a Benaías hijo de Joyadá que fuera a matarlo. ³⁰Benaías fue al santuario del Señor y le dijo a Joab:

—El rey te ordena que salgas.

—¡No! —respondió Joab—. ¡De aquí sólo me sacarán muerto!

Benaías fue y le contó al rey lo que había dicho Joab.

in the City of David. ¹¹He had reigned forty years over Israel—seven years in Hebron and thirty-three in Jerusalem. ¹²So Solomon sat on the throne of his father David, and his rule was firmly established.

Solomon's Throne Established

¹³Now Adonijah, the son of Haggith, went to Bathsheba, Solomon's mother. Bathsheba asked him, "Do you come peacefully?"

He answered, "Yes, peacefully." ¹⁴Then he added, "I have something to say to you."

"You may say it," she replied.

¹⁵"As you know," he said, "the kingdom was mine. All Israel looked to me as their king. But things changed, and the kingdom has gone to my brother; for it has come to him from the Lord. ¹⁶Now I have one request to make of you. Do not refuse me."

"You may make it," she said.

¹⁷So he continued, "Please ask King Solomon—he will not refuse you—to give me Abishag the Shunammite as my wife."

¹⁸"Very well," Bathsheba replied, "I will speak to the king for you."

¹⁹When Bathsheba went to King Solomon to speak to him for Adonijah, the king stood up to meet her, bowed down to her and sat down on his throne. He had a throne brought for the king's mother, and she sat down at his right hand.

²⁰"I have one small request to make of you," she said. "Do not refuse me."

The king replied, "Make it, my mother; I will not refuse you."

²¹So she said, "Let Abishag the Shunammite be given in marriage to your brother Adonijah."

²²King Solomon answered his mother, "Why do you request Abishag the Shunammite for Adonijah? You might as well request the kingdom for him—after all, he is my older brother—yes, for him and for Abiathar the priest and Joab son of Zeruiah!"

²³Then King Solomon swore by the Lord: "May God deal with me, be it ever so severely, if Adonijah does not pay with his life for this request! ²⁴And now, as surely as the Lord lives—he who has established me securely on the throne of my father David and has founded a dynasty for me as he promised—Adonijah shall be put to death today!" ²⁵So King Solomon gave orders to Benaiah son of Jehoiada, and he struck down Adonijah and he died.

²⁶To Abiathar the priest the king said, "Go back to your fields in Anathoth. You deserve to die, but I will not put you to death now, because you carried the ark of the Sovereign Lord before my father David and shared all my father's hardships." ²⁷So Solomon removed Abiathar from the priesthood of the Lord, fulfilling the word the Lord had spoken at Shiloh about the house of Eli.

²⁸When the news reached Joab, who had conspired with Adonijah though not with Absalom, he fled to the tent of the Lord and took hold of the horns of the altar. ²⁹King Solomon was told that Joab had fled to the tent of the Lord and was beside the altar. Then Solomon ordered Benaiah son of Jehoiada, "Go, strike him down!"

³⁰So Benaiah entered the tent of the Lord and said to Joab, "The king says, 'Come out!' "

But he answered, "No, I will die here."

Benaiah reported to the king, "This is how Joab answered me."

31 —¡Pues dale gusto! —ordenó el rey—. ¡Mátalo y entiérralo! De ese modo me absolverás a mí y a mi familia de la sangre inocente que derramó Joab. 32 El SEÑOR hará recaer sobre su cabeza la sangre que derramó, porque a espaldas de mi padre atacó Joab a Abner hijo de Ner, que era comandante del ejército de Israel, y a Amasá hijo de Jéter, que era comandante del ejército de Judá. Así mató a filo de espada a dos hombres que eran mejores y más justos que él. 33 ¡Que la culpa de esas muertes recaiga para siempre sobre la cabeza de Joab y de sus descendientes! ¡Pero que la paz del SEÑOR esté por siempre con David y sus descendientes, y con su linaje y su trono!

34 Benaías hijo de Joyadá fue y mató a Joab, e hizo que lo sepultaran en su hacienda de la estepa. 35 Entonces el rey puso a Benaías hijo de Joyadá sobre el ejército en lugar de Joab, y al sacerdote Sadoc lo puso en lugar de Abiatar. 36 Luego mandó llamar a Simí y le dijo:

—Constrúyete una casa en Jerusalén, y quédate allí. No salgas a ninguna parte, 37 porque el día que salgas y cruces el arroyo de Cedrón, podrás darte por muerto. Y la culpa será tuya.

38 —De acuerdo —le respondió Simí al rey—. Yo estoy para servir a Su Majestad, y acataré sus órdenes.

Simí permaneció en Jerusalén por un buen tiempo, 39 pero tres años más tarde dos de sus esclavos escaparon a Gat, donde reinaba Aquis hijo de Macá. Cuando le avisaron a Simí que sus esclavos estaban en Gat, 40 aparejó su asno y se fue allá a buscarlos y traerlos de vuelta. 41 Al oír Salomón que Simí había ido de Jerusalén a Gat y había regresado, 42 lo mandó llamar y le dijo:

—Yo te hice jurar por el SEÑOR, y te advertí: "El día que salgas a cualquier lugar, podrás darte por muerto." Y tú dijiste que estabas de acuerdo y que obedecerías. 43 ¿Por qué, pues, no cumpliste con tu juramento al SEÑOR ni obedeciste la orden que te di?

44 El rey también le dijo a Simí:

—Tú bien sabes cuánto daño le hiciste a mi padre David; ahora el SEÑOR se vengará de ti por tu maldad. 45 En cambio, yo seré bendecido, y el trono de David permanecerá firme para siempre en presencia del SEÑOR.

46 Acto seguido, el rey le dio la orden a Benaías hijo de Joyadá, y éste fue y mató a Simí. Así se consolidó el reino en manos de Salomón.

Salomón pide sabiduría

3 Salomón entró en alianza con el faraón, rey de Egipto, casándose con su hija, a la cual llevó a la Ciudad de David mientras terminaba de construir su palacio, el templo del SEÑOR y el muro alrededor de Jerusalén. 2 Como aún no se había construido un templo en honor*e* del SEÑOR, el pueblo seguía ofreciendo sacrificios en los *santuarios paganos. 3 Salomón amaba al SEÑOR y cumplía los decretos de su padre David. Sin embargo, también iba a los santuarios paganos para ofrecer sacrificios y quemar incienso. 4 Como en Gabaón estaba el santuario pagano más importante, Salomón acostumbraba ir allá para ofrecer sacrificios. Allí

31 Then the king commanded Benaiah, "Do as he says. Strike him down and bury him, and so clear me and my father's house of the guilt of the innocent blood that Joab shed. 32 The LORD will repay him for the blood he shed, because without the knowledge of my father David he attacked two men and killed them with the sword. Both of them—Abner son of Ner, commander of Israel's army, and Amasa son of Jether, commander of Judah's army—were better men and more upright than he. 33 May the guilt of their blood rest on the head of Joab and his descendants forever. But on David and his descendants, his house and his throne, may there be the LORD's peace forever."

34 So Benaiah son of Jehoiada went up and struck down Joab and killed him, and he was buried on his own land*d* in the desert. 35 The king put Benaiah son of Jehoiada over the army in Joab's position and replaced Abiathar with Zadok the priest.

36 Then the king sent for Shimei and said to him, "Build yourself a house in Jerusalem and live there, but do not go anywhere else. 37 The day you leave and cross the Kidron Valley, you can be sure you will die; your blood will be on your own head."

38 Shimei answered the king, "What you say is good. Your servant will do as my lord the king has said." And Shimei stayed in Jerusalem for a long time.

39 But three years later, two of Shimei's slaves ran off to Achish son of Maacah, king of Gath, and Shimei was told, "Your slaves are in Gath." 40 At this, he saddled his donkey and went to Achish at Gath in search of his slaves. So Shimei went away and brought the slaves back from Gath.

41 When Solomon was told that Shimei had gone from Jerusalem to Gath and had returned, 42 the king summoned Shimei and said to him, "Did I not make you swear by the LORD and warn you, 'On the day you leave to go anywhere else, you can be sure you will die'? At that time you said to me, 'What you say is good. I will obey.' 43 Why then did you not keep your oath to the LORD and obey the command I gave you?"

44 The king also said to Shimei, "You know in your heart all the wrong you did to my father David. Now the LORD will repay you for your wrongdoing. 45 But King Solomon will be blessed, and David's throne will remain secure before the LORD forever."

46 Then the king gave the order to Benaiah son of Jehoiada, and he went out and struck Shimei down and killed him.

The kingdom was now firmly established in Solomon's hands.

Solomon Asks for Wisdom

3 Solomon made an alliance with Pharaoh king of Egypt and married his daughter. He brought her to the City of David until he finished building his palace and the temple of the LORD, and the wall around Jerusalem. 2 The people, however, were still sacrificing at the high places, because a temple had not yet been built for the Name of the LORD. 3 Solomon showed his love for the LORD by walking according to the statutes of his father David, except that he offered sacrifices and burned incense on the high places.

4 The king went to Gibeon to offer sacrifices, for that was the most important high place, and Solomon of-

---

e 3:2 en honor. Lit. *al nombre*; así en el resto de este libro.   *d 34* Or *buried in his tomb*

ofreció mil *holocaustos; 5 y allí mismo se le apareció el SEÑOR en un sueño, y le dijo:

—Pídeme lo que quieras.

6 Salomón respondió:

—Tú trataste con mucho amor a tu siervo David, mi padre, pues se condujo delante de ti con lealtad y justicia, y con un *corazón recto. Y, como hoy se puede ver, has reafirmado tu gran amor al concederle que un hijo suyo lo suceda en el trono.

7 »Ahora, SEÑOR mi Dios, me has hecho rey en lugar de mi padre David. No soy más que un muchacho, y apenas sé cómo comportarme. 8 Sin embargo, aquí me tienes, un siervo tuyo en medio del pueblo que has escogido, un pueblo tan numeroso que es imposible contarlo. 9 Yo te ruego que le des a tu siervo discernimiento para gobernar a tu pueblo y para distinguir entre el bien y el mal. De lo contrario, ¿quién podrá gobernar a este gran pueblo tuyo?

10 Al Señor le agradó que Salomón hubiera hecho esa petición, 11 de modo que le dijo:

—Como has pedido esto, y no larga vida ni riquezas para ti, ni has pedido la muerte de tus enemigos sino discernimiento para administrar justicia, 12 voy a concederte lo que has pedido. Te daré un corazón sabio y prudente, como nadie antes de ti lo ha tenido ni lo tendrá después. 13 Además, aunque no me lo has pedido, te daré tantas riquezas y esplendor que en toda tu vida ningún rey podrá compararse contigo. 14 Si andas por mis sendas y obedeces mis decretos y mandamientos, como lo hizo tu padre David, te daré una larga vida.

15 Cuando Salomón despertó y se dio cuenta del sueño que había tenido, regresó a Jerusalén. Se presentó ante el arca del *pacto del Señor y ofreció *holocaustos y sacrificios de *comunión. Luego ofreció un banquete para toda su corte.

Un gobernante sabio

16 Tiempo después, dos prostitutas fueron a presentarse ante el rey. 17 Una de ellas le dijo:

—Su Majestad, esta mujer y yo vivimos en la misma casa. Mientras ella estaba allí conmigo, yo di a luz, 18 y a los tres días también ella dio a luz. No había en la casa nadie más que nosotras dos. 19 Pues bien, una noche esta mujer se acostó encima de su hijo, y el niño murió. 20 Pero ella se levantó a medianoche, mientras yo dormía, y tomando a mi hijo, lo acostó junto a ella y puso a su hijo muerto a mi lado. 21 Cuando amaneció, me levanté para amamantar a mi hijo, ¡y me di cuenta de que estaba muerto! Pero al clarear el día, lo observé bien y pude ver que no era el hijo que yo había dado a luz.

22 —¡No es cierto! —exclamó la otra mujer—. ¡El niño que está vivo es el mío, y el muerto es el tuyo!

—¡Mientes! —insistió la primera—. El niño muerto es el tuyo, y el que está vivo es el mío.

Y se pusieron a discutir delante del rey.

23 El rey deliberó: «Una dice: "El niño que está vivo es el mío, y el muerto es el tuyo." Y la otra dice: "¡No es cierto! El niño muerto es el tuyo, y el que está vivo es el mío." » 24 Entonces ordenó:

—Tráiganme una espada.

Cuando se la trajeron, 25 dijo:

—Partan en dos al niño que está vivo, y denle una mitad a ésta y la otra mitad a aquélla.

fered a thousand burnt offerings on that altar. 5 At Gibeon the LORD appeared to Solomon during the night in a dream, and God said, "Ask for whatever you want me to give you."

6 Solomon answered, "You have shown great kindness to your servant, my father David, because he was faithful to you and righteous and upright in heart. You have continued this great kindness to him and have given him a son to sit on his throne this very day.

7 "Now, O LORD my God, you have made your servant king in place of my father David. But I am only a little child and do not know how to carry out my duties. 8 Your servant is here among the people you have chosen, a great people, too numerous to count or number. 9 So give your servant a discerning heart to govern your people and to distinguish between right and wrong. For who is able to govern this great people of yours?"

10 The Lord was pleased that Solomon had asked for this. 11 So God said to him, "Since you have asked for this and not for long life or wealth for yourself, nor have asked for the death of your enemies but for discernment in administering justice, 12 I will do what you have asked. I will give you a wise and discerning heart, so that there will never have been anyone like you, nor will there ever be. 13 Moreover, I will give you what you have not asked for—both riches and honor—so that in your lifetime you will have no equal among kings. 14 And if you walk in my ways and obey my statutes and commands as David your father did, I will give you a long life." 15 Then Solomon awoke—and he realized it had been a dream.

He returned to Jerusalem, stood before the ark of the Lord's covenant and sacrificed burnt offerings and fellowship offerings.*e* Then he gave a feast for all his court.

A Wise Ruling

16 Now two prostitutes came to the king and stood before him. 17 One of them said, "My lord, this woman and I live in the same house. I had a baby while she was there with me. 18 The third day after my child was born, this woman also had a baby. We were alone; there was no one in the house but the two of us.

19 "During the night this woman's son died because she lay on him. 20 So she got up in the middle of the night and took my son from my side while I your servant was asleep. She put him by her breast and put her dead son by my breast. 21 The next morning, I got up to nurse my son—and he was dead! But when I looked at him closely in the morning light, I saw that it wasn't the son I had borne."

22 The other woman said, "No! The living one is my son; the dead one is yours."

But the first one insisted, "No! The dead one is yours; the living one is mine." And so they argued before the king.

23 The king said, "This one says, 'My son is alive and your son is dead,' while that one says, 'No! Your son is dead and mine is alive.' "

24 Then the king said, "Bring me a sword." So they brought a sword for the king. 25 He then gave an order: "Cut the living child in two and give half to one and half to the other."

26 La verdadera madre, angustiada por su hijo, le dijo al rey:

—¡Por favor, Su Majestad! ¡Déle usted a ella el niño que está vivo, pero no lo mate!

En cambio, la otra exclamó:

—¡Ni para mí ni para ti! ¡Que lo partan!

27 Entonces el rey ordenó:

—No lo maten. Entréguenle a la primera el niño que está vivo, pues ella es la madre.

28 Cuando todos los israelitas se enteraron de la sentencia que el rey había pronunciado, sintieron un gran respeto por él, pues vieron que tenía sabiduría de Dios para administrar justicia.

Administración del reino

4 Salomón reinó sobre todo Israel, ²y éstos fueron sus funcionarios:

Azarías, hijo del sacerdote Sadoc;
³Elijoref y Ahías, hijos de Sisá, cronistas;
Josafat hijo de Ajilud, el secretario;
⁴Benaías hijo de Joyadá, comandante en jefe;
Sadoc y Abiatar, sacerdotes;
⁵Azarías hijo de Natán, encargado de los gobernadores;
Zabud hijo de Natán, sacerdote y consejero personal del rey;
⁶Ajisar, encargado del palacio;
Adonirán hijo de Abdá, supervisor del trabajo forzado.

⁷Salomón tenía por todo Israel a doce gobernadores, cada uno de los cuales debía abastecer al rey y a su corte un mes al año. ⁸Éstos son sus nombres:

Ben Jur, en la región montañosa de Efraín;
⁹Ben Decar, en Macaz, Salbín, Bet Semes y Elón Bet Janán;
¹⁰Ben Jésed, en Arubot (Soco y toda la tierra de Héfer entraban en su jurisdicción);
¹¹Ben Abinadab, en Nafot Dor*f* (la esposa de Ben Abinadab fue Tafat hija de Salomón);
¹²Baná hijo de Ajilud, en Tanac y Meguido, y en todo Betseán (junto a Saretán, más abajo de Jezrel, desde Betseán hasta Abel Mejolá, y todavía más allá de Jocmeán);
¹³Ben Guéber, en Ramot de Galaad (los poblados de Yaír hijo de Manasés en Galaad entraban en su jurisdicción, así como también el distrito de Argob en Basán y sus sesenta grandes ciudades, amuralladas y con cerrojos de bronce);
¹⁴Ajinadab hijo de Idó, en Majanayin;
¹⁵Ajimaz, en Neftalí (Ajimaz estaba casado con Basemat hija de Salomón);
¹⁶Baná hijo de Husay, en Aser y en Alot;
¹⁷Josafat hijo de Parúaj, en Isacar;
¹⁸Simí hijo de Elá, en Benjamín;
¹⁹Guéber hijo de Uri, en Galaad (que era el país de Sijón, rey de los amorreos, y de Og, rey de Basán).

En la tierra de Judá*g* había un solo gobernador.

Prosperidad de Salomón

²⁰Los pueblos de Judá y de Israel eran tan numerosos como la arena que está a la orilla del mar; y abun-

26 The woman whose son was alive was filled with compassion for her son and said to the king, "Please, my lord, give her the living baby! Don't kill him!"

But the other said, "Neither I nor you shall have him. Cut him in two!"

27 Then the king gave his ruling: "Give the living baby to the first woman. Do not kill him; she is his mother."

28 When all Israel heard the verdict the king had given, they held the king in awe, because they saw that he had wisdom from God to administer justice.

Solomon's Officials and Governors

4 So King Solomon ruled over all Israel. ²And these were his chief officials:

Azariah son of Zadok—the priest;
³Elihoreph and Ahijah, sons of Shisha—secretaries;
Jehoshaphat son of Ahilud—recorder;
⁴Benaiah son of Jehoiada—commander in chief;
Zadok and Abiathar—priests;
⁵Azariah son of Nathan—in charge of the district officers;
Zabud son of Nathan—a priest and personal adviser to the king;
⁶Ahishar—in charge of the palace;
Adoniram son of Abda—in charge of forced labor.

⁷Solomon also had twelve district governors over all Israel, who supplied provisions for the king and the royal household. Each one had to provide supplies for one month in the year. ⁸These are their names:

Ben-Hur—in the hill country of Ephraim;
⁹Ben-Deker—in Makaz, Shaalbim, Beth Shemesh and Elon Bethhanan;
¹⁰Ben-Hesed—in Arubboth (Socoh and all the land of Hepher were his);
¹¹Ben-Abinadab—in Naphoth Dor*f* (he was married to Taphath daughter of Solomon);
¹²Baana son of Ahilud—in Taanach and Megiddo, and in all of Beth Shan next to Zarethan below Jezreel, from Beth Shan to Abel Meholah across to Jokmeam;
¹³Ben-Geber—in Ramoth Gilead (the settlements of Jair son of Manasseh in Gilead were his, as well as the district of Argob in Bashan and its sixty large walled cities with bronze gate bars);
¹⁴Ahinadab son of Iddo—in Mahanaim;
¹⁵Ahimaaz—in Naphtali (he had married Basemath daughter of Solomon);
¹⁶Baana son of Hushai—in Asher and in Aloth;
¹⁷Jehoshaphat son of Paruah—in Issachar;
¹⁸Shimei son of Ela—in Benjamin;
¹⁹Geber son of Uri—in Gilead (the country of Sihon king of the Amorites and the country of Og king of Bashan). He was the only governor over the district.

Solomon's Daily Provisions

²⁰The people of Judah and Israel were as numerous as the sand on the seashore; they ate, they drank and

---

f 4:11 *Nafot Dor.* Alt. *las alturas de Dor.* Lit. *tierra.*   *g* 4:19 *tierra de Judá.*

f 11 Or *in the heights of Dor*

daban la comida, la bebida y la alegría. 21 Salomón gobernaba sobre todos los reinos desde el río Éufrates hasta la tierra de los filisteos y la frontera con Egipto. Mientras Salomón vivió, todos estos países fueron sus vasallos tributarios.

22 La provisión diaria de Salomón era de seis mil seiscientos litros de flor de harina y trece mil doscientos litros[h] de harina, 23 diez bueyes engordados y veinte de pastoreo, y cien ovejas, así como venados, gacelas, corzos y aves de corral. 24 El dominio de Salomón se extendía sobre todos los reinos al oeste del río Éufrates, desde Tifsa hasta Gaza, y disfrutaba de *paz en todas sus fronteras. 25 Durante el reinado de Salomón, todos los habitantes de Judá y de Israel, desde Dan hasta Berseba, vivieron seguros bajo su propia parra y su propia higuera.

26 Salomón tenía doce mil caballos,[i] y cuatro mil[j] establos para los caballos de sus carros de combate.

27 Los gobernadores, cada uno en su mes, abastecían al rey Salomón y a todos los que se sentaban a su mesa, y se ocupaban de que no les faltara nada. 28 Además, llevaban a los lugares indicados sus cuotas de cebada y de paja para los caballos de tiro y para el resto de la caballería.

La sabiduría de Salomón

29 Dios le dio a Salomón sabiduría e inteligencia extraordinarias; sus conocimientos eran tan vastos como la arena que está a la orilla del mar. 30 Sobrepasó en sabiduría a todos los sabios del Oriente y de Egipto. 31 En efecto, fue más sabio que nadie: más que Etán el ezraíta, y más que Hemán, Calcol y Dardá, los hijos de Majol. Por eso la fama de Salomón se difundió por todas las naciones vecinas. 32 Compuso tres mil proverbios y mil cinco canciones. 33 Disertó acerca de las plantas, desde el cedro del Líbano hasta el *hisopo que crece en los muros. También enseñó acerca de las bestias y las aves, los reptiles y los peces. 34 Los reyes de todas las naciones del mundo que se enteraron de la sabiduría de Salomón enviaron a sus representantes para que lo escucharan.

Preparativos para la construcción del templo

5 El rey Hiram de Tiro siempre había tenido buenas relaciones con David, así que al saber que Salomón había sido ungido para suceder en el trono a su padre David, le mandó una embajada. 2 En respuesta, Salomón le envió este mensaje:

3 «Tú bien sabes que, debido a las guerras en que mi padre David se vio envuelto, no le fue posible construir un templo en honor del SEÑOR su Dios. Tuvo que esperar hasta que el SEÑOR sometiera a sus enemigos bajo su dominio. 4 Pues bien, ahora el SEÑOR mi Dios me ha dado *paz por todas partes, de modo que no me amenazan ni adversarios ni calamidades. 5 Por lo tanto me propongo construir un templo en honor del SEÑOR mi Dios, pues él le prometió a mi padre David: "Tu hijo, a quien pondré en el trono como sucesor tuyo, construirá el templo en mi honor."

6 »Ahora, pues, ordena que se talen para mí cedros del Líbano. Mis obreros trabajarán con los tuyos, y yo te pagaré el salario que determines para tus obreros. Tú sabes que no hay entre nosotros quien sepa talar madera tan bien como los sidonios.»

they were happy. 21 And Solomon ruled over all the kingdoms from the River[g] to the land of the Philistines, as far as the border of Egypt. These countries brought tribute and were Solomon's subjects all his life.

22 Solomon's daily provisions were thirty cors[h] of fine flour and sixty cors[i] of meal, 23 ten head of stall-fed cattle, twenty of pasture-fed cattle and a hundred sheep and goats, as well as deer, gazelles, roebucks and choice fowl. 24 For he ruled over all the kingdoms west of the River, from Tiphsah to Gaza, and had peace on all sides. 25 During Solomon's lifetime Judah and Israel, from Dan to Beersheba, lived in safety, each man under his own vine and fig tree.

26 Solomon had four[j] thousand stalls for chariot horses, and twelve thousand horses.[k]

27 The district officers, each in his month, supplied provisions for King Solomon and all who came to the king's table. They saw to it that nothing was lacking. 28 They also brought to the proper place their quotas of barley and straw for the chariot horses and the other horses.

Solomon's Wisdom

29 God gave Solomon wisdom and very great insight, and a breadth of understanding as measureless as the sand on the seashore. 30 Solomon's wisdom was greater than the wisdom of all the men of the East, and greater than all the wisdom of Egypt. 31 He was wiser than any other man, including Ethan the Ezrahite—wiser than Heman, Calcol and Darda, the sons of Mahol. And his fame spread to all the surrounding nations. 32 He spoke three thousand proverbs and his songs numbered a thousand and five. 33 He described plant life, from the cedar of Lebanon to the hyssop that grows out of walls. He also taught about animals and birds, reptiles and fish. 34 Men of all nations came to listen to Solomon's wisdom, sent by all the kings of the world, who had heard of his wisdom.

Preparations for Building the Temple

5 When Hiram king of Tyre heard that Solomon had been anointed king to succeed his father David, he sent his envoys to Solomon, because he had always been on friendly terms with David. 2 Solomon sent back this message to Hiram:

3 "You know that because of the wars waged against my father David from all sides, he could not build a temple for the Name of the LORD his God until the LORD put his enemies under his feet. 4 But now the LORD my God has given me rest on every side, and there is no adversary or disaster. 5 I intend, therefore, to build a temple for the Name of the LORD my God, as the LORD told my father David, when he said, 'Your son whom I will put on the throne in your place will build the temple for my Name.'

6 "So give orders that cedars of Lebanon be cut for me. My men will work with yours, and I will pay you for your men whatever wages you set. You know that we have no one so skilled in felling timber as the Sidonians."

---

h 4:22 seis mil seiscientos litros ... trece mil doscientos litros. Lit. treinta *coros ... sesenta coros.   i 4:26 caballos. Alt. aurigas. j 4:26 cuatro mil (mss. de LXX; véase también 2Cr 9:25); cuarenta mil (TM).

g 21 That is, the Euphrates; also in verse 24   h 22 That is, probably about 185 bushels (about 6.6 kiloliters)   i 22 That is, probably about 375 bushels (about 13.2 kiloliters)   j 26 Some Septuagint manuscripts (see also 2 Chron. 9:25); Hebrew forty   k 26 Or charioteers

7 Cuando Hiram oyó el mensaje de Salomón, se alegró mucho y dijo: «¡Alabado sea hoy el SEÑOR, porque le ha dado a David un hijo sabio para gobernar a esta gran nación!» 8 Entonces Hiram envió a Salomón este mensaje:

«He recibido tu petición. Yo te proporcionaré toda la madera de cedro y de pino que quieras. 9 Mis obreros la transportarán desde el Líbano hasta el mar. Allí haré que la aten en forma de balsas para llevarla flotando hasta donde me indiques, y allí se desatará para que la recojas. Tú, por tu parte, tendrás a bien proporcionarle alimento a mi corte.»

10 Así que Hiram le proveía a Salomón toda la madera de cedro y de pino que éste deseaba, 11 y Salomón, por su parte, año tras año le entregaba a Hiram, como alimento para su corte, veinte mil medidas[k] de trigo y veinte mil medidas[l] de aceite de oliva. 12 El SEÑOR, cumpliendo su palabra, le dio sabiduría a Salomón. Hiram y Salomón hicieron un tratado, y hubo paz entre ellos.

13 El rey Salomón impuso trabajo forzado y reclutó a treinta mil obreros de todo Israel. 14 Los envió al Líbano en relevos de diez mil al mes, de modo que pasaban un mes en el Líbano y dos meses en su casa. La supervisión del trabajo forzado estaba a cargo de Adonirán. 15 Salomón tenía en las montañas setenta mil cargadores y ochenta mil canteros; 16 había además tres mil trescientos capataces que estaban al frente de la obra y dirigían a los trabajadores. 17 Para echar los cimientos del templo, el rey mandó que sacaran de la cantera grandes bloques de piedra de la mejor calidad. 18 Los obreros de Salomón e Hiram, junto con los que habían llegado de Guebal,[m] tallaron la madera y labraron la piedra para la construcción del templo.

Salomón construye el templo

6 Salomón comenzó a construir el templo del SEÑOR en el cuarto año de su reinado en Israel, en el mes de *zif*, que es el mes segundo. Habían transcurrido cuatrocientos ochenta años desde que los israelitas salieron de Egipto.

2 El templo que el rey Salomón construyó para el SEÑOR medía veintisiete metros de largo por nueve metros de ancho y trece metros y medio de alto.[n] 3 El vestíbulo de la nave central del templo medía también nueve metros de ancho y por el frente del templo sobresalía cuatro metros y medio. 4 Salomón también mandó colocar en el templo ventanales con celosías. 5 Alrededor del edificio, y contra las paredes de la nave central y del santuario interior, construyó un anexo con celdas laterales. 6 El piso inferior del anexo medía dos metros con veinticinco centímetros de ancho; el piso intermedio, dos metros con setenta centímetros, y el piso más alto, tres metros con quince centímetros. Salomón había mandado hacer salientes en el exterior del templo para que las vigas no se empotraran en la pared misma.

7 When Hiram heard Solomon's message, he was greatly pleased and said, "Praise be to the LORD today, for he has given David a wise son to rule over this great nation."

8 So Hiram sent word to Solomon:

"I have received the message you sent me and will do all you want in providing the cedar and pine logs. 9 My men will haul them down from Lebanon to the sea, and I will float them in rafts by sea to the place you specify. There I will separate them and you can take them away. And you are to grant my wish by providing food for my royal household."

10 In this way Hiram kept Solomon supplied with all the cedar and pine logs he wanted, 11 and Solomon gave Hiram twenty thousand cors[l] of wheat as food for his household, in addition to twenty thousand baths[m,n] of pressed olive oil. Solomon continued to do this for Hiram year after year. 12 The LORD gave Solomon wisdom, just as he had promised him. There were peaceful relations between Hiram and Solomon, and the two of them made a treaty.

13 King Solomon conscripted laborers from all Israel—thirty thousand men. 14 He sent them off to Lebanon in shifts of ten thousand a month, so that they spent one month in Lebanon and two months at home. Adoniram was in charge of the forced labor. 15 Solomon had seventy thousand carriers and eighty thousand stonecutters in the hills, 16 as well as thirty-three hundred[o] foremen who supervised the project and directed the workmen. 17 At the king's command they removed from the quarry large blocks of quality stone to provide a foundation of dressed stone for the temple. 18 The craftsmen of Solomon and Hiram and the men of Gebal[p] cut and prepared the timber and stone for the building of the temple.

Solomon Builds the Temple

6 In the four hundred and eightieth[q] year after the Israelites had come out of Egypt, in the fourth year of Solomon's reign over Israel, in the month of Ziv, the second month, he began to build the temple of the LORD.

2 The temple that King Solomon built for the LORD was sixty cubits long, twenty wide and thirty high.[r] 3 The portico at the front of the main hall of the temple extended the width of the temple, that is twenty cubits,[s] and projected ten cubits[t] from the front of the temple. 4 He made narrow clerestory windows in the temple. 5 Against the walls of the main hall and inner sanctuary he built a structure around the building, in which there were side rooms. 6 The lowest floor was five cubits[u] wide, the middle floor six cubits[v] and the third floor seven.[w] He made offset ledges around the outside of the temple so that nothing would be inserted into the temple walls.

---

l 11 That is, probably about 125,000 bushels (about 4,400 kiloliters)
m 11 Septuagint (see also 2 Chron. 2:10); Hebrew *twenty cors*
n 11 That is, about 115,000 gallons (about 440 kiloliters)
o 16 Hebrew; some Septuagint manuscripts (see also 2 Chron. 2:2, 18) *thirty-six hundred*   p 18 That is, Byblos   q 1 Hebrew; Septuagint *four hundred and fortieth*   r 2 That is, about 90 feet (about 27 meters) long and 30 feet (about 9 meters) wide and 45 feet (about 13.5 meters) high   s 3 That is, about 30 feet (about 9 meters)   t 3 That is, about 15 feet (about 4.5 meters)   u 6 That is, about 7 1/2 feet (about 2.3 meters); also in verses 10 and 24   v 6 That is, about 9 feet (about 2.7 meters)   w 6 That is, about 10 1/2 feet (about 3.1 meters)

---

k 5:11 *veinte mil cargas*. Lit. *veinte mil *coros* (más de cuatro millones de litros).   l 5:11 *veinte mil medidas* (lit. *veinte mil *batos*, LXX; véase también 2Cr 2:10); *veinte coros* (TM).
m 5:18 *Guebal*. Es decir, Byblos.   n 6:2 En este capítulo las medidas de longitud se han convertido al sistema métrico, sin explicación en las notas.

7 En la construcción del templo sólo se emplearon piedras de cantera ya labradas, así que durante las obras no se oyó el ruido de martillos ni de piquetas, ni de ninguna otra herramienta.

8 La entrada al piso inferior*n* se hallaba en el lado sur del templo; una escalera de caracol conducía al nivel intermedio y a la planta alta. 9 Salomón terminó de construir el templo techándolo con vigas y tablones de cedro. 10 A lo largo del templo construyó el anexo, el cual tenía una altura de dos metros con veinticinco centímetros y quedaba unido a la pared del templo por medio de vigas de cedro.

11 La palabra del SEÑOR vino a Salomón y le dio este mensaje: 12 «Ya que estás construyendo este templo, quiero decirte que si andas según mis decretos, y obedeces mis leyes y todos mis mandamientos, yo cumpliré por medio de ti la promesa que le hice a tu padre David. 13 Entonces viviré entre los israelitas, y no abandonaré a mi pueblo Israel.»

14 Cuando Salomón terminó de construir la estructura del templo, 15 revistió las paredes interiores con tablas de cedro, artesonándolas desde el piso hasta el techo; el piso lo recubrió con tablones de pino. 16 En el santuario interior, al fondo del templo, acondicionó el Lugar Santísimo, recubriendo el espacio de nueve metros con tablas de cedro desde el piso hasta el techo. 17 Junto al Lugar Santísimo estaba la nave central, la cual medía dieciocho metros de largo. 18 El interior del templo lo recubrió de cedro tallado con figuras de calabazas y flores abiertas. No se veía una sola piedra, pues todo era de cedro.

19 Salomón dispuso el Lugar Santísimo del templo para que se colocara allí el arca del *pacto del SEÑOR. 20 El interior de este santuario, que medía nueve metros de largo por nueve metros de alto, lo recubrió de oro puro, y también recubrió de cedro el altar. 21 Además, Salomón recubrió de oro puro el interior del templo, y tendió cadenas de oro a lo largo del frente del Lugar Santísimo, el cual estaba recubierto de oro. 22 En efecto, recubrió de oro todo el santuario interior, y así mismo el altar que estaba delante de éste.

23 Salomón mandó esculpir para el santuario interior dos *querubines de madera de olivo, cada uno de los cuales medía cuatro metros y medio de altura. 24 De una punta a otra, las alas extendidas del primer querubín medían cuatro metros y medio, es decir, cada una de sus alas medía dos metros con veinticinco centímetros. 25 Las del segundo querubín también medían cuatro metros y medio, pues los dos eran idénticos en tamaño y forma. 26 Cada querubín medía cuatro metros y medio de altura. 27 Salomón puso los querubines con sus alas extendidas en medio del recinto interior del templo. Con una de sus alas, cada querubín tocaba una pared, mientras que sus otras alas se tocaban en medio del santuario. 28 Luego Salomón recubrió de oro los querubines.

29 Sobre las paredes que rodeaban el templo, lo mismo por dentro que por fuera, talló figuras de querubines, palmeras y flores abiertas. 30 Además, recubrió de oro los pisos de los cuartos interiores y exteriores del templo.

31 Para la entrada del Lugar Santísimo, Salomón hizo puertas de madera de olivo, con jambas y postes pentagonales. 32 Sobre las dos puertas de madera de olivo talló figuras de querubines, palmeras y flores abiertas, y todas ellas las recubrió de oro. 33 Así mismo, para la entrada de la nave central hizo postes cuadrangulares de madera de olivo. 34 También hizo dos puertas de

7 In building the temple, only blocks dressed at the quarry were used, and no hammer, chisel or any other iron tool was heard at the temple site while it was being built.

8 The entrance to the lowest*x* floor was on the south side of the temple; a stairway led up to the middle level and from there to the third. 9 So he built the temple and completed it, roofing it with beams and cedar planks. 10 And he built the side rooms all along the temple. The height of each was five cubits, and they were attached to the temple by beams of cedar.

11 The word of the LORD came to Solomon: 12 "As for this temple you are building, if you follow my decrees, carry out my regulations and keep all my commands and obey them, I will fulfill through you the promise I gave to David your father. 13 And I will live among the Israelites and will not abandon my people Israel."

14 So Solomon built the temple and completed it. 15 He lined its interior walls with cedar boards, paneling them from the floor of the temple to the ceiling, and covered the floor of the temple with planks of pine. 16 He partitioned off twenty cubits*y* at the rear of the temple with cedar boards from floor to ceiling to form within the temple an inner sanctuary, the Most Holy Place. 17 The main hall in front of this room was forty cubits*z* long. 18 The inside of the temple was cedar, carved with gourds and open flowers. Everything was cedar; no stone was to be seen.

19 He prepared the inner sanctuary within the temple to set the ark of the covenant of the LORD there. 20 The inner sanctuary was twenty cubits long, twenty wide and twenty high.*a* He overlaid the inside with pure gold, and he also overlaid the altar of cedar. 21 Solomon covered the inside of the temple with pure gold, and he extended gold chains across the front of the inner sanctuary, which was overlaid with gold. 22 So he overlaid the whole interior with gold. He also overlaid with gold the altar that belonged to the inner sanctuary.

23 In the inner sanctuary he made a pair of cherubim of olive wood, each ten cubits*b* high. 24 One wing of the first cherub was five cubits long, and the other wing five cubits—ten cubits from wing tip to wing tip. 25 The second cherub also measured ten cubits, for the two cherubim were identical in size and shape. 26 The height of each cherub was ten cubits. 27 He placed the cherubim inside the innermost room of the temple, with their wings spread out. The wing of one cherub touched one wall, while the wing of the other touched the other wall, and their wings touched each other in the middle of the room. 28 He overlaid the cherubim with gold.

29 On the walls all around the temple, in both the inner and outer rooms, he carved cherubim, palm trees and open flowers. 30 He also covered the floors of both the inner and outer rooms of the temple with gold.

31 For the entrance of the inner sanctuary he made doors of olive wood with five-sided jambs. 32 And on the two olive wood doors he carved cherubim, palm trees and open flowers, and overlaid the cherubim and palm trees with beaten gold. 33 In the same way he made four-sided jambs of olive wood for the entrance to the main hall. 34 He also made two pine doors, each

---

n 6:8 *inferior* (LXX y Targum); *intermedio* (TM).

x 8 Septuagint; Hebrew *middle*   *y* 16 That is, about 30 feet (about 9 meters)   *z* 17 That is, about 60 feet (about 18 meters)   *a* 20 That is, about 30 feet (about 9 meters) long, wide and high   *b* 23 That is, about 15 feet (about 4.5 meters)

pino, cada una con dos hojas giratorias. ³⁵Sobre ellas talló figuras de querubines, palmeras y flores abiertas, y las recubrió de oro bien ajustado al relieve.

³⁶Las paredes del atrio interior las construyó con tres hileras de piedra labrada por cada hilera de vigas de cedro.

³⁷Los cimientos del templo del SEÑOR se habían echado en el mes de *zif* del cuarto año del reinado de Salomón, ³⁸y en el mes de *bul* del año undécimo, es decir, en el mes octavo de ese año, se terminó de construir el templo siguiendo al pie de la letra todos los detalles del diseño. Siete años le llevó a Salomón la construcción del templo.

Salomón construye su palacio

7 Salomón también terminó la construcción de su propio palacio, pero el proyecto le llevó trece años. ²Construyó el palacio «Bosque del Líbano», el cual medía cuarenta y cinco metros de largo por veintidós metros y medio de ancho y trece metros y medio de alto.º Cuatro hileras de columnas de cedro sostenían las vigas, las cuales también eran de cedro. ³Encima de las columnas había cuarenta y cinco celdas, quince en cada piso; y sobre las celdasᵖ había un techo de cedro. ⁴Las ventanas estaban colocadas en tres filas, de tres en tres y unas frente a las otras. ⁵Todas las entradas tenían un marco rectangular y estaban colocadas de tres en tres, unas frente a las otras.

⁶Salomón también hizo un vestíbulo de columnas que medía veintidós metros y medio de largo por trece metros y medio de ancho. Al frente había otro vestíbulo con columnas, y un alero. ⁷Construyó además una sala para su trono, es decir, el tribunal donde impartía justicia. Esta sala la recubrió de cedro de arriba abajo. ⁸Su residencia personal estaba en un atrio aparte y tenía un modelo parecido. A la hija del faraón, con la cual se había casado, Salomón le construyó un palacio semejante.

⁹Desde los cimientos hasta las cornisas, y desde la parte exterior hasta el gran atrio, todo se hizo con bloques de piedra de buena calidad, cortados a la medida y aserrados por ambos lados. ¹⁰Para echar los cimientos se usaron piedras grandes y de buena calidad; unas medían más de cuatro metros, y otras, más de tres. ¹¹Para la parte superior se usaron también piedras selectas, cortadas a la medida, y vigas de cedro. ¹²El muro que rodeaba el gran atrio tenía tres hileras de piedra labrada por cada hilera de vigas de cedro, lo mismo que el atrio interior y el vestíbulo del templo del SEÑOR.

Mobiliario del templo

¹³El rey Salomón mandó traer de Tiro a Hiram, ¹⁴que era hijo de una viuda de la tribu de Neftalí y de un nativo de Tiro que era artesano en bronce. Hiram era sumamente hábil e inteligente, experto en toda clase de trabajo en bronce, así que se presentó ante el rey Salomón y realizó todo el trabajo que se le asignó.

¹⁵Hiram fundió dos columnas de bronce, cada una de ocho metros de alto y cinco metros y medio de circunferencia, medidas a cordel. ¹⁶Las columnas que hizo remataban en dos capiteles de bronce fundido que medían dos metros con veinticinco centímetros de alto. ¹⁷Una red de cadenas trenzadas adornaba los capiteles en la parte superior de las columnas, y en cada capitel

having two leaves that turned in sockets. ³⁵He carved cherubim, palm trees and open flowers on them and overlaid them with gold hammered evenly over the carvings.

³⁶And he built the inner courtyard of three courses of dressed stone and one course of trimmed cedar beams.

³⁷The foundation of the temple of the LORD was laid in the fourth year, in the month of Ziv. ³⁸In the eleventh year in the month of Bul, the eighth month, the temple was finished in all its details according to its specifications. He had spent seven years building it.

Solomon Builds His Palace

7 It took Solomon thirteen years, however, to complete the construction of his palace. ²He built the Palace of the Forest of Lebanon a hundred cubits long, fifty wide and thirty high,ᶜ with four rows of cedar columns supporting trimmed cedar beams. ³It was roofed with cedar above the beams that rested on the columns—forty-five beams, fifteen to a row. ⁴Its windows were placed high in sets of three, facing each other. ⁵All the doorways had rectangular frames; they were in the front part in sets of three, facing each other.ᵈ

⁶He made a colonnade fifty cubits long and thirty wide.ᵉ In front of it was a portico, and in front of that were pillars and an overhanging roof.

⁷He built the throne hall, the Hall of Justice, where he was to judge, and he covered it with cedar from floor to ceiling.ᶠ ⁸And the palace in which he was to live, set farther back, was similar in design. Solomon also made a palace like this hall for Pharaoh's daughter, whom he had married.

⁹All these structures, from the outside to the great courtyard and from foundation to eaves, were made of blocks of high-grade stone cut to size and trimmed with a saw on their inner and outer faces. ¹⁰The foundations were laid with large stones of good quality, some measuring ten cubitsᵍ and some eight.ʰ ¹¹Above were high-grade stones, cut to size, and cedar beams. ¹²The great courtyard was surrounded by a wall of three courses of dressed stone and one course of trimmed cedar beams, as was the inner courtyard of the temple of the LORD with its portico.

The Temple's Furnishings

¹³King Solomon sent to Tyre and brought Huram,ⁱ ¹⁴whose mother was a widow from the tribe of Naphtali and whose father was a man of Tyre and a craftsman in bronze. Huram was highly skilled and experienced in all kinds of bronze work. He came to King Solomon and did all the work assigned to him.

¹⁵He cast two bronze pillars, each eighteen cubits high and twelve cubits around,ʲ by line. ¹⁶He also made two capitals of cast bronze to set on the tops of the pillars; each capital was five cubitsᵏ high. ¹⁷A network of interwoven chains festooned the capitals on

---

ᶜ 2 That is, about 150 feet (about 46 meters) long, 75 feet (about 23 meters) wide and 45 feet (about 13.5 meters) high   ᵈ 5 The meaning of the Hebrew for this verse is uncertain.   ᵉ 6 That is, about 75 feet (about 23 meters) long and 45 feet (about 13.5 meters) wide   ᶠ 7 Vulgate and Syriac; Hebrew *floor*   ᵍ 10 That is, about 15 feet (about 4.5 meters)   ʰ 10 That is, about 12 feet (about 3.6 meters)   ⁱ 13 Hebrew *Hiram,* a variant of *Huram*; also in verses 40 and 45   ʲ 15 That is, about 27 feet (about 8.1 meters) high and 18 feet (about 5.4 meters) around   ᵏ 16 That is, about 7 1/2 feet (about 2.3 meters); also in verse 23

º 7:2 En este capítulo las medidas de longitud se han convertido al sistema métrico, sin explicación en las notas.   ᵖ 7:3 *celdas, quince en cada piso; y sobre las celdas.* Alt. *vigas, quince en cada hilera; y sobre las vigas.*

había siete trenzas. ¹⁸El capitel de cada columna*q* lo cubrió con dos hileras de granadas*r* entrelazadas con las cadenas. ¹⁹Estos capiteles en que remataban las columnas del vestíbulo tenían forma de azucenas y medían un metro con ochenta centímetros. ²⁰La parte más alta y más ancha de los capiteles de ambas columnas estaba rodeada por doscientas granadas, dispuestas en hileras junto a la red de cadenas. ²¹Cuando Hiram levantó las columnas en el vestíbulo de la nave central, llamó Jaquín a la columna de la derecha, y Boaz a la de la izquierda.*s* ²²El trabajo de las columnas quedó terminado cuando se colocaron en la parte superior las figuras en forma de azucenas.

²³Hizo también una fuente*t* circular de metal fundido, que medía cuatro metros y medio de diámetro y dos metros con veinticinco centímetros de alto. Su circunferencia, medida a cordel, era de trece metros y medio. ²⁴Debajo del borde hizo dos hileras de figuras de calabazas, diez por cada medio metro, las cuales estaban fundidas en una sola pieza con la fuente.

²⁵La fuente descansaba sobre doce bueyes, que tenían sus cuartos traseros hacia adentro. Tres bueyes miraban al norte, tres al oeste, tres al sur y tres al este. ²⁶El grosor de la fuente era de ocho centímetros, y su borde, en forma de copa, se asemejaba a un capullo de azucena. Tenía una capacidad de cuarenta y cuatro mil litros.*u*

²⁷También hizo diez bases de bronce, cada una de las cuales medía un metro con ochenta centímetros de largo y un metro con ochenta centímetros de ancho, por un metro con treinta y cinco centímetros de alto. ²⁸Estaban revestidas con paneles entre los bordes, ²⁹y en los paneles había figuras de leones, bueyes y *querubines, mientras que en los bordes, por encima y por debajo de los leones y los bueyes, había guirnaldas repujadas. ³⁰Cada base tenía cuatro ruedas de bronce con ejes también de bronce, y por debajo de su lavamanos se apoyaba sobre cuatro soportes fundidos que tenían guirnaldas en cada lado. ³¹La boca del lavamanos estaba dentro de una corona, y sobresalía cuarenta y cinco centímetros; era redonda, y con su pedestal medía sesenta y siete centímetros. Alrededor de la boca había entalladuras, pero sus paneles eran cuadrados, no redondos. ³²Las cuatro ruedas estaban debajo de los paneles, y los ejes de las ruedas estaban unidos a la base. Cada rueda medía sesenta y siete centímetros de diámetro ³³y estaba hecha de metal fundido, como las ruedas de los carros, con sus ejes, aros, rayos y cubos.

³⁴Cada base tenía cuatro soportes unidos a ella, uno en cada esquina. ³⁵En la parte superior de la base había un marco redondo de veintidós centímetros. Los soportes y paneles formaban una misma pieza con la parte superior de la base. ³⁶Sobre las superficies de los soportes y sobre los paneles Hiram grabó querubines, leones y palmeras, con guirnaldas alrededor, según el espacio disponible. ³⁷De ese modo hizo las diez bases, las cuales fueron fundidas en los mismos moldes y eran idénticas en forma y tamaño.

³⁸Hiram hizo también diez lavamanos de bronce, uno para cada base. Cada uno de ellos medía un metro con ochenta centímetros y tenía capacidad para ocho-

top of the pillars, seven for each capital. ¹⁸He made pomegranates in two rows*l* encircling each network to decorate the capitals on top of the pillars.*m* He did the same for each capital. ¹⁹The capitals on top of the pillars in the portico were in the shape of lilies, four cubits*n* high. ²⁰On the capitals of both pillars, above the bowl-shaped part next to the network, were the two hundred pomegranates in rows all around. ²¹He erected the pillars at the portico of the temple. The pillar to the south he named Jakin*o* and the one to the north Boaz.*p* ²²The capitals on top were in the shape of lilies. And so the work on the pillars was completed.

²³He made the Sea of cast metal, circular in shape, measuring ten cubits*q* from rim to rim and five cubits high. It took a line of thirty cubits*r* to measure around it. ²⁴Below the rim, gourds encircled it—ten to a cubit. The gourds were cast in two rows in one piece with the Sea.

²⁵The Sea stood on twelve bulls, three facing north, three facing west, three facing south and three facing east. The Sea rested on top of them, and their hindquarters were toward the center. ²⁶It was a handbreadth*s* in thickness, and its rim was like the rim of a cup, like a lily blossom. It held two thousand baths.*t*

²⁷He also made ten movable stands of bronze; each was four cubits long, four wide and three high.*u* ²⁸This is how the stands were made: They had side panels attached to uprights. ²⁹On the panels between the uprights were lions, bulls and cherubim—and on the uprights as well. Above and below the lions and bulls were wreaths of hammered work. ³⁰Each stand had four bronze wheels with bronze axles, and each had a basin resting on four supports, cast with wreaths on each side. ³¹On the inside of the stand there was an opening that had a circular frame one cubit*v* deep. This opening was round, and with its basework it measured a cubit and a half.*w* Around its opening there was engraving. The panels of the stands were square, not round. ³²The four wheels were under the panels, and the axles of the wheels were attached to the stand. The diameter of each wheel was a cubit and a half. ³³The wheels were made like chariot wheels; the axles, rims, spokes and hubs were all of cast metal.

³⁴Each stand had four handles, one on each corner, projecting from the stand. ³⁵At the top of the stand there was a circular band half a cubit*x* deep. The supports and panels were attached to the top of the stand. ³⁶He engraved cherubim, lions and palm trees on the surfaces of the supports and on the panels, in every available space, with wreaths all around. ³⁷This is the way he made the ten stands. They were all cast in the same molds and were identical in size and shape.

³⁸He then made ten bronze basins, each holding forty baths*y* and measuring four cubits across, one basin to

---

l 18 Two Hebrew manuscripts and Septuagint; most Hebrew manuscripts *made the pillars, and there were two rows*   *m 18* Many Hebrew manuscripts and Syriac; most Hebrew manuscripts *pomegranates*   *n 19* That is, about 6 feet (about 1.8 meters); also in verse 38   *o 21* *Jakin* probably means *he establishes.*   *p 21* *Boaz* probably means *in him is strength.*   *q 23* That is, about 15 feet (about 4.5 meters)   *r 23* That is, about 45 feet (about 13.5 meters)   *s 26* That is, about 3 inches (about 8 centimeters)   *t 26* That is, probably about 11,500 gallons (about 44 kiloliters); the Septuagint does not have this sentence.   *u 27* That is, about 6 feet (about 1.8 meters) long and wide and about 4 1/2 feet (about 1.3 meters) high   *v 31* That is, about 1 1/2 feet (about 0.5 meter)   *w 31* That is, about 2 1/4 feet (about 0.7 meter); also in verse 32   *x 35* That is, about 3/4 foot (about 0.2 meter)   *y 38* That is, about 230 gallons (about 880 liters)

---

q 7:18 de cada columna (muchos mss. hebreos, LXX y Siríaca); *de las granadas* (TM).   *r 7:18 con dos hileras de granadas* (dos mss. hebreos y LXX); *hizo las columnas y dos hileras* (TM).   *s 7:21 Jaquín* (que probablemente significa *él establece*) estaba al sur, y *Boaz* (probablemente *en él hay fuerza*) estaba al norte.   *t 7:23 una fuente.* Lit. *el mar;* así en el resto de este pasaje.   *u 7:26 cuarenta y cuatro mil litros.* Lit. *dos mil *batos.

cientos ochenta litros.ᵛ ³⁹Colocó cinco de las bases al lado derecho del templo y cinco al lado izquierdo. La fuente de metal la colocó en la esquina del lado derecho, al sureste del templo. ⁴⁰También hizo las ollas,ʷ las tenazas y los aspersorios.

Así Hiram terminó todo el trabajo que había emprendido para el rey Salomón en el templo del SEÑOR, es decir:

⁴¹las dos columnas;
  los dos capiteles en forma de tazón que coronaban las columnas;
  las dos redes que decoraban los capiteles;
⁴²las cuatrocientas granadas, dispuestas en dos hileras para cada red;
⁴³las diez bases con sus diez lavamanos;
⁴⁴la fuente de metal y los doce bueyes que la sostenían;
⁴⁵las ollas, las tenazas y los aspersorios.

Todos esos utensilios que Hiram le hizo al rey Salomón para el templo del SEÑOR eran de bronce bruñido. ⁴⁶El rey los hizo fundir en moldes de arcilla en la llanura del Jordán, entre Sucot y Saretán. ⁴⁷Eran tantos los utensilios que Salomón ni los pesó, así que no fue posible determinar el peso del bronce.

⁴⁸Salomón también mandó hacer los otros utensilios que estaban en el templo del SEÑOR, es decir:

  el altar de oro;
  la mesa de oro sobre la que se ponía el *pan de la Presencia;
⁴⁹los candelabros de oro puro, cinco en el lado sur y cinco en el lado norte, en frente del Lugar Santísimo;
  la obra floral, las lámparas y las tenazas, que también eran de oro;
⁵⁰las copas, las despabiladeras, los aspersorios, la vajilla y los incensarios;
  y los goznes de oro para las puertas del Lugar Santísimo, como también para las puertas de la nave central del templo.

⁵¹Una vez terminada toda la obra que el rey había mandado hacer para el templo del SEÑOR, Salomón hizo traer el oro, la plata y los utensilios que su padre David había consagrado, y los depositó en el tesoro del templo del SEÑOR.

Traslado del arca al templo

8 Entonces el rey Salomón mandó que los *ancianos de Israel, y todos los jefes de las tribus y los patriarcas de las familias israelitas, se congregaran ante él en Jerusalén para trasladar el arca del *pacto del SEÑOR desde *Sión, la Ciudad de David. ²Así que en el mes de *etanim, durante la fiesta del mes séptimo, todos los israelitas se congregaron ante el rey Salomón. ³Cuando llegaron todos los ancianos de Israel, los sacerdotes alzaron el arca. ⁴Con la ayuda de los levitas, trasladaron el arca del SEÑOR junto con la *Tienda de reunión y con todos los utensilios sagrados que había en ella. ⁵El rey Salomón y toda la asamblea de Israel reunida con él delante del arca sacrificaron ovejas y bueyes en tal cantidad que fue imposible llevar la cuenta. ⁶Luego los sacerdotes llevaron el arca del pacto del SEÑOR a su lugar en el santuario interior del templo, que es el Lugar Santísimo, y la pusieron bajo las alas de los *querubines. ⁷Con sus alas extendidas sobre ese lugar,

go on each of the ten stands. ³⁹He placed five of the stands on the south side of the temple and five on the north. He placed the Sea on the south side, at the southeast corner of the temple. ⁴⁰He also made the basins and shovels and sprinkling bowls.

So Huram finished all the work he had undertaken for King Solomon in the temple of the LORD:

⁴¹the two pillars;
  the two bowl-shaped capitals on top of the pillars;
  the two sets of network decorating the two bowl-shaped capitals on top of the pillars;
⁴²the four hundred pomegranates for the two sets of network (two rows of pomegranates for each network, decorating the bowl-shaped capitals on top of the pillars);
⁴³the ten stands with their ten basins;
⁴⁴the Sea and the twelve bulls under it;
⁴⁵the pots, shovels and sprinkling bowls.

All these objects that Huram made for King Solomon for the temple of the LORD were of burnished bronze. ⁴⁶The king had them cast in clay molds in the plain of the Jordan between Succoth and Zarethan. ⁴⁷Solomon left all these things unweighed, because there were so many; the weight of the bronze was not determined.

⁴⁸Solomon also made all the furnishings that were in the LORD's temple:

  the golden altar;
  the golden table on which was the bread of the Presence;
⁴⁹the lampstands of pure gold (five on the right and five on the left, in front of the inner sanctuary);
  the gold floral work and lamps and tongs;
⁵⁰the pure gold basins, wick trimmers, sprinkling bowls, dishes and censers;
  and the gold sockets for the doors of the innermost room, the Most Holy Place, and also for the doors of the main hall of the temple.

⁵¹When all the work King Solomon had done for the temple of the LORD was finished, he brought in the things his father David had dedicated—the silver and gold and the furnishings—and he placed them in the treasuries of the LORD's temple.

The Ark Brought to the Temple

8 Then King Solomon summoned into his presence at Jerusalem the elders of Israel, all the heads of the tribes and the chiefs of the Israelite families, to bring up the ark of the LORD's covenant from Zion, the City of David. ²All the men of Israel came together to King Solomon at the time of the festival in the month of Ethanim, the seventh month.

³When all the elders of Israel had arrived, the priests took up the ark, ⁴and they brought up the ark of the LORD and the Tent of Meeting and all the sacred furnishings in it. The priests and Levites carried them up, ⁵and King Solomon and the entire assembly of Israel that had gathered about him were before the ark, sacrificing so many sheep and cattle that they could not be recorded or counted.

⁶The priests then brought the ark of the LORD's covenant to its place in the inner sanctuary of the temple, the Most Holy Place, and put it beneath the wings of the cherubim. ⁷The cherubim spread their wings over the place of the ark and overshadowed the ark and its

---

ᵛ 7:38 ochocientos ochenta litros. Lit. cuarenta *batos.
ʷ 7:40 las ollas (muchos mss., LXX, Siríaca y Vulgata; véase v. 45); los lavabos (TM).

los querubines cubrían el arca y sus travesaños. ⁸Los travesaños eran tan largos que sus extremos se podían ver desde el Lugar Santo, delante del Lugar Santísimo, aunque no desde afuera; y ahí han permanecido hasta hoy. ⁹En el arca sólo estaban las dos tablas de piedra que Moisés había colocado en ella en Horeb, donde el Señor hizo un pacto con los israelitas después de que salieron de Egipto.

¹⁰Cuando los sacerdotes se retiraron del Lugar Santo, la nube llenó el templo del Señor. ¹¹Y por causa de la nube, los sacerdotes no pudieron celebrar el culto, pues la gloria del Señor había llenado el templo.

¹²Entonces Salomón declaró:

«Señor, tú has dicho que habitarías en la oscuridad de una nube, ¹³y yo te he construido un excelso templo, un lugar donde habites para siempre.»

¹⁴Luego se puso de frente para bendecir a toda la asamblea de Israel que estaba allí de pie, ¹⁵y dijo:

«Bendito sea el Señor, Dios de Israel, que con su mano ha cumplido ahora lo que con su boca le había prometido a mi padre David cuando le dijo: ¹⁶"Desde el día en que saqué de Egipto a mi pueblo Israel, no elegí ninguna ciudad de las tribus de Israel para que en ella se me construyera un templo donde yo habitara, sino que elegí a David para que gobernara a mi pueblo Israel."

¹⁷»Pues bien, mi padre David tuvo mucho interés en construir un templo en honor del Señor, Dios de Israel, ¹⁸pero el Señor le dijo: "Me agrada que te hayas interesado en construir un templo en mi honor. ¹⁹Sin embargo, no serás tú quien me lo construya, sino un hijo de tus entrañas; él será quien construya el templo en mi honor."

²⁰»Ahora el Señor ha cumplido su promesa: Tal como lo prometió, he sucedido a mi padre David en el trono de Israel y he construido el templo en honor del Señor, Dios de Israel. ²¹Allí he fijado un lugar para el arca, en la cual está el pacto que el Señor hizo con nuestros antepasados cuando los sacó de Egipto.»

Oración de Salomón

²²A continuación, Salomón se puso delante del altar del Señor y, en presencia de toda la asamblea de Israel, extendió las manos hacia el cielo ²³y dijo:

«Señor, Dios de Israel, no hay Dios como tú arriba en el cielo ni abajo en la tierra, pues tú cumples tu *pacto de amor con quienes te sirven y te siguen de todo *corazón. ²⁴Has llevado a cabo lo que le dijiste a tu siervo David, mi padre; y este día has cumplido con tu mano lo que con tu boca le prometiste.

²⁵»Ahora, Señor, Dios de Israel, cumple también la promesa que le hiciste a tu siervo, mi padre David, cuando le dijiste: "Si tus hijos observan una buena conducta y me siguen como tú lo has hecho, nunca te faltará un descendiente que ocupe el trono de Israel en mi presencia." ²⁶Dios de Israel, ¡confirma ahora la promesa que le hiciste a mi padre David, tu siervo!

²⁷»Pero ¿será posible, Dios mío, que tú habites en la tierra? Si los cielos, por altos que sean, no pueden contenerte, ¡mucho menos este templo que he construido! ²⁸Sin embargo, Señor mi Dios, atiende a la oración y a la súplica de este siervo tuyo. Oye el clamor y la oración que hoy elevo en tu presencia.

carrying poles. ⁸These poles were so long that their ends could be seen from the Holy Place in front of the inner sanctuary, but not from outside the Holy Place; and they are still there today. ⁹There was nothing in the ark except the two stone tablets that Moses had placed in it at Horeb, where the Lord made a covenant with the Israelites after they came out of Egypt.

¹⁰When the priests withdrew from the Holy Place, the cloud filled the temple of the Lord. ¹¹And the priests could not perform their service because of the cloud, for the glory of the Lord filled his temple.

¹²Then Solomon said, "The Lord has said that he would dwell in a dark cloud; ¹³I have indeed built a magnificent temple for you, a place for you to dwell forever."

¹⁴While the whole assembly of Israel was standing there, the king turned around and blessed them. ¹⁵Then he said:

"Praise be to the Lord, the God of Israel, who with his own hand has fulfilled what he promised with his own mouth to my father David. For he said, ¹⁶'Since the day I brought my people Israel out of Egypt, I have not chosen a city in any tribe of Israel to have a temple built for my Name to be there, but I have chosen David to rule my people Israel.'

¹⁷"My father David had it in his heart to build a temple for the Name of the Lord, the God of Israel. ¹⁸But the Lord said to my father David, 'Because it was in your heart to build a temple for my Name, you did well to have this in your heart. ¹⁹Nevertheless, you are not the one to build the temple, but your son, who is your own flesh and blood—he is the one who will build the temple for my Name.'

²⁰"The Lord has kept the promise he made: I have succeeded David my father and now I sit on the throne of Israel, just as the Lord promised, and I have built the temple for the Name of the Lord, the God of Israel. ²¹I have provided a place there for the ark, in which is the covenant of the Lord that he made with our fathers when he brought them out of Egypt."

Solomon's Prayer of Dedication

²²Then Solomon stood before the altar of the Lord in front of the whole assembly of Israel, spread out his hands toward heaven ²³and said:

"O Lord, God of Israel, there is no God like you in heaven above or on earth below—you who keep your covenant of love with your servants who continue wholeheartedly in your way. ²⁴You have kept your promise to your servant David my father; with your mouth you have promised and with your hand you have fulfilled it—as it is today.

²⁵"Now Lord, God of Israel, keep for your servant David my father the promises you made to him when you said, 'You shall never fail to have a man to sit before me on the throne of Israel, if only your sons are careful in all they do to walk before me as you have done.' ²⁶And now, O God of Israel, let your word that you promised your servant David my father come true.

²⁷"But will God really dwell on earth? The heavens, even the highest heaven, cannot contain you. How much less this temple I have built! ²⁸Yet give attention to your servant's prayer and his plea for mercy, O Lord my God. Hear the cry and the prayer that your servant is praying in your pres-

29 ¡Que tus ojos estén abiertos día y noche sobre este templo, el lugar donde decidiste habitar, para que oigas la oración que tu siervo te eleva aquí! 30 Oye la súplica de tu siervo y de tu pueblo Israel cuando oren en este lugar. Oye desde el cielo, donde habitas; ¡escucha y perdona!

31 »Si alguien peca contra su prójimo y se le exige venir a este templo para jurar ante tu altar, 32 óyelo tú desde el cielo y juzga a tus siervos. Condena al culpable, y haz que reciba su merecido; absuelve al inocente, y vindícalo por su rectitud.

33 »Cuando tu pueblo Israel sea derrotado por el enemigo por haber pecado contra ti, si luego se vuelve a ti para honrar tu *nombre, y ora y te suplica en este templo, 34 óyelo tú desde el cielo, y perdona su pecado y hazlo regresar a la tierra que les diste a sus antepasados.

35 »Cuando tu pueblo peque contra ti y tú lo aflijas cerrando el cielo para que no llueva, si luego ellos oran en este lugar y honran tu nombre y se *arrepienten de su pecado, 36 óyelos tú desde el cielo y perdona el pecado de tus siervos, de tu pueblo Israel. Guíalos para que sigan el buen *camino, y envía la lluvia sobre esta tierra, que es tuya, pues tú se la diste a tu pueblo por herencia.

37 »Cuando en el país haya hambre, peste, sequía, o plagas de langostas o saltamontes en los sembrados, o cuando el enemigo sitie alguna de nuestras ciudades; en fin, cuando venga cualquier calamidad o enfermedad, 38 si luego cada israelita, consciente de su propia culpa,ˣ extiende sus manos hacia este templo, y ora y te suplica, 39 óyelo tú desde el cielo, donde habitas, y perdónalo. Trata a cada uno según su conducta, la cual tú conoces, puesto que sólo tú escudriñas el corazón *humano. 40 Así todos tendrán temor de ti mientras vivan en la tierra que les diste a nuestros antepasados.

41 »Trata de igual manera al extranjero que no pertenece a tu pueblo Israel, pero que atraído por tu fama ha venido de lejanas tierras. 42 (En efecto, los pueblos oirán hablar de tu gran nombre y de tus despliegues de fuerza y poder.) Cuando ese extranjero venga y ore en este templo, 43 óyelo tú desde el cielo, donde habitas, y concédele cualquier petición que te haga. Así todos los pueblos de la tierra conocerán tu nombre y, al igual que tu pueblo Israel, tendrán temor de ti y comprenderán que en este templo que he construido se invoca tu nombre.

44 »SEÑOR, cuando saques a tu pueblo para combatir a sus enemigos, sea donde sea, si el pueblo ora a ti y dirige la mirada hacia la ciudad que has escogido, hacia el templo que he construido en tu honor, 45 oye tú desde el cielo su oración y su súplica, y defiende su causa.

46 »Ya que no hay ser humano que no peque, si tu pueblo peca contra ti, y tú te enojas con ellos y los entregas al enemigo para que se los lleven cautivos a otro país, lejano o cercano, 47 si en el destierro, en el país de los vencedores, se arrepienten y se vuelven a ti, y oran a ti diciendo: "Somos culpables, hemos

ence this day. 29 May your eyes be open toward this temple night and day, this place of which you said, 'My Name shall be there,' so that you will hear the prayer your servant prays toward this place. 30 Hear the supplication of your servant and of your people Israel when they pray toward this place. Hear from heaven, your dwelling place, and when you hear, forgive.

31 "When a man wrongs his neighbor and is required to take an oath and he comes and swears the oath before your altar in this temple, 32 then hear from heaven and act. Judge between your servants, condemning the guilty and bringing down on his own head what he has done. Declare the innocent not guilty, and so establish his innocence.

33 "When your people Israel have been defeated by an enemy because they have sinned against you, and when they turn back to you and confess your name, praying and making supplication to you in this temple, 34 then hear from heaven and forgive the sin of your people Israel and bring them back to the land you gave to their fathers.

35 "When the heavens are shut up and there is no rain because your people have sinned against you, and when they pray toward this place and confess your name and turn from their sin because you have afflicted them, 36 then hear from heaven and forgive the sin of your servants, your people Israel. Teach them the right way to live, and send rain on the land you gave your people for an inheritance.

37 "When famine or plague comes to the land, or blight or mildew, locusts or grasshoppers, or when an enemy besieges them in any of their cities, whatever disaster or disease may come, 38 and when a prayer or plea is made by any of your people Israel—each one aware of the afflictions of his own heart, and spreading out his hands toward this temple— 39 then hear from heaven, your dwelling place. Forgive and act; deal with each man according to all he does, since you know his heart (for you alone know the hearts of all men), 40 so that they will fear you all the time they live in the land you gave our fathers.

41 "As for the foreigner who does not belong to your people Israel but has come from a distant land because of your name— 42 for men will hear of your great name and your mighty hand and your outstretched arm—when he comes and prays toward this temple, 43 then hear from heaven, your dwelling place, and do whatever the foreigner asks of you, so that all the peoples of the earth may know your name and fear you, as do your own people Israel, and may know that this house I have built bears your Name.

44 "When your people go to war against their enemies, wherever you send them, and when they pray to the LORD toward the city you have chosen and the temple I have built for your Name, 45 then hear from heaven their prayer and their plea, and uphold their cause.

46 "When they sin against you—for there is no one who does not sin—and you become angry with them and give them over to the enemy, who takes them captive to his own land, far away or near; 47 and if they have a change of heart in the land where they are held captive, and repent and plead with you in the land of their conquerors and say, 'We have sinned, we have done wrong, we

---

ˣ 8:38 *de su propia culpa.* Lit. *de la plaga en su corazón.*

pecado, hemos hecho lo malo", 48y allá en la tierra de sus enemigos que los tomaron cautivos se vuelven a ti de todo corazón y con toda el *alma, y oran a ti y dirigen la mirada hacia la tierra que les diste a sus antepasados, hacia la ciudad que has escogido y hacia el templo que he construido en tu honor, 49oye tú su oración y su súplica desde el cielo, donde habitas, y defiende su causa. 50Perdona a tu pueblo, que ha pecado contra ti; perdona todas las ofensas que te haya infligido. Haz que sus enemigos le muestren clemencia, 51pues Israel es tu pueblo y tu heredad; ¡tú lo sacaste de aquel horno de fundición que es Egipto!

52»¡Dígnate mantener atentos tus oídosy a la súplica de este siervo tuyo y de tu pueblo Israel! ¡Escúchalos cada vez que te invoquen! 53Tú los apartaste de todas las naciones del mundo para que fueran tu heredad. Así lo manifestaste por medio de tu siervo Moisés cuando tú, SEÑOR y Dios, sacaste de Egipto a nuestros antepasados.»

54Salomón había estado ante el altar del SEÑOR, de rodillas y con las manos extendidas hacia el cielo. Cuando terminó de orar y de hacer esta súplica al SEÑOR, se levantó 55y, puesto de pie, bendijo en voz alta a toda la asamblea de Israel, diciendo:

56«¡Bendito sea el SEÑOR, que conforme a sus promesas ha dado descanso a su pueblo Israel! No ha dejado de cumplir ni una sola de las gratas promesas que hizo por medio de su siervo Moisés. 57Que el SEÑOR nuestro Dios esté con nosotros, como estuvo con nuestros antepasados; que nunca nos deje ni nos abandone. 58Que incline nuestro corazón hacia él, para que sigamos todos sus caminos y cumplamos los mandamientos, decretos y leyes que les dio a nuestros antepasados. 59Y que día y noche el SEÑOR tenga presente todo lo que le he suplicado, para que defienda la causa de este siervo suyo y la de su pueblo Israel, según la necesidad de cada día. 60Así todos los pueblos de la tierra sabrán que el SEÑOR es Dios, y que no hay otro. 61Y ahora, dedíquense por completo al SEÑOR nuestro Dios; vivan según sus decretos y cumplan sus mandamientos, como ya lo hacen.»

Dedicación del templo

62Entonces el rey, con todo Israel, ofreció sacrificios en presencia del SEÑOR. 63Como sacrificio de *comunión, Salomón ofreció al SEÑOR veintidós mil bueyes y ciento veinte mil ovejas. Así fue como el rey y todos los israelitas dedicaron el templo del SEÑOR.

64Aquel mismo día el rey consagró la parte central del atrio, que está frente al templo del SEÑOR, y allí presentó los *holocaustos, las ofrendas de cereales y la grasa de los sacrificios de comunión, ya que el altar de bronce que estaba ante el SEÑOR era pequeño y no había espacio para estos sacrificios y ofrendas.

65Y así, en presencia del SEÑOR, Salomón y todo Israel celebraron la fiesta durante siete días, extendiéndola luego siete días más: ¡catorce días de fiesta en total! A la fiesta llegó gente de todas partes, desde Lebó Jamatz hasta el río de Egipto, y se formó una

have acted wickedly'; 48and if they turn back to you with all their heart and soul in the land of their enemies who took them captive, and pray to you toward the land you gave their fathers, toward the city you have chosen and the temple I have built for your Name; 49then from heaven, your dwelling place, hear their prayer and their plea, and uphold their cause. 50And forgive your people, who have sinned against you; forgive all the offenses they have committed against you, and cause their conquerors to show them mercy; 51for they are your people and your inheritance, whom you brought out of Egypt, out of that iron-smelting furnace.

52"May your eyes be open to your servant's plea and to the plea of your people Israel, and may you listen to them whenever they cry out to you. 53For you singled them out from all the nations of the world to be your own inheritance, just as you declared through your servant Moses when you, O Sovereign LORD, brought our fathers out of Egypt."

54When Solomon had finished all these prayers and supplications to the LORD, he rose from before the altar of the LORD, where he had been kneeling with his hands spread out toward heaven. 55He stood and blessed the whole assembly of Israel in a loud voice, saying:

56"Praise be to the LORD, who has given rest to his people Israel just as he promised. Not one word has failed of all the good promises he gave through his servant Moses. 57May the LORD our God be with us as he was with our fathers; may he never leave us nor forsake us. 58May he turn our hearts to him, to walk in all his ways and to keep the commands, decrees and regulations he gave our fathers. 59And may these words of mine, which I have prayed before the LORD, be near to the LORD our God day and night, that he may uphold the cause of his servant and the cause of his people Israel according to each day's need, 60so that all the peoples of the earth may know that the LORD is God and that there is no other. 61But your hearts must be fully committed to the LORD our God, to live by his decrees and obey his commands, as at this time."

The Dedication of the Temple

62Then the king and all Israel with him offered sacrifices before the LORD. 63Solomon offered a sacrifice of fellowship offeringsz to the LORD: twenty-two thousand cattle and a hundred and twenty thousand sheep and goats. So the king and all the Israelites dedicated the temple of the LORD.

64On that same day the king consecrated the middle part of the courtyard in front of the temple of the LORD, and there he offered burnt offerings, grain offerings and the fat of the fellowship offerings, because the bronze altar before the LORD was too small to hold the burnt offerings, the grain offerings and the fat of the fellowship offerings.

65So Solomon observed the festival at that time, and all Israel with him—a vast assembly, people from Leboa Hamath to the Wadi of Egypt. They celebrated it before the LORD our God for seven days and seven

---

y 8:52 atentos tus oídos (véase 2Cr 6:40); abiertos tus ojos (TM).
z 8:65 Lebó Jamat. Alt. la entrada de Jamat.

z 63 Traditionally peace offerings; also in verse 64   a 65 Or from the entrance to

gran asamblea. 66 Al final, Salomón despidió al pueblo, y ellos bendijeron al rey y regresaron a sus casas, contentos y llenos de alegría por todo el bien que el SEÑOR había hecho en favor de su siervo David y de su pueblo Israel.

Pacto de Dios con Salomón

9 Cuando Salomón terminó de construir el templo del SEÑOR y el palacio real, cumpliendo así todos sus propósitos y deseos, 2 el SEÑOR se le apareció por segunda vez, como lo había hecho en Gabaón, 3 y le dijo:

«He oído la oración y la súplica que me has hecho. Consagro este templo que tú has construido para que yo habite en él por siempre. Mis ojos y mi *corazón siempre estarán allí.

4 »En cuanto a ti, si me sigues con integridad y rectitud de corazón, como lo hizo tu padre David, y me obedeces en todo lo que yo te ordene y cumples mis decretos y leyes, 5 yo afirmaré para siempre tu trono en el reino de Israel, como le prometí a tu padre David cuando le dije: "Nunca te faltará un descendiente en el trono de Israel."

6 »Pero si ustedes o sus hijos dejan de cumplir los mandamientos y decretos que les he dado, y se apartan de mí para servir y adorar a otros dioses, 7 yo arrancaré a Israel de la tierra que le he dado y repudiaré el templo que he consagrado en mi honor. Entonces Israel será el hazmerreír de todos los pueblos. 8 Y aunque ahora este templo es imponente, llegará el día en que todo el que pase frente a él quedará asombrado y, en son de burla, preguntará: "¿Por qué el SEÑOR ha tratado así a este país y a este templo?" 9 Y le responderán: "Porque abandonaron al SEÑOR su Dios, que sacó de Egipto a sus antepasados, los israelitas, y se echaron en los brazos de otros dioses, a los cuales adoraron y sirvieron. Por eso el SEÑOR ha dejado que les sobrevenga tanto desastre."»

Otras actividades de Salomón

10 Veinte años tardó el rey Salomón en construir los dos edificios, es decir, el templo del SEÑOR y el palacio real, 11 después de lo cual le dio a Hiram, rey de Tiro, veinte ciudades en Galilea, porque Hiram lo había abastecido con todo el cedro, el pino y el oro que quiso. 12 Sin embargo, cuando Hiram salió de Tiro y fue a ver las ciudades que Salomón le había dado, no quedó satisfecho con ellas. 13 «Hermano mío —protestó Hiram—, ¿qué clase de ciudades son éstas que me has dado?» De modo que llamó a esa región Cabul,ª nombre que conserva hasta hoy. 14 Hiram, por su parte, le había enviado a Salomón tres mil novecientos sesenta kilosᵇ de oro.

15 En cuanto al trabajo forzado, el rey Salomón reunió trabajadores para construir el templo del SEÑOR, su propio palacio, los terraplenes,ᶜ el muro de Jerusalén, y Jazor, Meguido y Guézer. 16 El faraón, rey de Egipto, había atacado y tomado Guézer a sangre y fuego, matando a sus habitantes cananeos. Luego, como regalo de bodas, le dio esta ciudad a su hija, la esposa de Salomón. 17 Por eso Salomón reconstruyó las ciudades de Guézer, Bet Jorón la de abajo, 18 Balat y Tadmor,ᵈ

days more, fourteen days in all. 66 On the following day he sent the people away. They blessed the king and then went home, joyful and glad in heart for all the good things the LORD had done for his servant David and his people Israel.

The LORD Appears to Solomon

9 When Solomon had finished building the temple of the LORD and the royal palace, and had achieved all he had desired to do, 2 the LORD appeared to him a second time, as he had appeared to him at Gibeon. 3 The LORD said to him:

"I have heard the prayer and plea you have made before me; I have consecrated this temple, which you have built, by putting my Name there forever. My eyes and my heart will always be there.

4 "As for you, if you walk before me in integrity of heart and uprightness, as David your father did, and do all I command and observe my decrees and laws, 5 I will establish your royal throne over Israel forever, as I promised David your father when I said, 'You shall never fail to have a man on the throne of Israel.'

6 "But if youᵇ or your sons turn away from me and do not observe the commands and decrees I have given youᵇ and go off to serve other gods and worship them, 7 then I will cut off Israel from the land I have given them and will reject this temple I have consecrated for my Name. Israel will then become a byword and an object of ridicule among all peoples. 8 And though this temple is now imposing, all who pass by will be appalled and will scoff and say, 'Why has the LORD done such a thing to this land and to this temple?' 9 People will answer, 'Because they have forsaken the LORD their God, who brought their fathers out of Egypt, and have embraced other gods, worshiping and serving them—that is why the LORD brought all this disaster on them.' "

Solomon's Other Activities

10 At the end of twenty years, during which Solomon built these two buildings—the temple of the LORD and the royal palace— 11 King Solomon gave twenty towns in Galilee to Hiram king of Tyre, because Hiram had supplied him with all the cedar and pine and gold he wanted. 12 But when Hiram went from Tyre to see the towns that Solomon had given him, he was not pleased with them. 13 "What kind of towns are these you have given me, my brother?" he asked. And he called them the Land of Cabul,ᶜ a name they have to this day. 14 Now Hiram had sent to the king 120 talentsᵈ of gold.

15 Here is the account of the forced labor King Solomon conscripted to build the LORD's temple, his own palace, the supporting terraces,ᵉ the wall of Jerusalem, and Hazor, Megiddo and Gezer. 16 (Pharaoh king of Egypt had attacked and captured Gezer. He had set it on fire. He killed its Canaanite inhabitants and then gave it as a wedding gift to his daughter, Solomon's wife. 17 And Solomon rebuilt Gezer.) He built up Lower Beth Horon, 18 Baalath, and Tadmorᶠ in the desert,

---

ª9:13 El nombre *Cabul* parece ser un juego de palabras que sugiere que ésta era una región *inútil*.   ᵇ9:14 *tres mil novecientos sesenta kilos.* Lit. *ciento veinte *talentos*.   ᶜ9:15 *los terraplenes*. Alt. *el Milo*; también en v. 24.   ᵈ9:18 *Tadmor*. Alt. *Tamar*.

ᵇ6 The Hebrew is plural.   ᶜ13 *Cabul* sounds like the Hebrew for *good-for-nothing*.   ᵈ14 That is, about 4 1/2 tons (about 4 metric tons)   ᵉ15 Or *the Millo*; also in verse 24   ᶠ18 The Hebrew may also be read *Tamar*.

en el desierto del país, 19así como todos sus lugares de almacenamiento, los cuarteles para sus carros de combate y para su caballería, y cuanto quiso construir en Jerusalén, en el Líbano y en todo el territorio bajo su dominio.

20-21A los descendientes de los pueblos no israelitas (es decir, a los amorreos, hititas, ferezeos, heveos y jebuseos, pueblos que quedaron en el país porque los israelitas no pudieron *destruirlos), Salomón los sometió a trabajos forzados, y así continúan hasta el día de hoy. 22Pero a los israelitas Salomón no los convirtió en esclavos, sino que le servían como soldados, ministros, comandantes, oficiales de carros de combate y jefes de caballería. 23Salomón tenía además quinientos cincuenta capataces que supervisaban a sus trabajadores en la obra.

24Los terraplenes se hicieron después de que la hija del faraón se trasladó de la Ciudad de David al palacio que Salomón le había construido.

25Tres veces al año Salomón presentaba *holocaustos y sacrificios de *comunión sobre el altar que él había construido para el Señor, y al mismo tiempo quemaba incienso en su presencia. Así cumplía con las obligaciones del templo.e

26El rey Salomón también construyó una flota naviera en Ezión Guéber, cerca de Elat en Edom, a orillas del *Mar Rojo. 27Hiram envió a algunos de sus oficiales, que eran marineros expertos, para servir en la flota con los oficiales de Salomón, 28y ellos se hicieron a la mar y llegaron a Ofir, de donde volvieron con unos catorce mil kilosf de oro, que le entregaron al rey Salomón.

La reina de Sabá visita a Salomón

10 La reina de Sabá se enteró de la fama de Salomón, con la cual él honraba al Señor, así que fue a verlo para ponerlo a prueba con preguntas difíciles. 2Llegó a Jerusalén con un séquito muy grande. Sus camellos llevaban perfumes y grandes cantidades de oro y piedras preciosas. Al presentarse ante Salomón, le preguntó todo lo que tenía pensado, 3y él respondió a todas sus preguntas. No hubo ningún asunto, por difícil que fuera, que el rey no pudiera resolver.

4-5La reina de Sabá se quedó atónita al ver la sabiduría de Salomón y el palacio que él había construido, los manjares de su mesa, los asientos que ocupaban sus funcionarios, el servicio y la ropa de los camareros, las bebidas, y los *holocaustos que ofrecía en el templog del Señor. 6Entonces le dijo al rey: «¡Todo lo que escuché en mi país acerca de tus triunfos y de tu sabiduría es cierto! 7No podía creer nada de eso hasta que vine y lo vi con mis propios ojos. Pero en realidad, ¡no me habían contado ni siquiera la mitad! Tanto en sabiduría como en riqueza, superas todo lo que había oído decir. 8¡*Dichosos tus súbditos! ¡Dichosos estos servidores tuyos, que constantemente están en tu presencia bebiendo de tu sabiduría! 9¡Y alabado sea el Señor tu Dios, que se ha deleitado en ti y te ha puesto en el trono de Israel! En su eterno amor por Israel, el Señor te ha hecho rey para que gobiernes con justicia y rectitud.»

within his land, 19as well as all his store cities and the towns for his chariots and for his horsesg—whatever he desired to build in Jerusalem, in Lebanon and throughout all the territory he ruled.

20All the people left from the Amorites, Hittites, Perizzites, Hivites and Jebusites (these peoples were not Israelites), 21that is, their descendants remaining in the land, whom the Israelites could not exterminateh—these Solomon conscripted for his slave labor force, as it is to this day. 22But Solomon did not make slaves of any of the Israelites; they were his fighting men, his government officials, his officers, his captains, and the commanders of his chariots and charioteers. 23They were also the chief officials in charge of Solomon's projects—550 officials supervising the men who did the work.

24After Pharaoh's daughter had come up from the City of David to the palace Solomon had built for her, he constructed the supporting terraces.

25Three times a year Solomon sacrificed burnt offerings and fellowship offeringsi on the altar he had built for the Lord, burning incense before the Lord along with them, and so fulfilled the temple obligations.

26King Solomon also built ships at Ezion Geber, which is near Elath in Edom, on the shore of the Red Sea.j 27And Hiram sent his men—sailors who knew the sea—to serve in the fleet with Solomon's men. 28They sailed to Ophir and brought back 420 talentsk of gold, which they delivered to King Solomon.

The Queen of Sheba Visits Solomon

10 When the queen of Sheba heard about the fame of Solomon and his relation to the name of the Lord, she came to test him with hard questions. 2Arriving at Jerusalem with a very great caravan—with camels carrying spices, large quantities of gold, and precious stones—she came to Solomon and talked with him about all that she had on her mind. 3Solomon answered all her questions; nothing was too hard for the king to explain to her. 4When the queen of Sheba saw all the wisdom of Solomon and the palace he had built, 5the food on his table, the seating of his officials, the attending servants in their robes, his cupbearers, and the burnt offerings he made atl the temple of the Lord, she was overwhelmed.

6She said to the king, "The report I heard in my own country about your achievements and your wisdom is true. 7But I did not believe these things until I came and saw with my own eyes. Indeed, not even half was told me; in wisdom and wealth you have far exceeded the report I heard. 8How happy your men must be! How happy your officials, who continually stand before you and hear your wisdom! 9Praise be to the Lord your God, who has delighted in you and placed you on the throne of Israel. Because of the Lord's eternal love for Israel, he has made you king, to maintain justice and righteousness."

e 9:25 cumplía con las obligaciones del templo. Lit. completó el templo.   9:28 catorce mil kilos. Lit. cuatrocientos veinte *talentos.   g 10:4 los holocaustos ... templo. Alt. la escalinata por la cual él subía al templo.

g 19 Or charioteers   h 21 The Hebrew term refers to the irrevocable giving over of things or persons to the Lord, often by totally destroying them.   i 25 Traditionally peace offerings   j 26 Hebrew Yam Suph; that is, Sea of Reeds   k 28 That is, about 16 tons (about 14.5 metric tons)   l 5 Or the ascent by which he went up to

¹⁰Luego la reina le regaló a Salomón tres mil novecientos sesenta kilos^h de oro, piedras preciosas y gran cantidad de perfumes. Nunca más llegaron a Israel tantos perfumes como los que la reina de Sabá le obsequió al rey Salomón.

¹¹La flota de Hiram trajo desde Ofir, además del oro, grandes cargamentos de madera de sándalo y de piedras preciosas. ¹²Con la madera, el rey construyó escalonesⁱ para el templo del SEÑOR y para el palacio real, y también hizo arpas y liras para los músicos. Desde entonces, nunca más se ha importado, ni ha vuelto a verse, tanto sándalo como aquel día.

¹³El rey Salomón, por su parte, le dio a la reina de Sabá todo lo que a ella se le antojó pedirle, además de lo que él, en su magnanimidad, ya le había regalado. Después de eso, la reina regresó a su país con todos los que la atendían.

El esplendor de Salomón

¹⁴La cantidad de oro que Salomón recibía anualmente llegaba a los veintidós mil kilos,^j ¹⁵sin contar los impuestos aportados por los mercaderes, el tráfico comercial, y todos los reyes árabes y los gobernadores del país.

¹⁶El rey Salomón hizo doscientos escudos grandes de oro batido, en cada uno de los cuales se emplearon unos seis kilos y medio^k de oro. ¹⁷Hizo además trescientos escudos más pequeños, también de oro batido, empleando en cada uno de ellos un kilo y medio^l de oro. Estos escudos los puso el rey en el palacio llamado «Bosque del Líbano».

¹⁸El rey hizo también un gran trono de marfil, recubierto de oro puro. ¹⁹El trono tenía seis peldaños, un espaldar redondo, brazos a cada lado del asiento, dos leones de pie junto a los brazos ²⁰y doce leones de pie sobre los seis peldaños, uno en cada extremo. En ningún otro reino se había hecho algo semejante. ²¹Todas las copas del rey Salomón y toda la vajilla del palacio «Bosque del Líbano» eran de oro puro. Nada estaba hecho de plata, pues en tiempos de Salomón la plata era poco apreciada. ²²Cada tres años, la flota comercial que el rey tenía en el mar, junto con la flota de Hiram, regresaba de Tarsis trayendo oro, plata y marfil, monos y mandriles.^m

²³Tanto en riquezas como en sabiduría, el rey Salomón sobrepasó a los demás reyes de la tierra. ²⁴Todo el mundo procuraba visitarlo para oír la sabiduría que Dios le había dado, ²⁵y año tras año le llevaban regalos: artículos de plata y de oro, vestidos, armas y perfumes, y caballos y mulas.

²⁶Salomón multiplicó el número de sus carros de combate y sus caballos: llegó a tener mil cuatrocientos carros y doce mil caballos,ⁿ los cuales mantenía en las caballerizas y también en su palacio en Jerusalén. ²⁷El rey hizo que en Jerusalén la plata fuera tan común y corriente como las piedras, y el cedro tan abundante como las higueras de la llanura. ²⁸Los caballos de Salomón eran importados de Egipto y de Coa, que era donde los mercaderes de la corte los compraban. ²⁹En Egipto compraban carros por seiscientas monedas de plata,^ñ y caballos por ciento cincuenta, para luego vendérselos a todos los reyes hititas y *sirios.

¹⁰And she gave the king 120 talents^m of gold, large quantities of spices, and precious stones. Never again were so many spices brought in as those the queen of Sheba gave to King Solomon.

¹¹(Hiram's ships brought gold from Ophir; and from there they brought great cargoes of almugwoodⁿ and precious stones. ¹²The king used the almugwood to make supports for the temple of the LORD and for the royal palace, and to make harps and lyres for the musicians. So much almugwood has never been imported or seen since that day.)

¹³King Solomon gave the queen of Sheba all she desired and asked for, besides what he had given her out of his royal bounty. Then she left and returned with her retinue to her own country.

Solomon's Splendor

¹⁴The weight of the gold that Solomon received yearly was 666 talents,^o ¹⁵not including the revenues from merchants and traders and from all the Arabian kings and the governors of the land.

¹⁶King Solomon made two hundred large shields of hammered gold; six hundred bekas^p of gold went into each shield. ¹⁷He also made three hundred small shields of hammered gold, with three minas^q of gold in each shield. The king put them in the Palace of the Forest of Lebanon.

¹⁸Then the king made a great throne inlaid with ivory and overlaid with fine gold. ¹⁹The throne had six steps, and its back had a rounded top. On both sides of the seat were armrests, with a lion standing beside each of them. ²⁰Twelve lions stood on the six steps, one at either end of each step. Nothing like it had ever been made for any other kingdom. ²¹All King Solomon's goblets were gold, and all the household articles in the Palace of the Forest of Lebanon were pure gold. Nothing was made of silver, because silver was considered of little value in Solomon's days. ²²The king had a fleet of trading ships^r at sea along with the ships of Hiram. Once every three years it returned, carrying gold, silver and ivory, and apes and baboons.

²³King Solomon was greater in riches and wisdom than all the other kings of the earth. ²⁴The whole world sought audience with Solomon to hear the wisdom God had put in his heart. ²⁵Year after year, everyone who came brought a gift—articles of silver and gold, robes, weapons and spices, and horses and mules.

²⁶Solomon accumulated chariots and horses; he had fourteen hundred chariots and twelve thousand horses,^s which he kept in the chariot cities and also with him in Jerusalem. ²⁷The king made silver as common in Jerusalem as stones, and cedar as plentiful as sycamore-fig trees in the foothills. ²⁸Solomon's horses were imported from Egypt^t and from Kue^u—the royal merchants purchased them from Kue. ²⁹They imported a chariot from Egypt for six hundred shekels^v of silver, and a horse for a hundred and fifty.^q They also exported them to all the kings of the Hittites and of the Arameans.

---

^h 10:10 *tres mil novecientos sesenta kilos*. Lit. *ciento veinte* *talentos*.   ⁱ 10:12 *escalones*. Alt. *barandas*.
^j 10:14 *veintidós mil kilos*. Lit. *seiscientos sesenta y seis *talentos*.
^k 10:16 *unos seis kilos y medio*. Lit. *seiscientos *siclos*.
^l 10:17 *un kilo y medio*. Lit. *tres *minas*.   ^m 10:22 *mandriles*. Alt. *pavos reales*.   ⁿ 10:26 *caballos*. Alt. *aurigas*.
^ñ 10:29 *seiscientas monedas de plata*. Lit. *seiscientos ᴌ*siclos*ᴊ *de plata*.

^m 10 That is, about 4 1/2 tons (about 4 metric tons)
ⁿ 11 Probably a variant of *algumwood*; also in verse 12
^o 14 That is, about 25 tons (about 23 metric tons)   ^p 16 That is, about 7 1/2 pounds (about 3.5 kilograms)   ^q 17,29 That is, about 3 3/4 pounds (about 1.7 kilograms)   ^r 22 Hebrew *of ships of Tarshish*   ^s 26 Or *charioteers*   ^t 28 Or possibly *Muzur*, a region in Cilicia; also in verse 29   ^u 28 Probably Cilicia   ^v 29 That is, about 15 pounds (about 7 kilograms)

Las mujeres de Salomón

11 Ahora bien, además de casarse con la hija del faraón, el rey Salomón tuvo amoríos con muchas mujeres moabitas, amonitas, edomitas, sidonias e hititas, todas ellas mujeres extranjeras, 2 que procedían de naciones de las cuales el SEÑOR había dicho a los israelitas: «No se unan a ellas, ni ellas a ustedes, porque de seguro les desviarán el *corazón para que sigan a otros dioses.» Con tales mujeres se unió Salomón y tuvo amoríos. 3 Tuvo setecientas esposas que eran princesas, y trescientas concubinas; todas estas mujeres hicieron que se pervirtiera su corazón. 4 En efecto, cuando Salomón llegó a viejo, sus mujeres le pervirtieron el corazón de modo que él siguió a otros dioses, y no siempre fue fiel al SEÑOR su Dios como lo había sido su padre David. 5 Por el contrario, Salomón siguió a *Astarté, diosa de los sidonios, y a Moloc,*o* el detestable dios de los amonitas. 6 Así que Salomón hizo lo que ofende al SEÑOR y no permaneció fiel a él como su padre David. 7 Fue en esa época cuando, en una montaña al este de Jerusalén, Salomón edificó un *altar pagano para Quemós, el detestable dios de Moab, y otro para Moloc, el despreciable dios de los amonitas. 8 Lo mismo hizo en favor de sus mujeres extranjeras, para que éstas pudieran quemar incienso y ofrecer sacrificios a sus dioses.

9 Entonces el SEÑOR, Dios de Israel, se enojó con Salomón porque su corazón se había apartado de él, a pesar de que en dos ocasiones se le había aparecido 10 para prohibirle que siguiera a otros dioses. Como Salomón no había cumplido esa orden, 11 el SEÑOR le dijo: «Ya que procedes de este modo, y no has cumplido con mi *pacto ni con los decretos que te he ordenado, puedes estar seguro de que te quitaré el reino y se lo daré a uno de tus siervos. 12 No obstante, por consideración a tu padre David no lo haré mientras tú vivas, sino que lo arrancaré de la mano de tu hijo. 13 Y a éste, también por consideración a mi siervo David y a Jerusalén, no le quitaré todo el reino, sino que le dejaré una sola tribu, la cual ya he escogido.»

Los adversarios de Salomón

14 Por lo tanto, el SEÑOR hizo que Hadad el edomita, que pertenecía a la familia real de Edom, surgiera como adversario de Salomón. 15 Ahora bien, durante la guerra entre David y los edomitas, Joab, el general del ejército, había ido a enterrar a los muertos de Israel y había aprovechado la ocasión para matar a todos los hombres de Edom. 16 Joab y los israelitas que estaban con él se quedaron allí seis meses, hasta que exterminaron a todos los varones edomitas. 17 Pero Hadad, que entonces era apenas un muchacho, huyó a Egipto con algunos oficiales edomitas que habían estado al servicio de su padre. 18 Partieron de Madián y llegaron a Parán, donde se les unieron unos hombres de ese lugar. De allí siguieron hacia Egipto y se presentaron ante el faraón, rey del país, quien le regaló a Hadad una casa y se encargó de darle sustento y tierras.

19 Hadad agradó tanto al faraón, que éste le dio por esposa a su cuñada, una hermana de la reina Tapenés. 20 La hermana de Tapenés dio a luz un hijo, al que llamó Guenubat, y Tapenés lo educó en el palacio real. De modo que Guenubat creció junto con los hijos del faraón.

21 Mientras Hadad estaba en Egipto, se enteró de que ya habían muerto David y Joab, general del ejército. Entonces Hadad le dijo al faraón:

—Déjeme usted regresar a mi país.

Solomon's Wives

11 King Solomon, however, loved many foreign women besides Pharaoh's daughter—Moabites, Ammonites, Edomites, Sidonians and Hittites. 2 They were from nations about which the LORD had told the Israelites, "You must not intermarry with them, because they will surely turn your hearts after their gods." Nevertheless, Solomon held fast to them in love. 3 He had seven hundred wives of royal birth and three hundred concubines, and his wives led him astray. 4 As Solomon grew old, his wives turned his heart after other gods, and his heart was not fully devoted to the LORD his God, as the heart of David his father had been. 5 He followed Ashtoreth the goddess of the Sidonians, and Molech*w* the detestable god of the Ammonites. 6 So Solomon did evil in the eyes of the LORD; he did not follow the LORD completely, as David his father had done.

7 On a hill east of Jerusalem, Solomon built a high place for Chemosh the detestable god of Moab, and for Molech the detestable god of the Ammonites. 8 He did the same for all his foreign wives, who burned incense and offered sacrifices to their gods.

9 The LORD became angry with Solomon because his heart had turned away from the LORD, the God of Israel, who had appeared to him twice. 10 Although he had forbidden Solomon to follow other gods, Solomon did not keep the LORD's command. 11 So the LORD said to Solomon, "Since this is your attitude and you have not kept my covenant and my decrees, which I commanded you, I will most certainly tear the kingdom away from you and give it to one of your subordinates. 12 Nevertheless, for the sake of David your father, I will not do it during your lifetime. I will tear it out of the hand of your son. 13 Yet I will not tear the whole kingdom from him, but will give him one tribe for the sake of David my servant and for the sake of Jerusalem, which I have chosen."

Solomon's Adversaries

14 Then the LORD raised up against Solomon an adversary, Hadad the Edomite, from the royal line of Edom. 15 Earlier when David was fighting with Edom, Joab the commander of the army, who had gone up to bury the dead, had struck down all the men in Edom. 16 Joab and all the Israelites stayed there for six months, until they had destroyed all the men in Edom. 17 But Hadad, still only a boy, fled to Egypt with some Edomite officials who had served his father. 18 They set out from Midian and went to Paran. Then taking men from Paran with them, they went to Egypt, to Pharaoh king of Egypt, who gave Hadad a house and land and provided him with food.

19 Pharaoh was so pleased with Hadad that he gave him a sister of his own wife, Queen Tahpenes, in marriage. 20 The sister of Tahpenes bore him a son named Genubath, whom Tahpenes brought up in the royal palace. There Genubath lived with Pharaoh's own children.

21 While he was in Egypt, Hadad heard that David rested with his fathers and that Joab the commander of the army was also dead. Then Hadad said to Pharaoh, "Let me go, that I may return to my own country."

---

o 11:5 *Moloc.* Lit. *Milcón;* también en v. 33.   *w* 5 Hebrew *Milcom;* also in verse 33

22 —¿Y por qué quieres regresar a tu país? —le preguntó el faraón—. ¿Acaso te falta algo aquí?

—No —respondió Hadad—, ¡pero de todos modos déjeme ir!

23 Dios también incitó a Rezón hijo de Eliadá para que fuera adversario de Salomón. Rezón, que había huido de su amo Hadad Ezer, rey de Sobá, 24 formó una banda de rebeldes y se convirtió en su jefe. Cuando David destruyó a los *sirios, los rebeldes fueron a Damasco y allí establecieron su gobierno. 25 Así fue como Rezón llegó a ser rey de Siria. Mientras vivió Salomón, Rezón aborreció a Israel y fue su adversario, de modo que agravó el daño causado por Hadad.

Jeroboán se rebela contra Salomón

26 También se rebeló contra el rey Salomón uno de sus funcionarios, llamado Jeroboán hijo de Nabat. Este Jeroboán era efrateo, oriundo de Seredá; su madre se llamaba Zerúa, y era viuda. 27 La rebelión de Jeroboán tuvo lugar cuando Salomón estaba construyendo los terraplenes^p para cerrar la brecha en el muro de la ciudad de David, su padre. 28 Jeroboán se había ganado el respeto de todos, de modo que cuando Salomón vio su buen desempeño lo puso a supervisar todo el trabajo forzado que se realizaba entre los descendientes de José.

29 Un día en que Jeroboán salía de Jerusalén, se encontró en el camino con el profeta Ahías de Siló, quien llevaba puesto un manto nuevo. Los dos estaban solos en el campo. 30 Entonces Ahías tomó el manto nuevo que llevaba puesto y, rasgándolo en doce pedazos, 31 le dijo a Jeroboán: «Toma diez pedazos para ti, porque así dice el SEÑOR, Dios de Israel: "Ahora voy a arrancarle de la mano a Salomón el reino, y a ti te voy a dar diez tribus. 32 A él le dejaré una sola tribu, y esto por consideración a mi siervo David y a Jerusalén, la ciudad que he escogido entre todas las tribus de Israel. 33 Voy a hacerlo así porque él me ha abandonado^q y adora a *Astarté, diosa de los sidonios, a Quemós, dios de los moabitas, y a Moloc, dios de los amonitas. Salomón no ha seguido mis *caminos; no ha hecho lo que me agrada, ni ha cumplido mis decretos y leyes como lo hizo David, su padre.

34 » "Sin embargo, no le quitaré todo el reino a Salomón sino que lo dejaré gobernar todos los días de su vida, por consideración a David mi siervo, a quien escogí y quien cumplió mis mandamientos y decretos. 35 Le quitaré el reino a su hijo, y te daré a ti diez tribus. 36 Pero a su hijo le dejaré una sola tribu, para que en Jerusalén, la ciudad donde decidí habitar, la lámpara de mi siervo David se mantenga siempre encendida delante de mí. 37 En lo que a ti atañe, yo te haré rey de Israel, y extenderás tu reino a tu gusto. 38 Si haces todo lo que te ordeno, y sigues mis caminos, haciendo lo que me agrada y cumpliendo mis decretos y mandamientos, como lo hizo David mi siervo, estaré contigo. Estableceré para ti una dinastía tan firme como la que establecí para David;^r y te daré Israel. 39 Así que haré sufrir a la descendencia de David, aunque no para siempre."»

40 Salomón, por su parte, intentó matar a Jeroboán, pero éste huyó a Egipto y se quedó allí, bajo la protección del rey Sisac, hasta la muerte de Salomón.

Muerte de Salomón

41 Los demás acontecimientos del reinado de Salomón, y su sabiduría y todo lo que hizo, están escritos

22 "What have you lacked here that you want to go back to your own country?" Pharaoh asked.

"Nothing," Hadad replied, "but do let me go!"

23 And God raised up against Solomon another adversary, Rezon son of Eliada, who had fled from his master, Hadadezer king of Zobah. 24 He gathered men around him and became the leader of a band of rebels when David destroyed the forces^x ⌊of Zobah⌋; the rebels went to Damascus, where they settled and took control. 25 Rezon was Israel's adversary as long as Solomon lived, adding to the trouble caused by Hadad. So Rezon ruled in Aram and was hostile toward Israel.

Jeroboam Rebels Against Solomon

26 Also, Jeroboam son of Nebat rebelled against the king. He was one of Solomon's officials, an Ephraimite from Zeredah, and his mother was a widow named Zeruah.

27 Here is the account of how he rebelled against the king: Solomon had built the supporting terraces^y and had filled in the gap in the wall of the city of David his father. 28 Now Jeroboam was a man of standing, and when Solomon saw how well the young man did his work, he put him in charge of the whole labor force of the house of Joseph.

29 About that time Jeroboam was going out of Jerusalem, and Ahijah the prophet of Shiloh met him on the way, wearing a new cloak. The two of them were alone out in the country, 30 and Ahijah took hold of the new cloak he was wearing and tore it into twelve pieces. 31 Then he said to Jeroboam, "Take ten pieces for yourself, for this is what the LORD, the God of Israel, says: 'See, I am going to tear the kingdom out of Solomon's hand and give you ten tribes. 32 But for the sake of my servant David and the city of Jerusalem, which I have chosen out of all the tribes of Israel, he will have one tribe. 33 I will do this because they have^z forsaken me and worshiped Ashtoreth the goddess of the Sidonians, Chemosh the god of the Moabites, and Molech the god of the Ammonites, and have not walked in my ways, nor done what is right in my eyes, nor kept my statutes and laws as David, Solomon's father, did.

34 " 'But I will not take the whole kingdom out of Solomon's hand; I have made him ruler all the days of his life for the sake of David my servant, whom I chose and who observed my commands and statutes. 35 I will take the kingdom from his son's hands and give you ten tribes. 36 I will give one tribe to his son so that David my servant may always have a lamp before me in Jerusalem, the city where I chose to put my Name. 37 However, as for you, I will take you, and you will rule over all that your heart desires; you will be king over Israel. 38 If you do whatever I command you and walk in my ways and do what is right in my eyes by keeping my statutes and commands, as David my servant did, I will be with you. I will build you a dynasty as enduring as the one I built for David and will give Israel to you. 39 I will humble David's descendants because of this, but not forever.' "

40 Solomon tried to kill Jeroboam, but Jeroboam fled to Egypt, to Shishak the king, and stayed there until Solomon's death.

Solomon's Death

41 As for the other events of Solomon's reign—all he did and the wisdom he displayed—are they not written

---

p 11:27 los terraplenes. Alt. *el Milo.*   *q 11:33 me ha abandonado* (LXX, Siríaca y mss. de Vulgata); *me han abandonado* (TM). El cambio del singular al plural se aplica igualmente a los otros verbos en el versículo.   *r 11:38 Estableceré ... David.* Lit. *Te construiré una casa firme como le construí a David.*

x 24 Hebrew *destroyed them*   *y 27* Or *the Millo*
z 33 Hebrew; Septuagint, Vulgate and Syriac *because he has*

en el libro de las crónicas de Salomón, ⁴²quien durante cuarenta años reinó en Jerusalén sobre todo Israel. ⁴³Cuando murió, fue sepultado en la ciudad de David, su padre, y su hijo Roboán lo sucedió en el trono.

División del reino

12 Roboán fue a Siquén porque todos los israelitas se habían reunido allí para proclamarlo rey. ²De esto se enteró Jeroboán hijo de Nabat, quien al huir del rey Salomón se había establecido en Egipto y aún vivía allí. ³Cuando lo mandaron a buscar, él y toda la asamblea de Israel fueron a ver a Roboán y le dijeron:

⁴—Su padre nos impuso un yugo pesado. Alívienos usted ahora el duro trabajo y el pesado yugo que él nos echó encima; así serviremos a Su Majestad.

⁵—Váyanse por ahora —respondió Roboán—, pero vuelvan a verme dentro de tres días.

Cuando el pueblo se fue, ⁶el rey Roboán consultó con los *ancianos que en vida de su padre Salomón habían estado a su servicio.

—¿Qué me aconsejan ustedes que le responda a este pueblo? —preguntó.

⁷—Si Su Majestad se pone hoy al servicio de este pueblo —respondieron ellos—, y condesciende con ellos y les responde con amabilidad, ellos le servirán para siempre.

⁸Pero Roboán rechazó el consejo que le dieron los ancianos, y consultó más bien con los jóvenes que se habían criado con él y que estaban a su servicio.

⁹—¿Ustedes qué me aconsejan? —les preguntó—. ¿Cómo debo responderle a este pueblo que me dice: "Alívienos el yugo que su padre nos echó encima"?

¹⁰Aquellos jóvenes, que se habían criado con él, le contestaron:

—Este pueblo le ha dicho a Su Majestad: "Su padre nos impuso un yugo pesado; hágalo usted más ligero." Pues bien, respóndeles de este modo: "Mi dedo meñique es más grueso que la cintura de mi padre. ¹¹Si él les impuso un yugo pesado, ¡yo les aumentaré la carga! Y si él los castigaba a ustedes con una vara, ¡yo lo haré con un látigo!"ˢ

¹²Al tercer día, en la fecha que el rey Roboán había indicado, Jeroboán regresó con todo el pueblo para presentarse ante él. ¹³Pero el rey les respondió con brusquedad: rechazó el consejo que le habían dado los ancianos, ¹⁴y siguió más bien el de los jóvenes. Les dijo: «Si mi padre les impuso un yugo pesado, ¡yo les aumentaré la carga! Si él los castigaba a ustedes con una vara, ¡yo lo haré con un látigo!» ¹⁵De modo que el rey no le hizo caso al pueblo. Las cosas tomaron este rumbo por voluntad del SEÑOR, para que se cumpliera lo que ya él le había dicho a Jeroboán hijo de Nabat por medio de Ahías el silonita.

¹⁶Cuando se dieron cuenta de que el rey no iba a hacerles caso, todos los israelitas exclamaron a una:

«¡Pueblo de Israel, todos a sus casas!
¡Y tú, David, ocúpate de los tuyos!
¿Qué parte tenemos con David?
¿Qué herencia tenemos con el hijo de Isaí?»

Así que se fueron, cada uno a su casa. ¹⁷Sin embargo, Roboán siguió reinando sobre los israelitas que vivían

Israel Rebels Against Rehoboam

12 Rehoboam went to Shechem, for all the Israelites had gone there to make him king. ²When Jeroboam son of Nebat heard this (he was still in Egypt, where he had fled from King Solomon), he returned fromᵃ Egypt. ³So they sent for Jeroboam, and he and the whole assembly of Israel went to Rehoboam and said to him: ⁴"Your father put a heavy yoke on us, but now lighten the harsh labor and the heavy yoke he put on us, and we will serve you."

⁵Rehoboam answered, "Go away for three days and then come back to me." So the people went away.

⁶Then King Rehoboam consulted the elders who had served his father Solomon during his lifetime. "How would you advise me to answer these people?" he asked.

⁷They replied, "If today you will be a servant to these people and serve them and give them a favorable answer, they will always be your servants."

⁸But Rehoboam rejected the advice the elders gave him and consulted the young men who had grown up with him and were serving him. ⁹He asked them, "What is your advice? How should we answer these people who say to me, 'Lighten the yoke your father put on us'?"

¹⁰The young men who had grown up with him replied, "Tell these people who have said to you, 'Your father put a heavy yoke on us, but make our yoke lighter'—tell them, 'My little finger is thicker than my father's waist. ¹¹My father laid on you a heavy yoke; I will make it even heavier. My father scourged you with whips; I will scourge you with scorpions.'"

¹²Three days later Jeroboam and all the people returned to Rehoboam, as the king had said, "Come back to me in three days." ¹³The king answered the people harshly. Rejecting the advice given him by the elders, ¹⁴he followed the advice of the young men and said, "My father made your yoke heavy; I will make it even heavier. My father scourged you with whips; I will scourge you with scorpions." ¹⁵So the king did not listen to the people, for this turn of events was from the LORD, to fulfill the word the LORD had spoken to Jeroboam son of Nebat through Ahijah the Shilonite.

¹⁶When all Israel saw that the king refused to listen to them, they answered the king:

"What share do we have in David,
    what part in Jesse's son?
To your tents, O Israel!
    Look after your own house, O David!"

So the Israelites went home. ¹⁷But as for the Israelites who were living in the towns of Judah, Rehoboam still ruled over them.

ˢ *12:11* con una vara ... con un látigo. Lit. con azotes ... con escorpiones; también en v. 14.

ᵃ 2 Or *he remained in*

en las ciudades de Judá. 18Más tarde, el rey Roboán envió a Adonirán[t] para que supervisara el trabajo forzado, pero todos los israelitas lo mataron a pedradas. ¡A duras penas logró el rey subir a su carro y escapar a Jerusalén! 19Desde entonces Israel ha estado en rebelión contra la familia de David.

20Cuando los israelitas se enteraron de que Jeroboán había regresado, mandaron a llamarlo para que se presentara ante la asamblea, y lo proclamaron rey de todo Israel. No hubo quien se mantuviera leal a la familia de David, con la sola excepción de la tribu de Judá.

21Roboán hijo de Salomón llegó a Jerusalén y movilizó a todas las familias de Judá y a la tribu de Benjamín, ciento ochenta mil guerreros selectos en total, para hacer la guerra contra Israel y así recuperar el reino. 22Pero la palabra de Dios vino a Semaías, hombre de Dios, y le dio este mensaje: 23«Diles a Roboán hijo de Salomón y rey de Judá, a todas las familias de Judá y de Benjamín, y al resto del pueblo 24que así dice el SEÑOR: "No vayan a luchar contra sus hermanos, los israelitas. Regrese cada uno a su casa, porque es mi voluntad que esto haya sucedido."» Y ellos obedecieron la palabra del SEÑOR y regresaron, tal como el SEÑOR lo había ordenado.

Los becerros de oro en Betel y Dan

25Jeroboán fortificó la ciudad de Siquén en la región montañosa de Efraín, y se estableció allí. Luego se fue de Siquén y fortificó Peniel.[u] 26Pero reflexionó: «¿Y qué tal si ahora el reino vuelve a la familia de David? 27Si la gente sigue subiendo a Jerusalén para ofrecer sacrificios en el templo del SEÑOR, acabará por reconciliarse con su señor Roboán, rey de Judá. Entonces a mí me matarán, y volverán a unirse a él.»

28Después de buscar consejo, el rey hizo dos becerros de oro, y le dijo al pueblo: «¡Israelitas, no es necesario que sigan subiendo a Jerusalén! Aquí están sus dioses, que los sacaron de Egipto.» 29Así que colocó uno de los becerros en Betel, y el otro en Dan. 30Y esto incitó al pueblo a pecar; muchos incluso iban hasta Dan para adorar al becerro que estaba allí.

31Jeroboán construyó *santuarios paganos en los cerros, y puso como sacerdotes a toda clase de gente, hasta a quienes no eran levitas. 32Decretó celebrar una fiesta el día quince del mes octavo, semejante a la que se celebraba en Judá. En el altar de Betel ofreció sacrificios a los becerros que había hecho, y estableció también sacerdotes para los santuarios paganos que había construido. 33Así pues, el día quince del mes octavo Jeroboán subió al altar que había construido en Betel y quemó incienso.[v] Ése fue el día que arbitrariamente decretó como día de fiesta para los israelitas.

El hombre de Dios que llegó de Judá

13 Sucedió que un hombre de Dios fue desde Judá hasta Betel en obediencia a la palabra del SEÑOR. Cuando Jeroboán, de pie junto al altar, se disponía a quemar incienso,[w] 2el hombre de Dios, en obediencia a la palabra del SEÑOR, gritó: «¡Altar, altar! Así dice el SEÑOR: "En la familia de David nacerá un hijo llamado Josías, el cual sacrificará sobre ti a estos sacerdotes de *altares paganos que aquí queman incienso. ¡Sobre ti se quemarán huesos *humanos!"»

3Aquel mismo día el hombre de Dios ofreció una

18King Rehoboam sent out Adoniram,[b] who was in charge of forced labor, but all Israel stoned him to death. King Rehoboam, however, managed to get into his chariot and escape to Jerusalem. 19So Israel has been in rebellion against the house of David to this day.

20When all the Israelites heard that Jeroboam had returned, they sent and called him to the assembly and made him king over all Israel. Only the tribe of Judah remained loyal to the house of David.

21When Rehoboam arrived in Jerusalem, he mustered the whole house of Judah and the tribe of Benjamin—a hundred and eighty thousand fighting men—to make war against the house of Israel and to regain the kingdom for Rehoboam son of Solomon.

22But this word of God came to Shemaiah the man of God: 23"Say to Rehoboam son of Solomon king of Judah, to the whole house of Judah and Benjamin, and to the rest of the people, 24'This is what the LORD says: Do not go up to fight against your brothers, the Israelites. Go home, every one of you, for this is my doing.' " So they obeyed the word of the LORD and went home again, as the LORD had ordered.

Golden Calves at Bethel and Dan

25Then Jeroboam fortified Shechem in the hill country of Ephraim and lived there. From there he went out and built up Peniel.[c]

26Jeroboam thought to himself, "The kingdom will now likely revert to the house of David. 27If these people go up to offer sacrifices at the temple of the LORD in Jerusalem, they will again give their allegiance to their lord, Rehoboam king of Judah. They will kill me and return to King Rehoboam."

28After seeking advice, the king made two golden calves. He said to the people, "It is too much for you to go up to Jerusalem. Here are your gods, O Israel, who brought you up out of Egypt." 29One he set up in Bethel, and the other in Dan. 30And this thing became a sin; the people went even as far as Dan to worship the one there.

31Jeroboam built shrines on high places and appointed priests from all sorts of people, even though they were not Levites. 32He instituted a festival on the fifteenth day of the eighth month, like the festival held in Judah, and offered sacrifices on the altar. This he did in Bethel, sacrificing to the calves he had made. And at Bethel he also installed priests at the high places he had made. 33On the fifteenth day of the eighth month, a month of his own choosing, he offered sacrifices on the altar he had built at Bethel. So he instituted the festival for the Israelites and went up to the altar to make offerings.

The Man of God From Judah

13 By the word of the LORD a man of God came from Judah to Bethel, as Jeroboam was standing by the altar to make an offering. 2He cried out against the altar by the word of the LORD: "O altar, altar! This is what the LORD says: 'A son named Josiah will be born to the house of David. On you he will sacrifice the priests of the high places who now make offerings here, and human bones will be burned on you.' " 3That

---

t 12:18 Adonirán (mss. de LXX y Siríaca; véanse también 1R 4:6 y 5:14); Adorán (TM).   u 12:25 Peniel. Lit. Penuel.   v 12:33 incienso. Alt. sacrificios.   w 13:1 incienso. Alt. sacrificios; también en v. 2.

b 18 Some Septuagint manuscripts and Syriac (see also 1 Kings 4:6 and 5:14); Hebrew Adoram   c 25 Hebrew Penuel, a variant of Peniel

señal: «Ésta es la señal que el SEÑOR les da: ¡El altar será derribado, y las cenizas se esparcirán!»

⁴ Al oír la sentencia que el hombre de Dios pronunciaba contra el altar de Betel, el rey extendió el brazo desde el altar y dijo: «¡Agárrenlo!» Pero el brazo que había extendido contra el hombre se le paralizó, de modo que no podía contraerlo. ⁵ En ese momento el altar se vino abajo y las cenizas se esparcieron, según la señal que, en obediencia a la palabra del SEÑOR, les había dado el hombre de Dios. ⁶ Entonces el rey le dijo al hombre de Dios:

—¡Apacigua al SEÑOR tu Dios! ¡Ora por mí, para que se me cure el brazo!

El hombre de Dios suplicó al SEÑOR, y al rey se le curó el brazo, quedándole como antes. ⁷ Luego el rey le dijo al hombre de Dios:

—Ven a casa conmigo, y come algo; además, quiero hacerte un regalo.

⁸ Pero el hombre de Dios le respondió al rey:

—Aunque usted me diera la mitad de sus posesiones, no iría a su casa. Aquí no comeré pan ni beberé agua, ⁹ porque así me lo ordenó el SEÑOR. Me dijo: "No comas pan, ni bebas agua, ni regreses por el mismo camino."

¹⁰ De modo que tomó un camino diferente al que había tomado para ir a Betel.

¹¹ En ese tiempo vivía en Betel cierto profeta anciano. Sus hijos fueron a contarle ˣ todo lo que el hombre de Dios había hecho allí aquel día, y lo que le había dicho al rey. ¹² Su padre les preguntó:

—¿Por dónde se fue?

Sus hijos le indicaron el camino que había tomado el hombre de Dios que había llegado de Judá, ¹³ y el padre les ordenó:

—Apáréjenme un asno, para que lo monte.

Cuando el asno estuvo listo, el profeta anciano lo montó ¹⁴ y se fue tras el hombre de Dios. Lo encontró sentado debajo de una encina, y le preguntó:

—¿Eres tú el hombre de Dios que vino de Judá?

—Sí, lo soy —respondió.

¹⁵ Entonces el profeta le dijo:

—Ven a comer a mi casa.

¹⁶ —No puedo volver contigo ni acompañarte —respondió el hombre de Dios—; tampoco puedo comer pan ni beber agua contigo en este lugar, ¹⁷ pues el SEÑOR me ha dado esta orden: "No comas pan ni bebas agua allí, ni regreses por el mismo camino."

¹⁸ El anciano replicó:

—También yo soy profeta, como tú. Y un ángel, obedeciendo a la palabra del SEÑOR, me dijo: "Llévalo a tu casa para que coma pan y beba agua."

Así lo engañó, ¹⁹ y el hombre de Dios volvió con él, y comió y bebió en su casa. ²⁰ Mientras estaban sentados a la mesa, la palabra del SEÑOR vino al profeta que lo había hecho volver. ²¹ Entonces el profeta le anunció al hombre de Dios que había llegado de Judá:

—Así dice el SEÑOR: "Has desafiado la palabra del SEÑOR y no has cumplido la orden que el SEÑOR tu Dios te dio. ²² Has vuelto para comer pan y beber agua en el lugar donde él te dijo que no lo hicieras. Por lo tanto, no será sepultado tu cuerpo en la tumba de tus antepasados."

²³ Cuando el hombre de Dios terminó de comer y beber, el profeta que lo había hecho volver le aparejó un asno, ²⁴ y el hombre de Dios se puso en camino. Pero un león le salió al paso y lo mató, dejándolo tendido en el camino. Sin embargo, el león y el asno se

same day the man of God gave a sign: "This is the sign the LORD has declared: The altar will be split apart and the ashes on it will be poured out."

⁴ When King Jeroboam heard what the man of God cried out against the altar at Bethel, he stretched out his hand from the altar and said, "Seize him!" But the hand he stretched out toward the man shriveled up, so that he could not pull it back. ⁵ Also, the altar was split apart and its ashes poured out according to the sign given by the man of God by the word of the LORD.

⁶ Then the king said to the man of God, "Intercede with the LORD your God and pray for me that my hand may be restored." So the man of God interceded with the LORD, and the king's hand was restored and became as it was before.

⁷ The king said to the man of God, "Come home with me and have something to eat, and I will give you a gift."

⁸ But the man of God answered the king, "Even if you were to give me half your possessions, I would not go with you, nor would I eat bread or drink water here. ⁹ For I was commanded by the word of the LORD: 'You must not eat bread or drink water or return by the way you came.'" ¹⁰ So he took another road and did not return by the way he had come to Bethel.

¹¹ Now there was a certain old prophet living in Bethel, whose sons came and told him all that the man of God had done there that day. They also told their father what he had said to the king. ¹² Their father asked them, "Which way did he go?" And his sons showed him which road the man of God from Judah had taken. ¹³ So he said to his sons, "Saddle the donkey for me." And when they had saddled the donkey for him, he mounted it ¹⁴ and rode after the man of God. He found him sitting under an oak tree and asked, "Are you the man of God who came from Judah?"

"I am," he replied.

¹⁵ So the prophet said to him, "Come home with me and eat."

¹⁶ The man of God said, "I cannot turn back and go with you, nor can I eat bread or drink water with you in this place. ¹⁷ I have been told by the word of the LORD: 'You must not eat bread or drink water there or return by the way you came.'"

¹⁸ The old prophet answered, "I too am a prophet, as you are. And an angel said to me by the word of the LORD: 'Bring him back with you to your house so that he may eat bread and drink water.'" (But he was lying to him.) ¹⁹ So the man of God returned with him and ate and drank in his house.

²⁰ While they were sitting at the table, the word of the LORD came to the old prophet who had brought him back. ²¹ He cried out to the man of God who had come from Judah, "This is what the LORD says: 'You have defied the word of the LORD and have not kept the command the LORD your God gave you. ²² You came back and ate bread and drank water in the place where he told you not to eat or drink. Therefore your body will not be buried in the tomb of your fathers.'"

²³ When the man of God had finished eating and drinking, the prophet who had brought him back saddled his donkey for him. ²⁴ As he went on his way, a lion met him on the road and killed him, and his body was thrown down on the road, with both the donkey

---

ˣ 13:11 Sus hijos fueron a contarle. Lit. Su hijo fue a contarle.

quedaron junto al cuerpo. 25 Al ver el cuerpo tendido, y al león cuidando el cuerpo, los que pasaban por el camino llevaron la noticia a la ciudad donde vivía el profeta anciano.

26 Cuando el profeta que lo había hecho volver de su viaje se enteró de eso, dijo: «Ahí tienen al hombre de Dios que desafió la palabra del SEÑOR. Por eso el SEÑOR lo entregó al león, que lo ha matado y despedazado, como la palabra del SEÑOR se había advertido.»

27 Luego el profeta les dijo a sus hijos: «Aparéjenme el asno.» En cuanto lo hicieron, 28 el profeta salió y encontró el cuerpo tendido en el camino, con el asno y el león junto a él. El león no se había comido el cadáver, ni había despedazado al asno. 29 Entonces el profeta levantó el cadáver del hombre de Dios, lo puso sobre el asno y se lo llevó de vuelta a la ciudad para hacer duelo por él y enterrarlo. 30 Luego lo puso en la tumba de su propiedad, e hicieron duelo por él, clamando: «¡Ay, hermano mío!»

31 Después de enterrarlo, el profeta les dijo a sus hijos: «Cuando yo muera, entiérrenme en la misma tumba donde está enterrado el hombre de Dios, y pongan mis huesos junto a los suyos. 32 Porque ciertamente se cumplirá la sentencia que, en obediencia a la palabra del SEÑOR, él pronunció contra el altar de Betel y contra todos los santuarios paganos que están en los montes de las ciudades de Samaria.»

33 Con todo, Jeroboán no cambió su mala conducta, sino que una vez más puso como sacerdotes para los santuarios paganos a toda clase de gente. A cualquiera que deseaba ser sacerdote de esos santuarios, él lo consagraba como tal. 34 Esa conducta llevó a la dinastía de Jeroboán a pecar, y causó su caída y su desaparición de la faz de la tierra.

Profecía de Ahías contra Jeroboán

14 En aquel tiempo se enfermó Abías hijo de Jeroboán, 2 y éste le dijo a su esposa: «Disfrázate para que nadie se dé cuenta de que eres mi esposa. Luego vete a Siló, donde está Ahías, el profeta que me anunció que yo sería rey de este pueblo. 3 Llévate diez panes, algunas tortas y un jarro de miel. Cuando llegues, él te dirá lo que va a pasar con nuestro hijo.» 4 Así que la esposa de Jeroboán emprendió el viaje a Siló y fue a casa de Ahías.

Debido a su edad, Ahías había perdido la vista y estaba ciego. 5 Pero el SEÑOR le había dicho: «La esposa de Jeroboán, haciéndose pasar por otra, viene a pedirte información acerca de su hijo, que está enfermo. Quiero que le des tal y tal respuesta.» 6 Así que cuando Ahías oyó el sonido de sus pasos, se dirigió a la puerta y dijo: «Esposa de Jeroboán, ¿por qué te haces pasar por otra? Entra, que tengo malas noticias para ti. 7 Regresa a donde está Jeroboán y adviértele que así dice el SEÑOR, Dios de Israel: "Yo te levanté de entre mi pueblo Israel y te hice su gobernante. 8 Le quité el reino a la familia de David para dártelo a ti. Tú, sin embargo, no has sido como mi siervo David, que cumplió mis mandamientos y me siguió con todo el *corazón, haciendo solamente lo que me agrada. 9 Por el contrario, te has portado peor que todos los que vivieron antes de ti, al extremo de hacerte otros dioses, ídolos de metal; esto me enfurece, pues me has dado la espalda.

10 » "Por eso voy a enviarle una desgracia a la familia de Jeroboán. De sus descendientes en Israel exterminaré hasta el último varón,y esclavo o libre. Barreré la descendencia de Jeroboán como se barre el estiércol,

and the lion standing beside it. 25 Some people who passed by saw the body thrown down there, with the lion standing beside the body, and they went and reported it in the city where the old prophet lived.

26 When the prophet who had brought him back from his journey heard of it, he said, "It is the man of God who defied the word of the LORD. The LORD has given him over to the lion, which has mauled him and killed him, as the word of the LORD had warned him."

27 The prophet said to his sons, "Saddle the donkey for me," and they did so. 28 Then he went out and found the body thrown down on the road, with the donkey and the lion standing beside it. The lion had neither eaten the body nor mauled the donkey. 29 So the prophet picked up the body of the man of God, laid it on the donkey, and brought it back to his own city to mourn for him and bury him. 30 Then he laid the body in his own tomb, and they mourned over him and said, "Oh, my brother!"

31 After burying him, he said to his sons, "When I die, bury me in the grave where the man of God is buried; lay my bones beside his bones. 32 For the message he declared by the word of the LORD against the altar in Bethel and against all the shrines on the high places in the towns of Samaria will certainly come true."

33 Even after this, Jeroboam did not change his evil ways, but once more appointed priests for the high places from all sorts of people. Anyone who wanted to become a priest he consecrated for the high places. 34 This was the sin of the house of Jeroboam that led to its downfall and to its destruction from the face of the earth.

Ahijah's Prophecy Against Jeroboam

14 At that time Abijah son of Jeroboam became ill, 2 and Jeroboam said to his wife, "Go, disguise yourself, so you won't be recognized as the wife of Jeroboam. Then go to Shiloh. Ahijah the prophet is there—the one who told me I would be king over this people. 3 Take ten loaves of bread with you, some cakes and a jar of honey, and go to him. He will tell you what will happen to the boy." 4 So Jeroboam's wife did what he said and went to Ahijah's house in Shiloh.

Now Ahijah could not see; his sight was gone because of his age. 5 But the LORD had told Ahijah, "Jeroboam's wife is coming to ask you about her son, for he is ill, and you are to give her such and such an answer. When she arrives, she will pretend to be someone else."

6 So when Ahijah heard the sound of her footsteps at the door, he said, "Come in, wife of Jeroboam. Why this pretense? I have been sent to you with bad news. 7 Go, tell Jeroboam that this is what the LORD, the God of Israel, says: 'I raised you up from among the people and made you a leader over my people Israel. 8 I tore the kingdom away from the house of David and gave it to you, but you have not been like my servant David, who kept my commands and followed me with all his heart, doing only what was right in my eyes. 9 You have done more evil than all who lived before you. You have made for yourself other gods, idols made of metal; you have provoked me to anger and thrust me behind your back.

10 " 'Because of this, I am going to bring disaster on the house of Jeroboam. I will cut off from Jeroboam every last male in Israel—slave or free. I will burn up the house of Jeroboam as one burns dung, until it is all

---

y 14:10 *hasta el último varón*. Lit. *al que orina contra la pared*; también en 1R 16:11; 21:21.

hasta no dejar rastro. ¹¹A los que mueran en la ciudad se los comerán los perros, y a los que mueran en el campo se los comerán las aves del cielo. ¡El SEÑOR lo ha dicho!"

¹²»En cuanto a ti, vuelve a tu casa, pues cuando llegues a la ciudad, morirá el muchacho. ¹³Entonces todos los israelitas harán duelo por él y lo sepultarán. De la familia de Jeroboán sólo él será sepultado, porque en esa familia sólo él ha complacido al SEÑOR, Dios de Israel.

¹⁴»El SEÑOR levantará para sí un rey en Israel que exterminará a la familia de Jeroboán. De ahora en adelante ᶻ ¹⁵el SEÑOR sacudirá a los israelitas como el agua sacude las cañas. Los desarraigará de esta buena tierra que les dio a sus antepasados y los dispersará más allá del río Éufrates, porque se hicieron imágenes de la diosa *Aserá y provocaron así la ira del SEÑOR. ¹⁶Y el SEÑOR abandonará a Israel por los pecados que Jeroboán cometió e hizo cometer a los israelitas.»

¹⁷Entonces la esposa de Jeroboán se puso en marcha y regresó a Tirsá. En el momento en que atravesó el umbral de la casa, el muchacho murió. ¹⁸Así que lo sepultaron, y todo Israel hizo duelo por él, según la palabra que el SEÑOR había anunciado por medio de su siervo, el profeta Ahías.

¹⁹Los demás acontecimientos del reinado de Jeroboán, sus batallas y su gobierno, están escritos en el libro de las crónicas de los reyes de Israel. ²⁰Jeroboán reinó cuarenta y dos años. Cuando murió, su hijo Nadab lo sucedió en el trono.

Roboán, rey de Judá

²¹Roboán hijo de Salomón fue rey de Judá. Tenía cuarenta y un años cuando ascendió al trono, y reinó diecisiete años en Jerusalén, la ciudad donde, de entre todas las tribus de Israel, el SEÑOR había decidido habitar. La madre de Roboán era una amonita llamada Noamá.

²²Los habitantes de Judá hicieron lo que ofende al SEÑOR, y con sus pecados provocaron los celos del SEÑOR más que sus antepasados. ²³Además, en todas las colinas y bajo todo árbol frondoso se construyeron *santuarios paganos, *piedras sagradas e imágenes de la diosa *Aserá. ²⁴Incluso se practicaba en el país la prostitución sagrada. El pueblo participaba en todas las repugnantes ceremonias de las naciones que el SEÑOR había expulsado del territorio de los israelitas.

²⁵Sisac, rey de Egipto, atacó a Jerusalén en el quinto año del reinado de Roboán, ²⁶y saqueó los tesoros del templo del SEÑOR y del palacio real. Se lo llevó todo, aun los escudos de oro que Salomón había hecho. ²⁷Para reemplazarlos, el rey Roboán mandó hacer escudos de bronce y los puso al cuidado de los jefes de la guardia que custodiaba la entrada del palacio real. ²⁸Siempre que el rey iba al templo del SEÑOR, los guardias portaban los escudos, pero luego los devolvían a la sala de los centinelas.

²⁹Los demás acontecimientos del reinado de Roboán, y todo lo que hizo, están escritos en el libro de las crónicas de los reyes de Judá. ³⁰Durante su reinado hubo guerra constante entre él y Jeroboán. ³¹Cuando murió Roboán, hijo de la amonita llamada Noamá, fue sepultado con sus antepasados en la Ciudad de David, y su hijo Abías ᵃ lo sucedió en el trono.

gone. ¹¹Dogs will eat those belonging to Jeroboam who die in the city, and the birds of the air will feed on those who die in the country. The LORD has spoken!'

¹²"As for you, go back home. When you set foot in your city, the boy will die. ¹³All Israel will mourn for him and bury him. He is the only one belonging to Jeroboam who will be buried, because he is the only one in the house of Jeroboam in whom the LORD, the God of Israel, has found anything good.

¹⁴"The LORD will raise up for himself a king over Israel who will cut off the family of Jeroboam. This is the day! What? Yes, even now.ᵈ ¹⁵And the LORD will strike Israel, so that it will be like a reed swaying in the water. He will uproot Israel from this good land that he gave to their forefathers and scatter them beyond the River,ᵉ because they provoked the LORD to anger by making Asherah poles.ᶠ ¹⁶And he will give Israel up because of the sins Jeroboam has committed and has caused Israel to commit."

¹⁷Then Jeroboam's wife got up and left and went to Tirzah. As soon as she stepped over the threshold of the house, the boy died. ¹⁸They buried him, and all Israel mourned for him, as the LORD had said through his servant the prophet Ahijah.

¹⁹The other events of Jeroboam's reign, his wars and how he ruled, are written in the book of the annals of the kings of Israel. ²⁰He reigned for twenty-two years and then rested with his fathers. And Nadab his son succeeded him as king.

Rehoboam King of Judah

²¹Rehoboam son of Solomon was king in Judah. He was forty-one years old when he became king, and he reigned seventeen years in Jerusalem, the city the LORD had chosen out of all the tribes of Israel in which to put his Name. His mother's name was Naamah; she was an Ammonite.

²²Judah did evil in the eyes of the LORD. By the sins they committed they stirred up his jealous anger more than their fathers had done. ²³They also set up for themselves high places, sacred stones and Asherah poles on every high hill and under every spreading tree. ²⁴There were even male shrine prostitutes in the land; the people engaged in all the detestable practices of the nations the LORD had driven out before the Israelites.

²⁵In the fifth year of King Rehoboam, Shishak king of Egypt attacked Jerusalem. ²⁶He carried off the treasures of the temple of the LORD and the treasures of the royal palace. He took everything, including all the gold shields Solomon had made. ²⁷So King Rehoboam made bronze shields to replace them and assigned these to the commanders of the guard on duty at the entrance to the royal palace. ²⁸Whenever the king went to the LORD's temple, the guards bore the shields, and afterward they returned them to the guardroom.

²⁹As for the other events of Rehoboam's reign, and all he did, are they not written in the book of the annals of the kings of Judah? ³⁰There was continual warfare between Rehoboam and Jeroboam. ³¹And Rehoboam rested with his fathers and was buried with them in the City of David. His mother's name was Naamah; she was an Ammonite. And Abijahᵍ his son succeeded him as king.

ᶻ14:14 De ahora en adelante. Lit. Éste es el día. ¿Y qué? Aun ahora.   ᵃ14:31 Abías (mss. hebreos y de LXX; también en 15:1,7,8; véase 2Cr 12:16); Abián (TM).

ᵈ14 The meaning of the Hebrew for this sentence is uncertain.
ᵉ15 That is, the Euphrates   ᶠ15 That is, symbols of the goddess Asherah; here and elsewhere in 1 Kings   ᵍ31 Some Hebrew manuscripts and Septuagint (see also 2 Chron. 12:16); most Hebrew manuscripts Abijam

Abías, rey de Judá

15 En el año dieciocho del reinado de Jeroboán hijo de Nabat, Abías ascendió al trono de Judá, ²y reinó en Jerusalén tres años. Su madre era Macá hija de Abisalón.

³Abías cometió todos los pecados que, antes de él, había cometido su padre, pues no siempre fue fiel al SEÑOR su Dios como lo había sido su antepasado David. ⁴No obstante, por consideración a David, el SEÑOR su Dios mantuvo la lámpara de David encendida en Jerusalén, y le dio un hijo que lo sucediera, para fortalecer así a Jerusalén. ⁵Porque David había hecho lo que agrada al SEÑOR, y en toda su vida no había dejado de cumplir ninguno de los mandamientos del SEÑOR, excepto en el caso de Urías el hitita.

⁶Durante toda la vida de Abías hubo guerra entre Roboán y Jeroboán. ⁷Los demás acontecimientos del reinado de Abías, y todo lo que hizo, están escritos en el libro de las crónicas de los reyes de Judá. También hubo guerra entre Abías y Jeroboán. ⁸Y Abías murió y fue sepultado en la Ciudad de David. Y su hijo Asá lo sucedió en el trono.

Asá, rey de Judá

⁹En el año veinte de Jeroboán, rey de Israel, Asá ocupó el trono de Judá, ¹⁰y reinó en Jerusalén cuarenta y un años. Su abuela*b* era Macá hija de Abisalón. ¹¹Asá hizo lo que agrada al SEÑOR, como lo había hecho su antepasado David. ¹²Expulsó del país a los que practicaban la prostitución sagrada y acabó con todos los ídolos que sus antepasados habían fabricado. ¹³Hasta destituyó a su abuela Macá de su puesto como reina madre, porque ella se había hecho una escandalosa imagen de la diosa *Aserá. Asá derribó la imagen y la quemó en el arroyo de Cedrón. ¹⁴Aunque no quitó los *santuarios paganos, Asá se mantuvo siempre fiel al SEÑOR. ¹⁵Además, llevó al templo del SEÑOR el oro, la plata y los utensilios que él y su padre habían consagrado.

¹⁶Durante los reinados de Asá y Basá, rey de Israel, hubo guerra entre ellos. ¹⁷Basá, rey de Israel, atacó a Judá y fortificó Ramá para aislar totalmente a Asá, rey de Judá. ¹⁸Entonces Asá tomó todo el oro y la plata que habían quedado en los tesoros del templo del SEÑOR y de su propio palacio, y les encargó a sus funcionarios que se los llevaran a Ben Adad, hijo de Tabrimón y nieto de Hezión, rey de *Siria, que estaba gobernando en Damasco. Y le envió este mensaje: ¹⁹«Hagamos tú y yo un tratado como el que antes hicieron tu padre y el mío. Aquí te envío un presente de oro y plata. Anula tu tratado con Basá, rey de Israel, para que se marche de aquí.»

²⁰Ben Adad estuvo de acuerdo con el rey Asá y mandó a los jefes de su ejército para que atacaran las ciudades de Israel. Así conquistó Iyón, Dan, Abel Betmacá y todo Quinéret, además de Neftalí. ²¹Cuando Basá se enteró, dejó de fortificar Ramá y se retiró a Tirsá. ²²Entonces el rey Asá movilizó a todo Judá, sin eximir a nadie, y se llevaron de Ramá las piedras y la madera con que Basá había estado fortificando la ciudad. Con ellas el rey Asá fortificó Gueba de Benjamín, y también Mizpa.

Abijah King of Judah

15 In the eighteenth year of the reign of Jeroboam son of Nebat, Abijah*h* became king of Judah, ²and he reigned in Jerusalem three years. His mother's name was Maacah daughter of Abishalom.*i*

³He committed all the sins his father had done before him; his heart was not fully devoted to the LORD his God, as the heart of David his forefather had been. ⁴Nevertheless, for David's sake the LORD his God gave him a lamp in Jerusalem by raising up a son to succeed him and by making Jerusalem strong. ⁵For David had done what was right in the eyes of the LORD and had not failed to keep any of the LORD's commands all the days of his life—except in the case of Uriah the Hittite.

⁶There was war between Rehoboam*j* and Jeroboam throughout ˻Abijah's˼ lifetime. ⁷As for the other events of Abijah's reign, and all he did, are they not written in the book of the annals of the kings of Judah? There was war between Abijah and Jeroboam. ⁸And Abijah rested with his fathers and was buried in the City of David. And Asa his son succeeded him as king.

Asa King of Judah

⁹In the twentieth year of Jeroboam king of Israel, Asa became king of Judah, ¹⁰and he reigned in Jerusalem forty-one years. His grandmother's name was Maacah daughter of Abishalom.

¹¹Asa did what was right in the eyes of the LORD, as his father David had done. ¹²He expelled the male shrine prostitutes from the land and got rid of all the idols his fathers had made. ¹³He even deposed his grandmother Maacah from her position as queen mother, because she had made a repulsive Asherah pole. Asa cut the pole down and burned it in the Kidron Valley. ¹⁴Although he did not remove the high places, Asa's heart was fully committed to the LORD all his life. ¹⁵He brought into the temple of the LORD the silver and gold and the articles that he and his father had dedicated.

¹⁶There was war between Asa and Baasha king of Israel throughout their reigns. ¹⁷Baasha king of Israel went up against Judah and fortified Ramah to prevent anyone from leaving or entering the territory of Asa king of Judah.

¹⁸Asa then took all the silver and gold that was left in the treasuries of the LORD's temple and of his own palace. He entrusted it to his officials and sent them to Ben-Hadad son of Tabrimmon, the son of Hezion, the king of Aram, who was ruling in Damascus. ¹⁹"Let there be a treaty between me and you," he said, "as there was between my father and your father. See, I am sending you a gift of silver and gold. Now break your treaty with Baasha king of Israel so he will withdraw from me."

²⁰Ben-Hadad agreed with King Asa and sent the commanders of his forces against the towns of Israel. He conquered Ijon, Dan, Abel Beth Maacah and all Kinnereth in addition to Naphtali. ²¹When Baasha heard this, he stopped building Ramah and withdrew to Tirzah. ²²Then King Asa issued an order to all Judah—no one was exempt—and they carried away from Ramah the stones and timber Baasha had been using there. With them King Asa built up Geba in Benjamin, and also Mizpah.

h 1 Some Hebrew manuscripts and Septuagint (see also 2 Chron. 12:16); most Hebrew manuscripts *Abijam*; also in verses 7 and 8   *i 2* A variant of *Absalom*; also in verse 10   *j 6* Most Hebrew manuscripts; some Hebrew manuscripts and Syriac *Abijam* (that is, Abijah)

b 15:10 abuela. Lit. *madre*; también en v. 13.

²³Los demás acontecimientos del reinado de Asá, y todo su poderío y todo lo que hizo, y lo que atañe a las ciudades que edificó, están escritos en el libro de las crónicas de los reyes de Judá. Sin embargo, en su vejez sufrió una enfermedad de los pies. ²⁴Luego Asá murió y fue sepultado con sus antepasados en la Ciudad de David. Y su hijo Josafat lo sucedió en el trono.

Nadab, rey de Israel

²⁵En el segundo año de Asá, rey de Judá, Nadab hijo de Jeroboán ascendió al trono de Israel y reinó allí dos años. ²⁶Pero Nadab hizo lo que ofende al SEÑOR, pues siguió el mal ejemplo de su padre, persistiendo en el mismo pecado con que éste hizo pecar a Israel.

²⁷Basá hijo de Ahías, de la tribu de Isacar, conspiró contra Nadab y lo derrotó en la ciudad filistea de Guibetón, a la que Nadab y todo Israel tenían sitiada. ²⁸En el tercer año de Asá, rey de Judá, Basá mató a Nadab y lo sucedió en el trono.

²⁹Tan pronto como comenzó a reinar, Basá mató a toda la familia de Jeroboán. No dejó vivo a ninguno de sus descendientes, sino que los eliminó a todos, según la palabra que el SEÑOR dio a conocer por medio de su siervo Ahías el silonita. ³⁰Esto sucedió a raíz de los pecados que Jeroboán cometió e hizo cometer a los israelitas, con lo que provocó la ira del SEÑOR, Dios de Israel.

³¹Los demás acontecimientos del reinado de Nadab, y todo lo que hizo, están escritos en el libro de las crónicas de los reyes de Israel. ³²Durante los reinados de Asá de Judá y Basá de Israel, hubo guerra entre ellos.

Basá, rey de Israel

³³En el tercer año de Asá, rey de Judá, Basá hijo de Ahías ascendió al trono, y durante veinticuatro años reinó en Tirsá sobre todo Israel. ³⁴Basá hizo lo que ofende al SEÑOR, pues siguió el mal ejemplo de Jeroboán, persistiendo en el mismo pecado con que éste hizo pecar a Israel.

16 En aquel tiempo la palabra del SEÑOR vino a Jehú hijo de Jananí y le dio este mensaje contra Basá: ²«Yo te levanté del polvo y te hice gobernante de mi pueblo Israel, pero tú seguiste el mal ejemplo de Jeroboán e hiciste que mi pueblo Israel pecara y provocara así mi enojo. ³Por eso estoy a punto de aniquilarte y de hacer con tu familia lo mismo que hice con la de Jeroboán hijo de Nabat. ⁴A los que mueran en la ciudad se los comerán los perros, y a los que mueran en el campo se los comerán las aves del cielo.»

⁵Los demás acontecimientos del reinado de Basá, y lo que hizo y atañe a sus obras, están escritos en el libro de las crónicas de los reyes de Israel. ⁶Basá murió y fue sepultado en Tirsá. Y su hijo Elá lo sucedió en el trono.

⁷Además, por medio del profeta Jehú hijo de Jananí la palabra del SEÑOR vino contra Basá y su familia, debido a todas las ofensas que éste había cometido contra el SEÑOR, provocándolo así su ira. Y aunque destruyó a la familia de Jeroboán, llegó a ser semejante a ésta por las obras que hizo.

Elá, rey de Israel

⁸En el año veintiséis de Asá, rey de Judá, Elá hijo de Basá ascendió al trono de Israel, y reinó dos años en

²³As for all the other events of Asa's reign, all his achievements, all he did and the cities he built, are they not written in the book of the annals of the kings of Judah? In his old age, however, his feet became diseased. ²⁴Then Asa rested with his fathers and was buried with them in the city of his father David. And Jehoshaphat his son succeeded him as king.

Nadab King of Israel

²⁵Nadab son of Jeroboam became king of Israel in the second year of Asa king of Judah, and he reigned over Israel two years. ²⁶He did evil in the eyes of the LORD, walking in the ways of his father and in his sin, which he had caused Israel to commit.

²⁷Baasha son of Ahijah of the house of Issachar plotted against him, and he struck him down at Gibbethon, a Philistine town, while Nadab and all Israel were besieging it. ²⁸Baasha killed Nadab in the third year of Asa king of Judah and succeeded him as king.

²⁹As soon as he began to reign, he killed Jeroboam's whole family. He did not leave Jeroboam anyone that breathed, but destroyed them all, according to the word of the LORD given through his servant Ahijah the Shilonite— ³⁰because of the sins Jeroboam had committed and had caused Israel to commit, and because he provoked the LORD, the God of Israel, to anger.

³¹As for the other events of Nadab's reign, and all he did, are they not written in the book of the annals of the kings of Israel? ³²There was war between Asa and Baasha king of Israel throughout their reigns.

Baasha King of Israel

³³In the third year of Asa king of Judah, Baasha son of Ahijah became king of all Israel in Tirzah, and he reigned twenty-four years. ³⁴He did evil in the eyes of the LORD, walking in the ways of Jeroboam and in his sin, which he had caused Israel to commit.

16 Then the word of the LORD came to Jehu son of Hanani against Baasha: ²"I lifted you up from the dust and made you leader of my people Israel, but you walked in the ways of Jeroboam and caused my people Israel to sin and to provoke me to anger by their sins. ³So I am about to consume Baasha and his house, and I will make your house like that of Jeroboam son of Nebat. ⁴Dogs will eat those belonging to Baasha who die in the city, and the birds of the air will feed on those who die in the country."

⁵As for the other events of Baasha's reign, what he did and his achievements, are they not written in the book of the annals of the kings of Israel? ⁶Baasha rested with his fathers and was buried in Tirzah. And Elah his son succeeded him as king.

⁷Moreover, the word of the LORD came through the prophet Jehu son of Hanani to Baasha and his house, because of all the evil he had done in the eyes of the LORD, provoking him to anger by the things he did, and becoming like the house of Jeroboam—and also because he destroyed it.

Elah King of Israel

⁸In the twenty-sixth year of Asa king of Judah, Elah son of Baasha became king of Israel, and he reigned in Tirzah two years.

Tirsá. ⁹Pero conspiró contra él Zimri, uno de sus funcionarios, que tenía el mando de la mitad de sus carros de combate. Estaba Elá en Tirsá, emborrachándose en la casa de Arsá, administrador de su palacio. ¹⁰En ese momento irrumpió Zimri y lo hirió de muerte, y lo suplantó en el trono. Era el año veintisiete de Asá, rey de Judá.

¹¹Tan pronto como Zimri usurpó el trono, eliminó a toda la familia de Basá. Exterminó hasta el último varón, fuera pariente o amigo. ¹²Así aniquiló a toda la familia de Basá, conforme a la palabra que el SEÑOR había anunciado contra Basá por medio del profeta Jehú. ¹³Esto sucedió a raíz de todos los pecados que Basá y su hijo Elá cometieron e hicieron cometer a los israelitas, provocando con sus ídolos inútiles la ira del SEÑOR, Dios de Israel.

¹⁴Los demás acontecimientos del reinado de Elá, y todo lo que hizo, están escritos en el libro de las crónicas de los reyes de Israel.

Zimri, rey de Israel

¹⁵En el año veintisiete de Asá, rey de Judá, mientras el ejército estaba acampado contra la ciudad filistea de Guibetón, Zimri reinó en Tirsá siete días. ¹⁶El mismo día en que las tropas oyeron decir que Zimri había conspirado contra el rey y lo había asesinado, allí mismo en el campamento todo Israel proclamó como rey de Israel a Omrí, el jefe del ejército. ¹⁷Entonces Omrí y todos los israelitas que estaban con él se retiraron de Guibetón y sitiaron Tirsá. ¹⁸Cuando Zimri vio que la ciudad estaba a punto de caer, se metió en la torre del palacio real y le prendió fuego. Así murió ¹⁹por los pecados que había cometido, pues hizo lo que ofende al SEÑOR, siguiendo el mal ejemplo de Jeroboán y persistiendo en el mismo pecado con que éste hizo pecar a Israel.

²⁰Los demás acontecimientos del reinado de Zimri, incluso lo que atañe a su rebelión, están escritos en el libro de las crónicas de los reyes de Israel.

Omrí, rey de Israel

²¹Entonces el pueblo de Israel se dividió en dos facciones: la mitad respaldaba como rey a Tibni hijo de Guinat, y la otra, a Omrí. ²²Pero los partidarios de Omrí derrotaron a los de Tibni, el cual murió en la contienda. Así fue como Omrí ascendió al trono.

²³En el año treinta y uno de Asá, rey de Judá, Omrí ascendió al trono de Israel, y reinó doce años, seis de ellos en Tirsá. ²⁴A un cierto Sémer le compró el cerro de Samaria por sesenta y seis kilos*c* de plata, y allí construyó una ciudad. En honor a Sémer, nombre del anterior propietario del cerro, la llamó Samaria.

²⁵Pero Omrí hizo lo que ofende al SEÑOR y pecó más que todos los reyes que lo precedieron. ²⁶Siguió el mal ejemplo de Jeroboán hijo de Nabat, persistiendo en el mismo pecado con que éste hizo pecar a Israel y provocando con sus ídolos inútiles la ira del SEÑOR, Dios de Israel.

²⁷Los demás acontecimientos del reinado de Omrí, incluso lo que atañe a las proezas que realizó, están escritos en el libro de las crónicas de los reyes de Israel. ²⁸Omrí murió y fue sepultado en Samaria. Y su hijo Acab lo sucedió en el trono.

Acab, rey de Israel

²⁹En el año treinta y ocho de Asá, rey de Judá, Acab hijo de Omrí ascendió al trono, y reinó sobre Israel en

⁹Zimri, one of his officials, who had command of half his chariots, plotted against him. Elah was in Tirzah at the time, getting drunk in the home of Arza, the man in charge of the palace at Tirzah. ¹⁰Zimri came in, struck him down and killed him in the twenty-seventh year of Asa king of Judah. Then he succeeded him as king.

¹¹As soon as he began to reign and was seated on the throne, he killed off Baasha's whole family. He did not spare a single male, whether relative or friend. ¹²So Zimri destroyed the whole family of Baasha, in accordance with the word of the LORD spoken against Baasha through the prophet Jehu— ¹³because of all the sins Baasha and his son Elah had committed and had caused Israel to commit, so that they provoked the LORD, the God of Israel, to anger by their worthless idols.

¹⁴As for the other events of Elah's reign, and all he did, are they not written in the book of the annals of the kings of Israel?

Zimri King of Israel

¹⁵In the twenty-seventh year of Asa king of Judah, Zimri reigned in Tirzah seven days. The army was encamped near Gibbethon, a Philistine town. ¹⁶When the Israelites in the camp heard that Zimri had plotted against the king and murdered him, they proclaimed Omri, the commander of the army, king over Israel that very day there in the camp. ¹⁷Then Omri and all the Israelites with him withdrew from Gibbethon and laid siege to Tirzah. ¹⁸When Zimri saw that the city was taken, he went into the citadel of the royal palace and set the palace on fire around him. So he died, ¹⁹because of the sins he had committed, doing evil in the eyes of the LORD and walking in the ways of Jeroboam and in the sin he had committed and had caused Israel to commit.

²⁰As for the other events of Zimri's reign, and the rebellion he carried out, are they not written in the book of the annals of the kings of Israel?

Omri King of Israel

²¹Then the people of Israel were split into two factions; half supported Tibni son of Ginath for king, and the other half supported Omri. ²²But Omri's followers proved stronger than those of Tibni son of Ginath. So Tibni died and Omri became king.

²³In the thirty-first year of Asa king of Judah, Omri became king of Israel, and he reigned twelve years, six of them in Tirzah. ²⁴He bought the hill of Samaria from Shemer for two talents*k* of silver and built a city on the hill, calling it Samaria, after Shemer, the name of the former owner of the hill.

²⁵But Omri did evil in the eyes of the LORD and sinned more than all those before him. ²⁶He walked in all the ways of Jeroboam son of Nebat and in his sin, which he had caused Israel to commit, so that they provoked the LORD, the God of Israel, to anger by their worthless idols.

²⁷As for the other events of Omri's reign, what he did and the things he achieved, are they not written in the book of the annals of the kings of Israel? ²⁸Omri rested with his fathers and was buried in Samaria. And Ahab his son succeeded him as king.

Ahab Becomes King of Israel

²⁹In the thirty-eighth year of Asa king of Judah, Ahab son of Omri became king of Israel, and he reigned in Samaria over Israel twenty-two years.

---

c 16:24 *sesenta y seis kilos*. Lit. *dos *talentos*.   *k* 24 That is, about 150 pounds (about 70 kilograms)

Samaria veintidós años. ³⁰Acab hijo de Omrí hizo lo que ofende al Señor, más que todos los reyes que lo precedieron. ³¹Como si hubiera sido poco el cometer los mismos pecados de Jeroboán hijo de Nabat, también se casó con Jezabel hija de Et Baal, rey de los sidonios, y se dedicó a servir a *Baal y a adorarlo. ³²Le erigió un altar en el templo que le había construido en Samaria, ³³y también fabricó una imagen de la diosa *Aserá. En fin, hizo más para provocar la ira del Señor, Dios de Israel, que todos los reyes de Israel que lo precedieron.

³⁴En tiempos de Acab, Jiel de Betel reconstruyó Jericó. Echó los cimientos al precio de la vida de Abirán, su hijo mayor, y puso las *puertas al precio de la vida de Segub, su hijo menor, según la palabra que el Señor había dado a conocer por medio de Josué hijo de Nun.

Elías es alimentado por los cuervos

17 Ahora bien, Elías, el de Tisbé*d* de Galaad, fue a decirle a Acab: «Tan cierto como que vive el Señor, Dios de Israel, a quien yo sirvo, te juro que no habrá rocío ni lluvia en los próximos años, hasta que yo lo ordene.»

²Entonces la palabra del Señor vino a Elías y le dio este mensaje: ³«Sal de aquí hacia el oriente, y escóndete en el arroyo de Querit, al este del Jordán. ⁴Beberás agua del arroyo, y yo les ordenaré a los cuervos que te den de comer allí.» ⁵Así que Elías se fue al arroyo de Querit, al este del Jordán, y allí permaneció, conforme a la palabra del Señor. ⁶Por la mañana y por la tarde los cuervos le llevaban pan y carne, y bebía agua del arroyo.

La viuda de Sarepta

⁷Algún tiempo después, se secó el arroyo porque no había llovido en el país. ⁸Entonces la palabra del Señor vino a él y le dio este mensaje: ⁹«Ve ahora a Sarepta de Sidón, y permanece allí. A una viuda de ese lugar le he ordenado darte de comer.» ¹⁰Así que Elías se fue a Sarepta. Al llegar a la *puerta de la ciudad, encontró a una viuda que recogía leña. La llamó y le dijo:

—Por favor, tráeme una vasija con un poco de agua para beber.

¹¹Mientras ella iba por el agua, él volvió a llamarla y le pidió:

—Tráeme también, por favor, un pedazo de pan.

¹²—Tan cierto como que vive el Señor tu Dios —respondió ella—, no me queda ni un pedazo de pan; sólo tengo un puñado de harina en la tinaja y un poco de aceite en el jarro. Precisamente estaba recogiendo unos leños para llevármelos a casa y hacer una comida para mi hijo y para mí. ¡Será nuestra última comida antes de morirnos de hambre!

¹³—No temas —le dijo Elías—. Vuelve a casa y haz lo que pensabas hacer. Pero antes prepárame un panecillo con lo que tienes, y tráemelo; luego haz algo para ti y para tu hijo. ¹⁴Porque así dice el Señor, Dios de Israel: "No se agotará la harina de la tinaja ni se acabará el aceite del jarro, hasta el día en que el Señor haga llover sobre la tierra."

¹⁵Ella fue e hizo lo que le había dicho Elías, de modo que cada día hubo comida para ella y su hijo, como también para Elías. ¹⁶Y tal como la palabra del Señor lo había anunciado por medio de Elías, no se agotó la harina de la tinaja ni se acabó el aceite del jarro.

¹⁷Poco después se enfermó el hijo de aquella viuda,

³⁰Ahab son of Omri did more evil in the eyes of the LORD than any of those before him. ³¹He not only considered it trivial to commit the sins of Jeroboam son of Nebat, but he also married Jezebel daughter of Ethbaal king of the Sidonians, and began to serve Baal and worship him. ³²He set up an altar for Baal in the temple of Baal that he built in Samaria. ³³Ahab also made an Asherah pole and did more to provoke the LORD, the God of Israel, to anger than did all the kings of Israel before him.

³⁴In Ahab's time, Hiel of Bethel rebuilt Jericho. He laid its foundations at the cost of his firstborn son Abiram, and he set up its gates at the cost of his youngest son Segub, in accordance with the word of the LORD spoken by Joshua son of Nun.

Elijah Fed by Ravens

17 Now Elijah the Tishbite, from Tishbe*l* in Gilead, said to Ahab, "As the LORD, the God of Israel, lives, whom I serve, there will be neither dew nor rain in the next few years except at my word."

²Then the word of the LORD came to Elijah: ³"Leave here, turn eastward and hide in the Kerith Ravine, east of the Jordan. ⁴You will drink from the brook, and I have ordered the ravens to feed you there."

⁵So he did what the LORD had told him. He went to the Kerith Ravine, east of the Jordan, and stayed there. ⁶The ravens brought him bread and meat in the morning and bread and meat in the evening, and he drank from the brook.

The Widow at Zarephath

⁷Some time later the brook dried up because there had been no rain in the land. ⁸Then the word of the LORD came to him: ⁹"Go at once to Zarephath of Sidon and stay there. I have commanded a widow in that place to supply you with food." ¹⁰So he went to Zarephath. When he came to the town gate, a widow was there gathering sticks. He called to her and asked, "Would you bring me a little water in a jar so I may have a drink?" ¹¹As she was going to get it, he called, "And bring me, please, a piece of bread."

¹²"As surely as the LORD your God lives," she replied, "I don't have any bread—only a handful of flour in a jar and a little oil in a jug. I am gathering a few sticks to take home and make a meal for myself and my son, that we may eat it—and die."

¹³Elijah said to her, "Don't be afraid. Go home and do as you have said. But first make a small cake of bread for me from what you have and bring it to me, and then make something for yourself and your son. ¹⁴For this is what the LORD, the God of Israel, says: 'The jar of flour will not be used up and the jug of oil will not run dry until the day the LORD gives rain on the land.' "

¹⁵She went away and did as Elijah had told her. So there was food every day for Elijah and for the woman and her family. ¹⁶For the jar of flour was not used up and the jug of oil did not run dry, in keeping with the word of the LORD spoken by Elijah.

¹⁷Some time later the son of the woman who owned the house became ill. He grew worse and worse, and

---

d 17:1 de Tisbé. Alt. *de los pobladores.*

l 1 Or Tishbite, of the settlers

y tan grave se puso que finalmente expiró. ¹⁸Entonces ella le reclamó a Elías:

—¿Por qué te entrometes, hombre de Dios? ¡Viniste a recordarme mi pecado y a matar a mi hijo!

¹⁹—Dame a tu hijo —contestó Elías.

Y arrebatándoselo del regazo, Elías lo llevó al cuarto de arriba, donde estaba alojado, y lo acostó en su propia cama. ²⁰Entonces clamó: «Señor mi Dios, ¿también a esta viuda, que me ha dado alojamiento, la haces sufrir matándole a su hijo?» ²¹Luego se tendió tres veces sobre el muchacho y clamó: «¡Señor mi Dios, devuélvele la *vida a este muchacho!»

²²El Señor oyó el clamor de Elías, y el muchacho volvió a la vida. ²³Elías tomó al muchacho y lo llevó de su cuarto a la planta baja. Se lo entregó a su madre y le dijo:

—¡Tu hijo vive! ¡Aquí lo tienes!

²⁴Entonces la mujer le dijo a Elías:

—Ahora sé que eres un hombre de Dios, y que lo que sale de tu boca es realmente la palabra del Señor.

Elías y Abdías

18 Después de un largo tiempo, en el tercer año, la palabra del Señor vino a Elías y le dio este mensaje: «Ve y preséntate ante Acab, que voy a enviar lluvia sobre la tierra.» ²Así que Elías se puso en camino para presentarse ante Acab.

En Samaria había mucha hambre. ³Por lo tanto, Acab mandó llamar a Abdías, quien administraba su palacio y veneraba al Señor. ⁴Como Jezabel estaba acabando con los profetas del Señor, Abdías había tomado a cien de ellos y los había escondido en dos cuevas, cincuenta en cada una, y les había dado de comer y de beber. ⁵Acab instruyó a Abdías: «Recorre todo el país en busca de fuentes y ríos. Tal vez encontremos pasto para mantener vivos los caballos y las mulas, y no perdamos nuestras bestias.» ⁶Así que se dividieron la tierra que iban a recorrer: Acab se fue en una dirección, y Abdías en la otra.

⁷Abdías iba por su camino cuando Elías le salió al encuentro. Al reconocerlo, Abdías se postró rostro en tierra y le preguntó:

—Mi señor Elías, ¿de veras es usted?

⁸—Sí, soy yo —le respondió—. Ve a decirle a tu amo que aquí estoy.

⁹—¿Qué mal ha hecho este servidor suyo —preguntó Abdías—, para que usted me entregue a Acab y él me mate? ¹⁰Tan cierto como que vive el Señor su Dios, que no hay nación ni reino adonde mi amo no haya mandado a buscarlo. Y a quienes afirmaban que usted no estaba allí, él los hacía jurar que no lo habían encontrado. ¹¹¿Y ahora usted me ordena que vaya a mi amo y le diga que usted está aquí? ¹²¿Qué sé yo a dónde lo va a llevar el Espíritu del Señor cuando nos separemos! Si voy y le digo a Acab que usted está aquí, y luego él no lo encuentra, ¡me matará! Tenga usted en cuenta que yo, su servidor, he sido fiel al Señor desde mi juventud. ¹³¿No le han contado a mi señor lo que hice cuando Jezabel estaba matando a los profetas del Señor? ¡Pues escondí a cien de los profetas del Señor en dos cuevas, cincuenta en cada una, y les di de comer y de beber! ¹⁴¡Y ahora usted me ordena que vaya a mi amo y le diga que usted está aquí! ¡De seguro me matará!

¹⁵Elías le respondió:

—Tan cierto como que vive el Señor *Todopoderoso, a quien sirvo, te aseguro que hoy me presentaré ante Acab.

finally stopped breathing. ¹⁸She said to Elijah, "What do you have against me, man of God? Did you come to remind me of my sin and kill my son?"

¹⁹"Give me your son," Elijah replied. He took him from her arms, carried him to the upper room where he was staying, and laid him on his bed. ²⁰Then he cried out to the Lord, "O Lord my God, have you brought tragedy also upon this widow I am staying with, by causing her son to die?" ²¹Then he stretched himself out on the boy three times and cried to the Lord, "O Lord my God, let this boy's life return to him!"

²²The Lord heard Elijah's cry, and the boy's life returned to him, and he lived. ²³Elijah picked up the child and carried him down from the room into the house. He gave him to his mother and said, "Look, your son is alive!"

²⁴Then the woman said to Elijah, "Now I know that you are a man of God and that the word of the Lord from your mouth is the truth."

Elijah and Obadiah

18 After a long time, in the third year, the word of the Lord came to Elijah: "Go and present yourself to Ahab, and I will send rain on the land." ²So Elijah went to present himself to Ahab.

Now the famine was severe in Samaria, ³and Ahab had summoned Obadiah, who was in charge of his palace. (Obadiah was a devout believer in the Lord. ⁴While Jezebel was killing off the Lord's prophets, Obadiah had taken a hundred prophets and hidden them in two caves, fifty in each, and had supplied them with food and water.) ⁵Ahab had said to Obadiah, "Go through the land to all the springs and valleys. Maybe we can find some grass to keep the horses and mules alive so we will not have to kill any of our animals." ⁶So they divided the land they were to cover, Ahab going in one direction and Obadiah in another.

⁷As Obadiah was walking along, Elijah met him. Obadiah recognized him, bowed down to the ground, and said, "Is it really you, my lord Elijah?"

⁸"Yes," he replied. "Go tell your master, 'Elijah is here.' "

⁹"What have I done wrong," asked Obadiah, "that you are handing your servant over to Ahab to be put to death? ¹⁰As surely as the Lord your God lives, there is not a nation or kingdom where my master has not sent someone to look for you. And whenever a nation or kingdom claimed you were not there, he made them swear they could not find you. ¹¹But now you tell me to go to my master and say, 'Elijah is here.' ¹²I don't know where the Spirit of the Lord may carry you when I leave you. If I go and tell Ahab and he doesn't find you, he will kill me. Yet I your servant have worshiped the Lord since my youth. ¹³Haven't you heard, my lord, what I did while Jezebel was killing the prophets of the Lord? I hid a hundred of the Lord's prophets in two caves, fifty in each, and supplied them with food and water. ¹⁴And now you tell me to go to my master and say, 'Elijah is here.' He will kill me!"

¹⁵Elijah said, "As the Lord Almighty lives, whom I serve, I will surely present myself to Ahab today."

Elías en el monte Carmelo

16 Abdías fue a buscar a Acab y le informó de lo sucedido, así que éste fue al encuentro de Elías 17 y, cuando lo vio, le preguntó:

—¿Eres tú el que le está causando problemas a Israel?

18 —No soy yo quien le está causando problemas a Israel —respondió Elías—. Quienes se los causan son tú y tu familia, porque han abandonado los mandamientos del SEÑOR y se han ido tras los *baales. 19 Ahora convoca de todas partes al pueblo de Israel, para que se reúna conmigo en el monte Carmelo con los cuatrocientos cincuenta profetas de Baal y los cuatrocientos profetas de la diosa *Aserá que se sientan a la mesa de Jezabel.

20 Acab convocó en el monte Carmelo a todos los israelitas y a los profetas. 21 Elías se presentó ante el pueblo y dijo:

—¿Hasta cuándo van a seguir indecisos?ᵉ Si el Dios verdadero es el SEÑOR, deben seguirlo; pero si es Baal, síganlo a él.

El pueblo no dijo una sola palabra. 22 Entonces Elías añadió:

—Yo soy el único que ha quedado de los profetas del SEÑOR; en cambio, Baal cuenta con cuatrocientos cincuenta profetas. 23 Tráigannos dos bueyes. Que escojan ellos uno, y lo descuarticen y pongan los pedazos sobre la leña, pero sin prenderle fuego. Yo prepararé el otro buey y lo pondré sobre la leña, pero tampoco le prenderé fuego. 24 Entonces invocarán ellos el *nombre de su dios, y yo invocaré el nombre del SEÑOR. ¡El que responda con fuego, ése es el Dios verdadero!

Y todo el pueblo estuvo de acuerdo.

25 Entonces Elías les dijo a los profetas de Baal:

—Ya que ustedes son tantos, escojan uno de los bueyes y prepárenlo primero. Invoquen luego el nombre de su dios, pero no prendan fuego.

26 Los profetas de Baal tomaron el buey que les dieron y lo prepararon, e invocaron el nombre de su dios desde la mañana hasta el mediodía.

—¡Baal, respóndenos! —gritaban, mientras daban brincos alrededor del altar que habían hecho.

Pero no se escuchó nada, pues nadie respondió. 27 Al mediodía Elías comenzó a burlarse de ellos:

—¡Griten más fuerte! —les decía—. Seguro que es un dios, pero tal vez esté meditando, o esté ocupado o de viaje. ¡A lo mejor se ha quedado dormido y hay que despertarlo!

28 Comenzaron entonces a gritar más fuerte y, como era su costumbre, se cortaron con cuchillos y dagas hasta quedar bañados en sangre. 29 Pasó el mediodía, y siguieron con su espantosa algarabía hasta la hora del sacrificio vespertino. Pero no se escuchó nada, pues nadie respondió ni prestó atención.

30 Entonces Elías le dijo a todo el pueblo:

—¡Acérquense!

Así lo hicieron. Como el altar del SEÑOR estaba en ruinas, Elías lo reparó. 31 Luego recogió doce piedras, una por cada tribu descendiente de Jacob, a quien el SEÑOR le había puesto por nombre Israel. 32 Con las piedras construyó un altar en honor del SEÑOR, y alrededor cavó una zanja en que cabían quince litrosᶠ de cereal. 33 Colocó la leña, descuartizó el buey, puso los

Elijah on Mount Carmel

16 So Obadiah went to meet Ahab and told him, and Ahab went to meet Elijah. 17 When he saw Elijah, he said to him, "Is that you, you troubler of Israel?"

18 "I have not made trouble for Israel," Elijah replied. "But you and your father's family have. You have abandoned the LORD's commands and have followed the Baals. 19 Now summon the people from all over Israel to meet me on Mount Carmel. And bring the four hundred and fifty prophets of Baal and the four hundred prophets of Asherah, who eat at Jezebel's table."

20 So Ahab sent word throughout all Israel and assembled the prophets on Mount Carmel. 21 Elijah went before the people and said, "How long will you waver between two opinions? If the LORD is God, follow him; but if Baal is God, follow him."

But the people said nothing.

22 Then Elijah said to them, "I am the only one of the LORD's prophets left, but Baal has four hundred and fifty prophets. 23 Get two bulls for us. Let them choose one for themselves, and let them cut it into pieces and put it on the wood but not set fire to it. I will prepare the other bull and put it on the wood but not set fire to it. 24 Then you call on the name of your god, and I will call on the name of the LORD. The god who answers by fire—he is God."

Then all the people said, "What you say is good."

25 Elijah said to the prophets of Baal, "Choose one of the bulls and prepare it first, since there are so many of you. Call on the name of your god, but do not light the fire." 26 So they took the bull given them and prepared it.

Then they called on the name of Baal from morning till noon. "O Baal, answer us!" they shouted. But there was no response; no one answered. And they danced around the altar they had made.

27 At noon Elijah began to taunt them. "Shout louder!" he said. "Surely he is a god! Perhaps he is deep in thought, or busy, or traveling. Maybe he is sleeping and must be awakened." 28 So they shouted louder and slashed themselves with swords and spears, as was their custom, until their blood flowed. 29 Midday passed, and they continued their frantic prophesying until the time for the evening sacrifice. But there was no response, no one answered, no one paid attention.

30 Then Elijah said to all the people, "Come here to me." They came to him, and he repaired the altar of the LORD, which was in ruins. 31 Elijah took twelve stones, one for each of the tribes descended from Jacob, to whom the word of the LORD had come, saying, "Your name shall be Israel." 32 With the stones he built an altar in the name of the LORD, and he dug a trench around it large enough to hold two seahsᵐ of seed. 33 He arranged the wood, cut the bull into pieces and laid it on the wood. Then he said to them, "Fill four large jars with water and pour it on the offering and on the wood."

ᵉ 18:21 *seguir indecisos.* Lit. *estar cojeando con dos muletas.*
ᶠ 18:32 *quince litros.* Lit. *dos *seah.*

ᵐ 32 That is, probably about 13 quarts (about 15 liters)

pedazos sobre la leña ³⁴y dijo:

—Llenen de agua cuatro cántaros, y vacíenlos sobre el *holocausto y la leña.

Luego dijo:

—Vuelvan a hacerlo.

Y así lo hicieron.

—¡Háganlo una vez más! —les ordenó.

Y por tercera vez vaciaron los cántaros. ³⁵El agua corría alrededor del altar hasta llenar la zanja.

³⁶A la hora del sacrificio vespertino, el profeta Elías dio un paso adelante y oró así: «SEÑOR, Dios de Abraham, de Isaac y de Israel, que todos sepan hoy que tú eres Dios en Israel, y que yo soy tu siervo y he hecho todo esto en obediencia a tu palabra. ³⁷¡Respóndeme, SEÑOR, respóndeme, para que esta gente reconozca que tú, SEÑOR, eres Dios, y que estás convirtiendo a ti su *corazón!»

³⁸En ese momento cayó el fuego del SEÑOR y quemó el holocausto, la leña, las piedras y el suelo, y hasta lamió el agua de la zanja. ³⁹Cuando todo el pueblo vio esto, se postró y exclamó: «¡El SEÑOR es Dios, el Dios verdadero!»

⁴⁰Luego Elías les ordenó:

—¡Agarren a los profetas de Baal! ¡Que no escape ninguno!

Tan pronto como los agarraron, Elías hizo que los bajaran al arroyo Quisón, y allí los ejecutó. ⁴¹Entonces Elías le dijo a Acab:

—Anda a tu casa, y come y bebe, porque ya se oye el ruido de un torrentoso aguacero.

⁴²Acab se fue a comer y beber, pero Elías subió a la cumbre del Carmelo, se inclinó hasta el suelo y puso el rostro entre las rodillas.

⁴³—Ve y mira hacia el mar —le ordenó a su criado.

El criado fue y miró, y dijo:

—No se ve nada.

Siete veces le ordenó Elías que fuera a ver, ⁴⁴y la séptima vez el criado le informó:

—Desde el mar viene subiendo una nube. Es tan pequeña como una mano.

Entonces Elías le ordenó:

—Ve y dile a Acab: "Engancha el carro y vete antes de que la lluvia te detenga."

⁴⁵Las nubes fueron oscureciendo el cielo; luego se levantó el viento y se desató una fuerte lluvia. Pero Acab se fue en su carro hacia Jezrel. ⁴⁶Entonces el poder del SEÑOR vino sobre Elías, quien ajustándose el manto con el cinturón, echó a correr y llegó a Jezrel antes que Acab.

Elías huye a Horeb

19 Acab le contó a Jezabel todo lo que Elías había hecho, y cómo había matado a todos los profetas a filo de espada. ²Entonces Jezabel envió un mensajero a que le dijera a Elías: «¡Que los dioses me castiguen sin piedad si mañana a esta hora no te he quitado la *vida como tú se la quitaste a ellos!»

³Elías se asustóᵍ y huyó para ponerse a salvo. Cuando llegó a Berseba de Judá, dejó allí a su criado ⁴y caminó todo un día por el desierto. Llegó adonde había un arbusto,ʰ y se sentó a su sombra con ganas de morirse. «¡Estoy harto, SEÑOR! —protestó—. Quítame la vida, pues no soy mejor que mis antepasados.»

⁵Luego se acostó debajo del arbusto y se quedó dormido.

De repente, un ángel lo tocó y le dijo: «Levántate y

³⁴"Do it again," he said, and they did it again.

"Do it a third time," he ordered, and they did it the third time. ³⁵The water ran down around the altar and even filled the trench.

³⁶At the time of sacrifice, the prophet Elijah stepped forward and prayed: "O LORD, God of Abraham, Isaac and Israel, let it be known today that you are God in Israel and that I am your servant and have done all these things at your command. ³⁷Answer me, O LORD, answer me, so these people will know that you, O LORD, are God, and that you are turning their hearts back again."

³⁸Then the fire of the LORD fell and burned up the sacrifice, the wood, the stones and the soil, and also licked up the water in the trench.

³⁹When all the people saw this, they fell prostrate and cried, "The LORD—he is God! The LORD—he is God!"

⁴⁰Then Elijah commanded them, "Seize the prophets of Baal. Don't let anyone get away!" They seized them, and Elijah had them brought down to the Kishon Valley and slaughtered there.

⁴¹And Elijah said to Ahab, "Go, eat and drink, for there is the sound of a heavy rain." ⁴²So Ahab went off to eat and drink, but Elijah climbed to the top of Carmel, bent down to the ground and put his face between his knees.

⁴³"Go and look toward the sea," he told his servant. And he went up and looked.

"There is nothing there," he said.

Seven times Elijah said, "Go back."

⁴⁴The seventh time the servant reported, "A cloud as small as a man's hand is rising from the sea."

So Elijah said, "Go and tell Ahab, 'Hitch up your chariot and go down before the rain stops you.'"

⁴⁵Meanwhile, the sky grew black with clouds, the wind rose, a heavy rain came on and Ahab rode off to Jezreel. ⁴⁶The power of the LORD came upon Elijah and, tucking his cloak into his belt, he ran ahead of Ahab all the way to Jezreel.

Elijah Flees to Horeb

19 Now Ahab told Jezebel everything Elijah had done and how he had killed all the prophets with the sword. ²So Jezebel sent a messenger to Elijah to say, "May the gods deal with me, be it ever so severely, if by this time tomorrow I do not make your life like that of one of them."

³Elijah was afraidⁿ and ran for his life. When he came to Beersheba in Judah, he left his servant there, ⁴while he himself went a day's journey into the desert. He came to a broom tree, sat down under it and prayed that he might die. "I have had enough, LORD," he said. "Take my life; I am no better than my ancestors."

⁵Then he lay down under the tree and fell asleep.

All at once an angel touched him and said, "Get up

ᵍ 19:3 se asustó. Alt. vio. también en v. 5.   ʰ 19:4 un arbusto. Lit. una *retama;   ⁿ 3 Or Elijah saw

come.» ⁶Elías miró a su alrededor, y vio a su cabecera un panecillo cocido sobre carbones calientes, y un jarro de agua. Comió y bebió, y volvió a acostarse.

⁷El ángel del Señor regresó y, tocándolo, le dijo: «Levántate y come, porque te espera un largo viaje.» ⁸Elías se levantó, y comió y bebió. Una vez fortalecido por aquella comida, viajó cuarenta días y cuarenta noches hasta que llegó a Horeb, el monte de Dios. ⁹Allí pasó la noche en una cueva.

El Señor se le aparece a Elías

Más tarde, la palabra del Señor vino a él.

—¿Qué haces aquí, Elías? —le preguntó.

¹⁰—Me consume mi amor[i] por ti, Señor Dios *Todopoderoso —respondió él—. Los israelitas han rechazado tu *pacto, han derribado tus altares, y a tus profetas los han matado a filo de espada. Yo soy el único que ha quedado con vida, ¡y ahora quieren matarme a mí también!

¹¹El Señor le ordenó:

—Sal y preséntate ante mí en la montaña, porque estoy a punto de pasar por allí.

Como heraldo del Señor vino un viento recio, tan violento que partió las montañas e hizo añicos las rocas; pero el Señor no estaba en el viento. Al viento lo siguió un terremoto, pero el Señor tampoco estaba en el terremoto. ¹²Tras el terremoto vino un fuego, pero el Señor tampoco estaba en el fuego. Y después del fuego vino un suave murmullo. ¹³Cuando Elías lo oyó, se cubrió el rostro con el manto y, saliendo, se puso a la entrada de la cueva.

Entonces oyó una voz que le dijo:

—¿Qué haces aquí, Elías?

¹⁴El respondió:

—Me consume mi amor por ti, Señor, Dios Todopoderoso. Los israelitas han rechazado tu pacto, han derribado tus altares, y a tus profetas los han matado a filo de espada. Yo soy el único que ha quedado con vida, ¡y ahora quieren matarme a mí también!

¹⁵El Señor le dijo:

—Regresa por el mismo camino, y ve al desierto de Damasco. Cuando llegues allá, unge a Jazael como rey de *Siria, ¹⁶y a Jehú hijo de Nimsi como rey de Israel; unge también a Eliseo hijo de Safat, de Abel Mejolá, para que te suceda como profeta. ¹⁷Jehú dará muerte a cualquiera que escape de la espada de Jazael, y Eliseo dará muerte a cualquiera que escape de la espada de Jehú. ¹⁸Sin embargo, yo preservaré a siete mil israelitas que no se han arrodillado ante *Baal ni lo han besado.

El llamamiento de Eliseo

¹⁹Elías salió de allí y encontró a Eliseo hijo de Safat, que estaba arando. Había doce yuntas de bueyes en fila, y él mismo conducía la última. Elías pasó junto a Eliseo y arrojó su manto sobre él. ²⁰Entonces Eliseo dejó sus bueyes y corrió tras Elías.

—Permítame usted despedirme de mi padre y de mi madre con un beso —dijo él—, y luego lo seguiré.

—Anda, ve —respondió Elías—. Yo no te lo voy a impedir.[j]

²¹Eliseo lo dejó y regresó. Tomó su yunta de bueyes y los sacrificó. Quemando la madera de la yunta, asó la carne y se la dio al pueblo, y ellos comieron. Luego partió para seguir a Elías y se puso a su servicio.

and eat." ⁶He looked around, and there by his head was a cake of bread baked over hot coals, and a jar of water. He ate and drank and then lay down again.

⁷The angel of the Lord came back a second time and touched him and said, "Get up and eat, for the journey is too much for you." ⁸So he got up and ate and drank. Strengthened by that food, he traveled forty days and forty nights until he reached Horeb, the mountain of God. ⁹There he went into a cave and spent the night.

The Lord Appears to Elijah

And the word of the Lord came to him: "What are you doing here, Elijah?"

¹⁰He replied, "I have been very zealous for the Lord God Almighty. The Israelites have rejected your covenant, broken down your altars, and put your prophets to death with the sword. I am the only one left, and now they are trying to kill me too."

¹¹The Lord said, "Go out and stand on the mountain in the presence of the Lord, for the Lord is about to pass by."

Then a great and powerful wind tore the mountains apart and shattered the rocks before the Lord, but the Lord was not in the wind. After the wind there was an earthquake, but the Lord was not in the earthquake. ¹²After the earthquake came a fire, but the Lord was not in the fire. And after the fire came a gentle whisper. ¹³When Elijah heard it, he pulled his cloak over his face and went out and stood at the mouth of the cave.

Then a voice said to him, "What are you doing here, Elijah?"

¹⁴He replied, "I have been very zealous for the Lord God Almighty. The Israelites have rejected your covenant, broken down your altars, and put your prophets to death with the sword. I am the only one left, and now they are trying to kill me too."

¹⁵The Lord said to him, "Go back the way you came, and go to the Desert of Damascus. When you get there, anoint Hazael king over Aram. ¹⁶Also, anoint Jehu son of Nimshi king over Israel, and anoint Elisha son of Shaphat from Abel Meholah to succeed you as prophet. ¹⁷Jehu will put to death any who escape the sword of Hazael, and Elisha will put to death any who escape the sword of Jehu. ¹⁸Yet I reserve seven thousand in Israel—all whose knees have not bowed down to Baal and all whose mouths have not kissed him."

The Call of Elisha

¹⁹So Elijah went from there and found Elisha son of Shaphat. He was plowing with twelve yoke of oxen, and he himself was driving the twelfth pair. Elijah went up to him and threw his cloak around him. ²⁰Elisha then left his oxen and ran after Elijah. "Let me kiss my father and mother good-by," he said, "and then I will come with you."

"Go back," Elijah replied. "What have I done to you?"

²¹So Elisha left him and went back. He took his yoke of oxen and slaughtered them. He burned the plowing equipment to cook the meat and gave it to the people, and they ate. Then he set out to follow Elijah and became his attendant.

---

i 19:10 amor. Alt. celo; también en v. 14.   j 19:20 Yo no te lo voy a impedir. Alt. Pero recuerda lo que he hecho por ti.

Ben Adad ataca a Samaria

20 Entonces Ben Adad, rey de *Siria, reunió a todo su ejército y, acompañado por treinta y dos reyes con sus caballos y carros de combate, salió a hacerle guerra a Samaria, y la sitió. ²Envió a la ciudad mensajeros para que le dijeran a Acab, rey de Israel: «Así dice Ben Adad: ³"Tu oro y tu plata son míos, lo mismo que tus mujeres y tus hermosos hijos."»

⁴El rey de Israel envió esta respuesta: «Tal como dices, mi señor y rey, yo soy tuyo, con todo lo que tengo.»

⁵Los mensajeros volvieron a Acab y le dijeron: «Así dice Ben Adad: "Mandé a decirte que me entregaras tu oro y tu plata, tus esposas y tus hijos. ⁶Por tanto, mañana como a esta hora voy a enviar a mis funcionarios a requisar tu palacio y las casas de tus funcionarios, y se apoderarán de todo lo que más valoras y se lo llevarán."»

⁷El rey de Israel mandó llamar a todos los *ancianos del país y les dijo:

—¡Miren cómo ese tipo nos quiere causar problemas! Cuando mandó que le entregara mis esposas y mis hijos, mi oro y mi plata, no se los negué.

⁸Los ancianos y todos los del pueblo respondieron:

—No le haga caso, Su Majestad, ni ceda a sus exigencias.

⁹Así que Acab les respondió a los mensajeros de Ben Adad:

—Díganle a mi señor y rey: "Yo, tu servidor, haré todo lo que me pediste la primera vez, pero no puedo satisfacer esta nueva exigencia."

Ellos regresaron a Ben Adad con esa respuesta. ¹⁰Entonces Ben Adad le envió otro mensaje a Acab: «Que los dioses me castiguen sin piedad si queda en Samaria el polvo suficiente para que mis hombres se lleven un puñado.»

¹¹Pero el rey de Israel respondió: «Díganle que no cante victoria antes de tiempo.»ᵏ

¹²Cuando Ben Adad recibió este mensaje, estaba bebiendo con los reyes en su campamento.ˡ De inmediato les ordenó a sus tropas: «¡A las armas!» Así que se prepararon para atacar la ciudad.

Acab derrota a Ben Adad

¹³Mientras tanto, un profeta se presentó ante Acab, rey de Israel, y le anunció:

—Así dice el SEÑOR: "¿Ves ese enorme ejército? Hoy lo entregaré en tus manos, y entonces sabrás que yo soy el SEÑOR."

¹⁴—¿Por medio de quién lo hará? —preguntó Acab.

—Así dice el SEÑOR —respondió el profeta—: "Lo haré por medio de los cadetes."ᵐ

—¿Y quién iniciará el combate? —insistió Acab.

—Tú mismo —respondió el profeta.

¹⁵Así que Acab pasó revista a los cadetes, que sumaban doscientos treinta y dos hombres. También pasó revista a las demás tropas israelitas: siete mil en total. ¹⁶Se pusieron en marcha al mediodía, mientras Ben Adad y los treinta y dos reyes aliados que estaban con él seguían emborrachándose en su campamento.

¹⁷Los cadetes formaban la vanguardia. Cuando los exploradores que Ben Adad había enviado le informaron que unos soldados estaban avanzando desde Samaria, ¹⁸ordenó: «¡Captúrenlos vivos, sea que vengan en son de paz o en son de guerra!»

Ben-Hadad Attacks Samaria

20 Now Ben-Hadad king of Aram mustered his entire army. Accompanied by thirty-two kings with their horses and chariots, he went up and besieged Samaria and attacked it. ²He sent messengers into the city to Ahab king of Israel, saying, "This is what Ben-Hadad says: ³'Your silver and gold are mine, and the best of your wives and children are mine.'"

⁴The king of Israel answered, "Just as you say, my lord the king. I and all I have are yours."

⁵The messengers came again and said, "This is what Ben-Hadad says: 'I sent to demand your silver and gold, your wives and your children. ⁶But about this time tomorrow I am going to send my officials to search your palace and the houses of your officials. They will seize everything you value and carry it away.'"

⁷The king of Israel summoned all the elders of the land and said to them, "See how this man is looking for trouble! When he sent for my wives and my children, my silver and my gold, I did not refuse him."

⁸The elders and the people all answered, "Don't listen to him or agree to his demands."

⁹So he replied to Ben-Hadad's messengers, "Tell my lord the king, 'Your servant will do all you demanded the first time, but this demand I cannot meet.'" They left and took the answer back to Ben-Hadad.

¹⁰Then Ben-Hadad sent another message to Ahab: "May the gods deal with me, be it ever so severely, if enough dust remains in Samaria to give each of my men a handful."

¹¹The king of Israel answered, "Tell him: 'One who puts on his armor should not boast like one who takes it off.'"

¹²Ben-Hadad heard this message while he and the kings were drinking in their tents,ᵒ and he ordered his men: "Prepare to attack." So they prepared to attack the city.

Ahab Defeats Ben-Hadad

¹³Meanwhile a prophet came to Ahab king of Israel and announced, "This is what the LORD says: 'Do you see this vast army? I will give it into your hand today, and then you will know that I am the LORD.'"

¹⁴"But who will do this?" asked Ahab.

The prophet replied, "This is what the LORD says: 'The young officers of the provincial commanders will do it.'"

"And who will start the battle?" he asked.

The prophet answered, "You will."

¹⁵So Ahab summoned the young officers of the provincial commanders, 232 men. Then he assembled the rest of the Israelites, 7,000 in all. ¹⁶They set out at noon while Ben-Hadad and the 32 kings allied with him were in their tents getting drunk. ¹⁷The young officers of the provincial commanders went out first.

Now Ben-Hadad had dispatched scouts, who reported, "Men are advancing from Samaria."

¹⁸He said, "If they have come out for peace, take them alive; if they have come out for war, take them alive."

ᵏ 20:11 *que no cante ... de tiempo*. Lit. *no ha de jactarse el que se pone la armadura sino el que se la quita.*   ˡ 20:12 *en su campamento*. Alt. *en Sucot*; también en v. 16.   ᵐ 20:14 *los cadetes*. Lit. *los jóvenes de los jefes provinciales*; también en vv. 15,17 y 19.

ᵒ 12 Or *in Succoth*; also in verse 16

¹⁹Los cadetes salieron de la ciudad al frente del ejército. ²⁰Cada soldado abatió a su adversario, y los *sirios tuvieron que huir. Los israelitas los persiguieron, pero Ben Adad, rey de Siria, escapó a caballo con algunos de sus jinetes. ²¹El rey de Israel avanzó y abatió a la caballería, de modo que los sirios sufrieron una gran derrota.

²²Más tarde, el profeta se presentó ante el rey de Israel y le dijo: «No se duerma usted en sus laureles;ⁿ trace un buen plan, porque el año entrante el rey de Siria volverá a atacar.»

²³Por otra parte, los funcionarios del rey de Siria le aconsejaron: «Los dioses de los israelitas son dioses de las montañas. Por eso son demasiado fuertes para nosotros. Pero si peleamos contra ellos en las llanuras, sin duda los venceremos. ²⁴Haga usted lo siguiente: Destituya a todos los reyes y reemplácelos por otros funcionarios. ²⁵Prepare usted también un ejército como el que perdió, caballo por caballo y carro por carro, para atacar a Israel en las llanuras. ¡Sin duda los venceremos!»

Ben Adad estuvo de acuerdo, y así lo hizo. ²⁶Al año siguiente, pasó revista a las tropas sirias y marchó a Afec para atacar a Israel. ²⁷Acab, por su parte, pasó revista a las tropas israelitas y las aprovisionó. Éstas se pusieron en marcha para salir al encuentro de los sirios, y acamparon frente a ellos. Parecían un pequeño rebaño de cabras, mientras que los sirios cubrían todo el campo.

²⁸El hombre de Dios se presentó ante el rey de Israel y le dijo: «Así dice el Señor: "Por cuanto los sirios piensan que el Señor es un dios de las montañas y no un dios de los valles, yo te voy a entregar este enorme ejército en tus manos, y así sabrás que yo soy el Señor."»

²⁹Siete días estuvieron acampados los unos frente a los otros, y el séptimo día se desató el combate. En un solo día los israelitas le causaron cien mil bajas a la infantería siria. ³⁰Los demás soldados huyeron a Afec, pero la muralla de la ciudad se desplomó sobre veintisiete mil de ellos.

Ben Adad, que también se había escapado a la ciudad, andaba de escondite en escondite. ³¹Entonces sus funcionarios le dijeron: «Hemos oído decir que los reyes del linaje de Israel son compasivos. Rindámonos ante el rey de Israel y pidámosle perdón.^ñ Tal vez le perdone a usted la *vida.»

³²Se presentaron entonces ante el rey de Israel, se rindieron ante él y le rogaron:

—Su siervo Ben Adad dice: "Por favor, perdóname la vida."

—¿Todavía está vivo? —preguntó el rey—. ¡Pero si es mi hermano!

³³Los hombres tomaron esa respuesta como un buen augurio y, aprovechando la ocasión, exclamaron:

—¡Claro que sí, Ben Adad es su hermano!

—Vayan por él —dijo el rey.

Cuando Ben Adad se presentó ante Acab, éste lo hizo subir a su carro de combate. Entonces Ben Adad le propuso:

³⁴—Te devolveré las ciudades que mi padre le quitó al tuyo, y podrás establecer zonas de mercado en Damasco, como lo hizo mi padre en Samaria.

Acab le respondió:

—Sobre esa base, te dejaré en libertad.

Y así firmó un tratado con él, y lo dejó ir.

¹⁹The young officers of the provincial commanders marched out of the city with the army behind them ²⁰and each one struck down his opponent. At that, the Arameans fled, with the Israelites in pursuit. But Ben-Hadad king of Aram escaped on horseback with some of his horsemen. ²¹The king of Israel advanced and overpowered the horses and chariots and inflicted heavy losses on the Arameans.

²²Afterward, the prophet came to the king of Israel and said, "Strengthen your position and see what must be done, because next spring the king of Aram will attack you again."

²³Meanwhile, the officials of the king of Aram advised him, "Their gods are gods of the hills. That is why they were too strong for us. But if we fight them on the plains, surely we will be stronger than they. ²⁴Do this: Remove all the kings from their commands and replace them with other officers. ²⁵You must also raise an army like the one you lost—horse for horse and chariot for chariot—so we can fight Israel on the plains. Then surely we will be stronger than they." He agreed with them and acted accordingly.

²⁶The next spring Ben-Hadad mustered the Arameans and went up to Aphek to fight against Israel. ²⁷When the Israelites were also mustered and given provisions, they marched out to meet them. The Israelites camped opposite them like two small flocks of goats, while the Arameans covered the countryside.

²⁸The man of God came up and told the king of Israel, "This is what the Lord says: 'Because the Arameans think the Lord is a god of the hills and not a god of the valleys, I will deliver this vast army into your hands, and you will know that I am the Lord.' "

²⁹For seven days they camped opposite each other, and on the seventh day the battle was joined. The Israelites inflicted a hundred thousand casualties on the Aramean foot soldiers in one day. ³⁰The rest of them escaped to the city of Aphek, where the wall collapsed on twenty-seven thousand of them. And Ben-Hadad fled to the city and hid in an inner room.

³¹His officials said to him, "Look, we have heard that the kings of the house of Israel are merciful. Let us go to the king of Israel with sackcloth around our waists and ropes around our heads. Perhaps he will spare your life."

³²Wearing sackcloth around their waists and ropes around their heads, they went to the king of Israel and said, "Your servant Ben-Hadad says: 'Please let me live.' "

The king answered, "Is he still alive? He is my brother."

³³The men took this as a good sign and were quick to pick up his word. "Yes, your brother Ben-Hadad!" they said.

"Go and get him," the king said. When Ben-Hadad came out, Ahab had him come up into his chariot.

³⁴"I will return the cities my father took from your father," Ben-Hadad offered. "You may set up your own market areas in Damascus, as my father did in Samaria."

⌐Ahab said,⌐ "On the basis of a treaty I will set you free." So he made a treaty with him, and let him go.

ⁿ 20:22 No se duerma usted en sus laureles. Lit. Vaya y fortalézcase.   ^ñ 20:31 Rindámonos ... perdón. Lit. Pongámonos *cilicio en la cintura y sogas en la cabeza y vayamos al rey de Israel.

Un profeta condena a Acab

35 En obediencia a la palabra del SEÑOR, un miembro de la comunidad de profetas le dijo a otro:

—¡Golpéame!

Pero aquél se negó a hacerlo.

36 Entonces el profeta dijo:

—Por cuanto no has obedecido al SEÑOR, tan pronto como nos separemos te matará un león.

Y después de que el profeta se fue, un león le salió al paso y lo mató.

37 Más adelante, el mismo profeta encontró a otro hombre y le dijo: «¡Golpéame!» Así que el hombre lo golpeó y lo hirió. 38 Luego el profeta salió a esperar al rey a la vera del camino, cubierto el rostro con un antifaz. 39 Cuando pasaba el rey, el profeta le gritó:

—Este servidor de Su Majestad entró en lo más reñido de la batalla. Allí alguien se me presentó con un prisionero y me dijo: "Hazte cargo de este hombre. Si se te escapa, pagarás su *vida con la tuya, o con tres mil monedas^o de plata." 40 Mientras este servidor de Su Majestad estaba ocupado en otras cosas, el hombre se escapó.

—¡Ésa es tu sentencia! —respondió el rey de Israel—. Tú mismo has tomado la decisión.

41 En el acto, el profeta se quitó el antifaz, y el rey de Israel se dio cuenta de que era uno de los profetas. 42 Y le dijo al rey:

—Así dice el SEÑOR: "Has dejado en libertad a un hombre que yo había condenado a muerte.^p Por lo tanto, pagarás su vida con la tuya, y su pueblo con el tuyo."

43 Entonces el rey de Israel, deprimido y malhumorado, volvió a su palacio en Samaria.

El viñedo de Nabot

21 Un tiempo después sucedió lo siguiente: Nabot el jezrelita tenía un viñedo en Jezrel, el cual colindaba con el palacio de Acab, rey de Samaria. 2 Éste le dijo a Nabot:

—Dame tu viñedo para hacerme una huerta de hortalizas, ya que está tan cerca de mi palacio. A cambio de él te daré un viñedo mejor o, si lo prefieres, te pagaré lo que valga.

3 Pero Nabot le respondió:

—El SEÑOR prohíbe que yo le venda a Su Majestad lo que heredé de mis antepasados.

4 Acab se fue a su casa deprimido y malhumorado porque Nabot el jezrelita le había dicho: «No puedo cederle a Su Majestad lo que heredé de mis antepasados.» De modo que se acostó de cara a la pared, y no quiso comer. 5 Su esposa Jezabel entró y le preguntó:

—¿Por qué estás tan deprimido que ni comer quieres?

6 —Porque le dije a Nabot el jezrelita que me vendiera su viñedo o que, si lo prefería, se lo cambiaría por otro; pero él se negó.

7 Ante esto, Jezabel su esposa le dijo:

—¿Y no eres tú quien manda en Israel? ¡Anda, levántate y come, que te hará bien! Yo te conseguiré el viñedo del tal Nabot.

8 De inmediato escribió cartas en nombre de Acab, puso en ellas el sello del rey, y las envió a los *ancianos y nobles que vivían en la ciudad de Nabot. 9 En las cartas decía:

«Decreten un día de ayuno, y den a Nabot un

A Prophet Condemns Ahab

35 By the word of the LORD one of the sons of the prophets said to his companion, "Strike me with your weapon," but the man refused.

36 So the prophet said, "Because you have not obeyed the LORD, as soon as you leave me a lion will kill you." And after the man went away, a lion found him and killed him.

37 The prophet found another man and said, "Strike me, please." So the man struck him and wounded him. 38 Then the prophet went and stood by the road waiting for the king. He disguised himself with his headband down over his eyes. 39 As the king passed by, the prophet called out to him, "Your servant went into the thick of the battle, and someone came to me with a captive and said, 'Guard this man. If he is missing, it will be your life for his life, or you must pay a talent^p of silver.' 40 While your servant was busy here and there, the man disappeared."

"That is your sentence," the king of Israel said. "You have pronounced it yourself."

41 Then the prophet quickly removed the headband from his eyes, and the king of Israel recognized him as one of the prophets. 42 He said to the king, "This is what the LORD says: 'You have set free a man I had determined should die.^q Therefore it is your life for his life, your people for his people.' " 43 Sullen and angry, the king of Israel went to his palace in Samaria.

Naboth's Vineyard

21 Some time later there was an incident involving a vineyard belonging to Naboth the Jezreelite. The vineyard was in Jezreel, close to the palace of Ahab king of Samaria. 2 Ahab said to Naboth, "Let me have your vineyard to use for a vegetable garden, since it is close to my palace. In exchange I will give you a better vineyard or, if you prefer, I will pay you whatever it is worth."

3 But Naboth replied, "The LORD forbid that I should give you the inheritance of my fathers."

4 So Ahab went home, sullen and angry because Naboth the Jezreelite had said, "I will not give you the inheritance of my fathers." He lay on his bed sulking and refused to eat.

5 His wife Jezebel came in and asked him, "Why are you so sullen? Why won't you eat?"

6 He answered her, "Because I said to Naboth the Jezreelite, 'Sell me your vineyard; or if you prefer, I will give you another vineyard in its place.' But he said, 'I will not give you my vineyard.' "

7 Jezebel his wife said, "Is this how you act as king over Israel? Get up and eat! Cheer up. I'll get you the vineyard of Naboth the Jezreelite."

8 So she wrote letters in Ahab's name, placed his seal on them, and sent them to the elders and nobles who lived in Naboth's city with him. 9 In those letters she wrote:

"Proclaim a day of fasting and seat Naboth in a

---

^o 20:39 *tres mil monedas*. Lit. *un *talento.*　　　　^p 20:42 *un hombre ... muerte*. Lit. *al hombre de mi *destrucción.*

^p 39 That is, about 75 pounds (about 34 kilograms)
^q 42 The Hebrew term refers to the irrevocable giving over of things or persons to the LORD, often by totally destroying them.

lugar prominente en la asamblea del pueblo. 10 Pongan frente a él a dos sinvergüenzas y háganlos testificar que él ha maldecido tanto a Dios como al rey. Luego sáquenlo y mátenlo a pedradas.»

11 Los ancianos y nobles que vivían en esa ciudad acataron lo que Jezabel había ordenado en sus cartas. 12 Decretaron un día de ayuno y le dieron a Nabot un lugar prominente en la asamblea. 13 Llegaron los dos sinvergüenzas, se sentaron frente a él y lo acusaron ante el pueblo, diciendo: «¡Nabot ha maldecido a Dios y al rey!» Como resultado, la gente lo llevó fuera de la ciudad y lo mató a pedradas. 14 Entonces le informaron a Jezabel: «Nabot ha sido apedreado, y está muerto.»

15 Tan pronto como Jezabel se enteró de que Nabot había muerto a pedradas, le dijo a Acab: «¡Vamos! Toma posesión del viñedo que Nabot el jezrelita se negó a venderte. Ya no vive; está muerto.» 16 Cuando Acab se enteró de que Nabot había muerto, fue a tomar posesión del viñedo.

17 Entonces la palabra del SEÑOR vino a Elías el tisbita y le dio este mensaje: 18 «Ve a encontrarte con Acab, rey de Israel, que gobierna en Samaria. En este momento se encuentra en el viñedo de Nabot, tomando posesión del mismo. 19 Dile que así dice el SEÑOR: "¿No has asesinado a un hombre, y encima te has adueñado de su propiedad?" Luego dile que así también dice el SEÑOR: "¡En el mismo lugar donde los perros lamieron la sangre de Nabot, lamerán también tu propia sangre!"»

20 Acab le respondió a Elías:

—¡Mi enemigo! ¿Así que me has encontrado?

—Sí —contestó Elías—, te he encontrado porque te has vendido para hacer lo que ofende al SEÑOR, 21 quien ahora te dice: "Voy a enviarte una desgracia. Acabaré contigo, y de tus descendientes en Israel exterminaré hasta el último varón, esclavo o libre. 22 Haré con tu familia lo mismo que hice con la de Jeroboán hijo de Nabat y con la de Basá hijo de Ahías, porque has provocado mi ira y has hecho que Israel peque." 23 Y en cuanto a Jezabel, el SEÑOR dice: "Los perros se la comerán junto al muro*q* de Jezrel." 24 También a los familiares de Acab que mueran en la ciudad se los comerán los perros, y a los que mueran en el campo se los comerán las aves del cielo.

25 Nunca hubo nadie como Acab que, animado por Jezabel su esposa, se prestara para hacer lo que ofende al SEÑOR. 26 Su conducta fue repugnante, pues siguió a los ídolos, como lo habían hecho los amorreos, a quienes el SEÑOR expulsó de la presencia de Israel.

27 Cuando Acab escuchó estas palabras, se rasgó las vestiduras, se vistió de luto y ayunó. Dormía vestido así, y andaba deprimido. 28 Entonces la palabra del SEÑOR vino a Elías el tisbita y le dio este mensaje: 29 «¿Has notado cómo Acab se ha humillado ante mí? Por cuanto se ha humillado, no enviaré esta desgracia mientras él viva, sino que la enviaré a su familia durante el reinado de su hijo.»

Micaías profetiza contra Acab

22 Durante tres años no hubo guerra entre *Siria e Israel. 2 Pero en el tercer año Josafat, rey de Judá, fue a ver al rey de Israel, 3 el cual dijo a sus funcionarios: «¿No saben que Ramot de Galaad nos pertenece? ¡Y no hemos hecho nada para obligar al rey de Siria a que nos la devuelva!»

prominent place among the people. 10 But seat two scoundrels opposite him and have them testify that he has cursed both God and the king. Then take him out and stone him to death."

11 So the elders and nobles who lived in Naboth's city did as Jezebel directed in the letters she had written to them. 12 They proclaimed a fast and seated Naboth in a prominent place among the people. 13 Then two scoundrels came and sat opposite him and brought charges against Naboth before the people, saying, "Naboth has cursed both God and the king." So they took him outside the city and stoned him to death. 14 Then they sent word to Jezebel: "Naboth has been stoned and is dead."

15 As soon as Jezebel heard that Naboth had been stoned to death, she said to Ahab, "Get up and take possession of the vineyard of Naboth the Jezreelite that he refused to sell you. He is no longer alive, but dead." 16 When Ahab heard that Naboth was dead, he got up and went down to take possession of Naboth's vineyard.

17 Then the word of the LORD came to Elijah the Tishbite: 18 "Go down to meet Ahab king of Israel, who rules in Samaria. He is now in Naboth's vineyard, where he has gone to take possession of it. 19 Say to him, 'This is what the LORD says: Have you not murdered a man and seized his property?' Then say to him, 'This is what the LORD says: In the place where dogs licked up Naboth's blood, dogs will lick up your blood—yes, yours!'"

20 Ahab said to Elijah, "So you have found me, my enemy!"

"I have found you," he answered, "because you have sold yourself to do evil in the eyes of the LORD. 21 'I am going to bring disaster on you. I will consume your descendants and cut off from Ahab every last male in Israel—slave or free. 22 I will make your house like that of Jeroboam son of Nebat and that of Baasha son of Ahijah, because you have provoked me to anger and have caused Israel to sin.'

23 "And also concerning Jezebel the LORD says: 'Dogs will devour Jezebel by the wall of*r* Jezreel.'

24 "Dogs will eat those belonging to Ahab who die in the city, and the birds of the air will feed on those who die in the country."

25 (There was never a man like Ahab, who sold himself to do evil in the eyes of the LORD, urged on by Jezebel his wife. 26 He behaved in the vilest manner by going after idols, like the Amorites the LORD drove out before Israel.)

27 When Ahab heard these words, he tore his clothes, put on sackcloth and fasted. He lay in sackcloth and went around meekly.

28 Then the word of the LORD came to Elijah the Tishbite: 29 "Have you noticed how Ahab has humbled himself before me? Because he has humbled himself, I will not bring this disaster in his day, but I will bring it on his house in the days of his son."

Micaiah Prophesies Against Ahab

22 For three years there was no war between Aram and Israel. 2 But in the third year Jehoshaphat king of Judah went down to see the king of Israel. 3 The king of Israel had said to his officials, "Don't you know that Ramoth Gilead belongs to us and yet we are doing nothing to retake it from the king of Aram?"

q 21:23 *muro* (mss. hebreos); *campo* (TM).

r 23 Most Hebrew manuscripts; a few Hebrew manuscripts, Vulgate and Syriac (see also 2 Kings 9:26) *the plot of ground at*

⁴Así que le preguntó a Josafat:

—¿Irías conmigo a pelear contra Ramot de Galaad?

Josafat le respondió al rey de Israel:

—Estoy a tu disposición, lo mismo que mi pueblo y mis caballos. ⁵Pero antes que nada, consultemos al SEÑOR —añadió.

⁶Así que el rey de Israel reunió a los profetas, que eran casi cuatrocientos, y les preguntó:

—¿Debo ir a la guerra contra Ramot de Galaad, o no?

—Vaya, Su Majestad —contestaron ellos—, porque el Señor la entregará en sus manos.

⁷Pero Josafat inquirió:

—¿No hay aquí un profeta del SEÑOR a quien podamos consultar?

⁸El rey de Israel le respondió:

—Todavía hay alguien por medio de quien podemos consultar al SEÑOR, pero me cae muy mal porque nunca me profetiza nada bueno; sólo me anuncia desastres. Se trata de Micaías hijo de Imlá.

—No digas eso —replicó Josafat.

⁹Entonces el rey de Israel llamó a uno de sus funcionarios y le ordenó:

—¡Traigan de inmediato a Micaías hijo de Imlá!

¹⁰El rey de Israel, y Josafat, rey de Judá, vestidos con su ropaje real y sentados en sus respectivos tronos, estaban en la plaza a la *entrada de Samaria, con todos los que profetizaban en presencia de ellos. ¹¹Sedequías hijo de Quenaná, que se había hecho unos cuernos de hierro, anunció: «Así dice el SEÑOR: "Con estos cuernos atacarás a los sirios hasta aniquilarlos."» ¹²Y los demás profetas vaticinaban lo mismo: «Ataque Su Majestad a Ramot de Galaad, y vencerá, porque el SEÑOR la entregará en sus manos.»

¹³Ahora bien, el mensajero que había ido a llamar a Micaías le advirtió:

—Mira, los demás profetas a una voz predicen el éxito del rey. Habla favorablemente, para que tu mensaje concuerde con el de ellos.

¹⁴Pero Micaías repuso:

—Tan cierto como que vive el SEÑOR, ten la seguridad de que yo le anunciaré al rey lo que el SEÑOR me diga.

¹⁵Cuando compareció ante el rey, éste le preguntó:

—Micaías, ¿debemos ir a la guerra contra Ramot de Galaad, o no?

—Ataque, Su Majestad, que vencerá —contestó él—, porque el SEÑOR la entregará en sus manos.

¹⁶El rey le reclamó:

—¿Cuántas veces debo hacerte jurar que no me digas nada más que la verdad en el *nombre del SEÑOR?

¹⁷Ante esto, Micaías concedió:

—Vi a todo Israel esparcido por las colinas, como ovejas sin *pastor. Y el SEÑOR dijo: "Esta gente no tiene amo. ¡Que cada cual se vaya a su casa en *paz!"

¹⁸El rey de Israel le dijo a Josafat:

—¿No te dije que jamás me profetiza nada bueno, y que sólo me anuncia desastres?

¹⁹Micaías prosiguió:

—Por lo tanto, oiga usted la palabra del SEÑOR: Vi al SEÑOR sentado en su trono con todo el ejército del cielo alrededor de él, a su derecha y a su izquierda. ²⁰Y el SEÑOR dijo: "¿Quién seducirá a Acab para que ataque a Ramot de Galaad y vaya a morir allí?" Uno sugería una cosa, y otro sugería otra. ²¹Por último, un espíritu se adelantó, se puso delante del SEÑOR y dijo: "Yo lo seduciré." ²²"¿Por qué medios?", preguntó el SEÑOR. Y aquel espíritu respondió: "Saldré y seré un espíritu mentiroso en la boca de todos sus profetas." Entonces el SEÑOR ordenó: "Ve y hazlo así, que tendrás éxito en

⁴So he asked Jehoshaphat, "Will you go with me to fight against Ramoth Gilead?"

Jehoshaphat replied to the king of Israel, "I am as you are, my people as your people, my horses as your horses." ⁵But Jehoshaphat also said to the king of Israel, "First seek the counsel of the LORD."

⁶So the king of Israel brought together the prophets—about four hundred men—and asked them, "Shall I go to war against Ramoth Gilead, or shall I refrain?"

"Go," they answered, "for the Lord will give it into the king's hand."

⁷But Jehoshaphat asked, "Is there not a prophet of the LORD here whom we can inquire of?"

⁸The king of Israel answered Jehoshaphat, "There is still one man through whom we can inquire of the LORD, but I hate him because he never prophesies anything good about me, but always bad. He is Micaiah son of Imlah."

"The king should not say that," Jehoshaphat replied.

⁹So the king of Israel called one of his officials and said, "Bring Micaiah son of Imlah at once."

¹⁰Dressed in their royal robes, the king of Israel and Jehoshaphat king of Judah were sitting on their thrones at the threshing floor by the entrance of the gate of Samaria, with all the prophets prophesying before them. ¹¹Now Zedekiah son of Kenaanah had made iron horns and he declared, "This is what the LORD says: 'With these you will gore the Arameans until they are destroyed.'"

¹²All the other prophets were prophesying the same thing. "Attack Ramoth Gilead and be victorious," they said, "for the LORD will give it into the king's hand."

¹³The messenger who had gone to summon Micaiah said to him, "Look, as one man the other prophets are predicting success for the king. Let your word agree with theirs, and speak favorably."

¹⁴But Micaiah said, "As surely as the LORD lives, I can tell him only what the LORD tells me."

¹⁵When he arrived, the king asked him, "Micaiah, shall we go to war against Ramoth Gilead, or shall I refrain?"

"Attack and be victorious," he answered, "for the LORD will give it into the king's hand."

¹⁶The king said to him, "How many times must I make you swear to tell me nothing but the truth in the name of the LORD?"

¹⁷Then Micaiah answered, "I saw all Israel scattered on the hills like sheep without a shepherd, and the LORD said, 'These people have no master. Let each one go home in peace.'"

¹⁸The king of Israel said to Jehoshaphat, "Didn't I tell you that he never prophesies anything good about me, but only bad?"

¹⁹Micaiah continued, "Therefore hear the word of the LORD: I saw the LORD sitting on his throne with all the host of heaven standing around him on his right and on his left. ²⁰And the LORD said, 'Who will entice Ahab into attacking Ramoth Gilead and going to his death there?'

"One suggested this, and another that. ²¹Finally, a spirit came forward, stood before the LORD and said, 'I will entice him.'

²²"'By what means?' the LORD asked.

"'I will go out and be a lying spirit in the mouths of all his prophets,' he said.

"'You will succeed in enticing him,' said the LORD. 'Go and do it.'

seducirlo." 23 Así que ahora el SEÑOR ha puesto un espíritu mentiroso en la boca de todos esos profetas de Su Majestad. El SEÑOR ha decretado para usted la calamidad.

24 Al oír esto, Sedequías hijo de Quenaná se levantó y le dio una bofetada a Micaías.

—¿Por dónde se fue el espíritu^r del SEÑOR cuando salió de mí para hablarte? —le preguntó.

25 Micaías contestó:

—Lo sabrás el día en que andes de escondite en escondite.

26 Entonces el rey de Israel ordenó:

—Tomen a Micaías y llévenselo a Amón, el gobernador de la ciudad, y a Joás, mi hijo. 27 Díganles que les ordeno echar en la cárcel a ese tipo, y no darle más que pan y agua, hasta que yo regrese sin contratiempos.

28 Micaías manifestó:

—Si regresas sin contratiempos, el SEÑOR no ha hablado por medio de mí. ¡Tomen nota todos ustedes de lo que estoy diciendo!

Muerte de Acab

29 El rey de Israel, y Josafat, rey de Judá, marcharon juntos contra Ramot de Galaad. 30 Allí el rey de Israel le dijo a Josafat: «Yo entraré a la batalla disfrazado, pero tú te pondrás tu ropaje real.» Así que el rey de Israel se disfrazó y entró al combate.

31 Pero el rey de *Siria les había ordenado a sus treinta y dos capitanes de los carros de combate: «No luchen contra nadie, grande o pequeño, salvo contra el rey de Israel.» 32 Cuando los capitanes de los carros vieron a Josafat, pensaron: «Sin duda, éste es el rey de Israel.» Así que se volvieron para atacarlo; pero Josafat gritó. 33 Entonces los capitanes de los carros vieron que no era el rey de Israel, y dejaron de perseguirlo.

34 Sin embargo, alguien disparó su arco al azar e hirió al rey de Israel entre las piezas de su armadura. El rey le ordenó al que conducía su carro: «Da la vuelta y sácame del campo de batalla, pues me han herido.» 35 Todo el día arreció la batalla, y al rey se le mantuvo de pie en su carro, frente a los sirios. Pero la sangre de su herida no dejaba de correr por el piso del carro, y esa misma tarde Acab murió. 36 Ya se ponía el sol cuando por todo el ejército se difundió un clamor: «Cada hombre a su ciudad; ¡todo el mundo a su tierra!»

37 Así que el rey murió, y fue llevado a Samaria, donde lo sepultaron. 38 Lavaron el carro en un estanque de Samaria, donde se bañaban las prostitutas, y los perros lamieron la sangre, tal como lo había declarado la palabra del SEÑOR.

39 Los demás acontecimientos del reinado de Acab, incluso todo lo que hizo, el palacio que construyó e incrustó de marfil, y las ciudades que fortificó, están escritos en el libro de las crónicas de los reyes de Israel. 40 Acab murió, y su hijo Ocozías lo sucedió en el trono.

Josafat, rey de Judá

41 Josafat hijo de Asá ascendió al trono de Judá en el cuarto año de Acab, rey de Israel. 42 Josafat tenía treinta y cinco años cuando comenzó a reinar, y reinó en Jerusalén veinticinco años. El nombre de su madre era Azuba hija de Siljí. 43 Siempre siguió el buen ejemplo de su padre Asá, y nunca se desvió de él, sino que hizo lo que agrada al SEÑOR. Sin embargo, no se quitaron los *santuarios paganos, de modo que el pueblo siguió ofreciendo allí sacrificios e incienso quemado. 44 Josafat también estaba en paz con el rey de Israel.

---

23 "So now the LORD has put a lying spirit in the mouths of all these prophets of yours. The LORD has decreed disaster for you."

24 Then Zedekiah son of Kenaanah went up and slapped Micaiah in the face. "Which way did the spirit from^s the LORD go when he went from me to speak to you?" he asked.

25 Micaiah replied, "You will find out on the day you go to hide in an inner room."

26 The king of Israel then ordered, "Take Micaiah and send him back to Amon the ruler of the city and to Joash the king's son 27 and say, 'This is what the king says: Put this fellow in prison and give him nothing but bread and water until I return safely.' "

28 Micaiah declared, "If you ever return safely, the LORD has not spoken through me." Then he added, "Mark my words, all you people!"

Ahab Killed at Ramoth Gilead

29 So the king of Israel and Jehoshaphat king of Judah went up to Ramoth Gilead. 30 The king of Israel said to Jehoshaphat, "I will enter the battle in disguise, but you wear your royal robes." So the king of Israel disguised himself and went into battle.

31 Now the king of Aram had ordered his thirty-two chariot commanders, "Do not fight with anyone, small or great, except the king of Israel." 32 When the chariot commanders saw Jehoshaphat, they thought, "Surely this is the king of Israel." So they turned to attack him, but when Jehoshaphat cried out, 33 the chariot commanders saw that he was not the king of Israel and stopped pursuing him.

34 But someone drew his bow at random and hit the king of Israel between the sections of his armor. The king told his chariot driver, "Wheel around and get me out of the fighting. I've been wounded." 35 All day long the battle raged, and the king was propped up in his chariot facing the Arameans. The blood from his wound ran onto the floor of the chariot, and that evening he died. 36 As the sun was setting, a cry spread through the army: "Every man to his town; everyone to his land!"

37 So the king died and was brought to Samaria, and they buried him there. 38 They washed the chariot at a pool in Samaria (where the prostitutes bathed),^t and the dogs licked up his blood, as the word of the LORD had declared.

39 As for the other events of Ahab's reign, including all he did, the palace he built and inlaid with ivory, and the cities he fortified, are they not written in the book of the annals of the kings of Israel? 40 Ahab rested with his fathers. And Ahaziah his son succeeded him as king.

Jehoshaphat King of Judah

41 Jehoshaphat son of Asa became king of Judah in the fourth year of Ahab king of Israel. 42 Jehoshaphat was thirty-five years old when he became king, and he reigned in Jerusalem twenty-five years. His mother's name was Azubah daughter of Shilhi. 43 In everything he walked in the ways of his father Asa and did not stray from them; he did what was right in the eyes of the LORD. The high places, however, were not removed, and the people continued to offer sacrifices and burn incense there. 44 Jehoshaphat was also at peace with the king of Israel.

---

45 Los demás acontecimientos del reinado de Josafat, lo que llevó a cabo y sus proezas militares, están escritos en el libro de las crónicas de los reyes de Judá. 46 Libró la tierra del resto de hombres que practicaban la prostitución en los santuarios, los cuales se habían quedado allí incluso después del reinado de su padre Asá. 47 En aquel tiempo no había rey en Edom, sino que gobernaba un regente.

48 Por esos días Josafat construyó una flota mercante[s] para ir a Ofir por oro, pero nunca llegaron a zarpar, pues naufragaron en Ezión Guéber. 49 Entonces Ocozías hijo de Acab le dijo a Josafat: «Deja que mis hombres naveguen con tus hombres.» Pero Josafat no se lo permitió.

50 Josafat murió y fue sepultado con sus antepasados en la ciudad de su padre David. Y su hijo Jorán lo sucedió en el trono.

Ocozías, rey de Israel

51 Ocozías hijo de Acab ascendió al trono de Israel en Samaria en el año diecisiete de Josafat, rey de Judá, y reinó dos años en Israel. 52 Pero hizo lo que ofende al SEÑOR, porque anduvo en los *caminos de su padre y de su madre, y en los caminos de Jeroboán hijo de Nabat, que hizo que Israel pecara. 53 Sirvió y adoró a *Baal, y provocó a ira al SEÑOR, Dios de Israel, tal como lo había hecho su padre.

45 As for the other events of Jehoshaphat's reign, the things he achieved and his military exploits, are they not written in the book of the annals of the kings of Judah? 46 He rid the land of the rest of the male shrine prostitutes who remained there even after the reign of his father Asa. 47 There was then no king in Edom; a deputy ruled.

48 Now Jehoshaphat built a fleet of trading ships[u] to go to Ophir for gold, but they never set sail—they were wrecked at Ezion Geber. 49 At that time Ahaziah son of Ahab said to Jehoshaphat, "Let my men sail with your men," but Jehoshaphat refused.

50 Then Jehoshaphat rested with his fathers and was buried with them in the city of David his father. And Jehoram his son succeeded him.

Ahaziah King of Israel

51 Ahaziah son of Ahab became king of Israel in Samaria in the seventeenth year of Jehoshaphat king of Judah, and he reigned over Israel two years. 52 He did evil in the eyes of the LORD, because he walked in the ways of his father and mother and in the ways of Jeroboam son of Nebat, who caused Israel to sin. 53 He served and worshiped Baal and provoked the LORD, the God of Israel, to anger, just as his father had done.

Segundo Libro de los

Reyes

2 Kings

El juicio del Señor contra Ocozías

1 Después de la muerte de Acab, la nación de Moab se rebeló contra Israel. ²Ocozías, que se había herido al caerse por la ventana del piso superior de su palacio en Samaria, despachó a unos mensajeros con este encargo: «Vayan y consulten a *Baal Zebub, dios de Ecrón, para saber si voy a recuperarme de estas heridas.» ³Pero el ángel del SEÑOR le dijo a Elías el tisbita: «Levántate y sal al encuentro de los mensajeros del rey de Samaria. Diles: "Y ustedes, ¿por qué van a consultar a Baal Zebub, dios de Ecrón? ¿Acaso no hay Dios en Israel?" ⁴Pues bien, así dice el SEÑOR: "Ya no te levantarás de tu lecho de enfermo, sino que ciertamente morirás."»

Así lo hizo Elías, ⁵y cuando los mensajeros regresaron, el rey les preguntó:

—¡Cómo! ¿Ya están de regreso?

⁶Ellos respondieron:

—Es que un hombre nos salió al encuentro y nos dijo que regresáramos al rey que nos había enviado y le dijéramos: "Así dice el SEÑOR: '¿Por qué mandas a consultar a Baal Zebub, dios de Ecrón? ¿Acaso no hay Dios en Israel? Pues bien, ya no te levantarás de tu lecho de enfermo, sino que ciertamente morirás.' "

⁷El rey les preguntó:

—¿Qué aspecto tenía el hombre que les salió al encuentro y les habló de ese modo?

⁸—Llevaba puesto un manto de piel, y tenía un cinturón de cuero atado a la cintura —contestaron ellos.

—¡Ah! ¡Era Elías el tisbita! —exclamó el rey.

⁹Y en seguida envió a un oficial con cincuenta soldados a buscarlo. El oficial fue y encontró a Elías sentado en la cima de un monte.

—Hombre de Dios —le dijo—, el rey te ordena que bajes.

¹⁰—Si soy hombre de Dios —replicó Elías—, ¡que caiga fuego del cielo y te consuma junto con tus cincuenta soldados!

Al instante cayó fuego del cielo, y consumió al oficial y a sus soldados. ¹¹Así que el rey envió a otro oficial con otros cincuenta soldados en busca de Elías.

—Hombre de Dios —le dijo—, el rey te ordena que bajes inmediatamente.

¹²—Si soy hombre de Dios —repuso Elías—, ¡que caiga fuego del cielo y te consuma junto con tus cincuenta soldados!

Una vez más, fuego de Dios cayó del cielo y consumió al oficial y a sus soldados. ¹³Por tercera vez el rey envió a un oficial con otros cincuenta soldados. Cuando éste llegó hasta donde estaba Elías, se puso de rodillas delante de él y le imploró:

—Hombre de Dios, le ruego que respete mi *vida y la de estos cincuenta servidores suyos. ¹⁴Sé bien que cayó fuego del cielo y consumió a los dos primeros oficiales y a sus soldados. Por eso le pido ahora que respete mi vida.

¹⁵El ángel del SEÑOR le ordenó a Elías: «Baja con él; no le tengas miedo.» Así que Elías se levantó y bajó

The LORD's Judgment on Ahaziah

1 After Ahab's death, Moab rebelled against Israel. ²Now Ahaziah had fallen through the lattice of his upper room in Samaria and injured himself. So he sent messengers, saying to them, "Go and consult Baal-Zebub, the god of Ekron, to see if I will recover from this injury."

³But the angel of the LORD said to Elijah the Tishbite, "Go up and meet the messengers of the king of Samaria and ask them, 'Is it because there is no God in Israel that you are going off to consult Baal-Zebub, the god of Ekron?' ⁴Therefore this is what the LORD says: 'You will not leave the bed you are lying on. You will certainly die!' " So Elijah went.

⁵When the messengers returned to the king, he asked them, "Why have you come back?"

⁶"A man came to meet us," they replied. "And he said to us, 'Go back to the king who sent you and tell him, "This is what the LORD says: Is it because there is no God in Israel that you are sending men to consult Baal-Zebub, the god of Ekron? Therefore you will not leave the bed you are lying on. You will certainly die!" ' "

⁷The king asked them, "What kind of man was it who came to meet you and told you this?"

⁸They replied, "He was a man with a garment of hair and with a leather belt around his waist."

The king said, "That was Elijah the Tishbite."

⁹Then he sent to Elijah a captain with his company of fifty men. The captain went up to Elijah, who was sitting on the top of a hill, and said to him, "Man of God, the king says, 'Come down!' "

¹⁰Elijah answered the captain, "If I am a man of God, may fire come down from heaven and consume you and your fifty men!" Then fire fell from heaven and consumed the captain and his men.

¹¹At this the king sent to Elijah another captain with his fifty men. The captain said to him, "Man of God, this is what the king says, 'Come down at once!' "

¹²"If I am a man of God," Elijah replied, "may fire come down from heaven and consume you and your fifty men!" Then the fire of God fell from heaven and consumed him and his fifty men.

¹³So the king sent a third captain with his fifty men. This third captain went up and fell on his knees before Elijah. "Man of God," he begged, "please have respect for my life and the lives of these fifty men, your servants! ¹⁴See, fire has fallen from heaven and consumed the first two captains and all their men. But now have respect for my life!"

¹⁵The angel of the LORD said to Elijah, "Go down with him; do not be afraid of him." So Elijah got up and went down with him to the king.

con el oficial para ver al rey, ¹⁶a quien le dijo:

—Así dice el SEÑOR: "Enviaste mensajeros a consultar a Baal Zebub, dios de Ecrón. ¿Acaso no hay Dios en Israel a quien puedas consultar? Puesto que has actuado así, ya no te levantarás de tu lecho de enfermo, sino que ciertamente morirás."

¹⁷Así fue como murió el rey, según la palabra que el SEÑOR había anunciado por medio de Elías.

Como Ocozías no llegó a tener hijos, Jorán lo sucedió en el trono. Esto aconteció en el segundo año de Jorán hijo de Josafat, rey de Judá. ¹⁸Los demás acontecimientos del reinado de Ocozías están escritos en el libro de las crónicas de los reyes de Israel.

Elías llevado al cielo

2 Cuando se acercaba la hora en que el SEÑOR se llevaría a Elías al cielo en un torbellino, Elías y Eliseo salieron de Guilgal. ²Entonces Elías le dijo a Eliseo:

—Quédate aquí, pues el SEÑOR me ha enviado a Betel.

Pero Eliseo le respondió:

—Tan cierto como que el SEÑOR y tú viven, te juro que no te dejaré solo.

Así que fueron juntos a Betel. ³Allí los miembros de la comunidad de profetas de Betel salieron a recibirlos, y le preguntaron a Eliseo:

—¿Sabes que hoy el SEÑOR va a quitarte a tu maestro, y a dejarte sin guía?

—Lo sé muy bien; ¡cállense!

⁴Elías, por su parte, volvió a decirle:

—Quédate aquí, Eliseo, pues el SEÑOR me ha enviado a Jericó.

Pero Eliseo le repitió:

—Tan cierto como que el SEÑOR y tú viven, te juro que no te dejaré solo.

Así que fueron juntos a Jericó. ⁵También allí los miembros de la comunidad de profetas de la ciudad se acercaron a Eliseo y le preguntaron:

—¿Sabes que hoy el SEÑOR va a quitarte a tu maestro, y a dejarte sin guía?

—Lo sé muy bien; ¡cállense!

⁶Una vez más Elías le dijo:

—Quédate aquí, pues el SEÑOR me ha enviado al Jordán.

Pero Eliseo insistió:

—Tan cierto como que el SEÑOR y tú viven, te juro que no te dejaré solo.

Así que los dos siguieron caminando ⁷y se detuvieron junto al río Jordán. Cincuenta miembros de la comunidad de profetas fueron también hasta ese lugar, pero se mantuvieron a cierta distancia, frente a ellos. ⁸Elías tomó su manto y, enrollándolo, golpeó el agua. El río se partió en dos, de modo que ambos lo cruzaron en seco. ⁹Al cruzar, Elías le preguntó a Eliseo:

—¿Qué quieres que haga por ti antes de que me separen de tu lado?

—Te pido que sea yo el heredero de tu espíritu por partida doble*a* —respondió Eliseo.

¹⁰—Has pedido algo difícil —le dijo Elías—, pero si logras verme cuando me separen de tu lado, te será concedido; de lo contrario, no.

¹¹Iban caminando y conversando cuando, de pronto, los separó un carro de fuego con caballos de fuego, y

¹⁶He told the king, "This is what the LORD says: Is it because there is no God in Israel for you to consult that you have sent messengers to consult Baal-Zebub, the god of Ekron? Because you have done this, you will never leave the bed you are lying on. You will certainly die!" ¹⁷So he died, according to the word of the LORD that Elijah had spoken.

Because Ahaziah had no son, Joram*a* succeeded him as king in the second year of Jehoram son of Jehoshaphat king of Judah. ¹⁸As for all the other events of Ahaziah's reign, and what he did, are they not written in the book of the annals of the kings of Israel?

Elijah Taken Up to Heaven

2 When the LORD was about to take Elijah up to heaven in a whirlwind, Elijah and Elisha were on their way from Gilgal. ²Elijah said to Elisha, "Stay here; the LORD has sent me to Bethel."

But Elisha said, "As surely as the LORD lives and as you live, I will not leave you." So they went down to Bethel.

³The company of the prophets at Bethel came out to Elisha and asked, "Do you know that the LORD is going to take your master from you today?"

"Yes, I know," Elisha replied, "but do not speak of it."

⁴Then Elijah said to him, "Stay here, Elisha; the LORD has sent me to Jericho."

And he replied, "As surely as the LORD lives and as you live, I will not leave you." So they went to Jericho.

⁵The company of the prophets at Jericho went up to Elisha and asked him, "Do you know that the LORD is going to take your master from you today?"

"Yes, I know," he replied, "but do not speak of it."

⁶Then Elijah said to him, "Stay here; the LORD has sent me to the Jordan."

And he replied, "As surely as the LORD lives and as you live, I will not leave you." So the two of them walked on.

⁷Fifty men of the company of the prophets went and stood at a distance, facing the place where Elijah and Elisha had stopped at the Jordan. ⁸Elijah took his cloak, rolled it up and struck the water with it. The water divided to the right and to the left, and the two of them crossed over on dry ground.

⁹When they had crossed, Elijah said to Elisha, "Tell me, what can I do for you before I am taken from you?"

"Let me inherit a double portion of your spirit," Elisha replied.

¹⁰"You have asked a difficult thing," Elijah said, "yet if you see me when I am taken from you, it will be yours—otherwise not."

¹¹As they were walking along and talking together, suddenly a chariot of fire and horses of fire appeared and separated the two of them, and Elijah went up to

---

a 2:9 por partida doble. Véase Dt 21:17.

a 17 Hebrew *Jehoram,* a variant of *Joram*

Elías subió al cielo en medio de un torbellino. ¹²Eliseo, viendo lo que pasaba, se puso a gritar: «¡Padre mío, padre mío, carro y fuerza conductora de Israel!» Pero no volvió a verlo.

Entonces agarró su ropa y la rasgó en dos. ¹³Luego recogió el manto que se le había caído a Elías y, regresando a la orilla del Jordán, ¹⁴golpeó el agua con el manto y exclamó: «¿Dónde está el SEÑOR, el Dios de Elías?» En cuanto golpeó el agua, el río se partió en dos, y Eliseo cruzó.

¹⁵Los profetas de Jericó, al verlo, exclamaron: «¡El espíritu de Elías se ha posado sobre Eliseo!» Entonces fueron a su encuentro y se postraron ante él, rostro en tierra.

¹⁶—Mira —le dijeron—, aquí se encuentran, entre nosotros tus servidores, cincuenta hombres muy capaces, que pueden ir a buscar a tu maestro. Quizás el Espíritu del SEÑOR lo tomó y lo arrojó en algún monte o en algún valle.

—No —respondió Eliseo—, no los manden.

¹⁷Pero ellos insistieron tanto que él se sintió incómodoᵇ y por fin les dijo:

—Está bien, mándenlos.

Así que enviaron a cincuenta hombres, los cuales buscaron a Elías durante tres días, pero no lo encontraron. ¹⁸Cuando regresaron a Jericó, donde se había quedado Eliseo, él les reclamó:

—¿No les advertí que no fueran?

Eliseo purifica el agua

¹⁹Luego, los habitantes de la ciudad le dijeron a Eliseo:

—Señor, como usted puede ver, nuestra ciudad está bien ubicada, pero el agua es mala, y por eso la tierra ha quedado estéril.

²⁰—Tráiganme una vasija nueva, y échenle sal —les ordenó Eliseo.

Cuando se la entregaron, ²¹Eliseo fue al manantial y, arrojando allí la sal, exclamó:

—Así dice el SEÑOR: "¡Yo *purifico esta agua para que nunca más cause muerte ni esterilidad!"

²²A partir de ese momento, y hasta el día de hoy, el agua quedó purificada, según la palabra de Eliseo.

Eliseo maldice a los burlones

²³De Jericó, Eliseo se dirigió a Betel. Iba subiendo por el camino cuando unos muchachos salieron de la ciudad y empezaron a burlarse de él. «¡Anda, viejo calvo! —le gritaban—. ¡Anda, viejo calvo!» ²⁴Eliseo se volvió y, clavándoles la vista, los maldijo en el *nombre del SEÑOR. Al instante, dos osas salieron del bosque y despedazaron a cuarenta y dos muchachos. ²⁵De allí, Eliseo se fue al monte Carmelo; y luego regresó a Samaria.

Los moabitas se rebelan

3 En el año dieciocho de Josafat, rey de Judá, Jorán hijo de Acab ascendió al trono de Israel en Samaria, y reinó doce años. ²Jorán hizo lo que ofende al SEÑOR, aunque no tanto como su padre y su madre, pues mandó que se quitara una *piedra sagrada que su padre había erigido en honor de *Baal. ³Sin embargo, Jorán se aferró a los mismos pecados con que Jeroboán hijo de Nabat había hecho pecar a los israelitas, pues no se apartó de esos pecados.

⁴Ahora bien, Mesá, rey de Moab, criaba ovejas, y como tributo anual le entregaba al rey de Israel cien mil

heaven in a whirlwind. ¹²Elisha saw this and cried out, "My father! My father! The chariots and horsemen of Israel!" And Elisha saw him no more. Then he took hold of his own clothes and tore them apart.

¹³He picked up the cloak that had fallen from Elijah and went back and stood on the bank of the Jordan. ¹⁴Then he took the cloak that had fallen from him and struck the water with it. "Where now is the LORD, the God of Elijah?" he asked. When he struck the water, it divided to the right and to the left, and he crossed over.

¹⁵The company of the prophets from Jericho, who were watching, said, "The spirit of Elijah is resting on Elisha." And they went to meet him and bowed to the ground before him. ¹⁶"Look," they said, "we your servants have fifty able men. Let them go and look for your master. Perhaps the Spirit of the LORD has picked him up and set him down on some mountain or in some valley."

"No," Elisha replied, "do not send them."

¹⁷But they persisted until he was too ashamed to refuse. So he said, "Send them." And they sent fifty men, who searched for three days but did not find him. ¹⁸When they returned to Elisha, who was staying in Jericho, he said to them, "Didn't I tell you not to go?"

Healing of the Water

¹⁹The men of the city said to Elisha, "Look, our lord, this town is well situated, as you can see, but the water is bad and the land is unproductive."

²⁰"Bring me a new bowl," he said, "and put salt in it." So they brought it to him.

²¹Then he went out to the spring and threw the salt into it, saying, "This is what the LORD says: 'I have healed this water. Never again will it cause death or make the land unproductive.' " ²²And the water has remained wholesome to this day, according to the word Elisha had spoken.

Elisha Is Jeered

²³From there Elisha went up to Bethel. As he was walking along the road, some youths came out of the town and jeered at him. "Go on up, you baldhead!" they said. "Go on up, you baldhead!" ²⁴He turned around, looked at them and called down a curse on them in the name of the LORD. Then two bears came out of the woods and mauled forty-two of the youths. ²⁵And he went on to Mount Carmel and from there returned to Samaria.

Moab Revolts

3 Joramᵇ son of Ahab became king of Israel in Samaria in the eighteenth year of Jehoshaphat king of Judah, and he reigned twelve years. ²He did evil in the eyes of the LORD, but not as his father and mother had done. He got rid of the sacred stone of Baal that his father had made. ³Nevertheless he clung to the sins of Jeroboam son of Nebat, which he had caused Israel to commit; he did not turn away from them.

⁴Now Mesha king of Moab raised sheep, and he had to supply the king of Israel with a hundred thousand lambs and with the wool of a hundred thousand rams.

ᵇ 2:17 *insistieron tanto que él se sintió incómodo.* Alt. *le insistieron por largo rato.*

ᵇ 1 Hebrew *Jehoram,* a variant of *Joram;* also in verse 6

ovejas y la lana de cien mil corderos. 5 Pero al morir Acab, el rey de Moab se rebeló contra el rey de Israel. 6 Entonces el rey Jorán salió de Samaria, movilizó a todo el ejército de Israel, 7 y le envió este mensaje a Josafat, rey de Judá:

—El rey de Moab se ha rebelado contra mí. ¿Irías conmigo a pelear contra Moab?

—Claro que sí —le respondió Josafat—. Estoy a tu disposición, lo mismo que mi ejército y mi caballería. 8 ¿Qué ruta tomaremos?

—La ruta del desierto de Edom —contestó Jorán.

9 Fue así como los reyes de Israel, Judá y Edom se pusieron en marcha. Durante siete días anduvieron por el desierto, hasta que el ejército y los animales se quedaron sin agua.

10 —¡Ay! —exclamó el rey de Israel—. ¡El Señor ha reunido a tres reyes para entregarlos en manos de los moabitas!

11 Pero Josafat preguntó:

—¿Acaso no hay aquí un profeta del Señor, para que consultemos al Señor por medio de él?

Un oficial del rey de Israel contestó:

—Aquí cerca está Eliseo hijo de Safat, el que servía a Elías.c

12 —Pues él puede darnos palabra del Señor —comentó Josafat.

Así que el rey de Israel fue a ver a Eliseo, acompañado del rey Josafat y del rey de Edom. 13 Pero Eliseo le dijo al rey de Israel:

—¿Qué tengo yo que ver con usted? Váyase a consultar a los profetas de su padre y de su madre.

—No —respondió el rey de Israel—, pues el Señor nos ha reunido a los tres para entregarnos en manos de los moabitas.

14 Eliseo replicó:

—Le juro que si no fuera por el respeto que le tengo a Josafat, rey de Judá, ni siquiera le daría a usted la cara. ¡Tan cierto como que vive el Señor *Todopoderoso, a quien sirvo! 15 En fin, ¡que me traigan un músico!

Mientras el músico tañía el arpa, la mano del Señor vino sobre Eliseo, 16 y éste dijo:

—Así dice el Señor: "Abran zanjas por todo este valle, 17 pues aunque no vean viento ni lluvia —dice el Señor—, este valle se llenará de agua, de modo que podrán beber ustedes y todos sus animales. 18 Esto es poca cosa para el Señor, que además entregará a Moab en manos de ustedes. 19 De hecho, ustedes destruirán todas las ciudades fortificadas y las otras ciudades principales. Cortarán los mejores árboles, cegarán los manantiales y sembrarán de piedras los campos fértiles.

20 A la mañana siguiente, a la hora de la ofrenda, toda el área se inundó con el agua que venía de la región de Edom. 21 Ahora bien, cuando los moabitas se enteraron de que los reyes habían salido para atacarlos, movilizaron a todos los que podían servir en el ejército y tomaron posiciones en la frontera. 22 Al levantarse ellos por la mañana, el sol se reflejaba sobre el agua, y a los moabitas les pareció que estaba teñida en sangre. 23 «¡Es sangre de batalla! —exclamaron—. Esos reyes deben de haber peleado, y se han matado unos a otros. ¡Vamos, Moab, al saqueo!»

24 Cuando los moabitas llegaron al campamento de Israel, los israelitas les hicieron frente y los derrotaron. Aquéllos se dieron a la fuga, pero los israelitas los

5 But after Ahab died, the king of Moab rebelled against the king of Israel. 6 So at that time King Joram set out from Samaria and mobilized all Israel. 7 He also sent this message to Jehoshaphat king of Judah: "The king of Moab has rebelled against me. Will you go with me to fight against Moab?"

"I will go with you," he replied. "I am as you are, my people as your people, my horses as your horses."

8 "By what route shall we attack?" he asked.

"Through the Desert of Edom," he answered.

9 So the king of Israel set out with the king of Judah and the king of Edom. After a roundabout march of seven days, the army had no more water for themselves or for the animals with them.

10 "What!" exclaimed the king of Israel. "Has the LORD called us three kings together only to hand us over to Moab?"

11 But Jehoshaphat asked, "Is there no prophet of the LORD here, that we may inquire of the LORD through him?"

An officer of the king of Israel answered, "Elisha son of Shaphat is here. He used to pour water on the hands of Elijah.c"

12 Jehoshaphat said, "The word of the LORD is with him." So the king of Israel and Jehoshaphat and the king of Edom went down to him.

13 Elisha said to the king of Israel, "What do we have to do with each other? Go to the prophets of your father and the prophets of your mother."

"No," the king of Israel answered, "because it was the LORD who called us three kings together to hand us over to Moab."

14 Elisha said, "As surely as the LORD Almighty lives, whom I serve, if I did not have respect for the presence of Jehoshaphat king of Judah, I would not look at you or even notice you. 15 But now bring me a harpist."

While the harpist was playing, the hand of the LORD came upon Elisha 16 and he said, "This is what the LORD says: Make this valley full of ditches. 17 For this is what the LORD says: You will see neither wind nor rain, yet this valley will be filled with water, and you, your cattle and your other animals will drink. 18 This is an easy thing in the eyes of the LORD; he will also hand Moab over to you. 19 You will overthrow every fortified city and every major town. You will cut down every good tree, stop up all the springs, and ruin every good field with stones."

20 The next morning, about the time for offering the sacrifice, there it was—water flowing from the direction of Edom! And the land was filled with water.

21 Now all the Moabites had heard that the kings had come to fight against them; so every man, young and old, who could bear arms was called up and stationed on the border. 22 When they got up early in the morning, the sun was shining on the water. To the Moabites across the way, the water looked red—like blood. 23 "That's blood!" they said. "Those kings must have fought and slaughtered each other. Now to the plunder, Moab!"

24 But when the Moabites came to the camp of Israel, the Israelites rose up and fought them until they fled. And the Israelites invaded the land and slaughtered the

---

c 3:11 servía a Elías. Lit. echaba agua en manos de Elías.   c 11 That is, he was Elijah's personal servant.

persiguieron y los aniquilaron, 25 y destruyeron sus ciudades. Cada uno tiró una piedra en los campos fértiles de Moab hasta llenarlos; además, cegaron los manantiales y cortaron los mejores árboles. Sólo Quir Jaréset quedó en pie, aunque los honderos la cercaron y también lograron conquistarla.

26 El rey de Moab, al ver que perdía la batalla, se llevó consigo a setecientos guerreros con el propósito de abrirse paso hasta donde estaba el rey de Edom, pero no logró pasar. 27 Tomó entonces a su hijo *primogénito, que había de sucederlo en el trono, y lo ofreció en *holocausto sobre la muralla. A raíz de esto, se desató contra Israel una furia incontenible, de modo que los israelitas tuvieron que retirarse y volver a su país.

El aceite de la viuda

4 La viuda de un miembro de la comunidad de los profetas le suplicó a Eliseo:

—Mi esposo, su servidor, ha muerto, y usted sabe que él era fiel*d* al SEÑOR. Ahora resulta que el hombre con quien estamos endeudados ha venido para llevarse a mis dos hijos como esclavos.

2 —¿Y qué puedo hacer por ti? —le preguntó Eliseo—. Dime, ¿qué tienes en casa?

—Su servidora no tiene nada en casa —le respondió—, excepto un poco de aceite.

3 Eliseo le ordenó:

—Sal y pide a tus vecinos que te presten sus vasijas; consigue todas las que puedas. 4 Luego entra en la casa con tus hijos y cierra la puerta. Echa aceite en todas las vasijas y, a medida que las llenes, ponlas aparte.

5 En seguida la mujer dejó a Eliseo y se fue. Luego se encerró con sus hijos y empezó a llenar las vasijas que ellos le pasaban. 6 Cuando ya todas estuvieron llenas, ella le pidió a uno de sus hijos que le pasara otra más, y él respondió: «Ya no hay.» En ese momento se acabó el aceite.

7 La mujer fue y se lo contó al hombre de Dios, quien le mandó: «Ahora ve a vender el aceite, y paga tus deudas. Con el dinero que te sobre, podrán vivir tú y tus hijos.»

El hijo de la sunamita

8 Un día, cuando Eliseo pasaba por Sunén, cierta mujer de buena posición le insistió que comiera en su casa. Desde entonces, siempre que pasaba por ese pueblo, comía allí. 9 La mujer le dijo a su esposo: «Mira, yo estoy segura de que este hombre que siempre nos visita es un *santo hombre de Dios. 10 Hagámosle un cuarto en la azotea, y pongámosle allí una cama, una mesa con una silla, y una lámpara. De ese modo, cuando nos visite, tendrá un lugar donde quedarse.»

11 En cierta ocasión Eliseo llegó, fue a su cuarto y se acostó. 12 Luego le dijo a su criado Guiezi:

—Llama a la señora.*e*

El criado así lo hizo, y ella se presentó. 13 Entonces Eliseo le dijo a Guiezi:

—Dile a la señora: "¡Te has tomado muchas molestias por nosotros! ¿Qué puedo hacer por ti? ¿Quieres que le hable al rey o al jefe del ejército en tu favor?"

Pero ella le respondió:

—Yo vivo segura en medio de mi pueblo.

14 Eliseo le preguntó a Guiezi:

—¿Qué puedo hacer por ella?

—Bueno —contestó el siervo— ella no tiene hijos, y su esposo ya es anciano.

Moabites. 25 They destroyed the towns, and each man threw a stone on every good field until it was covered. They stopped up all the springs and cut down every good tree. Only Kir Hareseth was left with its stones in place, but men armed with slings surrounded it and attacked it as well.

26 When the king of Moab saw that the battle had gone against him, he took with him seven hundred swordsmen to break through to the king of Edom, but they failed. 27 Then he took his firstborn son, who was to succeed him as king, and offered him as a sacrifice on the city wall. The fury against Israel was great; they withdrew and returned to their own land.

The Widow's Oil

4 The wife of a man from the company of the prophets cried out to Elisha, "Your servant my husband is dead, and you know that he revered the LORD. But now his creditor is coming to take my two boys as his slaves."

2 Elisha replied to her, "How can I help you? Tell me, what do you have in your house?"

"Your servant has nothing there at all," she said, "except a little oil."

3 Elisha said, "Go around and ask all your neighbors for empty jars. Don't ask for just a few. 4 Then go inside and shut the door behind you and your sons. Pour oil into all the jars, and as each is filled, put it to one side."

5 She left him and afterward shut the door behind her and her sons. They brought the jars to her and she kept pouring. 6 When all the jars were full, she said to her son, "Bring me another one."

But he replied, "There is not a jar left." Then the oil stopped flowing.

7 She went and told the man of God, and he said, "Go, sell the oil and pay your debts. You and your sons can live on what is left."

The Shunammite's Son Restored to Life

8 One day Elisha went to Shunem. And a well-to-do woman was there, who urged him to stay for a meal. So whenever he came by, he stopped there to eat. 9 She said to her husband, "I know that this man who often comes our way is a holy man of God. 10 Let's make a small room on the roof and put in it a bed and a table, a chair and a lamp for him. Then he can stay there whenever he comes to us."

11 One day when Elisha came, he went up to his room and lay down there. 12 He said to his servant Gehazi, "Call the Shunammite." So he called her, and she stood before him. 13 Elisha said to him, "Tell her, 'You have gone to all this trouble for us. Now what can be done for you? Can we speak on your behalf to the king or the commander of the army?' "

She replied, "I have a home among my own people."

14 "What can be done for her?" Elisha asked.

Gehazi said, "Well, she has no son and her husband is old."

---

d 4:1 era fiel. Lit. *temía.*   *e 4:12 señora.* Lit. *sunamita;* también en v. 36.

15—Llámala —ordenó Eliseo.

Guiezi la llamó, y ella se detuvo en la puerta. 16Entonces Eliseo le prometió:

—El año que viene, por esta fecha, estarás abrazando a un hijo.

—¡No, mi señor, hombre de Dios! —exclamó ella—. No engañe usted a su servidora.

17En efecto, la mujer quedó embarazada. Y al año siguiente, por esa misma fecha, dio a luz un hijo, tal como Eliseo se lo había dicho.

18El niño creció, y un día salió a ver a su padre, que estaba con los segadores. 19De pronto exclamó:

—¡Ay, mi cabeza! ¡Me duele la cabeza!

El padre le ordenó a un criado:

—¡Llévaselo a su madre!

20El criado lo cargó y se lo llevó a la madre, la cual lo tuvo en sus rodillas hasta el mediodía. A esa hora, el niño murió. 21Entonces ella subió, lo puso en la cama del hombre de Dios y, cerrando la puerta, salió. 22Después llamó a su esposo y le dijo:

—Préstame un criado y una burra; en seguida vuelvo. Voy de prisa a ver al hombre de Dios.

23—¿Para qué vas a verlo hoy? —le preguntó su esposo—. No es día de luna nueva ni *sábado.

—No importa —respondió ella.

24Entonces hizo aparejar la burra y le ordenó al criado:

—¡Anda, vamos! No te detengas hasta que te lo diga.

25La mujer se puso en marcha y llegó al monte Carmelo, donde estaba Eliseo, el hombre de Dios. Éste la vio a lo lejos y le dijo a su criado Guiezi:

—¡Mira! Ahí viene la sunamita. 26Corre a recibirla y pregúntale cómo está ella, y cómo están su esposo y el niño.

El criado fue, y ella respondió que todos estaban bien. 27Pero luego fue a la montaña y se abrazó a los pies del hombre de Dios. Guiezi se acercó con el propósito de apartarla, pero el hombre de Dios intervino:

—¡Déjala! Está muy angustiada, y el SEÑOR me ha ocultado lo que pasa; no me ha dicho nada.

28—Señor mío —le reclamó la mujer—, ¿acaso yo le pedí a usted un hijo? ¿No le rogué que no me engañara?

29Eliseo le ordenó a Guiezi:

—Arréglate la ropa, toma mi bastón y ponte en camino. Si te encuentras con alguien, ni lo saludes; si alguien te saluda, no le respondas. Y cuando llegues, coloca el bastón sobre la cara del niño.

30Pero la madre del niño exclamó:

—¡Le juro a usted que no lo dejaré solo! ¡Tan cierto como que el SEÑOR y usted viven!

Así que Eliseo se levantó y fue con ella. 31Guiezi, que se había adelantado, llegó y colocó el bastón sobre la cara del niño, pero éste no respondió ni dio ninguna señal de vida. Por tanto, Guiezi volvió para encontrarse con Eliseo y le dijo:

—El niño no despierta.

32Cuando Eliseo llegó a la casa, encontró al niño muerto, tendido sobre su cama. 33Entró al cuarto, cerró la puerta y oró al SEÑOR. 34Luego subió a la cama y se tendió sobre el niño boca a boca, ojos a ojos y manos a manos, hasta que el cuerpo del niño empezó a entrar en calor. 35Eliseo se levantó y se puso a caminar de un lado a otro del cuarto, y luego volvió a tenderse sobre el niño. Esto lo hizo siete veces, al cabo de las cuales

15Then Elisha said, "Call her." So he called her, and she stood in the doorway. 16"About this time next year," Elisha said, "you will hold a son in your arms."

"No, my lord," she objected. "Don't mislead your servant, O man of God!"

17But the woman became pregnant, and the next year about that same time she gave birth to a son, just as Elisha had told her.

18The child grew, and one day he went out to his father, who was with the reapers. 19"My head! My head!" he said to his father.

His father told a servant, "Carry him to his mother." 20After the servant had lifted him up and carried him to his mother, the boy sat on her lap until noon, and then he died. 21She went up and laid him on the bed of the man of God, then shut the door and went out.

22She called her husband and said, "Please send me one of the servants and a donkey so I can go to the man of God quickly and return."

23"Why go to him today?" he asked. "It's not the New Moon or the Sabbath."

"It's all right," she said.

24She saddled the donkey and said to her servant, "Lead on; don't slow down for me unless I tell you." 25So she set out and came to the man of God at Mount Carmel.

When he saw her in the distance, the man of God said to his servant Gehazi, "Look! There's the Shunammite! 26Run to meet her and ask her, 'Are you all right? Is your husband all right? Is your child all right?'"

"Everything is all right," she said.

27When she reached the man of God at the mountain, she took hold of his feet. Gehazi came over to push her away, but the man of God said, "Leave her alone! She is in bitter distress, but the LORD has hidden it from me and has not told me why."

28"Did I ask you for a son, my lord?" she said. "Didn't I tell you, 'Don't raise my hopes'?"

29Elisha said to Gehazi, "Tuck your cloak into your belt, take my staff in your hand and run. If you meet anyone, do not greet him, and if anyone greets you, do not answer. Lay my staff on the boy's face."

30But the child's mother said, "As surely as the LORD lives and as you live, I will not leave you." So he got up and followed her.

31Gehazi went on ahead and laid the staff on the boy's face, but there was no sound or response. So Gehazi went back to meet Elisha and told him, "The boy has not awakened."

32When Elisha reached the house, there was the boy lying dead on his couch. 33He went in, shut the door on the two of them and prayed to the LORD. 34Then he got on the bed and lay upon the boy, mouth to mouth, eyes to eyes, hands to hands. As he stretched himself out upon him, the boy's body grew warm. 35Elisha turned away and walked back and forth in the room and then got on the bed and stretched out upon him once more. The boy sneezed seven times and opened his eyes.

el niño estornudó y abrió los ojos.*f* 36 Entonces Eliseo le dijo a Guiezi:

—Llama a la señora.

Guiezi así lo hizo, y cuando la mujer llegó, Eliseo le dijo:

—Puedes llevarte a tu hijo.

37 Ella entró, se arrojó a los pies de Eliseo y se postró rostro en tierra. Entonces tomó a su hijo y salió.

El milagro de la comida

38 Eliseo regresó a Guilgal y se encontró con que en esos días había mucha hambre en el país. Por tanto, se reunió con la comunidad de profetas y le ordenó a su criado: «Pon esa olla grande en el fogón y prepara un guisado para los profetas.»

39 En eso, uno de ellos salió al campo para recoger hierbas; allí encontró una planta silvestre y arrancó varias frutas hasta llenar su manto. Al regresar, las cortó en pedazos y las echó en el guisado sin saber qué eran. 40 Sirvieron el guisado, pero cuando los hombres empezaron a comerlo, gritaron:

—¡Hombre de Dios, esto es veneno!*g*

Así que no pudieron comer. 41 Entonces Eliseo ordenó:

—Tráiganme harina.

Y luego de echar la harina en la olla, dijo:

—Sírvanle a la gente para que coma.

Y ya no hubo nada en la olla que les hiciera daño.

Alimentación de cien hombres

42 De Baal Salisá llegó alguien que le llevaba al hombre de Dios pan de los *primeros frutos: veinte panes de cebada y espigas de trigo fresco.*h* Eliseo le dijo a su criado:

—Dale de comer a la gente.

43 —¿Cómo voy a alimentar a cien personas con esto? —replicó el criado.

Pero Eliseo insistió:

—Dale de comer a la gente, pues así dice el SEÑOR: "Comerán y habrá de sobra."

44 Entonces el criado les sirvió el pan y, conforme a la palabra del SEÑOR, la gente comió y hubo de sobra.

Eliseo sana a Naamán

5 Naamán, jefe del ejército del rey de *Siria, era un hombre de mucho prestigio y gozaba del favor de su rey porque, por medio de él, el SEÑOR le había dado victorias a su país. Era un soldado valiente, pero estaba enfermo de *lepra.

2 En cierta ocasión los sirios, que salían a merodear, capturaron a una muchacha israelita y la hicieron criada de la esposa de Naamán. 3 Un día la muchacha le dijo a su ama: «Ojalá el amo fuera a ver al profeta que hay en Samaria, porque él lo sanaría de su lepra.»

4 Naamán fue a contarle al rey lo que la muchacha israelita había dicho. 5 El rey de Siria le respondió:

—Bien, puedes ir; yo le mandaré una carta al rey de Israel.

Y así Naamán se fue, llevando treinta mil monedas de plata, seis mil monedas de oro*i* y diez mudas de ropa. 6 La carta que le llevó al rey de Israel decía: «Cuando te llegue esta carta, verás que el portador es Naamán, uno de mis oficiales. Te lo envío para que lo sanes de su lepra.»

36 Elisha summoned Gehazi and said, "Call the Shunammite." And he did. When she came, he said, "Take your son." 37 She came in, fell at his feet and bowed to the ground. Then she took her son and went out.

Death in the Pot

38 Elisha returned to Gilgal and there was a famine in that region. While the company of the prophets was meeting with him, he said to his servant, "Put on the large pot and cook some stew for these men."

39 One of them went out into the fields to gather herbs and found a wild vine. He gathered some of its gourds and filled the fold of his cloak. When he returned, he cut them up into the pot of stew, though no one knew what they were. 40 The stew was poured out for the men, but as they began to eat it, they cried out, "O man of God, there is death in the pot!" And they could not eat it.

41 Elisha said, "Get some flour." He put it into the pot and said, "Serve it to the people to eat." And there was nothing harmful in the pot.

Feeding of a Hundred

42 A man came from Baal Shalishah, bringing the man of God twenty loaves of barley bread baked from the first ripe grain, along with some heads of new grain. "Give it to the people to eat," Elisha said.

43 "How can I set this before a hundred men?" his servant asked.

But Elisha answered, "Give it to the people to eat. For this is what the LORD says: 'They will eat and have some left over.' " 44 Then he set it before them, and they ate and had some left over, according to the word of the LORD.

Naaman Healed of Leprosy

5 Now Naaman was commander of the army of the king of Aram. He was a great man in the sight of his master and highly regarded, because through him the LORD had given victory to Aram. He was a valiant soldier, but he had leprosy.*d*

2 Now bands from Aram had gone out and had taken captive a young girl from Israel, and she served Naaman's wife. 3 She said to her mistress, "If only my master would see the prophet who is in Samaria! He would cure him of his leprosy."

4 Naaman went to his master and told him what the girl from Israel had said. 5 "By all means, go," the king of Aram replied. "I will send a letter to the king of Israel." So Naaman left, taking with him ten talents*e* of silver, six thousand shekels*f* of gold and ten sets of clothing. 6 The letter that he took to the king of Israel read: "With this letter I am sending my servant Naaman to you so that you may cure him of his leprosy."

---

f 4:35 Esto lo ... los ojos. Alt. El niño estornudó siete veces, y abrió los ojos.   *g* 4:40 esto es veneno. Lit. hay muerte en la olla.   *h* 4:42 espigas de trigo fresco. Alt. trigo fresco en su alforja.   *i* 5:5 treinta mil ... oro. Lit. diez *talentos de plata y seis mil *siclos de oro.

d 1 The Hebrew word was used for various diseases affecting the skin—not necessarily leprosy; also in verses 3, 6, 7, 11 and 27.   *e* 5 That is, about 750 pounds (about 340 kilograms)   *f* 5 That is, about 150 pounds (about 70 kilograms)

⁷Al leer la carta, el rey de Israel se rasgó las vestiduras y exclamó: «¿Y acaso soy Dios, capaz de dar vida o muerte, para que ese tipo me pida sanar a un leproso? ¡Fíjense bien que me está buscando pleito!»

⁸Cuando Eliseo, hombre de Dios, se enteró de que el rey de Israel se había rasgado las vestiduras, le envió este mensaje: «¿Por qué está Su Majestad tan molesto?*ʲ* ¡Mándeme usted a ese hombre, para que sepa que hay profeta en Israel!»

⁹Así que Naamán, con sus caballos y sus carros, fue a la casa de Eliseo y se detuvo ante la puerta. ¹⁰Entonces Eliseo envió un mensajero a que le dijera: «Ve y zambúllete siete veces en el río Jordán; así tu piel sanará, y quedarás limpio.»

¹¹Naamán se enfureció y se fue, quejándose: «¡Yo creí que el profeta saldría a recibirme personalmente para invocar el *nombre del SEÑOR su Dios, y que con un movimiento de la mano me sanaría de la lepra! ¹²¿Acaso los ríos de Damasco, el Abaná y el Farfar, no son mejores que toda el agua de Israel? ¿Acaso no podría zambullirme en ellos y quedar limpio?» Furioso, dio media vuelta y se marchó.

¹³Entonces sus criados se le acercaron para aconsejarle: «Señor,*ᵏ* si el profeta le hubiera mandado hacer algo complicado, ¿usted no le habría hecho caso? ¡Con más razón si lo único que le dice a usted es que se zambulla, y así quedará limpio!» ¹⁴Así que Naamán bajó al Jordán y se sumergió siete veces, según se lo había ordenado el hombre de Dios. ¡Y su piel se volvió como la de un niño, y quedó limpio! ¹⁵Luego Naamán volvió con todos sus acompañantes y, presentándose ante el hombre de Dios, le dijo:

—Ahora reconozco que no hay Dios en todo el mundo, sino sólo en Israel. Le ruego a usted aceptar un regalo de su servidor.

¹⁶Pero Eliseo respondió:

—¡Tan cierto como que vive el SEÑOR, a quien yo sirvo, que no voy a aceptar nada!

Y por más que insistió Naamán, Eliseo no accedió.

¹⁷—En ese caso —persistió Naamán—, permítame usted llevarme dos cargas de esta tierra,*ˡ* ya que de aquí en adelante su servidor no va a ofrecerle *holocaustos ni sacrificios a ningún otro dios, sino sólo al SEÑOR. ¹⁸Y cuando mi señor el rey vaya a adorar en el templo de Rimón y se apoye de mi brazo, y yo me vea obligado a inclinarme allí, desde ahora ruego al SEÑOR que me perdone por inclinarme en ese templo.

¹⁹—Puedes irte en *paz —respondió Eliseo.

Naamán se fue, y ya había recorrido cierta distancia ²⁰cuando Guiezi, el criado de Eliseo, hombre de Dios, pensó: «Mi amo ha sido demasiado bondadoso con este sirio Naamán, pues no le aceptó nada de lo que había traído. Pero yo voy a correr tras él, a ver si me da algo. ¡Tan cierto como que el SEÑOR vive!»

²¹Así que Guiezi se fue para alcanzar a Naamán. Cuando éste lo vio correr tras él, se bajó de su carro para recibirlo y lo saludó. ²²Respondiendo al saludo, Guiezi dijo:

—Mi amo me ha enviado con este mensaje: "Dos jóvenes de la comunidad de profetas acaban de llegar de la sierra de Efraín. Te pido que me des para ellos tres mil monedas*ᵐ* de plata y dos mudas de ropa."

²³—Por favor, llévate seis mil —respondió Naamán, e insistió en que las aceptara.

Echó entonces las monedas en dos sacos, junto con las dos mudas de ropa, y todo esto se lo entregó a dos

⁷As soon as the king of Israel read the letter, he tore his robes and said, "Am I God? Can I kill and bring back to life? Why does this fellow send someone to me to be cured of his leprosy? See how he is trying to pick a quarrel with me!"

⁸When Elisha the man of God heard that the king of Israel had torn his robes, he sent him this message: "Why have you torn your robes? Have the man come to me and he will know that there is a prophet in Israel." ⁹So Naaman went with his horses and chariots and stopped at the door of Elisha's house. ¹⁰Elisha sent a messenger to say to him, "Go, wash yourself seven times in the Jordan, and your flesh will be restored and you will be cleansed."

¹¹But Naaman went away angry and said, "I thought that he would surely come out to me and stand and call on the name of the LORD his God, wave his hand over the spot and cure me of my leprosy. ¹²Are not Abana and Pharpar, the rivers of Damascus, better than any of the waters of Israel? Couldn't I wash in them and be cleansed?" So he turned and went off in a rage.

¹³Naaman's servants went to him and said, "My father, if the prophet had told you to do some great thing, would you not have done it? How much more, then, when he tells you, 'Wash and be cleansed'!" ¹⁴So he went down and dipped himself in the Jordan seven times, as the man of God had told him, and his flesh was restored and became clean like that of a young boy.

¹⁵Then Naaman and all his attendants went back to the man of God. He stood before him and said, "Now I know that there is no God in all the world except in Israel. Please accept now a gift from your servant."

¹⁶The prophet answered, "As surely as the LORD lives, whom I serve, I will not accept a thing." And even though Naaman urged him, he refused.

¹⁷"If you will not," said Naaman, "please let me, your servant, be given as much earth as a pair of mules can carry, for your servant will never again make burnt offerings and sacrifices to any other god but the LORD. ¹⁸But may the LORD forgive your servant for this one thing: When my master enters the temple of Rimmon to bow down and he is leaning on my arm and I bow there also—when I bow down in the temple of Rimmon, may the LORD forgive your servant for this."

¹⁹"Go in peace," Elisha said.

After Naaman had traveled some distance, ²⁰Gehazi, the servant of Elisha the man of God, said to himself, "My master was too easy on Naaman, this Aramean, by not accepting from him what he brought. As surely as the LORD lives, I will run after him and get something from him."

²¹So Gehazi hurried after Naaman. When Naaman saw him running toward him, he got down from the chariot to meet him. "Is everything all right?" he asked.

²²"Everything is all right," Gehazi answered. "My master sent me to say, 'Two young men from the company of the prophets have just come to me from the hill country of Ephraim. Please give them a talent*ᵍ* of silver and two sets of clothing.'"

²³"By all means, take two talents," said Naaman. He urged Gehazi to accept them, and then tied up the two talents of silver in two bags, with two sets of clothing. He gave them to two of his servants, and they carried

---

ʲ 5:8 está Su Majestad tan molesto. Lit. *se ha rasgado la ropa.*
ᵏ 5:13 Señor. Lit. *Padre mío.*   *ˡ 5:17 dos cargas de esta tierra.*
Es decir, para construir un altar.   *ᵐ 5:22 tres mil monedas.* Lit.
*un *talento.*

ᵍ 22 That is, about 75 pounds (about 34 kilograms)

criados para que lo llevaran delante de Guiezi. 24 Al llegar a la colina, Guiezi tomó los sacos y los guardó en la casa; después despidió a los hombres, y éstos se fueron. 25 Entonces Guiezi se presentó ante su amo.

—¿De dónde vienes, Guiezi? —le preguntó Eliseo.

—Su servidor no ha ido a ninguna parte —respondió Guiezi.

26 Eliseo replicó:

—¿No estaba yo presente en espíritu cuando aquel hombre se bajó de su carro para recibirte? ¿Acaso es éste el momento de recibir dinero y ropa, huertos y viñedos, ovejas y bueyes, criados y criadas? 27 Ahora la lepra de Naamán se les pegará a ti y a tus descendientes para siempre.

No bien había salido Guiezi de la presencia de Eliseo cuando ya estaba blanco como la nieve por causa de la lepra.

El milagro del hacha

6 Un día, los miembros de la comunidad de los profetas le dijeron a Eliseo:

—Como puede ver, el lugar donde ahora vivimos con usted nos resulta pequeño. 2 Es mejor que vayamos al Jordán. Allí podremos conseguir madera y construir[n] un albergue.

—Bien, vayan —respondió Eliseo.

3 Pero uno de ellos le pidió:

—Acompañe usted, por favor, a sus servidores.

Eliseo consintió 4 en acompañarlos, y cuando llegaron al Jordán empezaron a cortar árboles. 5 De pronto, al cortar un tronco, a uno de los profetas se le zafó el hacha y se le cayó al río.

—¡Ay, maestro! —gritó—. ¡Esa hacha no era mía!

6 —¿Dónde cayó? —preguntó el hombre de Dios.

Cuando se le indicó el lugar, Eliseo cortó un palo y, echándolo allí, hizo que el hacha saliera a flote.

7 —Sácala —ordenó Eliseo.

Así que el hombre extendió el brazo y la sacó.

Eliseo captura una tropa siria

8 El rey de *Siria, que estaba en guerra con Israel, deliberó con sus ministros y les dijo: «Vamos a acampar en tal lugar.» 9 Pero el hombre de Dios le envió este mensaje al rey de Israel: «Procura no pasar por este sitio, pues los sirios te han tendido allí una emboscada.»[ñ] 10 Así que el rey de Israel envió a reconocer el lugar que el hombre de Dios le había indicado. Y en varias otras ocasiones Eliseo le avisó al rey, de modo que éste tomó precauciones. 11 El rey de Siria, enfurecido por lo que estaba pasando, llamó a sus ministros y les reclamó:

—¿Quieren decirme quién está informando al rey de Israel?

12 —Nadie, mi señor y rey —respondió uno de ellos—. El responsable es Eliseo, el profeta que está en Israel. Es él quien le comunica todo al rey de Israel, aun lo que Su Majestad dice en su alcoba.

13 —Pues entonces averigüen dónde está —ordenó el rey—, para que mande a capturarlo.

Cuando le informaron que Eliseo estaba en Dotán, 14 el rey envió allá un destacamento grande, con caballos y carros de combate. Llegaron de noche y cercaron la ciudad.

them ahead of Gehazi. 24 When Gehazi came to the hill, he took the things from the servants and put them away in the house. He sent the men away and they left. 25 Then he went in and stood before his master Elisha.

"Where have you been, Gehazi?" Elisha asked.

"Your servant didn't go anywhere," Gehazi answered.

26 But Elisha said to him, "Was not my spirit with you when the man got down from his chariot to meet you? Is this the time to take money, or to accept clothes, olive groves, vineyards, flocks, herds, or menservants and maidservants? 27 Naaman's leprosy will cling to you and to your descendants forever." Then Gehazi went from Elisha's presence and he was leprous, as white as snow.

An Axhead Floats

6 The company of the prophets said to Elisha, "Look, the place where we meet with you is too small for us. 2 Let us go to the Jordan, where each of us can get a pole; and let us build a place there for us to live."

And he said, "Go."

3 Then one of them said, "Won't you please come with your servants?"

"I will," Elisha replied. 4 And he went with them.

They went to the Jordan and began to cut down trees. 5 As one of them was cutting down a tree, the iron axhead fell into the water. "Oh, my lord," he cried out, "it was borrowed!"

6 The man of God asked, "Where did it fall?" When he showed him the place, Elisha cut a stick and threw it there, and made the iron float. 7 "Lift it out," he said. Then the man reached out his hand and took it.

Elisha Traps Blinded Arameans

8 Now the king of Aram was at war with Israel. After conferring with his officers, he said, "I will set up my camp in such and such a place."

9 The man of God sent word to the king of Israel: "Beware of passing that place, because the Arameans are going down there." 10 So the king of Israel checked on the place indicated by the man of God. Time and again Elisha warned the king, so that he was on his guard in such places.

11 This enraged the king of Aram. He summoned his officers and demanded of them, "Will you not tell me which of us is on the side of the king of Israel?"

12 "None of us, my lord the king," said one of his officers, "but Elisha, the prophet who is in Israel, tells the king of Israel the very words you speak in your bedroom."

13 "Go, find out where he is," the king ordered, "so I can send men and capture him." The report came back: "He is in Dothan." 14 Then he sent horses and chariots and a strong force there. They went by night and surrounded the city.

---

n 6:2 *podremos conseguir madera y construir.* Lit. *cada uno tomará una viga y construirá.*   ñ 6:9 *te han tendido allí una emboscada.* Alt. *piensan acampar allí.*

la ciudad. 15Por la mañana, cuando el criado del hombre de Dios se levantó para salir, vio que un ejército con caballos y carros de combate rodeaba la ciudad.

—¡Ay, mi señor! —exclamó el criado—. ¿Qué vamos a hacer?

16—No tengas miedo —respondió Eliseo—. Los que están con nosotros son más que ellos.

17Entonces Eliseo oró: «SEÑOR, ábrele a Guiezi los ojos para que vea.» El SEÑOR así lo hizo, y el criado vio que la colina estaba llena de caballos y de carros de fuego alrededor de Eliseo. 18Como ya los sirios se acercaban a él, Eliseo volvió a orar: «SEÑOR, castiga a esta gente con ceguera.» Y el SEÑOR hizo lo que le pidió Eliseo.

19Luego Eliseo les dijo: «Ésta no es la ciudad adonde iban; han tomado un camino equivocado. Síganme, que yo los llevaré adonde está el hombre que buscan.» Pero los llevó a Samaria. 20Después de entrar en la ciudad, Eliseo dijo: «SEÑOR, ábreles los ojos, para que vean.» El SEÑOR así lo hizo, y ellos se dieron cuenta de que estaban dentro de Samaria. 21Cuando el rey de Israel los vio, le preguntó a Eliseo:

—¿Los mato, mi señor? ¿Los mato?

22—No, no los mates —contestó Eliseo—. ¿Acaso los has capturado con tu espada y tu arco, para que los mates? Mejor sírveles comida y agua para que coman y beban, y que luego vuelvan a su rey.

23Así que el rey de Israel les dio un tremendo banquete. Cuando terminaron de comer, los despidió, y ellos regresaron a su rey. Y las bandas de sirios no volvieron a invadir el territorio israelita.

Hambre en Samaria

24Algún tiempo después, Ben Adad, rey de *Siria, movilizó todo su ejército para ir a Samaria y sitiarla. 25El sitio duró tanto tiempo que provocó un hambre terrible en la ciudad, a tal grado que una cabeza de asno llegó a costar ochenta monedas de plata,o y un poco de algarroba,p cinco.

26Un día, mientras el rey recorría la muralla, una mujer le gritó:

—¡Sálvenos, Su Majestad!

27—Si el SEÑOR no te salva —respondió el rey—, ¿de dónde voy a sacar yo comida para salvarte? ¿Del granero? ¿Del lagar? 28¿Qué te pasa?

Ella se quejó:

—Esta mujer me propuso que le entregara mi hijo para que nos lo comiéramos hoy, y que mañana nos comeríamos el de ella. 29Pues bien, cocinamos a mi hijo y nos lo comimos, pero al día siguiente, cuando le pedí que entregara su hijo para que nos lo comiéramos, resulta que ya lo había escondido.

30Al oír la queja de la mujer, el rey se rasgó las vestiduras. Luego reanudó su recorrido por la muralla, y la gente pudo ver que bajo su túnica real iba vestido de luto. 31«¡Que el SEÑOR me castigue sin piedad —exclamó el rey— si hoy mismo no le corto la cabeza a Eliseo hijo de Safat!»

32Mientras Eliseo se encontraba en su casa, sentado con los *ancianos, el rey le envió un mensajero. Antes de que éste llegara, Eliseo les dijo a los ancianos:

—Ahora van a ver cómo ese asesino envía a alguien a cortarme la cabeza. Pues bien, cuando llegue el mensajero, atranquen la puerta para que no entre. ¡Ya oigo detrás de él los pasos de su señor!

15When the servant of the man of God got up and went out early the next morning, an army with horses and chariots had surrounded the city. "Oh, my lord, what shall we do?" the servant asked.

16"Don't be afraid," the prophet answered. "Those who are with us are more than those who are with them."

17And Elisha prayed, "O LORD, open his eyes so he may see." Then the LORD opened the servant's eyes, and he looked and saw the hills full of horses and chariots of fire all around Elisha.

18As the enemy came down toward him, Elisha prayed to the LORD, "Strike these people with blindness." So he struck them with blindness, as Elisha had asked.

19Elisha told them, "This is not the road and this is not the city. Follow me, and I will lead you to the man you are looking for." And he led them to Samaria.

20After they entered the city, Elisha said, "LORD, open the eyes of these men so they can see." Then the LORD opened their eyes and they looked, and there they were, inside Samaria.

21When the king of Israel saw them, he asked Elisha, "Shall I kill them, my father? Shall I kill them?"

22"Do not kill them," he answered. "Would you kill men you have captured with your own sword or bow? Set food and water before them so that they may eat and drink and then go back to their master." 23So he prepared a great feast for them, and after they had finished eating and drinking, he sent them away, and they returned to their master. So the bands from Aram stopped raiding Israel's territory.

Famine in Besieged Samaria

24Some time later, Ben-Hadad king of Aram mobilized his entire army and marched up and laid siege to Samaria. 25There was a great famine in the city; the siege lasted so long that a donkey's head sold for eighty shekelsh of silver, and a quarter of a cabi of seed podsj for five shekels.k

26As the king of Israel was passing by on the wall, a woman cried to him, "Help me, my lord the king!"

27The king replied, "If the LORD does not help you, where can I get help for you? From the threshing floor? From the winepress?" 28Then he asked her, "What's the matter?"

She answered, "This woman said to me, 'Give up your son so we may eat him today, and tomorrow we'll eat my son.' 29So we cooked my son and ate him. The next day I said to her, 'Give up your son so we may eat him,' but she had hidden him."

30When the king heard the woman's words, he tore his robes. As he went along the wall, the people looked, and there, underneath, he had sackcloth on his body. 31He said, "May God deal with me, be it ever so severely, if the head of Elisha son of Shaphat remains on his shoulders today!"

32Now Elisha was sitting in his house, and the elders were sitting with him. The king sent a messenger ahead, but before he arrived, Elisha said to the elders, "Don't you see how this murderer is sending someone to cut off my head? Look, when the messenger comes, shut the door and hold it shut against him. Is not the sound of his master's footsteps behind him?"

---

o 6:25 ochenta monedas de plata. Lit. ochenta ⌊*siclos⌋ de plata.
p 6:25 un poco de algarroba. Lit. un cuarto de *cab de estiércol de paloma (es decir, aprox. un tercio de litro de cierta legumbre no comestible).

h 25 That is, about 2 pounds (about 1 kilogram)   i 25 That is, probably about 1/2 pint (about 0.3 liter)   j 25 Or of dove's dung
k 25 That is, about 2 ounces (about 55 grams)

33 No había terminado de hablar cuando el mensajero llegó y dijo:

—Esta desgracia viene del Señor; ¿qué más se puede esperar de él?

7 Eliseo contestó:

—Oigan la palabra del Señor, que dice así: "Mañana a estas horas, a la *entrada de Samaria, podrá comprarse una medida*q* de flor de harina con una sola moneda de plata,*r* y hasta una doble medida de cebada por el mismo precio."

2 El ayudante personal del rey replicó:

—¡No me digas! Aun si el Señor abriera las ventanas del cielo, ¡no podría suceder tal cosa!

—Pues lo verás con tus propios ojos —le advirtió Eliseo—, pero no llegarás a comerlo.

Liberación de Samaria

3 Ese día, cuatro hombres que padecían de *lepra se hallaban a la *entrada de la ciudad.

—¿Qué ganamos con quedarnos aquí sentados, esperando la muerte? —se dijeron unos a otros—. 4 No ganamos nada con entrar en la ciudad. Allí nos moriremos de hambre con todos los demás, pero si nos quedamos aquí, nos sucederá lo mismo. Vayamos, pues, al campamento de los *sirios, para rendirnos. Si nos perdonan la vida, viviremos; y si nos matan, de todos modos moriremos.

5 Al anochecer se pusieron en camino, pero cuando llegaron a las afueras del campamento sirio, ¡ya no había nadie allí! 6 Y era que el Señor había confundido a los sirios haciéndoles oír el ruido de carros de combate y de caballería, como si fuera un gran ejército. Entonces se dijeron unos a otros: «¡Seguro que el rey de Israel ha contratado a los reyes hititas y egipcios para atacarnos!» 7 Por lo tanto, emprendieron la fuga al anochecer abandonando tiendas de campaña, caballos y asnos. Dejaron el campamento tal como estaba, para escapar y salvarse.

8 Cuando los leprosos llegaron a las afueras del campamento, entraron en una de las tiendas de campaña. Después de comer y beber, se llevaron de allí plata, oro y ropa, y fueron a esconderlo todo. Luego regresaron, entraron en otra tienda, y también de allí tomaron varios objetos y los escondieron.

9 Entonces se dijeron unos a otros:

—Esto no está bien. Hoy es un día de buenas noticias, y no las estamos dando a conocer. Si esperamos hasta que amanezca, resultaremos culpables. Vayamos ahora mismo al palacio, y demos aviso.

10 Así que fueron a la ciudad y llamaron a los centinelas. Les dijeron: «Fuimos al campamento de los sirios y ya no había nadie allí. Sólo se oía a los caballos y asnos, que estaban atados. Y las tiendas las dejaron tal como estaban.» 11 Los centinelas, a voz en cuello, hicieron llegar la noticia hasta el interior del palacio. 12 Aunque era de noche, el rey se levantó y les dijo a sus ministros:

—Déjenme decirles lo que esos sirios están tramando contra nosotros. Como saben que estamos pasando hambre, han abandonado el campamento y se han escondido en el campo. Lo que quieren es que salgamos, para atraparnos vivos y entrar en la ciudad.

33 While he was still talking to them, the messenger came down to him. And ⌊the king⌋ said, "This disaster is from the Lord. Why should I wait for the Lord any longer?"

7 Elisha said, "Hear the word of the Lord. This is what the Lord says: About this time tomorrow, a seah*l* of flour will sell for a shekel*m* and two seahs*n* of barley for a shekel at the gate of Samaria."

2 The officer on whose arm the king was leaning said to the man of God, "Look, even if the Lord should open the floodgates of the heavens, could this happen?"

"You will see it with your own eyes," answered Elisha, "but you will not eat any of it!"

The Siege Lifted

3 Now there were four men with leprosy*o* at the entrance of the city gate. They said to each other, "Why stay here until we die? 4 If we say, 'We'll go into the city'—the famine is there, and we will die. And if we stay here, we will die. So let's go over to the camp of the Arameans and surrender. If they spare us, we live; if they kill us, then we die."

5 At dusk they got up and went to the camp of the Arameans. When they reached the edge of the camp, not a man was there, 6 for the Lord had caused the Arameans to hear the sound of chariots and horses and a great army, so that they said to one another, "Look, the king of Israel has hired the Hittite and Egyptian kings to attack us!" 7 So they got up and fled in the dusk and abandoned their tents and their horses and donkeys. They left the camp as it was and ran for their lives.

8 The men who had leprosy reached the edge of the camp and entered one of the tents. They ate and drank, and carried away silver, gold and clothes, and went off and hid them. They returned and entered another tent and took some things from it and hid them also.

9 Then they said to each other, "We're not doing right. This is a day of good news and we are keeping it to ourselves. If we wait until daylight, punishment will overtake us. Let's go at once and report this to the royal palace."

10 So they went and called out to the city gatekeepers and told them, "We went into the Aramean camp and not a man was there—not a sound of anyone—only tethered horses and donkeys, and the tents left just as they were." 11 The gatekeepers shouted the news, and it was reported within the palace.

12 The king got up in the night and said to his officers, "I will tell you what the Arameans have done to us. They know we are starving; so they have left the camp to hide in the countryside, thinking, 'They will surely come out, and then we will take them alive and get into the city.' "

---

q 7:1 una medida. Lit. *un *seah* (aprox. siete litros); también en vv. 16 y 18.   *r 7:1 una sola moneda de plata.* Lit. *un *siclo;* también en vv. 16 y 18.

l 1 That is, probably about 7 quarts (about 7.3 liters); also in verses 16 and 18   *m 1* That is, about 2/5 ounce (about 11 grams); also in verses 16 and 18   *n 1* That is, probably about 13 quarts (about 15 liters); also in verses 16 and 18   *o 3* The Hebrew word is used for various diseases affecting the skin—not necessarily leprosy; also in verse 8.

13 Uno de sus ministros propuso:

—Que salgan algunos hombres con cinco de los caballos que aún quedan aquí. Si mueren, no les irá peor que a la multitud de israelitas que está por perecer. ¡Enviémoslos a ver qué pasa!

14 De inmediato los hombres tomaron dos carros con caballos, y el rey los mandó al campamento del ejército sirio, con instrucciones de que investigaran. 15 Llegaron hasta el Jordán, y vieron que todo el camino estaba lleno de ropa y de objetos que los sirios habían arrojado al huir precipitadamente. De modo que regresaron los mensajeros e informaron al rey, 16 y el pueblo salió a saquear el campamento sirio. Y tal como la palabra del SEÑOR lo había dado a conocer, se pudo comprar una medida de flor de harina con una sola moneda de plata, y hasta una doble medida de cebada por el mismo precio.

17 El rey le había ordenado a su ayudante personal que vigilara la entrada de la ciudad, pero el pueblo lo atropelló ahí mismo, y así se cumplió lo que había dicho el hombre de Dios cuando el rey fue a verlo. 18 De hecho, cuando el hombre de Dios le dijo al rey: «Mañana a estas horas, a la entrada de Samaria, podrá comprarse una doble medida de cebada con una sola moneda de plata, y una medida de flor de harina por el mismo precio», 19 ese oficial había replicado: «¡No me digas! Aun si el SEÑOR abriera las ventanas del cielo, ¡no podría suceder tal cosa!» De modo que el hombre de Dios respondió: «Pues lo verás con tus propios ojos, pero no llegarás a comerlo.» 20 En efecto, así ocurrió: el pueblo lo atropelló a la entrada de la ciudad, y allí murió.

La sunamita recupera su terreno

8 Ahora bien, Eliseo le había dicho a la mujer a cuyo hijo él había revivido: «Anda, vete con tu familia a vivir donde puedas, porque el SEÑOR ha ordenado que haya una gran hambre en el país, y que ésta dure siete años.» 2 La mujer se dispuso a seguir las instrucciones del hombre de Dios y se fue con su familia al país de los filisteos, donde se quedó siete años.

3 Al cabo de los siete años, cuando regresó del país de los filisteos, la mujer fue a rogarle al rey que le devolviera su casa y sus tierras. 4 En esos momentos el rey estaba hablando con Guiezi, el criado del hombre de Dios, y le había dicho: «Cuéntame todas las maravillas que ha hecho Eliseo.» 5 Y precisamente cuando Guiezi le contaba al rey que Eliseo había revivido al niño muerto, la madre llegó para rogarle al rey que le devolviera su casa y sus tierras. Así que Guiezi dijo:

—Mi señor y rey, ésta es la mujer, y éste es el hijo que Eliseo revivió.

6 El rey le hizo preguntas a la mujer, y ella se lo contó todo. Entonces el rey le ordenó a un funcionario*s* que se encargara de ella y le dijo:

—Devuélvele todo lo que le pertenecía, incluso todas las ganancias que hayan producido sus tierras, desde el día en que salió del país hasta hoy.

Jazael, rey de Siria

7 Luego Eliseo se fue a Damasco. Ben Adad, rey de *Siria, estaba enfermo, y cuando le avisaron que el hombre de Dios había llegado, 8 le ordenó a Jazael: «Llévale un regalo al hombre de Dios. Cuando lo veas, consulta al SEÑOR por medio de él para saber si me voy a recuperar de esta enfermedad.»

13 One of his officers answered, "Have some men take five of the horses that are left in the city. Their plight will be like that of all the Israelites left here— yes, they will only be like all these Israelites who are doomed. So let us send them to find out what happened."

14 So they selected two chariots with their horses, and the king sent them after the Aramean army. He commanded the drivers, "Go and find out what has happened." 15 They followed them as far as the Jordan, and they found the whole road strewn with the clothing and equipment the Arameans had thrown away in their headlong flight. So the messengers returned and reported to the king. 16 Then the people went out and plundered the camp of the Arameans. So a seah of flour sold for a shekel, and two seahs of barley sold for a shekel, as the LORD had said.

17 Now the king had put the officer on whose arm he leaned in charge of the gate, and the people trampled him in the gateway, and he died, just as the man of God had foretold when the king came down to his house. 18 It happened as the man of God had said to the king: "About this time tomorrow, a seah of flour will sell for a shekel and two seahs of barley for a shekel at the gate of Samaria."

19 The officer had said to the man of God, "Look, even if the LORD should open the floodgates of the heavens, could this happen?" The man of God had replied, "You will see it with your own eyes, but you will not eat any of it!" 20 And that is exactly what happened to him, for the people trampled him in the gateway, and he died.

The Shunammite's Land Restored

8 Now Elisha had said to the woman whose son he had restored to life, "Go away with your family and stay for a while wherever you can, because the LORD has decreed a famine in the land that will last seven years." 2 The woman proceeded to do as the man of God said. She and her family went away and stayed in the land of the Philistines seven years.

3 At the end of the seven years she came back from the land of the Philistines and went to the king to beg for her house and land. 4 The king was talking to Gehazi, the servant of the man of God, and had said, "Tell me about all the great things Elisha has done." 5 Just as Gehazi was telling the king how Elisha had restored the dead to life, the woman whose son Elisha had brought back to life came to beg the king for her house and land.

Gehazi said, "This is the woman, my lord the king, and this is her son whom Elisha restored to life." 6 The king asked the woman about it, and she told him.

Then he assigned an official to her case and said to him, "Give back everything that belonged to her, including all the income from her land from the day she left the country until now."

Hazael Murders Ben-Hadad

7 Elisha went to Damascus, and Ben-Hadad king of Aram was ill. When the king was told, "The man of God has come all the way up here," 8 he said to Hazael, "Take a gift with you and go to meet the man of God. Consult the LORD through him; ask him, 'Will I recover from this illness?' "

---

s 8:6 *funcionario.* Lit. **eunuco.*

⁹Jazael fue a ver a Eliseo, y como regalo le llevó de las mejores mercancías de Damasco, cargadas en cuarenta camellos. Cuando llegó, se presentó ante él y le dijo:

—Ben Adad, rey de Siria, su servidor,ᵗ me ha enviado para preguntarle si él se va a recuperar de su enfermedad.

¹⁰Eliseo respondió:

—Ve y dile queᵘ sobrevivirá a esa enfermedad, aunque el Señor me ha revelado que de todos modos va a morir.

¹¹Luego Eliseo se quedó mirándolo fijamente, hasta que Jazael se sintió incómodo.ᵛ Entonces el hombre de Dios se echó a llorar.

¹²—¿Por qué llora mi señor? —le preguntó Jazael.

—Porque yo sé bien que vas a causarles mucho daño a los israelitas —respondió—. Vas a incendiar sus fortalezas, y a matar a sus jóvenes a filo de espada; despedazarás a los niños y les abrirás el vientre a las mujeres embarazadas.

¹³Jazael exclamó:

—¡Qué es este servidor de usted sino un pobre perro! ¿Cómo es posible que haga tal cosa?

Entonces Eliseo le declaró:

—El Señor me ha revelado que vas a ser rey de Siria.

¹⁴Jazael se despidió de Eliseo y regresó para presentarse ante su rey. Cuando Ben Adad le preguntó qué le había dicho Eliseo, Jazael le respondió:

—Me dijo que usted sobrevivirá a su enfermedad.

¹⁵Pero al día siguiente tomó una colcha y, empapándola en agua, le tapó la cara al rey hasta asfixiarlo. Así fue como Jazael usurpó el trono.

Jorán, rey de Judá

¹⁶En el quinto año del reinado de Jorán hijo de Acab, rey de Israel y contemporáneo de Josafat, rey de Judá, Jorán hijo de Josafat ascendió al trono de Judá. ¹⁷Tenía treinta y dos años cuando comenzó a reinar, y reinó en Jerusalén ocho años. ¹⁸Jorán hizo lo que ofende al Señor, pues siguió el mal ejemplo de los reyes de Israel, como lo había hecho la familia de Acab, y llegó incluso a casarse con la hija de Acab. ¹⁹Pero el Señor no quiso destruir a Judá por consideración a su siervo David, pues le había prometido mantener encendida para siempre una lámpara para él y sus descendientes.

²⁰En tiempos de Jorán, los edomitas se sublevaron contra Judá y se nombraron su propio rey. ²¹Por lo tanto, Jorán marchó sobre Zaír con todos sus carros de combate. Los edomitas cercaron a Jorán y a los capitanes de los carros, pero durante la noche Jorán logró abrirse paso; sin embargo, su ejército se dispersó.ʷ ²²Desde entonces Edom ha estado en rebelión contra Judá, al igual que la ciudad de Libná, que en ese mismo tiempo se sublevó.

²³Los demás acontecimientos del reinado de Jorán, y todo lo que hizo, están escritos en el libro de las crónicas de los reyes de Judá. ²⁴Cuando murió, fue sepultado con sus antepasados en la Ciudad de David. Y su hijo Ocozías lo sucedió en el trono.

Ocozías, rey de Judá

²⁵En el año duodécimo de Jorán hijo de Acab, rey de Israel, Ocozías hijo de Jorán ascendió al trono de Judá. ²⁶Tenía veintidós años cuando ascendió al trono, y reinó en Jerusalén un año. Su madre era Atalía, nietaˣ

⁹Hazael went to meet Elisha, taking with him as a gift forty camel-loads of all the finest wares of Damascus. He went in and stood before him, and said, "Your son Ben-Hadad king of Aram has sent me to ask, 'Will I recover from this illness?' "

¹⁰Elisha answered, "Go and say to him, 'You will certainly recover'; butᵖ the LORD has revealed to me that he will in fact die." ¹¹He stared at him with a fixed gaze until Hazael felt ashamed. Then the man of God began to weep.

¹²"Why is my lord weeping?" asked Hazael.

"Because I know the harm you will do to the Israelites," he answered. "You will set fire to their fortified places, kill their young men with the sword, dash their little children to the ground, and rip open their pregnant women."

¹³Hazael said, "How could your servant, a mere dog, accomplish such a feat?"

"The LORD has shown me that you will become king of Aram," answered Elisha.

¹⁴Then Hazael left Elisha and returned to his master. When Ben-Hadad asked, "What did Elisha say to you?" Hazael replied, "He told me that you would certainly recover." ¹⁵But the next day he took a thick cloth, soaked it in water and spread it over the king's face, so that he died. Then Hazael succeeded him as king.

Jehoram King of Judah

¹⁶In the fifth year of Joram son of Ahab king of Israel, when Jehoshaphat was king of Judah, Jehoram son of Jehoshaphat began his reign as king of Judah. ¹⁷He was thirty-two years old when he became king, and he reigned in Jerusalem eight years. ¹⁸He walked in the ways of the kings of Israel, as the house of Ahab had done, for he married a daughter of Ahab. He did evil in the eyes of the LORD. ¹⁹Nevertheless, for the sake of his servant David, the LORD was not willing to destroy Judah. He had promised to maintain a lamp for David and his descendants forever.

²⁰In the time of Jehoram, Edom rebelled against Judah and set up its own king. ²¹So Jehoram�q went to Zair with all his chariots. The Edomites surrounded him and his chariot commanders, but he rose up and broke through by night; his army, however, fled back home. ²²To this day Edom has been in rebellion against Judah. Libnah revolted at the same time.

²³As for the other events of Jehoram's reign, and all he did, are they not written in the book of the annals of the kings of Judah? ²⁴Jehoram rested with his fathers and was buried with them in the City of David. And Ahaziah his son succeeded him as king.

Ahaziah King of Judah

²⁵In the twelfth year of Joram son of Ahab king of Israel, Ahaziah son of Jehoram king of Judah began to reign. ²⁶Ahaziah was twenty-two years old when he became king, and he reigned in Jerusalem one year. His mother's name was Athaliah, a granddaughter of Omri

---

ᵗ 8:9 servidor. Lit. hijo.   ᵘ 8:10 dile que (mss. hebreos); di que no (TM).   ᵛ 8:11 se quedó ... se sintió incómodo. Alt. se quedó inmovilizado por largo rato.   ʷ 8:21 Los edomitas ... dispersó. Texto de difícil traducción.   ˣ 8:26 nieta. Lit. hija.

ᵖ 10 The Hebrew may also be read Go and say, 'You will certainly not recover,' for.   q 21 Hebrew Joram, a variant of Jehoram; also in verses 23 and 24

de Omrí, rey de Israel. 27Ocozías hizo lo que ofende al SEÑOR, pues siguió el mal ejemplo de la familia de Acab, con la que estaba emparentado.

28Ocozías, junto con Jorán hijo de Acab, marchó hacia Ramot de Galaad para hacerle guerra a Jazael, rey de *Siria, pero en la batalla los sirios hirieron a Jorán. 29Por eso el rey Jorán tuvo que regresar a Jezrel, para reponerse de las heridas que había recibido de los sirios en Ramot,y cuando luchó contra Jazael, rey de Siria. Como Jorán hijo de Acab convalecía en Jezrel, Ocozías hijo de Jorán, rey de Judá, fue a visitarlo.

Jehú ungido rey de Israel

9 Un día, el profeta Eliseo llamó a un miembro de la comunidad de los profetas. «Arréglate la ropa para viajar —le ordenó—. Toma este frasco de aceite y ve a Ramot de Galaad. 2Cuando llegues, busca a Jehú, hijo de Josafat y nieto de Nimsi. Ve adonde esté, apártalo de sus compañeros y llévalo a un cuarto. 3Toma entonces el frasco, derrama el aceite sobre su cabeza y declárale: "Así dice el SEÑOR: 'Ahora te unjo como rey de Israel.' " Luego abre la puerta y huye; ¡no te detengas!»

4Acto seguido, el joven profeta se fue a Ramot de Galaad. 5Cuando llegó, encontró reunidos a los capitanes del ejército y les dijo:

—Tengo un mensaje para el capitán.

—¿Para cuál de todos nosotros? —preguntó Jehú.

—Para usted, mi capitán —respondió.

6Jehú se levantó y entró en la casa. Entonces el profeta lo ungió con el aceite y declaró:

«Así dice el SEÑOR, Dios de Israel: "Ahora te unjo como rey sobre mi pueblo Israel. 7Destruirás a la familia de Acab, tu señor, y así me vengaré de la sangre de mis siervos los profetas; castigando a Jezabel, vengaré la sangre de todos mis siervos. 8Toda la familia de Acab perecerá, pues de sus descendientes en Israel exterminaré hasta el último varón,z esclavo o libre. 9Haré con ellos lo mismo que hice con la familia de Jeroboán hijo de Nabat y con la familia de Basá hijo de Ahías. 10Y en cuanto a Jezabel, los perros se la comerán en el campo de Jezrel, y nadie le dará sepultura." »

Acto seguido, el profeta abrió la puerta y huyó. 11Cuando Jehú salió para volver a reunirse con los capitanes, uno de ellos le preguntó:

—¿Todo bien? ¿Qué quería ese loco?

—Ustedes ya lo conocen —respondió—, y saben cómo habla.

12—¡Pamplinas! —replicaron—. Dinos la verdad.

Jehú admitió:

—Esto es lo que me declaró, palabra por palabra: "Así dice el SEÑOR: 'Ahora te unjo como rey de Israel.' "

13Dicho esto, todos se apresuraron a tender sus mantos sobre los escalones, a los pies de Jehú. Luego tocaron la trompeta y gritaron: «¡Viva el rey Jehú!»

Jehú asesina a Jorán y a Ocozías

14Entonces Jehú, hijo de Josafat y nieto de Nimsi, conspiró contra Jorán. Sucedió que Jorán, con todo el ejército israelita, había estado defendiendo Ramot de

king of Israel. 27He walked in the ways of the house of Ahab and did evil in the eyes of the LORD, as the house of Ahab had done, for he was related by marriage to Ahab's family.

28Ahaziah went with Joram son of Ahab to war against Hazael king of Aram at Ramoth Gilead. The Arameans wounded Joram; 29so King Joram returned to Jezreel to recover from the wounds the Arameans had inflicted on him at Ramothr in his battle with Hazael king of Aram.

Then Ahaziah son of Jehoram king of Judah went down to Jezreel to see Joram son of Ahab, because he had been wounded.

Jehu Anointed King of Israel

9 The prophet Elisha summoned a man from the company of the prophets and said to him, "Tuck your cloak into your belt, take this flask of oil with you and go to Ramoth Gilead. 2When you get there, look for Jehu son of Jehoshaphat, the son of Nimshi. Go to him, get him away from his companions and take him into an inner room. 3Then take the flask and pour the oil on his head and declare, 'This is what the LORD says: I anoint you king over Israel.' Then open the door and run; don't delay!"

4So the young man, the prophet, went to Ramoth Gilead. 5When he arrived, he found the army officers sitting together. "I have a message for you, commander," he said.

"For which of us?" asked Jehu.

"For you, commander," he replied.

6Jehu got up and went into the house. Then the prophet poured the oil on Jehu's head and declared, "This is what the LORD, the God of Israel, says: 'I anoint you king over the LORD's people Israel. 7You are to destroy the house of Ahab your master, and I will avenge the blood of my servants the prophets and the blood of all the LORD's servants shed by Jezebel. 8The whole house of Ahab will perish. I will cut off from Ahab every last male in Israel—slave or free. 9I will make the house of Ahab like the house of Jeroboam son of Nebat and like the house of Baasha son of Ahijah. 10As for Jezebel, dogs will devour her on the plot of ground at Jezreel, and no one will bury her.' " Then he opened the door and ran.

11When Jehu went out to his fellow officers, one of them asked him, "Is everything all right? Why did this madman come to you?"

"You know the man and the sort of things he says," Jehu replied.

12"That's not true!" they said. "Tell us."

Jehu said, "Here is what he told me: 'This is what the LORD says: I anoint you king over Israel.' "

13They hurried and took their cloaks and spread them under him on the bare steps. Then they blew the trumpet and shouted, "Jehu is king!"

Jehu Kills Joram and Ahaziah

14So Jehu son of Jehoshaphat, the son of Nimshi, conspired against Joram. (Now Joram and all Israel had been defending Ramoth Gilead against Hazael king of

---

y 8:29 *Ramot.* Lit. *Ramá* (variante de Ramot).   z 9:8 *hasta el último varón.* Lit. *al que orina contra la pared.*

r 29 Hebrew *Ramah,* a variant of *Ramoth*

Galaad contra Jazael, rey de *Siria, 15 pero tuvo que regresar a Jezrel para reponerse de las heridas que había recibido de los sirios en la batalla. Así que Jehú les dijo a sus partidarios: «Si ustedes quieren que yo sea rey, no dejen que nadie salga de la ciudad para ir a Jezrel con el informe.» 16 Luego se montó en su carro de combate y fue a Jezrel, pues allí se estaba recuperando Jorán, a quien también Ocozías, rey de Judá, había ido a visitar.

17 Cuando el centinela que vigilaba desde la torre de Jezrel vio que las tropas de Jehú se acercaban, gritó:

—¡Se acercan unas tropas!

En seguida Jorán ordenó:

—Llama a un jinete y mándalo al encuentro de las tropas para preguntarles si vienen en son de paz.

18 El jinete se fue al encuentro de Jehú y le dijo:

—El rey quiere saber si vienen en son de paz.

—¿Y a ti qué te importa? —replicó Jehú—. Ponte allí atrás.

Entonces el centinela anunció:

—El mensajero ya llegó hasta ellos, pero no no lo veo regresar.

19 Por tanto, el rey mandó a otro jinete, el cual fue a ellos y repitió:

—El rey quiere saber si vienen en son de paz.

—Eso a ti no te importa —replicó Jehú—. Ponte allí atrás.

20 El centinela informó de nuevo:

—Ya llegó el mensajero hasta ellos, pero a él tampoco lo veo regresar. Además, el que conduce el carro ha de ser Jehú hijo de Nimsi, pues lo hace como un loco.

21 —¡Enganchen el carro! —exclamó Jorán.

Así lo hicieron. Y en seguida Jorán, rey de Israel, y Ocozías, rey de Judá, cada uno en su carro, salieron y se encontraron con Jehú en la propiedad que había pertenecido a Nabot el jezrelita. 22 Cuando Jorán vio a Jehú, le preguntó:

—Jehú, ¿vienes en son de paz?

—¿Cómo puede haber paz mientras haya tantas idolatrías*a* y hechicerías de tu madre Jezabel? —replicó Jehú.

23 Jorán se dio la vuelta para huir, mientras gritaba:

—¡Traición, Ocozías!

24 Pero Jehú, que ya había tensado su arco, le disparó a Jorán por la espalda, y la flecha le atravesó el corazón. Jorán se desplomó en el carro, 25 y Jehú le ordenó a su ayudante Bidcar:

—Saca el cadáver y tíralo en el terreno que fue propiedad de Nabot el jezrelita. Recuerda el día en que tú y yo conducíamos juntos detrás de Acab, padre de Jorán, y el SEÑOR pronunció contra él esta sentencia: 26 «Ayer vi aquí la sangre de Nabot y de sus hijos. Por lo tanto, juro que en este mismo terreno te haré pagar por ese crimen. Yo, el SEÑOR, lo afirmo.»*b* Saca, pues, el cadáver y tíralo en el terreno, según la palabra que dio a conocer el SEÑOR.

27 Cuando Ocozías, rey de Judá, vio lo que pasaba, huyó en dirección a Bet Hagán.*c* Pero Jehú lo persiguió, y ordenó:

—¡Mátenlo a él también!

Y lo hirieron*d* en su carro cuando iba por la cuesta de Gur, cerca de Ibleam, pero logró escapar y llegar a Meguido. Allí murió. 28 Luego sus siervos trasladaron el cuerpo a Jerusalén, la Ciudad de David, donde lo sepultaron en su tumba, junto a sus antepasados.

Aram, 15 but King Joram*s* had returned to Jezreel to recover from the wounds the Arameans had inflicted on him in the battle with Hazael king of Aram.) Jehu said, "If this is the way you feel, don't let anyone slip out of the city to go and tell the news in Jezreel."

16 Then he got into his chariot and rode to Jezreel, because Joram was resting there and Ahaziah king of Judah had gone down to see him.

17 When the lookout standing on the tower in Jezreel saw Jehu's troops approaching, he called out, "I see some troops coming."

"Get a horseman," Joram ordered. "Send him to meet them and ask, 'Do you come in peace?'"

18 The horseman rode off to meet Jehu and said, "This is what the king says: 'Do you come in peace?'"

"What do you have to do with peace?" Jehu replied. "Fall in behind me."

The lookout reported, "The messenger has reached them, but he isn't coming back."

19 So the king sent out a second horseman. When he came to them he said, "This is what the king says: 'Do you come in peace?'"

Jehu replied, "What do you have to do with peace? Fall in behind me."

20 The lookout reported, "He has reached them, but he isn't coming back either. The driving is like that of Jehu son of Nimshi—he drives like a madman."

21 "Hitch up my chariot," Joram ordered. And when it was hitched up, Joram king of Israel and Ahaziah king of Judah rode out, each in his own chariot, to meet Jehu. They met him at the plot of ground that had belonged to Naboth the Jezreelite. 22 When Joram saw Jehu he asked, "Have you come in peace, Jehu?"

"How can there be peace," Jehu replied, "as long as all the idolatry and witchcraft of your mother Jezebel abound?"

23 Joram turned about and fled, calling out to Ahaziah, "Treachery, Ahaziah!"

24 Then Jehu drew his bow and shot Joram between the shoulders. The arrow pierced his heart and he slumped down in his chariot. 25 Jehu said to Bidkar, his chariot officer, "Pick him up and throw him on the field that belonged to Naboth the Jezreelite. Remember how you and I were riding together in chariots behind Ahab his father when the LORD made this prophecy about him: 26 'Yesterday I saw the blood of Naboth and the blood of his sons, declares the LORD, and I will surely make you pay for it on this plot of ground, declares the LORD.'*t* Now then, pick him up and throw him on that plot, in accordance with the word of the LORD."

27 When Ahaziah king of Judah saw what had happened, he fled up the road to Beth Haggan.*u* Jehu chased him, shouting, "Kill him too!" They wounded him in his chariot on the way up to Gur near Ibleam, but he escaped to Megiddo and died there. 28 His servants took him by chariot to Jerusalem and buried him

---

a 9:22 idolatrías. Lit. *prostituciones.*   *b 9:26* Véase 1R 21:19.
c 9:27 en dirección a Bet Hagán. Alt. *por el camino de la casa del huerto.*   *d 9:27 lo hirieron* (véanse LXX y Siríaca); TM no incluye esta frase.

s 15 Hebrew *Jehoram,* a variant of *Joram;* also in verses 17 and 21-24   *t 26* See 1 Kings 21:19.   *u 27* Or *fled by way of the garden house*

29 Ocozías había ascendido al trono en el undécimo año del reinado de Jorán hijo de Acab.

Muerte de Jezabel

30 Cuando Jezabel se enteró de que Jehú estaba regresando a Jezrel, se sombreó los ojos, se arregló el cabello y se asomó a la ventana. 31 Al entrar Jehú por la *puerta de la ciudad, ella le preguntó:

—¿Cómo estás, Zimri, asesino de tu señor?*e*

32 Levantando la vista hacia la ventana, Jehú gritó:

—¿Quién está de mi parte? ¿Quién?

Entonces se asomaron dos o tres oficiales,*f* 33 y Jehú les ordenó:

—¡Arrójenla de allí!

Así lo hicieron, y su sangre salpicó la pared y a los caballos que la pisotearon. 34 Luego Jehú se sentó a comer y beber, y dio esta orden:

—Ocúpense de esa maldita mujer; denle sepultura, pues era hija de un rey.

35 Pero cuando fueron a enterrarla, no encontraron más que el cráneo, los pies y las manos. 36 Así que volvieron para informarle a Jehú, y éste comentó:

—Se ha cumplido la palabra que el SEÑOR dio a conocer por medio de su siervo Elías el tisbita, que dijo: "En el campo de Jezrel los perros se comerán a Jezabel."*g* 37 De hecho, el cadáver de Jezabel será como estiércol en el campo de Jezrel, y nadie podrá identificarla ni decir: "Ésta era Jezabel."

Jehú extermina a la familia de Acab

10 Acab tenía setenta hijos, los cuales vivían en Samaria. Por tanto, Jehú escribió cartas y las envió a Samaria, es decir, a las autoridades de la ciudad,*h* a los *ancianos y a los protectores de los hijos de Acab. En las cartas decía:

2 «Ustedes cuentan con los hijos de Acab,*i* y con los carros de combate y sus caballos, con una ciudad fortificada, y con un arsenal. Así que tan pronto como reciban esta carta, 3 escojan al más capaz y más noble de los hijos de Acab, y pónganlo en el trono de su padre. Pero prepárense para luchar por la familia de su rey.»

4 Ellos se aterrorizaron y dijeron: «Si dos reyes no pudieron hacerle frente, ¿cómo podremos hacerlo nosotros?» 5 Por lo tanto, el administrador del palacio, el gobernador de la ciudad, los ancianos y los protectores le enviaron este mensaje a Jehú: «Nosotros somos sus servidores, y haremos lo que usted nos diga. No haremos rey a nadie. Haga usted lo que mejor le parezca.» 6 Entonces Jehú les escribió otra carta, en la que decía: «Si ustedes están de mi parte y de veras están dispuestos a obedecerme, vengan a Jezrel mañana a esta hora y tráiganme las cabezas de los hijos de Acab.»

Los setenta príncipes vivían con las familias más notables de la ciudad, pues éstas los criaban. 7 Cuando llegó la carta, prendieron a todos los príncipes y los decapitaron. Luego echaron las cabezas en unos cestos y se las enviaron a Jehú, que estaba en Jezrel. 8 Un mensajero llegó y le dijo a Jehú que habían traído las cabezas de los príncipes. Entonces Jehú ordenó que las pusieran en dos montones a la *entrada de la ciudad, y que las dejaran allí hasta el día siguiente.

with his fathers in his tomb in the City of David. 29 (In the eleventh year of Joram son of Ahab, Ahaziah had become king of Judah.)

Jezebel Killed

30 Then Jehu went to Jezreel. When Jezebel heard about it, she painted her eyes, arranged her hair and looked out of a window. 31 As Jehu entered the gate, she asked, "Have you come in peace, Zimri, you murderer of your master?"*v*

32 He looked up at the window and called out, "Who is on my side? Who?" Two or three eunuchs looked down at him. 33 "Throw her down!" Jehu said. So they threw her down, and some of her blood spattered the wall and the horses as they trampled her underfoot.

34 Jehu went in and ate and drank. "Take care of that cursed woman," he said, "and bury her, for she was a king's daughter." 35 But when they went out to bury her, they found nothing except her skull, her feet and her hands. 36 They went back and told Jehu, who said, "This is the word of the LORD that he spoke through his servant Elijah the Tishbite: On the plot of ground at Jezreel dogs will devour Jezebel's flesh.*w* 37 Jezebel's body will be like refuse on the ground in the plot at Jezreel, so that no one will be able to say, 'This is Jezebel.'"

Ahab's Family Killed

10 Now there were in Samaria seventy sons of the house of Ahab. So Jehu wrote letters and sent them to Samaria: to the officials of Jezreel,*x* to the elders and to the guardians of Ahab's children. He said, 2 "As soon as this letter reaches you, since your master's sons are with you and you have chariots and horses, a fortified city and weapons, 3 choose the best and most worthy of your master's sons and set him on his father's throne. Then fight for your master's house."

4 But they were terrified and said, "If two kings could not resist him, how can we?"

5 So the palace administrator, the city governor, the elders and the guardians sent this message to Jehu: "We are your servants and we will do anything you say. We will not appoint anyone as king; you do whatever you think best."

6 Then Jehu wrote them a second letter, saying, "If you are on my side and will obey me, take the heads of your master's sons and come to me in Jezreel by this time tomorrow."

Now the royal princes, seventy of them, were with the leading men of the city, who were rearing them. 7 When the letter arrived, these men took the princes and slaughtered all seventy of them. They put their heads in baskets and sent them to Jehu in Jezreel. 8 When the messenger arrived, he told Jehu, "They have brought the heads of the princes."

Then Jehu ordered, "Put them in two piles at the entrance of the city gate until morning."

---

e 9:31 ¿Cómo estás ... tu señor? Alt. ¿Hay paz para Zimri, asesino de su señor? (véase 1R 16:9-15).   *f 9:32* oficiales. Lit. *eunucos.   *g 9:36* Véase 1R 21:23.   *h 10:1* la ciudad (mss. de LXX); Jezrel (TM).   *i 10:2* Acab. Lit. su señor; también en vv. 3 y 6.

v 31 Or "Did Zimri have peace, who murdered his master?"   *w 36* See 1 Kings 21:23.   *x 1* Hebrew; some Septuagint manuscripts and Vulgate of the city

9 Por la mañana, Jehú salió y, presentándose ante todo el pueblo, confesó: «¡Ustedes son inocentes! ¡Yo fui el que conspiró contra mi señor! ¡Yo lo maté! Pero ¿quién ha matado a todos éstos? 10 Sepan, pues, que nada de lo que el SEÑOR ha dicho contra la familia de Acab dejará de cumplirse. En efecto, el SEÑOR ha hecho lo que había prometido por medio de su siervo Elías.» 11 Dicho esto, Jehú mató a todos los que quedaban de la familia de Acab en Jezrel, y a todos sus dignatarios, sus amigos íntimos y sus sacerdotes. No dejó a ninguno de ellos con vida.

12 Después emprendió la marcha contra Samaria y, al llegar a Bet Équed de los Pastores, 13 se encontró con unos parientes de Ocozías, rey de Judá.

—¿Quiénes son ustedes? —les preguntó.

—Somos parientes de Ocozías; hemos venido a visitar a la familia real.

14 —¡Captúrenlos vivos! —ordenó Jehú.

Así lo hicieron, y después los degollaron junto al pozo de Bet Équed. Eran cuarenta y dos hombres; Jehú no dejó vivo a ninguno de ellos.

15 Al dejar ese lugar, Jehú se encontró con Jonadab hijo de Recab, que había ido a verlo. Jehú lo saludó y le preguntó:

—¿Me eres leal, como yo lo soy contigo?

—Lo soy —respondió Jonadab.

Jehú replicó:

—Si es así, dame la mano.

Jonadab le dio la mano, y Jehú, haciéndolo subir con él a su carro, 16 le dijo:

—Ven conmigo, para que veas el celo que tengo por el SEÑOR.

Y lo llevó en su carro. 17 Tan pronto como Jehú llegó a Samaria, exterminó a la familia de Acab, matando a todos los que quedaban allí, según la palabra que el SEÑOR le había dado a conocer a Elías.

Jehú elimina a los adoradores de Baal

18 Entonces Jehú reunió a todo el pueblo y dijo: «Acab adoró a *Baal con pocas ganas; Jehú lo hará con devoción. 19 Llamen, pues, a todos los profetas de Baal, junto con todos sus ministros y sacerdotes. Que no falte ninguno de ellos, pues voy a ofrecerle a Baal un sacrificio grandioso. Todo el que falte, morirá.» En realidad, Jehú no era sincero, pues tenía el propósito de eliminar a los adoradores de Baal.

20 Luego dio esta orden: «Convoquen una asamblea en honor de Baal.» Y así se hizo. 21 Como Jehú envió mensajeros por todo Israel, vinieron todos los que servían a Baal, sin faltar ninguno. Eran tantos los que llegaron, que el templo de Baal se llenó de un extremo a otro. 22 Jehú le ordenó al encargado del guardarropa que sacara las vestiduras para los adoradores de Baal, y así lo hizo.

23 Cuando Jehú y Jonadab hijo de Recab entraron en el templo de Baal, Jehú les dijo a los congregados: «Asegúrense de que aquí entre ustedes no haya siervos del SEÑOR, sino sólo de Baal.» 24 Entonces pasaron para ofrecer sacrificios y *holocaustos.

Ahora bien, Jehú había apostado una guardia de ochenta soldados a la entrada, con esta advertencia: «Ustedes me responden por estos hombres. El que deje escapar a uno solo de ellos, lo pagará con su *vida.» 25 Así que tan pronto como terminó de ofrecer el holocausto, Jehú ordenó a los guardias y oficiales: «¡Entren y mátenlos! ¡Que no escape nadie!» Y los mataron a filo de espada y los echaron fuera. Luego los guardias y los oficiales entraron en el santuario[j] del templo de Baal, 26 sacaron la *piedra sagrada que estaba allí, y la

9 The next morning Jehu went out. He stood before all the people and said, "You are innocent. It was I who conspired against my master and killed him, but who killed all these? 10 Know then, that not a word the LORD has spoken against the house of Ahab will fail. The LORD has done what he promised through his servant Elijah." 11 So Jehu killed everyone in Jezreel who remained of the house of Ahab, as well as all his chief men, his close friends and his priests, leaving him no survivor.

12 Jehu then set out and went toward Samaria. At Beth Eked of the Shepherds, 13 he met some relatives of Ahaziah king of Judah and asked, "Who are you?"

They said, "We are relatives of Ahaziah, and we have come down to greet the families of the king and of the queen mother."

14 "Take them alive!" he ordered. So they took them alive and slaughtered them by the well of Beth Eked—forty-two men. He left no survivor.

15 After he left there, he came upon Jehonadab son of Recab, who was on his way to meet him. Jehu greeted him and said, "Are you in accord with me, as I am with you?"

"I am," Jehonadab answered.

"If so," said Jehu, "give me your hand." So he did, and Jehu helped him up into the chariot. 16 Jehu said, "Come with me and see my zeal for the LORD." Then he had him ride along in his chariot.

17 When Jehu came to Samaria, he killed all who were left there of Ahab's family; he destroyed them, according to the word of the LORD spoken to Elijah.

Ministers of Baal Killed

18 Then Jehu brought all the people together and said to them, "Ahab served Baal a little; Jehu will serve him much. 19 Now summon all the prophets of Baal, all his ministers and all his priests. See that no one is missing, because I am going to hold a great sacrifice for Baal. Anyone who fails to come will no longer live." But Jehu was acting deceptively in order to destroy the ministers of Baal.

20 Jehu said, "Call an assembly in honor of Baal." So they proclaimed it. 21 Then he sent word throughout Israel, and all the ministers of Baal came; not one stayed away. They crowded into the temple of Baal until it was full from one end to the other. 22 And Jehu said to the keeper of the wardrobe, "Bring robes for all the ministers of Baal." So he brought out robes for them.

23 Then Jehu and Jehonadab son of Recab went into the temple of Baal. Jehu said to the ministers of Baal, "Look around and see that no servants of the LORD are here with you—only ministers of Baal." 24 So they went in to make sacrifices and burnt offerings. Now Jehu had posted eighty men outside with this warning: "If one of you lets any of the men I am placing in your hands escape, it will be your life for his life."

25 As soon as Jehu had finished making the burnt offering, he ordered the guards and officers: "Go in and kill them; let no one escape." So they cut them down with the sword. The guards and officers threw the bodies out and then entered the inner shrine of the temple of Baal. 26 They brought the sacred stone out of the

---

j 10:25 el santuario. Lit. la ciudad.

quemaron. 27 Además de tumbar la piedra sagrada, derribaron el templo de Baal y lo convirtieron en un muladar, y así ha quedado hasta el día de hoy.

28 De este modo Jehú erradicó de Israel el culto a Baal. 29 Sin embargo, no se apartó del pecado que Jeroboán hijo de Nabat hizo cometer a los israelitas, es decir, el de rendir culto a los becerros de oro en Betel y en Dan.

30 El SEÑOR le dijo a Jehú: «Has actuado bien. Has hecho lo que me agrada, pues has llevado a cabo lo que yo me había propuesto hacer con la familia de Acab. Por lo tanto, durante cuatro generaciones tus descendientes ocuparán el trono de Israel.» 31 Sin embargo, Jehú no cumplió con todo el *corazón la *ley del SEÑOR, Dios de Israel, pues no se apartó de los pecados con que Jeroboán hizo pecar a los israelitas.

32 Por aquel tiempo, el SEÑOR comenzó a reducir el territorio israelita. Jazael atacó el país por todas las fronteras: 33 desde el Jordán hacia el este, toda la región de Galaad, ocupada por las tribus de Gad, Rubén y Manasés; y desde la ciudad de Aroer, junto al arroyo Arnón, hasta las regiones de Galaad y Basán.

34 Los demás acontecimientos del reinado de Jehú, y todo lo que hizo y todo su poderío, están escritos en el libro de las crónicas de los reyes de Israel. 35 Jehú murió y fue sepultado en Samaria. Y su hijo Joacaz lo sucedió en el trono. 36 Jehú reinó en Samaria sobre Israel durante veintiocho años.

Atalía y Joás

11 Cuando Atalía, madre de Ocozías, vio que su hijo había muerto, tomó medidas para eliminar a toda la familia real. 2 Pero Josaba, que era hija del rey Jorán y hermana de Ocozías, raptó a Joás hijo de Ocozías cuando los príncipes estaban a punto de ser asesinados. Metiéndolo en un dormitorio con su nodriza, logró esconderlo de Atalía, de modo que no lo mataron. 3 Seis años estuvo Joás escondido con su nodriza en el templo del SEÑOR, mientras Atalía reinaba en el país.

4 En el séptimo año, el sacerdote Joyadá mandó llamar a los capitanes,^k a los quereteos y a los guardias, para que se presentaran ante él en el templo del SEÑOR. Allí en el templo hizo un pacto con ellos y les tomó juramento. Luego les mostró al hijo del rey, 5 y les dio estas órdenes: «Hagan lo siguiente: Una tercera parte de los que están de servicio el *sábado vigilará el palacio real; 6 otra tercera parte, la puerta de Sur; y la otra tercera parte, la puerta detrás del cuartel. Harán la guardia del templo por turnos. 7 Los dos grupos que están libres el sábado protegerán al rey en el templo del SEÑOR. 8 Arma en mano, rodeen por completo al rey; y si alguien se atreve a penetrar las filas,^l mátenlo. ¡No dejen solo al rey, vaya donde vaya!»

9 Los capitanes cumplieron con todo lo que el sacerdote Joyadá les había ordenado. Cada uno reunió a sus hombres, tanto a los que estaban de servicio el sábado como a los que estaban libres, y se presentaron ante Joyadá. 10 Éste repartió entre los capitanes las lanzas y los escudos del rey David, que estaban guardados en el templo del SEÑOR. 11 Arma en mano, los guardias tomaron sus puestos alrededor del rey, cerca del altar, y desde el lado sur hasta el lado norte del templo.

temple of Baal and burned it. 27 They demolished the sacred stone of Baal and tore down the temple of Baal, and people had used it for a latrine to this day.

28 So Jehu destroyed Baal worship in Israel. 29 However, he did not turn away from the sins of Jeroboam son of Nebat, which he had caused Israel to commit— the worship of the golden calves at Bethel and Dan.

30 The LORD said to Jehu, "Because you have done well in accomplishing what is right in my eyes and have done to the house of Ahab all I had in mind to do, your descendants will sit on the throne of Israel to the fourth generation." 31 Yet Jehu was not careful to keep the law of the LORD, the God of Israel, with all his heart. He did not turn away from the sins of Jeroboam, which he had caused Israel to commit.

32 In those days the LORD began to reduce the size of Israel. Hazael overpowered the Israelites throughout their territory 33 east of the Jordan in all the land of Gilead (the region of Gad, Reuben and Manasseh), from Aroer by the Arnon Gorge through Gilead to Bashan.

34 As for the other events of Jehu's reign, all he did, and all his achievements, are they not written in the book of the annals of the kings of Israel?

35 Jehu rested with his fathers and was buried in Samaria. And Jehoahaz his son succeeded him as king. 36 The time that Jehu reigned over Israel in Samaria was twenty-eight years.

Athaliah and Joash

11 When Athaliah the mother of Ahaziah saw that her son was dead, she proceeded to destroy the whole royal family. 2 But Jehosheba, the daughter of King Jehoram^y and sister of Ahaziah, took Joash son of Ahaziah and stole him away from among the royal princes, who were about to be murdered. She put him and his nurse in a bedroom to hide him from Athaliah; so he was not killed. 3 He remained hidden with his nurse at the temple of the LORD for six years while Athaliah ruled the land.

4 In the seventh year Jehoiada sent for the commanders of units of a hundred, the Carites and the guards and had them brought to him at the temple of the LORD. He made a covenant with them and put them under oath at the temple of the LORD. Then he showed them the king's son. 5 He commanded them, saying, "This is what you are to do: You who are in the three companies that are going on duty on the Sabbath—a third of you guarding the royal palace, 6 a third at the Sur Gate, and a third at the gate behind the guard, who take turns guarding the temple— 7 and you who are in the other two companies that normally go off Sabbath duty are all to guard the temple for the king. 8 Station yourselves around the king, each man with his weapon in his hand. Anyone who approaches your ranks^z must be put to death. Stay close to the king wherever he goes."

9 The commanders of units of a hundred did just as Jehoiada the priest ordered. Each one took his men— those who were going on duty on the Sabbath and those who were going off duty—and came to Jehoiada the priest. 10 Then he gave the commanders the spears and shields that had belonged to King David and that were in the temple of the LORD. 11 The guards, each with his weapon in his hand, stationed themselves around the king—near the altar and the temple, from the south side to the north side of the temple.

---

k 11:4 capitanes. Lit. jefes de cien; también en vv. 9,10,15,19.
l 11:8 las filas. Alt. los precintos; también en v. 15.

y 2 Hebrew Joram, a variant of Jehoram   z 8 Or approaches the precincts

¹²Entonces Joyadá sacó al hijo del rey, le puso la corona y le entregó una copia del pacto.ᵐ Luego lo ungieron, y todos aplaudieron, gritando: «¡Viva el rey!»

¹³Cuando Atalía oyó la gritería de los guardias y de la tropa, fue al templo del SEÑOR, donde estaba la gente. ¹⁴Al ver que el rey estaba de pie junto a la columna, como era la costumbre, y que los capitanes y músicos estaban a su lado, y que toda la gente tocaba alegre las trompetas, Atalía se rasgó las vestiduras y gritó: «¡Traición! ¡Traición!»

¹⁵Entonces el sacerdote Joyadá, como no quería que la mataran en el templo del SEÑOR, ordenó a los capitanes que estaban al mando de las fuerzas: «Sáquenla de entre las filas; y si alguien se pone de su lado, ¡mátenlo a filo de espada!» ¹⁶Así que la apresaron y la llevaron al palacio por la puerta de la caballería, y allí la mataron.

¹⁷Luego Joyadá hizo un *pacto entre el SEÑOR, el rey y la gente para que fueran el pueblo del SEÑOR; también hizo un pacto entre el rey y el pueblo. ¹⁸Entonces toda la gente fue al templo de *Baal y lo derribó. Destruyeron los altares y los ídolos, y enfrente de los altares degollaron a Matán, sacerdote de Baal.

El sacerdote Joyadá apostó guardias en el templo del SEÑOR ¹⁹y, acompañado de los capitanes y de los quereteos, los guardias y todo el pueblo, llevó al rey desde el templo del SEÑOR hasta el palacio real. Entraron juntos por la puerta del cuartel, y Joás se sentó en el trono real. ²⁰Todo el pueblo estaba alegre, y tranquila la ciudad, pues habían matado a Atalía a filo de espada en el palacio.

²¹Joás tenía siete años cuando ascendió al trono.

Joás, rey de Judá

12 En el año séptimo del reinado de Jehú, Joás comenzó a reinar, y reinó en Jerusalén cuarenta años. Su madre era Sibia, oriunda de Berseba. ²Joás hizo durante toda su vida lo que agrada al SEÑOR, pues siguió las enseñanzas del sacerdote Joyadá.ⁿ ³Sin embargo, no se quitaron los *altares paganos, sino que el pueblo continuó ofreciendo sacrificios y quemando incienso en ellos.

⁴Un día Joás ordenó a los sacerdotes: «Recojan todo el dinero que cada persona traiga al templo del SEÑOR como ofrenda sagrada, incluso el impuesto del censo, el dinero de votos personales y todas las ofrendas voluntarias. ⁵Cada sacerdote debe tomar el dinero de manos de su propio tesorero,ñ y usarlo para restaurar el templo y reparar todo lo que esté dañado.»

⁶En el año veintitrés del reinado de Joás sucedió que, como los sacerdotes no habían hecho reparaciones al templo, ⁷el rey llamó al sacerdote Joyadá y a los otros sacerdotes, y les recriminó: «¿Por qué no han comenzado la restauración del templo? De aquí en adelante, ya no recibirán dinero de manos de los tesoreros, y deberán entregar lo que tengan para que se repare el templo.»

¹²Jehoiada brought out the king's son and put the crown on him; he presented him with a copy of the covenant and proclaimed him king. They anointed him, and the people clapped their hands and shouted, "Long live the king!"

¹³When Athaliah heard the noise made by the guards and the people, she went to the people at the temple of the LORD. ¹⁴She looked and there was the king, standing by the pillar, as the custom was. The officers and the trumpeters were beside the king, and all the people of the land were rejoicing and blowing trumpets. Then Athaliah tore her robes and called out, "Treason! Treason!"

¹⁵Jehoiada the priest ordered the commanders of units of a hundred, who were in charge of the troops: "Bring her out between the ranksᵃ and put to the sword anyone who follows her." For the priest had said, "She must not be put to death in the temple of the LORD." ¹⁶So they seized her as she reached the place where the horses enter the palace grounds, and there she was put to death.

¹⁷Jehoiada then made a covenant between the LORD and the king and people that they would be the LORD's people. He also made a covenant between the king and the people. ¹⁸All the people of the land went to the temple of Baal and tore it down. They smashed the altars and idols to pieces and killed Mattan the priest of Baal in front of the altars.

Then Jehoiada the priest posted guards at the temple of the LORD. ¹⁹He took with him the commanders of hundreds, the Carites, the guards and all the people of the land, and together they brought the king down from the temple of the LORD and went into the palace, entering by way of the gate of the guards. The king then took his place on the royal throne, ²⁰and all the people of the land rejoiced. And the city was quiet, because Athaliah had been slain with the sword at the palace.

²¹Joashᵇ was seven years old when he began to reign.

Joash Repairs the Temple

12 In the seventh year of Jehu, Joashᶜ became king, and he reigned in Jerusalem forty years. His mother's name was Zibiah; she was from Beersheba. ²Joash did what was right in the eyes of the LORD all the years Jehoiada the priest instructed him. ³The high places, however, were not removed; the people continued to offer sacrifices and burn incense there.

⁴Joash said to the priests, "Collect all the money that is brought as sacred offerings to the temple of the LORD—the money collected in the census, the money received from personal vows and the money brought voluntarily to the temple. ⁵Let every priest receive the money from one of the treasurers, and let it be used to repair whatever damage is found in the temple."

⁶But by the twenty-third year of King Joash the priests still had not repaired the temple. ⁷Therefore King Joash summoned Jehoiada the priest and the other priests and asked them, "Why aren't you repairing the damage done to the temple? Take no more money from your treasurers, but hand it over for repairing the tem-

---

ᵐ 11:12 *le puso ... pacto.* Alt. *y le puso la corona y las insignias.*
ⁿ 12:2 *Joás ... Joyadá.* Alt. *Joás hizo lo que agrada al SEÑOR durante todo el tiempo que el sacerdote Joyadá lo instruyó* (véase 2Cr 24:2).   ñ 12:5 *tesorero.* Palabra de difícil traducción; también en v. 7.

ᵃ 15 Or *out from the precincts*   ᵇ 21 Hebrew *Jehoash,* a variant of *Joash*   ᶜ 1 Hebrew *Jehoash,* a variant of *Joash;* also in verses 2, 4, 6, 7 and 18

8 Los sacerdotes accedieron a no recibir más dinero del pueblo, y renunciaron al encargo de restaurar el templo. 9 Sin embargo, el sacerdote Joyadá tomó un cofre y, después de hacer una ranura en la tapa, lo puso junto al altar, a la derecha, según se entra en el templo del SEÑOR. Los sacerdotes que vigilaban la entrada comenzaron a poner en el cofre todo el dinero que la gente traía al templo del SEÑOR. 10 Cuando veían que el cofre ya estaba lleno, subía el secretario real con el sumo sacerdote para vaciarlo[o] y contar el dinero que había en el templo del SEÑOR. 11 Una vez determinada la cantidad, entregaban el dinero a los que supervisaban la restauración del templo. Éstos les pagaban a los que trabajaban allí en el templo: carpinteros, maestros de obra, 12 albañiles y canteros. También compraban madera y piedras de cantería, y cubrían todos los gastos necesarios para restaurar el templo del SEÑOR.

13 Sin embargo, del dinero que se traía al templo del SEÑOR, no se usaba nada para hacer copas, despabiladeras, aspersorios y trompetas, ni otros utensilios de plata y oro, 14 sino que ese dinero se les entregaba a los trabajadores, que lo usaban para reparar el templo. 15 A los que estaban encargados de pagar a los trabajadores no se les pedían cuentas, pues procedían con toda honradez. 16 El dinero de los sacrificios *expiatorios y por la culpa no era para el templo del SEÑOR, pues pertenecía a los sacerdotes.

17 Por aquel tiempo, Jazael, rey de *Siria, atacó la ciudad de Gat y la conquistó; luego se propuso atacar a Jerusalén. 18 Por eso Joás, rey de Judá, recogió todos los objetos que habían consagrado sus antepasados Josafat, Jorán y Ocozías, reyes de Judá, junto con los que él mismo había consagrado, más todo el oro que pudo encontrar entre los tesoros del templo del SEÑOR y en el palacio real. Todo esto se lo envió a Jazael, rey de Siria, el cual se retiró de Israel.

19 Los demás acontecimientos del reinado de Joás, y todo lo que hizo, están escritos en el libro de las crónicas de los reyes de Israel. 20 Sus propios ministros conspiraron contra él y lo asesinaron en Bet Miló,[p] camino a Sila. 21 Quienes lo atacaron fueron Josacar hijo de Simat y Jozabad hijo de Semer. Así murió Joás, y fue sepultado con sus antepasados en la Ciudad de David. Y su hijo Amasías lo sucedió en el trono.

Joacaz, rey de Israel

13 En el año veintitrés del reinado de Joás hijo de Ocozías, rey de Judá, Joacaz hijo de Jehú ascendió al trono de Israel, y reinó en Samaria diecisiete años. 2 Joacaz hizo lo que ofende al SEÑOR, pues siguió el mal ejemplo de Jeroboán hijo de Nabat y no se apartó del pecado con que éste hizo pecar a Israel. 3 Por eso la ira del SEÑOR se encendió contra los israelitas y, por mucho tiempo, los puso bajo el poder de Jazael, rey de *Siria, y de su hijo Ben Adad.

4 Entonces Joacaz clamó al SEÑOR, y él lo escuchó, pues vio la gran opresión del rey de Siria sobre Israel. 5 El SEÑOR les proveyó un libertador, de modo que los israelitas pudieron librarse del poder de los sirios y

ple." 8 The priests agreed that they would not collect any more money from the people and that they would not repair the temple themselves.

9 Jehoiada the priest took a chest and bored a hole in its lid. He placed it beside the altar, on the right side as one enters the temple of the LORD. The priests who guarded the entrance put into the chest all the money that was brought to the temple of the LORD. 10 Whenever they saw that there was a large amount of money in the chest, the royal secretary and the high priest came, counted the money that had been brought into the temple of the LORD and put it into bags. 11 When the amount had been determined, they gave the money to the men appointed to supervise the work on the temple. With it they paid those who worked on the temple of the LORD—the carpenters and builders, 12 the masons and stonecutters. They purchased timber and dressed stone for the repair of the temple of the LORD, and met all the other expenses of restoring the temple.

13 The money brought into the temple was not spent for making silver basins, wick trimmers, sprinkling bowls, trumpets or any other articles of gold or silver for the temple of the LORD; 14 it was paid to the workmen, who used it to repair the temple. 15 They did not require an accounting from those to whom they gave the money to pay the workers, because they acted with complete honesty. 16 The money from the guilt offerings and sin offerings was not brought into the temple of the LORD; it belonged to the priests.

17 About this time Hazael king of Aram went up and attacked Gath and captured it. Then he turned to attack Jerusalem. 18 But Joash king of Judah took all the sacred objects dedicated by his fathers—Jehoshaphat, Jehoram and Ahaziah, the kings of Judah—and the gifts he himself had dedicated and all the gold found in the treasuries of the temple of the LORD and of the royal palace, and he sent them to Hazael king of Aram, who then withdrew from Jerusalem.

19 As for the other events of the reign of Joash, and all he did, are they not written in the book of the annals of the kings of Judah? 20 His officials conspired against him and assassinated him at Beth Millo, on the road down to Silla. 21 The officials who murdered him were Jozabad son of Shimeath and Jehozabad son of Shomer. He died and was buried with his fathers in the City of David. And Amaziah his son succeeded him as king.

Jehoahaz King of Israel

13 In the twenty-third year of Joash son of Ahaziah king of Judah, Jehoahaz son of Jehu became king of Israel in Samaria, and he reigned seventeen years. 2 He did evil in the eyes of the LORD by following the sins of Jeroboam son of Nebat, which he had caused Israel to commit, and he did not turn away from them. 3 So the LORD's anger burned against Israel, and for a long time he kept them under the power of Hazael king of Aram and Ben-Hadad his son.

4 Then Jehoahaz sought the LORD's favor, and the LORD listened to him, for he saw how severely the king of Aram was oppressing Israel. 5 The LORD provided a deliverer for Israel, and they escaped from the power of Aram. So the Israelites lived in their own homes as

o 12:10 vaciarlo. Palabra de difícil traducción.   p 12:20 Bet Miló. Alt. el edificio del terraplén.

vivir tranquilos,*q* como antes. 6 Sin embargo, siguieron el mal ejemplo de la familia de Jeroboán y no se apartaron de los pecados con que éstos hicieron pecar a Israel, y hasta dejaron en pie la imagen de la diosa *Aserá, que estaba en Samaria.

7 Del ejército no le habían quedado a Joacaz más que cincuenta jinetes, diez carros de combate y diez mil soldados de infantería, pues el rey de Siria había destruido el ejército, aniquilándolo por completo.

8 Los demás acontecimientos del reinado de Joacaz, y todo lo que hizo y su poderío, están escritos en el libro de las crónicas de los reyes de Israel. 9 Joacaz murió y fue sepultado en Samaria. Y su hijo Joás lo sucedió en el trono.

Joás, rey de Israel

10 En el año treinta y siete del reinado de Joás, rey de Judá, Joás hijo de Joacaz ascendió al trono de Israel, y reinó en Samaria dieciséis años. 11 Joás hizo lo que ofende al SEÑOR, pues siguió el mal ejemplo de Jeroboán hijo de Nabat y no se apartó de ninguno de los pecados con que éste hizo pecar a Israel.

12 Los demás acontecimientos del reinado de Joás, y todo lo que hizo y su poderío, incluso la guerra que sostuvo contra Amasías, rey de Judá, están escritos en el libro de las crónicas de los reyes de Israel. 13 Joás murió y fue sepultado en Samaria con los reyes de Israel. Y Jeroboán lo sucedió en el trono.

Muerte de Eliseo

14 Cuando Eliseo cayó enfermo de muerte, Joás, rey de Israel, fue a verlo. Echándose sobre él, lloró y exclamó:

—¡Padre mío, padre mío, carro y fuerza conductora de Israel!

15 Eliseo le dijo:

—Consigue un arco y varias flechas.

Joás así lo hizo. 16 Luego Eliseo le dijo:

—Empuña el arco.

Cuando el rey empuñó el arco, Eliseo puso las manos sobre las del rey 17 y le dijo:

—Abre la ventana que da hacia el oriente.

Joás la abrió, y Eliseo le ordenó:

—¡Dispara!

Así lo hizo. Entonces Eliseo declaró:

—¡Flecha victoriosa del SEÑOR! ¡Flecha victoriosa contra *Siria! ¡Tú vas a derrotar a los sirios en Afec hasta acabar con ellos! 18 Así que toma las flechas —añadió.

El rey las tomó, y Eliseo le ordenó:

—¡Golpea el suelo!

Joás golpeó el suelo tres veces, y se detuvo. 19 Ante eso, el hombre de Dios se enojó y le dijo:

—Debiste haber golpeado el suelo cinco o seis veces; entonces habrías derrotado a los sirios hasta acabar con ellos. Pero ahora los derrotarás sólo tres veces.

20 Después de esto, Eliseo murió y fue sepultado.

Cada año, bandas de guerrilleros moabitas invadían el país. 21 En cierta ocasión, unos israelitas iban a enterrar a un muerto, pero de pronto vieron a esas bandas y echaron el cadáver en la tumba de Eliseo. Cuando el cadáver tocó los huesos de Eliseo, ¡el hombre recobró la vida y se puso de pie!

Jazael oprime a los israelitas

22 Durante el reinado de Joacaz, Jazael, rey de *Siria,

they had before. 6 But they did not turn away from the sins of the house of Jeroboam, which he had caused Israel to commit; they continued in them. Also, the Asherah pole*d* remained standing in Samaria.

7 Nothing had been left of the army of Jehoahaz except fifty horsemen, ten chariots and ten thousand foot soldiers, for the king of Aram had destroyed the rest and made them like the dust at threshing time.

8 As for the other events of the reign of Jehoahaz, all he did and his achievements, are they not written in the book of the annals of the kings of Israel? 9 Jehoahaz rested with his fathers and was buried in Samaria. And Jehoash*e* his son succeeded him as king.

Jehoash King of Israel

10 In the thirty-seventh year of Joash king of Judah, Jehoash son of Jehoahaz became king of Israel in Samaria, and he reigned sixteen years. 11 He did evil in the eyes of the LORD and did not turn away from any of the sins of Jeroboam son of Nebat, which he had caused Israel to commit; he continued in them.

12 As for the other events of the reign of Jehoash, all he did and his achievements, including his war against Amaziah king of Judah, are they not written in the book of the annals of the kings of Israel? 13 Jehoash rested with his fathers, and Jeroboam succeeded him on the throne. Jehoash was buried in Samaria with the kings of Israel.

14 Now Elisha was suffering from the illness from which he died. Jehoash king of Israel went down to see him and wept over him. "My father! My father!" he cried. "The chariots and horsemen of Israel!"

15 Elisha said, "Get a bow and some arrows," and he did so. 16 "Take the bow in your hands," he said to the king of Israel. When he had taken it, Elisha put his hands on the king's hands.

17 "Open the east window," he said, and he opened it. "Shoot!" Elisha said, and he shot. "The LORD's arrow of victory, the arrow of victory over Aram!" Elisha declared. "You will completely destroy the Arameans at Aphek."

18 Then he said, "Take the arrows," and the king took them. Elisha told him, "Strike the ground." He struck it three times and stopped. 19 The man of God was angry with him and said, "You should have struck the ground five or six times; then you would have defeated Aram and completely destroyed it. But now you will defeat it only three times."

20 Elisha died and was buried.

Now Moabite raiders used to enter the country every spring. 21 Once while some Israelites were burying a man, suddenly they saw a band of raiders; so they threw the man's body into Elisha's tomb. When the body touched Elisha's bones, the man came to life and stood up on his feet.

22 Hazael king of Aram oppressed Israel throughout

d 6 That is, a symbol of the goddess Asherah; here and elsewhere in 2 Kings   *e* 9 Hebrew *Joash,* a variant of *Jehoash*; also in verses 12-14 and 25

oprimió a los israelitas. ²³ Sin embargo, el SEÑOR tuvo misericordia de ellos. Por causa del *pacto que había hecho con Abraham, Isaac y Jacob, se compadeció de los israelitas y los preservó, y hasta el día de hoy no ha querido destruirlos ni arrojarlos de su presencia.

²⁴ Cuando murió Jazael, rey de Siria, lo sucedió en el trono su hijo Ben Adad. ²⁵ Entonces Joás hijo de Joacaz logró rescatar del poder de Ben Adad las ciudades que éste le había arrebatado a Joacaz. En tres ocasiones Joás logró derrotarlo, de modo que pudo recuperar las ciudades de Israel.

Amasías, rey de Judá

14 En el segundo año de Joás hijo de Joacaz, rey de Israel, Amasías hijo de Joás, rey de Judá, ascendió al trono. ² Tenía veinticinco años cuando comenzó a reinar, y reinó en Jerusalén veintinueve años. Su madre era Joadán, oriunda de Jerusalén. ³ Amasías hizo lo que agrada al SEÑOR, aunque no como lo había hecho su antepasado David. En todo siguió el ejemplo de su padre Joás, ⁴ pero no se quitaron los *altares paganos, sino que el pueblo siguió ofreciendo sacrificios y quemando incienso en ellos.

⁵ Después de afianzarse en el poder, Amasías ajustició a los ministros que habían asesinado a su padre el rey. ⁶ Sin embargo, según lo que ordenó el SEÑOR, no mató a los hijos de los asesinos, pues está escrito en el libro de la *ley de Moisés: «A los padres no se les dará muerte por la culpa de sus hijos, ni a los hijos se les dará muerte por la culpa de sus padres, sino que cada uno morirá por su propio pecado.»ʳ

⁷ Amasías derrotó a diez mil edomitas en el valle de la Sal; también conquistó la ciudad de Selá y le puso por nombre Joctel, que es como se conoce hasta el día de hoy.

⁸ Por aquel tiempo, Amasías envió mensajeros a Joás, hijo de Joacaz y nieto de Jehú, rey de Israel, con este reto: «¡Sal para que nos enfrentemos!»

⁹ Pero Joás, rey de Israel, le respondió a Amasías, rey de Judá: «El cardo del Líbano le mandó este mensaje al cedro: "Entrega a tu hija como esposa a mi hijo." Pero luego pasaron por allí las fieras del Líbano, y aplastaron al cardo. ¹⁰ De hecho, has derrotado a los edomitas, y el éxito se te ha subido a la cabeza. Está bien, jáctate si quieres, pero quédate en casa. ¿Para qué provocas una desgracia que significará tu perdición y la de Judá?»

¹¹ Amasías no le hizo caso. Así que Joás, rey de Israel, marchó a Bet Semes, en Judá, para enfrentarse con él. ¹² Los israelitas batieron a los de Judá, y éstos huyeron a sus hogares. ¹³ En Bet Semes, Joás, rey de Israel, capturó a Amasías, rey de Judá, hijo de Joás y nieto de Ocozías. Luego fue a Jerusalén y derribó ciento ochenta metrosˢ de la muralla, desde la puerta de Efraín hasta la puerta de la Esquina. ¹⁴ Además, se apoderó de todo el oro, la plata y los utensilios que había en el templo del SEÑOR y en el tesoro del palacio real. También tomó rehenes, y regresó a Samaria.

¹⁵ Los demás acontecimientos del reinado de Joás, y todo lo que hizo y su poderío, incluso la guerra que sostuvo contra Amasías, rey de Judá, están escritos en el libro de las crónicas de los reyes de Israel. ¹⁶ Joás murió y fue sepultado en Samaria con los reyes de Israel. Y su hijo Jeroboán lo sucedió en el trono.

the reign of Jehoahaz. ²³ But the LORD was gracious to them and had compassion and showed concern for them because of his covenant with Abraham, Isaac and Jacob. To this day he has been unwilling to destroy them or banish them from his presence.

²⁴ Hazael king of Aram died, and Ben-Hadad his son succeeded him as king. ²⁵ Then Jehoash son of Jehoahaz recaptured from Ben-Hadad son of Hazael the towns he had taken in battle from his father Jehoahaz. Three times Jehoash defeated him, and so he recovered the Israelite towns.

Amaziah King of Judah

14 In the second year of Jehoashᶠ son of Jehoahaz king of Israel, Amaziah son of Joash king of Judah began to reign. ² He was twenty-five years old when he became king, and he reigned in Jerusalem twenty-nine years. His mother's name was Jehoaddin; she was from Jerusalem. ³ He did what was right in the eyes of the LORD, but not as his father David had done. In everything he followed the example of his father Joash. ⁴ The high places, however, were not removed; the people continued to offer sacrifices and burn incense there.

⁵ After the kingdom was firmly in his grasp, he executed the officials who had murdered his father the king. ⁶ Yet he did not put the sons of the assassins to death, in accordance with what is written in the Book of the Law of Moses where the LORD commanded: "Fathers shall not be put to death for their children, nor children put to death for their fathers; each is to die for his own sins."ᵍ

⁷ He was the one who defeated ten thousand Edomites in the Valley of Salt and captured Sela in battle, calling it Joktheel, the name it has to this day.

⁸ Then Amaziah sent messengers to Jehoash son of Jehoahaz, the son of Jehu, king of Israel, with the challenge: "Come, meet me face to face."

⁹ But Jehoash king of Israel replied to Amaziah king of Judah: "A thistle in Lebanon sent a message to a cedar in Lebanon, 'Give your daughter to my son in marriage.' Then a wild beast in Lebanon came along and trampled the thistle underfoot. ¹⁰ You have indeed defeated Edom and now you are arrogant. Glory in your victory, but stay at home! Why ask for trouble and cause your own downfall and that of Judah also?"

¹¹ Amaziah, however, would not listen, so Jehoash king of Israel attacked. He and Amaziah king of Judah faced each other at Beth Shemesh in Judah. ¹² Judah was routed by Israel, and every man fled to his home. ¹³ Jehoash king of Israel captured Amaziah king of Judah, the son of Joash, the son of Ahaziah, at Beth Shemesh. Then Jehoash went to Jerusalem and broke down the wall of Jerusalem from the Ephraim Gate to the Corner Gate—a section about six hundred feet long.ʰ ¹⁴ He took all the gold and silver and all the articles found in the temple of the LORD and in the treasuries of the royal palace. He also took hostages and returned to Samaria.

¹⁵ As for the other events of the reign of Jehoash, what he did and his achievements, including his war against Amaziah king of Judah, are they not written in the book of the annals of the kings of Israel? ¹⁶ Jehoash rested with his fathers and was buried in Samaria with the kings of Israel. And Jeroboam his son succeeded him as king.

ʳ 14:6 Dt 24:16   ˢ 14:13 *ciento ochenta metros.* Lit. *cuatrocientos* *codos.*

ᶠ 1 Hebrew *Joash,* a variant of *Jehoash*; also in verses 13, 23 and 27   ᵍ 6 Deut. 24:16   ʰ 13 Hebrew *four hundred cubits* (about 180 meters)

17 Amasías hijo de Joás, rey de Judá, sobrevivió quince años a Joás hijo de Joacaz, rey de Israel. 18 Los demás acontecimientos del reinado de Amasías están escritos en el libro de las crónicas de los reyes de Judá. 19 Como se tramó una conspiración contra él en Jerusalén, Amasías huyó a Laquis; pero lo persiguieron y allí lo mataron. 20 Luego lo llevaron a caballo hasta Jerusalén, la Ciudad de David, y allí fue sepultado con sus antepasados.

21 Entonces todo el pueblo de Judá tomó a Azarías,*t* que tenía dieciséis años, y lo proclamó rey en lugar de su padre Amasías. 22 Y fue Azarías quien, después de la muerte del rey Amasías, reconstruyó la ciudad de Elat y la reincorporó a Judá.

Jeroboán II, rey de Israel

23 En el año quince del reinado de Amasías hijo de Joás, rey de Judá, Jeroboán hijo de Joás, rey de Israel, ascendió al trono, y reinó en Samaria cuarenta y un años. 24 Jeroboán hizo lo que ofende al SEÑOR, pues no se apartó de ninguno de los pecados con que Jeroboán hijo de Nabat hizo pecar a Israel. 25 Él fue quien restableció las fronteras de Israel desde Lebó Jamat*u* hasta el mar del Arabá, según la palabra que el SEÑOR, Dios de Israel, había dado a conocer por medio de su siervo Jonás hijo de Amitay, el profeta de Gat Jefer. 26 Porque el SEÑOR había visto que todos los habitantes de Israel, esclavos o libres, sufrían amargamente, y que no había nadie que los ayudara. 27 Pero el SEÑOR los salvó por medio de Jeroboán hijo de Joás, pues había dicho que no borraría de la tierra el *nombre de Israel.

28 Los demás acontecimientos del reinado de Jeroboán, y todo lo que hizo y su poderío, incluso sus guerras en las que recuperó Damasco y Jamat para Israel,*v* están escritos en el libro de las crónicas de los reyes de Israel. 29 Jeroboán murió y fue sepultado con sus antepasados, los reyes de Israel. Y su hijo Zacarías lo sucedió en el trono.

Azarías, rey de Judá

15 En el año veintisiete del reinado de Jeroboán, rey de Israel, Azarías hijo de Amasías, rey de Judá, ascendió al trono. 2 Tenía dieciséis años cuando comenzó a reinar, y reinó en Jerusalén cincuenta y dos años. Su madre era Jecolías, oriunda de Jerusalén. 3 Azarías hizo lo que agrada al SEÑOR, pues en todo siguió el buen ejemplo de su padre Amasías; 4 pero no se quitaron los *altares paganos, sino que el pueblo siguió ofreciendo sacrificios y quemando incienso en ellos.

5 Sin embargo, el SEÑOR castigó al rey con *lepra hasta el día de su muerte. Y como el rey Azarías tuvo que vivir aislado en casa,*w* su hijo Jotán quedó a cargo del palacio y del gobierno del país.

6 Los demás acontecimientos del reinado de Azarías, y todo lo que hizo, están escritos en el libro de las crónicas de los reyes de Israel. 7 Azarías murió y fue sepultado con sus antepasados en la Ciudad de David. Y su hijo Jotán lo sucedió en el trono.

Zacarías, rey de Israel

8 En el año treinta y ocho del reinado de Azarías, rey de Judá, Zacarías hijo de Jeroboán ascendió al trono de

17 Amaziah son of Joash king of Judah lived for fifteen years after the death of Jehoash son of Jehoahaz king of Israel. 18 As for the other events of Amaziah's reign, are they not written in the book of the annals of the kings of Judah?

19 They conspired against him in Jerusalem, and he fled to Lachish, but they sent men after him to Lachish and killed him there. 20 He was brought back by horse and was buried in Jerusalem with his fathers, in the City of David.

21 Then all the people of Judah took Azariah,*i* who was sixteen years old, and made him king in place of his father Amaziah. 22 He was the one who rebuilt Elath and restored it to Judah after Amaziah rested with his fathers.

Jeroboam II King of Israel

23 In the fifteenth year of Amaziah son of Joash king of Judah, Jeroboam son of Jehoash king of Israel became king in Samaria, and he reigned forty-one years. 24 He did evil in the eyes of the LORD and did not turn away from any of the sins of Jeroboam son of Nebat, which he had caused Israel to commit. 25 He was the one who restored the boundaries of Israel from Lebo*j* Hamath to the Sea of the Arabah,*k* in accordance with the word of the LORD, the God of Israel, spoken through his servant Jonah son of Amittai, the prophet from Gath Hepher.

26 The LORD had seen how bitterly everyone in Israel, whether slave or free, was suffering; there was no one to help them. 27 And since the LORD had not said he would blot out the name of Israel from under heaven, he saved them by the hand of Jeroboam son of Jehoash.

28 As for the other events of Jeroboam's reign, all he did, and his military achievements, including how he recovered for Israel both Damascus and Hamath, which had belonged to Yaudi,*l* are they not written in the book of the annals of the kings of Israel? 29 Jeroboam rested with his fathers, the kings of Israel. And Zechariah his son succeeded him as king.

Azariah King of Judah

15 In the twenty-seventh year of Jeroboam king of Israel, Azariah son of Amaziah king of Judah began to reign. 2 He was sixteen years old when he became king, and he reigned in Jerusalem fifty-two years. His mother's name was Jecoliah; she was from Jerusalem. 3 He did what was right in the eyes of the LORD, just as his father Amaziah had done. 4 The high places, however, were not removed; the people continued to offer sacrifices and burn incense there.

5 The LORD afflicted the king with leprosy*m* until the day he died, and he lived in a separate house.*n* Jotham the king's son had charge of the palace and governed the people of the land.

6 As for the other events of Azariah's reign, and all he did, are they not written in the book of the annals of the kings of Judah? 7 Azariah rested with his fathers and was buried near them in the City of David. And Jotham his son succeeded him as king.

Zechariah King of Israel

8 In the thirty-eighth year of Azariah king of Judah, Zechariah son of Jeroboam became king of Israel in

---

t 14:21 Azarías. Lit. Uzías.   *u 14:25 Lebó Jamat. Alt. la entrada de Jamat.*   *v 14:28 para Israel (lectura probable; véase Siríaca); para Judá en Israel (TM).*   *w 15:5 aislado en casa. Lit. en casa de libertad (es decir, libre de responsabilidad).*

i 21 Also called Uzziah   *j 25 Or from the entrance to*   *k 25 That is, the Dead Sea*   *l 28 Or Judah*   *m 5 The Hebrew word was used for various diseases affecting the skin—not necessarily leprosy.*   *n 5 Or in a house where he was relieved of responsibility*

Israel, y reinó en Samaria seis meses. 9 Zacarías hizo lo que ofende al SEÑOR, como lo hicieron sus antepasados, pues no se apartó de los pecados con que Jeroboán hijo de Nabat hizo pecar a Israel.

10 Salún hijo de Jabés conspiró contra Zacarías. Lo atacó en Ibleam[x] y lo mató, usurpando así el trono. 11 Los demás acontecimientos del reinado de Zacarías están escritos en el libro de las crónicas de los reyes de Israel. 12 De este modo se cumplió la palabra que el SEÑOR le había dado a conocer a Jehú: «Durante cuatro generaciones tus descendientes ocuparán el trono de Israel.»[y]

Salún, rey de Israel

13 Salún hijo de Jabés ascendió al trono en el año treinta y nueve de Uzías, rey de Judá, y reinó en Samaria un mes. 14 Pero Menajem hijo de Gadí llegó de Tirsá a Samaria, y allí atacó a Salún hijo de Jabés y lo mató, usurpando así el trono.

15 Los demás acontecimientos del reinado de Salún, incluso su conspiración, están escritos en el libro de las crónicas de los reyes de Israel.

16 Por aquel tiempo, Menajem atacó la ciudad de Tifsa. Como no le abrieron las *puertas de la ciudad, mató a todos los que vivían allí y en los alrededores, comenzando por Tirsá, y les abrió el vientre a las mujeres embarazadas.

Menajem, rey de Israel

17 En el año treinta y nueve del reinado de Azarías, rey de Judá, Menajem hijo de Gadí ascendió al trono de Israel, y reinó en Samaria diez años. 18 Pero hizo lo que ofende al SEÑOR, pues durante toda su vida jamás se apartó de los pecados con que Jeroboán hijo de Nabat hizo pecar a Israel.

19 Tiglat Piléser,[z] rey de Asiria, invadió el país, y Menajem le entregó treinta y tres mil kilos[a] de plata para ganarse su apoyo y mantenerse en el trono. 20 Menajem les exigió este dinero a los israelitas: todos los ricos tenían que pagarle al rey de Asiria medio kilo[b] de plata. Entonces el rey de Asiria se retiró y dejó de ocupar el país.

21 Los demás acontecimientos del reinado de Menajem, y todo lo que hizo, están escritos en el libro de las crónicas de los reyes de Israel. 22 Menajem murió, y su hijo Pecajías lo sucedió en el trono.

Pecajías, rey de Israel

23 En el año cincuenta de Azarías, rey de Judá, Pecajías hijo de Menajem ascendió al trono de Israel, y reinó en Samaria dos años. 24 Pero hizo lo que ofende al SEÑOR, pues no se apartó de los pecados con que Jeroboán hijo de Nabat hizo pecar a Israel. 25 Uno de sus oficiales, que se llamaba Pecaj hijo de Remalías, conspiró contra él. Apoyado por cincuenta galaaditas, atacó a Pecajías, a Argob y a Arié, en la torre del palacio real en Samaria. Así fue como lo mató y usurpó el trono.

26 Los demás acontecimientos del reinado de Pecajías, y todo lo que hizo, están escritos en el libro de las crónicas de los reyes de Israel.

Pecaj, rey de Israel

27 En el año cincuenta y dos del reinado de Azarías, rey de Judá, Pecaj hijo de Remalías ascendió al trono

[x] *15:10 en Ibleam* (mss. de LXX); *ante el pueblo* (TM). [y] *15:12* 2R 10:30 [z] *15:19 Tiglat Piléser.* Lit. *Pul.* [a] *15:19 treinta y tres mil kilos.* Lit. *mil *talentos.* [b] *15:20 medio kilo.* Lit. *cincuenta *siclos.*

Samaria, and he reigned six months. 9 He did evil in the eyes of the LORD, as his fathers had done. He did not turn away from the sins of Jeroboam son of Nebat, which he had caused Israel to commit.

10 Shallum son of Jabesh conspired against Zechariah. He attacked him in front of the people,[o] assassinated him and succeeded him as king. 11 The other events of Zechariah's reign are written in the book of the annals of the kings of Israel. 12 So the word of the LORD spoken to Jehu was fulfilled: "Your descendants will sit on the throne of Israel to the fourth generation."[p]

Shallum King of Israel

13 Shallum son of Jabesh became king in the thirty-ninth year of Uzziah king of Judah, and he reigned in Samaria one month. 14 Then Menahem son of Gadi went from Tirzah up to Samaria. He attacked Shallum son of Jabesh in Samaria, assassinated him and succeeded him as king.

15 The other events of Shallum's reign, and the conspiracy he led, are written in the book of the annals of the kings of Israel.

16 At that time Menahem, starting out from Tirzah, attacked Tiphsah and everyone in the city and its vicinity, because they refused to open their gates. He sacked Tiphsah and ripped open all the pregnant women.

Menahem King of Israel

17 In the thirty-ninth year of Azariah king of Judah, Menahem son of Gadi became king of Israel, and he reigned in Samaria ten years. 18 He did evil in the eyes of the LORD. During his entire reign he did not turn away from the sins of Jeroboam son of Nebat, which he had caused Israel to commit.

19 Then Pul[q] king of Assyria invaded the land, and Menahem gave him a thousand talents[r] of silver to gain his support and strengthen his own hold on the kingdom. 20 Menahem exacted this money from Israel. Every wealthy man had to contribute fifty shekels[s] of silver to be given to the king of Assyria. So the king of Assyria withdrew and stayed in the land no longer.

21 As for the other events of Menahem's reign, and all he did, are they not written in the book of the annals of the kings of Israel? 22 Menahem rested with his fathers. And Pekahiah his son succeeded him as king.

Pekahiah King of Israel

23 In the fiftieth year of Azariah king of Judah, Pekahiah son of Menahem became king of Israel in Samaria, and he reigned two years. 24 Pekahiah did evil in the eyes of the LORD. He did not turn away from the sins of Jeroboam son of Nebat, which he had caused Israel to commit. 25 One of his chief officers, Pekah son of Remaliah, conspired against him. Taking fifty men of Gilead with him, he assassinated Pekahiah, along with Argob and Arieh, in the citadel of the royal palace at Samaria. So Pekah killed Pekahiah and succeeded him as king.

26 The other events of Pekahiah's reign, and all he did, are written in the book of the annals of the kings of Israel.

Pekah King of Israel

27 In the fifty-second year of Azariah king of Judah, Pekah son of Remaliah became king of Israel in Samar-

[o] 10 Hebrew; some Septuagint manuscripts *in Ibleam* [p] 12 2 Kings 10:30 [q] 19 Also called *Tiglath-Pileser* [r] 19 That is, about 37 tons (about 34 metric tons) [s] 20 That is, about 1 1/4 pounds (about 0.6 kilogram)

de Israel, y reinó en Samaria veinte años. 28 Pero hizo lo que ofende al SEÑOR, pues no se apartó de los pecados con que Jeroboán hijo de Nabat hizo pecar a Israel.

29 En tiempos de Pecaj, rey de Israel, Tiglat Piléser, rey de Asiria, invadió el país y conquistó Iyón, Abel Betmacá, Janoa, Cedes, Jazor, Galaad y Galilea, incluyendo todo el territorio de Neftalí; además, deportó a los habitantes a Asiria. 30 Entonces Oseas hijo de Elá conspiró contra Pecaj hijo de Remalías y lo atacó. Así fue como, en el año veinte de Jotán hijo de Uzías, lo mató y usurpó el trono.

31 Los demás acontecimientos del reinado de Pecaj, y todo lo que hizo, están escritos en el libro de las crónicas de los reyes de Israel.

Jotán, rey de Judá

32 En el segundo año del reinado de Pecaj hijo de Remalías, rey de Israel, Jotán hijo de Uzías, rey de Judá, ascendió al trono. 33 Tenía veinticinco años cuando comenzó a reinar, y reinó en Jerusalén dieciséis años. Su madre era Jerusa hija de Sadoc. 34 Jotán hizo lo que agrada al SEÑOR, pues en todo siguió el buen ejemplo de su padre Uzías. 35 Fue Jotán quien reconstruyó la puerta superior del templo del SEÑOR, pero no se quitaron los altares paganos, sino que el pueblo siguió ofreciendo sacrificios y quemando incienso en ellos.

36 Los demás acontecimientos del reinado de Jotán están escritos en el libro de las crónicas de los reyes de Judá. 37 Durante su reinado, el SEÑOR comenzó a enviar contra Judá a Rezín, rey de *Siria, y a Pecaj hijo de Remalías. 38 Jotán murió y fue sepultado con sus antepasados en la Ciudad de David, su antecesor. Y su hijo Acaz lo sucedió en el trono.

Acaz, rey de Judá

16 En el año diecisiete del reinado de Pecaj hijo de Remalías, Acaz hijo de Jotán ascendió al trono. 2 Tenía veinte años cuando comenzó a reinar, y reinó en Jerusalén dieciséis años. Pero a diferencia de su antepasado David, Acaz no hizo lo que agradaba al SEÑOR su Dios. 3 Al contrario, siguió el mal ejemplo de los reyes de Israel, y hasta sacrificó en el fuego a su hijo, según las repugnantes ceremonias de las naciones que el SEÑOR había expulsado delante de los israelitas. 4 También ofrecía sacrificios y quemaba incienso en los *santuarios paganos, en las colinas y bajo todo árbol frondoso.

5 En cierta ocasión, Rezín, rey de *Siria, y Pecaj hijo de Remalías, rey de Israel, marcharon hacia Jerusalén para hacerle guerra a Acaz, y sitiaron la ciudad, pero no lograron tomarla. 6 Por aquel tiempo, Rezín, rey de Siria, había reconquistado la ciudad de Elat, desalojando a los de Judá que vivían allí. Posteriormente los edomitas se establecieron en Elat, y allí se han quedado hasta el día de hoy.

7 Acaz envió entonces mensajeros a Tiglat Piléser, rey de Asiria, con este mensaje: «Ya que soy tu servidor y vasallo,c ven y líbrame del poder del rey de Siria y del rey de Israel, que se han puesto en mi contra.» 8 Acaz también juntó la plata y el oro que había en el templo del SEÑOR y en el tesoro del palacio real, y se lo envió todo al rey de Asiria como un regalo. 9 El rey de Asiria, accediendo a su petición, lanzó un ataque contra Damasco y conquistó la ciudad. Luego deportó a sus habitantes a Quir, y mató a Rezín.

ia, and he reigned twenty years. 28 He did evil in the eyes of the LORD. He did not turn away from the sins of Jeroboam son of Nebat, which he had caused Israel to commit.

29 In the time of Pekah king of Israel, Tiglath-Pileser king of Assyria came and took Ijon, Abel Beth Maacah, Janoah, Kedesh and Hazor. He took Gilead and Galilee, including all the land of Naphtali, and deported the people to Assyria. 30 Then Hoshea son of Elah conspired against Pekah son of Remaliah. He attacked and assassinated him, and then succeeded him as king in the twentieth year of Jotham son of Uzziah.

31 As for the other events of Pekah's reign, and all he did, are they not written in the book of the annals of the kings of Israel?

Jotham King of Judah

32 In the second year of Pekah son of Remaliah king of Israel, Jotham son of Uzziah king of Judah began to reign. 33 He was twenty-five years old when he became king, and he reigned in Jerusalem sixteen years. His mother's name was Jerusha daughter of Zadok. 34 He did what was right in the eyes of the LORD, just as his father Uzziah had done. 35 The high places, however, were not removed; the people continued to offer sacrifices and burn incense there. Jotham rebuilt the Upper Gate of the temple of the LORD.

36 As for the other events of Jotham's reign, and what he did, are they not written in the book of the annals of the kings of Judah? 37 (In those days the LORD began to send Rezin king of Aram and Pekah son of Remaliah against Judah.) 38 Jotham rested with his fathers and was buried with them in the City of David, the city of his father. And Ahaz his son succeeded him as king.

Ahaz King of Judah

16 In the seventeenth year of Pekah son of Remaliah, Ahaz son of Jotham king of Judah began to reign. 2 Ahaz was twenty years old when he became king, and he reigned in Jerusalem sixteen years. Unlike David his father, he did not do what was right in the eyes of the LORD his God. 3 He walked in the ways of the kings of Israel and even sacrificed his son inf the fire, following the detestable ways of the nations the LORD had driven out before the Israelites. 4 He offered sacrifices and burned incense at the high places, on the hilltops and under every spreading tree.

5 Then Rezin king of Aram and Pekah son of Remaliah king of Israel marched up to fight against Jerusalem and besieged Ahaz, but they could not overpower him. 6 At that time, Rezin king of Aram recovered Elath for Aram by driving out the men of Judah. Edomites then moved into Elath and have lived there to this day.

7 Ahaz sent messengers to say to Tiglath-Pileser king of Assyria, "I am your servant and vassal. Come up and save me out of the hand of the king of Aram and of the king of Israel, who are attacking me." 8 And Ahaz took the silver and gold found in the temple of the LORD and in the treasuries of the royal palace and sent it as a gift to the king of Assyria. 9 The king of Assyria complied by attacking Damascus and capturing it. He deported its inhabitants to Kir and put Rezin to death.

---

10 El rey Acaz fue entonces a Damasco para encontrarse con Tiglat Piléser, rey de Asiria. Cuando vio el altar que había en la ciudad, el rey Acaz le envió al sacerdote Urías un plano del altar, con un dibujo de todos los detalles. 11 Entonces Urías construyó un altar según las instrucciones que el rey Acaz le había enviado desde Damasco, y lo terminó antes de que el rey regresara. 12 Cuando éste llegó de Damasco y vio el altar, se acercó y presentó allí una ofrenda. 13 Ofreció el *holocausto con la ofrenda, derramó su libación y roció sobre el altar la sangre de los sacrificios de *comunión. 14 El altar de bronce, que estaba en la presencia del SEÑOR, lo retiró de la parte delantera del edificio y lo situó en el lado norte del nuevo altar, ya que ahora quedaba entre el nuevo altar y el templo del SEÑOR.

15 Luego le dio estas órdenes al sacerdote Urías: «Ofrece en este gran altar el holocausto matutino y la ofrenda vespertina, así como el holocausto y la ofrenda del rey, y también los holocaustos, las ofrendas y las libaciones del pueblo en general. Rocía sobre este altar la sangre de todos los holocaustos y sacrificios. Pero el altar de bronce lo usaré yo.» 16 Y el sacerdote Urías hizo todo lo que el rey Acaz le ordenó.

17 El rey desmontó los paneles de las bases y les quitó los lavamanos; además bajó la fuented que estaba encima de los bueyes de bronce y la instaló sobre un enlosado de piedra; 18 y por deferencia al rey de Asiria, quitó del templo del SEÑOR el techado que se había construido allí para celebrar los *sábados,e así como la entrada exterior para el rey.

19 Los demás acontecimientos del reinado de Acaz están escritos en el libro de las crónicas de los reyes de Judá. 20 Acaz murió y fue sepultado con sus antepasados en la Ciudad de David. Y su hijo Ezequías lo sucedió en el trono.

Oseas, rey de Israel

17 En el año duodécimo del reinado de Acaz, rey de Judá, Oseas hijo de Elá ascendió al trono de Israel, y reinó en Samaria nueve años. 2 Hizo lo que ofende al SEÑOR, aunque no tanto como los reyes de Israel que lo habían precedido.

3 Salmanasar, rey de Asiria, atacó a Oseas, lo hizo su vasallo y le impuso tributo. 4 Más tarde, el rey de Asiria descubrió que Oseas lo traicionaba, pues éste había enviado emisarios a So, rey de Egipto, y además había dejado de pagarle el tributo anual. Por eso el rey de Asiria mandó arrestarlo y lo metió en la cárcel. 5 Después invadió el país entero, marchó contra Samaria y sitió la ciudad durante tres años. 6 En el año noveno del reinado de Oseas, el rey de Asiria, después de conquistar Samaria, deportó a los israelitas a Asiria y los instaló en Jalaj, en Gozán (que está junto al río Jabor) y en las ciudades de los medos.

El pecado de Israel

7 Todo esto sucedió porque los israelitas habían pecado contra el SEÑOR su Dios, que los había sacado de Egipto, librándolos del poder del faraón, rey de Egipto. Adoraron a otros dioses 8 y siguieron las costumbres de las naciones que el SEÑOR había expulsado delante de ellos, como también las prácticas que introdujeron los

10 Then King Ahaz went to Damascus to meet Tiglath-Pileser king of Assyria. He saw an altar in Damascus and sent to Uriah the priest a sketch of the altar, with detailed plans for its construction. 11 So Uriah the priest built an altar in accordance with all the plans that King Ahaz had sent from Damascus and finished it before King Ahaz returned. 12 When the king came back from Damascus and saw the altar, he approached it and presented offeringsu on it. 13 He offered up his burnt offering and grain offering, poured out his drink offering, and sprinkled the blood of his fellowship offeringsv on the altar. 14 The bronze altar that stood before the LORD he brought from the front of the temple—from between the new altar and the temple of the LORD—and put it on the north side of the new altar.

15 King Ahaz then gave these orders to Uriah the priest: "On the large new altar, offer the morning burnt offering and the evening grain offering, the king's burnt offering and his grain offering, and the burnt offering of all the people of the land, and their grain offering and their drink offering. Sprinkle on the altar all the blood of the burnt offerings and sacrifices. But I will use the bronze altar for seeking guidance." 16 And Uriah the priest did just as King Ahaz had ordered.

17 King Ahaz took away the side panels and removed the basins from the movable stands. He removed the Sea from the bronze bulls that supported it and set it on a stone base. 18 He took away the Sabbath canopyw that had been built at the temple and removed the royal entryway outside the temple of the LORD, in deference to the king of Assyria.

19 As for the other events of the reign of Ahaz, and what he did, are they not written in the book of the annals of the kings of Judah? 20 Ahaz rested with his fathers and was buried with them in the City of David. And Hezekiah his son succeeded him as king.

Hoshea Last King of Israel

17 In the twelfth year of Ahaz king of Judah, Hoshea son of Elah became king of Israel in Samaria, and he reigned nine years. 2 He did evil in the eyes of the LORD, but not like the kings of Israel who preceded him.

3 Shalmaneser king of Assyria came up to attack Hoshea, who had been Shalmaneser's vassal and had paid him tribute. 4 But the king of Assyria discovered that Hoshea was a traitor, for he had sent envoys to Sox king of Egypt, and he no longer paid tribute to the king of Assyria, as he had done year by year. Therefore Shalmaneser seized him and put him in prison. 5 The king of Assyria invaded the entire land, marched against Samaria and laid siege to it for three years. 6 In the ninth year of Hoshea, the king of Assyria captured Samaria and deported the Israelites to Assyria. He settled them in Halah, in Gozan on the Habor River and in the towns of the Medes.

Israel Exiled Because of Sin

7 All this took place because the Israelites had sinned against the LORD their God, who had brought them up out of Egypt from under the power of Pharaoh king of Egypt. They worshiped other gods 8 and followed the practices of the nations the LORD had driven out before them, as well as the practices that the kings of Israel

---

d 16:17 la fuente. Lit. el mar.   e 16:18 el techado ... para celebrar los sábados. Alt. el estrado ... para el trono (véase LXX).

u 12 Or and went up   v 13 Traditionally peace offerings
w 18 Or the dais of his throne (see Septuagint)   x 4 Or to Sais, to the; So is possibly an abbreviation for Osorkon.

reyes de Israel. ⁹Además blasfemaron/ contra el SEÑOR su Dios, y dondequiera que habitaban se construían *altares paganos. Desde las torres de vigilancia hasta las ciudades fortificadas, ¹⁰y en cada colina y bajo todo árbol frondoso, erigieron *piedras sagradas e imágenes de la diosa *Aserá; ¹¹y en todos los altares paganos quemaron incienso, siguiendo el ejemplo de las naciones que el SEÑOR había desterrado delante de ellos. Fueron tantas las maldades que cometieron, que provocaron la ira del SEÑOR. ¹²Rindieron culto a los ídolos, aunque el SEÑOR se lo había prohibido categóricamente. ¹³Por eso el SEÑOR les dio esta advertencia a Israel y a Judá por medio de todos los profetas y videntes: «¡Vuélvanse de sus malos *caminos! Cumplan mis mandamientos y decretos, y obedezcan todas las leyes que ordené a sus antepasados, y que les di a conocer a ustedes por medio de mis siervos los profetas.»

¹⁴Con todo, no hicieron caso, sino que fueron tan tercos como lo habían sido sus antepasados, que no confiaron en el SEÑOR su Dios. ¹⁵Rechazaron los decretos y las advertencias del SEÑOR, y el *pacto que él había hecho con sus antepasados. Se fueron tras ídolos inútiles, de modo que se volvieron inútiles ellos mismos; y aunque el SEÑOR lo había prohibido, siguieron las costumbres de las naciones vecinas. ¹⁶Abandonaron todos los mandamientos del SEÑOR su Dios, y se hicieron dos ídolos fundidos en forma de becerro y una imagen de la diosa Aserá. Se postraron ante todos los astros del cielo, y adoraron a *Baal; ¹⁷sacrificaron en el fuego a sus hijos e hijas; practicaron la adivinación y la hechicería; en fin, se entregaron a hacer lo que ofende al SEÑOR, provocando así su ira.

¹⁸Por lo tanto, el SEÑOR se enojó mucho contra Israel y lo arrojó de su presencia. Sólo quedó la tribu de Judá. ¹⁹Pero aun Judá dejó de cumplir los mandatos del SEÑOR su Dios, y siguió las costumbres que introdujo Israel. ²⁰Por eso el SEÑOR rechazó a todos los israelitas: los afligió y los entregó en manos de invasores, y acabó por arrojarlos de su presencia.

²¹Cuando el SEÑOR arrancó de la familia de David a los israelitas, éstos hicieron rey a Jeroboán hijo de Nabat. Jeroboán, por su parte, los alejó del camino del SEÑOR y los hizo cometer un gran pecado. ²²De hecho, los israelitas imitaron todos los pecados de Jeroboán y no se apartaron de ellos. ²³Finalmente, el SEÑOR arrojó a Israel de su presencia, tal como lo había anunciado por medio de sus siervos los profetas. Así, pues, fueron desterrados y llevados cautivos a Asiria, donde hasta el día de hoy se han quedado.

Repoblación de Samaria

²⁴Para reemplazar a los israelitas en los poblados de Samaria, el rey de Asiria trajo gente de Babilonia, Cuta, Ava, Jamat y Sefarvayin. Éstos tomaron posesión de Samaria y habitaron en sus poblados. ²⁵Al principio, cuando se establecieron, no adoraban al SEÑOR, de modo que el SEÑOR les envió leones que causaron estragos en la población. ²⁶Entonces le dieron este informe al rey de Asiria: «La gente que Su Majestad deportó y estableció en los poblados de Samaria no sabe lo que requiere el dios de ese país. Por esta razón, él les ha enviado leones, para que los maten.»

²⁷El rey de Asiria dio esta orden: «Hagan que regrese a vivir en Samaria uno de los sacerdotes que ustedes capturaron allí, y que le enseñe a la población lo que

had introduced. ⁹The Israelites secretly did things against the LORD their God that were not right. From watchtower to fortified city they built themselves high places in all their towns. ¹⁰They set up sacred stones and Asherah poles on every high hill and under every spreading tree. ¹¹At every high place they burned incense, as the nations whom the LORD had driven out before them had done. They did wicked things that provoked the LORD to anger. ¹²They worshiped idols, though the LORD had said, "You shall not do this."ʸ ¹³The LORD warned Israel and Judah through all his prophets and seers: "Turn from your evil ways. Observe my commands and decrees, in accordance with the entire Law that I commanded your fathers to obey and that I delivered to you through my servants the prophets."

¹⁴But they would not listen and were as stiff-necked as their fathers, who did not trust in the LORD their God. ¹⁵They rejected his decrees and the covenant he had made with their fathers and the warnings he had given them. They followed worthless idols and themselves became worthless. They imitated the nations around them although the LORD had ordered them, "Do not do as they do," and they did the things the LORD had forbidden them to do.

¹⁶They forsook all the commands of the LORD their God and made for themselves two idols cast in the shape of calves, and an Asherah pole. They bowed down to all the starry hosts, and they worshiped Baal. ¹⁷They sacrificed their sons and daughters inᶻ the fire. They practiced divination and sorcery and sold themselves to do evil in the eyes of the LORD, provoking him to anger.

¹⁸So the LORD was very angry with Israel and removed them from his presence. Only the tribe of Judah was left, ¹⁹and even Judah did not keep the commands of the LORD their God. They followed the practices Israel had introduced. ²⁰Therefore the LORD rejected all the people of Israel; he afflicted them and gave them into the hands of plunderers, until he thrust them from his presence.

²¹When he tore Israel away from the house of David, they made Jeroboam son of Nebat their king. Jeroboam enticed Israel away from following the LORD and caused them to commit a great sin. ²²The Israelites persisted in all the sins of Jeroboam and did not turn away from them ²³until the LORD removed them from his presence, as he had warned through all his servants the prophets. So the people of Israel were taken from their homeland into exile in Assyria, and they are still there.

Samaria Resettled

²⁴The king of Assyria brought people from Babylon, Cuthah, Avva, Hamath and Sepharvaim and settled them in the towns of Samaria to replace the Israelites. They took over Samaria and lived in its towns. ²⁵When they first lived there, they did not worship the LORD; so he sent lions among them and they killed some of the people. ²⁶It was reported to the king of Assyria: "The people you deported and resettled in the towns of Samaria do not know what the god of that country requires. He has sent lions among them, which are killing them off, because the people do not know what he requires."

²⁷Then the king of Assyria gave this order: "Have one of the priests you took captive from Samaria go back to live there and teach the people what the god of

---

/17:9 blasfemaron. Palabra de difícil traducción.

ʸ12 Exodus 20:4, 5   ᶻ17 Or They made their sons and daughters pass through

requiere el dios de ese país.» ²⁸Así que uno de los sacerdotes que habían sido deportados de Samaria fue a vivir a Betel y comenzó a enseñarles cómo adorar al SEÑOR.

²⁹Sin embargo, todos esos pueblos se fabricaron sus propios dioses en las ciudades donde vivían, y los colocaron en los *altares paganos que habían construido los samaritanos. ³⁰Los de Babilonia hicieron al dios Sucot Benot; los de Cuta, a Nergal; los de Jamat, a Asimá, ³¹y los de Ava, a Nibjaz y a Tartac. Los de Sefarvayin quemaban a sus hijos como sacrificio a Adramélec y a Anamélec, dioses de Sefarvayin; ³²adoraban también al SEÑOR, pero de entre ellos mismos nombraron sacerdotes a toda clase de gente para que oficiaran en los altares paganos. ³³Aunque adoraban al SEÑOR, servían también a sus propios dioses, según las costumbres de las naciones de donde habían sido deportados.

³⁴Hasta el día de hoy persisten en sus antiguas costumbres. No adoran al SEÑOR ni actúan según sus decretos y sus normas, ni según la *ley y el mandamiento que el SEÑOR ordenó a los descendientes de Jacob, a quien le dio el *nombre de Israel. ³⁵Cuando el SEÑOR hizo un *pacto con los israelitas, les ordenó:

«No adoren a otros dioses ni se inclinen delante de ellos; no les sirvan ni les ofrezcan sacrificios. ³⁶Adoren sólo al SEÑOR, que los sacó de Egipto con gran despliegue de fuerza y poder. Es a él a quien deben adorar y ofrecerle sacrificios. ³⁷Tengan cuidado de cumplir siempre los decretos y ordenanzas, leyes y mandamientos que él les dio por escrito. No adoren a otros dioses. ³⁸No olviden el pacto que él ha hecho con ustedes. Por tanto, no adoren a otros dioses, ³⁹sino sólo al SEÑOR su Dios. Y él los librará del poder de sus enemigos.»

⁴⁰Sin embargo, no hicieron caso, sino que persistieron en sus antiguas costumbres. ⁴¹Aquellos pueblos adoraban al SEÑOR, y al mismo tiempo servían a sus propios ídolos. Hasta el día de hoy sus hijos y sus descendientes siguen actuando como sus antepasados.

Ezequías, rey de Judá

18 En el tercer año de Oseas hijo de Elá, rey de Israel, Ezequías hijo de Acaz, rey de Judá, ascendió al trono. ²Tenía veinticinco años cuando ascendió al trono, y reinó en Jerusalén veintinueve años. Su madre era Abí hija de Zacarías. ³Ezequías hizo lo que agrada al SEÑOR, pues en todo siguió el ejemplo de su antepasado David. ⁴Quitó los *altares paganos, destrozó las *piedras sagradas y quebró las imágenes de la diosa *Aserá. Además, destruyó la serpiente de bronce que Moisés había hecho, pues los israelitas todavía le quemaban incienso, y la llamaban Nejustán.ᵍ ⁵Ezequías puso su confianza en el SEÑOR, Dios de Israel. No hubo otro como él entre todos los reyes de Judá, ni antes ni después. ⁶Se mantuvo fiel al SEÑOR y no se apartó de él, sino que cumplió los mandamientos que el SEÑOR le había dado a Moisés. ⁷El SEÑOR estaba con Ezequías, y por tanto éste tuvo éxito en todas sus empresas. Se rebeló contra el rey de Asiria y no se sometió a él. ⁸Y derrotó a los filisteos, tanto en las torres de vigilancia como en las ciudades fortificadas, hasta llegar a Gaza y sus alrededores.

⁹En el año cuarto del reinado de Ezequías, es decir, en el año séptimo del reinado de Oseas hijo de Elá, rey de Israel, Salmanasar, rey de Asiria, marchó contra

the land requires." ²⁸So one of the priests who had been exiled from Samaria came to live in Bethel and taught them how to worship the LORD.

²⁹Nevertheless, each national group made its own gods in the several towns where they settled, and set them up in the shrines the people of Samaria had made at the high places. ³⁰The men from Babylon made Succoth Benoth, the men from Cuthah made Nergal, and the men from Hamath made Ashima, ³¹the Avvites made Nibhaz and Tartak, and the Sepharvites burned their children in the fire as sacrifices to Adrammelech and Anammelech, the gods of Sepharvaim. ³²They worshiped the LORD, but they also appointed all sorts of their own people to officiate for them as priests in the shrines at the high places. ³³They worshiped the LORD, but they also served their own gods in accordance with the customs of the nations from which they had been brought.

³⁴To this day they persist in their former practices. They neither worship the LORD nor adhere to the decrees and ordinances, the laws and commands that the LORD gave the descendants of Jacob, whom he named Israel. ³⁵When the LORD made a covenant with the Israelites, he commanded them: "Do not worship any other gods or bow down to them, serve them or sacrifice to them. ³⁶But the LORD, who brought you up out of Egypt with mighty power and outstretched arm, is the one you must worship. To him you shall bow down and to him offer sacrifices. ³⁷You must always be careful to keep the decrees and ordinances, the laws and commands he wrote for you. Do not worship other gods. ³⁸Do not forget the covenant I have made with you, and do not worship other gods. ³⁹Rather, worship the LORD your God; it is he who will deliver you from the hand of all your enemies."

⁴⁰They would not listen, however, but persisted in their former practices. ⁴¹Even while these people were worshiping the LORD, they were serving their idols. To this day their children and grandchildren continue to do as their fathers did.

Hezekiah King of Judah

18 In the third year of Hoshea son of Elah king of Israel, Hezekiah son of Ahaz king of Judah began to reign. ²He was twenty-five years old when he became king, and he reigned in Jerusalem twenty-nine years. His mother's name was Abijahᵃ daughter of Zechariah. ³He did what was right in the eyes of the LORD, just as his father David had done. ⁴He removed the high places, smashed the sacred stones and cut down the Asherah poles. He broke into pieces the bronze snake Moses had made, for up to that time the Israelites had been burning incense to it. (It was calledᵇ Nehushtan.ᶜ)

⁵Hezekiah trusted in the LORD, the God of Israel. There was no one like him among all the kings of Judah, either before him or after him. ⁶He held fast to the LORD and did not cease to follow him; he kept the commands the LORD had given Moses. ⁷And the LORD was with him; he was successful in whatever he undertook. He rebelled against the king of Assyria and did not serve him. ⁸From watchtower to fortified city, he defeated the Philistines, as far as Gaza and its territory.

⁹In King Hezekiah's fourth year, which was the seventh year of Hoshea son of Elah king of Israel, Shalmaneser king of Assyria marched against Samaria and

---

ᵍ 18:4 *la llamaban Nejustán.* Alt. *la llamó Nejustán.* Este nombre suena como las palabras hebreas que significan *bronce* y *serpiente.*

ᵃ 2 Hebrew *Abi,* a variant of *Abijah*   ᵇ 4 Or *He called it*
ᶜ 4 *Nehushtan* sounds like the Hebrew for *bronze* and *snake* and *unclean thing.*

Samaria y la sitió. ¹⁰Al cabo de tres años logró conquistarla. Era el año sexto del reinado de Ezequías, es decir, el año noveno del reinado de Oseas, rey de Israel. ¹¹El rey de Asiria deportó a los israelitas a Asiria, y los estableció en Jalaj, en Gozán (que está junto al río Jabor) y en las ciudades de los medos. ¹²Esto sucedió porque no obedecieron al SEÑOR su Dios, sino que violaron su *pacto. No cumplieron ni pusieron en práctica lo que Moisés, siervo del SEÑOR, les había ordenado.

¹³En el año catorce del reinado de Ezequías, Senaquerib, rey de Asiria, atacó y tomó todas las ciudades fortificadas de Judá. ¹⁴Entonces Ezequías le envió este mensaje al rey de Asiria, que se encontraba en Laquis: «He actuado mal. Si te retiras, te pagaré cualquier tributo que me impongas.» El rey de Asiria le impuso a Ezequías, rey de Judá, un tributo de nueve mil novecientos kilos de plata y novecientos noventa kilosʰ de oro. ¹⁵Así que Ezequías le entregó a Senaquerib toda la plata que había en el templo del SEÑOR y en los tesoros del palacio real. ¹⁶Fue entonces cuando Ezequías, rey de Judá, les quitó a las puertas y los quiciales del templo del SEÑOR el oro con que él mismo los había cubierto, y se lo entregó al rey de Asiria.

Senaquerib amenaza a Jerusalén

¹⁷Desde Laquis el rey de Asiria envió a su virrey, al funcionarioⁱ principal y a su comandante en jefe,ʲ al frente de un gran ejército, para hablar con el rey Ezequías en Jerusalén. Marcharon hacia Jerusalén y, al llegar, se detuvieron junto al acueducto del estanque superior, en el camino que lleva al Campo del Lavandero. ¹⁸Entonces llamaron al rey, y salió a recibirlos Eliaquín hijo de Jilquías, que era el administrador del palacio, junto con el cronista Sebna y el secretario Joa hijo de Asaf.

¹⁹El comandante en jefe les dijo:

—Díganle a Ezequías que así dice el gran rey, el rey de Asiria: "¿En qué se basa tu confianza? ²⁰Tú dices que tienes estrategia y fuerza militar, pero éstas no son más que palabras sin fundamento. ¿En quién confías, que te rebelas contra mí? ²¹Ahora bien, tú confías en Egipto, ¡ese bastón de caña astillada, que traspasa la mano y hiere al que se apoya en él! Porque eso es el faraón, el rey de Egipto, para todos los que en él confían. ²²Y si ustedes me dicen: 'Nosotros confiamos en el SEÑOR, nuestro Dios', ¿no se trata acaso, Ezequías, del Dios cuyos altares y *santuarios paganos tú mismo quitaste, diciéndoles a Judá y a Jerusalén: 'Deben adorar solamente ante este altar en Jerusalén'?"

²³»Ahora bien, Ezequías, haz este trato con mi señor, el rey de Asiria: Yo te doy dos mil caballos, si tú consigues otros tantos jinetes para montarlos. ²⁴¿Cómo podrás rechazar el ataque de uno solo de los funcionarios más insignificantes de mi señor, si confías en obtener de Egipto carros de combate y jinetes? ²⁵¿Acaso he venido a atacar y a destruir este lugar sin el apoyo del SEÑOR? ¡Si fue él mismo quien me ordenó: "Marcha contra este país y destrúyelo!"

²⁶Eliaquín hijo de Jilquías, Sebna y Joa le dijeron al comandante en jefe:

—Por favor, hábleles usted a sus siervos en arameo, ya que lo entendemos. No nos hable en hebreo, que el pueblo que está sobre el muro nos escucha.

laid siege to it. ¹⁰At the end of three years the Assyrians took it. So Samaria was captured in Hezekiah's sixth year, which was the ninth year of Hoshea king of Israel. ¹¹The king of Assyria deported Israel to Assyria and settled them in Halah, in Gozan on the Habor River and in towns of the Medes. ¹²This happened because they had not obeyed the LORD their God, but had violated his covenant—all that Moses the servant of the LORD commanded. They neither listened to the commands nor carried them out.

¹³In the fourteenth year of King Hezekiah's reign, Sennacherib king of Assyria attacked all the fortified cities of Judah and captured them. ¹⁴So Hezekiah king of Judah sent this message to the king of Assyria at Lachish: "I have done wrong. Withdraw from me, and I will pay whatever you demand of me." The king of Assyria exacted from Hezekiah king of Judah three hundred talentsᵈ of silver and thirty talentsᵉ of gold. ¹⁵So Hezekiah gave him all the silver that was found in the temple of the LORD and in the treasuries of the royal palace.

¹⁶At this time Hezekiah king of Judah stripped off the gold with which he had covered the doors and doorposts of the temple of the LORD, and gave it to the king of Assyria.

Sennacherib Threatens Jerusalem

¹⁷The king of Assyria sent his supreme commander, his chief officer and his field commander with a large army, from Lachish to King Hezekiah at Jerusalem. They came up to Jerusalem and stopped at the aqueduct of the Upper Pool, on the road to the Washerman's Field. ¹⁸They called for the king; and Eliakim son of Hilkiah the palace administrator, Shebna the secretary, and Joah son of Asaph the recorder went out to them.

¹⁹The field commander said to them, "Tell Hezekiah:

" 'This is what the great king, the king of Assyria, says: On what are you basing this confidence of yours? ²⁰You say you have strategy and military strength—but you speak only empty words. On whom are you depending, that you rebel against me? ²¹Look now, you are depending on Egypt, that splintered reed of a staff, which pierces a man's hand and wounds him if he leans on it! Such is Pharaoh king of Egypt to all who depend on him. ²²And if you say to me, "We are depending on the LORD our God"—isn't he the one whose high places and altars Hezekiah removed, saying to Judah and Jerusalem, "You must worship before this altar in Jerusalem"?

²³" 'Come now, make a bargain with my master, the king of Assyria: I will give you two thousand horses—if you can put riders on them! ²⁴How can you repulse one officer of the least of my master's officials, even though you are depending on Egypt for chariots and horsemenᶠ? ²⁵Furthermore, have I come to attack and destroy this place without word from the LORD? The LORD himself told me to march against this country and destroy it.' "

²⁶Then Eliakim son of Hilkiah, and Shebna and Joah said to the field commander, "Please speak to your servants in Aramaic, since we understand it. Don't speak to us in Hebrew in the hearing of the people on the wall."

ʰ 18:14 nueve mil novecientos kilos ... novecientos noventa kilos.
Lit. trescientos *talentos ... treinta talentos.   ⁱ 18:17 funcionario.
Lit. *eunuco.   ʲ 18:17 comandante en jefe. Alt. copero mayor.

ᵈ 14 That is, about 11 tons (about 10 metric tons)   ᵉ 14 That is, about 1 ton (about 1 metric ton)   ᶠ 24 Or charioteers

27 Pero el comandante en jefe respondió:

—¿Acaso mi señor me envió a decirles estas cosas sólo a ti y a tu señor, y no a los que están sentados en el muro? ¡Si tanto ellos como ustedes tendrán que comerse su excremento y beberse su orina!

28 Dicho esto, el comandante en jefe se puso de pie y a voz en cuello gritó en hebreo:

—¡Oigan las palabras del gran rey, el rey de Asiria! 29 Así dice el rey: "No se dejen engañar por Ezequías. ¡Él no puede librarlos de mis manos! 30 No dejen que Ezequías los persuada a confiar en el SEÑOR, diciendo: 'Sin duda el SEÑOR nos librará; ¡esta ciudad no caerá en manos del rey de Asiria!' "

31 »No le hagan caso a Ezequías. Así dice el rey de Asiria: "Hagan las paces conmigo, y ríndanse. De este modo cada uno podrá comer de su vid y de su higuera, y beber agua de su propio pozo, 32 hasta que yo venga y los lleve a un país como el de ustedes, país de grano y de mosto, de pan y de viñedos, de aceite de oliva y de miel. Así vivirán en vez de morir."

»No le hagan caso a Ezequías, que los quiere seducir cuando dice: "El SEÑOR nos librará." 33 ¿Acaso alguno de los dioses de las naciones pudo librar a su país de las manos del rey de Asiria? 34 ¿Dónde están los dioses de Jamat y de Arfad? ¿Dónde están los dioses de Sefarvayin, de Hená y de Ivá? ¿Acaso libraron a Samaria de mis manos? 35 ¿Cuál de todos los dioses de estos países ha podido salvar de mis manos a su país? ¿Cómo entonces podrá el SEÑOR librar de mis manos a Jerusalén?

36 Pero el pueblo permaneció en silencio y no respondió ni una sola palabra, porque el rey había ordenado: «No le respondan.»

37 Entonces Eliaquín hijo de Jilquías, administrador del palacio, el cronista Sebna, y el secretario Joa hijo de Asaf, con las vestiduras rasgadas en señal de duelo, fueron a ver a Ezequías y le contaron lo que había dicho el comandante en jefe.

Isaías profetiza la liberación de Jerusalén

19 Cuando el rey Ezequías escuchó esto, se rasgó las vestiduras, se vistió de luto y fue al templo del SEÑOR. 2 Además, envió a Eliaquín, administrador del palacio, al cronista Sebna y a los sacerdotes más ancianos, todos vestidos de luto, para hablar con el profeta Isaías hijo de Amoz. 3 Y le dijeron: «Así dice Ezequías: "Hoy es un día de angustia, castigo y deshonra, como cuando los hijos están a punto de nacer y no se tienen fuerzas para darlos a luz. 4 Tal vez el SEÑOR tu Dios oiga todas las palabras del comandante en jefe, a quien su señor, el rey de Asiria, envió para insultar al Dios viviente. ¡Que el SEÑOR tu Dios lo castigue por las palabras que ha oído! Eleva, pues, una oración por el remanente del pueblo que aún sobrevive."»

5 Cuando los funcionarios del rey Ezequías fueron a ver a Isaías, 6 éste les dijo: «Díganle a su señor que así dice el SEÑOR: "No temas por las blasfemias que has oído, y que han pronunciado contra mí los subalternos del rey de Asiria. 7 ¡Mira! Voy a poner un espíritu en él, de manera que cuando oiga cierto rumor se regrese a su propio país. ¡Allí haré que lo maten a filo de espada!"»

8 Cuando el comandante en jefe se enteró de que el rey de Asiria había salido de Laquis, se retiró y encontró al rey luchando contra Libná.

9 Luego Senaquerib recibió el informe de que Tiracá, rey de *Cus, había salido para luchar contra él, así que

---

27 But the commander replied, "Was it only to your master and you that my master sent me to say these things, and not to the men sitting on the wall—who, like you, will have to eat their own filth and drink their own urine?"

28 Then the commander stood and called out in Hebrew: "Hear the word of the great king, the king of Assyria! 29 This is what the king says: Do not let Hezekiah deceive you. He cannot deliver you from my hand. 30 Do not let Hezekiah persuade you to trust in the LORD when he says, 'The LORD will surely deliver us; this city will not be given into the hand of the king of Assyria.'

31 "Do not listen to Hezekiah. This is what the king of Assyria says: Make peace with me and come out to me. Then every one of you will eat from his own vine and fig tree and drink water from his own cistern, 32 until I come and take you to a land like your own, a land of grain and new wine, a land of bread and vineyards, a land of olive trees and honey. Choose life and not death!

"Do not listen to Hezekiah, for he is misleading you when he says, 'The LORD will deliver us.' 33 Has the god of any nation ever delivered his land from the hand of the king of Assyria? 34 Where are the gods of Hamath and Arpad? Where are the gods of Sepharvaim, Hena and Ivvah? Have they rescued Samaria from my hand? 35 Who of all the gods of these countries has been able to save his land from me? How then can the LORD deliver Jerusalem from my hand?"

36 But the people remained silent and said nothing in reply, because the king had commanded, "Do not answer him."

37 Then Eliakim son of Hilkiah the palace administrator, Shebna the secretary and Joah son of Asaph the recorder went to Hezekiah, with their clothes torn, and told him what the field commander had said.

Jerusalem's Deliverance Foretold

19 When King Hezekiah heard this, he tore his clothes and put on sackcloth and went into the temple of the LORD. 2 He sent Eliakim the palace administrator, Shebna the secretary and the leading priests, all wearing sackcloth, to the prophet Isaiah son of Amoz. 3 They told him, "This is what Hezekiah says: This day is a day of distress and rebuke and disgrace, as when children come to the point of birth and there is no strength to deliver them. 4 It may be that the LORD your God will hear all the words of the field commander, whom his master, the king of Assyria, has sent to ridicule the living God, and that he will rebuke him for the words the LORD your God has heard. Therefore pray for the remnant that still survives."

5 When King Hezekiah's officials came to Isaiah, 6 Isaiah said to them, "Tell your master, 'This is what the LORD says: Do not be afraid of what you have heard—those words with which the underlings of the king of Assyria have blasphemed me. 7 Listen! I am going to put such a spirit in him that when he hears a certain report, he will return to his own country, and there I will have him cut down with the sword.'"

8 When the field commander heard that the king of Assyria had left Lachish, he withdrew and found the king fighting against Libnah.

9 Now Sennacherib received a report that Tirhakah, the Cushite g king ⌐of Egypt⌐, was marching out to fight against him. So he again sent messengers to Hezekiah

---

una vez más envió mensajeros a Ezequías ¹⁰ para que le dijeran: «Tú, Ezequías, rey de Judá: No dejes que tu Dios, en quien confías, te engañe cuando dice: "No caerá Jerusalén en manos del rey de Asiria." ¹¹ Sin duda te habrás enterado de lo que han hecho los reyes de Asiria en todos los países, *destruyéndolos por completo. ¿Y acaso vas tú a librarte? ¹² ¿Libraron sus dioses a las naciones que mis antepasados han destruido: Gozán, Jarán, Résef y la gente de Edén que vivía en Telasar? ¹³ ¿Dónde están el rey de Jamat, el rey de Arfad, el rey de la ciudad de Sefarvayin, o de Hená o Ivá?»

Oración de Ezequías

¹⁴ Ezequías tomó la carta de mano de los mensajeros, y la leyó. Luego subió al templo del SEÑOR, la desplegó delante del SEÑOR, ¹⁵ y en su presencia oró así: «SEÑOR, Dios de Israel, entronizado sobre los *querubines: sólo tú eres el Dios de todos los reinos de la tierra. Tú has hecho los cielos y la tierra. ¹⁶ Presta atención, SEÑOR, y escucha; abre tus ojos, SEÑOR, y mira; escucha las palabras que Senaquerib ha mandado a decir para insultar al Dios viviente.

¹⁷ »Es verdad, SEÑOR, que los reyes asirios han asolado todas estas naciones y sus tierras. ¹⁸ Han arrojado al fuego sus dioses, y los han destruido, porque no eran dioses sino sólo madera y piedra, obra de manos *humanas. ¹⁹ Ahora, pues, SEÑOR y Dios nuestro, por favor, sálvanos de su mano, para que todos los reinos de la tierra sepan que sólo tú, SEÑOR, eres Dios.»

Muerte de Senaquerib

²⁰ Entonces Isaías hijo de Amoz le envió este mensaje a Ezequías: «Así dice el SEÑOR, Dios de Israel: "Por cuanto me has rogado respecto a Senaquerib, rey de Asiria, te he escuchado. ²¹ Ésta es la palabra que yo, el SEÑOR, he pronunciado contra él:

» "La virginal hija de *Sión
    te desprecia y se burla de ti.
La hija de Jerusalén
    menea la cabeza al verte huir.
²² ¿A quién has insultado?
    ¿Contra quién has blasfemado?
¿Contra quién has alzado la voz
    y levantado los ojos con orgullo?
    ¡Contra el *Santo de Israel!
²³ Has enviado a tus mensajeros
    a insultar al Señor, diciendo:
'Con mis numerosos carros de combate
    escalé las cumbres de las montañas,
    ¡las laderas del Líbano!
Talé sus cedros más altos,
    sus cipreses más selectos.
Alcancé sus refugios más lejanos,
    y sus bosques más frondosos.
²⁴ Cavé pozos en tierras extranjeras,
    y en esas aguas apagué mi sed.
Con las plantas de mis pies
    sequé todos los ríos de Egipto.'

²⁵ » "¿No te has dado cuenta?
    ¡Hace mucho tiempo que lo he preparado!
Desde tiempo atrás lo vengo planeando,
    y ahora lo he llevado a cabo;
por eso tú has dejado en ruinas
    a las ciudades fortificadas.

---

with this word: ¹⁰ "Say to Hezekiah king of Judah: Do not let the god you depend on deceive you when he says, 'Jerusalem will not be handed over to the king of Assyria.' ¹¹ Surely you have heard what the kings of Assyria have done to all the countries, destroying them completely. And will you be delivered? ¹² Did the gods of the nations that were destroyed by my forefathers deliver them: the gods of Gozan, Haran, Rezeph and the people of Eden who were in Tel Assar? ¹³ Where is the king of Hamath, the king of Arpad, the king of the city of Sepharvaim, or of Hena or Ivvah?"

Hezekiah's Prayer

¹⁴ Hezekiah received the letter from the messengers and read it. Then he went up to the temple of the LORD and spread it out before the LORD. ¹⁵ And Hezekiah prayed to the LORD: "O LORD, God of Israel, enthroned between the cherubim, you alone are God over all the kingdoms of the earth. You have made heaven and earth. ¹⁶ Give ear, O LORD, and hear; open your eyes, O LORD, and see; listen to the words Sennacherib has sent to insult the living God.

¹⁷ "It is true, O LORD, that the Assyrian kings have laid waste these nations and their lands. ¹⁸ They have thrown their gods into the fire and destroyed them, for they were not gods but only wood and stone, fashioned by men's hands. ¹⁹ Now, O LORD our God, deliver us from his hand, so that all kingdoms on earth may know that you alone, O LORD, are God."

Isaiah Prophesies Sennacherib's Fall

²⁰ Then Isaiah son of Amoz sent a message to Hezekiah: "This is what the LORD, the God of Israel, says: I have heard your prayer concerning Sennacherib king of Assyria. ²¹ This is the word that the LORD has spoken against him:

" 'The Virgin Daughter of Zion
    despises you and mocks you.
The Daughter of Jerusalem
    tosses her head as you flee.
²² Who is it you have insulted and
      blasphemed?
Against whom have you raised your voice
    and lifted your eyes in pride?
Against the Holy One of Israel!
²³ By your messengers
    you have heaped insults on the Lord.
And you have said,
    "With my many chariots
I have ascended the heights of the
      mountains,
    the utmost heights of Lebanon.
I have cut down its tallest cedars,
    the choicest of its pines.
I have reached its remotest parts,
    the finest of its forests.
²⁴ I have dug wells in foreign lands
    and drunk the water there.
With the soles of my feet
    I have dried up all the streams of Egypt."

²⁵ " 'Have you not heard?
    Long ago I ordained it.
In days of old I planned it;
    now I have brought it to pass,
that you have turned fortified cities
    into piles of stone.

²⁶Sus habitantes, impotentes,
    están desalentados y avergonzados.
Son como plantas en el campo,
    como tiernos pastos verdes,
como hierba que brota sobre el techo
    y que se quema antes de crecer.

²⁷» ”Yo sé bien cuándo te sientas,
    cuándo sales, cuándo entras,
    y cuánto ruges contra mí.
²⁸Porque has rugido contra mí
    y tu insolencia ha llegado a mis oídos,
te pondré una argolla en la nariz
    y un freno en la boca,
y por el mismo camino por donde viniste
    te haré regresar.

²⁹» ”Ésta será la señal para ti, Ezequías:

» ”Este año comerán lo que crezca por sí solo,
    y el segundo año lo que de allí brote.
Pero al tercer año sembrarán y cosecharán,
    plantarán viñas y comerán su fruto.
³⁰Una vez más los sobrevivientes de la tribu de
    Judá
echarán raíces abajo, y arriba darán fruto.
³¹Porque de Jerusalén saldrá un remanente,
    del monte Sión un grupo de sobrevivientes.
Esto lo hará mi celo,
    celo del SEÑOR *Todopoderoso.

³²» ”Yo, el SEÑOR, declaro esto acerca del rey de
Asiria:

» ”No entrará en esta ciudad,
    ni lanzará contra ella una sola flecha.
No se enfrentará a ella con escudos,
    ni construirá contra ella una rampa de asalto.
³³Volverá por el mismo camino que vino;
    ¡en esta ciudad no entrará!
    Yo, el SEÑOR, lo afirmo.
³⁴Por mi causa, y por consideración a David mi
    siervo,
defenderé esta ciudad y la salvaré.” »

³⁵Esa misma noche el ángel del SEÑOR salió y mató a ciento ochenta y cinco mil hombres del campamento asirio. A la mañana siguiente, cuando los demás se levantaron, ¡allí estaban tendidos todos los cadáveres! ³⁶Así que Senaquerib, rey de Asiria, levantó el campamento y se retiró. Volvió a Nínive y permaneció allí. ³⁷Pero un día, mientras adoraba en el templo de su dios Nisroc, sus hijos Adramélec y Sarézer lo mataron a espada y escaparon a la tierra de Ararat. Y su hijo Esarjadón lo sucedió en el trono.

Enfermedad de Ezequías

20 Por aquellos días Ezequías se enfermó gravemente y estuvo a punto de morir. El profeta Isaías hijo de Amoz fue a verlo y le dijo: «Así dice el SEÑOR: "Pon tu casa en orden, porque vas a morir; no te recuperarás." »

²Ezequías volvió el rostro hacia la pared y le rogó al SEÑOR: ³«Recuerda, SEÑOR, que yo me he conducido delante de ti con lealtad y con un *corazón íntegro, y que he hecho lo que te agrada.» Y Ezequías lloró amargamente.

⁴No había salido Isaías del patio central, cuando le

²⁶Their people, drained of power,
    are dismayed and put to shame.
They are like plants in the field,
    like tender green shoots,
like grass sprouting on the roof,
    scorched before it grows up.

²⁷‘But I know where you stay
    and when you come and go
    and how you rage against me.
²⁸Because you rage against me
    and your insolence has reached my ears,
I will put my hook in your nose
    and my bit in your mouth,
and I will make you return
    by the way you came.’

²⁹“This will be the sign for you, O Hezekiah:

“This year you will eat what grows by
    itself,
    and the second year what springs from
    that.
But in the third year sow and reap,
    plant vineyards and eat their fruit.
³⁰Once more a remnant of the house of Judah
    will take root below and bear fruit above.
³¹For out of Jerusalem will come a remnant,
    and out of Mount Zion a band of
    survivors.

The zeal of the LORD Almighty will accomplish this.

³²“Therefore this is what the LORD says concerning the king of Assyria:

“He will not enter this city
    or shoot an arrow here.
He will not come before it with shield
    or build a siege ramp against it.
³³By the way that he came he will return;
    he will not enter this city,
                declares the LORD.
³⁴I will defend this city and save it,
    for my sake and for the sake of David my
    servant.”

³⁵That night the angel of the LORD went out and put to death a hundred and eighty-five thousand men in the Assyrian camp. When the people got up the next morning—there were all the dead bodies! ³⁶So Sennacherib king of Assyria broke camp and withdrew. He returned to Nineveh and stayed there. ³⁷One day, while he was worshiping in the temple of his god Nisroch, his sons Adrammelech and Sharezer cut him down with the sword, and they escaped to the land of Ararat. And Esarhaddon his son succeeded him as king.

Hezekiah's Illness

20 In those days Hezekiah became ill and was at the point of death. The prophet Isaiah son of Amoz went to him and said, “This is what the LORD says: Put your house in order, because you are going to die; you will not recover.”

²Hezekiah turned his face to the wall and prayed to the LORD, ³“Remember, O LORD, how I have walked before you faithfully and with wholehearted devotion and have done what is good in your eyes.” And Hezekiah wept bitterly.

⁴Before Isaiah had left the middle court, the word of

llegó la palabra del SEÑOR: 5 «Regresa y dile a Ezequías, gobernante de mi pueblo, que así dice el SEÑOR, Dios de su antepasado David: "He escuchado tu oración y he visto tus lágrimas. Voy a sanarte, y en tres días podrás subir al templo del SEÑOR. 6 Voy a darte quince años más de vida. Y a ti y a esta ciudad los libraré de caer en manos del rey de Asiria. Yo defenderé esta ciudad por mi causa y por consideración a David mi siervo." »

7 Entonces Isaías dijo: «Preparen una pasta de higos.» Así lo hicieron; luego se la aplicaron al rey en la llaga, y se recuperó.

8 Ezequías le había preguntado al profeta:

—¿Qué señal recibiré de que el SEÑOR me sanará, y de que en tres días podré subir a su templo?

9 Isaías le contestó:

—Ésta es la señal que te dará el SEÑOR para confirmar lo que te ha prometido: la sombra ha avanzado diez gradas; ¿podrá retroceder diez?

10 —Es fácil que la sombra se alargue diez gradas —replicó Ezequías—, pero no que vuelva atrás.

11 Entonces el profeta Isaías invocó al SEÑOR, y el SEÑOR hizo que la sombra retrocediera diez gradas en la escala de Acaz.

Mensajeros de Babilonia

12 En aquel tiempo Merodac[k] Baladán hijo de Baladán, rey de Babilonia, le envió cartas y un regalo a Ezequías, porque supo que había estado enfermo. 13 Ezequías se alegró[l] al recibir esto, y les mostró a los mensajeros todos sus tesoros: la plata, el oro, las especias, el aceite fino, su arsenal y todo lo que había en ellos. No hubo nada en su palacio ni en todo su reino que Ezequías no les mostrara.

14 Entonces el profeta Isaías fue a ver al rey Ezequías y le preguntó:

—¿Qué querían esos hombres? ¿De dónde vinieron?

—De un país lejano —respondió Ezequías—. Vinieron a verme desde Babilonia.

15 —¿Y qué vieron en tu palacio? —preguntó el profeta.

—Vieron todo lo que hay en él —contestó Ezequías—. No hay nada en mis tesoros que yo no les haya mostrado.

16 Entonces Isaías le dijo:

—Oye la palabra del SEÑOR: 17 Sin duda vendrán días en que todo lo que hay en tu palacio, y todo lo que tus antepasados atesoraron hasta el día de hoy, será llevado a Babilonia. No quedará nada —dice el SEÑOR—. 18 Y algunos de tus hijos y de tus descendientes serán llevados para servir como *eunucos en el palacio del rey de Babilonia.

19 —El mensaje del SEÑOR que tú me has traído es bueno —respondió Ezequías.

Y es que pensaba: «Al menos mientras yo viva, sin duda que habrá *paz y seguridad.»

20 Los demás acontecimientos del reinado de Ezequías, y todo su poderío y cómo construyó el estanque y el acueducto que llevaba agua a la ciudad, están escritos en el libro de las crónicas de los reyes de Judá. 21 Ezequías murió, y su hijo Manasés lo sucedió en el trono.

Manasés, rey de Judá

21 Manasés tenía doce años cuando ascendió al trono, y reinó en Jerusalén cincuenta y cinco años. Su madre era Hepsiba. 2 Manasés hizo lo que

the LORD came to him: 5"Go back and tell Hezekiah, the leader of my people, 'This is what the LORD, the God of your father David, says: I have heard your prayer and seen your tears; I will heal you. On the third day from now you will go up to the temple of the LORD. 6I will add fifteen years to your life. And I will deliver you and this city from the hand of the king of Assyria. I will defend this city for my sake and for the sake of my servant David.' "

7Then Isaiah said, "Prepare a poultice of figs." They did so and applied it to the boil, and he recovered.

8Hezekiah had asked Isaiah, "What will be the sign that the LORD will heal me and that I will go up to the temple of the LORD on the third day from now?"

9Isaiah answered, "This is the LORD's sign to you that the LORD will do what he has promised: Shall the shadow go forward ten steps, or shall it go back ten steps?"

10"It is a simple matter for the shadow to go forward ten steps," said Hezekiah. "Rather, have it go back ten steps."

11Then the prophet Isaiah called upon the LORD, and the LORD made the shadow go back the ten steps it had gone down on the stairway of Ahaz.

Envoys From Babylon

12At that time Merodach-Baladan son of Baladan king of Babylon sent Hezekiah letters and a gift, because he had heard of Hezekiah's illness. 13Hezekiah received the messengers and showed them all that was in his storehouses—the silver, the gold, the spices and the fine oil—his armory and everything found among his treasures. There was nothing in his palace or in all his kingdom that Hezekiah did not show them.

14Then Isaiah the prophet went to King Hezekiah and asked, "What did those men say, and where did they come from?"

"From a distant land," Hezekiah replied. "They came from Babylon."

15The prophet asked, "What did they see in your palace?"

"They saw everything in my palace," Hezekiah said. "There is nothing among my treasures that I did not show them."

16Then Isaiah said to Hezekiah, "Hear the word of the LORD: 17The time will surely come when everything in your palace, and all that your fathers have stored up until this day, will be carried off to Babylon. Nothing will be left, says the LORD. 18And some of your descendants, your own flesh and blood, that will be born to you, will be taken away, and they will become eunuchs in the palace of the king of Babylon."

19"The word of the LORD you have spoken is good," Hezekiah replied. For he thought, "Will there not be peace and security in my lifetime?"

20As for the other events of Hezekiah's reign, all his achievements and how he made the pool and the tunnel by which he brought water into the city, are they not written in the book of the annals of the kings of Judah? 21Hezekiah rested with his fathers. And Manasseh his son succeeded him as king.

Manasseh King of Judah

21 Manasseh was twelve years old when he became king, and he reigned in Jerusalem fifty-five years. His mother's name was Hephzibah. 2He did

k 20:12 Merodac (mss. hebreos, LXX y Siríaca; véase Is 39:1);
Berodac (TM).   l 20:13 se alegró (LXX, Vulgata, Siríaca y
varios mss. hebreos; véase Is 39:2); escuchó (TM).

ofende al SEÑOR, pues practicaba las repugnantes ceremonias de las naciones que el SEÑOR había expulsado delante de los israelitas. ³Reconstruyó los *altares paganos que su padre Ezequías había destruido; además, erigió otros altares en honor de *Baal e hizo una imagen de la diosa *Aserá, como lo había hecho Acab, rey de Israel. Se postró ante todos los astros del cielo y los adoró. ⁴Construyó altares en el templo del SEÑOR, lugar del cual el SEÑOR había dicho: «Jerusalén será el lugar donde yo habite.» ⁵En ambos atrios del templo del SEÑOR construyó altares en honor de los astros del cielo. ⁶Sacrificó en el fuego a su propio hijo, practicó la magia y la hechicería, y consultó a nigromantes y a espiritistas. Hizo continuamente lo que ofende al SEÑOR, provocando así su ira.

⁷Tomó la imagen de la diosa Aserá que él había hecho, y la puso en el templo, lugar del cual el SEÑOR había dicho a David y a su hijo Salomón: «En este templo en Jerusalén, la ciudad que he escogido de entre todas las tribus de Israel, he decidido habitar para siempre. ⁸Nunca más dejaré que los israelitas anden perdidos fuera de la tierra que les di a sus antepasados, siempre y cuando tengan cuidado de cumplir todo lo que yo les he ordenado, es decir, toda la *ley que les dio mi siervo Moisés.» ⁹Pero no hicieron caso; Manasés los descarrió, de modo que se condujeron peor que las naciones que el SEÑOR destruyó delante de ellos.

¹⁰Por lo tanto, el SEÑOR dijo por medio de sus siervos los profetas: ¹¹«Como Manasés, rey de Judá, ha practicado estas repugnantes ceremonias y se ha conducido peor que los amorreos que lo precedieron, haciendo que los israelitas pequen con los ídolos que él hizo, ¹²así dice el SEÑOR, Dios de Israel: "Voy a enviar tal desgracia sobre Jerusalén y Judá, que a todo el que lo oiga le quedará retumbando en los oídos. ¹³Extenderé sobre Jerusalén el mismo cordel con que medí a Samaria, y la misma plomada con que señalé a la familia de Acab. Voy a tratar a Jerusalén como se hace con un plato que se restriega y se pone boca abajo. ¹⁴Abandonaré al resto de mi heredad, entregando a mi pueblo en manos de sus enemigos, que lo saquearán y lo despojarán. ¹⁵Porque los israelitas han hecho lo que me ofende, y desde el día en que sus antepasados salieron de Egipto hasta hoy me han provocado."»

¹⁶Además del pecado que hizo cometer a Judá, haciendo así lo que ofende al SEÑOR, Manasés derramó tanta sangre inocente que inundó a Jerusalén de un extremo a otro.

¹⁷Los demás acontecimientos del reinado de Manasés, y todo lo que hizo, incluso el pecado que cometió, están escritos en el libro de las crónicas de los reyes de Judá. ¹⁸Manasés murió y fue sepultado en su palacio, en el jardín de Uza. Y su hijo Amón lo sucedió en el trono.

Amón, rey de Judá

¹⁹Amón tenía veintidós años cuando ascendió al trono, y reinó en Jerusalén dos años. Su madre era Mesulémet hija de Jaruz, oriunda de Jotba. ²⁰Amón hizo lo que ofende al SEÑOR, como lo había hecho su padre Manasés. ²¹En todo siguió el mal ejemplo de su padre, adorando e inclinándose ante los ídolos que éste había adorado. ²²Así que abandonó al SEÑOR, Dios de sus antepasados, y no anduvo en el *camino del SEÑOR.

²³Los ministros del rey Amón conspiraron contra él, y lo asesinaron en su palacio. ²⁴Entonces el pueblo mató a todos los que habían conspirado contra el rey Amón, y en su lugar proclamaron rey a su hijo Josías. ²⁵Los demás acontecimientos del reinado de Amón están escritos en el libro de las crónicas de los reyes de

evil in the eyes of the LORD, following the detestable practices of the nations the LORD had driven out before the Israelites. ³He rebuilt the high places his father Hezekiah had destroyed; he also erected altars to Baal and made an Asherah pole, as Ahab king of Israel had done. He bowed down to all the starry hosts and worshiped them. ⁴He built altars in the temple of the LORD, of which the LORD had said, "In Jerusalem I will put my Name." ⁵In both courts of the temple of the LORD, he built altars to all the starry hosts. ⁶He sacrificed his own son in^h the fire, practiced sorcery and divination, and consulted mediums and spiritists. He did much evil in the eyes of the LORD, provoking him to anger.

⁷He took the carved Asherah pole he had made and put it in the temple, of which the LORD had said to David and to his son Solomon, "In this temple and in Jerusalem, which I have chosen out of all the tribes of Israel, I will put my Name forever. ⁸I will not again make the feet of the Israelites wander from the land I gave their forefathers, if only they will be careful to do everything I commanded them and will keep the whole Law that my servant Moses gave them." ⁹But the people did not listen. Manasseh led them astray, so that they did more evil than the nations the LORD had destroyed before the Israelites.

¹⁰The LORD said through his servants the prophets: ¹¹"Manasseh king of Judah has committed these detestable sins. He has done more evil than the Amorites who preceded him and has led Judah into sin with his idols. ¹²Therefore this is what the LORD, the God of Israel, says: I am going to bring such disaster on Jerusalem and Judah that the ears of everyone who hears of it will tingle. ¹³I will stretch out over Jerusalem the measuring line used against Samaria and the plumb line used against the house of Ahab. I will wipe out Jerusalem as one wipes a dish, wiping it and turning it upside down. ¹⁴I will forsake the remnant of my inheritance and hand them over to their enemies. They will be looted and plundered by all their foes, ¹⁵because they have done evil in my eyes and have provoked me to anger from the day their forefathers came out of Egypt until this day."

¹⁶Moreover, Manasseh also shed so much innocent blood that he filled Jerusalem from end to end—besides the sin that he had caused Judah to commit, so that they did evil in the eyes of the LORD.

¹⁷As for the other events of Manasseh's reign, and all he did, including the sin he committed, are they not written in the book of the annals of the kings of Judah? ¹⁸Manasseh rested with his fathers and was buried in his palace garden, the garden of Uzza. And Amon his son succeeded him as king.

Amon King of Judah

¹⁹Amon was twenty-two years old when he became king, and he reigned in Jerusalem two years. His mother's name was Meshullemeth daughter of Haruz; she was from Jotbah. ²⁰He did evil in the eyes of the LORD, as his father Manasseh had done. ²¹He walked in all the ways of his father; he worshiped the idols his father had worshiped, and bowed down to them. ²²He forsook the LORD, the God of his fathers, and did not walk in the way of the LORD.

²³Amon's officials conspired against him and assassinated the king in his palace. ²⁴Then the people of the land killed all who had plotted against King Amon, and they made Josiah his son king in his place. ²⁵As for the other events of Amon's reign, and what he did, are they not written in the book of the annals of

---

^{h}6 Or *He made his own son pass through*

Judá. 26 Amón fue sepultado en su sepulcro, en el jardín de Uza. Y su hijo Josías lo sucedió en el trono.

Josías, rey de Judá

22 Josías tenía ocho años cuando ascendió al trono, y reinó en Jerusalén treinta y un años. Su madre era Jedidá hija de Adaías, oriunda de Boscat. 2 Josías hizo lo que agrada al SEÑOR, pues en todo siguió el buen ejemplo de su antepasado David; no se desvió de él en el más mínimo detalle.

3 En el año dieciocho de su reinado, el rey Josías mandó a su cronista Safán, hijo de Asalías y nieto de Mesulán, que fuera al templo del SEÑOR. Le dijo: 4 «Preséntate ante el sumo sacerdote Jilquías y encárgale que recoja el dinero que el pueblo ha llevado al templo del SEÑOR y ha entregado a los porteros. 5 Ordena que ahora se les entregue el dinero a los que supervisan la restauración del templo del SEÑOR, para pagarles a los trabajadores que lo están reparando. 6 Que les paguen a los carpinteros, a los maestros de obra y a los albañiles, y que compren madera y piedras de cantería para restaurar el templo. 7 Pero no les pidan cuentas a los que están encargados de pagar, pues ellos proceden con toda honradez.»

8 El sumo sacerdote Jilquías le dijo al cronista Safán: «He encontrado el libro de la *ley en el templo del SEÑOR.» Entonces se lo entregó a Safán, y éste, después de leerlo, 9 fue y le informó al rey:

—Los ministros de Su Majestad han recogido el dinero^m que estaba en el templo del SEÑOR, y se lo han entregado a los trabajadores y a los supervisores.

10 El cronista Safán también le informó al rey que el sumo sacerdote Jilquías le había entregado un libro, el cual leyó en su presencia.

11 Cuando el rey oyó las palabras del libro de la ley, se rasgó las vestiduras 12 y dio esta orden a Jilquías el sacerdote, a Ajicán hijo de Safán, a Acbor hijo de Micaías, a Safán el cronista, y a Asaías, su ministro personal:

13 —Vayan a consultar al SEÑOR por mí, por el pueblo y por todo Judá con respecto a lo que dice este libro que se ha encontrado. Sin duda que la gran ira del SEÑOR arde contra nosotros, porque nuestros antepasados no obedecieron lo que dice este libro ni actuaron según lo que está prescrito para nosotros.

14 Así que Jilquías el sacerdote, Ajicán, Acbor, Safán y Asaías fueron a consultar a la profetisa Huldá, que vivía en el barrio nuevo de Jerusalén. Huldá era la esposa de Salún, el encargado del vestuario, quien era hijo de Ticvá y nieto de Jarjás.

15 Huldá les contestó: «Así dice el SEÑOR, Dios de Israel: "Díganle al que los ha enviado 16 que yo, el SEÑOR, les advierto: 'Voy a enviar desgracia sobre este lugar y sus habitantes, según todo lo que dice el libro que ha leído el rey de Judá. 17 Ellos me han abandonado; han quemado incienso a otros dioses y me han provocado a ira con todos sus ídolos.ⁿ Por eso mi ira arde contra este lugar, y no se apagará.' 18 Pero al rey de Judá, que los envió para consultarme, díganle que en lo que atañe a las palabras que él ha oído, yo, el SEÑOR,

The Book of the Law Found

22 Josiah was eight years old when he became king, and he reigned in Jerusalem thirty-one years. His mother's name was Jedidah daughter of Adaiah; she was from Bozkath. 2 He did what was right in the eyes of the LORD and walked in all the ways of his father David, not turning aside to the right or to the left.

3 In the eighteenth year of his reign, King Josiah sent the secretary, Shaphan son of Azaliah, the son of Meshullam, to the temple of the LORD. He said: 4 "Go up to Hilkiah the high priest and have him get ready the money that has been brought into the temple of the LORD, which the doorkeepers have collected from the people. 5 Have them entrust it to the men appointed to supervise the work on the temple. And have these men pay the workers who repair the temple of the LORD— 6 the carpenters, the builders and the masons. Also have them purchase timber and dressed stone to repair the temple. 7 But they need not account for the money entrusted to them, because they are acting faithfully."

8 Hilkiah the high priest said to Shaphan the secretary, "I have found the Book of the Law in the temple of the LORD." He gave it to Shaphan, who read it. 9 Then Shaphan the secretary went to the king and reported to him: "Your officials have paid out the money that was in the temple of the LORD and have entrusted it to the workers and supervisors at the temple." 10 Then Shaphan the secretary informed the king, "Hilkiah the priest has given me a book." And Shaphan read from it in the presence of the king.

11 When the king heard the words of the Book of the Law, he tore his robes. 12 He gave these orders to Hilkiah the priest, Ahikam son of Shaphan, Acbor son of Micaiah, Shaphan the secretary and Asaiah the king's attendant: 13 "Go and inquire of the LORD for me and for the people and for all Judah about what is written in this book that has been found. Great is the LORD's anger that burns against us because our fathers have not obeyed the words of this book; they have not acted in accordance with all that is written there concerning us."

14 Hilkiah the priest, Ahikam, Acbor, Shaphan and Asaiah went to speak to the prophetess Huldah, who was the wife of Shallum son of Tikvah, the son of Harhas, keeper of the wardrobe. She lived in Jerusalem, in the Second District.

15 She said to them, "This is what the LORD, the God of Israel, says: Tell the man who sent you to me, 16 'This is what the LORD says: I am going to bring disaster on this place and its people, according to everything written in the book the king of Judah has read. 17 Because they have forsaken me and burned incense to other gods and provoked me to anger by all the idols their hands have made,ⁱ my anger will burn against this place and will not be quenched.' 18 Tell the king of Judah, who sent you to inquire of the LORD, 'This is what the LORD, the God of Israel, says concerning the

---

^m 22:9 recogido el dinero. Lit. fundido la plata.   ⁿ 22:17 todos sus ídolos. Lit. toda la obra de sus manos.

ⁱ 17 Or by everything they have done

Dios de Israel, afirmo: [19]'Como te has conmovido y humillado ante el SEÑOR al escuchar lo que he anunciado contra este lugar y sus habitantes, que serían asolados y malditos; y como te has rasgado las vestiduras y has llorado en mi presencia, yo te he escuchado. Yo, el SEÑOR, lo afirmo. [20]Por lo tanto, te reuniré con tus antepasados, y serás sepultado en *paz. Tus ojos no verán la desgracia que enviaré sobre este lugar.' "»

Así que ellos regresaron para informar al rey.

Renovación del pacto

23 Entonces el rey mandó convocar a todos los *ancianos de Judá y Jerusalén. [2]Acompañado de toda la *gente de Judá, de los habitantes de Jerusalén, de los sacerdotes, de los profetas y, en fin, de la nación entera, desde el más pequeño hasta el más grande, el rey subió al templo del SEÑOR. Y en presencia de ellos leyó todo lo que está escrito en el libro del *pacto que fue hallado en el templo del SEÑOR. [3]Después se puso de pie junto a la columna, y en presencia del SEÑOR renovó el pacto. Se comprometió a seguir al SEÑOR y a cumplir, de todo *corazón y con toda el *alma, sus mandamientos, sus preceptos y sus decretos, reafirmando así las palabras del pacto que están escritas en ese libro. Y todo el pueblo confirmó el pacto.

[4]Luego el rey ordenó al sumo sacerdote Jilquías, a los sacerdotes de segundo rango y a los porteros, que sacaran del templo del SEÑOR todos los objetos consagrados a *Baal, a *Aserá y a todos los astros del cielo. Hizo que los quemaran en los campos de Cedrón, a las afueras de Jerusalén, y que llevaran las cenizas a Betel. [5]También destituyó a los sacerdotes idólatras que los reyes de Judá habían nombrado para quemar[ñ] incienso en los *altares paganos, tanto en las ciudades de Judá como en Jerusalén, los cuales quemaban incienso a Baal, al sol y a la luna, al zodíaco y a todos los astros del cielo. [6]El rey sacó del templo del SEÑOR la imagen para el culto a Aserá y la llevó al arroyo de Cedrón, en las afueras de Jerusalén; allí la quemó hasta convertirla en cenizas, las cuales echó en la fosa común. [7]Además, derrumbó en el templo del SEÑOR los cuartos dedicados a la prostitución sagrada, donde las mujeres tejían mantos[o] para la diosa Aserá.

[8]Josías trasladó a Jerusalén a todos los sacerdotes de las ciudades de Judá, y desde Gueba hasta Berseba eliminó[p] los *santuarios paganos donde ellos habían quemado incienso. También derribó los altares paganos junto a la puerta de Josué el gobernador, que está ubicada a la izquierda de la entrada a la ciudad. [9]Aunque los sacerdotes que habían servido en los altares paganos no podían ministrar en el altar del SEÑOR en Jerusalén, participaban de las comidas sagradas junto con los otros sacerdotes.[q]

[10]El rey eliminó el santuario llamado Tofet, que estaba en el valle de Ben Hinón, para que nadie sacrificara en el fuego a su hijo o hija en honor de Moloc. [11]Se llevó los caballos que los reyes de Judá habían consagrado al sol y que se habían puesto en la entrada al templo del SEÑOR, junto a la habitación de Natán Mélec, el *eunuco encargado del recinto. Josías también quemó los carros consagrados al sol.

words you heard: [19]Because your heart was responsive and you humbled yourself before the LORD when you heard what I have spoken against this place and its people, that they would become accursed and laid waste, and because you tore your robes and wept in my presence, I have heard you, declares the LORD. [20]Therefore I will gather you to your fathers, and you will be buried in peace. Your eyes will not see all the disaster I am going to bring on this place.' "

So they took her answer back to the king.

Josiah Renews the Covenant

23 Then the king called together all the elders of Judah and Jerusalem. [2]He went up to the temple of the LORD with the men of Judah, the people of Jerusalem, the priests and the prophets—all the people from the least to the greatest. He read in their hearing all the words of the Book of the Covenant, which had been found in the temple of the LORD. [3]The king stood by the pillar and renewed the covenant in the presence of the LORD—to follow the LORD and keep his commands, regulations and decrees with all his heart and all his soul, thus confirming the words of the covenant written in this book. Then all the people pledged themselves to the covenant.

[4]The king ordered Hilkiah the high priest, the priests next in rank and the doorkeepers to remove from the temple of the LORD all the articles made for Baal and Asherah and all the starry hosts. He burned them outside Jerusalem in the fields of the Kidron Valley and took the ashes to Bethel. [5]He did away with the pagan priests appointed by the kings of Judah to burn incense on the high places of the towns of Judah and on those around Jerusalem—those who burned incense to Baal, to the sun and moon, to the constellations and to all the starry hosts. [6]He took the Asherah pole from the temple of the LORD to the Kidron Valley outside Jerusalem and burned it there. He ground it to powder and scattered the dust over the graves of the common people. [7]He also tore down the quarters of the male shrine prostitutes, which were in the temple of the LORD and where women did weaving for Asherah.

[8]Josiah brought all the priests from the towns of Judah and desecrated the high places, from Geba to Beersheba, where the priests had burned incense. He broke down the shrines[j] at the gates—at the entrance to the Gate of Joshua, the city governor, which is on the left of the city gate. [9]Although the priests of the high places did not serve at the altar of the LORD in Jerusalem, they ate unleavened bread with their fellow priests.

[10]He desecrated Topheth, which was in the Valley of Ben Hinnom, so no one could use it to sacrifice his son or daughter in[k] the fire to Molech. [11]He removed from the entrance to the temple of the LORD the horses that the kings of Judah had dedicated to the sun. They were in the court near the room of an official named Nathan-Melech. Josiah then burned the chariots dedicated to the sun.

ñ 23:5 para quemar (mss. de LXX, Siríaca y Vulgata); *y quemó* (TM).　　*o 23:7 mantos.* Palabra de difícil traducción.
p 23:8 eliminó. Lit. *profanó;* también en vv. 10 y 13.
q 23:9 participaban ... sacerdotes. Lit. *comían panes sin levadura con sus hermanos.*

j 8 Or high places　　*k 10 Or to make his son or daughter pass through*

¹²Además, el rey derribó los altares que los reyes de Judá habían erigido en la azotea de la sala de Acaz, y los que Manasés había erigido en los dos atrios del templo del SEÑOR. Los hizo pedazos y echó los escombros en el arroyo de Cedrón. ¹³Eliminó los altares paganos que había al este de Jerusalén, en el lado sur de la Colina de la Destrucción,ʳ los cuales Salomón, rey de Israel, había construido para *Astarté, la despreciable diosa de los sidonios, para Quemós, el detestable dios de los moabitas, y para Moloc,ˢ el abominable dios de los amonitas.

¹⁴Josías hizo pedazos las *piedras sagradas y las imágenes de la diosa Aserá, y llenó con huesos *humanos los lugares donde se habían erigido. ¹⁵Derribó también el altar de Betel y el santuario pagano construidos por Jeroboán hijo de Nabat, que hizo pecar a Israel. Además, quemó el santuario pagano hasta convertirlo en cenizas, y le prendió fuego a la imagen de Aserá.

¹⁶De regreso, al ver los sepulcros que había en la colina, Josías mandó que recogieran los huesos y los quemaran en el altar para profanarlo, cumpliendo así la palabra del SEÑOR que el hombre de Dios había comunicado cuando anunció estas cosas. ¹⁷Luego el rey preguntó:

—¿De quién es ese monumento que veo allá?

Y los habitantes de la ciudad le contestaron:

—Es el sepulcro del hombre de Dios que vino desde Judá, el que pronunció contra el altar de Betel lo que Su Majestad acaba de hacer.

¹⁸—Déjenlo, pues —replicó el rey—; que nadie mueva sus huesos.

Fue así como se conservaron sus huesos junto con los del profeta que había venido de Samaria.

¹⁹Tal como lo hizo en Betel, Josías eliminó todos los santuarios paganos que los reyes de Israel habían construido en las ciudades de Samaria, con los que provocaron la ira del SEÑOR. ²⁰Finalmente, mató sobre los altares a todos los sacerdotes de aquellos santuarios, y encima de ellos quemó huesos humanos. Entonces regresó a Jerusalén.

²¹Después el rey dio esta orden al pueblo:

—Celebren la Pascua del SEÑOR su Dios, según está escrito en este libro del pacto.

²²Desde la época de los *jueces que gobernaron a Israel hasta la de los reyes de Israel y de Judá, no se había celebrado una Pascua semejante. ²³Pero en el año dieciocho del reinado del rey Josías, esta Pascua se celebró en Jerusalén en honor del SEÑOR.

²⁴Además, Josías expulsó a los adivinos y a los hechiceros, y eliminó toda clase de ídolos y el resto de las cosas detestables que se veían en el país de Judá y en Jerusalén. Lo hizo así para cumplir las instrucciones de la *ley, escritas en el libro que el sacerdote Jilquías encontró en el templo del SEÑOR. ²⁵Ni antes ni después de Josías hubo otro rey que, como él, se volviera al SEÑOR de todo corazón, con toda el alma y con todas sus fuerzas, siguiendo en todo la ley de Moisés.

²⁶A pesar de eso, el SEÑOR no apagó el gran fuego de su ira, que ardía contra Judá por todas las afrentas con que Manasés lo había provocado. ²⁷Por lo tanto, el SEÑOR declaró: «Voy a apartar de mi presencia a Judá, como lo hice con Israel; repudiaré a Jerusalén, la ciudad que escogí, y a este templo, del cual dije: "Ése será el lugar donde yo habite." »

²⁸Los demás acontecimientos del reinado de Josías, y todo lo que hizo, están escritos en el libro de las

¹²He pulled down the altars the kings of Judah had erected on the roof near the upper room of Ahaz, and the altars Manasseh had built in the two courts of the temple of the LORD. He removed them from there, smashed them to pieces and threw the rubble into the Kidron Valley. ¹³The king also desecrated the high places that were east of Jerusalem on the south of the Hill of Corruption—the ones Solomon king of Israel had built for Ashtoreth the vile goddess of the Sidonians, for Chemosh the vile god of Moab, and for Molechˡ the detestable god of the people of Ammon. ¹⁴Josiah smashed the sacred stones and cut down the Asherah poles and covered the sites with human bones.

¹⁵Even the altar at Bethel, the high place made by Jeroboam son of Nebat, who had caused Israel to sin—even that altar and high place he demolished. He burned the high place and ground it to powder, and burned the Asherah pole also. ¹⁶Then Josiah looked around, and when he saw the tombs that were there on the hillside, he had the bones removed from them and burned on the altar to defile it, in accordance with the word of the LORD proclaimed by the man of God who foretold these things.

¹⁷The king asked, "What is that tombstone I see?"

The men of the city said, "It marks the tomb of the man of God who came from Judah and pronounced against the altar of Bethel the very things you have done to it."

¹⁸"Leave it alone," he said. "Don't let anyone disturb his bones." So they spared his bones and those of the prophet who had come from Samaria.

¹⁹Just as he had done at Bethel, Josiah removed and defiled all the shrines at the high places that the kings of Israel had built in the towns of Samaria that had provoked the LORD to anger. ²⁰Josiah slaughtered all the priests of those high places on the altars and burned human bones on them. Then he went back to Jerusalem.

²¹The king gave this order to all the people: "Celebrate the Passover to the LORD your God, as it is written in this Book of the Covenant." ²²Not since the days of the judges who led Israel, nor throughout the days of the kings of Israel and the kings of Judah, had any such Passover been observed. ²³But in the eighteenth year of King Josiah, this Passover was celebrated to the LORD in Jerusalem.

²⁴Furthermore, Josiah got rid of the mediums and spiritists, the household gods, the idols and all the other detestable things seen in Judah and Jerusalem. This he did to fulfill the requirements of the law written in the book that Hilkiah the priest had discovered in the temple of the LORD. ²⁵Neither before nor after Josiah was there a king like him who turned to the LORD as he did—with all his heart and with all his soul and with all his strength, in accordance with all the Law of Moses.

²⁶Nevertheless, the LORD did not turn away from the heat of his fierce anger, which burned against Judah because of all that Manasseh had done to provoke him to anger. ²⁷So the LORD said, "I will remove Judah also from my presence as I removed Israel, and I will reject Jerusalem, the city I chose, and this temple, about which I said, 'There shall my Name be.'ᵐ"

²⁸As for the other events of Josiah's reign, and all he did, are they not written in the book of the annals of the kings of Judah?

ʳ 23:13 la Colina de la Destrucción. Es decir, el monte de los Olivos.   ˢ 23:13 Moloc. Lit. Milcón.   ˡ 13 Hebrew Milcom   ᵐ 27 1 Kings 8:29

crónicas de los reyes de Judá. ²⁹En aquel tiempo el faraón Necao, rey de Egipto, fue a encontrarse con el rey de Asiria camino del río Éufrates. El rey Josías le salió al paso, pero Necao le hizo frente en Meguido y lo mató. ³⁰Los oficiales de Josías llevaron su cadáver en un carro desde Meguido hasta Jerusalén y lo sepultaron en su tumba. Entonces el pueblo tomó a Joacaz hijo de Josías, lo ungió y lo proclamó rey en lugar de su padre.

Joacaz, rey de Judá

³¹Joacaz tenía veintitrés años cuando ascendió al trono, y reinó en Jerusalén tres meses. Su madre era Jamutal hija de Jeremías, oriunda de Libná. ³²Joacaz hizo lo que ofende al SEÑOR, tal como lo habían hecho sus antepasados. ³³Para impedir que Joacaz reinara en Jerusalén, el faraón Necao lo encarceló en Riblá, en el territorio de Jamat, y además impuso sobre Judá un tributo de tres mil trescientos kilos de plata y treinta y tres kilosˡ de oro. ³⁴Luego hizo rey a Eliaquín hijo de Josías en lugar de su padre, y le dio el nombre de Joacim. En cuanto a Joacaz, lo llevó a Egipto, donde murió.

³⁵Joacim le pagó al faraón Necao la plata y el oro que exigió, pero tuvo que establecer un impuesto sobre el país: reclamó de cada persona, según su tasación, la plata y el oro que se le debía entregar al faraón Necao.

Joacim, rey de Judá

³⁶Joacim tenía veinticinco años cuando ascendió al trono, y reinó en Jerusalén once años. Su madre era Zebudá hija de Pedaías, oriunda de Rumá. ³⁷También este rey hizo lo que ofende al SEÑOR, tal como lo hicieron sus antepasados.

24 Durante el reinado de Joacim, lo atacó Nabucodonosor, rey de Babilonia, y lo sometió durante tres años, al cabo de los cuales Joacim decidió rebelarse. ²Entonces el SEÑOR envió contra Joacim bandas de guerrilleros *babilonios, *sirios, moabitas y amonitas. Las envió contra Judá para destruir el país, según la palabra que el SEÑOR había dado a conocer por medio de sus siervos los profetas. ³De hecho, esto le sucedió a Judá por orden del SEÑOR, para apartar al pueblo de su presencia por los pecados de Manasés y por todo lo que hizo, ⁴incluso por haber derramado sangre inocente, con la cual inundó a Jerusalén. Por lo tanto, el SEÑOR no quiso perdonar.

⁵Los demás acontecimientos del reinado de Joacim, y todo lo que hizo, están escritos en el libro de las crónicas de los reyes de Judá. ⁶Joacim murió, y su hijo Joaquín lo sucedió en el trono.

⁷El rey de Egipto no volvió a hacer campañas militares fuera de su país, pues el rey de Babilonia se había adueñado de todas sus posesiones, desde el río de Egipto hasta el río Éufrates.

Joaquín, rey de Judá

⁸Joaquín tenía dieciocho años cuando ascendió al trono, y reinó en Jerusalén tres meses. Su madre era Nejustá hija de Elnatán, oriunda de Jerusalén. ⁹Joaquín hizo lo que ofende al SEÑOR, tal como lo había hecho su padre.

²⁹While Josiah was king, Pharaoh Neco king of Egypt went up to the Euphrates River to help the king of Assyria. King Josiah marched out to meet him in battle, but Neco faced him and killed him at Megiddo. ³⁰Josiah's servants brought his body in a chariot from Megiddo to Jerusalem and buried him in his own tomb. And the people of the land took Jehoahaz son of Josiah and anointed him and made him king in place of his father.

Jehoahaz King of Judah

³¹Jehoahaz was twenty-three years old when he became king, and he reigned in Jerusalem three months. His mother's name was Hamutal daughter of Jeremiah; she was from Libnah. ³²He did evil in the eyes of the LORD, just as his fathers had done. ³³Pharaoh Neco put him in chains at Riblah in the land of Hamathⁿ so that he might not reign in Jerusalem, and he imposed on Judah a levy of a hundred talentsᵒ of silver and a talentᵖ of gold. ³⁴Pharaoh Neco made Eliakim son of Josiah king in place of his father Josiah and changed Eliakim's name to Jehoiakim. But he took Jehoahaz and carried him off to Egypt, and there he died. ³⁵Jehoiakim paid Pharaoh Neco the silver and gold he demanded. In order to do so, he taxed the land and exacted the silver and gold from the people of the land according to their assessments.

Jehoiakim King of Judah

³⁶Jehoiakim was twenty-five years old when he became king, and he reigned in Jerusalem eleven years. His mother's name was Zebidah daughter of Pedaiah; she was from Rumah. ³⁷And he did evil in the eyes of the LORD, just as his fathers had done.

24 During Jehoiakim's reign, Nebuchadnezzar king of Babylon invaded the land, and Jehoiakim became his vassal for three years. But then he changed his mind and rebelled against Nebuchadnezzar. ²The LORD sent Babylonian,�q Aramean, Moabite and Ammonite raiders against him. He sent them to destroy Judah, in accordance with the word of the LORD proclaimed by his servants the prophets. ³Surely these things happened to Judah according to the LORD's command, in order to remove them from his presence because of the sins of Manasseh and all he had done, ⁴including the shedding of innocent blood. For he had filled Jerusalem with innocent blood, and the LORD was not willing to forgive.

⁵As for the other events of Jehoiakim's reign, and all he did, are they not written in the book of the annals of the kings of Judah? ⁶Jehoiakim rested with his fathers. And Jehoiachin his son succeeded him as king.

⁷The king of Egypt did not march out from his own country again, because the king of Babylon had taken all his territory, from the Wadi of Egypt to the Euphrates River.

Jehoiachin King of Judah

⁸Jehoiachin was eighteen years old when he became king, and he reigned in Jerusalem three months. His mother's name was Nehushta daughter of Elnathan; she was from Jerusalem. ⁹He did evil in the eyes of the LORD, just as his father had done.

ˡ 23:33 tres mil trescientos kilos ... treinta y tres kilos. Lit. cien *talentos ... un talento.

ⁿ 33 Hebrew; Septuagint (see also 2 Chron. 36:3) Neco at Riblah in Hamath removed him   ᵒ 33 That is, about 3 3/4 tons (about 3.4 metric tons)   ᵖ 33 That is, about 75 pounds (about 34 kilograms)   q 2 Or Chaldean

¹⁰En aquel tiempo, las tropas de Nabucodonosor, rey de Babilonia, marcharon contra Jerusalén y la sitiaron. ¹¹Cuando ya la tenían cercada, Nabucodonosor llegó a la ciudad. ¹²Joaquín, rey de Judá, se rindió, junto con su madre y sus funcionarios, generales y oficiales. Así, en el año octavo de su reinado, el rey de Babilonia capturó a Joaquín.

¹³Tal como el SEÑOR lo había anunciado, Nabucodonosor se llevó los tesoros del templo del SEÑOR y del palacio real, partiendo en pedazos todos los utensilios de oro que Salomón, rey de Israel, había hecho para el templo. ¹⁴Además, deportó a todo Jerusalén: a los generales y a los mejores soldados, a los artesanos y a los herreros, un total de diez mil personas. No quedó en el país más que la gente pobre.

¹⁵Nabucodonosor deportó a Joaquín a Babilonia, y también se llevó de Jerusalén a la reina madre, a las mujeres del rey, a sus oficiales y a la flor y nata del país. ¹⁶Deportó además a todos los guerreros, que eran siete mil, y a mil artesanos y herreros, todos aptos para la guerra. El rey de Babilonia se los llevó cautivos a Babilonia. ¹⁷Luego puso como rey a Matanías, tío de Joaquín, y le dio el nombre de Sedequías.

Sedequías, rey de Judá

¹⁸Sedequías tenía veintiún años cuando ascendió al trono, y reinó en Jerusalén once años. Su madre se llamaba Jamutal hija de Jeremías, oriunda de Libná. ¹⁹Al igual que Joacim, Sedequías hizo lo que ofende al SEÑOR, ²⁰a tal grado que el SEÑOR, en su ira, los echó de su presencia. Todo esto sucedió en Jerusalén y en Judá.

La caída de Jerusalén

Sedequías se rebeló contra el rey de Babilonia.

25 En el año noveno del reinado de Sedequías, a los diez días del mes décimo, Nabucodonosor, rey de Babilonia, marchó con todo su ejército y atacó a Jerusalén. Acampó frente a la ciudad y construyó una rampa de asalto a su alrededor. ²La ciudad estuvo sitiada hasta el año undécimo del reinado de Sedequías.

³A los nueve días del mes cuarto,ᵘ cuando el hambre se agravó en la ciudad, y no había más alimento para el pueblo, ⁴se abrió una brecha en el muro de la ciudad, de modo que, aunque los *babilonios la tenían cercada, todo el ejército se escapó de noche por la puerta que estaba entre los dos muros, junto al jardín real. Huyeron camino al Arabá,ᵛ ⁵pero el ejército babilonio persiguió a Sedequías hasta alcanzarlo en la llanura de Jericó. Sus soldados se dispersaron, abandonándolo, ⁶y los babilonios lo capturaron. Entonces lo llevaron ante el rey de Babilonia, que estaba en Riblá. Allí Sedequías recibió su sentencia. ⁷Ante sus propios ojos degollaron a sus hijos, y después le sacaron los ojos, lo ataron con cadenas de bronce y lo llevaron a Babilonia.

⁸A los siete días del mes quinto del año diecinueve del reinado de Nabucodonosor, rey de Babilonia, su ministro Nabuzaradán, que era el comandante de la guardia, fue a Jerusalén ⁹y le prendió fuego al templo del SEÑOR, al palacio real y a todas las casas de Jerusa-

¹⁰At that time the officers of Nebuchadnezzar king of Babylon advanced on Jerusalem and laid siege to it, ¹¹and Nebuchadnezzar himself came up to the city while his officers were besieging it. ¹²Jehoiachin king of Judah, his mother, his attendants, his nobles and his officials all surrendered to him.

In the eighth year of the reign of the king of Babylon, he took Jehoiachin prisoner. ¹³As the LORD had declared, Nebuchadnezzar removed all the treasures from the temple of the LORD and from the royal palace, and took away all the gold articles that Solomon king of Israel had made for the temple of the LORD. ¹⁴He carried into exile all Jerusalem: all the officers and fighting men, and all the craftsmen and artisans—a total of ten thousand. Only the poorest people of the land were left.

¹⁵Nebuchadnezzar took Jehoiachin captive to Babylon. He also took from Jerusalem to Babylon the king's mother, his wives, his officials and the leading men of the land. ¹⁶The king of Babylon also deported to Babylon the entire force of seven thousand fighting men, strong and fit for war, and a thousand craftsmen and artisans. ¹⁷He made Mattaniah, Jehoiachin's uncle, king in his place and changed his name to Zedekiah.

Zedekiah King of Judah

¹⁸Zedekiah was twenty-one years old when he became king, and he reigned in Jerusalem eleven years. His mother's name was Hamutal daughter of Jeremiah; she was from Libnah. ¹⁹He did evil in the eyes of the LORD, just as Jehoiakim had done. ²⁰It was because of the LORD's anger that all this happened to Jerusalem and Judah, and in the end he thrust them from his presence.

The Fall of Jerusalem

Now Zedekiah rebelled against the king of Babylon.

25 So in the ninth year of Zedekiah's reign, on the tenth day of the tenth month, Nebuchadnezzar king of Babylon marched against Jerusalem with his whole army. He encamped outside the city and built siege works all around it. ²The city was kept under siege until the eleventh year of King Zedekiah. ³By the ninth day of the ⌊fourth⌋ʳ month the famine in the city had become so severe that there was no food for the people to eat. ⁴Then the city wall was broken through, and the whole army fled at night through the gate between the two walls near the king's garden, though the Babyloniansˢ were surrounding the city. They fled toward the Arabah,ᵗ ⁵but the Babylonianᵘ army pursued him and overtook him in the plains of Jericho. All his soldiers were separated from him and scattered, ⁶and he was captured. He was taken to the king of Babylon at Riblah, where sentence was pronounced on him. ⁷They killed the sons of Zedekiah before his eyes. Then they put out his eyes, bound him with bronze shackles and took him to Babylon.

⁸On the seventh day of the fifth month, in the nineteenth year of Nebuchadnezzar king of Babylon, Nebuzaradan commander of the imperial guard, an official of the king of Babylon, came to Jerusalem. ⁹He set fire to the temple of the LORD, the royal palace and all the houses of Jerusalem. Every important building he

---

ᵘ 25:3 *cuarto.* El texto hebreo no incluye esta palabra, pero véase Jer 52:6.   ᵛ 25:4 *Arabá.* Alt. *valle del Jordán.*

ʳ 3 See Jer. 52:6.   ˢ 4 Or *Chaldeans*; also in verses 13, 25 and 26   ᵗ 4 Or *the Jordan Valley*   ᵘ 5 Or *Chaldean*; also in verses 10 and 24

lén, incluso a todos los edificios importantes. 10 Entonces el ejército babilonio bajo su mando derribó las murallas que rodeaban la ciudad. 11 Nabuzaradán además deportó a la gente que quedaba en la ciudad, es decir, al resto de la muchedumbre y a los que se habían aliado con el rey de Babilonia. 12 Sin embargo, dejó a algunos de los más pobres para que se encargaran de los viñedos y de los campos.

13 Los babilonios quebraron las columnas de bronce, las bases y la fuente*w* de bronce que estaban en el templo del Señor, y se llevaron todo el bronce a Babilonia. 14 También se llevaron las ollas, las tenazas, las despabiladeras, la vajilla y todos los utensilios de bronce que se usaban para el culto. 15 Además, el comandante de la guardia se apoderó de los incensarios y de los aspersorios, todo lo cual era de oro y de plata.

16 El bronce de las dos columnas, de la fuente y de las bases, que Salomón había hecho para el templo del Señor, era tanto que no se podía pesar. 17 Cada columna medía ocho metros de altura. El capitel de bronce que estaba encima de cada columna medía metro y medio*x* de altura y estaba decorado alrededor con una red y con granadas de bronce. Las dos columnas tenían el mismo adorno.

18 El comandante de la guardia tomó presos a Seraías, sacerdote principal, a Sofonías, sacerdote de segundo rango, y a los tres porteros. 19 De los que quedaban en la ciudad, apresó al oficial encargado de las tropas, a cinco de los servidores personales del rey, al cronista principal del ejército, encargado de reclutar soldados de entre el pueblo, y a sesenta ciudadanos que todavía estaban en la ciudad. 20 Después de apresarlos, Nabuzaradán, comandante de la guardia, se los llevó al rey de Babilonia, que estaba en Riblá. 21 Allí, en el territorio de Jamat, el rey los hizo ejecutar.

Así Judá fue desterrado y llevado cautivo.

22 Nabucodonosor, rey de Babilonia, nombró a Guedalías, hijo de Ajicán y nieto de Safán, para que gobernara a la gente que había dejado en Judá. 23 Cuando los oficiales del ejército de Judá y sus tropas se enteraron de que el rey de Babilonia había nombrado gobernador a Guedalías, fueron a ver a éste en Mizpa. Los oficiales eran Ismael hijo de Netanías, Johanán hijo de Carea, Seraías hijo de Tanjumet, oriundo de Netofa, y Jazanías, hijo de un hombre de Macá. 24 Guedalías les hizo este juramento a ellos y a sus tropas: «No teman a los oficiales babilonios. Si ustedes se quedan en el país y sirven al rey de Babilonia, les aseguro que les irá bien.»

25 Pero a los siete meses Ismael, hijo de Netanías y nieto de Elisama, que era de la estirpe real, y diez hombres que lo acompañaban, fueron y asesinaron a Guedalías; también mataron a los hombres de Judá y a los babilonios que formaban parte de su séquito en Mizpa. 26 Acto seguido, todos huyeron a Egipto, grandes y pequeños, junto con los oficiales, pues temían a los babilonios.

Liberación del rey Joaquín

27 En el día veintisiete del mes duodécimo del año treinta y siete del exilio de Joaquín, rey de Judá, Evil Merodac, rey de Babilonia, en el año primero de su reinado, sacó a Joaquín de la cárcel. 28 Lo trató amablemente y le dio una posición más alta que la de los otros reyes que estaban con él en Babilonia. 29 Joaquín dejó su ropa de prisionero, y por el resto de su vida comió a la mesa del rey. 30 Además, durante toda su vida Joaquín gozó de una pensión diaria que le proveía el rey el Babilonia.

burned down. 10 The whole Babylonian army, under the commander of the imperial guard, broke down the walls around Jerusalem. 11 Nebuzaradan the commander of the guard carried into exile the people who remained in the city, along with the rest of the populace and those who had gone over to the king of Babylon. 12 But the commander left behind some of the poorest people of the land to work the vineyards and fields.

13 The Babylonians broke up the bronze pillars, the movable stands and the bronze Sea that were at the temple of the LORD and they carried the bronze to Babylon. 14 They also took away the pots, shovels, wick trimmers, dishes and all the bronze articles used in the temple service. 15 The commander of the imperial guard took away the censers and sprinkling bowls—all that were made of pure gold or silver.

16 The bronze from the two pillars, the Sea and the movable stands, which Solomon had made for the temple of the LORD, was more than could be weighed. 17 Each pillar was twenty-seven feet*v* high. The bronze capital on top of one pillar was four and a half feet*w* high and was decorated with a network and pomegranates of bronze all around. The other pillar, with its network, was similar.

18 The commander of the guard took as prisoners Seraiah the chief priest, Zephaniah the priest next in rank and the three doorkeepers. 19 Of those still in the city, he took the officer in charge of the fighting men and five royal advisers. He also took the secretary who was chief officer in charge of conscripting the people of the land and sixty of his men who were found in the city. 20 Nebuzaradan the commander took them all and brought them to the king of Babylon at Riblah. 21 There at Riblah, in the land of Hamath, the king had them executed.

So Judah went into captivity, away from her land.

22 Nebuchadnezzar king of Babylon appointed Gedaliah son of Ahikam, the son of Shaphan, to be over the people he had left behind in Judah. 23 When all the army officers and their men heard that the king of Babylon had appointed Gedaliah as governor, they came to Gedaliah at Mizpah—Ishmael son of Nethaniah, Johanan son of Kareah, Seraiah son of Tanhumeth the Netophathite, Jaazaniah the son of the Maacathite, and their men. 24 Gedaliah took an oath to reassure them and their men. "Do not be afraid of the Babylonian officials," he said. "Settle down in the land and serve the king of Babylon, and it will go well with you."

25 In the seventh month, however, Ishmael son of Nethaniah, the son of Elishama, who was of royal blood, came with ten men and assassinated Gedaliah and also the men of Judah and the Babylonians who were with him at Mizpah. 26 At this, all the people from the least to the greatest, together with the army officers, fled to Egypt for fear of the Babylonians.

Jehoiachin Released

27 In the thirty-seventh year of the exile of Jehoiachin king of Judah, in the year Evil-Merodach*x* became king of Babylon, he released Jehoiachin from prison on the twenty-seventh day of the twelfth month. 28 He spoke kindly to him and gave him a seat of honor higher than those of the other kings who were with him in Babylon. 29 So Jehoiachin put aside his prison clothes and for the rest of his life ate regularly at the king's table. 30 Day by day the king gave Jehoiachin a regular allowance as long as he lived.

---

w 25:13 la fuente. Lit. *el mar;* también en v. 16.   *x 25:17 ocho metros ... metro y medio.* Lit. *dieciocho *codos ... tres codos.*

v 17 Hebrew *eighteen cubits* (about 8.1 meters)   *w 17* Hebrew *three cubits* (about 1.3 meters)   *x 27* Also called *Amel-Marduk*

Primer Libro de las
Crónicas

Descendientes de Adán

1 Adán, Set, Enós, ²Cainán, Malalel, Jared, ³Enoc, Matusalén, Lamec, ⁴Noé.

Descendientes de Noé

Hijos de Noé:*a* Sem, Cam y Jafet.
⁵Hijos de Jafet: Gómer, Magog, Maday, Javán, Tubal, Mésec y Tirás.
⁶Hijos de Gómer: Asquenaz, Rifat y Togarma.
⁷Hijos de Javán: Elisá, Tarsis, Chipre y Rodanín.
⁸Hijos de Cam: Cus, Misrayin, Fut y Canaán.
⁹Hijos de Cus: Seba, Javilá, Sabtá, Ragama y Sabteca.
Hijos de Ragama: Sabá y Dedán.
¹⁰Cus fue el padre de Nimrod, quien llegó a ser un notable guerrero en la tierra.
¹¹Misrayin fue el antepasado de los ludeos, los anameos, los leabitas, los naftuitas, ¹²los patruseos, los caslujitas y los caftoritas, de quienes descienden los filisteos.
¹³Canaán fue el padre de Sidón, su primogénito, y de Het, ¹⁴y el antepasado de los jebuseos, los amorreos, los gergeseos, ¹⁵los heveos, los araceos, los sineos, ¹⁶los arvadeos, los zemareos y los jamaitas.
¹⁷Hijos de Sem: Elam, Asur, Arfaxad, Lud y Aram.
Hijos de Aram:*b* Uz, Hul, Guéter y Mésec. ¹⁸Arfaxad fue el padre de Selá, y éste lo fue de Éber. ¹⁹Éber tuvo dos hijos; el primero se llamó Péleg, porque en su tiempo se dividió la tierra. El hermano de Péleg se llamó Joctán. ²⁰Joctán fue el padre de Almodad, Sélef, Jazar Mávet, Yeraj, ²¹Hado-

Historical Records From Adam to Abraham

To Noah's Sons

1 Adam, Seth, Enosh, ²Kenan, Mahalalel, Jared, ³Enoch, Methuselah, Lamech, Noah.

⁴The sons of Noah:*a*
Shem, Ham and Japheth.

The Japhethites

⁵The sons*b* of Japheth:
Gomer, Magog, Madai, Javan, Tubal, Meshech and Tiras.
⁶The sons of Gomer:
Ashkenaz, Riphath*c* and Togarmah.
⁷The sons of Javan:
Elishah, Tarshish, the Kittim and the Rodanim.

The Hamites

⁸The sons of Ham:
Cush, Mizraim,*d* Put and Canaan.
⁹The sons of Cush:
Seba, Havilah, Sabta, Raamah and Sabteca.
The sons of Raamah:
Sheba and Dedan.
¹⁰Cush was the father*e* of
Nimrod, who grew to be a mighty warrior on earth.
¹¹Mizraim was the father of
the Ludites, Anamites, Lehabites, Naphtuhites, ¹²Pathrusites, Casluhites (from whom the Philistines came) and Caphtorites.
¹³Canaan was the father of
Sidon his firstborn,*f* and of the Hittites, ¹⁴Jebusites, Amorites, Girgashites, ¹⁵Hivites, Arkites, Sinites, ¹⁶Arvadites, Zemarites and Hamathites.

The Semites

¹⁷The sons of Shem:
Elam, Asshur, Arphaxad, Lud and Aram.
The sons of Aram*g*:
Uz, Hul, Gether and Meshech.
¹⁸Arphaxad was the father of Shelah,
and Shelah the father of Eber.
¹⁹Two sons were born to Eber:
One was named Peleg,*h* because in his time the earth was divided; his brother was named Joktan.
²⁰Joktan was the father of
Almodad, Sheleph, Hazarmaveth, Jerah, ²¹Hadoram, Uzal, Diklah, ²²Obal,*i* Abimael, She-

---

a 4 Septuagint; Hebrew does not have *The sons of Noah:*
b 5 *Sons* may mean *descendants* or *successors* or *nations*; also in verses 6-10, 17 and 20.   *c 6* Many Hebrew manuscripts and Vulgate (see also Septuagint and Gen. 10:3); most Hebrew manuscripts *Diphath*   *d 8* That is, Egypt; also in verse 11
e 10 *Father* may mean *ancestor* or *predecessor* or *founder*; also in verses 11, 13, 18 and 20.   *f 13* Or *of the Sidonians, the foremost*
g 17 One Hebrew manuscript and some Septuagint manuscripts (see also Gen. 10:23); most Hebrew manuscripts do not have this line.
h 19 *Peleg* means *division.*   *i 22* Some Hebrew manuscripts and Syriac (see also Gen. 10:28); most Hebrew manuscripts *Ebal*

---

a 1:4 Hijos de Noé (LXX); TM no incluye esta frase.
b 1:17 Hijos de Aram (un ms. hebreo y mss. de LXX; véase Gn 10:23); TM no incluye esta frase.

rán, Uzal, Diclá, 22 Obal,c Abimael, Sabá, 23 Ofir, Javilá y Jobab. Todos éstos fueron hijos de Joctán.

Descendientes de Sem

24 Sem, Arfaxad, Selá, 25 Éber, Péleg, Reú, 26 Serug, Najor, Téraj 27 y Abram, que es también Abraham.

Descendientes de Abraham

28 Hijos de Abraham: Isaac e Ismael.
29 Sus descendientes fueron Nebayot, primogénito de Ismael, Cedar, Adbel, Mibsán, 30 Mismá, Dumá, Masá, Hadad, Temá, 31 Jetur, Nafis y Cedema. Éstos fueron los hijos de Ismael.
32 Los hijos de Cetura, la concubina de Abraham, fueron Zimrán, Jocsán, Medán, Madián, Isbac y Súah.
Hijos de Jocsán: Sabá y Dedán.
33 Hijos de Madián: Efá, Éfer, Janoc, Abidá y Eldá. Todos éstos fueron hijos de Cetura.
34 Abraham también fue el padre de Isaac. Los hijos de Isaac fueron Esaú e Israel.

Descendientes de Esaú

35 Hijos de Esaú: Elifaz, Reuel, Jeús, Jalán y Coré.
36 Hijos de Elifaz: Temán, Omar, Zefo, Gatán y Quenaz, Timná y Amalec.
37 Hijos de Reuel: Najat, Zera, Sama y Mizá.
38 Hijos de Seír:d Lotán, Sobal, Zibeón, Aná, Disón, Ezer y Disán.
39 Hijos de Lotán: Horí y Homán. Timná fue hermana de Lotán.
40 Hijos de Sobal: Alván, Manajat, Ebal, Sefó y Onam.
Hijos de Zibeón: Ayá y Aná.
41 El hijo de Aná fue Disón.
Hijos de Disón: Amirán, Esbán, Itrán y Querán.
42 Hijos de Ezer: Bilán, Zaván y Yacán.
Hijos de Disán: Uz y Arán.

ba, 23 Ophir, Havilah and Jobab. All these were sons of Joktan.

24 Shem, Arphaxad,j Shelah,
25 Eber, Peleg, Reu,
26 Serug, Nahor, Terah
27 and Abram (that is, Abraham).

The Family of Abraham

28 The sons of Abraham:
Isaac and Ishmael.

Descendants of Hagar

29 These were their descendants:
Nebaioth the firstborn of Ishmael, Kedar, Adbeel, Mibsam, 30 Mishma, Dumah, Massa, Hadad, Tema, 31 Jetur, Naphish and Kedemah. These were the sons of Ishmael.

Descendants of Keturah

32 The sons born to Keturah, Abraham's concubine:
Zimran, Jokshan, Medan, Midian, Ishbak and Shuah.
The sons of Jokshan:
Sheba and Dedan.
33 The sons of Midian:
Ephah, Epher, Hanoch, Abida and Eldaah.
All these were descendants of Keturah.

Descendants of Sarah

34 Abraham was the father of Isaac.
The sons of Isaac:
Esau and Israel.

Esau's Sons

35 The sons of Esau:
Eliphaz, Reuel, Jeush, Jalam and Korah.
36 The sons of Eliphaz:
Teman, Omar, Zepho,k Gatam and Kenaz;
by Timna: Amalek.l
37 The sons of Reuel:
Nahath, Zerah, Shammah and Mizzah.

The People of Seir in Edom

38 The sons of Seir:
Lotan, Shobal, Zibeon, Anah, Dishon, Ezer and Dishan.
39 The sons of Lotan:
Hori and Homam. Timna was Lotan's sister.
40 The sons of Shobal:
Alvan,m Manahath, Ebal, Shepho and Onam.
The sons of Zibeon:
Aiah and Anah.
41 The son of Anah:
Dishon.
The sons of Dishon:
Hemdan,n Eshban, Ithran and Keran.
42 The sons of Ezer:
Bilhan, Zaavan and Akan.o
The sons of Dishanp:
Uz and Aran.

---

j 24 Hebrew; some Septuagint manuscripts Arphaxad, Cainan (see also note at Gen. 11:10)   k 36 Many Hebrew manuscripts, some Septuagint manuscripts and Syriac (see also Gen. 36:11); most Hebrew manuscripts Zephi   l 36 Some Septuagint manuscripts (see also Gen. 36:12); Hebrew Gatam, Kenaz, Timna and Amalek   m 40 Many Hebrew manuscripts and some Septuagint manuscripts (see also Gen. 36:23); most Hebrew manuscripts Alian   n 41 Many Hebrew manuscripts and some Septuagint manuscripts (see also Gen. 36:26); most Hebrew manuscripts Hamran   o 42 Many Hebrew and Septuagint manuscripts (see also Gen. 36:27); most Hebrew manuscripts Zaavan, Jaakan   p 42 Hebrew Dishon, a variant of Dishan

c 1:22 Obal (mss. hebreos y Siríaca; véase Gn 10:28); Ebal (TM).
d 1:38 Seír. Es decir, Esaú.

Reyes de Edom

43 Los reyes que a continuación se mencionan reinaron en la tierra de Edom antes de que los israelitas tuvieran rey:

Bela hijo de Beor; su ciudad se llamaba Dinaba.
44 Cuando Bela murió, lo sucedió en el trono Jobab hijo de Zera, que era de Bosra.
45 Cuando Jobab murió, lo sucedió en el trono Jusán, que era de la tierra de Temán.
46 Cuando Jusán murió, lo sucedió en el trono Hadad hijo de Bedad, quien derrotó a Madián en el campo de Moab. Su ciudad se llamaba Avit.
47 Cuando Hadad murió, lo sucedió en el trono Samla, que era de Masreca.
48 Cuando Samla murió, lo sucedió en el trono Saúl, que era de Rejobot a orillas del río Éufrates.
49 Cuando Saúl murió, lo sucedió en el trono Baal Janán hijo de Acbor.
50 Cuando Baal Janán murió, lo sucedió en el trono Hadad. Su ciudad se llamaba Pau,*e* y su esposa fue Mehitabel, hija de Matred y nieta de Mezab.
51 Después de que murió Hadad, gobernaron en Edom los siguientes caudillos: Timná, Alvá, Jetet, 52 Aholibama, Elá, Pinón, 53 Quenaz, Temán, Mibzar, 54 Magdiel e Iram. Éstos fueron los caudillos de Edom.

Hijos de Israel

2 Los hijos de Israel fueron Rubén, Simeón, Leví, Judá, Isacar, Zabulón, 2 Dan, José, Benjamín, Neftalí, Gad y Aser.

Descendientes de Judá

3 Hijos de Judá: Er, Onán y Selá. Estos tres le nacieron de una cananea que era hija de Súaj. Er, primogénito de Judá, hizo lo que ofende al SEÑOR, y el SEÑOR le quitó la vida. 4 Y Tamar, nuera de Judá, le dio a éste dos hijos: Fares y Zera. En total, Judá tuvo cinco hijos.
5 Hijos de Fares: Jezrón y Jamul.
6 Los hijos de Zera fueron cinco en total: Zimri, Etán, Hemán, Calcol y Dardá.*f*
7 El hijo de Carmí fue Acar,*g* quien provocó la desgracia sobre Israel por haber violado el mandato de Dios de *destruirlo todo.
8 El hijo de Etán fue Azarías.
9 Hijos de Jezrón: Jeramel, Ram y Quelubay.*h*
10 Ram fue el padre de Aminadab, y éste lo fue de Naasón, príncipe de los judíos.

The Rulers of Edom

43 These were the kings who reigned in Edom before any Israelite king reigned*q*:

Bela son of Beor, whose city was named Dinhabah.
44 When Bela died, Jobab son of Zerah from Bozrah succeeded him as king.
45 When Jobab died, Husham from the land of the Temanites succeeded him as king.
46 When Husham died, Hadad son of Bedad, who defeated Midian in the country of Moab, succeeded him as king. His city was named Avith.
47 When Hadad died, Samlah from Masrekah succeeded him as king.
48 When Samlah died, Shaul from Rehoboth on the river*r* succeeded him as king.
49 When Shaul died, Baal-Hanan son of Acbor succeeded him as king.
50 When Baal-Hanan died, Hadad succeeded him as king. His city was named Pau,*s* and his wife's name was Mehetabel daughter of Matred, the daughter of Me-Zahab. 51 Hadad also died.

The chiefs of Edom were:

Timna, Alvah, Jetheth, 52 Oholibamah, Elah, Pinon, 53 Kenaz, Teman, Mibzar, 54 Magdiel and Iram. These were the chiefs of Edom.

Israel's Sons

2 These were the sons of Israel:
Reuben, Simeon, Levi, Judah, Issachar, Zebulun, 2 Dan, Joseph, Benjamin, Naphtali, Gad and Asher.

Judah

To Hezron's Sons

3 The sons of Judah:
Er, Onan and Shelah. These three were born to him by a Canaanite woman, the daughter of Shua. Er, Judah's firstborn, was wicked in the LORD's sight; so the LORD put him to death. 4 Tamar, Judah's daughter-in-law, bore him Perez and Zerah. Judah had five sons in all.

5 The sons of Perez:
Hezron and Hamul.
6 The sons of Zerah:
Zimri, Ethan, Heman, Calcol and Darda*t*— five in all.
7 The son of Carmi:
Achar,*u* who brought trouble on Israel by violating the ban on taking devoted things.*v*
8 The son of Ethan:
Azariah.
9 The sons born to Hezron were:
Jerahmeel, Ram and Caleb.*w*

From Ram Son of Hezron

10 Ram was the father of
Amminadab, and Amminadab the father of Nahshon, the leader of the people of Judah.

---

e 1:50 Pau (mss. hebreos, mss. de LXX, Siríaca, Targum, Vulgata; véase Gn 36:39); *Pay* (TM).   *f 2:6 Dardá* (mss. hebreos, mss. de LXX, Siríaca y Targum; véase 1R 4:31); *Dara* (TM).   *g 2:7* En hebreo, *Acar* significa *desgracia*. En el libro de Josué este nombre aparece como *Acán*.   *h 2:9 Quelubay*. Variante de *Caleb*.

q 43 Or *before an Israelite king reigned over them*   *r 48* Possibly the Euphrates   *s 50* Many Hebrew manuscripts, some Septuagint manuscripts, Vulgate and Syriac (see also Gen. 36:39); most Hebrew manuscripts *Pai*   *t 6* Many Hebrew manuscripts, some Septuagint manuscripts and Syriac (see also 1 Kings 4:31); most Hebrew manuscripts *Dara*   *u 7 Achar* means *trouble; Achar* is called *Achan* in Joshua.   *v 7* The Hebrew term refers to the irrevocable giving over of things or persons to the LORD, often by totally destroying them.   *w 9* Hebrew *Kelubai*, a variant of *Caleb*

11 Naasón fue el padre de Salmón,[i] y éste lo fue de Booz.
12 Booz fue el padre de Obed, y éste lo fue de Isaí. 13 El primer hijo de Isaí fue Eliab; el segundo, Abinadab; el tercero, Simá; 14 el cuarto, Natanael; el quinto, Raday; 15 el sexto, Ozén; y el séptimo, David. 16 Las hermanas de ellos fueron Sarvia y Abigaíl. Los hijos de Sarvia fueron tres: Abisay, Joab y Asael. 17 Abigaíl fue la madre de Amasá hijo de Jéter, el ismaelita.
18 Caleb hijo de Jezrón tuvo hijos con su esposa Azuba y con Jeriot. Éstos fueron sus hijos: Jéser, Sobab y Ardón. 19 Cuando Azuba murió, Caleb tomó por esposa a Efrata, con la que tuvo a su hijo Jur.
20 Jur fue el padre de Uri, y éste lo fue de Bezalel.
21 Cuando Jezrón tenía sesenta años, tomó por esposa a una hija de Maquir, padre de Galaad, y tuvo con ella a su hijo Segub. 22 Segub fue el padre de Yaír, y fue dueño de veintitrés ciudades en la tierra de Galaad. 23 Pero Guesur y Aram le quitaron los campamentos de Yaír y Quenat, y sus aldeas. En total, le quitaron sesenta pueblos. Todos éstos fueron los descendientes de Maquir, padre de Galaad.
24 Después de que Jezrón murió en Caleb Efrata, Abías, la esposa de Jezrón, dio a luz a Asur, padre[j] de Tecoa.
25 Los hijos de Jeramel, primogénito de Jezrón, fueron Ram, el mayor, Buná, Orén, Ozén y Ahías. 26 Jeramel tuvo otra esposa, la cual se llamaba Atará. Ésta fue la madre de Onam.
27 Los hijos de Ram, primogénito de Jeramel, fueron Maaz, Jamín y Équer.
28 Hijos de Onam: Samay y Yada.
Hijos de Samay: Nadab y Abisur. 29 La esposa de Abisur se llamaba Abijaíl, con la que tuvo a Ajbán y Molid.
30 Hijos de Nadab: Séled y Apayin. Séled murió sin tener hijos.
31 El hijo de Apayin fue Isí, el hijo de Isí fue Sesán y el hijo de Sesán fue Ajlay.
32 Los hijos de Yada, hermano de Samay, fueron Jéter y Jonatán. Jéter murió sin tener hijos.
33 Hijos de Jonatán: Pélet y Zazá.
Éstos fueron los descendientes de Jeramel.
34 Sesán no tuvo hijos sino hijas, y tenía un esclavo egipcio llamado Yarjá. 35 A éste le dio por esposa una de sus hijas, la cual fue la madre de Atay.
36 Atay fue el padre de Natán,
Natán fue el padre de Zabad,

11 Nahshon was the father of Salmon,[x] Salmon the father of Boaz, 12 Boaz the father of Obed and Obed the father of Jesse.
13 Jesse was the father of
Eliab his firstborn; the second son was Abinadab, the third Shimea, 14 the fourth Nethanel, the fifth Raddai, 15 the sixth Ozem and the seventh David. 16 Their sisters were Zeruiah and Abigail. Zeruiah's three sons were Abishai, Joab and Asahel. 17 Abigail was the mother of Amasa, whose father was Jether the Ishmaelite.

Caleb Son of Hezron

18 Caleb son of Hezron had children by his wife Azubah (and by Jerioth). These were her sons: Jesher, Shobab and Ardon. 19 When Azubah died, Caleb married Ephrath, who bore him Hur. 20 Hur was the father of Uri, and Uri the father of Bezalel.
21 Later, Hezron lay with the daughter of Makir the father of Gilead (he had married her when he was sixty years old), and she bore him Segub. 22 Segub was the father of Jair, who controlled twenty-three towns in Gilead. 23 (But Geshur and Aram captured Havvoth Jair,[y] as well as Kenath with its surrounding settlements—sixty towns.) All these were descendants of Makir the father of Gilead.
24 After Hezron died in Caleb Ephrathah, Abijah the wife of Hezron bore him Ashhur the father[z] of Tekoa.

Jerahmeel Son of Hezron

25 The sons of Jerahmeel the firstborn of Hezron: Ram his firstborn, Bunah, Oren, Ozem and[a] Ahijah. 26 Jerahmeel had another wife, whose name was Atarah; she was the mother of Onam.
27 The sons of Ram the firstborn of Jerahmeel: Maaz, Jamin and Eker.
28 The sons of Onam:
Shammai and Jada.
The sons of Shammai:
Nadab and Abishur.
29 Abishur's wife was named Abihail, who bore him Ahban and Molid.
30 The sons of Nadab:
Seled and Appaim. Seled died without children.
31 The son of Appaim:
Ishi, who was the father of Sheshan.
Sheshan was the father of Ahlai.
32 The sons of Jada, Shammai's brother:
Jether and Jonathan. Jether died without children.
33 The sons of Jonathan:
Peleth and Zaza.
These were the descendants of Jerahmeel.
34 Sheshan had no sons—only daughters.
He had an Egyptian servant named Jarha.
35 Sheshan gave his daughter in marriage to his servant Jarha, and she bore him Attai.
36 Attai was the father of Nathan,
Nathan the father of Zabad,

x 11 Septuagint (see also Ruth 4:21); Hebrew *Salma*
y 23 Or *captured the settlements of Jair*   *z* 24 *Father* may mean civic leader or military leader; also in verses 42, 45, 49-52 and possibly elsewhere.   *a* 25 Or *Oren and Ozem, by*

i 2:11 *Salmón* (LXX; véase Rt 4:20); *Salmá* (TM).   *j* 2:24 *padre.* Alt. *fundador.*

37Zabad fue el padre de Eflal,
　Eflal fue el padre de Obed,
38Obed fue el padre de Jehú,
　Jehú fue el padre de Azarías,
39Azarías fue el padre de Heles,
　Heles fue el padre de Elasá,
40Elasá fue el padre de Sismay,
　Sismay fue el padre de Salún,
41Salún fue el padre de Jecamías,
　y Jecamías fue el padre de Elisama.

Descendientes de Caleb

42Los hijos de Caleb, hermano de Jeramel, fueron:
　Mesá, el primogénito, que fue el padre de Zif; y
　Maresá, que fue el padre de Hebrón.
43Hijos de Hebrón: Coré, Tapúaj, Requen y Semá.
44Semá fue el padre de Raham, que fue el padre de
　Jorcoán.
　Requen fue el padre de Samay.
45Samay fue el padre de Maón.
　Maón fue el padre de Betsur.
46Efá, concubina de Caleb, fue la madre de jarán,
　Mosá y Gazez. Jarán fue el padre de Gazez.
47Hijos de Yaday: Reguen, Jotán, Guesán, Pélet, Efá y
　Sagaf.
48Macá, concubina de Caleb, fue la madre de Séber y
　de Tirjaná, 49y también de Sagaf, que fue el padre
　de Madmana; y de Seva, que fue el padre de Mac-
　bena y de Guibeá. Además, Caleb tuvo una hija
　llamada Acsa.
50Éstos fueron los descendientes de Caleb.
　Los hijos de Jur, primogénito de Efrata, fueron: So-
　bal, padre de Quiriat Yearín; 51Salmá, padre de
　Belén, y Jaref, padre de Bet Gader.
52Los hijos de Sobal, padre de Quiriat Yearín, fueron:
　Haroé, la mitad de los manajatitas, 53las familias
　de Quiriat Yearín, los itritas, los futitas, los suma-
　titas y los misraítas, de quienes proceden los zora-
　titas y los estaolitas.
54Hijos de Salmá: Belén, los netofatitas, Aterot Bet
　Joab, la mitad de los manajatitas, los zoreítas, 55y
　las familias de los escribas que vivían en Jabés, es
　decir, los tirateos, los simateos y los sucateos. És-
　tos fueron los quenitas, descendientes de Jamat,
　padre de la familia de Recab.

Hijos de David

3 Éstos fueron los hijos de David nacidos en Hebrón:
　Su *primogénito fue Amón hijo de Ajinoán la jez-
　relita;
　el segundo, Daniel hijo de Abigaíl de Carmel;
2el tercero, Absalón hijo de Macá, la hija del rey
　Talmay de Guesur;
　el cuarto, Adonías hijo de Jaguit;
3el quinto, Sefatías hijo de Abital;
　y el sexto, Itreán hijo de Eglá, que era otra esposa de
　David.
4Estos seis le nacieron en Hebrón, donde reinó siete
　años y seis meses. En Jerusalén reinó treinta y tres

37Zabad the father of Ephlal,
　Ephlal the father of Obed,
38Obed the father of Jehu,
　Jehu the father of Azariah,
39Azariah the father of Helez,
　Helez the father of Eleasah,
40Eleasah the father of Sismai,
　Sismai the father of Shallum,
41Shallum the father of Jekamiah,
　and Jekamiah the father of Elishama.

The Clans of Caleb

42The sons of Caleb the brother of Jerahmeel:
　Mesha his firstborn, who was the father of
　Ziph, and his son Mareshah,b who was the
　father of Hebron.
43The sons of Hebron:
　Korah, Tappuah, Rekem and Shema. 44Shema
　was the father of Raham, and Raham the father
　of Jorkeam. Rekem was the father of Sham-
　mai. 45The son of Shammai was Maon, and
　Maon was the father of Beth Zur.
46Caleb's concubine Ephah was the mother of Ha-
　ran, Moza and Gazez. Haran was the father of
　Gazez.
47The sons of Jahdai:
　Regem, Jotham, Geshan, Pelet, Ephah and
　Shaaph.
48Caleb's concubine Maacah was the mother of
　Sheber and Tirhanah. 49She also gave birth to
　Shaaph the father of Madmannah and to Sheva
　the father of Macbenah and Gibea. Caleb's
　daughter was Acsah. 50These were the descen-
　dants of Caleb.

　The sons of Hur the firstborn of Ephrathah:
　Shobal the father of Kiriath Jearim, 51Salma
　the father of Bethlehem, and Hareph the father
　of Beth Gader.
52The descendants of Shobal the father of Kiriath
　Jearim were:
　Haroeh, half the Manahathites, 53and the clans
　of Kiriath Jearim: the Ithrites, Puthites, Shu-
　mathites and Mishraites. From these descend-
　ed the Zorathites and Eshtaolites.
54The descendants of Salma:
　Bethlehem, the Netophathites, Atroth Beth
　Joab, half the Manahathites, the Zorites, 55and
　the clans of scribesc who lived at Jabez: the
　Tirathites, Shimeathites and Sucathites. These
　are the Kenites who came from Hammath, the
　father of the house of Recab.d

The Sons of David

3 These were the sons of David born to him in He-
　bron:
　The firstborn was Amnon the son of Ahinoam
　of Jezreel;
　the second, Daniel the son of Abigail of Car-
　mel;
2the third, Absalom the son of Maacah daughter
　of Talmai king of Geshur;
　the fourth, Adonijah the son of Haggith;
3the fifth, Shephatiah the son of Abital;
　and the sixth, Ithream, by his wife Eglah.
4These six were born to David in Hebron, where
　he reigned seven years and six months.

---

b42 The meaning of the Hebrew for this phrase is uncertain.
c55 Or of the Sopherites　　d55 Or father of Beth Recab

años. 5 Allí le nacieron Simá, Sobab, Natán y Salomón, hijos de Betsabé,k la hija de Amiel. 6 Tuvo también a Ibjar, Elisama, Elifelet, 7 Noga, Néfeg, Jafía, 8 Elisama, Eliadá y Elifelet; nueve en total. 9 Todos éstos fueron hijos de David, sin contar los hijos que tuvo con sus concubinas. La hermana de ellos fue Tamar.

Descendientes de Salomón

10 Éstos fueron los descendientes de Salomón en línea directa: Roboán, Abías, Asá, Josafat, 11 Jorán, Ocozías, Joás, 12 Amasías, Azarías, Jotán, 13 Acaz, Ezequías, Manasés, 14 Amón y Josías.

15 Los hijos de Josías fueron:
Johanán, el primero;
Joacim, el segundo;
Sedequías, el tercero,
y Salún, el cuarto.

16 Los hijos de Joacim fueron Jeconías y Sedequías.

17 Los hijos de Jeconías, el desterrado, fueron Salatiel, 18 Malquirán, Pedaías, Senazar, Jecamías, Hosamá y Nedabías.

19 Los hijos de Pedaías fueron Zorobabel y Simí.
Los hijos de Zorobabel fueron Mesulán y Jananías; Selomit fue hermana de ellos. 20 Tuvo también estos cinco: Jasubá, Ohel, Berequías, Jasadías y Yusab Jésed.

21 Los descendientes de Jananías fueron Pelatías e Isaías, y también los hijos de Refaías, los de Arnán, los de Abdías y los de Secanías.

22 Los descendientes de Secanías fueron Semaías y sus hijos Jatús, Igal, Barías, Nearías y Safat; seis en total.

23 Los hijos de Nearías fueron Elihoenay, Ezequías y Azricán; tres en total.

24 Los hijos de Elihoenay fueron Hodavías, Eliasib, Pelaías, Acub, Johanán, Delaías y Ananí; siete en total.

David reigned in Jerusalem thirty-three years, 5 and these were the children born to him there:
Shammua,e Shobab, Nathan and Solomon. These four were by Bathshebaf daughter of Ammiel. 6 There were also Ibhar, Elishua,g Eliphelet, 7 Nogah, Nepheg, Japhia, 8 Elishama, Eliada and Eliphelet—nine in all. 9 All these were the sons of David, besides his sons by his concubines. And Tamar was their sister.

The Kings of Judah

10 Solomon's son was Rehoboam,
Abijah his son,
Asa his son,
Jehoshaphat his son,
11 Jehoramh his son,
Ahaziah his son,
Joash his son,
12 Amaziah his son,
Azariah his son,
Jotham his son,
13 Ahaz his son,
Hezekiah his son,
Manasseh his son,
14 Amon his son,
Josiah his son,
15 The sons of Josiah:
Johanan the firstborn,
Jehoiakim the second son,
Zedekiah the third,
Shallum the fourth.
16 The successors of Jehoiakim:
Jehoiachini his son,
and Zedekiah.

The Royal Line After the Exile

17 The descendants of Jehoiachin the captive:
Shealtiel his son, 18 Malkiram, Pedaiah, Shenazzar, Jekamiah, Hoshama and Nedabiah.
19 The sons of Pedaiah:
Zerubbabel and Shimei.
The sons of Zerubbabel:
Meshullam and Hananiah.
Shelomith was their sister.
20 There were also five others:
Hashubah, Ohel, Berekiah, Hasadiah and Jushab-Hesed.
21 The descendants of Hananiah:
Pelatiah and Jeshaiah, and the sons of Rephaiah, of Arnan, of Obadiah and of Shecaniah.
22 The descendants of Shecaniah:
Shemaiah and his sons:
Hattush, Igal, Bariah, Neariah and Shaphat—six in all.
23 The sons of Neariah:
Elioenai, Hizkiah and Azrikam—three in all.
24 The sons of Elioenai:
Hodaviah, Eliashib, Pelaiah, Akkub, Johanan, Delaiah and Anani—seven in all.

e 5 Hebrew *Shimea*, a variant of *Shammua*   f 5 One Hebrew manuscript and Vulgate (see also Septuagint and 2 Samuel 11:3); most Hebrew manuscripts *Bathshua*   g 6 Two Hebrew manuscripts (see also 2 Samuel 5:15 and 1 Chron. 14:5); most Hebrew manuscripts *Elishama*   h 11 Hebrew *Joram*, a variant of *Jehoram*   i 16 Hebrew *Jeconiah*, a variant of *Jehoiachin*; also in verse 17

k 3:5 *Betsabé* (un ms. hebreo, LXX y Vulgata; véase 2S 11:3); *Bet Súa* (TM).

Descendientes de Judá

4 Los descendientes de Judá en línea directa fueron Fares, Jezrón, Carmí, Jur y Sobal. ²Reaías hijo de Sobal fue el padre de Yajat, y Yajat fue el padre de Ajumay y de Lajad. Éstas fueron las familias de los zoratitas.

³Los hijos*l* de Etam fueron Jezrel, Ismá e Idbás. La hermana de ellos fue Jazelelponi. ⁴También fueron sus hijos Penuel, padre de Guedor, y Ezer, padre de Jusá. Éstos fueron los descendientes de Jur, primogénito de Efrata, padre*m* de Belén.

⁵Asur, padre de Tecoa, tuvo dos esposas, Helá y Nara. ⁶Nara fue la madre de Ajusán, Héfer, Temeni y Ajastarí. Éstos fueron los hijos de Nara.

⁷Los hijos de Helá fueron Zéret, Yezojar y Etnán.

⁸Cos fue el padre de Anub, de Zobebá y de las familias de Ajarjel hijo de Harún.

⁹Jabés fue más importante que sus hermanos. Cuando su madre le puso ese *nombre, dijo: «Con aflicción lo he dado a luz».*n* ¹⁰Jabés le rogó al Dios de Israel: «Bendíceme y ensancha mi territorio; ayúdame y líbrame del mal, para que no padezca aflicción.» Y Dios le concedió su petición.

¹¹Quelub, hermano de Sujá, fue el padre de Mejir, y Mejir fue el padre de Estón; ¹²Estón fue el padre de Bet Rafá, de Paseaj y de Tejiná, padre de Ir Najás.*ñ* Éstos fueron los habitantes de Reca.

¹³Los hijos de Quenaz fueron Otoniel y Seraías.
Los hijos de Otoniel fueron Jatat ¹⁴ y Meonotay, padre de Ofra.
Seraías fue el padre de Joab, padre de Ge Carisín,*o* porque sus habitantes eran herreros.

¹⁵Los hijos de Caleb hijo de Jefone fueron Ir, Elá y Noán. Elá fue el padre de Quenaz.

¹⁶Los hijos de Yalelel fueron Zif, Zifá, Tirías y Asarel.

¹⁷Los hijos de Esdras fueron Jéter, Méred, Éfer y Jalón. Una de las esposas de Méred —con la cual tuvo a Miriam, Samay e Isba, padre de Estemoa— ¹⁸era Bitiá, hija del faraón. La otra esposa de Méred era de la tribu de Judá, y con ella tuvo a Jéred, padre de Guedor, a Héber, padre de Soco, y a Jecutiel, padre de Zanoa.

¹⁹Queilá, el garmita, y Estemoa, el macateo, fueron hijos de la esposa de Hodías, es decir, de la hermana de Naján.

²⁰Los hijos de Simón fueron Amnón, Riná, Ben Janán y Tilón.
Los hijos de Isí fueron Zojet y Ben Zojet.

Other Clans of Judah

4 The descendants of Judah:
Perez, Hezron, Carmi, Hur and Shobal.
²Reaiah son of Shobal was the father of Jahath, and Jahath the father of Ahumai and Lahad. These were the clans of the Zorathites.

³These were the sons*j* of Etam:
Jezreel, Ishma and Idbash. Their sister was named Hazzelelponi. ⁴Penuel was the father of Gedor, and Ezer the father of Hushah.
These were the descendants of Hur, the firstborn of Ephrathah and father*k* of Bethlehem.

⁵Ashhur the father of Tekoa had two wives, Helah and Naarah.

⁶Naarah bore him Ahuzzam, Hepher, Temeni and Haahashtari. These were the descendants of Naarah.

⁷The sons of Helah:
Zereth, Zohar, Ethnan, ⁸and Koz, who was the father of Anub and Hazzobebah and of the clans of Aharhel son of Harum.

⁹Jabez was more honorable than his brothers. His mother had named him Jabez,*l* saying, "I gave birth to him in pain." ¹⁰Jabez cried out to the God of Israel, "Oh, that you would bless me and enlarge my territory! Let your hand be with me, and keep me from harm so that I will be free from pain." And God granted his request.

¹¹Kelub, Shuhah's brother, was the father of Mehir, who was the father of Eshton. ¹²Eshton was the father of Beth Rapha, Paseah and Tehinnah the father of Ir Nahash.*m* These were the men of Recah.

¹³The sons of Kenaz:
Othniel and Seraiah.
The sons of Othniel:
Hathath and Meonothai.*n* ¹⁴Meonothai was the father of Ophrah.
Seraiah was the father of Joab,
the father of Ge Harashim.*o* It was called this because its people were craftsmen.

¹⁵The sons of Caleb son of Jephunneh:
Iru, Elah and Naam.
The son of Elah:
Kenaz.

¹⁶The sons of Jehallelel:
Ziph, Ziphah, Tiria and Asarel.

¹⁷The sons of Ezrah:
Jether, Mered, Epher and Jalon. One of Mered's wives gave birth to Miriam, Shammai and Ishbah the father of Eshtemoa. ¹⁸(His Judean wife gave birth to Jered the father of Gedor, Heber the father of Soco, and Jekuthiel the father of Zanoah.) These were the children of Pharaoh's daughter Bithiah, whom Mered had married.

¹⁹The sons of Hodiah's wife, the sister of Naham:
the father of Keilah the Garmite, and Eshtemoa the Maacathite.

²⁰The sons of Shimon:
Amnon, Rinnah, Ben-Hanan and Tilon.
The descendants of Ishi:
Zoheth and Ben-Zoheth.

---

l 4:3 Los hijos (mss. de LXX); *El padre* (TM).   *m 4:4 padre.* Alt. *fundador* (también en vv. 5,12,14,17,18,21).   *n 4:9 En* hebreo, *Jabés* suena como la palabra que significa *dolor o aflicción.* *ñ 4:12 Ir Najás.* Alt. *la ciudad de Najás.*   *o 4:14 de Ge Carisín.* Alt. *del valle de Carisín.* (La palabra *carisín* significa *herreros.*)

j 3 Some Septuagint manuscripts (see also Vulgate); Hebrew *father*   *k 4 Father* may mean *civic leader* or *military leader;* also in verses 12, 14, 17, 18 and possibly elsewhere.   *l 9 Jabez* sounds like the Hebrew for *pain.*   *m 12 Or of the city of Nahash*   *n 13* Some Septuagint manuscripts and Vulgate; Hebrew does not have *and Meonothai.*   *o 14 Ge Harashim* means *valley of craftsmen.*

²¹Los descendientes de Selá hijo de Judá fueron Er, padre de Lecá; Ladá, padre de Maresá y de las familias que trabajan el lino en Bet Asbea; ²²también descendientes de Selá fueron Joaquín, y los habitantes de Cozebá, Joás y Saraf, quienes (según crónicas muy antiguas) antes de volver a Belén*p* se casaron con mujeres moabitas.*q* ²³Éstos eran alfareros que habitaban en Netaín y Guederá, donde se quedaron al servicio del rey.

Descendientes de Simeón

²⁴Los descendientes de Simeón fueron Nemuel, Jamín, Jarib, Zera y Saúl. ²⁵El hijo de Saúl fue Salún, el de Salún, Mibsán, y el de Mibsán, Mismá. ²⁶Los descendientes de Mismá en línea directa fueron Jamuel, Zacur y Simí. ²⁷Simí tuvo dieciséis hijos y seis hijas; pero sus hermanos tuvieron pocos hijos, por lo cual sus familias no fueron tan numerosas como las de los descendientes de Judá. ²⁸Se establecieron en Berseba, Moladá, Jázar Súal, ²⁹Bilhá, Esen, Tolad, ³⁰Betuel, Jormá, Siclag, ³¹Bet Marcabot, Jazar Susín, Bet Biray y Sajarayin. Éstas fueron sus ciudades hasta el reinado de David. ³²Sus aldeas fueron Etam, Ayin, Rimón, Toquén y Asán —cinco en total—, ³³más todas las aldeas que estaban alrededor de aquellas ciudades hasta la región de Baal. Éstos fueron los lugares que habitaron, según sus registros genealógicos.

³⁴Mesobab, Jamlec, Josías hijo de Amasías, ³⁵Joel, Jehú hijo de Josibías, hijo de Seraías, hijo de Asiel; ³⁶Elihoenay, Jacoba, Yesojaías, Asaías, Adiel, Jesimiel, Benaías, ³⁷Ziza hijo de Sifi, hijo de Alón, hijo de Jedaías, hijo de Simri, hijo de Semaías: ³⁸todos éstos eran jefes de sus clanes. Como sus familias patriarcales llegaron a ser muy numerosas, ³⁹fueron hasta la *entrada de Guedor, al este del valle, en busca de pastos para sus ganados. ⁴⁰Allí encontraron pastos buenos y abundantes, y una tierra extensa, tranquila y pacífica. En ese lugar habían vivido los descendientes de Cam. ⁴¹Los jefes mencionados anteriormente llegaron en los días de Ezequías, rey de Judá. Atacaron los campamentos de los descendientes de Cam y las viviendas*r* que encontraron, y los *destruyeron por completo. Y como en esa región había pastos para sus ganados, se quedaron allí en lugar de ellos, donde habitan hasta el día de hoy. ⁴²Quinientos de sus soldados, que eran descendientes de Simeón y estaban bajo las órdenes de Pelatías, Nearías, Refaías y Uziel, hijos de Isí, fueron a la montaña de Seír. ⁴³Después de destruir a los fugitivos del pueblo de Amalec que habían quedado, se establecieron allí, donde habitan hasta el día de hoy.

Descendientes de Rubén

5 Descendencia de Rubén, primogénito de Israel. Rubén era el primogénito, pero en la genealogía no fue reconocido como tal por haber profanado el lecho de su padre. Su derecho de primogenitura pasó a los hijos de José hijo de Israel. ²Y aunque es verdad que Judá fue más poderoso que sus hermanos y, hasta llegó a ser jefe de ellos, la primogenitura pasó a José. ³Los

²¹The sons of Shelah son of Judah:
Er the father of Lecah, Laadah the father of Mareshah and the clans of the linen workers at Beth Ashbea, ²²Jokim, the men of Cozeba, and Joash and Saraph, who ruled in Moab and Jashubi Lehem. (These records are from ancient times.) ²³They were the potters who lived at Netaim and Gederah; they stayed there and worked for the king.

Simeon

²⁴The descendants of Simeon:
Nemuel, Jamin, Jarib, Zerah and Shaul;
²⁵Shallum was Shaul's son, Mibsam his son and Mishma his son.
²⁶The descendants of Mishma:
Hammuel his son, Zaccur his son and Shimei his son.
²⁷Shimei had sixteen sons and six daughters, but his brothers did not have many children; so their entire clan did not become as numerous as the people of Judah. ²⁸They lived in Beersheba, Moladah, Hazar Shual, ²⁹Bilhah, Ezem, Tolad, ³⁰Bethuel, Hormah, Ziklag, ³¹Beth Marcaboth, Hazar Susim, Beth Biri and Shaaraim. These were their towns until the reign of David. ³²Their surrounding villages were Etam, Ain, Rimmon, Token and Ashan—five towns— ³³and all the villages around these towns as far as Baalath.*p* These were their settlements. And they kept a genealogical record.

³⁴Meshobab, Jamlech, Joshah son of Amaziah, ³⁵Joel, Jehu son of Joshibiah, the son of Seraiah, the son of Asiel, ³⁶also Elioenai, Jaakobah, Jeshohaiah, Asaiah, Adiel, Jesimiel, Benaiah, ³⁷and Ziza son of Shiphi, the son of Allon, the son of Jedaiah, the son of Shimri, the son of Shemaiah.

³⁸The men listed above by name were leaders of their clans. Their families increased greatly, ³⁹and they went to the outskirts of Gedor to the east of the valley in search of pasture for their flocks. ⁴⁰They found rich, good pasture, and the land was spacious, peaceful and quiet. Some Hamites had lived there formerly. ⁴¹The men whose names were listed came in the days of Hezekiah king of Judah. They attacked the Hamites in their dwellings and also the Meunites who were there and completely destroyed*q* them, as is evident to this day. Then they settled in their place, because there was pasture for their flocks. ⁴²And five hundred of these Simeonites, led by Pelatiah, Neariah, Rephaiah and Uzziel, the sons of Ishi, invaded the hill country of Seir. ⁴³They killed the remaining Amalekites who had escaped, and they have lived there to this day.

Reuben

5 The sons of Reuben the firstborn of Israel (he was the firstborn, but when he defiled his father's marriage bed, his rights as firstborn were given to the sons of Joseph son of Israel; so he could not be listed in the genealogical record in accordance with his birthright, ²and though Judah was the strongest of his brothers and a ruler came from him, the rights of the firstborn belonged to Joseph)— ³the sons of Reuben the firstborn

---

p 4:22 antes de volver a Belén (véanse LXX y Vulgata); en TM, texto de difícil traducción.   *q 4:22* se casaron con mujeres moabitas. Alt. dominaron en Moab.   *r 4:41* las viviendas. Alt. los meunitas.

p 33 Some Septuagint manuscripts (see also Joshua 19:8); Hebrew Baal   *q 41* The Hebrew term refers to the irrevocable giving over of things or persons to the Lord, often by totally destroying them.

hijos de Rubén, primogénito de Israel, fueron Janoc, Falú, Jezrón y Carmí.

4 Los descendientes de Joel en línea directa fueron Semaías, Gog, Simí, 5 Micaías, Reaías, Baal 6 y Beerá, jefe de los rubenitas. A este último se lo llevó cautivo Tiglat Piléser, rey de Asiria.

7 Éstos fueron los parientes de Beerá, según los registros genealógicos de sus familias: Jeyel el jefe, Zacarías 8 y Bela hijo de Azaz, hijo de Semá, hijo de Joel. Bela habitó en Aroer, y su territorio se extendía hasta Nebo y Baal Megón. 9 Por el oriente se extendía hasta el borde del desierto que colinda con el río Éufrates, pues sus ganados aumentaron mucho en la tierra de Galaad. 10 En el tiempo de Saúl le declararon la guerra a los agarenos y los derrotaron, y se establecieron en la región oriental de Galaad.

Descendientes de Gad

11 Éstos fueron los hijos de Gad que habitaron frente a los rubenitas en la región de Basán, hasta llegar a Salcá: 12 Joel fue el jefe en Basán; el segundo, Safán; y luego Janay y Safat. 13 Sus parientes, según las familias patriarcales, fueron siete en total: Micael, Mesulán, Sabá, Joray, Jacán, Zía y Éber. 14 Éstos fueron los hijos de Abijaíl hijo de Jurí, hijo de Jaroa, hijo de Galaad, hijo de Micael, hijo de Jesisay, hijo de Yadó, hijo de Buz. 15 El jefe de sus familias era Ahí, hijo de Abdiel y nieto de Guní. 16 Éstos habitaron en Galaad, en Basán y sus aldeas, y en todos los campos de pastoreo de Sarón, hasta sus confines. 17 La genealogía de ellos se registró en el tiempo de Jotán, rey de Judá, y de Jeroboán, rey de Israel.

18 Los rubenitas, los gaditas y los de la media tribu de Manasés contaban con un ejército de cuarenta y cuatro mil setecientos sesenta hombres valientes, armados de escudo y de espada, hábiles en el manejo del arco y diestros en la guerra. 19 Combatieron a los agarenos y a Jetur, Nafis y Nodab. 20 Por cuanto confiaban en Dios, clamaron a él en medio del combate, y Dios los ayudó a derrotar a los agarenos y a sus aliados. 21 Se apoderaron de su ganado (cincuenta mil camellos, doscientas cincuenta mil ovejas y dos mil burros) y capturaron a cien mil personas, 22 a muchas de las cuales mataron, porque Dios estaba con ellos. En ese lugar habitaron hasta el tiempo del exilio.

La media tribu de Manasés

23 Los hijos de la media tribu de Manasés eran numerosos y se establecieron en el país, desde Basán hasta Baal Hermón, Senir y el monte Hermón. 24 Los jefes de sus familias patriarcales fueron Éfer, Isí, Eliel, Azriel, Jeremías, Hodavías y Yadiel. Todos ellos eran guerreros valientes, hombres importantes y jefes de sus res-

of Israel:
Hanoch, Pallu, Hezron and Carmi.
4 The descendants of Joel:
Shemaiah his son, Gog his son,
Shimei his son, 5 Micah his son,
Reaiah his son, Baal his son,
6 and Beerah his son, whom Tiglath-Pileser[r] king of Assyria took into exile. Beerah was a leader of the Reubenites.
7 Their relatives by clans, listed according to their genealogical records:
Jeiel the chief, Zechariah, 8 and Bela son of Azaz, the son of Shema, the son of Joel. They settled in the area from Aroer to Nebo and Baal Meon. 9 To the east they occupied the land up to the edge of the desert that extends to the Euphrates River, because their livestock had increased in Gilead.
10 During Saul's reign they waged war against the Hagrites, who were defeated at their hands; they occupied the dwellings of the Hagrites throughout the entire region east of Gilead.

Gad

11 The Gadites lived next to them in Bashan, as far as Salecah:
12 Joel was the chief, Shapham the second, then Janai and Shaphat, in Bashan.
13 Their relatives, by families, were:
Michael, Meshullam, Sheba, Jorai, Jacan, Zia and Eber—seven in all.
14 These were the sons of Abihail son of Huri, the son of Jaroah, the son of Gilead, the son of Michael, the son of Jeshishai, the son of Jahdo, the son of Buz.
15 Ahi son of Abdiel, the son of Guni, was head of their family.
16 The Gadites lived in Gilead, in Bashan and its outlying villages, and on all the pasturelands of Sharon as far as they extended.
17 All these were entered in the genealogical records during the reigns of Jotham king of Judah and Jeroboam king of Israel.

18 The Reubenites, the Gadites and the half-tribe of Manasseh had 44,760 men ready for military service— able-bodied men who could handle shield and sword, who could use a bow, and who were trained for battle. 19 They waged war against the Hagrites, Jetur, Naphish and Nodab. 20 They were helped in fighting them, and God handed the Hagrites and all their allies over to them, because they cried out to him during the battle. He answered their prayers, because they trusted in him. 21 They seized the livestock of the Hagrites—fifty thousand camels, two hundred fifty thousand sheep and two thousand donkeys. They also took one hundred thousand people captive, 22 and many others fell slain, because the battle was God's. And they occupied the land until the exile.

The Half-Tribe of Manasseh

23 The people of the half-tribe of Manasseh were numerous; they settled in the land from Bashan to Baal Hermon, that is, to Senir (Mount Hermon).
24 These were the heads of their families: Epher, Ishi, Eliel, Azriel, Jeremiah, Hodaviah and Jahdiel. They were brave warriors, famous men, and heads of their

---

r 6 Hebrew *Tilgath-Pilneser*, a variant of *Tiglath-Pileser*; also in verse 26

pectivas familias patriarcales. ²⁵Pero pecaron contra el Dios de sus antepasados, pues se prostituyeron al adorar a los dioses de los pueblos de la región, a los cuales Dios había destruido delante de ellos. ²⁶Por eso el Dios de Israel incitó contra ellos a Pul, es decir, a Tiglat Piléser, rey de Asiria, quien deportó a los rubenitas, los gaditas y a la media tribu de Manasés, llevándolos a Jalaj, Jabor, Hará, y al río Gozán, donde permanecen hasta hoy.

Descendientes de Leví

6 Éstos fueron los hijos de Leví: Guersón, Coat y Merari.

²Hijos de Coat: Amirán, Izar, Hebrón y Uziel.
³Hijos de Amirán: Aarón, Moisés y Miriam.
Hijos de Aarón: Nadab, Abiú, Eleazar e Itamar.
⁴Eleazar fue el padre de Finés.
Finés fue el padre de Abisúa,
⁵Abisúa fue el padre de Buquí,
Buquí fue el padre de Uzi,
⁶Uzi fue el padre de Zeraías,
Zeraías fue el padre de Merayot,
⁷Merayot fue el padre de Amarías,
Amarías fue el padre de Ajitob,
⁸Ajitob fue el padre de Sadoc,
Sadoc fue el padre de Ajimaz,
⁹Ajimaz fue el padre de Azarías,
Azarías fue el padre de Johanán,
¹⁰Johanán fue el padre de Azarías, quien ejerció el sacerdocio en el templo que Salomón construyó en Jerusalén.
¹¹Azarías fue el padre de Amarías,
Amarías fue el padre de Ajitob,
¹²Ajitob fue el padre de Sadoc,
Sadoc fue el padre de Salún,
¹³Salún fue el padre de Jilquías,
Jilquías fue el padre de Azarías,
¹⁴Azarías fue el padre de Seraías,
y Seraías fue el padre de Josadac.
¹⁵Josadac fue llevado al cautiverio cuando el Señor deportó a Judá y a Jerusalén por medio de Nabucodonosor.

¹⁶Los hijos de Leví fueron Guersón, Coat y Merari.
¹⁷Hijos de Guersón: Libní y Simí.
¹⁸Hijos de Coat: Amirán, Izar, Hebrón y Uziel.
¹⁹Hijos de Merari: Majlí y Musí.
Éstos fueron los descendientes de los levitas por sus familias.
²⁰Los descendientes de Guersón en línea directa fueron Libní, Yajat, Zimá, ²¹Joa, Idó, Zera y Yatray.
²²Los descendientes de Coat en línea directa fueron Aminadab, Coré, Asir, ²³Elcaná, Ebiasaf, Asir, ²⁴Tajat, Uriel, Uzías y Saúl.

families. ²⁵But they were unfaithful to the God of their fathers and prostituted themselves to the gods of the peoples of the land, whom God had destroyed before them. ²⁶So the God of Israel stirred up the spirit of Pul king of Assyria (that is, Tiglath-Pileser king of Assyria), who took the Reubenites, the Gadites and the half-tribe of Manasseh into exile. He took them to Halah, Habor, Hara and the river of Gozan, where they are to this day.

Levi

6 The sons of Levi:
Gershon, Kohath and Merari.

²The sons of Kohath:
Amram, Izhar, Hebron and Uzziel.
³The children of Amram:
Aaron, Moses and Miriam.
The sons of Aaron:
Nadab, Abihu, Eleazar and Ithamar.
⁴Eleazar was the father of Phinehas,
Phinehas the father of Abishua,
⁵Abishua the father of Bukki,
Bukki the father of Uzzi,
⁶Uzzi the father of Zerahiah,
Zerahiah the father of Meraioth,
⁷Meraioth the father of Amariah,
Amariah the father of Ahitub,
⁸Ahitub the father of Zadok,
Zadok the father of Ahimaaz,
⁹Ahimaaz the father of Azariah,
Azariah the father of Johanan,
¹⁰Johanan the father of Azariah (it was he who served as priest in the temple Solomon built in Jerusalem),
¹¹Azariah the father of Amariah,
Amariah the father of Ahitub,
¹²Ahitub the father of Zadok,
Zadok the father of Shallum,
¹³Shallum the father of Hilkiah,
Hilkiah the father of Azariah,
¹⁴Azariah the father of Seraiah,
and Seraiah the father of Jehozadak.
¹⁵Jehozadak was deported when the Lord sent Judah and Jerusalem into exile by the hand of Nebuchadnezzar.

¹⁶The sons of Levi:
Gershon,ˢ Kohath and Merari.
¹⁷These are the names of the sons of Gershon:
Libni and Shimei.
¹⁸The sons of Kohath:
Amram, Izhar, Hebron and Uzziel.
¹⁹The sons of Merari:
Mahli and Mushi.
These are the clans of the Levites listed according to their fathers:
²⁰Of Gershon:
Libni his son, Jehath his son,
Zimmah his son, ²¹Joah his son,
Iddo his son, Zerah his son
and Jeatherai his son.
²²The descendants of Kohath:
Amminadab his son, Korah his son,
Assir his son, ²³Elkanah his son,
Ebiasaph his son, Assir his son,
²⁴Tahath his son, Uriel his son,
Uzziah his son and Shaul his son.

ˢ 16 Hebrew *Gershom,* a variant of *Gershon;* also in verses 17, 20, 43, 62 and 71

²⁵Los hijos de Elcaná fueron Amasay y Ajimot.
²⁶Los descendientes de Ajimot en línea directa fueron Elcaná, Zofay, Najat, ²⁷Eliab, Jeroán y Elcaná. ²⁸Los hijos de Samuel fueron Vasni, el primogénito, y Abías. ²⁹Los descendientes de Merari en línea directa fueron Majlí, Libní, Simí, Uza, ³⁰Simá, Jaguías y Asaías.

Cantores del templo

³¹Éstos fueron los cantores que David nombró para el templo del SEÑOR, desde que se colocó allí el arca. ³²Ellos ya cantaban en la *Tienda de reunión, delante del santuario, antes de que Salomón edificara el templo del SEÑOR en Jerusalén. Luego continuaron su ministerio según las normas establecidas.

³³Éstos y sus hijos estuvieron a cargo del canto:

De los descendientes de Coat, el cantor Hemán fue hijo de Joel, descendiente en línea directa de Samuel, ³⁴Elcaná, Jeroán, Eliel, Toa, ³⁵Zuf, Elcaná, Mahat, Amasay, ³⁶Elcaná, Joel, Azarías, Sofonías, ³⁷Tajat, Asir, Ebiasaf, Coré, ³⁸Izar, Coat, Leví e Israel.

³⁹A la derecha de Hemán se colocaba su pariente Asaf hijo de Berequías, descendiente en línea directa de Simá, ⁴⁰Micael, Baseías, Malquías, ⁴¹Etní, Zera, Adaías, ⁴²Etán, Zimá, Simí, ⁴³Yajat, Guersón y Leví.

⁴⁴A la izquierda de Hemán se colocaba Etán hijo de Quisi, que era de sus parientes los meraritas y descendiente en línea directa de Abdí, Maluc, ⁴⁵Jasabías, Amasías, Jilquías, ⁴⁶Amsí, Baní, Sémer, ⁴⁷Majlí, Musí, Merari y Leví.

⁴⁸Sus hermanos los levitas estaban al servicio del santuario, en el templo de Dios. ⁴⁹Aarón y sus hijos estaban encargados de quemar las ofrendas sobre el altar de los *holocaustos y sobre el altar del incienso. De acuerdo con lo ordenado por Moisés, siervo de Dios, eran también responsables de todo lo relacionado con el Lugar Santísimo y de hacer la *expiación por Israel.

²⁵The descendants of Elkanah:
   Amasai, Ahimoth,
  ²⁶Elkanah his son,^t Zophai his son,
   Nahath his son, ²⁷Eliab his son,
   Jeroham his son, Elkanah his son
   and Samuel his son.^u
²⁸The sons of Samuel:
   Joel^v the firstborn
   and Abijah the second son.
²⁹The descendants of Merari:
   Mahli, Libni his son,
   Shimei his son, Uzzah his son,
  ³⁰Shimea his son, Haggiah his son
   and Asaiah his son.

The Temple Musicians

³¹These are the men David put in charge of the music in the house of the LORD after the ark came to rest there. ³²They ministered with music before the tabernacle, the Tent of Meeting, until Solomon built the temple of the LORD in Jerusalem. They performed their duties according to the regulations laid down for them.

³³Here are the men who served, together with their sons:

From the Kohathites:
  Heman, the musician,
  the son of Joel, the son of Samuel,
  ³⁴the son of Elkanah, the son of Jeroham,
  the son of Eliel, the son of Toah,
  ³⁵the son of Zuph, the son of Elkanah,
  the son of Mahath, the son of Amasai,
  ³⁶the son of Elkanah, the son of Joel,
  the son of Azariah, the son of Zephaniah,
  ³⁷the son of Tahath, the son of Assir,
  the son of Ebiasaph, the son of Korah,
  ³⁸the son of Izhar, the son of Kohath,
  the son of Levi, the son of Israel;

³⁹and Heman's associate Asaph, who served at his right hand:
  Asaph son of Berekiah, the son of Shimea,
  ⁴⁰the son of Michael, the son of Baaseiah,^w
  the son of Malkijah, ⁴¹the son of Ethni,
  the son of Zerah, the son of Adaiah,
  ⁴²the son of Ethan, the son of Zimmah,
  the son of Shimei, ⁴³the son of Jahath,
  the son of Gershon, the son of Levi;

⁴⁴and from their associates, the Merarites, at his left hand:
  Ethan son of Kishi, the son of Abdi,
  the son of Malluch, ⁴⁵the son of Hashabiah,
  the son of Amaziah, the son of Hilkiah,
  ⁴⁶the son of Amzi, the son of Bani,
  the son of Shemer, ⁴⁷the son of Mahli,
  the son of Mushi, the son of Merari,
  the son of Levi.

⁴⁸Their fellow Levites were assigned to all the other duties of the tabernacle, the house of God. ⁴⁹But Aaron and his descendants were the ones who presented offerings on the altar of burnt offering and on the altar of incense in connection with all that was done in the Most Holy Place, making atonement for Israel, in accordance with all that Moses the servant of God had commanded.

<hr>

^t26 Some Hebrew manuscripts, Septuagint and Syriac; most Hebrew manuscripts *Ahimoth* ²⁶*and Elkanah. The sons of Elkanah:*
^u27 Some Septuagint manuscripts (see also 1 Samuel 1:19,20 and 1 Chron. 6:33,34); Hebrew does not have *and Samuel his son.*
^v28 Some Septuagint manuscripts and Syriac (see also 1 Samuel 8:2 and 1 Chron. 6:33); Hebrew does not have *Joel.*   ^w40 Most Hebrew manuscripts; some Hebrew manuscripts, one Septuagint manuscript and Syriac *Maaseiah*

50 Los descendientes de Aarón en línea directa fueron Eleazar, Finés, Abisúa, 51 Buquí, Uzi, Zeraías, 52 Merayot, Amarías, Ajitob, 53 Sadoc y Ajimaz.

Ciudades de los levitas

54 Éstos fueron los territorios donde vivían los descendientes de Aarón.

A las familias de los coatitas se les adjudicó por sorteo 55 Hebrón, en la tierra de Judá, con sus campos de pastoreo. 56 A Caleb hijo de Jefone le tocaron el campo de la ciudad y sus aldeas. 57 A los descendientes de Aarón les entregaron las siguientes ciudades de refugio: Hebrón, Libná, Jatir, Estemoa, 58 Hilén, Debir, 59 Asán y Bet Semes, con sus respectivos campos de pastoreo. 60 De la tribu de Benjamín les dieron Gueba, Alemet y Anatot, con sus respectivos campos de pastoreo. En total les tocaron trece ciudades, distribuidas entre sus familias.

61 Al resto de los descendientes de Coat les tocaron por sorteo diez ciudades de la media tribu de Manasés. 62 A los descendientes de Guersón, según sus familias, les dieron trece ciudades de las tribus de Isacar, Aser y Neftalí, y de la tribu de Manasés que estaba en Basán. 63 A los descendientes de Merari, según sus familias, les tocaron por sorteo doce ciudades de las tribus de Rubén, Gad y Zabulón.

64 Fue así como los israelitas entregaron a los levitas estas ciudades con sus campos de pastoreo. 65 Les adjudicaron por sorteo las ciudades de las tribus de Judá, Simeón y Benjamín, las cuales ya han sido mencionadas.

66 Algunas de las familias descendientes de Coat recibieron por sorteo ciudades de la tribu de Efraín. 67 Como ciudades de refugio les dieron Siquén, en los montes de Efraín, Guézer, 68 Jocmeán, Bet Jorón, 69 Ayalón y Gat Rimón, con sus respectivos campos de pastoreo. 70 De la media tribu de Manasés les entregaron Aner y Bileán, con sus respectivos campos de pastoreo. Éstas fueron las ciudades asignadas al resto de las familias de Coat.

71 Los descendientes de Guersón recibieron las siguientes ciudades de la media tribu de Manasés: Golán de Basán, y Astarot, con sus respectivos campos de pastoreo. 72 De la tribu de Isacar recibieron Cedes, Daberat, 73 Ramot y Anén, con sus respectivos campos de pastoreo. 74 De la tribu de Aser recibieron Masal, Abdón, 75 Hucoc y Rejob, con sus respectivos campos de pastoreo. 76 De la tribu de Neftalí recibieron Cedes de Galilea, Hamón y Quiriatayin, con sus respectivos campos de pastoreo.

50 These were the descendants of Aaron:
Eleazar his son, Phinehas his son,
Abishua his son, 51 Bukki his son,
Uzzi his son, Zerahiah his son,
52 Meraioth his son, Amariah his son,
Ahitub his son, 53 Zadok his son
and Ahimaaz his son.

54 These were the locations of their settlements allotted as their territory (they were assigned to the descendants of Aaron who were from the Kohathite clan, because the first lot was for them): 55 They were given Hebron in Judah with its surrounding pasturelands. 56 But the fields and villages around the city were given to Caleb son of Jephunneh.

57 So the descendants of Aaron were given Hebron (a city of refuge), and Libnah,[x] Jattir, Eshtemoa, 58 Hilen, Debir, 59 Ashan, Juttah[y] and Beth Shemesh, together with their pasturelands. 60 And from the tribe of Benjamin they were given Gibeon,[z] Geba, Alemeth and Anathoth, together with their pasturelands.

These towns, which were distributed among the Kohathite clans, were thirteen in all.

61 The rest of Kohath's descendants were allotted ten towns from the clans of half the tribe of Manasseh. 62 The descendants of Gershon, clan by clan, were allotted thirteen towns from the tribes of Issachar, Asher and Naphtali, and from the part of the tribe of Manasseh that is in Bashan. 63 The descendants of Merari, clan by clan, were allotted twelve towns from the tribes of Reuben, Gad and Zebulun.

64 So the Israelites gave the Levites these towns and their pasturelands. 65 From the tribes of Judah, Simeon and Benjamin they allotted the previously named towns.

66 Some of the Kohathite clans were given as their territory towns from the tribe of Ephraim.

67 In the hill country of Ephraim they were given Shechem (a city of refuge), and Gezer,[a] 68 Jokmeam, Beth Horon, 69 Aijalon and Gath Rimmon, together with their pasturelands. 70 And from half the tribe of Manasseh the Israelites gave Aner and Bileam, together with their pasturelands, to the rest of the Kohathite clans.

71 The Gershonites received the following:
From the clan of the half-tribe of Manasseh
they received Golan in Bashan and also Ashtaroth, together with their pasturelands;
72 from the tribe of Issachar
they received Kedesh, Daberath, 73 Ramoth and Anem, together with their pasturelands;
74 from the tribe of Asher
they received Mashal, Abdon, 75 Hukok and Rehob, together with their pasturelands;
76 and from the tribe of Naphtali
they received Kedesh in Galilee, Hammon and Kiriathaim, together with their pasturelands.

---

x 57 See Joshua 21:13; Hebrew given the cities of refuge: Hebron, Libnah. y 59 Syriac (see also Septuagint and Joshua 21:16); Hebrew does not have Juttah. z 60 See Joshua 21:17; Hebrew does not have Gibeon. a 67 See Joshua 21:21; Hebrew given the cities of refuge: Shechem, Gezer.

77 Los demás descendientes de Merari recibieron las siguientes ciudades de la tribu de Zabulón: Rimón y Tabor, con sus respectivos campos de pastoreo. 78 De la tribu de Rubén, que está en la ribera oriental del Jordán, frente a Jericó, recibieron Béser, que está en el desierto, Jaza, 79 Cademot y Mefat, con sus respectivos campos de pastoreo. 80 De la tribu de Gad recibieron Ramot de Galaad, Majanayin, 81 Hesbón y Jazer, con sus respectivos campos de pastoreo.

Descendientes de Isacar

7 Los hijos de Isacar fueron cuatro en total: Tola, Fuvá, Yasub y Simrón. 2 Los hijos de Tola fueron Uzi, Refaías, Jeriel, Yamay, Ibsán y Samuel, todos ellos guerreros valientes y jefes de las familias patriarcales de Tola. Según sus registros genealógicos, en el tiempo de David eran veintidós mil seiscientos. 3 Israías fue el hijo de Uzi, y los hijos de Israías fueron Micael, Abdías, Joel e Isías, en total cinco jefes. 4 Tan grande era el número de sus mujeres y niños que, según sus registros genealógicos, contaban con un ejército de treinta y seis mil hombres de guerra. 5 El número total de todos sus parientes de las familias de Isacar ascendía a ochenta y siete mil guerreros valientes.

Descendientes de Benjamín

6 Los hijos de Benjamín fueron Bela, Béquer y Jediael, tres en total. 7 Los hijos de Bela fueron Esbón, Uzi, Uziel, Jerimot e Irí, cinco en total. Todos ellos eran jefes de las familias patriarcales y guerreros valientes, y sumaban veintidós mil treinta y cuatro. 8 Los hijos de Béquer fueron Zemirá, Joás, Eliezer, Elihoenay, Omrí, Jerimot, Abías, Anatot y Alamet. Todos ellos eran hijos de Béquer, 9 jefes de sus familias patriarcales y guerreros valientes. Según sus registros genealógicos, eran veinte mil doscientos. 10 Bilhán fue el hijo de Jediael, y los hijos de Bilán fueron Jeús, Benjamín, Aod, Quenaná, Zetán, Tarsis y Ajisajar. 11 Todos ellos descendían de Jediael, y eran jefes de sus familias patriarcales y guerreros valientes. En total, eran diecisiete mil doscientos hombres aptos para la guerra. 12 Los hijos de Ir fueron Supín y Jupín. Jusín fue el hijo de Ajer.

Descendientes de Neftalí

13 Los hijos de Neftalí fueron Yazel, Guní, Jéser y Salún. Éstos eran descendientes de Bilhá.

77 The Merarites (the rest of the Levites) received the following:
From the tribe of Zebulun
they received Jokneam, Kartah,[b] Rimmono and Tabor, together with their pasturelands;
78 from the tribe of Reuben across the Jordan east of Jericho
they received Bezer in the desert, Jahzah, 79 Kedemoth and Mephaath, together with their pasturelands;
80 and from the tribe of Gad
they received Ramoth in Gilead, Mahanaim, 81 Heshbon and Jazer, together with their pasturelands.

Issachar

7 The sons of Issachar:
Tola, Puah, Jashub and Shimron—four in all.
2 The sons of Tola:
Uzzi, Rephaiah, Jeriel, Jahmai, Ibsam and Samuel—heads of their families. During the reign of David, the descendants of Tola listed as fighting men in their genealogy numbered 22,600.
3 The son of Uzzi:
Izrahiah.
The sons of Izrahiah:
Michael, Obadiah, Joel and Isshiah. All five of them were chiefs. 4 According to their family genealogy, they had 36,000 men ready for battle, for they had many wives and children.
5 The relatives who were fighting men belonging to all the clans of Issachar, as listed in their genealogy, were 87,000 in all.

Benjamin

6 Three sons of Benjamin:
Bela, Beker and Jediael.
7 The sons of Bela:
Ezbon, Uzzi, Uzziel, Jerimoth and Iri, heads of families—five in all. Their genealogical record listed 22,034 fighting men.
8 The sons of Beker:
Zemirah, Joash, Eliezer, Elioenai, Omri, Jeremoth, Abijah, Anathoth and Alemeth. All these were the sons of Beker. 9 Their genealogical record listed the heads of families and 20,200 fighting men.
10 The son of Jediael:
Bilhan.
The sons of Bilhan:
Jeush, Benjamin, Ehud, Kenaanah, Zethan, Tarshish and Ahishahar. 11 All these sons of Jediael were heads of families. There were 17,200 fighting men ready to go out to war. 12 The Shuppites and Huppites were the descendants of Ir, and the Hushites the descendants of Aher.

Naphtali

13 The sons of Naphtali:
Jahziel, Guni, Jezer and Shillem[c]—the descendants of Bilhah.

---

b 77 See Septuagint and Joshua 21:34; Hebrew does not have *Jokneam, Kartah.*   c 13 Some Hebrew and Septuagint manuscripts (see also Gen. 46:24 and Num. 26:49); most Hebrew manuscripts *Shallum*

Descendientes de Manasés

14 Los hijos que Manasés tuvo con su concubina *siria fueron Asriel y Maquir, este último, padre de Galaad. 15 Maquir tomó por esposa a Macá, de la familia de Jupín y Supín.

El segundo hijo se llamaba Zelofejad, quien solamente tuvo hijas. 16 Macá, la esposa de Maquir, dio a luz un hijo, al que llamó Peres. Éste fue hermano de Seres y padre de Ulán y Requen. 17 Bedán fue hijo de Ulán.

Éstos fueron los hijos de Galaad, hijo de Maquir, hijo de Manasés. 18 Su hermana Hamoléquet fue la madre de Isòd, Abiezer y Majlá.

19 Los hijos de Semidá fueron Ahián, Siquén, Liquejí y Anián.

Descendientes de Efraín

20 Los descendientes de Efraín en línea directa fueron Sutela, Béred, Tajat, Eladá, Tajat, 21 Zabad, Sutela, Ezer y Elad. Los habitantes de Gad mataron a estos dos últimos porque bajaron a robarles sus ganados. 22 Durante mucho tiempo Efraín guardó luto por sus hijos, y sus parientes llegaron para consolarlo. 23 Luego se unió a su esposa, la cual concibió y le dio a luz un hijo, a quien él llamó Beriá por la desgracia[s] que su familia había sufrido.

24 Su hija Será edificó Bet Jorón la de arriba y Bet Jorón la de abajo, y también Uzén Será.

25 Los descendientes de Beriá en línea directa fueron Refa, Résef, Télaj, Taján, 26 Ladán, Amiud, Elisama, 27 Nun y Josué. 28 Sus posesiones y lugares de residencia fueron Betel con sus aldeas; Narán, al este; Guézer con sus aldeas, al oeste; y Siquén con sus aldeas hasta Ayah con sus aldeas. 29 Los descendientes de Manasés tenían en su poder a Betseán, Tanac, Meguido y Dor, con sus respectivas aldeas. En estos lugares se asentaron los descendientes de José hijo de Israel.

Descendientes de Aser

30 Los hijos de Aser fueron Imná, Isvá, Isví, Beriá y Sera, su hermana.

31 Los hijos de Beriá fueron Héber y Malquiel, padre de Birzávit.

32 Los hijos de Héber fueron Jaflet, Semer, Jotán y Suá, su hermana.

33 Los hijos de Jaflet fueron Pasac, Bimal y Asvat.

34 Los hijos de su hermano Semer fueron Rohegá, Yehubá y Aram.

35 Los hijos de su hermano Hélem fueron Zofa, Imná, Seles y Amal.

36 Los hijos de Zofa fueron Súaj, Harnéfer, Súal, Berí,

Manasseh

14 The descendants of Manasseh:

Asriel was his descendant through his Aramean concubine. She gave birth to Makir the father of Gilead. 15 Makir took a wife from among the Huppites and Shuppites. His sister's name was Maacah.

Another descendant was named Zelophehad, who had only daughters.

16 Makir's wife Maacah gave birth to a son and named him Peresh. His brother was named Sheresh, and his sons were Ulam and Rakem.

17 The son of Ulam:

Bedan.

These were the sons of Gilead son of Makir, the son of Manasseh. 18 His sister Hammoleketh gave birth to Ishhod, Abiezer and Mahlah.

19 The sons of Shemida were:

Ahian, Shechem, Likhi and Aniam.

Ephraim

20 The descendants of Ephraim:

Shuthelah, Bered his son,
Tahath his son, Eleadah his son,
Tahath his son, 21 Zabad his son
and Shuthelah his son.

Ezer and Elead were killed by the native-born men of Gath, when they went down to seize their livestock. 22 Their father Ephraim mourned for them many days, and his relatives came to comfort him. 23 Then he lay with his wife again, and she became pregnant and gave birth to a son. He named him Beriah,[d] because there had been misfortune in his family. 24 His daughter was Sheerah, who built Lower and Upper Beth Horon as well as Uzzen Sheerah.

25 Rephah was his son, Resheph his son,[e]
Telah his son, Tahan his son,
26 Ladan his son, Ammihud his son,
Elishama his son, 27 Nun his son
and Joshua his son.

28 Their lands and settlements included Bethel and its surrounding villages, Naaran to the east, Gezer and its villages to the west, and Shechem and its villages all the way to Ayyah and its villages. 29 Along the borders of Manasseh were Beth Shan, Taanach, Megiddo and Dor, together with their villages. The descendants of Joseph son of Israel lived in these towns.

Asher

30 The sons of Asher:

Imnah, Ishvah, Ishvi and Beriah. Their sister was Serah.

31 The sons of Beriah:

Heber and Malkiel, who was the father of Birzaith.

32 Heber was the father of Japhlet, Shomer and Hotham and of their sister Shua.

33 The sons of Japhlet:

Pasach, Bimhal and Ashvath.
These were Japhlet's sons.

34 The sons of Shomer:

Ahi, Rohgah,[f] Hubbah and Aram.

35 The sons of his brother Helem:

Zophah, Imna, Shelesh and Amal.

36 The sons of Zophah:

---

s 7:23 En hebreo, *Beriá* suena como la palabra que significa *desgracia.*

d 23 *Beriah* sounds like the Hebrew for *misfortune.* e 25 Some Septuagint manuscripts; Hebrew does not have *his son.* f 34 Or *of his brother Shomer: Rohgah*

Imrá, 37 Béser, Hod, Sama, Silsa, Itrán y Beerá.
38 Los hijos de Jéter fueron Jefone, Pispa y Ará.
39 Los hijos de Ula fueron Araj, Janiel y Risiyá.
40 Todos ellos fueron descendientes de Aser, jefes de familias patriarcales, hombres selectos, guerreros valientes e importantes. Según sus registros genealógicos eran veintiséis mil hombres, aptos para la guerra.

Descendientes de Benjamín

8 Los hijos de Benjamín fueron:
  Bela, el primero;
  Asbel, el segundo;
  Ajará, el tercero;
  2 Noja, el cuarto,
  y Rafá, el quinto.
3 Los hijos de Bela fueron Adar, Guerá, Abiud, 4 Abisúa, Naamán, Ajoaj, 5 Guerá, Sefurán e Hiram.
6 Los hijos de Aod, jefes de las familias patriarcales que habitaban en Gueba y que luego se trasladaron a Manajat, fueron 7 Naamán, Ahías y Guerá, padre de Uza y de Ajiud. Guerá fue el que los trasladó a Manajat.
8 Después de que Sajarayin repudió a sus esposas Jusín y Bará, tuvo otros hijos en los campos de Moab. 9 Con su esposa Hodes tuvo a Jobab, Sibia, Mesá, Malcán, 10 Jeús, Saquías y Mirma. Estos hijos suyos fueron jefes de familias patriarcales.
11 Con Jusín tuvo a Abitob y a Elpal.
12 Los hijos de Elpal fueron Éber, Misán y Sémed. Sémed edificó las ciudades de Ono y Lod, con sus aldeas; 13 Beriá y Semá fueron jefes de las familias patriarcales de los habitantes de Ayalón, y expulsaron a los habitantes de Gat.
14 Los hijos de Beriá fueron Ajío, Sasac, Jeremot, 15 Zebadías, Arad, Ader, 16 Micael, Ispá y Yojá.
17 Zebadías, Mesulán, Hizqui, Éber, 18 Ismeray, Jezlías y Jobab fueron los hijos de Elpal.
19 Yaquín, Zicrí, Zabdí, 20 Elienay, Ziletay, Eliel, 21 Adaías, Beraías y Simrat fueron los hijos de Simí.
22 Ispán, Éber, Eliel, 23 Abdón, Zicrí, Janán, 24 Jananías, Elam, Anatotías, 25 Ifdaías y Peniel fueron los hijos de Sasac.
26 Samseray, Seharías, Atalías, 27 Jaresías, Elías y Zicrí fueron los hijos de Jeroán. 28 Según sus registros genealógicos, éstos fueron jefes de familias patriarcales y habitaron en Jerusalén.
29 Jehiel,t padre de Gabaón, vivía en Gabaón. Su esposa se llamaba Macá. 30 Sus hijos fueron Abdón, el primogénito; Zur, Quis, Baal, Ner,u Nadab, 31 Guedor, Ajío, Zéquer 32 y Miclot, padre de Simá. Éstos vivían también en Jerusalén con sus hermanos.
33 Ner fue el padre de Quis, y éste fue padre de Saúl, quien fue padre de Jonatán, Malquisúa, Abinadab y Esbaal.v
34 El hijo de Jonatán fue Meribaal, padre de Micaías.

Suah, Harnepher, Shual, Beri, Imrah, 37 Bezer, Hod, Shamma, Shilshah, Ithrang and Beera.
38 The sons of Jether:
  Jephunneh, Pispah and Ara.
39 The sons of Ulla:
  Arah, Hanniel and Rizia.
40 All these were descendants of Asher—heads of families, choice men, brave warriors and outstanding leaders. The number of men ready for battle, as listed in their genealogy, was 26,000.

The Genealogy of Saul the Benjamite

8 Benjamin was the father of Bela his firstborn,
  Ashbel the second son, Aharah the third,
  2 Nohah the fourth and Rapha the fifth.
3 The sons of Bela were:
  Addar, Gera, Abihud,h 4 Abishua, Naaman, Ahoah, 5 Gera, Shephuphan and Huram.
6 These were the descendants of Ehud, who were heads of families of those living in Geba and were deported to Manahath:
7 Naaman, Ahijah, and Gera, who deported them and who was the father of Uzza and Ahihud.
8 Sons were born to Shaharaim in Moab after he had divorced his wives Hushim and Baara. 9 By his wife Hodesh he had Jobab, Zibia, Mesha, Malcam, 10 Jeuz, Sakia and Mirmah. These were his sons, heads of families. 11 By Hushim he had Abitub and Elpaal.
12 The sons of Elpaal:
  Eber, Misham, Shemed (who built Ono and Lod with its surrounding villages), 13 and Beriah and Shema, who were heads of families of those living in Aijalon and who drove out the inhabitants of Gath.
14 Ahio, Shashak, Jeremoth, 15 Zebadiah, Arad, Eder, 16 Michael, Ishpah and Joha were the sons of Beriah.
17 Zebadiah, Meshullam, Hizki, Heber, 18 Ishmerai, Izliah and Jobab were the sons of Elpaal.
19 Jakim, Zicri, Zabdi, 20 Elienai, Zillethai, Eliel, 21 Adaiah, Beraiah and Shimrath were the sons of Shimei.
22 Ishpan, Eber, Eliel, 23 Abdon, Zicri, Hanan, 24 Hananiah, Elam, Anthothijah, 25 Iphdeiah and Penuel were the sons of Shashak.
26 Shamsherai, Shehariah, Athaliah, 27 Jaareshiah, Elijah and Zicri were the sons of Jeroham.
28 All these were heads of families, chiefs as listed in their genealogy, and they lived in Jerusalem.
29 Jeieli the fatherj of Gibeon lived in Gibeon.
  His wife's name was Maacah, 30 and his firstborn son was Abdon, followed by Zur, Kish, Baal, Ner,k Nadab, 31 Gedor, Ahio, Zeker 32 and Mikloth, who was the father of Shimeah. They too lived near their relatives in Jerusalem.
33 Ner was the father of Kish, Kish the father of Saul, and Saul the father of Jonathan, Malki-Shua, Abinadab and Esh-Baal.l
34 The son of Jonathan:
  Merib-Baal,m who was the father of Micah.

t 8:29 Jehiel (mss. de LXX; véase 9:35); TM no incluye este nombre.   u 8:30 Ner (mss. de LXX; véase 9:36); TM no incluye este nombre.   v 8:33 Esbaal. Conocido también como Isboset; también en 9:39.

g 37 Possibly a variant of Jether   h 3 Or Gera the father of Ehud   i 29 Some Septuagint manuscripts (see also 1 Chron. 9:35); Hebrew does not have Jeiel.   j 29 Father may mean civic leader or military leader.   k 30 Some Septuagint manuscripts (see also 1 Chron. 9:36); Hebrew does not have Ner.   l 33 Also known as Ish-Bosheth   m 34 Also known as Mephibosheth

35 Los hijos de Micaías fueron Pitón, Mélec, Tarea y Acaz.
36 Acaz fue padre de Joada, y éste lo fue de Alemet, Azmávet y Zimri. Zimri fue el padre de Mosá; 37 Mosá fue el padre de Biná, y éste lo fue de Rafá; Rafá fue el padre de Elasá, y éste lo fue de Azel.
38 Azel tuvo seis hijos, cuyos nombres fueron Azricán, Bocrú, Ismael, Searías, Abdías y Janán. Éstos fueron los hijos de Azel.
39 Los hijos de su hermano Ésec fueron:
Ulán, el primero;
Jeús, el segundo,
y Elifelet, el tercero.
40 Los hijos de Ulán fueron hombres guerreros valientes, diestros con el arco. Tuvieron muchos hijos y nietos: ciento cincuenta en total.
Todos éstos fueron los descendientes de Benjamín.

9 Todos los israelitas fueron registrados en las listas genealógicas e inscritos en el libro de los reyes de Israel.

Los que regresaron a Jerusalén

Por causa de su infidelidad a Dios, Judá fue llevado cautivo a Babilonia.
2 Los primeros en ocupar nuevamente sus posesiones y ciudades fueron israelitas, sacerdotes, levitas y servidores del templo. 3 Algunos de los descendientes de Judá, Benjamín, Efraín y Manasés habitaron en Jerusalén.
4 De los judíos: Utay hijo de Amiud, descendiente en línea directa de Omrí, Imrí, Baní y Fares hijo de Judá.
5 De los silonitas: Asaías, el primogénito, con sus hijos.
6 De los zeraítas: Jeuel y el resto de sus parientes; en total seiscientos noventa personas.
7 De los benjaminitas: Salú hijo de Mesulán, hijo de Hodavías, hijo de Senuá;w 8 Ibneías hijo de Jeroán; Elá hijo de Uzi, hijo de Micri; Mesulán hijo de Sefatías, hijo de Reuel, hijo de Ibnías, 9 con sus parientes. Según sus registros genealógicos, eran en total novecientos cincuenta y seis, todos ellos jefes de sus familias patriarcales.
10 De los sacerdotes: Jedaías, Joyarib, Jaquín, 11 Azarías hijo de Jilquías, que era descendiente en línea directa de Mesulán, Sadoc, Merayot y Ajitob, que fue jefe del templo de Dios; 12 Adaías hijo de Jeroán, hijo de Pasur, hijo de Malquías; Masay hijo de Adiel, que era descendiente en línea directa de Jazera, Mesulán, Mesilemit e Imer, 13 y sus parientes, en total mil setecientos sesenta jefes de familias patriarcales y hombres muy capacitados para el servicio en el templo de Dios.
14 De los levitas: Semaías hijo de Jasub, que descendía en línea directa de Azricán, Jasabías y Merari; 15 Bacbacar, Heres, Galal y Matanías hijo de Micaías, hijo de Zicrí, hijo de Asaf; 16 Abdías hijo de Semaías, hijo de Galal, hijo de Jedutún; Berequías hijo de Asá, hijo de Elcaná, que habitó en las aldeas de los netofatitas.

35 The sons of Micah:
Pithon, Melech, Tarea and Ahaz.
36 Ahaz was the father of Jehoaddah, Jehoaddah was the father of Alemeth, Azmaveth and Zimri, and Zimri was the father of Moza. 37 Moza was the father of Binea; Raphah was his son, Eleasah his son and Azel his son.
38 Azel had six sons, and these were their names: Azrikam, Bokeru, Ishmael, Sheariah, Obadiah and Hanan. All these were the sons of Azel.
39 The sons of his brother Eshek:
Ulam his firstborn, Jeush the second son and Eliphelet the third. 40 The sons of Ulam were brave warriors who could handle the bow. They had many sons and grandsons—150 in all.
All these were the descendants of Benjamin.

9 All Israel was listed in the genealogies recorded in the book of the kings of Israel.

The People in Jerusalem

The people of Judah were taken captive to Babylon because of their unfaithfulness. 2 Now the first to resettle on their own property in their own towns were some Israelites, priests, Levites and temple servants.
3 Those from Judah, from Benjamin, and from Ephraim and Manasseh who lived in Jerusalem were:
4 Uthai son of Ammihud, the son of Omri, the son of Imri, the son of Bani, a descendant of Perez son of Judah.
5 Of the Shilonites:
Asaiah the firstborn and his sons.
6 Of the Zerahites:
Jeuel.
The people from Judah numbered 690.
7 Of the Benjamites:
Sallu son of Meshullam, the son of Hodaviah, the son of Hassenuah;
8 Ibneiah son of Jeroham; Elah son of Uzzi, the son of Micri; and Meshullam son of Shephatiah, the son of Reuel, the son of Ibnijah.
9 The people from Benjamin, as listed in their genealogy, numbered 956. All these men were heads of their families.
10 Of the priests:
Jedaiah; Jehoiarib; Jakin;
11 Azariah son of Hilkiah, the son of Meshullam, the son of Zadok, the son of Meraioth, the son of Ahitub, the official in charge of the house of God;
12 Adaiah son of Jeroham, the son of Pashhur, the son of Malkijah; and Maasai son of Adiel, the son of Jahzerah, the son of Meshullam, the son of Meshillemith, the son of Immer.
13 The priests, who were heads of families, numbered 1,760. They were able men, responsible for ministering in the house of God.
14 Of the Levites:
Shemaiah son of Hasshub, the son of Azrikam, the son of Hashabiah, a Merarite; 15 Bakbakkar, Heresh, Galal and Mattaniah son of Mica, the son of Zicri, the son of Asaph; 16 Obadiah son of Shemaiah, the son of Galal, the son of Jeduthun; and Berekiah son of Asa, the son of Elkanah, who lived in the villages of the Netophathites.

17 Los porteros: Salún, Acub, Talmón y Ajimán, y sus parientes; Salún era el jefe. 18 Hasta ahora custodian la puerta del rey, que está al oriente, y han sido porteros de los campamentos levitas. 19 Además, Salún hijo de Coré, hijo de Ebiasaf, hijo de Coré, y sus parientes coreítas de la misma familia patriarcal, estaban encargados de custodiar la entrada de la *Tienda de reunión, tal como sus antepasados habían custodiado la entrada del campamento del SEÑOR. 20 En el pasado, Finés hijo de Eleazar fue su jefe, y el SEÑOR estuvo con él. 21 Zacarías hijo de Meselemías era el portero de la Tienda de reunión.

22 Los escogidos como porteros fueron un total de doscientos doce. En sus aldeas se encuentran sus registros genealógicos. David y Samuel el vidente les asignaron sus funciones. 23 Los porteros y sus hijos estaban encargados de custodiar la entrada de la tienda de campaña que se usaba como templo del SEÑOR. 24 Había porteros en los cuatro puntos cardinales. 25 Cada siete días, sus parientes que vivían en las aldeas se turnaban para ayudarlos. 26 Los cuatro porteros principales estaban en servicio permanente. Eran levitas y custodiaban las salas y los tesoros del templo de Dios. 27 Durante la noche montaban guardia alrededor del templo, y en la mañana abrían sus puertas.

28 Algunos de ellos estaban encargados de los utensilios que se usaban en el servicio del templo, y debían contarlos al sacarlos y al guardarlos. 29 Otros estaban a cargo de los utensilios, de todos los vasos sagrados, de la harina, el vino, el aceite, el incienso y los perfumes. 30 Algunos de los sacerdotes preparaban la mezcla de los perfumes. 31 El levita Matatías, primogénito del coreíta Salún, estaba encargado de hacer las tortas para las ofrendas. 32 Algunos de sus parientes coatitas preparaban los *panes sagrados para cada *sábado.

33 También había cantores que eran jefes de familias patriarcales de los levitas, los cuales vivían en las habitaciones del templo. Éstos estaban exentos de cualquier otro servicio, porque de día y de noche tenían que ocuparse de su ministerio.

34 Según sus registros genealógicos, éstos eran jefes de las familias patriarcales de los levitas y vivían en Jerusalén.

Genealogía de Saúl

35 En Gabaón vivía Jehiel, padre de Gabaón. Su esposa se llamaba Macá, 36 y sus hijos fueron Abdón, el primogénito; Zur, Quis, Baal, Ner, Nadab, 37 Guedor, Ajío, Zacarías y Miclot, 38 que fue padre de Simán. Éstos también vivían en Jerusalén con sus parientes.

39 Ner fue el padre de Quis, Quis lo fue de Saúl, y Saúl lo fue de Jonatán, Malquisúa, Abinadab y Esbaal. 40 Jonatán fue el padre de Meribaal, y Meribaal lo fue de Micaías.

41 Los hijos de Micaías fueron Pitón, Mélec, Tarea y

17 The gatekeepers:

Shallum, Akkub, Talmon, Ahiman and their brothers, Shallum their chief 18 being stationed at the King's Gate on the east, up to the present time. These were the gatekeepers belonging to the camp of the Levites. 19 Shallum son of Kore, the son of Ebiasaph, the son of Korah, and his fellow gatekeepers from his family (the Korahites) were responsible for guarding the thresholds of the Tent[n] just as their fathers had been responsible for guarding the entrance to the dwelling of the LORD. 20 In earlier times Phinehas son of Eleazar was in charge of the gatekeepers, and the LORD was with him. 21 Zechariah son of Meshelemiah was the gatekeeper at the entrance to the Tent of Meeting.

22 Altogether, those chosen to be gatekeepers at the thresholds numbered 212. They were registered by genealogy in their villages. The gatekeepers had been assigned to their positions of trust by David and Samuel the seer. 23 They and their descendants were in charge of guarding the gates of the house of the LORD—the house called the Tent. 24 The gatekeepers were on the four sides: east, west, north and south. 25 Their brothers in their villages had to come from time to time and share their duties for seven-day periods. 26 But the four principal gatekeepers, who were Levites, were entrusted with the responsibility for the rooms and treasuries in the house of God. 27 They would spend the night stationed around the house of God, because they had to guard it; and they had charge of the key for opening it each morning.

28 Some of them were in charge of the articles used in the temple service; they counted them when they were brought in and when they were taken out. 29 Others were assigned to take care of the furnishings and all the other articles of the sanctuary, as well as the flour and wine, and the oil, incense and spices. 30 But some of the priests took care of mixing the spices. 31 A Levite named Mattithiah, the firstborn son of Shallum the Korahite, was entrusted with the responsibility for baking the offering bread. 32 Some of their Kohathite brothers were in charge of preparing for every Sabbath the bread set out on the table.

33 Those who were musicians, heads of Levite families, stayed in the rooms of the temple and were exempt from other duties because they were responsible for the work day and night.

34 All these were heads of Levite families, chiefs as listed in their genealogy, and they lived in Jerusalem.

The Genealogy of Saul

35 Jeiel the father[o] of Gibeon lived in Gibeon.

His wife's name was Maacah, 36 and his firstborn son was Abdon, followed by Zur, Kish, Baal, Ner, Nadab, 37 Gedor, Ahio, Zechariah and Mikloth. 38 Mikloth was the father of Shimeam. They too lived near their relatives in Jerusalem.

39 Ner was the father of Kish, Kish the father of Saul, and Saul the father of Jonathan, Malki-Shua, Abinadab and Esh-Baal.[p]

40 The son of Jonathan:

Merib-Baal,[q] who was the father of Micah.

41 The sons of Micah:

Pithon, Melech, Tahrea and Ahaz.[r]

---

n 19 That is, the temple; also in verses 21 and 23   o 35 Father may mean civic leader or military leader.   p 39 Also known as Ish-Bosheth   q 40 Also known as Mephibosheth   r 41 Vulgate and Syriac (see also Septuagint and 1 Chron. 8:35); Hebrew does not have and Ahaz.

Acaz.ˣ ⁴²Acaz fue el padre de Jará, y éste lo fue de Alemet, Azmávet y Zimri. Zimri fue el padre de Mosá; ⁴³Mosá fue el padre de Biná, y éste lo fue de Refaías; Refaías fue el padre de Elasá, y éste lo fue de Azel.

⁴⁴Azel tuvo seis hijos, cuyos nombres fueron Azricán, Bocrú, Ismael, Searías, Abdías y Janán. Éstos fueron los hijos de Azel.

Muerte de Saúl

10 Los filisteos fueron a la guerra contra Israel, y los israelitas huyeron ante ellos. Muchos de ellos cayeron muertos en el monte Guilboa. ²Entonces los filisteos se fueron en persecución de Saúl, y lograron matar a sus hijos Jonatán, Abinadab y Malquisúa. ³La batalla se intensificó contra Saúl, y los arqueros lo alcanzaron con sus flechas. Al verse herido, ⁴Saúl le dijo a su escudero: «Saca la espada y mátame, no sea que me maten esos incircuncisos cuando lleguen, y se diviertan a costa mía.»

Pero el escudero estaba tan asustado que no quiso hacerlo, de modo que Saúl mismo tomó su espada y se dejó caer sobre ella. ⁵Cuando el escudero vio que Saúl caía muerto, también él se arrojó sobre su propia espada y murió. ⁶Así murieron Saúl y sus tres hijos. Ese día pereció toda su familia.

⁷Cuando los israelitas que vivían en el valle vieron que el ejército había huido, y que Saúl y sus hijos habían muerto, también ellos abandonaron sus ciudades y se dieron a la fuga. Así fue como los filisteos las ocuparon.

⁸Al otro día, cuando los filisteos llegaron para despojar a los cadáveres, encontraron muertos a Saúl y a sus hijos en el monte Guilboa. ⁹Lo despojaron, tomaron su cabeza y sus armas, y enviaron mensajeros por todo el país filisteo para que proclamaran la noticia a sus ídolos y al pueblo. ¹⁰Después colocaron las armas en el templo de sus dioses y colgaron la cabeza en el templo de Dagón.

¹¹Cuando los de Jabés de Galaad se enteraron de lo que habían hecho los filisteos con Saúl, ¹²se levantaron todos los valientes y rescataron los cuerpos de Saúl y de sus hijos. Los llevaron a Jabés, sepultaron sus huesos debajo de la encina de Jabés y guardaron siete días de ayuno.

¹³⁻¹⁴Saúl murió por haberse rebelado contra el SEÑOR, pues en vez de consultarlo, desobedeció su palabra y buscó el consejo de una adivina. Por eso el SEÑOR le quitó la vida y entregó el reino a David hijo de Isaí.

Proclamación de David como rey de Israel

11 Todos los israelitas se reunieron con David en Hebrón y le dijeron: «Su Majestad y nosotros somos de la misma sangre. ²Ya desde antes, cuando Saúl era rey, usted dirigía a Israel en sus campañas. Además, el SEÑOR su Dios le dijo a Su Majestad: "Tú guiarás a mi pueblo Israel y lo gobernarás."» ³Así pues, todos los *ancianos de Israel fueron a Hebrón para hablar con el rey, quien hizo allí un pacto con ellos en presencia del SEÑOR. Después de eso, ungieron a David para que fuera rey sobre Israel, conforme a lo que el SEÑOR había dicho por medio de Samuel.

⁴²Ahaz was the father of Jadah, Jadahˢ was the father of Alemeth, Azmaveth and Zimri, and Zimri was the father of Moza. ⁴³Moza was the father of Binea; Rephaiah was his son, Eleasah his son and Azel his son.

⁴⁴Azel had six sons, and these were their names: Azrikam, Bokeru, Ishmael, Sheariah, Obadiah and Hanan. These were the sons of Azel.

Saul Takes His Life

10 Now the Philistines fought against Israel; the Israelites fled before them, and many fell slain on Mount Gilboa. ²The Philistines pressed hard after Saul and his sons, and they killed his sons Jonathan, Abinadab and Malki-Shua. ³The fighting grew fierce around Saul, and when the archers overtook him, they wounded him.

⁴Saul said to his armor-bearer, "Draw your sword and run me through, or these uncircumcised fellows will come and abuse me."

But his armor-bearer was terrified and would not do it; so Saul took his own sword and fell on it. ⁵When the armor-bearer saw that Saul was dead, he too fell on his sword and died. ⁶So Saul and his three sons died, and all his house died together.

⁷When all the Israelites in the valley saw that the army had fled and that Saul and his sons had died, they abandoned their towns and fled. And the Philistines came and occupied them.

⁸The next day, when the Philistines came to strip the dead, they found Saul and his sons fallen on Mount Gilboa. ⁹They stripped him and took his head and his armor, and sent messengers throughout the land of the Philistines to proclaim the news among their idols and their people. ¹⁰They put his armor in the temple of their gods and hung up his head in the temple of Dagon.

¹¹When all the inhabitants of Jabesh Gilead heard of everything the Philistines had done to Saul, ¹²all their valiant men went and took the bodies of Saul and his sons and brought them to Jabesh. Then they buried their bones under the great tree in Jabesh, and they fasted seven days.

¹³Saul died because he was unfaithful to the LORD; he did not keep the word of the LORD and even consulted a medium for guidance, ¹⁴and did not inquire of the LORD. So the LORD put him to death and turned the kingdom over to David son of Jesse.

David Becomes King Over Israel

11 All Israel came together to David at Hebron and said, "We are your own flesh and blood. ²In the past, even while Saul was king, you were the one who led Israel on their military campaigns. And the LORD your God said to you, 'You will shepherd my people Israel, and you will become their ruler.'"

³When all the elders of Israel had come to King David at Hebron, he made a compact with them at Hebron before the LORD, and they anointed David king over Israel, as the LORD had promised through Samuel.

ˣ *9:41* y *Acaz* (mss. de LXX, Siríaca, Targum y Vulgata; véase 8:35); TM no incluye esta frase.

ˢ *42* Some Hebrew manuscripts and Septuagint (see also 1 Chron. 8:36); most Hebrew manuscripts *Jarah, Jarah*

David conquista Jerusalén

⁴David y todos los israelitas marcharon contra Jebús (que es Jerusalén), la cual estaba habitada por los jebuseos. ⁵Éstos le dijeron a David: «¡No entrarás aquí!» Pero David se apoderó de la fortaleza de *Sión, que también se conoce como la Ciudad de David. ⁶Y es que había prometido: «Al primero que mate a un jebuseo lo nombraré comandante en jefe.»

El primero en matar a un jebuseo fue Joab hijo de Sarvia, por lo cual fue nombrado jefe. ⁷David se estableció en la fortaleza, y por eso la llamaron «Ciudad de David». ⁸Luego edificó la ciudad, desde el terraplén hasta sus alrededores, y Joab reparó el resto de la ciudad. ⁹Y David se fortaleció más y más, porque el SEÑOR *Todopoderoso estaba con él.

Jefes del ejército de David

¹⁰Éstos fueron los jefes del ejército de David, quienes lo apoyaron durante su reinado y se unieron a todos los israelitas para proclamarlo rey, conforme a lo que el SEÑOR dijo acerca de Israel. ¹¹Ésta es la lista de los soldados más valientes de David:

Yasobeán hijo de Jacmoní, que era el principal de los tresʸ más famosos, en una batalla mató con su lanza a trescientos hombres. ¹²En segundo lugar estaba Eleazar hijo de Dodó el ajojita, que también era uno de los más famosos. ¹³Estuvo con David en Pasdamín, donde los filisteos se habían reunido para la batalla. Allí había un campo sembrado de cebada y, cuando el ejército huía ante los filisteos, ¹⁴los oficiales se plantaron en medio del campo y lo defendieron, matando a los filisteos. Así el SEÑOR los salvó y les dio una gran *victoria.

¹⁵En otra ocasión, tres de los treinta más valientes fueron a la roca, hasta la cueva de Adulán, donde estaba David; y el ejército filisteo acampaba en el valle de Refayin. ¹⁶David se encontraba en su fortaleza, y en ese tiempo había una guarnición filistea en Belén. ¹⁷Como David tenía mucha sed, exclamó: «¡Ojalá pudiera yo beber agua del pozo que está a la *entrada de Belén!» ¹⁸Entonces los tres valientes se metieron en el campamento filisteo, sacaron agua del pozo de Belén, y se la llevaron a David. Pero David no quiso beberla, sino que derramó el agua en honor al SEÑOR ¹⁹y declaró solemnemente: «¡Que Dios me libre de beberla! ¿Cómo podría yo beber la sangre de quienes han puesto su *vida en peligro? ¡Se jugaron la vida para traer el agua!» Y no quiso beberla.

Tales hazañas hicieron estos tres héroes.

²⁰Abisay, el hermano de Joab, estaba al mando de los tres y ganó fama entre ellos. En cierta ocasión, lanza en mano atacó y mató a trescientos hombres. ²¹Se destacó mucho más que los tres valientes, y llegó a ser su jefe, pero no fue contado entre ellos.

²²Benaías hijo de Joyadá era un guerrero de Cabsel que realizó muchas hazañas. Derrotó a dos de los mejores hombresᶻ de Moab, y en otra ocasión, cuando estaba nevando, se metió en una cisterna y mató un león. ²³También derrotó a un egipcio que medía como dos metros y medio,ᵃ y que empuñaba una lanza del tamaño de un rodillo de telar. Benaías, que no llevaba más que un palo, le arrebató la lanza y lo mató con ella. ²⁴Tales hazañas hizo Benaías hijo de Joyadá, y tam-

David Conquers Jerusalem

⁴David and all the Israelites marched to Jerusalem (that is, Jebus). The Jebusites who lived there ⁵said to David, "You will not get in here." Nevertheless, David captured the fortress of Zion, the City of David.

⁶David had said, "Whoever leads the attack on the Jebusites will become commander-in-chief." Joab son of Zeruiah went up first, and so he received the command.

⁷David then took up residence in the fortress, and so it was called the City of David. ⁸He built up the city around it, from the supporting terracesᵗ to the surrounding wall, while Joab restored the rest of the city. ⁹And David became more and more powerful, because the LORD Almighty was with him.

David's Mighty Men

¹⁰These were the chiefs of David's mighty men— they, together with all Israel, gave his kingship strong support to extend it over the whole land, as the LORD had promised— ¹¹this is the list of David's mighty men:

Jashobeam,ᵘ a Hacmonite, was chief of the officersᵛ; he raised his spear against three hundred men, whom he killed in one encounter.

¹²Next to him was Eleazar son of Dodai the Ahohite, one of the three mighty men. ¹³He was with David at Pas Dammim when the Philistines gathered there for battle. At a place where there was a field full of barley, the troops fled from the Philistines. ¹⁴But they took their stand in the middle of the field. They defended it and struck the Philistines down, and the LORD brought about a great victory.

¹⁵Three of the thirty chiefs came down to David to the rock at the cave of Adullam, while a band of Philistines was encamped in the Valley of Rephaim. ¹⁶At that time David was in the stronghold, and the Philistine garrison was at Bethlehem. ¹⁷David longed for water and said, "Oh, that someone would get me a drink of water from the well near the gate of Bethlehem!" ¹⁸So the Three broke through the Philistine lines, drew water from the well near the gate of Bethlehem and carried it back to David. But he refused to drink it; instead, he poured it out before the LORD. ¹⁹"God forbid that I should do this!" he said. "Should I drink the blood of these men who went at the risk of their lives?" Because they risked their lives to bring it back, David would not drink it.

Such were the exploits of the three mighty men.

²⁰Abishai the brother of Joab was chief of the Three. He raised his spear against three hundred men, whom he killed, and so he became as famous as the Three. ²¹He was doubly honored above the Three and became their commander, even though he was not included among them.

²²Benaiah son of Jehoiada was a valiant fighter from Kabzeel, who performed great exploits. He struck down two of Moab's best men. He also went down into a pit on a snowy day and killed a lion. ²³And he struck down an Egyptian who was seven and a half feetʷ tall. Although the Egyptian had a spear like a weaver's rod in his hand, Benaiah went against him with a club. He snatched the spear from the Egyptian's hand and killed him with his own spear. ²⁴Such were the exploits of Benaiah son of Jehoiada; he too was as famous as the

---

ʸ 11:11 tres (mss. de LXX); treinta (TM).   ᶻ 11:22 dos de los mejores hombres. Alt. los dos hijos de Ariel.   ᵃ 11:23 dos metros y medio. Lit. cinco *codos.

ᵗ 8 Or the Millo   ᵘ 11 Possibly a variant of Jashob-Baal   ᵛ 11 Or Thirty; some Septuagint manuscripts Three (see also 2 Samuel 23:8)   ʷ 23 Hebrew five cubits (about 2.3 meters)

bién él ganó fama como los tres valientes, 25pero no fue contado entre ellos, aunque se destacó más que los treinta valientes. Además, David lo puso al mando de su guardia personal.

26Los soldados más distinguidos eran:

Asael, hermano de Joab; Eljanán hijo de Dodó, de Belén; 27Samot el harorita, Heles el pelonita, 28Irá hijo de Iqués el tecoíta; Abiezer el anatotita; 29Sibecay el jusatita, Ilay el ajojita, 30Maray el netofatita, Jéled hijo de Baná el netofatita; 31Itay hijo de Ribay, el de Guibeá de los benjaminitas; Benaías el piratonita; 32Juray, del arroyo de Gaas; Abiel el arbatita; 33Azmávet el bajurinita; Elijaba el salbonita; 34los hijos de Jasén el guizonita; Jonatán hijo de Sague el ararita, 35Ahián hijo de Sacar el ararita, Elifal hijo de Ur, 36Héfer el mequeratita, Ahías el pelonita, 37Jezró, de Carmel; Naray hijo de Ezbay, 38Joel, hermano de Natán; Mibar hijo de Hagrí, 39Sélec el amonita, Najaray el berotita, que fue escudero de Joab hijo de Sarvia; 40Irá el itrita, Gareb el itrita, 41Urías el hitita, Zabad hijo de Ajlay, 42Adiná hijo de Sizá el rubenita, jefe de los rubenitas, y treinta hombres con él; 43Janán hijo de Macá; Josafat el mitnita, 44Uzías el astarotita, Sama y Jehiel, hijos de Jotán el aroerita; 45Jediael hijo de Simri, y su hermano Yojá el tizita; 46Eliel el majavita; Jerebay y Josavía, hijos de Elnán; Itmá el moabita, 47Eliel, Obed y Jasiel, de Sobá.

Guerreros que se unieron a David

12 Éstos fueron los guerreros que se unieron a David en Siclag cuando éste se encontraba desterrado por causa de Saúl hijo de Quis. Ellos lo ayudaron en tiempos de guerra. 2Eran arqueros que podían lanzar piedras y disparar flechas con ambas manos.

De los benjaminitas parientes de Saúl: 3el jefe Ajiezer y Joás, que eran hijos de Semá de Guibeá; Jeziel y Pélet hijos de Azmávet; Beracá y Jehú, oriundos de Anatot; 4Ismaías el gabaonita, que era uno de los treinta guerreros y jefe de ellos; Jeremías, Jahaziel, Johanán, Jozabad de Guederá; 5Eluzay, Jerimot, Bealías, Semarías, Sefatías el harufita; 6los coreítas Elcaná, Isías, Azarel, Joezer

three mighty men. 25He was held in greater honor than any of the Thirty, but he was not included among the Three. And David put him in charge of his bodyguard.

26The mighty men were:

Asahel the brother of Joab,
Elhanan son of Dodo from Bethlehem,
27Shammoth the Harorite,
Helez the Pelonite,
28Ira son of Ikkesh from Tekoa,
Abiezer from Anathoth,
29Sibbecai the Hushathite,
Ilai the Ahohite,
30Maharai the Netophathite,
Heled son of Baanah the Netophathite,
31Ithai son of Ribai from Gibeah in Benjamin,
Benaiah the Pirathonite,
32Hurai from the ravines of Gaash,
Abiel the Arbathite,
33Azmaveth the Baharumite,
Eliahba the Shaalbonite,
34the sons of Hashem the Gizonite,
Jonathan son of Shagee the Hararite,
35Ahiam son of Sacar the Hararite,
Eliphal son of Ur,
36Hepher the Mekerathite,
Ahijah the Pelonite,
37Hezro the Carmelite,
Naarai son of Ezbai,
38Joel the brother of Nathan,
Mibhar son of Hagri,
39Zelek the Ammonite,
Naharai the Berothite, the armor-bearer of Joab son of Zeruiah,
40Ira the Ithrite,
Gareb the Ithrite,
41Uriah the Hittite,
Zabad son of Ahlai,
42Adina son of Shiza the Reubenite, who was chief of the Reubenites, and the thirty with him,
43Hanan son of Maacah,
Joshaphat the Mithnite,
44Uzzia the Ashterathite,
Shama and Jeiel the sons of Hotham the Aroerite,
45Jediael son of Shimri,
his brother Joha the Tizite,
46Eliel the Mahavite,
Jeribai and Joshaviah the sons of Elnaam,
Ithmah the Moabite,
47Eliel, Obed and Jaasiel the Mezobaite.

Warriors Join David

12 These were the men who came to David at Ziklag, while he was banished from the presence of Saul son of Kish (they were among the warriors who helped him in battle; 2they were armed with bows and were able to shoot arrows or to sling stones right-handed or left-handed; they were kinsmen of Saul from the tribe of Benjamin):

3Ahiezer their chief and Joash the sons of Shemaah the Gibeathite; Jeziel and Pelet the sons of Azmaveth; Beracah, Jehu the Anathothite, 4and Ishmaiah the Gibeonite, a mighty man among the Thirty, who was a leader of the Thirty; Jeremiah, Jahaziel, Johanan, Jozabad the Gederathite, 5Eluzai, Jerimoth, Bealiah, Shemariah and Shephatiah the Haruphite; 6Elkanah, Isshiah, Azarel, Joezer

y Yasobeán, 7 Joelá y Zebadías, hijos de Jeroán, oriundos de Guedor.

8 También algunos de los gaditas se unieron a David cuando se encontraba en la fortaleza del desierto. Eran guerreros valientes, preparados para la guerra, hábiles en el manejo del escudo y de la lanza, feroces como leones y veloces como gacelas monteses. 9 Se llamaban: Ezer, el primero; Abdías, el segundo; Eliab, el tercero; 10 Mismaná, el cuarto; Jeremías, el quinto; 11 Atay, el sexto; Eliel, el séptimo; 12 Johanán, el octavo; Elzabad, el noveno; 13 Jeremías, el décimo, y Macbanay, el undécimo. 14 Estos gaditas eran jefes del ejército; el menor de ellos valía por cien, y el mayor, por mil. 15 Fueron ellos quienes atravesaron el Jordán en el mes primero, cuando el río se desbordó por sus dos riberas, e hicieron huir a los habitantes de los valles hacia el este y el oeste.

16 También algunos guerreros de las tribus de Benjamín y de Judá se unieron a David en la fortaleza. 17 David salió a su encuentro y les dijo:

—Si vienen en son de paz y para ayudarme, los aceptaré; pero si vienen para entregarme a mis enemigos, ¡que el Dios de nuestros padres lo vea y lo castigue, pues yo no soy ningún criminal!

18 Y el Espíritu vino sobre Amasay, jefe de los treinta, y éste exclamó:

«¡Somos tuyos, David!
¡Estamos contigo, hijo de Isaí!
¡Tres veces deseamos la paz
     a ti y a quien te brinde su ayuda!
¡Y quien te ayuda es tu Dios!»

David los recibió y los puso entre los jefes de la tropa.

19 También algunos guerreros de Manasés se unieron a David cuando éste iba con los filisteos a luchar contra Saúl. Pero los príncipes de los filisteos se reunieron y decidieron rechazarlo, así que los filisteos se negaron a ayudarlo, pues dijeron: «David se pondrá de parte de su señor Saúl, y eso nos costará la cabeza.» 20 Éstos fueron los manasesitas que se unieron a David cuando éste fue a Siclag: Adnás, Jozabad, Jediael, Micael, Jozabad, Eliú y Ziletay, jefes manasesitas de escuadrones de mil hombres. 21 Ayudaban a David a combatir a las bandas de invasores, pues cada uno de ellos era un guerrero valiente y jefe del ejército. 22 Y cada día se le unían más soldados a David, hasta que llegó a tener un ejército grande y poderoso.

Los que se unieron a David en Hebrón

23 Éste es el número de los guerreros diestros para la guerra que se presentaron ante David en Hebrón, para entregarle el reino de Saúl, conforme a la palabra del SEÑOR:

24 De Judá: seis mil ochocientos hombres armados de lanza y escudo, diestros para la guerra.
25 De Simeón: siete mil cien guerreros valientes.
26 De Leví: cuatro mil seiscientos, 27 y tres mil setecientos aaronitas, con Joyadá, su jefe; 28 y Sadoc, joven guerrero muy valiente, con veintidós jefes de su familia patriarcal.
29 De Benjamín, parientes de Saúl: tres mil hombres. La mayor parte de ellos había permanecido fiel a la familia de Saúl.
30 De Efraín: veinte mil ochocientos hombres valientes, famosos en sus propias familias patriarcales.
31 De la media tribu de Manasés: dieciocho mil hombres que fueron nombrados para ir a proclamar rey a David.

and Jashobeam the Korahites; 7 and Joelah and Zebadiah the sons of Jeroham from Gedor.

8 Some Gadites defected to David at his stronghold in the desert. They were brave warriors, ready for battle and able to handle the shield and spear. Their faces were the faces of lions, and they were as swift as gazelles in the mountains.

9 Ezer was the chief,
   Obadiah the second in command, Eliab the third,
10 Mishmannah the fourth, Jeremiah the fifth,
11 Attai the sixth, Eliel the seventh,
12 Johanan the eighth, Elzabad the ninth,
13 Jeremiah the tenth and Macbannai the eleventh.

14 These Gadites were army commanders; the least was a match for a hundred, and the greatest for a thousand. 15 It was they who crossed the Jordan in the first month when it was overflowing all its banks, and they put to flight everyone living in the valleys, to the east and to the west.

16 Other Benjamites and some men from Judah also came to David in his stronghold. 17 David went out to meet them and said to them, "If you have come to me in peace, to help me, I am ready to have you unite with me. But if you have come to betray me to my enemies when my hands are free from violence, may the God of our fathers see it and judge you."

18 Then the Spirit came upon Amasai, chief of the Thirty, and he said:

"We are yours, O David!
   We are with you, O son of Jesse!
Success, success to you,
   and success to those who help you,
     for your God will help you."

So David received them and made them leaders of his raiding bands.

19 Some of the men of Manasseh defected to David when he went with the Philistines to fight against Saul. (He and his men did not help the Philistines because, after consultation, their rulers sent him away. They said, "It will cost us our heads if he deserts to his master Saul.") 20 When David went to Ziklag, these were the men of Manasseh who defected to him: Adnah, Jozabad, Jediael, Michael, Jozabad, Elihu and Zillethai, leaders of units of a thousand in Manasseh. 21 They helped David against raiding bands, for all of them were brave warriors, and they were commanders in his army. 22 Day after day men came to help David, until he had a great army, like the army of God.x

Others Join David at Hebron

23 These are the numbers of the men armed for battle who came to David at Hebron to turn Saul's kingdom over to him, as the LORD had said:

24 men of Judah, carrying shield and spear—6,800 armed for battle;
25 men of Simeon, warriors ready for battle—7,100;
26 men of Levi—4,600, 27 including Jehoiada, leader of the family of Aaron, with 3,700 men, 28 and Zadok, a brave young warrior, with 22 officers from his family;
29 men of Benjamin, Saul's kinsmen—3,000, most of whom had remained loyal to Saul's house until then;
30 men of Ephraim, brave warriors, famous in their own clans—20,800;
31 men of half the tribe of Manasseh, designated by name to come and make David king—18,000;

---

x 22 Or a great and mighty army

32 De Isacar: doscientos jefes y todos sus parientes bajo sus órdenes. Eran hombres expertos en el conocimiento de los tiempos, que sabían lo que Israel tenía que hacer.

33 De Zabulón: cincuenta mil hombres listos para tomar las armas, preparados para usar cualquier clase de armamento y dispuestos a luchar sin cuartel en favor de David.

34 De Neftalí: mil jefes con treinta y siete mil hombres armados de escudos y lanzas.

35 De Dan: veintiocho mil seiscientos guerreros listos para el combate.

36 De Aser: cuarenta mil hombres aptos para la guerra.

37 De las tribus al otro lado del Jordán, es decir, de Rubén, Gad y de la media tribu de Manasés: ciento veinte mil hombres equipados con todo tipo de armamento.

38 Todos estos guerreros, preparados para el combate, fueron a Hebrón decididos a proclamar a David como rey de todo Israel. También los demás israelitas proclamaron de manera unánime a David como rey. 39 Todos se quedaron allí tres días, comiendo y bebiendo con David, ya que sus hermanos les dotaron de lo necesario. 40 Además, los que vivían cerca, y hasta los de Isacar, Zabulón y Neftalí, traían burros, camellos, mulas y bueyes cargados con harina, tortas de higos, pasas, vino y aceite. También les llevaron toros y ovejas en abundancia, porque Israel rebosaba de alegría.

Traslado del arca a la casa de Obed Edom

13 Después de consultar a los jefes de mil y de cien soldados, y a todos los oficiales, David 2 dijo a toda la asamblea de Israel: «Si les parece bien, y si es lo que el SEÑOR nuestro Dios desea, invitemos a nuestros hermanos que se han quedado por todo el territorio de Israel, y también a los sacerdotes y levitas que están en los pueblos y aldeas, a que se unan a nosotros 3 para traer de regreso el arca de nuestro Dios. La verdad es que desde el tiempo de Saúl no la hemos consultado.» 4 A la asamblea le agradó la propuesta, y acordó que se hiciera así.

5 Entonces David reunió a todo el pueblo de Israel, desde Sijor en Egipto hasta Lebó Jamat,*b* para trasladar el arca que estaba en Quiriat Yearín. 6 Luego David y todo Israel fueron a Balá, que es Quiriat Yearín de Judá, para trasladar de allí el arca de Dios, sobre la cual se invoca el *nombre del SEÑOR, que reina entre *querubines. 7 Colocaron el arca de Dios en una carreta nueva y la sacaron de la casa de Abinadab. Uza y Ajío guiaban la carreta. 8 David y todo Israel danzaban ante Dios con gran entusiasmo y cantaban al son de liras, arpas, panderos, címbalos y trompetas.

9 Al llegar a la parcela de Quidón, los bueyes tropezaron; pero Uza, extendiendo las manos, sostuvo el arca. 10 Con todo, la ira del SEÑOR se encendió contra Uza por haber tocado el arca, y allí en su presencia Dios lo hirió y le quitó la vida.

11 David se enojó porque el SEÑOR había matado a Uza. Por eso le puso a aquel lugar el nombre de Peres Uza,*c* nombre que conserva hasta hoy. 12 Aquel día David se sintió temeroso de Dios y exclamó: «¡Es mejor que no me lleve el arca de Dios!» 13 Por eso no se la llevó a la Ciudad de David, sino que ordenó que la trasladaran a la casa de Obed Edom, oriundo de Gat.

32 men of Issachar, who understood the times and knew what Israel should do—200 chiefs, with all their relatives under their command;

33 men of Zebulun, experienced soldiers prepared for battle with every type of weapon, to help David with undivided loyalty—50,000;

34 men of Naphtali—1,000 officers, together with 37,000 men carrying shields and spears;

35 men of Dan, ready for battle—28,600;

36 men of Asher, experienced soldiers prepared for battle—40,000;

37 and from east of the Jordan, men of Reuben, Gad and the half-tribe of Manasseh, armed with every type of weapon—120,000.

38 All these were fighting men who volunteered to serve in the ranks. They came to Hebron fully determined to make David king over all Israel. All the rest of the Israelites were also of one mind to make David king. 39 The men spent three days there with David, eating and drinking, for their families had supplied provisions for them. 40 Also, their neighbors from as far away as Issachar, Zebulun and Naphtali came bringing food on donkeys, camels, mules and oxen. There were plentiful supplies of flour, fig cakes, raisin cakes, wine, oil, cattle and sheep, for there was joy in Israel.

Bringing Back the Ark

13 David conferred with each of his officers, the commanders of thousands and commanders of hundreds. 2 He then said to the whole assembly of Israel, "If it seems good to you and if it is the will of the LORD our God, let us send word far and wide to the rest of our brothers throughout the territories of Israel, and also to the priests and Levites who are with them in their towns and pasturelands, to come and join us. 3 Let us bring the ark of our God back to us, for we did not inquire of*y* it*z* during the reign of Saul." 4 The whole assembly agreed to do this, because it seemed right to all the people.

5 So David assembled all the Israelites, from the Shihor River in Egypt to Lebo*a* Hamath, to bring the ark of God from Kiriath Jearim. 6 David and all the Israelites with him went to Baalah of Judah (Kiriath Jearim) to bring up from there the ark of God the LORD, who is enthroned between the cherubim—the ark that is called by the Name.

7 They moved the ark of God from Abinadab's house on a new cart, with Uzzah and Ahio guiding it. 8 David and all the Israelites were celebrating with all their might before God, with songs and with harps, lyres, tambourines, cymbals and trumpets.

9 When they came to the threshing floor of Kidon, Uzzah reached out his hand to steady the ark, because the oxen stumbled. 10 The LORD's anger burned against Uzzah, and he struck him down because he had put his hand on the ark. So he died there before God.

11 Then David was angry because the LORD's wrath had broken out against Uzzah, and to this day that place is called Perez Uzzah.*b*

12 David was afraid of God that day and asked, "How can I ever bring the ark of God to me?" 13 He did not take the ark to be with him in the City of David. Instead, he took it aside to the house of Obed-Edom the

---

b 13:5 Lebó Jamat. Alt. *la entrada de Jamat.*   *c 13:11* En hebreo, *Peres Uza* significa *golpe de Uza* o *brecha en Uza.*

y 3 Or *we neglected*   *z 3* Or *him*   *a 5* Or *to the entrance to*   *b 11 Perez Uzzah* means *outbreak against Uzzah.*

14 Fue así como el arca de Dios permaneció tres meses en la casa de Obed Edom, y el SEÑOR bendijo a la familia de Obed Edom y todo lo que tenía.

Palacio y familia de David

14 Hiram, rey de Tiro, envió a David una embajada que le llevó madera de cedro, albañiles y carpinteros para construirle un palacio. 2 Con esto David se dio cuenta de que el SEÑOR, por amor a su pueblo, lo había establecido a él como rey sobre Israel y había engrandecido su reino.

3 En Jerusalén David tomó otras esposas, y tuvo más hijos e hijas. 4 Los hijos que tuvo fueron Samúa, Sobab, Natán, Salomón, 5 Ibjar, Elisúa, Elpélet, 6 Noga, Néfeg, Jafía, 7 Elisama, Belyadá y Elifelet.

David derrota a los filisteos

8 Al enterarse los filisteos de que David había sido ungido rey de todo Israel, subieron todos ellos contra él. Pero David lo supo y salió a su encuentro. 9 Ya los filisteos habían incursionado en el valle de Refayin. 10 Así que David consultó a Dios:

—¿Debo atacar a los filisteos? ¿Los entregarás en mi poder?

—Atácalos —le respondió el SEÑOR—, pues yo los entregaré en tus manos.

11 Fueron, pues, a Baal Perasín,d y allí David los derrotó. Entonces dijo: «Como brecha producida por las aguas, así Dios ha abierto brechas entre mis enemigos por medio de mí.» Por eso a aquel lugar lo llamaron Baal Perasín. 12 Allí los filisteos abandonaron a sus dioses, y éstos fueron quemados por orden de David.

13 Los filisteos hicieron una nueva incursión y se desplegaron por el valle. 14 Así que David volvió a consultar a Dios, y él le contestó:

—No los ataques de frente, sino rodéalos hasta llegar a los árboles de bálsamo, y entonces atácalos por la retaguardia. 15 Tan pronto como oigas un ruido como de pasos sobre las copas de los árboles, atácalos, pues eso quiere decir que Dios va al frente de ti para derrotar al ejército filisteo.

16 Así lo hizo David, tal como Dios se lo había ordenado, y derrotaron al ejército filisteo desde Gabaón hasta Guézer. 17 Y la fama de David se extendió por todas las regiones, y el SEÑOR hizo que todos los pueblos le tuvieran miedo.

David lleva el arca a Jerusalén

15 David construyó para sí casas en la Ciudad de David, dispuso un lugar para el arca de Dios y le levantó una tienda de campaña. 2 Luego dijo: «Sólo los levitas pueden transportar el arca de Dios, pues el SEÑOR los eligió a ellos para este oficio y para que le sirvan por siempre.»

3 Después David congregó a todo Israel en Jerusalén para trasladar el arca del SEÑOR al lugar que había dispuesto para ella. 4 También reunió a los descendientes de Aarón y a los levitas. Convocó a los siguientes:

5 De los descendientes de Coat, a su jefe Uriel y a sus parientes; ciento veinte en total.

6 De los descendientes de Merari, a su jefe Asaías y a sus compañeros; doscientos veinte en total.

7 De los descendientes de Guersón, a su jefe Joel y a sus parientes; ciento treinta en total.

David's House and Family

14 Now Hiram king of Tyre sent messengers to David, along with cedar logs, stonemasons and carpenters to build a palace for him. 2 And David knew that the LORD had established him as king over Israel and that his kingdom had been highly exalted for the sake of his people Israel.

3 In Jerusalem David took more wives and became the father of more sons and daughters. 4 These are the names of the children born to him there: Shammua, Shobab, Nathan, Solomon, 5 Ibhar, Elishua, Elpelet, 6 Nogah, Nepheg, Japhia, 7 Elishama, Beeliadac and Eliphelet.

David Defeats the Philistines

8 When the Philistines heard that David had been anointed king over all Israel, they went up in full force to search for him, but David heard about it and went out to meet them. 9 Now the Philistines had come and raided the Valley of Rephaim; 10 so David inquired of God: "Shall I go and attack the Philistines? Will you hand them over to me?"

The LORD answered him, "Go, I will hand them over to you."

11 So David and his men went up to Baal Perazim, and there he defeated them. He said, "As waters break out, God has broken out against my enemies by my hand." So that place was called Baal Perazim.d 12 The Philistines had abandoned their gods there, and David gave orders to burn them in the fire.

13 Once more the Philistines raided the valley; 14 so David inquired of God again, and God answered him, "Do not go straight up, but circle around them and attack them in front of the balsam trees. 15 As soon as you hear the sound of marching in the tops of the balsam trees, move out to battle, because that will mean God has gone out in front of you to strike the Philistine army." 16 So David did as God commanded him, and they struck down the Philistine army, all the way from Gibeon to Gezer.

17 So David's fame spread throughout every land, and the LORD made all the nations fear him.

The Ark Brought to Jerusalem

15 After David had constructed buildings for himself in the City of David, he prepared a place for the ark of God and pitched a tent for it. 2 Then David said, "No one but the Levites may carry the ark of God, because the LORD chose them to carry the ark of the LORD and to minister before him forever."

3 David assembled all Israel in Jerusalem to bring up the ark of the LORD to the place he had prepared for it. 4 He called together the descendants of Aaron and the Levites:

5 From the descendants of Kohath,
Uriel the leader and 120 relatives;

6 from the descendants of Merari,
Asaiah the leader and 220 relatives;

7 from the descendants of Gershon,e
Joel the leader and 130 relatives;

---

d 14:11 En hebreo, Baal Perasín significa el dueño de las brechas.

c 7 A variant of Eliada   d 11 Baal Perazim means the lord who breaks out.   e 7 Hebrew Gershom, a variant of Gershon

8 De los descendientes de Elizafán, a su jefe Semaías y a sus parientes; doscientos en total.

9 De los descendientes de Hebrón, a su jefe Eliel y a sus parientes; ochenta en total.

10 De los descendientes de Uziel, a su jefe Aminadab y a sus parientes; ciento doce en total.

11 Luego David llamó a los sacerdotes Sadoc y Abiatar, y a los levitas Uriel, Asaías, Joel, Semaías, Eliel y Aminadab, 12 y les dijo: «Como ustedes son los jefes de las familias patriarcales de los levitas, *purifíquense y purifiquen a sus parientes para que puedan traer el arca del SEÑOR, Dios de Israel, al lugar que he dispuesto para ella. 13 La primera vez ustedes no la transportaron, ni nosotros consultamos al SEÑOR nuestro Dios, como está establecido; por eso él se enfureció contra nosotros.»

14 Entonces los sacerdotes y los levitas se purificaron para transportar el arca del SEÑOR, Dios de Israel. 15 Luego los descendientes de los levitas, valiéndose de las varas, llevaron el arca de Dios sobre sus hombros, tal como el SEÑOR lo había ordenado por medio de Moisés.

16 David les ordenó a los jefes de los levitas que nombraran cantores de entre sus parientes para que entonaran alegres cantos al son de arpas, liras y címbalos. 17 Los levitas nombraron a Hemán hijo de Joel, a su pariente Asaf hijo de Berequías, y a Etán hijo de Cusaías, de los descendientes de Merari. 18 Junto con ellos nombraron a sus parientes que les seguían en rango y que se desempeñaban como porteros: Zacarías hijo de Jaziel, Semiramot, Jehiel, Uni, Eliab, Benaías, Maseías, Matatías, Elifeleu, Micnías, Obed Edom y Jeyel.

19 Los cantores Hemán, Asaf y Etán tocaban los címbalos de bronce. 20 Zacarías, Aziel, Semiramot, Jehiel, Uni, Eliab, Maseías y Benaías tenían arpas de tono agudo.e 21 Matatías, Elifeleu, Micnías, Obed Edom, Jeyel y Azazías tenían arpas de ocho cuerdas para guiar el canto. 22 Quenanías, jefe de los levitas, como experto que era, dirigía el canto. 23 Berequías y Elcaná eran porteros del arca. 24 Los sacerdotes Sebanías, Josafat, Natanael, Amasay, Zacarías, Benaías y Eliezer tocaban las trompetas delante del arca. Obed Edom y Jehías eran también porteros del arca.

25 Muy alegres, David, los *ancianos de Israel y los jefes de mil fueron a trasladar el arca del *pacto del SEÑOR desde la casa de Obed Edom. 26 Y como Dios ayudaba a los levitas que transportaban el arca del pacto del SEÑOR, se sacrificaron siete toros y siete carneros. 27 David estaba vestido con un manto de lino fino, lo mismo que todos los levitas que transportaban el arca, los cantores y Quenanías, director del canto. Además, David llevaba puesto un *efod de lino. 28 Así que entre vítores, y al son de cuernos de carnero, trompetas, címbalos, arpas y liras, todo Israel llevaba el arca del pacto del SEÑOR.

29 Sucedió que, al entrar el arca del pacto del SEÑOR a la Ciudad de David, Mical, la hija de Saúl, se asomó a la ventana; y cuando vio que el rey David saltaba y danzaba con alegría, sintió por él un profundo desprecio.

8 from the descendants of Elizaphan, Shemaiah the leader and 200 relatives;

9 from the descendants of Hebron, Eliel the leader and 80 relatives;

10 from the descendants of Uzziel, Amminadab the leader and 112 relatives.

11 Then David summoned Zadok and Abiathar the priests, and Uriel, Asaiah, Joel, Shemaiah, Eliel and Amminadab the Levites. 12 He said to them, "You are the heads of the Levitical families; you and your fellow Levites are to consecrate yourselves and bring up the ark of the LORD, the God of Israel, to the place I have prepared for it. 13 It was because you, the Levites, did not bring it up the first time that the LORD our God broke out in anger against us. We did not inquire of him about how to do it in the prescribed way." 14 So the priests and Levites consecrated themselves in order to bring up the ark of the LORD, the God of Israel. 15 And the Levites carried the ark of God with the poles on their shoulders, as Moses had commanded in accordance with the word of the LORD.

16 David told the leaders of the Levites to appoint their brothers as singers to sing joyful songs, accompanied by musical instruments: lyres, harps and cymbals.

17 So the Levites appointed Heman son of Joel; from his brothers, Asaph son of Berekiah; and from their brothers the Merarites, Ethan son of Kushaiah; 18 and with them their brothers next in rank: Zechariah,f Jaaziel, Shemiramoth, Jehiel, Unni, Eliab, Benaiah, Maaseiah, Mattithiah, Eliphelehu, Mikneiah, Obed-Edom and Jeiel,g the gatekeepers.

19 The musicians Heman, Asaph and Ethan were to sound the bronze cymbals; 20 Zechariah, Aziel, Shemiramoth, Jehiel, Unni, Eliab, Maaseiah and Benaiah were to play the lyres according to alamoth,h 21 and Mattithiah, Eliphelehu, Mikneiah, Obed-Edom, Jeiel and Azaziah were to play the harps, directing according to sheminith.h 22 Kenaniah the head Levite was in charge of the singing; that was his responsibility because he was skillful at it.

23 Berekiah and Elkanah were to be doorkeepers for the ark. 24 Shebaniah, Joshaphat, Nethanel, Amasai, Zechariah, Benaiah and Eliezer the priests were to blow trumpets before the ark of God. Obed-Edom and Jehiah were also to be doorkeepers for the ark.

25 So David and the elders of Israel and the commanders of units of a thousand went to bring up the ark of the covenant of the LORD from the house of Obed-Edom, with rejoicing. 26 Because God had helped the Levites who were carrying the ark of the covenant of the LORD, seven bulls and seven rams were sacrificed. 27 Now David was clothed in a robe of fine linen, as were all the Levites who were carrying the ark, and as were the singers, and Kenaniah, who was in charge of the singing of the choirs. David also wore a linen ephod. 28 So all Israel brought up the ark of the covenant of the LORD with shouts, with the sounding of rams' horns and trumpets, and of cymbals, and the playing of lyres and harps.

29 As the ark of the covenant of the LORD was entering the City of David, Michal daughter of Saul watched from a window. And when she saw King David dancing and celebrating, she despised him in her heart.

---

f 18 Three Hebrew manuscripts and most Septuagint manuscripts (see also verse 20 and 1 Chron. 16:5); most Hebrew manuscripts *Zechariah son and* or *Zechariah, Ben and*   g 18 Hebrew; Septuagint (see also verse 21) *Jeiel and Azaziah*
h 20,21 Probably a musical term

e 15:20 *de tono agudo.* Lit. *sobre *alamot.*

16 El arca de Dios fue llevada a la tienda de campaña que David le había preparado. Allí la instalaron, y luego presentaron *holocaustos y sacrificios de *comunión en presencia de Dios. 2 Después de ofrecer los holocaustos y los sacrificios de comunión, David bendijo al pueblo en el *nombre del SEÑOR 3 y dio a cada israelita, tanto a hombres como a mujeres, una porción de pan, una torta de dátiles y una torta de pasas.

4 David puso a algunos levitas a cargo del arca del SEÑOR para que ministraran, dieran gracias y alabaran al SEÑOR, Dios de Israel. 5 Los nombrados fueron: Asaf, el primero; Zacarías, el segundo; luego Jejiyel, Semiramot, Jehiel, Matatías, Eliab, Benaías, Obed Edom y Jeyel, los cuales tenían arpas y liras. Asaf tocaba los címbalos. 6 Los sacerdotes Benaías y Jahaziel tocaban continuamente las trompetas delante del arca del pacto del SEÑOR.

Salmo de David

7 Ese mismo día, David ordenó, por primera vez, que Asaf y sus compañeros fueran los encargados de esta alabanza al SEÑOR:

8 «¡Alaben al SEÑOR, proclamen su *nombre,
    testifiquen de sus proezas entre los pueblos!
9 ¡Cántenle, cántenle salmos!
    ¡Hablen de sus maravillosas obras!
10 ¡Gloríense en su nombre *santo!
    ¡Alégrense de veras los que buscan al SEÑOR!
11 ¡Refúgiense en el SEÑOR y en su fuerza,
    busquen siempre su presencia!
12 ¡Recuerden las maravillas que ha realizado,
    los prodigios y los juicios que ha emitido!

13 »Descendientes de Israel, su siervo,
    hijos de Jacob, sus elegidos:
14 el SEÑOR es nuestro Dios,
    sus juicios rigen en toda la tierra.
15 Él se acuerda siempre de su *pacto,
    de la palabra que dio a mil generaciones;
16 del pacto que hizo con Abraham,
    y del juramento que le hizo a Isaac,
17 que confirmó como estatuto para Jacob,
    como pacto eterno para Israel:
18 "A ti te daré la tierra de Canaán
    como la herencia que te corresponde."
19 Cuando apenas eran un puñado de vivientes,
    unos cuantos extranjeros en la tierra,
20 cuando iban de nación en nación
    y pasaban de reino en reino,
21 Dios no permitió que los oprimieran;
    por amor a ellos advirtió a los reyes:
22 "¡No toquen a mis *ungidos!
    ¡No maltraten a mis profetas!"

23 »¡Que toda la tierra cante al SEÑOR!
    ¡Proclamen su *salvación cada día!
24 Anuncien su gloria entre las naciones,
    y sus maravillas a todos los pueblos.
25 Porque el SEÑOR es grande,
    y digno de toda alabanza;
    ¡más temible que todos los dioses!
26 Nada son los dioses de los pueblos,
    pero el SEÑOR fue quien hizo los cielos;

16 They brought the ark of God and set it inside the tent that David had pitched for it, and they presented burnt offerings and fellowship offerings[i] before God. 2 After David had finished sacrificing the burnt offerings and fellowship offerings, he blessed the people in the name of the LORD. 3 Then he gave a loaf of bread, a cake of dates and a cake of raisins to each Israelite man and woman.

4 He appointed some of the Levites to minister before the ark of the LORD, to make petition, to give thanks, and to praise the LORD, the God of Israel: 5 Asaph was the chief, Zechariah second, then Jeiel, Shemiramoth, Jehiel, Mattithiah, Eliab, Benaiah, Obed-Edom and Jeiel. They were to play the lyres and harps, Asaph was to sound the cymbals, 6 and Benaiah and Jahaziel the priests were to blow the trumpets regularly before the ark of the covenant of God.

David's Psalm of Thanks

7 That day David first committed to Asaph and his associates this psalm of thanks to the LORD:

8 Give thanks to the LORD, call on his name;
    make known among the nations what he
        has done.
9 Sing to him, sing praise to him;
    tell of all his wonderful acts.
10 Glory in his holy name;
    let the hearts of those who seek the LORD
        rejoice.
11 Look to the LORD and his strength;
    seek his face always.
12 Remember the wonders he has done,
    his miracles, and the judgments he
        pronounced,
13 O descendants of Israel his servant,
    O sons of Jacob, his chosen ones.

14 He is the LORD our God;
    his judgments are in all the earth.
15 He remembers[j] his covenant forever,
    the word he commanded, for a thousand
        generations,
16 the covenant he made with Abraham,
    the oath he swore to Isaac.
17 He confirmed it to Jacob as a decree,
    to Israel as an everlasting covenant:
18 "To you I will give the land of Canaan
    as the portion you will inherit."

19 When they were but few in number,
    few indeed, and strangers in it,
20 they[k] wandered from nation to nation,
    from one kingdom to another.
21 He allowed no man to oppress them;
    for their sake he rebuked kings:
22 "Do not touch my anointed ones;
    do my prophets no harm."

23 Sing to the LORD, all the earth;
    proclaim his salvation day after day.
24 Declare his glory among the nations,
    his marvelous deeds among all peoples.
25 For great is the LORD and most worthy of
        praise;
    he is to be feared above all gods.
26 For all the gods of the nations are idols,
    but the LORD made the heavens.

---

i 1 Traditionally *peace offerings*; also in verse 2   *j 15* Some Septuagint manuscripts (see also Psalm 105:8); Hebrew *Remember*   *k 18-20* One Hebrew manuscript, Septuagint and Vulgate (see also Psalm 105:12); most Hebrew manuscripts *inherit, / 19though you are but few in number, / few indeed, and strangers in it." / 20They*

27esplendor y majestad hay en su presencia;
   poder y alegría hay en su santuario.

28»Tributen al Señor, familias de los pueblos,
   tributen al Señor la gloria y el poder;
29   tributen al Señor la gloria que corresponde a
   su nombre;
preséntense ante él con ofrendas,
   adoren al Señor en su hermoso santuario.
30¡Que tiemble ante él toda la tierra!
   Él afirmó el mundo, y éste no se moverá.
31¡Alégrense los cielos, y regocíjese la tierra!
   Digan las naciones: "¡El Señor reina!"

32»¡Que resuene el mar y todo cuanto contiene!
   ¡Que salte de alegría el campo y lo que hay
   en él!
33¡Que los árboles del campo canten de gozo
   ante el Señor,
   porque él ha venido a juzgar a la tierra!

34»¡Alaben al Señor porque él es bueno,
   y su gran amor perdura para siempre!
35Díganle: "¡Sálvanos, oh Dios, Salvador
   nuestro!
   Reúnenos y líbranos de entre los *paganos,
y alabaremos tu santo nombre
   y nos regocijaremos en tu alabanza."
36¡Bendito sea el Señor, Dios de Israel,
   desde siempre y para siempre!»

Y todo el pueblo respondió: «Amén», y alabó al Señor.

37David dejó el arca del pacto del Señor al cuidado
de Asaf y sus hermanos, para que sirvieran continuamente delante de ella, de acuerdo con el ritual diario.
38Como porteros nombró a Obed Edom y sus sesenta
y ocho hermanos, junto con Obed Edom hijo de Jedutún y Josá. 39Al sacerdote Sadoc y a sus hermanos
sacerdotes los encargó del santuario del Señor, que está
en la cumbre de Gabaón, 40para que sobre el altar
ofrecieran constantemente los *holocaustos al Señor,
en la mañana y en la tarde, tal como está escrito en la
*ley que el Señor le dio a Israel. 41Con ellos nombró
también a Hemán y a Jedutún, y a los demás que
había escogido y designado por nombre para cantar al
Señor: «Su gran amor perdura para siempre.» 42He-
mán y Jedutún tenían trompetas, címbalos y otros
instrumentos musicales para acompañar los cantos de
Dios. Los hijos de Jedutún eran porteros.
43Luego todos regresaron a su casa, y David se fue
a bendecir a su familia.

Promesa de Dios a David

17 Una vez instalado en su palacio, David le dijo
al profeta Natán:
—¡Aquí me tienes, habitando un palacio de cedro,
mientras que el arca del *pacto del Señor se encuentra
bajo una simple tienda de campaña!
2—Bien —respondió Natán—. Haga Su Majestad lo
que su corazón le dicte, pues Dios está con usted.
3Pero aquella misma noche la palabra de Dios vino
a Natán y le dijo:

4«Ve y dile a mi siervo David que así dice el
Señor: "No serás tú quien me construya una casa para

27Splendor and majesty are before him;
   strength and joy in his dwelling place.
28Ascribe to the Lord, O families of nations,
   ascribe to the Lord glory and strength,
29   ascribe to the Lord the glory due his
   name.
Bring an offering and come before him;
   worship the Lord in the splendor of his[l]
   holiness.
30Tremble before him, all the earth!
   The world is firmly established; it cannot
   be moved.
31Let the heavens rejoice, let the earth be
   glad;
   let them say among the nations, "The
   Lord reigns!"
32Let the sea resound, and all that is in it;
   let the fields be jubilant, and everything in
   them!
33Then the trees of the forest will sing,
   they will sing for joy before the Lord,
   for he comes to judge the earth.

34Give thanks to the Lord, for he is good;
   his love endures forever.
35Cry out, "Save us, O God our Savior;
   gather us and deliver us from the nations,
   that we may give thanks to your holy name,
   that we may glory in your praise."
36Praise be to the Lord, the God of Israel,
   from everlasting to everlasting.

Then all the people said "Amen" and "Praise the
Lord."

37David left Asaph and his associates before the ark
of the covenant of the Lord to minister there regularly,
according to each day's requirements. 38He also left
Obed-Edom and his sixty-eight associates to minister
with them. Obed-Edom son of Jeduthun, and also Hosah, were gatekeepers.
39David left Zadok the priest and his fellow priests
before the tabernacle of the Lord at the high place in
Gibeon 40to present burnt offerings to the Lord on the
altar of burnt offering regularly, morning and evening,
in accordance with everything written in the Law of the
Lord, which he had given Israel. 41With them were
Heman and Jeduthun and the rest of those chosen and
designated by name to give thanks to the Lord, "for his
love endures forever." 42Heman and Jeduthun were responsible for the sounding of the trumpets and cymbals
and for the playing of the other instruments for sacred
song. The sons of Jeduthun were stationed at the gate.
43Then all the people left, each for his own home,
and David returned home to bless his family.

God's Promise to David

17 After David was settled in his palace, he said to
Nathan the prophet, "Here I am, living in a
palace of cedar, while the ark of the covenant of the
Lord is under a tent."
2Nathan replied to David, "Whatever you have in
mind, do it, for God is with you."
3That night the word of God came to Nathan, saying:

4"Go and tell my servant David, 'This is what
the Lord says: You are not the one to build me a

l29 Or Lord with the splendor of

que yo la habite. 5 Desde el día en que liberé a Israel hasta el día de hoy, no he habitado en casa alguna, sino que he ido de campamento en campamento y de santuario en santuario. 6 Todo el tiempo que anduve con Israel, cuando mandé a sus jueces que *pastorearan a mi pueblo, ¿acaso le reclamé a alguno de ellos el no haberme construido una casa de cedro?"

7 »Pues bien, dile a mi siervo David que así dice el SEÑOR *Todopoderoso: "Yo te saqué del redil para que, en vez de cuidar ovejas, gobernaras a mi pueblo Israel. 8 Yo he estado contigo por dondequiera que has ido, y he aniquilado a todos tus enemigos. Y ahora voy a hacerte tan famoso como los más grandes de la tierra. 9 También voy a designar un lugar para mi pueblo Israel, y allí los plantaré para que puedan vivir sin sobresaltos. Sus malvados enemigos no volverán a oprimirlos como lo han hecho desde el principio, 10 desde los días en que nombré jueces sobre mi pueblo Israel. Yo derrotaré a todos tus enemigos. Te anuncio, además, que yo, el SEÑOR, te edificaré una casa. 11 Cuando tu vida llegue a su fin y vayas a reunirte con tus antepasados, yo pondré en el trono a uno de tus descendientes, a uno de tus hijos, y afirmaré su reino. 12 Será él quien construya una casa en mi honor, y yo afirmaré su trono para siempre. 13 Yo seré su padre, y él será mi hijo. Jamás le negaré mi amor, como se lo negué a quien reinó antes que tú. 14 Al contrario, para siempre lo estableceré en mi casa y en mi reino, y su trono será firme para siempre." »

15 Natán le comunicó todo esto a David, tal como lo había recibido por revelación.

Oración de David

16 Luego el rey David se presentó ante el SEÑOR y le dijo:

«SEÑOR y Dios, ¿quién soy yo, y qué es mi familia, para que me hayas hecho llegar tan lejos? 17 Como si esto fuera poco, SEÑOR y Dios, has hecho promesas a este siervo tuyo en cuanto al futuro de su dinastía. ¡Me has tratado como si fuera yo un hombre muy importante, SEÑOR y Dios! 18 Id¿Qué más podría yo decir del honor que me has dado, si tú conoces a tu siervo? 19 SEÑOR, tú has hecho todas estas grandes maravillas, por amor a tu siervo y según tu voluntad, y las has dado a conocer. 20 SEÑOR, nosotros mismos hemos aprendido que no hay nadie como tú, y que aparte de ti no hay Dios. 21 ¿Y qué nación se puede comparar con tu pueblo Israel? Es la única nación en la tierra que tú has redimido, para hacerla tu propio pueblo y para dar a conocer tu *nombre. Hiciste prodigios y maravillas cuando al paso de tu pueblo, al cual redimiste de Egipto, expulsaste a las naciones y a sus dioses. 22 Adoptaste a Israel para que fuera tu pueblo para siempre, y para que tú, SEÑOR, fueras su Dios.

23 »Y ahora, SEÑOR, mantén para siempre la promesa que le has hecho a tu siervo y a su dinastía. Cumple tu palabra 24 para que tu nombre permanezca y sea exaltado por siempre, y para que todos digan: "¡El SEÑOR *Todopoderoso es el Dios de Israel!" Entonces la dinastía de tu siervo David quedará establecida en tu presencia.

house to dwell in. 5 I have not dwelt in a house from the day I brought Israel up out of Egypt to this day. I have moved from one tent site to another, from one dwelling place to another. 6 Wherever I have moved with all the Israelites, did I ever say to any of their leaders[m] whom I commanded to shepherd my people, "Why have you not built me a house of cedar?" '

7 "Now then, tell my servant David, 'This is what the LORD Almighty says: I took you from the pasture and from following the flock, to be ruler over my people Israel. 8 I have been with you wherever you have gone, and I have cut off all your enemies from before you. Now I will make your name like the names of the greatest men of the earth. 9 And I will provide a place for my people Israel and will plant them so that they can have a home of their own and no longer be disturbed. Wicked people will not oppress them anymore, as they did at the beginning 10 and have done ever since the time I appointed leaders over my people Israel. I will also subdue all your enemies.

" 'I declare to you that the LORD will build a house for you: 11 When your days are over and you go to be with your fathers, I will raise up your offspring to succeed you, one of your own sons, and I will establish his kingdom. 12 He is the one who will build a house for me, and I will establish his throne forever. 13 I will be his father, and he will be my son. I will never take my love away from him, as I took it away from your predecessor. 14 I will set him over my house and my kingdom forever; his throne will be established forever.' "

15 Nathan reported to David all the words of this entire revelation.

David's Prayer

16 Then King David went in and sat before the LORD, and he said:

"Who am I, O LORD God, and what is my family, that you have brought me this far? 17 And as if this were not enough in your sight, O God, you have spoken about the future of the house of your servant. You have looked on me as though I were the most exalted of men, O LORD God.

18 "What more can David say to you for honoring your servant? For you know your servant, 19 O LORD. For the sake of your servant and according to your will, you have done this great thing and made known all these great promises.

20 "There is no one like you, O LORD, and there is no God but you, as we have heard with our own ears. 21 And who is like your people Israel—the one nation on earth whose God went out to redeem a people for himself, and to make a name for yourself, and to perform great and awesome wonders by driving out nations from before your people, whom you redeemed from Egypt? 22 You made your people Israel your very own forever, and you, O LORD, have become their God.

23 "And now, LORD, let the promise you have made concerning your servant and his house be established forever. Do as you promised, 24 so that it will be established and that your name will be great forever. Then men will say, 'The LORD Almighty, the God over Israel, is Israel's God!' And the house of your servant David will be established before you.

---

25 »Tú, Dios mío, le has revelado a tu siervo el propósito de establecerle una dinastía, y por eso tu siervo se ha atrevido a dirigirte esta súplica. 26 Oh SEÑOR, ¡tú eres Dios y has prometido este favor a tu siervo! 27 Te has dignado bendecir a la familia de tu siervo, de modo que bajo tu protección exista para siempre. Tú, SEÑOR, la has bendecido, y por eso quedará bendita para siempre.»

Victorias de David

18 Pasado algún tiempo, David derrotó a los filisteos y los subyugó, quitándoles el control de la ciudad de Gat y de sus aldeas. 2 También derrotó y sometió a los moabitas, los cuales pasaron a ser vasallos tributarios de David.

3 Además, David derrotó en Jamat a Hadad Ezer, rey de Sobá, cuando éste se dirigía a establecer su dominio sobre la región del río Éufrates. 4 David le capturó mil carros, siete mil jinetes y veinte mil soldados de infantería; también desjarretó los caballos de tiro, aunque dejó los caballos suficientes para cien carros.

5 Luego, cuando los *sirios de Damasco acudieron en auxilio de Hadad Ezer, rey de Sobá, David aniquiló a veintidós mil de ellos. 6 También puso guarniciones en Damasco, de modo que los sirios pasaron a ser vasallos tributarios de David. En todas las campañas de David, el SEÑOR le daba la *victoria.

7 En cuanto a los escudos de oro que llevaban los oficiales de Hadad Ezer, David se apropió de ellos y los trasladó a Jerusalén. 8 Así mismo se apoderó de una gran cantidad de bronce que había en las ciudades de Tébaj f y de Cun, poblaciones de Hadad Ezer. Ése fue el bronce que Salomón usó para hacer la fuente, las columnas y todos los utensilios de bronce.

9 Tou, rey de Jamat, se enteró de que David había derrotado por completo al ejército de Hadad Ezer, rey de Sobá. 10 Como Tou también era enemigo de Hadad Ezer, envió a su hijo Adorán a desearle *bienestar al rey David, y a felicitarlo por haber derrotado a Hadad Ezer en batalla. Y Tou envió toda clase de utensilios de oro, de plata y de bronce, 11 los cuales el rey David consagró al SEÑOR, tal como lo había hecho con toda la plata y el oro que había tomado de las naciones de Edom, Moab, Amón, Filistea y Amalec.

12 Por su parte, Abisay hijo de Sarvia derrotó a los edomitas en el valle de la Sal, y aniquiló a dieciocho mil de ellos. 13 También puso guarniciones en Edom, de modo que los edomitas pasaron a ser vasallos tributarios de David. En todas sus campañas, el SEÑOR le daba la victoria.

Oficiales de David

14 David reinó sobre todo Israel, gobernando al pueblo entero con justicia y rectitud. 15 Joab hijo de Sarvia era general del ejército; Josafat hijo de Ajilud era el secretario; 16 Sadoc hijo de Ajitob y Ajimélec g hijo de Abiatar eran sacerdotes; Savsa era el cronista. 17 Benaías hijo de Joyadá estaba al mando de los soldados quereteos y peleteos, y los hijos de David ocupaban los principales puestos junto al rey.

25 "You, my God, have revealed to your servant that you will build a house for him. So your servant has found courage to pray to you. 26 O LORD, you are God! You have promised these good things to your servant. 27 Now you have been pleased to bless the house of your servant, that it may continue forever in your sight; for you, O LORD, have blessed it, and it will be blessed forever."

David's Victories

18 In the course of time, David defeated the Philistines and subdued them, and he took Gath and its surrounding villages from the control of the Philistines.

2 David also defeated the Moabites, and they became subject to him and brought tribute.

3 Moreover, David fought Hadadezer king of Zobah, as far as Hamath, when he went to establish his control along the Euphrates River. 4 David captured a thousand of his chariots, seven thousand charioteers and twenty thousand foot soldiers. He hamstrung all but a hundred of the chariot horses.

5 When the Arameans of Damascus came to help Hadadezer king of Zobah, David struck down twenty-two thousand of them. 6 He put garrisons in the Aramean kingdom of Damascus, and the Arameans became subject to him and brought tribute. The LORD gave David victory everywhere he went.

7 David took the gold shields carried by the officers of Hadadezer and brought them to Jerusalem. 8 From Tebah n and Cun, towns that belonged to Hadadezer, David took a great quantity of bronze, which Solomon used to make the bronze Sea, the pillars and various bronze articles.

9 When Tou king of Hamath heard that David had defeated the entire army of Hadadezer king of Zobah, 10 he sent his son Hadoram to King David to greet him and congratulate him on his victory in battle over Hadadezer, who had been at war with Tou. Hadoram brought all kinds of articles of gold and silver and bronze.

11 King David dedicated these articles to the LORD, as he had done with the silver and gold he had taken from all these nations: Edom and Moab, the Ammonites and the Philistines, and Amalek.

12 Abishai son of Zeruiah struck down eighteen thousand Edomites in the Valley of Salt. 13 He put garrisons in Edom, and all the Edomites became subject to David. The LORD gave David victory everywhere he went.

David's Officials

14 David reigned over all Israel, doing what was just and right for all his people. 15 Joab son of Zeruiah was over the army; Jehoshaphat son of Ahilud was recorder; 16 Zadok son of Ahitub and Ahimelech o son of Abiathar were priests; Shavsha was secretary; 17 Benaiah son of Jehoiada was over the Kerethites and Pelethites; and David's sons were chief officials at the king's side.

---

f 18:8 Tébaj. Lit. Tibjat (variante de este nombre).
g 18:16 Ajimélec (mss. hebreos, Vulgata y Siríaca; véase 2S 8:17); Abimélec (TM).

n 8 Hebrew Tibhath, a variant of Tebah   o 16 Some Hebrew manuscripts, Vulgate and Syriac (see also 2 Samuel 8:17); most Hebrew manuscripts Abimelech

Guerra contra los amonitas

19 Pasado algún tiempo, murió Najás, rey de los amonitas, y su hijo lo sucedió en el trono. ²Entonces David pensó: «Debo ser leal con Janún hijo de Najás, pues su padre lo fue conmigo.» Así que envió a unos mensajeros para darle el pésame por la muerte de su padre.

Cuando los mensajeros de David llegaron al país de los amonitas para darle el pésame a Janún, ³los jefes de ese pueblo le aconsejaron: «¿Y acaso cree Su Majestad que David ha enviado a estos mensajeros sólo para darle el pésame, y porque quiere honrar a su padre? ¿No será más bien que han venido a espiar y explorar el país para luego destruirlo?» ⁴Entonces Janún mandó que apresaran a los mensajeros de David y que les afeitaran la barba y les rasgaran la ropa por la mitad, a la altura de las nalgas. Y así los despidió.

⁵Los hombres de David se sentían muy avergonzados. Cuando David se enteró de lo que les había pasado, mandó que los recibieran y les dieran este mensaje de su parte: «Quédense en Jericó, y no regresen hasta que les crezca la barba.»

⁶Al darse cuenta Janún y los amonitas de que habían ofendido a David, enviaron treinta y tres mil kilos*ʰ* de plata para contratar carros y jinetes en Aram Najarayin,*ⁱ* en Aram de Macá y en Sobá. ⁷Contrataron treinta y dos mil carros y al rey de Macá con su ejército, que acampó frente a Medeba. Por su parte, los amonitas salieron de sus ciudades y se dispusieron para el combate. ⁸Cuando David lo supo, despachó a Joab con todos los soldados del ejército. ⁹Los amonitas avanzaron hasta la *entrada de su ciudad, pero los reyes que habían venido a reforzarlos se quedaron aparte, en campo abierto.

¹⁰Joab se vio amenazado por el frente y por la retaguardia, así que escogió a las mejores tropas israelitas para pelear contra los *sirios, ¹¹y el resto de las tropas las puso al mando de su hermano Abisay, para que enfrentaran a los amonitas. ¹²A Abisay le ordenó: «Si los sirios pueden más que yo, tú vendrás a rescatarme; y si los amonitas pueden más que tú, yo te rescataré. ¹³¡Ánimo! Luchemos con valor por nuestro pueblo y por las ciudades de nuestro Dios. ¡Y que el Señor haga lo que bien le parezca!»

¹⁴En seguida Joab y sus tropas avanzaron contra los sirios, y éstos huyeron de él. ¹⁵Al ver que los sirios se daban a la fuga, también los amonitas huyeron de Abisay y se refugiaron en la ciudad. Entonces Joab regresó a Jerusalén.

¹⁶Los sirios, al verse derrotados por Israel, enviaron mensajeros para pedir ayuda a los sirios que vivían al otro lado del río Éufrates. Sofac, jefe del ejército de Hadad Ezer, se puso al frente de ellos. ¹⁷Cuando David se enteró de esto, reunió a todo Israel, cruzó el Jordán y tomó posición de batalla contra los sirios. Éstos lo atacaron, ¹⁸pero tuvieron que huir ante los israelitas. David mató a siete mil soldados sirios de caballería y cuarenta mil de infantería; también mató a Sofac, jefe del ejército. ¹⁹Al ver que los sirios habían sido derrotados por los israelitas, todos los vasallos de Hadad Ezer hicieron la paz con David y se sometieron a él. A partir de entonces, los sirios se negaron a ir en auxilio de los amonitas.

The Battle Against the Ammonites

19 In the course of time, Nahash king of the Ammonites died, and his son succeeded him as king. ²David thought, "I will show kindness to Hanun son of Nahash, because his father showed kindness to me." So David sent a delegation to express his sympathy to Hanun concerning his father.

When David's men came to Hanun in the land of the Ammonites to express sympathy to him, ³the Ammonite nobles said to Hanun, "Do you think David is honoring your father by sending men to you to express sympathy? Haven't his men come to you to explore and spy out the country and overthrow it?" ⁴So Hanun seized David's men, shaved them, cut off their garments in the middle at the buttocks, and sent them away.

⁵When someone came and told David about the men, he sent messengers to meet them, for they were greatly humiliated. The king said, "Stay at Jericho till your beards have grown, and then come back."

⁶When the Ammonites realized that they had become a stench in David's nostrils, Hanun and the Ammonites sent a thousand talents*ᵖ* of silver to hire chariots and charioteers from Aram Naharaim,*q* Aram Maacah and Zobah. ⁷They hired thirty-two thousand chariots and charioteers, as well as the king of Maacah with his troops, who came and camped near Medeba, while the Ammonites were mustered from their towns and moved out for battle.

⁸On hearing this, David sent Joab out with the entire army of fighting men. ⁹The Ammonites came out and drew up in battle formation at the entrance to their city, while the kings who had come were by themselves in the open country.

¹⁰Joab saw that there were battle lines in front of him and behind him; so he selected some of the best troops in Israel and deployed them against the Arameans. ¹¹He put the rest of the men under the command of Abishai his brother, and they were deployed against the Ammonites. ¹²Joab said, "If the Arameans are too strong for me, then you are to rescue me; but if the Ammonites are too strong for you, then I will rescue you. ¹³Be strong and let us fight bravely for our people and the cities of our God. The Lord will do what is good in his sight."

¹⁴Then Joab and the troops with him advanced to fight the Arameans, and they fled before him. ¹⁵When the Ammonites saw that the Arameans were fleeing, they too fled before his brother Abishai and went inside the city. So Joab went back to Jerusalem.

¹⁶After the Arameans saw that they had been routed by Israel, they sent messengers and had Arameans brought from beyond the River,*r* with Shophach the commander of Hadadezer's army leading them.

¹⁷When David was told of this, he gathered all Israel and crossed the Jordan; he advanced against them and formed his battle lines opposite them. David formed his lines to meet the Arameans in battle, and they fought against him. ¹⁸But they fled before Israel, and David killed seven thousand of their charioteers and forty thousand of their foot soldiers. He also killed Shophach the commander of their army.

¹⁹When the vassals of Hadadezer saw that they had been defeated by Israel, they made peace with David and became subject to him.

So the Arameans were not willing to help the Ammonites anymore.

ʰ 19:6 treinta y tres mil kilos. Lit. *mil *talentos.*   *ⁱ 19:6 Aram Najarayin.* Es decir, el noroeste de Mesopotamia.

ᵖ 6 That is, about 37 tons (about 34 metric tons)   *q 6* That is, Northwest Mesopotamia   *r 16* That is, the Euphrates

Conquista de Rabá

20 En la primavera, que era la época en que los reyes salían de campaña, Joab sacó el grueso del ejército y devastó el país de los amonitas. Llegó hasta Rabá, la atacó y la destruyó; pero David se quedó en Jerusalén. ²Al rey de los amonitas*ʲ* David le quitó la corona de oro que tenía puesta, la cual pesaba treinta y tres kilos*ᵏ* y estaba adornada con piedras preciosas. Luego se la pusieron a David. Además, David saqueó la ciudad y se llevó un botín inmenso. ³Expulsó de allí a sus habitantes y los puso a trabajar con sierras, rastrillos y hachas. Lo mismo hizo con todos los pueblos de los amonitas, después de lo cual regresó a Jerusalén con todas sus tropas.

Guerra contra los filisteos

⁴Después de esto, hubo una batalla contra los filisteos en Guézer. Fue en esa ocasión cuando Sibecay el jusatita mató a Sipay, descendiente de los gigantes. Así sometieron a los filisteos.

⁵Luego, en otra batalla que hubo contra los filisteos, Eljanán hijo de Yaír mató a Lajmí, hermano de Goliat el guitita, cuya lanza tenía un asta tan grande como el rodillo de un telar.

⁶Hubo una batalla más en Gat. Allí había otro gigante, un hombre altísimo que tenía seis dedos en cada mano y seis en cada pie, es decir, tenía veinticuatro dedos en total. ⁷Éste se puso a desafiar a los israelitas, pero Jonatán hijo de Simá, que era hermano de David, lo mató.

⁸Éstos fueron los descendientes de Rafá el guitita que cayeron a manos de David y de sus oficiales.

David hace un censo militar

21 *Satanás conspiró contra Israel e indujo a David a hacer un censo del pueblo. ²Por eso David les dijo a Joab y a los jefes del pueblo:

—Vayan y hagan un censo militar que abarque desde Berseba hasta Dan, y tráiganme el informe para que yo sepa cuántos pueden servir en el ejército.

³Joab le respondió:

—¡Que el SEÑOR multiplique cien veces a su pueblo! Pero ¿acaso no son todos ellos servidores suyos? ¿Para qué quiere hacer esto Su Majestad? ¿Por qué ha de hacer algo que traiga la desgracia sobre Israel?

⁴Sin embargo, la orden del rey prevaleció sobre la opinión de Joab, de modo que éste salió a recorrer todo el territorio de Israel. Después regresó a Jerusalén ⁵y le entregó a David los resultados del censo militar: En Israel había un millón cien mil que podían servir en el ejército, y en Judá, cuatrocientos setenta mil. ⁶Pero Joab no contó a los de las tribus de Leví ni de Benjamín, porque para él era detestable la orden del rey. ⁷Dios también la consideró como algo malo, por lo cual castigó a Israel.

⁸Entonces David le dijo a Dios: «He cometido un pecado muy grande al hacer este censo. He actuado como un *necio. Yo te ruego que perdones la maldad de tu siervo.»

⁹El SEÑOR le dijo a Gad, el vidente de David: ¹⁰«Anda y dile a David que así dice el SEÑOR: "Te doy a escoger entre estos tres castigos: dime cuál de ellos quieres que te imponga." »

¹¹Gad fue adonde estaba David y le dijo:

—Así dice el SEÑOR: "Elige una de estas tres cosas:

The Capture of Rabbah

20 In the spring, at the time when kings go off to war, Joab led out the armed forces. He laid waste the land of the Ammonites and went to Rabbah and besieged it, but David remained in Jerusalem. Joab attacked Rabbah and left it in ruins. ²David took the crown from the head of their king*ˢ*—its weight was found to be a talent*ᵗ* of gold, and it was set with precious stones—and it was placed on David's head. He took a great quantity of plunder from the city ³and brought out the people who were there, consigning them to labor with saws and with iron picks and axes. David did this to all the Ammonite towns. Then David and his entire army returned to Jerusalem.

War With the Philistines

⁴In the course of time, war broke out with the Philistines, at Gezer. At that time Sibbecai the Hushathite killed Sippai, one of the descendants of the Rephaites, and the Philistines were subjugated.

⁵In another battle with the Philistines, Elhanan son of Jair killed Lahmi the brother of Goliath the Gittite, who had a spear with a shaft like a weaver's rod.

⁶In still another battle, which took place at Gath, there was a huge man with six fingers on each hand and six toes on each foot—twenty-four in all. He also was descended from Rapha. ⁷When he taunted Israel, Jonathan son of Shimea, David's brother, killed him.

⁸These were descendants of Rapha in Gath, and they fell at the hands of David and his men.

David Numbers the Fighting Men

21 Satan rose up against Israel and incited David to take a census of Israel. ²So David said to Joab and the commanders of the troops, "Go and count the Israelites from Beersheba to Dan. Then report back to me so that I may know how many there are."

³But Joab replied, "May the LORD multiply his troops a hundred times over. My lord the king, are they not all my lord's subjects? Why does my lord want to do this? Why should he bring guilt on Israel?"

⁴The king's word, however, overruled Joab; so Joab left and went throughout Israel and then came back to Jerusalem. ⁵Joab reported the number of the fighting men to David: In all Israel there were one million one hundred thousand men who could handle a sword, including four hundred and seventy thousand in Judah. ⁶But Joab did not include Levi and Benjamin in the numbering, because the king's command was repulsive to him. ⁷This command was also evil in the sight of God; so he punished Israel.

⁸Then David said to God, "I have sinned greatly by doing this. Now, I beg you, take away the guilt of your servant. I have done a very foolish thing."

⁹The LORD said to Gad, David's seer, ¹⁰"Go and tell David, 'This is what the LORD says: I am giving you three options. Choose one of them for me to carry out against you.' "

¹¹So Gad went to David and said to him, "This is

ʲ 20:2 al rey de los amonitas. Alt. a Milcón (es decir, el dios Moloc).   ᵏ 20:2 treinta y tres kilos. Lit. un *talento.

ˢ 2 Or of Milcom, that is, Molech (about 34 kilograms)   ᵗ 2 That is, about 75 pounds

12 tres años de hambre, o tres meses de persecución y derrota por la espada de tus enemigos, o tres días en los cuales el SEÑOR castigará con peste el país, y su ángel causará estragos en todos los rincones de Israel." Piénsalo bien y dime qué debo responderle al que me ha enviado.

13 —¡Estoy entre la espada y la pared! —respondió David—. Pero es mejor que yo caiga en las manos del SEÑOR, porque su amor es muy grande, y no que caiga en las manos de los *hombres.

14 Por lo tanto, el SEÑOR mandó contra Israel una peste, y murieron setenta mil israelitas. 15 Luego envió un ángel a Jerusalén para destruirla. Y al ver el SEÑOR que el ángel la destruía, se arrepintió del castigo y le dijo al ángel destructor: «¡Basta! ¡Detén tu mano!» En ese momento, el ángel del SEÑOR se hallaba junto a la parcela de Ornán el jebuseo.

16 David alzó la vista y vio que el ángel del SEÑOR estaba entre la tierra y el cielo, con una espada desenvainada en la mano que apuntaba hacia Jerusalén. Entonces David y los *ancianos, vestidos de luto, se postraron sobre su rostro. 17 Y David le dijo a Dios: «SEÑOR y Dios mío, ¿acaso no fui yo el que dio la orden de censar al pueblo? ¿Qué culpa tienen estas ovejas? ¡Soy yo el que ha pecado! ¡He actuado muy mal! ¡Descarga tu mano sobre mí y sobre mi familia, pero no sigas hiriendo a tu pueblo!»

David construye un altar

18 Entonces el ángel del SEÑOR le dijo a Gad: «Dile a David que vaya y construya un altar para el SEÑOR en la parcela de Ornán el jebuseo.» 19 David se puso en camino, conforme a la palabra que Gad le dio en *nombre del SEÑOR.

20 Ornán se encontraba trillando y, al mirar hacia atrás, vio al ángel. Los cuatro hijos que estaban con él corrieron a esconderse. 21 Al ver Ornán que David se acercaba a su parcela, salió a recibirlo y se postró delante de él. 22 David le dijo:

—Véndeme una parte de esta parcela para construirle un altar al SEÑOR, a fin de que se detenga la plaga que está afligiendo al pueblo. Véndemela por su verdadero precio.

23 Ornán le contestó a David:

—Su Majestad, yo se la regalo, para que haga usted en ella lo que mejor le parezca. Yo mismo le daré los bueyes para los *holocaustos, los trillos para la leña y el trigo para la ofrenda de cereal. Todo se lo regalo.

24 Pero el rey David le respondió a Ornán:

—Eso no puede ser. No tomaré lo que es tuyo para dárselo al SEÑOR, ni le ofreceré un holocausto que nada me cueste. Te lo compraré todo por su verdadero precio.

25 Fue así como David le dio a Ornán seiscientas monedas¹ de oro por aquel lugar. 26 Allí construyó un altar al SEÑOR y le ofreció holocaustos y sacrificios de *comunión. Luego oró al SEÑOR, y en respuesta Dios envió fuego del cielo sobre el altar del holocausto.

27 Entonces el SEÑOR le ordenó al ángel que envainara su espada. 28 Al ver David que el SEÑOR le había respondido, le ofreció sacrificios. 29 En aquel tiempo, tanto el santuario del SEÑOR que Moisés hizo en el desierto como el altar del holocausto se encontraban en el santuario de Gabaón. 30 Pero David no fue a consultar al SEÑOR a ese lugar porque, por causa de la espada del ángel del SEÑOR, estaba aterrorizado.

what the LORD says: 'Take your choice: 12 three years of famine, three months of being swept away[u] before your enemies, with their swords overtaking you, or three days of the sword of the LORD—days of plague in the land, with the angel of the LORD ravaging every part of Israel.' Now then, decide how I should answer the one who sent me."

13 David said to Gad, "I am in deep distress. Let me fall into the hands of the LORD, for his mercy is very great; but do not let me fall into the hands of men."

14 So the LORD sent a plague on Israel, and seventy thousand men of Israel fell dead. 15 And God sent an angel to destroy Jerusalem. But as the angel was doing so, the LORD saw it and was grieved because of the calamity and said to the angel who was destroying the people, "Enough! Withdraw your hand." The angel of the LORD was then standing at the threshing floor of Araunah[v] the Jebusite.

16 David looked up and saw the angel of the LORD standing between heaven and earth, with a drawn sword in his hand extended over Jerusalem. Then David and the elders, clothed in sackcloth, fell facedown.

17 David said to God, "Was it not I who ordered the fighting men to be counted? I am the one who has sinned and done wrong. These are but sheep. What have they done? O LORD my God, let your hand fall upon me and my family, but do not let this plague remain on your people."

18 Then the angel of the LORD ordered Gad to tell David to go up and build an altar to the LORD on the threshing floor of Araunah the Jebusite. 19 So David went up in obedience to the word that Gad had spoken in the name of the LORD.

20 While Araunah was threshing wheat, he turned and saw the angel; his four sons who were with him hid themselves. 21 Then David approached, and when Araunah looked and saw him, he left the threshing floor and bowed down before David with his face to the ground.

22 David said to him, "Let me have the site of your threshing floor so I can build an altar to the LORD, that the plague on the people may be stopped. Sell it to me at the full price."

23 Araunah said to David, "Take it! Let my lord the king do whatever pleases him. Look, I will give the oxen for the burnt offerings, the threshing sledges for the wood, and the wheat for the grain offering. I will give all this."

24 But King David replied to Araunah, "No, I insist on paying the full price. I will not take for the LORD what is yours, or sacrifice a burnt offering that costs me nothing."

25 So David paid Araunah six hundred shekels[w] of gold for the site. 26 David built an altar to the LORD there and sacrificed burnt offerings and fellowship offerings.[x] He called on the LORD, and the LORD answered him with fire from heaven on the altar of burnt offering.

27 Then the LORD spoke to the angel, and he put his sword back into its sheath. 28 At that time, when David saw that the LORD had answered him on the threshing floor of Araunah the Jebusite, he offered sacrifices there. 29 The tabernacle of the LORD, which Moses had made in the desert, and the altar of burnt offering were at that time on the high place at Gibeon. 30 But David could not go before it to inquire of God, because he was afraid of the sword of the angel of the LORD.

---

u 12 Hebrew; Septuagint and Vulgate (see also 2 Samuel 24:13) of fleeing   v 15 Hebrew Ornan, a variant of Araunah; also in verses 18-28   w 25 That is, about 15 pounds (about 7 kilograms)   x 26 Traditionally peace offerings

22 Entonces dijo David: «Aquí se levantará el templo de Dios el SEÑOR, y también el altar donde Israel ofrecerá el holocausto.»

Preparativos para el templo

2 Luego David ordenó que se reuniera a los extranjeros que vivían en territorio israelita. De entre ellos nombró canteros que labraran piedras para la construcción del templo de Dios. 3 Además, David juntó mucho hierro para los clavos y las bisagras de las puertas, y bronce en abundancia. 4 También amontonó mucha madera de cedro, pues los habitantes de Sidón y de Tiro le habían traído madera de cedro en abundancia.

5 «Mi hijo Salomón —pensaba David— es muy joven e inexperto, y el templo que hay que construir para el SEÑOR debe ser el más grande y famoso de toda la tierra; por eso lo dejaré todo listo.» Así que antes de morir, David dejó todo listo.

6 Luego llamó a su hijo Salomón y le encargó construir el templo para el SEÑOR, Dios de Israel. 7 David le dijo a Salomón: «Hijo mío, yo tenía la intención de construir un templo para honrar al SEÑOR mi Dios. 8 Pero el SEÑOR me dijo: "Ante mis propios ojos has derramado mucha sangre y has hecho muchas guerras en la tierra; por eso no serás tú quien me construya un templo. 9 Pero tendrás un hijo que será un hombre pacífico; yo haré que los países vecinos que sean sus enemigos lo dejen en *paz; por eso se llamará Salomón.*m* Durante su reinado, yo le daré a Israel paz y tranquilidad. 10 Él será quien me construya un templo. Él será para mí como un hijo, y yo seré para él como un padre. Yo afirmaré para siempre el trono de su reino en Israel."

11 »Ahora, hijo mío, que el SEÑOR tu Dios te ayude a construir su templo, tal como te lo ha prometido. 12 Que te dé prudencia y sabiduría para que, cuando estés al frente de Israel, obedezcas su *ley. Él es el SEÑOR tu Dios. 13 Si cumples las leyes y normas que el SEÑOR le entregó a Israel por medio de Moisés, entonces te irá bien. ¡Sé fuerte y valiente! ¡No tengas miedo ni te desanimes!

14 »Mira, con mucho esfuerzo he logrado conseguir para el templo del SEÑOR tres mil trescientas toneladas de oro, treinta y tres mil toneladas de plata*n* y una incontable cantidad de bronce y de hierro. Además, he conseguido madera y piedra, pero tú debes adquirir más. 15 También cuentas con una buena cantidad de obreros: canteros, albañiles, carpinteros, y expertos en toda clase de trabajos 16 en oro, plata, bronce y hierro. Así que, ¡pon manos a la obra, y que el SEÑOR te acompañe!»

17 Después David les ordenó a todos los jefes de Israel que colaboraran con su hijo Salomón. 18 Les dijo: «El SEÑOR su Dios está con ustedes, y les ha dado paz en todo lugar. Él ha entregado en mi poder a los habitantes de la región, y éstos han quedado sometidos al SEÑOR y a su pueblo. 19 Ahora, pues, busquen al SEÑOR su Dios de todo *corazón y con toda el *alma. Comiencen la construcción del santuario de Dios el SEÑOR, para que trasladen el arca del *pacto y los utensilios sagrados al templo que se construirá en su honor.»

22 Then David said, "The house of the LORD God is to be here, and also the altar of burnt offering for Israel."

Preparations for the Temple

2 So David gave orders to assemble the aliens living in Israel, and from among them he appointed stonecutters to prepare dressed stone for building the house of God. 3 He provided a large amount of iron to make nails for the doors of the gateways and for the fittings, and more bronze than could be weighed. 4 He also provided more cedar logs than could be counted, for the Sidonians and Tyrians had brought large numbers of them to David.

5 David said, "My son Solomon is young and inexperienced, and the house to be built for the LORD should be of great magnificence and fame and splendor in the sight of all the nations. Therefore I will make preparations for it." So David made extensive preparations before his death.

6 Then he called for his son Solomon and charged him to build a house for the LORD, the God of Israel. 7 David said to Solomon: "My son, I had it in my heart to build a house for the Name of the LORD my God. 8 But this word of the LORD came to me: 'You have shed much blood and have fought many wars. You are not to build a house for my Name, because you have shed much blood on the earth in my sight. 9 But you will have a son who will be a man of peace and rest, and I will give him rest from all his enemies on every side. His name will be Solomon,*y* and I will grant Israel peace and quiet during his reign. 10 He is the one who will build a house for my Name. He will be my son, and I will be his father. And I will establish the throne of his kingdom over Israel forever.'

11 "Now, my son, the LORD be with you, and may you have success and build the house of the LORD your God, as he said you would. 12 May the LORD give you discretion and understanding when he puts you in command over Israel, so that you may keep the law of the LORD your God. 13 Then you will have success if you are careful to observe the decrees and laws that the LORD gave Moses for Israel. Be strong and courageous. Do not be afraid or discouraged.

14 "I have taken great pains to provide for the temple of the LORD a hundred thousand talents*z* of gold, a million talents*a* of silver, quantities of bronze and iron too great to be weighed, and wood and stone. And you may add to them. 15 You have many workmen: stonecutters, masons and carpenters, as well as men skilled in every kind of work 16 in gold and silver, bronze and iron—craftsmen beyond number. Now begin the work, and the LORD be with you."

17 Then David ordered all the leaders of Israel to help his son Solomon. 18 He said to them, "Is not the LORD your God with you? And has he not granted you rest on every side? For he has handed the inhabitants of the land over to me, and the land is subject to the LORD and to his people. 19 Now devote your heart and soul to seeking the LORD your God. Begin to build the sanctuary of the LORD God, so that you may bring the ark of the covenant of the LORD and the sacred articles belonging to God into the temple that will be built for the Name of the LORD."

---

m 22:9 En hebreo, *Salomón* suena como la palabra que significa *paz.*
n 22:14 tres mil trescientas ... plata. Lit. cien mil *talentos de oro, un millón de talentos de plata.*

y 9 *Solomon* sounds like and may be derived from the Hebrew for *peace.* *z 14* That is, about 3,750 tons (about 3,450 metric tons) *a 14* That is, about 37,500 tons (about 34,500 metric tons)

Los levitas

23 David era muy anciano cuando declaró a su hijo Salomón rey de Israel. [2] Reunió a todos los jefes de Israel, y a los sacerdotes y levitas. [3] Entonces contaron a los levitas que tenían más de treinta años, y resultó que eran en total treinta y ocho mil hombres. [4] De éstos, veinticuatro mil estaban a cargo del trabajo del templo del SEÑOR, seis mil eran oficiales y jueces, [5] cuatro mil eran porteros, y los otros cuatro mil estaban encargados de alabar al SEÑOR con los instrumentos musicales que David había ordenado hacer[ñ] para ese propósito.

[6] David dividió a los levitas en grupos de acuerdo con el número de los hijos de Leví, que fueron Guersón, Coat y Merari.

Los guersonitas

[7] De los guersonitas: Ladán y Simí.

[8] Los hijos de Ladán fueron tres: Jehiel, el mayor, Zetán y Joel.

[9] Simí también tuvo tres hijos: Selomit, Jaziel y Jarán. Éstos fueron los jefes de las familias patriarcales de Ladán.

[10] Los hijos de Simí fueron cuatro: Yajat, Ziza,[o] Jeús y Beriá. Éstos fueron los hijos de Simí. [11] Yajat era el mayor y Ziza, el segundo. Como Jeús y Beriá no tuvieron muchos hijos, se les contó como una sola familia y se les dio un mismo cargo.

Los coatitas

[12] Los hijos de Coat fueron cuatro: Amirán, Izar, Hebrón y Uziel.

[13] Los hijos de Amirán fueron Aarón y Moisés. Aarón y sus descendientes fueron los escogidos para presentar las ofrendas *santas, quemar el incienso, servir al SEÑOR y pronunciar la bendición en su *nombre. [14] A Moisés, hombre de Dios, y a sus hijos se les incluyó en la tribu de Leví.

[15] Los hijos de Moisés fueron Guersón y Eliezer.

[16] Sebuel fue el primero de los descendientes de Guersón.

[17] Eliezer no tuvo sino un solo hijo, que fue Rejabías, pero éste sí tuvo muchos hijos.

[18] El primer hijo de Izar fue Selomit.

[19] El primer hijo de Hebrón fue Jerías; el segundo, Amarías; el tercero, Jahaziel, y el cuarto, Jecamán.

[20] El primer hijo de Uziel fue Micaías, y el segundo, Isías.

Los meraritas

[21] Los hijos de Merari fueron Majlí y Musí.
Los hijos de Majlí fueron Eleazar y Quis.

[22] Eleazar murió sin tener hijos: solamente tuvo hijas. Éstas se casaron con sus primos, los hijos de Quis.

The Levites

23 When David was old and full of years, he made his son Solomon king over Israel.

[2] He also gathered together all the leaders of Israel, as well as the priests and Levites. [3] The Levites thirty years old or more were counted, and the total number of men was thirty-eight thousand. [4] David said, "Of these, twenty-four thousand are to supervise the work of the temple of the LORD and six thousand are to be officials and judges. [5] Four thousand are to be gatekeepers and four thousand are to praise the LORD with the musical instruments I have provided for that purpose."

[6] David divided the Levites into groups corresponding to the sons of Levi: Gershon, Kohath and Merari.

Gershonites

[7] Belonging to the Gershonites:
Ladan and Shimei.

[8] The sons of Ladan:
Jehiel the first, Zetham and Joel—three in all.

[9] The sons of Shimei:
Shelomoth, Haziel and Haran—three in all.
These were the heads of the families of Ladan.

[10] And the sons of Shimei:
Jahath, Ziza,[b] Jeush and Beriah.
These were the sons of Shimei—four in all.

[11] Jahath was the first and Ziza the second, but Jeush and Beriah did not have many sons; so they were counted as one family with one assignment.

Kohathites

[12] The sons of Kohath:
Amram, Izhar, Hebron and Uzziel—four in all.

[13] The sons of Amram:
Aaron and Moses.
Aaron was set apart, he and his descendants forever, to consecrate the most holy things, to offer sacrifices before the LORD, to minister before him and to pronounce blessings in his name forever. [14] The sons of Moses the man of God were counted as part of the tribe of Levi.

[15] The sons of Moses:
Gershom and Eliezer.

[16] The descendants of Gershom:
Shubael was the first.

[17] The descendants of Eliezer:
Rehabiah was the first.
Eliezer had no other sons, but the sons of Rehabiah were very numerous.

[18] The sons of Izhar:
Shelomith was the first.

[19] The sons of Hebron:
Jeriah the first, Amariah the second, Jahaziel the third and Jekameam the fourth.

[20] The sons of Uzziel:
Micah the first and Isshiah the second.

Merarites

[21] The sons of Merari:
Mahli and Mushi.
The sons of Mahli:
Eleazar and Kish.

[22] Eleazar died without having sons: he had only daughters. Their cousins, the sons of Kish, married them.

ñ 23:5   *que David había ordenado hacer*. Lit. *que yo hice*.

o 23:10   *Ziza* (un ms. hebreo, LXX y Vulgata; véase v. 11); *Ziná* (TM).

b 10   One Hebrew manuscript, Septuagint and Vulgate (see also verse 11); most Hebrew manuscripts *Zina*

23 Musí tuvo tres hijos: Majlí, Edar y Jeremot.

24 Éstos fueron los descendientes de Leví por sus familias patriarcales. El censo los registró por nombre como jefes de sus familias patriarcales. Éstos prestaban servicio en el templo del SEÑOR, y eran mayores de veinte años.

25 David dijo: «Desde que el SEÑOR, Dios de Israel, estableció a su pueblo y estableció su residencia para siempre en Jerusalén, 26 los levitas ya no tienen que cargar el santuario ni los utensilios que se usan en el culto.»

27 De acuerdo con las últimas disposiciones de David, fueron censados los levitas mayores de veinte años, 28 y su función consistía en ayudar a los descendientes de Aarón en el servicio del templo del SEÑOR. Eran los responsables de los atrios, de los cuartos y de la *purificación de todas las cosas *santas; en fin, de todo lo relacionado con el servicio del templo de Dios. 29 También estaban encargados del *pan de la Presencia, de la harina para las ofrendas de cereales, de las hojuelas sin levadura, de las ofrendas fritas en sartén o cocidas, y de todas las medidas de capacidad y de longitud. 30 Cada mañana y cada tarde debían estar presentes para agradecer y alabar al SEÑOR. 31 Así mismo, debían ofrecer todos los *holocaustos que se presentaban al SEÑOR los *sábados y los días de luna nueva, y durante las otras fiestas. Así que siempre servían al SEÑOR, según el número y la función que se les asignaba. 32 De modo que tenían a su cargo el cuidado de la *Tienda de reunión y del santuario. El servicio que realizaban en el templo del SEÑOR quedaba bajo las órdenes de sus hermanos, los descendientes de Aarón.

Organización del servicio sacerdotal

24 Los descendientes de Aarón se organizaron de la siguiente manera:

Los hijos de Aarón fueron Nadab, Abiú, Eleazar e Itamar. 2 Nadab y Abiú murieron antes que su padre, y no tuvieron hijos, así que Eleazar e Itamar ejercieron el sacerdocio.

3 Con la ayuda de Sadoc, descendiente de Eleazar, y de Ajimélec, descendiente de Itamar, David organizó a los sacerdotes por turnos para el desempeño de sus funciones. 4 Como había más jefes entre los descendientes de Eleazar que entre los de Itamar, los organizaron así: dieciséis jefes de las familias patriarcales de los descendientes de Eleazar, y ocho jefes de los descendientes de Itamar. 5 La distribución se hizo por sorteo, pues tanto los descendientes de Eleazar como los de Itamar tenían oficiales del santuario y oficiales de Dios. 6 El cronista Semaías hijo de Natanael, que era levita, registró sus nombres en presencia del rey y de los oficiales, del sacerdote Sadoc, de Ajimélec hijo de Abiatar, de los jefes de las familias patriarcales de los sacerdotes y de los levitas. La suerte se echó dos veces por la familia de Eleazar y una vez por la familia de Itamar.

7 La primera suerte le tocó a Joyarib;
la segunda, a Jedaías;
8 la tercera, a Jarín;
la cuarta, a Seorín;
9 la quinta, a Malquías;
la sexta, a Mijamín;
10 la séptima, a Cos;
la octava, a Abías;
11 la novena, a Jesúa;
la décima, a Secanías;

23 The sons of Mushi:
Mahli, Eder and Jerimoth—three in all.

24 These were the descendants of Levi by their families—the heads of families as they were registered under their names and counted individually, that is, the workers twenty years old or more who served in the temple of the LORD. 25 For David had said, "Since the LORD, the God of Israel, has granted rest to his people and has come to dwell in Jerusalem forever, 26 the Levites no longer need to carry the tabernacle or any of the articles used in its service." 27 According to the last instructions of David, the Levites were counted from those twenty years old or more.

28 The duty of the Levites was to help Aaron's descendants in the service of the temple of the LORD: to be in charge of the courtyards, the side rooms, the purification of all sacred things and the performance of other duties at the house of God. 29 They were in charge of the bread set out on the table, the flour for the grain offerings, the unleavened wafers, the baking and the mixing, and all measurements of quantity and size. 30 They were also to stand every morning to thank and praise the LORD. They were to do the same in the evening 31 and whenever burnt offerings were presented to the LORD on Sabbaths and at New Moon festivals and at appointed feasts. They were to serve before the LORD regularly in the proper number and in the way prescribed for them.

32 And so the Levites carried out their responsibilities for the Tent of Meeting, for the Holy Place and, under their brothers the descendants of Aaron, for the service of the temple of the LORD.

The Divisions of Priests

24 These were the divisions of the sons of Aaron:
The sons of Aaron were Nadab, Abihu, Eleazar and Ithamar. 2 But Nadab and Abihu died before their father did, and they had no sons; so Eleazar and Ithamar served as the priests. 3 With the help of Zadok a descendant of Eleazar and Ahimelech a descendant of Ithamar, David separated them into divisions for their appointed order of ministering. 4 A larger number of leaders were found among Eleazar's descendants than among Ithamar's, and they were divided accordingly: sixteen heads of families from Eleazar's descendants and eight heads of families from Ithamar's descendants. 5 They divided them impartially by drawing lots, for there were officials of the sanctuary and officials of God among the descendants of both Eleazar and Ithamar.

6 The scribe Shemaiah son of Nethanel, a Levite, recorded their names in the presence of the king and of the officials: Zadok the priest, Ahimelech son of Abiathar and the heads of families of the priests and of the Levites—one family being taken from Eleazar and then one from Ithamar.

7 The first lot fell to Jehoiarib,
the second to Jedaiah,
8 the third to Harim,
the fourth to Seorim,
9 the fifth to Malkijah,
the sixth to Mijamin,
10 the seventh to Hakkoz,
the eighth to Abijah,
11 the ninth to Jeshua,
the tenth to Shecaniah,

¹²la undécima, a Eliasib;
la duodécima, a Yaquín;
¹³la decimotercera, a Hupá;
la decimocuarta, a Jesebab;
¹⁴la decimoquinta, a Bilgá;
la decimosexta, a Imer;
¹⁵la decimoséptima, a Hezir;
la decimoctava, a Afsés;
¹⁶la decimonovena, a Petaías;
la vigésima, a Ezequiel;
¹⁷la vigesimoprimera, a Jaquín;
la vigesimosegunda, a Gamul;
¹⁸la vigesimotercera, a Delaías;
la vigesimocuarta, a Maazías.

¹⁹Así fue como se organizaron los turnos para el servicio en el templo del SEÑOR, tal como el SEÑOR, Dios de Israel, lo había ordenado por medio de Aarón, antepasado de ellos.

El resto de los levitas

²⁰La siguiente es la lista del resto de los descendientes de Leví:
de los descendientes de Amirán, Subael;
de los descendientes de Subael, Jehedías;
²¹de los descendientes de Rejabías, Isías, el hijo mayor;
²²de los descendientes de Izar, Selomot;
de los descendientes de Selomot, Yajat.
²³De los hijos de Hebrón: el primero,^p Jerías; el segundo, Amarías; el tercero, Jahaziel, y el cuarto, Jecamán.
²⁴De los descendientes de Uziel, Micaías;
de los descendientes de Micaías, Samir;
²⁵Isías, hermano de Micaías;
de los descendientes de Isías, Zacarías;
²⁶de los descendientes de Merari, Majlí y Musí;
Benó, hijo de Jazías.
²⁷De entre los descendientes de Merari:
de Jazías: Benó, Soján, Zacur e Ibrí;
²⁸de Majlí: Eleazar, quien no tuvo hijos;
²⁹de Quis: su hijo Jeramel;
³⁰y los hijos de Musí: Majlí, Edar y Jeremot.

Éstos eran los hijos de los levitas por sus familias patriarcales. ³¹Al igual que a sus hermanos los descendientes de Aarón, también a ellos los repartieron por sorteo en presencia del rey David y de Sadoc, de Ajimélec y de los jefes de las familias patriarcales de los sacerdotes y de los levitas. A las familias de los hermanos mayores las trataron de la misma manera que a las de los hermanos menores.

Organización de los músicos

25 Para el ministerio de la música, David y los comandantes del ejército apartaron a los hijos de Asaf, Hemán y Jedutún, los cuales profetizaban acompañándose de arpas, liras y címbalos. Ésta es la lista de los que fueron apartados para el servicio:

²De los hijos de Asaf: Zacur, José, Netanías y Asarela. A éstos los dirigía Asaf, quien profetizaba bajo las órdenes del rey.

¹²the eleventh to Eliashib,
the twelfth to Jakim,
¹³the thirteenth to Huppah,
the fourteenth to Jeshebeab,
¹⁴the fifteenth to Bilgah,
the sixteenth to Immer,
¹⁵the seventeenth to Hezir,
the eighteenth to Happizzez,
¹⁶the nineteenth to Pethahiah,
the twentieth to Jehezkel,
¹⁷the twenty-first to Jakin,
the twenty-second to Gamul,
¹⁸the twenty-third to Delaiah
and the twenty-fourth to Maaziah.

¹⁹This was their appointed order of ministering when they entered the temple of the LORD, according to the regulations prescribed for them by their forefather Aaron, as the LORD, the God of Israel, had commanded him.

The Rest of the Levites

²⁰As for the rest of the descendants of Levi:
from the sons of Amram: Shubael;
from the sons of Shubael: Jehdeiah.
²¹As for Rehabiah, from his sons:
Isshiah was the first.
²²From the Izharites: Shelomoth;
from the sons of Shelomoth: Jahath.
²³The sons of Hebron: Jeriah the first,^c Amariah the second, Jahaziel the third and Jekameam the fourth.
²⁴The son of Uzziel: Micah;
from the sons of Micah: Shamir.
²⁵The brother of Micah: Isshiah;
from the sons of Isshiah: Zechariah.
²⁶The sons of Merari: Mahli and Mushi.
The son of Jaaziah: Beno.
²⁷The sons of Merari:
from Jaaziah: Beno, Shoham, Zaccur and Ibri.
²⁸From Mahli: Eleazar, who had no sons.
²⁹From Kish: the son of Kish:
Jerahmeel.
³⁰And the sons of Mushi: Mahli, Eder and Jerimoth.

These were the Levites, according to their families. ³¹They also cast lots, just as their brothers the descendants of Aaron did, in the presence of King David and of Zadok, Ahimelech, and the heads of families of the priests and of the Levites. The families of the oldest brother were treated the same as those of the youngest.

The Singers

25 David, together with the commanders of the army, set apart some of the sons of Asaph, Heman and Jeduthun for the ministry of prophesying, accompanied by harps, lyres and cymbals. Here is the list of the men who performed this service:

²From the sons of Asaph:
Zaccur, Joseph, Nethaniah and Asarelah. The sons of Asaph were under the supervision of Asaph, who prophesied under the king's supervision.

---

^p24:23 *Hebrón: el primero* (2 mss. hebreos; véanse mss. de LXX y 1Cr 23:19); TM no incluye esta frase.

^c23 Two Hebrew manuscripts and some Septuagint manuscripts (see also 1 Chron. 23:19); most Hebrew manuscripts *The sons of Jeriah:*

3 De Jedutún, sus seis hijos: Guedalías, Zeri, Isaías, Simí,*q* Jasabías y Matatías. A éstos los dirigía su padre Jedutún, quien al son del arpa profetizaba para dar gracias y alabar al SEÑOR.

4 De los hijos de Hemán: Buquías, Matanías, Uziel, Sebuel, Jeremot, Jananías, Jananí, Eliatá, Guidalti, Romanti Ezer, Josbecasa, Malotí, Hotir y Mahaziot. 5 Todos éstos fueron hijos de Hemán, vidente del rey, y con la palabra de Dios exaltaban su poder.*r* Dios le dio a Hemán catorce hijos y tres hijas.

6 Su padre los dirigía en el culto del templo del SEÑOR, cuando cantaban acompañados de címbalos, liras y arpas. Asaf, Jedutún y Hemán estaban bajo las órdenes del rey. 7 Ellos eran en total doscientos ochenta y ocho, incluyendo a sus demás compañeros, y habían sido instruidos para cantarle al SEÑOR.

8 Para asignarles sus turnos se echaron suertes, sin hacer distinción entre menores y mayores, ni entre maestros y discípulos.

9 La primera suerte le tocó a José el asafita;
    la segunda le tocó a Guedalías, junto con sus hermanos y sus hijos, doce en total.

10 La tercera, a Zacur, junto con sus hijos y hermanos, doce en total.

11 La cuarta, a Izri, junto con sus hijos y hermanos, doce en total.

12 La quinta, a Netanías, junto con sus hijos y hermanos, doce en total.

13 La sexta, a Buquías, junto con sus hijos y hermanos, doce en total.

14 La séptima, a Jesarela, junto con sus hijos y hermanos, doce en total.

15 La octava, a Isaías, junto con sus hijos y hermanos, doce en total.

16 La novena, a Matanías, junto con sus hijos y hermanos, doce en total.

17 La décima, a Simí, junto con sus hijos y hermanos, doce en total.

18 La undécima, a Azarel, junto con sus hijos y hermanos, doce en total.

19 La duodécima, a Jasabías, junto con sus hijos y hermanos, doce en total.

20 La decimotercera, a Subael, junto con sus hijos y hermanos, doce en total.

21 La decimocuarta, a Matatías, junto con sus hijos y hermanos, doce en total.

22 La decimoquinta, a Jeremot, junto con sus hijos y hermanos, doce en total.

23 La decimosexta, a Jananías, junto con sus hijos y hermanos, doce en total.

24 La decimoséptima, a Josbecasa, junto con sus hijos y hermanos, doce en total.

25 La decimoctava, a Jananí, junto con sus hijos y hermanos, doce en total.

26 La decimonovena, a Malotí, junto con sus hijos y hermanos, doce en total.

27 La vigésima, a Eliatá, junto con sus hijos y hermanos, doce en total.

28 La vigesimoprimera, a Hotir, junto con sus hijos y hermanos, doce en total.

3 As for Jeduthun, from his sons:
    Gedaliah, Zeri, Jeshaiah, Shimei,*d* Hashabiah and Mattithiah, six in all, under the supervision of their father Jeduthun, who prophesied, using the harp in thanking and praising the LORD.

4 As for Heman, from his sons:
    Bukkiah, Mattaniah, Uzziel, Shubael and Jerimoth; Hananiah, Hanani, Eliathah, Giddalti and Romamti-Ezer; Joshbekashah, Mallothi, Hothir and Mahazioth. 5 All these were sons of Heman the king's seer. They were given him through the promises of God to exalt him.*e* God gave Heman fourteen sons and three daughters.

6 All these men were under the supervision of their fathers for the music of the temple of the LORD, with cymbals, lyres and harps, for the ministry at the house of God. Asaph, Jeduthun and Heman were under the supervision of the king. 7 Along with their relatives— all of them trained and skilled in music for the LORD— they numbered 288. 8 Young and old alike, teacher as well as student, cast lots for their duties.

9 The first lot, which was for Asaph, fell to Joseph,
    his sons and relatives,*f*   12*g*
the second to Gedaliah,
    he and his relatives and sons,   12
10 the third to Zaccur,
    his sons and relatives,   12
11 the fourth to Izri,*h*
    his sons and relatives,   12
12 the fifth to Nethaniah,
    his sons and relatives,   12
13 the sixth to Bukkiah,
    his sons and relatives,   12
14 the seventh to Jesarelah,*i*
    his sons and relatives,   12
15 the eighth to Jeshaiah,
    his sons and relatives,   12
16 the ninth to Mattaniah,
    his sons and relatives,   12
17 the tenth to Shimei,
    his sons and relatives,   12
18 the eleventh to Azarel,*j*
    his sons and relatives,   12
19 the twelfth to Hashabiah,
    his sons and relatives,   12
20 the thirteenth to Shubael,
    his sons and relatives,   12
21 the fourteenth to Mattithiah,
    his sons and relatives,   12
22 the fifteenth to Jerimoth,
    his sons and relatives,   12
23 the sixteenth to Hananiah,
    his sons and relatives,   12
24 the seventeenth to Joshbekashah,
    his sons and relatives,   12
25 the eighteenth to Hanani,
    his sons and relatives,   12
26 the nineteenth to Mallothi,
    his sons and relatives,   12
27 the twentieth to Eliathah,
    his sons and relatives,   12
28 the twenty-first to Hothir,
    his sons and relatives,   12

---

d 3 One Hebrew manuscript and some Septuagint manuscripts (see also verse 17); most Hebrew manuscripts do not have *Shimei.*
e 5 Hebrew *exalt the horn*   *f 9* See Septuagint; Hebrew does not have *his sons and relatives.*   *g 9* See the total in verse 7; Hebrew does not have *twelve.*   *h 11* A variant of *Zeri*   *i 14* A variant of *Asarelah*   *j 18* A variant of *Uzziel*

---

q 25:3 Simí (un ms. hebreo y mss. de LXX); TM no incluye este nombre.   *r 25:5 su poder.* Lit. *el cuerno.*

²⁹La vigesimosegunda, a Guidalti, junto con sus hijos y hermanos, doce en total. ³⁰La vigesimotercera, a Mahaziot, junto con sus hijos y hermanos, doce en total. ³¹La vigesimocuarta, a Romanti Ezer, junto con sus hijos y hermanos, doce en total.

Organización de los porteros

26 La organización de los porteros fue la siguiente:

De los coreítas: Meselemías hijo de Coré, descendiente de Asaf. ²Los hijos de Meselemías fueron:

Zacarías, el primero;
Jediael, el segundo;
Zebadías, el tercero;
Jatniel, el cuarto;
³Elam, el quinto;
Johanán, el sexto,
y Elihoenay, el séptimo.
⁴Los hijos de Obed Edom fueron:
Semaías, el primero;
Jozabad, el segundo;
Joa, el tercero;
Sacar, el cuarto;
Natanael, el quinto;
⁵Amiel, el sexto;
Isacar, el séptimo,
y el octavo, Peultay.
Dios bendijo a Obed Edom con muchos hijos.

⁶Semaías hijo de Obed Edom también tuvo hijos, los cuales fueron jefes de sus familias patriarcales, pues eran hombres muy valientes. ⁷Los hijos de Semaías fueron Otni, Rafael, Obed, Elzabad, y sus hermanos Eliú y Samaquías, todos ellos hombres valientes. ⁸Todos éstos eran descendientes de Obed Edom. Tanto ellos como sus hijos y hermanos eran hombres muy valientes y fuertes para el trabajo. En total, los descendientes de Obed Edom fueron sesenta y dos.

⁹Los hijos y hermanos de Meselemías fueron dieciocho, todos ellos hombres muy valientes.

¹⁰Los hijos de Josá, descendiente de Merari, fueron Simri, el jefe (que en verdad no había sido el primero, pero su padre lo puso por jefe); ¹¹el segundo fue Jilquías; el tercero, Tebalías; y el cuarto, Zacarías. En total, los hijos y hermanos de Josá fueron trece.

¹²Así fue como se organizó a los porteros, tanto a los jefes como a sus hermanos, para que sirvieran en el templo del SEÑOR. ¹³El cuidado de cada puerta se asignó echando suertes entre las familias, sin hacer distinción entre menores y mayores.

¹⁴Según el sorteo, a Selemías se le asignó la puerta del este, y a su hijo Zacarías, sabio consejero, la puerta del norte. ¹⁵A Obed Edom le correspondió la puerta del sur, y a sus hijos les correspondió el cuidado de los depósitos del templo. ¹⁶A Supín y a Josá les correspondió la puerta de Saléquet, que está al oeste, en el camino de la subida.

Los turnos se distribuyeron así: ¹⁷Cada día había seis levitas en el este, cuatro en el norte y cuatro en el sur, y dos en cada uno de los depósitos. ¹⁸En el patio del oeste había cuatro levitas para la calzada y dos para el patio mismo.

¹⁹Así fue como quedaron distribuidos los porteros descendientes de Coré y de Merari.

²⁹the twenty-second to Giddalti,
his sons and relatives,   12
³⁰the twenty-third to Mahazioth,
his sons and relatives,   12
³¹the twenty-fourth to Romamti-Ezer,
his sons and relatives,   12

The Gatekeepers

26 The divisions of the gatekeepers:

From the Korahites: Meshelemiah son of Kore, one of the sons of Asaph. ²Meshelemiah had sons:

Zechariah the firstborn,
Jediael the second,
Zebadiah the third,
Jathniel the fourth,
³Elam the fifth,
Jehohanan the sixth
and Eliehoenai the seventh.
⁴Obed-Edom also had sons:
Shemaiah the firstborn,
Jehozabad the second,
Joah the third,
Sacar the fourth,
Nethanel the fifth,
⁵Ammiel the sixth,
Issachar the seventh
and Peullethai the eighth.
(For God had blessed Obed-Edom.)

⁶His son Shemaiah also had sons, who were leaders in their father's family because they were very capable men. ⁷The sons of Shemaiah: Othni, Rephael, Obed and Elzabad; his relatives Elihu and Semakiah were also able men. ⁸All these were descendants of Obed-Edom; they and their sons and their relatives were capable men with the strength to do the work—descendants of Obed-Edom, 62 in all. ⁹Meshelemiah had sons and relatives, who were able men—18 in all.

¹⁰Hosah the Merarite had sons: Shimri the first (although he was not the firstborn, his father had appointed him the first), ¹¹Hilkiah the second, Tabaliah the third and Zechariah the fourth. The sons and relatives of Hosah were 13 in all.

¹²These divisions of the gatekeepers, through their chief men, had duties for ministering in the temple of the LORD, just as their relatives had. ¹³Lots were cast for each gate, according to their families, young and old alike.

¹⁴The lot for the East Gate fell to Shelemiah.ᵏ Then lots were cast for his son Zechariah, a wise counselor, and the lot for the North Gate fell to him. ¹⁵The lot for the South Gate fell to Obed-Edom, and the lot for the storehouse fell to his sons. ¹⁶The lots for the West Gate and the Shalleketh Gate on the upper road fell to Shuppim and Hosah.

Guard was alongside of guard: ¹⁷There were six Levites a day on the east, four a day on the north, four a day on the south and two at a time at the storehouse. ¹⁸As for the court to the west, there were four at the road and two at the court itself.

¹⁹These were the divisions of the gatekeepers who were descendants of Korah and Merari.

ᵏ 14 A variant of Meshelemiah

Los tesoreros y otros oficiales

20 A los otros levitas se les puso al cuidado de los tesoros del templo y de los depósitos de los objetos sagrados. 21 Los descendientes de Guersón por parte de Ladán tenían a los jehielitas como jefes de las familias de Ladán el guersonita. 22 Zetán y su hermano Joel, hijos de Jehiel, quedaron a cargo de los tesoros del templo del SEÑOR.

23-24 Sebuel, que era descendiente de Guersón hijo de Moisés, era el tesorero mayor de los amiranitas, izaritas, hebronitas y uzielitas.

25 Sus descendientes en línea directa por parte de Eliezer eran Rejabías, Isaías, Jorán, Zicrí y Selomit. 26 Selomit y sus hermanos tenían a su cargo los depósitos de todos los objetos sagrados que habían sido obsequiados por el rey David y por los jefes de familia, así como por los comandantes de mil y de cien soldados y por los demás oficiales del ejército. 27 Ellos habían dedicado parte del botín de guerra para las reparaciones del templo del SEÑOR. 28 Selomit y sus hermanos tenían bajo su cuidado todo lo que había sido obsequiado por el vidente Samuel, por Saúl hijo de Quis, y por Abner hijo de Ner y Joab hijo de Sarvia.

29 Quenanías y sus hijos, que eran descendientes de Izar, estaban a cargo de los asuntos exteriores de Israel, y ejercían las funciones de oficiales y jueces.

30 Jasabías y sus parientes, que descendían de Hebrón, eran mil setecientos hombres valientes. Ellos eran los que al sudoeste del Jordán administraban a Israel en todo lo referente al SEÑOR y al rey. 31 El jefe de los hebronitas era Jerías. En el año cuarenta del reinado de David se investigó el registro genealógico de los descendientes de Hebrón, y se encontró que en Jazer de Galaad había entre ellos hombres valientes. 32 El número de los jefes de familia de estos valientes era de dos mil setecientos. El rey David les asignó la administración de las tribus de Rubén y Gad y de la media tribu de Manasés, en todos los asuntos relacionados con Dios y con el rey.

Divisiones del ejército

27 La siguiente lista corresponde a los jefes patriarcales, a los comandantes de mil y de cien soldados, y a los oficiales de las divisiones militares de Israel. Cada división constaba de veinticuatro mil hombres, y se turnaban cada mes, durante todo el año, para prestar servicio al rey.

2 Al frente de la primera división de veinticuatro mil hombres, la cual prestaba su servicio en el primer mes, estaba Yasobeán hijo de Zabdiel, 3 descendiente de Fares. Él era el jefe de todos los oficiales del ejército que hacían su turno el primer mes.

4 Al frente de la segunda división de veinticuatro mil, que prestaba su servicio en el segundo mes, estaba Doday el ajoíta. El jefe de esa división era Miclot.

5 La tercera división de veinticuatro mil, asignada para el tercer mes, tenía como jefe a Benaías, hijo del

The Treasurers and Other Officials

20 Their fellow Levites were[1] in charge of the treasuries of the house of God and the treasuries for the dedicated things.

21 The descendants of Ladan, who were Gershonites through Ladan and who were heads of families belonging to Ladan the Gershonite, were Jehieli, 22 the sons of Jehieli, Zetham and his brother Joel. They were in charge of the treasuries of the temple of the LORD.

23 From the Amramites, the Izharites, the Hebronites and the Uzzielites:

24 Shubael, a descendant of Gershom son of Moses, was the officer in charge of the treasuries. 25 His relatives through Eliezer: Rehabiah his son, Jeshaiah his son, Joram his son, Zicri his son and Shelomith his son. 26 Shelomith and his relatives were in charge of all the treasuries for the things dedicated by King David, by the heads of families who were the commanders of thousands and commanders of hundreds, and by the other army commanders. 27 Some of the plunder taken in battle they dedicated for the repair of the temple of the LORD. 28 And everything dedicated by Samuel the seer and by Saul son of Kish, Abner son of Ner and Joab son of Zeruiah, and all the other dedicated things were in the care of Shelomith and his relatives.

29 From the Izharites: Kenaniah and his sons were assigned duties away from the temple, as officials and judges over Israel.

30 From the Hebronites: Hashabiah and his relatives—seventeen hundred able men—were responsible in Israel west of the Jordan for all the work of the LORD and for the king's service. 31 As for the Hebronites, Jeriah was their chief according to the genealogical records of their families. In the fortieth year of David's reign a search was made in the records, and capable men among the Hebronites were found at Jazer in Gilead. 32 Jeriah had twenty-seven hundred relatives, who were able men and heads of families, and King David put them in charge of the Reubenites, the Gadites and the half-tribe of Manasseh for every matter pertaining to God and for the affairs of the king.

Army Divisions

27 This is the list of the Israelites—heads of families, commanders of thousands and commanders of hundreds, and their officers, who served the king in all that concerned the army divisions that were on duty month by month throughout the year. Each division consisted of 24,000 men.

2 In charge of the first division, for the first month, was Jashobeam son of Zabdiel. There were 24,000 men in his division. 3 He was a descendant of Perez and chief of all the army officers for the first month.

4 In charge of the division for the second month was Dodai the Ahohite; Mikloth was the leader of his division. There were 24,000 men in his division. 5 The third army commander, for the third month, was Benaiah son of Jehoiada the priest. He was chief

[1]20 Septuagint; Hebrew As for the Levites, Ahijah was

sumo sacerdote Joyadá. 6Este Benaías fue uno de los treinta valientes, y el jefe de ellos. En esa división estaba su hijo Amisabad.

7La cuarta división de veinticuatro mil, asignada para el cuarto mes, tenía como jefe a Asael, hermano de Joab. Su sucesor fue su hijo Zebadías.

8La quinta división de veinticuatro mil, asignada para el quinto mes, tenía como jefe a Samut el izraíta.

9La sexta división de veinticuatro mil, asignada para el sexto mes, tenía como jefe a Irá hijo de Iqués el tecoíta.

10La séptima división de veinticuatro mil, asignada para el séptimo mes, tenía como jefe a Heles el pelonita, de los descendientes de Efraín.

11La octava división de veinticuatro mil, asignada para el octavo mes, tenía como jefe a Sibecay de Jusá, descendiente de los zeraítas.

12La novena división de veinticuatro mil, asignada para el noveno mes, tenía como jefe a Abiezer de Anatot, descendiente de Benjamín.

13La décima división de veinticuatro mil, asignada para el décimo mes, tenía como jefe a Maray de Netofa, descendiente de los zeraítas.

14La undécima división de veinticuatro mil, asignada para el undécimo mes, tenía como jefe a Benaías de Piratón, descendiente de Efraín.

15La duodécima división de veinticuatro mil, asignada para el duodécimo mes, tenía como jefe a Jelday de Netofa, descendiente de Otoniel.

Jefes de las tribus

16Los siguientes fueron los jefes de las tribus de Israel:

de Rubén: Eliezer hijo de Zicrí;
de Simeón: Sefatías hijo de Macá;
17de Leví: Jasabías hijo de Quemuel;
de Aarón: Sadoc;
18de Judá: Eliú, hermano de David;
de Isacar: Omrí hijo de Micael;
19de Zabulón: Ismaías hijo de Abdías;
de Neftalí: Jerimot hijo de Azriel;
20de Efraín: Oseas hijo de Azazías;
de la media tribu de Manasés: Joel hijo de Pedaías;
21de la otra media tribu de Manasés que estaba en Galaad: Idó hijo de Zacarías;
de Benjamín: Jasiel hijo de Abner;
22de Dan: Azarel hijo de Jeroán.
Éstos eran los jefes de las tribus de Israel.

23David no censó a los hombres que tenían menos de veinte años porque el SEÑOR había prometido que haría a Israel tan numeroso como las estrellas del cielo. 24Joab hijo de Sarvia comenzó a hacer el censo, pero no lo terminó porque se desató la ira de Dios sobre Israel. Por eso no quedó registrado el número en las crónicas del rey David.

Superintendentes del rey

25El encargado de los tesoros del rey era Azmávet hijo de Adiel.

El encargado de los tesoros de los campos, y de ciudades, aldeas y fortalezas, era Jonatán hijo de Uzías.

26Ezrí hijo de Quelub estaba al frente de los agricultores.

and there were 24,000 men in his division. 6This was the Benaiah who was a mighty man among the Thirty and was over the Thirty. His son Ammizabad was in charge of his division.

7The fourth, for the fourth month, was Asahel the brother of Joab; his son Zebadiah was his successor. There were 24,000 men in his division.

8The fifth, for the fifth month, was the commander Shamhuth the Izrahite. There were 24,000 men in his division.

9The sixth, for the sixth month, was Ira the son of Ikkesh the Tekoite. There were 24,000 men in his division.

10The seventh, for the seventh month, was Helez the Pelonite, an Ephraimite. There were 24,000 men in his division.

11The eighth, for the eighth month, was Sibbecai the Hushathite, a Zerahite. There were 24,000 men in his division.

12The ninth, for the ninth month, was Abiezer the Anathothite, a Benjamite. There were 24,000 men in his division.

13The tenth, for the tenth month, was Maharai the Netophathite, a Zerahite. There were 24,000 men in his division.

14The eleventh, for the eleventh month, was Benaiah the Pirathonite, an Ephraimite. There were 24,000 men in his division.

15The twelfth, for the twelfth month, was Heldai the Netophathite, from the family of Othniel. There were 24,000 men in his division.

Officers of the Tribes

16The officers over the tribes of Israel:

over the Reubenites: Eliezer son of Zicri;
over the Simeonites: Shephatiah son of Maacah;
17over Levi: Hashabiah son of Kemuel;
over Aaron: Zadok;
18over Judah: Elihu, a brother of David;
over Issachar: Omri son of Michael;
19over Zebulun: Ishmaiah son of Obadiah;
over Naphtali: Jerimoth son of Azriel;
20over the Ephraimites: Hoshea son of Azaziah;
over half the tribe of Manasseh: Joel son of Pedaiah;
21over the half-tribe of Manasseh in Gilead: Iddo son of Zechariah;
over Benjamin: Jaasiel son of Abner;
22over Dan: Azarel son of Jeroham.
These were the officers over the tribes of Israel.

23David did not take the number of the men twenty years old or less, because the LORD had promised to make Israel as numerous as the stars in the sky. 24Joab son of Zeruiah began to count the men but did not finish. Wrath came on Israel on account of this numbering, and the number was not entered in the bookm of the annals of King David.

The King's Overseers

25Azmaveth son of Adiel was in charge of the royal storehouses.

Jonathan son of Uzziah was in charge of the storehouses in the outlying districts, in the towns, the villages and the watchtowers.

26Ezri son of Kelub was in charge of the field workers who farmed the land.

---

m 24 Septuagint; Hebrew number

27 Simí de Ramat estaba a cargo de los viñedos.

Zabdí de Sefán era el encargado de almacenar el vino en las bodegas.

28 Baal Janán de Guéder estaba a cargo de los olivares y de los bosques de sicómoros de la Sefelá.

Joás tenía a su cargo los depósitos de aceite.

29 Sitray de Sarón estaba a cargo del ganado que pastaba en Sarón.

Safat hijo de Adlay estaba a cargo del ganado de los valles.

30 Obil el ismaelita era el encargado de los camellos.

Jehedías de Meronot era el encargado de las burras.

31 Jaziz el agareno era el encargado de las ovejas.

Todos éstos eran los que administraban los bienes del rey.

32 Jonatán, tío de David, escriba inteligente, era consejero del rey. Jehiel hijo de Jacmoní cuidaba a los príncipes.

33 Ajitofel era otro consejero del rey. Husay el arquita era hombre de confianza del rey. 34 A Ajitofel lo sucedieron Joyadá hijo de Benaías, y Abiatar.

Joab era el jefe del ejército real.

Instrucciones para la construcción del templo

28 David reunió en Jerusalén a todos los jefes de Israel, es decir, a los jefes de las tribus, los jefes de las divisiones que por turno servían al rey, los jefes de mil y de cien soldados, los administradores de los bienes, del ganado y de los príncipes, los *eunucos del palacio, los guerreros, y todos los valientes.

2 Puesto de pie, el rey David dijo: «Hermanos de mi pueblo, escúchenme. Yo tenía el propósito de construir un templo para que en él reposara el arca del *pacto del Señor nuestro Dios y sirviera como estrado de sus pies. Ya tenía todo listo para construirlo 3 cuando Dios me dijo: "Tú no me construirás ningún templo, porque eres hombre de guerra y has derramado sangre."

4 »Sin embargo, el Señor, Dios de Israel, me escogió de entre mi familia para ponerme por rey de Israel para siempre. En efecto, él escogió a Judá como la tribu gobernante; de esta tribu escogió a mi familia, y de entre mis hermanos me escogió a mí, para ponerme por rey de Israel. 5 De entre los muchos hijos que el Señor me ha dado, escogió a mi hijo Salomón para que se sentara en el trono real del Señor y gobernara a Israel. 6 Dios me dijo: "Será tu hijo Salomón el que construya mi templo y mis atrios, pues lo he escogido como hijo, y seré para él como un padre. 7 Y si persevera en cumplir mis *leyes y mis normas, como lo hace hoy, entonces afirmaré su reino para siempre."

8 »En presencia de Dios que nos escucha, y de todo Israel, que es la congregación del Señor, hoy les encarezco que obedezcan cumplidamente todos los mandamientos del Señor su Dios. Así poseerán esta hermosa tierra y se la dejarán en herencia perpetua a sus hijos.

9 »Y tú, Salomón, hijo mío, reconoce al Dios de tu padre, y sírvele de todo *corazón y con buena disposición, pues el Señor escudriña todo corazón y discierne todo pensamiento. Si lo buscas, te permitirá que lo encuentres; si lo abandonas, te rechazará para siempre. 10 Ten presente que el Señor te ha escogido para que le edifiques un templo como santuario suyo. Así que ¡anímate y pon manos a la obra!»

27 Shimei the Ramathite was in charge of the vineyards.

Zabdi the Shiphmite was in charge of the produce of the vineyards for the wine vats.

28 Baal-Hanan the Gederite was in charge of the olive and sycamore-fig trees in the western foothills.

Joash was in charge of the supplies of olive oil.

29 Shitrai the Sharonite was in charge of the herds grazing in Sharon.

Shaphat son of Adlai was in charge of the herds in the valleys.

30 Obil the Ishmaelite was in charge of the camels.

Jehdeiah the Meronothite was in charge of the donkeys.

31 Jaziz the Hagrite was in charge of the flocks.

All these were the officials in charge of King David's property.

32 Jonathan, David's uncle, was a counselor, a man of insight and a scribe. Jehiel son of Hacmoni took care of the king's sons.

33 Ahithophel was the king's counselor.

Hushai the Arkite was the king's friend. 34 Ahithophel was succeeded by Jehoiada son of Benaiah and by Abiathar.

Joab was the commander of the royal army.

David's Plans for the Temple

28 David summoned all the officials of Israel to assemble at Jerusalem: the officers over the tribes, the commanders of the divisions in the service of the king, the commanders of thousands and commanders of hundreds, and the officials in charge of all the property and livestock belonging to the king and his sons, together with the palace officials, the mighty men and all the brave warriors.

2 King David rose to his feet and said: "Listen to me, my brothers and my people. I had it in my heart to build a house as a place of rest for the ark of the covenant of the Lord, for the footstool of our God, and I made plans to build it. 3 But God said to me, 'You are not to build a house for my Name, because you are a warrior and have shed blood.'

4 "Yet the Lord, the God of Israel, chose me from my whole family to be king over Israel forever. He chose Judah as leader, and from the house of Judah he chose my family, and from my father's sons he was pleased to make me king over all Israel. 5 Of all my sons—and the Lord has given me many—he has chosen my son Solomon to sit on the throne of the kingdom of the Lord over Israel. 6 He said to me: 'Solomon your son is the one who will build my house and my courts, for I have chosen him to be my son, and I will be his father. 7 I will establish his kingdom forever if he is unswerving in carrying out my commands and laws, as is being done at this time.'

8 "So now I charge you in the sight of all Israel and of the assembly of the Lord, and in the hearing of our God: Be careful to follow all the commands of the Lord your God, that you may possess this good land and pass it on as an inheritance to your descendants forever.

9 "And you, my son Solomon, acknowledge the God of your father, and serve him with wholehearted devotion and with a willing mind, for the Lord searches every heart and understands every motive behind the thoughts. If you seek him, he will be found by you; but if you forsake him, he will reject you forever. 10 Consider now, for the Lord has chosen you to build a temple as a sanctuary. Be strong and do the work."

¹¹Luego David le entregó a Salomón el diseño del pórtico del templo, de sus edificios, de los almacenes, de las habitaciones superiores, de los cuartos interiores y del lugar del *propiciatorio. ¹²También le entregó el diseño de todo lo que había planeado para los atrios del templo del Señor, para los cuartos de alrededor, para los tesoros del templo de Dios y para los depósitos de las ofrendas sagradas. ¹³Así mismo, le dio instrucciones en cuanto a la labor de los sacerdotes y levitas, y de todos los servicios del templo del Señor y de todos los utensilios sagrados que se usarían en el servicio del templo. ¹⁴Además, le entregó abundante oro y plata para todos los utensilios de oro y de plata que se debían usar en cada uno de los servicios en el templo. ¹⁵También le pesó el oro y la plata para cada uno de los candelabros y sus lámparas, tanto los de oro como los de plata, según el uso de cada candelabro. ¹⁶De igual manera, le pesó el oro y la plata para cada una de las mesas de los panes de la proposición, tanto las de oro como las de plata. ¹⁷Le hizo entrega del oro puro para los tenedores, los tazones y las jarras. Le pesó oro y plata suficiente para cada una de las copas de oro y de plata. ¹⁸Para el altar del incienso le entregó una cantidad suficiente de oro refinado. También le dio el diseño de la carroza y de los *querubines que cubren con sus alas extendidas el arca del pacto del Señor.

¹⁹«Todo esto —dijo David— ha sido escrito por revelación del Señor, para darme a conocer el diseño de las obras.»

²⁰Además, David le dijo a su hijo Salomón: «¡Sé fuerte y valiente, y pon manos a la obra! No tengas miedo ni te desanimes, porque Dios el Señor, mi Dios, estará contigo. No te dejará ni te abandonará hasta que hayas terminado toda la obra del templo. ²¹Aquí tienes la organización de los sacerdotes y de los levitas para el servicio del templo de Dios. Además, contarás con la ayuda voluntaria de expertos en toda clase de trabajos. Los jefes y todo el pueblo estarán a tu disposición.»

Ofrendas para el templo

29 El rey David le dijo a toda la asamblea: «Dios ha escogido a mi hijo Salomón, pero para una obra de esta magnitud todavía le falta experiencia. El palacio no es para un *hombre sino para Dios el Señor. ²Con mucho esfuerzo he hecho los preparativos para el templo de Dios. He conseguido oro para los objetos de oro, plata para los de plata, bronce para los de bronce, hierro para los de hierro, madera para los de madera, y piedras de ónice, piedras de engaste, piedras talladas de diversos colores, piedras preciosas de toda clase, y mármol en abundancia. ³Además, aparte de lo que ya he conseguido, por amor al templo de mi Dios entrego para su templo todo el oro y la plata que poseo: ⁴cien mil kilos de oro de Ofir y doscientos treinta mil kilos de plata^s finísima, para recubrir las paredes de los edificios, ⁵para todos los objetos de oro y de plata, y para toda clase de trabajo que hagan los orfebres. ¿Quién de ustedes quiere hoy dar una ofrenda al Señor?»

⁶Entonces los jefes de familia, los jefes de las tribus de Israel, los jefes de mil y de cien soldados, y los encargados de las obras del rey hicieron sus ofrendas

¹¹Then David gave his son Solomon the plans for the portico of the temple, its buildings, its storerooms, its upper parts, its inner rooms and the place of atonement. ¹²He gave him the plans of all that the Spirit had put in his mind for the courts of the temple of the Lord and all the surrounding rooms, for the treasuries of the temple of God and for the treasuries for the dedicated things. ¹³He gave him instructions for the divisions of the priests and Levites, and for all the work of serving in the temple of the Lord, as well as for all the articles to be used in its service. ¹⁴He designated the weight of gold for all the gold articles to be used in various kinds of service, and the weight of silver for all the silver articles to be used in various kinds of service: ¹⁵the weight of gold for the gold lampstands and their lamps, with the weight for each lampstand and its lamps; and the weight of silver for each silver lampstand and its lamps, according to the use of each lampstand; ¹⁶the weight of gold for each table for consecrated bread; the weight of silver for the silver tables; ¹⁷the weight of pure gold for the forks, sprinkling bowls and pitchers; the weight of gold for each gold dish; the weight of silver for each silver dish; ¹⁸and the weight of the refined gold for the altar of incense. He also gave him the plan for the chariot, that is, the cherubim of gold that spread their wings and shelter the ark of the covenant of the Lord.

¹⁹"All this," David said, "I have in writing from the hand of the Lord upon me, and he gave me understanding in all the details of the plan."

²⁰David also said to Solomon his son, "Be strong and courageous, and do the work. Do not be afraid or discouraged, for the Lord God, my God, is with you. He will not fail you or forsake you until all the work for the service of the temple of the Lord is finished. ²¹The divisions of the priests and Levites are ready for all the work on the temple of God, and every willing man skilled in any craft will help you in all the work. The officials and all the people will obey your every command."

Gifts for Building the Temple

29 Then King David said to the whole assembly: "My son Solomon, the one whom God has chosen, is young and inexperienced. The task is great, because this palatial structure is not for man but for the Lord God. ²With all my resources I have provided for the temple of my God—gold for the gold work, silver for the silver, bronze for the bronze, iron for the iron and wood for the wood, as well as onyx for the settings, turquoise,ⁿ stones of various colors, and all kinds of fine stone and marble—all of these in large quantities. ³Besides, in my devotion to the temple of my God I now give my personal treasures of gold and silver for the temple of my God, over and above everything I have provided for this holy temple: ⁴three thousand talents^o of gold (gold of Ophir) and seven thousand talents^p of refined silver, for the overlaying of the walls of the buildings, ⁵for the gold work and the silver work, and for all the work to be done by the craftsmen. Now, who is willing to consecrate himself today to the Lord?"

⁶Then the leaders of families, the officers of the tribes of Israel, the commanders of thousands and commanders of hundreds, and the officials in charge of the

---

^s *29:4 cien mil ... plata.* Lit. *tres mil *talentos de oro de Ofir y siete mil talentos de plata.*

ⁿ *2* The meaning of the Hebrew for this word is uncertain.
^o *4* That is, about 110 tons (about 100 metric tons)　　^p *4* That is, about 260 tons (about 240 metric tons)

voluntarias. 7 Donaron para las obras del templo de Dios ciento sesenta y cinco mil kilos y diez mil monedas de oro, trescientos treinta mil kilos de plata, y alrededor de seiscientos mil kilos de bronce y tres millones trescientos mil kilos de hierro.[t] 8 Los que tenían piedras preciosas las entregaron a Jehiel el guersonita para el tesoro del templo del SEÑOR. 9 El pueblo estaba muy contento de poder dar voluntariamente sus ofrendas al SEÑOR, y también el rey David se sentía muy feliz.

Oración de David

10 Entonces David bendijo así al SEÑOR en presencia de toda la asamblea:

«¡Bendito seas, SEÑOR,
Dios de nuestro padre Israel,
desde siempre y para siempre!
11 Tuyos son, SEÑOR,
la grandeza y el poder,
la gloria, la *victoria y la majestad.
Tuyo es todo cuanto hay
en el cielo y en la tierra.
Tuyo también es el reino,
y tú estás por encima de todo.
12 De ti proceden la riqueza y el honor;
tú lo gobiernas todo.
En tus manos están la fuerza y el poder,
y eres tú quien engrandece y fortalece a todos.
13 Por eso, Dios nuestro, te damos gracias,
y a tu glorioso *nombre tributamos alabanzas.

14 »Pero, ¿quién soy yo, y quién es mi pueblo, para que podamos darte estas ofrendas voluntarias? En verdad, tú eres el dueño de todo, y lo que te hemos dado, de ti lo hemos recibido. 15 Ante ti, somos extranjeros y peregrinos, como lo fueron nuestros antepasados. Nuestros días sobre la tierra son sólo una sombra sin esperanza. 16 SEÑOR y Dios nuestro, de ti procede todo cuanto hemos conseguido para construir un templo a tu *santo nombre. ¡Todo es tuyo! 17 Yo sé, mi Dios, que tú pruebas los corazones y amas la rectitud. Por eso, con rectitud de *corazón te he ofrecido voluntariamente todas estas cosas, y he visto con júbilo que tu pueblo, aquí presente, te ha traído sus ofrendas. 18 SEÑOR, Dios de nuestros antepasados Abraham, Isaac e Israel, conserva por siempre estos pensamientos en el corazón de tu pueblo, y dirige su corazón hacia ti. 19 Dale también a mi hijo Salomón un corazón íntegro, para que obedezca y ponga en práctica tus mandamientos, preceptos y *leyes. Permítele construir el templo para el cual he hecho esta provisión.»

20 Luego David animó a toda la asamblea: «¡Alaben al SEÑOR su Dios!» Entonces toda la asamblea alabó al SEÑOR, Dios de sus antepasados, y se inclinó ante el SEÑOR y ante el rey.

Coronación de Salomón

21 Al día siguiente, ofrecieron sacrificios y *holocaustos al SEÑOR por todo Israel: mil becerros, mil carneros y mil corderos, con sus respectivas libaciones, y numerosos sacrificios. 22 Ese día comieron y bebieron con gran regocijo en presencia del SEÑOR.

Luego, por segunda vez, proclamaron como rey a Salomón hijo de David, y lo consagraron ante el SEÑOR

[t] *29:7 ciento sesenta ... hierro.* Lit. *cien mil talentos y diez mil *dracmas de oro, y diez mil talentos de plata, y dieciocho mil talentos de bronce, y cien mil talentos de hierro.*

king's work gave willingly. 7 They gave toward the work on the temple of God five thousand talents[q] and ten thousand darics[r] of gold, ten thousand talents[s] of silver, eighteen thousand talents[t] of bronze and a hundred thousand talents[u] of iron. 8 Any who had precious stones gave them to the treasury of the temple of the LORD in the custody of Jehiel the Gershonite. 9 The people rejoiced at the willing response of their leaders, for they had given freely and wholeheartedly to the LORD. David the king also rejoiced greatly.

David's Prayer

10 David praised the LORD in the presence of the whole assembly, saying,

"Praise be to you, O LORD,
God of our father Israel,
from everlasting to everlasting.
11 Yours, O LORD, is the greatness and the power
and the glory and the majesty and the splendor,
for everything in heaven and earth is yours.
Yours, O LORD, is the kingdom;
you are exalted as head over all.
12 Wealth and honor come from you;
you are the ruler of all things.
In your hands are strength and power
to exalt and give strength to all.
13 Now, our God, we give you thanks,
and praise your glorious name.

14 "But who am I, and who are my people, that we should be able to give as generously as this? Everything comes from you, and we have given you only what comes from your hand. 15 We are aliens and strangers in your sight, as were all our forefathers. Our days on earth are like a shadow, without hope. 16 O LORD our God, as for all this abundance that we have provided for building you a temple for your Holy Name, it comes from your hand, and all of it belongs to you. 17 I know, my God, that you test the heart and are pleased with integrity. All these things have I given willingly and with honest intent. And now I have seen with joy how willingly your people who are here have given to you. 18 O LORD, God of our fathers Abraham, Isaac and Israel, keep this desire in the hearts of your people forever, and keep their hearts loyal to you. 19 And give my son Solomon the wholehearted devotion to keep your commands, requirements and decrees and to do everything to build the palatial structure for which I have provided."

20 Then David said to the whole assembly, "Praise the LORD your God." So they all praised the LORD, the God of their fathers; they bowed low and fell prostrate before the LORD and the king.

Solomon Acknowledged as King

21 The next day they made sacrifices to the LORD and presented burnt offerings to him: a thousand bulls, a thousand rams and a thousand male lambs, together with their drink offerings, and other sacrifices in abundance for all Israel. 22 They ate and drank with great joy in the presence of the LORD that day.

Then they acknowledged Solomon son of David as king a second time, anointing him before the LORD to

[q] 7 That is, about 190 tons (about 170 metric tons) [r] 7 That is, about 185 pounds (about 84 kilograms) [s] 7 That is, about 375 tons (about 345 metric tons) [t] 7 That is, about 675 tons (about 610 metric tons) [u] 7 That is, about 3,750 tons (about 3,450 metric tons)

como rey, y a Sadoc lo ungieron como sacerdote. 23 Y Salomón sucedió en el trono del SEÑOR a su padre David, y tuvo éxito. Todo Israel le obedeció. 24 Todos los jefes, los guerreros y los hijos del rey David rindieron pleitesía al rey Salomón.

25 El SEÑOR engrandeció en extremo a Salomón ante todo Israel, y le otorgó un reinado glorioso, como jamás lo tuvo ninguno de los reyes de Israel.

Muerte de David

26 David hijo de Isaí reinó sobre todo Israel. 27 En total, reinó cuarenta años sobre Israel: siete años reinó en Hebrón, y treinta y tres en Jerusalén. 28 Y murió muy anciano y entrado en años, en medio de grandes honores y riquezas, y su hijo Salomón lo sucedió en el trono.

29-30 Todos los hechos del rey David, desde el primero hasta el último, y lo que tiene que ver con su reinado y su poder, y lo que les sucedió a él, a Israel y a los pueblos vecinos, están escritos en las crónicas del vidente Samuel, del profeta Natán y del vidente Gad.

be ruler and Zadok to be priest. 23 So Solomon sat on the throne of the LORD as king in place of his father David. He prospered and all Israel obeyed him. 24 All the officers and mighty men, as well as all of King David's sons, pledged their submission to King Solomon.

25 The LORD highly exalted Solomon in the sight of all Israel and bestowed on him royal splendor such as no king over Israel ever had before.

The Death of David

26 David son of Jesse was king over all Israel. 27 He ruled over Israel forty years—seven in Hebron and thirty-three in Jerusalem. 28 He died at a good old age, having enjoyed long life, wealth and honor. His son Solomon succeeded him as king.

29 As for the events of King David's reign, from beginning to end, they are written in the records of Samuel the seer, the records of Nathan the prophet and the records of Gad the seer, 30 together with the details of his reign and power, and the circumstances that surrounded him and Israel and the kingdoms of all the other lands.

Segundo Libro de las

Crónicas

2 Chronicles

Salomón pide sabiduría

1 Salomón hijo de David consolidó su reino, pues el SEÑOR su Dios estaba con él y lo hizo muy poderoso.

2 Salomón habló con todos los israelitas, es decir, con los jefes de mil y de cien soldados, con los gobernantes y con todos los jefes de las familias patriarcales de Israel. 3 Luego, él y toda la asamblea que lo acompañaba se dirigieron al santuario de Gabaón, porque allí se encontraba la *Tienda de la reunión con Dios que Moisés, siervo del SEÑOR, había hecho en el desierto. 4 El arca de Dios se encontraba en Jerusalén, en la tienda que David le había preparado cuando la trasladó desde Quiriat Yearín, 5 pero el altar de bronce que había hecho Bezalel, hijo de Uri y nieto de Jur, estaba en Gabaón, frente al santuario del SEÑOR. Por eso Salomón y los israelitas fueron a ese lugar para consultar al SEÑOR. 6 Allí, en presencia del SEÑOR, Salomón subió al altar que estaba en la Tienda de reunión, y en él ofreció mil *holocaustos. 7 Aquella noche Dios se le apareció a Salomón y le dijo:

—Pídeme lo que quieras.

8 Salomón respondió:

—Tú trataste con mucho amor a David mi padre, y a mí me has permitido reinar en su lugar. 9 SEÑOR y Dios, cumple ahora la promesa que le hiciste a mi padre David, pues tú me has hecho rey de un pueblo tan numeroso como el polvo de la tierra. 10 Yo te pido sabiduría y conocimiento para gobernar a este gran pueblo tuyo; de lo contrario, ¿quién podrá gobernarlo?

11 Entonces Dios le dijo a Salomón:

—Ya que has pedido sabiduría y conocimiento para gobernar a mi pueblo, sobre el cual te he hecho rey, y no has pedido riquezas ni bienes ni esplendor, y ni siquiera la muerte de tus enemigos o una vida muy larga, 12 te los otorgo. Pero además voy a darte riquezas, bienes y esplendor, como nunca los tuvieron los reyes que te precedieron ni los tendrán los que habrán de sucederte.

13 Después de esto, Salomón bajó de la Tienda de reunión, que estaba en el santuario de Gabaón, y regresó a Jerusalén, desde donde reinó sobre Israel.

14 Salomón multiplicó el número de sus caballos y de sus carros de combate; llegó a tener mil cuatrocientos carros y doce mil caballos, los cuales mantenía en las caballerizas y en su palacio de Jerusalén. 15 El rey hizo que la plata y el oro fueran en Jerusalén tan comunes como las piedras, y que el cedro abundara como las higueras en la llanura. 16 Los caballos de Salomón eran importados de Egipto y de Cilicia, donde los compraban los mercaderes de la corte. 17 Un carro importado de Egipto costaba seiscientas monedas de plata*a*; un caballo, ciento cincuenta. Además, estos carros y caballos se los vendían a todos los reyes hititas y *sirios.

Solomon Asks for Wisdom

1 Solomon son of David established himself firmly over his kingdom, for the LORD his God was with him and made him exceedingly great.

2 Then Solomon spoke to all Israel—to the commanders of thousands and commanders of hundreds, to the judges and to all the leaders in Israel, the heads of families— 3 and Solomon and the whole assembly went to the high place at Gibeon, for God's Tent of Meeting was there, which Moses the LORD's servant had made in the desert. 4 Now David had brought up the ark of God from Kiriath Jearim to the place he had prepared for it, because he had pitched a tent for it in Jerusalem. 5 But the bronze altar that Bezalel son of Uri, the son of Hur, had made was in Gibeon in front of the tabernacle of the LORD; so Solomon and the assembly inquired of him there. 6 Solomon went up to the bronze altar before the LORD in the Tent of Meeting and offered a thousand burnt offerings on it.

7 That night God appeared to Solomon and said to him, "Ask for whatever you want me to give you."

8 Solomon answered God, "You have shown great kindness to David my father and have made me king in his place. 9 Now, LORD God, let your promise to my father David be confirmed, for you have made me king over a people who are as numerous as the dust of the earth. 10 Give me wisdom and knowledge, that I may lead this people, for who is able to govern this great people of yours?"

11 God said to Solomon, "Since this is your heart's desire and you have not asked for wealth, riches or honor, nor for the death of your enemies, and since you have not asked for a long life but for wisdom and knowledge to govern my people over whom I have made you king, 12 therefore wisdom and knowledge will be given you. And I will also give you wealth, riches and honor, such as no king who was before you ever had and none after you will have."

13 Then Solomon went to Jerusalem from the high place at Gibeon, from before the Tent of Meeting. And he reigned over Israel.

14 Solomon accumulated chariots and horses; he had fourteen hundred chariots and twelve thousand horses,*a* which he kept in the chariot cities and also with him in Jerusalem. 15 The king made silver and gold as common in Jerusalem as stones, and cedar as plentiful as sycamore-fig trees in the foothills. 16 Solomon's horses were imported from Egypt*b* and from Kue*c*— the royal merchants purchased them from Kue. 17 They imported a chariot from Egypt for six hundred shekels*d* of silver, and a horse for a hundred and fifty.*e* They also exported them to all the kings of the Hittites and of the Arameans.

---

a 1:17 seiscientas monedas de plata. Lit. seiscientos ˻*siclos˼ de plata.

a 14 Or charioteers *b 16* Or possibly Muzur, a region in Cilicia; also in verse 17 *c 16* Probably Cilicia *d 17* That is, about 15 pounds (about 7 kilograms) *e 17* That is, about 3 3/4 pounds (about 1.7 kilograms)

Preparativos para la construcción del templo

2 Salomón decidió construir su palacio real y un templo en honor del Señor. ²Con este fin reclutó a setenta mil cargadores y ochenta mil canteros, para que trabajaran en la montaña. Al frente de ellos puso a tres mil seiscientos capataces. ³Luego le envió este mensaje a Hiram, rey de Tiro:

«Envíame madera de cedro, tal como lo hiciste con mi padre David cuando se la enviaste para que se construyera un palacio. ⁴Voy a construir un templo en honor del Señor mi Dios. Lo consagraré a él, para quemar incienso aromático en su presencia, colocar siempre el pan consagrado, y ofrecer allí los *holocaustos de la mañana y de la tarde, los sacrificios de los *sábados y de luna nueva, así como los de las otras fiestas del Señor nuestro Dios. Esto se hará en Israel siempre.

⁵»Voy a edificar un templo majestuoso, pues nuestro Dios es el más grande de todos los dioses. ⁶Pero, ¿cómo edificarle un templo, si ni los cielos más altos pueden contenerlo? ¿Y quién soy yo para construirle un templo, aunque sólo sea para quemar incienso para él?

⁷»Envíame un experto para trabajar el oro y la plata, el bronce y el hierro, el carmesí, la escarlata y la púrpura, y que sepa hacer grabados, para que trabaje junto con los expertos que yo tengo en Judá y en Jerusalén, los cuales contrató mi padre David.

⁸»Envíame también del Líbano madera de cedro, de ciprés y de sándalo, pues yo sé que tus obreros son expertos en cortar estos árboles. Mis obreros trabajarán con los tuyos ⁹para prepararme mucha madera, porque el templo que voy a edificar será grande y maravilloso. ¹⁰A tus siervos que corten la madera les daré veinte mil cargas de trigo, veinte mil cargas de cebada, veinte mil medidas de vino, y veinte mil medidas*b* de aceite.»

¹¹En respuesta, Hiram, rey de Tiro, le envió a Salomón la siguiente carta:

«El Señor te ha hecho rey de su pueblo, porque te ama. ¹²¡Alabado sea el Señor, Dios de Israel, que hizo el cielo y la tierra, porque le ha dado al rey David un hijo sabio, dotado de sabiduría e inteligencia, el cual construirá un palacio real y un templo para el Señor!

¹³»Te envío, pues, a Hiram Abí, hombre sabio e inteligente, ¹⁴hijo de una mujer oriunda de Dan y de un nativo de Tiro. Sabe trabajar el oro y la plata, el bronce y el hierro, la piedra y la madera, el carmesí y la púrpura, el lino y la escarlata; también es experto en hacer toda clase de figuras y en realizar cualquier diseño que se le encargue. Hiram trabajará junto con tus expertos y con los de David, tu padre y mi señor.

¹⁵»Envíanos ahora el trigo, la cebada, el aceite y el vino que tan bondadosamente me has prometido. ¹⁶Nosotros cortaremos del Líbano la madera que necesites, y te la llevaremos por mar hasta Jope, en forma de balsas. De allí tú la llevarás a Jerusalén.»

Preparations for Building the Temple

2 Solomon gave orders to build a temple for the Name of the Lord and a royal palace for himself. ²He conscripted seventy thousand men as carriers and eighty thousand as stonecutters in the hills and thirty-six hundred as foremen over them.

³Solomon sent this message to Hiram*f* king of Tyre:

"Send me cedar logs as you did for my father David when you sent him cedar to build a palace to live in. ⁴Now I am about to build a temple for the Name of the Lord my God and to dedicate it to him for burning fragrant incense before him, for setting out the consecrated bread regularly, and for making burnt offerings every morning and evening and on Sabbaths and New Moons and at the appointed feasts of the Lord our God. This is a lasting ordinance for Israel.

⁵"The temple I am going to build will be great, because our God is greater than all other gods. ⁶But who is able to build a temple for him, since the heavens, even the highest heavens, cannot contain him? Who then am I to build a temple for him, except as a place to burn sacrifices before him?

⁷"Send me, therefore, a man skilled to work in gold and silver, bronze and iron, and in purple, crimson and blue yarn, and experienced in the art of engraving, to work in Judah and Jerusalem with my skilled craftsmen, whom my father David provided.

⁸"Send me also cedar, pine and algum*g* logs from Lebanon, for I know that your men are skilled in cutting timber there. My men will work with yours ⁹to provide me with plenty of lumber, because the temple I build must be large and magnificent. ¹⁰I will give your servants, the woodsmen who cut the timber, twenty thousand cors*h* of ground wheat, twenty thousand cors of barley, twenty thousand baths*i* of wine and twenty thousand baths of olive oil."

¹¹Hiram king of Tyre replied by letter to Solomon:

"Because the Lord loves his people, he has made you their king."

¹²And Hiram added:

"Praise be to the Lord, the God of Israel, who made heaven and earth! He has given King David a wise son, endowed with intelligence and discernment, who will build a temple for the Lord and a palace for himself.

¹³"I am sending you Huram-Abi, a man of great skill, ¹⁴whose mother was from Dan and whose father was from Tyre. He is trained to work in gold and silver, bronze and iron, stone and wood, and with purple and blue and crimson yarn and fine linen. He is experienced in all kinds of engraving and can execute any design given to him. He will work with your craftsmen and with those of my lord, David your father.

¹⁵"Now let my lord send his servants the wheat and barley and the olive oil and wine he promised, ¹⁶and we will cut all the logs from Lebanon that you need and will float them in rafts by sea down to Joppa. You can then take them up to Jerusalem."

---

b 2:10 cargas ... cargas ... medidas ... medidas. Lit. **coros ... coros ... *batos ... batos.*

f 3 Hebrew *Huram,* a variant of *Hiram*; also in verses 11 and 12
g 8 Probably a variant of *almug*; possibly juniper   *h 10* That is, probably about 125,000 bushels (about 4,400 kiloliters)
i 10 That is, probably about 115,000 gallons (about 440 kiloliters)

17 Salomón hizo un censo de todos los extranjeros que vivían en Israel. Este censo, que fue posterior al que había hecho su padre David, arrojó la cifra de ciento cincuenta y tres mil seiscientos. 18 A setenta mil de ellos los puso como cargadores; a ochenta mil, como canteros en las montañas; y a tres mil seiscientos, como capataces para dirigir a los trabajadores.

Construcción del templo

3 Salomón comenzó a construir el templo del SEÑOR en el monte Moria, en Jerusalén, donde el SEÑOR se le había aparecido a su padre David. Lo construyó en el lugar que David había destinado, esto es, en la parcela de Arauna,ᶜ el jebuseo. 2 La construcción la comenzó el día dos del mes segundo del cuarto año de su reinado.

3 Salomón determinó que los cimientos del templo de Dios fueran de veintisiete metros de largo por nueve metros de ancho.ᵈ 4 El vestíbulo de la nave medía lo mismo que el ancho del templo, es decir, también medía nueve metros de largo, y nueve metros de alto. Por dentro, Salomón lo recubrió de oro puro. 5 Recubrió la nave central con paneles de madera de ciprés, sobre los cuales colocó figuras de palmeras y cadenas de oro fino. 6 El templo lo adornó con piedras preciosas y con oro de Parvayin. 7 En el interior del templo recubrió de oro las vigas, los umbrales, las paredes y las puertas, y en las paredes esculpió *querubines.

8 Salomón hizo también el Lugar Santísimo, el cual medía lo mismo que el ancho del templo, es decir, nueve metros de largo y nueve metros de ancho. Lo recubrió por dentro con veintitrés toneladasᵉ de oro fino. 9 Cada clavo de oro pesaba medio kilo.ᶠ También recubrió de oro las habitaciones superiores.

10 En el Lugar Santísimo mandó tallar dos querubines, y los recubrió de oro. 11 Las alas de los querubines medían nueve metros de largo. Cada una de las alas del primer querubín medía dos metros con veinticinco centímetros; una de ellas tocaba la pared interior de la habitación, y la otra rozaba el ala del segundo querubín. 12 Cada una de las alas del segundo querubín también medía dos metros con veinticinco centímetros; una de ellas tocaba la pared interior de la habitación, y la otra rozaba el ala del primer querubín. 13 Los querubines estaban de pie, con el rostro hacia la nave, y sus alas extendidas medían en total nueve metros.

14 La cortina la hizo de púrpura, carmesí, escarlata y lino, y sobre ella mandó bordar querubines.

15 En la fachada del templo levantó dos columnas de dieciséis metros de altura, y el capitel que coronaba cada columna medía más de dos metros; 16 además, mandó hacer unas cadenas trenzadasᵍ y las colocó en lo alto de las columnas; hizo también cien granadas, y las intercaló entre las cadenas. 17 Levantó las columnas en la fachada del templo, una en el lado sur y otra en el lado norte. A la primera la nombró Jaquín, y a la segunda, Boaz.

17 Solomon took a census of all the aliens who were in Israel, after the census his father David had taken; and they were found to be 153,600. 18 He assigned 70,000 of them to be carriers and 80,000 to be stonecutters in the hills, with 3,600 foremen over them to keep the people working.

Solomon Builds the Temple

3 Then Solomon began to build the temple of the LORD in Jerusalem on Mount Moriah, where the LORD had appeared to his father David. It was on the threshing floor of Araunahʲ the Jebusite, the place provided by David. 2 He began building on the second day of the second month in the fourth year of his reign.

3 The foundation Solomon laid for building the temple of God was sixty cubits long and twenty cubits wideᵏ (using the cubit of the old standard). 4 The portico at the front of the temple was twenty cubitsˡ long across the width of the building and twenty cubitsᵐ high.

He overlaid the inside with pure gold. 5 He paneled the main hall with pine and covered it with fine gold and decorated it with palm tree and chain designs. 6 He adorned the temple with precious stones. And the gold he used was gold of Parvaim. 7 He overlaid the ceiling beams, doorframes, walls and doors of the temple with gold, and he carved cherubim on the walls.

8 He built the Most Holy Place, its length corresponding to the width of the temple—twenty cubits long and twenty cubits wide. He overlaid the inside with six hundred talentsⁿ of fine gold. 9 The gold nails weighed fifty shekels.ᵒ He also overlaid the upper parts with gold.

10 In the Most Holy Place he made a pair of sculptured cherubim and overlaid them with gold. 11 The total wingspan of the cherubim was twenty cubits. One wing of the first cherub was five cubitsᵖ long and touched the temple wall, while its other wing, also five cubits long, touched the wing of the other cherub. 12 Similarly one wing of the second cherub was five cubits long and touched the other temple wall, and its other wing, also five cubits long, touched the wing of the first cherub. 13 The wings of these cherubim extended twenty cubits. They stood on their feet, facing the main hall.𐞥

14 He made the curtain of blue, purple and crimson yarn and fine linen, with cherubim worked into it.

15 In the front of the temple he made two pillars, which ⌊together⌋ were thirty-five cubitsʳ long, each with a capital on top measuring five cubits. 16 He made interwoven chainsˢ and put them on top of the pillars. He also made a hundred pomegranates and attached them to the chains. 17 He erected the pillars in the front of the temple, one to the south and one to the north. The one to the south he named Jakinᵗ and the one to the north Boaz.ᵘ

ʲ 1 Hebrew *Ornan*, a variant of *Araunah*   ᵏ 3 That is, about 90 feet (about 27 meters) long and 30 feet (about 9 meters) wide   ˡ 4 That is, about 30 feet (about 9 meters); also in verses 8, 11 and 13   ᵐ 4 Some Septuagint and Syriac manuscripts; Hebrew *and a hundred and twenty*   ⁿ 8 That is, about 23 tons (about 21 metric tons)   ᵒ 9 That is, about 1 1/4 pounds (about 0.6 kilogram)   ᵖ 11 That is, about 7 1/2 feet (about 2.3 meters); also in verse 15   𐞥 13 Or *facing inward*   ʳ 15 That is, about 52 feet (about 16 meters)   ˢ 16 Or possibly *made chains in the inner sanctuary*; the meaning of the Hebrew for this phrase is uncertain.   ᵗ 17 *Jakin* probably means *he establishes.*   ᵘ 17 *Boaz* probably means *in him is strength.*

ᶜ 3:1 *Arauna*. Lit. *Ornán* (variante de este nombre).   ᵈ 3:3 En los capítulos 3 al 6, las medidas de longitud se han convertido al sistema métrico, sin explicación en las notas.   ᵉ 3:8 *veintitrés toneladas*. Lit. *seiscientos *talentos.   ᶠ 3:9 *medio kilo*. Lit. *cincuenta *siclos.   ᵍ 3:16 *trenzadas*. Alt. *asociadas con el santuario.*

Mobiliario del templo

4 Salomón hizo un altar de bronce que medía nueve metros de largo por nueve de ancho y cuatro metros y medio de alto. ²Hizo también una fuente*h* circular de metal fundido, que medía cuatro metros y medio de diámetro y dos metros con veinticinco centímetros de alto. Su circunferencia, medida a cordel, era de trece metros y medio. ³Bajo el borde hizo dos hileras de figuras de bueyes, diez por cada medio metro, las cuales estaban fundidas en una sola pieza con la fuente. ⁴La fuente descansaba sobre doce bueyes, que tenían sus cuartos traseros hacia adentro. Tres bueyes miraban al norte, tres al oeste, tres al sur y tres al este. ⁵El grosor de la fuente era de ocho centímetros, y su borde, en forma de copa, se asemejaba a un capullo de azucena. Tenía una capacidad de sesenta y seis mil litros.*i*

⁶Salomón hizo también diez lavamanos, y puso cinco en el lado sur y cinco en el lado norte. En ellos se lavaba todo el material de los *holocaustos, mientras que en la fuente se lavaban los sacerdotes.

⁷Hizo además diez candelabros de oro, según el modelo prescrito, y los colocó en el templo, cinco en el lado sur y cinco en el lado norte.

⁸Salomón hizo diez mesas y las colocó en el templo, cinco en el lado sur y cinco en el lado norte. También hizo cien aspersorios de oro. ⁹Edificó el atrio de los sacerdotes y el atrio mayor con sus puertas, las cuales recubrió de bronce. ¹⁰La fuente de metal la colocó en la esquina del lado derecho, que da al sureste. ¹¹También hizo las ollas, las palas y los aspersorios. Así fue como Hiram terminó todo el trabajo que había emprendido para el rey Salomón en el templo de Dios, es decir:

¹²las dos columnas;
los dos capiteles en forma de tazón que coronaban las columnas;
las dos redes que decoraban los capiteles;
¹³las cuatrocientas granadas, dispuestas en dos hileras para cada red;
¹⁴las bases con sus lavamanos;
¹⁵la fuente de metal y los doce bueyes que la sostenían;
¹⁶las ollas, las tenazas y los tenedores.

Todos los utensilios que Hiram Abí le hizo al rey Salomón para el templo del SEÑOR eran de bronce pulido. ¹⁷El rey los hizo fundir en moldes de arcilla en la llanura del Jordán, entre Sucot y Saretán.*j* ¹⁸Eran tantos los utensilios que hizo Salomón, que no fue posible determinar el peso del bronce utilizado.

¹⁹Salomón también mandó hacer los otros utensilios que estaban en el templo de Dios, es decir:

el altar de oro;
las mesas sobre las cuales se ponía el *pan de la Presencia;
²⁰los candelabros de oro puro con sus respectivas lámparas, para encenderlas en frente del Lugar Santísimo, tal como está prescrito;
²¹la obra floral, las lámparas y las tenazas, que también eran de oro puro;

The Temple's Furnishings

4 He made a bronze altar twenty cubits long, twenty cubits wide and ten cubits high.*v* ²He made the Sea of cast metal, circular in shape, measuring ten cubits from rim to rim and five cubits*w* high. It took a line of thirty cubits*x* to measure around it. ³Below the rim, figures of bulls encircled it—ten to a cubit.*y* The bulls were cast in two rows in one piece with the Sea.

⁴The Sea stood on twelve bulls, three facing north, three facing west, three facing south and three facing east. The Sea rested on top of them, and their hindquarters were toward the center. ⁵It was a handbreadth*z* in thickness, and its rim was like the rim of a cup, like a lily blossom. It held three thousand baths.*a*

⁶He then made ten basins for washing and placed five on the south side and five on the north. In them the things to be used for the burnt offerings were rinsed, but the Sea was to be used by the priests for washing.

⁷He made ten gold lampstands according to the specifications for them and placed them in the temple, five on the south side and five on the north.

⁸He made ten tables and placed them in the temple, five on the south side and five on the north. He also made a hundred gold sprinkling bowls.

⁹He made the courtyard of the priests, and the large court and the doors for the court, and overlaid the doors with bronze. ¹⁰He placed the Sea on the south side, at the southeast corner.

¹¹He also made the pots and shovels and sprinkling bowls.

So Huram finished the work he had undertaken for King Solomon in the temple of God:

¹²the two pillars;
the two bowl-shaped capitals on top of the pillars;
the two sets of network decorating the two bowl-shaped capitals on top of the pillars;
¹³the four hundred pomegranates for the two sets of network (two rows of pomegranates for each network, decorating the bowl-shaped capitals on top of the pillars);
¹⁴the stands with their basins;
¹⁵the Sea and the twelve bulls under it;
¹⁶the pots, shovels, meat forks and all related articles.

All the objects that Huram-Abi made for King Solomon for the temple of the LORD were of polished bronze. ¹⁷The king had them cast in clay molds in the plain of the Jordan between Succoth and Zarethan.*b* ¹⁸All these things that Solomon made amounted to so much that the weight of the bronze was not determined.

¹⁹Solomon also made all the furnishings that were in God's temple:

the golden altar;
the tables on which was the bread of the Presence;
²⁰the lampstands of pure gold with their lamps, to burn in front of the inner sanctuary as prescribed;
²¹the gold floral work and lamps and tongs (they were solid gold);

---

h4:2 una fuente. Lit. *el mar*; así en el resto de este pasaje.
i4:5 sesenta y seis mil litros. Lit. *tres mil *batos.
j4:17 Saretán (véanse 1R 7:46 y Vetus Latina); *Seredata* (TM).

v1 That is, about 30 feet (about 9 meters) long and wide, and about 15 feet (about 4.5 meters) high   *w2* That is, about 7 1/2 feet (about 2.3 meters)   *x2* That is, about 45 feet (about 13.5 meters)   *y3* That is, about 1 1/2 feet (about 0.5 meter)   *z5* That is, about 3 inches (about 8 centimeters)   *a5* That is, about 17,500 gallons (about 66 kiloliters)   *b17* Hebrew *Zeredatha,* a variant of *Zarethan*

22 las despabiladeras, los aspersorios, la vajilla y los incensarios;
y la entrada del templo, es decir, las puertas interiores del Lugar Santísimo y las puertas de la nave central del templo, las cuales eran de oro.

5 Una vez terminada toda la obra que había mandado hacer para el templo del SEÑOR, Salomón hizo traer el oro, la plata y todos los utensilios que su padre David había consagrado, y los depositó en el tesoro del templo de Dios.

El arca del pacto

2 Entonces Salomón mandó que los *ancianos de Israel, y todos los jefes de las tribus y los patriarcas de las familias israelitas, se congregaran en Jerusalén para trasladar el arca del *pacto del SEÑOR desde *Sión, la Ciudad de David. 3 Así que durante la fiesta del mes séptimo todos los israelitas se congregaron ante el rey. 4 Cuando llegaron todos los ancianos de Israel, los levitas alzaron el arca. 5 Los sacerdotes y los levitas la trasladaron junto con la *Tienda de reunión y con todos los utensilios sagrados que había en ella.

6 El rey Salomón y toda la asamblea de Israel reunida delante del arca sacrificaron ovejas y bueyes en tal cantidad que fue imposible llevar la cuenta. 7 Luego los sacerdotes llevaron el arca del pacto del SEÑOR a su lugar en el santuario interior del templo, que es el Lugar Santísimo, y la pusieron bajo las alas de los *querubines. 8 Con sus alas extendidas sobre ese lugar, los querubines cubrían el arca y sus travesaños. 9 Los travesaños eran tan largos que sus extremos se podían ver desde el arca delante del Lugar Santísimo, aunque no desde afuera; y ahí han permanecido hasta hoy. 10 En el arca sólo estaban las dos tablas que Moisés había colocado en ella en Horeb, donde el SEÑOR hizo un pacto con los israelitas después de que ellos salieron de Egipto.

11 Los sacerdotes se retiraron del Lugar Santo. Todos los sacerdotes allí presentes, sin distinción de clases, se habían *santificado. 12 Todos los levitas cantores —es decir, Asaf, Hemán, Jedutún, sus hijos y sus parientes— estaban de pie en el lado este del altar, vestidos de lino fino y con címbalos, arpas y liras. Junto a ellos estaban ciento veinte sacerdotes que tocaban la trompeta.

13 Los trompetistas y los cantores alababan y daban gracias al SEÑOR al son de trompetas, címbalos y otros instrumentos musicales. Y cuando tocaron y cantaron al unísono: «El SEÑOR es bueno; su gran amor perdura para siempre», una nube cubrió el templo del SEÑOR. 14 Por causa de la nube, los sacerdotes no pudieron celebrar el culto, pues la gloria del SEÑOR había llenado el templo.

6 Entonces Salomón declaró:

«SEÑOR, tú has dicho que habitarías en la oscuridad de una nube, 2 y yo te he construido un excelso templo, un lugar donde habites para siempre.»

---

22 the pure gold wick trimmers, sprinkling bowls, dishes and censers; and the gold doors of the temple: the inner doors to the Most Holy Place and the doors of the main hall.

5 When all the work Solomon had done for the temple of the LORD was finished, he brought in the things his father David had dedicated—the silver and gold and all the furnishings—and he placed them in the treasuries of God's temple.

The Ark Brought to the Temple

2 Then Solomon summoned to Jerusalem the elders of Israel, all the heads of the tribes and the chiefs of the Israelite families, to bring up the ark of the LORD's covenant from Zion, the City of David. 3 And all the men of Israel came together to the king at the time of the festival in the seventh month.

4 When all the elders of Israel had arrived, the Levites took up the ark, 5 and they brought up the ark and the Tent of Meeting and all the sacred furnishings in it. The priests, who were Levites, carried them up; 6 and King Solomon and the entire assembly of Israel that had gathered about him were before the ark, sacrificing so many sheep and cattle that they could not be recorded or counted.

7 The priests then brought the ark of the LORD's covenant to its place in the inner sanctuary of the temple, the Most Holy Place, and put it beneath the wings of the cherubim. 8 The cherubim spread their wings over the place of the ark and covered the ark and its carrying poles. 9 These poles were so long that their ends, extending from the ark, could be seen from in front of the inner sanctuary, but not from outside the Holy Place; and they are still there today. 10 There was nothing in the ark except the two tablets that Moses had placed in it at Horeb, where the LORD made a covenant with the Israelites after they came out of Egypt.

11 The priests then withdrew from the Holy Place. All the priests who were there had consecrated themselves, regardless of their divisions. 12 All the Levites who were musicians—Asaph, Heman, Jeduthun and their sons and relatives—stood on the east side of the altar, dressed in fine linen and playing cymbals, harps and lyres. They were accompanied by 120 priests sounding trumpets. 13 The trumpeters and singers joined in unison, as with one voice, to give praise and thanks to the LORD. Accompanied by trumpets, cymbals and other instruments, they raised their voices in praise to the LORD and sang:

"He is good;
his love endures forever."

Then the temple of the LORD was filled with a cloud, 14 and the priests could not perform their service because of the cloud, for the glory of the LORD filled the temple of God.

6 Then Solomon said, "The LORD has said that he would dwell in a dark cloud; 2 I have built a magnificent temple for you, a place for you to dwell forever."

³ Luego se puso de frente para bendecir a toda la asamblea de Israel que estaba allí de pie, ⁴ y dijo:

«Bendito sea el Señor, Dios de Israel, que con su mano ha cumplido ahora lo que con su boca le había prometido a mi padre David cuando le dijo: ⁵ "Desde el día en que saqué de la tierra de Egipto a mi pueblo, no elegí a ninguna ciudad de las tribus de Israel para que en ella se me construyera un templo donde yo habitara, ni elegí a nadie para que gobernara a mi pueblo Israel. ⁶ Más bien, elegí a Jerusalén para habitar en ella, y a David para que gobernara a mi pueblo Israel."

⁷ »Pues bien, mi padre David tuvo mucho interés en construir un templo en honor del Señor, Dios de Israel, ⁸ pero el Señor le dijo: "Me agrada que te hayas interesado en construir un templo en mi honor. ⁹ Sin embargo, no serás tú quien me lo construya, sino un hijo de tus entrañas; él será quien construya el templo en mi honor."

¹⁰ »Ahora el Señor ha cumplido su promesa: Tal como lo prometió, he sucedido a mi padre David en el trono de Israel, y he construido el templo en honor del Señor, Dios de Israel. ¹¹ Allí he colocado el arca, en la cual está el pacto que el Señor hizo con los israelitas.»

Oración de Salomón

¹² A continuación, Salomón se puso ante el altar del Señor y, en presencia de toda la asamblea de Israel, extendió las manos. ¹³ Había mandado construir y colocar en medio del atrio una plataforma de bronce cuadrada, que medía dos metros con veinticinco centímetros por lado, y un metro con treinta y cinco centímetros de alto. Allí, sobre la plataforma, se arrodilló y, extendiendo las manos al cielo, ¹⁴ oró así:

«Señor, Dios de Israel, no hay Dios como tú en el cielo ni en la tierra, pues tú cumples tu *pacto de amor con quienes te sirven y te siguen de todo *corazón. ¹⁵ Has llevado a cabo lo que le dijiste a tu siervo David, mi padre; y este día has cumplido con tu mano lo que con tu boca prometiste.

¹⁶ »Y ahora, Señor, Dios de Israel, cumple también la promesa que le hiciste a tu siervo, mi padre David, cuando le dijiste: "Si tus hijos observan una buena conducta, viviendo de acuerdo con mi *ley como tú lo has hecho, nunca te faltará un descendiente que ocupe el trono de Israel en mi presencia." ¹⁷ Señor, Dios de Israel, ¡confirma ahora esta promesa que le hiciste a tu siervo David!

¹⁸ »Pero ¿será posible que tú, Dios mío, habites en la tierra con la *humanidad? Si los cielos, por altos que sean, no pueden contenerte, ¡mucho menos este templo que he construido! ¹⁹ Sin embargo, Señor mi Dios, atiende a la oración y a la súplica de este siervo tuyo. Oye el clamor y la oración que elevo en tu presencia. ²⁰ ¡Que tus ojos estén abiertos día y noche sobre este templo, el lugar donde decidiste habitar, para que oigas la oración que tu siervo te eleva aquí!

³ While the whole assembly of Israel was standing there, the king turned around and blessed them. ⁴ Then he said:

"Praise be to the Lord, the God of Israel, who with his hands has fulfilled what he promised with his mouth to my father David. For he said, ⁵ 'Since the day I brought my people out of Egypt, I have not chosen a city in any tribe of Israel to have a temple built for my Name to be there, nor have I chosen anyone to be the leader over my people Israel. ⁶ But now I have chosen Jerusalem for my Name to be there, and I have chosen David to rule my people Israel.'

⁷ "My father David had it in his heart to build a temple for the Name of the Lord, the God of Israel. ⁸ But the Lord said to my father David, 'Because it was in your heart to build a temple for my Name, you did well to have this in your heart. ⁹ Nevertheless, you are not the one to build the temple, but your son, who is your own flesh and blood—he is the one who will build the temple for my Name.'

¹⁰ "The Lord has kept the promise he made. I have succeeded David my father and now I sit on the throne of Israel, just as the Lord promised, and I have built the temple for the Name of the Lord, the God of Israel. ¹¹ There I have placed the ark, in which is the covenant of the Lord that he made with the people of Israel."

Solomon's Prayer of Dedication

¹² Then Solomon stood before the altar of the Lord in front of the whole assembly of Israel and spread out his hands. ¹³ Now he had made a bronze platform, five cubits[c] long, five cubits wide and three cubits[d] high, and had placed it in the center of the outer court. He stood on the platform and then knelt down before the whole assembly of Israel and spread out his hands toward heaven. ¹⁴ He said:

"O Lord, God of Israel, there is no God like you in heaven or on earth—you who keep your covenant of love with your servants who continue wholeheartedly in your way. ¹⁵ You have kept your promise to your servant David my father; with your mouth you have promised and with your hand you have fulfilled it—as it is today.

¹⁶ "Now Lord, God of Israel, keep for your servant David my father the promises you made to him when you said, 'You shall never fail to have a man to sit before me on the throne of Israel, if only your sons are careful in all they do to walk before me according to my law, as you have done.' ¹⁷ And now, O Lord, God of Israel, let your word that you promised your servant David come true.

¹⁸ "But will God really dwell on earth with men? The heavens, even the highest heavens, cannot contain you. How much less this temple I have built! ¹⁹ Yet give attention to your servant's prayer and his plea for mercy, O Lord my God. Hear the cry and the prayer that your servant is praying in your presence. ²⁰ May your eyes be open toward this temple day and night, this place of which you said you would put your Name there. May you hear the prayer your servant prays toward this

---

c 13 That is, about 7 1/2 feet (about 2.3 meters)　　d 13 That is, about 4 1/2 feet (about 1.3 meters)

21 Oye las súplicas de tu siervo y de tu pueblo Israel cuando oren en este lugar. Oye desde el cielo, donde habitas; ¡escucha y perdona!

22 »Si alguien peca contra su prójimo y se le exige venir a este templo para jurar delante de tu altar, 23 óyelo tú desde el cielo y juzga a tus siervos. Condena al culpable, y haz que reciba su merecido; absuelve al inocente, y vindícalo por su rectitud.

24 »Si tu pueblo Israel es derrotado por el enemigo por haber pecado contra ti, y luego se vuelve a ti para honrar tu *nombre, y ora y te suplica en este templo, 25 óyelo tú desde el cielo, y perdona su pecado y hazlo regresar a la tierra que les diste a ellos y a sus antepasados.

26 »Cuando tu pueblo peque contra ti y tú lo aflijas cerrando el cielo para que no llueva, si luego ellos oran en este lugar y honran tu nombre y se *arrepienten de su pecado, 27 óyelos tú desde el cielo y perdona el pecado de tus siervos, de tu pueblo Israel. Guíalos para que sigan el buen *camino, y envía la lluvia sobre esta tierra, que es tuya, pues tú se la diste a tu pueblo por herencia.

28 »Cuando en el país haya hambre, peste, sequía, o plagas de langostas o saltamontes en los sembrados, o cuando el enemigo sitie alguna de nuestras ciudades; en fin, cuando venga cualquier calamidad o enfermedad, 29 si luego en su dolor cada israelita, consciente de su culpa[k] extiende sus manos hacia este templo, y ora y te suplica, 30 óyelo tú desde el cielo, donde habitas, y perdónalo. Págale a cada uno según su conducta, la cual tú conoces, puesto que sólo tú escudriñas el corazón humano. 31 Así todos tendrán temor de ti y andarán en tus caminos mientras vivan en la tierra que les diste a nuestros antepasados.

32 »Trata de igual manera al extranjero que no pertenece a tu pueblo Israel, pero que atraído por tu gran fama y por tus despliegues de fuerza y poder ha venido de lejanas tierras. Cuando ese extranjero venga y ore en este templo, 33 óyelo tú desde el cielo, donde habitas, y concédele cualquier petición que te haga. Así todos los pueblos de la tierra conocerán tu nombre y, al igual que tu pueblo Israel, tendrán temor de ti y comprenderán que en este templo que he construido se invoca tu nombre.

34 »Cuando saques a tu pueblo para combatir a sus enemigos, sea donde sea, si el pueblo ora a ti y dirige la mirada hacia esta ciudad que has escogido, hacia el templo que he construido en tu honor, 35 oye tú desde el cielo su oración y su súplica, y defiende su causa.

36 »Ya que no hay ser humano que no peque, si tu pueblo peca contra ti y tú te enojas con ellos y los entregas al enemigo para que se los lleven cautivos a otro país, lejano o cercano, 37 si en el destierro, en el país de los vencedores, se arrepienten y se vuelven a ti, y oran a ti diciendo: "Somos culpables, hemos pecado, hemos hecho lo malo"; 38 y en la tierra de sus captores se vuelven a ti de todo corazón y con toda el *alma, y oran y dirigen la mirada hacia la tierra que les diste a sus antepasados, hacia la ciudad que has escogido y hacia el templo que he construido

place. 21 Hear the supplications of your servant and of your people Israel when they pray toward this place. Hear from heaven, your dwelling place; and when you hear, forgive.

22 "When a man wrongs his neighbor and is required to take an oath and he comes and swears the oath before your altar in this temple, 23 then hear from heaven and act. Judge between your servants, repaying the guilty by bringing down on his own head what he has done. Declare the innocent not guilty and so establish his innocence.

24 "When your people Israel have been defeated by an enemy because they have sinned against you and when they turn back and confess your name, praying and making supplication before you in this temple, 25 then hear from heaven and forgive the sin of your people Israel and bring them back to the land you gave to them and their fathers.

26 "When the heavens are shut up and there is no rain because your people have sinned against you, and when they pray toward this place and confess your name and turn from their sin because you have afflicted them, 27 then hear from heaven and forgive the sin of your servants, your people Israel. Teach them the right way to live, and send rain on the land you gave your people for an inheritance.

28 "When famine or plague comes to the land, or blight or mildew, locusts or grasshoppers, or when enemies besiege them in any of their cities, whatever disaster or disease may come, 29 and when a prayer or plea is made by any of your people Israel—each one aware of his afflictions and pains, and spreading out his hands toward this temple— 30 then hear from heaven, your dwelling place. Forgive, and deal with each man according to all he does, since you know his heart (for you alone know the hearts of men), 31 so that they will fear you and walk in your ways all the time they live in the land you gave our fathers.

32 "As for the foreigner who does not belong to your people Israel but has come from a distant land because of your great name and your mighty hand and your outstretched arm—when he comes and prays toward this temple, 33 then hear from heaven, your dwelling place, and do whatever the foreigner asks of you, so that all the peoples of the earth may know your name and fear you, as do your own people Israel, and may know that this house I have built bears your Name.

34 "When your people go to war against their enemies, wherever you send them, and when they pray to you toward this city you have chosen and the temple I have built for your Name, 35 then hear from heaven their prayer and their plea, and uphold their cause.

36 "When they sin against you—for there is no one who does not sin—and you become angry with them and give them over to the enemy, who takes them captive to a land far away or near; 37 and if they have a change of heart in the land where they are held captive, and repent and plead with you in the land of their captivity and say, 'We have sinned, we have done wrong and acted wickedly'; 38 and if they turn back to you with all their heart and soul in the land of their captivity where they were taken, and pray toward the land you gave their fathers, toward the city you have chosen and toward the temple I have built for your Name;

---

[k] *6:29 culpa.* Lit. *plaga.*

en tu honor, ³⁹oye tú sus oraciones y súplicas desde el cielo, donde habitas, y defiende su causa. ¡Perdona a tu pueblo que ha pecado contra ti!

⁴⁰»Ahora, Dios mío, te ruego que tus ojos se mantengan abiertos, y atentos tus oídos a las oraciones que se eleven en este lugar.

⁴¹»Levántate, SEÑOR y Dios;
    ven a descansar,
    tú y tu arca poderosa.
SEÑOR y Dios,
    ¡que tus sacerdotes se revistan de
      *salvación!
    ¡Que tus fieles se regocijen en tu bondad!
⁴²SEÑOR y Dios,
    no le des la espalda aⁱ tu *ungido.
    ¡Recuerda tu fiel amor hacia David, tu
      siervo!»

Dedicación del templo

7 Cuando Salomón terminó de orar, descendió fuego del cielo y consumió el *holocausto y los sacrificios, y la gloria del SEÑOR llenó el templo. ²Tan lleno de su gloria estaba el templo, que los sacerdotes no podían entrar en él. ³Al ver los israelitas que el fuego descendía y que la gloria del SEÑOR se posaba sobre el templo, cayeron de rodillas y, postrándose rostro en tierra, alabaron al SEÑOR diciendo: «El SEÑOR es bueno; su gran amor perdura para siempre.»

⁴Entonces el rey y todo el pueblo ofrecieron sacrificios en presencia del SEÑOR. ⁵El rey Salomón ofreció veintidós mil bueyes y ciento veinte mil ovejas. Así fue como el rey y todo el pueblo dedicaron el templo de Dios.

⁶Los sacerdotes estaban de pie en sus puestos. Los levitas tocaban los instrumentos musicales que el rey David había hecho para alabar al SEÑOR, y con los cuales cantaba: «Su gran amor perdura para siempre.» Los sacerdotes tocaban las trompetas frente a los levitas, y todo Israel permanecía de pie.

⁷Salomón también consagró la parte central del atrio, que está frente al templo del SEÑOR, y allí presentó los holocaustos y la grasa de los sacrificios de *comunión, ya que en el altar de bronce que hizo Salomón no había espacio para los holocaustos, la grasa y las ofrendas de cereales.

⁸En aquella ocasión Salomón y todo Israel celebraron la fiesta durante siete días. Era una inmensa asamblea que había acudido de todo lugar, desde Lebó Jamatᵐ hasta el río de Egipto. ⁹Al octavo día tuvieron una asamblea solemne, porque habían celebrado la consagración del altar durante siete días, y la fiesta durante siete días más. ¹⁰El día veintitrés del mes séptimo, Salomón envió al pueblo a sus casas, y ellos regresaron contentos y llenos de alegría por el bien que el SEÑOR había hecho en favor de David, de Salomón y de su pueblo Israel.

Pacto de Dios con Salomón

¹¹Cuando Salomón terminó el templo del SEÑOR y el palacio real, llevando a feliz término todo lo que se

³⁹then from heaven, your dwelling place, hear their prayer and their pleas, and uphold their cause. And forgive your people, who have sinned against you.

⁴⁰"Now, my God, may your eyes be open and your ears attentive to the prayers offered in this place.

⁴¹"Now arise, O LORD God, and come to
    your resting place,
    you and the ark of your might.
May your priests, O LORD God, be
    clothed with salvation,
    may your saints rejoice in your
      goodness.
⁴²O LORD God, do not reject your
    anointed one.
Remember the great love promised to
    David your servant."

The Dedication of the Temple

7 When Solomon finished praying, fire came down from heaven and consumed the burnt offering and the sacrifices, and the glory of the LORD filled the temple. ²The priests could not enter the temple of the LORD because the glory of the LORD filled it. ³When all the Israelites saw the fire coming down and the glory of the LORD above the temple, they knelt on the pavement with their faces to the ground, and they worshiped and gave thanks to the LORD, saying,

"He is good;
    his love endures forever."

⁴Then the king and all the people offered sacrifices before the LORD. ⁵And King Solomon offered a sacrifice of twenty-two thousand head of cattle and a hundred and twenty thousand sheep and goats. So the king and all the people dedicated the temple of God. ⁶The priests took their positions, as did the Levites with the LORD's musical instruments, which King David had made for praising the LORD and which were used when he gave thanks, saying, "His love endures forever." Opposite the Levites, the priests blew their trumpets, and all the Israelites were standing.

⁷Solomon consecrated the middle part of the courtyard in front of the temple of the LORD, and there he offered burnt offerings and the fat of the fellowship offerings,ᵉ because the bronze altar he had made could not hold the burnt offerings, the grain offerings and the fat portions.

⁸So Solomon observed the festival at that time for seven days, and all Israel with him—a vast assembly, people from Leboᶠ Hamath to the Wadi of Egypt. ⁹On the eighth day they held an assembly, for they had celebrated the dedication of the altar for seven days and the festival for seven days more. ¹⁰On the twenty-third day of the seventh month he sent the people to their homes, joyful and glad in heart for the good things the LORD had done for David and Solomon and for his people Israel.

The LORD Appears to Solomon

¹¹When Solomon had finished the temple of the LORD and the royal palace, and had succeeded in carrying out all he had in mind to do in the temple of the

---

ⁱ6:42 no le des la espalda a. Lit. no vuelvas el rostro de.
ᵐ7:8 Lebó Jamat. Alt. la entrada de Jamat.

ᵉ7 Traditionally peace offerings   ᶠ8 Or from the entrance to

había propuesto hacer en ellos, 12 el SEÑOR se le apareció una noche y le dijo:

«He escuchado tu oración, y he escogido este templo para que en él se me ofrezcan sacrificios. 13 Cuando yo cierre los cielos para que no llueva, o le ordene a la langosta que devore la tierra, o envíe pestes sobre mi pueblo, 14 si mi pueblo, que lleva mi *nombre, se humilla y ora, y me busca y abandona su mala conducta, yo lo escucharé desde el cielo, perdonaré su pecado y restauraré su tierra. 15 Mantendré abiertos mis ojos, y atentos mis oídos a las oraciones que se eleven en este lugar. 16 Desde ahora y para siempre escojo y consagro este templo para habitar en él. Mis ojos y mi *corazón siempre estarán allí.

17 »En cuanto a ti, si me sigues como lo hizo tu padre David, y me obedeces en todo lo que yo te ordene y cumples mis decretos y *leyes, 18 yo afirmaré tu trono real, como pacté con tu padre David cuando le dije: "Nunca te faltará un descendiente en el trono de Israel."

19 »Pero si ustedes me abandonan, y desobedecen los decretos y mandamientos que les he dado, y se apartan de mí para servir y adorar a otros dioses, 20 los desarraigaré de la tierra que les he dado y repudiaré este templo que he consagrado en mi honor. Entonces los convertiré en el hazmerreír de todos los pueblos. 21 Y aunque ahora este templo es imponente, llegará el día en que todo el que pase frente a él quedará asombrado y preguntará: "¿Por qué el SEÑOR ha tratado así a este país y a este templo?" 22 Y le responderán: "Porque abandonaron al SEÑOR, Dios de sus antepasados, que los sacó de Egipto, y se echaron en los brazos de otros dioses, a los cuales adoraron y sirvieron. Por eso el SEÑOR ha dejado que les sobrevenga tanto desastre."»

Otras actividades de Salomón

8 Veinte años tardó el rey Salomón en construir el templo del SEÑOR y su propio palacio. 2 Después de esto, reconstruyó las ciudades que le había entregado Hiram y las pobló con israelitas. 3 Luego marchó contra la ciudad de Jamat de Sobá y la conquistó. 4 Reconstruyó Tadmor, en el desierto, y todos los lugares de almacenamiento que había construido en Jamat. 5 Reconstruyó como ciudades fortificadas Bet Jorón la de arriba y Bet Jorón la de abajo, y les puso murallas, *puertas y cerrojos. 6 Lo mismo hizo con Balat y con todos los lugares de almacenamiento que tenía, con los cuarteles para sus carros de combate y para su caballería, y con todo cuanto quiso construir en Jerusalén, en el Líbano y en todo el territorio bajo su dominio.

7-8 A los descendientes de los pueblos no israelitas (es decir, a los hititas, amorreos, ferezeos, heveos y jebuseos, pueblos que quedaron en el país porque los israelitas no pudieron *destruirlos), Salomón los sometió a trabajos forzados, y así continúan hasta el día de hoy. 9 Pero a los israelitas Salomón no los hizo trabajar como esclavos, sino que le servían como soldados, comandantes, oficiales de carros de combate y jefes de caballería. 10 El rey Salomón tenía además doscientos cincuenta capataces que supervisaban a los obreros.

LORD and in his own palace, 12 the LORD appeared to him at night and said:

"I have heard your prayer and have chosen this place for myself as a temple for sacrifices. 13 "When I shut up the heavens so that there is no rain, or command locusts to devour the land or send a plague among my people, 14 if my people, who are called by my name, will humble themselves and pray and seek my face and turn from their wicked ways, then will I hear from heaven and will forgive their sin and will heal their land. 15 Now my eyes will be open and my ears attentive to the prayers offered in this place. 16 I have chosen and consecrated this temple so that my Name may be there forever. My eyes and my heart will always be there.

17 "As for you, if you walk before me as David your father did, and do all I command, and observe my decrees and laws, 18 I will establish your royal throne, as I covenanted with David your father when I said, 'You shall never fail to have a man to rule over Israel.'

19 "But if you g turn away and forsake the decrees and commands I have given you g and go off to serve other gods and worship them, 20 then I will uproot Israel from my land, which I have given them, and will reject this temple I have consecrated for my Name. I will make it a byword and an object of ridicule among all peoples. 21 And though this temple is now so imposing, all who pass by will be appalled and say, 'Why has the LORD done such a thing to this land and to this temple?' 22 People will answer, 'Because they have forsaken the LORD, the God of their fathers, who brought them out of Egypt, and have embraced other gods, worshiping and serving them—that is why he brought all this disaster on them.' "

Solomon's Other Activities

8 At the end of twenty years, during which Solomon built the temple of the LORD and his own palace, 2 Solomon rebuilt the villages that Hiram h had given him, and settled Israelites in them. 3 Solomon then went to Hamath Zobah and captured it. 4 He also built up Tadmor in the desert and all the store cities he had built in Hamath. 5 He rebuilt Upper Beth Horon and Lower Beth Horon as fortified cities, with walls and with gates and bars, 6 as well as Baalath and all his store cities, and all the cities for his chariots and for his horses i —whatever he desired to build in Jerusalem, in Lebanon and throughout all the territory he ruled.

7 All the people left from the Hittites, Amorites, Perizzites, Hivites and Jebusites (these peoples were not Israelites), 8 that is, their descendants remaining in the land, whom the Israelites had not destroyed—these Solomon conscripted for his slave labor force, as it is to this day. 9 But Solomon did not make slaves of the Israelites for his work; they were his fighting men, commanders of his captains, and commanders of his chariots and charioteers. 10 They were also King Solomon's chief officials—two hundred and fifty officials supervising the men.

---

g 19 The Hebrew is plural.   h 2 Hebrew *Huram*, a variant of *Hiram*; also in verse 18   i 6 Or *charioteers*

11 A la hija del faraón, Salomón la trasladó de la Ciudad de David al palacio que le había construido, pues dijo: «Mi esposa no debe vivir en el palacio de David, rey de Israel, porque los lugares donde ha estado el arca del SEÑOR son sagrados.»

12 En el altar del SEÑOR que había construido frente al atrio, Salomón ofrecía *holocaustos al SEÑOR 13 los días correspondientes, según lo ordenado por Moisés: los *sábados, las fiestas de luna nueva, y las tres fiestas anuales, es decir, la de los Panes sin levadura, la de las Semanas y la de las *Enramadas.

14 Conforme a lo dispuesto por su padre David, Salomón asignó turnos a los sacerdotes para prestar su servicio. A los levitas los estableció en sus cargos para entonar las alabanzas y para ayudar a los sacerdotes en los ritos diarios. También fijó turnos a los porteros en cada puerta, porque así lo había ordenado David, hombre de Dios. 15 Y se obedecieron todas las órdenes del rey en cuanto a los sacerdotes y levitas, y aun en lo referente a los tesoros.

16 Toda la obra de Salomón se llevó a cabo, desde el día en que se echaron los cimientos del templo hasta que se terminó de construirlo. Así el templo del SEÑOR quedó perfectamente terminado.

17 Luego Salomón se dirigió a Ezión Guéber y a Elat, en la costa de Edom. 18 Hiram, por medio de sus oficiales, le envió a Salomón barcos y marineros expertos. Éstos y los oficiales de Salomón navegaron a Ofir y volvieron con unos quince mil kilos n de oro, que le entregaron al rey Salomón.

La reina de Sabá visita a Salomón

9 La reina de Sabá se enteró de la fama de Salomón, así que fue a verlo en Jerusalén para ponerlo a prueba con preguntas difíciles. Llegó con un séquito muy grande; sus camellos llevaban perfumes, oro en abundancia y piedras preciosas. Al presentarse ante Salomón, le preguntó todo lo que tenía pensado, 2 y él respondió a todas sus preguntas. No hubo ningún asunto, por difícil que fuera, que Salomón no pudiera resolver. 3-4 La reina de Sabá se quedó atónita al ver la sabiduría de Salomón y el palacio que él había construido, los manjares de su mesa, los asientos que ocupaban sus funcionarios, el servicio y la ropa de sus criados y coperos, y los *holocaustos que ofrecía en el templo n del SEÑOR. 5 Entonces le dijo al rey: «¡Todo lo que escuché en mi país acerca de tus triunfos y de tu sabiduría es cierto! 6 No podía creer nada de eso hasta que vine y lo vi con mis propios ojos. Pero en realidad, ¡no me habían contado ni siquiera la mitad de tu extraordinaria sabiduría! Tú superas todo lo que había oído decir de ti. 7 ¡*Dichosos tus súbditos! ¡Dichosos estos servidores tuyos, que constantemente están en tu presencia bebiendo de tu sabiduría! 8 ¡Y alabado sea el SEÑOR tu Dios, que se ha deleitado en ti y te ha puesto en su trono para que lo representes como rey! En su amor por Israel, tu Dios te ha hecho rey de ellos para que gobiernes con justicia y rectitud, pues él quiere consolidar a su pueblo para siempre.»

9 Luego la reina le regaló a Salomón tres mil novecientos sesenta kilos o de oro, piedras preciosas y una gran cantidad de perfumes. Jamás volvió a haber perfumes como los que la reina de Sabá le obsequió al rey Salomón.

11 Solomon brought Pharaoh's daughter up from the City of David to the palace he had built for her, for he said, "My wife must not live in the palace of David king of Israel, because the places the ark of the LORD has entered are holy."

12 On the altar of the LORD that he had built in front of the portico, Solomon sacrificed burnt offerings to the LORD, 13 according to the daily requirement for offerings commanded by Moses for Sabbaths, New Moons and the three annual feasts—the Feast of Unleavened Bread, the Feast of Weeks and the Feast of Tabernacles. 14 In keeping with the ordinance of his father David, he appointed the divisions of the priests for their duties, and the Levites to lead the praise and to assist the priests according to each day's requirement. He also appointed the gatekeepers by divisions for the various gates, because this was what David the man of God had ordered. 15 They did not deviate from the king's commands to the priests or to the Levites in any matter, including that of the treasuries.

16 All Solomon's work was carried out, from the day the foundation of the temple of the LORD was laid until its completion. So the temple of the LORD was finished.

17 Then Solomon went to Ezion Geber and Elath on the coast of Edom. 18 And Hiram sent him ships commanded by his own officers, men who knew the sea. These, with Solomon's men, sailed to Ophir and brought back four hundred and fifty talents j of gold, which they delivered to King Solomon.

The Queen of Sheba Visits Solomon

9 When the queen of Sheba heard of Solomon's fame, she came to Jerusalem to test him with hard questions. Arriving with a very great caravan—with camels carrying spices, large quantities of gold, and precious stones—she came to Solomon and talked with him about all she had on her mind. 2 Solomon answered all her questions; nothing was too hard for him to explain to her. 3 When the queen of Sheba saw the wisdom of Solomon, as well as the palace he had built, 4 the food on his table, the seating of his officials, the attending servants in their robes, the cupbearers in their robes and the burnt offerings he made at k the temple of the LORD, she was overwhelmed.

5 She said to the king, "The report I heard in my own country about your achievements and your wisdom is true. 6 But I did not believe what they said until I came and saw with my own eyes. Indeed, not even half the greatness of your wisdom was told me; you have far exceeded the report I heard. 7 How happy your men must be! How happy your officials, who continually stand before you and hear your wisdom! 8 Praise be to the LORD your God, who has delighted in you and placed you on his throne as king to rule for the LORD your God. Because of the love of your God for Israel and his desire to uphold them forever, he has made you king over them, to maintain justice and righteousness."

9 Then she gave the king 120 talents l of gold, large quantities of spices, and precious stones. There had never been such spices as those the queen of Sheba gave to King Solomon.

---

n 8:18 quince mil kilos. Lit. cuatrocientos cincuenta *talentos.
ñ 9:4 los holocaustos ... templo. Alt. la escalinata por la cual él subía al templo. o 9:9 tres mil novecientos sesenta kilos. Lit. ciento veinte *talentos.

j 18 That is, about 17 tons (about 16 metric tons)   k 4 Or the ascent by which he went up to   l 9 That is, about 4 1/2 tons (about 4 metric tons)

10 Además del oro de Ofir, los oficiales de Hiram y los de Salomón trajeron madera de sándalo y piedras preciosas. 11 Con la madera, el rey construyó escalinatas para el templo del SEÑOR y para el palacio real, y también hizo arpas y liras para los músicos. Nunca antes se había visto en Judá algo semejante.

12 El rey Salomón, por su parte, le dio a la reina de Sabá todo lo que a ella se le antojó pedirle, lo cual fue más de lo que ella le dio al rey. Después de eso, la reina regresó a su país con todos los que la atendían.

El esplendor de Salomón

13 La cantidad de oro que Salomón recibía anualmente llegaba a los veintidós mil kilos,*p* 14 sin contar los impuestos que pagaban los mercaderes y comerciantes. También los reyes de Arabia y los gobernadores del país le llevaban oro y plata a Salomón.

15 El rey Salomón hizo doscientos escudos grandes de oro batido, en cada uno de los cuales se emplearon seis kilos y medio*q* de oro. 16 Hizo además trescientos escudos más pequeños, también de oro batido, empleando en cada uno de ellos tres kilos*r* de oro. Estos escudos los puso el rey en el palacio llamado «Bosque del Líbano».

17 El rey hizo también un gran trono de marfil, recubierto de oro puro. 18 El trono tenía seis peldaños, un estrado de oro, brazos a cada lado del asiento, dos leones de pie junto a los brazos 19 y doce leones de pie sobre los seis peldaños, uno en cada extremo. En ningún otro reino se había hecho algo semejante. 20 Todas las copas del rey Salomón y toda la vajilla del palacio «Bosque del Líbano» eran de oro puro. Nada estaba hecho de plata, pues en tiempos de Salomón la plata era poco apreciada. 21 Cada tres años, la flota comercial del rey, que era tripulada por los oficiales de Hiram, regresaba de Tarsis trayendo oro, plata y marfil, monos y mandriles.*s*

22 Tanto en riquezas como en sabiduría, el rey Salomón sobrepasó a los demás reyes de la tierra. 23 Todos ellos procuraban visitarlo para oír la sabiduría que Dios le había dado, 24 y año tras año le llevaban regalos: artículos de plata y de oro, vestidos, armas y perfumes, y caballos y mulas.

25 Salomón tenía cuatro mil establos para sus caballos y sus carros de combate, y doce mil caballos que mantenía en las caballerizas y también en su palacio en Jerusalén. 26 El rey Salomón extendió su dominio sobre todos los reyes, desde el río Éufrates hasta Filistea y la frontera de Egipto. 27 Hizo que en Jerusalén la plata fuera tan común y corriente como las piedras, y el cedro tan abundante como las higueras de la llanura. 28 Sus caballos eran importados de Egipto y de todos los otros países.

Muerte de Salomón

29 Los demás acontecimientos del reinado de Salomón, desde el primero hasta el último, están escritos en las crónicas del profeta Natán, en la profecía de Ahías el silonita, y en las visiones del vidente Idó acerca de Jeroboán hijo de Nabat. 30 Salomón reinó en Jerusalén cuarenta años sobre todo Israel. 31 Cuando murió, fue sepultado en la ciudad de David, su padre, y su hijo Roboán lo sucedió en el trono.

10 (The men of Hiram and the men of Solomon brought gold from Ophir; they also brought algumwood*m* and precious stones. 11 The king used the algumwood to make steps for the temple of the LORD and for the royal palace, and to make harps and lyres for the musicians. Nothing like them had ever been seen in Judah.)

12 King Solomon gave the queen of Sheba all she desired and asked for; he gave her more than she had brought to him. Then she left and returned with her retinue to her own country.

Solomon's Splendor

13 The weight of the gold that Solomon received yearly was 666 talents,*n* 14 not including the revenues brought in by merchants and traders. Also all the kings of Arabia and the governors of the land brought gold and silver to Solomon.

15 King Solomon made two hundred large shields of hammered gold; six hundred bekas*o* of hammered gold went into each shield. 16 He also made three hundred small shields of hammered gold, with three hundred bekas*p* of gold in each shield. The king put them in the Palace of the Forest of Lebanon.

17 Then the king made a great throne inlaid with ivory and overlaid with pure gold. 18 The throne had six steps, and a footstool of gold was attached to it. On both sides of the seat were armrests, with a lion standing beside each of them. 19 Twelve lions stood on the six steps, one at either end of each step. Nothing like it had ever been made for any other kingdom. 20 All King Solomon's goblets were gold, and all the household articles in the Palace of the Forest of Lebanon were pure gold. Nothing was made of silver, because silver was considered of little value in Solomon's day. 21 The king had a fleet of trading ships*q* manned by Hiram's*r* men. Once every three years it returned, carrying gold, silver and ivory, and apes and baboons.

22 King Solomon was greater in riches and wisdom than all the other kings of the earth. 23 All the kings of the earth sought audience with Solomon to hear the wisdom God had put in his heart. 24 Year after year, everyone who came brought a gift—articles of silver and gold, and robes, weapons and spices, and horses and mules.

25 Solomon had four thousand stalls for horses and chariots, and twelve thousand horses,*s* which he kept in the chariot cities and also with him in Jerusalem. 26 He ruled over all the kings from the River*t* to the land of the Philistines, as far as the border of Egypt. 27 The king made silver as common in Jerusalem as stones, and cedar as plentiful as sycamore-fig trees in the foothills. 28 Solomon's horses were imported from Egypt*u* and from all other countries.

Solomon's Death

29 As for the other events of Solomon's reign, from beginning to end, are they not written in the records of Nathan the prophet, in the prophecy of Ahijah the Shilonite and in the visions of Iddo the seer concerning Jeroboam son of Nebat? 30 Solomon reigned in Jerusalem over all Israel forty years. 31 Then he rested with his fathers and was buried in the city of David his father. And Rehoboam his son succeeded him as king.

---

p 9:13 veintidós mil kilos. Lit. *seiscientos sesenta y seis talentos.* *q 9:15 seis kilos y medio.* Lit. *seiscientos ⸢siclos⸥.* *r 9:16 tres kilos.* Lit. *trescientos ⸢siclos⸥.* *s 9:21 mandriles.* Alt. *pavos reales.*

m 10 Probably a variant of *almugwood*   *n 13* That is, about 25 tons (about 23 metric tons)   *o 15* That is, about 7 1/2 pounds (about 3.5 kilograms)   *p 16* That is, about 3 3/4 pounds (about 1.7 kilograms)   *q 21* Hebrew *of ships that could go to Tarshish*   *r 21* Hebrew *Huram,* a variant of *Hiram*   *s 25* Or *charioteers*   *t 26* That is, the Euphrates   *u 28* Or possibly *Muzur,* a region in Cilicia

Division del reino

10 Roboán fue a Siquén porque todos los israelitas se habían reunido allí para proclamarlo rey. ²De esto se enteró Jeroboán hijo de Nabat, así que volvió de Egipto, que es adonde había huido del rey Salomón. ³Cuando lo mandaron a buscar, él y todo Israel fueron a ver a Roboán y le dijeron:

⁴—Su padre nos impuso un yugo pesado. Alívienos usted ahora el duro trabajo y el pesado yugo que él nos echó encima; así serviremos a Su Majestad.

⁵—Váyanse por ahora —respondió Roboán—, pero vuelvan a verme dentro de tres días.

Cuando el pueblo se fue, ⁶el rey Roboán consultó con los *ancianos que en vida de su padre Salomón habían estado a su servicio.

—¿Qué me aconsejan ustedes que le responda a este pueblo? —preguntó.

⁷Ellos respondieron:

—Si Su Majestad trata con bondad a este pueblo, y condesciende con ellos y les responde con amabilidad, ellos le servirán para siempre.

⁸Pero Roboán rechazó el consejo que le dieron los ancianos, y consultó más bien con los jóvenes que se habían criado con él y que estaban a su servicio.

⁹—¿Ustedes qué me aconsejan? —les preguntó—. ¿Cómo debo responderle a este pueblo que me dice: "Alívienos el yugo que su padre nos echó encima"?

¹⁰Aquellos jóvenes, que se habían criado con él, le contestaron:

—El pueblo le ha dicho a Su Majestad: "Su padre nos impuso un yugo pesado; hágalo usted más ligero." Pues bien, respóndales de este modo: "Mi dedo meñique es más grueso que la cintura de mi padre. ¹¹Si él les impuso un yugo pesado, ¡yo les aumentaré la carga! Y si él los castigaba a ustedes con una vara, ¡yo lo haré con un látigo!"ᵗ

¹²Al tercer día, en la fecha que el rey Roboán había indicado, Jeroboán regresó con todo el pueblo para presentarse ante él. ¹³Pero el rey Roboán les respondió con brusquedad: rechazó el consejo de los ancianos, ¹⁴y siguió más bien el de los jóvenes. Les dijo: «Si mi padre les impusoᵘ un yugo pesado, ¡yo les aumentaré la carga! Si él los castigaba a ustedes con una vara, ¡yo lo haré con un látigo!»

¹⁵Y como el rey no escuchó al pueblo, las cosas tomaron este rumbo por voluntad de Dios. Así se cumplió la palabra que el SEÑOR le había comunicado a Jeroboán hijo de Nabat por medio de Ahías el silonita.

¹⁶Cuando se dieron cuenta de que el reyᵛ no iba a hacerles caso, todos los israelitas exclamaron a una:

«¡Pueblo de Israel, todos a sus casas!
¡Y tú, David, ocúpate de los tuyos!
¿Qué parte tenemos con David?
¿Qué herencia tenemos con el hijo de Isaí?»

Así que se fueron, cada uno a su casa. ¹⁷Sin embargo, Roboán siguió reinando sobre los israelitas que vivían en las ciudades de Judá. ¹⁸Más tarde, el rey Roboán envió a Adoniránʷ para que supervisara el trabajo forzado, pero los israelitas lo mataron a pedradas. ¡A duras penas logró el rey subir a su carro y escapar a Jerusalén! ¹⁹Desde entonces Israel ha estado en rebelión contra la familia de David.

Israel Rebels Against Rehoboam

10 Rehoboam went to Shechem, for all the Israelites had gone there to make him king. ²When Rehoboam son of Nebat heard this (he was in Egypt, where he had fled from King Solomon), he returned from Egypt. ³So they sent for Jeroboam, and he and all Israel went to Rehoboam and said to him: ⁴"Your father put a heavy yoke on us, but now lighten the harsh labor and the heavy yoke he put on us, and we will serve you."

⁵Rehoboam answered, "Come back to me in three days." So the people went away.

⁶Then King Rehoboam consulted the elders who had served his father Solomon during his lifetime. "How would you advise me to answer these people?" he asked.

⁷They replied, "If you will be kind to these people and please them and give them a favorable answer, they will always be your servants."

⁸But Rehoboam rejected the advice the elders gave him and consulted the young men who had grown up with him and were serving him. ⁹He asked them, "What is your advice? How should we answer these people who say to me, 'Lighten the yoke your father put on us'?"

¹⁰The young men who had grown up with him replied, "Tell the people who have said to you, 'Your father put a heavy yoke on us, but make our yoke lighter'—tell them, 'My little finger is thicker than my father's waist. ¹¹My father laid on you a heavy yoke; I will make it even heavier. My father scourged you with whips; I will scourge you with scorpions.' "

¹²Three days later Jeroboam and all the people returned to Rehoboam, as the king had said, "Come back to me in three days." ¹³The king answered them harshly. Rejecting the advice of the elders, ¹⁴he followed the advice of the young men and said, "My father made your yoke heavy; I will make it even heavier. My father scourged you with whips; I will scourge you with scorpions." ¹⁵So the king did not listen to the people, for this turn of events was from God, to fulfill the word the LORD had spoken to Jeroboam son of Nebat through Ahijah the Shilonite.

¹⁶When all Israel saw that the king refused to listen to them, they answered the king:

"What share do we have in David,
what part in Jesse's son?
To your tents, O Israel!
Look after your own house, O David!"

So all the Israelites went home. ¹⁷But as for the Israelites who were living in the towns of Judah, Rehoboam still ruled over them.

¹⁸King Rehoboam sent out Adoniram,ᵛ who was in charge of forced labor, but the Israelites stoned him to death. King Rehoboam, however, managed to get into his chariot and escape to Jerusalem. ¹⁹So Israel has been in rebellion against the house of David to this day.

ᵗ *10:11 con una vara ... con un látigo.* Lit. *con azotes ... con escorpiones*; también en v. 14.   ᵘ *10:14 Si mi padre les impuso* (mss. hebreos y versiones antiguas); *Yo les impondré* (TM).   ᵛ *10:16 Cuando se dieron cuenta de que el rey* (mss. hebreos y versiones antiguas); *Como el rey* (TM).   ʷ *10:18 Adonirán.* Lit. *Adorán* (variante de este nombre).

ᵛ *18* Hebrew *Hadoram,* a variant of *Adoniram*

11 Roboán llegó a Jerusalén y movilizó a las familias de Judá y de Benjamín, ciento ochenta mil guerreros selectos en total, para hacer la guerra contra Israel y así recuperar el reino. ²Pero la palabra del SEÑOR vino a Semaías, hombre de Dios, y le dio este mensaje: ³«Diles a Roboán hijo de Salomón, rey de Judá, y a todos los israelitas que están en Judá y en Benjamín, ⁴que así dice el SEÑOR: "No vayan a luchar contra sus hermanos. Regrese cada uno a su casa, porque es mi voluntad que esto haya sucedido."» Y ellos obedecieron las palabras del SEÑOR y desistieron de marchar contra Jeroboán.

Roboán fortifica las ciudades de Judá

⁵Roboán se estableció en Jerusalén y fortificó las siguientes ciudades de Judá: ⁶Belén, Etam, Tecoa, ⁷Betsur, Soco, Adulán, ⁸Gat, Maresá, Zif, ⁹Adorayin, Laquis, Azeca, ¹⁰Zora, Ayalón y Hebrón. Estas ciudades fueron fortificadas en Judá y en Benjamín. ¹¹Roboán nombró gobernantes, reforzó las fortificaciones, almacenó en ellas víveres, aceite y vino, ¹²y las armó a todas con escudos y lanzas. Así fortificó completamente todas las ciudades y quedó en posesión de Judá y de Benjamín.

Los sacerdotes y los levitas apoyan a Roboán

¹³De todas las regiones de Israel llegaron sacerdotes y levitas para unirse a Roboán. ¹⁴Los levitas abandonaron sus campos de pastoreo y demás posesiones para irse a Judá y a Jerusalén, ya que Jeroboán y sus hijos les habían impedido ejercer el sacerdocio del SEÑOR. ¹⁵En su lugar, Jeroboán había nombrado sacerdotes para los *santuarios paganos y para el culto a los machos cabríos y a los becerros que había mandado hacer. ¹⁶Tras los levitas se fue gente de todas las tribus de Israel que con todo el *corazón buscaba al SEÑOR, Dios de Israel. Llegaron a Jerusalén para ofrecer sacrificios al SEÑOR, Dios de sus antepasados. ¹⁷Así consolidaron el reino de Judá, y durante tres años apoyaron a Roboán hijo de Salomón y siguieron el buen ejemplo de David y Salomón.

Esposas e hijos de Roboán

¹⁸Roboán se casó con Majalat hija de Jerimot, el hijo de David y de Abijaíl, hija de Eliab y nieta de Isaí. ¹⁹Los hijos que ella le dio fueron Jeús, Semarías y Zaján. ²⁰Después se casó con Macá hija de Absalón. Los hijos que ella le dio fueron Abías, Atay, Ziza y Selomit. ²¹Roboán amó a Macá hija de Absalón más que a sus otras esposas y concubinas. En total, tuvo dieciocho esposas y sesenta concubinas, y fue padre de veintiocho hijos y de sesenta hijas. ²²Roboán puso como jefe de sus hermanos a Abías hijo de Macá, pues tenía la intención de hacerlo rey. ²³Y actuó con astucia, pues a sus otros hijos les dio víveres en abundancia, les consiguió muchas esposas y los dispersó por todo el territorio de Judá y de Benjamín y por todas las ciudades fortificadas.

Sisac invade Jerusalén

12 Después de que Roboán consolidó su reino y se afirmó en el trono, él y todo Israel abandonaron la *ley del SEÑOR ²y le fueron infieles. Por eso en el quinto año del reinado de Roboán, Sisac, rey de Egipto, atacó a Jerusalén. ³Con mil doscientos carros de com-

11 When Rehoboam arrived in Jerusalem, he mustered the house of Judah and Benjamin—a hundred and eighty thousand fighting men—to make war against Israel and to regain the kingdom for Rehoboam. ²But this word of the LORD came to Shemaiah the man of God: ³"Say to Rehoboam son of Solomon king of Judah and to all the Israelites in Judah and Benjamin, ⁴'This is what the LORD says: Do not go up to fight against your brothers. Go home, every one of you, for this is my doing.' " So they obeyed the words of the LORD and turned back from marching against Jeroboam.

Rehoboam Fortifies Judah

⁵Rehoboam lived in Jerusalem and built up towns for defense in Judah: ⁶Bethlehem, Etam, Tekoa, ⁷Beth Zur, Soco, Adullam, ⁸Gath, Mareshah, Ziph, ⁹Adoraim, Lachish, Azekah, ¹⁰Zorah, Aijalon and Hebron. These were fortified cities in Judah and Benjamin. ¹¹He strengthened their defenses and put commanders in them, with supplies of food, olive oil and wine. ¹²He put shields and spears in all the cities, and made them very strong. So Judah and Benjamin were his.

¹³The priests and Levites from all their districts throughout Israel sided with him. ¹⁴The Levites even abandoned their pasturelands and property, and came to Judah and Jerusalem because Jeroboam and his sons had rejected them as priests of the LORD. ¹⁵And he appointed his own priests for the high places and for the goat and calf idols he had made. ¹⁶Those from every tribe of Israel who set their hearts on seeking the LORD, the God of Israel, followed the Levites to Jerusalem to offer sacrifices to the LORD, the God of their fathers. ¹⁷They strengthened the kingdom of Judah and supported Rehoboam son of Solomon three years, walking in the ways of David and Solomon during this time.

Rehoboam's Family

¹⁸Rehoboam married Mahalath, who was the daughter of David's son Jerimoth and of Abihail, the daughter of Jesse's son Eliab. ¹⁹She bore him sons: Jeush, Shemariah and Zaham. ²⁰Then he married Maacah daughter of Absalom, who bore him Abijah, Attai, Ziza and Shelomith. ²¹Rehoboam loved Maacah daughter of Absalom more than any of his other wives and concubines. In all, he had eighteen wives and sixty concubines, twenty-eight sons and sixty daughters. ²²Rehoboam appointed Abijah son of Maacah to be the chief prince among his brothers, in order to make him king. ²³He acted wisely, dispersing some of his sons throughout the districts of Judah and Benjamin, and to all the fortified cities. He gave them abundant provisions and took many wives for them.

Shishak Attacks Jerusalem

12 After Rehoboam's position as king was established and he had become strong, he and all Israelʷ with him abandoned the law of the LORD. ²Because they had been unfaithful to the LORD, Shishak king of Egypt attacked Jerusalem in the fifth year of King Rehoboam. ³With twelve hundred chariots and

---

ʷ *1* That is, Judah, as frequently in 2 Chronicles

bate, sesenta mil jinetes y una innumerable multitud de libios, suqués y *cusitas procedentes de Egipto, 4 Sisac conquistó las ciudades fortificadas de Judá y llegó hasta Jerusalén.

5 Entonces el profeta Semaías se presentó ante Roboán y los jefes de Judá que por miedo a Sisac se habían reunido en Jerusalén, y les dijo:

—Así dice el SEÑOR: "Como ustedes me abandonaron, ahora yo también los abandono, para que caigan en manos de Sisac."

6 Los jefes israelitas y el rey confesaron con humildad:

—¡El SEÑOR es justo!

7 Cuando el SEÑOR vio que se habían humillado, le habló nuevamente a Semaías y le dijo: «Puesto que han mostrado humildad, ya no voy a destruirlos; dentro de poco tiempo los libraré. No voy a permitir que Sisac ejecute mi castigo sobre Jerusalén, 8 aunque sí dejaré que los someta a su dominio, para que aprendan la diferencia que hay entre servirme a mí y servir a los reyes de otros países.»

9 Sisac, rey de Egipto, atacó a Jerusalén y se llevó los tesoros del templo del SEÑOR y del palacio real. Se lo llevó todo, aun los escudos de oro que Salomón había hecho. 10 Para reemplazarlos, el rey Roboán mandó hacer escudos de bronce y los puso al cuidado de los jefes de la guardia que custodiaba la entrada del palacio real. 11 Siempre que el rey iba al templo del SEÑOR, los guardias lo acompañaban portando los escudos, pero luego los devolvían a la sala de los centinelas.

12 Por haberse humillado Roboán, y porque aún quedaba algo bueno en Judá, el SEÑOR apartó su ira de él y no lo destruyó por completo, 13 así que el rey Roboán afirmó su trono y continuó reinando en Jerusalén. Su madre era una amonita llamada Noamá.

Roboán tenía cuarenta y un años cuando ascendió al trono, y reinó diecisiete años en Jerusalén, la ciudad donde, de entre todas las tribus de Israel, el SEÑOR había decidido habitar. 14 Pero Roboán actuó mal, porque no tuvo el firme propósito de buscar al SEÑOR.

15 Los acontecimientos del reinado de Roboán, desde el primero hasta el último, incluyendo las constantes guerras que hubo entre Jeroboán y él, están escritos en las crónicas del profeta Semaías y del vidente Idó. 16 Cuando Roboán murió, fue sepultado en la Ciudad de David. Y su hijo Abías lo sucedió en el trono.

Abías, rey de Judá

13 En el año dieciocho del reinado de Jeroboán, Abías ascendió al trono de Judá 2 y reinó en Jerusalén tres años. Su madre era Micaías, hija de Uriel de Guibeá.

Hubo guerra entre Abías y Jeroboán. 3 Para ir al combate, Abías escogió a cuatrocientos mil guerreros valientes; Jeroboán, por su parte, escogió a ochocientos mil y le hizo frente.

4 Abías subió al monte Zemarayin, en la sierra de Efraín, y gritó: «¡Jeroboán! ¡Israelitas! ¡Escúchenme todos ustedes! 5 ¿No saben que el SEÑOR, Dios de Israel, concedió para siempre el reino de Israel a David y a sus descendientes mediante un *pacto inalterable?x 6 Sin embargo, Jeroboán hijo de Nabat, oficial de Salomón

sixty thousand horsemen and the innumerable troops of Libyans, Sukkites and Cushitesx that came with him from Egypt, 4 he captured the fortified cities of Judah and came as far as Jerusalem.

5 Then the prophet Shemaiah came to Rehoboam and to the leaders of Judah who had assembled in Jerusalem for fear of Shishak, and he said to them, "This is what the LORD says, 'You have abandoned me; therefore, I now abandon you to Shishak.' "

6 The leaders of Israel and the king humbled themselves and said, "The LORD is just."

7 When the LORD saw that they humbled themselves, this word of the LORD came to Shemaiah: "Since they have humbled themselves, I will not destroy them but will soon give them deliverance. My wrath will not be poured out on Jerusalem through Shishak. 8 They will, however, become subject to him, so that they may learn the difference between serving me and serving the kings of other lands."

9 When Shishak king of Egypt attacked Jerusalem, he carried off the treasures of the temple of the LORD and the treasures of the royal palace. He took everything, including the gold shields Solomon had made. 10 So King Rehoboam made bronze shields to replace them and assigned these to the commanders of the guard on duty at the entrance to the royal palace. 11 Whenever the king went to the LORD's temple, the guards went with him, bearing the shields, and afterward they returned them to the guardroom.

12 Because Rehoboam humbled himself, the LORD's anger turned from him, and he was not totally destroyed. Indeed, there was some good in Judah.

13 King Rehoboam established himself firmly in Jerusalem and continued as king. He was forty-one years old when he became king, and he reigned seventeen years in Jerusalem, the city the LORD had chosen out of all the tribes of Israel in which to put his Name. His mother's name was Naamah; she was an Ammonite. 14 He did evil because he had not set his heart on seeking the LORD.

15 As for the events of Rehoboam's reign, from beginning to end, are they not written in the records of Shemaiah the prophet and of Iddo the seer that deal with genealogies? There was continual warfare between Rehoboam and Jeroboam. 16 Rehoboam rested with his fathers and was buried in the City of David. And Abijah his son succeeded him as king.

Abijah King of Judah

13 In the eighteenth year of the reign of Jeroboam, Abijah became king of Judah, 2 and he reigned in Jerusalem three years. His mother's name was Maacah,y a daughterz of Uriel of Gibeah.

There was war between Abijah and Jeroboam. 3 Abijah went into battle with a force of four hundred thousand able fighting men, and Jeroboam drew up a battle line against him with eight hundred thousand able troops.

4 Abijah stood on Mount Zemaraim, in the hill country of Ephraim, and said, "Jeroboam and all Israel, listen to me! 5 Don't you know that the LORD, the God of Israel, has given the kingship of Israel to David and his descendants forever by a covenant of salt? 6 Yet Jeroboam son of Nebat, an official of Solomon son of

---

x 13:5 inalterable. Lit. de sal; véase Nm 18:19.

x 3 That is, people from the upper Nile region　　y 2 Most Septuagint manuscripts and Syriac (see also 2 Chron. 11:20 and 1 Kings 15:2); Hebrew Micaiah　　z 2 Or granddaughter

hijo de David, se rebeló contra su señor. 7Unos hombres ociosos y malvados se unieron a Roboán hijo de Salomón, cuando éste era joven y débil de carácter, y se le impusieron, de modo que no pudo hacerles frente.

8»Ustedes piensan que ahora, por ser muy numerosos y por tener los becerros de oro, esos ídolos que Jeroboán les hizo pueden oponerse al reino del SEÑOR, aunque él se lo ha entregado a los hijos de David. 9¡Hasta expulsaron a los descendientes de Aarón, que son los sacerdotes del SEÑOR, y a los levitas! En su lugar han nombrado sacerdotes, y a cualquiera que trae un ternero y siete carneros lo consagran como sacerdote de los dioses falsos, tal como lo hacen los pueblos *paganos.

10»Nosotros, en cambio, no hemos abandonado al SEÑOR, porque él es nuestro Dios. Los descendientes de Aarón siguen siendo nuestros sacerdotes que sirven al SEÑOR, y los levitas son los encargados del culto. 11Todos los días, por la mañana y por la tarde, ofrecen al SEÑOR los *holocaustos y queman el incienso; además, todas las tardes colocan el pan consagrado sobre la mesa de oro puro, y encienden las lámparas del candelabro de oro. Dense cuenta de que nosotros sí mantenemos el culto al SEÑOR nuestro Dios, a quien ustedes han abandonado. 12Así que Dios, con sus sacerdotes, va al frente de nosotros. ¡Las trompetas están listas para dar la orden de ataque contra ustedes! ¡Israelitas, no peleen contra el SEÑOR, Dios de sus antepasados, pues no podrán vencerlo!»

13Para tenderle una emboscada a Abías, Jeroboán situó parte de sus tropas detrás del ejército de Judá, mientras que al resto de sus tropas lo mandó al frente. 14Cuando los de Judá miraron hacia atrás, se dieron cuenta de que los israelitas los atacaban también por la retaguardia. Entonces clamaron al SEÑOR, y los sacerdotes tocaron las trompetas. 15En el momento en que los de Judá lanzaron el grito de guerra, Dios derrotó a Jeroboán y a los israelitas, dándoles la *victoria a Abías y Judá. 16Los israelitas intentaron huir, pero Dios los entregó al poder de Judá. 17Abías y su ejército les ocasionaron una gran derrota, matando a quinientos mil soldados selectos de Israel. 18En esa ocasión fueron humillados los israelitas, mientras que los de Judá salieron victoriosos porque confiaron en el SEÑOR, Dios de sus antepasados.

19Abías persiguió a Jeroboán y le arrebató las ciudades de Betel, Jesaná y Efraín, con sus respectivas aldeas. 20Durante el reinado de Abías, Jeroboán no pudo recuperar su poderío. Al final, el SEÑOR lo hirió, y Jeroboán murió.

21Abías, en cambio, siguió afirmándose en el trono. Tuvo catorce esposas, veintidós hijos y dieciséis hijas. 22Los demás acontecimientos del reinado de Abías, y su conducta y sus obras,y están escritos en el comentario del profeta Idó.

14 Abías murió y fue sepultado en la Ciudad de David, y su hijo Asá lo sucedió en el trono. Durante su reinado, el país disfrutó de diez años de *paz.

Asá, rey de Judá

2Asá hizo lo que era bueno y agradable ante el SEÑOR su Dios. 3Se deshizo de los altares y *santuarios paganos, destrozó las piedras sagradas, y derribó las imáge-

David, rebelled against his master. 7Some worthless scoundrels gathered around him and opposed Rehoboam son of Solomon when he was young and indecisive and not strong enough to resist them.

8"And now you plan to resist the kingdom of the LORD, which is in the hands of David's descendants. You are indeed a vast army and have with you the golden calves that Jeroboam made to be your gods. 9But didn't you drive out the priests of the LORD, the sons of Aaron, and the Levites, and make priests of your own as the peoples of other lands do? Whoever comes to consecrate himself with a young bull and seven rams may become a priest of what are not gods.

10"As for us, the LORD is our God, and we have not forsaken him. The priests who serve the LORD are sons of Aaron, and the Levites assist them. 11Every morning and evening they present burnt offerings and fragrant incense to the LORD. They set out the bread on the ceremonially clean table and light the lamps on the gold lampstand every evening. We are observing the requirements of the LORD our God. But you have forsaken him. 12God is with us; he is our leader. His priests with their trumpets will sound the battle cry against you. Men of Israel, do not fight against the LORD, the God of your fathers, for you will not succeed."

13Now Jeroboam had sent troops around to the rear, so that while he was in front of Judah the ambush was behind them. 14Judah turned and saw that they were being attacked at both front and rear. Then they cried out to the LORD. The priests blew their trumpets 15and the men of Judah raised the battle cry. At the sound of their battle cry, God routed Jeroboam and all Israel before Abijah and Judah. 16The Israelites fled before Judah, and God delivered them into their hands. 17Abijah and his men inflicted heavy losses on them, so that there were five hundred thousand casualties among Israel's able men. 18The men of Israel were subdued on that occasion, and the men of Judah were victorious because they relied on the LORD, the God of their fathers.

19Abijah pursued Jeroboam and took from him the towns of Bethel, Jeshanah and Ephron, with their surrounding villages. 20Jeroboam did not regain power during the time of Abijah. And the LORD struck him down and he died.

21But Abijah grew in strength. He married fourteen wives and had twenty-two sons and sixteen daughters. 22The other events of Abijah's reign, what he did and what he said, are written in the annotations of the prophet Iddo.

14 And Abijah rested with his fathers and was buried in the City of David. Asa his son succeeded him as king, and in his days the country was at peace for ten years.

Asa King of Judah

2Asa did what was good and right in the eyes of the LORD his God. 3He removed the foreign altars and the high places, smashed the sacred stones and cut down

nes de la diosa *Aserá. ⁴Además, ordenó a los habitantes de Judá que acudieran al SEÑOR, Dios de sus antepasados, y que obedecieran su *ley y sus mandamientos. ⁵De este modo Asá se deshizo de los santuarios paganos y de los altares de incienso que había en todas las ciudades de Judá, y durante su reinado hubo tranquilidad. ⁶Asá construyó en Judá ciudades fortificadas, pues durante esos años el SEÑOR le dio descanso, y el país disfrutó de *paz y no estuvo en guerra con nadie.

⁷Asá les dijo a los de Judá: «Reconstruyamos esas ciudades, y levantemos a su alrededor murallas con torres, *puertas y cerrojos. El país todavía es nuestro, porque hemos buscado al SEÑOR nuestro Dios; como lo hemos buscado, él nos ha concedido estar en paz con nuestros vecinos.» Y tuvieron mucho éxito en la reconstrucción de las ciudades.

⁸Asá contaba con un ejército de trescientos mil soldados de Judá, los cuales portaban lanzas y escudos grandes, y de doscientos ochenta mil benjaminitas, los cuales portaban arcos y escudos pequeños. Todos ellos eran guerreros valientes.

⁹Zera el *cusita marchó contra ellos al frente de un ejército de un millón de soldados y trescientos carros de guerra, y llegó hasta Maresá. ¹⁰Asá le salió al encuentro en el valle de Sefata, y tomó posiciones cerca de Maresá. ¹¹Allí Asá invocó al SEÑOR su Dios y le dijo: «SEÑOR, sólo tú puedes ayudar al débil y al poderoso. ¡Ayúdanos, SEÑOR y Dios nuestro, porque en ti confiamos, y en tu *nombre hemos venido contra esta multitud! ¡Tú, SEÑOR, eres nuestro Dios! ¡No permitas que ningún *mortal se alce contra ti!»

¹²El SEÑOR derrotó a los cusitas cuando éstos lucharon contra Asá y Judá. Los cusitas huyeron, ¹³pero Asá y su ejército los persiguieron hasta Guerar. Allí cayeron los cusitas, y ni uno de ellos quedó con vida, porque el SEÑOR y su ejército los aniquilaron. Los de Judá se llevaron un enorme botín, ¹⁴luego atacaron todas las ciudades que había alrededor de Guerar, las cuales estaban llenas de pánico ante el SEÑOR, y las saquearon, pues había en ellas un gran botín. ¹⁵Además, atacaron los campamentos, donde había mucho ganado, y se llevaron una gran cantidad de ovejas y camellos. Después de eso, regresaron a Jerusalén.

Reformas de Asá

15 El Espíritu de Dios vino sobre Azarías hijo de Oded, ²y éste salió al encuentro de Asá y le dijo: «Asá, y gente de Judá y de Benjamín, ¡escúchenme! El SEÑOR estará con ustedes, siempre y cuando ustedes estén con él. Si lo buscan, él dejará que ustedes lo hallen; pero si lo abandonan, él los abandonará. ³Por mucho tiempo Israel estuvo sin el Dios verdadero y sin instrucción,ᶻ pues no había sacerdote que le enseñara. ⁴Pero cuando en su tribulación se volvieron al SEÑOR, Dios de Israel, y lo buscaron, él les permitió que lo hallaran. ⁵En aquellos tiempos no había seguridad para ningún viajero, sino que los habitantes de todos los países sufrían grandes calamidades. ⁶Las naciones y las ciudades se destrozaban unas a otras, porque Dios las castigaba con toda clase de calamidades. ⁷Pero ustedes, ¡manténganse firmes y no bajen la guardia, porque sus obras serán recompensadas!»

the Asherah poles.ᵃ ⁴He commanded Judah to seek the LORD, the God of their fathers, and to obey his laws and commands. ⁵He removed the high places and incense altars in every town in Judah, and the kingdom was at peace under him. ⁶He built up the fortified cities of Judah, since the land was at peace. No one was at war with him during those years, for the LORD gave him rest.

⁷"Let us build up these towns," he said to Judah, "and put walls around them, with towers, gates and bars. The land is still ours, because we have sought the LORD our God; we sought him and he has given us rest on every side." So they built and prospered.

⁸Asa had an army of three hundred thousand men from Judah, equipped with large shields and with spears, and two hundred and eighty thousand from Benjamin, armed with small shields and with bows. All these were brave fighting men.

⁹Zerah the Cushite marched out against them with a vast armyᵇ and three hundred chariots, and came as far as Mareshah. ¹⁰Asa went out to meet him, and they took up battle positions in the Valley of Zephathah near Mareshah.

¹¹Then Asa called to the LORD his God and said, "LORD, there is no one like you to help the powerless against the mighty. Help us, O LORD our God, for we rely on you, and in your name we have come against this vast army. O LORD, you are our God; do not let man prevail against you."

¹²The LORD struck down the Cushites before Asa and Judah. The Cushites fled, ¹³and Asa and his army pursued them as far as Gerar. Such a great number of Cushites fell that they could not recover; they were crushed before the LORD and his forces. The men of Judah carried off a large amount of plunder. ¹⁴They destroyed all the villages around Gerar, for the terror of the LORD had fallen upon them. They plundered all these villages, since there was much booty there. ¹⁵They also attacked the camps of the herdsmen and carried off droves of sheep and goats and camels. Then they returned to Jerusalem.

Asa's Reform

15 The Spirit of God came upon Azariah son of Oded. ²He went out to meet Asa and said to him, "Listen to me, Asa and all Judah and Benjamin. The LORD is with you when you are with him. If you seek him, he will be found by you, but if you forsake him, he will forsake you. ³For a long time Israel was without the true God, without a priest to teach and without the law. ⁴But in their distress they turned to the LORD, the God of Israel, and sought him, and he was found by them. ⁵In those days it was not safe to travel about, for all the inhabitants of the lands were in great turmoil. ⁶One nation was being crushed by another and one city by another, because God was troubling them with every kind of distress. ⁷But as for you, be strong and do not give up, for your work will be rewarded."

ᵃ3 That is, symbols of the goddess Asherah; here and elsewhere in 2 Chronicles   ᵇ9 Hebrew with an army of a thousand thousands or with an army of thousands upon thousands

8Cuando Asá oyó este mensaje del profeta Azarías hijo de Oded,ª se animó a eliminar los detestables ídolos que había en todo el territorio de Judá y Benjamín, y en las ciudades que había conquistado en los montes de Efraín. Además, restauró el altar del SEÑOR que estaba frente al atrio del templo del SEÑOR. 9Después convocó a los habitantes de Judá y de Benjamín, como también a los de Efraín, Manasés y Simeón que vivían entre ellos, pues muchos israelitas se habían unido a Asá, al ver que el SEÑOR su Dios estaba con él. 10Se reunieron en Jerusalén en el mes tercero del año quince del reinado de Asá. 11Ese día ofrecieron al SEÑOR setecientos bueyes y siete mil ovejas del botín que habían tomado. 12Luego hicieron un *pacto, mediante el cual se comprometieron a buscar de todo *corazón y con toda el *alma al SEÑOR, Dios de sus antepasados. 13Al que no buscara al SEÑOR, Dios de Israel, se le castigaría con la muerte, fuera grande o pequeño, hombre o mujer. 14Así lo juraron ante el SEÑOR, a voz en cuello y en medio de gritos y toques de trompetas y de cuernos. 15Todos los de Judá se alegraron de haber hecho este juramento, porque lo habían hecho de todo corazón y habían buscado al SEÑOR con voluntad sincera, y él se había dejado hallar de ellos y les había concedido vivir en *paz con las naciones vecinas.

16Además, el rey Asá destituyó a su abuela Macá de su puesto como reina madre, porque ella había hecho una escandalosa imagen de la diosa *Aserá. Asá derribó la imagen, la redujo a polvo y la quemó en el arroyo de Cedrón. 17Aunque no quitó de Israel los *santuarios paganos, Asá se mantuvo siempre fielᵇ al SEÑOR, 18y llevó al templo de Dios el oro, la plata y los utensilios que él y su padre habían consagrado.

19Durante los primeros treinta y cinco años del reinado de Asá no hubo guerra.

Pacto de Asá con Ben Adad

16 En el año treinta y seis del reinado de Asá, Basá, rey de Israel, atacó a Judá y fortificó Ramá para aislar totalmente a Asá, rey de Judá. 2Entonces Asá sacó plata y oro de los tesoros del templo del SEÑOR y del palacio real, y se los envió a Ben Adad, rey de *Siria, que gobernaba en Damasco. También le envió este mensaje: 3«Hagamos un pacto entre tú y yo, como el que hicieron tu padre y el mío. Aquí te envío oro y plata. Anula tu pacto con Basá, rey de Israel, para que se marche de aquí.»

4Ben Adad estuvo de acuerdo con el rey Asá y dio a los jefes de su ejército la orden de atacar las ciudades de Israel. Así conquistaron Iyón, Dan y Abel Mayin, y todos los depósitos que había en las ciudades de Neftalí. 5Cuando Basá se enteró, suspendió las obras de fortificación de Ramá. 6Entonces el rey Asá movilizó a todo Judá y se llevó de Ramá las piedras y la madera con que había estado fortificando aquella ciudad, y fortificó más bien Gueba y Mizpa.

7En esa ocasión el vidente Jananí se presentó ante Asá, rey de Judá, y le dijo: «Por cuanto pusiste tu confianza en el rey de Siria en vez de confiar en el SEÑOR tu Dios, el ejército sirio se te ha escapado de las

8When Asa heard these words and the prophecy of Azariah son ofᶜ Oded the prophet, he took courage. He removed the detestable idols from the whole land of Judah and Benjamin and from the towns he had captured in the hills of Ephraim. He repaired the altar of the LORD that was in front of the portico of the LORD's temple. 9Then he assembled all Judah and Benjamin and the people from Ephraim, Manasseh and Simeon who had settled among them, for large numbers had come over to him from Israel when they saw that the LORD his God was with him.

10They assembled at Jerusalem in the third month of the fifteenth year of Asa's reign. 11At that time they sacrificed to the LORD seven hundred head of cattle and seven thousand sheep and goats from the plunder they had brought back. 12They entered into a covenant to seek the LORD, the God of their fathers, with all their heart and soul. 13All who would not seek the LORD, the God of Israel, were to be put to death, whether small or great, man or woman. 14They took an oath to the LORD with loud acclamation, with shouting and with trumpets and horns. 15All Judah rejoiced about the oath because they had sworn it wholeheartedly. They sought God eagerly, and he was found by them. So the LORD gave them rest on every side.

16King Asa also deposed his grandmother Maacah from her position as queen mother, because she had made a repulsive Asherah pole. Asa cut the pole down, broke it up and burned it in the Kidron Valley. 17Although he did not remove the high places from Israel, Asa's heart was fully committed ⌞to the LORD⌟ all his life. 18He brought into the temple of God the silver and gold and the articles that he and his father had dedicated.

19There was no more war until the thirty-fifth year of Asa's reign.

Asa's Last Years

16 In the thirty-sixth year of Asa's reign Baasha king of Israel went up against Judah and fortified Ramah to prevent anyone from leaving or entering the territory of Asa king of Judah. 2Asa then took the silver and gold out of the treasuries of the LORD's temple and of his own palace and sent it to Ben-Hadad king of Aram, who was ruling in Damascus. 3"Let there be a treaty between me and you," he said, "as there was between my father and your father. See, I am sending you silver and gold. Now break your treaty with Baasha king of Israel so he will withdraw from me."

4Ben-Hadad agreed with King Asa and sent the commanders of his forces against the towns of Israel. They conquered Ijon, Dan, Abel Maimᵈ and all the store cities of Naphtali. 5When Baasha heard this, he stopped building Ramah and abandoned his work. 6Then King Asa brought all the men of Judah, and they carried away from Ramah the stones and timber Baasha had been using. With them he built up Geba and Mizpah.

7At that time Hanani the seer came to Asa king of Judah and said to him: "Because you relied on the king of Aram and not on the LORD your God, the army of

---

ª 15:8 *Azarías hijo de Oded* (ms. de LXX y Vulgata); *Oded* (TM).
ᵇ 15:17 *Asá se mantuvo siempre fiel.* Lit. *el corazón de Asá fue* *perfecto.*

ᶜ 8 Vulgate and Syriac (see also Septuagint and verse 1); Hebrew does not have *Azariah son of.*   ᵈ 4 Also known as *Abel Beth Maacah*

manos. 8 También los *cusitas y los libios formaban un ejército numeroso, y tenían muchos carros de combate y caballos, y sin embargo el SEÑOR los entregó en tus manos, porque en esa ocasión tú confiaste en él. 9 El SEÑOR recorre con su mirada toda la tierra, y está listo para ayudar a quienes le son fieles.c Pero de ahora en adelante tendrás guerras, pues actuaste como un *necio.»

10 Asá se enfureció contra el vidente por lo que éste le dijo, y lo mandó encarcelar. En ese tiempo, Asá oprimió también a una parte del pueblo.

11 Los hechos de Asá, desde el primero hasta el último, están escritos en el libro de los reyes de Judá e Israel. 12 En el año treinta y nueve de su reinado, Asá se enfermó de los pies; y aunque su enfermedad era grave, no buscó al SEÑOR, sino que recurrió a los médicos. 13 En el año cuarenta y uno de su reinado, Asá murió y fue sepultado con sus antepasados. 14 Lo sepultaron en la tumba que él había mandado cavar en la Ciudad de David, y lo colocaron sobre un lecho lleno de perfumes y diversas clases de especias aromáticas, muy bien preparadas. En su honor encendieron una enorme hoguera.

Josafat, rey de Judá

17 Al rey Asá lo sucedió en el trono su hijo Josafat, quien se impuso a la fuerza sobre Israel. 2 Colocó tropas en todas las ciudades fortificadas de Judá, y guarniciones en el territorio de Judá y en las ciudades de Efraín que su padre Asá había conquistado.

3 El SEÑOR estuvo con Josafat porque siguió el ejemplo inicial de su padre,d pues no buscó a los *baales 4 sino al Dios de su padre, obedeció los mandamientos de Dios, y no siguió las prácticas de los israelitas. 5 Por eso el SEÑOR afirmó el reino en sus manos. Todo Judá le llevaba regalos, y Josafat llegó a tener muchas riquezas y recibió muchos honores. 6 Anduvo con orgullo en los *caminos del SEÑOR, y hasta quitó de Judá los *santuarios paganos y las imágenes de la diosa *Aserá.

7 En el año tercero de su reinado, Josafat envió a sus oficiales Ben Jayil, Abdías, Zacarías, Natanael y Micaías, para que instruyeran a la gente en las ciudades de Judá. 8 Con ellos fueron los levitas Semaías, Netanías, Zebadías, Asael, Semiramot, Jonatán, Adonías, Tobías y Tobadonías, y también los sacerdotes Elisama y Jorán. 9 Llevaron consigo el libro de la *ley del SEÑOR para instruir a los habitantes de Judá. Así que recorrieron todas las ciudades de Judá, enseñando al pueblo.

10 Todos los reinos de las naciones vecinas de Judá sintieron un miedo profundo hacia el SEÑOR y no se atrevieron a declararle la guerra a Josafat. 11 Aun algunos filisteos le llevaron a Josafat, como tributo, regalos y plata. Los árabes también le llevaron siete mil setecientos carneros y siete mil setecientos machos cabríos.

12 Josafat se hizo cada vez más poderoso. Construyó en Judá fortalezas y lugares de almacenamiento, 13 y tenía muchas provisiones en las ciudades. En Jerusalén contaba con un regimiento de soldados muy valientes, 14 cuyo registro, según sus familias patriarcales, es el siguiente:

Jefes de mil soldados en Judá:

Adnás, el comandante, al frente de trescientos mil soldados.

15 Le seguía Johanán, al frente de doscientos ochenta mil soldados;

---

the king of Aram has escaped from your hand. 8 Were not the Cushitese and Libyans a mighty army with great numbers of chariots and horsemenf? Yet when you relied on the LORD, he delivered them into your hand. 9 For the eyes of the LORD range throughout the earth to strengthen those whose hearts are fully committed to him. You have done a foolish thing, and from now on you will be at war."

10 Asa was angry with the seer because of this; he was so enraged that he put him in prison. At the same time Asa brutally oppressed some of the people.

11 The events of Asa's reign, from beginning to end, are written in the book of the kings of Judah and Israel. 12 In the thirty-ninth year of his reign Asa was afflicted with a disease in his feet. Though his disease was severe, even in his illness he did not seek help from the LORD, but only from the physicians. 13 Then in the forty-first year of his reign Asa died and rested with his fathers. 14 They buried him in the tomb that he had cut out for himself in the City of David. They laid him on a bier covered with spices and various blended perfumes, and they made a huge fire in his honor.

Jehoshaphat King of Judah

17 Jehoshaphat his son succeeded him as king and strengthened himself against Israel. 2 He stationed troops in all the fortified cities of Judah and put garrisons in Judah and in the towns of Ephraim that his father Asa had captured.

3 The LORD was with Jehoshaphat because in his early years he walked in the ways his father David had followed. He did not consult the Baals 4 but sought the God of his father and followed his commands rather than the practices of Israel. 5 The LORD established the kingdom under his control; and all Judah brought gifts to Jehoshaphat, so that he had great wealth and honor. 6 His heart was devoted to the ways of the LORD; furthermore, he removed the high places and the Asherah poles from Judah.

7 In the third year of his reign he sent his officials Ben-Hail, Obadiah, Zechariah, Nethanel and Micaiah to teach in the towns of Judah. 8 With them were certain Levites—Shemaiah, Nethaniah, Zebadiah, Asahel, Shemiramoth, Jehonathan, Adonijah, Tobijah and Tob-Adonijah—and the priests Elishama and Jehoram. 9 They taught throughout Judah, taking with them the Book of the Law of the LORD; they went around to all the towns of Judah and taught the people.

10 The fear of the LORD fell on all the kingdoms of the lands surrounding Judah, so that they did not make war with Jehoshaphat. 11 Some Philistines brought Jehoshaphat gifts and silver as tribute, and the Arabs brought him flocks: seven thousand seven hundred rams and seven thousand seven hundred goats.

12 Jehoshaphat became more and more powerful; he built forts and store cities in Judah 13 and had large supplies in the towns of Judah. He also kept experienced fighting men in Jerusalem. 14 Their enrollment by families was as follows:

From Judah, commanders of units of 1,000:

Adnah the commander, with 300,000 fighting men;

15 next, Jehohanan the commander, with 280,000;

---

c 16:9 quienes le son fieles. Lit. los de corazón *perfecto para él.
d 17:3 de su padre (mss. hebreos y LXX); de su padre David (TM).

e 8 That is, people from the upper Nile region
f 8 Or charioteers

¹⁶le seguía Amasías hijo de Zicrí, que se ofreció voluntariamente para servir al SEÑOR, y estaba al frente de doscientos mil soldados.

¹⁷De Benjamín:

Eliadá, guerrero valiente, al frente de doscientos mil soldados que portaban arcos y escudos.

¹⁸Le seguía Jozabad, al frente de ciento ochenta mil soldados adiestrados para la guerra.

¹⁹Todos ellos estaban al servicio del rey, sin contar los que éste había destinado para las ciudades fortificadas de todo Judá.

Micaías profetiza contra Acab

18 Josafat se hizo muy rico y famoso, y como había emparentado con Acab, ²después de algún tiempo fue a visitarlo en Samaria. Allí Acab mató muchas ovejas y vacas para Josafat y sus acompañantes, y lo animó a marchar contra Ramot de Galaad. ³Acab, rey de Israel, le preguntó a Josafat, rey de Judá:

—¿Irías conmigo a pelear contra Ramot de Galaad? Josafat le respondió:

—Estoy a tu disposición, lo mismo que mi pueblo. Iremos contigo a la guerra. ⁴Pero antes que nada, consultemos al SEÑOR —añadió.

⁵Así que el rey de Israel reunió a los cuatrocientos profetas, y les preguntó:

—¿Debemos ir a la guerra contra Ramot de Galaad, o no?

—Vaya, Su Majestad —contestaron ellos—, porque Dios la entregará en sus manos.

⁶Pero Josafat inquirió:

—¿No hay aquí un profeta del SEÑOR a quien podamos consultar?

⁷El rey de Israel le respondió:

—Todavía hay alguien por medio de quien podemos consultar al SEÑOR, pero me cae muy mal porque nunca me profetiza nada bueno; sólo me anuncia desastres. Se trata de Micaías hijo de Imlá.

—No digas eso —replicó Josafat.

⁸Entonces el rey de Israel llamó a uno de sus funcionarios y le ordenó:

—¡Traigan de inmediato a Micaías hijo de Imlá!

⁹El rey de Israel, y Josafat, rey de Judá, vestidos con sus vestiduras reales y sentados en sus respectivos tronos, estaban en la plaza a la *entrada de Samaria, con todos los que profetizaban en su presencia. ¹⁰Sedequías hijo de Quenaná, que se había hecho unos cuernos de hierro, anunció: «Así dice el SEÑOR: "Con estos cuernos atacarás a los *sirios hasta aniquilarlos."» ¹¹Y los demás profetas vaticinaban lo mismo. «Ataque Su Majestad a Ramot de Galaad, y vencerá, porque el SEÑOR la entregará en sus manos.»

¹²Ahora bien, el mensajero que había ido a llamar a Micaías le advirtió:

—Mira, los demás profetas a una voz predicen el éxito del rey. Habla favorablemente, para que tu mensaje concuerde con el de ellos.

¹³Pero Micaías repuso:

—Tan cierto como que el SEÑOR vive, te juro que yo le anunciaré al rey lo que Dios me diga.

¹⁴Cuando compareció ante el rey, éste le preguntó:

—Micaías, ¿debemos ir a la guerra contra Ramot de Galaad, o no?

—Ataquen y vencerán —contestó él—, porque les será entregada.

¹⁵El rey le reclamó:

—¿Cuántas veces debo hacerte jurar que no me digas nada más que la verdad en el *nombre del SEÑOR?

¹⁶next, Amasiah son of Zicri, who volunteered himself for the service of the LORD, with 200,000.

¹⁷From Benjamin:

Eliada, a valiant soldier, with 200,000 men armed with bows and shields;

¹⁸next, Jehozabad, with 180,000 men armed for battle.

¹⁹These were the men who served the king, besides those he stationed in the fortified cities throughout Judah.

Micaiah Prophesies Against Ahab

18 Now Jehoshaphat had great wealth and honor, and he allied himself with Ahab by marriage. ²Some years later he went down to visit Ahab in Samaria. Ahab slaughtered many sheep and cattle for him and the people with him and urged him to attack Ramoth Gilead. ³Ahab king of Israel asked Jehoshaphat king of Judah, "Will you go with me against Ramoth Gilead?"

Jehoshaphat replied, "I am as you are, and my people as your people; we will join you in the war." ⁴But Jehoshaphat also said to the king of Israel, "First seek the counsel of the LORD."

⁵So the king of Israel brought together the prophets—four hundred men—and asked them, "Shall we go to war against Ramoth Gilead, or shall I refrain?"

"Go," they answered, "for God will give it into the king's hand."

⁶But Jehoshaphat asked, "Is there not a prophet of the LORD here whom we can inquire of?"

⁷The king of Israel answered Jehoshaphat, "There is still one man through whom we can inquire of the LORD, but I hate him because he never prophesies anything good about me, but always bad. He is Micaiah son of Imlah."

"The king should not say that," Jehoshaphat replied.

⁸So the king of Israel called one of his officials and said, "Bring Micaiah son of Imlah at once."

⁹Dressed in their royal robes, the king of Israel and Jehoshaphat king of Judah were sitting on their thrones at the threshing floor by the entrance to the gate of Samaria, with all the prophets prophesying before them. ¹⁰Now Zedekiah son of Kenaanah had made iron horns, and he declared, "This is what the LORD says: 'With these you will gore the Arameans until they are destroyed.'"

¹¹All the other prophets were prophesying the same thing. "Attack Ramoth Gilead and be victorious," they said, "for the LORD will give it into the king's hand."

¹²The messenger who had gone to summon Micaiah said to him, "Look, as one man the other prophets are predicting success for the king. Let your word agree with theirs, and speak favorably."

¹³But Micaiah said, "As surely as the LORD lives, I can tell him only what my God says."

¹⁴When he arrived, the king asked him, "Micaiah, shall we go to war against Ramoth Gilead, or shall I refrain?"

"Attack and be victorious," he answered, "for they will be given into your hand."

¹⁵The king said to him, "How many times must I make you swear to tell me nothing but the truth in the name of the LORD?"

16 Ante esto, Micaías concedió:

—Vi a todo Israel esparcido por las colinas, como ovejas sin *pastor. Y el SEÑOR dijo: "Esta gente no tiene amo. ¡Que cada cual se vaya a su casa en paz!"

17 El rey de Israel le dijo a Josafat:

—¿No te dije que jamás me profetiza nada bueno, y que sólo me anuncia desastres?

18 Micaías prosiguió:

—Por lo tanto, oigan la palabra del SEÑOR: Vi al SEÑOR sentado en su trono con todo el ejército del cielo alrededor de él, a su derecha y a su izquierda. 19 Y el SEÑOR dijo: "¿Quién seducirá a Acab, rey de Israel, para que ataque a Ramot de Galaad y vaya a morir allí?" Uno sugería una cosa, y otro sugería otra. 20 Por último, un espíritu se adelantó, se puso delante del SEÑOR y dijo: "Yo lo seduciré." "¿Por qué medios?", preguntó el SEÑOR. 21 Y aquel espíritu respondió: "Saldré y seré un espíritu mentiroso en la boca de sus profetas." Entonces el SEÑOR ordenó: "Ve y hazlo así, que tendrás éxito en seducirlo." 22 Así que ahora el SEÑOR ha puesto un espíritu mentiroso en la boca de estos profetas de Su Majestad. El SEÑOR ha decretado para usted la calamidad.

23 Al oír esto, Sedequías hijo de Quenaná se levantó y le dio una bofetada a Micaías.

—¿Por dónde se fue el espíritu*e* del SEÑOR cuando salió de mí para hablarte? —le preguntó.

24 Micaías contestó:

—Lo sabrás el día en que andes de escondite en escondite.

25 Entonces el rey de Israel ordenó:

—Tomen a Micaías, y llévenselo a Amón, el gobernador de la ciudad, y a Joás, mi hijo. 26 Díganles que les ordeno echar en la cárcel a ese tipo, y no darle más que pan y agua, hasta que yo regrese sin contratiempos.

27 Micaías manifestó:

—Si regresas sin contratiempos, el SEÑOR no ha hablado por medio de mí. ¡Tomen nota todos ustedes de lo que estoy diciendo!

Muerte de Acab en Ramot de Galaad

28 El rey de Israel, y Josafat, rey de Judá, marcharon juntos contra Ramot de Galaad. 29 Allí el rey de Israel le dijo a Josafat: «Yo entraré a la batalla disfrazado, pero tú te pondrás tus vestiduras reales.» Así que el rey de Israel se disfrazó y entró al combate.

30 Pero el rey de *Siria les había ordenado a sus capitanes de los carros de combate: «No luchen contra nadie, grande o pequeño, salvo contra el rey de Israel.» 31 Cuando los capitanes de los carros vieron a Josafat, pensaron: «Éste es el rey de Israel.» Así que se volvieron para atacarlo; pero Josafat gritó, y Dios el SEÑOR lo ayudó, haciendo que se apartaran de él. 32 Entonces los capitanes de los carros vieron que no era el rey de Israel, y dejaron de perseguirlo.

33 Sin embargo, alguien disparó su arco al azar e hirió al rey de Israel entre las piezas de su armadura. El rey le ordenó al que conducía su carro: «Da la vuelta y sácame del campo de batalla, pues me han herido.» 34 Todo el día arreció la batalla, y al rey de Israel se le mantuvo de pie en su carro frente a los sirios, hasta el atardecer, y murió al ponerse el sol.

19 Cuando Josafat, rey de Judá, regresó sin ningún contratiempo a su palacio en Jerusalén, 2 el vidente Jehú hijo de Jananí fue a visitarlo y le dijo:

16 Then Micaiah answered, "I saw all Israel scattered on the hills like sheep without a shepherd, and the LORD said, 'These people have no master. Let each one go home in peace.' "

17 The king of Israel said to Jehoshaphat, "Didn't I tell you that he never prophesies anything good about me, but only bad?"

18 Micaiah continued, "Therefore hear the word of the LORD: I saw the LORD sitting on his throne with all the host of heaven standing on his right and on his left. 19 And the LORD said, 'Who will entice Ahab king of Israel into attacking Ramoth Gilead and going to his death there?'

"One suggested this, and another that. 20 Finally, a spirit came forward, stood before the LORD and said, 'I will entice him.'

" 'By what means?' the LORD asked.

21 " 'I will go and be a lying spirit in the mouths of all his prophets,' he said.

" 'You will succeed in enticing him,' said the LORD. 'Go and do it.'

22 "So now the LORD has put a lying spirit in the mouths of these prophets of yours. The LORD has decreed disaster for you."

23 Then Zedekiah son of Kenaanah went up and slapped Micaiah in the face. "Which way did the spirit from*g* the LORD go when he went from me to speak to you?" he asked.

24 Micaiah replied, "You will find out on the day you go to hide in an inner room."

25 The king of Israel then ordered, "Take Micaiah and send him back to Amon the ruler of the city and to Joash the king's son, 26 and say, 'This is what the king says: Put this fellow in prison and give him nothing but bread and water until I return safely.' "

27 Micaiah declared, "If you ever return safely, the LORD has not spoken through me." Then he added, "Mark my words, all you people!"

Ahab Killed at Ramoth Gilead

28 So the king of Israel and Jehoshaphat king of Judah went up to Ramoth Gilead. 29 The king of Israel said to Jehoshaphat, "I will enter the battle in disguise, but you wear your royal robes." So the king of Israel disguised himself and went into battle.

30 Now the king of Aram had ordered his chariot commanders, "Do not fight with anyone, small or great, except the king of Israel." 31 When the chariot commanders saw Jehoshaphat, they thought, "This is the king of Israel." So they turned to attack him, but Jehoshaphat cried out, and the LORD helped him. God drew them away from him, 32 for when the chariot commanders saw that he was not the king of Israel, they stopped pursuing him.

33 But someone drew his bow at random and hit the king of Israel between the sections of his armor. The king told the chariot driver, "Wheel around and get me out of the fighting. I've been wounded." 34 All day long the battle raged, and the king of Israel propped himself up in his chariot facing the Arameans until evening. Then at sunset he died.

19 When Jehoshaphat king of Judah returned safely to his palace in Jerusalem, 2 Jehu the seer, the son of Hanani, went out to meet him and said to the

«¿Cómo te atreviste a ayudar a los malvados, haciendo alianza con los enemigos del*f* SEÑOR? Por haber hecho eso, la ira del SEÑOR ha caído sobre ti. ³ Pero hay cosas buenas a tu favor, pues has quitado del país las imágenes de la diosa *Aserá, y has buscado a Dios de todo *corazón.»

Josafat nombra jueces

⁴ Josafat se estableció en Jerusalén, pero volvió a visitar al pueblo, desde Berseba hasta los montes de Efraín, para hacerlo volver al SEÑOR, Dios de sus antepasados. ⁵ En cada una de las ciudades fortificadas de Judá nombró jueces ⁶ y les advirtió: «Tengan mucho cuidado con lo que hacen, pues su autoridad no proviene de un *hombre, sino del SEÑOR, que estará con ustedes cuando impartan justicia. ⁷ Por eso, teman al SEÑOR y tengan cuidado con lo que hacen, porque el SEÑOR nuestro Dios no admite la injusticia ni la parcialidad ni el soborno.»

⁸ En Jerusalén, Josafat designó también a levitas, sacerdotes y jefes de las familias patriarcales de Israel, para que administraran la *ley del SEÑOR y resolvieran pleitos. Éstos vivían en Jerusalén. ⁹ Josafat les ordenó: «Ustedes actuarán con fidelidad e integridad, bajo el temor del SEÑOR. ¹⁰ Cuando sus compatriotas vengan de las ciudades y sometan al juicio de ustedes casos de violencia, o algún otro asunto concerniente a la ley, los mandamientos, los estatutos y los juicios, ustedes les advertirán que no pequen contra el SEÑOR, para que su ira no caiga sobre ustedes y sobre ellos. Si así lo hacen, no serán culpables.

¹¹ »El sumo sacerdote Amarías los orientará en todo asunto de carácter religioso, mientras que Zebadías hijo de Ismael, que es el jefe de la tribu de Judá, lo hará en todo asunto de carácter civil.*g* También los levitas estarán al servicio de ustedes. ¡Anímense, y manos a la obra! El SEÑOR estará con los que actúen bien.»

Josafat derrota a Moab y Amón

20 Después de esto, los moabitas, los amonitas y algunos de los meunitas*h* le declararon la guerra a Josafat, ² y alguien fue a informarle: «Del otro lado del Mar Muerto y de Edom*i* viene contra ti una gran multitud. Ahora están en Jazezón Tamar, es decir, en Engadi.» ³ Atemorizado, Josafat decidió consultar al SEÑOR y proclamó un ayuno en todo Judá. ⁴ Los habitantes de todas las ciudades de Judá llegaron para pedir juntos la ayuda del SEÑOR.

⁵ En el templo del SEÑOR, frente al atrio nuevo, Josafat se puso de pie ante la asamblea de Judá y de Jerusalén, ⁶ y dijo:

«SEÑOR, Dios de nuestros antepasados, ¿no eres tú el Dios del cielo, y el que gobierna a todas las naciones? ¡Es tal tu fuerza y tu poder que no hay quien pueda resistirte! ⁷ ¿No fuiste tú, Dios nuestro, quien a los ojos de tu pueblo Israel expulsó a los habitantes de esta tierra? ¿Y no fuiste tú quien les dio para siempre esta tierra a los descendientes de tu amigo Abraham? ⁸ Ellos la habitaron y construyeron un

king, "Should you help the wicked and love*h* those who hate the LORD? Because of this, the wrath of the LORD is upon you. ³There is, however, some good in you, for you have rid the land of the Asherah poles and have set your heart on seeking God."

Jehoshaphat Appoints Judges

⁴Jehoshaphat lived in Jerusalem, and he went out again among the people from Beersheba to the hill country of Ephraim and turned them back to the LORD, the God of their fathers. ⁵He appointed judges in the land, in each of the fortified cities of Judah. ⁶He told them, "Consider carefully what you do, because you are not judging for man but for the LORD, who is with you whenever you give a verdict. ⁷Now let the fear of the LORD be upon you. Judge carefully, for with the LORD our God there is no injustice or partiality or bribery."

⁸In Jerusalem also, Jehoshaphat appointed some of the Levites, priests and heads of Israelite families to administer the law of the LORD and to settle disputes. And they lived in Jerusalem. ⁹He gave them these orders: "You must serve faithfully and wholeheartedly in the fear of the LORD. ¹⁰In every case that comes before you from your fellow countrymen who live in the cities—whether bloodshed or other concerns of the law, commands, decrees or ordinances—you are to warn them not to sin against the LORD; otherwise his wrath will come on you and your brothers. Do this, and you will not sin.

¹¹"Amariah the chief priest will be over you in any matter concerning the LORD, and Zebadiah son of Ishmael, the leader of the tribe of Judah, will be over you in any matter concerning the king, and the Levites will serve as officials before you. Act with courage, and may the LORD be with those who do well."

Jehoshaphat Defeats Moab and Ammon

20 After this, the Moabites and Ammonites with some of the Meunites*i* came to make war on Jehoshaphat.

²Some men came and told Jehoshaphat, "A vast army is coming against you from Edom,*j* from the other side of the Sea.*k* It is already in Hazazon Tamar" (that is, En Gedi). ³Alarmed, Jehoshaphat resolved to inquire of the LORD, and he proclaimed a fast for all Judah. ⁴The people of Judah came together to seek help from the LORD; indeed, they came from every town in Judah to seek him.

⁵Then Jehoshaphat stood up in the assembly of Judah and Jerusalem at the temple of the LORD in the front of the new courtyard ⁶and said:

"O LORD, God of our fathers, are you not the God who is in heaven? You rule over all the kingdoms of the nations. Power and might are in your hand, and no one can withstand you. ⁷O our God, did you not drive out the inhabitants of this land before your people Israel and give it forever to the descendants of Abraham your friend? ⁸They have lived in it and have built in it a sanctuary for your

---

f 19:2 haciendo alianza con los enemigos del. Lit. *y amas a los que odian al.*   *g 19:11 de carácter religioso ... de carácter civil.* Lit. *del SEÑOR ... del rey.*   *h 20:1 meunitas* (LXX); *amonitas* (TM).   *i 20:2 Edom* (un ms. hebreo y Vetus Latina); *Aram* (TM).

h 2 Or and make alliances with   *i 1 Some Septuagint manuscripts; Hebrew Ammonites*   *j 2 One Hebrew manuscript; most Hebrew manuscripts, Septuagint and Vulgate Aram*   *k 2 That is, the Dead Sea*

santuario en tu honor, diciendo: 9"Cuando nos sobrevenga una calamidad, o un castigo por medio de la espada, o la peste o el hambre, si nos congregamos ante ti, en este templo donde habitas, y clamamos a ti en medio de nuestra aflicción, tú nos escucharás y nos salvarás."

10»Cuando Israel salió de Egipto, tú no le permitiste que invadiera a los amonitas, ni a los moabitas ni a los del monte de Seír, sino que lo enviaste por otro camino para que no destruyera a esas naciones. 11¡Mira cómo nos pagan ahora, viniendo a arrojarnos de la tierra que tú nos diste como herencia! 12Dios nuestro, ¿acaso no vas a dictar sentencia contra ellos? Nosotros no podemos oponernos a esa gran multitud que viene a atacarnos. ¡No sabemos qué hacer! ¡En ti hemos puesto nuestra esperanza!»

13Todos los hombres de Judá estaban de pie delante del SEÑOR, junto con sus mujeres y sus hijos, aun los más pequeños. 14Entonces el Espíritu del SEÑOR vino sobre Jahaziel, hijo de Zacarías y descendiente en línea directa de Benaías, Jeyel y Matanías. Este último era un levita de los hijos de Asaf que se encontraba en la asamblea. 15Y dijo Jahaziel: «Escuchen, habitantes de Judá y de Jerusalén, y escuche también Su Majestad. Así dice el SEÑOR: "No tengan miedo ni se acobarden cuando vean ese gran ejército, porque la batalla no es de ustedes sino mía. 16Mañana, cuando ellos suban por la cuesta de Sis, ustedes saldrán contra ellos y los encontrarán junto al arroyo, frente al desierto de Jeruel. 17Pero ustedes no tendrán que intervenir en esta batalla. Simplemente, quédense quietos en sus puestos, para que vean la *salvación que el SEÑOR les dará. ¡Habitantes de Judá y de Jerusalén, no tengan miedo ni se acobarden! Salgan mañana contra ellos, porque yo, el SEÑOR, estaré con ustedes."»

18Josafat y todos los habitantes de Judá y de Jerusalén se postraron rostro en tierra y adoraron al SEÑOR, 19y los levitas de los hijos de Coat y de Coré se pusieron de pie para alabar al SEÑOR a voz en cuello.

20Al día siguiente, madrugaron y fueron al desierto de Tecoa. Mientras avanzaban, Josafat se detuvo y dijo: «Habitantes de Judá y de Jerusalén, escúchenme: ¡Confíen en el SEÑOR, y serán librados! ¡Confíen en sus profetas, y tendrán éxito!»

21Después de consultar con el pueblo, Josafat designó a los que irían al frente del ejército para cantar al SEÑOR y alabar el esplendor de su santidad' con el cántico: «Den gracias al SEÑOR; su gran amor perdura para siempre.»

22Tan pronto como empezaron a entonar este cántico de alabanza, el SEÑOR puso emboscadas contra los amonitas, los moabitas y los del monte de Seír que habían venido contra Judá, y los derrotó. 23De hecho, los amonitas y los moabitas atacaron a los habitantes de los montes de Seír y los mataron hasta aniquilarlos. Luego de exterminar a los habitantes de Seír, ellos mismos se atacaron y se mataron unos a otros.

24Cuando los hombres de Judá llegaron a la torre del desierto para ver el gran ejército enemigo, no vieron sino los cadáveres que yacían en tierra. ¡Ninguno había escapado con vida! 25Entonces Josafat y su gente fueron para apoderarse del botín, y entre los cadáveres encontraron muchas riquezas, vestidos y joyas preciosas. Cada uno se apoderó de todo lo que quiso, hasta más no poder. Era tanto el botín, que tardaron tres días

Name, saying, 9'If calamity comes upon us, whether the sword of judgment, or plague or famine, we will stand in your presence before this temple that bears your Name and will cry out to you in our distress, and you will hear us and save us.'

10"But now here are men from Ammon, Moab and Mount Seir, whose territory you would not allow Israel to invade when they came from Egypt; so they turned away from them and did not destroy them. 11See how they are repaying us by coming to drive us out of the possession you gave us as an inheritance. 12O our God, will you not judge them? For we have no power to face this vast army that is attacking us. We do not know what to do, but our eyes are upon you."

13All the men of Judah, with their wives and children and little ones, stood there before the LORD. 14Then the Spirit of the LORD came upon Jahaziel son of Zechariah, the son of Benaiah, the son of Jeiel, the son of Mattaniah, a Levite and descendant of Asaph, as he stood in the assembly.

15He said: "Listen, King Jehoshaphat and all who live in Judah and Jerusalem! This is what the LORD says to you: 'Do not be afraid or discouraged because of this vast army. For the battle is not yours, but God's. 16Tomorrow march down against them. They will be climbing up by the Pass of Ziz, and you will find them at the end of the gorge in the Desert of Jeruel. 17You will not have to fight this battle. Take up your positions; stand firm and see the deliverance the LORD will give you, O Judah and Jerusalem. Do not be afraid; do not be discouraged. Go out to face them tomorrow, and the LORD will be with you.' "

18Jehoshaphat bowed with his face to the ground, and all the people of Judah and Jerusalem fell down in worship before the LORD. 19Then some Levites from the Kohathites and Korahites stood up and praised the LORD, the God of Israel, with very loud voice.

20Early in the morning they left for the Desert of Tekoa. As they set out, Jehoshaphat stood and said, "Listen to me, Judah and people of Jerusalem! Have faith in the LORD your God and you will be upheld; have faith in his prophets and you will be successful." 21After consulting the people, Jehoshaphat appointed men to sing to the LORD and to praise him for the splendor of his' holiness as they went out at the head of the army, saying:

> "Give thanks to the LORD,
> for his love endures forever."

22As they began to sing and praise, the LORD set ambushes against the men of Ammon and Moab and Mount Seir who were invading Judah, and they were defeated. 23The men of Ammon and Moab rose up against the men from Mount Seir to destroy and annihilate them. After they finished slaughtering the men from Seir, they helped to destroy one another.

24When the men of Judah came to the place that overlooks the desert and looked toward the vast army, they saw only dead bodies lying on the ground; no one had escaped. 25So Jehoshaphat and his men went to carry off their plunder, and they found among them a great amount of equipment and clothing and also articles of value—more than they could take away. There was so much plunder that it took three days to

---

j20:21 el esplendor de su santidad. Alt. vestidos de ropas sagradas.

l21 Or him with the splendor of　　m25 Some Hebrew manuscripts and Vulgate; most Hebrew manuscripts corpses

en recogerlo. 26 El cuarto día se congregaron en el valle de Beracá, y alabaron al SEÑOR; por eso llamaron a ese lugar el valle de Beracá,k nombre con el que hasta hoy se le conoce.

27 Más tarde, todos los de Judá y Jerusalén, con Josafat a la cabeza, regresaron a Jerusalén llenos de gozo porque el SEÑOR los había librado de sus enemigos. 28 Al llegar, entraron en el templo del SEÑOR al son de arpas, liras y trompetas.

29 Al oír las naciones de la tierra cómo el SEÑOR había peleado contra los enemigos de Israel, el temor de Dios se apoderó de ellas. 30 Por lo tanto, el reinado de Josafat disfrutó de tranquilidad, y Dios le dio *paz por todas partes.

Fin del reinado de Josafat

31 Josafat tenía treinta y cinco años cuando ascendió al trono de Judá, y reinó en Jerusalén veinticinco años. El nombre de su madre era Azuba hija de Siljí. 32 Siguió el buen ejemplo de su padre Asá y nunca se desvió de él, sino que hizo lo que agrada al SEÑOR. 33 Sin embargo, no se quitaron los *santuarios paganos, pues el pueblo aún no se había consagrado al Dios de sus antepasados.

34 Los demás acontecimientos del reinado de Josafat, desde el primero hasta el último, están escritos en las crónicas de Jehú hijo de Jananí, que forman parte del libro de los reyes de Israel.

35 Después de esto, Josafat se alió con el perverso Ocozías, rey de Israel, 36 para construir una flota mercante que iría a Tarsis. Los barcos los hacían en Ezión Guéber. 37 Entonces Eliezer hijo de Dodías, de Maresá, profetizó contra Josafat: «Por haberte aliado con Ocozías, el SEÑOR destruirá lo que estás haciendo.» En efecto, los barcos naufragaron y no pudieron ir a Tarsis.

Jorán, rey de Judá

21 Josafat murió y fue sepultado con sus antepasados en la Ciudad de David, y su hijo Jorán lo sucedió en el trono. 2 Sus hermanos eran Azarías, Jehiel, Zacarías, Azarías, Micael y Sefatías. Todos éstos fueron hijos de Josafat, rey de Israel. 3 Su padre les había regalado plata, oro y objetos de valor en abundancia, y les entregó también ciudades fortificadas en Judá, pero el reino se lo dio a Jorán, porque era el hijo mayor. 4 Cuando Jorán se afirmó completamente en el trono de su padre, mató a espada a todos sus hermanos y también a algunos jefes de Israel.

5 Jorán tenía treinta y dos años cuando ascendió al trono, y reinó en Jerusalén ocho años. 6 Pero hizo lo que ofende al SEÑOR, pues siguió el mal ejemplo de los reyes de Israel, como lo había hecho la familia de Acab, y llegó incluso a casarse con la hija de Acab. 7 Pero el SEÑOR no quiso destruir la dinastía de David por consideración al *pacto que había hecho con él, pues le había prometido mantener encendida para siempre una lámpara para él y sus descendientes.

8 En tiempos de Jorán, los edomitas se sublevaron

collect it. 26 On the fourth day they assembled in the Valley of Beracah, where they praised the LORD. This is why it is called the Valley of Beracahn to this day.

27 Then, led by Jehoshaphat, all the men of Judah and Jerusalem returned joyfully to Jerusalem, for the LORD had given them cause to rejoice over their enemies. 28 They entered Jerusalem and went to the temple of the LORD with harps and lutes and trumpets.

29 The fear of God came upon all the kingdoms of the countries when they heard how the LORD had fought against the enemies of Israel. 30 And the kingdom of Jehoshaphat was at peace, for his God had given him rest on every side.

The End of Jehoshaphat's Reign

31 So Jehoshaphat reigned over Judah. He was thirty-five years old when he became king of Judah, and he reigned in Jerusalem twenty-five years. His mother's name was Azubah daughter of Shilhi. 32 He walked in the ways of his father Asa and did not stray from them; he did what was right in the eyes of the LORD. 33 The high places, however, were not removed, and the people still had not set their hearts on the God of their fathers.

34 The other events of Jehoshaphat's reign, from beginning to end, are written in the annals of Jehu son of Hanani, which are recorded in the book of the kings of Israel.

35 Later, Jehoshaphat king of Judah made an alliance with Ahaziah king of Israel, who was guilty of wickedness. 36 He agreed with him to construct a fleet of trading ships.o After these were built at Ezion Geber, 37 Eliezer son of Dodavahu of Mareshah prophesied against Jehoshaphat, saying, "Because you have made an alliance with Ahaziah, the LORD will destroy what you have made." The ships were wrecked and were not able to set sail to trade.p

Jehoram King of Judah

21 Then Jehoshaphat rested with his fathers and was buried with them in the City of David. And Jehoram his son succeeded him as king. 2 Jehoram's brothers, the sons of Jehoshaphat, were Azariah, Jehiel, Zechariah, Azariahu, Michael and Shephatiah. All these were sons of Jehoshaphat king of Israel.q 3 Their father had given them many gifts of silver and gold and articles of value, as well as fortified cities in Judah, but he had given the kingdom to Jehoram because he was his firstborn son.

Jehoram King of Judah

4 When Jehoram established himself firmly over his father's kingdom, he put all his brothers to the sword along with some of the princes of Israel. 5 Jehoram was thirty-two years old when he became king, and he reigned in Jerusalem eight years. 6 He walked in the ways of the kings of Israel, as the house of Ahab had done, for he married a daughter of Ahab. He did evil in the eyes of the LORD. 7 Nevertheless, because of the covenant the LORD had made with David, the LORD was not willing to destroy the house of David. He had promised to maintain a lamp for him and his descendants forever.

8 In the time of Jehoram, Edom rebelled against Ju-

---

k 20:26 En hebreo, Beracá significa bendición o alabanza.

n 26 Beracah means praise.   o 36 Hebrew of ships that could go to Tarshish   p 37 Hebrew sail for Tarshish   q 2 That is, Judah, as frequently in 2 Chronicles

contra Judá y se nombraron su propio rey. ⁹Por lo tanto, Jorán marchó con sus capitanes y todos sus carros de combate. Los edomitas lo cercaron a él y a los capitanes de los carros, pero durante la noche Jorán logró abrirse paso. ¹⁰Desde entonces Edom ha estado en rebelión contra Judá, al igual que la ciudad de Libná, que en ese mismo tiempo se sublevó. Esto sucedió porque Jorán abandonó al SEÑOR, Dios de sus antepasados. ¹¹Además, Jorán construyó *santuarios paganos en las colinas de Judá, e indujo a los habitantes de Jerusalén y de Judá a la idolatría.

¹²El profeta Elías le envió una carta con este mensaje:

«Así dice el SEÑOR, Dios de tu antepasado David: "Por cuanto no seguiste el buen ejemplo de tu padre Josafat, ni el de Asá, rey de Judá, ¹³sino que seguiste el mal ejemplo de los reyes de Israel, haciendo que los habitantes de Judá y de Jerusalén fueran infieles a Dios,ᶥ como lo hizo la familia de Acab; y por cuanto asesinaste a tus hermanos, la familia de tu padre, que eran mejores que tú, ¹⁴el SEÑOR herirá con una plaga terrible a tu pueblo, a tus hijos, a tus mujeres y todas tus posesiones. ¹⁵Y a ti te enviará una enfermedad en las entrañas, tan grave que día tras día empeorará, hasta que se te salgan los intestinos."»

¹⁶El SEÑOR incitó a los filisteos y a los árabes vecinos de los *cusitas para que se rebelaran contra Jorán. ¹⁷Así que marcharon contra Judá y la invadieron, y se llevaron todos los objetos de valor que hallaron en el palacio real, junto con los hijos y las mujeres de Jorán. Ninguno de sus hijos escapó con vida, excepto Joacaz, que era el menor de todos.

¹⁸Después de esto, el SEÑOR hirió a Jorán con una enfermedad incurable en las entrañas. ¹⁹Pasaron los días y, al cabo de dos años, murió en medio de una terrible agonía, pues por causa de su enfermedad se le salieron los intestinos. Su pueblo no encendió ninguna hoguera en su honor, como se había hecho en honor de sus antepasados.

²⁰Jorán tenía treinta y dos años cuando ascendió al trono, y reinó en Jerusalén ocho años. Murió sin que nadie guardara luto por él, y fue sepultado en la Ciudad de David, pero no en el panteón de los reyes.

Ocozías, rey de Judá

22 A la muerte de Jorán, los habitantes de Jerusalén proclamaron rey a Ocozías, su hijo menor, pues a sus hijos mayores los habían asesinado las bandas de árabes que habían venido al campamento. Así fue como Ocozías hijo de Jorán ascendió al trono de Judá. ²Tenía cuarenta y dos años cuando ascendió al trono, y reinó en Jerusalén un año. Su madre era Atalía, nietaᵐ de Omrí.

³También Ocozías siguió el mal ejemplo de la familia de Acab, pues su madre le aconsejaba que hiciera lo malo. ⁴Hizo lo que ofende al SEÑOR, como lo había hecho la familia de Acab. En efecto, una vez muerto su padre, Ocozías tuvo como consejeros a miembros de esa familia, para su perdición. ⁵Por consejo de ellos, Ocozías se juntó con Jorán hijo de Acab, rey de Israel, y marchó hacia Ramot de Galaad para hacerle la guerra a Jazael, rey de *Siria, pero en la batalla los sirios

dah and set up its own king. ⁹So Jehoram went there with his officers and all his chariots. The Edomites surrounded him and his chariot commanders, but he rose up and broke through by night. ¹⁰To this day Edom has been in rebellion against Judah.

Libnah revolted at the same time, because Jehoram had forsaken the LORD, the God of his fathers. ¹¹He had also built high places on the hills of Judah and had caused the people of Jerusalem to prostitute themselves and had led Judah astray.

¹²Jehoram received a letter from Elijah the prophet, which said:

"This is what the LORD, the God of your father David, says: 'You have not walked in the ways of your father Jehoshaphat or of Asa king of Judah. ¹³But you have walked in the ways of the kings of Israel, and you have led Judah and the people of Jerusalem to prostitute themselves, just as the house of Ahab did. You have also murdered your own brothers, members of your father's house, men who were better than you. ¹⁴So now the LORD is about to strike your people, your sons, your wives and everything that is yours, with a heavy blow. ¹⁵You yourself will be very ill with a lingering disease of the bowels, until the disease causes your bowels to come out.' "

¹⁶The LORD aroused against Jehoram the hostility of the Philistines and of the Arabs who lived near the Cushites. ¹⁷They attacked Judah, invaded it and carried off all the goods found in the king's palace, together with his sons and wives. Not a son was left to him except Ahaziah,ʳ the youngest.

¹⁸After all this, the LORD afflicted Jehoram with an incurable disease of the bowels. ¹⁹In the course of time, at the end of the second year, his bowels came out because of the disease, and he died in great pain. His people made no fire in his honor, as they had for his fathers.

²⁰Jehoram was thirty-two years old when he became king, and he reigned in Jerusalem eight years. He passed away, to no one's regret, and was buried in the City of David, but not in the tombs of the kings.

Ahaziah King of Judah

22 The people of Jerusalem made Ahaziah, Jehoram's youngest son, king in his place, since the raiders, who came with the Arabs into the camp, had killed all the older sons. So Ahaziah son of Jehoram king of Judah began to reign.

²Ahaziah was twenty-twoˢ years old when he became king, and he reigned in Jerusalem one year. His mother's name was Athaliah, a granddaughter of Omri.

³He too walked in the ways of the house of Ahab, for his mother encouraged him in doing wrong. ⁴He did evil in the eyes of the LORD, as the house of Ahab had done, for after his father's death they became his advisers, to his undoing. ⁵He also followed their counsel when he went with Joramᵗ son of Ahab king of Israel to war against Hazael king of Aram at Ramoth Gilead.

ᶥ21:13 *fueran infieles a Dios.* Lit. *se prostituyeran.*
ᵐ22:2 *nieta.* Lit. *hija.*

ʳ17 Hebrew *Jehoahaz,* a variant of *Ahaziah*   ˢ2 Some Septuagint manuscripts and Syriac (see also 2 Kings 8:26); Hebrew *forty-two*   ᵗ5 Hebrew *Jehoram,* a variant of *Joram;* also in verses 6 and 7

hirieron a Jorán. 6 Por eso tuvo que regresar a Jezrel, para reponerse de las heridas que había recibido en Ramot*n* cuando luchó contra Jazael, rey de Siria. Como Jorán hijo de Acab convalecía en Jezrel, Ocozías*ñ* hijo de Jorán, rey de Judá, fue a visitarlo.

Jehú mata a Ocozías

7 Dios había dispuesto que Ocozías muriera cuando fuera a visitar a Jorán. Tan pronto como Ocozías llegó, salió acompañado de Jorán para encontrarse con Jehú hijo de Nimsi, al que el SEÑOR había escogido para exterminar a la familia de Acab. 8 Mientras Jehú ejecutaba el juicio contra la familia de Acab, se encontró con los jefes de Judá y con los parientes de Ocozías que estaban al servicio de éste, y los mató. 9 Luego mandó a buscar a Ocozías, que se había escondido en Samaria; pero lo apresaron y lo llevaron ante Jehú, quien ordenó matarlo. Sin embargo, le dieron sepultura, porque decían: «Es el hijo de Josafat, que buscó al SEÑOR con todo su *corazón.» Y en la familia de Ocozías no quedó nadie capaz de retener el reino.

Atalía y Joás

10 Cuando Atalía madre de Ocozías vio que su hijo había muerto, tomó medidas para eliminar a toda la familia real de Judá. 11 Pero Josaba,*o* que era hija del rey y esposa del sacerdote Joyadá, raptó a Joás hijo de Ocozías cuando los príncipes estaban a punto de ser asesinados. Metiéndolo en un dormitorio con su nodriza, logró esconderlo de Atalía, de modo que no lo mataron. Hizo esto porque era la hermana de Ocozías. 12 Seis años estuvo Joás escondido con ellos en el templo de Dios, mientras Atalía reinaba en el país.

23 En el séptimo año, el sacerdote Joyadá se armó de valor y convocó a los siguientes capitanes: Azarías hijo de Jeroán, Ismael hijo de Johanán, Azarías hijo de Obed, Maseías hijo de Adaías, y Elisafat hijo de Zicrí. 2 Éstos recorrieron todo el país convocando a los levitas de todos los pueblos de Judá y a los jefes de las familias de Israel, para que fueran a Jerusalén. 3 Allí toda la asamblea reunida en el templo de Dios hizo un *pacto con el rey.

Joyadá les dijo: «Aquí tienen al hijo del rey. Él es quien debe reinar, tal como lo prometió el SEÑOR a los descendientes de David. 4 Así que hagan lo siguiente: Una tercera parte de ustedes, los sacerdotes y levitas que están de servicio el *sábado, hará la guardia en las puertas; 5 otra tercera parte permanecerá en el palacio real, y la tercera parte restante ocupará la puerta de los Cimientos, mientras que todo el pueblo estará en los atrios del templo. 6 Sólo los sacerdotes y levitas que estén de servicio entrarán en el templo, pues ellos están consagrados; nadie más podrá entrar. Todo el pueblo deberá obedecer el precepto del SEÑOR. 7 Arma en mano, los levitas rodearán por completo al rey; y si alguien se atreve a entrar al templo, mátenlo. ¡No dejen solo al rey, vaya donde vaya!»

The Arameans wounded Joram; 6 so he returned to Jezreel to recover from the wounds they had inflicted on him at Ramoth*u* in his battle with Hazael king of Aram.

Then Ahaziah*v* son of Jehoram king of Judah went down to Jezreel to see Joram son of Ahab because he had been wounded.

7 Through Ahaziah's visit to Joram, God brought about Ahaziah's downfall. When Ahaziah arrived, he went out with Joram to meet Jehu son of Nimshi, whom the LORD had anointed to destroy the house of Ahab. 8 While Jehu was executing judgment on the house of Ahab, he found the princes of Judah and the sons of Ahaziah's relatives, who had been attending Ahaziah, and he killed them. 9 He then went in search of Ahaziah, and his men captured him while he was hiding in Samaria. He was brought to Jehu and put to death. They buried him, for they said, "He was a son of Jehoshaphat, who sought the LORD with all his heart." So there was no one in the house of Ahaziah powerful enough to retain the kingdom.

Athaliah and Joash

10 When Athaliah the mother of Ahaziah saw that her son was dead, she proceeded to destroy the whole royal family of the house of Judah. 11 But Jehosheba,*w* the daughter of King Jehoram, took Joash son of Ahaziah and stole him away from among the royal princes who were about to be murdered and put him and his nurse in a bedroom. Because Jehosheba,*w* the daughter of King Jehoram and wife of the priest Jehoiada, was Ahaziah's sister, she hid the child from Athaliah so she could not kill him. 12 He remained hidden with them at the temple of God for six years while Athaliah ruled the land.

23 In the seventh year Jehoiada showed his strength. He made a covenant with the commanders of units of a hundred: Azariah son of Jeroham, Ishmael son of Jehohanan, Azariah son of Obed, Maaseiah son of Adaiah, and Elishaphat son of Zicri. 2 They went throughout Judah and gathered the Levites and the heads of Israelite families from all the towns. When they came to Jerusalem, 3 the whole assembly made a covenant with the king at the temple of God.

Jehoiada said to them, "The king's son shall reign, as the LORD promised concerning the descendants of David. 4 Now this is what you are to do: A third of you priests and Levites who are going on duty on the Sabbath are to keep watch at the doors, 5 a third of you at the royal palace and a third at the Foundation Gate, and all the other men are to be in the courtyards of the temple of the LORD. 6 No one is to enter the temple of the LORD except the priests and Levites on duty; they may enter because they are consecrated, but all the other men are to guard what the LORD has assigned to them.*x* 7 The Levites are to station themselves around the king, each man with his weapons in his hand. Anyone who enters the temple must be put to death. Stay close to the king wherever he goes."

---

n 22:6 *Ramot.* Lit. *Ramá* (variante de este nombre).
ñ 22:6 *Ocozías* (mss. hebreos, LXX, Siríaca; véase 2R 8:29); *Azarías* (TM). *o* 22:11 *Josaba.* Lit. *Josabet* (variante de este nombre).

u 6 Hebrew *Ramah,* a variant of *Ramoth* *v* 6 Some Hebrew manuscripts, Septuagint, Vulgate and Syriac (see also 2 Kings 8:29); most Hebrew manuscripts *Azariah* *w* 11 Hebrew *Jehoshabeath,* a variant of *Jehosheba* *x* 6 Or *to observe the LORD's command not to enter*

8 Los levitas y todos los habitantes de Judá cumplieron con todo lo que el sacerdote Joyadá les había ordenado. Cada uno reunió a sus hombres, tanto a los que estaban de servicio el sábado como a los que estaban libres, pues el sacerdote Joyadá no eximió a ninguno de los turnos. 9 Éste repartió entre los capitanes las lanzas y los escudos grandes y pequeños del rey David, que estaban guardados en el templo de Dios, 10 y luego colocó en sus puestos a todos. Cada uno, arma en mano, protegía al rey cerca del altar y desde el lado sur hasta el lado norte del templo. 11 Luego sacaron al hijo del rey, lo pusieron la corona, le entregaron una copia del pacto𝑝 y lo proclamaron rey. Joyadá y sus hijos lo ungieron y gritaron: «¡Viva el rey!»

12 Cuando Atalía oyó la gritería del pueblo que corría y aclamaba al rey, fue al templo del SEÑOR, donde estaba la gente. 13 Allí vio al rey de pie, junto a la columna de la entrada, y a los capitanes y músicos a su lado. Toda la gente tocaba alegre las trompetas, y los cantores, acompañados de instrumentos musicales, dirigían la alabanza. Al ver esto, Atalía se rasgó las vestiduras y gritó: «¡Traición! ¡Traición!»

14 Entonces el sacerdote Joyadá, como no quería que la mataran en el templo del SEÑOR, hizo que salieran los capitanes que estaban al mando de las fuerzas, y les ordenó: «¡Sáquenla de entre las filas! Y si alguien se pone de su lado, ¡mátenlo a filo de espada!» 15 Así que la apresaron y la llevaron al palacio por la puerta de la caballería, y allí la mataron.

16 Luego Joyadá hizo un pacto con toda la gente y con el rey, para que fueran el pueblo del SEÑOR. 17 Entonces toda la gente fue al templo de *Baal y lo derribó. Destruyeron los altares y los ídolos, y en frente de los altares degollaron a Matán, sacerdote de Baal.

18 Después Joyadá apostó guardias en el templo del SEÑOR, bajo las órdenes de los sacerdotes y levitas. A éstos David les había asignado sus turnos para que ofrecieran al SEÑOR los *holocaustos, como está escrito en la *ley de Moisés, y para que cantaran con gozo, como lo había ordenado David. 19 También colocó porteros en la entrada del templo del SEÑOR, para que le impidieran el paso a todo el que estuviera *impuro.

20 Acto seguido, Joyadá, acompañado de los capitanes, los nobles, los gobernadores y todo el pueblo, llevó al rey desde el templo del SEÑOR hasta el palacio real, pasando por la puerta superior, y sentaron a Joás en el trono real. 21 Todo el pueblo estaba alegre, y tranquila la ciudad, pues habían matado a Atalía a filo de espada.

Joás, rey de Judá

24 Joás tenía siete años cuando ascendió al trono, y reinó en Jerusalén cuarenta años. Su madre era Sibia, oriunda de Berseba. 2 Mientras el sacerdote Joyadá vivió, Joás hizo lo que agradaba al SEÑOR. 3 Joyadá eligió dos esposas para Joás, y con ellas Joás tuvo hijos e hijas.

4 Algún tiempo después, Joás decidió reparar el templo del SEÑOR. 5 Reunió a los sacerdotes y a los levitas, y les dijo: «Vayan por las ciudades de Judá y recojan dinero de todos los israelitas, para reparar cada año el templo de su Dios. Háganlo inmediatamente.»

8 The Levites and all the men of Judah did just as Jehoiada the priest ordered. Each one took his men—those who were going on duty on the Sabbath and those who were going off duty—for Jehoiada the priest had not released any of the divisions. 9 Then he gave the commanders of units of a hundred the spears and the large and small shields that had belonged to King David and that were in the temple of God. 10 He stationed all the men, each with his weapon in his hand, around the king—near the altar and the temple, from the south side to the north side of the temple.

11 Jehoiada and his sons brought out the king's son and put the crown on him; they presented him with a copy of the covenant and proclaimed him king. They anointed him and shouted, "Long live the king!"

12 When Athaliah heard the noise of the people running and cheering the king, she went to them at the temple of the LORD. 13 She looked, and there was the king, standing by his pillar at the entrance. The officers and the trumpeters were beside the king, and all the people of the land were rejoicing and blowing trumpets, and singers with musical instruments were leading the praises. Then Athaliah tore her robes and shouted, "Treason! Treason!"

14 Jehoiada the priest sent out the commanders of units of a hundred, who were in charge of the troops, and said to them: "Bring her out between the ranks𝑦 and put to the sword anyone who follows her." For the priest had said, "Do not put her to death at the temple of the LORD." 15 So they seized her as she reached the entrance of the Horse Gate on the palace grounds, and there they put her to death.

16 Jehoiada then made a covenant that he and the people and the king𝑧 would be the LORD's people. 17 All the people went to the temple of Baal and tore it down. They smashed the altars and idols and killed Mattan the priest of Baal in front of the altars.

18 Then Jehoiada placed the oversight of the temple of the LORD in the hands of the priests, who were Levites, to whom David had made assignments in the temple, to present the burnt offerings of the LORD as written in the Law of Moses, with rejoicing and singing, as David had ordered. 19 He also stationed doorkeepers at the gates of the LORD's temple so that no one who was in any way unclean might enter.

20 He took with him the commanders of hundreds, the nobles, the rulers of the people and all the people of the land and brought the king down from the temple of the LORD. They went into the palace through the Upper Gate and seated the king on the royal throne, 21 and all the people of the land rejoiced. And the city was quiet, because Athaliah had been slain with the sword.

Joash Repairs the Temple

24 Joash was seven years old when he became king, and he reigned in Jerusalem forty years. His mother's name was Zibiah; she was from Beersheba. 2 Joash did what was right in the eyes of the LORD all the years of Jehoiada the priest. 3 Jehoiada chose two wives for him, and he had sons and daughters.

4 Some time later Joash decided to restore the temple of the LORD. 5 He called together the priests and Levites and said to them, "Go to the towns of Judah and collect the money due annually from all Israel, to repair the temple of your God. Do it now." But the Levites did not act at once.

𝑝 23:11 le pusieron ... pacto. Alt. le pusieron la corona y las insignias.

𝑦 14 Or out from the precincts   𝑧 16 Or covenant between ⌊the LORD⌋ and the people and the king that they (see 2 Kings 11:17)

Sin embargo, los levitas fueron negligentes. 6Entonces el rey llamó al sumo sacerdote Joyadá y le dijo: «¿Por qué no has presionado a los levitas para que vayan y recojan en Judá y en Jerusalén la contribución que Moisés, siervo del SEÑOR, y la asamblea de Israel impusieron para la Tienda del *pacto?»

7Resulta que la malvada de Atalía y sus hijos habían destrozado el templo de Dios, y hasta habían ofrecido a los *baales los objetos sagrados del templo del SEÑOR. 8Por eso el rey ordenó que se hiciera un cofre y se colocara afuera, junto a la puerta del templo del SEÑOR. 9Luego mandó que se pregonara por Judá y Jerusalén que trajeran al SEÑOR la contribución que Moisés, siervo del SEÑOR, había ordenado a Israel en el desierto.

10Todos los jefes y todo el pueblo llevaron alegremente sus contribuciones, y las depositaron en el cofre hasta llenarlo. 11Los levitas llevaban el cofre a los funcionarios del rey, para que lo examinaran. Cuando veían que había mucho dinero, se presentaban el secretario real y un oficial nombrado por el sumo sacerdote y, luego de vaciar el cofre, volvían a colocarlo en su lugar. Esto lo hacían todos los días, y así recogieron mucho dinero. 12El rey y Joyadá entregaban el dinero a los que supervisaban la restauración del templo del SEÑOR, y éstos contrataban canteros, carpinteros, y expertos en el manejo del hierro y del bronce, para repararlo.

13Los supervisores de la restauración trabajaron diligentemente hasta terminar la obra. Repararon el templo del SEÑOR y lo dejaron en buen estado y conforme al diseño original. 14Cuando terminaron, le llevaron al rey y a Joyadá el dinero que sobró, y éstos lo utilizaron para hacer utensilios para el templo del SEÑOR: utensilios para el culto y para los *holocaustos, y cucharones y vasos de oro y de plata.

Todos los días, mientras Joyadá vivió, se ofrecieron holocaustos en el templo del SEÑOR. 15Pero Joyadá envejeció, y murió muy anciano. Cuando murió, tenía ciento treinta años. 16Fue sepultado junto con los reyes en la Ciudad de David, porque había servido bien a Israel y a Dios y su templo.

Depravación de Joás

17Después de que Joyadá murió, los jefes de Judá se presentaron ante el rey para rendirle homenaje, y él escuchó sus consejos. 18Abandonaron el templo del SEÑOR, Dios de sus antepasados, y adoraron las imágenes de *Aserá y los ídolos. Debido a este pecado, la ira de Dios cayó sobre Judá y Jerusalén. 19El SEÑOR les envió profetas para que los exhortaran a volver a él, pero no les hicieron caso.

20El Espíritu de Dios vino sobre Zacarías, hijo del sacerdote Joyadá, y éste, presentándose ante el pueblo, declaró: «Así dice Dios el SEÑOR: ¿Por qué desobedecen mis mandamientos? De ese modo no prosperarán. Como me han abandonado, yo también los abandonaré.»

21-22Pero ellos conspiraron contra Zacarías hijo de Joyadá y, por orden del rey, lo mataron a pedradas en el atrio del templo del SEÑOR. Así fue como el rey Joás, no tomando en cuenta la bondad de Joyadá, mató a su hijo Zacarías, quien al morir dijo: «¡Que el SEÑOR vea esto y te juzgue!»

23Al cabo de un año, las tropas *sirias marcharon contra Joás, invadieron Judá y Jerusalén y, después de matar a los jefes del pueblo, enviaron todo el botín al

6Therefore the king summoned Jehoiada the chief priest and said to him, "Why haven't you required the Levites to bring in from Judah and Jerusalem the tax imposed by Moses the servant of the LORD and by the assembly of Israel for the Tent of the Testimony?"

7Now the sons of that wicked woman Athaliah had broken into the temple of God and had used even its sacred objects for the Baals.

8At the king's command, a chest was made and placed outside, at the gate of the temple of the LORD. 9A proclamation was then issued in Judah and Jerusalem that they should bring to the LORD the tax that Moses the servant of God had required of Israel in the desert. 10All the officials and all the people brought their contributions gladly, dropping them into the chest until it was full. 11Whenever the chest was brought in by the Levites to the king's officials and they saw that there was a large amount of money, the royal secretary and the officer of the chief priest would come and empty the chest and carry it back to its place. They did this regularly and collected a great amount of money. 12The king and Jehoiada gave it to the men who carried out the work required for the temple of the LORD. They hired masons and carpenters to restore the LORD's temple, and also workers in iron and bronze to repair the temple.

13The men in charge of the work were diligent, and the repairs progressed under them. They rebuilt the temple of God according to its original design and reinforced it. 14When they had finished, they brought the rest of the money to the king and Jehoiada, and with it were made articles for the LORD's temple: articles for the service and for the burnt offerings, and also dishes and other objects of gold and silver. As long as Jehoiada lived, burnt offerings were presented continually in the temple of the LORD.

15Now Jehoiada was old and full of years, and he died at the age of a hundred and thirty. 16He was buried with the kings in the City of David, because of the good he had done in Israel for God and his temple.

The Wickedness of Joash

17After the death of Jehoiada, the officials of Judah came and paid homage to the king, and he listened to them. 18They abandoned the temple of the LORD, the God of their fathers, and worshiped Asherah poles and idols. Because of their guilt, God's anger came upon Judah and Jerusalem. 19Although the LORD sent prophets to the people to bring them back to him, and though they testified against them, they would not listen.

20Then the Spirit of God came upon Zechariah son of Jehoiada the priest. He stood before the people and said, "This is what God says: 'Why do you disobey the LORD's commands? You will not prosper. Because you have forsaken the LORD, he has forsaken you.' "

21But they plotted against him, and by order of the king they stoned him to death in the courtyard of the LORD's temple. 22King Joash did not remember the kindness Zechariah's father Jehoiada had shown him but killed his son, who said as he lay dying, "May the LORD see this and call you to account."

23At the turn of the year,a the army of Aram marched against Joash; it invaded Judah and Jerusalem and killed all the leaders of the people. They sent all

---

a 23 Probably in the spring

rey de Damasco. ²⁴ Aunque el ejército sirio era pequeño, el SEÑOR permitió que derrotara a un ejército muy
numeroso, porque los habitantes de Judá habían abandonado al SEÑOR, Dios de sus antepasados. De esta manera Joás recibió el castigo que merecía.

²⁵ Cuando los sirios se retiraron, dejando a Joás gra-
vemente herido, sus servidores conspiraron contra él y
lo mataron en su propia cama, vengando así la muerte
del hijo del sacerdote Joyadá. Luego lo sepultaron en la
Ciudad de David, pero no en el panteón de los reyes.
²⁶ Los que conspiraron contra Joás fueron Zabad hijo
de Simat el amonita, y Jozabad hijo de Simrit el moabita.

²⁷ Todo lo relacionado con los hijos de Joás, con las
muchas profecías en su contra y con la restauración del
templo de Dios, está escrito en el comentario sobre el
libro de los reyes. Su hijo Amasías lo sucedió en el
trono.

Amasías, rey de Judá

25 Amasías tenía veinticinco años cuando ascendió
al trono, y reinó en Jerusalén veintinueve años.
Su madre era Joadán, oriunda de Jerusalén. ² Amasías
hizo lo que agrada al SEÑOR, aunque no de todo *corazón. ³ Después de afianzarse en el poder, Amasías mató
a los ministros que habían asesinado a su padre el rey.
⁴ Sin embargo, según lo que ordenó el SEÑOR, no mató
a los hijos de los asesinos, pues está escrito en el libro
de la *ley de Moisés: «A los padres no se les dará
muerte por la culpa de sus hijos, ni a los hijos se les
dará muerte por la culpa de sus padres, sino que cada
uno morirá por su propio pecado.»^q

⁵ Amasías reunió a los de Judá, y puso al frente de
todo Judá y Benjamín jefes de mil y de cien soldados,
agrupados según sus familias patriarcales. Censó a los
hombres mayores de veinte años, y resultó que había
trescientos mil hombres aptos para ir a la guerra y
capaces de manejar la lanza y el escudo. ⁶ Además, por
la suma de tres mil trescientos kilos^r de plata contrató
a cien mil guerreros valientes de Israel.

⁷ Pero un hombre de Dios fue a verlo y le dijo:

—Su Majestad, no permita que el ejército de Israel
vaya con usted, porque el SEÑOR no está con esos efraí-
mitas. ⁸ Si usted va con ellos, Dios lo derribará en la
cara misma de sus enemigos aunque luche valerosamente, porque Dios tiene poder para ayudar y poder
para derribar.

⁹ Amasías le preguntó al hombre de Dios:

—¿Qué va a pasar con los tres mil trescientos kilos
de plata que pagué al ejército de Israel?

—El SEÑOR puede darle a usted mucho más que eso
—respondió.

¹⁰ Entonces Amasías dio de baja a las tropas israeli-
tas que habían llegado de Efraín, y las hizo regresar a
su país. A raíz de eso, las tropas se enojaron mucho con
Judá y regresaron furiosas a sus casas.

¹¹ Armándose de valor, Amasías guió al ejército has-
ta el valle de la Sal, donde mató a diez mil hombres de
Seír. ¹² El ejército de Judá capturó vivos a otros diez
mil. A éstos los hicieron subir a la cima de una roca,
y desde allí los despeñaron. Todos murieron destrozados.

¹³ Mientras esto sucedía, las tropas que Amasías ha-
bía dado de baja se lanzaron contra las ciudades de
Judá, y desde Samaria hasta Bet Jorón mataron a tres
mil personas y se llevaron un enorme botín.

---

the plunder to their king in Damascus. ²⁴ Although the
Aramean army had come with only a few men, the
LORD delivered into their hands a much larger army.
Because Judah had forsaken the LORD, the God of their
fathers, judgment was executed on Joash. ²⁵ When the
Arameans withdrew, they left Joash severely wounded.
His officials conspired against him for murdering the
son of Jehoiada the priest, and they killed him in his
bed. So he died and was buried in the City of David,
but not in the tombs of the kings.

²⁶ Those who conspired against him were Zabad,^b
son of Shimeath an Ammonite woman, and Jehozabad,
son of Shimrith^c a Moabite woman. ²⁷ The account of
his sons, the many prophecies about him, and the
record of the restoration of the temple of God are written in the annotations on the book of the kings. And
Amaziah his son succeeded him as king.

Amaziah King of Judah

25 Amaziah was twenty-five years old when he
became king, and he reigned in Jerusalem
twenty-nine years. His mother's name was Jehoad-
din^d; she was from Jerusalem. ² He did what was right
in the eyes of the LORD, but not wholeheartedly. ³ After
the kingdom was firmly in his control, he executed the
officials who had murdered his father the king. ⁴ Yet he
did not put their sons to death, but acted in accordance
with what is written in the Law, in the Book of Moses,
where the LORD commanded: "Fathers shall not be put
to death for their children, nor children put to death for
their fathers; each is to die for his own sins."^e

⁵ Amaziah called the people of Judah together and
assigned them according to their families to commanders of thousands and commanders of hundreds for all
Judah and Benjamin. He then mustered those twenty
years old or more and found that there were three hundred thousand men ready for military service, able to
handle the spear and shield. ⁶ He also hired a hundred
thousand fighting men from Israel for a hundred tal-
ents^f of silver.

⁷ But a man of God came to him and said, "O king,
these troops from Israel must not march with you, for
the LORD is not with Israel—not with any of the people
of Ephraim. ⁸ Even if you go and fight courageously in
battle, God will overthrow you before the enemy, for
God has the power to help or to overthrow."

⁹ Amaziah asked the man of God, "But what about
the hundred talents I paid for these Israelite troops?"

The man of God replied, "The LORD can give you
much more than that."

¹⁰ So Amaziah dismissed the troops who had come to
him from Ephraim and sent them home. They were
furious with Judah and left for home in a great rage.

¹¹ Amaziah then marshaled his strength and led his
army to the Valley of Salt, where he killed ten thousand men of Seir. ¹² The army of Judah also captured
ten thousand men alive, took them to the top of a cliff
and threw them down so that all were dashed to pieces.

¹³ Meanwhile the troops that Amaziah had sent back
and had not allowed to take part in the war raided
Judean towns from Samaria to Beth Horon. They killed
three thousand people and carried off great quantities
of plunder.

---

^q 25:4 Dt 24:16   ^r 25:6 *tres mil trescientos kilos*. Lit. *cien
talentos; también en v. 9.

^b 26 A variant of *Jozabad*   ^c 26 A variant of *Shomer*
^d 1 Hebrew *Jehoaddan*, a variant of *Jehoaddin*   ^e 4 Deut. 24:16
^f 6 That is, about 3 3/4 tons (about 3.4 metric tons); also in verse 9

14 Cuando Amasías regresó de derrotar a los edomitas, se llevó consigo los dioses de los habitantes de Seír y los adoptó como sus dioses, adorándolos y quemándoles incienso. 15 Por eso el SEÑOR se encendió en ira contra Amasías y le envió un profeta con este mensaje:

—¿Por qué sigues a unos dioses que no pudieron librar de tus manos a su propio pueblo?

16 El rey interrumpió al profeta y le replicó:

—¿Y quién te ha nombrado consejero del rey? Si no quieres que te maten, ¡no sigas fastidiándome!

El profeta se limitó a añadir:

—Sólo sé que, por haber hecho esto y por no seguir mi consejo, Dios ha resuelto destruirte.

17 Sin embargo, Amasías, rey de Judá, siguiendo el consejo de otros, envió mensajeros a Joás, hijo de Joacaz y nieto de Jehú, rey de Israel, con este reto: «¡Ven acá, para que nos enfrentemos!»

18 Pero Joás, rey de Israel, le respondió a Amasías, rey de Judá: «El cardo del Líbano le mandó este mensaje al cedro: "¡Entrega a tu hija como esposa a mi hijo!" Pero luego pasaron por allí las fieras del Líbano, y aplastaron al cardo. 19 Tú te jactas de haber derrotado a los edomitas; ¡el éxito se te ha subido a la cabeza! Está bien, jáctate si quieres, pero quédate en casa. ¿Para qué provocas una desgracia que significará tu perdición y la de Judá?»

20 Como estaba en los planes de Dios entregar a Amasías en poder del enemigo por haber seguido a los dioses de Edom, Amasías no le hizo caso a Joás. 21 Entonces Joás, rey de Israel, marchó a Bet Semes, que está en Judá, para enfrentarse con él. 22 Los israelitas batieron a los de Judá, y éstos huyeron a sus hogares. 23 En Bet Semes, Joás, rey de Israel, capturó a Amasías, rey de Judá, hijo de Joás y nieto de Joacaz.ˢ Luego fue a Jerusalén y derribó ciento ochenta metrosᵗ de la muralla, desde la puerta de Efraín hasta la puerta de la Esquina. 24 Además, se apoderó de todo el oro, la plata y los utensilios que estaban en el templo de Dios bajo el cuidado de Obed Edom. También se llevó los tesoros del palacio real, tomó rehenes y regresó a Samaria.

25 Amasías hijo de Joás, rey de Judá, sobrevivió quince años a Joás hijo de Joacaz, rey de Israel. 26 Los demás acontecimientos del reinado de Amasías, desde el primero hasta el último, están escritos en el libro de los reyes de Judá y de Israel. 27 Desde el momento en que Amasías abandonó al SEÑOR, se tramó una conspiración contra él en Jerusalén. Entonces Amasías huyó a Laquis, pero lo persiguieron y allí lo mataron. 28 Luego lo llevaron a caballo hasta la capital de Judá, donde fue sepultado con sus antepasados.

Uzías, rey de Judá

26 Todo el pueblo de Judá tomó entonces a Uzías, que tenía dieciséis años, y lo proclamó rey en lugar de su padre Amasías. 2 Y fue Uzías quien, después de la muerte del rey Amasías, reconstruyó la ciudad de Elat y la reintegró a Judá.

3 Uzías tenía dieciséis años cuando ascendió al trono, y reinó en Jerusalén cincuenta y dos años. Su madre era Jecolías, oriunda de Jerusalén. 4 Uzías hizo lo que agrada al SEÑOR, pues en todo siguió el buen ejemplo de su

14 When Amaziah returned from slaughtering the Edomites, he brought back the gods of the people of Seir. He set them up as his own gods, bowed down to them and burned sacrifices to them. 15 The anger of the LORD burned against Amaziah, and he sent a prophet to him, who said, "Why do you consult this people's gods, which could not save their own people from your hand?"

16 While he was still speaking, the king said to him, "Have we appointed you an adviser to the king? Stop! Why be struck down?"

So the prophet stopped but said, "I know that God has determined to destroy you, because you have done this and have not listened to my counsel."

17 After Amaziah king of Judah consulted his advisers, he sent this challenge to Jehoashᵍ son of Jehoahaz, the son of Jehu, king of Israel: "Come, meet me face to face."

18 But Jehoash king of Israel replied to Amaziah king of Judah: "A thistle in Lebanon sent a message to a cedar in Lebanon, 'Give your daughter to my son in marriage.' Then a wild beast in Lebanon came along and trampled the thistle underfoot. 19 You say to yourself that you have defeated Edom, and now you are arrogant and proud. But stay at home! Why ask for trouble and cause your own downfall and that of Judah also?"

20 Amaziah, however, would not listen, for God so worked that he might hand them over to ⌊Jehoash⌋, because they sought the gods of Edom. 21 So Jehoash king of Israel attacked. He and Amaziah king of Judah faced each other at Beth Shemesh in Judah. 22 Judah was routed by Israel, and every man fled to his home. 23 Jehoash king of Israel captured Amaziah king of Judah, the son of Joash, the son of Ahaziah,ʰ at Beth Shemesh. Then Jehoash brought him to Jerusalem and broke down the wall of Jerusalem from the Ephraim Gate to the Corner Gate—a section about six hundred feetⁱ long. 24 He took all the gold and silver and all the articles found in the temple of God that had been in the care of Obed-Edom, together with the palace treasures and the hostages, and returned to Samaria.

25 Amaziah son of Joash king of Judah lived for fifteen years after the death of Jehoash son of Jehoahaz king of Israel. 26 As for the other events of Amaziah's reign, from beginning to end, are they not written in the book of the kings of Judah and Israel? 27 From the time that Amaziah turned away from following the LORD, they conspired against him in Jerusalem and he fled to Lachish, but they sent men after him to Lachish and killed him there. 28 He was brought back by horse and was buried with his fathers in the City of Judah.

Uzziah King of Judah

26 Then all the people of Judah took Uzziah,ʲ who was sixteen years old, and made him king in place of his father Amaziah. 2 He was the one who rebuilt Elath and restored it to Judah after Amaziah rested with his fathers.

3 Uzziah was sixteen years old when he became king, and he reigned in Jerusalem fifty-two years. His mother's name was Jecoliah; she was from Jerusalem. 4 He did what was right in the eyes of the LORD, just as his

---

ˢ 25:23 *Joacaz* es otra forma del nombre *Ocozías*.
ᵗ 25:23 *ciento ochenta metros*. Lit. *cuatrocientos *codos*.

ᵍ 17 Hebrew *Joash,* a variant of *Jehoash*; also in verses 18, 21, 23 and 25   ʰ 23 Hebrew *Jehoahaz,* a variant of *Ahaziah*
ⁱ 23 Hebrew *four hundred cubits* (about 180 meters)   ʲ 1 Also called *Azariah*

padre Amasías ⁵y, mientras vivió Zacarías, quien lo instruyó en el temor de Dios, se empeñó en buscar al Señor. Mientras Uzías buscó a Dios, Dios le dio prosperidad.

⁶Uzías marchó contra los filisteos, y destruyó los muros de Gat, Jabnia y Asdod. Además, construyó ciudades en la región de Asdod, entre los filisteos. ⁷Dios lo ayudó en su guerra contra los filisteos, contra los árabes que vivían en Gur Baal, y contra los meunitas. ⁸Los amonitas fueron tributarios de Uzías, y éste llegó a tener tanto poder que su fama se difundió hasta la frontera de Egipto.

⁹Uzías también construyó y fortificó torres en Jerusalén, sobre las puertas de la Esquina y del Valle, y en el ángulo del muro. ¹⁰Así mismo, construyó torres en el desierto y cavó un gran número de pozos, pues tenía mucho ganado en la llanura y en la meseta. Tenía también labradores y viñadores que trabajaban en las montañas y en los valles, pues era un amante de la agricultura.

¹¹Uzías contaba con un ejército que salía a la guerra por escuadrones, de acuerdo con el censo hecho por el cronista Jeyel y por el oficial Maseías, bajo la dirección de Jananías, funcionario del rey. ¹²El total de los jefes de familia era de dos mil seiscientos, todos ellos guerreros valientes. ¹³Bajo el mando de éstos había un ejército bien entrenado, compuesto por trescientos siete mil quinientos soldados, que combatían con mucho valor para apoyar al rey en su lucha contra los enemigos. ¹⁴A ese ejército Uzías lo dotó de escudos, lanzas, cascos, corazas, arcos y hondas. ¹⁵Construyó en Jerusalén unas máquinas diseñadas por hombres ingeniosos, y las colocó en las torres y en las esquinas de la ciudad para disparar flechas y piedras de gran tamaño. Con la poderosa ayuda de Dios, Uzías llegó a ser muy poderoso y su fama se extendió hasta muy lejos.

¹⁶Sin embargo, cuando aumentó su poder, Uzías se volvió arrogante, lo cual lo llevó a la desgracia. Se rebeló contra el Señor, Dios de sus antepasados, y se atrevió a entrar en el templo del Señor para quemar incienso en el altar. ¹⁷Detrás de él entró el sumo sacerdote Azarías, junto con ochenta sacerdotes del Señor, todos ellos hombres valientes, ¹⁸quienes se le enfrentaron y le dijeron: «No corresponde a Su Majestad quemar el incienso al Señor. Ésta es función de los sacerdotes descendientes de Aarón, pues son ellos los que están consagrados para quemar el incienso. Salga usted ahora mismo del santuario, pues ha pecado, y así Dios el Señor no va a honrarlo.»

¹⁹Esto enfureció a Uzías, quien tenía en la mano un incensario listo para ofrecer el incienso. Pero en ese mismo instante, allí en el templo del Señor, junto al altar del incienso y delante de los sacerdotes, la frente se le cubrió de *lepra. ²⁰Al ver que Uzías estaba leproso, el sumo sacerdote Azarías y los demás sacerdotes lo expulsaron de allí a toda prisa. Es más, él mismo se apresuró a salir, pues el Señor lo había castigado.

²¹El rey Uzías se quedó leproso hasta el día de su muerte. Tuvo que vivir aislado en su casa,ᵘ y le prohibieron entrar en el templo del Señor. Su hijo Jotán quedó a cargo del palacio y del gobierno del país.

²²Los demás acontecimientos del reinado de Uzías, desde el primero hasta el último, los escribió el profeta Isaías hijo de Amoz. ²³Cuando Uzías murió, fue sepultado con sus antepasados en un campo cercano al panteón de los reyes, pues padecía de lepra. Y su hijo Jotán lo sucedió en el trono.

father Amaziah had done. ⁵He sought God during the days of Zechariah, who instructed him in the fearᵏ of God. As long as he sought the Lord, God gave him success.

⁶He went to war against the Philistines and broke down the walls of Gath, Jabneh and Ashdod. He then rebuilt towns near Ashdod and elsewhere among the Philistines. ⁷God helped him against the Philistines and against the Arabs who lived in Gur Baal and against the Meunites. ⁸The Ammonites brought tribute to Uzziah, and his fame spread as far as the border of Egypt, because he had become very powerful.

⁹Uzziah built towers in Jerusalem at the Corner Gate, at the Valley Gate and at the angle of the wall, and he fortified them. ¹⁰He also built towers in the desert and dug many cisterns, because he had much livestock in the foothills and in the plain. He had people working his fields and vineyards in the hills and in the fertile lands, for he loved the soil.

¹¹Uzziah had a well-trained army, ready to go out by divisions according to their numbers as mustered by Jeiel the secretary and Maaseiah the officer under the direction of Hananiah, one of the royal officials. ¹²The total number of family leaders over the fighting men was 2,600. ¹³Under their command was an army of 307,500 men trained for war, a powerful force to support the king against his enemies. ¹⁴Uzziah provided shields, spears, helmets, coats of armor, bows and slingstones for the entire army. ¹⁵In Jerusalem he made machines designed by skillful men for use on the towers and on the corner defenses to shoot arrows and hurl large stones. His fame spread far and wide, for he was greatly helped until he became powerful.

¹⁶But after Uzziah became powerful, his pride led to his downfall. He was unfaithful to the Lord his God, and entered the temple of the Lord to burn incense on the altar of incense. ¹⁷Azariah the priest with eighty other courageous priests of the Lord followed him in. ¹⁸They confronted him and said, "It is not right for you, Uzziah, to burn incense to the Lord. That is for the priests, the descendants of Aaron, who have been consecrated to burn incense. Leave the sanctuary, for you have been unfaithful; and you will not be honored by the Lord God."

¹⁹Uzziah, who had a censer in his hand ready to burn incense, became angry. While he was raging at the priests in their presence before the incense altar in the Lord's temple, leprosyˡ broke out on his forehead. ²⁰When Azariah the chief priest and all the other priests looked at him, they saw that he had leprosy on his forehead, so they hurried him out. Indeed, he himself was eager to leave, because the Lord had afflicted him.

²¹King Uzziah had leprosy until the day he died. He lived in a separate houseᵐ—leprous, and excluded from the temple of the Lord. Jotham his son had charge of the palace and governed the people of the land.

²²The other events of Uzziah's reign, from beginning to end, are recorded by the prophet Isaiah son of Amoz. ²³Uzziah rested with his fathers and was buried near them in a field for burial that belonged to the kings, for people said, "He had leprosy." And Jotham his son succeeded him as king.

ᵘ 26:21 *aislado en su casa.* Lit. *en casa de libertad*; es decir, libre de responsabilidades.

ᵏ 5 Many Hebrew manuscripts, Septuagint and Syriac; other Hebrew manuscripts *vision*   ˡ 19 The Hebrew word was used for various diseases affecting the skin—not necessarily leprosy; also in verses 20, 21 and 23.   ᵐ 21 Or *in a house where he was relieved of responsibilities*

Jotán, rey de Judá

27 Jotán tenía veinticinco años cuando ascendió al trono, y reinó en Jerusalén dieciséis años. Su madre era Jerusa hija de Sadoc. ²Jotán hizo lo que agrada al SEÑOR, pues en todo siguió el buen ejemplo de su padre Uzías, pero no iba al templo del SEÑOR. El pueblo, por su parte, continuó con sus prácticas corruptas. ³Jotán fue quien reconstruyó la puerta superior del templo del SEÑOR. Hizo también muchas obras en el muro de Ofel, ⁴construyó ciudades en las montañas de Judá, y fortalezas y torres en los bosques.

⁵Jotán le declaró la guerra al rey de los amonitas y lo venció. Durante tres años consecutivos, los amonitas tuvieron que pagarle un tributo anual de cien barras[v] de plata, diez mil cargas de trigo y diez mil cargas[w] de cebada.

⁶Jotán llegó a ser poderoso porque se propuso obedecer al SEÑOR su Dios.

⁷Los demás acontecimientos del reinado de Jotán, y sus guerras y su conducta, están escritos en el libro de los reyes de Israel y de Judá. ⁸Tenía Jotán veinticinco años cuando ascendió al trono, y reinó en Jerusalén dieciséis años. ⁹Cuando murió, fue sepultado en la Ciudad de David, y su hijo Acaz lo sucedió en el trono.

Acaz, rey de Judá

28 Acaz tenía veinte años cuando ascendió al trono, y reinó en Jerusalén dieciséis años. Pero a diferencia de su antepasado David, Acaz no hizo lo que agrada al SEÑOR. ²Al contrario, siguió el mal ejemplo de los reyes de Israel, y también hizo imágenes fundidas de los *baales. ³Así mismo, quemó incienso en el valle de Ben Hinón y sacrificó en el fuego a sus hijos, según las repugnantes ceremonias de las naciones que el SEÑOR había expulsado al paso de los israelitas. ⁴También ofrecía sacrificios y quemaba incienso en los *santuarios paganos, en las colinas y bajo todo árbol frondoso.

⁵Por eso el SEÑOR su Dios lo entregó al poder del rey de *Siria. Los sirios lo derrotaron, y capturaron una gran cantidad de prisioneros que se llevaron a Damasco.

Acaz también cayó en poder del rey de Israel, quien le infligió una gran derrota. ⁶En un solo día, Pecaj hijo de Remalías mató en Judá a ciento veinte mil hombres, todos ellos soldados valientes, porque los habitantes de Judá habían abandonado al SEÑOR, Dios de sus antepasados. ⁷Zicrí, un guerrero de Efraín, mató a Maseías, hijo del rey, a Azricán, oficial encargado del palacio, y a Elcaná, que era el oficial más importante después del rey. ⁸De entre sus hermanos de Judá, los israelitas capturaron a doscientas mil personas, incluyendo a mujeres, niños y niñas. Además, se apoderaron de un enorme botín, que se llevaron a Samaria.

⁹Había allí un hombre llamado Oded, que era profeta del SEÑOR. Cuando el ejército regresaba a Samaria, este profeta salió a su encuentro y les dijo:

—El SEÑOR, Dios de sus antepasados, entregó a los de Judá en manos de ustedes, porque estaba enojado con ellos. Pero ustedes los mataron con tal furia, que repercutió en el cielo. ¹⁰Y como si fuera poco, ¡ahora pretenden convertir a los habitantes de Judá y de Jerusalén en sus esclavos! ¿Acaso no son también

Jotham King of Judah

27 Jotham was twenty-five years old when he became king, and he reigned in Jerusalem sixteen years. His mother's name was Jerusha daughter of Zadok. ²He did what was right in the eyes of the LORD, just as his father Uzziah had done, but unlike him he did not enter the temple of the LORD. The people, however, continued their corrupt practices. ³Jotham rebuilt the Upper Gate of the temple of the LORD and did extensive work on the wall at the hill of Ophel. ⁴He built towns in the Judean hills and forts and towers in the wooded areas.

⁵Jotham made war on the king of the Ammonites and conquered them. That year the Ammonites paid him a hundred talents[n] of silver, ten thousand cors[o] of wheat and ten thousand cors of barley. The Ammonites brought him the same amount also in the second and third years.

⁶Jotham grew powerful because he walked steadfastly before the LORD his God.

⁷The other events in Jotham's reign, including all his wars and the other things he did, are written in the book of the kings of Israel and Judah. ⁸He was twenty-five years old when he became king, and he reigned in Jerusalem sixteen years. ⁹Jotham rested with his fathers and was buried in the City of David. And Ahaz his son succeeded him as king.

Ahaz King of Judah

28 Ahaz was twenty years old when he became king, and he reigned in Jerusalem sixteen years. Unlike David his father, he did not do what was right in the eyes of the LORD. ²He walked in the ways of the kings of Israel and also made cast idols for worshiping the Baals. ³He burned sacrifices in the Valley of Ben Hinnom and sacrificed his sons in the fire, following the detestable ways of the nations the LORD had driven out before the Israelites. ⁴He offered sacrifices and burned incense at the high places, on the hilltops and under every spreading tree.

⁵Therefore the LORD his God handed him over to the king of Aram. The Arameans defeated him and took many of his people as prisoners and brought them to Damascus.

He was also given into the hands of the king of Israel, who inflicted heavy casualties on him. ⁶In one day Pekah son of Remaliah killed a hundred and twenty thousand soldiers in Judah—because Judah had forsaken the LORD, the God of their fathers. ⁷Zicri, an Ephraimite warrior, killed Maaseiah the king's son, Azrikam the officer in charge of the palace, and Elkanah, second to the king. ⁸The Israelites took captive from their kinsmen two hundred thousand wives, sons and daughters. They also took a great deal of plunder, which they carried back to Samaria.

⁹But a prophet of the LORD named Oded was there, and he went out to meet the army when it returned to Samaria. He said to them, "Because the LORD, the God of your fathers, was angry with Judah, he gave them into your hand. But you have slaughtered them in a rage that reaches to heaven. ¹⁰And now you intend to make the men and women of Judah and Jerusalem your slaves. But aren't you also guilty of sins against the

---

[v] 27:5 barras. Lit. *talentos.   [w] 27:5 cargas ... cargas. Lit. *coros ... coros.

[n] 5 That is, about 3 3/4 tons (about 3.4 metric tons)   [o] 5 That is, probably about 62,000 bushels (about 2,200 kiloliters)

ustedes culpables de haber pecado contra el SEÑOR su Dios? 11 Por tanto, háganme caso: dejen libres a los prisioneros. ¿Acaso no son sus propios hermanos? ¡La ira del SEÑOR se ha encendido contra ustedes!

12 Entonces Azarías hijo de Johanán, Berequías hijo de Mesilemot, Ezequías hijo de Salún, y Amasá hijo de Hadlay, que eran jefes de los efraimitas, se enfrentaron a los que regresaban de la guerra 13 y les dijeron:

—No traigan aquí a los prisioneros, porque eso nos haría culpables ante el SEÑOR. ¿Acaso pretenden aumentar nuestros pecados y nuestras faltas? ¡Ya es muy grande nuestra culpa, y la ira del SEÑOR se ha encendido contra Israel!

14 Así que los soldados dejaron libres a los prisioneros, y pusieron el botín a los pies de los jefes y de toda la asamblea. 15 Algunos fueron nombrados para que se hicieran cargo de los prisioneros, y con la ropa y el calzado del botín vistieron a todos los que estaban desnudos. Luego les dieron de comer y de beber, y les untaron aceite. Finalmente, a los que estaban débiles los montaron en burros y los llevaron a Jericó, la ciudad de las palmeras, para reunirlos con sus hermanos. Después, aquellos hombres volvieron a Samaria.

16 En aquel tiempo, el rey Acaz solicitó la ayuda de los reyes de Asiria, 17 porque los edomitas habían atacado nuevamente a Judá y se habían llevado algunos prisioneros. 18 Por su parte, los filisteos saquearon las ciudades de Judá que estaban en la llanura y en el Néguev, se apoderaron de Bet Semes, Ayalón, Guederot, Soco, Timná y Guimzó, junto con sus respectivas aldeas, y se establecieron en ellas. 19 Así fue como el SEÑOR humilló a Judá, por culpa de Acaz su rey,[x] quien permitió el desenfreno en Judá y se rebeló totalmente contra el SEÑOR.

20 Tiglat Piléser, rey de Asiria, en vez de apoyar a Acaz, marchó contra él y empeoró su situación. 21 Entonces Acaz le entregó al rey de Asiria todo lo que había de valor en el templo del SEÑOR, en el palacio real y en las casas de sus oficiales; pero eso de nada le sirvió. 22 Y a pesar de encontrarse tan presionado, el rey Acaz se empecinó en su rebelión contra el SEÑOR. 23 Incluso ofreció sacrificios a los dioses de Damasco que lo habían derrotado, pues pensó: «Como los dioses de Siria ayudan a sus reyes, también me ayudarán a mí si les ofrezco sacrificios.» Pero esos dioses fueron su ruina y la de todo Israel. 24 Acaz también juntó y despedazó los utensilios del templo del SEÑOR, cerró sus puertas e hizo construir altares en cada esquina de Jerusalén. 25 Y en todas las ciudades de Judá hizo construir *santuarios paganos para quemar incienso a otros dioses, ofendiendo así al SEÑOR, Dios de sus antepasados.

26 Los demás acontecimientos de su reinado, desde el primero hasta el último, lo mismo que su conducta, están escritos en el libro de los reyes de Judá y de Israel. 27 Acaz murió y fue sepultado en la ciudad de Jerusalén, pero no en el panteón de los reyes de Israel. Su hijo Ezequías lo sucedió en el trono.

Ezequías, rey de Judá

29 Ezequías tenía veinticinco años cuando ascendió al trono, y reinó en Jerusalén veintinueve años. Su madre era Abías hija de Zacarías. 2 Ezequías hizo lo que agrada al SEÑOR, pues en todo siguió el buen ejemplo de su antepasado David.

[x] 28:19 *su rey.* Lit. *rey de Israel.* En este libro se usa con frecuencia el nombre de Israel para referirse a Judá.

LORD your God? 11 Now listen to me! Send back your fellow countrymen you have taken as prisoners, for the LORD's fierce anger rests on you."

12 Then some of the leaders in Ephraim—Azariah son of Jehohanan, Berekiah son of Meshillemoth, Jehizkiah son of Shallum, and Amasa son of Hadlai—confronted those who were arriving from the war. 13 "You must not bring those prisoners here," they said, "or we will be guilty before the LORD. Do you intend to add to our sin and guilt? For our guilt is already great, and his fierce anger rests on Israel."

14 So the soldiers gave up the prisoners and plunder in the presence of the officials and all the assembly. 15 The men designated by name took the prisoners, and from the plunder they clothed all who were naked. They provided them with clothes and sandals, food and drink, and healing balm. All those who were weak they put on donkeys. So they took them back to their fellow countrymen at Jericho, the City of Palms, and returned to Samaria.

16 At that time King Ahaz sent to the king[p] of Assyria for help. 17 The Edomites had again come and attacked Judah and carried away prisoners, 18 while the Philistines had raided towns in the foothills and in the Negev of Judah. They captured and occupied Beth Shemesh, Aijalon and Gederoth, as well as Soco, Timnah and Gimzo, with their surrounding villages. 19 The LORD had humbled Judah because of Ahaz king of Israel,[q] for he had promoted wickedness in Judah and had been most unfaithful to the LORD. 20 Tiglath-Pileser[r] king of Assyria came to him, but he gave him trouble instead of help. 21 Ahaz took some of the things from the temple of the LORD and from the royal palace and from the princes and presented them to the king of Assyria, but that did not help him.

22 In his time of trouble King Ahaz became even more unfaithful to the LORD. 23 He offered sacrifices to the gods of Damascus, who had defeated him; for he thought, "Since the gods of the kings of Aram have helped them, I will sacrifice to them so they will help me." But they were his downfall and the downfall of all Israel.

24 Ahaz gathered together the furnishings from the temple of God and took them away.[s] He shut the doors of the LORD's temple and set up altars at every street corner in Jerusalem. 25 In every town in Judah he built high places to burn sacrifices to other gods and provoked the LORD, the God of his fathers, to anger.

26 The other events of his reign and all his ways, from beginning to end, are written in the book of the kings of Judah and Israel. 27 Ahaz rested with his fathers and was buried in the city of Jerusalem, but he was not placed in the tombs of the kings of Israel. And Hezekiah his son succeeded him as king.

Hezekiah Purifies the Temple

29 Hezekiah was twenty-five years old when he became king, and he reigned in Jerusalem twenty-nine years. His mother's name was Abijah daughter of Zechariah. 2 He did what was right in the eyes of the LORD, just as his father David had done.

[p] 16 One Hebrew manuscript, Septuagint and Vulgate (see also 2 Kings 16:7); most Hebrew manuscripts *kings* [q] 19 That is, Judah, as frequently in 2 Chronicles [r] 20 Hebrew *Tilgath-Pilneser,* a variant of *Tiglath-Pileser* [s] 24 Or *and cut them up*

³En el mes primero del primer año de su reinado, Ezequías mandó que se abrieran las puertas del templo del Señor, y las reparó. ⁴En la plaza oriental convocó a los sacerdotes y a los levitas, ⁵y les dijo:

«¡Levitas, escúchenme! *Purifíquense ustedes, y purifiquen también el templo del Señor, Dios de sus antepasados, y saquen las cosas profanas que hay en el santuario. ⁶Es un hecho que nuestros antepasados se rebelaron e hicieron lo que ofende al Señor nuestro Dios, y que lo abandonaron. Es también un hecho que le dieron la espalda al Señor, y que despreciaron el lugar donde él habita. ⁷Así mismo, cerraron las puertas del atrio, apagaron las lámparas, y dejaron de quemar incienso y de ofrecer *holocaustos en el santuario al Dios de Israel.

⁸»¡Por eso la ira del Señor cayó sobre Judá y Jerusalén, y los convirtió en objeto de horror, de desolación y de burla, tal como ustedes pueden verlo ahora con sus propios ojos! ⁹¡Por eso nuestros antepasados murieron a filo de espada, y nuestros hijos, nuestras hijas y nuestras mujeres fueron llevados al cautiverio!

¹⁰»Yo me propongo ahora hacer un *pacto con el Señor, Dios de Israel, para que retire de nosotros su ardiente ira. ¹¹Así que, hijos míos, no sean negligentes, pues el Señor los ha escogido a ustedes para que estén en su presencia, y le sirvan, y sean sus ministros y le quemen incienso.»

¹²Éstos son los levitas que se dispusieron a trabajar:
De los descendientes de Coat:
　Mahat hijo de Amasay, y Joel hijo de Azarías.
De los descendientes de Merari:
　Quis hijo de Abdí, y Azarías hijo de Yalelel.
De los descendientes de Guersón:
　Joa hijo de Zimá, y Edén hijo de Joa.
¹³De los descendientes de Elizafán:
　Simri y Jeyel.
De los descendientes de Asaf:
　Zacarías y Matanías.
¹⁴De los descendientes de Hemán:
　Jehiel y Simí.
De los descendientes de Jedutún:
　Semaías y Uziel.

¹⁵Éstos reunieron a sus parientes, se purificaron y entraron en el templo del Señor para purificarlo, cumpliendo así la orden del rey, según las palabras del Señor. ¹⁶Después los sacerdotes entraron al interior del templo del Señor para purificarlo. Sacaron al atrio del templo todos los objetos paganosʸ que encontraron allí, y los levitas los recogieron y los arrojaron al arroyo de Cedrón. ¹⁷Comenzaron a purificar el templo el primer día del mes primero, y al octavo día ya habían llegado al pórtico del templo. Para completar la purificación emplearon otros ocho días, de modo que terminaron el día dieciséis del mes primero.

¹⁸Más tarde, se presentaron ante el rey Ezequías y le dijeron: «Ya hemos purificado el templo del Señor, el altar de los holocaustos con sus utensilios, y la mesa para el *pan de la Presencia con sus utensilios. ¹⁹Además, hemos reparado y purificado todos los utensilios que, en su rebeldía, el rey Acaz profanó durante su reinado, y los hemos puesto ante el altar del Señor.»

²⁰El rey Ezequías se levantó muy de mañana, reunió a los jefes de la ciudad y se fue con ellos al templo del

³In the first month of the first year of his reign, he opened the doors of the temple of the Lord and repaired them. ⁴He brought in the priests and the Levites, assembled them in the square on the east side ⁵and said: "Listen to me, Levites! Consecrate yourselves now and consecrate the temple of the Lord, the God of your fathers. Remove all defilement from the sanctuary. ⁶Our fathers were unfaithful; they did evil in the eyes of the Lord our God and forsook him. They turned their faces away from the Lord's dwelling place and turned their backs on him. ⁷They also shut the doors of the portico and put out the lamps. They did not burn incense or present any burnt offerings at the sanctuary to the God of Israel. ⁸Therefore, the anger of the Lord has fallen on Judah and Jerusalem; he has made them an object of dread and horror and scorn, as you can see with your own eyes. ⁹This is why our fathers have fallen by the sword and why our sons and daughters and our wives are in captivity. ¹⁰Now I intend to make a covenant with the Lord, the God of Israel, so that his fierce anger will turn away from us. ¹¹My sons, do not be negligent now, for the Lord has chosen you to stand before him and serve him, to minister before him and to burn incense."

¹²Then these Levites set to work:
　from the Kohathites,
　　Mahath son of Amasai and Joel son of Azariah;
　from the Merarites,
　　Kish son of Abdi and Azariah son of Jehallelel;
　from the Gershonites,
　　Joah son of Zimmah and Eden son of Joah;
¹³from the descendants of Elizaphan,
　　Shimri and Jeiel;
　from the descendants of Asaph,
　　Zechariah and Mattaniah;
¹⁴from the descendants of Heman,
　　Jehiel and Shimei;
　from the descendants of Jeduthun,
　　Shemaiah and Uzziel.

¹⁵When they had assembled their brothers and consecrated themselves, they went in to purify the temple of the Lord, as the king had ordered, following the word of the Lord. ¹⁶The priests went into the sanctuary of the Lord to purify it. They brought out to the courtyard of the Lord's temple everything unclean that they found in the temple of the Lord. The Levites took it and carried it out to the Kidron Valley. ¹⁷They began the consecration on the first day of the first month, and by the eighth day of the month they reached the portico of the Lord. For eight more days they consecrated the temple of the Lord itself, finishing on the sixteenth day of the first month.

¹⁸Then they went in to King Hezekiah and reported: "We have purified the entire temple of the Lord, the altar of burnt offering with all its utensils, and the table for setting out the consecrated bread, with all its articles. ¹⁹We have prepared and consecrated all the articles that King Ahaz removed in his unfaithfulness while he was king. They are now in front of the Lord's altar."

²⁰Early the next morning King Hezekiah gathered the city officials together and went up to the temple of

---

ʸ 29:16 todos los objetos paganos. Lit. toda la *impureza.

SEÑOR. 21Llevaron siete bueyes, siete carneros y siete corderos; además, como ofrenda por el pecado del reino, del santuario y de Judá, llevaron siete machos cabríos. El rey ordenó a los sacerdotes descendientes de Aarón que los ofrecieran en holocausto sobre el altar del SEÑOR. 22Los sacerdotes mataron los toros, recogieron la sangre y la rociaron sobre el altar; luego mataron los carneros y rociaron la sangre sobre el altar; después mataron los corderos y rociaron la sangre sobre el altar. 23Finalmente, a los machos cabríos de la ofrenda por el pecado los llevaron y los colocaron delante del rey y de la asamblea para que pusieran las manos sobre ellos; 24luego los mataron y rociaron la sangre sobre el altar como una ofrenda por el pecado de todo Israel, pues el rey había ordenado que el holocausto y el sacrificio por el pecado se ofrecieran por todo Israel.

25Ezequías instaló también a los levitas en el templo del SEÑOR, con música de címbalos, arpas y liras, tal como lo habían ordenado David, Natán el profeta, y Gad, el vidente del rey. Este mandato lo dio el SEÑOR por medio de sus profetas.

26Los levitas estaban de pie con los instrumentos musicales de David, y los sacerdotes, con las trompetas. 27Entonces Ezequías ordenó que se ofreciera el holocausto sobre el altar. En cuanto comenzó el holocausto, comenzaron también los cantos al SEÑOR y el toque de trompetas, acompañados de los instrumentos musicales de David, rey de Israel. 28Toda la asamblea permaneció postrada hasta que terminó el holocausto, mientras los cantores entonaban los cantos y los trompetistas hacían resonar sus instrumentos.

29Cuando terminaron de ofrecer el holocausto, el rey y todos los que estaban con él se postraron para adorar al SEÑOR. 30El rey Ezequías y los jefes les ordenaron a los levitas que cantaran al SEÑOR las alabanzas que David y Asaf el vidente habían compuesto. Los levitas lo hicieron con alegría, y se postraron en adoración.

31Luego Ezequías dijo: «Ahora que ustedes se han consagrado al SEÑOR, acérquense y preséntenle en su templo los sacrificios y las ofrendas de acción de gracias.» 32Así que la asamblea llevó setenta bueyes, cien carneros y doscientos corderos, para ofrecerlos en holocausto al SEÑOR. 33También se consagraron seiscientos bueyes y tres mil ovejas. 34Pero como los sacerdotes eran pocos y no podían desollar tantos animales, sus parientes levitas tuvieron que ayudarlos para terminar el trabajo, a fin de que los otros sacerdotes pudieran purificarse, pues los levitas habían sido más diligentes en purificarse que los sacerdotes. 35Se ofrecieron muchos holocaustos, además de la grasa de los sacrificios de *comunión y de las libaciones para cada holocausto.

Así fue como se restableció el culto en el templo del SEÑOR. 36Y Ezequías y todo el pueblo se regocijaron de que Dios hubiera preparado al pueblo para hacerlo todo con rapidez.

Celebración de la Pascua

30 Ezequías escribió cartas a todo Israel y Judá, incluyendo a las tribus de Efraín y Manasés, y se las envió, para que acudieran al templo del SEÑOR en Jerusalén a celebrar la Pascua del SEÑOR, Dios de Israel. 2El rey, los jefes y toda la asamblea habían decidido celebrar la Pascua en el mes segundo. 3No pudieron

the LORD. 21They brought seven bulls, seven rams, seven male lambs and seven male goats as a sin offering for the kingdom, for the sanctuary and for Judah. The king commanded the priests, the descendants of Aaron, to offer these on the altar of the LORD. 22So they slaughtered the bulls, and the priests took the blood and sprinkled it on the altar; next they slaughtered the rams and sprinkled their blood on the altar; then they slaughtered the lambs and sprinkled their blood on the altar. 23The goats for the sin offering were brought before the king and the assembly, and they laid their hands on them. 24The priests then slaughtered the goats and presented their blood on the altar for a sin offering to atone for all Israel, because the king had ordered the burnt offering and the sin offering for all Israel.

25He stationed the Levites in the temple of the LORD with cymbals, harps and lyres in the way prescribed by David and Gad the king's seer and Nathan the prophet; this was commanded by the LORD through his prophets. 26So the Levites stood ready with David's instruments, and the priests with their trumpets.

27Hezekiah gave the order to sacrifice the burnt offering on the altar. As the offering began, singing to the LORD began also, accompanied by trumpets and the instruments of David king of Israel. 28The whole assembly bowed in worship, while the singers sang and the trumpeters played. All this continued until the sacrifice of the burnt offering was completed.

29When the offerings were finished, the king and everyone present with him knelt down and worshiped. 30King Hezekiah and his officials ordered the Levites to praise the LORD with the words of David and of Asaph the seer. So they sang praises with gladness and bowed their heads and worshiped.

31Then Hezekiah said, "You have now dedicated yourselves to the LORD. Come and bring sacrifices and thank offerings to the temple of the LORD." So the assembly brought sacrifices and thank offerings, and all whose hearts were willing brought burnt offerings.

32The number of burnt offerings the assembly brought was seventy bulls, a hundred rams and two hundred male lambs—all of them for burnt offerings to the LORD. 33The animals consecrated as sacrifices amounted to six hundred bulls and three thousand sheep and goats. 34The priests, however, were too few to skin all the burnt offerings; so their kinsmen the Levites helped them until the task was finished and until other priests had been consecrated, for the Levites had been more conscientious in consecrating themselves than the priests had been. 35There were burnt offerings in abundance, together with the fat of the fellowship offerings[f] and the drink offerings that accompanied the burnt offerings.

So the service of the temple of the LORD was reestablished. 36Hezekiah and all the people rejoiced at what God had brought about for his people, because it was done so quickly.

Hezekiah Celebrates the Passover

30 Hezekiah sent word to all Israel and Judah and also wrote letters to Ephraim and Manasseh, inviting them to come to the temple of the LORD in Jerusalem and celebrate the Passover to the LORD, the God of Israel. 2The king and his officials and the whole assembly in Jerusalem decided to celebrate the Passover in the second month. 3They had not been able to

---

_f 35_ Traditionally _peace offerings_

hacerlo en la fecha correspondiente porque muchos de los sacerdotes aún no se habían *purificado, y el pueblo no se había reunido en Jerusalén. ⁴Como la propuesta les agradó al rey y a la asamblea, ⁵acordaron pregonar por todo Israel, desde Dan hasta Berseba, que todos debían acudir a Jerusalén para celebrar la Pascua del Señor, Dios de Israel, pues muchos no la celebraban como está prescrito.

⁶Los mensajeros salieron por todo Israel y Judá con las cartas del rey y de sus oficiales, y de acuerdo con la orden del rey iban proclamando:

«Israelitas, vuélvanse al Señor, Dios de Abraham, de Isaac y de Israel, para que él se vuelva al remanente de ustedes, que escapó del poder de los reyes de Asiria. ⁷No sean como sus antepasados, ni como sus hermanos, que se rebelaron contra el Señor, Dios de sus antepasados. Por eso él los convirtió en objeto de burla, como ahora lo pueden ver. ⁸No sean tercos, como sus antepasados. Sométanse al Señor, y entren en su santuario, que él consagró para siempre. Sirvan al Señor su Dios, para que él retire su ardiente ira. ⁹Si se vuelven al Señor, sus hermanos y sus hijos serán tratados con benevolencia por aquellos que los tienen cautivos, y podrán regresar a esta tierra. El Señor su Dios es compasivo y misericordioso. Si ustedes se vuelven a él, jamás los abandonará.»

¹⁰Los mensajeros recorrieron toda la región de Efraín y Manasés de ciudad en ciudad, hasta llegar a la región de Zabulón, pero todos se reían y se burlaban de ellos. ¹¹No obstante, algunos de las tribus de Aser, Manasés y Zabulón se humillaron y fueron a Jerusalén. ¹²También los habitantes de Judá, movidos por Dios, cumplieron unánimes la orden del rey y de los jefes, conforme a la palabra del Señor.

¹³En el mes segundo, una inmensa muchedumbre se reunió en Jerusalén para celebrar la fiesta de los Panes sin levadura. ¹⁴Quitaron los altares que había en Jerusalén y los altares donde se quemaba incienso, y los arrojaron al arroyo de Cedrón.

¹⁵El día catorce del mes segundo celebraronᶻ la Pascua. Los sacerdotes y los levitas, compungidos, se purificaron y llevaron *holocaustos al templo del Señor, ¹⁶después de lo cual ocuparon sus respectivos puestos, conforme a la *ley de Moisés, hombre de Dios. Los levitas entregaban la sangre a los sacerdotes, y éstos la rociaban. ¹⁷Como muchos de la asamblea no se habían purificado, para consagrarlos al Señor los levitas tuvieron que matar por ellos los corderos de la Pascua. ¹⁸En efecto, mucha gente de Efraín, de Manasés, de Isacar y de Zabulón participó de la comida pascual sin haberse purificado, con lo que transgredieron lo prescrito. Pero Ezequías oró así a favor de ellos: «Perdona, buen Dios, ¹⁹a todo el que se ha empeñado de todo *corazón en buscarte a ti, Señor, Dios de sus antepasados, aunque no se haya purificado según las normas de *santidad.» ²⁰Y el Señor escuchó a Ezequías y perdonóᵃ al pueblo.

²¹Los israelitas que se encontraban en Jerusalén celebraron con mucho gozo, y durante siete días, la fiesta de los Panes sin levadura. Los levitas y los sacerdotes alababan al Señor todos los días, y le entonaban cantos

celebrate it at the regular time because not enough priests had consecrated themselves and the people had not assembled in Jerusalem. ⁴The plan seemed right both to the king and to the whole assembly. ⁵They decided to send a proclamation throughout Israel, from Beersheba to Dan, calling the people to come to Jerusalem and celebrate the Passover to the Lord, the God of Israel. It had not been celebrated in large numbers according to what was written.

⁶At the king's command, couriers went throughout Israel and Judah with letters from the king and from his officials, which read:

"People of Israel, return to the Lord, the God of Abraham, Isaac and Israel, that he may return to you who are left, who have escaped from the hand of the kings of Assyria. ⁷Do not be like your fathers and brothers, who were unfaithful to the Lord, the God of their fathers, so that he made them an object of horror, as you see. ⁸Do not be stiff-necked, as your fathers were; submit to the Lord. Come to the sanctuary, which he has consecrated forever. Serve the Lord your God, so that his fierce anger will turn away from you. ⁹If you return to the Lord, then your brothers and your children will be shown compassion by their captors and will come back to this land, for the Lord your God is gracious and compassionate. He will not turn his face from you if you return to him."

¹⁰The couriers went from town to town in Ephraim and Manasseh, as far as Zebulun, but the people scorned and ridiculed them. ¹¹Nevertheless, some men of Asher, Manasseh and Zebulun humbled themselves and went to Jerusalem. ¹²Also in Judah the hand of God was on the people to give them unity of mind to carry out what the king and his officials had ordered, following the word of the Lord.

¹³A very large crowd of people assembled in Jerusalem to celebrate the Feast of Unleavened Bread in the second month. ¹⁴They removed the altars in Jerusalem and cleared away the incense altars and threw them into the Kidron Valley.

¹⁵They slaughtered the Passover lamb on the fourteenth day of the second month. The priests and the Levites were ashamed and consecrated themselves and brought burnt offerings to the temple of the Lord. ¹⁶Then they took up their regular positions as prescribed in the Law of Moses the man of God. The priests sprinkled the blood handed to them by the Levites. ¹⁷Since many in the crowd had not consecrated themselves, the Levites had to kill the Passover lambs for all those who were not ceremonially clean and could not consecrate ⌊their lambs⌋ to the Lord. ¹⁸Although most of the many people who came from Ephraim, Manasseh, Issachar and Zebulun had not purified themselves, yet they ate the Passover, contrary to what was written. But Hezekiah prayed for them, saying, "May the Lord, who is good, pardon everyone ¹⁹who sets his heart on seeking God—the Lord, the God of his fathers—even if he is not clean according to the rules of the sanctuary." ²⁰And the Lord heard Hezekiah and healed the people.

²¹The Israelites who were present in Jerusalem celebrated the Feast of Unleavened Bread for seven days with great rejoicing, while the Levites and priests sang to the Lord every day, accompanied by the Lord's instruments of praise.ᵘ

ᶻ 30:15 celebraron. Lit. sacrificaron.   ᵃ 30:20 perdonó. Lit. sanó.   ᵘ 21 Or priests praised the Lord every day with resounding instruments belonging to the Lord

al son de sus instrumentos musicales.*b* 22 Y Ezequías felicitó a los levitas que habían tenido una buena disposición para servir al SEÑOR.

Durante siete días celebraron la fiesta y participaron de la comida pascual, ofreciendo sacrificios de *comunión y alabando al SEÑOR, Dios de sus antepasados. 23 Pero toda la asamblea acordó prolongar la fiesta siete días más, y llenos de gozo celebraron esos siete días. 24 Ezequías, rey de Judá, le obsequió a la asamblea mil bueyes y siete mil ovejas, y también los jefes regalaron mil bueyes y diez mil ovejas. Y muchos más sacerdotes se purificaron. 25 Toda la asamblea de Judá estaba alegre, lo mismo que todos los sacerdotes, levitas y extranjeros que habían llegado de Israel, así como los que vivían en Judá. 26 Desde la época de Salomón hijo de David, rey de Israel, no se había celebrado en Jerusalén una fiesta tan alegre. 27 Después los sacerdotes y los levitas se pusieron de pie y bendijeron al pueblo, y el SEÑOR los escuchó; su oración llegó hasta el cielo, el *santo lugar donde Dios habita.

31 Cuando terminó la fiesta, todos los israelitas que estaban allí recorrieron las ciudades de Judá para derribar las piedras sagradas y las imágenes de la diosa *Aserá. También derribaron por completo los altares y los *santuarios paganos que había en los territorios de Judá, Benjamín, Efraín y Manasés. Después de eso, todos ellos regresaron a sus ciudades, cada uno a su propiedad.

Reorganización del culto

2 Ezequías les asignó turnos a los sacerdotes y levitas, para que cada uno sirviera según su oficio, y así ofreciera los *holocaustos y los sacrificios de *comunión, oficiara en el culto, cantara las alabanzas al SEÑOR, o sirviera en las puertas del templo*c* del SEÑOR. 3 El rey destinó parte de sus bienes para los holocaustos matutinos y vespertinos, y para los holocaustos de los *sábados, de luna nueva y de las fiestas solemnes, como está escrito en la *ley del SEÑOR. 4 También ordenó que los habitantes de Jerusalén entregaran a los sacerdotes y a los levitas la parte que les correspondía, para que pudieran dedicarse a la ley del SEÑOR. 5 Tan pronto como se dio la orden, los israelitas entregaron en abundancia las *primicias del trigo, del vino, del aceite, de la miel y de todos los productos del campo. También dieron en abundancia el diezmo de todo. 6 De igual manera, los habitantes de Israel y los que vivían en las ciudades de Judá entregaron el diezmo de bueyes y ovejas, y de todas aquellas cosas que eran consagradas al SEÑOR su Dios, y todo lo colocaron en montones. 7 Comenzaron a formar los montones en el mes tercero, y terminaron en el séptimo. 8 Cuando Ezequías y sus oficiales fueron y vieron los montones, bendijeron al SEÑOR y a su pueblo Israel.

9 Entonces Ezequías pidió a los sacerdotes y a los levitas que le informaran acerca de esos montones, 10 y el sumo sacerdote Azarías, descendiente de Sadoc, le contestó: «Desde que el pueblo comenzó a traer sus ofrendas al templo del SEÑOR, hemos tenido suficiente comida y nos ha sobrado mucho, porque el SEÑOR ha bendecido a su pueblo. En esos montones está lo que ha sobrado.»

11 Ezequías ordenó entonces que prepararan unos de-

22 Hezekiah spoke encouragingly to all the Levites, who showed good understanding of the service of the LORD. For the seven days they ate their assigned portion and offered fellowship offerings*v* and praised the LORD, the God of their fathers.

23 The whole assembly then agreed to celebrate the festival seven more days; so for another seven days they celebrated joyfully. 24 Hezekiah king of Judah provided a thousand bulls and seven thousand sheep and goats for the assembly, and the officials provided them with a thousand bulls and ten thousand sheep and goats. A great number of priests consecrated themselves. 25 The entire assembly of Judah rejoiced, along with the priests and Levites and all who had assembled from Israel, including the aliens who had come from Israel and those who lived in Judah. 26 There was great joy in Jerusalem, for since the days of Solomon son of David king of Israel there had been nothing like this in Jerusalem. 27 The priests and the Levites stood to bless the people, and God heard them, for their prayer reached heaven, his holy dwelling place.

31 When all this had ended, the Israelites who were there went out to the towns of Judah, smashed the sacred stones and cut down the Asherah poles. They destroyed the high places and the altars throughout Judah and Benjamin and in Ephraim and Manasseh. After they had destroyed all of them, the Israelites returned to their own towns and to their own property.

Contributions for Worship

2 Hezekiah assigned the priests and Levites to divisions—each of them according to their duties as priests or Levites—to offer burnt offerings and fellowship offerings,*v* to minister, to give thanks and to sing praises at the gates of the LORD's dwelling. 3 The king contributed from his own possessions for the morning and evening burnt offerings and for the burnt offerings on the Sabbaths, New Moons and appointed feasts as written in the Law of the LORD. 4 He ordered the people living in Jerusalem to give the portion due the priests and Levites so they could devote themselves to the Law of the LORD. 5 As soon as the order went out, the Israelites generously gave the firstfruits of their grain, new wine, oil and honey and all that the fields produced. They brought a great amount, a tithe of everything. 6 The men of Israel and Judah who lived in the towns of Judah also brought a tithe of their herds and flocks and a tithe of the holy things dedicated to the LORD their God, and they piled them in heaps. 7 They began doing this in the third month and finished in the seventh month. 8 When Hezekiah and his officials came and saw the heaps, they praised the LORD and blessed his people Israel.

9 Hezekiah asked the priests and Levites about the heaps; 10 and Azariah the chief priest, from the family of Zadok, answered, "Since the people began to bring their contributions to the temple of the LORD, we have had enough to eat and plenty to spare, because the LORD has blessed his people, and this great amount is left over."

11 Hezekiah gave orders to prepare storerooms in the

---

b 30:21 sus instrumentos musicales. Lit. los instrumentos poderosos del SEÑOR.   *c* 31:2 templo. Lit. campamento.

v 22,2 Traditionally peace offerings

pósitos en el templo del SEÑOR, y así lo hicieron. [12] Y todos llevaron fielmente las ofrendas, los diezmos y los dones consagrados. El encargado de administrar todo esto era el levita Conanías, y su hermano Simí le ayudaba. [13] El rey Ezequías y Azarías, que administraba el templo de Dios, nombraron como inspectores a Jehiel, Azazías, Najat, Asael, Jerimot, Jozabad, Eliel, Ismaquías, Mahat y Benaías, y los pusieron bajo las órdenes de Conanías y su hermano Simí. [14] El levita Coré hijo de Imná, guardián de la puerta oriental, estaba encargado de las ofrendas voluntarias que se hacían al SEÑOR, y de distribuir las ofrendas del SEÑOR y los dones consagrados. [15] Bajo sus órdenes estaban Edén, Minjamín, Jesúa, Semaías, Amarías y Secanías. Éstos se hallaban en las ciudades de los sacerdotes y, según sus turnos, distribuían fielmente las ofrendas entre sus compañeros, grandes y pequeños. [16] Se distribuían entre los varones de tres años para arriba que estuvieran inscritos en el registro genealógico y que prestaran diariamente sus servicios en el templo del SEÑOR, según sus respectivos turnos y oficios. [17] A los sacerdotes se les registraba de acuerdo con sus familias patriarcales, y a los levitas mayores de veinte años, de acuerdo con sus oficios y turnos. [18] En el registro se incluían los niños pequeños, las mujeres, los hijos y las hijas, es decir, todo el grupo, ya que se mantenían fielmente consagrados. [19] Además, en todas las ciudades había personas encargadas de repartir las porciones entre los sacerdotes descendientes de Aarón, y entre los levitas que estaban inscritos en el registro y que vivían en las aldeas de sus ciudades.

[20] Eso mismo hizo Ezequías en todo Judá, actuando con bondad, rectitud y fidelidad ante el SEÑOR su Dios. [21] Todo lo que emprendió para el servicio del templo de Dios, lo hizo de todo *corazón, de acuerdo con la ley y el mandamiento de buscar a Dios, y tuvo éxito.

Senaquerib invade Judá

32 Después de semejante muestra de fidelidad por parte de Ezequías, Senaquerib, rey de Asiria, marchó contra Judá y sitió las ciudades fortificadas, dispuesto a conquistarlas. [2] Cuando Ezequías se enteró de que Senaquerib se dirigía también hacia Jerusalén con el propósito de atacarla, [3] se reunió con sus jefes civiles y militares y les propuso cegar los manantiales que había fuera de la ciudad, y ellos lo apoyaron. [4] Entonces se juntó mucha gente, y entre todos cegaron los manantiales y el arroyo que atravesaba la región, pues no querían que al llegar los reyes de Asiria encontraran agua en abundancia.

[5] Armándose de valor, Ezequías reconstruyó toda la muralla que había sido derribada y levantó torres sobre ella; también construyó un muro exterior, fortificó los terraplenes[d] de la Ciudad de David, y mandó fabricar muchas lanzas y escudos. [6] Luego puso jefes militares al frente del ejército y, luego de reunirlos en la plaza frente a la *puerta de la ciudad, los arengó con estas palabras: [7] «¡Cobren ánimo y ármense de valor! No se asusten ni se acobarden ante el rey de Asiria y su numeroso ejército, porque nosotros contamos con al-

temple of the LORD, and this was done. [12] Then they faithfully brought in the contributions, tithes and dedicated gifts. Conaniah, a Levite, was in charge of these things, and his brother Shimei was next in rank. [13] Jehiel, Azaziah, Nahath, Asahel, Jerimoth, Jozabad, Eliel, Ismakiah, Mahath and Benaiah were supervisors under Conaniah and Shimei his brother, by appointment of King Hezekiah and Azariah the official in charge of the temple of God.

[14] Kore son of Imnah the Levite, keeper of the East Gate, was in charge of the freewill offerings given to God, distributing the contributions made to the LORD and also the consecrated gifts. [15] Eden, Miniamin, Jeshua, Shemaiah, Amariah and Shecaniah assisted him faithfully in the towns of the priests, distributing to their fellow priests according to their divisions, old and young alike.

[16] In addition, they distributed to the males three years old or more whose names were in the genealogical records—all who would enter the temple of the LORD to perform the daily duties of their various tasks, according to their responsibilities and their divisions. [17] And they distributed to the priests enrolled by their families in the genealogical records and likewise to the Levites twenty years old or more, according to their responsibilities and their divisions. [18] They included all the little ones, the wives, and the sons and daughters of the whole community listed in these genealogical records. For they were faithful in consecrating themselves.

[19] As for the priests, the descendants of Aaron, who lived on the farm lands around their towns or in any other towns, men were designated by name to distribute portions to every male among them and to all who were recorded in the genealogies of the Levites.

[20] This is what Hezekiah did throughout Judah, doing what was good and right and faithful before the LORD his God. [21] In everything that he undertook in the service of God's temple and in obedience to the law and the commands, he sought his God and worked wholeheartedly. And so he prospered.

Sennacherib Threatens Jerusalem

32 After all that Hezekiah had so faithfully done, Sennacherib king of Assyria came and invaded Judah. He laid siege to the fortified cities, thinking to conquer them for himself. [2] When Hezekiah saw that Sennacherib had come and that he intended to make war on Jerusalem, [3] he consulted with his officials and military staff about blocking off the water from the springs outside the city, and they helped him. [4] A large force of men assembled, and they blocked all the springs and the stream that flowed through the land. "Why should the kings[w] of Assyria come and find plenty of water?" they said. [5] Then he worked hard repairing all the broken sections of the wall and building towers on it. He built another wall outside that one and reinforced the supporting terraces[x] of the City of David. He also made large numbers of weapons and shields.

[6] He appointed military officers over the people and assembled them before him in the square at the city gate and encouraged them with these words: [7] "Be strong and courageous. Do not be afraid or discouraged because of the king of Assyria and the vast army with him, for there is a greater power with us than with him.

---

guien que es más poderoso. ⁸Él se apoya en la fuerza *humana, mientras que nosotros contamos con el Señor nuestro Dios, quien nos brinda su ayuda y pelea nuestras batallas.» Al oír las palabras de Ezequías, rey de Judá, el pueblo se tranquilizó.

⁹Senaquerib, que en ese momento se hallaba en Laquis con todo su ejército, envió a sus oficiales para que les dijeran a Ezequías, rey de Judá, y a todos los de Judá que estaban en Jerusalén:

¹⁰«Así dice Senaquerib, rey de Asiria: "¿En qué basan su confianza para permanecer dentro de Jerusalén, que ya es una ciudad sitiada? ¹¹¿No se dan cuenta de que Ezequías los va a hacer morir de hambre y de sed? Él los está engañando cuando les dice que el Señor su Dios los librará de mis manos. ¹²¿No fue acaso Ezequías mismo quien eliminó los *santuarios y los altares paganos, y luego ordenó a Judá y Jerusalén adorar en un solo altar, y sólo en él quemar incienso? ¹³¿Es que no se han dado cuenta de lo que yo y mis antepasados les hemos hecho a todas las naciones de la tierra? ¿Acaso los dioses de esas naciones pudieron librarlas de mi mano? ¹⁴Pues así como ninguno de los dioses de esas naciones que mis antepasados *destruyeron por completo pudo librarlas de mi mano, tampoco este dios de ustedes podrá librarlos de mí. ¹⁵¡No se dejen engañar ni seducir por Ezequías! ¡No le crean! Si ningún dios de esas naciones y reinos pudo librarlos de mi poder y del poder de mis antepasados, ¡mucho menos el dios de ustedes podrá librarlos a ustedes de mi mano!"»

¹⁶Los oficiales de Senaquerib siguieron hablando contra Dios el Señor y contra su siervo Ezequías. ¹⁷Además, Senaquerib escribió una carta en la que insultaba al Señor, Dios de Israel, en estos términos: «Así como los dioses de otras naciones no han podido librarlas de mi mano, tampoco ese dios de Ezequías podrá librar de mi mano a su pueblo.»

¹⁸Los oficiales de Senaquerib les gritaban a voz en cuello a los habitantes de Jerusalén que estaban en la muralla. Lo hacían en lengua hebrea, para infundirles miedo y así poder conquistar la ciudad. ¹⁹Y se referían al Dios de Jerusalén como si fuera igual a los dioses de las otras naciones de la tierra, fabricados por manos humanas.

²⁰Por ese motivo, el rey Ezequías y el profeta Isaías hijo de Amoz clamaron al cielo en oración. ²¹Entonces el Señor envió un ángel para que exterminara a todos los soldados y a los jefes y capitanes del campamento del rey de Asiria, y éste tuvo que volver avergonzado a su país. Al entrar en el templo de su dios, sus propios hijos lo asesinaron.

²²Así salvó el Señor a Ezequías y a los habitantes de Jerusalén de la mano de Senaquerib, rey de Asiria, y de todos sus enemigos, y les dio *paz en sus fronteras. ²³Entonces muchos fueron a Jerusalén con ofrendas para el Señor y regalos para Ezequías, rey de Judá. De este modo aumentó el prestigio de Ezequías entre todas las naciones.

Enfermedad y curación de Ezequías

²⁴Por aquellos días Ezequías se enfermó gravemente y estuvo a punto de morir. Entonces oró al Señor, quien le respondió y le dio una señal extraordinaria. ²⁵Pero Ezequías no correspondió al favor recibido, sino que se llenó de orgullo. Eso hizo que el Señor se encendiera en ira contra él, y contra Judá y Jerusalén. ²⁶Luego Ezequías, junto con los habitantes de Jerusalén, se *arrepintió de su orgullo, y mientras él vivió, el Señor no volvió a derramar su ira contra ellos.

⁸With him is only the arm of flesh, but with us is the Lord our God to help us and to fight our battles." And the people gained confidence from what Hezekiah the king of Judah said.

⁹Later, when Sennacherib king of Assyria and all his forces were laying siege to Lachish, he sent his officers to Jerusalem with this message for Hezekiah king of Judah and for all the people of Judah who were there:

¹⁰"This is what Sennacherib king of Assyria says: On what are you basing your confidence, that you remain in Jerusalem under siege? ¹¹When Hezekiah says, 'The Lord our God will save us from the hand of the king of Assyria,' he is misleading you, to let you die of hunger and thirst. ¹²Did not Hezekiah himself remove this god's high places and altars, saying to Judah and Jerusalem, 'You must worship before one altar and burn sacrifices on it'?

¹³"Do you not know what I and my fathers have done to all the peoples of the other lands? Were the gods of those nations ever able to deliver their land from my hand? ¹⁴Who of all the gods of these nations that my fathers destroyed has been able to save his people from me? How then can your god deliver you from my hand? ¹⁵Now do not let Hezekiah deceive you and mislead you like this. Do not believe him, for no god of any nation or kingdom has been able to deliver his people from my hand or the hand of my fathers. How much less will your god deliver you from my hand!"

¹⁶Sennacherib's officers spoke further against the Lord God and against his servant Hezekiah. ¹⁷The king also wrote letters insulting the Lord, the God of Israel, and saying this against him: "Just as the gods of the peoples of the other lands did not rescue their people from my hand, so the god of Hezekiah will not rescue his people from my hand." ¹⁸Then they called out in Hebrew to the people of Jerusalem who were on the wall, to terrify them and make them afraid in order to capture the city. ¹⁹They spoke about the God of Jerusalem as they did about the gods of the other peoples of the world—the work of men's hands.

²⁰King Hezekiah and the prophet Isaiah son of Amoz cried out in prayer to heaven about this. ²¹And the Lord sent an angel, who annihilated all the fighting men and the leaders and officers in the camp of the Assyrian king. So he withdrew to his own land in disgrace. And when he went into the temple of his god, some of his sons cut him down with the sword.

²²So the Lord saved Hezekiah and the people of Jerusalem from the hand of Sennacherib king of Assyria and from the hand of all others. He took care of themʸ on every side. ²³Many brought offerings to Jerusalem for the Lord and valuable gifts for Hezekiah king of Judah. From then on he was highly regarded by all the nations.

Hezekiah's Pride, Success and Death

²⁴In those days Hezekiah became ill and was at the point of death. He prayed to the Lord, who answered him and gave him a miraculous sign. ²⁵But Hezekiah's heart was proud and he did not respond to the kindness shown him; therefore the Lord's wrath was on him and on Judah and Jerusalem. ²⁶Then Hezekiah repented of the pride of his heart, as did the people of Jerusalem; therefore the Lord's wrath did not come upon them during the days of Hezekiah.

ʸ22 Hebrew; Septuagint and Vulgate *He gave them rest*

Prosperidad y muerte de Ezequías

27 Ezequías llegó a tener muchas riquezas y a gozar de gran prestigio. Acumuló grandes cantidades de plata, oro, piedras preciosas, perfumes, escudos y toda clase de objetos valiosos. 28 Tenía depósitos para almacenar trigo, vino y aceite, establos para toda clase de ganado, y rediles para los rebaños. 29 También edificó ciudades, y era dueño de inmensos rebaños de ganado mayor y menor, pues Dios le concedió muchísimos bienes.

30 Ezequías fue también quien cegó la salida superior de las aguas de Guijón y las desvió por un canal subterráneo hacia la parte occidental de la Ciudad de David. En fin, Ezequías tuvo éxito en todas las obras que emprendió. 31 Sin embargo, cuando los príncipes de Babilonia enviaron una embajada para investigar acerca de la señal extraordinaria que había tenido lugar en el país, Dios se retiró de Ezequías para probarlo y descubrir todo lo que había en su *corazón.

32 Los demás acontecimientos del reinado de Ezequías, incluyendo sus hazañas, están escritos en la visión del profeta Isaías hijo de Amoz y en el libro de los reyes de Judá e Israel. 33 Ezequías murió y fue sepultado con sus antepasados en la parte superior del panteón de los descendientes de David. Todos los habitantes de Judá y de Jerusalén le rindieron honores. Y su hijo Manasés lo sucedió en el trono.

Manasés, rey de Judá

33 Manasés tenía doce años cuando ascendió al trono, y reinó en Jerusalén cincuenta y cinco años. 2 Pero hizo lo que ofende al SEÑOR, pues practicó las repugnantes ceremonias de las naciones que el SEÑOR había expulsado al paso de los israelitas. 3 Reconstruyó los *santuarios paganos que su padre Ezequías había derribado; además, erigió altares en honor de los *baales e hizo imágenes de la diosa *Aserá. Se postró ante todos los astros del cielo y los adoró. 4 Construyó altares en el templo del SEÑOR, lugar del cual el SEÑOR había dicho: «En Jerusalén habitaré para siempre.» 5 En ambos atrios del templo del SEÑOR construyó altares en honor de los astros del cielo. 6 Sacrificó en el fuego a sus hijos en el valle de Ben Hinón, practicó la magia, la hechicería y la adivinación, y consultó a nigromantes y a espiritistas. Hizo continuamente lo que ofende al SEÑOR, provocando así su ira.

7 Tomó la imagen del ídolo que había hecho y lo puso en el templo de Dios, lugar del cual Dios había dicho a David y a su hijo Salomón: «En este templo en Jerusalén, la ciudad que he escogido de entre todas las tribus de Israel, habitaré para siempre. 8 Nunca más arrojaré a los israelitas de la tierra en que establecí a sus antepasados, siempre y cuando tengan cuidado de cumplir todo lo que les he ordenado, es decir, toda la *ley, los estatutos y los mandamientos que les di por medio de Moisés.» 9 Manasés descarrió a los habitantes de Judá y de Jerusalén, de modo que se condujeron peor que las naciones que el SEÑOR destruyó al paso de los israelitas.

10 El SEÑOR les habló a Manasés y a su pueblo, pero no le hicieron caso. 11 Por eso el SEÑOR envió contra ellos a los jefes del ejército del rey de Asiria, los cuales capturaron a Manasés y lo llevaron a Babilonia sujeto con garfios y cadenas de bronce. 12 Estando en tal aflicción, imploró al SEÑOR, Dios de sus antepasados, y se

Prosperidad y muerte de Ezequías

27 Hezekiah had very great riches and honor, and he made treasuries for his silver and gold and for his precious stones, spices, shields and all kinds of valuables. 28 He also made buildings to store the harvest of grain, new wine and oil; and he made stalls for various kinds of cattle, and pens for the flocks. 29 He built villages and acquired great numbers of flocks and herds, for God had given him very great riches.

30 It was Hezekiah who blocked the upper outlet of the Gihon spring and channeled the water down to the west side of the City of David. He succeeded in everything he undertook. 31 But when envoys were sent by the rulers of Babylon to ask him about the miraculous sign that had occurred in the land, God left him to test him and to know everything that was in his heart.

32 The other events of Hezekiah's reign and his acts of devotion are written in the vision of the prophet Isaiah son of Amoz in the book of the kings of Judah and Israel. 33 Hezekiah rested with his fathers and was buried on the hill where the tombs of David's descendants are. All Judah and the people of Jerusalem honored him when he died. And Manasseh his son succeeded him as king.

Manasseh King of Judah

33 Manasseh was twelve years old when he became king, and he reigned in Jerusalem fifty-five years. 2 He did evil in the eyes of the LORD, following the detestable practices of the nations the LORD had driven out before the Israelites. 3 He rebuilt the high places his father Hezekiah had demolished; he also erected altars to the Baals and made Asherah poles. He bowed down to all the starry hosts and worshiped them. 4 He built altars in the temple of the LORD, of which the LORD had said, "My Name will remain in Jerusalem forever." 5 In both courts of the temple of the LORD, he built altars to all the starry hosts. 6 He sacrificed his sons in[z] the fire in the Valley of Ben Hinnom, practiced sorcery, divination and witchcraft, and consulted mediums and spiritists. He did much evil in the eyes of the LORD, provoking him to anger.

7 He took the carved image he had made and put it in God's temple, of which God had said to David and to his son Solomon, "In this temple and in Jerusalem, which I have chosen out of all the tribes of Israel, I will put my Name forever. 8 I will not again make the feet of the Israelites leave the land I assigned to your forefathers, if only they will be careful to do everything I commanded them concerning all the laws, decrees and ordinances given through Moses." 9 But Manasseh led Judah and the people of Jerusalem astray, so that they did more evil than the nations the LORD had destroyed before the Israelites.

10 The LORD spoke to Manasseh and his people, but they paid no attention. 11 So the LORD brought against them the army commanders of the king of Assyria, who took Manasseh prisoner, put a hook in his nose, bound him with bronze shackles and took him to Babylon. 12 In his distress he sought the favor of the LORD his God and humbled himself greatly before the God of

---

z 6 Or *He made his sons pass through*

humilló profundamente ante él. ¹³Oró al SEÑOR, y él escuchó sus súplicas y le permitió regresar a Jerusalén y volver a reinar. Así Manasés reconoció que sólo el SEÑOR es Dios.

¹⁴Después de esto, Manasés construyó una alta muralla exterior en la Ciudad de David, la cual iba desde el oeste de Guijón, en el valle, hasta la puerta del Pescado, y rodeaba Ofel. Además, colocó jefes militares en todas las ciudades fortificadas de Judá ¹⁵y sacó del templo del SEÑOR los dioses extranjeros y el ídolo, arrojando fuera de la ciudad todos los altares que había construido en el monte del templo del SEÑOR y en Jerusalén. ¹⁶Luego reconstruyó el altar del SEÑOR, y en él ofreció sacrificios de *comunión y de acción de gracias, y le ordenó a Judá que sirviera al SEÑOR, Dios de Israel. ¹⁷Sin embargo, el pueblo siguió ofreciendo sacrificios en los *santuarios paganos, aunque se los ofrecían sólo al SEÑOR su Dios.

¹⁸Los demás acontecimientos del reinado de Manasés, incluso su oración a Dios y las palabras de los profetas que le hablaban en *nombre del SEÑOR, Dios de Israel, están escritos en las crónicas de los reyes de Israel. ¹⁹Su oración y la respuesta que recibió, como también todos sus pecados y rebeldías, los sitios donde erigió santuarios paganos y colocó las imágenes de la diosa *Aserá y de otros ídolos, lo cual hizo antes de su humillación, todo esto está escrito en las crónicas de Jozay. ²⁰Manasés murió y fue sepultado en su palacio, y su hijo Amón lo sucedió en el trono.

Amón, rey de Judá

²¹Amón tenía veintidós años cuando ascendió al trono, y reinó en Jerusalén dos años. ²²Pero hizo lo que ofende al SEÑOR, como lo había hecho su padre Manasés, y ofreció sacrificios a todos los ídolos que había hecho su padre, y los adoró. ²³Pero, a diferencia de su padre Manasés, no se humilló ante el SEÑOR, sino que multiplicó sus pecados.

²⁴Los ministros de Amón conspiraron contra él y lo asesinaron en su palacio. ²⁵A su vez, la gente mató a todos los que habían conspirado contra él, y en su lugar proclamaron rey a su hijo Josías.

Josías, rey de Judá

34 Josías tenía ocho años cuando ascendió al trono, y reinó en Jerusalén treinta y un años. ²Josías hizo lo que agrada al SEÑOR, pues siguió el buen ejemplo de su antepasado David; no se desvió de él en el más mínimo detalle.

³En el año octavo de su reinado, siendo aún muy joven, Josías comenzó a buscar al Dios de su antepasado David. En el año duodécimo empezó a *purificar a Judá y a Jerusalén, quitando los *santuarios paganos, las imágenes de la diosa *Aserá, y los ídolos y las imágenes de metal fundido. ⁴En su presencia fueron destruidos los altares de los *baales y los altares sobre los que se quemaba incienso; también fueron despedazadas las imágenes para el culto a Aserá, y los ídolos y las imágenes de metal fundido fueron reducidos a polvo, el cual fue esparcido sobre las tumbas de los que les habían ofrecido sacrificios. ⁵Quemó sobre los altares los huesos de los sacerdotes, purificando así a Judá y a Jerusalén. ⁶Lo mismo hizo en las ciudades de Manasés, Efraín, Simeón y Neftalí, y en sus alrededores. ⁷En toda la región de Israel destruyó los altares, redujo a polvo los ídolos y las imágenes de la diosa Aserá, y derribó los altares para quemar incienso. Luego regresó a Jerusalén.

his fathers. ¹³And when he prayed to him, the LORD was moved by his entreaty and listened to his plea; so he brought him back to Jerusalem and to his kingdom. Then Manasseh knew that the LORD is God.

¹⁴Afterward he rebuilt the outer wall of the City of David, west of the Gihon spring in the valley, as far as the entrance of the Fish Gate and encircling the hill of Ophel; he also made it much higher. He stationed military commanders in all the fortified cities in Judah.

¹⁵He got rid of the foreign gods and removed the image from the temple of the LORD, as well as all the altars he had built on the temple hill and in Jerusalem; and he threw them out of the city. ¹⁶Then he restored the altar of the LORD and sacrificed fellowship offerings^a and thank offerings on it, and told Judah to serve the LORD, the God of Israel. ¹⁷The people, however, continued to sacrifice at the high places, but only to the LORD their God.

¹⁸The other events of Manasseh's reign, including his prayer to his God and the words the seers spoke to him in the name of the LORD, the God of Israel, are written in the annals of the kings of Israel.^b ¹⁹His prayer and how God was moved by his entreaty, as well as all his sins and unfaithfulness, and the sites where he built high places and set up Asherah poles and idols before he humbled himself—all are written in the records of the seers.^c ²⁰Manasseh rested with his fathers and was buried in his palace. And Amon his son succeeded him as king.

Amon King of Judah

²¹Amon was twenty-two years old when he became king, and he reigned in Jerusalem two years. ²²He did evil in the eyes of the LORD, as his father Manasseh had done. Amon worshiped and offered sacrifices to all the idols Manasseh had made. ²³But unlike his father Manasseh, he did not humble himself before the LORD; Amon increased his guilt.

²⁴Amon's officials conspired against him and assassinated him in his palace. ²⁵Then the people of the land killed all who had plotted against King Amon, and they made Josiah his son king in his place.

Josiah's Reforms

34 Josiah was eight years old when he became king, and he reigned in Jerusalem thirty-one years. ²He did what was right in the eyes of the LORD and walked in the ways of his father David, not turning aside to the right or to the left.

³In the eighth year of his reign, while he was still young, he began to seek the God of his father David. In his twelfth year he began to purge Judah and Jerusalem of high places, Asherah poles, carved idols and cast images. ⁴Under his direction the altars of the Baals were torn down; he cut to pieces the incense altars that were above them, and smashed the Asherah poles, the idols and the images. These he broke to pieces and scattered over the graves of those who had sacrificed to them. ⁵He burned the bones of the priests on their altars, and so he purged Judah and Jerusalem. ⁶In the towns of Manasseh, Ephraim and Simeon, as far as Naphtali, and in the ruins around them, ⁷he tore down the altars and the Asherah poles and crushed the idols to powder and cut to pieces all the incense altars throughout Israel. Then he went back to Jerusalem.

---

^a 16 Traditionally *peace offerings*   ^b 18 That is, Judah, as frequently in 2 Chronicles   ^c 19 One Hebrew manuscript and Septuagint; most Hebrew manuscripts *of Hozai*

8En el año dieciocho de su reinado, después de haber purificado el país y el templo, Josías envió a Safán hijo de Asalías y a Maseías, gobernador de la ciudad, junto con el secretario Joa hijo de Joacaz, a que repararan el templo del SEÑOR su Dios. 9Éstos se presentaron ante el sumo sacerdote Jilquías y le entregaron el dinero que había sido recaudado en el templo del SEÑOR, y que los levitas porteros habían recibido de los habitantes de Manasés y Efraín, y de todo el resto de Israel, Judá y Benjamín, y de los habitantes de Jerusalén. 10Luego entregaron el dinero a los que supervisaban la restauración del templo, y éstos se lo dieron a los trabajadores que estaban reparando y restaurando el templo del SEÑOR. 11También les dieron dinero a los carpinteros y albañiles, a fin de que compraran piedras de cantera y madera para las vigas de los edificios que los reyes de Judá habían dejado deteriorar.

12Estos hombres realizaban su trabajo con honradez. Los que estaban al frente de ellos eran los levitas Yajat y Abdías, descendientes de Merari, y Zacarías y Mesulán, descendientes de Coat. Los levitas, que eran hábiles en tocar instrumentos de música, 13eran los jefes de los cargadores y de todos los que trabajaban en la obra, fuera cual fuera su tarea. Entre los levitas había cronistas, oficiales y porteros.

Hallazgo del libro de la ley

14Al sacar el dinero recaudado en el templo del SEÑOR, el sacerdote Jilquías encontró el libro de la *ley del SEÑOR, dada por medio de Moisés. 15Jilquías le dijo al cronista Safán: «He encontrado el libro de la ley en el templo del SEÑOR.» Entonces se lo entregó, 16y Safán se lo llevó al rey. Le dijo:

—Majestad, sus servidores están haciendo todo cuanto se les ha encargado. 17Han recogido el dineroe que estaba en el templo del SEÑOR, y se lo han entregado a los supervisores y a los trabajadores.

18En sus funciones de cronista, Safán también informó al rey que el sumo sacerdote Jilquías le había entregado un libro, el cual leyó en presencia del rey.

19Cuando el rey oyó las palabras de la ley, se rasgó las vestiduras en señal de duelo 20y dio esta orden a Jilquías, a Ajicán hijo de Safán, a Abdón hijo de Micaías, al cronista Safán y a Asaías, su ministro personal:

21—Con respecto a lo que dice este libro que se ha encontrado, vayan a consultar al SEÑOR por mí y por el remanente de Israel y de Judá. Sin duda que la gran ira del SEÑOR se ha derramado contra nosotros porque nuestros antepasados no tuvieron en cuenta su palabra, ni actuaron según lo que está escrito en este libro.

22Jilquías y los demás comisionados del rey fueron a consultar a la profetisa Huldá, que vivía en el barrio nuevo de Jerusalén. Huldá era la esposa de Salún, el encargado del vestuario, quien era hijo de Ticváf y nieto de Jarjás.

23Huldá les contestó: «Así dice el SEÑOR, Dios de Israel: "Díganle al que los ha enviado 24que yo, el SEÑOR, les advierto: 'Voy a enviar una desgracia sobre este lugar y sus habitantes, y haré que se cumplan todas las maldiciones que están escritas en el libro que se ha leído ante el rey de Judá. 25Ellos me han abandonado; han quemado incienso a otros dioses, y con todos sus ídolosg han provocado mi furor. Por eso arde mi ira

8In the eighteenth year of Josiah's reign, to purify the land and the temple, he sent Shaphan son of Azaliah and Maaseiah the ruler of the city, with Joah son of Joahaz, the recorder, to repair the temple of the LORD his God.

9They went to Hilkiah the high priest and gave him the money that had been brought into the temple of God, which the Levites who were the doorkeepers had collected from the people of Manasseh, Ephraim and the entire remnant of Israel and from all the people of Judah and Benjamin and the inhabitants of Jerusalem. 10Then they entrusted it to the men appointed to supervise the work on the LORD's temple. These men paid the workers who repaired and restored the temple. 11They also gave money to the carpenters and builders to purchase dressed stone, and timber for joists and beams for the buildings that the kings of Judah had allowed to fall into ruin.

12The men did the work faithfully. Over them to direct them were Jahath and Obadiah, Levites descended from Merari, and Zechariah and Meshullam, descended from Kohath. The Levites—all who were skilled in playing musical instruments— 13had charge of the laborers and supervised all the workers from job to job. Some of the Levites were secretaries, scribes and doorkeepers.

The Book of the Law Found

14While they were bringing out the money that had been taken into the temple of the LORD, Hilkiah the priest found the Book of the Law of the LORD that had been given through Moses. 15Hilkiah said to Shaphan the secretary, "I have found the Book of the Law in the temple of the LORD." He gave it to Shaphan.

16Then Shaphan took the book to the king and reported to him: "Your officials are doing everything that has been committed to them. 17They have paid out the money that was in the temple of the LORD and have entrusted it to the supervisors and workers." 18Then Shaphan the secretary informed the king, "Hilkiah the priest has given me a book." And Shaphan read from it in the presence of the king.

19When the king heard the words of the Law, he tore his robes. 20He gave these orders to Hilkiah, Ahikam son of Shaphan, Abdon son of Micah,d Shaphan the secretary and Asaiah the king's attendant: 21"Go and inquire of the LORD for me and for the remnant in Israel and Judah about what is written in this book that has been found. Great is the LORD's anger that is poured out on us because our fathers have not kept the word of the LORD; they have not acted in accordance with all that is written in this book."

22Hilkiah and those the king had sent with hime went to speak to the prophetess Huldah, who was the wife of Shallum son of Tokhath,f the son of Hasrah,g keeper of the wardrobe. She lived in Jerusalem, in the Second District.

23She said to them, "This is what the LORD, the God of Israel, says: Tell the man who sent you to me, 24'This is what the LORD says: I am going to bring disaster on this place and its people—all the curses written in the book that has been read in the presence of the king of Judah. 25Because they have forsaken me and burned incense to other gods and provoked me to anger by all that their hands have made,h my anger will be poured out on this place and will not be

---

e34:17 recogido el dinero. Lit. fundido la plata.   f34:22 Ticvá (mss. de LXX y Siríaca); véase 2R 22:14); Tocat (TM).
g34:25 todos sus ídolos. Lit. todas las obras de sus manos.

d20 Also called Acbor son of Micaiah   e22 One Hebrew manuscript, Vulgate and Syriac; most Hebrew manuscripts do not have had sent with him.   f22 Also called Tikvah   g22 Also called Harhas   h25 Or by everything they have done

contra este lugar, y no se apagará.' 26 Pero al rey de Judá, que los envió para consultarme, díganle que yo, el SEÑOR, Dios de Israel, digo en cuanto a las palabras que él ha oído: 27 'Como te has conmovido y humillado ante mí al escuchar lo que he anunciado contra este lugar y sus habitantes, y te has rasgado las vestiduras y has llorado en mi presencia, yo te he escuchado. Yo, el SEÑOR, lo afirmo. 28 Por lo tanto, te reuniré con tus antepasados, y serás sepultado en *paz. Tus ojos no verán la desgracia que voy a enviar sobre este lugar y sobre sus habitantes.' "»

Así que ellos regresaron para informar al rey.

Renovación del pacto

29 Entonces el rey mandó convocar a todos los *ancianos de Judá y Jerusalén. 30 Acompañado de todos los habitantes de Judá y de Jerusalén, de los sacerdotes, de los levitas y, en fin, de la nación entera, desde el más grande hasta el más pequeño, el rey subió al templo del SEÑOR y, en presencia de ellos, leyó todo lo que dice el libro del *pacto que fue hallado en el templo del SEÑOR. 31 Después se puso de pie, junto a la columna del rey, y ante el SEÑOR renovó el pacto. Se comprometió a seguir al SEÑOR y a poner en práctica, de todo *corazón y con toda el *alma, sus mandamientos, preceptos y decretos, cumpliendo así las palabras del pacto escritas en este libro. 32 Después hizo que todos los que se encontraban en Jerusalén y en Benjamín confirmaran el pacto. Y así los habitantes de Jerusalén actuaron según el pacto del Dios de sus antepasados. 33 Josías suprimió todas las costumbres detestables que había en todo el territorio de los israelitas, e hizo que todos los que se hallaban en Israel adoraran al SEÑOR su Dios. Mientras Josías vivió, no abandonaron al SEÑOR, Dios de sus antepasados.

Celebración de la Pascua

35 Josías celebró en Jerusalén la Pascua del SEÑOR. El día catorce del mes primero celebraron la Pascua. 2 Josías asignó las funciones a los sacerdotes y los animó a dedicarse al servicio del templo del SEÑOR. 3 A los levitas, que eran los encargados de enseñar a los israelitas y que estaban consagrados al SEÑOR, les dijo: «Pongan el arca sagrada en el templo que construyó Salomón hijo de David, rey de Israel, para que ya no tengan que llevarla sobre los hombros. Sirvan al SEÑOR su Dios y a su pueblo Israel. 4 Organícense en turnos, según sus familias patriarcales, de acuerdo con las instrucciones que dejaron por escrito David, rey de Israel, y su hijo Salomón. 5 Ocupen sus puestos en el santuario, conforme a las familias patriarcales de sus hermanos israelitas, de manera que a cada grupo de familias del pueblo corresponda un grupo de levitas. 6 Celebren la Pascua, conságrense y preparen todo para sus hermanos, y cumplan con lo que el SEÑOR ordenó por medio de Moisés.»

7 De sus propios bienes, Josías obsequió a todo el pueblo allí presente unos treinta mil corderos y cabritos y tres mil bueyes, para que celebraran la Pascua. 8 También los jefes hicieron sus donativos para el pueblo y para los sacerdotes y levitas. Por su parte, Jilquías, Zacarías y Jehiel, oficiales del templo de Dios, entregaron a los sacerdotes dos mil seiscientos animales de ganado menor y trescientos bueyes, para celebrar la Pascua. 9 Conanías y sus hermanos Semaías y Natanael, y Jasabías, Jeyel y Josabad, jefes de los levitas, entregaron a los levitas cinco mil animales de ganado menor y quinientos bueyes.

quenched.' 26 Tell the king of Judah, who sent you to inquire of the LORD, 'This is what the LORD, the God of Israel, says concerning the words you heard: 27 Because your heart was responsive and you humbled yourself before God when you heard what he spoke against this place and its people, and because you humbled yourself before me and tore your robes and wept in my presence, I have heard you, declares the LORD. 28 Now I will gather you to your fathers, and you will be buried in peace. Your eyes will not see all the disaster I am going to bring on this place and on those who live here.' "

So they took her answer back to the king.

29 Then the king called together all the elders of Judah and Jerusalem. 30 He went up to the temple of the LORD with the men of Judah, the people of Jerusalem, the priests and the Levites—all the people from the least to the greatest. He read in their hearing all the words of the Book of the Covenant, which had been found in the temple of the LORD. 31 The king stood by his pillar and renewed the covenant in the presence of the LORD—to follow the LORD and keep his commands, regulations and decrees with all his heart and all his soul, and to obey the words of the covenant written in this book.

32 Then he had everyone in Jerusalem and Benjamin pledge themselves to it; the people of Jerusalem did this in accordance with the covenant of God, the God of their fathers.

33 Josiah removed all the detestable idols from all the territory belonging to the Israelites, and he had all who were present in Israel serve the LORD their God. As long as he lived, they did not fail to follow the LORD, the God of their fathers.

Josiah Celebrates the Passover

35 Josiah celebrated the Passover to the LORD in Jerusalem, and the Passover lamb was slaughtered on the fourteenth day of the first month. 2 He appointed the priests to their duties and encouraged them in the service of the LORD's temple. 3 He said to the Levites, who instructed all Israel and who had been consecrated to the LORD: "Put the sacred ark in the temple that Solomon son of David king of Israel built. It is not to be carried about on your shoulders. Now serve the LORD your God and his people Israel. 4 Prepare yourselves by families in your divisions, according to the directions written by David king of Israel and by his son Solomon.

5 "Stand in the holy place with a group of Levites for each subdivision of the families of your fellow countrymen, the lay people. 6 Slaughter the Passover lambs, consecrate yourselves and prepare ⌊the lambs⌋ for your fellow countrymen, doing what the LORD commanded through Moses."

7 Josiah provided for all the lay people who were there a total of thirty thousand sheep and goats for the Passover offerings, and also three thousand cattle—all from the king's own possessions.

8 His officials also contributed voluntarily to the people and the priests and Levites. Hilkiah, Zechariah and Jehiel, the administrators of God's temple, gave the priests twenty-six hundred Passover offerings and three hundred cattle. 9 Also Conaniah along with Shemaiah and Nethanel, his brothers, and Hashabiah, Jeiel and Jozabad, the leaders of the Levites, provided five thousand Passover offerings and five hundred head of cattle for the Levites.

10Una vez preparada la ceremonia, los sacerdotes ocuparon sus puestos, y los levitas se organizaron según sus turnos, conforme a la orden del rey. 11Al sacrificar los animales para la Pascua, los sacerdotes rociaban la sangre y los levitas desollaban los animales. 12Luego entregaban a cada familia patriarcal del pueblo la porción que ésta debía ofrecerle al SEÑOR, como está escrito en el libro de Moisés. Lo mismo hicieron con los bueyes. 13Después asaron los animales para la Pascua, conforme al mandamiento; además, cocieron las otras ofrendas en ollas, calderos y sartenes, y las repartieron rápidamente entre toda la gente. 14Luego prepararon la Pascua para ellos mismos y para los sacerdotes descendientes de Aarón. Los levitas tuvieron que prepararla para ellos mismos y para los sacerdotes porque éstos estuvieron ocupados hasta la noche ofreciendo los *holocaustos y la grasa.

15Los cantores descendientes de Asaf ocuparon sus puestos, de acuerdo con lo que habían dispuesto David, Asaf, Hemán y Jedutún, vidente del rey. También los porteros permanecieron en sus respectivas puertas, y no tuvieron que abandonar sus puestos de servicio, pues sus compañeros levitas les prepararon la Pascua.

16Así se organizó aquel día el servicio del SEÑOR para celebrar la Pascua y ofrecer los holocaustos en el altar del SEÑOR, tal como lo había ordenado el rey Josías. 17En aquella ocasión, los israelitas allí presentes celebraron durante siete días la fiesta de la Pascua y la de los Panes sin levadura. 18Desde la época del profeta Samuel no se había celebrado una Pascua semejante, y ninguno de los reyes había celebrado una Pascua así, como lo hizo Josías con sus sacerdotes y levitas, con los habitantes de Judá y de Israel allí presentes, y con los de Jerusalén. 19Esta Pascua se celebró en el año dieciocho del reinado de Josías.

Muerte de Josías

20Tiempo después de que Josías terminó la restauración del templo, Necao, rey de Egipto, salió a presentar batalla en Carquemis, ciudad que está junto al río Éufrates, pero Josías le salió al paso. 21Necao envió mensajeros a decirle: «No te entrometas, rey de Judá. Hoy no vengo a luchar contra ti, sino contra la nación que me hace la guerra. Dios, que está de mi parte, me ha ordenado que me apresure. Así que no interfieras con Dios, para que él no te destruya.»

22Josías no le hizo caso a la advertencia que Dios le dio por medio de Necao; al contrario, en vez de retirarse, se disfrazó y fue a la llanura de Meguido para pelear con Necao. 23Como los arqueros le dispararon, el rey Josías les dijo a sus servidores: «Sáquenme de aquí, porque estoy gravemente herido.» 24Sus servidores lo sacaron del carro en que estaba y lo trasladaron a otro carro, y lo llevaron a Jerusalén. Allí murió, y fue sepultado en el panteón de sus antepasados. Y todo Judá y todo Jerusalén hicieron duelo por él.

25Jeremías compuso un lamento por la muerte de Josías; además, hasta este día todos los cantores y las cantoras aluden a Josías en sus cantos fúnebres. Estos cantos, que se han hecho populares en Israel, forman parte de las Lamentaciones.

26Los demás acontecimientos del reinado de Josías, sus actos piadosos acordes con la *ley del SEÑOR, 27y sus hechos, desde el primero hasta el último, están escritos en el libro de los reyes de Israel y de Judá.

10The service was arranged and the priests stood in their places with the Levites in their divisions as the king had ordered. 11The Passover lambs were slaughtered, and the priests sprinkled the blood handed to them, while the Levites skinned the animals. 12They set aside the burnt offerings to give them to the subdivisions of the families of the people to offer to the LORD, as is written in the Book of Moses. They did the same with the cattle. 13They roasted the Passover animals over the fire as prescribed, and boiled the holy offerings in pots, caldrons and pans and served them quickly to all the people. 14After this, they made preparations for themselves and for the priests, because the priests, the descendants of Aaron, were sacrificing the burnt offerings and the fat portions until nightfall. So the Levites made preparations for themselves and for the Aaronic priests.

15The musicians, the descendants of Asaph, were in the places prescribed by David, Asaph, Heman and Jeduthun the king's seer. The gatekeepers at each gate did not need to leave their posts, because their fellow Levites made the preparations for them.

16So at that time the entire service of the LORD was carried out for the celebration of the Passover and the offering of burnt offerings on the altar of the LORD, as King Josiah had ordered. 17The Israelites who were present celebrated the Passover at that time and observed the Feast of Unleavened Bread for seven days. 18The Passover had not been observed like this in Israel since the days of the prophet Samuel; and none of the kings of Israel had ever celebrated such a Passover as did Josiah, with the priests, the Levites and all Judah and Israel who were there with the people of Jerusalem. 19This Passover was celebrated in the eighteenth year of Josiah's reign.

The Death of Josiah

20After all this, when Josiah had set the temple in order, Neco king of Egypt went up to fight at Carchemish on the Euphrates, and Josiah marched out to meet him in battle. 21But Neco sent messengers to him, saying, "What quarrel is there between you and me, O king of Judah? It is not you I am attacking at this time, but the house with which I am at war. God has told me to hurry; so stop opposing God, who is with me, or he will destroy you."

22Josiah, however, would not turn away from him, but disguised himself to engage him in battle. He would not listen to what Neco had said at God's command but went to fight him on the plain of Megiddo.

23Archers shot King Josiah, and he told his officers, "Take me away; I am badly wounded." 24So they took him out of his chariot, put him in the other chariot he had and brought him to Jerusalem, where he died. He was buried in the tombs of his fathers, and all Judah and Jerusalem mourned for him.

25Jeremiah composed laments for Josiah, and to this day all the men and women singers commemorate Josiah in the laments. These became a tradition in Israel and are written in the Laments.

26The other events of Josiah's reign and his acts of devotion, according to what is written in the Law of the LORD— 27all the events, from beginning to end, are written in the book of the kings of Israel and Judah.

Joacaz, rey de Judá

36 Entonces el pueblo tomó a Joacaz hijo de Josías y lo proclamó rey en Jerusalén, en lugar de su padre. [2] Joacaz tenía veintitrés años cuando ascendió al trono, y reinó en Jerusalén tres meses. [3] Sin embargo, el rey de Egipto lo quitó del trono para que no reinara en Jerusalén, y le impuso al país un tributo de cien barras de plata y una barra[h] de oro. [4] Luego hizo reinar sobre Judá y Jerusalén a Eliaquín, hermano de Joacaz, y le dio el nombre de Joacim. En cuanto a Joacaz, Necao se lo llevó a Egipto.

Joacim, rey de Judá

[5] Joacim tenía veinticinco años cuando ascendió al trono, y reinó en Jerusalén once años, pero hizo lo que ofende al SEÑOR su Dios. [6] Por eso Nabucodonosor, rey de Babilonia, marchó contra Joacim y lo llevó a Babilonia sujeto con cadenas de bronce. [7] Además, Nabucodonosor se llevó a Babilonia los utensilios del templo del SEÑOR y los puso en su templo en Babilonia.

[8] Los demás acontecimientos del reinado de Joacim, y sus pecados y todo cuanto le sucedió, están escritos en el libro de los reyes de Israel y de Judá. Y su hijo Joaquín lo sucedió en el trono.

Joaquín, rey de Judá

[9] Joaquín tenía dieciocho[i] años cuando ascendió al trono, y reinó en Jerusalén tres meses y diez días, pero hizo lo que ofende al SEÑOR. [10] Por eso, a comienzos del año el rey Nabucodonosor mandó que lo llevaran a Babilonia, junto con los utensilios más valiosos del templo del SEÑOR, e hizo reinar sobre Judá y Jerusalén a Sedequías, pariente de Joaquín.

Sedequías, rey de Judá

[11] Sedequías tenía veintiún años cuando ascendió al trono, y reinó en Jerusalén once años, [12] pero hizo lo que ofende al SEÑOR su Dios. No se humilló ante el profeta Jeremías, que hablaba en *nombre del SEÑOR, [13] y además se rebeló contra el rey Nabucodonosor, a quien había jurado lealtad. Sedequías fue terco y, en su obstinación, no quiso volverse al SEÑOR, Dios de Israel.

[14] También los jefes de los sacerdotes y el pueblo aumentaron su maldad, pues siguieron las prácticas detestables de los países vecinos y *contaminaron el templo que el SEÑOR había consagrado para sí en Jerusalén. [15] Por amor a su pueblo y al lugar donde habita, el SEÑOR, Dios de sus antepasados, con frecuencia les enviaba advertencias por medio de sus mensajeros. [16] Pero ellos se burlaban de los mensajeros de Dios, tenían en poco sus palabras, y se mofaban de sus profetas. Por fin, el SEÑOR desató su ira contra el pueblo, y ya no hubo remedio.

36 [1] And the people of the land took Jehoahaz son of Josiah and made him king in Jerusalem in place of his father.

Jehoahaz King of Judah

[2] Jehoahaz[i] was twenty-three years old when he became king, and he reigned in Jerusalem three months. [3] The king of Egypt dethroned him in Jerusalem and imposed on Judah a levy of a hundred talents[j] of silver and a talent[k] of gold. [4] The king of Egypt made Eliakim, a brother of Jehoahaz, king over Judah and Jerusalem and changed Eliakim's name to Jehoiakim. But Neco took Eliakim's brother Jehoahaz and carried him off to Egypt.

Jehoiakim King of Judah

[5] Jehoiakim was twenty-five years old when he became king, and he reigned in Jerusalem eleven years. He did evil in the eyes of the LORD his God. [6] Nebuchadnezzar king of Babylon attacked him and bound him with bronze shackles to take him to Babylon. [7] Nebuchadnezzar also took to Babylon articles from the temple of the LORD and put them in his temple[l] there.

[8] The other events of Jehoiakim's reign, the detestable things he did and all that was found against him, are written in the book of the kings of Israel and Judah. And Jehoiachin his son succeeded him as king.

Jehoiachin King of Judah

[9] Jehoiachin was eighteen[m] years old when he became king, and he reigned in Jerusalem three months and ten days. He did evil in the eyes of the LORD. [10] In the spring, King Nebuchadnezzar sent for him and brought him to Babylon, together with articles of value from the temple of the LORD, and he made Jehoiachin's uncle,[n] Zedekiah, king over Judah and Jerusalem.

Zedekiah King of Judah

[11] Zedekiah was twenty-one years old when he became king, and he reigned in Jerusalem eleven years. [12] He did evil in the eyes of the LORD his God and did not humble himself before Jeremiah the prophet, who spoke the word of the LORD. [13] He also rebelled against King Nebuchadnezzar, who had made him take an oath in God's name. He became stiff-necked and hardened his heart and would not turn to the LORD, the God of Israel. [14] Furthermore, all the leaders of the priests and the people became more and more unfaithful, following all the detestable practices of the nations and defiling the temple of the LORD, which he had consecrated in Jerusalem.

The Fall of Jerusalem

[15] The LORD, the God of their fathers, sent word to them through his messengers again and again, because he had pity on his people and on his dwelling place. [16] But they mocked God's messengers, despised his words and scoffed at his prophets until the wrath of the LORD was aroused against his people and there was no

---

h 36:3 barras ... una barra. Lit. **talentos ... un talento*.
i 36:9 dieciocho (un ms. hebreo, mss. de LXX y Siríaca; véase 2R 24:8); *ocho* (TM).

i 2 Hebrew *Joahaz*, a variant of *Jehoahaz*; also in verse 4
j 3 That is, about 3 3/4 tons (about 3.4 metric tons)   *k 3* That is, about 75 pounds (about 34 kilograms)   *l 7* Or *palace*
m 9 One Hebrew manuscript, some Septuagint manuscripts and Syriac (see also 2 Kings 24:8); most Hebrew manuscripts *eight*
n 10 Hebrew *brother*, that is, relative (see 2 Kings 24:17)

La caída de Jerusalén

17 Entonces el SEÑOR envió contra ellos al rey de los *babilonios, quien dentro del mismo templo mató a espada a los jóvenes, y no tuvo compasión de jóvenes ni de doncellas, ni de adultos ni de ancianos. A todos se los entregó Dios en sus manos. 18 Todos los utensilios del templo de Dios, grandes y pequeños, más los tesoros del templo y los del rey y de sus oficiales, fueron llevados a Babilonia. 19 Incendiaron el templo de Dios, derribaron la muralla de Jerusalén, prendieron fuego a sus palacios y destruyeron todos los objetos de valor que allí había.

20 A los que se salvaron de la muerte, el rey se los llevó a Babilonia, y fueron esclavos suyos y de sus hijos hasta el establecimiento del reino persa. 21 De este modo se cumplió la palabra que el SEÑOR había pronunciado por medio de Jeremías. La tierra disfrutó de su descanso sabático todo el tiempo que estuvo desolada, hasta que se cumplieron setenta años.

Decreto de Ciro

22 En el primer año del reinado de Ciro, rey de Persia, el SEÑOR dispuso el corazón del rey para que éste promulgara un decreto en todo su reino y así se cumpliera la palabra del SEÑOR por medio del profeta Jeremías. Tanto oralmente como por escrito, el rey decretó lo siguiente:

23 «Esto es lo que ordena Ciro, rey de Persia:

»"El SEÑOR, Dios del cielo, que me ha dado todos los reinos de la tierra, me ha encargado que le construya un templo en la ciudad de Jerusalén, que está en Judá. Por tanto, cualquiera que pertenezca a Judá, que se vaya, y que el SEÑOR su Dios lo acompañe."»

remedy. 17 He brought up against them the king of the Babylonians,*o* who killed their young men with the sword in the sanctuary, and spared neither young man nor young woman, old man or aged. God handed all of them over to Nebuchadnezzar. 18 He carried to Babylon all the articles from the temple of God, both large and small, and the treasures of the LORD's temple and the treasures of the king and his officials. 19 They set fire to God's temple and broke down the wall of Jerusalem; they burned all the palaces and destroyed everything of value there.

20 He carried into exile to Babylon the remnant, who escaped from the sword, and they became servants to him and his sons until the kingdom of Persia came to power. 21 The land enjoyed its sabbath rests; all the time of its desolation it rested, until the seventy years were completed in fulfillment of the word of the LORD spoken by Jeremiah.

22 In the first year of Cyrus king of Persia, in order to fulfill the word of the LORD spoken by Jeremiah, the LORD moved the heart of Cyrus king of Persia to make a proclamation throughout his realm and to put it in writing:

23 "This is what Cyrus king of Persia says:

" 'The LORD, the God of heaven, has given me all the kingdoms of the earth and he has appointed me to build a temple for him at Jerusalem in Judah. Anyone of his people among you—may the LORD his God be with him, and let him go up.' "

o 17 Or *Chaldeans*

Esdras

Ezra

Decreto de Ciro

1 En el primer año del reinado de Ciro, rey de Persia, el SEÑOR dispuso el corazón del rey para que éste promulgara un decreto en todo su reino y así se cumpliera la palabra del SEÑOR por medio del profeta Jeremías. Tanto oralmente como por escrito, el rey decretó lo siguiente:

2 «Esto es lo que ordena Ciro, rey de Persia:

»El SEÑOR, Dios del cielo, que me ha dado todos los reinos de la tierra, me ha encargado que le construya un templo en la ciudad de Jerusalén, que está en Judá. 3 Por tanto, cualquiera que pertenezca a Judá, vaya a Jerusalén a construir el templo del SEÑOR, Dios de Israel, el Dios que habita en Jerusalén; y que Dios lo acompañe. 4 También ordeno que los habitantes de cada lugar donde haya judíos sobrevivientes los ayuden dándoles plata y oro, bienes y ganado, y ofrendas voluntarias para el templo de Dios en Jerusalén.»

El regreso de los judíos

5 Entonces los jefes de familia de Benjamín y de Judá, junto con los sacerdotes y levitas, es decir, con todos aquellos en cuyo corazón Dios puso el deseo de construir el templo, se dispusieron a ir a Jerusalén. 6 Todos sus vecinos los ayudaron con plata y oro, bienes y ganado, objetos valiosos y todo tipo de ofrendas voluntarias. 7 Además, el rey Ciro hizo sacar los utensilios que Nabucodonosor se había llevado del templo del SEÑOR en Jerusalén y había depositado en el templo de su dios.ᵃ 8 Ciro los entregó a su tesorero Mitrídates, el cual los contó y se los pasó a Sesbasar, jefe de Judá.

9 El inventario de dichos utensilios fue el siguiente:

tazones de oro	30
tazones de plata	1.000
cuchillos	29
10 tazas de oro	30
tazas de plata	410
objetos diversos	1.000

11 En total fueron cinco mil cuatrocientos los utensilios de oro y de plata. Todos estos objetos los llevó Sesbasar a Jerusalén cuando a los deportados se les permitió regresar de Babilonia.

Lista de los que regresaron

2 La siguiente es la lista de la gente de la provincia que Nabucodonosor, rey de Babilonia, había llevado cautiva a Babilonia, y a la que se le permitió regresar a Jerusalén y a Judá. Cada uno volvió a su propia población 2 en compañía de Zorobabel, Jesúa, Nehemías, Seraías, Relaías, Mardoqueo, Bilsán, Mispar, Bigvay, Rejún y Baná.

Ésta es la lista de los israelitas que regresaron:

3 de Parós	2.172
4 de Sefatías	372

Cyrus Helps the Exiles to Return

1 In the first year of Cyrus king of Persia, in order to fulfill the word of the LORD spoken by Jeremiah, the LORD moved the heart of Cyrus king of Persia to make a proclamation throughout his realm and to put it in writing:

2 "This is what Cyrus king of Persia says:

" 'The LORD, the God of heaven, has given me all the kingdoms of the earth and he has appointed me to build a temple for him at Jerusalem in Judah. 3 Anyone of his people among you—may his God be with him, and let him go up to Jerusalem in Judah and build the temple of the LORD, the God of Israel, the God who is in Jerusalem. 4 And the people of any place where survivors may now be living are to provide him with silver and gold, with goods and livestock, and with freewill offerings for the temple of God in Jerusalem.' "

5 Then the family heads of Judah and Benjamin, and the priests and Levites—everyone whose heart God had moved—prepared to go up and build the house of the LORD in Jerusalem. 6 All their neighbors assisted them with articles of silver and gold, with goods and livestock, and with valuable gifts, in addition to all the freewill offerings. 7 Moreover, King Cyrus brought out the articles belonging to the temple of the LORD, which Nebuchadnezzar had carried away from Jerusalem and had placed in the temple of his god.ᵃ 8 Cyrus king of Persia had them brought by Mithredath the treasurer, who counted them out to Sheshbazzar the prince of Judah.

9 This was the inventory:

gold dishes	30
silver dishes	1,000
silver pansᵇ	29
10 gold bowls	30
matching silver bowls	410
other articles	1,000

11 In all, there were 5,400 articles of gold and of silver. Sheshbazzar brought all these along when the exiles came up from Babylon to Jerusalem.

The List of the Exiles Who Returned

2 Now these are the people of the province who came up from the captivity of the exiles, whom Nebuchadnezzar king of Babylon had taken captive to Babylon (they returned to Jerusalem and Judah, each to his own town), 2 in company with Zerubbabel, Jeshua, Nehemiah, Seraiah, Reelaiah, Mordecai, Bilshan, Mispar, Bigvai, Rehum and Baanah):

The list of the men of the people of Israel:

3 the descendants of Parosh	2,172
4 of Shephatiah	372

ᵃ 1:7   su dios. Alt. sus dioses.

ᵃ 7   Or gods   ᵇ 9   The meaning of the Hebrew for this word is uncertain.

5 de Araj	775
6 de Pajat Moab, es decir, de Jesúa y Joab	2.812
7 de Elam	1.254
8 de Zatú	945
9 de Zacay	760
10 de Baní	642
11 de Bebay	623
12 de Azgad	1.222
13 de Adonicán	666
14 de Bigvay	2.056
15 de Adín	454
16 de Ater, es decir, de Ezequías	98
17 de Bezay	323
18 de Jorá	112
19 de Jasún	223
20 de Guibar	95
21 de Belén	123
22 de Netofa	56
23 de Anatot	128
24 de Azmávet	42
25 de Quiriat Yearín, Cafira y Berot	743
26 de Ramá y Gueba	621
27 de Micmás	122
28 de Betel y de Hai	223
29 de Nebo	52
30 de Magbís	156
31 del otro Elam	1.254
32 de Jarín	320
33 de Lod, Jadid y Ono	725
34 de Jericó	345
35 de Sená	3.630

36 De los sacerdotes descendientes de Jedaías, de la familia de Jesúa　　973
37 de Imer　　1052
38 de Pasur　　1247
39 de Jarín　　1017

40 De los levitas descendientes de Jesúa y de Cadmiel, que pertenecían a la familia de Hodavías　　74

41 De los cantores descendientes de Asaf　　128

42 De los porteros descendientes de Salún, Ater, Talmón, Acub, Jatitá y Sobay　　139

43 Los servidores del templo eran de las familias de Zijá, Jasufá, Tabaot, 44 Querós, Sigajá, Padón, 45 Lebaná, Jagabá, Acub, 46 Jagab, Salmay, Janán, 47 Guidel, Gajar, Reaías, 48 Rezín, Necoda, Gazán, 49 Uza, Paseaj, Besay, 50 Asena, Meunín, Nefusín, 51 Bacbuc, Jacufá, Jarjur, 52 Baslut, Mejidá, Jarsa, 53 Barcós, Sísara, Temá, 54 Neziaj y Jatifá.

5 of Arah	775
6 of Pahath-Moab (through the line of Jeshua and Joab)	2,812
7 of Elam	1,254
8 of Zattu	945
9 of Zaccai	760
10 of Bani	642
11 of Bebai	623
12 of Azgad	1,222
13 of Adonikam	666
14 of Bigvai	2,056
15 of Adin	454
16 of Ater (through Hezekiah)	98
17 of Bezai	323
18 of Jorah	112
19 of Hashum	223
20 of Gibbar	95
21 the men of Bethlehem	123
22 of Netophah	56
23 of Anathoth	128
24 of Azmaveth	42
25 of Kiriath Jearim,c Kephirah and Beeroth	743
26 of Ramah and Geba	621
27 of Micmash	122
28 of Bethel and Ai	223
29 of Nebo	52
30 of Magbish	156
31 of the other Elam	1,254
32 of Harim	320
33 of Lod, Hadid and Ono	725
34 of Jericho	345
35 of Senaah	3,630

36 The priests:

the descendants of Jedaiah (through the family of Jeshua)　　973
37 of Immer　　1,052
38 of Pashhur　　1,247
39 of Harim　　1,017

40 The Levites:

the descendants of Jeshua and Kadmiel (through the line of Hodaviah)　　74

41 The singers:

the descendants of Asaph　　128

42 The gatekeepers of the temple:

the descendants of Shallum, Ater, Talmon, Akkub, Hatita and Shobai　　139

43 The temple servants:

the descendants of
Ziha, Hasupha, Tabbaoth,
44 Keros, Siaha, Padon,
45 Lebanah, Hagabah, Akkub,
46 Hagab, Shalmai, Hanan,
47 Giddel, Gahar, Reaiah,
48 Rezin, Nekoda, Gazzam,
49 Uzza, Paseah, Besai,
50 Asnah, Meunim, Nephussim,
51 Bakbuk, Hakupha, Harhur,
52 Bazluth, Mehida, Harsha,
53 Barkos, Sisera, Temah,
54 Neziah and Hatipha

c 25 See Septuagint (see also Neh. 7:29); Hebrew *Kiriath Arim.*

55Los descendientes de los servidores de Salomón eran de las familias de Sotay, Soféret, Peruda, 56Jalá, Darcón, Guidel, 57Sefatías, Jatil, Poquéret Hasebayin y Amón.

58Los servidores del templo y de los descendientes de los servidores de Salomón 392

59Los siguientes regresaron de Tel Melaj, Tel Jarsá, Querub, Adón e Imer, pero no pudieron demostrar ascendencia israelita:

60De los descendientes de Delaías, Tobías y Necoda 652

61De entre los sacerdotes, los siguientes tampoco pudieron demostrar su ascendencia israelita: los descendientes de Jabaías, Cos y Barzilay (este último se casó con una de las hijas de un galaadita llamado Barzilay, del cual tomó su nombre). 62Éstos buscaron sus registros genealógicos, pero como no los encontraron, fueron excluidos del sacerdocio. 63A ellos el gobernador les prohibió comer de los alimentos sagrados hasta que un sacerdote decidiera su suerte por medio del *urim y el *tumim.

64El número total de los miembros de la asamblea era de cuarenta y dos mil trescientas sesenta personas, 65sin contar a esclavos y esclavas, que sumaban siete mil trescientos treinta y siete; y tenían doscientos cantores y cantoras. 66Tenían además setecientos treinta y seis caballos, doscientas cuarenta y cinco mulas, 67cuatrocientos treinta y cinco camellos y seis mil setecientos veinte burros.

68Cuando llegaron al templo del SEÑOR en Jerusalén, algunos jefes de familia dieron donativos para que se reconstruyera el templo del SEÑOR en el mismo sitio. 69De acuerdo con sus capacidades económicas dieron, para la obra de reconstrucción, cuatrocientos ochenta y ocho kilosb de oro, dos mil setecientos cincuenta kiloscde plata y cien túnicas sacerdotales.

70Los sacerdotes, los levitas y algunos del pueblo se establecieron en Jerusalén,d en tanto que los cantores, los porteros, los servidores del templo y los demás israelitas se fueron a vivir a sus propias poblaciones.

Restauración del altar

3 En el mes séptimo, cuando ya todos los israelitas se habían establecido en sus poblaciones, se reunió el pueblo en Jerusalén con un mismo propósito. 2Entonces Jesúa hijo de Josadac con sus parientes, que eran sacerdotes, y Zorobabel hijo de Salatiel con sus parientes empezaron a construir el altar del Dios de Israel para ofrecer *holocaustos, según lo estipulado en la *ley de Moisés, hombre de Dios. 3A pesar del miedo que tenían de los pueblos vecinos, colocaron el altar en su mismo sitio. Y todos los días, por la mañana y por la tarde, ofrecían holocaustos al SEÑOR. 4Luego, según lo estipulado en la ley, celebraron la fiesta de las *Enramadas, ofreciendo el número de holocaustos prescrito para cada día, 5como también los holocaustos diarios, los de luna nueva, los de las fiestas solemnes ordenadas por el SEÑOR, y los que el pueblo le ofrecía

55The descendants of the servants of Solomon:

the descendants of
    Sotai, Hassophereth, Peruda,
56Jaala, Darkon, Giddel,
57Shephatiah, Hattil,
    Pokereth-Hazzebaim and Ami

58The temple servants and the descendants of the servants of Solomon 392

59The following came up from the towns of Tel Melah, Tel Harsha, Kerub, Addon and Immer, but they could not show that their families were descended from Israel:

60The descendants of
    Delaiah, Tobiah and Nekoda 652

61And from among the priests:

The descendants of
    Hobaiah, Hakkoz and Barzillai (a man who had married a daughter of Barzillai the Gileadite and was called by that name).

62These searched for their family records, but they could not find them and so were excluded from the priesthood as unclean. 63The governor ordered them not to eat any of the most sacred food until there was a priest ministering with the Urim and Thummim.

64The whole company numbered 42,360, 65besides their 7,337 menservants and maidservants; and they also had 200 men and women singers. 66They had 736 horses, 245 mules, 67435 camels and 6,720 donkeys.

68When they arrived at the house of the LORD in Jerusalem, some of the heads of the families gave freewill offerings toward the rebuilding of the house of God on its site. 69According to their ability they gave to the treasury for this work 61,000 drachmasd of gold, 5,000 minase of silver and 100 priestly garments.

70The priests, the Levites, the singers, the gatekeepers and the temple servants settled in their own towns, along with some of the other people, and the rest of the Israelites settled in their towns.

Rebuilding the Altar

3 When the seventh month came and the Israelites had settled in their towns, the people assembled as one man in Jerusalem. 2Then Jeshua son of Jozadak and his fellow priests and Zerubbabel son of Shealtiel and his associates began to build the altar of the God of Israel to sacrifice burnt offerings on it, in accordance with what is written in the Law of Moses the man of God. 3Despite their fear of the peoples around them, they built the altar on its foundation and sacrificed burnt offerings on it to the LORD, both the morning and evening sacrifices. 4Then in accordance with what is written, they celebrated the Feast of Tabernacles with the required number of burnt offerings prescribed for each day. 5After that, they presented the regular burnt offerings, the New Moon sacrifices and the sacrifices for all the appointed sacred feasts of the LORD, as well as those brought as freewill offerings to

---

b 2:69 cuatrocientos ochenta y ocho kilos. Lit. sesenta y un mil *dracmas.   c 2:69 dos mil setecientos cincuenta y dos kilos. Lit. cinco mil *minas.   d 2:70 en Jerusalén (LXX, 3 Esdras 5:46); en sus ciudades (TM).

d 69 That is, about 1,100 pounds (about 500 kilograms)
e 69 That is, about 3 tons (about 2.9 metric tons)

voluntariamente. 6 A pesar de que aún no se habían echado los cimientos del templo, desde el primer día del mes séptimo el pueblo comenzó a ofrecer holocaustos al SEÑOR.

Se comienza la reconstrucción del templo

7 Luego dieron dinero a los albañiles y carpinteros. A los de Sidón y Tiro les dieron comida, bebida y aceite para que por mar llevaran madera de cedro desde el Líbano hasta Jope, conforme a la autorización que había dado Ciro, rey de Persia. 8 Zorobabel hijo de Salatiel, y Jesúa hijo de Josadac, junto con el resto de sus parientes, que eran sacerdotes, y con los levitas y con todos los que habían regresado del cautiverio, comenzaron la reconstrucción del templo en el mes segundo del segundo año de haber llegado a Jerusalén. A los levitas mayores de veinte años les encomendaron la tarea de supervisar las obras del templo del SEÑOR. 9 Entonces Jesúa, junto con sus hijos y hermanos, y Cadmiel y sus hijos, que eran descendientes de Hodavías,[e] y los descendientes de Henadad, y sus hijos y hermanos, que eran levitas, se unieron para supervisar a los obreros que trabajaban en el templo de Dios.

10 Cuando los constructores echaron los cimientos del templo del SEÑOR, los sacerdotes llegaron con sus vestimentas sagradas y los levitas descendientes de Asaf, con sus platillos, ocuparon su lugar para alabar al SEÑOR, según lo establecido por David, rey de Israel. 11 Todos daban gracias al SEÑOR, y a una le cantaban esta alabanza: «Dios es bueno; su gran amor por Israel perdura para siempre.» Y todo el pueblo alabó con grandes aclamaciones al SEÑOR, porque se habían echado los cimientos del templo. 12 Muchos de los sacerdotes, levitas y jefes de familia, que eran ya ancianos y habían conocido el primer templo, prorrumpieron en llanto cuando vieron los cimientos del nuevo templo, mientras muchos otros gritaban de alegría. 13 Y no se podía distinguir entre los gritos de alegría y las voces de llanto, pues la gente gritaba a voz en cuello, y el ruido se escuchaba desde muy lejos.

Oposición samaritana

4 Cuando los enemigos del pueblo de Judá y de Benjamín se enteraron de que los repatriados estaban reconstruyendo el templo del SEÑOR, Dios de Israel, 2 se presentaron ante Zorobabel y ante los jefes de familia y les dijeron:

—Permítannos participar en la reconstrucción, pues nosotros, al igual que ustedes, hemos buscado a su Dios y le hemos ofrecido *holocaustos desde el día en que Esarjadón, rey de Asiria, nos trajo acá.

3 Pero Zorobabel, Jesúa y los jefes de las familias de Israel les respondieron:

—No podemos permitir que ustedes se unan a nosotros en la reconstrucción del templo de nuestro Dios. Nosotros solos nos encargaremos de reedificar el templo para el SEÑOR, Dios de Israel, tal como lo decretó Ciro, rey de Persia.

4 Entonces los habitantes de la región comenzaron a desanimar e intimidar a los de Judá para que abandonaran la reconstrucción. 5 Y hasta llegaron a sobornar a algunos de los consejeros para impedirles llevar a cabo sus planes. Esto sucedió durante todo el reinado de Ciro, rey de Persia, y hasta el reinado de Darío, que también fue rey de Persia.

6 También al comienzo del reinado de Jerjes,[f] aquellos enemigos enviaron una carta en la cual acusaban a

the LORD. 6 On the first day of the seventh month they began to offer burnt offerings to the LORD, though the foundation of the LORD's temple had not yet been laid.

Rebuilding the Temple

7 Then they gave money to the masons and carpenters, and gave food and drink and oil to the people of Sidon and Tyre, so that they would bring cedar logs by sea from Lebanon to Joppa, as authorized by Cyrus king of Persia.

8 In the second month of the second year after their arrival at the house of God in Jerusalem, Zerubbabel son of Shealtiel, Jeshua son of Jozadak and the rest of their brothers (the priests and the Levites and all who had returned from the captivity to Jerusalem) began the work, appointing Levites twenty years of age and older to supervise the building of the house of the LORD. 9 Jeshua and his sons and brothers and Kadmiel and his sons (descendants of Hodaviah[f]) and the sons of Henadad and their sons and brothers—all Levites— joined together in supervising those working on the house of God.

10 When the builders laid the foundation of the temple of the LORD, the priests in their vestments and with trumpets, and the Levites (the sons of Asaph) with cymbals, took their places to praise the LORD, as prescribed by David king of Israel. 11 With praise and thanksgiving they sang to the LORD:

> "He is good;
>   his love to Israel endures forever."

And all the people gave a great shout of praise to the LORD, because the foundation of the house of the LORD was laid. 12 But many of the older priests and Levites and family heads, who had seen the former temple, wept aloud when they saw the foundation of this temple being laid, while many others shouted for joy. 13 No one could distinguish the sound of the shouts of joy from the sound of weeping, because the people made so much noise. And the sound was heard far away.

Opposition to the Rebuilding

4 When the enemies of Judah and Benjamin heard that the exiles were building a temple for the LORD, the God of Israel, 2 they came to Zerubbabel and to the heads of the families and said, "Let us help you build because, like you, we seek your God and have been sacrificing to him since the time of Esarhaddon king of Assyria, who brought us here." 3 But Zerubbabel, Jeshua and the rest of the heads of the families of Israel answered, "You have no part with us in building a temple to our God. We alone will build it for the LORD, the God of Israel, as King Cyrus, the king of Persia, commanded us."

4 Then the peoples around them set out to discourage the people of Judah and make them afraid to go on building.[g] 5 They hired counselors to work against them and frustrate their plans during the entire reign of Cyrus king of Persia and down to the reign of Darius king of Persia.

Later Opposition Under Xerxes and Artaxerxes

6 At the beginning of the reign of Xerxes,[h] they lodged an accusation against the people of Judah and Jerusalem.

e 3:9 Hodavías (lectura probable; véase 2:40); Judá (TM).
f 4:6 Jerjes. Hebreo Asuero; véase nota en Est 1:1.

f 9 Hebrew Yehudah, probably a variant of Hodaviah   g 4 Or and troubled them as they built   h 6 Hebrew Ahasuerus, a variant of Xerxes' Persian name

los habitantes de Judá y de Jerusalén. 7 Luego, cuando Artajerjes llegó a ser rey de Persia, también a él Bislán, Mitrídates, Tabel y sus demás compañeros le enviaron una carta, que fue traducida al arameo.

8 Además, el comandante Rejún y el cronista Simsay enviaron a Artajerjes una carta en contra de los habitantes de Jerusalén. La carta decía:

9 El comandante Rejún y el cronista Simsay escriben esta carta, junto con sus compañeros los jueces, gobernadores y funcionarios de Persia, Érec, Babilonia y Susa (es decir, Elam). 10 Esta carta la suscriben también las demás naciones que el grande y noble Asnapar llevó cautivas y estableció en la ciudad de Samaria y en las otras provincias al oeste del río Éufrates.

11 Al rey Artajerjes, de parte de sus siervos que habitan al oeste del río Éufrates:

12 Sepa Su Majestad que los judíos enviados por usted han llegado a Jerusalén y están reconstruyendo esa ciudad rebelde y mala. Ya están echados los cimientos.

13 Sepa también Su Majestad que si esta gente reconstruye la ciudad y termina la muralla, sus habitantes se rebelarán y no pagarán tributos, ni impuestos ni contribución alguna, lo cual sería perjudicial para el tesoro real. 14 Como nosotros somos vasallos de Su Majestad,ᵍ no podemos permitir que se le deshonre. Por eso le enviamos esta denuncia. 15 Pida Su Majestad que se investigue en los archivos donde están las crónicas de los reyes que lo han precedido. Así comprobará que esta ciudad ha sido rebelde y nociva para los reyes y las provincias, y que fue destruida porque hace ya mucho tiempo allí se fraguaron sediciones. 16 Por eso le advertimos que, si esa ciudad es reconstruida y la muralla levantada, Su Majestad perderá el dominio de la región al oeste del Éufrates.

17 En respuesta, el rey les escribió:

Al comandante Rejún y al cronista Simsay, y al resto de sus compañeros que viven en Samaria y en las otras regiones al oeste del río Éufrates:

Saludos.

18 La carta que ustedes enviaron ha sido traducida y leída en mi presencia. 19 Di orden de investigar en los archivos y, en efecto, se encontró que anteriormente en dicha ciudad se fraguaron sediciones y se tramaron rebeliones contra los reyes; 20 que en Jerusalén hubo reyes poderosos, gobernantes de toda la región al oeste del río Éufrates, a quienes se les pagaban impuestos, tributos y rentas. 21 Por eso, ordénenles a esos hombres que cesen sus labores, que suspendan la reconstrucción de la ciudad, hasta que yo promulgue un nuevo edicto. 22 Sean diligentes en hacer cumplir esta orden, para que no crezca la amenaza de perjuicio a los intereses reales.

23 En cuanto la carta del rey Artajerjes se leyó en presencia de Rejún, del cronista Simsay y de sus compañeros, todos ellos fueron a Jerusalén y, por la fuerza de las armas, obligaron a los judíos a detener la obra.

7 And in the days of Artaxerxes king of Persia, Bishlam, Mithredath, Tabeel and the rest of his associates wrote a letter to Artaxerxes. The letter was written in Aramaic script and in the Aramaic language.ⁱ,ʲ

8 Rehum the commanding officer and Shimshai the secretary wrote a letter against Jerusalem to Artaxerxes the king as follows:

9 Rehum the commanding officer and Shimshai the secretary, together with the rest of their associates—the judges and officials over the men from Tripolis, Persia,ᵏ Erech and Babylon, the Elamites of Susa, 10 and the other people whom the great and honorable Ashurbanipalˡ deported and settled in the city of Samaria and elsewhere in Trans-Euphrates.

11 (This is a copy of the letter they sent him.)

To King Artaxerxes,

From your servants, the men of Trans-Euphrates:

12 The king should know that the Jews who came up to us from you have gone to Jerusalem and are rebuilding that rebellious and wicked city. They are restoring the walls and repairing the foundations.

13 Furthermore, the king should know that if this city is built and its walls are restored, no more taxes, tribute or duty will be paid, and the royal revenues will suffer. 14 Now since we are under obligation to the palace and it is not proper for us to see the king dishonored, we are sending this message to inform the king, 15 so that a search may be made in the archives of your predecessors. In these records you will find that this city is a rebellious city, troublesome to kings and provinces, a place of rebellion from ancient times. That is why this city was destroyed. 16 We inform the king that if this city is built and its walls are restored, you will be left with nothing in Trans-Euphrates.

17 The king sent this reply:

To Rehum the commanding officer, Shimshai the secretary and the rest of their associates living in Samaria and elsewhere in Trans-Euphrates:

Greetings.

18 The letter you sent us has been read and translated in my presence. 19 I issued an order and a search was made, and it was found that this city has a long history of revolt against kings and has been a place of rebellion and sedition. 20 Jerusalem has had powerful kings ruling over the whole of Trans-Euphrates, and taxes, tribute and duty were paid to them. 21 Now issue an order to these men to stop work, so that this city will not be rebuilt until I so order. 22 Be careful not to neglect this matter. Why let this threat grow, to the detriment of the royal interests?

23 As soon as the copy of the letter of King Artaxerxes was read to Rehum and Shimshai the secretary and their associates, they went immediately to the Jews in Jerusalem and compelled them by force to stop.

ᵍ 4:14 somos vasallos de Su Majestad. Lit. comemos la sal del palacio.

ⁱ 7 Or written in Aramaic and translated   ʲ 7 The text of Ezra 4:8—6:18 is in Aramaic.   ᵏ 9 Or officials, magistrates and governors over the men from   ˡ 10 Aramaic Osnappar, a variant of Ashurbanipal

24 De este modo el trabajo de reconstrucción del templo de Dios en Jerusalén quedó suspendido hasta el año segundo del reinado de Darío, rey de Persia.

Se reinicia la reconstrucción del templo

5 Los profetas Hageo y Zacarías hijo de Idó profetizaron a los judíos que estaban en Judá y Jerusalén, en el *nombre del Dios de Israel, que velaba por ellos. 2 Entonces Zorobabel hijo de Salatiel y Jesúa hijo de Josadac se dispusieron a continuar la reconstrucción del templo de Dios en Jerusalén. Y los profetas estaban con ellos ayudándolos.

3 En ese mismo tiempo, Tatenay, gobernador de la provincia al oeste del río Éufrates, y Setar Bosnay y sus compañeros, se presentaron ante los judíos y les preguntaron: «¿Quién los autorizó a reconstruir ese templo y restaurar su estructura?» 4 Y añadieron:[h] «¿Cómo se llaman los que están reconstruyendo ese edificio?» 5 Pero como Dios velaba por los *dirigentes judíos, no los obligaron a interrumpir el trabajo hasta que se consultara a Darío y éste respondiera por escrito.

6 Entonces Tatenay, gobernador de la provincia al oeste del río Éufrates, y Setar Bosnay y sus compañeros, que eran los funcionarios del gobierno de esa provincia, enviaron una carta al rey Darío, 7 la cual decía:

Al rey Darío:

Un cordial saludo.

8 Ponemos en conocimiento de Su Majestad que fuimos a la provincia de Judá, al templo del gran Dios, y vimos que se está reconstruyendo con grandes piedras, y que sus paredes se están recubriendo con madera. El trabajo se hace con esmero y avanza rápidamente. 9 A los dirigentes les preguntamos quién los había autorizado a reconstruir ese templo y restaurar su estructura, 10 y cómo se llaman los que dirigen la obra, para comunicárselo por escrito a Su Majestad. 11 Ellos nos respondieron:

«Somos siervos del Dios del cielo y de la tierra, y estamos reconstruyendo el templo que fue edificado y terminado hace ya mucho tiempo por un gran rey de Israel. 12 Pero como nuestros antepasados provocaron a ira al Dios del cielo, él los entregó en manos de Nabucodonosor, rey de Babilonia, el *caldeo que destruyó este templo y que llevó al pueblo cautivo a Babilonia. 13 »Pero más tarde, en el primer año de su reinado, Ciro, rey de Babilonia, ordenó que este templo de Dios fuera reconstruido. 14 También hizo sacar del templo de Babilonia los utensilios de oro y de plata que Nabucodonosor se había llevado del templo de Jerusalén y había puesto en el templo de Babilonia, y se los entregó a Sesbasar, a quien había nombrado gobernador. 15 Ciro, pues, ordenó a Sesbasar que tomara esos utensilios y los devolviera al templo de Jerusalén, y que reedificara en el mismo sitio el templo de Dios. 16 Entonces Sesbasar llegó a Jerusalén y echó los cimientos del templo de Dios. Desde entonces se ha estado trabajando en su reconstrucción, pero aún no se ha terminado.»

Tattenai's Letter to Darius

24 Thus the work on the house of God in Jerusalem came to a standstill until the second year of the reign of Darius king of Persia.

5 Now Haggai the prophet and Zechariah the prophet, a descendant of Iddo, prophesied to the Jews in Judah and Jerusalem in the name of the God of Israel, who was over them. 2 Then Zerubbabel son of Shealtiel and Jeshua son of Jozadak set to work to rebuild the house of God in Jerusalem. And the prophets of God were with them, helping them.

3 At that time Tattenai, governor of Trans-Euphrates, and Shethar-Bozenai and their associates went to them and asked, "Who authorized you to rebuild this temple and restore this structure?" 4 They also asked, "What are the names of the men constructing this building?"[m] 5 But the eye of their God was watching over the elders of the Jews, and they were not stopped until a report could go to Darius and his written reply be received.

6 This is a copy of the letter that Tattenai, governor of Trans-Euphrates, and Shethar-Bozenai and their associates, the officials of Trans-Euphrates, sent to King Darius. 7 The report they sent him read as follows:

To King Darius:

Cordial greetings.

8 The king should know that we went to the district of Judah, to the temple of the great God. The people are building it with large stones and placing the timbers in the walls. The work is being carried on with diligence and is making rapid progress under their direction.

9 We questioned the elders and asked them, "Who authorized you to rebuild this temple and restore this structure?" 10 We also asked them their names, so that we could write down the names of their leaders for your information.

11 This is the answer they gave us:

"We are the servants of the God of heaven and earth, and we are rebuilding the temple that was built many years ago, one that a great king of Israel built and finished. 12 But because our fathers angered the God of heaven, he handed them over to Nebuchadnezzar the Chaldean, king of Babylon, who destroyed this temple and deported the people to Babylon.

13 "However, in the first year of Cyrus king of Babylon, King Cyrus issued a decree to rebuild this house of God. 14 He even removed from the temple[n] of Babylon the gold and silver articles of the house of God, which Nebuchadnezzar had taken from the temple in Jerusalem and brought to the temple[n] in Babylon.

"Then King Cyrus gave them to a man named Sheshbazzar, whom he had appointed governor, 15 and he told him, 'Take these articles and go and deposit them in the temple in Jerusalem. And rebuild the house of God on its site.' 16 So this Sheshbazzar came and laid the foundations of the house of God in Jerusalem. From that day to the present it has been under construction but is not yet finished."

---

h 5:4 *añadieron* (lectura probable; véanse LXX y Siríaca); *les dijimos* (TM).

m 4 See Septuagint; Aramaic *We told them the names of the men constructing this building.*   n 14 Or *palace*

17 Ahora bien, si Su Majestad lo considera conveniente, pedimos que se investiguen los archivos donde están las crónicas de los reyes de Babilonia, para saber si es verdad que el rey Ciro ordenó la reconstrucción del templo de Dios en Jerusalén. Además solicitamos que se nos dé a conocer la decisión de Su Majestad con respecto a este asunto.

Decreto de Darío

6 Entonces el rey Darío ordenó que se investigara en los archivos donde se guardaban los tesoros de Babilonia. 2 Y en el palacio de Ecbatana, en la provincia de Media, se encontró un rollo que contenía la siguiente memoria:

3 En el primer año de su reinado, el rey Ciro promulgó el siguiente edicto respecto al templo de Dios en Jerusalén:

Que se echen los cimientos y se reconstruya el templo, para que en él se ofrezcan *holocaustos. Tendrá veintisiete metros^i tanto de alto como de ancho, 4 tres hileras de piedras grandes, y una de madera. Todos los gastos serán sufragados por el tesoro real. 5 Con respecto a los utensilios de oro y de plata que Nabucodonosor sacó del templo de Jerusalén y llevó a Babilonia, que los devuelvan a Jerusalén, y que se pongan en el templo de Dios, donde deben estar.

6 Entonces el rey Darío dio la siguiente orden^j a Tatenay, gobernador de la provincia al oeste del río Éufrates, y a Setar Bosnay y a sus compañeros, los funcionarios de dicha provincia:

Aléjense de Jerusalén 7 y no estorben la obra de reconstrucción del templo de Dios. Dejen que el gobernador de la provincia de Judá y los *dirigentes judíos reconstruyan el templo en su antiguo sitio. 8 También he decidido que ustedes deben prestarles ayuda, sufragando los gastos de la reconstrucción del templo con los impuestos que la provincia al oeste del río Éufrates paga al tesoro real. No se tarden en pagar todos los gastos, para que no se interrumpan las obras. 9 Además, todos los días, sin falta, deberán suministrarles becerros, carneros y corderos para ofrecerlos en holocausto al Dios del cielo, junto con trigo, sal, vino y aceite, y todo lo que necesiten, según las instrucciones de los sacerdotes que están en Jerusalén. 10 Así podrán ellos ofrecer sacrificios gratos al Dios del cielo y rogar por la vida del rey y de sus hijos.

11 He determinado así mismo que, a quien desobedezca esta orden, lo empalen en una viga sacada de su propia casa, y que le derrumben la casa. 12 ¡Que el Dios que decidió habitar en Jerusalén derribe a cualquier rey o nación que intente modificar este decreto o destruir ese templo de Dios!

Yo, Darío, promulgo este decreto. Publíquese y cúmplase al pie de la letra.

Terminación y dedicación del templo

13 Entonces Tatenay, gobernador de la provincia al oeste del río Éufrates, y Setar Bosnay y sus compañeros cumplieron al pie de la letra lo que el rey Darío les

17 Now if it pleases the king, let a search be made in the royal archives of Babylon to see if King Cyrus did in fact issue a decree to rebuild this house of God in Jerusalem. Then let the king send us his decision in this matter.

The Decree of Darius

6 King Darius then issued an order, and they searched in the archives stored in the treasury at Babylon. 2 A scroll was found in the citadel of Ecbatana in the province of Media, and this was written on it:

Memorandum:

3 In the first year of King Cyrus, the king issued a decree concerning the temple of God in Jerusalem:

Let the temple be rebuilt as a place to present sacrifices, and let its foundations be laid. It is to be ninety feet^o high and ninety feet wide, 4 with three courses of large stones and one of timbers. The costs are to be paid by the royal treasury. 5 Also, the gold and silver articles of the house of God, which Nebuchadnezzar took from the temple in Jerusalem and brought to Babylon, are to be returned to their places in the temple in Jerusalem; they are to be deposited in the house of God.

6 Now then, Tattenai, governor of Trans-Euphrates, and Shethar-Bozenai and you, their fellow officials of that province, stay away from there. 7 Do not interfere with the work on this temple of God. Let the governor of the Jews and the Jewish elders rebuild this house of God on its site.

8 Moreover, I hereby decree what you are to do for these elders of the Jews in the construction of this house of God:

The expenses of these men are to be fully paid out of the royal treasury, from the revenues of Trans-Euphrates, so that the work will not stop. 9 Whatever is needed—young bulls, rams, male lambs for burnt offerings to the God of heaven, and wheat, salt, wine and oil, as requested by the priests in Jerusalem—must be given them daily without fail, 10 so that they may offer sacrifices pleasing to the God of heaven and pray for the well-being of the king and his sons.

11 Furthermore, I decree that if anyone changes this edict, a beam is to be pulled from his house and he is to be lifted up and impaled on it. And for this crime his house is to be made a pile of rubble. 12 May God, who has caused his Name to dwell there, overthrow any king or people who lifts a hand to change this decree or to destroy this temple in Jerusalem.

I Darius have decreed it. Let it be carried out with diligence.

Completion and Dedication of the Temple

13 Then, because of the decree King Darius had sent, Tattenai, governor of Trans-Euphrates, and Shethar-Bozenai and their associates carried it out with dili-

---

*i 6:3 veintisiete metros. Lit. sesenta *codos.   j 6:6 Entonces el rey Darío dio la siguiente orden. Se ha añadido esta frase para indicar el cambio de sujeto.*

o 3 Aramaic sixty cubits (about 27 meters)

había ordenado. [14] Así los *dirigentes judíos pudieron continuar y terminar la obra de reconstrucción, conforme a la palabra de los profetas Hageo y Zacarías hijo de Idó. Terminaron, pues, la obra de reconstrucción, según el mandato del Dios de Israel y por decreto de Ciro, Darío y Artajerjes, reyes de Persia. [15] La reconstrucción del templo se terminó el día tres del mes de *adar, en el año sexto del reinado de Darío.

[16] Entonces los israelitas —es decir, los sacerdotes, los levitas y los demás que regresaron del cautiverio—, llenos de júbilo dedicaron el templo de Dios. [17] Como ofrenda de dedicación, ofrecieron a Dios cien becerros, doscientos carneros, cuatrocientos corderos y doce chivos, conforme al número de las tribus de Israel, para *expiación por el pecado del pueblo. [18] Luego, según lo que está escrito en el libro de Moisés, instalaron a los sacerdotes en sus turnos y a los levitas en sus funciones, para el culto que se ofrece a Dios en Jerusalén.

Celebración de la Pascua

[19] Los que regresaron del cautiverio celebraron la Pascua el día catorce del mes primero. [20] Los sacerdotes y levitas se habían unido para *purificarse y, ya estando ritualmente *limpios, mataron el cordero pascual por todos los que habían regresado del cautiverio, por sus compañeros los sacerdotes y por ellos mismos. [21] Los israelitas que regresaron del cautiverio comieron la Pascua junto con los que se habían apartado de la impureza de sus vecinos para seguir al SEÑOR, Dios de Israel. [22] Durante siete días celebraron con mucho gozo la fiesta de los Panes sin levadura, porque el SEÑOR les había devuelto la alegría y había hecho que el rey de Persia[k] los ayudara y permitiera reconstruir el templo del Dios de Israel.

Esdras llega a Jerusalén

7 Durante el reinado de Artajerjes, rey de Persia, vivió un hombre llamado Esdras hijo de Seraías, que era descendiente en línea directa de Azarías, Jilquías, [2] Salún, Sadoc, Ajitob, [3] Amarías, Azarías, Merayot, [4] Zeraías, Uzi, Buquí, [5] Abisúa, Finés, Eleazar y Aarón, que fue el primer sacerdote. [6] Este Esdras llegó de Babilonia. Era un maestro muy versado en la *ley que el SEÑOR, Dios de Israel, le había dado a Moisés. Gozaba de la simpatía del rey, y el SEÑOR su Dios estaba con él.

[7] Con Esdras regresaron a Jerusalén algunos israelitas, entre los cuales había sacerdotes, levitas, cantores, porteros y servidores del templo. Esto sucedió en el séptimo año del reinado de Artajerjes. [8] Así que Esdras llegó a Jerusalén en el mes quinto del séptimo año del reinado de Artajerjes. [9] Había salido de Babilonia el día primero del mes primero, y llegó a Jerusalén el día primero del mes quinto, porque la mano bondadosa de Dios estaba con él. [10] Esdras se había dedicado por completo a estudiar la ley del SEÑOR, a ponerla en práctica y a enseñar sus preceptos y normas a los israelitas.

Carta de Artajerjes a Esdras

[11] El rey Artajerjes le entregó la siguiente carta a Esdras, quien era sacerdote y maestro de los mandamientos y preceptos que el SEÑOR le dio a Israel:

gence. [14] So the elders of the Jews continued to build and prosper under the preaching of Haggai the prophet and Zechariah, a descendant of Iddo. They finished building the temple according to the command of the God of Israel and the decrees of Cyrus, Darius and Artaxerxes, kings of Persia. [15] The temple was completed on the third day of the month Adar, in the sixth year of the reign of King Darius.

[16] Then the people of Israel—the priests, the Levites and the rest of the exiles—celebrated the dedication of the house of God with joy. [17] For the dedication of this house of God they offered a hundred bulls, two hundred rams, four hundred male lambs and, as a sin offering for all Israel, twelve male goats, one for each of the tribes of Israel. [18] And they installed the priests in their divisions and the Levites in their groups for the service of God at Jerusalem, according to what is written in the Book of Moses.

The Passover

[19] On the fourteenth day of the first month, the exiles celebrated the Passover. [20] The priests and Levites had purified themselves and were all ceremonially clean. The Levites slaughtered the Passover lamb for all the exiles, for their brothers the priests and for themselves. [21] So the Israelites who had returned from the exile ate it, together with all who had separated themselves from the unclean practices of their Gentile neighbors in order to seek the LORD, the God of Israel. [22] For seven days they celebrated with joy the Feast of Unleavened Bread, because the LORD had filled them with joy by changing the attitude of the king of Assyria, so that he assisted them in the work on the house of God, the God of Israel.

Ezra Comes to Jerusalem

7 After these things, during the reign of Artaxerxes king of Persia, Ezra son of Seraiah, the son of Azariah, the son of Hilkiah, [2] the son of Shallum, the son of Zadok, the son of Ahitub, [3] the son of Amariah, the son of Azariah, the son of Meraioth, [4] the son of Zerahiah, the son of Uzzi, the son of Bukki, [5] the son of Abishua, the son of Phinehas, the son of Eleazar, the son of Aaron the chief priest— [6] this Ezra came up from Babylon. He was a teacher well versed in the Law of Moses, which the LORD, the God of Israel, had given. The king had granted him everything he asked, for the hand of the LORD his God was on him. [7] Some of the Israelites, including priests, Levites, singers, gatekeepers and temple servants, also came up to Jerusalem in the seventh year of King Artaxerxes.

[8] Ezra arrived in Jerusalem in the fifth month of the seventh year of the king. [9] He had begun his journey from Babylon on the first day of the first month, and he arrived in Jerusalem on the first day of the fifth month, for the gracious hand of his God was on him. [10] For Ezra had devoted himself to the study and observance of the Law of the LORD, and to teaching its decrees and laws in Israel.

King Artaxerxes' Letter to Ezra

[11] This is a copy of the letter King Artaxerxes had given to Ezra the priest and teacher, a man learned in matters concerning the commands and decrees of the LORD for Israel:

---

[k] 6:22 *rey de Persia*. Lit. *rey de Asiria* (uno de los títulos dado al rey persa).

12 Artajerjes, rey de reyes,

a Esdras, sacerdote y maestro versado en la *ley del Dios del cielo:

Saludos.*l*

13 He dispuesto que todos los israelitas que quieran ir contigo a Jerusalén puedan hacerlo, incluyendo a los sacerdotes y levitas. 14 El rey y sus siete consejeros te mandan a investigar la situación de Jerusalén y de Judá, conforme a la ley de tu Dios que se te ha confiado. 15 Lleva el oro y la plata que el rey y sus consejeros han ofrecido voluntariamente al Dios de Israel, que habita en Jerusalén. 16 También lleva contigo toda la plata y el oro que obtengas de la provincia de Babilonia, junto con los donativos del pueblo y de los sacerdotes para el templo de su Dios en Jerusalén. 17 Con ese dinero compra, sin falta, becerros, carneros y corderos, con sus respectivas ofrendas de cereales y de vino, para ofrecerlos en el altar del templo del Dios de ustedes en Jerusalén.

18 Con el resto de la plata y del oro tú y tus compañeros podrán hacer lo que les parezca mejor, de acuerdo con la voluntad del Dios de ustedes. 19 Pero deposita en el templo los utensilios sagrados que se te han entregado para rendir culto a tu Dios en Jerusalén. 20 Cualquier otro gasto que sea necesario para el templo de tu Dios, se cubrirá del tesoro real.

21 Ahora bien, yo, el rey Artajerjes, les ordeno a todos los tesoreros que están al oeste del río Éufrates, que entreguen de inmediato todo cuanto solicite Esdras, sacerdote y maestro versado en la ley del Dios del cielo. 22 Pueden darle hasta tres mil trescientos kilos de plata, veintidós mil litros de trigo, dos mil doscientos litros de vino, dos mil doscientos litros de aceite*m* y toda la sal que se requiera.

23 Todo lo que ha ordenado el Dios del cielo para su templo, háganlo de inmediato, de modo que no se descargue su ira contra el dominio del rey y su familia. 24 También les ordeno que exoneren de impuestos a los sacerdotes, levitas, cantores, porteros y servidores del templo de Dios.

25 Por cuanto tú, Esdras, posees la sabiduría de Dios, serás el encargado de nombrar funcionarios y jueces para que juzguen a los habitantes de la provincia al oeste del río Éufrates, es decir, a todos los que conocen la ley de Dios. Pero a quienes no la conozcan, enséñasela. 26 Si alguien desobedece la ley de tu Dios y las órdenes del rey, haz que se le castigue de inmediato con la pena de muerte, el destierro, la confiscación de bienes o la cárcel.

Oración de Esdras

27 «Bendito sea el SEÑOR, Dios de nuestros antepasados, que puso en el *corazón del rey el propósito de honrar el templo del SEÑOR en Jerusalén. 28 Por su infinito amor, él me ha permitido recibir el favor del rey, de sus consejeros y de todos sus funcionarios más importantes. Y porque Dios estaba conmigo, cobré ánimo y reuní a los jefes de Israel para que me acompañaran a Jerusalén.»

12*p* Artaxerxes, king of kings,

To Ezra the priest, a teacher of the Law of the God of heaven:

Greetings.

13 Now I decree that any of the Israelites in my kingdom, including priests and Levites, who wish to go to Jerusalem with you, may go. 14 You are sent by the king and his seven advisers to inquire about Judah and Jerusalem with regard to the Law of your God, which is in your hand. 15 Moreover, you are to take with you the silver and gold that the king and his advisers have freely given to the God of Israel, whose dwelling is in Jerusalem, 16 together with all the silver and gold you may obtain from the province of Babylon, as well as the freewill offerings of the people and priests for the temple of their God in Jerusalem. 17 With this money be sure to buy bulls, rams and male lambs, together with their grain offerings and drink offerings, and sacrifice them on the altar of the temple of your God in Jerusalem.

18 You and your brother Jews may then do whatever seems best with the rest of the silver and gold, in accordance with the will of your God. 19 Deliver to the God of Jerusalem all the articles entrusted to you for worship in the temple of your God. 20 And anything else needed for the temple of your God that you may have occasion to supply, you may provide from the royal treasury.

21 Now I, King Artaxerxes, order all the treasurers of Trans-Euphrates to provide with diligence whatever Ezra the priest, a teacher of the Law of the God of heaven, may ask of you— 22 up to a hundred talents*q* of silver, a hundred cors*r* of wheat, a hundred baths*s* of wine, a hundred baths*s* of olive oil, and salt without limit. 23 Whatever the God of heaven has prescribed, let it be done with diligence for the temple of the God of heaven. Why should there be wrath against the realm of the king and of his sons? 24 You are also to know that you have no authority to impose taxes, tribute or duty on any of the priests, Levites, singers, gatekeepers, temple servants or other workers at this house of God.

25 And you, Ezra, in accordance with the wisdom of your God, which you possess, appoint magistrates and judges to administer justice to all the people of Trans-Euphrates—all who know the laws of your God. And you are to teach any who do not know them. 26 Whoever does not obey the law of your God and the law of the king must surely be punished by death, banishment, confiscation of property, or imprisonment.

27 Praise be to the LORD, the God of our fathers, who has put it into the king's heart to bring honor to the house of the LORD in Jerusalem in this way 28 and who has extended his good favor to me before the king and his advisers and all the king's powerful officials. Because the hand of the LORD my God was on me, I took courage and gathered leading men from Israel to go up with me.

---

*7:12 Saludos. Texto de difícil traducción.   *m* 7:22 hasta ... aceite. Lit. hasta cien *talentos de plata y hasta cien *coros de trigo y hasta cien *batos de vino y hasta cien batos de aceite.

p 12 The text of Ezra 7:12-26 is in Aramaic.   *q* 22 That is, about 3 3/4 tons (about 3.4 metric tons)   *r* 22 That is, probably about 600 bushels (about 22 kiloliters)   *s* 22 That is, probably about 600 gallons (about 2.2 kiloliters)

Lista de los que regresaron con Esdras

8 Según los registros genealógicos, ésta es la lista de los jefes de familia que durante el reinado de Artajerjes regresaron conmigo de Babilonia:

2 de los descendientes de Finés: Guersón;
de Itamar: Daniel;
de David: Jatús, 3 que era de la familia de Secanías;
de Parós: Zacarías y ciento cincuenta hombres que se registraron con él;

4 de Pajat Moab: Elihoenay hijo de Zeraías y doscientos hombres más;

5 de Secanías: el hijo de Jahaziel y trescientos hombres más;

6 de Adín: Ébed hijo de Jonatán y cincuenta hombres más;

7 de Elam: Isaías hijo de Atalías y setenta hombres más;

8 de Sefatías: Zebadías hijo de Micael y ochenta hombres más;

9 de Joab: Abdías hijo de Jehiel y doscientos dieciocho hombres más;

10 de Selomit: el hijo de Josifías y ciento sesenta hombres más;

11 de Bebay: Zacarías hijo de Bebay y veintiocho hombres más;

12 de Azgad: Johanán hijo de Hacatán y ciento diez hombres más;

13 de Adonicán: Elifelet, Jeyel y Semaías, los últimos de esta familia, con los cuales se registraron sesenta hombres más;

14 de Bigvay: Utay, Zabud y setenta hombres más.

El regreso a Jerusalén

15 A estos jefes de familia los reuní junto al arroyo que corre hacia el río Ahava, y allí estuvimos acampados tres días. Cuando pasé revista a todo el pueblo y a los sacerdotes, no encontré a ningún descendiente de Leví. 16 Entonces mandé llamar a Eliezer, Ariel, Semaías, Elnatán, Jarib, Elnatán, Natán, Zacarías y Mesulán, que eran jefes del pueblo, y también a Joyarib y Elnatán, que eran maestros, 17 y los envié a Idó, que era el jefe de Casifia. Les encargué que les pidieran a Idó y a sus compañeros, quienes estaban al frente de Casifiá, que nos proveyeran servidores para el templo de nuestro Dios. 18 Y como Dios estaba con nosotros, nos enviaron a un israelita muy capacitado llamado Serebías hijo de Majlí, descendiente de Leví. Con él vinieron sus hijos y sus hermanos, dieciocho personas en total. 19 También nos enviaron a Jasabías y a Isaías, descendientes de Merari, junto con sus hijos y hermanos, veinte personas en total. 20 Además, del grupo que David y sus oficiales habían asignado para que ayudaran a los levitas, nos enviaron doscientos veinte servidores, los cuales fueron registrados por su nombre.

21 Luego, estando cerca del río Ahava, proclamé un ayuno para que nos humilláramos ante nuestro Dios y le pidiéramos que nos acompañara durante el camino, a nosotros, a nuestros hijos y nuestras posesiones. 22 En realidad, sentí vergüenza de pedirle al rey que nos enviara un pelotón de caballería para que nos protegiera de los enemigos, ya que le habíamos dicho al rey que la mano de Dios protege a todos los que confían en él, pero que Dios descarga su poder y su ira contra quienes lo abandonan. 23 Así que ayunamos y oramos a nuestro Dios pidiéndole su protección, y él nos escuchó.

List of the Family Heads Returning With Ezra

8 These are the family heads and those registered with them who came up with me from Babylon during the reign of King Artaxerxes:

2 of the descendants of Phinehas, Gershom;
of the descendants of Ithamar, Daniel;
of the descendants of David, Hattush 3 of the descendants of Shecaniah;

of the descendants of Parosh, Zechariah, and with him were registered 150 men;

4 of the descendants of Pahath-Moab, Eliehoenai son of Zerahiah, and with him 200 men;

5 of the descendants of Zattu,^{t} Shecaniah son of Jahaziel, and with him 300 men;

6 of the descendants of Adin, Ebed son of Jonathan, and with him 50 men;

7 of the descendants of Elam, Jeshaiah son of Athaliah, and with him 70 men;

8 of the descendants of Shephatiah, Zebadiah son of Michael, and with him 80 men;

9 of the descendants of Joab, Obadiah son of Jehiel, and with him 218 men;

10 of the descendants of Bani,^{u} Shelomith son of Josiphiah, and with him 160 men;

11 of the descendants of Bebai, Zechariah son of Bebai, and with him 28 men;

12 of the descendants of Azgad, Johanan son of Hakkatan, and with him 110 men;

13 of the descendants of Adonikam, the last ones, whose names were Eliphelet, Jeuel and Shemaiah, and with them 60 men;

14 of the descendants of Bigvai, Uthai and Zaccur, and with them 70 men.

The Return to Jerusalem

15 I assembled them at the canal that flows toward Ahava, and we camped there three days. When I checked among the people and the priests, I found no Levites there. 16 So I summoned Eliezer, Ariel, Shemaiah, Elnathan, Jarib, Elnathan, Nathan, Zechariah and Meshullam, who were leaders, and Joiarib and Elnathan, who were men of learning, 17 and I sent them to Iddo, the leader in Casiphia. I told them what to say to Iddo and his kinsmen, the temple servants in Casiphia, so that they might bring attendants to us for the house of our God. 18 Because the gracious hand of our God was on us, they brought us Sherebiah, a capable man, from the descendants of Mahli son of Levi, the son of Israel, and Sherebiah's sons and brothers, 18 men; 19 and Hashabiah, together with Jeshaiah from the descendants of Merari, and his brothers and nephews, 20 men. 20 They also brought 220 of the temple servants—a body that David and the officials had established to assist the Levites. All were registered by name.

21 There, by the Ahava Canal, I proclaimed a fast, so that we might humble ourselves before our God and ask him for a safe journey for us and our children, with all our possessions. 22 I was ashamed to ask the king for soldiers and horsemen to protect us from enemies on the road, because we had told the king, "The gracious hand of our God is on everyone who looks to him, but his great anger is against all who forsake him." 23 So we fasted and petitioned our God about this, and he answered our prayer.

---

^{t} 5 Some Septuagint manuscripts (also 1 Esdras 8:32); Hebrew does not have *Zattu*. ^{u} 10 Some Septuagint manuscripts (also 1 Esdras 8:36); Hebrew does not have *Bani*.

24 Después aparté a doce jefes de los sacerdotes: Serebías, Jasabías y diez de sus parientes. 25 En presencia de ellos pesé el oro, los utensilios sagrados y las ofrendas que el rey, sus consejeros, sus funcionarios más importantes y todos los israelitas allí presentes habían entregado para el templo de Dios. 26 Lo que pesé fue lo siguiente: veintiún mil cuatrocientos cincuenta kilos de plata, utensilios de plata que pesaban tres mil trescientos kilos, tres mil trescientos kilos de oro, 27 veinte tazas de oro que pesaban ocho kilos,ⁿ y dos recipientes de bronce bruñido de la mejor calidad, tan preciosos como el oro.

28 Luego les dije: «Ustedes y los utensilios han sido consagrados al SEÑOR. La plata y el oro son una ofrenda voluntaria para el SEÑOR, Dios de nuestros antepasados. 29 Vigílenlos y guárdenlos hasta que los pesen en los aposentos del templo del SEÑOR en Jerusalén, en presencia de los principales sacerdotes, de los levitas y de los jefes de familia del pueblo de Israel.» 30 Así que los sacerdotes y levitas recibieron la plata, el oro y los utensilios que fueron pesados para llevarlos al templo de nuestro Dios en Jerusalén.

31 El día doce del mes primero partimos del río Ahava para ir a Jerusalén. Durante todo el trayecto Dios nos acompañó y nos libró de enemigos y asaltantes. 32 Al llegar a Jerusalén nos quedamos descansando tres días. 33 Al cuarto día pesamos la plata, el oro y los utensilios en el templo de nuestro Dios, y entregamos todo al sacerdote Meremot hijo de Urías. Eleazar hijo de Finés estaba allí con él, lo mismo que los levitas Jozabad hijo de Jesúa, y Noadías hijo de Binuy. 34 Ese día pesamos y contamos todo, y registramos el peso total.

35 Luego, en honor del SEÑOR, Dios de Israel, los que habían regresado del cautiverio ofrecieron, en *holocausto y como ofrenda de *expiación por todo el pueblo, doce novillos, noventa y seis carneros, setenta y siete corderos y doce chivos. 36 Y se les entregaron los decretos del rey a los *sátrapas del reino y a los gobernadores de la provincia al oeste del río Éufrates, los cuales prestaron todo su apoyo al pueblo y al templo de Dios.

Esdras confiesa el pecado del pueblo

9 Después de todo esto, se me acercaron los jefes y me dijeron: «El pueblo de Israel, incluso los sacerdotes y levitas, no se ha mantenido separado de los pueblos vecinos, sino que practica las costumbres abominables de todos ellos, es decir, de los cananeos, hititas, ferezeos, jebuseos, amonitas, moabitas, egipcios y amorreos. 2 De entre las mujeres de esos pueblos han tomado esposas para sí mismos y para sus hijos, mezclando así la raza *santa con la de los pueblos vecinos. Y los primeros en cometer tal infidelidad han sido los jefes y los gobernantes.»

3 Cuando escuché esto, me rasgué la túnica y el manto, me arranqué los pelos de la cabeza y de la barba, y me postré muy angustiado. 4 Entonces, por causa del pecado cometido por los repatriados, se reunieron a mi alrededor todos los que obedecíanⁿ la palabra de Dios. Y yo seguí angustiado hasta la hora del sacrificio de la tarde.

5 A la hora del sacrificio me recobré de mi abatimiento y, con la túnica y el manto rasgados, caí de

24 Then I set apart twelve of the leading priests, together with Sherebiah, Hashabiah and ten of their brothers, 25 and I weighed out to them the offering of silver and gold and the articles that the king, his advisers, his officials and all Israel present there had donated for the house of our God. 26 I weighed out to them 650 talentsᵛ of silver, silver articles weighing 100 talents,ʷ 100 talentsʷ of gold, 27 20 bowls of gold valued at 1,000 darics,ˣ and two fine articles of polished bronze, as precious as gold.

28 I said to them, "You as well as these articles are consecrated to the LORD. The silver and gold are a freewill offering to the LORD, the God of your fathers. 29 Guard them carefully until you weigh them out in the chambers of the house of the LORD in Jerusalem before the leading priests and the Levites and the family heads of Israel." 30 Then the priests and Levites received the silver and gold and sacred articles that had been weighed out to be taken to the house of our God in Jerusalem.

31 On the twelfth day of the first month we set out from the Ahava Canal to go to Jerusalem. The hand of our God was on us, and he protected us from enemies and bandits along the way. 32 So we arrived in Jerusalem, where we rested three days.

33 On the fourth day, in the house of our God, we weighed out the silver and gold and the sacred articles into the hands of Meremoth son of Uriah, the priest. Eleazar son of Phinehas was with him, and so were the Levites Jozabad son of Jeshua and Noadiah son of Binnui. 34 Everything was accounted for by number and weight, and the entire weight was recorded at that time.

35 Then the exiles who had returned from captivity sacrificed burnt offerings to the God of Israel: twelve bulls for all Israel, ninety-six rams, seventy-seven male lambs and, as a sin offering, twelve male goats. All this was a burnt offering to the LORD. 36 They also delivered the king's orders to the royal satraps and to the governors of Trans-Euphrates, who then gave assistance to the people and to the house of God.

Ezra's Prayer About Intermarriage

9 After these things had been done, the leaders came to me and said, "The people of Israel, including the priests and the Levites, have not kept themselves separate from the neighboring peoples with their detestable practices, like those of the Canaanites, Hittites, Perizzites, Jebusites, Ammonites, Moabites, Egyptians and Amorites. 2 They have taken some of their daughters as wives for themselves and their sons, and have mingled the holy race with the peoples around them. And the leaders and officials have led the way in this unfaithfulness."

3 When I heard this, I tore my tunic and cloak, pulled hair from my head and beard and sat down appalled. 4 Then everyone who trembled at the words of the God of Israel gathered around me because of this unfaithfulness of the exiles. And I sat there appalled until the evening sacrifice.

5 Then, at the evening sacrifice, I rose from my self-abasement, with my tunic and cloak torn, and fell on

---

ⁿ 8:26-27 *veintiún mil ... ocho kilos.* Lit. *seiscientos cincuenta
*talentos de plata, utensilios de plata que pesaban cien talentos,
cien talentos de oro,* 27 *veinte tasas de oro que valían mil *dracmas.*
ⁿ 9:4 *obedecían.* Lit. *temían.*

ᵛ 26 That is, about 25 tons (about 22 metric tons)   ʷ 26 That is,
about 3 3/4 tons (about 3.4 metric tons)   ˣ 27 That is, about 19
pounds (about 8.5 kilograms)

rodillas, extendí mis manos hacia el Señor mi Dios, ⁶y le dije en oración:

«Dios mío, estoy confundido y siento vergüenza de levantar el rostro hacia ti, porque nuestras maldades se han amontonado hasta cubrirnos por completo; nuestra culpa ha llegado hasta el cielo. ⁷Desde los días de nuestros antepasados hasta hoy, nuestra culpa ha sido grande. Debido a nuestras maldades, nosotros, nuestros reyes y nuestros sacerdotes fuimos entregados al poder de los reyes de los países vecinos. Hemos sufrido la espada, el cautiverio, el pillaje y la humillación, como nos sucede hasta hoy.

⁸»Pero ahora tú, Señor y Dios nuestro, por un breve momento nos has mostrado tu bondad al permitir que un remanente quede en libertad y se establezca en tu lugar santo. Has permitido que nuestros ojos vean una nueva luz, y nos has concedido un pequeño alivio en medio de nuestra esclavitud. ⁹Aunque somos esclavos, no nos has abandonado, Dios nuestro, sino que nos has extendido tu misericordia a la vista de los reyes de Persia. Nos has dado nueva vida para reedificar tu templo y reparar sus ruinas, y nos has brindado tu protección en Judá y en Jerusalén.ᵒ

¹⁰»Y ahora, después de lo que hemos hecho, ¿qué podemos decirte? No hemos cumplido los mandamientos ¹¹que nos diste por medio de tus siervos los profetas, cuando nos advertiste: "La tierra que van a poseer está corrompida por la *impureza de los pueblos que la habitan, pues de un extremo a otro ellos la han llenado con sus abominaciones. ¹²Por eso, no permitan ustedes que sus hijas ni sus hijos se casen con los de esos pueblos. Nunca busquen el *bienestar ni la prosperidad que tienen ellos, para que ustedes se mantengan fuertes y coman de los frutos de la buena tierra y luego se la dejen por herencia a sus descendientes para siempre."

¹³»Después de todo lo que nos ha acontecido por causa de nuestras maldades y de nuestra grave culpa, reconocemos que tú, Dios nuestro, no nos has dado el castigo que merecemos, sino que nos has dejado un remanente. ¹⁴¿Cómo es posible que volvamos a quebrantar tus mandamientos contrayendo matrimonio con las mujeres de estos pueblos que tienen prácticas abominables? ¿Acaso no sería justo que te enojaras con nosotros y nos destruyeras hasta no dejar remanente ni que nadie escape? ¹⁵¡Señor, Dios de Israel, tú eres justo! Tú has permitido que hasta hoy sobrevivamos como remanente. Culpables como somos, estamos en tu presencia, aunque no lo merecemos.»

El pueblo reconoce su pecado

10 Mientras Esdras oraba y hacía esta confesión llorando y postrándose delante del templo de Dios, a su alrededor se reunió una gran *asamblea de hombres, mujeres y niños del pueblo de Israel. Toda la multitud lloraba amargamente. ²Entonces uno de los descendientes de Elam, que se llamaba Secanías hijo de Jehiel, se dirigió a Esdras y le dijo: «Nosotros hemos sido infieles a nuestro Dios, pues tomamos por esposas a mujeres de los pueblos vecinos; pero todavía hay esperanza para Israel. ³Hagamos un *pacto con

my knees with my hands spread out to the Lord my God ⁶and prayed:

"O my God, I am too ashamed and disgraced to lift up my face to you, my God, because our sins are higher than our heads and our guilt has reached to the heavens. ⁷From the days of our forefathers until now, our guilt has been great. Because of our sins, we and our kings and our priests have been subjected to the sword and captivity, to pillage and humiliation at the hand of foreign kings, as it is today.

⁸"But now, for a brief moment, the Lord our God has been gracious in leaving us a remnant and giving us a firm place in his sanctuary, and so our God gives light to our eyes and a little relief in our bondage. ⁹Though we are slaves, our God has not deserted us in our bondage. He has shown us kindness in the sight of the kings of Persia: He has granted us new life to rebuild the house of our God and repair its ruins, and he has given us a wall of protection in Judah and Jerusalem.

¹⁰"But now, O our God, what can we say after this? For we have disregarded the commands ¹¹you gave through your servants the prophets when you said: 'The land you are entering to possess is a land polluted by the corruption of its peoples. By their detestable practices they have filled it with their impurity from one end to the other. ¹²Therefore, do not give your daughters in marriage to their sons or take their daughters for your sons. Do not seek a treaty of friendship with them at any time, that you may be strong and eat the good things of the land and leave it to your children as an everlasting inheritance.'

¹³"What has happened to us is a result of our evil deeds and our great guilt, and yet, our God, you have punished us less than our sins have deserved and have given us a remnant like this. ¹⁴Shall we again break your commands and intermarry with the peoples who commit such detestable practices? Would you not be angry enough with us to destroy us, leaving us no remnant or survivor? ¹⁵O Lord, God of Israel, you are righteous! We are left this day as a remnant. Here we are before you in our guilt, though because of it not one of us can stand in your presence."

The People's Confession of Sin

10 While Ezra was praying and confessing, weeping and throwing himself down before the house of God, a large crowd of Israelites—men, women and children—gathered around him. They too wept bitterly. ²Then Shecaniah son of Jehiel, one of the descendants of Elam, said to Ezra, "We have been unfaithful to our God by marrying foreign women from the peoples around us. But in spite of this, there is still hope for Israel. ³Now let us make a covenant before

---

ᵒ9:8-9 En el hebreo de estos versículos, Esdras se refiere a Dios en tercera persona.

nuestro Dios, comprometiéndonos a expulsar a todas estas mujeres y a sus hijos, conforme al consejo que nos has dado tú, y todos los que aman el mandamiento de Dios. ¡Que todo se haga de acuerdo con la ley! 4Levántate, pues ésta es tu responsabilidad; nosotros te apoyamos. ¡Cobra ánimo y pon manos a la obra!»

5Al oír esto, Esdras se levantó e hizo que los jefes de los sacerdotes, los levitas y todo el pueblo de Israel se comprometieran, bajo juramento, a cumplir con lo que habían dicho; y ellos lo juraron. 6Luego Esdras salió del templo de Dios y fue a la habitación de Johanán hijo de Eliasib. Allí se quedó sin comer pan ni beber agua, porque estaba muy deprimido por causa de la infidelidad de los repatriados.

7Posteriormente anunciaron en Judá y Jerusalén que todos los que habían regresado del cautiverio debían reunirse en Jerusalén. 8Y advirtieron que a todo el que no se presentara en el plazo de tres días, según la decisión de los jefes y *dirigentes, se le quitarían sus propiedades y se le expulsaría de la asamblea de los repatriados.

9Por lo tanto, a los tres días, en el día veinte del mes noveno, se reunieron en Jerusalén todos los *hombres de Judá y de Benjamín. Todo el pueblo se sentó en la plaza del templo de Dios, temblando por causa de ese asunto e intimidados por el aguacero que caía. 10Entonces el sacerdote Esdras se puso en pie y les dijo:

—Ustedes han sido infieles y han aumentado la culpa de Israel, pues han contraído matrimonio con mujeres extranjeras. 11Ahora, pues, confiesen su pecadoᵖ al SEÑOR, Dios de nuestros antepasados, y hagan lo que a él le agrada. Sepárense de los *paganos y de las mujeres extranjeras.

12Toda la asamblea contestó en alta voz:

—Haremos todo lo que nos has dicho. 13Pero no podemos quedarnos a la intemperie; estamos en época de lluvias y esto no es asunto de uno o dos días, pues somos muchos los que hemos cometido este pecado. 14Proponemos que se queden sólo los jefes del pueblo, y que todos los que viven en nuestras ciudades y se han casado con mujeres extranjeras se presenten en fechas determinadas, junto con los dirigentes y jueces de cada ciudad, hasta que se aparte de nosotros la terrible ira de nuestro Dios por causa de esta infidelidad.

15Sólo se opusieron Jonatán hijo de Asael y Jahazías hijo de Ticvá, apoyados por los levitas Mesulán y Sabetay. 16Los que habían regresado del cautiverio actuaron según lo que se había convenido. Entonces el sacerdote Esdras seleccionó y llamó por nombre a ciertos jefes de familia, y a partir del primer día del mes décimo se reunió con ellos para tratar cada caso. 17Y el primer día del mes primero terminaron de resolver los casos de todos los que se habían casado con mujeres extranjeras.

Lista de los culpables

18Los descendientes de los sacerdotes que se habían casado con mujeres extranjeras fueron los siguientes:

De Jesúa hijo de Josadac, y de sus hermanos: Maseías, Eliezer, Jarib y Guedalías, 19los cuales se comprometieron a despedir a sus mujeres extranjeras, y ofrecieron un carnero como ofrenda de *expiación por su pecado.
20De Imer: Jananí y Zebadías.
21De Jarín: Maseías, Elías, Semaías, Jehiel y Uzías.
22De Pasur: Elihoenay, Maseías, Ismael, Natanael, Jozabad y Elasá.

our God to send away all these women and their children, in accordance with the counsel of my lord and of those who fear the commands of our God. Let it be done according to the Law. 4Rise up; this matter is in your hands. We will support you, so take courage and do it."

5So Ezra rose up and put the leading priests and Levites and all Israel under oath to do what had been suggested. And they took the oath. 6Then Ezra withdrew from before the house of God and went to the room of Jehohanan son of Eliashib. While he was there, he ate no food and drank no water, because he continued to mourn over the unfaithfulness of the exiles.

7A proclamation was then issued throughout Judah and Jerusalem for all the exiles to assemble in Jerusalem. 8Anyone who failed to appear within three days would forfeit all his property, in accordance with the decision of the officials and elders, and would himself be expelled from the assembly of the exiles.

9Within the three days, all the men of Judah and Benjamin had gathered in Jerusalem. And on the twentieth day of the ninth month, all the people were sitting in the square before the house of God, greatly distressed by the occasion and because of the rain. 10Then Ezra the priest stood up and said to them, "You have been unfaithful; you have married foreign women, adding to Israel's guilt. 11Now make confession to the LORD, the God of your fathers, and do his will. Separate yourselves from the peoples around you and from your foreign wives."

12The whole assembly responded with a loud voice: "You are right! We must do as you say. 13But there are many people here and it is the rainy season; so we cannot stand outside. Besides, this matter cannot be taken care of in a day or two, because we have sinned greatly in this thing. 14Let our officials act for the whole assembly. Then let everyone in our towns who has married a foreign woman come at a set time, along with the elders and judges of each town, until the fierce anger of our God in this matter is turned away from us." 15Only Jonathan son of Asahel and Jahzeiah son of Tikvah, supported by Meshullam and Shabbethai the Levite, opposed this.

16So the exiles did as was proposed. Ezra the priest selected men who were family heads, one from each family division, and all of them designated by name. On the first day of the tenth month they sat down to investigate the cases, 17and by the first day of the first month they finished dealing with all the men who had married foreign women.

Those Guilty of Intermarriage

18Among the descendants of the priests, the following had married foreign women:

From the descendants of Jeshua son of Jozadak, and his brothers: Maaseiah, Eliezer, Jarib and Gedaliah. 19(They all gave their hands in pledge to put away their wives, and for their guilt they each presented a ram from the flock as a guilt offering.)
20From the descendants of Immer:
Hanani and Zebadiah.
21From the descendants of Harim:
Maaseiah, Elijah, Shemaiah, Jehiel and Uzziah.
22From the descendants of Pashhur:
Elioenai, Maaseiah, Ishmael, Nethanel, Jozabad and Elasah.

ᵖ 10:11 confiesen su pecado. Alt. den gracias.

23 De los levitas:

Jozabad, Simí, Quelaías o Quelitá, Petaías, Judá y Eliezer.

24 De los cantores: Eliasib.

De los porteros: Salún, Telén y Uri.

25 Y de los demás israelitas:

De Parós: Ramías, Jezías, Malquías, Mijamín, Eleazar, Malquías y Benaías.

26 De Elam: Matanías, Zacarías, Jehiel, Abdí, Jeremot y Elías.

27 De Zatú: Elihoenay, Eliasib, Matanías, Jeremot, Zabad y Azizá.

28 De Bebay: Johanán, Jananías, Zabay y Atlay.

29 De Baní: Mesulán, Maluc, Adaías, Yasub, Seal y Ramot.

30 De Pajat Moab: Adná, Quelal, Benaías, Maseías, Matanías, Bezalel, Binuy y Manasés.

31 De Jarín: Eliezer, Isías, Malquías, Semaías, Simeón, 32 Benjamín, Maluc y Semarías.

33 De Jasún: Matenay, Matatá, Zabad, Elifelet, Jeremay, Manasés y Simí.

34 De Baní: Maday, Amirán, Uel, 35 Benaías, Bedías, Queluhi, 36 Vanías, Meremot, Eliasib, 37 Matanías, Matenay, Jasay.

38 De Binuy:q Simí, 39 Selemías, Natán, Adaías, 40 Macnadebay, Sasay, Saray, 41 Azarel, Selemías, Semarías, 42 Salún, Amarías y José.

43 De Nebo: Jeyel, Matatías, Zabad, Zebiná, Jadau, Joel y Benaías.

44 Todos éstos se habían casado con mujeres extranjeras, y algunos habían tenido hijos con ellas.

23 Among the Levites:

Jozabad, Shimei, Kelaiah (that is, Kelita), Pethahiah, Judah and Eliezer.

24 From the singers:

Eliashib.

From the gatekeepers:

Shallum, Telem and Uri.

25 And among the other Israelites:

From the descendants of Parosh:

Ramiah, Izziah, Malkijah, Mijamin, Eleazar, Malkijah and Benaiah.

26 From the descendants of Elam:

Mattaniah, Zechariah, Jehiel, Abdi, Jeremoth and Elijah.

27 From the descendants of Zattu:

Elioenai, Eliashib, Mattaniah, Jeremoth, Zabad and Aziza.

28 From the descendants of Bebai:

Jehohanan, Hananiah, Zabbai and Athlai.

29 From the descendants of Bani:

Meshullam, Malluch, Adaiah, Jashub, Sheal and Jeremoth.

30 From the descendants of Pahath-Moab:

Adna, Kelal, Benaiah, Maaseiah, Mattaniah, Bezalel, Binnui and Manasseh.

31 From the descendants of Harim:

Eliezer, Ishijah, Malkijah, Shemaiah, Shimeon, 32 Benjamin, Malluch and Shemariah.

33 From the descendants of Hashum:

Mattenai, Mattattah, Zabad, Eliphelet, Jeremai, Manasseh and Shimei.

34 From the descendants of Bani:

Maadai, Amram, Uel, 35 Benaiah, Bedeiah, Keluhi, 36 Vaniah, Meremoth, Eliashib, 37 Mattaniah, Mattenai and Jaasu.

38 From the descendants of Binnui:y

Shimei, 39 Shelemiah, Nathan, Adaiah, 40 Macnadebai, Shashai, Sharai, 41 Azarel, Shelemiah, Shemariah, 42 Shallum, Amariah and Joseph.

43 From the descendants of Nebo:

Jeiel, Mattithiah, Zabad, Zebina, Jaddai, Joel and Benaiah.

44 All these had married foreign women, and some of them had children by these wives.z

y 37,38 See Septuagint (also 1 Esdras 9:34); Hebrew Jaasu 38and Bani and Binnui,   z 44 Or and they sent them away with their children

q 10:38 de Binuy. Alt. Bani, Binuy.

Nehemías

Nehemías ora por su pueblo

1 Éstas son las palabras de Nehemías hijo de Jacalías:

En el mes de *quisleu* del año veinte, estando yo en la ciudadela de Susa, ²llegó Jananí, uno de mis hermanos, junto con algunos hombres de Judá. Entonces les pregunté por el resto de los judíos que se habían librado del destierro, y por Jerusalén.

³Ellos me respondieron: «Los que se libraron del destierro y se quedaron en la provincia están enfrentando una gran calamidad y humillación. La muralla de Jerusalén sigue derribada, con sus *puertas consumidas por el fuego.»

⁴Al escuchar esto, me senté a llorar; hice duelo por algunos días, ayuné y oré al Dios del cielo. ⁵Le dije:

«SEÑOR, Dios del cielo, grande y temible, que cumples el *pacto y eres fiel con los que te aman y obedecen tus mandamientos, ⁶te suplico que me prestes atención, que fijes tus ojos en este siervo tuyo que día y noche ora en favor de tu pueblo Israel. Confieso que los israelitas, entre los cuales estamos incluidos mi familia y yo, hemos pecado contra ti. ⁷Te hemos ofendido y nos hemos corrompido mucho; hemos desobedecido los mandamientos, preceptos y decretos que tú mismo diste a tu siervo Moisés.

⁸»Recuerda, te suplico, lo que le dijiste a tu siervo Moisés: "Si ustedes pecan, yo los dispersaré entre las naciones: ⁹pero si se vuelven a mí, y obedecen y ponen en práctica mis mandamientos, aunque hayan sido llevados al lugar más apartado del mundo los recogeré y los haré volver al lugar donde he decidido habitar."

¹⁰»Ellos son tus siervos y tu pueblo al cual redimiste con gran despliegue de fuerza y poder. ¹¹SEÑOR, te suplico que escuches nuestra oración, pues somos tus siervos y nos complacemos en honrar tu *nombre. Y te pido que a este siervo tuyo le concedas tener éxito y ganarse el favor del rey.»

En aquel tiempo yo era copero del rey.

Nehemías vuelve a Jerusalén

2 Un día, en el mes de *nisán* del año veinte del reinado de Artajerjes, al ofrecerle vino al rey, como él nunca antes me había visto triste, ²me preguntó:

—¿Por qué estás triste? No me parece que estés enfermo, así que debe haber algo que te está causando dolor.

Yo sentí mucho miedo ³y le respondí:

—¡Qué viva Su Majestad para siempre! ¿Cómo no he de estar triste, si la ciudad donde están los sepulcros de mis padres se halla en ruinas, con sus *puertas consumidas por el fuego?

⁴—¿Qué quieres que haga? —replicó el rey.

Nehemiah

Nehemiah's Prayer

1 The words of Nehemiah son of Hacaliah:

In the month of Kislev in the twentieth year, while I was in the citadel of Susa, ²Hanani, one of my brothers, came from Judah with some other men, and I questioned them about the Jewish remnant that survived the exile, and also about Jerusalem.

³They said to me, "Those who survived the exile and are back in the province are in great trouble and disgrace. The wall of Jerusalem is broken down, and its gates have been burned with fire."

⁴When I heard these things, I sat down and wept. For some days I mourned and fasted and prayed before the God of heaven. ⁵Then I said:

"O LORD, God of heaven, the great and awesome God, who keeps his covenant of love with those who love him and obey his commands, ⁶let your ear be attentive and your eyes open to hear the prayer your servant is praying before you day and night for your servants, the people of Israel. I confess the sins we Israelites, including myself and my father's house, have committed against you. ⁷We have acted very wickedly toward you. We have not obeyed the commands, decrees and laws you gave your servant Moses.

⁸"Remember the instruction you gave your servant Moses, saying, 'If you are unfaithful, I will scatter you among the nations, ⁹but if you return to me and obey my commands, then even if your exiled people are at the farthest horizon, I will gather them from there and bring them to the place I have chosen as a dwelling for my Name.'

¹⁰"They are your servants and your people, whom you redeemed by your great strength and your mighty hand. ¹¹O Lord, let your ear be attentive to the prayer of this your servant and to the prayer of your servants who delight in revering your name. Give your servant success today by granting him favor in the presence of this man."

I was cupbearer to the king.

Artaxerxes Sends Nehemiah to Jerusalem

2 In the month of Nisan in the twentieth year of King Artaxerxes, when wine was brought for him, I took the wine and gave it to the king. I had not been sad in his presence before; ²so the king asked me, "Why does your face look so sad when you are not ill? This can be nothing but sadness of heart."

I was very much afraid, ³but I said to the king, "May the king live forever! Why should my face not look sad when the city where my fathers are buried lies in ruins, and its gates have been destroyed by fire?"

⁴The king said to me, "What is it you want?"

Encomendándome al Dios del cielo, 5 le respondí:

—Si a Su Majestad le parece bien, y si este siervo suyo es digno de su favor, le ruego que me envíe a Judá para reedificar la ciudad donde están los sepulcros de mis padres.

6 —¿Cuánto durará tu viaje? ¿Cuándo regresarás? —me preguntó el rey, que tenía a la reina sentada a su lado.

En cuanto le propuse un plazo, el rey aceptó enviarme. 7 Entonces añadí:

—Si a Su Majestad le parece bien, le ruego que envíe cartas a los gobernadores del oeste del río Éufrates para que me den vía libre y yo pueda llegar a Judá; 8 y por favor ordene a su guardabosques Asaf que me dé madera para reparar las puertas de la ciudadela del templo, la muralla de la ciudad y la casa donde he de vivir.

El rey accedió a mi petición, porque Dios estaba actuando a mi favor. 9 Cuando me presenté ante los gobernadores del oeste del río Éufrates, les entregué las cartas del rey. Además el rey había ordenado que me escoltaran su caballería y sus capitanes. 10 Pero al oír que alguien había llegado a ayudar a los israelitas, Sambalat el horonita y Tobías el siervo amonita se disgustaron mucho.

Nehemías inspecciona la muralla

11 Tres días después de haber llegado a Jerusalén, 12 salí de noche acompañado de algunos hombres, pero a ninguno de ellos le conté lo que mi Dios me había motivado hacer por Jerusalén. La única bestia que llevábamos era la que yo montaba. 13 Esa noche salí por la puerta del Valle hacia la fuente del Dragón y la puerta del Basurero. Inspeccioné las ruinas de la muralla de Jerusalén, y sus puertas consumidas por el fuego. 14 Después me dirigí hacia la puerta de la Fuente y el estanque del Rey, pero no hallé por dónde pasar con mi cabalgadura. 15 Así que, siendo aún de noche, subí por el arroyo mientras inspeccionaba la muralla. Finalmente regresé y entré por la puerta del Valle.

16 Los gobernadores no supieron a dónde fui ni qué hice, porque hasta entonces no había dicho nada a ningún judío: ni a los sacerdotes, ni a los nobles, ni a los gobernadores ni a los que estaban trabajando en la obra. 17 Por eso les dije:

—Ustedes son testigos de nuestra desgracia. Jerusalén está en ruinas, y sus *puertas han sido consumidas por el fuego. ¡Vamos, anímense! ¡Reconstruyamos la muralla de Jerusalén para que ya nadie se burle de nosotros!

18 Entonces les conté cómo la bondadosa mano de Dios había estado conmigo y les relaté lo que el rey me había dicho. Al oír esto, exclamaron:

—¡Manos a la obra!

Y unieron la acción a la palabra.

19 Cuando lo supieron, Sambalat el horonita, Tobías el oficial amonita y Guesén el árabe se burlaron de nosotros y nos preguntaron de manera despectiva:

—Pero, ¿qué están haciendo? ¿Acaso pretenden rebelarse contra el rey?

20 Yo les contesté:

—El Dios del cielo nos concederá salir adelante. Nosotros, sus siervos, vamos a comenzar la reconstrucción. Ustedes no tienen arte ni parte en este asunto, ni raigambre en Jerusalén.

Then I prayed to the God of heaven, 5 and I answered the king, "If it pleases the king and if your servant has found favor in his sight, let him send me to the city in Judah where my fathers are buried so that I can rebuild it."

6 Then the king, with the queen sitting beside him, asked me, "How long will your journey take, and when will you get back?" It pleased the king to send me; so I set a time.

7 I also said to him, "If it pleases the king, may I have letters to the governors of Trans-Euphrates, so that they will provide me safe-conduct until I arrive in Judah? 8 And may I have a letter to Asaph, keeper of the king's forest, so he will give me timber to make beams for the gates of the citadel by the temple and for the city wall and for the residence I will occupy?" And because the gracious hand of my God was upon me, the king granted my requests. 9 So I went to the governors of Trans-Euphrates and gave them the king's letters. The king had also sent army officers and cavalry with me.

10 When Sanballat the Horonite and Tobiah the Ammonite official heard about this, they were very much disturbed that someone had come to promote the welfare of the Israelites.

Nehemiah Inspects Jerusalem's Walls

11 I went to Jerusalem, and after staying there three days 12 I set out during the night with a few men. I had not told anyone what my God had put in my heart to do for Jerusalem. There were no mounts with me except the one I was riding on.

13 By night I went out through the Valley Gate toward the Jackal[a] Well and the Dung Gate, examining the walls of Jerusalem, which had been broken down, and its gates, which had been destroyed by fire. 14 Then I moved on toward the Fountain Gate and the King's Pool, but there was not enough room for my mount to get through; 15 so I went up the valley by night, examining the wall. Finally, I turned back and reentered through the Valley Gate. 16 The officials did not know where I had gone or what I was doing, because as yet I had said nothing to the Jews or the priests or nobles or officials or any others who would be doing the work.

17 Then I said to them, "You see the trouble we are in: Jerusalem lies in ruins, and its gates have been burned with fire. Come, let us rebuild the wall of Jerusalem, and we will no longer be in disgrace." 18 I also told them about the gracious hand of my God upon me and what the king had said to me.

They replied, "Let us start rebuilding." So they began this good work.

19 But when Sanballat the Horonite, Tobiah the Ammonite official and Geshem the Arab heard about it, they mocked and ridiculed us. "What is this you are doing?" they asked. "Are you rebelling against the king?"

20 I answered them by saying, "The God of heaven will give us success. We his servants will start rebuilding, but as for you, you have no share in Jerusalem or any claim or historic right to it."

a 13 Or *Serpent* or *Fig*

Se inicia la reconstrucción

3 Entonces el sumo sacerdote Eliasib y sus compañeros los sacerdotes trabajaron en la reconstrucción de la puerta de las Ovejas. La repararon y la colocaron en su lugar, y reconstruyeron*a* también la muralla desde la torre de los Cien hasta la torre de Jananel. ²El tramo contiguo lo reconstruyeron los hombres de Jericó, y el tramo siguiente, Zacur hijo de Imrí.

³La puerta de los Pescados la reconstruyeron los descendientes de Sená.*b* Colocaron las vigas y pusieron la puerta en su lugar, con sus cerrojos y barras. ⁴El tramo contiguo lo reconstruyó Meremot, hijo de Urías y nieto de Cos, y el tramo siguiente Mesulán, hijo de Berequías y nieto de Mesezabel. El siguiente tramo lo reconstruyó Sadoc hijo de Baná. ⁵Los de Tecoa reconstruyeron el siguiente tramo de la muralla, aunque sus notables no quisieron colaborar con sus dirigentes.

⁶La puerta de Jesaná*c* la reconstruyeron Joyadá hijo de Paseaj y Mesulán hijo de Besodías. Colocaron las vigas y pusieron en su lugar la puerta con sus cerrojos y barras. ⁷El tramo contiguo lo reconstruyeron Melatías de Gabaón y Jadón de Meronot. A éstos se les unieron los de Gabaón y los de Mizpa, que estaban bajo el dominio del gobernador de la provincia al oeste del río Éufrates.

⁸Uziel hijo de Jaraías, que era uno de los plateros, reconstruyó el siguiente tramo de la muralla, y uno de los perfumistas, llamado Jananías, el siguiente. Entre los dos reconstruyeron la muralla de Jerusalén hasta la muralla Ancha. ⁹El siguiente tramo lo reconstruyó Refaías hijo de Jur, que era gobernador de una mitad del distrito de Jerusalén; ¹⁰el siguiente, Jedaías hijo de Jarumaf, cuya casa quedaba al frente, y el siguiente, Jatús hijo de Jasabnías.

¹¹Malquías hijo de Jarín y Jasub hijo de Pajat Moab reconstruyeron el siguiente tramo de la muralla y la torre de los Hornos. ¹²Salún hijo de Halojés, que era gobernador de la otra mitad del distrito de Jerusalén, reconstruyó el siguiente tramo con la ayuda de sus hijas.

¹³La puerta del Valle la reconstruyeron Janún y los habitantes de Zanoa, y la colocaron en su lugar con sus cerrojos y barras. Levantaron también quinientos metros*d* de muralla hasta la puerta del Basurero.

¹⁴Malquías hijo de Recab, gobernador del distrito de Bet Haqueren, reconstruyó la puerta del Basurero y la colocó en su lugar con sus cerrojos y barras.

¹⁵Salún hijo de Coljozé, gobernador del distrito de Mizpa, reconstruyó la puerta de la Fuente, la techó y la colocó en su lugar con sus cerrojos y barras. Reconstruyó también el muro del estanque de Siloé, que está junto al jardín del rey, hasta las gradas que llevan a la Ciudad de David. ¹⁶Nehemías hijo de Azbuc, gobernador de una mitad del distrito de Betsur, reconstruyó el siguiente tramo hasta el lugar que está frente a los sepulcros de David, hasta el estanque artificial y hasta el cuartel de la guardia real.

¹⁷El sector que sigue lo reconstruyeron los levitas y Rejún hijo de Baní. En el tramo siguiente Jasabías, gobernador de una mitad del distrito de Queilá, hizo las obras de reconstrucción por cuenta de su distrito, ¹⁸y las continuaron sus compañeros: Bavay hijo de Henadad, gobernador de la otra mitad del distrito de Queilá,

Builders of the Wall

3 Eliashib the high priest and his fellow priests went to work and rebuilt the Sheep Gate. They dedicated it and set its doors in place, building as far as the Tower of the Hundred, which they dedicated, and as far as the Tower of Hananel. ²The men of Jericho built the adjoining section, and Zaccur son of Imri built next to them.

³The Fish Gate was rebuilt by the sons of Hassenaah. They laid its beams and put its doors and bolts and bars in place. ⁴Meremoth son of Uriah, the son of Hakkoz, repaired the next section. Next to him Meshullam son of Berekiah, the son of Meshezabel, made repairs, and next to him Zadok son of Baana also made repairs. ⁵The next section was repaired by the men of Tekoa, but their nobles would not put their shoulders to the work under their supervisors.*b*

⁶The Jeshanah*c* Gate was repaired by Joiada son of Paseah and Meshullam son of Besodeiah. They laid its beams and put its doors and bolts and bars in place. ⁷Next to them, repairs were made by men from Gibeon and Mizpah—Melatiah of Gibeon and Jadon of Meronoth—places under the authority of the governor of Trans-Euphrates. ⁸Uzziel son of Harhaiah, one of the goldsmiths, repaired the next section; and Hananiah, one of the perfume-makers, made repairs next to that. They restored*d* Jerusalem as far as the Broad Wall. ⁹Rephaiah son of Hur, ruler of a half-district of Jerusalem, repaired the next section. ¹⁰Adjoining this, Jedaiah son of Harumaph made repairs opposite his house, and Hattush son of Hashabneiah made repairs next to him. ¹¹Malkijah son of Harim and Hasshub son of Pahath-Moab repaired another section and the Tower of the Ovens. ¹²Shallum son of Hallohesh, ruler of a half-district of Jerusalem, repaired the next section with the help of his daughters.

¹³The Valley Gate was repaired by Hanun and the residents of Zanoah. They rebuilt it and put its doors and bolts and bars in place. They also repaired five hundred yards*e* of the wall as far as the Dung Gate.

¹⁴The Dung Gate was repaired by Malkijah son of Recab, ruler of the district of Beth Hakkerem. He rebuilt it and put its doors and bolts and bars in place.

¹⁵The Fountain Gate was repaired by Shallun son of Col-Hozeh, ruler of the district of Mizpah. He rebuilt it, roofing it over and putting its doors and bolts and bars in place. He also repaired the wall of the Pool of Siloam,*f* by the King's Garden, as far as the steps going down from the City of David. ¹⁶Beyond him, Nehemiah son of Azbuk, ruler of a half-district of Beth Zur, made repairs up to a point opposite the tombs*g* of David, as far as the artificial pool and the House of the Heroes.

¹⁷Next to him, the repairs were made by the Levites under Rehum son of Bani. Beside him, Hashabiah, ruler of half the district of Keilah, carried out repairs for his district. ¹⁸Next to him, the repairs were made by their countrymen under Binnui*h* son of Henadad, ruler

---

a 3:1 repararon ... reconstruyeron (texto probable); *consagraron ... consagraron* (TM).   *b 3:3 Sená.* Alt. *Hasená.*   *c 3:6 La puerta de Jesaná.* Alt. *La puerta Vieja.*   *d 3:13 quinientos metros.* Lit. *mil* *codos.*

b 5 Or their Lord or *the governor*   *c 6 Or Old*   *d 8 Or They left out part of*   *e 13 Hebrew a thousand cubits* (about 450 meters)   *f 15 Hebrew Shelah,* a variant of *Shiloah,* that is, Siloam   *g 16 Hebrew; Septuagint, some* Vulgate manuscripts and Syriac *tomb*   *h 18 Two Hebrew manuscripts and Syriac* (see also Septuagint and verse 24); *most Hebrew manuscripts Bavvai*

¹⁹y Ezer hijo de Jesúa, gobernador de Mizpa, que reconstruyó el tramo que sube frente al arsenal de la esquina. ²⁰El tramo siguiente, es decir, el sector que va desde la esquina hasta la puerta de la casa del sumo sacerdote Eliasib, lo reconstruyó con entusiasmo Baruc hijo de Zabay. ²¹El sector que va desde la puerta de la casa de Eliasib hasta el extremo de la misma lo reconstruyó Meremot, hijo de Urías y nieto de Cos.

²²El siguiente tramo lo reconstruyeron los sacerdotes que vivían en los alrededores. ²³Benjamín y Jasub reconstruyeron el sector que está frente a sus propias casas. Azarías, hijo de Maseías y nieto de Ananías, reconstruyó el tramo que está junto a su propia casa. ²⁴Binuy hijo de Henadad reconstruyó el sector que va desde la casa de Azarías hasta el ángulo, es decir, hasta la esquina. ²⁵Palal hijo de Uzay reconstruyó el sector de la esquina que está frente a la torre alta que sobresale del palacio real, junto al patio de la guardia. El tramo contiguo lo reconstruyó Pedaías hijo de Parós. ²⁶Los servidores del templo que vivían en Ofel reconstruyeron el sector oriental que está frente a la puerta del Agua y la torre que allí sobresale. ²⁷Los hombres de Tecoa reconstruyeron el tramo que va desde el frente de la gran torre que allí sobresale, hasta la muralla de Ofel.

²⁸Los sacerdotes, cada uno frente a su casa, reconstruyeron el sector de la muralla sobre la puerta de los Caballos, ²⁹El siguiente tramo lo reconstruyó Sadoc hijo de Imer, pues quedaba frente a su propia casa. El sector que sigue lo reparó Semaías hijo de Secanías, guardián de la puerta oriental. ³⁰Jananías hijo de Selemías, y Janún, el sexto hijo de Salaf, reconstruyeron otro tramo. Mesulán hijo de Berequías reconstruyó el siguiente tramo, pues quedaba frente a su casa. ³¹Malquías, que era uno de los plateros, reconstruyó el tramo que llega hasta las casas de los servidores del templo y de los comerciantes, frente a la puerta de la Inspección y hasta el puesto de vigilancia. ³²Y el sector que va desde allí hasta la puerta de las Ovejas lo reconstruyeron los plateros y los comerciantes.

Se obstaculiza la reconstrucción

4 Cuando Sambalat se enteró de que estábamos reconstruyendo la muralla, se disgustó muchísimo y se burló de los judíos. ²Ante sus compañeros y el ejército de Samaria dijo:

—¿Qué están haciendo estos miserables judíos? ¿Creen que se les va a dejar que reconstruyan y que vuelvan a ofrecer sacrificios? ¿Piensan acaso terminar en un solo día? ¿Cómo creen que de esas piedras quemadas, de esos escombros, van a hacer algo nuevo?

³Y Tobías el amonita, que estaba junto a él, añadió:

—¡Hasta una zorra, si se sube a ese montón de piedras, lo echa abajo!

⁴Por eso oramos:

«¡Escucha, Dios nuestro,
    cómo se burlan de nosotros!
Haz que sus ofensas recaigan sobre ellos
    mismos:
entrégalos a sus enemigos;
    ¡que los lleven en cautiverio!
⁵No pases por alto su maldad
    ni olvides sus pecados,
porque insultan a los que reconstruyen.»

⁶Continuamos con la reconstrucción y levantamos la muralla hasta media altura, pues el pueblo trabajó con

of the other half-district of Keilah. ¹⁹Next to him, Ezer son of Jeshua, ruler of Mizpah, repaired another section, from a point facing the ascent to the armory as far as the angle. ²⁰Next to him, Baruch son of Zabbai zealously repaired another section, from the angle to the entrance of the house of Eliashib the high priest. ²¹Next to him, Meremoth son of Uriah, the son of Hakkoz, repaired another section, from the entrance of Eliashib's house to the end of it.

²²The repairs next to him were made by the priests from the surrounding region. ²³Beyond them, Benjamin and Hasshub made repairs in front of their house; and next to them, Azariah son of Maaseiah, the son of Ananiah, made repairs beside his house. ²⁴Next to him, Binnui son of Henadad repaired another section, from Azariah's house to the angle and the corner, ²⁵and Palal son of Uzai worked opposite the angle and the tower projecting from the upper palace near the court of the guard. Next to him, Pedaiah son of Parosh ²⁶and the temple servants living on the hill of Ophel made repairs up to a point opposite the Water Gate toward the east and the projecting tower. ²⁷Next to them, the men of Tekoa repaired another section, from the great projecting tower to the wall of Ophel.

²⁸Above the Horse Gate, the priests made repairs, each in front of his own house. ²⁹Next to them, Zadok son of Immer made repairs opposite his house. Next to him, Shemaiah son of Shecaniah, the guard at the East Gate, made repairs. ³⁰Next to him, Hananiah son of Shelemiah, and Hanun, the sixth son of Zalaph, repaired another section. Next to them, Meshullam son of Berekiah made repairs opposite his living quarters. ³¹Next to him, Malkijah, one of the goldsmiths, made repairs as far as the house of the temple servants and the merchants, opposite the Inspection Gate, and as far as the room above the corner; ³²and between the room above the corner and the Sheep Gate the goldsmiths and merchants made repairs.

Opposition to the Rebuilding

4 When Sanballat heard that we were rebuilding the wall, he became angry and was greatly incensed. He ridiculed the Jews, ²and in the presence of his associates and the army of Samaria, he said, "What are those feeble Jews doing? Will they restore their wall? Will they offer sacrifices? Will they finish in a day? Can they bring the stones back to life from those heaps of rubble—burned as they are?"

³Tobiah the Ammonite, who was at his side, said, "What they are building—if even a fox climbed up on it, he would break down their wall of stones!"

⁴Hear us, O our God, for we are despised. Turn their insults back on their own heads. Give them over as plunder in a land of captivity. ⁵Do not cover up their guilt or blot out their sins from your sight, for they have thrown insults in the face ofⁱ the builders.

⁶So we rebuilt the wall till all of it reached half its height, for the people worked with all their heart.

entusiasmo. 7Pero cuando Sambalat y Tobías, y los árabes, los amonitas y los asdodeos se enteraron de que avanzaba la reconstrucción de la muralla y de que ya estábamos cerrando las brechas, se enojaron muchísimo 8y acordaron atacar a Jerusalén y provocar disturbios en ella. 9Oramos entonces a nuestro Dios y decidimos montar guardia día y noche para defendernos de ellos.

10Por su parte, la gente de Judá decía:

«Los cargadores desfallecen,
    pues son muchos los escombros;
¡no vamos a poder
    reconstruir esta muralla!»

11Y nuestros enemigos maquinaban: «Les caeremos por sorpresa y los mataremos; así haremos que la obra se suspenda.»

12Algunos de los judíos que vivían cerca de ellos venían constantemente y nos advertían: «Los van a atacar por todos lados.»

13Así que puse a la gente por familias, con sus espadas, arcos y lanzas, detrás de las murallas, en los lugares más vulnerables y desguarnecidos. 14Luego de examinar la situación, me levanté y dije a los nobles y gobernantes, y al resto del pueblo: «¡No les tengan miedo! Acuérdense del Señor, que es grande y temible, y peleen por sus hermanos, por sus hijos e hijas, y por sus esposas y sus hogares.»

15Una vez que nuestros enemigos se dieron cuenta de que conocíamos sus intenciones y de que Dios había frustrado sus planes, todos regresamos a la muralla, cada uno a su trabajo. 16A partir de aquel día la mitad de mi gente trabajaba en la obra, mientras la otra mitad permanecía armada con lanzas, escudos, arcos y corazas. Los jefes estaban pendientes de toda la gente de Judá. 17Tanto los que reconstruían la muralla como los que acarreaban los materiales, no descuidaban ni la obra ni la defensa.e 18Todos los que trabajaban en la reconstrucción llevaban la espada a la cintura. A mi lado estaba el encargado de dar el toque de alarma. 19Yo les había dicho a los nobles y gobernantes, y al resto del pueblo: «La tarea es grande y extensa, y nosotros estamos muy esparcidos en la muralla, distantes los unos de los otros. 20Por eso, al oír el toque de alarma, cerremos filas. ¡Nuestro Dios peleará por nosotros!»

21Así que, desde el amanecer hasta que aparecían las estrellas, mientras trabajábamos en la obra, la mitad de la gente montaba guardia lanza en mano.

22En aquella ocasión también le dije a la gente: «Todos ustedes, incluso los ayudantes, quédense en Jerusalén para que en la noche sirvan de centinelas y de día trabajen en la obra.» 23Ni yo ni mis parientes y ayudantes, ni los de mi guardia personal, nos desvestíamos para nada: cada uno de nosotros se mantenía listo para la defensa.f

Nehemías defiende a los pobres

5 Los hombres y las mujeres del pueblo protestaron enérgicamente contra sus hermanos judíos, 2pues había quienes decían: «Si contamos a nuestros hijos y a nuestras hijas, ya somos muchos. Necesitamos conseguir trigo para subsistir.» 3Otros se quejaban: «Por conseguir trigo para no morirnos de hambre, hemos

7But when Sanballat, Tobiah, the Arabs, the Ammonites and the men of Ashdod heard that the repairs to Jerusalem's walls had gone ahead and that the gaps were being closed, they were very angry. 8They all plotted together to come and fight against Jerusalem and stir up trouble against it. 9But we prayed to our God and posted a guard day and night to meet this threat.

10Meanwhile, the people in Judah said, "The strength of the laborers is giving out, and there is so much rubble that we cannot rebuild the wall."

11Also our enemies said, "Before they know it or see us, we will be right there among them and will kill them and put an end to the work."

12Then the Jews who lived near them came and told us ten times over, "Wherever you turn, they will attack us."

13Therefore I stationed some of the people behind the lowest points of the wall at the exposed places, posting them by families, with their swords, spears and bows. 14After I looked things over, I stood up and said to the nobles, the officials and the rest of the people, "Don't be afraid of them. Remember the Lord, who is great and awesome, and fight for your brothers, your sons and your daughters, your wives and your homes."

15When our enemies heard that we were aware of their plot and that God had frustrated it, we all returned to the wall, each to his own work.

16From that day on, half of my men did the work, while the other half were equipped with spears, shields, bows and armor. The officers posted themselves behind all the people of Judah 17who were building the wall. Those who carried materials did their work with one hand and held a weapon in the other, 18and each of the builders wore his sword at his side as he worked. But the man who sounded the trumpet stayed with me.

19Then I said to the nobles, the officials and the rest of the people, "The work is extensive and spread out, and we are widely separated from each other along the wall. 20Wherever you hear the sound of the trumpet, join us there. Our God will fight for us!"

21So we continued the work with half the men holding spears, from the first light of dawn till the stars came out. 22At that time I also said to the people, "Have every man and his helper stay inside Jerusalem at night, so they can serve us as guards by night and workmen by day." 23Neither I nor my brothers nor my men nor the guards with me took off our clothes; each had his weapon, even when he went for water.j

Nehemiah Helps the Poor

5 Now the men and their wives raised a great outcry against their Jewish brothers. 2Some were saying, "We and our sons and daughters are numerous; in order for us to eat and stay alive, we must get grain."

3Others were saying, "We are mortgaging our fields, our vineyards and our homes to get grain during the famine."

---

e4:17 no descuidaban ... defensa. Lit. con una mano trabajaban en la obra y con la otra sostenían la lanza.   f4:23 cada uno ... defensa. Lit. cada uno su arma el agua. Texto de difícil traducción.

j23 The meaning of the Hebrew for this clause is uncertain.

hipotecado nuestros campos, viñedos y casas.» ⁴Había también quienes se quejaban: «Tuvimos que empeñar nuestros campos y viñedos para conseguir dinero prestado y así pagar el tributo al rey. ⁵Y aunque nosotros y nuestros hermanos somos de la misma sangre, y nuestros hijos y los suyos son iguales, a nosotros nos ha tocado vender a nuestros hijos e hijas como esclavos. De hecho, hay hijas nuestras sirviendo como esclavas, y no podemos rescatarlas, puesto que nuestros campos y viñedos están en poder de otros.»

⁶Cuando oí sus palabras de protesta, me enojé muchísimo. ⁷Y después de reflexionar, reprendí a los nobles y gobernantes:

—¡Es inconcebible que sus propios hermanos les exijan el pago de intereses!

Convoqué además una gran asamblea contra ellos, ⁸y allí les recriminé:

—Hasta donde nos ha sido posible, hemos rescatado a nuestros hermanos judíos que fueron vendidos a los *paganos. ¡Y ahora son ustedes quienes venden a sus hermanos, después de que nosotros los hemos rescatado!ᵍ

Todos se quedaron callados, pues no sabían qué responder.

⁹Yo añadí:

—Lo que están haciendo ustedes es incorrecto. ¿No deberían mostrar la debida reverencia a nuestro Dios y evitar así el reproche de los paganos, nuestros enemigos? ¹⁰Mis hermanos y mis criados, y hasta yo mismo, les hemos prestado dinero y trigo. Pero ahora, ¡quitémosles esa carga de encima! ¹¹Yo les ruego que les devuelvan campos, viñedos, olivares y casas, y también el uno por ciento de la plata, del trigo, del vino y del aceite que ustedes les exigen.

¹²—Está bien —respondieron ellos—, haremos todo lo que nos has pedido. Se lo devolveremos todo, sin exigirles nada.

Entonces llamé a los sacerdotes, y ante éstos les hice jurar que cumplirían su promesa. ¹³Luego me sacudí el manto y afirmé:

—¡Así sacuda Dios y arroje de su casa y de sus propiedades a todo el que no cumpla esta promesa! ¡Así lo sacuda Dios y lo deje sin nada!

Toda la asamblea respondió:

—¡Amén!

Y alabaron al SEÑOR, y el pueblo cumplió lo prometido.

¹⁴Desde el año veinte del reinado de Artajerjes, cuando fui designado gobernador de la tierra de Judá, hasta el año treinta y dos, es decir, durante doce años, ni mis hermanos ni yo utilizamos el impuesto que me correspondía como gobernador. ¹⁵En cambio, los gobernadores que me precedieron habían impuesto cargas sobre el pueblo, y cada día les habían exigido comida y vino por un valor de cuarenta monedasʰ de plata. También sus criados oprimían al pueblo. En cambio yo, por temor a Dios, no hice eso. ¹⁶Al contrario, tanto yo como mis criados trabajamos en la reconstrucción de la muralla y no compramos ningún terreno.

¹⁷A mi mesa se sentaban ciento cincuenta hombres, entre judíos y oficiales, sin contar a los que llegaban de países vecinos. ¹⁸Era tarea de todos los días preparar un buey, seis ovejas escogidas y algunas aves; y cada diez días se traía vino en abundancia. Pero nunca utilicé el impuesto que me correspondía como gobernador, porque ya el pueblo tenía una carga muy pesada.

⁴Still others were saying, "We have had to borrow money to pay the king's tax on our fields and vineyards. ⁵Although we are of the same flesh and blood as our countrymen and though our sons are as good as theirs, yet we have to subject our sons and daughters to slavery. Some of our daughters have already been enslaved, but we are powerless, because our fields and our vineyards belong to others."

⁶When I heard their outcry and these charges, I was very angry. ⁷I pondered them in my mind and then accused the nobles and officials. I told them, "You are exacting usury from your own countrymen!" So I called together a large meeting to deal with them ⁸and said: "As far as possible, we have bought back our Jewish brothers who were sold to the Gentiles. Now you are selling your brothers, only for them to be sold back to us!" They kept quiet, because they could find nothing to say.

⁹So I continued, "What you are doing is not right. Shouldn't you walk in the fear of our God to avoid the reproach of our Gentile enemies? ¹⁰I and my brothers and my men are also lending the people money and grain. But let the exacting of usury stop! ¹¹Give back to them immediately their fields, vineyards, olive groves and houses, and also the usury you are charging them—the hundredth part of the money, grain, new wine and oil."

¹²"We will give it back," they said. "And we will not demand anything more from them. We will do as you say."

Then I summoned the priests and made the nobles and officials take an oath to do what they had promised. ¹³I also shook out the folds of my robe and said, "In this way may God shake out of his house and possessions every man who does not keep this promise. So may such a man be shaken out and emptied!"

At this the whole assembly said, "Amen," and praised the LORD. And the people did as they had promised.

¹⁴Moreover, from the twentieth year of King Artaxerxes, when I was appointed to be their governor in the land of Judah, until his thirty-second year—twelve years—neither I nor my brothers ate the food allotted to the governor. ¹⁵But the earlier governors—those preceding me—placed a heavy burden on the people and took forty shekelsᵏ of silver from them in addition to food and wine. Their assistants also lorded it over the people. But out of reverence for God I did not act like that. ¹⁶Instead, I devoted myself to the work on this wall. All my men were assembled there for the work; weˡ did not acquire any land.

¹⁷Furthermore, a hundred and fifty Jews and officials ate at my table, as well as those who came to us from the surrounding nations. ¹⁸Each day one ox, six choice sheep and some poultry were prepared for me, and every ten days an abundant supply of wine of all kinds. In spite of all this, I never demanded the food allotted to the governor, because the demands were heavy on these people.

ᵍ 5:8 *después de que nosotros los hemos rescatado.* Alt. *para que nosotros tengamos que volver a rescatarlos.*   ʰ 5:15 *monedas.* Lit. *siclos.*

ᵏ 15 That is, about 1 pound (about 0.5 kilogram)   ˡ 16 Most Hebrew manuscripts; some Hebrew manuscripts, Septuagint, Vulgate and Syriac *I*

19¡Recuerda, Dios mío, todo lo que he hecho por este pueblo, y favoréceme!

Nueva oposición de los enemigos

6 Sambalat, Tobías, Guesén el árabe y el resto de nuestros enemigos se enteraron de que yo había reconstruido la muralla, y de que se habían cerrado las brechas (aunque todavía no se habían puesto las *puertas en su sitio). 2Entonces Sambalat y Guesén me enviaron este mensaje: «Tenemos que reunirnos contigo en alguna de las poblaciones del valle de Ono.» En realidad, lo que planeaban era hacerme daño. 3Así que envié unos mensajeros a decirles: «Estoy ocupado en una gran obra, y no puedo ir. Si bajara yo a reunirme con ustedes, la obra se vería interrumpida.» 4Cuatro veces me enviaron este mensaje, y otras tantas les respondí lo mismo. 5La quinta vez Sambalat me envió, por medio de uno de sus siervos, el mismo mensaje en una carta abierta, 6que a la letra decía:

«Corre el rumor entre la gente —y Guesén[i] lo asegura— de que tú y los judíos están construyendo la muralla porque tienen planes de rebelarse. Según tal rumor, tú pretendes ser su rey, 7y has nombrado profetas para que te proclamen rey en Jerusalén, y se declare: "¡Tenemos rey en Judá!" Por eso, ven y hablemos de este asunto, antes de que todo esto llegue a oídos del rey.»

8Yo envié a decirle: «Nada de lo que dices es cierto. Todo esto es pura invención tuya.»

9En realidad, lo que pretendían era asustarnos. Pensaban desanimarnos, para que no termináramos la obra.

«Y ahora, Señor, ¡fortalece mis manos!»

10Fui entonces a la casa de Semaías, hijo de Delaías y nieto de Mehitabel, que se había encerrado en su casa. Él me dijo:

«Reunámonos a puerta cerrada
en la casa de Dios,
en el interior del templo,
porque vendrán a matarte.
¡Sí, esta noche te quitarán la vida!»

11Pero yo le respondí:

—¡Yo no soy de los que huyen! ¡Los hombres como yo no corren a esconderse en el templo para salvar la vida! ¡No me esconderé!

12Y es que me di cuenta de que Dios no lo había enviado, sino que se las daba de profeta porque Sambalat y Tobías lo habían sobornado. 13En efecto, le habían pagado para intimidarme y hacerme pecar siguiendo su consejo. De este modo podrían hablar mal de mí y desprestigiarme.

14«¡Dios mío, recuerda las intrigas de Sambalat y Tobías! ¡Recuerda también a la profetisa Noadías y a los otros profetas que quisieron intimidarme!»

Termina la reconstrucción de la muralla

15La muralla se terminó el día veinticinco del mes de *elul*. Su reconstrucción había durado cincuenta y dos días. 16Cuando todos nuestros enemigos se enteraron de esto, las naciones vecinas se sintieron humilladas, pues reconocieron que ese trabajo se había hecho con la ayuda de nuestro Dios.

17En aquellos días los nobles de Judá se mantuvie-

19Remember me with favor, O my God, for all I have done for these people.

Further Opposition to the Rebuilding

6 When word came to Sanballat, Tobiah, Geshem the Arab and the rest of our enemies that I had rebuilt the wall and not a gap was left in it—though up to that time I had not set the doors in the gates—2Sanballat and Geshem sent me this message: "Come, let us meet together in one of the villages[m] on the plain of Ono."

But they were scheming to harm me; 3so I sent messengers to them with this reply: "I am carrying on a great project and cannot go down. Why should the work stop while I leave it and go down to you?" 4Four times they sent me the same message, and each time I gave them the same answer.

5Then, the fifth time, Sanballat sent his aide to me with the same message, and in his hand was an unsealed letter 6in which was written:

"It is reported among the nations—and Geshem[n] says it is true—that you and the Jews are plotting to revolt, and therefore you are building the wall. Moreover, according to these reports you are about to become their king 7and have even appointed prophets to make this proclamation about you in Jerusalem: 'There is a king in Judah!' Now this report will get back to the king; so come, let us confer together."

8I sent him this reply: "Nothing like what you are saying is happening; you are just making it up out of your head."

9They were all trying to frighten us, thinking, "Their hands will get too weak for the work, and it will not be completed."

⌊But I prayed,⌋ "Now strengthen my hands."

10One day I went to the house of Shemaiah son of Delaiah, the son of Mehetabel, who was shut in at his home. He said, "Let us meet in the house of God, inside the temple, and let us close the temple doors, because men are coming to kill you—by night they are coming to kill you."

11But I said, "Should a man like me run away? Or should one like me go into the temple to save his life? I will not go!" 12I realized that God had not sent him, but that he had prophesied against me because Tobiah and Sanballat had hired him. 13He had been hired to intimidate me so that I would commit a sin by doing this, and then they would give me a bad name to discredit me.

14Remember Tobiah and Sanballat, O my God, because of what they have done; remember also the prophetess Noadiah and the rest of the prophets who have been trying to intimidate me.

The Completion of the Wall

15So the wall was completed on the twenty-fifth of Elul, in fifty-two days. 16When all our enemies heard about this, all the surrounding nations were afraid and lost their self-confidence, because they realized that this work had been done with the help of our God.

17Also, in those days the nobles of Judah were sending many letters to Tobiah, and replies from Tobiah

---

ron en estrecho contacto con Tobías, 18 pues muchos judíos estaban aliados con él en vista de que era yerno de Secanías hijo de Araj, y de que su hijo Johanán era yerno de Mesulán hijo de Berequías. 19 En mi presencia hablaban bien de mí, pero luego le comunicaban todo lo que yo decía. Tobías, por su parte, trataba de intimidarme con sus cartas.

Plan para defender a Jerusalén

7 Una vez que se terminó la reconstrucción de la muralla y se colocaron sus *puertas, se nombraron porteros, cantores y levitas. 2 A mi hermano Jananí, que era un hombre fiel y temeroso de Dios como pocos, lo puse a cargo de Jerusalén, junto con Jananías, comandante de la ciudadela. 3 A los dos les dije: «Las puertas de Jerusalén se abrirán cuando ya haya salido el sol, y volverán a cerrarse y se asegurarán con sus barras cuando los porteros estén en sus puestos. Además, los habitantes de Jerusalén montarán guardia, unos en sus puestos y otros frente a su propia casa.»

4 La ciudad ocupaba una gran extensión, pero tenía pocos habitantes porque no todas las casas se habían reconstruido.

Lista de los repatriados

5 Mi Dios puso en mi *corazón el deseo de reunir a los nobles, a los oficiales y al pueblo, para registrarlos según su descendencia; y encontré el registro genealógico de los que habían regresado en la primera repatriación. Allí estaba escrito:

6 La siguiente es la lista de la gente de la provincia, es decir, de aquellos que Nabucodonosor, rey de Babilonia, se había llevado cautivos, y a quienes se les permitió regresar a Jerusalén y a Judá. Cada uno volvió a su propia ciudad, 7 bajo el mando de Zorobabel, Jesúa, Nehemías, Azarías, Raamías, Najamani, Mardoqueo, Bilsán, Mispéret, Bigvay, Nehúm y Baná.

Ésta es la lista de los israelitas que regresaron:

8 de Parós	2.172
9 de Sefatías	372
10 de Araj	652
11 de Pajat Moab, es decir, los de Jesúa y de Joab	2.818
12 de Elam	1.254
13 de Zatú	845
14 de Zacay	760
15 de Binuy	648
16 de Bebay	628
17 de Azgad	2.322
18 de Adonicán	667
19 de Bigvay	2.067
20 de Adín	655
21 de Ater, es decir, los de Ezequías	98
22 de Jasún	328
23 de Bezay	324
24 de Jarif	112
25 de Gabaón	95
26 de Belén y de Netofa	188
27 de Anatot	128
28 de Bet Azmávet	42
29 de Quiriat Yearín, Cafira y Berot	743
30 de Ramá y de Gueba	721
31 de Micmás	122
32 de Betel y de Hai	123
33 del otro Nebo	52

kept coming to them. 18 For many in Judah were under oath to him, since he was son-in-law to Shecaniah son of Arah, and his son Jehohanan had married the daughter of Meshullam son of Berekiah. 19 Moreover, they kept reporting to me his good deeds and then telling him what I said. And Tobiah sent letters to intimidate me.

7 After the wall had been rebuilt and I had set the doors in place, the gatekeepers and the singers and the Levites were appointed. 2 I put in charge of Jerusalem my brother Hanani, along with*o* Hananiah the commander of the citadel, because he was a man of integrity and feared God more than most men do. 3 I said to them, "The gates of Jerusalem are not to be opened until the sun is hot. While the gatekeepers are still on duty, have them shut the doors and bar them. Also appoint residents of Jerusalem as guards, some at their posts and some near their own houses."

The List of the Exiles Who Returned

4 Now the city was large and spacious, but there were few people in it, and the houses had not yet been rebuilt. 5 So my God put it into my heart to assemble the nobles, the officials and the common people for registration by families. I found the genealogical record of those who had been the first to return. This is what I found written there:

6 These are the people of the province who came up from the captivity of the exiles whom Nebuchadnezzar king of Babylon had taken captive (they returned to Jerusalem and Judah, each to his own town, 7 in company with Zerubbabel, Jeshua, Nehemiah, Azariah, Raamiah, Nahamani, Mordecai, Bilshan, Mispereth, Bigvai, Nehum and Baanah):

The list of the men of Israel:

8 the descendants of Parosh	2,172
9 of Shephatiah	372
10 of Arah	652
11 of Pahath-Moab (through the line of Jeshua and Joab)	2,818
12 of Elam	1,254
13 of Zattu	845
14 of Zaccai	760
15 of Binnui	648
16 of Bebai	628
17 of Azgad	2,322
18 of Adonikam	667
19 of Bigvai	2,067
20 of Adin	655
21 of Ater (through Hezekiah)	98
22 of Hashum	328
23 of Bezai	324
24 of Hariph	112
25 of Gibeon	95
26 the men of Bethlehem and Netophah	188
27 of Anathoth	128
28 of Beth Azmaveth	42
29 of Kiriath Jearim, Kephirah and Beeroth	743
30 of Ramah and Geba	621
31 of Micmash	122
32 of Bethel and Ai	123
33 of the other Nebo	52

o 2 Or *Hanani, that is,*

34 del otro Elam	1.254
35 de Jarín	320
36 de Jericó	345
37 de Lod, Jadid y Ono	721
38 de Sená	3.930

39 De los sacerdotes descendientes de Jedaías,
de la familia de Jesúa   973
40 de Imer   1.052
41 de Pasur   1.247
42 de Jarín   1.017

43 De los levitas descendientes de Jesúa y de
Cadmiel, que pertenecían a la familia de
Hodavías   74

44 De los cantores descendientes de Asaf   148

45 De los porteros descendientes de Salún, Ater,
Talmón, Acub, Jatitá y Sobay   138

46 Los servidores del templo eran descendientes de
Zijá, Jasufá, Tabaot, 47 Querós, Sigajá, Padón,
48 Lebaná, Jagabá, Salmay, 49 Janán, Guidel, Gajar,
50 Reaías, Rezín, Necoda, 51 Gazán, Uza, Paseaj,
52 Besay, Meunín, Nefisesín, 53 Bacbuc, Jacufá,
Jarjur, 54 Baslut, Mejidá, Jarsa, 55 Barcós, Sísara,
Temá, 56 Neziaj y Jatifá.

57 Los descendientes de los servidores de Salomón
eran de las familias de Sotay, Soféret, Peruda,
58 Jalá, Darcón, Guidel, 59 Sefatías, Jatil, Poquéret
Hasebayin y Amón.

60 Los servidores del templo y de los descendientes
de los servidores de Salomón   392

61 Los siguientes regresaron de Tel Melaj, Tel Jarsá,
Querub, Adón e Imer, pero no pudieron demostrar ascendencia israelita:

62 De los descendientes de Delaías, Tobías y
Necoda   642

63 De entre los sacerdotes, tampoco pudieron demostrar su ascendencia israelita los siguientes: los descendientes de Jabaías, Cos y Barzilay (este último se casó con una de las hijas de un galaadita llamado Barzilay, del cual tomó su nombre). 64 Éstos buscaron sus registros genealógicos, pero como no los encontraron, fueron excluidos del sacerdocio. 65 A ellos el gobernador les prohibió comer de los alimentos sagrados hasta que un sacerdote decidiera su suerte por medio del *urim y el *tumim.

66 El número total de los miembros de la asamblea ascendía a cuarenta y dos mil trescientas sesenta personas, 67 sin contar a esclavos y esclavas, que sumaban siete mil trescientos treinta y siete; y tenían doscientos cuarenta y cinco cantores y cantoras. 68 Tenían además setecientos treinta y seis caballos, doscientas cuarenta y cinco mulas,j

34 of the other Elam	1,254
35 of Harim	320
36 of Jericho	345
37 of Lod, Hadid and Ono	721
38 of Senaah	3,930

39 The priests:

the descendants of Jedaiah (through the
family of Jeshua)   973
40 of Immer   1,052
41 of Pashhur   1,247
42 of Harim   1,017

43 The Levites:

the descendants of Jeshua (through
Kadmiel through the line of Hodaviah)   74

44 The singers:

the descendants of Asaph   148

45 The gatekeepers:

the descendants of
Shallum, Ater, Talmon, Akkub, Hatita
and Shobai   138

46 The temple servants:

the descendants of
Ziha, Hasupha, Tabbaoth,
47 Keros, Sia, Padon,
48 Lebana, Hagaba, Shalmai,
49 Hanan, Giddel, Gahar,
50 Reaiah, Rezin, Nekoda,
51 Gazzam, Uzza, Paseah,
52 Besai, Meunim, Nephussim,
53 Bakbuk, Hakupha, Harhur,
54 Bazluth, Mehida, Harsha,
55 Barkos, Sisera, Temah,
56 Neziah and Hatipha

57 The descendants of the servants of Solomon:

the descendants of
Sotai, Sophereth, Perida,
58 Jaala, Darkon, Giddel,
59 Shephatiah, Hattil,
Pokereth-Hazzebaim and Amon

60 The temple servants and the descendants
of the servants of Solomon   392

61 The following came up from the towns of Tel Melah, Tel Harsha, Kerub, Addon and Immer, but they could not show that their families were descended from Israel:

62 the descendants of
Delaiah, Tobiah and Nekoda   642

63 And from among the priests:

the descendants of
Hobaiah, Hakkoz and Barzillai (a man who had married a daughter of Barzillai the Gileadite and was called by that name).
64 These searched for their family records, but they could not find them and so were excluded from the priesthood as unclean. 65 The governor, therefore, ordered them not to eat any of the most sacred food until there should be a priest ministering with the Urim and Thummim.

66 The whole company numbered 42,360, 67 besides their 7,337 menservants and maidservants; and they also had 245 men and women singers.

j 7:68 setecientos ... mulas (varios mss. hebreos; véase también Esd 2:66); TM no incluye estas frases.

69 cuatrocientos treinta y cinco camellos y seis mil setecientos veinte burros.

70 Algunos jefes de familia entregaron al tesoro donativos para la obra: el gobernador entregó al tesoro ocho kilos de oro, cincuenta tazones y quinientas treinta túnicas sacerdotales; 71 los jefes de familia entregaron ciento sesenta kilos de oro y mil doscientos diez kilos de plata, 72 y el resto del pueblo entregó ciento sesenta kilos de oro, mil cien kilos*k* de plata y sesenta y siete túnicas sacerdotales.

73 Los sacerdotes, los levitas, los porteros, los cantores, la gente del pueblo, los servidores del templo y los demás israelitas se establecieron en sus propias ciudades.

Esdras lee la ley

Al llegar el mes séptimo, los israelitas ya estaban establecidos en sus ciudades.

8 Entonces todo el pueblo, como un solo *hombre, se reunió en la plaza que está frente a la puerta del Agua y le pidió al *maestro Esdras traer el libro de la *ley que el SEÑOR le había dado a Israel por medio de Moisés. 2 Así que el día primero del mes séptimo, el sacerdote Esdras llevó la ley ante la asamblea, que estaba compuesta de hombres y mujeres y de todos los que podían comprender la lectura, 3 y la leyó en presencia de ellos en la plaza que está frente a la puerta del Agua. Todo el pueblo estaba muy atento a la lectura del libro de la ley.

4 El maestro Esdras se puso de pie sobre una plataforma de madera construida para la ocasión. A su derecha estaban Matatías, Semá, Anías, Urías, Jilquías y Maseías; a su izquierda, Pedaías, Misael, Malquías, Jasún, Jasbadana, Zacarías y Mesulán. 5 Esdras, a quien la gente podía ver porque él estaba en un lugar más alto, abrió el libro y todo el pueblo se puso de pie. 6 Entonces Esdras bendijo al SEÑOR, el gran Dios. Y todo el pueblo, levantando las manos, respondió: «¡Amén y amén!». Luego adoraron al SEÑOR, inclinándose hasta tocar el suelo con la frente.

7 Los levitas Jesúa, Baní, Serebías, Jamín, Acub, Sabetay, Hodías, Maseías, Quelitá, Azarías, Jozabed, Janán y Pelaías le explicaban la ley al pueblo, que no se movía de su sitio. 8 Ellos leían con claridad el libro de la ley de Dios y lo interpretaban de modo que se comprendiera su lectura.

9 Al oír las palabras de la ley, la gente comenzó a llorar. Por eso el gobernador Nehemías, el sacerdote y maestro Esdras, y los levitas que enseñaban al pueblo, les dijeron: «No lloren ni se pongan tristes, porque este día ha sido consagrado al SEÑOR su Dios.»

10 Luego Nehemías añadió: «Ya pueden irse. Coman bien, tomen bebidas dulces y compartan su comida con quienes no tengan nada, porque este día ha sido consagrado a nuestro Señor. No estén tristes, pues el gozo del Señor es nuestra fortaleza.»

11 También los levitas tranquilizaban a todo el pueblo. Les decían: «¡Tranquilos! ¡No estén tristes, que éste es un día *santo!»

68 There were 736 horses, 245 mules,*p* 69 435 camels and 6,720 donkeys.

70 Some of the heads of the families contributed to the work. The governor gave to the treasury 1,000 drachmas*q* of gold, 50 bowls and 530 garments for priests. 71 Some of the heads of the families gave to the treasury for the work 20,000 drachmas*r* of gold and 2,200 minas*s* of silver. 72 The total given by the rest of the people was 20,000 drachmas of gold, 2,000 minas*t* of silver and 67 garments for priests.

73 The priests, the Levites, the gatekeepers, the singers and the temple servants, along with certain of the people and the rest of the Israelites, settled in their own towns.

Ezra Reads the Law

When the seventh month came and the Israelites had settled in their towns,

8 1 all the people assembled as one man in the square before the Water Gate. They told Ezra the scribe to bring out the Book of the Law of Moses, which the LORD had commanded for Israel.

2 So on the first day of the seventh month Ezra the priest brought the Law before the assembly, which was made up of men and women and all who were able to understand. 3 He read it aloud from daybreak till noon as he faced the square before the Water Gate in the presence of the men, women and others who could understand. And all the people listened attentively to the Book of the Law.

4 Ezra the scribe stood on a high wooden platform built for the occasion. Beside him on his right stood Mattithiah, Shema, Anaiah, Uriah, Hilkiah and Maaseiah; and on his left were Pedaiah, Mishael, Malkijah, Hashum, Hashbaddanah, Zechariah and Meshullam.

5 Ezra opened the book. All the people could see him because he was standing above them; and as he opened it, the people all stood up. 6 Ezra praised the LORD, the great God; and all the people lifted their hands and responded, "Amen! Amen!" Then they bowed down and worshiped the LORD with their faces to the ground.

7 The Levites—Jeshua, Bani, Sherebiah, Jamin, Akkub, Shabbethai, Hodiah, Maaseiah, Kelita, Azariah, Jozabed, Hanan and Pelaiah—instructed the people in the Law while the people were standing there. 8 They read from the Book of the Law of God, making it clear*u* and giving the meaning so that the people could understand what was being read.

9 Then Nehemiah the governor, Ezra the priest and scribe, and the Levites who were instructing the people said to them all, "This day is sacred to the LORD your God. Do not mourn or weep." For all the people had been weeping as they listened to the words of the Law.

10 Nehemiah said, "Go and enjoy choice food and sweet drinks, and send some to those who have nothing prepared. This day is sacred to our Lord. Do not grieve, for the joy of the LORD is your strength."

11 The Levites calmed all the people, saying, "Be still, for this is a sacred day. Do not grieve."

---

*k 7:70-72 ocho kilos ... ciento sesenta kilos ... mil doscientos diez kilos ... ciento sesenta kilos ... miel cien kilos. Lit. mil *dracmas ... veinte mil dracmas ... dos mil doscientas *minas ... veinte mil dracmas ... dos mil minas.*

p 68 Some Hebrew manuscripts (see also Ezra 2:66); most Hebrew manuscripts do not have this verse. q 70 That is, about 19 pounds (about 8.5 kilograms) r 71 That is, about 375 pounds (about 170 kilograms); also in verse 72 s 71 That is, about 1 1/3 tons (about 1.2 metric tons) t 72 That is, about 1 1/4 tons (about 1.1 metric tons) u 8 Or God, translating it

12 Así que todo el pueblo se fue a comer y beber y compartir su comida, felices de haber comprendido lo que se les había enseñado.

La fiesta de las Enramadas

13 Al día siguiente, los jefes de familia, junto con los sacerdotes y los levitas, se reunieron con el maestro Esdras para estudiar los términos de la *ley. 14 Y en ésta encontraron escrito que el SEÑOR le había mandado a Moisés que durante la fiesta del mes séptimo los israelitas debían habitar en *enramadas 15 y pregonar en todas sus ciudades y en Jerusalén esta orden: «Vayan a la montaña y traigan ramas de olivo, de olivo silvestre, de arrayán, de palmera y de todo árbol frondoso, para hacer enramadas, conforme a lo que está escrito.»

16 De modo que la gente fue y trajo ramas, y con ellas hizo enramadas en las azoteas, en los patios, en el atrio del templo de Dios, en la plaza de la puerta del Agua y en la plaza de la puerta de Efraín. 17 Toda la asamblea de los que habían regresado del cautiverio hicieron enramadas y habitaron en ellas. Como los israelitas no habían hecho esto desde los días de Josué hijo de Nun, hicieron una gran fiesta.

18 Todos los días, desde el primero hasta el último, se leyó el libro de la ley de Dios. Celebraron la fiesta durante siete días, y en el día octavo hubo una asamblea solemne, según lo ordenado.

Los israelitas confiesan sus pecados

9 El día veinticuatro de ese mes los israelitas se reunieron para ayunar, se vistieron de luto y se echaron ceniza sobre la cabeza. 2 Habiéndose separado de los extranjeros, confesaron públicamente sus propios pecados y la maldad de sus antepasados, 3 y asumieron así su responsabilidad. Durante tres horas leyeron el libro de la *ley del SEÑOR su Dios, y en las tres horas siguientes*l* le confesaron sus pecados y lo adoraron. 4 Luego los levitas Jesúa, Baní, Cadmiel, Sebanías, Buní, Serebías, Baní y Quenaní subieron a la plataforma y en alta voz invocaron al SEÑOR su Dios. 5 Y los levitas Jesúa, Cadmiel, Baní, Jasabnías, Serebías, Hodías, Sebanías y Petaías clamaron:

«¡Vamos, bendigan al SEÑOR su Dios
    desde ahora y para siempre!
¡Bendito seas, Señor!
    ¡Sea exaltado tu glorioso *nombre,
    que está por encima de toda bendición y
      alabanza!

6 »¡Sólo tú eres el SEÑOR!
    Tú has hecho los cielos,
y los cielos de los cielos
    con todas sus estrellas.*m*
Tú le das vida a todo lo creado:
    la tierra y el mar
con todo lo que hay en ellos.
    ¡Por eso te adoran los ejércitos del cielo!

7 »Tú, SEÑOR y Dios,
    fuiste quien escogió a Abram.
Tú lo sacaste de Ur de los *caldeos
y le pusiste por nombre Abraham.

12 Then all the people went away to eat and drink, to send portions of food and to celebrate with great joy, because they now understood the words that had been made known to them.

13 On the second day of the month, the heads of all the families, along with the priests and the Levites, gathered around Ezra the scribe to give attention to the words of the Law. 14 They found written in the Law, which the LORD had commanded through Moses, that the Israelites were to live in booths during the feast of the seventh month 15 and that they should proclaim this word and spread it throughout their towns and in Jerusalem: "Go out into the hill country and bring back branches from olive and wild olive trees, and from myrtles, palms and shade trees, to make booths"—as it is written.*v*

16 So the people went out and brought back branches and built themselves booths on their own roofs, in their courtyards, in the courts of the house of God and in the square by the Water Gate and the one by the Gate of Ephraim. 17 The whole company that had returned from exile built booths and lived in them. From the days of Joshua son of Nun until that day, the Israelites had not celebrated it like this. And their joy was very great.

18 Day after day, from the first day to the last, Ezra read from the Book of the Law of God. They celebrated the feast for seven days, and on the eighth day, in accordance with the regulation, there was an assembly.

The Israelites Confess Their Sins

9 On the twenty-fourth day of the same month, the Israelites gathered together, fasting and wearing sackcloth and having dust on their heads. 2 Those of Israelite descent had separated themselves from all foreigners. They stood in their places and confessed their sins and the wickedness of their fathers. 3 They stood where they were and read from the Book of the Law of the LORD their God for a quarter of the day, and spent another quarter in confession and in worshiping the LORD their God. 4 Standing on the stairs were the Levites—Jeshua, Bani, Kadmiel, Shebaniah, Bunni, Sherebiah, Bani and Kenani—who called with loud voices to the LORD their God. 5 And the Levites—Jeshua, Kadmiel, Bani, Hashabneiah, Sherebiah, Hodiah, Shebaniah and Pethahiah—said: "Stand up and praise the LORD your God, who is from everlasting to everlasting.*w*"

"Blessed be your glorious name, and may it be exalted above all blessing and praise. 6 You alone are the LORD. You made the heavens, even the highest heavens, and all their starry host, the earth and all that is on it, the seas and all that is in them. You give life to everything, and the multitudes of heaven worship you.

7 "You are the LORD God, who chose Abram and brought him out of Ur of the Chaldeans and

---

l 9:3 tres horas ... tres horas siguientes. Lit. *una cuarta parte del día ... una cuarta parte.*   *m 9:6 todas sus estrellas.* Lit. *todo su ejército.*

v 15 See Lev. 23:37-40.   *w 5* Or *God for ever and ever*

8 Descubriste en él un *corazón fiel;
　　por eso hiciste con él un *pacto.
　Le prometiste que a sus descendientes
　　les darías la tierra de los cananeos,
　de los hititas, amorreos y ferezeos,
　　de los jebuseos y gergeseos.
　Y cumpliste tu palabra
　　porque eres justo.

9 »En Egipto viste la aflicción de nuestros
　　　padres;
　　junto al *Mar Rojo escuchaste sus lamentos.
10 Lanzaste grandes señales y maravillas
　　contra el faraón, sus siervos y toda su gente,
　porque viste la insolencia
　　con que habían tratado a tu pueblo.
　Fue así como te ganaste
　　la buena fama que hoy tienes.
11 A la vista de ellos abriste el mar,
　　y lo cruzaron sobre terreno seco.
　Pero arrojaste a sus perseguidores
　　en lo más profundo del mar,
　　como piedra en aguas caudalosas.
12 Con una columna de nube los guiaste de día,
　　con una columna de fuego los guiaste de
　　　noche:
　　les alumbraste el camino que debían seguir.

13 »Descendiste al monte Sinaí;
　　desde el cielo les hablaste.
　Les diste juicios rectos y leyes verdaderas,
　　estatutos y mandamientos buenos.
14 Les diste a conocer tu *sábado santo,
　　y por medio de tu servidor Moisés
　les entregaste tus mandamientos,
　　estatutos y leyes.

15 »Saciaste su hambre con pan del cielo;
　　calmaste su sed con agua de la roca.
　Les diste posesión de la tierra
　　que bajo juramento les habías prometido.
16 Pero ellos y nuestros padres fueron altivos;
　　no quisieron obedecer tus mandamientos.
17 Se negaron a escucharte;
　　no se acordaron de las maravillas
　　que hiciste por ellos.
　Fue tanta su terquedad y rebeldía
　　que hasta se nombraron un jefe
　para que los hiciera volver
　　a la esclavitud de Egipto.
　Pero tú no los abandonaste
　　porque eres Dios perdonador,
　　clemente y compasivo,
　　lento para la ira y grande en amor.

18 »Y a pesar de que se hicieron
　　un becerro de metal fundido
　y dijeron: "Éste es tu dios
　　que te hizo subir de Egipto",
　y aunque fueron terribles
　　las ofensas que cometieron,
19 tú no los abandonaste en el desierto
　　porque eres muy compasivo.

　»Jamás se apartó de ellos la columna de nube
　　que los guiaba de día por el camino;
　ni dejó de alumbrarlos la columna de fuego
　　que de noche les mostraba por dónde ir.

20 »Con tu buen Espíritu les diste entendimiento.
　　No les quitaste tu maná de la boca;
　　les diste agua para calmar su sed.

named him Abraham. 8 You found his heart faithful to you, and you made a covenant with him to give to his descendants the land of the Canaanites, Hittites, Amorites, Perizzites, Jebusites and Girgashites. You have kept your promise because you are righteous.

9 "You saw the suffering of our forefathers in Egypt; you heard their cry at the Red Sea.ˣ 10 You sent miraculous signs and wonders against Pharaoh, against all his officials and all the people of his land, for you knew how arrogantly the Egyptians treated them. You made a name for yourself, which remains to this day. 11 You divided the sea before them, so that they passed through it on dry ground, but you hurled their pursuers into the depths, like a stone into mighty waters. 12 By day you led them with a pillar of cloud, and by night with a pillar of fire to give them light on the way they were to take.

13 "You came down on Mount Sinai; you spoke to them from heaven. You gave them regulations and laws that are just and right, and decrees and commands that are good. 14 You made known to them your holy Sabbath and gave them commands, decrees and laws through your servant Moses. 15 In their hunger you gave them bread from heaven and in their thirst you brought them water from the rock; you told them to go in and take possession of the land you had sworn with uplifted hand to give them.

16 "But they, our forefathers, became arrogant and stiff-necked, and did not obey your commands. 17 They refused to listen and failed to remember the miracles you performed among them. They became stiff-necked and in their rebellion appointed a leader in order to return to their slavery. But you are a forgiving God, gracious and compassionate, slow to anger and abounding in love. Therefore you did not desert them, 18 even when they cast for themselves an image of a calf and said, 'This is your god, who brought you up out of Egypt,' or when they committed awful blasphemies.

19 "Because of your great compassion you did not abandon them in the desert. By day the pillar of cloud did not cease to guide them on their path, nor the pillar of fire by night to shine on the way they were to take. 20 You gave your good Spirit to instruct them. You did not withhold your manna from their mouths, and you gave them water for

---

ˣ 9 Hebrew *Yam Suph*; that is, Sea of Reeds

21 Cuarenta años los sustentaste en el desierto.
 ¡Nada les faltó!
No se desgastaron sus vestidos
 ni se les hincharon los pies.

22 »Les entregaste reinos y pueblos,
 y asignaste a cada cual su territorio.
Conquistaron las tierras de Og y de Sijón,
 que eran reyes de Hesbón y de Basán.
23 Multiplicaste sus hijos
 como las estrellas del cielo;
los hiciste entrar en la tierra
 que bajo juramento les prometiste a sus
  padres.
24 Y sus hijos entraron en la tierra
 y tomaron posesión de ella.
Ante ellos sometiste a los cananeos que la
  habitaban;
 les entregaste reyes y pueblos de esa tierra,
 para que hicieran con ellos lo que quisieran.
25 Conquistaron ciudades fortificadas
 y una tierra fértil;
se adueñaron de casas repletas de bienes,
 de cisternas, viñedos y olivares,
 y de gran cantidad de árboles frutales.
Comieron y se hartaron y engordaron;
 ¡disfrutaron de tu gran bondad!

26 »Pero fueron desobedientes:
 se rebelaron contra ti,
rechazaron tu ley,
mataron a tus profetas
 que los convocaban a volverse a ti;
 ¡te ofendieron mucho!
27 Por eso los entregaste a sus enemigos,
 y éstos los oprimieron.
En tiempo de angustia clamaron a ti,
 y desde el cielo los escuchaste;
por tu inmensa compasión les enviaste
  salvadores
 para que los liberaran de sus enemigos.
28 Pero en cuanto eran liberados,
 volvían a hacer lo que te ofende;
tú los entregabas a sus enemigos,
 y ellos los dominaban.
De nuevo clamaban a ti,
 y desde el cielo los escuchabas.
¡Por tu inmensa compasión
 muchas veces los libraste!
29 Les advertiste que volvieran a tu ley,
 pero ellos actuaron con soberbia
 y no obedecieron tus mandamientos.
Pecaron contra tus normas,
 que dan vida a quien las obedece.
En su rebeldía, te rechazaron;
 fueron tercos y no quisieron escuchar.

30 »Por años les tuviste paciencia;
 con tu Espíritu los amonestaste
por medio de tus profetas,
 pero ellos no quisieron escuchar.
Por eso los dejaste caer en manos
 de los pueblos de esa tierra.
31 Sin embargo, es tal tu compasión
 que no los destruiste ni abandonaste,
 porque eres Dios clemente y compasivo.

their thirst. 21For forty years you sustained them in the desert; they lacked nothing, their clothes did not wear out nor did their feet become swollen.

22"You gave them kingdoms and nations, allotting to them even the remotest frontiers. They took over the country of Sihon*y* king of Heshbon and the country of Og king of Bashan. 23You made their sons as numerous as the stars in the sky, and you brought them into the land that you told their fathers to enter and possess. 24Their sons went in and took possession of the land. You subdued before them the Canaanites, who lived in the land; you handed the Canaanites over to them, along with their kings and the peoples of the land, to deal with them as they pleased. 25They captured fortified cities and fertile land; they took possession of houses filled with all kinds of good things, wells already dug, vineyards, olive groves and fruit trees in abundance. They ate to the full and were well-nourished; they reveled in your great goodness.

26"But they were disobedient and rebelled against you; they put your law behind their backs. They killed your prophets, who had admonished them in order to turn them back to you; they committed awful blasphemies. 27So you handed them over to their enemies, who oppressed them. But when they were oppressed they cried out to you. From heaven you heard them, and in your great compassion you gave them deliverers, who rescued them from the hand of their enemies.

28"But as soon as they were at rest, they again did what was evil in your sight. Then you abandoned them to the hand of their enemies so that they ruled over them. And when they cried out to you again, you heard from heaven, and in your compassion you delivered them time after time.

29"You warned them to return to your law, but they became arrogant and disobeyed your commands. They sinned against your ordinances, by which a man will live if he obeys them. Stubbornly they turned their backs on you, became stiff-necked and refused to listen. 30For many years you were patient with them. By your Spirit you admonished them through your prophets. Yet they paid no attention, so you handed them over to the neighboring peoples. 31But in your great mercy you did not put an end to them or abandon them, for you are a gracious and merciful God.

---

y 22 One Hebrew manuscript and Septuagint; most Hebrew manuscripts *Sihon, that is, the country of the*

32 »Y ahora, Dios nuestro,
　　Dios grande, temible y poderoso,
　　que cumples el pacto y eres fiel,
　no tengas en poco los sufrimientos
　　que han padecido nuestros reyes,
　　gobernantes, sacerdotes y profetas,
　nuestros padres y todo tu pueblo,
　　desde los reyes de Asiria hasta hoy.
33 Tú has sido justo en todo
　　lo que nos ha sucedido,
　porque actúas con fidelidad.
　　Nosotros, en cambio, actuamos con maldad.
34 Nuestros reyes y gobernantes,
　　nuestros sacerdotes y antepasados
　desobedecieron tu ley
　　y no acataron tus mandamientos
　　ni las advertencias con que los amonestabas.
35 Pero ellos, durante su reinado,
　　no quisieron servirte
　　ni abandonar sus malas obras,
　a pesar de que les diste muchos bienes
　　y les regalaste una tierra extensa y fértil.

36 »Por eso ahora somos esclavos,
　　esclavos en la tierra
　que les diste a nuestros padres
　　para que gozaran de sus frutos y sus bienes.
37 Sus abundantes cosechas son ahora de los
　　　reyes
　　que nos has impuesto por nuestro pecado.
　Como tienen el poder, hacen lo que quieren
　　con nosotros y con nuestro ganado.
　　¡Grande es nuestra aflicción!

38 »Por todo esto, nosotros hacemos este pacto y lo ponemos por escrito, firmado por nuestros gobernantes, levitas y sacerdotes.»

El pueblo se compromete a obedecer la ley

10 La siguiente es la lista de los que firmaron:

Nehemías hijo de Jacalías, que era el gobernador;
　Sedequías, 2 Seraías, Azarías, Jeremías,
3 Pasur, Amarías, Malquías,
4 Jatús, Sebanías, Maluc,
5 Jarín, Meremot, Abdías,
6 Daniel, Guinetón, Baruc,
7 Mesulán, Abías, Mijamín,
8 Maazías, Bilgay y Semaías.
　Éstos eran los sacerdotes.

9 Los levitas:

Jesúa hijo de Azanías, Binuy, de los descendientes
　de Henadad, Cadmiel,
10 y sus hermanos Sebanías, Hodías, Quelitá, Pelaías,
　Janán,
11 Micaías, Rejob, Jasabías,
12 Zacur, Serebías, Sebanías,
13 Hodías, Baní y Beninu.

14 Los jefes del pueblo:

Parós, Pajat Moab, Elam, Zatú, Baní,
15 Buní, Azgad, Bebay,
16 Adonías, Bigvay, Adín,
17 Ater, Ezequías, Azur,
18 Hodías, Jasún, Bezay,
19 Jarif, Anatot, Nebay,
20 Magpías, Mesulán, Hezir,
21 Mesezabel, Sadoc, Jadúa,
22 Pelatías, Janán, Anaías,

32 "Now therefore, O our God, the great, mighty and awesome God, who keeps his covenant of love, do not let all this hardship seem trifling in your eyes—the hardship that has come upon us, upon our kings and leaders, upon our priests and prophets, upon our fathers and all your people, from the days of the kings of Assyria until today. 33 In all that has happened to us, you have been just; you have acted faithfully, while we did wrong. 34 Our kings, our leaders, our priests and our fathers did not follow your law; they did not pay attention to your commands or the warnings you gave them. 35 Even while they were in their kingdom, enjoying your great goodness to them in the spacious and fertile land you gave them, they did not serve you or turn from their evil ways.

36 "But see, we are slaves today, slaves in the land you gave our forefathers so they could eat its fruit and the other good things it produces. 37 Because of our sins, its abundant harvest goes to the kings you have placed over us. They rule over our bodies and our cattle as they please. We are in great distress.

The Agreement of the People

38 "In view of all this, we are making a binding agreement, putting it in writing, and our leaders, our Levites and our priests are affixing their seals to it."

10 Those who sealed it were:

Nehemiah the governor, the son of Hacaliah.

Zedekiah, 2 Seraiah, Azariah, Jeremiah,
3 Pashhur, Amariah, Malkijah,
4 Hattush, Shebaniah, Malluch,
5 Harim, Meremoth, Obadiah,
6 Daniel, Ginnethon, Baruch,
7 Meshullam, Abijah, Mijamin,
8 Maaziah, Bilgai and Shemaiah.
　These were the priests.

9 The Levites:

Jeshua son of Azaniah, Binnui of the sons of
　Henadad, Kadmiel,
10 and their associates: Shebaniah,
　Hodiah, Kelita, Pelaiah, Hanan,
11 Mica, Rehob, Hashabiah,
12 Zaccur, Sherebiah, Shebaniah,
13 Hodiah, Bani and Beninu.

14 The leaders of the people:

Parosh, Pahath-Moab, Elam, Zattu, Bani,
15 Bunni, Azgad, Bebai,
16 Adonijah, Bigvai, Adin,
17 Ater, Hezekiah, Azzur,
18 Hodiah, Hashum, Bezai,
19 Hariph, Anathoth, Nebai,
20 Magpiash, Meshullam, Hezir,
21 Meshezabel, Zadok, Jaddua,
22 Pelatiah, Hanan, Anaiah,

23 Oseas, Jananías, Jasub,
24 Halojés, Piljá, Sobec,
25 Rejún, Jasabná, Maseías,
26 Ahías, Janán, Anán,
27 Maluc, Jarín y Baná.

28 El resto del pueblo —sacerdotes, levitas, porteros, cantores, servidores del templo, todos los que se habían separado de los pueblos de aquella tierra para cumplir con la *ley de Dios, más sus mujeres, hijos e hijas, y todos los que tenían uso de razón— 29 se unió a sus parientes que ocupaban cargos importantes y se comprometió, bajo juramento, a vivir de acuerdo con la ley que Dios les había dado por medio de su servidor Moisés, y a obedecer todos los mandamientos, normas y estatutos de nuestro SEÑOR. 30 Además, todos nos comprometimos a no casar a nuestras hijas con los habitantes del país ni aceptar a sus hijas como esposas para nuestros hijos. 31 También prometimos que si la gente del país venía en *sábado, o en cualquier otro día de fiesta, a vender sus mercancías o alguna otra clase de víveres, nosotros no les compraríamos nada. Prometimos así mismo que en el séptimo año no cultivaríamos la tierra, y que perdonaríamos toda deuda.

32 Además, nos impusimos la obligación de contribuir cada año con cuatro gramos de plata[n] para los gastos del templo de nuestro Dios; 33 el *pan de la Presencia; las ofrendas y el *holocausto diarios; los sacrificios de los sábados, de la luna nueva y de las fiestas solemnes; las ofrendas sagradas; los sacrificios de *expiación por el pecado de Israel, y todo el servicio del templo de nuestro Dios.

34 En cuanto a la ofrenda de la leña, echamos suertes entre nosotros los sacerdotes, los levitas y el pueblo en general, según nuestras familias, para determinar a quiénes les tocaría llevar, en los tiempos fijados cada año, la leña para el templo del SEÑOR nuestro Dios, para que ardiera en su altar, como está escrito en la ley. 35 Además nos comprometimos a llevar cada año al templo del SEÑOR las *primicias del campo y de todo árbol frutal, 36 como también a presentar nuestros primogénitos y las primeras crías de nuestro ganado, tanto vacuno como ovino, ante los sacerdotes que sirven en el templo de nuestro Dios, como está escrito en la ley.

37 Convinimos en llevar a los almacenes del templo de nuestro Dios las primicias de nuestra molienda, de nuestras ofrendas, del fruto de nuestros árboles, de nuestro vino nuevo y de nuestro aceite, para los sacerdotes que ministran en el templo de nuestro Dios. Convinimos también en dar la décima parte de nuestras cosechas a los levitas, pues son ellos quienes recolectan todo esto en los pueblos donde trabajamos. 38 Un sacerdote de la familia de Aarón acompañará a los levitas cuando éstos vayan a recolectar los diezmos. Los levitas, por su parte, depositarán el diezmo de los diezmos en la tesorería del templo de nuestro Dios. 39 Los israelitas y los levitas llevarán las ofrendas de trigo, de vino y de aceite a los almacenes donde se guardan los utensilios sagrados y donde permanecen los sacerdotes, los porteros y los cantores, cuando están de servicio.

De este modo nos comprometimos a no descuidar el templo de nuestro Dios.

23 Hoshea, Hananiah, Hasshub,
24 Hallohesh, Pilha, Shobek,
25 Rehum, Hashabnah, Maaseiah,
26 Ahiah, Hanan, Anan,
27 Malluch, Harim and Baanah.

28 "The rest of the people—priests, Levites, gatekeepers, singers, temple servants and all who separated themselves from the neighboring peoples for the sake of the Law of God, together with their wives and all their sons and daughters who are able to understand— 29 all these now join their brothers the nobles, and bind themselves with a curse and an oath to follow the Law of God given through Moses the servant of God and to obey carefully all the commands, regulations and decrees of the LORD our Lord.

30 "We promise not to give our daughters in marriage to the peoples around us or take their daughters for our sons.

31 "When the neighboring peoples bring merchandise or grain to sell on the Sabbath, we will not buy from them on the Sabbath or on any holy day. Every seventh year we will forgo working the land and will cancel all debts.

32 "We assume the responsibility for carrying out the commands to give a third of a shekel[z] each year for the service of the house of our God: 33 for the bread set out on the table; for the regular grain offerings and burnt offerings; for the offerings on the Sabbaths, New Moon festivals and appointed feasts; for the holy offerings; for sin offerings to make atonement for Israel; and for all the duties of the house of our God.

34 "We—the priests, the Levites and the people—have cast lots to determine when each of our families is to bring to the house of our God at set times each year a contribution of wood to burn on the altar of the LORD our God, as it is written in the Law.

35 "We also assume responsibility for bringing to the house of the LORD each year the firstfruits of our crops and of every fruit tree.

36 "As it is also written in the Law, we will bring the firstborn of our sons and of our cattle, of our herds and of our flocks to the house of our God, to the priests ministering there.

37 "Moreover, we will bring to the storerooms of the house of our God, to the priests, the first of our ground meal, of our ⌊grain⌋ offerings, of the fruit of all our trees and of our new wine and oil. And we will bring a tithe of our crops to the Levites, for it is the Levites who collect the tithes in all the towns where we work. 38 A priest descended from Aaron is to accompany the Levites when they receive the tithes, and the Levites are to bring a tenth of the tithes up to the house of our God, to the storerooms of the treasury. 39 The people of Israel, including the Levites, are to bring their contributions of grain, new wine and oil to the storerooms where the articles for the sanctuary are kept and where the ministering priests, the gatekeepers and the singers stay.

"We will not neglect the house of our God."

---

n 10:32 cuatro gramos de plata. Lit. la tercera parte de un *siclo.　　　z 32 That is, about 1/8 ounce (about 4 grams)

Los que se establecieron en Jerusalén

11 Los jefes del pueblo se establecieron en Jerusalén. Entre el resto del pueblo se hizo un sorteo para que uno de cada diez se quedara a vivir en Jerusalén, la ciudad *santa, y los otros nueve se establecieran en las otras poblaciones. ²El pueblo bendijo a todos los que se ofrecieron voluntariamente a vivir en Jerusalén.

³Éstos son los jefes de la provincia que se establecieron en Jerusalén y en las otras poblaciones de Judá. Los israelitas, los sacerdotes, los levitas, los servidores del templo y los descendientes de los servidores de Salomón se establecieron, cada uno en su propia población y en su respectiva propiedad. ⁴Éstos fueron los judíos y benjaminitas que se establecieron en Jerusalén:

De los descendientes de Judá:

Ataías hijo de Uzías, hijo de Zacarías, hijo de Amarías, hijo de Sefatías, hijo de Malalel, de los descendientes de Fares; ⁵y Maseías hijo de Baruc, hijo de Coljozé, hijo de Jazaías, hijo de Adaías, hijo de Joyarib, hijo de Zacarías, hijo de Siloní. ⁶El total de los descendientes de Fares que se establecieron en Jerusalén fue de cuatrocientos sesenta y ocho guerreros valientes.

⁷De los descendientes de Benjamín:

Salú hijo de Mesulán, hijo de Joed, hijo de Pedaías, hijo de Colaías, hijo de Maseías, hijo de Itiel, hijo de Isaías, ⁸y sus hermanosⁿ Gabay y Salay. En total eran novecientos veintiocho. ⁹Su jefe era Joel hijo de Zicrí, y el segundo jefe de la ciudad era Judá hijo de Senuá.ᵒ

¹⁰De los sacerdotes:

Jedaías hijo de Joyarib, Jaquín, ¹¹Seraías hijo de Jilquías, hijo de Mesulán, hijo de Sadoc, hijo de Merayot, hijo de Ajitob, que era el jefe del templo de Dios, ¹²y sus parientes, que eran ochocientos veintidós y trabajaban en el templo; así mismo, Adaías hijo de Jeroán, hijo de Pelalías, hijo de Amsí, hijo de Zacarías, hijo de Pasur, hijo de Malquías, ¹³y sus parientes, los cuales eran jefes de familia y sumaban doscientos cuarenta y dos; también Amasay hijo de Azarel, hijo de Ajsay, hijo de Mesilemot, hijo de Imer, ¹⁴y sus parientes, los cuales eran ciento veintiocho valientes. Su jefe era Zabdiel hijo de Guedolín.

¹⁵De los levitas:

Semaías hijo de Jasub, hijo de Azricán, hijo de Jasabías, hijo de Buní; ¹⁶Sabetay y Jozabad, que eran jefes de los levitas y estaban encargados de la obra exterior del templo de Dios; ¹⁷Matanías hijo de Micaías, hijo de Zabdí, hijo de Asaf, que dirigía el coro de los que entonaban las acciones de gracias en el momento de la oración; Bacbuquías, segundo entre sus hermanos, y Abdá hijo de Samúa, hijo de Galal, hijo de Jedutún. ¹⁸Los levitas que se establecieron en la ciudad santa fueron doscientos ochenta y cuatro.

¹⁹De los porteros:

Acub, Talmón y sus parientes, que vigilaban las puertas. En total eran ciento setenta y dos.

The New Residents of Jerusalem

11 Now the leaders of the people settled in Jerusalem, and the rest of the people cast lots to bring one out of every ten to live in Jerusalem, the holy city, while the remaining nine were to stay in their own towns. ²The people commended all the men who volunteered to live in Jerusalem.

³These are the provincial leaders who settled in Jerusalem (now some Israelites, priests, Levites, temple servants and descendants of Solomon's servants lived in the towns of Judah, each on his own property in the various towns, ⁴while other people from both Judah and Benjamin lived in Jerusalem):

From the descendants of Judah:

Athaiah son of Uzziah, the son of Zechariah, the son of Amariah, the son of Shephatiah, the son of Mahalalel, a descendant of Perez; ⁵and Maaseiah son of Baruch, the son of Col-Hozeh, the son of Hazaiah, the son of Adaiah, the son of Joiarib, the son of Zechariah, a descendant of Shelah. ⁶The descendants of Perez who lived in Jerusalem totaled 468 able men.

⁷From the descendants of Benjamin:

Sallu son of Meshullam, the son of Joed, the son of Pedaiah, the son of Kolaiah, the son of Maaseiah, the son of Ithiel, the son of Jeshaiah, ⁸and his followers, Gabbai and Sallai—928 men. ⁹Joel son of Zicri was their chief officer, and Judah son of Hassenuah was over the Second District of the city.

¹⁰From the priests:

Jedaiah; the son of Joiarib; Jakin; ¹¹Seraiah son of Hilkiah, the son of Meshullam, the son of Zadok, the son of Meraioth, the son of Ahitub, supervisor in the house of God, ¹²and their associates, who carried on work for the temple—822 men; Adaiah son of Jeroham, the son of Pelaliah, the son of Amzi, the son of Zechariah, the son of Pashhur, the son of Malkijah, ¹³and his associates, who were heads of families—242 men; Amashsai son of Azarel, the son of Ahzai, the son of Meshillemoth, the son of Immer, ¹⁴and hisᵃ associates, who were able men—128. Their chief officer was Zabdiel son of Haggedolim.

¹⁵From the Levites:

Shemaiah son of Hasshub, the son of Azrikam, the son of Hashabiah, the son of Bunni; ¹⁶Shabbethai and Jozabad, two of the heads of the Levites, who had charge of the outside work of the house of God; ¹⁷Mattaniah son of Mica, the son of Zabdi, the son of Asaph, the director who led in thanksgiving and prayer; Bakbukiah, second among his associates; and Abda son of Shammua, the son of Galal, the son of Jeduthun. ¹⁸The Levites in the holy city totaled 284.

¹⁹The gatekeepers:

Akkub, Talmon and their associates, who kept watch at the gates—172 men.

ⁿ 11:8 *y sus hermanos* (mss. de LXX); *y después de él* (TM).
ᵒ 11:9 *Senuá.* Alt. *Hasenuá.*

ᵃ 14 Most Septuagint manuscripts; Hebrew *their*

20Los demás israelitas, de los sacerdotes y de los levitas, vivían en todas las poblaciones de Judá, cada uno en su propiedad.

21Los servidores del templo, que estaban bajo la dirección de Zijá y Guispa, se establecieron en Ofel.

22El jefe de los levitas que estaban en Jerusalén era Uzi hijo de Baní, hijo de Jasabías, hijo de Matanías, hijo de Micaías, uno de los descendientes de Asaf. Éstos tenían a su cargo el canto en el servicio del templo de Dios. 23Una orden real y un reglamento establecían los deberes diarios de los cantores.

24Para atender a todos los asuntos del pueblo, el rey había nombrado como su representante a Petaías hijo de Mesezabel, que era uno de los descendientes de Zera hijo de Judá.

Otras ciudades habitadas

25Algunos judíos se establecieron en las siguientes ciudades con sus poblaciones: Quiriat Arbá, Dibón, Yecabsel, 26Jesúa, Moladá, Bet Pelet, 27Jazar Súal, Berseba, 28Siclag, Mecona, 29Enrimón, Zora, Jarmut, 30Zanoa, Adulán, Laquis y Azeca, es decir, desde Berseba hasta el valle de Hinón.

31Los benjaminitas se establecieron en Gueba, Micmás, Aías, Betel y sus poblaciones, 32Anatot, Nob, Ananías, 33Jazor, Ramá, Guitayin, 34Jadid, Seboyín, Nebalat, 35Lod y Ono, y en el valle de los Artesanos.

36Algunos levitas de Judá se unieron a los benjaminitas.

Sacerdotes y levitas repatriados

12 Éstos son los sacerdotes y los levitas que regresaron con Zorobabel hijo de Salatiel, y con Jesúa:

Seraías, Jeremías, Esdras,
2Amarías, Maluc, Jatús,
3Secanías, Rejún, Meremot,
4Idó, Guinetón, Abías,
5Mijamín, Madías, Bilgá,
6Semaías, Joyarib, Jedaías,
7Salú, Amoc, Jilquías y Jedaías.

Éstos eran los jefes de los sacerdotes y de sus parientes en los días de Jesúa.

8Los levitas eran Jesúa, Binuy, Cadmiel, Serebías, Judá y Matanías, quien dirigía las acciones de gracias junto con sus hermanos; 9Bacbuquías y Uni, sus hermanos, se colocaban frente a ellos en los servicios.

10Los descendientes de Jesúa eran Joaquim, Eliasib, Joyadá, 11Johanán y Jadúa.

12Los jefes de las familias sacerdotales, en la época de Joaquim, eran:

de Seraías: Meraías;
de Jeremías: Jananías;
13de Esdras: Mesulán;
de Amarías: Johanán;
14de Melicú: Jonatán;
de Sebanías: José;
15de Jarín: Adná;
de Merayot: Jelcay;

20The rest of the Israelites, with the priests and Levites, were in all the towns of Judah, each on his ancestral property.

21The temple servants lived on the hill of Ophel, and Ziha and Gishpa were in charge of them.

22The chief officer of the Levites in Jerusalem was Uzzi son of Bani, the son of Hashabiah, the son of Mattaniah, the son of Mica. Uzzi was one of Asaph's descendants, who were the singers responsible for the service of the house of God. 23The singers were under the king's orders, which regulated their daily activity.

24Pethahiah son of Meshezabel, one of the descendants of Zerah son of Judah, was the king's agent in all affairs relating to the people.

25As for the villages with their fields, some of the people of Judah lived in Kiriath Arba and its surrounding settlements, in Dibon and its settlements, in Jekabzeel and its villages, 26in Jeshua, in Moladah, in Beth Pelet, 27in Hazar Shual, in Beersheba and its settlements, 28in Ziklag, in Meconah and its settlements, 29in En Rimmon, in Zorah, in Jarmuth, 30Zanoah, Adullam and their villages, in Lachish and its fields, and in Azekah and its settlements. So they were living all the way from Beersheba to the Valley of Hinnom.

31The descendants of the Benjamites from Geba lived in Micmash, Aija, Bethel and its settlements, 32in Anathoth, Nob and Ananiah, 33in Hazor, Ramah and Gittaim, 34in Hadid, Zeboim and Neballat, 35in Lod and Ono, and in the Valley of the Craftsmen.

36Some of the divisions of the Levites of Judah settled in Benjamin.

Priests and Levites

12 These were the priests and Levites who returned with Zerubbabel son of Shealtiel and with Jeshua:

Seraiah, Jeremiah, Ezra,
2Amariah, Malluch, Hattush,
3Shecaniah, Rehum, Meremoth,
4Iddo, Ginnethon,b Abijah,
5Mijamin,c Moadiah, Bilgah,
6Shemaiah, Joiarib, Jedaiah,
7Sallu, Amok, Hilkiah and Jedaiah.

These were the leaders of the priests and their associates in the days of Jeshua.

8The Levites were Jeshua, Binnui, Kadmiel, Sherebiah, Judah, and also Mattaniah, who, together with his associates, was in charge of the songs of thanksgiving. 9Bakbukiah and Unni, their associates, stood opposite them in the services.

10Jeshua was the father of Joiakim, Joiakim the father of Eliashib, Eliashib the father of Joiada, 11Joiada the father of Jonathan, and Jonathan the father of Jaddua.

12In the days of Joiakim, these were the heads of the priestly families:

of Seraiah's family, Meraiah;
of Jeremiah's, Hananiah;
13of Ezra's, Meshullam;
of Amariah's, Jehohanan;
14of Malluch's, Jonathan;
of Shecaniah's,d Joseph;
15of Harim's, Adna;
of Meremoth's,e Helkai;

---

b4 Many Hebrew manuscripts and Vulgate (see also Neh. 12:16); most Hebrew manuscripts *Ginnethoi*   c5 A variant of *Miniamin*   d14 Very many Hebrew manuscripts, some Septuagint manuscripts and Syriac (see also Neh. 12:3); most Hebrew manuscripts *Shebaniah's*   e15 Some Septuagint manuscripts (see also Neh. 12:3); Hebrew *Meraioth's*

16 de Idó: Zacarías;
   de Guinetón: Mesulán;
17 de Abías: Zicrí;
   de Minjamín;*p*
   de Moadías: Piltay;
18 de Bilgá: Samúa;
   de Semaías: Jonatán;
19 de Joyarib: Matenay;
   de Jedaías: Uzi;
20 de Salay: Calay;
   de Amoc: Éber;
21 de Jilquías: Jasabías;
   de Jedaías: Natanael.

22 Los jefes de familia de los levitas y de los sacerdotes en tiempos de Eliasib, Joyadá, Johanán y Jadúa fueron inscritos durante el reinado de Darío el persa. 23 Los jefes de familia de los levitas hasta los días de Johanán hijo de Eliasib fueron inscritos en el libro de las crónicas. 24 Los jefes de los levitas eran Jasabías, Serebías y Jesúa hijo de Cadmiel. Cuando les llegaba el turno de servicio, sus parientes se colocaban frente a ellos para la alabanza y la acción de gracias, según lo establecido por David, hombre de Dios.

25 Matanías, Bacbuquías, Abdías, Mesulán, Talmón y Acub eran los porteros que montaban la guardia en los almacenes cercanos a las puertas. 26 Todos éstos vivieron en tiempos de Joaquim, hijo de Jesúa y nieto de Josadac, y en tiempos del gobernador Nehemías y del sacerdote y maestro Esdras.

Dedicación de la muralla

27 Cuando llegó el momento de dedicar la muralla, buscaron a los levitas en todos los lugares donde vivían, y los llevaron a Jerusalén para celebrar la dedicación con cánticos de acción de gracias, al son de címbalos, arpas y liras. 28 Entonces se reunieron los cantores de los alrededores de Jerusalén y de las aldeas de Netofa 29 y Bet Guilgal, así como de los campos de Gueba y de Azmávet, ya que los cantores se habían construido aldeas alrededor de Jerusalén. 30 Después de *purificarse a sí mismos, los sacerdotes y los levitas purificaron también a la gente, las *puertas y la muralla.

31 Luego hice que los jefes de Judá subieran a la muralla, y organicé dos grandes coros. Uno de ellos marchaba sobre la muralla hacia la derecha, rumbo a la puerta del Basurero, 32 seguido de Osaías, la mitad de los jefes de Judá, 33 Azarías, Esdras, Mesulán, 34 Judá, Benjamín, Semaías y Jeremías. 35 A éstos los acompañaban los siguientes sacerdotes, que llevaban trompetas: Zacarías hijo de Jonatán, hijo de Semaías, hijo de Matanías, hijo de Micaías, hijo de Zacur, hijo de Asaf, 36 y sus parientes Semaías, Azarel, Milalay, Guilalay, May, Natanael, Judá y Jananí, que llevaban los instrumentos musicales de David, hombre de Dios. Al frente de ellos iba Esdras. 37 Al llegar a la puerta de la Fuente, subieron derecho por las gradas de la Ciudad de David, por la cuesta de la muralla, pasando junto al palacio de David, hasta la puerta del Agua, al este de la ciudad.

38 El segundo coro marchaba en dirección opuesta, a lo largo de la torre de los Hornos hasta el muro Ancho. Yo iba detrás, sobre la muralla, junto con la otra mitad de la gente. 39 Pasamos por encima de la puerta de Efraín, la de Jesaná*q* y la de los Pescados; por la torre de Jananel y la de los Cien, y por la puerta de las Ovejas, hasta llegar a la puerta de la Guardia. Allí nos

16 of Iddo's, Zechariah;
   of Ginnethon's, Meshullam;
17 of Abijah's, Zicri;
   of Miniamin's and of Moadiah's, Piltai;
18 of Bilgah's, Shammua;
   of Shemaiah's, Jehonathan;
19 of Joiarib's, Mattenai;
   of Jedaiah's, Uzzi;
20 of Sallu's, Kallai;
   of Amok's, Eber;
21 of Hilkiah's, Hashabiah;
   of Jedaiah's, Nethanel.

22 The family heads of the Levites in the days of Eliashib, Joiada, Johanan and Jaddua, as well as those of the priests, were recorded in the reign of Darius the Persian. 23 The family heads among the descendants of Levi up to the time of Johanan son of Eliashib were recorded in the book of the annals. 24 And the leaders of the Levites were Hashabiah, Sherebiah, Jeshua son of Kadmiel, and their associates, who stood opposite them to give praise and thanksgiving, one section responding to the other, as prescribed by David the man of God.

25 Mattaniah, Bakbukiah, Obadiah, Meshullam, Talmon and Akkub were gatekeepers who guarded the storerooms at the gates. 26 They served in the days of Joiakim son of Jeshua, the son of Jozadak, and in the days of Nehemiah the governor and of Ezra the priest and scribe.

Dedication of the Wall of Jerusalem

27 At the dedication of the wall of Jerusalem, the Levites were sought out from where they lived and were brought to Jerusalem to celebrate joyfully the dedication with songs of thanksgiving and with the music of cymbals, harps and lyres. 28 The singers also were brought together from the region around Jerusalem—from the villages of the Netophathites, 29 from Beth Gilgal, and from the area of Geba and Azmaveth, for the singers had built villages for themselves around Jerusalem. 30 When the priests and Levites had purified themselves ceremonially, they purified the people, the gates and the wall.

31 I had the leaders of Judah go up on top*f* of the wall. I also assigned two large choirs to give thanks. One was to proceed on top*g* of the wall to the right, toward the Dung Gate. 32 Hoshaiah and half the leaders of Judah followed them, 33 along with Azariah, Ezra, Meshullam, 34 Judah, Benjamin, Shemaiah, Jeremiah, 35 as well as some priests with trumpets, and also Zechariah son of Jonathan, the son of Shemaiah, the son of Mattaniah, the son of Micaiah, the son of Zaccur, the son of Asaph, 36 and his associates—Shemaiah, Azarel, Milalai, Gilalai, Maai, Nethanel, Judah and Hanani— with musical instruments ⌐ prescribed by⌐ David the man of God. Ezra the scribe led the procession. 37 At the Fountain Gate they continued directly up the steps of the City of David on the ascent to the wall and passed above the house of David to the Water Gate on the east.

38 The second choir proceeded in the opposite direction. I followed them on top*h* of the wall, together with half the people—past the Tower of the Ovens to the Broad Wall, 39 over the Gate of Ephraim, the Jeshanah*i* Gate, the Fish Gate, the Tower of Hananel and the Tower of the Hundred, as far as the Sheep Gate. At the Gate of the Guard they stopped.

---

p 12:17 En TM no aparece el nombre del jefe de Minjamín.
q 12:39 de Jesaná. Alt. *Vieja.*

f 31 Or *go alongside*   *g 31* Or *proceed alongside*
h 38 Or *them alongside*   *i 39* Or *Old*

detuvimos. ⁴⁰Los dos coros ocuparon sus sitios en el templo de Dios. Lo mismo hicimos yo, la mitad de los oficiales del pueblo, ⁴¹y los sacerdotes Eliaquín, Maseías, Minjamín, Micaías, Elihoenay, Zacarías, Jananías, ⁴²Maseías, Semaías, Eleazar, Uzi, Johanán, Malquías, Elam y Ezer. En seguida los cantores empezaron a cantar a toda voz, dirigidos por Izraías.

⁴³Ese día se ofrecieron muchos sacrificios y hubo fiesta, porque Dios los llenó de alegría. Hasta las mujeres y los niños participaron. Era tal el regocijo de Jerusalén que se oía desde lejos.

Contribución para los sacerdotes y levitas

⁴⁴Aquel día se nombró a los encargados de los depósitos donde se almacenaban los tesoros, las ofrendas, las *primicias y los diezmos, para que depositaran en ellos las contribuciones que provenían de los campos de cada población y que, según la *ley, les correspondían a los sacerdotes y a los levitas. La gente de Judá estaba contenta con el servicio que prestaban los sacerdotes y levitas, ⁴⁵quienes según lo establecido por David y su hijo Salomón se ocupaban del servicio de su Dios y del servicio de *purificación, junto con los cantores y los porteros. ⁴⁶Por mucho tiempo, desde los días de David y de Asaf, había directores de coro y cánticos de alabanza y de acción de gracias a Dios. ⁴⁷En la época de Zorobabel y de Nehemías, todos los días los israelitas entregaban las porciones correspondientes a los cantores y a los porteros. Así mismo daban las ofrendas sagradas para los demás levitas, y los levitas a su vez les entregaban a los hijos de Aarón lo que a éstos les correspondía.

Reforma final de Nehemías

13 Aquel día se leyó ante el pueblo el libro de Moisés, y allí se encontró escrito que los amonitas y moabitas no debían jamás formar parte del pueblo de Dios, ²porque no sólo no les habían dado de comer ni de beber a los israelitas sino que habían contratado a Balán para que los maldijera, aunque en realidad nuestro Dios cambió la maldición por bendición. ³Al escuchar lo que la *ley decía, apartaron de Israel a todos los que se habían mezclado con extranjeros.

⁴Antes de esto, el sacerdote Eliasib, encargado de los almacenes del templo de nuestro Dios, había emparentado con Tobías ⁵y le había acondicionado una habitación grande. Allí se almacenaban las ofrendas, el incienso, los utensilios, los diezmos del trigo, vino y aceite correspondientes a los levitas, cantores y porteros, y las contribuciones para los sacerdotes.

⁶Para ese entonces yo no estaba en Jerusalén, porque en el año treinta y dos de Artajerjes, rey de Babilonia, había ido a ver al rey. Después de algún tiempo, con permiso del rey ⁷regresé a Jerusalén y me enteré de la infracción cometida por Eliasib al proporcionarle a Tobías una habitación en los atrios del templo de Dios. ⁸Esto me disgustó tanto que hice sacar de la habitación todos los cachivaches de Tobías. ⁹Luego ordené que *purificaran las habitaciones y volvieran a colocar allí los utensilios sagrados del templo de Dios, las ofrendas y el incienso.

¹⁰También me enteré de que a los levitas no les habían entregado sus porciones, y de que los levitas y cantores encargados del servicio habían regresado a sus campos. ¹¹Así que reprendí a los jefes y les dije: «¿Por qué está tan descuidado el templo de Dios?» Luego los reuní y los restablecí en sus puestos.

⁴⁰The two choirs that gave thanks then took their places in the house of God; so did I, together with half the officials, ⁴¹as well as the priests—Eliakim, Maaseiah, Miniamin, Micaiah, Elioenai, Zechariah and Hananiah with their trumpets— ⁴²and also Maaseiah, Shemaiah, Eleazar, Uzzi, Jehohanan, Malkijah, Elam and Ezer. The choirs sang under the direction of Jezrahiah. ⁴³And on that day they offered great sacrifices, rejoicing because God had given them great joy. The women and children also rejoiced. The sound of rejoicing in Jerusalem could be heard far away.

⁴⁴At that time men were appointed to be in charge of the storerooms for the contributions, firstfruits and tithes. From the fields around the towns they were to bring into the storerooms the portions required by the Law for the priests and the Levites, for Judah was pleased with the ministering priests and Levites. ⁴⁵They performed the service of their God and the service of purification, as did also the singers and gatekeepers, according to the commands of David and his son Solomon. ⁴⁶For long ago, in the days of David and Asaph, there had been directors for the singers and for the songs of praise and thanksgiving to God. ⁴⁷So in the days of Zerubbabel and of Nehemiah, all Israel contributed the daily portions for the singers and gatekeepers. They also set aside the portion for the other Levites, and the Levites set aside the portion for the descendants of Aaron.

Nehemiah's Final Reforms

13 On that day the Book of Moses was read aloud in the hearing of the people and there it was found written that no Ammonite or Moabite should ever be admitted into the assembly of God, ²because they had not met the Israelites with food and water but had hired Balaam to call a curse down on them. (Our God, however, turned the curse into a blessing.) ³When the people heard this law, they excluded from Israel all who were of foreign descent.

⁴Before this, Eliashib the priest had been put in charge of the storerooms of the house of our God. He was closely associated with Tobiah, ⁵and he had provided him with a large room formerly used to store the grain offerings and incense and temple articles, and also the tithes of grain, new wine and oil prescribed for the Levites, singers and gatekeepers, as well as the contributions for the priests.

⁶But while all this was going on, I was not in Jerusalem, for in the thirty-second year of Artaxerxes king of Babylon I had returned to the king. Some time later I asked his permission ⁷and came back to Jerusalem. Here I learned about the evil thing Eliashib had done in providing Tobiah a room in the courts of the house of God. ⁸I was greatly displeased and threw all Tobiah's household goods out of the room. ⁹I gave orders to purify the rooms, and then I put back into them the equipment of the house of God, with the grain offerings and the incense.

¹⁰I also learned that the portions assigned to the Levites had not been given to them, and that all the Levites and singers responsible for the service had gone back to their own fields. ¹¹So I rebuked the officials and asked them, "Why is the house of God neglected?" Then I called them together and stationed them at their posts.

12Todo Judá trajo a los almacenes la décima parte del trigo, del vino y del aceite. 13Puse a cargo de los almacenes al sacerdote Selemías, al escriba Sadoc y al levita Pedaías; como ayudante de ellos nombré a Janán, hijo de Zacur y nieto de Matanías. Todos ellos eran dignos de confianza, y se encargarían de distribuir las porciones entre sus compañeros.

14«¡Recuerda esto, Dios mío, y favoréceme; no olvides todo el bien que hice por el templo de mi Dios y de su culto!»

15Durante aquellos días vi en Judá que en *sábado algunos exprimían uvas y otros acarreaban, a lomo de mula, manojos de trigo, vino, uvas, higos y toda clase de cargas que llevaban a Jerusalén. Los reprendí entonces por vender sus víveres en ese día. 16También los tirios que vivían en Jerusalén traían a la ciudad pescado y otras mercancías, y las vendían a los judíos en sábado. 17Así que censuré la actitud de los nobles de Judá, y les dije: «¡Ustedes están pecando al profanar el día sábado! 18Lo mismo hicieron sus antepasados, y por eso nuestro Dios envió toda esta desgracia sobre nosotros y sobre esta ciudad. ¿Acaso quieren que aumente la ira de Dios sobre Israel por profanar el sábado?»

19Entonces ordené que cerraran las *puertas de Jerusalén al caer la tarde, antes de que comenzara el sábado, y que no las abrieran hasta después de ese día. Así mismo, puse a algunos de mis servidores en las puertas para que no dejaran entrar ninguna carga en sábado. 20Una o dos veces, los comerciantes y los vendedores de toda clase de mercancías pasaron la noche fuera de Jerusalén. 21Así que les advertí: «¡No se queden junto a la muralla! Si vuelven a hacerlo, ¡los apresaré!» Desde entonces no volvieron a aparecerse más en sábado. 22Luego ordené a los levitas que se purificaran y que fueran a hacer guardia en las puertas, para que el sábado fuera respetado.

«¡Recuerda esto, Dios mío, y conforme a tu gran amor, ten compasión de mí!»

23En aquellos días también me di cuenta de que algunos judíos se habían casado con mujeres de Asdod, de Amón y de Moab. 24La mitad de sus hijos hablaban la lengua de Asdod o de otros pueblos, y no sabían hablar la lengua de los judíos. 25Entonces los reprendí y los maldije; a algunos de ellos los golpeé, y hasta les arranqué los pelos, y los obligué a jurar por Dios. Les dije: «No permitan que sus hijas se casen con los hijos de ellos, ni se casen ustedes ni sus hijos con las hijas de ellos. 26¿Acaso no fue ése el pecado de Salomón, rey de Israel? Entre todas las naciones no hubo un solo rey como él: Dios lo amó y lo hizo rey sobre todo Israel. Pero aun a él lo hicieron pecar las mujeres extranjeras. 27¿Será que también de ustedes se dirá que cometieron el gran pecado de ofender a nuestro Dios casándose con mujeres extranjeras?»

28A uno de los hijos de Joyadá, hijo del sumo sacerdote Eliasib, lo eché de mi lado porque era yerno de Sambalat el horonita.

29«¡Recuerda esto, Dios mío, en perjuicio de los que profanaron el sacerdocio y el pacto de los sacerdotes y de los levitas!»

12All Judah brought the tithes of grain, new wine and oil into the storerooms. 13I put Shelemiah the priest, Zadok the scribe, and a Levite named Pedaiah in charge of the storerooms and made Hanan son of Zaccur, the son of Mattaniah, their assistant, because these men were considered trustworthy. They were made responsible for distributing the supplies to their brothers.

14Remember me for this, O my God, and do not blot out what I have so faithfully done for the house of my God and its services.

15In those days I saw men in Judah treading winepresses on the Sabbath and bringing in grain and loading it on donkeys, together with wine, grapes, figs and all other kinds of loads. And they were bringing all this into Jerusalem on the Sabbath. Therefore I warned them against selling food on that day. 16Men from Tyre who lived in Jerusalem were bringing in fish and all kinds of merchandise and selling them in Jerusalem on the Sabbath to the people of Judah. 17I rebuked the nobles of Judah and said to them, "What is this wicked thing you are doing—desecrating the Sabbath day? 18Didn't your forefathers do the same things, so that our God brought all this calamity upon us and upon this city? Now you are stirring up more wrath against Israel by desecrating the Sabbath."

19When evening shadows fell on the gates of Jerusalem before the Sabbath, I ordered the doors to be shut and not opened until the Sabbath was over. I stationed some of my own men at the gates so that no load could be brought in on the Sabbath day. 20Once or twice the merchants and sellers of all kinds of goods spent the night outside Jerusalem. 21But I warned them and said, "Why do you spend the night by the wall? If you do this again, I will lay hands on you." From that time on they no longer came on the Sabbath. 22Then I commanded the Levites to purify themselves and go and guard the gates in order to keep the Sabbath day holy.

Remember me for this also, O my God, and show mercy to me according to your great love.

23Moreover, in those days I saw men of Judah who had married women from Ashdod, Ammon and Moab. 24Half of their children spoke the language of Ashdod or the language of one of the other peoples, and did not know how to speak the language of Judah. 25I rebuked them and called curses down on them. I beat some of the men and pulled out their hair. I made them take an oath in God's name and said: "You are not to give your daughters in marriage to their sons, nor are you to take their daughters in marriage for your sons or for yourselves. 26Was it not because of marriages like these that Solomon king of Israel sinned? Among the many nations there was no king like him. He was loved by his God, and God made him king over all Israel, but even he was led into sin by foreign women. 27Must we hear now that you too are doing all this terrible wickedness and are being unfaithful to our God by marrying foreign women?"

28One of the sons of Joiada son of Eliashib the high priest was son-in-law to Sanballat the Horonite. And I drove him away from me.

29Remember them, O my God, because they defiled the priestly office and the covenant of the priesthood and of the Levites.

30 Yo los purifiqué de todo lo extranjero y asigné a los sacerdotes y levitas sus respectivas tareas. 31 También organicé la ofrenda de la leña en las fechas establecidas, y la entrega de las *primicias.

«¡Acuérdate de mí, Dios mío, y favoréceme!»

30 So I purified the priests and the Levites of everything foreign, and assigned them duties, each to his own task. 31 I also made provision for contributions of wood at designated times, and for the firstfruits.

Remember me with favor, O my God.

Ester

Esther

Destitución de la reina Vasti

1 El rey Asuero,ᵃ que reinó sobre ciento veintisiete provincias que se extendían desde la India hasta *Cus, 2estableció su trono real en la ciudadela de Susa.

3En el tercer año de su reinado ofreció un banquete para todos sus funcionarios y servidores, al que asistieron los jefes militares de Persia y Media, y los magistrados y los gobernadores de las provincias, 4y durante ciento ochenta días les mostró la enorme riqueza de su reino y la esplendorosa gloria de su majestad.

5Pasado este tiempo, el rey ofreció otro banquete, que duró siete días, para todos los que se encontraban en la ciudadela de Susa, tanto los más importantes como los de menor importancia. Este banquete tuvo lugar en el jardín interior de su palacio, 6el cual lucía cortinas blancas y azules, sostenidas por cordones de lino blanco y tela púrpura, los cuales pasaban por anillos de plata sujetos a columnas de mármol. También había sofás de oro y plata sobre un piso de mosaicos de pórfido, mármol, madreperla y otras piedras preciosas. 7En copas de oro de las más variadas formas se servía el vino real, el cual corría a raudales, como era de esperarse del rey. 8Todos los invitados podían beber cuanto quisieran, pues los camareros habían recibido instrucciones del rey de servir a cada uno lo que deseara.

9La reina Vasti, por su parte, ofreció también un banquete para las mujeres en el palacio del rey Asuero.

10Al séptimo día, como a causa del vino el rey Asuero estaba muy alegre, les ordenó a los siete *eunucos que le servían —Meumán, Biztá, Jarboná, Bigtá, Abagtá, Zetar y Carcás— 11que llevaran a su presencia a la reina, ceñida con la corona real, a fin de exhibir su belleza ante los pueblos y sus dignatarios, pues realmente era muy hermosa. 12Pero cuando los eunucos le comunicaron la orden del rey, la reina se negó a ir. Esto contrarió mucho al rey, y se enfureció.

13De inmediato el rey consultó a los sabios conocedores de leyes,ᵇ porque era costumbre que en cuestiones de ley y justicia les consultara a los expertos. 14Los más allegados a él eran: Carsena, Setar, Admata, Tarsis, Meres, Marsená y Memucán, los siete funcionarios de Persia y Media que tenían acceso especial a la presencia del rey y ocupaban los puestos más altos en el reino.

15—Según la ley, ¿qué se debe hacer con la reina Vasti por haber desobedecido la orden del rey transmitida por los eunucos? —preguntó el rey.

16En presencia del rey y de los funcionarios, Memucán respondió:

—La reina Vasti no sólo ha ofendido a Su Majestad, sino también a todos los funcionarios y a todos los pueblos de todas las provincias del reino. 17Porque todas las mujeres se enterarán de la conducta de la reina, y esto hará que desprecien a sus esposos, pues dirán: "El rey Asuero mandó que la reina Vasti se

Queen Vashti Deposed

1 This is what happened during the time of Xerxes,ᵃ the Xerxes who ruled over 127 provinces stretching from India to Cushᵇ: 2At that time King Xerxes reigned from his royal throne in the citadel of Susa, 3and in the third year of his reign he gave a banquet for all his nobles and officials. The military leaders of Persia and Media, the princes, and the nobles of the provinces were present.

4For a full 180 days he displayed the vast wealth of his kingdom and the splendor and glory of his majesty. 5When these days were over, the king gave a banquet, lasting seven days, in the enclosed garden of the king's palace, for all the people from the least to the greatest, who were in the citadel of Susa. 6The garden had hangings of white and blue linen, fastened with cords of white linen and purple material to silver rings on marble pillars. There were couches of gold and silver on a mosaic pavement of porphyry, marble, mother-of-pearl and other costly stones. 7Wine was served in goblets of gold, each one different from the other, and the royal wine was abundant, in keeping with the king's liberality. 8By the king's command each guest was allowed to drink in his own way, for the king instructed all the wine stewards to serve each man what he wished.

9Queen Vashti also gave a banquet for the women in the royal palace of King Xerxes.

10On the seventh day, when King Xerxes was in high spirits from wine, he commanded the seven eunuchs who served him—Mehuman, Biztha, Harbona, Bigtha, Abagtha, Zethar and Carcas— 11to bring before him Queen Vashti, wearing her royal crown, in order to display her beauty to the people and nobles, for she was lovely to look at. 12But when the attendants delivered the king's command, Queen Vashti refused to come. Then the king became furious and burned with anger.

13Since it was customary for the king to consult experts in matters of law and justice, he spoke with the wise men who understood the times 14and were closest to the king—Carshena, Shethar, Admatha, Tarshish, Meres, Marsena and Memucan, the seven nobles of Persia and Media who had special access to the king and were highest in the kingdom.

15"According to law, what must be done to Queen Vashti?" he asked. "She has not obeyed the command of King Xerxes that the eunuchs have taken to her."

16Then Memucan replied in the presence of the king and the nobles, "Queen Vashti has done wrong, not only against the king but also against all the nobles and the peoples of all the provinces of King Xerxes. 17For the queen's conduct will become known to all the women, and so they will despise their husbands and say, 'King Xerxes commanded Queen Vashti to be

---

ᵃ 1:1 *Asuero*. Variante hebrea de Jerjes, nombre persa; así en el resto de este libro.   ᵇ 1:13 *leyes* (lectura probable); *los tiempos* (TM).

ᵃ 1 Hebrew *Ahasuerus,* a variant of Xerxes' Persian name; here and throughout Esther   ᵇ 1 That is, the upper Nile region

presentara ante él, pero ella no fue." 18 El día en que las mujeres de la nobleza de Persia y de Media se enteren de la conducta de la reina, les responderán de la misma manera a todos los dignatarios de Su Majestad. ¡Entonces no habrá fin al desprecio y a la discordia!

19 »Por lo tanto, si le parece bien a Su Majestad, emita un decreto real, el cual se inscribirá con carácter irrevocable en las leyes de Persia y Media: que Vasti nunca vuelva a presentarse ante Su Majestad, y que el título de reina se lo otorgue a otra mejor que ella. 20 Así, cuando el edicto real se dé a conocer por todo su inmenso reino, todas las mujeres respetarán a sus esposos, desde los más importantes hasta los menos importantes.

21 Al rey y a sus funcionarios les pareció bien ese consejo, de modo que el rey hizo lo que había propuesto Memucán: 22 envió cartas por todo el reino, a cada provincia en su propia escritura y a cada pueblo en su propio idioma, proclamando en la lengua de cada pueblo que todo hombre debe ejercer autoridad sobre su familia.

Elección de Ester como reina

2 Algún tiempo después, ya aplacada su furia, el rey Asuero se acordó de Vasti y de lo que había hecho, y de lo que se había decretado contra ella. 2 Entonces los ayudantes personales del rey hicieron esta propuesta: «Que se busquen jóvenes vírgenes y hermosas para el rey. 3 Que nombre el rey para cada provincia de su reino delegados que reúnan a todas esas jóvenes hermosas en el harén de la ciudadela de Susa. Que sean puestas bajo el cuidado de Jegay, el *eunuco encargado de las mujeres del rey, y que se les dé un tratamiento de belleza. 4 Y que reine en lugar de Vasti la joven que más le guste al rey.» Esta propuesta le agradó al rey, y ordenó que así se hiciera.

5 En la ciudadela de Susa vivía un judío de la tribu de Benjamín, llamado Mardoqueo hijo de Yaír, hijo de Simí, hijo de Quis, 6 uno de los capturados en Jerusalén y llevados al exilio cuando Nabucodonosor, rey de Babilonia, se llevó cautivo a Jeconías,c rey de Judá. 7 Mardoqueo tenía una prima llamada Jadasá. Esta joven, conocida también como Ester, a quien había criado porque era huérfana de padre y madre, tenía una figura atractiva y era muy hermosa. Al morir sus padres, Mardoqueo la adoptó como su hija.

8 Cuando se proclamaron el edicto y la orden del rey, muchas jóvenes fueron reunidas en la ciudadela de Susa y puestas al cuidado de Jegay. Ester también fue llevada al palacio del rey y confiada a Jegay, quien estaba a cargo del harén. 9 La joven agradó a Jegay y se ganó su simpatía. Por eso él se apresuró a darle el tratamiento de belleza y los alimentos especiales. Le asignó las siete doncellas más distinguidas del palacio y la trasladó con sus doncellas al mejor lugar del harén.

10 Ester no reveló su nacionalidad ni sus antecedentes familiares, porque Mardoqueo se lo había prohibido. 11 Éste se paseaba diariamente frente al patio del harén para saber cómo le iba a Ester y cómo la trataban.

12 Ahora bien, para poder presentarse ante el rey, una joven tenía que completar los doce meses de tratamiento de belleza prescritos: seis meses con aceite de mirra, y seis con perfumes y cosméticos. 13 Terminado el tratamiento, la joven se presentaba ante el rey y podía

brought before him, but she would not come.' 18 This very day the Persian and Median women of the nobility who have heard about the queen's conduct will respond to all the king's nobles in the same way. There will be no end of disrespect and discord.

19 "Therefore, if it pleases the king, let him issue a royal decree and let it be written in the laws of Persia and Media, which cannot be repealed, that Vashti is never again to enter the presence of King Xerxes. Also let the king give her royal position to someone else who is better than she. 20 Then when the king's edict is proclaimed throughout all his vast realm, all the women will respect their husbands, from the least to the greatest."

21 The king and his nobles were pleased with this advice, so the king did as Memucan proposed. 22 He sent dispatches to all parts of the kingdom, to each province in its own script and to each people in its own language, proclaiming in each people's tongue that every man should be ruler over his own household.

Esther Made Queen

2 Later when the anger of King Xerxes had subsided, he remembered Vashti and what she had done and what he had decreed about her. 2 Then the king's personal attendants proposed, "Let a search be made for beautiful young virgins for the king. 3 Let the king appoint commissioners in every province of his realm to bring all these beautiful girls into the harem at the citadel of Susa. Let them be placed under the care of Hegai, the king's eunuch, who is in charge of the women; and let beauty treatments be given to them. 4 Then let the girl who pleases the king be queen instead of Vashti." This advice appealed to the king, and he followed it.

5 Now there was in the citadel of Susa a Jew of the tribe of Benjamin, named Mordecai son of Jair, the son of Shimei, the son of Kish, 6 who had been carried into exile from Jerusalem by Nebuchadnezzar king of Babylon, among those taken captive with Jehoiachinc king of Judah. 7 Mordecai had a cousin named Hadassah, whom he had brought up because she had neither father nor mother. This girl, who was also known as Esther, was lovely in form and features, and Mordecai had taken her as his own daughter when her father and mother died.

8 When the king's order and edict had been proclaimed, many girls were brought to the citadel of Susa and put under the care of Hegai. Esther also was taken to the king's palace and entrusted to Hegai, who had charge of the harem. 9 The girl pleased him and won his favor. Immediately he provided her with her beauty treatments and special food. He assigned to her seven maids selected from the king's palace and moved her and her maids into the best place in the harem.

10 Esther had not revealed her nationality and family background, because Mordecai had forbidden her to do so. 11 Every day he walked back and forth near the courtyard of the harem to find out how Esther was and what was happening to her.

12 Before a girl's turn came to go in to King Xerxes, she had to complete twelve months of beauty treatments prescribed for the women, six months with oil of myrrh and six with perfumes and cosmetics. 13 And this is how she would go to the king: Anything she wanted was given her to take with her from the harem to the

---

c 2:6 *Jeconías.* Es decir, Joaquín (véase 2R 24:8-17).   c 6 Hebrew *Jeconiah,* a variant of *Jehoiachin*

llevarse del harén al palacio todo lo que quisiera. 14 Iba al palacio por la noche, y a la mañana siguiente volvía a un segundo harén bajo el cuidado de Sasgaz, el eunuco encargado de las concubinas del rey. Y no volvía a presentarse ante el rey, a no ser que él la deseara y la mandara a llamar.

15 Cuando a Ester, la joven que Mardoqueo había adoptado y que era hija de su tío Abijaíl, le llegó el turno de presentarse ante el rey, ella no pidió nada fuera de lo sugerido por Jegay, el eunuco encargado del harén del rey. Para entonces, ella se había ganado la simpatía de todo el que la veía. 16 Ester fue llevada al palacio real ante el rey Asuero en el mes décimo, el mes de *tébet*, durante el séptimo año de su reinado.

17 El rey se enamoró de Ester más que de todas las demás mujeres, y ella se ganó su aprobación y simpatía más que todas las otras vírgenes. Así que él le ciñó la corona real y la proclamó reina en lugar de Vasti. 18 Luego el rey ofreció un gran banquete en honor de Ester para todos sus funcionarios y servidores. Declaró un día de fiesta en todas las provincias y distribuyó regalos con generosidad digna de un rey.

Conspiración contra Asuero

19 Mientras se reunía a un segundo grupo de vírgenes, Mardoqueo permanecía sentado a la puerta del rey. 20 Ester, por su parte, continuó guardando en secreto sus antecedentes familiares y su nacionalidad, tal como Mardoqueo le había ordenado, ya que seguía cumpliendo las instrucciones de Mardoqueo como cuando estaba bajo su cuidado.

21 En aquellos días, mientras Mardoqueo seguía sentado a la puerta del rey, Bigtán y Teres, los dos *eunucos del rey, miembros de la guardia, se enojaron y tramaron el asesinato del rey Asuero. 22 Al enterarse Mardoqueo de la conspiración, se lo contó a la reina Ester, quien a su vez se lo hizo saber al rey de parte de Mardoqueo. 23 Cuando se investigó el informe y se descubrió que era cierto, los dos eunucos fueron empalados en una estaca. Todo esto fue debidamente anotado en los registros reales, en presencia del rey.

Conspiración de Amán contra los judíos

3 Después de estos acontecimientos, el rey Asuero honró a Amán hijo de Hamedata, el descendiente de Agag, ascendiéndolo a un puesto más alto que el de todos los demás funcionarios que estaban con él. 2 Todos los servidores de palacio asignados a la puerta del rey se arrodillaban ante Amán, y le rendían homenaje, porque así lo había ordenado el rey. Pero Mardoqueo no se arrodillaba ante él ni le rendía homenaje.

3 Entonces los servidores de palacio asignados a la puerta del rey le preguntaron a Mardoqueo: «¿Por qué desobedeces la orden del rey?» 4 Día tras día se lo reclamaban; pero él no les hacía caso. Por eso lo denunciaron a Amán para ver si seguía tolerándose la conducta de Mardoqueo, ya que éste les había confiado que era judío.

5 Cuando Amán se dio cuenta de que Mardoqueo no se arrodillaba ante él ni le rendía homenaje, se enfureció. 6 Y cuando le informaron a qué pueblo pertenecía Mardoqueo, desechó la idea de matarlo sólo a él y buscó la manera de exterminar a todo el pueblo de Mardoqueo, es decir, a los judíos que vivían por todo el reino de Asuero.

king's palace. 14 In the evening she would go there and in the morning return to another part of the harem to the care of Shaashgaz, the king's eunuch who was in charge of the concubines. She would not return to the king unless he was pleased with her and summoned her by name.

15 When the turn came for Esther (the girl Mordecai had adopted, the daughter of his uncle Abihail) to go to the king, she asked for nothing other than what Hegai, the king's eunuch who was in charge of the harem, suggested. And Esther won the favor of everyone who saw her. 16 She was taken to King Xerxes in the royal residence in the tenth month, the month of Tebeth, in the seventh year of his reign.

17 Now the king was attracted to Esther more than to any of the other women, and she won his favor and approval more than any of the other virgins. So he set a royal crown on her head and made her queen instead of Vashti. 18 And the king gave a great banquet, Esther's banquet, for all his nobles and officials. He proclaimed a holiday throughout the provinces and distributed gifts with royal liberality.

Mordecai Uncovers a Conspiracy

19 When the virgins were assembled a second time, Mordecai was sitting at the king's gate. 20 But Esther had kept secret her family background and nationality just as Mordecai had told her to do, for she continued to follow Mordecai's instructions as she had done when he was bringing her up.

21 During the time Mordecai was sitting at the king's gate, Bigthana*d* and Teresh, two of the king's officers who guarded the doorway, became angry and conspired to assassinate King Xerxes. 22 But Mordecai found out about the plot and told Queen Esther, who in turn reported it to the king, giving credit to Mordecai. 23 And when the report was investigated and found to be true, the two officials were hanged on a gallows.*e* All this was recorded in the book of the annals in the presence of the king.

Haman's Plot to Destroy the Jews

3 After these events, King Xerxes honored Haman son of Hammedatha, the Agagite, elevating him and giving him a seat of honor higher than that of all the other nobles. 2 All the royal officials at the king's gate knelt down and paid honor to Haman, for the king had commanded this concerning him. But Mordecai would not kneel down or pay him honor.

3 Then the royal officials at the king's gate asked Mordecai, "Why do you disobey the king's command?" 4 Day after day they spoke to him but he refused to comply. Therefore they told Haman about it to see whether Mordecai's behavior would be tolerated, for he had told them he was a Jew.

5 When Haman saw that Mordecai would not kneel down or pay him honor, he was enraged. 6 Yet having learned who Mordecai's people were, he scorned the idea of killing only Mordecai. Instead Haman looked for a way to destroy all Mordecai's people, the Jews, throughout the whole kingdom of Xerxes.

d 21 Hebrew Bigthan, a variant of Bigthana   e 23 Or were hung (or impaled) on poles; similarly elsewhere in Esther

7 Para determinar el día y el mes, se echó el *pur*, es decir, la suerte, en presencia de Amán, en el mes primero, que es el mes de *nisán*, del año duodécimo del reinado de Asuero. Y la suerte cayó sobre*d* el mes duodécimo, el mes de *adar*.

8 Entonces Amán le dijo al rey Asuero:

—Hay cierto pueblo disperso y diseminado entre los pueblos de todas las provincias del reino, cuyas leyes y costumbres son diferentes de las de todos los demás. ¡No obedecen las leyes del reino, y a Su Majestad no le conviene tolerarlos! 9 Si le parece bien, emita Su Majestad un decreto para aniquilarlos, y yo depositaré en manos de los administradores trescientos treinta mil kilos*e* de plata para el tesoro real.

10 Entonces el rey se quitó el anillo que llevaba su sello y se lo dio a Amán hijo de Hamedata, descendiente de Agag y enemigo de los judíos.

11 —Quédate con el dinero —le dijo el rey a Amán—, y haz con ese pueblo lo que mejor te parezca.

12 El día trece del mes primero se convocó a los secretarios del rey. Redactaron en la escritura de cada provincia y en el idioma de cada pueblo todo lo que Amán ordenaba a los *sátrapas del rey, a los intendentes de las diversas provincias y a los funcionarios de los diversos pueblos. Todo se escribió en *nombre del rey Asuero y se selló con el anillo real. 13 Luego se enviaron los documentos por medio de los mensajeros a todas las provincias del rey con la orden de exterminar, matar y aniquilar a todos los judíos —jóvenes y ancianos, mujeres y niños— y saquear sus bienes en un solo día: el día trece del mes duodécimo, es decir, el mes de *adar*. 14 En cada provincia se debía emitir como ley una copia del edicto, el cual se comunicaría a todos los pueblos a fin de que estuvieran preparados para ese día.

15 Los mensajeros partieron de inmediato por orden del rey, y a la vez se publicó el edicto en la ciudadela de Susa. Luego el rey y Amán se sentaron a beber, mientras que en la ciudad de Susa reinaba la confusión.

Acuerdo entre Mardoqueo y Ester

4 Cuando Mardoqueo se enteró de todo lo que se había hecho, se rasgó las vestiduras, se vistió de luto, se cubrió de ceniza y salió por la ciudad dando gritos de amargura. 2 Pero como a nadie se le permitía entrar a palacio vestido de luto, sólo pudo llegar hasta la puerta del rey. 3 En cada provincia adonde llegaban el edicto y la orden del rey, había gran duelo entre los judíos, con ayuno, llanto y lamentos. Muchos de ellos, vestidos de luto, se tendían sobre la ceniza.

4 Cuando las criadas y los *eunucos de la reina Ester llegaron y le contaron lo que pasaba, ella se angustió mucho y le envió ropa a Mardoqueo para que se la pusiera en lugar de la ropa de luto; pero él no la aceptó. 5 Entonces Ester mandó llamar a Hatac, uno de los eunucos del rey puesto al servicio de ella, y le ordenó que averiguara qué preocupaba a Mardoqueo y por qué actuaba de esa manera.

6 Así que Hatac salió a ver a Mardoqueo, que estaba en la plaza de la ciudad, frente a la puerta del rey. 7 Mardoqueo le contó todo lo que le había sucedido, mencionándole incluso la cantidad exacta de dinero que Amán había prometido pagar al tesoro real por la

7 In the twelfth year of King Xerxes, in the first month, the month of Nisan, they cast the *pur* (that is, the lot) in the presence of Haman to select a day and month. And the lot fell on*f* the twelfth month, the month of Adar.

8 Then Haman said to King Xerxes, "There is a certain people dispersed and scattered among the peoples in all the provinces of your kingdom whose customs are different from those of all other people and who do not obey the king's laws; it is not in the king's best interest to tolerate them. 9 If it pleases the king, let a decree be issued to destroy them, and I will put ten thousand talents*g* of silver into the royal treasury for the men who carry out this business."

10 So the king took his signet ring from his finger and gave it to Haman son of Hammedatha, the Agagite, the enemy of the Jews. 11 "Keep the money," the king said to Haman, "and do with the people as you please."

12 Then on the thirteenth day of the first month the royal secretaries were summoned. They wrote out in the script of each province and in the language of each people all Haman's orders to the king's satraps, the governors of the various provinces and the nobles of the various peoples. These were written in the name of King Xerxes himself and sealed with his own ring. 13 Dispatches were sent by couriers to all the king's provinces with the order to destroy, kill and annihilate all the Jews—young and old, women and little children—on a single day, the thirteenth day of the twelfth month, the month of Adar, and to plunder their goods. 14 A copy of the text of the edict was to be issued as law in every province and made known to the people of every nationality so they would be ready for that day.

15 Spurred on by the king's command, the couriers went out, and the edict was issued in the citadel of Susa. The king and Haman sat down to drink, but the city of Susa was bewildered.

Mordecai Persuades Esther to Help

4 When Mordecai learned of all that had been done, he tore his clothes, put on sackcloth and ashes, and went out into the city, wailing loudly and bitterly. 2 But he went only as far as the king's gate, because no one clothed in sackcloth was allowed to enter it. 3 In every province to which the edict and order of the king came, there was great mourning among the Jews, with fasting, weeping and wailing. Many lay in sackcloth and ashes.

4 When Esther's maids and eunuchs came and told her about Mordecai, she was in great distress. She sent clothes for him to put on instead of his sackcloth, but he would not accept them. 5 Then Esther summoned Hathach, one of the king's eunuchs assigned to attend her, and ordered him to find out what was troubling Mordecai and why.

6 So Hathach went out to Mordecai in the open square of the city in front of the king's gate. 7 Mordecai told him everything that had happened to him, including the exact amount of money Haman had promised to pay into the royal treasury for the destruction of the

---

d 3:7 *Y la suerte cayó sobre* (LXX); TM no incluye esta frase.
e 3:9 *trescientos treinta mil kilos.* Lit. *diez mil *talentos.*

f 7 Septuagint; Hebrew does not have *And the lot fell on.*
g 9 That is, about 375 tons (about 345 metric tons)

aniquilación de los judíos. 8También le dio una copia del texto del edicto promulgado en Susa, el cual ordenaba el exterminio, para que se lo mostrara a Ester, se lo explicara, y la exhortara a que se presentara ante el rey para implorar clemencia e interceder en favor de su pueblo.

9Hatac regresó y le informó a Ester lo que Mardoqueo había dicho. 10Entonces ella ordenó a Hatac que le dijera a Mardoqueo: 11«Todos los servidores del rey y el pueblo de las provincias del reino saben que, para cualquier hombre o mujer que, sin ser invitado por el rey, se acerque a él en el patio interior, hay una sola ley: la pena de muerte. La única excepción es que el rey, extendiendo su cetro de oro, le perdone la vida. En cuanto a mí, hace ya treinta días que el rey no me ha pedido presentarme ante él.»

12Cuando Mardoqueo se enteró de lo que había dicho Ester, 13mandó a decirle: «No te imagines que por estar en la casa del rey serás la única que escape con vida de entre todos los judíos. 14Si ahora te quedas absolutamente callada, de otra parte vendrán el alivio y la liberación para los judíos, pero tú y la familia de tu padre perecerán. ¡Quién sabe si no has llegado al trono precisamente para un momento como éste!»

15Ester le envió a Mardoqueo esta respuesta: 16«Ve y reúne a todos los judíos que están en Susa, para que ayunen por mí. Durante tres días no coman ni beban, ni de día ni de noche. Yo, por mi parte, ayunaré con mis doncellas al igual que ustedes. Cuando cumpla con esto, me presentaré ante el rey, por más que vaya en contra de la ley. ¡Y si perezco, que perezca!»

17Entonces Mardoqueo fue y cumplió con todas las instrucciones de Ester.

Petición de Ester al rey Asuero

5 Al tercer día, Ester se puso sus vestiduras reales y fue a pararse en el patio interior del palacio, frente a la sala del rey. El rey estaba sentado allí en su trono real, frente a la puerta de entrada. 2Cuando vio a la reina Ester de pie en el patio, se mostró complacido con ella y le extendió el cetro de oro que tenía en la mano. Entonces Ester se acercó y tocó la punta del cetro.

3El rey le preguntó:

—¿Qué te pasa, reina Ester? ¿Cuál es tu petición? ¡Aun cuando fuera la mitad del reino, te lo concedería!

4—Si le parece bien a Su Majestad —respondió Ester—, venga hoy al banquete que ofrezco en su honor, y traiga también a Amán.

5—Vayan de inmediato por Amán, para que podamos cumplir con el deseo de Ester —ordenó el rey.

Así que el rey y Amán fueron al banquete que ofrecía Ester. 6Cuando estaban brindando, el rey volvió a preguntarle a Ester:

—Dime qué deseas, y te lo concederé. ¿Cuál es tu petición? ¡Aun cuando fuera la mitad del reino, te lo concedería!

7Ester respondió:

—Mi deseo y petición es que, 8si me he ganado el favor de Su Majestad, y si le agrada cumplir mi deseo y conceder mi petición, venga mañana con Amán al banquete que les voy a ofrecer, y entonces le daré la respuesta.

Odio de Amán contra Mardoqueo

9Amán salió aquel día muy contento y de buen humor; pero cuando vio a Mardoqueo en la puerta del rey y notó que no se levantaba ni temblaba ante su presen-

Jews. 8He also gave him a copy of the text of the edict for their annihilation, which had been published in Susa, to show to Esther and explain it to her, and he told him to urge her to go into the king's presence to beg for mercy and plead with him for her people.

9Hathach went back and reported to Esther what Mordecai had said. 10Then she instructed him to say to Mordecai, 11"All the king's officials and the people of the royal provinces know that for any man or woman who approaches the king in the inner court without being summoned the king has but one law: that he be put to death. The only exception to this is for the king to extend the gold scepter to him and spare his life. But thirty days have passed since I was called to go to the king."

12When Esther's words were reported to Mordecai, 13he sent back this answer: "Do not think that because you are in the king's house you alone of all the Jews will escape. 14For if you remain silent at this time, relief and deliverance for the Jews will arise from another place, but you and your father's family will perish. And who knows but that you have come to royal position for such a time as this?"

15Then Esther sent this reply to Mordecai: 16"Go, gather together all the Jews who are in Susa, and fast for me. Do not eat or drink for three days, night or day. I and my maids will fast as you do. When this is done, I will go to the king, even though it is against the law. And if I perish, I perish."

17So Mordecai went away and carried out all of Esther's instructions.

Esther's Request to the King

5 On the third day Esther put on her royal robes and stood in the inner court of the palace, in front of the king's hall. The king was sitting on his royal throne in the hall, facing the entrance. 2When he saw Queen Esther standing in the court, he was pleased with her and held out to her the gold scepter that was in his hand. So Esther approached and touched the tip of the scepter.

3Then the king asked, "What is it, Queen Esther? What is your request? Even up to half the kingdom, it will be given you."

4"If it pleases the king," replied Esther, "let the king, together with Haman, come today to a banquet I have prepared for him."

5"Bring Haman at once," the king said, "so that we may do what Esther asks."

So the king and Haman went to the banquet Esther had prepared. 6As they were drinking wine, the king again asked Esther, "Now what is your petition? It will be given you. And what is your request? Even up to half the kingdom, it will be granted."

7Esther replied, "My petition and my request is this: 8If the king regards me with favor and if it pleases the king to grant my petition and fulfill my request, let the king and Haman come tomorrow to the banquet I will prepare for them. Then I will answer the king's question."

Haman's Rage Against Mordecai

9Haman went out that day happy and in high spirits. But when he saw Mordecai at the king's gate and observed that he neither rose nor showed fear in his pres-

cia, se llenó de ira contra él. 10No obstante, se contuvo y se fue a su casa.

Luego llamó Amán a sus amigos y a Zeres, su esposa, 11e hizo alarde de su enorme riqueza y de sus muchos hijos, y de cómo el rey lo había honrado en todo sentido ascendiéndolo sobre los funcionarios y demás servidores del rey.

12—Es más —añadió Amán—, yo soy el único a quien la reina Ester invitó al banquete que le ofreció al rey. Y también me ha invitado a acompañarlo mañana. 13Pero todo esto no significa nada para mí, mientras vea a ese judío Mardoqueo sentado a la puerta del rey.

14Su esposa Zeres y todos sus amigos le dijeron:

—Haz que se coloque una estaca a veinticinco metros/ de altura, y por la mañana pídele al rey que empale en ella a Mardoqueo. Así podrás ir contento al banquete con el rey.

La sugerencia le agradó a Amán, y mandó que se colocara la estaca.

Exaltación de Mardoqueo

6 Aquella noche el rey no podía dormir, así que mandó que le trajeran las crónicas reales —la historia de su reino— y que se las leyeran. 2Allí constaba que Mardoqueo había delatado a Bigtán y Teres, dos de los *eunucos del rey, miembros de la guardia, que habían tramado asesinar al rey Asuero.

3—¿Qué honor o reconocimiento ha recibido Mardoqueo por esto? —preguntó el rey.

—No se ha hecho nada por él —respondieron sus ayudantes personales.

4Amán acababa de entrar en el patio exterior del palacio para pedirle al rey que empalara a Mardoqueo en la estaca que había mandado levantar para él. Así que el rey preguntó:

—¿Quién anda en el patio?

5Sus ayudantes respondieron:

—El que anda en el patio es Amán.

—¡Que pase! —ordenó el rey.

6Cuando entró Amán, el rey le preguntó:

—¿Cómo se debe tratar al hombre a quien el rey desea honrar?

Entonces Amán dijo para sí: «¿A quién va a querer honrar el rey sino a mí?» 7Así que contestó:

—Para el hombre a quien el rey desea honrar, 8que se mande traer una vestidura real que el rey haya usado, y un caballo en el que haya montado y que lleve en la cabeza un adorno real. 9La vestidura y el caballo deberán entregarse a uno de los funcionarios más ilustres del rey, para que vista al hombre a quien el rey desea honrar, y que lo pasee a caballo por las calles de la ciudad, proclamando a su paso: "¡Así se trata al hombre a quien el rey desea honrar!"

10—Ve de inmediato —le dijo el rey a Amán—, toma la vestidura y el caballo, tal como lo has sugerido, y haz eso mismo con Mardoqueo, el judío que está sentado a la puerta del rey. No descuides ningún detalle de todo lo que has recomendado.

11Así que Amán tomó la vestidura y el caballo, vistió a Mardoqueo y lo llevó a caballo por las calles de la ciudad, proclamando a su paso: «¡Así se trata al hombre a quien el rey desea honrar!»

12Después Mardoqueo volvió a la puerta del rey. Pero Amán regresó apurado a su casa, triste y tapándo-

ence, he was filled with rage against Mordecai. 10Nevertheless, Haman restrained himself and went home.

Calling together his friends and Zeresh, his wife, 11Haman boasted to them about his vast wealth, his many sons, and all the ways the king had honored him and how he had elevated him above the other nobles and officials. 12"And that's not all," Haman added. "I'm the only person Queen Esther invited to accompany the king to the banquet she gave. And she has invited me along with the king tomorrow. 13But all this gives me no satisfaction as long as I see that Jew Mordecai sitting at the king's gate."

14His wife Zeresh and all his friends said to him, "Have a gallows built, seventy-five feeth high, and ask the king in the morning to have Mordecai hanged on it. Then go with the king to the dinner and be happy." This suggestion delighted Haman, and he had the gallows built.

Mordecai Honored

6 That night the king could not sleep; so he ordered the book of the chronicles, the record of his reign, to be brought in and read to him. 2It was found recorded there that Mordecai had exposed Bigthana and Teresh, two of the king's officers who guarded the doorway, who had conspired to assassinate King Xerxes.

3"What honor and recognition has Mordecai received for this?" the king asked.

"Nothing has been done for him," his attendants answered.

4The king said, "Who is in the court?" Now Haman had just entered the outer court of the palace to speak to the king about hanging Mordecai on the gallows he had erected for him.

5His attendants answered, "Haman is standing in the court."

"Bring him in," the king ordered.

6When Haman entered, the king asked him, "What should be done for the man the king delights to honor?"

Now Haman thought to himself, "Who is there that the king would rather honor than me?" 7So he answered the king, "For the man the king delights to honor, 8have them bring a royal robe the king has worn and a horse the king has ridden, one with a royal crest placed on its head. 9Then let the robe and horse be entrusted to one of the king's most noble princes. Let them robe the man the king delights to honor, and lead him on the horse through the city streets, proclaiming before him, 'This is what is done for the man the king delights to honor!' "

10"Go at once," the king commanded Haman. "Get the robe and the horse and do just as you have suggested for Mordecai the Jew, who sits at the king's gate. Do not neglect anything you have recommended."

11So Haman got the robe and the horse. He robed Mordecai, and led him on horseback through the city streets, proclaiming before him, "This is what is done for the man the king delights to honor!"

12Afterward Mordecai returned to the king's gate. But Haman rushed home, with his head covered in

---

f 5:14 veinticinco metros. Lit. cincuenta *codos.   h 14 Hebrew fifty cubits (about 23 meters)

se la cara. ¹³Y les contó a Zeres, su esposa, y a todos sus amigos todo lo que le había sucedido.

Entonces sus consejeros y su esposa Zeres le dijeron:

—Si Mardoqueo, ante quien has comenzado a caer, es de origen judío, no podrás contra él. ¡Sin duda acabarás siendo derrotado!

¹⁴Mientras todavía estaban hablando con Amán, llegaron los eunucos del rey y lo llevaron de prisa al banquete ofrecido por Ester.

Humillación y muerte de Amán

7 El rey y Amán fueron al banquete de la reina Ester, ²y al segundo día, mientras brindaban, el rey le preguntó otra vez:

—Dime qué deseas, reina Ester, y te lo concederé. ¿Cuál es tu petición? ¡Aun cuando fuera la mitad del reino, te lo concedería!

³Ester respondió:

—Si me he ganado el favor de Su Majestad, y si le parece bien, mi deseo es que me conceda la *vida. Mi petición es que se compadezca de mi pueblo. ⁴Porque a mí y a mi pueblo se nos ha vendido para exterminio, muerte y aniquilación. Si sólo se nos hubiera vendido como esclavos, yo me habría quedado callada, pues tal angustia no sería motivo suficiente para inquietar a Su Majestad.ᵍ

⁵El rey le preguntó:

—¿Y quién es ése que se ha atrevido a concebir semejante barbaridad? ¿Dónde está?

⁶—¡El adversario y enemigo es este miserable de Amán! —respondió Ester.

Amán quedó aterrorizado ante el rey y la reina. ⁷El rey se levantó enfurecido, dejó de beber y salió al jardín del palacio. Pero Amán, dándose cuenta de que el rey ya había decidido su fin, se quedó para implorarle a la reina Ester que le perdonara la vida.

⁸Cuando el rey volvió del jardín del palacio a la sala del banquete, Amán estaba inclinado sobre el diván donde Ester estaba recostada. Al ver esto, el rey exclamó:

—¡Y todavía se atreve éste a violar a la reina en mi presencia y en mi casa!

Tan pronto como el rey pronunció estas palabras, cubrieron el rostro de Amán. ⁹Y Jarboná, uno de los *eunucos que atendían al rey, dijo:

—Hay una estaca a veinticinco metrosʰ de altura, junto a la casa de Amán. Él mandó colocarla para Mardoqueo, el que intervino en favor del rey.

—¡Empálenlo en ella! —ordenó el rey.

¹⁰De modo que empalaron a Amán en la estaca que él había mandado levantar para Mardoqueo. Con eso se aplacó la furia del rey.

Edicto real en favor de los judíos

8 Ese mismo día el rey Asuero le dio a la reina Ester las propiedades de Amán, el enemigo de los judíos. Mardoqueo se presentó ante el rey, porque Ester le había dicho cuál era su parentesco con ella. ²El rey se quitó el anillo con su sello, el cual había recuperado de Amán, y se lo obsequió a Mardoqueo. Ester, por su parte, lo designó administrador de las propiedades de Amán.

³Luego Ester volvió a interceder ante el rey. Se echó a sus pies y, con lágrimas en los ojos, le suplicó que pusiera fin al malvado plan que Amán el agagueo había

grief, ¹³and told Zeresh his wife and all his friends everything that had happened to him.

His advisers and his wife Zeresh said to him, "Since Mordecai, before whom your downfall has started, is of Jewish origin, you cannot stand against him—you will surely come to ruin!" ¹⁴While they were still talking with him, the king's eunuchs arrived and hurried Haman away to the banquet Esther had prepared.

Haman Hanged

7 So the king and Haman went to dine with Queen Esther, ²and as they were drinking wine on that second day, the king again asked, "Queen Esther, what is your petition? It will be given you. What is your request? Even up to half the kingdom, it will be granted."

³Then Queen Esther answered, "If I have found favor with you, O king, and if it pleases your majesty, grant me my life—this is my petition. And spare my people—this is my request. ⁴For I and my people have been sold for destruction and slaughter and annihilation. If we had merely been sold as male and female slaves, I would have kept quiet, because no such distress would justify disturbing the king.ⁱ"

⁵King Xerxes asked Queen Esther, "Who is he? Where is the man who has dared to do such a thing?"

⁶Esther said, "The adversary and enemy is this vile Haman."

Then Haman was terrified before the king and queen. ⁷The king got up in a rage, left his wine and went out into the palace garden. But Haman, realizing that the king had already decided his fate, stayed behind to beg Queen Esther for his life.

⁸Just as the king returned from the palace garden to the banquet hall, Haman was falling on the couch where Esther was reclining.

The king exclaimed, "Will he even molest the queen while she is with me in the house?"

As soon as the word left the king's mouth, they covered Haman's face. ⁹Then Harbona, one of the eunuchs attending the king, said, "A gallows seventy-five feetʲ high stands by Haman's house. He had it made for Mordecai, who spoke up to help the king."

The king said, "Hang him on it!" ¹⁰So they hanged Haman on the gallows he had prepared for Mordecai. Then the king's fury subsided.

The King's Edict in Behalf of the Jews

8 That same day King Xerxes gave Queen Esther the estate of Haman, the enemy of the Jews. And Mordecai came into the presence of the king, for Esther had told how he was related to her. ²The king took off his signet ring, which he had reclaimed from Haman, and presented it to Mordecai. And Esther appointed him over Haman's estate.

³Esther again pleaded with the king, falling at his feet and weeping. She begged him to put an end to the evil plan of Haman the Agagite, which he had devised

---

ᵍ 7:4 pues ... Majestad. Alt. pero la compensación que nuestro adversario ofrece no puede compararse con la pérdida que sufriría Su Majestad.   ʰ 7:9 veinticinco metros. Lit. cincuenta *codos.

ⁱ 4 Or quiet, but the compensation our adversary offers cannot be compared with the loss the king would suffer   ʲ 9 Hebrew fifty cubits (about 23 meters)

maquinado contra los judíos. 4 El rey le extendió a Ester el cetro de oro. Entonces ella se levantó y, permaneciendo de pie ante él, 5 dijo:

—Si me he ganado el favor de Su Majestad, y si piensa que es correcto hacerlo y está contento conmigo, dígnese dar una contraorden que invalide los decretos para aniquilar a los judíos que están en todas las provincias del reino, los cuales fraguó y escribió Amán hijo de Hamedata, el agagueo. 6 Porque ¿cómo podría yo ver la calamidad que se cierne sobre mi pueblo? ¿Cómo podría ver impasible el exterminio de mi gente?

7 El rey Asuero respondió entonces a la reina Ester y a Mardoqueo el judío:

—Debido a que Amán atentó contra los judíos, le he dado sus propiedades a Ester, y a él lo han empalado en la estaca. 8 Redacten ahora, en mi *nombre, otro decreto en favor de los judíos, como mejor les parezca, y séllenlo con mi anillo real. Un documento escrito en mi nombre, y sellado con mi anillo, es imposible revocarlo.

9 De inmediato fueron convocados los secretarios del rey. Era el día veintitrés del mes tercero, el mes de *siván. Se escribió todo lo que Mardoqueo ordenó a los judíos y a los *sátrapas, intendentes y funcionarios de las ciento veintisiete provincias que se extendían desde la India hasta *Cus. Esas órdenes se promulgaron en la escritura de cada provincia y en el idioma de cada pueblo, y también en la escritura e idioma propios de los judíos. 10 Mardoqueo escribió los decretos en nombre del rey Asuero, selló con el anillo real, y los envió por medio de mensajeros del rey, que montaban veloces corceles de las caballerizas reales.

11 El edicto del rey facultaba a los judíos de cada ciudad a reunirse y defenderse, a exterminar, matar y aniquilar a cualquier fuerza armada de cualquier pueblo o provincia que los atacara a ellos o a sus mujeres y niños, y a apoderarse de los bienes de sus enemigos. 12 Para llevar esto a cabo en todas las provincias del rey Asuero, los judíos fijaron el día trece del mes doce, que es el mes de *adar. 13 En cada provincia se emitiría como ley una copia del edicto, y se daría a conocer a todos los pueblos. Así los judíos estarían preparados ese día para vengarse de sus enemigos.

14 Los mensajeros, siguiendo las órdenes del rey, salieron de inmediato montando veloces corceles. El edicto se publicó también en la ciudadela de Susa.

15 Mardoqueo salió de la presencia del rey vistiendo ropas reales de azul y blanco, una gran corona de oro y un manto de lino fino color púrpura. La ciudad de Susa estalló en gritos de alegría. 16 Para los judíos, aquél fue un tiempo de luz y de alegría, júbilo y honor. 17 En cada provincia y ciudad adonde llegaban el edicto y la orden del rey, había alegría y regocijo entre los judíos, con banquetes y festejos. Y muchas personas de otros pueblos se hicieron judíos por miedo a ellos.

Triunfo de los judíos

9 El edicto y la orden del rey debían ejecutarse el día trece del mes doce, que es el mes de *adar. Los enemigos de los judíos esperaban dominarlos ese día; pero ahora se habían invertido los papeles, y los judíos dominaban a quienes los odiaban. 2 En todas las pro-

against the Jews. 4 Then the king extended the gold scepter to Esther and she arose and stood before him.

5 "If it pleases the king," she said, "and if he regards me with favor and thinks it the right thing to do, and if he is pleased with me, let an order be written overruling the dispatches that Haman son of Hammedatha, the Agagite, devised and wrote to destroy the Jews in all the king's provinces. 6 For how can I bear to see disaster fall on my people? How can I bear to see the destruction of my family?"

7 King Xerxes replied to Queen Esther and to Mordecai the Jew, "Because Haman attacked the Jews, I have given his estate to Esther, and they have hanged him on the gallows. 8 Now write another decree in the king's name in behalf of the Jews as seems best to you, and seal it with the king's signet ring—for no document written in the king's name and sealed with his ring can be revoked."

9 At once the royal secretaries were summoned—on the twenty-third day of the third month, the month of Sivan. They wrote out all Mordecai's orders to the Jews, and to the satraps, governors and nobles of the 127 provinces stretching from India to Cush.[k] These orders were written in the script of each province and the language of each people and also to the Jews in their own script and language. 10 Mordecai wrote in the name of King Xerxes, sealed the dispatches with the king's signet ring, and sent them by mounted couriers, who rode fast horses especially bred for the king.

11 The king's edict granted the Jews in every city the right to assemble and protect themselves; to destroy, kill and annihilate any armed force of any nationality or province that might attack them and their women and children; and to plunder the property of their enemies. 12 The day appointed for the Jews to do this in all the provinces of King Xerxes was the thirteenth day of the twelfth month, the month of Adar. 13 A copy of the text of the edict was to be issued as law in every province and made known to the people of every nationality so that the Jews would be ready on that day to avenge themselves on their enemies.

14 The couriers, riding the royal horses, raced out, spurred on by the king's command. And the edict was also issued in the citadel of Susa.

15 Mordecai left the king's presence wearing royal garments of blue and white, a large crown of gold and a purple robe of fine linen. And the city of Susa held a joyous celebration. 16 For the Jews it was a time of happiness and joy, gladness and honor. 17 In every province and in every city, wherever the edict of the king went, there was joy and gladness among the Jews, with feasting and celebrating. And many people of other nationalities became Jews because fear of the Jews had seized them.

Triumph of the Jews

9 On the thirteenth day of the twelfth month, the month of Adar, the edict commanded by the king was to be carried out. On this day the enemies of the Jews had hoped to overpower them, but now the tables were turned and the Jews got the upper hand over those who hated them. 2 The Jews assembled in their cities in

vincias del rey Asuero, los judíos se reunieron en sus respectivas ciudades para atacar a los que procuraban su ruina. Nadie podía combatirlos, porque el miedo a ellos se había apoderado de todos. ³Los funcionarios de las provincias, los *sátrapas, los intendentes y los administradores del rey apoyaban a los judíos, porque el miedo a Mardoqueo se había apoderado de todos ellos. ⁴Mardoqueo se había convertido en un personaje distinguido dentro del palacio real. Su fama se extendía por todas las provincias, y cada vez se hacía más poderoso.

⁵Los judíos mataron a filo de espada a todos sus enemigos. Los mataron y los aniquilaron, e hicieron lo que quisieron con quienes los odiaban. ⁶En la ciudadela de Susa mataron y aniquilaron a quinientos hombres. ⁷También mataron a Parsandata, Dalfón, Aspata, ⁸Porata, Adalías, Aridata, ⁹Parmasta, Arisay, Ariday y Vaizata, ¹⁰que eran los diez hijos de Amán hijo de Hamedata, el enemigo de los judíos. Pero no se apoderaron de sus bienes.

¹¹Ese mismo día, al enterarse el rey del número de muertos en la ciudadela de Susa, ¹²le dijo a la reina Ester:

—Si los judíos han matado y aniquilado a quinientos hombres y a los diez hijos de Amán en la ciudadela de Susa, ¡qué no habrán hecho en el resto de las provincias del reino! Dime cuál es tu deseo, y se te concederá. ¿Qué otra petición tienes? ¡Se cumplirá tu deseo!

¹³—Si a Su Majestad le parece bien —respondió Ester—, concédales permiso a los judíos de Susa para prorrogar hasta mañana el edicto de este día, y permita que sean empalados en la estaca los diez hijos de Amán.

¹⁴El rey ordenó que se hiciera así. Se emitió un edicto en Susa, y los diez hijos de Amán fueron empalados. ¹⁵Los judíos de Susa se reunieron también el día catorce del mes de *adar*, y mataron allí a trescientos hombres, pero no se apoderaron de sus bienes.

¹⁶Mientras tanto, los judíos restantes que estaban en las provincias del rey también se reunieron para defenderse y librarse de sus enemigos. Mataron a setenta y cinco mil de quienes los odiaban, pero tampoco se apoderaron de sus bienes. ¹⁷Esto sucedió el día trece del mes de *adar*. El día catorce descansaron, y lo celebraron con un alegre banquete.

Celebración de Purim

¹⁸En cambio, los judíos de Susa que se habían reunido el trece y el catorce, descansaron el día quince, y lo celebraron con un alegre banquete.

¹⁹Por eso los judíos de las zonas rurales —los que viven en las aldeas— celebran el catorce del mes de *adar* como día de alegría y de banquete, y se hacen regalos unos a otros.

²⁰Mardoqueo registró estos acontecimientos, y envió cartas a todos los judíos de todas las provincias lejanas y cercanas del rey Asuero, ²¹exigiéndoles que celebraran cada año los días catorce y quince del mes de *adar* ²²como el tiempo en que los judíos se libraron de sus enemigos, y como el mes en que su aflicción se convirtió en alegría, y su dolor en día de fiesta. Por eso debían celebrarlos como días de banquete y de alegría, compartiendo los alimentos los unos con los otros y dándoles regalos a los pobres.

²³Así los judíos acordaron convertir en costumbre lo que habían comenzado a festejar, cumpliendo lo que Mardoqueo les había ordenado por escrito. ²⁴Porque Amán hijo de Hamedata, el agagueo, el enemigo de todos los judíos, había maquinado aniquilar a los judíos y había echado el *pur* —es decir, la suerte— para

all the provinces of King Xerxes to attack those seeking their destruction. No one could stand against them, because the people of all the other nationalities were afraid of them. ³And all the nobles of the provinces, the satraps, the governors and the king's administrators helped the Jews, because fear of Mordecai had seized them. ⁴Mordecai was prominent in the palace; his reputation spread throughout the provinces, and he became more and more powerful.

⁵The Jews struck down all their enemies with the sword, killing and destroying them, and they did what they pleased to those who hated them. ⁶In the citadel of Susa, the Jews killed and destroyed five hundred men. ⁷They also killed Parshandatha, Dalphon, Aspatha, ⁸Poratha, Adalia, Aridatha, ⁹Parmashta, Arisai, Aridai and Vaizatha, ¹⁰the ten sons of Haman son of Hammedatha, the enemy of the Jews. But they did not lay their hands on the plunder.

¹¹The number of those slain in the citadel of Susa was reported to the king that same day. ¹²The king said to Queen Esther, "The Jews have killed and destroyed five hundred men and the ten sons of Haman in the citadel of Susa. What have they done in the rest of the king's provinces? Now what is your petition? It will be given you. What is your request? It will also be granted."

¹³"If it pleases the king," Esther answered, "give the Jews in Susa permission to carry out this day's edict tomorrow also, and let Haman's ten sons be hanged on gallows."

¹⁴So the king commanded that this be done. An edict was issued in Susa, and they hanged the ten sons of Haman. ¹⁵The Jews in Susa came together on the fourteenth day of the month of Adar, and they put to death in Susa three hundred men, but they did not lay their hands on the plunder.

¹⁶Meanwhile, the remainder of the Jews who were in the king's provinces also assembled to protect themselves and get relief from their enemies. They killed seventy-five thousand of them but did not lay their hands on the plunder. ¹⁷This happened on the thirteenth day of the month of Adar, and on the fourteenth they rested and made it a day of feasting and joy.

Purim Celebrated

¹⁸The Jews in Susa, however, had assembled on the thirteenth and fourteenth, and then on the fifteenth they rested and made it a day of feasting and joy.

¹⁹That is why rural Jews—those living in villages—observe the fourteenth of the month of Adar as a day of joy and feasting, a day for giving presents to each other.

²⁰Mordecai recorded these events, and he sent letters to all the Jews throughout the provinces of King Xerxes, near and far, ²¹to have them celebrate annually the fourteenth and fifteenth days of the month of Adar ²²as the time when the Jews got relief from their enemies, and as the month when their sorrow was turned into joy and their mourning into a day of celebration. He wrote them to observe the days as days of feasting and joy and giving presents of food to one another and gifts to the poor.

²³So the Jews agreed to continue the celebration they had begun, doing what Mordecai had written to them. ²⁴For Haman son of Hammedatha, the Agagite, the enemy of all the Jews, had plotted against the Jews to destroy them and had cast the *pur* (that is, the lot) for

confundirlos y aniquilarlos. 25 Pero cuando Ester se presentó ante el rey, éste ordenó por escrito que el malvado plan que Amán había maquinado contra los judíos debía recaer sobre su propia cabeza, y que él y sus hijos fueran empalados en la estaca. 26 Por tal razón, a estos días se los llamó *Purim*, de la palabra *pur*. Conforme a todo lo escrito en esta carta, y debido a lo que habían visto y a lo que les había sucedido, 27 los judíos establecieron para ellos y sus descendientes, y para todos los que se les unieran, la costumbre de celebrar sin falta estos dos días cada año, según la manera prescrita y en la fecha fijada. 28 Toda familia, y cada provincia y ciudad, debía recordar y celebrar estos días en cada generación. Y estos días de *Purim* no debían dejar de festejarse entre los judíos, ni debía morir su recuerdo entre sus descendientes.

29 La reina Ester, hija de Abijaíl, junto con Mardoqueo el judío, escribieron con plena autoridad para confirmar esta segunda carta con respecto a los días de *Purim*. 30 Él envió decretos a todos los judíos de las ciento veintisiete provincias del reino de Asuero —con palabras de buena voluntad y seguridad— 31 para establecer los días de *Purim* en las fechas fijadas, como lo habían decretado para ellos Mardoqueo el judío y la reina Ester, y como lo habían establecido para sí mismos y para sus descendientes, con algunas cláusulas sobre ayunos y lamentos. 32 El decreto de Ester confirmó estas normas con respecto a *Purim*, y quedó registrado por escrito.

Grandeza de Mardoqueo

10 El rey Asuero impuso tributo por todo el imperio, incluyendo las islas del mar. 2 Todos los hechos de poder y autoridad de Mardoqueo, junto con un relato completo de la grandeza a la cual lo elevó el rey, se hallan registrados en las crónicas de los reyes de Media y Persia. 3 El judío Mardoqueo fue preeminente entre su pueblo y segundo en jerarquía después del rey Asuero. Alcanzó gran estima entre sus muchos compatriotas, porque procuraba el bien de su pueblo y promovía su *bienestar.

their ruin and destruction. 25 But when the plot came to the king's attention,[l] he issued written orders that the evil scheme Haman had devised against the Jews should come back onto his own head, and that he and his sons should be hanged on the gallows. 26 (Therefore these days were called Purim, from the word *pur*.) Because of everything written in this letter and because of what they had seen and what had happened to them, 27 the Jews took it upon themselves to establish the custom that they and their descendants and all who join them should without fail observe these two days every year, in the way prescribed and at the time appointed. 28 These days should be remembered and observed in every generation by every family, and in every province and in every city. And these days of Purim should never cease to be celebrated by the Jews, nor should the memory of them die out among their descendants.

29 So Queen Esther, daughter of Abihail, along with Mordecai the Jew, wrote with full authority to confirm this second letter concerning Purim. 30 And Mordecai sent letters to all the Jews in the 127 provinces of the kingdom of Xerxes—words of goodwill and assurance— 31 to establish these days of Purim at their designated times, as Mordecai the Jew and Queen Esther had decreed for them, and as they had established for themselves and their descendants in regard to their times of fasting and lamentation. 32 Esther's decree confirmed these regulations about Purim, and it was written down in the records.

The Greatness of Mordecai

10 King Xerxes imposed tribute throughout the empire, to its distant shores. 2 And all his acts of power and might, together with a full account of the greatness of Mordecai to which the king had raised him, are they not written in the book of the annals of the kings of Media and Persia? 3 Mordecai the Jew was second in rank to King Xerxes, preeminent among the Jews, and held in high esteem by his many fellow Jews, because he worked for the good of his people and spoke up for the welfare of all the Jews.

---

l 25 Or when Esther came before the king

Job

Job

Job

Prólogo

1 En la región de Uz había un hombre recto e intachable, que temía a Dios y vivía apartado del mal. Este hombre se llamaba Job. ²Tenía siete hijos y tres hijas; ³era dueño de siete mil ovejas, tres mil camellos, quinientas yuntas de bueyes y quinientas asnas, y su servidumbre era muy numerosa. Entre todos los habitantes del oriente era el personaje de mayor renombre.

⁴Sus hijos acostumbraban turnarse para celebrar banquetes en sus respectivas casas, e invitaban a sus tres hermanas a comer y beber con ellos. ⁵Una vez terminado el ciclo de los banquetes, Job se aseguraba de que sus hijos se *purificaran. Muy de mañana ofrecía un *holocausto por cada uno de ellos, pues pensaba: «Tal vez mis hijos hayan pecado y maldecido*ᵃ* en su *corazón a Dios.» Para Job ésta era una costumbre cotidiana.

Primera prueba de Job

⁶Llegó el día en que los ángeles*ᵇ* debían hacer acto de presencia ante el SEÑOR, y con ellos se presentó también *Satanás. ⁷Y el SEÑOR le preguntó:

—¿De dónde vienes?

—Vengo de rondar la tierra, y de recorrerla de un extremo a otro —le respondió Satanás.

⁸—¿Te has puesto a pensar en mi siervo Job? —volvió a preguntarle el SEÑOR—. No hay en la tierra nadie como él; es un hombre recto e intachable, que me honra y vive apartado del mal.

⁹Satanás replicó:

—¿Y acaso Job te honra sin recibir nada a cambio? ¹⁰¿Acaso no están bajo tu protección él y su familia y todas sus posesiones? De tal modo has bendecido la obra de sus manos que sus rebaños y ganados llenan toda la tierra. ¹¹Pero extiende la mano y quítale todo lo que posee, ¡a ver si no te maldice en tu propia cara!

¹²—Muy bien —le contestó el SEÑOR—. Todas sus posesiones están en tus manos, con la condición de que a él no le pongas la mano encima.

Dicho esto, Satanás se retiró de la presencia del SEÑOR.

¹³Llegó el día en que los hijos y las hijas de Job celebraban un banquete en casa de su hermano mayor. ¹⁴Entonces un mensajero llegó a decirle a Job: «Mientras los bueyes araban y los asnos pastaban por allí cerca, ¹⁵nos atacaron los sabeanos y se los llevaron. A los criados los mataron a filo de espada. ¡Sólo yo pude escapar, y ahora vengo a contárselo a usted!»

¹⁶No había terminado de hablar este mensajero cuando uno más llegó y dijo: «Del cielo cayó un rayo que calcinó a las ovejas y a los criados. ¡Sólo yo pude escapar para venir a contárselo!»

¹⁷No había terminado de hablar este mensajero cuando otro más llegó y dijo: «Unos salteadores caldeos vinieron y, dividiéndose en tres grupos, se apoderaron de los camellos y se los llevaron. A los criados los mataron a filo de espada. ¡Sólo yo pude escapar, y ahora vengo a contárselo!»

Prologue

1 In the land of Uz there lived a man whose name was Job. This man was blameless and upright; he feared God and shunned evil. ²He had seven sons and three daughters, ³and he owned seven thousand sheep, three thousand camels, five hundred yoke of oxen and five hundred donkeys, and had a large number of servants. He was the greatest man among all the people of the East.

⁴His sons used to take turns holding feasts in their homes, and they would invite their three sisters to eat and drink with them. ⁵When a period of feasting had run its course, Job would send and have them purified. Early in the morning he would sacrifice a burnt offering for each of them, thinking, "Perhaps my children have sinned and cursed God in their hearts." This was Job's regular custom.

Job's First Test

⁶One day the angels*ᵃ* came to present themselves before the LORD, and Satan*ᵇ* also came with them. ⁷The LORD said to Satan, "Where have you come from?"

Satan answered the LORD, "From roaming through the earth and going back and forth in it."

⁸Then the LORD said to Satan, "Have you considered my servant Job? There is no one on earth like him; he is blameless and upright, a man who fears God and shuns evil."

⁹"Does Job fear God for nothing?" Satan replied. ¹⁰"Have you not put a hedge around him and his household and everything he has? You have blessed the work of his hands, so that his flocks and herds are spread throughout the land. ¹¹But stretch out your hand and strike everything he has, and he will surely curse you to your face."

¹²The LORD said to Satan, "Very well, then, everything he has is in your hands, but on the man himself do not lay a finger."

Then Satan went out from the presence of the LORD.

¹³One day when Job's sons and daughters were feasting and drinking wine at the oldest brother's house, ¹⁴a messenger came to Job and said, "The oxen were plowing and the donkeys were grazing nearby, ¹⁵and the Sabeans attacked and carried them off. They put the servants to the sword, and I am the only one who has escaped to tell you!"

¹⁶While he was still speaking, another messenger came and said, "The fire of God fell from the sky and burned up the sheep and the servants, and I am the only one who has escaped to tell you!"

¹⁷While he was still speaking, another messenger came and said, "The Chaldeans formed three raiding parties and swept down on your camels and carried them off. They put the servants to the sword, and I am the only one who has escaped to tell you!"

ᵃ 1:5 maldecido. Lit. *bendecido*; este eufemismo se usa también en 1:11; 2:5,9.   *ᵇ 1:6* ángeles. Lit. *hijos de Dios.*

ᵃ 6 Hebrew *the sons of God*   *ᵇ 6* Satan *means* accuser.

18 No había terminado de hablar este mensajero cuando todavía otro llegó y dijo: «Los hijos y las hijas de usted estaban celebrando un banquete^c en casa del mayor de todos ellos 19 cuando, de pronto, un fuerte viento del desierto dio contra la casa y derribó sus cuatro esquinas. ¡Y la casa cayó sobre los jóvenes, y todos murieron! ¡Sólo yo pude escapar, y ahora vengo a contárselo!»

20 Al llegar a este punto, Job se levantó, se rasgó las vestiduras, se rasuró la cabeza, y luego se dejó caer al suelo en actitud de adoración. 21 Entonces dijo:

> «Desnudo salí del vientre de mi madre,
>   y desnudo he de partir.^{d}
> El SEÑOR ha dado; el SEÑOR ha quitado.
>   ¡Bendito sea el *nombre del SEÑOR!»

22 A pesar de todo esto, Job no pecó ni le echó la culpa a Dios.^{e}

Segunda prueba de Job

2 Llegó el día en que los ángeles^f debían hacer acto de presencia ante el SEÑOR, y con ellos llegó también *Satanás para presentarse ante el SEÑOR. 2 Y el SEÑOR le preguntó:

—¿De dónde vienes?

—Vengo de rondar la tierra, y de recorrerla de un extremo a otro —le respondió Satanás.

3 —¿Te has puesto a pensar en mi siervo Job? —volvió a preguntarle el SEÑOR—. No hay en la tierra nadie como él; es un hombre recto e intachable, que me honra y vive apartado del mal. Y aunque tú me incitaste contra él para arruinarlo sin motivo, ¡todavía mantiene firme su integridad!

4 —¡Una cosa por la otra! —replicó Satanás—. Con tal de salvar la vida, el *hombre da todo lo que tiene. 5 Pero extiende la mano y hiérelo, ¡a ver si no te maldice en tu propia cara!

6 —Muy bien —dijo el SEÑOR a Satanás—, Job está en tus manos. Eso sí, respeta su vida.

7 Dicho esto, Satanás se retiró de la presencia del SEÑOR para afligir a Job con dolorosas llagas desde la planta del pie hasta la coronilla. 8 Y Job, sentado en medio de las cenizas, tomó un pedazo de teja para rascarse constantemente.

9 Su esposa le reprochó:

—¿Todavía mantienes firme tu integridad? ¡Maldice a Dios y muérete!

10 Job le respondió:

—Mujer, hablas como una necia. Si de Dios sabemos recibir lo bueno, ¿no sabremos también recibir lo malo?

A pesar de todo esto, Job no pecó ni de palabra.

Los tres amigos de Job

11 Tres amigos de Job se enteraron de todo el mal que le había sobrevenido, y de común acuerdo salieron de sus respectivos lugares para ir juntos a expresarle a Job sus condolencias y consuelo. Ellos eran Elifaz de Temán, Bildad de Súah, y Zofar de Namat. 12 Desde cierta distancia alcanzaron a verlo, y casi no lo pudieron reconocer. Se echaron a llorar a voz en cuello, rasgándose las vestiduras y arrojándose polvo y ceniza sobre

18 While he was still speaking, yet another messenger came and said, "Your sons and daughters were feasting and drinking wine at the oldest brother's house, 19 when suddenly a mighty wind swept in from the desert and struck the four corners of the house. It collapsed on them and they are dead, and I am the only one who has escaped to tell you!"

20 At this, Job got up and tore his robe and shaved his head. Then he fell to the ground in worship 21 and said:

> "Naked I came from my mother's womb,
>   and naked I will depart.^{c}
> The LORD gave and the LORD has taken
>   away;
>   may the name of the LORD be praised."

22 In all this, Job did not sin by charging God with wrongdoing.

Job's Second Test

2 On another day the angels^d came to present themselves before the LORD, and Satan also came with them to present himself before him. 2 And the LORD said to Satan, "Where have you come from?"

Satan answered the LORD, "From roaming through the earth and going back and forth in it."

3 Then the LORD said to Satan, "Have you considered my servant Job? There is no one on earth like him; he is blameless and upright, a man who fears God and shuns evil. And he still maintains his integrity, though you incited me against him to ruin him without any reason."

4 "Skin for skin!" Satan replied. "A man will give all he has for his own life. 5 But stretch out your hand and strike his flesh and bones, and he will surely curse you to your face."

6 The LORD said to Satan, "Very well, then, he is in your hands; but you must spare his life."

7 So Satan went out from the presence of the LORD and afflicted Job with painful sores from the soles of his feet to the top of his head. 8 Then Job took a piece of broken pottery and scraped himself with it as he sat among the ashes.

9 His wife said to him, "Are you still holding on to your integrity? Curse God and die!"

10 He replied, "You are talking like a foolish^e woman. Shall we accept good from God, and not trouble?"

In all this, Job did not sin in what he said.

Job's Three Friends

11 When Job's three friends, Eliphaz the Temanite, Bildad the Shuhite and Zophar the Naamathite, heard about all the troubles that had come upon him, they set out from their homes and met together by agreement to go and sympathize with him and comfort him. 12 When they saw him from a distance, they could hardly recognize him; they began to weep aloud, and they tore their

---

^{c} 1:18 celebrando un banquete. Lit. comiendo y bebiendo vino.
^{d} 1:21 he de partir. Alt. he de volver allá. ^{e} 1:22 ni le echó la culpa a Dios. Lit. ni dio oración a Dios; véase nota en 1:5.
^{f} 2:1 ángeles. Lit. hijos de Dios.

^{c} 21 Or will return there ^{d} 1 Hebrew the sons of God
^{e} 10 The Hebrew word rendered foolish denotes moral deficiency.

la cabeza, ¹³ y durante siete días y siete noches se sentaron en el suelo para hacerle compañía. Ninguno de ellos se atrevía a decirle nada, pues veían cuán grande era su sufrimiento.

Primer discurso de Job

3 Después de esto, Job rompió el silencio para maldecir el día en que había nacido. ² Dijo así:

³ «Que perezca el día en que fui concebido
　　y la noche en que se anunció: "¡Ha nacido
　　　un niño!"

⁴ Que ese día se vuelva oscuridad;
　　que Dios en lo alto no lo tome en cuenta;
　　que no brille en él ninguna luz.

⁵ Que las tinieblas y las más pesadas sombras
　　vuelvan a reclamarlo;
　Que una nube lo cubra con su sombra;
　　que la oscuridad domine su esplendor.

⁶ Que densas tinieblas caigan sobre esa noche;
　　que no sea contada entre los días del año,
　　ni registrada en ninguno de los meses.

⁷ Que permanezca estéril esa noche;
　　que no haya en ella gritos de alegría.

⁸ Que maldigan ese día los que profieren
　　maldiciones,
　　los expertos en provocar a *Leviatán.

⁹ Que se oscurezcan sus estrellas matutinas;
　　que en vano esperen la luz del día,
　　y que no vean los primeros rayos de la
　　　aurora.

¹⁰ Pues no cerró el vientre de mi madre
　　ni evitó que mis ojos vieran tanta miseria.

¹¹ »¿Por qué no perecí al momento de nacer?
　　¿Por qué no morí cuando salí del vientre?

¹² ¿Por qué hubo rodillas que me recibieran,
　　y pechos que me amamantaran?

¹³ Ahora estaría yo descansando en paz;
　　estaría durmiendo tranquilo

¹⁴ entre reyes y consejeros de este mundo,
　　que se construyeron monumentos hoy en
　　　ruinas,

¹⁵ entre gobernantes que poseyeron mucho oro
　　y que llenaron de plata sus mansiones.

¹⁶ ¿Por qué no me enterraron como a un
　　abortivo,
　　como a esos niños que jamás vieron la luz?

¹⁷ ¡Allí cesa el afán de los malvados!
　　¡Allí descansan las víctimas de la opresión!

¹⁸ También los cautivos disfrutan del reposo,
　　pues ya no escuchan los gritos del capataz.

¹⁹ Allí el pequeño se codea con el grande,
　　y el esclavo se libera de su amo.

²⁰ »¿Por qué permite Dios que los sufridos vean
　　la luz?
　　¿Por qué se les da vida a los amargados?

²¹ Anhelan éstos una muerte que no llega,
　　aunque la buscan más que a tesoro
　　　escondido;

²² ¡se llenarían de gran regocijo,
　　se alegrarían si llegaran al sepulcro!

²³ ¿Por qué arrincona Dios
　　al *hombre que desconoce su destino?

²⁴ Antes que el pan, me llegan los suspiros;
　　mis gemidos se derraman como el agua.

robes and sprinkled dust on their heads. ¹³ Then they sat on the ground with him for seven days and seven nights. No one said a word to him, because they saw how great his suffering was.

Job Speaks

3 After this, Job opened his mouth and cursed the day of his birth. ² He said:

³ "May the day of my birth perish,
　　and the night it was said, 'A boy is born!'

⁴ That day—may it turn to darkness;
　　may God above not care about it;
　　may no light shine upon it.

⁵ May darkness and deep shadow^f claim it
　　once more;
　　may a cloud settle over it;
　　may blackness overwhelm its light.

⁶ That night—may thick darkness seize it;
　　may it not be included among the days of
　　　the year
　　nor be entered in any of the months.

⁷ May that night be barren;
　　may no shout of joy be heard in it.

⁸ May those who curse days^g curse that day,
　　those who are ready to rouse Leviathan.

⁹ May its morning stars become dark;
　　may it wait for daylight in vain
　　and not see the first rays of dawn,

¹⁰ for it did not shut the doors of the womb on
　　me
　　to hide trouble from my eyes.

¹¹ "Why did I not perish at birth,
　　and die as I came from the womb?

¹² Why were there knees to receive me
　　and breasts that I might be nursed?

¹³ For now I would be lying down in peace;
　　I would be asleep and at rest

¹⁴ with kings and counselors of the earth,
　　who built for themselves places now lying
　　　in ruins,

¹⁵ with rulers who had gold,
　　who filled their houses with silver.

¹⁶ Or why was I not hidden in the ground like
　　a stillborn child,
　　like an infant who never saw the light of
　　　day?

¹⁷ There the wicked cease from turmoil,
　　and there the weary are at rest.

¹⁸ Captives also enjoy their ease;
　　they no longer hear the slave driver's
　　　shout.

¹⁹ The small and the great are there,
　　and the slave is freed from his master.

²⁰ "Why is light given to those in misery,
　　and life to the bitter of soul,

²¹ to those who long for death that does not
　　come,
　　who search for it more than for hidden
　　　treasure,

²² who are filled with gladness
　　and rejoice when they reach the grave?

²³ Why is life given to a man
　　whose way is hidden,
　　whom God has hedged in?

²⁴ For sighing comes to me instead of food;
　　my groans pour out like water.

---

f 5 Or and the shadow of death　　g 8 Or the sea

²⁵Lo que más temía, me sobrevino;
  lo que más me asustaba, me sucedió.
²⁶No encuentro paz ni sosiego;
  no hallo reposo, sino sólo agitación.»

Primer discurso de Elifaz

4 A esto respondió así Elifaz de Temán:

²«Tal vez no puedas aguantar
  que alguien se atreva a decirte algo,
  pero ¿quién podría contener las palabras?
³Tú, que impartías instrucción a las multitudes
  y fortalecías las manos decaídas;
⁴tú, que con tus palabras sostenías a los que
    tropezaban
  y fortalecías las rodillas que flaqueaban;
⁵¡ahora que afrontas las calamidades, no las
    resistes!;
  ¡te ves golpeado y te desanimas!
⁶¿No debieras confiar en que temes a Dios
  y en que tu conducta es intachable?

⁷»Ponte a pensar: ¿Quién que sea inocente ha
    perecido?
  ¿Cuándo se ha destruido a la gente íntegra?
⁸La experiencia me ha enseñado
  que los que siembran maldad cosechan
    desventura.
⁹El soplo de Dios los destruye,
  el aliento de su enojo los consume.
¹⁰Aunque ruja el león y gruña el cachorro,
  acabarán con los colmillos destrozados;
¹¹el león perece por falta de presa,
  y los cachorros de la leona se dispersan.

¹²»En lo secreto me llegó un mensaje;
  mis oídos captaron sólo su murmullo.
¹³Entre inquietantes visiones nocturnas,
  cuando cae sobre los *hombres un sueño
    profundo,
¹⁴me hallé presa del miedo y del temblor;
  mi esqueleto entero se sacudía.
¹⁵Sentí sobre mi rostro el roce de un espíritu,
  y se me erizaron los cabellos.
¹⁶Una silueta se plantó frente a mis ojos,
  pero no pude ver quién era.
  Detuvo su marcha,
  y escuché una voz que susurraba:

¹⁷»"¿Puede un simple *mortal ser más justo que
    Dios?
  ¿Puede ser más puro el hombre que su
    Creador?
¹⁸Pues si Dios no confía en sus propios siervos,
  y aun a sus ángeles acusa de cometer
    errores,
¹⁹¡cuánto más a los que habitan en casas de
    barro,
  cimentadas sobre el polvo y aplastadas como
    polilla!
²⁰Entre la aurora y el ocaso pueden ser
    destruidos
  y perecer para siempre, sin que a nadie le
    importe.
²¹¿No se arrancan acaso las estacas de su carpa?
  ¡Mueren sin haber adquirido sabiduría!"

²⁵What I feared has come upon me;
  what I dreaded has happened to me.
²⁶I have no peace, no quietness;
  I have no rest, but only turmoil."

Eliphaz

4 Then Eliphaz the Temanite replied:

²"If someone ventures a word with you, will
    you be impatient?
  But who can keep from speaking?
³Think how you have instructed many,
  how you have strengthened feeble hands.
⁴Your words have supported those who
    stumbled;
  you have strengthened faltering knees.
⁵But now trouble comes to you, and you are
    discouraged;
  it strikes you, and you are dismayed.
⁶Should not your piety be your confidence
  and your blameless ways your hope?

⁷"Consider now: Who, being innocent, has
    ever perished?
  Where were the upright ever destroyed?
⁸As I have observed, those who plow evil
  and those who sow trouble reap it.
⁹At the breath of God they are destroyed;
  at the blast of his anger they perish.
¹⁰The lions may roar and growl,
  yet the teeth of the great lions are broken.
¹¹The lion perishes for lack of prey,
  and the cubs of the lioness are scattered.

¹²"A word was secretly brought to me,
  my ears caught a whisper of it.
¹³Amid disquieting dreams in the night,
  when deep sleep falls on men,
¹⁴fear and trembling seized me
  and made all my bones shake.
¹⁵A spirit glided past my face,
  and the hair on my body stood on end.
¹⁶It stopped,
  but I could not tell what it was.
  A form stood before my eyes,
  and I heard a hushed voice:
¹⁷'Can a mortal be more righteous than God?
  Can a man be more pure than his Maker?
¹⁸If God places no trust in his servants,
  if he charges his angels with error,
¹⁹how much more those who live in houses of
    clay,
  whose foundations are in the dust,
  who are crushed more readily than a
    moth!
²⁰Between dawn and dusk they are broken to
    pieces;
  unnoticed, they perish forever.
²¹Are not the cords of their tent pulled up,
  so that they die without wisdom?'[h]

---

[h]21 Some interpreters end the quotation after verse 17.

5 »Llama, si quieres, pero ¿habrá quien te
responda?
¿A cuál de los dioses*g* te dirigirás?
2 El resentimiento mata a los necios;
la envidia mata a los insensatos.
3 Yo mismo he visto al necio echar raíces,
pero de pronto su casa fue maldecida.*h*
4 Sus hijos distan mucho de estar a salvo;
en el tribunal se les oprime, y nadie los
defiende.
5 Los hambrientos se comen su cosecha,
y la recogen de entre las espinas;
los sedientos se beben sus riquezas.
6 Y aunque las penas no brotan del suelo,
ni los sufrimientos provienen de la tierra,
7 con todo, el *hombre nace para sufrir,
tan cierto como que las chispas vuelan.

8 »Si se tratara de mí, yo apelaría a Dios;
ante él expondría mi caso.
9 Él realiza maravillas insondables,
portentos que no pueden contarse.
10 Él derrama lluvia sobre la tierra
y envía agua sobre los campos.
11 Él enaltece a los humildes
y da seguridad a los enlutados.
12 Él deshace las maquinaciones de los astutos,
para que no prospere la obra de sus manos.
13 Él atrapa a los astutos en su astucia,
y desbarata los planes de los malvados.
14 De día éstos se topan con las tinieblas;
a plena luz andan a tientas, como si fuera de
noche.
15 Pero a los menesterosos los salva
de la opresión de los poderosos
y de su lengua viperina.
16 Así es como los pobres recobran la esperanza,
y a la injusticia se le tapa la boca.

17 »¡Cuán *dichoso es el hombre a quien Dios
corrige!
No menosprecies la *disciplina del
*Todopoderoso.
18 Porque él hiere, pero venda la herida;
golpea, pero trae alivio.
19 De seis aflicciones te rescatará,
y la séptima no te causará ningún daño.
20 Cuando haya hambre, te salvará de la muerte;
cuando haya guerra, te librará de la espada.
21 Estarás a salvo del latigazo de la lengua,
y no temerás cuando venga la destrucción.
22 Te burlarás de la destrucción y del hambre,
y no temerás a las bestias salvajes,
23 pues harás un pacto con las piedras del campo
y las bestias salvajes estarán en *paz
contigo.
24 Reconocerás tu casa como lugar seguro;
contarás tu ganado, y ni un solo animal
faltará.
25 Llegarás a tener muchos hijos,
y descendientes como la hierba del campo.
26 Llegarás al sepulcro anciano pero vigoroso,
como las gavillas que se recogen a tiempo.

27 »Esto lo hemos examinado, y es verdad.
Así que escúchalo y compruébalo tú
mismo.»

5 "Call if you will, but who will answer you?
To which of the holy ones will you turn?
2 Resentment kills a fool,
and envy slays the simple.
3 I myself have seen a fool taking root,
but suddenly his house was cursed.
4 His children are far from safety,
crushed in court without a defender.
5 The hungry consume his harvest,
taking it even from among thorns,
and the thirsty pant after his wealth.
6 For hardship does not spring from the soil,
nor does trouble sprout from the ground.
7 Yet man is born to trouble
as surely as sparks fly upward.

8 "But if it were I, I would appeal to God;
I would lay my cause before him.
9 He performs wonders that cannot be
fathomed,
miracles that cannot be counted.
10 He bestows rain on the earth;
he sends water upon the countryside.
11 The lowly he sets on high,
and those who mourn are lifted to safety.
12 He thwarts the plans of the crafty,
so that their hands achieve no success.
13 He catches the wise in their craftiness,
and the schemes of the wily are swept
away.
14 Darkness comes upon them in the daytime;
at noon they grope as in the night.
15 He saves the needy from the sword in their
mouth;
he saves them from the clutches of the
powerful.
16 So the poor have hope,
and injustice shuts its mouth.

17 "Blessed is the man whom God corrects;
so do not despise the discipline of the
Almighty.*i*
18 For he wounds, but he also binds up;
he injures, but his hands also heal.
19 From six calamities he will rescue you;
in seven no harm will befall you.
20 In famine he will ransom you from death,
and in battle from the stroke of the sword.
21 You will be protected from the lash of the
tongue,
and need not fear when destruction
comes.
22 You will laugh at destruction and famine,
and need not fear the beasts of the earth.
23 For you will have a covenant with the
stones of the field,
and the wild animals will be at peace
with you.
24 You will know that your tent is secure;
you will take stock of your property and
find nothing missing.
25 You will know that your children will be
many,
and your descendants like the grass of the
earth.
26 You will come to the grave in full vigor,
like sheaves gathered in season.

27 "We have examined this, and it is true.
So hear it and apply it to yourself."

---

g 5:1 dioses. Lit. *santos.*   *h 5:3 fue maldecida.* Lit. *yo maldije.*   *i 17* Hebrew *Shaddai*; here and throughout Job

Segundo discurso de Job

6 A esto Job respondió:

2 «¡Cómo quisiera que mi angustia se pesara
    y se pusiera en la balanza, junto con mi
       desgracia!
3 ¡De seguro pesarían más que la arena de los
       mares!
    ¡Por algo mis palabras son tan impetuosas!
4 Las saetas del *Todopoderoso me han herido,
    y mi espíritu absorbe su veneno.
    ¡Dios ha enviado sus terrores contra mí!
5 ¿Rebuzna el asno salvaje si tiene hierba?
    ¿Muge el buey si tiene forraje?
6 ¿Puede comerse sin sal la comida desabrida?
    ¿Tiene algún sabor la clara de huevo?*i*
7 Mi paladar se niega a probarla;
    ¡esa comida me enferma!

8 »¡Ah, si Dios me concediera lo que pido!
    ¡Si Dios me otorgara lo que anhelo!
9 ¡Ah, si Dios se decidiera a destrozarme por
       completo,
    a descargar su mano sobre mí, y
       aniquilarme!
10 Aun así me quedaría este consuelo,
    esta alegría en medio de mi implacable
       dolor:
    ¡el no haber negado las palabras del Dios
       *Santo!

11 »¿Qué fuerzas me quedan para seguir
       esperando?
    ¿Qué fin me espera para querer vivir?
12 ¿Tengo acaso la fuerza de la roca?
    ¿Acaso tengo piel de bronce?
13 ¿Cómo puedo valerme por mí mismo,
    si me han quitado todos mis recursos?

14 »Aunque uno se aparte del temor al
       Todopoderoso,
    el amigo no le niega su lealtad.*j*
15 Pero mis hermanos son arroyos inconstantes;
    son corrientes desbordadas:
16 se enturbian cuando el hielo se derrite,
    se ensanchan al derretirse la nieve,
17 pero dejan de fluir durante las sequías,
    ¡en pleno calor desaparecen de sus lechos!
18 Las caravanas se apartan de sus rutas;
    se encaminan al desierto, y allí mueren.
19 Las caravanas de Temá van en busca de agua,
    los mercaderes de Sabá abrigan esperanzas.
20 Se desaniman, a pesar de su confianza;
    llegan allí y se quedan frustrados.
21 Lo mismo pasa con ustedes:
    ¡ven algo espantoso, y se asustan!
22 ¿Quién les ha pedido que me den algo,
    o que paguen con su dinero mi rescate?
23 ¿Quién les ha pedido que me libren de mi
       enemigo,
    o que me rescaten de las garras de los
       tiranos?

Job

6 Then Job replied:

2 "If only my anguish could be weighed
    and all my misery be placed on the
       scales!
3 It would surely outweigh the sand of the
       seas—
    no wonder my words have been
       impetuous.
4 The arrows of the Almighty are in me,
    my spirit drinks in their poison;
    God's terrors are marshaled against me.
5 Does a wild donkey bray when it has grass,
    or an ox bellow when it has fodder?
6 Is tasteless food eaten without salt,
    or is there flavor in the white of an
       egg*j*?
7 I refuse to touch it;
    such food makes me ill.

8 "Oh, that I might have my request,
    that God would grant what I hope for,
9 that God would be willing to crush me,
    to let loose his hand and cut me off!
10 Then I would still have this consolation—
    my joy in unrelenting pain—
    that I had not denied the words of the
       Holy One.

11 "What strength do I have, that I should still
       hope?
    What prospects, that I should be patient?
12 Do I have the strength of stone?
    Is my flesh bronze?
13 Do I have any power to help myself,
    now that success has been driven from
       me?

14 "A despairing man should have the devotion
       of his friends,
    even though he forsakes the fear of the
       Almighty.
15 But my brothers are as undependable as
       intermittent streams,
    as the streams that overflow
16 when darkened by thawing ice
    and swollen with melting snow,
17 but that cease to flow in the dry season,
    and in the heat vanish from their
       channels.
18 Caravans turn aside from their routes;
    they go up into the wasteland and perish.
19 The caravans of Tema look for water,
    the traveling merchants of Sheba look in
       hope.
20 They are distressed, because they had been
       confident;
    they arrive there, only to be disappointed.
21 Now you too have proved to be of no help;
    you see something dreadful and are
       afraid.
22 Have I ever said, 'Give something on my
       behalf,
    pay a ransom for me from your wealth,
23 deliver me from the hand of the enemy,
    ransom me from the clutches of the
       ruthless'?

---

i 6:6 la clara de huevo. Alt. *el suero del queso,* o *el jugo de malva.*
j 6:14 el amigo ... lealtad (lectura probable); *para el desahuciado
hay lealtad de su amigo* (TM).

j 6 The meaning of the Hebrew for this phrase is uncertain.

24»Instrúyanme, y me quedaré callado;
    muéstrenme en qué estoy equivocado.
25Las palabras justas no ofenden,
    ¡pero los argumentos de ustedes no prueban
      nada!
26¿Me van a juzgar por mis palabras,
    sin ver que provienen*k* de un desesperado?
27¡Ustedes echarían suertes hasta por un
      huérfano,
    y venderían a su amigo por cualquier cosa!

28»Tengan la bondad de mirarme a los ojos;
    ¿Creen que les mentiría en su propia cara?
29Reflexionen, no sean injustos;
    reflexionen, que en esto radica mi
      integridad.
30¿Acaso hay maldad en mi lengua?
    ¿No puede mi paladar discernir la maldad?

24"Teach me, and I will be quiet;
    show me where I have been wrong.
25How painful are honest words!
    But what do your arguments prove?
26Do you mean to correct what I say,
    and treat the words of a despairing man
      as wind?
27You would even cast lots for the fatherless
    and barter away your friend.

28"But now be so kind as to look at me.
    Would I lie to your face?
29Relent, do not be unjust;
    reconsider, for my integrity is at stake.*k*
30Is there any wickedness on my lips?
    Can my mouth not discern malice?

7

»¿No tenemos todos una obligación en este
      mundo?
    ¿No son nuestros días como los de un
      asalariado?
2Como el esclavo que espera con ansias la
      noche,
    como el asalariado que ansioso espera su
      paga,
3meses enteros he vivido en vano;
    ¡me han tocado noches de miseria!
4Me acuesto y pienso:
    "¿Cuánto falta para que amanezca?"
    La noche se me hace interminable;
    me doy vueltas en la cama hasta el
      amanecer.
5Tengo el cuerpo cubierto de gusanos y de
      costras;
    ¡la piel se me raja y me supura!

6»Mis días se van más veloces que una
      lanzadera,
    y sin esperanza alguna llegan a su fin.
7Recuerda, oh Dios, que mi vida es un suspiro;
    que ya no verán mis ojos la felicidad.
8Los ojos que hoy me ven, no me verán
      mañana;
    pondrás en mí tus ojos, pero ya no existiré.
9Como nubes que se diluyen y se pierden,
    los que bajan al *sepulcro ya no vuelven a
      subir.
10Nunca más regresan a su casa;
    desaparecen de su lugar.

11»Por lo que a mí toca, no guardaré silencio;
    la angustia de mi alma me lleva a hablar,
    la amargura en que vivo me obliga a
      protestar.
12¿Soy acaso el mar, el monstruo del abismo,
    para que me pongas bajo vigilancia?
13Cuando pienso que en mi lecho hallaré
      consuelo
    o encontraré alivio a mi queja,
14aun allí me infundes miedo en mis sueños;
    ¡me aterras con visiones!
15¡Preferiría que me estrangularan
    a seguir viviendo en este cuerpo!

7

"Does not man have hard service on earth?
    Are not his days like those of a hired
      man?
2Like a slave longing for the evening
      shadows,
    or a hired man waiting eagerly for his
      wages,
3so I have been allotted months of futility,
    and nights of misery have been assigned
      to me.
4When I lie down I think, 'How long before
      I get up?'
    The night drags on, and I toss till dawn.
5My body is clothed with worms and scabs,
    my skin is broken and festering.

6"My days are swifter than a weaver's
      shuttle,
    and they come to an end without hope.
7Remember, O God, that my life is but a
      breath;
    my eyes will never see happiness again.
8The eye that now sees me will see me no
      longer;
    you will look for me, but I will be no
      more.
9As a cloud vanishes and is gone,
    so he who goes down to the grave*l* does
      not return.
10He will never come to his house again;
    his place will know him no more.

11"Therefore I will not keep silent;
    I will speak out in the anguish of my
      spirit,
    I will complain in the bitterness of my
      soul.
12Am I the sea, or the monster of the deep,
    that you put me under guard?
13When I think my bed will comfort me
    and my couch will ease my complaint,
14even then you frighten me with dreams
    and terrify me with visions,
15so that I prefer strangling and death,
    rather than this body of mine.

---

k 6:26 *sin ver que provienen.* Lit. *y al viento las palabras.*   *k* 29 Or *my righteousness still stands*   *l* 9 Hebrew *Sheol*

16 Tengo en poco mi vida; no quiero vivir para
siempre.
¡Déjame en paz, que mi vida no tiene
sentido!

17 »¿Qué es el *hombre, que le das tanta
importancia,
que tanta atención le concedes,
18 que cada mañana lo examinas
y a toda hora lo pones a prueba?
19 Aparta de mí la mirada;
¡déjame al menos tragar saliva!
20 Si he pecado, ¿en qué te afecta,
vigilante de los *mortales?
¿Por qué te ensañas conmigo?
¿Acaso te soy una carga?l
21 ¿Por qué no me perdonas mis pecados?
¿Por qué no pasas por alto mi maldad?
Un poco más, y yaceré en el polvo;
me buscarás, pero habré dejado de existir.»

Primer discurso de Bildad

8 A esto respondió Bildad de Súah:

2 «¿Hasta cuándo seguirás hablando así?
¡Tus palabras son un viento huracanado!
3 ¿Acaso Dios pervierte la justicia?
¿Acaso tuerce el derecho el *Todopoderoso?
4 Si tus hijos pecaron contra Dios,
él les dio lo que su pecado merecía.
5 Pero si tú vuelves la mirada a Dios,
si le pides perdón al Todopoderoso,
6 y si eres puro y recto,
él saldrá en tu defensam
y te devolverá el lugar que te corresponde.
7 Modestas parecerán tus primeras riquezas,
comparadas con tu prosperidad futura.

8 »Pregunta a las generaciones pasadas;
averigua lo que descubrieron sus padres.
9 Nosotros nacimos ayer, y nada sabemos;
nuestros días en este mundo son como una
sombra.
10 Pero ellos te instruirán, te lo harán saber;
compartirán contigo su experiencia.
11 ¿Puede crecer el papiro donde no hay pantano?
¿Pueden crecer los juncos donde no hay
agua?
12 Aunque estén floreciendo y nadie los haya
cortado,
se marchitan antes que otra hierba.
13 Tal es el destino de los que se olvidan de
Dios;
así termina la esperanza de los impíos.
14 Muy débilesn son sus esperanzas;
han puesto su confianza en una telaraña.
15 No podrán sostenerse cuando se apoyen en
ella;
no quedarán en pie cuando se prendan de
sus hilos.
16 Son como plantas frondosas expuestas al sol,
que extienden sus ramas por todo el jardín:
17 hunden sus raíces en torno a un montón de
piedras
y buscan arraigarse entre ellas.

16 I despise my life; I would not live forever.
Let me alone; my days have no meaning.

17 "What is man that you make so much of
him,
that you give him so much attention,
18 that you examine him every morning
and test him every moment?
19 Will you never look away from me,
or let me alone even for an instant?
20 If I have sinned, what have I done to you,
O watcher of men?
Why have you made me your target?
Have I become a burden to you?m
21 Why do you not pardon my offenses
and forgive my sins?
For I will soon lie down in the dust;
you will search for me, but I will be no
more."

Bildad

8 Then Bildad the Shuhite replied:

2 "How long will you say such things?
Your words are a blustering wind.
3 Does God pervert justice?
Does the Almighty pervert what is right?
4 When your children sinned against him,
he gave them over to the penalty of their
sin.
5 But if you will look to God
and plead with the Almighty,
6 if you are pure and upright,
even now he will rouse himself on your
behalf
and restore you to your rightful place.
7 Your beginnings will seem humble,
so prosperous will your future be.

8 "Ask the former generations
and find out what their fathers learned,
9 for we were born only yesterday and know
nothing,
and our days on earth are but a shadow.
10 Will they not instruct you and tell you?
Will they not bring forth words from their
understanding?
11 Can papyrus grow tall where there is no
marsh?
Can reeds thrive without water?
12 While still growing and uncut,
they wither more quickly than grass.
13 Such is the destiny of all who forget God;
so perishes the hope of the godless.
14 What he trusts in is fragilen;
what he relies on is a spider's web.
15 He leans on his web, but it gives way;
he clings to it, but it does not hold.
16 He is like a well-watered plant in the
sunshine,
spreading its shoots over the garden;
17 it entwines its roots around a pile of rocks
and looks for a place among the stones.

---

l 7:20 ¿Acaso te soy una carga? (LXX, mss. hebreos y una
tradición rabínica); Me he vuelto una carga para mí mismo (TM).
m 8:6 saldrá en tu defensa. Alt. velará por ti.   n 8:14 débiles.
Palabra de difícil traducción.

m 20 A few manuscripts of the Masoretic Text, an ancient Hebrew
scribal tradition and Septuagint; most manuscripts of the Masoretic
Text I have become a burden to myself.   n 14 The meaning of
the Hebrew for this word is uncertain.

18 Pero si las arrancan de su sitio,
    ese lugar negará haberlas conocido.
19 ¡Así termina su alegría de vivir,
    y del suelo brotan otras plantas!

20 »Dios no rechaza a quien es íntegro,
    ni brinda su apoyo a quien hace el mal.
21 Pondrá de nuevo risas en tu boca,
    y gritos de alegría en tus labios.
22 Tus enemigos se cubrirán de vergüenza,
    y desaparecerán las moradas de los
       malvados.»

Tercer discurso de Job

9 Job entonces replicó:

2 «Aunque sé muy bien que esto es cierto,
    ¿cómo puede un *mortal justificarse ante
       Dios?
3 Si uno quisiera disputar con él,
    de mil cosas no podría responderle una sola.
4 Profunda es su sabiduría, vasto su poder.
    ¿Quién puede desafiarlo y salir bien librado?
5 Él mueve montañas sin que éstas lo sepan,
    y en su enojo las trastorna.
6 Él remueve los cimientos de la tierra
    y hace que se estremezcan sus columnas.
7 Reprende al sol, y su brillo se apaga;
    eclipsa la luz de las estrellas.
8 Él se basta para extender los cielos;
    somete a su dominio las olas del mar.
9 Él creó la Osa y el Orión,
    las Pléyades y las constelaciones del sur.
10 Él realiza maravillas insondables,
    portentos que no pueden contarse.
11 Si pasara junto a mí, no podría verlo;
    si se alejara, no alcanzaría a percibirlo.
12 Si de algo se adueñara, ¿quién lo haría
       desistir?
    ¿Quién puede cuestionar sus actos?
13 Dios no depone el enojo;
    aun *Rahab y sus secuaces se postran a sus
       pies.

14 »¿Cómo entonces podré yo responderle?
    ¿Dónde hallar palabras para contradecirle?
15 Aunque sea yo inocente, no puedo defenderme;
    de mi juez sólo puedo pedir misericordia.
16 Y aunque lo llamara y me respondiera,
    no creo que me concedería audiencia.
17 Me despedazaría con una tormenta,
    y por la menor cosa multiplicaría mis
       heridas.
18 No me dejaría recobrar el aliento;
    más bien, me saturaría de amargura.
19 Si de fuerza se trata, ¡él es más poderoso!
    Si es cuestión de juicio, ¿quién lo[ñ] hará
       comparecer?

18 But when it is torn from its spot,
    that place disowns it and says, 'I never
       saw you.'
19 Surely its life withers away,
    and[o] from the soil other plants grow.

20 "Surely God does not reject a blameless
       man
    or strengthen the hands of evildoers.
21 He will yet fill your mouth with laughter
    and your lips with shouts of joy.
22 Your enemies will be clothed in shame,
    and the tents of the wicked will be no
       more."

Job

9 Then Job replied:

2 "Indeed, I know that this is true.
    But how can a mortal be righteous before
       God?
3 Though one wished to dispute with him,
    he could not answer him one time out of
       a thousand.
4 His wisdom is profound, his power is vast.
    Who has resisted him and come out
       unscathed?
5 He moves mountains without their knowing
       it
    and overturns them in his anger.
6 He shakes the earth from its place
    and makes its pillars tremble.
7 He speaks to the sun and it does not shine;
    he seals off the light of the stars.
8 He alone stretches out the heavens
    and treads on the waves of the sea.
9 He is the Maker of the Bear and Orion,
    the Pleiades and the constellations of the
       south.
10 He performs wonders that cannot be
       fathomed,
    miracles that cannot be counted.
11 When he passes me, I cannot see him;
    when he goes by, I cannot perceive him.
12 If he snatches away, who can stop him?
    Who can say to him, 'What are you
       doing?'
13 God does not restrain his anger;
    even the cohorts of Rahab cowered at his
       feet.

14 "How then can I dispute with him?
    How can I find words to argue with him?
15 Though I were innocent, I could not answer
       him;
    I could only plead with my Judge for
       mercy.
16 Even if I summoned him and he responded,
    I do not believe he would give me a
       hearing.
17 He would crush me with a storm
    and multiply my wounds for no reason.
18 He would not let me regain my breath
    but would overwhelm me with misery.
19 If it is a matter of strength, he is mighty!
    And if it is a matter of justice, who will
       summon him[p] ?

ñ 9:19 lo (LXX); me (TM).

o 19 Or Surely all the joy it has / is that
Hebrew me.   p 19 See Septuagint;

20 Aun siendo inocente, me condenará mi boca;
    aun siendo íntegro, resultaré culpable.

21 »Soy intachable, pero ya no me importa;
    tengo en poco mi propia vida.
22 Todo es lo mismo; por eso digo:
    "A buenos y a malos destruye por igual."
23 Si alguna plaga acarrea la muerte repentina,
    él se burla de la angustia del inocente.
24 Si algún malvado se apodera de un terreno,
    él les tapa los ojos a los jueces.
    Si no lo hace él, ¿entonces quién?

25 »Transcurren mis días con más rapidez que un
      corredor;
    vuelan sin que hayan conocido la dicha.
26 Se deslizan como barcas de papiro,
    como veloces águilas al caer sobre su presa.
27 Si acaso digo: "Olvidaré mi queja,
    cambiaré de expresión, esbozaré una
      sonrisa",
28 me queda el miedo de tanto sufrimiento,
    pues bien sé que no me consideran inocente.
29 Y ya que me tienen por culpable,
    ¿para qué voy a luchar en vano?
30 Aunque me restriegue con jabón*o*
    y me limpie las manos con lejía,
31 tú me lanzarás al muladar,
    ¡y hasta mis ropas me aborrecerán!

32 »Dios no es *hombre como yo,
    para que juntos comparezcamos ante un
      tribunal.
33 ¡No hay un juez entre nosotros
    que decida el caso por los dos!
34 ¡No hay quien aleje de mí el báculo divino
    para que ya no me asuste su terror!
35 Quisiera yo hablar sin temor,
    pero no estoy en tales condiciones.

10 »¡Ya estoy harto de esta vida!
    Por eso doy rienda suelta a mi queja;
    desahogo la amargura de mi alma.
2 Le he dicho a Dios: No me condenes.
    Dime qué es lo que tienes contra mí.
3 ¿Te parece bien el oprimirme
    y despreciar la obra de tus manos
    mientras te muestras complaciente
    ante los planes del malvado?
4 ¿Son tus ojos los de un simple *mortal?
    ¿Ves las cosas como las vemos nosotros?
5 ¿Son tus días como los nuestros,
    tus años como los de un mortal,
6 para que andes investigando mis faltas
    y averiguándolo todo acerca de mi pecado?
7 ¡Tú bien sabes que no soy culpable
    y que de tus manos no tengo escapatoria!

20 Even if I were innocent, my mouth would
      condemn me;
    if I were blameless, it would pronounce
      me guilty.

21 "Although I am blameless,
    I have no concern for myself;
    I despise my own life.
22 It is all the same; that is why I say,
    'He destroys both the blameless and the
      wicked.'
23 When a scourge brings sudden death,
    he mocks the despair of the innocent.
24 When a land falls into the hands of the
      wicked,
    he blindfolds its judges.
    If it is not he, then who is it?

25 "My days are swifter than a runner;
    they fly away without a glimpse of joy.
26 They skim past like boats of papyrus,
    like eagles swooping down on their prey.
27 If I say, 'I will forget my complaint,
    I will change my expression, and smile,'
28 I still dread all my sufferings,
    for I know you will not hold me innocent.
29 Since I am already found guilty,
    why should I struggle in vain?
30 Even if I washed myself with soap*q*
    and my hands with washing soda,
31 you would plunge me into a slime pit
    so that even my clothes would detest me.

32 "He is not a man like me that I might
      answer him,
    that we might confront each other in
      court.
33 If only there were someone to arbitrate
      between us,
    to lay his hand upon us both,
34 someone to remove God's rod from me,
    so that his terror would frighten me no
      more.
35 Then I would speak up without fear of him,
    but as it now stands with me, I cannot.

10 "I loathe my very life;
    therefore I will give free rein to my
      complaint
    and speak out in the bitterness of my
      soul.
2 I will say to God: Do not condemn me,
    but tell me what charges you have against
      me.
3 Does it please you to oppress me,
    to spurn the work of your hands,
    while you smile on the schemes of the
      wicked?
4 Do you have eyes of flesh?
    Do you see as a mortal sees?
5 Are your days like those of a mortal
    or your years like those of a man,
6 that you must search out my faults
    and probe after my sin—
7 though you know that I am not guilty
    and that no one can rescue me from your
      hand?

---

o 9:30 jabón. Alt. *nieve.*   *q 30* Or *snow*

8 »Tú me hiciste con tus propias manos;
     tú me diste forma.
     ¿Vas ahora a cambiar de parecer
        y a ponerle fin a mi vida?
9 Recuerda que tú me modelaste, como al barro;
     ¿Vas ahora a devolverme al polvo?
10 ¿No fuiste tú quien me derramó como leche,
     quien me hizo cuajar como queso?
11 Fuiste tú quien me vistió de carne y piel,
     quien me tejió con huesos y tendones.
12 Me diste vida, me favoreciste con tu amor,
     y tus cuidados me han infundido aliento.

13 »Pero una cosa mantuviste en secreto,
     y sé muy bien que la tuviste en mente:
14 Que si yo peco, tú me vigilas
     y no pasas por alto mi pecado.
15 Si soy culpable, ¡ay de mí!
     Si soy inocente, no puedo dar la cara.
     ¡Lleno estoy de vergüenza,
     y consciente de mi aflicción!
16 Si me levanto, me acechas como un león
     y despliegas contra mí tu gran poder.
17 Contra mí presentas nuevos testigos,
     contra mí acrecientas tu enojo.
     ¡Una tras otra, tus tropas me atacan!

18 »¿Por qué me hiciste salir del vientre?
     ¡Quisiera haber muerto, sin que nadie me
        viera!
19 ¡Preferiría no haber existido,
     y haber pasado del vientre a la tumba!
20 ¿Acaso mis contados días no llegan ya a su
        fin?
     ¡Déjame disfrutar de un momento de alegría
21 antes de mi partida sin regreso
     a la tierra de la penumbra y de las sombras,
22 al país de la más profunda de las noches,
     al país de las sombras y del caos,
     donde aun la luz se asemeja a las tinieblas!»

Primer discurso de Zofar

11 A esto respondió Zofar de Namat:

2 «¿Quedará sin respuesta toda esta perorata?
     ¿Resultará inocente este hablador?
3 ¿Toda esa palabrería nos dejará callados?
     ¿Te burlarás sin que nadie te reprenda?
4 Tú afirmas: "Mi postura es la correcta;
     soy puro a los ojos de Dios."
5 ¡Cómo me gustaría que Dios interviniera
     y abriera sus labios contra ti
6 para mostrarte los secretos de la sabiduría,
     pues ésta es muy compleja!*p*
     Sabrías entonces que buena parte de tu pecado
     Dios no lo ha tomado en cuenta.

7 »¿Puedes adentrarte en los misterios de Dios
     o alcanzar la perfección*q* del
        *Todopoderoso?

8 "Your hands shaped me and made me.
     Will you now turn and destroy me?
9 Remember that you molded me like clay.
     Will you now turn me to dust again?
10 Did you not pour me out like milk
     and curdle me like cheese,
11 clothe me with skin and flesh
     and knit me together with bones and
        sinews?
12 You gave me life and showed me kindness,
     and in your providence watched over my
        spirit.

13 "But this is what you concealed in your
        heart,
     and I know that this was in your mind:
14 If I sinned, you would be watching me
     and would not let my offense go
        unpunished.
15 If I am guilty—woe to me!
     Even if I am innocent, I cannot lift my
        head,
     for I am full of shame
     and drowned in*r* my affliction.
16 If I hold my head high, you stalk me like a
        lion
     and again display your awesome power
        against me.
17 You bring new witnesses against me
     and increase your anger toward me;
     your forces come against me wave upon
        wave.

18 "Why then did you bring me out of the
        womb?
     I wish I had died before any eye saw me.
19 If only I had never come into being,
     or had been carried straight from the
        womb to the grave!
20 Are not my few days almost over?
     Turn away from me so I can have a
        moment's joy
21 before I go to the place of no return,
     to the land of gloom and deep shadow,*s*
22 to the land of deepest night,
     of deep shadow and disorder,
     where even the light is like darkness."

Zophar

11 Then Zophar the Naamathite replied:

2 "Are all these words to go unanswered?
     Is this talker to be vindicated?
3 Will your idle talk reduce men to silence?
     Will no one rebuke you when you mock?
4 You say to God, 'My beliefs are flawless
     and I am pure in your sight.'
5 Oh, how I wish that God would speak,
     that he would open his lips against you
6 and disclose to you the secrets of wisdom,
     for true wisdom has two sides.
     Know this: God has even forgotten some
        of your sin.

7 "Can you fathom the mysteries of God?
     Can you probe the limits of the
        Almighty?

---

p 11:6 ésta es muy compleja. Frase de difícil traducción.
q 11:7 alcanzar la perfección. Alt. *llegar hasta los límites.*

r 15 Or *and aware of*   *s 21* Or *and the shadow of death*; also in
verse 22

8 Son más altos que los cielos;
  ¿qué puedes hacer?
  Son más profundos que el *sepulcro;
  ¿qué puedes saber?
9 Son más extensos que toda la tierra;
  ¡son más anchos que todo el mar!

10 »Si viene y te pone en un calabozo,
  y luego te llama a cuentas,
  ¿quién lo hará desistir?
11 Bien conoce Dios a la gente sin escrúpulos;
  cuando percibe el mal, no lo pasa por alto.
12 ¡El necio llegará a ser sabio
  cuando de un asno salvaje nazca un
  *hombre!r

13 »Pero si le entregas tu *corazón
  y hacia él extiendes las manos,
14 si te apartas del pecado que has cometido
  y en tu morada no das cabida al mal,
15 entonces podrás llevar la frente en alto
  y mantenerte firme y libre de temor.
16 Ciertamente olvidarás tus pesares,
  o los recordarás como el agua que pasó.
17 Tu vida será más radiante que el sol de
  mediodía,
  y la oscuridad será como el amanecer.
18 Vivirás tranquilo, porque hay esperanza;
  estarás protegidos y dormirás confiado.
19 Descansarás sin temer a nadie,
  y muchos querrán ganarse tu favor.
20 Pero los ojos de los malvados se apagarán;
  no tendrán escapatoria.
  ¡Su esperanza es exhalar el último suspiro!»

Cuarto discurso de Job

12 A esto respondió Job:

2 «¡No hay duda de que ustedes son el pueblo!
  ¡Muertos ustedes, morirá la sabiduría!
3 Pero yo tengo tanto cerebro como ustedes;
  en nada siento que me aventajen.
  ¿Quién no sabe todas esas cosas?

4 »Yo, que llamaba a Dios y él me respondía,
  me he vuelto el hazmerreír de mis amigos;
  ¡soy un hazmerreír, recto e intachable!
5 Dice la gente que vive tranquila:
  "¡Al daño se añade la injuria!",
  "¡Al que está por caer, hay que empujarlo!"
6 Los salteadores viven tranquilos en sus carpas;
  confiados viven esos que irritan a Dios
  y piensan que pueden controlarlo.

7 »Pero interroga a los animales,
  y ellos te darán una lección;
  pregunta a las aves del cielo,
  y ellas te lo contarán;
8 habla con la tierra, y ella te enseñará;
  con los peces del mar, y te lo harán saber.

8 They are higher than the heavens—what can
  you do?
  They are deeper than the depths of the
  gravet—what can you know?
9 Their measure is longer than the earth
  and wider than the sea.

10 "If he comes along and confines you in
  prison
  and convenes a court, who can oppose
  him?
11 Surely he recognizes deceitful men;
  and when he sees evil, does he not take
  note?
12 But a witless man can no more become
  wise
  than a wild donkey's colt can be born a
  man.u

13 "Yet if you devote your heart to him
  and stretch out your hands to him,
14 if you put away the sin that is in your hand
  and allow no evil to dwell in your tent,
15 then you will lift up your face without
  shame;
  you will stand firm and without fear.
16 You will surely forget your trouble,
  recalling it only as waters gone by.
17 Life will be brighter than noonday,
  and darkness will become like morning.
18 You will be secure, because there is hope;
  you will look about you and take your
  rest in safety.
19 You will lie down, with no one to make
  you afraid,
  and many will court your favor.
20 But the eyes of the wicked will fail,
  and escape will elude them;
  their hope will become a dying gasp."

Job

12 Then Job replied:

2 "Doubtless you are the people,
  and wisdom will die with you!
3 But I have a mind as well as you;
  I am not inferior to you.
  Who does not know all these things?

4 "I have become a laughingstock to my
  friends,
  though I called upon God and he
  answered—
  a mere laughingstock, though righteous
  and blameless!
5 Men at ease have contempt for misfortune
  as the fate of those whose feet are
  slipping.
6 The tents of marauders are undisturbed,
  and those who provoke God are secure—
  those who carry their god in their
  hands.v

7 "But ask the animals, and they will teach
  you,
  or the birds of the air, and they will tell
  you;
8 or speak to the earth, and it will teach you,
  or let the fish of the sea inform you.

---

r 11:12 cuando de un asno salvaje nazca un hombre. Alt. cuando
los asnos salvajes nazcan domesticados.   s 11:18 estarás
protegido. Alt. mirarás en torno tuyo (TM).

t 8 Hebrew than Sheol   u 12 Or wild donkey can be born tame
v 6 Or secure / in what God's hand brings them

9 ¿Quién de todos ellos no sabe
  que la mano del SEÑOR ha hecho todo esto?
10 En sus manos está la vida de todo *ser vivo,
  y el hálito que anima a todo ser humano.
11 ¿Acaso no comprueba el oído las palabras
  como la lengua prueba la comida?
12 Entre los ancianos se halla la sabiduría;
  en los muchos años, el entendimiento.

13 »Con Dios están la sabiduría y el poder;
  suyos son el consejo y el entendimiento.
14 Lo que él derriba, nadie lo levanta;
  a quien él apresa, nadie puede liberarlo.
15 Si él retiene las lluvias, hay sequía;
  si las deja caer, se inunda la tierra.
16 Suyos son el poder y el buen juicio;
  suyos son los engañados y los que engañan.
17 Él pone en ridículo a los consejeros
  y hace que los jueces pierdan la cabeza.
18 Despoja de su autoridad a los reyes,
  y les ata a la cintura un simple taparrabo.^{t}
19 Él pone en ridículo a los sacerdotes,
  y derroca a los que detentan el poder.
20 Acalla los labios de los consejeros
  y deja sin discernimiento a los ancianos.
21 Derrama ignominia sobre los nobles
  y deja en vergüenza a^u los poderosos.
22 Pone al descubierto los más oscuros abismos
  y saca a la luz las sombras más profundas.
23 Engrandece o destruye a las naciones;
  las hace prosperar o las dispersa.
24 Priva de sensatez a los poderosos,
  y los hace vagar por desiertos sin senderos.
25 Andan a tientas en medio de la oscuridad,
  y se tambalean como borrachos.

13 »Todo esto lo han visto mis ojos;
  lo han captado y entendido mis oídos.
2 Yo tengo tanto *conocimiento como ustedes;
  en nada siento que me aventajen.
3 Más bien quisiera hablar con el
    *Todopoderoso;
  me gustaría discutir mi caso con Dios.
4 Porque ustedes son unos incriminadores;^{v}
  ¡como médicos no valen nada!
5 ¡Si tan sólo se callaran la boca!
  Eso, en ustedes, ¡ya sería sabiduría!
6 Ahora les toca escuchar mi defensa;
  presten atención a mi alegato.
7 ¿Se atreverán a mentir en *nombre de Dios?
  ¿Argumentarán en su favor con engaños?
8 ¿Le harán el favor de defenderlo?
  ¿Van a resultar sus abogados defensores?
9 ¿Qué pasaría si él los examinara?
  ¿Podrían engañarlo como se engaña a la
    gente?
10 Lo más seguro es que él los reprendería
  si en secreto se mostraran parciales.
11 ¿Acaso no les infundiría miedo su esplendor?
  ¿Y no caería sobre ustedes su terror?
12 ¡Han memorizado proverbios sin sentido!
  ¡Se defienden con apologías endebles!

9 Which of all these does not know
  that the hand of the LORD has done this?
10 In his hand is the life of every creature
  and the breath of all mankind.
11 Does not the ear test words
  as the tongue tastes food?
12 Is not wisdom found among the aged?
  Does not long life bring understanding?

13 "To God belong wisdom and power;
  counsel and understanding are his.
14 What he tears down cannot be rebuilt;
  the man he imprisons cannot be released.
15 If he holds back the waters, there is
    drought;
  if he lets them loose, they devastate the
    land.
16 To him belong strength and victory;
  both deceived and deceiver are his.
17 He leads counselors away stripped
  and makes fools of judges.
18 He takes off the shackles put on by kings
  and ties a loincloth^w around their waist.
19 He leads priests away stripped
  and overthrows men long established.
20 He silences the lips of trusted advisers
  and takes away the discernment of elders.
21 He pours contempt on nobles
  and disarms the mighty.
22 He reveals the deep things of darkness
  and brings deep shadows into the light.
23 He makes nations great, and destroys them;
  he enlarges nations, and disperses them.
24 He deprives the leaders of the earth of their
    reason;
  he sends them wandering through a
    trackless waste.
25 They grope in darkness with no light;
  he makes them stagger like drunkards.

13 "My eyes have seen all this,
  my ears have heard and understood it.
2 What you know, I also know;
  I am not inferior to you.
3 But I desire to speak to the Almighty
  and to argue my case with God.
4 You, however, smear me with lies;
  you are worthless physicians, all of you!
5 If only you would be altogether silent!
  For you, that would be wisdom.
6 Hear now my argument;
  listen to the plea of my lips.
7 Will you speak wickedly on God's behalf?
  Will you speak deceitfully for him?
8 Will you show him partiality?
  Will you argue the case for God?
9 Would it turn out well if he examined you?
  Could you deceive him as you might
    deceive men?
10 He would surely rebuke you
  if you secretly showed partiality.
11 Would not his splendor terrify you?
  Would not the dread of him fall on you?
12 Your maxims are proverbs of ashes;
  your defenses are defenses of clay.

---

^{t} *12:18 un simple taparrabo.* Alt. *un cinturón.* ^{u} *12:21 deja en
vergüenza a.* Lit. *afloja el cinturón de.* ^{v} *13:4 incriminadores.*
Lit. *untadores de mentira.*

^{w} *18 Or shackles of kings / and ties a belt*

13 »¡Cállense la boca y déjenme hablar,
    y que venga lo que venga!
14 ¿Por qué me pongo en peligro
    y me juego el pellejo?
15 ¡Que me mate! ¡Ya no tengo esperanza!w
    Pero en su propia cara defenderé mi
      conducta.
16 En esto radica mi liberación:
    en que ningún impío comparecería ante él.

17 »Presten atención a mis palabras;
    presten oído a lo que digo:
18 Vean que ya he preparado mi caso,
    y sé muy bien que seré declarado inocente.
19 ¿Hay quien pueda presentar cargos contra mí?
    Si lo hay, me quedaré callado hasta que
      muera.

20 »Concédeme, oh Dios, sólo dos cosas,
    y no tendré que esconderme de ti:
21 Quítame la mano de encima
    y deja de infundirme temor.
22 Llámame a comparecer, y te responderé;
    o déjame hablar, y contéstame tú.
23 Enumera mis iniquidades y pecados;
    hazme ver mis transgresiones y ofensas.
24 ¿Por qué no me das la cara?
    ¿Por qué me tienes por enemigo?
25 ¿Acosarás a una hoja arrebatada por el viento?
    ¿Perseguirás a la paja seca?
26 Has dictado contra mí penas amargas;
    me estás cobrandox los pecados de mi
      juventud.
27 Me has puesto cadenas en los pies;
    vigilas todos mis pasos;
    ¡examinas las huellas que dejo al caminar!

28 »El *hombre es como un odrey desgastado;
    como ropa carcomida por la polilla.

14 »Pocos son los días, y muchos los problemas,
    que vive el *hombre nacido de mujer.
2 Es como las flores, que brotan y se marchitan;
    es como efímera sombra que se esfuma.
3 ¿Y en alguien así has puesto los ojos?
    ¿Con alguien como yo entrarás en juicio?
4 ¿Quién de la inmundicia puede sacar pureza?
    ¡No hay nadie que pueda hacerlo!
5 Los días del hombre ya están determinados;
    tú has decretado los meses de su vida;
    le has puesto límites que no puede rebasar.
6 Aparta de él la mirada; déjalo en paz,
    hasta que haya gozado de su día de
      asalariado.

7 »Si a un árbol se le derriba,
    queda al menos la esperanza de que retoñe
    y de que no se marchiten sus renuevos.
8 Tal vez sus raíces envejezcan en la tierra
    y su tronco muera en su terreno,

---

13 "Keep silent and let me speak;
    then let come to me what may.
14 Why do I put myself in jeopardy
    and take my life in my hands?
15 Though he slay me, yet will I hope in him;
    I will surelyx defend my ways to his
      face.
16 Indeed, this will turn out for my
      deliverance,
    for no godless man would dare come
      before him!
17 Listen carefully to my words;
    let your ears take in what I say.
18 Now that I have prepared my case,
    I know I will be vindicated.
19 Can anyone bring charges against me?
    If so, I will be silent and die.

20 "Only grant me these two things, O God,
    and then I will not hide from you:
21 Withdraw your hand far from me,
    and stop frightening me with your terrors.
22 Then summon me and I will answer,
    or let me speak, and you reply.
23 How many wrongs and sins have I
      committed?
    Show me my offense and my sin.
24 Why do you hide your face
    and consider me your enemy?
25 Will you torment a windblown leaf?
    Will you chase after dry chaff?
26 For you write down bitter things against me
    and make me inherit the sins of my
      youth.
27 You fasten my feet in shackles;
    you keep close watch on all my paths
    by putting marks on the soles of my feet.

28 "So man wastes away like something rotten,
    like a garment eaten by moths.

14 "Man born of woman
    is of few days and full of trouble.
2 He springs up like a flower and withers
      away;
    like a fleeting shadow, he does not
      endure.
3 Do you fix your eye on such a one?
    Will you bring himy before you for
      judgment?
4 Who can bring what is pure from the
      impure?
    No one!
5 Man's days are determined;
    you have decreed the number of his
      months
    and have set limits he cannot exceed.
6 So look away from him and let him alone,
    till he has put in his time like a hired
      man.

7 "At least there is hope for a tree:
    If it is cut down, it will sprout again,
    and its new shoots will not fail.
8 Its roots may grow old in the ground
    and its stump die in the soil,

---

w 13:15 ¡Que me mate ... esperanza! Alt. Aunque él me mate,
seguiré esperando en él.   x 13:26 cobrando. Lit. heredando.
y 13:28 como un odre. Alt. como algo podrido.

x 15 Or He will surely slay me; I have no hope — / yet I will
y 3 Septuagint, Vulgate and Syriac; Hebrew me

9 pero al sentir el agua, florecerá;
echará ramas como árbol recién plantado.
10 El hombre, en cambio, muere y pierde su
fuerza;
exhala el último suspiro, y deja de existir.
11 Y así como del mar desaparece el agua,
y los ríos se agotan y se secan,
12 así los *mortales, cuando se acuestan,
no se vuelven a levantar.
Mientras exista el cielo,
no se levantarán los mortales
ni se despertarán de su sueño.

13 »¡Si al menos me ocultaras en el *sepulcro
y me escondieras hasta que pase tu enojo!
¡Si al menos me pusieras un plazo,
y luego me recordaras!
14 Si el hombre muere, ya no vuelve a la vida.
Cada día de mi servicio obligatorio
esperaré a que llegue mi relevo.
15 Tú me llamarás, y yo te responderé;
desearás ver la obra de tus manos.
16 Desearás también contar mis pasos,
pero no tomarás en cuenta mi pecado.
17 En saco sellado guardarás mis transgresiones,
y perdonarás del todo mi pecado.

18 »Pero así como un monte se erosiona y se
derrumba,
y las piedras cambian de lugar;
19 así como las aguas desgastan las rocas
y los torrentes deslavan el suelo,
así tú pones fin a la esperanza del hombre.
20 Lo apabullas del todo, y él desaparece;
lo desfiguras, y entonces lo despides.
21 Si sus hijos reciben honores, él no lo sabe;
si se les humilla, él no se da cuenta.
22 Sólo siente el dolor de su propio cuerpo,
y sólo de sí mismo se conduele.»

Segundo discurso de Elifaz

15 Replicó entonces Elifaz de Temán:

2 «El sabio no responde con vana sabiduría
ni explota en violenta verborrea.z
3 Tampoco discute con argumentos vanos
ni con palabras huecas.
4 Tú, en cambio, restas valor al temor a Dios
y tomas a la ligera la devoción que él
merece.
5 Tu maldad pone en acción tu boca;
hablas igual que los pícaros.
6 Tu propia boca te condena, no la mía;
tus propios labios atestiguan contra ti.

7 »¿Eres acaso el primer *hombre que ha
nacido?
¿Naciste acaso antes que los montes?
8 ¿Tienes parte en el consejo de Dios?
¿Acaso eres tú el único sabio?
9 ¿Qué sabes tú que nosotros no sepamos?
¿Qué has percibido que nosotros ignoremos?
10 Las canas y la edad están de nuestra parte,
tenemos más experiencia que tu padre.

9 yet at the scent of water it will bud
and put forth shoots like a plant.
10 But man dies and is laid low;
he breathes his last and is no more.
11 As water disappears from the sea
or a riverbed becomes parched and dry,
12 so man lies down and does not rise;
till the heavens are no more, men will not
awake
or be roused from their sleep.

13 "If only you would hide me in the gravez
and conceal me till your anger has
passed!
If only you would set me a time
and then remember me!
14 If a man dies, will he live again?
All the days of my hard service
I will wait for my renewala to come.
15 You will call and I will answer you;
you will long for the creature your hands
have made.
16 Surely then you will count my steps
but not keep track of my sin.
17 My offenses will be sealed up in a bag;
you will cover over my sin.

18 "But as a mountain erodes and crumbles
and as a rock is moved from its place,
19 as water wears away stones
and torrents wash away the soil,
so you destroy man's hope.
20 You overpower him once for all, and he is
gone;
you change his countenance and send him
away.
21 If his sons are honored, he does not know
it;
if they are brought low, he does not see
it.
22 He feels but the pain of his own body
and mourns only for himself."

Eliphaz

15 Then Eliphaz the Temanite replied:

2 "Would a wise man answer with empty
notions
or fill his belly with the hot east wind?
3 Would he argue with useless words,
with speeches that have no value?
4 But you even undermine piety
and hinder devotion to God.
5 Your sin prompts your mouth;
you adopt the tongue of the crafty.
6 Your own mouth condemns you, not mine;
your own lips testify against you.

7 "Are you the first man ever born?
Were you brought forth before the hills?
8 Do you listen in on God's council?
Do you limit wisdom to yourself?
9 What do you know that we do not know?
What insights do you have that we do not
have?
10 The gray-haired and the aged are on our
side,
men even older than your father.

---

z 15:2 *explota en violenta verborrea.* Lit. *llena su vientre con el viento del este.*

z 13 Hebrew *Sheol* a 14 Or *release*

11 ¿No te basta que Dios mismo te consuele
    y que se te hable con cariño?
12 ¿Por qué te dejas llevar por el enojo?
    ¿Por qué te relampaguean los ojos?
13 ¿Por qué desatas tu enojo contra Dios
    y das rienda suelta a tu lengua?

14 »¿Qué es el hombre para creerse puro,
    y el nacido de mujer para alegar inocencia?
15 Si Dios no confía ni en sus *santos siervos,
    y ni siquiera considera puros a los cielos,
16 ¡cuánto menos confiará en el hombre,
    que es vil y corrupto y tiene sed del mal!ª

17 »Escúchame, y te lo explicaré;
    déjame decirte lo que he visto.
18 Es lo que han declarado los sabios,
    sin ocultar nada de lo aprendido de sus
    padres.
19 Sólo a ellos se les dio la tierra,
    y ningún extraño pasó entre ellos.
20 El impío se ve atormentado toda su vida,
    el desalmado tiene sus años contados.
21 Sus oídos perciben sonidos espantosos;
    cuando está en *paz, los salteadores lo
    atacan.
22 No espera escapar de las tinieblas;
    condenado está a morir a filo de espada.ᵇ
23 Vaga sin rumbo; es comida de los buitres;ᵇ
    sabe que el día de las tinieblas le ha llegado.
24 La desgracia y la angustia lo llenan de terror;
    lo abruman como si un rey fuera a atacarlo,
25 y todo por levantar el puño contra Dios
    y atreverse a desafiar al *Todopoderoso.
26 Contra Dios se lanzó desafiante,
    blandiendo grueso y resistente escudo.

27 »Aunque su rostro esté hinchado de grasa,
    y le sobre carne en la cintura,
28 habitará en lugares desolados,
    en casas deshabitadas,
    en casas a punto de derrumbarse.
29 Dejará de ser rico; no durarán sus riquezas
    ni se extenderán sus posesiones en la tierra.
30 No podrá escapar de las tinieblas;
    una llama de fuego marchitará sus renuevos,
    y el aliento de Dios lo arrebatará.
31 Que no se engañe ni confíe en cosas vanas,
    porque nada obtendrá a cambio de ellas.
32 Antes de su término recibirá su merecido,
    y sus ramas no reverdecerán.
33 Quedará como vid que pierde sus uvas verdes,
    como olivo que no llega a florecer.
34 La compañía de los impíos no es de provecho;
    ¡las moradas de los que aman el soborno
    serán consumidas por el fuego!
35 Conciben iniquidad, y dan a luz maldad;
    en su vientre se genera el engaño.»

11 Are God's consolations not enough for you,
    words spoken gently to you?
12 Why has your heart carried you away,
    and why do your eyes flash,
13 so that you vent your rage against God
    and pour out such words from your
    mouth?

14 "What is man, that he could be pure,
    or one born of woman, that he could be
    righteous?
15 If God places no trust in his holy ones,
    if even the heavens are not pure in his
    eyes,
16 how much less man, who is vile and
    corrupt,
    who drinks up evil like water!

17 "Listen to me and I will explain to you;
    let me tell you what I have seen,
18 what wise men have declared,
    hiding nothing received from their fathers
19 (to whom alone the land was given
    when no alien passed among them):
20 All his days the wicked man suffers
    torment,
    the ruthless through all the years stored
    up for him.
21 Terrifying sounds fill his ears;
    when all seems well, marauders attack
    him.
22 He despairs of escaping the darkness;
    he is marked for the sword.
23 He wanders about—food for vulturesᵇ;
    he knows the day of darkness is at hand.
24 Distress and anguish fill him with terror;
    they overwhelm him, like a king poised to
    attack,
25 because he shakes his fist at God
    and vaunts himself against the Almighty,
26 defiantly charging against him
    with a thick, strong shield.

27 "Though his face is covered with fat
    and his waist bulges with flesh,
28 he will inhabit ruined towns
    and houses where no one lives,
    houses crumbling to rubble.
29 He will no longer be rich and his wealth
    will not endure,
    nor will his possessions spread over the
    land.
30 He will not escape the darkness;
    a flame will wither his shoots,
    and the breath of God's mouth will carry
    him away.
31 Let him not deceive himself by trusting
    what is worthless,
    for he will get nothing in return.
32 Before his time he will be paid in full,
    and his branches will not flourish.
33 He will be like a vine stripped of its unripe
    grapes,
    like an olive tree shedding its blossoms.
34 For the company of the godless will be
    barren,
    and fire will consume the tents of those
    who love bribes.
35 They conceive trouble and give birth to evil;
    their womb fashions deceit."

ª 15:16 *que tiene sed del mal.* Lit. *que bebe como agua el mal.*
ᵇ 15:23 *rumbo ... buitres.* Alt. *rumbo, en busca de alimento.*

ᵇ 23 Or *about, looking for food*

Quinto discurso de Job

16 A esto, Job contestó:

2 «Cosas como éstas he escuchado muchas;
¡valiente consuelo el de[c] todos ustedes!
3 ¿No habrá fin a sus peroratas?
¿Qué tanto les irrita que siguen
respondiendo?
4 ¡También yo podría hablar del mismo modo
si estuvieran ustedes en mi lugar!
¡También yo pronunciaría bellos discursos en
su contra,
meneando con sarcasmo la cabeza!
5 ¡Les infundiría nuevos bríos con la boca;
les daría consuelo con los labios!

6 »Si hablo, mi dolor no disminuye;
si me callo, tampoco se me calma.
7 Ciertamente Dios me ha destruido;
ha exterminado[d] a toda mi familia.
8 Me tiene acorralado, y da testimonio
contra mí;
mi deplorable estado se levanta y me
condena.

9 »En su enojo Dios me desgarra y me persigue;
rechina los dientes contra mí;
mi adversario me clava la mirada.
10 La gente se mofa de mí abiertamente;
burlones, me dan de bofetadas,
y todos juntos se ponen en mi contra.
11 Dios me ha entregado en manos de gente
inicua;
me ha arrojado en las garras de los
malvados.
12 Yo vivía tranquilo, pero él me destrozó;
me agarró por el cuello y me hizo pedazos;
¡me hizo blanco de sus ataques!
13 Sus arqueros me rodearon.
Sin piedad me perforaron los riñones,
y mi hígado se derramó por el suelo.
14 Abriéndome herida tras herida,
se lanzaron contra mí como un guerrero.

15 »El luto es parte de mi cuerpo;
en el polvo tengo enterrada la frente.[e]
16 De tanto llorar tengo enrojecida la cara,
profundas ojeras tengo en torno a los ojos;
17 pero mis manos están libres de violencia,
y es pura mi oración.

18 »¡Ah, tierra, no cubras mi sangre!
¡No dejes que se acalle mi clamor!
19 Ahora mismo tengo en los cielos un testigo;
en lo alto se encuentra mi abogado.
20 Mi intercesor es mi amigo,[f]
y ante él me deshago en lágrimas
21 para que interceda ante Dios en favor mío,
como quien apela por su amigo.
22 Pasarán sólo unos cuantos años
antes de que yo emprenda el viaje sin
regreso.

Job

16 Then Job replied:

2 "I have heard many things like these;
miserable comforters are you all!
3 Will your long-winded speeches never end?
What ails you that you keep on arguing?
4 I also could speak like you,
if you were in my place;
I could make fine speeches against you
and shake my head at you.
5 But my mouth would encourage you;
comfort from my lips would bring you
relief.

6 "Yet if I speak, my pain is not relieved;
and if I refrain, it does not go away.
7 Surely, O God, you have worn me out;
you have devastated my entire household.
8 You have bound me—and it has become a
witness;
my gauntness rises up and testifies against
me.
9 God assails me and tears me in his anger
and gnashes his teeth at me;
my opponent fastens on me his piercing
eyes.
10 Men open their mouths to jeer at me;
they strike my cheek in scorn
and unite together against me.
11 God has turned me over to evil men
and thrown me into the clutches of the
wicked.
12 All was well with me, but he shattered me;
he seized me by the neck and crushed me.
He has made me his target;
13 his archers surround me.
Without pity, he pierces my kidneys
and spills my gall on the ground.
14 Again and again he bursts upon me;
he rushes at me like a warrior.

15 "I have sewed sackcloth over my skin
and buried my brow in the dust.
16 My face is red with weeping,
deep shadows ring my eyes;
17 yet my hands have been free of violence
and my prayer is pure.

18 "O earth, do not cover my blood;
may my cry never be laid to rest!
19 Even now my witness is in heaven;
my advocate is on high.
20 My intercessor is my friend[c]
as my eyes pour out tears to God;
21 on behalf of a man he pleads with God
as a man pleads for his friend.

22 "Only a few years will pass
before I go on the journey of no return.

---

[c] *16:2 valiente consuelo el de*. Lit. *consoladores de calamidad son.*
[d] *16:7 ha exterminado*; Lit. *tú has exterminado.*
[e] *16:15 enterrada la frente*. Lit. *enterrado mi cuerno.*
[f] *16:20 Mi intercesor es mi amigo*. Alt. *Mis amigos me tratan con
burlas.*

[c] 20 Or *My friends treat me with scorn*

17

»Mi ánimo se agota,
   mis días se acortan,
   la tumba me espera.
2 Estoy rodeado de burlones;
   ¡sufren mis ojos su hostilidad!

3 »Dame, oh Dios, la fianza que demandas.
   ¿Quién más podría responder por mí?
4 Tú has ofuscado su pensamiento,
   por eso no dejarás que triunfen.
5 Quien por una recompensa denuncia a sus
      amigos,
   verá a sus hijos desfallecer.

6 »Dios me ha puesto en boca de todos;
   no falta quien me escupa en la cara.
7 Los ojos se me apagan a causa del dolor;
   todo mi esqueleto no es más que una
      sombra.
8 Los justos ven esto, y se quedan asombrados;
   los inocentes se indignan contra el impío,
9 la gente recta se aferra a su camino
   y los de manos limpias aumentan su fuerza.

10 »Vengan, pues, todos ustedes; ¡arremetan
      contra mí!
   No hallaré entre ustedes a un solo sabio.
11 Mis días van pasando, mis planes se frustran
   junto con los anhelos de mi *corazón.
12 Esta gente convierte la noche en día;
   todo está oscuro, pero insisten:
   "La luz se acerca."
13 Si el único hogar que espero es el *sepulcro,
   he de tenderme a dormir en las tinieblas;
14 he de llamar "Padre mío" a la corrupción,
   y "Madre" y "Hermana" a los gusanos.
15 ¿Dónde queda entonces mi esperanza?
   ¿Quién ve alguna esperanza para mí?
16 ¿Bajará conmigo hasta las puertas de la
      *muerte?
   ¿Descenderemos juntos hasta el polvo?»

Segundo discurso de Bildad

18

Respondió entonces Bildad de Súah:

2 «¿Cuándo pondrás fin a tanta palabrería?
   Entra en razón, y entonces hablaremos.
3 ¿Por qué nos tratas como si fuéramos bestias?
   ¿Por qué nos consideras unos tontos?
4 Es tal tu enojo que te desgarras el alma;
   ¡mas no por ti quedará desierta la tierra,
   ni se moverán de su lugar las rocas!

5 »La lámpara del malvado se apagará;
   la llama de su fuego dejará de arder.
6 Languidece la luz de su morada;
   la lámpara que lo alumbra se apagará.
7 El vigor de sus pasos se irá debilitando;
   sus propios planes lo derribarán.
8 Sus pies lo harán caer en una trampa,
   y entre sus redes quedará atrapado.
9 Quedará sujeto por los tobillos;
   quedará atrapado por completo.
10 Un lazo le espera escondido en el suelo;
   una trampa está tendida a su paso.

17

1 My spirit is broken,
   my days are cut short,
   the grave awaits me.
2 Surely mockers surround me;
   my eyes must dwell on their hostility.

3 "Give me, O God, the pledge you demand.
   Who else will put up security for me?
4 You have closed their minds to
      understanding;
   therefore you will not let them triumph.
5 If a man denounces his friends for reward,
   the eyes of his children will fail.

6 "God has made me a byword to everyone,
   a man in whose face people spit.
7 My eyes have grown dim with grief;
   my whole frame is but a shadow.
8 Upright men are appalled at this;
   the innocent are aroused against the
      ungodly.
9 Nevertheless, the righteous will hold to their
      ways,
   and those with clean hands will grow
      stronger.

10 "But come on, all of you, try again!
   I will not find a wise man among you.
11 My days have passed, my plans are
      shattered,
   and so are the desires of my heart.
12 These men turn night into day;
   in the face of darkness they say, 'Light is
      near.'
13 If the only home I hope for is the grave,d
   if I spread out my bed in darkness,
14 if I say to corruption, 'You are my father,'
   and to the worm, 'My mother' or 'My
      sister,'
15 where then is my hope?
   Who can see any hope for me?
16 Will it go down to the gates of deathd ?
   Will we descend together into the dust?"

Bildad

18

Then Bildad the Shuhite replied:

2 "When will you end these speeches?
   Be sensible, and then we can talk.
3 Why are we regarded as cattle
   and considered stupid in your sight?
4 You who tear yourself to pieces in your
      anger,
   is the earth to be abandoned for your
      sake?
   Or must the rocks be moved from their
      place?

5 "The lamp of the wicked is snuffed out;
   the flame of his fire stops burning.
6 The light in his tent becomes dark;
   the lamp beside him goes out.
7 The vigor of his step is weakened;
   his own schemes throw him down.
8 His feet thrust him into a net
   and he wanders into its mesh.
9 A trap seizes him by the heel;
   a snare holds him fast.
10 A noose is hidden for him on the ground;
   a trap lies in his path.

d 13,16 Hebrew Sheol

¹¹ El terror lo asalta por doquier,
  y anda tras sus pasos.
¹² La calamidad lo acosa sin descanso;
  el desastre no lo deja un solo instante.
¹³ La enfermedad le carcome el cuerpo;
  la muerte le devora las manos y los pies. ^g
¹⁴ Lejos de la seguridad de su morada,
  marcha ahora hacia el rey de los terrores.
¹⁵ El fuego se ha apoderado de su carpa;^h
  hay azufre ardiente esparcido en su morada.
¹⁶ En el tronco, sus raíces se han secado;
  en la copa, sus ramas se marchitan.
¹⁷ Borrada de la tierra ha sido su memoria;
  de su fama nada queda en el país.
¹⁸ De la luz es lanzado a las tinieblas;
  ha sido expulsado de este mundo.
¹⁹ No tiene entre su pueblo hijos ni parientes;
  nadie le sobrevive donde él habitó.
²⁰ Del oriente al occidente
  los pueblos se asombran de su suerte
  y se estremecen de terror.
²¹ Así es la morada del malvado,
  el lugar del que no conoce a Dios.»

Sexto discurso de Job

19 A esto, Job respondió:

² «¿Hasta cuándo van a estar atormentándome
  y aplastándome con sus palabras?
³ Una y otra vezⁱ me hacen reproches;
  descaradamente me atacan.
⁴ Aun si fuera verdad que me he desviado,
  mis errores son asunto mío.
⁵ Si quieren darse importancia a costa mía,
  y valerse de mi humillación para atacarme,
⁶ sepan que es Dios quien me ha hecho daño,
  quien me ha atrapado en su red.

⁷ »Aunque grito: "¡Violencia!", no hallo
    respuesta;
  aunque pido ayuda, no se me hace justicia.
⁸ Dios me ha cerrado el camino, y no puedo
    pasar;
  ha cubierto de oscuridad mis senderos.
⁹ Me ha despojado de toda honra;
  de la cabeza me ha quitado la corona.
¹⁰ Por todos lados me destroza, como a un árbol;
  me aniquila, y arranca de raíz mi esperanza.
¹¹ Su enojo se ha encendido contra mí;
  me cuenta entre sus enemigos.
¹² Sus tropas avanzan en tropel;
  levantan una rampa para asediarme;
  ¡acampan alrededor de mi carpa!

¹³ »Hizo que mis hermanos me abandonaran;
  hasta mis amigos se han alejado de mí.
¹⁴ Mis parientes y conocidos se distanciaron,
  me echaron al olvido.
¹⁵ Mis huéspedes y mis criadas me ven como a
    un extraño,
  me miran como a un desconocido.
¹⁶ Llamo a mi criado, y no me responde,
  aunque yo mismo se lo ruego.

¹¹ Terrors startle him on every side
  and dog his every step.
¹² Calamity is hungry for him;
  disaster is ready for him when he falls.
¹³ It eats away parts of his skin;
  death's firstborn devours his limbs.
¹⁴ He is torn from the security of his tent
  and marched off to the king of terrors.
¹⁵ Fire resides^e in his tent;
  burning sulfur is scattered over his
    dwelling.
¹⁶ His roots dry up below
  and his branches wither above.
¹⁷ The memory of him perishes from the earth;
  he has no name in the land.
¹⁸ He is driven from light into darkness
  and is banished from the world.
¹⁹ He has no offspring or descendants among
    his people,
  no survivor where once he lived.
²⁰ Men of the west are appalled at his fate;
  men of the east are seized with horror.
²¹ Surely such is the dwelling of an evil man;
  such is the place of one who knows not
    God."

Job

19 Then Job replied:

² "How long will you torment me
  and crush me with words?
³ Ten times now you have reproached me;
  shamelessly you attack me.
⁴ If it is true that I have gone astray,
  my error remains my concern alone.
⁵ If indeed you would exalt yourselves above
    me
  and use my humiliation against me,
⁶ then know that God has wronged me
  and drawn his net around me.

⁷ "Though I cry, 'I've been wronged!' I get
    no response;
  though I call for help, there is no justice.
⁸ He has blocked my way so I cannot pass;
  he has shrouded my paths in darkness.
⁹ He has stripped me of my honor
  and removed the crown from my head.
¹⁰ He tears me down on every side till I am
    gone;
  he uproots my hope like a tree.
¹¹ His anger burns against me;
  he counts me among his enemies.
¹² His troops advance in force;
  they build a siege ramp against me
  and encamp around my tent.

¹³ "He has alienated my brothers from me;
  my acquaintances are completely
    estranged from me.
¹⁴ My kinsmen have gone away;
  my friends have forgotten me.
¹⁵ My guests and my maidservants count me a
    stranger;
  they look upon me as an alien.
¹⁶ I summon my servant, but he does not
    answer,
  though I beg him with my own mouth.

¹⁷A mi esposa le da asco mi aliento;
   a mis hermanos^j les resulto repugnante.
¹⁸Hasta los niños se burlan de mí;
   en cuanto me ven, me dan la espalda.^k
¹⁹A todos mis amigos les resulto abominable;
   mis seres queridos se han vuelto contra mí.
²⁰La piel y la carne se me pegan a los huesos;
   ¡a duras penas he salvado el pellejo!^l

²¹»¡Compadézcanse de mí, amigos míos;
   compadézcanse, que la mano de Dios me ha
      golpeado!
²²¿Por qué me acosan como Dios?
   ¿No les basta con desollarme vivo?^m

²³»¡Ah, si fueran grabadas mis palabras,
   si quedaran escritas en un libro!
²⁴¡Si para siempre quedaran sobre la roca,
   grabadas con cincel en una placa de plomo!
²⁵Yo sé que mi redentorⁿ vive,
   y que al final *triunfará sobre la muerte.^ñ
²⁶Y cuando mi piel haya sido destruida,
   todavía veré a Dios con mis propios ojos. ^o
²⁷Yo mismo espero verlo;
   espero ser yo quien lo vea, y no otro.
   ¡Este anhelo me consume las entrañas!

²⁸»Ustedes dicen: "Vamos a acosarlo,
   porque en él está la raíz del mal."
²⁹Pero cuídense de la espada,
   pues con ella viene la ira justiciera,
   para que sepan que hay un juez.»

Segundo discurso de Zofar

20 A esto respondió Zofar de Namat:

²«Mis turbados pensamientos me hacen replicar,
   pues me hallo muy desconcertado.
³He escuchado una reprensión que me deshonra,
   y mi inteligencia me obliga a responder.

⁴»Bien sabes tú que desde antaño,
   desde que Dios puso al hombre^p en la
      tierra,
⁵muy breve ha sido la algarabía del malvado;
   la alegría del impío ha sido pasajera.
⁶Aunque su orgullo llegue hasta los cielos
   y alcance a tocar con la cabeza las nubes,
⁷él perecerá para siempre, como su excremento,
   y sus allegados dirán: "¿Qué se hizo?"
⁸Como un sueño, como una visión nocturna,
   se desvanecerá y no volverá a ser hallado.
⁹Los ojos que lo vieron no volverán a verlo;
   su lugar no volverá a contemplarlo.
¹⁰Sus hijos tendrán que resarcir a los pobres;
   ellos mismos restituirán las riquezas de su
      padre.

¹⁷My breath is offensive to my wife;
   I am loathsome to my own brothers.
¹⁸Even the little boys scorn me;
   when I appear, they ridicule me.
¹⁹All my intimate friends detest me;
   those I love have turned against me.
²⁰I am nothing but skin and bones;
   I have escaped with only the skin of my
      teeth.^f

²¹"Have pity on me, my friends, have pity,
   for the hand of God has struck me.
²²Why do you pursue me as God does?
   Will you never get enough of my flesh?

²³"Oh, that my words were recorded,
   that they were written on a scroll,
²⁴that they were inscribed with an iron tool
   on^g lead,
   or engraved in rock forever!
²⁵I know that my Redeemer^h lives,
   and that in the end he will stand upon the
      earth.ⁱ
²⁶And after my skin has been destroyed,
   yet^j in^k my flesh I will see God;
²⁷I myself will see him
   with my own eyes—I, and not another.
   How my heart yearns within me!

²⁸"If you say, 'How we will hound him,
   since the root of the trouble lies in
      him,^l '
²⁹you should fear the sword yourselves;
   for wrath will bring punishment by the
      sword,
   and then you will know that there is
      judgment.^m "

Zophar

20 Then Zophar the Naamathite replied:

²"My troubled thoughts prompt me to answer
   because I am greatly disturbed.
³I hear a rebuke that dishonors me,
   and my understanding inspires me to
      reply.

⁴"Surely you know how it has been from of
      old,
   ever since manⁿ was placed on the earth,
⁵that the mirth of the wicked is brief,
   the joy of the godless lasts but a moment.
⁶Though his pride reaches to the heavens
   and his head touches the clouds,
⁷he will perish forever, like his own dung;
   those who have seen him will say,
   'Where is he?'
⁸Like a dream he flies away, no more to be
      found,
   banished like a vision of the night.
⁹The eye that saw him will not see him
      again;
   his place will look on him no more.
¹⁰His children must make amends to the poor;
   his own hands must give back his wealth.

---

^j *19:17 mis hermanos.* Lit. *los hijos de mi vientre.* ^k *19:18 en
cuanto ... la espalda.* Lit. *me levanto, y hablan contra mí.*
^l *19:20 ¡a duras ... el pellejo!* Lit. *he escapado con la piel de mis
dientes.* ^m *19:22 con desollarme vivo.* Lit. *con mi carne.*
ⁿ *19:25 redentor.* Alt. *defensor.* ^ñ *19:25 triunfará sobre la
muerte.* Lit. *se levantará sobre el polvo.* ^o *19:26 con mis
propios ojos.* Lit. *desde mi carne.* ^p *20:4 al hombre.* Alt. *a
Adán.*

^f *20 Or only my gums*   ^g *24 Or and*   ^h *25 Or defender*
ⁱ *25 Or upon my grave*   ^j *26 Or And after I awake, / though this
body has been destroyed, / then*   ^k *26 Or / apart from*
^l *28 Many Hebrew manuscripts, Septuagint and Vulgate; most
Hebrew manuscripts me*   ^m *29 Or / that you may come to know
the Almighty*   ⁿ *4 Or Adam*

11 El vigor juvenil que hoy sostiene sus huesos
   un día reposará en el polvo con él.

12 »Aunque en su boca el mal sabe dulce
   y lo disimula bajo la lengua,
13 y aunque no lo suelta para nada,
   sino que tenazmente lo retiene,
14 ese pan se le agriará en el estómago;
   dentro de él se volverá veneno de áspid.
15 Vomitará las riquezas que se engulló;
   Dios hará que las arroje de su vientre.
16 Chupará veneno de serpientes;
   la lengua de un áspid lo matará.
17 No disfrutará de los arroyos,
   de los ríos de crema y miel;
18 no se engullirá las ganancias de sus negocios;
   no disfrutará de sus riquezas,
19 porque oprimió al pobre y lo dejó sin nada,
   y se adueñó de casas que nunca construyó.

20 »Su ambición nunca quedó satisfecha;
   ¡nada quedó a salvo de su codicia!
21 Nada se libró de su voracidad;
   por eso no perdurará su bienestar.
22 En medio de la abundancia, lo abrumará la
      angustia;
   le sobrevendrá toda la fuerza de la desgracia.
23 Cuando el malvado se haya llenado el vientre,
   Dios dará rienda suelta a su enojo contra él,
   y descargará sobre él sus golpes.
24 Aunque huya de las armas de hierro,
   una flecha de bronce lo atravesará.
25 Cuando del hígado y de la espalda
   intente sacarse la punta de la flecha,
   se verá sobrecogido de espanto,
26   y la oscuridad total acechará sus tesoros.
   Un fuego no atizado acabará con él
   y con todo lo que haya quedado de su casa.
27 Los cielos harán pública su culpa;
   la tierra se levantará a denunciarlo.
28 En el día de la ira de Dios,
   un aluvión arrasará con su casa.
29 Tal es el fin que Dios reserva al malvado;
   tal es la herencia que le asignó.»

11 The youthful vigor that fills his bones
   will lie with him in the dust.

12 "Though evil is sweet in his mouth
   and he hides it under his tongue,
13 though he cannot bear to let it go
   and keeps it in his mouth,
14 yet his food will turn sour in his stomach;
   it will become the venom of serpents
      within him.
15 He will spit out the riches he swallowed;
   God will make his stomach vomit them
      up.
16 He will suck the poison of serpents;
   the fangs of an adder will kill him.
17 He will not enjoy the streams,
   the rivers flowing with honey and cream.
18 What he toiled for he must give back
      uneaten;
   he will not enjoy the profit from his
      trading.
19 For he has oppressed the poor and left them
      destitute;
   he has seized houses he did not build.

20 "Surely he will have no respite from his
      craving;
   he cannot save himself by his treasure.
21 Nothing is left for him to devour;
   his prosperity will not endure.
22 In the midst of his plenty, distress will
      overtake him;
   the full force of misery will come upon
      him.
23 When he has filled his belly,
   God will vent his burning anger against
      him
   and rain down his blows upon him.
24 Though he flees from an iron weapon,
   a bronze-tipped arrow pierces him.
25 He pulls it out of his back,
   the gleaming point out of his liver.
   Terrors will come over him;
26   total darkness lies in wait for his
      treasures.
   A fire unfanned will consume him
   and devour what is left in his tent.
27 The heavens will expose his guilt;
   the earth will rise up against him.
28 A flood will carry off his house,
   rushing waters[o] on the day of God's
      wrath.
29 Such is the fate God allots the wicked,
   the heritage appointed for them by God."

Séptimo discurso de Job

21
A esto, Job respondió:

2 «Escuchen atentamente mis palabras;
   concédanme este consuelo.
3 Tolérenme un poco mientras hablo,
   y búrlense si quieren cuando haya
      terminado.

4 »¿Acaso dirijo mi reclamo a los *mortales?
   ¿Por qué creen que pierdo la paciencia?
5 Mírenme, y queden asombrados;
   tápense la boca con la mano.

Job

21
Then Job replied:

2 "Listen carefully to my words;
   let this be the consolation you give me.
3 Bear with me while I speak,
   and after I have spoken, mock on.

4 "Is my complaint directed to man?
   Why should I not be impatient?
5 Look at me and be astonished;
   clap your hand over your mouth.

o 28 Or *The possessions in his house will be carried off, / washed away*

6 Si pienso en esto, me lleno de espanto;
un escalofrío me corre por el cuerpo.
7 ¿Por qué siguen con vida los malvados,
cada vez más viejos y más ricos?
8 Ven establecerse en torno suyo
a sus hijos y a sus descendientes.
9 Tienen *paz en su hogar, y están libres de
temores;
la vara de Dios no los castiga.
10 Sus toros son verdaderos sementales;
sus vacas paren y no pierden las crías.
11 Dejan correr a sus niños como si fueran
ovejas;
sus pequeñuelos danzan alegres.
12 Cantan al son del tamboril y del arpa;
se divierten al son de la flauta.
13 Pasan la vida con gran bienestar,
y en paz*q* bajan al *sepulcro.
14 A Dios increpan: "¡Déjanos tranquilos!
No queremos conocer tu voluntad.
15 ¿Quién es el *Todopoderoso, para que le
sirvamos?
¿Qué ganamos con dirigirle nuestras
oraciones?"
16 Pero su bienestar no depende de ellos.
¡Jamás me dejaré llevar por sus malos
consejos!

17 »¿Cuándo se ha apagado la lámpara de los
malvados?
¿Cuándo les ha sobrevenido el desastre?
¿Cuándo Dios, en su enojo, los ha hecho sufrir
18 como paja que arrebata el viento,
como tamo que se lleva la tormenta?
19 Me dirán que Dios reserva el castigo
para los hijos del pecador.
¡Mejor que castigue al que peca,
para que escarmiente!
20 ¡Que sufra el pecador su propia destrucción!
¡Que beba de la ira del Todopoderoso!
21 ¿Qué le puede importar la familia que deja,
si le quedan pocos meses de vida?

22 »¿Quién puede impartirle a Dios
*conocimientos,
si es él quien juzga a las grandes
eminencias?
23 Hay quienes mueren en la flor de la vida,
rebosantes de salud y de paz;
24 sus caderas,*r* llenas de grasa;
sus huesos, recios hasta la médula.
25 Otros mueren con el ánimo amargado,
sin haber disfrutado de lo bueno.
26 ¡En el polvo yacen unos y otros,
todos ellos cubiertos de gusanos!

27 »Sé muy bien lo que están pensando,
y los planes que tienen de hacerme daño.
28 También sé que se preguntan:
"¿Dónde está la mansión del potentado?
¿Dónde están las moradas de los inicuos?"
29 ¿No han interrogado a los viajeros?
¿No han prestado atención a sus
argumentos?

6 When I think about this, I am terrified;
trembling seizes my body.
7 Why do the wicked live on,
growing old and increasing in power?
8 They see their children established around
them,
their offspring before their eyes.
9 Their homes are safe and free from fear;
the rod of God is not upon them.
10 Their bulls never fail to breed;
their cows calve and do not miscarry.
11 They send forth their children as a flock;
their little ones dance about.
12 They sing to the music of tambourine and
harp;
they make merry to the sound of the flute.
13 They spend their years in prosperity
and go down to the grave*p* in peace.*q*
14 Yet they say to God, 'Leave us alone!
We have no desire to know your ways.
15 Who is the Almighty, that we should serve
him?
What would we gain by praying to him?'
16 But their prosperity is not in their own
hands,
so I stand aloof from the counsel of the
wicked.

17 "Yet how often is the lamp of the wicked
snuffed out?
How often does calamity come upon
them,
the fate God allots in his anger?
18 How often are they like straw before the
wind,
like chaff swept away by a gale?
19 It is said, 'God stores up a man's
punishment for his sons.'
Let him repay the man himself, so that he
will know it!
20 Let his own eyes see his destruction;
let him drink of the wrath of the
Almighty.*r*
21 For what does he care about the family he
leaves behind
when his allotted months come to an end?

22 "Can anyone teach knowledge to God,
since he judges even the highest?
23 One man dies in full vigor,
completely secure and at ease,
24 his body*s* well nourished,
his bones rich with marrow.
25 Another man dies in bitterness of soul,
never having enjoyed anything good.
26 Side by side they lie in the dust,
and worms cover them both.

27 "I know full well what you are thinking,
the schemes by which you would wrong
me.
28 You say, 'Where now is the great man's
house,
the tents where wicked men lived?'
29 Have you never questioned those who
travel?
Have you paid no regard to their
accounts—

---

q 21:13 en paz. Lit. en un instante.   *r 21:24 caderas. Palabra de
dif ícil traducción.*

p 13 Hebrew *Sheol*   *q 13* Or *in an instant*   *r 17-20* Verses 17
and 18 may be taken as exclamations and 19 and 20 as declarations.
s 24 The meaning of the Hebrew for this word is uncertain.

30En el día del desastre, el malvado se salva;
    ¡en el día de la ira, es puesto a salvo!
31¿Y quién le echa en cara su conducta?
    ¿Quién le da su merecido por sus hechos?
32Cuando lo llevan al sepulcro,
    sobre su tumba se pone vigilancia;
33mucha gente le abre paso,
    y muchos más cierran el cortejo.
    ¡Descansa en paz bajo la tierra del valle!ˢ

34»¿Cómo esperan consolarme con discursos sin
    sentido?
    ¡Sus respuestas no son más que falacias!»

Tercer discurso de Elifaz

22 A esto respondió Elifaz de Temán:

2«¿Puede alguien, por muy sabio que sea,
    serle a Dios de algún provecho?
3¿Sacará alguna ventaja el *Todopoderoso
    con que seas un hombre justo?
¿Tendrá algún beneficio
    si tu conducta es intachable?
4¿Acaso te reprende por temerlo,
    y por eso te lleva a juicio?
5¿No es acaso demasiada tu maldad?
    ¿Y no son incontables tus pecados?
6Sin motivo demandabas fianza de tus
    hermanos,
    y en prenda los despojabas de sus mantos;
    ¡desnudos los dejabas!
7Al sediento no le dabas agua;
    al hambriento le negabas la comida.
8Hombre de poder, te adueñaste de la tierra;
    hombre prominente, en ella te asentaste.
9No les dabas nada a las viudas,
    y para colmo les quitabas todoᵗ a los
    huérfanos.
10Por eso ahora te ves rodeado de trampas,
    y te asaltan temores repentinos;
11la oscuridad te impide ver,
    y te ahogan las aguas torrenciales.

12»¿No está Dios en las alturas de los cielos?
    ¡Mira las estrellas, cuán altas y remotas!
13Sin embargo, cuestionas: "¿Y Dios qué sabe?
    ¿Puede acaso juzgar a través de las
    tinieblas?
14Él recorre los cielos de uno a otro extremo,
    y densas nubes lo envuelven,
    ¡así que no puede vernos!"

15»¿Vas a seguir por los trillados caminos
    que han recorrido los malvados?
16Perdieron la vida antes de tiempo;
    un diluvio arrasó sus cimientos.
17Increparon a Dios: "¡Déjanos tranquilos!
    ¿Qué puedes tú hacernos,ᵘ Todopoderoso?"
18¡Y fue Dios quien llenó sus casas de bienes!
    ¡Yo no me dejaré llevar por sus malos
    consejos!

19»Los justos se alegran al ver la ruina de los
    malvados;
    los inocentes dicen en son de burla:

30that the evil man is spared from the day of
    calamity,
    that he is delivered fromᵗ the day of
    wrath?
31Who denounces his conduct to his face?
    Who repays him for what he has done?
32He is carried to the grave,
    and watch is kept over his tomb.
33The soil in the valley is sweet to him;
    all men follow after him,
    and a countless throng goesᵘ before him.

34"So how can you console me with your
    nonsense?
    Nothing is left of your answers but
    falsehood!"

Eliphaz

22 Then Eliphaz the Temanite replied:

2"Can a man be of benefit to God?
    Can even a wise man benefit him?
3What pleasure would it give the Almighty if
    you were righteous?
    What would he gain if your ways were
    blameless?

4"Is it for your piety that he rebukes you
    and brings charges against you?
5Is not your wickedness great?
    Are not your sins endless?
6You demanded security from your brothers
    for no reason;
    you stripped men of their clothing,
    leaving them naked.
7You gave no water to the weary
    and you withheld food from the hungry,
8though you were a powerful man, owning
    land—
    an honored man, living on it.
9And you sent widows away empty-handed
    and broke the strength of the fatherless.
10That is why snares are all around you,
    why sudden peril terrifies you,
11why it is so dark you cannot see,
    and why a flood of water covers you.

12"Is not God in the heights of heaven?
    And see how lofty are the highest stars!
13Yet you say, 'What does God know?
    Does he judge through such darkness?
14Thick clouds veil him, so he does not see us
    as he goes about in the vaulted heavens.'
15Will you keep to the old path
    that evil men have trod?
16They were carried off before their time,
    their foundations washed away by a flood.
17They said to God, 'Leave us alone!
    What can the Almighty do to us?'
18Yet it was he who filled their houses with
    good things,
    so I stand aloof from the counsel of the
    wicked.

19"The righteous see their ruin and rejoice;
    the innocent mock them, saying,

ˢ 21:33 *¡Descansa ... valle!* Lit. *Dulce le es el suelo del valle.*
ᵗ 22:9 *les quitabas todo.* Alt. *les anulaste la fuerza.* Lit. *sus brazos
fueron rotos.*   ᵘ 22:17 *hacernos* (LXX y Siríaca); *hacerle* (TM).

ᵗ 30 Or *man is reserved for the day of calamity, / that he is brought
forth to*   ᵘ 33 Or / *as a countless throng went*

20 "Nuestros enemigos han sido destruidos;
 ¡el fuego ha consumido sus riquezas!"

21 »Sométete a Dios; ponte en *paz con él,
 y volverá a ti la prosperidad.
22 Acepta la enseñanza que mana de su boca;
 ¡grábate sus palabras en el *corazón!
23 Si te vuelves al Todopoderoso
 y alejas de tu casa la maldad,
 serás del todo restaurado;
24 si tu oro refinado^v lo arrojas por el suelo,
 entre rocas y cañadas,
25 tendrás por oro al Todopoderoso,
 y será él para ti como plata refinada.
26 En el Todopoderoso te deleitarás;
 ante Dios levantarás tu rostro.
27 Cuando ores, él te escuchará,
 y tú le cumplirás tus votos.
28 Tendrás éxito en todo lo que emprendas,
 y en tus caminos brillará la luz.
29 Porque Dios humilla a los altaneros,
 y exalta a los humildes.
30 Él salva al que es inocente,
 y por tu honradez quedarás a salvo.»^w

Octavo discurso de Job

23 A esto respondió Job:

2 «Mi queja sigue siendo amarga;
 gimo bajo el peso de su mano.^x
3 ¡Ah, si supiera yo dónde encontrar a Dios!
 ¡Si pudiera llegar adonde él habita!
4 Ante él expondría mi caso;
 llenaría mi boca de argumentos.
5 Podría conocer su respuesta,
 y trataría de entenderla.
6 ¿Disputaría él conmigo, con todo su poder?
 ¡Claro que no! ¡Ni me acusaría!
7 Ante él cualquier *hombre recto
 podría presentar su caso,
 y yo sería absuelto para siempre
 delante de mi juez.

8 »Si me dirijo hacia el este, no está allí;
 si me encamino al oeste, no lo encuentro.
9 Si está ocupado en el norte, no lo veo;
 si se vuelve al sur, no alcanzo a percibirlo.
10 Él, en cambio, conoce mis caminos;
 si me pusiera a prueba, saldría yo puro
 como el oro.
11 En sus sendas he afirmado mis pies;
 he seguido su camino sin desviarme.
12 No me he apartado de los mandamientos de
 sus labios;
 en lo más profundo de mi ser^y
 he atesorado las palabras de su boca.

20 'Surely our foes are destroyed,
 and fire devours their wealth.'

21 "Submit to God and be at peace with him;
 in this way prosperity will come to you.
22 Accept instruction from his mouth
 and lay up his words in your heart.
23 If you return to the Almighty, you will be
 restored:
 If you remove wickedness far from your
  tent
24 and assign your nuggets to the dust,
 your gold of Ophir to the rocks in the
  ravines,
25 then the Almighty will be your gold,
 the choicest silver for you.
26 Surely then you will find delight in the
 Almighty
 and will lift up your face to God.
27 You will pray to him, and he will hear you,
 and you will fulfill your vows.
28 What you decide on will be done,
 and light will shine on your ways.
29 When men are brought low and you say,
 'Lift them up!'
 then he will save the downcast.
30 He will deliver even one who is not
 innocent,
 who will be delivered through the
 cleanness of your hands."

Job

23 Then Job replied:

2 "Even today my complaint is bitter;
 his hand^v is heavy in spite of^w my
 groaning.
3 If only I knew where to find him;
 if only I could go to his dwelling!
4 I would state my case before him
 and fill my mouth with arguments.
5 I would find out what he would answer me,
 and consider what he would say.
6 Would he oppose me with great power?
 No, he would not press charges against
 me.
7 There an upright man could present his case
 before him,
 and I would be delivered forever from my
 judge.

8 "But if I go to the east, he is not there;
 if I go to the west, I do not find him.
9 When he is at work in the north, I do not
 see him;
 when he turns to the south, I catch no
 glimpse of him.
10 But he knows the way that I take;
 when he has tested me, I will come forth
 as gold.
11 My feet have closely followed his steps;
 I have kept to his way without turning
 aside.
12 I have not departed from the commands of
 his lips;
 I have treasured the words of his mouth
 more than my daily bread.

---

^v 22:24 *oro refinado.* Lit. *oro de Ofir.* ^w 22:30 *Él salva ...
salvo.* Alt. *Él salva al que es culpable, / y lo salva por la limpieza
de tus manos.* ^x 23:2 *su mano* (LXX y Siríaca); *mi mano* (TM).
^y 23:12 *en lo más profundo de mi ser* (LXX y Vulgata); *más que mi
porción* (TM).

^v 2 Septuagint and Syriac; Hebrew / *the hand on me*
^w 2 Or *heavy on me in*

13 »Pero él es soberano;^z
  ¿quién puede hacerlo desistir?
  Lo que él quiere hacer, lo hace.
14 Hará conmigo lo que ha determinado;
  todo lo que tiene pensado lo realizará.
15 Por eso me espanto en su presencia;
  si pienso en todo esto, me lleno de temor.
16 Dios ha hecho que mi *corazón desmaye;
  me tiene aterrado el *Todopoderoso.
17 Con todo, no logran acallarme las tinieblas
  ni la densa oscuridad que cubre mi rostro.

24 »Si los tiempos no se esconden del
  *Todopoderoso,
  ¿por qué no los perciben quienes dicen
  conocerlo?
2 Hay quienes no respetan los linderos,
  y pastorean ganado robado;
3 a los huérfanos los despojan de sus asnos;
  a las viudas les quitan en prenda sus bueyes;
4 apartan del camino a los necesitados;
  a los pobres del país los obligan a
  esconderse.
5 Como asnos salvajes del desierto,
  se afanan los pobres por encontrar su presa,
  y el páramo da de comer a sus hijos.
6 En campos ajenos recogen forraje,
  y en las viñas de los malvados recogen uvas.
7 Por no tener ropa, se pasan la noche desnudos;
  ¡no tienen con qué protegerse del frío!
8 Las lluvias de las montañas los empapan;
  no teniendo más abrigo, se arriman a las
  peñas.
9 Al huérfano se le aparta de los pechos de su
  madre;
  al pobre se le retiene a cambio de una
  deuda.
10 Por no tener ropa, andan desnudos;
  aunque cargados de trigo, van muriéndose de
  hambre.
11 Exprimen aceitunas en las terrazas;^a
  pisan uvas en las cubas, pero desfallecen de
  sed.
12 De la ciudad se eleva el clamor de los
  moribundos;
  la garganta de los heridos reclama ayuda,
  ¡pero Dios ni se da por enterado!

13 »Hay quienes se oponen a la luz;
  no viven conforme a ella
  ni reconocen sus caminos.
14 Apenas amanece, se levanta el asesino
  y mata al pobre y al necesitado;
  apenas cae la noche, actúa como ladrón.
15 Los ojos del adúltero están pendientes de la
  noche;
  se dice a sí mismo: "No habrá quien me
  vea",
  y mantiene oculto el rostro.
16 Por la noche, entra el ladrón a casa ajena,
  pero se encierra durante el día;
  ¡de la luz no quiere saber nada!

13 "But he stands alone, and who can oppose
  him?
  He does whatever he pleases.
14 He carries out his decree against me,
  and many such plans he still has in store.
15 That is why I am terrified before him;
  when I think of all this, I fear him.
16 God has made my heart faint;
  the Almighty has terrified me.
17 Yet I am not silenced by the darkness,
  by the thick darkness that covers my face.

24 "Why does the Almighty not set times for
  judgment?
  Why must those who know him look in
  vain for such days?
2 Men move boundary stones;
  they pasture flocks they have stolen.
3 They drive away the orphan's donkey
  and take the widow's ox in pledge.
4 They thrust the needy from the path
  and force all the poor of the land into
  hiding.
5 Like wild donkeys in the desert,
  the poor go about their labor of foraging
  food;
  the wasteland provides food for their
  children.
6 They gather fodder in the fields
  and glean in the vineyards of the wicked.
7 Lacking clothes, they spend the night naked;
  they have nothing to cover themselves in
  the cold.
8 They are drenched by mountain rains
  and hug the rocks for lack of shelter.
9 The fatherless child is snatched from the
  breast;
  the infant of the poor is seized for a debt.
10 Lacking clothes, they go about naked;
  they carry the sheaves, but still go
  hungry.
11 They crush olives among the terraces^x;
  they tread the winepresses, yet suffer
  thirst.
12 The groans of the dying rise from the city,
  and the souls of the wounded cry out for
  help.
  But God charges no one with
  wrongdoing.

13 "There are those who rebel against the light,
  who do not know its ways
  or stay in its paths.
14 When daylight is gone, the murderer rises
  up
  and kills the poor and needy;
  in the night he steals forth like a thief.
15 The eye of the adulterer watches for dusk;
  he thinks, 'No eye will see me,'
  and he keeps his face concealed.
16 In the dark, men break into houses,
  but by day they shut themselves in;
  they want nothing to do with the light.

---

^z 23:13 *pero él es soberano.* Lit. *y él, en uno.*   ^a 24:11 *en las*
terrazas. Alt. *entre las piedras de molino.*

^x 11 Or *olives between the millstones*; the meaning of the Hebrew
for this word is uncertain.

¹⁷Para todos ellos, la mañana es oscuridad;
  prefieren el horror de las tinieblas.»

Interrupción de Zofar[b]

¹⁸«Los malvados son como espuma sobre el
    agua;
  su parcela está bajo maldición;
  ya no van a trabajar a los viñedos.
¹⁹Y así como el calor y la sequía
    arrebatan con violencia la nieve derretida,
  así el *sepulcro arrebata a los pecadores.
²⁰Su propia madre se olvida de ellos;
  los gusanos se los comen;
  nadie vuelve a recordarlos,
  ¡son desgajados como árboles!
²¹Maltratan a la estéril, a la mujer sin hijos;
  jamás buscan el bien de la viuda.
²²Pero Dios, con su poder, arrastra a los
    poderosos;
  cuando él se levanta, nadie tiene segura la
    vida.
²³Dios los deja sentirse seguros,
  pero no les quita la vista de encima.
²⁴Por algún tiempo son exaltados,
  pero luego dejan de existir;
  son humillados y recogidos como hierba,[c]
  ¡son cortados como espigas!
²⁵¿Quién puede probar que es falso lo que digo,
  y reducir mis palabras a la nada?»

Tercer discurso de Bildad

25 A esto respondió Bildad de Súah:

²«Dios es poderoso e infunde temor;
  él pone orden[d] en las alturas de los cielos.
³¿Pueden contarse acaso sus ejércitos?
  ¿Sobre quién no alumbra su luz?
⁴¿Cómo puede el *hombre
  declararse inocente ante Dios?
  ¿Cómo puede alegar pureza
  quien ha nacido de mujer?
⁵Si a sus ojos no tiene brillo la luna,
  ni son puras las estrellas,
⁶mucho menos el hombre, simple gusano;
  ¡mucho menos el hombre, miserable
    lombriz!»

Interrupción de Job

26 Pero Job intervino:

²«¡Tú sí que ayudas al débil!
  ¡Tú sí que salvas al que no tiene fuerza!
³¡Qué consejos sabes dar al ignorante!
  ¡Qué gran discernimiento has demostrado!
⁴¿Quién te ayudó a pronunciar tal discurso?
  ¿Qué espíritu ha hablado por tu boca?»

¹⁷For all of them, deep darkness is their
    morning[y];
  they make friends with the terrors of
    darkness.[z]

¹⁸"Yet they are foam on the surface of the
    water;
  their portion of the land is cursed,
  so that no one goes to the vineyards.
¹⁹As heat and drought snatch away the melted
    snow,
  so the grave[a] snatches away those who
    have sinned.
²⁰The womb forgets them,
  the worm feasts on them;
  evil men are no longer remembered
  but are broken like a tree.
²¹They prey on the barren and childless
    woman,
  and to the widow show no kindness.
²²But God drags away the mighty by his
    power;
  though they become established, they
    have no assurance of life.
²³He may let them rest in a feeling of
    security,
  but his eyes are on their ways.
²⁴For a little while they are exalted, and then
    they are gone;
  they are brought low and gathered up like
    all others;
  they are cut off like heads of grain.

²⁵"If this is not so, who can prove me false
  and reduce my words to nothing?"

Bildad

25 Then Bildad the Shuhite replied:

²"Dominion and awe belong to God;
  he establishes order in the heights of
    heaven.
³Can his forces be numbered?
  Upon whom does his light not rise?
⁴How then can a man be righteous before
    God?
  How can one born of woman be pure?
⁵If even the moon is not bright
  and the stars are not pure in his eyes,
⁶how much less man, who is but a maggot—
  a son of man, who is only a worm!"

Job

26 Then Job replied:

²"How you have helped the powerless!
  How you have saved the arm that is
    feeble!
³What advice you have offered to one
    without wisdom!
  And what great insight you have
    displayed!
⁴Who has helped you utter these words?
  And whose spirit spoke from your mouth?

---

b 24:18-25 Zofar no se menciona en el texto. Se considera que esta
porción, junto con 27:13-23, forma parte del tercer discurso de este
personaje.   *c* 24:24 como hierba (LXX); como todo (TM).
d 25:2 pone orden. Lit. hace *paz.

y 17 Or them, their morning is like the shadow of death
z 17 Or of the shadow of death   *a* 19 Hebrew Sheol

Bildad reanuda su discurso

5 «Un estremecimiento invade a los muertos,
   a los que habitan debajo de las aguas.
6 Ante Dios, queda el *sepulcro al descubierto;
   nada hay que oculte a este *destructor.
7 Dios extiende el cielo*e* sobre el vacío;
   sobre la nada tiene suspendida la tierra.
8 En sus nubes envuelve las aguas,
   pero no revientan las nubes con su peso.
9 Cubre la faz de la luna llena
   al extender sobre ella sus nubes.
10 Dibuja el horizonte sobre la faz de las aguas
   para dividir la luz de las tinieblas.
11 Aterrados por su represión,
   tiemblan los pilares de los cielos.
12-13 Con un soplo suyo se despejan los cielos;
   con su poder Dios agita el mar.
   Con su sabiduría descuartizó a *Rahab;
   con su mano ensartó a la serpiente
   escurridiza.
14 ¡Y esto es sólo una muestra de sus obras,*f*
   un murmullo que logramos escuchar!
   ¿Quién podrá comprender su trueno
   poderoso?»

Noveno discurso de Job

27 Job, retomando la palabra, dijo:

2 «Juro por Dios,*g* el *Todopoderoso,
   quien se niega a hacerme *justicia,
   quien me ha amargado el ánimo,
3 que mientras haya vida en mí
   y aliento divino en mi nariz,
4 mis labios no pronunciarán maldad alguna,
   ni mi lengua proferirá mentiras.
5 Jamás podré admitir que ustedes tengan la
   razón;
   mientras viva, insistiré en mi integridad.
6 Insistiré en mi inocencia; no cederé.
   Mientras viva, no me remorderá la
   conciencia.

7 »¡Que terminen mis enemigos como los
   malvados
   y mis adversarios como los injustos!
8 ¿Qué esperanza tienen los impíos
   cuando son eliminados,
   cuando Dios les quita la vida?
9 ¿Escucha Dios su clamor
   cuando les sobreviene la angustia?
10 ¿Acaso se deleitan en el Todopoderoso,
   o claman a Dios en todo tiempo?

11 »¡Yo les voy a mostrar algo del poder de
   Dios!
   ¡No les voy a ocultar los planes del
   Todopoderoso!
12 Si ustedes mismos han visto todo esto,
   ¿a qué viene tanta palabrería?»

5 "The dead are in deep anguish,
   those beneath the waters and all that live
   in them.
6 Death*b* is naked before God;
   Destruction*c* lies uncovered.
7 He spreads out the northern ⌊skies⌋ over
   empty space;
   he suspends the earth over nothing.
8 He wraps up the waters in his clouds,
   yet the clouds do not burst under their
   weight.
9 He covers the face of the full moon,
   spreading his clouds over it.
10 He marks out the horizon on the face of the
   waters
   for a boundary between light and
   darkness.
11 The pillars of the heavens quake,
   aghast at his rebuke.
12 By his power he churned up the sea;
   by his wisdom he cut Rahab to pieces.
13 By his breath the skies became fair;
   his hand pierced the gliding serpent.
14 And these are but the outer fringe of his
   works;
   how faint the whisper we hear of him!
   Who then can understand the thunder of
   his power?"

27 And Job continued his discourse:

2 "As surely as God lives, who has denied me
   justice,
   the Almighty, who has made me taste
   bitterness of soul,
3 as long as I have life within me,
   the breath of God in my nostrils,
4 my lips will not speak wickedness,
   and my tongue will utter no deceit.
5 I will never admit you are in the right;
   till I die, I will not deny my integrity.
6 I will maintain my righteousness and never
   let go of it;
   my conscience will not reproach me as
   long as I live.

7 "May my enemies be like the wicked,
   my adversaries like the unjust!
8 For what hope has the godless when he is
   cut off,
   when God takes away his life?
9 Does God listen to his cry
   when distress comes upon him?
10 Will he find delight in the Almighty?
   Will he call upon God at all times?

11 "I will teach you about the power of God;
   the ways of the Almighty I will not
   conceal.
12 You have all seen this yourselves.
   Why then this meaningless talk?

---

e 26:7 *el cielo.* Lit. *el norte.*   *f* 26:14 *una muestra de sus obras.*
Lit. *los extremos de sus caminos.*   *g* 27:2 *Juro por Dios.* Lit.
Vive Dios.   *b* 6 Hebrew *Sheol*   *c* 6 Hebrew *Abaddon*

Tercer discurso de Zofar

13 «Ésta es la herencia que Dios
    tiene reservada para los malvados;
    ésta es la herencia que los desalmados
      recibirán del *Todopoderoso:
14 No importa cuántos hijos tengan,
    la espada los aguarda;
    jamás sus pequeños comerán hasta saciarse.
15 La muerte sepultará a quienes les sobrevivan;
    sus viudas no llorarán por ellos.
16 Y aunque amontonen plata como polvo,
    y apilen vestidos como arcilla,
17 será el justo quien se ponga esos vestidos,
    y el inocente quien reparta esa plata.
18 Las casas que construyen parecen larvas de
    polilla,
    parecen cobertizo de vigilancia.
19 Se acuestan siendo ricos, pero por última vez:
    cuando despierten, sus riquezas se han
      esfumado.
20 Les sobreviene un diluvio de terrores;
    la tempestad los arrebata por la noche.
21 El viento del este se los lleva, y desaparecen;
    los arranca del lugar donde viven.
22 Se lanza contra ellos sin clemencia,
    mientras ellos tratan de huir de su poder.
23 Agita las manos y aplaude burlón;
    entre silbidos, los arranca de su lugar.»

Elogio de la sabiduría

28 Hay minas de donde se saca la plata,
    y crisoles donde se refina el oro.
2 El hierro se extrae de la tierra;
    el cobre se separa de la escoria.
3 El minero ha puesto fin a las tinieblas:
    hurga en los rincones más apartados,
    busca piedras en la más densa oscuridad.
4 Lejos de la gente
    cava túneles en lugares nunca hollados;
   lejos de la gente
    se balancea en el aire.
5 Extrae su sustento de la tierra,
    cuyas entrañas se transforman como por
      fuego.
6 De sus rocas se obtienen zafiros,
    y en el polvo se encuentra oro.
7 No hay ave rapaz que conozca ese escondrijo
    ni ojo de halcón que lo haya descubierto.
8 Ninguna bestia salvaje ha puesto allí su pie;
    tampoco merodean allí los leones.
9 La mano del minero ataca el pedernal
    y pone al descubierto la raíz de las
      montañas.
10 Abre túneles en la roca,
    y sus ojos contemplan todos sus tesoros.
11 Anda en busca de[h] las fuentes de los ríos,
    y trae a la luz cosas ocultas.

12 Pero, ¿dónde se halla la sabiduría?
    ¿Dónde habita la inteligencia?
13 Nadie sabe lo que ella vale,
    pues no se encuentra en este mundo.
14 «Aquí no está», dice el océano;
    «Aquí tampoco», responde el mar.
15 No se compra con el oro más fino,
    ni su precio se calcula en plata.

13 "Here is the fate God allots to the wicked,
    the heritage a ruthless man receives from
      the Almighty:
14 However many his children, their fate is the
    sword;
    his offspring will never have enough to
      eat.
15 The plague will bury those who survive
    him,
    and their widows will not weep for them.
16 Though he heaps up silver like dust
    and clothes like piles of clay,
17 what he lays up the righteous will wear,
    and the innocent will divide his silver.
18 The house he builds is like a moth's
    cocoon,
    like a hut made by a watchman.
19 He lies down wealthy, but will do so no
    more;
    when he opens his eyes, all is gone.
20 Terrors overtake him like a flood;
    a tempest snatches him away in the night.
21 The east wind carries him off, and he is
    gone;
    it sweeps him out of his place.
22 It hurls itself against him without mercy
    as he flees headlong from its power.
23 It claps its hands in derision
    and hisses him out of his place.

28 "There is a mine for silver
    and a place where gold is refined.
2 Iron is taken from the earth,
    and copper is smelted from ore.
3 Man puts an end to the darkness;
    he searches the farthest recesses
    for ore in the blackest darkness.
4 Far from where people dwell he cuts a
    shaft,
    in places forgotten by the foot of man;
    far from men he dangles and sways.
5 The earth, from which food comes,
    is transformed below as by fire;
6 sapphires[d] come from its rocks,
    and its dust contains nuggets of gold.
7 No bird of prey knows that hidden path,
    no falcon's eye has seen it.
8 Proud beasts do not set foot on it,
    and no lion prowls there.
9 Man's hand assaults the flinty rock
    and lays bare the roots of the mountains.
10 He tunnels through the rock;
    his eyes see all its treasures.
11 He searches[e] the sources of the rivers
    and brings hidden things to light.

12 "But where can wisdom be found?
    Where does understanding dwell?
13 Man does not comprehend its worth;
    it cannot be found in the land of the
      living.
14 The deep says, 'It is not in me';
    the sea says, 'It is not with me.'
15 It cannot be bought with the finest gold,
    nor can its price be weighed in silver.

---

h 28:11 Anda en busca de (LXX, Aquila y Vulgata); *Detiene* (TM).

d 6 Or *lapis lazuli*; also in verse 16   *e 11* Septuagint, Aquila and
Vulgate; Hebrew *He dams up*

16 No se compra con oro refinado,*i*
   ni con ónice ni zafiros.
17 Ni el oro ni el cristal se comparan con ella,
   ni se cambia por áureas joyas.
18 ¡Para qué mencionar el coral y el jaspe!
   ¡La sabiduría vale más que los rubíes!
19 El topacio de Cus no se le iguala,
   ni es posible comprarla con oro puro.

20 ¿De dónde, pues, viene la sabiduría?
   ¿Dónde habita la inteligencia?
21 Se esconde de los ojos de toda criatura;
   ¡hasta de las aves del cielo se oculta!
22 La *destrucción y la muerte afirman:
   «Algo acerca de su fama llegó a nuestros
     oídos.»
23 Sólo Dios sabe llegar hasta ella;
   sólo él sabe dónde habita.
24 Él puede ver los confines de la tierra;
   él ve todo lo que hay bajo los cielos.
25 Cuando él establecía la fuerza del viento
   y determinaba el volumen de las aguas,
26 cuando dictaba el decreto para las lluvias
   y la ruta de las tormentas,
27 miró entonces a la sabiduría y ponderó su
     valor;
   la puso a prueba y la confirmó.
28 Y dijo a los *mortales:
   «Temer al Señor: ¡eso es sabiduría!
   Apartarse del mal: ¡eso es discernimiento!»

16 It cannot be bought with the gold of Ophir,
   with precious onyx or sapphires.
17 Neither gold nor crystal can compare with
     it,
   nor can it be had for jewels of gold.
18 Coral and jasper are not worthy of mention;
   the price of wisdom is beyond rubies.
19 The topaz of Cush cannot compare with it;
   it cannot be bought with pure gold.

20 "Where then does wisdom come from?
   Where does understanding dwell?
21 It is hidden from the eyes of every living
     thing,
   concealed even from the birds of the air.
22 Destruction*f* and Death say,
   'Only a rumor of it has reached our ears.'
23 God understands the way to it
   and he alone knows where it dwells,
24 for he views the ends of the earth
   and sees everything under the heavens.
25 When he established the force of the wind
   and measured out the waters,
26 when he made a decree for the rain
   and a path for the thunderstorm,
27 then he looked at wisdom and appraised it;
   he confirmed it and tested it.
28 And he said to man,
   'The fear of the Lord—that is wisdom,
   and to shun evil is understanding.' "

Soliloquio de Job

29 Job, retomando la palabra, dijo:

2 «¡Cómo añoro los meses que se han ido,
   los días en que Dios me cuidaba!
3 Su lámpara alumbraba sobre mi cabeza,
   y por su luz podía andar entre tinieblas.
4 ¡Qué días aquellos, cuando yo estaba en mi
     apogeo
   y Dios bendecía mi casa con su íntima
     amistad!

5 »Cuando aún estaba conmigo el
     *Todopoderoso,
   y mis hijos me rodeaban;
6 cuando ante mí corrían ríos de crema,
   y de las rocas fluían arroyos de aceite;
7 cuando ocupaba mi puesto en el consejo de la
     ciudad,*j*
   y en la plaza pública tomaba asiento,
8 los jóvenes al verme se hacían a un lado,
   y los ancianos se ponían de pie;
9 los jefes se abstenían de hablar
   y se tapaban la boca con las manos;
10 los nobles bajaban la voz,
   y la lengua se les pegaba al paladar.
11 Los que me oían, hablaban bien de mí;
   los que me veían, me alababan.
12 Si el pobre recurría a mí, yo lo ponía a salvo,
   y también al huérfano, si no tenía quien lo
     ayudara.
13 Me bendecían los desahuciados;
   ¡por mí gritaba de alegría
   el *corazón de las viudas!
14 De justicia y rectitud me revestía;
   ellas eran mi manto y mi turbante.

29 Job continued his discourse:

2 "How I long for the months gone by,
   for the days when God watched over me,
3 when his lamp shone upon my head
   and by his light I walked through
     darkness!
4 Oh, for the days when I was in my prime,
   when God's intimate friendship blessed
     my house,
5 when the Almighty was still with me
   and my children were around me,
6 when my path was drenched with cream
   and the rock poured out for me streams of
     olive oil.

7 "When I went to the gate of the city
   and took my seat in the public square,
8 the young men saw me and stepped aside
   and the old men rose to their feet;
9 the chief men refrained from speaking
   and covered their mouths with their
     hands;
10 the voices of the nobles were hushed,
   and their tongues stuck to the roof of
     their mouths.
11 Whoever heard me spoke well of me,
   and those who saw me commended me,
12 because I rescued the poor who cried for
     help,
   and the fatherless who had none to assist
     him.
13 The man who was dying blessed me;
   I made the widow's heart sing.
14 I put on righteousness as my clothing;
   justice was my robe and my turban.

---

*i*28:16 *oro refinado*; Lit. *oro de Ofir.*   *j*29:7 *cuando ocupaba ...
ciudad*. Lit. *cuando salía yo a las *puertas de la ciudad.*   *f*22 Hebrew *Abaddon*

¹⁵Para los ciegos fui sus ojos;
  para los tullidos, sus pies.
¹⁶Fui padre de los necesitados
  y defensor de los extranjeros.
¹⁷A los malvados les rompí la cara;
  ¡de sus fauces les arrebaté la presa!

¹⁸»Llegué a pensar: "Moriré en mi propia casa;
  mis días serán incontables como la arena del mar.
¹⁹Mis raíces llegarán hasta las aguas;
  el rocío de la noche se quedará en mis ramas.
²⁰Mi gloria mantendrá en mí su lozanía,
  y el arco en mi mano se mantendrá firme."

²¹»La gente me escuchaba expectante,
  y en silencio aguardaba mi consejo.
²²Hablaba yo, y nadie replicaba;
  mis palabras hallaban cabida*k* en sus oídos.
²³Expectantes, absorbían mis palabras
  como quien espera las lluvias tardías.
²⁴Si yo les sonreía, no podían creerlo;
  mi rostro sonriente los reanimaba.*l*
²⁵Yo les indicaba el camino a seguir;
  me sentaba a la cabecera;
habitaba entre ellos como un rey entre su tropa,
  como quien consuela a los que están de luto.

30 »¡Y ahora resulta que de mí se burlan
jovencitos a cuyos padres no habría puesto
ni con mis perros ovejeros!
²¿De qué me habría servido la fuerza de sus manos,
  si no tenían ya fuerza para nada?
³Retorciéndose de hambre y de necesidad,
  rondaban*m* en la noche por tierras desoladas,
  por páramos deshabitados.
⁴En las breñas recogían hierbas amargas
  y comían*n* raíces de *retama.
⁵Habían sido excluidos de la comunidad,
  acusados a gritos como ladrones.
⁶Se vieron obligados a vivir
  en el lecho de los arroyos secos,
  entre las grietas y en las cuevas.
⁷Bramaban entre los matorrales,
  se amontonaban entre la maleza.
⁸Gente vil, generación infame,
  fueron expulsados de la tierra.

⁹»¡Y ahora resulta que soy tema de sus parodias!
  ¡Me he vuelto su hazmerreír!
¹⁰Les doy asco, y se alejan de mí;
  no vacilan en escupirme en la cara.
¹¹Ahora que Dios me ha humillado por completo,
  no se refrenan en mi presencia.
¹²A mi derecha, me ataca el populacho;*ñ*
  tienden trampas a mis pies
  y levantan rampas de asalto para atacarme.

¹⁵I was eyes to the blind
  and feet to the lame.
¹⁶I was a father to the needy;
  I took up the case of the stranger.
¹⁷I broke the fangs of the wicked
  and snatched the victims from their teeth.

¹⁸"I thought, 'I will die in my own house,
  my days as numerous as the grains of sand.
¹⁹My roots will reach to the water,
  and the dew will lie all night on my branches.
²⁰My glory will remain fresh in me,
  the bow ever new in my hand.'

²¹"Men listened to me expectantly,
  waiting in silence for my counsel.
²²After I had spoken, they spoke no more;
  my words fell gently on their ears.
²³They waited for me as for showers
  and drank in my words as the spring rain.
²⁴When I smiled at them, they scarcely believed it;
  the light of my face was precious to them.*g*
²⁵I chose the way for them and sat as their chief;
  I dwelt as a king among his troops;
  I was like one who comforts mourners.

30 "But now they mock me,
  men younger than I,
whose fathers I would have disdained
  to put with my sheep dogs.
²Of what use was the strength of their hands to me,
  since their vigor had gone from them?
³Haggard from want and hunger,
  they roamed*h* the parched land
  in desolate wastelands at night.
⁴In the brush they gathered salt herbs,
  and their food*i* was the root of the broom tree.
⁵They were banished from their fellow men,
  shouted at as if they were thieves.
⁶They were forced to live in the dry stream beds,
  among the rocks and in holes in the ground.
⁷They brayed among the bushes
  and huddled in the undergrowth.
⁸A base and nameless brood,
  they were driven out of the land.

⁹"And now their sons mock me in song;
  I have become a byword among them.
¹⁰They detest me and keep their distance;
  they do not hesitate to spit in my face.
¹¹Now that God has unstrung my bow and afflicted me,
  they throw off restraint in my presence.
¹²On my right the tribe*j* attacks;
  they lay snares for my feet,
  they build their siege ramps against me.

---

k 29:22 hallaban cabida. Lit. *caían como gotas.*   *l 29:24 mi rostro ... reanimaba.* Lit. *la luz de mi rostro no los hacía caer.*   *m 30:3 rondaban.* Alt. *roían.*   *n 30:4 comían.* Alt. *se calentaban con.*   *ñ 30:12 populacho.* Palabra de difícil traducción.

g 24 The meaning of the Hebrew for this clause is uncertain.   *h 3* Or *gnawed*   *i 4* Or *fuel*   *j 12* The meaning of the Hebrew for this word is uncertain.

¹³ Han irrumpido en mi camino;
    sin ayuda de nadie han logrado destruirme. ^o
¹⁴ Avanzan como a través de una brecha;
    irrumpen entre las ruinas.
¹⁵ El terror me ha sobrecogido;
    mi dignidad se esfuma como el viento,
    ¡mi *salvación se desvanece como las
      nubes!

¹⁶ »Y ahora la vida se me escapa;
    me oprimen los días de sufrimiento.
¹⁷ La noche me taladra los huesos;
    el dolor que me corroe no tiene fin.
¹⁸ Como con un manto, Dios me envuelve con su
      poder;
    me ahoga como el cuello de mi ropa.
¹⁹ Me arroja con fuerza en el fango,
    y me reduce a polvo y ceniza.

²⁰ »A ti clamo, oh Dios, pero no me respondes;
    me hago presente, pero tú apenas me miras.
²¹ Implacable, te vuelves contra mí;
    con el poder de tu brazo me atacas.
²² Me arrebatas, me lanzas al^p viento;
    me arrojas al ojo de la tormenta.
²³ Sé muy bien que me harás bajar al sepulcro,
    a la morada final de todos los vivientes.

²⁴ »Pero nadie golpea al que está derrotado,
    al que en su angustia reclama auxilio.
²⁵ ¿Acaso no he llorado por los que sufren?
    ¿No me he condolido por los pobres?
²⁶ Cuando esperaba lo bueno, vino lo malo;
    cuando buscaba la luz, vinieron las sombras.
²⁷ No cesa la agitación que me invade;
    me enfrento a días de sufrimiento.
²⁸ Ando apesadumbrado, pero no a causa del sol;
    me presento en la asamblea, y pido ayuda.
²⁹ He llegado a ser hermano de los chacales,
    compañero de las lechuzas.
³⁰ La piel se me ha requemado, y se me cae;
    el cuerpo me arde por la fiebre.
³¹ El tono de mi arpa es de lamento,
    el son de mi flauta es de tristeza.

31 »Yo había convenido con mis ojos
    no mirar con lujuria a ninguna mujer.^q
² ¿Qué se recibe del Dios altísimo?
    ¿Qué se hereda del *Todopoderoso en las
      alturas?
³ ¿No es acaso la ruina para los malvados
    y el desastre para los malhechores?
⁴ ¿Acaso no se fija Dios en mis caminos
    y toma en cuenta todos mis pasos?

⁵ »Si he andado en malos pasos,
    o mis pies han corrido tras la mentira,
⁶ ¡que Dios me pese en una balanza justa,
    y así sabrá que soy inocente!

---

¹³ They break up my road;
    they succeed in destroying me—
    without anyone's helping them.^k
¹⁴ They advance as through a gaping breach;
    amid the ruins they come rolling in.
¹⁵ Terrors overwhelm me;
    my dignity is driven away as by the wind,
    my safety vanishes like a cloud.

¹⁶ "And now my life ebbs away;
    days of suffering grip me.
¹⁷ Night pierces my bones;
    my gnawing pains never rest.
¹⁸ In his great power ⌞God⌟ becomes like
      clothing to me^l;
    he binds me like the neck of my garment.
¹⁹ He throws me into the mud,
    and I am reduced to dust and ashes.

²⁰ "I cry out to you, O God, but you do not
      answer;
    I stand up, but you merely look at me.
²¹ You turn on me ruthlessly;
    with the might of your hand you attack
      me.
²² You snatch me up and drive me before the
      wind;
    you toss me about in the storm.
²³ I know you will bring me down to death,
    to the place appointed for all the living.

²⁴ "Surely no one lays a hand on a broken
      man
    when he cries for help in his distress.
²⁵ Have I not wept for those in trouble?
    Has not my soul grieved for the poor?
²⁶ Yet when I hoped for good, evil came;
    when I looked for light, then came
      darkness.
²⁷ The churning inside me never stops;
    days of suffering confront me.
²⁸ I go about blackened, but not by the sun;
    I stand up in the assembly and cry for
      help.
²⁹ I have become a brother of jackals,
    a companion of owls.
³⁰ My skin grows black and peels;
    my body burns with fever.
³¹ My harp is tuned to mourning,
    and my flute to the sound of wailing.

31 "I made a covenant with my eyes
    not to look lustfully at a girl.
² For what is man's lot from God above,
    his heritage from the Almighty on high?
³ Is it not ruin for the wicked,
    disaster for those who do wrong?
⁴ Does he not see my ways
    and count my every step?

⁵ "If I have walked in falsehood
    or my foot has hurried after deceit—
⁶ let God weigh me in honest scales
    and he will know that I am blameless—

---

^o 30:13 *sin ayuda ... destruirme.* Alt. *han logrado destruirme, y
dicen: "Nadie puede ayudarlo."*   ^p 30:22 *me lanzas al.* Lit. *me
haces cabalgar sobre el.*   ^q 31:1 *mujer.* Lit. *virgen.*

^k 13 Or *me. / 'No one can help him,' ⌞they say⌟.*   ^l 18 Hebrew;
Septuagint ⌞God⌟ *grasps my clothing*

7 Si mis pies se han apartado del camino,
    o mi *corazón se ha dejado llevar por mis
        ojos,
    o mis manos se han llenado de ignominia,
8 ¡que se coman otros lo que yo he sembrado,
    y que sean destruidas mis cosechas!

9 »Si por alguna mujer me he dejado seducir,
    si a las puertas de mi prójimo he estado al
        acecho,
10 ¡que mi esposa muela el grano de otro hombre,
    y que otros hombres se acuesten con ella!
11 Eso habría sido una infamia,
    ¡un pecado que tendría que ser juzgado!
12 ¡Habría sido un incendio *destructor!
    ¡Habría arrancado mi cosecha de raíz!

13 »Si me negué a hacerles justicia
    a mis siervos y a mis siervas
    cuando tuvieron queja contra mí,
14 ¿qué haré cuando Dios me llame a cuentas?
    ¿qué responderé cuando me haga
        comparecer?
15 El mismo Dios que me formó en el vientre
    fue el que los formó también a ellos;
    nos dio forma en el seno materno.

16 »Jamás he desoído los ruegos de los pobres,
    ni he dejado que las viudas desfallezcan;
17 jamás el pan me lo he comido solo,
    sin querer compartirlo con los huérfanos.
18 Desde mi juventud he sido un padre para ellos;
    a las viudas las he guiado desde mi
        nacimiento.
19 Si he dejado que alguien muera por falta de
        vestido,
    o que un necesitado no tenga qué ponerse;
20 si éste no me ha bendecido de corazón
    por haberlo abrigado con lana de mis
        rebaños;
21 o si he levantado contra el huérfano mi mano
    por contar con influencias en los
        tribunales,r
22 ¡que los brazos se me caigan de los hombros!
    ¡que se me zafen de sus articulaciones!
23 Siempre he sido temeroso del castigo de Dios;
    ¡ante su majestad no podría resistir!

24 »¿Acaso he puesto en el oro mi confianza,
    o le he dicho al oro puro: "En ti confío"?
25 ¿Me he ufanado de mi gran fortuna,
    de las riquezas amasadas con mis manos?
26 ¿He admirado acaso el esplendor del sol
    o el avance esplendoroso de la luna,
27 como para rendirles culto en lo secreto
    y enviarles un beso con la mano?
28 ¡También este pecado tendría que ser juzgado,
    pues habría yo traicionado al Dios de las
        alturas!

29 »¿Acaso me he alegrado de la ruina de mi
        enemigo?
    ¿Acaso he celebrado su desgracia?
30 ¡Jamás he permitido que mi boca peque
    pidiendo que le vaya mal!

7 if my steps have turned from the path,
    if my heart has been led by my eyes,
    or if my hands have been defiled,
8 then may others eat what I have sown,
    and may my crops be uprooted.

9 "If my heart has been enticed by a woman,
    or if I have lurked at my neighbor's door,
10 then may my wife grind another man's
        grain,
    and may other men sleep with her.
11 For that would have been shameful,
    a sin to be judged.
12 It is a fire that burns to Destructionm;
    it would have uprooted my harvest.

13 "If I have denied justice to my menservants
        and maidservants
    when they had a grievance against me,
14 what will I do when God confronts me?
    What will I answer when called to
        account?
15 Did not he who made me in the womb
    make them?
    Did not the same one form us both within
        our mothers?

16 "If I have denied the desires of the poor
    or let the eyes of the widow grow weary,
17 if I have kept my bread to myself,
    not sharing it with the fatherless—
18 but from my youth I reared him as would a
        father,
    and from my birth I guided the widow—
19 if I have seen anyone perishing for lack of
        clothing,
    or a needy man without a garment,
20 and his heart did not bless me
    for warming him with the fleece from my
        sheep,
21 if I have raised my hand against the
        fatherless,
    knowing that I had influence in court,
22 then let my arm fall from the shoulder,
    let it be broken off at the joint.
23 For I dreaded destruction from God,
    and for fear of his splendor I could not do
        such things.

24 "If I have put my trust in gold
    or said to pure gold, 'You are my
        security,'
25 if I have rejoiced over my great wealth,
    the fortune my hands had gained,
26 if I have regarded the sun in its radiance
    or the moon moving in splendor,
27 so that my heart was secretly enticed
    and my hand offered them a kiss of
        homage,
28 then these also would be sins to be judged,
    for I would have been unfaithful to God
        on high.

29 "If I have rejoiced at my enemy's
        misfortune
    or gloated over the trouble that came to
        him—
30 I have not allowed my mouth to sin
    by invoking a curse against his life—

31 ¿Quién bajo mi techo no sació su hambre
con los manjares de mi mesa?
32 Jamás mis puertas se cerraron al viajero;
jamás un extraño pasó la noche en la calle.
33 Jamás he ocultado mi pecado,
como el común de la gente,s
ni he mantenido mi culpa en secreto,
34   por miedo al qué dirán.
Jamás me he quedado en silencio y encerrado
por miedo al desprecio de mis parientes.

35 »¡Cómo quisiera que Dios me escuchara!
Estampo aquí mi firma;
que me responda el Todopoderoso.
Si él quiere contender conmigo,
que lo haga por escrito.
36 Llevaré esa acusación sobre mis hombros;
me la pondré como diadema.
37 Compareceré ante él con dignidad,
y le daré cuenta de cada uno de mis pasos.

38 »Si mis tierras claman contra mí,
y todos sus surcos se aniegan en llanto;
39 si he tomado la cosecha de alguien sin pagarle,
o quebrantado el ánimo de sus dueños,
40 ¡que nazcan en mi tierra zarzas en vez de
trigo,
y hierbas en vez de cebada!»

Con esto Job dio por terminado su discurso.

31 if the men of my household have never said,
'Who has not had his fill of Job's
meat?'—
32 but no stranger had to spend the night in the
street,
for my door was always open to the
traveler—
33 if I have concealed my sin as men do,n
by hiding my guilt in my heart
34 because I so feared the crowd
and so dreaded the contempt of the clans
that I kept silent and would not go
outside

35 ("Oh, that I had someone to hear me!
I sign now my defense—let the Almighty
answer me;
let my accuser put his indictment in
writing.
36 Surely I would wear it on my shoulder,
I would put it on like a crown.
37 I would give him an account of my every
step;
like a prince I would approach him.)—

38 "if my land cries out against me
and all its furrows are wet with tears,
39 if I have devoured its yield without payment
or broken the spirit of its tenants,
40 then let briers come up instead of wheat
and weeds instead of barley."

The words of Job are ended.

Intervención de Eliú

32 Al ver los tres amigos de Job que éste se consideraba un hombre recto, dejaron de responderle. 2 Pero Eliú hijo de Baraquel de Buz, de la familia de Ram, se enojó mucho con Job porque, en vez de justificar a Dios, se había justificado a sí mismo. 3 También se enojó con los tres amigos porque no habían logrado refutar a Job, y sin embargo lo habían condenado. 4 Ahora bien, Eliú había estado esperando antes de dirigirse a Job, porque ellos eran mayores de edad; 5 pero al ver que los tres amigos no tenían ya nada que decir, se encendió su enojo. 6 Y habló Eliú hijo de Baraquel de Buz:

Primer discurso de Eliú

«Yo soy muy joven, y ustedes ancianos;
por eso me sentía muy temeroso
de expresarles mi opinión.
7 Y me dije: "Que hable la voz de la
experiencia;
que demuestren los ancianos su sabiduría."
8 Pero lo que da entendimiento al *hombre
es el espíritut que en él habita;
¡es el hálito del *Todopoderoso!
9 No son los ancianosu los únicos sabios,
ni es la edad la que hace entender lo que es
justo.

10 »Les ruego, por tanto, que me escuchen;
yo también tengo algo que decirles.
11 Mientras hablaban, me propuse esperar
y escuchar sus razonamientos;
mientras buscaban las palabras,

Elihu

32 So these three men stopped answering Job, because he was righteous in his own eyes. 2 But Elihu son of Barakel the Buzite, of the family of Ram, became very angry with Job for justifying himself rather than God. 3 He was also angry with the three friends, because they had found no way to refute Job, and yet had condemned him.o 4 Now Elihu had waited before speaking to Job because they were older than he. 5 But when he saw that the three men had nothing more to say, his anger was aroused.
6 So Elihu son of Barakel the Buzite said:

"I am young in years,
and you are old;
that is why I was fearful,
not daring to tell you what I know.
7 I thought, 'Age should speak;
advanced years should teach wisdom.'
8 But it is the spiritp in a man,
the breath of the Almighty, that gives him
understanding.
9 It is not only the oldq who are wise,
not only the aged who understand what is
right.

10 "Therefore I say: Listen to me;
I too will tell you what I know.
11 I waited while you spoke,
I listened to your reasoning;
while you were searching for words,

---

s 31:33 *como el común de la gente.* Alt. *como Adán.*
t 32:8 *espíritu.* Alt. *Espíritu;* también en v. 18.   u 32:9 *ancianos.*
Alt. *muchos,* o *grandes.*

n 33 Or *as Adam did*   o 3 Masoretic Text; an ancient Hebrew
scribal tradition *Job, and so had condemned God*   p 8 Or *Spirit;*
also in verse 18   q 9 Or *many;* or *great*

12 les presté toda mi atención.
Pero no han podido probar que Job esté
    equivocado;
  ninguno ha respondido a sus argumentos.
13 No vayan a decirme: "Hemos hallado la
    sabiduría;
  que lo refute Dios, y no los hombres."
14 Ni Job se ha dirigido a mí,
  ni yo he de responderle como ustedes.

15 »Job, tus amigos están desconcertados;
  no pueden responder, les faltan las palabras.
16 ¿Y voy a quedarme callado ante su silencio,
  ante su falta de respuesta?
17 Yo también tengo algo que decir,
  y voy a demostrar mis *conocimientos.
18 Palabras no me faltan,
  el espíritu que hay en mí me obliga a hablar.
19 Estoy como vino embotellado,
  como vino en odre nuevo a punto de
    estallar.
20 Tengo que hablar y desahogarme;
  tengo que abrir la boca y dar respuesta.
21 No favoreceré a nadie
  ni halagaré a ninguno;
22 Yo no sé adular a nadie;
  si lo hiciera,ᵛ mi Creador me castigaría.

33 »Te ruego, Job, que escuches mis palabras,
    que prestes atención a todo lo que digo.
2 Estoy a punto de abrir la boca,
  y voy a hablar hasta por los codos.
3 Mis palabras salen de un *corazón honrado;
  mis labios dan su opinión sincera.
4 El Espíritu de Dios me ha creado;
  me infunde vida el hálito del
    *Todopoderoso.
5 Contéstame, si puedes;
  prepárate y hazme frente.
6 Ante Dios, tú y yo somos iguales;
  también yo fui tomado de la tierra.
7 No debieras alarmarte ni temerme,
  ni debiera pesar mi mano sobre ti.

8 »Pero me parece haber oído que decías
  (al menos, eso fue lo que escuché):
9 "Soy inocente. No tengo pecado.
  Estoy limpio y libre de culpa.
10 Sin embargo, Dios me ha encontrado faltas;
  me considera su enemigo.
11 Me ha sujetado los pies con cadenas
  y vigila todos mis pasos."

12 »Pero déjame decirte que estás equivocado,
  pues Dios es más grande que los *mortales.
13 ¿Por qué le echas en cara
  que no responda a todas tusʷ preguntas?ˣ
14 Dios nos habla una y otra vez,
  aunque no lo percibamos.
15 Algunas veces en sueños,
  otras veces en visiones nocturnas,
  cuando caemos en un sopor profundo,
  o cuando dormitamos en el lecho,
16 él nos habla al oído
  y nos aterra con sus advertencias,
17 para apartarnos de hacer lo malo
  y alejarnos de la soberbia;

12 I gave you my full attention.
  But not one of you has proved Job wrong;
    none of you has answered his arguments.
13 Do not say, 'We have found wisdom;
  let God refute him, not man.'
14 But Job has not marshaled his words against
    me,
  and I will not answer him with your
    arguments.

15 "They are dismayed and have no more to
    say;
  words have failed them.
16 Must I wait, now that they are silent,
  now that they stand there with no reply?
17 I too will have my say;
  I too will tell what I know.
18 For I am full of words,
  and the spirit within me compels me;
19 inside I am like bottled-up wine,
  like new wineskins ready to burst.
20 I must speak and find relief;
  I must open my lips and reply.
21 I will show partiality to no one,
  nor will I flatter any man;
22 for if I were skilled in flattery,
  my Maker would soon take me away.

33 "But now, Job, listen to my words;
    pay attention to everything I say.
2 I am about to open my mouth;
  my words are on the tip of my tongue.
3 My words come from an upright heart;
  my lips sincerely speak what I know.
4 The Spirit of God has made me;
  the breath of the Almighty gives me life.
5 Answer me then, if you can;
  prepare yourself and confront me.
6 I am just like you before God;
  I too have been taken from clay.
7 No fear of me should alarm you,
  nor should my hand be heavy upon you.

8 "But you have said in my hearing—
  I heard the very words—
9 'I am pure and without sin;
  I am clean and free from guilt.
10 Yet God has found fault with me;
  he considers me his enemy.
11 He fastens my feet in shackles;
  he keeps close watch on all my paths.'

12 "But I tell you, in this you are not right,
  for God is greater than man.
13 Why do you complain to him
  that he answers none of man's wordsʳ?
14 For God does speak—now one way, now
    another—
  though man may not perceive it.
15 In a dream, in a vision of the night,
  when deep sleep falls on men
  as they slumber in their beds,
16 he may speak in their ears
  and terrify them with warnings,
17 to turn man from wrongdoing
  and keep him from pride,

ᵛ 32:22 si lo hiciera. Lit. en poco tiempo.   ʷ 33:13 tus. Lit. sus.
ˣ 33:13 que no ... preguntas. Alt. de que no responde por ninguno
de sus actos.

ʳ 13 Or that he does not answer for any of his actions

18 para librarnos de caer en el sepulcro
   y de cruzar el umbral de la muerte.*y*
19 A veces nos castiga con el lecho del dolor,
   con frecuentes dolencias en los huesos.
20 Nuestro ser encuentra repugnante la comida;
   el mejor manjar nos parece aborrecible.
21 Nuestra carne va perdiéndose en la nada,
   hasta se nos pueden contar los huesos.
22 Nuestra vida va acercándose al sepulcro,
   se acerca a los heraldos de la muerte.

23 »Mas si un ángel, uno entre mil,
   aboga por el *hombre y sale en su favor,
   y da constancia de su rectitud;
24 si le tiene compasión y le ruega a Dios:
   "Sálvalo de caer en la tumba,
   que ya tengo su rescate",
25 entonces el hombre rejuvenece;
   ¡vuelve a ser como cuando era niño!
26 Orará a Dios, y él recibirá su favor;
   verá su rostro y gritará de alegría,
   y Dios lo hará volver a su estado de
   inocencia.
27 El hombre reconocerá públicamente:*z*
   "He pecado, he pervertido la justicia,
   pero no recibí mi merecido.
28 Dios me libró de caer en la tumba;
   ¡estoy vivo y disfruto de la luz!"

29 »Todo esto Dios lo hace
   una, dos y hasta tres veces,
30 para salvarnos de la muerte,
   para que la luz de la vida nos alumbre.

31 »Préstame atención, Job, escúchame;
   guarda silencio, que quiero hablar.
32 Si tienes algo que decir, respóndeme;
   habla, que quisiera darte la razón.
33 De lo contrario, escúchame en silencio
   y yo te impartiré sabiduría.»

Segundo discurso de Eliú

34 También dijo Eliú:

2 «Ustedes los sabios, escuchen mis palabras;
   ustedes los instruidos, préstenme atención.
3 El oído saborea las palabras,
   como saborea el paladar la comida.
4 Examinemos juntos este caso;
   decidamos entre nosotros lo mejor.

5 »Job alega: "Soy inocente,
   pero Dios se niega a hacerme *justicia.
6 Tengo que resultar un mentiroso,
   a pesar de que soy justo;
   sus flechas me hieren de muerte,
   a pesar de que no he pecado."
7 ¿Dónde hay alguien como Job,
   que tiene el sarcasmo a flor de labios?*a*
8 Le encanta hacer amistad con los malhechores
   y andar en compañía de los malvados.
9 ¡Y nos alega que ningún provecho saca el
   *hombre
   tratando de agradar a Dios!

18 to preserve his soul from the pit,*s*
   his life from perishing by the sword.*t*
19 Or a man may be chastened on a bed of
   pain
   with constant distress in his bones,
20 so that his very being finds food repulsive
   and his soul loathes the choicest meal.
21 His flesh wastes away to nothing,
   and his bones, once hidden, now stick
   out.
22 His soul draws near to the pit,*u*
   and his life to the messengers of death.*v*

23 "Yet if there is an angel on his side
   as a mediator, one out of a thousand,
   to tell a man what is right for him,
24 to be gracious to him and say,
   'Spare him from going down to the pit*w*;
   I have found a ransom for him'—
25 then his flesh is renewed like a child's;
   it is restored as in the days of his youth.
26 He prays to God and finds favor with him,
   he sees God's face and shouts for joy;
   he is restored by God to his righteous
   state.
27 Then he comes to men and says,
   'I sinned, and perverted what was right,
   but I did not get what I deserved.
28 He redeemed my soul from going down to
   the pit,*x*
   and I will live to enjoy the light.'

29 "God does all these things to a man—
   twice, even three times—
30 to turn back his soul from the pit,*y*
   that the light of life may shine on him.

31 "Pay attention, Job, and listen to me;
   be silent, and I will speak.
32 If you have anything to say, answer me;
   speak up, for I want you to be cleared.
33 But if not, then listen to me;
   be silent, and I will teach you wisdom."

34 Then Elihu said:

2 "Hear my words, you wise men;
   listen to me, you men of learning.
3 For the ear tests words
   as the tongue tastes food.
4 Let us discern for ourselves what is right;
   let us learn together what is good.

5 "Job says, 'I am innocent,
   but God denies me justice.
6 Although I am right,
   I am considered a liar;
   although I am guiltless,
   his arrow inflicts an incurable wound.'
7 What man is like Job,
   who drinks scorn like water?
8 He keeps company with evildoers;
   he associates with wicked men.
9 For he says, 'It profits a man nothing
   when he tries to please God.'

---

y 33:18 y de ... muerte. Lit. y su vida del cruce del canal.
z 33:27 El hombre reconocerá públicamente. Lit. Cantará ante los hombres y dirá.   a 34:7 tiene ... labios. Lit. bebe sarcasmo como agua.

s 18 Or preserve him from the grave   t 18 Or from crossing the River   u 22 Or He draws near to the grave   v 22 Or to the dead   w 24 Or grave   x 28 Or redeemed me from going down to the grave   y 30 Or turn him back from the grave

10 »Escúchenme, hombres entendidos:
　　¡Es inconcebible que Dios haga lo malo,
　　que el *Todopoderoso cometa injusticias!
11 Dios paga al hombre según sus obras;
　　lo trata como se merece.
12 ¡Ni pensar que Dios cometa injusticias!
　　¡El Todopoderoso no pervierte el derecho!
13 ¿Quién le dio poder sobre la tierra?
　　¿Quién lo puso a cargo de todo el mundo?
14 Si pensara en retirarnos su espíritu,[b]
　　en quitarnos su hálito de vida,
15 todo el *género humano perecería,
　　¡la humanidad entera volvería a ser polvo!

16 »Escucha esto, si eres entendido;
　　presta atención a lo que digo.
17 ¿Puede acaso gobernar quien detesta la
　　justicia?
　　¿Condenarás entonces al Dios justo y
　　poderoso,
18 al que niega el valor de los reyes
　　y denuncia la maldad de los nobles?
19 Dios no se muestra parcial con los príncipes
　　ni favorece a los ricos más que a los pobres.
　　¡Unos y otros son obra de sus manos!
20 Mueren de pronto, en medio de la noche;
　　la gente se estremece y muere;
　　los poderosos son derrocados
　　sin intervención *humana.

21 »Los ojos de Dios ven los caminos del
　　hombre;
　　él vigila cada uno de sus pasos.
22 No hay lugares oscuros ni sombras profundas
　　que puedan esconder a los malhechores.
23 Dios no tiene que examinarlos
　　para someterlos a juicio.
24 No tiene que indagar para derrocar a los
　　poderosos
　　y sustituirlos por otros.
25 Dios toma nota de todo lo que hacen;
　　por la noche los derroca, y quedan
　　aplastados;
26 los castiga por su maldad
　　para escarmiento de todos,[c]
27 pues dejaron de seguirlo
　　y no tomaron en cuenta sus caminos.
28 Hicieron llegar a su presencia
　　el clamor de los pobres y necesitados,
　　y Dios lo escuchó.
29 ¿Pero quién puede condenarlo
　　si él decide guardar silencio?
　　¿Quién puede verlo si oculta su rostro?
　　Él está por encima de pueblos y personas,
30 para que no reinen los malvados
　　ni se le tiendan trampas a su pueblo.

31 »Supongamos que le dijeras:
　　"Soy culpable; no volveré a ofenderte.
32 Enséñame lo que no alcanzo a percibir;
　　si he cometido algo malo, no volveré a
　　hacerlo."
33 ¿Tendría Dios que recompensarte
　　como tú quieres que lo haga,
　　aunque lo hayas rechazado?
　　No seré yo quien lo decida, sino tú,
　　así que expresa lo que piensas.

34 »Que me digan los sabios
　　y ustedes los entendidos que me escuchan:

10 "So listen to me, you men of understanding.
　　Far be it from God to do evil,
　　from the Almighty to do wrong.
11 He repays a man for what he has done;
　　he brings upon him what his conduct
　　deserves.
12 It is unthinkable that God would do wrong,
　　that the Almighty would pervert justice.
13 Who appointed him over the earth?
　　Who put him in charge of the whole
　　world?
14 If it were his intention
　　and he withdrew his spirit[z] and breath,
15 all mankind would perish together
　　and man would return to the dust.

16 "If you have understanding, hear this;
　　listen to what I say.
17 Can he who hates justice govern?
　　Will you condemn the just and mighty
　　One?
18 Is he not the One who says to kings, 'You
　　are worthless,'
　　and to nobles, 'You are wicked,'
19 who shows no partiality to princes
　　and does not favor the rich over the poor,
　　for they are all the work of his hands?
20 They die in an instant, in the middle of the
　　night;
　　the people are shaken and they pass away;
　　the mighty are removed without human
　　hand.

21 "His eyes are on the ways of men;
　　he sees their every step.
22 There is no dark place, no deep shadow,
　　where evildoers can hide.
23 God has no need to examine men further,
　　that they should come before him for
　　judgment.
24 Without inquiry he shatters the mighty
　　and sets up others in their place.
25 Because he takes note of their deeds,
　　he overthrows them in the night and they
　　are crushed.
26 He punishes them for their wickedness
　　where everyone can see them,
27 because they turned from following him
　　and had no regard for any of his ways.
28 They caused the cry of the poor to come
　　before him,
　　so that he heard the cry of the needy.
29 But if he remains silent, who can condemn
　　him?
　　If he hides his face, who can see him?
　　Yet he is over man and nation alike,
30 　to keep a godless man from ruling,
　　from laying snares for the people.

31 "Suppose a man says to God,
　　'I am guilty but will offend no more.
32 Teach me what I cannot see;
　　if I have done wrong, I will not do so
　　again.'
33 Should God then reward you on your terms,
　　when you refuse to repent?
　　You must decide, not I;
　　so tell me what you know.

34 "Men of understanding declare,
　　wise men who hear me say to me,

---

b *34:14 espíritu.* Alt. *Espíritu.*   c *34:26 para escarmiento de
todos.* Lit. *en un lugar visible.*

z *14* Or *Spirit*

35 "Job no sabe lo que dice;
   en sus palabras no hay inteligencia."
36 ¡Que sea Job examinado,
   pues como un malvado ha respondido!
37 A su pecado ha añadido rebeldía;
   en nuestra propia cara se ha burlado de
      nosotros,
   y se ha excedido en sus palabras contra
      Dios.»

Tercer discurso de Eliú

35

Además, Eliú dijo:

2 «¿Crees tener la razón, Job, cuando afirmas:
   "Mi justicia es mayor que la de Dios"?,*d*
3 y cuando te atreves a preguntarle:
   "¿En qué te beneficias si no peco?"
4 Pues bien, voy a responderles
   a ti y a tus amigos.
5 Mira hacia el cielo, y fíjate bien;
   contempla las nubes en lo alto.
6 Si pecas, ¿en qué afectas a Dios?
   Si multiplicas tus faltas, ¿en qué lo dañas?
7 Si actúas con justicia, ¿qué puedes darle?
   ¿Qué puede recibir de parte tuya?
8 Hagas el mal o hagas el bien,
   los únicos afectados serán tus semejantes.

9 »Todo el mundo clama bajo el peso de la
      opresión,
   y pide ser librado del brazo del poderoso.
10 Pero nadie dice: "¿Dónde está Dios, mi
      Hacedor,
   que me infunde fuerzas*e* por las noches,
11 que nos enseña más que a las bestias del
      campo,
   que nos hace más sabios que las aves del
      cielo?"
12 Si Dios no responde al clamor de la gente,
   es por la arrogancia de los malvados.
13 Dios no escucha sus vanas peticiones;
   el *Todopoderoso no les presta atención.
14 Aun cuando digas que no puedes verlo,
   tu caso está delante de él, y debes
      aguardarlo.
15 Tú dices que Dios no se enoja ni castiga,
   y que no se da cuenta de tanta maldad;*f*
16 pero tú, Job, abres la boca y dices tonterías;
   hablas mucho y no sabes lo que dices.»

Cuarto discurso de Eliú

36

Eliú continuó diciendo:

2 «Ten paciencia conmigo y te mostraré
   que aún quiero decir más en favor de Dios.

35 'Job speaks without knowledge;
   his words lack insight.'
36 Oh, that Job might be tested to the utmost
   for answering like a wicked man!
37 To his sin he adds rebellion;
   scornfully he claps his hands among us
   and multiplies his words against God."

Then Elihu said:

35

Then Elihu said:

2 "Do you think this is just?
   You say, 'I will be cleared by God.*a*'
3 Yet you ask him, 'What profit is it to me,*b*
   and what do I gain by not sinning?'
4 "I would like to reply to you
   and to your friends with you.
5 Look up at the heavens and see;
   gaze at the clouds so high above you.
6 If you sin, how does that affect him?
   If your sins are many, what does that do
      to him?
7 If you are righteous, what do you give to
      him,
   or what does he receive from your hand?
8 Your wickedness affects only a man like
      yourself,
   and your righteousness only the sons of
      men.

9 "Men cry out under a load of oppression;
   they plead for relief from the arm of the
      powerful.
10 But no one says, 'Where is God my Maker,
   who gives songs in the night,
11 who teaches more to us than to*c* the beasts
      of the earth
   and makes us wiser than*d* the birds of
      the air?'
12 He does not answer when men cry out
   because of the arrogance of the wicked.
13 Indeed, God does not listen to their empty
      plea;
   the Almighty pays no attention to it.
14 How much less, then, will he listen
   when you say that you do not see him,
   that your case is before him
   and you must wait for him,
15 and further, that his anger never punishes
   and he does not take the least notice of
      wickedness.*e*
16 So Job opens his mouth with empty talk;
   without knowledge he multiplies words."

Elihu continued:

36

Elihu continued:

2 "Bear with me a little longer and I will
      show you
   that there is more to be said in God's
      behalf.

---

d 35:2 Mi justicia ... Dios. Alt. *Dios habrá de justificarme.*
e 35:10 que me infunde fuerzas. Alt. *que me inspira cánticos.*
f 35:15 maldad. Palabra de difícil traducción.

a 2 Or *My righteousness is more than God's*   *b 3* Or *you*
c 11 Or *teaches us by*   *d 11* Or *us wise by*   *e 15* Symmachus,
Theodotion and Vulgate; the meaning of the Hebrew for this word
is uncertain.

³Mi *conocimiento proviene de muy lejos;
    voy a demostrar que mi Hacedor está en lo
        justo.
⁴Te aseguro que no hay falsedad en mis
        palabras;
    ¡tienes ante ti a la sabiduría en persona!

⁵»Dios es poderoso, pero no rechaza al
        inocente;ᵍ
    Dios es poderoso, y todo lo entiende.ʰ
⁶Al malvado no lo mantiene con vida;
    al afligido le hace valer sus derechos.
⁷Cuida siempre de los justos;
    los hace reinar en compañía de reyes
    y los exalta para siempre.
⁸Pero si son encadenados,
    si la aflicción los domina,
⁹Dios denuncia sus acciones
    y la arrogancia de su pecado.
¹⁰Les hace prestar oído a la *corrección
    y les pide apartarse del mal.
¹¹Si ellos le obedecen y le sirven,
    pasan el resto de su vida en prosperidad,
    pasan felices los años que les quedan.
¹²Pero si no le hacen caso,
    sin darse cuenta cruzarán el umbral de la
        muerte.ⁱ

¹³»Los de *corazón impío abrigan resentimiento;
    no piden ayuda aun cuando Dios los
        castigue.ʲ
¹⁴Mueren en la flor de la vida,
    entre los que se prostituyen en los
        santuarios.
¹⁵A los que sufren, Dios los libra mediante el
        sufrimiento;
    en su aflicción, los consuela.ᵏ

¹⁶»Dios te libra de las fauces de la angustia,
    te lleva a un lugar amplio y espacioso,
    y llena tu mesa con la mejor comida.
¹⁷Pero tú te has ganado el juicio de los
        impíos;ˡ
    el juicio y la justicia te tienen atrapado.
¹⁸Cuídate de no dejarte seducir por las riquezas;
    no te dejes desviar por el soborno.
¹⁹Tus grandes riquezas no podrán sostenerte,
    ni tampoco todos tus esfuerzos.
²⁰No ansíes que caiga la noche,
    cuando la gente es arrancada de su sitio.ᵐ
²¹Cuídate de no inclinarte a la maldad,
    que por eso fuiste apartado de la aflicción.

²²»Dios es exaltado por su poder.
    ¿Qué maestro hay que se le compare?
²³¿Quién puede pedirle cuentas de sus actos?
    ¿Quién puede decirle que se ha equivocado?
²⁴No te olvides de exaltar sus obras,
    que con cánticos han sido alabadas.
²⁵Todo el *género humano puede contemplarlas,
    aunque sólo desde lejos.
²⁶¡Tan grande es Dios que no lo conocemos!
    ¡Incontable es el número de sus años!

³I get my knowledge from afar;
    I will ascribe justice to my Maker.
⁴Be assured that my words are not false;
    one perfect in knowledge is with you.

⁵"God is mighty, but does not despise men;
    he is mighty, and firm in his purpose.
⁶He does not keep the wicked alive
    but gives the afflicted their rights.
⁷He does not take his eyes off the righteous;
    he enthrones them with kings
    and exalts them forever.
⁸But if men are bound in chains,
    held fast by cords of affliction,
⁹he tells them what they have done—
    that they have sinned arrogantly.
¹⁰He makes them listen to correction
    and commands them to repent of their
        evil.
¹¹If they obey and serve him,
    they will spend the rest of their days in
        prosperity
    and their years in contentment.
¹²But if they do not listen,
    they will perish by the swordᶠ
    and die without knowledge.

¹³"The godless in heart harbor resentment;
    even when he fetters them, they do not
        cry for help.
¹⁴They die in their youth,
    among male prostitutes of the shrines.
¹⁵But those who suffer he delivers in their
        suffering;
    he speaks to them in their affliction.

¹⁶"He is wooing you from the jaws of distress
    to a spacious place free from restriction,
    to the comfort of your table laden with
        choice food.
¹⁷But now you are laden with the judgment
        due the wicked;
    judgment and justice have taken hold of
        you.
¹⁸Be careful that no one entices you by
        riches;
    do not let a large bribe turn you aside.
¹⁹Would your wealth
    or even all your mighty efforts
    sustain you so you would not be in
        distress?
²⁰Do not long for the night,
    to drag people away from their homes.ᵍ
²¹Beware of turning to evil,
    which you seem to prefer to affliction.

²²"God is exalted in his power.
    Who is a teacher like him?
²³Who has prescribed his ways for him,
    or said to him, 'You have done wrong'?
²⁴Remember to extol his work,
    which men have praised in song.
²⁵All mankind has seen it;
    men gaze on it from afar.
²⁶How great is God—beyond our
        understanding!
    The number of his years is past finding
        out.

ᵍ 36:5 no rechaza al inocente (LXX); no rechaza (TM).
ʰ 36:5 todo lo entiende. Lit. es fuerte de corazón.   ⁱ 36:12 el
umbral de la muerte. Lit. el canal.   ʲ 36:13 los castigue (lectura
probable); los aprisione (TM).   ᵏ 36:15 los consuela. Alt. los
hace entender. Lit. abre sus oídos.   ˡ 36:17 te has ... impíos.
Texto de difícil traducción.   ᵐ 36:20 Los vv. 18-20 son de
difícil traducción.

ᶠ 12 Or will cross the River   ᵍ 20 The meaning of the Hebrew
for verses 18-20 is uncertain.

27 »Él derrama las gotas de agua
   que fluyen como lluvia hacia los ríos;[n]
28 las nubes derraman su lluvia,
   que cae a raudales sobre el género humano.
29 ¿Quién entiende la extensión de las nubes
   y el estruendo que sale de su pabellón?
30 Vean a Dios esparcir su luz en torno suyo,
   y bañar con ella las profundidades del
     océano.
31 Dios gobierna a las naciones
   y les da comida en abundancia.
32 Toma entre sus manos el relámpago,
   y le ordena dar en el blanco.
33 Su trueno anuncia la inminente tormenta,
   y hasta el ganado presagia su llegada.

37 »Al llegar a este punto,[ñ] me palpita el
     *corazón
   como si fuera a salírseme del pecho.
2 ¡Escucha, escucha el estruendo de su voz,
   el ruido estrepitoso que sale de su boca!
3 Lanza sus rayos bajo el cielo entero;
   su resplandor, hasta los confines de la tierra.
4 Sigue luego el rugido majestuoso de su voz;
   ¡resuena su voz, y no retiene sus rayos!
5 Dios hace tronar su voz
   y se producen maravillas:
   ¡Dios hace grandes cosas
   que rebasan nuestra comprensión!
6 A la nieve le ordena: "¡Cae sobre la tierra!",
   y a la lluvia: "¡Muestra tu poder!"
7 Hace que todo el mundo se encierre,
   para que todos reconozcan sus obras.
8 Los animales buscan abrigo
   y se quedan en sus cuevas.
9 De las cámaras del sur viene la tempestad;
   de los vientos del norte, el frío.
10 Por el aliento de Dios se forma el hielo
   y se congelan las masas de agua.
11 Con agua de lluvia carga las nubes,
   y lanza sus relámpagos desde ellas;
12 y éstas van de un lado a otro,
   por toda la faz de la tierra,
   dispuestas a cumplir sus mandatos.
13 Por su bondad, hace que vengan las nubes,
   ya sea para castigar o para bendecir.[o]

14 »Espera un poco, Job, y escucha;
   ponte a pensar en las maravillas de Dios.
15 ¿Sabes cómo controla Dios las nubes,
   y cómo hace que su relámpago deslumbre?
16 ¿Sabes cómo las nubes,
   maravillas del conocimiento perfecto,[p]
   se mantienen suspendidas?
17 Tú, que te sofocas de calor entre tus ropas
   cuando la tierra dormita bajo el viento del
     sur,
18 ¿puedes ayudarle a extender los cielos,
   sólidos como espejo de bronce bruñido?

27 "He draws up the drops of water,
   which distill as rain to the streams[h];
28 the clouds pour down their moisture
   and abundant showers fall on mankind.
29 Who can understand how he spreads out the
     clouds,
   how he thunders from his pavilion?
30 See how he scatters his lightning about him,
   bathing the depths of the sea.
31 This is the way he governs[i] the nations
   and provides food in abundance.
32 He fills his hands with lightning
   and commands it to strike its mark.
33 His thunder announces the coming storm;
   even the cattle make known its
     approach.[j]

37 "At this my heart pounds
   and leaps from its place.
2 Listen! Listen to the roar of his voice,
   to the rumbling that comes from his
     mouth.
3 He unleashes his lightning beneath the
     whole heaven
   and sends it to the ends of the earth.
4 After that comes the sound of his roar;
   he thunders with his majestic voice.
   When his voice resounds,
   he holds nothing back.
5 God's voice thunders in marvelous ways;
   he does great things beyond our
     understanding.
6 He says to the snow, 'Fall on the earth,'
   and to the rain shower, 'Be a mighty
     downpour.'
7 So that all men he has made may know his
     work,
   he stops every man from his labor.[k]
8 The animals take cover;
   they remain in their dens.
9 The tempest comes out from its chamber,
   the cold from the driving winds.
10 The breath of God produces ice,
   and the broad waters become frozen.
11 He loads the clouds with moisture;
   he scatters his lightning through them.
12 At his direction they swirl around
   over the face of the whole earth
   to do whatever he commands them.
13 He brings the clouds to punish men,
   or to water his earth[l] and show his love.

14 "Listen to this, Job;
   stop and consider God's wonders.
15 Do you know how God controls the clouds
   and makes his lightning flash?
16 Do you know how the clouds hang poised,
   those wonders of him who is perfect in
     knowledge?
17 You who swelter in your clothes
   when the land lies hushed under the south
     wind,
18 can you join him in spreading out the skies,
   hard as a mirror of cast bronze?

---

[n] 36:27 *que fluyen ... los ríos.* Alt. *que destila del rocío en forma de lluvia.*   [ñ] 37:1 *Al llegar a este punto.* Alt. *Al ver esto.*
[o] 37:13 Versículo de difícil traducción.   [p] 37:16 *del conocimiento perfecto.* Alt. *del que todo lo sabe.*

[h] 27 Or *distill from the mist as rain*   [i] 31 Or *nourishes*
[j] 33 Or *announces his coming— / the One zealous against evil*
[k] 7 Or / *he fills all men with fear by his power*   [l] 13 Or *to favor them*

19»Haznos saber qué debemos responderle,
   pues debido a nuestra ignorancia*q*
   no tenemos argumentos.
20¿Le haré saber que estoy pidiendo la palabra?
   ¿Quién se atreve a hablar y ser destruido?
21No hay quien pueda mirar al sol brillante
   después de que el viento ha despejado los
      cielos.
22Un dorado resplandor viene del norte;
   ¡viene Dios, envuelto en terrible majestad!
23El *Todopoderoso no está a nuestro alcance;
   excelso es su poder.
Grandes son su justicia y rectitud;
   ¡a nadie oprime!
24Él no toma en cuenta a los que se creen
      sabios;
   por eso le temen los *mortales.»

19"Tell us what we should say to him;
   we cannot draw up our case because of
      our darkness.
20Should he be told that I want to speak?
   Would any man ask to be swallowed up?
21Now no one can look at the sun,
   bright as it is in the skies
   after the wind has swept them clean.
22Out of the north he comes in golden
      splendor;
   God comes in awesome majesty.
23The Almighty is beyond our reach and
      exalted in power;
   in his justice and great righteousness, he
      does not oppress.
24Therefore, men revere him,
   for does he not have regard for all the
      wise in heart?*m*"

Respuesta de Dios

38 El Señor le respondió a Job desde la tempestad.
Le dijo:

2«¿Quién es éste, que oscurece mi consejo
   con palabras carentes de sentido?
3Prepárate a hacerme frente;*r*
   yo te cuestionaré, y tú me responderás.

4»¿Dónde estabas cuando puse las bases de la
      tierra?
   ¡Dímelo, si de veras sabes tanto!
5¡Seguramente sabes quién estableció sus
      dimensiones
   y quién tendió sobre ella la cinta de medir!
6¿Sobre qué están puestos sus cimientos,
   o quién puso su piedra angular
7mientras cantaban a coro las estrellas matutinas
   y todos los ángeles*s* gritaban de alegría?

8»¿Quién encerró el mar tras sus compuertas
   cuando éste brotó del vientre de la tierra?
9¿O cuando lo arropé con las nubes
   y lo envolví en densas tinieblas?
10¿O cuando establecí sus límites
   y en sus compuertas coloqué cerrojos?
11¿O cuando le dije: "Sólo hasta aquí puedes
      llegar;
   de aquí no pasarán tus orgullosas olas"?

12»¿Alguna vez en tu vida le has dado órdenes a
      la mañana,
   o le has hecho saber a la aurora su lugar,
13para que tomen la tierra por sus extremos
   y sacudan de ella a los malvados?
14La tierra adquiere forma, como arcilla bajo un
      sello;
   resaltan sus rasgos como los de un vestido.
15Los malvados son privados de su luz,
   y es quebrantado su altanero brazo.

16»¿Has viajado hasta la fuentes del océano,
   o recorrido los rincones del abismo?
17¿Te han mostrado los umbrales de la muerte?
   ¿Has visto las puertas de la región
      tenebrosa?*t*

The Lord Speaks

38 Then the Lord answered Job out of the storm.
He said:

2"Who is this that darkens my counsel
   with words without knowledge?
3Brace yourself like a man;
   I will question you,
   and you shall answer me.

4"Where were you when I laid the earth's
      foundation?
   Tell me, if you understand.
5Who marked off its dimensions? Surely you
      know!
   Who stretched a measuring line across it?
6On what were its footings set,
   or who laid its cornerstone—
7while the morning stars sang together
   and all the angels*n* shouted for joy?

8"Who shut up the sea behind doors
   when it burst forth from the womb,
9when I made the clouds its garment
   and wrapped it in thick darkness,
10when I fixed limits for it
   and set its doors and bars in place,
11when I said, 'This far you may come and
      no farther;
   here is where your proud waves halt'?

12"Have you ever given orders to the
      morning,
   or shown the dawn its place,
13that it might take the earth by the edges
   and shake the wicked out of it?
14The earth takes shape like clay under a seal;
   its features stand out like those of a
      garment.
15The wicked are denied their light,
   and their upraised arm is broken.

16"Have you journeyed to the springs of the
      sea
   or walked in the recesses of the deep?
17Have the gates of death been shown to you?
   Have you seen the gates of the shadow of
      death*o*?

---

q 37:19 nuestra ignorancia. Lit. *nuestra oscuridad.*
r 38:3 Prepárate a hacerme frente. Lit. *Ciñe ahora, como hombre,
tus lomos.*   *s 38:7 ángeles.* Lit. *hijos de Dios.*   *t 38:17 la
región tenebrosa.* Lit. *la profunda sombra.*

*m 24 Or for he does not have regard for any who think they are
wise.*   *n 7 Hebrew the sons of God*   *o 17 Or gates of deep
shadows*

¹⁸¿Tienes idea de cuán ancha es la tierra?
    Si de veras sabes todo esto, ¡dalo a conocer!

¹⁹»¿Qué camino lleva a la morada de la luz?
    ¿En qué lugar se encuentran las tinieblas?
²⁰¿Puedes acaso llevarlas a sus linderos?
    ¿Conoces el camino a sus moradas?
²¹¡Con toda seguridad lo sabes,
    pues para entonces ya habrías nacido!
    ¡Son tantos los años que has vivido!

²²»¿Has llegado a visitar
    los depósitos de nieve de granizo,
²³que guardo para tiempos azarosos,
    cuando se libran guerras y batallas?
²⁴¿Qué camino lleva adonde la luz se dispersa,
    o adonde los vientos del este
    se desatan sobre la tierra?
²⁵¿Quién abre el canal para las lluvias
        torrenciales,
    y le da paso a la tormenta,
²⁶para regar regiones despobladas,
    desiertos donde nadie vive,
²⁷para saciar la sed del yermo desolado
    y hacer que en él brote la hierba?
²⁸¿Acaso la lluvia tiene padre?
    ¿Ha engendrado alguien las gotas de rocío?
²⁹¿De qué vientre nace el hielo?
    ¿Quién da a luz la escarcha de los cielos?
³⁰¡Las aguas se endurecen como rocas,
    y la faz del mar profundo se congela!

³¹»¿Acaso puedes atar los lazos de las Pléyades,
    o desatar las cuerdas que sujetan al Orión?
³²¿Puedes hacer que las constelaciones salgan*ᵘ*
        a tiempo?
    ¿Puedes guiar a la Osa Mayor y a la
        Menor?*ᵛ*
³³¿Conoces las leyes que rigen los cielos?
    ¿Puedes establecer mi*ʷ* dominio sobre la
        tierra?

³⁴»¿Puedes elevar tu voz hasta las nubes
    para que te cubran aguas torrenciales?
³⁵¿Eres tú quien señala el curso de los rayos?
    ¿Acaso te responden: "Estamos a tus
        órdenes"?
³⁶¿Quién infundió sabiduría en el ibis,
    o dio al gallo*ˣ* entendimiento?
³⁷¿Quién tiene sabiduría para contar las nubes?
    ¿Quién puede vaciar los cántaros del cielo
³⁸cuando el polvo se endurece
    y los terrones se pegan entre sí?

³⁹»¿Cazas tú la presa para las leonas
    y sacias el hambre de sus cachorros
⁴⁰cuando yacen escondidas en sus cuevas
    o se tienden al acecho en sus guaridas?
⁴¹¿Eres tú quien alimenta a los cuervos
    cuando sus crías claman a mí*ʸ*
    y andan sin rumbo y sin comida?

¹⁸Have you comprehended the vast expanses
        of the earth?
    Tell me, if you know all this.

¹⁹"What is the way to the abode of light?
    And where does darkness reside?
²⁰Can you take them to their places?
    Do you know the paths to their
        dwellings?
²¹Surely you know, for you were already
        born!
    You have lived so many years!

²²"Have you entered the storehouses of the
        snow
    or seen the storehouses of the hail,
²³which I reserve for times of trouble,
    for days of war and battle?
²⁴What is the way to the place where the
        lightning is dispersed,
    or the place where the east winds are
        scattered over the earth?
²⁵Who cuts a channel for the torrents of rain,
    and a path for the thunderstorm,
²⁶to water a land where no man lives,
    a desert with no one in it,
²⁷to satisfy a desolate wasteland
    and make it sprout with grass?
²⁸Does the rain have a father?
    Who fathers the drops of dew?
²⁹From whose womb comes the ice?
    Who gives birth to the frost from the
        heavens
³⁰when the waters become hard as stone,
    when the surface of the deep is frozen?

³¹"Can you bind the beautiful*ᵖ* Pleiades?
    Can you loose the cords of Orion?
³²Can you bring forth the constellations in
        their seasons*q*
    or lead out the Bear*ʳ* with its cubs?
³³Do you know the laws of the heavens?
    Can you set up ₗGod's*ˢ*₌ dominion over
        the earth?

³⁴"Can you raise your voice to the clouds
    and cover yourself with a flood of water?
³⁵Do you send the lightning bolts on their
        way?
    Do they report to you, 'Here we are'?
³⁶Who endowed the heart*ᵗ* with wisdom
    or gave understanding to the mind*ᵗ*?
³⁷Who has the wisdom to count the clouds?
    Who can tip over the water jars of the
        heavens
³⁸when the dust becomes hard
    and the clods of earth stick together?

³⁹"Do you hunt the prey for the lioness
    and satisfy the hunger of the lions
⁴⁰when they crouch in their dens
    or lie in wait in a thicket?
⁴¹Who provides food for the raven
    when its young cry out to God
    and wander about for lack of food?

ᵘ 38:32 las constelaciones salgan. Alt. *la estrella de la mañana
salga.*   *ᵛ 38:32 a la Osa Mayor y a la Menor.* Alt. *a Leo y a sus
cachorros.*   *ʷ 38:33 mi.* Lit. *su.*   *ˣ 38:36 ibis ... gallo.*
Palabras de difícil traducción.   *ʸ 38:41 a mi.* Lit. *a Dios.*

ᵖ 31 Or *the twinkling;* or *the chains of the*   *q 32* Or *the morning
star in its season*   *ʳ 32* Or *out Leo*   *ˢ 33* Or *his;* or *their*
ᵗ 36 The meaning of the Hebrew for this word is uncertain.

39

»¿Sabes cuándo los íbices tienen sus crías?
¿Has visto el parto de las gacelas?

2 ¿Has contado los meses de su gestación?
¿Sabes cuándo dan a luz?

3 Al tener sus crías se encorvan,
y allí terminan sus dolores de parto.

4 Crecen sus crías, y en el bosque se hacen fuertes;
luego se van y ya no vuelven.

5 »¿Quién deja sueltos a los asnos salvajes?
¿Quién les desata las cuerdas?

6 Yo les di el páramo por morada,
el yermo por hábitat.

7 Se burlan del ajetreo de la ciudad;
no prestan atención a los gritos del arriero.

8 Recorren los cerros en busca de pastos,
en busca de verdes prados.

9 »¿Crees tú que el toro salvaje se prestará a servirte?
¿Pasará la noche en tus establos?

10 ¿Puedes mantenerlo en el surco con el arnés?
¿Irá en pos de ti labrando los valles?

11 ¿Pondrás tu confianza en su tremenda fuerza?
¿Echarás sobre sus lomos tu pesado trabajo?

12 ¿Puedes confiar en él para que acarree tu grano
y lo junte en el lugar donde lo trillas?

13 »El avestruz bate alegremente sus alas,
pero su plumaje no es como el de la cigüeña.ᶻ

14 Pone sus huevos en la tierra,
los deja empollar en la arena,

15 sin que le importe aplastarlos con sus patas,
o que las bestias salvajes los pisoteen.

16 Maltrata a sus polluelos como si no fueran suyos,
y no le importa haber trabajado en vano,

17 pues Dios no le dio sabiduría
ni le impartió su porción de buen juicio.

18 Pero cuando extiende sus alas y corre,
se ríe de jinetes y caballos.

19 »¿Le has dado al caballo su fuerza?
¿Has cubierto su cuello con largas crines?

20 ¿Eres tú quien lo hace saltar como langosta,
con su orgulloso resoplido que infunde terror?

21 Patalea con furia, regocijándose en su fuerza,
y se lanza al galope hacia la llanura.

22 Se burla del miedo; a nada le teme;
no rehuye hacerle frente a la espada.

23 En torno suyo silban las flechas,
brillan las lanzas y las jabalinas.

24 En frenética carrera devora las distancias;
al toque de trompeta no es posible refrenarlo.

25 En cuanto suena la trompeta, resopla desafiante;
percibe desde lejos el fragorᵃ de la batalla,
los gritos de combate y las órdenes de ataque.

26 »¿Es tu sabiduría la que hace que el halcón vuele
y que hacia el sur extienda sus alas?

39

"Do you know when the mountain goats give birth?
Do you watch when the doe bears her fawn?

2 Do you count the months till they bear?
Do you know the time they give birth?

3 They crouch down and bring forth their young;
their labor pains are ended.

4 Their young thrive and grow strong in the wilds;
they leave and do not return.

5 "Who let the wild donkey go free?
Who untied his ropes?

6 I gave him the wasteland as his home,
the salt flats as his habitat.

7 He laughs at the commotion in the town;
he does not hear a driver's shout.

8 He ranges the hills for his pasture
and searches for any green thing.

9 "Will the wild ox consent to serve you?
Will he stay by your manger at night?

10 Can you hold him to the furrow with a harness?
Will he till the valleys behind you?

11 Will you rely on him for his great strength?
Will you leave your heavy work to him?

12 Can you trust him to bring in your grain
and gather it to your threshing floor?

13 "The wings of the ostrich flap joyfully,
but they cannot compare with the pinions and feathers of the stork.

14 She lays her eggs on the ground
and lets them warm in the sand,

15 unmindful that a foot may crush them,
that some wild animal may trample them.

16 She treats her young harshly, as if they were not hers;
she cares not that her labor was in vain,

17 for God did not endow her with wisdom
or give her a share of good sense.

18 Yet when she spreads her feathers to run,
she laughs at horse and rider.

19 "Do you give the horse his strength
or clothe his neck with a flowing mane?

20 Do you make him leap like a locust,
striking terror with his proud snorting?

21 He paws fiercely, rejoicing in his strength,
and charges into the fray.

22 He laughs at fear, afraid of nothing;
he does not shy away from the sword.

23 The quiver rattles against his side,
along with the flashing spear and lance.

24 In frenzied excitement he eats up the ground;
he cannot stand still when the trumpet sounds.

25 At the blast of the trumpet he snorts, 'Aha!'
He catches the scent of battle from afar,
the shout of commanders and the battle cry.

26 "Does the hawk take flight by your wisdom
and spread his wings toward the south?

ᶻ 39:13 su plumaje ... cigüeña. Frase de difícil traducción.
ᵃ 39:25 el fragor. Lit. el olor.

27¿Acaso por tus órdenes remonta el vuelo el
        águila
    y construye su nido en las alturas?
28Habita en los riscos; allí pasa la noche;
    en escarpadas grietas tiene su baluarte.
29Desde allí acecha la presa;
    sus ojos la detectan desde lejos.
30Sus polluelos se regodean en la sangre;
    donde hay un cadáver, allí está el halcón.»

40 El SEÑOR dijo también a Job:

2«¿Corregirá al *Todopoderoso quien contra él
        contiende?
    ¡Que le responda a Dios quien se atreve a
        acusarlo!»

3Entonces Job le respondió:

4«¿Qué puedo responderte, si soy tan indigno?
    ¡Me tapo la boca con la mano!
5Hablé una vez, y no voy a responder;
    hablé otra vez, y no voy a insistir.»

6El SEÑOR le respondió a Job desde la tempestad. Le
dijo:

7«Prepárate a hacerme frente.
    Yo te cuestionaré, y tú me responderás.

8»¿Vas acaso a invalidar mi *justicia?
    ¿Me harás quedar mal para que tú quedes
        bien?
9¿Tienes acaso un brazo como el mío?
    ¿Puede tu voz tronar como la mía?
10Si es así, cúbrete de gloria y esplendor;
    revístete de honra y majestad.
11Da rienda suelta a la furia de tu ira;
    mira a los orgullosos, y humíllalos;
12mira a los soberbios, y somételos;
    aplasta a los malvados donde se hallen.
13Entiérralos a todos en el polvo;
    amortaja sus rostros en la fosa.
14Yo, por mi parte, reconoceré
    que en tu mano *derecha está la *salvación.

15»Mira a Behemot,b criatura mía igual que tú,
    que se alimenta de hierba, como los bueyes.
16¡Cuánta fuerza hay en sus lomos!
    ¡Su poder está en los músculos de su
        vientre!
17Su rabo se mece como un cedro;
    los tendones de sus muslos se entrelazan.
18Sus huesos son como barras de bronce;
    sus piernas parecen barrotes de hierro.
19Entre mis obras ocupa el primer lugar,
    sólo yo, su Hacedor, puedo acercármele con
        la espada.
20Los montes le brindan sus frutos;
    allí juguetean todos los animales salvajes.
21Debajo de los lotos se tiende a descansar;
    se oculta entre los juncos del pantano.
22Los lotos le brindan su sombra;
    los álamos junto al río lo envuelven.
23Vacía un río entero sin apresurarse;
    con toda calma se traga el Jordán.c

27Does the eagle soar at your command
    and build his nest on high?
28He dwells on a cliff and stays there at night;
    a rocky crag is his stronghold.
29From there he seeks out his food;
    his eyes detect it from afar.
30His young ones feast on blood,
    and where the slain are, there is he.”

40 The LORD said to Job:

2“Will the one who contends with the
        Almighty correct him?
    Let him who accuses God answer him!”

3Then Job answered the LORD:

4“I am unworthy—how can I reply to you?
    I put my hand over my mouth.
5I spoke once, but I have no answer—
    twice, but I will say no more.”

6Then the LORD spoke to Job out of the storm:

7“Brace yourself like a man;
    I will question you,
    and you shall answer me.

8“Would you discredit my justice?
    Would you condemn me to justify
        yourself?
9Do you have an arm like God's,
    and can your voice thunder like his?
10Then adorn yourself with glory and
        splendor,
    and clothe yourself in honor and majesty.
11Unleash the fury of your wrath,
    look at every proud man and bring him
        low,
12look at every proud man and humble him,
    crush the wicked where they stand.
13Bury them all in the dust together;
    shroud their faces in the grave.
14Then I myself will admit to you
    that your own right hand can save you.

15“Look at the behemoth,u
    which I made along with you
    and which feeds on grass like an ox.
16What strength he has in his loins,
    what power in the muscles of his belly!
17His tailv sways like a cedar;
    the sinews of his thighs are close-knit.
18His bones are tubes of bronze,
    his limbs like rods of iron.
19He ranks first among the works of God,
    yet his Maker can approach him with his
        sword.
20The hills bring him their produce,
    and all the wild animals play nearby.
21Under the lotus plants he lies,
    hidden among the reeds in the marsh.
22The lotuses conceal him in their shadow;
    the poplars by the stream surround him.
23When the river rages, he is not alarmed;
    he is secure, though the Jordan should
        surge against his mouth.

---

b 40:15 Behemot. Posiblemente se trata del hipopótamo o del
elefante.   c 40:23 Vacía un río ... el Jordán. Alt. No se alarma
si brama el río; / vive tranquilo, aunque el Jordán le llegue al
hocico.

u 15 Possibly the hippopotamus or the elephant   v 17 Possibly
trunk

²⁴¿Quién ante sus ojos se atreve a capturarlo?
¿Quién puede atraparlo y perforarle la nariz?

41

»¿Puedes pescar a *Leviatán con un anzuelo,
o atarle la lengua con una cuerda?
²¿Puedes ponerle un cordel en la nariz,
o perforarle la quijada con un gancho?
³¿Acaso amablemente va a pedirte
o suplicarte que le tengas compasión?
⁴¿Acaso va a comprometerse
a ser tu esclavo de por vida?
⁵¿Podrás jugar con él como juegas con los
pájaros,
o atarlo para que tus niñas se entretengan?
⁶¿Podrán los mercaderes ofrecerlo como
mercancía,ᵈ
o cortarlo en pedazos para venderlo?
⁷¿Puedes atravesarle la piel con lanzas,
o la cabeza con arpones?
⁸Si llegas a ponerle la mano encima,
¡jamás te olvidarás de esa batalla,
y no querrás repetir la experiencia!
⁹Vana es la pretensión de llegar a someterlo;
basta con verlo para desmayarse.ᵉ
¹⁰No hay quien se atreva siquiera a provocarlo;
¿quién, pues, podría hacerle frente?
¹¹¿Y quién tiene alguna cuenta que cobrarme?
¡Mío es todo cuanto hay bajo los cielos!

¹²»No puedo dejar de mencionar sus
extremidades,
su fuerza y su elegante apariencia.
¹³¿Quién puede despojarlo de su coraza?
¿Quién puede acercarse a él y ponerle un
freno?
¹⁴¿Quién se atreve a abrir el abismo de sus
fauces,
coronadas de terribles colmillos?
¹⁵Tiene el lomoᶠ recubierto de hileras de
escudos,
todos ellos unidos en cerrado tejido;
¹⁶tan juntos están uno al otro
que no dejan pasar ni el aire;
¹⁷tan prendidos están uno del otro,
tan unidos entre sí, que no pueden separarse.
¹⁸Resopla y lanza deslumbrantes relámpagos;
sus ojos se parecen a los rayos de la aurora.
¹⁹Ascuas de fuego brotan de su hocico;
chispas de lumbre salen disparadas.
²⁰Lanza humo por la nariz,
como olla hirviendo sobre un fuego de
juncos.
²¹Con su aliento enciende los carbones,
y lanza fuego por la boca.
²²En su cuello radica su fuerza;
ante él, todo el mundo pierde el ánimo.
²³Los pliegues de su piel son un tejido apretado;
firmes son, e inconmovibles.
²⁴Duro es su pecho, como una roca;
sólido, cual piedra de molino.
²⁵Cuando se yergue, los poderosos tiemblan;
cuando se sacude, emprenden la huida.
²⁶La espada, aunque lo alcance, no lo hiere,
ni lo hieren tampoco los dardos,
ni las lanzas y las jabalinas.

²⁴Can anyone capture him by the eyes,ʷ
or trap him and pierce his nose?

41

"Can you pull in the leviathanˣ with a
fishhook
or tie down his tongue with a rope?
²Can you put a cord through his nose
or pierce his jaw with a hook?
³Will he keep begging you for mercy?
Will he speak to you with gentle words?
⁴Will he make an agreement with you
for you to take him as your slave for life?
⁵Can you make a pet of him like a bird
or put him on a leash for your girls?
⁶Will traders barter for him?
Will they divide him up among the
merchants?
⁷Can you fill his hide with harpoons
or his head with fishing spears?
⁸If you lay a hand on him,
you will remember the struggle and never
do it again!
⁹Any hope of subduing him is false;
the mere sight of him is overpowering.
¹⁰No one is fierce enough to rouse him.
Who then is able to stand against me?
¹¹Who has a claim against me that I must
pay?
Everything under heaven belongs to me.

¹²"I will not fail to speak of his limbs,
his strength and his graceful form.
¹³Who can strip off his outer coat?
Who would approach him with a bridle?
¹⁴Who dares open the doors of his mouth,
ringed about with his fearsome teeth?
¹⁵His back hasʸ rows of shields
tightly sealed together;
¹⁶each is so close to the next
that no air can pass between.
¹⁷They are joined fast to one another;
they cling together and cannot be parted.
¹⁸His snorting throws out flashes of light;
his eyes are like the rays of dawn.
¹⁹Firebrands stream from his mouth;
sparks of fire shoot out.
²⁰Smoke pours from his nostrils
as from a boiling pot over a fire of reeds.
²¹His breath sets coals ablaze,
and flames dart from his mouth.
²²Strength resides in his neck;
dismay goes before him.
²³The folds of his flesh are tightly joined;
they are firm and immovable.
²⁴His chest is hard as rock,
hard as a lower millstone.
²⁵When he rises up, the mighty are terrified;
they retreat before his thrashing.
²⁶The sword that reaches him has no effect,
nor does the spear or the dart or the
javelin.

ᵈ41:6 como mercancía. Alt. en un banquete.   ᵉ41:9 basta con
... para desmayarse. Alt. ¡hasta un dios se desmayó al verlo!
ᶠ41:15 lomo (véanse LXX y Vulgata); orgullo (TM).

ʷ24 Or by a water hole   ˣ1 Possibly the crocodile
ʸ15 Or His pride is his

27 Al hierro lo trata como a paja,
    y al bronce como a madera podrida.
28 No lo hacen huir las flechas;
    ve como paja las piedras de las hondas.
29 Los golpes del mazo apenas le hacen
      cosquillas;
    se burla del silbido de la lanza.
30 Sus costados son dentados tiestos
    que en el fango van dejando huellas de
      rastrillos.
31 Hace hervir las profundidades como un
      caldero;
    agita los mares como un frasco de ungüento.
32 Una estela brillante va dejando tras de sí,
    cual si fuera la blanca cabellera del abismo.
33 Es un monstruo que a nada teme;
    nada hay en el mundo que se le parezca.
34 Mira con desdén a todos los poderosos;
    ¡él es rey de todos los soberbios!»

Respuesta de Job

42 Job respondió entonces al SEÑOR. Le dijo:

2 «Yo sé bien que tú lo puedes todo,
    que no es posible frustrar ninguno de tus
      planes.
3 "¿Quién es éste —has preguntado—,
    "que sin *conocimiento oscurece mi
      consejo?"
Reconozco que he hablado de cosas
    que no alcanzo a comprender,
de cosas demasiado maravillosas
    que me son desconocidas.

4 »"Ahora escúchame, que voy a hablar
      —dijiste—; g
    "yo te cuestionaré, y tú me responderás."
5 De oídas había oído hablar de ti,
    pero ahora te veo con mis propios ojos.
6 Por tanto, me retracto de lo que he dicho,
    y me arrepiento en polvo y ceniza.»

Epílogo

7 Después de haberle dicho todo esto a Job, el SEÑOR se dirigió a Elifaz de Temán y le dijo: «Estoy muy irritado contigo y con tus dos amigos porque, a diferencia de mi siervo Job, lo que ustedes han dicho de mí no es verdad. 8 Tomen ahora siete toros y siete carneros, y vayan con mi siervo Job y ofrezcan un *holocausto por ustedes mismos. Mi siervo Job orará por ustedes, y yo atenderé a su oración y no los haré quedar en vergüenza. Y conste que, a diferencia de mi siervo Job, lo que ustedes han dicho de mí no es verdad.» 9 Elifaz de Temán, Bildad de Súah y Zofar de Namat fueron y cumplieron con lo que el SEÑOR les había ordenado, y el SEÑOR atendió a la oración de Job.

10 Después de haber orado Job por sus amigos, el SEÑOR lo hizo prosperar de nuevo y le dio dos veces más de lo que antes tenía. 11 Todos sus hermanos y hermanas, y todos los que antes lo habían conocido, fueron a su casa y celebraron con él un banquete. Lo animaron y lo consolaron por todas las calamidades que el SEÑOR le había enviado, y cada uno de ellos le dio una moneda de plata y un anillo de oro.

12 El SEÑOR bendijo más los últimos años de Job que los primeros, pues llegó a tener catorce mil ovejas, seis mil camellos, mil yuntas de bueyes y mil asnas. 13 Tuvo

27 Iron he treats like straw
    and bronze like rotten wood.
28 Arrows do not make him flee;
    slingstones are like chaff to him.
29 A club seems to him but a piece of straw;
    he laughs at the rattling of the lance.
30 His undersides are jagged potsherds,
    leaving a trail in the mud like a threshing
      sledge.
31 He makes the depths churn like a boiling
      caldron
    and stirs up the sea like a pot of
      ointment.
32 Behind him he leaves a glistening wake;
    one would think the deep had white hair.
33 Nothing on earth is his equal—
    a creature without fear.
34 He looks down on all that are haughty;
    he is king over all that are proud."

Job

42 Then Job replied to the LORD:

2 "I know that you can do all things;
    no plan of yours can be thwarted.
3 ⌊You asked,⌋ 'Who is this that obscures my
      counsel without knowledge?'
Surely I spoke of things I did not
      understand,
things too wonderful for me to know.

4 ⌊You said,⌋ 'Listen now, and I will speak;
    I will question you,
    and you shall answer me.'
5 My ears had heard of you
    but now my eyes have seen you.
6 Therefore I despise myself
    and repent in dust and ashes."

Epilogue

7 After the LORD had said these things to Job, he said to Eliphaz the Temanite, "I am angry with you and your two friends, because you have not spoken of me what is right, as my servant Job has. 8 So now take seven bulls and seven rams and go to my servant Job and sacrifice a burnt offering for yourselves. My servant Job will pray for you, and I will accept his prayer and not deal with you according to your folly. You have not spoken of me what is right, as my servant Job has." 9 So Eliphaz the Temanite, Bildad the Shuhite and Zophar the Naamathite did what the LORD told them; and the LORD accepted Job's prayer.

10 After Job had prayed for his friends, the LORD made him prosperous again and gave him twice as much as he had before. 11 All his brothers and sisters and everyone who had known him before came and ate with him in his house. They comforted and consoled him over all the trouble the LORD had brought upon him, and each one gave him a piece of silver z and a gold ring.

12 The LORD blessed the latter part of Job's life more than the first. He had fourteen thousand sheep, six thousand camels, a thousand yoke of oxen and a thousand donkeys. 13 And he also had seven sons and three

---

g 42:4 *dijiste*. Véase 38:3.

z 11 Hebrew *him a kesitah*; a kesitah was a unit of money of unknown weight and value.

también catorce[h] hijos y tres hijas. 14 A la primera de ellas le puso por nombre Paloma, a la segunda la llamó Canela, y a la tercera, Linda.[i] 15 No había en todo el país mujeres tan bellas como las hijas de Job. Su padre les dejó una herencia, lo mismo que a sus hermanos.

16 Después de estos sucesos Job vivió ciento cuarenta años. Llegó a ver a sus hijos, y a los hijos de sus hijos, hasta la cuarta generación. 17 Disfrutó de una larga vida y murió en plena ancianidad.

daughters. 14 The first daughter he named Jemimah, the second Keziah and the third Keren-Happuch. 15 Nowhere in all the land were there found women as beautiful as Job's daughters, and their father granted them an inheritance along with their brothers.

16 After this, Job lived a hundred and forty years; he saw his children and their children to the fourth generation. 17 And so he died, old and full of years.

---

h 42:13 *catorce*. Alt. *siete*.   i 42:14 *Linda*. Lit. *Frasquito de maquillaje*.

Salmos

Psalms

1

*Dichoso el *hombre
  que no sigue el consejo de los malvados,
  ni se detiene en la senda de los pecadores
  ni cultiva la amistad de los *blasfemos,
2 sino que en la *ley del SEÑOR se deleita,
  y día y noche medita en ella.
3 Es como el árbol
  plantado a la orilla de un río
que, cuando llega su tiempo, da fruto
  y sus hojas jamás se marchitan.
  ¡Todo cuanto hace prospera!

4 En cambio, los malvados
  son como paja arrastrada por el viento.
5 Por eso no se sostendrán los malvados en el
    juicio,
  ni los pecadores en la asamblea de los
    justos.

6 Porque el SEÑOR cuida el *camino de los justos,
  mas la senda de los malos lleva a la
    perdición.

2

¿Por qué se sublevan las naciones,
  y en vano conspiran los pueblos?
2 Los reyes de la tierra se rebelan;
  los gobernantes se confabulan contra el
    SEÑOR
  y contra su *ungido.
3 Y dicen: «¡Hagamos pedazos sus cadenas!
  ¡Librémonos de su yugo!»

4 El rey de los cielos se ríe;
  el SEÑOR se burla de ellos.
5 En su enojo los reprende,
  en su furor los intimida y dice:
6 «He establecido a mi rey
  sobre *Sión, mi santo monte.»

7 Yo proclamaré el decreto del SEÑOR:
  «Tú eres mi hijo», me ha dicho;
  «hoy mismo te he engendrado.
8 Pídeme,
  y como herencia te entregaré las naciones;
  ¡tuyos serán los confines de la tierra!
9 Las gobernarás con puño[a] de hierro;
  las harás pedazos como a vasijas de barro.»

10 Ustedes, los reyes, sean prudentes;
  déjense enseñar, gobernantes de la tierra.
11 Sirvan al SEÑOR con temor;
  con temblor ríndanle alabanza.

1

Blessed is the man
  who does not walk in the counsel of the
    wicked
or stand in the way of sinners
  or sit in the seat of mockers.
2 But his delight is in the law of the LORD,
  and on his law he meditates day and
    night.
3 He is like a tree planted by streams of
    water,
  which yields its fruit in season
and whose leaf does not wither.
  Whatever he does prospers.

4 Not so the wicked!
  They are like chaff
  that the wind blows away.
5 Therefore the wicked will not stand in the
    judgment,
  nor sinners in the assembly of the
    righteous.

6 For the LORD watches over the way of the
    righteous,
  but the way of the wicked will perish.

2

Why do the nations conspire[a]
  and the peoples plot in vain?
2 The kings of the earth take their stand
  and the rulers gather together
against the LORD
  and against his Anointed One.[b]
3 "Let us break their chains," they say,
  "and throw off their fetters."

4 The One enthroned in heaven laughs;
  the Lord scoffs at them.
5 Then he rebukes them in his anger
  and terrifies them in his wrath, saying,
6 "I have installed my King[c]
  on Zion, my holy hill."

7 I will proclaim the decree of the LORD:

He said to me, "You are my Son[d];
  today I have become your Father.[e]
8 Ask of me,
  and I will make the nations your
    inheritance,
  the ends of the earth your possession.
9 You will rule them with an iron scepter[f];
  you will dash them to pieces like
    pottery."

10 Therefore, you kings, be wise;
  be warned, you rulers of the earth.
11 Serve the LORD with fear
  and rejoice with trembling.

---

a 2:9 *puño.* Lit. *cetro.*

a 1 Hebrew; Septuagint *rage*   *b* 2 Or *anointed one*
c 6 Or *king*   *d* 7 Or *son;* also in verse 12   *e* 7 Or *have*
begotten you   *f* 9 Or *will break them with a rod of iron*

¹²Bésenle los pies,^b no sea que se enoje
  y sean ustedes destruidos en el camino,
  pues su ira se inflama de repente.

¡*Dichosos los que en él buscan refugio!

---

¹²Kiss the Son, lest he be angry
  and you be destroyed in your way,
  for his wrath can flare up in a moment.
  Blessed are all who take refuge in him.

Salmo de David, cuando huía de su hijo Absalón.

3

Muchos son, SEÑOR, mis enemigos;
  muchos son los que se me oponen,
²y muchos los que de mí aseguran:
  «Dios no lo salvará.»
             *Selah

³Pero tú, SEÑOR, me rodeas cual escudo;
  tú eres mi gloria;
  ¡tú mantienes en alto mi cabeza!
⁴Clamo al SEÑOR a voz en cuello,
  y desde su monte santo él me responde.
             Selah

⁵Yo me acuesto, me duermo y vuelvo a
    despertar,
  porque el SEÑOR me sostiene.
⁶No me asustan los numerosos escuadrones
  que me acosan por doquier.

⁷¡Levántate, SEÑOR!
  ¡Ponme a salvo, Dios mío!
  ¡Rómpeles la quijada a mis enemigos!
  ¡Rómpeles los dientes a los malvados!

⁸Tuya es, SEÑOR, la *salvación;
  ¡envía tu bendición sobre tu pueblo!
             Selah

A psalm of David. When he fled from his
son Absalom.

3

O LORD, how many are my foes!
  How many rise up against me!
²Many are saying of me,
  "God will not deliver him."   Selah^g

³But you are a shield around me, O LORD;
  you bestow glory on me and lift^h up my
    head.
⁴To the LORD I cry aloud,
  and he answers me from his holy hill.
             Selah

⁵I lie down and sleep;
  I wake again, because the LORD sustains
    me.
⁶I will not fear the tens of thousands
  drawn up against me on every side.

⁷Arise, O LORD!
  Deliver me, O my God!
Strike all my enemies on the jaw;
  break the teeth of the wicked.

⁸From the LORD comes deliverance.
  May your blessing be on your people.
             Selah

Al director musical. Acompáñese con
instrumentos de cuerda. Salmo de David.

4

Responde a mi clamor,
  Dios mío y defensor mío.
Dame alivio cuando esté angustiado,
  apiádate de mí y escucha mi oración.

²Y ustedes, señores,
  ¿hasta cuándo cambiarán mi gloria en
    vergüenza?
  ¿Hasta cuándo amarán ídolos vanos
    e irán en pos de lo ilusorio?
            *Selah

³Sepan que el SEÑOR honra al que le es fiel;
  el SEÑOR me escucha cuando lo llamo.

⁴Si se enojan, no pequen;
  en la quietud del descanso nocturno
  examínense el *corazón.
             Selah

⁵Ofrezcan sacrificios de *justicia
  y confíen en el SEÑOR.

⁶Muchos son los que dicen:
  «¿Quién puede mostrarnos algún bien?»
¡Haz, SEÑOR, que sobre nosotros
  brille la luz de tu rostro!

⁷Tú has hecho que mi corazón rebose de
    alegría,
  alegría mayor que la que tienen los que
    disfrutan de trigo y vino en abundancia.

⁸En *paz me acuesto y me duermo,
  porque sólo tú, SEÑOR, me haces vivir
    confiado.

For the director of music. With stringed
instruments. A psalm of David.

4

Answer me when I call to you,
  O my righteous God.
Give me relief from my distress;
  be merciful to me and hear my prayer.

²How long, O men, will you turn my glory
    into shameⁱ?
  How long will you love delusions and
    seek false gods^j?   Selah
³Know that the LORD has set apart the godly
    for himself;
  the LORD will hear when I call to him.

⁴In your anger do not sin;
  when you are on your beds,
  search your hearts and be silent.   Selah
⁵Offer right sacrifices
  and trust in the LORD.

⁶Many are asking, "Who can show us any
    good?"
  Let the light of your face shine upon us,
    O LORD.
⁷You have filled my heart with greater joy
  than when their grain and new wine
    abound.
⁸I will lie down and sleep in peace,
  for you alone, O LORD,
  make me dwell in safety.

---

^g2 A word of uncertain meaning, occurring frequently in the
Psalms; possibly a musical term   ^h3 Or LORD, / my Glorious
One, who lifts   ⁱ2 Or you dishonor my Glorious One
^j2 Or seek lies

Al director musical. Sígase la tonada de «La canción del lagar».[e] Salmo de David.

8 Oh SEÑOR, soberano nuestro,
¡qué imponente es tu *nombre en toda la tierra!
¡Has puesto tu gloria sobre los cielos!
2 Por causa de tus adversarios
has hecho que brote la alabanza[f]
de labios de los pequeñitos y de los niños de pecho,
para silenciar al enemigo y al rebelde.
3 Cuando contemplo tus cielos,
obra de tus dedos,
la luna y las estrellas que allí fijaste,
4 me pregunto:
«¿Qué es el *hombre, para que en él pienses?
¿Qué es el *ser humano[g], para que lo tomes en cuenta?»
5 Pues lo hiciste poco menos que un dios,[h]
y lo coronaste de gloria y de honra;
6 lo entronizaste sobre la obra de tus manos,
todo lo sometiste a su dominio:
7 todas las ovejas, todos los bueyes,
todos los animales del campo,
8 las aves del cielo, los peces del mar,
y todo lo que surca los senderos del mar.
9 Oh SEÑOR, soberano nuestro,
¡qué imponente es tu nombre en toda la tierra!

Al director musical. Sígase la tonada de «La muerte del hijo». Salmo de David.

9[i] *Álef* 1 Quiero alabarte, SEÑOR, con todo el *corazón,
y contar todas tus maravillas.
2 Quiero alegrarme y regocijarme en ti,
y cantar salmos a tu *nombre, oh *Altísimo.
Bet 3 Mis enemigos retroceden;
tropiezan y perecen ante ti.
4 Porque tú me has hecho *justicia, me has vindicado;
tú, juez justo, ocupas tu trono.
Guímel 5 Reprendiste a los *paganos, destruiste a los malvados;
¡para siempre borraste su memoria!
6 Desgracia sin fin cayó sobre el enemigo;
arrancaste de raíz sus ciudades,
y hasta su recuerdo se ha desvanecido.
He 7 Pero el SEÑOR reina por siempre;
para emitir juicio ha establecido su trono.
8 Juzgará al mundo con justicia;
gobernará a los pueblos con equidad.

[e] 8 Tít. *Sígase ... lagar*. Lit. *Según la *gittith.* [f] 8:2 *has hecho que brote la alabanza*. Lit. *fundaste la fortaleza.* [g] 8:4 *ser humano*. Lit. *hijo de hombre.* [h] 8:5 *un dios*. Alt. *los ángeles* o *los seres celestiales.* [i] *Sal 9* En el texto hebreo los salmos 9 y 10 son un solo poema (véase LXX), que forma un acróstico siguiendo el orden del alfabeto hebreo.

For the director of music. According to *gittith.*[p] A psalm of David.

8 O LORD, our Lord,
how majestic is your name in all the earth!
You have set your glory
above the heavens.
2 From the lips of children and infants
you have ordained praise[q]
because of your enemies,
to silence the foe and the avenger.
3 When I consider your heavens,
the work of your fingers,
the moon and the stars,
which you have set in place,
4 what is man that you are mindful of him,
the son of man that you care for him?
5 You made him a little lower than the heavenly beings[r]
and crowned him with glory and honor.
6 You made him ruler over the works of your hands;
you put everything under his feet:
7 all flocks and herds,
and the beasts of the field,
8 the birds of the air,
and the fish of the sea,
all that swim the paths of the seas.
9 O LORD, our Lord,
how majestic is your name in all the earth!

For the director of music. To ⌊the tune of⌋ "The Death of the Son." A psalm of David.

9[s] I will praise you, O LORD, with all my heart;
I will tell of all your wonders.
2 I will be glad and rejoice in you;
I will sing praise to your name, O Most High.
3 My enemies turn back;
they stumble and perish before you.
4 For you have upheld my right and my cause;
you have sat on your throne, judging righteously.
5 You have rebuked the nations and destroyed the wicked;
you have blotted out their name for ever and ever.
6 Endless ruin has overtaken the enemy,
you have uprooted their cities;
even the memory of them has perished.
7 The LORD reigns forever;
he has established his throne for judgment.
8 He will judge the world in righteousness;
he will govern the peoples with justice.

[p] Title: Probably a musical term [q] 2 Or *strength* [r] 5 Or *than God* [s] Psalms 9 and 10 may have been originally a single acrostic poem, the stanzas of which begin with the successive letters of the Hebrew alphabet. In the Septuagint they constitute one psalm.

Vav   9 El Señor es refugio de los oprimidos;

es su baluarte en momentos de angustia.

10 En ti confían los que conocen tu nombre,
porque tú, Señor, jamás abandonas a los
que te buscan.

Zayin   11 Canten salmos al Señor, el rey de *Sión;

proclamen sus proezas entre las
naciones.
12 El vengador de los inocentes*j* se acuerda
de ellos;

no pasa por alto el clamor de los
afligidos.

Jet   13 Ten compasión de mí, Señor;

mira cómo me afligen los que me odian.
Sácame de las puertas de la muerte,
14   para que en las *puertas de Jerusalén*k*

proclame tus alabanzas y me regocije en
tu *salvación.

Tet   15 Han caído los paganos

en la fosa que han cavado;
sus pies quedaron atrapados
en la red que ellos mismos escondieron.

16 Al Señor se le conoce porque imparte
justicia;
el malvado cae en la trampa que él
mismo tendió.

*Higaión. *Selah

Yod   17 Bajan al *sepulcro los malvados,

todos los paganos que de Dios se
olvidan.

Caf   18 Pero no se olvidará para siempre al
necesitado,

ni para siempre se perderá la esperanza
del pobre.

19 ¡Levántate, Señor!
No dejes que el *hombre prevalezca;
¡haz que las naciones comparezcan ante
ti!
20 Infúndeles terror, Señor;
¡que los pueblos sepan que son simples
*mortales!

Selah

10 *Lámed*   1 ¿Por qué, Señor, te mantienes
distante?

¿Por qué te escondes en momentos de
angustia?
2 Con arrogancia persigue el malvado al
indefenso,
pero se enredará en sus propias
artimañas.
3 El malvado hace alarde de su propia
codicia;
alaba al ambicioso y menosprecia al
Señor.
4 El malvado levanta insolente la nariz,
y no da lugar a Dios en sus
pensamientos.

9 The Lord is a refuge for the oppressed,
a stronghold in times of trouble.
10 Those who know your name will trust in
you,
for you, Lord, have never forsaken those
who seek you.

11 Sing praises to the Lord, enthroned in Zion;
proclaim among the nations what he has
done.
12 For he who avenges blood remembers;
he does not ignore the cry of the afflicted.

13 O Lord, see how my enemies persecute me!
Have mercy and lift me up from the gates
of death,
14 that I may declare your praises
in the gates of the Daughter of Zion
and there rejoice in your salvation.
15 The nations have fallen into the pit they
have dug;
their feet are caught in the net they have
hidden.
16 The Lord is known by his justice;
the wicked are ensnared by the work of
their hands.   *Higgaion.*t* Selah*
17 The wicked return to the grave,*u*
all the nations that forget God.
18 But the needy will not always be forgotten,
nor the hope of the afflicted ever perish.

19 Arise, O Lord, let not man triumph;
let the nations be judged in your presence.
20 Strike them with terror, O Lord;
let the nations know they are but men.

Selah

10*v* Why, O Lord, do you stand far off?
Why do you hide yourself in times of
trouble?

2 In his arrogance the wicked man hunts
down the weak,
who are caught in the schemes he devises.
3 He boasts of the cravings of his heart;
he blesses the greedy and reviles the
Lord.
4 In his pride the wicked does not seek him;
in all his thoughts there is no room for
God.

---

j 9:12 vengador de los inocentes. Lit. *vengador de sangres.*
k 9:14 Jerusalén. Lit. *la hija de Sión.*

t 16 Or Meditation; possibly a musical notation   *u 17 Hebrew
Sheol*   *v* Psalms 9 and 10 may have been originally a single
acrostic poem, the stanzas of which begin with the successive letters
of the Hebrew alphabet. In the Septuagint they constitute one psalm.

5 Todas sus empresas son siempre exitosas;
   tan altos y alejados de él están tus
      juicios
   que se burla de todos sus enemigos.
6 Y se dice a sí mismo: «Nada me hará caer.
   Siempre seré feliz. Nunca tendré
      problemas.»

Pe   7 Llena está su boca de maldiciones,

   de mentiras y amenazas;
   bajo su lengua esconde maldad y
      violencia.
8 Se pone al acecho en las aldeas,
   se esconde en espera de sus víctimas,
   y asesina a mansalva al inocente.

Ayin   9 Cual león en su guarida se agazapa,

   listo para atrapar al indefenso;
   le cae encima y lo arrastra en su red.
10 Bajo el peso de su poder,
   sus víctimas caen por tierra.
11 Se dice a sí mismo: «Dios se ha olvidado.
   Se cubre el rostro. Nunca ve nada.»

Qof   12 ¡Levántate, SEÑOR!

   ¡Levanta, oh Dios, tu brazo!
   ¡No te olvides de los indefensos!
13 ¿Por qué te ha de menospreciar el
      malvado?
   ¿Por qué ha de pensar que no lo
      llamarás a cuentas?

Resh   14 Pero tú ves la opresión y la violencia,

   las tomas en cuenta y te harás cargo de
      ellas.
   Las víctimas confían en ti;
   tú eres la ayuda de los huérfanos.

Shin   15 ¡Rómpeles el brazo al malvado y al impío!

   ¡Pídeles cuentas de su maldad,
   y haz que desaparezcan por completo!

16 El SEÑOR es rey eterno;
   los *paganos serán borrados de su tierra.

Tav   17 Tú, SEÑOR, escuchas la petición de los
      indefensos,

   les infundes aliento y atiendes a su
      clamor.
18 Tú defiendes al huérfano y al oprimido,
   para que el *hombre, hecho de tierra,
   no siga ya sembrando el terror.

Al director musical. Salmo de David.

11 En el SEÑOR hallo refugio.
   ¿Cómo, pues, se atreven a decirme:
   «Huye al monte, como las aves»?
2 Vean cómo tensan sus arcos los malvados:
   preparan las flechas sobre la cuerda
   para disparar desde las sombras
   contra los rectos de *corazón.
3 Cuando los fundamentos son destruidos,
   ¿qué le queda al justo?

4 El SEÑOR está en su santo templo,
   en los cielos tiene el SEÑOR su trono,
   y atentamente observa al *ser humano;
   con sus propios ojos lo examina.

---

5 His ways are always prosperous;
   he is haughty and your laws are far from
      him;
   he sneers at all his enemies.
6 He says to himself, "Nothing will shake me;
   I'll always be happy and never have
      trouble."
7 His mouth is full of curses and lies and
      threats;
   trouble and evil are under his tongue.
8 He lies in wait near the villages;
   from ambush he murders the innocent,
   watching in secret for his victims.
9 He lies in wait like a lion in cover;
   he lies in wait to catch the helpless;
   he catches the helpless and drags them off
      in his net.
10 His victims are crushed, they collapse;
   they fall under his strength.
11 He says to himself, "God has forgotten;
   he covers his face and never sees."

12 Arise, LORD! Lift up your hand, O God.
   Do not forget the helpless.
13 Why does the wicked man revile God?
   Why does he say to himself,
   "He won't call me to account"?
14 But you, O God, do see trouble and grief;
   you consider it to take it in hand.
   The victim commits himself to you;
   you are the helper of the fatherless.
15 Break the arm of the wicked and evil man;
   call him to account for his wickedness
   that would not be found out.

16 The LORD is King for ever and ever;
   the nations will perish from his land.
17 You hear, O LORD, the desire of the
      afflicted;
   you encourage them, and you listen to
      their cry,
18 defending the fatherless and the oppressed,
   in order that man, who is of the earth,
   may terrify no more.

For the director of music. Of David.

11 In the LORD I take refuge.
   How then can you say to me:
   "Flee like a bird to your mountain.
2 For look, the wicked bend their bows;
   they set their arrows against the strings
   to shoot from the shadows
   at the upright in heart.
3 When the foundations are being destroyed,
   what can the righteous do *w* ?"

4 The LORD is in his holy temple;
   the LORD is on his heavenly throne.
   He observes the sons of men;
   his eyes examine them.

---

w 3 Or what is the Righteous One doing

⁵El Señor examina a justos y a malvados,
y aborrece a los que aman la violencia.
⁶Hará llover sobre los malvados
ardientes brasas y candente azufre;
¡un viento abrasador será su suerte!

⁷Justo es el Señor, y ama la *justicia;
por eso los íntegros contemplarán su rostro.

Al director musical. Sobre la octava.^l
Salmo de David.

12 Sálvanos, Señor, que ya no hay *gente fiel;
ya no queda gente sincera en este mundo.
²No hacen sino mentirse unos a otros;
sus labios lisonjeros hablan con doblez.

³El Señor cortará todo labio lisonjero
y toda lengua jactanciosa
⁴que dice: «Venceremos con la lengua;
en nuestros labios confiamos.
¿Quién puede dominarnos a nosotros?»

⁵Dice el Señor: «Voy ahora a levantarme,
y pondré a salvo a los oprimidos,
pues al pobre se le oprime,
y el necesitado se queja.»

⁶Las palabras del Señor son puras,
son como la plata refinada,
siete veces purificada en el crisol.

⁷Tú, Señor, nos protegerás;
tú siempre nos defenderás de esta gente,
⁸aun cuando los malvados sigan merodeando,
y la maldad sea exaltada en este mundo.

Al director musical. Salmo de David.

13 ¿Hasta cuándo, Señor, me seguirás olvidando?
¿Hasta cuándo esconderás de mí tu rostro?
²¿Hasta cuándo he de estar angustiado
y he de sufrir cada día en mi *corazón?
¿Hasta cuándo el enemigo me seguirá
dominando?

³Señor y Dios mío,
mírame y respóndeme;
ilumina mis ojos.
Así no caeré en el sueño de la muerte;
⁴así no dirá mi enemigo: «Lo he vencido»;
así mi adversario no se alegrará de mi caída.

⁵Pero yo confío en tu gran amor;
mi corazón se alegra en tu *salvación.
⁶Canto salmos al Señor.
¡El Señor ha sido bueno conmigo!

⁵The Lord examines the righteous,
but the wicked^x and those who love
violence
his soul hates.
⁶On the wicked he will rain
fiery coals and burning sulfur;
a scorching wind will be their lot.

⁷For the Lord is righteous,
he loves justice;
upright men will see his face.

For the director of music. According to
sheminith.^y A psalm of David.

12 Help, Lord, for the godly are no more;
the faithful have vanished from among
men.
²Everyone lies to his neighbor;
their flattering lips speak with deception.

³May the Lord cut off all flattering lips
and every boastful tongue
⁴that says, "We will triumph with our
tongues;
we own our lips^z—who is our master?"

⁵"Because of the oppression of the weak
and the groaning of the needy,
I will now arise," says the Lord.
"I will protect them from those who
malign them."
⁶And the words of the Lord are flawless,
like silver refined in a furnace of clay,
purified seven times.

⁷O Lord, you will keep us safe
and protect us from such people forever.
⁸The wicked freely strut about
when what is vile is honored among men.

For the director of music. A psalm
of David.

13 How long, O Lord? Will you forget me
forever?
How long will you hide your face from
me?
²How long must I wrestle with my thoughts
and every day have sorrow in my heart?
How long will my enemy triumph over
me?

³Look on me and answer, O Lord my God.
Give light to my eyes, or I will sleep in
death;
⁴my enemy will say, "I have overcome him,"
and my foes will rejoice when I fall.

⁵But I trust in your unfailing love;
my heart rejoices in your salvation.
⁶I will sing to the Lord,
for he has been good to me.

---

^x5 Or *The Lord, the Righteous One, examines the wicked,* /
^yTitle: Probably a musical term   ^z4 Or */ our lips are our
plowshares*

Al director musical. Salmo de David.

14 Dice el *necio en su *corazón:
«No hay Dios.»
Están corrompidos, sus obras son detestables;
¡no hay uno solo que haga lo bueno!

2 Desde el cielo el SEÑOR contempla a los
*mortales,
para ver si hay alguien
que sea sensato y busque a Dios.
3 Pero todos se han descarriado,
a una se han corrompido.
No hay nadie que haga lo bueno;
¡no hay uno solo!

4 ¿Acaso no entienden todos los que hacen lo
malo,
los que devoran a mi pueblo como si fuera
pan?
¡Jamás invocan al SEÑOR!
5 Allí los tienen, sobrecogidos de miedo,
pero Dios está con los que son justos.

6 Ustedes frustran los planes de los pobres,
pero el SEÑOR los protege.

7 ¡Quiera Dios que de *Sión
venga la *salvación de Israel!
Cuando el SEÑOR restaure a su pueblo,^m
¡Jacob se regocijará, Israel se alegrará!

Salmo de David.

15 ¿Quién, SEÑOR, puede habitar en tu santuario?
¿Quién puede vivir en tu santo monte?
2 Sólo el de conducta intachable,
que practica la *justicia
y de *corazón dice la verdad;
3 que no calumnia con la lengua,
que no le hace mal a su prójimo
ni le acarrea desgracias a su vecino;
4 que desprecia al que Dios reprueba,
pero honra al que teme al SEÑOR;
que cumple lo prometido
aunque salga perjudicado;
5 que presta dinero sin ánimo de lucro,
y no acepta sobornos que afecten al
inocente.

El que así actúa no caerá jamás.

*Mictam de David.

16 Cuídame, oh Dios, porque en ti busco
refugio.
2 Yo le he dicho al SEÑOR: «Mi SEÑOR eres tú.
Fuera de ti, no poseo bien alguno.»
3 Poderosos son los sacerdotes *paganos del
país,
según todos sus seguidores.ⁿ

For the director of music. Of David.

14 The fool^a says in his heart,
"There is no God."
They are corrupt, their deeds are vile;
there is no one who does good.

2 The LORD looks down from heaven
on the sons of men
to see if there are any who understand,
any who seek God.
3 All have turned aside,
they have together become corrupt;
there is no one who does good,
not even one.

4 Will evildoers never learn—
those who devour my people as men eat
bread
and who do not call on the LORD?
5 There they are, overwhelmed with dread,
for God is present in the company of the
righteous.
6 You evildoers frustrate the plans of the
poor,
but the LORD is their refuge.

7 Oh, that salvation for Israel would come out
of Zion!
When the LORD restores the fortunes of
his people,
let Jacob rejoice and Israel be glad!

A psalm of David.

15 LORD, who may dwell in your sanctuary?
Who may live on your holy hill?

2 He whose walk is blameless
and who does what is righteous,
who speaks the truth from his heart
3 and has no slander on his tongue,
who does his neighbor no wrong
and casts no slur on his fellowman,
4 who despises a vile man
but honors those who fear the LORD,
who keeps his oath
even when it hurts,
5 who lends his money without usury
and does not accept a bribe against the
innocent.

He who does these things
will never be shaken.

A *miktam*^b of David.

16 Keep me safe, O God,
for in you I take refuge.

2 I said to the LORD, "You are my Lord;
apart from you I have no good thing."
3 As for the saints who are in the land,
they are the glorious ones in whom is all
my delight.^c

---

^m*14:7 restaure a su pueblo.* Alt. *haga que su pueblo vuelva del
cautiverio.*   ⁿ*16:3 Poderosos ... sus seguidores.* Alt. *En cuanto
a los santos que están en la tierra, son los gloriosos en quienes está
toda mi delicia.*

^a*1* The Hebrew words rendered *fool* in Psalms denote one who is
morally deficient.   ^bTitle: Probably a literary or musical term
^c*3* Or *As for the pagan priests who are in the land* / *and the nobles
in whom all delight, I said:*

4 Pero aumentarán los dolores
   de los que corren tras ellos.
   ¡Jamás derramaré sus sangrientas libaciones,
     ni con mis labios pronunciaré sus nombres!

5 Tú, SEÑOR, eres mi porción y mi copa;
   eres tú quien ha afirmado mi suerte.
6 Bellos lugares me han tocado en suerte;
   ¡preciosa herencia me ha correspondido!

7 Bendeciré al SEÑOR, que me aconseja;
   aun de noche me reprende mi conciencia.
8 Siempre tengo presente al SEÑOR;
   con él a mi derecha, nada me hará caer.

9 Por eso mi *corazón se alegra,
   y se regocijan mis entrañas;[ñ]
   todo mi ser se llena de confianza.
10 No dejarás que mi vida termine en el
     *sepulcro;
   no permitirás que sufra corrupción tu siervo
     fiel.
11 Me has dado a conocer la senda de la vida;
   me llenarás de alegría en tu presencia,
   y de dicha eterna a tu derecha.

4 The sorrows of those will increase
   who run after other gods.
 I will not pour out their libations of blood
   or take up their names on my lips.

5 LORD, you have assigned me my portion
   and my cup;
   you have made my lot secure.
6 The boundary lines have fallen for me in
     pleasant places;
   surely I have a delightful inheritance.

7 I will praise the LORD, who counsels me;
   even at night my heart instructs me.
8 I have set the LORD always before me.
   Because he is at my right hand,
   I will not be shaken.

9 Therefore my heart is glad and my tongue
     rejoices;
   my body also will rest secure,
10 because you will not abandon me to the
     grave,[d]
   nor will you let your Holy One[e] see
     decay.
11 You have made[f] known to me the path of
     life;
   you will fill me with joy in your
     presence,
   with eternal pleasures at your right hand.

                Oración de David.

17 SEÑOR, oye mi justo ruego;
     escucha mi clamor;
  presta oído a mi oración,
     pues no sale de labios engañosos.
2 Sé tú mi defensor,
   pues tus ojos ven lo que es justo.

3 Tú escudriñas mi *corazón,
   tú me examinas por las noches;
  ¡ponme, pues, a prueba,
   que no hallarás en mí maldad alguna!

  ¡No pasarán por mis labios
4   palabras como las de otra *gente,
   pues yo cumplo con tu palabra!
  Del *camino de la violencia
5   he apartado mis pasos;
   mis pies están firmes en tus sendas.

6 A ti clamo, oh Dios, porque tú me respondes;
   inclina a mí tu oído, y escucha mi oración.
7 Tú, que salvas con tu diestra
   a los que buscan escapar de sus adversarios,
   dame una muestra de tu gran amor.
8 Cuídame como a la niña de tus ojos;
   escóndeme, bajo la sombra de tus alas,
9 de los malvados que me atacan,
   de los enemigos que me han cercado.
10 Han cerrado su insensible corazón,
   y profieren insolencias con su boca.

                A prayer of David.

17 Hear, O LORD, my righteous plea;
     listen to my cry.
  Give ear to my prayer—
   it does not rise from deceitful lips.
2 May my vindication come from you;
   may your eyes see what is right.

3 Though you probe my heart and examine
     me at night,
   though you test me, you will find nothing;
   I have resolved that my mouth will not
     sin.
4 As for the deeds of men—
   by the word of your lips
 I have kept myself
   from the ways of the violent.
5 My steps have held to your paths;
   my feet have not slipped.

6 I call on you, O God, for you will answer
     me;
   give ear to me and hear my prayer.
7 Show the wonder of your great love,
   you who save by your right hand
   those who take refuge in you from their
     foes.
8 Keep me as the apple of your eye;
   hide me in the shadow of your wings
9 from the wicked who assail me,
   from my mortal enemies who surround
     me.

10 They close up their callous hearts,
   and their mouths speak with arrogance.

ñ 16:9 *mis entrañas*. Lit. *mi gloria*.   d 10 Hebrew *Sheol*   e 10 Or *your faithful one*   f 11 Or *You will make*

¹¹Vigilan de cerca mis pasos,
    prestos a derribarme.
¹²Parecen leones ávidos de presa,
    leones que yacen al acecho.

¹³¡Vamos, SEÑOR, enfréntate a ellos!
    ¡Derrótalos!
    ¡Con tu espada rescátame de los malvados!
¹⁴¡Con tu mano, SEÑOR, sálvame de estos
      *mortales
    que no tienen más herencia que esta vida!

Con tus tesoros les has llenado el vientre,
    sus hijos han tenido abundancia,
    y hasta ha sobrado para sus descendientes.
¹⁵Pero yo en *justicia contemplaré tu rostro;
    me bastará con verte cuando despierte.

Al director musical. De David, siervo del SEÑOR.
David dedicó al SEÑOR la letra de esta canción
cuando el SEÑOR lo libró de Saúl y de todos sus
enemigos. Dijo así:

18 ¡Cuánto te amo, SEÑOR, fuerza mía!

²El SEÑOR es mi *roca, mi amparo, mi
      libertador;
    es mi Dios, el peñasco en que me refugio.
Es mi escudo, el poder que me salva,^o
    ¡mi más alto escondite!
³Invoco al SEÑOR, que es digno de alabanza,
    y quedo a salvo de mis enemigos.

⁴Los lazos de la muerte me envolvieron;
    los torrentes destructores me abrumaron.
⁵Me enredaron los lazos del *sepulcro,
    y me encontré ante las trampas de la muerte.
⁶En mi angustia invoqué al SEÑOR;
    clamé a mi Dios,
y él me escuchó desde su templo;
    ¡mi clamor llegó a sus oídos!

⁷La tierra tembló, se estremeció;
    se sacudieron los cimientos de los montes;
    ¡retemblaron a causa de su enojo!
⁸Por la nariz echaba humo,
    por la boca, fuego consumidor;
    ¡lanzaba carbones encendidos!

⁹Rasgando el cielo, descendió,
    pisando sobre oscuros nubarrones.
¹⁰Montando sobre un *querubín, surcó los cielos
    y se remontó sobre las alas del viento.
¹¹Hizo de las tinieblas su escondite,
    de los oscuros y cargados nubarrones
    un pabellón que lo rodeaba.
¹²De su radiante presencia brotaron nubes,
    granizos y carbones encendidos.

¹¹They have tracked me down, they now
    surround me,
    with eyes alert, to throw me to the
      ground.
¹²They are like a lion hungry for prey,
    like a great lion crouching in cover.

¹³Rise up, O LORD, confront them, bring them
    down;
    rescue me from the wicked by your
      sword.
¹⁴O LORD, by your hand save me from such
    men,
    from men of this world whose reward is
      in this life.

You still the hunger of those you cherish;
    their sons have plenty,
    and they store up wealth for their
      children.
¹⁵And I—in righteousness I will see your
    face;
    when I awake, I will be satisfied with
      seeing your likeness.

For the director of music. Of David the
servant of the LORD. He sang to the LORD
the words of this song when the LORD
delivered him from the hand of all his
enemies and from the hand of Saul.
He said:

18 I love you, O LORD, my strength.

²The LORD is my rock, my fortress and my
    deliverer;
    my God is my rock, in whom I take
      refuge.
He is my shield and the horn^g of my
    salvation, my stronghold.
³I call to the LORD, who is worthy of praise,
    and I am saved from my enemies.

⁴The cords of death entangled me;
    the torrents of destruction overwhelmed
      me.
⁵The cords of the grave^h coiled around me;
    the snares of death confronted me.
⁶In my distress I called to the LORD;
    I cried to my God for help.
From his temple he heard my voice;
    my cry came before him, into his ears.

⁷The earth trembled and quaked,
    and the foundations of the mountains
      shook;
    they trembled because he was angry.
⁸Smoke rose from his nostrils;
    consuming fire came from his mouth,
    burning coals blazed out of it.
⁹He parted the heavens and came down;
    dark clouds were under his feet.
¹⁰He mounted the cherubim and flew;
    he soared on the wings of the wind.
¹¹He made darkness his covering, his canopy
    around him—
    the dark rain clouds of the sky.
¹²Out of the brightness of his presence clouds
    advanced,
    with hailstones and bolts of lightning.

---

^o18:2 *el poder que me salva.* Lit. *el cuerno de mi salvación.*   ^g2 *Horn* here symbolizes strength.   ^h5 Hebrew *Sheol*

13 En el cielo, entre granizos y carbones
    encendidos,
    se oyó el trueno del SEÑOR,
    resonó la voz del *Altísimo.
14 Lanzó sus flechas, sus grandes centellas;
    dispersó a mis enemigos y los puso en fuga.
15 A causa de tu reprensión, oh SEÑOR,
    y por el resoplido de tu enojo,ᵖ
    las cuencas del mar quedaron a la vista;
    ¡al descubierto quedaron los cimientos de la
    tierra!

16 Extendiendo su mano desde lo alto,
    tomó la mía y me sacó del mar profundo.
17 Me libró de mi enemigo poderoso,
    de aquellos que me odiaban
    y eran más fuertes que yo.
18 En el día de mi desgracia me salieron al
    encuentro,
    pero mi apoyo fue el SEÑOR.
19 Me sacó a un amplio espacio;
    me libró porque se agradó de mí.

20 El SEÑOR me ha pagado conforme a mi
    *justicia;
    me ha premiado conforme a la limpieza de
    mis manos,
21 pues he andado en los *caminos del SEÑOR;
    no he cometido mal alguno
    ni me he apartado de mi Dios.
22 Presentes tengo todas sus sentencias;
    no me he alejado de sus decretos.
23 He sido íntegro con él
    y me he abstenido de pecar.
24 El SEÑOR me ha recompensado conforme a mi
    justicia,
    conforme a la limpieza de mis manos.

25 Tú eres fiel con quien es fiel,
    e irreprochable con quien es irreprochable;
26 sincero eres con quien es sincero,
    pero sagaz con el que es tramposo.
27 Tú das la *victoria a los humildes,
    pero humillas a los altaneros.
28 Tú, SEÑOR, mantienes mi lámpara encendida;
    tú, Dios mío, iluminas mis tinieblas.
29 Con tu apoyo me lanzaré contra un ejército;
    contigo, Dios mío, podré asaltar murallas.

30 El camino de Dios es perfecto;
    la palabra del SEÑOR es intachable.
    Escudo es Dios a los que en él se refugian.
31 ¿Quién es Dios, si no el SEÑOR?
    ¿Quién es la roca, si no nuestro Dios?
32 Es él quien me arma de valor
    y endereza mi camino;
33 da a mis pies la ligereza del venado,
    y me mantiene firme en las alturas;
34 adiestra mis manos para la batalla,
    y mis brazos para tensar arcos de bronce.
35 Tú me cubres con el escudo de tu *salvación,
    y con tu diestra me sostienes;
    tu bondad me ha hecho prosperar.

13 The LORD thundered from heaven;
    the voice of the Most High resounded.ⁱ
14 He shot his arrows and scattered ⌊the
    enemies⌋,
    great bolts of lightning and routed them.
15 The valleys of the sea were exposed
    and the foundations of the earth laid bare
    at your rebuke, O LORD,
    at the blast of breath from your nostrils.

16 He reached down from on high and took
    hold of me;
    he drew me out of deep waters.
17 He rescued me from my powerful enemy,
    from my foes, who were too strong for
    me.
18 They confronted me in the day of my
    disaster,
    but the LORD was my support.
19 He brought me out into a spacious place;
    he rescued me because he delighted in
    me.

20 The LORD has dealt with me according to
    my righteousness;
    according to the cleanness of my hands he
    has rewarded me.
21 For I have kept the ways of the LORD;
    I have not done evil by turning from my
    God.
22 All his laws are before me;
    I have not turned away from his decrees.
23 I have been blameless before him
    and have kept myself from sin.
24 The LORD has rewarded me according to my
    righteousness,
    according to the cleanness of my hands in
    his sight.

25 To the faithful you show yourself faithful,
    to the blameless you show yourself
    blameless,
26 to the pure you show yourself pure,
    but to the crooked you show yourself
    shrewd.
27 You save the humble
    but bring low those whose eyes are
    haughty.
28 You, O LORD, keep my lamp burning;
    my God turns my darkness into light.
29 With your help I can advance against a
    troopʲ;
    with my God I can scale a wall.

30 As for God, his way is perfect;
    the word of the LORD is flawless.
    He is a shield
    for all who take refuge in him.
31 For who is God besides the LORD?
    And who is the Rock except our God?
32 It is God who arms me with strength
    and makes my way perfect.
33 He makes my feet like the feet of a deer;
    he enables me to stand on the heights.
34 He trains my hands for battle;
    my arms can bend a bow of bronze.
35 You give me your shield of victory,
    and your right hand sustains me;
    you stoop down to make me great.

ᵖ 18:15 por ... tu enojo. Lit. por el soplo del aliento de tu nariz.

ⁱ 13 Some Hebrew manuscripts and Septuagint (see also 2 Samuel 22:14); most Hebrew manuscripts *resounded, / amid hailstones and bolts of lightning*   ʲ 29 Or *can run through a barricade*

36 Me has despejado el camino,
   así que mis tobillos no flaquean.

37 Perseguí a mis enemigos, les di alcance,
   y no retrocedí hasta verlos aniquilados.
38 Los aplasté. Ya no pudieron levantarse.
   ¡Cayeron debajo de mis pies!
39 Tú me armaste de valor para el combate;
   bajo mi planta sometiste a los rebeldes.
40 Hiciste retroceder a mis enemigos,
   y así exterminé a los que me odiaban.
41 Pedían ayuda; no hubo quien los salvara.
   Al Señor clamaron,q pero no les respondió.
42 Los desmenucé. Parecían polvo disperso por el
       viento.
   ¡Los pisoteér como al lodo de las calles!

43 Me has librado de una turba amotinada;
   me has puesto por encima de los *paganos;
   me sirve *gente que yo no conocía.
44 Apenas me oyen, me obedecen;
   son extranjeros, y me rinden homenaje.
45 ¡Esos extraños se descorazonan,
   y temblando salen de sus refugios!
46 ¡El Señor vive! ¡Alabada sea mi roca!
   ¡Exaltado sea Dios mi Salvador!
47 Él es el Dios que me vindica,
   el que pone los pueblos a mis pies.

48 Tú me libras del furor de mis enemigos,
   me exaltas por encima de mis adversarios,
   me salvas de los hombres violentos.
49 Por eso, Señor, te alabo entre las naciones
   y canto salmos a tu *nombre.

50 El Señor da grandes victorias a su rey;
   a su *ungido David y a sus descendientes
   les muestra por siempre su gran amor.

Al director musical. Salmo de David.

19 Los cielos cuentan la gloria de Dios,
   el firmamento proclama la obra de sus
       manos.
2 Un día comparte al otro la noticia,
   una noche a la otra se lo hace saber.
3 Sin palabras, sin lenguaje,
   sin una voz perceptible,
4 por toda la tierra resuena su eco,
   ¡sus palabras llegan hasta los confines del
       mundo!

   Dios ha plantado en los cielos
   un pabellón para el sol.
5 Y éste, como novio que sale de la cámara
       nupcial,
   se apresta, cual atleta, a recorrer el camino.
6 Sale de un extremo de los cielos
   y, en su recorrido, llega al otro extremo,
   sin que nada se libre de su calor.

36 You broaden the path beneath me,
   so that my ankles do not turn.

37 I pursued my enemies and overtook them;
   I did not turn back till they were
       destroyed.
38 I crushed them so that they could not rise;
   they fell beneath my feet.
39 You armed me with strength for battle;
   you made my adversaries bow at my feet.
40 You made my enemies turn their backs in
       flight,
   and I destroyed my foes.
41 They cried for help, but there was no one to
       save them—
   to the Lord, but he did not answer.
42 I beat them as fine as dust borne on the
       wind;
   I poured them out like mud in the streets.

43 You have delivered me from the attacks of
       the people;
   you have made me the head of nations;
   people I did not know are subject to me.
44 As soon as they hear me, they obey me;
   foreigners cringe before me.
45 They all lose heart;
   they come trembling from their
       strongholds.

46 The Lord lives! Praise be to my Rock!
   Exalted be God my Savior!
47 He is the God who avenges me,
   who subdues nations under me,
48   who saves me from my enemies.
   You exalted me above my foes;
   from violent men you rescued me.
49 Therefore I will praise you among the
       nations, O Lord;
   I will sing praises to your name.
50 He gives his king great victories;
   he shows unfailing kindness to his
       anointed,
   to David and his descendants forever.

For the director of music. A psalm
of David.

19 The heavens declare the glory of God;
   the skies proclaim the work of his hands.
2 Day after day they pour forth speech;
   night after night they display knowledge.
3 There is no speech or language
   where their voice is not heard.k
4 Their voicel goes out into all the earth,
   their words to the ends of the world.

   In the heavens he has pitched a tent for the
       sun,
5   which is like a bridegroom coming forth
       from his pavilion,
   like a champion rejoicing to run his
       course.
6 It rises at one end of the heavens
   and makes its circuit to the other;
   nothing is hidden from its heat.

---

q 18:41 Al Señor clamaron (versiones antiguas); TM no incluye
clamaron. r 18:42 Los pisoteé (LXX, Siríaca, Targum, mss. y
2S 22:43); Los vacié (TM).

k 3 Or They have no speech, there are no words; / no sound is
heard from them l 4 Septuagint, Jerome and Syriac; Hebrew
line

7 La *ley del SEÑOR es perfecta:
    infunde nuevo *aliento.
El mandato del SEÑOR es digno de confianza:
    da sabiduría al *sencillo.
8 Los preceptos del SEÑOR son rectos:
    traen alegría al *corazón.
El mandamiento del SEÑOR es claro:
    da luz a los ojos.
9 El temor del SEÑOR es puro:
    permanece para siempre.
Las sentencias del SEÑOR son verdaderas:
    todas ellas son justas.
10 Son más deseables que el oro,
    más que mucho oro refinado;
son más dulces que la miel,
    la miel que destila del panal.
11 Por ellas queda advertido tu siervo;
    quien las obedece recibe una gran
       recompensa.

12 ¿Quién está consciente de sus propios errores?
    ¡Perdóname aquellos de los que no estoy
       consciente!
13 Libra, además, a tu siervo de pecar a
       sabiendas;
    no permitas que tales pecados me dominen.
Así estaré libre de culpa
    y de multiplicar mis pecados.

14 Sean, pues, aceptables ante ti
    mis palabras y mis pensamientos,
oh SEÑOR, *roca mía y redentor mío.

Al director musical. Salmo de David.

20 Que el SEÑOR te responda cuando estés
       angustiado;
    que el *nombre del Dios de Jacob te proteja.
2 Que te envíe ayuda desde el santuario;
    que desde *Sión te dé su apoyo.
3 Que se acuerde de todas tus ofrendas;
    que acepte tus *holocaustos.

                     *Selah

4 Que te conceda lo que tu *corazón desea;
    que haga que se cumplan todos tus planes.
5 Nosotros celebraremos tu *victoria,
    y en el nombre de nuestro Dios
    desplegaremos las banderas.
¡Que el SEÑOR cumpla todas tus peticiones!

6 Ahora sé que el SEÑOR salvará a su *ungido,
    que le responderá desde su santo cielo
    y con su poder le dará grandes victorias.
7 Éstos confían en sus carros de guerra,
    aquéllos confían en sus corceles,
pero nosotros confiamos en el nombre
    del SEÑOR nuestro Dios.
8 Ellos son vencidos y caen,
    pero nosotros nos erguimos y de pie
       permanecemos.

9 ¡Concede, SEÑOR, la victoria al rey!
    ¡Respóndenos cuando te llamemos!

7 The law of the LORD is perfect,
    reviving the soul.
The statutes of the LORD are trustworthy,
    making wise the simple.
8 The precepts of the LORD are right,
    giving joy to the heart.
The commands of the LORD are radiant,
    giving light to the eyes.
9 The fear of the LORD is pure,
    enduring forever.
The ordinances of the LORD are sure
    and altogether righteous.
10 They are more precious than gold,
    than much pure gold;
they are sweeter than honey,
    than honey from the comb.
11 By them is your servant warned;
    in keeping them there is great reward.

12 Who can discern his errors?
    Forgive my hidden faults.
13 Keep your servant also from willful sins;
    may they not rule over me.
Then will I be blameless,
    innocent of great transgression.

14 May the words of my mouth and the
       meditation of my heart
be pleasing in your sight,
    O LORD, my Rock and my Redeemer.

For the director of music. A psalm
of David.

20 May the LORD answer you when you are in
       distress;
    may the name of the God of Jacob protect
       you.
2 May he send you help from the sanctuary
    and grant you support from Zion.
3 May he remember all your sacrifices
    and accept your burnt offerings.   *Selah*

4 May he give you the desire of your heart
    and make all your plans succeed.
5 We will shout for joy when you are
       victorious
    and will lift up our banners in the name
       of our God.
May the LORD grant all your requests.

6 Now I know that the LORD saves his
       anointed;
he answers him from his holy heaven
    with the saving power of his right hand.
7 Some trust in chariots and some in horses,
    but we trust in the name of the LORD our
       God.
8 They are brought to their knees and fall,
    but we rise up and stand firm.

9 O LORD, save the king!
    Answer[m] us when we call!

---

m 9 Or save! / O King, answer

Al director musical. Salmo de David.

21

En tu fuerza, SEÑOR,
  se regocija el rey;
  ¡cuánto se alegra en tus *victorias!
2 Le has concedido lo que su *corazón desea;
  no le has negado lo que sus labios piden.
                 *Selah

3 Has salido a su encuentro con ricas
    bendiciones;
  lo has coronado con diadema de oro fino.
4 Te pidió vida, se la concediste:
  una vida larga y duradera.
5 Por tus victorias se acrecentó su gloria;
  lo revestiste de honor y majestad.
6 Has hecho de él manantial de bendiciones;
  tu presencia lo ha llenado de alegría.

7 El rey confía en el SEÑOR,
  en el gran amor del *Altísimo;
  por eso jamás caerá.

8 Tu mano alcanzará a todos tus enemigos;
  tu diestra alcanzará a los que te aborrecen.
9 Cuando tú, SEÑOR, te manifiestes,
  los convertirás en un horno encendido.

  En su ira los devorará el SEÑOR;
  ¡un fuego los consumirá!
10 Borrarás de la tierra a su simiente;
  de entre los *mortales, a su posteridad.
11 Aunque tramen hacerte daño
  y maquinen perversidades,
  ¡no se saldrán con la suya!
12 Porque tú los harás retroceder
  cuando tenses tu arco contra ellos.

13 Enaltécete, SEÑOR, con tu poder,
  y con salmos celebraremos tus proezas.

Al director musical. Sígase la tonada de «La
  cierva de la aurora». Salmo de David.

22

Dios mío, Dios mío,
  ¿por qué me has abandonado?
  Lejos estás para salvarme,
  lejos de mis palabras de lamento.
2 Dios mío, clamo de día y no me respondes;
  clamo de noche y no hallo reposo.

3 Pero tú eres santo, tú eres rey,
  ¡tú eres la alabanza de Israel!
4 En ti confiaron nuestros padres;
  confiaron, y tú los libraste;
5 a ti clamaron, y tú los salvaste;
  se apoyaron en ti, y no los defraudaste.

6 Pero yo, gusano soy y no *hombre;
  la *gente se burla de mí,
  el pueblo me desprecia.

For the director of music. A psalm
of David.

21

O LORD, the king rejoices in your strength.
  How great is his joy in the victories you
    give!
2 You have granted him the desire of his
    heart
  and have not withheld the request of his
    lips.   *Selah*
3 You welcomed him with rich blessings
  and placed a crown of pure gold on his
    head.
4 He asked you for life, and you gave it to
    him—
  length of days, for ever and ever.
5 Through the victories you gave, his glory is
    great;
  you have bestowed on him splendor and
    majesty.
6 Surely you have granted him eternal
    blessings
  and made him glad with the joy of your
    presence.
7 For the king trusts in the LORD;
  through the unfailing love of the Most
    High
  he will not be shaken.

8 Your hand will lay hold on all your
    enemies;
  your right hand will seize your foes.
9 At the time of your appearing
  you will make them like a fiery furnace.
  In his wrath the LORD will swallow them up,
    and his fire will consume them.
10 You will destroy their descendants from the
    earth,
  their posterity from mankind.
11 Though they plot evil against you
  and devise wicked schemes, they cannot
    succeed;
12 for you will make them turn their backs
  when you aim at them with drawn bow.

13 Be exalted, O LORD, in your strength;
  we will sing and praise your might.

For the director of music. To ˻the tune of˼
  "The Doe of the Morning." A psalm
of David.

22

My God, my God, why have you forsaken
    me?
  Why are you so far from saving me,
  so far from the words of my groaning?
2 O my God, I cry out by day, but you do not
    answer,
  by night, and am not silent.

3 Yet you are enthroned as the Holy One;
  you are the praise of Israel.[n]
4 In you our fathers put their trust;
  they trusted and you delivered them.
5 They cried to you and were saved;
  in you they trusted and were not
    disappointed.

6 But I am a worm and not a man,
  scorned by men and despised by the
    people.

---

[n] 3 Or *Yet you are holy, / enthroned on the praises of Israel*

⁷ Cuantos me ven, se ríen de mí;
     lanzan insultos, meneando la cabeza:
⁸ «Éste confía en el SEÑOR,
     ¡pues que el SEÑOR lo ponga a salvo!
   Ya que en él se deleita,
     ¡que sea él quien lo libre!»

⁹ Pero tú me sacaste del vientre materno;
     me hiciste reposar confiado
     en el regazo de mi madre.
¹⁰ Fui puesto a tu cuidado
     desde antes de nacer;
   desde el vientre de mi madre
     mi Dios eres tú.
¹¹ No te alejes de mí,
     porque la angustia está cerca
     y no hay nadie que me ayude.

¹² Muchos toros me rodean;
     fuertes toros de Basán me cercan.
¹³ Contra mí abren sus fauces
     leones que rugen y desgarran a su presa.
¹⁴ Como agua he sido derramado;
     dislocados están todos mis huesos.
   Mi *corazón se ha vuelto como cera,
     y se derrite en mis entrañas.
¹⁵ Se ha secado mi vigor como una teja;
     la lengua se me pega al paladar.
   ¡Me has hundido en el polvo de la muerte!
¹⁶ Como perros de presa, me han rodeado;
     me ha cercado una banda de malvados;
     me han traspasado^s las manos y los pies.
¹⁷ Puedo contar todos mis huesos;
     con satisfacción perversa
     la gente se detiene a mirarme.
¹⁸ Se reparten entre ellos mis vestidos
     y sobre mi ropa echan suertes.

¹⁹ Pero tú, SEÑOR, no te alejes;
     fuerza mía, ven pronto en mi auxilio.
²⁰ Libra mi vida de la espada,
     mi preciosa vida del poder de esos perros.
²¹ Rescátame de la boca de los leones;
     sálvame de^t los cuernos de los toros.

²² Proclamaré tu *nombre a mis hermanos;
     en medio de la congregación te alabaré.
²³ ¡Alaben al SEÑOR los que le temen!
     ¡Hónrenlo, descendientes de Jacob!
     ¡Venérenlo, descendientes de Israel!
²⁴ Porque él no desprecia ni tiene en poco
     el sufrimiento del pobre;
   no esconde de él su rostro,
     sino que lo escucha cuando a él clama.

²⁵ Tú inspiras mi alabanza en la gran asamblea;
     ante los que te temen cumpliré mis
       promesas.
²⁶ Comerán los pobres y se saciarán;
     alabarán al SEÑOR quienes lo buscan;
     ¡que su corazón viva para siempre!
²⁷ Se acordarán del SEÑOR y se volverán a él
     todos los confines de la tierra;
   ante él se postrarán
     todas las familias de las naciones,

⁷ All who see me mock me;
     they hurl insults, shaking their heads:
⁸ "He trusts in the LORD;
     let the LORD rescue him.
   Let him deliver him,
     since he delights in him."

⁹ Yet you brought me out of the womb;
     you made me trust in you
     even at my mother's breast.
¹⁰ From birth I was cast upon you;
     from my mother's womb you have been
       my God.
¹¹ Do not be far from me,
     for trouble is near
     and there is no one to help.

¹² Many bulls surround me;
     strong bulls of Bashan encircle me.
¹³ Roaring lions tearing their prey
     open their mouths wide against me.
¹⁴ I am poured out like water,
     and all my bones are out of joint.
   My heart has turned to wax;
     it has melted away within me.
¹⁵ My strength is dried up like a potsherd,
     and my tongue sticks to the roof of my
       mouth;
   you lay me^o in the dust of death.
¹⁶ Dogs have surrounded me;
     a band of evil men has encircled me,
     they have pierced^p my hands and my
       feet.
¹⁷ I can count all my bones;
     people stare and gloat over me.
¹⁸ They divide my garments among them
     and cast lots for my clothing.

¹⁹ But you, O LORD, be not far off;
     O my Strength, come quickly to help me.
²⁰ Deliver my life from the sword,
     my precious life from the power of the
       dogs.
²¹ Rescue me from the mouth of the lions;
     save^q me from the horns of the wild
       oxen.

²² I will declare your name to my brothers;
     in the congregation I will praise you.
²³ You who fear the LORD, praise him!
     All you descendants of Jacob, honor him!
     Revere him, all you descendants of Israel!
²⁴ For he has not despised or disdained
     the suffering of the afflicted one;
   he has not hidden his face from him
     but has listened to his cry for help.

²⁵ From you comes the theme of my praise in
     the great assembly;
     before those who fear you^r will I fulfill
       my vows.
²⁶ The poor will eat and be satisfied;
     they who seek the LORD will praise
       him—
     may your hearts live forever!
²⁷ All the ends of the earth
     will remember and turn to the LORD,
   and all the families of the nations
     will bow down before him,

---

^s 22:16 *me han traspasado* (LXX, Siríaca y algunos mss. hebreos);
como el león (TM).   ^t 22:21 *sálvame de* (lectura probable); *me
respondiste desde* (TM).

^o 15 Or / *I am laid*   ^p 16 Some Hebrew manuscripts, Septuagint
and Syriac; most Hebrew manuscripts / *like the lion,*   ^q 21 Or /
you have heard   ^r 25 Hebrew *him*

28 porque del SEÑOR es el reino;
   él gobierna sobre las naciones.

29 Festejarán y adorarán todos los ricos de la
   tierra;
   ante él se postrarán todos los que bajan al
   polvo,
   los que no pueden conservar su vida.
30 La posteridad le servirá;
   del Señor se hablará a las generaciones
   futuras.
31 A un pueblo que aún no ha nacido
   se le dirá que Dios hizo *justicia.

Salmo de David.

23 El SEÑOR es mi *pastor, nada me falta;
   2   en verdes pastos me hace descansar.
   Junto a tranquilas aguas me conduce;
   3   me infunde nuevas *fuerzas.
   Me guía por sendas de *justicia
      por amor a su *nombre.

4 Aun si voy por valles tenebrosos,
   no temo peligro alguno
   porque tú estás a mi lado;
   tu vara de pastor me reconforta.

5 Dispones ante mí un banquete
   en presencia de mis enemigos.
   Has ungido con perfume mi cabeza;
   has llenado mi copa a rebosar.

6 La bondad y el amor me seguirán
   todos los días de mi vida;
   y en la casa del SEÑOR
   habitaré para siempre.

Salmo de David.

24 Del SEÑOR es la tierra y todo cuanto hay en
   ella,
   el mundo y cuantos lo habitan;
   2 porque él la afirmó sobre los mares,
   la estableció sobre los ríos.

3 ¿Quién puede subir al monte del SEÑOR?
   ¿Quién puede estar en su lugar santo?
4 Sólo el de manos limpias y *corazón puro,
   el que no adora ídolos vanos
   ni jura por dioses falsos.*u*

5 Quien es así recibe bendiciones del SEÑOR;
   Dios su Salvador le hará *justicia.
6 Tal es la generación de los que a ti acuden,
   de los que buscan tu rostro, oh Dios de
   Jacob.*v*

                                    Selah

7 Eleven, *puertas, sus dinteles;
   levántense, puertas antiguas,
   que va a entrar el Rey de la gloria.

28 for dominion belongs to the LORD
   and he rules over the nations.

29 All the rich of the earth will feast and
   worship;
   all who go down to the dust will kneel
   before him—
   those who cannot keep themselves alive.
30 Posterity will serve him;
   future generations will be told about the
   Lord.
31 They will proclaim his righteousness
   to a people yet unborn—
   for he has done it.

A psalm of David.

23 The LORD is my shepherd, I shall not be in
   want.
   2   He makes me lie down in green pastures,
   he leads me beside quiet waters,
   3   he restores my soul.
   He guides me in paths of righteousness
      for his name's sake.
4 Even though I walk
   through the valley of the shadow of
   death,*s*
   I will fear no evil,
   for you are with me;
   your rod and your staff,
   they comfort me.

5 You prepare a table before me
   in the presence of my enemies.
   You anoint my head with oil;
   my cup overflows.
6 Surely goodness and love will follow me
   all the days of my life,
   and I will dwell in the house of the LORD
   forever.

Of David. A psalm.

24 The earth is the LORD's, and everything in it,
   the world, and all who live in it;
   2 for he founded it upon the seas
   and established it upon the waters.

3 Who may ascend the hill of the LORD?
   Who may stand in his holy place?
4 He who has clean hands and a pure heart,
   who does not lift up his soul to an idol
   or swear by what is false.*t*
5 He will receive blessing from the LORD
   and vindication from God his Savior.
6 Such is the generation of those who seek
   him,
   who seek your face, O God of Jacob.*u*

                                    Selah

7 Lift up your heads, O you gates;
   be lifted up, you ancient doors,
   that the King of glory may come in.

---

u 24:4 por dioses falsos. Alt. *con falsedad.*   *v 24:6 Dios de
Jacob* (LXX, Siríaca, Targum y dos mss. hebreos); TM no incluye
Dios de.

s 4 Or *through the darkest valley*   *t 4* Or *swear falsely*
u 6 Two Hebrew manuscripts and Syriac (see also Septuagint); most
Hebrew manuscripts *face, Jacob*

8¿Quién es este Rey de la gloria?
　El SEÑOR, el fuerte y valiente,
　el SEÑOR, el valiente guerrero.

9Eleven, puertas, sus dinteles;
　levántense, puertas antiguas,
　que va a entrar el Rey de la gloria.

10¿Quién es este Rey de la gloria?
　Es el SEÑOR *Todopoderoso;
　¡él es el Rey de la gloria!

　　　　　　　　　　　　　　Selah

Salmo de David.

25 ^w*Álef*

Bet

1A ti, SEÑOR, elevo mi *alma;
2　mi Dios, en ti confío;

no permitas que sea yo humillado,
　no dejes que mis enemigos se burlen de
　　mí.

Guímel 3Quien en ti pone su esperanza

jamás será avergonzado;
pero quedarán en vergüenza
　los que traicionan sin razón.

Dálet 4SEÑOR, hazme conocer tus *caminos;

muéstrame tus sendas.

He 5Encamíname en tu verdad, ¡enséñame!

Tú eres mi Dios y Salvador;
Vav　　¡en ti pongo mi esperanza todo el día!

Zayin 6Acuérdate, SEÑOR, de tu ternura y gran
　　amor,

que siempre me has mostrado;

Jet 7olvida los pecados y transgresiones

que cometí en mi juventud.
Acuérdate de mí según tu gran amor,
　porque tú, SEÑOR, eres bueno.

Tet 8Bueno y justo es el SEÑOR;

por eso les muestra a los pecadores el
　camino.

Yod 9Él dirige en la *justicia a los humildes,

y les enseña su camino.

Caf 10Todas las sendas del SEÑOR son amor y
　verdad

para quienes cumplen los preceptos de
　su *pacto.

Lámed 11Por amor a tu *nombre, SEÑOR,

perdona mi gran iniquidad.

Mem 12¿Quién es el *hombre que teme al SEÑOR?

Será instruido en el mejor de los
　caminos.

Nun 13Tendrá una vida placentera,

y sus descendientes heredarán la tierra.

Sámej 14El SEÑOR brinda su amistad a quienes le
　honran,

y les da a conocer su pacto.

Ayin 15Mis ojos están puestos siempre en el SEÑOR,

pues sólo él puede sacarme de la trampa.

8Who is this King of glory?
　The LORD strong and mighty,
　the LORD mighty in battle.
9Lift up your heads, O you gates;
　lift them up, you ancient doors,
　that the King of glory may come in.
10Who is he, this King of glory?
　The LORD Almighty—
　he is the King of glory.　　　　　*Selah*

Of David.

25 ^v

To you, O LORD, I lift up my soul;
2　in you I trust, O my God.
Do not let me be put to shame,
　nor let my enemies triumph over me.
3No one whose hope is in you
　will ever be put to shame,
but they will be put to shame
　who are treacherous without excuse.

4Show me your ways, O LORD,
　teach me your paths;
5guide me in your truth and teach me,
　for you are God my Savior,
　and my hope is in you all day long.
6Remember, O LORD, your great mercy and
　　love,
　for they are from of old.
7Remember not the sins of my youth
　and my rebellious ways;
according to your love remember me,
　for you are good, O LORD.

8Good and upright is the LORD;
　therefore he instructs sinners in his ways.
9He guides the humble in what is right
　and teaches them his way.
10All the ways of the LORD are loving and
　　faithful
　for those who keep the demands of his
　　covenant.
11For the sake of your name, O LORD,
　forgive my iniquity, though it is great.
12Who, then, is the man that fears the LORD?
　He will instruct him in the way chosen
　　for him.
13He will spend his days in prosperity,
　and his descendants will inherit the land.
14The LORD confides in those who fear him;
　he makes his covenant known to them.
15My eyes are ever on the LORD,
　for only he will release my feet from the
　　snare.

---

^w *Sal 25* Este salmo es un poema acróstico, que sigue el orden del
alfabeto hebreo.

^v This psalm is an acrostic poem, the verses of which begin with the
successive letters of the Hebrew alphabet.

Pe   16 Vuelve a mí tu rostro y tenme compasión,

pues me encuentro solo y afligido.

Tsade   17 Crecen las angustias de mi *corazón;

líbrame de mis tribulaciones.

18 Fíjate en mi aflicción y en mis penurias,
y borra todos mis pecados.

Resh   19 ¡Mira cómo se han multiplicado mis
enemigos,

y cuán violento es el odio que me
tienen!

Shin   20 Protege mi vida, rescátame;

no permitas que sea avergonzado,
porque en ti busco refugio.

Tav   21 Sean mi protección la integridad y la
rectitud,

porque en ti he puesto mi esperanza.

22 ¡Libra, oh Dios, a Israel
de todas sus angustias!

Salmo de David.

26 Hazme *justicia, SEÑOR,
pues he llevado una vida intachable;
¡en el SEÑOR confío sin titubear!
2 Examíname, SEÑOR; ¡ponme a prueba!
purifica mis entrañas y mi *corazón.

3 Tu gran amor lo tengo presente,
y siempre ando en tu verdad.
4 Yo no convivo con los mentirosos,
ni me junto con los hipócritas;
5 aborrezco la compañía de los malvados;
no cultivo la amistad de los perversos.

6 Con manos limpias e inocentes
camino, SEÑOR, en torno a tu altar,
7 proclamando en voz alta tu alabanza
y contando todas tus maravillas.
8 SEÑOR, yo amo la casa donde vives,
el lugar donde reside tu gloria.

9 En la muerte, no me incluyas
entre pecadores y asesinos,
10 entre *gente que tiene las manos
llenas de artimañas y sobornos.
11 Yo, en cambio, llevo una vida intachable;
líbrame y compadécete de mí.

12 Tengo los pies en terreno firme,
y en la gran asamblea bendeciré al SEÑOR.

Salmo de David.

27 El SEÑOR es mi luz y mi *salvación;
¿a quién temeré?
El SEÑOR es el baluarte de mi vida;
¿quién podrá amedrentarme?
2 Cuando los malvados avanzan contra mí
para devorar mis carnes,
cuando mis enemigos y adversarios me atacan,
son ellos los que tropiezan y caen.

16 Turn to me and be gracious to me,
for I am lonely and afflicted.
17 The troubles of my heart have multiplied;
free me from my anguish.
18 Look upon my affliction and my distress
and take away all my sins.
19 See how my enemies have increased
and how fiercely they hate me!
20 Guard my life and rescue me;
let me not be put to shame,
for I take refuge in you.
21 May integrity and uprightness protect me,
because my hope is in you.

22 Redeem Israel, O God,
from all their troubles!

Of David.

26 Vindicate me, O LORD,
for I have led a blameless life;
I have trusted in the LORD
without wavering.
2 Test me, O LORD, and try me,
examine my heart and my mind;
3 for your love is ever before me,
and I walk continually in your truth.
4 I do not sit with deceitful men,
nor do I consort with hypocrites;
5 I abhor the assembly of evildoers
and refuse to sit with the wicked.
6 I wash my hands in innocence,
and go about your altar, O LORD,
7 proclaiming aloud your praise
and telling of all your wonderful deeds.
8 I love the house where you live, O LORD,
the place where your glory dwells.

9 Do not take away my soul along with
sinners,
my life with bloodthirsty men,
10 in whose hands are wicked schemes,
whose right hands are full of bribes.
11 But I lead a blameless life;
redeem me and be merciful to me.
12 My feet stand on level ground;
in the great assembly I will praise the
LORD.

Of David.

27 The LORD is my light and my salvation—
whom shall I fear?
The LORD is the stronghold of my life—
of whom shall I be afraid?
2 When evil men advance against me
to devour my flesh,[w]
when my enemies and my foes attack me,
they will stumble and fall.

---

w 2 Or to slander me

3 Aun cuando un ejército me asedie,
   no temerá mi *corazón;
aun cuando una guerra estalle contra mí,
   yo mantendré la confianza.

4 Una sola cosa le pido al SEÑOR,
   y es lo único que persigo:
habitar en la casa del SEÑOR
   todos los días de mi vida,
para contemplar la hermosura del SEÑOR
   y recrearme en su templo.
5 Porque en el día de la aflicción
   él me resguardará en su morada;
al amparo de su tabernáculo me protegerá,
   y me pondrá en alto, sobre una roca.
6 Me hará prevalecer
   frente a los enemigos que me rodean;
en su templo ofreceré sacrificios de alabanza
   y cantaré salmos al SEÑOR.

7 Oye, SEÑOR, mi voz cuando a ti clamo;
   compadécete de mí y respóndeme.
8 El corazón me dice: «¡Busca su rostro!»x
   Y yo, SEÑOR, tu rostro busco.
9 No te escondas de mí;
   no rechaces, en tu enojo, a este siervo tuyo,
   porque tú has sido mi ayuda.
No me desampares ni me abandones,
   Dios de mi salvación.

10 Aunque mi padre y mi madre me abandonen,
   el SEÑOR me recibirá en sus brazos.

11 Guíame, SEÑOR, por tu *camino;
   dirígeme por la senda de rectitud,
   por causa de los que me acechan.
12 No me entregues al capricho de mis
      adversarios,
   pues contra mí se levantan falsos testigos
   que respiran violencia.

13 Pero de una cosa estoy seguro:
   he de ver la bondad del SEÑOR
   en esta tierra de los vivientes.
14 Pon tu esperanza en el SEÑOR;
   ten valor, cobra ánimo;
   ¡pon tu esperanza en el SEÑOR!

Salmo de David.

28 A ti clamo, SEÑOR, *roca mía;
   no te desentiendas de mí,
porque si guardas silencio,
   ya puedo contarme entre los muertos.
2 Oye mi voz suplicante
   cuando a ti acudo en busca de ayuda,
   cuando tiendo los brazos hacia tu lugar
      santísimo.

3 No me arrastres con los malvados,
   con los que hacen iniquidad,
con los que hablan de *paz con su prójimo
   pero en su *corazón albergan maldad.
4 Págales conforme a sus obras,
   conforme a sus malas acciones.
Págales conforme a las obras de sus manos;
   ¡dales su merecido!

3 Though an army besiege me,
   my heart will not fear;
though war break out against me,
   even then will I be confident.

4 One thing I ask of the LORD,
   this is what I seek:
that I may dwell in the house of the LORD
   all the days of my life,
to gaze upon the beauty of the LORD
   and to seek him in his temple.
5 For in the day of trouble
   he will keep me safe in his dwelling;
he will hide me in the shelter of his
      tabernacle
   and set me high upon a rock.
6 Then my head will be exalted
   above the enemies who surround me;
at his tabernacle will I sacrifice with shouts
      of joy;
   I will sing and make music to the LORD.

7 Hear my voice when I call, O LORD;
   be merciful to me and answer me.
8 My heart says of you, "Seek hisx face!"
   Your face, LORD, I will seek.
9 Do not hide your face from me,
   do not turn your servant away in anger;
   you have been my helper.
Do not reject me or forsake me,
   O God my Savior.
10 Though my father and mother forsake me,
   the LORD will receive me.
11 Teach me your way, O LORD;
   lead me in a straight path
   because of my oppressors.
12 Do not turn me over to the desire of my
      foes,
   for false witnesses rise up against me,
   breathing out violence.

13 I am still confident of this:
   I will see the goodness of the LORD
   in the land of the living.
14 Wait for the LORD;
   be strong and take heart
   and wait for the LORD.

Of David.

28 To you I call, O LORD my Rock;
   do not turn a deaf ear to me.
For if you remain silent,
   I will be like those who have gone down
      to the pit.
2 Hear my cry for mercy
   as I call to you for help,
as I lift up my hands
   toward your Most Holy Place.

3 Do not drag me away with the wicked,
   with those who do evil,
who speak cordially with their neighbors
   but harbor malice in their hearts.
4 Repay them for their deeds
   and for their evil work;
repay them for what their hands have done
   and bring back upon them what they
      deserve.

---

x 27:8 *El corazón ... su rostro!* (lectura probable); *A ti dice mi corazón: «Busquen mi rostro»* (TM).

x 8 Or *To you, O my heart, he has said, "Seek my*

5 Ya que no toman en cuenta las obras del SEÑOR
  y lo que él ha hecho con sus manos,
él los derribará
  y nunca más volverá a levantarlos.

6 Bendito sea el SEÑOR,
  que ha oído mi voz suplicante.
7 El SEÑOR es mi fuerza y mi escudo;
  mi corazón en él confía;
  de él recibo ayuda.
Mi corazón salta de alegría,
  y con cánticos le daré gracias.

8 El SEÑOR es la fortaleza de su pueblo,
  y un baluarte de *salvación para su *ungido.
9 Salva a tu pueblo, bendice a tu heredad,
  y cual *pastor guíalos por siempre.

Salmo de David.

29 Tributen al SEÑOR, seres celestiales,*y*
  tributen al SEÑOR la gloria y el poder.
2 Tributen al SEÑOR la gloria que merece su
    *nombre;
  póstrense ante el SEÑOR en su santuario
    majestuoso.

3 La voz del SEÑOR está sobre las aguas;
  resuena el trueno del Dios de la gloria;
  el SEÑOR está sobre las aguas impetuosas.
4 La voz del SEÑOR resuena potente;
  la voz del SEÑOR resuena majestuosa.
5 La voz del SEÑOR desgaja los cedros,
  desgaja el SEÑOR los cedros del Líbano;
6 hace que el Líbano salte como becerro,
  y que el Hermón*z* salte cual toro salvaje.
7 La voz del SEÑOR lanza ráfagas de fuego;
8   la voz del SEÑOR sacude al desierto;
  el SEÑOR sacude al desierto de Cades.
9 La voz del SEÑOR retuerce los robles*a*
  y deja desnudos los bosques;
  en su templo todos gritan: «¡Gloria!»

10 El SEÑOR tiene su trono sobre las lluvias;
  el SEÑOR reina por siempre.
11 El SEÑOR fortalece a su pueblo;
  el SEÑOR bendice a su pueblo con la *paz.

Cántico para la dedicación de la casa.*b* Salmo
de David.

30 Te exaltaré, SEÑOR, porque me levantaste,
  porque no dejaste que mis enemigos se
    burlaran de mí.
2 SEÑOR mi Dios, te pedí ayuda
  y me sanaste.
3 Tú, SEÑOR, me sacaste del *sepulcro;
  me hiciste revivir de entre los muertos.

4 Canten al SEÑOR, ustedes sus fieles;
  alaben su santo *nombre.

5 Since they show no regard for the works of
    the LORD
  and what his hands have done,
he will tear them down
  and never build them up again.

6 Praise be to the LORD,
  for he has heard my cry for mercy.
7 The LORD is my strength and my shield;
  my heart trusts in him, and I am helped.
My heart leaps for joy
  and I will give thanks to him in song.

8 The LORD is the strength of his people,
  a fortress of salvation for his anointed
    one.
9 Save your people and bless your inheritance;
  be their shepherd and carry them forever.

A psalm of David.

29 Ascribe to the LORD, O mighty ones,
  ascribe to the LORD glory and strength.
2 Ascribe to the LORD the glory due his name;
  worship the LORD in the splendor of his*y*
    holiness.

3 The voice of the LORD is over the waters;
  the God of glory thunders,
  the LORD thunders over the mighty
    waters.
4 The voice of the LORD is powerful;
  the voice of the LORD is majestic.
5 The voice of the LORD breaks the cedars;
  the LORD breaks in pieces the cedars of
    Lebanon.
6 He makes Lebanon skip like a calf,
  Sirion*z* like a young wild ox.
7 The voice of the LORD strikes
  with flashes of lightning.
8 The voice of the LORD shakes the desert;
  the LORD shakes the Desert of Kadesh.
9 The voice of the LORD twists the oaks*a*
  and strips the forests bare.
And in his temple all cry, "Glory!"

10 The LORD sits*b* enthroned over the flood;
  the LORD is enthroned as King forever.
11 The LORD gives strength to his people;
  the LORD blesses his people with peace.

A psalm. A song. For the dedication of the
temple.*c* Of David.

30 I will exalt you, O LORD,
  for you lifted me out of the depths
  and did not let my enemies gloat over me.
2 O LORD my God, I called to you for help
  and you healed me.
3 O LORD, you brought me up from the
    grave*d*;
  you spared me from going down into the
    pit.

4 Sing to the LORD, you saints of his;
  praise his holy name.

---

y 29:1 seres celestiales. Lit. hijos de los dioses. *z 29:6 Hermón*
(lectura probable); *Sirión* (TM). *a 29:9 retuerce los robles.* Alt.
hace parir a la cierva. *b 30 Tít. casa.* Alt. *palacio, o templo.*

y 2 Or LORD with the splendor of *z 6 That is, Mount Hermon*
a 9 Or LORD makes the deer give birth *b 10 Or sat*
c Title: Or palace *d 3 Hebrew Sheol*

5 Porque sólo un instante dura su enojo,
pero toda una vida su bondad.
Si por la noche hay llanto,
por la mañana habrá gritos de alegría.

6 Cuando me sentí seguro, exclamé:
«Jamás seré conmovido.»
7 Tú, SEÑOR, en tu buena voluntad,
me afirmaste en elevado baluarte;
pero escondiste tu rostro,
y yo quedé confundido.

8 A ti clamo, SEÑOR soberano;
a ti me vuelvo suplicante.
9 ¿Qué ganas tú con que yo muera,c
con que descienda yo al sepulcro?
¿Acaso el polvo te alabará
o proclamará tu verdad?
10 Oye, SEÑOR; compadécete de mí.
¡Sé tú, SEÑOR, mi ayuda!

11 Convertiste mi lamento en danza;
me quitaste la ropa de luto
y me vestiste de fiesta,
12 para que te cante y te glorifique,
y no me quede callado.

¡SEÑOR mi Dios, siempre te daré gracias!

Al director musical. Salmo de David.

31 En ti, SEÑOR, busco refugio;
jamás permitas que me avergüencen;
en tu *justicia, líbrame.
2 Inclina a mí tu oído,
y acude pronto a socorrerme.
Sé tú mi *roca protectora,
la fortaleza de mi *salvación.
3 Guíame, pues eres mi roca y mi fortaleza,
dirígeme por amor a tu *nombre.
4 Líbrame de la trampa que me han tendido,
porque tú eres mi refugio.
5 En tus manos encomiendo mi espíritu;
líbrame, SEÑOR, Dios de la verdad.

6 Odio a los que veneran ídolos vanos;
yo, por mi parte, confío en ti, SEÑOR.
7 Me alegro y me regocijo en tu amor,
porque tú has visto mi aflicción
y conoces las angustias de mi *alma.
8 No me entregaste al enemigo,
sino que me pusiste en lugar espacioso.

9 Tenme compasión, SEÑOR, que estoy angustiado;
el dolor está acabando con mis ojos,
con mi alma, ¡con mi cuerpo!
10 La vida se me va en angustias,
y los años en lamentos;
la tristeza está acabando con mis fuerzas,
y mis huesos se van debilitando.
11 Por causa de todos mis enemigos,
soy el hazmerreír de mis vecinos;
soy un espanto para mis amigos;
de mí huyen los que me encuentran en la
calle.
12 Me han olvidado, como si hubiera muerto;
soy como una vasija hecha pedazos.

5 For his anger lasts only a moment,
but his favor lasts a lifetime;
weeping may remain for a night,
but rejoicing comes in the morning.

6 When I felt secure, I said,
"I will never be shaken."
7 O LORD, when you favored me,
you made my mountaine stand firm;
but when you hid your face,
I was dismayed.

8 To you, O LORD, I called;
to the Lord I cried for mercy:
9 "What gain is there in my destruction,f
in my going down into the pit?
Will the dust praise you?
Will it proclaim your faithfulness?
10 Hear, O LORD, and be merciful to me;
O LORD, be my help."

11 You turned my wailing into dancing;
you removed my sackcloth and clothed
me with joy,
12 that my heart may sing to you and not be
silent.
O LORD my God, I will give you thanks
forever.

For the director of music. A psalm
of David.

31 In you, O LORD, I have taken refuge;
let me never be put to shame;
deliver me in your righteousness.
2 Turn your ear to me,
come quickly to my rescue;
be my rock of refuge,
a strong fortress to save me.
3 Since you are my rock and my fortress,
for the sake of your name lead and guide
me.
4 Free me from the trap that is set for me,
for you are my refuge.
5 Into your hands I commit my spirit;
redeem me, O LORD, the God of truth.

6 I hate those who cling to worthless idols;
I trust in the LORD.
7 I will be glad and rejoice in your love,
for you saw my affliction
and knew the anguish of my soul.
8 You have not handed me over to the enemy
but have set my feet in a spacious place.

9 Be merciful to me, O LORD, for I am in
distress;
my eyes grow weak with sorrow,
my soul and my body with grief.
10 My life is consumed by anguish
and my years by groaning;
my strength fails because of my affliction,g
and my bones grow weak.
11 Because of all my enemies,
I am the utter contempt of my neighbors;
I am a dread to my friends—
those who see me on the street flee from
me.
12 I am forgotten by them as though I were
dead;
I have become like broken pottery.

---

c 30:9 con que yo muera. Lit. con mi sangre.

e 7 Or hill country   f 9 Or there if I am silenced
g 10 Or guilt

13 Son muchos a los que oigo cuchichear:
«Hay terror por todas partes.»
Se han confabulado contra mí,
y traman quitarme la vida.

14 Pero yo, SEÑOR, en ti confío,
y digo: «Tú eres mi Dios.»
15 Mi vida entera está en tus manos;
líbrame de mis enemigos y perseguidores.
16 Que irradie tu faz sobre tu siervo;
por tu gran amor, sálvame.

17 SEÑOR, no permitas que me avergüencen,
porque a ti he clamado.
Que sean avergonzados los malvados,
y acallados en el *sepulcro.
18 Que sean silenciados sus labios mentirosos,
porque hablan contra los justos
con orgullo, desdén e insolencia.

19 Cuán grande es tu bondad,
que atesoras para los que te temen,
y que a la vista de la *gente derramas
sobre los que en ti se refugian.
20 Al amparo de tu presencia los proteges
de las intrigas *humanas;
en tu morada los resguardas
de las lenguas contenciosas.

21 Bendito sea el SEÑOR,
pues mostró su gran amor por mí
cuando me hallaba en una ciudad sitiada.
22 En mi confusión llegué a decir:
«¡He sido arrojado de tu presencia!»
Pero tú oíste mi voz suplicante
cuando te pedí que me ayudaras.

23 Amen al SEÑOR, todos sus fieles;
él protege a los dignos de confianza,
pero a los orgullosos les da su merecido.
24 Cobren ánimo y ármense de valor,
todos los que en el SEÑOR esperan.

Salmo de David. *Masquil.

32

1 *Dichoso aquel
a quien se le perdonan sus transgresiones,
a quien se le borran sus pecados.
2 Dichoso aquel
a quien el SEÑOR no toma en cuenta su maldad
y en cuyo espíritu no hay engaño.
3 Mientras guardé silencio,
mis huesos se fueron consumiendo
por mi gemir de todo el día.
4 Mi fuerza se fue debilitando
como al calor del verano,
porque día y noche
tu mano pesaba sobre mí.
            *Selah

5 Pero te confesé mi pecado,
y no te oculté mi maldad.
Me dije: «Voy a confesar mis transgresiones al SEÑOR»,
y tú perdonaste mi maldad y mi pecado.
            Selah

13 For I hear the slander of many;
there is terror on every side;
they conspire against me
and plot to take my life.

14 But I trust in you, O LORD;
I say, "You are my God."
15 My times are in your hands;
deliver me from my enemies
and from those who pursue me.
16 Let your face shine on your servant;
save me in your unfailing love.
17 Let me not be put to shame, O LORD,
for I have cried out to you;
but let the wicked be put to shame
and lie silent in the grave.h

18 Let their lying lips be silenced,
for with pride and contempt
they speak arrogantly against the righteous.

19 How great is your goodness,
which you have stored up for those who fear you,
which you bestow in the sight of men
on those who take refuge in you.
20 In the shelter of your presence you hide them
from the intrigues of men;
in your dwelling you keep them safe
from accusing tongues.

21 Praise be to the LORD,
for he showed his wonderful love to me
when I was in a besieged city.
22 In my alarm I said,
"I am cut off from your sight!"
Yet you heard my cry for mercy
when I called to you for help.

23 Love the LORD, all his saints!
The LORD preserves the faithful,
but the proud he pays back in full.
24 Be strong and take heart,
all you who hope in the LORD.

Of David. A maskil.i

32

1 Blessed is he
whose transgressions are forgiven,
whose sins are covered.
2 Blessed is the man
whose sin the LORD does not count against him
and in whose spirit is no deceit.
3 When I kept silent,
my bones wasted away
through my groaning all day long.
4 For day and night
your hand was heavy upon me;
my strength was sapped
as in the heat of summer.
            Selah
5 Then I acknowledged my sin to you
and did not cover up my iniquity.
I said, "I will confess
my transgressions to the LORD"—
and you forgave
the guilt of my sin.
            Selah

h 17 Hebrew Sheol   i Title: Probably a literary or musical term

6 Por eso los fieles te invocan
    en momentos de angustia;*d*
caudalosas aguas podrán desbordarse,
    pero a ellos no los alcanzarán.
7 Tú eres mi refugio;
    tú me protegerás del peligro
    y me rodearás con cánticos de liberación.
                        Selah

8 El SEÑOR dice:
    «Yo te instruiré,
    yo te mostraré el *camino que debes seguir;
    yo te daré consejos y velaré por ti.
9 No seas como el mulo o el caballo,
    que no tienen discernimiento,
    y cuyo brío hay que domar con brida y freno,
    para acercarlos a ti.»

10 Muchas son las calamidades de los malvados,
    pero el gran amor del SEÑOR
    envuelve a los que en él confían.

11 ¡Alégrense, ustedes los justos;
    regocíjense en el SEÑOR!
    ¡canten todos ustedes,
    los rectos de *corazón!

33

Canten al SEÑOR con alegría, ustedes los
    justos;
    es propio de los íntegros alabar al SEÑOR.
2 Alaben al SEÑOR al son del arpa;
    entonen alabanzas con el decacordio.
3 Cántenle una canción nueva;
    toquen con destreza,
    y den voces de alegría.

4 La palabra del SEÑOR es justa;
    fieles son todas sus obras.
5 El SEÑOR ama la *justicia y el derecho;
    llena está la tierra de su amor.

6 Por la palabra del SEÑOR fueron creados los
    cielos,
    y por el soplo de su boca, las estrellas.
7 Él recoge en un cántaro el agua de los mares,
    y junta en vasijas los océanos.
8 Tema toda la tierra al SEÑOR;
    hónrenlo todos los pueblos del mundo;
9 porque él habló, y todo fue creado;
    dio una orden, y todo quedó firme.
10 El SEÑOR frustra los planes de las naciones;
    desbarata los designios de los pueblos.
11 Pero los planes del SEÑOR quedan firmes para
    siempre;
    los designios de su *mente son eternos.

12 Dichosa la nación cuyo Dios es el SEÑOR,
    el pueblo que escogió por su heredad.
13 El SEÑOR observa desde el cielo
    y ve a toda la *humanidad;
14 él contempla desde su trono
    a todos los habitantes de la tierra.
15 Él es quien formó el *corazón de todos,
    y quien conoce a fondo todas sus acciones.
16 No se salva el rey por sus muchos soldados,
    ni por su mucha fuerza se libra el valiente.

6 Therefore let everyone who is godly pray to
    you
    while you may be found;
    surely when the mighty waters rise,
    they will not reach him.
7 You are my hiding place;
    you will protect me from trouble
    and surround me with songs of
    deliverance.   *Selah*

8 I will instruct you and teach you in the way
    you should go;
    I will counsel you and watch over you.
9 Do not be like the horse or the mule,
    which have no understanding
    but must be controlled by bit and bridle
    or they will not come to you.
10 Many are the woes of the wicked,
    but the LORD's unfailing love
    surrounds the man who trusts in him.

11 Rejoice in the LORD and be glad, you
    righteous;
    sing, all you who are upright in heart!

33

Sing joyfully to the LORD, you righteous;
    it is fitting for the upright to praise him.
2 Praise the LORD with the harp;
    make music to him on the ten-stringed
    lyre.
3 Sing to him a new song;
    play skillfully, and shout for joy.

4 For the word of the LORD is right and true;
    he is faithful in all he does.
5 The LORD loves righteousness and justice;
    the earth is full of his unfailing love.

6 By the word of the LORD were the heavens
    made,
    their starry host by the breath of his
    mouth.
7 He gathers the waters of the sea into jars*j*;
    he puts the deep into storehouses.
8 Let all the earth fear the LORD;
    let all the people of the world revere him.
9 For he spoke, and it came to be;
    he commanded, and it stood firm.
10 The LORD foils the plans of the nations;
    he thwarts the purposes of the peoples.
11 But the plans of the LORD stand firm
    forever,
    the purposes of his heart through all
    generations.

12 Blessed is the nation whose God is the
    LORD,
    the people he chose for his inheritance.
13 From heaven the LORD looks down
    and sees all mankind;
14 from his dwelling place he watches
    all who live on earth—
15 he who forms the hearts of all,
    who considers everything they do.
16 No king is saved by the size of his army;
    no warrior escapes by his great strength.

d 32:6 *de angustia* (LXX y Siríaca); *de encontrar solamente* (TM).   *j* 7 Or *sea as into a heap*

17Vana esperanza de *victoria es el caballo;
   a pesar de su mucha fuerza no puede salvar.
18Pero el SEÑOR cuida de los que le temen,
   de los que esperan en su gran amor;
19él los libra de la muerte,
   y en épocas de hambre los mantiene con
      vida.

20Esperamos confiados en el SEÑOR;
   él es nuestro socorro y nuestro escudo.
21En él se regocija nuestro corazón,
   porque confiamos en su santo *nombre.
22Que tu gran amor, SEÑOR, nos acompañe,
   tal como lo esperamos de ti.

Salmo de David, cuando fingió estar demente
ante Abimélec, por lo cual éste lo arrojó de su
presencia.

34 eÁlef   1Bendeciré al SEÑOR en todo tiempo;

      mis labios siempre lo alabarán.

Bet   2Mi *alma se gloría en el SEÑOR;

      lo oirán los humildes y se alegrarán.

Guímel   3Engrandezcan al SEÑOR conmigo;

      exaltemos a una su *nombre.

Dálet   4Busqué al SEÑOR, y él me respondió;

      me libró de todos mis temores.

He   5Radiantes están los que a él acuden;

      jamás su rostro se cubre de vergüenza.

Zayin   6Este pobre clamó, y el SEÑOR le oyó

      y lo libró de todas sus angustias.

Jet   7El ángel del SEÑOR acampa en torno a los
      que le temen;

      a su lado está para librarlos.

Tet   8Prueben y vean que el SEÑOR es bueno;

      *dichosos los que en él se refugian.

Yod   9Teman al SEÑOR, ustedes sus santos,

      pues nada les falta a los que le temen.

Caf   10Los leoncillos se debilitan y tienen
      hambre,

      pero a los que buscan al SEÑOR nada les
      falta.

Lámed   11Vengan, hijos míos, y escúchenme,

      que voy a enseñarles el temor del SEÑOR.

Mem   12El que quiera amar la vida

      y gozar de días felices,

Nun   13que refrene su lengua de hablar el mal

      y sus labios de proferir engaños;

Sámej   14que se aparte del mal y haga el bien;

      que busque la *paz y la siga.

Ayin   15Los ojos del SEÑOR están sobre los justos,

      y sus oídos, atentos a sus oraciones;

Pe   16el rostro del SEÑOR está contra los que
      hacen el mal,

      para borrar de la tierra su memoria.

17A horse is a vain hope for deliverance;
   despite all its great strength it cannot save.
18But the eyes of the LORD are on those who
      fear him,
   on those whose hope is in his unfailing
      love,
19to deliver them from death
   and keep them alive in famine.

20We wait in hope for the LORD;
   he is our help and our shield.
21In him our hearts rejoice,
   for we trust in his holy name.
22May your unfailing love rest upon us,
      O LORD,
   even as we put our hope in you.

Of David. When he pretended to be insane
before Abimelech, who drove him away,
and he left.

34 k I will extol the LORD at all times;
   his praise will always be on my lips.
2My soul will boast in the LORD;
   let the afflicted hear and rejoice.
3Glorify the LORD with me;
   let us exalt his name together.

4I sought the LORD, and he answered me;
   he delivered me from all my fears.
5Those who look to him are radiant;
   their faces are never covered with shame.
6This poor man called, and the LORD heard
      him;
   he saved him out of all his troubles.
7The angel of the LORD encamps around
      those who fear him,
   and he delivers them.

8Taste and see that the LORD is good;
   blessed is the man who takes refuge in
      him.
9Fear the LORD, you his saints,
   for those who fear him lack nothing.
10The lions may grow weak and hungry,
   but those who seek the LORD lack no
      good thing.

11Come, my children, listen to me;
   I will teach you the fear of the LORD.
12Whoever of you loves life
   and desires to see many good days,
13keep your tongue from evil
   and your lips from speaking lies.
14Turn from evil and do good;
   seek peace and pursue it.

15The eyes of the LORD are on the righteous
   and his ears are attentive to their cry;
16the face of the LORD is against those who
      do evil,
   to cut off the memory of them from the
      earth.

---

e Sal 34 Este salmo es un poema acróstico, que sigue el orden del
alfabeto hebreo.

k This psalm is an acrostic poem, the verses of which begin with the
successive letters of the Hebrew alphabet.

Tsade	17 Los justos claman, y el SEÑOR los oye;
	los libra de todas sus angustias.
Qof	18 El SEÑOR está cerca de los quebrantados de corazón,
	y salva a los de espíritu abatido.
Resh	19 Muchas son las angustias del justo,
	pero el SEÑOR lo librará de todas ellas;
Shin	20 le protegerá todos los huesos,
	y ni uno solo le quebrarán.
Tav	21 La maldad destruye a los malvados;
	serán condenados los enemigos de los justos.
	22 El SEÑOR libra a sus siervos;
	no serán condenados los que en él confían.

Salmo de David.

35 Defiéndeme, SEÑOR, de los que me atacan;
combate a los que me combaten.
2 Toma tu adarga, tu escudo,
y acude en mi ayuda.
3 Empuña la lanza y el hacha,*f*
y haz frente a*f* los que me persiguen.
Quiero oírte decir:
«Yo soy tu *salvación.»

4 Queden confundidos y avergonzados
los que procuran matarme;
retrocedan humillados
los que traman mi ruina.
5 Sean como la paja en el viento,
acosados por el ángel del SEÑOR;
6 sea su senda oscura y resbalosa,
perseguidos por el ángel del SEÑOR.
7 Ya que sin motivo me tendieron una trampa,
y sin motivo cavaron una fosa para mí,
8 que la ruina los tome por sorpresa;
que caigan en su propia trampa,
en la fosa que ellos mismos cavaron.

9 Así mi *alma se alegrará en el SEÑOR
y se deleitará en su salvación;
10 así todo mi ser exclamará:
«¿Quién como tú, SEÑOR?
Tú libras de los poderosos a los pobres;
a los pobres y necesitados libras
de aquellos que los explotan.»

11 Se presentan testigos despiadados
y me preguntan cosas que yo ignoro.
12 Me devuelven mal por bien,
y eso me hiere en el alma;
13 pues cuando ellos enfermaban
yo me vestía de luto,
me afligía y ayunaba.

¡Ay, si pudiera retractarme de mis oraciones!

17 The righteous cry out, and the LORD hears them;
he delivers them from all their troubles.
18 The LORD is close to the brokenhearted
and saves those who are crushed in spirit.

19 A righteous man may have many troubles,
but the LORD delivers him from them all;
20 he protects all his bones,
not one of them will be broken.

21 Evil will slay the wicked;
the foes of the righteous will be condemned.
22 The LORD redeems his servants;
no one will be condemned who takes refuge in him.

Of David.

35 Contend, O LORD, with those who contend with me;
fight against those who fight against me.
2 Take up shield and buckler;
arise and come to my aid.
3 Brandish spear and javelin*l*
against those who pursue me.
Say to my soul,
"I am your salvation."

4 May those who seek my life
be disgraced and put to shame;
may those who plot my ruin
be turned back in dismay.
5 May they be like chaff before the wind,
with the angel of the LORD driving them away;
6 may their path be dark and slippery,
with the angel of the LORD pursuing them.
7 Since they hid their net for me without cause
and without cause dug a pit for me,
8 may ruin overtake them by surprise—
may the net they hid entangle them,
may they fall into the pit, to their ruin.

9 Then my soul will rejoice in the LORD
and delight in his salvation.
10 My whole being will exclaim,
"Who is like you, O LORD?
You rescue the poor from those too strong for them,
the poor and needy from those who rob them."

11 Ruthless witnesses come forward;
they question me on things I know nothing about.
12 They repay me evil for good
and leave my soul forlorn.
13 Yet when they were ill, I put on sackcloth
and humbled myself with fasting.
When my prayers returned to me unanswered,

---

f 35:3 el hacha, y haz frente a (lectura probable); *cierra contra*
(TM).   *l 3* Or *and block the way*

14 Me vestía yo de luto,
    como por un amigo o un hermano.
Afligido, inclinaba la cabeza,
    como si llorara por mi madre.
15 Pero yo tropecé, y ellos se alegraron,
    y a una se juntaron contra mí.
Gente extraña,g que yo no conocía,
    me calumniaba sin cesar.
16 Me atormentaban, se burlaban de mí,h
    y contra mí rechinaban los dientes.

17 ¿Hasta cuándo, Señor, vas a tolerar esto?
Libra mi vida, mi única vida,
    de los ataques de esos leones.
18 Yo te daré gracias en la gran asamblea;
    ante una multitud te alabaré.

19 No dejes que de mí se burlen
    mis enemigos traicioneros;
no dejes que se guiñen el ojo
    los que me odian sin motivo.
20 Porque no vienen en son de *paz,
    sino que urden mentiras
    contra la gente apacible del país.
21 De mí se ríen a carcajadas, y exclaman:
    «¡Miren en lo que vino a parar!»

22 Señor, tú has visto todo esto;
    no te quedes callado.
¡Señor, no te alejes de mí!
23 ¡Despierta, Dios mío, levántate!
    ¡Hazme *justicia, Señor, defiéndeme!
24 Júzgame según tu justicia, Señor mi Dios;
    no dejes que se burlen de mí.
25 No permitas que piensen:
    «¡Así queríamos verlo!»
No permitas que digan:
    «Nos lo hemos tragado vivo.»

26 Queden avergonzados y confundidos
    todos los que se alegran de mi desgracia;
sean cubiertos de oprobio y vergüenza
    todos los que se creen más que yo.
27 Pero lancen voces de alegría y regocijo
    los que apoyan mi causa,
y digan siempre: «Exaltado sea el Señor,
    quien se deleita en el *bienestar de su
    siervo.»
28 Con mi lengua proclamaré tu justicia,
    y todo el día te alabaré.

Al director musical. De David, el siervo del
Señor.

36

Dice el pecador:
    «Ser impío lo llevo en el *corazón.»i
No hay temor de Dios
    delante de sus ojos.
2 Cree que merece alabanzas
    y no halla aborrecible su pecado.
3 Sus palabras son inicuas y engañosas;
    ha perdido el buen juicio
    y la capacidad de hacer el bien.
4 Aun en su lecho trama hacer el mal;
    se aferra a su mal *camino
    y persiste en la maldad.

14 I went about mourning
    as though for my friend or brother.
I bowed my head in grief
    as though weeping for my mother.
15 But when I stumbled, they gathered in glee;
    attackers gathered against me when I was
    unaware.
They slandered me without ceasing.
16 Like the ungodly they maliciously
    mockedm;
they gnashed their teeth at me.
17 O Lord, how long will you look on?
Rescue my life from their ravages,
    my precious life from these lions.
18 I will give you thanks in the great assembly;
    among throngs of people I will praise you.

19 Let not those gloat over me
    who are my enemies without cause;
let not those who hate me without reason
    maliciously wink the eye.
20 They do not speak peaceably,
    but devise false accusations
    against those who live quietly in the land.
21 They gape at me and say, "Aha! Aha!
    With our own eyes we have seen it."

22 O Lord, you have seen this; be not silent.
    Do not be far from me, O Lord.
23 Awake, and rise to my defense!
    Contend for me, my God and Lord.
24 Vindicate me in your righteousness, O Lord
    my God;
do not let them gloat over me.
25 Do not let them think, "Aha, just what we
    wanted!"
or say, "We have swallowed him up."

26 May all who gloat over my distress
    be put to shame and confusion;
may all who exalt themselves over me
    be clothed with shame and disgrace.
27 May those who delight in my vindication
    shout for joy and gladness;
may they always say, "The Lord be
    exalted,
who delights in the well-being of his
    servant."
28 My tongue will speak of your righteousness
    and of your praises all day long.

For the director of music. Of David the
servant of the Lord.

36

An oracle is within my heart
    concerning the sinfulness of the wicked:n
There is no fear of God
    before his eyes.
2 For in his own eyes he flatters himself
    too much to detect or hate his sin.
3 The words of his mouth are wicked and
    deceitful;
he has ceased to be wise and to do good.
4 Even on his bed he plots evil;
    he commits himself to a sinful course
    and does not reject what is wrong.

---

g 35:15 Gente extraña (lectura probable); Gente golpeada (TM).
h 35:16 Me atormentaban, se burlaban de mí (LXX); Con inicuos
burlones de una torta (TM).   i 36:1 Dice el ... corazón» (lectura
probable); Oráculo del pecado al malvado en medio de mi corazón
(TM).

m 16 Septuagint; Hebrew may mean ungodly circle of mockers.
n 1 Or heart: / Sin proceeds from the wicked.

5 Tu amor, SEÑOR, llega hasta los cielos;
   tu fidelidad alcanza las nubes.
6 Tu *justicia es como las altas montañas;ʲ
   tus juicios, como el gran océano.

   Tú, SEÑOR, cuidas de *hombres y animales;
7 ¡cuán precioso, oh Dios, es tu gran amor!
   Todo *ser humano halla refugio
   a la sombra de tus alas.
8 Se sacian de la abundancia de tu casa;
   les das a beber de tu río de deleites.
9 Porque en ti está la fuente de la vida,
   y en tu luz podemos ver la luz.

10 Extiende tu amor a los que te conocen,
   y tu justicia a los rectos de corazón.
11 Que no me aplaste el pie del orgulloso,
   ni me desarraigue la mano del impío.

12 Vean cómo fracasan los malvados:
   ¡caen a tierra, y ya no pueden levantarse!

5 Your love, O LORD, reaches to the heavens,
   your faithfulness to the skies.
6 Your righteousness is like the mighty
      mountains,
   your justice like the great deep.
   O LORD, you preserve both man and beast.
7 How priceless is your unfailing love!
   Both high and low among men
      findᵒ refuge in the shadow of your
      wings.
8 They feast on the abundance of your house;
   you give them drink from your river of
      delights.
9 For with you is the fountain of life;
   in your light we see light.

10 Continue your love to those who know you,
   your righteousness to the upright in heart.
11 May the foot of the proud not come against
      me,
   nor the hand of the wicked drive me
      away.
12 See how the evildoers lie fallen—
   thrown down, not able to rise!

Salmo de David.

37ᵏ*Álef*   1 No te irrites a causa de los impíos

   ni envidies a los que cometen injusticias;
2 porque pronto se marchitan, como la
      hierba;
   pronto se secan, como el verdor del
      pasto.

Bet   3 Confía en el SEÑOR y haz el bien;

   establécete en la tierra y manténte fiel.
4 Deléitate en el SEÑOR,
   y él te concederá los deseos de tu
      *corazón.

Guímel   5 Encomienda al SEÑOR tu *camino;

   confía en él, y él actuará.
6 Hará que tu *justicia resplandezca como el
      alba;
   tu justa causa, como el sol de mediodía.

Dálet   7 Guarda silencio ante el SEÑOR,

   y espera en él con paciencia;
   no te irrites ante el éxito de otros,
   de los que maquinan planes malvados.

He   8 Refrena tu enojo, abandona la ira;

   no te irrites, pues esto conduce al mal.
9 Porque los impíos serán exterminados,
   pero los que esperan en el SEÑOR
      heredarán la tierra.

Vav   10 Dentro de poco los malvados dejarán de
      existir;

   por más que los busques, no los
      encontrarás.
11 Pero los desposeídos heredarán la tierra
   y disfrutarán de gran *bienestar.

Zayin   12 Los malvados conspiran contra los justos

   y crujen los dientes contra ellos;

Of David.

37ᵖ Do not fret because of evil men
   or be envious of those who do wrong;
2 for like the grass they will soon wither,
   like green plants they will soon die away.

3 Trust in the LORD and do good;
   dwell in the land and enjoy safe pasture.
4 Delight yourself in the LORD
   and he will give you the desires of your
      heart.

5 Commit your way to the LORD;
   trust in him and he will do this:
6 He will make your righteousness shine like
      the dawn,
   the justice of your cause like the noonday
      sun.

7 Be still before the LORD and wait patiently
      for him;
   do not fret when men succeed in their
      ways,
   when they carry out their wicked
      schemes.

8 Refrain from anger and turn from wrath;
   do not fret—it leads only to evil.
9 For evil men will be cut off,
   but those who hope in the LORD will
      inherit the land.

10 A little while, and the wicked will be no
      more;
   though you look for them, they will not
      be found.
11 But the meek will inherit the land
   and enjoy great peace.

12 The wicked plot against the righteous
   and gnash their teeth at them;

ʲ 36:6 *las altas montañas.* Alt. *las montañas de Dios.*   ᵏ *Sal 37*
Este salmo es un poema acróstico, que sigue el orden del alfabeto
hebreo.

ᵒ 7 Or *love, O God! / Men find*; or *love! / Both heavenly beings and
men / find*   ᵖ This psalm is an acrostic poem, the stanzas of
which begin with the successive letters of the Hebrew alphabet.

¹³ pero el Señor se ríe de los malvados,
     pues sabe que les llegará su hora.

Jet   ¹⁴ Los malvados sacan la espada y tensan el
     arco

     para abatir al pobre y al necesitado,
     para matar a los que viven con rectitud.
¹⁵ Pero su propia espada les atravesará el
     corazón,
     y su arco quedará hecho pedazos.

Tet   ¹⁶ Más vale lo poco de un justo

     que lo mucho de innumerables
     malvados;
¹⁷ porque el brazo de los impíos será
     quebrado,
     pero el SEÑOR sostendrá a los justos.

Yod   ¹⁸ El SEÑOR protege la vida de los íntegros,

     y su herencia perdura por siempre.
¹⁹ En tiempos difíciles serán prosperados;
     en épocas de hambre tendrán
     abundancia.

Caf   ²⁰ Los malvados, los enemigos del SEÑOR,

     acabarán por ser destruidos;
     desaparecerán como las flores silvestres,
     se desvanecerán como el humo.

Lámed   ²¹ Los malvados piden prestado y no pagan,

     pero los justos dan con generosidad.
²² Los benditos del SEÑOR heredarán la tierra,
     pero los que él maldice serán destruidos.

Mem   ²³ El SEÑOR afirma los pasos del *hombre

     cuando le agrada su modo de vivir;
²⁴ podrá tropezar, pero no caerá,
     porque el SEÑOR lo sostiene de la mano.

Nun   ²⁵ He sido joven y ahora soy viejo,

     pero nunca he visto justos en la miseria,
     ni que sus hijos mendiguen pan.
²⁶ Prestan siempre con generosidad;
     sus hijos son una bendición.

Sámej   ²⁷ Apártate del mal y haz el bien,

     y siempre tendrás dónde vivir.
²⁸ Porque el SEÑOR ama la justicia
     y no abandona a quienes le son fieles.

     El SEÑOR los protegerá para siempre,
     pero acabará con la descendencia de los
     malvados.

Ayin   ²⁹ Los justos heredarán la tierra,

     y por siempre vivirán en ella.

Pe   ³⁰ La boca del justo imparte sabiduría,

     y su lengua emite justicia.
³¹ La *ley de Dios está en su corazón,
     y sus pies jamás resbalan.

Tsade   ³² Los malvados acechan a los justos

     con la intención de matarlos,
³³ pero el SEÑOR no los dejará caer en sus
     manos
     ni permitirá que los condenen en el
     juicio.

¹³ but the Lord laughs at the wicked,
     for he knows their day is coming.

¹⁴ The wicked draw the sword
     and bend the bow
to bring down the poor and needy,
     to slay those whose ways are upright.
¹⁵ But their swords will pierce their own
     hearts,
     and their bows will be broken.

¹⁶ Better the little that the righteous have
     than the wealth of many wicked;
¹⁷ for the power of the wicked will be broken,
     but the LORD upholds the righteous.

¹⁸ The days of the blameless are known to the
     LORD,
     and their inheritance will endure forever.
¹⁹ In times of disaster they will not wither;
     in days of famine they will enjoy plenty.

²⁰ But the wicked will perish:
     The LORD's enemies will be like the
     beauty of the fields,
     they will vanish—vanish like smoke.

²¹ The wicked borrow and do not repay,
     but the righteous give generously;
²² those the LORD blesses will inherit the land,
     but those he curses will be cut off.

²³ If the LORD delights in a man's way,
     he makes his steps firm;
²⁴ though he stumble, he will not fall,
     for the LORD upholds him with his hand.

²⁵ I was young and now I am old,
     yet I have never seen the righteous
     forsaken
     or their children begging bread.
²⁶ They are always generous and lend freely;
     their children will be blessed.

²⁷ Turn from evil and do good;
     then you will dwell in the land forever.
²⁸ For the LORD loves the just
     and will not forsake his faithful ones.

     They will be protected forever,
     but the offspring of the wicked will be
     cut off;
²⁹ the righteous will inherit the land
     and dwell in it forever.

³⁰ The mouth of the righteous man utters
     wisdom,
     and his tongue speaks what is just.
³¹ The law of his God is in his heart;
     his feet do not slip.

³² The wicked lie in wait for the righteous,
     seeking their very lives;
³³ but the LORD will not leave them in their
     power
     or let them be condemned when brought
     to trial.

Qof ³⁴ Pero tú, espera en el Señor,

y vive según su voluntad,
que él te exaltará para que heredes la
tierra.
Cuando los malvados sean destruidos,
tú lo verás con tus propios ojos.

Resh ³⁵ He visto al déspota y malvado

extenderse como cedro frondoso.
³⁶ Pero pasó al olvido y dejó de existir;
lo busqué, y ya no pude encontrarlo.

Shin ³⁷ Observa a los que son íntegros y rectos:

hay porvenir para quien busca la *paz.
³⁸ Pero todos los pecadores serán destruidos;
el porvenir de los malvados será el
exterminio.

Tav ³⁹ La *salvación de los justos viene del
Señor;

él es su fortaleza en tiempos de angustia.
⁴⁰ El Señor los ayuda y los libra;
los libra de los malvados y los salva,
porque en él ponen su confianza.

³⁴ Wait for the Lord
and keep his way.
He will exalt you to inherit the land;
when the wicked are cut off, you will see
it.

³⁵ I have seen a wicked and ruthless man
flourishing like a green tree in its native
soil,
³⁶ but he soon passed away and was no more;
though I looked for him, he could not be
found.

³⁷ Consider the blameless, observe the upright;
there is a future⁹ for the man of peace.
³⁸ But all sinners will be destroyed;
the futureʳ of the wicked will be cut off.

³⁹ The salvation of the righteous comes from
the Lord;
he is their stronghold in time of trouble.
⁴⁰ The Lord helps them and delivers them;
he delivers them from the wicked and
saves them,
because they take refuge in him.

Salmo de David, para las ofrendas memoriales.

38

Señor, no me reprendas en tu enojo
ni me castigues en tu ira.
² Porque tus flechas me han atravesado,
y sobre mí ha caído tu mano.
³ Por causa de tu indignación
no hay nada sano en mi cuerpo;
por causa de mi pecado
mis huesos no hallan descanso.
⁴ Mis maldades me abruman,
son una carga demasiado pesada.

⁵ Por causa de mi insensatez
mis llagas hieden y supuran.
⁶ Estoy agobiado, del todo abatido;
todo el día ando acongojado.
⁷ Estoy ardiendo de fiebre;
no hay nada sano en mi cuerpo.
⁸ Me siento débil, completamente deshecho;
mi *corazón gime angustiado.

⁹ Ante ti, Señor, están todos mis deseos;
no te son un secreto mis anhelos.
¹⁰ Late mi corazón con violencia,
las fuerzas me abandonan,
hasta la luz de mis ojos se apaga.
¹¹ Mis amigos y vecinos se apartan de mis llagas;
mis parientes se mantienen a distancia.
¹² Tienden sus trampas los que quieren matarme;
maquinan mi ruina los que buscan mi mal
y todo el día urden engaños.

¹³ Pero yo me hago el sordo, y no los escucho;
me hago el mudo, y no les respondo.
¹⁴ Soy como los que no oyen
ni pueden defenderse.
¹⁵ Yo, Señor, espero en ti;
tú, Señor y Dios mío, serás quien responda.

A psalm of David. A petition.

38

O Lord, do not rebuke me in your anger
or discipline me in your wrath.
² For your arrows have pierced me,
and your hand has come down upon me.
³ Because of your wrath there is no health in
my body;
my bones have no soundness because of
my sin.
⁴ My guilt has overwhelmed me
like a burden too heavy to bear.

⁵ My wounds fester and are loathsome
because of my sinful folly.
⁶ I am bowed down and brought very low;
all day long I go about mourning.
⁷ My back is filled with searing pain;
there is no health in my body.
⁸ I am feeble and utterly crushed;
I groan in anguish of heart.

⁹ All my longings lie open before you,
O Lord;
my sighing is not hidden from you.
¹⁰ My heart pounds, my strength fails me;
even the light has gone from my eyes.
¹¹ My friends and companions avoid me
because of my wounds;
my neighbors stay far away.
¹² Those who seek my life set their traps,
those who would harm me talk of my
ruin;
all day long they plot deception.

¹³ I am like a deaf man, who cannot hear,
like a mute, who cannot open his mouth;
¹⁴ I have become like a man who does not
hear,
whose mouth can offer no reply.
¹⁵ I wait for you, O Lord;
you will answer, O Lord my God.

---

16 Tan sólo pido que no se burlen de mí,
　　que no se crean superiores si resbalo.

17 Estoy por desfallecer;
　　el dolor no me deja un solo instante.
18 Voy a confesar mi iniquidad,
　　pues mi pecado me angustia.
19 Muchos son mis enemigos gratuitos;[l]
　　abundan los que me odian sin motivo.
20 Por hacer el bien, me pagan con el mal;
　　por procurar lo bueno, se ponen en mi
　　　contra.

21 SEÑOR, no me abandones;
　　Dios mío, no te alejes de mí.
22 Señor de mi *salvación,
　　¡ven pronto en mi ayuda!

Al director musical. Para Jedutún.
Salmo de David.

39 Me dije a mí mismo:
　　«Mientras esté ante gente malvada
　　　vigilaré mi conducta,
　　me abstendré de pecar con la lengua,
　　me pondré una mordaza en la boca.»
2 Así que guardé silencio, me mantuve callado.
　　¡Ni aun lo bueno salía de mi boca!
　Pero mi angustia iba en aumento;
3 　¡el corazón me ardía en el pecho!
　　Al meditar en esto, el fuego se inflamó
　　y tuve que decir:

4 «Hazme saber, SEÑOR, el límite de mis días,
　　y el tiempo que me queda por vivir;
　　hazme saber lo efímero que soy.
5 Muy breve es la vida que me has dado;
　　ante ti, mis años no son nada.
　Un soplo nada más es el *mortal,
　　　　　　　　　　　　　　　*Selah

6 　un suspiro que se pierde entre las sombras.
　Ilusorias son las riquezas que amontona,[m]
　　pues no sabe quién se quedará con ellas.

7 »Y ahora, Señor, ¿qué esperanza me queda?
　　¡Mi esperanza he puesto en ti!
8 Líbrame de todas mis transgresiones.
　　Que los *necios no se burlen de mí.

9 »He guardado silencio; no he abierto la boca,
　　pues tú eres quien actúa.
10 Ya no me castigues,
　　que los golpes de tu mano me aniquilan.
11 Tú reprendes a los mortales,
　　los castigas por su iniquidad;
　como polilla, acabas con sus placeres.
　　¡Un soplo nada más es el mortal!
　　　　　　　　　　　　　　　Selah

12 »SEÑOR, escucha mi oración,
　　atiende a mi clamor;
　　no cierres tus oídos a mi llanto.
　Ante ti soy un extraño,
　　un peregrino, como todos mis antepasados.
13 No me mires con enojo, y volveré a alegrarme
　　antes que me muera y deje de existir.»

16 For I said, "Do not let them gloat
　　or exalt themselves over me when my
　　　foot slips."

17 For I am about to fall,
　　and my pain is ever with me.
18 I confess my iniquity;
　　I am troubled by my sin.
19 Many are those who are my vigorous
　　　enemies;
　　those who hate me without reason are
　　　numerous.
20 Those who repay my good with evil
　　slander me when I pursue what is good.

21 O LORD, do not forsake me;
　　be not far from me, O my God.
22 Come quickly to help me,
　　O Lord my Savior.

For the director of music. For Jeduthun.
A psalm of David.

39 I said, "I will watch my ways
　　and keep my tongue from sin;
　I will put a muzzle on my mouth
　　as long as the wicked are in my
　　　presence."
2 But when I was silent and still,
　　not even saying anything good,
　　my anguish increased.
3 My heart grew hot within me,
　　and as I meditated, the fire burned;
　　then I spoke with my tongue:

4 "Show me, O LORD, my life's end
　　and the number of my days;
　　let me know how fleeting is my life.
5 You have made my days a mere
　　　handbreadth;
　　the span of my years is as nothing before
　　　you.
　Each man's life is but a breath.　　Selah
6 Man is a mere phantom as he goes to and
　　　fro:
　　He bustles about, but only in vain;
　　he heaps up wealth, not knowing who
　　　will get it.

7 "But now, Lord, what do I look for?
　　My hope is in you.
8 Save me from all my transgressions;
　　do not make me the scorn of fools.
9 I was silent; I would not open my mouth,
　　for you are the one who has done this.
10 Remove your scourge from me;
　　I am overcome by the blow of your hand.
11 You rebuke and discipline men for their sin;
　　you consume their wealth like a moth—
　　each man is but a breath.　　　　Selah

12 "Hear my prayer, O LORD,
　　listen to my cry for help;
　　be not deaf to my weeping.
　For I dwell with you as an alien,
　　a stranger, as all my fathers were.
13 Look away from me, that I may rejoice
　　　again
　　before I depart and am no more."

---

l 38:19 gratuitos (lectura probable); vivientes (TM).
m 39:6 Ilusorias ... que amontona (lectura probable); En vano hace
ruido y amontona (TM).

Al director musical. Salmo de David.

40 Puse en el SEÑOR toda mi esperanza;
   él se inclinó hacia mí y escuchó mi clamor.
² Me sacó de la fosa de la muerte,
   del lodo y del pantano;
puso mis pies sobre una roca,
   y me plantó en terreno firme.
³ Puso en mis labios un cántico nuevo,
   un himno de alabanza a nuestro Dios.
Al ver esto, muchos tuvieron miedo
   y pusieron su confianza en el SEÑOR.

⁴ *Dichoso el que pone su confianza en el SEÑOR
   y no recurre a los idólatras
   ni a los que adoran dioses falsos.
⁵ Muchas son, SEÑOR mi Dios,
   las maravillas que tú has hecho.
No es posible enumerar
   tus bondades en favor nuestro.
Si quisiera anunciarlas y proclamarlas,
   serían más de lo que puedo contar.

⁶ A ti no te complacen sacrificios ni ofrendas,
   pero me has hecho obediente;ⁿ
tú no has pedido *holocaustos
   ni sacrificios por el pecado.
⁷ Por eso dije: «Aquí me tienes
   —como el libro dice de mí—.
⁸ Me agrada, Dios mío, hacer tu voluntad;
   tu *ley la llevo dentro de mí.»

⁹ En medio de la gran asamblea
   he dado a conocer tu *justicia.
Tú bien sabes, SEÑOR,
   que no he sellado mis labios.
¹⁰ No escondo tu justicia en mi *corazón,
   sino que proclamo tu fidelidad y tu
     *salvación.
No oculto en la gran asamblea
   tu gran amor y tu verdad.
¹¹ No me niegues, SEÑOR, tu misericordia;
   que siempre me protejan tu amor y tu
     verdad.
¹² Muchos males me han rodeado;
   tantos son que no puedo contarlos.
Me han alcanzado mis iniquidades,
   y ya ni puedo ver.
Son más que los cabellos de mi cabeza,
   y mi corazón desfallece.

¹³ Por favor, SEÑOR, ¡ven a librarme!
   ¡Ven pronto, SEÑOR, en mi auxilio!
¹⁴ Sean confundidos y avergonzados
   todos los que tratan de matarme;
huyan derrotados
   todos los que procuran mi mal;
¹⁵ que la vergüenza de su derrota
   humille a los que se burlan de mí.
¹⁶ Pero que todos los que te buscan
   se alegren en ti y se regocijen;
que los que aman tu salvación digan siempre:
   «¡Cuán grande es el SEÑOR!»

For the director of music. Of David.
A psalm.

40 I waited patiently for the LORD;
   he turned to me and heard my cry.
² He lifted me out of the slimy pit,
   out of the mud and mire;
he set my feet on a rock
   and gave me a firm place to stand.
³ He put a new song in my mouth,
   a hymn of praise to our God.
Many will see and fear
   and put their trust in the LORD.

⁴ Blessed is the man
   who makes the LORD his trust,
who does not look to the proud,
   to those who turn aside to false gods.ˢ
⁵ Many, O LORD my God,
   are the wonders you have done.
The things you planned for us
   no one can recount to you;
were I to speak and tell of them,
   they would be too many to declare.

⁶ Sacrifice and offering you did not desire,
   but my ears you have piercedᵗ,ᵘ;
burnt offerings and sin offerings
   you did not require.
⁷ Then I said, "Here I am, I have come—
   it is written about me in the scroll.ᵛ
⁸ I desire to do your will, O my God;
   your law is within my heart."

⁹ I proclaim righteousness in the great
     assembly;
I do not seal my lips,
   as you know, O LORD.
¹⁰ I do not hide your righteousness in my
     heart;
I speak of your faithfulness and salvation.
I do not conceal your love and your truth
   from the great assembly.

¹¹ Do not withhold your mercy from me,
   O LORD;
may your love and your truth always
     protect me.
¹² For troubles without number surround me;
   my sins have overtaken me, and I cannot
     see.
They are more than the hairs of my head,
   and my heart fails within me.

¹³ Be pleased, O LORD, to save me;
   O LORD, come quickly to help me.
¹⁴ May all who seek to take my life
   be put to shame and confusion;
may all who desire my ruin
   be turned back in disgrace.
¹⁵ May those who say to me, "Aha! Aha!"
   be appalled at their own shame.
¹⁶ But may all who seek you
   rejoice and be glad in you;
may those who love your salvation always
     say,
   "The LORD be exalted!"

ⁿ 40:6 *me has hecho obediente.* Lit. *me has perforado los oídos.*

ˢ 4 Or *to falsehood*   ᵗ 6 Hebrew; Septuagint *but a body you have prepared for me* (see also Symmachus and Theodotion)   ᵘ 6 Or *opened*   ᵛ 7 Or *come / with the scroll written for me*

17 Y a mí, pobre y necesitado,
  quiera el Señor tomarme en cuenta.

Tú eres mi socorro y mi libertador;
  ¡no te tardes, Dios mío!

Al director musical. Salmo de David.

41

1 *Dichoso el que piensa en el débil;
  el Señor lo librará en el día de la desgracia.
2 El Señor lo protegerá y lo mantendrá con vida;
  lo hará dichoso en la tierra
  y no lo entregará al capricho de sus
    adversarios.
3 El Señor lo confortará cuando esté enfermo;
  lo alentará en el lecho del dolor.

4 Yo he dicho:
  «Señor, compadécete de mí;
  sáname, pues contra ti he pecado.»
5 Con saña dicen de mí mis enemigos:
  «¿Cuándo se morirá?
  ¿Cuándo pasará al olvido?»
6 Si vienen a verme, no son sinceros;
  recogen calumnias y salen a contarlas.

7 Mis enemigos se juntan y cuchichean
    contra mí;
  me hacen responsable de mi mal. Dicen:
8 «Lo que le ha sobrevenido es cosa del
    demonio;
  de esa cama no volverá a levantarse.»
9 Hasta mi mejor amigo, en quien yo confiaba
  y que compartía el pan conmigo,
  me ha puesto la zancadilla.

10 Pero tú, Señor, compadécete de mí;
  haz que vuelva a levantarme
  para darles su merecido.
11 En esto sabré que te he agradado:
  en que mi enemigo no triunfe sobre mí.
12 Por mi integridad habrás de sostenerme,
  y en tu presencia me mantendrás para
    siempre.

13 Bendito sea el Señor, el Dios de Israel,
  por los siglos de los siglos.
      Amén y amén.

LIBRO II
Salmos 42–72

Al director musical.
Masquil de los hijos de Coré.

42

ñ Cual ciervo jadeante en busca del agua,
  así te busca, oh Dios, todo mi ser.
2 Tengo sed de Dios, del Dios de la vida.
  ¿Cuándo podré presentarme ante Dios?
3 Mis lágrimas son mi pan de día y de noche,
  mientras me echan en cara a todas horas:
  «¿Dónde está tu Dios?»

4 Recuerdo esto y me deshago en llanto:
  yo solía ir con la multitud,
  y la conducía a la casa de Dios.
  Entre voces de alegría y acciones de gracias
  hacíamos gran celebración.

17 Yet I am poor and needy;
  may the Lord think of me.
You are my help and my deliverer;
  O my God, do not delay.

For the director of music. A psalm
of David.

41

Blessed is he who has regard for the weak;
  the Lord delivers him in times of trouble.
2 The Lord will protect him and preserve his
    life;
  he will bless him in the land
  and not surrender him to the desire of his
    foes.
3 The Lord will sustain him on his sickbed
  and restore him from his bed of illness.

4 I said, "O Lord, have mercy on me;
  heal me, for I have sinned against you."
5 My enemies say of me in malice,
  "When will he die and his name perish?"
6 Whenever one comes to see me,
  he speaks falsely, while his heart gathers
    slander;
  then he goes out and spreads it abroad.

7 All my enemies whisper together against
    me;
  they imagine the worst for me, saying,
8 "A vile disease has beset him;
  he will never get up from the place where
    he lies."
9 Even my close friend, whom I trusted,
  he who shared my bread,
  has lifted up his heel against me.

10 But you, O Lord, have mercy on me;
  raise me up, that I may repay them.
11 I know that you are pleased with me,
  for my enemy does not triumph over me.
12 In my integrity you uphold me
  and set me in your presence forever.

13 Praise be to the Lord, the God of Israel,
  from everlasting to everlasting.
      Amen and Amen.

BOOK II
Psalms 42–72

For the director of music. A *maskil*[w] of
the Sons of Korah.

42

x As the deer pants for streams of water,
  so my soul pants for you, O God.
2 My soul thirsts for God, for the living God.
  When can I go and meet with God?
3 My tears have been my food
  day and night,
  while men say to me all day long,
  "Where is your God?"
4 These things I remember
  as I pour out my soul:
  how I used to go with the multitude,
  leading the procession to the house of
    God,
  with shouts of joy and thanksgiving
  among the festive throng.

ñ *Sal 42* Por su contenido, los salmos 42 y 43 forman una sola
unidad literaria.

w Title: Probably a literary or musical term   x In many Hebrew
manuscripts Psalms 42 and 43 constitute one psalm.

5 ¿Por qué voy a inquietarme?
    ¿Por qué me voy a angustiar?
En Dios pondré mi esperanza
    y todavía lo alabaré.
    ¡Él es mi Salvador y mi Dios!

6 Me siento sumamente angustiado;
    por eso, mi Dios, pienso en ti
desde la tierra del Jordán,
    desde las alturas del Hermón,
    desde el monte Mizar.
7 Un abismo llama a otro abismo
    en el rugir de tus cascadas;
todas tus ondas y tus olas
    se han precipitado sobre mí.

8 Ésta es la oración al Dios de mi vida:
    que de día el SEÑOR mande su amor,
    y de noche su canto me acompañe.
9 Y le digo a Dios, a mi *Roca:
    «¿Por qué me has olvidado?
¿Por qué debo andar de luto
    y oprimido por el enemigo?»
10 Mortal agonía me penetra hasta los huesos
    ante la burla de mis adversarios,
mientras me echan en cara a todas horas:
    «¿Dónde está tu Dios?»

11 ¿Por qué voy a inquietarme?
    ¿Por qué me voy a angustiar?
En Dios pondré mi esperanza,
    y todavía lo alabaré.
    ¡Él es mi Salvador y mi Dios!

43 ¡Hazme *justicia, oh Dios!
    Defiende mi causa frente a esta nación
      impía;
    líbrame de *gente mentirosa y perversa.
2 Tú eres mi Dios y mi fortaleza:
    ¿Por qué me has rechazado?
¿Por qué debo andar de luto
    y oprimido por el enemigo?
3 Envía tu luz y tu verdad;
    que ellas me guíen a tu monte santo,
    que me lleven al lugar donde tú habitas.
4 Llegaré entonces al altar de Dios,
    del Dios de mi alegría y mi deleite,
y allí, oh Dios, mi Dios,
    te alabaré al son del arpa.

5 ¿Por qué voy a inquietarme?
    ¿Por qué me voy a angustiar?
En Dios pondré mi esperanza,
    y todavía lo alabaré.
    ¡Él es mi Salvador y mi Dios!

Al director musical. *Masquil de los hijos de
    Coré.

44 Oh Dios, nuestros oídos han oído
    y nuestros padres nos han contado
las proezas que realizaste en sus días,
    en aquellos tiempos pasados:

5 Why are you downcast, O my soul?
    Why so disturbed within me?
Put your hope in God,
    for I will yet praise him,
    my Savior and 6 my God.

My y soul is downcast within me;
    therefore I will remember you
from the land of the Jordan,
    the heights of Hermon—from Mount
      Mizar.
7 Deep calls to deep
    in the roar of your waterfalls;
all your waves and breakers
    have swept over me.

8 By day the LORD directs his love,
    at night his song is with me—
    a prayer to the God of my life.

9 I say to God my Rock,
    "Why have you forgotten me?
Why must I go about mourning,
    oppressed by the enemy?"
10 My bones suffer mortal agony
    as my foes taunt me,
saying to me all day long,
    "Where is your God?"

11 Why are you downcast, O my soul?
    Why so disturbed within me?
Put your hope in God,
    for I will yet praise him,
    my Savior and my God.

43 z Vindicate me, O God,
    and plead my cause against an ungodly
      nation;
    rescue me from deceitful and wicked
      men.
2 You are God my stronghold.
    Why have you rejected me?
Why must I go about mourning,
    oppressed by the enemy?
3 Send forth your light and your truth,
    let them guide me;
let them bring me to your holy mountain,
    to the place where you dwell.
4 Then will I go to the altar of God,
    to God, my joy and my delight.
I will praise you with the harp,
    O God, my God.

5 Why are you downcast, O my soul?
    Why so disturbed within me?
Put your hope in God,
    for I will yet praise him,
    my Savior and my God.

For the director of music. Of the Sons of
    Korah. A maskil. a

44 We have heard with our ears, O God;
    our fathers have told us
what you did in their days,
    in days long ago.

y 5,6 A few Hebrew manuscripts, Septuagint and Syriac; most
Hebrew manuscripts praise him for his saving help. / 6 O my
God, my   z In many Hebrew manuscripts Psalms 42 and 43
constitute one psalm.   a Title: Probably a literary or musical term

2 Con tu mano echaste fuera a las naciones
   y en su lugar estableciste a nuestros padres;
aplastaste a aquellos pueblos,
   y a nuestros padres los hiciste prosperar. *o*
3 Porque no fue su espada la que conquistó la
      tierra,
   ni fue su brazo el que les dio la victoria:
fue tu brazo, tu mano derecha;
   fue la luz de tu rostro, porque tú los amabas.

4 Sólo tú eres mi rey y mi Dios.
   ¡Decreta las *victorias de Jacob!
5 Por ti derrotamos a nuestros enemigos;
   en tu *nombre aplastamos a nuestros
      agresores.
6 Yo no confío en mi arco,
   ni puede mi espada darme la victoria;
7 tú nos das la victoria sobre nuestros enemigos,
   y dejas en vergüenza a nuestros adversarios.
8 ¡Por siempre nos gloriaremos en Dios!
   ¡Por siempre alabaremos tu nombre!

Selah

9 Pero ahora nos has rechazado y humillado;
   ya no sales con nuestros ejércitos.
10 Nos hiciste retroceder ante el enemigo;
   nos han saqueado nuestros adversarios.
11 Cual si fuéramos ovejas
   nos has entregado para que nos devoren,
   nos has dispersado entre las naciones.
12 Has vendido a tu pueblo muy barato,
   y nada has ganado con su venta.

13 Nos has puesto en ridículo ante nuestros
      vecinos;
   somos la burla y el escarnio de los que nos
      rodean.
14 Nos has hecho el hazmerreír de las naciones;
   todos los pueblos se burlan de nosotros.
15 La ignominia no me deja un solo instante;
   se me cae la cara de vergüenza
16 por las burlas de los que me injurian y me
      ultrajan,
   por culpa del enemigo que está presto a la
      venganza.

17 Todo esto nos ha sucedido,
   a pesar de que nunca te olvidamos
   ni faltamos jamás a tu *pacto.
18 No te hemos sido infieles,
   ni nos hemos apartado de tu senda.
19 Pero tú nos arrojaste a una cueva de chacales;
   ¡nos envolviste en la más densa oscuridad!

20 Si hubiéramos olvidado el nombre de nuestro
      Dios,
   o tendido nuestras manos a un dios extraño,
21 ¿acaso Dios no lo habría descubierto,
   ya que él conoce los más íntimos secretos?
22 Por tu causa, siempre nos llevan a la muerte;
   ¡nos tratan como a ovejas para el matadero!

23 ¡Despierta, Señor! ¿Por qué duermes?
   ¡Levántate! No nos rechaces para siempre.
24 ¿Por qué escondes tu rostro
   y te olvidas de nuestro sufrimiento y
      opresión?
25 Estamos abatidos hasta el polvo;
   nuestro cuerpo se arrastra por el suelo.
26 Levántate, ven a ayudarnos,
   y por tu gran amor, ¡rescátanos!

2 With your hand you drove out the nations
   and planted our fathers;
you crushed the peoples
   and made our fathers flourish.
3 It was not by their sword that they won the
      land,
   nor did their arm bring them victory;
it was your right hand, your arm,
   and the light of your face, for you loved
      them.

4 You are my King and my God,
   who decrees[b] victories for Jacob.
5 Through you we push back our enemies;
   through your name we trample our foes.
6 I do not trust in my bow,
   my sword does not bring me victory;
7 but you give us victory over our enemies,
   you put our adversaries to shame.
8 In God we make our boast all day long,
   and we will praise your name forever.

Selah

9 But now you have rejected and humbled us;
   you no longer go out with our armies.
10 You made us retreat before the enemy,
   and our adversaries have plundered us.
11 You gave us up to be devoured like sheep
   and have scattered us among the nations.
12 You sold your people for a pittance,
   gaining nothing from their sale.

13 You have made us a reproach to our
      neighbors,
   the scorn and derision of those around us.
14 You have made us a byword among the
      nations;
   the peoples shake their heads at us.
15 My disgrace is before me all day long,
   and my face is covered with shame
16 at the taunts of those who reproach and
      revile me,
   because of the enemy, who is bent on
      revenge.

17 All this happened to us,
   though we had not forgotten you
   or been false to your covenant.
18 Our hearts had not turned back;
   our feet had not strayed from your path.
19 But you crushed us and made us a haunt for
      jackals
   and covered us over with deep darkness.

20 If we had forgotten the name of our God
   or spread out our hands to a foreign god,
21 would not God have discovered it,
   since he knows the secrets of the heart?
22 Yet for your sake we face death all day
      long;
   we are considered as sheep to be
      slaughtered.

23 Awake, O Lord! Why do you sleep?
   Rouse yourself! Do not reject us forever.
24 Why do you hide your face
   and forget our misery and oppression?
25 We are brought down to the dust;
   our bodies cling to the ground.
26 Rise up and help us;
   redeem us because of your unfailing love.

---

o 44:2 *los hiciste prosperar.* Lit. *los arrojaste.*   *b* 4 Septuagint, Aquila and Syriac; Hebrew *King, O God; / command*

Al director musical. Sígase la tonada de «Los lirios». *Masquil* de los hijos de Coré. Canto nupcial.

45

En mi *corazón se agita un bello tema
  mientras recito mis versos ante el rey;
  mi lengua es como pluma de hábil escritor.

2 Tú eres el más apuesto de los hombres;
  tus labios son fuente de elocuencia,
  ya que Dios te ha bendecido para siempre.
3 ¡Con esplendor y majestad,
  cíñete la espada, oh valiente!
4 Con majestad, cabalga victorioso
  en nombre de la verdad, la humildad y la
    justicia;
  que tu diestra realice gloriosas hazañas.
5 Que tus agudas flechas atraviesen
  el corazón de los enemigos del rey,
  y que caigan las naciones a tus pies.

6 Tu trono, oh Dios, permanece para siempre;
  el cetro de tu reino es un cetro de justicia.
7 Tú amas la justicia y odias la maldad;
  por eso Dios te escogió a ti y no a tus
    compañeros,
  ¡tu Dios te ungió con perfume de alegría!
8 Aroma de mirra, áloe y canela
  exhalan todas tus vestiduras;
desde los palacios adornados con marfil
  te alegra la música de cuerdas.
9 Entre tus damas de honor se cuentan princesas;
  a tu derecha se halla la novia real
  luciendo el oro más fino.*p*

10 Escucha, hija, fíjate bien y presta atención:
  Olvídate de tu pueblo y de tu familia.
11 El rey está cautivado por tu hermosura;
  él es tu señor: inclínate ante él.
12 La gente de Tiro vendrá con presentes;
  los ricos del pueblo buscarán tu favor.

13 La princesa es todo esplendor,
  luciendo en su alcoba brocados de oro.
14 Vestida de finos bordados
  es conducida ante el rey,
  seguida por sus damas de compañía.
15 Con alegría y regocijo son conducidas
  al interior del palacio real.

16 Tus hijos ocuparán el trono de tus ancestros;
  los pondrás por príncipes en toda la tierra.
17 Haré que tu *nombre se recuerde
  por todas las generaciones;
  por eso las naciones te alabarán
  eternamente y para siempre.

For the director of music. To ⌊the tune of⌋
"Lilies." Of the Sons of Korah. A
maskil. c A wedding song.

45

My heart is stirred by a noble theme
  as I recite my verses for the king;
  my tongue is the pen of a skillful writer.

2 You are the most excellent of men
  and your lips have been anointed with
    grace,
  since God has blessed you forever.
3 Gird your sword upon your side, O mighty
    one;
  clothe yourself with splendor and majesty.
4 In your majesty ride forth victoriously
  in behalf of truth, humility and
    righteousness;
  let your right hand display awesome
    deeds.
5 Let your sharp arrows pierce the hearts of
    the king's enemies;
  let the nations fall beneath your feet.
6 Your throne, O God, will last for ever and
    ever;
  a scepter of justice will be the scepter of
    your kingdom.
7 You love righteousness and hate
    wickedness;
  therefore God, your God, has set you
    above your companions
  by anointing you with the oil of joy.
8 All your robes are fragrant with myrrh and
    aloes and cassia;
  from palaces adorned with ivory
  the music of the strings makes you glad.
9 Daughters of kings are among your honored
    women;
  at your right hand is the royal bride in
    gold of Ophir.

10 Listen, O daughter, consider and give ear:
  Forget your people and your father's
    house.
11 The king is enthralled by your beauty;
  honor him, for he is your lord.
12 The Daughter of Tyre will come with a
    gift,*d*
  men of wealth will seek your favor.

13 All glorious is the princess within ⌊her
    chamber⌋;
  her gown is interwoven with gold.
14 In embroidered garments she is led to the
    king;
  her virgin companions follow her
  and are brought to you.
15 They are led in with joy and gladness;
  they enter the palace of the king.

16 Your sons will take the place of your
    fathers;
  you will make them princes throughout
    the land.
17 I will perpetuate your memory through all
    generations;
  therefore the nations will praise you for
    ever and ever.

---

p 45:9 *oro más fino.* Lit. *oro de Ofir.*

c Title: Probably a literary or musical term   *d* 12 Or *A Tyrian robe is among the gifts*

Al director musical. De los hijos de Coré.
Canción según *alamot.

46 Dios es nuestro amparo y nuestra fortaleza,
nuestra ayuda segura en momentos de
angustia.
2 Por eso, no temeremos
aunque se desmorone la tierra
y las montañas se hundan en el fondo del
mar;
3 aunque rujan y se encrespen sus aguas,
y ante su furia retiemblen los montes.
Selah

4 Hay un río cuyas corrientes alegran la ciudad
de Dios,
la santa habitación del *Altísimo.
5 Dios está en ella, la ciudad no caerá;
al rayar el alba Dios le brindará su ayuda.
6 Se agitan las naciones, se tambalean los reinos;
Dios deja oír su voz, y la tierra se derrumba.

7 El Señor *Todopoderoso está con nosotros;
nuestro refugio es el Dios de Jacob.
Selah

8 Vengan y vean los portentos del Señor;
él ha traído desolación sobre la tierra.
9 Ha puesto fin a las guerras
en todos los confines de la tierra;
ha quebrado los arcos, ha destrozado las
lanzas,
ha arrojado los carros al fuego.
10 «Quédense quietos, reconozcan que yo soy
Dios.
¡Yo seré exaltado entre las naciones!
¡Yo seré enaltecido en la tierra!»

11 El Señor Todopoderoso está con nosotros;
nuestro refugio es el Dios de Jacob.
Selah

Al director musical. Salmo de los hijos de Coré.

47 Aplaudan, pueblos todos;
aclamen a Dios con gritos de alegría.
2 ¡Cuán imponente es el Señor *Altísimo,
el gran rey de toda la tierra!
3 Sometió a nuestro dominio las naciones;
puso a los pueblos bajo nuestros pies;
4 escogió para nosotros una heredad
que es el orgullo de Jacob, a quien amó.
Selah

5 Dios el Señor ha ascendido
entre gritos de alegría y toques de trompeta.
6 Canten salmos a Dios, cántenle salmos;
canten, cántenle salmos a nuestro rey.

7 Dios es el rey de toda la tierra;
por eso, cántenle un salmo solemne.q
8 Dios reina sobre las naciones;
Dios está sentado en su santo trono.
9 Los nobles de los pueblos se reúnen
con el pueblo del Dios de Abraham,
10 pues de Dios son los imperios de la tierra.
¡Él es grandemente enaltecido!

For the director of music. Of the Sons of
Korah. According to *alamoth.e* A song.

46 God is our refuge and strength,
an ever-present help in trouble.
2 Therefore we will not fear, though the earth
give way
and the mountains fall into the heart of
the sea,
3 though its waters roar and foam
and the mountains quake with their
surging.
Selah

4 There is a river whose streams make glad
the city of God,
the holy place where the Most High
dwells.
5 God is within her, she will not fall;
God will help her at break of day.
6 Nations are in uproar, kingdoms fall;
he lifts his voice, the earth melts.

7 The LORD Almighty is with us;
the God of Jacob is our fortress.
Selah

8 Come and see the works of the LORD,
the desolations he has brought on the
earth.
9 He makes wars cease to the ends of the
earth;
he breaks the bow and shatters the spear,
he burns the shieldsf with fire.
10 "Be still, and know that I am God;
I will be exalted among the nations,
I will be exalted in the earth."

11 The LORD Almighty is with us;
the God of Jacob is our fortress.
Selah

For the director of music. Of the Sons of
Korah. A psalm.

47 Clap your hands, all you nations;
shout to God with cries of joy.
2 How awesome is the LORD Most High,
the great King over all the earth!
3 He subdued nations under us,
peoples under our feet.
4 He chose our inheritance for us,
the pride of Jacob, whom he loved.
Selah

5 God has ascended amid shouts of joy,
the LORD amid the sounding of trumpets.
6 Sing praises to God, sing praises;
sing praises to our King, sing praises.

7 For God is the King of all the earth;
sing to him a psalmg of praise.
8 God reigns over the nations;
God is seated on his holy throne.
9 The nobles of the nations assemble
as the people of the God of Abraham,
for the kingsh of the earth belong to God;
he is greatly exalted.

---

q 47:7 *un salmo solemne.* Lit. *un *masquil.*

e Title: Probably a musical term   f 9 Or *chariots*   g 7 Or *a*
maskil (probably a literary or musical term)   h 9 Or *shields*

Canción. Salmo de los hijos de Coré.

48

Grande es el SEÑOR, y digno de suprema
    alabanza
  en la ciudad de nuestro Dios.
Su monte santo, 2bella colina,
  es la alegría de toda la tierra.
El monte *Sión, en la parte norte,
  es la ciudad del gran Rey.
3En las fortificaciones de Sión
  Dios se ha dado a conocer como refugio
    seguro.

4Hubo reyes que unieron sus fuerzas
  y que juntos avanzaron contra la ciudad;
5pero al verla quedaron pasmados,
  y asustados emprendieron la retirada.
6Allí el miedo se apoderó de ellos,
  y un dolor de parturienta les sobrevino.
7¡Con un viento huracanado
  destruiste las naves de Tarsis!

8Tal como lo habíamos oído,
  ahora lo hemos visto
en la ciudad del SEÑOR *Todopoderoso,
  en la ciudad de nuestro Dios:
  ¡Él la hará permanecer para siempre!
                                        *Selah

9Dentro de tu templo, oh Dios,
  meditamos en tu gran amor.
10Tu alabanza, oh Dios, como tu *nombre,
  llega a los confines de la tierra;
  tu derecha está llena de *justicia.
11Por causa de tus justas decisiones
  el monte Sión se alegra
  y las aldeas de Judá se regocijan.

12Caminen alrededor de Sión,
  caminen en torno suyo
  y cuenten sus torres.
13Observen bien sus murallas
  y examinen sus fortificaciones,
  para que se lo cuenten a las generaciones
    futuras.
14¡Este Dios es nuestro Dios eterno!
  ¡Él nos guiará para siempre!r

Al director musical. Salmo de los hijos de Coré.

49

Oigan esto, pueblos todos;
  escuchen, habitantes todos del mundo,
2tanto débiles como poderosos,
  lo mismo los ricos que los pobres.
3Mi boca hablará con sabiduría;
  mi *corazón se expresará con inteligencia.
4Inclinaré mi oído a los *proverbios;
  propondré mi enigma al son del arpa.

5¿Por qué he de temer en tiempos de desgracia,
  cuando me rodeen inicuos detractores?
6¿Temeré a los que confían en sus riquezas
  y se jactan de sus muchas posesiones?
7Nadie puede salvar a nadie,
  ni pagarle a Dios rescate por la vida.
8Tal rescate es muy costoso;
  ningún pago es suficiente.
9Nadie vive para siempre
  sin llegar a ver la fosa.

A song. A psalm of the Sons of Korah.

48

Great is the LORD, and most worthy of
    praise,
  in the city of our God, his holy mountain.
2It is beautiful in its loftiness,
  the joy of the whole earth.
Like the utmost heights of Zaphoni is
    Mount Zion,
  thej city of the Great King.
3God is in her citadels;
  he has shown himself to be her fortress.

4When the kings joined forces,
  when they advanced together,
5they saw ⌊her⌋ and were astounded;
  they fled in terror.
6Trembling seized them there,
  pain like that of a woman in labor.
7You destroyed them like ships of Tarshish
  shattered by an east wind.

8As we have heard,
  so have we seen
in the city of the LORD Almighty,
  in the city of our God:
  God makes her secure forever.   Selah

9Within your temple, O God,
  we meditate on your unfailing love.
10Like your name, O God,
  your praise reaches to the ends of the
    earth;
  your right hand is filled with
    righteousness.
11Mount Zion rejoices,
  the villages of Judah are glad
  because of your judgments.

12Walk about Zion, go around her,
  count her towers,
13consider well her ramparts,
  view her citadels,
  that you may tell of them to the next
    generation.
14For this God is our God for ever and ever;
  he will be our guide even to the end.

For the director of music. Of the Sons of
Korah. A psalm.

49

Hear this, all you peoples;
  listen, all who live in this world,
2both low and high,
  rich and poor alike:
3My mouth will speak words of wisdom;
  the utterance from my heart will give
    understanding.
4I will turn my ear to a proverb;
  with the harp I will expound my riddle:

5Why should I fear when evil days come,
  when wicked deceivers surround me—
6those who trust in their wealth
  and boast of their great riches?
7No man can redeem the life of another
  or give to God a ransom for him—
8the ransom for a life is costly,
  no payment is ever enough—
9that he should live on forever
  and not see decay.

---

r48:14 *para siempre* (LXX); *sobre muerte* (TM).

i2 *Zaphon* can refer to a sacred mountain or the direction north.
j2 Or *earth, / Mount Zion, on the northern side / of the*

10 Nadie puede negar que todos mueren,
   que sabios e insensatos perecen por igual,
   y que sus riquezas se quedan para otros.
11 Aunque tuvieron tierras a su nombre,
   sus tumbas serán[s] su hogar eterno,
   su morada por todas las generaciones.

12 A pesar de sus riquezas, no perduran los
   *mortales;
   al igual que las bestias, perecen.

13 Tal es el destino de los que confían en sí
   mismos;
   el final de[t] los que se envanecen.
                  *Selah

14 Como ovejas, están destinados al *sepulcro;
   hacia allá los conduce la muerte.
  Sus cuerpos se pudrirán en el *sepulcro,
   lejos de sus mansiones suntuosas.
  Por la mañana los gobernarán los justos.
15 Pero Dios me rescatará de las garras del
   sepulcro
   y con él me llevará.
                   Selah

16 No te asombre ver que alguien se enriquezca
   y aumente el esplendor de su casa,
17 porque al morir no se llevará nada,
   ni con él descenderá su esplendor.
18 Aunque en vida se considere dichoso,
   y la gente lo elogie por sus logros,
19 irá a reunirse con sus ancestros,
   sin que vuelva jamás a ver la luz.

20 A pesar de sus riquezas, no perduran[u] los
   mortales;
   al igual que las bestias, perecen.

10 For all can see that wise men die;
   the foolish and the senseless alike perish
   and leave their wealth to others.
11 Their tombs will remain their houses[k]
   forever,
   their dwellings for endless generations,
   though they had[l] named lands after
   themselves.

12 But man, despite his riches, does not
   endure;
   he is[m] like the beasts that perish.

13 This is the fate of those who trust in
   themselves,
   and of their followers, who approve their
   sayings.   Selah
14 Like sheep they are destined for the
   grave,[n]
   and death will feed on them.
  The upright will rule over them in the
   morning;
   their forms will decay in the grave,[n]
   far from their princely mansions.
15 But God will redeem my life[o] from the
   grave;
   he will surely take me to himself.   Selah

16 Do not be overawed when a man grows
   rich,
   when the splendor of his house increases;
17 for he will take nothing with him when he
   dies,
   his splendor will not descend with him.
18 Though while he lived he counted himself
   blessed—
   and men praise you when you prosper—
19 he will join the generation of his fathers,
   who will never see the light ⌊of life⌋.

20 A man who has riches without
   understanding
   is like the beasts that perish.

Salmo de Asaf.

50 Habla el SEÑOR, el Dios de dioses:
   convoca a la tierra de oriente a occidente.
2 Dios resplandece desde *Sión,
   la ciudad bella y perfecta.
3 Nuestro Dios viene, pero no en silencio;
   lo precede un fuego que todo lo destruye,
   y en torno suyo ruge la tormenta.
4 El SEÑOR convoca a los cielos y a la tierra,
   para que presencien el juicio de su pueblo:
5 «Reúnanme a los consagrados,
   a los que pactaron conmigo mediante un
   sacrificio.»
6 El cielo proclama la *justicia divina:
   ¡Dios mismo es el juez!
                  *Selah

7 «Escucha, pueblo mío, que voy a hablar;
   Israel, voy a testificar contra ti:
   ¡Yo soy tu Dios, el único Dios!

A psalm of Asaph.

50 The Mighty One, God, the LORD,
   speaks and summons the earth
   from the rising of the sun to the place
   where it sets.
2 From Zion, perfect in beauty,
   God shines forth.
3 Our God comes and will not be silent;
   a fire devours before him,
   and around him a tempest rages.
4 He summons the heavens above,
   and the earth, that he may judge his
   people:
5 "Gather to me my consecrated ones,
   who made a covenant with me by
   sacrifice."
6 And the heavens proclaim his righteousness,
   for God himself is judge.   Selah

7 "Hear, O my people, and I will speak,
   O Israel, and I will testify against you:
   I am God, your God.

---

s 49:11 sus tumbas serán (LXX y Siríaca); su interior será (TM).
t 49:13 el final de (Targum); tras ellos (TM).   u 49:20 no
perduran (algunos mss.; véase v. 12); no entienden (TM).

k 11 Septuagint and Syriac; Hebrew In their thoughts their houses
will remain   l 11 Or / for they have   m 12 Hebrew;
Septuagint and Syriac read verse 12 the same as verse 20.
n 14 Hebrew Sheol; also in verse 15   o 15 Or soul

8 No te reprendo por tus sacrificios
   ni por tus *holocaustos, que siempre me
     ofreces.
9 No necesito becerros de tu establo
   ni machos cabríos de tus apriscos,
10 pues míos son los animales del bosque,
   y mío también el ganado de los cerros.
11 Conozco a las aves de las alturas;
   todas las bestias del campo son mías.
12 Si yo tuviera hambre, no te lo diría,
   pues mío es el mundo, y todo lo que
     contiene.
13 ¿Acaso me alimento con carne de toros,
   o con sangre de machos cabríos?
14 ¡Ofrece a Dios tu gratitud,
   cumple tus promesas al *Altísimo!
15 Invócame en el día de la angustia;
   yo te libraré y tú me honrarás.»

16 Pero Dios le dice al malvado:
   «¿Qué derecho tienes tú de recitar mis *leyes
   o de mencionar mi *pacto con tus labios?
17 Mi *instrucción, la aborreces;
   mis palabras, las desechas.
18 Ves a un ladrón, y lo acompañas;
   con los adúlteros te identificas.
19 Para lo malo, das rienda suelta a tu boca;
   tu lengua está siempre dispuesta al engaño.
20 Tienes por costumbre hablar contra tu prójimo,
   y aun calumnias a tu propio hermano.
21 Has hecho todo esto, y he guardado silencio;
   ¿acaso piensas que soy como tú?
   Pero ahora voy a reprenderte;
   cara a cara voy a denunciarte.

22 »Ustedes que se olvidan de Dios,
   consideren lo que he dicho;
   de lo contrario, los haré pedazos,
   y no habrá nadie que los salve.
23 Quien me ofrece su gratitud, me honra;
   al que enmiende su conducta le mostraré mi
     *salvación.»

Al director musical. Salmo de David, cuando el
profeta Natán fue a verlo por haber cometido
David adulterio con Betsabé.

51

Ten compasión de mí, oh Dios,
   conforme a tu gran amor;
conforme a tu inmensa bondad,
   borra mis transgresiones.
2 Lávame de toda mi maldad
   y límpiame de mi pecado.

3 Yo reconozco mis transgresiones;
   siempre tengo presente mi pecado.
4 Contra ti he pecado, sólo contra ti,
   y he hecho lo que es malo ante tus ojos;
por eso, tu sentencia es justa,
   y tu juicio, irreprochable.
5 Yo sé que soy malo de nacimiento;
   pecador me concibió mi madre.
6 Yo sé que tú amas la verdad en lo íntimo;
   en lo secreto me has enseñado sabiduría.

8 I do not rebuke you for your sacrifices
   or your burnt offerings, which are ever
     before me.
9 I have no need of a bull from your stall
   or of goats from your pens,
10 for every animal of the forest is mine,
   and the cattle on a thousand hills.
11 I know every bird in the mountains,
   and the creatures of the field are mine.
12 If I were hungry I would not tell you,
   for the world is mine, and all that is in it.
13 Do I eat the flesh of bulls
   or drink the blood of goats?
14 Sacrifice thank offerings to God,
   fulfill your vows to the Most High,
15 and call upon me in the day of trouble;
   I will deliver you, and you will honor me."

16 But to the wicked, God says:

   "What right have you to recite my laws
   or take my covenant on your lips?
17 You hate my instruction
   and cast my words behind you.
18 When you see a thief, you join with him;
   you throw in your lot with adulterers.
19 You use your mouth for evil
   and harness your tongue to deceit.
20 You speak continually against your brother
   and slander your own mother's son.
21 These things you have done and I kept
     silent;
   you thought I was altogether*p* like you.
   But I will rebuke you
   and accuse you to your face.

22 "Consider this, you who forget God,
   or I will tear you to pieces, with none to
     rescue:
23 He who sacrifices thank offerings honors me,
   and he prepares the way
   so that I may show him*q* the salvation of
     God."

For the director of music. A psalm of
David. When the prophet Nathan came to
him after David had committed adultery
with Bathsheba.

51

Have mercy on me, O God,
   according to your unfailing love;
according to your great compassion
   blot out my transgressions.
2 Wash away all my iniquity
   and cleanse me from my sin.

3 For I know my transgressions,
   and my sin is always before me.
4 Against you, you only, have I sinned
   and done what is evil in your sight,
so that you are proved right when you speak
   and justified when you judge.
5 Surely I was sinful at birth,
   sinful from the time my mother conceived
     me.
6 Surely you desire truth in the inner parts*r*;
   you teach*s* me wisdom in the inmost
     place.

p 21 Or *thought the 'I AM' was*   *q 23* Or *and to him who considers*
his way / I will show   *r 6* The meaning of the Hebrew for this phrase
is uncertain.   *s 6* Or *you desired . . . ; / you taught*

7Purifícame con *hisopo, y quedaré limpio;
    lávame, y quedaré más blanco que la nieve.
8Anúnciame gozo y alegría;
    infunde gozo en estos huesos que has
      quebrantado.
9Aparta tu rostro de mis pecados
    y borra toda mi maldad.

10Crea en mí, oh Dios, un *corazón limpio,
    y renueva la firmeza de mi espíritu.
11No me alejes de tu presencia
    ni me quites tu santo Espíritu.
12Devuélveme la alegría de tu *salvación;
    que un espíritu obediente me sostenga.
13Así enseñaré a los transgresores tus *caminos,
    y los pecadores se volverán a ti.

14Dios mío, Dios de mi salvación,
    líbrame de derramar sangre,
    y mi lengua alabará tu *justicia.
15Abre, *Señor, mis labios,
    y mi boca proclamará tu alabanza.
16Tú no te deleitas en los sacrificios
    ni te complacen los *holocaustos;
    de lo contrario, te los ofrecería.
17El sacrificio que te agrada
    es un espíritu quebrantado;
  tú, oh Dios, no desprecias
    al corazón quebrantado y arrepentido.

18En tu buena voluntad, haz que prospere *Sión;
    levanta los muros de Jerusalén.
19Entonces te agradarán los sacrificios de
    justicia,
    los holocaustos del todo quemados,
    y sobre tu altar se ofrecerán becerros.

Al director musical. *Masquil de David, cuando
Doeg el edomita fue a informarle a Saúl: «David
ha ido a la casa de Ajimélec.»

52 ¿Por qué te jactas de tu maldad, varón
    prepotente?
    ¡El amor de Dios es constante!
2Tu lengua, como navaja afilada,
    trama destrucción y practica el engaño.
3Más que el bien, amas la maldad;
    más que la verdad, amas la mentira.
                *Selah

4Lengua embustera,
    te encanta ofender con tus palabras.
5Pero Dios te arruinará para siempre;
    te tomará y te arrojará de tu hogar;
    ¡te arrancará del mundo de los vivientes!
                Selah

6Los justos verán esto, y temerán;
    entre burlas dirán de él:
7«¡Aquí tienen al hombre
    que no buscó refugio en Dios,
  sino que confió en su gran riqueza
    y se afirmó en su maldad!»

7Cleanse me with hyssop, and I will be
    clean;
    wash me, and I will be whiter than snow.
8Let me hear joy and gladness;
    let the bones you have crushed rejoice.
9Hide your face from my sins
    and blot out all my iniquity.

10Create in me a pure heart, O God,
    and renew a steadfast spirit within me.
11Do not cast me from your presence
    or take your Holy Spirit from me.
12Restore to me the joy of your salvation
    and grant me a willing spirit, to sustain
      me.
13Then I will teach transgressors your ways,
    and sinners will turn back to you.
14Save me from bloodguilt, O God,
    the God who saves me,
    and my tongue will sing of your
      righteousness.
15O Lord, open my lips,
    and my mouth will declare your praise.
16You do not delight in sacrifice, or I would
      bring it;
    you do not take pleasure in burnt
      offerings.
17The sacrifices of God are*t* a broken spirit;
    a broken and contrite heart,
    O God, you will not despise.

18In your good pleasure make Zion prosper;
    build up the walls of Jerusalem.
19Then there will be righteous sacrifices,
    whole burnt offerings to delight you;
    then bulls will be offered on your altar.

For the director of music. A *maskil*u
of David. When Doeg the Edomite had
gone to Saul and told him: "David has
gone to the house of Ahimelech."

52 Why do you boast of evil, you mighty man?
    Why do you boast all day long,
    you who are a disgrace in the eyes of
      God?
2Your tongue plots destruction;
    it is like a sharpened razor,
    you who practice deceit.
3You love evil rather than good,
    falsehood rather than speaking the truth.
                Selah
4You love every harmful word,
    O you deceitful tongue!

5Surely God will bring you down to
    everlasting ruin:
    He will snatch you up and tear you from
      your tent;
    he will uproot you from the land of the
      living.   Selah
6The righteous will see and fear;
    they will laugh at him, saying,
7"Here now is the man
    who did not make God his stronghold
  but trusted in his great wealth
    and grew strong by destroying others!"

t 17 Or My sacrifice, O God, is
u Title: Probably a literary or
musical term

⁸Pero yo soy como un olivo verde
que florece en la casa de Dios;
yo confío en el gran amor de Dios
eternamente y para siempre.

⁹En todo tiempo te alabaré por tus obras;
en ti pondré mi esperanza en presencia de
tus fieles,
porque tu *nombre es bueno.

⁸But I am like an olive tree
flourishing in the house of God;
I trust in God's unfailing love
for ever and ever.

⁹I will praise you forever for what you have
done;
in your name I will hope, for your name
is good.
I will praise you in the presence of your
saints.

Al director musical. Según *majalat.
*Masquil de David.

For the director of music. According to
mahalath.^v A maskil^w of David.

53

Dice el *necio en su *corazón:
«No hay Dios.»
Están corrompidos, sus obras son detestables;
¡no hay uno solo que haga lo bueno!

²Desde el cielo Dios contempla a los *mortales,
para ver si hay alguien
que sea sensato y busque a Dios.
³Pero todos se han descarriado,
a una se han corrompido.
No hay nadie que haga lo bueno;
¡no hay uno solo!

⁴¿Acaso no entienden todos los que hacen lo
malo,
los que devoran a mi pueblo como si fuera
pan?
¡Jamás invocan a Dios!
⁵Allí los tienen, sobrecogidos de miedo,
cuando no hay nada que temer.
Dios dispersó los huesos de quienes te
atacaban;
tú los avergonzaste, porque Dios los
rechazó.

⁶¡Quiera Dios que de *Sión
venga la *salvación para Israel!
Cuando Dios restaure a su pueblo,^v
se regocijará Jacob; se alegrará todo Israel.

53

The fool says in his heart,
"There is no God."
They are corrupt, and their ways are vile;
there is no one who does good.

²God looks down from heaven
on the sons of men
to see if there are any who understand,
any who seek God.
³Everyone has turned away,
they have together become corrupt;
there is no one who does good,
not even one.

⁴Will the evildoers never learn—
those who devour my people as men eat
bread
and who do not call on God?
⁵There they were, overwhelmed with dread,
where there was nothing to dread.
God scattered the bones of those who
attacked you;
you put them to shame, for God despised
them.

⁶Oh, that salvation for Israel would come out
of Zion!
When God restores the fortunes of his
people,
let Jacob rejoice and Israel be glad!

Al director musical. Acompáñese con
instrumentos de cuerda. *Masquil de David,
cuando gente de Zif fue a decirle a Saúl: «¿No
estará David escondido entre nosotros?»

For the director of music. With stringed
instruments. A maskil^w of David. When
the Ziphites had gone to Saul and said, "Is
not David hiding among us?"

54

Sálvame, oh Dios, por tu *nombre;
defiéndeme con tu poder.
²Escucha, oh Dios, mi oración;
presta oído a las palabras de mi boca.
³Pues *gente extraña me ataca;
tratan de matarme los violentos,
gente que no toma en cuenta a Dios.

*Selah

⁴Pero Dios es mi socorro;
el Señor es quien me sostiene,
⁵y hará recaer el mal sobre mis adversarios.
Por tu fidelidad, SEÑOR, ¡destrúyelos!

⁶Te presentaré una ofrenda voluntaria
y alabaré, SEÑOR, tu buen nombre;
⁷pues me has librado de todas mis angustias,
y mis ojos han visto la derrota de mis
enemigos.

54

Save me, O God, by your name;
vindicate me by your might.
²Hear my prayer, O God;
listen to the words of my mouth.
³Strangers are attacking me;
ruthless men seek my life—
men without regard for God.

Selah

⁴Surely God is my help;
the Lord is the one who sustains me.
⁵Let evil recoil on those who slander me;
in your faithfulness destroy them.

⁶I will sacrifice a freewill offering to you;
I will praise your name, O LORD,
for it is good.
⁷For he has delivered me from all my
troubles,
and my eyes have looked in triumph on
my foes.

Al director musical. Acompáñese con
instrumentos de cuerda. *Masquil de David.

55 Escucha, oh Dios, mi oración;
    no pases por alto mi súplica.
2 ¡Óyeme y respóndeme,
    porque mis angustias me perturban!
Me aterran 3 las amenazas del enemigo
    y la opresión de los impíos,
pues me causan sufrimiento
    y en su enojo me insultan.

4 Se me estremece el *corazón dentro del pecho,
    y me invade un pánico mortal.
5 Temblando estoy de miedo,
    sobrecogido estoy de terror.
6 ¡Cómo quisiera tener las alas de una paloma
    y volar hasta encontrar reposo!
7 Me iría muy lejos de aquí;
    me quedaría a vivir en el desierto.
                           *Selah

8 Presuroso volaría a mi refugio,
    para librarme del viento borrascoso
    y de la tempestad.

9 ¡Destrúyelos, Señor! ¡Confunde su lenguaje!
    En la ciudad sólo veo contiendas y
          violencia;
10 día y noche rondan por sus muros,
    y dentro de ella hay intrigas y maldad.
11 En su seno hay fuerzas destructivas;
    de sus calles no se apartan la opresión y el
          engaño.

12 Si un enemigo me insultara,
    yo lo podría soportar;
si un adversario me humillara,
    de él me podría yo esconder.
13 Pero lo has hecho tú, un *hombre como yo,
    mi compañero, mi mejor amigo,
14 a quien me unía una bella amistad,
    con quien convivía en la casa de Dios.

15 ¡Que sorprenda la muerte a mis enemigos!
    ¡Que caigan vivos al *sepulcro,
    pues en ellos habita la maldad!

16 Pero yo clamaré a Dios,
    y el Señor me salvará.
17 Mañana, tarde y noche
    clamo angustiado, y él me escucha.
18 Aunque son muchos los que me combaten,
    él me rescata, me salva la vida
    en la batalla que se libra contra mí.
19 ¡Dios, que reina para siempre,
    habrá de oírme y los afligirá!
                           Selah
Esa *gente no cambia de conducta,
    no tiene temor de Dios.
20 Levantan la mano contra sus amigos
    y no cumplen sus compromisos.
21 Su boca es blanda como la manteca,
    pero sus pensamientos son belicosos.
Sus palabras son más suaves que el aceite,
    pero no son sino espadas desenvainadas.

22 Encomienda al Señor tus afanes,
    y él te sostendrá;
no permitirá que el justo caiga
    y quede abatido para siempre.

For the director of music. With stringed
instruments. A maskil[x] of David.

55 Listen to my prayer, O God,
    do not ignore my plea;
2   hear me and answer me.
My thoughts trouble me and I am distraught
3   at the voice of the enemy,
    at the stares of the wicked;
for they bring down suffering upon me
    and revile me in their anger.

4 My heart is in anguish within me;
    the terrors of death assail me.
5 Fear and trembling have beset me;
    horror has overwhelmed me.
6 I said, "Oh, that I had the wings of a dove!
    I would fly away and be at rest—
7 I would flee far away
    and stay in the desert;   Selah
8 I would hurry to my place of shelter,
    far from the tempest and storm."

9 Confuse the wicked, O Lord, confound their
          speech,
    for I see violence and strife in the city.
10 Day and night they prowl about on its
          walls;
    malice and abuse are within it.
11 Destructive forces are at work in the city;
    threats and lies never leave its streets.

12 If an enemy were insulting me,
    I could endure it;
if a foe were raising himself against me,
    I could hide from him.
13 But it is you, a man like myself,
    my companion, my close friend,
14 with whom I once enjoyed sweet fellowship
    as we walked with the throng at the house
          of God.

15 Let death take my enemies by surprise;
    let them go down alive to the grave,[y]
    for evil finds lodging among them.

16 But I call to God,
    and the Lord saves me.
17 Evening, morning and noon
    I cry out in distress,
    and he hears my voice.
18 He ransoms me unharmed
    from the battle waged against me,
    even though many oppose me.
19 God, who is enthroned forever,
    will hear them and afflict them—   Selah
men who never change their ways
    and have no fear of God.

20 My companion attacks his friends;
    he violates his covenant.
21 His speech is smooth as butter,
    yet war is in his heart;
his words are more soothing than oil,
    yet they are drawn swords.

22 Cast your cares on the Lord
    and he will sustain you;
    he will never let the righteous fall.

---

x Title: Probably a literary or musical term   y 15 Hebrew Sheol

23 Tú, oh Dios, abatirás a los impíos
    y los arrojarás en la fosa de la muerte;
la gente sanguinaria y mentirosa
    no llegará ni a la mitad de su vida.
Yo, por mi parte, en ti confío.

23 But you, O God, will bring down the
    wicked
    into the pit of corruption;
bloodthirsty and deceitful men
    will not live out half their days.

But as for me, I trust in you.

Al director musical. Sígase la tonada de «La
tórtola en los robles lejanos». *Mictam de David,
cuando los filisteos lo apresaron en Gat.

For the director of music. To ⌞the tune of⌟
"A Dove on Distant Oaks." Of David. A
miktam. z When the Philistines had seized
him in Gath.

56

Ten compasión de mí, oh Dios,
    pues hay *gente que me persigue.
Todo el día me atacan mis opresores,
2   todo el día me persiguen mis adversarios;
    son muchos los arrogantes que me atacan.

3 Cuando siento miedo,
    pongo en ti mi confianza.
4 Confío en Dios y alabo su palabra;
    confío en Dios y no siento miedo.
    ¿Qué puede hacerme un simple *mortal?

56

Be merciful to me, O God, for men hotly
    pursue me;
    all day long they press their attack.
2 My slanderers pursue me all day long;
    many are attacking me in their pride.

3 When I am afraid,
    I will trust in you.
4 In God, whose word I praise,
    in God I trust; I will not be afraid.
    What can mortal man do to me?

5 Todo el día tuercen mis palabras;
    siempre están pensando hacerme mal.
6 Conspiran, se mantienen al acecho;
    ansiosos por quitarme la vida,
    vigilan todo lo que hago.
7 ¡En tu enojo, Dios mío, humilla a esos
        pueblos!
    ¡De ningún modo los dejes escapar!

8 Toma en cuenta mis lamentos;
    registra mi llanto en tu libro.w
    ¿Acaso no lo tienes anotado?
9 Cuando yo te pida ayuda,
    huirán mis enemigos.
    Una cosa sé: ¡Dios está de mi parte!
10 Confío en Dios y alabo su palabra;
    confío en el SEÑOR y alabo su palabra;
11 confío en Dios y no siento miedo.
    ¿Qué puede hacerme un simple mortal?

12 He hecho votos delante de ti, oh Dios,
    y te presentaré mis ofrendas de gratitud.
13 Tú, oh Dios, me has librado de tropiezos,
    me has librado de la muerte,
    para que siempre, en tu presencia,
    camine en la luz de la vida.

5 All day long they twist my words;
    they are always plotting to harm me.
6 They conspire, they lurk,
    they watch my steps,
    eager to take my life.
7 On no account let them escape;
    in your anger, O God, bring down the
        nations.
8 Record my lament;
    list my tears on your scrolla—
    are they not in your record?

9 Then my enemies will turn back
    when I call for help.
    By this I will know that God is for me.
10 In God, whose word I praise,
    in the LORD, whose word I praise—
11 in God I trust; I will not be afraid.
    What can man do to me?

12 I am under vows to you, O God;
    I will present my thank offerings to you.
13 For you have delivered meb from death
    and my feet from stumbling,
    that I may walk before God
    in the light of life.c

Al director musical. Sígase la tonada de «No
destruyas». *Mictam de David, cuando David
había huido de Saúl y estaba en una cueva.

For the director of music. ⌞To the tune of⌟
"Do Not Destroy." Of David. A *miktam.* z
When he had fled from Saul into the cave.

57

Ten compasión de mí, oh Dios;
    ten compasión de mí, que en ti confío.
A la sombra de tus alas me refugiaré,
    hasta que haya pasado el peligro.

2 Clamo al Dios *Altísimo,
    al Dios que me brinda su apoyo.
3 Desde el cielo me tiende la mano y me salva;
    reprende a mis perseguidores.
                      *Selah

¡Dios me envía su amor y su verdad!

57

Have mercy on me, O God, have mercy on
    me,
    for in you my soul takes refuge.
I will take refuge in the shadow of your
        wings
    until the disaster has passed.

2 I cry out to God Most High,
    to God, who fulfills ⌞his purpose⌟ for me.
3 He sends from heaven and saves me,
    rebuking those who hotly pursue me;
                    Selah
    God sends his love and his faithfulness.

---

w 56:8 registra mi llanto en tu libro. Lit. pon mis lágrimas en tu
frasco.

z Title: Probably a literary or musical term   a 8 Or / put my tears
in your wineskin   b 13 Or my soul   c 13 Or the land of the
living

4 Me encuentro en medio de leones,
   rodeado de *gente rapaz.
  Sus dientes son lanzas y flechas;
   su lengua, una espada afilada.

5 Pero tú, oh Dios, estás sobre los cielos,
   ¡tu gloria cubre toda la tierra!

6 Tendieron una red en mi camino,
   y mi ánimo quedó por los suelos.
  En mi senda cavaron una fosa,
   pero ellos mismos cayeron en ella.

Selah

7 Firme está, oh Dios, mi *corazón;
   firme está mi corazón.
  Voy a cantarte salmos.
8 ¡Despierta, *alma mía!
   ¡Despierten, arpa y lira!
  ¡Haré despertar al nuevo día!

9 Te alabaré, Señor, entre los pueblos,
   te cantaré salmos entre las naciones.
10 Pues tu amor es tan grande que llega a los
   cielos;
   ¡tu verdad llega hasta el firmamento!

11 ¡Tú, oh Dios, estás sobre los cielos;
   tu gloria cubre toda la tierra!

Al director musical. Sígase la tonada de «No
destruyas». *Mictam* de David.

58

¿Acaso ustedes, gobernantes, actúan con
   *justicia,
  y juzgan con rectitud a los *seres humanos?
2 Al contrario, con la *mente traman injusticia,
   y la violencia de sus manos se desata en el
   país.
3 Los malvados se pervierten desde que nacen;
   desde el vientre materno se desvían los
   mentirosos.
4 Su veneno es como el de las serpientes,
   como el de una cobra que se hace la sorda
5 para no escuchar la música del mago,
   del diestro en encantamientos.

6 Rómpeles, oh Dios, los dientes;
   ¡arráncales, Señor, los colmillos a esos
   leones!
7 Que se escurran, como el agua entre los dedos;
   que se rompan sus flechas al tensar el arco.
8 Que se disuelvan, como babosa rastrera;
   que no vean la luz, cual si fueran abortivos.
9 Que sin darse cuenta, ardan como espinos;
   que el viento los arrastre, estén verdes o
   secos.

10 Se alegrará el justo al ver la venganza,
   al empapar sus pies en la sangre del impío.
11 Dirá entonces la *gente:
   «Ciertamente los justos son recompensados;
   ciertamente hay un Dios que juzga en la
   tierra.»

4 I am in the midst of lions;
   I lie among ravenous beasts—
  men whose teeth are spears and arrows,
   whose tongues are sharp swords.

5 Be exalted, O God, above the heavens;
   let your glory be over all the earth.

6 They spread a net for my feet—
   I was bowed down in distress.
  They dug a pit in my path—
   but they have fallen into it themselves.

Selah

7 My heart is steadfast, O God,
   my heart is steadfast;
  I will sing and make music.
8 Awake, my soul!
   Awake, harp and lyre!
  I will awaken the dawn.

9 I will praise you, O Lord, among the
   nations;
   I will sing of you among the peoples.
10 For great is your love, reaching to the
   heavens;
   your faithfulness reaches to the skies.

11 Be exalted, O God, above the heavens;
   let your glory be over all the earth.

For the director of music. ⌐To the tune of⌐
"Do Not Destroy." Of David. A *miktam.* [d]

58

Do you rulers indeed speak justly?
   Do you judge uprightly among men?
2 No, in your heart you devise injustice,
   and your hands mete out violence on the
   earth.
3 Even from birth the wicked go astray;
   from the womb they are wayward and
   speak lies.
4 Their venom is like the venom of a snake,
   like that of a cobra that has stopped its
   ears,
5 that will not heed the tune of the charmer,
   however skillful the enchanter may be.

6 Break the teeth in their mouths, O God;
   tear out, O Lord, the fangs of the lions!
7 Let them vanish like water that flows away;
   when they draw the bow, let their arrows
   be blunted.
8 Like a slug melting away as it moves along,
   like a stillborn child, may they not see the
   sun.

9 Before your pots can feel ⌐the heat of⌐ the
   thorns—
   whether they be green or dry—the wicked
   will be swept away. [e]
10 The righteous will be glad when they are
   avenged,
   when they bathe their feet in the blood of
   the wicked.
11 Then men will say,
   "Surely the righteous still are rewarded;
   surely there is a God who judges the
   earth."

[d] Title: Probably a literary or musical term   [e] 9 The meaning of
the Hebrew for this verse is uncertain.

Al director musical. Sígase la tonada de «No destruyas». *Mictam* de David, cuando Saúl había ordenado que vigilaran la casa de David con el propósito de matarlo.

59

Líbrame de mis enemigos, oh Dios;
protégeme de los que me atacan.
2 Líbrame de los malhechores;
sálvame de los asesinos.

3 ¡Mira cómo me acechan!
*Hombres crueles conspiran contra mí
sin que yo, SEÑOR, haya delinquido ni pecado.
4 Presurosos se disponen a atacarme
sin que yo haya cometido mal alguno.

¡Levántate y ven en mi ayuda!
¡Mira mi condición!
5 Tú, SEÑOR, eres el Dios *Todopoderoso,
¡eres el Dios de Israel!
¡Despiértate y castiga a todas las naciones;
no tengas compasión de esos viles traidores!
Selah

6 Ellos vuelven por la noche,
gruñendo como perros
y acechando alrededor de la ciudad.
7 Echan espuma por la boca,
lanzan espadas por sus fauces,
y dicen: «¿Quién va a oírnos?»
8 Pero tú, SEÑOR, te burlas de ellos;
te ríes de todas las naciones.
9 A ti, fortaleza mía, vuelvo los ojos,
pues tú, oh Dios, eres mi protector.
10 Tú eres el Dios que me ama,
e irás delante de mí
para hacerme ver la derrota de mis
enemigos.
11 Pero no los mates,
para que mi pueblo no lo olvide.
Zarandéalos con tu poder; ¡humíllalos!
¡Tú, Señor, eres nuestro escudo!
12 Por los pecados de su boca,
por las palabras de sus labios,
que caigan en la trampa de su orgullo.
Por las maldiciones y mentiras que profieren,
13 consúmelos en tu enojo,
¡consúmelos hasta que dejen de existir!
Así todos sabrán que Dios gobierna en Jacob,
y hasta los confines de la tierra.
Selah

14 Porque ellos vuelven por la noche,
gruñendo como perros
y acechando alrededor de la ciudad.
15 Van de un lado a otro buscando comida,
y aúllan si no quedan satisfechos.
16 Pero yo le cantaré a tu poder,
y por la mañana alabaré tu amor;
porque tú eres mi protector,
mi refugio en momentos de angustia.

17 A ti, fortaleza mía, te cantaré salmos,
pues tú, oh Dios, eres mi protector.
¡Tú eres el Dios que me ama!

For the director of music. ⌊To the tune of⌋ "Do Not Destroy." Of David. A *miktam*.ᶠ When Saul had sent men to watch David's house in order to kill him.

59

Deliver me from my enemies, O God;
protect me from those who rise up against
me.
2 Deliver me from evildoers
and save me from bloodthirsty men.

3 See how they lie in wait for me!
Fierce men conspire against me
for no offense or sin of mine, O LORD.
4 I have done no wrong, yet they are ready to
attack me.
Arise to help me; look on my plight!
5 O LORD God Almighty, the God of Israel,
rouse yourself to punish all the nations;
show no mercy to wicked traitors. *Selah*

6 They return at evening,
snarling like dogs,
and prowl about the city.
7 See what they spew from their mouths—
they spew out swords from their lips,
and they say, "Who can hear us?"
8 But you, O LORD, laugh at them;
you scoff at all those nations.

9 O my Strength, I watch for you;
you, O God, are my fortress, 10 my loving
God.

God will go before me
and will let me gloat over those who
slander me.
11 But do not kill them, O Lord our shield,ᵍ
or my people will forget.
In your might make them wander about,
and bring them down.
12 For the sins of their mouths,
for the words of their lips,
let them be caught in their pride.
For the curses and lies they utter,
13 consume them in wrath,
consume them till they are no more.
Then it will be known to the ends of the
earth
that God rules over Jacob. *Selah*

14 They return at evening,
snarling like dogs,
and prowl about the city.
15 They wander about for food
and howl if not satisfied.
16 But I will sing of your strength,
in the morning I will sing of your love;
for you are my fortress,
my refuge in times of trouble.

17 O my Strength, I sing praise to you;
you, O God, are my fortress, my loving
God.

ᶠTitle: Probably a literary or musical term   ᵍ 11 Or *sovereign*

Al director musical. Sígase la tonada de «El lirio del pacto». *Mictam didáctico de David, cuando luchó contra los arameos del noroeste de Mesopotamia y de Siria central, y cuando Joab volvió y abatió a doce mil edomitas en el valle de la Sal.

60 Oh Dios, tú nos has rechazado
y has abierto brecha en nuestras filas;
te has enojado con nosotros:
¡restáuranos ahora!
2 Has sacudido la tierra,
la has resquebrajado;
repara sus grietas,
porque se desmorona.
3 Has sometido a tu pueblo a duras pruebas;
nos diste a beber un vino embriagador.

4 Da˟ a tus fieles la señal de retirada,
para que puedan escapar de los arqueros.
*Selah

5 Líbranos con tu diestra, respóndenos
para que tu pueblo amado quede a salvo.

6 Dios ha dicho en su santuario:
«Triunfante repartiré a Siquén,
y dividiré el valle de Sucot.
7 Mío es Galaad, mío es Manasés;
Efraín es mi yelmo y Judá mi cetro.
8 En Moab me lavo las manos,
sobre Edom arrojo mi sandalia;
sobre Filistea lanzo gritos de triunfo.»

9 ¿Quién me llevará a la ciudad fortificada?
¿Quién me mostrará el camino a Edom?
10 ¿No eres tú, oh Dios, quien nos ha rechazado?
¡Ya no sales, oh Dios, con nuestros ejércitos!
11 Bríndanos tu ayuda contra el enemigo,
pues de nada sirve la ayuda *humana.
12 Con Dios obtendremos la victoria;
¡él pisoteará a nuestros enemigos!

Al director musical. Acompáñese con instrumentos de cuerda. De David.

61 Oh Dios, escucha mi clamor
y atiende a mi oración.

2 Desde los confines de la tierra te invoco,
pues mi *corazón desfallece;
llévame a una roca donde esté yo a salvo.
3 Porque tú eres mi refugio,
mi baluarte contra el enemigo.

4 Anhelo habitar en tu casa para siempre
y refugiarme debajo de tus alas.
*Selah

5 Tú, oh Dios, has aceptado mis votos
y me has dado la heredad de quienes te
honran.

6 Concédele al rey más años de vida;
que sean sus días una eternidad.
7 Que reine siempre en tu presencia,
y que tu amor y tu verdad lo protejan.
8 Así cantaré siempre salmos a tu *nombre
y cumpliré mis votos día tras día.

For the director of music. To ᵤthe tune ofᵤ "The Lily of the Covenant." A *miktam*ʰ of David. For teaching. When he fought Aram Naharaimⁱ and Aram Zobah,ʲ and when Joab returned and struck down twelve thousand Edomites in the Valley of Salt.

60 You have rejected us, O God, and burst forth upon us;
you have been angry—now restore us!
2 You have shaken the land and torn it open;
mend its fractures, for it is quaking.
3 You have shown your people desperate times;
you have given us wine that makes us
stagger.

4 But for those who fear you, you have raised
a banner
to be unfurled against the bow.   *Selah*

5 Save us and help us with your right hand,
that those you love may be delivered.
6 God has spoken from his sanctuary:
"In triumph I will parcel out Shechem
and measure off the Valley of Succoth.
7 Gilead is mine, and Manasseh is mine;
Ephraim is my helmet,
Judah my scepter.
8 Moab is my washbasin,
upon Edom I toss my sandal;
over Philistia I shout in triumph."

9 Who will bring me to the fortified city?
Who will lead me to Edom?
10 Is it not you, O God, you who have rejected
us
and no longer go out with our armies?
11 Give us aid against the enemy,
for the help of man is worthless.
12 With God we will gain the victory,
and he will trample down our enemies.

For the director of music. With stringed instruments. Of David.

61 Hear my cry, O God;
listen to my prayer.

2 From the ends of the earth I call to you,
I call as my heart grows faint;
lead me to the rock that is higher than I.
3 For you have been my refuge,
a strong tower against the foe.

4 I long to dwell in your tent forever
and take refuge in the shelter of your
wings.   *Selah*

5 For you have heard my vows, O God;
you have given me the heritage of those
who fear your name.

6 Increase the days of the king's life,
his years for many generations.
7 May he be enthroned in God's presence
forever;
appoint your love and faithfulness to
protect him.

8 Then will I ever sing praise to your name
and fulfill my vows day after day.

ʰ Title: Probably a literary or musical term   ⁱ Title: That is, Arameans of Northwest Mesopotamia   ʲ Title: That is, Arameans of central Syria

˟ 60:4 *Da* (lectura probable); *Diste* (TM).

Al director musical. Para Jedutún. Salmo de
David.

62
Sólo en Dios halla descanso mi *alma;
   de él viene mi *salvación.
2 Sólo él es mi *roca y mi salvación;
   él es mi protector.
   ¡Jamás habré de caer!

3 ¿Hasta cuándo atacarán todos ustedes
   a un *hombre para derribarlo?
 Es como un muro inclinado,
   ¡como una cerca a punto de derrumbarse!
4 Sólo quieren derribarlo
   de su lugar de preeminencia.
 Se complacen en la mentira:
   bendicen con la boca,
   pero maldicen con el *corazón.
                       Selah

5 Sólo en Dios halla descanso mi alma;
   de él viene mi esperanza.
6 Sólo él es mi roca y mi salvación;
   él es mi protector
   y no habré de caer.
7 Dios es mi salvación y mi gloria;
   es la roca que me fortalece;
   ¡mi refugio está en Dios!
8 Confía siempre en él, pueblo mío;
   ábrele tu corazón cuando estés ante él.
   ¡Dios es nuestro refugio!
                     Selah

9 Una quimera es la *gente de humilde cuna,
   y una mentira la gente de alta alcurnia;
 si se les pone juntos en la balanza,
   todos ellos no pesan nada.
10 No confíen en la extorsión
   ni se hagan ilusiones con sus rapiñas;
 y aunque se multipliquen sus riquezas,
   no pongan el corazón en ellas.

11 Una cosa ha dicho Dios,
   y dos veces lo he escuchado:
 Que tú, oh Dios, eres poderoso;
12   que tú, Señor, eres todo amor;
 que tú pagarás a cada uno
   según lo que merezcan sus obras.

Salmo de David, cuando estaba en el desierto de
Judá.

63
Oh Dios, tú eres mi Dios;
   yo te busco intensamente.
Mi *alma tiene sed de ti;
   todo mi ser te anhela,
   cual tierra seca, extenuada y sedienta.

2 Te he visto en el santuario
   y he contemplado tu poder y tu gloria.
3 Tu amor es mejor que la vida;
   por eso mis labios te alabarán.
4 Te bendeciré mientras viva,
   y alzando mis manos te invocaré.

5 Mi alma quedará satisfecha
   como de un suculento banquete,
 y con labios jubilosos
   te alabará mi boca.

For the director of music. For Jeduthun.
A psalm of David.

62
My soul finds rest in God alone;
   my salvation comes from him.
2 He alone is my rock and my salvation;
   he is my fortress, I will never be shaken.

3 How long will you assault a man?
   Would all of you throw him down—
   this leaning wall, this tottering fence?
4 They fully intend to topple him
   from his lofty place;
   they take delight in lies.
 With their mouths they bless,
   but in their hearts they curse.   *Selah*

5 Find rest, O my soul, in God alone;
   my hope comes from him.
6 He alone is my rock and my salvation;
   he is my fortress, I will not be shaken.
7 My salvation and my honor depend on
   God[k];
   he is my mighty rock, my refuge.
8 Trust in him at all times, O people;
   pour out your hearts to him,
   for God is our refuge.   *Selah*

9 Lowborn men are but a breath,
   the highborn are but a lie;
 if weighed on a balance, they are nothing;
   together they are only a breath.
10 Do not trust in extortion
   or take pride in stolen goods;
 though your riches increase,
   do not set your heart on them.

11 One thing God has spoken,
   two things have I heard:
 that you, O God, are strong,
12   and that you, O Lord, are loving.
 Surely you will reward each person
   according to what he has done.

A psalm of David. When he was in the
Desert of Judah.

63
O God, you are my God,
   earnestly I seek you;
my soul thirsts for you,
   my body longs for you,
in a dry and weary land
   where there is no water.

2 I have seen you in the sanctuary
   and beheld your power and your glory.
3 Because your love is better than life,
   my lips will glorify you.
4 I will praise you as long as I live,
   and in your name I will lift up my hands.
5 My soul will be satisfied as with the richest
   of foods;
   with singing lips my mouth will praise
   you.

---

k 7 Or I God Most High is my salvation and my honor

6 En mi lecho me acuerdo de ti;
   pienso en ti toda la noche.
7 A la sombra de tus alas cantaré,
   porque tú eres mi ayuda.
8 Mi alma se aferra a ti;
   tu mano derecha me sostiene.

9 Los que buscan mi muerte serán destruidos;
   bajarán a las profundidades de la tierra.
10 Serán entregados a la espada
   y acabarán devorados por los chacales.

11 El rey se regocijará en Dios;
   todos los que invocan a Dios lo alabarán,
   pero los mentirosos serán silenciados.

Al director musical. Salmo de David.

64 Escucha, oh Dios, la voz de mi queja;
   protégeme del temor al enemigo.
2 Escóndeme de esa pandilla de impíos,
   de esa caterva de malhechores.
3 Afilan su lengua como espada
   y lanzan como flechas palabras ponzoñosas.
4 Emboscados, disparan contra el inocente;
   le tiran sin temor y sin aviso.

5 Unos a otros se animan en sus planes impíos,
   calculan cómo tender sus trampas;
   y hasta dicen: «¿Quién las verá?»
6 Maquinan injusticias, y dicen:
   «¡Hemos tramado un plan perfecto!»
   ¡Cuán incomprensibles son
   la *mente y los pensamientos *humanos!

7 Pero Dios les disparará sus flechas,
   y sin aviso caerán heridos.
8 Su propia lengua será su ruina,
   y quien los vea se burlará de ellos.

9 La *humanidad entera sentirá temor:
   proclamará las proezas de Dios
   y meditará en sus obras.
10 Que se regocijen en el SEÑOR los justos;
   que busquen refugio en él;
   ¡que lo alaben todos los de recto *corazón!

Al director musical. Salmo de David. Cántico.

65 A ti, oh Dios de *Sión,
   te pertenece la alabanza.
   A ti se te deben cumplir los votos,
2   porque escuchas la oración.
   A ti acude todo *mortal,
3   a causa de sus perversidades.
   Nuestros delitos nos abruman,
   pero tú los perdonaste.
4 ¡*Dichoso aquel a quien tú escoges,
   al que atraes a ti para que viva en tus atrios!
   Saciémonos de los bienes de tu casa,
   de los dones de tu santo templo.

6 On my bed I remember you;
   I think of you through the watches of the
   night.
7 Because you are my help,
   I sing in the shadow of your wings.
8 My soul clings to you;
   your right hand upholds me.

9 They who seek my life will be destroyed;
   they will go down to the depths of the
   earth.
10 They will be given over to the sword
   and become food for jackals.

11 But the king will rejoice in God;
   all who swear by God's name will praise
   him,
   while the mouths of liars will be silenced.

For the director of music. A psalm
of David.

64 Hear me, O God, as I voice my complaint;
   protect my life from the threat of the
   enemy.
2 Hide me from the conspiracy of the wicked,
   from that noisy crowd of evildoers.
3 They sharpen their tongues like swords
   and aim their words like deadly arrows.
4 They shoot from ambush at the innocent man;
   they shoot at him suddenly, without fear.

5 They encourage each other in evil plans,
   they talk about hiding their snares;
   they say, "Who will see them[l]?"
6 They plot injustice and say,
   "We have devised a perfect plan!"
   Surely the mind and heart of man are
   cunning.

7 But God will shoot them with arrows;
   suddenly they will be struck down.
8 He will turn their own tongues against them
   and bring them to ruin;
   all who see them will shake their heads in
   scorn.

9 All mankind will fear;
   they will proclaim the works of God
   and ponder what he has done.
10 Let the righteous rejoice in the LORD
   and take refuge in him;
   let all the upright in heart praise him!

For the director of music. A psalm
of David. A song.

65 Praise awaits[m] you, O God, in Zion;
   to you our vows will be fulfilled.
2 O you who hear prayer,
   to you all men will come.
3 When we were overwhelmed by sins,
   you forgave[n] our transgressions.
4 Blessed are those you choose
   and bring near to live in your courts!
   We are filled with the good things of your
   house,
   of your holy temple.

l 5 Or *us*   *m* 1 Or *befits*; the meaning of the Hebrew for this
word is uncertain.   *n* 3 Or *made atonement for*

5 Tú, oh Dios y Salvador nuestro,
   nos respondes con imponentes obras de
     *justicia;
   tú eres la esperanza de los confines de la tierra
     y de los más lejanos mares.
6 Tú, con tu poder, formaste las montañas,
     desplegando tu potencia.
7 Tú calmaste el rugido de los mares,
     el estruendo de sus olas,
     y el tumulto de los pueblos.
8 Los que viven en remotos lugares
     se asombran ante tus prodigios;
   del oriente al occidente
     tú inspiras canciones de alegría.

9 Con tus cuidados fecundas la tierra,
     y la colmas de abundancia.
   Los arroyos de Dios se llenan de agua,
     para asegurarle trigo al pueblo.
   ¡Así preparas el campo!
10 Empapas los surcos, nivelas sus terrones,
     reblandeces la tierra con las lluvias
     y bendices sus renuevos.
11 Tú coronas el año con tus bondades,
     y tus carretas se desbordan de abundancia.
12 Rebosan los prados del desierto;
     las colinas se visten de alegría.
13 Pobladas de rebaños las praderas,
     y cubiertos los valles de trigales,
     cantan y lanzan voces de alegría.

Al director musical. Cántico. Salmo.

66 ¡Aclamen alegres a Dios,
     habitantes de toda la tierra!
2 Canten salmos a su glorioso *nombre;
     ¡ríndanle gloriosas alabanzas!
3 Díganle a Dios:
     «¡Cuán imponentes son tus obras!
   Es tan grande tu poder
     que tus enemigos mismos se rinden ante ti.
4 Toda la tierra se postra en tu presencia,
     y te cantan salmos;
     cantan salmos a tu nombre.»
                              *Selah

5 ¡Vengan y vean las proezas de Dios,
     sus obras portentosas en nuestro favor!
6 Convirtió el mar en tierra seca,
     y el pueblo cruzó el río a pie.
   ¡Regocijémonos en él!
7 Con su poder gobierna eternamente;
     sus ojos vigilan a las naciones.
   ¡Que no se levanten contra él los rebeldes!
                              Selah

8 Pueblos todos, bendigan a nuestro Dios,
     hagan oír la voz de su alabanza.
9 Él ha protegido nuestra vida,
     ha evitado que resbalen nuestros pies.

10 Tú, oh Dios, nos has puesto a prueba;
     nos has purificado como a la plata.
11 Nos has hecho caer en una red;
     ¡pesada carga nos has echado a cuestas!
12 Las caballerías nos han aplastado la cabeza;
     hemos pasado por el fuego y por el agua,
     pero al fin nos has dado un respiro.
13 Me presentaré en tu templo con *holocaustos
     y cumpliré los votos que te hice,

5 You answer us with awesome deeds of
     righteousness,
   O God our Savior,
   the hope of all the ends of the earth
     and of the farthest seas,
6 who formed the mountains by your power,
     having armed yourself with strength,
7 who stilled the roaring of the seas,
     the roaring of their waves,
     and the turmoil of the nations.
8 Those living far away fear your wonders;
     where morning dawns and evening fades
     you call forth songs of joy.

9 You care for the land and water it;
     you enrich it abundantly.
   The streams of God are filled with water
     to provide the people with grain,
     for so you have ordained it.*o*
10 You drench its furrows
     and level its ridges;
   you soften it with showers
     and bless its crops.
11 You crown the year with your bounty,
     and your carts overflow with abundance.
12 The grasslands of the desert overflow;
     the hills are clothed with gladness.
13 The meadows are covered with flocks
     and the valleys are mantled with grain;
     they shout for joy and sing.

For the director of music. A song.
A psalm.

66 Shout with joy to God, all the earth!
2   Sing the glory of his name;
     make his praise glorious!
3 Say to God, "How awesome are your deeds!
   So great is your power
     that your enemies cringe before you.
4 All the earth bows down to you;
     they sing praise to you,
     they sing praise to your name."   *Selah*

5 Come and see what God has done,
     how awesome his works in man's behalf!
6 He turned the sea into dry land,
     they passed through the waters on foot—
     come, let us rejoice in him.
7 He rules forever by his power,
     his eyes watch the nations—
     let not the rebellious rise up against him.
                              Selah

8 Praise our God, O peoples,
     let the sound of his praise be heard;
9 he has preserved our lives
     and kept our feet from slipping.
10 For you, O God, tested us;
     you refined us like silver.
11 You brought us into prison
     and laid burdens on our backs.
12 You let men ride over our heads;
     we went through fire and water,
     but you brought us to a place of
     abundance.

13 I will come to your temple with burnt
     offerings
     and fulfill my vows to you—

o 9 Or for that is how you prepare the land

14los votos de mis labios y mi boca
    que pronuncié en medio de mi angustia.
15Te ofreceré holocaustos de animales
        engordados,
    junto con el humo de ofrendas de carneros;
    te ofreceré toros y machos cabríos.
                                    Selah

16Vengan ustedes, temerosos de Dios,
    escuchen, que voy a contarles
    todo lo que él ha hecho por mí.
17Clamé a él con mi boca;
    lo alabé con mi lengua.
18Si en mi *corazón hubiera yo abrigado
        maldad,
    el *Señor no me habría escuchado;
19pero Dios sí me ha escuchado,
    ha atendido a la voz de mi plegaria.
20¡Bendito sea Dios,
    que no rechazó mi plegaria
    ni me negó su amor!

Al director musical. Acompáñese con
instrumentos de cuerda. Salmo. Cántico.

67 Dios nos tenga compasión y nos bendiga;
    Dios haga resplandecer su rostro sobre
        nosotros,
                                    Selah

2para que se conozcan en la tierra sus
        *caminos,
    y entre todas las naciones su *salvación.

3Que te alaben, oh Dios, los pueblos;
    que todos los pueblos te alaben.

4Alégrense y canten con júbilo las naciones,
    porque tú las gobiernas con rectitud;
    ¡tú guías a las naciones de la tierra!
                                    Selah

5Que te alaben, oh Dios, los pueblos;
    que todos los pueblos te alaben.

6La tierra dará entonces su fruto,
    y Dios, nuestro Dios, nos bendecirá.
7Dios nos bendecirá,
    y le temerán todos los confines de la tierra.

Al director musical. Salmo de David. Cántico.

68 Que se levante Dios,
    que sean dispersados sus enemigos,
    que huyan de su presencia los que le odian.
2Que desaparezcan del todo,
    como humo que se disipa con el viento;
    que perezcan ante Dios los impíos,
    como cera que se derrite en el fuego.
3Pero que los justos se alegren y se regocijen;
    que estén felices y alegres delante de Dios.

4Canten a Dios, canten salmos a su *nombre;
    aclamen a quien cabalga por las estepas,
    y regocíjense en su presencia.
        ¡Su nombre es el SEÑOR!
5Padre de los huérfanos y defensor de las
        viudas
    es Dios en su morada santa.

14vows my lips promised and my mouth
        spoke
    when I was in trouble.
15I will sacrifice fat animals to you
    and an offering of rams;
    I will offer bulls and goats.
                                    Selah

16Come and listen, all you who fear God;
    let me tell you what he has done for me.
17I cried out to him with my mouth;
    his praise was on my tongue.
18If I had cherished sin in my heart,
    the Lord would not have listened;
19but God has surely listened
    and heard my voice in prayer.
20Praise be to God,
    who has not rejected my prayer
    or withheld his love from me!

For the director of music. With stringed
instruments. A psalm. A song.

67 May God be gracious to us and bless us
    and make his face shine upon us,   *Selah*
2that your ways may be known on earth,
    your salvation among all nations.

3May the peoples praise you, O God;
    may all the peoples praise you.
4May the nations be glad and sing for joy,
    for you rule the peoples justly
    and guide the nations of the earth.   *Selah*
5May the peoples praise you, O God;
    may all the peoples praise you.

6Then the land will yield its harvest,
    and God, our God, will bless us.
7God will bless us,
    and all the ends of the earth will fear
        him.

For the director of music. Of David.
A psalm. A song.

68 May God arise, may his enemies be
    scattered;
    may his foes flee before him.
2As smoke is blown away by the wind,
    may you blow them away;
as wax melts before the fire,
    may the wicked perish before God.
3But may the righteous be glad
    and rejoice before God;
    may they be happy and joyful.

4Sing to God, sing praise to his name,
    extol him who rides on the clouds*p*—
his name is the LORD—
    and rejoice before him.
5A father to the fatherless, a defender of
        widows,
    is God in his holy dwelling.

6 Dios da un hogar a los desamparados
  y libertad a los cautivos;
  los rebeldes habitarán en el desierto.

7 Cuando saliste, oh Dios, al frente de tu pueblo,
  cuando a través de los páramos marchaste,
                   *Selah

8 la tierra se estremeció,
  los cielos se vaciaron,
delante de Dios, el Dios de Sinaí,
  delante de Dios, el Dios de Israel.
9 Tú, oh Dios, diste abundantes lluvias;
  reanimaste a tu extenuada herencia.
10 Tu familia se estableció en la tierra
  que en tu bondad, oh Dios, preparaste para
    el pobre.

11 El Señor ha emitido la palabra,
  y millares de mensajeras la proclaman:
12 «Van huyendo los reyes y sus tropas;
  en las casas, las mujeres se reparten el botín:
13 alas de paloma cubiertas de plata,
  con plumas de oro resplandeciente.
  Tú te quedaste a dormir entre los rebaños.»
14 Cuando el *Todopoderoso puso en fuga
  a los reyes de la tierra,
parecían copos de nieve
  cayendo sobre la cumbre del Zalmón.

15 Montañas de Basán, montañas imponentes;
  montañas de Basán, montañas escarpadas:
16 ¿Por qué, montañas escarpadas, miran con
    envidia
  al monte donde a Dios le place residir,
  donde el SEÑOR habitará por siempre?
17 Los carros de guerra de Dios
  se cuentan por millares;
 del Sinaí vino en ellos el Señor
  para entrar en su santuario.
18 Cuando tú, Dios y SEÑOR,
  ascendiste a las alturas,
 te llevaste contigo a los cautivos;
tomaste tributo de los *hombres,
  aun de los rebeldes,
  para establecer tu morada.

19 Bendito sea el Señor, nuestro Dios y Salvador,
  que día tras día sobrelleva nuestras cargas.
                  Selah
20 Nuestro Dios es un Dios que salva;
  el SEÑOR Soberano nos libra de la muerte.

21 Dios aplastará la cabeza de sus enemigos,
  la testa enmarañada de los que viven
    pecando.
22 El Señor nos dice: «De Basán los regresaré;
  de las profundidades del mar los haré volver,
23 para que se empapen los pies
  en la sangre de sus enemigos;
 para que, al lamerla, los perros
  tengan también su parte.»

6 God sets the lonely in families,q
  he leads forth the prisoners with singing;
  but the rebellious live in a sun-scorched
    land.

7 When you went out before your people,
    O God,
  when you marched through the
    wasteland,   Selah
8 the earth shook,
  the heavens poured down rain,
 before God, the One of Sinai,
  before God, the God of Israel.
9 You gave abundant showers, O God;
  you refreshed your weary inheritance.
10 Your people settled in it,
  and from your bounty, O God, you
    provided for the poor.

11 The Lord announced the word,
  and great was the company of those who
    proclaimed it:
12 "Kings and armies flee in haste;
  in the camps men divide the plunder.
13 Even while you sleep among the
    campfires,r
  the wings of ⌐my¬ dove are sheathed with
    silver,
  its feathers with shining gold."
14 When the Almightys scattered the kings in
    the land,
  it was like snow fallen on Zalmon.

15 The mountains of Bashan are majestic
    mountains;
  rugged are the mountains of Bashan.
16 Why gaze in envy, O rugged mountains,
  at the mountain where God chooses to
    reign,
  where the LORD himself will dwell
    forever?
17 The chariots of God are tens of thousands
  and thousands of thousands;
  the Lord ⌐has come⌐ from Sinai into his
    sanctuary.
18 When you ascended on high,
  you led captives in your train;
  you received gifts from men,
 even fromt the rebellious—
  that you,u O LORD God, might dwell
    there.

19 Praise be to the Lord, to God our Savior,
  who daily bears our burdens.   Selah
20 Our God is a God who saves;
  from the Sovereign LORD comes escape
    from death.

21 Surely God will crush the heads of his
    enemies,
  the hairy crowns of those who go on in
    their sins.
22 The Lord says, "I will bring them from
    Bashan;
  I will bring them from the depths of the
    sea,
23 that you may plunge your feet in the blood
    of your foes,
  while the tongues of your dogs have their
    share."

---

q 6 Or *the desolate in a homeland*   r 13 Or *saddlebags*
s 14 Hebrew *Shaddai*   t 18 Or *gifts for men, / even*
u 18 Or *they*

24 En el santuario pueden verse
   las procesiones de mi Dios,
   las procesiones de mi Dios y rey.
25 Los cantores van al frente,
   seguidos de los músicos de cuerda,
   entre doncellas que tocan panderetas.
26 Bendigan a Dios en la gran congregación;
   alaben al Señor, descendientes de Israel.
27 Los guía la joven tribu de Benjamín,
   seguida de los múltiples príncipes de Judá
   y de los príncipes de Zabulón y Neftalí.

28 Despliega tu poder, oh Dios;
   haz gala, oh Dios, de tu poder,
   que has manifestado en favor nuestro.
29 Por causa de tu templo en Jerusalén
   los reyes te ofrecerán presentes.
30 Reprende a esa bestia de los juncos,
   a esa manada de toros bravos
   entre naciones que parecen becerros.
   Haz que, humillada, te lleve barras de plata;
   dispersa a las naciones belicosas.
31 Egipto enviará embajadores,
   y *Cus se someterá a Dios.

32 Cántenle a Dios, oh reinos de la tierra,
   cántenle salmos al Señor,   *Selah*

33 al que cabalga por los cielos,
   los cielos antiguos,
   al que hace oír su voz,
   su voz de trueno.
34 Reconozcan el poder de Dios;
   su majestad está sobre Israel,
   su poder está en las alturas.
35 En tu santuario, oh Dios, eres imponente;
   ¡el Dios de Israel da poder y fuerza a su
      pueblo!

¡Bendito sea Dios!

Al director musical. Sígase la tonada de «Los
lirios». De David.

69 Sálvame, Dios mío,
   que las aguas ya me llegan al *cuello.
2 Me estoy hundiendo en una ciénaga profunda,
   y no tengo dónde apoyar el pie.
   Estoy en medio de profundas aguas,
   y me arrastra la corriente.
3 Cansado estoy de pedir ayuda;
   tengo reseca la garganta.
   Mis ojos languidecen,
   esperando la ayuda de mi Dios.
4 Más que los cabellos de mi cabeza
   son los que me odian sin motivo;
   muchos son los enemigos gratuitos
   que se han propuesto destruirme.
   ¿Cómo voy a devolver lo que no he robado?

5 Oh Dios, tú sabes lo insensato que he sido;
   no te puedo esconder mis transgresiones.

24 Your procession has come into view,
   O God,
   the procession of my God and King into
      the sanctuary.
25 In front are the singers, after them the
      musicians;
   with them are the maidens playing
      tambourines.
26 Praise God in the great congregation;
   praise the Lord in the assembly of Israel.
27 There is the little tribe of Benjamin, leading
      them,
   there the great throng of Judah's princes,
   and there the princes of Zebulun and of
      Naphtali.

28 Summon your power, O God[v];
   show us your strength, O God, as you
      have done before.
29 Because of your temple at Jerusalem
   kings will bring you gifts.
30 Rebuke the beast among the reeds,
   the herd of bulls among the calves of the
      nations.
   Humbled, may it bring bars of silver.
   Scatter the nations who delight in war.
31 Envoys will come from Egypt;
   Cush[w] will submit herself to God.

32 Sing to God, O kingdoms of the earth,
   sing praise to the Lord,   *Selah*
33 to him who rides the ancient skies above,
   who thunders with mighty voice.
34 Proclaim the power of God,
   whose majesty is over Israel,
   whose power is in the skies.
35 You are awesome, O God, in your
      sanctuary;
   the God of Israel gives power and
      strength to his people.

Praise be to God!

For the director of music. To ⌊the tune of⌋
"Lilies." Of David.

69 Save me, O God,
   for the waters have come up to my neck.
2 I sink in the miry depths,
   where there is no foothold.
   I have come into the deep waters;
   the floods engulf me.
3 I am worn out calling for help;
   my throat is parched.
   My eyes fail,
   looking for my God.
4 Those who hate me without reason
   outnumber the hairs of my head;
   many are my enemies without cause,
   those who seek to destroy me.
   I am forced to restore
   what I did not steal.

5 You know my folly, O God;
   my guilt is not hidden from you.

---

v 28 Many Hebrew manuscripts, Septuagint and Syriac; most
Hebrew manuscripts *Your God has summoned power for you*
w 31 That is, the upper Nile region

6 SEÑOR Soberano, *Todopoderoso,
    que no sean avergonzados por mi culpa
    los que en ti esperan;
  oh Dios de Israel,
    que no sean humillados por mi culpa
    los que te buscan.
7 Por ti yo he sufrido insultos;
    mi rostro se ha cubierto de ignominia.
8 Soy como un extraño para mis hermanos;
    soy un extranjero para los hijos de mi
        madre.
9 El celo por tu casa me consume;
    sobre mí han recaído
    los insultos de tus detractores.
10 Cuando lloro y ayuno,
    tengo que soportar sus ofensas;
11 cuando me visto de luto,
    soy objeto de burlas.
12 Los que se sientan a la *puerta murmuran
        contra mí;
    los borrachos me dedican parodias.

13 Pero yo, SEÑOR, te imploro
    en el tiempo de tu buena voluntad.
  Por tu gran amor, oh Dios, respóndeme;
    por tu fidelidad, sálvame.
14 Sácame del fango;
    no permitas que me hunda.
  Líbrame de los que me odian,
    y de las aguas profundas.
15 No dejes que me arrastre la corriente;
    no permitas que me trague el abismo,
    ni que el foso cierre sus fauces sobre mí.
16 Respóndeme, SEÑOR, por tu bondad y tu amor;
    por tu gran compasión, vuélvete a mí.
17 No escondas tu rostro de este siervo tuyo;
    respóndeme pronto, que estoy angustiado.
18 Ven a mi lado, y rescátame;
    redímeme, por causa de mis enemigos.

19 Tú bien sabes cómo me insultan,
    me avergüenzan y denigran;
    sabes quiénes son mis adversarios.
20 Los insultos me han destrozado el corazón;
    para mí ya no hay remedio.
  Busqué compasión, y no la hubo;
    busqué consuelo, y no lo hallé.
21 En mi comida pusieron hiel;
    para calmar mi sed me dieron vinagre.

22 Que se conviertan en trampa sus banquetes,
    y su prosperidad en lazo.
23 Que se les nublen los ojos, para que no vean;
    y que sus fuerzas flaqueen para siempre.
24 Descarga tu furia sobre ellos;
    que tu ardiente ira los alcance.
25 Quédense desiertos sus campamentos,
    y deshabitadas sus tiendas de campaña.
26 Pues al que has afligido lo persiguen,
    y se burlan del dolor del que has herido.
27 Añade a sus pecados más pecados;
    no los hagas partícipes de tu *salvación.
28 Que sean borrados del libro de la vida;
    que no queden inscritos con los justos.

29 Y a mí, que estoy pobre y adolorido,
    que me proteja, oh Dios, tu *salvación.
30 Con cánticos alabaré el *nombre de Dios;
    con acción de gracias lo exaltaré.

6 May those who hope in you
    not be disgraced because of me,
    O Lord, the LORD Almighty;
  may those who seek you
    not be put to shame because of me,
    O God of Israel.
7 For I endure scorn for your sake,
    and shame covers my face.
8 I am a stranger to my brothers,
    an alien to my own mother's sons;
9 for zeal for your house consumes me,
    and the insults of those who insult you
        fall on me.
10 When I weep and fast,
    I must endure scorn;
11 when I put on sackcloth,
    people make sport of me.
12 Those who sit at the gate mock me,
    and I am the song of the drunkards.

13 But I pray to you, O LORD,
    in the time of your favor;
  in your great love, O God,
    answer me with your sure salvation.
14 Rescue me from the mire,
    do not let me sink;
  deliver me from those who hate me,
    from the deep waters.
15 Do not let the floodwaters engulf me
    or the depths swallow me up
    or the pit close its mouth over me.
16 Answer me, O LORD, out of the goodness of
        your love;
    in your great mercy turn to me.
17 Do not hide your face from your servant;
    answer me quickly, for I am in trouble.
18 Come near and rescue me;
    redeem me because of my foes.

19 You know how I am scorned, disgraced and
        shamed;
    all my enemies are before you.
20 Scorn has broken my heart
    and has left me helpless;
  I looked for sympathy, but there was none,
    for comforters, but I found none.
21 They put gall in my food
    and gave me vinegar for my thirst.

22 May the table set before them become a
        snare;
    may it become retribution and[x] a trap.
23 May their eyes be darkened so they cannot
        see,
    and their backs be bent forever.
24 Pour out your wrath on them;
    let your fierce anger overtake them.
25 May their place be deserted;
    let there be no one to dwell in their tents.
26 For they persecute those you wound
    and talk about the pain of those you hurt.
27 Charge them with crime upon crime;
    do not let them share in your salvation.
28 May they be blotted out of the book of life
    and not be listed with the righteous.

29 I am in pain and distress;
    may your salvation, O God, protect me.

30 I will praise God's name in song
    and glorify him with thanksgiving.

x 22 Or *snare / and their fellowship become*

31 Esa ofrenda agradará más al Señor
   que la de un toro o un novillo
   con sus cuernos y pezuñas.
32 Los pobres verán esto y se alegrarán;
   ¡reanímense ustedes, los que buscan a Dios!
33 Porque el Señor oye a los necesitados,
   y no desdeña a su pueblo cautivo.

34 Que lo alaben los cielos y la tierra,
   los mares y todo lo que se mueve en ellos,
35 porque Dios salvará a *Sión
   y reconstruirá las ciudades de Judá.
   Allí se establecerá el pueblo
   y tomará posesión de la tierra.
36 La heredarán los hijos de sus siervos;
   la habitarán los que aman al Señor.

Al director musical. Petición de David.

70 Apresúrate, oh Dios, a rescatarme;
   ¡apresúrate, Señor, a socorrerme!
2 Que sean avergonzados y confundidos
   los que procuran matarme.
   Que retrocedan humillados
   todos los que desean mi ruina.
3 Que vuelvan sobre sus pasos, avergonzados,
   todos los que se burlan de mí.
4 Pero que todos los que te buscan
   se alegren en ti y se regocijen;
   que los que aman tu *salvación digan siempre:
   «¡Sea Dios exaltado!»
5 Yo soy pobre y estoy necesitado;
   ¡ven pronto a mí, oh Dios!
   Tú eres mi socorro y mi libertador;
   ¡no te demores, Señor!

71 En ti, Señor, me he refugiado;
   jamás me dejes quedar en vergüenza.
2 Por tu justicia, rescátame y líbrame;
   dígnate escucharme, y sálvame.
3 Sé tú mi *roca de refugio
   adonde pueda yo siempre acudir;
   da la orden de salvarme,
   porque tú eres mi roca, mi fortaleza.
4 Líbrame, Dios mío, de manos de los impíos,
   del poder de los malvados y violentos.

5 Tú, Soberano Señor, has sido mi esperanza;
   en ti he confiado desde mi juventud.
6 De ti he dependido desde que nací;
   del vientre materno me hiciste nacer.
   ¡Por siempre te alabaré!
7 Para muchos, soy motivo de asombro,
   pero tú eres mi refugio inconmovible.
8 Mi boca rebosa de alabanzas a tu *nombre,
   y todo el día proclama tu grandeza.

9 No me rechaces cuando llegue a viejo;
   no me abandones cuando me falten las
   fuerzas.
10 Porque mis enemigos murmuran contra mí;
   los que me acechan se confabulan.

31 This will please the Lord more than an ox,
   more than a bull with its horns and hoofs.
32 The poor will see and be glad—
   you who seek God, may your hearts live!
33 The Lord hears the needy
   and does not despise his captive people.

34 Let heaven and earth praise him,
   the seas and all that move in them,
35 for God will save Zion
   and rebuild the cities of Judah.
   Then people will settle there and possess it;
36   the children of his servants will inherit it,
   and those who love his name will dwell
   there.

For the director of music. Of David.
A petition.

70 Hasten, O God, to save me;
   O Lord, come quickly to help me.
2 May those who seek my life
   be put to shame and confusion;
   may all who desire my ruin
   be turned back in disgrace.
3 May those who say to me, "Aha! Aha!"
   turn back because of their shame.
4 But may all who seek you
   rejoice and be glad in you;
   may those who love your salvation always
   say,
   "Let God be exalted!"
5 Yet I am poor and needy;
   come quickly to me, O God.
   You are my help and my deliverer;
   O Lord, do not delay.

71 In you, O Lord, I have taken refuge;
   let me never be put to shame.
2 Rescue me and deliver me in your
   righteousness;
   turn your ear to me and save me.
3 Be my rock of refuge,
   to which I can always go;
   give the command to save me,
   for you are my rock and my fortress.
4 Deliver me, O my God, from the hand of
   the wicked,
   from the grasp of evil and cruel men.

5 For you have been my hope, O Sovereign
   Lord,
   my confidence since my youth.
6 From birth I have relied on you;
   you brought me forth from my mother's
   womb.
   I will ever praise you.
7 I have become like a portent to many,
   but you are my strong refuge.
8 My mouth is filled with your praise,
   declaring your splendor all day long.

9 Do not cast me away when I am old;
   do not forsake me when my strength is
   gone.
10 For my enemies speak against me;
   those who wait to kill me conspire
   together.

11 Y dicen: «¡Dios lo ha abandonado!
¡Persíganlo y agárrenlo, que nadie lo
rescatará!»
12 Dios mío, no te alejes de mí;
Dios mío, ven pronto a ayudarme.
13 Que perezcan humillados mis acusadores;
que se cubran de oprobio y de ignominia
los que buscan mi ruina.

14 Pero yo siempre tendré esperanza,
y más y más te alabaré.
15 Todo el día proclamará mi boca
tu justicia y tu *salvación,
aunque es algo que no alcanzo a descifrar.
16 Soberano SEÑOR, relataré tus obras poderosas,
y haré memoria de tu justicia,
de tu justicia solamente.
17 Tú, oh Dios, me enseñaste desde mi juventud,
y aún hoy anuncio todos tus prodigios.
18 Aun cuando sea yo anciano y peine canas,
no me abandones, oh Dios,
hasta que anuncie tu poder
a la generación venidera,
y dé a conocer tus proezas
a los que aún no han nacido.

19 Oh Dios, tú has hecho grandes cosas;
tu justicia llega a las alturas.
¿Quién como tú, oh Dios?
20 Me has hecho pasar por muchos infortunios,
pero volverás a darme vida;
de las profundidades de la tierra
volverás a levantarme.
21 Acrecentarás mi honor
y volverás a consolarme.

22 Por tu fidelidad, Dios mío,
te alabaré con instrumentos de cuerda;
te cantaré, oh Santo de Israel,
salmos con la lira.
23 Gritarán de júbilo mis labios
cuando yo te cante salmos,
pues me has salvado la vida.
24 Todo el día repetirá mi lengua
la historia de tus justas acciones,
pues quienes buscaban mi mal
han quedado confundidos y avergonzados.

De Salomón.

72 Oh Dios, otorga tu justicia al rey,
tu rectitud al príncipe heredero.
2 Así juzgará con rectitud a tu pueblo
y hará justicia a tus pobres.
3 Brindarán los montes *bienestar al pueblo,
y fruto de justicia las colinas.
4 El rey hará justicia a los pobres del pueblo
y salvará a los necesitados;
¡él aplastará a los opresores!

11 They say, "God has forsaken him;
pursue him and seize him,
for no one will rescue him."
12 Be not far from me, O God;
come quickly, O my God, to help me.
13 May my accusers perish in shame;
may those who want to harm me
be covered with scorn and disgrace.

14 But as for me, I will always have hope;
I will praise you more and more.
15 My mouth will tell of your righteousness,
of your salvation all day long,
though I know not its measure.
16 I will come and proclaim your mighty acts,
O Sovereign LORD;
I will proclaim your righteousness, yours
alone.
17 Since my youth, O God, you have taught
me,
and to this day I declare your marvelous
deeds.
18 Even when I am old and gray,
do not forsake me, O God,
till I declare your power to the next
generation,
your might to all who are to come.

19 Your righteousness reaches to the skies,
O God,
you who have done great things.
Who, O God, is like you?
20 Though you have made me see troubles,
many and bitter,
you will restore my life again;
from the depths of the earth
you will again bring me up.
21 You will increase my honor
and comfort me once again.

22 I will praise you with the harp
for your faithfulness, O my God;
I will sing praise to you with the lyre,
O Holy One of Israel.
23 My lips will shout for joy
when I sing praise to you—
I, whom you have redeemed.
24 My tongue will tell of your righteous acts
all day long,
for those who wanted to harm me
have been put to shame and confusion.

Of Solomon.

72 Endow the king with your justice, O God,
the royal son with your righteousness.
2 He will ʸ judge your people in
righteousness,
your afflicted ones with justice.
3 The mountains will bring prosperity to the
people,
the hills the fruit of righteousness.
4 He will defend the afflicted among the
people
and save the children of the needy;
he will crush the oppressor.

---

y 2 Or *May he*; similarly in verses 3-11 and 17

5 Que viva el rey^y por mil generaciones,
lo mismo que el sol y que la luna.
6 Que sea como la lluvia sobre un campo
sembrado,
como las lluvias que empapan la tierra.
7 Que en sus días florezca la justicia,
y que haya gran prosperidad,
hasta que la luna deje de existir.

8 Que domine el rey de mar a mar,
desde el río Éufrates hasta los confines de la
tierra.
9 Que se postren ante él las tribus del desierto;
¡que muerdan el polvo sus enemigos!
10 Que le paguen tributo los reyes de Tarsis
y de las costas remotas;
que los reyes de Sabá y de Seba
le traigan presentes.
11 Que ante él se inclinen todos los reyes;
¡que le sirvan todas las naciones!

12 Él librará al indigente que pide auxilio,
y al pobre que no tiene quien lo ayude.
13 Se compadecerá del desvalido y del necesitado,
y a los menesterosos les salvará la vida.
14 Los librará de la opresión y la violencia,
porque considera valiosa su vida.

15 ¡Que viva el rey!
¡Que se le entregue el oro de Sabá!
Que se ore por él sin cesar;
que todos los días se le bendiga.
16 Que abunde el trigo en toda la tierra;
que ondeen los trigales en la cumbre de los
montes.
Que el grano se dé como en el Líbano;
que abunden las gavillas^z como la hierba
del campo.
17 Que su *nombre perdure para siempre;
que su fama permanezca como el sol.
Que en su nombre las naciones
se bendigan unas a otras;
que todas ellas lo proclamen *dichoso.

18 Bendito sea Dios el SEÑOR,
el Dios de Israel,
el único que hace obras portentosas.
19 Bendito sea por siempre su glorioso nombre;
¡que toda la tierra se llene de su gloria!

Amén y amén.

20 Aquí terminan las oraciones de David hijo de
Isaí.

LIBRO III
Salmos 73–89

Salmo de Asaf.

73 En verdad, ¡cuán bueno es Dios con Israel,
con los puros de corazón!
2 Yo estuve a punto de caer,
y poco me faltó para que resbalara.
3 Sentí envidia de los arrogantes,
al ver la prosperidad de esos malvados.

4 Ellos no tienen ningún problema;
su cuerpo está fuerte y saludable.^a

5 He will endure^z as long as the sun,
as long as the moon, through all
generations.
6 He will be like rain falling on a mown field,
like showers watering the earth.
7 In his days the righteous will flourish;
prosperity will abound till the moon is no
more.

8 He will rule from sea to sea
and from the River^a to the ends of the
earth.^b
9 The desert tribes will bow before him
and his enemies will lick the dust.
10 The kings of Tarshish and of distant shores
will bring tribute to him;
the kings of Sheba and Seba
will present him gifts.
11 All kings will bow down to him
and all nations will serve him.

12 For he will deliver the needy who cry out,
the afflicted who have no one to help.
13 He will take pity on the weak and the needy
and save the needy from death.
14 He will rescue them from oppression and
violence,
for precious is their blood in his sight.

15 Long may he live!
May gold from Sheba be given him.
May people ever pray for him
and bless him all day long.
16 Let grain abound throughout the land;
on the tops of the hills may it sway.
Let its fruit flourish like Lebanon;
let it thrive like the grass of the field.
17 May his name endure forever;
may it continue as long as the sun.

All nations will be blessed through him,
and they will call him blessed.

18 Praise be to the LORD God, the God of
Israel,
who alone does marvelous deeds.
19 Praise be to his glorious name forever;
may the whole earth be filled with his
glory.
Amen and Amen.

20 This concludes the prayers of David son of
Jesse.

BOOK III
Psalms 73–89

A psalm of Asaph.

73 Surely God is good to Israel,
to those who are pure in heart.

2 But as for me, my feet had almost slipped;
I had nearly lost my foothold.
3 For I envied the arrogant
when I saw the prosperity of the wicked.

4 They have no struggles;
their bodies are healthy and strong.^c

---

^y 72:5 *Que viva el rey* (véase LXX); *Te temerán* (TM).
^z 72:16 *que abunden las gavillas*. Alt. *que de la ciudad nazca gente.*
^a 73:4 *no tienen ningún problema; / su cuerpo está fuerte y saludable.* Alt. *no tienen lucha alguna ante su muerte; / su cuerpo está saludable.*

^z 5 Septuagint; Hebrew *You will be feared*   ^a 8 That is, the Euphrates   ^b 8 Or *the end of the land*   ^c 4 With a different word division of the Hebrew; Masoretic Text *struggles at their death; / their bodies are healthy*

5 Libres están de los afanes de todos;
     no les afectan los infortunios humanos.
6 Por eso lucen su orgullo como un collar,
     y hacen gala de su violencia.
7 ¡Están que revientan de malicia,
     y hasta se les ven sus malas intenciones!
8 Son burlones, hablan con doblez,
     y arrogantes oprimen y amenazan.
9 Con la boca increpan al cielo,
     con la lengua dominan la tierra.
10 Por eso la gente acude a ellos
     y cree todo lo que afirman.
11 Hasta dicen: «¿Cómo puede Dios saberlo?
     ¿Acaso el *Altísimo tiene entendimiento?»

12 Así son los impíos;
     sin afanarse, aumentan sus riquezas.

13 En verdad, ¿de qué me sirve
     mantener mi corazón limpio
     y mis manos lavadas en la inocencia,
14 si todo el día me golpean
     y de mañana me castigan?

15 Si hubiera dicho: «Voy a hablar como ellos»,
     habría traicionado a tu linaje.
16 Cuando traté de comprender todo esto,
     me resultó una carga insoportable,
17 hasta que entré en el santuario de Dios;
     allí comprendí cuál será el destino de los
         malvados:
18 En verdad, los has puesto en terreno
         resbaladizo,
     y los empujas a su propia destrucción.
19 ¡En un instante serán destruidos,
     totalmente consumidos por el terror!
20 Como quien despierta de un sueño,
     así, *Señor, cuando tú te levantes,
     desecharás su falsa apariencia.

21 Se me afligía el corazón
     y se me amargaba el ánimo
22 por mi *necedad e ignorancia.
     ¡Me porté contigo como una bestia!
23 Pero yo siempre estoy contigo,
     pues tú me sostienes de la mano derecha.
24 Me guías con tu consejo,
     y más tarde me acogerás en gloria.
25 ¿A quién tengo en el cielo sino a ti?
     Si estoy contigo, ya nada quiero en la tierra.
26 Podrán desfallecer mi cuerpo y mi espíritu,[b]
     pero Dios fortalece[c] mi corazón;
     él es mi herencia eterna.

27 Perecerán los que se alejen de ti;
     tú destruyes a los que te son infieles.
28 Para mí el bien es estar cerca de Dios.
     He hecho del Señor Soberano mi refugio
     para contar todas sus obras.

5 They are free from the burdens common to
     man;
     they are not plagued by human ills.
6 Therefore pride is their necklace;
     they clothe themselves with violence.
7 From their callous hearts comes iniquity[d];
     the evil conceits of their minds know no
         limits.
8 They scoff, and speak with malice;
     in their arrogance they threaten
         oppression.
9 Their mouths lay claim to heaven,
     and their tongues take possession of the
         earth.
10 Therefore their people turn to them
     and drink up waters in abundance.[e]
11 They say, "How can God know?
     Does the Most High have knowledge?"

12 This is what the wicked are like—
     always carefree, they increase in wealth.

13 Surely in vain have I kept my heart pure;
     in vain have I washed my hands in
         innocence.
14 All day long I have been plagued;
     I have been punished every morning.

15 If I had said, "I will speak thus,"
     I would have betrayed your children.
16 When I tried to understand all this,
     it was oppressive to me
17 till I entered the sanctuary of God;
     then I understood their final destiny.

18 Surely you place them on slippery ground;
     you cast them down to ruin.
19 How suddenly are they destroyed,
     completely swept away by terrors!
20 As a dream when one awakes,
     so when you arise, O Lord,
     you will despise them as fantasies.

21 When my heart was grieved
     and my spirit embittered,
22 I was senseless and ignorant;
     I was a brute beast before you.

23 Yet I am always with you;
     you hold me by my right hand.
24 You guide me with your counsel,
     and afterward you will take me into glory.
25 Whom have I in heaven but you?
     And earth has nothing I desire besides
         you.
26 My flesh and my heart may fail,
     but God is the strength of my heart
     and my portion forever.

27 Those who are far from you will perish;
     you destroy all who are unfaithful to you.
28 But as for me, it is good to be near God.
     I have made the Sovereign Lord my
         refuge;
     I will tell of all your deeds.

---

b 73:26 *espíritu.* Lit. *corazón.*   c 73:26 *fortalece.* Lit. *es la roca de.*

d 7 Syriac (see also Septuagint); Hebrew *Their eyes bulge with fat*
e 10 The meaning of the Hebrew for this verse is uncertain.

*Masquil de Asaf.

74

¿Por qué, oh Dios,
    nos has rechazado para siempre?
¿Por qué se ha encendido tu ira
    contra las ovejas de tu prado?
2 Acuérdate del pueblo que adquiriste
    desde tiempos antiguos,
de la tribu que redimiste
    para que fuera tu posesión.
Acuérdate de este monte *Sión,
    que es donde tú habitas.
3 Dirige tus pasos hacia estas ruinas eternas;
    ¡todo en el santuario lo ha destruido el
        enemigo!
4 Tus adversarios rugen en el lugar de tus
        asambleas
    y plantan sus banderas en señal de victoria,
5 Parecen leñadores en el bosque,
    talando árboles con sus hachas.
6 Con sus hachas y martillos
    destrozaron todos los adornos de madera.
7 Prendieron fuego a tu santuario;
    profanaron el lugar donde habitas.
8 En su corazón dijeron: «¡Los haremos polvo!»,
    y quemaron en el país todos tus santuarios.
9 Ya no vemos ondear nuestras banderas,
    ya no hay ningún profeta,
y ni siquiera sabemos
    hasta cuándo durará todo esto.

10 ¿Hasta cuándo, oh Dios, se burlará el
        adversario?
    ¿Por siempre insultará tu nombre el
        enemigo?
11 ¿Por qué retraes tu mano, tu mano derecha?
    ¿Por qué te quedas cruzado de brazos?

12 Tú, oh Dios, eres mi rey desde tiempos
        antiguos;
    tú traes *salvación sobre la tierra.
13 Tú dividiste el mar con tu poder;
    les rompiste la cabeza a los monstruos
        marinos.
14 Tú aplastaste las cabezas de *Leviatán
    y lo diste por comida a las jaurías del
        desierto.
15 Tú hiciste que brotaran fuentes y arroyos;
    secaste ríos de inagotables corrientes.
16 Tuyo es el día, tuya también la noche;
    tú estableciste la luna y el sol;
17 trazaste los límites de la tierra,
    y creaste el verano y el invierno.

18 Recuerda, SEÑOR, que tu enemigo se burla,
    y que un pueblo insensato ofende tu nombre.
19 No entregues a las fieras
    la vida de tu tórtola;
no te olvides, ni ahora ni nunca,
    de la vida de tus pobres.
20 Toma en cuenta tu *pacto,
    pues en todos los rincones del país
        abunda la violencia.

A *maskil* of Asaph.

74

Why have you rejected us forever, O God?
    Why does your anger smolder against the
        sheep of your pasture?
2 Remember the people you purchased of old,
    the tribe of your inheritance, whom you
        redeemed—
    Mount Zion, where you dwelt.
3 Turn your steps toward these everlasting
        ruins,
    all this destruction the enemy has brought
        on the sanctuary.

4 Your foes roared in the place where you
        met with us;
    they set up their standards as signs.
5 They behaved like men wielding axes
    to cut through a thicket of trees.
6 They smashed all the carved paneling
    with their axes and hatchets.
7 They burned your sanctuary to the ground;
    they defiled the dwelling place of your
        Name.
8 They said in their hearts, "We will crush
        them completely!"
    They burned every place where God was
        worshiped in the land.
9 We are given no miraculous signs;
    no prophets are left,
    and none of us knows how long this will
        be.

10 How long will the enemy mock you,
        O God?
    Will the foe revile your name forever?
11 Why do you hold back your hand, your
        right hand?
    Take it from the folds of your garment
        and destroy them!

12 But you, O God, are my king from of old;
    you bring salvation upon the earth.
13 It was you who split open the sea by your
        power;
    you broke the heads of the monster in the
        waters.
14 It was you who crushed the heads of
        Leviathan
    and gave him as food to the creatures of
        the desert.
15 It was you who opened up springs and
        streams;
    you dried up the ever flowing rivers.
16 The day is yours, and yours also the night;
    you established the sun and moon.
17 It was you who set all the boundaries of the
        earth;
    you made both summer and winter.

18 Remember how the enemy has mocked you,
        O LORD,
    how foolish people have reviled your
        name.
19 Do not hand over the life of your dove to
        wild beasts;
    do not forget the lives of your afflicted
        people forever.
20 Have regard for your covenant,
    because haunts of violence fill the dark
        places of the land.

---

f Title: Probably a literary or musical term

²¹ Que no vuelva humillado el oprimido;
    que alaben tu nombre el pobre y el
       necesitado.

²² Levántate, oh Dios, y defiende tu causa;
    recuerda que a todas horas te ofenden los
       *necios.
²³ No pases por alto el griterío de tus adversarios,
    el creciente tumulto de tus enemigos.

Al director musical. Sígase la tonada de «No
destruyas». Salmo de Asaf. Cántico.

75 Te damos gracias, oh Dios,
    te damos gracias e invocamos^d tu *nombre;
    ¡todos hablan de tus obras portentosas!

² Tú dices: «Cuando yo lo decida,
    juzgaré con justicia.
³ Cuando se estremece la tierra
    con todos sus habitantes,
    soy yo quien afirma sus columnas.»
               *Selah

⁴ «No sean altaneros», digo a los altivos;
    «No sean soberbios», ordeno a los impíos;
⁵ «No hagan gala de soberbia contra el cielo,
    ni hablen con aires de suficiencia.»

⁶ La exaltación no viene del oriente,
    ni del occidente ni del sur,
⁷ sino que es Dios el que juzga:
    a unos humilla y a otros exalta.
⁸ En la mano del Señor hay una copa
    de espumante vino mezclado con especias;
    cuando él lo derrame, todos los impíos de la
       tierra
    habrán de beberlo hasta las heces.
⁹ Yo hablaré de esto siempre;
    cantaré salmos al Dios de Jacob.
¹⁰ Aniquilaré la altivez de todos los impíos,
    y exaltaré el poder de los justos.

Al director musical. Acompáñese con
instrumentos de cuerda. Salmo de Asaf. Cántico.

76 Dios es conocido en Judá;
    su *nombre es exaltado en Israel.
² En *Salén se halla su santuario;
    en *Sión está su morada.
³ Allí hizo pedazos las centelleantes saetas,
    los escudos, las espadas, las armas de
       guerra.
               *Selah

⁴ Estás rodeado de esplendor;
    eres más imponente que las montañas
       eternas.^e
⁵ Los valientes yacen ahora despojados;
    han caído en el sopor de la muerte.
    Ninguno de esos hombres aguerridos
    volverá a levantar sus manos.
⁶ Cuando tú, Dios de Jacob, los reprendiste,
    quedaron pasmados jinetes y corceles.
⁷ Tú, y sólo tú, eres de temer.
    ¿Quién puede hacerte frente
    cuando se enciende tu enojo?

²¹Do not let the oppressed retreat in disgrace;
    may the poor and needy praise your
       name.

²²Rise up, O God, and defend your cause;
    remember how fools mock you all day long.
²³Do not ignore the clamor of your
    adversaries,
    the uproar of your enemies, which rises
    continually.

For the director of music. ⌊To the tune of⌋
"Do Not Destroy." A psalm of Asaph.
A song.

75 We give thanks to you, O God,
    we give thanks, for your Name is near;
    men tell of your wonderful deeds.

²You say, "I choose the appointed time;
    it is I who judge uprightly.
³When the earth and all its people quake,
    it is I who hold its pillars firm.   *Selah*
⁴To the arrogant I say, 'Boast no more,'
    and to the wicked, 'Do not lift up your
       horns.
⁵Do not lift your horns against heaven;
    do not speak with outstretched neck.' "

⁶No one from the east or the west
    or from the desert can exalt a man.
⁷But it is God who judges:
    He brings one down, he exalts another.
⁸In the hand of the Lord is a cup
    full of foaming wine mixed with spices;
    he pours it out, and all the wicked of the
       earth
    drink it down to its very dregs.

⁹As for me, I will declare this forever;
    I will sing praise to the God of Jacob.
¹⁰I will cut off the horns of all the wicked,
    but the horns of the righteous will be
    lifted up.

For the director of music. With stringed
instruments. A psalm of Asaph. A song.

76 In Judah God is known;
    his name is great in Israel.
²His tent is in Salem,
    his dwelling place in Zion.
³There he broke the flashing arrows,
    the shields and the swords, the weapons
       of war.   *Selah*

⁴You are resplendent with light,
    more majestic than mountains rich with
       game.
⁵Valiant men lie plundered,
    they sleep their last sleep;
    not one of the warriors
    can lift his hands.
⁶At your rebuke, O God of Jacob,
    both horse and chariot lie still.
⁷You alone are to be feared.
    Who can stand before you when you are
    angry?

---

^d 75:1 e invocamos (LXX y Siríaca); y cercano está (TM).
^e 76:4 montañas eternas (LXX); montañas donde hay presa (TM).

8 Desde el cielo diste a conocer tu veredicto;
  la tierra, temerosa, guardó silencio
9 cuando tú, oh Dios, te levantaste para juzgar,
  para salvar a los pobres de la tierra.
                                    Selah

10 La furia de Edom se vuelve tu alabanza;
  lo que aún queda de Jamat se vuelve tu
    corona.ᶠ
11 Hagan votos al SEÑOR su Dios, y cúmplanlos;
  que todos los países vecinos
  paguen tributo al Dios temible,
12 al que acaba con el valor de los gobernantes,
  ¡al que es temido por los reyes de la tierra!

Al director musical. Para Jedutún.
Salmo de Asaf.

77 A Dios elevo mi voz suplicante;
  a Dios elevo mi voz para que me escuche.
2 Cuando estoy angustiado, recurro al *Señor;
  sin cesar elevo mis manos por las noches,
  pero me niego a recibir consuelo.
3 Me acuerdo de Dios, y me lamento;
  medito en él, y desfallezco.
                                    *Selah

4 No me dejas conciliar el sueño;
  tan turbado estoy que ni hablar puedo.
5 Me pongo a pensar en los tiempos de antaño;
  de los años ya idos 6 me acuerdo.
  Mi corazón reflexiona por las noches;ᵍ
  mi espíritu medita e inquiere:
7 «¿Nos rechazará el Señor para siempre?
  ¿No volverá a mostrarnos su buena
    voluntad?
8 ¿Se habrá agotado su gran amor eterno,
  y sus promesas por todas las generaciones?
9 ¿Se habrá olvidado Dios de sus bondades,
  y en su enojo ya no quiere tenernos
    compasión?»
                                    Selah

10 Y me pongo a pensar: «Esto es lo que me
    duele:
  que haya cambiado la diestra del *Altísimo.»
11 Prefiero recordar las hazañas del SEÑOR,
  traer a la memoria sus milagros de antaño.
12 Meditaré en todas tus proezas;
  evocaré tus obras poderosas.

13 Santos, oh Dios, son tus *caminos;
  ¿qué dios hay tan excelso como nuestro
    Dios?
14 Tú eres el Dios que realiza maravillas;
  el que despliega su poder entre los pueblos.
15 Con tu brazo poderoso redimiste a tu pueblo,
  a los descendientes de Jacob y de José.
                                    Selah

16 Las aguas te vieron, oh Dios,
  las aguas te vieron y se agitaron;
  el propio abismo se estremeció con
    violencia.
17 Derramaron su lluvia las nubes;
  retumbaron con estruendo los cielos;
  rasgaron el espacio tus centellas.

8 From heaven you pronounced judgment,
  and the land feared and was quiet—
9 when you, O God, rose up to judge,
  to save all the afflicted of the land.   Selah
10 Surely your wrath against men brings you
    praise,
  and the survivors of your wrath are
    restrained.ᵍ
11 Make vows to the LORD your God and
    fulfill them;
  let all the neighboring lands
  bring gifts to the One to be feared.
12 He breaks the spirit of rulers;
  he is feared by the kings of the earth.

For the director of music. For Jeduthun.
Of Asaph. A psalm.

77 I cried out to God for help;
  I cried out to God to hear me.
2 When I was in distress, I sought the Lord;
  at night I stretched out untiring hands
  and my soul refused to be comforted.

3 I remembered you, O God, and I groaned;
  I mused, and my spirit grew faint.   Selah
4 You kept my eyes from closing;
  I was too troubled to speak.
5 I thought about the former days,
  the years of long ago;
6 I remembered my songs in the night.
  My heart mused and my spirit inquired:

7 "Will the Lord reject forever?
  Will he never show his favor again?
8 Has his unfailing love vanished forever?
  Has his promise failed for all time?
9 Has God forgotten to be merciful?
  Has he in anger withheld his
    compassion?"   Selah

10 Then I thought, "To this I will appeal:
  the years of the right hand of the Most
    High."
11 I will remember the deeds of the LORD;
  yes, I will remember your miracles of
    long ago.
12 I will meditate on all your works
  and consider all your mighty deeds.

13 Your ways, O God, are holy.
  What god is so great as our God?
14 You are the God who performs miracles;
  you display your power among the
    peoples.
15 With your mighty arm you redeemed your
    people,
  the descendants of Jacob and Joseph.
                                    Selah

16 The waters saw you, O God,
  the waters saw you and writhed;
  the very depths were convulsed.
17 The clouds poured down water,
  the skies resounded with thunder;
  your arrows flashed back and forth.

ᶠ76:10 *La furia ... tu corona* (lectura probable); *La furia del hombre te alabará, porque los sobrevivientes al castigo te harán fiesta* (TM).   ᵍ77:6 *me acuerdo. / Mi ... las noches* (LXX); *Me acuerdo de mi cántico por las noches con mi corazón* (TM).

ᵍ 10 Or *Surely the wrath of men brings you praise, / and with the remainder of wrath you arm yourself*

¹⁸ Tu estruendo retumbó en el torbellino
y tus relámpagos iluminaron el mundo;
la tierra se estremeció con temblores.
¹⁹ Te abriste camino en el mar;
te hiciste paso entre las muchas aguas,
y no se hallaron tus huellas.
²⁰ Por medio de Moisés y de Aarón
guiaste como un rebaño a tu pueblo.

*Masquil de Asaf.

78

Pueblo mío, atiende a mi *enseñanza;
presta oído a las palabras de mi boca.
² Mis labios pronunciarán *parábolas
y evocarán misterios de antaño,
³ cosas que hemos oído y conocido,
y que nuestros padres nos han contado.
⁴ No las esconderemos de sus descendientes;
hablaremos a la generación venidera
del poder del Señor, de sus proezas,
y de las maravillas que ha realizado.
⁵ Él promulgó un decreto para Jacob,
dictó una *ley para Israel;
ordenó a nuestros antepasados
enseñarlos a sus descendientes,
⁶ para que los conocieran las generaciones
venideras
y los hijos que habrían de nacer,
que a su vez los enseñarían a sus hijos.
⁷ Así ellos pondrían su confianza en Dios
y no se olvidarían de sus proezas,
sino que cumplirían sus mandamientos.
⁸ Así no serían como sus antepasados:
generación obstinada y rebelde,
gente de corazón fluctuante,
cuyo espíritu no se mantuvo fiel a Dios.
⁹ La tribu de Efraín, con sus diestros arqueros,
se puso en fuga el día de la batalla.

¹⁰ No cumplieron con el *pacto de Dios,
sino que se negaron a seguir sus enseñanzas.
¹¹ Echaron al olvido sus proezas,
las maravillas que les había mostrado,
¹² los milagros que hizo a la vista de sus padres
en la tierra de Egipto, en la región de Zoán.
¹³ Partió el mar en dos para que ellos lo
cruzaran,
mientras mantenía las aguas firmes como un
muro.
¹⁴ De día los guió con una nube,
y toda la noche con luz de fuego.
¹⁵ En el desierto partió en dos las rocas,
y les dio a beber torrentes de aguas;
¹⁶ hizo que brotaran arroyos de la peña
y que las aguas fluyeran como ríos.

¹⁷ Pero ellos volvieron a pecar contra él;
en el desierto se rebelaron contra el
*Altísimo.
¹⁸ Con toda intención pusieron a Dios a prueba,
y le exigieron comida a su antojo.
¹⁹ Murmuraron contra Dios, y aun dijeron:
«¿Podrá Dios tendernos una mesa en el
desierto?
²⁰ Cuando golpeó la roca,
el agua brotó en torrentes;
pero ¿podrá también darnos de comer?,
¿podrá proveerle carne a su pueblo?»

¹⁸ Your thunder was heard in the whirlwind,
your lightning lit up the world;
the earth trembled and quaked.
¹⁹ Your path led through the sea,
your way through the mighty waters,
though your footprints were not seen.
²⁰ You led your people like a flock
by the hand of Moses and Aaron.

A *maskil^h of Asaph.

78

O my people, hear my teaching;
listen to the words of my mouth.
² I will open my mouth in parables,
I will utter hidden things, things from of
old—
³ what we have heard and known,
what our fathers have told us.
⁴ We will not hide them from their children;
we will tell the next generation
the praiseworthy deeds of the Lord,
his power, and the wonders he has done.
⁵ He decreed statutes for Jacob
and established the law in Israel,
which he commanded our forefathers
to teach their children,
⁶ so the next generation would know them,
even the children yet to be born,
and they in turn would tell their children.
⁷ Then they would put their trust in God
and would not forget his deeds
but would keep his commands.
⁸ They would not be like their forefathers—
a stubborn and rebellious generation,
whose hearts were not loyal to God,
whose spirits were not faithful to him.

⁹ The men of Ephraim, though armed with
bows,
turned back on the day of battle;
¹⁰ they did not keep God's covenant
and refused to live by his law.
¹¹ They forgot what he had done,
the wonders he had shown them.
¹² He did miracles in the sight of their fathers
in the land of Egypt, in the region of
Zoan.
¹³ He divided the sea and led them through;
he made the water stand firm like a wall.
¹⁴ He guided them with the cloud by day
and with light from the fire all night.
¹⁵ He split the rocks in the desert
and gave them water as abundant as the
seas;
¹⁶ he brought streams out of a rocky crag
and made water flow down like rivers.

¹⁷ But they continued to sin against him,
rebelling in the desert against the Most
High.
¹⁸ They willfully put God to the test
by demanding the food they craved.
¹⁹ They spoke against God, saying,
"Can God spread a table in the desert?
²⁰ When he struck the rock, water gushed out,
and streams flowed abundantly.
But can he also give us food?
Can he supply meat for his people?"

^h Title: Probably a literary or musical term

²¹ Cuando el Señor oyó esto, se puso muy
    furioso;
    su enojo se encendió contra Jacob,
    su ira ardió contra Israel.
²² Porque no confiaron en Dios,
    ni creyeron que él los salvaría.
²³ Desde lo alto dio una orden a las nubes,
    y se abrieron las puertas de los cielos.
²⁴ Hizo que les lloviera maná, para que comieran;
    pan del cielo les dio a comer.
²⁵ Todos ellos comieron pan de ángeles;
    Dios les envió comida hasta saciarlos.
²⁶ Desató desde el cielo el viento solano,
    y con su poder levantó el viento del sur.
²⁷ Cual lluvia de polvo, hizo que les lloviera
    carne;
    ¡nubes de pájaros, como la arena del mar!
²⁸ Los hizo caer en medio de su campamento
    y en los alrededores de sus tiendas.
²⁹ Comieron y se hartaron,
    pues Dios les cumplió su capricho.
³⁰ Pero el capricho no les duró mucho:
    aún tenían la comida en la boca
³¹ cuando el enojo de Dios vino sobre ellos:
    dio muerte a sus hombres más robustos;
    abatió a la flor y nata de Israel.

³² A pesar de todo, siguieron pecando
    y no creyeron en sus maravillas.
³³ Por tanto, Dios hizo que sus días
    se esfumaran como un suspiro,
    que sus años acabaran en medio del terror.
³⁴ Si Dios los castigaba, entonces lo buscaban,
    y con ansias se volvían de nuevo a él.
³⁵ Se acordaban de que Dios era su *roca,
    de que el Dios Altísimo era su redentor.
³⁶ Pero entonces lo halagaban con la boca,
    y le mentían con la lengua.
³⁷ No fue su corazón sincero para con Dios;
    no fueron fieles a su pacto.
³⁸ Sin embargo, él les tuvo compasión;
    les perdonó su maldad y no los destruyó.
    Una y otra vez contuvo su enojo,
    y no se dejó llevar del todo por la ira.
³⁹ Se acordó de que eran simples *mortales,
    un efímero suspiro que jamás regresa.

⁴⁰ ¡Cuántas veces se rebelaron contra él en el
    desierto,
    y lo entristecieron en los páramos!
⁴¹ Una y otra vez ponían a Dios a prueba;
    provocaban al Santo de Israel.
⁴² Jamás se acordaron de su poder,
    de cuando los rescató del opresor,
⁴³ ni de sus señales milagrosas en Egipto,
    ni de sus portentos en la región de Zoán,
⁴⁴ cuando convirtió en sangre los ríos egipcios
    y no pudieron ellos beber de sus arroyos;
⁴⁵ cuando les envió tábanos que se los devoraban,
    y ranas que los destruían;
⁴⁶ cuando entregó sus cosechas a los saltamontes,
    y sus sembrados a la langosta;
⁴⁷ cuando con granizo destruyó sus viñas,
    y con escarcha sus higueras;

²¹ When the Lord heard them, he was very
    angry;
    his fire broke out against Jacob,
    and his wrath rose against Israel,
²² for they did not believe in God
    or trust in his deliverance.
²³ Yet he gave a command to the skies above
    and opened the doors of the heavens;
²⁴ he rained down manna for the people to eat,
    he gave them the grain of heaven.
²⁵ Men ate the bread of angels;
    he sent them all the food they could eat.
²⁶ He let loose the east wind from the heavens
    and led forth the south wind by his
    power.
²⁷ He rained meat down on them like dust,
    flying birds like sand on the seashore.
²⁸ He made them come down inside their
    camp,
    all around their tents.
²⁹ They ate till they had more than enough,
    for he had given them what they craved.
³⁰ But before they turned from the food they
    craved,
    even while it was still in their mouths,
³¹ God's anger rose against them;
    he put to death the sturdiest among them,
    cutting down the young men of Israel.

³² In spite of all this, they kept on sinning;
    in spite of his wonders, they did not
    believe.
³³ So he ended their days in futility
    and their years in terror.
³⁴ Whenever God slew them, they would seek
    him;
    they eagerly turned to him again.
³⁵ They remembered that God was their Rock,
    that God Most High was their Redeemer.
³⁶ But then they would flatter him with their
    mouths,
    lying to him with their tongues;
³⁷ their hearts were not loyal to him,
    they were not faithful to his covenant.
³⁸ Yet he was merciful;
    he forgave their iniquities
    and did not destroy them.
    Time after time he restrained his anger
    and did not stir up his full wrath.
³⁹ He remembered that they were but flesh,
    a passing breeze that does not return.

⁴⁰ How often they rebelled against him in the
    desert
    and grieved him in the wasteland!
⁴¹ Again and again they put God to the test;
    they vexed the Holy One of Israel.
⁴² They did not remember his power—
    the day he redeemed them from the
    oppressor,
⁴³ the day he displayed his miraculous signs in
    Egypt,
    his wonders in the region of Zoan.
⁴⁴ He turned their rivers to blood;
    they could not drink from their streams.
⁴⁵ He sent swarms of flies that devoured them,
    and frogs that devastated them.
⁴⁶ He gave their crops to the grasshopper,
    their produce to the locust.
⁴⁷ He destroyed their vines with hail
    and their sycamore-figs with sleet.

48 cuando entregó su ganado al granizo,
   y sus rebaños a las centellas;
49 cuando lanzó contra ellos el ardor de su ira,
   de su furor, indignación y hostilidad:
   ¡todo un ejército de ángeles destructores!
50 Dio rienda suelta a su enojo
   y no los libró de la muerte,
   sino que los entregó a la plaga.
51 Dio muerte a todos los primogénitos de
    Egipto,
   a las primicias de su raza en los
    campamentos de Cam.
52 A su pueblo lo guió como a un rebaño;
   los llevó por el desierto, como a ovejas,
53 infundiéndoles confianza para que no temieran.
   Pero a sus enemigos se los tragó el mar.

54 Trajo a su pueblo a esta su tierra santa,
   a estas montañas que su diestra conquistó.
55 Al paso de los israelitas expulsó naciones,
   cuyas tierras dio a su pueblo en heredad;
   ¡así estableció en sus tiendas a las tribus de
    Israel!

56 Pero ellos pusieron a prueba a Dios:
   se rebelaron contra el *Altísimo
   y desobedecieron sus *estatutos.
57 Fueron desleales y traidores, como sus padres,
   ¡tan falsos como un arco defectuoso!
58 Lo irritaron con sus santuarios paganos;
   con sus ídolos despertaron sus celos.
59 Dios lo supo y se puso muy furioso,
   por lo que rechazó completamente a Israel.
60 Abandonó el tabernáculo de Siló,
   que era su santuario aquí en la tierra,
61 y dejó que el símbolo de su poder y gloria
   cayera cautivo en manos enemigas.
62 Tan furioso estaba contra su pueblo
   que dejó que los mataran a filo de espada.
63 A sus jóvenes los consumió el fuego,
   y no hubo cantos nupciales para sus
    doncellas;
64 a filo de espada cayeron sus sacerdotes,
   y sus viudas no pudieron hacerles duelo.

65 Despertó entonces el Señor,
   como quien despierta de un sueño,
   como un guerrero que, por causa del vino,
   lanza gritos desaforados.
66 Hizo retroceder a sus enemigos,
   y los puso en vergüenza para siempre.
67 Rechazó a los descendientes*h* de José,
   y no escogió a la tribu de Efraín;
68 más bien, escogió a la tribu de Judá
   y al monte *Sión, al cual ama.
69 Construyó su santuario, alto como los cielos,*i*
   como la tierra, que él afirmó para siempre.
70 Escogió a su siervo David,
   al que sacó de los apriscos de las ovejas,
71 y lo quitó de andar arreando los rebaños
   para que fuera el *pastor de Jacob, su
    pueblo;
   el pastor de Israel, su herencia.
72 Y David los pastoreó con corazón sincero;
   con mano experta los dirigió.

48 He gave over their cattle to the hail,
   their livestock to bolts of lightning.
49 He unleashed against them his hot anger,
   his wrath, indignation and hostility—
   a band of destroying angels.
50 He prepared a path for his anger;
   he did not spare them from death
   but gave them over to the plague.
51 He struck down all the firstborn of Egypt,
   the firstfruits of manhood in the tents of
    Ham.
52 But he brought his people out like a flock;
   he led them like sheep through the desert.
53 He guided them safely, so they were
    unafraid;
   but the sea engulfed their enemies.
54 Thus he brought them to the border of his
    holy land,
   to the hill country his right hand had
    taken.
55 He drove out nations before them
   and allotted their lands to them as an
    inheritance;
   he settled the tribes of Israel in their
    homes.

56 But they put God to the test
   and rebelled against the Most High;
   they did not keep his statutes.
57 Like their fathers they were disloyal and
    faithless,
   as unreliable as a faulty bow.
58 They angered him with their high places;
   they aroused his jealousy with their idols.
59 When God heard them, he was very angry;
   he rejected Israel completely.
60 He abandoned the tabernacle of Shiloh,
   the tent he had set up among men.
61 He sent ⌊the ark of⌋ his might into captivity,
   his splendor into the hands of the enemy.
62 He gave his people over to the sword;
   he was very angry with his inheritance.
63 Fire consumed their young men,
   and their maidens had no wedding songs;
64 their priests were put to the sword,
   and their widows could not weep.

65 Then the Lord awoke as from sleep,
   as a man wakes from the stupor of wine.
66 He beat back his enemies;
   he put them to everlasting shame.
67 Then he rejected the tents of Joseph,
   he did not choose the tribe of Ephraim;
68 but he chose the tribe of Judah,
   Mount Zion, which he loved.
69 He built his sanctuary like the heights,
   like the earth that he established forever.
70 He chose David his servant
   and took him from the sheep pens;
71 from tending the sheep he brought him
   to be the shepherd of his people Jacob,
   of Israel his inheritance.
72 And David shepherded them with integrity
    of heart;
   with skillful hands he led them.

---

h 78:67 *los descendientes.* Lit. *las tiendas (de campaña).*
i 78:69 *santuario, alto como los cielos.* Lit. *santuario como las alturas.*

Salmo de Asaf.

79

Oh Dios, los pueblos paganos han invadido tu
herencia;
han profanado tu santo templo,
han dejado en ruinas a Jerusalén.
2 Han entregado los cadáveres de tus siervos
como alimento de las aves del cielo;
han destinado los cuerpos de tus fieles
para comida de los animales salvajes.
3 Por toda Jerusalén han derramado su sangre,
como si derramaran agua,
y no hay quien entierre a los muertos.
4 Nuestros vecinos hacen mofa de nosotros;
somos blanco de las burlas de quienes nos
rodean.

5 ¿Hasta cuándo, SEÑOR?
¿Vas a estar enojado para siempre?
¿Arderá tu celo como el fuego?
6 ¡Enójate con las naciones que no te reconocen,
con los reinos que no invocan tu *nombre!
7 Porque a Jacob se lo han devorado,
y al país lo han dejado en ruinas.
8 No nos tomes en cuenta los pecados de ayer;
¡venga pronto tu misericordia a nuestro
encuentro,
porque estamos totalmente abatidos!

9 Oh Dios y salvador nuestro,
por la gloria de tu nombre, ayúdanos;
por tu nombre, líbranos y perdona nuestros
pecados.

10 ¿Por qué van a decir las naciones:
«¿Dónde está su Dios?»
Permítenos ver, y muéstrales a los pueblos
paganos
cómo tomas venganza de la sangre de tus
siervos.
11 Que lleguen a tu presencia
los gemidos de los cautivos,
y por la fuerza de tu brazo
salva a los condenados a muerte.

12 Señor, haz que sientan nuestros vecinos,
siete veces y en carne propia,
el oprobio que han lanzado contra ti.
13 Y nosotros, tu pueblo y ovejas de tu prado,
te alabaremos por siempre;
de generación en generación
cantaremos tus alabanzas.

Al director musical. Sígase la tonada de «Los
lirios del *pacto». Salmo de Asaf.

80

*Pastor de Israel,
tú que guías a José como a un rebaño,
tú que reinas entre los *querubines,
¡escúchanos!
¡Resplandece 2 delante de Efraín, Benjamín y
Manasés!
¡Muestra tu poder, y ven a salvarnos!

3 Restáuranos, oh Dios;
haz resplandecer tu rostro sobre nosotros,
y sálvanos.

A psalm of Asaph.

79

O God, the nations have invaded your
inheritance;
they have defiled your holy temple,
they have reduced Jerusalem to rubble.
2 They have given the dead bodies of your
servants
as food to the birds of the air,
the flesh of your saints to the beasts of
the earth.
3 They have poured out blood like water
all around Jerusalem,
and there is no one to bury the dead.
4 We are objects of reproach to our neighbors,
of scorn and derision to those around us.

5 How long, O LORD? Will you be angry
forever?
How long will your jealousy burn like
fire?
6 Pour out your wrath on the nations
that do not acknowledge you,
on the kingdoms
that do not call on your name;
7 for they have devoured Jacob
and destroyed his homeland.
8 Do not hold against us the sins of the
fathers;
may your mercy come quickly to meet us,
for we are in desperate need.

9 Help us, O God our Savior,
for the glory of your name;
deliver us and forgive our sins
for your name's sake.
10 Why should the nations say,
"Where is their God?"
Before our eyes, make known among the
nations
that you avenge the outpoured blood of
your servants.
11 May the groans of the prisoners come
before you;
by the strength of your arm
preserve those condemned to die.

12 Pay back into the laps of our neighbors
seven times
the reproach they have hurled at you,
O Lord.
13 Then we your people, the sheep of your
pasture,
will praise you forever;
from generation to generation
we will recount your praise.

For the director of music. To ˩the tune of˩
"The Lilies of the Covenant." Of Asaph.
A psalm.

80

Hear us, O Shepherd of Israel,
you who lead Joseph like a flock;
you who sit enthroned between the
cherubim, shine forth
2 before Ephraim, Benjamin and Manasseh.
Awaken your might;
come and save us.

3 Restore us, O God;
make your face shine upon us,
that we may be saved.

4 ¿Hasta cuándo, SEÑOR, Dios *Todopoderoso,
  arderá tu ira contra las oraciones de tu
  pueblo?
5 Por comida, le has dado pan de lágrimas;
  por bebida, lágrimas en abundancia.
6 Nos has hecho motivo de contienda
  para nuestros vecinos;
  nuestros enemigos se burlan de nosotros.

7 Restáuranos, oh Dios Todopoderoso;
  haz resplandecer tu rostro sobre nosotros,
  y sálvanos.

8 De Egipto trajiste una vid;
  expulsaste a los pueblos paganos, y la
  plantaste.
9 Le limpiaste el terreno,
  y ella echó raíces y llenó la tierra.
10 Su sombra se extendía hasta las montañas,
  su follaje cubría los más altos cedros.
11 Sus ramas se extendieron hasta el
  Mediterráneo
  y sus renuevos hasta el Éufrates.

12 ¿Por qué has derribado sus muros?
  ¡Todos los que pasan le arrancan uvas!
13 Los jabalíes del bosque la destruyen,
  los animales salvajes la devoran.
14 ¡Vuélvete a nosotros, oh Dios Todopoderoso!
  ¡Asómate a vernos desde el cielo
  y brinda tus cuidados a esta vid!
15 ¡Es la raíz que plantaste con tu diestra!
  ¡Es el vástago que has criado para ti!

16 Tu vid está derribada, quemada por el fuego;
  a tu reprensión perece tu pueblo.j
17 Bríndale tu apoyo al *hombre de tu diestra,
  al *ser humanok que para ti has criado.
18 Nosotros no nos apartaremos de ti;
  reavívanos, e invocaremos tu *nombre.

19 Restáuranos, SEÑOR, Dios Todopoderoso;
  haz resplandecer tu rostro sobre nosotros,
  y sálvanos.

Al director musical. Sígase la tonada de «La
  canción del lagar». Salmo de Asaf.

81 Canten alegres a Dios, nuestra fortaleza;
  ¡aclamen con regocijo al Dios de Jacob!
2 ¡Entonen salmos!
  ¡Toquen ya la pandereta,
  la lira y el arpa melodiosa!

3 Toquen el cuerno de carnero en la luna nueva,
  y en la luna llena, día de nuestra fiesta.
4 Éste es un decreto para Israel,
  una ordenanza del Dios de Jacob.
5 Lo estableció como un *pacto con José
  cuando salió de la tierra de Egipto.

Escucho un idioma que no entiendo:
6 «Te he quitado la carga de los hombros;
  tus manos se han librado del pesado cesto.

4 O LORD God Almighty,
  how long will your anger smolder
  against the prayers of your people?
5 You have fed them with the bread of tears;
  you have made them drink tears by the
  bowlful.
6 You have made us a source of contention to
  our neighbors,
  and our enemies mock us.

7 Restore us, O God Almighty;
  make your face shine upon us,
  that we may be saved.

8 You brought a vine out of Egypt;
  you drove out the nations and planted it.
9 You cleared the ground for it,
  and it took root and filled the land.
10 The mountains were covered with its shade,
  the mighty cedars with its branches.
11 It sent out its boughs to the Sea,i
  its shoots as far as the River.j

12 Why have you broken down its walls
  so that all who pass by pick its grapes?
13 Boars from the forest ravage it
  and the creatures of the field feed on it.
14 Return to us, O God Almighty!
  Look down from heaven and see!
  Watch over this vine,
15   the root your right hand has planted,
  the sonk you have raised up for yourself.

16 Your vine is cut down, it is burned with
  fire;
  at your rebuke your people perish.
17 Let your hand rest on the man at your right
  hand,
  the son of man you have raised up for
  yourself.
18 Then we will not turn away from you;
  revive us, and we will call on your name.

19 Restore us, O LORD God Almighty;
  make your face shine upon us,
  that we may be saved.

For the director of music. According to
  gittith.l Of Asaph.

81 Sing for joy to God our strength;
  shout aloud to the God of Jacob!
2 Begin the music, strike the tambourine,
  play the melodious harp and lyre.

3 Sound the ram's horn at the New Moon,
  and when the moon is full, on the day of
  our Feast;
4 this is a decree for Israel,
  an ordinance of the God of Jacob.
5 He established it as a statute for Joseph
  when he went out against Egypt,
  where we heard a language we did not
  understand.m

6 He says, "I removed the burden from their
  shoulders;
  their hands were set free from the basket.

---

j 80:16 Tu vid ... tu pueblo (lectura probable); Haz que perezcan, a
tu reprensión, / los que la queman y destruyen (TM).
k 80:17 ser humano. Lit. hijo de hombre.

i 11 Probably the Mediterranean   j 11 That is, the Euphrates
k 15 Or branch   l Title: Probably a musical term   m 5 Or /
and we heard a voice we had not known

7 En tu angustia me llamaste, y te libré;
  oculto en el nubarrón te respondí;
  en las aguas de Meribá te puse a prueba.
                                    *Selah

8 »Escucha, pueblo mío, mis advertencias;
  ¡ay Israel, si tan sólo me escucharas!
9 No tendrás ningún dios extranjero,
  ni te inclinarás ante ningún dios extraño.
10 Yo soy el SEÑOR tu Dios,
  que te sacó de la tierra de Egipto.
  Abre bien la boca, y te la llenaré.

11 »Pero mi pueblo no me escuchó;
  Israel no quiso hacerme caso.
12 Por eso los abandoné a su obstinada voluntad,
  para que actuaran como mejor les pareciera.

13 »Si mi pueblo tan sólo me escuchara,
  si Israel quisiera andar por mis *caminos,
14 ¡cuán pronto sometería yo a sus enemigos,
  y volvería mi mano contra sus adversarios!
15 Los que aborrecen al SEÑOR se rendirían ante él,
  pero serían eternamente castigados.
16 Y a ti te alimentaría con lo mejor del trigo;
  con miel de la peña te saciaría.»

Salmo de Asaf.

82 Dios preside el consejo celestial;
      entre los dioses dicta sentencia:

2 «¿Hasta cuándo defenderán la injusticia
  y favorecerán a los impíos?
                                    *Selah
3 Defiendan la causa del huérfano y del
    desvalido;
  al pobre y al oprimido háganles justicia.
4 Salven al menesteroso y al necesitado;
  líbrenlos de la mano de los impíos.

5 »Ellos no saben nada, no entienden nada.
  Deambulan en la oscuridad;
  se estremecen todos los cimientos de la
    tierra.

6 »Yo les he dicho: "Ustedes son dioses;
  todos ustedes son hijos del *Altísimo."
7 Pero morirán como cualquier *mortal;
  caerán como cualquier otro gobernante.»

8 Levántate, oh Dios, y juzga a la tierra,
  pues tuyas son todas las naciones.

Cántico. Salmo de Asaf.

83 Oh Dios, no guardes silencio;
      no te quedes, oh Dios, callado e impasible.
2 Mira cómo se alborotan tus enemigos,
  cómo te desafían los que te odian.
3 Con astucia conspiran contra tu pueblo;
  conspiran contra aquellos a quienes tú
    estimas.

7 In your distress you called and I rescued
    you,
  I answered you out of a thundercloud;
  I tested you at the waters of Meribah.
                                    Selah

8 "Hear, O my people, and I will warn you—
  if you would but listen to me, O Israel!
9 You shall have no foreign god among you;
  you shall not bow down to an alien god.
10 I am the LORD your God,
  who brought you up out of Egypt.
  Open wide your mouth and I will fill it.

11 "But my people would not listen to me;
  Israel would not submit to me.
12 So I gave them over to their stubborn hearts
  to follow their own devices.

13 "If my people would but listen to me,
  if Israel would follow my ways,
14 how quickly would I subdue their enemies
  and turn my hand against their foes!
15 Those who hate the LORD would cringe
    before him,
  and their punishment would last forever.
16 But you would be fed with the finest of
    wheat;
  with honey from the rock I would satisfy
    you."

A psalm of Asaph.

82 God presides in the great assembly;
      he gives judgment among the "gods":

2 "How long will you[n] defend the unjust
  and show partiality to the wicked?   Selah
3 Defend the cause of the weak and fatherless;
  maintain the rights of the poor and
    oppressed.
4 Rescue the weak and needy;
  deliver them from the hand of the wicked.

5 "They know nothing, they understand
    nothing.
  They walk about in darkness;
  all the foundations of the earth are
    shaken.

6 "I said, 'You are "gods";
  you are all sons of the Most High.'
7 But you will die like mere men;
  you will fall like every other ruler."

8 Rise up, O God, judge the earth,
  for all the nations are your inheritance.

A song. A psalm of Asaph.

83 O God, do not keep silent;
      be not quiet, O God, be not still.
2 See how your enemies are astir,
  how your foes rear their heads.
3 With cunning they conspire against your
    people;
  they plot against those you cherish.

---

n 2 The Hebrew is plural.

⁴ Y dicen: «¡Vengan, destruyamos su nación!
¡Que el *nombre de Israel no vuelva a
recordarse!»

⁵ Como un solo hombre se confabulan;
han hecho un *pacto contra ti:
⁶ los campamentos de Edom y de Ismael,
los de Moab y de Agar,
⁷ Guebal,[l] Amón y Amalec,
los de Filistea y los habitantes de Tiro.
⁸ ¡Hasta Asiria se les ha unido;
ha apoyado a los descendientes de Lot!
Selah

⁹ Haz con ellos como hiciste con Madián,
como hiciste con Sísara y Jabín en el río
Quisón,
¹⁰ los cuales perecieron en Endor
y quedaron en la tierra, como estiércol.
¹¹ Haz con sus nobles
como hiciste con Oreb y con Zeb;
haz con todos sus príncipes
como hiciste con Zeba y con Zalmuna,
¹² que decían: «Vamos a adueñarnos
de los pastizales de Dios.»

¹³ Hazlos rodar como zarzas, Dios mío;
¡como paja que se lleva el viento!
¹⁴ Y así como el fuego consume los bosques
y las llamas incendian las montañas,
¹⁵ así persíguelos con tus tormentas
y aterrorízalos con tus tempestades.
¹⁶ SEÑOR, cúbreles el rostro de ignominia,
para que busquen tu nombre.

¹⁷ Que sean siempre puestos en vergüenza;
que perezcan humillados.
¹⁸ Que sepan que tú eres el SEÑOR,
que ése es tu nombre;
que sepan que sólo tú eres el *Altísimo
sobre toda la tierra.

Al director musical. Sígase la tonada de «La
canción del lagar». Salmo de los hijos de Coré.

84 ¡Cuán hermosas son tus moradas,
SEÑOR *Todopoderoso!
² Anhelo con el *alma los atrios del SEÑOR;
casi agonizo por estar en ellos.
Con el corazón, con todo el cuerpo,
canto alegre al Dios de la vida.

³ SEÑOR Todopoderoso, rey mío y Dios mío,
aun el gorrión halla casa cerca de tus altares;
también la golondrina hace allí su nido,
para poner sus polluelos.

⁴ *Dichoso el que habita en tu templo,
pues siempre te está alabando.
Selah

⁵ Dichoso el que tiene en ti su fortaleza,
que sólo piensa en recorrer tus sendas.
⁶ Cuando pasa por el valle de las Lágrimas
lo convierte en región de manantiales;
también las lluvias tempranas
cubren de bendiciones el valle.
⁷ Según avanzan los peregrinos, cobran más
fuerzas,
y en *Sión se presentan ante el Dios de
dioses.

⁴"Come," they say, "let us destroy them as a
nation,
that the name of Israel be remembered no
more."

⁵ With one mind they plot together;
they form an alliance against you—
⁶ the tents of Edom and the Ishmaelites,
of Moab and the Hagrites,
⁷ Gebal,[o] Ammon and Amalek,
Philistia, with the people of Tyre.
⁸ Even Assyria has joined them
to lend strength to the descendants of Lot.
Selah

⁹ Do to them as you did to Midian,
as you did to Sisera and Jabin at the river
Kishon,
¹⁰ who perished at Endor
and became like refuse on the ground.
¹¹ Make their nobles like Oreb and Zeeb,
all their princes like Zebah and Zalmunna,
¹² who said, "Let us take possession
of the pasturelands of God."

¹³ Make them like tumbleweed, O my God,
like chaff before the wind.
¹⁴ As fire consumes the forest
or a flame sets the mountains ablaze,
¹⁵ so pursue them with your tempest
and terrify them with your storm.
¹⁶ Cover their faces with shame
so that men will seek your name,
O LORD.

¹⁷ May they ever be ashamed and dismayed;
may they perish in disgrace.
¹⁸ Let them know that you, whose name is the
LORD—
that you alone are the Most High over all
the earth.

For the director of music. According to
gittith.[p] Of the Sons of Korah. A psalm.

84 How lovely is your dwelling place,
O LORD Almighty!
² My soul yearns, even faints,
for the courts of the LORD;
my heart and my flesh cry out
for the living God.

³ Even the sparrow has found a home,
and the swallow a nest for herself,
where she may have her young—
a place near your altar,
O LORD Almighty, my King and my God.
⁴ Blessed are those who dwell in your house;
they are ever praising you. *Selah*

⁵ Blessed are those whose strength is in you,
who have set their hearts on pilgrimage.
⁶ As they pass through the Valley of Baca,
they make it a place of springs;
the autumn rains also cover it with
pools.[q]
⁷ They go from strength to strength,
till each appears before God in Zion.

[l] 83:7 *Guebal.* Es decir, Biblos.

[o] 7 That is, Byblos   [p] Title: Probably a musical term
[q] 6 Or *blessings*

8 Oye mi oración, Señor, Dios Todopoderoso;
    escúchame, Dios de Jacob.
             Selah

9 Oh Dios, escudo nuestro,
    pon sobre tu ungido tus ojos bondadosos.

10 Vale más pasar un día en tus atrios
    que mil fuera de ellos;
    prefiero cuidar la entrada de la casa de mi
        Dios
    que habitar entre los impíos.

11 El Señor es sol y escudo;
    Dios nos concede honor y gloria.
    El Señor brinda generosamente su bondad
    a los que se conducen sin tacha.

12 Señor Todopoderoso,
    ¡dichosos los que en ti confían!

Al director musical. Salmo de los hijos de Coré.

85

Señor, tú has sido bondadoso con esta tierra
    tuya
    al restaurar^m a Jacob;
2 perdonaste la iniquidad de tu pueblo
    y cubriste todos sus pecados;
             *Selah

3 depusiste por completo tu enojo,
    y contuviste el ardor de tu ira.

4 Restáuranos una vez más, Dios y salvador
        nuestro;
    pon fin a tu disgusto con nosotros.
5 ¿Vas a estar enojado con nosotros para
        siempre?
    ¿Vas a seguir eternamente airado?
6 ¿No volverás a darnos nueva vida,
    para que tu pueblo se alegre en ti?
7 Muéstranos, Señor, tu amor inagotable,
    y concédenos tu *salvación.

8 Voy a escuchar lo que Dios el Señor dice:
    él promete *paz a su pueblo y a sus fieles,
    siempre y cuando no se vuelvan a la
        *necedad.^n
9 Muy cercano está para salvar a los que le
        temen,
    para establecer su gloria en nuestra tierra.

10 El amor y la verdad se encontrarán;
    se besarán la paz y la justicia.
11 De la tierra brotará la verdad,
    y desde el cielo se asomará la justicia.
12 El Señor mismo nos dará bienestar,
    y nuestra tierra rendirá su fruto.
13 La justicia será su heraldo
    y le preparará el camino.

Oración de David.

86

Atiéndeme, Señor; respóndeme,
    pues pobre soy y estoy necesitado.
2 Presérvame la vida, pues te soy fiel.
    Tú eres mi Dios, y en ti confío;
    ¡salva a tu siervo!
3 Compadécete, Señor, de mí,
    porque a ti clamo todo el día.

8 Hear my prayer, O Lord God Almighty;
    listen to me, O God of Jacob.   *Selah*
9 Look upon our shield,^r O God;
    look with favor on your anointed one.

10 Better is one day in your courts
    than a thousand elsewhere;
    I would rather be a doorkeeper in the house
        of my God
    than dwell in the tents of the wicked.
11 For the Lord God is a sun and shield;
    the Lord bestows favor and honor;
    no good thing does he withhold
    from those whose walk is blameless.

12 O Lord Almighty,
    blessed is the man who trusts in you.

For the director of music. Of the Sons of
Korah. A psalm.

85

You showed favor to your land, O Lord;
    you restored the fortunes of Jacob.
2 You forgave the iniquity of your people
    and covered all their sins.   *Selah*
3 You set aside all your wrath
    and turned from your fierce anger.

4 Restore us again, O God our Savior,
    and put away your displeasure toward us.
5 Will you be angry with us forever?
    Will you prolong your anger through all
        generations?
6 Will you not revive us again,
    that your people may rejoice in you?
7 Show us your unfailing love, O Lord,
    and grant us your salvation.

8 I will listen to what God the Lord will say;
    he promises peace to his people, his
        saints—
    but let them not return to folly.
9 Surely his salvation is near those who fear
        him,
    that his glory may dwell in our land.

10 Love and faithfulness meet together;
    righteousness and peace kiss each other.
11 Faithfulness springs forth from the earth,
    and righteousness looks down from
        heaven.
12 The Lord will indeed give what is good,
    and our land will yield its harvest.
13 Righteousness goes before him
    and prepares the way for his steps.

A prayer of David.

86

Hear, O Lord, and answer me,
    for I am poor and needy.
2 Guard my life, for I am devoted to you.
    You are my God; save your servant
    who trusts in you.
3 Have mercy on me, O Lord,
    for I call to you all day long.

---

^m 85:1 *al restaurar.* Alt. *al hacer volver de la cautividad.*
^n 85:8 *siempre y cuando ... necedad.* Lit. *y a los que se vuelven de
su necedad.*

^r 9 Or *sovereign*

⁴Reconforta el espíritu de tu siervo,
   porque a ti, Señor, elevo mi *alma.

⁵Tú, Señor, eres bueno y perdonador;
   grande es tu amor por todos los que te
      invocan.
⁶Presta oído, SEÑOR, a mi oración;
   atiende a la voz de mi clamor.
⁷En el día de mi angustia te invoco,
   porque tú me respondes.

⁸No hay, SEÑOR, entre los dioses otro como tú,
   ni hay obras semejantes a las tuyas.
⁹Todas las naciones que has creado
   vendrán, Señor, y ante ti se postrarán
   y glorificarán tu *nombre.
¹⁰Porque tú eres grande y haces maravillas;
   ¡sólo tú eres Dios!

¹¹Instrúyeme, SEÑOR, en tu *camino
   para conducirme con fidelidad.
   Dame integridad de corazón
      para temer tu nombre.
¹²Señor mi Dios, con todo el corazón te alabaré,
   y por siempre glorificaré tu nombre.
¹³Porque grande es tu amor por mí:
   me has librado de caer en el *sepulcro.

¹⁴Gente altanera me ataca, oh Dios;
   una banda de asesinos procura matarme.
   ¡Son gente que no te toma en cuenta!
¹⁵Pero tú, Señor, eres Dios clemente y
      compasivo,
   lento para la ira, y grande en amor y verdad.
¹⁶Vuélvete hacia mí, y tenme compasión;
   concédele tu fuerza a este siervo tuyo.
   ¡Salva a tu hijo fiel!ⁿ
¹⁷Dame una muestra de tu amor,
   para que mis enemigos la vean y se
      avergüencen,
   porque tú, SEÑOR, me has brindado ayuda y
      consuelo.

Salmo de los hijos de Coré. Cántico.

87 Los cimientos de la ciudad de Diosᵒ
         están en el santo monte.
²El SEÑOR ama las *entradas de *Sión
   más que a todas las moradas de Jacob.
³De ti, ciudad de Dios,
   se dicen cosas gloriosas: *Selah

⁴«Entre los que me reconocen
   puedo contar a *Rahab y a Babilonia,
   a Filistea y a Tiro, lo mismo que a *Cus.
   Se dice: "Éste nació en Sión."»

⁵De Sión se dirá, en efecto:
   «Éste y aquél nacieron en ella.
   El *Altísimo mismo la ha establecido.»

⁴Bring joy to your servant,
   for to you, O Lord,
   I lift up my soul.

⁵You are forgiving and good, O Lord,
   abounding in love to all who call to you.
⁶Hear my prayer, O LORD;
   listen to my cry for mercy.
⁷In the day of my trouble I will call to you,
   for you will answer me.

⁸Among the gods there is none like you,
      O Lord;
   no deeds can compare with yours.
⁹All the nations you have made
   will come and worship before you,
      O Lord;
   they will bring glory to your name.
¹⁰For you are great and do marvelous deeds;
   you alone are God.

¹¹Teach me your way, O LORD,
   and I will walk in your truth;
   give me an undivided heart,
      that I may fear your name.
¹²I will praise you, O Lord my God, with all
      my heart;
   I will glorify your name forever.
¹³For great is your love toward me;
   you have delivered me from the depths of
      the grave.ˢ

¹⁴The arrogant are attacking me, O God;
   a band of ruthless men seeks my life—
   men without regard for you.
¹⁵But you, O Lord, are a compassionate and
      gracious God,
   slow to anger, abounding in love and
      faithfulness.
¹⁶Turn to me and have mercy on me;
   grant your strength to your servant
   and save the son of your maidservant.ᵗ
¹⁷Give me a sign of your goodness,
   that my enemies may see it and be put to
      shame,
   for you, O LORD, have helped me and
      comforted me.

Of the Sons of Korah. A psalm. A song.

87 He has set his foundation on the holy
         mountain;
²   the LORD loves the gates of Zion
   more than all the dwellings of Jacob.
³Glorious things are said of you,
   O city of God: Selah

⁴"I will record Rahabᵘ and Babylon
   among those who acknowledge me—
   Philistia too, and Tyre, along with Cushᵛ—
   and will say, 'Thisʷ one was born in
      Zion.'"

⁵Indeed, of Zion it will be said,
   "This one and that one were born in her,
   and the Most High himself will establish
      her."

ⁿ 86:16 *a tu hijo fiel*. Lit. *al hijo de tu sierva*.   ᵒ 87:1 *Los
cimientos de la ciudad de Dios*. Lit. *Los cimientos de él*.

ˢ 13 Hebrew *Sheol*   ᵗ 16 Or *save your faithful son*
ᵘ 4 A poetic name for Egypt   ᵛ 4 That is, the upper Nile region
ʷ 4 Or "*O Rahab and Babylon, / Philistia, Tyre and Cush, / I will
record concerning those who acknowledge me: / 'This*

6 El SEÑOR anotará en el registro de los pueblos:
«Éste nació en Sión.» *Selah*
7 Y mientras cantan y bailan, dicen:
«En ti se hallan todos mis orígenes.»[p]

Cántico. Salmo de los hijos de Coré. Al director musical. Según **majalat leannot*. **Masquil* de Hemán el ezraíta.

88 SEÑOR, Dios de mi *salvación,
día y noche clamo en presencia tuya.
2 Que llegue ante ti mi oración;
dígnate escuchar mi súplica.

3 Tan colmado estoy de calamidades
que mi vida está al borde del *sepulcro.
4 Ya me cuentan entre los que bajan a la fosa;
parezco un guerrero desvalido.
5 Me han puesto aparte, entre los muertos;
parezco un cadáver que yace en el sepulcro,
de esos que tú ya no recuerdas,
porque fueron arrebatados de tu mano.

6 Me has echado en el foso más profundo,
en el más tenebroso de los abismos.
7 El peso de tu enojo ha recaído sobre mí;
me has abrumado con tus olas. **Selah*
8 Me has quitado a todos mis amigos
y ante ellos me has hecho aborrecible.
Estoy aprisionado y no puedo librarme;
9 los ojos se me nublan de tristeza.

Yo, SEÑOR, te invoco cada día,
y hacia ti extiendo las manos.
10 ¿Acaso entre los muertos realizas maravillas?
¿Pueden los muertos levantarse a darte gracias? *Selah*
11 ¿Acaso en el sepulcro se habla de tu amor,
y de tu fidelidad en el abismo destructor?[q]
12 ¿Acaso en las tinieblas se conocen tus maravillas,
o tu justicia en la tierra del olvido?

13 Yo, SEÑOR, te ruego que me ayudes;
por la mañana busco tu presencia en oración.
14 ¿Por qué me rechazas, SEÑOR?
¿Por qué escondes de mí tu rostro?

15 Yo he sufrido desde mi juventud;
muy cerca he estado de la muerte.
Me has enviado terribles sufrimientos
y ya no puedo más.
16 Tu ira se ha descargado sobre mí;
tus violentos ataques han acabado conmigo.
17 Todo el día me rodean como un océano;
me han cercado por completo.
18 Me has quitado amigos y seres queridos;
ahora sólo tengo amistad con las tinieblas.

6 The LORD will write in the register of the peoples:
"This one was born in Zion." *Selah*
7 As they make music they will sing,
"All my fountains are in you."

A song. A psalm of the Sons of Korah. For the director of music. According to *mahalath leannoth.*[x] A *maskil*[y] of Heman the Ezrahite.

88 O LORD, the God who saves me,
day and night I cry out before you.
2 May my prayer come before you;
turn your ear to my cry.

3 For my soul is full of trouble
and my life draws near the grave.[z]
4 I am counted among those who go down to the pit;
I am like a man without strength.
5 I am set apart with the dead,
like the slain who lie in the grave,
whom you remember no more,
who are cut off from your care.

6 You have put me in the lowest pit,
in the darkest depths.
7 Your wrath lies heavily upon me;
you have overwhelmed me with all your waves. *Selah*
8 You have taken from me my closest friends
and have made me repulsive to them.
I am confined and cannot escape;
9 my eyes are dim with grief.

I call to you, O LORD, every day;
I spread out my hands to you.
10 Do you show your wonders to the dead?
Do those who are dead rise up and praise you? *Selah*
11 Is your love declared in the grave,
your faithfulness in Destruction[a]?
12 Are your wonders known in the place of darkness,
or your righteous deeds in the land of oblivion?

13 But I cry to you for help, O LORD;
in the morning my prayer comes before you.
14 Why, O LORD, do you reject me
and hide your face from me?

15 From my youth I have been afflicted and close to death;
I have suffered your terrors and am in despair.
16 Your wrath has swept over me;
your terrors have destroyed me.
17 All day long they surround me like a flood;
they have completely engulfed me.
18 You have taken my companions and loved ones from me;
the darkness is my closest friend.

[p] 87:7 *todos mis orígenes*. Lit. *todas mis fuentes*.
[q] 88:11 *abismo destructor*. Lit. *abadón.

[x] Title: Possibly a tune, "The Suffering of Affliction" [y] Title: Probably a literary or musical term [z] 3 Hebrew *Sheol*
[a] 11 Hebrew *Abaddon*

89

Oh SEÑOR, por siempre cantaré
la grandeza de tu amor;
por todas las generaciones
proclamará mi boca tu fidelidad.
2 Declararé que tu amor permanece firme para
siempre,
que has afirmado en el cielo tu fidelidad.

3 Dijiste: «He hecho un *pacto con mi escogido;
le he jurado a David mi siervo:
4 "Estableceré tu dinastía para siempre,
y afirmaré tu trono por todas las
generaciones."»

Selah

5 Los cielos, SEÑOR, celebran tus maravillas,
y tu fidelidad la asamblea de los santos.
6 ¿Quién en los cielos es comparable al SEÑOR?
¿Quién como él entre los seres celestiales?
7 Dios es muy temido en la asamblea de los
santos;
grande y portentoso sobre cuantos lo rodean.
8 ¿Quién como tú, SEÑOR, Dios *Todopoderoso,
rodeado de poder y de fidelidad?

9 Tú gobiernas sobre el mar embravecido;
tú apaciguas sus encrespadas olas.
10 Aplastaste a *Rahab como a un cadáver;
con tu brazo poderoso dispersaste a tus
enemigos.
11 Tuyo es el cielo, y tuya la tierra;
tú fundaste el mundo y todo lo que contiene.
12 Por ti fueron creados el norte y el sur;
el Tabor y el Hermón cantan alegres a tu
*nombre.
13 Tu brazo es capaz de grandes proezas;
fuerte es tu mano, exaltada tu diestra.

14 La justicia y el derecho son el fundamento de
tu trono,
y tus heraldos, el amor y la verdad.
15 *Dichosos los que saben aclamarte, SEÑOR,
y caminan a la luz de tu presencia;
16 los que todo el día se alegran en tu nombre
y se regocijan en tu justicia.
17 Porque tú eres su gloria y su poder;
por tu buena voluntad aumentas nuestra
fuerza.*r*
18 Tú, SEÑOR, eres nuestro escudo;
tú, Santo de Israel, eres nuestro rey.

19 Una vez hablaste en una visión,
y le dijiste a tu pueblo fiel:
«Le he brindado mi ayuda a un valiente;
al mejor hombre del pueblo lo he exaltado.
20 He encontrado a David, mi siervo,
y lo he ungido con mi aceite santo.

89

I will sing of the LORD's great love forever;
with my mouth I will make your
faithfulness known through all
generations.
2 I will declare that your love stands firm
forever,
that you established your faithfulness in
heaven itself.

3 You said, "I have made a covenant with my
chosen one,
I have sworn to David my servant,
4 'I will establish your line forever
and make your throne firm through all
generations.' "
Selah

5 The heavens praise your wonders, O LORD,
your faithfulness too, in the assembly of
the holy ones.
6 For who in the skies above can compare
with the LORD?
Who is like the LORD among the heavenly
beings?
7 In the council of the holy ones God is
greatly feared;
he is more awesome than all who
surround him.
8 O LORD God Almighty, who is like you?
You are mighty, O LORD, and your
faithfulness surrounds you.

9 You rule over the surging sea;
when its waves mount up, you still them.
10 You crushed Rahab like one of the slain;
with your strong arm you scattered your
enemies.
11 The heavens are yours, and yours also the
earth;
you founded the world and all that is in
it.
12 You created the north and the south;
Tabor and Hermon sing for joy at your
name.
13 Your arm is endued with power;
your hand is strong, your right hand
exalted.

14 Righteousness and justice are the foundation
of your throne;
love and faithfulness go before you.
15 Blessed are those who have learned to
acclaim you,
who walk in the light of your presence,
O LORD.
16 They rejoice in your name all day long;
they exult in your righteousness.
17 For you are their glory and strength,
and by your favor you exalt our horn.[c]
18 Indeed, our shield[d] belongs to the LORD,
our king to the Holy One of Israel.

19 Once you spoke in a vision,
to your faithful people you said:
"I have bestowed strength on a warrior;
I have exalted a young man from among
the people.
20 I have found David my servant;
with my sacred oil I have anointed him.

---

r 89:17 *aumentas nuestra fuerza.* Lit. *levantas nuestro cuerno.*

b Title: Probably a literary or musical term *c* 17 *Horn* here
symbolizes strong one. *d* 18 Or *sovereign*

²¹Mi mano siempre lo sostendrá;
   mi brazo lo fortalecerá.
²²Ningún enemigo lo someterá a tributo;
   ningún inicuo lo oprimirá.
²³Aplastaré a quienes se le enfrenten
   y derribaré a quienes lo aborrezcan.
²⁴La fidelidad de mi amor lo acompañará,
   y por mi nombre será exaltada su fuerza.^s
²⁵Le daré poder sobre el mar^t
   y dominio sobre los ríos.^u
²⁶Él me dirá: "Tú eres mi Padre,
   mi Dios, la *roca de mi *salvación."
²⁷Yo le daré los derechos de primogenitura,
   la primacía sobre los reyes de la tierra.
²⁸Mi amor por él será siempre constante,
   y mi pacto con él se mantendrá fiel.
²⁹Afirmaré su dinastía y su trono
   para siempre, mientras el cielo exista.

³⁰»Pero si sus hijos se apartan de mi *ley
   y no viven según mis decretos,
³¹si violan mis *estatutos
   y no observan mis mandamientos,
³²con vara castigaré sus transgresiones
   y con azotes su iniquidad.
³³Con todo, jamás le negaré mi amor,
   ni mi fidelidad le faltará.
³⁴No violaré mi pacto
   ni me retractaré de mis palabras.
³⁵Una sola vez he jurado por mi santidad,
   y no voy a mentirle a David:
³⁶Su descendencia vivirá por siempre;
   su trono durará como el sol en mi presencia.
³⁷Como la luna, fiel testigo en el cielo,
   será establecido para siempre.»

               Selah

³⁸Pero tú has desechado, has rechazado a tu
   ungido;
   te has enfurecido contra él en gran manera.
³⁹Has revocado el pacto con tu siervo;
   has arrastrado por los suelos su corona.
⁴⁰Has derribado todas sus murallas
   y dejado en ruinas sus fortalezas.
⁴¹Todos los que pasan lo saquean;
   ¡es motivo de burla para sus vecinos!
⁴²Has exaltado el poder de sus adversarios
   y llenado de gozo a sus enemigos.
⁴³Le has quitado el filo a su espada,
   y no lo has apoyado en la batalla.
⁴⁴Has puesto fin a su esplendor
   al derribar por tierra su trono.
⁴⁵Has acortado los días de su juventud;
   lo has cubierto con un manto de vergüenza.

               Selah

⁴⁶¿Hasta cuándo, Señor, te seguirás escondiendo?
   ¿Va a arder tu ira para siempre, como el
   fuego?
⁴⁷¡Recuerda cuán efímera es mi vida!^v
   Al fin y al cabo, ¿para qué creaste a los
   *mortales?
⁴⁸¿Quién hay que viva y no muera jamás,
   o que pueda escapar del poder del
   *sepulcro?

               Selah

²¹My hand will sustain him;
   surely my arm will strengthen him.
²²No enemy will subject him to tribute;
   no wicked man will oppress him.
²³I will crush his foes before him
   and strike down his adversaries.
²⁴My faithful love will be with him,
   and through my name his horn^e will be
   exalted.
²⁵I will set his hand over the sea,
   his right hand over the rivers.
²⁶He will call out to me, 'You are my Father,
   my God, the Rock my Savior.'
²⁷I will also appoint him my firstborn,
   the most exalted of the kings of the earth.
²⁸I will maintain my love to him forever,
   and my covenant with him will never fail.
²⁹I will establish his line forever,
   his throne as long as the heavens endure.

³⁰"If his sons forsake my law
   and do not follow my statutes,
³¹if they violate my decrees
   and fail to keep my commands,
³²I will punish their sin with the rod,
   their iniquity with flogging;
³³but I will not take my love from him,
   nor will I ever betray my faithfulness.
³⁴I will not violate my covenant
   or alter what my lips have uttered.
³⁵Once for all, I have sworn by my
      holiness—
   and I will not lie to David—
³⁶that his line will continue forever
   and his throne endure before me like the
      sun;
³⁷it will be established forever like the moon,
   the faithful witness in the sky."   *Selah*

³⁸But you have rejected, you have spurned,
   you have been very angry with your
   anointed one.
³⁹You have renounced the covenant with your
   servant
   and have defiled his crown in the dust.
⁴⁰You have broken through all his walls
   and reduced his strongholds to ruins.
⁴¹All who pass by have plundered him;
   he has become the scorn of his neighbors.
⁴²You have exalted the right hand of his foes;
   you have made all his enemies rejoice.
⁴³You have turned back the edge of his sword
   and have not supported him in battle.
⁴⁴You have put an end to his splendor
   and cast his throne to the ground.
⁴⁵You have cut short the days of his youth;
   you have covered him with a mantle of
   shame.   *Selah*

⁴⁶How long, O Lord? Will you hide yourself
   forever?
   How long will your wrath burn like fire?
⁴⁷Remember how fleeting is my life.
   For what futility you have created all
   men!
⁴⁸What man can live and not see death,
   or save himself from the power of the
   grave^f?   *Selah*

---

^s 89:24 *su fuerza.* Lit. *su cuerno.*   ^t 89:25 *el mar.* Probable referencia al mar Mediterráneo.   ^u 89:25 *los ríos.* Probable referencia a Mesopotamia.   ^v 89:47 Véase 39:4.

^e 24 *Horn* here symbolizes strength.   ^f 48 Hebrew *Sheol*

49 ¿Dónde está, Señor, tu amor de antaño,
   que en tu fidelidad juraste a David?
50 Recuerda, Señor, que se burlan de tus siervos;
   que llevo en mi pecho los insultos de
     muchos pueblos.
51 Tus enemigos, SEÑOR, nos ultrajan;
   a cada paso ofenden a tu ungido.

52 ¡Bendito sea el SEÑOR por siempre!
   Amén y amén.

LIBRO IV
Salmos 90–106

Oración de Moisés, hombre de Dios.

90 *Señor, tú has sido nuestro refugio
    generación tras generación.
2 Desde antes que nacieran los montes
   y que crearas la tierra y el mundo,
  desde los tiempos antiguos
   y hasta los tiempos postreros,
  tú eres Dios.

3 Tú haces que los *hombres vuelvan al polvo,
   cuando dices: «¡Vuélvanse al polvo,
    *mortales!»
4 Mil años, para ti, son como el día de ayer, que
    ya pasó;
   son como unas cuantas horas de la noche.
5 Arrasas a los mortales. Son como un sueño.
   Nacen por la mañana, como la hierba
6 que al amanecer brota lozana
   y por la noche ya está marchita y seca.

7 Tu ira en verdad nos consume,
   tu indignación nos aterra.
8 Ante ti has puesto nuestras iniquidades;
   a la luz de tu presencia, nuestros pecados
    secretos.
9 Por causa de tu ira se nos va la vida entera;
   se esfuman nuestros años como un suspiro.
10 Algunos llegamos hasta los setenta años,
   quizás alcancemos hasta los ochenta,
   si las fuerzas nos acompañan.
  Tantos años de vida,w sin embargo,
   sólo traen pesadas cargas y calamidades:
   pronto pasan, y con ellos pasamos nosotros.

11 ¿Quién puede comprender el furor de tu enojo?
   ¡Tu ira es tan grande como el temor que se
    te debe!
12 Enséñanos a contar bien nuestros días,
   para que nuestro corazón adquiera sabiduría.

13 ¿Cuándo, SEÑOR, te volverás hacia nosotros?
   ¡Compadécete ya de tus siervos!
14 Sácianos de tu amor por la mañana,
   y toda nuestra vida cantaremos de alegría.
15 Días y años nos has afligido, nos has hecho
    sufrir;
   ¡devuélvenos ahora ese tiempo en alegría!
16 ¡Sean manifiestas tus obras a tus siervos,
   y tu esplendor a sus descendientes!

49 O Lord, where is your former great love,
   which in your faithfulness you swore to
    David?
50 Remember, Lord, how your servant has g
    been mocked,
   how I bear in my heart the taunts of all
    the nations,
51 the taunts with which your enemies have
    mocked, O LORD,
   with which they have mocked every step
    of your anointed one.

52 Praise be to the LORD forever!
   Amen and Amen.

BOOK IV
Psalms 90–106

A prayer of Moses the man of God.

90 Lord, you have been our dwelling place
    throughout all generations.
2 Before the mountains were born
   or you brought forth the earth and the
    world,
   from everlasting to everlasting you are
    God.

3 You turn men back to dust,
   saying, "Return to dust, O sons of men."
4 For a thousand years in your sight
   are like a day that has just gone by,
   or like a watch in the night.
5 You sweep men away in the sleep of death;
   they are like the new grass of the
    morning—
6 though in the morning it springs up new,
   by evening it is dry and withered.

7 We are consumed by your anger
   and terrified by your indignation.
8 You have set our iniquities before you,
   our secret sins in the light of your
    presence.
9 All our days pass away under your wrath;
   we finish our years with a moan.
10 The length of our days is seventy years—
   or eighty, if we have the strength;
   yet their spanh is but trouble and sorrow,
   for they quickly pass, and we fly away.

11 Who knows the power of your anger?
   For your wrath is as great as the fear that
    is due you.
12 Teach us to number our days aright,
   that we may gain a heart of wisdom.

13 Relent, O LORD! How long will it be?
   Have compassion on your servants.
14 Satisfy us in the morning with your
    unfailing love,
   that we may sing for joy and be glad all
    our days.
15 Make us glad for as many days as you have
    afflicted us,
   for as many years as we have seen
    trouble.
16 May your deeds be shown to your servants,
   your splendor to their children.

---

w 90:10 Tantos años de vida. Lit. Su orgullo.   g 50 Or your servants have   h 10 Or yet the best of them

¹⁷Que el favor^x del Señor nuestro Dios
esté sobre nosotros.
Confirma en nosotros la obra de nuestras
manos;
sí, confirma la obra de nuestras manos.

91

El que habita al abrigo del *Altísimo
se acoge a la sombra del *Todopoderoso.
²Yo le digo al Señor: «Tú eres mi refugio,
mi fortaleza, el Dios en quien confío.»

³Sólo él puede librarte de las trampas del
cazador
y de mortíferas plagas,
⁴pues te cubrirá con sus plumas
y bajo sus alas hallarás refugio.
¡Su verdad será tu escudo y tu baluarte!
⁵No temerás el terror de la noche,
ni la flecha que vuela de día,
⁶ni la peste que acecha en las sombras
ni la plaga que destruye a mediodía.
⁷Podrán caer mil a tu izquierda,
y diez mil a tu derecha,
pero a ti no te afectará.
⁸No tendrás más que abrir bien los ojos,
para ver a los impíos recibir su merecido.

⁹Ya que has puesto al Señor por tu^y refugio,
al Altísimo por tu protección,
¹⁰ningún mal habrá de sobrevenirte,
ninguna calamidad llegará a tu hogar.
¹¹Porque él ordenará que sus ángeles
te cuiden en todos tus *caminos.
¹²Con sus propias manos te levantarán
para que no tropieces con piedra alguna.
¹³Aplastarás al león y a la víbora;
¡hollarás fieras y serpientes!

¹⁴«Yo lo libraré, porque él se acoge a mí;
lo protegeré, porque reconoce mi *nombre.
¹⁵Él me invocará, y yo le responderé;
estaré con él en momentos de angustia;
lo libraré y lo llenaré de honores.
¹⁶Lo colmaré con muchos años de vida
y le haré gozar de mi *salvación.»

Salmo para cantarse en *sábado.

92

¡Cuán bueno, Señor, es darte gracias
y entonar, oh *Altísimo, salmos a tu
*nombre;
²proclamar tu gran amor por la mañana,
y tu fidelidad por la noche,
³al son del decacordio y de la lira;
al son del arpa y del salterio!

¹⁷May the favorⁱ of the Lord our God rest
upon us;
establish the work of our hands for us—
yes, establish the work of our hands.

91

He who dwells in the shelter of the Most
High
will rest in the shadow of the Almighty.^j
²I will say^k of the Lord, "He is my refuge
and my fortress,
my God, in whom I trust."

³Surely he will save you from the fowler's
snare
and from the deadly pestilence.
⁴He will cover you with his feathers,
and under his wings you will find refuge;
his faithfulness will be your shield and
rampart.
⁵You will not fear the terror of night,
nor the arrow that flies by day,
⁶nor the pestilence that stalks in the darkness,
nor the plague that destroys at midday.
⁷A thousand may fall at your side,
ten thousand at your right hand,
but it will not come near you.
⁸You will only observe with your eyes
and see the punishment of the wicked.

⁹If you make the Most High your dwelling—
even the Lord, who is my refuge—
¹⁰then no harm will befall you,
no disaster will come near your tent.
¹¹For he will command his angels concerning
you
to guard you in all your ways;
¹²they will lift you up in their hands,
so that you will not strike your foot
against a stone.
¹³You will tread upon the lion and the cobra;
you will trample the great lion and the
serpent.

¹⁴"Because he loves me," says the Lord, "I
will rescue him;
I will protect him, for he acknowledges
my name.
¹⁵He will call upon me, and I will answer
him;
I will be with him in trouble,
I will deliver him and honor him.
¹⁶With long life will I satisfy him
and show him my salvation."

A psalm. A song. For the Sabbath day.

92

It is good to praise the Lord
and make music to your name, O Most
High,
²to proclaim your love in the morning
and your faithfulness at night,
³to the music of the ten-stringed lyre
and the melody of the harp.

---

^x90:17 *Que el favor.* Alt. *Que la belleza.*   ^y91:9 *tu.* Lit. *mi.*   ⁱ17 Or *beauty*   ^j1 Hebrew *Shaddai*   ^k2 Or *He says*

4 Tú, SEÑOR, me llenas de alegría con tus
    maravillas;
    por eso alabaré jubiloso las obras de tus
      manos.
5 Oh SEÑOR, ¡cuán imponentes son tus obras,
    y cuán profundos tus pensamientos!
6 Los insensatos no lo saben,
    los *necios no lo entienden:
7 aunque broten como hierba los impíos,
    y florezcan todos los malhechores,
    para siempre serán destruidos.
8 Sólo tú, SEÑOR, serás exaltado para siempre.

9 Ciertamente tus enemigos, SEÑOR,
    ciertamente tus enemigos perecerán;
    ¡dispersados por todas partes
      serán todos los malhechores!

10 Me has dado las fuerzas de un toro;
    me has ungido con el mejor perfume.
11 Me has hecho ver la caída de mis adversarios
    y oír la derrota de mis malvados enemigos.

12 Como palmeras florecen los justos;
    como cedros del Líbano crecen.
13 Plantados en la casa del SEÑOR,
    florecen en los atrios de nuestro Dios.
14 Aun en su vejez, darán fruto;
    siempre estarán vigorosos y lozanos,
15 para proclamar: «El SEÑOR es justo;
    él es mi *Roca, y en él no hay injusticia.»

93 El SEÑOR reina, revestido de esplendor;
    el SEÑOR se ha revestido de grandeza
    y ha desplegado su poder.
    Ha establecido el mundo con firmeza;
    jamás será removido.
2 Desde el principio se estableció tu trono,
    y tú desde siempre has existido.

3 Se levantan las aguas, SEÑOR;
    se levantan las aguas con estruendo;
    se levantan las aguas y sus batientes olas.
4 Pero el SEÑOR, en las alturas, se muestra
      poderoso:
    más poderoso que el estruendo de las
      muchas aguas,
    más poderoso que los embates del mar.

5 Dignos de confianza son, SEÑOR, tus *estatutos;
    ¡la santidad es para siempre el adorno de tu
      casa!

94 SEÑOR, Dios de las venganzas;
    Dios de las venganzas, ¡manifiéstate!z
2 Levántate, Juez de la tierra,
    y dales su merecido a los soberbios.
3 ¿Hasta cuándo, SEÑOR, hasta cuándo
    habrán de ufanarse los impíos?

4 Todos esos malhechores son unos fanfarrones;
    a borbotones escupen su arrogancia.
5 A tu pueblo, SEÑOR, lo pisotean;
    ¡oprimen a tu herencia!

4 For you make me glad by your deeds,
    O LORD;
    I sing for joy at the works of your hands.
5 How great are your works, O LORD,
    how profound your thoughts!
6 The senseless man does not know,
    fools do not understand,
7 that though the wicked spring up like grass
    and all evildoers flourish,
    they will be forever destroyed.

8 But you, O LORD, are exalted forever.

9 For surely your enemies, O LORD,
    surely your enemies will perish;
    all evildoers will be scattered.
10 You have exalted my horn¹ like that of a
      wild ox;
    fine oils have been poured upon me.
11 My eyes have seen the defeat of my
      adversaries;
    my ears have heard the rout of my
      wicked foes.

12 The righteous will flourish like a palm tree,
    they will grow like a cedar of Lebanon;
13 planted in the house of the LORD,
    they will flourish in the courts of our
      God.
14 They will still bear fruit in old age,
    they will stay fresh and green,
15 proclaiming, "The LORD is upright;
    he is my Rock, and there is no
      wickedness in him."

93 The LORD reigns, he is robed in majesty;
    the LORD is robed in majesty
    and is armed with strength.
    The world is firmly established;
    it cannot be moved.
2 Your throne was established long ago;
    you are from all eternity.

3 The seas have lifted up, O LORD,
    the seas have lifted up their voice;
    the seas have lifted up their pounding
      waves.
4 Mightier than the thunder of the great
      waters,
    mightier than the breakers of the sea—
    the LORD on high is mighty.

5 Your statutes stand firm;
    holiness adorns your house
    for endless days, O LORD.

94 O LORD, the God who avenges,
    O God who avenges, shine forth.
2 Rise up, O Judge of the earth;
    pay back to the proud what they deserve.
3 How long will the wicked, O LORD,
    how long will the wicked be jubilant?

4 They pour out arrogant words;
    all the evildoers are full of boasting.
5 They crush your people, O LORD;
    they oppress your inheritance.

---

z 94:1 *¡manifiéstate!* Lit. *resplandece.*   l 10 *Horn* here symbolizes strength.

⁶Matan a las viudas y a los extranjeros;
    a los huérfanos los asesinan.
⁷Y hasta dicen: «El SEÑOR no ve;
    el Dios de Jacob no se da cuenta.»

⁸Entiendan esto, gente necia;
    ¿cuándo, insensatos, lo van a comprender?
⁹¿Acaso no oirá el que nos puso las orejas,
    ni podrá ver el que nos formó los ojos?
¹⁰¿Y no habrá de castigar el que corrige a las
        naciones
    e instruye en el saber a todo el mundo?
¹¹El SEÑOR conoce los pensamientos *humanos,
    y sabe que son absurdos.

¹²*Dichoso aquel a quien tú, SEÑOR, corriges;
    aquel a quien instruyes en tu *ley,
¹³para que enfrente tranquilo los días de
        aflicción
    mientras al impío se le cava una fosa.
¹⁴El SEÑOR no rechazará a su pueblo;
    no dejará a su herencia en el abandono.
¹⁵El juicio volverá a basarse en la justicia,
    y todos los rectos de corazón lo seguirán.

¹⁶¿Quién se levantó a defenderme de los impíos?
    ¿Quién se puso de mi parte contra los
        malhechores?
¹⁷Si el SEÑOR no me hubiera brindado su ayuda,
    muy pronto me habría quedado en mortal
        silencio.
¹⁸No bien decía: «Mis pies resbalan»,
    cuando ya tu amor, SEÑOR, venía en mi
        ayuda.
¹⁹Cuando en mí la angustia iba en aumento,
    tu consuelo llenaba mi *alma de alegría.

²⁰¿Podrías ser amigo de reyes corruptos*a*
    que por decreto fraguan la maldad,
²¹que conspiran contra la gente honrada
    y condenan a muerte al inocente?
²²Pero el SEÑOR es mi protector,
    es mi Dios y la *roca en que me refugio.
²³Él les hará pagar por sus pecados
    y los destruirá por su maldad;
    ¡el SEÑOR nuestro Dios los destruirá!

95

Vengan, cantemos con júbilo al SEÑOR;
    aclamemos a la *roca de nuestra *salvación.
²Lleguemos ante él con acción de gracias,
    aclamémoslo con cánticos.

³Porque el SEÑOR es el gran Dios,
    el gran Rey sobre todos los dioses.
⁴En sus manos están los abismos de la tierra;
    suyas son las cumbres de los montes.
⁵Suyo es el mar, porque él lo hizo;
    con sus manos formó la tierra firme.

⁶Vengan, postrémonos reverentes,
    doblemos la rodilla
    ante el SEÑOR nuestro Hacedor.
⁷Porque él es nuestro Dios
    y nosotros somos el pueblo de su prado;
    ¡somos un rebaño bajo su cuidado!

Si ustedes oyen hoy su voz,

⁶They slay the widow and the alien;
    they murder the fatherless.
⁷They say, "The LORD does not see;
    the God of Jacob pays no heed."

⁸Take heed, you senseless ones among the
        people;
    you fools, when will you become wise?
⁹Does he who implanted the ear not hear?
    Does he who formed the eye not see?
¹⁰Does he who disciplines nations not punish?
    Does he who teaches man lack
        knowledge?
¹¹The LORD knows the thoughts of man;
    he knows that they are futile.

¹²Blessed is the man you discipline, O LORD,
    the man you teach from your law;
¹³you grant him relief from days of trouble,
    till a pit is dug for the wicked.
¹⁴For the LORD will not reject his people;
    he will never forsake his inheritance.
¹⁵Judgment will again be founded on
        righteousness,
    and all the upright in heart will follow it.

¹⁶Who will rise up for me against the wicked?
    Who will take a stand for me against
        evildoers?
¹⁷Unless the LORD had given me help,
    I would soon have dwelt in the silence of
        death.
¹⁸When I said, "My foot is slipping,"
    your love, O LORD, supported me.
¹⁹When anxiety was great within me,
    your consolation brought joy to my soul.

²⁰Can a corrupt throne be allied with you—
    one that brings on misery by its decrees?
²¹They band together against the righteous
    and condemn the innocent to death.
²²But the LORD has become my fortress,
    and my God the rock in whom I take
        refuge.
²³He will repay them for their sins
    and destroy them for their wickedness;
    the LORD our God will destroy them.

95

Come, let us sing for joy to the LORD;
    let us shout aloud to the Rock of our
        salvation.
²Let us come before him with thanksgiving
    and extol him with music and song.

³For the LORD is the great God,
    the great King above all gods.
⁴In his hand are the depths of the earth,
    and the mountain peaks belong to him.
⁵The sea is his, for he made it,
    and his hands formed the dry land.

⁶Come, let us bow down in worship,
    let us kneel before the LORD our Maker;
⁷for he is our God
    and we are the people of his pasture,
    the flock under his care.

Today, if you hear his voice,

---

a 94:20 de reyes corruptos. Lit. *del trono corrupto.*

8 no endurezcan el corazón, como en
  Meribá,[b]
  como aquel día en Masá,[c] en el desierto,
9 cuando sus antepasados me tentaron,
  cuando me pusieron a prueba,
  a pesar de haber visto mis obras.
10 Cuarenta años estuve enojado
  con aquella generación,
  y dije: «Son un pueblo mal encaminado
  que no reconoce mis senderos.»
11 Así que, en mi enojo, hice este juramento:
  «Jamás entrarán en mi reposo.»

96

Canten al SEÑOR un cántico nuevo;
  canten al SEÑOR, habitantes de toda la tierra.
2 Canten al SEÑOR, alaben su *nombre;
  anuncien día tras día su *victoria.
3 Proclamen su gloria entre las naciones,
  sus maravillas entre todos los pueblos.

4 ¡Grande es el SEÑOR y digno de alabanza,
  más temible que todos los dioses!
5 Todos los dioses de las naciones no son nada,
  pero el SEÑOR ha creado los cielos.
6 El esplendor y la majestad son sus heraldos;
  hay poder y belleza en su santuario.

7 Tributen al SEÑOR, pueblos todos,
  tributen al SEÑOR la gloria y el poder.
8 Tributen al SEÑOR la gloria que merece su
  nombre;
  traigan sus ofrendas y entren en sus atrios.
9 Póstrense ante el SEÑOR en la majestad de su
  santuario;
  ¡tiemble delante de él toda la tierra!

10 Que se diga entre las naciones:
  «¡El SEÑOR es rey!»
  Ha establecido el mundo con firmeza;
  jamás será removido.
  Él juzga a los pueblos con equidad.
11 ¡Alégrense los cielos, regocíjese la tierra!
  ¡Brame el mar y todo lo que él contiene!
12 ¡Canten alegres los campos y todo lo que hay
  en ellos!
  ¡Canten jubilosos todos los árboles del
  bosque!
13 ¡Canten delante del SEÑOR, que ya viene!
  ¡Viene ya para juzgar la tierra!
  Y juzgará al mundo con justicia,
  y a los pueblos con fidelidad.

97

¡El SEÑOR es rey!
  ¡Regocíjese la tierra!
  ¡Alégrense las costas más remotas!

2 Oscuros nubarrones lo rodean;
  la rectitud y la justicia son la base de su
  trono.
3 El fuego va delante de él
  y consume a los adversarios que lo rodean.
4 Sus relámpagos iluminan el mundo;
  al verlos, la tierra se estremece.

---

8 do not harden your hearts as you did at
  Meribah,[m]
  as you did that day at Massah[n] in the
  desert,
9 where your fathers tested and tried me,
  though they had seen what I did.
10 For forty years I was angry with that
  generation;
  I said, "They are a people whose hearts
  go astray,
  and they have not known my ways."
11 So I declared on oath in my anger,
  "They shall never enter my rest."

96

Sing to the LORD a new song;
  sing to the LORD, all the earth.
2 Sing to the LORD, praise his name;
  proclaim his salvation day after day.
3 Declare his glory among the nations,
  his marvelous deeds among all peoples.

4 For great is the LORD and most worthy of
  praise;
  he is to be feared above all gods.
5 For all the gods of the nations are idols,
  but the LORD made the heavens.
6 Splendor and majesty are before him;
  strength and glory are in his sanctuary.

7 Ascribe to the LORD, O families of nations,
  ascribe to the LORD glory and strength.
8 Ascribe to the LORD the glory due his name;
  bring an offering and come into his
  courts.
9 Worship the LORD in the splendor of his[o]
  holiness;
  tremble before him, all the earth.

10 Say among the nations, "The LORD reigns."
  The world is firmly established, it cannot
  be moved;
  he will judge the peoples with equity.
11 Let the heavens rejoice, let the earth be
  glad;
  let the sea resound, and all that is in it;
12 let the fields be jubilant, and everything
  in them.
  Then all the trees of the forest will sing for
  joy;
13 they will sing before the LORD, for he
  comes,
  he comes to judge the earth.
  He will judge the world in righteousness
  and the peoples in his truth.

97

The LORD reigns, let the earth be glad;
  let the distant shores rejoice.

2 Clouds and thick darkness surround him;
  righteousness and justice are the
  foundation of his throne.
3 Fire goes before him
  and consumes his foes on every side.
4 His lightning lights up the world;
  the earth sees and trembles.

---

[b] 95:8 En hebreo, *Meribá* significa *altercado*.   [c] 95:8 En hebreo,
Masá significa *prueba* o *provocación*.

[m] 8 *Meribah* means *quarreling*.   [n] 8 *Massah* means *testing*.
[o] 9 Or LORD *with the splendor of*

⁵ Ante el SEÑOR, dueño de toda la tierra,
    las montañas se derriten como cera.
⁶ Los cielos proclaman su justicia,
    y todos los pueblos contemplan su gloria.

⁷ Sean avergonzados todos los idólatras,
    los que se jactan de sus ídolos inútiles.
    ¡Póstrense ante él todos los dioses!
⁸ SEÑOR, por causa de tus juicios
    *Sión escucha esto y se alegra,
    y las ciudades de Judá se regocijan.
⁹ Porque tú eres el SEÑOR *Altísimo,
    por encima de toda la tierra.
    ¡Tú estás muy por encima de todos los
      dioses!

¹⁰ El SEÑOR ama^d a los que odian^e el mal;
    él protege la vida de sus fieles,
    y los libra de manos de los impíos.
¹¹ La luz se esparce sobre los justos,
    y la alegría sobre los rectos de corazón.
¹² Alégrense en el SEÑOR, ustedes los justos,
    y alaben su santo *nombre.

⁵The mountains melt like wax before the
    LORD,
    before the Lord of all the earth.
⁶The heavens proclaim his righteousness,
    and all the peoples see his glory.

⁷All who worship images are put to shame,
    those who boast in idols—
    worship him, all you gods!

⁸Zion hears and rejoices
    and the villages of Judah are glad
    because of your judgments, O LORD.
⁹For you, O LORD, are the Most High over
    all the earth;
    you are exalted far above all gods.

¹⁰Let those who love the LORD hate evil,
    for he guards the lives of his faithful ones
    and delivers them from the hand of the
      wicked.
¹¹Light is shed upon the righteous
    and joy on the upright in heart.
¹²Rejoice in the LORD, you who are righteous,
    and praise his holy name.

Salmo.

98 Canten al SEÑOR un cántico nuevo,
    porque ha hecho maravillas.
Su diestra, su santo brazo,
    ha alcanzado la *victoria.
² El SEÑOR ha hecho gala de su *triunfo;
    ha mostrado su justicia a las naciones.
³ Se ha acordado de su amor y de su fidelidad
    por el pueblo de Israel;
    ¡todos los confines de la tierra son testigos
    de la *salvación de nuestro Dios!

⁴ ¡Aclamen alegres al SEÑOR, habitantes de toda
    la tierra!
    ¡Prorrumpan en alegres cánticos y salmos!
⁵ ¡Canten salmos al SEÑOR al son del arpa,
    al son del arpa y de coros melodiosos!
⁶ ¡Aclamen alegres al SEÑOR, el Rey,
    al son de clarines y trompetas!

⁷ ¡Brame el mar y todo lo que él contiene;
    el mundo y todos sus habitantes!
⁸ ¡Batan palmas los ríos,
    y canten jubilosos todos los montes!
⁹ Canten delante del SEÑOR,
    que ya viene a juzgar la tierra.
Y juzgará al mundo con justicia,
    a los pueblos con equidad.

A psalm.

98 Sing to the LORD a new song,
    for he has done marvelous things;
his right hand and his holy arm
    have worked salvation for him.
²The LORD has made his salvation known
    and revealed his righteousness to the
     nations.
³He has remembered his love
    and his faithfulness to the house of Israel;
all the ends of the earth have seen
    the salvation of our God.

⁴Shout for joy to the LORD, all the earth,
    burst into jubilant song with music;
⁵make music to the LORD with the harp,
    with the harp and the sound of singing,
⁶with trumpets and the blast of the ram's
    horn—
    shout for joy before the LORD, the King.

⁷Let the sea resound, and everything in it,
    the world, and all who live in it.
⁸Let the rivers clap their hands,
    let the mountains sing together for joy;
⁹let them sing before the LORD,
    for he comes to judge the earth.
He will judge the world in righteousness
    and the peoples with equity.

99 El SEÑOR es rey:
    que tiemblen las naciones.
Él tiene su trono entre *querubines:
    que se estremezca la tierra.
² Grande es el SEÑOR en *Sión,
    ¡excelso sobre todos los pueblos!
³ Sea alabado su *nombre grandioso e
    imponente:
    ¡él es santo!

99 The LORD reigns,
    let the nations tremble;
he sits enthroned between the cherubim,
    let the earth shake.
²Great is the LORD in Zion;
    he is exalted over all the nations.
³Let them praise your great and awesome
    name—
    he is holy.

---

^d97:10 *El Señor ama* (lectura probable); *Los que aman al Señor*
(TM).   ^e97:10 *a los que odian* (Siríaca y algunos mss. hebreos);
ustedes odian (TM).

4 Rey poderoso, que amas la justicia:
  tú has establecido la equidad
  y has actuado en Jacob con justicia y
    rectitud.

5 Exalten al SEÑOR nuestro Dios;
  adórenlo ante el estrado de sus pies:
  ¡él es santo!

6 Moisés y Aarón se contaban entre sus
    sacerdotes,
  y Samuel, entre los que invocaron su
    nombre.
  Invocaron al SEÑOR, y él les respondió;
7   les habló desde la columna de nube.
  Cumplieron con sus estatutos,
  con los decretos que él les entregó.

8 SEÑOR y Dios nuestro, tú les respondiste;
  fuiste para ellos un Dios perdonador,
  aun cuando castigaste sus rebeliones.

9 Exalten al SEÑOR nuestro Dios;
  adórenlo en su santo monte:
  ¡Santo es el SEÑOR nuestro Dios!

4 The King is mighty, he loves justice—
  you have established equity;
  in Jacob you have done
  what is just and right.

5 Exalt the LORD our God
  and worship at his footstool;
  he is holy.

6 Moses and Aaron were among his priests,
  Samuel was among those who called on
    his name;
  they called on the LORD
  and he answered them.

7 He spoke to them from the pillar of cloud;
  they kept his statutes and the decrees he
    gave them.

8 O LORD our God,
  you answered them;
  you were to Israel[p] a forgiving God,
  though you punished their misdeeds.[q]

9 Exalt the LORD our God
  and worship at his holy mountain,
  for the LORD our God is holy.

Salmo de acción de gracias.

100 Aclamen alegres al SEÑOR, habitantes de
    toda la tierra;
2   adoren al SEÑOR con regocijo.
  Preséntense ante él
  con cánticos de júbilo.
3 Reconozcan que el SEÑOR es Dios;
  él nos hizo, y somos suyos.[f]
  Somos su pueblo, ovejas de su prado.

4 Entren por sus *puertas con acción de gracias;
  vengan a sus atrios con himnos de alabanza;
  denle gracias, alaben su *nombre.
5 Porque el SEÑOR es bueno y su gran amor es
    eterno;
  su fidelidad permanece para siempre.

A psalm. For giving thanks.

100 Shout for joy to the LORD, all the earth.
2   Worship the LORD with gladness;
  come before him with joyful songs.
3 Know that the LORD is God.
  It is he who made us, and we are his[r];
  we are his people, the sheep of his
    pasture.

4 Enter his gates with thanksgiving
  and his courts with praise;
  give thanks to him and praise his name.
5 For the LORD is good and his love endures
    forever;
  his faithfulness continues through all
    generations.

Salmo de David.

101 Quiero cantar al amor y a la justicia:
  quiero, SEÑOR, cantarte salmos.
2 Quiero triunfar en el *camino de perfección:
  ¿Cuándo me visitarás?
  Quiero conducirme en mi propia casa
  con integridad de corazón.
3 No me pondré como meta
  nada en que haya perversidad.

  Las acciones de gente desleal las aborrezco;
  no tendrán nada que ver conmigo.
4 Alejaré de mí toda intención perversa;
  no tendrá cabida en mí la maldad.

5 Al que en secreto calumnie a su prójimo,
  lo haré callar para siempre;
  al de ojos altivos y corazón soberbio
  no lo soportaré.

6 Pondré mis ojos en los fieles de la tierra,
  para que habiten conmigo;
  sólo estarán a mi servicio
  los de conducta intachable.

Of David. A psalm.

101 I will sing of your love and justice;
  to you, O LORD, I will sing praise.
2 I will be careful to lead a blameless life—
  when will you come to me?

  I will walk in my house
  with blameless heart.
3 I will set before my eyes
  no vile thing.

  The deeds of faithless men I hate;
  they will not cling to me.
4 Men of perverse heart shall be far from me;
  I will have nothing to do with evil.

5 Whoever slanders his neighbor in secret,
  him will I put to silence;
  whoever has haughty eyes and a proud
    heart,
  him will I not endure.

6 My eyes will be on the faithful in the land,
  that they may dwell with me;
  he whose walk is blameless
  will minister to me.

---

f 100:3 y somos suyos (Targum, Qumrán y mss.); y no nosotros
(TM).

p 8 Hebrew them   q 8 Or / an avenger of the wrongs done to
them   r 3 Or and not we ourselves

7 Jamás habitará bajo mi techo
   nadie que practique el engaño;
jamás prevalecerá en mi presencia
   nadie que hable con falsedad.

8 Cada mañana reduciré al silencio
   a todos los impíos que hay en la tierra;
extirparé de la ciudad del SEÑOR
   a todos los malhechores.

Oración de un afligido que, a punto de
desfallecer, da rienda suelta a su lamento
ante el SEÑOR.

102 Escucha, SEÑOR, mi oración;
   llegue a ti mi clamor.
2 No escondas de mí tu rostro
   cuando me encuentro angustiado.
 Inclina a mí tu oído;
   respóndeme pronto cuando te llame.

3 Pues mis días se desvanecen como el humo,
   los huesos me arden como brasas.
4 Mi corazón decae y se marchita como la
   hierba;
   ¡hasta he perdido el apetito!
5 Por causa de mis fuertes gemidos
   se me pueden contar los huesos. *g*
6 Parezco una lechuza del desierto;
   soy como un búho entre las ruinas.
7 No logro conciliar el sueño;
   parezco ave solitaria sobre el tejado.
8 A todas horas me ofenden mis enemigos,
   y hasta usan mi *nombre para maldecir.
9 Las cenizas son todo mi alimento;
   mis lágrimas se mezclan con mi bebida.
10 ¡Por tu enojo, por tu indignación,
   me levantaste para luego arrojarme!
11 Mis días son como sombras nocturnas;
   me voy marchitando como la hierba.

12 Pero tú, SEÑOR, reinas eternamente;
   tu nombre perdura por todas las
   generaciones.
13 Te levantarás y tendrás piedad de *Sión,
   pues ya es tiempo de que la compadezcas.
   ¡Ha llegado el momento señalado!
14 Tus siervos sienten cariño por sus ruinas;
   los mueven a compasión sus escombros.

15 Las naciones temerán el nombre del SEÑOR;
   todos los reyes de la tierra reconocerán su
   majestad.
16 Porque el SEÑOR reconstruirá a Sión,
   y se manifestará en su esplendor.
17 Atenderá a la oración de los desamparados,
   y no desdeñará sus ruegos.
18 Que se escriba esto para las generaciones
   futuras,
   y que el pueblo que será creado alabe al
   SEÑOR.
19 Miró el SEÑOR desde su altísimo santuario;
   contempló la tierra desde el cielo,
20 para oír los lamentos de los cautivos
   y liberar a los condenados a muerte;
21 para proclamar en Sión el nombre del SEÑOR
   y anunciar en Jerusalén su alabanza,

7 No one who practices deceit
   will dwell in my house;
no one who speaks falsely
   will stand in my presence.

8 Every morning I will put to silence
   all the wicked in the land;
I will cut off every evildoer
   from the city of the LORD.

A prayer of an afflicted man. When he is
faint and pours out his lament
before the LORD.

102 Hear my prayer, O LORD;
   let my cry for help come to you.
2 Do not hide your face from me
   when I am in distress.
 Turn your ear to me;
   when I call, answer me quickly.

3 For my days vanish like smoke;
   my bones burn like glowing embers.
4 My heart is blighted and withered like
   grass;
   I forget to eat my food.
5 Because of my loud groaning
   I am reduced to skin and bones.
6 I am like a desert owl,
   like an owl among the ruins.
7 I lie awake; I have become
   like a bird alone on a roof.
8 All day long my enemies taunt me;
   those who rail against me use my name
   as a curse.
9 For I eat ashes as my food
   and mingle my drink with tears
10 because of your great wrath,
   for you have taken me up and thrown me
   aside.
11 My days are like the evening shadow;
   I wither away like grass.

12 But you, O LORD, sit enthroned forever;
   your renown endures through all
   generations.
13 You will arise and have compassion on
   Zion,
   for it is time to show favor to her;
   the appointed time has come.
14 For her stones are dear to your servants;
   her very dust moves them to pity.
15 The nations will fear the name of the LORD,
   all the kings of the earth will revere your
   glory.
16 For the LORD will rebuild Zion
   and appear in his glory.
17 He will respond to the prayer of the
   destitute;
   he will not despise their plea.

18 Let this be written for a future generation,
   that a people not yet created may praise
   the LORD:
19 "The LORD looked down from his sanctuary
   on high,
   from heaven he viewed the earth,
20 to hear the groans of the prisoners
   and release those condemned to death."
21 So the name of the LORD will be declared
   in Zion
   and his praise in Jerusalem

g 102:5 se me pueden contar los huesos. Lit. *se me pegan los huesos a la carne.*

²² cuando todos los pueblos y los reinos
    se reúnan para adorar al SEÑOR.

²³ En el curso de mi vida acabó Dios con mis
        fuerzas;^h
    me redujo los días. ²⁴ Por eso dije:
    «No me lleves, Dios mío, a la mitad de mi
        vida;
    tú permaneces por todas las generaciones.
²⁵ En el principio tú afirmaste la tierra,
    y los cielos son la obra de tus manos.
²⁶ Ellos perecerán, pero tú permaneces.
    Todos ellos se desgastarán como un vestido.
    Y como ropa los cambiarás,
    y los dejarás de lado.
²⁷ Pero tú eres siempre el mismo,
    y tus años no tienen fin.
²⁸ Los hijos de tus siervos se establecerán,
    y sus descendientes habitarán en tu
        presencia.»

Salmo de David.

103

Alaba, *alma mía, al SEÑOR;
    alabe todo mi ser su santo *nombre.
² Alaba, alma mía, al SEÑOR,
    y no olvides ninguno de sus beneficios.
³ Él perdona todos tus pecados
    y sana todas tus dolencias;
⁴ él rescata tu vida del *sepulcro
    y te cubre de amor y compasión;
⁵ él colma de bienes tu vidaⁱ
    y te rejuvenece como a las águilas.

⁶ El SEÑOR hace *justicia
    y defiende a todos los oprimidos.
⁷ Dio a conocer sus *caminos a Moisés;
    reveló sus obras al pueblo de Israel.
⁸ El SEÑOR es clemente y compasivo,
    lento para la ira y grande en amor.
⁹ No sostiene para siempre su querella
    ni guarda rencor eternamente.
¹⁰ No nos trata conforme a nuestros pecados
    ni nos paga según nuestras maldades.
¹¹ Tan grande es su amor por los que le temen
    como alto es el cielo sobre la tierra.
¹² Tan lejos de nosotros echó nuestras
        transgresiones
    como lejos del oriente está el occidente.
¹³ Tan compasivo es el SEÑOR con los que le
        temen
    como lo es un padre con sus hijos.
¹⁴ Él conoce nuestra condición;
    sabe que somos de barro.
¹⁵ El *hombre es como la hierba,
    sus días florecen como la flor del campo:
¹⁶ sacudida por el viento,
    desaparece sin dejar rastro alguno.

²² when the peoples and the kingdoms
    assemble to worship the LORD.

²³ In the course of my life^s he broke my
        strength;
    he cut short my days.
²⁴ So I said:
    "Do not take me away, O my God, in the
        midst of my days;
    your years go on through all generations.
²⁵ In the beginning you laid the foundations of
        the earth,
    and the heavens are the work of your
        hands.
²⁶ They will perish, but you remain;
    they will all wear out like a garment.
    Like clothing you will change them
    and they will be discarded.
²⁷ But you remain the same,
    and your years will never end.
²⁸ The children of your servants will live in
        your presence;
    their descendants will be established
        before you."

Of David.

103

Praise the LORD, O my soul;
    all my inmost being, praise his holy
        name.
² Praise the LORD, O my soul,
    and forget not all his benefits—
³ who forgives all your sins
    and heals all your diseases,
⁴ who redeems your life from the pit
    and crowns you with love and
        compassion,
⁵ who satisfies your desires with good things
    so that your youth is renewed like the
        eagle's.

⁶ The LORD works righteousness
    and justice for all the oppressed.

⁷ He made known his ways to Moses,
    his deeds to the people of Israel:
⁸ The LORD is compassionate and gracious,
    slow to anger, abounding in love.
⁹ He will not always accuse,
    nor will he harbor his anger forever;
¹⁰ he does not treat us as our sins deserve
    or repay us according to our iniquities.
¹¹ For as high as the heavens are above the
        earth,
    so great is his love for those who fear
        him;
¹² as far as the east is from the west,
    so far has he removed our transgressions
        from us.
¹³ As a father has compassion on his children,
    so the LORD has compassion on those
        who fear him;
¹⁴ for he knows how we are formed,
    he remembers that we are dust.
¹⁵ As for man, his days are like grass,
    he flourishes like a flower of the field;
¹⁶ the wind blows over it and it is gone,
    and its place remembers it no more.

---

^h 102:23 *mis fuerzas.* Lit. *su fuerza.*   ⁱ 103:5 *vida.* Palabra de
difícil traducción.   ^s 23 Or *By his power*

17 Pero el amor del SEÑOR es eterno
  y siempre está con los que le temen;
su justicia está con los hijos de sus hijos,
18   con los que cumplen su *pacto
  y se acuerdan de sus preceptos
  para ponerlos por obra.

19 El SEÑOR ha establecido su trono en el cielo;
  su reinado domina sobre todos.

20 Alaben al SEÑOR, ustedes sus ángeles,
  paladines que ejecutan su palabra
  y obedecen su mandato.
21 Alaben al SEÑOR, todos sus ejércitos,
  siervos suyos que cumplen su voluntad.
22 Alaben al SEÑOR, todas sus obras
  en todos los ámbitos de su dominio.

¡Alaba, alma mía, al SEÑOR!

104 ¡Alaba, *alma mía, al SEÑOR!

SEÑOR mi Dios, tú eres grandioso;
  te has revestido de gloria y majestad.
2 Te cubres[j] de luz como con un manto;
  extiendes los cielos como un velo.
3 Afirmas sobre las aguas tus altos aposentos
  y haces de las nubes tus carros de guerra.
  ¡Tú cabalgas en las alas del viento!
4 Haces de los vientos tus mensajeros,[k]
  y de las llamas de fuego tus servidores.

5 Tú pusiste la tierra sobre sus cimientos,
  y de allí jamás se moverá;
6 la revestiste con el mar,
  y las aguas se detuvieron sobre los montes.
7 Pero a tu represión huyeron las aguas;
  ante el estruendo de tu voz se dieron a la
    fuga.
8 Ascendieron a los montes,
  descendieron a los valles,
  al lugar que tú les asignaste.
9 Pusiste una frontera que ellas no pueden
    cruzar;
  ¡jamás volverán a cubrir la tierra!

10 Tú haces que los manantiales
  viertan sus aguas en las cañadas,
  y que fluyan entre las montañas.
11 De ellas beben todas las bestias del campo;
  allí los asnos monteses calman su sed.
12 Las aves del cielo anidan junto a las aguas
  y cantan entre el follaje.
13 Desde tus altos aposentos riegas las montañas;
  la tierra se sacia con el fruto de tu trabajo.
14 Haces que crezca la hierba para el ganado,
  y las plantas que la *gente cultiva
  para sacar de la tierra su alimento:
15 el vino que alegra el corazón,
  el aceite que hace brillar el rostro,
  y el pan que sustenta la vida.

17 But from everlasting to everlasting
  the LORD's love is with those who fear
    him,
  and his righteousness with their children's
    children—
18 with those who keep his covenant
  and remember to obey his precepts.

19 The LORD has established his throne in
    heaven,
  and his kingdom rules over all.

20 Praise the LORD, you his angels,
  you mighty ones who do his bidding,
  who obey his word.
21 Praise the LORD, all his heavenly hosts,
  you his servants who do his will.
22 Praise the LORD, all his works
  everywhere in his dominion.

Praise the LORD, O my soul.

104 Praise the LORD, O my soul.

O LORD my God, you are very great;
  you are clothed with splendor and
    majesty.
2 He wraps himself in light as with a
    garment;
  he stretches out the heavens like a tent
3   and lays the beams of his upper chambers
    on their waters.
  He makes the clouds his chariot
  and rides on the wings of the wind.
4 He makes winds his messengers,[l]
  flames of fire his servants.

5 He set the earth on its foundations;
  it can never be moved.
6 You covered it with the deep as with a
    garment;
  the waters stood above the mountains.
7 But at your rebuke the waters fled,
  at the sound of your thunder they took to
    flight;
8 they flowed over the mountains,
  they went down into the valleys,
  to the place you assigned for them.
9 You set a boundary they cannot cross;
  never again will they cover the earth.

10 He makes springs pour water into the
    ravines;
  it flows between the mountains.
11 They give water to all the beasts of the
    field;
  the wild donkeys quench their thirst.
12 The birds of the air nest by the waters;
  they sing among the branches.
13 He waters the mountains from his upper
    chambers;
  the earth is satisfied by the fruit of his
    work.
14 He makes grass grow for the cattle,
  and plants for man to cultivate—
  bringing forth food from the earth:
15 wine that gladdens the heart of man,
  oil to make his face shine,
  and bread that sustains his heart.

---

j 104:2 Te cubres. Lit. Él se cubre.   k 104:4 mensajeros. Alt.
ángeles.   l 4 Or angels

16 Los árboles del Señor están bien regados,
  los cedros del Líbano que él plantó.
17 Allí las aves hacen sus nidos;
  en los cipreses tienen su hogar las cigüeñas.
18 En las altas montañas están las cabras monteses,
  y en los escarpados peñascos tienen su madriguera los tejones.

19 Tú hiciste[l] la luna, que marca las estaciones,
  y el sol, que sabe cuándo ocultarse.
20 Tú traes la oscuridad, y cae la noche,
  y en sus sombras se arrastran los animales del bosque.
21 Los leones rugen, reclamando su presa,
  exigiendo que Dios les dé su alimento.
22 Pero al salir el sol se escabullen,
  y vuelven a echarse en sus guaridas.
23 Sale entonces la *gente a cumplir sus tareas,
  a hacer su trabajo hasta el anochecer.

24 ¡Oh Señor, cuán numerosas son tus obras!
  ¡Todas ellas las hiciste con sabiduría!
  ¡Rebosa la tierra con todas tus criaturas!
25 Allí está el mar, ancho e infinito,[m]
  que abunda en animales, grandes y pequeños,
  cuyo número es imposible conocer.
26 Allí navegan los barcos y se mece *Leviatán,
  que tú creaste para jugar con él.

27 Todos ellos esperan de ti
  que a su tiempo les des su alimento.
28 Tú les das, y ellos recogen;
  abres la mano, y se colman de bienes.
29 Si escondes tu rostro, se aterran;
  si les quitas el aliento, mueren y vuelven al polvo.
30 Pero si envías tu Espíritu, son creados,
  y así renuevas la faz de la tierra.

31 Que la gloria del Señor perdure eternamente;
  que el Señor se regocije en sus obras.
32 Él mira la tierra y la hace temblar;
  toca los montes y los hace echar humo.

33 Cantaré al Señor toda mi vida;
  cantaré salmos a mi Dios mientras tenga aliento.
34 Quiera él agradarse de mi meditación;
  yo, por mi parte, me alegro en el Señor.
35 Que desaparezcan de la tierra los pecadores;
  ¡que no existan más los malvados!

  ¡Alaba, *alma mía, al Señor!

  *¡Aleluya! ¡Alabado sea el Señor![n]

16 The trees of the LORD are well watered,
  the cedars of Lebanon that he planted.
17 There the birds make their nests;
  the stork has its home in the pine trees.
18 The high mountains belong to the wild goats;
  the crags are a refuge for the coneys.[u]

19 The moon marks off the seasons,
  and the sun knows when to go down.
20 You bring darkness, it becomes night,
  and all the beasts of the forest prowl.
21 The lions roar for their prey
  and seek their food from God.
22 The sun rises, and they steal away;
  they return and lie down in their dens.
23 Then man goes out to his work,
  to his labor until evening.

24 How many are your works, O LORD!
  In wisdom you made them all;
  the earth is full of your creatures.
25 There is the sea, vast and spacious,
  teeming with creatures beyond number—
  living things both large and small.
26 There the ships go to and fro,
  and the leviathan, which you formed to frolic there.

27 These all look to you
  to give them their food at the proper time.
28 When you give it to them,
  they gather it up;
  when you open your hand,
  they are satisfied with good things.
29 When you hide your face,
  they are terrified;
  when you take away their breath,
  they die and return to the dust.
30 When you send your Spirit,
  they are created,
  and you renew the face of the earth.

31 May the glory of the LORD endure forever;
  may the LORD rejoice in his works—
32 he who looks at the earth, and it trembles,
  who touches the mountains, and they smoke.

33 I will sing to the LORD all my life;
  I will sing praise to my God as long as I live.
34 May my meditation be pleasing to him,
  as I rejoice in the LORD.
35 But may sinners vanish from the earth
  and the wicked be no more.

  Praise the LORD, O my soul.

  Praise the LORD.[v]

105

Den gracias al Señor, invoquen su *nombre;
  den a conocer sus obras entre las naciones.
2 Cántenle, entónenle salmos;
  hablen de todas sus maravillas.

105

Give thanks to the LORD, call on his name;
  make known among the nations what he has done.
2 Sing to him, sing praise to him;
  tell of all his wonderful acts.

---

[l] *104:19 Tú hiciste.* Lit. *Él hace.*   [m] *104:25 infinito.* Lit. *amplio de manos.*   [n] *104:35* En LXX este verso aparece al principio del Salmo 105.

[u] *18* That is, the hyrax or rock badger   [v] *35* Hebrew *Hallelu Yah;* in the Septuagint this line stands at the beginning of Psalm 105.

3 Siéntanse orgullosos de su santo nombre;
  alégrese el corazón de los que buscan al
    SEÑOR.
4 Recurran al SEÑOR y a su fuerza;
  busquen siempre su rostro.

5 Recuerden las maravillas que ha realizado,
  sus señales, y los decretos que ha emitido.
6 ¡Ustedes, descendientes de Abraham su siervo!
  ¡Ustedes, hijos de Jacob, elegidos suyos!
7 Él es el SEÑOR, nuestro Dios;
  en toda la tierra están sus decretos.

8 Él siempre tiene presente su *pacto,
  la palabra que ordenó para mil generaciones.
9 Es el pacto que hizo con Abraham,
  el juramento que le hizo a Isaac.
10 Se lo confirmó a Jacob como un decreto,
   a Israel como un pacto eterno,
11 cuando dijo: «Te daré la tierra de Canaán
   como la herencia que te toca.»

12 Aun cuando eran pocos en número,
   unos cuantos extranjeros en la tierra
13 que andaban siempre de nación en nación
   y de reino en reino,
14 a nadie permitió que los oprimiera,
   sino que por ellos reprendió a los reyes:
15 «No toquen a mis ungidos;
   no hagan daño a mis profetas.»

16 Dios provocó hambre en la tierra
   y destruyó todos sus trigales.ñ
17 Pero envió delante de ellos a un hombre:
   a José, vendido como esclavo.
18 Le sujetaron los pies con grilletes,
   entre hierros le aprisionaron el *cuello,
19 hasta que se cumplió lo que él predijo
   y la palabra del SEÑOR probó que él era
     veraz.
20 El rey ordenó ponerlo en libertad,
   el gobernante de los pueblos lo dejó libre.
21 Le dio autoridad sobre toda su casa
   y lo puso a cargo de cuanto poseía,
22 con pleno poder para instruiro a sus príncipes
   e impartir sabiduría a sus ancianos.

23 Entonces Israel vino a Egipto;
   Jacob fue extranjero en el país de Cam.
24 El SEÑOR hizo que su pueblo se multiplicara;
   lo hizo más numeroso que sus adversarios,
25 a quienes trastornó para que odiaran a su
     pueblo
   y se confabularan contra sus siervos.
26 Envió a su siervo Moisés,
   y a Aarón, a quien había escogido,
27 y éstos hicieron señales milagrosas entre ellos,
   ¡maravillas en el país de Cam!
28 Envió tinieblas, y la tierra se oscureció,
   pero ellos no atendieronp a sus palabras.
29 Convirtió en sangre sus aguas
   y causó la muerte de sus peces.
30 Todo Egiptoq se infestó de ranas,
   ¡hasta las habitaciones de sus reyes!
31 Habló Dios, e invadieron todo el país
   enjambres de moscas y mosquitos.

3 Glory in his holy name;
  let the hearts of those who seek the LORD
    rejoice.
4 Look to the LORD and his strength;
  seek his face always.

5 Remember the wonders he has done,
  his miracles, and the judgments he
    pronounced,
6 O descendants of Abraham his servant,
  O sons of Jacob, his chosen ones.
7 He is the LORD our God;
  his judgments are in all the earth.

8 He remembers his covenant forever,
  the word he commanded, for a thousand
    generations,
9 the covenant he made with Abraham,
  the oath he swore to Isaac.
10 He confirmed it to Jacob as a decree,
   to Israel as an everlasting covenant:
11 "To you I will give the land of Canaan
   as the portion you will inherit."

12 When they were but few in number,
   few indeed, and strangers in it,
13 they wandered from nation to nation,
   from one kingdom to another.
14 He allowed no one to oppress them;
   for their sake he rebuked kings:
15 "Do not touch my anointed ones;
   do my prophets no harm."

16 He called down famine on the land
   and destroyed all their supplies of food;
17 and he sent a man before them—
   Joseph, sold as a slave.
18 They bruised his feet with shackles,
   his neck was put in irons,
19 till what he foretold came to pass,
   till the word of the LORD proved him
     true.
20 The king sent and released him,
   the ruler of peoples set him free.
21 He made him master of his household,
   ruler over all he possessed,
22 to instruct his princes as he pleased
   and teach his elders wisdom.

23 Then Israel entered Egypt;
   Jacob lived as an alien in the land of
     Ham.
24 The LORD made his people very fruitful;
   he made them too numerous for their
     foes,
25 whose hearts he turned to hate his people,
   to conspire against his servants.
26 He sent Moses his servant,
   and Aaron, whom he had chosen.
27 They performed his miraculous signs among
     them,
   his wonders in the land of Ham.
28 He sent darkness and made the land dark—
   for had they not rebelled against his
     words?
29 He turned their waters into blood,
   causing their fish to die.
30 Their land teemed with frogs,
   which went up into the bedrooms of their
     rulers.
31 He spoke, and there came swarms of flies,
   and gnats throughout their country.

ñ 105:16 todos sus trigales. Lit. todo bastón de pan.
o 105:22 instruir (LXX, Siríaca y Vulgata); atar (TM).
p 105:28 no atendieron (véanse LXX y Siríaca); no se opusieron
(TM).   q 105:30 Todo Egipto. Lit. La tierra de ellos.

³²Convirtió la lluvia en granizo,
  y lanzó relámpagos sobre su tierra;
³³derribó sus vides y sus higueras,
  y en todo el país hizo astillas los árboles.
³⁴Dio una orden, y llegaron las langostas,
  ¡infinidad de saltamontes!
³⁵Arrasaron con toda la vegetación del país,
  devoraron los frutos de sus campos.
³⁶Hirió de muerte a todos los primogénitos del
  país,
  a las primicias de sus descendientes.
³⁷Sacó a los israelitas cargados de oro y plata,
  y no hubo entre sus tribus nadie que
  tropezara.
³⁸Los egipcios se alegraron de su partida,
  pues el miedo a los israelitas los dominaba.
³⁹El SEÑOR les dio sombra con una nube,
  y con fuego los alumbró de noche.
⁴⁰Pidió el pueblo comida, y les envió
  codornices;
  los sació con pan del cielo.
⁴¹Abrió la roca, y brotó agua
  que corrió por el desierto como un río.

⁴²Ciertamente Dios se acordó de su santa
  promesa,
  la que hizo a su siervo Abraham.
⁴³Sacó a su pueblo, a sus escogidos,
  en medio de gran alegría y de gritos
  jubilosos.
⁴⁴Les entregó las tierras que poseían las
  naciones;
  heredaron el fruto del trabajo de otros
  pueblos
⁴⁵para que ellos observaran sus preceptos
  y pusieran en práctica sus *leyes.

  *¡Aleluya! ¡Alabado sea el SEÑOR!

106

*¡Aleluya! ¡Alabado sea el SEÑOR!

Den gracias al SEÑOR, porque él es bueno;
  su gran amor perdura para siempre.
²¿Quién puede proclamar las proezas del SEÑOR,
  o expresar toda su alabanza?
³*Dichosos los que practican la justicia
  y hacen siempre lo que es justo.
⁴Recuérdame, SEÑOR, cuando te compadezcas de
  tu pueblo;
  ven en mi ayuda el día de tu *salvación.
⁵Hazme disfrutar del bienestar de tus escogidos,
  participar de la alegría de tu pueblo
  y expresar mis alabanzas con tu heredad.

⁶Hemos pecado, lo mismo que nuestros padres;
  hemos hecho lo malo y actuado con
  iniquidad.
⁷Cuando nuestros padres estaban en Egipto,
  no tomaron en cuenta tus maravillas;
  no tuvieron presente tu bondad infinita
  y se rebelaron junto al mar, el Mar Rojo.ʳ
⁸Pero Dios los salvó, haciendo honor a su
  *nombre,
  para mostrar su gran poder.

³²He turned their rain into hail,
  with lightning throughout their land;
³³he struck down their vines and fig trees
  and shattered the trees of their country.
³⁴He spoke, and the locusts came,
  grasshoppers without number;
³⁵they ate up every green thing in their land,
  ate up the produce of their soil.
³⁶Then he struck down all the firstborn in
  their land,
  the firstfruits of all their manhood.

³⁷He brought out Israel, laden with silver and
  gold,
  and from among their tribes no one
  faltered.
³⁸Egypt was glad when they left,
  because dread of Israel had fallen on
  them.
³⁹He spread out a cloud as a covering,
  and a fire to give light at night.
⁴⁰They asked, and he brought them quail
  and satisfied them with the bread of
  heaven.
⁴¹He opened the rock, and water gushed out;
  like a river it flowed in the desert.

⁴²For he remembered his holy promise
  given to his servant Abraham.
⁴³He brought out his people with rejoicing,
  his chosen ones with shouts of joy;
⁴⁴he gave them the lands of the nations,
  and they fell heir to what others had
  toiled for—
⁴⁵that they might keep his precepts
  and observe his laws.

  Praise the LORD.ʷ

106

Praise the LORD.ˣ

Give thanks to the LORD, for he is good;
  his love endures forever.
²Who can proclaim the mighty acts of the
  LORD
  or fully declare his praise?
³Blessed are they who maintain justice,
  who constantly do what is right.
⁴Remember me, O LORD, when you show
  favor to your people,
  come to my aid when you save them,
⁵that I may enjoy the prosperity of your
  chosen ones,
  that I may share in the joy of your nation
  and join your inheritance in giving praise.

⁶We have sinned, even as our fathers did;
  we have done wrong and acted wickedly.
⁷When our fathers were in Egypt,
  they gave no thought to your miracles;
  they did not remember your many
  kindnesses,
  and they rebelled by the sea, the Red
  Sea.ʸ
⁸Yet he saved them for his name's sake,
  to make his mighty power known.

ʳ 106:7 *Mar Rojo.* Lit. *mar de las Cañas* (heb. *Yam Suf*); también en
vv. 9 y 22.

ʷ 45 Hebrew *Hallelu Yah*   ˣ 1 Hebrew *Hallelu Yah*; also in
verse 48   ʸ 7 Hebrew *Yam Suph*; that is, Sea of Reeds; also in
verses 9 and 22

9 Reprendió al Mar Rojo, y éste quedó seco;
   los condujo por las profundidades del mar
   como si cruzaran el desierto.
10 Los salvó del poder de sus enemigos,
   del poder de quienes los odiaban.
11 Las aguas envolvieron a sus adversarios,
   y ninguno de éstos quedó con vida.
12 Entonces ellos creyeron en sus promesas
   y le entonaron alabanzas.

13 Pero muy pronto olvidaron sus acciones
   y no esperaron a conocer sus planes.
14 En el desierto cedieron a sus propios deseos;
   en los páramos pusieron a prueba a Dios.
15 Y él les dio lo que pidieron,
   pero les envió una enfermedad devastadora.

16 En el campamento tuvieron envidia de Moisés
   y de Aarón, el que estaba consagrado al
   Señor.
17 Se abrió la tierra y se tragó a Datán;
   sepultó a los seguidores de Abirán.
18 Un fuego devoró a esa pandilla;
   las llamas consumieron a los impíos.

19 En Horeb hicieron un becerro;
   se postraron ante un ídolo de fundición.
20 Cambiaron al que era su motivo de orgullo[s]
   por la imagen de un toro que come hierba.
21 Se olvidaron del Dios que los salvó
   y que había hecho grandes cosas en Egipto:
22 milagros en la tierra de Cam
   y portentos junto al Mar Rojo.
23 Dios amenazó con destruirlos,
   pero no lo hizo por Moisés, su escogido,
   que se puso ante él en la brecha
   e impidió que su ira los destruyera.

24 Menospreciaron esa bella tierra;
   no creyeron en la promesa de Dios.
25 Refunfuñaron en sus tiendas de campaña
   y no obedecieron al Señor.
26 Por tanto, él levantó su mano contra ellos
   para hacerlos caer en el desierto,
27 para hacer caer a sus descendientes entre las
   naciones
   y dispersarlos por todos los países.

28 Se sometieron al yugo de Baal Peor
   y comieron de las ofrendas a ídolos sin
   vida.[t]
29 Provocaron al Señor con sus malvadas
   acciones,
   y les sobrevino una plaga.
30 Pero Finés se levantó e hizo justicia,
   y la plaga se detuvo.
31 Esto se le acreditó como un acto de justicia
   para siempre, por todas las generaciones.

32 Junto a las aguas de Meribá hicieron enojar al
   Señor,
   y a Moisés le fue mal por culpa de ellos,
33 pues lo sacaron de quicio
   y él habló sin pensar lo que decía.
34 No destruyeron a los pueblos
   que el Señor les había señalado,
35 sino que se mezclaron con los paganos
   y adoptaron sus costumbres.

9 He rebuked the Red Sea, and it dried up;
   he led them through the depths as through
   a desert.
10 He saved them from the hand of the foe;
   from the hand of the enemy he redeemed
   them.
11 The waters covered their adversaries;
   not one of them survived.
12 Then they believed his promises
   and sang his praise.

13 But they soon forgot what he had done
   and did not wait for his counsel.
14 In the desert they gave in to their craving;
   in the wasteland they put God to the test.
15 So he gave them what they asked for,
   but sent a wasting disease upon them.

16 In the camp they grew envious of Moses
   and of Aaron, who was consecrated to the
   Lord.
17 The earth opened up and swallowed Dathan;
   it buried the company of Abiram.
18 Fire blazed among their followers;
   a flame consumed the wicked.

19 At Horeb they made a calf
   and worshiped an idol cast from metal.
20 They exchanged their Glory
   for an image of a bull, which eats grass.
21 They forgot the God who saved them,
   who had done great things in Egypt,
22 miracles in the land of Ham
   and awesome deeds by the Red Sea.
23 So he said he would destroy them—
   had not Moses, his chosen one,
   stood in the breach before him
   to keep his wrath from destroying them.

24 Then they despised the pleasant land;
   they did not believe his promise.
25 They grumbled in their tents
   and did not obey the Lord.
26 So he swore to them with uplifted hand
   that he would make them fall in the
   desert,
27 make their descendants fall among the
   nations
   and scatter them throughout the lands.

28 They yoked themselves to the Baal of Peor
   and ate sacrifices offered to lifeless gods;
29 they provoked the Lord to anger by their
   wicked deeds,
   and a plague broke out among them.
30 But Phinehas stood up and intervened,
   and the plague was checked.
31 This was credited to him as righteousness
   for endless generations to come.

32 By the waters of Meribah they angered the
   Lord,
   and trouble came to Moses because of
   them;
33 for they rebelled against the Spirit of God,
   and rash words came from Moses' lips.[z]

34 They did not destroy the peoples
   as the Lord had commanded them,
35 but they mingled with the nations
   and adopted their customs.

---

s 106:20 Cambiaron ... de orgullo. Lit. Cambiaron la gloria de
ellos.   t 106:28 ofrendas a ídolos sin vida. Lit. ofrendas a los
muertos.

z 33 Or against his spirit, / and rash words came from his lips

36 Rindieron culto a sus ídolos,
    y se les volvieron una trampa.
37 Ofrecieron a sus hijos y a sus hijas
    como sacrificio a esos demonios.
38 Derramaron sangre inocente,
    la sangre de sus hijos y sus hijas.
    Al ofrecerlos en sacrificio a los ídolos de
      Canaán,
    su sangre derramada profanó la tierra.
39 Tales hechos los contaminaron;
    tales acciones los corrompieron.

40 La ira del SEÑOR se encendió contra su pueblo;
    su heredad le resultó aborrecible.
41 Por eso los entregó a los paganos,
    y fueron dominados por quienes los odiaban.
42 Sus enemigos los oprimieron,
    los sometieron a su poder.
43 Muchas veces Dios los libró;
    pero ellos, empeñados en su rebeldía,
    se hundieron en la maldad.

44 Al verlos Dios angustiados,
    y al escuchar su clamor,
45 se acordó del pacto que había hecho con ellos
    y por su gran amor les tuvo compasión.
46 Hizo que todos sus opresores
    también se apiadaran de ellos.

47 Sálvanos, SEÑOR, Dios nuestro;
    vuelve a reunirnos de entre las naciones,
    para que demos gracias a tu santo nombre
    y orgullosos te alabemos.

48 ¡Bendito sea el SEÑOR, el Dios de Israel,
    eternamente y para siempre!
    ¡Que todo el pueblo diga: «Amén»!

*¡Aleluya! ¡Alabado sea el SEÑOR!

LIBRO V
Salmos 107–150

107 Den gracias al SEÑOR, porque él es bueno;
    su gran amor perdura para siempre.
2 Que lo digan los redimidos del SEÑOR,
    a quienes redimió del poder del adversario,
3 a quienes reunió de todos los países,
    de oriente y de occidente, del norte y del
      sur.u

4 Vagaban perdidos por parajes desiertos,
    sin dar con el camino a una ciudad
      habitable.
5 Hambrientos y sedientos,
    la vida se les iba consumiendo.
6 En su angustia clamaron al SEÑOR,
    y él los libró de su aflicción.
7 Los llevó por el camino recto
    hasta llegar a una ciudad habitable.

8 ¡Que den gracias al SEÑOR por su gran amor,
    por sus maravillas en favor de los hombres!
9 ¡Él apaga la sed del sediento,
    y sacia con lo mejor al hambriento!

10 Afligidos y encadenados,
    habitaban en las más densas tinieblas

---

36 They worshiped their idols,
    which became a snare to them.
37 They sacrificed their sons
    and their daughters to demons.
38 They shed innocent blood,
    the blood of their sons and daughters,
    whom they sacrificed to the idols of
      Canaan,
    and the land was desecrated by their
      blood.
39 They defiled themselves by what they did;
    by their deeds they prostituted themselves.

40 Therefore the LORD was angry with his
      people
    and abhorred his inheritance.
41 He handed them over to the nations,
    and their foes ruled over them.
42 Their enemies oppressed them
    and subjected them to their power.
43 Many times he delivered them,
    but they were bent on rebellion
    and they wasted away in their sin.

44 But he took note of their distress
    when he heard their cry;
45 for their sake he remembered his covenant
    and out of his great love he relented.
46 He caused them to be pitied
    by all who held them captive.

47 Save us, O LORD our God,
    and gather us from the nations,
    that we may give thanks to your holy name
    and glory in your praise.

48 Praise be to the LORD, the God of Israel,
    from everlasting to everlasting.
    Let all the people say, "Amen!"

    Praise the LORD.

BOOK V
Psalms 107–150

107 Give thanks to the LORD, for he is good;
    his love endures forever.
2 Let the redeemed of the LORD say this—
    those he redeemed from the hand of the
      foe,
3 those he gathered from the lands,
    from east and west, from north and
      south.a

4 Some wandered in desert wastelands,
    finding no way to a city where they could
      settle.
5 They were hungry and thirsty,
    and their lives ebbed away.
6 Then they cried out to the LORD in their
      trouble,
    and he delivered them from their distress.
7 He led them by a straight way
    to a city where they could settle.
8 Let them give thanks to the LORD for his
      unfailing love
    and his wonderful deeds for men,
9 for he satisfies the thirsty
    and fills the hungry with good things.

10 Some sat in darkness and the deepest
      gloom,
    prisoners suffering in iron chains,

---

u 107:3 del sur. Lit. del mar..   a 3 Hebrew north and the sea

11 por haberse rebelado contra las palabras de
Dios,
   por menospreciar los designios del
     *Altísimo.
12 Los sometió^v a trabajos forzados;
   tropezaban, y no había quien los ayudara.
13 En su angustia clamaron al SEÑOR,
   y él los salvó de su aflicción.
14 Los sacó de las sombras tenebrosas
   y rompió en pedazos sus cadenas.

15 ¡Que den gracias al SEÑOR por su gran amor,
   por sus maravillas en favor de los hombres!
16 ¡Él hace añicos las puertas de bronce
   y rompe en mil pedazos las barras de hierro!

17 Trastornados por su rebeldía,
   afligidos por su iniquidad,
18 todo alimento les causaba asco.
   ¡Llegaron a las puertas mismas de la muerte!
19 En su angustia clamaron al SEÑOR,
   y él los salvó de su aflicción.
20 Envió su palabra para sanarlos,
   y así los rescató del sepulcro.

21 ¡Que den gracias al SEÑOR por su gran amor,
   por sus maravillas en favor de los hombres!
22 ¡Que ofrezcan sacrificios de gratitud,
   y jubilosos proclamen sus obras!

23 Se hicieron a la mar en sus barcos;
   para comerciar surcaron las muchas aguas.
24 Allí, en las aguas profundas,
   vieron las obras del SEÑOR y sus maravillas.
25 Habló Dios, y se desató un fuerte viento
   que tanto encrespó las olas
26 que subían a los cielos y bajaban al abismo.
   Ante el peligro, ellos perdieron el coraje.
27 Como ebrios tropezaban, se tambaleaban;
   de nada les valía toda su pericia.
28 En su angustia clamaron al SEÑOR,
   y él los sacó de su aflicción.
29 Cambió la tempestad en suave brisa:
   se sosegaron las olas del mar.
30 Ante esa calma se alegraron,
   y Dios los llevó al puerto anhelado.

31 ¡Que den gracias al SEÑOR por su gran amor,
   por sus maravillas en favor de los hombres!
32 ¡Que lo exalten en la asamblea del pueblo!
   ¡Que lo alaben en el consejo de los
     ancianos!

33 Dios convirtió los ríos en desiertos,
   los manantiales en tierra seca,
34 los fértiles terrenos en tierra salitrosa,
   por la maldad de sus habitantes.
35 Convirtió el desierto en fuentes de agua,
   la tierra seca en manantiales;

11 for they had rebelled against the words of
God
   and despised the counsel of the Most
     High.
12 So he subjected them to bitter labor;
   they stumbled, and there was no one to
     help.
13 Then they cried to the LORD in their trouble,
   and he saved them from their distress.
14 He brought them out of darkness and the
     deepest gloom
   and broke away their chains.
15 Let them give thanks to the LORD for his
     unfailing love
   and his wonderful deeds for men,
16 for he breaks down gates of bronze
   and cuts through bars of iron.

17 Some became fools through their rebellious
     ways
   and suffered affliction because of their
     iniquities.
18 They loathed all food
   and drew near the gates of death.
19 Then they cried to the LORD in their trouble,
   and he saved them from their distress.
20 He sent forth his word and healed them;
   he rescued them from the grave.
21 Let them give thanks to the LORD for his
     unfailing love
   and his wonderful deeds for men.
22 Let them sacrifice thank offerings
   and tell of his works with songs of joy.

23 Others went out on the sea in ships;
   they were merchants on the mighty
     waters.
24 They saw the works of the LORD,
   his wonderful deeds in the deep.
25 For he spoke and stirred up a tempest
   that lifted high the waves.
26 They mounted up to the heavens and went
     down to the depths;
   in their peril their courage melted away.
27 They reeled and staggered like drunken
     men;
   they were at their wits' end.
28 Then they cried out to the LORD in their
     trouble,
   and he brought them out of their distress.
29 He stilled the storm to a whisper;
   the waves of the sea were hushed.
30 They were glad when it grew calm,
   and he guided them to their desired
     haven.
31 Let them give thanks to the LORD for his
     unfailing love
   and his wonderful deeds for men.
32 Let them exalt him in the assembly of the
     people
   and praise him in the council of the
     elders.

33 He turned rivers into a desert,
   flowing springs into thirsty ground,
34 and fruitful land into a salt waste,
   because of the wickedness of those who
     lived there.
35 He turned the desert into pools of water
   and the parched ground into flowing
     springs;

---

^v 107:12 *Los sometió.* Lit. *Sometió sus corazones.*

36 hizo habitar allí a los hambrientos,
   y ellos fundaron una ciudad habitable.
37 Sembraron campos, plantaron viñedos,
   obtuvieron abundantes cosechas.
38 Dios los bendijo y se multiplicaron,
   y no dejó que menguaran sus rebaños.

39 Pero si merman y son humillados,
   es por la opresión, la maldad y la aflicción.
40 Dios desdeña a los nobles
   y los hace vagar por desiertos sin senderos.
41 Pero a los necesitados los saca de su miseria,
   y hace que sus familias crezcan como
     rebaños.
42 Los rectos lo verán y se alegrarán,
   pero todos los impíos serán acallados.

43 Quien sea sabio, que considere estas cosas
   y entienda bien el gran amor del Señor.

36 there he brought the hungry to live,
   and they founded a city where they could
     settle.
37 They sowed fields and planted vineyards
   that yielded a fruitful harvest;
38 he blessed them, and their numbers greatly
     increased,
   and he did not let their herds diminish.

39 Then their numbers decreased, and they
     were humbled
   by oppression, calamity and sorrow;
40 he who pours contempt on nobles
   made them wander in a trackless waste.
41 But he lifted the needy out of their affliction
   and increased their families like flocks.
42 The upright see and rejoice,
   but all the wicked shut their mouths.

43 Whoever is wise, let him heed these things
   and consider the great love of the Lord.

Cántico. Salmo de David.

108

Firme está, oh Dios, mi corazón;
  ¡voy a cantarte salmos, gloria mía!
2 ¡Despierten, arpa y lira!
   ¡Haré despertar al nuevo día!
3 Te alabaré, Señor, entre los pueblos;
   te cantaré salmos entre las naciones.
4 Pues tu amor es tan grande que rebasa los
     cielos;
   ¡tu verdad llega hasta el firmamento!
5 Tú, oh Dios, estás sobre los cielos,
   y tu gloria cubre toda la tierra.
6 Líbranos con tu diestra, respóndeme
   para que tu pueblo amado quede a salvo.

7 Dios ha dicho en su santuario:
   «Triunfante repartiré a Siquén,
   y dividiré el valle de Sucot.
8 Mío es Galaad, mío es Manasés;
   Efraín es mi yelmo y Judá mi cetro.
9 En Moab me lavo las manos,
   sobre Edom arrojo mi sandalia;
   sobre Filistea lanzo gritos de triunfo.»

10 ¿Quién me llevará a la ciudad fortificada?
   ¿Quién me mostrará el camino a Edom?
11 ¿No es Dios quien nos ha rechazado?
   ¡Ya no sales, oh Dios, con nuestros
     ejércitos!
12 Bríndanos tu ayuda contra el enemigo,
   pues de nada sirve la ayuda humana.
13 Con Dios obtendremos la victoria;
   ¡él pisoteará a nuestros enemigos!

A song. A psalm of David.

108

My heart is steadfast, O God;
  I will sing and make music with all my
     soul.
2 Awake, harp and lyre!
   I will awaken the dawn.
3 I will praise you, O Lord, among the
     nations;
   I will sing of you among the peoples.
4 For great is your love, higher than the
     heavens;
   your faithfulness reaches to the skies.
5 Be exalted, O God, above the heavens,
   and let your glory be over all the earth.

6 Save us and help us with your right hand,
   that those you love may be delivered.
7 God has spoken from his sanctuary:
   "In triumph I will parcel out Shechem
   and measure off the Valley of Succoth.
8 Gilead is mine, Manasseh is mine;
   Ephraim is my helmet,
   Judah my scepter.
9 Moab is my washbasin,
   upon Edom I toss my sandal;
   over Philistia I shout in triumph."

10 Who will bring me to the fortified city?
   Who will lead me to Edom?
11 Is it not you, O God, you who have rejected
     us
   and no longer go out with our armies?
12 Give us aid against the enemy,
   for the help of man is worthless.
13 With God we will gain the victory,
   and he will trample down our enemies.

Al director musical. Salmo de David.

109

Oh Dios, alabanza mía,
  no guardes silencio.
2 Pues gente impía y mentirosa
   ha declarado en mi contra,
   y con lengua engañosa me difaman;
3 con expresiones de odio me acosan,
   y sin razón alguna me atacan.

For the director of music. Of David.
A psalm.

109

O God, whom I praise,
  do not remain silent,
2 for wicked and deceitful men
   have opened their mouths against me;
   they have spoken against me with lying
     tongues.
3 With words of hatred they surround me;
   they attack me without cause.

4 Mi amor me lo pagan con calumnias,
  mientras yo me encomiendo a Dios.
5 Mi bondad la pagan con maldad;
  en vez de amarme, me aborrecen.

6 Pon en su contra a un malvado;
  que a su derecha esté su acusador.w
7 Que resulte culpable al ser juzgado,
  y que sus propias oraciones lo condenen.
8 Que se acorten sus días,
  y que otro se haga cargo de su oficio.
9 Que se queden huérfanos sus hijos;
  que se quede viuda su esposa.
10 Que anden sus hijos vagando y mendigando;
  que anden rebuscando entre las ruinas.
11 Que sus acreedores se apoderen de sus bienes;
  que gente extraña saquee sus posesiones.
12 Que nadie le extienda su bondad;
  que nadie se compadezca de sus huérfanos.
13 Que sea exterminada su descendencia;
  que desaparezca su *nombre en la próxima
    generación.
14 Que recuerde el SEÑOR la iniquidad de su padre,
  y no se olvide del pecado de su madre.
15 Que no les quite el SEÑOR la vista de encima,
  y que borre de la tierra su memoria.

16 Por cuanto se olvidó de hacer el bien,
  y persiguió hasta la muerte
  a pobres, afligidos y menesterosos,
17 y porque le encantaba maldecir,
  ¡que caiga sobre él la maldición!
  Por cuanto no se complacía en bendecir,
  ¡que se aleje de él la bendición!
18 Por cuanto se cubrió de maldición
  como quien se pone un vestido,
  ¡que ésta se filtre en su cuerpo como el agua!,
  ¡que penetre en sus huesos como el aceite!
19 ¡Que lo envuelva como un manto!
  ¡Que lo apriete en todo tiempo como un
    cinto!
20 ¡Que así les pague el SEÑOR a mis acusadores,
  a los que me calumnian!

21 Pero tú, SEÑOR Soberano,
  trátame bien por causa de tu nombre;
  líbrame por tu bondad y gran amor.
22 Ciertamente soy pobre y estoy necesitado;
  profundamente herido está mi corazón.
23 Me voy desvaneciendo como sombra
    vespertina;
  se desprenden de mí como de una langosta.
24 De tanto ayunar me tiemblan las rodillas;
  la piel se me pega a los huesos.
25 Soy para ellos motivo de burla;
  me ven, y menean la cabeza.

26 SEÑOR, mi Dios, ¡ayúdame!;
  por tu gran amor, ¡sálvame!
27 Que sepan que ésta es tu mano;
  que tú mismo, SEÑOR, lo has hecho.

4 In return for my friendship they accuse me,
  but I am a man of prayer.
5 They repay me evil for good,
  and hatred for my friendship.

6 Appointb an evil manc to oppose him;
  let an accuserd stand at his right hand.
7 When he is tried, let him be found guilty,
  and may his prayers condemn him.
8 May his days be few;
  may another take his place of leadership.
9 May his children be fatherless
  and his wife a widow.
10 May his children be wandering beggars;
  may they be drivene from their ruined
    homes.
11 May a creditor seize all he has;
  may strangers plunder the fruits of his
    labor.
12 May no one extend kindness to him
  or take pity on his fatherless children.
13 May his descendants be cut off,
  their names blotted out from the next
    generation.
14 May the iniquity of his fathers be
    remembered before the LORD;
  may the sin of his mother never be
    blotted out.
15 May their sins always remain before the
    LORD,
  that he may cut off the memory of them
    from the earth.

16 For he never thought of doing a kindness,
  but hounded to death the poor
  and the needy and the brokenhearted.
17 He loved to pronounce a curse—
  may itf come on him;
  he found no pleasure in blessing—
  may it beg far from him.
18 He wore cursing as his garment;
  it entered into his body like water,
  into his bones like oil.
19 May it be like a cloak wrapped about him,
  like a belt tied forever around him.
20 May this be the LORD's payment to my
    accusers,
  to those who speak evil of me.

21 But you, O Sovereign LORD,
  deal well with me for your name's sake;
  out of the goodness of your love, deliver
    me.
22 For I am poor and needy,
  and my heart is wounded within me.
23 I fade away like an evening shadow;
  I am shaken off like a locust.
24 My knees give way from fasting;
  my body is thin and gaunt.
25 I am an object of scorn to my accusers;
  when they see me, they shake their heads.

26 Help me, O LORD my God;
  save me in accordance with your love.
27 Let them know that it is your hand,
  that you, O LORD, have done it.

---

b 6 Or ⌊*They say:*⌋ "*Appoint* (with quotation marks at the end of
verse 19)   c 6 Or *the Evil One*   d 6 Or *let Satan*
e 10 Septuagint; Hebrew *sought*   f 17 Or *curse, / and it has*
g 17 Or *blessing, / and it is*

w 109:6 *esté su acusador.* Lit. *esté Satán.*

²⁸¿Qué importa que ellos me maldigan?
      ¡Bendíceme tú!
   Pueden atacarme, pero quedarán avergonzados;
      en cambio, este siervo tuyo se alegrará.
²⁹¡Queden mis acusadores cubiertos de deshonra,
      envueltos en un manto de vergüenza!

³⁰Por mi parte, daré muchas gracias al SEÑOR;
      lo alabaré entre una gran muchedumbre.
³¹Porque él defiende al ˣ necesitado,
      para salvarlo de quienes lo condenan.

²⁸They may curse, but you will bless;
      when they attack they will be put to
         shame,
   but your servant will rejoice.
²⁹My accusers will be clothed with disgrace
      and wrapped in shame as in a cloak.

³⁰With my mouth I will greatly extol the
      LORD;
   in the great throng I will praise him.
³¹For he stands at the right hand of the needy
         one,
   to save his life from those who condemn
         him.

Salmo de David.

Of David. A psalm.

110 Así dijo el SEÑOR a mi Señor:
      «Siéntate a mi derecha
   hasta que ponga a tus enemigos
      por estrado de tus pies.»

²¡Que el SEÑOR extienda desde *Sión
      el poder de tu cetro!
   ¡Domina tú en medio de tus enemigos!
³Tus tropas estarán dispuestas
      el día de la batalla,
      ordenadas en santa majestad.
   De las entrañas de la aurora
      recibirás el rocío de tu juventud.

⁴El SEÑOR ha jurado
      y no cambiará de parecer:
   «Tú eres sacerdote para siempre,
      según el orden de Melquisedec.»

⁵El Señor está a tu mano derecha;
      aplastará a los reyes en el día de su ira.
⁶Juzgará a las naciones y amontonará
         cadáveres;
      aplastará cabezas en toda la tierra.

⁷Beberá de un arroyo junto al camino,
      y por lo tanto cobrará nuevas fuerzas. ʸ

110 The LORD says to my Lord:
      "Sit at my right hand
   until I make your enemies
      a footstool for your feet."

²The LORD will extend your mighty scepter
      from Zion;
   you will rule in the midst of your
         enemies.
³Your troops will be willing
      on your day of battle.
   Arrayed in holy majesty,
      from the womb of the dawn
      you will receive the dew of your youth. ʰ

⁴The LORD has sworn
      and will not change his mind:
   "You are a priest forever,
      in the order of Melchizedek."

⁵The Lord is at your right hand;
      he will crush kings on the day of his
         wrath.
⁶He will judge the nations, heaping up the
         dead
      and crushing the rulers of the whole earth.
⁷He will drink from a brook beside the
         way ⁱ;
      therefore he will lift up his head.

111 ᶻ *¡Aleluya! ¡Alabado sea el SEÑOR!

Álef   Alabaré al SEÑOR con todo el corazón

Bet   en la asamblea, en compañía de los
                rectos.

Guímel ²Grandes son las obras del SEÑOR;

Dálet   estudiadas por los que en ellas se
                deleitan.

He   ³Gloriosas y majestuosas son sus obras;

Vav   su justicia permanece para siempre.

Zayin   ⁴Ha hecho memorables sus maravillas.

Jet   ¡El SEÑOR es clemente y compasivo!

Tet   ⁵Da de comer a quienes le temen;

Yod   siempre recuerda su pacto.

111 ʲ Praise the LORD. ᵏ

   I will extol the LORD with all my heart
      in the council of the upright and in the
         assembly.

²Great are the works of the LORD;
      they are pondered by all who delight in
         them.
³Glorious and majestic are his deeds,
      and his righteousness endures forever.
⁴He has caused his wonders to be
         remembered;
      the LORD is gracious and compassionate.
⁵He provides food for those who fear him;
      he remembers his covenant forever.

ˣ *109:31 defiende al.* Lit. *está de pie a la diestra del.*
ʸ *110:7 cobrará nuevas fuerzas.* Lit. *levantará la cabeza.*
ᶻ *Sal 111* Este salmo es un poema acróstico, que sigue el orden del
alfabeto hebreo.

ʰ *3 Or l your young men will come to you like the dew*   ⁱ *7 Or l*
The One who grants succession will set him in authority   ʲThis
psalm is an acrostic poem, the lines of which begin with the
successive letters of the Hebrew alphabet.   ᵏ *1* Hebrew
Hallelu Yah

Caf	6 Ha mostrado a su pueblo el poder de sus obras
Lámed	al darle la heredad de otras naciones.
Mem	7 Las obras de sus manos son fieles y justas;
Nun	todos sus preceptos son dignos de confianza,
Sámej	8 inmutables por los siglos de los siglos,
Ayin	establecidos con fidelidad y rectitud.
Pe	9 Pagó el precio del rescate de su pueblo
Tsade	y estableció su pacto para siempre.
Qof	¡Su *nombre es santo e imponente!
Resh	10 El principio de la sabiduría es el temor del SEÑOR;
Shin	buen juicio demuestran quienes cumplen sus preceptos.a
Tav	¡Su alabanza permanece para siempre!

112 b *¡Aleluya! ¡Alabado sea el SEÑOR!

Álef	*Dichoso el que teme al SEÑOR,
Bet	el que halla gran deleite en sus mandamientos.
Guímel	2 Sus hijos dominarán el país;
Dálet	la descendencia de los justos será bendecida.
He	3 En su casa habrá abundantes riquezas,
Vav	y para siempre permanecerá su justicia.
Zayin	4 Para los justos la luz brilla en las tinieblas.
Jet	¡Dios es clemente, compasivo y justo!
Tet	5 Bien le va al que presta con generosidad,
Yod	y maneja sus negocios con justicia.
Lámed	6 El justo será siempre recordado;
Caf	ciertamente nunca fracasará.
Mem	7 No temerá recibir malas noticias;
Nun	su corazón estará firme, confiado en el SEÑOR.
Sámej	8 Su corazón estará seguro, no tendrá temor,
Ayin	y al final verá derrotados a sus adversarios.
Pe	9 Reparte sus bienes entre los pobres;
Tsade	su justicia permanece para siempre;
Qof	su poderc será gloriosamente exaltado.
Resh	10 El malvado verá esto, y se irritará;
Shin	rechinando los dientes se irá desvaneciendo.
Tav	¡La ambición de los impíos será destruida!

6 He has shown his people the power of his works,
  giving them the lands of other nations.
7 The works of his hands are faithful and just;
  all his precepts are trustworthy.
8 They are steadfast for ever and ever,
  done in faithfulness and uprightness.
9 He provided redemption for his people;
  he ordained his covenant forever—
  holy and awesome is his name.
10 The fear of the LORD is the beginning of wisdom;
  all who follow his precepts have good understanding.
  To him belongs eternal praise.

112 l Praise the LORD.m

Blessed is the man who fears the LORD,
  who finds great delight in his commands.
2 His children will be mighty in the land;
  the generation of the upright will be blessed.
3 Wealth and riches are in his house,
  and his righteousness endures forever.
4 Even in darkness light dawns for the upright,
  for the gracious and compassionate and righteous man.n
5 Good will come to him who is generous and lends freely,
  who conducts his affairs with justice.
6 Surely he will never be shaken;
  a righteous man will be remembered forever.
7 He will have no fear of bad news;
  his heart is steadfast, trusting in the LORD.
8 His heart is secure, he will have no fear;
  in the end he will look in triumph on his foes.
9 He has scattered abroad his gifts to the poor,
  his righteousness endures forever;
  his horno will be lifted high in honor.
10 The wicked man will see and be vexed,
  he will gnash his teeth and waste away;
  the longings of the wicked will come to nothing.

---

a 111:10 quienes cumplen sus preceptos. Lit. quienes hacen estas cosas.   b Sal 112 Este salmo es un poema acróstico, que sigue el orden del alfabeto hebreo.   c 112:9 poder. Lit. cuerno.

l This psalm is an acrostic poem, the lines of which begin with the successive letters of the Hebrew alphabet.   m 1 Hebrew Hallelu Yah   n 4 Or / for ⌐the LORD⌐ is gracious and compassionate and righteous   o 9 Horn here symbolizes dignity.

113

*¡Aleluya! ¡Alabado sea el SEÑOR!

Alaben, siervos del SEÑOR,
    alaben el *nombre del SEÑOR.
2 Bendito sea el nombre del SEÑOR,
    desde ahora y para siempre.
3 Desde la salida del sol hasta su ocaso,
    sea alabado el nombre del SEÑOR.

4 El SEÑOR domina sobre todas las naciones;
    su gloria está sobre los cielos.
5 ¿Quién como el SEÑOR nuestro Dios,
    que tiene su trono en las alturas
6   y se digna contemplar los cielos y la tierra?

7 Él levanta del polvo al pobre
    y saca del muladar al necesitado;
8 los hace sentarse con príncipes,
    con los príncipes de su pueblo.
9 A la mujer estéril le da un hogar
    y le concede la dicha de ser madre.

    *¡Aleluya! ¡Alabado sea el SEÑOR!

113

Praise the LORD.[p]

Praise, O servants of the LORD,
    praise the name of the LORD.
2 Let the name of the LORD be praised,
    both now and forevermore.
3 From the rising of the sun to the place
        where it sets,
    the name of the LORD is to be praised.

4 The LORD is exalted over all the nations,
    his glory above the heavens.
5 Who is like the LORD our God,
    the One who sits enthroned on high,
6 who stoops down to look
    on the heavens and the earth?

7 He raises the poor from the dust
    and lifts the needy from the ash heap;
8 he seats them with princes,
    with the princes of their people.
9 He settles the barren woman in her home
    as a happy mother of children.

Praise the LORD.

114

Cuando Israel, el pueblo de Jacob,
    salió de Egipto, de un pueblo extraño,
2 Judá se convirtió en el santuario de Dios;
    Israel llegó a ser su dominio.

3 Al ver esto, el mar huyó;
    el Jordán se volvió atrás.
4 Las montañas saltaron como carneros,
    los cerros saltaron como ovejas.
5 ¿Qué te pasó, mar, que huiste,
    y a ti, Jordán, que te volviste atrás?
6   ¿Y a ustedes montañas, que saltaron como
        carneros?
    ¿Y a ustedes cerros, que saltaron como
        ovejas?

7 ¡Tiembla, oh tierra, ante el *Señor,
    tiembla ante el Dios de Jacob!
8 ¡Él convirtió la roca en un estanque,
    el pedernal en manantiales de agua!

114

When Israel came out of Egypt,
    the house of Jacob from a people of
        foreign tongue,
2 Judah became God's sanctuary,
    Israel his dominion.

3 The sea looked and fled,
    the Jordan turned back;
4 the mountains skipped like rams,
    the hills like lambs.

5 Why was it, O sea, that you fled,
    O Jordan, that you turned back,
6 you mountains, that you skipped like rams,
    you hills, like lambs?

7 Tremble, O earth, at the presence of the
        Lord,
    at the presence of the God of Jacob,
8 who turned the rock into a pool,
    the hard rock into springs of water.

115

La gloria, SEÑOR, no es para nosotros;
    no es para nosotros sino para tu *nombre,
por causa de tu amor y tu verdad.

2 ¿Por qué tienen que decirnos las naciones:
    «¿Dónde está su Dios?»
3 Nuestro Dios está en los cielos
    y puede hacer lo que le parezca.
4 Pero sus ídolos son de oro y plata,
    producto de manos humanas.
5 Tienen boca, pero no pueden hablar;
    ojos, pero no pueden ver;
6 tienen oídos, pero no pueden oír;
    nariz, pero no pueden oler;
7 tienen manos, pero no pueden palpar;
    pies, pero no pueden andar;
    ¡ni un solo sonido emite su garganta!
8 Semejantes a ellos son sus hacedores,
    y todos los que confían en ellos.

115

Not to us, O LORD, not to us
    but to your name be the glory,
    because of your love and faithfulness.

2 Why do the nations say,
    "Where is their God?"
3 Our God is in heaven;
    he does whatever pleases him.
4 But their idols are silver and gold,
    made by the hands of men.
5 They have mouths, but cannot speak,
    eyes, but they cannot see;
6 they have ears, but cannot hear,
    noses, but they cannot smell;
7 they have hands, but cannot feel,
    feet, but they cannot walk;
    nor can they utter a sound with their
        throats.
8 Those who make them will be like them,
    and so will all who trust in them.

p 1 Hebrew *Hallelu Yah*; also in verse 9

9 Pueblo de Israel, confía en el SEÑOR;
   él es tu ayuda y tu escudo.
10 Descendientes de Aarón, confíen en el SEÑOR;
   él es su ayuda y su escudo.
11 Los que temen al SEÑOR, confíen en él;
   él es su ayuda y su escudo.

12 El SEÑOR nos recuerda y nos bendice:
   bendice al pueblo de Israel,
   bendice a los descendientes de Aarón,
13   bendice a los que temen al SEÑOR,
   bendice a grandes y pequeños.

14 Que el SEÑOR multiplique la descendencia
   de ustedes y de sus hijos.
15 Que reciban bendiciones del SEÑOR,
   creador del cielo y de la tierra.

16 Los cielos le pertenecen al SEÑOR,
   pero a la *humanidad le ha dado la tierra.
17 Los muertos no alaban al SEÑOR,
   ninguno de los que bajan al silencio.
18 Somos nosotros los que alabamos al SEÑOR
   desde ahora y para siempre.

   *¡Aleluya! ¡Alabado sea el SEÑOR!

116 Yo amo al SEÑOR
   porque él escucha[d] mi voz suplicante.
2 Por cuanto él inclina a mí su oído,
   lo invocaré toda mi vida.

3 Los lazos de la muerte me enredaron;
   me sorprendió la angustia del *sepulcro,
   y caí en la ansiedad y la aflicción.
4 Entonces clamé al SEÑOR:
   «¡Te ruego, SEÑOR, que me salves la vida!»

5 El SEÑOR es compasivo y justo;
   nuestro Dios es todo ternura.
6 El SEÑOR protege a la gente sencilla;
   estaba yo muy débil, y él me salvó.

7 ¡Ya puedes, *alma mía, estar tranquila,
   que el SEÑOR ha sido bueno contigo!

8 Tú me has librado de la muerte,
   has enjugado mis lágrimas,
   no me has dejado tropezar.
9 Por eso andaré siempre delante del SEÑOR
   en esta tierra de los vivientes.
10 Aunque digo: «Me encuentro muy afligido»,
   sigo creyendo en Dios.
11 En mi desesperación he exclamado:
   «Todos son unos mentirosos.»

12 ¿Cómo puedo pagarle al SEÑOR
   por tanta bondad que me ha mostrado?
13 ¡Tan sólo brindando con la copa de *salvación
   e invocando el *nombre del SEÑOR!
14 ¡Tan sólo cumpliendo mis promesas al SEÑOR
   en presencia de todo su pueblo!

15 Mucho valor tiene a los ojos del SEÑOR
   la muerte de sus fieles.
16 Yo, SEÑOR, soy tu siervo;
   soy siervo tuyo, tu hijo fiel;[e]
   ¡tú has roto mis cadenas!

9 O house of Israel, trust in the LORD—
   he is their help and shield.
10 O house of Aaron, trust in the LORD—
   he is their help and shield.
11 You who fear him, trust in the LORD—
   he is their help and shield.

12 The LORD remembers us and will bless us:
   He will bless the house of Israel,
   he will bless the house of Aaron,
13 he will bless those who fear the LORD—
   small and great alike.

14 May the LORD make you increase,
   both you and your children.
15 May you be blessed by the LORD,
   the Maker of heaven and earth.

16 The highest heavens belong to the LORD,
   but the earth he has given to man.
17 It is not the dead who praise the LORD,
   those who go down to silence;
18 it is we who extol the LORD,
   both now and forevermore.

   Praise the LORD.[q]

116 I love the LORD, for he heard my voice;
   he heard my cry for mercy.
2 Because he turned his ear to me,
   I will call on him as long as I live.

3 The cords of death entangled me,
   the anguish of the grave[r] came upon me;
   I was overcome by trouble and sorrow.
4 Then I called on the name of the LORD:
   "O LORD, save me!"

5 The LORD is gracious and righteous;
   our God is full of compassion.
6 The LORD protects the simplehearted;
   when I was in great need, he saved me.

7 Be at rest once more, O my soul,
   for the LORD has been good to you.

8 For you, O LORD, have delivered my soul
      from death,
   my eyes from tears,
   my feet from stumbling,
9 that I may walk before the LORD
   in the land of the living.
10 I believed; therefore[s] I said,
   "I am greatly afflicted."
11 And in my dismay I said,
   "All men are liars."

12 How can I repay the LORD
   for all his goodness to me?
13 I will lift up the cup of salvation
   and call on the name of the LORD.
14 I will fulfill my vows to the LORD
   in the presence of all his people.

15 Precious in the sight of the LORD
   is the death of his saints.
16 O LORD, truly I am your servant;
   I am your servant, the son of your
      maidservant[t];
   you have freed me from my chains.

---

d 116:1 Yo amo ... él escucha. Lit. Yo amo porque el Señor escucha.
e 116:16 tu hijo fiel. Lit. hijo de tu sierva.

q 18 Hebrew Hallelu Yah   r 3 Hebrew Sheol
s 10 Or believed even when   t 16 Or servant, your faithful son

17 Te ofreceré un sacrificio de gratitud
   e invocaré, Señor, tu nombre.
18 Cumpliré mis votos al Señor
   en presencia de todo su pueblo,
19 en los atrios de la casa del Señor,
   en medio de ti, oh Jerusalén.

   *¡Aleluya! ¡Alabado sea el Señor!

117
¡Alaben al Señor, naciones todas!
   ¡Pueblos todos, cántenle alabanzas!
2 ¡Grande es su amor por nosotros!
   ¡La fidelidad del Señor es eterna!

   *¡Aleluya! ¡Alabado sea el Señor!

118
Den gracias al Señor, porque él es bueno;
   su gran amor perdura para siempre.

2 Que proclame el pueblo de Israel:
   «Su gran amor perdura para siempre.»
3 Que proclamen los descendientes de Aarón:
   «Su gran amor perdura para siempre.»
4 Que proclamen los que temen al Señor:
   «Su gran amor perdura para siempre.»

5 Desde mi angustia clamé al Señor,
   y él respondió dándome libertad.
6 El Señor está conmigo, y no tengo miedo;
   ¿qué me puede hacer un simple *mortal?
7 El Señor está conmigo, él es mi ayuda;
   ¡ya veré por los suelos a los que me odian!

8 Es mejor refugiarse en el Señor
   que confiar en el *hombre.
9 Es mejor refugiarse en el Señor
   que fiarse de los poderosos.

10 Todas las naciones me rodearon,
   pero en el *nombre del Señor las aniquilé.
11 Me rodearon por completo,
   pero en el nombre del Señor las aniquilé.
12 Me rodearon como avispas,
   pero se consumieron como zarzas en el
      fuego.
   ¡En el nombre del Señor las aniquilé!

13 Me empujaron ƒ con violencia para que
      cayera,
   pero el Señor me ayudó.
14 El Señor es mi fuerza y mi canto;
   ¡él es mi *salvación!

15 Gritos de júbilo y *victoria
   resuenan en las casas de los justos:
   «¡La diestra del Señor realiza proezas!
16   ¡La diestra del Señor es exaltada!
   ¡La diestra del Señor realiza proezas!»

17 No he de morir; he de vivir
   para proclamar las maravillas del Señor.
18 El Señor me ha castigado con dureza,
   pero no me ha entregado a la muerte.

---

17 I will sacrifice a thank offering to you
   and call on the name of the Lord.
18 I will fulfill my vows to the Lord
   in the presence of all his people,
19 in the courts of the house of the Lord—
   in your midst, O Jerusalem.

   Praise the Lord. ᵘ

117
Praise the Lord, all you nations;
   extol him, all you peoples.
2 For great is his love toward us,
   and the faithfulness of the Lord endures
      forever.

   Praise the Lord. ᵘ

118
Give thanks to the Lord, for he is good;
   his love endures forever.

2 Let Israel say:
   "His love endures forever."
3 Let the house of Aaron say:
   "His love endures forever."
4 Let those who fear the Lord say:
   "His love endures forever."

5 In my anguish I cried to the Lord,
   and he answered by setting me free.
6 The Lord is with me; I will not be afraid.
   What can man do to me?
7 The Lord is with me; he is my helper.
   I will look in triumph on my enemies.

8 It is better to take refuge in the Lord
   than to trust in man.
9 It is better to take refuge in the Lord
   than to trust in princes.

10 All the nations surrounded me,
   but in the name of the Lord I cut them
      off.
11 They surrounded me on every side,
   but in the name of the Lord I cut them
      off.
12 They swarmed around me like bees,
   but they died out as quickly as burning
      thorns;
   in the name of the Lord I cut them off.

13 I was pushed back and about to fall,
   but the Lord helped me.
14 The Lord is my strength and my song;
   he has become my salvation.

15 Shouts of joy and victory
   resound in the tents of the righteous:
   "The Lord's right hand has done mighty
      things!
16   The Lord's right hand is lifted high;
   the Lord's right hand has done mighty
      things!"

17 I will not die but live,
   and will proclaim what the Lord has
      done.
18 The Lord has chastened me severely,
   but he has not given me over to death.

ƒ 118:13 Me empujaron (LXX, Vulgata y Siríaca); Tú me empujaste
(TM).

ᵘ 19,2 Hebrew Hallelu Yah

¹⁹Ábranme las *puertas de la justicia
　para que entre yo a dar gracias al SEÑOR.
²⁰Son las puertas del SEÑOR,
　por las que entran los justos.
²¹¡Te daré gracias porque me respondiste,
　porque eres mi *salvación!

²²La piedra que desecharon los constructores
　ha llegado a ser la piedra angular.
²³Esto ha sido obra del SEÑOR,
　y nos deja maravillados.
²⁴Éste es el día en que el SEÑOR actuó;
　regocijémonos y alegrémonos en él.

²⁵SEÑOR, ¡danos la *salvación!
　SEÑOR, ¡concédenos la *victoria!
²⁶Bendito el que viene en el nombre del SEÑOR.
　Desde la casa del SEÑOR los bendecimos.
²⁷El SEÑOR es Dios y nos ilumina.
　Únanse a la procesión portando ramas en la
　mano
　hasta los cuernos del altar. ^g

²⁸Tú eres mi Dios, por eso te doy gracias;
　tú eres mi Dios, por eso te exalto.

²⁹Den gracias al SEÑOR, porque él es bueno;
　su gran amor perdura para siempre.

119^h Álef　¹*Dichosos los que van por
　　　　　*caminos perfectos,

　los que andan conforme a la *ley del
　　SEÑOR.
²Dichosos los que guardan sus *estatutos
　y de todo corazón lo buscan.
³Jamás hacen nada malo,
　sino que siguen los *caminos de Dios.
⁴Tú has establecido tus preceptos,
　para que se cumplan fielmente.
⁵¡Cuánto deseo afirmar mis caminos
　para cumplir tus decretos!
⁶No tendré que pasar vergüenzas
　cuando considere todos tus
　mandamientos.
⁷Te alabaré con integridad de corazón,
　cuando aprenda tus justos juicios.
⁸Tus decretos cumpliré;
　no me abandones del todo.

Bet　⁹¿Cómo puede el joven llevar una vida
　　íntegra?

　Viviendo conforme a tu palabra.
¹⁰Yo te busco con todo el corazón;
　no dejes que me desvíe de tus
　mandamientos.
¹¹En mi corazón atesoro tus dichos
　para no pecar contra ti.
¹²¡Bendito seas, SEÑOR!
　¡Enséñame tus decretos!

¹⁹Open for me the gates of righteousness;
　I will enter and give thanks to the LORD.
²⁰This is the gate of the LORD
　through which the righteous may enter.
²¹I will give you thanks, for you answered
　me;
　you have become my salvation.

²²The stone the builders rejected
　has become the capstone;
²³the LORD has done this,
　and it is marvelous in our eyes.
²⁴This is the day the LORD has made;
　let us rejoice and be glad in it.

²⁵O LORD, save us;
　O LORD, grant us success.
²⁶Blessed is he who comes in the name of the
　LORD.
　From the house of the LORD we bless
　you.^v
²⁷The LORD is God,
　and he has made his light shine upon us.
　With boughs in hand, join in the festal
　procession
　up^w to the horns of the altar.

²⁸You are my God, and I will give you
　thanks;
　you are my God, and I will exalt you.

²⁹Give thanks to the LORD, for he is good;
　his love endures forever.

א　Aleph

119^x Blessed are they whose ways are
　　　blameless,
　who walk according to the law of the
　　LORD.
²Blessed are they who keep his statutes
　and seek him with all their heart.
³They do nothing wrong;
　they walk in his ways.
⁴You have laid down precepts
　that are to be fully obeyed.
⁵Oh, that my ways were steadfast
　in obeying your decrees!
⁶Then I would not be put to shame
　when I consider all your commands.
⁷I will praise you with an upright heart
　as I learn your righteous laws.
⁸I will obey your decrees;
　do not utterly forsake me.

ב　Beth

⁹How can a young man keep his way pure?
　By living according to your word.
¹⁰I seek you with all my heart;
　do not let me stray from your commands.
¹¹I have hidden your word in my heart
　that I might not sin against you.
¹²Praise be to you, O LORD;
　teach me your decrees.

---

^g 118:27 Únanse ... del altar. Alt. Aten el sacrificio festivo con
sogas / y llévenlo hasta los cuernos del altar.　^h Sal 119 Éste es
un salmo acróstico, dividido en 22 estrofas, conforme al número de
las letras del alfabeto hebreo. En el texto hebreo cada una de las
ocho líneas principales de cada estrofa comienza con la letra que da
nombre a la misma.

^v 26 The Hebrew is plural.　^w 27 Or Bind the festal sacrifice with
ropes / and take it　^x This psalm is an acrostic poem; the verses
of each stanza begin with the same letter of the Hebrew alphabet.

¹³Con mis labios he proclamado
   todos los juicios que has emitido.
¹⁴Me regocijo en el *camino de tus estatutos
   más que en*ⁱ* todas las riquezas.
¹⁵En tus preceptos medito,
   y pongo mis ojos en tus sendas.
¹⁶En tus decretos hallo mi deleite,
   y jamás olvidaré tu palabra.

Guímel ¹⁷Trata con bondad a este siervo tuyo;

   así viviré y obedeceré tu palabra.
¹⁸Ábreme los ojos, para que contemple
   las maravillas de tu ley.
¹⁹En esta tierra soy un extranjero;
   no escondas de mí tus mandamientos.
²⁰A toda hora siento un nudo en la garganta
   por el deseo de conocer tus juicios.
²¹Tú reprendes a los insolentes;
   ¡malditos los que se apartan de tus
     mandamientos!
²²Aleja de mí el menosprecio y el desdén,
   pues yo cumplo tus estatutos.
²³Aun los poderosos se confabulan contra
     mí,
   pero este siervo tuyo medita en tus
     decretos.
²⁴Tus estatutos son mi deleite;
   son también mis consejeros.

Dálet ²⁵Postrado estoy en el polvo;

   dame vida conforme a tu palabra.
²⁶Tú me respondiste cuando te hablé de mis
     caminos.
   ¡Enséñame tus decretos!
²⁷Hazme entender el *camino de tus
     preceptos,
   y meditaré en tus maravillas.
²⁸De angustia se me derrite el *alma:
   susténtame conforme a tu palabra.
²⁹Manténme alejado de caminos torcidos;
   concédeme las bondades de tu ley.
³⁰He optado por el camino de la fidelidad,
   he escogido tus juicios.
³¹Yo, Señor, me apego a tus estatutos;
   no me hagas pasar vergüenza.
³²Corro por el camino de tus mandamientos,
   porque has ampliado mi modo de
     pensar.

He ³³Enséñame, Señor, a seguir tus decretos,

   y los cumpliré hasta el fin.
³⁴Dame entendimiento para seguir tu ley,
   y la cumpliré de todo corazón.
³⁵Dirígeme por la senda de tus
     mandamientos,
   porque en ella encuentro mi solaz.
³⁶Inclina mi corazón hacia tus estatutos
   y no hacia las ganancias desmedidas.
³⁷Aparta mi vista de cosas vanas,
   dame vida conforme a tu palabra.*ʲ*
³⁸Confirma tu promesa a este siervo,
   como lo has hecho con los que te temen.
³⁹Líbrame del oprobio que me aterra,
   porque tus juicios son buenos.
⁴⁰¡Yo amo tus preceptos!
   ¡Dame vida conforme a tu justicia!

¹³With my lips I recount
   all the laws that come from your mouth.
¹⁴I rejoice in following your statutes
   as one rejoices in great riches.
¹⁵I meditate on your precepts
   and consider your ways.
¹⁶I delight in your decrees;
   I will not neglect your word.

ℷ   Gimel

¹⁷Do good to your servant, and I will live;
   I will obey your word.
¹⁸Open my eyes that I may see
   wonderful things in your law.
¹⁹I am a stranger on earth;
   do not hide your commands from me.
²⁰My soul is consumed with longing
   for your laws at all times.
²¹You rebuke the arrogant, who are cursed
   and who stray from your commands.
²²Remove from me scorn and contempt,
   for I keep your statutes.
²³Though rulers sit together and slander me,
   your servant will meditate on your
     decrees.
²⁴Your statutes are my delight;
   they are my counselors.

ד   Daleth

²⁵I am laid low in the dust;
   preserve my life according to your word.
²⁶I recounted my ways and you answered me;
   teach me your decrees.
²⁷Let me understand the teaching of your
     precepts;
   then I will meditate on your wonders.
²⁸My soul is weary with sorrow;
   strengthen me according to your word.
²⁹Keep me from deceitful ways;
   be gracious to me through your law.
³⁰I have chosen the way of truth;
   I have set my heart on your laws.
³¹I hold fast to your statutes, O Lord;
   do not let me be put to shame.
³²I run in the path of your commands,
   for you have set my heart free.

ה   He

³³Teach me, O Lord, to follow your decrees;
   then I will keep them to the end.
³⁴Give me understanding, and I will keep
     your law
   and obey it with all my heart.
³⁵Direct me in the path of your commands,
   for there I find delight.
³⁶Turn my heart toward your statutes
   and not toward selfish gain.
³⁷Turn my eyes away from worthless things;
   preserve my life according to your
     word.*ʸ*
³⁸Fulfill your promise to your servant,
   so that you may be feared.
³⁹Take away the disgrace I dread,
   for your laws are good.
⁴⁰How I long for your precepts!
   Preserve my life in your righteousness.

ⁱ 119:14 más que en (Siríaca); *como sobre* (TM).
ʲ 119:37 conforme a tu palabra (Targum y dos mss. hebreos); *en tu camino* (TM).

ʸ 37 Two manuscripts of the Masoretic Text and Dead Sea Scrolls; most manuscripts of the Masoretic Text *life in your way*

Vav   41 Envíame, SEÑOR, tu gran amor

y tu *salvación, conforme a tu promesa.
42 Así responderé a quien me desprecie,
porque yo confío en tu palabra.
43 No me quites de la boca la palabra de
verdad,
pues en tus juicios he puesto mi
esperanza.
44 Por toda la eternidad
obedeceré fielmente tu ley.
45 Viviré con toda libertad,
porque he buscado tus preceptos.
46 Hablaré de tus estatutos a los reyes
y no seré avergonzado,
47 pues amo tus mandamientos,
y en ellos me regocijo.
48 Yo amo tus mandamientos,
y hacia ellos elevo mis manos;
¡quiero meditar en tus decretos!

Zayin   49 Acuérdate de la palabra que diste a este
siervo tuyo,

palabra con la que me infundiste
esperanza.
50 Éste es mi consuelo en medio del dolor:
que tu promesa me da vida.
51 Los insolentes me ofenden hasta el colmo,
pero yo no me aparto de tu ley.
52 Me acuerdo, SEÑOR, de tus juicios de
antaño,
y encuentro consuelo en ellos.
53 Me llenan de indignación los impíos,
que han abandonado tu ley.
54 Tus decretos han sido mis cánticos
en el lugar de mi destierro.
55 SEÑOR, por la noche evoco tu *nombre;
¡quiero cumplir tu ley!
56 Lo que a mí me corresponde
es obedecer tus preceptos.^k

Jet   57 ¡Mi herencia eres tú, SEÑOR!

Prometo obedecer tus palabras.
58 De todo corazón busco tu rostro;
compadécete de mí conforme a tu
promesa.
59 Me he puesto a pensar en mis caminos,
y he orientado mis pasos hacia tus
estatutos.
60 Me doy prisa, no tardo nada
para cumplir tus mandamientos.
61 Aunque los lazos de los impíos me
aprisionan,
yo no me olvido de tu ley.
62 A medianoche me levanto a darte gracias
por tus rectos juicios.
63 Soy amigo de todos los que te honran,
de todos los que observan tus preceptos.
64 Enséñame, SEÑOR, tus decretos;
¡la tierra está llena de tu gran amor!

Tet   65 Tú, SEÑOR, tratas bien a tu siervo,

conforme a tu palabra.
66 Impárteme *conocimiento y buen juicio,
pues yo creo en tus mandamientos.
67 Antes de sufrir anduve descarriado,
pero ahora obedezco tu palabra.
68 Tú eres bueno, y haces el bien;
enséñame tus decretos.

ו   Waw

41 May your unfailing love come to me,
O LORD,
your salvation according to your promise;
42 then I will answer the one who taunts me,
for I trust in your word.
43 Do not snatch the word of truth from my
mouth,
for I have put my hope in your laws.
44 I will always obey your law,
for ever and ever.
45 I will walk about in freedom,
for I have sought out your precepts.
46 I will speak of your statutes before kings
and will not be put to shame,
47 for I delight in your commands
because I love them.
48 I lift up my hands to^z your commands,
which I love,
and I meditate on your decrees.

ז   Zayin

49 Remember your word to your servant,
for you have given me hope.
50 My comfort in my suffering is this:
Your promise preserves my life.
51 The arrogant mock me without restraint,
but I do not turn from your law.
52 I remember your ancient laws, O LORD,
and I find comfort in them.
53 Indignation grips me because of the wicked,
who have forsaken your law.
54 Your decrees are the theme of my song
wherever I lodge.
55 In the night I remember your name,
O LORD,
and I will keep your law.
56 This has been my practice:
I obey your precepts.

ח   Heth

57 You are my portion, O LORD;
I have promised to obey your words.
58 I have sought your face with all my heart;
be gracious to me according to your
promise.
59 I have considered my ways
and have turned my steps to your statutes.
60 I will hasten and not delay
to obey your commands.
61 Though the wicked bind me with ropes,
I will not forget your law.
62 At midnight I rise to give you thanks
for your righteous laws.
63 I am a friend to all who fear you,
to all who follow your precepts.
64 The earth is filled with your love, O LORD;
teach me your decrees.

ט   Teth

65 Do good to your servant
according to your word, O LORD.
66 Teach me knowledge and good judgment,
for I believe in your commands.
67 Before I was afflicted I went astray,
but now I obey your word.
68 You are good, and what you do is good;
teach me your decrees.

---

^k *119:56 Lo que a mí ... tus preceptos.* Alt. *Esto es lo que me
corresponde, porque obedezco tus preceptos.*   ^z *48 Or for*

69 Aunque los insolentes me difaman,
yo cumplo tus preceptos con todo el
corazón.
70 El corazón de ellos es torpe e insensible,
pero yo me regocijo en tu ley.
71 Me hizo bien haber sido afligido,
porque así llegué a conocer tus decretos.
72 Para mí es más valiosa tu *enseñanza
que millares de monedas de oro y plata.

Yod   73 Con tus manos me creaste, me diste forma.

Dame entendimiento para aprender tus
mandamientos.
74 Los que te honran se regocijan al verme,
porque he puesto mi esperanza en tu
palabra.
75 SEÑOR, yo sé que tus juicios son justos,
y que con justa razón me afliges.
76 Que sea tu gran amor mi consuelo,
conforme a la promesa que hiciste a tu
siervo.
77 Que venga tu compasión a darme vida,
porque en tu ley me regocijo.
78 Sean avergonzados los insolentes que sin
motivo me maltratan;
yo, por mi parte, meditaré en tus
preceptos.
79 Que se reconcilien conmigo los que te
temen,
los que conocen tus estatutos.
80 Sea mi corazón íntegro hacia tus decretos,
para que yo no sea avergonzado.

Caf   81 Esperando tu salvación se me va la vida.

En tu palabra he puesto mi esperanza.
82 Mis ojos se consumen esperando tu
promesa,
y digo: «¿Cuándo vendrás a
consolarme?»
83 Parezco un odre ennegrecido por el humo,
pero no me olvido de tus decretos.
84 ¿Cuánto más vivirá este siervo tuyo?
¿Cuándo juzgarás a mis perseguidores?
85 Me han cavado trampas los insolentes,
los que no viven conforme a tu ley.
86 Todos tus mandamientos son fidedignos;
¡ayúdame!, pues falsos son mis
perseguidores.
87 Por poco me borran de la tierra,
pero yo no abandono tus preceptos.
88 Por tu gran amor, dame vida
y cumpliré tus estatutos.

Lámed   89 Tu palabra, SEÑOR, es eterna,

y está firme en los cielos.
90 Tu fidelidad permanece para siempre;
estableciste la tierra, y quedó firme.
91 Todo subsiste hoy, conforme a tus
decretos,
porque todo está a tu servicio.
92 Si tu ley no fuera mi regocijo,
la aflicción habría acabado conmigo.
93 Jamás me olvidaré de tus preceptos,
pues con ellos me has dado vida.

69 Though the arrogant have smeared me with
lies,
I keep your precepts with all my heart.
70 Their hearts are callous and unfeeling,
but I delight in your law.
71 It was good for me to be afflicted
so that I might learn your decrees.
72 The law from your mouth is more precious
to me
than thousands of pieces of silver and
gold.

י   Yodh

73 Your hands made me and formed me;
give me understanding to learn your
commands.
74 May those who fear you rejoice when they
see me,
for I have put my hope in your word.
75 I know, O LORD, that your laws are
righteous,
and in faithfulness you have afflicted me.
76 May your unfailing love be my comfort,
according to your promise to your
servant.
77 Let your compassion come to me that I may
live,
for your law is my delight.
78 May the arrogant be put to shame for
wronging me without cause;
but I will meditate on your precepts.
79 May those who fear you turn to me,
those who understand your statutes.
80 May my heart be blameless toward your
decrees,
that I may not be put to shame.

כ   Kaph

81 My soul faints with longing for your
salvation,
but I have put my hope in your word.
82 My eyes fail, looking for your promise;
I say, "When will you comfort me?"
83 Though I am like a wineskin in the smoke,
I do not forget your decrees.
84 How long must your servant wait?
When will you punish my persecutors?
85 The arrogant dig pitfalls for me,
contrary to your law.
86 All your commands are trustworthy;
help me, for men persecute me without
cause.
87 They almost wiped me from the earth,
but I have not forsaken your precepts.
88 Preserve my life according to your love,
and I will obey the statutes of your
mouth.

ל   Lamedh

89 Your word, O LORD, is eternal;
it stands firm in the heavens.
90 Your faithfulness continues through all
generations;
you established the earth, and it endures.
91 Your laws endure to this day,
for all things serve you.
92 If your law had not been my delight,
I would have perished in my affliction.
93 I will never forget your precepts,
for by them you have preserved my life.

94 ¡Sálvame, pues te pertenezco
   y escudriño tus preceptos!
95 Los impíos me acechan para destruirme,
   pero yo me esfuerzo por entender tus
     estatutos.
96 He visto que aun la perfección tiene sus
     límites;
   ¡sólo tus mandamientos son infinitos!

Mem   97 ¡Cuánto amo yo tu ley!

     Todo el día medito en ella.
98 Tus mandamientos me hacen más sabio
     que mis enemigos
   porque me pertenecen para siempre.
99 Tengo más discernimiento que todos mis
     maestros
   porque medito en tus estatutos.
100 Tengo más entendimiento que los ancianos
   porque obedezco tus preceptos.
101 Aparto mis pies de toda mala senda
   para cumplir con tu palabra.
102 No me desvío de tus juicios
   porque tú mismo me instruyes.
103 ¡Cuán dulces son a mi paladar tus
     palabras!
   ¡Son más dulces que la miel a mi boca!
104 De tus preceptos adquiero entendimiento;
   por eso aborrezco toda senda de mentira.

Nun   105 Tu palabra es una lámpara a mis pies;

     es una luz en mi sendero.
106 Hice un juramento, y lo he confirmado:
   que acataré tus rectos juicios.
107 SEÑOR, es mucho lo que he sufrido;
   dame vida conforme a tu palabra.
108 SEÑOR, acepta la ofrenda que brota de mis
     labios;
   enséñame tus juicios.
109 Mi vida pende de un hilo,*l*
   pero no me olvido de tu ley.
110 Los impíos me han tendido una trampa,
   pero no me aparto de tus preceptos.
111 Tus estatutos son mi herencia permanente;
   son el regocijo de mi corazón.
112 Inclino mi corazón a cumplir tus decretos
   para siempre y hasta el fin.

Sámej   113 Aborrezco a los hipócritas,

     pero amo tu ley.
114 Tú eres mi escondite y mi escudo;
   en tu palabra he puesto mi esperanza.
115 ¡Malhechores, apártense de mí,
   que quiero cumplir los mandamientos de
     mi Dios!
116 Sosténme conforme a tu promesa, y viviré;
   no defraudes mis esperanzas.
117 Defiéndeme, y estaré a salvo;
   siempre optaré por tus decretos.
118 Tú rechazas a los que se desvían de tus
     decretos,
   porque sólo maquinan falsedades.
119 Tú desechas como escoria a los impíos de
     la tierra;
   por eso amo tus estatutos.
120 Mi cuerpo se estremece por el temor que
     me inspiras;
   siento reverencia por tus leyes.

94 Save me, for I am yours;
   I have sought out your precepts.
95 The wicked are waiting to destroy me,
   but I will ponder your statutes.
96 To all perfection I see a limit;
   but your commands are boundless.

צ   Mem

97 Oh, how I love your law!
   I meditate on it all day long.
98 Your commands make me wiser than my
     enemies,
   for they are ever with me.
99 I have more insight than all my teachers,
   for I meditate on your statutes.
100 I have more understanding than the elders,
   for I obey your precepts.
101 I have kept my feet from every evil path
   so that I might obey your word.
102 I have not departed from your laws,
   for you yourself have taught me.
103 How sweet are your words to my taste,
   sweeter than honey to my mouth!
104 I gain understanding from your precepts;
   therefore I hate every wrong path.

נ   Nun

105 Your word is a lamp to my feet
   and a light for my path.
106 I have taken an oath and confirmed it,
   that I will follow your righteous laws.
107 I have suffered much;
   preserve my life, O LORD, according to
     your word.
108 Accept, O LORD, the willing praise of my
     mouth,
   and teach me your laws.
109 Though I constantly take my life in my
     hands,
   I will not forget your law.
110 The wicked have set a snare for me,
   but I have not strayed from your precepts.
111 Your statutes are my heritage forever;
   they are the joy of my heart.
112 My heart is set on keeping your decrees
   to the very end.

ס   Samekh

113 I hate double-minded men,
   but I love your law.
114 You are my refuge and my shield;
   I have put my hope in your word.
115 Away from me, you evildoers,
   that I may keep the commands of my
     God!
116 Sustain me according to your promise, and I
     will live;
   do not let my hopes be dashed.
117 Uphold me, and I will be delivered;
   I will always have regard for your
     decrees.
118 You reject all who stray from your decrees,
   for their deceitfulness is in vain.
119 All the wicked of the earth you discard like
     dross;
   therefore I love your statutes.
120 My flesh trembles in fear of you;
   I stand in awe of your laws.

---

l 119:109 pende de un hilo. Lit. *está siempre en mi puño.*

Ayin 121 Yo practico la justicia y el derecho;

no me dejes en manos de mis opresores.
122 Garantiza el bienestar de tu siervo;
que no me opriman los arrogantes.
123 Mis ojos se consumen esperando tu
salvación,
esperando que se cumpla tu justicia.
124 Trata a tu siervo conforme a tu gran amor;
enséñame tus decretos.
125 Tu siervo soy: dame entendimiento
y llegaré a conocer tus estatutos.
126 SEÑOR, ya es tiempo de que actúes,
pues tu ley está siendo quebrantada.
127 Sobre todas las cosas amo tus
mandamientos,
más que el oro, más que el oro refinado.
128 Por eso tomo en cuenta todos tus
preceptos^m
y aborrezco toda senda falsa.

Pe 129 Tus estatutos son maravillosos;

por eso los obedezco.
130 La exposición de tus palabras nos da luz,
y da entendimiento al *sencillo.
131 Jadeante abro la boca
porque ansío tus mandamientos.
132 Vuélvete a mí, y tenme compasión
como haces siempre con los que aman
tu nombre.
133 Guía mis pasos conforme a tu promesa;
no dejes que me domine la iniquidad.
134 Líbrame de la opresión humana,
pues quiero obedecer tus preceptos.
135 Haz brillar tu rostro sobre tu siervo;
enséñame tus decretos.
136 Ríos de lágrimas brotan de mis ojos,
porque tu ley no se obedece.

Tsade 137 SEÑOR, tú eres justo,

y tus juicios son rectos.
138 Justos son los estatutos que has ordenado,
y muy dignos de confianza.
139 Mi celo me consume,
porque mis adversarios pasan por alto
tus palabras.
140 Tus promesas han superado muchas
pruebas,
por eso tu siervo las ama.
141 Insignificante y menospreciable como soy,
no me olvido de tus preceptos.
142 Tu justicia es siempre justa;
tu ley es la verdad.
143 He caído en la angustia y la aflicción,
pero tus mandamientos son mi regocijo.
144 Tus estatutos son siempre justos;
dame entendimiento para poder vivir.

Qof 145 Con todo el corazón clamo a ti, SEÑOR;

respóndeme, y obedeceré tus decretos.
146 A ti clamo: «¡Sálvame!»
Quiero cumplir tus estatutos.
147 Muy de mañana me levanto a pedir ayuda;
en tus palabras he puesto mi esperanza.
148 En toda la noche no pego los ojos,ⁿ
para meditar en tu promesa.

ע   Ayin

121 I have done what is righteous and just;
do not leave me to my oppressors.
122 Ensure your servant's well-being;
let not the arrogant oppress me.
123 My eyes fail, looking for your salvation,
looking for your righteous promise.
124 Deal with your servant according to your
love
and teach me your decrees.
125 I am your servant; give me discernment
that I may understand your statutes.
126 It is time for you to act, O LORD;
your law is being broken.
127 Because I love your commands
more than gold, more than pure gold,
128 and because I consider all your precepts
right,
I hate every wrong path.

פ   Pe

129 Your statutes are wonderful;
therefore I obey them.
130 The unfolding of your words gives light;
it gives understanding to the simple.
131 I open my mouth and pant,
longing for your commands.
132 Turn to me and have mercy on me,
as you always do to those who love your
name.
133 Direct my footsteps according to your word;
let no sin rule over me.
134 Redeem me from the oppression of men,
that I may obey your precepts.
135 Make your face shine upon your servant
and teach me your decrees.
136 Streams of tears flow from my eyes,
for your law is not obeyed.

צ   Tsadhe

137 Righteous are you, O LORD,
and your laws are right.
138 The statutes you have laid down are
righteous;
they are fully trustworthy.
139 My zeal wears me out,
for my enemies ignore your words.
140 Your promises have been thoroughly tested,
and your servant loves them.
141 Though I am lowly and despised,
I do not forget your precepts.
142 Your righteousness is everlasting
and your law is true.
143 Trouble and distress have come upon me,
but your commands are my delight.
144 Your statutes are forever right;
give me understanding that I may live.

ק   Qoph

145 I call with all my heart; answer me,
O LORD,
and I will obey your decrees.
146 I call out to you; save me
and I will keep your statutes.
147 I rise before dawn and cry for help;
I have put my hope in your word.
148 My eyes stay open through the watches of
the night,
that I may meditate on your promises.

---

^m *119:128 Por eso ... tus preceptos* (véanse LXX y Vulgata); *Por eso todos los estatutos de todo lo que hago recto* (TM).
ⁿ *119:148 En toda ... los ojos.* Lit. *Se anticipan mis ojos a las vigilias.*

149 Conforme a tu gran amor, escucha mi voz;
   conforme a tus juicios, SEÑOR, dame vida.
150 Ya se acercan mis crueles perseguidores,
   pero andan muy lejos de tu ley.
151 Tú, SEÑOR, también estás cerca,
   y todos tus mandamientos son verdad.
152 Desde hace mucho conozco tus estatutos,
   los cuales estableciste para siempre.

Resh
153 Considera mi aflicción, y líbrame,
   pues no me he olvidado de tu ley.
154 Defiende mi causa, rescátame;
   dame vida conforme a tu promesa.
155 La salvación está lejos de los impíos,
   porque ellos no buscan tus decretos.
156 Grande es, SEÑOR, tu compasión;
   dame vida conforme a tus juicios.
157 Muchos son mis adversarios y mis
   perseguidores,
   pero yo no me aparto de tus estatutos.
158 Miro a esos renegados y me dan náuseas,
   porque no cumplen tus palabras.
159 Mira, SEÑOR, cuánto amo tus preceptos;
   conforme a tu gran amor, dame vida.
160 La suma de tus palabras es la verdad;
   tus rectos juicios permanecen para
   siempre.

Shin
161 Gente poderosa[ñ] me persigue sin motivo,
   pero mi corazón se asombra ante tu
   palabra.
162 Yo me regocijo en tu promesa
   como quien halla un gran botín.
163 Aborrezco y repudio la falsedad,
   pero amo tu ley.
164 Siete veces al día te alabo
   por tus rectos juicios.
165 Los que aman tu ley disfrutan de gran
   *bienestar,
   y nada los hace tropezar.
166 Yo, SEÑOR, espero tu salvación
   y practico tus mandamientos.
167 Con todo mi ser cumplo tus estatutos.
   ¡Cuánto los amo!
168 Obedezco tus preceptos y tus estatutos,
   porque conoces todos mis caminos.

Tav
169 Que llegue mi clamor a tu presencia;
   dame entendimiento, SEÑOR, conforme a
   tu palabra.
170 Que llegue a tu presencia mi súplica;
   líbrame, conforme a tu promesa.
171 Que rebosen mis labios de alabanza,
   porque tú me enseñas tus decretos.
172 Que entone mi lengua un cántico a tu
   palabra,
   pues todos tus mandamientos son justos.
173 Que acuda tu mano en mi ayuda,
   porque he escogido tus preceptos.
174 Yo, SEÑOR, ansío tu salvación.
   Tu ley es mi regocijo.
175 Déjame vivir para alabarte;
   que vengan tus juicios a ayudarme.
176 Cual oveja perdida me he extraviado;
   ven en busca de tu siervo,
   porque no he olvidado tus
   mandamientos.

149 Hear my voice in accordance with your
   love;
   preserve my life, O LORD, according to
   your laws.
150 Those who devise wicked schemes are near,
   but they are far from your law.
151 Yet you are near, O LORD,
   and all your commands are true.
152 Long ago I learned from your statutes
   that you established them to last forever.

ר   Resh

153 Look upon my suffering and deliver me,
   for I have not forgotten your law.
154 Defend my cause and redeem me;
   preserve my life according to your
   promise.
155 Salvation is far from the wicked,
   for they do not seek out your decrees.
156 Your compassion is great, O LORD;
   preserve my life according to your laws.
157 Many are the foes who persecute me,
   but I have not turned from your statutes.
158 I look on the faithless with loathing,
   for they do not obey your word.
159 See how I love your precepts;
   preserve my life, O LORD, according to
   your love.
160 All your words are true;
   all your righteous laws are eternal.

שׂ   Sin and Shin

161 Rulers persecute me without cause,
   but my heart trembles at your word.
162 I rejoice in your promise
   like one who finds great spoil.
163 I hate and abhor falsehood
   but I love your law.
164 Seven times a day I praise you
   for your righteous laws.
165 Great peace have they who love your law,
   and nothing can make them stumble.
166 I wait for your salvation, O LORD,
   and I follow your commands.
167 I obey your statutes,
   for I love them greatly.
168 I obey your precepts and your statutes,
   for all my ways are known to you.

ת   Taw

169 May my cry come before you, O LORD;
   give me understanding according to your
   word.
170 May my supplication come before you;
   deliver me according to your promise.
171 May my lips overflow with praise,
   for you teach me your decrees.
172 May my tongue sing of your word,
   for all your commands are righteous.
173 May your hand be ready to help me,
   for I have chosen your precepts.
174 I long for your salvation, O LORD,
   and your law is my delight.
175 Let me live that I may praise you,
   and may your laws sustain me.
176 I have strayed like a lost sheep.
   Seek your servant,
   for I have not forgotten your commands.

ñ *119:161 Gente poderosa.* Lit. *Príncipes.*

Cántico de los *peregrinos.

120 En mi angustia invoqué al SEÑOR,
y él me respondió.
2 SEÑOR, líbrame de los labios mentirosos
y de las lenguas embusteras.

3 ¡Ah, lengua embustera!
¿Qué se te habrá de dar?
¿Qué se te habrá de añadir?
4 ¡Puntiagudas flechas de guerrero,
con ardientes brasas de *retama!

5 ¡Ay de mí, que soy extranjero en Mésec,
que he acampado entre las tiendas de Cedar!
6 ¡Ya es mucho el tiempo que he acampado
entre los que aborrecen la *paz!
7 Yo amo la paz,
pero si hablo de paz,
ellos hablan de guerra.

Cántico de los *peregrinos.

121 A las montañas levanto mis ojos;
¿de dónde ha de venir mi ayuda?
2 Mi ayuda proviene del SEÑOR,
creador del cielo y de la tierra.

3 No permitirá que tu pie resbale;
jamás duerme el que te cuida.
4 Jamás duerme ni se adormece
el que cuida de Israel.

5 El SEÑOR es quien te cuida,
el SEÑOR es tu sombra protectora.[o]
6 De día el sol no te hará daño,
ni la luna de noche.

7 El SEÑOR te protegerá;
de todo mal protegerá tu vida.
8 El SEÑOR te cuidará en el hogar y en el
camino,[p]
desde ahora y para siempre.

Cántico de los *peregrinos. De David.

122 Yo me alegro cuando me dicen:
«Vamos a la casa del SEÑOR.»
2 *¡Jerusalén, ya nuestros pies
se han plantado ante tus *portones!

3 ¡Jerusalén, ciudad edificada
para que en ella todos se congreguen![q]
4 A ella suben las tribus,
las tribus del SEÑOR,
para alabar su *nombre
conforme a la ordenanza que recibió Israel.

5 Allí están los tribunales de justicia,
los tribunales de la dinastía de David.

6 Pidamos por la *paz de Jerusalén:
«Que vivan en paz los que te aman.
7 Que haya paz dentro de tus murallas,
seguridad en tus fortalezas.»

[o] 121:5 *tu sombra protectora.* Lit. *tu sombra a tu mano derecha.*
[p] 121:8 *te cuidará en el hogar y en el camino.* Lit. *cuidará tu salida y tu entrada.* [q] 122:3 *¡Jerusalén, ... se congreguen!* Alt. *Jerusalén, edificada como ciudad, en la que todo se mantiene bien unido.*

A song of ascents.

120 I call on the LORD in my distress,
and he answers me.
2 Save me, O LORD, from lying lips
and from deceitful tongues.

3 What will he do to you,
and what more besides, O deceitful
tongue?
4 He will punish you with a warrior's sharp
arrows,
with burning coals of the broom tree.

5 Woe to me that I dwell in Meshech,
that I live among the tents of Kedar!
6 Too long have I lived
among those who hate peace.
7 I am a man of peace;
but when I speak, they are for war.

A song of ascents.

121 I lift up my eyes to the hills—
where does my help come from?
2 My help comes from the LORD,
the Maker of heaven and earth.

3 He will not let your foot slip—
he who watches over you will not
slumber;
4 indeed, he who watches over Israel
will neither slumber nor sleep.

5 The LORD watches over you—
the LORD is your shade at your right
hand;
6 the sun will not harm you by day,
nor the moon by night.

7 The LORD will keep you from all harm—
he will watch over your life;
8 the LORD will watch over your coming and
going
both now and forevermore.

A song of ascents. Of David.

122 I rejoiced with those who said to me,
"Let us go to the house of the LORD."
2 Our feet are standing
in your gates, O Jerusalem.

3 Jerusalem is built like a city
that is closely compacted together.
4 That is where the tribes go up,
the tribes of the LORD,
to praise the name of the LORD
according to the statute given to Israel.
5 There the thrones for judgment stand,
the thrones of the house of David.

6 Pray for the peace of Jerusalem:
"May those who love you be secure.
7 May there be peace within your walls
and security within your citadels."

8 Y ahora, por mis hermanos y amigos te digo:
  «¡Deseo que tengas paz!»
9 Por la casa del SEÑOR nuestro Dios
  procuraré tu bienestar.

Cántico de los *peregrinos.

123 Hacia ti dirijo la mirada,
  hacia ti, cuyo trono está en el cielo.
2 Como dirigen los esclavos la mirada
  hacia la mano de su amo,
  como dirige la esclava la mirada
  hacia la mano de su ama,
  así dirigimos la mirada al SEÑOR nuestro Dios,
  hasta que nos muestre compasión.

3 Compadécenos, SEÑOR, compadécenos,
  ¡ya estamos hartos de que nos desprecien!
4 Ya son muchas las burlas que hemos sufrido;
  muchos son los insultos de los altivos,
  y mucho el menosprecio de los orgullosos.

Cántico de los *peregrinos. De David.

124 Si el SEÑOR no hubiera estado de nuestra
  parte
  —que lo repita ahora Israel—,
2 si el SEÑOR no hubiera estado de nuestra parte
  cuando todo el mundo se levantó contra
  nosotros,
3 nos habrían tragado vivos
  al encenderse su furor contra nosotros;
4 nos habrían inundado las aguas,
  el torrente nos habría arrastrado,
5   ¡nos habrían arrastrado las aguas turbulentas!

6 Bendito sea el SEÑOR, que no dejó
  que nos despedazaran con sus dientes.
7 Como las aves, hemos escapado
  de la trampa del cazador;
  ¡la trampa se rompió,
  y nosotros escapamos!
8 Nuestra ayuda está en el *nombre del SEÑOR,
  creador del cielo y de la tierra.

Cántico de los *peregrinos.

125 Los que confían en el SEÑOR
  son como el monte *Sión,
  que jamás será conmovido,
  que permanecerá para siempre.
2 Como rodean las colinas a Jerusalén,
  así rodea el SEÑOR a su pueblo,
  desde ahora y para siempre.

3 No prevalecerá el cetro de los impíos
  sobre la heredad asignada a los justos,
  para que nunca los justos extiendan
  sus manos hacia la maldad.

4 Haz bien, SEÑOR, a los que son buenos,
  a los de recto corazón.
5 Pero a los que van por caminos torcidos
  deséchalos, SEÑOR, junto con los malhechores.

¡Que haya paz en Israel!

8 For the sake of my brothers and friends,
  I will say, "Peace be within you."
9 For the sake of the house of the LORD our
  God,
  I will seek your prosperity.

A song of ascents.

123 I lift up my eyes to you,
  to you whose throne is in heaven.
2 As the eyes of slaves look to the hand of
  their master,
  as the eyes of a maid look to the hand of
  her mistress,
  so our eyes look to the LORD our God,
  till he shows us his mercy.

3 Have mercy on us, O LORD, have mercy on
  us,
  for we have endured much contempt.
4 We have endured much ridicule from the
  proud,
  much contempt from the arrogant.

A song of ascents. Of David.

124 If the LORD had not been on our side—
  let Israel say—
2 if the LORD had not been on our side
  when men attacked us,
3 when their anger flared against us,
  they would have swallowed us alive;
4 the flood would have engulfed us,
  the torrent would have swept over us,
5 the raging waters
  would have swept us away.

6 Praise be to the LORD,
  who has not let us be torn by their teeth.
7 We have escaped like a bird
  out of the fowler's snare;
  the snare has been broken,
  and we have escaped.
8 Our help is in the name of the LORD,
  the Maker of heaven and earth.

A song of ascents.

125 Those who trust in the LORD are like
  Mount Zion,
  which cannot be shaken but endures
  forever.
2 As the mountains surround Jerusalem,
  so the LORD surrounds his people
  both now and forevermore.

3 The scepter of the wicked will not remain
  over the land allotted to the righteous,
  for then the righteous might use
  their hands to do evil.

4 Do good, O LORD, to those who are good,
  to those who are upright in heart.
5 But those who turn to crooked ways
  the LORD will banish with the evildoers.

Peace be upon Israel.

Cántico de los *peregrinos.

126 Cuando el SEÑOR hizo volver a *Sión a los cautivos,
nos parecía estar soñando.
2 Nuestra boca se llenó de risas;
nuestra lengua, de canciones jubilosas.
Hasta los otros pueblos decían:
«El SEÑOR ha hecho grandes cosas por ellos.»
3 Sí, el SEÑOR ha hecho grandes cosas por
nosotros,
y eso nos llena de alegría.

4 Ahora, SEÑOR, haz volver a nuestros cautivos
como haces volver los arroyos del desierto.
5 El que con lágrimas siembra,
con regocijo cosecha.
6 El que llorando esparce la semilla,
cantando recoge sus gavillas.

A song of ascents.

126 When the LORD brought back the captives
to[a] Zion,
we were like men who dreamed.[b]
2 Our mouths were filled with laughter,
our tongues with songs of joy.
Then it was said among the nations,
"The LORD has done great things for
them."
3 The LORD has done great things for us,
and we are filled with joy.

4 Restore our fortunes,[c] O LORD,
like streams in the Negev.
5 Those who sow in tears
will reap with songs of joy.
6 He who goes out weeping,
carrying seed to sow,
will return with songs of joy,
carrying sheaves with him.

Cántico de los *peregrinos. De Salomón.

127 Si el SEÑOR no edifica la casa,
en vano se esfuerzan los albañiles.
Si el SEÑOR no cuida la ciudad,
en vano hacen guardia los vigilantes.
2 En vano madrugan ustedes,
y se acuestan muy tarde,
para comer un pan de fatigas,
porque Dios concede el sueño a sus amados.

3 Los hijos son una herencia del SEÑOR,
los frutos del vientre son una recompensa.
4 Como flechas en las manos del guerrero
son los hijos de la juventud.
5 *Dichosos los que llenan su aljaba
con esta clase de flechas.[r]
No serán avergonzados por sus enemigos
cuando litiguen con ellos en los tribunales.

A song of ascents. Of Solomon.

127 Unless the LORD builds the house,
its builders labor in vain.
Unless the LORD watches over the city,
the watchmen stand guard in vain.
2 In vain you rise early
and stay up late,
toiling for food to eat—
for he grants sleep to[d] those he loves.

3 Sons are a heritage from the LORD,
children a reward from him.
4 Like arrows in the hands of a warrior
are sons born in one's youth.
5 Blessed is the man
whose quiver is full of them.
They will not be put to shame
when they contend with their enemies in
the gate.

Cántico de los *peregrinos.

128 *Dichosos todos los que temen al SEÑOR,
los que van por sus *caminos.
2 Lo que ganes con tus manos, eso comerás;
gozarás de dicha y prosperidad.
3 En el seno de tu hogar,
tu esposa será como vid llena de uvas;
alrededor de tu mesa,
tus hijos serán como vástagos de olivo.
4 Tales son las bendiciones
de los que temen al SEÑOR.

5 Que el SEÑOR te bendiga desde *Sión,
y veas la prosperidad de Jerusalén
todos los días de tu vida.
6 Que vivas para ver a los hijos de tus hijos.

¡Que haya *paz en Israel!

A song of ascents.

128 Blessed are all who fear the LORD,
who walk in his ways.
2 You will eat the fruit of your labor;
blessings and prosperity will be yours.
3 Your wife will be like a fruitful vine
within your house;
your sons will be like olive shoots
around your table.
4 Thus is the man blessed
who fears the LORD.

5 May the LORD bless you from Zion
all the days of your life;
may you see the prosperity of Jerusalem,
6 and may you live to see your children's
children.

Peace be upon Israel.

---

r 127:5 con esta clase de flechas. Lit. con ellos.

a 1 Or LORD restored the fortunes of   b 1 Or men restored to
health   c 4 Or Bring back our captives   d 2 Or eat— / for
while they sleep he provides for

Cántico de los *peregrinos.

129 Mucho me han angustiado desde mi
　　　juventud
　　—que lo repita ahora Israel—,
2 mucho me han angustiado desde mi juventud,
　　pero no han logrado vencerme.
3 Sobre la espalda me pasaron el arado,
　　abriéndome en ella profundosˢ surcos.
4 Pero el SEÑOR, que es justo,
　　me libró de las ataduras de los impíos.

5 Que retrocedan avergonzados
　　todos los que odian a *Sión.
6 Que sean como la hierba en el techo,
　　que antes de crecer se marchita;
7 que no llena las manos del segador
　　ni el regazo del que cosecha.
8 Que al pasar nadie les diga:
　　«La bendición del SEÑOR sea con ustedes;
　　los bendecimos en el *nombre del SEÑOR.»

Cántico de los *peregrinos.

130 A ti, SEÑOR, elevo mi clamor
　　　desde las profundidades del abismo.
2 Escucha, Señor, mi voz.
　　Estén atentos tus oídos a mi voz suplicante.

3 Si tú, SEÑOR, tomaras en cuenta los pecados,
　　¿quién, SEÑOR, sería declarado inocente?ᵗ
4 Pero en ti se halla perdón,
　　y por eso debes ser temido.

5 Espero al SEÑOR, lo espero con toda el *alma;
　　en su palabra he puesto mi esperanza.
6 Espero al SEÑOR con toda el alma,
　　más que los centinelas la mañana.

Como esperan los centinelas la mañana,
7　así tú, Israel, espera al SEÑOR.
Porque en él hay amor inagotable;
　　en él hay plena redención.
8 Él mismo redimirá a Israel
　　de todos sus pecados.

Cántico de los *peregrinos. De David.

131 SEÑOR, mi corazón no es orgulloso,
　　　ni son altivos mis ojos;
　　no busco grandezas desmedidas,
　　　ni proezas que excedan a mis fuerzas.

2 Todo lo contrario:
　　he calmado y aquietado mis ansias.
Soy como un niño recién amamantado en el
　　regazo de su madre.
　　¡Mi *alma es como un niño recién
　　　amamantado!

3 Israel, pon tu esperanza en el SEÑOR
　　desde ahora y para siempre.

A song of ascents.

129 They have greatly oppressed me from my
　　　youth—
　　let Israel say—
2 they have greatly oppressed me from my
　　youth,
　　but they have not gained the victory over
　　me.
3 Plowmen have plowed my back
　　and made their furrows long.
4 But the LORD is righteous;
　　he has cut me free from the cords of the
　　wicked.

5 May all who hate Zion
　　be turned back in shame.
6 May they be like grass on the roof,
　　which withers before it can grow;
7 with it the reaper cannot fill his hands,
　　nor the one who gathers fill his arms.
8 May those who pass by not say,
　　"The blessing of the LORD be upon you;
　　we bless you in the name of the LORD."

A song of ascents.

130 Out of the depths I cry to you, O LORD;
　2　O Lord, hear my voice.
Let your ears be attentive
　　to my cry for mercy.

3 If you, O LORD, kept a record of sins,
　　O Lord, who could stand?
4 But with you there is forgiveness;
　　therefore you are feared.

5 I wait for the LORD, my soul waits,
　　and in his word I put my hope.
6 My soul waits for the Lord
　　more than watchmen wait for the
　　　morning,
　　more than watchmen wait for the
　　　morning.

7 O Israel, put your hope in the LORD,
　　for with the LORD is unfailing love
　　and with him is full redemption.
8 He himself will redeem Israel
　　from all their sins.

A song of ascents. Of David.

131 My heart is not proud, O LORD,
　　　my eyes are not haughty;
　　I do not concern myself with great matters
　　　or things too wonderful for me.
2 But I have stilled and quieted my soul;
　　like a weaned child with its mother,
　　like a weaned child is my soul within me.

3 O Israel, put your hope in the LORD
　　both now and forevermore.

ˢ 129:3 *profundos.* Lit. *largos.*　　ᵗ 130:3 ¿ *... sería declarado
inocente?* Lit. ¿ *... se mantendría en pie?*

Cántico de los *peregrinos.

132 Señor, acuérdate de David
y de todas sus penurias.
2 Acuérdate de sus juramentos al Señor,
de sus votos al Poderoso de Jacob:
3 «No gozaré del calor del hogar,
ni me daré un momento de descanso;*u*
4 no me permitiré cerrar los ojos,
y ni siquiera el menor pestañeo,
5 antes de hallar un lugar para el Señor,
una morada para el Poderoso de Jacob.»

6 En Efrata oímos hablar del arca;*v*
dimos con ella en los campos de Yagar:*w*
7 «Vayamos hasta su morada;
postrémonos ante el estrado de sus pies.»

8 Levántate, Señor; ven a tu lugar de reposo,
tú y tu arca poderosa.
9 ¡Que se revistan de justicia tus sacerdotes!
¡Que tus fieles canten jubilosos!
10 Por amor a David, tu siervo,
no le des la espalda a*x* tu *ungido.

11 El Señor le ha hecho a David
un firme juramento que no revocará:
«A uno de tus propios descendientes
lo pondré en tu trono.
12 Si tus hijos cumplen con mi pacto
y con los *estatutos que les enseñaré,
también sus descendientes
te sucederán en el trono para siempre.»

13 El Señor ha escogido a *Sión;
su deseo es hacer de este monte su morada:
14 «Éste será para siempre mi lugar de reposo;
aquí pondré mi trono, porque así lo deseo.
15 Bendeciré con creces sus provisiones,
y saciaré de pan a sus pobres.
16 Revestiré de *salvación a sus sacerdotes,
y jubilosos cantarán sus fieles.

17 »Aquí haré renacer el poder*y* de David,
y encenderé la lámpara de mi ungido.
18 A sus enemigos los cubriré de vergüenza,
pero él lucirá su corona esplendorosa.»

Cántico de los *peregrinos. De David.

133 ¡Cuán bueno y cuán agradable es
que los hermanos convivan en armonía!
2 Es como el buen aceite que, desde la cabeza,
va descendiendo por la barba,
por la barba de Aarón,
hasta el borde de sus vestiduras.
3 Es como el rocío de Hermón
que va descendiendo sobre los montes de
*Sión.
Donde se da esta armonía,*z*
el Señor concede bendición y vida eterna.

A song of ascents.

132 O Lord, remember David
and all the hardships he endured.
2 He swore an oath to the Lord
and made a vow to the Mighty One of
Jacob:
3 "I will not enter my house
or go to my bed—
4 I will allow no sleep to my eyes,
no slumber to my eyelids,
5 till I find a place for the Lord,
a dwelling for the Mighty One of Jacob."

6 We heard it in Ephrathah,
we came upon it in the fields of Jaar*e:f*
7 "Let us go to his dwelling place;
let us worship at his footstool—
8 arise, O Lord, and come to your resting
place,
you and the ark of your might.
9 May your priests be clothed with
righteousness;
may your saints sing for joy."

10 For the sake of David your servant,
do not reject your anointed one.

11 The Lord swore an oath to David,
a sure oath that he will not revoke:
"One of your own descendants
I will place on your throne—
12 if your sons keep my covenant
and the statutes I teach them,
then their sons will sit
on your throne for ever and ever."

13 For the Lord has chosen Zion,
he has desired it for his dwelling:
14 "This is my resting place for ever and ever;
here I will sit enthroned, for I have
desired it—
15 I will bless her with abundant provisions;
her poor will I satisfy with food.
16 I will clothe her priests with salvation,
and her saints will ever sing for joy.

17 "Here I will make a horn*g* grow for David
and set up a lamp for my anointed one.
18 I will clothe his enemies with shame,
but the crown on his head will be
resplendent."

A song of ascents. Of David.

133 How good and pleasant it is
when brothers live together in unity!
2 It is like precious oil poured on the head,
running down on the beard,
running down on Aaron's beard,
down upon the collar of his robes.
3 It is as if the dew of Hermon
were falling on Mount Zion.
For there the Lord bestows his blessing,
even life forevermore.

---

u 132:3 No gozaré ... de descanso. Lit. *Si entrara yo en la tienda de mi casa, / si subiera yo al lecho de mi cama. v 132:6 del arca.* Lit. *de ella;* véase 1S 7:1. *w 132:6 Yagar.* Es decir, Quiriat Yearín. *x 132:10 no le des la espalda a.* Lit. *no vuelvas el rostro de. y 132:17 poder.* Lit. *cuerno. z 133:3 Donde se da esta armonía.* Lit. *Ciertamente allí.*

e 6 That is, Kiriath Jearim   *f 6* Or *heard of it in Ephrathah, / we found it in the fields of Jaar.* (And no quotes around verses 7-9) *g 17 Horn* here symbolizes strong one, that is, king.

Cántico de los *peregrinos.

134

Bendigan al SEÑOR todos ustedes sus siervos,
que de noche permanecen en la casa del SEÑOR.
2 Eleven sus manos hacia el santuario
y bendigan al SEÑOR.
3 Que desde *Sión los bendiga el SEÑOR,
creador del cielo y de la tierra.

135

*¡Aleluya! ¡Alabado sea el SEÑOR!

¡Alaben el *nombre del SEÑOR!
¡Siervos del SEÑOR, alábenlo!
2 Ustedes, que permanecen en la casa del SEÑOR,
en los atrios de la casa del Dios nuestro.

3 Alaben al SEÑOR, porque el SEÑOR es bueno;
canten salmos a su nombre, porque eso es agradable.
4 El SEÑOR escogió a Jacob como su propiedad,
a Israel como su posesión.

5 Yo sé que el SEÑOR, nuestro Soberano,
es más grande que todos los dioses.
6 El SEÑOR hace todo lo que quiere
en los cielos y en la tierra,
en los mares y en todos sus abismos.
7 Levanta las nubes desde los confines de la tierra;
envía relámpagos con la lluvia
y saca de sus depósitos a los vientos.

8 A los primogénitos de Egipto hirió de muerte,
tanto a *hombres como a animales.
9 En tu corazón mismo, oh Egipto,
Dios envió señales y maravillas
contra el faraón y todos sus siervos.
10 A muchas naciones las hirió de muerte;
a reyes poderosos les quitó la vida:
11 a Sijón, el rey amorreo;
a Og, el rey de Basán,
y a todos los reyes de Canaán.
12 Entregó sus tierras como herencia,
¡como herencia para su pueblo Israel!

13 Tu nombre, SEÑOR, es eterno;
tu renombre, por todas las generaciones.
14 Ciertamente el SEÑOR juzgará a su pueblo,
y de sus siervos tendrá compasión.

15 Los ídolos de los paganos son de oro y plata,
producto de manos humanas.
16 Tienen boca, pero no pueden hablar;
ojos, pero no pueden ver;
17 tienen oídos, pero no pueden oír;
¡ni siquiera hay aliento en su boca!
18 Semejantes a ellos son sus hacedores
y todos los que confían en ellos.

19 Pueblo de Israel, bendice al SEÑOR;
descendientes de Aarón, bendigan al SEÑOR;
20 descendientes de Leví, bendigan al SEÑOR;
los que temen al SEÑOR, bendíganlo.

A song of ascents.

134

Praise the LORD, all you servants of the LORD
who minister by night in the house of the LORD.
2 Lift up your hands in the sanctuary
and praise the LORD.

3 May the LORD, the Maker of heaven and earth,
bless you from Zion.

135

Praise the LORD.[h]

Praise the name of the LORD;
praise him, you servants of the LORD,
2 you who minister in the house of the LORD,
in the courts of the house of our God.

3 Praise the LORD, for the LORD is good;
sing praise to his name, for that is pleasant.
4 For the LORD has chosen Jacob to be his own,
Israel to be his treasured possession.

5 I know that the LORD is great,
that our Lord is greater than all gods.
6 The LORD does whatever pleases him,
in the heavens and on the earth,
in the seas and all their depths.
7 He makes clouds rise from the ends of the earth;
he sends lightning with the rain
and brings out the wind from his storehouses.

8 He struck down the firstborn of Egypt,
the firstborn of men and animals.
9 He sent his signs and wonders into your midst, O Egypt,
against Pharaoh and all his servants.
10 He struck down many nations
and killed mighty kings—
11 Sihon king of the Amorites,
Og king of Bashan
and all the kings of Canaan—
12 and he gave their land as an inheritance,
an inheritance to his people Israel.

13 Your name, O LORD, endures forever,
your renown, O LORD, through all generations.
14 For the LORD will vindicate his people
and have compassion on his servants.

15 The idols of the nations are silver and gold,
made by the hands of men.
16 They have mouths, but cannot speak,
eyes, but they cannot see;
17 they have ears, but cannot hear,
nor is there breath in their mouths.
18 Those who make them will be like them,
and so will all who trust in them.

19 O house of Israel, praise the LORD;
O house of Aaron, praise the LORD;
20 O house of Levi, praise the LORD;
you who fear him, praise the LORD.

h 1 Hebrew *Hallelu Yah*; also in verses 3 and 21

21 Desde *Sión sea bendito el Señor,
el que habita en Jerusalén.

*¡Aleluya! ¡Alabado sea el Señor!

136

Den gracias al Señor, porque él es bueno;
su gran amor perdura para siempre.
2 Den gracias al Dios de dioses;
su gran amor perdura para siempre.
3 Den gracias al Señor omnipotente;
su gran amor perdura para siempre.
4 Al único que hace grandes maravillas;
su gran amor perdura para siempre.
5 Al que con inteligencia hizo los cielos;
su gran amor perdura para siempre.
6 Al que expandió la tierra sobre las aguas;
su gran amor perdura para siempre.
7 Al que hizo las grandes luminarias;
su gran amor perdura para siempre.
8 El sol, para iluminar*a* el día;
su gran amor perdura para siempre.
9 La luna y las estrellas, para iluminar la noche;
su gran amor perdura para siempre.
10 Al que hirió a los primogénitos de Egipto;
su gran amor perdura para siempre.
11 Al que sacó de Egipto*b* a Israel;
su gran amor perdura para siempre.
12 Con mano poderosa y con brazo extendido;
su gran amor perdura para siempre.
13 Al que partió en dos el Mar Rojo;*c*
su gran amor perdura para siempre.
14 Y por en medio hizo cruzar a Israel;
su gran amor perdura para siempre.
15 Pero hundió en el Mar Rojo al faraón y a su
ejército;
su gran amor perdura para siempre.
16 Al que guió a su pueblo por el desierto;
su gran amor perdura para siempre.
17 Al que hirió de muerte a grandes reyes;
su gran amor perdura para siempre.
18 Al que a reyes poderosos les quitó la vida;
su gran amor perdura para siempre.
19 A Sijón, el rey amorreo;
su gran amor perdura para siempre.
20 A Og, el rey de Basán;
su gran amor perdura para siempre.
21 Cuyas tierras entregó como herencia;
su gran amor perdura para siempre.
22 Como herencia para su siervo Israel;
su gran amor perdura para siempre.
23 Al que nunca nos olvida, aunque estemos
humillados;
su gran amor perdura para siempre.
24 Al que nos libra de nuestros adversarios;
su gran amor perdura para siempre.
25 Al que alimenta a todo ser viviente;
su gran amor perdura para siempre.
26 ¡Den gracias al Dios de los cielos!
¡Su gran amor perdura para siempre!

21 Praise be to the Lord from Zion,
to him who dwells in Jerusalem.

Praise the Lord.

136

Give thanks to the Lord, for he is good.
His love endures forever.
2 Give thanks to the God of gods.
His love endures forever.
3 Give thanks to the Lord of lords:
His love endures forever.
4 to him who alone does great wonders,
His love endures forever.
5 who by his understanding made the heavens,
His love endures forever.
6 who spread out the earth upon the waters,
His love endures forever.
7 who made the great lights—
His love endures forever.
8 the sun to govern the day,
His love endures forever.
9 the moon and stars to govern the night;
His love endures forever.
10 to him who struck down the firstborn of
Egypt
His love endures forever.
11 and brought Israel out from among them
His love endures forever.
12 with a mighty hand and outstretched arm;
His love endures forever.
13 to him who divided the Red Sea*i* asunder
His love endures forever.
14 and brought Israel through the midst of it,
His love endures forever.
15 but swept Pharaoh and his army into the
Red Sea;
His love endures forever.
16 to him who led his people through the
desert,
His love endures forever.
17 who struck down great kings,
His love endures forever.
18 and killed mighty kings—
His love endures forever.
19 Sihon king of the Amorites
His love endures forever.
20 and Og king of Bashan—
His love endures forever.
21 and gave their land as an inheritance,
His love endures forever.
22 an inheritance to his servant Israel;
His love endures forever.
23 to the One who remembered us in our low
estate
His love endures forever.
24 and freed us from our enemies,
His love endures forever.
25 and who gives food to every creature.
His love endures forever.
26 Give thanks to the God of heaven.
His love endures forever.

---

a 136:8 iluminar. Lit. *dominar.* *b 136:11 de Egipto.* Lit. *de entre ellos.* *c 136:13 Mar Rojo.* Lit. *mar de las Cañas* (heb. *Yam Suf*); también en v. 15.

i 13 Hebrew *Yam Suph*; that is, Sea of Reeds; also in verse 15

137

Junto a los ríos de Babilonia nos
　　sentábamos,
y llorábamos al acordarnos de *Sión.
2 En los álamos que había en la ciudad
　colgábamos nuestras arpas.
3 Allí, los que nos tenían cautivos
　nos pedían que entonáramos canciones;
nuestros opresores nos pedían estar alegres;
　nos decían: «¡Cántennos un cántico de
　　Sión!»

4 ¿Cómo cantar las canciones del SEÑOR
　en una tierra extraña?
5 Ah, Jerusalén, Jerusalén,
　si llegara yo a olvidarte,
　¡que la mano derecha se me seque!
6 Si de ti no me acordara,
　ni te pusiera por encima de mi propia
　　alegría,
　¡que la lengua se me pegue al paladar!

7 SEÑOR, acuérdate de los edomitas
　el día en que cayó Jerusalén.
　«¡Arrásenla —gritaban—,
　arrásenla hasta sus cimientos!»

8 Hija de Babilonia, que has de ser destruida,
　*¡dichoso el que te haga pagar
　por todo lo que nos has hecho!
9 ¡Dichoso el que agarre a tus pequeños
　y los estrelle contra las rocas!

Salmo de David.

138

SEÑOR, quiero alabarte de todo corazón,
y cantarte salmos delante de los dioses.
2 Quiero inclinarme hacia tu santo templo
　y alabar tu *nombre por tu gran amor y
　　fidelidad.
Porque has exaltado tu nombre y tu palabra
　por sobre todas las cosas.
3 Cuando te llamé, me respondiste;
　me infundiste ánimo y renovaste mis
　　*fuerzas.

4 Oh SEÑOR, todos los reyes de la tierra
　te alabarán al escuchar tus palabras.
5 Celebrarán con cánticos tus *caminos,
　porque tu gloria, SEÑOR, es grande.

6 El SEÑOR es excelso,
　pero toma en cuenta a los humildes
　y mira^d de lejos a los orgullosos.
7 Aunque pase yo por grandes angustias,
　tú me darás vida;
contra el furor de mis enemigos extenderás la
　　mano:
　¡tu mano derecha me pondrá a salvo!
8 El SEÑOR cumplirá en mí su propósito.^e
Tu gran amor, SEÑOR, perdura para siempre;
　¡no abandones la obra de tus manos!

Al director musical. Salmo de David.

139

SEÑOR, tú me examinas,
tú me conoces.
2 Sabes cuándo me siento y cuándo me levanto;
　aun a la distancia me lees el pensamiento.

137

By the rivers of Babylon we sat and wept
　when we remembered Zion.
2 There on the poplars
　we hung our harps,
3 for there our captors asked us for songs,
　our tormentors demanded songs of joy;
　they said, "Sing us one of the songs of
　　Zion!"

4 How can we sing the songs of the LORD
　while in a foreign land?
5 If I forget you, O Jerusalem,
　may my right hand forget ⌊its skill⌋.
6 May my tongue cling to the roof of my
　　mouth
　if I do not remember you,
　if I do not consider Jerusalem
　my highest joy.

7 Remember, O LORD, what the Edomites did
　on the day Jerusalem fell.
"Tear it down," they cried,
　"tear it down to its foundations!"

8 O Daughter of Babylon, doomed to
　　destruction,
　happy is he who repays you
　for what you have done to us—
9 he who seizes your infants
　and dashes them against the rocks.

Of David.

138

I will praise you, O LORD, with all my
　heart;
　before the "gods" I will sing your praise.
2 I will bow down toward your holy temple
　and will praise your name
　for your love and your faithfulness,
　for you have exalted above all things
　your name and your word.
3 When I called, you answered me;
　you made me bold and stouthearted.

4 May all the kings of the earth praise you,
　O LORD,
　when they hear the words of your mouth.
5 May they sing of the ways of the LORD,
　for the glory of the LORD is great.

6 Though the LORD is on high, he looks upon
　　the lowly,
　but the proud he knows from afar.
7 Though I walk in the midst of trouble,
　you preserve my life;
　you stretch out your hand against the anger
　　of my foes,
　with your right hand you save me.
8 The LORD will fulfill ⌊his purpose⌋ for me;
　your love, O LORD, endures forever—
　do not abandon the works of your hands.

For the director of music. Of David.
A psalm.

139

O LORD, you have searched me
　and you know me.
2 You know when I sit and when I rise;
　you perceive my thoughts from afar.

---

^d 138:6 mira. Lit. conoce.　　　^e 138:8 El SEÑOR ... su propósito.
Lit. El SEÑOR completará en mí.

³Mis trajines y descansos los conoces;
todos mis caminos te son familiares.
⁴No me llega aún la palabra a la lengua
cuando tú, Señor, ya la sabes toda.
⁵Tu protección me envuelve por completo;
me cubres con la palma de tu mano.
⁶Conocimiento tan maravilloso rebasa mi
comprensión;
tan sublime es que no puedo entenderlo.

⁷¿Adónde podría alejarme de tu Espíritu?
¿Adónde podría huir de tu presencia?
⁸Si subiera al cielo,
allí estás tú;
si tendiera mi lecho en el fondo del *abismo,
también estás allí.
⁹Si me elevara sobre las alas del alba,
o me estableciera en los extremos del mar,
¹⁰aun allí tu mano me guiaría,
¡me sostendría tu mano derecha!

¹¹Y si dijera: «Que me oculten las tinieblas;
que la luz se haga noche en torno mío»,
¹²ni las tinieblas serían oscuras para ti,
y aun la noche sería clara como el día.
¡Lo mismo son para ti las tinieblas que la
luz!

¹³Tú creaste mis entrañas;
me formaste en el vientre de mi madre.
¹⁴¡Te alabo porque soy una creación admirable!
¡Tus obras son maravillosas,
y esto lo sé muy bien!
¹⁵Mis huesos no te fueron desconocidos
cuando en lo más recóndito era yo formado,
cuando en lo más profundo de la tierra
era yo entretejido.
¹⁶Tus ojos vieron mi cuerpo en gestación:
todo estaba ya escrito en tu libro;
todos mis días se estaban diseñando,
aunque no existía uno solo de ellos.

¹⁷¡Cuán preciosos, oh Dios, me son tus
pensamientos!
¡Cuán inmensa es la suma de ellos!
¹⁸Si me propusiera contarlos,
sumarían más que los granos de arena.
Y si terminara de hacerlo,ᶠ
aún estaría a tu lado.

¹⁹Oh Dios, ¡si les quitaras la vida a los impíos!
¡Si de mí se apartara la gente sanguinaria,
²⁰esos que con malicia te difaman
y que en vano se rebelan contra ti!ᵍ
²¹¿Acaso no aborrezco, Señor, a los que te odian,
y abomino a los que te rechazan?
²²El odio que les tengo es un odio implacable;
¡los cuento entre mis enemigos!

²³Examíname, oh Dios, y sondea mi corazón;
ponme a prueba y sondea mis pensamientos.
²⁴Fíjate si voy por mal camino,
y guíame por el *camino eterno.

³You discern my going out and my lying
down;
you are familiar with all my ways.
⁴Before a word is on my tongue
you know it completely, O LORD.

⁵You hem me in—behind and before;
you have laid your hand upon me.
⁶Such knowledge is too wonderful for me,
too lofty for me to attain.

⁷Where can I go from your Spirit?
Where can I flee from your presence?
⁸If I go up to the heavens, you are there;
if I make my bed in the depths,ʲ you are
there.
⁹If I rise on the wings of the dawn,
if I settle on the far side of the sea,
¹⁰even there your hand will guide me,
your right hand will hold me fast.

¹¹If I say, "Surely the darkness will hide me
and the light become night around me,"
¹²even the darkness will not be dark to you;
the night will shine like the day,
for darkness is as light to you.

¹³For you created my inmost being;
you knit me together in my mother's
womb.
¹⁴I praise you because I am fearfully and
wonderfully made;
your works are wonderful,
I know that full well.
¹⁵My frame was not hidden from you
when I was made in the secret place.
When I was woven together in the depths of
the earth,
¹⁶   your eyes saw my unformed body.
All the days ordained for me
were written in your book
before one of them came to be.

¹⁷How precious toᵏ me are your thoughts,
O God!
How vast is the sum of them!
¹⁸Were I to count them,
they would outnumber the grains of sand.
When I awake,
I am still with you.

¹⁹If only you would slay the wicked, O God!
Away from me, you bloodthirsty men!
²⁰They speak of you with evil intent;
your adversaries misuse your name.
²¹Do I not hate those who hate you, O LORD,
and abhor those who rise up against you?
²²I have nothing but hatred for them;
I count them my enemies.

²³Search me, O God, and know my heart;
test me and know my anxious thoughts.
²⁴See if there is any offensive way in me,
and lead me in the way everlasting.

ᶠ139:18 Y si terminara de hacerlo (algunos mss. hebreos);
Despierto y (TM).   ᵍ139:20 y que en vano ... contra ti (tres
versiones griegas y algunos mss. hebreos); levantan en vano tus
ciudades (TM).

ʲ18 Hebrew Sheol   ᵏ17 Or concerning

Al director musical. Salmo de David.

140

Oh SEÑOR, líbrame de los impíos;
  protégeme de los violentos,
2 de los que urden en su corazón planes
    malvados
  y todos los días fomentan la guerra.
3 Afilan su lengua cual lengua de serpiente;
  ¡veneno de víbora hay en sus labios!
                    *Selah

4 SEÑOR, protégeme del poder de los impíos;
  protégeme de los violentos,
  de los que piensan hacerme caer.
5 Esos engreídos me han tendido una trampa;
  han puesto los lazos de su red,
  han tendido trampas a mi paso.
                    Selah

6 Yo le digo al SEÑOR: «Tú eres mi Dios.
  Atiende, SEÑOR, a mi voz suplicante.»
7 SEÑOR Soberano, mi salvador poderoso
  que me protege en el día de la batalla:
8 No satisfagas, SEÑOR, los caprichos de los
    impíos;
  no permitas que sus planes prosperen,
  para que no se enorgullezcan.
                    Selah

9 Que sobre la cabeza de mis perseguidores
  recaiga el mal que sus labios proclaman.
10 Que lluevan brasas sobre ellos;
  que sean echados en el fuego,
  en ciénagas profundas, de donde no vuelvan
    a salir.
11 Que no eche raíces en la tierra
  la *gente de lengua viperina;
  que la calamidad persiga y destruya
  a la gente que practica la violencia.

12 Yo sé que el SEÑOR hace justicia a los pobres
  y defiende el derecho de los necesitados.
13 Ciertamente los justos alabarán tu *nombre
  y los íntegros vivirán en tu presencia.

Salmo de David.

141

A ti clamo, SEÑOR; ven pronto a mí.
  ¡Atiende a mi voz cuando a ti clamo!
2 Que suba a tu presencia mi plegaria
  como una ofrenda de incienso;
  que hacia ti se eleven mis manos
  como un sacrificio vespertino.

3 SEÑOR, ponme en la boca un centinela;
  un guardia a la puerta de mis labios.
4 No permitas que mi corazón se incline a la
    maldad,
  ni que sea yo cómplice de iniquidades;
  no me dejes participar de banquetes
  en compañía de malhechores.

5 Que la justicia me golpee,
  que el amor me reprenda;
  pero que el ungüento de los malvados
  no perfume mi cabeza,
  pues mi oración está siempre
  en contra de sus malas obras.

For the director of music. A psalm
of David.

140

Rescue me, O LORD, from evil men;
  protect me from men of violence,
2 who devise evil plans in their hearts
  and stir up war every day.
3 They make their tongues as sharp as a
    serpent's;
  the poison of vipers is on their lips.   *Selah*

4 Keep me, O LORD, from the hands of the
    wicked;
  protect me from men of violence
  who plan to trip my feet.
5 Proud men have hidden a snare for me;
  they have spread out the cords of their net
  and have set traps for me along my path.
                    Selah

6 O LORD, I say to you, "You are my God."
  Hear, O LORD, my cry for mercy.
7 O Sovereign LORD, my strong deliverer,
  who shields my head in the day of
    battle—
8 do not grant the wicked their desires,
    O LORD;
  do not let their plans succeed,
  or they will become proud.   *Selah*

9 Let the heads of those who surround me
  be covered with the trouble their lips have
    caused.
10 Let burning coals fall upon them;
  may they be thrown into the fire,
  into miry pits, never to rise.
11 Let slanderers not be established in the land;
  may disaster hunt down men of violence.

12 I know that the LORD secures justice for the
    poor
  and upholds the cause of the needy.
13 Surely the righteous will praise your name
  and the upright will live before you.

A psalm of David.

141

O LORD, I call to you; come quickly to
  me.
  Hear my voice when I call to you.
2 May my prayer be set before you like
    incense;
  may the lifting up of my hands be like
    the evening sacrifice.

3 Set a guard over my mouth, O LORD;
  keep watch over the door of my lips.
4 Let not my heart be drawn to what is evil,
  to take part in wicked deeds
  with men who are evildoers;
  let me not eat of their delicacies.

5 Let a righteous man*l* strike me—it is a
    kindness;
  let him rebuke me—it is oil on my head.
  My head will not refuse it.

Yet my prayer is ever against the deeds of
  evildoers;

---

l 5 Or Let the Righteous One

6 Cuando sus gobernantes sean lanzados desde
los despeñaderos,
sabrán que mis palabras eran bien
intencionadas.
7 Y dirán: «Así como se dispersa la tierra
cuando en ella se abren surcos con el arado,
así se han dispersado nuestros huesos
a la orilla del *sepulcro.»

8 En ti, SEÑOR Soberano, tengo puestos los ojos;
en ti busco refugio; no dejes que me maten.
9 Protégeme de las trampas que me tienden,
de las trampas que me tienden los
malhechores.
10 Que caigan los impíos en sus propias redes,
mientras yo salgo bien librado.

*Masquil de David. Cuando estaba en la cueva.
Oración.

142 A voz en cuello, al SEÑOR le pido ayuda;
a voz en cuello, al SEÑOR le pido
compasión.
2 Ante él expongo mis quejas;
ante él expreso mis angustias.

3 Cuando ya no me queda aliento,
tú me muestras el camino.ʰ
Por la senda que transito
algunos me han tendido una trampa.
4 Mira a mi derecha, y ve:
nadie me tiende la mano.
No tengo dónde refugiarme;
por mí nadie se preocupa.

5 A ti, SEÑOR, te pido ayuda;
a ti te digo: «Tú eres mi refugio,
mi porción en la tierra de los vivientes.»
6 Atiende a mi clamor,
porque me siento muy débil;
líbrame de mis perseguidores,
porque son más fuertes que yo.
7 Sácame de la prisión,
para que alabe yo tu *nombre.
Los justos se reunirán en torno mío
por la bondad que me has mostrado.

Salmo de David.

143 Escucha, SEÑOR, mi oración;
atiende a mi súplica.
Por tu fidelidad y tu justicia,
respóndeme.
2 No lleves a juicio a tu siervo,
pues ante ti nadie puede alegar inocencia.

3 El enemigo atenta contra mi vida:
quiere hacerme morder el polvo.
Me obliga a vivir en las tinieblas,
como los que murieron hace tiempo.
4 Ya no me queda aliento;
dentro de mí siento paralizado el corazón.
5 Traigo a la memoria los tiempos de antaño:
medito en todas tus proezas,
considero las obras de tus manos.

6 their rulers will be thrown down from the
cliffs,
and the wicked will learn that my words
were well spoken.
7 They will say, "As one plows and breaks
up the earth,
so our bones have been scattered at the
mouth of the grave.ᵐ"

8 But my eyes are fixed on you, O Sovereign
LORD;
in you I take refuge—do not give me
over to death.
9 Keep me from the snares they have laid for
me,
from the traps set by evildoers.
10 Let the wicked fall into their own nets,
while I pass by in safety.

A maskilⁿ of David. When he was in the
cave. A prayer.

142 I cry aloud to the LORD;
I lift up my voice to the LORD for mercy.
2 I pour out my complaint before him;
before him I tell my trouble.

3 When my spirit grows faint within me,
it is you who know my way.
In the path where I walk
men have hidden a snare for me.
4 Look to my right and see;
no one is concerned for me.
I have no refuge;
no one cares for my life.

5 I cry to you, O LORD;
I say, "You are my refuge,
my portion in the land of the living."
6 Listen to my cry,
for I am in desperate need;
rescue me from those who pursue me,
for they are too strong for me.
7 Set me free from my prison,
that I may praise your name.

Then the righteous will gather about me
because of your goodness to me.

A psalm of David.

143 O LORD, hear my prayer,
listen to my cry for mercy;
in your faithfulness and righteousness
come to my relief.
2 Do not bring your servant into judgment,
for no one living is righteous before you.

3 The enemy pursues me,
he crushes me to the ground;
he makes me dwell in darkness
like those long dead.
4 So my spirit grows faint within me;
my heart within me is dismayed.
5 I remember the days of long ago;
I meditate on all your works
and consider what your hands have done.

ʰ 142:3 tú me muestras el camino. Lit. tú conoces mi encrucijada.   ᵐ 7 Hebrew Sheol   ⁿ Title: Probably a literary or musical term

6Hacia ti extiendo las manos;
  me haces falta, como el agua a la tierra
    seca.

                   Selah

7Respóndeme pronto, SEÑOR,
  que el aliento se me escapa.
No escondas de mí tu rostro,
  o seré como los que bajan a la fosa.
8Por la mañana hazme saber de tu gran amor,
  porque en ti he puesto mi confianza.
Señálame el *camino que debo seguir,
  porque a ti elevo mi *alma.
9SEÑOR, líbrame de mis enemigos,
  porque en ti busco refugio.
10Enséñame a hacer tu voluntad,
  porque tú eres mi Dios.
Que tu buen Espíritu me guíe
  por un terreno sin obstáculos.

11Por tu *nombre, SEÑOR, dame vida;
  por tu justicia, sácame de este aprieto.
12Por tu gran amor, destruye a mis enemigos;
  acaba con todos mis adversarios.
  ¡Yo soy tu siervo!

Salmo de David.

144

Bendito sea el SEÑOR, mi *Roca,
  que adiestra mis manos para la guerra,
mis dedos para la batalla.
2Él es mi Dios amoroso, mi amparo,
  mi más alto escondite, mi libertador,
mi escudo, en quien me refugio.
  Él es quien pone los pueblos*i* a mis pies.

3SEÑOR, ¿qué es el *mortal para que lo cuides?
  ¿Qué es el *ser humano para que en él
    pienses?
4Todo mortal es como un suspiro,
  sus días son fugaces como una sombra.

5Abre tus cielos, SEÑOR, y desciende;
  toca los montes y haz que echen humo.
6Lanza relámpagos y dispersa al enemigo;
  dispara tus flechas y ponlo en retirada.
7Extiende tu mano desde las alturas
  y sálvame de las aguas tumultuosas;
líbrame del poder de gente extraña.
8Cuando abren la boca, dicen mentiras;
  cuando levantan su diestra, juran en falso.*j*

9Te cantaré, oh Dios, un cántico nuevo;
  con el arpa de diez cuerdas te cantaré
    salmos.
10Tú das la *victoria a los reyes;
  a tu siervo David lo libras de la cruenta
    espada.
11Ponme a salvo,
  líbrame del poder de gente extraña.
Cuando abren la boca, dicen mentiras;
  cuando levantan su diestra, juran en falso.

6I spread out my hands to you;
  my soul thirsts for you like a parched
    land.   *Selah*
7Answer me quickly, O LORD;
  my spirit fails.
Do not hide your face from me
  or I will be like those who go down to
    the pit.
8Let the morning bring me word of your
    unfailing love,
  for I have put my trust in you.
Show me the way I should go,
  for to you I lift up my soul.
9Rescue me from my enemies, O LORD,
  for I hide myself in you.
10Teach me to do your will,
  for you are my God;
may your good Spirit
  lead me on level ground.

11For your name's sake, O LORD, preserve my
    life;
  in your righteousness, bring me out of
    trouble.
12In your unfailing love, silence my enemies;
  destroy all my foes,
  for I am your servant.

Of David.

144

Praise be to the LORD my Rock,
  who trains my hands for war,
my fingers for battle.
2He is my loving God and my fortress,
  my stronghold and my deliverer,
my shield, in whom I take refuge,
  who subdues peoples*o* under me.

3O LORD, what is man that you care for him,
  the son of man that you think of him?
4Man is like a breath;
  his days are like a fleeting shadow.

5Part your heavens, O LORD, and come
    down;
  touch the mountains, so that they smoke.
6Send forth lightning and scatter ⌞the
    enemies⌟;
  shoot your arrows and rout them.
7Reach down your hand from on high;
  deliver me and rescue me
from the mighty waters,
  from the hands of foreigners
8whose mouths are full of lies,
  whose right hands are deceitful.

9I will sing a new song to you, O God;
  on the ten-stringed lyre I will make music
    to you,
10to the One who gives victory to kings,
  who delivers his servant David from the
    deadly sword.

11Deliver me and rescue me
  from the hands of foreigners
whose mouths are full of lies,
  whose right hands are deceitful.

---

i 144:2 los pueblos (Targum, Vulgata, Siríaca, Aquila y varios mss.
hebreos); *mi pueblo* (TM).   *j 144:8 cuando ... en falso*. Lit. *su
diestra es diestra de engaño*; también en v. 11.

o 2 Many manuscripts of the Masoretic Text, Dead Sea Scrolls,
Aquila, Jerome and Syriac; most manuscripts of the Masoretic Text
subdues my people

12 Que nuestros hijos, en su juventud,
　　crezcan como plantas frondosas;
　que sean nuestras hijas como columnas
　　esculpidas para adornar un palacio.
13 Que nuestros graneros se llenen
　　con provisiones de toda especie.
　Que nuestros rebaños aumenten por millares,
　　por decenas de millares en nuestros campos.
14 Que nuestros bueyes arrastren cargas
　　pesadas;*k*
　que no haya brechas ni salidas,
　ni gritos de angustia en nuestras calles.

15 *¡Dichoso el pueblo que recibe todo esto!
　¡Dichoso el pueblo cuyo Dios es el SEÑOR!

Salmo de alabanza. De David.

145

Álef 　1 Te exaltaré, mi Dios y rey;
　　por siempre bendeciré tu *nombre.
Bet 　2 Todos los días te bendeciré;
　　por siempre alabaré tu nombre.
Guímel 　3 Grande es el SEÑOR, y digno de toda
　　alabanza;
　　su grandeza es insondable.
Dálet 　4 Cada generación celebrará tus obras
　　y proclamará tus proezas.
He 　5 Se hablará del esplendor de tu gloria y
　　majestad,
　　y yo meditaré en tus obras
　　maravillosas.*m*
Vav 　6 Se hablará del poder de tus portentos,
　　y yo anunciaré la grandeza de tus obras.
Zayin 　7 Se proclamará la memoria de tu inmensa
　　bondad,
　　y se cantará con júbilo tu *victoria.
Jet 　8 El SEÑOR es clemente y compasivo,
　　lento para la ira y grande en amor.
Tet 　9 El SEÑOR es bueno con todos;
　　él se compadece de toda su creación.
Yod 　10 Que te alaben, SEÑOR, todas tus obras;
　　que te bendigan tus fieles.
Caf 　11 Que hablen de la gloria de tu reino;
　　que proclamen tus proezas,
Lámed 　12 para que todo el mundo conozca tus
　　proezas
　　y la gloria y esplendor de tu reino.
Mem 　13 Tu reino es un reino eterno;
　　tu dominio permanece por todas las
　　edades.
Nun 　Fiel es el SEÑOR a su palabra
　　y bondadoso en todas sus obras.*n*

12 Then our sons in their youth
　　will be like well-nurtured plants,
　and our daughters will be like pillars
　　carved to adorn a palace.
13 Our barns will be filled
　　with every kind of provision.
　Our sheep will increase by thousands,
　　by tens of thousands in our fields;
14 　our oxen will draw heavy loads.*p*
　There will be no breaching of walls,
　　no going into captivity,
　　no cry of distress in our streets.

15 Blessed are the people of whom this is true;
　　blessed are the people whose God is the
　　LORD.

A psalm of praise. Of David.

145

q I will exalt you, my God the King;
　I will praise your name for ever and ever.
2 Every day I will praise you
　　and extol your name for ever and ever.

3 Great is the LORD and most worthy of
　　praise;
　his greatness no one can fathom.
4 One generation will commend your works to
　　another;
　they will tell of your mighty acts.
5 They will speak of the glorious splendor of
　　your majesty,
　and I will meditate on your wonderful
　　works.*r*
6 They will tell of the power of your
　　awesome works,
　and I will proclaim your great deeds.
7 They will celebrate your abundant goodness
　　and joyfully sing of your righteousness.

8 The LORD is gracious and compassionate,
　　slow to anger and rich in love.
9 The LORD is good to all;
　　he has compassion on all he has made.
10 All you have made will praise you,
　　O LORD;
　your saints will extol you.
11 They will tell of the glory of your kingdom
　　and speak of your might,
12 so that all men may know of your mighty
　　acts
　and the glorious splendor of your
　　kingdom.
13 Your kingdom is an everlasting kingdom,
　　and your dominion endures through all
　　generations.

The LORD is faithful to all his promises
　and loving toward all he has made.*s*

---

k 144:14 Que nuestros ... cargas pesadas. Alt. *Que nuestros capitanes sean establecidos firmemente.* 　*l Sal 145* Este salmo es un poema acróstico, que sigue el orden del alfabeto hebreo. *m 145:5 Se hablará ... obras maravillosas.* (Qumrán y Siríaca; véase también LXX); *Meditaré en el esplendor glorioso de tu majestad / y en tus obras maravillosas* (TM). 　*n 145:13 Fiel es el Señor a su palabra / y bondadoso en todas sus obras* (LXX, Siríaca, Vulgata y un ms. hebreo); TM no incluye estas dos líneas.

p 14 Or *our chieftains will be firmly established* 　*q* This psalm is an acrostic poem, the verses of which (including verse 13b) begin with the successive letters of the Hebrew alphabet. 　*r 5* Dead Sea Scrolls and Syriac (see also Septuagint); Masoretic Text *On the glorious splendor of your majesty / and on your wonderful works I will meditate* 　*s 13* One manuscript of the Masoretic Text, Dead Sea Scrolls and Syriac (see also Septuagint); most manuscripts of the Masoretic Text do not have the last two lines of verse 13.

Sámej	14	El Señor levanta a los caídos
		y sostiene a los agobiados.
Ayin	15	Los ojos de todos se posan en ti,
		y a su tiempo les das su alimento.
Pe	16	Abres la mano y sacias con tus favores
		a todo ser viviente.
Tsade	17	El Señor es justo en todos sus *caminos
		y bondadoso en todas sus obras.
Qof	18	El Señor está cerca de quienes lo invocan,
		de quienes lo invocan en verdad.
Resh	19	Cumple los deseos de quienes le temen;
		atiende a su clamor y los salva.
Shin	20	El Señor cuida a todos los que lo aman,
		pero aniquilará a todos los impíos.
Tav	21	¡Prorrumpa mi boca en alabanzas al Señor!
		¡Alabe todo el mundo su santo nombre,
		por siempre y para siempre!

146

*¡Aleluya! ¡Alabado sea el Señor!
Alaba, *alma mía, al Señor.
2 Alabaré al Señor toda mi vida;
   mientras haya aliento en mí, cantaré salmos
   a mi Dios.

3 No pongan su confianza en gente poderosa,
   en simples *mortales, que no pueden salvar.
4 Exhalan el espíritu y vuelven al polvo,
   y ese mismo día se desbaratan sus planes.

5 *Dichoso aquel cuya ayuda es el Dios de
   Jacob,
   cuya esperanza está en el Señor su Dios,
6 creador del cielo y de la tierra,
   del mar y de todo cuanto hay en ellos,
   y que siempre mantiene la verdad.
7 El Señor hace justicia a los oprimidos,
   da de comer a los hambrientos
   y pone en libertad a los cautivos.
8 El Señor da vista a los ciegos,
   el Señor sostiene a los agobiados,
   el Señor ama a los justos.
9 El Señor protege al extranjero
   y sostiene al huérfano y a la viuda,
   pero frustra los planes de los impíos.

10 ¡Oh *Sión, que el Señor reine para siempre!
   ¡Que tu Dios reine por todas las
   generaciones!

   *¡Aleluya! ¡Alabado sea el Señor!

147

*¡Aleluya! ¡Alabado sea el Señor!

¡Cuán bueno es cantar salmos a nuestro Dios,
   cuán agradable y justo es alabarlo!

2 El Señor reconstruye a Jerusalén
   y reúne a los exiliados de Israel;

---

14 The Lord upholds all those who fall
   and lifts up all who are bowed down.
15 The eyes of all look to you,
   and you give them their food at the
   proper time.
16 You open your hand
   and satisfy the desires of every living
   thing.

17 The Lord is righteous in all his ways
   and loving toward all he has made.
18 The Lord is near to all who call on him,
   to all who call on him in truth.
19 He fulfills the desires of those who fear
   him;
   he hears their cry and saves them.
20 The Lord watches over all who love him,
   but all the wicked he will destroy.

21 My mouth will speak in praise of the Lord.
   Let every creature praise his holy name
   for ever and ever.

146

Praise the Lord.[t]

Praise the Lord, O my soul.
2   I will praise the Lord all my life;
   I will sing praise to my God as long as I
   live.

3 Do not put your trust in princes,
   in mortal men, who cannot save.
4 When their spirit departs, they return to the
   ground;
   on that very day their plans come to
   nothing.

5 Blessed is he whose help is the God of
   Jacob,
   whose hope is in the Lord his God,
6 the Maker of heaven and earth,
   the sea, and everything in them—
   the Lord, who remains faithful forever.
7 He upholds the cause of the oppressed
   and gives food to the hungry.
   The Lord sets prisoners free,
8   the Lord gives sight to the blind,
   the Lord lifts up those who are bowed
   down,
   the Lord loves the righteous.
9 The Lord watches over the alien
   and sustains the fatherless and the widow,
   but he frustrates the ways of the wicked.

10 The Lord reigns forever,
   your God, O Zion, for all generations.

Praise the Lord.

147

Praise the Lord.[u]

How good it is to sing praises to our God,
   how pleasant and fitting to praise him!

2 The Lord builds up Jerusalem;
   he gathers the exiles of Israel.

---

t 1 Hebrew *Hallelu Yah*; also in verse 10   *u 1* Hebrew *Hallelu
Yah*; also in verse 20

³restaura a los abatidos*ñ*
  y cubre con vendas sus heridas.

⁴Él determina el número de las estrellas
  y a todas ellas les pone *nombre.
⁵Excelso es nuestro Señor, y grande su poder;
  su entendimiento es infinito;
⁶El SEÑOR sostiene a los pobres,
  pero hace morder el polvo a los impíos.

⁷Canten al SEÑOR con gratitud;
  canten salmos a nuestro Dios al son del
    arpa.
⁸Él cubre de nubes el cielo,
  envía la lluvia sobre la tierra
  y hace crecer la hierba en los montes.
⁹Él alimenta a los ganados
  y a las crías de los cuervos cuando graznan.

¹⁰El SEÑOR no se deleita en los bríos del caballo,
  ni se complace en la agilidad*o* del *hombre,
¹¹sino que se complace en los que le temen,
  en los que confían en su gran amor.

¹²Alaba al SEÑOR, Jerusalén;
  alaba a tu Dios, oh *Sión.
¹³Él refuerza los cerrojos de tus *puertas
  y bendice a los que en ti habitan.
¹⁴Él trae la *paz a tus fronteras
  y te sacia con lo mejor del trigo.

¹⁵Envía su palabra a la tierra;
  su palabra corre a toda prisa.
¹⁶Extiende la nieve cual blanco manto,*p*
  esparce la escarcha cual ceniza.
¹⁷Deja caer el granizo como grava;
  ¿quién puede resistir sus ventiscas?
¹⁸Pero envía su palabra y lo derrite;
  hace que el viento sople, y las aguas fluyen.

¹⁹A Jacob le ha revelado su palabra;
  sus *leyes y decretos a Israel.
²⁰Esto no lo ha hecho con ninguna otra nación;
  jamás han conocido ellas sus decretos.

  *¡Aleluya! ¡Alabado sea el SEÑOR!

148 *¡Aleluya! ¡Alabado sea el SEÑOR!

Alaben al SEÑOR desde los cielos,
  alábenlo desde las alturas.
²Alábenlo, todos sus ángeles,
  alábenlo, todos sus ejércitos.
³Alábenlo, sol y luna,
  alábenlo, estrellas luminosas.
⁴Alábenlo ustedes, altísimos cielos,
  y ustedes, las aguas que están sobre los
    cielos.
⁵Sea alabado el *nombre del SEÑOR,
  porque él dio una orden y todo fue creado.
⁶Todo quedó afirmado para siempre;
  emitió un decreto que no será abolido.

⁷Alaben al SEÑOR desde la tierra
  los monstruos marinos y las profundidades
    del mar,

³He heals the brokenhearted
  and binds up their wounds.

⁴He determines the number of the stars
  and calls them each by name.
⁵Great is our Lord and mighty in power;
  his understanding has no limit.
⁶The LORD sustains the humble
  but casts the wicked to the ground.

⁷Sing to the LORD with thanksgiving;
  make music to our God on the harp.
⁸He covers the sky with clouds;
  he supplies the earth with rain
  and makes grass grow on the hills.
⁹He provides food for the cattle
  and for the young ravens when they call.

¹⁰His pleasure is not in the strength of the
    horse,
  nor his delight in the legs of a man;
¹¹the LORD delights in those who fear him,
  who put their hope in his unfailing love.

¹²Extol the LORD, O Jerusalem;
  praise your God, O Zion,
¹³for he strengthens the bars of your gates
  and blesses your people within you.
¹⁴He grants peace to your borders
  and satisfies you with the finest of wheat.

¹⁵He sends his command to the earth;
  his word runs swiftly.
¹⁶He spreads the snow like wool
  and scatters the frost like ashes.
¹⁷He hurls down his hail like pebbles.
  Who can withstand his icy blast?
¹⁸He sends his word and melts them;
  he stirs up his breezes, and the waters
    flow.

¹⁹He has revealed his word to Jacob,
  his laws and decrees to Israel.
²⁰He has done this for no other nation;
  they do not know his laws.

  Praise the LORD.

148 Praise the LORD.*v*

Praise the LORD from the heavens,
  praise him in the heights above.
²Praise him, all his angels,
  praise him, all his heavenly hosts.
³Praise him, sun and moon,
  praise him, all you shining stars.
⁴Praise him, you highest heavens
  and you waters above the skies.
⁵Let them praise the name of the LORD,
  for he commanded and they were created.
⁶He set them in place for ever and ever;
  he gave a decree that will never pass
    away.

⁷Praise the LORD from the earth,
  you great sea creatures and all ocean
    depths,

ñ 147:3 *a los abatidos.* Lit. *a los de corazón quebrantado.*
o 147:10 *en la agilidad.* Lit. *en las piernas.*   p 147:16 *cual*
blanco manto. Lit. *como lana.*

v 1 Hebrew *Hallelu Yah*; also in verse 14

8 el relámpago y el granizo, la nieve y la
neblina,
el viento tempestuoso que cumple su
mandato,
9 los montes y las colinas,
los árboles frutales y todos los cedros,
10 los animales salvajes y los domésticos,
los reptiles y las aves,
11 los reyes de la tierra y todas las naciones,
los príncipes y los gobernantes de la tierra,
12 los jóvenes y las jóvenes,
los ancianos y los niños.

13 Alaben el nombre del SEÑOR,
porque sólo su nombre es excelso;
su esplendor está por encima de la tierra y de
los cielos.
14   ¡Él ha dado poder a su pueblo!q

¡A él sea la alabanza de todos sus fieles,
de los hijos de Israel, su pueblo cercano!

*¡Aleluya! ¡Alabado sea el SEÑOR!

149 *¡Aleluya! ¡Alabado sea el SEÑOR!

Canten al SEÑOR un cántico nuevo,
alábenlo en la comunidad de los fieles.

2 Que se alegre Israel por su creador;
que se regocijen los hijos de *Sión por su
rey.
3 Que alaben su *nombre con danzas;
que le canten salmos al son de la lira y el
pandero.
4 Porque el SEÑOR se complace en su pueblo;
a los humildes concede el honor de la
*victoria.
5 Que se alegren los fieles por su triunfo;r
que aun en sus camas griten de júbilo.

6 Que broten de su garganta alabanzas a Dios,
y haya en sus manos una espada de dos filos
7 para que tomen venganza de las naciones
y castiguen a los pueblos;
8 para que sujeten a sus reyes con cadenas,
a sus nobles con grilletes de hierro;
9 para que se cumpla en ellos la sentencia
escrita.

¡Ésta será la gloria de todos sus fieles!

*¡Aleluya! ¡Alabado sea el SEÑOR!

150 *¡Aleluya! ¡Alabado sea el SEÑOR!

Alaben a Dios en su santuario,
alábenlo en su poderoso firmamento.
2 Alábenlo por sus proezas,
alábenlo por su inmensa grandeza.
3 Alábenlo con sonido de trompeta,
alábenlo con el arpa y la lira.

8 lightning and hail, snow and clouds,
stormy winds that do his bidding,
9 you mountains and all hills,
fruit trees and all cedars,
10 wild animals and all cattle,
small creatures and flying birds,
11 kings of the earth and all nations,
you princes and all rulers on earth,
12 young men and maidens,
old men and children.

13 Let them praise the name of the LORD,
for his name alone is exalted;
his splendor is above the earth and the
heavens.
14 He has raised up for his people a horn,w
the praise of all his saints,
of Israel, the people close to his heart.

Praise the LORD.

149 Praise the LORD.x

Sing to the LORD a new song,
his praise in the assembly of the saints.

2 Let Israel rejoice in their Maker;
let the people of Zion be glad in their
King.
3 Let them praise his name with dancing
and make music to him with tambourine
and harp.
4 For the LORD takes delight in his people;
he crowns the humble with salvation.
5 Let the saints rejoice in this honor
and sing for joy on their beds.

6 May the praise of God be in their mouths
and a double-edged sword in their hands,
7 to inflict vengeance on the nations
and punishment on the peoples,
8 to bind their kings with fetters,
their nobles with shackles of iron,
9 to carry out the sentence written against
them.
This is the glory of all his saints.

Praise the LORD.

150 Praise the LORD.y

Praise God in his sanctuary;
praise him in his mighty heavens.
2 Praise him for his acts of power;
praise him for his surpassing greatness.
3 Praise him with the sounding of the trumpet,
praise him with the harp and lyre,

---

q 148:14 ¡Él ha dado ... su pueblo! Lit. ¡Él levantó un cuerno para
su pueblo!.   r 149:5 por su triunfo. Lit. en gloria.

w 14 Horn here symbolizes strong one, that is, king.   x 1 Hebrew
Hallelu Yah; also in verse 9   y 1 Hebrew Hallelu Yah; also in
verse 6

⁴Alábenlo con panderos y danzas,
    alábenlo con cuerdas y flautas.
⁵Alábenlo con címbalos sonoros,
    alábenlo con címbalos resonantes.
⁶¡Que todo lo que respira alabe al SEÑOR!

*¡Aleluya! ¡Alabado sea el SEÑOR!

⁴praise him with tambourine and dancing,
    praise him with the strings and flute,
⁵praise him with the clash of cymbals,
    praise him with resounding cymbals.

⁶Let everything that has breath praise the
    LORD.

Praise the LORD.

Proverbios

Prólogo: Propósito y tema

1 *Proverbios de Salomón hijo de David, rey de
Israel:

2 para adquirir sabiduría y *disciplina;
    para discernir palabras de inteligencia;
3 para recibir la *corrección que dan la
    prudencia,
    la rectitud, la *justicia y la equidad;
4 para infundir sagacidad en los *inexpertos,
    *conocimiento y discreción en los jóvenes.
5 Escuche esto el sabio, y aumente su saber;
    reciba dirección el entendido,
6 para discernir el proverbio y la *parábola,
    los dichos de los sabios y sus enigmas.

7 El temor del Señor es el principio del
    conocimiento;
    los *necios desprecian la sabiduría y la
    disciplina.

Exhortaciones a buscar la sabiduría

Advertencia contra el engaño

8 Hijo mío, escucha las correcciones de tu padre
    y no abandones las *enseñanzas de tu
    madre.
9 Adornarán tu cabeza como una diadema;
    adornarán tu cuello como un collar.

10 Hijo mío, si los pecadores quieren engañarte,
    no vayas con ellos.
11 Éstos te dirán:
    «¡Ven con nosotros!
    Acechemos a algún inocente
    y démonos el gusto de matar a algún
    incauto;
12 traguémonos a alguien vivo,
    como se traga el *sepulcro a la *gente;
    devorémoslo entero,
    como devora la fosa a los muertos.
13 Obtendremos toda clase de riquezas;
    con el botín llenaremos nuestras casas.
14 Comparte tu suerte con nosotros,
    y compartiremos contigo lo que
    obtengamos.»
15 ¡Pero no te dejes llevar por ellos,*a* hijo mío!
    ¡Apártate de sus senderos!
16 Pues corren presurosos a hacer lo malo;
    ¡tienen prisa por derramar sangre!
17 De nada sirve tender la red
    a la vista de todos los pájaros,
18 pero aquéllos acechan su propia vida*b*
    y acabarán por destruirse a sí mismos.
19 Así terminan los que van tras ganancias mal
    habidas;
    por éstas perderán la vida.

Advertencia contra el rechazo a la sabiduría

20 Clama la sabiduría en las calles;
    en los lugares públicos levanta su voz.

---

a 1:15 no ... por ellos. Lit. *no vayas por sus caminos.*
b 1:18 vida. Lit. *sangre.*

Proverbs

Prologue: Purpose and Theme

1 The proverbs of Solomon son of David, king of
Israel:

2 for attaining wisdom and discipline;
    for understanding words of insight;
3 for acquiring a disciplined and prudent life,
    doing what is right and just and fair;
4 for giving prudence to the simple,
    knowledge and discretion to the young—
5 let the wise listen and add to their learning,
    and let the discerning get guidance—
6 for understanding proverbs and parables,
    the sayings and riddles of the wise.

7 The fear of the Lord is the beginning of
    knowledge,
    but fools*a* despise wisdom and discipline.

Exhortations to Embrace Wisdom

Warning Against Enticement

8 Listen, my son, to your father's instruction
    and do not forsake your mother's
    teaching.
9 They will be a garland to grace your head
    and a chain to adorn your neck.

10 My son, if sinners entice you,
    do not give in to them.
11 If they say, "Come along with us;
    let's lie in wait for someone's blood,
    let's waylay some harmless soul;
12 let's swallow them alive, like the grave,*b*
    and whole, like those who go down to the
    pit;
13 we will get all sorts of valuable things
    and fill our houses with plunder;
14 throw in your lot with us,
    and we will share a common purse"—
15 my son, do not go along with them,
    do not set foot on their paths;
16 for their feet rush into sin,
    they are swift to shed blood.
17 How useless to spread a net
    in full view of all the birds!
18 These men lie in wait for their own blood;
    they waylay only themselves!
19 Such is the end of all who go after
    ill-gotten gain;
    it takes away the lives of those who get
    it.

Warning Against Rejecting Wisdom

20 Wisdom calls aloud in the street,
    she raises her voice in the public squares;

---

a 7 The Hebrew words rendered *fool* in Proverbs, and often
elsewhere in the Old Testament, denote one who is morally
deficient.   *b 12* Hebrew *Sheol*

21 Clama en las esquinas de calles transitadas;
   a la *entrada de la ciudad razona:

22 «¿Hasta cuándo, muchachos *inexpertos,
   seguirán aferrados a su inexperiencia?
¿Hasta cuándo, ustedes los *insolentes,
   se complacerán en su insolencia?
¿Hasta cuándo, ustedes los necios,
   aborrecerán el conocimiento?
23 Respondan a mis represiones,
   y yo les abriré mi corazón;c
   les daré a conocer mis pensamientos.
24 Como ustedes no me atendieron cuando los
      llamé,
   ni me hicieron caso cuando les tendí la
      mano,
25 sino que rechazaron todos mis consejos
   y no acataron mis represiones,
26 ahora yo me burlaré de ustedes
   cuando caigan en desgracia.
Yo seré el que se ría de ustedes
   cuando les sobrevenga el miedo,
27 cuando el miedo les sobrevenga como una
      tormenta
   y la desgracia los arrastre como un
      torbellino.

28 »Entonces me llamarán, pero no les
      responderé;
   me buscarán, pero no me encontrarán.
29 Por cuanto aborrecieron el conocimiento
   y no quisieron temer al Señor;
30 por cuanto no siguieron mis consejos,
   sino que rechazaron mis represiones,
31 cosecharán el fruto de su conducta,
   se hartarán con sus propias intrigas;
32 ¡su descarrío e inexperiencia los destruirán,
   su complacencia y *necedad los aniquilarán!
33 Pero el que me obedezca vivirá tranquilo,
   sosegado y sin temor del mal.»

Ventajas de la sabiduría

2 Hijo mío, si haces tuyas mis palabras
   y atesoras mis mandamientos;
2 si tu oído inclinas hacia la sabiduría
   y de corazón te entregas a la inteligencia;
3 si llamas a la inteligencia
   y pides discernimiento;
4 si la buscas como a la plata,
   como a un tesoro escondido,
5 entonces comprenderás el temor del Señor
   y hallarás el conocimiento de Dios.
6 Porque el Señor da la sabiduría;
   conocimiento y ciencia brotan de sus labios.
7 Él reserva su ayuda para la gente íntegra
   y protege a los de conducta intachable.
8 Él cuida el sendero de los justos
   y protege el camino de sus fieles.

21 at the head of the noisy streetsc she cries
      out,
   in the gateways of the city she makes her
      speech:
22 "How long will you simple onesd love
      your simple ways?
How long will mockers delight in
      mockery
   and fools hate knowledge?
23 If you had responded to my rebuke,
   I would have poured out my heart to you
   and made my thoughts known to you.
24 But since you rejected me when I called
   and no one gave heed when I stretched
      out my hand,
25 since you ignored all my advice
   and would not accept my rebuke,
26 I in turn will laugh at your disaster;
   I will mock when calamity overtakes
      you—
27 when calamity overtakes you like a storm,
   when disaster sweeps over you like a
      whirlwind,
   when distress and trouble overwhelm you.

28 "Then they will call to me but I will not
      answer;
   they will look for me but will not find
      me.
29 Since they hated knowledge
   and did not choose to fear the Lord,
30 since they would not accept my advice
   and spurned my rebuke,
31 they will eat the fruit of their ways
   and be filled with the fruit of their
      schemes.
32 For the waywardness of the simple will kill
      them,
   and the complacency of fools will destroy
      them;
33 but whoever listens to me will live in safety
   and be at ease, without fear of harm."

Moral Benefits of Wisdom

2 My son, if you accept my words
   and store up my commands within you,
2 turning your ear to wisdom
   and applying your heart to understanding,
3 and if you call out for insight
   and cry aloud for understanding,
4 and if you look for it as for silver
   and search for it as for hidden treasure,
5 then you will understand the fear of the
      Lord
   and find the knowledge of God.
6 For the Lord gives wisdom,
   and from his mouth come knowledge and
      understanding.
7 He holds victory in store for the upright,
   he is a shield to those whose walk is
      blameless,
8 for he guards the course of the just
   and protects the way of his faithful ones.

---

c 1:23 les abriré mi corazón. Lit. derramaré mi espíritu.

c 21 Hebrew; Septuagint / on the tops of the walls
d 22 The Hebrew word rendered simple in Proverbs generally
denotes one without moral direction and inclined to evil.

9 Entonces comprenderás la justicia y el derecho,
  la equidad y todo buen camino;
10 la sabiduría vendrá a tu corazón,
  y el conocimiento te endulzará la vida.
11 La discreción te cuidará,
  la inteligencia te protegerá.

12 La sabiduría te librará del camino de los
  malvados,
  de los que profieren palabras perversas,
13 de los que se apartan del camino recto
  para andar por sendas tenebrosas,
14 de los que se complacen en hacer lo malo
  y festejan la perversidad,
15 de los que andan por caminos torcidos
  y por sendas extraviadas;
16 te librará de la mujer ajena,
  de la extraña de palabras seductoras
17 que, olvidándose de su pacto con Dios,
  abandona al compañero de su juventud.
18 Ciertamente su casa conduce a la muerte;
  sus sendas llevan al reino de las sombras.
19 El que se enreda con ella no vuelve jamás,
  ni alcanza los senderos de la vida.

20 Así andarás por el camino de los buenos
  y seguirás la senda de los justos.
21 Pues los íntegros, los perfectos,
  habitarán la tierra y permanecerán en ella.
22 Pero los malvados, los impíos,
  serán desarraigados y expulsados de la tierra.

Otras ventajas de la sabiduría

3 Hijo mío, no te olvides de mis *enseñanzas;
  más bien, guarda en tu *corazón mis
  mandamientos.
2 Porque prolongarán tu vida muchos años
  y te traerán prosperidad.
3 Que nunca te abandonen el amor y la verdad:
  llévalos siempre alrededor de tu cuello
  y escríbelos en el libro de tu corazón.
4 Contarás con el favor de Dios
  y tendrás buena fama[d] entre la *gente.
5 Confía en el SEÑOR de todo corazón,
  y no en tu propia inteligencia.
6 Reconócelo en todos tus *caminos,
  y él allanará tus sendas.
7 No seas sabio en tu propia opinión;
  más bien, teme al SEÑOR y huye del mal.
8 Esto infundirá salud a tu cuerpo
  y fortalecerá tu ser.[e]
9 Honra al SEÑOR con tus riquezas
  y con los primeros frutos de tus cosechas.
10 Así tus graneros se llenarán a reventar
  y tus bodegas rebosarán de vino nuevo.
11 Hijo mío, no desprecies la *disciplina del
  SEÑOR,
  ni te ofendas por sus reprensiones.

9 Then you will understand what is right and
  just
  and fair—every good path.
10 For wisdom will enter your heart,
  and knowledge will be pleasant to your
  soul.
11 Discretion will protect you,
  and understanding will guard you.

12 Wisdom will save you from the ways of
  wicked men,
  from men whose words are perverse,
13 who leave the straight paths
  to walk in dark ways,
14 who delight in doing wrong
  and rejoice in the perverseness of evil,
15 whose paths are crooked
  and who are devious in their ways.

16 It will save you also from the adulteress,
  from the wayward wife with her seductive
  words,
17 who has left the partner of her youth
  and ignored the covenant she made before
  God.[e]
18 For her house leads down to death
  and her paths to the spirits of the dead.
19 None who go to her return
  or attain the paths of life.

20 Thus you will walk in the ways of good
  men
  and keep to the paths of the righteous.
21 For the upright will live in the land,
  and the blameless will remain in it;
22 but the wicked will be cut off from the
  land,
  and the unfaithful will be torn from it.

Further Benefits of Wisdom

3 My son, do not forget my teaching,
  but keep my commands in your heart,
2 for they will prolong your life many years
  and bring you prosperity.

3 Let love and faithfulness never leave you;
  bind them around your neck,
  write them on the tablet of your heart.
4 Then you will win favor and a good name
  in the sight of God and man.

5 Trust in the LORD with all your heart
  and lean not on your own understanding;
6 in all your ways acknowledge him,
  and he will make your paths straight.[f]

7 Do not be wise in your own eyes;
  fear the LORD and shun evil.
8 This will bring health to your body
  and nourishment to your bones.

9 Honor the LORD with your wealth,
  with the firstfruits of all your crops;
10 then your barns will be filled to
  overflowing,
  and your vats will brim over with new
  wine.

11 My son, do not despise the LORD's
  discipline
  and do not resent his rebuke,

---

d 3:4 buena fama. Lit. *prudencia.*   *e 3:8 tu ser.* Lit. *tus huesos.*   *e 17 Or covenant of her God*   *f 6 Or will direct your paths*

¹²Porque el SEÑOR disciplina a los que ama,
    como corrige un padre a su hijo querido.

¹³*Dichoso el que halla sabiduría,
    el que adquiere inteligencia.
¹⁴Porque ella es de más provecho que la plata
    y rinde más ganancias que el oro.
¹⁵Es más valiosa que las piedras preciosas:
    ¡ni lo más deseable se le puede comparar!
¹⁶Con la mano derecha ofrece larga vida;
    con la izquierda, honor y riquezas.
¹⁷Sus caminos son placenteros
    y en sus senderos hay *paz.
¹⁸Ella es árbol de vida para quienes la abrazan;
    ¡dichosos los que la retienen!
¹⁹Con sabiduría afirmó el SEÑOR la tierra,
    con inteligencia estableció los cielos.
²⁰Por su *conocimiento se separaron las aguas,
    y las nubes dejaron caer su rocío.

²¹Hijo mío, conserva el buen juicio;
    no pierdas de vista la discreción.
²²Te serán fuente de vida,
    te adornarán como un collar.
²³Podrás recorrer tranquilo tu camino,
    y tus pies no tropezarán.
²⁴Al acostarte, no tendrás temor alguno;
    te acostarás y dormirás tranquilo.
²⁵No temerás ningún desastre repentino,
    ni la desgracia que sobreviene a los impíos.
²⁶Porque el SEÑOR estará siempre a tu lado
    y te librará de caer en la trampa.

²⁷No niegues un favor a quien te lo pida,
    si en tu mano está el otorgarlo.
²⁸Nunca digas a tu prójimo:
    «Vuelve más tarde; te ayudaré mañana»,
    si hoy tienes con qué ayudarlo.
²⁹No urdas el mal contra tu prójimo,
    contra el que ha puesto en ti su confianza.
³⁰No entres en pleito con nadie
    que no te haya hecho ningún daño.
³¹No envidies a los violentos,
    ni optes por andar en sus caminos.
³²Porque el SEÑOR aborrece al perverso,
    pero al íntegro le brinda su amistad.
³³La maldición del SEÑOR cae sobre la casa del
    malvado;
    su bendición, sobre el hogar de los justos.
³⁴El SEÑOR se burla de los *burlones,
    pero muestra su favor a los humildes.
³⁵Los sabios son dignos de honra,
    pero los *necios sólo merecen deshonra.

La sabiduría es lo máximo

4 Escuchen, hijos, la corrección de un padre;
    dispónganse a adquirir inteligencia.
²Yo les brindo buenas enseñanzas,
    así que no abandonen mi instrucción.

¹²because the LORD disciplines those he loves,
    as a father ᵍ the son he delights in.

¹³Blessed is the man who finds wisdom,
    the man who gains understanding,
¹⁴for she is more profitable than silver
    and yields better returns than gold.
¹⁵She is more precious than rubies;
    nothing you desire can compare with her.
¹⁶Long life is in her right hand;
    in her left hand are riches and honor.
¹⁷Her ways are pleasant ways,
    and all her paths are peace.
¹⁸She is a tree of life to those who embrace
    her;
    those who lay hold of her will be blessed.

¹⁹By wisdom the LORD laid the earth's
    foundations,
    by understanding he set the heavens in
    place;
²⁰by his knowledge the deeps were divided,
    and the clouds let drop the dew.

²¹My son, preserve sound judgment and
    discernment,
    do not let them out of your sight;
²²they will be life for you,
    an ornament to grace your neck.
²³Then you will go on your way in safety,
    and your foot will not stumble;
²⁴when you lie down, you will not be afraid;
    when you lie down, your sleep will be
    sweet.
²⁵Have no fear of sudden disaster
    or of the ruin that overtakes the wicked,
²⁶for the LORD will be your confidence
    and will keep your foot from being
    snared.

²⁷Do not withhold good from those who
    deserve it,
    when it is in your power to act.
²⁸Do not say to your neighbor,
    "Come back later; I'll give it
    tomorrow"—
    when you now have it with you.

²⁹Do not plot harm against your neighbor,
    who lives trustfully near you.
³⁰Do not accuse a man for no reason—
    when he has done you no harm.

³¹Do not envy a violent man
    or choose any of his ways,
³²for the LORD detests a perverse man
    but takes the upright into his confidence.

³³The LORD's curse is on the house of the
    wicked,
    but he blesses the home of the righteous.
³⁴He mocks proud mockers
    but gives grace to the humble.
³⁵The wise inherit honor,
    but fools he holds up to shame.

Wisdom Is Supreme

4 Listen, my sons, to a father's instruction;
    pay attention and gain understanding.
²I give you sound learning,
    so do not forsake my teaching.

ᵍ 12 Hebrew; Septuagint / *and he punishes*

3 Cuando yo era pequeño y vivía con mi padre,
cuando era el niño consentido de mi madre,
4 mi padre me instruyó de esta manera:
«Aférrate de corazón a mis palabras,
obedece mis mandamientos, y vivirás.
5 Adquiere sabiduría, adquiere inteligencia;
no olvides mis palabras ni te apartes de
ellas.
6 No abandones nunca a la sabiduría,
y ella te protegerá;
ámala, y ella te cuidará.
7 La sabiduría es lo primero. ¡Adquiere
sabiduría!
Por sobre todas las cosas, adquiere
discernimiento.
8 Estima a la sabiduría, y ella te exaltará;
abrázala, y ella te honrará;
9 te pondrá en la cabeza una hermosa diadema;
te obsequiará una bella corona.»

10 Escucha, hijo mío; acoge mis palabras,
y los años de tu vida aumentarán.
11 Yo te guío por el camino de la sabiduría,
te dirijo por sendas de rectitud.
12 Cuando camines, no encontrarás obstáculos;
cuando corras, no tropezarás.
13 Aférrate a la instrucción, no la dejes escapar;
cuídala bien, que ella es tu vida.
14 No sigas la senda de los perversos
ni vayas por el camino de los malvados.
15 ¡Evita ese camino! ¡No pases por él!
¡Aléjate de allí, y sigue de largo!
16 Los malvados no duermen si no hacen lo
malo;
pierden el sueño si no hacen que alguien
caiga.
17 Su pan es la maldad;
su vino, la violencia.

18 La senda de los justos se asemeja
a los primeros albores de la aurora:
su esplendor va en aumento
hasta que el día alcanza su plenitud.
19 Pero el camino de los malvados
es como la más densa oscuridad;
¡ni siquiera saben con qué tropiezan!

20 Hijo mío, atiende a mis consejos;
escucha atentamente lo que digo.
21 No pierdas de vista mis palabras;
guárdalas muy dentro de tu corazón.
22 Ellas dan vida a quienes las hallan;
son la salud del cuerpo.
23 Por sobre todas las cosas cuida tu corazón,
porque de él mana la vida.
24 Aleja de tu boca la perversidad;
aparta de tus labios las palabras corruptas.
25 Pon la mirada en lo que tienes delante;
fija la vista en lo que está frente a ti.
26 Endereza las sendas por donde andas;
allana todos tus caminos.
27 No te desvíes ni a diestra ni a siniestra;
apártate de la maldad.

3 When I was a boy in my father's house,
still tender, and an only child of my
mother,
4 he taught me and said,
"Lay hold of my words with all your
heart;
keep my commands and you will live.
5 Get wisdom, get understanding;
do not forget my words or swerve from
them.
6 Do not forsake wisdom, and she will protect
you;
love her, and she will watch over you.
7 Wisdom is supreme; therefore get wisdom.
Though it cost all you have,[h] get
understanding.
8 Esteem her, and she will exalt you;
embrace her, and she will honor you.
9 She will set a garland of grace on your head
and present you with a crown of
splendor."

10 Listen, my son, accept what I say,
and the years of your life will be many.
11 I guide you in the way of wisdom
and lead you along straight paths.
12 When you walk, your steps will not be
hampered;
when you run, you will not stumble.
13 Hold on to instruction, do not let it go;
guard it well, for it is your life.
14 Do not set foot on the path of the wicked
or walk in the way of evil men.
15 Avoid it, do not travel on it;
turn from it and go on your way.
16 For they cannot sleep till they do evil;
they are robbed of slumber till they make
someone fall.
17 They eat the bread of wickedness
and drink the wine of violence.

18 The path of the righteous is like the first
gleam of dawn,
shining ever brighter till the full light of
day.
19 But the way of the wicked is like deep
darkness;
they do not know what makes them
stumble.

20 My son, pay attention to what I say;
listen closely to my words.
21 Do not let them out of your sight,
keep them within your heart;
22 for they are life to those who find them
and health to a man's whole body.
23 Above all else, guard your heart,
for it is the wellspring of life.
24 Put away perversity from your mouth;
keep corrupt talk far from your lips.
25 Let your eyes look straight ahead,
fix your gaze directly before you.
26 Make level[i] paths for your feet
and take only ways that are firm.
27 Do not swerve to the right or the left;
keep your foot from evil.

---

h 7 Or *Whatever else you get*   i 26 Or *Consider the*

Advertencia contra el adulterio

5 Hijo mío, pon atención a mi sabiduría
   y presta oído a mi buen juicio,
2 para que al hablar mantengas la discreción
   y retengas el conocimiento.
3 De los labios de la adúltera fluye miel;
   su lengua es más suave que el aceite.
4 Pero al fin resulta más amarga que la hiel
   y más cortante que una espada de dos filos.
5 Sus pies descienden hasta la muerte;
   sus pasos van derecho al *sepulcro.
6 No toma ella en cuenta el camino de la vida;ᶠ
   sus sendas son torcidas, y ella no lo
      reconoce.ᵍ

7 Pues bien, hijo mío, préstame atención
   y no te apartes de mis palabras.
8 Aléjate de la adúltera;
   no te acerques a la puerta de su casa,
9 para que no entregues a otros tu vigor,
   ni tus años a gente cruel;
10 para que no sacies con tu fuerza a gente
      extraña,
   ni vayan a dar en casa ajena tus esfuerzos.ld
11 Porque al final acabarás por llorar,
   cuando todo tu serʰ se haya consumido.
12 Y dirás: «¡Cómo pude aborrecer la corrección!
   ¡Cómo pudo mi corazón despreciar la
      disciplina!
13 No atendí a la voz de mis maestros,
   ni presté oído a mis instructores.
14 Ahora estoy al borde de la ruina,
   en medio de toda la comunidad.»

15 Bebe el agua de tu propio pozo,
   el agua que fluye de tu propio manantial.
16 ¿Habrán de derramarse tus fuentes por las
      calles
   y tus corrientes de aguas por las plazas
      públicas?
17 Son tuyas, solamente tuyas,
   y no para que las compartas con extraños.
18 ¡Bendita sea tu fuente!
   ¡Goza con la esposa de tu juventud!
19 Es una gacela amorosa,
   es una cervatilla encantadora.
   ¡Que sus pechos te satisfagan siempre!
   ¡Que su amor te cautive todo el tiempo!
20 ¿Por qué, hijo mío, dejarte cautivar por una
      adúltera?
   ¿Por qué abrazarte al pecho de la mujer
      ajena?

21 Nuestros caminos están a la vista del SEÑOR;
   él examina todas nuestras sendas.
22 Al malvado lo atrapan sus malas obras;
   las cuerdas de su pecado lo aprisionan.
23 Morirá por su falta de disciplina;
   perecerá por su gran insensatez.

Advertencia contra la insensatez

6 Hijo mío, si has salido fiador de tu vecino,
   si has hecho tratos para responder por otro,
2 si verbalmente te has comprometido,
   enredándote con tus propias palabras,

Warning Against Adultery

5 My son, pay attention to my wisdom,
   listen well to my words of insight,
2 that you may maintain discretion
   and your lips may preserve knowledge.
3 For the lips of an adulteress drip honey,
   and her speech is smoother than oil;
4 but in the end she is bitter as gall,
   sharp as a double-edged sword.
5 Her feet go down to death;
   her steps lead straight to the grave.ʲ
6 She gives no thought to the way of life;
   her paths are crooked, but she knows it
      not.

7 Now then, my sons, listen to me;
   do not turn aside from what I say.
8 Keep to a path far from her,
   do not go near the door of her house,
9 lest you give your best strength to others
   and your years to one who is cruel,
10 lest strangers feast on your wealth
   and your toil enrich another man's house.
11 At the end of your life you will groan,
   when your flesh and body are spent.
12 You will say, "How I hated discipline!
   How my heart spurned correction!
13 I would not obey my teachers
   or listen to my instructors.
14 I have come to the brink of utter ruin
   in the midst of the whole assembly."

15 Drink water from your own cistern,
   running water from your own well.
16 Should your springs overflow in the streets,
   your streams of water in the public
      squares?
17 Let them be yours alone,
   never to be shared with strangers.
18 May your fountain be blessed,
   and may you rejoice in the wife of your
      youth.
19 A loving doe, a graceful deer—
   may her breasts satisfy you always,
   may you ever be captivated by her love.
20 Why be captivated, my son, by an
      adulteress?
   Why embrace the bosom of another man's
      wife?
21 For a man's ways are in full view of the
      LORD,
   and he examines all his paths.
22 The evil deeds of a wicked man ensnare
      him;
   the cords of his sin hold him fast.
23 He will die for lack of discipline,
   led astray by his own great folly.

Warnings Against Folly

6 My son, if you have put up security for your
      neighbor,
   if you have struck hands in pledge for
      another,
2 if you have been trapped by what you said,
   ensnared by the words of your mouth,

ᶠ5:6 *No toma ... vida.* Lit. *El camino de la vida para que no lo*
prepare.   ᵍ5:6 *y ella no lo reconoce.* Alt. *y tú no lo sabes.*
ʰ5:11 *todo tu ser.* Lit. *tu carne y tu cuerpo.*

ʲ5 Hebrew *Sheol*

3 entonces has caído en manos de tu prójimo.
　Si quieres librarte, hijo mío, éste es el camino:
　Ve corriendo y humíllate ante él;
　procura deshacer tu compromiso.
4 No permitas que se duerman tus ojos;
　no dejes que tus párpados se cierren.
5 Líbrate, como se libra del cazador[i] la gacela,
　como se libra de la trampa[j] el ave.

6 ¡Anda, perezoso, fíjate en la hormiga!
　¡Fíjate en lo que hace, y adquiere sabiduría!
7 No tiene quien la mande,
　ni quien la vigile ni gobierne;
8 con todo, en el verano almacena provisiones
　y durante la cosecha recoge alimentos.

9 Perezoso, ¿cuánto tiempo más seguirás
　　acostado?
　¿Cuándo despertarás de tu sueño?
10 Un corto sueño, una breve siesta,
　un pequeño descanso, cruzado de brazos...
11 ¡y te asaltará la pobreza como un bandido,
　y la escasez como un hombre armado![k]

12 El bribón y sinvergüenza,
　el vagabundo de boca corrupta,
13 hace guiños con los ojos,
　y señas con los pies y con los dedos.
14 El malvado trama el mal en su mente,
　y siempre anda provocando disensiones.
15 Por eso le sobrevendrá la ruina;
　¡de repente será destruido, y no podrá
　　evitarlo!

16 Hay seis cosas que el SEÑOR aborrece,
　y siete que le son detestables:
17 　los ojos que se enaltecen,
　　la lengua que miente,
　　las manos que derraman sangre inocente,
18 　el corazón que hace planes perversos,
　　los pies que corren a hacer lo malo,
19 　el falso testigo que esparce mentiras,
　　y el que siembra discordia entre hermanos.

Advertencia contra el adulterio

20 Hijo mío, obedece el mandamiento de tu padre
　y no abandones la enseñanza de tu madre.
21 Grábatelos en el corazón;
　cuélgatelos al cuello.
22 Cuando camines, te servirán de guía;
　cuando duermas, vigilarán tu sueño;
　cuando despiertes, hablarán contigo.
23 El mandamiento es una lámpara,
　la enseñanza es una luz
　y la disciplina es el camino a la vida.
24 Te protegerán de la mujer malvada,
　de la mujer ajena y de su lengua seductora.
25 No abrigues en tu corazón deseos por su
　　belleza,
　ni te dejes cautivar por sus ojos,
26 pues la ramera va tras un pedazo de pan,
　pero la adúltera va tras el hombre que
　　vale.[l]

3 then do this, my son, to free yourself,
　since you have fallen into your neighbor's
　　hands:
　Go and humble yourself;
　press your plea with your neighbor!
4 Allow no sleep to your eyes,
　no slumber to your eyelids.
5 Free yourself, like a gazelle from the hand
　　of the hunter,
　like a bird from the snare of the fowler.

6 Go to the ant, you sluggard;
　consider its ways and be wise!
7 It has no commander,
　no overseer or ruler,
8 yet it stores its provisions in summer
　and gathers its food at harvest.

9 How long will you lie there, you sluggard?
　When will you get up from your sleep?
10 A little sleep, a little slumber,
　a little folding of the hands to rest—
11 and poverty will come on you like a bandit
　and scarcity like an armed man.[k]

12 A scoundrel and villain,
　who goes about with a corrupt mouth,
13 　who winks with his eye,
　　signals with his feet
　　and motions with his fingers,
14 　who plots evil with deceit in his heart—
　　he always stirs up dissension.
15 Therefore disaster will overtake him in an
　　instant;
　he will suddenly be destroyed—without
　　remedy.

16 There are six things the LORD hates,
　seven that are detestable to him:
17 　haughty eyes,
　　a lying tongue,
　　hands that shed innocent blood,
18 　a heart that devises wicked schemes,
　　feet that are quick to rush into evil,
19 　a false witness who pours out lies
　　and a man who stirs up dissension
　　among brothers.

Warning Against Adultery

20 My son, keep your father's commands
　and do not forsake your mother's
　　teaching.
21 Bind them upon your heart forever;
　fasten them around your neck.
22 When you walk, they will guide you;
　when you sleep, they will watch over
　　you;
　when you awake, they will speak to you.
23 For these commands are a lamp,
　this teaching is a light,
　and the corrections of discipline
　are the way to life,
24 keeping you from the immoral woman,
　from the smooth tongue of the wayward
　　wife.
25 Do not lust in your heart after her beauty
　or let her captivate you with her eyes,
26 for the prostitute reduces you to a loaf of
　　bread,
　and the adulteress preys upon your very
　　life.

---

[i] 6:5 *del cazador* (LXX y otras versiones antiguas); *de la mano* (TM). [j] 6:5 *de la trampa* (LXX y otras versiones antiguas); *de la mano del trampero* (TM). [k] 6:11 *como un hombre armado.* Alt. *como un limosnero.* [l] 6:26 *el hombre que vale.* Lit. *un alma valiosa.*

[k] 11 Or *like a vagrant / and scarcity like a beggar*

27 ¿Puede alguien echarse brasas en el pecho
    sin quemarse la ropa?
28 ¿Puede alguien caminar sobre las brasas
    sin quemarse los pies?
29 Pues tampoco quien se acuesta con la mujer
        ajena
    puede tocarla y quedar impune.

30 No se desprecia al ladrón
    que roba para mitigar su hambre;
31 pero si lo atrapan, deberá devolver
    siete tantos lo robado,
    aun cuando eso le cueste todas sus
        posesiones.
32 Pero al que comete adulterio le faltan sesos;
    el que así actúa se destruye a sí mismo.
33 No sacará más que golpes y vergüenzas,
    y no podrá borrar su oprobio.
34 Porque los celos desatan la furia del esposo,
    y éste no perdonará en el día de la
        venganza.
35 No aceptará nada en desagravio,
    ni se contentará con muchos regalos.

27 Can a man scoop fire into his lap
    without his clothes being burned?
28 Can a man walk on hot coals
    without his feet being scorched?
29 So is he who sleeps with another man's
        wife;
    no one who touches her will go
        unpunished.

30 Men do not despise a thief if he steals
    to satisfy his hunger when he is starving.
31 Yet if he is caught, he must pay sevenfold,
    though it costs him all the wealth of his
        house.
32 But a man who commits adultery lacks
        judgment;
    whoever does so destroys himself.
33 Blows and disgrace are his lot,
    and his shame will never be wiped away;
34 for jealousy arouses a husband's fury,
    and he will show no mercy when he takes
        revenge.
35 He will not accept any compensation;
    he will refuse the bribe, however great it
        is.

Advertencia contra la mujer adúltera

7 Hijo mío, pon en práctica[m] mis palabras
    y atesora mis mandamientos.
2 Cumple con mis mandatos, y vivirás;
    cuida mis enseñanzas como a la niña de tus
        ojos.
3 Llévalos atados en los dedos;
    anótalos en la tablilla de tu corazón.
4 Di a la sabiduría: «Tú eres mi hermana»,
    y a la inteligencia: «Eres de mi sangre.»
5 Ellas te librarán de la mujer ajena,
    de la adúltera y de sus palabras seductoras.

6 Desde la ventana de mi casa
    miré a través de la celosía.
7 Me puse a ver a los inexpertos,
    y entre los jóvenes observé
    a uno de ellos falto de juicio.[n]
8 Cruzó la calle, llegó a la esquina,
    y se encaminó hacia la casa de esa mujer.
9 Caía la tarde. Llegaba el día a su fin.
    Avanzaban las sombras de la noche.

10 De pronto la mujer salió a su encuentro,
    con toda la apariencia de una prostituta
    y con solapadas intenciones.
11 (Como es escandalosa y descarada,
    nunca hallan sus pies reposo en su casa.
12 Unas veces por las calles, otras veces por las
        plazas,
    siempre está al acecho en cada esquina.)
13 Se prendió de su cuello, lo besó,
    y con todo descaro le dijo:

14 «Tengo en mi casa sacrificios de *comunión,
    pues hoy he cumplido mis votos.
15 Por eso he venido a tu encuentro;
    te buscaba, ¡y ya te he encontrado!
16 Sobre la cama he tendido
    multicolores linos egipcios.
17 He perfumado mi lecho
    con aroma de mirra, áloe y canela.

Warning Against the Adulteress

7 My son, keep my words
    and store up my commands within you.
2 Keep my commands and you will live;
    guard my teachings as the apple of your
        eye.
3 Bind them on your fingers;
    write them on the tablet of your heart.
4 Say to wisdom, "You are my sister,"
    and call understanding your kinsman;
5 they will keep you from the adulteress,
    from the wayward wife with her seductive
        words.

6 At the window of my house
    I looked out through the lattice.
7 I saw among the simple,
    I noticed among the young men,
    a youth who lacked judgment.
8 He was going down the street near her
        corner,
    walking along in the direction of her
        house
9 at twilight, as the day was fading,
    as the dark of night set in.

10 Then out came a woman to meet him,
    dressed like a prostitute and with crafty
        intent.
11 (She is loud and defiant,
    her feet never stay at home;
12 now in the street, now in the squares,
    at every corner she lurks.)
13 She took hold of him and kissed him
    and with a brazen face she said:

14 "I have fellowship offerings[l] at home;
    today I fulfilled my vows.
15 So I came out to meet you;
    I looked for you and have found you!
16 I have covered my bed
    with colored linens from Egypt.
17 I have perfumed my bed
    with myrrh, aloes and cinnamon.

---

18 Ven, bebamos hasta el fondo la copa del amor;
    ¡disfrutemos del amor hasta el amanecer!
19 Mi esposo no está en casa,
    pues ha emprendido un largo viaje.
20 Se ha llevado consigo la bolsa del dinero,
    y no regresará hasta el día de luna llena.»

21 Con palabras persuasivas lo convenció;
    con lisonjas de sus labios lo sedujo.
22 Y él en seguida fue tras ella,
    como el buey que va camino al matadero;
    como el ciervo[ñ] que cae en la trampa,[o]
23   hasta que una flecha le abre las entrañas;
    como el ave que se lanza contra la red,
    sin saber que en ello le va la vida.

24 Así que, hijo mío, escúchame;
    presta[p] atención a mis palabras.
25 No desvíes tu corazón hacia sus sendas,
    ni te extravíes por sus caminos,
26 pues muchos han muerto por su causa;
    sus víctimas han sido innumerables.
27 Su casa lleva derecho al *sepulcro;
    ¡conduce al reino de la muerte!

Llamado de la sabiduría

8 ¿Acaso no está llamando la sabiduría?
    ¿No está elevando su voz la inteligencia?
2 Toma su puesto en las alturas,
    a la vera del camino y en las encrucijadas.
3 Junto a las *puertas que dan a la ciudad,
    a la *entrada misma, grita a voz en cuello:
4 «A ustedes los *hombres, los estoy llamando;
    dirijo mi voz a toda la *humanidad.
5 Ustedes los *inexpertos, ¡adquieran prudencia!
    Ustedes los *necios, ¡obtengan
    discernimiento!
6 Escúchenme, que diré cosas importantes;
    mis labios hablarán con *justicia.
7 Mi boca expresará la verdad,
    pues mis labios detestan la mentira.
8 Las palabras de mi boca son todas justas;
    no hay en ellas maldad ni doblez.
9 Son claras para los entendidos,
    e irreprochables para los sabios.
10 Opten por mi *instrucción, no por la plata;
    por el *conocimiento, no por el oro refinado.
11 Vale más la sabiduría que las piedras
    preciosas,
    y ni lo más deseable se le compara.

12 »Yo, la sabiduría, convivo con la prudencia
    y poseo conocimiento y discreción.
13 Quien teme al Señor aborrece lo malo;
    yo aborrezco el orgullo y la arrogancia,
    la mala conducta y el lenguaje perverso.
14 Míos son el consejo y el buen juicio;
    míos son el entendimiento y el poder.
15 Por mí reinan los reyes
    y promulgan leyes justas los gobernantes.
16 Por mí gobiernan los príncipes
    y todos los nobles que rigen la tierra.[q]
17 A los que me aman, les correspondo;
    a los que me buscan, me doy a conocer.
18 Conmigo están las riquezas y la honra,
    la prosperidad[r] y los bienes duraderos.

18 Come, let's drink deep of love till morning;
    let's enjoy ourselves with love!
19 My husband is not at home;
    he has gone on a long journey.
20 He took his purse filled with money
    and will not be home till full moon."

21 With persuasive words she led him astray;
    she seduced him with her smooth talk.
22 All at once he followed her
    like an ox going to the slaughter,
    like a deer[m] stepping into a noose[n]
23   till an arrow pierces his liver,
    like a bird darting into a snare,
    little knowing it will cost him his life.

24 Now then, my sons, listen to me;
    pay attention to what I say.
25 Do not let your heart turn to her ways
    or stray into her paths.
26 Many are the victims she has brought down;
    her slain are a mighty throng.
27 Her house is a highway to the grave,[o]
    leading down to the chambers of death.

Wisdom's Call

8 Does not wisdom call out?
    Does not understanding raise her voice?
2 On the heights along the way,
    where the paths meet, she takes her stand;
3 beside the gates leading into the city,
    at the entrances, she cries aloud:
4 "To you, O men, I call out;
    I raise my voice to all mankind.
5 You who are simple, gain prudence;
    you who are foolish, gain understanding.
6 Listen, for I have worthy things to say;
    I open my lips to speak what is right.
7 My mouth speaks what is true,
    for my lips detest wickedness.
8 All the words of my mouth are just;
    none of them is crooked or perverse.
9 To the discerning all of them are right;
    they are faultless to those who have
    knowledge.
10 Choose my instruction instead of silver,
    knowledge rather than choice gold,
11 for wisdom is more precious than rubies,
    and nothing you desire can compare with
    her.

12 "I, wisdom, dwell together with prudence;
    I possess knowledge and discretion.
13 To fear the Lord is to hate evil;
    I hate pride and arrogance,
    evil behavior and perverse speech.
14 Counsel and sound judgment are mine;
    I have understanding and power.
15 By me kings reign
    and rulers make laws that are just;
16 by me princes govern,
    and all nobles who rule on earth.[p]
17 I love those who love me,
    and those who seek me find me.
18 With me are riches and honor,
    enduring wealth and prosperity.

[ñ] 7:22 *ciervo* (Siríaca; véase también LXX); *necio* (TM).
[o] 7:22 Texto de difícil traducción.   [p] 7:24 *hijo mío, escúchame; presta.* Lit. *hijos míos, escúchenme; presten.* [q] 8:16 *y todos los nobles que rigen la tierra* (varios mss. hebreos y LXX); *y nobles, todos jueces justos* (TM).   [r] 8:18 *prosperidad.* Lit. *justicia.*

[m] 22 Syriac (see also Septuagint); Hebrew *fool*
[n] 22 The meaning of the Hebrew for this line is uncertain.
[o] 27 Hebrew *Sheol*   [p] 16 Many Hebrew manuscripts and Septuagint; most Hebrew manuscripts *and nobles—all righteous rulers*

19 Mi fruto es mejor que el oro fino;
　　mi cosecha sobrepasa a la plata refinada.
20 Voy por el *camino de la rectitud,
　　por los senderos de la justicia,
21 enriqueciendo a los que me aman
　　y acrecentando sus tesoros.

22 »El Señor me dio la vida[s] como primicia de
　　　　sus obras,[t]
　　mucho antes de sus obras de antaño.
23 Fui establecida desde la eternidad,
　　desde antes que existiera el mundo.
24 No existían los grandes mares cuando yo nací;
　　no había entonces manantiales de abundantes
　　　　aguas.
25 Nací antes que fueran formadas las colinas,
　　antes que se cimentaran las montañas,
26 antes que él creara la tierra y sus paisajes
　　y el polvo primordial con que hizo el
　　　　mundo.
27 Cuando Dios cimentó la bóveda celeste
　　y trazó el horizonte sobre las aguas,
　　allí estaba yo presente.
28 Cuando estableció las nubes en los cielos
　　y reforzó las fuentes del mar profundo;
29 cuando señaló los límites del mar,
　　para que las aguas obedecieran su mandato;
　　cuando plantó los fundamentos de la tierra,
30 　allí estaba yo, afirmando su obra.
　　Día tras día me llenaba yo de alegría,
　　siempre disfrutaba de estar en su presencia;
31 me regocijaba en el mundo que él creó;
　　¡en el *género humano me deleitaba!

32 »Y ahora, hijos míos, escúchenme:
　　*dichosos los que van por[u] mis caminos.
33 Atiendan a mi instrucción, y sean sabios;
　　no la descuiden.
34 Dichosos los que me escuchan
　　y a mis puertas están atentos cada día,
　　esperando a la entrada de mi casa.
35 En verdad, quien me encuentra, halla la vida
　　y recibe el favor del Señor.
36 Quien me rechaza, se perjudica a sí mismo;
　　quien me aborrece, ama la muerte.»

Invitación de la sabiduría y de la necedad

9 　La sabiduría construyó su casa
　　y labró sus siete pilares.
2 Preparó un banquete, mezcló su vino
　　y tendió la mesa.
3 Envió a sus doncellas, y ahora clama
　　desde lo más alto de la ciudad.
4 «¡Vengan conmigo los inexpertos!
　　—dice a los faltos de juicio—.
5 Vengan, disfruten de mi pan
　　y beban del vino que he mezclado.
6 Dejen su insensatez, y vivirán;
　　andarán por el camino del discernimiento.

19 My fruit is better than fine gold;
　　what I yield surpasses choice silver.
20 I walk in the way of righteousness,
　　along the paths of justice,
21 bestowing wealth on those who love me
　　and making their treasuries full.

22 "The Lord brought me forth as the first of
　　　　his works,[q,r]
　　before his deeds of old;
23 I was appointed[s] from eternity,
　　from the beginning, before the world
　　　　began.
24 When there were no oceans, I was given
　　　　birth,
　　when there were no springs abounding
　　　　with water;
25 before the mountains were settled in place,
　　before the hills, I was given birth,
26 before he made the earth or its fields
　　or any of the dust of the world.
27 I was there when he set the heavens in
　　　　place,
　　when he marked out the horizon on the
　　　　face of the deep,
28 when he established the clouds above
　　and fixed securely the fountains of the
　　　　deep,
29 when he gave the sea its boundary
　　so the waters would not overstep his
　　　　command,
　　and when he marked out the foundations of
　　　　the earth.
30 　Then I was the craftsman at his side.
　　I was filled with delight day after day,
　　rejoicing always in his presence,
31 rejoicing in his whole world
　　and delighting in mankind.

32 "Now then, my sons, listen to me;
　　blessed are those who keep my ways.
33 Listen to my instruction and be wise;
　　do not ignore it.
34 Blessed is the man who listens to me,
　　watching daily at my doors,
　　waiting at my doorway.
35 For whoever finds me finds life
　　and receives favor from the Lord.
36 But whoever fails to find me harms himself;
　　all who hate me love death."

Invitations of Wisdom and of Folly

9 　Wisdom has built her house;
　　she has hewn out its seven pillars.
2 She has prepared her meat and mixed her
　　　　wine;
　　she has also set her table.
3 She has sent out her maids, and she calls
　　from the highest point of the city.
4 "Let all who are simple come in here!"
　　she says to those who lack judgment.
5 "Come, eat my food
　　and drink the wine I have mixed.
6 Leave your simple ways and you will live;
　　walk in the way of understanding.

---

[s] 8:22 me dio la vida. Alt. era mi dueño.　　[t] 8:22 obras. Lit.
caminos.　　[u] 8:32 van por. Lit. guardan.

[q] 22 Or way; or dominion　　[r] 22 Or The Lord possessed me at the
beginning of his work; or The Lord brought me forth at the
beginning of his work　　[s] 23 Or fashioned

7 »El que corrige al burlón se gana que lo
insulten;
el que reprende al malvado se gana su
desprecio.
8 No reprendas al insolente, no sea que acabe
por odiarte;
reprende al sabio, y te amará.
9 Instruye al sabio, y se hará más sabio;
enseña al justo, y aumentará su saber.

10 »El comienzo de la sabiduría es el temor del
SEÑOR;
conocer al Santo[v] es tener discernimiento.
11 Por mí aumentarán tus días;
muchos años de vida te serán añadidos.
12 Si eres sabio, tu premio será tu sabiduría;
si eres insolente, sólo tú lo sufrirás.»

13 La mujer necia es escandalosa,
frívola y desvergonzada.
14 Se sienta a las puertas de su casa,
sienta sus reales en lo más alto de la ciudad,
15 y llama a los que van por el camino,
a los que no se apartan de su senda.
16 «¡Vengan conmigo, inexpertos!
—dice a los faltos de juicio—.
17 ¡Las aguas robadas saben a gloria!
¡El pan sabe a miel si se come a
escondidas!»
18 Pero éstos ignoran que allí está la muerte,
que sus invitados caen al fondo de la *fosa.

Proverbios de Salomón

10

Proverbios de Salomón:

El hijo sabio es la alegría de su padre;
el hijo necio es el pesar de su madre.

2 Las riquezas mal habidas no sirven de nada,
pero la justicia libra de la muerte.

3 El SEÑOR no deja sin comer al justo,
pero frustra la avidez de los malvados.

4 Las manos ociosas conducen a la pobreza;
las manos hábiles atraen riquezas.

5 El hijo prevenido se abastece en el verano,
pero el sinvergüenza duerme en tiempo de
cosecha.

6 El justo se ve coronado de bendiciones,
pero la boca del malvado encubre violencia.

7 La memoria de los justos es una bendición,
pero la fama de los malvados será pasto de
los gusanos.

8 El de sabio corazón acata las órdenes,
pero el necio y rezongón va camino al
desastre.

7 "Whoever corrects a mocker invites insult;
whoever rebukes a wicked man incurs
abuse.
8 Do not rebuke a mocker or he will hate
you;
rebuke a wise man and he will love you.
9 Instruct a wise man and he will be wiser
still;
teach a righteous man and he will add to
his learning.

10 "The fear of the LORD is the beginning of
wisdom,
and knowledge of the Holy One is
understanding.
11 For through me your days will be many,
and years will be added to your life.
12 If you are wise, your wisdom will reward
you;
if you are a mocker, you alone will
suffer."

13 The woman Folly is loud;
she is undisciplined and without
knowledge.
14 She sits at the door of her house,
on a seat at the highest point of the city,
15 calling out to those who pass by,
who go straight on their way.
16 "Let all who are simple come in here!"
she says to those who lack judgment.
17 "Stolen water is sweet;
food eaten in secret is delicious!"
18 But little do they know that the dead are
there,
that her guests are in the depths of the
grave.[t]

Proverbs of Solomon

10

The proverbs of Solomon:

A wise son brings joy to his father,
but a foolish son grief to his mother.

2 Ill-gotten treasures are of no value,
but righteousness delivers from death.

3 The LORD does not let the righteous go
hungry
but he thwarts the craving of the wicked.

4 Lazy hands make a man poor,
but diligent hands bring wealth.

5 He who gathers crops in summer is a wise
son,
but he who sleeps during harvest is a
disgraceful son.

6 Blessings crown the head of the righteous,
but violence overwhelms the mouth of the
wicked.[u]

7 The memory of the righteous will be a
blessing,
but the name of the wicked will rot.

8 The wise in heart accept commands,
but a chattering fool comes to ruin.

---

[v] 9:10 al Santo. Alt. las cosas santas.

[t] 18 Hebrew Sheol   [u] 6 Or but the mouth of the wicked conceals
violence; also in verse 11

⁹Quien se conduce con integridad, anda seguro;
    quien anda en malos pasos será descubierto.

¹⁰Quien guiña el ojo con malicia provoca pesar;
    el necio y rezongón va camino al desastre.

¹¹Fuente de vida es la boca del justo,
    pero la boca del malvado encubre violencia.

¹²El odio es motivo de disensiones,
    pero el amor cubre todas las faltas.

¹³En los labios del prudente hay sabiduría;
    en la espalda del falto de juicio, sólo
    garrotazos.

¹⁴El que es sabio atesora el conocimiento,
    pero la boca del necio es un peligro
    inminente.

¹⁵La riqueza del rico es su baluarte;
    la pobreza del pobre es su ruina.

¹⁶El salario del justo es la vida;
    la ganancia del malvado es el pecado.

¹⁷El que atiende a la corrección va camino a la
    vida;
    el que la rechaza se pierde.

¹⁸El de labios mentirosos disimula su odio,
    y el que propaga calumnias es un necio.

¹⁹El que mucho habla, mucho yerra;
    el que es sabio refrena su lengua.

²⁰Plata refinada es la lengua del justo;
    el corazón del malvado no vale nada.

²¹Los labios del justo orientan a muchos;
    los necios mueren por falta de juicio.

²²La bendición del Señor trae riquezas,
    y nada se gana con preocuparse.

²³El necio se divierte con su mala conducta,
    pero el sabio se recrea con la sabiduría.

²⁴Lo que el malvado teme, eso le ocurre;
    lo que el justo desea, eso recibe.

²⁵Pasa la tormenta y desaparece el malvado,
    pero el justo permanece firme para siempre.

²⁶Como vinagre a los dientes y humo a los ojos
    es el perezoso para quienes lo emplean.

²⁷El temor del Señor prolonga la vida,
    pero los años del malvado se acortan.

²⁸El futuro de los justos es halagüeño;
    la esperanza de los malvados se desvanece.

²⁹El camino del Señor es refugio de los justos
    y ruina de los malhechores.

³⁰Los justos no tropezarán jamás;
    los malvados no habitarán la tierra.

⁹The man of integrity walks securely,
    but he who takes crooked paths will be
    found out.

¹⁰He who winks maliciously causes grief,
    and a chattering fool comes to ruin.

¹¹The mouth of the righteous is a fountain of
    life,
    but violence overwhelms the mouth of the
    wicked.

¹²Hatred stirs up dissension,
    but love covers over all wrongs.

¹³Wisdom is found on the lips of the
    discerning,
    but a rod is for the back of him who
    lacks judgment.

¹⁴Wise men store up knowledge,
    but the mouth of a fool invites ruin.

¹⁵The wealth of the rich is their fortified city,
    but poverty is the ruin of the poor.

¹⁶The wages of the righteous bring them life,
    but the income of the wicked brings them
    punishment.

¹⁷He who heeds discipline shows the way to
    life,
    but whoever ignores correction leads
    others astray.

¹⁸He who conceals his hatred has lying lips,
    and whoever spreads slander is a fool.

¹⁹When words are many, sin is not absent,
    but he who holds his tongue is wise.

²⁰The tongue of the righteous is choice silver,
    but the heart of the wicked is of little
    value.

²¹The lips of the righteous nourish many,
    but fools die for lack of judgment.

²²The blessing of the Lord brings wealth,
    and he adds no trouble to it.

²³A fool finds pleasure in evil conduct,
    but a man of understanding delights in
    wisdom.

²⁴What the wicked dreads will overtake him;
    what the righteous desire will be granted.

²⁵When the storm has swept by, the wicked
    are gone,
    but the righteous stand firm forever.

²⁶As vinegar to the teeth and smoke to the
    eyes,
    so is a sluggard to those who send him.

²⁷The fear of the Lord adds length to life,
    but the years of the wicked are cut short.

²⁸The prospect of the righteous is joy,
    but the hopes of the wicked come to
    nothing.

²⁹The way of the Lord is a refuge for the
    righteous,
    but it is the ruin of those who do evil.

³⁰The righteous will never be uprooted,
    but the wicked will not remain in the
    land.

³¹ La boca del justo profiere sabiduría,
　　pero la lengua perversa será cercenada.

³² Los labios del justo destilan^w bondad;
　　de la boca del malvado brota perversidad.

11 El Señor aborrece las balanzas adulteradas,
　　pero aprueba las pesas exactas.

² Con el orgullo viene el oprobio;
　　con la humildad, la sabiduría.

³ A los justos los guía su integridad;
　　a los falsos los destruye su hipocresía.

⁴ En el día de la ira de nada sirve ser rico,
　　pero la justicia libra de la muerte.

⁵ La justicia endereza el camino de los íntegros,
　　pero la maldad hace caer a los impíos.

⁶ La justicia libra a los justos,
　　pero la codicia atrapa a los falsos.

⁷ Muere el malvado, y con él su esperanza;
　　muere también su ilusión de poder.

⁸ El justo se salva de la calamidad,
　　pero la desgracia le sobreviene al malvado.

⁹ Con la boca el impío destruye a su prójimo,
　　pero los justos se libran por el conocimiento.

¹⁰ Cuando el justo prospera, la ciudad se alegra;
　　cuando el malvado perece, hay gran
　　regocijo.

¹¹ La bendición de los justos enaltece a la ciudad,
　　pero la boca de los malvados la destruye.

¹² El falto de juicio desprecia a su prójimo,
　　pero el entendido refrena su lengua.

¹³ La gente chismosa revela los secretos;
　　la gente confiable es discreta.

¹⁴ Sin dirección, la nación fracasa;
　　el éxito depende de los muchos consejeros.

¹⁵ El fiador de un extraño saldrá perjudicado;
　　negarse a dar fianza^x es vivir en paz.

¹⁶ La mujer bondadosa se gana el respeto;
　　los hombres violentos sólo ganan riquezas.

¹⁷ El que es bondadoso se beneficia a sí mismo;
　　el que es cruel, a sí mismo se perjudica.

³¹ The mouth of the righteous brings forth
　　wisdom,
　　but a perverse tongue will be cut out.

³² The lips of the righteous know what is
　　fitting,
　　but the mouth of the wicked only what is
　　perverse.

11 The Lord abhors dishonest scales,
　　but accurate weights are his delight.

² When pride comes, then comes disgrace,
　　but with humility comes wisdom.

³ The integrity of the upright guides them,
　　but the unfaithful are destroyed by their
　　duplicity.

⁴ Wealth is worthless in the day of wrath,
　　but righteousness delivers from death.

⁵ The righteousness of the blameless makes a
　　straight way for them,
　　but the wicked are brought down by their
　　own wickedness.

⁶ The righteousness of the upright delivers
　　them,
　　but the unfaithful are trapped by evil
　　desires.

⁷ When a wicked man dies, his hope perishes;
　　all he expected from his power comes to
　　nothing.

⁸ The righteous man is rescued from trouble,
　　and it comes on the wicked instead.

⁹ With his mouth the godless destroys his
　　neighbor,
　　but through knowledge the righteous
　　escape.

¹⁰ When the righteous prosper, the city
　　rejoices;
　　when the wicked perish, there are shouts
　　of joy.

¹¹ Through the blessing of the upright a city is
　　exalted,
　　but by the mouth of the wicked it is
　　destroyed.

¹² A man who lacks judgment derides his
　　neighbor,
　　but a man of understanding holds his
　　tongue.

¹³ A gossip betrays a confidence,
　　but a trustworthy man keeps a secret.

¹⁴ For lack of guidance a nation falls,
　　but many advisers make victory sure.

¹⁵ He who puts up security for another will
　　surely suffer,
　　but whoever refuses to strike hands in
　　pledge is safe.

¹⁶ A kindhearted woman gains respect,
　　but ruthless men gain only wealth.

¹⁷ A kind man benefits himself,
　　but a cruel man brings trouble on himself.

---

^w *10:32 destilan* (LXX); *saben* (TM).　　^x *11:15 a dar fianza.* Lit.
a estrechar la mano.

¹⁸El malvado obtiene ganancias ilusorias;
el que siembra justicia asegura su ganancia.

¹⁹El que es justo obtiene la vida;
el que persigue el mal se encamina a la
muerte.

²⁰El Señor aborrece a los de corazón perverso,
pero se complace en los que viven con
rectitud.

²¹Una cosa es segura:^y Los malvados no
quedarán impunes,
pero los justos saldrán bien librados.

²²Como argolla de oro en hocico de cerdo
es la mujer bella pero indiscreta.

²³Los deseos de los justos terminan bien;
la esperanza de los malvados termina mal.^z

²⁴Unos dan a manos llenas, y reciben más de lo
que dan;
otros ni sus deudas pagan, y acaban en la
miseria.

²⁵El que es generoso prospera;
el que reanima será reanimado.

²⁶La gente maldice al que acapara el trigo,
pero colma de bendiciones al que gustoso lo
vende.

²⁷El que madruga para el bien, halla buena
voluntad;
el que anda tras el mal, por el mal será
alcanzado.

²⁸El que confía en sus riquezas se marchita,
pero el justo se renueva como el follaje.

²⁹El que perturba su casa no hereda más que el
viento,
y el necio termina sirviendo al sabio.

³⁰El fruto de la justicia^a es árbol de vida,
pero el que arrebata vidas es violento.^b

³¹Si los justos reciben su pago aquí en la tierra,
¡cuánto más los impíos y los pecadores!

12 El que ama la disciplina ama el
conocimiento,
pero el que la aborrece es un necio.

²El hombre bueno recibe el favor del Señor,
pero el intrigante recibe su condena.

³Nadie puede afirmarse por medio de la
maldad;
sólo queda firme la raíz de los justos.

⁴La mujer ejemplar^c es corona de su esposo;
la desvergonzada es carcoma en los huesos.

⁵En los planes del justo hay justicia,
pero en los consejos del malvado hay
engaño.

⁶Las palabras del malvado son insidias de
muerte,
pero la boca de los justos los pone a salvo.

¹⁸The wicked man earns deceptive wages,
but he who sows righteousness reaps a
sure reward.

¹⁹The truly righteous man attains life,
but he who pursues evil goes to his death.

²⁰The LORD detests men of perverse heart
but he delights in those whose ways are
blameless.

²¹Be sure of this: The wicked will not go
unpunished,
but those who are righteous will go free.

²²Like a gold ring in a pig's snout
is a beautiful woman who shows no
discretion.

²³The desire of the righteous ends only in
good,
but the hope of the wicked only in wrath.

²⁴One man gives freely, yet gains even more;
another withholds unduly, but comes to
poverty.

²⁵A generous man will prosper;
he who refreshes others will himself be
refreshed.

²⁶People curse the man who hoards grain,
but blessing crowns him who is willing to
sell.

²⁷He who seeks good finds goodwill,
but evil comes to him who searches for it.

²⁸Whoever trusts in his riches will fall,
but the righteous will thrive like a green
leaf.

²⁹He who brings trouble on his family will
inherit only wind,
and the fool will be servant to the wise.

³⁰The fruit of the righteous is a tree of life,
and he who wins souls is wise.

³¹If the righteous receive their due on earth,
how much more the ungodly and the
sinner!

12 Whoever loves discipline loves knowledge,
but he who hates correction is stupid.

²A good man obtains favor from the LORD,
but the LORD condemns a crafty man.

³A man cannot be established through
wickedness,
but the righteous cannot be uprooted.

⁴A wife of noble character is her husband's
crown,
but a disgraceful wife is like decay in his
bones.

⁵The plans of the righteous are just,
but the advice of the wicked is deceitful.

⁶The words of the wicked lie in wait for
blood,
but the speech of the upright rescues
them.

^y11:21 Una cosa es segura. Lit. Mano a mano.   ^z11:23 termina
mal (LXX); es ira (TM).   ^a11:30 de la justicia (LXX); del
justo (TM).   ^b11:30 violento (LXX); sabio (TM).
^c12:4 ejemplar. Alt. fuerte; véase 31:10-31.

7 Los malvados se derrumban y dejan de existir,
pero los hijos de los justos permanecen.

8 Al hombre se le alaba según su sabiduría,
pero al de mal corazón se le desprecia.

9 Vale más un Don Nadie con criado
que un Don Alguien sin pan.

10 El justo atiende a las necesidades de su bestia,
pero el malvado es de mala entraña.

11 El que labra su tierra tendrá abundante comida,
pero el que sueña despierto*d* es un
imprudente.

12 Los malos deseos son la trampa*e* de los
malvados,
pero la raíz de los justos prospera.

13 En el pecado de sus labios se enreda el
malvado,
pero el justo sale del aprieto.

14 Cada uno se sacia*f* del fruto de sus labios,
y de la obra de sus manos recibe su
recompensa.

15 Al necio le parece bien lo que emprende,
pero el sabio atiende al consejo.

16 El necio muestra en seguida su enojo,
pero el prudente pasa por alto el insulto.

17 El testigo verdadero declara lo que es justo,
pero el testigo falso declara falsedades.

18 El charlatán hiere con la lengua como con una
espada,
pero la lengua del sabio brinda alivio.

19 Los labios sinceros permanecen para siempre,
pero la lengua mentirosa dura sólo un
instante.

20 En los que fraguan el mal habita el engaño,
pero hay gozo para los que promueven la
paz.

21 Al justo no le sobrevendrá ningún daño,
pero al malvado lo cubrirá la desgracia.

22 El SEÑOR aborrece a los de labios mentirosos,
pero se complace en los que actúan con
lealtad.

23 El hombre prudente no muestra lo que sabe,
pero el corazón de los necios proclama su
necedad.

24 El de manos diligentes gobernará;
pero el perezoso será subyugado.

25 La angustia abate el corazón del hombre,
pero una palabra amable lo alegra.

26 El justo es guía de su prójimo,*g*
pero el camino del malvado lleva a la
perdición.

27 El perezoso no atrapa presa,*h*
pero el diligente ya posee una gran riqueza.

28 En el camino de la justicia se halla la vida;
por ese camino se evita la muerte.

7 Wicked men are overthrown and are no
more,
but the house of the righteous stands firm.

8 A man is praised according to his wisdom,
but men with warped minds are despised.

9 Better to be a nobody and yet have a
servant
than pretend to be somebody and have no
food.

10 A righteous man cares for the needs of his
animal,
but the kindest acts of the wicked are
cruel.

11 He who works his land will have abundant
food,
but he who chases fantasies lacks
judgment.

12 The wicked desire the plunder of evil men,
but the root of the righteous flourishes.

13 An evil man is trapped by his sinful talk,
but a righteous man escapes trouble.

14 From the fruit of his lips a man is filled
with good things
as surely as the work of his hands
rewards him.

15 The way of a fool seems right to him,
but a wise man listens to advice.

16 A fool shows his annoyance at once,
but a prudent man overlooks an insult.

17 A truthful witness gives honest testimony,
but a false witness tells lies.

18 Reckless words pierce like a sword,
but the tongue of the wise brings healing.

19 Truthful lips endure forever,
but a lying tongue lasts only a moment.

20 There is deceit in the hearts of those who
plot evil,
but joy for those who promote peace.

21 No harm befalls the righteous,
but the wicked have their fill of trouble.

22 The LORD detests lying lips,
but he delights in men who are truthful.

23 A prudent man keeps his knowledge to
himself,
but the heart of fools blurts out folly.

24 Diligent hands will rule,
but laziness ends in slave labor.

25 An anxious heart weighs a man down,
but a kind word cheers him up.

26 A righteous man is cautious in friendship,*v*
but the way of the wicked leads them
astray.

27 The lazy man does not roast*w* his game,
but the diligent man prizes his
possessions.

28 In the way of righteousness there is life;
along that path is immortality.

---

d 12:11 el que sueña despierto. Lit. *el que persigue lo vacío;*
también en 28:19.   *e 12:12 la trampa* (texto probable); *el botín*
(TM).   *f 12:14 se sacia.* Lit. *se sacia de lo bueno.*
g 12:26 Texto de difícil traducción.   *h 12:27 no atrapa presa.*
Alt. *no pone a asar lo que ha cazado.* Texto de difícil traducción.

v 26 Or *man is a guide to his neighbor*   *w 27* The meaning of the
Hebrew for this word is uncertain.

13

El hijo sabio atiende a[i] la *corrección de su padre,
pero el *insolente no hace caso a la reprensión.

2 Quien habla el bien, del bien se nutre,
pero el infiel padece hambre de violencia.

3 El que refrena su lengua protege su vida,
pero el ligero de labios provoca su ruina.

4 El perezoso ambiciona, y nada consigue;
el diligente ve cumplidos sus deseos.

5 El justo aborrece la mentira;
el malvado acarrea vergüenza y deshonra.

6 La *justicia protege al que anda en integridad,
pero la maldad arruina al pecador.

7 Hay quien pretende ser rico, y no tiene nada;
hay quien parece ser pobre, y todo lo tiene.

8 Con su riqueza el rico pone a salvo su vida,
pero al pobre no hay ni quien lo amenace.

9 La luz de los justos brilla radiante,[j]
pero los malvados son como lámpara apagada.

10 El orgullo sólo genera contiendas,
pero la sabiduría está con quienes oyen consejos.

11 El dinero mal habido pronto se acaba;
quien ahorra, poco a poco se enriquece.

12 La esperanza frustrada aflige al *corazón;
el deseo cumplido es un árbol de vida.

13 Quien se burla de la *instrucción tendrá su merecido;
quien respeta el mandamiento tendrá su recompensa.

14 La enseñanza de los sabios es fuente de vida,
y libera de los lazos de la muerte.

15 El buen juicio redunda en aprecio,
pero el *camino del infiel no cambia.

16 El prudente actúa con cordura,
pero el *necio se jacta de su *necedad.

17 El mensajero malvado se mete en problemas;
el enviado confiable aporta la solución.

18 El que desprecia a la *disciplina sufre pobreza y deshonra;
el que atiende a la corrección recibe grandes honores.

19 El deseo cumplido endulza el *alma,
pero el necio detesta alejarse del mal.

20 El que con sabios anda, sabio se vuelve;
el que con necios se junta, saldrá mal parado.

21 Al pecador lo persigue el mal,
y al justo lo recompensa el bien.

22 El *hombre de bien deja herencia a sus nietos;
las riquezas del pecador se quedan para los justos.

13

A wise son heeds his father's instruction,
but a mocker does not listen to rebuke.

2 From the fruit of his lips a man enjoys good things,
but the unfaithful have a craving for violence.

3 He who guards his lips guards his life,
but he who speaks rashly will come to ruin.

4 The sluggard craves and gets nothing,
but the desires of the diligent are fully satisfied.

5 The righteous hate what is false,
but the wicked bring shame and disgrace.

6 Righteousness guards the man of integrity,
but wickedness overthrows the sinner.

7 One man pretends to be rich, yet has nothing;
another pretends to be poor, yet has great wealth.

8 A man's riches may ransom his life,
but a poor man hears no threat.

9 The light of the righteous shines brightly,
but the lamp of the wicked is snuffed out.

10 Pride only breeds quarrels,
but wisdom is found in those who take advice.

11 Dishonest money dwindles away,
but he who gathers money little by little makes it grow.

12 Hope deferred makes the heart sick,
but a longing fulfilled is a tree of life.

13 He who scorns instruction will pay for it,
but he who respects a command is rewarded.

14 The teaching of the wise is a fountain of life,
turning a man from the snares of death.

15 Good understanding wins favor,
but the way of the unfaithful is hard.[x]

16 Every prudent man acts out of knowledge,
but a fool exposes his folly.

17 A wicked messenger falls into trouble,
but a trustworthy envoy brings healing.

18 He who ignores discipline comes to poverty and shame,
but whoever heeds correction is honored.

19 A longing fulfilled is sweet to the soul,
but fools detest turning from evil.

20 He who walks with the wise grows wise,
but a companion of fools suffers harm.

21 Misfortune pursues the sinner,
but prosperity is the reward of the righteous.

22 A good man leaves an inheritance for his children's children,
but a sinner's wealth is stored up for the righteous.

---

i 13:1 *atiende a* (LXX y Siríaca). TM no incluye verbo.
j 13:9 *brilla radiante.* Lit. *se alegra.*

x 15 Or *unfaithful does not endure*

23 En el campo del pobre hay abundante comida,
　　pero ésta se pierde donde hay injusticia.

24 No corregir al hijo es no quererlo;
　　amarlo es disciplinarlo.

25 El justo come hasta quedar saciado,
　　pero el malvado se queda con hambre.

14 La mujer sabia edifica su casa;
　　la necia, con sus manos la destruye.

2 El que va por buen camino teme al SEÑOR;
　　el que va por mal camino lo desprecia.

3 De la boca del necio brota arrogancia;
　　los labios del sabio son su propia protección.

4 Donde no hay bueyes el granero está vacío;
　　con la fuerza del buey aumenta la cosecha.

5 El testigo verdadero jamás engaña;
　　el testigo falso propaga mentiras.

6 El insolente busca sabiduría y no la halla;
　　para el entendido, el conocimiento es cosa
　　　fácil.

7 Manténte a distancia del necio,
　　pues en sus labios no hallarás conocimiento.

8 La sabiduría del prudente es discernir sus
　　　caminos,
　　pero al necio lo engaña su propia necedad.

9 Los necios hacen mofa de sus propias faltas,
　　pero los íntegros cuentan con el favor de
　　　Dios.

10 Cada corazón conoce sus propias amarguras,
　　y ningún extraño comparte su alegría.

11 La casa del malvado será destruida,
　　pero la morada del justo prosperará.

12 Hay caminos que al hombre le parecen rectos,
　　pero que acaban por ser caminos de muerte.

13 También de reírse duele el corazón,
　　y hay alegrías que acaban en tristeza.

14 El inconstante recibirá todo el pago de su
　　　inconstancia;
　　el hombre bueno, el premio de sus acciones.

15 El ingenuo cree todo lo que le dicen;
　　el prudente se fija por dónde va.

16 El sabio teme al SEÑOR y se aparta del mal,
　　pero el necio es arrogante y se pasa de
　　　confiado.

17 El iracundo comete locuras,
　　pero el prudente sabe aguantar.k

18 Herencia de los inexpertos es la necedad;
　　corona de los prudentes, el conocimiento.

23 A poor man's field may produce abundant
　　　food,
　　but injustice sweeps it away.

24 He who spares the rod hates his son,
　　but he who loves him is careful to
　　　discipline him.

25 The righteous eat to their hearts' content,
　　but the stomach of the wicked goes
　　　hungry.

14 The wise woman builds her house,
　　but with her own hands the foolish one
　　　tears hers down.

2 He whose walk is upright fears the LORD,
　　but he whose ways are devious despises
　　　him.

3 A fool's talk brings a rod to his back,
　　but the lips of the wise protect them.

4 Where there are no oxen, the manger is
　　　empty,
　　but from the strength of an ox comes an
　　　abundant harvest.

5 A truthful witness does not deceive,
　　but a false witness pours out lies.

6 The mocker seeks wisdom and finds none,
　　but knowledge comes easily to the
　　　discerning.

7 Stay away from a foolish man,
　　for you will not find knowledge on his
　　　lips.

8 The wisdom of the prudent is to give
　　　thought to their ways,
　　but the folly of fools is deception.

9 Fools mock at making amends for sin,
　　but goodwill is found among the upright.

10 Each heart knows its own bitterness,
　　and no one else can share its joy.

11 The house of the wicked will be destroyed,
　　but the tent of the upright will flourish.

12 There is a way that seems right to a man,
　　but in the end it leads to death.

13 Even in laughter the heart may ache,
　　and joy may end in grief.

14 The faithless will be fully repaid for their
　　　ways,
　　and the good man rewarded for his.

15 A simple man believes anything,
　　but a prudent man gives thought to his
　　　steps.

16 A wise man fears the LORD and shuns evil,
　　but a fool is hotheaded and reckless.

17 A quick-tempered man does foolish things,
　　and a crafty man is hated.

18 The simple inherit folly,
　　but the prudent are crowned with
　　　knowledge.

---

k 14:17 sabe aguantar (LXX); es odiado (TM).

¹⁹Los malvados se postrarán ante los buenos;
los impíos, ante el tribunal*l* de los justos.

²⁰Al pobre hasta sus amigos lo aborrecen,
pero son muchos los que aman al rico.

²¹Es un pecado despreciar al prójimo;
¡dichoso el que se compadece de los pobres!

²²Pierden el camino los que maquinan el mal,
pero hallan amor y verdad los que hacen el
bien.

²³Todo esfuerzo tiene su recompensa,
pero quedarse sólo en palabras lleva a la
pobreza.

²⁴La corona del sabio es su sabiduría;*m*
la de los necios, su necedad.

²⁵El testigo veraz libra de la muerte,
pero el testigo falso miente.

²⁶El temor del SEÑOR es un baluarte seguro
que sirve de refugio a los hijos.

²⁷El temor del SEÑOR es fuente de vida,
y aleja al hombre de las redes de la muerte.

²⁸Gloria del rey es gobernar a muchos;
un príncipe sin súbditos está arruinado.

²⁹El que es paciente muestra gran
discernimiento;
el que es agresivo muestra mucha insensatez.

³⁰El corazón tranquilo da vida al cuerpo,
pero la envidia corroe los huesos.

³¹El que oprime al pobre ofende a su Creador,
pero honra a Dios quien se apiada del
necesitado.

³²El malvado cae por su propia maldad;
el justo halla refugio en su integridad.*n*

³³En el corazón de los sabios mora la sabiduría,
pero los necios ni siquiera la conocen.*ñ*

³⁴La justicia enaltece a una nación,
pero el pecado deshonra a todos los pueblos.

³⁵El rey favorece al siervo inteligente,
pero descarga su ira sobre el sinvergüenza.

15 La respuesta amable calma el enojo,
pero la agresiva echa leña al fuego.

²La lengua de los sabios destila conocimiento;*o*
la boca de los necios escupe necedades.

³Los ojos del SEÑOR están en todo lugar,
vigilando a los buenos y a los malos.

¹⁹Evil men will bow down in the presence of
the good,
and the wicked at the gates of the
righteous.

²⁰The poor are shunned even by their
neighbors,
but the rich have many friends.

²¹He who despises his neighbor sins,
but blessed is he who is kind to the
needy.

²²Do not those who plot evil go astray?
But those who plan what is good find*y*
love and faithfulness.

²³All hard work brings a profit,
but mere talk leads only to poverty.

²⁴The wealth of the wise is their crown,
but the folly of fools yields folly.

²⁵A truthful witness saves lives,
but a false witness is deceitful.

²⁶He who fears the LORD has a secure
fortress,
and for his children it will be a refuge.

²⁷The fear of the LORD is a fountain of life,
turning a man from the snares of death.

²⁸A large population is a king's glory,
but without subjects a prince is ruined.

²⁹A patient man has great understanding,
but a quick-tempered man displays folly.

³⁰A heart at peace gives life to the body,
but envy rots the bones.

³¹He who oppresses the poor shows contempt
for their Maker,
but whoever is kind to the needy honors
God.

³²When calamity comes, the wicked are
brought down,
but even in death the righteous have a
refuge.

³³Wisdom reposes in the heart of the
discerning
and even among fools she lets herself be
known.*z*

³⁴Righteousness exalts a nation,
but sin is a disgrace to any people.

³⁵A king delights in a wise servant,
but a shameful servant incurs his wrath.

15 A gentle answer turns away wrath,
but a harsh word stirs up anger.

²The tongue of the wise commends
knowledge,
but the mouth of the fool gushes folly.

³The eyes of the LORD are everywhere,
keeping watch on the wicked and the
good.

---

l 14:19 ante el tribunal. Lit. *ante la *puerta.*   *m 14:24 su
sabiduría* (LXX); *su riqueza* (TM).   *n 14:32 en su integridad*
(LXX y Siríaca); *en su muerte* (TM).   *ñ 14:33 los necios ni
siquiera la conocen* (LXX y Siríaca); *los necios la conocen* (TM).
o 15:2 destila conocimiento (LXX); *hace bien al conocimiento*
(TM).

y 22 Or *show*   *z 33* Hebrew; Septuagint and Syriac / *but in the
heart of fools she is not known*

⁴La lengua que brinda consuelo*p* es árbol de
   vida;
   la lengua insidiosa deprime el espíritu.

⁵El necio desdeña la corrección de su padre;
   el que la acepta demuestra prudencia.

⁶En la casa del justo hay gran abundancia;
   en las ganancias del malvado, grandes
   problemas.

⁷Los labios de los sabios esparcen
   conocimiento;
   el corazón de los necios ni piensa en ello.

⁸El SEÑOR aborrece las ofrendas de los malvados,
   pero se complace en la oración de los justos.

⁹El SEÑOR aborrece el camino de los malvados,
   pero ama a quienes siguen la justicia.

¹⁰Para el descarriado, disciplina severa;
   para el que aborrece la corrección, la
   muerte.

¹¹Si ante el SEÑOR están el *sepulcro y la
   *muerte,
   ¡cuánto más el corazón humano!

¹²Al insolente no le gusta que lo corrijan,
   ni busca la compañía de los sabios.

¹³El corazón alegre se refleja en el rostro,
   el corazón dolido deprime el espíritu.

¹⁴El corazón entendido va tras el conocimiento;
   la boca de los necios se nutre de tonterías.

¹⁵Para el afligido todos los días son malos;
   para el que es feliz siempre es día de fiesta.

¹⁶Más vale tener poco, con temor del SEÑOR,
   que muchas riquezas con grandes angustias.

¹⁷Más vale comer verduras sazonadas con amor
   que un festín de carne*q* sazonada con odio.

¹⁸El que es iracundo provoca contiendas;
   el que es paciente las apacigua.

¹⁹El camino del perezoso está plagado de
   espinas,
   pero la senda del justo es como una calzada.

²⁰El hijo sabio alegra a su padre;
   el hijo necio menosprecia a su madre.

²¹Al necio le divierte su falta de juicio;
   el entendido endereza sus propios pasos.

²²Cuando falta el consejo, fracasan los planes;
   cuando abunda el consejo, prosperan.

²³Es muy grato dar la respuesta adecuada,
   y más grato aún cuando es oportuna.

²⁴El sabio sube por el sendero de vida,
   para librarse de caer en el *sepulcro.

⁴The tongue that brings healing is a tree of
   life,
   but a deceitful tongue crushes the spirit.

⁵A fool spurns his father's discipline,
   but whoever heeds correction shows
   prudence.

⁶The house of the righteous contains great
   treasure,
   but the income of the wicked brings them
   trouble.

⁷The lips of the wise spread knowledge;
   not so the hearts of fools.

⁸The LORD detests the sacrifice of the
   wicked,
   but the prayer of the upright pleases him.

⁹The LORD detests the way of the wicked
   but he loves those who pursue
   righteousness.

¹⁰Stern discipline awaits him who leaves the
   path;
   he who hates correction will die.

¹¹Death and Destruction*a* lie open before the
   LORD—
   how much more the hearts of men!

¹²A mocker resents correction;
   he will not consult the wise.

¹³A happy heart makes the face cheerful,
   but heartache crushes the spirit.

¹⁴The discerning heart seeks knowledge,
   but the mouth of a fool feeds on folly.

¹⁵All the days of the oppressed are wretched,
   but the cheerful heart has a continual
   feast.

¹⁶Better a little with the fear of the LORD
   than great wealth with turmoil.

¹⁷Better a meal of vegetables where there is
   love
   than a fattened calf with hatred.

¹⁸A hot-tempered man stirs up dissension,
   but a patient man calms a quarrel.

¹⁹The way of the sluggard is blocked with
   thorns,
   but the path of the upright is a highway.

²⁰A wise son brings joy to his father,
   but a foolish man despises his mother.

²¹Folly delights a man who lacks judgment,
   but a man of understanding keeps a
   straight course.

²²Plans fail for lack of counsel,
   but with many advisers they succeed.

²³A man finds joy in giving an apt reply—
   and how good is a timely word!

²⁴The path of life leads upward for the wise
   to keep him from going down to the
   grave.*b*

---

p 15:4 que brinda consuelo. Lit. *que sana.*
de carne. Lit. *que toro engordado.*   *q 15:17 que un festín*

a 11 Hebrew *Sheol and Abaddon*   *b 24* Hebrew *Sheol*

25 El Señor derriba la casa de los soberbios,
   pero mantiene intactos los linderos de las
      viudas.

26 El Señor aborrece los planes de los malvados,
   pero le agradan las palabras puras.

27 El ambicioso acarrea mal sobre su familia;
   el que aborrece el soborno vivirá.

28 El corazón del justo medita sus respuestas,
   pero la boca del malvado rebosa de maldad.

29 El Señor se mantiene lejos de los impíos,
   pero escucha las oraciones de los justos.

30 Una mirada radiante alegra el corazón,
   y las buenas noticias renuevan las fuerzas.ʳ

31 El que atiende a la crítica edificante
   habitará entre los sabios.

32 Rechazar la corrección es despreciarse a sí
      mismo;
   atender a la reprensión es ganar
      entendimiento.

33 El temor del Señor es corrección y sabiduría;ˢ
   la humildad precede a la honra.

16 El hombre propone
   y Diosᵗ dispone.

2 A cada uno le parece correcto su proceder,ᵘ
   pero el Señor juzga los motivos.

3 Pon en manos del Señor todas tus obras,
   y tus proyectos se cumplirán.

4 Toda obra del Señor tiene un propósito;
   ¡hasta el malvado fue hecho para el día del
      desastre!

5 El Señor aborrece a los arrogantes.
   Una cosa es segura: no quedarán impunes.

6 Con amor y verdad se perdona el pecado,
   y con temor del Señor se evita el mal.

7 Cuando el Señor aprueba la conducta de un
      hombre,
   hasta con sus enemigos lo reconcilia.

8 Más vale tener poco con justicia
   que ganar mucho con injusticia.

9 El corazón del hombre traza su rumbo,
   pero sus pasos los dirige el Señor.

10 La sentenciaᵛ está en labios del rey;
   en el veredicto que emite no hay error.

11 Las pesas y las balanzas justas son del Señor;
   todas las medidas son hechura suya.

25 The Lord tears down the proud man's
      house
   but he keeps the widow's boundaries
      intact.

26 The Lord detests the thoughts of the
      wicked,
   but those of the pure are pleasing to him.

27 A greedy man brings trouble to his family,
   but he who hates bribes will live.

28 The heart of the righteous weighs its
      answers,
   but the mouth of the wicked gushes evil.

29 The Lord is far from the wicked
   but he hears the prayer of the righteous.

30 A cheerful look brings joy to the heart,
   and good news gives health to the bones.

31 He who listens to a life-giving rebuke
   will be at home among the wise.

32 He who ignores discipline despises himself,
   but whoever heeds correction gains
      understanding.

33 The fear of the Lord teaches a man
      wisdom,ᶜ
   and humility comes before honor.

16 To man belong the plans of the heart,
   but from the Lord comes the reply of the
      tongue.

2 All a man's ways seem innocent to him,
   but motives are weighed by the Lord.

3 Commit to the Lord whatever you do,
   and your plans will succeed.

4 The Lord works out everything for his own
      ends—
   even the wicked for a day of disaster.

5 The Lord detests all the proud of heart.
   Be sure of this: They will not go
      unpunished.

6 Through love and faithfulness sin is atoned
      for;
   through the fear of the Lord a man
      avoids evil.

7 When a man's ways are pleasing to the
      Lord,
   he makes even his enemies live at peace
      with him.

8 Better a little with righteousness
   than much gain with injustice.

9 In his heart a man plans his course,
   but the Lord determines his steps.

10 The lips of a king speak as an oracle,
   and his mouth should not betray justice.

11 Honest scales and balances are from the
      Lord;
   all the weights in the bag are of his
      making.

ʳ *15:30 las fuerzas.* Lit. *los huesos.*   ˢ *15:33 es corrección y
sabiduría* (LXX); *es corrección de sabiduría* (TM).   ᵗ *16:1 Dios.*
Lit. *el Señor.*   ᵘ *16:2 A cada uno ... proceder.* Lit. *Todos los
caminos del hombre son limpios a sus ojos.*   ᵛ *16:10 La
sentencia.* Alt. *El oráculo.*

ᶜ *33 Or Wisdom teaches the fear of the Lord*

12 El rey detesta las malas acciones,
porque el trono se afirma en la justicia.

13 El rey se complace en los labios honestos;
aprecia a quien habla con la verdad.

14 La ira del rey es presagio de muerte,
pero el sabio sabe apaciguarla.

15 El rostro radiante del rey es signo de vida;
su favor es como lluvia en primavera.

16 Más vale adquirir sabiduría que oro;
más vale adquirir inteligencia que plata.

17 El camino del hombre recto evita el mal;
el que quiere salvar su vida, se fija por
dónde va.

18 Al orgullo le sigue la destrucción;
a la altanería, el fracaso.

19 Vale más humillarse con los oprimidos
que compartir el botín con los orgullosos.

20 El que atiende a la palabra, prospera.
¡Dichoso el que confía en el Señor!

21 Al sabio de corazón se le llama inteligente;
los labios convincentes promueven el saber.

22 Fuente de vida es la prudencia para quien la
posee;
el castigo de los necios es su propia
necedad.

23 El sabio de corazón controla su boca;
con sus labios promueve el saber.

24 Panal de miel son las palabras amables:
endulzan la vida y dan salud al cuerpo.w

25 Hay caminos que al hombre le parecen rectos,
pero que acaban por ser caminos de muerte.

26 Al que trabaja, el hambre lo obliga a trabajar,
pues su propio apetito lo estimula.

27 El perverso hacex planes malvados;
en sus labios hay un fuego devorador.

28 El perverso provoca contiendas,
y el chismoso divide a los buenos amigos.

29 El violento engaña a su prójimo
y lo lleva por mal camino.

30 El que guiña el ojo trama algo perverso;
el que aprieta los labios ya lo ha cometido.

31 Las canas son una honrosa corona
que se obtiene en el camino de la justicia.

32 Más vale ser paciente que valiente;
más vale dominarse a sí mismo que
conquistar ciudades.

33 Las suertes se echan sobre la mesa,y
pero el veredicto proviene del Señor.

17 Más vale comer pan duro donde hay
concordia
que hacer banquetez donde hay discordia.

12 Kings detest wrongdoing,
for a throne is established through
righteousness.

13 Kings take pleasure in honest lips;
they value a man who speaks the truth.

14 A king's wrath is a messenger of death,
but a wise man will appease it.

15 When a king's face brightens, it means life;
his favor is like a rain cloud in spring.

16 How much better to get wisdom than gold,
to choose understanding rather than silver!

17 The highway of the upright avoids evil;
he who guards his way guards his life.

18 Pride goes before destruction,
a haughty spirit before a fall.

19 Better to be lowly in spirit and among the
oppressed
than to share plunder with the proud.

20 Whoever gives heed to instruction prospers,
and blessed is he who trusts in the Lord.

21 The wise in heart are called discerning,
and pleasant words promote instruction.d

22 Understanding is a fountain of life to those
who have it,
but folly brings punishment to fools.

23 A wise man's heart guides his mouth,
and his lips promote instruction.e

24 Pleasant words are a honeycomb,
sweet to the soul and healing to the
bones.

25 There is a way that seems right to a man,
but in the end it leads to death.

26 The laborer's appetite works for him;
his hunger drives him on.

27 A scoundrel plots evil,
and his speech is like a scorching fire.

28 A perverse man stirs up dissension,
and a gossip separates close friends.

29 A violent man entices his neighbor
and leads him down a path that is not
good.

30 He who winks with his eye is plotting
perversity;
he who purses his lips is bent on evil.

31 Gray hair is a crown of splendor;
it is attained by a righteous life.

32 Better a patient man than a warrior,
a man who controls his temper than one
who takes a city.

33 The lot is cast into the lap,
but its every decision is from the Lord.

17 Better a dry crust with peace and quiet
than a house full of feasting,f with strife.

---

w 16:24 al cuerpo. Lit. a los huesos.   x 16:27 hace. Lit. cava.
y 16:33 sobre la mesa. Lit. en el regazo.   z 17:1 banquete. Lit.
sacrificios.

d 21 Or words make a man persuasive   e 23 Or mouth / and
makes his lips persuasive   f 1 Hebrew sacrifices

² El siervo sabio gobernará al hijo sinvergüenza,
y compartirá la herencia con los otros
hermanos.

³ En el crisol se prueba la plata
y en el horno se prueba el oro,
pero al corazón lo prueba el SEÑOR.

⁴ El malvado hace caso a los labios impíos,
y el mentiroso presta oído a la lengua
maliciosa.

⁵ El que se burla del pobre ofende a su Creador;
el que se alegra de verlo en la ruina no
quedará sin castigo.

⁶ La corona del anciano son sus nietos;
el orgullo de los hijos son sus padres.

⁷ No va bien con los necios el lenguaje refinado,
ni con los gobernantes, la mentira.

⁸ Vara*a* mágica es el soborno para quien lo
ofrece,
pues todo lo que emprende lo consigue.

⁹ El que perdona la ofensa cultiva el amor;
el que insiste en la ofensa divide a los
amigos.

¹⁰ Cala más un regaño en el hombre prudente
que cien latigazos en el obstinado.

¹¹ El revoltoso siempre anda buscando camorra,
pero se las verá con un mensajero cruel.

¹² Más vale toparse con un oso enfurecido*b*
que con un necio empecinado en su necedad.

¹³ Al que devuelve mal por bien,
nunca el mal se apartará de su familia.

¹⁴ Iniciar una pelea es romper una represa;
vale más retirarse que comenzarla.

¹⁵ Absolver al culpable y condenar al inocente
son dos cosas que el SEÑOR aborrece.

¹⁶ ¿De qué le sirve al necio poseer dinero?
¿Podrá adquirir sabiduría si le faltan
sesos?*c*

¹⁷ En todo tiempo ama el amigo;
para ayudar en la adversidad nació el
hermano.

¹⁸ El que es imprudente se compromete por otros,
y sale fiador de su prójimo.

¹⁹ Al que le gusta pecar, le gusta pelear;
el que abre mucho la boca, busca que se la
rompan.*d*

²⁰ El de corazón perverso jamás prospera;
el de lengua engañosa caerá en desgracia.

²¹ Engendrar a un hijo necio es causa de pesar;
ser padre de un necio no es ninguna alegría.

²² Gran remedio es el corazón alegre,
pero el ánimo decaído seca los huesos.

²³ El malvado acepta soborno en secreto,
con lo que tuerce el curso de la justicia.

² A wise servant will rule over a disgraceful
son,
and will share the inheritance as one of
the brothers.

³ The crucible for silver and the furnace for
gold,
but the LORD tests the heart.

⁴ A wicked man listens to evil lips;
a liar pays attention to a malicious
tongue.

⁵ He who mocks the poor shows contempt for
their Maker;
whoever gloats over disaster will not go
unpunished.

⁶ Children's children are a crown to the aged,
and parents are the pride of their children.

⁷ Arrogant *g* lips are unsuited to a fool—
how much worse lying lips to a ruler!

⁸ A bribe is a charm to the one who gives it;
wherever he turns, he succeeds.

⁹ He who covers over an offense promotes
love,
but whoever repeats the matter separates
close friends.

¹⁰ A rebuke impresses a man of discernment
more than a hundred lashes a fool.

¹¹ An evil man is bent only on rebellion;
a merciless official will be sent against
him.

¹² Better to meet a bear robbed of her cubs
than a fool in his folly.

¹³ If a man pays back evil for good,
evil will never leave his house.

¹⁴ Starting a quarrel is like breaching a dam;
so drop the matter before a dispute breaks
out.

¹⁵ Acquitting the guilty and condemning the
innocent—
the LORD detests them both.

¹⁶ Of what use is money in the hand of a fool,
since he has no desire to get wisdom?

¹⁷ A friend loves at all times,
and a brother is born for adversity.

¹⁸ A man lacking in judgment strikes hands in
pledge
and puts up security for his neighbor.

¹⁹ He who loves a quarrel loves sin;
he who builds a high gate invites
destruction.

²⁰ A man of perverse heart does not prosper;
he whose tongue is deceitful falls into
trouble.

²¹ To have a fool for a son brings grief;
there is no joy for the father of a fool.

²² A cheerful heart is good medicine,
but a crushed spirit dries up the bones.

²³ A wicked man accepts a bribe in secret
to pervert the course of justice.

---

a 17:8 Vara. Lit. *Piedra.*   *b 17:12 oso enfurecido.* Lit. *oso al que
le robaron sus cachorros.*   *c 17:16 sesos.* Lit. *corazón.*
d 17:19 el que abre ... se la rompan. Lit. *el que abre su puerta,
busca destrucción.*

g 7 Or Eloquent

24 La meta del prudente es la sabiduría;
   el necio divaga contemplando vanos
      horizontes.*e*

25 El hijo necio irrita a su padre,
   y causa amargura a su madre.

26 No está bien castigar al inocente,
   ni azotar por su rectitud a gente honorable.

27 El que es entendido refrena sus palabras;
   el que es prudente controla sus impulsos.

28 Hasta un necio pasa por sabio si guarda
      silencio;
   se le considera prudente si cierra la boca.

18 El egoísta busca su propio bien;
      contra todo sano juicio se rebela.

2 Al necio no le complace el discernimiento;
   tan sólo hace alarde de su propia opinión.

3 Con la maldad, viene el desprecio,
   y con la vergüenza llega el oprobio.

4 Las palabras del hombre son aguas profundas,
   arroyo de aguas vivas, fuente de sabiduría.

5 No está bien declarar inocente al*f* malvado
   y dejar de lado los derechos del justo.

6 Los labios del necio son causa de contienda;
   su boca incita a la riña.

7 La boca del necio es su perdición;
   sus labios son para él una trampa mortal.

8 Los chismes son deliciosos manjares;
   penetran hasta lo más íntimo del ser.

9 El que es negligente en su trabajo
   confraterniza con el que es destructivo.

10 Torre inexpugnable es el nombre del SEÑOR;
   a ella corren los justos y se ponen a salvo.

11 Ciudad amurallada es la riqueza para el rico,
   y éste cree que sus muros son
      inexpugnables.

12 Al fracaso lo precede la soberbia humana;
   a los honores los precede la humildad.

13 Es necio y vergonzoso
   responder antes de escuchar.

14 En la enfermedad, el ánimo levanta al
      enfermo;
   ¿pero quién podrá levantar al abatido?

15 El corazón prudente adquiere conocimiento;
   los oídos de los sabios procuran hallarlo.

16 Con regalos se abren todas las puertas
   y se llega a la presencia de gente
      importante.

17 El primero en presentar su caso parece
      inocente,
   hasta que llega la otra parte y lo refuta.

18 El echar suertes pone fin a los litigios
   y decide entre las partes en pugna.

24 A discerning man keeps wisdom in view,
   but a fool's eyes wander to the ends of
      the earth.

25 A foolish son brings grief to his father
   and bitterness to the one who bore him.

26 It is not good to punish an innocent man,
   or to flog officials for their integrity.

27 A man of knowledge uses words with
      restraint,
   and a man of understanding is
      even-tempered.

28 Even a fool is thought wise if he keeps
      silent,
   and discerning if he holds his tongue.

18 An unfriendly man pursues selfish ends;
      he defies all sound judgment.

2 A fool finds no pleasure in understanding
   but delights in airing his own opinions.

3 When wickedness comes, so does contempt,
   and with shame comes disgrace.

4 The words of a man's mouth are deep
      waters,
   but the fountain of wisdom is a bubbling
      brook.

5 It is not good to be partial to the wicked
   or to deprive the innocent of justice.

6 A fool's lips bring him strife,
   and his mouth invites a beating.

7 A fool's mouth is his undoing,
   and his lips are a snare to his soul.

8 The words of a gossip are like choice
      morsels;
   they go down to a man's inmost parts.

9 One who is slack in his work
   is brother to one who destroys.

10 The name of the LORD is a strong tower;
   the righteous run to it and are safe.

11 The wealth of the rich is their fortified city;
   they imagine it an unscalable wall.

12 Before his downfall a man's heart is proud,
   but humility comes before honor.

13 He who answers before listening—
   that is his folly and his shame.

14 A man's spirit sustains him in sickness,
   but a crushed spirit who can bear?

15 The heart of the discerning acquires
      knowledge;
   the ears of the wise seek it out.

16 A gift opens the way for the giver
   and ushers him into the presence of the
      great.

17 The first to present his case seems right,
   till another comes forward and questions
      him.

18 Casting the lot settles disputes
   and keeps strong opponents apart.

---

*e 17:24 el necio ... horizontes. Lit. y los ojos del necio en los
confines de la tierra.   f 18:5 declarar inocente al. Lit. levantar
el rostro del.*

19 Más resiste el hermano ofendido que una
    ciudad amurallada;
    los litigios son como cerrojos de ciudadela.

20 Cada uno se llena con lo que dice
    y se sacia con lo que habla.

21 En la lengua hay poder de vida y muerte;
    quienes la aman comerán de su fruto.

22 Quien halla esposa halla la felicidad:
    muestras de su favor le ha dado el SEÑOR.

23 El pobre habla en tono suplicante;
    el rico responde con aspereza.

24 Hay amigos g que llevan a la ruina,
    y hay amigos más fieles que un hermano.

19 An offended brother is more unyielding than
    a fortified city,
    and disputes are like the barred gates of a
    citadel.

20 From the fruit of his mouth a man's
    stomach is filled;
    with the harvest from his lips he is
    satisfied.

21 The tongue has the power of life and death,
    and those who love it will eat its fruit.

22 He who finds a wife finds what is good
    and receives favor from the LORD.

23 A poor man pleads for mercy,
    but a rich man answers harshly.

24 A man of many companions may come to
    ruin,
    but there is a friend who sticks closer
    than a brother.

19 Más vale pobre e intachable
    que necio y embustero.

2 El afán sin conocimiento no vale nada;
    mucho yerra quien mucho corre.

3 La necedad del hombre le hace perder el
    rumbo,
    y para colmo se irrita contra el SEÑOR.

4 Con las riquezas aumentan los amigos,
    pero al pobre hasta su amigo lo abandona.

5 El testigo falso no quedará sin castigo;
    el que esparce mentiras no saldrá bien
    librado.

6 Muchos buscan congraciarse con los
    poderosos;
    todos son amigos de quienes reparten
    regalos.

7 Si al pobre lo aborrecen sus parientes,
    con más razón lo evitan sus amigos.
    Aunque los busca suplicante,
    por ninguna parte los encuentra.h

8 El que adquiere cordurai a sí mismo se ama,
    y el que retiene el discernimiento prospera.

9 El testigo falso no quedará sin castigo;
    el que difunde mentiras perecerá.

10 No va bien con el necio vivir entre lujos,
    y menos con el esclavo gobernar a los
    príncipes.

11 El buen juicio hace al hombre paciente;
    su gloria es pasar por alto la ofensa.

12 Rugido de león es la ira del rey;
    su favor es como rocío sobre el pasto.

13 El hijo necio es la ruina del padre;
    la mujer pendenciera es gotera constante.

14 La casa y el dinero se heredan de los padres,
    pero la esposa inteligente es un don del
    SEÑOR.

19 Better a poor man whose walk is blameless
    than a fool whose lips are perverse.

2 It is not good to have zeal without
    knowledge,
    nor to be hasty and miss the way.

3 A man's own folly ruins his life,
    yet his heart rages against the LORD.

4 Wealth brings many friends,
    but a poor man's friend deserts him.

5 A false witness will not go unpunished,
    and he who pours out lies will not go
    free.

6 Many curry favor with a ruler,
    and everyone is the friend of a man who
    gives gifts.

7 A poor man is shunned by all his
    relatives—
    how much more do his friends avoid him!
    Though he pursues them with pleading,
    they are nowhere to be found.h

8 He who gets wisdom loves his own soul;
    he who cherishes understanding prospers.

9 A false witness will not go unpunished,
    and he who pours out lies will perish.

10 It is not fitting for a fool to live in luxury—
    how much worse for a slave to rule over
    princes!

11 A man's wisdom gives him patience;
    it is to his glory to overlook an offense.

12 A king's rage is like the roar of a lion,
    but his favor is like dew on the grass.

13 A foolish son is his father's ruin,
    and a quarrelsome wife is like a constant
    dripping.

14 Houses and wealth are inherited from
    parents,
    but a prudent wife is from the LORD.

---

g 18:24 *Hay amigos* (LXX, Siríaca y Targum); *Hombre de amigos*
(TM).   h 19:7 Texto de difícil traducción.   i 19:8 *cordura*.
Lit. *corazón*.

h 7 The meaning of the Hebrew for this sentence is uncertain.

¹⁵La pereza conduce al sueño profundo;
el holgazán pasará hambre.

¹⁶El que cumple el mandamiento cumple consigo
mismo;
el que descuida su conducta morirá.

¹⁷Servir al pobre es hacerle un préstamo al
SEÑOR;
Dios pagará esas buenas acciones.

¹⁸Corrige a tu hijo mientras aún hay esperanza;
no te hagas cómplice de su muerte.^j

¹⁹El iracundo tendrá que afrontar el castigo;
el que intente disuadirlo aumentará su
enojo.^k

²⁰Atiende al consejo y acepta la corrección,
y llegarás a ser sabio.

²¹El corazón humano genera muchos proyectos,
pero al final prevalecen los designios del
SEÑOR.

²²De todo hombre se espera lealtad.^l
Más vale ser pobre que mentiroso.

²³El temor del SEÑOR conduce a la vida;
da un sueño tranquilo y evita los problemas.

²⁴El perezoso mete la mano en el plato,
pero es incapaz de llevarse el bocado a la
boca.

²⁵Golpea al insolente, y se hará prudente el
inexperto;
reprende al entendido, y ganará en
conocimiento.

²⁶El que roba a su padre y echa a la calle a su
madre
es un hijo infame y sinvergüenza.

²⁷Hijo mío, si dejas de atender a la corrección,
te apartarás de las palabras del saber.

²⁸El testigo corrupto se burla de la justicia,
y la boca del malvado engulle maldad.

²⁹El castigo se dispuso para los insolentes,
y los azotes para la espalda de los necios.

20 El vino lleva a la insolencia,
y la bebida embriagante al escándalo;
¡nadie bajo sus efectos se comporta
sabiamente!

²Rugido de león es la furia del rey;
quien provoca su enojo se juega la vida.

³Honroso es al hombre evitar la contienda,
pero no hay necio que no inicie un pleito.

⁴El perezoso no labra la tierra en otoño;
en tiempo de cosecha buscará y no hallará.

⁵Los pensamientos humanos son aguas
profundas;
el que es inteligente los capta fácilmente.

¹⁵Laziness brings on deep sleep,
and the shiftless man goes hungry.

¹⁶He who obeys instructions guards his life,
but he who is contemptuous of his ways
will die.

¹⁷He who is kind to the poor lends to the
LORD,
and he will reward him for what he has
done.

¹⁸Discipline your son, for in that there is
hope;
do not be a willing party to his death.

¹⁹A hot-tempered man must pay the penalty;
if you rescue him, you will have to do it
again.

²⁰Listen to advice and accept instruction,
and in the end you will be wise.

²¹Many are the plans in a man's heart,
but it is the LORD's purpose that prevails.

²²What a man desires is unfailing loveⁱ;
better to be poor than a liar.

²³The fear of the LORD leads to life:
Then one rests content, untouched by
trouble.

²⁴The sluggard buries his hand in the dish;
he will not even bring it back to his
mouth!

²⁵Flog a mocker, and the simple will learn
prudence;
rebuke a discerning man, and he will gain
knowledge.

²⁶He who robs his father and drives out his
mother
is a son who brings shame and disgrace.

²⁷Stop listening to instruction, my son,
and you will stray from the words of
knowledge.

²⁸A corrupt witness mocks at justice,
and the mouth of the wicked gulps down
evil.

²⁹Penalties are prepared for mockers,
and beatings for the backs of fools.

20 Wine is a mocker and beer a brawler;
whoever is led astray by them is not wise.

²A king's wrath is like the roar of a lion;
he who angers him forfeits his life.

³It is to a man's honor to avoid strife,
but every fool is quick to quarrel.

⁴A sluggard does not plow in season;
so at harvest time he looks but finds
nothing.

⁵The purposes of a man's heart are deep
waters,
but a man of understanding draws them
out.

---

^j 19:18 no te hagas ... muerte. Alt. pero no te excedas hasta
matarlo. ^k 19:19 Texto de difícil traducción. ^l 19:22 De
todo ... lealtad. Alt. El anhelo de todo hombre es su amor.

ⁱ 22 Or A man's greed is his shame

6 Son muchos los que proclaman su lealtad,
  ¿pero quién puede hallar a alguien digno de
    confianza?

7 Justo es quien lleva una vida sin tacha;
  ¡dichosos los hijos que sigan su ejemplo!*m*

8 Cuando el rey se sienta en el tribunal,
  con su sola mirada barre toda maldad.

9 ¿Quién puede afirmar: «Tengo puro el
    corazón;
  estoy limpio de pecado»?

10 Pesas falsas y medidas engañosas:
  ¡vaya pareja que el SEÑOR detesta!

11 Por sus hechos el niño deja entrever
  si su conducta será pura y recta.

12 Los oídos para oír y los ojos para ver:
  ¡hermosa pareja que el SEÑOR ha creado!

13 No te des al sueño, o te quedarás pobre;
  mantente despierto y tendrás pan de sobra.

14 «¡No sirve, no sirve!», dice el comprador,
  pero luego va y se jacta de su compra.

15 Oro hay, y abundan las piedras preciosas,
  pero aún más valiosos son los labios del
    saber.

16 Toma la prenda del que salga fiador de un
    extraño;
  retenla en garantía si la da en favor de
    desconocidos.

17 Tal vez sea agradable ganarse el pan con
    engaños,
  pero uno acaba con la boca llena de arena.

18 Afirma tus planes con buenos consejos;
  entabla el combate con buena estrategia.

19 El chismoso traiciona la confianza;
  no te juntes con la gente que habla de más.

20 Al que maldiga a su padre y a su madre,
  su lámpara se le apagará en la más densa
    oscuridad.

21 La herencia de fácil comienzo
  no tendrá un final feliz.

22 Nunca digas: «¡Me vengaré de ese daño!»
  Confía en el SEÑOR, y él actuará por ti.

23 El SEÑOR aborrece las pesas falsas
  y reprueba el uso de medidas engañosas.

24 Los pasos del hombre los dirige el SEÑOR.
  ¿Cómo puede el hombre entender su propio
    camino?

25 Trampa es consagrar algo sin pensarlo
  y más tarde reconsiderar lo prometido.

26 El rey sabio avienta como trigo a los
    malvados,
  y los desmenuza con rueda de molino.

27 El espíritu humano es la lámpara del SEÑOR,
  pues escudriña lo más recóndito del ser.

6 Many a man claims to have unfailing love,
  but a faithful man who can find?

7 The righteous man leads a blameless life;
  blessed are his children after him.

8 When a king sits on his throne to judge,
  he winnows out all evil with his eyes.

9 Who can say, "I have kept my heart pure;
  I am clean and without sin"?

10 Differing weights and differing measures—
  the LORD detests them both.

11 Even a child is known by his actions,
  by whether his conduct is pure and right.

12 Ears that hear and eyes that see—
  the LORD has made them both.

13 Do not love sleep or you will grow poor;
  stay awake and you will have food to
    spare.

14 "It's no good, it's no good!" says the buyer;
  then off he goes and boasts about his
    purchase.

15 Gold there is, and rubies in abundance,
  but lips that speak knowledge are a rare
    jewel.

16 Take the garment of one who puts up
    security for a stranger;
  hold it in pledge if he does it for a
    wayward woman.

17 Food gained by fraud tastes sweet to a man,
  but he ends up with a mouth full of
    gravel.

18 Make plans by seeking advice;
  if you wage war, obtain guidance.

19 A gossip betrays a confidence;
  so avoid a man who talks too much.

20 If a man curses his father or mother,
  his lamp will be snuffed out in pitch
    darkness.

21 An inheritance quickly gained at the
    beginning
  will not be blessed at the end.

22 Do not say, "I'll pay you back for this
    wrong!"
  Wait for the LORD, and he will deliver
    you.

23 The LORD detests differing weights,
  and dishonest scales do not please him.

24 A man's steps are directed by the LORD.
  How then can anyone understand his own
    way?

25 It is a trap for a man to dedicate something
    rashly
  and only later to consider his vows.

26 A wise king winnows out the wicked;
  he drives the threshing wheel over them.

27 The lamp of the LORD searches the spirit of
    a man*j*;
  it searches out his inmost being.

---

28 La misericordia y la verdad sostienen al rey;
su trono se afirma en la misericordia.

29 La gloria de los jóvenes radica en su fuerza;
la honra de los ancianos, en sus canas.

30 Los golpes y las heridas curan la maldad;
los azotes purgan lo más íntimo del ser.

21 En las manos del SEÑOR el corazón del rey es
como un río:
sigue el curso que el SEÑOR le ha trazado.

2 A cada uno le parece correcto su proceder,[n]
pero el SEÑOR juzga los corazones.

3 Practicar la justicia y el derecho
lo prefiere el SEÑOR a los sacrificios.

4 Los ojos altivos, el corazón orgulloso
y la lámpara de los malvados son pecado.

5 Los planes bien pensados: ¡pura ganancia!
Los planes apresurados: ¡puro fracaso!

6 La fortuna amasada por la lengua embustera
se esfuma como la niebla y es mortal como
una trampa.[ñ]

7 La violencia de los malvados los destruirá,
porque se niegan a practicar la justicia.

8 Torcido es el camino del culpable,
pero recta la conducta del hombre honrado.

9 Más vale habitar en un rincón de la azotea
que compartir el techo con mujer
pendenciera.

10 El malvado sólo piensa en el mal;
jamás se compadece de su prójimo.

11 Cuando se castiga al insolente,
aprende[o] el inexperto;
cuando se instruye al sabio,
el inexperto adquiere conocimiento.

12 El justo se fija en la casa del malvado,
y ve cuando éste acaba en la ruina.

13 Quien cierra sus oídos al clamor del pobre,
llorará también sin que nadie le responda.

14 El regalo secreto apacigua el enojo;
el obsequio discreto calma la ira violenta.

15 Cuando se hace justicia,
se alegra el justo y tiembla el malhechor.

16 Quien se aparta de la senda del discernimiento
irá a parar entre los muertos.

17 El que ama el placer se quedará en la pobreza;
el que ama el vino y los perfumes jamás
será rico.

18 El malvado pagará por el justo,
y el traidor por el hombre intachable.

28 Love and faithfulness keep a king safe;
through love his throne is made secure.

29 The glory of young men is their strength,
gray hair the splendor of the old.

30 Blows and wounds cleanse away evil,
and beatings purge the inmost being.

21 The king's heart is in the hand of the LORD;
he directs it like a watercourse wherever
he pleases.

2 All a man's ways seem right to him,
but the LORD weighs the heart.

3 To do what is right and just
is more acceptable to the LORD than
sacrifice.

4 Haughty eyes and a proud heart,
the lamp of the wicked, are sin!

5 The plans of the diligent lead to profit
as surely as haste leads to poverty.

6 A fortune made by a lying tongue
is a fleeting vapor and a deadly snare.[k]

7 The violence of the wicked will drag them
away,
for they refuse to do what is right.

8 The way of the guilty is devious,
but the conduct of the innocent is upright.

9 Better to live on a corner of the roof
than share a house with a quarrelsome
wife.

10 The wicked man craves evil;
his neighbor gets no mercy from him.

11 When a mocker is punished, the simple gain
wisdom;
when a wise man is instructed, he gets
knowledge.

12 The Righteous One[l] takes note of the
house of the wicked
and brings the wicked to ruin.

13 If a man shuts his ears to the cry of the
poor,
he too will cry out and not be answered.

14 A gift given in secret soothes anger,
and a bribe concealed in the cloak
pacifies great wrath.

15 When justice is done, it brings joy to the
righteous
but terror to evildoers.

16 A man who strays from the path of
understanding
comes to rest in the company of the dead.

17 He who loves pleasure will become poor;
whoever loves wine and oil will never be
rich.

18 The wicked become a ransom for the
righteous,
and the unfaithful for the upright.

---

n 21:2 A cada uno ... su proceder. Lit. Todo camino del hombre
recto a sus ojos.   ñ 21:6 se esfuma ... una trampa (LXX,
Vulgata y algunos mss. hebreos); es niebla llevada de los que
buscan la muerte (TM).   o 21:11 aprende. Lit. se hace sabio.

k 6 Some Hebrew manuscripts, Septuagint and Vulgate; most
Hebrew manuscripts vapor for those who seek death
l 12 Or The righteous man

¹⁹Más vale habitar en el desierto
    que con mujer pendenciera y de mal genio.

²⁰En casa del sabio abundan las riquezas y el
    perfume,
    pero el necio todo lo despilfarra.

²¹El que va tras la justicia y el amor
    halla vida, prosperidad*p* y honra.

²²El sabio conquista la ciudad de los valientes
    y derriba el baluarte en que ellos confiaban.

²³El que refrena su boca y su lengua
    se libra de muchas angustias.

²⁴Orgulloso y arrogante, y famoso por insolente,
    es quien se comporta con desmedida
    soberbia.

²⁵La codicia del perezoso lo lleva a la muerte,
    porque sus manos se niegan a trabajar;
²⁶todo el día se lo pasa codiciando,
    pero el justo da con generosidad.

²⁷El sacrificio de los malvados es detestable,
    y más aún cuando se ofrece con mala
    intención.

²⁸El testigo falso perecerá,
    y quien le haga caso será destruido*q* para
    siempre.

²⁹El malvado es inflexible en sus decisiones;
    el justo examina*r* su propia conducta.

³⁰De nada sirven ante el SEÑOR
    la sabiduría, la inteligencia y el consejo.

³¹Se alista al caballo para el día de la batalla,
    pero la victoria depende del SEÑOR.

22

Vale más la buena fama que las muchas
    riquezas,
    y más que oro y plata, la buena reputación.

²El rico y el pobre tienen esto en común:
    a ambos los ha creado el SEÑOR.

³El prudente ve el peligro y lo evita;
    el inexperto sigue adelante y sufre las
    consecuencias.

⁴Recompensa de la humildad y del temor del
    SEÑOR
    son las riquezas, la honra y la vida.

⁵Espinas y trampas hay en la senda de los
    impíos,
    pero el que cuida su vida se aleja de ellas.

⁶Instruye al niño en el camino correcto,
    y aun en su vejez no lo abandonará.

⁷Los ricos son los amos de los pobres;
    los deudores son esclavos de sus acreedores.

---

¹⁹Better to live in a desert
    than with a quarrelsome and ill-tempered
    wife.

²⁰In the house of the wise are stores of choice
    food and oil,
    but a foolish man devours all he has.

²¹He who pursues righteousness and love
    finds life, prosperity*m* and honor.

²²A wise man attacks the city of the mighty
    and pulls down the stronghold in which
    they trust.

²³He who guards his mouth and his tongue
    keeps himself from calamity.

²⁴The proud and arrogant man—"Mocker" is
    his name;
    he behaves with overweening pride.

²⁵The sluggard's craving will be the death of
    him,
    because his hands refuse to work.
²⁶All day long he craves for more,
    but the righteous give without sparing.

²⁷The sacrifice of the wicked is detestable—
    how much more so when brought with
    evil intent!

²⁸A false witness will perish,
    and whoever listens to him will be
    destroyed forever.*n*

²⁹A wicked man puts up a bold front,
    but an upright man gives thought to his
    ways.

³⁰There is no wisdom, no insight, no plan
    that can succeed against the LORD.

³¹The horse is made ready for the day of
    battle,
    but victory rests with the LORD.

22

A good name is more desirable than great
    riches;
    to be esteemed is better than silver or
    gold.

²Rich and poor have this in common:
    The LORD is the Maker of them all.

³A prudent man sees danger and takes
    refuge,
    but the simple keep going and suffer for
    it.

⁴Humility and the fear of the LORD
    bring wealth and honor and life.

⁵In the paths of the wicked lie thorns and
    snares,
    but he who guards his soul stays far from
    them.

⁶Train*o* a child in the way he should go,
    and when he is old he will not turn from
    it.

⁷The rich rule over the poor,
    and the borrower is servant to the lender.

---

p 21:21 prosperidad. Alt. *justicia.*   *q 21:28 será destruido.* Alt.
hablará.   *r 21:29 examina* (LXX, Qumrán y varios mss.
hebreos); *ordena* (TM).

m 21 Or righteousness   *n 28 Or / but the words of an obedient
man will live on*   *o 6 Or Start*

8 El que siembra maldad cosecha desgracias;
  el Señor lo destruirá con el cetro de su ira.[s]

9 El que es generoso[t] será bendecido,
  pues comparte su comida con los pobres.

10 Despide al insolente, y se irá la discordia
   y cesarán los pleitos y los insultos.

11 El que ama la pureza de corazón y tiene gracia
     al hablar
   tendrá por amigo al rey.

12 Los ojos del Señor protegen el saber,
   pero desbaratan las palabras del traidor.

13 «¡Hay un león allá afuera! —dice el
     holgazán—.
   ¡En plena calle me va a hacer pedazos!»

14 La boca de la adúltera es una fosa profunda;
   en ella caerá quien esté bajo la ira del Señor.

15 La necedad es parte del corazón juvenil,
   pero la vara de la disciplina la corrige.

16 Oprimir al pobre para enriquecerse,
   y hacerle regalos al rico,
   ¡buena manera de empobrecerse!

Los treinta dichos de los sabios

(22:17—24:22)

17 Presta atención, escucha mis palabras;[u]
   aplica tu corazón a mi conocimiento.
18 Grato es retenerlas dentro de ti,
   y tenerlas todas a flor de labio.
19 A ti te las enseño en este día,
   para que pongas tu confianza en el Señor.
20 ¿Acaso no te he escrito treinta[v] dichos
   que contienen sabios consejos?
21 Son para enseñarte palabras ciertas y
     confiables,
   para que sepas responder bien a quien te
     pregunte.[w]

1

22 No explotes al pobre porque es pobre,
   ni oprimas en los tribunales[x] a los
     necesitados;
23 porque el Señor defenderá su causa,
   y despojará a quienes los despojen.

2

24 No te hagas amigo de gente violenta,
   ni te juntes con los iracundos,
25 no sea que aprendas sus malas costumbres
   y tú mismo caigas en la trampa.

3

26 No te comprometas por otros
   ni salgas fiador de deudas ajenas;
27 porque si no tienes con qué pagar,
   te quitarán hasta la cama en que duermes.

4

28 No cambies de lugar los linderos antiguos
   que establecieron tus antepasados.

8 He who sows wickedness reaps trouble,
  and the rod of his fury will be destroyed.

9 A generous man will himself be blessed,
  for he shares his food with the poor.

10 Drive out the mocker, and out goes strife;
   quarrels and insults are ended.

11 He who loves a pure heart and whose
     speech is gracious
   will have the king for his friend.

12 The eyes of the LORD keep watch over
     knowledge,
   but he frustrates the words of the
     unfaithful.

13 The sluggard says, "There is a lion
     outside!"
   or, "I will be murdered in the streets!"

14 The mouth of an adulteress is a deep pit;
   he who is under the LORD's wrath will
     fall into it.

15 Folly is bound up in the heart of a child,
   but the rod of discipline will drive it far
     from him.

16 He who oppresses the poor to increase his
     wealth
   and he who gives gifts to the rich—both
     come to poverty.

Sayings of the Wise

17 Pay attention and listen to the sayings of the
     wise;
   apply your heart to what I teach,
18 for it is pleasing when you keep them in
     your heart
   and have all of them ready on your lips.
19 So that your trust may be in the LORD,
   I teach you today, even you.
20 Have I not written thirty[p] sayings for you,
   sayings of counsel and knowledge,
21 teaching you true and reliable words,
   so that you can give sound answers
   to him who sent you?

22 Do not exploit the poor because they are
     poor
   and do not crush the needy in court,
23 for the LORD will take up their case
   and will plunder those who plunder them.

24 Do not make friends with a hot-tempered
     man,
   do not associate with one easily angered,
25 or you may learn his ways
   and get yourself ensnared.

26 Do not be a man who strikes hands in
     pledge
   or puts up security for debts;
27 if you lack the means to pay,
   your very bed will be snatched from
     under you.

28 Do not move an ancient boundary stone
   set up by your forefathers.

---

[s] *22:8 el Señor ... su ira.* Lit. *el cetro de su ira perecerá.*
[t] *22:9 El que es generoso.* Lit. *El buen ojo.*
(LXX); *las palabras de los sabios* (TM).
Alt. *escrito antes* o *escrito excelentes.*
pregunte (LXX); *al que te envíe* (TM). [x] *22:22 en los*
tribunales. Lit. *en la *puerta.*
[u] *22:17 palabras*
[v] *22:20 escrito treinta.*
[w] *22:21 a quien te*

[p] *20 Or not formerly written; or not written excellent*

5

29 ¿Has visto a alguien diligente en su trabajo?
se codeará con reyes, y nunca será un Don Nadie.

6

23 Cuando te sientes a comer con un gobernante,
fíjate bien en lo que[y] tienes ante ti.
2 Si eres dado a la glotonería,
domina tu apetito.[z]
3 No codicies sus manjares,
pues tal comida no es más que un engaño.

7

4 No te afanes acumulando riquezas;
no te obsesiones con ellas.
5 ¿Acaso has podido verlas? ¡No existen!
Es como si les salieran alas,
pues se van volando como las águilas.

8

6 No te sientes a la mesa de un tacaño,[a]
ni codicies sus manjares,
7 que son como un pelo en la garganta.[b]
«Come y bebe», te dirá,
pero no te lo dirá de corazón.
8 Acabarás vomitando lo que hayas comido,
y tus cumplidos no habrán servido de nada.

9

9 A oídos del necio jamás dirijas palabra,
pues se burlará de tus sabios consejos.

10

10 No cambies de lugar los linderos antiguos,
ni invadas la propiedad de los huérfanos,
11 porque su Defensor es muy poderoso
y contra ti defenderá su causa.

11

12 Aplica tu corazón a la disciplina
y tus oídos al conocimiento.

12

13 No dejes de disciplinar al joven,
que de unos cuantos azotes no se morirá.
14 Dale unos buenos azotes,
y así lo librarás del *sepulcro.

13

15 Hijo mío, si tu corazón es sabio,
también mi corazón se regocijará;
16 en lo íntimo de mi ser me alegraré
cuando tus labios hablen con rectitud.

14

17 No envidies en tu corazón a los pecadores;
más bien, muéstrate siempre celoso en el temor del SEÑOR.
18 Cuentas con una esperanza futura,
la cual no será destruida.

[y] *23:1 en lo que*. Alt. *en quién*. [z] *23:2 domina tu apetito*. Lit. *ponle un cuchillo a tu garganta*. [a] *23:6 un tacaño*. Alt. *un hombre mal intencionado*. [b] *23:7 que son ... garganta* (LXX); *pues como él piensa en su interior, así es él* (TM).

29 Do you see a man skilled in his work?
He will serve before kings;
he will not serve before obscure men.

23 When you sit to dine with a ruler,
note well what[q] is before you,
2 and put a knife to your throat
if you are given to gluttony.
3 Do not crave his delicacies,
for that food is deceptive.

4 Do not wear yourself out to get rich;
have the wisdom to show restraint.
5 Cast but a glance at riches, and they are gone,
for they will surely sprout wings
and fly off to the sky like an eagle.

6 Do not eat the food of a stingy man,
do not crave his delicacies;
7 for he is the kind of man
who is always thinking about the cost.[r]
"Eat and drink," he says to you,
but his heart is not with you.
8 You will vomit up the little you have eaten
and will have wasted your compliments.

9 Do not speak to a fool,
for he will scorn the wisdom of your words.

10 Do not move an ancient boundary stone
or encroach on the fields of the fatherless,
11 for their Defender is strong;
he will take up their case against you.

12 Apply your heart to instruction
and your ears to words of knowledge.

13 Do not withhold discipline from a child;
if you punish him with the rod, he will not die.
14 Punish him with the rod
and save his soul from death.[s]

15 My son, if your heart is wise,
then my heart will be glad;
16 my inmost being will rejoice
when your lips speak what is right.

17 Do not let your heart envy sinners,
but always be zealous for the fear of the LORD.
18 There is surely a future hope for you,
and your hope will not be cut off.

[q] *1* Or *who* [r] *7* Or *for as he thinks within himself, / so he is*; or *for as he puts on a feast, / so he is* [s] *14* Hebrew *Sheol*

15

¹⁹Hijo mío, presta atención y sé sabio;
   mantén tu corazón en el camino recto.
²⁰No te juntes con los que beben mucho vino,
   ni con los que se hartan de carne,
²¹pues borrachos y glotones, por su indolencia,
   acaban harapientos y en la pobreza.

16

²²Escucha a tu padre, que te engendró,
   y no desprecies a tu madre cuando sea
      anciana.
²³Adquiere la verdad y la sabiduría,
   la disciplina y el discernimiento,
   ¡y no los vendas!
²⁴El padre del justo experimenta gran regocijo;
   quien tiene un hijo sabio se solaza en él.
²⁵¡Que se alegren tu padre y tu madre!
   ¡Que se regocije la que te dio la vida!

17

²⁶Dame, hijo mío, tu corazón
   y no pierdas de vista mis caminos.
²⁷Porque fosa profunda es la prostituta,
   y estrecho pozo, la mujer ajena.
²⁸Se pone al acecho, como un bandido,
   y multiplica la infidelidad de los hombres.

18

²⁹¿De quién son los lamentos? ¿De quién los
      pesares?
   ¿De quién son los pleitos? ¿De quién las
      quejas?
   ¿De quién son las heridas gratuitas?
   ¿De quién los ojos morados?
³⁰¡Del que no suelta la botella de vino
   ni deja de probar licores!

³¹No te fijes en lo rojo que es el vino,
   ni en cómo brilla en la copa,
   ni en la suavidad con que se desliza;
³²porque acaba mordiendo como serpiente
   y envenenando como víbora.
³³Tus ojos verán alucinaciones,
   y tu mente imaginará estupideces.
³⁴Te parecerá estar durmiendo en alta mar,
   acostado sobre el mástil mayor.
³⁵Y dirás: «Me han herido, pero no me duele.
   Me han golpeado, pero no lo siento.
   ¿Cuándo despertaré de este sueño
   para ir a buscar otro trago?»

19

24 No envidies a los malvados,
      ni procures su compañía;
²porque en su corazón traman violencia,
   y no hablan más que de cometer fechorías.

20

³Con sabiduría se construye la casa;
   con inteligencia se echan los cimientos.
⁴Con buen juicio se llenan sus cuartos
   de bellos y extraordinarios tesoros.

21

⁵El que es sabio tiene gran poder,
   y el que es entendido aumenta su fuerza.

¹⁹Listen, my son, and be wise,
   and keep your heart on the right path.
²⁰Do not join those who drink too much wine
   or gorge themselves on meat,
²¹for drunkards and gluttons become poor,
   and drowsiness clothes them in rags.

²²Listen to your father, who gave you life,
   and do not despise your mother when she
      is old.
²³Buy the truth and do not sell it;
   get wisdom, discipline and understanding.
²⁴The father of a righteous man has great joy;
   he who has a wise son delights in him.
²⁵May your father and mother be glad;
   may she who gave you birth rejoice!

²⁶My son, give me your heart
   and let your eyes keep to my ways,
²⁷for a prostitute is a deep pit
   and a wayward wife is a narrow well.
²⁸Like a bandit she lies in wait,
   and multiplies the unfaithful among men.

²⁹Who has woe? Who has sorrow?
   Who has strife? Who has complaints?
   Who has needless bruises? Who has
      bloodshot eyes?
³⁰Those who linger over wine,
   who go to sample bowls of mixed wine.
³¹Do not gaze at wine when it is red,
   when it sparkles in the cup,
   when it goes down smoothly!
³²In the end it bites like a snake
   and poisons like a viper.
³³Your eyes will see strange sights
   and your mind imagine confusing things.
³⁴You will be like one sleeping on the high
      seas,
   lying on top of the rigging.
³⁵"They hit me," you will say, "but I'm not
      hurt!
   They beat me, but I don't feel it!
   When will I wake up
   so I can find another drink?"

24 Do not envy wicked men,
      do not desire their company;
²for their hearts plot violence,
   and their lips talk about making trouble.

³By wisdom a house is built,
   and through understanding it is
      established;
⁴through knowledge its rooms are filled
   with rare and beautiful treasures.

⁵A wise man has great power,
   and a man of knowledge increases
      strength;

6 La guerra se hace con buena estrategia;
la victoria se alcanza con muchos
consejeros.

22

7 La sabiduría no está al alcance del necio,
que en la asamblea del pueblo[c] nada tiene
que decir.

23

8 Al que hace planes malvados
lo llamarán intrigante.
9 Las intrigas del necio son pecado,
y todos aborrecen a los insolentes.

24

10 Si en el día de la aflicción te desanimas,
muy limitada es tu fortaleza.

25

11 Rescata a los que van rumbo a la muerte;
detén a los que a tumbos avanzan al
suplicio.
12 Pues aunque digas, «Yo no lo sabía»,
¿no habrá de darse cuenta el que pesa los
corazones?
¿No habrá de saberlo el que vigila tu vida?
¡Él le paga a cada uno según sus acciones!

26

13 Come la miel, hijo mío, que es deliciosa;
dulce al paladar es la miel del panal.
14 Así de dulce sea la sabiduría a tu alma;
si das con ella, tendrás buen futuro;
tendrás una esperanza que no será destruida.

27

15 No aceches cual malvado la casa del justo,
ni arrases el lugar donde habita;
16 porque siete veces podrá caer el justo,
pero otras tantas se levantará;
los malvados, en cambio,
se hundirán en la desgracia.

28

17 No te alegres cuando caiga tu enemigo,
ni se regocije tu corazón ante su desgracia,
18 no sea que el SEÑOR lo vea y no lo apruebe,
y aparte de él su enojo.

29

19 No te alteres por causa de los malvados,
ni sientas envidia de los impíos,
20 porque el malvado no tiene porvenir;
¡la lámpara del impío se apagará!

30

21 Hijo mío, teme al SEÑOR y honra al rey,
y no te juntes con los rebeldes,
22 porque de los dos recibirás un castigo
repentino
¡y quién sabe qué calamidades puedan venir!

6 for waging war you need guidance,
and for victory many advisers.

7 Wisdom is too high for a fool;
in the assembly at the gate he has nothing
to say.

8 He who plots evil
will be known as a schemer.
9 The schemes of folly are sin,
and men detest a mocker.

10 If you falter in times of trouble,
how small is your strength!

11 Rescue those being led away to death;
hold back those staggering toward
slaughter.
12 If you say, "But we knew nothing about
this,"
does not he who weighs the heart
perceive it?
Does not he who guards your life know it?
Will he not repay each person according
to what he has done?

13 Eat honey, my son, for it is good;
honey from the comb is sweet to your
taste.
14 Know also that wisdom is sweet to your
soul;
if you find it, there is a future hope for
you,
and your hope will not be cut off.

15 Do not lie in wait like an outlaw against a
righteous man's house,
do not raid his dwelling place;
16 for though a righteous man falls seven
times, he rises again,
but the wicked are brought down by
calamity.

17 Do not gloat when your enemy falls;
when he stumbles, do not let your heart
rejoice,
18 or the LORD will see and disapprove
and turn his wrath away from him.

19 Do not fret because of evil men
or be envious of the wicked,
20 for the evil man has no future hope,
and the lamp of the wicked will be
snuffed out.

21 Fear the LORD and the king, my son,
and do not join with the rebellious,
22 for those two will send sudden destruction
upon them,
and who knows what calamities they can
bring?

---

c 24:7 *en la asamblea del pueblo.* Lit. *en la *puerta.*

Otros dichos de los sabios

23 También éstos son dichos de los sabios:

No es correcto ser parcial en el juicio.

24 Maldecirán los pueblos, y despreciarán las naciones,
a quien declare inocente al culpable.
25 Pero bien vistos serán, y bendecidos,
los que condenen al culpable.

26 Una respuesta sincera
es como un beso en los labios.

27 Prepara primero tus faenas de cultivo
y ten listos tus campos para la siembra;
después de eso, construye tu casa.

28 No testifiques sin razón contra tu prójimo,
ni mientas con tus labios.
29 No digas: «Le haré lo mismo que me hizo;
le pagaré con la misma moneda.»

30 Pasé por el campo del perezoso,
por la viña del falto de juicio.
31 Había espinas por todas partes;
la hierba cubría el terreno,
y el lindero de piedras estaba en ruinas.
32 Guardé en mi corazón lo observado,
y de lo visto saqué una lección:
33 Un corto sueño, una breve siesta,
un pequeño descanso, cruzado de brazos...
34 ¡y te asaltará la pobreza como un bandido,
y la escasez, como un hombre armado!

Más proverbios de Salomón

25 Éstos son otros proverbios de Salomón, copiados por los escribas de Ezequías, rey de Judá.

2 Gloria de Dios es ocultar un asunto,
y gloria de los reyes el investigarlo.

3 Tan impenetrable es el corazón de los reyes
como alto es el cielo y profunda la tierra.

4 Quita la escoria de la plata,
y de allí saldrá material para*d* el orfebre;
5 quita de la presencia del rey al malvado,
y el rey afirmará su trono en la justicia.

6 No te des importancia en presencia del rey,
ni reclames un lugar entre los magnates;
7 vale más que el rey te diga: «Sube acá»,
y no que te humille ante gente importante.

Lo que atestigües con tus ojos
8   no lo lleves*e* de inmediato al tribunal,
pues ¿qué harás si a fin de cuentas
tu prójimo te pone en vergüenza?

Further Sayings of the Wise

23 These also are sayings of the wise:

To show partiality in judging is not good:
24 Whoever says to the guilty, "You are innocent"—
peoples will curse him and nations denounce him.
25 But it will go well with those who convict the guilty,
and rich blessing will come upon them.

26 An honest answer
is like a kiss on the lips.

27 Finish your outdoor work
and get your fields ready;
after that, build your house.

28 Do not testify against your neighbor without cause,
or use your lips to deceive.
29 Do not say, "I'll do to him as he has done to me;
I'll pay that man back for what he did."

30 I went past the field of the sluggard,
past the vineyard of the man who lacks judgment;
31 thorns had come up everywhere,
the ground was covered with weeds,
and the stone wall was in ruins.
32 I applied my heart to what I observed
and learned a lesson from what I saw:
33 A little sleep, a little slumber,
a little folding of the hands to rest—
34 and poverty will come on you like a bandit
and scarcity like an armed man.*t*

More Proverbs of Solomon

25 These are more proverbs of Solomon, copied by the men of Hezekiah king of Judah:

2 It is the glory of God to conceal a matter;
to search out a matter is the glory of kings.

3 As the heavens are high and the earth is deep,
so the hearts of kings are unsearchable.

4 Remove the dross from the silver,
and out comes material for*u* the silversmith;
5 remove the wicked from the king's presence,
and his throne will be established through righteousness.

6 Do not exalt yourself in the king's presence,
and do not claim a place among great men;
7 it is better for him to say to you, "Come up here,"
than for him to humiliate you before a nobleman.

What you have seen with your eyes
8   do not bring*v* hastily to court,
for what will you do in the end
if your neighbor puts you to shame?

d 25:4 saldrá material para. Alt. *sacará una copa para.*
e 25:7,8 gente importante. Lo que ... no lo lleves. Alt. *gente importante / sobre la que hayas posado tus ojos. / 8 No vayas*

t 34 Or like a vagrant / and scarcity like a beggar   *u 4 Or comes a vessel from*   *v 7,8 Or nobleman / on whom you had set your eyes. / 8 Do not go*

9 Defiende tu causa contra tu prójimo,
   pero no traiciones la confianza de nadie,
10 no sea que te avergüence el que te oiga
   y ya no puedas quitarte la infamia.

11 Como naranjas de oro con incrustaciones de
   plata
   son las palabras dichas a tiempo.

12 Como anillo o collar de oro fino
   son los regaños del sabio en oídos atentos.

13 Como frescura de nieve en día de verano
   es el mensajero confiable para quien lo
   envía,
   pues infunde nuevo ánimo en sus amos.

14 Nubes y viento, y nada de lluvia,
   es quien presume de dar y nunca da nada.

15 Con paciencia se convence al gobernante.
   ¡La lengua amable quebranta hasta los
   huesos!

16 Si encuentras miel, no te empalagues;
   la mucha miel provoca náuseas.

17 No frecuentes la casa de tu amigo;
   no sea que lo fastidies y llegue a
   aborrecerte.

18 Un mazo, una espada, una aguda saeta,
   ¡eso es el falso testigo contra su amigo!

19 Confiar en gente desleal en momentos de
   angustia
   es como tener un diente careado o una
   pierna quebrada.

20 Dedicarle canciones al corazón afligido
   es como echarle vinagre ƒ a una herida
   o como andar desabrigado en un día de frío.

21 Si tu enemigo tiene hambre, dale de comer;
   si tiene sed, dale de beber.
22 Actuando así, harás que se avergüence de su
   conducta, g
   y el SEÑOR te lo recompensará.

23 Con el viento del norte vienen las lluvias;
   con la lengua viperina, las malas caras.

24 Más vale habitar en un rincón de la azotea
   que compartir el techo con mujer
   pendenciera.

25 Como el agua fresca a la garganta reseca
   son las buenas noticias desde lejanas tierras.

26 Manantial turbio, contaminado pozo,
   es el justo que flaquea ante el impío.

27 No hace bien comer mucha miel,
   ni es honroso buscar la propia gloria.

28 Como ciudad sin defensa y sin murallas
   es quien no sabe dominarse.

9 If you argue your case with a neighbor,
   do not betray another man's confidence,
10 or he who hears it may shame you
   and you will never lose your bad
   reputation.

11 A word aptly spoken
   is like apples of gold in settings of silver.

12 Like an earring of gold or an ornament of
   fine gold
   is a wise man's rebuke to a listening ear.

13 Like the coolness of snow at harvest time
   is a trustworthy messenger to those who
   send him;
   he refreshes the spirit of his masters.

14 Like clouds and wind without rain
   is a man who boasts of gifts he does not
   give.

15 Through patience a ruler can be persuaded,
   and a gentle tongue can break a bone.

16 If you find honey, eat just enough—
   too much of it, and you will vomit.
17 Seldom set foot in your neighbor's house—
   too much of you, and he will hate you.

18 Like a club or a sword or a sharp arrow
   is the man who gives false testimony
   against his neighbor.

19 Like a bad tooth or a lame foot
   is reliance on the unfaithful in times of
   trouble.

20 Like one who takes away a garment on a
   cold day,
   or like vinegar poured on soda,
   is one who sings songs to a heavy heart.

21 If your enemy is hungry, give him food to
   eat;
   if he is thirsty, give him water to drink.
22 In doing this, you will heap burning coals
   on his head,
   and the LORD will reward you.

23 As a north wind brings rain,
   so a sly tongue brings angry looks.

24 Better to live on a corner of the roof
   than share a house with a quarrelsome
   wife.

25 Like cold water to a weary soul
   is good news from a distant land.

26 Like a muddied spring or a polluted well
   is a righteous man who gives way to the
   wicked.

27 It is not good to eat too much honey,
   nor is it honorable to seek one's own
   honor.

28 Like a city whose walls are broken down
   is a man who lacks self-control.

26 Ni la nieve es para el verano,
   ni la lluvia para la cosecha,
   ni los honores para el necio.

26 Like snow in summer or rain in harvest,
   honor is not fitting for a fool.

ƒ 25:20 vinagre (LXX); salitre (TM).   g 25:22 harás ...
conducta. Lit. ascuas amontonarás sobre su cabeza.

2 Como el gorrión sin rumbo o la golondrina sin
   nido,
   la maldición sin motivo jamás llega a su
      destino.

3 El látigo es para los caballos,
   el freno para los asnos,
   y el garrote para la espalda del necio.

4 No respondas al necio según su necedad,
   o tú mismo pasarás por necio.

5 Respóndele al necio como se merece,
   para que no se tenga por sabio.

6 Enviar un mensaje por medio de un necio
   es como cortarse los pies o sufrir[h]
      violencia.

7 Inútil es el proverbio en la boca del necio
   como inútiles son las piernas de un tullido.

8 Rendirle honores al necio es tan absurdo
   como atar una piedra a la honda.

9 El proverbio en la boca del necio
   es como espina en la mano del borracho.

10 Como arquero que hiere a todo el que pasa
   es quien contrata al necio en su casa.[i]

11 Como vuelve el perro a su vómito,
   así el necio insiste en su necedad.

12 ¿Te has fijado en quien se cree muy sabio?
   Más se puede esperar de un necio que de
      gente así.

13 Dice el perezoso: «Hay una fiera en el camino.
   ¡Por las calles un león anda suelto!»

14 Sobre sus goznes gira la puerta;
   sobre la cama, el perezoso.

15 El perezoso mete la mano en el plato,
   pero le pesa llevarse el bocado a la boca.

16 El perezoso se cree más sabio
   que siete sabios que saben responder.

17 Meterse en pleitos ajenos
   es como agarrar a un perro por las orejas.

18 Como loco que dispara
   mortíferas flechas encendidas,
19 es quien engaña a su amigo y explica:
   «¡Tan sólo estaba bromeando!»

20 Sin leña se apaga el fuego;
   sin chismes se acaba el pleito.

21 Con el carbón se hacen brasas, con la leña se
      prende fuego,
   y con un pendenciero se inician los pleitos.

22 Los chismes son como ricos bocados:
   se deslizan hasta las entrañas.

23 Como baño de plata[j] sobre vasija de barro
   son los labios zalameros de un corazón
      malvado.

24 El que odia se esconde tras sus palabras,
   pero en lo íntimo alberga perfidia.

2 Like a fluttering sparrow or a darting
      swallow,
   an undeserved curse does not come to
      rest.

3 A whip for the horse, a halter for the
      donkey,
   and a rod for the backs of fools!

4 Do not answer a fool according to his folly,
   or you will be like him yourself.

5 Answer a fool according to his folly,
   or he will be wise in his own eyes.

6 Like cutting off one's feet or drinking
      violence
   is the sending of a message by the hand
      of a fool.

7 Like a lame man's legs that hang limp
   is a proverb in the mouth of a fool.

8 Like tying a stone in a sling
   is the giving of honor to a fool.

9 Like a thornbush in a drunkard's hand
   is a proverb in the mouth of a fool.

10 Like an archer who wounds at random
   is he who hires a fool or any passer-by.

11 As a dog returns to its vomit,
   so a fool repeats his folly.

12 Do you see a man wise in his own eyes?
   There is more hope for a fool than for
      him.

13 The sluggard says, "There is a lion in the
      road,
   a fierce lion roaming the streets!"

14 As a door turns on its hinges,
   so a sluggard turns on his bed.

15 The sluggard buries his hand in the dish;
   he is too lazy to bring it back to his
      mouth.

16 The sluggard is wiser in his own eyes
   than seven men who answer discreetly.

17 Like one who seizes a dog by the ears
   is a passer-by who meddles in a quarrel
      not his own.

18 Like a madman shooting
   firebrands or deadly arrows
19 is a man who deceives his neighbor
   and says, "I was only joking!"

20 Without wood a fire goes out;
   without gossip a quarrel dies down.

21 As charcoal to embers and as wood to fire,
   so is a quarrelsome man for kindling
      strife.

22 The words of a gossip are like choice
      morsels;
   they go down to a man's inmost parts.

23 Like a coating of glaze[w] over earthenware
   are fervent lips with an evil heart.

24 A malicious man disguises himself with his
      lips,
   but in his heart he harbors deceit.

---

h 26:6 sufrir. Lit. beber.   *i 26:10 Texto de difícil traducción.*
j 26:23 como baño de plata. Lit. como plata de escoria.

*w 23 With a different word division of the Hebrew; Masoretic Text
of silver dross*

25 No le creas, aunque te hable con dulzura,
porque su corazón rebosa de
abominaciones.*k*

26 Tal vez disimule con engaños su odio,
pero en la asamblea se descubrirá su maldad.

27 Cava una fosa, y en ella caerás;
echa a rodar piedras, y te aplastarán.

28 La lengua mentirosa odia a sus víctimas;
la boca lisonjera lleva a la ruina.

27

No te jactes del día de mañana,
porque no sabes lo que el día traerá.

2 No te jactes de ti mismo;
que sean otros los que te alaben.

3 Pesada es la piedra, pesada es la arena,
pero más pesada es la ira del necio.

4 Cruel es la furia, y arrolladora la ira,
pero ¿quién puede enfrentarse a la envidia?

5 Más vale ser reprendido con franqueza
que ser amado en secreto.

6 Más confiable es el amigo que hiere
que el enemigo que besa.

7 Al que no tiene hambre, hasta la miel lo
empalaga;
al hambriento, hasta lo amargo le es dulce.

8 Como ave que vaga lejos del nido
es el hombre que vaga lejos del hogar.

9 El perfume y el incienso alegran el corazón;
la dulzura de la amistad fortalece el
ánimo.*l*

10 No abandones a tu amigo ni al amigo de tu
padre.

No vayas a la casa de tu hermano cuando
tengas un problema.

Más vale vecino cercano que hermano distante.

11 Hijo mío, sé sabio y alegra mi corazón;
así podré responder a los que me desprecian.

12 El prudente ve el peligro y lo evita;
el inexperto sigue adelante y sufre las
consecuencias.

13 Toma la prenda del que salga fiador por un
extraño;
reténla en garantía si la entrega por la mujer
ajena.

14 El mejor saludo se juzga una impertinencia
cuando se da a gritos y de madrugada.

15 Gotera constante en un día lluvioso
es la mujer que siempre pelea.

16 Quien la domine, podrá dominar el viento
y retener*m* aceite en la mano.

17 El hierro se afila con el hierro,
y el hombre en el trato con el hombre.

25 Though his speech is charming, do not
believe him,
for seven abominations fill his heart.

26 His malice may be concealed by deception,
but his wickedness will be exposed in the
assembly.

27 If a man digs a pit, he will fall into it;
if a man rolls a stone, it will roll back on
him.

28 A lying tongue hates those it hurts,
and a flattering mouth works ruin.

27

Do not boast about tomorrow,
for you do not know what a day may
bring forth.

2 Let another praise you, and not your own
mouth;
someone else, and not your own lips.

3 Stone is heavy and sand a burden,
but provocation by a fool is heavier than
both.

4 Anger is cruel and fury overwhelming,
but who can stand before jealousy?

5 Better is open rebuke
than hidden love.

6 Wounds from a friend can be trusted,
but an enemy multiplies kisses.

7 He who is full loathes honey,
but to the hungry even what is bitter
tastes sweet.

8 Like a bird that strays from its nest
is a man who strays from his home.

9 Perfume and incense bring joy to the heart,
and the pleasantness of one's friend
springs from his earnest counsel.

10 Do not forsake your friend and the friend of
your father,
and do not go to your brother's house
when disaster strikes you—
better a neighbor nearby than a brother far
away.

11 Be wise, my son, and bring joy to my heart;
then I can answer anyone who treats me
with contempt.

12 The prudent see danger and take refuge,
but the simple keep going and suffer for
it.

13 Take the garment of one who puts up
security for a stranger;
hold it in pledge if he does it for a
wayward woman.

14 If a man loudly blesses his neighbor early in
the morning,
it will be taken as a curse.

15 A quarrelsome wife is like
a constant dripping on a rainy day;

16 restraining her is like restraining the wind
or grasping oil with the hand.

17 As iron sharpens iron,
so one man sharpens another.

---

*k 26:25 porque su corazón ... abominaciones. Lit. porque siete
abominaciones hay en su corazón.   l 27:9 Texto de difícil
traducción.   m 27:16 y retener. Lit. y llamará.*

18 El que cuida de la higuera comerá de sus
      higos,
   y el que vela por su amo recibirá honores.

19 En el agua se refleja el rostro,
   y en el corazón se refleja la persona.

20 El *sepulcro, la *muerte y los ojos del hombre
   jamás se dan por satisfechos.

21 En el crisol se prueba la plata;
   en el horno se prueba el oro;
   ante las alabanzas, el hombre.

22 Aunque al necio lo muelas y lo remuelas,
   y lo machaques como al grano,
   no le quitarás la necedad.

23 Asegúrate de saber cómo están tus rebaños;
   cuida mucho de tus ovejas;
24 pues las riquezas no son eternas
   ni la fortuna está siempre segura.
25 Cuando se limpien los campos y brote el
      verdor,
   y en los montes se recoja la hierba,
26 las ovejas te darán para el vestido,
   y las cabras para comprar un campo;
27 tendrás leche de cabra en abundancia
   para que se alimenten tú y tu familia,
   y toda tu servidumbre.

28 El malvado huye aunque nadie lo persiga;
      pero el justo vive confiado como un león.

2 Cuando hay rebelión en el país,
   los caudillos se multiplican;
   cuando el gobernante es entendido,
   se mantiene el orden.

3 El gobernante*n* que oprime a los pobres
   es como violenta lluvia que arrasa la
      cosecha.

4 Los que abandonan la ley alaban a los
      malvados;
   los que la obedecen luchan contra ellos.

5 Los malvados nada entienden de la justicia;
   los que buscan al Señor lo entienden todo.

6 Más vale pobre pero honrado,
   que rico pero perverso.

7 El hijo entendido se sujeta a la ley;
   el derrochador deshonra a su padre.

8 El que amasa riquezas mediante la usura
   las acumula para el que se compadece de los
      pobres.

9 Dios aborrece hasta la oración
   del que se niega a obedecer la ley.

10 El que lleva a los justos por el mal camino,
   caerá en su propia trampa;
   pero los íntegros heredarán el bien.

18 He who tends a fig tree will eat its fruit,
   and he who looks after his master will be
      honored.

19 As water reflects a face,
   so a man's heart reflects the man.

20 Death and Destruction*x* are never satisfied,
   and neither are the eyes of man.

21 The crucible for silver and the furnace for
      gold,
   but man is tested by the praise he
      receives.

22 Though you grind a fool in a mortar,
   grinding him like grain with a pestle,
   you will not remove his folly from him.

23 Be sure you know the condition of your
      flocks,
   give careful attention to your herds;
24 for riches do not endure forever,
   and a crown is not secure for all
      generations.
25 When the hay is removed and new growth
      appears
   and the grass from the hills is gathered in,
26 the lambs will provide you with clothing,
   and the goats with the price of a field.
27 You will have plenty of goats' milk
   to feed you and your family
   and to nourish your servant girls.

28 The wicked man flees though no one pursues,
      but the righteous are as bold as a lion.

2 When a country is rebellious, it has many
      rulers,
   but a man of understanding and
      knowledge maintains order.

3 A ruler*y* who oppresses the poor
   is like a driving rain that leaves no crops.

4 Those who forsake the law praise the
      wicked,
   but those who keep the law resist them.

5 Evil men do not understand justice,
   but those who seek the Lord understand
      it fully.

6 Better a poor man whose walk is blameless
   than a rich man whose ways are perverse.

7 He who keeps the law is a discerning son,
   but a companion of gluttons disgraces his
      father.

8 He who increases his wealth by exorbitant
      interest
   amasses it for another, who will be kind
      to the poor.

9 If anyone turns a deaf ear to the law,
   even his prayers are detestable.

10 He who leads the upright along an evil path
   will fall into his own trap,
   but the blameless will receive a good
      inheritance.

---

n 28:3 El gobernante (texto probable); *El pobre* (TM).   *x 20* Hebrew *Sheol and Abaddon*   *y 3* Or *A poor man*

11 El rico se las da de sabio;
el pobre pero inteligente lo desenmascara.

12 Cuando los justos triunfan, se hace gran fiesta;
cuando los impíos se imponen, todo el mundo se esconde.

13 Quien encubre su pecado jamás prospera;
quien lo confiesa y lo deja, halla perdón.

14 ¡Dichoso el que siempre teme al SEÑOR![ñ]
Pero el obstinado caerá en la desgracia.

15 Un león rugiente, un oso hambriento,
es el gobernante malvado que oprime a los pobres.

16 El gobernante falto de juicio es terrible opresor;
el que odia las riquezas prolonga su vida.

17 El que es perseguido por[o] homicidio
será un fugitivo hasta la muerte.
¡Que nadie le brinde su apoyo!

18 El que es honrado se mantendrá a salvo;
el de caminos perversos caerá en la fosa.[p]

19 El que trabaja la tierra tendrá abundante comida;
el que sueña despierto[q] sólo abundará en pobreza.

20 El hombre fiel recibirá muchas bendiciones;
el que tiene prisa por enriquecerse no quedará impune.

21 No es correcto mostrarse parcial con nadie.
Hay quienes pecan hasta por un mendrugo de pan.

22 El tacaño ansía enriquecerse,
sin saber que la pobreza lo aguarda.

23 A fin de cuentas, más se aprecia
al que reprende que al que adula.

24 El que roba a su padre o a su madre,
e insiste en que no ha pecado,
amigo es de gente perversa.[r]

25 El que es ambicioso provoca peleas,
pero el que confía en el SEÑOR prospera.

26 Necio es el que confía en sí mismo;
el que actúa con sabiduría se pone a salvo.

27 El que ayuda al pobre no conocerá la pobreza;
el que le niega su ayuda será maldecido.

28 Cuando triunfan los impíos, la gente se esconde;
cuando perecen, los justos prosperan.

[ñ] *28:14 teme al Señor.* Lit. *teme.* [o] *28:17 El que es perseguido por.* Alt. *El que carga con la culpa de.* [p] *28:18 en la fosa* (Siríaca); *en uno* (TM). [q] *28:19 el que sueña despierto.* Lit. *el que persigue lo vacío*; también en 12:11. [r] *28:24 de gente perversa.* Lit. *del destructor.*

11 A rich man may be wise in his own eyes,
but a poor man who has discernment sees through him.

12 When the righteous triumph, there is great elation;
but when the wicked rise to power, men go into hiding.

13 He who conceals his sins does not prosper,
but whoever confesses and renounces them finds mercy.

14 Blessed is the man who always fears the LORD,
but he who hardens his heart falls into trouble.

15 Like a roaring lion or a charging bear
is a wicked man ruling over a helpless people.

16 A tyrannical ruler lacks judgment,
but he who hates ill-gotten gain will enjoy a long life.

17 A man tormented by the guilt of murder
will be a fugitive till death;
let no one support him.

18 He whose walk is blameless is kept safe,
but he whose ways are perverse will suddenly fall.

19 He who works his land will have abundant food,
but the one who chases fantasies will have his fill of poverty.

20 A faithful man will be richly blessed,
but one eager to get rich will not go unpunished.

21 To show partiality is not good—
yet a man will do wrong for a piece of bread.

22 A stingy man is eager to get rich
and is unaware that poverty awaits him.

23 He who rebukes a man will in the end gain more favor
than he who has a flattering tongue.

24 He who robs his father or mother
and says, "It's not wrong"—
he is partner to him who destroys.

25 A greedy man stirs up dissension,
but he who trusts in the LORD will prosper.

26 He who trusts in himself is a fool,
but he who walks in wisdom is kept safe.

27 He who gives to the poor will lack nothing,
but he who closes his eyes to them receives many curses.

28 When the wicked rise to power, people go into hiding;
but when the wicked perish, the righteous thrive.

29

El que es reacio a las reprensiones
   será destruido de repente y sin remedio.

2 Cuando los justos prosperan, el pueblo se
   alegra;
   cuando los impíos gobiernan, el pueblo
   gime.

3 El que ama la sabiduría alegra a su padre;
   el que frecuenta rameras derrocha su fortuna.

4 Con justicia el rey da estabilidad al país;
   cuando lo abruma con tributos, lo destruye.

5 El que adula a su prójimo
   le tiende una trampa.

6 Al malvado lo atrapa su propia maldad,
   pero el justo puede cantar de alegría.

7 El justo se ocupa de la causa del desvalido;
   el malvado ni sabe de qué se trata.

8 Los insolentes conmocionan a la ciudad,
   pero los sabios apaciguan los ánimos.

9 Cuando el sabio entabla pleito contra un necio,
   aunque se enoje o se ría, nada arreglará.

10 Los asesinos aborrecen a los íntegros,
   y tratan de matar a los justos.

11 El necio da rienda suelta a su ira,
   pero el sabio sabe dominarla.

12 Cuando un gobernante se deja llevar por
   mentiras,
   todos sus oficiales se corrompen.

13 Algo en común tienen el pobre y el opresor:
   a los dos el SEÑOR les ha dado la vista.

14 El rey que juzga al pobre según la verdad
   afirma su trono para siempre.

15 La vara de la disciplina imparte sabiduría,
   pero el hijo malcriado avergüenza a su
   madre.

16 Cuando prospera el impío, prospera el pecado,
   pero los justos presenciarán su caída.

17 Disciplina a tu hijo, y te traerá tranquilidad;
   te dará muchas satisfacciones.

18 Donde no hay visión, el pueblo se extravía;
   ¡dichosos los que son obedientes a la ley!

19 No sólo con palabras se corrige al siervo;
   aunque entienda, no obedecerá.

20 ¿Te has fijado en los que hablan sin pensar?
   ¡Más se puede esperar de un necio que de
   gente así!

21 Quien consiente a su criado cuando éste es
   niño,
   al final habrá de lamentarlo.^s

29

A man who remains stiff-necked after many
   rebukes
will suddenly be destroyed—without
   remedy.

2 When the righteous thrive, the people
   rejoice;
   when the wicked rule, the people groan.

3 A man who loves wisdom brings joy to his
   father,
   but a companion of prostitutes squanders
   his wealth.

4 By justice a king gives a country stability,
   but one who is greedy for bribes tears it
   down.

5 Whoever flatters his neighbor
   is spreading a net for his feet.

6 An evil man is snared by his own sin,
   but a righteous one can sing and be glad.

7 The righteous care about justice for the
   poor,
   but the wicked have no such concern.

8 Mockers stir up a city,
   but wise men turn away anger.

9 If a wise man goes to court with a fool,
   the fool rages and scoffs, and there is no
   peace.

10 Bloodthirsty men hate a man of integrity
   and seek to kill the upright.

11 A fool gives full vent to his anger,
   but a wise man keeps himself under
   control.

12 If a ruler listens to lies,
   all his officials become wicked.

13 The poor man and the oppressor have this
   in common:
   The LORD gives sight to the eyes of both.

14 If a king judges the poor with fairness,
   his throne will always be secure.

15 The rod of correction imparts wisdom,
   but a child left to himself disgraces his
   mother.

16 When the wicked thrive, so does sin,
   but the righteous will see their downfall.

17 Discipline your son, and he will give you
   peace;
   he will bring delight to your soul.

18 Where there is no revelation, the people cast
   off restraint;
   but blessed is he who keeps the law.

19 A servant cannot be corrected by mere
   words;
   though he understands, he will not
   respond.

20 Do you see a man who speaks in haste?
   There is more hope for a fool than for
   him.

21 If a man pampers his servant from youth,
   he will bring grief^z in the end.

---

^s *29:21* Texto de difícil traducción.

^z *21* The meaning of the Hebrew for this word is uncertain.

22 El hombre iracundo provoca peleas;
    el hombre violento multiplica sus crímenes.

23 El altivo será humillado,
    pero el humilde será enaltecido.

24 El cómplice del ladrón atenta contra sí mismo;
    aunque esté bajo juramento,[t] no testificará.

25 Temer a los hombres resulta una trampa,
    pero el que confía en el Señor sale bien
    librado.

26 Muchos buscan el favor del gobernante,
    pero la sentencia del hombre la dicta el
    Señor.

27 Los justos aborrecen a los malvados,
    y los malvados aborrecen a los justos.

Dichos de Agur

30 Dichos de Agur hijo de Jaqué. Oráculo.[u] Palabras de este varón:

    «Cansado estoy, oh Dios;
    cansado estoy, oh Dios, y débil.[v]

2 »Soy el más ignorante de todos los hombres;
    no hay en mí discernimiento humano.
3 No he adquirido sabiduría,
    ni tengo conocimiento del Dios santo.

4 »¿Quién ha subido a los cielos
    y descendido de ellos?
¿Quién puede atrapar el viento en su puño
    o envolver el mar en su manto?
¿Quién ha establecido los límites de la tierra?
    ¿Quién conoce su nombre o el de su hijo?

5 »Toda palabra de Dios es digna de crédito;
    Dios protege a los que en él buscan refugio.
6 No añadas nada a sus palabras,
    no sea que te reprenda
    y te exponga como a un mentiroso.

7 »Sólo dos cosas te pido, Señor;
    no me las niegues antes de que muera:
8 Aleja de mí la falsedad y la mentira;
    no me des pobreza ni riquezas
    sino sólo el pan de cada día.
9 Porque teniendo mucho, podría desconocerte
    y decir: "¿Y quién es el Señor?"
Y teniendo poco, podría llegar a robar
    y deshonrar así el nombre de mi Dios.

10 »No ofendas al esclavo delante de su amo,
    pues podría maldecirte y sufrirías las
    consecuencias.

11 »Hay quienes maldicen a su padre
    y no bendicen a su madre.
12 Hay quienes se creen muy puros,
    pero no se han purificado de su impureza.
13 Hay quienes se creen muy importantes,
    y a todos miran con desdén.

22 An angry man stirs up dissension,
    and a hot-tempered one commits many
    sins.

23 A man's pride brings him low,
    but a man of lowly spirit gains honor.

24 The accomplice of a thief is his own enemy;
    he is put under oath and dare not testify.

25 Fear of man will prove to be a snare,
    but whoever trusts in the Lord is kept
    safe.

26 Many seek an audience with a ruler,
    but it is from the Lord that man gets
    justice.

27 The righteous detest the dishonest;
    the wicked detest the upright.

Sayings of Agur

30 The sayings of Agur son of Jakeh—an oracle[a]:

This man declared to Ithiel,
    to Ithiel and to Ucal:[b]

2 "I am the most ignorant of men;
    I do not have a man's understanding.
3 I have not learned wisdom,
    nor have I knowledge of the Holy One.
4 Who has gone up to heaven and come
    down?
Who has gathered up the wind in the
    hollow of his hands?
Who has wrapped up the waters in his
    cloak?
Who has established all the ends of the
    earth?
What is his name, and the name of his son?
    Tell me if you know!

5 "Every word of God is flawless;
    he is a shield to those who take refuge in
    him.
6 Do not add to his words,
    or he will rebuke you and prove you a
    liar.

7 "Two things I ask of you, O Lord;
    do not refuse me before I die:
8 Keep falsehood and lies far from me;
    give me neither poverty nor riches,
    but give me only my daily bread.
9 Otherwise, I may have too much and
    disown you
    and say, 'Who is the Lord?'
Or I may become poor and steal,
    and so dishonor the name of my God.

10 "Do not slander a servant to his master,
    or he will curse you, and you will pay for
    it.

11 "There are those who curse their fathers
    and do not bless their mothers;
12 those who are pure in their own eyes
    and yet are not cleansed of their filth;
13 those whose eyes are ever so haughty,
    whose glances are so disdainful;

---

t 29:24 *bajo juramento.* Alt. *bajo maldición.*
Jaqué. Oráculo. Alt. *hijo de Jaqué de Masa.*
y débil. Alt. *A Itiel, a Itiel y a Ucal.*

u 30:1 *hijo de*
v 30:1 *Cansado ...*

a 1 Or *Jakeh of Massa*   b 1 Masoretic Text; with a different
word division of the Hebrew *declared, "I am weary, O God; / I am
weary, O God, and faint.*

14 Hay quienes tienen espadas por dientes
 y cuchillos por mandíbulas;
para devorar a los pobres de la tierra
 y a los menesterosos de este mundo.

15 »La sanguijuela tiene dos hijas
 que sólo dicen: "Dame, dame."

»Tres cosas hay que nunca se sacian,
 y una cuarta que nunca dice "¡Basta!":
16 el *sepulcro, el vientre estéril,
 la tierra, que nunca se sacia de agua,
 y el fuego, que no se cansa de consumir.

17 »Al que mira con desdén a su padre,
 y rehúsa obedecer a su madre,
que los cuervos del valle le saquen los ojos
 y que se lo coman vivo los buitres.

18 »Tres cosas hay que me causan asombro,
 y una cuarta que no alcanzo a comprender:
19 el rastro del águila en el cielo,
 el rastro de la serpiente en la roca,
el rastro del barco en alta mar,
 y el rastro del hombre en la mujer.

20 »Así procede la adúltera:
 come, se limpia la boca,
 y afirma: "Nada malo he cometido."

21 »Tres cosas hacen temblar la tierra,
 y una cuarta la hace estremecer:
22 el siervo que llega a ser rey,
 el necio al que le sobra comida,
23 la mujer rechazada que llega a casarse,
 y la criada que suplanta a su señora.

24 »Cuatro cosas hay pequeñas en el mundo,
 pero que son más sabias que los sabios:
25 las hormigas, animalitos de escasas fuerzas,
 pero que almacenan su comida en el verano;
26 los tejones, animalitos de poca monta,
 pero que construyen su casa entre las rocas;
27 las langostas, que no tienen rey,
 pero que avanzan en formación perfecta;
28 las lagartijas, que se atrapan con la mano,
 pero que habitan hasta en los palacios.

29 »Tres cosas hay que caminan con garbo,
 y una cuarta de paso imponente:
30 el león, poderoso entre las bestias,
 que no retrocede ante nada;
31 el gallo engreído,w el macho cabrío,
 y el rey al frente de su ejército. x

32 »Si como un necio te has engreído,
 o si algo maquinas, ponte a pensary
33 que batiendo la leche se obtiene mantequilla,
 que sonándose fuerte sangra la nariz,
 y que provocando la ira se acaba peleando.»

14 those whose teeth are swords
 and whose jaws are set with knives
to devour the poor from the earth,
 the needy from among mankind.

15 "The leech has two daughters.
 'Give! Give!' they cry.

"There are three things that are never
 satisfied,
 four that never say, 'Enough!':
16 the grave,c the barren womb,
 land, which is never satisfied with water,
 and fire, which never says, 'Enough!'

17 "The eye that mocks a father,
 that scorns obedience to a mother,
will be pecked out by the ravens of the
 valley,
 will be eaten by the vultures.

18 "There are three things that are too amazing
 for me,
 four that I do not understand:
19 the way of an eagle in the sky,
 the way of a snake on a rock,
the way of a ship on the high seas,
 and the way of a man with a maiden.

20 "This is the way of an adulteress:
 She eats and wipes her mouth
 and says, 'I've done nothing wrong.'

21 "Under three things the earth trembles,
 under four it cannot bear up:
22 a servant who becomes king,
 a fool who is full of food,
23 an unloved woman who is married,
 and a maidservant who displaces her
 mistress.

24 "Four things on earth are small,
 yet they are extremely wise:
25 Ants are creatures of little strength,
 yet they store up their food in the
 summer;
26 coneysd are creatures of little power,
 yet they make their home in the crags;
27 locusts have no king,
 yet they advance together in ranks;
28 a lizard can be caught with the hand,
 yet it is found in kings' palaces.

29 "There are three things that are stately in
 their stride,
 four that move with stately bearing:
30 a lion, mighty among beasts,
 who retreats before nothing;
31 a strutting rooster, a he-goat,
 and a king with his army around him.e

32 "If you have played the fool and exalted
 yourself,
 or if you have planned evil,
 clap your hand over your mouth!
33 For as churning the milk produces butter,
 and as twisting the nose produces blood,
 so stirring up anger produces strife."

---

w 30:31 el gallo engreído. Lit. el apretado de hombros.
x 30:31 el rey ... ejército. Alt. el rey contra quien su pueblo no se
subleva.   y 30:32 ponte a pensar. Lit. mano a la boca.

c 16 Hebrew Sheol   d 26 That is, the hyrax or rock badger
e 31 Or king secure against revolt

Dichos del rey Lemuel

31 Los dichos del rey Lemuel. Oráculo mediante el cual[z] su madre lo instruyó:

2 «¿Qué pasa, hijo mío?
¿Qué pasa, hijo de mis entrañas?
¿Qué pasa, fruto de mis votos[a] al SEÑOR?
3 No gastes tu vigor en las mujeres,
ni tu fuerza[b] en las que arruinan a los
reyes.

4 »No conviene que los reyes, oh Lemuel,
no conviene que los reyes se den al vino,
ni que los gobernantes se entreguen al licor,
5 no sea que al beber se olviden de lo que la
*ley ordena
y priven de sus derechos a todos los
oprimidos.
6 Dales licor a los que están por morir,
y vino a los amargados;
7 ¡que beban y se olviden de su pobreza!
¡que no vuelvan a acordarse de sus penas!

8 »¡Levanta la voz por los que no tienen voz!
¡Defiende los derechos de los desposeídos!
9 ¡Levanta la voz, y hazles *justicia!
¡Defiende a los pobres y necesitados!»

Epílogo: Acróstico a la mujer ejemplar[c]

Álef   10 Mujer ejemplar,[d] ¿dónde se hallará?

¡Es más valiosa que las piedras
preciosas!
Bet   11 Su esposo confía plenamente en ella

y no necesita de ganancias mal habidas.
Guímel 12 Ella le es fuente de bien, no de mal,

todos los días de su vida.
Dálet   13 Anda en busca de lana y de lino,

y gustosa trabaja con sus manos.
He   14 Es como los barcos mercantes,

que traen de muy lejos su alimento.
Vav   15 Se levanta de madrugada,

da de comer[e] a su familia
y asigna tareas a sus criadas.
Zayin   16 Calcula el valor de un campo y lo compra;

con sus ganancias[f] planta un viñedo.
Jet   17 Decidida se ciñe la cintura[g]

y se apresta para el trabajo.
Tet   18 Se complace en la prosperidad de sus
negocios,

y no se apaga su lámpara en la noche.
Yod   19 Con una mano sostiene el huso

y con la otra tuerce el hilo.
Caf   20 Tiende la mano al pobre,

y con ella sostiene al necesitado.
Lámed 21 Si nieva, no tiene que preocuparse de su
familia,

pues todos están bien abrigados.

Sayings of King Lemuel

31 The sayings of King Lemuel—an oracle[f] his mother taught him:

2 "O my son, O son of my womb,
O son of my vows,[g]
3 do not spend your strength on women,
your vigor on those who ruin kings.

4 "It is not for kings, O Lemuel—
not for kings to drink wine,
not for rulers to crave beer,
5 lest they drink and forget what the law
decrees,
and deprive all the oppressed of their
rights.
6 Give beer to those who are perishing,
wine to those who are in anguish;
7 let them drink and forget their poverty
and remember their misery no more.

8 "Speak up for those who cannot speak for
themselves,
for the rights of all who are destitute.
9 Speak up and judge fairly;
defend the rights of the poor and needy."

Epilogue: The Wife of Noble Character

10 [h]A wife of noble character who can find?
She is worth far more than rubies.
11 Her husband has full confidence in her
and lacks nothing of value.
12 She brings him good, not harm,
all the days of her life.
13 She selects wool and flax
and works with eager hands.
14 She is like the merchant ships,
bringing her food from afar.
15 She gets up while it is still dark;
she provides food for her family
and portions for her servant girls.
16 She considers a field and buys it;
out of her earnings she plants a vineyard.
17 She sets about her work vigorously;
her arms are strong for her tasks.
18 She sees that her trading is profitable,
and her lamp does not go out at night.
19 In her hand she holds the distaff
and grasps the spindle with her fingers.
20 She opens her arms to the poor
and extends her hands to the needy.
21 When it snows, she has no fear for her
household;
for all of them are clothed in scarlet.

z 31:1 *Lemuel. Oráculo mediante el cual.* Alt. *Lemuel de Masa,
mediante los cuales.*   a 31:2 *fruto de mis votos.* Alt. *respuesta a
mis oraciones.*   b 31:3 *tu fuerza.* Lit. *tus caminos.*
c 31:10 Los vv. 10-31 son un acróstico, en que cada verso comienza
con una de las letras del alfabeto hebreo.   d 31:10 *ejemplar.* Alt.
fuerte.   e 31:15 *da de comer.* Lit. *da de presa.*   f 31:16 *sus
ganancias.* Lit. *el fruto de sus manos.*   g 31:17 *se ciñe la
cintura.* Lit. *se ciñe con fuerza sus lomos.*

f 1 Or *of Lemuel king of Massa, which*   g 2 Or / *the answer to
my prayers*   h 10 Verses 10-31 are an acrostic, each
verse beginning with a successive letter of the Hebrew alphabet.

Mem	22 Las colchas las cose ella misma,
	y se viste de púrpura y lino fino.
Nun	23 Su esposo es respetado en la comunidad;[h]
	ocupa un puesto entre las autoridades del lugar.
Sámej	24 Confecciona ropa de lino y la vende;
	provee cinturones a los comerciantes.
Ayin	25 Se reviste de fuerza y dignidad,
	y afronta segura el porvenir.
Pe	26 Cuando habla, lo hace con sabiduría;
	cuando instruye, lo hace con amor.
Tsade	27 Está atenta a la marcha de su hogar,
	y el pan que come no es fruto del ocio.
Qof	28 Sus hijos se levantan y la felicitan;
	también su esposo la alaba:
Resh	29 «Muchas mujeres han realizado proezas,
	pero tú las superas a todas.»
Shin	30 Engañoso es el encanto y pasajera la belleza;
	la mujer que teme al SEÑOR es digna de alabanza.
Tav	31 ¡Sean reconocidos[i] sus logros,
	y públicamente[j] alabadas sus obras!

22 She makes coverings for her bed;
  she is clothed in fine linen and purple.
23 Her husband is respected at the city gate,
  where he takes his seat among the elders
  of the land.
24 She makes linen garments and sells them,
  and supplies the merchants with sashes.
25 She is clothed with strength and dignity;
  she can laugh at the days to come.
26 She speaks with wisdom,
  and faithful instruction is on her tongue.
27 She watches over the affairs of her
  household
  and does not eat the bread of idleness.
28 Her children arise and call her blessed;
  her husband also, and he praises her:
29 "Many women do noble things,
  but you surpass them all."
30 Charm is deceptive, and beauty is fleeting;
  but a woman who fears the LORD is to be
  praised.
31 Give her the reward she has earned,
  and let her works bring her praise at the
  city gate.

---

[h] 31:23 *en la comunidad.* Lit. *en las* *puertas.   [i] 31:31 *Sean reconocidos.* Alt. *Denle.*   [j] 31:31 *públicamente.* Lit. *en las puertas.*

Eclesiastés

Discurso inicial

1 Éstas son las palabras del Maestro,*a* hijo de David, rey en Jerusalén.

² Lo más absurdo de lo absurdo,
—dice el Maestro—,
lo más absurdo de lo absurdo,
¡todo es un absurdo!
³ ¿Qué provecho saca el hombre
de tanto afanarse en esta vida?
⁴ Generación va, generación viene,
mas la tierra siempre es la misma.
⁵ Sale el sol, se pone el sol,
y afanoso vuelve a su punto de origen
para de allí volver a salir.
⁶ Dirigiéndose al sur,
o girando hacia el norte,
sin cesar va girando el viento
para de nuevo volver a girar.
⁷ Todos los ríos van a dar al mar,
pero el mar jamás se sacia.
A su punto de origen vuelven los ríos,
para de allí volver a fluir.
⁸ Todas las cosas hastían
más de lo que es posible expresar.
Ni se sacian los ojos de ver,
ni se hartan los oídos de oír.
⁹ Lo que ya ha acontecido
volverá a acontecer;
lo que ya se ha hecho
se volverá a hacer.
¡y no hay nada nuevo bajo el sol!
¹⁰ Hay quien llega a decir:
«¡Mira que esto sí es una novedad!»
Pero eso ya existía desde siempre,
entre aquellos que nos precedieron.
¹¹ Nadie se acuerda de los hombres*b* primeros,
como nadie se acordará de los últimos.
¡No habrá memoria de ellos
entre los que habrán de sucedernos!

Primeras conclusiones

¹² Yo, el Maestro, reiné en Jerusalén sobre Israel. ¹³ Y me dediqué de lleno a explorar e investigar con sabiduría todo cuanto se hace bajo el cielo. ¡Penosa tarea ha impuesto Dios al *género humano para abrumarlo con ella! ¹⁴ Y he observado todo cuanto se hace en esta vida, y todo ello es absurdo, ¡es correr tras el viento!

¹⁵ Ni se puede enderezar lo torcido,
ni se puede contar lo que falta.

¹⁶ Me puse a reflexionar: «Aquí me tienen, engrandecido y con más sabiduría que todos mis antecesores en Jerusalén, y habiendo experimentado abundante sabiduría y conocimiento. ¹⁷ Me he dedicado de lleno a la comprensión de la sabiduría, y hasta conozco la *necedad y la insensatez. ¡Pero aun esto es querer alcanzar el viento! ¹⁸ Francamente,

Ecclesiastes

Everything Is Meaningless

1 The words of the Teacher,*a* son of David, king in Jerusalem:

² "Meaningless! Meaningless!"
says the Teacher.
"Utterly meaningless!
Everything is meaningless."

³ What does man gain from all his labor
at which he toils under the sun?
⁴ Generations come and generations go,
but the earth remains forever.
⁵ The sun rises and the sun sets,
and hurries back to where it rises.
⁶ The wind blows to the south
and turns to the north;
round and round it goes,
ever returning on its course.
⁷ All streams flow into the sea,
yet the sea is never full.
To the place the streams come from,
there they return again.
⁸ All things are wearisome,
more than one can say.
The eye never has enough of seeing,
nor the ear its fill of hearing.
⁹ What has been will be again,
what has been done will be done again;
there is nothing new under the sun.
¹⁰ Is there anything of which one can say,
"Look! This is something new"?
It was here already, long ago;
it was here before our time.
¹¹ There is no remembrance of men of old,
and even those who are yet to come
will not be remembered
by those who follow.

Wisdom Is Meaningless

¹² I, the Teacher, was king over Israel in Jerusalem. ¹³ I devoted myself to study and to explore by wisdom all that is done under heaven. What a heavy burden God has laid on men! ¹⁴ I have seen all the things that are done under the sun; all of them are meaningless, a chasing after the wind.

¹⁵ What is twisted cannot be straightened;
what is lacking cannot be counted.

¹⁶ I thought to myself, "Look, I have grown and increased in wisdom more than anyone who has ruled over Jerusalem before me; I have experienced much of wisdom and knowledge." ¹⁷ Then I applied myself to the understanding of wisdom, and also of madness and folly, but I learned that this, too, is a chasing after the wind.

---

a 1:1 Maestro. Alt. *Predicador*; así en el resto de este libro.
b 1:11 hombres. Alt. *tiempos.*

a 1 Or *leader of the assembly*; also in verses 2 and 12

»mientras más sabiduría, más problemas;
  mientras más se sabe, más se sufre.»

2 Me dije entonces: «Vamos, pues, haré la prueba
con los placeres y me daré la gran vida.» ¡Pero aun
esto resultó un absurdo! ²A la risa la considero una
locura; en cuanto a los placeres, ¿para qué sirven?

³Quise luego hacer la prueba de entregarme al vino
—si bien mi *mente estaba bajo el control de la sabiduría—, y de aferrarme a la *necedad, hasta ver qué de
bueno le encuentra el hombre a lo que hace bajo el
cielo durante los contados días de su vida.

⁴Realicé grandes obras: me construí casas, me planté
viñedos, ⁵cultivé mis propios huertos y jardines, y en
ellos planté toda clase de árboles frutales. ⁶También
me construí aljibes para irrigar los muchos árboles que
allí crecían. ⁷Me hice de esclavos y esclavas; y tuve
criados, y mucho más ganado vacuno y lanar que todos
los que me precedieron en Jerusalén. ⁸Amontoné oro y
plata, y tesoros que fueron de reyes y provincias. Me
hice de cantores y cantoras, y disfruté de los deleites de
los hombres: ¡formé mi propio harén!c

⁹Me engrandecí en gran manera, más que todos los
que me precedieron en Jerusalén; además, la sabiduría
permanecía conmigo. ¹⁰No le negué a mis ojos ningún
deseo, ni a mi *corazón privé de placer alguno, sino
que disfrutó de todos mis afanes. ¡Sólo eso saqué de
tanto afanarme!

¹¹Consideré luego todas mis obras y el trabajo que
me había costado realizarlas, y vi que todo era absurdo,
un correr tras el viento, y que ningún provecho se saca
en esta vida.

Todos paran en lo mismo

¹²Consideré entonces la sabiduría, la *necedad y la
insensatez —¿qué más puede hacer el sucesor del rey,
aparte de lo ya hecho?—, ¹³y pude observar que hay
más provecho en la sabiduría que en la insensatez, así
como hay más provecho en la luz que en las tinieblas.

¹⁴El sabio tiene los ojos bien puestos,
  pero el necio anda a oscuras.

Pero también me di cuenta de que un mismo final les
espera a todos. ¹⁵Me dije entonces: «Si al fin voy a
acabar igual que el necio, ¿de qué me sirve ser tan
sabio?» Y concluí que también esto es absurdo, ¹⁶pues
nadie se acuerda jamás del sabio ni del necio; con el
paso del tiempo todo cae en el olvido, y lo mismo
mueren los sabios que los necios.

¹⁷Aborrecí entonces la vida, pues todo cuanto se
hace en ella me resultaba repugnante. Realmente, todo
es absurdo; ¡es correr tras el viento!

¹⁸Aborrecí también el haberme afanado tanto en esta
vida, pues el fruto de tanto afán tendría que dejárselo

---

¹⁸For with much wisdom comes much sorrow;
  the more knowledge, the more grief.

Pleasures Are Meaningless

2 I thought in my heart, "Come now, I will test you
with pleasure to find out what is good." But that
also proved to be meaningless. ²"Laughter," I said, "is
foolish. And what does pleasure accomplish?" ³I tried
cheering myself with wine, and embracing folly—my
mind still guiding me with wisdom. I wanted to see
what was worthwhile for men to do under heaven during the few days of their lives.

⁴I undertook great projects: I built houses for myself
and planted vineyards. ⁵I made gardens and parks and
planted all kinds of fruit trees in them. ⁶I made reservoirs to water groves of flourishing trees. ⁷I bought
male and female slaves and had other slaves who were
born in my house. I also owned more herds and flocks
than anyone in Jerusalem before me. ⁸I amassed silver
and gold for myself, and the treasure of kings and
provinces. I acquired men and women singers, and a
haremb as well—the delights of the heart of man. ⁹I
became greater by far than anyone in Jerusalem before
me. In all this my wisdom stayed with me.

¹⁰I denied myself nothing my eyes desired;
    I refused my heart no pleasure.
  My heart took delight in all my work,
    and this was the reward for all my labor.
¹¹Yet when I surveyed all that my hands had
      done
    and what I had toiled to achieve,
  everything was meaningless, a chasing after
      the wind;
    nothing was gained under the sun.

Wisdom and Folly Are Meaningless

¹²Then I turned my thoughts to consider
      wisdom,
    and also madness and folly.
  What more can the king's successor do
    than what has already been done?
¹³I saw that wisdom is better than folly,
    just as light is better than darkness.
¹⁴The wise man has eyes in his head,
    while the fool walks in the darkness;
  but I came to realize
    that the same fate overtakes them both.

¹⁵Then I thought in my heart,

  "The fate of the fool will overtake me also.
    What then do I gain by being wise?"
  I said in my heart,
    "This too is meaningless."
¹⁶For the wise man, like the fool, will not be
      long remembered;
    in days to come both will be forgotten.
  Like the fool, the wise man too must die!

Toil Is Meaningless

¹⁷So I hated life, because the work that is done under
the sun was grievous to me. All of it is meaningless, a
chasing after the wind. ¹⁸I hated all the things I had
toiled for under the sun, because I must leave them to

---

c 2:8 ¡formé mi propio harén! Frase de difícil traducción.

b 8 The meaning of the Hebrew for this phrase is uncertain.

a mi sucesor, [19]y ¿quién sabe si éste sería sabio o necio? Sin embargo, se adueñaría de lo que con tantos afanes y sabiduría logré hacer en esta vida. ¡Y también esto es absurdo!

[20]Volví a sentirme descorazonado de haberme afanado tanto en esta vida, [21]pues hay quienes ponen a trabajar su sabiduría y sus conocimientos y experiencia, para luego entregarle todos sus bienes a quien jamás movió un dedo. ¡Y también esto es absurdo, y un mal enorme! [22]Pues, ¿qué gana el *hombre con todos sus esfuerzos y con tanto preocuparse y afanarse bajo el sol? [23]Todos sus días están plagados de sufrimientos y tareas frustrantes, y ni siquiera de noche descansa su *mente. ¡Y también esto es absurdo!

[24]Nada hay mejor para el hombre que comer y beber, y llegar a disfrutar de sus afanes. He visto que también esto proviene de Dios, [25]porque ¿quién puede comer y alegrarse, si no es por Dios?[d] [26]En realidad, Dios da sabiduría, conocimientos y alegría a quien es de su agrado; en cambio, al pecador le impone la tarea de acumular más y más, para luego dárselo todo a quien es de su agrado. Y también esto es absurdo; ¡es correr tras el viento!

Hay un tiempo para todo

3 Todo tiene su momento oportuno; hay un tiempo para todo lo que se hace bajo el cielo:

[2]Un tiempo para nacer,
　y un tiempo para morir;
un tiempo para plantar,
　y un tiempo para cosechar;
[3]un tiempo para matar,
　y un tiempo para sanar;
un tiempo para destruir,
　y un tiempo para construir;
[4]un tiempo para llorar,
　y un tiempo para reír;
un tiempo para estar de luto,
　y un tiempo para saltar de gusto;
[5]un tiempo para esparcir piedras,
　y un tiempo para recogerlas;
un tiempo para abrazarse,
　y un tiempo para despedirse;
[6]un tiempo para intentar,
　y un tiempo para desistir;
un tiempo para guardar,
　y un tiempo para desechar;
[7]un tiempo para rasgar,
　y un tiempo para coser;
un tiempo para callar,
　y un tiempo para hablar;
[8]un tiempo para amar,
　y un tiempo para odiar;
un tiempo para la guerra,
　y un tiempo para la paz.

De nada sirve afanarse

[9]¿Qué provecho saca quien trabaja, de tanto afanarse? [10]He visto la tarea que Dios ha impuesto al *género humano para abrumarlo con ella. [11]Dios hizo todo hermoso en su momento, y puso en la *mente humana el sentido del tiempo, aun cuando el *hombre no alcanza a comprender la obra que Dios realiza de principio a fin.

[12]Yo sé que nada hay mejor para el hombre que

the one who comes after me. [19]And who knows whether he will be a wise man or a fool? Yet he will have control over all the work into which I have poured my effort and skill under the sun. This too is meaningless. [20]So my heart began to despair over all my toilsome labor under the sun. [21]For a man may do his work with wisdom, knowledge and skill, and then he must leave all he owns to someone who has not worked for it. This too is meaningless and a great misfortune. [22]What does a man get for all the toil and anxious striving with which he labors under the sun? [23]All his days his work is pain and grief; even at night his mind does not rest. This too is meaningless.

[24]A man can do nothing better than to eat and drink and find satisfaction in his work. This too, I see, is from the hand of God, [25]for without him, who can eat or find enjoyment? [26]To the man who pleases him, God gives wisdom, knowledge and happiness, but to the sinner he gives the task of gathering and storing up wealth to hand it over to the one who pleases God. This too is meaningless, a chasing after the wind.

A Time for Everything

3 There is a time for everything,
　and a season for every activity under heaven:

[2]　a time to be born and a time to die,
　a time to plant and a time to uproot,
[3]　a time to kill and a time to heal,
　a time to tear down and a time to build,
[4]　a time to weep and a time to laugh,
　a time to mourn and a time to dance,
[5]　a time to scatter stones and a time to gather them,
　a time to embrace and a time to refrain,
[6]　a time to search and a time to give up,
　a time to keep and a time to throw away,
[7]　a time to tear and a time to mend,
　a time to be silent and a time to speak,
[8]　a time to love and a time to hate,
　a time for war and a time for peace.

[9]What does the worker gain from his toil? [10]I have seen the burden God has laid on men. [11]He has made everything beautiful in its time. He has also set eternity in the hearts of men; yet they cannot fathom what God has done from beginning to end. [12]I know that there is nothing better for men than to be happy and do good

---

[d]*2:25 por Dios* (véanse mss. hebreos, LXX y Siríaca); *por mí* (TM).

alegrarse y hacer el bien mientras viva; 13 y sé también que es un don de Dios que el hombre coma o beba, y disfrute de todos sus afanes. 14 Sé además que todo lo que Dios ha hecho permanece para siempre; que no hay nada que añadirle ni quitarle; y que Dios lo hizo así para que se le tema.»

15 Lo que ahora existe, ya existía;
y lo que ha de existir, existe ya.
Dios hace que la historia se repita.

Contradicciones de la vida

16 He visto algo más en esta vida: maldad donde se dictan las sentencias, y maldad donde se imparte la justicia. 17 Pensé entonces: «Al justo y al malvado los juzgará Dios, pues hay un tiempo para toda obra y un lugar para toda acción.»

18 Pensé también con respecto a los *hombres: «Dios los está poniendo a prueba, para que ellos mismos se den cuenta de que son como los animales. 19 Los hombres terminan igual que los animales; el destino de ambos es el mismo, pues unos y otros mueren por igual, y el aliento de vida es el mismo para todos, así que el hombre no es superior a los animales. Realmente, todo es absurdo, 20 y todo va hacia el mismo lugar.

»Todo surgió del polvo,
y al polvo todo volverá.

21 »¿Quién sabe si el espíritu del hombre se remonta a las alturas, y el de los animales desciende*e* a las profundidades de la tierra?» 22 He visto, pues, que nada hay mejor para el hombre que disfrutar de su trabajo, ya que eso le ha tocado. Pues, ¿quién lo traerá para que vea lo que sucederá después de él?

Opresores y oprimidos

4 Luego me fijé en tanta opresión que hay en esta vida. Vi llorar a los oprimidos, y no había quien los consolara; el poder estaba del lado de sus opresores, y no había quien los consolara. 2 Y consideré más felices a los que ya han muerto que a los que aún viven, 3 aunque en mejor situación están los que aún no han nacido, los que no han visto aún la maldad que se comete en esta vida.

4 Vi además que tanto el afán como el éxito en la vida despiertan envidias. Y también esto es absurdo; ¡es correr tras el viento!

5 El necio se cruza de brazos,
y acaba muriéndose de hambre.
6 Más vale poco con tranquilidad
que mucho*f* con fatiga ...
¡corriendo tras el viento!

La unión hace la fuerza

7 Me fijé entonces en otro absurdo en esta vida: 8 vi

---

while they live. 13 That everyone may eat and drink, and find satisfaction in all his toil—this is the gift of God. 14 I know that everything God does will endure forever; nothing can be added to it and nothing taken from it. God does it so that men will revere him.

15 Whatever is has already been,
and what will be has been before;
and God will call the past to account.*c*

16 And I saw something else under the sun:

In the place of judgment—wickedness was there,
in the place of justice—wickedness was there.

17 I thought in my heart,

"God will bring to judgment
both the righteous and the wicked,
for there will be a time for every activity,
a time for every deed."

18 I also thought, "As for men, God tests them so that they may see that they are like the animals. 19 Man's fate is like that of the animals; the same fate awaits them both: As one dies, so dies the other. All have the same breath*d*; man has no advantage over the animal. Everything is meaningless. 20 All go to the same place; all come from dust, and to dust all return. 21 Who knows if the spirit of man rises upward and if the spirit of the animal*e* goes down into the earth?"

22 So I saw that there is nothing better for a man than to enjoy his work, because that is his lot. For who can bring him to see what will happen after him?

Oppression, Toil, Friendlessness

4 Again I looked and saw all the oppression that was taking place under the sun:

I saw the tears of the oppressed—
and they have no comforter;
power was on the side of their oppressors—
and they have no comforter.
2 And I declared that the dead,
who had already died,
are happier than the living,
who are still alive.
3 But better than both
is he who has not yet been,
who has not seen the evil
that is done under the sun.

4 And I saw that all labor and all achievement spring from man's envy of his neighbor. This too is meaningless, a chasing after the wind.

5 The fool folds his hands
and ruins himself.
6 Better one handful with tranquillity
than two handfuls with toil
and chasing after the wind.

7 Again I saw something meaningless under the sun:

---

e 3:21 sabe ... desciende. Alt. conoce el espíritu del hombre, que se remonta a las alturas, o el de los animales, que desciende.
f 4:6 poco ... mucho. Lit. un puñado ... dos puñados.

c 15 Or God calls back the past   *d 19* Or spirit   *e 21* Or Who knows the spirit of man, which rises upward, or the spirit of the animal, which

a un hombre solitario, sin hijos ni hermanos, y que nunca dejaba de afanarse; ¡jamás le parecían demasiadas sus riquezas! «¿Para quién trabajo tanto, y me abstengo de las cosas buenas?», se preguntó. ¡También esto es absurdo, y una penosa tarea!

9 Más valen dos que uno,
    porque obtienen más fruto de su esfuerzo.
10 Si caen, el uno levanta al otro.
    ¡Ay del que cae
    y no tiene quien lo levante!
11 Si dos se acuestan juntos,
    entrarán en calor;
    uno solo ¿cómo va a calentarse?
12 Uno solo puede ser vencido,
    pero dos pueden resistir.
    ¡La cuerda de tres hilos
    no se rompe fácilmente!

Juventud y sabiduría

13 Más vale joven pobre pero sabio
    que rey viejo pero necio,
    que ya no sabe recibir consejos.

14 Aunque de la cárcel haya ascendido al trono, o haya nacido pobre en ese reino, 15 en esta vida he visto que la gente apoya al joven que sucede al rey. 16 Y aunque es incontable la gente que sigue a los reyes,[g] muchos de los que vienen después tampoco quedan contentos con el sucesor. Y también esto es absurdo; ¡es alcanzar el viento!

Hay que cumplir los votos

5 Cuando vayas a la casa de Dios, cuida tus pasos y acércate a escuchar en vez de ofrecer sacrificio de necios, que ni conciencia tienen de que hacen mal.

2 No te apresures,
    ni con la boca ni con la *mente,
    a proferir ante Dios palabra alguna;
    él está en el cielo y tú estás en la tierra.
    Mide, pues, tus palabras.
3 Quien mucho se preocupa tiene pesadillas,
    y quien mucho habla dice tonterías.

4 Cuando hagas un voto a Dios, no tardes en cumplirlo, porque a Dios no le agradan los *necios. Cumple tus votos:

5 Vale más no hacer votos
    que hacerlos y no cumplirlos.

6 No permitas que tu boca te haga pecar, ni digas luego ante el mensajero de Dios[h] que lo hiciste sin querer. ¿Por qué ha de enojarse Dios por lo que dices, y destruir el fruto de tu trabajo? 7 Más bien, entre tantos absurdos, pesadillas y palabrerías, muestra temor a Dios.

8 There was a man all alone;
    he had neither son nor brother.
There was no end to his toil,
    yet his eyes were not content with his
    wealth.
"For whom am I toiling," he asked,
    "and why am I depriving myself of
    enjoyment?"
This too is meaningless—
    a miserable business!

9 Two are better than one,
    because they have a good return for their
    work:
10 If one falls down,
    his friend can help him up.
But pity the man who falls
    and has no one to help him up!
11 Also, if two lie down together, they will
    keep warm.
But how can one keep warm alone?
12 Though one may be overpowered,
    two can defend themselves.
A cord of three strands is not quickly
    broken.

Advancement Is Meaningless

13 Better a poor but wise youth than an old but foolish king who no longer knows how to take warning. 14 The youth may have come from prison to the kingship, or he may have been born in poverty within his kingdom. 15 I saw that all who lived and walked under the sun followed the youth, the king's successor. 16 There was no end to all the people who were before them. But those who came later were not pleased with the successor. This too is meaningless, a chasing after the wind.

Stand in Awe of God

5 Guard your steps when you go to the house of God. Go near to listen rather than to offer the sacrifice of fools, who do not know that they do wrong.

2 Do not be quick with your mouth,
    do not be hasty in your heart
    to utter anything before God.
God is in heaven
    and you are on earth,
    so let your words be few.
3 As a dream comes when there are many
    cares,
    so the speech of a fool when there are
    many words.

4 When you make a vow to God, do not delay in fulfilling it. He has no pleasure in fools; fulfill your vow. 5 It is better not to vow than to make a vow and not fulfill it. 6 Do not let your mouth lead you into sin. And do not protest to the ⌊temple⌋ messenger, "My vow was a mistake." Why should God be angry at what you say and destroy the work of your hands? 7 Much dreaming and many words are meaningless. Therefore stand in awe of God.

---

g 4:16 *los reyes*. Lit. *ellos*.   h 5:6 *mensajero de Dios*. Lit. *mensajero*.

Futilidad de las riquezas

8 Si en alguna provincia ves que se oprime al pobre, y que a la gente se le niega un juicio justo, no te asombres de tales cosas; porque a un alto oficial lo vigila otro más alto, y por encima de ellos hay otros altos oficiales. 9 ¿Qué provecho hay en todo esto para el país? ¿Está el rey al servicio del campo?*i*

10 Quien ama el dinero, de dinero no se sacia. Quien ama las riquezas nunca tiene suficiente. ¡También esto es absurdo! 11 Donde abundan los bienes, sobra quien se los gaste; ¿y qué saca de esto su dueño, aparte de contemplarlos? 12 El trabajador duerme tranquilo, coma mucho o coma poco. Al rico sus muchas riquezas no lo dejan dormir.

13 He visto un mal terrible en esta vida: riquezas acumuladas que redundan en perjuicio de su dueño, 14 y riquezas que se pierden en un mal negocio. Y si llega su dueño a tener un hijo, ya no tendrá nada que dejarle. 15 Tal como salió del vientre de su madre, así se irá: desnudo como vino al mundo, y sin llevarse el fruto de tanto trabajo.

16 Esto es un mal terrible: que tal como viene el hombre, así se va. ¿Y de qué le sirve afanarse tanto para nada? 17 Además, toda su vida come en tinieblas, y en medio de muchas molestias, enfermedades y enojos.

18 Esto es lo que he comprobado: que en esta vida lo mejor es comer y beber, y disfrutar del fruto de nuestros afanes. Es lo que Dios nos ha concedido; es lo que nos ha tocado. 19 Además, a quien Dios le concede abundancia y riquezas, también le concede comer de ellas, y tomar su parte y disfrutar de sus afanes, pues esto es don de Dios. 20 Y como Dios le llena de alegría el *corazón, muy poco reflexiona el hombre en cuanto a su vida.

¿Qué sentido tiene la vida?

6 Hay un mal que he visto en esta vida y que abunda entre los *hombres: 2 a algunos Dios les da la abundancia, riquezas y honores, y no les falta nada que pudieran desear, pero es a otros a quienes les concede disfrutar de todo ello. ¡Esto es absurdo, y un mal terrible!

3 Si un hombre tiene cien hijos y vive muchos años, no importa cuánto viva, si no se ha saciado de las cosas buenas ni llega a recibir sepultura, yo digo que un abortivo vale más que él. 4 Porque el abortivo vino de la nada, y a las tinieblas va, y en las tinieblas permanecerá anónimo. 5 Nunca llegará a ver el sol, ni sabrá nada; sin embargo, habrá tenido más tranquilidad que el 6 que pudo haber vivido dos mil años sin disfrutar jamás de lo bueno. ¿Y acaso no van todos a un mismo

Riches Are Meaningless

8 If you see the poor oppressed in a district, and justice and rights denied, do not be surprised at such things; for one official is eyed by a higher one, and over them both are others higher still. 9 The increase from the land is taken by all; the king himself profits from the fields.

10 Whoever loves money never has money
          enough;
    whoever loves wealth is never satisfied
          with his income.
    This too is meaningless.

11 As goods increase,
          so do those who consume them.
    And what benefit are they to the owner
          except to feast his eyes on them?

12 The sleep of a laborer is sweet,
          whether he eats little or much,
    but the abundance of a rich man
          permits him no sleep.

13 I have seen a grievous evil under the sun:

    wealth hoarded to the harm of its owner,
14   or wealth lost through some misfortune,
    so that when he has a son
          there is nothing left for him.
15 Naked a man comes from his mother's
          womb,
    and as he comes, so he departs.
    He takes nothing from his labor
          that he can carry in his hand.

16 This too is a grievous evil:

    As a man comes, so he departs,
          and what does he gain,
    since he toils for the wind?
17 All his days he eats in darkness,
          with great frustration, affliction and anger.

18 Then I realized that it is good and proper for a man to eat and drink, and to find satisfaction in his toilsome labor under the sun during the few days of life God has given him—for this is his lot. 19 Moreover, when God gives any man wealth and possessions, and enables him to enjoy them, to accept his lot and be happy in his work—this is a gift of God. 20 He seldom reflects on the days of his life, because God keeps him occupied with gladness of heart.

6 I have seen another evil under the sun, and it weighs heavily on men: 2 God gives a man wealth, possessions and honor, so that he lacks nothing his heart desires, but God does not enable him to enjoy them, and a stranger enjoys them instead. This is meaningless, a grievous evil.

3 A man may have a hundred children and live many years; yet no matter how long he lives, if he cannot enjoy his prosperity and does not receive proper burial, I say that a stillborn child is better off than he. 4 It comes without meaning, it departs in darkness, and in darkness its name is shrouded. 5 Though it never saw the sun or knew anything, it has more rest than does that man— 6 even if he lives a thousand years twice over but fails to enjoy his prosperity. Do not all go to the same place?

---

i 5:9 Versículo de difícil traducción.

lugar? 7Mucho trabaja el hombre para comer, pero nunca se sacia. 8¿Qué ventaja tiene el sabio sobre el *necio? ¿Y qué gana el pobre con saber enfrentarse a la vida? 9Vale más lo visible que lo imaginario. Y también esto es absurdo; ¡es correr tras el viento!

10Lo que ahora existe ya ha recibido su
　　　*nombre,
　　y se sabe lo que es: *humanidad.
　Nadie puede luchar
　　　contra alguien más fuerte.
11Aumentan las palabras,
　　aumentan los absurdos.

¿Y qué se gana con eso? 12En realidad, ¿quién sabe qué le conviene al hombre en esta breve y absurda vida suya, por donde pasa como una sombra? ¿Y quién puede decirle lo que sucederá en esta vida después de su muerte?

Nueva escala de valores

7 1Vale más el buen *nombre
　　　que el buen perfume.
　Vale más el día en que se muere
　　　que el día en que se nace.
2Vale más ir a un funeral
　　que a un festival.

Pues la muerte es el fin de todo *hombre, y los que viven debieran tenerlo presente.

3Vale más llorar que reír;
　　pues entristece el rostro,
　　pero le hace bien al *corazón.
4El sabio tiene presente la muerte;
　　el *necio sólo piensa en la diversión.
5Vale más reprensión de sabios
　　que lisonja de necios.

6Pues las carcajadas de los necios son como el crepitar de las espinas bajo la olla. ¡Y también esto es absurdo!

7La extorsión entorpece al sabio,
　　y el soborno corrompe su corazón.
8Vale más el fin de algo
　　que su principio.
　Vale más la paciencia
　　que la arrogancia.
9No te dejes llevar por el enojo
　　que sólo abriga el corazón del necio.

10Nunca preguntes por qué todo tiempo pasado fue mejor. No es de sabios hacer tales preguntas.
11Buena es la sabiduría sumada a la heredad, y provechosa para los que viven. 12Puedes ponerte a la sombra de la sabiduría o a la sombra del dinero, pero la sabiduría tiene la ventaja de dar vida a quien la posee.
13Contempla las obras de Dios: ¿quién puede ende-

7All man's efforts are for his mouth,
　　yet his appetite is never satisfied.
8What advantage has a wise man
　　over a fool?
　What does a poor man gain
　　by knowing how to conduct himself
　　　before others?
9Better what the eye sees
　　than the roving of the appetite.
　This too is meaningless,
　　a chasing after the wind.

10Whatever exists has already been named,
　　and what man is has been known;
　no man can contend
　　with one who is stronger than he.
11The more words,
　　the less the meaning,
　　and how does that profit anyone?

12For who knows what is good for a man in life, during the few and meaningless days he passes through like a shadow? Who can tell him what will happen under the sun after he is gone?

Wisdom

7 A good name is better than fine perfume,
　　and the day of death better than the day
　　　of birth.
2It is better to go to a house of mourning
　　than to go to a house of feasting,
　for death is the destiny of every man;
　　the living should take this to heart.
3Sorrow is better than laughter,
　　because a sad face is good for the heart.
4The heart of the wise is in the house of
　　　mourning,
　but the heart of fools is in the house of
　　　pleasure.
5It is better to heed a wise man's rebuke
　　than to listen to the song of fools.
6Like the crackling of thorns under the pot,
　　so is the laughter of fools.
　This too is meaningless.

7Extortion turns a wise man into a fool,
　　and a bribe corrupts the heart.

8The end of a matter is better than its
　　　beginning,
　and patience is better than pride.
9Do not be quickly provoked in your spirit,
　　for anger resides in the lap of fools.

10Do not say, "Why were the old days better
　　　than these?"
　For it is not wise to ask such questions.
11Wisdom, like an inheritance, is a good thing
　　and benefits those who see the sun.
12Wisdom is a shelter
　　as money is a shelter,
　but the advantage of knowledge is this:
　　that wisdom preserves the life of its
　　　possessor.

13Consider what God has done:

　Who can straighten
　　what he has made crooked?

rezar lo que él ha torcido? 14 Cuando te vengan buenos tiempos, disfrútalos; pero cuando te lleguen los malos, piensa que unos y otros son obra de Dios, y que el hombre nunca sabe con qué habrá de encontrarse después.

15 Todo esto he visto durante mi absurda vida: hombres justos a quienes su justicia los destruye, y hombres malvados a quienes su maldad les alarga la vida.

16 No seas demasiado justo,
     ni tampoco demasiado sabio.
¿Para qué destruirte
     a ti mismo?

17 No hay que pasarse de malo,
     ni portarse como un necio.
¿Para qué morir
     antes de tiempo?

18 Conviene asirse bien de esto,
     sin soltar de la mano aquello.
Quien teme a Dios
     saldrá bien en todo.

19 Más fortalece la sabiduría al sabio
     que diez gobernantes a una ciudad.
20 No hay en la tierra nadie tan justo
     que haga el bien y nunca peque.

21 No prestes atención a todo lo que se dice, y así no oirás cuando tu siervo hable mal de ti, 22 aunque bien sabes que muchas veces también tú has hablado mal de otros.

Tras la razón de las cosas

23 Todo esto lo examiné muy bien y con sabiduría, pues me dispuse a ser sabio, pero la sabiduría estaba fuera de mi alcance. 24 Lejos y demasiado profundo está todo cuanto existe. ¿Quién puede dar con ello?

25 Volví entonces mi atención hacia el conocimiento, para investigar e indagar acerca de la sabiduría y la razón de las cosas, y me di cuenta de la insensatez de la maldad y la locura de la *necedad. 26 Y encontré algo más amargo que la muerte: a la mujer que es una trampa, que por *corazón tiene una red y por brazos tiene cadenas. Quien agrada a Dios se librará de ella, pero el pecador caerá en sus redes.

27 Y dijo el Maestro: «Miren lo que he hallado al buscar la razón de las cosas, una por una: 28 ¡que todavía estoy buscando lo que no he encontrado! Ya he dado con un hombre entre mil, pero entre todas las

---

14 When times are good, be happy;
     but when times are bad, consider:
God has made the one
     as well as the other.
Therefore, a man cannot discover
     anything about his future.

15 In this meaningless life of mine I have seen both of these:
     a righteous man perishing in his
     righteousness,
     and a wicked man living long in his
     wickedness.
16 Do not be overrighteous,
     neither be overwise—
     why destroy yourself?
17 Do not be overwicked,
     and do not be a fool—
     why die before your time?
18 It is good to grasp the one
     and not let go of the other.
The man who fears God will avoid all
     ⌞extremes⌟. f

19 Wisdom makes one wise man more
     powerful
     than ten rulers in a city.

20 There is not a righteous man on earth
     who does what is right and never sins.

21 Do not pay attention to every word people
     say,
     or you may hear your servant cursing
     you—
22 for you know in your heart
     that many times you yourself have cursed
     others.

23 All this I tested by wisdom and I said,

     "I am determined to be wise"—
     but this was beyond me.
24 Whatever wisdom may be,
     it is far off and most profound—
     who can discover it?
25 So I turned my mind to understand,
     to investigate and to search out wisdom
     and the scheme of things
     and to understand the stupidity of
     wickedness
     and the madness of folly.

26 I find more bitter than death
     the woman who is a snare,
     whose heart is a trap
     and whose hands are chains.
The man who pleases God will escape her,
     but the sinner she will ensnare.

27 "Look," says the Teacher, g "this is what I have discovered:

     "Adding one thing to another to discover
     the scheme of things—
28   while I was still searching
     but not finding—
I found one ⌞upright⌟ man among a thousand,
     but not one ⌞upright⌟ woman among them
     all.

---

f 18 Or will follow them both   g 27 Or leader of the assembly

mujeres aún no he encontrado ninguna. ²⁹Tan sólo he hallado lo siguiente: que Dios hizo perfecto al *género humano, pero éste se ha buscado demasiadas complicaciones.»

8 ¿Quién como el sabio? ¿Quién conoce las respuestas? La sabiduría del hombre hace que resplandezca su rostro y se ablanden sus facciones.

La obediencia al rey

²Yo digo: Obedece al rey, porque lo has jurado ante Dios. ³No te apresures a salir de su presencia. No defiendas una mala causa, porque lo que él quiere hacer, lo hace. ⁴Puesto que la palabra del rey tiene autoridad, ¿quién puede pedirle cuentas?

⁵El que acata sus órdenes no sufrirá daño alguno. El *corazón sabio sabe cuándo y cómo acatarlas. ⁶En realidad, para todo lo que se hace hay un cuándo y un cómo, aunque el *hombre tiene en su contra un gran problema: ⁷que no sabe lo que está por suceder, ni hay quien se lo pueda decir. ⁸No hay quien tenga poder sobre el aliento de vida, como para retenerlo, ni hay quien tenga poder sobre el día de su muerte. No hay licencias durante la batalla, ni la maldad deja libre al malvado.

Sinrazones de la vida

⁹Todo esto vi al dedicarme de lleno a conocer todo lo que se hace en esta vida: hay veces que el hombre domina sobre el hombre, para su mal. ¹⁰Vi también a los malvados ser sepultados —los que solían ir y venir del lugar santo—; a ellos se les echó al olvido en la ciudad donde así se condujeron.^j ¡Y también esto es absurdo! ¹¹Cuando no se ejecuta rápidamente la sentencia de un delito, el *corazón del pueblo se llena de razones para hacer lo malo.

¹²El pecador puede hacer lo malo cien veces, y vivir muchos años; pero sé también que le irá mejor a quien teme a Dios y le guarda reverencia. ¹³En cambio, a los malvados no les irá bien ni vivirán mucho tiempo. Serán como una sombra, porque no temen a Dios.

¹⁴En la tierra suceden cosas absurdas, pues hay hombres justos a quienes les va como si fueran malvados, y hay malvados a quienes les va como si fueran justos. ¡Y yo digo que también esto es absurdo!

¹⁵Por tanto, celebro la alegría, pues no hay para el hombre nada mejor en esta vida que comer, beber y divertirse, pues sólo eso le queda de tanto afanarse en esta vida que Dios le ha dado.

¹⁶Al dedicarme al *conocimiento de la sabiduría y a la observación de todo cuanto se hace en la tierra, sin que pudiera conciliar el sueño ni de día ni de noche, ¹⁷pude ver todo lo hecho por Dios. ¡El hombre no puede comprender todo lo que Dios ha hecho en esta vida! Por más que se esfuerce por hallarle sentido, no lo encontrará; aun cuando el sabio diga conocerlo, no lo puede comprender.

---

²⁹This only have I found:
> God made mankind upright,
> but men have gone in search of many
> schemes."

8 Who is like the wise man?
> Who knows the explanation of things?
> Wisdom brightens a man's face
> and changes its hard appearance.

Obey the King

²Obey the king's command, I say, because you took an oath before God. ³Do not be in a hurry to leave the king's presence. Do not stand up for a bad cause, for he will do whatever he pleases. ⁴Since a king's word is supreme, who can say to him, "What are you doing?"

⁵Whoever obeys his command will come to
> no harm,
> and the wise heart will know the proper
> time and procedure.
⁶For there is a proper time and procedure for
> every matter,
> though a man's misery weighs heavily
> upon him.

⁷Since no man knows the future,
> who can tell him what is to come?
⁸No man has power over the wind to contain
> it^h;
> so no one has power over the day of his
> death.
> As no one is discharged in time of war,
> so wickedness will not release those who
> practice it.

⁹All this I saw, as I applied my mind to everything done under the sun. There is a time when a man lords it over others to his ownⁱ hurt. ¹⁰Then too, I saw the wicked buried—those who used to come and go from the holy place and receive praise^j in the city where they did this. This too is meaningless.

¹¹When the sentence for a crime is not quickly carried out, the hearts of the people are filled with schemes to do wrong. ¹²Although a wicked man commits a hundred crimes and still lives a long time, I know that it will go better with God-fearing men, who are reverent before God. ¹³Yet because the wicked do not fear God, it will not go well with them, and their days will not lengthen like a shadow.

¹⁴There is something else meaningless that occurs on earth: righteous men who get what the wicked deserve, and wicked men who get what the righteous deserve. This too, I say, is meaningless. ¹⁵So I commend the enjoyment of life, because nothing is better for a man under the sun than to eat and drink and be glad. Then joy will accompany him in his work all the days of the life God has given him under the sun.

¹⁶When I applied my mind to know wisdom and to observe man's labor on earth—his eyes not seeing sleep day or night— ¹⁷then I saw all that God has done. No one can comprehend what goes on under the sun. Despite all his efforts to search it out, man cannot discover its meaning. Even if a wise man claims he knows, he cannot really comprehend it.

---

^j8:10 *a ellos ... se condujeron.* Frase de difícil traducción.

^h8 Or *over his spirit to retain it*   ⁱ9 Or *to their*   ^j10 Some Hebrew manuscripts and Septuagint (Aquila); most Hebrew manuscripts *and are forgotten*

Un destino común

9 A todo esto me dediqué de lleno, y en todo esto comprobé que los justos y los sabios, y sus obras, están en las manos de Dios; que el hombre nada sabe del amor ni del odio, aunque los tenga ante sus ojos. ²Para todos hay un mismo final:

para el justo y el injusto,
para el bueno y el malo,
para el puro y el impuro,
para el que ofrece sacrificios
    y para el que no los ofrece;
para el bueno y para el pecador,
para el que hace juramentos
    y para el que no los hace.

³Hay un mal en todo lo que se hace en esta vida: que todos tienen un mismo final. Además, el *corazón del *hombre rebosa de maldad; la locura está en su corazón toda su vida, y su fin está entre los muertos. ⁴¿Por quién, pues, decidirse? Entre todos los vivos hay esperanza, pues

vale más perro vivo
que león muerto.

⁵Porque los vivos saben que han de morir, pero los muertos no saben nada ni esperan nada, pues su memoria cae en el olvido. ⁶Sus amores, odios y pasiones llegan a su fin, y nunca más vuelven a tener parte en nada de lo que se hace en esta vida.

⁷¡Anda, come tu pan con alegría! ¡Bebe tu vino con buen ánimo, que Dios ya se ha agradado de tus obras! ⁸Que sean siempre blancos tus vestidos, y que no falte nunca el perfume en tus cabellos. ⁹Goza de la vida con la mujer amada cada día de la fugaz existencia que Dios te ha dado en este mundo. ¡Cada uno de tus absurdos días! Esto es lo que te ha tocado de todos tus afanes en este mundo. ¹⁰Y todo lo que te venga a la mano, hazlo con todo empeño; porque en el *sepulcro, adonde te diriges, no hay trabajo ni planes ni conocimiento ni sabiduría.

Más vale maña que fuerza

¹¹Me fijé que en esta vida la carrera no la ganan los más veloces, ni ganan la batalla los más valientes; que tampoco los sabios tienen qué comer, ni los inteligentes abundan en dinero, ni los instruidos gozan de simpatía, sino que a todos les llegan buenos y malos tiempos.

¹²Vi además que nadie sabe cuándo le llegará su hora. Así como los peces caen en la red maligna y las aves caen en la trampa, también los *hombres se ven atrapados por una desgracia que de pronto les sobreviene.

¹³También vi en este mundo un notable caso de sabiduría: ¹⁴una ciudad pequeña, con pocos habitantes, contra la cual se dirigió un rey poderoso que la sitió, y construyó a su alrededor una impresionante maquinaria de asalto. ¹⁵En esa ciudad había un hombre, pobre pero sabio, que con su sabiduría podría haber salvado a la ciudad, ¡pero nadie se acordó de aquel hombre pobre!

A Common Destiny for All

9 So I reflected on all this and concluded that the righteous and the wise and what they do are in God's hands, but no man knows whether love or hate awaits him. ²All share a common destiny—the righteous and the wicked, the good and the bad,[k] the clean and the unclean, those who offer sacrifices and those who do not.

As it is with the good man,
    so with the sinner;
as it is with those who take oaths,
    so with those who are afraid to take them.

³This is the evil in everything that happens under the sun: The same destiny overtakes all. The hearts of men, moreover, are full of evil and there is madness in their hearts while they live, and afterward they join the dead. ⁴Anyone who is among the living has hope[l]—even a live dog is better off than a dead lion!

⁵For the living know that they will die,
    but the dead know nothing;
they have no further reward,
    and even the memory of them is
        forgotten.
⁶Their love, their hate
    and their jealousy have long since
        vanished;
never again will they have a part
    in anything that happens under the sun.

⁷Go, eat your food with gladness, and drink your wine with a joyful heart, for it is now that God favors what you do. ⁸Always be clothed in white, and always anoint your head with oil. ⁹Enjoy life with your wife, whom you love, all the days of this meaningless life that God has given you under the sun—all your meaningless days. For this is your lot in life and in your toilsome labor under the sun. ¹⁰Whatever your hand finds to do, do it with all your might, for in the grave,[m] where you are going, there is neither working nor planning nor knowledge nor wisdom.

¹¹I have seen something else under the sun:

The race is not to the swift
    or the battle to the strong,
nor does food come to the wise
    or wealth to the brilliant
    or favor to the learned;
but time and chance happen to them all.

¹²Moreover, no man knows when his hour will come:

As fish are caught in a cruel net,
    or birds are taken in a snare,
so men are trapped by evil times
    that fall unexpectedly upon them.

Wisdom Better Than Folly

¹³I also saw under the sun this example of wisdom that greatly impressed me: ¹⁴There was once a small city with only a few people in it. And a powerful king came against it, surrounded it and built huge siegeworks against it. ¹⁵Now there lived in that city a man poor but wise, and he saved the city by his wisdom.

---

k 2 Septuagint (Aquila), Vulgate and Syriac; Hebrew does not have *and the bad.*   *14* Or *What then is to be chosen? With all who live, there is hope*   *m 10* Hebrew *Sheol*

16Yo digo que «más vale maña que fuerza», aun cuando se menosprecie la sabiduría del pobre y no se preste atención a sus palabras.

17Más se atiende a las palabras tranquilas de los
    sabios
    que a los gritos del jefe de los necios.
18Vale más la sabiduría
    que las armas de guerra.
Un solo error
    acaba con muchos bienes.

Dichos de sabiduría

10 1Las moscas muertas apestan
    y echan a perder el perfume.
Pesa más una pequeña *necedad
    que la sabiduría y la honra juntas.

2El *corazón del sabio busca el bien,
    pero el del necio busca el mal.

3Y aun en el camino por el que va, el necio revela su falta de inteligencia y a todos va diciendo lo necio que es.

4Si el ánimo del gobernante se exalta contra ti, no abandones tu puesto. La paciencia es el remedio para los grandes errores.

5Hay un mal que he visto en esta vida, semejante al error que cometen los gobernantes: 6al necio se le dan muchos puestos elevados, pero a los capaces se les dan los puestos más bajos. 7He visto esclavos montar a caballo, y príncipes andar a pie como esclavos.

8El que cava la fosa,
    en ella se cae.
Al que abre brecha en el muro,
    la serpiente lo muerde.
9El que pica piedra,
    con las piedras se hiere.
El que corta leña,
    con los leños se lastima.
10Si el hacha pierde su filo,
    y no se vuelve a afilar,
hay que golpear con más fuerza.
El éxito radica en la acción
    sabia y bien ejecutada.

11Si la serpiente muerde antes de ser encantada,
    no hay ganancia para el encantador.

12Las palabras del sabio son placenteras,
    pero los labios del necio son su ruina;
13sus primeras palabras son necedades,
    y las últimas son terribles sandeces.
14   ¡Pero no le faltan las palabras!

Nadie sabe lo que ha de suceder,
    y lo que será aun después,
¿quién podría decirlo?

15El trabajo del necio tanto lo fatiga
    que ni el camino a la ciudad conoce.

16¡Ay del país cuyo rey es un inmaduro,
    y cuyos príncipes banquetean desde
      temprano!

17¡*Dichoso el país cuyo rey es un noble,
    y cuyos príncipes comen cuando es debido,
    para reponerse y no para embriagarse!

18Por causa del ocio se viene abajo el techo,
    y por la pereza se desploma la casa.

But nobody remembered that poor man. 16So I said, "Wisdom is better than strength." But the poor man's wisdom is despised, and his words are no longer heeded.

17The quiet words of the wise are more to be
    heeded
    than the shouts of a ruler of fools.
18Wisdom is better than weapons of war,
    but one sinner destroys much good.

10 As dead flies give perfume a bad smell,
    so a little folly outweighs wisdom and
      honor.
2The heart of the wise inclines to the right,
    but the heart of the fool to the left.
3Even as he walks along the road,
    the fool lacks sense
    and shows everyone how stupid he is.
4If a ruler's anger rises against you,
    do not leave your post;
    calmness can lay great errors to rest.

5There is an evil I have seen under the sun,
    the sort of error that arises from a ruler:
6Fools are put in many high positions,
    while the rich occupy the low ones.
7I have seen slaves on horseback,
    while princes go on foot like slaves.

8Whoever digs a pit may fall into it;
    whoever breaks through a wall may be
      bitten by a snake.
9Whoever quarries stones may be injured by
      them;
    whoever splits logs may be endangered by
      them.
10If the ax is dull
    and its edge unsharpened,
more strength is needed
    but skill will bring success.

11If a snake bites before it is charmed,
    there is no profit for the charmer.

12Words from a wise man's mouth are
    gracious,
    but a fool is consumed by his own lips.
13At the beginning his words are folly;
    at the end they are wicked madness—
14   and the fool multiplies words.

No one knows what is coming—
    who can tell him what will happen after
      him?

15A fool's work wearies him;
    he does not know the way to town.

16Woe to you, O land whose king was a
      servant[n]
    and whose princes feast in the morning.
17Blessed are you, O land whose king is of
      noble birth
    and whose princes eat at a proper time—
    for strength and not for drunkenness.

18If a man is lazy, the rafters sag;
    if his hands are idle, the house leaks.

---

[n] 16 Or king is a child

19 Para alegrarse, el pan;
    para gozar, el vino;
        para disfrutarlo, el dinero.

20 No maldigas al rey ni con el pensamiento,
    ni en privado maldigas al rico,
    pues las aves del cielo pueden correr la voz.
    Tienen alas y pueden divulgarlo.

11 ¹ Lanza tu pan sobre el agua;
    después de algún tiempo volverás a
        encontrarlo.

2 Comparte lo que tienes entre siete,
    y aun entre ocho,
    pues no sabes qué calamidad
    pueda venir sobre la tierra.

3 Cuando las nubes están cargadas,
    derraman su lluvia sobre la tierra.

Si el árbol cae hacia el sur,
    o cae hacia el norte,
    donde cae allí se queda.

4 Quien vigila al viento, no siembra;
    quien contempla las nubes, no cosecha.

5 Así como no sabes por dónde va el viento ni cómo
se forma el niño en el vientre de la madre, tampoco
entiendes la obra de Dios, creador de todas las cosas.
6 Siembra tu semilla en la mañana, y no te des reposo
por la tarde, pues nunca sabes cuál siembra saldrá mejor, si ésta o aquélla, o si ambas serán igual de buenas.
7 Grata es la luz, y qué bueno que los ojos disfruten
del sol. 8 Mas si el hombre vive muchos años, y todos
ellos los disfruta, debe recordar que los días tenebrosos
serán muchos y que lo venidero será un absurdo.

Acuérdate de tu Creador

9 Alégrate, joven, en tu juventud; deja que tu *corazón disfrute de la adolescencia. Sigue los impulsos de
tu corazón y responde al estímulo de tus ojos, pero
toma en cuenta que Dios te juzgará por todo esto.
10 Aleja de tu corazón el enojo, y echa fuera de tu ser
la maldad, porque confiar en la juventud y en la flor de
la vida es un absurdo.

12 ¹ Acuérdate de tu Creador
    en los días de tu juventud,
    antes que lleguen los días malos
        y vengan los años en que digas:
            «No encuentro en ellos placer alguno»;
    ² antes que dejen de brillar
        el sol y la luz,
        la luna y las estrellas,
            y vuelvan las nubes después de la lluvia.

19 A feast is made for laughter,
    and wine makes life merry,
    but money is the answer for everything.

20 Do not revile the king even in your
        thoughts,
    or curse the rich in your bedroom,
    because a bird of the air may carry your
        words,
    and a bird on the wing may report what
        you say.

Bread Upon the Waters

11 Cast your bread upon the waters,
    for after many days you will find it again.
    ² Give portions to seven, yes to eight,
        for you do not know what disaster may
            come upon the land.

3 If clouds are full of water,
    they pour rain upon the earth.
Whether a tree falls to the south or to the
        north,
    in the place where it falls, there will it lie.
4 Whoever watches the wind will not plant;
    whoever looks at the clouds will not reap.

5 As you do not know the path of the wind,
    or how the body is formed*o* in a
        mother's womb,
so you cannot understand the work of God,
    the Maker of all things.

6 Sow your seed in the morning,
    and at evening let not your hands be idle,
    for you do not know which will succeed,
    whether this or that,
    or whether both will do equally well.

Remember Your Creator While Young

7 Light is sweet,
    and it pleases the eyes to see the sun.
8 However many years a man may live,
    let him enjoy them all.
But let him remember the days of darkness,
    for they will be many.
    Everything to come is meaningless.

9 Be happy, young man, while you are young,
    and let your heart give you joy in the
        days of your youth.
Follow the ways of your heart
    and whatever your eyes see,
but know that for all these things
        God will bring you to judgment.
10 So then, banish anxiety from your heart
    and cast off the troubles of your body,
    for youth and vigor are meaningless.

12 Remember your Creator
    in the days of your youth,
    before the days of trouble come
        and the years approach when you will
            say,
        "I find no pleasure in them"—
    2 before the sun and the light
        and the moon and the stars grow dark,
        and the clouds return after the rain;

o 5 Or know how life (or the spirit) / enters the body being formed

3 Un día temblarán los guardianes de la casa,
  y se encorvarán los hombres de batalla;
se detendrán las molenderas por ser tan pocas,
  y se apagarán los que miran a través de las
    ventanas.
4 Se irán cerrando las puertas de la calle,
  irá disminuyendo el ruido del molino,
las aves elevarán su canto,
  pero apagados se oirán sus trinos.
5 Sobrevendrá el temor por las alturas
  y por los peligros del camino.
Florecerá el almendro,
  la langosta resultará onerosa,
  y no servirá de nada la alcaparra,
pues el hombre se encamina al hogar eterno
  y rondan ya en la calle los que lloran su
    muerte.

6 Acuérdate de tu Creador
  antes que se rompa el cordón de plata
  y se quiebre la vasija de oro,
y se estrelle el cántaro contra la fuente
  y se haga pedazos la polea del pozo.
7 Volverá entonces el polvo a la tierra,
  como antes fue,
y el espíritu volverá a Dios,
  que es quien lo dio.

8 Lo más absurdo de lo absurdo,
  ¡todo es un absurdo!
            —ha dicho el Maestro.

Epílogo

9 Además de ser sabio, el Maestro impartió conocimientos a la gente. Ponderó, investigó y ordenó muchísimos proverbios. 10 Procuró también hallar las palabras más adecuadas y escribirlas con honradez y veracidad.

11 Las palabras de los sabios son como aguijones. Como clavos bien puestos son sus colecciones de dichos, dados por un solo pastor. 12 Además de ellas, hijo mío, ten presente que el hacer muchos libros es algo interminable y que el mucho leer causa fatiga. 13 El fin de este asunto es que ya se ha escuchado todo. Teme, pues, a Dios y cumple sus mandamientos, porque esto es todo para el hombre. 14 Pues Dios juzgará toda obra, buena o mala, aun la realizada en secreto.

3 when the keepers of the house tremble,
  and the strong men stoop,
when the grinders cease because they are
    few,
  and those looking through the windows
    grow dim;
4 when the doors to the street are closed
  and the sound of grinding fades;
when men rise up at the sound of birds,
  but all their songs grow faint;
5 when men are afraid of heights
  and of dangers in the streets;
when the almond tree blossoms
  and the grasshopper drags himself along
  and desire no longer is stirred.
Then man goes to his eternal home
  and mourners go about the streets.

6 Remember him—before the silver cord is
    severed,
  or the golden bowl is broken;
before the pitcher is shattered at the spring,
  or the wheel broken at the well,
7 and the dust returns to the ground it came
    from,
  and the spirit returns to God who gave it.

8 "Meaningless! Meaningless!" says the
    Teacher.ᵖ
  "Everything is meaningless!"

The Conclusion of the Matter

9 Not only was the Teacher wise, but also he imparted knowledge to the people. He pondered and searched out and set in order many proverbs. 10 The Teacher searched to find just the right words, and what he wrote was upright and true.

11 The words of the wise are like goads, their collected sayings like firmly embedded nails—given by one Shepherd. 12 Be warned, my son, of anything in addition to them.

Of making many books there is no end, and much study wearies the body.

13 Now all has been heard;
  here is the conclusion of the matter:
Fear God and keep his commandments,
  for this is the whole ⌊duty⌋ of man.
14 For God will bring every deed into
    judgment,
  including every hidden thing,
  whether it is good or evil.

Cantar de los Cantares

1

Cantar de los cantares[a] de Salomón.

Primer Canto

La amada

2 Ah, si me besaras con los besos de tu boca[b]...
¡grato en verdad es tu amor, más que el
vino!
3 Grata es también, de tus perfumes, la
fragancia;
tú mismo eres[c] bálsamo fragante.
¡Con razón te aman las doncellas!
4 ¡Hazme del todo tuya![d] ¡Date prisa!
¡Llévame, oh rey, a tu alcoba!

Los amigos

Regocijémonos y deleitémonos juntos,
celebraremos tus caricias más que el vino.
¡Sobran las razones para amarte!

La amada

5 Morena soy, pero hermosa,
hijas de Jerusalén;
morena como las carpas de Cedar,
hermosa como los pabellones de Salmá.[e]
6 No se fijen en mi tez morena,
ni en que el sol me bronceó la piel.
Mis hermanos se enfadaron contra mí,
y me obligaron a cuidar las viñas;
¡y mi propia viña descuidé!
7 Cuéntame, amor de mi *vida,
¿dónde apacientas tus rebaños?,
¿dónde a la hora de la siesta[f] los haces
reposar?
¿Por qué he de andar vagando[g]
entre los rebaños de tus amigos?

Los amigos

8 Si no lo sabes, bella entre las bellas,
ve tras la huella del rebaño
y apacienta a tus cabritos
junto a las moradas de los pastores.

El amado

9 Tú y tus adornos, amada mía,
me recuerdan a las yeguas enjaezadas
de los carros del faraón.
10 ¡Qué hermosas lucen tus mejillas entre los
pendientes!
¡Qué hermoso luce tu cuello entre los
collares!
11 ¡Haremos para ti pendientes de oro
con incrustaciones de plata!

---

a 1:1 Cantar de los cantares. Alt. *El más bello cantar.* *b 1:2 si
me besaras ... tu boca.* Lit. *bésame él con los besos de su boca.*
c 1:3 tú mismo eres. Lit. *tu *nombre es.* *d 1:4 Hazme del todo
tuya.* Lit. *Arrástrame tras de ti.* *e 1:5 Salmá.* Alt. *Salomón.*
f 1:7 a la hora de la siesta. Lit. *al mediodía.* *g 1:7 vagando*
(véanse Siríaca, Targum y Vulgata); *como una mujer cubierta con
un velo* (TM).

Song of Songs

1

Solomon's Song of Songs.

Beloved[a]

2 Let him kiss me with the kisses of his
mouth—
for your love is more delightful than
wine.
3 Pleasing is the fragrance of your perfumes;
your name is like perfume poured out.
No wonder the maidens love you!
4 Take me away with you—let us hurry!
Let the king bring me into his chambers.

Friends

We rejoice and delight in you[b];
we will praise your love more than wine.

Beloved

How right they are to adore you!

5 Dark am I, yet lovely,
O daughters of Jerusalem,
dark like the tents of Kedar,
like the tent curtains of Solomon.[c]
6 Do not stare at me because I am dark,
because I am darkened by the sun.
My mother's sons were angry with me
and made me take care of the vineyards;
my own vineyard I have neglected.
7 Tell me, you whom I love, where you graze
your flock
and where you rest your sheep at midday.
Why should I be like a veiled woman
beside the flocks of your friends?

Friends

8 If you do not know, most beautiful of
women,
follow the tracks of the sheep
and graze your young goats
by the tents of the shepherds.

Lover

9 I liken you, my darling, to a mare
harnessed to one of the chariots of
Pharaoh.
10 Your cheeks are beautiful with earrings,
your neck with strings of jewels.
11 We will make you earrings of gold,
studded with silver.

---

a Primarily on the basis of the gender of the Hebrew pronouns used,
male and female speakers are indicated in the margins by the
captions *Lover* and *Beloved* respectively. The words of others are
marked *Friends.* In some instances the divisions and their captions
are debatable. *b 4* The Hebrew is masculine singular.
c 5 Or *Salma*

La amada

12 Mientras el rey se halla sentado a la mesa,
   mi perfume esparce su fragancia.
13 Mi amado es para mí como el saquito de mirra
   que duerme entre mis pechos.
14 Mi amado es para mí como un ramito de
      azahar[h]
   de las viñas de Engadi.

El amado

15 ¡Cuán bella eres, amada mía!
   ¡Cuán bella eres!
   ¡Tus ojos son dos palomas!

La amada

16 ¡Cuán hermoso eres, amado mío!
   ¡Eres un encanto!

El amado

   Una alfombra de verdor es nuestro lecho,
17   los cedros son las vigas de la casa
   y nos cubre un techo de cipreses.

La amada

2 Yo soy una rosa de Sarón,
   una azucena de los valles.

El amado

2 Como azucena entre las espinas
   es mi amada entre las mujeres.

La amada

3 Cual manzano entre los árboles del bosque
   es mi amado entre los hombres.
   Me encanta sentarme a su sombra;
   dulce a mi paladar es su fruto.
4 Me llevó a la sala del banquete,
   y sobre mí enarboló su bandera de amor.
5 ¡Fortalézcanme con pasas,
   sustentenme con manzanas,
   porque desfallezco de amor!
6 ¡Ojalá pudiera mi cabeza
   reposar sobre su izquierda!
   ¡Ojalá su derecha me abrazara!

El amado

7 Yo les ruego, mujeres de Jerusalén,
   por las gacelas y cervatillas del bosque,
   que no desvelen ni molesten a mi amada
   hasta que ella quiera despertar.

Segundo Canto

La amada

8 ¡La voz de mi amado!
   ¡Mírenlo, aquí viene!,
   saltando por las colinas,
   brincando por las montañas.
9 Mi amado es como un venado;
   se parece a un cervatillo.
   ¡Mírenlo, de pie tras nuestro muro,
   espiando por las ventanas,
   atisbando por las celosías!

10 Mi amado me habló y me dijo:
   «¡Levántate, amada mía;
   ven conmigo, mujer hermosa!

Beloved

12 While the king was at his table,
   my perfume spread its fragrance.
13 My lover is to me a sachet of myrrh
   resting between my breasts.
14 My lover is to me a cluster of henna
      blossoms
   from the vineyards of En Gedi.

Lover

15 How beautiful you are, my darling!
   Oh, how beautiful!
   Your eyes are doves.

Beloved

16 How handsome you are, my lover!
   Oh, how charming!
   And our bed is verdant.

Lover

17 The beams of our house are cedars;
   our rafters are firs.

Beloved[d]

2 I am a rose[e] of Sharon,
   a lily of the valleys.

Lover

2 Like a lily among thorns
   is my darling among the maidens.

Beloved

3 Like an apple tree among the trees of the
      forest
   is my lover among the young men.
   I delight to sit in his shade,
   and his fruit is sweet to my taste.
4 He has taken me to the banquet hall,
   and his banner over me is love.
5 Strengthen me with raisins,
   refresh me with apples,
   for I am faint with love.
6 His left arm is under my head,
   and his right arm embraces me.
7 Daughters of Jerusalem, I charge you
   by the gazelles and by the does of the
      field:
   Do not arouse or awaken love
   until it so desires.

8 Listen! My lover!
   Look! Here he comes,
   leaping across the mountains,
   bounding over the hills.
9 My lover is like a gazelle or a young stag.
   Look! There he stands behind our wall,
   gazing through the windows,
   peering through the lattice.
10 My lover spoke and said to me,
   "Arise, my darling,
   my beautiful one, and come with me.

---

[h] *1:14* azahar. Lit. *alheña.*   [d] *1* Or *Lover*   [e] *1* Possibly a member of the crocus family

11 ¡Mira, el invierno se ha ido,
   y con él han cesado y se han ido las lluvias!
12 Ya brotan flores en los campos;
   ¡el tiempo de la canción ha llegado!
Ya se escucha por toda nuestra tierra
   el arrullo de las tórtolas.
13 La higuera ofrece ya sus primeros frutos,
   y las viñas en ciernes esparcen su fragancia.
¡Levántate, amada mía;
   ven conmigo, mujer hermosa!»

El amado

14 Paloma mía, que te escondes
   en las grietas de las rocas,
   en las hendiduras de las montañas,
muéstrame tu rostro,
   déjame oír tu voz;
pues tu voz es placentera
   y hermoso tu semblante.

El amado y la amada

15 Atrapen a las zorras,
   a esas zorras pequeñas
que arruinan nuestros viñedos,
   nuestros viñedos en flor.

La amada

16 Mi amado es mío, y yo soy suya;
   él apacienta su rebaño entre azucenas.
17 Antes de que el día despunte
   y se desvanezcan las sombras,
regresa a mí, amado mío.
Corre como un venado,
   como un cervatillo
   por colinas escarpadas.[i]

3 Por las noches, sobre mi lecho,
   busco al amor de mi *vida;
   lo busco y no lo hallo.
2 Me levanto, y voy por la ciudad,
   por sus calles y mercados,
buscando al amor de mi vida.
   ¡Lo busco y no lo hallo!
3 Me encuentran los centinelas
   mientras rondan la ciudad.
Les pregunto:
   «¿Han visto ustedes al amor de mi vida?»
4 No bien los he dejado,
   cuando encuentro al amor de mi vida.
Lo abrazo y, sin soltarlo,
   lo llevo a la casa de mi madre,
   a la alcoba donde ella me concibió.

El amado

5 Yo les ruego, mujeres de Jerusalén,
   por las gacelas y cervatillas del bosque,
que no desvelen ni molesten a mi amada
   hasta que ella quiera despertar.

11 See! The winter is past;
   the rains are over and gone.
12 Flowers appear on the earth;
   the season of singing has come,
the cooing of doves
   is heard in our land.
13 The fig tree forms its early fruit;
   the blossoming vines spread their
     fragrance.
Arise, come, my darling;
   my beautiful one, come with me."

Lover

14 My dove in the clefts of the rock,
   in the hiding places on the mountainside,
show me your face,
   let me hear your voice;
for your voice is sweet,
   and your face is lovely.
15 Catch for us the foxes,
   the little foxes
that ruin the vineyards,
   our vineyards that are in bloom.

Beloved

16 My lover is mine and I am his;
   he browses among the lilies.
17 Until the day breaks
   and the shadows flee,
turn, my lover,
   and be like a gazelle
or like a young stag
   on the rugged hills.[f]

3 All night long on my bed
   I looked for the one my heart loves;
   I looked for him but did not find him.
2 I will get up now and go about the city,
   through its streets and squares;
I will search for the one my heart loves.
   So I looked for him but did not find him.
3 The watchmen found me
   as they made their rounds in the city.
   "Have you seen the one my heart loves?"
4 Scarcely had I passed them
   when I found the one my heart loves.
I held him and would not let him go
   till I had brought him to my mother's
     house,
to the room of the one who conceived
     me.
5 Daughters of Jerusalem, I charge you
   by the gazelles and by the does of the
     field:
Do not arouse or awaken love
   until it so desires.

---

i 2:17 *por colinas escarpadas*. Alt. *por las colinas de Beter.*   f 17 Or *the hills of Bether*

Tercer Canto

El coro

6 ¿Qué es eso que sube por el desierto
    semejante a una columna de humo,
entre aromas de mirra e incienso,
    entre exóticos perfumes?*j*
7 ¡Miren!
    ¡Es el carruaje de Salomón!
Viene escoltado por sesenta guerreros,
    escogidos entre los más valientes de Israel.
8 Todos ellos portan espadas,
    y han sido adiestrados para el combate;
cada uno lleva la espada al cinto
    por causa de los peligros de la noche.
9 Salomón mismo se hizo el carruaje
    con finas maderas del Líbano.
10 Hizo de plata las columnas,
    y de oro los soportes.
El asiento lo tapizó de púrpura,
    y su interior fue decorado con esmero
    por las hijas de Jerusalén.

11 ¡Salgan, mujeres de *Sión!
    ¡Contemplen al rey Salomón!
¡Lleva puesta la corona que le ciñó su madre
    el día en que contrajo nupcias,
    el día en que se alegró su *corazón!

El amado

4 ¡Cuán bella eres, amada mía!
    ¡Cuán bella eres!
Tus ojos, tras el velo, son dos palomas.
Tus cabellos son como los rebaños de cabras
    que retozan en los montes de Galaad.
2 Tus dientes son como ovejas recién
        trasquiladas,
    que ascienden luego de haber sido bañadas.
Cada una de ellas tiene su pareja;
    ninguna de ellas está sola.
3 Tus labios son cual cinta escarlata;
    tus palabras me tienen hechizado.
Tus mejillas, tras el velo,
    parecen dos mitades de granadas.
4 Tu cuello se asemeja a la torre de David,
    construida con piedras labradas;
de ella penden mil escudos,
    escudos de guerreros todos ellos.
5 Tus pechos parecen dos cervatillos,
    dos crías mellizas de gacela
    que pastan entre azucenas.
6 Antes de que el día despunte
    y se desvanezcan las sombras,
subiré a la montaña de la mirra,
    a la colina del incienso.

7 Toda tú eres bella, amada mía;
    no hay en ti defecto alguno.
8 Desciende del Líbano conmigo, novia mía;
    desciende del Líbano conmigo.
Baja de la cumbre del Amaná,
    de la cima del Senir y del Hermón.
Baja de las guaridas de los leones,
    de los montes donde habitan los leopardos.

6 Who is this coming up from the desert
    like a column of smoke,
perfumed with myrrh and incense
    made from all the spices of the merchant?
7 Look! It is Solomon's carriage,
    escorted by sixty warriors,
    the noblest of Israel,
8 all of them wearing the sword,
    all experienced in battle,
each with his sword at his side,
    prepared for the terrors of the night.
9 King Solomon made for himself the
        carriage;
    he made it of wood from Lebanon.
10 Its posts he made of silver,
    its base of gold.
Its seat was upholstered with purple,
    its interior lovingly inlaid
    by*g* the daughters of Jerusalem.
11 Come out, you daughters of Zion,
    and look at King Solomon wearing the
        crown,
    the crown with which his mother crowned
        him
on the day of his wedding,
    the day his heart rejoiced.

Lover

4 How beautiful you are, my darling!
    Oh, how beautiful!
    Your eyes behind your veil are doves.
Your hair is like a flock of goats
    descending from Mount Gilead.
2 Your teeth are like a flock of sheep just
        shorn,
    coming up from the washing.
Each has its twin;
    not one of them is alone.
3 Your lips are like a scarlet ribbon;
    your mouth is lovely.
Your temples behind your veil
    are like the halves of a pomegranate.
4 Your neck is like the tower of David,
    built with elegance*h*;
on it hang a thousand shields,
    all of them shields of warriors.
5 Your two breasts are like two fawns,
    like twin fawns of a gazelle
    that browse among the lilies.
6 Until the day breaks
    and the shadows flee,
 I will go to the mountain of myrrh
    and to the hill of incense.
7 All beautiful you are, my darling;
    there is no flaw in you.

8 Come with me from Lebanon, my bride,
    come with me from Lebanon.
Descend from the crest of Amana,
    from the top of Senir, the summit of
        Hermon,
from the lions' dens
    and the mountain haunts of the leopards.

---

j 3:6 *exóticos perfumes.* Lit. *perfumes de mercaderes.*

g 10 Or *its inlaid interior a gift of love / from*   *h* 4 The meaning
of the Hebrew for this word is uncertain.

9 Cautivaste mi *corazón,
   hermana y novia mía,
   con una mirada de tus ojos;
 con una vuelta de tu collar
   cautivaste mi corazón.
10 ¡Cuán delicioso es tu amor,
   hermana y novia mía!
 ¡Más agradable que el vino es tu amor,
   y más que toda especia
   la fragancia de tu perfume!
11 Tus labios, novia mía, destilan miel;
   leche y miel escondes bajo la lengua.
 Cual fragancia del Líbano
   es la fragancia de tus vestidos.

12 Jardín cerrado eres tú,
   hermana y novia mía;
 ¡jardín cerrado, sellado manantial!
13 Tus pechosᵏ son un huerto de granadas
   con frutos exquisitos,
   con flores de nardo y azahar;
14 con toda clase de árbol resinoso,ˡ
   con nardo y azafrán,
   con cálamo y canela,
   con mirra y áloe,
   y con las más finas especias.
15 Eres fuente de los jardines,
   manantial de aguas vivas,
 ¡arroyo que del Líbano desciende!

La amada

16 ¡Viento del norte, despierta!
   ¡Viento del sur, ven acá!
 Soplen en mi jardín;
   ¡esparzan su fragancia!
 Que venga mi amado a su jardín
   y pruebe sus frutos exquisitos.

El amado

5 He entrado ya en mi jardín,
   hermana y novia mía,
 y en él recojo mirra y bálsamo;
   allí me sacio del panal y de su miel.
 Allí me embriago de vino y leche;
   ¡todo esto me pertenece!

Los amigos

¡Coman y beban, amigos,
   y embriáguense de amor!

Cuarto Canto

La amada

2 Yo dormía, pero mi *corazón velaba.
   ¡Y oí una voz!
   ¡Mi amado estaba a la puerta!

«Hermana, amada mía;
   preciosa paloma mía,
   ¡déjame entrar!
 Mi cabeza está empapada de rocío;
   la humedad de la noche corre por mi pelo.»

9 You have stolen my heart, my sister, my
   bride;
 you have stolen my heart
 with one glance of your eyes,
   with one jewel of your necklace.
10 How delightful is your love, my sister, my
   bride!
 How much more pleasing is your love
   than wine,
 and the fragrance of your perfume than
   any spice!
11 Your lips drop sweetness as the honeycomb,
   my bride;
 milk and honey are under your tongue.
 The fragrance of your garments is like
   that of Lebanon.
12 You are a garden locked up, my sister, my
   bride;
 you are a spring enclosed, a sealed
   fountain.
13 Your plants are an orchard of pomegranates
   with choice fruits,
   with henna and nard,
14   nard and saffron,
   calamus and cinnamon,
   with every kind of incense tree,
   with myrrh and aloes
   and all the finest spices.
15 You areⁱ a garden fountain,
   a well of flowing water
   streaming down from Lebanon.

Beloved

16 Awake, north wind,
   and come, south wind!
 Blow on my garden,
   that its fragrance may spread abroad.
 Let my lover come into his garden
   and taste its choice fruits.

Lover

5 I have come into my garden, my sister, my
   bride;
 I have gathered my myrrh with my spice.
 I have eaten my honeycomb and my honey;
   I have drunk my wine and my milk.

Friends

Eat, O friends, and drink;
   drink your fill, O lovers.

Beloved

2 I slept but my heart was awake.
   Listen! My lover is knocking:
 "Open to me, my sister, my darling,
   my dove, my flawless one.
 My head is drenched with dew,
   my hair with the dampness of the night."

ᵏ4:13 Tus pechos. Lit. Tus brotes.   ˡ4:14 resinoso. Lit. de
incienso.   ⁱ15 Or I am (spoken by the Beloved)

3 Ya me he quitado la ropa;
   ¡cómo volver a vestirme!
Ya me he lavado los pies;
   ¡cómo ensuciarlos de nuevo!

4 Mi amado pasó la mano
   por la abertura del cerrojo;
   ¡se estremecieron mis entrañas al sentirlo!
5 Me levanté y le abrí a mi amado;
   ¡gotas de mirra corrían por mis manos!
¡Se deslizaban entre mis dedos
   y caían sobre la aldaba!

6 Le abrí a mi amado,
   pero ya no estaba allí.
Se había marchado,
   y tras su voz se fue mi *alma.
Lo busqué, y no lo hallé.
   Lo llamé, y no me respondió.
7 Me encontraron los centinelas
   mientras rondaban la ciudad;
los que vigilan las murallas
   me hirieron, me golpearon;
   ¡me despojaron de mi manto!

8 Yo les ruego, mujeres de Jerusalén,
   que si encuentran a mi amado,
   ¡le digan que estoy enferma de amor!

El coro

9 Dinos, bella entre las bellas,
   ¿en qué aventaja tu amado a otros hombres?
¿En qué aventaja tu amado a otros hombres,
   que nos haces tales ruegos?

La amada

10 Mi amado es apuesto y trigueño,
   y entre diez mil hombres se le distingue.
11 Su cabeza es oro puro;
   su cabellera es ondulada
   y negra como un cuervo.
12 Sus ojos parecen palomas
   posadas junto a los arroyos,
bañadas en leche,
   montadas como joyas.
13 Sus mejillas son como lechos de bálsamo,
   como cultivos de aromáticas hierbas.
Sus labios son azucenas
   por las que fluye mirra.
14 Sus brazos son barras de oro
   montadas sobre topacios.
Su cuerpo es pulido marfil
   incrustado de zafiros.
15 Sus piernas son pilares de mármol
   que descansan sobre bases de oro puro.
Su porte es como el del Líbano,
   esbelto como sus cedros.
16 Su paladar es la dulzura misma;
   ¡él es todo un encanto!

¡Tal es mi amado, tal es mi amigo,
   mujeres de Jerusalén!

El coro

6 ¿A dónde se ha ido tu amado,
   tú, bella entre las bellas?
¿Hacia dónde se ha encaminado?
   ¡Iremos contigo a buscarlo!

3 I have taken off my robe—
   must I put it on again?
I have washed my feet—
   must I soil them again?
4 My lover thrust his hand through the
     latch-opening;
   my heart began to pound for him.
5 I arose to open for my lover,
   and my hands dripped with myrrh,
my fingers with flowing myrrh,
   on the handles of the lock.
6 I opened for my lover,
   but my lover had left; he was gone.
My heart sank at his departure.j
I looked for him but did not find him.
I called him but he did not answer.
7 The watchmen found me
   as they made their rounds in the city.
They beat me, they bruised me;
   they took away my cloak,
   those watchmen of the walls!
8 O daughters of Jerusalem, I charge you—
   if you find my lover,
what will you tell him?
   Tell him I am faint with love.

Friends

9 How is your beloved better than others,
   most beautiful of women?
How is your beloved better than others,
   that you charge us so?

Beloved

10 My lover is radiant and ruddy,
   outstanding among ten thousand.
11 His head is purest gold;
   his hair is wavy
   and black as a raven.
12 His eyes are like doves
   by the water streams,
washed in milk,
   mounted like jewels.
13 His cheeks are like beds of spice
   yielding perfume.
His lips are like lilies
   dripping with myrrh.
14 His arms are rods of gold
   set with chrysolite.
His body is like polished ivory
   decorated with sapphires.k
15 His legs are pillars of marble
   set on bases of pure gold.
His appearance is like Lebanon,
   choice as its cedars.
16 His mouth is sweetness itself;
   he is altogether lovely.
This is my lover, this my friend,
   O daughters of Jerusalem.

Friends

6 Where has your lover gone,
   most beautiful of women?
Which way did your lover turn,
   that we may look for him with you?

---

j 6 Or *heart had gone out to him when he spoke*   k 14 Or *lapis lazuli*

La amada

2 Mi amado ha bajado a su jardín,
a los lechos de bálsamo,
para retozar en los jardines
y recoger azucenas.
3 Yo soy de mi amado, y mi amado es mío;
él apacienta su rebaño entre azucenas.

Quinto Canto

El amado

4 Tú, amada mía, eres bella como Tirsá,
encantadora como Jerusalén,
majestuosa como las estrellas del cielo.
5 Aparta de mí la mirada,
que tus ojos me tienen fascinado.
Tus cabellos son como los rebaños de cabras
que retozan en Galaad.
6 Tus dientes son como rebaños de cabritas
recién salidas del baño.
Cada una de ellas tiene su pareja,
ninguna de ellas marcha sola.
7 Tus mejillas, tras el velo,
parecen dos mitades de granadas.
8 Pueden ser sesenta las reinas,
ochenta las concubinas
e innumerables las vírgenes,
9 pero una sola es mi palomita preciosa,
la hija consentida de su madre,
la favorita de quien le dio la vida.
Las mujeres la ven y la bendicen;
las reinas y las concubinas la alaban.

El coro

10 ¿Quién es ésta, admirable como la aurora?
¡Es bella como la luna,
radiante como el sol,
majestuosa como las estrellas del cielo!

El amado

11 Descendí al huerto de los nogales
para admirar los nuevos brotes en el valle,
para admirar los retoños de las vides
y los granados en flor.
12 Sin darme cuenta, mi pasión me puso
entre las carrozas reales de mi pueblo.[m]

Los amigos

13 Vuelve, Sulamita, vuelve;
vuélvete a nosotros,
¡queremos contemplarte!

El amado

¿Y por qué han de contemplar a la Sulamita,
como en las danzas de los campamentos?

7 ¡Ah, princesa mía,
cuán bellos son tus pies en las sandalias!
Las curvas de tus caderas son como alhajas
labradas por hábil artesano.
2 Tu ombligo es una copa redonda,
rebosante de buen vino.
Tu vientre es un monte de trigo
rodeado de azucenas.

Beloved

2 My lover has gone down to his garden,
to the beds of spices,
to browse in the gardens
and to gather lilies.
3 I am my lover's and my lover is mine;
he browses among the lilies.

Lover

4 You are beautiful, my darling, as Tirzah,
lovely as Jerusalem,
majestic as troops with banners.
5 Turn your eyes from me;
they overwhelm me.
Your hair is like a flock of goats
descending from Gilead.
6 Your teeth are like a flock of sheep
coming up from the washing.
Each has its twin,
not one of them is alone.
7 Your temples behind your veil
are like the halves of a pomegranate.
8 Sixty queens there may be,
and eighty concubines,
and virgins beyond number;
9 but my dove, my perfect one, is unique,
the only daughter of her mother,
the favorite of the one who bore her.
The maidens saw her and called her blessed;
the queens and concubines praised her.

Friends

10 Who is this that appears like the dawn,
fair as the moon, bright as the sun,
majestic as the stars in procession?

Lover

11 I went down to the grove of nut trees
to look at the new growth in the valley,
to see if the vines had budded
or the pomegranates were in bloom.
12 Before I realized it,
my desire set me among the royal chariots
of my people.[l]

Friends

13 Come back, come back, O Shulammite;
come back, come back, that we may gaze
on you!

Lover

Why would you gaze on the Shulammite
as on the dance of Mahanaim?

7 How beautiful your sandaled feet,
O prince's daughter!
Your graceful legs are like jewels,
the work of a craftsman's hands.
2 Your navel is a rounded goblet
that never lacks blended wine.
Your waist is a mound of wheat
encircled by lilies.

---

m 6:12 *entre ... mi pueblo.* Alt. *entre los carros de Aminadab.*

l 12 Or *among the chariots of Amminadab*; or *among the chariots of the people of the prince*

3 Tus pechos parecen dos cervatillos,
  dos crías mellizas de gacela.
4 Tu cuello parece torre de marfil.
  Tus ojos son los manantiales de Hesbón,
  junto a la entrada de Bat Rabín.
  Tu nariz se asemeja a la torre del Líbano,
  que mira hacia Damasco.
5 Tu cabeza se yergue como la cumbre del
      Carmelo.
  Hilos de púrpura son tus cabellos;
  ¡con tus rizos has cautivado al rey!

6 Cuán bella eres, amor mío,
  ¡cuán encantadora en tus delicias!
7 Tu talle se asemeja al talle de la palmera,
  y tus pechos a sus racimos.
8 Me dije: «Me treparé a la palmera;
  de sus racimos me adueñaré.»
  ¡Sean tus pechos como racimos de uvas,
  tu aliento cual fragancia de manzanas,
9   y como el buen vino tu boca!

La amada

  ¡Corra el vino hacia mi amado,
  y le resbale por labios y dientes!*n*

10 Yo soy de mi amado,
  y él me busca con pasión.
11 Ven, amado mío;
  vayamos a los campos,
  pasemos la noche entre los azahares.
12 Vayamos temprano a los viñedos,
  para ver si han retoñado las vides,
  si sus pimpollos se han abierto,
  y si ya florecen los granados.
  ¡Allí te brindaré mis caricias!

13 Las mandrágoras esparcen su fragancia,
  y hay a nuestras puertas
  toda clase de exquisitos frutos,
  lo mismo nuevos que añejos,
  que he guardado para ti, amor mío.

8 ¡Ah, si fueras mi propio hermano,
  criado a los pechos de mi madre!
  Al encontrarte en la calle podría besarte,
  y nadie me juzgaría mal.
2 Tomándote de la mano,
  te llevaría a la casa de mi madre,
  y me enseñarías el arte del amor.
  Te daría a beber vino con especias,
  y el néctar de mis granadas.

3 ¡Ojalá pudiera mi cabeza
  reposar sobre su izquierda!
  ¡Ojalá su derecha me abrazara!

El amado

4 Yo les ruego, mujeres de Jerusalén,
  que no desvelen ni molesten a mi amada,
  hasta que ella quiera despertar.

---

3 Your breasts are like two fawns,
  twins of a gazelle.
4 Your neck is like an ivory tower.
  Your eyes are the pools of Heshbon
  by the gate of Bath Rabbim.
  Your nose is like the tower of Lebanon
  looking toward Damascus.
5 Your head crowns you like Mount Carmel.
  Your hair is like royal tapestry;
  the king is held captive by its tresses.
6 How beautiful you are and how pleasing,
  O love, with your delights!
7 Your stature is like that of the palm,
  and your breasts like clusters of fruit.
8 I said, "I will climb the palm tree;
  I will take hold of its fruit."
  May your breasts be like the clusters of the
      vine,
  the fragrance of your breath like apples,
9   and your mouth like the best wine.

Beloved

  May the wine go straight to my lover,
  flowing gently over lips and teeth.*m*

10 I belong to my lover,
  and his desire is for me.
11 Come, my lover, let us go to the
      countryside,
  let us spend the night in the villages.*n*
12 Let us go early to the vineyards
  to see if the vines have budded,
  if their blossoms have opened,
  and if the pomegranates are in bloom—
  there I will give you my love.
13 The mandrakes send out their fragrance,
  and at our door is every delicacy,
  both new and old,
  that I have stored up for you, my lover.

8 If only you were to me like a brother,
  who was nursed at my mother's breasts!
  Then, if I found you outside,
  I would kiss you,
  and no one would despise me.
2 I would lead you
  and bring you to my mother's house—
  she who has taught me.
  I would give you spiced wine to drink,
  the nectar of my pomegranates.
3 His left arm is under my head
  and his right arm embraces me.
4 Daughters of Jerusalem, I charge you:
  Do not arouse or awaken love
  until it so desires.

---

n 7:9 labios y dientes (LXX y Aquila; véanse Siríaca y Vulgata);
labios de dormilones (TM).

m 9 Septuagint, Aquila, Vulgate and Syriac; Hebrew *lips of sleepers*
n 11 Or *henna bushes*

Sexto Canto

El coro

5¿Quién es ésta que sube por el desierto
    apoyada sobre el hombro de su amado?

El amado

Bajo el manzano te desperté;
    allí te concibió tu madre,
    allí mismo te dio a luz.

La amada

6Grábame como un sello sobre tu *corazón;
    llévame como una marca sobre tu brazo.
Fuerte es el amor, como la muerte,
    y tenaz la pasión, como el *sepulcro.
Como llama divina
    es el fuego ardiente del amor.
7Ni las muchas aguas pueden apagarlo,
    ni los ríos pueden extinguirlo.
Si alguien ofreciera todas sus riquezas
    a cambio del amor,
    sólo conseguiría el desprecio.

El coro

8Tan pequeña es nuestra hermana
    que no le han crecido los pechos.
¿Qué haremos por nuestra hermana
    cuando vengan a pedirla?
9Si fuera una muralla,
    construiríamos sobre ella almenas de plata.
Si acaso fuera una puerta,
    la recubriríamos con paneles de cedro.

La amada

10Una muralla soy yo,
    y mis pechos, sus dos torres.
Por eso a los ojos de mi amado
    soy como quien ha hallado la paz.
11Salomón tenía una viña en Baal Jamón,
    que dejó al cuidado de aparceros.
Cada uno entregaba, por sus frutos,
    mil monedas[ñ] de plata.
12¡Quédate, Salomón, con las mil monedas,
    y ustedes, aparceros, con doscientas,
    pero mi viña sólo a mí me pertenece!

El amado

13Tú, que reinas en los jardines,
    pendientes de tu voz están nuestros amigos;
    ¡déjanos escucharla!

La amada

14¡Apresúrate, amado mío!
    ¡Corre como venado, como cervato,
    sobre los montes de bálsamo cubiertos!

Friends

5Who is this coming up from the desert
    leaning on her lover?

Beloved

Under the apple tree I roused you;
    there your mother conceived you,
    there she who was in labor gave you
        birth.
6Place me like a seal over your heart,
    like a seal on your arm;
for love is as strong as death,
    its jealousy[o] unyielding as the grave.[p]
It burns like blazing fire,
    like a mighty flame.[q]
7Many waters cannot quench love;
    rivers cannot wash it away.
If one were to give
    all the wealth of his house for love,
    it[r] would be utterly scorned.

Friends

8We have a young sister,
    and her breasts are not yet grown.
What shall we do for our sister
    for the day she is spoken for?
9If she is a wall,
    we will build towers of silver on her.
If she is a door,
    we will enclose her with panels of cedar.

Beloved

10I am a wall,
    and my breasts are like towers.
Thus I have become in his eyes
    like one bringing contentment.
11Solomon had a vineyard in Baal Hamon;
    he let out his vineyard to tenants.
Each was to bring for its fruit
    a thousand shekels[s] of silver.
12But my own vineyard is mine to give;
    the thousand shekels are for you,
        O Solomon,
    and two hundred[t] are for those who tend
        its fruit.

Lover

13You who dwell in the gardens
    with friends in attendance,
    let me hear your voice!

Beloved

14Come away, my lover,
    and be like a gazelle
or like a young stag
    on the spice-laden mountains.

[ñ] 8:11 mil monedas de plata. Lit. mil ⌐*siclos⌐ de plata.

o6 Or ardor   p6 Hebrew Sheol   q6 Or / like the very flame
of the LORD   r7 Or he   s11 That is, about 25 pounds (about
11.5 kilograms); also in verse 12   t12 That is, about 5 pounds
(about 2.3 kilograms)

Isaías

Isaiah

1 Visión que recibió Isaías hijo de Amoz acerca de Judá y Jerusalén, durante los reinados de Uzías, Jotán, Acaz y Ezequías, reyes de Judá.

Judá, nación rebelde

2 ¡Oigan, cielos! ¡Escucha, tierra!
　Así dice el SEÑOR:
　«Yo crié hijos hasta hacerlos *hombres,
　　pero ellos se rebelaron contra mí.
3 El buey conoce a su dueño
　y el asno el pesebre de su amo;
　¡pero Israel no conoce,
　　mi pueblo no entiende!»

4 ¡Ay, nación pecadora,
　pueblo cargado de culpa,
　generación de malhechores,
　　hijos corruptos!
　¡Han abandonado al SEÑOR!
　¡Han despreciado al *Santo de Israel!
　¡Se han vuelto atrás!

5 ¿Para qué recibir más golpes?
　　¿Para qué insistir en la rebelión?
　Toda su cabeza está herida,
　　todo su corazón está enfermo.
6 Desde la planta del pie hasta la coronilla
　　no les queda nada sano:
　todo en ellos es heridas, moretones,
　　y llagas abiertas,
　que no les han sido curadas ni vendadas,
　　ni aliviadas con aceite.

7 Su país está desolado,
　　sus ciudades son presa del fuego;
　ante sus propios ojos
　　los extraños devoran sus campos;
　su país está desolado,
　　como si hubiera sido destruido por
　　　extranjeros.
8 La bella *Sión ha quedado
　　como cobertizo en un viñedo,
　como choza en un melonar,
　　como ciudad sitiada.
9 Si el SEÑOR *Todopoderoso
　　no nos hubiera dejado algunos
　　　sobrevivientes,
　seríamos ya como Sodoma,
　　nos pareceríamos a Gomorra.

10 ¡Oigan la palabra del SEÑOR,
　　gobernantes de Sodoma!
　¡Escuchen la *enseñanza de nuestro Dios,
　　pueblo de Gomorra!
11 «¿De qué me sirven sus muchos sacrificios?
　　—dice el SEÑOR—.
　Harto estoy de *holocaustos de carneros
　　y de la grasa de animales engordados;
　la sangre de toros, corderos y cabras
　　no me complace.
12 ¿Por qué vienen a presentarse ante mí?
　　¿Quién les mandó traer animales
　　para que pisotearan mis atrios?

1 The vision concerning Judah and Jerusalem that Isaiah son of Amoz saw during the reigns of Uzziah, Jotham, Ahaz and Hezekiah, kings of Judah.

A Rebellious Nation

2 Hear, O heavens! Listen, O earth!
　For the LORD has spoken:
　"I reared children and brought them up,
　　but they have rebelled against me.
3 The ox knows his master,
　　the donkey his owner's manger,
　but Israel does not know,
　　my people do not understand."

4 Ah, sinful nation,
　　a people loaded with guilt,
　a brood of evildoers,
　　children given to corruption!
　They have forsaken the LORD;
　　they have spurned the Holy One of Israel
　　and turned their backs on him.

5 Why should you be beaten anymore?
　　Why do you persist in rebellion?
　Your whole head is injured,
　　your whole heart afflicted.
6 From the sole of your foot to the top of
　　　your head
　　there is no soundness—
　only wounds and welts
　　and open sores,
　not cleansed or bandaged
　　or soothed with oil.

7 Your country is desolate,
　　your cities burned with fire;
　your fields are being stripped by foreigners
　　right before you,
　laid waste as when overthrown by
　　　strangers.
8 The Daughter of Zion is left
　　like a shelter in a vineyard,
　like a hut in a field of melons,
　　like a city under siege.
9 Unless the LORD Almighty
　　had left us some survivors,
　we would have become like Sodom,
　　we would have been like Gomorrah.

10 Hear the word of the LORD,
　　you rulers of Sodom;
　listen to the law of our God,
　　you people of Gomorrah!
11 "The multitude of your sacrifices—
　　what are they to me?" says the LORD.
　"I have more than enough of burnt
　　　offerings,
　of rams and the fat of fattened animals;
　I have no pleasure
　　in the blood of bulls and lambs and goats.
12 When you come to appear before me,
　　who has asked this of you,
　　this trampling of my courts?

13No me sigan trayendo vanas ofrendas;
    el incienso es para mí una abominación.
Luna nueva, día de reposo, asambleas
      convocadas;
    ¡no soporto que con su adoración me
      ofendan!
14Yo aborrezco sus lunas nuevas y festividades;
    se me han vuelto una carga
    que estoy cansado de soportar.
15Cuando levantan sus manos,
    yo aparto de ustedes mis ojos;
aunque multipliquen sus oraciones,
    no las escucharé,
pues tienen las manos llenas de sangre.
16¡Lávense, límpiense!
    ¡Aparten de mi vista sus obras malvadas!
    ¡Dejen de hacer el mal!
17 ¡Aprendan a hacer el bien!
    ¡Busquen la justicia y reprendan al opresor!
    ¡Aboguen por el huérfano y defiendan a la
      viuda!

18»Vengan, pongamos las cosas en claro
    —dice el SEÑOR—.
¿Son sus pecados como escarlata?
    ¡Quedarán blancos como la nieve!
¿Son rojos como la púrpura?
    ¡Quedarán como la lana!
19¿Están ustedes dispuestos a obedecer?
    ¡Comerán lo mejor de la tierra!
20¿Se niegan y se rebelan?
    ¡Serán devorados por la espada!»
            El SEÑOR mismo lo ha dicho.

21¡Cómo se ha prostituido la ciudad fiel!
    Antes estaba llena de justicia.
La rectitud moraba en ella,
    pero ahora sólo quedan asesinos.
22Tu plata se ha convertido en escoria;
    tu buen vino, en agua.
23Tus gobernantes son rebeldes,
    cómplices de ladrones;
todos aman el soborno
    y van detrás de las prebendas.
No abogan por el huérfano,
    ni se ocupan de la causa de la viuda.

24Por eso afirma el Señor,
    el SEÑOR Todopoderoso,
    el Fuerte de Israel:
«Me desquitaré de mis adversarios,
    me vengaré de mis enemigos.
25Volveré mi mano contra ti,
    limpiaré tus escorias con lejía
    y quitaré todas tus *impurezas.
26Restauraré a tus jueces como al principio,
    y a tus consejeros como al comienzo.
Entonces serás llamada "Ciudad de justicia",
    "Ciudad fiel".»

27Sión será redimida con justicia,
    y con rectitud, los que se *arrepientan.
28Pero los rebeldes y pecadores a una serán
      quebrantados,
    y perecerán los que abandonan al SEÑOR.

13Stop bringing meaningless offerings!
    Your incense is detestable to me.
New Moons, Sabbaths and convocations—
    I cannot bear your evil assemblies.
14Your New Moon festivals and your
      appointed feasts
    my soul hates.
They have become a burden to me;
    I am weary of bearing them.
15When you spread out your hands in prayer,
    I will hide my eyes from you;
even if you offer many prayers,
    I will not listen.
Your hands are full of blood;
16 wash and make yourselves clean.
Take your evil deeds
    out of my sight!
Stop doing wrong,
17 learn to do right!
Seek justice,
    encourage the oppressed.[a]
Defend the cause of the fatherless,
    plead the case of the widow.

18"Come now, let us reason together,"
    says the LORD.
"Though your sins are like scarlet,
    they shall be as white as snow;
though they are red as crimson,
    they shall be like wool.
19If you are willing and obedient,
    you will eat the best from the land;
20but if you resist and rebel,
    you will be devoured by the sword."
          For the mouth of the LORD
            has spoken.

21See how the faithful city
    has become a harlot!
She once was full of justice;
    righteousness used to dwell in her—
    but now murderers!
22Your silver has become dross,
    your choice wine is diluted with water.
23Your rulers are rebels,
    companions of thieves;
they all love bribes
    and chase after gifts.
They do not defend the cause of the
      fatherless;
    the widow's case does not come before
      them.
24Therefore the Lord, the LORD Almighty,
    the Mighty One of Israel, declares:
"Ah, I will get relief from my foes
    and avenge myself on my enemies.
25I will turn my hand against you;
    I will thoroughly purge away your dross
    and remove all your impurities.
26I will restore your judges as in days of old,
    your counselors as at the beginning.
Afterward you will be called
    the City of Righteousness,
    the Faithful City."

27Zion will be redeemed with justice,
    her penitent ones with righteousness.
28But rebels and sinners will both be broken,
    and those who forsake the LORD will
      perish.

---

a 17 Or / *rebuke the oppressor*

²⁹Se avergonzarán de las encinas que ustedes
  tanto aman;
  los jardines que eligieron serán para ellos
    una afrenta.
³⁰Serán como una encina con hojas marchitas,
  como un jardín sin agua.
³¹El hombre fuerte se convertirá en estopa,
  y su trabajo en chispa;
  arderán los dos juntos,
  y no habrá quien los apague.

El monte del Señor

2 Palabra que Isaías hijo de Amoz recibió en visión
  acerca de Judá y Jerusalén:

²En los últimos días,
  el monte de la casa del Señor será
    establecido
  como el más alto de los montes;
  se alzará por encima de las colinas,
  y hacia él confluirán todas las naciones.
³Muchos pueblos vendrán y dirán:
  «¡Vengan, subamos al monte del Señor,
  a la casa del Dios de Jacob!,
  para que nos enseñe sus *caminos
  y andemos por sus sendas.»
  Porque de *Sión saldrá la enseñanza,
  de Jerusalén la palabra del Señor.
⁴Él juzgará entre las naciones
  y será árbitro de muchos pueblos.
  Convertirán sus espadas en arados
  y sus lanzas en hoces.
  No levantará espada nación contra nación,
  y nunca más se adiestrarán para la guerra.
⁵¡Ven, pueblo de Jacob,
  y caminemos a la luz del Señor!

El día del Señor

⁶Has abandonado a tu pueblo,
  a los descendientes de Jacob,
  porque están llenos de astrólogos de Oriente,
  de adivinos como entre los filisteos,
  y hacen tratos con extranjeros.
⁷Su tierra está llena de oro y plata,
  y sus tesoros son incalculables.
  En su tierra abundan los caballos,
  y sus carros de guerra son incontables.
⁸Su país está lleno de ídolos;
  el pueblo adora la obra de sus manos,
  lo que han hecho con sus propios dedos.
⁹Al *hombre se le humilla,
  a la humanidad se le degrada.
  ¡Imposible que los perdones!

¹⁰¡Métete en la roca,
  y escóndete en el polvo
  ante el terror del Señor
  y el esplendor de su majestad!
¹¹Los ojos del altivo serán humillados
  y la arrogancia humana será doblegada.
  ¡En aquel día sólo el Señor será exaltado!

²⁹"You will be ashamed because of the sacred
    oaks
  in which you have delighted;
  you will be disgraced because of the
    gardens
  that you have chosen.
³⁰You will be like an oak with fading leaves,
  like a garden without water.
³¹The mighty man will become tinder
  and his work a spark;
  both will burn together,
  with no one to quench the fire."

The Mountain of the Lord

2 This is what Isaiah son of Amoz saw concerning
  Judah and Jerusalem:

²In the last days

  the mountain of the Lord's temple will be
    established
  as chief among the mountains;
  it will be raised above the hills,
  and all nations will stream to it.

³Many peoples will come and say,

  "Come, let us go up to the mountain of the
    Lord,
  to the house of the God of Jacob.
  He will teach us his ways,
  so that we may walk in his paths."
  The law will go out from Zion,
  the word of the Lord from Jerusalem.
⁴He will judge between the nations
  and will settle disputes for many peoples.
  They will beat their swords into plowshares
  and their spears into pruning hooks.
  Nation will not take up sword against
    nation,
  nor will they train for war anymore.

⁵Come, O house of Jacob,
  let us walk in the light of the Lord.

The Day of the Lord

⁶You have abandoned your people,
  the house of Jacob.
  They are full of superstitions from the East;
  they practice divination like the Philistines
  and clasp hands with pagans.
⁷Their land is full of silver and gold;
  there is no end to their treasures.
  Their land is full of horses;
  there is no end to their chariots.
⁸Their land is full of idols;
  they bow down to the work of their
    hands,
  to what their fingers have made.
⁹So man will be brought low
  and mankind humbled—
  do not forgive them.ᵇ

¹⁰Go into the rocks,
  hide in the ground
  from dread of the Lord
  and the splendor of his majesty!
¹¹The eyes of the arrogant man will be
    humbled
  and the pride of men brought low;
  the Lord alone will be exalted in that day.

ᵇ 9 Or *not raise them up*

¹²Un día vendrá el SEÑOR *Todopoderoso
  contra todos los orgullosos y arrogantes,
  contra todos los altaneros, para humillarlos;
¹³ contra todos los cedros del Líbano,
      arrogantes y erguidos,
  contra todas las encinas de Basán,
¹⁴ contra todas las montañas altivas,
  contra todas las colinas erguidas,
¹⁵ contra todas las torres altas,
  contra todo muro fortificado,
¹⁶ contra todas las naves de Tarsis,
  contra todos los barcos lujosos.
¹⁷La altivez del hombre será abatida,
  y la arrogancia humana será humillada.
En aquel día sólo el SEÑOR será exaltado,
¹⁸ y los ídolos desaparecerán por completo.

¹⁹Los hombres se meterán en las cuevas de las
      rocas,
  y en las grietas del suelo,
ante el terror del SEÑOR
  y el esplendor de su majestad,
cuando él se levante
  para hacer temblar la tierra.
²⁰En aquel día arrojará el hombre
  a los topos y murciélagos,
a sus ídolos de oro y plata
  que él fabricó para adorarlos.
²¹Se meterá en las grutas de las rocas
  y en las hendiduras de los peñascos,
ante el terror del SEÑOR
  y el esplendor de su majestad,
cuando él se levante
  para hacer temblar la tierra.
²²¡Dejen de confiar en el hombre,
  que es muy poco lo que vale!
  ¡Su vida es un soplo nada más!

Juicio sobre Jerusalén y Judá

3 ¡Presten atención!
    El Señor, el SEÑOR *Todopoderoso,
  retira de Jerusalén y de Judá
    todo apoyo y sustento:
    toda provisión de pan,
    toda provisión de agua.
²Él retira al valiente y al guerrero,
  al juez y al profeta,
  al adivino y al anciano,
³ al capitán y al dignatario,
  al consejero, al artesano experto
  y al hábil encantador.

⁴Les pondré como jefes a muchachos,
  y los gobernarán niños caprichosos.
⁵Unos a otros se maltratarán:
  hombre contra hombre,
  vecino contra vecino,
  joven contra anciano,
  plebeyo contra noble.

⁶Entonces un hombre agarrará a su hermano
  en la casa de su padre, y le dirá:
  «Sé nuestro líder, pues tienes un manto;
    ¡hazte cargo de este montón de ruinas!»
⁷Pero entonces el otro protestará:
  «Yo no soy médico,
  y en mi casa no hay pan ni manto;
    ¡no me hagas líder del pueblo!»

¹²The LORD Almighty has a day in store
  for all the proud and lofty,
  for all that is exalted
  (and they will be humbled),
¹³for all the cedars of Lebanon, tall and lofty,
  and all the oaks of Bashan,
¹⁴for all the towering mountains
  and all the high hills,
¹⁵for every lofty tower
  and every fortified wall,
¹⁶for every trading ship[c]
  and every stately vessel.
¹⁷The arrogance of man will be brought low
  and the pride of men humbled;
the LORD alone will be exalted in that day,
¹⁸ and the idols will totally disappear.

¹⁹Men will flee to caves in the rocks
  and to holes in the ground
from dread of the LORD
  and the splendor of his majesty,
  when he rises to shake the earth.
²⁰In that day men will throw away
  to the rodents and bats
their idols of silver and idols of gold,
  which they made to worship.
²¹They will flee to caverns in the rocks
  and to the overhanging crags
from dread of the LORD
  and the splendor of his majesty,
  when he rises to shake the earth.

²²Stop trusting in man,
  who has but a breath in his nostrils.
  Of what account is he?

Judgment on Jerusalem and Judah

3 See now, the Lord,
    the LORD Almighty,
  is about to take from Jerusalem and Judah
    both supply and support:
  all supplies of food and all supplies of
      water,
² the hero and warrior,
  the judge and prophet,
  the soothsayer and elder,
³the captain of fifty and man of rank,
  the counselor, skilled craftsman and clever
      enchanter.

⁴I will make boys their officials;
  mere children will govern them.
⁵People will oppress each other—
  man against man, neighbor against
      neighbor.
The young will rise up against the old,
  the base against the honorable.

⁶A man will seize one of his brothers
  at his father's home, and say,
  "You have a cloak, you be our leader;
    take charge of this heap of ruins!"
⁷But in that day he will cry out,
  "I have no remedy.
I have no food or clothing in my house;
  do not make me the leader of the people."

---

c 16 Hebrew *every ship of Tarshish*

⁸Jerusalén se tambalea,
  Judá se derrumba,
porque su hablar y su actuar
  son contrarios al Señor;
  ¡desafían su gloriosa presencia!
⁹Su propio descaro los acusa
  y, como Sodoma, se jactan de su pecado;
  ¡ni siquiera lo disimulan!
¡Ay de ellos,
  porque causan su propia desgracia!
¹⁰Díganle al justo que le irá bien,
  pues gozará del fruto de sus acciones.
¹¹¡Ay del malvado, pues le irá mal!
  ¡Según la obra de sus manos se le pagará!

¹²¡Pobre pueblo mío, oprimido por niños
  y gobernado por mujeres!
¡Pobre pueblo mío, extraviado por tus guías,
  que tuercen el curso de tu senda!
¹³El Señor se dispone a denunciar;
  se levanta para enjuiciar al pueblo.
¹⁴El Señor entra en juicio
  contra los *ancianos y jefes de su pueblo:
  «¡Ustedes han devorado la viña,
  y el despojo del pobre está en sus casas!
¹⁵¿Con qué derecho aplastan a mi pueblo
  y pasan por encima de los pobres?»,
afirma el Señor,
  el Señor Todopoderoso.

¹⁶El Señor dice:
  «Las hijas de *Sión son tan orgullosas
que caminan con el cuello estirado,
  con ojos seductores y pasitos cortos,
  haciendo sonar los adornos de sus pies.
¹⁷Por eso el Señor cubrirá de sarna
  la cabeza de las hijas de Sión;
  el Señor las dejará completamente calvas.»

¹⁸En aquel día, el Señor arrancará todo adorno: hebillas, diademas, broches, ¹⁹pendientes, pulseras, velos, ²⁰pañuelos, cadenillas de los pies, cinturones, frasquitos de perfume, amuletos, ²¹anillos, argollas para la nariz, ²²ropas de gala, mantos, chales, bolsos, ²³espejos, telas finas, turbantes y mantillas.

²⁴Habrá pestilencia en vez de perfume,
  soga en vez de cinturón,
  calvicie en vez de peinado elegante,
  ropa de luto en vez de trajes lujosos,
  vergüenza^a en vez de belleza.
²⁵Tus hombres caerán a filo de espada,
  y tus valientes, en el campo de batalla.
²⁶Las *puertas de la ciudad gemirán y se
    vestirán de luto;
  desolada, la ciudad se sentará en el suelo.

4 En aquel día, siete mujeres agarrarán
  a un solo hombre y le dirán:
«De alimentarnos y de vestirnos
  nosotras nos ocuparemos;
tan sólo déjanos llevar tu *nombre:
  ¡Líbranos de nuestra afrenta!»

---

⁸Jerusalem staggers,
  Judah is falling;
their words and deeds are against the Lord,
  defying his glorious presence.
⁹The look on their faces testifies against
    them;
  they parade their sin like Sodom;
  they do not hide it.
Woe to them!
  They have brought disaster upon
    themselves.

¹⁰Tell the righteous it will be well with them,
  for they will enjoy the fruit of their deeds.
¹¹Woe to the wicked! Disaster is upon them!
  They will be paid back for what their hands
    have done.

¹²Youths oppress my people,
  women rule over them.
O my people, your guides lead you astray;
  they turn you from the path.

¹³The Lord takes his place in court;
  he rises to judge the people.
¹⁴The Lord enters into judgment
  against the elders and leaders of his
    people:
"It is you who have ruined my vineyard;
  the plunder from the poor is in your
    houses.
¹⁵What do you mean by crushing my people
  and grinding the faces of the poor?"
              declares the Lord,
              the Lord Almighty.

¹⁶The Lord says,
  "The women of Zion are haughty,
walking along with outstretched necks,
  flirting with their eyes,
tripping along with mincing steps,
  with ornaments jingling on their ankles.
¹⁷Therefore the Lord will bring sores on the
    heads of the women of Zion;
  the Lord will make their scalps bald."

¹⁸In that day the Lord will snatch away their finery: the bangles and headbands and crescent necklaces, ¹⁹the earrings and bracelets and veils, ²⁰the headdresses and ankle chains and sashes, the perfume bottles and charms, ²¹the signet rings and nose rings, ²²the fine robes and the capes and cloaks, the purses ²³and mirrors, and the linen garments and tiaras and shawls.

²⁴Instead of fragrance there will be a stench;
  instead of a sash, a rope;
  instead of well-dressed hair, baldness;
  instead of fine clothing, sackcloth;
  instead of beauty, branding.
²⁵Your men will fall by the sword,
  your warriors in battle.
²⁶The gates of Zion will lament and mourn;
  destitute, she will sit on the ground.

4 In that day seven women
  will take hold of one man
and say, "We will eat our own food
  and provide our own clothes;
only let us be called by your name.
  Take away our disgrace!"

---

^a 3:24 vergüenza (Qumrán); TM no incluye esta palabra.

2 En aquel día, el retoño del SEÑOR será bello y glorioso, y el fruto de la tierra será el orgullo y el honor de los sobrevivientes de Israel. 3 Entonces tanto el que quede en *Sión como el que sobreviva en Jerusalén serán llamados *santos, e inscritos para vida en Jerusalén. 4 Con espíritu de juicio y espíritu[b] abrasador, el Señor lavará la inmundicia de las hijas de Sión y limpiará la sangre que haya en Jerusalén. 5 Entonces el SEÑOR creará una nube de humo durante el día y un resplandor de fuego llameante durante la noche, sobre el monte Sión y sobre los que allí se reúnan. Por sobre toda la gloria habrá un toldo 6 que servirá de cobertizo, para dar sombra contra el calor del día, y de refugio y protección contra la lluvia y la tormenta.

El canto a la viña

5 Cantaré en nombre de mi amigo querido
    una canción dedicada a su viña.
Mi amigo querido tenía una viña
    en una ladera fértil.
2 La cavó, la limpió de piedras
    y la plantó con las mejores cepas.
Edificó una torre en medio de ella
    y además preparó un lagar.
Él esperaba que diera buenas uvas,
    pero acabó dando uvas agrias.
3 Y ahora, *hombres de Judá,
    habitantes de Jerusalén,
juzguen entre mi viña y yo.
4 ¿Qué más se podría hacer por mi viña
    que yo no lo haya hecho?
Yo esperaba que diera buenas uvas;
    ¿por qué dio uvas agrias?
5 Voy a decirles
    lo que haré con mi viña:
Le quitaré su cerco, y será destruida;
    derribaré su muro, y será pisoteada.
6 La dejaré desolada,
    y no será podada ni cultivada;
le crecerán espinos y cardos.
Mandaré que las nubes
    no lluevan sobre ella.
7 La viña del SEÑOR *Todopoderoso es el pueblo
    de Israel;
los hombres de Judá son su huerto preferido.
Él esperaba justicia,
    pero encontró ríos de sangre;
esperaba rectitud,
    pero encontró gritos de angustia.

Maldiciones contra los explotadores

8 ¡Ay de aquellos que acaparan casa tras casa
    y se apropian de campo tras campo
hasta que no dejan lugar para nadie más,
    y terminan viviendo solos en el país!
9 El SEÑOR *Todopoderoso me ha dicho al oído:
«Muchas casas quedarán desoladas,
    y no habrá quien habite las grandes
        mansiones.

The Branch of the LORD

2 In that day the Branch of the LORD will be beautiful and glorious, and the fruit of the land will be the pride and glory of the survivors in Israel. 3 Those who are left in Zion, who remain in Jerusalem, will be called holy, all who are recorded among the living in Jerusalem. 4 The Lord will wash away the filth of the women of Zion; he will cleanse the bloodstains from Jerusalem by a spirit[d] of judgment and a spirit[d] of fire. 5 Then the LORD will create over all of Mount Zion and over those who assemble there a cloud of smoke by day and a glow of flaming fire by night; over all the glory will be a canopy. 6 It will be a shelter and shade from the heat of the day, and a refuge and hiding place from the storm and rain.

The Song of the Vineyard

5 I will sing for the one I love
    a song about his vineyard:
My loved one had a vineyard
    on a fertile hillside.
2 He dug it up and cleared it of stones
    and planted it with the choicest vines.
He built a watchtower in it
    and cut out a winepress as well.
Then he looked for a crop of good grapes,
    but it yielded only bad fruit.
3 "Now you dwellers in Jerusalem and men of
    Judah,
judge between me and my vineyard.
4 What more could have been done for my
    vineyard
than I have done for it?
When I looked for good grapes,
    why did it yield only bad?
5 Now I will tell you
    what I am going to do to my vineyard:
I will take away its hedge,
    and it will be destroyed;
I will break down its wall,
    and it will be trampled.
6 I will make it a wasteland,
    neither pruned nor cultivated,
and briers and thorns will grow there.
I will command the clouds
    not to rain on it."
7 The vineyard of the LORD Almighty
    is the house of Israel,
and the men of Judah
    are the garden of his delight.
And he looked for justice, but saw
    bloodshed;
for righteousness, but heard cries of
    distress.

Woes and Judgments

8 Woe to you who add house to house
    and join field to field
till no space is left
    and you live alone in the land.

9 The LORD Almighty has declared in my hearing:

"Surely the great houses will become
    desolate,
the fine mansions left without occupants.

---

b 4:4 espíritu ... espíritu. Alt. el Espíritu de juicio y el Espíritu.   d 4 Or the Spirit

10 Tres hectáreas de viña sólo producirán un
     tonel,
  y diez medidas de semilla
    darán tan sólo una.»*c*

11 ¡Ay de los que madrugan
    para ir tras bebidas embriagantes,
  que quedan hasta muy tarde
    embriagándose con vino!
12 En sus banquetes hay vino y arpas,
    liras, tambores y flautas;
  pero no se fijan en los hechos del SEÑOR
    ni tienen en cuenta las obras de sus manos.
13 Por eso mi pueblo será exiliado
    porque no me conoce;
  sus nobles perecerán de hambre
    y la multitud se morirá de sed.
14 Por eso el *sepulcro ensancha su garganta,
    y desmesuradamente abre sus fauces.
  Allí bajan nobles y plebeyos,
    con sus juergas y diversiones.
15 El *hombre será humillado,
    la humanidad, doblegada,
    y abatidos los ojos altivos.
16 Pero el SEÑOR Todopoderoso será exaltado en
    *justicia,
  el Dios *santo se mostrará santo en rectitud.
17 Los corderos pastarán como en praderas
     propias,
  y las cabras*d* comerán entre las ruinas de
    los ricos.

18 ¡Ay de los que arrastran iniquidad con cuerdas
    de mentira,
  y el pecado con sogas de carreta!
19 Dicen: «¡Que Dios se apure,
    que apresure su obra
    para que la veamos;
  que se acerque y se cumpla
    el plan del Santo de Israel,
    para que lo conozcamos!»

20 ¡Ay de los que llaman a lo malo bueno
    y a lo bueno malo,
  que tienen las tinieblas por luz
    y la luz por tinieblas,
  que tienen lo amargo por dulce
    y lo dulce por amargo!

21 ¡Ay de los que se consideran sabios,
    de los que se creen inteligentes!

22 ¡Ay de los valientes para beber vino,
    de los valentones que mezclan bebidas
    embriagantes,
23 de los que por soborno absuelven al culpable,
    y le niegan sus derechos al indefenso!

---

10 A ten-acre*e* vineyard will produce only a
    bath*f* of wine,
  a homer*g* of seed only an ephah*h* of
    grain.”

11 Woe to those who rise early in the morning
    to run after their drinks,
  who stay up late at night
    till they are inflamed with wine.
12 They have harps and lyres at their banquets,
    tambourines and flutes and wine,
  but they have no regard for the deeds of the
    LORD,
  no respect for the work of his hands.
13 Therefore my people will go into exile
    for lack of understanding;
  their men of rank will die of hunger
    and their masses will be parched with
    thirst.
14 Therefore the grave*i* enlarges its appetite
    and opens its mouth without limit;
  into it will descend their nobles and masses
    with all their brawlers and revelers.
15 So man will be brought low
    and mankind humbled,
    the eyes of the arrogant humbled.
16 But the LORD Almighty will be exalted by
    his justice,
  and the holy God will show himself holy
    by his righteousness.
17 Then sheep will graze as in their own
    pasture;
  lambs will feed*j* among the ruins of the
    rich.

18 Woe to those who draw sin along with
    cords of deceit,
  and wickedness as with cart ropes,
19 to those who say, “Let God hurry,
    let him hasten his work
    so we may see it.
  Let it approach,
    let the plan of the Holy One of Israel
    come,
    so we may know it.”

20 Woe to those who call evil good
    and good evil,
  who put darkness for light
    and light for darkness,
  who put bitter for sweet
    and sweet for bitter.

21 Woe to those who are wise in their own
    eyes
    and clever in their own sight.

22 Woe to those who are heroes at drinking
    wine
    and champions at mixing drinks,
23 who acquit the guilty for a bribe,
    but deny justice to the innocent.

---

c 5:10 tres hectáreas ... un tonel ... diez medidas ... tan sólo una.
Lit. *diez yugadas ... un *bato ... un *jómer ... un *efa.*
d 5:17 las cabras (LXX); *los forasteros* (TM).

e 10 Hebrew *ten-yoke,* that is, the land plowed by 10 yoke of oxen
in one day   *f 10* That is, probably about 6 gallons (about 22
liters)   *g 10* That is, probably about 6 bushels (about 220 liters)
h 10 That is, probably about 3/5 bushel (about 22 liters)
i 14 Hebrew *Sheol*   *j 17* Septuagint; Hebrew *l strangers will eat*

24Por eso, así como las lenguas de fuego
    devoran la paja
y el pasto seco se consume en las llamas,
su raíz se pudrirá
    y, como el polvo, se disipará su flor.
Porque han rechazado la *ley del Señor
    Todopoderoso
y han desdeñado la palabra del Santo de
    Israel.

25Por eso se enciende la ira del Señor contra su
    pueblo,
levanta la mano contra él y lo golpea;
las montañas se estremecen,
    los cadáveres quedan como basura
    en medio de las calles.

Con todo, no se aplacó su ira,
    y su brazo aún sigue extendido.

26Con una bandera le hará señas a una nación
    lejana,
con un silbido la llamará desde el extremo
    de la tierra.
y esta nación llegará presta y veloz.

27Ninguno de ellos se cansa ni tropieza,
    ni dormita ni se duerme;
a ninguno se le afloja el cinturón
    ni se le rompe la correa de las sandalias.

28Sus flechas son puntiagudas,
    tensos todos sus arcos;
parecen pedernal los cascos de sus caballos,
    y torbellino las ruedas de sus carros.

29Su rugido es el de una leona,
    como el de los leoncillos:
gruñe y atrapa la presa,
    y se la lleva sin que nadie se la arrebate.

30En aquel día bramará contra ella
    como brama el mar.
Si alguien contempla la tierra,
    la verá sombría y angustiada,
    y la luz se ocultará tras negros nubarrones.

La misión de Isaías

6 El año de la muerte del rey Uzías, vi al Señor excelso y sublime, sentado en un trono; las orlas de su manto llenaban el templo. 2Por encima de él había serafines, cada uno de los cuales tenía seis alas: con dos de ellas se cubrían el rostro, con dos se cubrían los pies, y con dos volaban. 3Y se decían el uno al otro:

«*Santo, santo, santo es el Señor
    *Todopoderoso;
    toda la tierra está llena de su gloria.»

4Al sonido de sus voces, se estremecieron los umbrales de las puertas y el templo se llenó de humo. 5Entonces grité: «¡Ay de mí, que estoy perdido! Soy un hombre de labios *impuros y vivo en medio de un pueblo de labios blasfemos, ¡y no obstante mis ojos han visto al Rey, al Señor Todopoderoso!»

6En ese momento voló hacia mí uno de los serafines. Traía en la mano una brasa que, con unas tenazas, había tomado del altar. 7Con ella me tocó los labios y me dijo:

«Mira, esto ha tocado tus labios;
    tu maldad ha sido borrada,
    y tu pecado, perdonado.»

24Therefore, as tongues of fire lick up straw
    and as dry grass sinks down in the
      flames,
so their roots will decay
    and their flowers blow away like dust;
for they have rejected the law of the Lord
    Almighty
and spurned the word of the Holy One of
    Israel.

25Therefore the Lord's anger burns against
    his people;
his hand is raised and he strikes them
    down.
The mountains shake,
    and the dead bodies are like refuse in the
    streets.

Yet for all this, his anger is not turned
    away,
his hand is still upraised.

26He lifts up a banner for the distant nations,
    he whistles for those at the ends of the
    earth.
Here they come,
    swiftly and speedily!

27Not one of them grows tired or stumbles,
    not one slumbers or sleeps;
not a belt is loosened at the waist,
    not a sandal thong is broken.

28Their arrows are sharp,
    all their bows are strung;
their horses' hoofs seem like flint,
    their chariot wheels like a whirlwind.

29Their roar is like that of the lion,
    they roar like young lions;
they growl as they seize their prey
    and carry it off with no one to rescue.

30In that day they will roar over it
    like the roaring of the sea.
And if one looks at the land,
    he will see darkness and distress;
    even the light will be darkened by the
      clouds.

Isaiah's Commission

6 In the year that King Uzziah died, I saw the Lord seated on a throne, high and exalted, and the train of his robe filled the temple. 2Above him were seraphs, each with six wings: With two wings they covered their faces, with two they covered their feet, and with two they were flying. 3And they were calling to one another:

"Holy, holy, holy is the Lord Almighty;
    the whole earth is full of his glory."

4At the sound of their voices the doorposts and thresholds shook and the temple was filled with smoke.

5"Woe to me!" I cried. "I am ruined! For I am a man of unclean lips, and I live among a people of unclean lips, and my eyes have seen the King, the Lord Almighty."

6Then one of the seraphs flew to me with a live coal in his hand, which he had taken with tongs from the altar. 7With it he touched my mouth and said, "See, this has touched your lips; your guilt is taken away and your sin atoned for."

8 Entonces oí la voz del Señor que decía:

—¿A quién enviaré? ¿Quién irá por nosotros?

Y respondí:

—Aquí estoy. ¡Envíame a mí!

9 Él dijo:

—Ve y dile a este pueblo:

»"Oigan bien, pero no entiendan;
   miren bien, pero no perciban."

10 Haz insensible el *corazón de este pueblo;
   embota sus oídos
   y cierra sus ojos,
no sea que vea con sus ojos,
   oiga con sus oídos,
   y entienda con su corazón,
y se convierta
   y sea sanado.

11 Entonces exclamé:

—¿Hasta cuándo, Señor?

Y él respondió:

«Hasta que las ciudades queden destruidas
   y sin habitante alguno;
hasta que las casas queden deshabitadas,
   y los campos, asolados y en ruinas;

12 hasta que el SEÑOR haya enviado lejos a todo el
   pueblo,
   y el país quede en total abandono.

13 Y si aún queda en la tierra una décima parte,
   ésta volverá a ser devastada.
Pero así como al talar la encina y el roble
   queda parte del tronco,
   esa parte es la simiente santa.»

La señal de Emanuel

7 Acaz, hijo de Jotán y nieto de Uzías, reinaba en Judá. En ese tiempo Rezín, rey de *Siria, y Pecaj hijo de Remalías, rey de Israel, subieron contra Jerusalén para atacarla, pero no pudieron conquistarla.

2 En el palacio de David se recibió la noticia de que Siria se había aliado con Efraín, y se estremeció el *corazón de Acaz y el de su pueblo, como se estremecen por el viento los árboles del bosque.

3 El SEÑOR le dijo a Isaías: «Ve con tu hijo Sear Yasub[e] a encontrarte con Acaz donde termina el canal del estanque superior, en el camino que conduce al Campo del Lavandero. 4 Dile que tenga cuidado y no pierda la calma; que no tema ante el enojo ardiente de Rezín el sirio, ni ante el hijo de Remalías; que no se descorazone a causa de esos dos tizones humeantes. 5 Dile también que Efraín, junto con el hijo de Remalías y el sirio, han tramado hacerle mal, pues piensan 6 subir contra Judá, provocar el pánico, conquistarla y poner allí como rey al hijo de Tabel. 7 Pero dile además que yo, el SEÑOR omnipotente, digo:

»"Eso no se cumplirá ni sucederá.
8   La cabeza de Siria es Damasco,
   y la cabeza de Damasco es Rezín;
pero dentro de sesenta y cinco años
   Efraín será destrozado hasta dejar de ser
   pueblo.

8 Then I heard the voice of the Lord saying, "Whom shall I send? And who will go for us?"

And I said, "Here am I. Send me!"

9 He said, "Go and tell this people:

" 'Be ever hearing, but never understanding;
   be ever seeing, but never perceiving.'

10 Make the heart of this people calloused;
   make their ears dull
   and close their eyes.[k]
Otherwise they might see with their eyes,
   hear with their ears,
   understand with their hearts,
and turn and be healed."

11 Then I said, "For how long, O Lord?"

And he answered:

"Until the cities lie ruined
   and without inhabitant,
until the houses are left deserted
   and the fields ruined and ravaged,

12 until the LORD has sent everyone far away
   and the land is utterly forsaken.

13 And though a tenth remains in the land,
   it will again be laid waste.
But as the terebinth and oak
   leave stumps when they are cut down,
   so the holy seed will be the stump in the
   land."

The Sign of Immanuel

7 When Ahaz son of Jotham, the son of Uzziah, was king of Judah, King Rezin of Aram and Pekah son of Remaliah king of Israel marched up to fight against Jerusalem, but they could not overpower it.

2 Now the house of David was told, "Aram has allied itself with[l] Ephraim"; so the hearts of Ahaz and his people were shaken, as the trees of the forest are shaken by the wind.

3 Then the LORD said to Isaiah, "Go out, you and your son Shear-Jashub,[m] to meet Ahaz at the end of the aqueduct of the Upper Pool, on the road to the Washerman's Field. 4 Say to him, 'Be careful, keep calm and don't be afraid. Do not lose heart because of these two smoldering stubs of firewood—because of the fierce anger of Rezin and Aram and of the son of Remaliah. 5 Aram, Ephraim and Remaliah's son have plotted your ruin, saying, 6 "Let us invade Judah; let us tear it apart and divide it among ourselves, and make the son of Tabeel king over it." 7 Yet this is what the Sovereign LORD says:

" 'It will not take place,
   it will not happen,
8 for the head of Aram is Damascus,
   and the head of Damascus is only Rezin.
Within sixty-five years
   Ephraim will be too shattered to be a
   people.

---

e 7:3 En hebreo, Sear Yasub significa un remanente volverá.

k 9,10 Hebrew; Septuagint 'You will be ever hearing, but never understanding; / you will be ever seeing, but never perceiving.' / 10 This people's heart has become calloused; / they hardly hear with their ears, / and they have closed their eyes   12 Or has set up camp in   m 3 Shear-Jashub means a remnant will return.

⁹La cabeza de Efraín es Samaria,
  y la cabeza de Samaria es el hijo de
    Remalías;
si ustedes no creen en mí,
  no permanecerán*f* firmes.'»

¹⁰El Señor se dirigió a Acaz de nuevo:
¹¹—Pide que el Señor tu Dios te dé una señal, ya sea en lo más profundo de la tierra o en lo más alto del cielo.
¹²Pero Acaz respondió:
—No pondré a prueba al Señor, ni le pediré nada.
¹³Entonces Isaías dijo: «¡Escuchen ahora ustedes, los de la dinastía de David! ¿No les basta con agotar la paciencia de los *hombres, que hacen lo mismo con mi Dios? ¹⁴Por eso, el Señor mismo les dará una señal: La joven concebirá y dará a luz un hijo, y lo llamará Emanuel.*g* ¹⁵Cuando sepa elegir lo bueno y rechazar lo malo, comerá cuajada con miel. ¹⁶Porque antes de que el niño sepa elegir lo bueno y rechazar lo malo, la tierra de los dos reyes que tú temes quedará abandonada.

¹⁷»El Señor hará venir sobre ti, sobre tu pueblo y sobre la dinastía de tu padre, días como no se conocieron desde que Efraín se separó de Judá, pues hará venir al rey de Asiria.»

¹⁸En aquel día el Señor llamará con un silbido a la mosca que está en los lejanos ríos de Egipto, y a la abeja que está en la tierra de Asiria. ¹⁹Todas ellas vendrán y anidarán en las quebradas profundas, en las hendiduras de las rocas, en todos los matorrales espinosos y sobre todos los abrevaderos.

²⁰En aquel día, con el rey de Asiria como navaja prestada del otro lado del río Éufrates, el Señor le afeitará a Israel la cabeza y el vello púbico,*h* y también la barba.

²¹En aquel día, un hombre criará un ternero y dos cabras; ²²y le darán tanta leche que tendrá leche cuajada para comer. Además, todos los que permanezcan en la tierra comerán cuajada con miel.

²³En aquel día, allí donde hubo mil viñedos que costaban mil monedas de plata*i* cada uno, no quedarán más que zarzas y espinos, ²⁴los cuales cubrirán toda la tierra. Sólo se podrá entrar allí con arco y flecha. ²⁵Y por temor a estos espinos y a estas zarzas, ya no irás a los cerros que antes se cultivaban con el azadón, pues se convertirán en lugares donde se suelta el ganado y corretean las ovejas.

Asiria, el instrumento del Señor

8 El Señor me dijo: «Toma una tablilla grande y, con un estilete común, escribe sobre ella: "Tocante a Maher Salal Jasbaz".*j* ²Yo convocaré como testigos confiables al sacerdote Urías y a Zacarías hijo de Jeberequías.»

³Luego tuve relaciones con la profetisa, y ella concibió y dio a luz un hijo. Entonces el Señor me dijo: «Ponle por nombre Maher Salal Jasbaz. ⁴Antes de que el niño aprenda a decir "papá" y "mamá", la riqueza de Damasco y el botín de Samaria serán llevados ante el rey de Asiria.»

⁵El Señor volvió a decirme:

⁹The head of Ephraim is Samaria,
  and the head of Samaria is only
    Remaliah's son.
If you do not stand firm in your faith,
  you will not stand at all.' "

¹⁰Again the Lord spoke to Ahaz, ¹¹"Ask the Lord your God for a sign, whether in the deepest depths or in the highest heights."

¹²But Ahaz said, "I will not ask; I will not put the Lord to the test."

¹³Then Isaiah said, "Hear now, you house of David! Is it not enough to try the patience of men? Will you try the patience of my God also? ¹⁴Therefore the Lord himself will give you*n* a sign: The virgin will be with child and will give birth to a son, and*o* will call him Immanuel.*p* ¹⁵He will eat curds and honey when he knows enough to reject the wrong and choose the right. ¹⁶But before the boy knows enough to reject the wrong and choose the right, the land of the two kings you dread will be laid waste. ¹⁷The Lord will bring on you and on your people and on the house of your father a time unlike any since Ephraim broke away from Judah—he will bring the king of Assyria."

¹⁸In that day the Lord will whistle for flies from the distant streams of Egypt and for bees from the land of Assyria. ¹⁹They will all come and settle in the steep ravines and in the crevices in the rocks, on all the thornbushes and at all the water holes. ²⁰In that day the Lord will use a razor hired from beyond the River*q*— the king of Assyria—to shave your head and the hair of your legs, and to take off your beards also. ²¹In that day, a man will keep alive a young cow and two goats. ²²And because of the abundance of the milk they give, he will have curds to eat. All who remain in the land will eat curds and honey. ²³In that day, in every place where there were a thousand vines worth a thousand silver shekels,*r* there will be only briers and thorns. ²⁴Men will go there with bow and arrow, for the land will be covered with briers and thorns. ²⁵As for all the hills once cultivated by the hoe, you will no longer go there for fear of the briers and thorns; they will become places where cattle are turned loose and where sheep run.

Assyria, the Lord's Instrument

8 The Lord said to me, "Take a large scroll and write on it with an ordinary pen: Maher-Shalal-Hash-Baz.*s* ²And I will call in Uriah the priest and Zechariah son of Jeberekiah as reliable witnesses for me."

³Then I went to the prophetess, and she conceived and gave birth to a son. And the Lord said to me, "Name him Maher-Shalal-Hash-Baz. ⁴Before the boy knows how to say 'My father' or 'My mother,' the wealth of Damascus and the plunder of Samaria will be carried off by the king of Assyria."

⁵The Lord spoke to me again:

---

f 7:9 no creen en mí, / no permanecerán (lectura probable); *no creen, / ciertamente no permanecerán* (TM).   *g 7:14* En hebreo, *Emanuel* significa *Dios con nosotros.*   *h 7:20 vello púbico.* Lit. *vello de los pies.*   *i 7:23 mil monedas de plata.* Lit. *mil ((*siclos) de plata.*   *j 8:1* En hebreo, *Maher Salal Jasbaz* significa *Pronto al saqueo, presto al botín;* también en v. 3.

n 14 The Hebrew is plural.   *o 14* Masoretic Text; Dead Sea Scrolls *and he* or *and they*   *p 14 Immanuel* means *God with us.*   *q 20* That is, the Euphrates   *r 23* That is, about 25 pounds (about 11.5 kilograms)   *s 1 Maher-Shalal-Hash-Baz* means *quick to the plunder, swift to the spoil;* also in verse 3.

6 «Por cuanto este pueblo ha rechazado
  las mansas corrientes de Siloé
y se regocija con Rezín
  y con el hijo de Remalías,
7 el Señor está a punto de traer contra ellos
  las impetuosas crecientes del río Éufrates:
  al rey de Asiria con toda su gloria.
Rebasará todos sus canales,
  desbordará todas sus orillas;
8 pasará hasta Judá, la inundará,
  y crecerá hasta llegarle al cuello.
Sus alas extendidas, ¡oh Emanuel!,*k*
  cubrirán la anchura de tu tierra.»

9 Escuchen esto, naciones,
  todas las naciones lejanas:
¡Alcen el grito de guerra,
  y serán destrozadas!
¡Prepárense para la batalla,
  y serán despedazadas!
¡Prepárense para la batalla,
  y serán desmenuzadas!
10 Tracen su estrategia,
  pero será desbaratada;
propongan su plan,
  pero no se realizará,
  porque Dios está con nosotros.*l*

Hay que temer a Dios

11 El Señor me habló fuertemente y me advirtió que
no siguiera el *camino de este pueblo. Me dijo:

12 «No digan ustedes que es conspiración
  todo lo que llama conspiración esta gente;
no teman lo que ellos temen,
  ni se dejen asustar.
13 Sólo al Señor *Todopoderoso
  tendrán ustedes por *santo,
sólo a él deben honrarlo,
  sólo a él han de temerlo.
14   El Señor será un santuario.
Pero será una piedra de tropiezo
  para las dos casas de Israel;
¡una *roca que los hará caer!
¡Será para los habitantes de Jerusalén
  un lazo y una trampa!
15 Muchos de ellos tropezarán;
  caerán y serán quebrantados.
Se les tenderán trampas,
  y en ellas quedarán atrapados.»

16 Guarda bien el testimonio;
  sella la ley entre mis discípulos.
17 El Señor ha escondido su rostro
  del pueblo de Jacob,
pero yo esperaré en él,
  pues en él tengo puesta mi esperanza.

18 Aquí me tienen, con los hijos que el Señor me ha
dado. Somos en Israel señales y presagios del Señor
Todopoderoso, que habita en el monte *Sión.

19 Si alguien les dice: «Consulten a las pitonisas y a
los agoreros que susurran y musitan; ¿acaso no es deber de un pueblo consultar a sus dioses y a los muertos,
en favor de los vivos?», 20 yo les digo: «¡Aténganse a
la ley y al testimonio!» Para quienes no se atengan a
esto, no habrá un amanecer.

21 Ustedes habrán de enfurecerse cuando, angustiados y hambrientos, vaguen por la tierra. Levantando

6 "Because this people has rejected
  the gently flowing waters of Shiloah
and rejoices over Rezin
  and the son of Remaliah,
7 therefore the Lord is about to bring against
  them
  the mighty floodwaters of the River*t*—
  the king of Assyria with all his pomp.
It will overflow all its channels,
  run over all its banks
8 and sweep on into Judah, swirling over it,
  passing through it and reaching up to the
    neck.
Its outspread wings will cover the breadth
  of your land,
  O Immanuel*u*!"

9 Raise the war cry,*v* you nations, and be
    shattered!
Listen, all you distant lands.
Prepare for battle, and be shattered!
Prepare for battle, and be shattered!
10 Devise your strategy, but it will be
    thwarted;
propose your plan, but it will not stand,
  for God is with us.*w*

Fear God

11 The Lord spoke to me with his strong hand upon
me, warning me not to follow the way of this people.
He said:

12 "Do not call conspiracy
  everything that these people call
    conspiracy*x*;
do not fear what they fear,
  and do not dread it.
13 The Lord Almighty is the one you are to
    regard as holy,
he is the one you are to fear,
  he is the one you are to dread,
14 and he will be a sanctuary;
  but for both houses of Israel he will be
a stone that causes men to stumble
  and a rock that makes them fall.
And for the people of Jerusalem he will be
  a trap and a snare.
15 Many of them will stumble;
  they will fall and be broken,
  they will be snared and captured."

16 Bind up the testimony
  and seal up the law among my disciples.
17 I will wait for the Lord,
  who is hiding his face from the house of
    Jacob.
I will put my trust in him.

18 Here am I, and the children the Lord has given
me. We are signs and symbols in Israel from the Lord
Almighty, who dwells on Mount Zion.

19 When men tell you to consult mediums and spiritists, who whisper and mutter, should not a people inquire of their God? Why consult the dead on behalf of
the living? 20 To the law and to the testimony! If they
do not speak according to this word, they have no light
of dawn. 21 Distressed and hungry, they will roam
through the land; when they are famished, they will
become enraged and, looking upward, will curse their

---

k 8:8 En hebreo, *Emanuel* significa *Dios con nosotros*; véase
también v. 10.   *l 8:10* *Dios está con nosotros*. Lit. *Emanuel*;
véase v. 8.

t 7 That is, the Euphrates   *u 8* *Immanuel* means *God with us.*
v 9 Or *Do your worst*   *w 10* Hebrew *Immanuel*   *x 12* Or *Do*
not call for a treaty / every time these people call for a treaty

los ojos al cielo, maldecirán a su rey y a su Dios, ²²y clavando la mirada en la tierra, sólo verán aflicción, tinieblas y espantosa penumbra; ¡serán arrojados a una oscuridad total!

Nos ha nacido un niño

9 A pesar de todo, no habrá más penumbra para la que estuvo angustiada. En el pasado Dios humilló a la tierra de Zabulón y a la tierra de Neftalí; pero en el futuro honrará a Galilea, tierra de *paganos, en el camino del mar, al otro lado del Jordán.

²El pueblo que andaba en la oscuridad
   ha visto una gran luz;
sobre los que vivían en densas tinieblas
   la luz ha resplandecido.
³Tú has hecho que la nación crezca;
   has aumentado su alegría.
Y se alegran ellos en tu presencia
   como cuando recogen la cosecha,
   como cuando reparten el botín.
⁴Ciertamente tú has quebrado,
   como en la derrota de Madián,
el yugo que los oprimía,
   la barra que pesaba sobre sus hombros,
   el bastón de mando que los subyugaba.
⁵Todas las botas guerreras
   que resonaron en la batalla,
y toda la ropa teñida en sangre
   serán arrojadas al fuego,
   serán consumidas por las llamas.
⁶Porque nos ha nacido un niño,
   se nos ha concedido un hijo;
la soberanía reposará sobre sus hombros,
   y se le darán estos *nombres:
Consejero admirable, Dios fuerte,
   Padre eterno, Príncipe de *paz.
⁷Se extenderán su soberanía y su paz,
   y no tendrán fin.
Gobernará sobre el trono de David
   y sobre su reino,
para establecerlo y sostenerlo
   con justicia y rectitud
   desde ahora y para siempre.
Esto lo llevará a cabo
   el celo del SEÑOR *Todopoderoso.

El enojo del SEÑOR contra Israel

⁸El Señor ha enviado su palabra;
   la ha enviado contra Jacob,
   ¡ya cae sobre Israel!
⁹De esto se entera todo el pueblo
   —Efraín y los habitantes de Samaria—,
todos los que dicen con orgullo
   y con altivez de *corazón:
¹⁰«Si se caen los ladrillos,
   recostruiremos con piedra tallada;
si se caen las vigas de higuera,
   las repondremos con vigas de cedro.»
¹¹Pero el SEÑOR ha fortalecido
   a los adversarios de Rezín;
   ha incitado a sus enemigos.

king and their God. ²²Then they will look toward the earth and see only distress and darkness and fearful gloom, and they will be thrust into utter darkness.

To Us a Child Is Born

9 Nevertheless, there will be no more gloom for those who were in distress. In the past he humbled the land of Zebulun and the land of Naphtali, but in the future he will honor Galilee of the Gentiles, by the way of the sea, along the Jordan—

²The people walking in darkness
   have seen a great light;
on those living in the land of the shadow of
      death*y*
   a light has dawned.
³You have enlarged the nation
   and increased their joy;
they rejoice before you
   as people rejoice at the harvest,
as men rejoice
   when dividing the plunder.
⁴For as in the day of Midian's defeat,
   you have shattered
the yoke that burdens them,
   the bar across their shoulders,
   the rod of their oppressor.
⁵Every warrior's boot used in battle
   and every garment rolled in blood
will be destined for burning,
   will be fuel for the fire.
⁶For to us a child is born,
   to us a son is given,
   and the government will be on his
      shoulders.
And he will be called
   Wonderful Counselor,*z* Mighty God,
   Everlasting Father, Prince of Peace.
⁷Of the increase of his government and peace
   there will be no end.
He will reign on David's throne
   and over his kingdom,
establishing and upholding it
   with justice and righteousness
   from that time on and forever.
The zeal of the LORD Almighty
   will accomplish this.

The LORD's Anger Against Israel

⁸The Lord has sent a message against Jacob;
   it will fall on Israel.
⁹All the people will know it—
   Ephraim and the inhabitants of Samaria—
who say with pride
   and arrogance of heart,
¹⁰"The bricks have fallen down,
   but we will rebuild with dressed stone;
the fig trees have been felled,
   but we will replace them with cedars."
¹¹But the LORD has strengthened Rezin's foes
   against them
   and has spurred their enemies on.

---

y2 Or land of darkness   z6 Or Wonderful, Counselor

¹²Los *sirios en el este y los filisteos en el oeste
se comieron a Israel de un solo bocado.

A pesar de todo esto,
la ira de Dios no se ha aplacado;
¡su mano aún sigue extendida!

¹³Pero el pueblo no ha querido reconocer
al que lo ha castigado;
no ha buscado al SEÑOR *Todopoderoso.
¹⁴Por eso en un mismo día
el SEÑOR le cortará a Israel
la cabeza y la cola,
la palmera y el junco.
¹⁵La cabeza son los *ancianos
y la gente de alto rango;
la cola son los profetas,
maestros de mentiras.
¹⁶Los guías de este pueblo lo han extraviado;
los que se dejan guiar son confundidos.
¹⁷Por eso no se complacerá el Señor en los
jóvenes,
ni se apiadará de huérfanos y viudas,
porque todos ellos son impíos y malvados;
sus labios profieren *necedades.

A pesar de todo esto,
la ira de Dios no se ha aplacado;
¡su mano aún sigue extendida!

¹⁸La maldad arde como un fuego
que consume zarzas y espinos,
que incendia la espesura del bosque
y sube luego, como torbellino,
en una columna de humo.
¹⁹Por la ira del SEÑOR Todopoderoso
arderá en fuego la tierra.
Y el pueblo será el combustible:
¡Nadie se compadecerá de su hermano!
²⁰Unos comerán lo que esté a su mano derecha,
pero se quedarán con hambre;
otros comerán lo que esté a su izquierda,
pero no quedarán satisfechos.
¡Se comerán a sus propios hijos!ᵐ
²¹Manasés se comerá a Efraín,
y Efraín a Manasés,
y los dos juntos atacarán a Judá.

A pesar de todo esto,
la ira de Dios no se ha aplacado;
¡su mano aún sigue extendida!

10

¡Ay de los que emiten decretos inicuos
y publican edictos opresivos!
²Privan de sus derechos a los pobres,
y no les hacen justicia a los oprimidos de mi
pueblo;
hacen de las viudas su presa
y saquean a los huérfanos.
³¿Qué van a hacer cuando deban rendir cuentas,
cuando llegue desde lejos la tormenta?
¿A quién acudirán en busca de ayuda?
¿En dónde dejarán sus riquezas?

¹²Arameans from the east and Philistines from
the west
have devoured Israel with open mouth.

Yet for all this, his anger is not turned
away,
his hand is still upraised.

¹³But the people have not returned to him
who struck them,
nor have they sought the LORD Almighty.
¹⁴So the LORD will cut off from Israel both
head and tail,
both palm branch and reed in a single
day;
¹⁵the elders and prominent men are the head,
the prophets who teach lies are the tail.
¹⁶Those who guide this people mislead them,
and those who are guided are led astray.
¹⁷Therefore the Lord will take no pleasure in
the young men,
nor will he pity the fatherless and
widows,
for everyone is ungodly and wicked,
every mouth speaks vileness.

Yet for all this, his anger is not turned
away,
his hand is still upraised.

¹⁸Surely wickedness burns like a fire;
it consumes briers and thorns,
it sets the forest thickets ablaze,
so that it rolls upward in a column of
smoke.
¹⁹By the wrath of the LORD Almighty
the land will be scorched
and the people will be fuel for the fire;
no one will spare his brother.
²⁰On the right they will devour,
but still be hungry;
on the left they will eat,
but not be satisfied.
Each will feed on the flesh of his own
offspringᵃ:
²¹ Manasseh will feed on Ephraim, and
Ephraim on Manasseh;
together they will turn against Judah.

Yet for all this, his anger is not turned
away,
his hand is still upraised.

10

Woe to those who make unjust laws,
to those who issue oppressive decrees,
²to deprive the poor of their rights
and withhold justice from the oppressed
of my people,
making widows their prey
and robbing the fatherless.
³What will you do on the day of reckoning,
when disaster comes from afar?
To whom will you run for help?
Where will you leave your riches?

ᵐ 9:20 *a sus propios hijos.* Lit. *la carne de su brazo.*   ᵃ 20 Or *arm*

⁴No les quedará más remedio
    que humillarse entre los cautivos
    o morir entre los masacrados.

A pesar de todo esto,
    la ira de Dios no se ha aplacado;
    ¡su mano aún sigue extendida!

Juicio de Dios sobre Asiria

⁵«¡Ay de Asiria, vara de mi ira!
    ¡El garrote de mi enojo está en su mano!
⁶Lo envío contra una nación impía,
    lo mando contra un pueblo que me enfurece,
para saquearlo y despojarlo,
    para pisotearlo como al barro de las calles.
⁷Pero esto Asiria no se lo propuso;
    ¡ni siquiera lo pensó!
Sólo busca destruir
    y aniquilar a muchas naciones.
⁸Pues dice: "¿Acaso no son reyes todos mis
      jefes?
⁹   ¿No es Calnó como Carquemis?
¿No es Jamat como Arfad,
    y Samaria como Damasco?
¹⁰Así como alcanzó mi mano
    a los reinos de los ídolos,
reinos cuyas imágenes superaban
    a las de Jerusalén y de Samaria,
¹¹y así como hice con Samaria y sus dioses,
    también haré con Jerusalén y sus ídolos."»

¹²Cuando el Señor termine lo que va a hacer contra el monte *Sión y contra Jerusalén, él dirá: «Castigaré el fruto del orgulloso *corazón del rey de Asiria y la arrogancia de sus ojos.» ¹³Porque afirma:

«Esto lo hizo el poder de mi mano;
    lo hizo mi sabiduría,
    porque soy inteligente.
He cambiado las fronteras de los pueblos,
    he saqueado sus tesoros;
como un guerrero poderoso
    he derribado a sus reyes.
¹⁴Como quien mete la mano en un nido,
    me he adueñado de la riqueza de los
      pueblos;
como quien recoge huevos abandonados,
    me he apoderado de toda la tierra;
y no hubo nadie que aleteara
    ni abriera el pico y chillara.»

¹⁵¿Puede acaso gloriarse el hacha
    más que el que la maneja,
o jactarse la sierra contra quien la usa?
¡Como si pudiera el bastón manejar
    a quien lo tiene en la mano,
o la frágil vara pudiera levantar
    a quien pesa más que la madera!
¹⁶Por eso enviará el Señor,
    el SEÑOR *Todopoderoso,
una enfermedad devastadora
    sobre sus robustos guerreros.
En vez de honrarlos, les prenderá fuego,
    un fuego como de llama ardiente.
¹⁷La luz de Israel se convertirá en fuego;
    su *Santo se volverá una llama.
En un solo día quemará sus espinos
    y consumirá sus zarzas.

⁴Nothing will remain but to cringe among
    the captives
    or fall among the slain.

Yet for all this, his anger is not turned
    away,
    his hand is still upraised.

God's Judgment on Assyria

⁵"Woe to the Assyrian, the rod of my anger,
    in whose hand is the club of my wrath!
⁶I send him against a godless nation,
    I dispatch him against a people who anger
      me,
to seize loot and snatch plunder,
    and to trample them down like mud in the
      streets.
⁷But this is not what he intends,
    this is not what he has in mind;
his purpose is to destroy,
    to put an end to many nations.
⁸'Are not my commanders all kings?' he
    says.
⁹   'Has not Calno fared like Carchemish?
Is not Hamath like Arpad,
    and Samaria like Damascus?
¹⁰As my hand seized the kingdoms of the
    idols,
    kingdoms whose images excelled those of
      Jerusalem and Samaria—
¹¹shall I not deal with Jerusalem and her
    images
    as I dealt with Samaria and her idols?' "

¹²When the Lord has finished all his work against Mount Zion and Jerusalem, he will say, "I will punish the king of Assyria for the willful pride of his heart and the haughty look in his eyes. ¹³For he says:

" 'By the strength of my hand I have done
    this,
    and by my wisdom, because I have
      understanding.
I removed the boundaries of nations,
    I plundered their treasures;
    like a mighty one I subdued[b] their kings.
¹⁴As one reaches into a nest,
    so my hand reached for the wealth of the
      nations;
as men gather abandoned eggs,
    so I gathered all the countries;
not one flapped a wing,
    or opened its mouth to chirp.' "

¹⁵Does the ax raise itself above him who
    swings it,
    or the saw boast against him who uses it?
As if a rod were to wield him who lifts it
    up,
    or a club brandish him who is not wood!
¹⁶Therefore, the Lord, the LORD Almighty,
    will send a wasting disease upon his
      sturdy warriors;
under his pomp a fire will be kindled
    like a blazing flame.
¹⁷The Light of Israel will become a fire,
    their Holy One a flame;
in a single day it will burn and consume
    his thorns and his briers.

b 13 Or / I subdued the mighty,

18 Destruirá de extremo a extremo
el esplendor de sus bosques y de sus
huertos,
como enfermo carcomido por la plaga.
19 Tan pocos árboles quedarán en su bosque
que hasta un niño podrá contarlos.

El remanente de Israel

20 En aquel día ni el remanente de Israel
ni los sobrevivientes del pueblo de Jacob
volverán a apoyarse
en quien los hirió de muerte,
sino que su apoyo verdadero
será el SEÑOR, el *Santo de Israel.
21 Y un remanente volverá;[n]
un remanente de Jacob volverá al Dios
Poderoso.
22 Israel,
aunque tu pueblo sea como la arena del mar,
sólo un remanente volverá.
Se ha decretado destrucción,
abrumadora justicia.
23 Porque el Señor, el SEÑOR *Todopoderoso,
ejecutará la destrucción decretada
en medio de todo el país.

24 Por eso, así dice el Señor, el SEÑOR Todopoderoso:

«Pueblo mío, que vives en *Sión,
no tengas temor de Asiria.
Aunque te golpee con el bastón
y contra ti levante una vara,
como lo hizo Egipto.
25 Dentro de muy poco tiempo
mi indignación contra ti llegará a su fin,
y mi ira destruirá a tus enemigos.»

26 Con un látigo los azotará
el SEÑOR Todopoderoso,
como cuando abatió a Madián
en la *roca de Oreb;
levantará sobre el mar su vara,
como lo hizo en Egipto.
27 En aquel día
esa carga se te quitará de los hombros,
y a causa de la gordura
se romperá el yugo que llevas en el cuello.

28 Llega el enemigo hasta Ayat,
pasa por Migrón,
y deja en Micmás su equipaje.
29 Cruza el vado, y dice:
«Acamparemos en Gueba.»
Ramá se pone a temblar,
y huye Guibeá, ciudad de Saúl.
30 ¡Clama a gritos, hija de Galín!
¡Escucha, Lais!
¡Pobre Anatot!
31 Se ha puesto en fuga Madmena;
los habitantes de Guebín buscan refugio.
32 Hoy mismo se detendrá en Nob;
agitará su puño contra el monte
de la ciudad de Sión,
el monte de Jerusalén.

18 The splendor of his forests and fertile fields
it will completely destroy,
as when a sick man wastes away.
19 And the remaining trees of his forests will
be so few
that a child could write them down.

The Remnant of Israel

20 In that day the remnant of Israel,
the survivors of the house of Jacob,
will no longer rely on him
who struck them down
but will truly rely on the LORD,
the Holy One of Israel.
21 A remnant will return,[c] a remnant of Jacob
will return to the Mighty God.
22 Though your people, O Israel, be like the
sand by the sea,
only a remnant will return.
Destruction has been decreed,
overwhelming and righteous.
23 The Lord, the LORD Almighty, will carry
out
the destruction decreed upon the whole
land.

24 Therefore, this is what the Lord, the LORD Almighty, says:

"O my people who live in Zion,
do not be afraid of the Assyrians,
who beat you with a rod
and lift up a club against you, as Egypt
did.
25 Very soon my anger against you will end
and my wrath will be directed to their
destruction."

26 The LORD Almighty will lash them with a
whip,
as when he struck down Midian at the
rock of Oreb;
and he will raise his staff over the waters,
as he did in Egypt.
27 In that day their burden will be lifted from
your shoulders,
their yoke from your neck;
the yoke will be broken
because you have grown so fat.[d]

28 They enter Aiath;
they pass through Migron;
they store supplies at Micmash.
29 They go over the pass, and say,
"We will camp overnight at Geba."
Ramah trembles;
Gibeah of Saul flees.
30 Cry out, O Daughter of Gallim!
Listen, O Laishah!
Poor Anathoth!
31 Madmenah is in flight;
the people of Gebim take cover.
32 This day they will halt at Nob;
they will shake their fist
at the mount of the Daughter of Zion,
at the hill of Jerusalem.

---

n 10:21 un remanente volverá. Véase nota en 7:3.

c 21 Hebrew shear-jashub; also in verse 22   d 27 Hebrew;
Septuagint broken / from your shoulders

33 ¡Miren! El Señor, el SEÑOR Todopoderoso,
  desgaja las ramas con fuerza increíble.
 Los árboles más altos son talados;
  los más elevados son abatidos.
34 Derriba con un hacha la espesura del bosque,
  y el esplendor del Líbano se viene abajo.

El retoño de Isaí

11 Del tronco de Isaí brotará un retoño;
  un vástago nacerá de sus raíces.
2 El Espíritu del SEÑOR reposará sobre él:
  espíritu de sabiduría y de entendimiento,
  espíritu de consejo y de poder,
  espíritu de conocimiento y de temor del
   SEÑOR.

3 Él se deleitará en el temor del SEÑOR;
  no juzgará según las apariencias,
  ni decidirá por lo que oiga decir,
4 sino que juzgará con justicia a los desvalidos,
  y dará un fallo justo
  en favor de los pobres de la tierra.
 Destruirá la tierra con la vara de su boca;
  matará al malvado con el aliento de sus
   labios.
5 La *justicia será el cinto de sus lomos
  y la fidelidad el ceñidor de su cintura.

6 El lobo vivirá con el cordero,
  el leopardo se echará con el cabrito,
 y juntos andarán el ternero y el cachorro de
   león,
  y un niño pequeño los guiará.
7 La vaca pastará con la osa,
  sus crías se echarán juntas,
  y el león comerá paja como el buey.
8 Jugará el niño de pecho
  junto a la cueva de la cobra,
 y el recién destetado meterá la mano
  en el nido de la víbora.
9 No harán ningún daño ni estrago
  en todo mi monte *santo,
 porque rebosará la tierra
  con el conocimiento del SEÑOR
  como rebosa el mar con las aguas.

10 En aquel día se alzará la raíz de Isaí
  como estandarte de los pueblos;
 hacia él correrán las naciones,
  y glorioso será el lugar donde repose.
11 En aquel día el Señor volverá a extender su
   mano
  para recuperar al remanente de su pueblo,
 a los que hayan quedado en Asiria,
  en Egipto, Patros y *Cus;
 en Elam, Sinar y Jamat,
  y en las regiones más remotas.
12 Izará una bandera para las naciones,
  reunirá a los desterrados de Israel,
 y de los cuatro puntos cardinales
  juntará al pueblo esparcido de Judá.

The Branch From Jesse

11 A shoot will come up from the stump of
   Jesse;
  from his roots a Branch will bear fruit.
2 The Spirit of the LORD will rest on him—
  the Spirit of wisdom and of
   understanding,
  the Spirit of counsel and of power,
  the Spirit of knowledge and of the fear of
   the LORD—
3 and he will delight in the fear of the LORD.

 He will not judge by what he sees with his
   eyes,
  or decide by what he hears with his ears;
4 but with righteousness he will judge the
   needy,
  with justice he will give decisions for the
   poor of the earth.
 He will strike the earth with the rod of his
   mouth;
  with the breath of his lips he will slay the
   wicked.
5 Righteousness will be his belt
  and faithfulness the sash around his waist.

6 The wolf will live with the lamb,
  the leopard will lie down with the goat,
 the calf and the lion and the yearling*e*
   together;
  and a little child will lead them.
7 The cow will feed with the bear,
  their young will lie down together,
  and the lion will eat straw like the ox.
8 The infant will play near the hole of the
   cobra,
  and the young child put his hand into the
   viper's nest.
9 They will neither harm nor destroy
  on all my holy mountain,
 for the earth will be full of the knowledge
   of the LORD
  as the waters cover the sea.

10 In that day the Root of Jesse will stand as a banner
for the peoples; the nations will rally to him, and his
place of rest will be glorious. 11 In that day the Lord
will reach out his hand a second time to reclaim the
remnant that is left of his people from Assyria, from
Lower Egypt, from Upper Egypt,*f* from Cush,*g* from
Elam, from Babylonia,*h* from Hamath and from the
islands of the sea.

12 He will raise a banner for the nations
  and gather the exiles of Israel;
 he will assemble the scattered people of
   Judah
  from the four quarters of the earth.

---

e 6 Hebrew; Septuagint *lion will feed*   *f 11* Hebrew *from Pathros*
g 11 That is, the upper Nile region   *h 11* Hebrew *Shinar*

13 Desaparecerán los celos de Efraín;
　　los opresores de Judá serán aniquilados.
　Efraín no tendrá más celos de Judá,
　　ni oprimirá Judá a Efraín.
14 Juntos se lanzarán hacia el oeste,
　　contra las laderas de los filisteos;
　juntos saquearán a los pueblos del este,
　　dejarán sentir su poder sobre Edom y Moab,
　　y se les someterán los amonitas.
15 Secará[ñ] el SEÑOR el golfo del mar de Egipto;
　　pasará su mano sobre el río Éufrates
　y lanzará un viento ardiente;
　lo dividirá en siete arroyos
　　para que lo puedan cruzar en sandalias.
16 Para el remanente de su pueblo,
　　para los que hayan quedado de Asiria,
　habrá un camino, como lo hubo para Israel
　　cuando salió de Egipto.

13 Ephraim's jealousy will vanish,
　　and Judah's enemies[i] will be cut off;
　Ephraim will not be jealous of Judah,
　　nor Judah hostile toward Ephraim.
14 They will swoop down on the slopes of
　　　Philistia to the west;
　together they will plunder the people to
　　　the east.
　They will lay hands on Edom and Moab,
　　and the Ammonites will be subject to
　　　them.
15 The LORD will dry up
　　the gulf of the Egyptian sea;
　with a scorching wind he will sweep his
　　　hand
　　over the Euphrates River.[j]
　He will break it up into seven streams
　　so that men can cross over in sandals.
16 There will be a highway for the remnant of
　　　his people
　　that is left from Assyria,
　as there was for Israel
　　when they came up from Egypt.

Canciones de alabanza

12 En aquel día tú dirás:

　«SEÑOR, yo te alabaré
　　aunque te hayas enojado conmigo.
　Tu ira se ha calmado,
　　y me has dado consuelo.
2 ¡Dios es mi *salvación!
　　Confiaré en él y no temeré.
　El SEÑOR es mi fuerza,
　　el SEÑOR es mi canción;
　　¡él es mi salvación!»
3 Con alegría sacarán ustedes agua
　　de las fuentes de la salvación.

4 En aquel día se dirá:

　«Alaben al SEÑOR, invoquen su *nombre;
　　den a conocer entre los pueblos sus obras;
　　proclamen la grandeza de su nombre.
5 Canten salmos al SEÑOR,
　　porque ha hecho maravillas;
　que esto se dé a conocer
　　en toda la tierra.
6 ¡Canta y grita de alegría,
　　habitante de *Sión;
　realmente es grande, en medio de ti,
　　el *Santo de Israel!»

Songs of Praise

12 In that day you will say:

　"I will praise you, O LORD.
　　Although you were angry with me,
　your anger has turned away
　　and you have comforted me.
2 Surely God is my salvation;
　　I will trust and not be afraid.
　The LORD, the LORD, is my strength and my
　　　song;
　　he has become my salvation."
3 With joy you will draw water
　　from the wells of salvation.

4 In that day you will say:

　"Give thanks to the LORD, call on his name;
　　make known among the nations what he
　　　has done,
　and proclaim that his name is exalted.
5 Sing to the LORD, for he has done glorious
　　　things;
　　let this be known to all the world.
6 Shout aloud and sing for joy, people of
　　　Zion,
　　for great is the Holy One of Israel among
　　　you."

Profecía contra Babilonia

13 Profecía contra Babilonia que recibió Isaías hijo de Amoz:

2 Sobre un monte pelado agiten la bandera;
　　llamen a gritos a los soldados,
　háganles señas con la mano
　　para que entren por las puertas de los
　　　nobles.
3 Ya he dado orden a mis consagrados;
　　he reclutado a mis valientes,
　a los que se alegran de mi *triunfo,
　　para que ejecuten mi castigo.

A Prophecy Against Babylon

13 An oracle concerning Babylon that Isaiah son of Amoz saw:

2 Raise a banner on a bare hilltop,
　　shout to them;
　beckon to them
　　to enter the gates of the nobles.
3 I have commanded my holy ones;
　　I have summoned my warriors to carry
　　　out my wrath—
　　those who rejoice in my triumph.

ñ 11:15 Secará (LXX); *Destruirá (TM).　　　　_i 13 Or hostility　　j 15 Hebrew the River_

⁴¡Escuchen! Se oye tumulto en las montañas,
como el de una gran multitud.
¡Escuchen! Se oye un estruendo de reinos,
de naciones que se han reunido.
El Señor *Todopoderoso pasa revista
a un ejército para la batalla.
⁵Vienen de tierras lejanas,
de los confines del horizonte.
Viene el Señor con las armas de su ira
para destruir toda la tierra.
⁶¡Giman, que el día del Señor está cerca!
Llega de parte del *Todopoderoso como una
devastación.
⁷Por eso todas las manos desfallecen,
todo el mundo pierde el ánimo.
⁸Quedan todos aterrados;
dolores y angustias los atrapan:
¡se retuercen de dolor,
como si estuvieran de parto!
Espantados, se miran unos a otros;
¡tienen el rostro encendido!
⁹¡Miren! ¡Ya viene el día del Señor
—día cruel, de furor y ardiente ira—;
convertirá en desolación la tierra
y exterminará de ella a los pecadores!
¹⁰Las estrellas y las constelaciones del cielo
dejarán de irradiar su luz;
se oscurecerá el sol al salir
y no brillará más la luna.
¹¹Castigaré por su maldad al mundo,
y por su iniquidad a los malvados.
Pondré fin a la soberbia de los arrogantes
y humillaré el orgullo de los violentos.
¹²Voy a hacer que haya menos gente que oro
fino,
menos *mortales que oro de Ofir.
¹³Por eso haré que tiemble el cielo
y que la tierra se mueva de su sitio,
por el furor del Señor *Todopoderoso
en el día de su ardiente ira.
¹⁴Como gacela acosada,
como rebaño sin *pastor,
cada uno se volverá a su propio pueblo,
cada cual huirá a su propia tierra.
¹⁵Al que atrapen lo traspasarán;
el que caiga preso morirá a filo de espada.
¹⁶Ante sus propios ojos
estrellarán a sus pequeños,
saquearán sus casas
y violarán a sus mujeres.
¹⁷¡Miren! Yo incito contra ellos a los medos,
pueblo al que no le importa la plata
ni se deleita en el oro.
¹⁸Con sus arcos traspasarán a los jóvenes;
no se apiadarán del fruto del vientre
ni tendrán compasión de los niños.
¹⁹Babilonia, la perla de los reinos,
la gloria y el orgullo de los *caldeos,
quedará como Sodoma y Gomorra
cuando Dios las destruyó.
²⁰Nunca más volverá a ser habitada,
ni poblada en los tiempos venideros.
No volverá a acampar allí el beduino,
ni hará el pastor descansar a su rebaño.

⁴Listen, a noise on the mountains,
like that of a great multitude!
Listen, an uproar among the kingdoms,
like nations massing together!
The Lord Almighty is mustering
an army for war.
⁵They come from faraway lands,
from the ends of the heavens—
the Lord and the weapons of his wrath—
to destroy the whole country.
⁶Wail, for the day of the Lord is near;
it will come like destruction from the
Almighty.[k]
⁷Because of this, all hands will go limp,
every man's heart will melt.
⁸Terror will seize them,
pain and anguish will grip them;
they will writhe like a woman in labor.
They will look aghast at each other,
their faces aflame.
⁹See, the day of the Lord is coming
—a cruel day, with wrath and fierce
anger—
to make the land desolate
and destroy the sinners within it.
¹⁰The stars of heaven and their constellations
will not show their light.
The rising sun will be darkened
and the moon will not give its light.
¹¹I will punish the world for its evil,
the wicked for their sins.
I will put an end to the arrogance of the
haughty
and will humble the pride of the ruthless.
¹²I will make man scarcer than pure gold,
more rare than the gold of Ophir.
¹³Therefore I will make the heavens tremble;
and the earth will shake from its place
at the wrath of the Lord Almighty,
in the day of his burning anger.
¹⁴Like a hunted gazelle,
like sheep without a shepherd,
each will return to his own people,
each will flee to his native land.
¹⁵Whoever is captured will be thrust through;
all who are caught will fall by the sword.
¹⁶Their infants will be dashed to pieces before
their eyes;
their houses will be looted and their wives
ravished.
¹⁷See, I will stir up against them the Medes,
who do not care for silver
and have no delight in gold.
¹⁸Their bows will strike down the young men;
they will have no mercy on infants
nor will they look with compassion on
children.
¹⁹Babylon, the jewel of kingdoms,
the glory of the Babylonians'[l] pride,
will be overthrown by God
like Sodom and Gomorrah.
²⁰She will never be inhabited
or lived in through all generations;
no Arab will pitch his tent there,
no shepherd will rest his flocks there.

k6 Hebrew *Shaddai*   *l19* Or *Chaldeans'*

21 Allí descansarán las fieras del desierto;
    sus casas se llenarán de búhos.
Allí habitarán los avestruces
    y brincarán las cabras salvajes.
22 En sus fortalezas aullarán las hienas,
    y en sus lujosos palacios, los chacales.
Su hora está por llegar,
    y no se prolongarán sus días.

14 En verdad, el Señor tendrá compasión de Jacob y elegirá de nuevo a Israel. Los asentará en su propia tierra. Los extranjeros se juntarán con ellos, y se unirán a los descendientes de Jacob. 2 Los pueblos los acogerán y los llevarán hasta su patria. Los israelitas los tomarán como siervos y siervas en el suelo del Señor; apresarán a sus captores y dominarán a sus opresores.

3 Cuando el Señor los haga descansar de su sufrimiento, de su tormento y de la cruel esclavitud a la que fueron sometidos, 4 pronunciarán esta sátira contra el rey de Babilonia:

¡Hay que ver cómo terminó el opresor,
    y cómo acabó su furia insolente! o
5 Quebró el Señor la vara de los malvados;
    rompió el bastón de los tiranos
6 que con furia y continuos golpes
    castigaba a los pueblos,
que con implacable enojo
    dominaba y perseguía a las naciones.
7 Toda la tierra descansa tranquila
    y prorrumpe en gritos de alegría.
8 Hasta los pinos y cedros del Líbano
    se burlan de ti y te dicen:
«Desde que yaces tendido,
    nadie viene a derribarnos.»
9 Allá en lo profundo, por tu causa,
    el *sepulcro se estremece
    al salir a tu encuentro;
por causa tuya despierta a los muertos,
    a los que fueron jefes de la tierra.
Hace que los reyes de todas las naciones
    se levanten de sus tronos.
10 Todos ellos responden y te dicen:
    «¡También tú te has debilitado!
¡Ya eres uno más de los nuestros!»
11 Tu majestad ha sido arrojada al *sepulcro,
    junto con el sonido de tus arpas.
¡Duermes entre gusanos,
    y te cubren las lombrices!
12 ¡Cómo has caído del cielo,
    lucero de la mañana!
Tú, que sometías a las naciones,
    has caído por tierra.

21 But desert creatures will lie there,
    jackals will fill her houses;
there the owls will dwell,
    and there the wild goats will leap about.
22 Hyenas will howl in her strongholds,
    jackals in her luxurious palaces.
Her time is at hand,
    and her days will not be prolonged.

14 The Lord will have compassion on Jacob;
    once again he will choose Israel
    and will settle them in their own land.
Aliens will join them
    and unite with the house of Jacob.
2 Nations will take them
    and bring them to their own place.
And the house of Israel will possess the
    nations
    as menservants and maidservants in the
    Lord's land.
They will make captives of their captors
    and rule over their oppressors.

3 On the day the Lord gives you relief from suffering and turmoil and cruel bondage, 4 you will take up this taunt against the king of Babylon:

How the oppressor has come to an end!
    How his fury m has ended!
5 The Lord has broken the rod of the wicked,
    the scepter of the rulers,
6 which in anger struck down peoples
    with unceasing blows,
and in fury subdued nations
    with relentless aggression.
7 All the lands are at rest and at peace;
    they break into singing.
8 Even the pine trees and the cedars of
    Lebanon
    exult over you and say,
"Now that you have been laid low,
    no woodsman comes to cut us down."

9 The grave n below is all astir
    to meet you at your coming;
it rouses the spirits of the departed to greet
    you—
    all those who were leaders in the world;
it makes them rise from their thrones—
    all those who were kings over the nations.
10 They will all respond,
    they will say to you,
"You also have become weak, as we are;
    you have become like us."
11 All your pomp has been brought down to
    the grave,
    along with the noise of your harps;
maggots are spread out beneath you
    and worms cover you.

12 How you have fallen from heaven,
    O morning star, son of the dawn!
You have been cast down to the earth,
    you who once laid low the nations!

---

o 14:4 *insolente* (LXX, Qumrán y Siríaca); en TM, palabra de difícil traducción.

m 4 Dead Sea Scrolls, Septuagint and Syriac; the meaning of the word in the Masoretic Text is uncertain.   n 9 Hebrew *Sheol*; also in verses 11 and 15

13 Decías en tu *corazón:
    «Subiré hasta los cielos.
  ¡Levantaré mi trono
    por encima de las estrellas de Dios!
  Gobernaré desde el extremo norte,
    en el monte de los dioses.p
14 Subiré a la cresta de las más altas nubes,
    seré semejante al *Altísimo.»
15 ¡Pero has sido arrojado al sepulcro,
    a lo más profundo de la fosa!
16 Los que te ven, te clavan la mirada
    y reflexionan en cuanto a tu destino:
  «¿Y éste es el que sacudía a la tierra
    y hacía temblar a los reinos,
17 el que dejaba el mundo hecho un desierto,
    el que arrasaba sus ciudades
    y nunca dejaba libres a los presos?»
18 Todos los reyes de las naciones
    reposan con honor,
    cada uno en su tumba.
19 Pero a ti, el sepulcro te ha vomitado
    como a un vástago repugnante.
  Los que murieron a filo de espada,
    los que bajaron al fondo de la fosa,
  te han cubierto por completo.
    ¡Pareces un cadáver pisoteado!
20 No tendrás sepultura con los reyes,
    porque destruiste a tu tierra
    y asesinaste a tu pueblo.

  ¡Jamás volverá a mencionarse
    la descendencia de los malhechores!
21 Por causa de la maldad de los padres,
    preparen un matadero para los hijos.
  ¡Que no se levanten para heredar la tierra
    ni cubran con ciudades la faz del mundo!

22 «Yo me levantaré contra ellos
    —afirma el SEÑOR *Todopoderoso—.
  Yo extirparé de Babilonia
    *nombre y descendencia,
    vástago y posteridad
                    —afirma el SEÑOR—.
23 La convertiré en lugar de erizos,
    en charco de agua estancada;
  la barreré con la escoba de la destrucción»,
    afirma el SEÑOR Todopoderoso.

Profecía contra Asiria

24 El SEÑOR Todopoderoso ha jurado:
    «Tal como lo he planeado, se cumplirá;
    tal como lo he decidido, se realizará.
25 Destrozaré a Asiria en mi tierra;
    la pisotearé sobre mis montes.
  Mi pueblo dejará de llevar su yugo;
    ya no pesará esa carga sobre sus hombros.»
26 Esto es lo que he determinado
    para toda la tierra;
  ésta es la mano que he extendido
    sobre todas las naciones.

13 You said in your heart,
    "I will ascend to heaven;
  I will raise my throne
    above the stars of God;
  I will sit enthroned on the mount of
    assembly,
    on the utmost heights of the sacred
    mountain.o
14 I will ascend above the tops of the clouds;
    I will make myself like the Most High."
15 But you are brought down to the grave,
    to the depths of the pit.

16 Those who see you stare at you,
    they ponder your fate:
  "Is this the man who shook the earth
    and made kingdoms tremble,
17 the man who made the world a desert,
    who overthrew its cities
    and would not let his captives go home?"
18 All the kings of the nations lie in state,
    each in his own tomb.
19 But you are cast out of your tomb
    like a rejected branch;
  you are covered with the slain,
    with those pierced by the sword,
    those who descend to the stones of the
    pit.
  Like a corpse trampled underfoot,
20   you will not join them in burial,
  for you have destroyed your land
    and killed your people.

  The offspring of the wicked
    will never be mentioned again.
21 Prepare a place to slaughter his sons
    for the sins of their forefathers;
  they are not to rise to inherit the land
    and cover the earth with their cities.

22 "I will rise up against them,"
    declares the LORD Almighty.
  "I will cut off from Babylon her name and
    survivors,
    her offspring and descendants,"
                    declares the LORD.
23 "I will turn her into a place for owls
    and into swampland;
  I will sweep her with the broom of
    destruction,"
    declares the LORD Almighty.

A Prophecy Against Assyria

24 The LORD Almighty has sworn,

  "Surely, as I have planned, so it will be,
    and as I have purposed, so it will stand.
25 I will crush the Assyrian in my land;
    on my mountains I will trample him
    down.
  His yoke will be taken from my people,
    and his burden removed from their
    shoulders."

26 This is the plan determined for the whole
    world;
  this is the hand stretched out over all
    nations.

---

p 14:13 monte de los dioses. Lit. monte de la asamblea.   o 13 Or the north; Hebrew Zaphon

27 Si lo ha determinado el SEÑOR *Todopoderoso,
¿quién podrá impedirlo?
Si él ha extendido su mano,
¿quién podrá detenerla?

Profecía contra los filisteos

28 Esta profecía vino a Isaías el año en que murió el rey Acaz:

29 Todos ustedes filisteos,
no se alegren de que se haya roto
el bastón que los golpeaba;
porque una víbora saldrá
de la raíz de la serpiente;
su fruto será una serpiente voladora.
30 Los más desvalidos pacerán como ovejas,
los necesitados descansarán seguros.
Pero mataré de hambre a su raíz;
destruiré a sus sobrevivientes.
31 ¡Gime y grita, *puerta de la ciudad!
¡Ponte a temblar de miedo, Filistea entera!
Porque viene del norte una nube de humo,
y nadie rompe la formación.
32 ¿Qué respuesta se dará a los mensajeros de esa
nación?
Pues que el SEÑOR ha afirmado a *Sión,
y que allí se refugiarán
los afligidos de su pueblo.

Profecía contra Moab

15 Profecía contra Moab:

La ciudad moabita de Ar está arruinada,
¡destruida en una noche!
La ciudad moabita de Quir está arruinada,
¡destruida en una noche!
2 Acuden los de Dibón al templo,
a sus *altares paganos, para llorar.
Moab está gimiendo
por Nebo y por Medeba.
Rapadas están todas las cabezas,
y afeitadas todas las barbas.
3 Todos, desechos en llanto,
van por las calles, vestidos de luto;
¡gimen en los techos y en las plazas!
4 Hesbón y Elalé claman a gritos,
hasta Yahaza se escuchan sus clamores.
Por eso gritan los valientes de Moab,
y flaquea su entereza.
5 Mi *corazón grita por Moab;
sus fugitivos huyen hasta Zoar,
hasta Eglat Selisiyá.
Suben llorando por la cuesta de Luhit;
ante el desastre, gritan desesperados
por el camino de Joronayin.
6 Se han secado las aguas de Nimrín;
se ha marchitado la hierba.
Ya no hay vegetación,
no ha quedado nada verde.
7 Por eso se llevaron,
más allá del arroyo de los Sauces,
las muchas riquezas que amasaron.
8 Su grito desesperado
va recorriendo la frontera de Moab.
Llega su gemido hasta Eglayin,
y aun llega hasta Ber Elín.

27 For the LORD Almighty has purposed, and
who can thwart him?
His hand is stretched out, and who can
turn it back?

A Prophecy Against the Philistines

28 This oracle came in the year King Ahaz died:

29 Do not rejoice, all you Philistines,
that the rod that struck you is broken;
from the root of that snake will spring up a
viper,
its fruit will be a darting, venomous
serpent.
30 The poorest of the poor will find pasture,
and the needy will lie down in safety.
But your root I will destroy by famine;
it will slay your survivors.
31 Wail, O gate! Howl, O city!
Melt away, all you Philistines!
A cloud of smoke comes from the north,
and there is not a straggler in its ranks.
32 What answer shall be given
to the envoys of that nation?
"The LORD has established Zion,
and in her his afflicted people will find
refuge."

A Prophecy Against Moab

15 An oracle concerning Moab:

Ar in Moab is ruined,
destroyed in a night!
Kir in Moab is ruined,
destroyed in a night!
2 Dibon goes up to its temple,
to its high places to weep;
Moab wails over Nebo and Medeba.
Every head is shaved
and every beard cut off.
3 In the streets they wear sackcloth;
on the roofs and in the public squares
they all wail,
prostrate with weeping.
4 Heshbon and Elealeh cry out,
their voices are heard all the way to
Jahaz.
Therefore the armed men of Moab cry out,
and their hearts are faint.
5 My heart cries out over Moab;
her fugitives flee as far as Zoar,
as far as Eglath Shelishiyah.
They go up the way to Luhith,
weeping as they go;
on the road to Horonaim
they lament their destruction.
6 The waters of Nimrim are dried up
and the grass is withered;
the vegetation is gone
and nothing green is left.
7 So the wealth they have acquired and stored
up
they carry away over the Ravine of the
Poplars.
8 Their outcry echoes along the border of
Moab;
their wailing reaches as far as Eglaim,
their lamentation as far as Beer Elim.

⁹Llenas están de sangre las aguas de Dimón,
　y aún más plagas le añadiré:
enviaré un león contra los moabitas fugitivos
　y contra los que permanezcan en la tierra.

16 Envíen corderos al gobernante del país,
　desde Selá, por el desierto,
　y hasta el monte de la hija de *Sión.
²Las mujeres de Moab,
　en los vados del Arnón,
parecen aves que, espantadas,
　abandonan el nido.

³«Danos un consejo;
　toma una decisión.
A plena luz del día,
　extiende tu sombra como la noche.
Esconde a los fugitivos;
　no traiciones a los refugiados.
⁴Deja que los fugitivos de Moab
　encuentren en ti un refugio;
¡protégelos del destructor!»

Cuando la opresión llegue a su fin
　y la destrucción se acabe,
el agresor desaparecerá de la tierra.
⁵El trono se fundará en la lealtad,
　y un descendiente de David
reinará sobre él con fidelidad:
será un juez celoso del derecho
　y ansioso de hacer justicia.

⁶Hemos sabido que Moab
　es extremadamente orgulloso;
hemos sabido de su soberbia,
　de su orgullo y arrogancia,
　de su charlatanería sin sentido.
⁷Por eso gimen los moabitas;
　todos ellos gimen por Moab.
Laméntense, aflíjanse,
　por las tortas de pasas de Quir Jaréset.
⁸Se han marchitado los campos de Hesbón,
　lo mismo que las vides de Sibma.
Los gobernantes de las naciones
　han pisoteado los viñedos más selectos,
los que llegaban hasta Jazer
　y se extendían hacia el desierto.
Sus sarmientos se extendían
　y llegaban hasta el mar.
⁹Por eso lloro, como llora Jazer,
　por los viñedos de Sibma.
¡Y a ustedes, ciudades de Hesbón y de Elalé,
　las empapo con mis lágrimas!
Se han acallado los gritos de alegría
　por tu fruto maduro y tus cosechas.
¹⁰Ya no hay en los huertos alegría ni regocijo.
Nadie canta ni grita en los viñedos,
　nadie pisa la uva en los lagares;
　yo le puse fin al clamor en la vendimia.
¹¹Por eso vibran mis entrañas por Moab
　como las cuerdas de un arpa;
vibra todo mi ser por Quir Jaréset.
¹²Por más que acuda Moab a sus *altares
　　　　paganos
　no logrará sino fatigarse;
cuando vaya a orar a su santuario,
　todo lo que haga será en vano.

⁹Dimon's*ᵖ* waters are full of blood,
　but I will bring still more upon
　　Dimon*ᵖ*—
a lion upon the fugitives of Moab
　and upon those who remain in the land.

16 Send lambs as tribute
　to the ruler of the land,
from Sela, across the desert,
　to the mount of the Daughter of Zion.
²Like fluttering birds
　pushed from the nest,
so are the women of Moab
　at the fords of the Arnon.

³"Give us counsel,
　render a decision.
Make your shadow like night—
　at high noon.
Hide the fugitives,
　do not betray the refugees.
⁴Let the Moabite fugitives stay with you;
　be their shelter from the destroyer."

The oppressor will come to an end,
　and destruction will cease;
the aggressor will vanish from the land.
⁵In love a throne will be established;
　in faithfulness a man will sit on it—
　one from the house*q* of David—
one who in judging seeks justice
　and speeds the cause of righteousness.

⁶We have heard of Moab's pride—
　her overweening pride and conceit,
her pride and her insolence—
　but her boasts are empty.
⁷Therefore the Moabites wail,
　they wail together for Moab.
Lament and grieve
　for the men*ʳ* of Kir Hareseth.
⁸The fields of Heshbon wither,
　the vines of Sibmah also.
The rulers of the nations
　have trampled down the choicest vines,
which once reached Jazer
　and spread toward the desert.
Their shoots spread out
　and went as far as the sea.
⁹So I weep, as Jazer weeps,
　for the vines of Sibmah.
O Heshbon, O Elealeh,
　I drench you with tears!
The shouts of joy over your ripened fruit
　and over your harvests have been stilled.
¹⁰Joy and gladness are taken away from the
　　orchards;
　no one sings or shouts in the vineyards;
no one treads out wine at the presses,
　for I have put an end to the shouting.
¹¹My heart laments for Moab like a harp,
　my inmost being for Kir Hareseth.
¹²When Moab appears at her high place,
　she only wears herself out;
when she goes to her shrine to pray,
　it is to no avail.

ᵖ9 Masoretic Text; Dead Sea Scrolls, some Septuagint manuscripts
and Vulgate *Dibon*　　*q5* Hebrew *tent*　　*ʳ7* Or *"raisin cakes,"* a
wordplay

¹³Ésta es la palabra que el Señor pronunció en el pasado contra Moab. ¹⁴Pero ahora el Señor dice: «Dentro de tres años, contados como los cuenta un jornalero, el esplendor de Moab y de toda su inmensa multitud será despreciado, y muy pocos y débiles serán sus sobrevivientes.»

Profecía contra Damasco

17 Profecía contra Damasco:

«¡Miren a Damasco!
  ¡Ya no será una ciudad!
  ¡Será convertida en un montón de
    escombros!
²Abandonadas quedarán
  las ciudades de Aroer;
serán pastizales donde los rebaños
  comerán sin que nadie los asuste.
³Efraín perderá la ciudad fortificada;
  Damasco se quedará sin realeza.
Los sobrevivientes de Aram y sus riquezas
  serán para los hijos de Israel
    —afirma el Señor *Todopoderoso—.

⁴»En aquel día
  se debilitará la gloria de Jacob
  y se consumirá la gordura de su cuerpo.
⁵Será como el segador que recoge la mies
  y cosecha el grano con su brazo;
será como cuando se recoge el grano
  en el valle de Refayin.
⁶Pero quedarán algunos rebuscos,
  como cuando se sacude el olivo
y dos o tres aceitunas se quedan
  en las ramas más altas,
y tal vez cuatro o cinco
  en todas las ramas del árbol.»
    Lo afirma el Señor, el Dios de Israel.

⁷En aquel día
  buscará el *hombre a su Hacedor;
  fijará la mirada en el *Santo de Israel.
⁸Ya no se fijará en los altares,
  que son obra de sus manos;
ni volverá la mirada a las imágenes de *Aserá,
  ni a los altares de incienso
  que sus dedos fabricaron.

⁹En aquel día las ciudades fortificadas, que fueron abandonadas por causa de los israelitas, serán como lugares abandonados que se convierten en bosques y matorrales. Todo será desolación.

¹⁰Porque te olvidaste del Dios de tu *salvación;
  no te acordaste de la *Roca de tu fortaleza.
Por eso, aunque siembres las plantas más
    selectas
  y plantes vides importadas,
¹¹aunque las hagas crecer el día que las plantes,
  y las hagas florecer al día siguiente,
en el día del dolor y de la enfermedad
    incurable
  la cosecha se malogrará.

¹²¡Ay del rugido de muchas naciones!
  ¡Braman como brama el mar!
¡Ay del clamor de los pueblos!
  ¡Su estruendo es como el de aguas
    caudalosas!

¹³This is the word the Lord has already spoken concerning Moab. ¹⁴But now the Lord says: "Within three years, as a servant bound by contract would count them, Moab's splendor and all her many people will be despised, and her survivors will be very few and feeble."

An Oracle Against Damascus

17 An oracle concerning Damascus:

"See, Damascus will no longer be a city
  but will become a heap of ruins.
²The cities of Aroer will be deserted
  and left to flocks, which will lie down,
  with no one to make them afraid.
³The fortified city will disappear from
    Ephraim,
  and royal power from Damascus;
the remnant of Aram will be
  like the glory of the Israelites,"
    declares the Lord Almighty.

⁴"In that day the glory of Jacob will fade;
  the fat of his body will waste away.
⁵It will be as when a reaper gathers the
    standing grain
  and harvests the grain with his arm—
as when a man gleans heads of grain
  in the Valley of Rephaim.
⁶Yet some gleanings will remain,
  as when an olive tree is beaten,
leaving two or three olives on the topmost
    branches,
  four or five on the fruitful boughs,"
    declares the Lord, the God
        of Israel.

⁷In that day men will look to their Maker
  and turn their eyes to the Holy One of
    Israel.
⁸They will not look to the altars,
  the work of their hands,
and they will have no regard for the
    Asherah poles^s
  and the incense altars their fingers have
    made.

⁹In that day their strong cities, which they left because of the Israelites, will be like places abandoned to thickets and undergrowth. And all will be desolation.

¹⁰You have forgotten God your Savior;
  you have not remembered the Rock, your
    fortress.
Therefore, though you set out the finest
    plants
  and plant imported vines,
¹¹though on the day you set them out, you
    make them grow,
  and on the morning when you plant them,
    you bring them to bud,
yet the harvest will be as nothing
  in the day of disease and incurable pain.

¹²Oh, the raging of many nations—
  they rage like the raging sea!
Oh, the uproar of the peoples—
  they roar like the roaring of great waters!

---

^s 8 That is, symbols of the goddess Asherah

13 Aunque esos pueblos braman como aguas
    encrespadas,
  huyen cuando él los reprende,
arrastrados por el viento
  como la paja de los cerros,
  como el polvo con el vendaval.
14 Al atardecer, ¡terror repentino!
  Antes del amanecer, ¡ya no existen!
Tal es el destino de quienes nos despojan;
  eso les espera a quienes nos saquean.

Profecía contra Etiopía

18 ¡Ay de la tierra de zumbantes langostas*q*
  más allá de los ríos de *Cus,
2 que por las aguas del río Nilo
  envía emisarios en barcas de papiro!

Vayan, veloces mensajeros,
  a una nación de gente alta y lampiña;
a un pueblo temido por doquier,
  a una nación agresiva y dominante,
  cuya tierra está surcada por ríos.

3 Cuando sobre las montañas
  se alce el estandarte y suene la trompeta,
¡fíjense, habitantes del mundo!;
  ¡escuchen, pobladores de la tierra!

4 Así me dijo el SEÑOR:
  «Desde mi morada miraré impasible,
como los candentes rayos del sol,
  como las nubes de rocío en el calor de la
    vendimia.»
5 Porque antes de la vendimia,
  cuando la flor se cae y madura la uva,
se podarán los retoños
  y se arrancarán de raíz los sarmientos.
6 Todos ellos quedarán abandonados
  a los buitres de las montañas
  y a los animales salvajes;
durante el verano
  serán el alimento de las aves de rapiña;
durante el invierno,
  de todos los animales salvajes.

7 En aquel tiempo ese pueblo de alta estatura y de
lampiña piel, ese pueblo temido en todas partes, esa
nación agresiva y dominante, cuya tierra está surcada
por ríos, le llevará ofrendas al SEÑOR *Todopoderoso.
Se las llevará al monte *Sión, al lugar donde habita el
*nombre del SEÑOR Todopoderoso.

Profecía contra Egipto

19 Profecía contra Egipto:

¡Miren al SEÑOR!
  Llega a Egipto montado sobre una nube
    ligera.
Los ídolos de Egipto
  tiemblan en su presencia;
el *corazón de los egipcios
  desfallece en su interior.

13 Although the peoples roar like the roar of
    surging waters,
  when he rebukes them they flee far away,
driven before the wind like chaff on the
    hills,
  like tumbleweed before a gale.
14 In the evening, sudden terror!
  Before the morning, they are gone!
This is the portion of those who loot us,
  the lot of those who plunder us.

A Prophecy Against Cush

18 Woe to the land of whirring wings*t*
  along the rivers of Cush,*u*
2 which sends envoys by sea
  in papyrus boats over the water.

Go, swift messengers,
  to a people tall and smooth-skinned,
  to a people feared far and wide,
an aggressive nation of strange speech,
  whose land is divided by rivers.

3 All you people of the world,
  you who live on the earth,
when a banner is raised on the mountains,
  you will see it,
and when a trumpet sounds,
  you will hear it.
4 This is what the LORD says to me:
  "I will remain quiet and will look on
    from my dwelling place,
like shimmering heat in the sunshine,
  like a cloud of dew in the heat of
    harvest."
5 For, before the harvest, when the blossom is
    gone
  and the flower becomes a ripening grape,
he will cut off the shoots with pruning
    knives,
  and cut down and take away the
    spreading branches.
6 They will all be left to the mountain birds
    of prey
  and to the wild animals;
the birds will feed on them all summer,
  the wild animals all winter.

7 At that time gifts will be brought to the LORD Almighty

from a people tall and smooth-skinned,
  from a people feared far and wide,
an aggressive nation of strange speech,
  whose land is divided by rivers—

the gifts will be brought to Mount Zion, the place of
the Name of the LORD Almighty.

A Prophecy About Egypt

19 An oracle concerning Egypt:

See, the LORD rides on a swift cloud
  and is coming to Egypt.
The idols of Egypt tremble before him,
  and the hearts of the Egyptians melt
    within them.

---

q 18:1 langostas. Lit. alas.

t 1 Or of locusts   u 1 That is, the upper Nile region

2 «Incitaré a egipcio contra egipcio;
  luchará hermano contra hermano,
amigo contra amigo,
  ciudad contra ciudad,
  reino contra reino.
3 Los egipcios quedarán desanimados
  y consultarán a los ídolos:
a los espíritus de los muertos,
  a las pitonisas y a los agoreros,
  ¡pero yo frustraré sus planes!
4 Dejaré que crueles amos los dominen;
  un rey de mano dura los gobernará»,
afirma el Señor,
  el SEÑOR *Todopoderoso.

5 Se agotarán las aguas del Nilo;
  árido y reseco quedará el lecho del río.
6 Apestarán los canales,
  y bajará el nivel de los arroyos de Egipto
  hasta dejarlos completamente secos.
  ¡Las cañas y los juncos quedarán marchitos!
7 A orillas del Nilo,
  en la desembocadura del río,
  la vegetación perderá su verdor.
  Todos los sembrados junto al Nilo
  quedarán asolados, dejarán de existir.
8 Gemirán y harán lamentos todos los
                pescadores,
  los que lanzan anzuelos en el Nilo;
  desfallecerán los que echan redes en el agua.
9 Quedarán frustrados los que trabajan el lino
                peinado,
  perderán la esperanza los tejedores de lino
                fino.
10 Quedarán desalentados los fabricantes de telas;
  todos los asalariados se llenarán de angustia.
11 Los jefes de Zoán no son más que unos
                necios;
  los consejeros más sabios
  le dan a Faraón consejos insensatos.
  ¿Cómo se les ocurre decirle:
  «Yo soy uno de los sabios,
  discípulo de los antiguos reyes»?

12 ¿Dónde quedaron tus sabios?
  Que te muestren y te hagan saber
  lo que el SEÑOR Todopoderoso
  ha planeado contra Egipto.
13 Los jefes de Zoán se han vuelto necios;
  los jefes de Menfis se dejaron engañar.
  Las piedras angulares de sus pueblos
  han hecho que Egipto pierda el rumbo.
14 El SEÑOR ha infundido en ellos
  un espíritu de desconcierto.
  En todo lo que hace Egipto
  le han hecho perder el rumbo.
  Como un borracho en su vómito,
  Egipto se tambalea.
15 Nada puede hacerse por Egipto,
  sea cabeza o cola, palmera o caña.

16 En aquel día los egipcios parecerán mujeres. Se
estremecerán de terror ante la mano amenazante que el
SEÑOR Todopoderoso agita contra ellos. 17 La tierra de
Judá será un espanto para los egipcios. Por causa de lo
que el SEÑOR Todopoderoso está planeando contra ellos,
la sola mención de Judá llenará de espanto a los que
oigan este *nombre.

2 "I will stir up Egyptian against Egyptian—
  brother will fight against brother,
  neighbor against neighbor,
  city against city,
  kingdom against kingdom.
3 The Egyptians will lose heart,
  and I will bring their plans to nothing;
  they will consult the idols and the spirits of
                the dead,
  the mediums and the spiritists.
4 I will hand the Egyptians over
  to the power of a cruel master,
  and a fierce king will rule over them,"
  declares the Lord, the LORD Almighty.

5 The waters of the river will dry up,
  and the riverbed will be parched and dry.
6 The canals will stink;
  the streams of Egypt will dwindle and dry
                up.
  The reeds and rushes will wither,
7 also the plants along the Nile,
  at the mouth of the river.
  Every sown field along the Nile
  will become parched, will blow away and
                be no more.
8 The fishermen will groan and lament,
  all who cast hooks into the Nile;
  those who throw nets on the water
  will pine away.
9 Those who work with combed flax will
                despair,
  the weavers of fine linen will lose hope.
10 The workers in cloth will be dejected,
  and all the wage earners will be sick at
                heart.

11 The officials of Zoan are nothing but fools;
  the wise counselors of Pharaoh give
                senseless advice.
  How can you say to Pharaoh,
  "I am one of the wise men,
  a disciple of the ancient kings"?
12 Where are your wise men now?
  Let them show you and make known
  what the LORD Almighty
  has planned against Egypt.
13 The officials of Zoan have become fools,
  the leaders of Memphis[v] are deceived;
  the cornerstones of her peoples
  have led Egypt astray.
14 The LORD has poured into them
  a spirit of dizziness;
  they make Egypt stagger in all that she
                does,
  as a drunkard staggers around in his
                vomit.
15 There is nothing Egypt can do—
  head or tail, palm branch or reed.

16 In that day the Egyptians will be like women. They
will shudder with fear at the uplifted hand that the
LORD Almighty raises against them. 17 And the land of
Judah will bring terror to the Egyptians; everyone to
whom Judah is mentioned will be terrified, because of
what the LORD Almighty is planning against them.

v 13 Hebrew *Noph*

18 En aquel día habrá en Egipto cinco ciudades que hablarán el idioma de Canaán, y que jurarán lealtad al SEÑOR Todopoderoso. Una de ellas se llamará Ciudad del Sol.ʳ

19 En aquel día habrá un altar para el SEÑOR en el corazón mismo de Egipto, y en su frontera un monumento al SEÑOR. 20 Esto servirá en Egipto de señal y testimonio del SEÑOR Todopoderoso. Cuando ellos clamen al SEÑOR por causa de sus opresores, él les enviará un salvador y defensor que los librará. 21 De modo que el SEÑOR se dará a conocer a los egipcios, y en aquel día ellos reconocerán al SEÑOR: lo servirán con sacrificios y ofrendas de grano; harán votos al SEÑOR y se los cumplirán. 22 El SEÑOR herirá a los egipcios con una plaga, y aun hiriéndolos, los sanará. Ellos se volverán al SEÑOR, y él responderá a sus ruegos y los sanará.

23 En aquel día habrá una carretera desde Egipto hasta Asiria. Los asirios irán a Egipto y los egipcios a Asiria, y unos y otros adorarán juntos. 24 En aquel día Israel será, junto con Egipto y Asiria, una bendición en medio de la tierra. 25 El SEÑOR Todopoderoso los bendecirá, diciendo: «Bendito sea Egipto mi pueblo, y Asiria obra de mis manos, e Israel mi heredad.»

Profecía contra Egipto y Cus

20 El año en que el comandante en jefe enviado por Sargón, rey de Asiria, fue a Asdod, atacó esa ciudad y la conquistó. 2 En aquel tiempo el SEÑOR habló por medio de Isaías hijo de Amoz. Le dijo: «Anda, quítate la ropa de luto y las sandalias.» Así lo hizo Isaías, y anduvo desnudo y descalzo.

3 Entonces el SEÑOR dijo: «Así como durante tres años mi siervo Isaías ha andado desnudo y descalzo, como señal y presagio contra Egipto y *Cus, 4 así también, para vergüenza de Egipto, el rey de Asiria llevará desnudos y descalzos, y con las nalgas al aire, a los cautivos de Egipto y a los desterrados de Cus, lo mismo jóvenes que viejos. 5 Y los que confían en Etiopía y se enorgullecen de Egipto quedarán aterrados y avergonzados. 6 En aquel día los habitantes de esta costa dirán: "Fíjense, ahí tienen a los que eran nuestra esperanza, ¡aquellos a quienes acudíamos en busca de ayuda, para que nos libraran del rey de Asiria! Y ahora, ¿cómo podremos escapar?"»

Profecía contra Babilonia

21 Profecía contra el desierto junto al mar:ˢ

Como torbellinos que pasan por el Néguev,
    se acercan invasores de una temible tierra
        del desierto.
2 Una visión terrible
    me ha sido revelada:
el traidor traiciona,
    el destructor destruye.
¡Al ataque, Elam! ¡Al asedio, Media!
    Pondré fin a todo gemido.

---

18 In that day five cities in Egypt will speak the language of Canaan and swear allegiance to the LORD Almighty. One of them will be called the City of Destruction.ʷ

19 In that day there will be an altar to the LORD in the heart of Egypt, and a monument to the LORD at its border. 20 It will be a sign and witness to the LORD Almighty in the land of Egypt. When they cry out to the LORD because of their oppressors, he will send them a savior and defender, and he will rescue them. 21 So the LORD will make himself known to the Egyptians, and in that day they will acknowledge the LORD. They will worship with sacrifices and grain offerings; they will make vows to the LORD and keep them. 22 The LORD will strike Egypt with a plague; he will strike them and heal them. They will turn to the LORD, and he will respond to their pleas and heal them.

23 In that day there will be a highway from Egypt to Assyria. The Assyrians will go to Egypt and the Egyptians to Assyria. The Egyptians and Assyrians will worship together. 24 In that day Israel will be the third, along with Egypt and Assyria, a blessing on the earth. 25 The LORD Almighty will bless them, saying, "Blessed be Egypt my people, Assyria my handiwork, and Israel my inheritance."

A Prophecy Against Egypt and Cush

20 In the year that the supreme commander, sent by Sargon king of Assyria, came to Ashdod and attacked and captured it— 2 at that time the LORD spoke through Isaiah son of Amoz. He said to him, "Take off the sackcloth from your body and the sandals from your feet." And he did so, going around stripped and barefoot.

3 Then the LORD said, "Just as my servant Isaiah has gone stripped and barefoot for three years, as a sign and portent against Egypt and Cush,ˣ 4 so the king of Assyria will lead away stripped and barefoot the Egyptian captives and Cushite exiles, young and old, with buttocks bared—to Egypt's shame. 5 Those who trusted in Cush and boasted in Egypt will be afraid and put to shame. 6 In that day the people who live on this coast will say, 'See what has happened to those we relied on, those we fled to for help and deliverance from the king of Assyria! How then can we escape?' "

A Prophecy Against Babylon

21 An oracle concerning the Desert by the Sea:

Like whirlwinds sweeping through the
        southland,
    an invader comes from the desert,
    from a land of terror.

2 A dire vision has been shown to me:
    The traitor betrays, the looter takes loot.
Elam, attack! Media, lay siege!
    I will bring to an end all the groaning she
        caused.

ʳ 19:18 *del Sol* (mss. hebreos, Qumrán y Vulgata); *de la destrucción* (TM).   ˢ 21:1 *el desierto junto al mar*. Probable referencia al golfo Pérsico o a la llanura al sur de Babilonia.

ʷ 18 Most manuscripts of the Masoretic Text; some manuscripts of the Masoretic Text, Dead Sea Scrolls and Vulgate *City of the Sun* (that is, Heliopolis)   ˣ 3 That is, the upper Nile region; also in verse 5

3 Por eso mi cuerpo se estremece de dolor,
   sufro de agudos dolores,
   como los de una parturienta;
lo que oigo, me aturde;
   lo que veo, me desconcierta.
4 Se me turba la *mente,
   me hace temblar el terror;
el crepúsculo tan anhelado
   se me ha vuelto un espanto.

5 ¡Ellos tienden las mesas,
   extienden los tapices,
   y comen y beben!
¡Jefes, pónganse de pie!
   ¡Levántense y engrasen los escudos!

6 Porque así me ha dicho el SEÑOR:

«Ve y pon un centinela,
   que informe de todo lo que vea.
7 Cuando vea carros de combate tirados por
     caballos,
   o gente montada en asnos o en camellos,
que preste atención,
   mucha atención.»

8 Y el centinela[r] gritó:

«¡Día tras día, Señor,
   estoy de pie en la torre;
cada noche permanezco
   en mi puesto de guardia!
9 ¡Ahí viene un hombre
   en un carro de combate tirado por caballos!
Y éste es su mensaje:
   "¡Ha caído, ha caído Babilonia!
¡Todas las imágenes de sus dioses
   han rodado por el suelo!" »

10 Pueblo mío, trillado como el trigo,
   yo te he anunciado lo que he oído
de parte del SEÑOR *Todopoderoso,
   del Dios de Israel.

Profecía contra Edom

11 Profecía contra Dumá:[u]

Alguien me grita desde Seír:
   «Centinela, ¿cuánto queda de la noche?
   Centinela, ¿cuánto falta para que
     amanezca?»
12 El centinela responde:
   «Ya viene la mañana, pero también la
     noche.
Si quieren preguntar, pregunten;
   si quieren volver, vuelvan.»

Profecía contra Arabia

13 Profecía contra Arabia:

Caravanas de Dedán,
   acampadas en los matorrales del desierto:
14 salgan al encuentro del sediento
   y ofrézcanle agua.
Habitantes de la tierra de Temá,
   ofrezcan alimento a los fugitivos,
15 porque huyen de la espada,
   de la espada desnuda,
del arco tenso
   y del fragor de la batalla.

3 At this my body is racked with pain,
   pangs seize me, like those of a woman in
     labor;
I am staggered by what I hear,
   I am bewildered by what I see.
4 My heart falters,
   fear makes me tremble;
the twilight I longed for
   has become a horror to me.

5 They set the tables,
   they spread the rugs,
   they eat, they drink!
Get up, you officers,
   oil the shields!

6 This is what the Lord says to me:

"Go, post a lookout
   and have him report what he sees.
7 When he sees chariots
   with teams of horses,
riders on donkeys
   or riders on camels,
let him be alert,
   fully alert."

8 And the lookout[y] shouted,

"Day after day, my lord, I stand on the
     watchtower;
every night I stay at my post.
9 Look, here comes a man in a chariot
   with a team of horses.
And he gives back the answer:
   'Babylon has fallen, has fallen!
All the images of its gods
   lie shattered on the ground!' "

10 O my people, crushed on the threshing
     floor,
I tell you what I have heard
from the LORD Almighty,
   from the God of Israel.

A Prophecy Against Edom

11 An oracle concerning Dumah[z]:

Someone calls to me from Seir,
   "Watchman, what is left of the night?
   Watchman, what is left of the night?"
12 The watchman replies,
   "Morning is coming, but also the night.
If you would ask, then ask;
   and come back yet again."

A Prophecy Against Arabia

13 An oracle concerning Arabia:

You caravans of Dedanites,
   who camp in the thickets of Arabia,
14   bring water for the thirsty;
you who live in Tema,
   bring food for the fugitives.
15 They flee from the sword,
   from the drawn sword,
from the bent bow
   and from the heat of battle.

---

[r] 21:8 el centinela (Qumrán y Siríaca); un león (TM).
[u] 21:11 En hebreo, Dumá significa silencio o quietud; juego de palabras con Edom.

[y] 8 Dead Sea Scrolls and Syriac; Masoretic Text A lion
[z] 11 Dumah means silence or stillness, a wordplay on Edom.

16 Porque así me dijo el Señor: «Dentro de un año, contado como lo cuenta un jornalero, toda la magnificencia de Cedar llegará a su fin. 17 Pocos serán los arqueros, los guerreros de Cedar, que sobrevivan.» Lo ha dicho el SEÑOR, el Dios de Israel.

Profecía contra Jerusalén

22 Profecía contra el valle de la Visión:

¿Qué te pasa ahora,
   que has subido a las azoteas,
2 ciudad llena de disturbios,
   de tumultos y parrandas?
Tus víctimas no cayeron a filo de espada
   ni murieron en batalla.
3 Todos tus jefes huyeron juntos,
   pero fueron capturados
   sin haber disparado el arco.
Todos tus prisioneros fueron capturados
   mientras trataban de huir.

4 Por eso dije: «Apártense de mí;
   déjenme llorar amargamente.
No insistan en consolarme:
   ¡la hija de mi pueblo ha sido destruida!»

5 El Señor, el SEÑOR *Todopoderoso,
   ha decretado un día de pánico,
un día de humillación y desconcierto
   en el valle de la Visión,
un día para derribar muros
   y para clamar a las montañas.
6 Montado en sus carros de combate,
   Elam toma la aljaba;
   Quir saca el escudo a relucir.
7 Llenos de carros de combate
   están tus valles preferidos;
   apostados a la puerta están los jinetes.
8 ¡Judá se ha quedado indefensa!

Aquel día ustedes se fijaron
   en el arsenal del Palacio del bosque.
9 Vieron que en la ciudad de David
   había muchas brechas,
en el estanque inferior
   guardaron agua,
10 contaron las casas de Jerusalén
   y derribaron algunas para reforzar el muro,
11 entre los dos muros construyeron un depósito
   para las aguas del estanque antiguo,
pero no se fijaron en quien lo hizo,
   ni consideraron al que hace tiempo lo
   planeó.

12 En aquel día el Señor,
   el SEÑOR Todopoderoso,
los llamó a llorar y a lamentarse,
   a raparse la cabeza y a hacer duelo.
13 ¡Pero miren, hay gozo y alegría!
   ¡Se sacrifican vacas, se matan ovejas,
   se come carne y se bebe vino!

«¡Comamos y bebamos,
   que mañana moriremos!»

14 El SEÑOR Todopoderoso me reveló al oído: «No se te perdonará este pecado hasta el día de tu muerte. Lo digo yo, el Señor, el SEÑOR Todopoderoso.»

16 This is what the Lord says to me: "Within one year, as a servant bound by contract would count it, all the pomp of Kedar will come to an end. 17 The survivors of the bowmen, the warriors of Kedar, will be few." The LORD, the God of Israel, has spoken.

A Prophecy About Jerusalem

22 An oracle concerning the Valley of Vision:

What troubles you now,
   that you have all gone up on the roofs,
2 O town full of commotion,
   O city of tumult and revelry?
Your slain were not killed by the sword,
   nor did they die in battle.
3 All your leaders have fled together;
   they have been captured without using the
   bow.
All you who were caught were taken
   prisoner together,
   having fled while the enemy was still far
   away.
4 Therefore I said, "Turn away from me;
   let me weep bitterly.
Do not try to console me
   over the destruction of my people."

5 The Lord, the LORD Almighty, has a day
   of tumult and trampling and terror
   in the Valley of Vision,
a day of battering down walls
   and of crying out to the mountains.
6 Elam takes up the quiver,
   with her charioteers and horses;
   Kir uncovers the shield.
7 Your choicest valleys are full of chariots,
   and horsemen are posted at the city gates;
8   the defenses of Judah are stripped away.

And you looked in that day
   to the weapons in the Palace of the
   Forest;
9 you saw that the City of David
   had many breaches in its defenses;
you stored up water
   in the Lower Pool.
10 You counted the buildings in Jerusalem
   and tore down houses to strengthen the
   wall.
11 You built a reservoir between the two walls
   for the water of the Old Pool,
but you did not look to the One who made
   it,
   or have regard for the One who planned it
   long ago.

12 The Lord, the LORD Almighty,
   called you on that day
to weep and to wail,
   to tear out your hair and put on sackcloth.
13 But see, there is joy and revelry,
   slaughtering of cattle and killing of sheep,
   eating of meat and drinking of wine!
"Let us eat and drink," you say,
   "for tomorrow we die!"

14 The LORD Almighty has revealed this in my hearing: "Till your dying day this sin will not be atoned for," says the Lord, the LORD Almighty.

15 Así dice el Señor, el SEÑOR Todopoderoso: «Ve a encontrarte con Sebna, el mayordomo, que está a cargo del palacio, y dile:

16 »"¿Qué haces aquí?
     ¿Quién te dio permiso
         para cavarte aquí un sepulcro?
     ¿Por qué tallas en las alturas tu lugar de
         reposo,
     y lo esculpes en la roca?

17 » "Mira, hombre poderoso,
     el SEÑOR está a punto de agarrarte
     y arrojarte con violencia.
18 Te hará rodar como pelota,
     y te lanzará a una tierra inmensa.
     Allí morirás; allí quedarán
         tus gloriosos carros de combate.
     ¡Serás la vergüenza de la casa de tu señor!
19 Te destituiré de tu cargo,
     y serás expulsado de tu puesto."

20 »En aquel día llamaré a mi siervo Eliaquín hijo de Jilquías. 21 Le pondré tu túnica, le colocaré tu cinto, y le daré tu autoridad. Será como un padre para los habitantes de Jerusalén y para la tribu de Judá. 22 Sobre sus hombros pondré la llave de la casa de David; lo que él abra, nadie podrá cerrarlo; lo que él cierre, nadie podrá abrirlo. 23 Como a una estaca, lo clavaré en un lugar firme, y será como un trono de honor para la dinastía de su padre. 24 De él penderá toda la gloria de su familia: sus descendientes y sus vástagos, y toda la vajilla pequeña, desde los cántaros hasta las tazas.

25 »En aquel día —afirma el SEÑOR Todopoderoso—, cederá la estaca clavada en el lugar firme; será arrancada de raíz y se vendrá abajo, con la carga que colgaba de ella.» El SEÑOR mismo lo ha dicho.

Profecía contra Tiro

23 Profecía contra Tiro:

     ¡Giman, barcos de Tarsis!,
         porque destruidas están su casa y su puerto.
     Desde la tierra de Chipre
         les ha llegado la noticia.

2 ¡Callen, habitantes de la costa,
     comerciantes de Sidón,
     ciudad que han enriquecido los marinos!
3 Sobre las grandes aguas
     llegó el grano de Sijor;
     Tiro se volvió el centro comercial de las
         naciones;
     la cosecha del Nilo le aportaba ganancias.
4 Avergüénzate, Sidón, fortaleza del mar,
     porque el mar ha dicho:
     «No he estado con dolores de parto ni he dado
         a luz;
     no he criado hijos ni educado hijas.»

15 This is what the Lord, the LORD Almighty, says:

     "Go, say to this steward,
         to Shebna, who is in charge of the palace:
16 What are you doing here and who gave you
         permission
     to cut out a grave for yourself here,
     hewing your grave on the height
         and chiseling your resting place in the
             rock?

17 "Beware, the LORD is about to take firm
         hold of you
     and hurl you away, O you mighty man.
18 He will roll you up tightly like a ball
     and throw you into a large country.
     There you will die
         and there your splendid chariots will
             remain—
     you disgrace to your master's house!
19 I will depose you from your office,
     and you will be ousted from your
         position.

20 "In that day I will summon my servant, Eliakim son of Hilkiah. 21 I will clothe him with your robe and fasten your sash around him and hand your authority over to him. He will be a father to those who live in Jerusalem and to the house of Judah. 22 I will place on his shoulder the key to the house of David; what he opens no one can shut, and what he shuts no one can open. 23 I will drive him like a peg into a firm place; he will be a seat[a] of honor for the house of his father. 24 All the glory of his family will hang on him: its offspring and offshoots—all its lesser vessels, from the bowls to all the jars.

25 "In that day," declares the LORD Almighty, "the peg driven into the firm place will give way; it will be sheared off and will fall, and the load hanging on it will be cut down." The LORD has spoken.

A Prophecy About Tyre

23 An oracle concerning Tyre:

     Wail, O ships of Tarshish!
         For Tyre is destroyed
         and left without house or harbor.
     From the land of Cyprus[b]
         word has come to them.

2 Be silent, you people of the island
     and you merchants of Sidon,
     whom the seafarers have enriched.
3 On the great waters
     came the grain of the Shihor;
     the harvest of the Nile[c] was the revenue of
         Tyre,
     and she became the marketplace of the
         nations.

4 Be ashamed, O Sidon, and you, O fortress
         of the sea,
     for the sea has spoken:
     "I have neither been in labor nor given
         birth;
     I have neither reared sons nor brought up
         daughters."

---

a 23 Or *throne*   *b 1* Hebrew *Kittim*   *c 2,3* Masoretic Text; one Dead Sea Scroll *Sidon, / who cross over the sea; / your envoys* ³*are on the great waters. / The grain of the Shihor, / the harvest of the Nile,*

5 Cuando la noticia llegue a Egipto,
   lo que se diga de Tiro los angustiará.

6 Pasen a Tarsis;
   giman, habitantes de la costa.
7 ¿Es ésta su ciudad alegre,
   la ciudad tan antigua,
   cuyos pies la han llevado
   a establecerse en tierras lejanas?
8 ¿Quién planeó esto contra Tiro,
   la ciudad que confiere coronas,
   cuyos comerciantes son príncipes,
   y sus negociantes reconocidos en la tierra?
9 Lo planeó el SEÑOR *Todopoderoso
   para abatir la altivez de toda gloria
   y humillar a toda la gente importante de la
      tierra.

10 Hija de Tarsis,
   cultivaᵛ tu tierra como en el Nilo,
   porque tu puerto ya no existe.
11 El SEÑOR ha extendido su mano sobre el mar
   y ha puesto a temblar a los reinos,
   ha ordenado destruir las fortalezas de
      Canaán.
12 Él dijo:
   «¡Virgen violentada, hija de Sidón:
   no volverás a alegrarte!

   »Levántate y cruza hasta Chipre;
   ¡ni siquiera allí encontrarás descanso!»
13 ¡Mira la tierra de los *caldeos!
   ¡Ese pueblo ya no existe!
   Asiria la ha convertido
   en refugio de las fieras del desierto;
   levantaron torres de asalto,
   demolieron sus fortalezas
   y las convirtieron en ruinas.

14 ¡Giman, barcos de Tarsis,
   porque destruida está su fortaleza!

15 En aquel tiempo Tiro será olvidada durante setenta años, que es lo que vive un rey. Pero al cabo de esos setenta años le sucederá a Tiro lo que dice la canción de la prostituta:

16 «Tú, prostituta olvidada,
   toma un arpa y recorre la ciudad;
   toca lo mejor que puedas,
   y canta muchas canciones,
   para que te recuerden.»

17 Al cabo de setenta años, el SEÑOR se ocupará de Tiro, la cual volverá a venderse y prostituirse con todos los reinos de la tierra. 18 Pero sus ingresos y ganancias se consagrarán al SEÑOR; no serán almacenados ni atesorados. Sus ganancias serán para los que habitan en presencia del SEÑOR, para que se alimenten en abundancia y se vistan con ropas finas.

Juicio universal

24 Miren, el SEÑOR arrasa la tierra y la devasta,
   trastorna su faz y dispersa a sus habitantes.
   2 Lo mismo les pasará

---

5 When word comes to Egypt,
   they will be in anguish at the report from
      Tyre.

6 Cross over to Tarshish;
   wail, you people of the island.
7 Is this your city of revelry,
   the old, old city,
   whose feet have taken her
   to settle in far-off lands?
8 Who planned this against Tyre,
   the bestower of crowns,
   whose merchants are princes,
   whose traders are renowned in the earth?
9 The LORD Almighty planned it,
   to bring low the pride of all glory
   and to humble all who are renowned on
      the earth.

10 Tillᵈ your land as along the Nile,
   O Daughter of Tarshish,
   for you no longer have a harbor.
11 The LORD has stretched out his hand over
      the sea
   and made its kingdoms tremble.
   He has given an order concerning
      Phoeniciaᵉ
   that her fortresses be destroyed.
12 He said, "No more of your reveling,
   O Virgin Daughter of Sidon, now
      crushed!

   "Up, cross over to Cyprusᶠ;
   even there you will find no rest."
13 Look at the land of the Babylonians,ᵍ
   this people that is now of no account!
   The Assyrians have made it
   a place for desert creatures;
   they raised up their siege towers,
   they stripped its fortresses bare
   and turned it into a ruin.

14 Wail, you ships of Tarshish;
   your fortress is destroyed!

15 At that time Tyre will be forgotten for seventy years, the span of a king's life. But at the end of these seventy years, it will happen to Tyre as in the song of the prostitute:

16 "Take up a harp, walk through the city,
   O prostitute forgotten;
   play the harp well, sing many a song,
   so that you will be remembered."

17 At the end of seventy years, the LORD will deal with Tyre. She will return to her hire as a prostitute and will ply her trade with all the kingdoms on the face of the earth. 18 Yet her profit and her earnings will be set apart for the LORD; they will not be stored up or hoarded. Her profits will go to those who live before the LORD, for abundant food and fine clothes.

The LORD's Devastation of the Earth

24 See, the LORD is going to lay waste the earth
   and devastate it;
   he will ruin its face
   and scatter its inhabitants—

ᵛ 23:10 *cultiva* (Qumrán y LXX); *atraviesa* (TM).

ᵈ 10 Dead Sea Scrolls and some Septuagint manuscripts; Masoretic Text *Go through*   ᵉ 11 Hebrew *Canaan*   ᶠ 12 Hebrew *Kittim*   ᵍ 13 Or *Chaldeans*

al sacerdote y al pueblo,
al amo y al esclavo,
a la señora y a la esclava,
al comprador y al vendedor,
al prestamista y al prestatario,
al acreedor y al deudor.
³ La tierra queda totalmente arrasada,
saqueada por completo,
porque el SEÑOR lo ha dicho.
⁴ La tierra languidece y se marchita;
el mundo se marchita y desfallece;
desfallecen los notables de la tierra.
⁵ La tierra yace profanada,
pisoteada por sus habitantes,
porque han desobedecido las leyes,
han violado los estatutos,
han quebrantado el *pacto eterno.
⁶ Por eso una maldición consume a la tierra,
y los culpables son sus habitantes.
Por eso el fuego los consume,
y sólo quedan unos cuantos.
⁷ Languidece el vino nuevo, desfallece la vid;
gimen todos los corazones alegres.
⁸ Cesó el ritmo de los tambores,
se aplacó el bullicio de los que se divierten,
se apagó el júbilo del arpa.
⁹ Ya no beben vino mientras cantan;
a los borrachos el licor les sabe amargo.
¹⁰ La ciudad del caos yace desolada;
cerrado está el acceso a toda casa.
¹¹ Clamor hay en las calles porque falta el vino;
toda alegría se ha extinguido;
el júbilo ha sido desterrado.
¹² La ciudad está en ruinas;
su *puerta está hecha pedazos.
¹³ Así sucederá en medio de la tierra
y entre las naciones,
como cuando a golpes se cosechan aceitunas,
como cuando se recogen rebuscos
después de la vendimia.
¹⁴ El remanente eleva su voz y grita de alegría;
desde el occidente aclama la majestad del
SEÑOR.
¹⁵ Por eso, glorifiquen al SEÑOR en el oriente;
el *nombre del SEÑOR, Dios de Israel,
en las costas del mar.
¹⁶ Desde los confines de la tierra oímos cantar:
«¡Gloria al justo!»
Pero yo digo: «¡Ay de mí!
¡Qué dolor, que me consumo!»
Los traidores traicionan,
los traidores maquinan traiciones.
¹⁷ ¡Terror, fosa y trampa
están contra ti, habitante de la tierra!
¹⁸ Quien huya del grito de terror
caerá en la fosa,
y quien suba del fondo de la fosa
caerá en la trampa,
porque abiertas están las ventanas de lo alto,
y tiemblan los cimientos de la tierra.
¹⁹ La tierra se quiebra, se desintegra;
la tierra se agrieta, se resquebraja;
la tierra tiembla y retiembla.
²⁰ La tierra se tambalea como un borracho,
se sacude como una choza.
Tanto pesa sobre ella su rebelión
que caerá para no volver a levantarse.

²it will be the same
for priest as for people,
for master as for servant,
for mistress as for maid,
for seller as for buyer,
for borrower as for lender,
for debtor as for creditor.
³The earth will be completely laid waste
and totally plundered.
The LORD has spoken this word.

⁴The earth dries up and withers,
the world languishes and withers,
the exalted of the earth languish.
⁵The earth is defiled by its people;
they have disobeyed the laws,
violated the statutes
and broken the everlasting covenant.
⁶Therefore a curse consumes the earth;
its people must bear their guilt.
Therefore earth's inhabitants are burned up,
and very few are left.
⁷The new wine dries up and the vine withers;
all the merrymakers groan.
⁸The gaiety of the tambourines is stilled,
the noise of the revelers has stopped,
the joyful harp is silent.
⁹No longer do they drink wine with a song;
the beer is bitter to its drinkers.
¹⁰The ruined city lies desolate;
the entrance to every house is barred.
¹¹In the streets they cry out for wine;
all joy turns to gloom,
all gaiety is banished from the earth.
¹²The city is left in ruins,
its gate is battered to pieces.
¹³So will it be on the earth
and among the nations,
as when an olive tree is beaten,
or as when gleanings are left after the
grape harvest.

¹⁴They raise their voices, they shout for joy;
from the west they acclaim the LORD's
majesty.
¹⁵Therefore in the east give glory to the
LORD;
exalt the name of the LORD, the God of
Israel,
in the islands of the sea.
¹⁶From the ends of the earth we hear singing:
"Glory to the Righteous One."

But I said, "I waste away, I waste away!
Woe to me!
The treacherous betray!
With treachery the treacherous betray!"
¹⁷Terror and pit and snare await you,
O people of the earth.
¹⁸Whoever flees at the sound of terror
will fall into a pit;
whoever climbs out of the pit
will be caught in a snare.

The floodgates of the heavens are opened,
the foundations of the earth shake.
¹⁹The earth is broken up,
the earth is split asunder,
the earth is thoroughly shaken.
²⁰The earth reels like a drunkard,
it sways like a hut in the wind;
so heavy upon it is the guilt of its rebellion
that it falls—never to rise again.

²¹ En aquel día el SEÑOR castigará
    a los poderes celestiales en el cielo
    y a los reyes terrenales en la tierra.
²² Serán amontonados en un pozo,
    como prisioneros entre rejas,
    y después de muchos días se les castigará.
²³ La luna se sonrojará
    y el sol se avergonzará,
porque sobre el monte *Sión,
    sobre Jerusalén,
reinará el SEÑOR *Todopoderoso,
    glorioso entre sus *ancianos.

Canto de alabanza al SEÑOR

25 SEÑOR, tú eres mi Dios;
    te exaltaré y alabaré tu *nombre
    porque has hecho maravillas.
Desde tiempos antiguos
    tus planes son fieles y seguros.
² Has convertido la ciudad en un montón de
        escombros,
    la ciudad fortificada en una ruina.
Ya no es ciudad la ciudadela de extranjeros;
    nunca más volverá a ser reconstruida.
³ Por eso te glorifica un pueblo poderoso;
    te teme la ciudad de las naciones crueles.
⁴ Porque tú has sido,
    en su angustia,
un baluarte para el desvalido,
    un refugio para el necesitado,
un resguardo contra la tormenta,
    una sombra contra el calor.
En cambio, el aliento de los crueles
    es como una tormenta contra un muro,
⁵   como el calor en el desierto.
Tú aplacas el tumulto de los extranjeros,
    como se aplaca el calor bajo la sombra de
        una nube,
    y ahogas la alaraca de los tiranos.

⁶ Sobre este monte, el SEÑOR *Todopoderoso
    preparará para todos los pueblos
    un banquete de manjares especiales,
    un banquete de vinos añejos,
    de manjares especiales y de selectos vinos
        añejos.
⁷ Sobre este monte rasgará
    el velo que cubre a todos los pueblos,
    el manto que envuelve a todas las naciones.
⁸ Devorará a la muerte para siempre;
    el SEÑOR omnipotente enjugará las lágrimas
        de todo rostro,
y quitará de toda la tierra
    el oprobio de su pueblo.
           El SEÑOR mismo lo ha dicho.

⁹ En aquel día se dirá:

«¡Sí, éste es nuestro Dios;
    en él confiamos, y él nos salvó!
¡Éste es el SEÑOR, en él hemos confiado;
    regocijémonos y alegrémonos en su
    *salvación!»

¹⁰ La mano del SEÑOR se posará sobre este monte,
    pero Moab será pisoteada en su sitio,
    como se pisotea la paja en el muladar.

---

²¹ In that day the LORD will punish
    the powers in the heavens above
    and the kings on the earth below.
²² They will be herded together
    like prisoners bound in a dungeon;
they will be shut up in prison
    and be punished[h] after many days.
²³ The moon will be abashed, the sun
        ashamed;
    for the LORD Almighty will reign
on Mount Zion and in Jerusalem,
    and before its elders, gloriously.

Praise to the LORD

25 O LORD, you are my God;
    I will exalt you and praise your name,
for in perfect faithfulness
    you have done marvelous things,
    things planned long ago.
² You have made the city a heap of rubble,
    the fortified town a ruin,
the foreigners' stronghold a city no more;
    it will never be rebuilt.
³ Therefore strong peoples will honor you;
    cities of ruthless nations will revere you.
⁴ You have been a refuge for the poor,
    a refuge for the needy in his distress,
a shelter from the storm
    and a shade from the heat.
For the breath of the ruthless
    is like a storm driving against a wall
⁵   and like the heat of the desert.
You silence the uproar of foreigners;
    as heat is reduced by the shadow of a
        cloud,
    so the song of the ruthless is stilled.

⁶ On this mountain the LORD Almighty will
        prepare
    a feast of rich food for all peoples,
a banquet of aged wine—
    the best of meats and the finest of wines.
⁷ On this mountain he will destroy
    the shroud that enfolds all peoples,
the sheet that covers all nations;
⁸   he will swallow up death forever.
The Sovereign LORD will wipe away the
        tears
    from all faces;
he will remove the disgrace of his people
    from all the earth.
           The LORD has spoken.

⁹ In that day they will say,

"Surely this is our God;
    we trusted in him, and he saved us.
This is the LORD, we trusted in him;
    let us rejoice and be glad in his
    salvation."

¹⁰ The hand of the LORD will rest on this
        mountain;
    but Moab will be trampled under him
    as straw is trampled down in the manure.

---

h 22 Or *released*

¹¹ Allí extenderán sus manos,
    como al nadar las extiende un nadador.
Pero el SEÑOR abatirá su orgullo,
    junto con la destreza^w de sus manos.
¹² Derribará, hará caer y abatirá
    tus muros altos y fortificados,
    hasta dejarlos hechos polvo sobre la tierra.

Canto de victoria

26 En aquel día se entonará esta canción en la tierra de Judá:

«Tenemos una ciudad fuerte.
    Como un muro, como un baluarte,
    Dios ha interpuesto su *salvación.
² Abran las *puertas, para que entre
    la nación justa que se mantiene fiel.
³ Al de carácter firme
    lo guardarás en perfecta *paz,
    porque en ti confía.
⁴ Confíen en el SEÑOR para siempre,
    porque el SEÑOR es una *Roca eterna.
⁵ Él hace caer a los que habitan en lo alto
    y abate a la ciudad enaltecida:
    la abate hasta dejarla por el suelo,
    la derriba hasta hacerla morder el polvo.
⁶ ¡Los débiles y los desvalidos
    la pisotean con sus propios pies!»

⁷ La senda del justo es llana;
    tú, que eres recto, allanas su *camino.
⁸ Sí, en ti esperamos, SEÑOR,
    y en la senda de tus juicios;
tu *nombre y tu memoria
    son el deseo de nuestra *vida.
⁹ Todo mi ser te desea por las noches;
    por la mañana mi espíritu te busca.
Pues cuando tus juicios llegan a la tierra,
    los habitantes del mundo aprenden lo que es
      justicia.
¹⁰ Aunque al malvado se le tenga compasión,
    no aprende lo que es justicia;
en tierra de rectitud actúa con iniquidad,
    y no reconoce la majestad del SEÑOR.

¹¹ Levantada está, SEÑOR, tu mano,
    pero ellos no la ven.
¡Que vean tu celo por el pueblo, y sean
      avergonzados;
    que sean consumidos por el fuego
    destinado a tus enemigos!

¹² SEÑOR, tú estableces la paz en favor nuestro,
    porque tú eres quien realiza todas nuestras
      obras.
¹³ SEÑOR y Dios nuestro,
    otros señores nos han gobernado,
    pero sólo a tu nombre damos honra.

¹¹ They will spread out their hands in it,
    as a swimmer spreads out his hands to
      swim.
God will bring down their pride
    despite the clevernessⁱ of their hands.
¹² He will bring down your high fortified walls
    and lay them low;
he will bring them down to the ground,
    to the very dust.

A Song of Praise

26 In that day this song will be sung in the land of Judah:

We have a strong city;
    God makes salvation
    its walls and ramparts.
² Open the gates
    that the righteous nation may enter,
    the nation that keeps faith.
³ You will keep in perfect peace
    him whose mind is steadfast,
    because he trusts in you.
⁴ Trust in the LORD forever,
    for the LORD, the LORD, is the Rock
    eternal.
⁵ He humbles those who dwell on high,
    he lays the lofty city low;
he levels it to the ground
    and casts it down to the dust.
⁶ Feet trample it down—
    the feet of the oppressed,
    the footsteps of the poor.

⁷ The path of the righteous is level;
    O upright One, you make the way of the
      righteous smooth.
⁸ Yes, LORD, walking in the way of your
      laws,^j
we wait for you;
your name and renown
    are the desire of our hearts.
⁹ My soul yearns for you in the night;
    in the morning my spirit longs for you.
When your judgments come upon the earth,
    the people of the world learn
      righteousness.
¹⁰ Though grace is shown to the wicked,
    they do not learn righteousness;
even in a land of uprightness they go on
      doing evil
    and regard not the majesty of the LORD.
¹¹ O LORD, your hand is lifted high,
    but they do not see it.
Let them see your zeal for your people and
      be put to shame;
    let the fire reserved for your enemies
    consume them.

¹² LORD, you establish peace for us;
    all that we have accomplished you have
      done for us.
¹³ O LORD, our God, other lords besides you
    have ruled over us,
    but your name alone do we honor.

---

14 Ya están muertos, y no revivirán;
     ya son sombras, y no se levantarán.
Tú los has castigado y destruido;
     has hecho que perezca su memoria.
15 Tú, Señor, has engrandecido a la nación;
     la has engrandecido y te has glorificado;
     has extendido las fronteras de todo el país.
16 Señor, en la angustia te buscaron;
     apenas si lograban susurrar una oración[x]
     cuando tú ya los corregías.
17 Señor, nosotros estuvimos ante ti
     como cuando una mujer embarazada
     se retuerce y grita de dolor
     al momento de dar a luz.
18 Concebimos, nos retorcimos,
     pero dimos a luz tan sólo viento.
No trajimos salvación a la tierra,
     ni nacieron los habitantes del mundo.

19 Pero tus muertos vivirán;
     sus cadáveres volverán a la vida.
¡Despierten y griten de alegría,
     moradores del polvo!
Porque tu rocío es como el rocío de la
     mañana,
     y la tierra devolverá sus muertos.

20 ¡Anda, pueblo mío, entra en tus habitaciones
     y cierra tus puertas tras de ti;
escóndete por un momento,
     hasta que pase la ira!
21 ¡Estén alerta!,
     que el Señor va a salir de su morada
para castigar la maldad
     de los habitantes del país.
La tierra pondrá al descubierto la sangre
     derramada;
     ¡ya no ocultará a los masacrados en ella!

Liberación de Israel

27 En aquel día el Señor castigará
     a *Leviatán, la serpiente huidiza,
     a Leviatán, la serpiente tortuosa.
Con su espada violenta, grande y poderosa,
     matará al Dragón que está en el mar.
2 «Canten en aquel día
     a la viña escogida:
3 Yo, el Señor, soy su guardián;
     todo el tiempo riego mi viña.
Día y noche cuido de ella
     para que nadie le haga daño.
4 No estoy enojado.
     Si tuviera zarzas y espinos,
pelearía contra ella
     y la quemaría totalmente.
5 a menos que ella acudiera a mi refugio
     e hiciera las paces conmigo,
     sí, que hiciera las paces conmigo.»

6 Días vendrán en que Jacob echará raíces,
     en que Israel retoñará y florecerá,
     y llenará el mundo con sus frutos.

14 They are now dead, they live no more;
     those departed spirits do not rise.
You punished them and brought them to
     ruin;
     you wiped out all memory of them.
15 You have enlarged the nation, O Lord;
     you have enlarged the nation.
You have gained glory for yourself;
     you have extended all the borders of the
     land.

16 Lord, they came to you in their distress;
     when you disciplined them,
     they could barely whisper a prayer.[k]
17 As a woman with child and about to give
     birth
     writhes and cries out in her pain,
     so were we in your presence, O Lord.
18 We were with child, we writhed in pain,
     but we gave birth to wind.
We have not brought salvation to the earth;
     we have not given birth to people of the
     world.

19 But your dead will live;
     their bodies will rise.
You who dwell in the dust,
     wake up and shout for joy.
Your dew is like the dew of the morning;
     the earth will give birth to her dead.

20 Go, my people, enter your rooms
     and shut the doors behind you;
hide yourselves for a little while
     until his wrath has passed by.
21 See, the Lord is coming out of his dwelling
     to punish the people of the earth for their
     sins.
The earth will disclose the blood shed upon
     her;
     she will conceal her slain no longer.

Deliverance of Israel

27 In that day,

     the Lord will punish with his sword,
     his fierce, great and powerful sword,
Leviathan the gliding serpent,
     Leviathan the coiling serpent;
he will slay the monster of the sea.

2 In that day—

     "Sing about a fruitful vineyard:
3   I, the Lord, watch over it;
     I water it continually.
I guard it day and night
     so that no one may harm it.
4   I am not angry.
If only there were briers and thorns
     confronting me!
     I would march against them in battle;
     I would set them all on fire.
5 Or else let them come to me for refuge;
     let them make peace with me,
     yes, let them make peace with me."

6 In days to come Jacob will take root,
     Israel will bud and blossom
     and fill all the world with fruit.

---

x 26:16 apenas ... oración. Frase de difícil traducción.   k 16 The meaning of the Hebrew for this clause is uncertain.

7 ¿Acaso el Señor lo ha golpeado
  como hizo con quien lo golpeaba?
 ¿Acaso le dio muerte
  como hizo con quienes lo mataron?
8 Contendió con él con guerra[y] y destierro;
  lo expulsó con su soplo violento
  al soplar el viento del este.
9 Así quedará *expiada la iniquidad de Jacob;
  ésta será la única condición
  para que se le perdone su pecado:
 que reduzca a polvo todas las piedras del altar,
  como si moliera piedra caliza,
 y no deje en pie ninguna imagen de *Aserá
  ni altar de incienso alguno.

10 En ruinas está la ciudad fortificada;
  es un sitio sin habitantes,
  abandonado como el desierto.
 Allí se echa el ternero,
  allí pace y deshoja las ramas.
11 Una vez secas, las ramas se quiebran;
  vienen luego las mujeres y con ellas hacen
   fuego.
 Porque éste es un pueblo sin entendimiento;
  por eso su Creador no le tiene compasión,
  ni de él se apiada quien lo formó.

12 En aquel día el Señor trillará desde las corrientes del Éufrates hasta el torrente de Egipto, y ustedes, israelitas, serán recogidos uno por uno. 13 En aquel día sonará una gran trompeta. Los que fueron llevados a Asiria y los que fueron desterrados a Egipto vendrán y adorarán al Señor sobre el monte *santo en Jerusalén.

Ay de Efraín

28 ¡Ay de la altiva corona de los borrachos de Efraín,
  de la flor marchita de su gloriosa hermosura,
 que está sobre la cumbre de un valle fértil!
  ¡Ay de los abatidos por el vino!
2 Miren, el Señor cuenta con alguien
  que es fuerte y poderoso:
 Éste echará todo por tierra con violencia,
  como tormenta de granizo,
  como tempestad destructora,
  como tormenta de aguas torrenciales,
  como torrente desbordado.
3 La altiva corona de los borrachos de Efraín,
  será pisoteada.
4 Esa flor marchita de su gloriosa hermosura,
  sobre la cumbre de un valle fértil,
 será como higo maduro antes de la cosecha:
  apenas alguien lo ve y lo tiene en la mano,
  se lo traga.

5 En aquel día el Señor *Todopoderoso
 será una hermosa corona,
 una diadema gloriosa
  para el remanente de su pueblo.

7 Has ⌊the Lord⌋ struck her
  as he struck down those who struck her?
 Has she been killed
  as those were killed who killed her?
8 By warfare[l] and exile you contend with
   her—
  with his fierce blast he drives her out,
  as on a day the east wind blows.
9 By this, then, will Jacob's guilt be atoned
   for,
  and this will be the full fruitage of the
   removal of his sin:
 When he makes all the altar stones
  to be like chalk stones crushed to pieces,
 no Asherah poles[m] or incense altars
  will be left standing.
10 The fortified city stands desolate,
  an abandoned settlement, forsaken like the
   desert;
 there the calves graze,
  there they lie down;
  they strip its branches bare.
11 When its twigs are dry, they are broken off
  and women come and make fires with
   them.
 For this is a people without understanding;
  so their Maker has no compassion on
   them,
  and their Creator shows them no favor.

12 In that day the Lord will thresh from the flowing Euphrates[n] to the Wadi of Egypt, and you, O Israelites, will be gathered up one by one. 13 And in that day a great trumpet will sound. Those who were perishing in Assyria and those who were exiled in Egypt will come and worship the Lord on the holy mountain in Jerusalem.

Woe to Ephraim

28 Woe to that wreath, the pride of Ephraim's
   drunkards,
  to the fading flower, his glorious beauty,
 set on the head of a fertile valley—
  to that city, the pride of those laid low by
   wine!
2 See, the Lord has one who is powerful and
   strong.
 Like a hailstorm and a destructive wind,
 like a driving rain and a flooding downpour,
  he will throw it forcefully to the ground.
3 That wreath, the pride of Ephraim's
   drunkards,
  will be trampled underfoot.
4 That fading flower, his glorious beauty,
  set on the head of a fertile valley,
 will be like a fig ripe before harvest—
  as soon as someone sees it and takes it in
   his hand,
  he swallows it.

5 In that day the Lord Almighty
 will be a glorious crown,
 a beautiful wreath
  for the remnant of his people.

---

[l] 8 See Septuagint; the meaning of the Hebrew for this word is uncertain.   [m] 9 That is, symbols of the goddess Asherah
[n] 12 Hebrew *River*

[y] 27:8 *guerra*. Palabra de difícil traducción.

6 Él infundirá espíritu de justicia
   al que se sienta en el tribunal,
y valor a los que rechazan
   los asaltos a la puerta.

7 También sacerdotes y profetas
   se tambalean por causa del vino,
   trastabillan por causa del licor;
quedan aturdidos con el vino,
   tropiezan a causa del licor.
Cuando tienen visiones, titubean;
   cuando toman decisiones, vacilan.
8 ¡Sí, regadas de vómito están todas las mesas,
   y no queda limpio ni un solo lugar!

9 «¿A quién creen que están enseñando?
   ¿A quién le están explicando su mensaje?
¿Creen que somos niños recién destetados,
   que acaban de dejar el pecho?
10 ¿Niños que repiten:
   "a-b-c-ch-d, a-e-i-o-u,
   un poquito aquí, un poquito allá"?»z

11 Pues bien, Dios hablará a este pueblo
   con labios burlones y lenguas extrañas,
12 pueblo al que dijo:
   «Éste es el lugar de descanso;
   que descanse el fatigado»;
y también:
   «Éste es el lugar de reposo.»
¡Pero no quisieron escuchar!
13 Pues la palabra del SEÑOR
   para ellos será también:
   «a-b-c-ch-d, a-e-i-o-u,
   un poquito aquí, un poquito allá.»
Para que se vayan de espaldas cuando
      caminen,
   y queden heridos, enredados y atrapados.

14 Por tanto, gobernantes insolentes
   de este pueblo de Jerusalén,
   escuchen la palabra del SEÑOR:

15 Ustedes dicen: «Hemos hecho un pacto con la
      muerte,
   hemos hecho una alianza con el *sepulcro.
Cuando venga una calamidad abrumadora,
   no nos podrá alcanzar,
porque hemos hecho de la mentira nuestro
      refugio
   y del engaño nuestro escondite.»

16 Por eso dice el SEÑOR omnipotente:

   «¡Yo pongo en *Sión una piedra probada!,
      piedra angular y preciosa para un cimiento
         firme;
   el que confíe no andará desorientado.
17 Pondré como nivel la justicia,
   y la rectitud como plomada.
El granizo arrasará con el refugio de la
      mentira,
   y las aguas inundarán el escondite.

6 He will be a spirit of justice
   to him who sits in judgment,
a source of strength
   to those who turn back the battle at the
      gate.

7 And these also stagger from wine
   and reel from beer:
Priests and prophets stagger from beer
   and are befuddled with wine;
they reel from beer,
   they stagger when seeing visions,
   they stumble when rendering decisions.
8 All the tables are covered with vomit
   and there is not a spot without filth.

9 "Who is it he is trying to teach?
   To whom is he explaining his message?
To children weaned from their milk,
   to those just taken from the breast?
10 For it is:
   Do and do, do and do,
   rule on rule, rule on ruleo;
   a little here, a little there."

11 Very well then, with foreign lips and
      strange tongues
   God will speak to this people,
12 to whom he said,
   "This is the resting place, let the weary
      rest";
and, "This is the place of repose"—
   but they would not listen.
13 So then, the word of the LORD to them will
      become:
   Do and do, do and do,
   rule on rule, rule on rule;
   a little here, a little there—
so that they will go and fall backward,
   be injured and snared and captured.

14 Therefore hear the word of the LORD, you
      scoffers
   who rule this people in Jerusalem.
15 You boast, "We have entered into a
      covenant with death,
   with the gravep we have made an
      agreement.
When an overwhelming scourge sweeps by,
   it cannot touch us,
for we have made a lie our refuge
   and falsehoodq our hiding place."

16 So this is what the Sovereign LORD says:

   "See, I lay a stone in Zion,
      a tested stone,
   a precious cornerstone for a sure foundation;
      the one who trusts will never be
         dismayed.
17 I will make justice the measuring line
   and righteousness the plumb line;
hail will sweep away your refuge, the lie,
   and water will overflow your hiding
      place.

---

z 28:10 Versículo de difícil traducción (posiblemente remedo burlón
de una lección de abecedario); también en v. 13.

o 10 Hebrew / sav lasav sav lasav / kav lakav kav lakav (possibly
meaningless sounds; perhaps a mimicking of the prophet's words);
also in verse 13   p 15 Hebrew Sheol; also in verse 18
q 15 Or false gods

18 Se anulará el pacto que hicieron con la muerte,
　　quedará sin efecto su alianza con el
　　　　sepulcro.
　　Cuando venga la calamidad abrumadora,
　　　a ustedes los aplastará.
19 Cada vez que pase, los arrebatará;
　　pasará mañana tras mañana, de día y de
　　　　noche.»

La comprensión de este mensaje
　　causará terror absoluto.
20 La cama es demasiado estrecha para estirarse
　　　en ella,
　　la manta es demasiado corta para envolverse
　　　en ella.
21 Sí, el Señor se levantará como en el monte
　　　Perasín,
　　se moverá como en el valle de Gabaón;
　　para llevar a cabo su extraña obra,
　　para realizar su insólita tarea.
22 Ahora bien, dejen de burlarse,
　　no sea que se aprieten más sus cadenas;
　　porque me ha hecho saber el Señor,
　　el Señor Todopoderoso,
　　acerca de la destrucción decretada
　　　contra todo el país.

23 Escuchen, oigan mi voz;
　　presten atención, oigan mi palabra:
24 Cuando un agricultor ara para sembrar,
　　¿lo hace sin descanso?
　　¿Se pasa todos los días rompiendo y
　　　rastrillando su terreno?
25 Después de que ha emparejado la superficie,
　　¿no siembra eneldo y esparce comino?
　　¿No siembra trigo en hileras,*a*
　　cebada en el lugar debido,
　　y centeno en las orillas?
26 Es Dios quien lo instruye
　　y le enseña cómo hacerlo.

27 Porque no se trilla el eneldo con rastrillo,
　　ni sobre el comino se pasa una rueda de
　　　carreta,
　　sino que el eneldo se golpea con una vara,
　　y el comino con un palo.
28 El grano se tritura, pero no demasiado,
　　ni tampoco se trilla sin descanso.
　　Se le pasan las ruedas de la carreta,
　　pero los caballos no lo trituran.
29 También esto viene del Señor Todopoderoso,
　　admirable por su consejo
　　y magnífico por su sabiduría.

Ay de la Ciudad de David

29 ¡Ay, Ariel, Ariel,
　　　ciudad donde acampó David!
　　Añadan a un año otro año más,
　　y que prosiga el ciclo de las fiestas.
2 Pero a Ariel la sitiaré;
　　habrá llanto y lamento,
　　y será para mí como un brasero del altar.*b*

18 Your covenant with death will be annulled;
　　your agreement with the grave will not
　　　　stand.
　　When the overwhelming scourge sweeps by,
　　　you will be beaten down by it.
19 As often as it comes it will carry you away;
　　morning after morning, by day and by
　　　　night,
　　it will sweep through."

The understanding of this message
　　will bring sheer terror.
20 The bed is too short to stretch out on,
　　the blanket too narrow to wrap around
　　　you.
21 The LORD will rise up as he did at Mount
　　　Perazim,
　　he will rouse himself as in the Valley of
　　　Gibeon—
　　to do his work, his strange work,
　　and perform his task, his alien task.
22 Now stop your mocking,
　　or your chains will become heavier;
　　the Lord, the LORD Almighty, has told me
　　of the destruction decreed against the
　　　whole land.

23 Listen and hear my voice;
　　pay attention and hear what I say.
24 When a farmer plows for planting, does he
　　plow continually?
　　Does he keep on breaking up and
　　harrowing the soil?
25 When he has leveled the surface,
　　does he not sow caraway and scatter
　　cummin?
　　Does he not plant wheat in its place,*r*
　　barley in its plot,*r*
　　and spelt in its field?
26 His God instructs him
　　and teaches him the right way.

27 Caraway is not threshed with a sledge,
　　nor is a cartwheel rolled over cummin;
　　caraway is beaten out with a rod,
　　and cummin with a stick.
28 Grain must be ground to make bread;
　　so one does not go on threshing it
　　forever.
　　Though he drives the wheels of his
　　threshing cart over it,
　　his horses do not grind it.
29 All this also comes from the LORD
　　Almighty,
　　wonderful in counsel and magnificent in
　　wisdom.

Woe to David's City

29 Woe to you, Ariel, Ariel,
　　the city where David settled!
　　Add year to year
　　and let your cycle of festivals go on.
2 Yet I will besiege Ariel;
　　she will mourn and lament,
　　she will be to me like an altar hearth.*s*

---

a 28:25 hileras. Palabra de difícil traducción.　　*b 29:2 un brasero
del altar.* Esta frase traduce una palabra hebrea que es idéntica al
nombre *Ariel*.

r 25 The meaning of the Hebrew for this word is uncertain.
s 2 The Hebrew for *altar hearth* sounds like the Hebrew for *Ariel*.

3 Acamparé contra ti, y te rodearé;
    te cercaré con empalizadas,
    y levantaré contra ti torres de asalto.
4 Humillada, desde el suelo elevarás tu voz;
    tu palabra apenas se levantará del polvo.
   Saldrá tu voz de la tierra
    como si fuera la de un fantasma;
   tu palabra, desde el polvo,
    apenas será un susurro.

5 Pero la multitud de tus enemigos
    quedará hecha polvo fino,
   y la multitud de despiadados
    será como la paja que se lleva el viento.
   De repente, en un instante,
6   vendrá contra ti el SEÑOR *Todopoderoso;
   vendrá con truenos, terremotos
    y gran estruendo,
   vendrá con una violenta tormenta
    y con devoradoras llamas de fuego.
7 La multitud de todas las naciones
    que batallan contra Ariel,
   todos los que luchan contra ella
    y contra su fortaleza,
   aquellos que la asedian,
    serán como un sueño,
    como una visión nocturna.
8 Como el hambriento que sueña que está
    comiendo,
    pero despierta y aún tiene hambre;
   como el sediento que sueña que está bebiendo,
    pero despierta y la sed le reseca la garganta.
   Así sucederá con la multitud de todas las
    naciones
    que luchan contra el monte *Sión.

9 Pierdan el juicio, quédense pasmados,
    pierdan la vista, quédense ciegos;
   embriáguense, pero no con vino,
    tambaléense, pero no por el licor.
10 El SEÑOR ha derramado sobre ustedes
    un espíritu de profundo sueño;
   a los profetas les cubrió los ojos,
    a los videntes les tapó la cara.

11 Para ustedes, toda esta visión no es otra cosa que palabras en un rollo de pergamino sellado. Si le dan el rollo a alguien que sepa leer, y le dicen: «Lea esto, por favor», éste responderá: «No puedo hacerlo; está sellado.» 12 Y si le dan el rollo a alguien que no sepa leer, y le dicen: «Lea esto, por favor», éste responderá: «No sé leer.»

13 El Señor dice:

   «Este pueblo me alaba con la boca
    y me honra con los labios,
    pero su *corazón está lejos de mí.
   Su adoración no es más que un mandato
    enseñado por *hombres.
14 Por eso, una vez más asombraré a este pueblo
    con prodigios maravillosos;
   perecerá la sabiduría de sus sabios,
    y se esfumará la inteligencia de sus
    inteligentes.»

3 I will encamp against you all around;
    I will encircle you with towers
    and set up my siege works against you.
4 Brought low, you will speak from the
    ground;
    your speech will mumble out of the dust.
   Your voice will come ghostlike from the
    earth;
    out of the dust your speech will whisper.

5 But your many enemies will become like
    fine dust,
    the ruthless hordes like blown chaff.
   Suddenly, in an instant,
6   the LORD Almighty will come
   with thunder and earthquake and great
    noise,
    with windstorm and tempest and flames
    of a devouring fire.
7 Then the hordes of all the nations that fight
    against Ariel,
    that attack her and her fortress and
    besiege her,
   will be as it is with a dream,
    with a vision in the night—
8 as when a hungry man dreams that he is
    eating,
    but he awakens, and his hunger remains;
   as when a thirsty man dreams that he is
    drinking,
    but he awakens faint, with his thirst
    unquenched.
   So will it be with the hordes of all the
    nations
    that fight against Mount Zion.

9 Be stunned and amazed,
    blind yourselves and be sightless;
   be drunk, but not from wine,
    stagger, but not from beer.
10 The LORD has brought over you a deep
    sleep:
   He has sealed your eyes (the prophets);
    he has covered your heads (the seers).

11 For you this whole vision is nothing but words sealed in a scroll. And if you give the scroll to someone who can read, and say to him, "Read this, please," he will answer, "I can't; it is sealed." 12 Or if you give the scroll to someone who cannot read, and say, "Read this, please," he will answer, "I don't know how to read."

13 The Lord says:

   "These people come near to me with their
    mouth
    and honor me with their lips,
    but their hearts are far from me.
   Their worship of me
    is made up only of rules taught by men.[t]
14 Therefore once more I will astound these
    people
   with wonder upon wonder;
    the wisdom of the wise will perish,
    the intelligence of the intelligent will
    vanish."

---

t 13 Hebrew; Septuagint *They worship me in vain; / their teachings are but rules taught by men*

15 ¡Ay de los que, para esconder sus planes,
se ocultan del SEÑOR en las profundidades;
cometen sus fechorías en la oscuridad, y
piensan:
«¿Quién nos ve? ¿Quién nos conoce?»!
16 ¡Qué manera de falsear las cosas!
¿Acaso el alfarero es igual al barro?
¿Acaso le dirá el objeto al que lo modeló:
«Él no me hizo»?
¿Puede la vasija decir del alfarero:
«Él no entiende nada»?

17 Muy pronto el Líbano
se convertirá en campo fértil,
y el campo fértil se convertirá en bosque.
18 En aquel día podrán los sordos
oír la lectura del rollo,
y los ojos de los ciegos podrán ver
desde la oscuridad y la penumbra.
19 Los pobres volverán a alegrarse en el SEÑOR,
los más necesitados se regocijarán en el
*Santo de Israel.
20 Se desvanecerán los despiadados,
desaparecerán los insolentes,
y todos los que no duermen para hacer el mal
serán exterminados;
21 los que con una palabra hacen culpable a una
persona,
los que en el tribunal ponen trampas al
defensor
y con engaños perjudican al indefenso.

22 Por eso, el SEÑOR, el redentor de Abraham, dice así
a los descendientes de Jacob:

«Jacob ya no será avergonzado,
ni palidecerá su rostro.
23 Cuando él vea a sus hijos,
y la obra de mis manos en medio de él,
todos ellos santificarán mi *nombre;
santificarán al Santo de Jacob,
y temerán al Dios de Israel.
24 Los de espíritu extraviado recibirán
entendimiento;
y los murmuradores aceptarán ser
instruidos.»

Ay de la nación obstinada

30

El SEÑOR ha dictado esta sentencia:

«Ay de los hijos rebeldes
que ejecutan planes que no son míos,
que hacen alianzas contrarias a mi Espíritu,
que amontonan pecado sobre pecado,
2 que bajan a Egipto sin consultarme,
que se acogen a la protección de Faraón,
y se refugian bajo la sombra de Egipto.
3 ¡La protección de Faraón será su vergüenza!
¡El refugiarse bajo la sombra de Egipto, su
humillación!
4 Aunque en Zoán tengan funcionarios,
y a Janés hayan llegado sus mensajeros,
5 todos quedarán avergonzados
por culpa de un pueblo que les resulta inútil,
que no les brinda ninguna ayuda ni provecho,
sino sólo vergüenza y frustración.»

15 Woe to those who go to great depths
to hide their plans from the LORD,
who do their work in darkness and think,
"Who sees us? Who will know?"
16 You turn things upside down,
as if the potter were thought to be like the
clay!
Shall what is formed say to him who
formed it,
"He did not make me"?
Can the pot say of the potter,
"He knows nothing"?

17 In a very short time, will not Lebanon be
turned into a fertile field
and the fertile field seem like a forest?
18 In that day the deaf will hear the words of
the scroll,
and out of gloom and darkness
the eyes of the blind will see.
19 Once more the humble will rejoice in the
LORD;
the needy will rejoice in the Holy One of
Israel.
20 The ruthless will vanish,
the mockers will disappear,
and all who have an eye for evil will be
cut down—
21 those who with a word make a man out to
be guilty,
who ensnare the defender in court
and with false testimony deprive the
innocent of justice.

22 Therefore this is what the LORD, who redeemed
Abraham, says to the house of Jacob:

"No longer will Jacob be ashamed;
no longer will their faces grow pale.
23 When they see among them their children,
the work of my hands,
they will keep my name holy;
they will acknowledge the holiness of the
Holy One of Jacob,
and will stand in awe of the God of
Israel.
24 Those who are wayward in spirit will gain
understanding;
those who complain will accept
instruction."

Woe to the Obstinate Nation

30

"Woe to the obstinate children,"
declares the LORD,
"to those who carry out plans that are not
mine,
forming an alliance, but not by my Spirit,
heaping sin upon sin;
2 who go down to Egypt
without consulting me;
who look for help to Pharaoh's protection,
to Egypt's shade for refuge.
3 But Pharaoh's protection will be to your
shame,
Egypt's shade will bring you disgrace.
4 Though they have officials in Zoan
and their envoys have arrived in Hanes,
5 everyone will be put to shame
because of a people useless to them,
who bring neither help nor advantage,
but only shame and disgrace."

⁶Ésta es la sentencia que se ha dictado contra los animales del Néguev:

> Por tierra de dificultades y angustias,
>> de leones y leonas,
>> de víboras y serpientes voladoras,
> llevan ellos a lomo de burro
>> las riquezas de esa nación inútil,
>> y sus tesoros, a lomo de camello.

⁷La ayuda de Egipto no sirve para nada;
> por eso la llamo: «*Rahab, la inmóvil».

⁸Anda, pues, delante de ellos,
> y grábalo en una tablilla.
> Escríbelo en un rollo de cuero,
>> para que en los días venideros
>> quede como un testimonio eterno.

⁹Porque éste es un pueblo rebelde;
> son hijos engañosos,
> hijos que no quieren escuchar
> la enseñanza del SEÑOR.

¹⁰A los videntes les dicen:
> «¡No tengan más visiones!»,
> y a los profetas:
> «¡No nos sigan profetizando la verdad!
> Díganos cosas agradables,
> profeticen ilusiones.

¹¹¡Apártense del camino,
> retírense de esta senda,
> y dejen de enfrentarnos
> con el *Santo de Israel!»

¹²Así dice el Santo de Israel:

> «Ustedes han rechazado esta palabra;
>> han confiado en la opresión y en la
>> perversidad,
>> y se han apoyado en ellas.

¹³Por eso su iniquidad se alzará frente a ustedes
> como un muro alto y agrietado,
> a punto de derrumbarse:
> ¡de repente, en un instante, se desplomará!

¹⁴Su iniquidad quedará hecha pedazos,
> hecha añicos sin piedad, como vasija de
> barro:
> ni uno solo de sus pedazos servirá
> para sacar brasas del fuego
> ni agua de una cisterna.»

¹⁵Porque así dice el SEÑOR omnipotente, el Santo de Israel:

> «En el *arrepentimiento y la calma está su
> *salvación,
> en la serenidad y la confianza está su fuerza,
> ¡pero ustedes no lo quieren reconocer!

¹⁶Se resisten y dicen: "Huiremos a caballo."
> ¡Por eso, así tendrán que huir!
> Dicen: "Cabalgaremos sobre caballos veloces."
> ¡Por eso, veloces serán sus perseguidores!

¹⁷Ante la amenaza de uno solo;
> mil de ustedes saldrán huyendo;
> ante la amenaza de cinco,
> huirán todos ustedes;
> hasta quedar abandonados
> como un mástil en la cima de una montaña,
> como una señal sobre una colina.»

¹⁸Por eso el SEÑOR los espera, para tenerles
> piedad;
> por eso se levanta para mostrarles
> compasión.
> Porque el SEÑOR es un Dios de *justicia.
> ¡*Dichosos todos los que en él esperan!

---

⁶An oracle concerning the animals of the Negev:

> Through a land of hardship and distress,
>> of lions and lionesses,
>> of adders and darting snakes,
> the envoys carry their riches on donkeys'
>> backs,
>> their treasures on the humps of camels,
> to that unprofitable nation,
⁷ to Egypt, whose help is utterly useless.
> Therefore I call her
> Rahab the Do-Nothing.

⁸Go now, write it on a tablet for them,
> inscribe it on a scroll,
> that for the days to come
> it may be an everlasting witness.

⁹These are rebellious people, deceitful
> children,
> children unwilling to listen to the LORD's
> instruction.

¹⁰They say to the seers,
> "See no more visions!"
> and to the prophets,
> "Give us no more visions of what is
> right!
> Tell us pleasant things,
> prophesy illusions.

¹¹Leave this way,
> get off this path,
> and stop confronting us
> with the Holy One of Israel!"

¹²Therefore, this is what the Holy One of Israel says:

> "Because you have rejected this message,
> relied on oppression
> and depended on deceit,

¹³this sin will become for you
> like a high wall, cracked and bulging,
> that collapses suddenly, in an instant.

¹⁴It will break in pieces like pottery,
> shattered so mercilessly
> that among its pieces not a fragment will be
> found
> for taking coals from a hearth
> or scooping water out of a cistern."

¹⁵This is what the Sovereign LORD, the Holy One of Israel, says:

> "In repentance and rest is your salvation,
> in quietness and trust is your strength,
> but you would have none of it.

¹⁶You said, 'No, we will flee on horses.'
> Therefore you will flee!
> You said, 'We will ride off on swift horses.'
> Therefore your pursuers will be swift!

¹⁷A thousand will flee
> at the threat of one;
> at the threat of five
> you will all flee away,
> till you are left
> like a flagstaff on a mountaintop,
> like a banner on a hill."

¹⁸Yet the LORD longs to be gracious to you;
> he rises to show you compassion.
> For the LORD is a God of justice.
> Blessed are all who wait for him!

¹⁹ Pueblo de *Sión, que habitas en Jerusalén, ya no llorarás más. ¡El Dios de piedad se apiadará de ti cuando clames pidiendo ayuda! Tan pronto como te oiga, te responderá. ²⁰ Aunque el Señor te dé pan de adversidad y agua de aflicción, tu maestro no se esconderá más; con tus propios ojos lo verás. ²¹ Ya sea que te desvíes a la derecha o a la izquierda, tus oídos percibirán a tus espaldas una voz que te dirá: «Éste es el *camino; síguelo.» ²² Entonces profanarás tus ídolos enchapados en plata y tus imágenes revestidas de oro; los arrojarás como cosa *impura, y les dirás: «¡Fuera de aquí!»

²³ El SEÑOR te enviará lluvia para la semilla que siembres en la tierra, y el alimento que produzca la tierra será suculento y abundante. En aquel día tu ganado pacerá en extensas praderas. ²⁴ Los bueyes y los burros que trabajan la tierra comerán el mejor forraje, aventado con bieldo y horquilla. ²⁵ En el día de la gran masacre, cuando caigan las torres, habrá arroyos y corrientes de agua en toda montaña alta y en toda colina elevada. ²⁶ Cuando el SEÑOR ponga una venda en la fractura de su pueblo y sane las heridas que le causó, brillará la luna como el sol, y será la luz del sol siete veces más intensa, como la luz de siete días enteros.

²⁷ ¡Miren! El *nombre del SEÑOR viene de lejos,
    con ardiente ira y densa humareda.
Sus labios están llenos de furor;
    su lengua es como un fuego consumidor.
²⁸ Su aliento es cual torrente desbordado
    que llega hasta el cuello,
para zarandear a las naciones
    en la zaranda destructora.
Pone en las quijadas de los pueblos
    un freno que los desvía.
²⁹ Ustedes cantarán como en noche de fiesta
    solemne;
    su *corazón se alegrará,
como cuando uno sube con flautas
    a la montaña del SEÑOR,
    a la *Roca de Israel.
³⁰ El SEÑOR hará oír su majestuosa voz,
    y descargará su brazo:
con rugiente ira y llama de fuego consumidor,
    con aguacero, tormenta y granizo.
³¹ La voz del SEÑOR quebrantará a Asiria;
    la golpeará con su bastón.
³² Cada golpe que el SEÑOR descargue sobre ella
    con su vara de castigo
será al son de panderos y de arpas;
    agitando su brazo, peleará contra ellos.
³³ Porque Tofetᶜ está preparada desde hace
    tiempo;
    está dispuesta incluso para el rey.
Se ha hecho una pira de fuego profunda y
    ancha,
    con abundancia de fuego y leña;
el soplo del SEÑOR la encenderá
    como un torrente de azufre ardiente.

¹⁹ O people of Zion, who live in Jerusalem, you will weep no more. How gracious he will be when you cry for help! As soon as he hears, he will answer you. ²⁰ Although the Lord gives you the bread of adversity and the water of affliction, your teachers will be hidden no more; with your own eyes you will see them. ²¹ Whether you turn to the right or to the left, your ears will hear a voice behind you, saying, "This is the way; walk in it." ²² Then you will defile your idols overlaid with silver and your images covered with gold; you will throw them away like a menstrual cloth and say to them, "Away with you!"

²³ He will also send you rain for the seed you sow in the ground, and the food that comes from the land will be rich and plentiful. In that day your cattle will graze in broad meadows. ²⁴ The oxen and donkeys that work the soil will eat fodder and mash, spread out with fork and shovel. ²⁵ In the day of great slaughter, when the towers fall, streams of water will flow on every high mountain and every lofty hill. ²⁶ The moon will shine like the sun, and the sunlight will be seven times brighter, like the light of seven full days, when the LORD binds up the bruises of his people and heals the wounds he inflicted.

²⁷ See, the Name of the LORD comes from
    afar,
    with burning anger and dense clouds of
      smoke;
his lips are full of wrath,
    and his tongue is a consuming fire.
²⁸ His breath is like a rushing torrent,
    rising up to the neck.
He shakes the nations in the sieve of
      destruction;
he places in the jaws of the peoples
    a bit that leads them astray.
²⁹ And you will sing
    as on the night you celebrate a holy
      festival;
your hearts will rejoice
    as when people go up with flutes
to the mountain of the LORD,
    to the Rock of Israel.
³⁰ The LORD will cause men to hear his
      majestic voice
    and will make them see his arm coming
      down
with raging anger and consuming fire,
    with cloudburst, thunderstorm and hail.
³¹ The voice of the LORD will shatter Assyria;
    with his scepter he will strike them down.
³² Every stroke the LORD lays on them
    with his punishing rod
will be to the music of tambourines and
      harps,
as he fights them in battle with the blows
    of his arm.
³³ Topheth has long been prepared;
    it has been made ready for the king.
Its fire pit has been made deep and wide,
    with an abundance of fire and wood;
the breath of the LORD,
    like a stream of burning sulfur,
    sets it ablaze.

ᶜ 30:33 *Tofet.* Lugar de incineración, cercano a Jerusalén.

Ay de los que confían en Egipto

31 ¡Ay de los que descienden a Egipto en busca
de ayuda,
de los que se apoyan en la caballería,
de los que confían en la multitud de sus carros
de guerra
y en la gran fuerza de sus jinetes,
pero no toman en cuenta al *Santo de Israel,
ni buscan al SEÑOR!
² Sin embargo, el SEÑOR es también sabio,
y traerá calamidad,
y no se retractará de sus palabras.
Se levantará contra la dinastía de los
malvados,
contra los que ayudan a los malhechores.
³ Los egipcios, en cambio, son *hombres y no
dioses;
sus caballos son carne y no espíritu.
Cuando el SEÑOR extienda su mano,
tropezará el que presta ayuda
y caerá el que la recibe.
¡Todos juntos perecerán!

⁴ Porque así me dice el SEÑOR:

«Como león que gruñe sobre la presa
cuando contra él se reúne
toda una cuadrilla de pastores;
como cachorro de león
que no se asusta por sus gritos
ni se inquieta por su tumulto,
así también el SEÑOR *Todopoderoso
descenderá para combatir
sobre el monte *Sión, sobre su cumbre.
⁵ Como aves que revolotean sobre el nido,
así también el SEÑOR Todopoderoso
protegerá a Jerusalén;
la protegerá y la librará,
la defenderá y la rescatará.»

⁶ Israelitas, ¡vuélvanse a aquel contra quien ustedes
se han rebelado tan abiertamente! ⁷ Porque en aquel día
cada uno de ustedes rechazará a los ídolos de plata y
oro que sus propias manos pecadoras fabricaron.

⁸ «Asiria caerá a espada, pero no de hombre;
una espada, pero no de hombre, la
consumirá.
Huirá para escapar de la espada,
y sus jóvenes serán sometidos a trabajos
forzados.
⁹ A causa del terror caerá su fortaleza;
¡sus jefes dejarán abandonada su bandera!»
Lo afirma el SEÑOR,
cuyo fuego está en Sión,
y cuyo horno está en Jerusalén.

El reino de justicia

32 Miren, un rey reinará con rectitud
y los gobernantes gobernarán con justicia.
² Cada uno será como un refugio contra el
viento,
como un resguardo contra la tormenta;
como arroyos de agua en tierra seca,
como la sombra de un peñasco en el
desierto.

³ No se nublarán los ojos de los que ven;
prestarán atención los oídos de los que oyen.

Woe to Those Who Rely on Egypt

31 Woe to those who go down to Egypt for
help,
who rely on horses,
who trust in the multitude of their chariots
and in the great strength of their
horsemen,
but do not look to the Holy One of Israel,
or seek help from the LORD.
² Yet he too is wise and can bring disaster;
he does not take back his words.
He will rise up against the house of the
wicked,
against those who help evildoers.
³ But the Egyptians are men and not God;
their horses are flesh and not spirit.
When the LORD stretches out his hand,
he who helps will stumble,
he who is helped will fall;
both will perish together.

⁴ This is what the LORD says to me:

"As a lion growls,
a great lion over his prey—
and though a whole band of shepherds
is called together against him,
he is not frightened by their shouts
or disturbed by their clamor—
so the LORD Almighty will come down
to do battle on Mount Zion and on its
heights.
⁵ Like birds hovering overhead,
the LORD Almighty will shield Jerusalem;
he will shield it and deliver it,
he will 'pass over' it and will rescue it."

⁶ Return to him you have so greatly revolted against,
O Israelites. ⁷ For in that day every one of you will
reject the idols of silver and gold your sinful hands
have made.

⁸ "Assyria will fall by a sword that is not of
man;
a sword, not of mortals, will devour them.
They will flee before the sword
and their young men will be put to forced
labor.
⁹ Their stronghold will fall because of terror;
at sight of the battle standard their
commanders will panic,"
declares the LORD,
whose fire is in Zion,
whose furnace is in Jerusalem.

The Kingdom of Righteousness

32 See, a king will reign in righteousness
and rulers will rule with justice.
² Each man will be like a shelter from the
wind
and a refuge from the storm,
like streams of water in the desert
and the shadow of a great rock in a
thirsty land.

³ Then the eyes of those who see will no
longer be closed,
and the ears of those who hear will listen.

⁴La *mente impulsiva comprenderá y entenderá,
    la lengua tartamuda hablará con fluidez y
        claridad.
⁵Ya no se llamará noble al necio
    ni será respetado el canalla.
⁶Porque el necio profiere *necedades,
    y su mente maquina iniquidad;
    practica la impiedad,
    y habla falsedades contra el SEÑOR;
    deja con hambre al hambriento,
    y le niega el agua al sediento.
⁷El canalla recurre a artimañas malignas,
    y trama designios infames;
    destruye a los pobres con mentiras,
    aunque el necesitado reclama justicia.
⁸El noble, por el contrario,
    concibe nobles planes,
    y en sus nobles acciones se afirma.

Las mujeres de Jerusalén

⁹Mujeres despreocupadas,
    ¡levántense y escúchenme!
Hijas que se sienten tan confiadas,
    ¡presten atención a lo que voy a decirles!
¹⁰Ustedes, que se sienten tan confiadas,
    en poco más de un año temblarán;
    porque fallará la vendimia,
    y no llegará la cosecha.
¹¹Mujeres despreocupadas, ¡estremézcanse!
    Ustedes, que se sienten tan confiadas,
    ¡pónganse a temblar!
Desvístanse, desnúdense;
    pónganse ropa de luto.
¹²Golpéense el pecho,
    por los campos agradables,
    por los viñedos fértiles,
¹³por el suelo de mi pueblo
    cubierto de espinos y de zarzas,
    por todas las casas donde hay alegría
    y por esta ciudad donde hay diversión.
¹⁴La fortaleza será abandonada,
    y desamparada la ciudad populosa;
    para siempre convertidas en cuevas
    quedarán la ciudadela y la atalaya;
    convertidas en deleite de asnos,
    en pastizal de rebaños,
¹⁵hasta que desde lo alto
    el Espíritu sea derramado sobre nosotros.
Entonces el desierto se volverá un campo
        fértil,
    y el campo fértil se convertirá en bosque.
¹⁶La justicia morará en el desierto,
    y en el campo fértil habitará la rectitud.
¹⁷El producto de la justicia será la *paz;
    tranquilidad y seguridad perpetuas serán su
        fruto.
¹⁸Mi pueblo habitará en un lugar de paz,
    en moradas seguras,
    en serenos lugares de reposo.
¹⁹Aunque el granizo arrase con el bosque
    y la ciudad sea completamente allanada,
²⁰¡*dichosos ustedes,
    los que siembran junto al agua,
    y dejan sueltos al buey y al asno!

⁴The mind of the rash will know and
    understand,
    and the stammering tongue will be fluent
    and clear.
⁵No longer will the fool be called noble
    nor the scoundrel be highly respected.
⁶For the fool speaks folly,
    his mind is busy with evil:
He practices ungodliness
    and spreads error concerning the LORD;
the hungry he leaves empty
    and from the thirsty he withholds water.
⁷The scoundrel's methods are wicked,
    he makes up evil schemes
to destroy the poor with lies,
    even when the plea of the needy is just.
⁸But the noble man makes noble plans,
    and by noble deeds he stands.

The Women of Jerusalem

⁹You women who are so complacent,
    rise up and listen to me;
you daughters who feel secure,
    hear what I have to say!
¹⁰In little more than a year
    you who feel secure will tremble;
the grape harvest will fail,
    and the harvest of fruit will not come.
¹¹Tremble, you complacent women;
    shudder, you daughters who feel secure!
Strip off your clothes,
    put sackcloth around your waists.
¹²Beat your breasts for the pleasant fields,
    for the fruitful vines
¹³and for the land of my people,
    a land overgrown with thorns and
        briers—
    yes, mourn for all houses of merriment
    and for this city of revelry.
¹⁴The fortress will be abandoned,
    the noisy city deserted;
citadel and watchtower will become a
    wasteland forever,
    the delight of donkeys, a pasture for
        flocks,
¹⁵till the Spirit is poured upon us from on
    high,
    and the desert becomes a fertile field,
    and the fertile field seems like a forest.
¹⁶Justice will dwell in the desert
    and righteousness live in the fertile field.
¹⁷The fruit of righteousness will be peace;
    the effect of righteousness will be
    quietness and confidence forever.
¹⁸My people will live in peaceful dwelling
    places,
    in secure homes,
    in undisturbed places of rest.
¹⁹Though hail flattens the forest
    and the city is leveled completely,
²⁰how blessed you will be,
    sowing your seed by every stream,
    and letting your cattle and donkeys range
    free.

Angustia y auxilio

33 ¡Ay de ti, destructor, que no has sido
destruido!
¡Ay de ti, traidor, que no has sido
traicionado!
Cuando dejes de destruir, te destruirán;
cuando dejes de traicionar, te traicionarán.

2 SEÑOR, ten compasión de nosotros;
pues en ti esperamos.
Sé nuestra fortaleza*d* cada mañana,
nuestra *salvación en tiempo de angustia.
3 Al estruendo de tu voz, huyen los pueblos;
cuando te levantas, se dispersan las
naciones.
4 Los despojos de ustedes se recogen
como si fueran devorados por orugas;
sobre ellos se lanza el enemigo
como una bandada de langostas.

5 Exaltado es el SEÑOR porque mora en las
alturas,
y llena a *Sión de justicia y rectitud.
6 Él será la seguridad de tus tiempos,
te dará en abundancia salvación, sabiduría y
conocimiento;
el temor del SEÑOR será tu tesoro.

7 ¡Miren cómo gritan sus valientes en las calles!
¡amargamente lloran los mensajeros de *paz!
8 Los caminos están desolados,
nadie transita por los senderos.
El *pacto se ha quebrantado,
se desprecia a los testigos,*e*
¡a nadie se le respeta!
9 La tierra está de luto y languidece;
el Líbano se avergüenza y se marchita;
Sarón es como un desierto;
Basán y el Carmelo pierden su follaje.

10 «Ahora me levantaré —dice el SEÑOR—.
Ahora seré exaltado,
ahora seré ensalzado,
11 Ustedes conciben cizaña
y dan a luz paja;
¡pero el fuego de mi aliento los consumirá!
12 Los pueblos serán calcinados,
como espinos cortados arderán en el fuego.»

13 Ustedes, que están lejos,
oigan lo que he hecho;
y ustedes, que están cerca,
reconozcan mi poder.
14 Los pecadores están aterrados en Sión;
el temblor atrapa a los impíos:
«¿Quién de nosotros puede habitar
en el fuego consumidor?
¿Quién de nosotros puede habitar
en la hoguera eterna?»

Distress and Help

33 Woe to you, O destroyer,
you who have not been destroyed!
Woe to you, O traitor,
you who have not been betrayed!
When you stop destroying,
you will be destroyed;
when you stop betraying,
you will be betrayed.

2 O LORD, be gracious to us;
we long for you.
Be our strength every morning,
our salvation in time of distress.
3 At the thunder of your voice, the peoples
flee;
when you rise up, the nations scatter.
4 Your plunder, O nations, is harvested as by
young locusts;
like a swarm of locusts men pounce on it.

5 The LORD is exalted, for he dwells on high;
he will fill Zion with justice and
righteousness.
6 He will be the sure foundation for your
times,
a rich store of salvation and wisdom and
knowledge;
the fear of the LORD is the key to this
treasure.*u*

7 Look, their brave men cry aloud in the
streets;
the envoys of peace weep bitterly.
8 The highways are deserted,
no travelers are on the roads.
The treaty is broken,
its witnesses*v* are despised,
no one is respected.
9 The land mourns*w* and wastes away,
Lebanon is ashamed and withers;
Sharon is like the Arabah,
and Bashan and Carmel drop their leaves.

10 "Now will I arise," says the LORD.
"Now will I be exalted;
now will I be lifted up.
11 You conceive chaff,
you give birth to straw;
your breath is a fire that consumes you.
12 The peoples will be burned as if to lime;
like cut thornbushes they will be set
ablaze."

13 You who are far away, hear what I have
done;
you who are near, acknowledge my
power!
14 The sinners in Zion are terrified;
trembling grips the godless:
"Who of us can dwell with the consuming
fire?
Who of us can dwell with everlasting
burning?"

---

d 33:2 nuestra fortaleza (Siríaca, Targum y Vulgata); *la fortaleza de*
ellos (TM).   *e 33:8 los testigos* (Qumrán); *las ciudades* (TM).

*u*6 Or *is a treasure from him*   *v*8 Dead Sea Scrolls; Masoretic
Text / *the cities*   *w*9 Or *dries up*

¹⁵ Sólo el que procede con justicia
y habla con rectitud,
el que rechaza la ganancia de la extorsión
y se sacude las manos para no aceptar
soborno,
el que no presta oído a las conjuras de
asesinato
y cierra los ojos para no contemplar el mal.
¹⁶ Ese tal morará en las alturas;
tendrá como refugio una fortaleza de rocas,
se le proveerá de pan,
y no le faltará el agua.

¹⁷ Tus ojos verán al rey en su esplendor
y contemplarán una tierra que se extiende
hasta muy lejos.
¹⁸ Dentro de ti meditarás acerca del terror, y
dirás:
«¿Dónde está el contador?
¿Dónde el recaudador de impuestos?
¿Dónde el que lleva el registro de las
torres?»
¹⁹ No verás más a ese pueblo insolente,
a ese pueblo de idioma confuso,
de lengua extraña e incomprensible.

²⁰ Mira a Sión, la ciudad de nuestras fiestas;
tus ojos verán a Jerusalén,
morada apacible, campamento bien plantado;
sus estacas jamás se arrancarán,
ni se romperá ninguna de sus sogas.
²¹ Allí el SEÑOR nos mostrará su poder.
Será como un lugar de anchos ríos y
canales.
Ningún barco de remos surcará sus aguas,
ni barcos poderosos navegarán por ellas.
²² Porque el SEÑOR es nuestro guía;
el SEÑOR es nuestro gobernante.
El SEÑOR es nuestro rey:
¡Él nos salvará!

²³ Tus cuerdas se han aflojado:
No sostienen el mástil con firmeza
ni se despliegan las velas.
Abundante botín habrá de repartirse,
y aun los cojos se dedicarán al saqueo.
²⁴ Ningún habitante dirá: «Estoy enfermo»;
y se perdonará la iniquidad del pueblo que
allí habita.

Juicio contra las naciones

34 Naciones, ¡acérquense a escuchar!
Pueblos, ¡presten atención!
¡Que lo oiga la tierra, y todo lo que hay en
ella;
el mundo, y todo lo que él produce!
² El SEÑOR está enojado con todas las naciones,
airado con todos sus ejércitos.
Él los ha *destruido por completo,
los ha entregado a la matanza.
³ Serán arrojados sus muertos,
hedor despedirán sus cadáveres,
su sangre derritirá las montañas.

¹⁵ He who walks righteously
and speaks what is right,
who rejects gain from extortion
and keeps his hand from accepting bribes,
who stops his ears against plots of murder
and shuts his eyes against contemplating
evil—
¹⁶ this is the man who will dwell on the
heights,
whose refuge will be the mountain
fortress.
His bread will be supplied,
and water will not fail him.

¹⁷ Your eyes will see the king in his beauty
and view a land that stretches afar.
¹⁸ In your thoughts you will ponder the former
terror:
"Where is that chief officer?
Where is the one who took the revenue?
Where is the officer in charge of the
towers?"
¹⁹ You will see those arrogant people no more,
those people of an obscure speech,
with their strange, incomprehensible
tongue.

²⁰ Look upon Zion, the city of our festivals;
your eyes will see Jerusalem,
a peaceful abode, a tent that will not be
moved;
its stakes will never be pulled up,
nor any of its ropes broken.
²¹ There the LORD will be our Mighty One.
It will be like a place of broad rivers and
streams.
No galley with oars will ride them,
no mighty ship will sail them.
²² For the LORD is our judge,
the LORD is our lawgiver,
the LORD is our king;
it is he who will save us.

²³ Your rigging hangs loose:
The mast is not held secure,
the sail is not spread.
Then an abundance of spoils will be divided
and even the lame will carry off plunder.
²⁴ No one living in Zion will say, "I am ill";
and the sins of those who dwell there will
be forgiven.

Judgment Against the Nations

34 Come near, you nations, and listen;
pay attention, you peoples!
Let the earth hear, and all that is in it,
the world, and all that comes out of it!
² The LORD is angry with all nations;
his wrath is upon all their armies.
He will totally destroyˣ them,
he will give them over to slaughter.
³ Their slain will be thrown out,
their dead bodies will send up a stench;
the mountains will be soaked with their
blood.

ˣ 2 The Hebrew term refers to the irrevocable giving over of things
or persons to the LORD, often by totally destroying them; also in
verse 5.

4 Se desintegrarán todos los astros del cielo
   y se enrollará el cielo como un pergamino;
toda la multitud de astros perderá su brillo,
   como lo pierde la hoja marchita de la vid,
   o los higos secos de la higuera.

5 Mi espada se ha embriagado en el cielo;
   miren cómo desciende en juicio sobre Edom,
   pueblo que he condenado a la destrucción
      total.
6 La espada del SEÑOR está bañada en sangre,
   en la sangre de cabras y corderos,
cubierta está de grasa,
   de la grasa de los riñones de carneros.
Porque el SEÑOR celebra un sacrificio en Bosra
   y una gran matanza en tierra de Edom.
7 Y con ellos caerán los búfalos,
   los terneros y los toros.
Su tierra quedará empapada en sangre,
   y su polvo se llenará de grasa.

8 Porque el SEÑOR celebra un día de venganza,
   un año de desagravio
   para defender la causa de *Sión.
9 Los arroyos de Edom se volverán ríos de brea,
   su polvo se convertirá en azufre
   y ardiente brea se volverá su tierra.
10 Ni de día ni de noche se extinguirá,
   y su humo subirá por siempre.
Quedará desolada por todas las generaciones;
   nunca más transitará nadie por ella.
11 Se adueñarán de ella el pelícano y el erizo;
   anidarán allí el búho y el cuervo.
Dios extenderá sobre Edom
   el cordel del caos
   y la plomada de la desolación.
12 Sus nobles no tendrán allí
   nada que pueda llamarse reino;
   todos sus príncipes desaparecerán.
13 Los espinos invadirán sus palacios;
   las ortigas y las zarzas, sus fortalezas.
Se volverá guarida de chacales
   y nido de avestruces.
14 Las fieras del desierto se juntarán con las
      hienas,
   y las cabras monteses se llamarán unas a
      otras;
   allí también reposarán las aves nocturnas
   y encontrarán un lugar de descanso.
15 Allí el búho anidará y pondrá sus huevos;
   bajo sus alas incubará y cuidará a sus crías.
   También allí se reunirán los buitres,
   cada cual con su pareja.

16 Consulten el libro del SEÑOR y lean:

Ninguno de estos animales faltará;
   cada cual tendrá su pareja.
El SEÑOR mismo ha dado la orden,
   y su Espíritu los ha de reunir.
17 Él les ha asignado sus lugares;
   su mano les señaló su territorio.
Ellos los poseerán para siempre,
   y morarán allí por todas las generaciones.

4 All the stars of the heavens will be
      dissolved
   and the sky rolled up like a scroll;
all the starry host will fall
   like withered leaves from the vine,
   like shriveled figs from the fig tree.

5 My sword has drunk its fill in the heavens;
   see, it descends in judgment on Edom,
   the people I have totally destroyed.
6 The sword of the LORD is bathed in blood,
   it is covered with fat—
the blood of lambs and goats,
   fat from the kidneys of rams.
For the LORD has a sacrifice in Bozrah
   and a great slaughter in Edom.
7 And the wild oxen will fall with them,
   the bull calves and the great bulls.
Their land will be drenched with blood,
   and the dust will be soaked with fat.

8 For the LORD has a day of vengeance,
   a year of retribution, to uphold Zion's
      cause.
9 Edom's streams will be turned into pitch,
   her dust into burning sulfur;
   her land will become blazing pitch!
10 It will not be quenched night and day;
   its smoke will rise forever.
From generation to generation it will lie
      desolate;
   no one will ever pass through it again.
11 The desert owl[y] and screech owl[y] will
      possess it;
   the great owl[y] and the raven will nest
      there.
God will stretch out over Edom
   the measuring line of chaos
   and the plumb line of desolation.
12 Her nobles will have nothing there to be
      called a kingdom,
   all her princes will vanish away.
13 Thorns will overrun her citadels,
   nettles and brambles her strongholds.
She will become a haunt for jackals,
   a home for owls.
14 Desert creatures will meet with hyenas,
   and wild goats will bleat to each other;
   there the night creatures will also repose
   and find for themselves places of rest.
15 The owl will nest there and lay eggs,
   she will hatch them, and care for her
      young under the shadow of her
      wings;
   there also the falcons will gather,
   each with its mate.

16 Look in the scroll of the LORD and read:

None of these will be missing,
   not one will lack her mate.
For it is his mouth that has given the order,
   and his Spirit will gather them together.
17 He allots their portions;
   his hand distributes them by measure.
They will possess it forever
   and dwell there from generation to
      generation.

La alegría de los redimidos

35 Se alegrarán el desierto y el sequedal;
se regocijará el desierto
y florecerá como el azafrán.
2 Florecerá y se regocijará:
¡gritará de alegría!
Se le dará la gloria del Líbano,
y el esplendor del Carmelo y de Sarón.
Ellos verán la gloria del SEÑOR,
el esplendor de nuestro Dios.

3 Fortalezcan las manos débiles,
afirmen las rodillas temblorosas;
4 digan a los de *corazón temeroso:
«Sean fuertes, no tengan miedo.
Su Dios vendrá,
vendrá con venganza;
con retribución divina
vendrá a salvarlos.»

5 Se abrirán entonces los ojos de los ciegos
y se destaparán los oídos de los sordos;
6 saltará el cojo como un ciervo,
y gritará de alegría la lengua del mudo.
Porque aguas brotarán en el desierto,
y torrentes en el sequedal.
7 La arena ardiente se convertirá en estanque,
la tierra sedienta en manantiales
burbujeantes.
Las guaridas donde se tendían los chacales,
serán morada de juncos y papiros.

8 Habrá allí una calzada
que será llamada *Camino de *santidad.
No viajarán por ella los *impuros,
ni transitarán por ella los necios;
será sólo para los que siguen el camino.
9 No habrá allí ningún león,
ni bestia feroz que por él pase;
¡Allí no se les encontrará!
¡Por allí pasarán solamente los redimidos!
10 Y volverán los rescatados por el SEÑOR,
y entrarán en *Sión con cantos de alegría,
coronados de una alegría eterna.
Los alcanzarán la alegría y el regocijo,
y se alejarán la tristeza y el gemido.

Senaquerib amenaza a Jerusalén

36 En el año catorce del reinado de Ezequías, Senaquerib, rey de Asiria, atacó y tomó todas las ciudades fortificadas de Judá. 2 Desde Laquis el rey de Asiria envió a su comandante en jefe,ƒ al frente de un gran ejército, para hablar con el rey Ezequías en Jerusalén. Cuando el comandante se detuvo en el acueducto del estanque superior, en el camino que lleva al Campo del Lavandero, 3 salió a recibirlo Eliaquín hijo de Jilquías, que era el administrador del palacio, junto con el cronista Sebna y el secretario Joa hijo de Asaf.
4 El comandante en jefe les dijo:
—Díganle a Ezequías que así dice el gran rey, el rey de Asiria: "¿En qué se basa tu confianza? 5 Tú dicesg que tienes estrategia y fuerza militar, pero éstas no son más que palabras sin fundamento. ¿En quién confías, que te rebelas contra mí? 6 Mira, tú confías en Egipto, ¡ese bastón de caña astillada, que traspasa la mano y hiere al que se apoya en él! Porque eso es el faraón, el

Joy of the Redeemed

35 The desert and the parched land will be glad;
the wilderness will rejoice and blossom.
Like the crocus, 2 it will burst into bloom;
it will rejoice greatly and shout for joy.
The glory of Lebanon will be given to it,
the splendor of Carmel and Sharon;
they will see the glory of the LORD,
the splendor of our God.

3 Strengthen the feeble hands,
steady the knees that give way;
4 say to those with fearful hearts,
"Be strong, do not fear;
your God will come,
he will come with vengeance;
with divine retribution
he will come to save you."

5 Then will the eyes of the blind be opened
and the ears of the deaf unstopped.
6 Then will the lame leap like a deer,
and the mute tongue shout for joy.
Water will gush forth in the wilderness
and streams in the desert.
7 The burning sand will become a pool,
the thirsty ground bubbling springs.
In the haunts where jackals once lay,
grass and reeds and papyrus will grow.

8 And a highway will be there;
it will be called the Way of Holiness.
The unclean will not journey on it;
it will be for those who walk in that Way;
wicked fools will not go about on it.z
9 No lion will be there,
nor will any ferocious beast get up on it;
they will not be found there.
But only the redeemed will walk there,
10   and the ransomed of the LORD will return.
They will enter Zion with singing;
everlasting joy will crown their heads.
Gladness and joy will overtake them,
and sorrow and sighing will flee away.

Sennacherib Threatens Jerusalem

36 In the fourteenth year of King Hezekiah's reign, Sennacherib king of Assyria attacked all the fortified cities of Judah and captured them. 2 Then the king of Assyria sent his field commander with a large army from Lachish to King Hezekiah at Jerusalem. When the commander stopped at the aqueduct of the Upper Pool, on the road to the Washerman's Field, 3 Eliakim son of Hilkiah the palace administrator, Shebna the secretary, and Joah son of Asaph the recorder went out to him.
4 The field commander said to them, "Tell Hezekiah,

" 'This is what the great king, the king of Assyria, says: On what are you basing this confidence of yours? 5 You say you have strategy and military strength—but you speak only empty words. On whom are you depending, that you rebel against me? 6 Look now, you are depending on Egypt, that splintered reed of a staff, which pierces a man's hand and wounds him if he leans on it! Such is Pharaoh king of Egypt to all who

---

ƒ 36:2 comandante en jefe. Alt. copero mayor. ᵍ 36:5 Tú dices
(mss. hebreos y Qumrán; véase 2R 18:20); Yo digo (TM).

z 8 Or / the simple will not stray from it

rey de Egipto, para todos los que en él confían. ⁷Y si tú me dices: 'Nosotros confiamos en el Señor, nuestro Dios', ¿no se trata acaso, Ezequías, del Dios cuyos altares y *santuarios paganos tú mismo quitaste, diciéndoles a Judá y a Jerusalén: 'Deben adorar solamente ante este altar'?"

⁸»Ahora bien, Ezequías, haz este trato con mi señor, el rey de Asiria: Yo te doy dos mil caballos, si tú consigues otros tantos jinetes para montarlos. ⁹¿Cómo podrás rechazar el ataque de uno solo de los funcionarios más insignificantes de mi señor, si confías en obtener de Egipto carros de combate y jinetes? ¹⁰¿Acaso he venido a atacar y a destruir esta tierra sin el apoyo del Señor? ¡Si fue él mismo quien me ordenó: "Marcha contra este país y destrúyelo"!

¹¹Eliaquín, Sebna y Joa le dijeron al comandante en jefe:

—Por favor, hábleles usted a sus siervos en arameo, ya que lo entendemos. No nos hable en hebreo, que el pueblo que está sobre el muro nos escucha.

¹²Pero el comandante en jefe respondió:

—¿Acaso mi señor me envió a decirles estas cosas sólo a ti y a tu señor, y no a los que están sentados en el muro? ¡Si tanto ellos como ustedes tendrán que comerse su excremento y beberse su orina!

¹³Dicho esto, el comandante en jefe se puso de pie y a voz en cuello gritó en hebreo:

—¡Oigan las palabras del gran rey, el rey de Asiria! ¹⁴Así dice el rey: "No se dejen engañar por Ezequías. ¡Él no puede librarlos! ¹⁵No dejen que Ezequías los persuada a confiar en el Señor, diciendo: 'Sin duda el Señor nos librará; ¡esta ciudad no caerá en manos del rey de Asiria!' "

¹⁶»No le hagan caso a Ezequías. Así dice el rey de Asiria: "Hagan las paces conmigo, y ríndanse. De este modo cada uno podrá comer de su vid y de su higuera, y beber agua de su propio pozo, ¹⁷hasta que yo venga y los lleve a un país como el de ustedes, país de grano y de mosto, de pan y de viñedos."

¹⁸»No se dejen seducir por Ezequías cuando dice: "El Señor nos librará." ¿Acaso alguno de los dioses de las naciones pudo librar a su país de las manos del rey de Asiria? ¹⁹¿Dónde están los dioses de Jamat y de Arfad? ¿Dónde están los dioses de Sefarvayin? ¿Acaso libraron a Samaria de mis manos? ²⁰¿Cuál de todos los dioses de estos países ha podido salvar de mis manos a su país? ¿Cómo entonces podrá el Señor librar de mis manos a Jerusalén?

²¹Pero el pueblo permaneció en silencio y no respondió ni una sola palabra, porque el rey había ordenado: «No le respondan.»

²²Entonces Eliaquín hijo de Jilquías, administrador del palacio, el cronista Sebna y el secretario Joa hijo de Asaf, con las vestiduras rasgadas en señal de duelo, fueron a ver a Ezequías y le contaron lo que había dicho el comandante en jefe.

Se profetiza la liberación de Jerusalén

37 Cuando el rey Ezequías escuchó esto, se rasgó las vestiduras, se vistió de luto y fue al templo del Señor. ²Además, envió a Eliaquín, administrador del palacio, el cronista Sebna y a los sacerdotes más ancianos, todos vestidos de luto, para hablar con el profeta Isaías hijo de Amoz. ³Y le dijeron: «Así dice Ezequías: "Hoy es un día de angustia, castigo y deshonra, como cuando los hijos están a punto de nacer y

depend on him. ⁷And if you say to me, "We are depending on the LORD our God"—isn't he the one whose high places and altars Hezekiah removed, saying to Judah and Jerusalem, "You must worship before this altar"?

⁸" 'Come now, make a bargain with my master, the king of Assyria: I will give you two thousand horses—if you can put riders on them! ⁹How then can you repulse one officer of the least of my master's officials, even though you are depending on Egypt for chariots and horsemen? ¹⁰Furthermore, have I come to attack and destroy this land without the LORD? The LORD himself told me to march against this country and destroy it.' "

¹¹Then Eliakim, Shebna and Joah said to the field commander, "Please speak to your servants in Aramaic, since we understand it. Don't speak to us in Hebrew in the hearing of the people on the wall."

¹²But the commander replied, "Was it only to your master and you that my master sent me to say these things, and not to the men sitting on the wall—who, like you, will have to eat their own filth and drink their own urine?"

¹³Then the commander stood and called out in Hebrew, "Hear the words of the great king, the king of Assyria! ¹⁴This is what the king says: Do not let Hezekiah deceive you. He cannot deliver you! ¹⁵Do not let Hezekiah persuade you to trust in the LORD when he says, 'The LORD will surely deliver us; this city will not be given into the hand of the king of Assyria.'

¹⁶"Do not listen to Hezekiah. This is what the king of Assyria says: Make peace with me and come out to me. Then every one of you will eat from his own vine and fig tree and drink water from his own cistern, ¹⁷until I come and take you to a land like your own—a land of grain and new wine, a land of bread and vineyards.

¹⁸"Do not let Hezekiah mislead you when he says, 'The LORD will deliver us.' Has the god of any nation ever delivered his land from the hand of the king of Assyria? ¹⁹Where are the gods of Hamath and Arpad? Where are the gods of Sepharvaim? Have they rescued Samaria from my hand? ²⁰Who of all the gods of these countries has been able to save his land from me? How then can the LORD deliver Jerusalem from my hand?"

²¹But the people remained silent and said nothing in reply, because the king had commanded, "Do not answer him."

²²Then Eliakim son of Hilkiah the palace administrator, Shebna the secretary, and Joah son of Asaph the recorder went to Hezekiah, with their clothes torn, and told him what the field commander had said.

Jerusalem's Deliverance Foretold

37 When King Hezekiah heard this, he tore his clothes and put on sackcloth and went into the temple of the LORD. ²He sent Eliakim the palace administrator, Shebna the secretary, and the leading priests, all wearing sackcloth, to the prophet Isaiah son of Amoz. ³They told him, "This is what Hezekiah says: This day is a day of distress and rebuke and disgrace, as when children come to the point of birth and there

no se tienen fuerzas para darlos a luz. 4 Tal vez el SEÑOR tu Dios oiga las palabras del comandante en jefe, a quien su señor, el rey de Asiria, envió para insultar al Dios viviente. ¡Que el SEÑOR tu Dios lo castigue por las palabras que ha oído! Eleva, pues, una oración por el remanente del pueblo que aún sobrevive."»

5 Cuando los funcionarios del rey Ezequías fueron a ver a Isaías, 6 éste les dijo: «Díganle a su señor que así dice el SEÑOR: "No temas por las blasfemias que has oído, y que han pronunciado contra mí los subalternos del rey de Asiria. 7 ¡Mira! Voy a poner un espíritu en él, de manera que cuando oiga cierto rumor se regrese a su propio país. ¡Allí haré que lo maten a filo de espada!"»

8 Cuando el comandante en jefe se enteró de que el rey de Asiria había salido de Laquis, se retiró y encontró al rey luchando contra Libná.

9 Luego Senaquerib recibió el informe de que Tiracá, rey de *Cus, había salido para luchar contra él. Al enterarse de esto, envió mensajeros a Ezequías 10 para que le dijeran: «Tú, Ezequías, rey de Judá: No dejes que tu Dios, en quien confías, te engañe cuando dice: "No caerá Jerusalén en manos del rey de Asiria." 11 Sin duda te habrás enterado de lo que han hecho los reyes de Asiria en todos los países, *destruyéndolos por completo. ¿Y acaso vas tú a librarte? 12 ¿Libraron sus dioses a las naciones que mis antepasados han destruido: Gozán, Jarán, Résef y la gente de Edén que vivía en Telasar? 13 ¿Dónde están el rey de Jamat, el rey de Arfad, el rey de la ciudad de Sefarvayin, o de Hená o Ivá?»

Oración de Ezequías

14 Ezequías tomó la carta de mano de los mensajeros, y la leyó. Luego subió al templo del SEÑOR, la desplegó delante del SEÑOR, 15 y oró así: 16 «SEÑOR *Todopoderoso, Dios de Israel, entronizado sobre los *querubines: sólo tú eres el Dios de todos los reinos de la tierra. Tú has hecho los cielos y la tierra. 17 Presta atención, SEÑOR, y escucha; abre tus ojos, SEÑOR, y mira; escucha todas las palabras que Senaquerib ha mandado a decir para insultar al Dios viviente.

18 »Es verdad, SEÑOR, que los reyes asirios han asolado todas estas naciones y sus tierras. 19 Han arrojado al fuego sus dioses, y los han destruido, porque no eran dioses sino sólo madera y piedra, obra de manos *humanas. 20 Ahora, pues, SEÑOR y Dios nuestro, sálvanos de su mano, para que todos los reinos de la tierra sepan que sólo tú, SEÑOR, eres Dios.»h

Muerte de Senaquerib

21 Entonces Isaías hijo de Amoz le envió este mensaje a Ezequías: «Así dice el SEÑOR, Dios de Israel: "Por cuanto me has rogado respecto a Senaquerib, rey de Asiria, 22 ésta es la palabra que yo, el SEÑOR, he pronunciado contra él:

» "La virginal hija de *Sión
　 te desprecia y se burla de ti.
La hija de Jerusalén
　 menea la cabeza al verte huir.
23 ¿A quién has insultado?
　 ¿Contra quién has blasfemado?
¿Contra quién has alzado la voz
　 y levantado los ojos con orgullo?
¡Contra el *Santo de Israel!

is no strength to deliver them. 4 It may be that the LORD your God will hear the words of the field commander, whom his master, the king of Assyria, has sent to ridicule the living God, and that he will rebuke him for the words the LORD your God has heard. Therefore pray for the remnant that still survives."

5 When King Hezekiah's officials came to Isaiah, 6 Isaiah said to them, "Tell your master, 'This is what the LORD says: Do not be afraid of what you have heard—those words with which the underlings of the king of Assyria have blasphemed me. 7 Listen! I am going to put a spirit in him so that when he hears a certain report, he will return to his own country, and there I will have him cut down with the sword.' "

8 When the field commander heard that the king of Assyria had left Lachish, he withdrew and found the king fighting against Libnah.

9 Now Sennacherib received a report that Tirhakah, the Cushitea king ⌊of Egypt⌋, was marching out to fight against him. When he heard it, he sent messengers to Hezekiah with this word: 10 "Say to Hezekiah king of Judah: Do not let the god you depend on deceive you when he says, 'Jerusalem will not be handed over to the king of Assyria.' 11 Surely you have heard what the kings of Assyria have done to all the countries, destroying them completely. And will you be delivered? 12 Did the gods of the nations that were destroyed by my forefathers deliver them—the gods of Gozan, Haran, Rezeph and the people of Eden who were in Tel Assar? 13 Where is the king of Hamath, the king of Arpad, the king of the city of Sepharvaim, or of Hena or Ivvah?"

Hezekiah's Prayer

14 Hezekiah received the letter from the messengers and read it. Then he went up to the temple of the LORD and spread it out before the LORD. 15 And Hezekiah prayed to the LORD: 16 "O LORD Almighty, God of Israel, enthroned between the cherubim, you alone are God over all the kingdoms of the earth. You have made heaven and earth. 17 Give ear, O LORD, and hear; open your eyes, O LORD, and see; listen to all the words Sennacherib has sent to insult the living God.

18 "It is true, O LORD, that the Assyrian kings have laid waste all these peoples and their lands. 19 They have thrown their gods into the fire and destroyed them, for they were not gods but only wood and stone, fashioned by human hands. 20 Now, O LORD our God, deliver us from his hand, so that all kingdoms on earth may know that you alone, O LORD, are God.b"

Sennacherib's Fall

21 Then Isaiah son of Amoz sent a message to Hezekiah: "This is what the LORD, the God of Israel, says: Because you have prayed to me concerning Sennacherib king of Assyria, 22 this is the word the LORD has spoken against him:

"The Virgin Daughter of Zion
　 despises and mocks you.
The Daughter of Jerusalem
　 tosses her head as you flee.
23 Who is it you have insulted and
　 blasphemed?
Against whom have you raised your voice
　 and lifted your eyes in pride?
Against the Holy One of Israel!

---

h 37:20 sólo tú, SEÑOR, eres Dios (Qumrán y LXX; véase también 2R 19:19); sólo tú eres el SEÑOR (TM).

a 9 That is, from the upper Nile region　　b 20 Dead Sea Scrolls (see also 2 Kings 19:19); Masoretic Text alone are the LORD

24 Has enviado a tus siervos
      a insultar al Señor, diciendo:
'Con mis numerosos carros de combate
      escalé las cumbres de las montañas,
      ¡las laderas del Líbano!
Talé sus cedros más altos,
      sus cipreses más selectos.
Alcancé sus cumbres más lejanas,
      y sus bosques más frondosos.
25 Cavé pozos en tierras extranjeras,i
      y en esas aguas apagué mi sed.
Con las plantas de mis pies
      sequé todos los ríos de Egipto.'

26 » "¿No te has dado cuenta?
      ¡Hace mucho tiempo que lo he preparado!
Desde tiempo atrás lo vengo planeando,
      y ahora lo he llevado a cabo;
por eso tú has dejado en ruinas
      a las ciudades fortificadas.
27 Sus habitantes, impotentes,
      están desalentados y avergonzados.
Son como plantas en el campo,
      como tiernos pastos verdes,
como hierba que brota sobre el techo
      y que se quemaj antes de crecer.

28 » "Yo sé bien cuándo te sientas,
      cuándo sales, cuándo entras,
      y cuánto ruges contra mí.
29 Porque has rugido contra mí
      y tu insolencia ha llegado a mis oídos,
te pondré una argolla en la nariz
      y un freno en la boca,
y por el mismo camino por donde viniste
      te haré regresar.

30 » "Ésta será la señal para ti, Ezequías:

» "Este año comerán lo que crezca por sí solo,
      y el segundo año lo que de allí brote.
Pero al tercer año sembrarán y cosecharán,
      plantarán viñas y comerán su fruto.
31 Una vez más los sobrevivientes de la tribu de
      Judá
echarán raíces abajo, y arriba darán fruto.
32 Porque de Jerusalén saldrá un remanente,
      del monte Sión un grupo de sobrevivientes.
Esto lo hará mi celo,
      celo del SEÑOR *Todopoderoso.

33 » "Yo, el SEÑOR, declaro esto acerca del rey de
Asiria:

» "No entrará en esta ciudad,
      ni lanzará contra ella una sola flecha.
No se enfrentará a ella con escudos,
      ni construirá contra ella una rampa de asalto.
34 Volverá por el mismo camino que vino;
      ¡en esta ciudad no entrará!
      Yo, el SEÑOR, lo afirmo.
35 Por mi causa, y por consideración a David mi
      siervo,
defenderé esta ciudad y la salvaré." »

24 By your messengers
      you have heaped insults on the Lord.
And you have said,
      'With my many chariots
I have ascended the heights of the
      mountains,
      the utmost heights of Lebanon.
I have cut down its tallest cedars,
      the choicest of its pines.
I have reached its remotest heights,
      the finest of its forests.
25 I have dug wells in foreign landsc
      and drunk the water there.
With the soles of my feet
      I have dried up all the streams of Egypt.'

26 "Have you not heard?
      Long ago I ordained it.
In days of old I planned it;
      now I have brought it to pass,
that you have turned fortified cities
      into piles of stone.
27 Their people, drained of power,
      are dismayed and put to shame.
They are like plants in the field,
      like tender green shoots,
like grass sprouting on the roof,
      scorchedd before it grows up.

28 "But I know where you stay
      and when you come and go
      and how you rage against me.
29 Because you rage against me
      and because your insolence has reached
      my ears,
I will put my hook in your nose
      and my bit in your mouth,
and I will make you return
      by the way you came.

30 "This will be the sign for you, O Hezekiah:

"This year you will eat what grows by
      itself,
      and the second year what springs from
      that.
But in the third year sow and reap,
      plant vineyards and eat their fruit.
31 Once more a remnant of the house of Judah
      will take root below and bear fruit above.
32 For out of Jerusalem will come a remnant,
      and out of Mount Zion a band of
      survivors.
The zeal of the LORD Almighty
      will accomplish this.

33 "Therefore this is what the LORD says concerning
the king of Assyria:

"He will not enter this city
      or shoot an arrow here.
He will not come before it with shield
      or build a siege ramp against it.
34 By the way that he came he will return;
      he will not enter this city,"
                              declares the LORD.
35 "I will defend this city and save it,
      for my sake and for the sake of David my
      servant!"

---

i 37:25 en tierras extranjeras (Qumrán; véase también 2R 19:24);
TM no incluye esta frase.   j 37:27 y que se quema (mss.
hebreos; véanse Qumrán y 2R 19:26); y como un campo (TM).

c 25 Dead Sea Scrolls (see also 2 Kings 19:24); Masoretic Text does
not have in foreign lands.   d 27 Some manuscripts of the
Masoretic Text, Dead Sea Scrolls and some Septuagint manuscripts
(see also 2 Kings 19:26); most manuscripts of the Masoretic Text
roof / and terraced fields

36 Entonces el ángel del SEÑOR salió y mató a ciento ochenta y cinco mil hombres del campamento asirio. A la mañana siguiente, cuando los demás se levantaron, ¡allí estaban tendidos todos los cadáveres! 37 Así que Senaquerib, rey de Asiria, levantó el campamento y se retiró. Volvió a Nínive y permaneció allí. 38 Pero un día, mientras adoraba en el templo de su dios Nisroc, sus hijos Adramélec y Sarézer lo mataron a espada y escaparon a la tierra de Ararat. Y su hijo Esarjadón lo sucedió en el trono.

Enfermedad de Ezequías

38 Por aquellos días Ezequías se enfermó gravemente y estuvo a punto de morir. El profeta Isaías hijo de Amoz fue a verlo y le dijo: «Así dice el SEÑOR: "Pon tu casa en orden, porque vas a morir; no te recuperarás."»

2 Ezequías volvió el rostro hacia la pared y le rogó al SEÑOR: 3 «Recuerda, SEÑOR, que yo me he conducido delante de ti con lealtad y con un *corazón íntegro, y que he hecho lo que te agrada.» Y Ezequías lloró amargamente.

4 Entonces la palabra del SEÑOR vino a Isaías: 5 «Ve y dile a Ezequías que así dice el SEÑOR, Dios de su antepasado David: "He escuchado tu oración y he visto tus lágrimas; voy a darte quince años más de vida. 6 Y a ti y a esta ciudad los libraré de caer en manos del rey de Asiria. Yo defenderé esta ciudad. 7 Y ésta es la señal que te daré para confirmar lo que te he prometido: 8 Haré que en la escala de Acaz la sombra del sol retroceda las diez gradas que ya ha bajado."» ¡Y la luz del sol retrocedió las diez gradas que ya había bajado!

Escrito de Ezequías

9 Después de su enfermedad y recuperación Ezequías, rey de Judá, escribió:

10 «Yo decía: "¿Debo, en la plenitud de mi vida,
  pasar por las puertas del *sepulcro
  y ser privado del resto de mis días?"
11 Yo decía: "Ya no veré más al SEÑOR
  en esta tierra de los vivientes;
  ya no contemplaré más a los *seres humanos,
  a los que habitan este mundo."k
12 Me quitaron mi casa, me la arrebataron,
  como si fuera la carpa de un pastor.
  Como un tejedor, enrollé mi vida,
  y él me la arrancó del telar.
  ¡De la noche a la mañana acabó conmigo!
13 Pacientemente esperé hasta la aurora,
  pero él, como león, me quebró todos los
    huesos.
  ¡De la noche a la mañana acabó conmigo!
14 Chillé como golondrina, como grulla;
  ¡me quejé como paloma!
  Mis ojos se cansaron de mirar al cielo.
  ¡Angustiado estoy, Señor!
  ¡Acude en mi ayuda!

15 »Pero ¿qué puedo decir?
  Él mismo me lo anunció, y así lo ha hecho.
  La amargura de mi *alma
  me ha quitado el sueño.

36 Then the angel of the LORD went out and put to death a hundred and eighty-five thousand men in the Assyrian camp. When the people got up the next morning—there were all the dead bodies! 37 So Sennacherib king of Assyria broke camp and withdrew. He returned to Nineveh and stayed there.

38 One day, while he was worshiping in the temple of his god Nisroch, his sons Adrammelech and Sharezer cut him down with the sword, and they escaped to the land of Ararat. And Esarhaddon his son succeeded him as king.

Hezekiah's Illness

38 In those days Hezekiah became ill and was at the point of death. The prophet Isaiah son of Amoz went to him and said, "This is what the LORD says: Put your house in order, because you are going to die; you will not recover."

2 Hezekiah turned his face to the wall and prayed to the LORD, 3 "Remember, O LORD, how I have walked before you faithfully and with wholehearted devotion and have done what is good in your eyes." And Hezekiah wept bitterly.

4 Then the word of the LORD came to Isaiah: 5 "Go and tell Hezekiah, 'This is what the LORD, the God of your father David, says: I have heard your prayer and seen your tears; I will add fifteen years to your life. 6 And I will deliver you and this city from the hand of the king of Assyria. I will defend this city.

7 " 'This is the LORD's sign to you that the LORD will do what he has promised: 8 I will make the shadow cast by the sun go back the ten steps it has gone down on the stairway of Ahaz.' " So the sunlight went back the ten steps it had gone down.

9 A writing of Hezekiah king of Judah after his illness and recovery:

10 I said, "In the prime of my life
  must I go through the gates of deathe
  and be robbed of the rest of my years?"
11 I said, "I will not again see the LORD,
  the LORD, in the land of the living;
  no longer will I look on mankind,
  or be with those who now dwell in this
    world.f
12 Like a shepherd's tent my house
  has been pulled down and taken from me.
  Like a weaver I have rolled up my life,
  and he has cut me off from the loom;
  day and night you made an end of me.
13 I waited patiently till dawn,
  but like a lion he broke all my bones;
  day and night you made an end of me.
14 I cried like a swift or thrush,
  I moaned like a mourning dove.
  My eyes grew weak as I looked to the
    heavens.
  I am troubled; O Lord, come to my aid!"

15 But what can I say?
  He has spoken to me, and he himself has
    done this.
  I will walk humbly all my years
  because of this anguish of my soul.

---

k 38:11 este mundo (mss. hebreos); el lugar de cesación (TM).

e 10 Hebrew Sheol   f 11 A few Hebrew manuscripts; most Hebrew manuscripts in the place of cessation

16 Señor, por tales cosas viven los *hombres,
     y también mi espíritu encuentra vida en
        ellas.
     Tú me devolviste la salud
        y me diste vida.
17 Sin duda, fue para mi bien
     pasar por tal angustia.
     Con tu amor me guardaste
        de la fosa destructora,
     y le diste la espalda a mis pecados.
18 El sepulcro nada te agradece;
     la muerte no te alaba.
     Los que descienden a la fosa
        nada esperan de tu fidelidad.
19 Los que viven, y sólo los que viven,
     son los que te alaban,
        como hoy te alabo yo.
     Todo padre hablará a sus hijos
        acerca de tu fidelidad.

20 »El Señor me salvará,
     y en el templo del Señor
     todos los días de nuestra vida
        cantaremos con instrumentos de cuerda.»

21 Isaías había dicho: «Preparen una pasta de higos,
apliquénsela en la llaga, y él se recuperará.»
22 Y Ezequías había preguntado: «¿Qué señal recibiré de que se me permitirá subir al templo del Señor?»

Mensajeros de Babilonia

39 En aquel tiempo Merodac Baladán hijo de Baladán, rey de Babilonia, le envió cartas y un regalo a Ezequías, porque supo que había estado enfermo
y que se había recuperado. 2 Ezequías se alegró al recibir esto, y les mostró a los mensajeros todos sus tesoros: la plata, el oro, las especias, el aceite fino, todo su
arsenal y todo lo que había en ellos. No hubo nada en
su palacio ni en todo su reino que Ezequías no les
mostrara.

3 Entonces el profeta Isaías fue a ver al rey Ezequías
y le preguntó:

—¿Qué querían esos hombres? ¿De dónde vinieron?

—De un país lejano —respondió Ezequías—. Vinieron a verme desde Babilonia.

4 —¿Y qué vieron en tu palacio? —preguntó el profeta.

—Vieron todo lo que hay en él —contestó Ezequías—. No hay nada en mis tesoros que yo no les
haya mostrado.

5 Entonces Isaías le dijo:

—Oye la palabra del Señor *Todopoderoso: 6 "Sin
duda vendrán días en que todo lo que hay en tu palacio,
y todo lo que tus antepasados atesoraron hasta el día de
hoy, será llevado a Babilonia. No quedará nada —dice
el Señor—. 7 Y algunos de tus hijos y de tus descendientes serán llevados para servir como *eunucos en el
palacio del rey de Babilonia."

8 —El mensaje del Señor que tú me has traído es
bueno —respondió Ezequías.

Y es que pensaba: «Al menos mientras yo viva, habrá *paz y seguridad.»

Consuelo para el pueblo de Dios

40 ¡Consuelen, consuelen a mi pueblo!
     —dice su Dios—.
2 Hablen con cariño a Jerusalén,

16 Lord, by such things men live;
     and my spirit finds life in them too.
     You restored me to health
     and let me live.
17 Surely it was for my benefit
     that I suffered such anguish.
     In your love you kept me
     from the pit of destruction;
     you have put all my sins
     behind your back.
18 For the grave g cannot praise you,
     death cannot sing your praise;
     those who go down to the pit
     cannot hope for your faithfulness.
19 The living, the living—they praise you,
     as I am doing today;
     fathers tell their children
     about your faithfulness.

20 The Lord will save me,
     and we will sing with stringed instruments
     all the days of our lives
     in the temple of the Lord.

21 Isaiah had said, "Prepare a poultice of figs and
apply it to the boil, and he will recover."
22 Hezekiah had asked, "What will be the sign that I
will go up to the temple of the Lord?"

Envoys From Babylon

39 At that time Merodach-Baladan son of Baladan
king of Babylon sent Hezekiah letters and a
gift, because he had heard of his illness and recovery.
2 Hezekiah received the envoys gladly and showed
them what was in his storehouses—the silver, the gold,
the spices, the fine oil, his entire armory and everything found among his treasures. There was nothing in
his palace or in all his kingdom that Hezekiah did not
show them.

3 Then Isaiah the prophet went to King Hezekiah and
asked, "What did those men say, and where did they
come from?"

"From a distant land," Hezekiah replied. "They
came to me from Babylon."

4 The prophet asked, "What did they see in your palace?"

"They saw everything in my palace," Hezekiah said.
"There is nothing among my treasures that I did not
show them."

5 Then Isaiah said to Hezekiah, "Hear the word of the
Lord Almighty: 6 The time will surely come when everything in your palace, and all that your fathers have
stored up until this day, will be carried off to Babylon.
Nothing will be left, says the Lord. 7 And some of your
descendants, your own flesh and blood who will be
born to you, will be taken away, and they will become
eunuchs in the palace of the king of Babylon."

8 "The word of the Lord you have spoken is good,"
Hezekiah replied. For he thought, "There will be peace
and security in my lifetime."

Comfort for God's People

40 Comfort, comfort my people,
     says your God.
2 Speak tenderly to Jerusalem,

g 18 Hebrew Sheol

y anúncienle
que ya ha cumplido su tiempo de servicio,
que ya ha pagado por su iniquidad,
que ya ha recibido de la mano del SEÑOR
el doble por todos sus pecados.

3 Una voz proclama:
«Preparen en el desierto
un camino para el SEÑOR;
enderecen en la estepa
un sendero para nuestro Dios.
4 Que se levanten todos los valles,
y se allanen todos los montes y colinas;
que el terreno escabroso se nivele
y se alisen las quebradas.
5 Entonces se revelará la gloria del SEÑOR,
y la verá toda la humanidad.
El SEÑOR mismo lo ha dicho.»

6 Una voz dice: «Proclama.»
«¿Y qué voy a proclamar?», respondo yo.*l*

«Que todo *mortal es como la hierba,
y toda su gloria como la flor del campo.
7 La hierba se seca y la flor se marchita,
porque el aliento del SEÑOR sopla sobre ellas.
Sin duda, el pueblo es hierba.
8 La hierba se seca y la flor se marchita,
pero la palabra de nuestro Dios
permanece para siempre.»

9 Sión, portadora de buenas noticias,
¡súbete a una alta montaña!
Jerusalén, portadora de buenas noticias,
¡alza con fuerza tu voz!
Álzala, no temas;
di a las ciudades de Judá:
«¡Aquí está su Dios!»

10 Miren, el SEÑOR omnipotente llega con poder,
y con su brazo gobierna.
Su galardón lo acompaña;
su recompensa lo precede.
11 Como un *pastor que cuida su rebaño,
recoge los corderos en sus brazos;
los lleva junto a su pecho,
y guía con cuidado a las recién paridas.

12 ¿Quién ha medido las aguas con la palma de
su mano,
y abarcado entre sus dedos la extensión de
los cielos?
¿Quién metió en una medida el polvo de la
tierra?
¿Quién pesó en una balanza las montañas y
los cerros?
13 ¿Quién puede medir el alcance del espíritu del
SEÑOR,
o quién puede servirle de consejero?
14 ¿A quién consultó el SEÑOR para ilustrarse,
y quién le enseñó el *camino de la justicia?
¿Quién le impartió *conocimiento
o le hizo conocer la senda de la inteligencia?

and proclaim to her
that her hard service has been completed,
that her sin has been paid for,
that she has received from the LORD's hand
double for all her sins.

3 A voice of one calling:
"In the desert prepare
the way for the LORD*h*;
make straight in the wilderness
a highway for our God.*i*
4 Every valley shall be raised up,
every mountain and hill made low;
the rough ground shall become level,
the rugged places a plain.
5 And the glory of the LORD will be revealed,
and all mankind together will see it.
For the mouth of the LORD
has spoken."

6 A voice says, "Cry out."
And I said, "What shall I cry?"

"All men are like grass,
and all their glory is like the flowers of
the field.
7 The grass withers and the flowers fall,
because the breath of the LORD blows on
them.
Surely the people are grass.
8 The grass withers and the flowers fall,
but the word of our God stands forever."

9 You who bring good tidings to Zion,
go up on a high mountain.
You who bring good tidings to Jerusalem,*j*
lift up your voice with a shout,
lift it up, do not be afraid;
say to the towns of Judah,
"Here is your God!"

10 See, the Sovereign LORD comes with power,
and his arm rules for him.
See, his reward is with him,
and his recompense accompanies him.
11 He tends his flock like a shepherd:
He gathers the lambs in his arms
and carries them close to his heart;
he gently leads those that have young.

12 Who has measured the waters in the hollow
of his hand,
or with the breadth of his hand marked
off the heavens?
Who has held the dust of the earth in a
basket,
or weighed the mountains on the scales
and the hills in a balance?
13 Who has understood the mind*k* of the
LORD,
or instructed him as his counselor?
14 Whom did the LORD consult to enlighten
him,
and who taught him the right way?
Who was it that taught him knowledge
or showed him the path of understanding?

---

l 40:6 respondo yo (LXX, Qumrán y Vulgata); *responde él* (TM).

h 3 Or *A voice of one calling in the desert: / "Prepare the way for
the* LORD   *i 3* Hebrew; Septuagint *make straight the paths of our
God*   *j 9* Or *O Zion, bringer of good tidings, / go up on a high
mountain. / O Jerusalem, bringer of good tidings*   *k 13* Or *Spirit*;
or *spirit*

15 A los ojos de Dios, las naciones son
　　como una gota de agua en un balde,
　　como una brizna de polvo en una balanza.
　El SEÑOR pesa las islas
　　como si fueran polvo fino.
16 El Líbano no alcanza para el fuego de su altar,
　　ni todos sus animales para los *holocaustos.
17 Todas las naciones no son nada en su
　　　presencia;
　　no tienen para él valor alguno.

18 ¿Con quién compararán a Dios?
　　¿Con qué imagen lo representarán?
19 Al ídolo un escultor lo funde;
　　un joyero lo enchapa en oro
　　y le labra cadenas de plata.
20 El que es muy pobre para ofrendar
　　escoge madera que no se pudra,
　y busca un hábil artesano
　　para erigir un ídolo que no se caiga.

21 ¿Acaso no lo sabían ustedes?
　　¿No se habían enterado?
　¿No se les dijo desde el principio?
　　¿No lo entendieron desde la fundación del
　　　mundo?
22 Él reina sobre la bóveda de la tierra,
　　cuyos habitantes son como langostas.
　Él extiende los cielos como un toldo,
　　y los despliega como carpa para ser
　　　habitada.
23 Él anula a los poderosos,
　　y a nada reduce a los gobernantes de este
　　　mundo.
24 Escasamente han sido plantados,
　　apenas han sido sembrados,
　　apenas echan raíces en la tierra,
　cuando él sopla sobre ellos y se marchitan;
　　¡y el huracán los arrasa como paja!

25 «¿Con quién, entonces, me compararán
　　　ustedes?
　　¿Quién es igual a mí?», dice el *Santo.
26 Alcen los ojos y miren a los cielos:
　　¿Quién ha creado todo esto?
　El que ordena la multitud de estrellas una por
　　　una,
　　y llama a cada una por su *nombre.
　¡Es tan grande su poder, y tan poderosa su
　　　fuerza,
　　que no falta ninguna de ellas!

27 ¿Por qué murmuras, Jacob?
　　¿Por qué refunfuñas, Israel:
　«Mi camino está escondido del SEÑOR;
　　mi Dios ignora mi derecho»?
28 ¿Acaso no lo sabes?
　　¿Acaso no te has enterado?
　El SEÑOR es el Dios eterno,
　　creador de los confines de la tierra.
　No se cansa ni se fatiga,
　　y su inteligencia es insondable.
29 Él fortalece al cansado
　　y acrecienta las fuerzas del débil.
30 Aun los jóvenes se cansan, se fatigan,
　　y los muchachos tropiezan y caen;
31 pero los que confían en el SEÑOR
　　renovarán sus fuerzas;
　volarán como las águilas,
　　correrán y no se fatigarán,
　　caminarán y no se cansarán.

15 Surely the nations are like a drop in a
　　　bucket;
　　they are regarded as dust on the scales;
　he weighs the islands as though they were
　　　fine dust.
16 Lebanon is not sufficient for altar fires,
　　nor its animals enough for burnt offerings.
17 Before him all the nations are as nothing;
　　they are regarded by him as worthless
　　and less than nothing.

18 To whom, then, will you compare God?
　　What image will you compare him to?
19 As for an idol, a craftsman casts it,
　　and a goldsmith overlays it with gold
　　and fashions silver chains for it.
20 A man too poor to present such an offering
　　selects wood that will not rot.
　He looks for a skilled craftsman
　　to set up an idol that will not topple.

21 Do you not know?
　　Have you not heard?
　Has it not been told you from the
　　　beginning?
　Have you not understood since the earth
　　　was founded?
22 He sits enthroned above the circle of the
　　　earth,
　　and its people are like grasshoppers.
　He stretches out the heavens like a canopy,
　　and spreads them out like a tent to live
　　　in.
23 He brings princes to naught
　　and reduces the rulers of this world to
　　　nothing.
24 No sooner are they planted,
　　no sooner are they sown,
　　no sooner do they take root in the ground,
　than he blows on them and they wither,
　　and a whirlwind sweeps them away like
　　　chaff.

25 "To whom will you compare me?
　　Or who is my equal?" says the Holy One.
26 Lift your eyes and look to the heavens:
　　Who created all these?
　He who brings out the starry host one by
　　　one,
　　and calls them each by name.
　Because of his great power and mighty
　　　strength,
　　not one of them is missing.

27 Why do you say, O Jacob,
　　and complain, O Israel,
　"My way is hidden from the LORD;
　　my cause is disregarded by my God"?
28 Do you not know?
　　Have you not heard?
　The LORD is the everlasting God,
　　the Creator of the ends of the earth.
　He will not grow tired or weary,
　　and his understanding no one can fathom.
29 He gives strength to the weary
　　and increases the power of the weak.
30 Even youths grow tired and weary,
　　and young men stumble and fall;
31 but those who hope in the LORD
　　will renew their strength.
　They will soar on wings like eagles;
　　they will run and not grow weary,
　　they will walk and not be faint.

El amparo de Israel

41 «¡Callen en mi presencia, costas lejanas!
    ¡Naciones, renueven sus fuerzas!
  Acérquense y hablen;
    reunámonos para juicio.

2 »¿Quién ha hecho venir desde el oriente
    a aquel que siempre sale *victorioso?
  Pone a las naciones en sus manos;
    ante él los reyes se rinden.
  Con su espada los vuelve polvo,
    con su arco los dispersa como paja.
3 Con paso firme los persigue
    por una senda que nunca antes pisó.
4 ¿Quién realizó esto? ¿Quién lo hizo posible?
    ¿Quién llamó a las generaciones desde el
      principio?
  Yo, el SEÑOR, soy el primero,
    y seré el mismo hasta el fin.»

5 Lo han visto las costas lejanas, y temen;
    tiemblan los confines de la tierra.
  ¡Ya se acercan, ya vienen!
6 Cada uno ayuda a su compañero,
    y le infunde aliento a su hermano.
7 El artesano anima al joyero;
    y el que aplana con el martillo
  le dice al que golpea el yunque:
    «¡Es buena la soldadura!»;
  luego asegura el ídolo con clavos
    para que no se tambalee.

8 «Pero tú, Israel, mi siervo,
    tú Jacob, a quien he escogido,
    simiente de Abraham, mi amigo:
9 Te tomé de los confines de la tierra,
    te llamé de los rincones más remotos,
  y te dije: "Tú eres mi siervo."
    Yo te escogí; no te rechacé.
10 Así que no temas, porque yo estoy contigo;
    no te angusties, porque yo soy tu Dios.
  Te fortaleceré y te ayudaré;
    te sostendré con mi diestra victoriosa.

11 »Todos los que se enardecen contra ti
    sin duda serán avergonzados y humillados;
  los que se te oponen serán como nada,
    como si no existieran.
12 Aunque busques a tus enemigos,
    no los encontrarás.
  Los que te hacen la guerra serán como nada,
    como si no existieran.
13 Porque yo soy el SEÑOR, tu Dios,
    que sostiene tu mano *derecha;
  yo soy quien te dice:
    "No temas, yo te ayudaré."
14 No temas, gusano Jacob, pequeño Israel
    —afirma el SEÑOR—,
  porque yo mismo te ayudaré;
    ¡el *Santo de Israel es tu redentor!

The Helper of Israel

41 "Be silent before me, you islands!
    Let the nations renew their strength!
  Let them come forward and speak;
    let us meet together at the place of
      judgment.

2 "Who has stirred up one from the east,
    calling him in righteousness to his
      service[1] ?
  He hands nations over to him
    and subdues kings before him.
  He turns them to dust with his sword,
    to windblown chaff with his bow.
3 He pursues them and moves on unscathed,
    by a path his feet have not traveled
      before.
4 Who has done this and carried it through,
    calling forth the generations from the
      beginning?
  I, the LORD—with the first of them
    and with the last—I am he."

5 The islands have seen it and fear;
    the ends of the earth tremble.
  They approach and come forward;
6   each helps the other
    and says to his brother, "Be strong!"
7 The craftsman encourages the goldsmith,
    and he who smooths with the hammer
    spurs on him who strikes the anvil.
  He says of the welding, "It is good."
    He nails down the idol so it will not
      topple.

8 "But you, O Israel, my servant,
    Jacob, whom I have chosen,
    you descendants of Abraham my friend,
9 I took you from the ends of the earth,
    from its farthest corners I called you.
  I said, 'You are my servant';
    I have chosen you and have not rejected
      you.
10 So do not fear, for I am with you;
    do not be dismayed, for I am your God.
  I will strengthen you and help you;
    I will uphold you with my righteous right
      hand.

11 "All who rage against you
    will surely be ashamed and disgraced;
  those who oppose you
    will be as nothing and perish.
12 Though you search for your enemies,
    you will not find them.
  Those who wage war against you
    will be as nothing at all.
13 For I am the LORD, your God,
    who takes hold of your right hand
  and says to you, Do not fear;
    I will help you.
14 Do not be afraid, O worm Jacob,
    O little Israel,
  for I myself will help you," declares the
      LORD,
    your Redeemer, the Holy One of Israel.

[1] 2 Or / whom victory meets at every step

15 »Te convertiré en una trilladora
    nueva y afilada, de doble filo.
Trillarás las montañas y las harás polvo;
    convertirás en paja las colinas.
16 Las aventarás y se las llevará el viento;
    ¡un vendaval las dispersará!
Pero tú te alegrarás en el SEÑOR,
    te gloriarás en el Santo de Israel.

17 »Los pobres y los necesitados buscan agua,
    pero no la encuentran;
    la sed les ha resecado la lengua.
Pero yo, el SEÑOR, les responderé;
    yo, el Dios de Israel, no los abandonaré.
18 Haré brotar ríos en las áridas cumbres,
    y manantiales entre los valles.
Transformaré el desierto en estanques de agua,
    y el sequedal en manantiales.
19 Plantaré en el desierto
    cedros, acacias, mirtos y olivos;
en áridas tierras plantaré cipreses,
    junto con pinos y abetos,
20 para que la gente vea y sepa,
    y considere y entienda,
que la mano del SEÑOR ha hecho esto,
    que el Santo de Israel lo ha creado.

21 »Expongan su caso —dice el SEÑOR—;
    presenten sus pruebas —demanda el rey de
      Jacob—.
22 Acérquense[m] y anuncien
    lo que ha de suceder,
    y cómo fueron las cosas del pasado,
para que las consideremos
    y conozcamos su desenlace.
    ¡Cuéntennos lo que está por venir!
23 Digan qué nos depara el futuro;
    así sabremos que ustedes son dioses.
Hagan algo, bueno o malo,
    para verlo y llenarnos de terror.
24 ¡La verdad es que ustedes no son nada,
    y aun menos que nada son sus obras!
    ¡Abominable es quien los escoge!

25 »Del norte hice venir a uno,
    y acudió a mi llamado;
desde el oriente invoca mi *nombre.
Como alfarero que amasa arcilla con los pies,
    aplasta gobernantes como si fueran barro.
26 ¿Quién lo anunció desde el principio,
    para que lo supiéramos?
¿Quién lo anunció de antemano,
    para que dijéramos: "Tenía razón"?
Nadie lo anunció ni lo proclamó;
    nadie les oyó proclamar mensaje alguno.
27 Yo fui el primero en decirle a *Sión:
    "¡Mira, ya están aquí!"
Yo fui quien envió a Jerusalén
    un mensajero de buenas noticias.
28 Miro entre ellos, y no hay nadie;
    no hay entre ellos quien aconseje,
no hay quien me responda cuando les
      pregunto.

15 "See, I will make you into a threshing
    sledge,
    new and sharp, with many teeth.
You will thresh the mountains and crush
    them,
    and reduce the hills to chaff.
16 You will winnow them, the wind will pick
    them up,
    and a gale will blow them away.
But you will rejoice in the LORD
    and glory in the Holy One of Israel.

17 "The poor and needy search for water,
    but there is none;
    their tongues are parched with thirst.
But I the LORD will answer them;
    I, the God of Israel, will not forsake
    them.
18 I will make rivers flow on barren heights,
    and springs within the valleys.
I will turn the desert into pools of water,
    and the parched ground into springs.
19 I will put in the desert
    the cedar and the acacia, the myrtle and
      the olive.
I will set pines in the wasteland,
    the fir and the cypress together,
20 so that people may see and know,
    may consider and understand,
that the hand of the LORD has done this,
    that the Holy One of Israel has created it.

21 "Present your case," says the LORD.
    "Set forth your arguments," says Jacob's
      King.
22 "Bring in ⌊your idols⌋ to tell us
    what is going to happen.
Tell us what the former things were,
    so that we may consider them
    and know their final outcome.
Or declare to us the things to come,
23   tell us what the future holds,
    so we may know that you are gods.
Do something, whether good or bad,
    so that we will be dismayed and filled
      with fear.
24 But you are less than nothing
    and your works are utterly worthless;
    he who chooses you is detestable.

25 "I have stirred up one from the north, and
    he comes—
    one from the rising sun who calls on my
      name.
He treads on rulers as if they were mortar,
    as if he were a potter treading the clay.
26 Who told of this from the beginning, so we
    could know,
    or beforehand, so we could say, 'He was
      right'?
No one told of this,
    no one foretold it,
    no one heard any words from you.
27 I was the first to tell Zion, 'Look, here they
    are!'
    I gave to Jerusalem a messenger of good
      tidings.
28 I look but there is no one—
    no one among them to give counsel,
    no one to give answer when I ask them.

---

[m] 41:22 *Acérquense* (LXX, Qumrán, Targum y Vulgata); *Traigan* (TM).

²⁹¡Todos ellos son falsos!
    Sus obras no son nada;
    sus ídolos no son más que viento y
        confusión.

El siervo del SEÑOR

42 »Éste es mi siervo, a quien sostengo,
    mi escogido, en quien me deleito;
    sobre él he puesto mi Espíritu,
        y llevará *justicia a las naciones.
²No clamará, ni gritará,
    ni alzará su voz por las calles.
³No acabará de romper la caña quebrada,
    ni apagará la mecha que apenas arde.
    Con fidelidad hará justicia;
⁴   no vacilará ni se desanimará
    hasta implantar la justicia en la tierra.
        Las costas lejanas esperan su enseñanza.»

⁵Así dice Dios, el SEÑOR,
    el que creó y desplegó los cielos;
    el que expandió la tierra
        y todo lo que ella produce;
    el que da aliento al pueblo que la habita,
        y vida a los que en ella se mueven:
⁶«Yo, el SEÑOR, te he llamado en justicia;
    te he tomado de la mano.
    Yo te formé, yo te constituí
        como *pacto para el pueblo,
        como luz para las naciones,
⁷para abrir los ojos de los ciegos,
    para librar de la cárcel a los presos,
        y del calabozo a los que habitan en tinieblas.

⁸»Yo soy el SEÑOR; ¡ése es mi *nombre!
    No entrego a otros mi gloria,
    ni mi alabanza a los ídolos.
⁹Las cosas pasadas se han cumplido,
    y ahora anuncio cosas nuevas;
    ¡las anuncio antes que sucedan!»

Canción de alabanza al SEÑOR

¹⁰Canten al SEÑOR un cántico nuevo,
    ustedes, que descienden al mar,
    y todo lo que hay en él;
    canten su alabanza desde los confines de la
        tierra,
    ustedes, costas lejanas y sus habitantes.
¹¹Que alcen la voz el desierto y sus ciudades,
    y los poblados donde Cedar habita.
    Que canten de alegría los habitantes de Selá,
    y griten desde las cimas de las montañas.
¹²Den gloria al SEÑOR
    y proclamen su alabanza en las costas
        lejanas.
¹³El SEÑOR marchará como guerrero;
    como hombre de guerra despertará su celo.
    Con gritos y alaridos se lanzará al combate,
    y *triunfará sobre sus enemigos.

¹⁴«Por mucho tiempo he guardado silencio,
    he estado callado y me he contenido.
    Pero ahora voy a gritar como parturienta,
    voy a resollar y jadear al mismo tiempo.

²⁹See, they are all false!
    Their deeds amount to nothing;
    their images are but wind and confusion.

The Servant of the LORD

42 "Here is my servant, whom I uphold,
    my chosen one in whom I delight;
    I will put my Spirit on him
        and he will bring justice to the nations.
²He will not shout or cry out,
    or raise his voice in the streets.
³A bruised reed he will not break,
    and a smoldering wick he will not snuff
        out.
    In faithfulness he will bring forth justice;
⁴   he will not falter or be discouraged
    till he establishes justice on earth.
        In his law the islands will put their hope."

⁵This is what God the LORD says—
    he who created the heavens and stretched
        them out,
    who spread out the earth and all that
        comes out of it,
    who gives breath to its people,
        and life to those who walk on it:
⁶"I, the LORD, have called you in
        righteousness;
    I will take hold of your hand.
    I will keep you and will make you
        to be a covenant for the people
        and a light for the Gentiles,
⁷to open eyes that are blind,
    to free captives from prison
        and to release from the dungeon those
            who sit in darkness.

⁸"I am the LORD; that is my name!
    I will not give my glory to another
    or my praise to idols.
⁹See, the former things have taken place,
    and new things I declare;
    before they spring into being
        I announce them to you."

Song of Praise to the LORD

¹⁰Sing to the LORD a new song,
    his praise from the ends of the earth,
    you who go down to the sea, and all that is
        in it,
    you islands, and all who live in them.
¹¹Let the desert and its towns raise their
        voices;
    let the settlements where Kedar lives
        rejoice.
    Let the people of Sela sing for joy;
    let them shout from the mountaintops.
¹²Let them give glory to the LORD
    and proclaim his praise in the islands.
¹³The LORD will march out like a mighty
        man,
    like a warrior he will stir up his zeal;
    with a shout he will raise the battle cry
    and will triumph over his enemies.

¹⁴"For a long time I have kept silent,
    I have been quiet and held myself back.
    But now, like a woman in childbirth,
    I cry out, I gasp and pant.

15 Devastaré montañas y cerros,
    y secaré toda su vegetación;
  convertiré los ríos en tierra seca,
    y secaré los estanques;
16 conduciré a los ciegos por caminos
    desconocidos,
  los guiaré por senderos inexplorados;
ante ellos convertiré en luz las tinieblas,
  y allanaré los lugares escabrosos.
Esto haré,
  y no los abandonaré.
17 Pero retrocederán llenos de vergüenza
  los que confían en los ídolos,
  los que dicen a las imágenes:
    "Ustedes son nuestros dioses."

Israel ciego y sordo

18 »Sordos, ¡escuchen!
  Ciegos, ¡fíjense bien!
19 ¿Quién es más ciego que mi siervo,
  y más sordo que mi mensajero?
¿Quién es más ciego que mi enviado,
  y más ciego que el siervo del SEÑOR?
20 Tú has visto muchas cosas,
  pero no las has captado;
tienes abiertos los oídos,
  pero no oyes nada.»
21 Le agradó al SEÑOR,
  por amor a su justicia,
  hacer su *ley grande y gloriosa.
22 Pero éste es un pueblo saqueado y despojado,
  todos atrapados en cuevas
  o encerrados en cárceles.
Son saqueados,
  y nadie los libra;
son despojados,
  y nadie reclama.

23 ¿Quién de ustedes escuchará esto
  y prestará atención en el futuro?
24 ¿Quién entregó a Jacob para el despojo,
  a Israel para el saqueo?
¿No es acaso el SEÑOR
  a quien su pueblo ha ofendido?
No siguió sus *caminos
  ni obedeció su ley.
25 Por eso el SEÑOR derramó sobre él
  su ardiente ira y el furor de la guerra.
Lo envolvió en llamas, pero no comprendió;
  lo consumió, pero no lo tomó en serio.

El único Salvador de Israel

43 Pero ahora, así dice el SEÑOR,
  el que te creó, Jacob,
  el que te formó, Israel:
  «No temas, que yo te he redimido;
  te he llamado por tu *nombre; tú eres mío.
2 Cuando cruces las aguas,
  yo estaré contigo;
cuando cruces los ríos,
  no te cubrirán sus aguas;
cuando camines por el fuego,
  no te quemarás ni te abrasarán las llamas.

15 I will lay waste the mountains and hills
  and dry up all their vegetation;
I will turn rivers into islands
  and dry up the pools.
16 I will lead the blind by ways they have not
  known,
  along unfamiliar paths I will guide them;
I will turn the darkness into light before
  them
  and make the rough places smooth.
These are the things I will do;
  I will not forsake them.
17 But those who trust in idols,
  who say to images, 'You are our gods,'
  will be turned back in utter shame.

Israel Blind and Deaf

18 "Hear, you deaf;
  look, you blind, and see!
19 Who is blind but my servant,
  and deaf like the messenger I send?
Who is blind like the one committed to me,
  blind like the servant of the LORD?
20 You have seen many things, but have paid
  no attention;
  your ears are open, but you hear nothing."
21 It pleased the LORD
  for the sake of his righteousness
  to make his law great and glorious.
22 But this is a people plundered and looted,
  all of them trapped in pits
  or hidden away in prisons.
They have become plunder,
  with no one to rescue them;
they have been made loot,
  with no one to say, "Send them back."

23 Which of you will listen to this
  or pay close attention in time to come?
24 Who handed Jacob over to become loot,
  and Israel to the plunderers?
Was it not the LORD,
  against whom we have sinned?
For they would not follow his ways;
  they did not obey his law.
25 So he poured out on them his burning
  anger,
  the violence of war.
It enveloped them in flames, yet they did
  not understand;
  it consumed them, but they did not take it
  to heart.

Israel's Only Savior

43 But now, this is what the LORD says—
  he who created you, O Jacob,
  he who formed you, O Israel:
  "Fear not, for I have redeemed you;
  I have summoned you by name; you are
  mine.
2 When you pass through the waters,
  I will be with you;
and when you pass through the rivers,
  they will not sweep over you.
When you walk through the fire,
  you will not be burned;
  the flames will not set you ablaze.

³ Yo soy el SEÑOR, tu Dios,
   el *Santo de Israel, tu salvador;
yo he entregado a Egipto como precio por tu
     rescate,
   a *Cus y a Seba en tu lugar.
⁴ A cambio de ti entregaré *hombres;
   ¡a cambio de tu *vida entregaré pueblos!
Porque te amo y eres ante mis ojos
   precioso y digno de honra.
⁵ No temas, porque yo estoy contigo;
   desde el oriente traeré a tu descendencia,
   desde el occidente te reuniré.
⁶ Al norte le diré: "¡Entrégalos!"
   y al sur: "¡No los retengas!
Trae a mis hijos desde lejos
   y a mis hijas desde los confines de la tierra.
⁷ Trae a todo el que sea llamado por mi nombre,
   al que yo he creado para mi gloria,
   al que yo hice y formé."»

⁸ Saquen al pueblo ciego, aunque tiene ojos,
   al pueblo sordo, aunque tiene oídos.
⁹ Que se reúnan todas las naciones
   y se congreguen los pueblos.
¿Quién de entre ellos profetizó estas cosas
   y nos anunció lo ocurrido en el pasado?
Que presenten a sus testigos
   y demuestren tener razón,
para que otros oigan y digan:
   «Es verdad.»
¹⁰ «Ustedes son mis testigos —afirma el SEÑOR—,
   son mis siervos escogidos,
para que me conozcan y crean en mí,
   y entiendan que Yo soy.
Antes de mí no hubo ningún otro dios,
   ni habrá ninguno después de mí.
¹¹ Yo, yo soy el SEÑOR,
   fuera de mí no hay ningún otro salvador.
¹² Yo he anunciado, salvado y proclamado;
   yo entre ustedes, y no un dios extraño.
Ustedes son mis testigos —afirma el SEÑOR—,
   y yo soy Dios.
¹³ Desde los tiempos antiguos, Yo soy.
   No hay quien pueda librar de mi mano.
   Lo que yo hago, nadie puede desbaratarlo.»

La misericordia de Dios y la infidelidad de Israel

¹⁴ Así dice el SEÑOR,
   su Redentor, el *Santo de Israel:
«Por ustedes enviaré gente a Babilonia;
   abatiré a todos como fugitivos.
En los barcos que eran su orgullo,
   abatiré también a los *caldeos.
¹⁵ Yo soy el SEÑOR, su santo;
   soy su rey, el creador de Israel.»

¹⁶ Así dice el SEÑOR,
   el que abrió un camino en el mar,
   una senda a través de las aguas impetuosas;
¹⁷ el que hizo salir carros de combate y caballos,
   ejército y guerrero al mismo tiempo,
los cuales quedaron tendidos para nunca más
     levantarse,
   extinguidos como mecha que se apaga:
¹⁸ «Olviden las cosas de antaño;
   ya no vivan en el pasado.

³For I am the LORD, your God,
   the Holy One of Israel, your Savior;
I give Egypt for your ransom,
   Cush[m] and Seba in your stead.
⁴Since you are precious and honored in my
     sight,
   and because I love you,
I will give men in exchange for you,
   and people in exchange for your life.
⁵Do not be afraid, for I am with you;
   I will bring your children from the east
   and gather you from the west.
⁶I will say to the north, 'Give them up!'
   and to the south, 'Do not hold them
     back.'
Bring my sons from afar
   and my daughters from the ends of the
     earth—
⁷everyone who is called by my name,
   whom I created for my glory,
   whom I formed and made."

⁸Lead out those who have eyes but are blind,
   who have ears but are deaf.
⁹All the nations gather together
   and the peoples assemble.
Which of them foretold this
   and proclaimed to us the former things?
Let them bring in their witnesses to prove
     they were right,
   so that others may hear and say, "It is
     true."
¹⁰"You are my witnesses," declares the LORD,
   "and my servant whom I have chosen,
so that you may know and believe me
   and understand that I am he.
Before me no god was formed,
   nor will there be one after me.
¹¹I, even I, am the LORD,
   and apart from me there is no savior.
¹²I have revealed and saved and proclaimed—
   I, and not some foreign god among you.
You are my witnesses," declares the LORD,
   "that I am God.
¹³   Yes, and from ancient days I am he.
No one can deliver out of my hand.
   When I act, who can reverse it?"

God's Mercy and Israel's Unfaithfulness

¹⁴This is what the LORD says—
   your Redeemer, the Holy One of Israel:
"For your sake I will send to Babylon
   and bring down as fugitives all the
     Babylonians,[n]
in the ships in which they took pride.
¹⁵I am the LORD, your Holy One,
   Israel's Creator, your King."

¹⁶This is what the LORD says—
   he who made a way through the sea,
   a path through the mighty waters,
¹⁷who drew out the chariots and horses,
   the army and reinforcements together,
and they lay there, never to rise again,
   extinguished, snuffed out like a wick:
¹⁸"Forget the former things;
   do not dwell on the past.

---

m 3 That is, the upper Nile region   *n 14* Or *Chaldeans*

19 ¡Voy a hacer algo nuevo!
     Ya está sucediendo, ¿no se dan cuenta?
Estoy abriendo un camino en el desierto,
     y ríos en lugares desolados.
20 Me honran los animales salvajes,
     los chacales y los avestruces;
yo hago brotar agua en el desierto,
     ríos en lugares desolados,
para dar de beber a mi pueblo escogido,
21   al pueblo que formé para mí mismo,
     para que proclame mi alabanza.

22 »Pero tú, Jacob, no me has invocado;
     tú, Israel, te has cansado de mí.
23 No me has traído el cordero de tus
     *holocaustos,
     ni me has honrado con tus sacrificios.
No te he abrumado exigiendo ofrendas de
     grano,
     ni te he agobiado reclamando incienso.
24 No me has comprado caña aromática,
     ni me has saciado con el sebo de tus
     sacrificios.
¡En cambio, tú me has abrumado con tus
     pecados
     y me has agobiado con tus iniquidades!

25 »Yo soy el que por amor a mí mismo
     borra tus transgresiones
     y no se acuerda más de tus pecados.
26 ¡Hazme recordar! Presentémonos a juicio;
     plantea el argumento de tu inocencia.
27 Tu primer antepasado pecó;
     tus voceros se rebelaron contra mí.
28 Por eso humillé a las autoridades del templo;
     entregué a Jacob a la *destrucción total,
     entregué a Israel al menosprecio.

Israel el escogido

44 »Pero ahora, Jacob, mi siervo,
     Israel, a quien he escogido, ¡escucha!
2 Así dice el SEÑOR, el que te hizo,
     el que te formó en el seno materno
     y te brinda su ayuda:
"No temas, Jacob, mi siervo,
     Jesurún, a quien he escogido,
3 que regaré con agua la tierra sedienta,
     y con arroyos el suelo seco;
derramaré mi Espíritu sobre tu descendencia,
     y mi bendición sobre tus vástagos,
4 y brotarán como hierba en un prado,
     como sauces junto a arroyos.
5 Uno dirá: 'Pertenezco al SEÑOR';
     otro llevará el *nombre de Jacob,
     y otro escribirá en su mano: 'Yo soy del
     SEÑOR',
     y tomará para sí el nombre de Israel."

19 See, I am doing a new thing!
     Now it springs up; do you not perceive
     it?
I am making a way in the desert
     and streams in the wasteland.
20 The wild animals honor me,
     the jackals and the owls,
because I provide water in the desert
     and streams in the wasteland,
to give drink to my people, my chosen,
21   the people I formed for myself
     that they may proclaim my praise.

22 "Yet you have not called upon me, O Jacob,
     you have not wearied yourselves for me,
     O Israel.
23 You have not brought me sheep for burnt
     offerings,
     nor honored me with your sacrifices.
I have not burdened you with grain
     offerings
     nor wearied you with demands for
     incense.
24 You have not bought any fragrant calamus
     for me,
     or lavished on me the fat of your
     sacrifices.
But you have burdened me with your sins
     and wearied me with your offenses.

25 "I, even I, am he who blots out
     your transgressions, for my own sake,
     and remembers your sins no more.
26 Review the past for me,
     let us argue the matter together;
     state the case for your innocence.
27 Your first father sinned;
     your spokesmen rebelled against me.
28 So I will disgrace the dignitaries of your
     temple,
     and I will consign Jacob to destruction[o]
     and Israel to scorn.

Israel the Chosen

44 "But now listen, O Jacob, my servant,
     Israel, whom I have chosen.
2 This is what the LORD says—
     he who made you, who formed you in the
     womb,
     and who will help you:
Do not be afraid, O Jacob, my servant,
     Jeshurun, whom I have chosen.
3 For I will pour water on the thirsty land,
     and streams on the dry ground;
I will pour out my Spirit on your offspring,
     and my blessing on your descendants.
4 They will spring up like grass in a meadow,
     like poplar trees by flowing streams.
5 One will say, 'I belong to the LORD';
     another will call himself by the name of
     Jacob;
still another will write on his hand, 'The
     LORD's,'
     and will take the name Israel.

---

o 28 The Hebrew term refers to the irrevocable giving over of things
or persons to the LORD, often by totally destroying them.

El Señor y los ídolos

6 »Así dice el Señor, el Señor *Todopoderoso,
    rey y redentor de Israel:
  "Yo soy el primero y el último;
    fuera de mí no hay otro dios.
7 ¿Quién es como yo?
    Que lo diga,
  Que declare lo que ha ocurrido
    desde que establecí a mi antiguo pueblo;
  que exponga ante mí lo que está por venir,
    ¡que anuncie lo que va a suceder!
8 No tiemblen ni se asusten.
    ¿Acaso no lo anuncié y profeticé hace
      tiempo?
  Ustedes son mis testigos.
    ¿Hay algún Dios fuera de mí?
  No, no hay otra *Roca;
    no conozco ninguna."»

9 Los que fabrican ídolos no valen nada;
    inútiles son sus obras más preciadas.
  Para su propia vergüenza,
    sus propios testigos no ven ni conocen.
10 ¿Quién modela un dios o funde un ídolo,
    que no le sirve para nada?
11 Todos sus devotos quedarán avergonzados;
    ¡simples *mortales son los artesanos!
  Que todos se reúnan y comparezcan;
    ¡aterrados y avergonzados quedarán todos
      ellos!

12 El herrero toma una herramienta,
    y con ella trabaja sobre las brasas;
  con martillo modela un ídolo,
    con la fuerza de su brazo lo forja.
  Siente hambre, y pierde las fuerzas;
    no bebe agua, y desfallece.
13 El carpintero mide con un cordel,
    hace un boceto con un estilete,
  lo trabaja con el escoplo
    y lo traza con el compás.
  Le da forma *humana;
    le imprime la belleza de un ser humano,
    para que habite en un santuario.
14 Derriba los cedros,
    y escoge un ciprés o un roble,
  y lo deja crecer entre los árboles del bosque;
    o planta un pino, que la lluvia hace crecer.
15 Al *hombre le sirve de combustible,
    y toma una parte para calentarse;
    enciende un fuego y hornea pan.
  Pero también labra un dios y lo adora;
    hace un ídolo y se postra ante él.
16 La mitad de la madera la quema en el fuego,
    sobre esa mitad prepara su comida;
    asa la carne y se sacia.
  También se calienta y dice:
    «¡Ah! Ya voy entrando en calor,
    mientras contemplo las llamas.»
17 Con el resto hace un dios, su ídolo;
    se postra ante él y lo adora.
  Y suplicante le dice:
    «Sálvame, pues tú eres mi dios.»

The Lord, Not Idols

6 "This is what the Lord says—
    Israel's King and Redeemer, the Lord
      Almighty:
  I am the first and I am the last;
    apart from me there is no God.
7 Who then is like me? Let him proclaim it.
    Let him declare and lay out before me
  what has happened since I established my
      ancient people,
    and what is yet to come—
    yes, let him foretell what will come.
8 Do not tremble, do not be afraid.
    Did I not proclaim this and foretell it long
      ago?
  You are my witnesses. Is there any God
    besides me?
    No, there is no other Rock; I know not
    one."

9 All who make idols are nothing,
    and the things they treasure are worthless.
  Those who would speak up for them are
    blind;
    they are ignorant, to their own shame.
10 Who shapes a god and casts an idol,
    which can profit him nothing?
11 He and his kind will be put to shame;
    craftsmen are nothing but men.
  Let them all come together and take their
    stand;
    they will be brought down to terror and
    infamy.

12 The blacksmith takes a tool
    and works with it in the coals;
  he shapes an idol with hammers,
    he forges it with the might of his arm.
  He gets hungry and loses his strength;
    he drinks no water and grows faint.
13 The carpenter measures with a line
    and makes an outline with a marker;
  he roughs it out with chisels
    and marks it with compasses.
  He shapes it in the form of man,
    of man in all his glory,
    that it may dwell in a shrine.
14 He cut down cedars,
    or perhaps took a cypress or oak.
  He let it grow among the trees of the forest,
    or planted a pine, and the rain made it
      grow.
15 It is man's fuel for burning;
    some of it he takes and warms himself,
    he kindles a fire and bakes bread.
  But he also fashions a god and worships it;
    he makes an idol and bows down to it.
16 Half of the wood he burns in the fire;
    over it he prepares his meal,
    he roasts his meat and eats his fill.
  He also warms himself and says,
    "Ah! I am warm; I see the fire."
17 From the rest he makes a god, his idol;
    he bows down to it and worships.
  He prays to it and says,
    "Save me; you are my god."

18 No saben nada, no entienden nada;
    sus ojos están velados, y no ven;
    su *mente está cerrada, y no entienden.
19 Les falta *conocimiento y entendimiento;
    no se ponen a pensar ni a decir:
    «Usé la mitad para combustible;
    incluso horneé pan sobre las brasas,
    asé carne y la comí.
    ¿Y haré algo abominable con lo que queda?
    ¿Me postraré ante un pedazo de madera?»
20 Se alimentan de cenizas,
    se dejan engañar por su iluso *corazón,
    no pueden salvarse a sí mismos, ni decir:
    «¡Lo que tengo en mi diestra es una
        mentira!»

21 «Recuerda estas cosas, Jacob,
    porque tú eres mi siervo, Israel.
    Yo te formé, tú eres mi siervo;
    Israel, yo no te olvidaré.
22 He disipado tus transgresiones como el rocío,
    y tus pecados como la bruma de la mañana.
    Vuelve a mí, que te he redimido.»

23 ¡Canten de alegría, cielos,
    que esto lo ha hecho el SEÑOR!
    ¡Griten con fuerte voz,
    profundidades de la tierra!
    ¡Prorrumpan en canciones, montañas;
    y bosques, con todos sus árboles!
    Porque el SEÑOR ha redimido a Jacob,
    Dios ha manifestado su gloria en Israel.

Jerusalén vuelve a ser habitada

24 «Así dice el SEÑOR, tu Redentor,
    quien te formó en el seno materno:

    "Yo soy el SEÑOR,
    que ha hecho todas las cosas,
    yo solo desplegué los cielos
    y expandí la tierra.
    ¿Quién estaba conmigo?

25 » "Yo frustro las señales de los falsos profetas
    y ridiculizo a los adivinos;
    yo hago retroceder a los sabios
    y convierto su sabiduría en necedad.
26 Yo confirmo la palabra de mis siervos
    y cumplo el consejo de mis mensajeros.
    Yo digo que Jerusalén será habitada,
    que los pueblos de Judá serán reconstruidos;
    y sus ruinas las restauraré.
27 Yo mando que se seque lo profundo del mar,
    y ordeno que se sequen sus corrientes.
28 Yo afirmo que Ciro es mi pastor,
    y dará cumplimiento a mis deseos;
    dispondrá que Jerusalén sea reconstruida,
    y que se repongan los cimientos del
        templo." »

18 They know nothing, they understand
        nothing;
    their eyes are plastered over so they
        cannot see,
    and their minds closed so they cannot
        understand.
19 No one stops to think,
    no one has the knowledge or
        understanding to say,
    "Half of it I used for fuel;
    I even baked bread over its coals,
    I roasted meat and I ate.
    Shall I make a detestable thing from what is
        left?
    Shall I bow down to a block of wood?"
20 He feeds on ashes, a deluded heart misleads
        him;
    he cannot save himself, or say,
    "Is not this thing in my right hand a lie?"

21 "Remember these things, O Jacob,
    for you are my servant, O Israel.
    I have made you, you are my servant;
    O Israel, I will not forget you.
22 I have swept away your offenses like a
        cloud,
    your sins like the morning mist.
    Return to me,
    for I have redeemed you."

23 Sing for joy, O heavens, for the LORD has
        done this;
    shout aloud, O earth beneath.
    Burst into song, you mountains,
    you forests and all your trees,
    for the LORD has redeemed Jacob,
    he displays his glory in Israel.

Jerusalem to Be Inhabited

24 "This is what the LORD says—
    your Redeemer, who formed you in the
        womb:

    I am the LORD,
    who has made all things,
    who alone stretched out the heavens,
    who spread out the earth by myself,

25 who foils the signs of false prophets
    and makes fools of diviners,
    who overthrows the learning of the wise
    and turns it into nonsense,
26 who carries out the words of his servants
    and fulfills the predictions of his
        messengers,

    who says of Jerusalem, 'It shall be
        inhabited,'
    of the towns of Judah, 'They shall be
        built,'
    and of their ruins, 'I will restore them,'
27 who says to the watery deep, 'Be dry,
    and I will dry up your streams,'
28 who says of Cyrus, 'He is my shepherd
    and will accomplish all that I please;
    he will say of Jerusalem, "Let it be
        rebuilt,"
    and of the temple, "Let its foundations be
        laid." '

45

Así dice el SEÑOR a Ciro, su ungido,
a quien tomó de la mano *derecha
para someter a su dominio las naciones
  y despojar de su armadura a los reyes,
para abrir a su paso las *puertas
  y dejar abiertas las entradas:

2 «Marcharé al frente de ti,
  y allanaré las montañas;[n]
haré pedazos las puertas de bronce
  y cortaré los cerrojos de hierro.
3 Te daré los tesoros de las tinieblas,
  y las riquezas guardadas en lugares secretos,
para que sepas que yo soy el SEÑOR,
  el Dios de Israel, que te llama por tu
    *nombre.
4 Por causa de Jacob mi siervo,
  de Israel mi escogido,
te llamo por tu nombre
  y te confiero un título de honor,
aunque tú no me conoces.
5 Yo soy el SEÑOR, y no hay otro;
  fuera de mí no hay ningún Dios.
Aunque tú no me conoces,
  te fortaleceré,
6 para que sepan de oriente a occidente
  que no hay ningún otro fuera de mí.
Yo soy el SEÑOR, y no hay ningún otro.
7 Yo formo la luz y creo las tinieblas,
  traigo *bienestar y creo calamidad;
Yo, el SEÑOR, hago todas estas cosas.

8 »¡Destilen, cielos, desde lo alto!
  ¡Nubes, hagan llover *justicia!
¡Que se abra la tierra de par en par!
  ¡Que brote la *salvación!
¡Que crezca con ella la justicia!
  Yo, el SEÑOR, lo he creado.»

9 ¡Ay del que contiende con su Hacedor!
  ¡Ay del que no es más que un tiesto
  entre los tiestos de la tierra!
¿Acaso el barro le reclama al alfarero:
  «¡Fíjate en lo que haces!
¡Tu vasija no tiene agarraderas!»?

10 ¡Ay del que le reprocha a su padre:
  «¡Mira lo que has engendrado!»!
¡Ay del que le reclama a su madre:
  «¡Mira lo que has dado a luz!»!

11 Así dice el SEÑOR,
  el *Santo de Israel, su artífice:
«¿Van acaso a pedirme cuentas del futuro de
  mis hijos,
o a darme órdenes sobre la obra de mis
  manos?
12 Yo hice la tierra,
  y sobre ella formé a la *humanidad.
Mis propias manos extendieron los cielos,
  y di órdenes a sus constelaciones.
13 Levantaré a Ciro en justicia;
  allanaré todos sus caminos.
Él reconstruirá mi ciudad
  y pondrá en libertad a mis cautivos,
pero no por precio ni soborno.
  Lo digo yo, el SEÑOR *Todopoderoso.»

45

"This is what the LORD says to his anointed,
  to Cyrus, whose right hand I take hold of
to subdue nations before him
  and to strip kings of their armor,
to open doors before him
  so that gates will not be shut:
2 I will go before you
  and will level the mountains;[p]
I will break down gates of bronze
  and cut through bars of iron.
3 I will give you the treasures of darkness,
  riches stored in secret places,
so that you may know that I am the LORD,
  the God of Israel, who summons you by
    name.
4 For the sake of Jacob my servant,
  of Israel my chosen,
I summon you by name
  and bestow on you a title of honor,
  though you do not acknowledge me.
5 I am the LORD, and there is no other;
  apart from me there is no God.
I will strengthen you,
  though you have not acknowledged me,
6 so that from the rising of the sun
  to the place of its setting
men may know there is none besides me.
  I am the LORD, and there is no other.
7 I form the light and create darkness,
  I bring prosperity and create disaster;
  I, the LORD, do all these things.

8 "You heavens above, rain down
    righteousness;
  let the clouds shower it down.
Let the earth open wide,
  let salvation spring up,
let righteousness grow with it;
  I, the LORD, have created it.

9 "Woe to him who quarrels with his Maker,
  to him who is but a potsherd among the
    potsherds on the ground.
Does the clay say to the potter,
  'What are you making?'
Does your work say,
  'He has no hands'?
10 Woe to him who says to his father,
  'What have you begotten?'
or to his mother,
  'What have you brought to birth?'

11 "This is what the LORD says—
  the Holy One of Israel, and its Maker:
Concerning things to come,
  do you question me about my children,
  or give me orders about the work of my
    hands?
12 It is I who made the earth
  and created mankind upon it.
My own hands stretched out the heavens;
  I marshaled their starry hosts.
13 I will raise up Cyrus[q] in my righteousness:
  I will make all his ways straight.
He will rebuild my city
  and set my exiles free,
but not for a price or reward,
  says the LORD Almighty."

---

[n] 45:2 *las montañas* (Qumrán y LXX); en TM, palabra de difícil traducción.

[p] 2 Dead Sea Scrolls and Septuagint; the meaning of the word in the Masoretic Text is uncertain.   [q] 13 Hebrew *him*

¹⁴Así dice el SEÑOR:

«Los productos de Egipto y la mercancía de
    *Cus,
  pasarán a ser de tu propiedad;
los sabeos, hombres de elevada estatura,
  marcharán detrás de ti en cadenas.
Se inclinarán en tu presencia,
  y suplicantes te dirán:
"Hay un solo Dios, no hay ningún otro,
  y ese Dios está contigo." »

¹⁵Tú, Dios y salvador de Israel,
  eres un Dios que se oculta.
¹⁶Todos los que hacen ídolos
  serán avergonzados y humillados,
  y juntos marcharán con su humillación.
¹⁷Pero Israel será salvada por el SEÑOR
  con salvación eterna;
y nunca más volverá a ser
  avergonzada ni humillada.

¹⁸Porque así dice el SEÑOR,
  el que creó los cielos;
el Dios que formó la tierra,
  que la hizo y la estableció;
que no la creó para dejarla vacía,
  sino que la formó para ser habitada:
«Yo soy el SEÑOR,
  y no hay ningún otro.
¹⁹Desde ningún lugar de esta tierra tenebrosa
  les he hablado en secreto.
Ni he dicho a los descendientes de Jacob:
  "Búsquenme en el vacío."
Yo, el SEÑOR, digo lo que es justo,
  y declaro lo que es recto.

²⁰»Reúnanse, fugitivos de las naciones;
  congréguense y vengan.
Ignorantes son los que cargan ídolos de
    madera
  y oran a dioses que no pueden salvar.
²¹Declaren y presenten sus pruebas,
  deliberen juntos.
¿Quién predijo esto hace tiempo,
  quién lo declaró desde tiempos antiguos?
¿Acaso no lo hice yo, el SEÑOR?
  Fuera de mí no hay otro Dios;
Dios justo y Salvador,
  no hay ningún otro fuera de mí.

²²»Vuelvan a mí y sean salvos,
  todos los confines de la tierra,
  porque yo soy Dios, y no hay ningún otro.
²³He jurado por mí mismo,
  con integridad he pronunciado
  una palabra irrevocable:
Ante mí se doblará toda rodilla,
  y por mí jurará toda lengua.
²⁴Ellos dirán de mí: "Sólo en el SEÑOR
  están la justicia y el poder." »
Todos los que contra él se enfurecieron
  ante él comparecerán
  y quedarán avergonzados.
²⁵Pero toda la descendencia de Israel
  será vindicada y exaltada en el SEÑOR.

¹⁴This is what the LORD says:

"The products of Egypt and the merchandise
    of Cush,^r
  and those tall Sabeans—
they will come over to you
  and will be yours;
they will trudge behind you,
  coming over to you in chains.
They will bow down before you
  and plead with you, saying,
'Surely God is with you, and there is no
    other;
  there is no other god.' "

¹⁵Truly you are a God who hides himself,
  O God and Savior of Israel.
¹⁶All the makers of idols will be put to shame
    and disgraced;
  they will go off into disgrace together.
¹⁷But Israel will be saved by the LORD
  with an everlasting salvation;
you will never be put to shame or disgraced,
  to ages everlasting.

¹⁸For this is what the LORD says—
  he who created the heavens,
  he is God;
he who fashioned and made the earth,
  he founded it;
he did not create it to be empty,
  but formed it to be inhabited—
he says:
  "I am the LORD,
  and there is no other.
¹⁹I have not spoken in secret,
  from somewhere in a land of darkness;
I have not said to Jacob's descendants,
  'Seek me in vain.'
I, the LORD, speak the truth;
  I declare what is right.

²⁰"Gather together and come;
  assemble, you fugitives from the nations.
Ignorant are those who carry about idols of
    wood,
  who pray to gods that cannot save.
²¹Declare what is to be, present it—
  let them take counsel together.
Who foretold this long ago,
  who declared it from the distant past?
Was it not I, the LORD?
  And there is no God apart from me,
a righteous God and a Savior;
  there is none but me.

²²"Turn to me and be saved,
  all you ends of the earth;
  for I am God, and there is no other.
²³By myself I have sworn,
  my mouth has uttered in all integrity
  a word that will not be revoked:
Before me every knee will bow;
  by me every tongue will swear.
²⁴They will say of me, 'In the LORD alone
  are righteousness and strength.' "
All who have raged against him
  will come to him and be put to shame.
²⁵But in the LORD all the descendants of
    Israel
  will be found righteous and will exult.

^r 14 That is, the upper Nile region

Los dioses de Babilonia

46 Bel se inclina, Nebo se somete;
    sus ídolos son llevados por bestias de
        carga.ñ
  Pesadas son las imágenes que por todas partes
      llevan;
    son una carga para el agotado.
2 Todos a la vez se someten y se inclinan;
    no pudieron rescatar la carga,
    y ellos mismos van al cautiverio.

3 «Escúchame, familia de Jacob,
  todo el resto de la familia de Israel,
a quienes he cargado desde el vientre,
  y he llevado desde la cuna.
4 Aun en la vejez, cuando ya peinen canas,
  yo seré el mismo, yo los sostendré.
Yo los hice, y cuidaré de ustedes;
  los sostendré y los libraré.

5 »¿Con quién vas a compararme,
  o a quién me vas a igualar?
¿A quién vas a asemejarme,
  para que seamos parecidos?
6 Algunos derrochan oro de sus bolsas
  y pesan plata en la balanza;
contratan a un joyero para que les haga un
    dios,
  y ante ese dios se inclinan para adorarlo.
7 Lo levantan en hombros y lo cargan;
  lo ponen en su lugar, y allí se queda.
No se puede mover de su sitio.
Por más que clamen a él, no habrá de
    responderles,
  ni podrá salvarlos de sus aflicciones.

8 »Recuerden esto, rebeldes;
  piénsenlo bien, ¡fíjenlo en su *mente!
9 Recuerden las cosas pasadas, aquellas de
    antaño;
  yo soy Dios, y no hay ningún otro,
  yo soy Dios, y no hay nadie igual a mí.
10 Yo anuncio el fin desde el principio;
  desde los tiempos antiguos, lo que está por
    venir.
  Yo digo: Mi propósito se cumplirá,
    y haré todo lo que deseo.
11 Del oriente llamo
    al ave de rapiña;
de tierra distante,
    al hombre que cumplirá mi propósito.
Lo que he dicho, haré que se cumpla;
  lo que he planeado, lo realizaré.
12 Escúchenme ustedes, obstinados de *corazón,
  que están lejos de la *justicia.
13 Mi justicia no está lejana;
  mi *salvación ya no tarda.
  ¡Estoy por traerlas!
Concederé salvación a *Sión,
  y mi esplendor a Israel.

La caída de Babilonia

47 »Desciende, siéntate en el polvo,
    hija virginal de Babilonia;
  siéntate en el suelo, hija de los *caldeos,
    pues ya no hay trono.
Nunca más se te llamará
    tierna y delicada.

Gods of Babylon

46 Bel bows down, Nebo stoops low;
    their idols are borne by beasts of
        burden.s
  The images that are carried about are
    burdensome,
    a burden for the weary.
2 They stoop and bow down together;
    unable to rescue the burden,
    they themselves go off into captivity.

3 "Listen to me, O house of Jacob,
    all you who remain of the house of Israel,
you whom I have upheld since you were
    conceived,
    and have carried since your birth.
4 Even to your old age and gray hairs
    I am he, I am he who will sustain you.
I have made you and I will carry you;
    I will sustain you and I will rescue you.

5 "To whom will you compare me or count
    me equal?
  To whom will you liken me that we may
    be compared?
6 Some pour out gold from their bags
    and weigh out silver on the scales;
  they hire a goldsmith to make it into a god,
    and they bow down and worship it.
7 They lift it to their shoulders and carry it;
    they set it up in its place, and there it
    stands.
  From that spot it cannot move.
Though one cries out to it, it does not
    answer;
    it cannot save him from his troubles.

8 "Remember this, fix it in mind,
    take it to heart, you rebels.
9 Remember the former things, those of long
    ago;
  I am God, and there is no other;
    I am God, and there is none like me.
10 I make known the end from the beginning,
    from ancient times, what is still to come.
  I say: My purpose will stand,
    and I will do all that I please.
11 From the east I summon a bird of prey;
    from a far-off land, a man to fulfill my
    purpose.
  What I have said, that will I bring about;
    what I have planned, that will I do.
12 Listen to me, you stubborn-hearted,
    you who are far from righteousness.
13 I am bringing my righteousness near,
    it is not far away;
    and my salvation will not be delayed.
I will grant salvation to Zion,
    my splendor to Israel.

The Fall of Babylon

47 "Go down, sit in the dust,
    Virgin Daughter of Babylon;
  sit on the ground without a throne,
    Daughter of the Babylonians.t
No more will you be called
    tender or delicate.

ñ 46:1 *son llevados por bestias de carga.* Alt. *no son más que bestias y ganados.*

s 1 Or *are but beasts and cattle*   t 1 Or *Chaldeans*; also in verse 5

2 Toma piedras de molino, y muele la harina;
    quítate el velo.
Levántate las faldas, desnúdate las piernas,
    y cruza los ríos.
3 Tu desnudez quedará al descubierto;
    quedará expuesta tu vergüenza.
Voy a tomar venganza,
    y a nadie perdonaré.»

4 Nuestro Redentor es el *Santo de Israel;
    su *nombre es el SEÑOR *Todopoderoso.

5 «Siéntate en silencio, hija de los caldeos;
    entra en las tinieblas.
Porque nunca más se te llamará
    "soberana de los reinos".
6 Yo estaba enojado con mi pueblo;
    por eso profané mi heredad.
Los entregué en tu mano,
    y no les tuviste compasión.
Pusiste sobre los ancianos
    un yugo muy pesado.
7 Dijiste: "¡Por siempre seré la soberana!"
    Pero no consideraste esto,
    ni reflexionaste sobre su final.

8 »Ahora escucha esto, voluptuosa;
    tú, que moras confiada y te dices a ti
      misma:
"Yo soy, y no hay otra fuera de mí.
    Nunca enviudaré ni me quedaré sin hijos."
9 De repente, en un solo día,
    ambas cosas te sorprenderán:
la pérdida de tus hijos y la viudez
    te abrumarán por completo,
    a pesar de tus muchas hechicerías
    y de tus poderosos encantamientos.
10 Tú has confiado en tu maldad,
    y has dicho: "Nadie me ve."
Tu sabiduría y tu conocimiento te engañan
    cuando a ti misma te dices:
"Yo soy, y no hay otra fuera de mí."
11 Pero vendrá sobre ti una desgracia
    que no sabrás conjurar;
caerá sobre ti una calamidad
    que no podrás evitar.
¡Una catástrofe que ni te imaginas
    vendrá de repente sobre ti!

12 »Persiste, entonces, con tus encantamientos
    y con tus muchas hechicerías,
    en las que te has ejercitado desde la niñez.
Tal vez tengas éxito,
    tal vez puedas provocar terror.
13 ¡Los muchos consejos te han fatigado!
    Que se presenten tus astrólogos,
los que observan las estrellas,
    los que hacen predicciones mes a mes,
    ¡que te salven de lo que viene sobre ti!
14 ¡Míralos! Son como la paja,
    y el fuego los consumirá.
Ni a sí mismos pueden salvarse
    del poder de las llamas.
Aquí no hay brasas para calentarse,
    ni fuego para sentarse ante él.

2 Take millstones and grind flour;
    take off your veil.
Lift up your skirts, bare your legs,
    and wade through the streams.
3 Your nakedness will be exposed
    and your shame uncovered.
I will take vengeance;
    I will spare no one."

4 Our Redeemer—the LORD Almighty is his
    name—
    is the Holy One of Israel.

5 "Sit in silence, go into darkness,
    Daughter of the Babylonians;
no more will you be called
    queen of kingdoms.
6 I was angry with my people
    and desecrated my inheritance;
I gave them into your hand,
    and you showed them no mercy.
Even on the aged
    you laid a very heavy yoke.
7 You said, 'I will continue forever—
    the eternal queen!'
But you did not consider these things
    or reflect on what might happen.

8 "Now then, listen, you wanton creature,
    lounging in your security
and saying to yourself,
    'I am, and there is none besides me.
I will never be a widow
    or suffer the loss of children.'
9 Both of these will overtake you
    in a moment, on a single day:
loss of children and widowhood.
They will come upon you in full measure,
    in spite of your many sorceries
    and all your potent spells.
10 You have trusted in your wickedness
    and have said, 'No one sees me.'
Your wisdom and knowledge mislead you
    when you say to yourself,
    'I am, and there is none besides me.'
11 Disaster will come upon you,
    and you will not know how to conjure it
      away.
A calamity will fall upon you
    that you cannot ward off with a ransom;
a catastrophe you cannot foresee
    will suddenly come upon you.

12 "Keep on, then, with your magic spells
    and with your many sorceries,
    which you have labored at since
      childhood.
Perhaps you will succeed,
    perhaps you will cause terror.
13 All the counsel you have received has only
      worn you out!
Let your astrologers come forward,
those stargazers who make predictions
      month by month,
let them save you from what is coming
      upon you.
14 Surely they are like stubble;
    the fire will burn them up.
They cannot even save themselves
    from the power of the flame.
Here are no coals to warm anyone;
    here is no fire to sit by.

¹⁵ Eso son para ti los hechiceros
  con quienes te has ejercitado,
  y con los que has negociado desde tu
    juventud.
Cada uno sigue en su error;
  no habrá quien pueda salvarte.

El Israel obstinado

48 »Escuchen esto ustedes,
  los de la familia de Jacob,
descendientes de Judá,
  que llevan el *nombre de Israel;
que juran en el nombre del SEÑOR,
  e invocan al Dios de Israel,
  pero no con sinceridad ni justicia.
² Ustedes que se llaman ciudadanos de la ciudad
    *santa
  y confían en el Dios de Israel,
  cuyo nombre es el SEÑOR *Todopoderoso:
³ Desde hace mucho tiempo
  anuncié las cosas pasadas.
Yo las profeticé;
  yo mismo las di a conocer.
Actué de repente,
  y se hicieron realidad.
⁴ Porque yo sabía que eres muy obstinado;
  que tu cuello es un tendón de hierro,
  y que tu frente es de bronce.
⁵ Por eso te declaré esas cosas desde hace
    tiempo;
  te las di a conocer antes que sucedieran,
para que no dijeras:
  "¡Fue mi ídolo quien las hizo!
  ¡mi imagen tallada o fundida las dispuso!"
⁶ De todo esto has tenido noticia,
  ¿y no vas a proclamarlo?

»Desde ahora te haré conocer cosas nuevas;
  cosas que te son ocultas y desconocidas.
⁷ Son cosas creadas ahora, y no hace tiempo;
  hasta hoy no habías oído hablar de ellas,
para que no dijeras:
  "¡Sí, ya las sabía!"
⁸ Nunca habías oído ni entendido;
  nunca antes se te había abierto el oído.
Yo sé bien que eres muy traicionero,
  y que desde tu nacimiento te llaman rebelde.
⁹ Por amor a mi nombre contengo mi ira;
  por causa de mi alabanza me refreno,
  para no aniquilarte.
¹⁰ ¡Mira! Te he refinado pero no como a la plata;
  te he probado en el horno de la aflicción.
¹¹ Y lo he hecho por mí, por mí mismo.
  ¿Cómo puedo permitir que se me profane?
  ¡No cederé mi gloria a ningún otro!

Liberación de Israel

¹² »Escúchame, Jacob,
  Israel, a quien he llamado:
Yo soy Dios;
  yo soy el primero, y yo soy el último.

Stubborn Israel

48 "Listen to this, O house of Jacob,
  you who are called by the name of Israel
  and come from the line of Judah,
you who take oaths in the name of the
  LORD
  and invoke the God of Israel—
  but not in truth or righteousness—
² you who call yourselves citizens of the holy
    city
  and rely on the God of Israel—
  the LORD Almighty is his name:
³ I foretold the former things long ago,
  my mouth announced them and I made
    them known;
  then suddenly I acted, and they came to
    pass.
⁴ For I knew how stubborn you were;
  the sinews of your neck were iron,
  your forehead was bronze.
⁵ Therefore I told you these things long ago;
  before they happened I announced them
    to you
so that you could not say,
  'My idols did them;
  my wooden image and metal god
    ordained them.'
⁶ You have heard these things; look at them
    all.
  Will you not admit them?

"From now on I will tell you of new things,
  of hidden things unknown to you.
⁷ They are created now, and not long ago;
  you have not heard of them before today.
So you cannot say,
  'Yes, I knew of them.'
⁸ You have neither heard nor understood;
  from of old your ear has not been open.
Well do I know how treacherous you are;
  you were called a rebel from birth.
⁹ For my own name's sake I delay my wrath;
  for the sake of my praise I hold it back
    from you,
  so as not to cut you off.
¹⁰ See, I have refined you, though not as
    silver;
  I have tested you in the furnace of
    affliction.
¹¹ For my own sake, for my own sake, I do
    this.
  How can I let myself be defamed?
  I will not yield my glory to another.

Israel Freed

¹² "Listen to me, O Jacob,
  Israel, whom I have called:
I am he;
  I am the first and I am the last.

13 Con la mano izquierda afirmé la tierra,
   y con la derecha desplegué los cielos.
Yo pronuncié su *nombre,
   y todos ellos aparecieron.

14 »Reúnanse, todos ustedes, y escuchen:
   ¿Quién de ellos ha profetizado estas cosas?
El amado del SEÑOR
   ejecutará su propósito contra Babilonia;
   su brazo estará contra los *caldeos.
15 Sólo yo he hablado;
   sólo yo lo he llamado.
Lo haré venir,
   y triunfará en su misión.

16 »Acérquense a mí, escuchen esto:

   »Desde el principio, jamás hablé en secreto;
   cuando las cosas suceden, allí estoy yo.»

Y ahora el SEÑOR omnipotente
   me ha enviado con su Espíritu.

17 Esto es lo que dice el SEÑOR,
   tu Redentor, el *Santo de Israel:
«Yo soy el SEÑOR tu Dios,
   que te enseña lo que te conviene,
   que te guía por el *camino en que debes
      andar.
18 Si hubieras prestado atención a mis
      mandamientos,
   tu *paz habría sido como un río;
   tu justicia, como las olas del mar.
19 Como la arena serían tus descendientes;
   como los granos de arena, tus hijos;
   su nombre nunca habría sido eliminado
   ni borrado de mi presencia.»

20 ¡Salgan de Babilonia!
   ¡Huyan de los caldeos!
Anuncien esto con gritos de alegría
   y háganlo saber.
Publíquenlo hasta en los confines de la tierra;
   digan: «El SEÑOR ha redimido a su siervo
      Jacob.»
21 Cuando los guió a través de los desiertos,
   no tuvieron sed;
hizo que de la *roca brotara agua para ellos;
   partió la roca, y manaron las aguas.

22 «No hay paz para el malvado»,
   dice el SEÑOR.

El Siervo del SEÑOR

49 Escúchenme, costas lejanas,
   oigan esto, naciones distantes:
El SEÑOR me llamó antes de que yo naciera,
   en el vientre de mi madre pronunció mi
      *nombre.
2 Hizo de mi boca una espada afilada,
   y me escondió en la sombra de su mano;
me convirtió en una flecha pulida,
   y me escondió en su aljaba.

13 My own hand laid the foundations of the
      earth,
   and my right hand spread out the heavens;
when I summon them,
   they all stand up together.

14 "Come together, all of you, and listen:
   Which of ⌊the idols⌋ has foretold these
      things?
The LORD's chosen ally
   will carry out his purpose against
      Babylon;
   his arm will be against the Babylonians.ᵘ
15 I, even I, have spoken;
   yes, I have called him.
I will bring him,
   and he will succeed in his mission.

16 "Come near me and listen to this:

   "From the first announcement I have not
      spoken in secret;
   at the time it happens, I am there."

And now the Sovereign LORD has sent me,
   with his Spirit.

17 This is what the LORD says—
   your Redeemer, the Holy One of Israel:
"I am the LORD your God,
   who teaches you what is best for you,
   who directs you in the way you should
      go.
18 If only you had paid attention to my
      commands,
   your peace would have been like a river,
   your righteousness like the waves of the
      sea.
19 Your descendants would have been like the
      sand,
   your children like its numberless grains;
their name would never be cut off
   nor destroyed from before me."

20 Leave Babylon,
   flee from the Babylonians!
Announce this with shouts of joy
   and proclaim it.
Send it out to the ends of the earth;
   say, "The LORD has redeemed his servant
      Jacob."
21 They did not thirst when he led them
      through the deserts;
   he made water flow for them from the
      rock;
he split the rock
   and water gushed out.

22 "There is no peace," says the LORD, "for the
      wicked."

The Servant of the LORD

49 Listen to me, you islands;
   hear this, you distant nations:
Before I was born the LORD called me;
   from my birth he has made mention of
      my name.
2 He made my mouth like a sharpened sword,
   in the shadow of his hand he hid me;
he made me into a polished arrow
   and concealed me in his quiver.

ᵘ 14 Or *Chaldeans*; also in verse 20

3 Me dijo: «Israel, tú eres mi siervo;
   en ti seré glorificado.»
4 Y respondí: «En vano he trabajado;
   he gastado mis fuerzas sin provecho alguno.
   Pero mi justicia está en manos del SEÑOR;
   mi recompensa está con mi Dios.»

5 Y ahora dice el SEÑOR,
   que desde el seno materno me formó
   para que fuera yo su siervo,
   para hacer que Jacob se vuelva a él,
   que Israel se reúna a su alrededor;
   porque a los ojos del SEÑOR soy digno de
      honra,
   y mi Dios ha sido mi fortaleza:
6 «No es gran cosa que seas mi siervo,
   ni que restaures a las tribus de Jacob,
   ni que hagas volver a los de Israel,
   a quienes he preservado.
   yo te pongo ahora como luz para las naciones,
   a fin de que lleves mi *salvación
   hasta los confines de la tierra.»

7 Así dice el SEÑOR,
   el Redentor y *Santo de Israel,
   al despreciado y aborrecido por las naciones,
   al siervo de los gobernantes:
   «Los reyes te verán y se pondrán de pie,
   los príncipes te verán y se inclinarán,
   por causa del SEÑOR, el Santo de Israel,
   que es fiel y te ha escogido.»

Restauración de Israel

8 Así dice el SEÑOR:

   «En el momento propicio te respondí,
   y en el día de *salvación te ayudé.
   Ahora te guardaré, y haré de ti
   un *pacto para el pueblo,
   para que restaures el país
   y repartas las propiedades asoladas;
9 para que digas a los cautivos:
   "¡Salgan!",
   y a los que viven en tinieblas:
   "¡Están en libertad!"

   »Junto a los caminos pastarán
   y en todo cerro árido hallarán pastos.
10 No tendrán hambre ni sed,
   no los abatirá el sol ni el calor,
   porque los guiará quien les tiene compasión,
   y los conducirá junto a manantiales de agua.
11 Convertiré en caminos todas mis montañas,
   y construiré mis calzadas.
12 ¡Miren! Ellos vendrán de muy lejos;
   unos desde el norte, otros desde el oeste,
   y aun otros desde la región de Asuán.» o

13 Ustedes los cielos, ¡griten de alegría!
   Tierra, ¡regocíjate!
   Montañas, ¡prorrumpan en canciones!
   Porque el SEÑOR consuela a su pueblo
   y tiene compasión de sus pobres.

3 He said to me, "You are my servant,
   Israel, in whom I will display my
      splendor."
4 But I said, "I have labored to no purpose;
   I have spent my strength in vain and for
      nothing.
   Yet what is due me is in the LORD's hand,
   and my reward is with my God."

5 And now the LORD says—
   he who formed me in the womb to be his
      servant
   to bring Jacob back to him
   and gather Israel to himself,
   for I am honored in the eyes of the LORD
   and my God has been my strength—
6 he says:
   "It is too small a thing for you to be my
      servant
   to restore the tribes of Jacob
   and bring back those of Israel I have kept.
   I will also make you a light for the
      Gentiles,
   that you may bring my salvation to the
      ends of the earth."

7 This is what the LORD says—
   the Redeemer and Holy One of Israel—
   to him who was despised and abhorred by
      the nation,
   to the servant of rulers:
   "Kings will see you and rise up,
   princes will see and bow down,
   because of the LORD, who is faithful,
   the Holy One of Israel, who has chosen
      you."

Restoration of Israel

8 This is what the LORD says:

   "In the time of my favor I will answer you,
   and in the day of salvation I will help
      you;
   I will keep you and will make you
   to be a covenant for the people,
   to restore the land
   and to reassign its desolate inheritances,
9 to say to the captives, 'Come out,'
   and to those in darkness, 'Be free!'

   "They will feed beside the roads
   and find pasture on every barren hill.
10 They will neither hunger nor thirst,
   nor will the desert heat or the sun beat
      upon them.
   He who has compassion on them will guide
      them
   and lead them beside springs of water.
11 I will turn all my mountains into roads,
   and my highways will be raised up.
12 See, they will come from afar—
   some from the north, some from the west,
   some from the region of Aswan. v "

13 Shout for joy, O heavens;
   rejoice, O earth;
   burst into song, O mountains!
   For the LORD comforts his people
   and will have compassion on his afflicted
      ones.

---

o 49:12 Asuán (Qumrán); Sinín (TM).   v 12 Dead Sea Scrolls; Masoretic Text Sinim

¹⁴Pero *Sión dijo: «El S<small>EÑOR</small> me ha abandonado;
el Señor se ha olvidado de mí.»

¹⁵«¿Puede una madre olvidar a su niño de
pecho,
y dejar de amar al hijo que ha dado a luz?
Aun cuando ella lo olvidara,
¡yo no lo olvidaré!
¹⁶Grabada te llevo en las palmas de mis manos;
tus muros siempre los tengo presentes.
¹⁷Tus constructores^p se apresuran;
de ti se apartan tus destructores
y los que te asolaron.
¹⁸Alza tus ojos, y mira a tu alrededor;
todos se reúnen y vienen hacia ti.
Tan cierto como que yo vivo, afirma el S<small>EÑOR</small>,
a todos ellos los usarás como adorno,
los lucirás en tu vestido de novia.

¹⁹»Aunque te arrasaron y te dejaron en ruinas,
y tu tierra quedó asolada,
ahora serás demasiado pequeña para tus
habitantes,
y lejos quedarán los que te devoraban.
²⁰Los hijos que dabas por perdidos
todavía te dirán al oído:
"Este lugar es demasiado pequeño para mí;
hazme lugar para poder vivir."
²¹Y te pondrás a pensar:
"¿Quién me engendró estos hijos?
Yo no tenía hijos, era estéril,
desterrada y rechazada;
pero a éstos, ¿quién los ha criado?
Me había quedado sola,
pero éstos, ¿de dónde han salido?"»

²²Así dice el S<small>EÑOR</small> omnipotente:

«Hacia las naciones alzaré mi mano,
hacia los pueblos levantaré mi estandarte.
Ellos traerán a tus hijos en sus brazos,
y cargarán a tus hijas en sus hombros.
²³Los reyes te adoptarán como hijo,
y sus reinas serán tus nodrizas.
Se postrarán ante ti rostro en tierra,
y lamerán el polvo que tú pises.
Sabrás entonces que yo soy el S<small>EÑOR</small>,
y que no quedarán avergonzados
los que en mí confían.»

²⁴¿Se le puede quitar el botín a los guerreros?
¿Puede el cautivo ser rescatado del tirano?^q

²⁵Pero así dice el S<small>EÑOR</small>:

«Sí, al guerrero se le arrebatará el cautivo,
y del tirano se rescatará el botín;
contenderé con los que contiendan contigo,
y yo mismo salvaré a tus hijos.

¹⁴But Zion said, "The L<small>ORD</small> has forsaken me,
the Lord has forgotten me."

¹⁵"Can a mother forget the baby at her breast
and have no compassion on the child she
has borne?
Though she may forget,
I will not forget you!
¹⁶See, I have engraved you on the palms of
my hands;
your walls are ever before me.
¹⁷Your sons hasten back,
and those who laid you waste depart from
you.
¹⁸Lift up your eyes and look around;
all your sons gather and come to you.
As surely as I live," declares the L<small>ORD</small>,
"you will wear them all as ornaments;
you will put them on, like a bride.

¹⁹"Though you were ruined and made
desolate
and your land laid waste,
now you will be too small for your people,
and those who devoured you will be far
away.
²⁰The children born during your bereavement
will yet say in your hearing,
'This place is too small for us;
give us more space to live in.'
²¹Then you will say in your heart,
'Who bore me these?
I was bereaved and barren;
I was exiled and rejected.
Who brought these up?
I was left all alone,
but these—where have they come
from?' "

²²This is what the Sovereign L<small>ORD</small> says:

"See, I will beckon to the Gentiles,
I will lift up my banner to the peoples;
they will bring your sons in their arms
and carry your daughters on their
shoulders.
²³Kings will be your foster fathers,
and their queens your nursing mothers.
They will bow down before you with their
faces to the ground;
they will lick the dust at your feet.
Then you will know that I am the L<small>ORD</small>;
those who hope in me will not be
disappointed."

²⁴Can plunder be taken from warriors,
or captives rescued from the fierce^w?

²⁵But this is what the L<small>ORD</small> says:

"Yes, captives will be taken from warriors,
and plunder retrieved from the fierce;
I will contend with those who contend with
you,
and your children I will save."

---

^p 49:17 *constructores.* Alt. *hijos.*　　^q 49:24 *tirano* (Qumrán,
Vulgata y Siríaca; véanse también LXX y v. 25); *justo* (TM).

^w 24 Dead Sea Scrolls, Vulgate and Syriac (see also Septuagint and
verse 25); Masoretic Text *righteous*

26 Haré que tus opresores se coman su propia
carne
y se embriaguen con su propia sangre,
como si fuera vino.
Toda la *humanidad sabrá entonces
que yo, el SEÑOR, soy tu Salvador;
que yo, el Poderoso de Jacob, soy tu
Redentor.»

El pecado de Israel y la obediencia del Siervo

50
Así dice el SEÑOR:

«A la madre de ustedes, yo la repudié;
¿dónde está el acta de divorcio?
¿A cuál de mis acreedores los he vendido?
Por causa de sus iniquidades,
fueron ustedes vendidos;
por las transgresiones de ustedes
fue despedida su madre.
2 ¿Por qué no había nadie cuando vine?
¿Por qué nadie respondió cuando llamé?
¿Tan corta es mi mano que no puede rescatar?
¿Me falta acaso fuerza para liberarlos?
Yo seco el mar con una simple represión,
y convierto los ríos en desierto;
por falta de agua sus peces se pudren
y se mueren de sed.
3 A los cielos los revisto de tinieblas
y los cubro de ceniza.»

4 El SEÑOR omnipotente me ha concedido
tener una lengua instruida,
para sostener con mi palabra al fatigado.
Todas las mañanas me despierta,
y también me despierta el oído,
para que escuche como los discípulos.
5 El SEÑOR omnipotente me ha abierto los oídos,
y no he sido rebelde ni me he vuelto atrás.
6 Ofrecí mi espalda a los que me golpeaban,
mis mejillas a los que me arrancaban la
barba;
ante las burlas y los escupitajos
no escondí mi rostro.
7 Por cuanto el SEÑOR omnipotente me ayuda,
no seré humillado.
Por eso endurecí mi rostro como el pedernal,
y sé que no seré avergonzado.
8 Cercano está el que me justifica;
¿quién entonces contenderá conmigo?
¡Comparezcamos juntos!
¿Quién es mi acusador?
¡Que se me enfrente!
9 ¡El SEÑOR omnipotente es quien me ayuda!
¿Quién me condenará?
Todos ellos se gastarán;
como a la ropa, la polilla se los comerá.

10 ¿Quién entre ustedes teme al SEÑOR
y obedece la voz de su siervo?
Aunque camine en la oscuridad,
y sin un rayo de luz,
que confíe en el *nombre del SEÑOR
y dependa de su Dios.

26 I will make your oppressors eat their own
flesh;
they will be drunk on their own blood, as
with wine.
Then all mankind will know
that I, the LORD, am your Savior,
your Redeemer, the Mighty One of
Jacob."

Israel's Sin and the Servant's Obedience

50
This is what the LORD says:

"Where is your mother's certificate of
divorce
with which I sent her away?
Or to which of my creditors
did I sell you?
Because of your sins you were sold;
because of your transgressions your
mother was sent away.
2 When I came, why was there no one?
When I called, why was there no one to
answer?
Was my arm too short to ransom you?
Do I lack the strength to rescue you?
By a mere rebuke I dry up the sea,
I turn rivers into a desert;
their fish rot for lack of water
and die of thirst.
3 I clothe the sky with darkness
and make sackcloth its covering."

4 The Sovereign LORD has given me an
instructed tongue,
to know the word that sustains the weary.
He wakens me morning by morning,
wakens my ear to listen like one being
taught.
5 The Sovereign LORD has opened my ears,
and I have not been rebellious;
I have not drawn back.
6 I offered my back to those who beat me,
my cheeks to those who pulled out my
beard;
I did not hide my face
from mocking and spitting.
7 Because the Sovereign LORD helps me,
I will not be disgraced.
Therefore have I set my face like flint,
and I know I will not be put to shame.
8 He who vindicates me is near.
Who then will bring charges against me?
Let us face each other!
Who is my accuser?
Let him confront me!
9 It is the Sovereign LORD who helps me.
Who is he that will condemn me?
They will all wear out like a garment;
the moths will eat them up.

10 Who among you fears the LORD
and obeys the word of his servant?
Let him who walks in the dark,
who has no light,
trust in the name of the LORD
and rely on his God.

11 Pero ustedes que encienden fuegos
  y preparan antorchas encendidas,
caminen a la luz de su propio fuego
  y de las antorchas que han encendido.
Esto es lo que ustedes recibirán de mi mano:
  en medio de tormentos quedarán tendidos.

Salvación eterna para Sión

51 «Ustedes, los que van tras la *justicia
  y buscan al SEÑOR, ¡escúchenme!
Miren la roca de la que fueron tallados,
  la cantera de la que fueron extraídos.
2 Miren a Abraham, su padre,
  y a Sara, que los dio a luz.
Cuando yo lo llamé, él era solo uno,
  pero lo bendije y lo multipliqué.
3 Sin duda, el SEÑOR consolará a *Sión;
  consolará todas sus ruinas.
Convertirá en un Edén su desierto;
  en huerto del SEÑOR sus tierras secas.
En ella encontrarán alegría y regocijo,
  acción de gracias y música de salmos.

4 »Préstame atención, pueblo mío;
  óyeme, nación mía:
porque de mí saldrá la enseñanza,
  y mi justicia será luz para las naciones.
5 Ya se acerca mi justicia,
  mi *salvación está en camino;
  ¡mi brazo juzgará a las naciones!
Las costas lejanas confían en mí,
  y ponen su esperanza en mi brazo.
6 Levanten los ojos al cielo;
  miren la tierra aquí abajo:
como humo se esfumarán los cielos,
  como ropa se gastará la tierra,
  y como moscas morirán sus habitantes.
Pero mi salvación permanecerá para siempre,
  mi justicia nunca fallará.

7 »Escúchenme, ustedes que conocen lo que es
    recto;
  pueblo que lleva mi *ley en su *corazón:
No teman el reproche de los *hombres,
  ni se desalienten por sus insultos,
8 porque la polilla se los comerá como ropa
  y el gusano los devorará como lana.
Pero mi justicia permanecerá para siempre;
  mi salvación, por todas las generaciones.»

9 ¡Despierta, brazo del SEÑOR!
  ¡Despierta y vístete de fuerza!
Despierta, como en los días pasados,
  como en las generaciones de antaño.
¿No fuiste tú el que despedazó a *Rahab,
  el que traspasó a ese monstruo marino?
10 ¿No fuiste tú el que secó el mar,
  esas aguas del gran abismo?
¿El que en las profundidades del mar hizo un
    camino
  para que por él pasaran los redimidos?

Everlasting Salvation for Zion

51 "Listen to me, you who pursue righteousness
  and who seek the LORD:
Look to the rock from which you were cut
  and to the quarry from which you were
    hewn;
2 look to Abraham, your father,
  and to Sarah, who gave you birth.
When I called him he was but one,
  and I blessed him and made him many.
3 The LORD will surely comfort Zion
  and will look with compassion on all her
    ruins;
he will make her deserts like Eden,
  her wastelands like the garden of the
    LORD.
Joy and gladness will be found in her,
  thanksgiving and the sound of singing.

4 "Listen to me, my people;
  hear me, my nation:
The law will go out from me;
  my justice will become a light to the
    nations.
5 My righteousness draws near speedily,
  my salvation is on the way,
  and my arm will bring justice to the
    nations.
The islands will look to me
  and wait in hope for my arm.
6 Lift up your eyes to the heavens,
  look at the earth beneath;
the heavens will vanish like smoke,
  the earth will wear out like a garment
  and its inhabitants die like flies.
But my salvation will last forever,
  my righteousness will never fail.

7 "Hear me, you who know what is right,
  you people who have my law in your
    hearts:
Do not fear the reproach of men
  or be terrified by their insults.
8 For the moth will eat them up like a
    garment;
  the worm will devour them like wool.
But my righteousness will last forever,
  my salvation through all generations."

9 Awake, awake! Clothe yourself with
    strength,
  O arm of the LORD;
awake, as in days gone by,
  as in generations of old.
Was it not you who cut Rahab to pieces,
  who pierced that monster through?
10 Was it not you who dried up the sea,
  the waters of the great deep,
who made a road in the depths of the sea
  so that the redeemed might cross over?

11 Volverán los rescatados del Señor,
  y entrarán en Sión con cánticos de júbilo;
  su corona será el gozo eterno.
 Se llenarán de regocijo y alegría,
  y se apartarán de ellos el dolor y los
    gemidos.

12 «Soy yo mismo el que los consuela.
  ¿Quién eres tú, que temes a los hombres,
  a simples *mortales, que no son más que
    hierba?
13 ¿Has olvidado al Señor, que te hizo,
  al que extendió los cielos y afirmó la tierra?
 ¿Vivirás cada día en terror constante
  por causa de la furia del opresor
  que está dispuesto a destruir?
 Pero ¿dónde está esa furia?
14 Pronto serán liberados los prisioneros;
  no morirán en el calabozo,
  ni les faltará el pan.
15 Porque yo soy el Señor tu Dios,
  yo agito el mar, y rugen sus olas;
  el Señor *Todopoderoso es mi *nombre.
16 He puesto mis palabras en tu boca
  y te he cubierto con la sombra de mi mano;
 he establecido los cielos y afirmado la tierra,
  y he dicho a Sión: "Tú eres mi pueblo."»

La copa de la ira de Dios

17 ¡Despierta, Jerusalén, despierta!
  Levántate, tú, que de la mano del Señor
  has bebido la copa de su furia;
 tú, que has bebido hasta el fondo
  la copa que entorpece a los *hombres.
18 De todos los hijos que diste a luz,
  no hubo ninguno que te guiara;
 de todos los hijos que criaste,
  ninguno te tomó de la mano.
19 Estos dos males han venido sobre ti:
  Ruina y destrucción, hambre y espada.
 ¿Quién se apiadará de ti?
  ¿Quién te consolará?r
20 Tus hijos han desfallecido;
  como antílopes atrapados en la red,
  han caído en las esquinas de las calles.
 Sobre ellos recae toda la furia del Señor,
  todo el reproche de su Dios.

21 Por eso escucha esto, tú que estás afligida;
  que estás ebria, pero no de vino.
22 Así dice tu Señor y Dios,
  tu Dios, que aboga por su pueblo:
 «Te he quitado de la mano
  la copa que te hacía tambalear.
 De esa copa, que es el cáliz de mi furia,
  jamás volverás a beber.

---

11 The ransomed of the LORD will return.
  They will enter Zion with singing;
  everlasting joy will crown their heads.
 Gladness and joy will overtake them,
  and sorrow and sighing will flee away.

12 "I, even I, am he who comforts you.
  Who are you that you fear mortal men,
  the sons of men, who are but grass,
13 that you forget the LORD your Maker,
  who stretched out the heavens
  and laid the foundations of the earth,
 that you live in constant terror every day
  because of the wrath of the oppressor,
  who is bent on destruction?
 For where is the wrath of the oppressor?
14 The cowering prisoners will soon be set
    free;
  they will not die in their dungeon,
  nor will they lack bread.
15 For I am the LORD your God,
  who churns up the sea so that its waves
    roar—
  the LORD Almighty is his name.
16 I have put my words in your mouth
  and covered you with the shadow of my
    hand—
 I who set the heavens in place,
  who laid the foundations of the earth,
  and who say to Zion, 'You are my
    people.' "

The Cup of the LORD's Wrath

17 Awake, awake!
  Rise up, O Jerusalem,
 you who have drunk from the hand of the
    LORD
  the cup of his wrath,
 you who have drained to its dregs
  the goblet that makes men stagger.
18 Of all the sons she bore
  there was none to guide her;
 of all the sons she reared
  there was none to take her by the hand.
19 These double calamities have come upon
    you—
  who can comfort you?—
 ruin and destruction, famine and sword—
  who canx console you?
20 Your sons have fainted;
  they lie at the head of every street,
  like antelope caught in a net.
 They are filled with the wrath of the LORD
  and the rebuke of your God.

21 Therefore hear this, you afflicted one,
  made drunk, but not with wine.
22 This is what your Sovereign LORD says,
  your God, who defends his people:
 "See, I have taken out of your hand
  the cup that made you stagger;
 from that cup, the goblet of my wrath,
  you will never drink again.

---

r 51:19 ¿Quién te consolará? (Qumrán, LXX, Vulgata y Siríaca);
¿Cómo te consolaré? (TM).

x 19 Dead Sea Scrolls, Septuagint, Vulgate and Syriac; Masoretic
Text / how can I

23 La pondré en manos de los que te atormentan,
   de los que te dijeron:
   "¡Tiéndete en el suelo,
      para que pasemos sobre ti!"
   ¡Y te echaste boca abajo, sobre el suelo,
      para que te pisoteara todo mundo!»

52

¡Despierta, *Sión, despierta!
   ¡Revístete de poder!
Jerusalén, ciudad *santa,
   ponte tus vestidos de gala,
que los incircuncisos e *impuros
   no volverán a entrar en ti.
2 ¡Sacúdete el polvo, Jerusalén!
   ¡Levántate, vuelve al trono!
¡Libérate de las cadenas de tu cuello,
   cautiva hija de Sión!

3 Porque así dice el SEÑOR:

«Ustedes fueron vendidos por nada,
   y sin dinero serán redimidos.»

4 Porque así dice el SEÑOR omnipotente:

«En tiempos pasados,
   mi pueblo descendió a Egipto y vivió allí;
en estos últimos tiempos,
   Asiria los ha oprimido sin razón.

5 »Y ahora —afirma el SEÑOR—,
   ¿qué estoy haciendo aquí?
Sin motivo se han llevado a mi pueblo;
   sus gobernantes se mofan de él.s
No hay un solo momento
   en que mi *nombre no lo blasfemen.
6 Por eso mi pueblo conocerá mi nombre,
   y en aquel día sabrán
que yo soy quien dice: "¡Aquí estoy!" »

7 ¡Qué hermosos son, sobre los montes,
   los pies del que trae buenas nuevas;
del que proclama la *paz,
   del que anuncia buenas noticias,
del que proclama la *salvación,
   del que dice a Sión: «Tu Dios reina»!
8 ¡Escucha! Tus centinelas alzan la voz,
   y juntos gritan de alegría,
porque ven con sus propios ojos
   que el SEÑOR vuelve a Sión.
9 Ruinas de Jerusalén,
   ¡prorrumpan juntas en canciones de alegría!
Porque el SEÑOR ha consolado a su pueblo,
   ¡ha redimido a Jerusalén!
10 El SEÑOR desnudará su santo brazo
   a la vista de todas las naciones,
y todos los confines de la tierra
   verán la salvación de nuestro Dios.

11 Ustedes, que transportan los utensilios del
      SEÑOR,
   ¡pónganse en marcha, salgan de allí!
¡Salgan de en medio de ella, purifíquense!
   ¡No toquen nada impuro!

---

23 I will put it into the hands of your
      tormentors,
   who said to you,
   'Fall prostrate that we may walk over
      you.'
And you made your back like the ground,
   like a street to be walked over."

52

Awake, awake, O Zion,
   clothe yourself with strength.
Put on your garments of splendor,
   O Jerusalem, the holy city.
The uncircumcised and defiled
   will not enter you again.
2 Shake off your dust;
   rise up, sit enthroned, O Jerusalem.
Free yourself from the chains on your neck,
   O captive Daughter of Zion.

3 For this is what the LORD says:

"You were sold for nothing,
   and without money you will be
      redeemed."

4 For this is what the Sovereign LORD says:

"At first my people went down to Egypt to
      live;
   lately, Assyria has oppressed them.

5 "And now what do I have here?" declares the LORD.

"For my people have been taken away for
      nothing,
   and those who rule them mock,y"
                  declares the LORD.
"And all day long
   my name is constantly blasphemed.
6 Therefore my people will know my name;
   therefore in that day they will know
that it is I who foretold it.
   Yes, it is I."

7 How beautiful on the mountains
   are the feet of those who bring good
      news,
who proclaim peace,
   who bring good tidings,
   who proclaim salvation,
who say to Zion,
   "Your God reigns!"
8 Listen! Your watchmen lift up their voices;
   together they shout for joy.
When the LORD returns to Zion,
   they will see it with their own eyes.
9 Burst into songs of joy together,
   you ruins of Jerusalem,
for the LORD has comforted his people,
   he has redeemed Jerusalem.
10 The LORD will lay bare his holy arm
   in the sight of all the nations,
and all the ends of the earth will see
   the salvation of our God.

11 Depart, depart, go out from there!
   Touch no unclean thing!
Come out from it and be pure,
   you who carry the vessels of the LORD.

---

s 52:5 se mofan de él (Qumrán, Aquila, Targum y Vulgata); lanzan
alaridos (TM).

y 5 Dead Sea Scrolls and Vulgate; Masoretic Text wail

12 Pero no tendrán que apresurarse ni salir
        huyendo,
   porque el SEÑOR marchará a la cabeza;
        ¡el Dios de Israel les cubrirá la espalda!

El sufrimiento y la gloria del Siervo

13 Miren, mi siervo triunfará;
        será exaltado, levantado y muy enaltecido.
14 Muchos se asombraron de él,ᵗ
        pues tenía desfigurado el semblante;
        ¡nada de *humano tenía su aspecto!
15 Del mismo modo, muchas naciones se
        asombrarán,ᵘ
   y en su presencia enmudecerán los reyes,
   porque verán lo que no se les había anunciado,
   y entenderán lo que no habían oído.

---

53 ¿Quién ha creído a nuestro mensaje
        y a quién se le ha revelado el poder del
        SEÑOR?
2 Creció en su presencia como vástago tierno,
        como raíz de tierra seca.
   No había en él belleza ni majestad alguna;
        su aspecto no era atractivo
        y nada en su apariencia lo hacía deseable.
3 Despreciado y rechazado por los *hombres,
        varón de dolores, hecho para el sufrimiento.
   Todos evitaban mirarlo;
        fue despreciado, y no lo estimamos.

4 Ciertamente él cargó con nuestras
        enfermedades
        y soportó nuestros dolores,
   pero nosotros lo consideramos herido,
        golpeado por Dios, y humillado.
5 Él fue traspasado por nuestras rebeliones,
        y molido por nuestras iniquidades;
   sobre él recayó el castigo, precio de nuestra
        *paz,
        y gracias a sus heridas fuimos sanados.
6 Todos andábamos perdidos, como ovejas;
        cada uno seguía su propio *camino,
   pero el SEÑOR hizo recaer sobre él
        la iniquidad de todos nosotros.

7 Maltratado y humillado,
        ni siquiera abrió su boca;
   como cordero, fue llevado al matadero;
        como oveja, enmudeció ante su trasquilador;
        y ni siquiera abrió su boca.
8 Después de aprehenderlo y juzgarlo, le dieron
        muerte;
        nadie se preocupó de su descendencia.
   Fue arrancado de la tierra de los vivientes,
        y golpeado por la transgresión de mi pueblo.

12 But you will not leave in haste
        or go in flight;
   for the LORD will go before you,
        the God of Israel will be your rear guard.

The Suffering and Glory of the Servant

13 See, my servant will act wiselyᶻ;
        he will be raised and lifted up and highly
        exalted.
14 Just as there were many who were appalled
        at himᵃ—
        his appearance was so disfigured beyond
        that of any man
        and his form marred beyond human
        likeness—
15 so will he sprinkle many nations,ᵇ
        and kings will shut their mouths because
        of him.
   For what they were not told, they will see,
        and what they have not heard, they will
        understand.

---

53 Who has believed our message
        and to whom has the arm of the LORD
        been revealed?
2 He grew up before him like a tender shoot,
        and like a root out of dry ground.
   He had no beauty or majesty to attract us to
        him,
        nothing in his appearance that we should
        desire him.
3 He was despised and rejected by men,
        a man of sorrows, and familiar with
        suffering.
   Like one from whom men hide their faces
        he was despised, and we esteemed him
        not.

4 Surely he took up our infirmities
        and carried our sorrows,
   yet we considered him stricken by God,
        smitten by him, and afflicted.
5 But he was pierced for our transgressions,
        he was crushed for our iniquities;
   the punishment that brought us peace was
        upon him,
        and by his wounds we are healed.
6 We all, like sheep, have gone astray,
        each of us has turned to his own way;
   and the LORD has laid on him
        the iniquity of us all.

7 He was oppressed and afflicted,
        yet he did not open his mouth;
   he was led like a lamb to the slaughter,
        and as a sheep before her shearers is
        silent,
        so he did not open his mouth.
8 By oppressionᶜ and judgment he was taken
        away.
   And who can speak of his descendants?
   For he was cut off from the land of the
        living;
        for the transgression of my people he was
        strickenᵈ.

ᵗ52:14 de él (dos mss. hebreos, Siríaca y Targum); de ti (TM).
ᵘ52:15 muchas naciones se asombrarán (LXX); rociará a muchas
naciones (TM).

ᶻ13 Or will prosper   ᵃ14 Hebrew you   ᵇ15 Hebrew;
Septuagint so will many nations marvel at him   ᶜ8 Or From
arrest   ᵈ8 Or away. / Yet who of his generation considered /
that he was cut off from the land of the living / for the transgression
of my people, / to whom the blow was due?

9 Se le asignó un sepulcro con los malvados,
   y murió entre los malhechores,ᵛ
aunque nunca cometió violencia alguna,
   ni hubo engaño en su boca.

10 Pero el SEÑOR quiso quebrantarlo y hacerlo
      sufrir,
   y como él ofrecióʷ su *vida en *expiación,
verá su descendencia y prolongará sus días,
   y llevará a cabo la voluntad del SEÑOR.
11 Después de su sufrimiento,
   verá la luzˣ y quedará satisfecho;
por su *conocimiento
   mi siervo justo justificará a muchos,
   y cargará con las iniquidades de ellos.
12 Por lo tanto, le daré un puesto entre los
      grandes,
   y repartirá el botín con los fuertes,
porque derramó su vida hasta la muerte,
   y fue contado entre los transgresores.
Cargó con el pecado de muchos,
   e intercedió por los pecadores.

La futura gloria de Sión

54 «Tú, mujer estéril que nunca has dado a luz,
   ¡grita de alegría!
Tú, que nunca tuviste dolores de parto,
   ¡prorrumpe en canciones y grita con júbilo!
Porque más hijos que la casada
   tendrá la desamparada
                              —dice el SEÑOR—.
2 Ensancha el espacio de tu carpa,
   y despliega las cortinas de tu morada.
¡No te limites!
   Alarga tus cuerdas y refuerza tus estacas.
3 Porque a derecha y a izquierda te extenderás;
   tu descendencia desalojará naciones,
   y poblará ciudades desoladas.

4 »No temas,
   porque no serás avergonzada.
No te turbes,
   porque no serás humillada.
Olvidarás la vergüenza de tu juventud,
   y no recordarás más el oprobio de tu viudez.
5 Porque el que te hizo es tu esposo;
   su *nombre es el SEÑOR *Todopoderoso.
Tu Redentor es el *Santo de Israel;
   ¡Dios de toda la tierra es su nombre!
6 El SEÑOR te llamará
   como a esposa abandonada;
como a mujer angustiada de espíritu,
   como a esposa que se casó joven
   tan sólo para ser rechazada
                              —dice tu Dios—.

9 He was assigned a grave with the wicked,
   and with the rich in his death,
though he had done no violence,
   nor was any deceit in his mouth.

10 Yet it was the LORD's will to crush him and
      cause him to suffer,
   and though the LORD makesᵉ his life a
      guilt offering,
he will see his offspring and prolong his
      days,
   and the will of the LORD will prosper in
      his hand.
11 After the suffering of his soul,
   he will see the light ⌊of life⌋ᶠ and be
      satisfiedᵍ;
by his knowledgeʰ my righteous servant
   will justify many,
   and he will bear their iniquities.
12 Therefore I will give him a portion among
      the great,ⁱ
   and he will divide the spoils with the
      strong,ʲ
because he poured out his life unto death,
   and was numbered with the transgressors.
For he bore the sin of many,
   and made intercession for the
      transgressors.

The Future Glory of Zion

54 "Sing, O barren woman,
   you who never bore a child;
burst into song, shout for joy,
   you who were never in labor;
because more are the children of the
      desolate woman
   than of her who has a husband,"
                              says the LORD.
2 "Enlarge the place of your tent,
   stretch your tent curtains wide,
   do not hold back;
lengthen your cords,
   strengthen your stakes.
3 For you will spread out to the right and to
      the left;
   your descendants will dispossess nations
   and settle in their desolate cities.

4 "Do not be afraid; you will not suffer
      shame.
   Do not fear disgrace; you will not be
      humiliated.
You will forget the shame of your youth
   and remember no more the reproach of
      your widowhood.
5 For your Maker is your husband—
   the LORD Almighty is his name—
the Holy One of Israel is your Redeemer;
   he is called the God of all the earth.
6 The LORD will call you back
   as if you were a wife deserted and
      distressed in spirit—
a wife who married young,
   only to be rejected," says your God.

ᵛ 53:9 *malhechores* (lectura probable); *un rico* (TM).   ʷ 53:10 *él*
ofreció (lectura probable); *tú ofreciste* (TM).   ˣ 53:11 *la luz*
(Qumrán y LXX); TM no incluye esta palabra.

ᵉ 10 Hebrew *though you make*   ᶠ 11 Dead Sea Scrolls (see also
Septuagint); Masoretic Text does not have *the light ⌊of life⌋*.
ᵍ 11 Or (with Masoretic Text) 11 *He will see the result of the*
suffering of his soul / and be satisfied   ʰ 11 Or *by knowledge of*
him   ⁱ 12 Or *many*   ʲ 12 Or *numerous*

7 Te abandoné por un instante,
    pero con profunda compasión
    volveré a unirme contigo.
8 Por un momento, en un arrebato de enojo,
    escondí mi rostro de ti;
pero con amor eterno
    te tendré compasión
                —dice el SEÑOR, tu Redentor—.

9 »Para mí es como en los días de Noé,
    cuando juré que las aguas del diluvio*y*
    no volverían a cubrir la tierra.
Así he jurado no enojarme más contigo,
    ni volver a reprenderte.
10 Aunque cambien de lugar las montañas
    y se tambaleen las colinas,
no cambiará mi fiel amor por ti
    ni vacilará mi *pacto de *paz,
    dice el SEÑOR, que de ti se compadece.

11 »¡Mira tú, ciudad afligida,
    atormentada y sin consuelo!
¡Te afirmaré con turquesas,*z*
    y te cimentaré con zafiros!*a*
12 Con rubíes construiré tus almenas,
    con joyas brillantes tus *puertas,
    y con piedras preciosas todos tus muros.
13 El SEÑOR mismo instruirá a todos tus hijos,
    y grande será su *bienestar.
14 Serás establecida en justicia;
    lejos de ti estará la opresión,
    y nada tendrás que temer;
el terror se apartará de ti,
    y no se te acercará.
15 Si alguien te ataca,
    no será de mi parte;
cualquiera que te ataque
    caerá ante ti.

16 »Mira, yo he creado al herrero
    que aviva las brasas del fuego
    y forja armas para sus propios fines.
Yo también he creado al destructor
    para que haga estragos.
17 No prevalecerá ninguna arma que se forje
                contra ti;
    toda lengua que te acuse será refutada.
Ésta es la herencia de los siervos del SEÑOR,
    la *justicia que de mí procede
                —afirma el SEÑOR—.

Invitación a los sedientos

55 »¡Vengan a las aguas
        todos los que tengan sed!
¡Vengan a comprar y a comer
    los que no tengan dinero!
Vengan, compren vino y leche
    sin pago alguno.

7 "For a brief moment I abandoned you,
    but with deep compassion I will bring you
        back.
8 In a surge of anger
    I hid my face from you for a moment,
but with everlasting kindness
    I will have compassion on you,"
    says the LORD your Redeemer.

9 "To me this is like the days of Noah,
    when I swore that the waters of Noah
        would never again cover the earth.
So now I have sworn not to be angry with
        you,
    never to rebuke you again.
10 Though the mountains be shaken
    and the hills be removed,
yet my unfailing love for you will not be
        shaken
    nor my covenant of peace be removed,"
    says the LORD, who has compassion on
        you.

11 "O afflicted city, lashed by storms and not
        comforted,
    I will build you with stones of
        turquoise,*k*
    your foundations with sapphires.*l*
12 I will make your battlements of rubies,
    your gates of sparkling jewels,
    and all your walls of precious stones.
13 All your sons will be taught by the LORD,
    and great will be your children's peace.
14 In righteousness you will be established:
    Tyranny will be far from you;
    you will have nothing to fear.
Terror will be far removed;
    it will not come near you.
15 If anyone does attack you, it will not be my
        doing;
    whoever attacks you will surrender to
        you.

16 "See, it is I who created the blacksmith
    who fans the coals into flame
    and forges a weapon fit for its work.
And it is I who have created the destroyer
    to work havoc;
17   no weapon forged against you will
        prevail,
    and you will refute every tongue that
        accuses you.
This is the heritage of the servants of the
        LORD,
    and this is their vindication from me,"
                declares the LORD.

Invitation to the Thirsty

55 "Come, all you who are thirsty,
        come to the waters;
and you who have no money,
    come, buy and eat!
Come, buy wine and milk
    without money and without cost.

---

y 54:9 del diluvio. Lit. *de Noé.*   *z 54:11 turquesas.* Alt. *jaspe,* o
antimonio, o *argamasa.*   *a 54:11 zafiros.* Alt. *azul ultramarino.*

k 11 The meaning of the Hebrew for this word is uncertain.
l 11 Or *lapis lazuli*

2 ¿Por qué gastan dinero en lo que no es pan,
  y su salario en lo que no satisface?
Escúchenme bien, y comerán lo que es bueno,
  y se deleitarán con manjares deliciosos.
3 Presten atención y vengan a mí,
  escúchenme y vivirán.
Haré con ustedes un *pacto eterno,
  conforme a mi constante amor por David.
4 Lo he puesto como testigo para los pueblos,
  como su jefe supremo.
5 Sin duda convocarás a naciones
  que no conocías,
y naciones que no te conocían
  correrán hacia ti,
  gracias al SEÑOR tu Dios,
  el *Santo de Israel,
  que te ha colmado de honor.»

6 Busquen al SEÑOR mientras se deje encontrar,
  llámenlo mientras esté cercano.
7 Que abandone el malvado su *camino,
  y el perverso sus pensamientos.
Que se vuelva al SEÑOR, a nuestro Dios,
  que es generoso para perdonar,
  y de él recibirá misericordia.
8 «Porque mis pensamientos no son los de
  ustedes,
ni sus caminos son los míos
  —afirma el SEÑOR—.
9 Mis caminos y mis pensamientos
  son más altos que los de ustedes;
  ¡más altos que los cielos sobre la tierra!
10 Así como la lluvia y la nieve
  descienden del cielo,
y no vuelven allá sin regar antes la tierra
  y hacerla fecundar y germinar
para que dé semilla al que siembra
  y pan al que come,
11 así es también la palabra que sale de mi boca:
  No volverá a mí vacía,
sino que hará lo que yo deseo
  y cumplirá con mis propósitos.
12 Ustedes saldrán con alegría
  y serán guiados en *paz.
A su paso, las montañas y las colinas
  prorrumpirán en gritos de júbilo
  y aplaudirán todos los árboles del bosque.
13 En vez de zarzas, crecerán cipreses;
  mirtos, en lugar de ortigas.
Esto le dará renombre al SEÑOR;
  será una señal que durará para siempre.»

Salvación para los demás

56 Así dice el SEÑOR:

«Observen el derecho
  y practiquen la justicia,
porque mi *salvación está por llegar;
  mi justicia va a manifestarse.

2 Why spend money on what is not bread,
  and your labor on what does not satisfy?
Listen, listen to me, and eat what is good,
  and your soul will delight in the richest of
    fare.
3 Give ear and come to me;
  hear me, that your soul may live.
I will make an everlasting covenant with
    you,
  my faithful love promised to David.
4 See, I have made him a witness to the
    peoples,
  a leader and commander of the peoples.
5 Surely you will summon nations you know
    not,
  and nations that do not know you will
    hasten to you,
  because of the LORD your God,
    the Holy One of Israel,
    for he has endowed you with splendor."

6 Seek the LORD while he may be found;
  call on him while he is near.
7 Let the wicked forsake his way
  and the evil man his thoughts.
Let him turn to the LORD, and he will have
    mercy on him,
  and to our God, for he will freely pardon.

8 "For my thoughts are not your thoughts,
  neither are your ways my ways,"
    declares the LORD.
9 "As the heavens are higher than the earth,
  so are my ways higher than your ways
  and my thoughts than your thoughts.
10 As the rain and the snow
  come down from heaven,
  and do not return to it
    without watering the earth
  and making it bud and flourish,
    so that it yields seed for the sower and
      bread for the eater,
11 so is my word that goes out from my
    mouth:
  It will not return to me empty,
but will accomplish what I desire
  and achieve the purpose for which I sent
    it.
12 You will go out in joy
  and be led forth in peace;
the mountains and hills
  will burst into song before you,
and all the trees of the field
  will clap their hands.
13 Instead of the thornbush will grow the pine
    tree,
  and instead of briers the myrtle will grow.
This will be for the LORD's renown,
  for an everlasting sign,
  which will not be destroyed."

Salvation for Others

56 This is what the LORD says:

"Maintain justice
  and do what is right,
for my salvation is close at hand
  and my righteousness will soon be
    revealed.

2 *Dichoso el que así actúa,
   y se mantiene firme en sus convicciones;
el que observa el *sábado sin profanarlo,
   y se cuida de hacer lo malo.»

3 El extranjero que por su propia voluntad
   se ha unido al Señor, no debe decir:
   «El Señor me excluirá de su pueblo.»
Tampoco debe decir el *eunuco:
   «No soy más que un árbol seco.»

4 Porque así dice el Señor:

   «A los *eunucos que observen mis sábados,
   que elijan lo que me agrada,
   y sean fieles a mi *pacto,
5 les concederé ver grabado su *nombre
   dentro de mi templo y de mi ciudad;
   ¡eso les será mejor que tener hijos e hijas!
También les daré un nombre eterno
   que jamás será borrado.
6 Y a los extranjeros que se han unido al Señor
   para servirle,
para amar el nombre del Señor,
   y adorarlo,
a todos los que observan el sábado sin
      profanarlo
   y se mantienen firmes en mi pacto,
7 los llevaré a mi monte *santo;
   ¡los llenaré de alegría en mi casa de oración!
Aceptaré los *holocaustos y sacrificios
   que ofrezcan sobre mi altar,
porque mi casa será llamada
   casa de oración para todos los pueblos.»

8 Así dice el Señor omnipotente,
   el que reúne a los desterrados de Israel:
   «Reuniré a mi pueblo con otros pueblos,
   además de los que ya he reunido.»

La acusación de Dios contra los malvados

9 Animales del campo y fieras del bosque,
   ¡vengan todos y devoren!
10 Ciegos están todos los guardianes de Israel;
   ninguno de ellos sabe nada.
Todos ellos son perros mudos,
   que no pueden ladrar.
Se acuestan y desvarían;
   les encanta dormitar.
11 Son perros de voraz apetito;
   nunca parecen saciarse.
Son *pastores sin discernimiento;
   cada uno anda por su propio *camino.
Todos, sin excepción,
   procuran su propia ganancia.
12 «¡Vengan, busquemos vino!
   ¡emborrachémonos con licor!
   —gritan a una voz—.
¡Y mañana haremos lo mismo que hoy,
   pero mucho mejor!»

57 El justo perece, y a nadie le importa;
   mueren tus siervos fieles, y nadie comprende
   que mueren los justos a causa del mal.

2 Blessed is the man who does this,
   the man who holds it fast,
who keeps the Sabbath without desecrating
   it,
   and keeps his hand from doing any evil."

3 Let no foreigner who has bound himself to
   the Lord say,
   "The Lord will surely exclude me from
     his people."
And let not any eunuch complain,
   "I am only a dry tree."

4 For this is what the Lord says:

   "To the eunuchs who keep my Sabbaths,
   who choose what pleases me
   and hold fast to my covenant—
5 to them I will give within my temple and its
     walls
   a memorial and a name
   better than sons and daughters;
I will give them an everlasting name
   that will not be cut off.
6 And foreigners who bind themselves to the
     Lord
   to serve him,
to love the name of the Lord,
   and to worship him,
all who keep the Sabbath without
     desecrating it
   and who hold fast to my covenant—
7 these I will bring to my holy mountain
   and give them joy in my house of prayer.
Their burnt offerings and sacrifices
   will be accepted on my altar;
for my house will be called
   a house of prayer for all nations."
8 The Sovereign Lord declares—
   he who gathers the exiles of Israel:
   "I will gather still others to them
   besides those already gathered."

God's Accusation Against the Wicked

9 Come, all you beasts of the field,
   come and devour, all you beasts of the
     forest!
10 Israel's watchmen are blind,
   they all lack knowledge;
they are all mute dogs,
   they cannot bark;
they lie around and dream,
   they love to sleep.
11 They are dogs with mighty appetites;
   they never have enough.
They are shepherds who lack understanding;
   they all turn to their own way,
   each seeks his own gain.
12 "Come," each one cries, "let me get wine!
   Let us drink our fill of beer!
And tomorrow will be like today,
   or even far better."

57 The righteous perish,
   and no one ponders it in his heart;
devout men are taken away,
   and no one understands
that the righteous are taken away
   to be spared from evil.

2 Los que van por el *camino recto mueren en
　　*paz;
　　hallan reposo en su lecho de muerte.

3 «Ustedes, hijos de hechicera,
　　descendientes de adúltero con prostituta,
　　¡acérquense!
4 ¿De quién quieren burlarse?
　　¿A quién le hacen muecas despectivas
　　y le sacan la lengua?
　　¿Acaso no son ustedes una camada de
　　　　rebeldes,
　　y una descendencia de mentirosos?
5 Entre los robles, y debajo de todo árbol
　　frondoso,
　　dan rienda suelta a su lujuria;
　　junto a los arroyos, y en las grietas de las
　　　　rocas,
　　sacrifican a niños pequeños.
6 Las piedras lisas de los arroyos,
　　serán tu herencia;
　　sí, ellas serán tu destino.
　　Ante ellas has derramado libaciones
　　y has presentado ofrendas de grano.
　　Ante estas cosas, ¿me quedaré callado?
7 Sobre un monte alto y encumbrado,
　　pusiste tu lecho,
　　y hasta allí subiste
　　para ofrecer sacrificios.
8 Detrás de tu puerta y de sus postes
　　has puesto tus símbolos paganos.
　　Te alejaste de mí, te desnudaste,
　　subiste al lecho que habías preparado;
　　entraste en arreglos con la gente
　　con quienes deseabas acostarte,
　　y contemplaste su desnudez.
9 Acudiste a Moloc y le llevaste aceite de oliva,
　　y multiplicaste tus perfumes.
　　Enviaste muy lejos a tus embajadores;
　　¡hasta el *sepulcro mismo los hiciste bajar!
10 De tanto andar te cansaste,
　　pero no dijiste: "Hasta aquí llego."
　　Lograste renovar tus fuerzas;
　　por eso no desmayaste.

11 »¿Quién te asustó, quién te metió miedo,
　　que me has engañado?
　　No te acordaste de mí,
　　ni me tomaste en cuenta.
　　¿Será que no me temes
　　porque guardé silencio tanto tiempo?
12 Yo denunciaré tu justicia y tus obras,
　　y de nada te servirán.
13 Cuando grites pidiendo ayuda,
　　¡que te salve tu colección de ídolos!
　　A todos ellos se los llevará el viento;
　　con un simple soplo desaparecerán.
　　Pero el que se refugia en mí
　　recibirá la tierra por herencia
　　y tomará posesión de mi monte *santo.»

Consuelo para los contritos

14 Y se dirá:

　　«¡Construyan, construyan, preparen el camino!
　　　¡Quiten los obstáculos del camino de mi
　　　　pueblo!»

2 Those who walk uprightly
　　enter into peace;
　　they find rest as they lie in death.

3 "But you—come here, you sons of a
　　sorceress,
　　you offspring of adulterers and
　　　prostitutes!
4 Whom are you mocking?
　　At whom do you sneer
　　and stick out your tongue?
　　Are you not a brood of rebels,
　　the offspring of liars?
5 You burn with lust among the oaks
　　and under every spreading tree;
　　you sacrifice your children in the ravines
　　and under the overhanging crags.
6 ⌊The idols⌋ among the smooth stones of the
　　ravines are your portion;
　　they, they are your lot.
　　Yes, to them you have poured out drink
　　　offerings
　　and offered grain offerings.
　　In the light of these things, should I
　　relent?
7 You have made your bed on a high and
　　lofty hill;
　　there you went up to offer your sacrifices.
8 Behind your doors and your doorposts
　　you have put your pagan symbols.
　　Forsaking me, you uncovered your bed,
　　you climbed into it and opened it wide;
　　you made a pact with those whose beds you
　　　love,
　　and you looked on their nakedness.
9 You went to Molech[m] with olive oil
　　and increased your perfumes.
　　You sent your ambassadors[n] far away;
　　you descended to the grave[o] itself!
10 You were wearied by all your ways,
　　but you would not say, 'It is hopeless.'
　　You found renewal of your strength,
　　and so you did not faint.

11 "Whom have you so dreaded and feared
　　that you have been false to me,
　　and have neither remembered me
　　nor pondered this in your hearts?
　　Is it not because I have long been silent
　　that you do not fear me?
12 I will expose your righteousness and your
　　　works,
　　and they will not benefit you.
13 When you cry out for help,
　　let your collection ⌊of idols⌋ save you!
　　The wind will carry all of them off,
　　a mere breath will blow them away.
　　But the man who makes me his refuge
　　will inherit the land
　　and possess my holy mountain."

Comfort for the Contrite

14 And it will be said:

　　"Build up, build up, prepare the road!
　　　Remove the obstacles out of the way of
　　　　my people."

m 9 Or to the king　　n 9 Or idols　　o 9 Hebrew Sheol

15 Porque lo dice el excelso y sublime,
    el que vive para siempre, cuyo *nombre es
    *santo:
«Yo habito en un lugar santo y sublime,
    pero también con el contrito y humilde de
    espíritu,
    para reanimar el espíritu de los humildes
    y alentar el *corazón de los quebrantados.
16 Mi litigio no será eterno,
    ni estaré siempre enojado,
    porque ante mí desfallecerían
    todos los seres vivientes que he creado.
17 La codicia de mi pueblo es irritable,
    por perversa,
    en mi enojo, lo he castigado;
    le he dado la espalda,
    pero él prefirió seguir
    sus obstinados *caminos.
18 He visto sus caminos, pero lo sanaré;
    lo guiaré y lo colmaré de consuelo.
    Y a los que lloran por él
19 les haré proclamar esta alabanza:
    ¡*Paz a los que están lejos,
    y paz a los que están cerca!
    Yo los sanaré —dice el SEÑOR—,
20 pero los malvados son como el mar agitado,
    que no puede calmarse,
    cuyas olas arrojan fango y lodo.
21 No hay paz para los malvados —dice mi
    Dios—.

El verdadero ayuno

58 »¡Grita con toda tu fuerza, no te reprimas!
    Alza tu voz como trompeta.
    Denúnciale a mi pueblo sus rebeldías;
    sus pecados, a los descendientes de Jacob.
2 Porque día tras día me buscan,
    y desean conocer mis *caminos,
    como si fueran una nación
    que practicara la justicia,
    como si no hubieran abandonado
    mis mandamientos.
    Me piden decisiones justas,
    y desean acercarse a mí,
3 y hasta me reclaman:
    "¿Para qué ayunamos, si no lo tomas en
    cuenta?
    ¿Para qué nos afligimos, si tú no lo notas?"

»Pero el día en que ustedes ayunan,
    hacen negocios y explotan a sus obreros.
4 Ustedes sólo ayunan para pelear y reñir,
    y darse puñetazos a mansalva.
    Si quieren que el cielo atienda sus ruegos,
    ¡ayunen, pero no como ahora lo hacen!
5 ¿Acaso el ayuno que he escogido
    es sólo un día para que el *hombre se
    mortifique?
    ¿Y sólo para que incline la cabeza como un
    junco,
    haga duelo y se cubra de ceniza?
    ¿A eso llaman ustedes día de ayuno
    y el día aceptable al SEÑOR?

15 For this is what the high and lofty One
    says—
    he who lives forever, whose name is holy:
"I live in a high and holy place,
    but also with him who is contrite and
    lowly in spirit,
    to revive the spirit of the lowly
    and to revive the heart of the contrite.
16 I will not accuse forever,
    nor will I always be angry,
    for then the spirit of man would grow faint
    before me—
    the breath of man that I have created.
17 I was enraged by his sinful greed;
    I punished him, and hid my face in anger,
    yet he kept on in his willful ways.
18 I have seen his ways, but I will heal him;
    I will guide him and restore comfort to
    him,
19 creating praise on the lips of the mourners
    in Israel.
    Peace, peace, to those far and near,"
    says the LORD. "And I will heal them."
20 But the wicked are like the tossing sea,
    which cannot rest,
    whose waves cast up mire and mud.
21 "There is no peace," says my God, "for the
    wicked."

True Fasting

58 "Shout it aloud, do not hold back.
    Raise your voice like a trumpet.
    Declare to my people their rebellion
    and to the house of Jacob their sins.
2 For day after day they seek me out;
    they seem eager to know my ways,
    as if they were a nation that does what is
    right
    and has not forsaken the commands of its
    God.
    They ask me for just decisions
    and seem eager for God to come near
    them.
3 'Why have we fasted,' they say,
    'and you have not seen it?
    Why have we humbled ourselves,
    and you have not noticed?'

"Yet on the day of your fasting, you do as
    you please
    and exploit all your workers.
4 Your fasting ends in quarreling and strife,
    and in striking each other with wicked
    fists.
    You cannot fast as you do today
    and expect your voice to be heard on
    high.
5 Is this the kind of fast I have chosen,
    only a day for a man to humble himself?
    Is it only for bowing one's head like a reed
    and for lying on sackcloth and ashes?
    Is that what you call a fast,
    a day acceptable to the LORD?

6»El ayuno que he escogido,
  ¿no es más bien romper las cadenas de
    injusticia
  y desatar las correas del yugo,
poner en libertad a los oprimidos
  y romper toda atadura?
7¿No es acaso el ayuno compartir tu pan con el
    hambriento
  y dar refugio a los pobres sin techo,
vestir al desnudo
  y no dejar de lado a tus semejantes?
8Si así procedes,
  tu luz despuntará como la aurora,
  y al instante llegará tu sanidad;
tu justicia te abrirá el camino,
  y la gloria del SEÑOR te seguirá.
9Llamarás, y el SEÑOR responderá;
  pedirás ayuda, y él dirá: "¡Aquí estoy!"

»Si desechas el yugo de opresión,
  el dedo acusador y la lengua maliciosa,
10si te dedicas a ayudar a los hambrientos
  y a saciar la necesidad del desvalido,
entonces brillará tu luz en las tinieblas,
  y como el mediodía será tu noche.
11El SEÑOR te guiará siempre;
  te saciará en tierras resecas,
  y fortalecerá tus huesos.
Serás como jardín bien regado,
  como manantial cuyas aguas no se agotan.
12Tu pueblo reconstruirá las ruinas antiguas
  y levantará los cimientos de antaño;
serás llamado "reparador de muros derruidos",
  "restaurador de calles transitables".

13»Si dejas de profanar el *sábado,
  y no haces negocios en mi día *santo;
si llamas al sábado "delicia",
  y al día santo del SEÑOR, "honorable";
si te abstienes de profanarlo,
  y lo honras no haciendo negocios
  ni profiriendo palabras inútiles,
14entonces hallarás tu gozo en el SEÑOR;
  sobre las cumbres de la tierra te haré
    cabalgar,
  y haré que te deleites
  en la herencia de tu padre Jacob.»
                    El SEÑOR mismo lo ha dicho.

6"Is not this the kind of fasting I have
    chosen:
to loose the chains of injustice
  and untie the cords of the yoke,
to set the oppressed free
  and break every yoke?
7Is it not to share your food with the hungry
  and to provide the poor wanderer with
    shelter—
when you see the naked, to clothe him,
  and not to turn away from your own flesh
    and blood?
8Then your light will break forth like the
    dawn,
  and your healing will quickly appear;
then your righteousness*p* will go before
    you,
  and the glory of the LORD will be your
    rear guard.
9Then you will call, and the LORD will
    answer;
  you will cry for help, and he will say:
    Here am I.

"If you do away with the yoke of
    oppression,
  with the pointing finger and malicious
    talk,
10and if you spend yourselves in behalf of the
    hungry
  and satisfy the needs of the oppressed,
then your light will rise in the darkness,
  and your night will become like the
    noonday.
11The LORD will guide you always;
  he will satisfy your needs in a
    sun-scorched land
  and will strengthen your frame.
You will be like a well-watered garden,
  like a spring whose waters never fail.
12Your people will rebuild the ancient ruins
  and will raise up the age-old foundations;
you will be called Repairer of Broken
    Walls,
  Restorer of Streets with Dwellings.

13"If you keep your feet from breaking the
    Sabbath
  and from doing as you please on my holy
    day,
if you call the Sabbath a delight
  and the LORD's holy day honorable,
  and if you honor it by not going your own
    way
  and not doing as you please or speaking
    idle words,
14then you will find your joy in the LORD,
  and I will cause you to ride on the
    heights of the land
  and to feast on the inheritance of your
    father Jacob."
                    The mouth of the LORD
                      has spoken.

Pecado, confesión y redención

59

La mano del SEÑOR
  no es corta para salvar,
  ni es sordo su oído para oír.

Sin, Confession and Redemption

59

Surely the arm of the LORD is not too short
    to save,
  nor his ear too dull to hear.

²Son las iniquidades de ustedes
  las que los separan de su Dios.
Son estos pecados los que lo llevan
  a ocultar su rostro para no escuchar.
³Ustedes tienen las manos manchadas de sangre
  y los dedos manchados de iniquidad.
Sus labios dicen mentiras;
  su lengua murmura maldades.
⁴Nadie clama por la justicia,
  nadie va a juicio con integridad.
Se confía en argumentos sin sentido,
  y se mienten unos a otros.
Conciben malicia
  y dan a luz perversidad.
⁵Incuban huevos de víboras
  y tejen telarañas.
El que coma de estos huevos morirá;
  si uno de ellos se rompe, saldrá una culebra.
⁶Sus tejidos no sirven para vestido;
  no podrán cubrirse con lo que fabrican.
Sus obras son obras de iniquidad,
  y sus manos generan violencia.
⁷Sus pies corren hacia el mal;
  se apresuran a derramar sangre inocente.
Sus pensamientos son perversos;
  dejan ruina y destrucción en sus caminos.
⁸No conocen la senda de la *paz;
  no hay justicia alguna en su *camino.
Abren senderos tortuosos,
  y el que anda por ellos no conoce la paz.

⁹Por eso el derecho está lejos de nosotros,
  y la justicia queda fuera de nuestro alcance.
Esperábamos luz, pero todo es tinieblas;
  claridad, pero andamos en densa oscuridad.
¹⁰Vamos palpando la pared como los ciegos,
  andamos a tientas como los que no tienen
    ojos.
En pleno mediodía tropezamos como si fuera
    de noche;
  teniendo fuerzas, estamos como muertos.
¹¹Todos nosotros gruñimos como osos,
  gemimos como palomas.
Esperábamos la *justicia, y no llegó;
  ¡la liberación sigue lejos de nosotros!

¹²Tú sabes que son muchas nuestras rebeliones;
  nuestros pecados nos acusan.
Nuestras rebeliones no nos dejan;
  conocemos nuestras iniquidades.
¹³Hemos sido rebeldes; hemos negado al SEÑOR.
  ¡Le hemos vuelto la espalda a nuestro Dios!
Fomentamos la opresión y la traición;
  proferimos las mentiras concebidas en
    nuestro *corazón.
¹⁴Así se le vuelve la espalda al derecho,
  y se mantiene alejada la justicia;
a la verdad se le hace tropezar en la plaza,
  y no le damos lugar a la honradez.
¹⁵No se ve la verdad por ninguna parte;
  al que se aparta del mal lo despojan de todo.

El SEÑOR lo ha visto, y le ha disgustado
  ver que no hay justicia alguna.
¹⁶Lo ha visto, y le ha asombrado
  ver que no hay nadie que intervenga.
Por eso su propio brazo vendrá a salvarlos;
  su propia justicia los sostendrá.

²But your iniquities have separated
  you from your God;
your sins have hidden his face from you,
  so that he will not hear.
³For your hands are stained with blood,
  your fingers with guilt.
Your lips have spoken lies,
  and your tongue mutters wicked things.
⁴No one calls for justice;
  no one pleads his case with integrity.
They rely on empty arguments and speak
    lies;
  they conceive trouble and give birth to
    evil.
⁵They hatch the eggs of vipers
  and spin a spider's web.
Whoever eats their eggs will die,
  and when one is broken, an adder is
    hatched.
⁶Their cobwebs are useless for clothing;
  they cannot cover themselves with what
    they make.
Their deeds are evil deeds,
  and acts of violence are in their hands.
⁷Their feet rush into sin;
  they are swift to shed innocent blood.
Their thoughts are evil thoughts;
  ruin and destruction mark their ways.
⁸The way of peace they do not know;
  there is no justice in their paths.
They have turned them into crooked roads;
  no one who walks in them will know
    peace.

⁹So justice is far from us,
  and righteousness does not reach us.
We look for light, but all is darkness;
  for brightness, but we walk in deep
    shadows.
¹⁰Like the blind we grope along the wall,
  feeling our way like men without eyes.
At midday we stumble as if it were twilight;
  among the strong, we are like the dead.
¹¹We all growl like bears;
  we moan mournfully like doves.
We look for justice, but find none;
  for deliverance, but it is far away.

¹²For our offenses are many in your sight,
  and our sins testify against us.
Our offenses are ever with us,
  and we acknowledge our iniquities:
¹³rebellion and treachery against the LORD,
  turning our backs on our God,
fomenting oppression and revolt,
  uttering lies our hearts have conceived.
¹⁴So justice is driven back,
  and righteousness stands at a distance;
truth has stumbled in the streets,
  honesty cannot enter.
¹⁵Truth is nowhere to be found,
  and whoever shuns evil becomes a prey.

The LORD looked and was displeased
  that there was no justice.
¹⁶He saw that there was no one,
  he was appalled that there was no one to
    intervene;
so his own arm worked salvation for him,
  and his own righteousness sustained him.

17 Se pondrá la justicia como coraza,
   y se cubrirá la cabeza con el casco de la
      *salvación;
se vestirá con ropas de venganza,
   y se envolverá en el manto de sus celos.
18 Les pagará según sus obras;
   a las costas lejanas les dará su merecido:
furor para sus adversarios,
   y retribución para sus enemigos.

19 Desde el occidente temerán el *nombre del
      SEÑOR,
   y desde el oriente respetarán su gloria.
Porque vendrá como un torrente caudaloso,
   impulsado por el soplo del SEÑOR.

20 «El Redentor vendrá a *Sión;
   ¡vendrá a todos los de Jacob
   que se *arrepientan de su rebeldía!
      —afirma el SEÑOR—.

21 »En cuanto a mí —dice el SEÑOR—,
   éste es mi *pacto con ustedes:
Mi Espíritu que está sobre ti,
   y mis palabras que he puesto en tus labios,
no se apartarán más de ti,
   ni de tus hijos ni de sus descendientes,
   desde ahora y para siempre
      —dice el SEÑOR—.

La gloria de Sión

60 »¡Levántate y resplandece, que tu luz ha
      llegado!
   ¡La gloria del SEÑOR brilla sobre ti!
2 Mira, las tinieblas cubren la tierra,
   y una densa oscuridad se cierne sobre los
      pueblos.
Pero la aurora del SEÑOR brillará sobre ti;
   ¡sobre ti se manifestará su gloria!
3 Las naciones serán guiadas por tu luz,
   y los reyes, por tu amanecer esplendoroso.

4 »Alza los ojos, mira a tu alrededor:
   todos se reúnen y acuden a ti.
Tus hijos llegan desde lejos;
   a tus hijas las traen en brazos.
5 Verás esto y te pondrás radiante de alegría;
   vibrará tu *corazón y se henchirá de gozo;
porque te traerán los tesoros del mar,
   y te llegarán las riquezas de las naciones.
6 Te llenarás con caravanas de camellos,
   con dromedarios de Madián y de Efa.
Vendrán todos los de Sabá,
   cargando oro e incienso
   y proclamando las alabanzas del SEÑOR.
7 En ti se reunirán todos los rebaños de Cedar,
   te servirán los carneros de Nebayot;
subirán como ofrendas agradables sobre mi
      altar,
   y yo embelleceré mi templo glorioso.

8 »¿Quiénes son los que pasan como nubes,
   y como palomas rumbo a su palomar?

17 He put on righteousness as his breastplate,
   and the helmet of salvation on his head;
he put on the garments of vengeance
   and wrapped himself in zeal as in a cloak.
18 According to what they have done,
   so will he repay
wrath to his enemies
   and retribution to his foes;
   he will repay the islands their due.
19 From the west, men will fear the name of
      the LORD,
   and from the rising of the sun, they will
      revere his glory.
For he will come like a pent-up flood
   that the breath of the LORD drives
      along.q

20 "The Redeemer will come to Zion,
   to those in Jacob who repent of their
      sins,"
         declares the LORD.

21 "As for me, this is my covenant with them," says
the LORD. "My Spirit, who is on you, and my words
that I have put in your mouth will not depart from your
mouth, or from the mouths of your children, or from
the mouths of their descendants from this time on and
forever," says the LORD.

The Glory of Zion

60 "Arise, shine, for your light has come,
   and the glory of the LORD rises upon you.
2 See, darkness covers the earth
   and thick darkness is over the peoples,
but the LORD rises upon you
   and his glory appears over you.
3 Nations will come to your light,
   and kings to the brightness of your dawn.

4 "Lift up your eyes and look about you:
   All assemble and come to you;
your sons come from afar,
   and your daughters are carried on the
      arm.
5 Then you will look and be radiant,
   your heart will throb and swell with joy;
the wealth on the seas will be brought to
      you,
   to you the riches of the nations will come.
6 Herds of camels will cover your land,
   young camels of Midian and Ephah.
And all from Sheba will come,
   bearing gold and incense
   and proclaiming the praise of the LORD.
7 All Kedar's flocks will be gathered to you,
   the rams of Nebaioth will serve you;
they will be accepted as offerings on my
      altar,
   and I will adorn my glorious temple.

8 "Who are these that fly along like clouds,
   like doves to their nests?

q 19 Or When the enemy comes in like a flood, / the Spirit of the
LORD will put him to flight

9En mí esperarán las costas lejanas;
    a la cabeza vendrán los barcos de Tarsis
trayendo de lejos a tus hijos,
    y con ellos su oro y su plata,
para la honra del SEÑOR tu Dios,
    el *Santo de Israel,
    porque él te ha llenado de gloria.

10»Los extranjeros reconstruirán tus muros,
    y sus reyes te servirán.
Aunque en mi furor te castigué,
    por mi bondad tendré compasión de ti.
11Tus *puertas estarán siempre abiertas,
    ni de día ni de noche se cerrarán;
a ti serán traídas las riquezas de las naciones;
    ante ti desfilarán sus derrotados reyes.
12La nación o el reino que no te sirva, perecerá;
    quedarán arruinados por completo.

13»Te llegará la gloria del Líbano,
    con el ciprés, el olmo y el abeto,
para embellecer el lugar de mi santuario.
    Glorificaré el lugar donde reposan mis pies.
14Ante ti vendrán a inclinarse
    los hijos de tus opresores;
todos los que te desprecian
    se postrarán a tus pies,
y te llamarán "Ciudad del SEÑOR",
    "Sión del Santo de Israel".

15»Aunque fuiste abandonada y aborrecida,
    y nadie transitaba por tus calles,
haré de ti el orgullo eterno
    y la alegría de todas las generaciones.
16Te alimentarás con la leche de las naciones,
    con la riqueza de los reyes serás
        amamantada.
Sabrás entonces que yo, el SEÑOR, soy tu
        Salvador;
    que yo, el Poderoso de Jacob, soy tu
        Redentor.
17En vez de bronce te traeré oro;
    en lugar de hierro, plata.
En vez de madera te traeré bronce,
    y en lugar de piedras, hierro.
Haré que la *paz te gobierne,
    y que la justicia te rija.
18Ya no se sabrá de violencia en tu tierra,
    ni de ruina y destrucción en tus fronteras,
sino que llamarás a tus muros "*Salvación",
    y a tus puertas, "Alabanza".
19Ya no será el sol tu luz durante el día,
    ni con su resplandor te alumbrará la luna,
porque el SEÑOR será tu luz eterna,
    tu Dios será tu gloria.
20Tu sol no volverá a ponerse,
    ni menguará tu luna;
será el SEÑOR tu luz eterna,
    y llegarán a su fin tus días de duelo.
21Entonces todo tu pueblo será justo
    y poseerá la tierra para siempre.
Serán el retoño plantado por mí mismo,
    la obra maestra que me glorificará.

9Surely the islands look to me;
    in the lead are the ships of Tarshish,r
bringing your sons from afar,
    with their silver and gold,
to the honor of the LORD your God,
    the Holy One of Israel,
    for he has endowed you with splendor.

10"Foreigners will rebuild your walls,
    and their kings will serve you.
Though in anger I struck you,
    in favor I will show you compassion.
11Your gates will always stand open,
    they will never be shut, day or night,
so that men may bring you the wealth of the
        nations—
    their kings led in triumphal procession.
12For the nation or kingdom that will not
        serve you will perish;
    it will be utterly ruined.

13"The glory of Lebanon will come to you,
    the pine, the fir and the cypress together,
to adorn the place of my sanctuary;
    and I will glorify the place of my feet.
14The sons of your oppressors will come
        bowing before you;
    all who despise you will bow down at
        your feet
and will call you the City of the LORD,
    Zion of the Holy One of Israel.

15"Although you have been forsaken and
        hated,
    with no one traveling through,
I will make you the everlasting pride
    and the joy of all generations.
16You will drink the milk of nations
    and be nursed at royal breasts.
Then you will know that I, the LORD, am
        your Savior,
    your Redeemer, the Mighty One of Jacob.
17Instead of bronze I will bring you gold,
    and silver in place of iron.
Instead of wood I will bring you bronze,
    and iron in place of stones.
I will make peace your governor
    and righteousness your ruler.
18No longer will violence be heard in your
        land,
    nor ruin or destruction within your
        borders,
but you will call your walls Salvation
    and your gates Praise.
19The sun will no more be your light by day,
    nor will the brightness of the moon shine
        on you,
for the LORD will be your everlasting light,
    and your God will be your glory.
20Your sun will never set again,
    and your moon will wane no more;
the LORD will be your everlasting light,
    and your days of sorrow will end.
21Then will all your people be righteous
    and they will possess the land forever.
They are the shoot I have planted,
    the work of my hands,
    for the display of my splendor.

r 9 Or *the trading ships*

²² El más débil se multiplicará por miles,
y el menor llegará a ser una nación
poderosa.
Yo soy el SEÑOR;
cuando llegue el momento, actuaré sin
demora.»

El año del favor del SEÑOR

61 El Espíritu del SEÑOR omnipotente está sobre
mí,
por cuanto me ha ungido
para anunciar buenas nuevas a los pobres.
Me ha enviado a sanar los corazones heridos,
a proclamar liberación a los cautivos
y libertad a los prisioneros,
² a pregonar el año del favor del SEÑOR
y el día de la venganza de nuestro Dios,
a consolar a todos los que están de duelo,
³   y a confortar a los dolientes de *Sión.
Me ha enviado a darles una corona
en vez de cenizas,
aceite de alegría
en vez de luto,
traje de fiesta
en vez de espíritu de desaliento.
Serán llamados robles de justicia,
plantío del SEÑOR, para mostrar su gloria.
⁴ Reconstruirán las ruinas antiguas,
y restaurarán los escombros de antaño;
repararán las ciudades en ruinas,
y los escombros de muchas generaciones.
⁵ Gente extraña pastoreará
los rebaños de ustedes,
y sus campos y viñedos serán labrados
por un pueblo extranjero.
⁶ Pero a ustedes los llamarán «sacerdotes del
SEÑOR»;
les dirán «ministros de nuestro Dios».
Se alimentarán de las riquezas de las naciones,
y se jactarán de los tesoros de ellas.

⁷ En vez de su vergüenza,
mi pueblo recibirá doble porción;
en vez de deshonra,
se regocijará en su herencia;
y así en su tierra recibirá doble herencia,
y su alegría será eterna.

⁸ «Yo, el SEÑOR, amo la justicia,
pero odio el robo y la iniquidad.
En mi fidelidad los recompensaré
y haré con ellos un *pacto eterno.
⁹ Sus descendientes serán conocidos entre las
naciones,
y sus vástagos, entre los pueblos.
Quienes los vean, reconocerán
que ellos son descendencia bendecida del
SEÑOR.»

The Year of the LORD's Favor

61 The Spirit of the Sovereign LORD is on me,
because the LORD has anointed me
to preach good news to the poor.
He has sent me to bind up the
brokenhearted,
to proclaim freedom for the captives
and release from darkness for the
prisoners,^s
² to proclaim the year of the LORD's favor
and the day of vengeance of our God,
to comfort all who mourn,
³   and provide for those who grieve in
Zion—
to bestow on them a crown of beauty
instead of ashes,
the oil of gladness
instead of mourning,
and a garment of praise
instead of a spirit of despair.
They will be called oaks of righteousness,
a planting of the LORD
for the display of his splendor.

⁴ They will rebuild the ancient ruins
and restore the places long devastated;
they will renew the ruined cities
that have been devastated for generations.
⁵ Aliens will shepherd your flocks;
foreigners will work your fields and
vineyards.
⁶ And you will be called priests of the LORD,
you will be named ministers of our God.
You will feed on the wealth of nations,
and in their riches you will boast.

⁷ Instead of their shame
my people will receive a double portion,
and instead of disgrace
they will rejoice in their inheritance;
and so they will inherit a double portion in
their land,
and everlasting joy will be theirs.

⁸ "For I, the LORD, love justice;
I hate robbery and iniquity.
In my faithfulness I will reward them
and make an everlasting covenant with
them.
⁹ Their descendants will be known among the
nations
and their offspring among the peoples.
All who see them will acknowledge
that they are a people the LORD has
blessed."

---

²² The least of you will become a thousand,
the smallest a mighty nation.
I am the LORD;
in its time I will do this swiftly."

---

s 1 Hebrew; Septuagint *the blind*

10 Me deleito mucho en el SEÑOR;
    me regocijo en mi Dios.
Porque él me vistió con ropas de *salvación
    y me cubrió con el manto de la justicia.
Soy semejante a un novio que luce su
    diadema,
o una novia adornada con sus joyas.
11 Porque así como la tierra hace que broten los
    retoños,
    y el huerto hace que germinen las semillas,
así el SEÑOR omnipotente hará que broten
    la justicia y la alabanza ante todas las
    naciones.

El nuevo nombre de Sión

62 Por amor a *Sión no guardaré silencio,
    por amor a Jerusalén no desmayaré,
hasta que su justicia resplandezca como la
    aurora,
    y como antorcha encendida su *salvación.
2 Las naciones verán tu justicia,
    y todos los reyes tu gloria;
recibirás un *nombre nuevo,
    que el Señor mismo te dará.
3 Serás en la mano del SEÑOR como una corona
    esplendorosa,
    ¡como una diadema real en la palma de tu
    Dios!
4 Ya no te llamarán «Abandonada»,
    ni a tu tierra la llamarán «Desolada»,
sino que serás llamada «Mi deleite»;
    tu tierra se llamará «Mi esposa»;
porque el SEÑOR se deleitará en ti,
    y tu tierra tendrá esposo.
5 Como un joven que se casa con una doncella,
    así el que te edifica se casará contigo;
como un novio que se regocija por su novia,
    así tu Dios se regocijará por ti.

6 Jerusalén, sobre tus muros he puesto centinelas
    que nunca callarán, ni de día ni de noche.
Ustedes, los que invocan al SEÑOR,
    no se den descanso;
7 ni tampoco lo dejen descansar,
    hasta que establezca a Jerusalén
    y la convierta en la alabanza de la tierra.

8 Por su mano *derecha, por su brazo poderoso,
    ha jurado el SEÑOR:
«Nunca más daré a tus enemigos
    tu grano como alimento,
ni se beberá gente extranjera
    el vino nuevo por el que trabajaste.
9 Alabando al Señor comerán el grano
    quienes lo hayan cosechado;
en los atrios de mi santuario beberán el vino
    quienes hayan trabajado en la vendimia.»

10 ¡Pasen, pasen por las *puertas!
    Preparen el camino para el pueblo.
¡Construyan la carretera!
    ¡Quítenle todas las piedras!
    ¡Desplieguen sobre los pueblos la bandera!

10 I delight greatly in the LORD;
    my soul rejoices in my God.
For he has clothed me with garments of
    salvation
    and arrayed me in a robe of
    righteousness,
as a bridegroom adorns his head like a
    priest,
    and as a bride adorns herself with her
    jewels.
11 For as the soil makes the sprout come up
    and a garden causes seeds to grow,
so the Sovereign LORD will make
    righteousness and praise
    spring up before all nations.

Zion's New Name

62 For Zion's sake I will not keep silent,
    for Jerusalem's sake I will not remain
    quiet,
till her righteousness shines out like the
    dawn,
    her salvation like a blazing torch.
2 The nations will see your righteousness,
    and all kings your glory;
you will be called by a new name
    that the mouth of the LORD will bestow.
3 You will be a crown of splendor in the
    LORD's hand,
    a royal diadem in the hand of your God.
4 No longer will they call you Deserted,
    or name your land Desolate.
But you will be called Hephzibah,ᵗ
    and your land Beulahᵘ;
for the LORD will take delight in you,
    and your land will be married.
5 As a young man marries a maiden,
    so will your sonsᵛ marry you;
as a bridegroom rejoices over his bride,
    so will your God rejoice over you.

6 I have posted watchmen on your walls,
    O Jerusalem;
    they will never be silent day or night.
You who call on the LORD,
    give yourselves no rest,
7 and give him no rest till he establishes
    Jerusalem
    and makes her the praise of the earth.

8 The LORD has sworn by his right hand
    and by his mighty arm:
"Never again will I give your grain
    as food for your enemies,
and never again will foreigners drink the
    new wine
    for which you have toiled;
9 but those who harvest it will eat it
    and praise the LORD,
and those who gather the grapes will drink
    it
    in the courts of my sanctuary."

10 Pass through, pass through the gates!
    Prepare the way for the people.
Build up, build up the highway!
    Remove the stones.
Raise a banner for the nations.

ᵗ 4 *Hephzibah* means *my delight is in her.*   ᵘ 4 *Beulah* means *married.*   ᵛ 5 Or *Builder*

11 He aquí lo que el SEÑOR ha proclamado
 hasta los confines de la tierra:
 «Digan a la hija de Sión:
  "¡Ahí viene tu Salvador!
 Trae su premio consigo;
  su recompensa lo acompaña."»
12 Serán llamados «Pueblo *santo»,
 «Redimidos del SEÑOR»;
 y tú serás llamada «Ciudad anhelada»,
  «Ciudad nunca abandonada».

El día de la venganza y la redención de Dios

63 ¿Quién es este que viene de Edom,
  desde Bosra, vestido de púrpura?
 ¿Quién es este de espléndido ropaje,
  que avanza[b] con fuerza arrolladora?

 «Soy yo, el que habla con justicia,
  el que tiene poder para salvar.»

2 ¿Por qué están rojos tus vestidos,
 como los del que pisa las uvas en el lagar?

3 «He pisado el lagar yo solo;
 ninguno de los pueblos estuvo conmigo.
 Los he pisoteado en mi enojo;
 los he aplastado en mi ira.
 Su sangre salpicó mis vestidos,
  y me manché toda la ropa.
4 ¡Ya tengo planeado el día de la venganza!
 ¡El año de mi redención ha llegado!
5 Miré, pero no hubo quien me ayudara,
 me asombró que nadie me diera apoyo.
 Mi propio brazo me dio la victoria;
  ¡mi propia ira me sostuvo!
6 En mi enojo pisoteé a los pueblos,
 y los embriagué con la copa de mi ira;
  ¡hice correr su sangre sobre la tierra!»

Alabanza y oración

7 Recordaré el gran amor del SEÑOR,
 y sus hechos dignos de alabanza,
 por todo lo que hizo por nosotros,
 por su compasión y gran amor.
 ¡Sí, por la multitud de cosas buenas
  que ha hecho por los descendientes de
  Israel!
8 Declaró: «Verdaderamente son mi pueblo,
 hijos que no me engañarán.»
 Así se convirtió en el Salvador
9 de todas sus angustias.
 Él mismo los salvó;
 no envió un emisario ni un ángel.[c]
 En su amor y misericordia los rescató;
 los levantó y los llevó en sus brazos
  como en los tiempos de antaño.
10 Pero ellos se rebelaron
 y afligieron a su *santo Espíritu.
 Por eso se convirtió en su enemigo,
 y luchó él mismo contra ellos.

11 Su pueblo recordó los tiempos pasados,
 los tiempos de Moisés:
 ¿Dónde está el que los guió a través del mar,
  como guía el *pastor a su rebaño?[d]
 ¿Dónde está el que puso
  su santo Espíritu entre ellos,

11 The LORD has made proclamation
 to the ends of the earth:
 "Say to the Daughter of Zion,
  'See, your Savior comes!
 See, his reward is with him,
  and his recompense accompanies him.' "
12 They will be called the Holy People,
 the Redeemed of the LORD;
 and you will be called Sought After,
  the City No Longer Deserted.

God's Day of Vengeance and Redemption

63 Who is this coming from Edom,
  from Bozrah, with his garments stained
   crimson?
 Who is this, robed in splendor,
  striding forward in the greatness of his
   strength?

 "It is I, speaking in righteousness,
  mighty to save."

2 Why are your garments red,
 like those of one treading the winepress?

3 "I have trodden the winepress alone;
 from the nations no one was with me.
 I trampled them in my anger
  and trod them down in my wrath;
 their blood spattered my garments,
  and I stained all my clothing.
4 For the day of vengeance was in my heart,
 and the year of my redemption has come.
5 I looked, but there was no one to help,
 I was appalled that no one gave support;
 so my own arm worked salvation for me,
  and my own wrath sustained me.
6 I trampled the nations in my anger;
 in my wrath I made them drunk
  and poured their blood on the ground."

Praise and Prayer

7 I will tell of the kindnesses of the LORD,
 the deeds for which he is to be praised,
 according to all the LORD has done for
  us—
 yes, the many good things he has done
  for the house of Israel,
 according to his compassion and many
  kindnesses.
8 He said, "Surely they are my people,
 sons who will not be false to me";
 and so he became their Savior.
9 In all their distress he too was distressed,
 and the angel of his presence saved them.
 In his love and mercy he redeemed them;
 he lifted them up and carried them
  all the days of old.
10 Yet they rebelled
 and grieved his Holy Spirit.
 So he turned and became their enemy
 and he himself fought against them.

11 Then his people recalled[w] the days of old,
 the days of Moses and his people—
 where is he who brought them through the
  sea,
 with the shepherd of his flock?
 Where is he who set
  his Holy Spirit among them,

---

b 63:1 avanza (Vulgata); *se inclina* (TM). *c 63:9* de todas ... un
ángel. Frases de difícil traducción. *d 63:11* ¿Dónde está ... su
rebaño? Alt. ¿Dónde está el que sacó de las aguas al pastor de su
rebaño?

w 11 Or *But may he recall*

¹²el que hizo que su glorioso brazo
    marchara a la *derecha de Moisés,
el que separó las aguas a su paso,
    para ganarse renombre eterno?
¹³¿Dónde está el que los guió a través del
    mar,^e
como a caballo en el desierto,
    sin que ellos tropezaran?
¹⁴El Espíritu del SEÑOR les dio descanso,
    como a ganado que pasta en la llanura.
Fue así como guiaste a tu pueblo,
    para hacerte un *nombre glorioso.

¹⁵Mira bien desde el cielo;
    observa desde tu morada santa y gloriosa.
¿Dónde están tu celo y tu poder?
    ¡Se nos niega tu abundante compasión y
        ternura!
¹⁶Pero tú eres nuestro Padre,
    aunque Abraham no nos conozca
    ni nos reconozca Israel;
tú, SEÑOR, eres nuestro Padre;
    ¡tu nombre ha sido siempre «nuestro
        Redentor»!

¹⁷¿Por qué, SEÑOR, nos desvías de tus *caminos,
    y endureces nuestro *corazón
    para que no te temamos?
Vuelve por amor a tus siervos,
    por las tribus que son tu herencia.
¹⁸Tu pueblo poseyó por un tiempo tu santuario,
    pero ahora lo han pisoteado nuestros
        enemigos.
¹⁹Estamos como si nunca nos hubieras
    gobernado,
    como si nunca hubiéramos llevado tu
        nombre.

64 ¡Ojalá rasgaras los cielos, y descendieras!
    ¡Las montañas temblarían ante ti,
²como cuando el fuego enciende la leña
    y hace que hierva el agua!
Así darías a conocer tu *nombre entre tus
    enemigos,
    y ante ti temblarían las naciones.
³Hiciste portentos inesperados cuando
    descendiste;
    ante tu presencia temblaron las montañas.
⁴Fuera de ti, desde tiempos antiguos
    nadie ha escuchado ni percibido,
    ni ojo alguno ha visto,
a un Dios que, como tú,
    actúe en favor de quienes en él confían.
⁵Sales al encuentro de los que, alegres,
    practican la justicia y recuerdan tus
        *caminos.
Pero te enojas si persistimos
    en desviarnos de ellos.^f
    ¿Cómo podremos ser salvos?

¹²who sent his glorious arm of power
    to be at Moses' right hand,
who divided the waters before them,
    to gain for himself everlasting renown,
¹³who led them through the depths?
Like a horse in open country,
    they did not stumble;
¹⁴like cattle that go down to the plain,
    they were given rest by the Spirit of the
        LORD.
This is how you guided your people
    to make for yourself a glorious name.

¹⁵Look down from heaven and see
    from your lofty throne, holy and glorious.
Where are your zeal and your might?
    Your tenderness and compassion are
        withheld from us.
¹⁶But you are our Father,
    though Abraham does not know us
    or Israel acknowledge us;
you, O LORD, are our Father,
    our Redeemer from of old is your name.
¹⁷Why, O LORD, do you make us wander
    from your ways
and harden our hearts so we do not revere
    you?
Return for the sake of your servants,
    the tribes that are your inheritance.
¹⁸For a little while your people possessed
    your holy place,
but now our enemies have trampled down
    your sanctuary.
¹⁹We are yours from of old;
    but you have not ruled over them,
they have not been called by your
    name.^x

64 Oh, that you would rend the heavens and
    come down,
    that the mountains would tremble before
        you!
²As when fire sets twigs ablaze
    and causes water to boil,
come down to make your name known to
    your enemies
    and cause the nations to quake before
        you!
³For when you did awesome things that we
    did not expect,
    you came down, and the mountains
        trembled before you.
⁴Since ancient times no one has heard,
    no ear has perceived,
no eye has seen any God besides you,
    who acts on behalf of those who wait for
        him.
⁵You come to the help of those who gladly
    do right,
    who remember your ways.
But when we continued to sin against them,
    you were angry.
    How then can we be saved?

---

^e*63:13 mar.* Lit. *abismo.*   ^f*64:5 te enojas ... de ellos.* Frase de
difícil traducción.

^x*19* Or *We are like those you have never ruled, / like those never
called by your name*

6 Todos somos como gente *impura;
　　todos nuestros actos de justicia
　　son como trapos de inmundicia.
Todos nos marchitamos como hojas:
　　nuestras iniquidades nos arrastran como el
　　viento.
7 Nadie invoca tu nombre,
　　ni se esfuerza por aferrarse a ti.
Pues nos has dado la espalda
　　y nos has entregado⁸ en poder de nuestras
　　iniquidades.

8 A pesar de todo, SEÑOR, tú eres nuestro Padre;
　　nosotros somos el barro, y tú el alfarero.
Todos somos obra de tu mano.
9 No te enojes demasiado, SEÑOR;
　　no te acuerdes siempre de nuestras
　　iniquidades.
¡Considera, por favor,
　　que todos somos tu pueblo!
10 Tus ciudades *santas han quedado devastadas,
　　y hasta *Sión se ha vuelto un desierto;
Jerusalén es una desolación.
11 Nuestro santo y glorioso templo,
　　donde te alababan nuestros padres,
　　ha sido devorado por el fuego.
Ha quedado en ruinas
　　todo lo que más queríamos.
12 Ante todo esto, SEÑOR, ¿no vas a hacer nada?
　　¿Vas a guardar silencio y afligirnos sin
　　medida?

Juicio y salvación

65 «Me di a conocer a los que no preguntaban
　　　por mí;
　　dejé que me hallaran los que no me
　　buscaban.
A una nación que no invocaba mi *nombre,
　　le dije: "¡Aquí estoy!"
2 Todo el día extendí mis manos
　　hacia un pueblo rebelde,
　　que va por mal *camino,
　　siguiendo sus propias ideas.
3 Es un pueblo que en mi propia cara
　　constantemente me provoca;
que ofrece sacrificios en los jardines
　　y quema incienso en los altares;
4 que se sienta entre los sepulcros
　　y pasa la noche en vigilias secretas;
que come carne de cerdo,
　　y en sus ollas cocina caldo *impuro;
5 que dice: "¡Manténganse alejados!
　　¡No se me acerquen!
¡Soy demasiado sagrado para ustedes!"
Todo esto me fastidia como humo en la nariz;
　　¡es un fuego que arde todo el día!

6 »Ante mí ha quedado escrito;
　　no guardaré silencio.
Les daré su merecido;
　　lo sufrirán en carne propia,
7 tanto por las iniquidades de ustedes
　　como por las de sus padres
　　　　　　　　　　—dice el SEÑOR—.
Por cuanto ellos quemaron incienso en las
　　montañas
　　y me desafiaron en las colinas,
les haré sufrir en carne propia
　　las consecuencias de sus acciones pasadas.»

6 All of us have become like one who is
　　unclean,
　　and all our righteous acts are like filthy
　　rags;
we all shrivel up like a leaf,
　　and like the wind our sins sweep us away.
7 No one calls on your name
　　or strives to lay hold of you;
for you have hidden your face from us
　　and made us waste away because of our
　　sins.

8 Yet, O LORD, you are our Father.
　　We are the clay, you are the potter;
　　we are all the work of your hand.
9 Do not be angry beyond measure, O LORD;
　　do not remember our sins forever.
Oh, look upon us, we pray,
　　for we are all your people.
10 Your sacred cities have become a desert;
　　even Zion is a desert, Jerusalem a
　　desolation.
11 Our holy and glorious temple, where our
　　fathers praised you,
　　has been burned with fire,
　　and all that we treasured lies in ruins.
12 After all this, O LORD, will you hold
　　yourself back?
Will you keep silent and punish us
　　beyond measure?

Judgment and Salvation

65 "I revealed myself to those who did not ask
　　　for me;
　　I was found by those who did not seek
　　me.
To a nation that did not call on my name,
　　I said, 'Here am I, here am I.'
2 All day long I have held out my hands
　　to an obstinate people,
who walk in ways not good,
　　pursuing their own imaginations—
3 a people who continually provoke me
　　to my very face,
offering sacrifices in gardens
　　and burning incense on altars of brick;
4 who sit among the graves
　　and spend their nights keeping secret
　　vigil;
who eat the flesh of pigs,
　　and whose pots hold broth of unclean
　　meat;
5 who say, 'Keep away; don't come near me,
　　for I am too sacred for you!'
Such people are smoke in my nostrils,
　　a fire that keeps burning all day.

6 "See, it stands written before me:
　　I will not keep silent but will pay back in
　　full;
　　I will pay it back into their laps—
7 both your sins and the sins of your fathers,"
　　says the LORD.
"Because they burned sacrifices on the
　　mountains
　　and defied me on the hills,
I will measure into their laps
　　the full payment for their former deeds."

---

⁸ **64:7** entregado (LXX, Targum y Siríaca); derretido (TM).

8 Así dice el Señor:

«Cuando alguien encuentra un buen racimo de
      uvas,
   dice: "No voy a dañarlo,
   porque todavía tiene jugo".
Del mismo modo actuaré yo por amor a mis
      siervos:
   No los destruiré a todos.
9 De Jacob sacaré descendientes,
   y de Judá, a los que poseerán mis montañas.
Las heredarán mis elegidos,
   y allí morarán mis siervos.
10 Para mi pueblo que me busca,
   Sarón será redil de ovejas;
   el valle de Acor, corral de vacas.

11 »Pero a ustedes que abandonan al Señor
   y se olvidan de mi monte *santo,
que para los dioses de la Fortuna y del Destino
   preparan mesas y sirven vino mezclado,
12 los destinaré a la espada;
   ¡todos ustedes se inclinarán para el degüello!
Porque llamé y no me respondieron,
   hablé y no me escucharon.
Más bien, hicieron lo malo ante mis ojos
   y optaron por lo que no me agrada.»

13 Por eso, así dice el Señor omnipotente:

«Mis siervos comerán,
   pero ustedes pasarán hambre;
mis siervos beberán,
   pero ustedes sufrirán de sed;
mis siervos se alegrarán,
   pero ustedes serán avergonzados.
14 Mis siervos cantarán
   con alegría de *corazón,
pero ustedes clamarán
   con corazón angustiado;
   ¡gemirán con espíritu quebrantado!
15 Mis escogidos heredarán el nombre de ustedes
   como una maldición.
El Señor omnipotente les dará muerte,
   pero a sus siervos les dará un nombre
      diferente.
16 Cualquiera que en el país invoque una
      bendición,
   lo hará por el Dios de la verdad;
y cualquiera que jure en esta tierra,
   lo hará por el Dios de la verdad.
Las angustias del pasado han quedado en el
      olvido,
   las he borrado de mi vista.

Nuevos cielos y nueva tierra

17 »Presten atención, que estoy por crear
   un cielo nuevo y una tierra nueva.
No volverán a mencionarse las cosas pasadas,
   ni se traerán a la memoria.
18 Alégrense más bien, y regocíjense por siempre,
   por lo que estoy a punto de crear:
Estoy por crear una Jerusalén feliz,
   un pueblo lleno de alegría.
19 Me regocijaré por Jerusalén
   y me alegraré en mi pueblo;
no volverán a oírse en ella
   voces de llanto ni gritos de clamor.

8 This is what the Lord says:

"As when juice is still found in a cluster of
      grapes
   and men say, 'Don't destroy it,
   there is yet some good in it,'
so will I do in behalf of my servants;
   I will not destroy them all.
9 I will bring forth descendants from Jacob,
   and from Judah those who will possess
      my mountains;
my chosen people will inherit them,
   and there will my servants live.
10 Sharon will become a pasture for flocks,
   and the Valley of Achor a resting place
      for herds,
   for my people who seek me.

11 "But as for you who forsake the Lord
   and forget my holy mountain,
who spread a table for Fortune
   and fill bowls of mixed wine for Destiny,
12 I will destine you for the sword,
   and you will all bend down for the
      slaughter;
for I called but you did not answer,
   I spoke but you did not listen.
You did evil in my sight
   and chose what displeases me."

13 Therefore this is what the Sovereign Lord says:

"My servants will eat,
   but you will go hungry;
my servants will drink,
   but you will go thirsty;
my servants will rejoice,
   but you will be put to shame.
14 My servants will sing
   out of the joy of their hearts,
but you will cry out
   from anguish of heart
   and wail in brokenness of spirit.
15 You will leave your name
   to my chosen ones as a curse;
the Sovereign Lord will put you to death,
   but to his servants he will give another
      name.
16 Whoever invokes a blessing in the land
   will do so by the God of truth;
he who takes an oath in the land
   will swear by the God of truth.
For the past troubles will be forgotten
   and hidden from my eyes.

New Heavens and a New Earth

17 "Behold, I will create
   new heavens and a new earth.
The former things will not be remembered,
   nor will they come to mind.
18 But be glad and rejoice forever
   in what I will create,
for I will create Jerusalem to be a delight
   and its people a joy.
19 I will rejoice over Jerusalem
   and take delight in my people;
the sound of weeping and of crying
   will be heard in it no more.

20»Nunca más habrá en ella
    niños que vivan pocos días,
    ni ancianos que no completen sus años.
El que muera a los cien años
    será considerado joven;
pero el que no llegue*h* a esa edad
    será considerado maldito.
21 Construirán casas y las habitarán;
    plantarán viñas y comerán de su fruto.
22 Ya no construirán casas para que otros las
        habiten,
    ni plantarán viñas para que otros coman.
Porque los días de mi pueblo
    serán como los de un árbol;
mis escogidos disfrutarán
    de las obras de sus manos.
23 No trabajarán en vano,
    ni tendrán hijos para la desgracia;
tanto ellos como su descendencia
    serán simiente bendecida del SEÑOR.
24 Antes que me llamen,
    yo les responderé;
todavía estarán hablando
    cuando ya los habré escuchado.
25 El lobo y el cordero pacerán juntos;
    el león comerá paja como el buey,
    y la serpiente se alimentará de polvo.
En todo mi monte *santo
    no habrá quien haga daño ni destruya»,
                            dice el SEÑOR.

Juicio y esperanza

66 Así dice el SEÑOR:

«El cielo es mi trono,
    y la tierra, el estrado de mis pies.
¿Qué casa me pueden construir?
    ¿Qué morada me pueden ofrecer?
2 Fue mi mano la que hizo todas estas cosas;
    fue así como llegaron a existir
                        —afirma el SEÑOR—.

»Yo estimo a los pobres y contritos de
        espíritu,
    a los que tiemblan ante mi palabra.
3 Pero los que sacrifican toros
    son como los que matan *hombres;
los que ofrecen corderos
    son como los que desnucan perros;
los que presentan ofrendas de grano
    son como los que ofrecen sangre de cerdo,
y los que queman ofrendas de incienso
    son como los que adoran ídolos.
Ellos han escogido sus propios *caminos,
    y se deleitan en sus abominaciones.
4 Pues yo también escogeré aflicciones para
        ellos
    y enviaré sobre ellos lo que tanto temen.
Porque nadie respondió cuando llamé;
    cuando hablé, nadie escuchó.
Más bien, hicieron lo malo ante mis ojos
    y optaron por lo que no me agrada.»

20"Never again will there be in it
    an infant who lives but a few days,
    or an old man who does not live out his
        years;
he who dies at a hundred
    will be thought a mere youth;
he who fails to reach*y* a hundred
    will be considered accursed.
21They will build houses and dwell in them;
    they will plant vineyards and eat their
        fruit.
22No longer will they build houses and others
        live in them,
    or plant and others eat.
For as the days of a tree,
    so will be the days of my people;
my chosen ones will long enjoy
    the works of their hands.
23They will not toil in vain
    or bear children doomed to misfortune;
for they will be a people blessed by the
        LORD,
    they and their descendants with them.
24Before they call I will answer;
    while they are still speaking I will hear.
25The wolf and the lamb will feed together,
    and the lion will eat straw like the ox,
    but dust will be the serpent's food.
They will neither harm nor destroy
    on all my holy mountain,"
                            says the LORD.

Judgment and Hope

66 This is what the LORD says:

"Heaven is my throne,
    and the earth is my footstool.
Where is the house you will build for me?
    Where will my resting place be?
2Has not my hand made all these things,
    and so they came into being?"
                        declares the LORD.

"This is the one I esteem:
    he who is humble and contrite in spirit,
    and trembles at my word.
3But whoever sacrifices a bull
    is like one who kills a man,
and whoever offers a lamb,
    like one who breaks a dog's neck;
whoever makes a grain offering
    is like one who presents pig's blood,
and whoever burns memorial incense,
    like one who worships an idol.
They have chosen their own ways,
    and their souls delight in their
        abominations;
4so I also will choose harsh treatment for
        them
    and will bring upon them what they
        dread.
For when I called, no one answered,
    when I spoke, no one listened.
They did evil in my sight
    and chose what displeases me."

---

h 65:20 *el que no llegue.* Alt. *el pecador que llegue.*   *y* 20 Or / *the sinner who reaches*

5 ¡Escuchen la palabra del SEÑOR,
    ustedes que tiemblan ante su palabra!:
«Así dicen sus hermanos que los odian
    y los excluyen por causa de mi *nombre:
"¡Que el SEÑOR sea glorificado,
    para que veamos la alegría de ustedes!"
Pero ellos serán los avergonzados.
6 Una voz resuena desde la ciudad,
    una voz surge del templo:
Es la voz del SEÑOR
    que da a sus enemigos su merecido.

7 »Antes de estar con dolores de parto,
    Jerusalén tuvo un hijo;
antes que le llegaran los dolores,
    dio a luz un varón.
8 ¿Quién ha oído cosa semejante?
    ¿Quién ha visto jamás cosa igual?
¿Puede una nación nacer en un solo día?
    ¿Se da a luz un pueblo en un momento?
Sin embargo, *Sión dio a luz sus hijos
    cuando apenas comenzaban sus dolores.
9 ¿Podría yo abrir la matriz,
    y no provocar el parto?
                            —dice el SEÑOR—.
¿O cerraría yo el seno materno,
    siendo que yo hago dar a luz?
                            —dice tu Dios—.
10 Mas alégrense con Jerusalén, y regocíjense por
        ella,
    todos los que la aman;
salten con ella de alegría,
    todos los que por ella se conduelen.
11 Porque ustedes serán amamantados y saciados,
    y hallarán consuelo en sus pechos;
beberán hasta saciarse,
    y se deleitarán en sus henchidos senos.»

12 Porque así dice el SEÑOR:

«Hacia ella extenderé la *paz como un
        torrente,
    y la riqueza de las naciones como río
        desbordado.
Ustedes serán amamantados, llevados en sus
        brazos,
    mecidos en sus rodillas.
13 Como madre que consuela a su hijo,
    así yo los consolaré a ustedes;
en Jerusalén serán consolados.»

14 Cuando ustedes vean esto,
    se regocijará su *corazón,
    y su cuerpo florecerá como la hierba;
el SEÑOR dará a conocer
    su poder entre sus siervos,
    y su furor entre sus enemigos.
15 ¡Ya viene el SEÑOR con fuego!
    ¡Sus carros de combate son como un
        torbellino!
Descargará su enojo con furor,
    y su reprensión con llamas de fuego.
16 Con fuego y con espada
    juzgará el SEÑOR a todo *mortal.
    ¡Muchos morirán a manos del SEÑOR!

17 «Juntos perecerán los que se *santifican y se *purifican para entrar en los jardines, siguiendo a uno que
va al frente,ⁱ y los que comen carne de cerdo, ratas y
otras cosas abominables —afirma el SEÑOR—.

5 Hear the word of the LORD,
    you who tremble at his word:
"Your brothers who hate you,
    and exclude you because of my name,
    have said,
'Let the LORD be glorified,
    that we may see your joy!'
    Yet they will be put to shame.
6 Hear that uproar from the city,
    hear that noise from the temple!
It is the sound of the LORD
    repaying his enemies all they deserve.

7 "Before she goes into labor,
    she gives birth;
before the pains come upon her,
    she delivers a son.
8 Who has ever heard of such a thing?
    Who has ever seen such things?
Can a country be born in a day
    or a nation be brought forth in a moment?
Yet no sooner is Zion in labor
    than she gives birth to her children.
9 Do I bring to the moment of birth
    and not give delivery?" says the LORD.
"Do I close up the womb
    when I bring to delivery?" says your God.
10 "Rejoice with Jerusalem and be glad for her,
    all you who love her;
rejoice greatly with her,
    all you who mourn over her.
11 For you will nurse and be satisfied
    at her comforting breasts;
you will drink deeply
    and delight in her overflowing
        abundance."

12 For this is what the LORD says:

"I will extend peace to her like a river,
    and the wealth of nations like a flooding
        stream;
you will nurse and be carried on her arm
    and dandled on her knees.
13 As a mother comforts her child,
    so will I comfort you;
and you will be comforted over
        Jerusalem."

14 When you see this, your heart will rejoice
    and you will flourish like grass;
the hand of the LORD will be made known
        to his servants,
    but his fury will be shown to his foes.
15 See, the LORD is coming with fire,
    and his chariots are like a whirlwind;
he will bring down his anger with fury,
    and his rebuke with flames of fire.
16 For with fire and with his sword
    the LORD will execute judgment upon all
        men,
    and many will be those slain by the
        LORD.

17 "Those who consecrate and purify themselves to
go into the gardens, following the one in the midst ofᶻ
those who eat the flesh of pigs and rats and other
abominable things—they will meet their end together,"
declares the LORD.

¹⁸»Yo, por causa de sus acciones y sus ideas, estoy a punto de reunir a gente de toda nación y lengua; vendrán y verán mi gloria.

¹⁹»Les daré una señal, y a algunos de sus sobrevivientes los enviaré a las naciones: a Tarsis, Pul, Lidia (famosa por sus arqueros), Tubal y Grecia, y a las costas lejanas que no han oído hablar de mi fama ni han visto mi gloria. Ellos anunciarán mi gloria entre las naciones. ²⁰Y a todos los hermanos que ustedes tienen entre las naciones los traerán a mi monte santo en Jerusalén, como una ofrenda al SEÑOR; los traerán en caballos, en carros de combate y en literas, y en mulas y camellos —dice el SEÑOR—. Los traerán como traen los israelitas, en recipientes limpios, sus ofrendas de grano al templo del SEÑOR. ²¹Y de ellos escogeré también a algunos, para que sean sacerdotes y levitas —dice el SEÑOR—.

²²»Porque así como perdurarán en mi presencia el cielo nuevo y la tierra nueva que yo haré, así también perdurarán el nombre y los descendientes de ustedes —afirma el SEÑOR—. ²³Sucederá que de una luna nueva a otra, y de un *sábado a otro, toda la humanidad vendrá a postrarse ante mí —dice el SEÑOR—. ²⁴Entonces saldrán y contemplarán los cadáveres de los que se rebelaron contra mí.

»Porque no morirá el gusano que los devora,
    ni se apagará el fuego que los consume:
    ¡repulsivos serán a toda la humanidad!»

¹⁸"And I, because of their actions and their imaginations, am about to come^a and gather all nations and tongues, and they will come and see my glory.

¹⁹"I will set a sign among them, and I will send some of those who survive to the nations—to Tarshish, to the Libyans^b and Lydians (famous as archers), to Tubal and Greece, and to the distant islands that have not heard of my fame or seen my glory. They will proclaim my glory among the nations. ²⁰And they will bring all your brothers, from all the nations, to my holy mountain in Jerusalem as an offering to the LORD—on horses, in chariots and wagons, and on mules and camels," says the LORD. "They will bring them, as the Israelites bring their grain offerings, to the temple of the LORD in ceremonially clean vessels. ²¹And I will select some of them also to be priests and Levites," says the LORD.

²²"As the new heavens and the new earth that I make will endure before me," declares the LORD, "so will your name and descendants endure. ²³From one New Moon to another and from one Sabbath to another, all mankind will come and bow down before me," says the LORD. ²⁴"And they will go out and look upon the dead bodies of those who rebelled against me; their worm will not die, nor will their fire be quenched, and they will be loathsome to all mankind."

^a 18 The meaning of the Hebrew for this clause is uncertain.
^b 19 Some Septuagint manuscripts *Put* (Libyans); Hebrew *Pul*

Jeremías

1 Éstas son las palabras de Jeremías hijo de Jilquías. Jeremías provenía de una familia sacerdotal de Anatot, ciudad del territorio de Benjamín. ²La palabra del SEÑOR vino a Jeremías en el año trece del reinado de Josías hijo de Amón, rey de Judá. ³También vino a él durante el reinado de Joacim hijo de Josías, rey de Judá, y hasta el fin del reinado de Sedequías hijo de Josías, rey de Judá; es decir, hasta el quinto mes del año undécimo de su reinado, cuando la población de Jerusalén fue deportada.

Llamamiento de Jeremías

⁴La palabra del SEÑOR vino a mí:

⁵«Antes de formarte en el vientre,
    ya te había elegido;
antes de que nacieras,
    ya te había apartado;
te había nombrado profeta para las
    naciones.»

⁶Yo le respondí:

«¡Ah, SEÑOR mi Dios! ¡Soy muy joven, y no sé hablar!»

⁷Pero el SEÑOR me dijo:

«No digas: "Soy muy joven", porque vas a ir adondequiera que yo te envíe, y vas a decir todo lo que yo te ordene. ⁸No le temas a nadie, que yo estoy contigo para librarte.» Lo afirma el SEÑOR.

⁹Luego extendió el SEÑOR la mano y, tocándome la boca, me dijo:

«He puesto en tu boca mis palabras. ¹⁰Mira, hoy te doy autoridad sobre naciones y reinos,

»para arrancar y derribar,
para destruir y demoler,
para construir y plantar.»

¹¹La palabra del SEÑOR vino a mí, y me dijo:

«¿Qué es lo que ves, Jeremías?»

«Veo una rama de almendro», respondí.

¹² «Has visto bien —dijo el SEÑOR—, porque yo estoy alerta*a* para que se cumpla mi palabra.»

¹³La palabra del SEÑOR vino a mí por segunda vez, y me dijo:

«¿Qué es lo que ves?»

«Veo una olla que hierve y se derrama desde el norte», respondí.

¹⁴Entonces el SEÑOR me dijo:

«Desde el norte se derramará la calamidad sobre todos los habitantes del país. ¹⁵Yo estoy por convocar a todas las tribus de los reinos del norte —afirma el SEÑOR—.

»Vendrán, y cada uno pondrá su trono
    a la *entrada misma de Jerusalén;
vendrán contra todos los muros que la rodean,
    y contra todas las ciudades de Judá.

Jeremiah

1 The words of Jeremiah son of Hilkiah, one of the priests at Anathoth in the territory of Benjamin. ²The word of the LORD came to him in the thirteenth year of the reign of Josiah son of Amon king of Judah, ³and through the reign of Jehoiakim son of Josiah king of Judah, down to the fifth month of the eleventh year of Zedekiah son of Josiah king of Judah, when the people of Jerusalem went into exile.

The Call of Jeremiah

⁴The word of the LORD came to me, saying,

⁵"Before I formed you in the womb I
    knew*a* you,
before you were born I set you apart;
    I appointed you as a prophet to the
        nations."

⁶"Ah, Sovereign LORD," I said, "I do not know how to speak; I am only a child."

⁷But the LORD said to me, "Do not say, 'I am only a child.' You must go to everyone I send you to and say whatever I command you. ⁸Do not be afraid of them, for I am with you and will rescue you," declares the LORD.

⁹Then the LORD reached out his hand and touched my mouth and said to me, "Now, I have put my words in your mouth. ¹⁰See, today I appoint you over nations and kingdoms to uproot and tear down, to destroy and overthrow, to build and to plant."

¹¹The word of the LORD came to me: "What do you see, Jeremiah?"

"I see the branch of an almond tree," I replied.

¹²The LORD said to me, "You have seen correctly, for I am watching*b* to see that my word is fulfilled."

¹³The word of the LORD came to me again: "What do you see?"

"I see a boiling pot, tilting away from the north," I answered.

¹⁴The LORD said to me, "From the north disaster will be poured out on all who live in the land. ¹⁵I am about to summon all the peoples of the northern kingdoms," declares the LORD.

"Their kings will come and set up their
    thrones
in the entrance of the gates of Jerusalem;
they will come against all her surrounding
        walls
    and against all the towns of Judah.

---

a 1:11-12 En hebreo, las palabras que corresponden a *almendro* y *yo estoy alerta* tienen un sonido parecido.

a 5 Or *chose*   *b 12* The Hebrew for *watching* sounds like the Hebrew for *almond tree*.

16 Yo dictaré sentencia contra mi pueblo,
por toda su maldad,
han quemado incienso a otros dioses,
y han adorado las obras de sus manos.

17 »Pero tú, ¡prepárate! Ve y diles todo lo que yo te ordene. No temas ante ellos, pues de lo contrario yo haré que sí les temas. 18 Hoy te he puesto como ciudad fortificada, como columna de hierro y muro de bronce, contra todo el país, contra los reyes de Judá, contra sus autoridades y sus sacerdotes, y contra la gente del país. 19 Pelearán contra ti, pero no te podrán vencer, porque yo estoy contigo para librarte», afirma el SEÑOR.

Israel abandona a Dios

2 La palabra del SEÑOR vino a mí: 2 «Ve y proclama a oídos de Jerusalén que así dice el SEÑOR:

»"Recuerdo el amor de tu juventud,
tu cariño de novia,
cuando me seguías por el desierto,
por tierras no cultivadas.
3 Israel estaba consagrada al SEÑOR,
era las *primicias de su cosecha;
todo el que comía de ella sufría las
consecuencias,
les sobrevenía la calamidad"»,
afirma el SEÑOR.

4 ¡Escuchen la palabra del SEÑOR, descendientes
de Jacob,
tribus todas del pueblo de Israel!

5 Así dice el SEÑOR:

«¿Qué injusticia vieron en mí sus antepasados,
que se alejaron tanto de mí?
Se fueron tras lo que nada vale,
y en nada se convirtieron.
6 Nunca preguntaron:
"¿Dónde está el SEÑOR
que nos hizo subir de Egipto,
que nos guió por el desierto,
por tierra árida y accidentada,
por tierra reseca y tenebrosa,
por tierra que nadie transita
y en la que nadie vive?"
7 Yo los traje a una tierra fértil,
para que comieran de sus frutos
y de su abundancia.
Pero ustedes vinieron y *contaminaron mi
tierra;
hicieron de mi heredad algo abominable.
8 Nunca preguntaron los sacerdotes:
"¿Dónde está el SEÑOR?"
Los expertos en la ley jamás me conocieron;
los *pastores se rebelaron contra mí,
los profetas hablaron en nombre de *Baal
y se fueron tras dioses que para nada sirven.
9 Por eso, aún voy a entablar un litigio contra
ustedes,
y también litigaré contra los hijos de sus
hijos
—afirma el SEÑOR—.

16 I will pronounce my judgments on my
people
because of their wickedness in forsaking
me,
in burning incense to other gods
and in worshiping what their hands have
made.

17 "Get yourself ready! Stand up and say to them whatever I command you. Do not be terrified by them, or I will terrify you before them. 18 Today I have made you a fortified city, an iron pillar and a bronze wall to stand against the whole land—against the kings of Judah, its officials, its priests and the people of the land. 19 They will fight against you but will not overcome you, for I am with you and will rescue you," declares the LORD.

Israel Forsakes God

2 The word of the LORD came to me: 2 "Go and proclaim in the hearing of Jerusalem:

" 'I remember the devotion of your youth,
how as a bride you loved me
and followed me through the desert,
through a land not sown.
3 Israel was holy to the LORD,
the firstfruits of his harvest;
all who devoured her were held guilty,
and disaster overtook them,' "
declares the LORD.

4 Hear the word of the LORD, O house of
Jacob,
all you clans of the house of Israel.

5 This is what the LORD says:

"What fault did your fathers find in me,
that they strayed so far from me?
They followed worthless idols
and became worthless themselves.
6 They did not ask, 'Where is the LORD,
who brought us up out of Egypt
and led us through the barren wilderness,
through a land of deserts and rifts,
a land of drought and darkness,c
a land where no one travels and no one
lives?'
7 I brought you into a fertile land
to eat its fruit and rich produce.
But you came and defiled my land
and made my inheritance detestable.
8 The priests did not ask,
'Where is the LORD?'
Those who deal with the law did not know
me;
the leaders rebelled against me.
The prophets prophesied by Baal,
following worthless idols.

9 "Therefore I bring charges against you
again,"
declares the LORD.
"And I will bring charges against your
children's children.

---

c 6 Or *and the shadow of death*

¹⁰»Crucen a las costas de Chipre, y miren;
　　envíen mensajeros a Cedar,^b e infórmense
　　　bien;
　　fíjense si ha sucedido algo semejante.
¹¹¿Hay alguna nación que haya cambiado de
　　　dioses,
　　a pesar de que no son dioses?
¡Pues mi pueblo ha cambiado al que es su
　　　gloria,
　　por lo que no sirve para nada!
¹²¡Espántense, cielos, ante esto!
　　¡Tiemblen y queden horrorizados!
　　　　　　　　　　—afirma el SEÑOR—.

¹³»Dos son los pecados
　　que ha cometido mi pueblo:
Me han abandonado a mí,
　　fuente de agua viva,
y han cavado sus propias cisternas,
　　cisternas rotas que no retienen agua.
¹⁴¿Acaso es Israel un esclavo?
　　¿Nació en la esclavitud?
　　¿Por qué entonces lo saquean?
¹⁵Los leones rugieron contra él,
　　lanzaron fuertes gruñidos.
Dejaron desolado su país,
　　sus ciudades fueron incendiadas,
　　y ya nadie las habita.

¹⁶»Para colmo de males,
　　los de Menfis^c y los de Tafnes
　　te raparon la cabeza.
¹⁷¿No te ha pasado todo esto
　　por haber abandonado al SEÑOR tu Dios,
　　mientras él te guiaba por el camino?
¹⁸Y ahora, ¿qué sacas con ir a Egipto
　　a beber agua del Nilo?
¿Qué sacas con ir a Asiria
　　a beber agua del Éufrates?
¹⁹Tu maldad te castigará,
　　tu infidelidad te recriminará.
Ponte a pensar cuán malo y amargo
　　es abandonar al SEÑOR tu Dios
　　y no sentir temor de mí
　　　　　—afirma el Señor, el SEÑOR
　　　　　　*Todopoderoso—.

²⁰»Desde hace mucho quebraste el yugo;
　　te quitaste las ataduras
　　y dijiste: "¡No quiero servirte!"
Sobre toda colina alta,
　　y bajo todo árbol frondoso,
　　te entregaste a la prostitución.
²¹Yo te planté, como vid selecta,
　　con semilla genuina.
¿Cómo es que te has convertido
　　en una vid degenerada y extraña?
²²Aunque te laves con lejía,
　　y te frotes con mucho jabón,
ante mí seguirá presente
　　la mancha de tu iniquidad
　　　　　—afirma el SEÑOR omnipotente—.

²³»¿Cómo puedes decir:
　"No me he contaminado,
　　ni me he ido tras los baales"?
¡Considera tu conducta en el valle!
　¡Reconoce lo que has hecho!
¡Camella ligera de cascos,
　　que no puedes quedarte quieta!

¹⁰Cross over to the coasts of Kittim^d and
　　look,
　　send to Kedar^e and observe closely;
　　see if there has ever been anything like
　　　this:
¹¹Has a nation ever changed its gods?
　(Yet they are not gods at all.)
But my people have exchanged their^f
　　Glory
　for worthless idols.
¹²Be appalled at this, O heavens,
　　and shudder with great horror,"
　　　　　　　　　　declares the LORD.
¹³"My people have committed two sins:
　They have forsaken me,
　　the spring of living water,
　and have dug their own cisterns,
　　broken cisterns that cannot hold water.
¹⁴Is Israel a servant, a slave by birth?
　　Why then has he become plunder?
¹⁵Lions have roared;
　　they have growled at him.
They have laid waste his land;
　　his towns are burned and deserted.
¹⁶Also, the men of Memphis^g and Tahpanhes
　　have shaved the crown of your head.^h
¹⁷Have you not brought this on yourselves
　　by forsaking the LORD your God
　　when he led you in the way?
¹⁸Now why go to Egypt
　　to drink water from the Shihorⁱ?
And why go to Assyria
　　to drink water from the River^j?
¹⁹Your wickedness will punish you;
　　your backsliding will rebuke you.
Consider then and realize
　　how evil and bitter it is for you
when you forsake the LORD your God
　　and have no awe of me,"
　　　　　　　　　declares the Lord,
　　　　　　　　　the LORD Almighty.

²⁰"Long ago you broke off your yoke
　　and tore off your bonds;
　　you said, 'I will not serve you!'
Indeed, on every high hill
　　and under every spreading tree
　　you lay down as a prostitute.
²¹I had planted you like a choice vine
　　of sound and reliable stock.
How then did you turn against me
　　into a corrupt, wild vine?
²²Although you wash yourself with soda
　　and use an abundance of soap,
　the stain of your guilt is still before me,"
　　　　　　　　　declares the Sovereign LORD.
²³"How can you say, 'I am not defiled;
　　I have not run after the Baals'?
See how you behaved in the valley;
　　consider what you have done.
You are a swift she-camel
　　running here and there,

---

^b 2:10 *Cedar.* Asentamiento de tribus beduinas en el desierto
siro-arábigo.　　^c 2:16 *Menfis.* Lit. *Nof.*

^d10 That is, Cyprus and western coastlands　　^e10 The home of
Bedouin tribes in the Syro-Arabian desert　　^f11 Masoretic Text;
an ancient Hebrew scribal tradition *my*　　^g16 Hebrew *Noph*
^h16 Or *have cracked your skull*　　ⁱ18 That is, a branch of the
Nile　　^j18 That is, the Euphrates

24 ¡Asna salvaje que tiras al monte!
  Cuando ardes en deseos, olfateas el viento;
    cuando estás en celo, no hay quien te
      detenga.
  Ningún macho que te busque tiene que
    fatigarse:
  cuando estás en celo, fácilmente te
    encuentra.

25 »No andes con pies descalzos, que te lastimas,
    ni dejes que la garganta se te reseque.
  Pero tú insistes: "¡No tengo remedio!
  Amo a dioses extraños, y tras ellos me iré."

26 »El pueblo de Israel se avergonzará,
    junto con sus reyes y autoridades,
  sacerdotes y profetas,
    como se avergüenza el ladrón cuando lo
      descubren.
27 A un trozo de madera le dicen:
    "Tú eres mi padre",
  y a una piedra le repiten:
    "Tú me has dado a luz."
  Me han vuelto la espalda;
    no me quieren dar la cara.
  Pero les llega la desgracia y me dicen:
    "¡Levántate y sálvanos!"
28 ¿Dónde están, Judá, los dioses que te
    fabricaste?
  ¡Tienes tantos dioses como ciudades!
  ¡Diles que se levanten!
    ¡A ver si te salvan cuando caigas en
      desgracia!

29 »¿Por qué litigan conmigo?
    Todos ustedes se han rebelado contra mí
      —afirma el SEÑOR—.

30 »En vano castigo a mi pueblo,
    pues rechaza mi *corrección.
  Cual si fuera un león feroz,
    la espada de ustedes devoró a sus profetas.

31 »Pero ustedes, los de esta generación,
    presten atención a la palabra del SEÑOR:
  ¿Acaso he sido para Israel
    un desierto o una tierra tenebrosa?
  ¿Por qué dice mi pueblo:
    "Somos libres, nunca más volveremos a ti"?
32 ¿Acaso una joven se olvida de sus joyas,
    o una novia de su atavío?
  ¡Pues hace muchísimo tiempo
    que mi pueblo se olvidó de mí!
33 ¡Qué mañosa eres
    para conseguir amantes!
  ¡Hasta las malas mujeres
    han aprendido de ti!
34 Tienes la ropa manchada de sangre,
    de sangre de gente pobre e inocente,
  a los que nunca sorprendiste robando.
  Por todo esto 35 te voy a juzgar:
    por alegar que no has pecado,
  por insistir en tu inocencia,
    por afirmar: "¡Dios ya no está enojado
      conmigo!"
36 ¡Con qué ligereza cambias de parecer!d
    Pues también Egipto te defraudará,
      como te defraudó Asiria.

24 a wild donkey accustomed to the desert,
    sniffing the wind in her craving—
  in her heat who can restrain her?
  Any males that pursue her need not tire
    themselves;
  at mating time they will find her.
25 Do not run until your feet are bare
    and your throat is dry.
  But you said, 'It's no use!
  I love foreign gods,
    and I must go after them.'

26 "As a thief is disgraced when he is caught,
    so the house of Israel is disgraced—
  they, their kings and their officials,
    their priests and their prophets.
27 They say to wood, 'You are my father,'
    and to stone, 'You gave me birth.'
  They have turned their backs to me
    and not their faces;
  yet when they are in trouble, they say,
    'Come and save us!'
28 Where then are the gods you made for
    yourselves?
  Let them come if they can save you
    when you are in trouble!
  For you have as many gods
    as you have towns, O Judah.

29 "Why do you bring charges against me?
    You have all rebelled against me,"
      declares the LORD.
30 "In vain I punished your people;
    they did not respond to correction.
  Your sword has devoured your prophets
    like a ravening lion.

31 "You of this generation, consider the word of the
  LORD:

  "Have I been a desert to Israel
    or a land of great darkness?
  Why do my people say, 'We are free to
    roam;
  we will come to you no more'?
32 Does a maiden forget her jewelry,
    a bride her wedding ornaments?
  Yet my people have forgotten me,
    days without number.
33 How skilled you are at pursuing love!
    Even the worst of women can learn from
      your ways.
34 On your clothes men find
    the lifeblood of the innocent poor,
  though you did not catch them breaking
    in.
  Yet in spite of all this
35   you say, 'I am innocent;
    he is not angry with me.'
  But I will pass judgment on you
    because you say, 'I have not sinned.'
36 Why do you go about so much,
    changing your ways?
  You will be disappointed by Egypt
    as you were by Assyria.

---

d 2:36 *de parecer*. Alt. *de aliados*.

³⁷ Saldrás de allí con las manos en la nuca,
    porque el SEÑOR ha rechazado
a aquellos en quienes confías,
    y no prosperarás con ellos.

3 »Supongamos que un hombre se divorcia de su mujer, y que ella lo deja para casarse con otro. ¿Volvería el primero a casarse con ella? ¡Claro que no! Semejante acción *contaminaría por completo la tierra. Pues bien, tú te has prostituido con muchos amantes, y ya no podrás volver a mí —afirma el SEÑOR—.

² »Fíjate bien en esas lomas estériles:
    ¡Dónde no se han acostado contigo!
Como un beduino en el desierto,
    te sentabas junto al camino,
    a la espera de tus amantes.
Has contaminado la tierra
    con tus infames prostituciones.
³ Por eso se demoraron las lluvias,
    y no llegaron los aguaceros de primavera.
Tienes el descaro de una prostituta;
    ¡no conoces la vergüenza!
⁴ No hace mucho me llamabas:
    "Padre mío, amigo de mi juventud,
⁵ ¿vas a estar siempre enojado?
    ¿Guardarás rencor eternamente?"
Y mientras hablabas,
    hacías todo el mal posible.»

La infidelidad de Israel

⁶ Durante el reinado del rey Josías el SEÑOR me dijo: «¿Has visto lo que ha hecho Israel, la infiel? Se fue a todo monte alto, y allí, bajo todo árbol frondoso, se prostituyó. ⁷ Yo pensaba que después de hacer todo esto ella volvería a mí. Pero no lo hizo. Esto lo vio su hermana, la infiel Judá, ⁸ y vioᵉ también que yo había repudiado a la apóstata Israel, y que le había dado carta de divorcio por todos los adulterios que había cometido. No obstante, su hermana, la infiel Judá, no tuvo ningún temor, sino que también ella se prostituyó. ⁹ »Como Israel no tuvo ningún reparo en prostituirse, *contaminó la tierra y cometió adulterio al adorar ídolos de piedra y de madera. ¹⁰ A pesar de todo esto, su hermana, la infiel Judá, no se volvió a mí de todo *corazón, sino que sólo fingió volverse», afirma el SEÑOR.

¹¹ El SEÑOR me dijo: «La apóstata Israel ha resultado ser más justa que la infiel Judá. ¹² Ve al norte y proclama este mensaje:

»"¡Vuelve, apóstata Israel!
    No te miraré con ira

                    —afirma el SEÑOR—.
No te guardaré rencor para siempre,
    porque soy misericordioso

                    —afirma el SEÑOR—.
¹³ Tan sólo reconoce tu culpa,
    y que te rebelaste contra el SEÑOR tu Dios.
Bajo todo árbol frondoso
    has brindado a dioses extraños tus favores,
    y no has querido obedecerme"

                    —afirma el SEÑOR—.

³⁷ You will also leave that place
    with your hands on your head,
for the LORD has rejected those you trust;
    you will not be helped by them.

3 "If a man divorces his wife
    and she leaves him and marries another
        man,
should he return to her again?
    Would not the land be completely
        defiled?
But you have lived as a prostitute with
        many lovers—
    would you now return to me?"
                    declares the LORD.
² "Look up to the barren heights and see.
    Is there any place where you have not
        been ravished?
By the roadside you sat waiting for lovers,
    sat like a nomadᵏ in the desert.
You have defiled the land
    with your prostitution and wickedness.
³ Therefore the showers have been withheld,
    and no spring rains have fallen.
Yet you have the brazen look of a
        prostitute;
    you refuse to blush with shame.
⁴ Have you not just called to me:
    'My Father, my friend from my youth,
⁵ will you always be angry?
    Will your wrath continue forever?'
This is how you talk,
    but you do all the evil you can."

Unfaithful Israel

⁶ During the reign of King Josiah, the LORD said to me, "Have you seen what faithless Israel has done? She has gone up on every high hill and under every spreading tree and has committed adultery there. ⁷ I thought that after she had done all this she would return to me but she did not, and her unfaithful sister Judah saw it. ⁸ I gave faithless Israel her certificate of divorce and sent her away because of all her adulteries. Yet I saw that her unfaithful sister Judah had no fear; she also went out and committed adultery. ⁹ Because Israel's immorality mattered so little to her, she defiled the land and committed adultery with stone and wood. ¹⁰ In spite of all this, her unfaithful sister Judah did not return to me with all her heart, but only in pretense," declares the LORD.

¹¹ The LORD said to me, "Faithless Israel is more righteous than unfaithful Judah. ¹² Go, proclaim this message toward the north:

" 'Return, faithless Israel,' declares the
        LORD,
    'I will frown on you no longer,
for I am merciful,' declares the LORD,
    'I will not be angry forever.
¹³ Only acknowledge your guilt—
    you have rebelled against the LORD your
        God,
you have scattered your favors to foreign
        gods
    under every spreading tree,
    and have not obeyed me,' "
                    declares the LORD.

ᵉ 3:8 vio (un ms. hebreo, mss. de LXX y Siríaca); yo vi (TM).   ᵏ 2 Or an Arab

14»¡Vuélvanse a mí, apóstatas —afirma el SEÑOR—, porque yo soy su esposo! De ustedes tomaré uno de cada ciudad y dos de cada familia, y los traeré a *Sión. 15Les daré *pastores que cumplan mi voluntad, para que los guíen con sabiduría y entendimiento.

16»En aquellos días, cuando ustedes se hayan multiplicado y sean numerosos en el país, ya no se dirá más: "Arca del *pacto del SEÑOR". Nadie pensará más en ella ni la recordará; nadie la echará de menos ni volverá a fabricarla —afirma el SEÑOR—.

17»En aquel tiempo llamarán a Jerusalén: "Trono del SEÑOR". Todas las naciones se reunirán en Jerusalén para honrar el *nombre del SEÑOR, y ya no volverán a obedecer ciegamente a su malvado corazón.

18»En aquellos días la tribu de Judá se unirá al pueblo de Israel, y juntos vendrán del país del norte, a la tierra que di como herencia a sus antepasados.

19»Yo mismo dije:

»"¡Cómo quisiera tratarte como a un hijo,
    y darte una tierra codiciable,
    la heredad más hermosa de las naciones!"
Yo creía que me llamarías "Padre mío",
    y que nunca dejarías de seguirme.
20Pero tú, pueblo de Israel,
    me has sido infiel
    como una mujer infiel a su esposo»,
                        afirma el SEÑOR.

21 Se escucha un grito en las lomas estériles,
    la súplica angustiosa del pueblo de Israel,
porque han pervertido su conducta,
    se han olvidado del SEÑOR su Dios.

22 «¡Vuélvanse, apóstatas,
    y los curaré de su infidelidad!»

«Aquí estamos, a ti venimos,
    porque tú eres el SEÑOR nuestro Dios.
23 Ciertamente son un engaño las colinas,
    y una mentira el estruendo sobre las
        montañas.
Ciertamente en el SEÑOR nuestro Dios
    está la *salvación de Israel.
24 Desde nuestra juventud, la vergonzosa idolatría
    se ha engullido el esfuerzo de nuestros
        antepasados:
sus rebaños y su ganado,
    sus hijos y sus hijas.
25 ¡Acostémonos en nuestra vergüenza,
    y que nos cubra nuestra desgracia!
¡Nosotros y nuestros antepasados
    hemos pecado contra el SEÑOR nuestro Dios!
Desde nuestra juventud y hasta el día de hoy,
    no hemos obedecido al SEÑOR nuestro Dios.»

4 «Israel, si piensas volver,
    vuélvete a mí
                    —afirma el SEÑOR—.
Si quitas de mi vista tus ídolos abominables
    y no te alejas de mí,
2 si con fidelidad, justicia y rectitud
    juras: "Por la vida del SEÑOR",
entonces "en él serán benditas las naciones,
    y en él se gloriarán".»

14"Return, faithless people," declares the LORD, "for I am your husband. I will choose you—one from a town and two from a clan—and bring you to Zion. 15Then I will give you shepherds after my own heart, who will lead you with knowledge and understanding. 16In those days, when your numbers have increased greatly in the land," declares the LORD, "men will no longer say, 'The ark of the covenant of the LORD.' It will never enter their minds or be remembered; it will not be missed, nor will another one be made. 17At that time they will call Jerusalem The Throne of the LORD, and all nations will gather in Jerusalem to honor the name of the LORD. No longer will they follow the stubbornness of their evil hearts. 18In those days the house of Judah will join the house of Israel, and together they will come from a northern land to the land I gave your forefathers as an inheritance.

19"I myself said,

" 'How gladly would I treat you like sons
    and give you a desirable land,
    the most beautiful inheritance of any
        nation.'
I thought you would call me 'Father'
    and not turn away from following me.
20But like a woman unfaithful to her husband,
    so you have been unfaithful to me,
        O house of Israel,"
                    declares the LORD.

21A cry is heard on the barren heights,
    the weeping and pleading of the people of
        Israel,
because they have perverted their ways
    and have forgotten the LORD their God.

22"Return, faithless people;
    I will cure you of backsliding."

"Yes, we will come to you,
    for you are the LORD our God.
23Surely the ⌊idolatrous⌋ commotion on the
        hills
    and mountains is a deception;
surely in the LORD our God
    is the salvation of Israel.
24From our youth shameful gods have
        consumed
    the fruits of our fathers' labor—
their flocks and herds,
    their sons and daughters.
25Let us lie down in our shame,
    and let our disgrace cover us.
We have sinned against the LORD our God,
    both we and our fathers;
from our youth till this day
    we have not obeyed the LORD our God."

4 "If you will return, O Israel,
    return to me,"
                    declares the LORD.
"If you put your detestable idols out of my
        sight
    and no longer go astray,
2and if in a truthful, just and righteous way
    you swear, 'As surely as the LORD lives,'
then the nations will be blessed by him
    and in him they will glory."

3 Así dice el SEÑOR
a los habitantes de Judá y de Jerusalén:
«Abran surcos en terrenos no labrados,
y no siembren entre espinos.
4 Habitantes de Judá y de Jerusalén,
marquen su *corazón con la señal del
*pacto:
circuncídense para honrar al SEÑOR,
no sea que por la maldad de sus obras
mi furor se encienda como el fuego
y arda sin que nadie pueda apagarlo.

La amenaza del norte

5 »¡Anúncienlo en Judá,
proclámenlo en Jerusalén!
¡Toquen la trompeta por todo el país!
Griten a voz en cuello:
"¡Reúnanse y entremos
en las ciudades fortificadas!"
6 Señalen a *Sión con la bandera;
¡busquen refugio, no se detengan!
Porque yo traigo del norte
calamidad y gran destrucción.
7 Un león ha salido del matorral,
un destructor de naciones se ha puesto en
marcha;
ha salido de su lugar de origen
para desolar tu tierra;
tus ciudades quedarán en ruinas
y totalmente despobladas.
8 Por esto, vístanse de luto,
laméntense y giman,
porque la ardiente ira del SEÑOR
no se ha apartado de nosotros.

9 »En aquel día desfallecerá
el *corazón del rey y de los jefes;
los sacerdotes se llenarán de pánico
y los profetas quedarán atónitos»,
afirma el SEÑOR.

10 Yo dije: «¡Ah, SEÑOR mi Dios,
cómo has engañado a este pueblo y a
Jerusalén!
Dijiste: "Tendrán *paz",
pero tienen la espada en el cuello.»
11 En aquel tiempo se les dirá
a este pueblo y a Jerusalén:
«Desde las estériles lomas del desierto
sopla un viento abrasador
en dirección a la capital de mi pueblo.
No es el viento que sirve para aventar
ni para limpiar el trigo;
12 el viento que haré venir
es demasiado fuerte para eso,
porque yo mismo
dictaré sentencia contra ellos.»

13 ¡Mírenlo avanzar como las nubes!
¡Sus carros de guerra parecen un huracán!
¡Sus caballos son más veloces que las águilas!
¡Ay de nosotros! ¡Estamos perdidos!
14 Jerusalén, limpia de maldad tu corazón
para que seas salvada.
¿Hasta cuándo hallarán lugar en ti
los pensamientos perversos?
15 Una voz anuncia desgracia
desde Dan y desde las colinas de Efraín.

3 This is what the LORD says to the men of Judah and
to Jerusalem:

"Break up your unplowed ground
and do not sow among thorns.
4 Circumcise yourselves to the LORD,
circumcise your hearts,
you men of Judah and people of
Jerusalem,
or my wrath will break out and burn like
fire
because of the evil you have done—
burn with no one to quench it.

Disaster From the North

5 "Announce in Judah and proclaim in
Jerusalem and say:
'Sound the trumpet throughout the land!'
Cry aloud and say:
'Gather together!
Let us flee to the fortified cities!'
6 Raise the signal to go to Zion!
Flee for safety without delay!
For I am bringing disaster from the north,
even terrible destruction."

7 A lion has come out of his lair;
a destroyer of nations has set out.
He has left his place
to lay waste your land.
Your towns will lie in ruins
without inhabitant.
8 So put on sackcloth,
lament and wail,
for the fierce anger of the LORD
has not turned away from us.

9 "In that day," declares the LORD,
"the king and the officials will lose heart,
the priests will be horrified,
and the prophets will be appalled."

10 Then I said, "Ah, Sovereign LORD, how completely you have deceived this people and Jerusalem by
saying, 'You will have peace,' when the sword is at
our throats."

11 At that time this people and Jerusalem will be told,
"A scorching wind from the barren heights in the
desert blows toward my people, but not to winnow or
cleanse; 12 a wind too strong for that comes from me.[l]
Now I pronounce my judgments against them."

13 Look! He advances like the clouds,
his chariots come like a whirlwind,
his horses are swifter than eagles.
Woe to us! We are ruined!
14 O Jerusalem, wash the evil from your heart
and be saved.
How long will you harbor wicked
thoughts?
15 A voice is announcing from Dan,
proclaiming disaster from the hills of
Ephraim.

---

l 12 Or comes at my command

16 «Adviertan a las naciones,
proclámenlo contra Jerusalén:
"De lejanas tierras vienen sitiadores
lanzando gritos de guerra
contra las ciudades de Judá."

17 La rodean como quien cuida un campo,
porque ella se rebeló contra mí
—afirma el SEÑOR—.

18 Tu conducta y tus acciones
te han causado todo esto.
Ésta es tu desgracia. ¡Qué amarga es!
¡Cómo te ha calado en el propio corazón!»

19 ¡Qué angustia, qué angustia!
¡Me retuerzo de dolor!
Mi corazón se agita. ¡Ay, corazón mío!
¡No puedo callarme!
Puedo escuchar el toque de trompeta
y el grito de guerra.

20 Un desastre llama a otro desastre;
todo el país está devastado.
De repente fueron destruidos
las carpas y los pabellones donde habito.

21 ¿Hasta cuándo tendré que ver la bandera
y escuchar el toque de la trompeta?

22 «Mi pueblo es *necio,
no me conoce;
son hijos insensatos
que no tienen entendimiento.
Son hábiles para hacer el mal;
no saben hacer el bien.»

23 Miré a la tierra, y era un caos total;
miré a los cielos, y todo era tinieblas.

24 Miré a las montañas, y estaban temblando;
¡se sacudían todas las colinas!

25 Miré, y no quedaba nadie;
habían huido todas las aves del cielo.

26 Miré, y la tierra fértil era un desierto;
yacían en ruinas todas las ciudades,
por la acción del SEÑOR,
por causa de su ardiente ira.

27 Así dice el SEÑOR:

«Todo el país quedará desolado,
pero no lo destruiré por completo.

28 Por eso el país estará de luto,
y los altos cielos se oscurecerán,
pues ya lo dije, y no me retractaré;
lo he decidido, y no me volveré atrás.»

29 Ante el ruido de arqueros y jinetes
huye toda la ciudad.
Algunos se meten en los matorrales,
otros trepan por los peñascos.
Toda la ciudad queda abandonada;
¡no queda un solo habitante!

30 ¿Qué piensas hacer, ciudad devastada?
¿Para qué te vistes de púrpura?
¿Para qué te pones joyas de oro?
¿Para qué te maquillas los ojos?
En vano te embelleces,
pues tus amantes te desprecian;
sólo buscan tu muerte.

16 "Tell this to the nations,
proclaim it to Jerusalem:
'A besieging army is coming from a distant
land,
raising a war cry against the cities of
Judah.

17 They surround her like men guarding a
field,
because she has rebelled against me,' "
declares the LORD.

18 "Your own conduct and actions
have brought this upon you.
This is your punishment.
How bitter it is!
How it pierces to the heart!"

19 Oh, my anguish, my anguish!
I writhe in pain.
Oh, the agony of my heart!
My heart pounds within me,
I cannot keep silent.
For I have heard the sound of the trumpet;
I have heard the battle cry.

20 Disaster follows disaster;
the whole land lies in ruins.
In an instant my tents are destroyed,
my shelter in a moment.

21 How long must I see the battle standard
and hear the sound of the trumpet?

22 "My people are fools;
they do not know me.
They are senseless children;
they have no understanding.
They are skilled in doing evil;
they know not how to do good."

23 I looked at the earth,
and it was formless and empty;
and at the heavens,
and their light was gone.

24 I looked at the mountains,
and they were quaking;
all the hills were swaying.

25 I looked, and there were no people;
every bird in the sky had flown away.

26 I looked, and the fruitful land was a desert;
all its towns lay in ruins
before the LORD, before his fierce anger.

27 This is what the LORD says:

"The whole land will be ruined,
though I will not destroy it completely.

28 Therefore the earth will mourn
and the heavens above grow dark,
because I have spoken and will not relent,
I have decided and will not turn back."

29 At the sound of horsemen and archers
every town takes to flight.
Some go into the thickets;
some climb up among the rocks.
All the towns are deserted;
no one lives in them.

30 What are you doing, O devastated one?
Why dress yourself in scarlet
and put on jewels of gold?
Why shade your eyes with paint?
You adorn yourself in vain.
Your lovers despise you;
they seek your life.

³¹ Oigo gritos como de parturienta,
   gemidos como de primeriza.
Son los gemidos de la bella Sión,
   que respira con dificultad;
que extiende los brazos y dice:
   «¡Ay de mí, que desfallezco!
   ¡Estoy en manos de asesinos!»

La corrupción de Jerusalén y de Judá

5 «Recorran las calles de Jerusalén,
      observen con cuidado,
      busquen por las plazas.
   Si encuentran una sola persona
      que practique la justicia y busque la verdad,
      yo perdonaré a esta ciudad.
² Aunque juran: "Por la vida del SEÑOR",
   de hecho juran en falso.»

³ SEÑOR, ¿acaso no buscan tus ojos la verdad?
   Golpeaste a esa gente, y no les dolió,
   acabaste con ellos, y no quisieron ser
      corregidos.
Endurecieron su rostro más que una roca,
   y no quisieron *arrepentirse.
⁴ Entonces pensé: «Así es la plebe;
   siempre actúan como *necios,
porque no conocen el *camino del SEÑOR
   ni las demandas de su Dios.
⁵ Me dirigiré a los líderes
   y les hablaré;
porque ellos sí conocen el camino del SEÑOR
   y las demandas de su Dios.»
Pero ellos también quebrantaron el yugo
   y rompieron las ataduras.
⁶ Por eso los herirá el león de la selva
   y los despedazará el lobo del desierto;
frente a sus ciudades está el leopardo al
      acecho,
   y todo el que salga de ellas será
      despedazado,
pues son muchas sus rebeliones
   y numerosas sus infidelidades.

⁷ «¿Por qué habré de perdonarte?
   Tus hijos me han abandonado,
   han jurado por los que no son dioses.
Cuando suplí sus necesidades,
   ellos cometieron adulterio
   y en tropel se volcaron a los prostíbulos.
⁸ Son como caballos bien cebados y fogosos;
   todos relinchan por la mujer ajena.
⁹ ¿Y no los he de castigar por esto?
   —afirma el SEÑOR—.
¿Acaso no he de vengarme de semejante
      nación?

¹⁰ »Suban por los surcos de esta viña
   y arrásenla, pero no acaben con ella.
Arránquenle sus sarmientos,
   porque no son del SEÑOR.
¹¹ Pues las casas de Israel y de Judá
   me han sido más que infieles»,
                              afirma el SEÑOR.

¹² Ellas han negado al SEÑOR,
   y hasta dicen: «¡Dios no existe!
Ningún mal vendrá sobre nosotros,
   no sufriremos guerras ni hambre.»

³¹ I hear a cry as of a woman in labor,
   a groan as of one bearing her first child—
the cry of the Daughter of Zion gasping for
      breath,
   stretching out her hands and saying,
   "Alas! I am fainting;
   my life is given over to murderers."

Not One Is Upright

5 "Go up and down the streets of Jerusalem,
      look around and consider,
      search through her squares.
   If you can find but one person
      who deals honestly and seeks the truth,
      I will forgive this city.
² Although they say, 'As surely as the LORD
      lives,'
   still they are swearing falsely."

³ O LORD, do not your eyes look for truth?
   You struck them, but they felt no pain;
   you crushed them, but they refused
      correction.
They made their faces harder than stone
   and refused to repent.
⁴ I thought, "These are only the poor;
   they are foolish,
for they do not know the way of the LORD,
   the requirements of their God.
⁵ So I will go to the leaders
   and speak to them;
surely they know the way of the LORD,
   the requirements of their God."
But with one accord they too had broken off
      the yoke
   and torn off the bonds.
⁶ Therefore a lion from the forest will attack
      them,
   a wolf from the desert will ravage them,
a leopard will lie in wait near their towns
   to tear to pieces any who venture out,
for their rebellion is great
   and their backslidings many.

⁷ "Why should I forgive you?
   Your children have forsaken me
   and sworn by gods that are not gods.
I supplied all their needs,
   yet they committed adultery
   and thronged to the houses of prostitutes.
⁸ They are well-fed, lusty stallions,
   each neighing for another man's wife.
⁹ Should I not punish them for this?"
   declares the LORD.
"Should I not avenge myself
   on such a nation as this?

¹⁰ "Go through her vineyards and ravage them,
   but do not destroy them completely.
Strip off her branches,
   for these people do not belong to the
      LORD.
¹¹ The house of Israel and the house of Judah
   have been utterly unfaithful to me,"
                              declares the LORD.

¹² They have lied about the LORD;
   they said, "He will do nothing!
No harm will come to us;
   we will never see sword or famine.

13 Los profetas son como el viento:
   la palabra del SEÑOR*f* no está en ellos.
   ¡Que así les suceda!

14 Por eso, así dice el SEÑOR,
   el Dios *Todopoderoso:
«Por cuanto el pueblo ha hablado así,
   mis palabras serán como fuego en tu boca,
y este pueblo, como un montón de leña.
   Ese fuego los consumirá.

15 »Pueblo de Israel,
   voy a traer contra ustedes una nación lejana,
una nación fuerte y antigua,
   una nación cuyo idioma no conocen,
cuyo lenguaje no entienden
                 —afirma el SEÑOR—.
16 Todos ellos son guerreros valientes;
   sus flechas presagian la muerte.
17 Acabarán con tu cosecha y tu alimento,
   devorarán a tus hijos e hijas,
matarán a tus rebaños y ganados,
   y destruirán tus viñas y tus higueras.
Tus ciudades fortificadas,
   en las que pusiste tu confianza,
   serán pasadas a filo de espada.

18 »Sin embargo, aun en aquellos días no los destruiré por completo —afirma el SEÑOR—. 19 Y cuando te pregunten: "¿Por qué el SEÑOR, nuestro Dios, nos ha hecho todo esto?", tú les responderás: "Así como ustedes me han abandonado y en su propia tierra han servido a dioses extranjeros, así también en tierra extraña servirán a gente extranjera."

20 »Anuncien esto entre los descendientes de
    Jacob
   y proclámenlo en Judá:
21 Escucha esto, pueblo necio e insensato,
   que tiene ojos pero no ve,
   que tiene oídos pero no oye.
22 ¿Acaso has dejado de temerme?
   —afirma el SEÑOR—.
¿No debieras temblar ante mí?
Yo puse la arena como límite del mar,
   como frontera perpetua e infranqueable.
Aunque se agiten sus olas,
   no podrán prevalecer;
aunque bramen,
   no franquearán esa frontera.
23 Pero este pueblo tiene un *corazón terco y
    rebelde;
   se ha descarriado, ha sido infiel.
24 No reflexionan ni dicen:
   "Temamos al SEÑOR, nuestro Dios,
quien a su debido tiempo nos da lluvia,
   las lluvias de otoño y primavera,
y nos asegura las semanas señaladas
   para la cosecha."
25 Las iniquidades de ustedes
   les han quitado estos beneficios;
sus pecados los han privado
   de estas bendiciones.
26 Sin duda en mi pueblo hay malvados,
   que están al acecho como cazadores de aves,
   que ponen trampas para atrapar a la gente.
27 Como jaulas llenas de pájaros,
   llenas de engaño están sus casas;
por eso se han vuelto poderosos y ricos,

13 The prophets are but wind
   and the word is not in them;
   so let what they say be done to them."

14 Therefore this is what the LORD God Almighty
says:
   "Because the people have spoken these
     words,
   I will make my words in your mouth a
     fire
   and these people the wood it consumes.
15 O house of Israel," declares the LORD,
   "I am bringing a distant nation against
     you—
   an ancient and enduring nation,
   a people whose language you do not
     know,
   whose speech you do not understand.
16 Their quivers are like an open grave;
   all of them are mighty warriors.
17 They will devour your harvests and food,
   devour your sons and daughters;
they will devour your flocks and herds,
   devour your vines and fig trees.
With the sword they will destroy
   the fortified cities in which you trust.

18 "Yet even in those days," declares the LORD, "I will not destroy you completely. 19 And when the people ask, 'Why has the LORD our God done all this to us?' you will tell them, 'As you have forsaken me and served foreign gods in your own land, so now you will serve foreigners in a land not your own.'

20 "Announce this to the house of Jacob
   and proclaim it in Judah:
21 Hear this, you foolish and senseless people,
   who have eyes but do not see,
   who have ears but do not hear:
22 Should you not fear me?" declares the
    LORD.
   "Should you not tremble in my presence?
I made the sand a boundary for the sea,
   an everlasting barrier it cannot cross.
The waves may roll, but they cannot
    prevail;
   they may roar, but they cannot cross it.
23 But these people have stubborn and
    rebellious hearts;
   they have turned aside and gone away.
24 They do not say to themselves,
   'Let us fear the LORD our God,
who gives autumn and spring rains in
    season,
   who assures us of the regular weeks of
    harvest.'
25 Your wrongdoings have kept these away;
   your sins have deprived you of good.

26 "Among my people are wicked men
   who lie in wait like men who snare birds
   and like those who set traps to catch men.
27 Like cages full of birds,
   their houses are full of deceit;
they have become rich and powerful

---

f 5:13 *del SEÑOR* (LXX); TM no incluye esta frase.

28   gordos y pedantes.
Sus obras de maldad no tienen límite:
no le hacen justicia al huérfano,
    para que su causa prospere;
ni defienden tampoco
    el derecho de los menesterosos.
29 ¿Y no los he de castigar por esto?
    ¿No he de vengarme de semejante nación?
        —afirma el SEÑOR—.

30 »Algo espantoso y terrible
    ha ocurrido en este país.
31 Los profetas profieren mentiras,
    los sacerdotes gobiernan a su antojo,
    ¡y mi pueblo tan campante!
Pero, ¿qué van a hacer ustedes
    cuando todo haya terminado?

Jerusalén es sitiada

6 »¡Huyan de Jerusalén, benjaminitas!
    ¡Toquen la trompeta en Tecoa!
    ¡Levanten señal en Bet Haqueren!
Una desgracia, una gran destrucción,
    nos amenaza desde el norte.
2 Estoy por destruir a *Sión,
    tan hermosa y delicada.
3 Los pastores y sus rebaños vienen contra ella:
    acampan a su alrededor,
    y cada uno escoge su pastizal.»

4 «¡Prepárense para pelear contra ella!
    ¡Ataquémosla a plena luz del día!
Pero, ¡ay de nosotros, que el día se acaba
    y se alargan las sombras de la noche!
5 ¡Vamos, ataquémosla de noche,
    y destruyamos sus fortalezas!»

6 Así dice el SEÑOR *Todopoderoso:

    «¡Talen árboles
      y levanten una rampa contra Jerusalén!
    Esta ciudad debe ser castigada,
      pues en ella no hay más que opresión.
7 Como agua que brota de un pozo,
    así brota de Jerusalén la maldad.
En ella se oye de violencia y destrucción;
    no veo otra cosa que enfermedades y
      heridas.
8 ¡Escarmienta, Jerusalén,
    para que no me aparte de ti!
De lo contrario, te convertiré en desolación,
    en una tierra inhabitable.»

9 Así dice el SEÑOR Todopoderoso:

    «Busquen al remanente de Israel.
    Rebusquen, como en una viña;
    repasen los sarmientos,
      como lo hace el vendimiador.»

10 ¿A quién le hablaré?
    ¿A quién le advertiré?
    ¿Quién podrá escucharme?
Tienen tapados[g] los oídos
    y no pueden comprender.
La palabra del SEÑOR los ofende;
    detestan escucharla.

28   and have grown fat and sleek.
Their evil deeds have no limit;
    they do not plead the case of the
      fatherless to win it,
    they do not defend the rights of the poor.
29 Should I not punish them for this?"
    declares the LORD.
    "Should I not avenge myself
    on such a nation as this?

30 "A horrible and shocking thing
    has happened in the land:
31 The prophets prophesy lies,
    the priests rule by their own authority,
and my people love it this way.
    But what will you do in the end?

Jerusalem Under Siege

6 "Flee for safety, people of Benjamin!
    Flee from Jerusalem!
Sound the trumpet in Tekoa!
    Raise the signal over Beth Hakkerem!
For disaster looms out of the north,
    even terrible destruction.
2 I will destroy the Daughter of Zion,
    so beautiful and delicate.
3 Shepherds with their flocks will come
      against her;
    they will pitch their tents around her,
    each tending his own portion."

4 "Prepare for battle against her!
    Arise, let us attack at noon!
But, alas, the daylight is fading,
    and the shadows of evening grow long.
5 So arise, let us attack at night
    and destroy her fortresses!"

6 This is what the LORD Almighty says:

    "Cut down the trees
      and build siege ramps against Jerusalem.
    This city must be punished;
      it is filled with oppression.
7 As a well pours out its water,
    so she pours out her wickedness.
Violence and destruction resound in her;
    her sickness and wounds are ever before
      me.
8 Take warning, O Jerusalem,
    or I will turn away from you
and make your land desolate
    so no one can live in it."

9 This is what the LORD Almighty says:

    "Let them glean the remnant of Israel
    as thoroughly as a vine;
pass your hand over the branches again,
    like one gathering grapes."

10 To whom can I speak and give warning?
    Who will listen to me?
Their ears are closed[m]
    so they cannot hear.
The word of the LORD is offensive to them;
    they find no pleasure in it.

---

g 6:10 tapados. Lit. *incircuncisos.*   *m 10* Hebrew *uncircumcised*

11 Pero yo estoy lleno de la ira del SEÑOR,
　　y ya no puedo contenerme.

«Derrama tu ira sobre los niños de la calle,
　　sobre los grupos de jóvenes,
porque serán apresados el marido y la mujer,
　　la gente madura y la entrada en años.
12 Sus casas, sus campos y sus mujeres
　　caerán en manos extrañas,
porque yo voy a extender mi mano
　　contra los habitantes del país
　　　　　　　　　—afirma el SEÑOR—.

13 »Desde el más pequeño hasta el más grande,
　　todos codician ganancias injustas;
desde el profeta hasta el sacerdote,
　　todos practican el engaño.
14 Curan por encima la herida de mi pueblo,
　　y les desean: "¡*Paz, paz!",
　　cuando en realidad no hay paz.
15 ¿Acaso se han avergonzado
　　de la abominación que han cometido?
¡No, no se han avergonzado de nada,
　　ni saben siquiera lo que es la vergüenza!
Por eso, caerán con los que caigan;
　　cuando los castigue, serán derribados»,
　　　　　　　　　　　dice el SEÑOR.

16 Así dice el SEÑOR:

«Deténganse en los caminos y miren;
　　pregunten por los senderos antiguos.
Pregunten por el buen *camino,
　　y no se aparten de él.
　　Así hallarán el descanso anhelado.
Pero ellos dijeron:
　　"No lo seguiremos."
17 Yo aposté centinelas para ustedes, y dije:
　　"Presten atención al toque de trompeta."
Pero ellos dijeron:
　　"No prestaremos atención."
18 Por eso, ¡escuchen, naciones!
　　¡Sepa la congregación lo que le espera!
19 Escucha, tierra:
Traigo sobre este pueblo una desgracia,
　　fruto de sus maquinaciones,
porque no prestaron atención a mis palabras,
　　sino que rechazaron mi enseñanza.
20 ¿De qué me sirve este incienso que llega de
　　　Sabá,
　　o la caña dulce de un país lejano?
Sus *holocaustos no me gustan;
　　sus sacrificios no me agradan.»

21 Por eso, así dice el SEÑOR:

«Voy a ponerle obstáculos a este pueblo.
　　Padres e hijos tropezarán contra ellos,
　　vecinos y amigos perecerán.»

22 Así dice el SEÑOR:

«¡Miren! Del norte viene un ejército;
　　una gran nación se moviliza
　　desde los confines de la tierra.
23 Empuñan el arco y la lanza;
　　son crueles y no tienen compasión.
Lanzan gritos como bramidos del mar,
　　y cabalgan sobre sus corceles.
¡Vienen contra ti, hija de Sión,
　　listos para la batalla!»

11 But I am full of the wrath of the LORD,
　　and I cannot hold it in.

"Pour it out on the children in the street
　　and on the young men gathered together;
both husband and wife will be caught in it,
　　and the old, those weighed down with
　　　years.
12 Their houses will be turned over to others,
　　together with their fields and their wives,
when I stretch out my hand
　　against those who live in the land,"
　　　　　　　　　declares the LORD.

13 "From the least to the greatest,
　　all are greedy for gain;
prophets and priests alike,
　　all practice deceit.
14 They dress the wound of my people
　　as though it were not serious.
'Peace, peace,' they say,
　　when there is no peace.
15 Are they ashamed of their loathsome
　　　conduct?
No, they have no shame at all;
　　they do not even know how to blush.
So they will fall among the fallen;
　　they will be brought down when I punish
　　　them,"
　　　　　　　　　says the LORD.

16 This is what the LORD says:

"Stand at the crossroads and look;
　　ask for the ancient paths,
ask where the good way is, and walk in it,
　　and you will find rest for your souls.
But you said, 'We will not walk in it.'
17 I appointed watchmen over you and said,
　　'Listen to the sound of the trumpet!'
But you said, 'We will not listen.'
18 Therefore hear, O nations;
　　observe, O witnesses,
　　what will happen to them.
19 Hear, O earth:
I am bringing disaster on this people,
　　the fruit of their schemes,
because they have not listened to my words
　　and have rejected my law.
20 What do I care about incense from Sheba
　　or sweet calamus from a distant land?
Your burnt offerings are not acceptable;
　　your sacrifices do not please me."

21 Therefore this is what the LORD says:

"I will put obstacles before this people.
　　Fathers and sons alike will stumble over
　　　them;
neighbors and friends will perish."

22 This is what the LORD says:

"Look, an army is coming
　　from the land of the north;
a great nation is being stirred up
　　from the ends of the earth.
23 They are armed with bow and spear;
　　they are cruel and show no mercy.
They sound like the roaring sea
　　as they ride on their horses;
they come like men in battle formation
　　to attack you, O Daughter of Zion."

24 Nos ha llegado la noticia,
    y nuestras manos flaquean;
  la angustia nos domina,
    como si tuviéramos dolores de parto.
25 ¡Viene el enemigo armado con espada!
    No salgan al campo,
    ni transiten por los caminos.
    ¡Hay terror por todas partes!
26 Vístete de luto, pueblo mío;
    revuélcate en las cenizas.
  Llora amargamente,
    como lo harías por tu primogénito,
  porque nos cae por sorpresa
    el que viene a destruirnos.

27 «Te he puesto entre mi pueblo
    como vigía y atalaya,
  para que escudriñes
    y examines su conducta.
28 Todos ellos son muy rebeldes,
    y andan sembrando calumnias;
  sean de bronce o de hierro,
    todos son unos corruptos.
29 Los fuelles soplan con furor,
    y el plomo se derrite en el fuego,
  pero los malvados no se *purifican;
    ¡de nada sirve que se les refine!
30 Por eso se les llama "Escoria de la plata":
    ¡para el SEÑOR son un desecho!»

La religión falsa e inútil

7 Ésta es la palabra que vino a Jeremías de parte del SEÑOR: 2 «Párate a la entrada de la casa del SEÑOR, y desde allí proclama este mensaje: ¡Escuchen la palabra del SEÑOR, todos ustedes, habitantes de Judá que entran por estas puertas para adorar al SEÑOR! 3 Así dice el SEÑOR *Todopoderoso, el Dios de Israel: "Enmienden su conducta y sus acciones, y yo los dejaré seguir viviendo en este país. 4 No confíen en esas palabras engañosas que repiten: '¡Éste es el templo del SEÑOR, el templo del SEÑOR, el templo del SEÑOR!' 5 Si en verdad enmiendan su conducta y sus acciones, si en verdad practican la justicia los unos con los otros, 6 si no oprimen al extranjero ni al huérfano ni a la viuda, si no derraman sangre inocente en este lugar, ni siguen a otros dioses para su propio mal, 7 entonces los dejaré seguir viviendo en este país, en la tierra que di a sus antepasados para siempre.

8 » "¡Pero ustedes confían en palabras engañosas, que no tienen validez alguna! 9 Roban, matan, cometen adulterio, juran en falso, queman incienso a *Baal, siguen a otros dioses que jamás conocieron, 10 ¡y vienen y se presentan ante mí en esta casa que lleva mi *nombre, y dicen: 'Estamos a salvo', para luego seguir cometiendo todas estas abominaciones! 11 ¿Creen acaso que esta casa que lleva mi nombre es una cueva de ladrones? ¡Pero si yo mismo lo he visto! —afirma el SEÑOR—.

12 » "Vayan ahora a mi santuario en Siló, donde al principio hice habitar mi nombre, y vean lo que hice con él por culpa de la maldad de mi pueblo Israel. 13 Y ahora, puesto que ustedes han hecho todas estas cosas —afirma el SEÑOR—, y puesto que una y otra vez les he hablado y no me han querido escuchar, y puesto que los he llamado y no me han respondido, 14 lo mismo que hice con Siló haré con esta casa, que lleva mi nombre y en la que ustedes confían, y con el lugar que les di a ustedes y a sus antepasados. 15 Los echaré de mi presencia, así como eché a todos sus hermanos, a toda la descendencia de Efraín."

24 We have heard reports about them,
    and our hands hang limp.
  Anguish has gripped us,
    pain like that of a woman in labor.
25 Do not go out to the fields
    or walk on the roads,
  for the enemy has a sword,
    and there is terror on every side.
26 O my people, put on sackcloth
    and roll in ashes;
  mourn with bitter wailing
    as for an only son,
  for suddenly the destroyer
    will come upon us.

27 "I have made you a tester of metals
    and my people the ore,
  that you may observe
    and test their ways.
28 They are all hardened rebels,
    going about to slander.
  They are bronze and iron;
    they all act corruptly.
29 The bellows blow fiercely
    to burn away the lead with fire,
  but the refining goes on in vain;
    the wicked are not purged out.
30 They are called rejected silver,
    because the LORD has rejected them."

False Religion Worthless

7 This is the word that came to Jeremiah from the LORD: 2 "Stand at the gate of the LORD's house and there proclaim this message:

" 'Hear the word of the LORD, all you people of Judah who come through these gates to worship the LORD. 3 This is what the LORD Almighty, the God of Israel, says: Reform your ways and your actions, and I will let you live in this place. 4 Do not trust in deceptive words and say, "This is the temple of the LORD, the temple of the LORD, the temple of the LORD!" 5 If you really change your ways and your actions and deal with each other justly, 6 if you do not oppress the alien, the fatherless or the widow and do not shed innocent blood in this place, and if you do not follow other gods to your own harm, 7 then I will let you live in this place, in the land I gave your forefathers for ever and ever. 8 But look, you are trusting in deceptive words that are worthless.

9 " 'Will you steal and murder, commit adultery and perjury,[n] burn incense to Baal and follow other gods you have not known, 10 and then come and stand before me in this house, which bears my Name, and say, "We are safe"—safe to do all these detestable things? 11 Has this house, which bears my Name, become a den of robbers to you? But I have been watching! declares the LORD.

12 " 'Go now to the place in Shiloh where I first made a dwelling for my Name, and see what I did to it because of the wickedness of my people Israel. 13 While you were doing all these things, declares the LORD, I spoke to you again and again, but you did not listen; I called you, but you did not answer. 14 Therefore, what I did to Shiloh I will now do to the house that bears my Name, the temple you trust in, the place I gave to you and your fathers. 15 I will thrust you from my presence, just as I did all your brothers, the people of Ephraim.'

n 9 Or and swear by false gods

16»Pero en cuanto a ti, Jeremías, no intercedas por este pueblo. No me ruegues ni me supliques por ellos. No me insistas, porque no te escucharé. 17¿Acaso no ves lo que hacen en las ciudades de Judá y en las calles de Jerusalén? 18Los niños juntan la leña, los padres encienden el fuego, y las mujeres hacen la masa para cocer tortas y ofrecérselas a la "reina del cielo". Además, para ofenderme derraman libaciones a otros dioses. 19Pero no es a mí al que ofenden —afirma el SEÑOR—. Más bien se ofenden a sí mismos, para su propia vergüenza.

20»Por eso, así dice el SEÑOR omnipotente: "Descargaré mi enojo y mi furor sobre este lugar: sobre los *hombres y los animales, sobre los árboles del campo y los frutos de la tierra, ¡y arderá mi enojo y no se apagará!"

21»Así dice el SEÑOR Todopoderoso, el Dios de Israel: "¡Junten sus *holocaustos con sus sacrificios, y cómanse la carne! 22En verdad, cuando yo saqué de Egipto a sus antepasados, no les dije nada ni les ordené nada acerca de holocaustos y sacrificios. 23Lo que sí les ordené fue lo siguiente: 'Obedézcanme. Así yo seré su Dios, y ustedes serán mi pueblo. Condúzcanse conforme a todo lo que yo les ordene, a fin de que les vaya bien.' 24Pero ellos no me obedecieron ni me prestaron atención, sino que siguieron los consejos de su terco y malvado *corazón. Fue así como, en vez de avanzar, retrocedieron. 25Desde el día en que sus antepasados salieron de Egipto hasta ahora, no he dejado de enviarles, día tras día, a mis servidores los profetas. 26Con todo, no me obedecieron ni me prestaron atención, sino que se obstinaron y fueron peores que sus antepasados."

27»Tú les dirás todas estas cosas, pero no te escucharán. Los llamarás, pero no te responderán. 28Entonces les dirás: 'Ésta es la nación que no ha obedecido la voz del SEÑOR su Dios, ni ha aceptado su *corrección. La verdad ha muerto, ha sido arrancada de su boca.

29» "Córtate la cabellera, y tírala;
    eleva tu lamento en las lomas desoladas,
porque el SEÑOR ha rechazado y abandonado
    a la generación que provocó su ira.

El valle de la Matanza

30» "La gente de Judá ha hecho el mal que yo detesto —afirma el SEÑOR—. Han profanado la casa que lleva mi *nombre al instalar allí sus ídolos abominables. 31Además, construyeron el *santuario pagano de Tofet, en el valle de Ben Hinón, para quemar a sus hijos y a sus hijas en el fuego, cosa que jamás ordené ni me pasó siquiera por la *mente. 32Por eso llegarán días —afirma el SEÑOR—, cuando ya no lo llamarán más Tofet ni Valle de Ben Hinón, sino Valle de la Matanza; y a falta de otro lugar, en Tofet enterrarán a sus muertos. 33Los cadáveres de este pueblo servirán de comida a las aves del cielo y a los animales de la tierra, y no habrá quien los espante. 34Haré que en las ciudades de Judá y en las calles de Jerusalén se apaguen los gritos de alegría, las voces de júbilo, y los cánticos del novio y de la novia, porque el país se convertirá en desolación.

8 » "En aquel tiempo —afirma el SEÑOR—, se exhumarán los huesos de los reyes y de los jefes de Judá, de los sacerdotes y de los profetas, y de los habitantes de Jerusalén. 2Quedarán expuestos al sol y

16"So do not pray for this people nor offer any plea or petition for them; do not plead with me, for I will not listen to you. 17Do you not see what they are doing in the towns of Judah and in the streets of Jerusalem? 18The children gather wood, the fathers light the fire, and the women knead the dough and make cakes of bread for the Queen of Heaven. They pour out drink offerings to other gods to provoke me to anger. 19But am I the one they are provoking? declares the LORD. Are they not rather harming themselves, to their own shame?

20" 'Therefore this is what the Sovereign LORD says: My anger and my wrath will be poured out on this place, on man and beast, on the trees of the field and on the fruit of the ground, and it will burn and not be quenched.

21" 'This is what the LORD Almighty, the God of Israel, says: Go ahead, add your burnt offerings to your other sacrifices and eat the meat yourselves! 22For when I brought your forefathers out of Egypt and spoke to them, I did not just give them commands about burnt offerings and sacrifices, 23but I gave them this command: Obey me, and I will be your God and you will be my people. Walk in all the ways I command you, that it may go well with you. 24But they did not listen or pay attention; instead, they followed the stubborn inclinations of their evil hearts. They went backward and not forward. 25From the time your forefathers left Egypt until now, day after day, again and again I sent you my servants the prophets. 26But they did not listen to me or pay attention. They were stiff-necked and did more evil than their forefathers.'

27"When you tell them all this, they will not listen to you; when you call to them, they will not answer. 28Therefore say to them, 'This is the nation that has not obeyed the LORD its God or responded to correction. Truth has perished; it has vanished from their lips. 29Cut off your hair and throw it away; take up a lament on the barren heights, for the LORD has rejected and abandoned this generation that is under his wrath.

The Valley of Slaughter

30" 'The people of Judah have done evil in my eyes, declares the LORD. They have set up their detestable idols in the house that bears my Name and have defiled it. 31They have built the high places of Topheth in the Valley of Ben Hinnom to burn their sons and daughters in the fire—something I did not command, nor did it enter my mind. 32So beware, the days are coming, declares the LORD, when people will no longer call it Topheth or the Valley of Ben Hinnom, but the Valley of Slaughter, for they will bury the dead in Topheth until there is no more room. 33Then the carcasses of this people will become food for the birds of the air and the beasts of the earth, and there will be no one to frighten them away. 34I will bring an end to the sounds of joy and gladness and to the voices of bride and bridegroom in the towns of Judah and the streets of Jerusalem, for the land will become desolate.

8 " 'At that time, declares the LORD, the bones of the kings and officials of Judah, the bones of the priests and prophets, and the bones of the people of Jerusalem will be removed from their graves. 2They

a la luna, y a todas las estrellas del cielo, cuerpos celestes a los que ellos amaron, sirvieron, consultaron y adoraron. No se les recogerá ni se les enterrará; ¡como estiércol quedarán sobre la faz de la tierra! ³En todos los lugares por donde yo disperse a los sobrevivientes de esta nación malvada, los que hayan quedado preferirán la muerte a la vida. Lo afirma el SEÑOR *Todopoderoso."

Pecado y castigo

⁴»Pero tú les advertirás que así dice el SEÑOR:

»"Cuando los *hombres caen,
    ¿acaso no se levantan?
Cuando uno se desvía,
    ¿acaso no vuelve al camino?
⁵¿Por qué entonces este pueblo se ha desviado?
    ¿Por qué persiste Jerusalén en su apostasía?
Se aferran al engaño,
    y no quieren volver a mí.
⁶He escuchado con suma atención,
    para ver si alguien habla con rectitud,
pero nadie se *arrepiente de su maldad;
    nadie reconoce el mal que ha hecho.
Todos siguen su loca carrera,
    como caballos desbocados en combate.
⁷Aun la cigüeña en el cielo
    conoce sus estaciones;
la tórtola, la golondrina y la grulla
    saben cuándo deben emigrar.
Pero mi pueblo no conoce
    las *leyes del SEÑOR.

⁸»"¿Cómo se atreven a decir:
    'Somos sabios; la ley del SEÑOR nos apoya',
si la pluma engañosa de los escribas
    la ha falsificado?
⁹Los sabios serán avergonzados,
    serán atrapados y abatidos.
Si han rechazado la palabra del SEÑOR,
    ¿qué sabiduría pueden tener?
¹⁰Por eso entregaré sus mujeres a otros hombres,
    y sus campos a otros dueños.
Porque desde el más pequeño hasta el más
      grande,
    todos codician ganancias injustas;
desde el profeta hasta el sacerdote,
    todos practican el engaño.
¹¹Curan por encima la herida de mi pueblo,
    y les desean: '¡*Paz, paz!',
    cuando en realidad no hay paz.
¹²¿Acaso se han avergonzado
    de la abominación que han cometido?
¡No, no se han avergonzado de nada,
    y ni siquiera saben lo que es la vergüenza!
Por eso, caerán con los que caigan;
    cuando los castigue, serán derribados
             —dice el SEÑOR—.

¹³»"Cuando quiero cosechar
    —afirma el SEÑOR—,
no encuentro uvas en la viña,
    ni hay higos en la higuera;
    sus hojas están marchitas.
¡Voy, pues, a quitarles
    lo que les he dado!"»ʰ

will be exposed to the sun and the moon and all the stars of the heavens, which they have loved and served and which they have followed and consulted and worshiped. They will not be gathered up or buried, but will be like refuse lying on the ground. ³Wherever I banish them, all the survivors of this evil nation will prefer death to life, declares the LORD Almighty.'

Sin and Punishment

⁴"Say to them, 'This is what the LORD says:

" 'When men fall down, do they not get up?
    When a man turns away, does he not
      return?
⁵Why then have these people turned away?
    Why does Jerusalem always turn away?
They cling to deceit;
    they refuse to return.
⁶I have listened attentively,
    but they do not say what is right.
No one repents of his wickedness,
    saying, "What have I done?"
Each pursues his own course
    like a horse charging into battle.
⁷Even the stork in the sky
    knows her appointed seasons,
and the dove, the swift and the thrush
    observe the time of their migration.
But my people do not know
    the requirements of the LORD.

⁸" 'How can you say, "We are wise,
    for we have the law of the LORD,"
when actually the lying pen of the scribes
    has handled it falsely?
⁹The wise will be put to shame;
    they will be dismayed and trapped.
Since they have rejected the word of the
      LORD,
    what kind of wisdom do they have?
¹⁰Therefore I will give their wives to other
      men
    and their fields to new owners.
From the least to the greatest,
    all are greedy for gain;
prophets and priests alike,
    all practice deceit.
¹¹They dress the wound of my people
    as though it were not serious.
"Peace, peace," they say,
    when there is no peace.
¹²Are they ashamed of their loathsome
      conduct?
No, they have no shame at all;
    they do not even know how to blush.
So they will fall among the fallen;
    they will be brought down when they are
      punished,
                says the LORD.

¹³" 'I will take away their harvest,
            declares the LORD.
There will be no grapes on the vine.
There will be no figs on the tree,
    and their leaves will wither.
What I have given them
    will be taken from them.ᵒ ' "

ʰ 8:13 ¡*Voy ... dado!* Texto de difícil traducción.

ᵒ 13 The meaning of the Hebrew for this sentence is uncertain.

¹⁴«¿Qué hacemos aquí sentados?
¡Vengan, y vámonos juntos a las ciudades
    fortificadas
  para morir allí!
El Señor nuestro Dios nos está destruyendo.
Nos ha dado a beber agua envenenada,
  porque hemos pecado contra él.
¹⁵Esperábamos paz,
  pero no llegó nada bueno.
Esperábamos un tiempo de salud,
  pero sólo nos llegó el terror.
¹⁶Desde Dan se escucha
  el resoplar de sus caballos;
cuando relinchan sus corceles,
  tiembla toda la tierra.
Vienen a devorarse el país,
  y todo lo que hay en él,
  la ciudad y todos sus habitantes.»

¹⁷«¡Miren! Estoy lanzando contra ustedes
  serpientes venenosas que los morderán,
y contra ellas no hay encantamiento»,
                    afirma el Señor.

¹⁸La aflicción me abruma;ⁱ
  mi *corazón desfallece.
¹⁹El clamor de mi pueblo se levanta
  desde todos los rincones del país:
«¿Acaso no está el Señor en *Sión?
  ¿No está allí su rey?»

«¿Por qué me provocan con sus ídolos,
  con sus dioses inútiles y extraños?»

²⁰«Pasó la cosecha, se acabó el verano,
  y nosotros no hemos sido salvados.»

²¹Por la herida de mi pueblo estoy herido;
  estoy de luto, el terror se apoderó de mí.
²²¿No queda bálsamo en Galaad?
  ¿No queda allí médico alguno?
¿Por qué no se ha restaurado
  la salud de mi pueblo?

9 ¡Ojalá mi cabeza fuera un manantial,
  y mis ojos una fuente de lágrimas,
para llorar de día y de noche
  por los muertos de mi pueblo!
²¡Ojalá tuviera yo en el desierto
  una posada junto al camino!
Abandonaría a mi pueblo,
  y me alejaría de ellos.
Porque todos ellos son adúlteros,
  son una banda de traidores.
³«Tensan su lengua como un arco;
  en el país prevalece la mentira, no la verdad,
porque van de mal en peor,
  y a mí no me conocen
                    —afirma el Señor—.

¹⁴"Why are we sitting here?
  Gather together!
Let us flee to the fortified cities
  and perish there!
For the LORD our God has doomed us to
    perish
and given us poisoned water to drink,
  because we have sinned against him.
¹⁵We hoped for peace
  but no good has come,
for a time of healing
  but there was only terror.
¹⁶The snorting of the enemy's horses
  is heard from Dan;
at the neighing of their stallions
  the whole land trembles.
They have come to devour
  the land and everything in it,
  the city and all who live there."

¹⁷"See, I will send venomous snakes among
    you,
  vipers that cannot be charmed,
  and they will bite you,"
                    declares the LORD.

¹⁸O my Comforter^p in sorrow,
  my heart is faint within me.
¹⁹Listen to the cry of my people
  from a land far away:
"Is the LORD not in Zion?
  Is her King no longer there?"

"Why have they provoked me to anger with
    their images,
  with their worthless foreign idols?"

²⁰"The harvest is past,
  the summer has ended,
  and we are not saved."

²¹Since my people are crushed, I am crushed;
  I mourn, and horror grips me.
²²Is there no balm in Gilead?
  Is there no physician there?
Why then is there no healing
  for the wound of my people?

9 ¹Oh, that my head were a spring of water
  and my eyes a fountain of tears!
I would weep day and night
  for the slain of my people.
²Oh, that I had in the desert
  a lodging place for travelers,
so that I might leave my people
  and go away from them;
for they are all adulterers,
  a crowd of unfaithful people.

³"They make ready their tongue
  like a bow, to shoot lies;
it is not by truth
  that they triumph^q in the land.
They go from one sin to another;
  they do not acknowledge me,"
                    declares the LORD.

ⁱ 8:18 *La aflicción me abruma.* Frase de difícil traducción.

p 18 The meaning of the Hebrew for this word is uncertain.
q 3 Or *lies; / they are not valiant for truth*

⁴Cuídese cada uno de su amigo,
    no confíe ni siquiera en el hermano,
porque todo hermano engaña,
    y todo amigo difama.
⁵Se engañan unos a otros;
    no se hablan con la verdad.
Han enseñado sus lenguas a mentir,
    y pecan hasta el cansancio.

⁶»Tú, Jeremías, vives en medio de engañadores,
    que por su engaño no quieren reconocerme»,
              afirma el SEÑOR.

⁷Por eso, así dice el SEÑOR *Todopoderoso:

«Voy a refinarlos, a ponerlos a prueba.
    ¿Qué más puedo hacer con mi pueblo?
⁸Su lengua es una flecha mortífera,
    su boca sólo sabe engañar;
hablan cordialmente con su amigo,
    mientras en su interior le tienden una
        trampa.
⁹¿Y no los he de castigar por esto?
    —afirma el SEÑOR—.
¿Acaso no he de vengarme de semejante
    nación?»

¹⁰Lloraré y gemiré por las montañas,
    haré lamentos por las praderas del desierto,
porque están desoladas:
    ya nadie las transita
ni se escuchan los mugidos del ganado.
Desde las aves del cielo hasta los animales del
    campo,
    todos han huido.

¹¹«Convertiré a Jerusalén en un montón de
    ruinas,
    en una guarida de chacales.
Convertiré en desolación las ciudades de Judá;
    ¡las dejaré sin habitantes!»

¹²¿Quién es tan sabio como para entender esto? ¿A quién le habló el SEÑOR, para que lo anuncie? ¿Por qué está arruinado el país, desolado como un desierto por el que nadie pasa?
¹³El SEÑOR dice: «Ellos abandonaron la *ley que yo les entregué; no me obedecieron ni vivieron conforme a ella. ¹⁴Siguieron la terquedad de su *corazón; se fueron tras los *baales, como les habían enseñado sus antepasados.» ¹⁵Por eso, así dice el SEÑOR Todopoderoso, el Dios de Israel: «A este pueblo le daré a comer ajenjo y a beber agua envenenada. ¹⁶Los dispersaré entre naciones que ni ellos ni sus antepasados conocieron; los perseguiré con espada hasta aniquilarlos.»

¹⁷Así dice el SEÑOR Todopoderoso:

«¡Atención! Llamen a las plañideras.
    Que vengan las más expertas.
¹⁸Que se den prisa,
    que hagan lamentación por nosotros.
Nuestros ojos se inundarán de lágrimas,
    y brotará de nuestros párpados el llanto.
¹⁹Desde *Sión se escuchan gemidos y lamentos:
    "Hemos sido devastados;
    nos han avergonzado por completo.
Tenemos que abandonar el país,
    porque han derribado nuestros hogares."»

⁴"Beware of your friends;
    do not trust your brothers.
For every brother is a deceiver,ʳ
    and every friend a slanderer.
⁵Friend deceives friend,
    and no one speaks the truth.
They have taught their tongues to lie;
    they weary themselves with sinning.
⁶Youˢ live in the midst of deception;
    in their deceit they refuse to acknowledge
    me,"
            declares the LORD.

⁷Therefore this is what the LORD Almighty says:

"See, I will refine and test them,
    for what else can I do
    because of the sin of my people?
⁸Their tongue is a deadly arrow;
    it speaks with deceit.
With his mouth each speaks cordially to his
    neighbor,
but in his heart he sets a trap for him.
⁹Should I not punish them for this?"
    declares the LORD.
"Should I not avenge myself
    on such a nation as this?"

¹⁰I will weep and wail for the mountains
    and take up a lament concerning the
        desert pastures.
They are desolate and untraveled,
    and the lowing of cattle is not heard.
The birds of the air have fled
    and the animals are gone.

¹¹"I will make Jerusalem a heap of ruins,
    a haunt of jackals;
and I will lay waste the towns of Judah
    so no one can live there."

¹²What man is wise enough to understand this? Who has been instructed by the LORD and can explain it? Why has the land been ruined and laid waste like a desert that no one can cross?
¹³The LORD said, "It is because they have forsaken my law, which I set before them; they have not obeyed me or followed my law. ¹⁴Instead, they have followed the stubbornness of their hearts; they have followed the Baals, as their fathers taught them." ¹⁵Therefore, this is what the LORD Almighty, the God of Israel, says: "See, I will make this people eat bitter food and drink poisoned water. ¹⁶I will scatter them among nations that neither they nor their fathers have known, and I will pursue them with the sword until I have destroyed them."

¹⁷This is what the LORD Almighty says:

"Consider now! Call for the wailing women
    to come;
    send for the most skillful of them.
¹⁸Let them come quickly
    and wail over us
till our eyes overflow with tears
    and water streams from our eyelids.
¹⁹The sound of wailing is heard from Zion:
    'How ruined we are!
    How great is our shame!
We must leave our land
    because our houses are in ruins.' "

ʳ4 Or a deceiving Jacob   ˢ6 That is, Jeremiah (the Hebrew is singular)

20 Escuchen, mujeres, la palabra del SEÑOR;
  reciban sus oídos la palabra de su boca.
Enseñen a sus hijas a entonar endechas;
  que unas a otras se enseñen este lamento:
21 «La muerte se ha metido por nuestras
    ventanas,
  ha entrado en nuestros palacios;
ha eliminado en las calles a los niños,
  y en las plazas a los jóvenes.
22 Yacen tendidos los cadáveres
    como estiércol sobre los campos,
como gavillas que caen tras el segador,
  sin que nadie las recoja»,

                 afirma el SEÑOR.

23 Así dice el SEÑOR:

«Que no se gloríe el sabio de su sabiduría,
  ni el poderoso de su poder,
  ni el rico de su riqueza.
24 Si alguien ha de gloriarse,
  que se gloríe de conocerme
y de comprender que yo soy el SEÑOR,
  que actúo en la tierra con amor,
con derecho y justicia,
  pues es lo que a mí me agrada
                 —afirma el SEÑOR—.

25 »Vienen días —afirma el SEÑOR— en que castigaré al que sólo haya sido circuncidado del prepucio: 26 castigaré a Egipto, Judá, Edom, Amón, Moab, y a todos los que viven en el desierto y se rapan las sienes. Todas las naciones son incircuncisas, pero el pueblo de Israel es incircunciso de corazón.»

Dios y los ídolos

10 Escucha, pueblo de Israel, la palabra del SEÑOR. 2 Dice así:

«No aprendan ustedes la conducta de las
    naciones,
  ni se aterroricen ante las señales del cielo,
  aunque las naciones les tengan miedo.
3 Las costumbres de los pueblos
  no tienen valor alguno.
Cortan un tronco en el bosque,
  y un artífice lo labra con un cincel.
4 Lo adornan con oro y plata,
  y lo afirman con clavos y martillo
  para que no se tambalee.

5 »Sus ídolos no pueden hablar;
  ¡parecen espantapájaros
  en un campo sembrado de melones!
Tienen que ser transportados,
  porque no pueden caminar.
No les tengan miedo,
  que ningún mal pueden hacerles,
  pero tampoco ningún bien.»

6 ¡No hay nadie como tú, SEÑOR!
  ¡Grande eres tú,
  y grande y poderoso es tu *nombre!
7 ¿Quién no te temerá, Rey de las naciones?
  ¡Es lo que te corresponde!
Entre todos los sabios de las naciones,
  y entre todos los reinos,
  no hay nadie como tú.
8 Todos son *necios e insensatos,
  educados por inútiles ídolos de palo.

20 Now, O women, hear the word of the LORD;
  open your ears to the words of his mouth.
Teach your daughters how to wail;
  teach one another a lament.
21 Death has climbed in through our windows
  and has entered our fortresses;
it has cut off the children from the streets
  and the young men from the public
    squares.

22 Say, "This is what the LORD declares:

" 'The dead bodies of men will lie
  like refuse on the open field,
like cut grain behind the reaper,
  with no one to gather them.' "

23 This is what the LORD says:

"Let not the wise man boast of his wisdom
  or the strong man boast of his strength
  or the rich man boast of his riches,
24 but let him who boasts boast about this:
  that he understands and knows me,
that I am the LORD, who exercises kindness,
  justice and righteousness on earth,
  for in these I delight,"
                 declares the LORD.

25 "The days are coming," declares the LORD, "when I will punish all who are circumcised only in the flesh— 26 Egypt, Judah, Edom, Ammon, Moab and all who live in the desert in distant places.[f] For all these nations are really uncircumcised, and even the whole house of Israel is uncircumcised in heart."

God and Idols

10 Hear what the LORD says to you, O house of Israel. 2 This is what the LORD says:

"Do not learn the ways of the nations
  or be terrified by signs in the sky,
  though the nations are terrified by them.
3 For the customs of the peoples are
    worthless;
  they cut a tree out of the forest,
  and a craftsman shapes it with his chisel.
4 They adorn it with silver and gold;
  they fasten it with hammer and nails
  so it will not totter.
5 Like a scarecrow in a melon patch,
  their idols cannot speak;
they must be carried
  because they cannot walk.
Do not fear them;
  they can do no harm
  nor can they do any good."

6 No one is like you, O LORD;
  you are great,
  and your name is mighty in power.
7 Who should not revere you,
  O King of the nations?
  This is your due.
Among all the wise men of the nations
  and in all their kingdoms,
  there is no one like you.
8 They are all senseless and foolish;
  they are taught by worthless wooden
    idols.

---

f 26 Or *desert and who clip the hair by their foreheads*

⁹De Tarsis se trae plata laminada,
  y de Ufaz se importa oro.
Los ídolos, vestidos de púrpura y carmesí,
  son obra de artífices y orfebres;
  ¡todos ellos son obra de artesanos!
¹⁰Pero el Señor es el Dios verdadero,
  el Dios viviente, el Rey eterno.
Cuando se enoja, tiembla la tierra;
  las naciones no pueden soportar su ira.

¹¹«Así les dirás: "Los dioses que no hicieron los
cielos ni la tierra, desaparecerán de la tierra y de debajo
del cielo."»ʲ

¹²Dios hizo la tierra con su poder,
  afirmó el mundo con su sabiduría,
  ¡extendió los cielos con su inteligencia!
¹³Cuando él deja oír su voz,
  rugen las aguas en los cielos;
hace que vengan las nubes
  desde los confines de la tierra.
Entre relámpagos hace llover,
  y saca de sus depósitos al viento.
¹⁴La *humanidad es necia e ignorante;
  todo orfebre se avergüenza de sus ídolos.
Sus imágenes son un engaño,
  y no hay en ellas aliento de vida.
¹⁵No valen nada, son obras ridículas;
  cuando llegue el día de su castigo, serán
    destruidas.
¹⁶La heredad de Jacob no es como ellos,
  porque él es quien hace todas las cosas;
su nombre es el Señor *Todopoderoso,
  e Israel es la tribu de su herencia.

Destrucción inminente

¹⁷Recoge del suelo tus cosas,
  tú que te encuentras sitiado.
¹⁸Porque así dice el Señor:
  «Esta vez arrojaré a los habitantes del país
    como si los lanzara con una honda.
Los pondré en aprietos
  y dejaré que los capturen.»

¹⁹¡Ay de mí, que estoy quebrantado!
  ¡Mi herida es incurable!
Pero es mi enfermedad,
  y me toca soportarla.
²⁰Devastada está mi carpa,
  y rotas todas mis cuerdas.
Mis hijos me han abandonado;
  han dejado de existir.
Ya no hay nadie que arme mi carpa,
  y que levante mis toldos.
²¹Los *pastores se han vuelto *necios,
  no buscan al Señor;
por eso no han prosperado,
  y su rebaño anda disperso.

²²¡Escuchen! ¡Llega un mensaje!
  Un gran estruendo viene de un país del
    norte,
que convertirá las ciudades de Judá
  en guarida de chacales, en un montón de
    ruinas.

⁹Hammered silver is brought from Tarshish
  and gold from Uphaz.
What the craftsman and goldsmith have
    made
  is then dressed in blue and purple—
  all made by skilled workers.
¹⁰But the LORD is the true God;
  he is the living God, the eternal King.
When he is angry, the earth trembles;
  the nations cannot endure his wrath.

¹¹"Tell them this: 'These gods, who did not make
the heavens and the earth, will perish from the earth
and from under the heavens.' "ᵘ

¹²But God made the earth by his power;
  he founded the world by his wisdom
  and stretched out the heavens by his
    understanding.
¹³When he thunders, the waters in the heavens
    roar;
  he makes clouds rise from the ends of the
    earth.
He sends lightning with the rain
  and brings out the wind from his
    storehouses.

¹⁴Everyone is senseless and without
    knowledge;
  every goldsmith is shamed by his idols.
His images are a fraud;
  they have no breath in them.
¹⁵They are worthless, the objects of mockery;
  when their judgment comes, they will
    perish.
¹⁶He who is the Portion of Jacob is not like
    these,
  for he is the Maker of all things,
including Israel, the tribe of his
    inheritance—
  the LORD Almighty is his name.

Coming Destruction

¹⁷Gather up your belongings to leave the land,
  you who live under siege.
¹⁸For this is what the LORD says:
  "At this time I will hurl out
    those who live in this land;
I will bring distress on them
  so that they may be captured."

¹⁹Woe to me because of my injury!
  My wound is incurable!
Yet I said to myself,
  "This is my sickness, and I must endure
    it."
²⁰My tent is destroyed;
  all its ropes are snapped.
My sons are gone from me and are no
    more;
  no one is left now to pitch my tent
  or to set up my shelter.
²¹The shepherds are senseless
  and do not inquire of the LORD;
so they do not prosper
  and all their flock is scattered.
²²Listen! The report is coming—
  a great commotion from the land of the
    north!
It will make the towns of Judah desolate,
  a haunt of jackals.

ʲ *10:11* Este versículo está escrito en arameo.

ᵘ *11* The text of this verse is in Aramaic.

Oración de Jeremías

23 SEÑOR, yo sé que el *hombre
no es dueño de su destino,
que no le es dado al caminante
dirigir sus propios pasos.
24 Corrígeme, SEÑOR, pero con *justicia,
y no según tu ira, pues me destruirías.
25 Derrama tu furor
sobre las naciones que no te reconocen,
y sobre las familias que no invocan tu
*nombre.
Porque se han devorado a Jacob;
se lo han tragado por completo,
y han asolado su morada.

Violación del pacto

11 Ésta es la palabra que vino a Jeremías de parte del SEÑOR: 2 «Atiende a los términos de este *pacto, y comunícaselos a la gente de Judá y a los habitantes de Jerusalén. 3 Diles que así ha dicho el SEÑOR, Dios de Israel: "Maldito sea el *hombre que no obedezca los términos de este pacto, 4 que yo mismo prescribí a los antepasados de ustedes el día que los hice salir de Egipto, de esa caldera para fundir hierro." Les dije: "Obedézcanme y cumplan con todo lo que les prescribo, y ustedes serán mi pueblo y yo seré su Dios. 5 Así cumpliré el juramento que les hice a sus antepasados, de darles una tierra donde abundan la leche y la miel, como la que hoy tienen ustedes." »

Yo respondí: «Amén, SEÑOR.»

6 El SEÑOR me dijo: «Proclama todo esto en las ciudades de Judá y en las calles de Jerusalén, diciendo: "Escuchen los términos de este pacto, y cúmplanlos. 7 Desde el día en que hice salir a sus antepasados de la tierra de Egipto hasta el día de hoy, una y otra vez les he advertido: 'Obedézcanme.' 8 Pero no obedecieron ni prestaron atención, sino que siguieron la terquedad de su malvado *corazón. Por eso hice caer sobre ellos todo el peso de las palabras de este pacto, que yo les había ordenado cumplir, pero que no cumplieron." »

9 El SEÑOR también me dijo: «Se está fraguando una conspiración entre los hombres de Judá y los habitantes de Jerusalén. 10 Han vuelto a los mismos pecados de sus antepasados, quienes se negaron a obedecerme. Se han ido tras otros dioses para servirles. Tanto el pueblo de Israel como la tribu de Judá han quebrantado el pacto que hice con sus antepasados. 11 Por eso, así dice el SEÑOR: "Les enviaré una calamidad de la cual no podrán escapar. Aunque clamen a mí, no los escucharé. 12 Entonces las ciudades de Judá y los habitantes de Jerusalén irán a clamar a los dioses a los que quemaron incienso, pero ellos no podrán salvarlos cuando llegue el tiempo de su calamidad. 13 Tú, Judá, tienes tantos dioses como ciudades. Erigiste tantos altares como calles hay en Jerusalén; altares para quemar incienso a *Baal, para vergüenza tuya."

14 »Pero en cuanto a ti, Jeremías, no intercedas por este pueblo. No me ruegues ni me supliques por ellos, porque yo no escucharé cuando clamen a mí por causa de su calamidad.

15 »¿Qué hace mi amada en mi casa,
después de haber cometido tantas vilezas?
¿Acaso la carne consagrada
alejará de ti la calamidad?
¿Podrás así regocijarte?»

Jeremiah's Prayer

23 I know, O LORD, that a man's life is not his
own;
it is not for man to direct his steps.
24 Correct me, LORD, but only with justice—
not in your anger,
lest you reduce me to nothing.
25 Pour out your wrath on the nations
that do not acknowledge you,
on the peoples who do not call on your
name.
For they have devoured Jacob;
they have devoured him completely
and destroyed his homeland.

The Covenant Is Broken

11 This is the word that came to Jeremiah from the LORD: 2 "Listen to the terms of this covenant and tell them to the people of Judah and to those who live in Jerusalem. 3 Tell them that this is what the LORD, the God of Israel, says: 'Cursed is the man who does not obey the terms of this covenant— 4 the terms I commanded your forefathers when I brought them out of Egypt, out of the iron-smelting furnace.' I said, 'Obey me and do everything I command you, and you will be my people, and I will be your God. 5 Then I will fulfill the oath I swore to your forefathers, to give them a land flowing with milk and honey'—the land you possess today."

I answered, "Amen, LORD."

6 The LORD said to me, "Proclaim all these words in the towns of Judah and in the streets of Jerusalem: 'Listen to the terms of this covenant and follow them. 7 From the time I brought your forefathers up from Egypt until today, I warned them again and again, saying, "Obey me." 8 But they did not listen or pay attention; instead, they followed the stubbornness of their evil hearts. So I brought on them all the curses of the covenant I had commanded them to follow but that they did not keep.' "

9 Then the LORD said to me, "There is a conspiracy among the people of Judah and those who live in Jerusalem. 10 They have returned to the sins of their forefathers, who refused to listen to my words. They have followed other gods to serve them. Both the house of Israel and the house of Judah have broken the covenant I made with their forefathers. 11 Therefore this is what the LORD says: 'I will bring on them a disaster they cannot escape. Although they cry out to me, I will not listen to them. 12 The towns of Judah and the people of Jerusalem will go and cry out to the gods to whom they burn incense, but they will not help them at all when disaster strikes. 13 You have as many gods as you have towns, O Judah; and the altars you have set up to burn incense to that shameful god Baal are as many as the streets of Jerusalem.'

14 "Do not pray for this people nor offer any plea or petition for them, because I will not listen when they call to me in the time of their distress.

15 "What is my beloved doing in my temple
as she works out her evil schemes with
many?
Can consecrated meat avert ⌐your
punishment¬?
When you engage in your wickedness,
then you rejoice.v"

v 15 Or Could consecrated meat avert your punishment? / Then you
would rejoice

16 El SEÑOR te puso por *nombre:
   «Olivo frondoso, lleno de hermosos frutos».
   Pero en medio de grandes estruendos,
      te ha prendido fuego,
      y tus ramas se consumen.

17 El SEÑOR *Todopoderoso, el que te plantó, ha decretado una calamidad contra ti, por causa de la maldad que cometieron el pueblo de Israel y la tribu de Judá. Dice el SEÑOR: «Me han agraviado al quemar incienso a Baal.»

18 El SEÑOR me lo hizo saber y lo comprendí. Me mostró las maldades que habían cometido. 19 Pero yo era como un manso cordero que es llevado al matadero; no sabía lo que estaban maquinando contra mí, y que decían:

   «Destruyamos el árbol con su fruto,
      arranquémoslo de la tierra de los vivientes,
      para que nadie recuerde más su nombre.»
20 Pero tú, SEÑOR Todopoderoso,
      que juzgas con *justicia,
      que pruebas los sentimientos y la *mente,
   ¡Déjame ver cómo te vengas de ellos,
      porque en tus manos he puesto mi causa!

21 «Por eso, así dice el SEÑOR en contra de los hombres de Anatot, que buscan quitarte la vida y afirman: "¡No profetices en nombre del SEÑOR, si no quieres morir a manos nuestras!" 22 Por eso, así dice el SEÑOR Todopoderoso: "Voy a castigarlos. Los jóvenes morirán a filo de espada, y sus hijos y sus hijas se morirán de hambre. 23 No quedará ni uno solo de ellos. En el año de su castigo haré venir una calamidad sobre los hombres de Anatot."»

Queja de Jeremías

12 Tú, SEÑOR, eres justo
      cuando argumento contigo.
   Sin embargo, quisiera exponerte
      algunas cuestiones de justicia.
   ¿Por qué prosperan los malvados?
      ¿Por qué viven tranquilos los traidores?
2 Tú los plantas, y ellos echan raíces;
      crecen y dan fruto.
   Te tienen a flor de labio,
      pero estás lejos de su *corazón.
3 A mí, SEÑOR, tú me conoces;
      tú me ves y sabes lo que siento por ti.
   Arrástralos, como ovejas, al matadero;
      apártalos para el día de la matanza.
4 ¿Hasta cuándo estará seca la tierra,
      y marchita la hierba de todos los campos?
   Los animales y las aves se mueren
      por la maldad de los que habitan el país,
   quienes se atreven a decir:
   «Dios no verá nuestro fin.»

Respuesta de Dios

5 «Si los que corren a pie han hecho que te
      canses,
      ¿cómo competirás con los caballos?
   Si te sientes confiado en una tierra tranquila,
      ¿qué harás en la espesura del Jordán?

16 The LORD called you a thriving olive tree
      with fruit beautiful in form.
   But with the roar of a mighty storm
      he will set it on fire,
      and its branches will be broken.

17 The LORD Almighty, who planted you, has decreed disaster for you, because the house of Israel and the house of Judah have done evil and provoked me to anger by burning incense to Baal.

Plot Against Jeremiah

18 Because the LORD revealed their plot to me, I knew it, for at that time he showed me what they were doing. 19 I had been like a gentle lamb led to the slaughter; I did not realize that they had plotted against me, saying,

   "Let us destroy the tree and its fruit;
      let us cut him off from the land of the
         living,
      that his name be remembered no more."
20 But, O LORD Almighty, you who judge
         righteously
      and test the heart and mind,
   let me see your vengeance upon them,
      for to you I have committed my cause.

21 "Therefore this is what the LORD says about the men of Anathoth who are seeking your life and saying, 'Do not prophesy in the name of the LORD or you will die by our hands'— 22 therefore this is what the LORD Almighty says: 'I will punish them. Their young men will die by the sword, their sons and daughters by famine. 23 Not even a remnant will be left to them, because I will bring disaster on the men of Anathoth in the year of their punishment.' "

Jeremiah's Complaint

12 You are always righteous, O LORD,
      when I bring a case before you.
   Yet I would speak with you about your
         justice:
      Why does the way of the wicked prosper?
      Why do all the faithless live at ease?
2 You have planted them, and they have taken
         root;
      they grow and bear fruit.
   You are always on their lips
      but far from their hearts.
3 Yet you know me, O LORD;
      you see me and test my thoughts about
         you.
   Drag them off like sheep to be butchered!
      Set them apart for the day of slaughter!
4 How long will the land lie parched[w]
      and the grass in every field be withered?
   Because those who live in it are wicked,
      the animals and birds have perished.
   Moreover, the people are saying,
      "He will not see what happens to us."

God's Answer

5 "If you have raced with men on foot
      and they have worn you out,
      how can you compete with horses?
   If you stumble in safe country,[x]
      how will you manage in the thickets by[y]
         the Jordan?

---

w 4 Or land mourn   x 5 Or If you put your trust in a land of
safety   y 5 Or the flooding of

6 Aun tus hermanos, los de tu propia familia,
     te han traicionado y gritan contra ti.
Por más que te digan cosas agradables,
     no confíes en ellos.

7 »He abandonado mi casa,
     he rechazado mi herencia,
he entregado a mi pueblo amado
     en poder de sus enemigos.
8 Mis herederos se han comportado conmigo
     como leones en la selva.
Lanzan rugidos contra mí;
     por eso los aborrezco.
9 Mi heredad es para mí
     como un ave de muchos colores
     acosada por las aves de rapiña.
¡Vayan y reúnan a todos los animales salvajes!
     ¡Tráiganlos para que la devoren!
10 Muchos *pastores han destruido mi viña,
     han pisoteado mi terreno;
han hecho de mi hermosa parcela
     un desierto desolado.
11 La han dejado en ruinas,
     seca y desolada ante mis ojos;
todo el país ha sido arrasado
     porque a nadie le importa.
12 Sobre todas las lomas del desierto
     vinieron depredadores.
La espada del Señor destruirá al país
     de un extremo al otro,
     y para nadie habrá *paz.
13 Sembraron trigo y cosecharon espinos;
     ¡de nada les valió su esfuerzo!
Por causa de la ardiente ira del Señor
     se avergonzarán de sus cosechas.»

14 Así dice el Señor: «En cuanto a todos los vecinos malvados que tocaron la heredad que le di a mi pueblo Israel, los arrancaré de sus tierras, y a la tribu de Judá la quitaré de en medio de ellos. 15 Después que los haya desarraigado, volveré a tener compasión de ellos, y los haré regresar, cada uno a su heredad y a su propio país. 16 Y si aprenden bien los *caminos de mi pueblo y, si así como enseñaron a mi pueblo a jurar por *Baal, aprenden a jurar por mi *nombre y dicen: "Por la vida del Señor", entonces serán establecidos en medio de mi pueblo. 17 Pero a la nación que no obedezca, la desarraigaré por completo y la destruiré», afirma el Señor.

El cinturón de lino

13 Así me dijo el Señor: «Ve y cómprate un cinturón de lino, y póntelo en la cintura, pero no lo metas en agua.»
2 Conforme a las instrucciones del Señor, compré el cinturón y me lo puse en la cintura. 3 Entonces el Señor me dijo por segunda vez: 4 «Toma el cinturón que has comprado y que tienes puesto en la cintura, y ve a Perat,k y escóndelo allí, en la grieta de una roca.» 5 Fui entonces y lo escondí en Perat, tal como el Señor me lo había ordenado.

6 Al cabo de muchos días, el Señor me dijo: «Ve a Perat y busca el cinturón que te mandé a esconder allí.» 7 Fui a Perat, cavé y saqué el cinturón del lugar donde lo había escondido, pero ya estaba podrido y no servía para nada.

---

6 Your brothers, your own family—
     even they have betrayed you;
     they have raised a loud cry against you.
Do not trust them,
     though they speak well of you.

7 "I will forsake my house,
     abandon my inheritance;
I will give the one I love
     into the hands of her enemies.
8 My inheritance has become to me
     like a lion in the forest.
She roars at me;
     therefore I hate her.
9 Has not my inheritance become to me
     like a speckled bird of prey
     that other birds of prey surround and
          attack?
Go and gather all the wild beasts;
     bring them to devour.
10 Many shepherds will ruin my vineyard
     and trample down my field;
they will turn my pleasant field
     into a desolate wasteland.
11 It will be made a wasteland,
     parched and desolate before me;
the whole land will be laid waste
     because there is no one who cares.
12 Over all the barren heights in the desert
     destroyers will swarm,
for the sword of the Lord will devour
     from one end of the land to the other;
     no one will be safe.
13 They will sow wheat but reap thorns;
     they will wear themselves out but gain
          nothing.
So bear the shame of your harvest
     because of the Lord's fierce anger."

14 This is what the Lord says: "As for all my wicked neighbors who seize the inheritance I gave my people Israel, I will uproot them from their lands and I will uproot the house of Judah from among them. 15 But after I uproot them, I will again have compassion and will bring each of them back to his own inheritance and his own country. 16 And if they learn well the ways of my people and swear by my name, saying, 'As surely as the Lord lives'—even as they once taught my people to swear by Baal—then they will be established among my people. 17 But if any nation does not listen, I will completely uproot and destroy it," declares the Lord.

A Linen Belt

13 This is what the Lord said to me: "Go and buy a linen belt and put it around your waist, but do not let it touch water." 2 So I bought a belt, as the Lord directed, and put it around my waist.

3 Then the word of the Lord came to me a second time: 4 "Take the belt you bought and are wearing around your waist, and go now to Perathz and hide it there in a crevice in the rocks." 5 So I went and hid it at Perath, as the Lord told me.

6 Many days later the Lord said to me, "Go now to Perath and get the belt I told you to hide there." 7 So I went to Perath and dug up the belt and took it from the place where I had hidden it, but now it was ruined and completely useless.

---

k 13:4 *Perat*. Posiblemente *el río Éufrates*; también en vv. 5-7.

z 4 Or possibly *the Euphrates*; also in verses 5-7

⁸Entonces el Señor volvió a decirme: ⁹«Así dice el Señor: "De esta misma manera destruiré el orgullo de Judá y el gran orgullo de Jerusalén. ¹⁰Este pueblo malvado, que se niega a obedecerme, que sigue la terquedad de su *corazón y va tras otros dioses para servirlos y adorarlos, será como este cinturón, que no sirve para nada. ¹¹Porque así como el cinturón se ajusta a la cintura del hombre, así procuré que todo el pueblo de Israel y toda la tribu de Judá se ajustaran a mí —afirma el Señor— para que fueran mi pueblo y mi renombre, mi honor y mi gloria. ¡Pero no obedecieron!"

Los cántaros rotos

¹²»Diles también lo siguiente: "Así dice el Señor, el Dios de Israel: 'Todo cántaro se llenará de vino.' Y si ellos te dicen: '¿Acaso no sabemos bien que todo cántaro se debe llenar de vino?', ¹³entonces les responderás que así dice el Señor: 'Voy a llenar de vino a todos los habitantes de este país: a los reyes que se sientan en el trono de David, a los sacerdotes y a todos los habitantes de Jerusalén. ¹⁴Haré que se despedacen unos a otros, padres e hijos por igual. No les tendré piedad ni lástima, sino que los destruiré sin compasión.' Lo afirma el Señor."»

Advertencia oportuna

¹⁵¡Escúchenme, préstenme atención!
　¡No sean soberbios, que el Señor mismo lo
　　ha dicho!
¹⁶Glorifiquen al Señor su Dios,
　antes de que haga venir la oscuridad
　y ustedes tropiecen contra los montes
　　sombríos.
　Ustedes esperan la luz,
　pero Él la cambiará en densas tinieblas;
　¡la convertirá en profunda oscuridad!
¹⁷Pero si ustedes no obedecen,
　lloraré en secreto
　　por causa de su orgullo;
　mis ojos llorarán amargamente
　y se desharán en lágrimas,
　porque el rebaño del Señor
　　será llevado al cautiverio.
¹⁸Di al rey y a la reina madre:
　«¡Humíllense, siéntense en el suelo,
　que ya no ostentan sobre su cabeza
　　la corona de gloria!»
¹⁹Las ciudades del Néguev están cerradas,
　y no hay quien abra sus *puertas.
　Todo Judá se ha ido al destierro,
　　exiliado en su totalidad.
²⁰Alcen los ojos y miren
　a los que vienen del norte.
　¿Dónde está el rebaño que te fue confiado,
　el rebaño que era tu orgullo?
²¹¿Qué dirás cuando el Señor te imponga como
　　jefes
　a los que tú mismo enseñaste
　　a ser tus aliados predilectos?
　¿No tendrás dolores
　　como de mujer de parto?
²²Y si preguntas:
　«¿Por qué me pasa esto?»,
　¡por tus muchos pecados
　te han arrancado las faldas
　y te han violado!^l

⁸Then the word of the Lord came to me: ⁹"This is what the Lord says: 'In the same way I will ruin the pride of Judah and the great pride of Jerusalem. ¹⁰These wicked people, who refuse to listen to my words, who follow the stubbornness of their hearts and go after other gods to serve and worship them, will be like this belt—completely useless! ¹¹For as a belt is bound around a man's waist, so I bound the whole house of Israel and the whole house of Judah to me,' declares the Lord, 'to be my people for my renown and praise and honor. But they have not listened.'

Wineskins

¹²"Say to them: 'This is what the Lord, the God of Israel, says: Every wineskin should be filled with wine.' And if they say to you, 'Don't we know that every wineskin should be filled with wine?' ¹³then tell them, 'This is what the Lord says: I am going to fill with drunkenness all who live in this land, including the kings who sit on David's throne, the priests, the prophets and all those living in Jerusalem. ¹⁴I will smash them one against the other, fathers and sons alike, declares the Lord. I will allow no pity or mercy or compassion to keep me from destroying them.' "

Threat of Captivity

¹⁵Hear and pay attention,
　do not be arrogant,
　for the Lord has spoken.
¹⁶Give glory to the Lord your God
　before he brings the darkness,
　before your feet stumble
　　on the darkening hills.
　You hope for light,
　but he will turn it to thick darkness
　and change it to deep gloom.
¹⁷But if you do not listen,
　I will weep in secret
　　because of your pride;
　my eyes will weep bitterly,
　　overflowing with tears,
　because the Lord's flock will be taken
　　captive.
¹⁸Say to the king and to the queen mother,
　"Come down from your thrones,
　for your glorious crowns
　　will fall from your heads."
¹⁹The cities in the Negev will be shut up,
　and there will be no one to open them.
　All Judah will be carried into exile,
　　carried completely away.

²⁰Lift up your eyes and see
　those who are coming from the north.
　Where is the flock that was entrusted to
　　you,
　the sheep of which you boasted?
²¹What will you say when ⌊the Lord⌋ sets
　　over you
　those you cultivated as your special
　　allies?
　Will not pain grip you
　like that of a woman in labor?
²²And if you ask yourself,
　"Why has this happened to me?"—
　it is because of your many sins
　that your skirts have been torn off
　and your body mistreated.

---

^l13:22 *te han violado*. Lit. *tus talones han sufrido violencia*.

²³¿Puede el etíope cambiar de piel,
    o el leopardo quitarse sus manchas?
¡Pues tampoco ustedes pueden hacer el bien,
    acostumbrados como están a hacer el mal!

²⁴«Los dispersaré como a la paja
    que arrastra el viento del desierto.
²⁵Esto es lo que te ha tocado en suerte,
    ¡la porción que he medido para ti!
             —afirma el SEÑOR—.

Ya que me has olvidado,
    y has confiado en la mentira,
²⁶¡yo también te alzaré las faldas
    hasta cubrirte el rostro
    y descubrir tus vergüenzas!
²⁷He visto tus adulterios,
    tus relinchos,
    tu vergonzosa prostitución
    y tus abominaciones,
    en los campos y sobre las colinas.
¡Ay de ti, Jerusalén!
    ¿Hasta cuándo seguirás en tu *impureza?»

Sequía, hambre y espada

14 Ésta es la palabra del SEÑOR, que vino a Jeremías con motivo de la sequía:

²«Judá está de luto
    y sus ciudades desfallecen;
hay lamentos en el país,
    y sube el clamor de Jerusalén.
³Los nobles mandan por agua a sus siervos,
    y éstos van a las cisternas,
    pero no la encuentran.
Avergonzados y confundidos,
    vuelven con sus cántaros vacíos
    y agarrándose*ᵐ* la cabeza.
⁴El suelo está agrietado,
    porque no llueve en el país.
Avergonzados están los campesinos,
    agarrándose la cabeza.
⁵Aun las ciervas, en el campo,
    abandonan a sus crías por falta de pastos.
⁶Parados sobre las lomas desiertas,
    y con los ojos desfallecientes,
los asnos salvajes jadean como chacales
    porque ya no tienen hierba.»

⁷Aunque nuestras iniquidades nos acusan,
    tú, SEÑOR, actúas en razón de tu *nombre;
muchas son nuestras infidelidades;
    ¡contra ti hemos pecado!
⁸Tú, esperanza y *salvación de Israel
    en momentos de angustia,
¿por qué actúas en el país como un peregrino,
    como un viajero que sólo pasa la noche?
⁹¿Por qué te encuentras confundido,
    como un guerrero impotente para salvar?
SEÑOR, tú estás en medio de nosotros,
    y se nos llama por tu nombre;
    ¡no nos abandones!

²³Can the Ethiopianᵃ change his skin
    or the leopard its spots?
Neither can you do good
    who are accustomed to doing evil.

²⁴"I will scatter you like chaff
    driven by the desert wind.
²⁵This is your lot,
    the portion I have decreed for you,"
             declares the LORD,
"because you have forgotten me
    and trusted in false gods.
²⁶I will pull up your skirts over your face
    that your shame may be seen—
²⁷your adulteries and lustful neighings,
    your shameless prostitution!
I have seen your detestable acts
    on the hills and in the fields.
Woe to you, O Jerusalem!
    How long will you be unclean?"

Drought, Famine, Sword

14 This is the word of the LORD to Jeremiah concerning the drought:

²"Judah mourns,
    her cities languish;
they wail for the land,
    and a cry goes up from Jerusalem.
³The nobles send their servants for water;
    they go to the cisterns
    but find no water.
They return with their jars unfilled;
    dismayed and despairing,
    they cover their heads.
⁴The ground is cracked
    because there is no rain in the land;
the farmers are dismayed
    and cover their heads.
⁵Even the doe in the field
    deserts her newborn fawn
    because there is no grass.
⁶Wild donkeys stand on the barren heights
    and pant like jackals;
their eyesight fails
    for lack of pasture."

⁷Although our sins testify against us,
    O LORD, do something for the sake of
        your name.
For our backsliding is great;
    we have sinned against you.
⁸O Hope of Israel,
    its Savior in times of distress,
why are you like a stranger in the land,
    like a traveler who stays only a night?
⁹Why are you like a man taken by surprise,
    like a warrior powerless to save?
You are among us, O LORD,
    and we bear your name;
    do not forsake us!

ᵐ 14:3 agarrándose. Lit. cubriéndose; también en v. 4.   *ᵃ 23* Hebrew Cushite (probably a person from the upper Nile region)

¹⁰Así dice el Señor acerca de este pueblo:

«Les encanta vagabundear;
    no refrenan sus pies.
Por eso yo no los acepto,
    sino que voy a recordar sus iniquidades
    y a castigar sus pecados.»

¹¹Entonces el Señor me dijo: «No ruegues por el bienestar de este pueblo. ¹²Aunque ayunen, no escucharé sus clamores; aunque me ofrezcan *holocaustos y ofrendas de cereal, no los aceptaré. En verdad, voy a exterminarlos con la espada, el hambre y la peste.» ¹³Pero yo respondí: «¡Ah, Señor mi Dios! Los profetas les dicen que no se enfrentarán con la espada ni pasarán hambre, sino que tú les concederás una *paz duradera en este lugar.»

¹⁴El Señor me contestó: «Mentira es lo que están profetizando en mi nombre esos profetas. Yo no los he enviado, ni les he dado ninguna orden, y ni siquiera les he hablado. Lo que les están profetizando son visiones engañosas, adivinaciones vanas y delirios de su propia imaginación. ¹⁵Por eso, así dice el Señor: "En cuanto a los profetas que profetizan en mi nombre sin que yo los haya enviado, y que además dicen que no habrá espada ni hambre en este país, ellos mismos morirán de hambre y a filo de espada. ¹⁶Y el pueblo al que profetizan será arrojado a las calles de Jerusalén a causa del hambre y de la espada, y no habrá quien los entierre, ni a ellos ni a sus esposas, ni a sus hijos, ni a sus hijas; también les echaré encima su propia maldad."

¹⁷»Tú les dirás lo siguiente:

»"Que corran lágrimas de mis ojos
    día y noche, sin cesar,
porque la virginal hija de mi pueblo
    ha sufrido una herida terrible,
    ¡un golpe muy duro!
¹⁸Si salgo al campo, veo los cuerpos
    de los muertos a filo de espada;
si entro en la ciudad, veo los estragos
    que el hambre ha producido.
Tanto el profeta como el sacerdote
    ejercen en el país, sin *conocimiento."»ⁿ

¹⁹¿Has rechazado por completo a Judá?
    ¿Detestas a *Sión?
¿Por qué nos has herido de tal modo
    que ya no tenemos remedio?
Esperábamos tiempos de paz,
    pero nada bueno recibimos.
Esperábamos tiempos de salud,
    pero sólo nos llegó el terror.
²⁰Reconocemos, Señor, nuestra maldad,
    y la iniquidad de nuestros padres;
    ¡hemos pecado contra ti!
²¹En razón de tu nombre, no nos desprecies;
    no deshonres tu trono glorioso.
¡Acuérdate de tu *pacto con nosotros!
    ¡No lo quebrantes!
²²¿Acaso hay entre los ídolos falsos
    alguno que pueda hacer llover?
Señor y Dios nuestro,
    ¿acaso no eres tú, y no el cielo mismo,
    el que manda los aguaceros?
Tú has hecho todas estas cosas;
    por eso esperamos en ti.

¹⁰This is what the Lord says about this people:

"They greatly love to wander;
    they do not restrain their feet.
So the Lord does not accept them;
    he will now remember their wickedness
    and punish them for their sins."

¹¹Then the Lord said to me, "Do not pray for the well-being of this people. ¹²Although they fast, I will not listen to their cry; though they offer burnt offerings and grain offerings, I will not accept them. Instead, I will destroy them with the sword, famine and plague." ¹³But I said, "Ah, Sovereign Lord, the prophets keep telling them, 'You will not see the sword or suffer famine. Indeed, I will give you lasting peace in this place.' "

¹⁴Then the Lord said to me, "The prophets are prophesying lies in my name. I have not sent them or appointed them or spoken to them. They are prophesying to you false visions, divinations, idolatriesᵇ and the delusions of their own minds. ¹⁵Therefore, this is what the Lord says about the prophets who are prophesying in my name: I did not send them, yet they are saying, 'No sword or famine will touch this land.' Those same prophets will perish by sword and famine. ¹⁶And the people they are prophesying to will be thrown out into the streets of Jerusalem because of the famine and sword. There will be no one to bury them or their wives, their sons or their daughters. I will pour out on them the calamity they deserve.

¹⁷"Speak this word to them:

" 'Let my eyes overflow with tears
    night and day without ceasing;
for my virgin daughter—my people—
    has suffered a grievous wound,
    a crushing blow.
¹⁸If I go into the country,
    I see those slain by the sword;
if I go into the city,
    I see the ravages of famine.
Both prophet and priest
    have gone to a land they know not.' "

¹⁹Have you rejected Judah completely?
    Do you despise Zion?
Why have you afflicted us
    so that we cannot be healed?
We hoped for peace
    but no good has come,
for a time of healing
    but there is only terror.
²⁰O Lord, we acknowledge our wickedness
    and the guilt of our fathers;
    we have indeed sinned against you.
²¹For the sake of your name do not despise us;
    do not dishonor your glorious throne.
Remember your covenant with us
    and do not break it.
²²Do any of the worthless idols of the nations
    bring rain?
Do the skies themselves send down showers?
No, it is you, O Lord our God.
    Therefore our hope is in you,
    for you are the one who does all this.

ⁿ *14:18 ejercen ... sin conocimiento.* Alt. *andan errantes en una tierra que no conocen.*

ᵇ *14 Or visions, worthless divinations*

15 El Señor me dijo: «Aunque Moisés y Samuel se presentaran ante mí, no tendría compasión de este pueblo. ¡Échalos de mi presencia! ¡Que se vayan! 2 Y si te preguntan: "¿A dónde iremos?", adviérteles que así dice el Señor:

» "Los destinados a la muerte, a la muerte;
los destinados a la espada, a la espada;
los destinados al hambre, al hambre;
los destinados al cautiverio, al cautiverio."

3 »Enviaré contra ellos cuatro clases de calamidades —afirma el Señor—: la espada para matar, los perros para arrastrar, las aves del cielo para devorar, y las bestias de la tierra para destruir. 4 Los haré motivo de espanto para todos los reinos de la tierra, por causa de lo que Manasés hijo de Ezequías, rey de Judá, hizo en Jerusalén.

5 »¿Quién tendrá compasión de ti, Jerusalén?
¿Quién llorará por ti?
¿Quién se detendrá a preguntar por tu salud?
6 Tú me has rechazado,
te has vuelto atrás
                  —afirma el Señor—.
Extenderé mi mano contra ti,
y te destruiré;
estoy cansado de tenerte compasión.
7 Te aventaré con la horquilla
por las *puertas de la ciudad.
A ti te dejaré sin hijos,
y a mi pueblo lo destruiré,
porque no cambió su conducta.
8 Haré que sus viudas sean más numerosas
que la arena de los mares;
en pleno día enviaré destrucción
contra las madres de los jóvenes.
De repente haré que caigan sobre ellas
la angustia y el pavor.
9 Se desmaya la que tuvo siete hijos;
se queda sin *aliento.
Su sol se pone en pleno día;
¡se queda avergonzada y humillada!
A sus sobrevivientes los entregaré a la espada
delante de sus enemigos»,
                  afirma el Señor.

10 ¡Ay de mí, madre mía,
que me diste a luz
como hombre de contiendas y disputas
contra toda la nación!
No he prestado ni me han prestado,
pero todos me maldicen.

11 El Señor dijo:

«De veras te libraré para bien;
haré que el enemigo te suplique
en tiempos de calamidad y de angustia.

12 »¿Puede el *hombre romper el hierro,
el hierro del norte, y el bronce?
13 Por causa de todos tus pecados
entregaré como botín, sin costo alguno,
tu riqueza y tus tesoros,
por todo tu territorio.
14 Haré que sirvas[ñ] a tus enemigos
en una tierra que no conoces,
porque en mi ira un fuego se ha encendido,
y arde contra ustedes.»

15 Then the Lord said to me: "Even if Moses and Samuel were to stand before me, my heart would not go out to this people. Send them away from my presence! Let them go! 2 And if they ask you, 'Where shall we go?' tell them, 'This is what the Lord says:

" 'Those destined for death, to death;
those for the sword, to the sword;
those for starvation, to starvation;
those for captivity, to captivity.'

3 "I will send four kinds of destroyers against them," declares the Lord, "the sword to kill and the dogs to drag away and the birds of the air and the beasts of the earth to devour and destroy. 4 I will make them abhorrent to all the kingdoms of the earth because of what Manasseh son of Hezekiah king of Judah did in Jerusalem.

5 "Who will have pity on you, O Jerusalem?
Who will mourn for you?
Who will stop to ask how you are?
6 You have rejected me," declares the Lord.
"You keep on backsliding.
So I will lay hands on you and destroy you;
I can no longer show compassion.
7 I will winnow them with a winnowing fork
at the city gates of the land.
I will bring bereavement and destruction on
my people,
for they have not changed their ways.
8 I will make their widows more numerous
than the sand of the sea.
At midday I will bring a destroyer
against the mothers of their young men;
suddenly I will bring down on them
anguish and terror.
9 The mother of seven will grow faint
and breathe her last.
Her sun will set while it is still day;
she will be disgraced and humiliated.
I will put the survivors to the sword
before their enemies,"
                  declares the Lord.

10 Alas, my mother, that you gave me birth,
a man with whom the whole land strives
and contends!
I have neither lent nor borrowed,
yet everyone curses me.

11 The Lord said,

"Surely I will deliver you for a good
purpose;
surely I will make your enemies plead
with you
in times of disaster and times of distress.

12 "Can a man break iron—
iron from the north—or bronze?
13 Your wealth and your treasures
I will give as plunder, without charge,
because of all your sins
throughout your country.
14 I will enslave you to your enemies
in[c] a land you do not know,
for my anger will kindle a fire
that will burn against you."

ñ 15:14 *Haré que sirvas* (mss. hebreos, LXX y Siríaca); *Haré pasar* (TM).

c 14 Some Hebrew manuscripts, Septuagint and Syriac (see also Jer. 17:4); most Hebrew manuscripts *I will cause your enemies to bring you / into*

¹⁵Tú comprendes, SEÑOR;
　¡acuérdate de mí, y cuídame!
　¡Toma venganza de los que me persiguen!
Por causa de tu paciencia,
　no permitas que sea yo arrebatado;
　mira que por ti sufro injurias.
¹⁶Al encontrarme con tus palabras,
　yo las devoraba;
ellas eran mi gozo
　y la alegría de mi *corazón,
porque yo llevo tu *nombre,
　SEÑOR, Dios *Todopoderoso.
¹⁷No he formado parte de grupos libertinos,
　ni me he divertido con ellos;
he vivido solo, porque tú estás conmigo
　y me has llenado de indignación.
¹⁸¿Por qué no cesa mi dolor?
　¿Por qué es incurable mi herida?
　¿Por qué se resiste a sanar?
¿Serás para mí un torrente engañoso
　de aguas no confiables?

¹⁹Por eso, así dice el SEÑOR:

«Si te *arrepientes,
　yo te restauraré y podrás servirme.
Si evitas hablar en vano,
　y hablas lo que en verdad vale,
　tú serás mi portavoz.
Que ellos se vuelvan hacia ti,
　pero tú no te vuelvas hacia ellos.
²⁰Haré que seas para este pueblo
　como invencible muro de bronce;
pelearán contra ti,
　pero no te podrán vencer,
porque yo estoy contigo
　para salvarte y librarte

　　　　　　　—afirma el SEÑOR—.
²¹Te libraré del poder de los malvados;
　¡te rescataré de las garras de los violentos!»

Mensaje de juicio

16 La palabra del SEÑOR vino a mí, y me dijo: ²«No te cases, ni tengas hijos ni hijas en este lugar.» ³Porque así dice el SEÑOR en cuanto a los hijos y las hijas que han nacido en este lugar, y en cuanto a las madres que los dieron a luz y los padres que los engendraron en este país: ⁴«Morirán de enfermedades horribles. Nadie llorará por ellos, ni los sepultará; se quedarán sobre la faz de la tierra, como el estiércol. La espada y el hambre acabarán con ellos, y sus cadáveres servirán de alimento para las aves del cielo y para las bestias de la tierra.»

⁵Así dice el SEÑOR: «No entres en una casa donde estén de luto, ni vayas a llorar, ni los consueles, porque a este pueblo le he retirado mi *paz, mi amor y mi compasión —afirma el SEÑOR—. ⁶En este país morirán grandes y pequeños; nadie llorará por ellos, ni los sepultará; nadie se hará heridas en el cuerpo ni se rapará la cabeza por ellos. ⁷Nadie ofrecerá un banquete fúnebre a los que estén de duelo, para consolarlos por el muerto, ni a nadie se le dará a beber la copa del consuelo, aun cuando quien haya muerto sea su padre o su madre.

⁸»No entres en una casa donde haya una celebración, ni te sientes con ellos a comer y beber. ⁹Porque así dice el SEÑOR *Todopoderoso, el Dios de Israel: Voy a poner fin en este lugar a toda expresión de alegría y de regocijo, y al cántico del novio y de la novia. Esto sucederá en sus propios días, y ustedes lo verán.

¹⁵You understand, O LORD;
　remember me and care for me.
　Avenge me on my persecutors.
You are long-suffering—do not take me
　　away;
　think of how I suffer reproach for your
　　sake.
¹⁶When your words came, I ate them;
　they were my joy and my heart's delight,
for I bear your name,
　O LORD God Almighty.
¹⁷I never sat in the company of revelers,
　never made merry with them;
I sat alone because your hand was on me
　and you had filled me with indignation.
¹⁸Why is my pain unending
　and my wound grievous and incurable?
Will you be to me like a deceptive brook,
　like a spring that fails?

¹⁹Therefore this is what the LORD says:

"If you repent, I will restore you
　that you may serve me;
if you utter worthy, not worthless, words,
　you will be my spokesman.
Let this people turn to you,
　but you must not turn to them.
²⁰I will make you a wall to this people,
　a fortified wall of bronze;
they will fight against you
　but will not overcome you,
for I am with you
　to rescue and save you,"

　　　　　　　declares the LORD.
²¹"I will save you from the hands of the
　　wicked
　and redeem you from the grasp of the
　　cruel."

Day of Disaster

16 Then the word of the LORD came to me: ²"You must not marry and have sons or daughters in this place." ³For this is what the LORD says about the sons and daughters born in this land and about the women who are their mothers and the men who are their fathers: ⁴"They will die of deadly diseases. They will not be mourned or buried but will be like refuse lying on the ground. They will perish by sword and famine, and their dead bodies will become food for the birds of the air and the beasts of the earth."

⁵For this is what the LORD says: "Do not enter a house where there is a funeral meal; do not go to mourn or show sympathy, because I have withdrawn my blessing, my love and my pity from this people," declares the LORD. ⁶"Both high and low will die in this land. They will not be buried or mourned, and no one will cut himself or shave his head for them. ⁷No one will offer food to comfort those who mourn for the dead—not even for a father or a mother—nor will anyone give them a drink to console them.

⁸"And do not enter a house where there is feasting and sit down to eat and drink. ⁹For this is what the LORD Almighty, the God of Israel, says: Before your eyes and in your days I will bring an end to the sounds of joy and gladness and to the voices of bride and bridegroom in this place.

10»Cuando anuncies a este pueblo todas estas cosas, ellos te preguntarán: "¿Por qué ha decretado el SEÑOR contra nosotros esta calamidad tan grande? ¿Cuál es nuestra iniquidad? ¿Qué pecado hemos cometido contra el SEÑOR nuestro Dios?" 11 Entonces les responderás: "Esto es porque sus antepasados me abandonaron y se fueron tras otros dioses, y los sirvieron y los adoraron. Pero a mí me abandonaron, y no cumplieron mi *ley —afirma el SEÑOR—. 12 Pero ustedes se han comportado peor que sus antepasados. Cada uno sigue la terquedad de su *corazón malvado, y no me ha obedecido. 13 Por eso los voy a arrojar de esta tierra, a un país que ni ustedes ni sus antepasados conocieron, y allí servirán a otros dioses día y noche. No les tendré clemencia."

14»Por eso —afirma el SEÑOR—, vienen días en que ya no se dirá: "Por la vida del SEÑOR, que hizo salir a los israelitas de la tierra de Egipto", 15 sino: "Por la vida del SEÑOR, que hizo salir a los israelitas de la tierra del norte, y de todos los países adonde los había expulsado." Yo los haré volver a su tierra, la que antes di a sus antepasados.

16»Voy a enviar a muchos pescadores —afirma el SEÑOR—, y ellos los pescarán a ustedes. Después, enviaré a muchos cazadores, y ellos los cazarán a ustedes por todas las montañas y colinas, y por las grietas de las rocas. 17 Ciertamente mis ojos ven todas sus acciones; ninguna de ellas me es oculta. Su iniquidad no puede esconderse de mi vista. 18 Primero les pagaré el doble por su iniquidad y su pecado, porque con los cadáveres de sus ídolos detestables han profanado mi tierra, y han llenado mi herencia con sus abominaciones.»

19 SEÑOR, fuerza y fortaleza mía,
 mi refugio en el día de la angustia:
desde los confines de la tierra
 vendrán a ti las naciones, y dirán:
«Sólo mentira heredaron nuestros antepasados;
 heredaron lo absurdo,
 lo que no sirve para nada.
20 ¿Acaso puede el *hombre hacer sus propios
 dioses?
 ¡Pero si no son dioses!»

21 Por eso, esta vez les daré una lección;
 les daré a conocer mi mano poderosa.
 ¡Así sabrán que mi *nombre es el SEÑOR!

17 «El pecado de Judá está escrito
 con cincel de hierro;
grabado está con punta de diamante
 sobre la tabla de su *corazón
 y sobre los cuernos de sus altares.
2 Bien que se acuerdan sus hijos
 de sus altares junto a árboles frondosos;
de sus imágenes de *Aserá sobre altas colinas
3   y sobre mi montaña a campo abierto.

»Entregaré como botín tu riqueza,
 tus tesoros y tus *santuarios paganos,
por todos tus pecados
 en todo tu territorio.

10"When you tell these people all this and they ask you, 'Why has the LORD decreed such a great disaster against us? What wrong have we done? What sin have we committed against the LORD our God?' 11 then say to them, 'It is because your fathers forsook me,' declares the LORD, 'and followed other gods and served and worshiped them. They forsook me and did not keep my law. 12 But you have behaved more wickedly than your fathers. See how each of you is following the stubbornness of his evil heart instead of obeying me. 13 So I will throw you out of this land into a land neither you nor your fathers have known, and there you will serve other gods day and night, for I will show you no favor.'

14"However, the days are coming," declares the LORD, "when men will no longer say, 'As surely as the LORD lives, who brought the Israelites up out of Egypt,' 15 but they will say, 'As surely as the LORD lives, who brought the Israelites up out of the land of the north and out of all the countries where he had banished them.' For I will restore them to the land I gave their forefathers.

16"But now I will send for many fishermen," declares the LORD, "and they will catch them. After that I will send for many hunters, and they will hunt them down on every mountain and hill and from the crevices of the rocks. 17 My eyes are on all their ways; they are not hidden from me, nor is their sin concealed from my eyes. 18 I will repay them double for their wickedness and their sin, because they have defiled my land with the lifeless forms of their vile images and have filled my inheritance with their detestable idols."

19 O LORD, my strength and my fortress,
 my refuge in time of distress,
to you the nations will come
 from the ends of the earth and say,
"Our fathers possessed nothing but false
 gods,
 worthless idols that did them no good.
20 Do men make their own gods?
 Yes, but they are not gods!"

21 "Therefore I will teach them—
 this time I will teach them
 my power and might.
Then they will know
 that my name is the LORD.

17 "Judah's sin is engraved with an iron tool,
 inscribed with a flint point,
on the tablets of their hearts
 and on the horns of their altars.
2 Even their children remember
 their altars and Asherah poles[d]
beside the spreading trees
 and on the high hills.
3 My mountain in the land
 and your[e] wealth and all your treasures
I will give away as plunder,
 together with your high places,
 because of sin throughout your country.

---

d2 That is, symbols of the goddess Asherah   e 2,3 Or hills /
3 and the mountains of the land. / Your

⁴Por tu culpa perderás la herencia
    que yo te había dado.
Te haré esclava de tus enemigos,
    en un país para ti desconocido,
porque has encendido mi ira,
    la cual se mantendrá ardiendo para siempre.»

⁵Así dice el SEÑOR:

    «¡Maldito el *hombre que confía en el
        hombre!
    ¡Maldito el que se apoya en su propia fuerza
        y aparta su corazón del SEÑOR!
⁶Será como una zarza en el desierto:
    no se dará cuenta cuando llegue el bien.
Morará en la sequedad del desierto,
    en tierras de sal, donde nadie habita.

⁷»Bendito el hombre que confía en el Señor,
    y pone su confianza en él.
⁸Será como un árbol plantado junto al agua,
    que extiende sus raíces hacia la corriente;
no teme que llegue el calor,
    y sus hojas están siempre verdes.
En época de sequía no se angustia,
    y nunca deja de dar fruto.»

⁹Nada hay tan engañoso como el corazón.
    No tiene remedio.
    ¿Quién puede comprenderlo?

¹⁰«Yo, el SEÑOR, sondeo el corazón
    y examino los pensamientos,
para darle a cada uno según sus acciones
    y según el fruto de sus obras.»

¹¹El que acapara riquezas injustas
    es perdiz que empolla huevos ajenos.
En la mitad de la vida las perderá,
    y al final no será más que un insensato.

¹²Trono de gloria,
    exaltado desde el principio,
    es el lugar de nuestro santuario.
¹³SEÑOR, tú eres la esperanza de Israel,
    todo el que te abandona quedará
        avergonzado.
El que se aparta de ti
    quedará como algo escrito en el polvo,
porque abandonó al SEÑOR,
    al manantial de aguas vivas.

¹⁴Sáname, SEÑOR, y seré sanado;
    sálvame y seré salvado,
    porque tú eres mi alabanza.
¹⁵No falta quien me pregunte:
    «¿Dónde está la palabra del SEÑOR?
    ¡Que se haga realidad!»
¹⁶Pero yo no me he apresurado
    a abandonarte y dejar de ser tu *pastor,
    ni he deseado que venga el día de la
        calamidad.
Tú bien sabes lo que he dicho,
    pues lo dije en tu presencia.
¹⁷No seas para mí un motivo de terror;
    tú eres mi refugio en tiempos de calamidad.
¹⁸¡No me pongas a mí en vergüenza;
    avergüénzalos a ellos!
¡No me llenes de terror a mí;
    aterrorízalos a ellos!
Envíales tiempos difíciles;
    ¡destrózalos, y vuelve a destrozarlos!

⁴Through your own fault you will lose
    the inheritance I gave you.
I will enslave you to your enemies
    in a land you do not know,
for you have kindled my anger,
    and it will burn forever."

⁵This is what the LORD says:

    "Cursed is the one who trusts in man,
        who depends on flesh for his strength
        and whose heart turns away from the
            LORD.
⁶He will be like a bush in the wastelands;
    he will not see prosperity when it comes.
He will dwell in the parched places of the
        desert,
    in a salt land where no one lives.

⁷"But blessed is the man who trusts in the
        LORD,
    whose confidence is in him.
⁸He will be like a tree planted by the water
    that sends out its roots by the stream.
It does not fear when heat comes;
    its leaves are always green.
It has no worries in a year of drought
    and never fails to bear fruit."

⁹The heart is deceitful above all things
    and beyond cure.
    Who can understand it?

¹⁰"I the LORD search the heart
    and examine the mind,
to reward a man according to his conduct,
    according to what his deeds deserve."

¹¹Like a partridge that hatches eggs it did not
        lay
    is the man who gains riches by unjust
        means.
When his life is half gone, they will desert
        him,
    and in the end he will prove to be a fool.

¹²A glorious throne, exalted from the
        beginning,
    is the place of our sanctuary.
¹³O LORD, the hope of Israel,
    all who forsake you will be put to shame.
Those who turn away from you will be
        written in the dust
    because they have forsaken the LORD,
    the spring of living water.

¹⁴Heal me, O LORD, and I will be healed;
    save me and I will be saved,
    for you are the one I praise.
¹⁵They keep saying to me,
    "Where is the word of the LORD?
    Let it now be fulfilled!"
¹⁶I have not run away from being your
        shepherd;
    you know I have not desired the day of
        despair.
    What passes my lips is open before you.
¹⁷Do not be a terror to me;
    you are my refuge in the day of disaster.
¹⁸Let my persecutors be put to shame,
    but keep me from shame;
let them be terrified,
    but keep me from terror.
Bring on them the day of disaster;
    destroy them with double destruction.

La observancia del sábado

19 Así me dijo el SEÑOR: «Ve y párate en la puerta del Pueblo, por donde entran y salen los reyes de Judá, y luego en todas las *puertas de Jerusalén, 20 y diles: "¡Escuchen la palabra del SEÑOR, reyes de Judá, y toda la gente de Judá y todos los habitantes de Jerusalén que entran por estas puertas! 21 Así dice el SEÑOR: 'Cuídense bien de no llevar ninguna carga en día *sábado, y de no meterla por las puertas de Jerusalén. 22 Tampoco saquen ninguna carga de sus casas en día sábado, ni hagan ningún tipo de trabajo. Observen el reposo del sábado, tal como se lo ordené a sus antepasados. 23 Pero ellos no me prestaron atención ni me obedecieron, sino que se obstinaron y no quisieron escuchar ni recibir *corrección.

24 » " 'Si de veras me obedecen —afirma el SEÑOR— y no meten ninguna carga por las puertas de esta ciudad en día sábado, sino que observan este día no haciendo ningún trabajo, 25 entonces entrarán por las puertas de esta ciudad reyes y príncipes que se sentarán en el trono de David. Ellos y los príncipes entrarán montados en carros y caballos, acompañados por la gente de Judá y por los habitantes de Jerusalén, y esta ciudad será habitada para siempre. 26 Vendrá gente de las ciudades de Judá y de los alrededores de Jerusalén, del territorio de Benjamín y de la Sefelá, de la región montañosa y del Néguev. Traerán a la casa del SEÑOR *holocaustos y sacrificios, ofrendas de cereal y de incienso, y ofrendas de acción de gracias. 27 Pero si no obedecen ustedes mi mandato de observar el reposo del sábado, y de no llevar carga al entrar en sábado por las puertas de Jerusalén, entonces les prenderé fuego a sus puertas, que no podrá ser apagado y que consumirá los palacios de Jerusalén.' "»

Parábola del alfarero

18 Ésta es la palabra del SEÑOR, que vino a Jeremías: 2 «Baja ahora mismo a la casa del alfarero, y allí te comunicaré mi mensaje.»

3 Entonces bajé a la casa del alfarero, y lo encontré trabajando en el torno. 4 Pero la vasija que estaba modelando se le deshizo en las manos; así que volvió a hacer otra vasija, hasta que le pareció que le había quedado bien.

5 En ese momento la palabra del SEÑOR vino a mí, y me dijo: 6 «Pueblo de Israel, ¿acaso no puedo hacer con ustedes lo mismo que hace este alfarero con el barro? —afirma el SEÑOR—. Ustedes, pueblo de Israel, son en mis manos como el barro en las manos del alfarero. 7 En un momento puedo hablar de arrancar, derribar y destruir a una nación o a un reino; 8 pero si la nación de la cual hablé se *arrepiente de su maldad, también yo me arrepentiré del castigo que había pensado infligirles. 9 En otro momento puedo hablar de construir y plantar a una nación o a un reino. 10 Pero si esa nación hace lo malo ante mis ojos y no me obedece, me arrepentiré del bien que había pensado hacerles. 11 Y ahora habla con los habitantes de Judá y de Jerusalén, y adviérteles que así dice el SEÑOR: "Estoy preparando una calamidad contra ustedes, y elaborando un plan en su contra. ¡Vuélvanse ya de su mal *camino; enmienden su conducta y sus acciones!" 12 Ellos objetarán: "Es inútil. Vamos a seguir nuestros propios planes", y cada uno cometerá la maldad que le dicte su obstinado *corazón.»

Keeping the Sabbath Holy

19 This is what the LORD said to me: "Go and stand at the gate of the people, through which the kings of Judah go in and out; stand also at all the other gates of Jerusalem. 20 Say to them, 'Hear the word of the LORD, O kings of Judah and all people of Judah and everyone living in Jerusalem who come through these gates. 21 This is what the LORD says: Be careful not to carry a load on the Sabbath day or bring it through the gates of Jerusalem. 22 Do not bring a load out of your houses or do any work on the Sabbath, but keep the Sabbath day holy, as I commanded your forefathers. 23 Yet they did not listen or pay attention; they were stiff-necked and would not listen or respond to discipline. 24 But if you are careful to obey me, declares the LORD, and bring no load through the gates of this city on the Sabbath, but keep the Sabbath day holy by not doing any work on it, 25 then kings who sit on David's throne will come through the gates of this city with their officials. They and their officials will come riding in chariots and on horses, accompanied by the men of Judah and those living in Jerusalem, and this city will be inhabited forever. 26 People will come from the towns of Judah and the villages around Jerusalem, from the territory of Benjamin and the western foothills, from the hill country and the Negev, bringing burnt offerings and sacrifices, grain offerings, incense and thank offerings to the house of the LORD. 27 But if you do not obey me to keep the Sabbath day holy by not carrying any load as you come through the gates of Jerusalem on the Sabbath day, then I will kindle an unquenchable fire in the gates of Jerusalem that will consume her fortresses.' "

At the Potter's House

18 This is the word that came to Jeremiah from the LORD: 2 "Go down to the potter's house, and there I will give you my message." 3 So I went down to the potter's house, and I saw him working at the wheel. 4 But the pot he was shaping from the clay was marred in his hands; so the potter formed it into another pot, shaping it as seemed best to him.

5 Then the word of the LORD came to me: 6 "O house of Israel, can I not do with you as this potter does?" declares the LORD. "Like clay in the hand of the potter, so are you in my hand, O house of Israel. 7 If at any time I announce that a nation or kingdom is to be uprooted, torn down and destroyed, 8 and if that nation I warned repents of its evil, then I will relent and not inflict on it the disaster I had planned. 9 And if at another time I announce that a nation or kingdom is to be built up and planted, 10 and if it does evil in my sight and does not obey me, then I will reconsider the good I had intended to do for it.

11 "Now therefore say to the people of Judah and those living in Jerusalem, 'This is what the LORD says: Look! I am preparing a disaster for you and devising a plan against you. So turn from your evil ways, each one of you, and reform your ways and your actions.' 12 But they will reply, 'It's no use. We will continue with our own plans; each of us will follow the stubbornness of his evil heart.' "

13 Por eso, así dice el SEÑOR:

«Pregunten entre las naciones:
  ¿Quién ha oído algo semejante?
La virginal Israel
  ha cometido algo terrible.
14 ¿Acaso la nieve del Líbano
  desaparece de las colinas escarpadas?
¿Se agotan las aguas frías
  que fluyen de las montañas?*o*
15 Sin embargo, mi pueblo me ha olvidado;
  quema incienso a ídolos inútiles.
Ha tropezado en sus caminos,
  en los senderos antiguos,
para andar por sendas
  y caminos escabrosos.
16 Así ha dejado desolado su país;
  lo ha hecho objeto de burla constante.
Todo el que pase por él
  meneará atónito la cabeza.
17 Como un viento del este,
  los esparciré delante del enemigo.
En el día de su calamidad
  les daré la espalda y no la cara.»

18 Ellos dijeron: «Vengan, tramemos un plan contra Jeremías. Porque no le faltará la ley al sacerdote, ni el consejo al sabio, ni la palabra al profeta. Ataquémoslo de palabra, y no hagamos caso de nada de lo que diga.»

19 ¡SEÑOR, préstame atención!
  ¡Escucha lo que me acusan!
20 ¿Acaso el bien se paga con el mal?
  ¡Pues ellos me han cavado una fosa!
Recuerda que me presenté ante ti
  para interceder por ellos,
  para apartar de ellos tu ira.
21 Por eso, entrega ahora sus hijos al hambre;
  abandónalos a merced de la espada.
Que sus esposas se queden viudas y sin hijos;
  que sus maridos mueran asesinados,
y que sus jóvenes caigan en combate
  a filo de espada.
22 ¡Que se oigan los gritos desde sus casas,
  cuando de repente mandes contra ellos
  una banda de asaltantes!
Han cavado una fosa para atraparme,
  y han puesto trampas a mi paso.
23 Pero tú, SEÑOR, conoces
  todos sus planes para matarme.
¡No perdones su iniquidad,
  ni borres de tu presencia sus pecados!
¡Que caigan derribados ante ti!
  ¡Enfréntate a ellos en el momento de tu ira!

19 Así dice el SEÑOR: «Ve a un alfarero, y cómprale un cántaro de barro. Pide luego que te acompañen algunos de los *ancianos del pueblo y de los ancianos de los sacerdotes, 2 y ve al valle de Ben Hinón, que está a la entrada de la puerta de los Alfareros, y proclama allí las palabras que yo te comunicaré. 3 Diles: "Reyes de Judá y habitantes de Jerusalén, escuchen la palabra del SEÑOR. Así dice el SEÑOR *Todopoderoso, el Dios de Israel: 'Haré venir tal calamidad sobre este lugar, que a todo el que se entere le zumbarán los oídos.

---

13 Therefore this is what the LORD says:

"Inquire among the nations:
  Who has ever heard anything like this?
A most horrible thing has been done
  by Virgin Israel.
14 Does the snow of Lebanon
  ever vanish from its rocky slopes?
Do its cool waters from distant sources
  ever cease to flow?*f*
15 Yet my people have forgotten me;
  they burn incense to worthless idols,
which made them stumble in their ways
  and in the ancient paths.
They made them walk in bypaths
  and on roads not built up.
16 Their land will be laid waste,
  an object of lasting scorn;
all who pass by will be appalled
  and will shake their heads.
17 Like a wind from the east,
  I will scatter them before their enemies;
I will show them my back and not my face
  in the day of their disaster."

18 They said, "Come, let's make plans against Jeremiah; for the teaching of the law by the priest will not be lost, nor will counsel from the wise, nor the word from the prophets. So come, let's attack him with our tongues and pay no attention to anything he says."

19 Listen to me, O LORD;
  hear what my accusers are saying!
20 Should good be repaid with evil?
  Yet they have dug a pit for me.
Remember that I stood before you
  and spoke in their behalf
  to turn your wrath away from them.
21 So give their children over to famine;
  hand them over to the power of the
    sword.
Let their wives be made childless and
    widows;
let their men be put to death,
  their young men slain by the sword in
    battle.
22 Let a cry be heard from their houses
  when you suddenly bring invaders against
    them,
for they have dug a pit to capture me
  and have hidden snares for my feet.
23 But you know, O LORD,
  all their plots to kill me.
Do not forgive their crimes
  or blot out their sins from your sight.
Let them be overthrown before you;
  deal with them in the time of your anger.

19 This is what the LORD says: "Go and buy a clay jar from a potter. Take along some of the elders of the people and of the priests 2 and go out to the Valley of Ben Hinnom, near the entrance of the Potsherd Gate. There proclaim the words I tell you, 3 and say, 'Hear the word of the LORD, O kings of Judah and people of Jerusalem. This is what the LORD Almighty, the God of Israel, says: Listen! I am going to bring a disaster on this place that will make the ears of every-

---

o 18:14 ¿Se agotan ... montañas? Texto de difícil traducción.

f 14 The meaning of the Hebrew for this sentence is uncertain.

⁴Porque ellos me han abandonado. Han profanado este lugar, quemando en él incienso a otros dioses que no conocían ni ellos ni sus antepasados ni los reyes de Judá. Además, han llenado de sangre inocente este lugar. ⁵Han construido *santuarios paganos en honor de *Baal, para quemar a sus hijos en el fuego como *holocaustos a Baal, cosa que yo jamás les ordené ni mencioné, ni jamás me pasó por la *mente. ⁶Por eso vendrán días en que este lugar ya no se llamará Tofet, ni Valle de Ben Hinón, sino Valle de la Matanza —afirma el Señor—. ⁷En este lugar anularé los planes de Judá y de Jerusalén, y los haré caer a filo de espada delante de sus enemigos, es decir, a manos de los que atentan contra su vida, y dejaré sus cadáveres a las aves del cielo y a las bestias de la tierra, para que les sirvan de comida. ⁸Convertiré a esta ciudad en un lugar desolado y en objeto de burla. Todo el que pase por ella quedará atónito y se burlará de todas sus heridas. ⁹Ante el angustioso asedio que les impondrán los enemigos que atentan contra ustedes, haré que se coman la carne de sus propios hijos e hijas, y que se devoren entre sí.' "

¹⁰»Rompe después el cántaro en mil pedazos, a la vista de los hombres que te acompañaron, ¹¹y adviérteles que así dice el Señor Todopoderoso: "Voy a hacer pedazos esta nación y esta ciudad, como quien hace pedazos un cántaro de alfarero, que ya no se puede reparar; y a falta de otro lugar, enterrarán a sus muertos en Tofet. ¹²Así haré con este lugar y con sus habitantes —afirma el Señor—; esta ciudad quedará tal y como quedó Tofet. ¹³Todas las casas de Jerusalén y todos los palacios de los reyes de Judá, es decir, todas esas casas en cuyas azoteas se quemó incienso a los astros de los cielos y donde se derramaron libaciones a otros dioses, quedarán tan *impuras como quedó Tofet." »

¹⁴Cuando Jeremías regresó de Tofet, adonde el Señor lo había enviado a profetizar, se paró en el atrio de la casa del Señor y dijo a todo el pueblo: ¹⁵«Así dice el Señor Todopoderoso, el Dios de Israel: "Como esta ciudad y todos sus pueblos vecinos se han obstinado en desobedecer mis palabras, voy a mandarles toda la calamidad que les había prometido." »

Jeremías y Pasur

20 Cuando el sacerdote Pasur hijo de Imer, que era el oficial principal de la casa del Señor, oyó lo que Jeremías profetizaba, ²mandó que golpearan al profeta Jeremías y que lo colocaran en el cepo ubicado en la puerta alta de Benjamín, junto a la casa del Señor. ³A la mañana siguiente, cuando Pasur liberó a Jeremías del cepo, Jeremías le dijo: «El Señor ya no te llama Pasur, sino "Terror por todas partes". ⁴Porque así dice el Señor: "Te voy a convertir en terror para ti mismo y para tus amigos, los cuales caerán bajo la espada de sus enemigos, y tú mismo lo verás. Entregaré a todo Judá en manos del rey de Babilonia, el cual los deportará a Babilonia o los matará a filo de espada. ⁵Además, pondré en manos de sus enemigos toda la riqueza de esta ciudad, todos sus productos y objetos de valor, y todos los tesoros de los reyes de Judá, para que los saqueen y se los lleven a Babilonia. ⁶Y tú, Pasur, irás al cautiverio de Babilonia junto con toda tu familia. Allí morirás, y allí serás enterrado, con todos tus amigos, a quienes les profetizabas mentiras." »

one who hears of it tingle. ⁴For they have forsaken me and made this a place of foreign gods; they have burned sacrifices in it to gods that neither they nor their fathers nor the kings of Judah ever knew, and they have filled this place with the blood of the innocent. ⁵They have built the high places of Baal to burn their sons in the fire as offerings to Baal—something I did not command or mention, nor did it enter my mind. ⁶So beware, the days are coming, declares the Lord, when people will no longer call this place Topheth or the Valley of Ben Hinnom, but the Valley of Slaughter. ⁷" 'In this place I will ruin*g* the plans of Judah and Jerusalem. I will make them fall by the sword before their enemies, at the hands of those who seek their lives, and I will give their carcasses as food to the birds of the air and the beasts of the earth. ⁸I will devastate this city and make it an object of scorn; all who pass by will be appalled and will scoff because of all its wounds. ⁹I will make them eat the flesh of their sons and daughters, and they will eat one another's flesh during the stress of the siege imposed on them by the enemies who seek their lives.'

¹⁰"Then break the jar while those who go with you are watching, ¹¹and say to them, 'This is what the Lord Almighty says: I will smash this nation and this city just as this potter's jar is smashed and cannot be repaired. They will bury the dead in Topheth until there is no more room. ¹²This is what I will do to this place and to those who live here, declares the Lord. I will make this city like Topheth. ¹³The houses in Jerusalem and those of the kings of Judah will be defiled like this place, Topheth—all the houses where they burned incense on the roofs to all the starry hosts and poured out drink offerings to other gods.' "

¹⁴Jeremiah then returned from Topheth, where the Lord had sent him to prophesy, and stood in the court of the Lord's temple and said to all the people, ¹⁵"This is what the Lord Almighty, the God of Israel, says: 'Listen! I am going to bring on this city and the villages around it every disaster I pronounced against them, because they were stiff-necked and would not listen to my words.' "

Jeremiah and Pashhur

20 When the priest Pashhur son of Immer, the chief officer in the temple of the Lord, heard Jeremiah prophesying these things, ²he had Jeremiah the prophet beaten and put in the stocks at the Upper Gate of Benjamin at the Lord's temple. ³The next day, when Pashhur released him from the stocks, Jeremiah said to him, "The Lord's name for you is not Pashhur, but Magor-Missabib.*h* ⁴For this is what the Lord says: 'I will make you a terror to yourself and to all your friends; with your own eyes you will see them fall by the sword of their enemies. I will hand all Judah over to the king of Babylon, who will carry them away to Babylon or put them to the sword. ⁵I will hand over to their enemies all the wealth of this city—all its products, all its valuables and all the treasures of the kings of Judah. They will take it away as plunder and carry it off to Babylon. ⁶And you, Pashhur, and all who live in your house will go into exile to Babylon. There you will die and be buried, you and all your friends to whom you have prophesied lies.' "

---

g 7 The Hebrew for *ruin* sounds like the Hebrew for *jar* (see verses 1 and 10).   *h 3* *Magor-Missabib* means *terror on every side.*

Quejas de Jeremías

7 ¡Me sedujiste, SEÑOR,
    y yo me dejé seducir!
Fuiste más fuerte que yo,
    y me venciste.
Todo el mundo se burla de mí;
    se ríen de mí todo el tiempo.
8 Cada vez que hablo, es para gritar:
    «¡Violencia! ¡Violencia!»
Por eso la palabra del SEÑOR
    no deja de ser para mí
    un oprobio y una burla.
9 Si digo: «No me acordaré más de él,
    ni hablaré más en su *nombre»,
entonces su palabra en mi interior
    se vuelve un fuego ardiente
    que me cala hasta los huesos.
He hecho todo lo posible por contenerla,
    pero ya no puedo más.
10 Escucho a muchos decir con sorna:
    «¡Hay terror por todas partes!»
y hasta agregan: «¡Denúncienlo!
    ¡Vamos a denunciarlo!»
Aun mis mejores amigos
    esperan que tropiece.
También dicen: «Quizá lo podamos seducir.
    Entonces lo venceremos
    y nos vengaremos de él.»

11 Pero el SEÑOR está conmigo
    como un guerrero poderoso;
por eso los que me persiguen
    caerán y no podrán prevalecer,
    fracasarán y quedarán avergonzados.
Eterna será su deshonra;
    jamás será olvidada.
12 Tú, SEÑOR *Todopoderoso,
    que examinas al justo,
    que sondeas el *corazón y la *mente,
hazme ver tu venganza sobre ellos,
    pues a ti he encomendado mi causa.

13 ¡Canten al SEÑOR, alábenlo!
    Él salva a los pobres
    del poder de los malvados.

14 ¡Maldito el día en que nací!
    ¡Maldito el día en que mi madre me dio a
    luz!
15 ¡Maldito el hombre que alegró a mi padre
    cuando le dijo: «¡Te ha nacido un hijo
    varón!»!
16 ¡Que sea tal hombre como las ciudades
    que el SEÑOR destruyó sin compasión.
Que oiga gritos en la mañana
    y alaridos de guerra al mediodía!
17 ¿Por qué Dios no me dejó morir
    en el seno de mi madre?
Así ella habría sido mi tumba,
    y yo jamás habría salido de su vientre.
18 ¿Por qué tuve que salir del vientre
    sólo para ver problemas y aflicción,
    y para terminar mis días en vergüenza?

Dios rechaza la petición de Sedequías

21 Ésta es la palabra del SEÑOR, que vino a Jeremías cuando el rey Sedequías envió a Pasur hijo de Malquías, y al sacerdote Sofonías hijo de Maseías, a que le dijeran:

Jeremiah's Complaint

7 O LORD, you deceived[i] me, and I was
    deceived[i];
you overpowered me and prevailed.
I am ridiculed all day long;
    everyone mocks me.
8 Whenever I speak, I cry out
    proclaiming violence and destruction.
So the word of the LORD has brought me
    insult and reproach all day long.
9 But if I say, "I will not mention him
    or speak any more in his name,"
his word is in my heart like a fire,
    a fire shut up in my bones.
I am weary of holding it in;
    indeed, I cannot.
10 I hear many whispering,
    "Terror on every side!
    Report him! Let's report him!"
All my friends
    are waiting for me to slip, saying,
"Perhaps he will be deceived;
    then we will prevail over him
    and take our revenge on him."

11 But the LORD is with me like a mighty
    warrior;
so my persecutors will stumble and not
    prevail.
They will fail and be thoroughly disgraced;
    their dishonor will never be forgotten.
12 O LORD Almighty, you who examine the
    righteous
and probe the heart and mind,
let me see your vengeance upon them,
    for to you I have committed my cause.

13 Sing to the LORD!
    Give praise to the LORD!
He rescues the life of the needy
    from the hands of the wicked.

14 Cursed be the day I was born!
    May the day my mother bore me not be
    blessed!
15 Cursed be the man who brought my father
    the news,
who made him very glad, saying,
    "A child is born to you—a son!"
16 May that man be like the towns
    the LORD overthrew without pity.
May he hear wailing in the morning,
    a battle cry at noon.
17 For he did not kill me in the womb,
    with my mother as my grave,
    her womb enlarged forever.
18 Why did I ever come out of the womb
    to see trouble and sorrow
    and to end my days in shame?

God Rejects Zedekiah's Request

21 The word came to Jeremiah from the LORD when King Zedekiah sent to him Pashhur son of Malkijah and the priest Zephaniah son of Maaseiah. They said: 2 "Inquire now of the LORD for us because

i 7 Or persuaded

² «Consulta ahora al Señor por nosotros, porque Nabucodonosor, rey de Babilonia, nos está atacando. Tal vez el Señor haga uno de sus milagros, y lo obligue a retirarse.»

³ Jeremías les respondió:

«Adviértanle a Sedequías ⁴ que así dice el Señor, el Dios de Israel: "Yo haré retroceder tus tropas, las que pelean contra el rey de Babilonia y contra los *caldeos, que desde fuera de los muros los tienen sitiados. Haré que tus tropas se replieguen dentro de la ciudad. ⁵ Yo mismo pelearé contra ustedes. Con gran despliegue de poder, y con ira, furor y gran indignación, ⁶ heriré a *hombres y animales, y los habitantes de esta ciudad morirán por causa de una peste terrible. ⁷ Después de eso entregaré a Sedequías, rey de Judá, y a sus oficiales y a la gente que haya quedado con vida después de la peste, la espada y el hambre —afirma el Señor—. Los entregaré en manos de Nabucodonosor, rey de Babilonia, y de los enemigos que buscan matarlos. Sin ninguna piedad, clemencia ni compasión, Nabucodonosor los herirá a filo de espada."

⁸ »Y a este pueblo adviértele que así dice el Señor: "Pongo delante de ustedes el *camino de la vida y el camino de la muerte. ⁹ El que se quede en esta ciudad morirá por la espada y la peste, o de hambre. Pero el que salga y se rinda a los caldeos que los están sitiando, vivirá. Así salvará su vida. ¹⁰ Porque he decidido hacerle a esta ciudad el mal y no el bien —afirma el Señor—. Será entregada en manos del rey de Babilonia, quien le prenderá fuego."

¹¹ »Di también a la casa real de Judá que escuchen la palabra del Señor. ¹² Adviértele a la dinastía de David que así dice el Señor:

»"Hagan justicia cada mañana,
    y libren al explotado del poder del opresor,
no sea que mi ira se encienda como un fuego
    y arda sin que nadie pueda extinguirla,
    a causa de la maldad de sus acciones.
¹³ ¡Yo estoy contra ti, Jerusalén,
    reina del valle, roca de la llanura!
                        —afirma el Señor—.
Ustedes dicen: '¿Quién podrá venir contra nosotros?
    ¿Quién podrá entrar en nuestros refugios?'
¹⁴ Yo los castigaré conforme al fruto de sus acciones
                        —afirma el Señor—;
a su bosque le prenderé fuego,
    y ese fuego consumirá todos sus alrededores."»

Juicio contra reyes malvados

22 Así dice el Señor: «Ve a la casa del rey de Judá, y proclama allí este mensaje: ² "Tú, rey de Judá, que estás sentado sobre el trono de David, y tus oficiales y tu pueblo, que entran por estas puertas, escuchen la palabra del Señor. ³ Así dice el Señor: 'Practiquen el derecho y la justicia. Libren al oprimido del poder del opresor. No maltraten ni hagan violencia al extranjero, ni al huérfano ni a la viuda, ni derramen sangre inocente en este lugar. ⁴ Si de veras cumplen con esta palabra, entonces por las puertas de este palacio entrarán reyes que ocuparán el trono de David; entrarán en carros y a caballo, acompañados por sus oficiales y su pueblo.

Nebuchadnezzar[j] king of Babylon is attacking us. Perhaps the Lord will perform wonders for us as in times past so that he will withdraw from us."

³ But Jeremiah answered them, "Tell Zedekiah, ⁴ 'This is what the Lord, the God of Israel, says: I am about to turn against you the weapons of war that are in your hands, which you are using to fight the king of Babylon and the Babylonians[k] who are outside the wall besieging you. And I will gather them inside this city. ⁵ I myself will fight against you with an outstretched hand and a mighty arm in anger and fury and great wrath. ⁶ I will strike down those who live in this city—both men and animals—and they will die of a terrible plague. ⁷ After that, declares the Lord, I will hand over Zedekiah king of Judah, his officials and the people in this city who survive the plague, sword and famine, to Nebuchadnezzar king of Babylon and to their enemies who seek their lives. He will put them to the sword; he will show them no mercy or pity or compassion.'

⁸ "Furthermore, tell the people, 'This is what the Lord says: See, I am setting before you the way of life and the way of death. ⁹ Whoever stays in this city will die by the sword, famine or plague. But whoever goes out and surrenders to the Babylonians who are besieging you will live; he will escape with his life. ¹⁰ I have determined to do this city harm and not good, declares the Lord. It will be given into the hands of the king of Babylon, and he will destroy it with fire.'

¹¹ "Moreover, say to the royal house of Judah, 'Hear the word of the Lord; ¹² O house of David, this is what the Lord says:

" 'Administer justice every morning;
    rescue from the hand of his oppressor
    the one who has been robbed,
or my wrath will break out and burn like fire
    because of the evil you have done—
    burn with no one to quench it.
¹³ I am against you, ⌊Jerusalem,⌋
    you who live above this valley
    on the rocky plateau,
                        declares the Lord—
you who say, "Who can come against us?
    Who can enter our refuge?"
¹⁴ I will punish you as your deeds deserve,
                        declares the Lord.
I will kindle a fire in your forests
    that will consume everything around you.' "

Judgment Against Evil Kings

22 This is what the Lord says: "Go down to the palace of the king of Judah and proclaim this message there: ² 'Hear the word of the Lord, O king of Judah, you who sit on David's throne—you, your officials and your people who come through these gates. ³ This is what the Lord says: Do what is just and right. Rescue from the hand of his oppressor the one who has been robbed. Do no wrong or violence to the alien, the fatherless or the widow, and do not shed innocent blood in this place. ⁴ For if you are careful to carry out these commands, then kings who sit on David's throne will come through the gates of this palace, riding in chariots and on horses, accompanied by their officials

---

ʲ2 Hebrew Nebuchadrezzar, of which Nebuchadnezzar is a variant; here and often in Jeremiah and Ezekiel   ᵏ4 Or Chaldeans; also in verse 9

5 Pero si no obedecen estas palabras, juro por mí mismo que este palacio se convertirá en un montón de ruinas. Yo, el SEÑOR, lo afirmo.' "»

6 Porque así dice el SEÑOR acerca de la casa real de Judá:

«Para mí, tú eres como Galaad
     y como la cima del Líbano,
pero juro que te convertiré en un desierto,
     en ciudades deshabitadas.
7 Enviaré contra ti destructores,
     cada uno con sus armas,
que talarán tus cedros más hermosos
     y los echarán en el fuego.

8 »Gente de muchas naciones pasará por esta ciudad, y se preguntará: "¿Por qué habrá tratado así el SEÑOR a esta gran ciudad?" 9 Y se le responderá: "Porque abandonaron el *pacto del SEÑOR su Dios, adorando y sirviendo a otros dioses." »

10 No lloren por el que está muerto,
     ni hagan lamentaciones por él.
Lloren más bien por el exiliado,
     por el que nunca volverá
     ni verá más la tierra en que nació.

11 Así dice el SEÑOR acerca de Salún hijo de Josías, rey de Judá, que ascendió al trono después de su padre Josías y que salió de este lugar: «Nunca más volverá, 12 sino que morirá en el lugar donde ha sido desterrado. No volverá a ver más este país.

13 »¡Ay del que edifica su casa
     y sus habitaciones superiores
     violentando la justicia y el derecho!
¡Ay del que obliga a su prójimo
     a trabajar de balde,
     y no le paga por su trabajo!
14 ¡Ay del que dice: "Me edificaré una casa
     señorial,
con habitaciones amplias en el piso
     superior"!
Y le abre grandes ventanas,
     y la recubre de cedro y la pinta de rojo.

15 »¿Acaso eres rey
     sólo por acaparar mucho cedro?
Tu padre no sólo comía y bebía,
     sino que practicaba el derecho y la justicia,
     y por eso le fue bien.
16 Defendía la causa del pobre y del necesitado,
     y por eso le fue bien.
¿Acaso no es esto conocerme?
     —afirma el SEÑOR—.

17 »Pero tus ojos y tu *corazón
     sólo buscan ganancias deshonestas,
sólo buscan derramar sangre inocente
     y practicar la opresión y la violencia.»

18 Por eso, así dice el SEÑOR acerca de Joacim hijo de Josías, rey de Judá:

«Nadie lamentará su muerte ni gritará:
     "¡Ay, mi hermano! ¡Ay, mi hermana!"
Nadie lamentará su muerte ni gritará:
     "¡Ay, señor! ¡Ay, Su Majestad!"
19 Será enterrado como un asno,
     y lo arrastrarán y lo arrojarán
     fuera de las *puertas de Jerusalén.»

and their people. 5 But if you do not obey these commands, declares the LORD, I swear by myself that this palace will become a ruin.' "

6 For this is what the LORD says about the palace of the king of Judah:

"Though you are like Gilead to me,
     like the summit of Lebanon,
I will surely make you like a desert,
     like towns not inhabited.
7 I will send destroyers against you,
     each man with his weapons,
and they will cut up your fine cedar beams
     and throw them into the fire.

8 "People from many nations will pass by this city and will ask one another, 'Why has the LORD done such a thing to this great city?' 9 And the answer will be: 'Because they have forsaken the covenant of the LORD their God and have worshiped and served other gods.' "

10 Do not weep for the dead ⌞king⌟ or mourn
     his loss;
rather, weep bitterly for him who is
     exiled,
because he will never return
     nor see his native land again.

11 For this is what the LORD says about Shallum[l] son of Josiah, who succeeded his father as king of Judah but has gone from this place: "He will never return. 12 He will die in the place where they have led him captive; he will not see this land again."

13 "Woe to him who builds his palace by
     unrighteousness,
     his upper rooms by injustice,
making his countrymen work for nothing,
     not paying them for their labor.
14 He says, 'I will build myself a great palace
     with spacious upper rooms.'
So he makes large windows in it,
     panels it with cedar
     and decorates it in red.

15 "Does it make you a king
     to have more and more cedar?
Did not your father have food and drink?
     He did what was right and just,
     so all went well with him.
16 He defended the cause of the poor and
     needy,
     and so all went well.
Is that not what it means to know me?"
     declares the LORD.
17 "But your eyes and your heart
     are set only on dishonest gain,
on shedding innocent blood
     and on oppression and extortion."

18 Therefore this is what the LORD says about Jehoiakim son of Josiah king of Judah:

"They will not mourn for him:
     'Alas, my brother! Alas, my sister!'
They will not mourn for him:
     'Alas, my master! Alas, his splendor!'
19 He will have the burial of a donkey—
     dragged away and thrown
     outside the gates of Jerusalem."

l 11 Also called *Jehoahaz*

20 «¡Sube al Líbano y grita;
　　levanta tu voz en Basán!
　¡Grita desde Abarín,
　　pues todos tus amantes han sido destruidos!
21 Yo te hablé cuando te iba bien,
　　pero tú dijiste: "¡No escucharé!"
　Así te has comportado desde tu juventud:
　　¡nunca me has obedecido!
22 El viento arrastrará a todos tus *pastores,
　　y tus amantes irán al cautiverio.
　Por culpa de toda tu maldad
　　quedarás avergonzada y humillada.
23 Tú, que habitas en el Líbano,ᵖ
　　que has puesto tu nido entre los cedros,
　¡cómo gemirás cuando te vengan los dolores,
　　dolores como de parturienta!

24 »¡Tan cierto como que yo vivo —afirma el
SEÑOR—, que aunque Jeconíasᵠ hijo de Joacim, rey de
Judá, sea un anillo en mi mano *derecha, aun de allí lo
arrancaré! 25 Yo te entregaré en manos de los que buscan matarte, y en manos de los que tú más temes, es
decir, en poder de Nabucodonosor, rey de Babilonia, y
de los *babilonios. 26 A ti y a la madre que te dio a luz
los arrojaré a un país que no los vio nacer, y allí morirán. 27 Jamás volverán al país al que tanto anhelan volver.»

28 ¿Es Jeconías una vasija despreciable y rota,
　　un objeto que nadie desea?
　¿Por qué son arrojados él y su descendencia,
　　y echados a un país que no conocen?
29 ¡Tierra, tierra, tierra!
　　¡Escucha la palabra del SEÑOR!
30 Así dice el SEÑOR: «Anoten a este hombre
　　como si fuera un hombre sin hijos;
　　como alguien que fracasó en su vida.
　Porque ninguno de sus descendientes
　　logrará ocupar el trono de David,
　　ni reinar de nuevo en Judá.»

El Rey justo

23 «¡Ay de los *pastores que destruyen y dispersan
el rebaño de mis praderas!», afirma el SEÑOR.
2 Por eso, así dice el SEÑOR, el Dios de Israel, a los
pastores que apacientan a mi pueblo: «Ustedes han
dispersado a mis ovejas; las han expulsado y no se han
encargado de ellas. Pues bien, yo me encargaré de
castigarlos a ustedes por sus malas acciones —afirma
el SEÑOR—. 3 Al resto de mis ovejas yo mismo las reuniré de todos los países adonde las expulsé; y las haré
volver a sus pastos, donde crecerán y se multiplicarán.
4 Pondré sobre ellas pastores que las pastorearán, y ya
no temerán ni se espantarán, ni faltará ninguna de ellas
—afirma el SEÑOR—.

5 »Vienen días —afirma el SEÑOR—,
　　en que de la simiente de David
　　haré surgir un vástago justo;
　él reinará con sabiduría en el país,
　　y practicará el derecho y la justicia.

20 "Go up to Lebanon and cry out,
　　let your voice be heard in Bashan,
　cry out from Abarim,
　　for all your allies are crushed.
21 I warned you when you felt secure,
　　but you said, 'I will not listen!'
　This has been your way from your youth;
　　you have not obeyed me.
22 The wind will drive all your shepherds
　　away,
　　and your allies will go into exile.
　Then you will be ashamed and disgraced
　　because of all your wickedness.
23 You who live in 'Lebanon,'ᵐ
　　who are nestled in cedar buildings,
　how you will groan when pangs come upon
　　you,
　　pain like that of a woman in labor!

24 "As surely as I live," declares the LORD, "even if
you, Jehoiachinⁿ son of Jehoiakim king of Judah,
were a signet ring on my right hand, I would still pull
you off. 25 I will hand you over to those who seek your
life, those you fear—to Nebuchadnezzar king of Babylon and to the Babylonians.ᵒ 26 I will hurl you and the
mother who gave you birth into another country, where
neither of you was born, and there you both will die.
27 You will never come back to the land you long to
return to."

28 Is this man Jehoiachin a despised, broken
　　pot,
　　an object no one wants?
　Why will he and his children be hurled out,
　　cast into a land they do not know?
29 O land, land, land,
　　hear the word of the LORD!
30 This is what the LORD says:
　　"Record this man as if childless,
　　a man who will not prosper in his
　　　lifetime,
　for none of his offspring will prosper,
　　none will sit on the throne of David
　　or rule anymore in Judah."

The Righteous Branch

23 "Woe to the shepherds who are destroying and
scattering the sheep of my pasture!" declares
the LORD. 2 Therefore this is what the LORD, the God of
Israel, says to the shepherds who tend my people: "Because you have scattered my flock and driven them
away and have not bestowed care on them, I will bestow punishment on you for the evil you have done,"
declares the LORD. 3 "I myself will gather the remnant
of my flock out of all the countries where I have driven
them and will bring them back to their pasture, where
they will be fruitful and increase in number. 4 I will
place shepherds over them who will tend them, and
they will no longer be afraid or terrified, nor will any
be missing," declares the LORD.

5 "The days are coming," declares the LORD,
　　"when I will raise up to Davidᵖ a
　　　righteous Branch,
　a King who will reign wisely
　　and do what is just and right in the land.

ᵖ 22:23 el Líbano. Es decir, en el palacio en Jerusalén (véase 1R
7:2).　　ᵠ 22:24 Jeconías. Lit. Conías (variante de este nombre);
también en v. 28.

ᵐ 23 That is, the palace in Jerusalem (see 1 Kings 7:2)
ⁿ 24 Hebrew Coniah, a variant of Jehoiachin; also in verse 28
ᵒ 25 Or Chaldeans　　ᵖ 5 Or up from David's line

⁶En esos días Judá será salvada,
　Israel morará seguro.
Y éste es el *nombre que se le dará:
　"El SEÑOR es nuestra *salvación."

⁷»Por eso —afirma el SEÑOR— vienen días en que ya no se dirá: "Por la vida del SEÑOR, que hizo salir a los israelitas de la tierra de Egipto", ⁸sino: "Por la vida del SEÑOR, que hizo salir a los descendientes de la familia de Israel, y los hizo llegar del país del norte, y de todos los países adonde los había expulsado." Y habitarán en su propia tierra.»

Profetas mentirosos

⁹En cuanto a los profetas:

Se me parte el *corazón en el pecho
　y se me estremecen los huesos.
Por causa del SEÑOR
　y de sus santas palabras,
hasta parezco un borracho,
　alguien dominado por el vino.
¹⁰A causa de la maldición,
　el país está lleno de adúlteros,
la tierra está de luto
　y los pastos del desierto se han secado.
Los profetas corren tras la maldad,
　y usan su poder para la injusticia.

¹¹«Impíos son los profetas y los sacerdotes;
　aun en mi propia casa encuentro su maldad
　　　　　　　　—afirma el SEÑOR—.

¹²»Por eso su *camino será resbaladizo;
　serán empujados a las tinieblas,
　y en ellas se hundirán.
Yo traeré sobre ellos una calamidad
　en el año de su castigo
　　　　　　　　—afirma el SEÑOR—.

¹³»Algo insólito he observado
　entre los profetas de Samaria:
profetizaron en nombre de *Baal,
　y descarriaron a mi pueblo Israel.
¹⁴Y entre los profetas de Jerusalén
　he observado cosas terribles:
cometen adulterio, y viven en la mentira;
　fortalecen las manos de los malhechores,
　ninguno se convierte de su maldad.
Todos ellos son para mí como Sodoma;
　los habitantes de Jerusalén son como
　　Gomorra.»

¹⁵Por tanto, así dice el SEÑOR *Todopoderoso contra los profetas:

«Haré que coman alimentos amargos
　y que beban agua envenenada,
porque los profetas de Jerusalén
　han llenado de corrupción todo el país.»

¹⁶Así dice el SEÑOR Todopoderoso:

«No hagan caso de lo que dicen los profetas,
　pues alientan en ustedes falsas esperanzas;
cuentan visiones que se han imaginado
　y que no proceden de la boca del SEÑOR.

⁶In his days Judah will be saved
　and Israel will live in safety.
This is the name by which he will be called:
　The LORD Our Righteousness.

⁷"So then, the days are coming," declares the LORD, "when people will no longer say, 'As surely as the LORD lives, who brought the Israelites up out of Egypt,' ⁸but they will say, 'As surely as the LORD lives, who brought the descendants of Israel up out of the land of the north and out of all the countries where he had banished them.' Then they will live in their own land."

Lying Prophets

⁹Concerning the prophets:

My heart is broken within me;
　all my bones tremble.
I am like a drunken man,
　like a man overcome by wine,
because of the LORD
　and his holy words.
¹⁰The land is full of adulterers;
　because of the curse𝑞 the land lies
　　parched𝑟
　and the pastures in the desert are
　　withered.
The ⌊prophets⌋ follow an evil course
　and use their power unjustly.

¹¹"Both prophet and priest are godless;
　even in my temple I find their
　　wickedness,"
　　　　　　　　declares the LORD.
¹²"Therefore their path will become slippery;
　they will be banished to darkness
　and there they will fall.
I will bring disaster on them
　in the year they are punished,"
　　　　　　　　declares the LORD.

¹³"Among the prophets of Samaria
　I saw this repulsive thing:
They prophesied by Baal
　and led my people Israel astray.
¹⁴And among the prophets of Jerusalem
　I have seen something horrible:
They commit adultery and live a lie.
They strengthen the hands of evildoers,
　so that no one turns from his wickedness.
They are all like Sodom to me;
　the people of Jerusalem are like
　　Gomorrah."

¹⁵Therefore, this is what the LORD Almighty says concerning the prophets:

"I will make them eat bitter food
　and drink poisoned water,
because from the prophets of Jerusalem
　ungodliness has spread throughout the
　　land."

¹⁶This is what the LORD Almighty says:

"Do not listen to what the prophets are
　　prophesying to you;
　they fill you with false hopes.
They speak visions from their own minds,
　not from the mouth of the LORD.

𝑞 10 Or *because of these things*　　𝑟 10 Or *land mourns*

17 A los que me desprecian les aseguran
    que yo digo que gozarán de *bienestar;
a los que obedecen los dictados de su terco
      corazón
    les dicen que no les sobrevendrá ningún mal.
18 ¿Quién de ellos ha estado en el consejo del
      SEÑOR?
    ¿Quién ha recibido o escuchado su palabra?
    ¿Quién ha atendido y escuchado su palabra?
19 El huracán del SEÑOR se ha desatado con furor;
    un torbellino se cierne amenazante
    sobre la cabeza de los malvados.
20 La ira del SEÑOR no cesará
    hasta que haya realizado por completo
    los propósitos de su corazón.
    Al final de los tiempos
    lo comprenderán con claridad.
21 Yo no envié a esos profetas,
    pero ellos corrieron;
    ni siquiera les hablé,
    pero ellos profetizaron.
22 Si hubieran estado en mi consejo,
    habrían proclamado mis palabras a mi
      pueblo;
    lo habrían hecho volver de su mal camino
    y de sus malas acciones.

23 »¿Soy acaso Dios sólo de cerca?
    ¿No soy Dios también de lejos?
                 —afirma el SEÑOR—.
24 ¿Podrá el *hombre hallar un escondite
    donde yo no pueda encontrarlo?
                 —afirma el SEÑOR—.
    ¿Acaso no soy yo el que llena los cielos y la
      tierra?
                 —afirma el SEÑOR—.

25 »He escuchado lo que dicen los profetas que profieren mentiras en mi nombre, los cuales dicen: "¡He tenido un sueño, he tenido un sueño!" 26 ¿Hasta cuándo seguirán dándole valor de profecía a las mentiras y delirios de su *mente? 27 Con sus sueños que se cuentan unos a otros pretenden hacer que mi pueblo se olvide de mi nombre, como sus antepasados se olvidaron de mi nombre por el de Baal. 28 El profeta que tenga un sueño, que lo cuente; pero el que reciba mi palabra, que la proclame con fidelidad. ¿Qué tiene que ver la paja con el grano? —afirma el SEÑOR—. 29 ¿No es acaso mi palabra como fuego, y como martillo que pulveriza la roca? —afirma el SEÑOR—.

30 »Por eso yo estoy contra los profetas que se roban mis palabras entre sí —afirma el SEÑOR—. 31 Yo estoy contra los profetas que sueltan la lengua y hablan por hablar —afirma el SEÑOR—. 32 Yo estoy contra los profetas que cuentan sueños mentirosos, y que al contarlos hacen que mi pueblo se extravíe con sus mentiras y sus presunciones —afirma el SEÑOR—. Yo no los he enviado ni les he dado ninguna orden. Son del todo inútiles para este pueblo —afirma el SEÑOR—.

Profecías falsas

33 »Y si este pueblo, o algún profeta o sacerdote, te pregunta: "¿Qué mensaje^r tenemos del SEÑOR?", tú les responderás: "¿De qué mensaje hablan?" Yo los abandonaré —afirma el SEÑOR—. 34 Y si un profeta o un sacerdote, o alguien del pueblo, dice: "Éste es el mensaje del SEÑOR", yo castigaré a ese hombre y a su casa. 35 Así deberán hablarse entre amigos y hermanos: "¿Qué ha respondido el SEÑOR?", o "¿Qué ha dicho el

17 They keep saying to those who despise me,
    'The LORD says: You will have peace.'
And to all who follow the stubbornness of
      their hearts
    they say, 'No harm will come to you.'
18 But which of them has stood in the council
    of the LORD
    to see or to hear his word?
    Who has listened and heard his word?
19 See, the storm of the LORD
    will burst out in wrath,
a whirlwind swirling down
    on the heads of the wicked.
20 The anger of the LORD will not turn back
    until he fully accomplishes
    the purposes of his heart.
In days to come
    you will understand it clearly.
21 I did not send these prophets,
    yet they have run with their message;
I did not speak to them,
    yet they have prophesied.
22 But if they had stood in my council,
    they would have proclaimed my words to
      my people
    and would have turned them from their evil
      ways
    and from their evil deeds.

23 "Am I only a God nearby,"
                 declares the LORD,
    "and not a God far away?
24 Can anyone hide in secret places
    so that I cannot see him?"
                 declares the LORD.
    "Do not I fill heaven and earth?"
                 declares the LORD.

25 "I have heard what the prophets say who prophesy lies in my name. They say, 'I had a dream! I had a dream!' 26 How long will this continue in the hearts of these lying prophets, who prophesy the delusions of their own minds? 27 They think the dreams they tell one another will make my people forget my name, just as their fathers forgot my name through Baal worship. 28 Let the prophet who has a dream tell his dream, but let the one who has my word speak it faithfully. For what has straw to do with grain?" declares the LORD. 29 "Is not my word like fire," declares the LORD, "and like a hammer that breaks a rock in pieces?

30 "Therefore," declares the LORD, "I am against the prophets who steal from one another words supposedly from me. 31 Yes," declares the LORD, "I am against the prophets who wag their own tongues and yet declare, 'The LORD declares.' 32 Indeed, I am against those who prophesy false dreams," declares the LORD. "They tell them and lead my people astray with their reckless lies, yet I did not send or appoint them. They do not benefit these people in the least," declares the LORD.

False Oracles and False Prophets

33 "When these people, or a prophet or a priest, ask you, 'What is the oracle^s of the LORD?' say to them, 'What oracle?^t I will forsake you, declares the LORD.' 34 If a prophet or a priest or anyone else claims, 'This is the oracle of the LORD,' I will punish that man and his household. 35 This is what each of you keeps on saying to his friend or relative: 'What is the LORD's

---

r 23:33 mensaje. Juego de palabras aquí y en los vv. siguientes; el vocablo hebreo también significa carga.

s 33 Or burden (see Septuagint and Vulgate)   t 33 Hebrew; Septuagint and Vulgate 'You are the burden. (The Hebrew for oracle and burden is the same.)

SEÑOR?'' ³⁶Pero no deberán mencionar más la frase "Mensaje del SEÑOR", porque el mensaje de cada uno será su propia palabra, ya que ustedes han distorsionado las palabras del Dios viviente, del SEÑOR *Todopoderoso, nuestro Dios. ³⁷Así les dirás a los profetas: "¿Qué les ha respondido el SEÑOR? ¿Qué les ha dicho?" ³⁸Pero si ustedes responden: "¡Mensaje del SEÑOR!", el SEÑOR dice: "Por cuanto ustedes han dicho: '¡Mensaje del SEÑOR!', siendo que yo les había prohibido que pronunciaran esta frase, ³⁹entonces me olvidaré de ustedes y los echaré de mi presencia, junto con la ciudad que les di a ustedes y a sus antepasados. ⁴⁰Y los afligiré con un oprobio eterno, con una humillación eterna que jamás será olvidada." »

Dos canastas de higos

24 Después de que Nabucodonosor, rey de Babilonia, deportó de Jerusalén a Jeconías hijo de Joacim, rey de Judá, junto con los jefes de Judá y con los artesanos y herreros, el SEÑOR me mostró dos canastas de higos colocadas frente al templo del SEÑOR. ²Una de ellas tenía higos muy buenos, como los que maduran primero; la otra tenía higos muy malos, tan malos que no se podían comer.

³Entonces el SEÑOR me preguntó: «¿Qué ves, Jeremías?» Yo respondí: «Veo higos. Unos están muy buenos, pero otros están tan malos que no se pueden comer.»

⁴Y la palabra del SEÑOR vino a mí: ⁵«Así dice el SEÑOR, el Dios de Israel: "A los deportados de Judá, que envié de este lugar al país de los *babilonios, los consideraré como a estos higos buenos. ⁶Los miraré favorablemente, y los haré volver a este país. Los edificaré y no los derribaré, los plantaré y no los arrancaré. ⁷Les daré un *corazón que me conozca, porque yo soy el SEÑOR. Ellos serán mi pueblo, y yo seré su Dios, porque volverán a mí de todo corazón.

⁸» "Pero a Sedequías, rey de Judá, y a sus jefes y a los sobrevivientes de Jerusalén —lo mismo a los que se quedaron en este país como a los que viven en Egipto— los trataré como a los higos malos, que de tan malos no se pueden comer —afirma el SEÑOR—. ⁹Los convertiré en motivo de espanto y de calamidad, para todos los reinos de la tierra. En todos los lugares por donde yo los disperse, serán objeto de escarnio, desprecio, burla y maldición. ¹⁰Enviaré contra ellos espada, hambre y pestilencia, hasta que sean exterminados de la tierra que les di a ellos y a sus antepasados." »

Setenta años de cautiverio

25 Ésta es la palabra que vino a Jeremías con relación a todo el pueblo de Judá. La recibió en el año cuarto del reinado de Joacim hijo de Josías, rey de Judá, es decir, durante el año primero del reinado de Nabucodonosor, rey de Babilonia. ²El profeta Jeremías les dijo lo siguiente a todo el pueblo de Judá y a todos los habitantes de Jerusalén: ³«Desde el año trece de Josías hijo de Amón, rey de Judá, hasta el día de hoy —¡y conste que ya han pasado veintitrés años!—, el SEÑOR me ha dirigido su palabra, y yo les he hablado en repetidas ocasiones, pero ustedes no me han hecho caso.

⁴»Además, una y otra vez el SEÑOR les ha enviado a sus siervos los profetas, pero ustedes no los han escu-

answer?' or 'What has the LORD spoken?' ³⁶But you must not mention 'the oracle of the LORD' again, because every man's own word becomes his oracle and so you distort the words of the living God, the LORD Almighty, our God. ³⁷This is what you keep saying to a prophet: 'What is the LORD's answer to you?' or 'What has the LORD spoken?' ³⁸Although you claim, 'This is the oracle of the LORD,' this is what the LORD says: You used the words, 'This is the oracle of the LORD,' even though I told you that you must not claim, 'This is the oracle of the LORD.' ³⁹Therefore, I will surely forget you and cast you out of my presence along with the city I gave to you and your fathers. ⁴⁰I will bring upon you everlasting disgrace—everlasting shame that will not be forgotten."

Two Baskets of Figs

24 After Jehoiachin[u] son of Jehoiakim king of Judah and the officials, the craftsmen and the artisans of Judah were carried into exile from Jerusalem to Babylon by Nebuchadnezzar king of Babylon, the LORD showed me two baskets of figs placed in front of the temple of the LORD. ²One basket had very good figs, like those that ripen early; the other basket had very poor figs, so bad they could not be eaten.

³Then the LORD asked me, "What do you see, Jeremiah?"

"Figs," I answered. "The good ones are very good, but the poor ones are so bad they cannot be eaten."

⁴Then the word of the LORD came to me: ⁵"This is what the LORD, the God of Israel, says: 'Like these good figs, I regard as good the exiles from Judah, whom I sent away from this place to the land of the Babylonians.[v] ⁶My eyes will watch over them for their good, and I will bring them back to this land. I will build them up and not tear them down; I will plant them and not uproot them. ⁷I will give them a heart to know me, that I am the LORD. They will be my people, and I will be their God, for they will return to me with all their heart.

⁸" 'But like the poor figs, which are so bad they cannot be eaten,' says the LORD, 'so will I deal with Zedekiah king of Judah, his officials and the survivors from Jerusalem, whether they remain in this land or live in Egypt. ⁹I will make them abhorrent and an offense to all the kingdoms of the earth, a reproach and a byword, an object of ridicule and cursing, wherever I banish them. ¹⁰I will send the sword, famine and plague against them until they are destroyed from the land I gave to them and their fathers.' "

Seventy Years of Captivity

25 The word came to Jeremiah concerning all the people of Judah in the fourth year of Jehoiakim son of Josiah king of Judah, which was the first year of Nebuchadnezzar king of Babylon. ²So Jeremiah the prophet said to all the people of Judah and to all those living in Jerusalem: ³For twenty-three years—from the thirteenth year of Josiah son of Amon king of Judah until this very day—the word of the LORD has come to me and I have spoken to you again and again, but you have not listened.

⁴And though the LORD has sent all his servants the prophets to you again and again, you have not listened

---

u 1 Hebrew *Jeconiah,* a variant of *Jehoiachin*   *v 5* Or *Chaldeans*

chado ni les han prestado atención. 5Ellos los exhorta-ban: "Dejen ya su mal *camino y sus malas acciones. Así podrán habitar en la tierra que, desde siempre y para siempre, el SEÑOR les ha dado a ustedes y a sus antepasados. 6No vayan tras otros dioses para servirles y adorarlos; no me irriten con la obra de sus manos, y no les haré ningún mal."

7»Pero ustedes no me obedecieron —afirma el SEÑOR—, sino que me irritaron con la obra de sus manos, para su propia desgracia.

8»Por eso, así dice el SEÑOR *Todopoderoso: "Por cuanto no han obedecido mis palabras, 9yo haré que vengan todos los pueblos del norte, y también mi siervo Nabucodonosor, rey de Babilonia. Los traeré contra este país, contra sus habitantes y contra todas las naciones vecinas, y los *destruiré por completo: ¡los convertiré en objeto de horror, de burla y de eterna desolación! —afirma el SEÑOR—. 10Haré que desaparezcan entre ellos los gritos de gozo y alegría, los cantos de bodas, el ruido del molino y la luz de la lámpara. 11Todo este país quedará reducido a horror y desolación, y estas naciones servirán al rey de Babilonia durante setenta años."

12»Pero cuando se hayan cumplido los setenta años, yo castigaré por su iniquidad al rey de Babilonia y a aquella nación, país de los *caldeos, y los convertiré en desolación perpetua —afirma el SEÑOR—. 13Haré que vengan sobre ese país todas las amenazas que le anuncié, y todo lo que está registrado en este libro y que Jeremías ha profetizado contra las naciones. 14Los caldeos, a su vez, caerán bajo el yugo de muchas naciones y reyes poderosos. Así les daré lo que merecen su conducta y sus hechos.»

15El SEÑOR, el Dios de Israel, me dijo: «Toma de mi mano esta copa del vino de mi ira, y dásela a beber a todas las naciones a las que yo te envíe. 16Cuando ellas la beban, se tambalearán y perderán el juicio, a causa de la espada que voy a enviar contra ellos.»

17Tomé de la mano del SEÑOR la copa, y se la di a beber a todas las naciones a las cuales el SEÑOR me envió: 18a Jerusalén y a las ciudades de Judá, a sus reyes y a sus jefes, para convertirlos en ruinas, en motivo de horror, burla y maldición, como hoy se puede ver. 19También se la di a beber al faraón, rey de Egipto, y a sus siervos y jefes y a todo su pueblo; 20a todos los forasteros, a todos los reyes del país de Uz, y a todos los reyes del país de los filisteos: a los de Ascalón, Gaza y Ecrón, y a los sobrevivientes de Asdod; 21a Edom y Moab, y a los hijos de Amón; 22a todos los reyes de Tiro y de Sidón; a todos los reyes de las costas al otro lado del mar; 23a Dedán, Temá y Buz; a todos los pueblos que se rapan las sienes; 24a todos los reyes de Arabia; a todos los reyes de las diferentes tribus del desierto; 25a todos los reyes de Zimri, Elam y Media; 26a todos los reyes del norte, cercanos o lejanos entre sí, y a todos los reinos que están sobre la faz de la tierra. Y después de ellos beberá el rey de Sesac.s

27 «Tú les dirás: "Así dice el SEÑOR Todopoderoso, el Dios de Israel: 'Beban, emborráchense, vomiten y caigan para no levantarse más, por causa de la espada que estoy por mandar contra ustedes.' " 28Pero si se niegan a tomar de tu mano la copa y beberla, tú les dirás: "Así dice el SEÑOR Todopoderoso: '¡Tendrán que beberla!'

or paid any attention. 5They said, "Turn now, each of you, from your evil ways and your evil practices, and you can stay in the land the LORD gave to you and your fathers for ever and ever. 6Do not follow other gods to serve and worship them; do not provoke me to anger with what your hands have made. Then I will not harm you."

7"But you did not listen to me," declares the LORD, "and you have provoked me with what your hands have made, and you have brought harm to yourselves."

8Therefore the LORD Almighty says this: "Because you have not listened to my words, 9I will summon all the peoples of the north and my servant Nebuchadnezzar king of Babylon," declares the LORD, "and I will bring them against this land and its inhabitants and against all the surrounding nations. I will completely destroyw them and make them an object of horror and scorn, and an everlasting ruin. 10I will banish from them the sounds of joy and gladness, the voices of bride and bridegroom, the sound of millstones and the light of the lamp. 11This whole country will become a desolate wasteland, and these nations will serve the king of Babylon seventy years.

12"But when the seventy years are fulfilled, I will punish the king of Babylon and his nation, the land of the Babylonians,x for their guilt," declares the LORD, "and will make it desolate forever. 13I will bring upon that land all the things I have spoken against it, all that are written in this book and prophesied by Jeremiah against all the nations. 14They themselves will be enslaved by many nations and great kings; I will repay them according to their deeds and the work of their hands."

The Cup of God's Wrath

15This is what the LORD, the God of Israel, said to me: "Take from my hand this cup filled with the wine of my wrath and make all the nations to whom I send you drink it. 16When they drink it, they will stagger and go mad because of the sword I will send among them."

17So I took the cup from the LORD's hand and made all the nations to whom he sent me drink it: 18Jerusalem and the towns of Judah, its kings and officials, to make them a ruin and an object of horror and scorn and cursing, as they are today; 19Pharaoh king of Egypt, his attendants, his officials and all his people, 20and all the foreign people there; all the kings of Uz; all the kings of the Philistines (those of Ashkelon, Gaza, Ekron, and the people left at Ashdod); 21Edom, Moab and Ammon; 22all the kings of Tyre and Sidon; the kings of the coastlands across the sea; 23Dedan, Tema, Buz and all who are in distant placesy; 24all the kings of Arabia and all the kings of the foreign people who live in the desert; 25all the kings of Zimri, Elam and Media; 26and all the kings of the north, near and far, one after the other—all the kingdoms on the face of the earth. And after all of them, the king of Sheshachz will drink it too.

27"Then tell them, 'This is what the LORD Almighty, the God of Israel, says: Drink, get drunk and vomit, and fall to rise no more because of the sword I will send among you.' 28But if they refuse to take the cup from your hand and drink, tell them, 'This is what the

---

s 25:26 Sesac es un criptograma que alude a Babilonia.

w 9 The Hebrew term refers to the irrevocable giving over of things or persons to the LORD, often by totally destroying them.
x 12 Or Chaldeans　y 23 Or who clip the hair by their foreheads
z 26 Sheshach is a cryptogram for Babylon.

²⁹Desataré calamidades contra la ciudad que lleva mi *nombre. ¿Y creen ustedes que no los voy a castigar? Al contrario, serán castigados —afirma el SEÑOR Todopoderoso—, porque yo desenvaino la espada contra todos los habitantes de la tierra."

³⁰»Tú, Jeremías, profetiza contra ellos todas estas palabras:

»"Ruge el SEÑOR desde lo alto;
  desde su *santa morada hace tronar su voz.
Ruge violento contra su rebaño;
  grita como los que pisan la uva,
  contra todos los habitantes del mundo.
³¹El estruendo llega hasta los confines de la
  tierra,
  porque el SEÑOR litiga contra las naciones;
  enjuicia a todos los *mortales,
  y pasa por la espada a los malvados"»,
                            afirma el SEÑOR.

³²Así dice el SEÑOR Todopoderoso:

«La calamidad se extiende de nación en
  nación;
  una terrible tempestad se desata
  desde los confines de la tierra.»

³³En aquel día, las víctimas del SEÑOR quedarán tendidas de un extremo a otro de la tierra. Nadie las llorará ni las recogerá ni las enterrará; se quedarán sobre la faz de la tierra, como el estiércol.

³⁴Giman, *pastores, y clamen;
  revuélquense en el polvo, jefes del rebaño,
  porque les ha llegado el día de la matanza;
  serán dispersados, y caerán como carneros
  escogidos.^t
³⁵Los pastores no tendrán escapatoria;
  no podrán huir los jefes del rebaño.
³⁶Escuchen el clamor de los pastores
  y el gemido de los jefes del rebaño,
  porque el SEÑOR destruye sus pastizales.
³⁷Las hermosas praderas son asoladas,
  a causa de la ardiente ira del SEÑOR.
³⁸Como león que deja abandonada su guarida,
  el SEÑOR ha dejado desolado su país,
  a causa de la espada^u devastadora,
  a causa de la ardiente ira del SEÑOR.

Jeremías bajo amenaza de muerte

26 Al comienzo del reinado de Joacim hijo de Josías, rey de Judá, vino a Jeremías esta palabra del SEÑOR: ²«Así dice el SEÑOR: "Párate en el atrio de la casa del SEÑOR, y di todas las palabras que yo te ordene a todas las ciudades de Judá que vienen a adorar en la casa del SEÑOR. No omitas ni una sola palabra. ³Tal vez te hagan caso y se conviertan de su mal *camino. Si lo hacen, me arrepentiré del mal que pensaba hacerles por causa de sus malas acciones. ⁴Tú les advertirás que así dice el SEÑOR: 'Si no me obedecen ni se ciñen a la *ley que yo les he entregado, ⁵y si no escuchan las palabras de mis siervos los profetas, a quienes una

LORD Almighty says: You must drink it! ²⁹See, I am beginning to bring disaster on the city that bears my Name, and will you indeed go unpunished? You will not go unpunished, for I am calling down a sword upon all who live on the earth, declares the LORD Almighty.'

³⁰"Now prophesy all these words against them and say to them:

" 'The LORD will roar from on high;
  he will thunder from his holy dwelling
  and roar mightily against his land.
He will shout like those who tread the
  grapes,
  shout against all who live on the earth.
³¹The tumult will resound to the ends of the
  earth,
  for the LORD will bring charges against
  the nations;
  he will bring judgment on all mankind
  and put the wicked to the sword,' "
                            declares the LORD.

³²This is what the LORD Almighty says:

"Look! Disaster is spreading
  from nation to nation;
a mighty storm is rising
  from the ends of the earth."

³³At that time those slain by the LORD will be everywhere—from one end of the earth to the other. They will not be mourned or gathered up or buried, but will be like refuse lying on the ground.

³⁴Weep and wail, you shepherds;
  roll in the dust, you leaders of the flock.
For your time to be slaughtered has come;
  you will fall and be shattered like fine
  pottery.
³⁵The shepherds will have nowhere to flee,
  the leaders of the flock no place to
  escape.
³⁶Hear the cry of the shepherds,
  the wailing of the leaders of the flock,
  for the LORD is destroying their pasture.
³⁷The peaceful meadows will be laid waste
  because of the fierce anger of the LORD.
³⁸Like a lion he will leave his lair,
  and their land will become desolate
because of the sword^a of the oppressor
  and because of the LORD's fierce anger.

Jeremiah Threatened With Death

26 Early in the reign of Jehoiakim son of Josiah king of Judah, this word came from the LORD: ²"This is what the LORD says: Stand in the courtyard of the LORD's house and speak to all the people of the towns of Judah who come to worship in the house of the LORD. Tell them everything I command you; do not omit a word. ³Perhaps they will listen and each will turn from his evil way. Then I will relent and not bring on them the disaster I was planning because of the evil they have done. ⁴Say to them, 'This is what the LORD says: If you do not listen to me and follow my law, which I have set before you, ⁵and if you do not listen to the words of my servants the prophets, whom I have sent to you again and again (though you have not lis-

---

^t 25:34 *carneros escogidos* (LXX); *vasijas escogidas* (TM).
^u 25:38 *la espada* (mss. hebreos, LXX y Targum; véanse también Jer 46:16 y 50:16); *la ira* (TM).

^a 38 Some Hebrew manuscripts and Septuagint (see also Jer. 46:16 and 50:16); most Hebrew manuscripts *anger*

y otra vez he enviado y ustedes han desobedecido, [6] entonces haré con esta casa lo mismo que hice con Siló: ¡Haré de esta ciudad una maldición para todas las naciones de la tierra!' "»

[7] Los sacerdotes, los profetas y el pueblo entero oyeron estas palabras que el profeta Jeremías pronunció en la casa del SEÑOR. [8] Pero en cuanto Jeremías terminó de decirle al pueblo todo lo que el SEÑOR le había ordenado, los sacerdotes y los profetas y todo el pueblo lo apresaron y le dijeron: «¡Vas a morir! [9] ¿Por qué has profetizado en el *nombre del SEÑOR que esta casa se quedará como Siló, y que esta ciudad quedará desolada y deshabitada?» Y todo el pueblo que estaba en la casa del SEÑOR se abalanzó sobre Jeremías.

[10] Cuando los jefes de Judá escucharon estas cosas, fueron del palacio del rey a la casa del SEÑOR, y se apostaron a la entrada de la Puerta Nueva del templo. [11] Allí los sacerdotes y los profetas dijeron a los jefes y a todo el pueblo: «Este hombre debe ser condenado a muerte, porque ha profetizado contra esta ciudad, tal como ustedes lo han escuchado con sus propios oídos.»

[12] Pero Jeremías les dijo a todos los jefes y a todo el pueblo: «El SEÑOR me envió para profetizar contra esta casa y contra esta ciudad todas las cosas que ustedes han escuchado. [13] Así que enmienden ya su conducta y sus acciones, y obedezcan al SEÑOR su Dios, y el SEÑOR se arrepentirá del mal que les ha anunciado. [14] En cuanto a mí, estoy en manos de ustedes; hagan conmigo lo que mejor les parezca. [15] Pero sepan que si ustedes me matan, estarán derramando sangre inocente sobre ustedes mismos y sobre los habitantes de esta ciudad. Lo cierto es que el SEÑOR me ha enviado a que les anuncie claramente todas estas cosas.»

[16] Los jefes y todo el pueblo dijeron a los sacerdotes y a los profetas: «Este hombre no debe ser condenado a muerte, porque nos ha hablado en el nombre del SEÑOR nuestro Dios.»

[17] Entonces algunos de los *ancianos del país se levantaron y le recordaron a toda la asamblea del pueblo [18] que, durante el reinado de Ezequías, Miqueas de Moréset había profetizado a todo el pueblo de Judá:

　　«Así dice el SEÑOR *Todopoderoso:
　　"Sión será arada como un campo,
　　Jerusalén quedará en ruinas,
　　　y la montaña del templo se volverá un
　　　　bosque."

[19] »¿Acaso Ezequías, rey de Judá, y todo su pueblo mataron a Miqueas? ¿No es verdad que Ezequías temió al SEÑOR y le pidió su ayuda, y que el SEÑOR se arrepintió del mal que les había anunciado? Sin embargo, nosotros estamos por provocar nuestro propio mal.»

[20] Hubo también otro profeta, de nombre Urías hijo de Semaías, de Quiriat Yearín, que profetizaba en el nombre del SEÑOR. Éste profetizó contra la ciudad y contra el país, tal y como lo hizo Jeremías. [21] Cuando el rey Joacim y sus funcionarios y jefes oyeron sus palabras, el rey intentó matarlo; pero al enterarse Urías, tuvo miedo y escapó a Egipto. [22] Después el rey Joacim envió a Egipto a Elnatán hijo de Acbor, junto con otros hombres, [23] y ellos sacaron de Egipto a Urías y lo llevaron ante el rey Joacim, quien mandó que mataran a Urías a filo de espada, y que arrojaran su cadáver a la fosa común.

[24] Sin embargo, Ajicán hijo de Safán protegió a Jeremías y no permitió que cayera en manos del pueblo ni que lo mataran.

tened), [6] then I will make this house like Shiloh and this city an object of cursing among all the nations of the earth.' "

[7] The priests, the prophets and all the people heard Jeremiah speak these words in the house of the LORD. [8] But as soon as Jeremiah finished telling all the people everything the LORD had commanded him to say, the priests, the prophets and all the people seized him and said, "You must die! [9] Why do you prophesy in the LORD's name that this house will be like Shiloh and this city will be desolate and deserted?" And all the people crowded around Jeremiah in the house of the LORD.

[10] When the officials of Judah heard about these things, they went up from the royal palace to the house of the LORD and took their places at the entrance of the New Gate of the LORD's house. [11] Then the priests and the prophets said to the officials and all the people, "This man should be sentenced to death because he has prophesied against this city. You have heard it with your own ears!"

[12] Then Jeremiah said to all the officials and all the people: "The LORD sent me to prophesy against this house and this city all the things you have heard. [13] Now reform your ways and your actions and obey the LORD your God. Then the LORD will relent and not bring the disaster he has pronounced against you. [14] As for me, I am in your hands; do with me whatever you think is good and right. [15] Be assured, however, that if you put me to death, you will bring the guilt of innocent blood on yourselves and on this city and on those who live in it, for in truth the LORD has sent me to you to speak all these words in your hearing."

[16] Then the officials and all the people said to the priests and the prophets, "This man should not be sentenced to death! He has spoken to us in the name of the LORD our God."

[17] Some of the elders of the land stepped forward and said to the entire assembly of people, [18] "Micah of Moresheth prophesied in the days of Hezekiah king of Judah. He told all the people of Judah, 'This is what the LORD Almighty says:

　　" 'Zion will be plowed like a field,
　　　Jerusalem will become a heap of rubble,
　　　the temple hill a mound overgrown with
　　　　thickets.'[b]

[19] "Did Hezekiah king of Judah or anyone else in Judah put him to death? Did not Hezekiah fear the LORD and seek his favor? And did not the LORD relent, so that he did not bring the disaster he pronounced against them? We are about to bring a terrible disaster on ourselves!"

[20] (Now Uriah son of Shemaiah from Kiriath Jearim was another man who prophesied in the name of the LORD; he prophesied the same things against this city and this land as Jeremiah did. [21] When King Jehoiakim and all his officers and officials heard his words, the king sought to put him to death. But Uriah heard of it and fled in fear to Egypt. [22] King Jehoiakim, however, sent Elnathan son of Acbor to Egypt, along with some other men. [23] They brought Uriah out of Egypt and took him to King Jehoiakim, who had him struck down with a sword and his body thrown into the burial place of the common people.)

[24] Furthermore, Ahikam son of Shaphan supported Jeremiah, and so he was not handed over to the people to be put to death.

Parábola del yugo

27 Al comienzo del reinado de Sedequías hijo de Josías, rey de Judá, vino a Jeremías esta palabra del Señor:

2 Así me dijo el Señor: «Hazte un yugo y unas correas, y póntelos sobre el cuello. 3 Envía luego a los reyes de Edom, Moab, Amón, Tiro y Sidón, un mensaje por medio de los mensajeros que vienen a Jerusalén para ver a Sedequías, rey de Judá. 4 Entrégales este mensaje para sus señores: "Así dice el Señor *Todopoderoso, el Dios de Israel: 'Digan a sus señores: 5 Yo, con mi gran poder y mi brazo poderoso, hice la tierra, y los *hombres y los animales que están sobre ella, y puedo dárselos a quien me plazca. 6 Ahora mismo entrego todos estos países en manos de mi siervo Nabucodonosor, rey de Babilonia, y hasta las bestias del campo le he puesto bajo su poder. 7 Todas las naciones le servirán a él, y a su hijo y a su nieto, hasta que también a su país le llegue la hora y sea sometido por numerosas naciones y grandes reyes. 8 Y si alguna nación o reino rehúsa someterse a Nabucodonosor, rey de Babilonia, y no dobla el cuello bajo el yugo del rey de Babilonia, yo castigaré a esa nación con espada, hambre y pestilencia, hasta que Nabucodonosor la destruya por completo —afirma el Señor—.

9 » " 'Por tanto, no les hagan caso a sus profetas ni a sus adivinos, intérpretes de sueños, astrólogos y hechiceros, que les dicen que no se sometan al rey de Babilonia. 10 Las mentiras que ellos les profetizan sólo sirven para que ustedes se alejen de su propia tierra, y para que yo los expulse y mueran. 11 En cambio, a la nación que doble el cuello bajo el yugo del rey de Babilonia y se someta a él —afirma el Señor—, yo la dejaré en su propia tierra para que la trabaje y viva en ella.' "»

12 A Sedequías, rey de Judá, le dije lo mismo: «Doblen el cuello bajo el yugo del rey de Babilonia; sométanse a él y a su pueblo, y seguirán con vida. 13 ¿Para qué van a morir tú y tu pueblo por la espada, el hambre y la pestilencia, tal como lo ha prometido el Señor a toda nación que no se someta al rey de Babilonia? 14 No le hagan caso a las palabras de los profetas que les dicen que no se sometan al rey de Babilonia, porque lo que les profetizan son mentiras. 15 "¡Yo no los envié! —afirma el Señor—. Ellos profetizan mentiras en mi *nombre, que sólo servirán para que yo los expulse a ustedes, y mueran tanto ustedes como sus profetas."»

16 También les comuniqué a los sacerdotes y a todo el pueblo que así dice el Señor:

«No les hagan caso a los profetas que les aseguran que muy pronto les serán devueltos de Babilonia los utensilios de la casa del Señor. ¡Tales profecías son puras mentiras! 17 No les hagan caso. Sométanse al rey de Babilonia, y seguirán con vida. ¿Por qué ha de convertirse en ruinas esta ciudad? 18 Si de veras son profetas y tienen palabra del Señor, que le supliquen al Señor Todopoderoso que no sean llevados a Babilonia los utensilios que aún quedan en la casa del Señor, y en el palacio del rey de Judá y en Jerusalén.

19 »En cuanto a las columnas, la fuente de agua, las bases y los demás utensilios que quedaron en esta ciudad, 20 los cuales no se llevó Nabucodonosor, rey de Babilonia, cuando deportó de Jerusalén a Babilonia a Jeconías[v] hijo de Joacim, rey de Judá, junto con todos los nobles de Judá y Jerusalén, 21 es decir, en cuanto a los utensilios que quedaron en la casa del Señor y en el palacio del rey de Judá y en Jerusalén, así dice el Señor

Judah to Serve Nebuchadnezzar

27 Early in the reign of Zedekiah[c] son of Josiah king of Judah, this word came to Jeremiah from the Lord: 2 This is what the Lord said to me: "Make a yoke out of straps and crossbars and put it on your neck. 3 Then send word to the kings of Edom, Moab, Ammon, Tyre and Sidon through the envoys who have come to Jerusalem to Zedekiah king of Judah. 4 Give them a message for their masters and say, 'This is what the Lord Almighty, the God of Israel, says: "Tell this to your masters: 5 With my great power and outstretched arm I made the earth and its people and the animals that are on it, and I give it to anyone I please. 6 Now I will hand all your countries over to my servant Nebuchadnezzar king of Babylon; I will make even the wild animals subject to him. 7 All nations will serve him and his son and his grandson until the time for his land comes; then many nations and great kings will subjugate him.

8 " ' "If, however, any nation or kingdom will not serve Nebuchadnezzar king of Babylon or bow its neck under his yoke, I will punish that nation with the sword, famine and plague, declares the Lord, until I destroy it by his hand. 9 So do not listen to your prophets, your diviners, your interpreters of dreams, your mediums or your sorcerers who tell you, 'You will not serve the king of Babylon.' 10 They prophesy lies to you that will only serve to remove you far from your lands; I will banish you and you will perish. 11 But if any nation will bow its neck under the yoke of the king of Babylon and serve him, I will let that nation remain in its own land to till it and to live there, declares the Lord." ' "

12 I gave the same message to Zedekiah king of Judah. I said, "Bow your neck under the yoke of the king of Babylon; serve him and his people, and you will live. 13 Why will you and your people die by the sword, famine and plague with which the Lord has threatened any nation that will not serve the king of Babylon? 14 Do not listen to the words of the prophets who say to you, 'You will not serve the king of Babylon,' for they are prophesying lies to you. 15 'I have not sent them,' declares the Lord. 'They are prophesying lies in my name. Therefore, I will banish you and you will perish, both you and the prophets who prophesy to you.' "

16 Then I said to the priests and all these people, "This is what the Lord says: Do not listen to the prophets who say, 'Very soon now the articles from the Lord's house will be brought back from Babylon.' They are prophesying lies to you. 17 Do not listen to them. Serve the king of Babylon, and you will live. Why should this city become a ruin? 18 If they are prophets and have the word of the Lord, let them plead with the Lord Almighty that the furnishings remaining in the house of the Lord and in the palace of the king of Judah and in Jerusalem not be taken to Babylon. 19 For this is what the Lord Almighty says about the pillars, the Sea, the movable stands and the other furnishings that are left in this city, 20 which Nebuchadnezzar king of Babylon did not take away when he carried Jehoiachin[d] son of Jehoiakim king of Judah into exile from Jerusalem to Babylon, along with all the nobles of Judah and Jerusalem— 21 yes, this is what the Lord Almighty, the God of Israel, says about the things that are left in the house of the Lord and in the

---

c 1 A few Hebrew manuscripts and Syriac (see also Jer. 27:3, 12 and 28:1); most Hebrew manuscripts *Jehoiakim* (Most Septuagint manuscripts do not have this verse.)   d 20 Hebrew *Jeconiah*, a variant of *Jehoiachin*

v 27:20 *Jeconías*. Es decir, Joaquín; también en 28:4.

Todopoderoso, el Dios de Israel: 22"Todo esto será llevado a Babilonia —afirma el SEÑOR—, y allí permanecerá hasta el día en que yo lo vaya a buscar y lo devuelva a este lugar."»

Jananías, el falso profeta

28 En el quinto mes de ese mismo año cuarto, es decir, al comienzo del reinado de Sedequías, rey de Judá, el profeta Jananías hijo de Azur, que era de Gabaón, me dijo en la casa del SEÑOR, en presencia de los sacerdotes y de todo el pueblo:

2 —Así dice el SEÑOR *Todopoderoso, el Dios de Israel: "Voy a quebrar el yugo del rey de Babilonia. 3 Dentro de dos años devolveré a este lugar todos los utensilios que Nabucodonosor, rey de Babilonia, se llevó de la casa del SEÑOR a Babilonia. 4 También haré que vuelvan a este lugar Jeconías hijo de Joacim, rey de Judá, y todos los que fueron deportados de Judá a Babilonia. ¡Voy a quebrar el yugo del rey de Babilonia! Yo, el SEÑOR, lo afirmo."

5 En presencia de los sacerdotes y de todo el pueblo que estaba en la casa del SEÑOR, el profeta Jeremías le respondió al profeta Jananías:

6 —¡Amén! Que así lo haga el SEÑOR. Que cumpla el SEÑOR las palabras que has profetizado. Que devuelva a este lugar los utensilios de la casa del SEÑOR y a todos los que fueron deportados a Babilonia. 7 Pero presta atención a lo que voy a decirles a ti y a todo el pueblo: 8 Los profetas que nos han precedido profetizaron guerra, hambre y pestilencia contra numerosas naciones y grandes reinos. 9 Pero a un profeta que anuncia *paz se le reconoce como profeta verdaderamente enviado por el SEÑOR, sólo si se cumplen sus palabras.

10 Entonces el profeta Jananías tomó el yugo que estaba sobre el cuello del profeta Jeremías, y lo quebró. 11 Y dijo en presencia de todo el pueblo:

—Así dice el SEÑOR: "De esta manera voy a quebrar, dentro de dos años, el yugo de Nabucodonosor, rey de Babilonia, que pesa sobre el cuello de todas las naciones."

El profeta Jeremías, por su parte, optó por seguir su camino.

12 Algún tiempo después de que el profeta Jananías quebrara el yugo que pesaba sobre el cuello de Jeremías, la palabra del SEÑOR vino a este profeta:

13 «Ve y adviértele a Jananías que así dice el SEÑOR: "Tú has quebrado un yugo de madera, pero yo haréʷ en su lugar un yugo de hierro. 14 Porque así dice el SEÑOR Todopoderoso, el Dios de Israel: 'Voy a poner un yugo de hierro sobre el cuello de todas estas naciones, para someterlas a Nabucodonosor, rey de Babilonia, y ellas se sujetarán a él. También a las bestias del campo las someteré a su poder.' "»

15 Entonces el profeta Jeremías le dijo al profeta Jananías:

—Presta mucha atención. A pesar de que el SEÑOR no te ha enviado, tú has hecho que este pueblo confíe en una mentira. 16 Por eso, así dice el SEÑOR: "Voy a hacer que desaparezcas de la faz de la tierra. Puesto que has incitado a la rebelión contra el SEÑOR, este mismo año morirás."

17 En efecto, el profeta Jananías murió en el mes séptimo de ese mismo año.

---

palace of the king of Judah and in Jerusalem: 22'They will be taken to Babylon and there they will remain until the day I come for them,' declares the LORD. 'Then I will bring them back and restore them to this place.' "

The False Prophet Hananiah

28 In the fifth month of that same year, the fourth year, early in the reign of Zedekiah king of Judah, the prophet Hananiah son of Azzur, who was from Gibeon, said to me in the house of the LORD in the presence of the priests and all the people: 2"This is what the LORD Almighty, the God of Israel, says: 'I will break the yoke of the king of Babylon. 3 Within two years I will bring back to this place all the articles of the LORD's house that Nebuchadnezzar king of Babylon removed from here and took to Babylon. 4 I will also bring back to this place Jehoiachinᵉ son of Jehoiakim king of Judah and all the other exiles from Judah who went to Babylon,' declares the LORD, 'for I will break the yoke of the king of Babylon.' "

5 Then the prophet Jeremiah replied to the prophet Hananiah before the priests and all the people who were standing in the house of the LORD. 6 He said, "Amen! May the LORD do so! May the LORD fulfill the words you have prophesied by bringing the articles of the LORD's house and all the exiles back to this place from Babylon. 7 Nevertheless, listen to what I have to say in your hearing and in the hearing of all the people: 8 From early times the prophets who preceded you and me have prophesied war, disaster and plague against many countries and great kingdoms. 9 But the prophet who prophesies peace will be recognized as one truly sent by the LORD only if his prediction comes true."

10 Then the prophet Hananiah took the yoke off the neck of the prophet Jeremiah and broke it, 11 and he said before all the people, "This is what the LORD says: 'In the same way will I break the yoke of Nebuchadnezzar king of Babylon off the neck of all the nations within two years.' " At this, the prophet Jeremiah went on his way.

12 Shortly after the prophet Hananiah had broken the yoke off the neck of the prophet Jeremiah, the word of the LORD came to Jeremiah: 13"Go and tell Hananiah, 'This is what the LORD says: You have broken a wooden yoke, but in its place you will get a yoke of iron. 14 This is what the LORD Almighty, the God of Israel, says: I will put an iron yoke on the necks of all these nations to make them serve Nebuchadnezzar king of Babylon, and they will serve him. I will even give him control over the wild animals.' "

15 Then the prophet Jeremiah said to Hananiah the prophet, "Listen, Hananiah! The LORD has not sent you, yet you have persuaded this nation to trust in lies. 16 Therefore, this is what the LORD says: 'I am about to remove you from the face of the earth. This very year you are going to die, because you have preached rebellion against the LORD.' "

17 In the seventh month of that same year, Hananiah the prophet died.

ʷ 28:13 yo haré (LXX); tú harás (TM).   ᵉ 4 Hebrew Jeconiah, a variant of Jehoiachin

Carta a los exiliados

29 Ésta es la carta que el profeta Jeremías envió desde Jerusalén al resto de los *ancianos que estaban en el exilio, a los sacerdotes y los profetas, y a todo el pueblo que Nabucodonosor había desterrado de Jerusalén a Babilonia. ²Esto sucedió después de que el rey Jeconías había salido de Jerusalén, junto con la reina madre, los *eunucos, los jefes de Judá y de Jerusalén, los artesanos y los herreros. ³La carta fue enviada por medio de Elasá hijo de Safán, y de Guemarías hijo de Jilquías, a quienes Sedequías, rey de Judá, había enviado al rey Nabucodonosor, rey de Babilonia. La carta decía:

⁴Así dice el SEÑOR *Todopoderoso, el Dios de Israel, a todos los que he deportado de Jerusalén a Babilonia: ⁵«Construyan casas y habítenlas; planten huertos y coman de su fruto. ⁶Cásense, y tengan hijos e hijas; y casen a sus hijos e hijas, para que a su vez ellos les den nietos. Multiplíquense allá, y no disminuyan. ⁷Además, busquen el *bienestar de la ciudad adonde los he deportado, y pidan al SEÑOR por ella, porque el bienestar de ustedes depende del bienestar de la ciudad.» ⁸Así dice el SEÑOR Todopoderoso, el Dios de Israel: «No se dejen engañar por los profetas ni por los adivinos que están entre ustedes. No hagan caso de los sueños que ellos tienen.ˣ ⁹Lo que ellos les profetizan en mi *nombre es una mentira. Yo no los he enviado», afirma el SEÑOR.

¹⁰Así dice el SEÑOR: «Cuando a Babilonia se le hayan cumplido los setenta años, yo los visitaré; y haré honor a mi promesa en favor de ustedes, y los haré volver a este lugar. ¹¹Porque yo sé muy bien los planes que tengo para ustedes —afirma el SEÑOR—, planes de bienestar y no de calamidad, a fin de darles un futuro y una esperanza. ¹²Entonces ustedes me invocarán, y vendrán a suplicarme, y yo los escucharé. ¹³Me buscarán y me encontrarán, cuando me busquen de todo *corazón. ¹⁴Me dejaré encontrar —afirma el SEÑOR—, y los haré volver del cautiverio.ʸ Yo los reuniré de todas las naciones y de todos los lugares adonde los haya dispersado, y los haré volver al lugar del cual los deporté», afirma el SEÑOR.

¹⁵Ustedes podrán decir: «El SEÑOR nos ha dado profetas en Babilonia», ¹⁶pero esto es lo que dice el SEÑOR acerca del rey que ocupa el trono de David, y acerca de todo el pueblo que aún queda en esta ciudad, es decir, de sus hermanos que no fueron con ustedes al exilio. ¹⁷Así dice el SEÑOR Todopoderoso: «Voy a mandar contra ellos la espada, el hambre y la pestilencia. Haré que sean como higos podridos, que de tan malos no se pueden comer. ¹⁸Los perseguiré con espada, hambre y pestilencia, y haré que sean motivo de espanto para todos los reinos de la tierra, y que sean maldición y objeto de horror, de burla y de escarnio en todas las naciones por donde yo los disperse. ¹⁹Porque ustedes no han escuchado ni han hecho caso de las palabras que, una y otra vez, les envié por medio de mis siervos los profetas —afirma el SEÑOR—.

²⁰»Pero ahora todos ustedes los exiliados que hice deportar de Jerusalén a Babilonia, ¡obedezcan

A Letter to the Exiles

29 This is the text of the letter that the prophet Jeremiah sent from Jerusalem to the surviving elders among the exiles and to the priests, the prophets and all the other people Nebuchadnezzar had carried into exile from Jerusalem to Babylon. ²(This was after King Jehoiachinᶠ and the queen mother, the court officials and the leaders of Judah and Jerusalem, the craftsmen and the artisans had gone into exile from Jerusalem.) ³He entrusted the letter to Elasah son of Shaphan and to Gemariah son of Hilkiah, whom Zedekiah king of Judah sent to King Nebuchadnezzar in Babylon. It said:

⁴This is what the LORD Almighty, the God of Israel, says to all those I carried into exile from Jerusalem to Babylon: ⁵"Build houses and settle down; plant gardens and eat what they produce. ⁶Marry and have sons and daughters; find wives for your sons and give your daughters in marriage, so that they too may have sons and daughters. Increase in number there; do not decrease. ⁷Also, seek the peace and prosperity of the city to which I have carried you into exile. Pray to the LORD for it, because if it prospers, you too will prosper." ⁸Yes, this is what the LORD Almighty, the God of Israel, says: "Do not let the prophets and diviners among you deceive you. Do not listen to the dreams you encourage them to have. ⁹They are prophesying lies to you in my name. I have not sent them," declares the LORD.

¹⁰This is what the LORD says: "When seventy years are completed for Babylon, I will come to you and fulfill my gracious promise to bring you back to this place. ¹¹For I know the plans I have for you," declares the LORD, "plans to prosper you and not to harm you, plans to give you hope and a future. ¹²Then you will call upon me and come and pray to me, and I will listen to you. ¹³You will seek me and find me when you seek me with all your heart. ¹⁴I will be found by you," declares the LORD, "and will bring you back from captivity.ᵍ I will gather you from all the nations and places where I have banished you," declares the LORD, "and will bring you back to the place from which I carried you into exile."

¹⁵You may say, "The LORD has raised up prophets for us in Babylon," ¹⁶but this is what the LORD says about the king who sits on David's throne and all the people who remain in this city, your countrymen who did not go with you into exile— ¹⁷yes, this is what the LORD Almighty says: "I will send the sword, famine and plague against them and I will make them like poor figs that are so bad they cannot be eaten. ¹⁸I will pursue them with the sword, famine and plague and will make them abhorrent to all the kingdoms of the earth and an object of cursing and horror, of scorn and reproach, among all the nations where I drive them. ¹⁹For they have not listened to my words," declares the LORD, "words that I sent to them again and again by my servants the prophets. And you exiles have not listened either," declares the LORD.

²⁰Therefore, hear the word of the LORD, all you exiles whom I have sent away from Jerusalem to

---

ˣ *29:8 que ellos tienen.* Lit. *que ustedes hacen soñar.*
ʸ *29:14 los haré volver del cautiverio.* Alt. *cambiaré la suerte de ustedes.*

ᶠ *2* Hebrew *Jeconiah,* a variant of *Jehoiachin*   ᵍ *14* Or *will restore your fortunes*

mi palabra!» 21 Así dice el SEÑOR Todopoderoso, el Dios de Israel, acerca de Acab hijo de Colaías, y de Sedequías hijo de Maseías, que les profetizan una mentira en mi nombre: «Voy a entregarlos en manos de Nabucodonosor, rey de Babilonia, y él los matará ante sus propios ojos. 22 Por culpa de ellos, todos los deportados de Judá que están en Babilonia pronunciarán esta maldición: "Que haga el SEÑOR contigo lo mismo que hizo con Sedequías y Acab, a quienes el rey de Babilonia asó en el fuego." 23 Porque cometieron una infamia en Israel: adulteraron con la mujer de su prójimo y dijeron mentiras en mi nombre, cosas que jamás les ordené. Yo lo sé, y de eso soy testigo», afirma el SEÑOR.

Mensaje de Semaías

24 También a Semaías hijo de Nejelán le comunicarás 25 que así dice el SEÑOR *Todopoderoso, el Dios de Israel: «Tú, en tu propio nombre, enviaste cartas a todo el pueblo que está en Jerusalén, al sacerdote Sofonías hijo de Maseías, y a todos los sacerdotes. En esas cartas decías: 26 "El SEÑOR te ha puesto como sacerdote en lugar del sacerdote Joyadá, para que vigiles en la casa del SEÑOR. A todo loco que se haga pasar por profeta, lo pondrás en el cepo y en el calabozo. 27 ¿Por qué, pues, no has reprendido a Jeremías de Anatot, que entre ustedes se hace pasar por profeta? 28 Resulta que él nos envió un mensaje a Babilonia, el cual decía: 'La deportación va a durar mucho tiempo; así que construyan casas, y habítenlas; planten huertos y coman de su fruto.' "»

29 El sacerdote Sofonías leyó esta carta al profeta Jeremías. 30 Entonces vino a Jeremías la palabra del SEÑOR:

31 «Comunícales a todos los deportados que así dice el SEÑOR acerca de Semaías de Nejelán: "Puesto que Semaías les ha profetizado sin que yo lo haya enviado, y les ha hecho confiar en una mentira, 32 yo, el SEÑOR, castigaré a Semaías de Nejelán y a su descendencia, porque ha incitado al pueblo a rebelarse contra mí. Ninguno de su familia vivirá para contar el bien que le haré a mi pueblo"», afirma el SEÑOR.

Restauración de Israel

30 La palabra del SEÑOR vino a Jeremías: 2 «Así dice el SEÑOR, el Dios de Israel: "Escribe en un libro todas las palabras que te he dicho. 3 Porque vienen días —afirma el SEÑOR— cuando yo haré volver del cautiverio a mi pueblo Israel y Judá, ᶻy los traeré a la tierra que di a sus antepasados, y la poseerán"», afirma el SEÑOR.

4 Esto fue lo que el SEÑOR le dijo a Jeremías acerca de Israel y Judá: 5 «Así dice el SEÑOR:

»"Hemos escuchado un grito de espanto;
no hay *paz, sino terror.
6 Pregunten y vean
si acaso los varones dan a luz.
¿Por qué, pues, veo a todos los *hombres
con las manos sobre las caderas,
como mujeres con dolores de parto?
¿Por qué han palidecido
todos los rostros?
7 ¡Ay! Será un día terrible,
un día que no tiene parangón.
Será un tiempo de angustia para Jacob,
pero será librado de ella.

Babylon. 21 This is what the LORD Almighty, the God of Israel, says about Ahab son of Kolaiah and Zedekiah son of Maaseiah, who are prophesying lies to you in my name: "I will hand them over to Nebuchadnezzar king of Babylon, and he will put them to death before your very eyes. 22 Because of them, all the exiles from Judah who are in Babylon will use this curse: 'The LORD treat you like Zedekiah and Ahab, whom the king of Babylon burned in the fire.' 23 For they have done outrageous things in Israel; they have committed adultery with their neighbors' wives and in my name have spoken lies, which I did not tell them to do. I know it and am a witness to it," declares the LORD.

Message to Shemaiah

24 Tell Shemaiah the Nehelamite, 25 "This is what the LORD Almighty, the God of Israel, says: You sent letters in your own name to all the people in Jerusalem, to Zephaniah son of Maaseiah the priest, and to all the other priests. You said to Zephaniah, 26 'The LORD has appointed you priest in place of Jehoiada to be in charge of the house of the LORD; you should put any madman who acts like a prophet into the stocks and neck-irons. 27 So why have you not reprimanded Jeremiah from Anathoth, who poses as a prophet among you? 28 He has sent this message to us in Babylon: It will be a long time. Therefore build houses and settle down; plant gardens and eat what they produce.' "

29 Zephaniah the priest, however, read the letter to Jeremiah the prophet. 30 Then the word of the LORD came to Jeremiah: 31 "Send this message to all the exiles: 'This is what the LORD says about Shemaiah the Nehelamite: Because Shemaiah has prophesied to you, even though I did not send him, and has led you to believe a lie, 32 this is what the LORD says: I will surely punish Shemaiah the Nehelamite and his descendants. He will have no one left among this people, nor will he see the good things I will do for my people, declares the LORD, because he has preached rebellion against me.' "

Restoration of Israel

30 This is the word that came to Jeremiah from the LORD. 2 "This is what the LORD, the God of Israel, says: 'Write in a book all the words I have spoken to you. 3 The days are coming,' declares the LORD, 'when I will bring my people Israel and Judah back from captivityʰ and restore them to the land I gave their forefathers to possess,' says the LORD."

4 These are the words the LORD spoke concerning Israel and Judah: 5 "This is what the LORD says:

" 'Cries of fear are heard—
terror, not peace.
6 Ask and see:
Can a man bear children?
Then why do I see every strong man
with his hands on his stomach like a
woman in labor,
every face turned deathly pale?
7 How awful that day will be!
None will be like it.
It will be a time of trouble for Jacob,
but he will be saved out of it.

ᶻ 30:3 haré volver del cautiverio a. Alt. cambiaré la suerte de.   ʰ 3 Or will restore the fortunes of my people Israel and Judah

⁸» "En aquel día —afirma el SEÑOR
                *Todopoderoso—,
    quebraré el yugo que mi pueblo lleva sobre
                el cuello,
    romperé sus ataduras,
        y ya no serán esclavos de extranjeros.
⁹ Servirán al SEÑOR, su Dios,
        y a David, a quien pondré como su rey.

¹⁰» "No temas, Jacob, siervo mío;
        no te asustes, Israel
                —afirma el SEÑOR—.
    A ti, Jacob, te libraré de ese país lejano;
        a tus descendientes los libraré del exilio.
    Volverás a vivir en paz y tranquilidad,
        y ya nadie te infundirá temor.
¹¹ Porque yo estoy contigo para salvarte
                —afirma el SEÑOR—.
    Destruiré por completo a todas las naciones
        entre las que te había dispersado.
    Pero a ti no te destruiré del todo,
        sino que te castigaré con *justicia;
        ¡de ninguna manera quedarás impune!"

¹²»Así dice el SEÑOR:

    »"Tu herida es incurable,
        tu llaga no tiene remedio.
¹³ No hay quien defienda tu causa;
        no hay remedio para tu mal
        ni sanidad para tu enfermedad.
¹⁴ Todos tus amantes te han olvidado;
        ya no se ocupan de ti.
    Por causa de tu enorme iniquidad,
        y por tus muchos pecados,
    te he golpeado, te he corregido,
        como lo haría un adversario cruel.
¹⁵ ¿Por qué te quejas de tus heridas,
        si tu dolor es incurable?
    Por causa de tu enorme iniquidad
        y por tus muchos pecados,
    yo te he tratado así.

¹⁶» "Todos los que te devoren serán devorados;
        todos tus enemigos serán deportados.
    Todos los que te saqueen serán saqueados;
        todos los que te despojen serán despojados.
¹⁷ Pero yo te restauraré
        y sanaré tus heridas
                —afirma el SEÑOR—
    porque te han llamado la Desechada,
        la pobre *Sión, la que a nadie le importa."

¹⁸»Así dice el SEÑOR:

    »"Restauraré las fortunas de las carpas de
                Jacob,
        y tendré compasión de sus moradas;
    la ciudad resurgirá sobre sus ruinas,
        y el palacio se asentará en el lugar debido.
¹⁹ Surgirán de ellos cánticos de gratitud,
        y gritos de alegría.
    Multiplicaré su descendencia, y no disminuirá;
        los honraré, y no serán menospreciados.
²⁰ Sus hijos volverán a ser como antes;
        ante mí será restablecida su comunidad,
    pero castigaré a todos sus opresores.

⁸" 'In that day,' declares the LORD Almighty,
        'I will break the yoke off their necks
    and will tear off their bonds;
        no longer will foreigners enslave them.
⁹Instead, they will serve the LORD their God
        and David their king,
        whom I will raise up for them.

¹⁰" 'So do not fear, O Jacob my servant;
        do not be dismayed, O Israel,'
                        declares the LORD.
    'I will surely save you out of a distant
                place,
        your descendants from the land of their
                exile.
    Jacob will again have peace and security,
        and no one will make him afraid.
¹¹I am with you and will save you,'
        declares the LORD.
    'Though I completely destroy all the nations
        among which I scatter you,
        I will not completely destroy you.
    I will discipline you but only with justice;
        I will not let you go entirely unpunished.'

¹²"This is what the LORD says:

    " 'Your wound is incurable,
        your injury beyond healing.
¹³There is no one to plead your cause,
        no remedy for your sore,
        no healing for you.
¹⁴All your allies have forgotten you;
        they care nothing for you.
    I have struck you as an enemy would
        and punished you as would the cruel,
    because your guilt is so great
        and your sins so many.
¹⁵Why do you cry out over your wound,
        your pain that has no cure?
    Because of your great guilt and many sins
        I have done these things to you.

¹⁶" 'But all who devour you will be devoured;
        all your enemies will go into exile.
    Those who plunder you will be plundered;
        all who make spoil of you I will despoil.
¹⁷But I will restore you to health
        and heal your wounds,'
                        declares the LORD,
    'because you are called an outcast,
        Zion for whom no one cares.'

¹⁸"This is what the LORD says:

    " 'I will restore the fortunes of Jacob's tents
        and have compassion on his dwellings;
    the city will be rebuilt on her ruins,
        and the palace will stand in its proper
                place.
¹⁹From them will come songs of thanksgiving
        and the sound of rejoicing.
    I will add to their numbers,
        and they will not be decreased;
    I will bring them honor,
        and they will not be disdained.
²⁰Their children will be as in days of old,
        and their community will be established
                before me;
    I will punish all who oppress them.

21 De entre ellos surgirá su líder;
  uno de ellos será su gobernante.
Lo acercaré hacia mí, y él estará a mi lado,
  pues ¿quién arriesgaría su vida por acercarse
    a mí?
        —afirma el SEÑOR—.

22 Ustedes serán mi pueblo,
  y yo seré su Dios." »

23 La tempestad del SEÑOR
  ha estallado con furor;
una tempestad huracanada
  se ha desatado sobre los malvados.
24 La ardiente ira del SEÑOR no pasará
  hasta que haya realizado del todo
  los propósitos de su *corazón.
Todo esto lo comprenderán ustedes
  al final de los tiempos.

31 «En aquel tiempo —afirma el SEÑOR— seré el Dios de todas las familias de Israel, y ellos serán mi pueblo.»
2 Así dice el SEÑOR:

«El pueblo que escapó de la espada
  ha hallado gracia en el desierto;
Israel va en busca de su reposo.»

3 Hace mucho tiempo*a* se me apareció el SEÑOR y me dijo:

«Con amor eterno te he amado;
  por eso te sigo con fidelidad,
4   oh virginal Israel.
Te edificaré de nuevo;
  ¡sí, serás reedificada!
De nuevo tomarás panderetas
  y saldrás a bailar con alegría.
5 Volverás a plantar viñedos
  en las colinas de Samaria,
  y quienes los planten
    gozarán de sus frutos
6 Vendrá un día en que los centinelas
  gritarán por las colinas de Efraín:
  "¡Vengan, subamos a *Sión,
  al monte del SEÑOR, nuestro Dios!" »

7 Así dice el SEÑOR:

«Canten jubilosos en honor de Jacob;
  griten de alegría por la mejor de las
    naciones.
Hagan oír sus alabanzas y clamen:
  "¡Salva, SEÑOR, a tu pueblo;
  salva al remanente de Israel!"
8 Yo los traeré del país del norte;
  los reuniré de los confines de la tierra.
  ¡Volverá una gran multitud!
Entre ellos vendrán ciegos y cojos,
  embarazadas y parturientas.
9 Entre llantos vendrán,
  y entre consuelos los conduciré.
Los guiaré a corrientes de agua
  por un camino llano
  en el que no tropezarán.
Yo soy el padre de Israel;
  mi primogénito es Efraín.

21 Their leader will be one of their own;
  their ruler will arise from among them.
I will bring him near and he will come
  close to me,
  for who is he who will devote himself
  to be close to me?'
        declares the LORD.

22 " 'So you will be my people,
  and I will be your God.' "

23 See, the storm of the LORD
  will burst out in wrath,
a driving wind swirling down
  on the heads of the wicked.
24 The fierce anger of the LORD will not turn
  back
until he fully accomplishes
  the purposes of his heart.
In days to come
  you will understand this.

31 "At that time," declares the LORD, "I will be the God of all the clans of Israel, and they will be my people."
2 This is what the LORD says:

"The people who survive the sword
  will find favor in the desert;
I will come to give rest to Israel."

3 The LORD appeared to us in the past,*i* saying:

"I have loved you with an everlasting love;
  I have drawn you with loving-kindness.
4 I will build you up again
  and you will be rebuilt, O Virgin Israel.
Again you will take up your tambourines
  and go out to dance with the joyful.
5 Again you will plant vineyards
  on the hills of Samaria;
the farmers will plant them
  and enjoy their fruit.
6 There will be a day when watchmen cry out
  on the hills of Ephraim,
'Come, let us go up to Zion,
  to the LORD our God.' "

7 This is what the LORD says:

"Sing with joy for Jacob;
  shout for the foremost of the nations.
Make your praises heard, and say,
  'O LORD, save your people,
  the remnant of Israel.'
8 See, I will bring them from the land of the
  north
  and gather them from the ends of the
    earth.
Among them will be the blind and the lame,
  expectant mothers and women in labor;
  a great throng will return.
9 They will come with weeping;
  they will pray as I bring them back.
I will lead them beside streams of water
  on a level path where they will not
    stumble,
because I am Israel's father,
  and Ephraim is my firstborn son.

---

a 31:3 Hace mucho tiempo. Alt. Desde lejos.   *i 3 Or LORD has appeared to us from afar*

¹⁰ »Naciones, escuchen la palabra del SEÑOR,
    y anuncien en las costas más lejanas:
    "El que dispersó a Israel, lo reunirá;
      lo cuidará como un *pastor a su rebaño."
¹¹ Porque el SEÑOR rescató a Jacob,
    lo redimió de una mano más poderosa.
¹² Vendrán y cantarán jubilosos en las alturas de
    Sión;
    disfrutarán de las bondades del SEÑOR:
    el trigo, el vino nuevo y el aceite,
    las crías de las ovejas y las vacas.
    Serán como un jardín bien regado,
    y no volverán a desmayar.
¹³ Entonces las jóvenes danzarán con alegría,
    y los jóvenes junto con los ancianos.
    Convertiré su duelo en gozo, y los consolaré;
    transformaré su dolor en alegría.
¹⁴ Colmaré de abundancia a los sacerdotes,
    y saciaré con mis bienes a mi pueblo»,
                  afirma el SEÑOR.

¹⁵ Así dice el SEÑOR:

    «Se oye un grito en Ramá,
      lamentos y amargo llanto.
    Es Raquel, que llora por sus hijos
    y no quiere ser consolada;
    ¡sus hijos ya no existen!»

¹⁶ Así dice el SEÑOR:

    «Reprime tu llanto,
      las lágrimas de tus ojos,
    pues tus obras tendrán su recompensa:
      tus hijos volverán del país enemigo
             —afirma el SEÑOR—.
¹⁷ Se vislumbra esperanza en tu futuro:
      tus hijos volverán a su patria —afirma el
      SEÑOR—.

¹⁸ »Por cierto, he escuchado el lamento de Efraín:
    "Me has escarmentado como a un ternero
      sin domar,
    y he aceptado tu *corrección.
    Hazme volver, y seré restaurado;
    porque tú, mi Dios, eres el SEÑOR.
¹⁹ Yo me aparté, pero me *arrepentí;
    al comprenderlo me di golpes de pecho.ᵇ
    Me siento avergonzado y humillado
    porque cargo con el oprobio de mi
      juventud."

²⁰ »¿Acaso no es Efraín mi hijo amado?
    ¿Acaso no es mi niño preferido?
    Cada vez que lo reprendo,
      vuelvo a acordarme de él.
    Por él mi *corazón se conmueve;
      por él siento mucha compasión
               —afirma el SEÑOR—.

²¹ »Ponte señales en el camino,
    coloca marcas por donde pasaste,
    fíjate bien en el sendero.
    ¡Vuelve, virginal Israel;
    vuelve a tus ciudades!

¹⁰"Hear the word of the LORD, O nations;
    proclaim it in distant coastlands:
    'He who scattered Israel will gather them
      and will watch over his flock like a
      shepherd.'
¹¹For the LORD will ransom Jacob
    and redeem them from the hand of those
      stronger than they.
¹²They will come and shout for joy on the
      heights of Zion;
    they will rejoice in the bounty of the
      LORD—
    the grain, the new wine and the oil,
      the young of the flocks and herds.
    They will be like a well-watered garden,
      and they will sorrow no more.
¹³Then maidens will dance and be glad,
      young men and old as well.
    I will turn their mourning into gladness;
    I will give them comfort and joy instead
      of sorrow.
¹⁴I will satisfy the priests with abundance,
    and my people will be filled with my
      bounty,"
                  declares the LORD.

¹⁵This is what the LORD says:

    "A voice is heard in Ramah,
      mourning and great weeping,
    Rachel weeping for her children
    and refusing to be comforted,
    because her children are no more."

¹⁶This is what the LORD says:

    "Restrain your voice from weeping
    and your eyes from tears,
    for your work will be rewarded,"
                  declares the LORD.
    "They will return from the land of the
      enemy.
¹⁷So there is hope for your future,"
                  declares the LORD.
    "Your children will return to their own
      land.

¹⁸"I have surely heard Ephraim's moaning:
    'You disciplined me like an unruly calf,
    and I have been disciplined.
    Restore me, and I will return,
    because you are the LORD my God.
¹⁹After I strayed,
    I repented;
    after I came to understand,
    I beat my breast.
    I was ashamed and humiliated
    because I bore the disgrace of my youth.'
²⁰Is not Ephraim my dear son,
    the child in whom I delight?
    Though I often speak against him,
    I still remember him.
    Therefore my heart yearns for him;
    I have great compassion for him,"
                  declares the LORD.

²¹"Set up road signs;
    put up guideposts.
    Take note of the highway,
    the road that you take.
    Return, O Virgin Israel,
    return to your towns.

ᵇ *31:19* de pecho. Lit. en el muslo.

22 ¿Hasta cuándo andarás errante,
    hija infiel?
El SEÑOR creará algo nuevo en la tierra,
    la mujer regresará a su esposo.»ᶜ

23 Así dice el SEÑOR *Todopoderoso, el Dios de Israel: «Cuando yo cambie su suerte, en la tierra de Judá y en sus ciudades volverá a decirse:

»"Monte *santo, morada de justicia:
    ¡que el SEÑOR te bendiga!"

24 Allí habitarán juntos Judá y todas sus ciudades, los agricultores y los pastores de rebaños. 25 Daré de beber a los sedientos y saciaré a los que estén agotados.»
26 En ese momento me desperté, y abrí los ojos. Había tenido un sueño agradable.
27 «Vienen días —afirma el SEÑOR— en que con la simiente de *hombres y de animales sembraré el pueblo de Israel y la tribu de Judá. 28 Y así como he estado vigilándolos para arrancar y derribar, para destruir y demoler, y para traer calamidad, así también habré de vigilarlos para construir y plantar —afirma el SEÑOR—. 29 En aquellos días no volverá a decirse:

»"Los padres comieron uvas agrias,
    y a los hijos se les destemplaron los
        dientes."

30 Al contrario, al que coma uvas agrias se le destemplarán los dientes, es decir, que cada uno morirá por su propia iniquidad.
31 »Vienen días —afirma el SEÑOR— en que haré un nuevo *pacto con el pueblo de Israel y con la tribu de Judá. 32 No será un pacto como el que hice con sus antepasados el día en que los tomé de la mano y los saqué de Egipto, ya que ellos lo quebrantaron a pesar de que yo era su esposo —afirma el SEÑOR—.
33 »Éste es el pacto que después de aquel tiempo haré con el pueblo de Israel —afirma el SEÑOR—: Pondré mi *ley en su *mente, y la escribiré en su *corazón. Yo seré su Dios, y ellos serán mi pueblo. 34 Ya no tendrá nadie que enseñar a su prójimo, ni dirá nadie a su hermano: "¡Conoce al SEÑOR!", porque todos, desde el más pequeño hasta el más grande, me conocerán —afirma el SEÑOR—. Yo les perdonaré su iniquidad, y nunca más me acordaré de sus pecados.»

35 Así dice el SEÑOR,
    cuyo *nombre es el SEÑOR Todopoderoso,
quien estableció el sol para alumbrar el día,
    y la luna y las estrellas para alumbrar la
        noche,
    y agita el mar para que rujan sus olas:

---

22 How long will you wander,
    O unfaithful daughter?
The LORD will create a new thing on
        earth—
    a woman will surroundʲ a man."

23 This is what the LORD Almighty, the God of Israel, says: "When I bring them back from captivity,ᵏ the people in the land of Judah and in its towns will once again use these words: 'The LORD bless you, O righteous dwelling, O sacred mountain.' 24 People will live together in Judah and all its towns—farmers and those who move about with their flocks. 25 I will refresh the weary and satisfy the faint."
26 At this I awoke and looked around. My sleep had been pleasant to me.
27 "The days are coming," declares the LORD, "when I will plant the house of Israel and the house of Judah with the offspring of men and of animals. 28 Just as I watched over them to uproot and tear down, and to overthrow, destroy and bring disaster, so I will watch over them to build and to plant," declares the LORD. 29 "In those days people will no longer say,

'The fathers have eaten sour grapes,
    and the children's teeth are set on edge.'

30 Instead, everyone will die for his own sin; whoever eats sour grapes—his own teeth will be set on edge.

31 "The time is coming," declares the LORD,
    "when I will make a new covenant
with the house of Israel
    and with the house of Judah.
32 It will not be like the covenant
    I made with their forefathers
when I took them by the hand
    to lead them out of Egypt,
because they broke my covenant,
    though I was a husband toˡ them,ᵐ"
                    declares the LORD.
33 "This is the covenant I will make with the
        house of Israel
    after that time," declares the LORD.
"I will put my law in their minds
    and write it on their hearts.
I will be their God,
    and they will be my people.
34 No longer will a man teach his neighbor,
    or a man his brother, saying, 'Know the
        LORD,'
because they will all know me,
    from the least of them to the greatest,"
                    declares the LORD.
"For I will forgive their wickedness
    and will remember their sins no more."

35 This is what the LORD says,

he who appoints the sun
    to shine by day,
who decrees the moon and stars
    to shine by night,
who stirs up the sea
    so that its waves roar—
    the LORD Almighty is his name:

ᶜ 31:22 regresará a su esposo. Frase de difícil traducción.

ʲ 22 Or will go about seeking; or will protect   ᵏ 23 Or I restore their fortunes   ˡ 32 Hebrew; Septuagint and Syriac / and I turned away from   ᵐ 32 Or was their master

36 «Si alguna vez fallaran estas leyes
—afirma el SEÑOR—,
entonces la descendencia de Israel
ya nunca más sería mi nación especial.»

37 Así dice el SEÑOR:

«Si se pudieran medir los cielos en lo alto,
y en lo bajo explorar los cimientos de la
tierra,
entonces yo rechazaría a la descendencia de
Israel
por todo lo que ha hecho
—afirma el SEÑOR—.

38 »Vienen días —afirma el SEÑOR—, en que la ciudad del SEÑOR será reconstruida, desde la torre de Jananel hasta la puerta de la Esquina. 39 El cordel para medir se extenderá en línea recta, desde allí hasta la colina de Gareb, y luego girará hacia Goa. 40 Y todo el valle donde se arrojan los cadáveres y las cenizas, y todos los campos, hasta el arroyo de Cedrón y hasta la puerta de los Caballos, en la esquina oriental, estarán consagrados al SEÑOR. ¡Nunca más la ciudad será arrancada ni derribada!»

Parábola del terreno

32 Ésta es la palabra del SEÑOR, que vino a Jeremías en el año décimo del reinado de Sedequías en Judá, es decir, en el año dieciocho de Nabucodonosor. 2 En aquel tiempo el ejército del rey de Babilonia mantuvo sitiada a Jerusalén, y el profeta Jeremías estuvo preso en el patio de la guardia del palacio real.

3 Sedequías, el rey de Judá, lo tenía preso y le reprochaba: «¿Por qué andas profetizando: "Así dice el SEÑOR"? Andas proclamando que el SEÑOR dice: "Voy a entregar esta ciudad en manos del rey de Babilonia, y él la tomará; 4 y Sedequías, rey de Judá, no escapará de la mano de los *babilonios, sino que será entregado en manos del rey de Babilonia y tendrá que enfrentarse con él cara a cara." 5 Además, dices que el SEÑOR afirma: "Nabucodonosor se llevará a Sedequías a Babilonia, y allí se quedará hasta que yo vuelva a ocuparme de él", y también: "Si ustedes combaten contra los babilonios, no vencerán." »

6 Jeremías respondió: «La palabra del SEÑOR vino a mí, 7 y me dijo: "Janamel, hijo de tu tío Salún, vendrá a pedirte que le compres el campo que está en Anatot, pues tienes el derecho y la responsabilidad de comprarlo por ser el pariente más cercano."d

8 »En efecto, conforme a la palabra del SEÑOR, mi primo Janamel vino a verme en el patio de la guardia y me dijo: "Compra ahora mi campo que está en Anatot, en el territorio de Benjamín, ya que tú tienes el derecho y la responsabilidad de comprarlo por ser el pariente más cercano." Entonces comprendí que esto era palabra del SEÑOR, 9 y le compré a mi primo Janamel el campo de Anatot por diecisiete monedase de plata. 10 Reuní a los testigos, firmé la escritura, la sellé, y pagué el precio convenido. 11 Luego tomé la copia sellada y la copia abierta de la escritura con las condiciones de compra, 12 y se las entregué a Baruc, hijo de Nerías y nieto de Maseías, en presencia de Janamel, de los testigos que habían firmado la escritura, y de todos los judíos que estaban sentados en el patio de la guardia. 13 Con ellos como testigos, le ordené a Baruc:

36 "Only if these decrees vanish from my
sight,"
declares the LORD,
"will the descendants of Israel ever cease
to be a nation before me."

37 This is what the LORD says:

"Only if the heavens above can be measured
and the foundations of the earth below be
searched out
will I reject all the descendants of Israel
because of all they have done,"
declares the LORD.

38 "The days are coming," declares the LORD, "when this city will be rebuilt for me from the Tower of Hananel to the Corner Gate. 39 The measuring line will stretch from there straight to the hill of Gareb and then turn to Goah. 40 The whole valley where dead bodies and ashes are thrown, and all the terraces out to the Kidron Valley on the east as far as the corner of the Horse Gate, will be holy to the LORD. The city will never again be uprooted or demolished."

Jeremiah Buys a Field

32 This is the word that came to Jeremiah from the LORD in the tenth year of Zedekiah king of Judah, which was the eighteenth year of Nebuchadnezzar. 2 The army of the king of Babylon was then besieging Jerusalem, and Jeremiah the prophet was confined in the courtyard of the guard in the royal palace of Judah.

3 Now Zedekiah king of Judah had imprisoned him there, saying, "Why do you prophesy as you do? You say, 'This is what the LORD says: I am about to hand this city over to the king of Babylon, and he will capture it. 4 Zedekiah king of Judah will not escape out of the hands of the Babyloniansn but will certainly be handed over to the king of Babylon, and will speak with him face to face and see him with his own eyes. 5 He will take Zedekiah to Babylon, where he will remain until I deal with him, declares the LORD. If you fight against the Babylonians, you will not succeed.' "

6 Jeremiah said, "The word of the LORD came to me: 7 Hanamel son of Shallum your uncle is going to come to you and say, 'Buy my field at Anathoth, because as nearest relative it is your right and duty to buy it.'

8 "Then, just as the LORD had said, my cousin Hanamel came to me in the courtyard of the guard and said, 'Buy my field at Anathoth in the territory of Benjamin. Since it is your right to redeem it and possess it, buy it for yourself.'

"I knew that this was the word of the LORD; 9 so I bought the field at Anathoth from my cousin Hanamel and weighed out for him seventeen shekelso of silver. 10 I signed and sealed the deed, had it witnessed, and weighed out the silver on the scales. 11 I took the deed of purchase—the sealed copy containing the terms and conditions, as well as the unsealed copy— 12 and I gave this deed to Baruch son of Neriah, the son of Mahseiah, in the presence of my cousin Hanamel and of the witnesses who had signed the deed and of all the Jews sitting in the courtyard of the guard.

13 "In their presence I gave Baruch these instructions:

---

d 32:7 el derecho ... más cercano. Lit. el derecho de rescate para
comprarlo; también en v. 8 (véase Lv 25:25-28).
e 32:9 monedas. Lit. *siclos.

n 4 Or Chaldeans; also in verses 5, 24, 25, 28, 29 and 43
o 9 That is, about 7 ounces (about 200 grams)

14 "Así dice el SEÑOR *Todopoderoso, el Dios de Israel: 'Toma la copia sellada y la copia abierta de esta escritura, y guárdalas en una vasija de barro, para que se conserven mucho tiempo.' 15 Porque así dice el SEÑOR Todopoderoso, el Dios de Israel: 'De nuevo volverán a comprarse casas, campos y viñedos en esta tierra.' "

16 »Después de entregarle la escritura a Baruc hijo de Nerías, oré al SEÑOR:

17 »¡Ah, SEÑOR mi Dios! Tú, con tu gran fuerza y tu brazo poderoso, has hecho los cielos y la tierra. Para ti no hay nada imposible. 18 Muestras tu fiel amor a multitud de generaciones, pero también castigas a los hijos por la iniquidad de sus antepasados. ¡Oh Dios grande y fuerte, tu *nombre es el SEÑOR Todopoderoso! 19 Tus proyectos son grandiosos, y magníficas tus obras. Tus ojos observan todo lo que hace la *humanidad, para dar a cada uno lo que merece, según su conducta y los frutos de sus acciones. 20 Tú hiciste milagros y prodigios en la tierra de Egipto, y hasta el día de hoy los sigues haciendo, tanto en Israel como en todo el mundo; así te has conquistado la fama que hoy tienes. 21 Tú, con gran despliegue de poder, y con milagros, prodigios y gran terror, sacaste de Egipto a tu pueblo. 22 Le diste a Israel esta tierra, donde abundan la leche y la miel, tal como se lo habías jurado a sus antepasados. 23 Pero cuando entraron y tomaron posesión de ella, no te obedecieron ni acataron tu *ley, ni tampoco hicieron lo que les habías ordenado. Por eso les enviaste toda esta desgracia. 24 Ahora las rampas de ataque han llegado hasta la ciudad para conquistarla. A causa de la espada, el hambre y la pestilencia, la ciudad caerá en manos de los babilonios que la atacan. SEÑOR, todo lo que habías anunciado se está cumpliendo, y tú mismo lo estás viendo. 25 SEÑOR mi Dios, a pesar de que la ciudad caerá en manos de los babilonios, tú me has dicho: "Cómprate el campo al contado en presencia de testigos." »

26 Entonces vino la palabra del SEÑOR a Jeremías: 27 «Yo soy el SEÑOR, Dios de toda la humanidad. ¿Hay algo imposible para mí? 28 Por eso, así dice el SEÑOR: Voy a entregar esta ciudad en manos de los babilonios y de Nabucodonosor, su rey, y él la capturará. 29 Y los babilonios que ataquen esta ciudad, entrarán en ella y le prenderán fuego, así como a las casas en cuyas azoteas se quemaba incienso a *Baal y, para provocarme a ira, se derramaban libaciones a otros dioses. 30 Porque desde su juventud el pueblo de Israel y el de Judá no han hecho sino lo malo delante de mí. El pueblo de Israel no ha dejado de provocarme a ira con la obra de sus manos —afirma el SEÑOR—. 31 Desde el día en que construyeron esta ciudad hasta hoy, ella ha sido para mí motivo de ira y de furor. Por eso la quitaré de mi presencia, 32 por todo el mal que han cometido los pueblos de Israel y de Judá: ellos, sus reyes, sus jefes, sus sacerdotes y sus profetas, todos los habitantes de Judá y de Jerusalén. 33 Ellos no me miraron de frente, sino que me dieron la espalda. Y aunque una y otra vez les enseñaba, no escuchaban ni aceptaban *corrección. 34 Colocaban sus ídolos abominables en la casa que

14 'This is what the LORD Almighty, the God of Israel, says: Take these documents, both the sealed and unsealed copies of the deed of purchase, and put them in a clay jar so they will last a long time. 15 For this is what the LORD Almighty, the God of Israel, says: Houses, fields and vineyards will again be bought in this land.'

16 "After I had given the deed of purchase to Baruch son of Neriah, I prayed to the LORD:

17 "Ah, Sovereign LORD, you have made the heavens and the earth by your great power and outstretched arm. Nothing is too hard for you. 18 You show love to thousands but bring the punishment for the fathers' sins into the laps of their children after them. O great and powerful God, whose name is the LORD Almighty, 19 great are your purposes and mighty are your deeds. Your eyes are open to all the ways of men; you reward everyone according to his conduct and as his deeds deserve. 20 You performed miraculous signs and wonders in Egypt and have continued them to this day, both in Israel and among all mankind, and have gained the renown that is still yours. 21 You brought your people Israel out of Egypt with signs and wonders, by a mighty hand and an outstretched arm and with great terror. 22 You gave them this land you had sworn to give their forefathers, a land flowing with milk and honey. 23 They came in and took possession of it, but they did not obey you or follow your law; they did not do what you commanded them to do. So you brought all this disaster upon them.

24 "See how the siege ramps are built up to take the city. Because of the sword, famine and plague, the city will be handed over to the Babylonians who are attacking it. What you said has happened, as you now see. 25 And though the city will be handed over to the Babylonians, you, O Sovereign LORD, say to me, 'Buy the field with silver and have the transaction witnessed.' "

26 Then the word of the LORD came to Jeremiah: 27 "I am the LORD, the God of all mankind. Is anything too hard for me? 28 Therefore, this is what the LORD says: I am about to hand this city over to the Babylonians and to Nebuchadnezzar king of Babylon, who will capture it. 29 The Babylonians who are attacking this city will come in and set it on fire; they will burn it down, along with the houses where the people provoked me to anger by burning incense on the roofs to Baal and by pouring out drink offerings to other gods.

30 "The people of Israel and Judah have done nothing but evil in my sight from their youth; indeed, the people of Israel have done nothing but provoke me with what their hands have made, declares the LORD. 31 From the day it was built until now, this city has so aroused my anger and wrath that I must remove it from my sight. 32 The people of Israel and Judah have provoked me by all the evil they have done—they, their kings and officials, their priests and prophets, the men of Judah and the people of Jerusalem. 33 They turned their backs to me and not their faces; though I taught them again and again, they would not listen or respond to discipline. 34 They set up their abominable idols in

lleva mi nombre, y así la profanaban. 35 También construían altares a Baal en el valle de Ben Hinón, para
pasar por el fuego a sus hijos e hijas en sacrificio a
Moloc, cosa detestable que yo no les había ordenado,
y que ni siquiera se me había ocurrido. De este modo
hacían pecar a Judá.
36 »Por tanto, así dice el SEÑOR, Dios de Israel, acerca
de esta ciudad que, según ustedes, caerá en manos del
rey de Babilonia por la espada, el hambre y la pestilencia: 37 Voy a reunirlos de todos los países adonde en mi
ira, furor y terrible enojo los dispersé, y los haré volver
a este lugar para que vivan seguros. 38 Ellos serán mi
pueblo, y yo seré su Dios. 39 Haré que haya coherencia
entre su pensamiento y su conducta, a fin de que siempre me teman, para su propio bien y el de sus hijos.
40 Haré con ellos un *pacto eterno: Nunca dejaré de
estar con ellos para mostrarles mi favor; pondré mi
temor en sus corazones, y así no se apartarán de mí.
41 Me regocijaré en favorecerlos, y con todo mi *corazón y con toda mi *alma los plantaré firmemente en
esta tierra.
42 »Así dice el SEÑOR: Tal como traje esta gran calamidad sobre este pueblo, yo mismo voy a traer sobre
ellos todo el bien que les he prometido. 43 Se comprarán campos en esta tierra, de la cual ustedes dicen: "Es
una tierra desolada, sin gente ni animales, porque fue
entregada en manos de los babilonios." 44 En la tierra
de Benjamín y en los alrededores de Jerusalén, en las
ciudades de Judá, de la región montañosa, de la llanura, y del Néguev, se comprarán campos por dinero, se
firmarán escrituras, y se sellarán ante testigos —afirma
el SEÑOR—, porque yo cambiaré su suerte.»

Promesas de restauración

33 La palabra del SEÑOR vino a Jeremías por segunda vez, cuando éste aún se hallaba preso en el
patio de la guardia: 2 «Así dice aquel cuyo *nombre es
el SEÑOR, el que hizo la tierra, y la formó y la estableció
con firmeza: 3 "Clama a mí y te responderé, y te daré
a conocer cosas grandes y ocultas que tú no sabes."
4 Porque así dice el SEÑOR, Dios de Israel, acerca de las
casas de esta ciudad y de los palacios de los reyes de
Judá, que van a ser derribados para levantar defensas
contra la espada y contra las rampas de asalto: 5 "Los
*babilonios vienen para atacar la ciudad y llenarla de
cadáveres. En mi ira y furor he ocultado mi rostro de
esta ciudad; la heriré de muerte a causa de todas sus
maldades.
6 » "Sin embargo, les daré salud y los curaré; los
sanaré y haré que disfruten de abundante *paz y seguridad. 7 Cambiaré la suerte de Judá y de Israel, y los
reconstruiré como al principio. 8 Los *purificaré de todas las iniquidades que cometieron contra mí; les perdonaré todos los pecados con que se rebelaron contra
mí. 9 Jerusalén será para mí motivo de gozo, y de alabanza y de gloria a la vista de todas las naciones de la
tierra. Se enterarán de todo el bien que yo le hago, y
temerán y temblarán por todo el bienestar y toda la paz
que yo le ofrezco."
10 »Así dice el SEÑOR: "Ustedes dicen que este lugar
está en ruinas, sin gente ni animales. Sin embargo, en
las ciudades de Judá y en las calles de Jerusalén, que
están desoladas y sin gente ni animales, se oirá de

the house that bears my Name and defiled it. 35 They
built high places for Baal in the Valley of Ben Hinnom
to sacrifice their sons and daughters[p] to Molech,
though I never commanded, nor did it enter my mind,
that they should do such a detestable thing and so make
Judah sin.
36 "You are saying about this city, 'By the sword,
famine and plague it will be handed over to the king of
Babylon'; but this is what the LORD, the God of Israel,
says: 37 I will surely gather them from all the lands
where I banish them in my furious anger and great
wrath; I will bring them back to this place and let them
live in safety. 38 They will be my people, and I will be
their God. 39 I will give them singleness of heart and
action, so that they will always fear me for their own
good and the good of their children after them. 40 I will
make an everlasting covenant with them: I will never
stop doing good to them, and I will inspire them to fear
me, so that they will never turn away from me. 41 I will
rejoice in doing them good and will assuredly plant
them in this land with all my heart and soul.
42 "This is what the LORD says: As I have brought all
this great calamity on this people, so I will give them
all the prosperity I have promised them. 43 Once more
fields will be bought in this land of which you say, 'It
is a desolate waste, without men or animals, for it has
been handed over to the Babylonians.' 44 Fields will be
bought for silver, and deeds will be signed, sealed and
witnessed in the territory of Benjamin, in the villages
around Jerusalem, in the towns of Judah and in the
towns of the hill country, of the western foothills and
of the Negev, because I will restore their fortunes,[q]
declares the LORD."

Promise of Restoration

33 While Jeremiah was still confined in the courtyard of the guard, the word of the LORD came
to him a second time: 2 "This is what the LORD says, he
who made the earth, the LORD who formed it and established it—the LORD is his name: 3 'Call to me and I
will answer you and tell you great and unsearchable
things you do not know.' 4 For this is what the LORD,
the God of Israel, says about the houses in this city and
the royal palaces of Judah that have been torn down to
be used against the siege ramps and the sword 5 in the
fight with the Babylonians[r]: 'They will be filled with
the dead bodies of the men I will slay in my anger and
wrath. I will hide my face from this city because of all
its wickedness.
6 " 'Nevertheless, I will bring health and healing to
it; I will heal my people and will let them enjoy abundant peace and security. 7 I will bring Judah and Israel
back from captivity[s] and will rebuild them as they
were before. 8 I will cleanse them from all the sin they
have committed against me and will forgive all their
sins of rebellion against me. 9 Then this city will bring
me renown, joy, praise and honor before all nations on
earth that hear of all the good things I do for it; and
they will be in awe and will tremble at the abundant
prosperity and peace I provide for it.'
10 "This is what the LORD says: 'You say about this
place, "It is a desolate waste, without men or animals."
Yet in the towns of Judah and the streets of Jerusalem
that are deserted, inhabited by neither men nor animals,

[p] 35 Or *to make their sons and daughters pass through ⌞the fire⌟*
[q] 44 Or *will bring them back from captivity* [r] 5 Or *Chaldeans*
[s] 7 Or *will restore the fortunes of Judah and Israel*

nuevo [11] el grito de gozo y alegría, el canto del novio y de la novia, y la voz de los que traen a la casa del SEÑOR ofrendas de acción de gracias y cantan:

» "'Den gracias al SEÑOR *Todopoderoso,
　porque el SEÑOR es bueno,
　porque su amor es eterno.'

Yo cambiaré la suerte de este país —afirma el SEÑOR—, y volverá a ser como al principio."

[12] »Así dice el SEÑOR Todopoderoso: "En este lugar que está en ruinas, sin gente ni animales, y en todas sus ciudades, de nuevo habrá pastos en donde los *pastores harán descansar a sus rebaños. [13] En las ciudades de la región montañosa, de la llanura, y del Néguev, en el territorio de Benjamín, en los alrededores de Jerusalén y en las ciudades de Judá, las ovejas volverán a ser contadas por los pastores —dice el SEÑOR—.

[14] » "Llegarán días —afirma el SEÑOR—, en que cumpliré la promesa de bendición que hice al pueblo de Israel y a la tribu de Judá.

[15] » "En aquellos días, y en aquel tiempo,
　haré que brote de David un renuevo justo,
　y él practicará la justicia y el derecho en el
　país.
[16] En aquellos días Judá estará a salvo,
　y Jerusalén morará segura.
Y será llamada así:
　'El SEÑOR es nuestra *justicia.' "

[17] Porque así dice el SEÑOR: "Nunca le faltará a David un descendiente que ocupe el trono del pueblo de Israel. [18] Tampoco a los sacerdotes levitas les faltará un descendiente que en mi presencia ofrezca *holocausto, queme ofrendas de grano, y presente sacrificios todos los días." »

[19] La palabra del SEÑOR vino a Jeremías: [20] «Así dice el SEÑOR: "Si ustedes pudieran romper mi *pacto con el día y mi pacto con la noche, de modo que el día y la noche no llegaran a su debido tiempo, [21] también podrían romper mi pacto con mi siervo David, que no tendría un sucesor que ocupara su trono, y con los sacerdotes levitas, que son mis ministros. [22] Yo multiplicaré la descendencia de mi siervo David, y la de los levitas, mis ministros, como las incontables estrellas del cielo y los granos de arena del mar." »

[23] La palabra del SEÑOR vino a Jeremías: [24] «¿No te has dado cuenta de que esta gente afirma que yo, el SEÑOR, he rechazado a los dos reinos que había escogido? Con esto desprecian a mi pueblo, y ya no lo consideran una nación. [25] Así dice el SEÑOR: "Si yo no hubiera establecido mi pacto con el día ni con la noche, ni hubiera fijado las leyes que rigen el cielo y la tierra, [26] entonces habría rechazado a los descendientes de Jacob y de mi siervo David, y no habría escogido a uno de su estirpe para gobernar sobre la descendencia de Abraham, Isaac y Jacob. ¡Pero yo cambiaré su suerte y les tendré compasión!"»

Advertencia al rey Sedequías

34 La palabra del SEÑOR vino a Jeremías cuando Nabucodonosor, rey de Babilonia, estaba atacando a Jerusalén y a sus ciudades vecinas con todo su ejército y con todos los reinos y pueblos de la tierra regidos por él: [2] «Así dice el SEÑOR, el Dios de Israel:

there will be heard once more [11] the sounds of joy and gladness, the voices of bride and bridegroom, and the voices of those who bring thank offerings to the house of the LORD, saying,

"Give thanks to the LORD Almighty,
　for the LORD is good;
　his love endures forever."

For I will restore the fortunes of the land as they were before,' says the LORD.

[12] "This is what the LORD Almighty says: 'In this place, desolate and without men or animals—in all its towns there will again be pastures for shepherds to rest their flocks. [13] In the towns of the hill country, of the western foothills and of the Negev, in the territory of Benjamin, in the villages around Jerusalem and in the towns of Judah, flocks will again pass under the hand of the one who counts them,' says the LORD.

[14] 'The days are coming,' declares the LORD, 'when I will fulfill the gracious promise I made to the house of Israel and to the house of Judah.

[15] " 'In those days and at that time
　I will make a righteous Branch sprout
　　from David's line;
　he will do what is just and right in the
　　land.
[16] In those days Judah will be saved
　and Jerusalem will live in safety.
This is the name by which it[t] will be
　called:
　The LORD Our Righteousness.'

[17] For this is what the LORD says: 'David will never fail to have a man to sit on the throne of the house of Israel, [18] nor will the priests, who are Levites, ever fail to have a man to stand before me continually to offer burnt offerings, to burn grain offerings and to present sacrifices.' "

[19] The word of the LORD came to Jeremiah: [20] "This is what the LORD says: 'If you can break my covenant with the day and my covenant with the night, so that day and night no longer come at their appointed time, [21] then my covenant with David my servant—and my covenant with the Levites who are priests ministering before me—can be broken and David will no longer have a descendant to reign on his throne. [22] I will make the descendants of David my servant and the Levites who minister before me as countless as the stars of the sky and as measureless as the sand on the seashore.' "

[23] The word of the LORD came to Jeremiah: [24] "Have you not noticed that these people are saying, 'The LORD has rejected the two kingdoms[u] he chose'? So they despise my people and no longer regard them as a nation. [25] This is what the LORD says: 'If I have not established my covenant with day and night and the fixed laws of heaven and earth, [26] then I will reject the descendants of Jacob and David my servant and will not choose one of his sons to rule over the descendants of Abraham, Isaac and Jacob. For I will restore their fortunes[v] and have compassion on them.' "

Warning to Zedekiah

34 While Nebuchadnezzar king of Babylon and all his army and all the kingdoms and peoples in the empire he ruled were fighting against Jerusalem and all its surrounding towns, this word came to Jeremiah from the LORD: [2] "This is what the LORD, the God

---

t 16 Or *he*　　*u 24* Or *families*　　*v 26* Or *will bring them back from captivity*

"Ve y adviértele a Sedequías, rey de Judá, que así dice el SEÑOR: 'Voy a entregar esta ciudad en manos del rey de Babilonia, quien la incendiará. 3 Y tú no te escaparás de su poder, porque ciertamente serás capturado y entregado en sus manos. Tus ojos verán los ojos del rey de Babilonia, y él te hablará cara a cara, y serás llevado a Babilonia.'

4» "No obstante, Sedequías, rey de Judá, escucha la promesa del SEÑOR para ti. Así dice el SEÑOR: 'Tú no morirás a filo de espada 5 sino en *paz.' También afirma el SEÑOR: 'Yo te prometo que, así como los reyes de antaño que te precedieron quemaron especias por tus antepasados, así también lo harán en tu funeral, lamentándose por ti y clamando: ¡Ay, señor!' "»

6 El profeta Jeremías dijo todo esto a Sedequías, rey de Judá, en Jerusalén. 7 Mientras tanto, el ejército del rey de Babilonia estaba combatiendo contra Jerusalén y contra las ciudades de Judá que aún quedaban, es decir, Laquis y Azeca, que eran las únicas ciudades fortificadas.

Liberación para los esclavos

8 La palabra del SEÑOR vino a Jeremías después de que el rey Sedequías hizo un pacto con todo el pueblo de Jerusalén para dejar libres a los esclavos. 9 El acuerdo estipulaba que cada israelita debía dejar libre a sus esclavas y esclavos hebreos, y que nadie debía esclavizar a un compatriota judío. 10 Todo el pueblo y los jefes que habían hecho el acuerdo liberaron a sus esclavos, de manera que nadie quedaba obligado a servirlos. 11 Pero después se retractaron y volvieron a someter a esclavitud a los que habían liberado.

12 Una vez más la palabra del SEÑOR vino a Jeremías: 13 «Así dice el SEÑOR, el Dios de Israel: "Yo hice un *pacto con sus antepasados cuando los saqué de Egipto, lugar de esclavitud. Les ordené 14 que cada siete años liberaran a todo esclavo hebreo que se hubiera vendido a sí mismo con ellos. Después de haber servido como esclavo durante seis años, debía ser liberado.f Pero sus antepasados no me obedecieron ni me hicieron caso. 15 Ustedes, en cambio, al proclamar la libertad de su prójimo, se habían convertido y habían hecho lo que yo apruebo. Además, se habían comprometido con un pacto en mi presencia, en la casa que lleva mi *nombre. 16 Pero ahora se han vuelto atrás y han profanado mi nombre. Cada uno ha obligado a sus esclavas y esclavos que había liberado a someterse de nuevo a la esclavitud."

17 »Por tanto, así dice el SEÑOR: "No me han obedecido, pues no han dejado en libertad a sus hermanos. Por tanto, yo proclamo contra ustedes una liberación —afirma el SEÑOR—: dejaré en libertad a la guerra, la pestilencia y el hambre, para que lo que les pase a ustedes sirva de escarmiento para todos los reinos de la tierra. 18 Puesto que han violado mi pacto, y no han cumplido las estipulaciones del pacto que acordaron en mi presencia, los trataré al novillo que cortaron en dos, y entre cuyos pedazos pasaron para rubricar el pacto.g 19 A los jefes de Judá y de Jerusalén, y a los oficiales de la corte y a los sacerdotes, y a todos los que pasaron entre los pedazos del novillo, 20 los entregaré en manos de sus enemigos, que atentan contra su vida, y sus cadáveres servirán de alimento a las aves de rapiña y a las fieras del campo.

21» "A Sedequías, rey de Judá, y a sus jefes, los entregaré en manos de sus enemigos, que atentan contra sus vidas, es decir, en poder del ejército del rey de

of Israel, says: Go to Zedekiah king of Judah and tell him, 'This is what the LORD says: I am about to hand this city over to the king of Babylon, and he will burn it down. 3 You will not escape from his grasp but will surely be captured and handed over to him. You will see the king of Babylon with your own eyes, and he will speak with you face to face. And you will go to Babylon.

4" 'Yet hear the promise of the LORD, O Zedekiah king of Judah. This is what the LORD says concerning you: You will not die by the sword; 5 you will die peacefully. As people made a funeral fire in honor of your fathers, the former kings who preceded you, so they will make a fire in your honor and lament, "Alas, O master!" I myself make this promise, declares the LORD.' "

6 Then Jeremiah the prophet told all this to Zedekiah king of Judah, in Jerusalem, 7 while the army of the king of Babylon was fighting against Jerusalem and the other cities of Judah that were still holding out—Lachish and Azekah. These were the only fortified cities left in Judah.

Freedom for Slaves

8 The word came to Jeremiah from the LORD after King Zedekiah had made a covenant with all the people in Jerusalem to proclaim freedom for the slaves. 9 Everyone was to free his Hebrew slaves, both male and female; no one was to hold a fellow Jew in bondage. 10 So all the officials and people who entered into this covenant agreed that they would free their male and female slaves and no longer hold them in bondage. They agreed, and set them free. 11 But afterward they changed their minds and took back the slaves they had freed and enslaved them again.

12 Then the word of the LORD came to Jeremiah: 13 "This is what the LORD, the God of Israel, says: I made a covenant with your forefathers when I brought them out of Egypt, out of the land of slavery. I said, 14 'Every seventh year each of you must free any fellow Hebrew who has sold himself to you. After he has served you six years, you must let him go free.'w Your fathers, however, did not listen to me or pay attention to me. 15 Recently you repented and did what is right in my sight: Each of you proclaimed freedom to his countrymen. You even made a covenant before me in the house that bears my Name. 16 But now you have turned around and profaned my name; each of you has taken back the male and female slaves you had set free to go where they wished. You have forced them to become your slaves again.

17 "Therefore, this is what the LORD says: You have not obeyed me; you have not proclaimed freedom for your fellow countrymen. So I now proclaim 'freedom' for you, declares the LORD—'freedom' to fall by the sword, plague and famine. I will make you abhorrent to all the kingdoms of the earth. 18 The men who have violated my covenant and have not fulfilled the terms of the covenant they made before me, I will treat like the calf they cut in two and then walked between its pieces. 19 The leaders of Judah and Jerusalem, the court officials, the priests and all the people of the land who walked between the pieces of the calf, 20 I will hand over to their enemies who seek their lives. Their dead bodies will become food for the birds of the air and the beasts of the earth.

21 "I will hand Zedekiah king of Judah and his officials over to their enemies who seek their lives, to the army of the king of Babylon, which has withdrawn

---

f 34:14 Véanse Éx 21:2; Dt 15:12.   g 34:18 Véase Gn
15:9-10,17-18.

w 14 Deut. 15:12

Babilonia, que por el momento se ha replegado. 22 Voy a dar una orden —afirma el SEÑOR—, y los haré volver a esta ciudad. La atacarán y, luego de tomarla, la incendiarán. Dejaré a las ciudades de Judá en total desolación, sin habitantes." »

El ejemplo de los recabitas

35 La palabra del SEÑOR vino a mí, Jeremías, en los días de Joacim hijo de Josías, rey de Judá: 2 «Ve a la familia de los recabitas, e invítalos para que vengan a una de las salas de la casa del SEÑOR, y ofréceles vino.»

3 Entonces fui a buscar a Jazanías, hijo de mi tocayo Jeremías y nieto de Jabasinías, y a sus hermanos y a todos sus hijos, y a toda la familia de los recabitas. 4 Los llevé a la casa del SEÑOR, a la sala de los hijos de Janán hijo de Igdalías, hombre de Dios. Esta sala se encontraba junto a la de los jefes, que a su vez estaba encima de la de Maseías hijo de Salún, guardián del umbral. 5 Les serví a los recabitas jarras y copas llenas de vino, y les dije: «¡Beban!»

6 Ellos me respondieron: «Nosotros no bebemos vino, porque Jonadab hijo de Recab, nuestro antepasado, nos ordenó lo siguiente: "Nunca beban vino, ni ustedes ni sus descendientes. 7 Tampoco edifiquen casas, ni siembren semillas, ni planten viñedos, ni posean ninguna de estas cosas. Habiten siempre en tiendas de campaña, para que vivan mucho tiempo en esta tierra donde son extranjeros." 8 Nosotros obedecemos todo lo que nos ordenó Jonadab hijo de Recab, nuestro antepasado. Nunca bebemos vino, ni tampoco lo hacen nuestras mujeres ni nuestros hijos. 9 No edificamos casas para habitarlas; no poseemos viñedos ni campos sembrados. 10 Vivimos en tiendas de campaña y obedecemos todo lo que nos ordenó Jonadab, nuestro antepasado. 11 Pero cuando Nabucodonosor, rey de Babilonia, invadió esta tierra, dijimos: "Vámonos a Jerusalén, para escapar del ejército *babilonio y del ejército *sirio." Por eso ahora vivimos en Jerusalén.»

12 Entonces la palabra del SEÑOR vino a Jeremías: 13 «Así dice el SEÑOR *Todopoderoso, el Dios de Israel: "Ve y dile a toda la gente de Judá y Jerusalén: ¿No pueden aprender esta lección, y obedecer mis palabras? —afirma el SEÑOR—. 14 Los descendientes de Jonadab hijo de Recab han cumplido con la orden de no beber vino, y hasta el día de hoy no lo beben porque obedecen lo que su antepasado les ordenó. En cambio ustedes, aunque yo les he hablado en repetidas ocasiones, no me han hecho caso. 15 Además, no he dejado de enviarles a mis siervos, los profetas, para decirles: 'Conviértanse ya de su mal *camino, enmienden sus acciones y no sigan a otros dioses para servirlos; entonces habitarán en la tierra que yo les he dado a ustedes y a sus antepasados.' Pero ustedes no me han prestado atención; no me han hecho caso. 16 Los descendientes de Jonadab hijo de Recab cumplieron la orden dada por su antepasado; en cambio, este pueblo no me obedece."

17 »Por eso, así dice el SEÑOR, Dios Todopoderoso, el Dios de Israel: "Voy a enviar contra Judá y contra todos los habitantes de Jerusalén todas las calamidades que ya les he anunciado, porque les hablé y no me obedecieron; los llamé y no me respondieron." »

18 Jeremías también les dijo a los recabitas: «Así dice el SEÑOR Todopoderoso, el Dios de Israel: "Por cuanto ustedes han obedecido las órdenes de Jonadab, su antepasado, y han cumplido con todos sus mandamientos y

from you. 22 I am going to give the order, declares the LORD, and I will bring them back to this city. They will fight against it, take it and burn it down. And I will lay waste the towns of Judah so no one can live there."

The Recabites

35 This is the word that came to Jeremiah from the LORD during the reign of Jehoiakim son of Josiah king of Judah: 2 "Go to the Recabite family and invite them to come to one of the side rooms of the house of the LORD and give them wine to drink."

3 So I went to get Jaazaniah son of Jeremiah, the son of Habazziniah, and his brothers and all his sons—the whole family of the Recabites. 4 I brought them into the house of the LORD, into the room of the sons of Hanan son of Igdaliah the man of God. It was next to the room of the officials, which was over that of Maaseiah son of Shallum the doorkeeper. 5 Then I set bowls full of wine and some cups before the men of the Recabite family and said to them, "Drink some wine."

6 But they replied, "We do not drink wine, because our forefather Jonadab son of Recab gave us this command: 'Neither you nor your descendants must ever drink wine. 7 Also you must never build houses, sow seed or plant vineyards; you must never have any of these things, but must always live in tents. Then you will live a long time in the land where you are nomads.' 8 We have obeyed everything our forefather Jonadab son of Recab commanded us. Neither we nor our wives nor our sons and daughters have ever drunk wine 9 or built houses to live in or had vineyards, fields or crops. 10 We have lived in tents and have fully obeyed everything our forefather Jonadab commanded us. 11 But when Nebuchadnezzar king of Babylon invaded this land, we said, 'Come, we must go to Jerusalem to escape the Babylonian[x] and Aramean armies.' So we have remained in Jerusalem."

12 Then the word of the LORD came to Jeremiah, saying: 13 "This is what the LORD Almighty, the God of Israel, says: Go and tell the men of Judah and the people of Jerusalem, 'Will you not learn a lesson and obey my words?' declares the LORD. 14 'Jonadab son of Recab ordered his sons not to drink wine and this command has been kept. To this day they do not drink wine, because they obey their forefather's command. But I have spoken to you again and again, yet you have not obeyed me. 15 Again and again I sent all my servants the prophets to you. They said, "Each of you must turn from your wicked ways and reform your actions; do not follow other gods to serve them. Then you will live in the land I have given to you and your fathers." But you have not paid attention or listened to me. 16 The descendants of Jonadab son of Recab have carried out the command their forefather gave them, but these people have not obeyed me.'

17 "Therefore, this is what the LORD God Almighty, the God of Israel, says: 'Listen! I am going to bring on Judah and on everyone living in Jerusalem every disaster I pronounced against them. I spoke to them, but they did not listen; I called to them, but they did not answer.' "

18 Then Jeremiah said to the family of the Recabites, "This is what the LORD Almighty, the God of Israel, says: 'You have obeyed the command of your forefather Jonadab and have followed all his instructions and

han hecho todo lo que él les ordenó, 19 así dice el SEÑOR Todopoderoso, el Dios de Israel: 'Nunca le faltará a Jonadab hijo de Recab un descendiente que esté a mi servicio todos los días.' "»

El rey Joacim quema el rollo de Jeremías

36 Esta palabra del SEÑOR vino a Jeremías en el año cuarto del rey Joacim hijo de Josías: 2 «Toma un rollo y escribe en él todas las palabras que desde los tiempos de Josías, desde que comencé a hablarte hasta ahora, te he dicho acerca de Israel, de Judá y de las otras naciones. 3 Cuando los de Judá se enteren de todas las calamidades que pienso enviar contra ellos, tal vez abandonen su mal *camino y pueda yo perdonarles su iniquidad y su pecado.»

4 Jeremías llamó a Baruc hijo de Nerías, y mientras le dictaba, Baruc escribía en el rollo todo lo que el SEÑOR le había dicho al profeta. 5 Luego Jeremías le dio esta orden a Baruc: «Estoy detenido y no puedo ir a la casa del SEÑOR. 6 Por tanto, ve a la casa del SEÑOR en el día de ayuno, y lee en voz alta ante el pueblo de Jerusalén las palabras del SEÑOR que te he dictado y que escribiste en el rollo. Léeselas también a toda la gente de Judá que haya venido de sus ciudades. 7 ¡A lo mejor su oración llega a la presencia del SEÑOR y cada uno se convierte de su mal camino! ¡Ciertamente son terribles la ira y el furor con que el SEÑOR ha amenazado a este pueblo!»

8 Baruc hijo de Nerías hizo tal y como le había ordenado el profeta Jeremías: Leyó en la casa del SEÑOR las palabras contenidas en el rollo.

9 En el mes noveno del año quinto de Joacim hijo de Josías, rey de Judá, todo el pueblo de Jerusalén y todos los que habían venido de las otras ciudades de Judá fueron convocados a ayunar en honor del SEÑOR. 10 Baruc se dirigió al atrio superior de la casa del SEÑOR, a la entrada de la Puerta Nueva, y desde la sala de Guemarías hijo de Safán, el cronista, leyó ante todo el pueblo el rollo que contenía las palabras de Jeremías.

11 Micaías hijo de Guemarías, nieto de Safán, escuchó todas las palabras del SEÑOR que estaban escritas en el rollo. 12 Entonces bajó al palacio del rey, a la sala del cronista, donde estaban reunidos todos los jefes, es decir, el cronista Elisama, Delaías hijo de Semaías, Elnatán hijo de Acbor, Guemarías hijo de Safán, Sedequías hijo de Ananías, y todos los demás jefes. 13 Micaías les contó todo lo que había escuchado de lo que Baruc había leído ante el pueblo. 14 Entonces todos los jefes enviaron a Yehudi hijo de Netanías, nieto de Selemías y bisnieto de Cusí, para que le dijera a Baruc: «Toma el rollo que has leído ante el pueblo, y ven.» Baruc hijo de Nerías lo tomó y se presentó ante ellos. 15 Los jefes le dijeron:

—Siéntate y léenos lo que está en el rollo.

Baruc lo leyó ante ellos. 16 Terminada la lectura, se miraron temerosos unos a otros y le dijeron:

—Tenemos que informar de todo esto al rey.

17 Luego le preguntaron a Baruc:

—Dinos, ¿cómo fue que escribiste todo esto? ¿Te lo dictó Jeremías?

18 —Sí —les respondió Baruc—, él me lo dictó, y yo lo escribí con tinta, en el rollo.

19 Entonces los jefes le dijeron a Baruc:

—Tú y Jeremías, vayan a esconderse. ¡Que nadie sepa donde están!

20 Después de dejar el rollo en la sala del cronista Elisama, los jefes se presentaron en el atrio, delante del

have done everything he ordered.' 19 Therefore, this is what the LORD Almighty, the God of Israel, says: 'Jonadab son of Recab will never fail to have a man to serve me.' "

Jehoiakim Burns Jeremiah's Scroll

36 In the fourth year of Jehoiakim son of Josiah king of Judah, this word came to Jeremiah from the LORD: 2 "Take a scroll and write on it all the words I have spoken to you concerning Israel, Judah and all the other nations from the time I began speaking to you in the reign of Josiah till now. 3 Perhaps when the people of Judah hear about every disaster I plan to inflict on them, each of them will turn from his wicked way; then I will forgive their wickedness and their sin."

4 So Jeremiah called Baruch son of Neriah, and while Jeremiah dictated all the words the LORD had spoken to him, Baruch wrote them on the scroll. 5 Then Jeremiah told Baruch, "I am restricted; I cannot go to the LORD's temple. 6 So you go to the house of the LORD on a day of fasting and read to the people from the scroll the words of the LORD that you wrote as I dictated. Read them to all the people of Judah who come in from their towns. 7 Perhaps they will bring their petition before the LORD, and each will turn from his wicked ways, for the anger and wrath pronounced against this people by the LORD are great."

8 Baruch son of Neriah did everything Jeremiah the prophet told him to do; at the LORD's temple he read the words of the LORD from the scroll. 9 In the ninth month of the fifth year of Jehoiakim son of Josiah king of Judah, a time of fasting before the LORD was proclaimed for all the people in Jerusalem and those who had come from the towns of Judah. 10 From the room of Gemariah son of Shaphan the secretary, which was in the upper courtyard at the entrance of the New Gate of the temple, Baruch read to all the people at the LORD's temple the words of Jeremiah from the scroll.

11 When Micaiah son of Gemariah, the son of Shaphan, heard all the words of the LORD from the scroll, 12 he went down to the secretary's room in the royal palace, where all the officials were sitting: Elishama the secretary, Delaiah son of Shemaiah, Elnathan son of Acbor, Gemariah son of Shaphan, Zedekiah son of Hananiah, and all the other officials. 13 After Micaiah told them everything he had heard Baruch read to the people from the scroll, 14 all the officials sent Jehudi son of Nethaniah, the son of Shelemiah, the son of Cushi, to say to Baruch, "Bring the scroll from which you have read to the people and come." So Baruch son of Neriah went to them with the scroll in his hand. 15 They said to him, "Sit down, please, and read it to us."

So Baruch read it to them. 16 When they heard all these words, they looked at each other in fear and said to Baruch, "We must report all these words to the king." 17 Then they asked Baruch, "Tell us, how did you come to write all this? Did Jeremiah dictate it?"

18 "Yes," Baruch replied, "he dictated all these words to me, and I wrote them in ink on the scroll."

19 Then the officials said to Baruch, "You and Jeremiah, go and hide. Don't let anyone know where you are."

20 After they put the scroll in the room of Elishama the secretary, they went to the king in the courtyard

rey, y lo pusieron al tanto de todo lo ocurrido. 21 El rey envió a Yehudi a buscar el rollo, y Yehudi lo tomó de la sala de Elisama y lo leyó en presencia del rey y de todos los jefes que estaban con él. 22 Era el mes noveno, y por eso el rey estaba en su casa de invierno, sentado junto a un brasero encendido. 23 A medida que Yehudi terminaba de leer tres o cuatro columnas, el rey las cortaba con un estilete de escriba y las echaba al fuego del brasero. Así lo hizo con todo el rollo, hasta que éste se consumió en el fuego. 24 Ni el rey ni los jefes que escucharon todas estas palabras tuvieron temor ni se rasgaron las vestiduras. 25 Esto sucedió a pesar de que Elnatán, Delaías y Guemarías le habían suplicado al rey que no quemara el rollo; pero el rey no les hizo caso. 26 Por el contrario, mandó a Jeramel, su hijo, a Seraías hijo de Azriel, y a Selemías hijo de Abdel que arrestaran al escriba Baruc y al profeta Jeremías. Pero el SEÑOR los había escondido.

27 Luego que el rey quemó el rollo con las palabras que Jeremías le había dictado a Baruc, la palabra del SEÑOR vino a Jeremías: 28 «Toma otro rollo, y escribe exactamente lo mismo que estaba escrito en el primer rollo quemado por Joacim, rey de Judá. 29 Y adviértele a Joacim que así dice el SEÑOR: "Tú quemaste aquel rollo, diciendo: '¿Por qué has escrito en él que con toda seguridad el rey de Babilonia vendrá a destruir esta tierra, y a borrar de ella a toda persona y animal?' " 30 Por eso, así dice el SEÑOR acerca de Joacim, rey de Judá: "Ninguno de sus descendientes ocupará el trono de David; su cadáver será arrojado, y quedará expuesto al calor del día y a las heladas de la noche. 31 Castigaré la iniquidad de él, la de su descendencia y la de sus siervos. Enviaré contra ellos, y contra los habitantes de Jerusalén y de Judá, todas las calamidades con que los amenacé, porque no me hicieron caso." »

32 Entonces Jeremías tomó otro rollo y se lo dio al escriba Baruc hijo de Nerías. Baruc escribió en el rollo todo lo que Jeremías le dictó, lo cual era idéntico a lo escrito en el rollo quemado por el rey Joacim. Se agregaron, además, muchas otras cosas semejantes.

Encarcelamiento de Jeremías

37 Nabucodonosor, rey de Babilonia, puso como rey de Judá a Sedequías hijo de Josías, en lugar de Jeconías*h* hijo de Joacim. 2 Pero ni Sedequías ni sus siervos ni la gente de Judá hicieron caso a las palabras que el SEÑOR había hablado a través del profeta Jeremías. 3 No obstante, el rey Sedequías envió a Jucal hijo de Selemías y al sacerdote Sofonías hijo de Maseías a decirle al profeta Jeremías: «Ora por nosotros al SEÑOR nuestro Dios.»

4 Mientras tanto, Jeremías se movía con total libertad entre la gente, pues todavía no lo habían encarcelado. 5 Por otra parte, el ejército del faraón había salido de Egipto. Y cuando los *babilonios, que estaban sitiando a Jerusalén, se enteraron de la noticia, emprendieron la retirada.

6 La palabra del SEÑOR vino al profeta Jeremías: 7 «Así dice el SEÑOR, el Dios de Israel: "Díganle al rey de Judá que los mandó a consultarme: 'El ejército del faraón, que salió para apoyarlos, se volverá a Egipto. 8 Los babilonios regresarán para atacar esta ciudad, y la capturarán y la incendiarán.' "

9 »Así dice el SEÑOR: "No se hagan ilusiones creyendo que los babilonios se van a retirar. ¡Se equivocan! No

and reported everything to him. 21 The king sent Jehudi to get the scroll, and Jehudi brought it from the room of Elishama the secretary and read it to the king and all the officials standing beside him. 22 It was the ninth month and the king was sitting in the winter apartment, with a fire burning in the firepot in front of him. 23 Whenever Jehudi had read three or four columns of the scroll, the king cut them off with a scribe's knife and threw them into the firepot, until the entire scroll was burned in the fire. 24 The king and all his attendants who heard all these words showed no fear, nor did they tear their clothes. 25 Even though Elnathan, Delaiah and Gemariah urged the king not to burn the scroll, he would not listen to them. 26 Instead, the king commanded Jerahmeel, a son of the king, Seraiah son of Azriel and Shelemiah son of Abdeel to arrest Baruch the scribe and Jeremiah the prophet. But the LORD had hidden them.

27 After the king burned the scroll containing the words that Baruch had written at Jeremiah's dictation, the word of the LORD came to Jeremiah: 28 "Take another scroll and write on it all the words that were on the first scroll, which Jehoiakim king of Judah burned up. 29 Also tell Jehoiakim king of Judah, 'This is what the LORD says: You burned that scroll and said, "Why did you write on it that the king of Babylon would certainly come and destroy this land and cut off both men and animals from it?" 30 Therefore, this is what the LORD says about Jehoiakim king of Judah: He will have no one to sit on the throne of David; his body will be thrown out and exposed to the heat by day and the frost by night. 31 I will punish him and his children and his attendants for their wickedness; I will bring on them and those living in Jerusalem and the people of Judah every disaster I pronounced against them, because they have not listened.' "

32 So Jeremiah took another scroll and gave it to the scribe Baruch son of Neriah, and as Jeremiah dictated, Baruch wrote on it all the words of the scroll that Jehoiakim king of Judah had burned in the fire. And many similar words were added to them.

Jeremiah in Prison

37 Zedekiah son of Josiah was made king of Judah by Nebuchadnezzar king of Babylon; he reigned in place of Jehoiachin*y* son of Jehoiakim. 2 Neither he nor his attendants nor the people of the land paid any attention to the words the LORD had spoken through Jeremiah the prophet.

3 King Zedekiah, however, sent Jehucal son of Shelemiah with the priest Zephaniah son of Maaseiah to Jeremiah the prophet with this message: "Please pray to the LORD our God for us."

4 Now Jeremiah was free to come and go among the people, for he had not yet been put in prison. 5 Pharaoh's army had marched out of Egypt, and when the Babylonians*z* who were besieging Jerusalem heard the report about them, they withdrew from Jerusalem.

6 Then the word of the LORD came to Jeremiah the prophet: 7 "This is what the LORD, the God of Israel, says: Tell the king of Judah, who sent you to inquire of me, 'Pharaoh's army, which has marched out to support you, will go back to its own land, to Egypt. 8 Then the Babylonians will return and attack this city; they will capture it and burn it down.'

9 "This is what the LORD says: Do not deceive yourselves, thinking, 'The Babylonians will surely leave

---

h 37:1 Jeconías. Lit. Conías (variante de este nombre).

y 1 Hebrew Coniah, a variant of Jehoiachin　　*z 5* Or Chaldeans; also in verses 8, 9, 13 and 14

se van a retirar. ¹⁰ Y aunque ustedes derrotaran a todo el ejército babilonio, y sólo quedaran en sus campamentos algunos hombres heridos, éstos se levantarían e incendiarían esta ciudad." »

¹¹ Cuando por causa de la incursión del ejército del faraón el ejército de Babilonia se retiró de Jerusalén, ¹² Jeremías quiso trasladarse de Jerusalén al territorio de Benjamín para tomar posesión de una herencia. ¹³ Pero al llegar a la puerta de Benjamín, un capitán de la guardia llamado Irías, hijo de Selemías y nieto de Jananías, detuvo al profeta Jeremías y lo acusó:

—¡Estás por pasarte a los babilonios!

¹⁴ Jeremías respondió:

—¡Mentira, no voy a pasarme a los babilonios!

Pero Irías no le hizo caso, sino que lo detuvo y lo llevó ante los jefes. ¹⁵ Éstos estaban enfurecidos contra Jeremías, así que luego de golpearlo lo encarcelaron en la casa del cronista Jonatán, ya que la habían convertido en prisión. ¹⁶ Así Jeremías fue encerrado en un calabozo subterráneo, donde permaneció mucho tiempo.

¹⁷ El rey Sedequías mandó que trajeran a Jeremías al palacio, y allí le preguntó en secreto:

—¿Has recibido alguna palabra del SEÑOR?

—Sí —respondió Jeremías—, Su Majestad será entregado en manos del rey de Babilonia.

¹⁸ A su vez, Jeremías le preguntó al rey Sedequías:

—¿Qué crimen he cometido contra Su Majestad, o contra sus ministros o este pueblo, para que me hayan encarcelado? ¹⁹ ¿Dónde están sus profetas, los que profetizaban que el rey de Babilonia no los atacaría ni a ustedes ni a este país? ²⁰ Pero ahora, ruego a Su Majestad me preste atención. Le pido que no me mande de vuelta a la casa del cronista Jonatán, no sea que yo muera allí.

²¹ Entonces el rey Sedequías ordenó que pusieran a Jeremías en el patio de la guardia y que, mientras hubiera pan en la ciudad, todos los días le dieran una porción del pan horneado en la calle de los Panaderos. Así fue como Jeremías permaneció en el patio de la guardia.

Jeremías en la cisterna

38 Sefatías hijo de Matán, Guedalías hijo de Pasur, Jucal hijo de Selemías, y Pasur hijo de Malquías, oyeron que Jeremías le decía a todo el pueblo: ² «Así dice el SEÑOR: "El que se quede en esta ciudad morirá de hambre, por la espada o por la peste. Pero el que se pase a los *babilonios vivirá. ¡Se entregará como botín de guerra, pero salvará su vida!" ³ Así dice el SEÑOR: "Esta ciudad caerá en poder del ejército del rey de Babilonia, y será capturada." »

⁴ Los jefes le dijeron al rey:

—Hay que matar a este hombre. Con semejantes discursos está desmoralizando a los soldados y a todo el pueblo que aún quedan en esta ciudad. Este hombre no busca el bien del pueblo, sino su desgracia.

⁵ El rey Sedequías respondió:

—Lo dejo en sus manos. Ni yo, que soy el rey, puedo oponerme a ustedes.

⁶ Ellos tomaron a Jeremías y, bajándolo con cuerdas, lo echaron en la cisterna del patio de la guardia, la cual era de Malquías, el hijo del rey. Pero como en la cisterna no había agua, sino lodo, Jeremías se hundió en él.

us.' They will not! ¹⁰ Even if you were to defeat the entire Babylonian[a] army that is attacking you and only wounded men were left in their tents, they would come out and burn this city down."

¹¹ After the Babylonian army had withdrawn from Jerusalem because of Pharaoh's army, ¹² Jeremiah started to leave the city to go to the territory of Benjamin to get his share of the property among the people there. ¹³ But when he reached the Benjamin Gate, the captain of the guard, whose name was Irijah son of Shelemiah, the son of Hananiah, arrested him and said, "You are deserting to the Babylonians!"

¹⁴ "That's not true!" Jeremiah said. "I am not deserting to the Babylonians." But Irijah would not listen to him; instead, he arrested Jeremiah and brought him to the officials. ¹⁵ They were angry with Jeremiah and had him beaten and imprisoned in the house of Jonathan the secretary, which they had made into a prison.

¹⁶ Jeremiah was put into a vaulted cell in a dungeon, where he remained a long time. ¹⁷ Then King Zedekiah sent for him and had him brought to the palace, where he asked him privately, "Is there any word from the LORD?"

"Yes," Jeremiah replied, "you will be handed over to the king of Babylon."

¹⁸ Then Jeremiah said to King Zedekiah, "What crime have I committed against you or your officials or this people, that you have put me in prison? ¹⁹ Where are your prophets who prophesied to you, 'The king of Babylon will not attack you or this land'? ²⁰ But now, my lord the king, please listen. Let me bring my petition before you: Do not send me back to the house of Jonathan the secretary, or I will die there."

²¹ King Zedekiah then gave orders for Jeremiah to be placed in the courtyard of the guard and given bread from the street of the bakers each day until all the bread in the city was gone. So Jeremiah remained in the courtyard of the guard.

Jeremiah Thrown Into a Cistern

38 Shephatiah son of Mattan, Gedaliah son of Pashhur, Jehucal[b] son of Shelemiah, and Pashhur son of Malkijah heard what Jeremiah was telling all the people when he said, ² "This is what the LORD says: 'Whoever stays in this city will die by the sword, famine or plague, but whoever goes over to the Babylonians[c] will live. He will escape with his life; he will live.' ³ And this is what the LORD says: 'This city will certainly be handed over to the army of the king of Babylon, who will capture it.' "

⁴ Then the officials said to the king, "This man should be put to death. He is discouraging the soldiers who are left in this city, as well as all the people, by the things he is saying to them. This man is not seeking the good of these people but their ruin."

⁵ "He is in your hands," King Zedekiah answered. "The king can do nothing to oppose you."

⁶ So they took Jeremiah and put him into the cistern of Malkijah, the king's son, which was in the courtyard of the guard. They lowered Jeremiah by ropes into the cistern; it had no water in it, only mud, and Jeremiah sank down into the mud.

---

a 10 Or *Chaldean*; also in verse 11   *b 1* Hebrew *Jucal*, a variant of *Jehucal*   *c 2* Or *Chaldeans*; also in verses 18, 19 and 23

7 El etíope Ebedmélec, funcionario*i* de la casa real, se enteró de que habían echado a Jeremías en la cisterna. En cierta ocasión cuando el rey estaba participando en una sesión frente al portón de Benjamín, 8 Ebedmélec salió del palacio real y le dijo:

9 —Mi rey y señor, estos hombres han actuado con saña. Han arrojado a Jeremías en la cisterna, y allí se morirá de hambre, porque ya no hay pan en la ciudad.

10 Entonces el rey ordenó al etíope Ebedmélec:

—Toma contigo tres*j* hombres, y rescata de la cisterna al profeta Jeremías antes de que se muera.

11 Ebedmélec lo hizo así, y fue al depósito de ropa*k* del palacio real, sacó de allí ropas y trapos viejos, y con unas sogas se los bajó a la cisterna a Jeremías. 12 Ebedmélec le dijo a Jeremías:

—Ponte en los sobacos estas ropas y trapos viejos, para protegerte de las sogas.

Así lo hizo Jeremías. 13 Los hombres tiraron de las sogas y lo sacaron de la cisterna. Y Jeremías permaneció en el patio de la guardia.

Sedequías interroga a Jeremías

14 El rey Sedequías mandó que llevaran a Jeremías a la tercera entrada de la casa del SEÑOR, y allí le dijo:

—Te voy a preguntar algo, y por favor no me ocultes nada.

15 Jeremías le respondió al rey:

—Si respondo a la pregunta de Su Majestad, lo más seguro es que me mate. Y si le doy un consejo, no me va a hacer caso.

16 Pero en secreto el rey Sedequías le hizo este juramento a Jeremías:

—¡Te juro por el SEÑOR, que nos ha dado esta vida, que no te mataré ni te entregaré en manos de estos hombres que atentan contra tu vida!

17 Jeremías le dijo a Sedequías:

—Así dice el SEÑOR *Todopoderoso, el Dios de Israel: "Si Su Majestad se rinde ante los jefes del rey de Babilonia, salvará su vida, y esta ciudad no será incendiada; Su Majestad y su familia vivirán. 18 Pero si no se rinde ante los jefes del rey de Babilonia, la ciudad caerá bajo el poder de los *caldeos, y será incendiada, y usted no tendrá escapatoria."

19 El rey Sedequías respondió:

—Yo le tengo terror a los judíos que se pasaron al bando de los *babilonios, pues me pueden entregar en sus manos para que me torturen.

20 Jeremías le contestó:

—Obedezca Su Majestad la voz del SEÑOR que yo le estoy comunicando, y no caerá en manos de los babilonios. Así le irá bien a usted, y salvará su vida. 21 Pero si Su Majestad se empecina en no rendirse, ésta es la palabra que el SEÑOR me ha revelado: 22 Todas las mujeres que aún quedan en el palacio del rey de Judá serán entregadas a los jefes del rey de Babilonia, y ellas mismas le echarán en cara:

»"Tus amigos más confiables
    te han engañado y te han vencido.
Tienes los pies hundidos en el fango,
    pues tus amigos te dieron la espalda."

23 »Todas las mujeres y los hijos de Su Majestad serán entregados a los babilonios, y ni Su Majestad podrá escapar, sino que caerá bajo el poder del rey de Babilonia, y la ciudad será incendiada.

24 Sedequías le contestó a Jeremías:

—Que nadie se entere de estas palabras, pues de lo

7 But Ebed-Melech, a Cushite,*d* an official*e* in the royal palace, heard that they had put Jeremiah into the cistern. While the king was sitting in the Benjamin Gate, 8 Ebed-Melech went out of the palace and said to him, 9 "My lord the king, these men have acted wickedly in all they have done to Jeremiah the prophet. They have thrown him into a cistern, where he will starve to death when there is no longer any bread in the city."

10 Then the king commanded Ebed-Melech the Cushite, "Take thirty men from here with you and lift Jeremiah the prophet out of the cistern before he dies."

11 So Ebed-Melech took the men with him and went to a room under the treasury in the palace. He took some old rags and worn-out clothes from there and let them down with ropes to Jeremiah in the cistern. 12 Ebed-Melech the Cushite said to Jeremiah, "Put these old rags and worn-out clothes under your arms to pad the ropes." Jeremiah did so, 13 and they pulled him up with the ropes and lifted him out of the cistern. And Jeremiah remained in the courtyard of the guard.

Zedekiah Questions Jeremiah Again

14 Then King Zedekiah sent for Jeremiah the prophet and had him brought to the third entrance to the temple of the LORD. "I am going to ask you something," the king said to Jeremiah. "Do not hide anything from me."

15 Jeremiah said to Zedekiah, "If I give you an answer, will you not kill me? Even if I did give you counsel, you would not listen to me."

16 But King Zedekiah swore this oath secretly to Jeremiah: "As surely as the LORD lives, who has given us breath, I will neither kill you nor hand you over to those who are seeking your life."

17 Then Jeremiah said to Zedekiah, "This is what the LORD God Almighty, the God of Israel, says: 'If you surrender to the officers of the king of Babylon, your life will be spared and this city will not be burned down; you and your family will live. 18 But if you will not surrender to the officers of the king of Babylon, this city will be handed over to the Babylonians and they will burn it down; you yourself will not escape from their hands.' "

19 King Zedekiah said to Jeremiah, "I am afraid of the Jews who have gone over to the Babylonians, for the Babylonians may hand me over to them and they will mistreat me."

20 "They will not hand you over," Jeremiah replied. "Obey the LORD by doing what I tell you. Then it will go well with you, and your life will be spared. 21 But if you refuse to surrender, this is what the LORD has revealed to me: 22 All the women left in the palace of the king of Judah will be brought out to the officials of the king of Babylon. Those women will say to you:

" 'They misled you and overcame you—
    those trusted friends of yours.
Your feet are sunk in the mud;
    your friends have deserted you.'

23 "All your wives and children will be brought out to the Babylonians. You yourself will not escape from their hands but will be captured by the king of Babylon; and this city will*f* be burned down."

24 Then Zedekiah said to Jeremiah, "Do not let any-

---

i 38:7 funcionario. Lit. *eunuco.*   *j 38:10 tres* (un mss. hebreo); *treinta* (TM).   *k 38:11 al depósito de ropa.* Lit. *debajo de la tesorería;* véase 2R 10:22.

d 7 Probably from the upper Nile region   *e 7* Or *a eunuch*   *f 23* Or *and you will cause this city to*

contrario morirás. 25 Si los jefes se enteran de que yo hablé contigo, y vienen y te dicen: "Dinos ya lo que le has informado al rey, y lo que él te dijo; no nos ocultes nada, pues de lo contrario te mataremos", 26 tú les dirás: "Vine a suplicarle al rey que no me mandara de vuelta a casa de Jonatán, a morir allí."

27 Y así fue. Todos los jefes vinieron a interrogar a Jeremías, pero él les contestó de acuerdo con lo que el rey le había ordenado. Entonces lo dejaron tranquilo, porque nadie había escuchado la conversación. 28 Y Jeremías se quedó en el patio de la guardia hasta el día en que Jerusalén fue capturada.

La caída de Jerusalén

39 Jerusalén fue tomada de la siguiente manera: 1 En el mes décimo del año noveno del reinado de Sedequías en Judá, el rey Nabucodonosor de Babilonia y todo su ejército marcharon contra Jerusalén y la sitiaron. 2 El día nueve del mes cuarto del año undécimo del reinado de Sedequías, abrieron una brecha en el muro de la ciudad, 3 por la que entraron todos los jefes del rey de Babilonia, hasta instalarse en la puerta central: Nergal Sarézer de Samgar, Nebo Sarsequín,[l] un oficial principal, Nergal Sarézer, también un alto funcionario, y todos los otros jefes del rey de Babilonia. 4 Al verlos, el rey Sedequías de Judá y todos los soldados huyeron de la ciudad. Salieron de noche por el camino del jardín del rey, por la *puerta que está entre los dos muros, tomando el camino del Arabá.[m] 5 Pero el ejército babilónico los persiguió hasta alcanzarlos en las llanuras de Jericó. Capturaron a Sedequías y lo llevaron ante Nabucodonosor, rey de Babilonia, que estaba en Riblá, en el territorio de Jamat. Allí dictó sentencia contra Sedequías, 6 y ante sus propios ojos hizo degollar a sus hijos, lo mismo que a todos los nobles de Judá. 7 Luego mandó que a Sedequías le sacaran los ojos y le pusieran cadenas de bronce, para llevarlo a Babilonia.

8 Los *babilonios prendieron fuego al palacio real y a las casas del pueblo, y derribaron los muros de Jerusalén. 9 Finalmente Nabuzaradán, el comandante de la guardia, llevó cautivos a Babilonia tanto al resto de la población como a los desertores, es decir, a todos los que quedaban. 10 Nabuzaradán, comandante de la guardia, sólo dejó en el territorio de Judá a algunos de los más pobres, que no poseían nada. En aquel día les asignó campos y viñedos.

11 En cuanto a Jeremías, el rey Nabucodonosor de Babilonia había dado la siguiente orden a Nabuzaradán, el comandante de la guardia: 12 «Vigílalo bien, sin hacerle ningún daño, y atiende a todas sus necesidades.» 13 Nabuzaradán, comandante de la guardia, Nebusazbán, un oficial principal, Nergal Sarézer, un alto funcionario, y todos los demás oficiales del rey de Babilonia, 14 mandaron sacar a Jeremías del patio de la guardia y se lo confiaron a Guedalías hijo de Ajicán, nieto de Safán, para que lo llevaran de vuelta a su casa. Así Jeremías se quedó a vivir en medio del pueblo.

15 Aún estaba Jeremías preso en el patio de la guardia cuando la palabra del SEÑOR vino a él: 16 «Ve y dile a Ebedmélec, el etíope, que así dice el SEÑOR *Todopoderoso, el Dios de Israel: "Voy a cumplir las palabras que anuncié contra esta ciudad, para mal y no para bien. En

one know about this conversation, or you may die. 25 If the officials hear that I talked with you, and they come to you and say, 'Tell us what you said to the king and what the king said to you; do not hide it from us or we will kill you,' 26 then tell them, 'I was pleading with the king not to send me back to Jonathan's house to die there.' "

27 All the officials did come to Jeremiah and question him, and he told them everything the king had ordered him to say. So they said no more to him, for no one had heard his conversation with the king.

28 And Jeremiah remained in the courtyard of the guard until the day Jerusalem was captured.

The Fall of Jerusalem

39 This is how Jerusalem was taken: 1 In the ninth year of Zedekiah king of Judah, in the tenth month, Nebuchadnezzar king of Babylon marched against Jerusalem with his whole army and laid siege to it. 2 And on the ninth day of the fourth month of Zedekiah's eleventh year, the city wall was broken through. 3 Then all the officials of the king of Babylon came and took seats in the Middle Gate: Nergal-Sharezer of Samgar, Nebo-Sarsekim[g] a chief officer, Nergal-Sharezer a high official and all the other officials of the king of Babylon. 4 When Zedekiah king of Judah and all the soldiers saw them, they fled; they left the city at night by way of the king's garden, through the gate between the two walls, and headed toward the Arabah.[h] 5 But the Babylonian[i] army pursued them and overtook Zedekiah in the plains of Jericho. They captured him and took him to Nebuchadnezzar king of Babylon at Riblah in the land of Hamath, where he pronounced sentence on him. 6 There at Riblah the king of Babylon slaughtered the sons of Zedekiah before his eyes and also killed all the nobles of Judah. 7 Then he put out Zedekiah's eyes and bound him with bronze shackles to take him to Babylon.

8 The Babylonians[j] set fire to the royal palace and the houses of the people and broke down the walls of Jerusalem. 9 Nebuzaradan commander of the imperial guard carried into exile to Babylon the people who remained in the city, along with those who had gone over to him, and the rest of the people. 10 But Nebuzaradan the commander of the guard left behind in the land of Judah some of the poor people, who owned nothing; and at that time he gave them vineyards and fields.

11 Now Nebuchadnezzar king of Babylon had given these orders about Jeremiah through Nebuzaradan commander of the imperial guard: 12 "Take him and look after him; don't harm him but do for him whatever he asks." 13 So Nebuzaradan the commander of the guard, Nebushazban a chief officer, Nergal-Sharezer a high official and all the other officers of the king of Babylon 14 sent and had Jeremiah taken out of the courtyard of the guard. They turned him over to Gedaliah son of Ahikam, the son of Shaphan, to take him back to his home. So he remained among his own people.

15 While Jeremiah had been confined in the courtyard of the guard, the word of the LORD came to him: 16 "Go and tell Ebed-Melech the Cushite, 'This is what the LORD Almighty, the God of Israel, says: I am about to fulfill my words against this city through disaster, not prosperity. At that time they will be fulfilled before

---

l 39:3 *Nergal Sarézer de Samgar, Nebo Sarsequín.* Alt. *Nergal Sarézer, Samgar Nebo, Sarsequín.* m 39:4 *del Arabá.* Alt. *del valle del Jordán.*

g 3 Or *Nergal-Sharezer, Samgar-Nebo, Sarsekim*   h 4 Or *the Jordan Valley*   i 5 Or *Chaldean*   j 8 Or *Chaldeans*

aquel día, tú serás testigo de todo esto. 17 Pero en ese mismo día yo te rescataré —afirma el SEÑOR—, y no caerás en las manos de los hombres que temes. 18 Porque ciertamente yo te libraré —afirma el SEÑOR—, y no caerás a filo de espada; antes bien, tu vida será tu botín, porque has confiado en mí."»

Liberación de Jeremías

40 La palabra del SEÑOR vino a Jeremías después de que Nabuzaradán, el comandante de la guardia, lo había dejado libre en Ramá. Allí lo había encontrado Nabuzaradán preso y encadenado, entre todos los cautivos de Judá y Jerusalén que eran deportados a Babilonia. 2 El comandante de la guardia tomó aparte a Jeremías, y le dijo: «El SEÑOR tu Dios decretó esta calamidad para este lugar, 3 y ahora el SEÑOR ha cumplido sus amenazas. Todo esto les ha pasado porque pecaron contra el SEÑOR y desobedecieron su voz. 4 No obstante, hoy te libero de las cadenas que te sujetan las manos. Si quieres venir conmigo a Babilonia, ven, que yo te cuidaré. Pero si no quieres, no lo hagas. Mira, tienes ante tus ojos toda la tierra: ve adonde más te convenga.»

5 Como Jeremías no se decidía, Nabuzaradán añadió: «Vuelve junto a Guedalías hijo de Ajicán, nieto de Safán, a quien el rey de Babilonia ha nombrado gobernador de las ciudades de Judá, y vive con él y con tu pueblo, o ve adonde más te convenga.»

Luego el comandante de la guardia le dio provisiones y un regalo, y lo dejó en libertad. 6 Jeremías se fue entonces junto a Guedalías hijo de Ajicán, en Mizpa, y se quedó con él, en medio del pueblo que había permanecido en el país.

Asesinato de Guedalías

7 Cuando todos los jefes y soldados del ejército que estaban en el campo se enteraron de que el rey de Babilonia había puesto a Guedalías hijo de Ajicán como gobernador del país, y de que le había confiado el cuidado de hombres, mujeres y niños, así como de los más pobres del país que no habían sido deportados a Babilonia, 8 fueron a Mizpa para presentarse ante Guedalías. Entre ellos estaban: Ismael hijo de Netanías, Johanán y Jonatán hijos de Carea, Seraías hijo de Tanjumet, los hijos de Efay de Netofa, y Jezanías, hijo de un hombre de Macá, y sus hombres. 9 Guedalías hijo de Ajicán, nieto de Safán, les hizo este juramento a ellos y a sus tropas: «No teman a los *babilonios. Si ustedes se quedan en el país y sirven al rey de Babilonia, les aseguro que les irá bien. 10 Yo me quedaré en Mizpa, para representarlos ante los babilonios que vengan hasta acá. Pero ustedes, comiencen a almacenar en recipientes vino, frutos de verano y aceite, y vivan en las ciudades que han ocupado.»

11 Todos los judíos que estaban en Moab, Amón y Edom, y en todos los otros países, se enteraron también de que el rey de Babilonia había dejado un remanente en Judá, y nombrado como gobernador a Guedalías hijo de Ajicán, nieto de Safán. 12 Entonces todos estos judíos regresaron a la tierra de Judá, de todos los países donde estaban dispersos. Al llegar, se presentaron en Mizpa ante Guedalías, y también almacenaron vino y frutos de verano en abundancia.

13 Johanán hijo de Carea, y todos los demás jefes

your eyes. 17 But I will rescue you on that day, declares the LORD; you will not be handed over to those you fear. 18 I will save you; you will not fall by the sword but will escape with your life, because you trust in me, declares the LORD.'"

Jeremiah Freed

40 The word came to Jeremiah from the LORD after Nebuzaradan commander of the imperial guard had released him at Ramah. He had found Jeremiah bound in chains among all the captives from Jerusalem and Judah who were being carried into exile to Babylon. 2 When the commander of the guard found Jeremiah, he said to him, "The LORD your God decreed this disaster for this place. 3 And now the LORD has brought it about; he has done just as he said he would. All this happened because you people sinned against the LORD and did not obey him. 4 But today I am freeing you from the chains on your wrists. Come with me to Babylon, if you like, and I will look after you; but if you do not want to, then don't come. Look, the whole country lies before you; go wherever you please." 5 However, before Jeremiah turned to go,[k] Nebuzaradan added, "Go back to Gedaliah son of Ahikam, the son of Shaphan, whom the king of Babylon has appointed over the towns of Judah, and live with him among the people, or go anywhere else you please."

Then the commander gave him provisions and a present and let him go. 6 So Jeremiah went to Gedaliah son of Ahikam at Mizpah and stayed with him among the people who were left behind in the land.

Gedaliah Assassinated

7 When all the army officers and their men who were still in the open country heard that the king of Babylon had appointed Gedaliah son of Ahikam as governor over the land and had put him in charge of the men, women and children who were the poorest in the land and who had not been carried into exile to Babylon, 8 they came to Gedaliah at Mizpah—Ishmael son of Nethaniah, Johanan and Jonathan the sons of Kareah, Seraiah son of Tanhumeth, the sons of Ephai the Netophathite, and Jaazaniah[l] the son of the Maacathite, and their men. 9 Gedaliah son of Ahikam, the son of Shaphan, took an oath to reassure them and their men. "Do not be afraid to serve the Babylonians,[m]" he said. "Settle down in the land and serve the king of Babylon, and it will go well with you. 10 I myself will stay at Mizpah to represent you before the Babylonians who come to us, but you are to harvest the wine, summer fruit and oil, and put them in your storage jars, and live in the towns you have taken over."

11 When all the Jews in Moab, Ammon, Edom and all the other countries heard that the king of Babylon had left a remnant in Judah and had appointed Gedaliah son of Ahikam, the son of Shaphan, as governor over them, 12 they all came back to the land of Judah, to Gedaliah at Mizpah, from all the countries where they had been scattered. And they harvested an abundance of wine and summer fruit.

13 Johanan son of Kareah and all the army officers

---

k 5 Or *Jeremiah answered*   l 8 Hebrew *Jezaniah*, a variant of *Jaazaniah*   m 9 Or *Chaldeans*; also in verse 10

militares que estaban en el campo, se presentaron ante Guedalías en Mizpa, 14 y le dijeron:

—¿No sabes que Balís, rey de Amón, ha mandado a Ismael hijo de Netanías, para matarte?

Pero Guedalías hijo de Ajicán no les creyó. 15 Y allí en Mizpa, Johanán hijo de Carea le propuso en secreto a Guedalías:

—Déjame ir a matar a Ismael hijo de Netanías. ¡Nadie tiene que enterarse! ¿Por qué vamos a permitir que te asesine? Eso causaría la dispersión de todos los judíos que se han reunido a tu alrededor, y acabaría con lo que queda de Judá.

16 Pero Guedalías hijo de Ajicán le respondió a Johanán hijo de Carea:

—¡Ni lo pienses! ¡Lo que dices acerca de Ismael es mentira!

41 En el mes séptimo Ismael, hijo de Netanías y nieto de Elisama, que era de estirpe real y había sido uno de los oficiales del rey, vino a Mizpa con diez hombres y se presentó ante Guedalías hijo de Ajicán. Y ahí en Mizpa, mientras comían juntos, 2 Ismael hijo de Netanías se levantó, y junto con los diez hombres que lo acompañaban, hirió a filo de espada a Guedalías hijo de Ajicán, nieto de Safán, quitándole la vida. Así hicieron con quien había sido nombrado gobernador del país por el rey de Babilonia. 3 Ismael mató también a todos los judíos y soldados que se encontraban en Mizpa con Guedalías.

4 Al día siguiente del asesinato de Guedalías, cuando todavía nadie se había enterado, 5 llegaron de Siquén, Siló y Samaria ochenta hombres con la barba afeitada, la ropa rasgada, y el cuerpo lleno de cortaduras que ellos mismos se habían hecho. Traían ofrendas de cereales, e incienso, para presentarlas en la casa del Señor. 6 Desde Mizpa salió a su encuentro Ismael hijo de Netanías; iba llorando y, cuando los encontró, les dijo:

—Vengan a ver a Guedalías hijo de Ajicán.

7 Pero no habían llegado al centro de la ciudad cuando Ismael hijo de Netanías y sus secuaces los mataron y los arrojaron en una cisterna. 8 Había entre ellos diez hombres, que le rogaron a Ismael:

—¡No nos mates; tenemos escondidos en el campo trigo, cebada, aceite y miel!

Ismael accedió, y no los mató como a sus compañeros. 9 El rey Asá había hecho una fosa para defenderse de Basá, rey de Israel, y en esa fosa fue donde Ismael arrojó los cadáveres de los hombres que había matado, junto con Guedalías, llenándola de cadáveres.

10 Después Ismael se llevó en cautiverio a las hijas del rey y a todo el resto del pueblo que había quedado en Mizpa, a quienes Nabuzaradán, comandante de la guardia, había puesto bajo el mando de Guedalías hijo de Ajicán. Ismael hijo de Netanías salió con sus cautivos hacia el territorio de los amonitas.

11 Cuando Johanán hijo de Carea, y todos los jefes militares que estaban con él, se enteraron del crimen que había cometido Ismael hijo de Netanías, 12 reunieron a todos sus hombres y fueron a pelear contra él. Lo encontraron cerca del gran estanque que está en Gabaón. 13 Y sucedió que toda la gente que estaba con Ismael se alegró al ver a Johanán hijo de Carea, acompañado de todos los jefes militares. 14 Todo el pueblo que Ismael llevaba cautivo desde Mizpa se dio la vuelta y se fue con Johanán hijo de Carea. 15 Pero Ismael hijo de Netanías y ocho de sus hombres se escaparon de Johanán y huyeron hacia Amón.

still in the open country came to Gedaliah at Mizpah 14 and said to him, "Don't you know that Baalis king of the Ammonites has sent Ishmael son of Nethaniah to take your life?" But Gedaliah son of Ahikam did not believe them.

15 Then Johanan son of Kareah said privately to Gedaliah in Mizpah, "Let me go and kill Ishmael son of Nethaniah, and no one will know it. Why should he take your life and cause all the Jews who are gathered around you to be scattered and the remnant of Judah to perish?"

16 But Gedaliah son of Ahikam said to Johanan son of Kareah, "Don't do such a thing! What you are saying about Ishmael is not true."

41 In the seventh month Ishmael son of Nethaniah, the son of Elishama, who was of royal blood and had been one of the king's officers, came with ten men to Gedaliah son of Ahikam at Mizpah. While they were eating together there, 2 Ishmael son of Nethaniah and the ten men who were with him got up and struck down Gedaliah son of Ahikam, the son of Shaphan, with the sword, killing the one whom the king of Babylon had appointed as governor over the land. 3 Ishmael also killed all the Jews who were with Gedaliah at Mizpah, as well as the Babylonian[n] soldiers who were there.

4 The day after Gedaliah's assassination, before anyone knew about it, 5 eighty men who had shaved off their beards, torn their clothes and cut themselves came from Shechem, Shiloh and Samaria, bringing grain offerings and incense with them to the house of the LORD. 6 Ishmael son of Nethaniah went out from Mizpah to meet them, weeping as he went. When he met them, he said, "Come to Gedaliah son of Ahikam." 7 When they went into the city, Ishmael son of Nethaniah and the men who were with him slaughtered them and threw them into a cistern. 8 But ten of them said to Ishmael, "Don't kill us! We have wheat and barley, oil and honey, hidden in a field." So he let them alone and did not kill them with the others. 9 Now the cistern where he threw all the bodies of the men he had killed along with Gedaliah was the one King Asa had made as part of his defense against Baasha king of Israel. Ishmael son of Nethaniah filled it with the dead.

10 Ishmael made captives of all the rest of the people who were in Mizpah—the king's daughters along with all the others who were left there, over whom Nebuzaradan commander of the imperial guard had appointed Gedaliah son of Ahikam. Ishmael son of Nethaniah took them captive and set out to cross over to the Ammonites.

11 When Johanan son of Kareah and all the army officers who were with him heard about all the crimes Ishmael son of Nethaniah had committed, 12 they took all their men and went to fight Ishmael son of Nethaniah. They caught up with him near the great pool in Gibeon. 13 When all the people Ishmael had with him saw Johanan son of Kareah and the army officers who were with him, they were glad. 14 All the people Ishmael had taken captive at Mizpah turned and went over to Johanan son of Kareah. 15 But Ishmael son of Nethaniah and eight of his men escaped from Johanan and fled to the Ammonites.

---

n 3 Or *Chaldean*

Huida a Egipto

16 Entonces Johanán hijo de Carea, junto con todos los jefes militares que lo acompañaban, tomaron y rescataron al resto del pueblo que desde Mizpa se había llevado Ismael hijo de Netanías, luego de haber asesinado a Guedalías hijo de Ajicán: eran soldados, mujeres, niños y altos funcionarios. 17 Se pusieron en marcha hasta llegar a Guerut Quimán, que está junto a Belén, desde donde pensaban continuar a Egipto 18 para huir de los *babilonios. Estaban con temor, ya que Ismael hijo de Netanías había matado a Guedalías hijo de Ajicán, a quien el rey de Babilonia había nombrado gobernador del país.

42 Entonces se acercaron Johanán hijo de Carea y Azarías[n] hijo de Osaías, junto con los jefes militares y todo el pueblo, desde el más chico hasta el más grande, 2 y le dijeron al profeta Jeremías:

—Por favor, atiende a nuestra súplica y ruega al SEÑOR tu Dios por todos nosotros los que quedamos. Como podrás darte cuenta, antes éramos muchos, pero ahora quedamos sólo unos cuantos. 3 Ruega para que el SEÑOR tu Dios nos indique el *camino que debemos seguir, y lo que debemos hacer.

4 Jeremías les respondió:

—Ya los he oído. Voy a rogar al SEÑOR, al Dios de ustedes, tal como me lo han pedido. Les comunicaré todo lo que el SEÑOR me diga, y no les ocultaré absolutamente nada.

5 Ellos le dijeron a Jeremías:

—Que el SEÑOR tu Dios sea un testigo fiel y verdadero contra nosotros, si no actuamos conforme a todo lo que él nos ordene por medio de ti. 6 Sea o no de nuestro agrado, obedeceremos la voz del SEÑOR nuestro Dios, a quien te enviamos a consultar. Así, al obedecer la voz del SEÑOR nuestro Dios, nos irá bien.

7 Diez días después, la palabra del SEÑOR vino a Jeremías. 8 Éste llamó a Johanán hijo de Carea, a todos lo jefes militares que lo acompañaban, y a todo el pueblo, desde el más chico hasta al más grande, 9 y les dijo: «Así dice el SEÑOR, Dios de Israel, a quien ustedes me enviaron para interceder por ustedes: 10 "Si se quedan en este país, yo los edificaré y no los derribaré, los plantaré y no los arrancaré, porque me duele haberles causado esa calamidad. 11 No teman al rey de Babilonia, al que ahora temen —afirma el SEÑOR—; no le teman, porque yo estoy con ustedes para salvarlos y librarlos de su poder. 12 Tendré compasión de ustedes, y de esa manera él también les tendrá compasión y les permitirá volver a su tierra."

13 »Pero si desobedecen la voz del SEÑOR, Dios de ustedes, y dicen: "No nos quedaremos en esta tierra, 14 sino que nos iremos a Egipto, donde no veremos guerra, ni escucharemos el sonido de la trompeta, ni pasaremos hambre, y allí nos quedaremos a vivir", 15 entonces presten atención a la palabra del SEÑOR, ustedes los que quedan en Judá: Así dice el SEÑOR *Todopoderoso, el Dios de Israel: "Si ustedes insisten en trasladarse a Egipto para vivir allá, 16 la guerra que tanto temen los alcanzará, y el hambre que los aterra los seguirá de cerca hasta Egipto, y en ese lugar morirán. 17 Todos los que están empeñados en trasladarse a Egipto para vivir allá, morirán por la guerra, el hambre y la peste. Ninguno sobrevivirá ni escapará a la

Flight to Egypt

16 Then Johanan son of Kareah and all the army officers who were with him led away all the survivors from Mizpah whom he had recovered from Ishmael son of Nethaniah after he had assassinated Gedaliah son of Ahikam: the soldiers, women, children and court officials he had brought from Gibeon. 17 And they went on, stopping at Geruth Kimham near Bethlehem on their way to Egypt 18 to escape the Babylonians.[o] They were afraid of them because Ishmael son of Nethaniah had killed Gedaliah son of Ahikam, whom the king of Babylon had appointed as governor over the land.

42 Then all the army officers, including Johanan son of Kareah and Jezaniah[p] son of Hoshaiah, and all the people from the least to the greatest approached 2 Jeremiah the prophet and said to him, "Please hear our petition and pray to the LORD your God for this entire remnant. For as you now see, though we were once many, now only a few are left. 3 Pray that the LORD your God will tell us where we should go and what we should do."

4 "I have heard you," replied Jeremiah the prophet. "I will certainly pray to the LORD your God as you have requested; I will tell you everything the LORD says and will keep nothing back from you."

5 Then they said to Jeremiah, "May the LORD be a true and faithful witness against us if we do not act in accordance with everything the LORD your God sends you to tell us. 6 Whether it is favorable or unfavorable, we will obey the LORD our God, to whom we are sending you, so that it will go well with us, for we will obey the LORD our God."

7 Ten days later the word of the LORD came to Jeremiah. 8 So he called together Johanan son of Kareah and all the army officers who were with him and all the people from the least to the greatest. 9 He said to them, "This is what the LORD, the God of Israel, to whom you sent me to present your petition, says: 10 'If you stay in this land, I will build you up and not tear you down; I will plant you and not uproot you, for I am grieved over the disaster I have inflicted on you. 11 Do not be afraid of the king of Babylon, whom you now fear. Do not be afraid of him, declares the LORD, for I am with you and will save you and deliver you from his hands. 12 I will show you compassion so that he will have compassion on you and restore you to your land.'

13 "However, if you say, 'We will not stay in this land,' and so disobey the LORD your God, 14 and if you say, 'No, we will go and live in Egypt, where we will not see war or hear the trumpet or be hungry for bread,' 15 then hear the word of the LORD, O remnant of Judah. This is what the LORD Almighty, the God of Israel, says: 'If you are determined to go to Egypt and you do go to settle there, 16 then the sword you fear will overtake you there, and the famine you dread will follow you into Egypt, and there you will die. 17 Indeed, all who are determined to go to Egypt to settle there will die by the sword, famine and plague; not one of them will survive or escape the disaster I will bring on

---

n 42:1 Azarías (LXX; véase 43:2); Jezanías (TM).

o 18 Or Chaldeans   p 1 Hebrew; Septuagint (see also 43:2) Azariah

calamidad que haré caer sobre ellos." ¹⁸Porque así dice el SEÑOR Todopoderoso, el Dios de Israel: "Así como se ha derramado mi ira y mi furor sobre los habitantes de Jerusalén, así se derramará mi furor sobre ustedes, si se van a Egipto. Se convertirán en objeto de maldición, de horror, de imprecación y de oprobio, y nunca más volverán a ver este lugar."

¹⁹»¡Remanente de Judá! El SEÑOR les ha dicho que no vayan a Egipto. Sepan bien que hoy les hago una advertencia seria. ²⁰Ustedes cometieron un error fatal cuando me enviaron al SEÑOR, Dios de ustedes, y me dijeron: "Ruega al SEÑOR, nuestro Dios, por nosotros, y comunícanos todo lo que él te diga, para que lo cumplamos." ²¹Hoy se lo he hecho saber a ustedes, pero no han querido obedecer la voz del SEÑOR su Dios en nada de lo que él me encargó comunicarles. ²²Por lo tanto, sepan bien que en el lugar donde quieren residir morirán por la guerra, el hambre y la peste.»

43 Cuando Jeremías terminó de comunicarle al pueblo todo lo que el SEÑOR su Dios le había encomendado decirles, ²Azarías hijo de Osaías, Johanán hijo de Carea, y todos los arrogantes le respondieron a Jeremías: «¡Lo que dices es una mentira! El SEÑOR nuestro Dios no te mandó a decirnos que no vayamos a vivir a Egipto. ³Es Baruc hijo de Nerías el que te incita contra nosotros, para entregarnos en poder de los *babilonios, para que nos maten o nos lleven cautivos a Babilonia.»

⁴Así que ni Johanán hijo de Carea, ni los jefes militares, ni nadie del pueblo, obedecieron el mandato del SEÑOR, de quedarse a vivir en el país de Judá. ⁵Por el contrario, Johanán hijo de Carea y todos los jefes militares se llevaron a la gente que aún quedaba en Judá, es decir, a los que habían vuelto para vivir en Judá luego de haber sido dispersados por todas las naciones: ⁶los hombres, las mujeres y los niños, las hijas del rey, y toda la gente que Nabuzaradán, comandante de la guardia, había confiado a Guedalías hijo de Ajicán, nieto de Safán, y también a Jeremías el profeta y a Baruc hijo de Nerías; ⁷y contrariando el mandato del SEÑOR se dirigieron al país de Egipto, llegando hasta la ciudad de Tafnes.

⁸En Tafnes, la palabra del SEÑOR vino a Jeremías: ⁹«Toma en tus manos unas piedras grandes y, a la vista de los judíos, entiérralas con argamasa en el pavimento, frente a la entrada del palacio del faraón en Tafnes. ¹⁰Luego comunícales que así dice el SEÑOR *Todopoderoso, el Dios de Israel: "Voy a mandar a buscar a mi siervo Nabucodonosor, rey de Babilonia; voy a colocar su trono sobre estas piedras que he enterrado, y él armará sobre ellas su toldo real. ¹¹Vendrá al país de Egipto y lo atacará: el que esté destinado a la muerte, morirá; el que esté destinado al exilio, será exiliado; el que esté destinado a la guerra, a la guerra irá. ¹²Prenderá^ñ fuego a los templos de los dioses de Egipto; los quemará y los llevará cautivos. Sacudirá a Egipto, como un pastor que se sacude los piojos de la ropa, y luego se irá de allí sin inmutarse. ¹³Destruirá los obeliscos de Bet Semes,^o y prenderá fuego a los templos de los dioses de Egipto."»

them.' ¹⁸This is what the LORD Almighty, the God of Israel, says: 'As my anger and wrath have been poured out on those who lived in Jerusalem, so will my wrath be poured out on you when you go to Egypt. You will be an object of cursing and horror, of condemnation and reproach; you will never see this place again.'

¹⁹"O remnant of Judah, the LORD has told you, 'Do not go to Egypt.' Be sure of this: I warn you today ²⁰that you made a fatal mistake^q when you sent me to the LORD your God and said, 'Pray to the LORD our God for us; tell us everything he says and we will do it.' ²¹I have told you today, but you still have not obeyed the LORD your God in all he sent me to tell you. ²²So now, be sure of this: You will die by the sword, famine and plague in the place where you want to go to settle."

43 When Jeremiah finished telling the people all the words of the LORD their God—everything the LORD had sent him to tell them— ²Azariah son of Hoshaiah and Johanan son of Kareah and all the arrogant men said to Jeremiah, "You are lying! The LORD our God has not sent you to say, 'You must not go to Egypt to settle there.' ³But Baruch son of Neriah is inciting you against us to hand us over to the Babylonians,^r so they may kill us or carry us into exile to Babylon."

⁴So Johanan son of Kareah and all the army officers and all the people disobeyed the LORD's command to stay in the land of Judah. ⁵Instead, Johanan son of Kareah and all the army officers led away all the remnant of Judah who had come back to live in the land of Judah from all the nations where they had been scattered. ⁶They also led away all the men, women and children and the king's daughters whom Nebuzaradan commander of the imperial guard had left with Gedaliah son of Ahikam, the son of Shaphan, and Jeremiah the prophet and Baruch son of Neriah. ⁷So they entered Egypt in disobedience to the LORD and went as far as Tahpanhes.

⁸In Tahpanhes the word of the LORD came to Jeremiah: ⁹"While the Jews are watching, take some large stones with you and bury them in clay in the brick pavement at the entrance to Pharaoh's palace in Tahpanhes. ¹⁰Then say to them, 'This is what the LORD Almighty, the God of Israel, says: I will send for my servant Nebuchadnezzar king of Babylon, and I will set his throne over these stones I have buried here; he will spread his royal canopy above them. ¹¹He will come and attack Egypt, bringing death to those destined for death, captivity to those destined for captivity, and the sword to those destined for the sword. ¹²He^s will set fire to the temples of the gods of Egypt; he will burn their temples and take their gods captive. As a shepherd wraps his garment around him, so will he wrap Egypt around himself and depart from there unscathed. ¹³There in the temple of the sun^t in Egypt he will demolish the sacred pillars and will burn down the temples of the gods of Egypt.' "

---

^ñ *43:12 Prenderá* (LXX, Siríaca y Vulgata); *Prenderé* (TM).
^o *43:13 En hebreo, Bet Semes significa casa del sol*; posible alusión al templo del sol o a la ciudad de Heliópolis.

^q 20 Or *you erred in your hearts*　　　^r 3 Or *Chaldeans*
^s 12 Or *I*　　　^t 13 Or *in Heliopolis*

Desastre causado por la idolatría

44 La palabra del SEÑOR vino a Jeremías para todos los judíos que habitaban en Egipto, es decir, para los que vivían en las ciudades de Migdol, Tafnes y Menfis,*p* y en la región del sur: ²«Así dice el SEÑOR *Todopoderoso, el Dios de Israel: "Ustedes han visto todas las calamidades que yo provoqué sobre Jerusalén y sobre todas las ciudades de Judá. Hoy yacen en ruinas, sin morador alguno, ³a causa de las maldades que cometieron. Ellos provocaron mi enojo al adorar y ofrecer incienso a otros dioses, que ni ellos ni sus antepasados conocieron. ⁴Una y otra vez les envié a mis siervos los profetas, para que les advirtieran que no incurrieran en estas cosas tan abominables que yo detesto. ⁵Pero ellos no escucharon ni prestaron atención; no se *arrepintieron de sus maldades, sino que siguieron ofreciendo incienso a otros dioses. ⁶Por eso se derramó mi ira contra las ciudades de Judá; por eso se encendió mi furor contra las calles de Jerusalén, las cuales se convirtieron en desolación hasta el día de hoy."

⁷»Y ahora, así dice el SEÑOR, el Dios Todopoderoso, el Dios de Israel: "¿Por qué se provocan ustedes mismos un mal tan grande? ¿Por qué provocan la muerte de la gente de Judá, de hombres, mujeres, niños y recién nacidos, hasta acabar con todos? ⁸Me agravian con las obras de sus manos, al ofrecer incienso a otros dioses en el país de Egipto, donde han ido a vivir. Lo único que están logrando es ganarse su propia destrucción, y convertirse en maldición y oprobio entre todas las naciones de la tierra. ⁹¿Acaso ya se han olvidado de todas las maldades que cometieron sus antepasados, de las que cometieron los reyes de Judá y sus esposas, y de las que ustedes y sus esposas cometieron en Judá y en las calles de Jerusalén? ¹⁰Sin embargo, hasta el día de hoy no se han humillado ni han sentido temor; no se han comportado según mi *ley y mis preceptos, que les di a ustedes y a sus antepasados."

¹¹»Por eso, así dice el SEÑOR Todopoderoso, el Dios de Israel: "He decidido ponerme en contra de ustedes, para su mal, y destruir a todo Judá. ¹²Tomaré al resto de Judá, que se empecinó en ir a vivir a Egipto, y todos perecerán allí; caerán a filo de espada, o el hambre los exterminará. Desde el más pequeño hasta el más grande, morirán de hambre o a filo de espada. Se convertirán en objeto de maldición, de horror, de imprecación y de oprobio. ¹³Con hambre, peste y espada castigaré a los que habitan en Egipto, como castigué a Jerusalén. ¹⁴No escapará ninguno del resto de Judá que se fue a vivir a Egipto, ni sobrevivirá para volver a Judá. Aunque deseen y añoren volver a vivir en Judá, no podrán regresar, salvo algunos fugitivos."»

¹⁵Entonces los hombres que sabían que sus esposas ofrecían incienso a otros dioses, así como las mujeres que estaban presentes, es decir, un grupo numeroso, y todo el pueblo que vivía en la región sur de Egipto, respondieron a Jeremías:

¹⁶—No le haremos caso al mensaje que nos diste en el *nombre del SEÑOR. ¹⁷Al contrario, seguiremos haciendo lo que ya hemos dicho: Ofreceremos incienso y libaciones a la Reina del Cielo,*q* como lo hemos hecho nosotros, y como antes lo hicieron nuestros antepasados, nuestros reyes y nuestros funcionarios, en las ciudades de Judá y en las calles de Jerusalén. En aquel tiempo teníamos comida en abundancia, nos iba muy

Disaster Because of Idolatry

44 This word came to Jeremiah concerning all the Jews living in Lower Egypt—in Migdol, Tahpanhes and Memphis*u*—and in Upper Egypt*v*: ²"This is what the LORD Almighty, the God of Israel, says: You saw the great disaster I brought on Jerusalem and on all the towns of Judah. Today they lie deserted and in ruins ³because of the evil they have done. They provoked me to anger by burning incense and by worshiping other gods that neither they nor you nor your fathers ever knew. ⁴Again and again I sent my servants the prophets, who said, 'Do not do this detestable thing that I hate!' ⁵But they did not listen or pay attention; they did not turn from their wickedness or stop burning incense to other gods. ⁶Therefore, my fierce anger was poured out; it raged against the towns of Judah and the streets of Jerusalem and made them the desolate ruins they are today.

⁷"Now this is what the LORD God Almighty, the God of Israel, says: Why bring such great disaster on yourselves by cutting off from Judah the men and women, the children and infants, and so leave yourselves without a remnant? ⁸Why provoke me to anger with what your hands have made, burning incense to other gods in Egypt, where you have come to live? You will destroy yourselves and make yourselves an object of cursing and reproach among all the nations on earth. ⁹Have you forgotten the wickedness committed by your fathers and by the kings and queens of Judah and the wickedness committed by you and your wives in the land of Judah and the streets of Jerusalem? ¹⁰To this day they have not humbled themselves or shown reverence, nor have they followed my law and the decrees I set before you and your fathers.

¹¹"Therefore, this is what the LORD Almighty, the God of Israel, says: I am determined to bring disaster on you and to destroy all Judah. ¹²I will take away the remnant of Judah who were determined to go to Egypt to settle there. They will all perish in Egypt; they will fall by the sword or die from famine. From the least to the greatest, they will die by sword or famine. They will become an object of cursing and horror, of condemnation and reproach. ¹³I will punish those who live in Egypt with the sword, famine and plague, as I punished Jerusalem. ¹⁴None of the remnant of Judah who have gone to live in Egypt will escape or survive to return to the land of Judah, to which they long to return and live; none will return except a few fugitives."

¹⁵Then all the men who knew that their wives were burning incense to other gods, along with all the women who were present—a large assembly—and all the people living in Lower and Upper Egypt,*w* said to Jeremiah, ¹⁶"We will not listen to the message you have spoken to us in the name of the LORD! ¹⁷We will certainly do everything we said we would: We will burn incense to the Queen of Heaven and will pour out drink offerings to her just as we and our fathers, our kings and our officials did in the towns of Judah and in the streets of Jerusalem. At that time we had plenty

---

p 44:1 Menfis. Lit. *Nof.*   *q 44:17 Reina del Cielo.* Nombre de una diosa.

u 1 Hebrew *Noph*   *v 1* Hebrew *in Pathros*   *w 15* Hebrew *in Egypt and Pathros*

bien y no sufríamos ninguna calamidad. 18 Pero desde que dejamos de ofrecer incienso y libaciones a la Reina del Cielo nos ha faltado todo, y el hambre y la espada están acabando con nosotros.

19 Y las mujeres añadieron:

—Cuando nosotras ofrecíamos incienso y libaciones a la Reina del Cielo, ¿acaso no sabían nuestros maridos que hacíamos tortas con su imagen, y que les ofrecíamos libaciones?

20 Entonces Jeremías le respondió a todo el pueblo, es decir, a los hombres y mujeres que le habían contestado:

21 —¿Piensan ustedes que el SEÑOR no se acuerda, o no se daba cuenta de que ustedes y sus antepasados, sus reyes y sus funcionarios, y todo el pueblo, ofrecían incienso en las ciudades de Judá y en las calles de Jerusalén? 22 Cuando el SEÑOR ya no pudo soportar más las malas acciones y las cosas abominables que ustedes hacían, su país se convirtió en objeto de maldición, en un lugar desértico, desolado y sin habitantes, tal como está hoy. 23 Ustedes ofrecieron incienso y pecaron contra el SEÑOR, y no obedecieron su voz ni cumplieron con su ley, sus preceptos y estipulaciones. Por eso en este día les ha sobrevenido esta desgracia.

24 Jeremías le dijo a todo el pueblo, incluyendo a las mujeres:

—Escuchen la palabra del SEÑOR todos ustedes, gente de Judá que vive en Egipto: 25 Así dice el SEÑOR Todopoderoso, el Dios de Israel: "Cuando ustedes y sus mujeres dicen: 'Ciertamente cumpliremos nuestros votos de ofrecer incienso y libaciones a la Reina del Cielo', demuestran con sus acciones que cumplen lo que prometen. ¡Está bien, vayan y cumplan sus promesas, lleven a cabo sus votos! 26 Pero escuchen la palabra del SEÑOR todos ustedes, gente de Judá que vive en Egipto: 'Juro por mi nombre soberano —dice el SEÑOR— que ninguno de los de Judá que vive en Egipto volverá a invocar mi nombre, ni a jurar diciendo: ¡Por la vida del SEÑOR omnipotente! 27 Porque yo los estoy vigilando, para mal y no para bien. El hambre y la espada acabarán con todos los judíos que viven en Egipto. 28 Tan sólo unos pocos lograrán escapar de la espada y regresar a Judá. Entonces todo el resto de Judá que se fue a vivir a Egipto sabrá si se cumple mi palabra o la de ellos.'

29 » "Ésta será la señal de que voy a castigarlos en este lugar, para que sepan que mis amenazas contra ustedes se habrán de cumplir —afirma el SEÑOR—. 30 Así dice el SEÑOR: 'Voy a entregar al faraón Hofra, rey de Egipto, en poder de los enemigos que atentan contra su vida, tal como entregué a Sedequías, rey de Judá, en poder de su enemigo Nabucodonosor, rey de Babilonia, que atentaba contra su vida.' "»

Mensaje para Baruc

45 Ésta es la palabra que el profeta Jeremías le comunicó a Baruc hijo de Nerías, en el año cuarto del gobierno de Joacim hijo de Josías, cuando Baruc escribía en un rollo estas palabras que Jeremías le dictaba: 2 «Así dice el SEÑOR, Dios de Israel, acerca de ti, Baruc: 3 "Tú dijiste: '¡Ay de mí! ¡El SEÑOR añade angustia a mi dolor! Estoy agotado de tanto gemir, y no encuentro descanso.'

4 » "Pues le dirás que así dice el SEÑOR: 'Voy a destruir lo que he construido, y a arrancar lo que he planta-

of food and were well off and suffered no harm. 18 But ever since we stopped burning incense to the Queen of Heaven and pouring out drink offerings to her, we have had nothing and have been perishing by sword and famine."

19 The women added, "When we burned incense to the Queen of Heaven and poured out drink offerings to her, did not our husbands know that we were making cakes like her image and pouring out drink offerings to her?"

20 Then Jeremiah said to all the people, both men and women, who were answering him, 21 "Did not the LORD remember and think about the incense burned in the towns of Judah and the streets of Jerusalem by you and your fathers, your kings and your officials and the people of the land? 22 When the LORD could no longer endure your wicked actions and the detestable things you did, your land became an object of cursing and a desolate waste without inhabitants, as it is today. 23 Because you have burned incense and have sinned against the LORD and have not obeyed him or followed his law or his decrees or his stipulations, this disaster has come upon you, as you now see."

24 Then Jeremiah said to all the people, including the women, "Hear the word of the LORD, all you people of Judah in Egypt. 25 This is what the LORD Almighty, the God of Israel, says: You and your wives have shown by your actions what you promised when you said, 'We will certainly carry out the vows we made to burn incense and pour out drink offerings to the Queen of Heaven.'

"Go ahead then, do what you promised! Keep your vows! 26 But hear the word of the LORD, all Jews living in Egypt: 'I swear by my great name,' says the LORD, 'that no one from Judah living anywhere in Egypt will ever again invoke my name or swear, "As surely as the Sovereign LORD lives." 27 For I am watching over them for harm, not for good; the Jews in Egypt will perish by sword and famine until they are all destroyed. 28 Those who escape the sword and return to the land of Judah from Egypt will be very few. Then the whole remnant of Judah who came to live in Egypt will know whose word will stand—mine or theirs.

29 " 'This will be the sign to you that I will punish you in this place,' declares the LORD, 'so that you will know that my threats of harm against you will surely stand.' 30 This is what the LORD says: 'I am going to hand Pharaoh Hophra king of Egypt over to his enemies who seek his life, just as I handed Zedekiah king of Judah over to Nebuchadnezzar king of Babylon, the enemy who was seeking his life.' "

A Message to Baruch

45 This is what Jeremiah the prophet told Baruch son of Neriah in the fourth year of Jehoiakim son of Josiah king of Judah, after Baruch had written on a scroll the words Jeremiah was then dictating: 2 "This is what the LORD, the God of Israel, says to you, Baruch: 3 You said, 'Woe to me! The LORD has added sorrow to my pain; I am worn out with groaning and find no rest.' "

4 The LORD said, "Say this to him: 'This is what the LORD says: I will overthrow what I have built and uproot what I have planted, throughout the land.

do; es decir, arrasaré con toda esta tierra. 5¿Buscas grandes cosas para ti? No las pidas, porque voy a provocar una desgracia sobre toda la gente, pero a ti te concederé la posibilidad de conservar la vida dondequiera que vayas —afirma el SEÑOR—. Ése será tu botín.' "»

5Should you then seek great things for yourself? Seek them not. For I will bring disaster on all people, declares the LORD, but wherever you go I will let you escape with your life.' "

Mensaje para Egipto

46 La palabra del SEÑOR acerca de las naciones vino a Jeremías el profeta.

2En cuanto a Egipto, éste es el mensaje contra el ejército del faraón Necao, rey de Egipto, que en el año cuarto del gobierno de Joacim hijo de Josías, rey de Judá, fue derrotado en Carquemis, junto al río Éufrates, por Nabucodonosor, rey de Babilonia:

3«¡Preparen el escudo y el broquel,
    y avancen al combate!
4¡Ensillen los caballos,
    monten los corceles!
¡Alístense, pónganse los cascos!
    ¡Afilen las lanzas, vístanse las corazas!
5Pero ¿qué es lo que veo?
    Sus guerreros están derrotados;
    aterrados retroceden.
Sin mirar atrás, huyen despavoridos.
    ¡Cunde el terror por todas partes!
                                —afirma el SEÑOR—.
6El más veloz no puede huir
    ni el más fuerte, escapar.
En el norte, a orillas del río Éufrates
    trastabillan y caen.

7»¿Quién es ése que sube como el Nilo,
    como ríos de aguas agitadas?
8Es Egipto, que trepa como el Nilo,
    como ríos de aguas agitadas.
Dice Egipto: "Subiré y cubriré toda la tierra;
    destruiré las ciudades y sus habitantes."
9¡Ataquen, corceles!
    ¡Carros, avancen con furia!
¡Que marchen los guerreros!
    ¡Que tomen sus escudos
    los soldados de *Cus y de Fut!
¡Que tensen el arco
    los soldados de Lidia!

10»Aquel día pertenece
    al Señor, al SEÑOR *Todopoderoso.
Será un día de venganza;
    se vengará de sus enemigos.
La espada devorará hasta saciarse;
    con sangre apagará su sed.
En la tierra del norte,
    a orillas del río Éufrates,
el Señor, el SEÑOR Todopoderoso,
    realizará una matanza.r

11»¡Virginal hija de Egipto,
    ve a Galaad y consigue bálsamo!
En vano multiplicas los remedios;
    ya no sanarás.
12Las naciones ya saben de tu humillación;
    tus gritos llenan la tierra.
Un guerrero tropieza contra otro,
    y juntos caen por tierra.»

A Message About Egypt

46 This is the word of the LORD that came to Jeremiah the prophet concerning the nations:

2Concerning Egypt:

This is the message against the army of Pharaoh Neco king of Egypt, which was defeated at Carchemish on the Euphrates River by Nebuchadnezzar king of Babylon in the fourth year of Jehoiakim son of Josiah king of Judah:

3"Prepare your shields, both large and small,
    and march out for battle!
4Harness the horses,
    mount the steeds!
Take your positions
    with helmets on!
Polish your spears,
    put on your armor!
5What do I see?
    They are terrified,
they are retreating,
    their warriors are defeated.
They flee in haste
    without looking back,
    and there is terror on every side,"
                                declares the LORD.
6"The swift cannot flee
    nor the strong escape.
In the north by the River Euphrates
    they stumble and fall.

7"Who is this that rises like the Nile,
    like rivers of surging waters?
8Egypt rises like the Nile,
    like rivers of surging waters.
She says, 'I will rise and cover the earth;
    I will destroy cities and their people.'
9Charge, O horses!
    Drive furiously, O charioteers!
March on, O warriors—
    men of Cushx and Put who carry shields,
    men of Lydia who draw the bow.
10But that day belongs to the Lord, the LORD
        Almighty—
    a day of vengeance, for vengeance on his
        foes.
The sword will devour till it is satisfied,
    till it has quenched its thirst with blood.
For the Lord, the LORD Almighty, will offer
        sacrifice
    in the land of the north by the River
        Euphrates.

11"Go up to Gilead and get balm,
    O Virgin Daughter of Egypt.
But you multiply remedies in vain;
    there is no healing for you.
12The nations will hear of your shame;
    your cries will fill the earth.
One warrior will stumble over another;
    both will fall down together."

---

r46:10 realizará una matanza. Lit. tiene un sacrificio.

x9 That is, the upper Nile region

13 Ésta es la palabra del SEÑOR, que vino a Jeremías el profeta cuando Nabucodonosor, rey de Babilonia, vino para atacar el país de Egipto:

14 «Anuncien esto en Egipto,
    proclámenlo en Migdol, Menfis y Tafnes:
"¡A sus puestos! ¡Manténganse alerta!
    ¡La espada devora a su alrededor!"
15 ¿Por qué yacen postrados tus guerreros?
    ¡No pueden mantenerse en pie,
    porque el SEÑOR los ha derribado!
16 Tropiezan una y otra vez,
    se caen uno sobre otro.
Se dicen: "¡Levántate,
    volvamos a nuestra gente,
a la tierra donde nacimos,
    lejos de la espada del opresor!"
17 Allí gritan: "¡El faraón es puro ruido!
    ¡el rey de Egipto ya perdió su oportunidad!"

18 »¡Vivo yo! —declara el Rey,
    cuyo *nombre es el SEÑOR Todopoderoso—:
Como el Tabor, que sobresale de entre los
        montes,
    y como el Carmelo, que se erige sobre el
        mar,
    así será el enemigo que viene.
19 Tú, que habitas en Egipto,
    prepara tu equipaje para el exilio,
porque Menfis se convertirá en desolación,
    en una ruina deshabitada.

20 »Novilla hermosa es Egipto,
    pero viene contra ella un tábano del norte.
21 Los mercenarios en sus filas
    son como novillos cebados;
también ellos se vuelven atrás;
    todos juntos huyen sin detenerse,
porque ha llegado el día de su ruina,
    el momento de su castigo.
22 Egipto huye silbando como serpiente,
    pues el enemigo avanza con fuerza.
Se acercan contra ella con hachas,
    como si fueran leñadores;
23 por impenetrables que sean sus bosques,
    los talan por completo
                    —afirma el SEÑOR—.
Más numerosos que langostas,
    son los leñadores;
    nadie los puede contar.
24 Egipto la hermosa será avergonzada
    y entregada a la gente del norte.»

25 El SEÑOR Todopoderoso, el Dios de Israel, dice: «Voy a castigar a Amón, dios de Tebas, a Egipto, a sus dioses y reyes, al faraón y a los que en él confían. 26 Los entregaré al poder de quienes atentan contra su vida, al poder de Nabucodonosor, rey de Babilonia, y de sus siervos. Luego Egipto será habitada como en los días de antaño —afirma el SEÑOR—.

27 »Pero tú, Jacob siervo mío, no temas;
    no te asustes, Israel.
Porque te salvaré de un lugar remoto;
    y a tu descendencia, del destierro.
Jacob volverá a vivir en *paz;
    estará seguro y tranquilo.

13 This is the message the LORD spoke to Jeremiah the prophet about the coming of Nebuchadnezzar king of Babylon to attack Egypt:

14 "Announce this in Egypt, and proclaim it in
        Migdol;
    proclaim it also in Memphis and
        Tahpanhes:
'Take your positions and get ready,
    for the sword devours those around you.'
15 Why will your warriors be laid low?
    They cannot stand, for the LORD will push
        them down.
16 They will stumble repeatedly;
    they will fall over each other.
They will say, 'Get up, let us go back
    to our own people and our native lands,
    away from the sword of the oppressor.'
17 There they will exclaim,
    'Pharaoh king of Egypt is only a loud
        noise;
    he has missed his opportunity.'

18 "As surely as I live," declares the King,
    whose name is the LORD Almighty,
    "one will come who is like Tabor among
        the mountains,
    like Carmel by the sea.
19 Pack your belongings for exile,
    you who live in Egypt,
for Memphis will be laid waste
    and lie in ruins without inhabitant.

20 "Egypt is a beautiful heifer,
    but a gadfly is coming
    against her from the north.
21 The mercenaries in her ranks
    are like fattened calves.
They too will turn and flee together,
    they will not stand their ground,
for the day of disaster is coming upon them,
    the time for them to be punished.
22 Egypt will hiss like a fleeing serpent
    as the enemy advances in force;
they will come against her with axes,
    like men who cut down trees.
23 They will chop down her forest,"
                    declares the LORD,
    "dense though it be.
They are more numerous than locusts,
    they cannot be counted.
24 The Daughter of Egypt will be put to
        shame,
    handed over to the people of the north."

25 The LORD Almighty, the God of Israel, says: "I am about to bring punishment on Amon god of Thebes, on Pharaoh, on Egypt and her gods and her kings, and on those who rely on Pharaoh. 26 I will hand them over to those who seek their lives, to Nebuchadnezzar king of Babylon and his officers. Later, however, Egypt will be inhabited as in times past," declares the LORD.

27 "Do not fear, O Jacob my servant;
    do not be dismayed, O Israel.
I will surely save you out of a distant place,
    your descendants from the land of their
        exile.
Jacob will again have peace and security,
    and no one will make him afraid.

²⁸Tú, Jacob, siervo mío, no temas,
porque yo estoy contigo —afirma el
SEÑOR—.

»Aunque aniquile a todas las naciones
por las que te he dispersado,
a ti no te aniquilaré.
Te corregiré con *justicia,
pero no te dejaré sin castigo.»

Mensaje para los filisteos

47 Antes de que el faraón atacara Gaza, la palabra del SEÑOR acerca de los filisteos vino al profeta Jeremías:

²«Así dice el SEÑOR:

»"¡Miren! Las aguas del norte
suben cual torrente desbordado.
Inundan la tierra y todo lo que contiene,
sus ciudades y sus habitantes.
¡Grita toda la gente!
¡Gimen los habitantes de la tierra!
³Al oír el galope de sus corceles,
el estruendo de sus carros
y el estrépito de sus ruedas,
los padres abandonan a sus hijos
porque sus fuerzas desfallecen.
⁴Ha llegado el día
de exterminar a los filisteos,
y de quitarles a Tiro y Sidón
todos los aliados con que aún cuenten.
El SEÑOR exterminará a los filisteos
y al resto de las costas de Caftor.^u
⁵Se rapan la cabeza los de Gaza;
se quedan mudos los de Ascalón.
Tú, resto de las llanuras,
¿hasta cuándo te harás incisiones?

⁶» "¡Ay, espada del SEÑOR!
¿Cuándo vas a descansar?
¡Vuélvete a la vaina!
¡Detente, quédate quieta!

⁷» "¿Cómo va a descansar,
si el SEÑOR le ha dado órdenes
de atacar a Ascalón
y a la costa del mar?" »

Mensaje para Moab

48 Así dice el SEÑOR *Todopoderoso, el Dios de Israel, acerca de Moab:

«¡Ay de Nebo, porque será devastada!
¡Quiriatayin será capturada y puesta en
vergüenza!
¡Su fortaleza^v será humillada y destruida!
²La gloria de Moab ha desaparecido;
en Hesbón^w maquinan el mal contra ella:
"¡Vengan, hagamos desaparecer a esta
nación!"
También tú, Madmén,^x serás silenciada,
y la espada te perseguirá.
³Se oye el clamor desde Joronayin:
¡devastación y gran destrucción!

²⁸Do not fear, O Jacob my servant,
for I am with you," declares the LORD.
"Though I completely destroy all the nations
among which I scatter you,
I will not completely destroy you.
I will discipline you but only with justice;
I will not let you go entirely unpunished."

A Message About the Philistines

47 This is the word of the LORD that came to Jeremiah the prophet concerning the Philistines before Pharaoh attacked Gaza:

²This is what the LORD says:

"See how the waters are rising in the north;
they will become an overflowing torrent.
They will overflow the land and everything
in it,
the towns and those who live in them.
The people will cry out;
all who dwell in the land will wail
³at the sound of the hoofs of galloping
steeds,
at the noise of enemy chariots
and the rumble of their wheels.
Fathers will not turn to help their children;
their hands will hang limp.
⁴For the day has come
to destroy all the Philistines
and to cut off all survivors
who could help Tyre and Sidon.
The LORD is about to destroy the Philistines,
the remnant from the coasts of Caphtor.^a
⁵Gaza will shave her head in mourning;
Ashkelon will be silenced.
O remnant on the plain,
how long will you cut yourselves?

⁶" 'Ah, sword of the LORD,' ⌐you cry,⌐
'how long till you rest?
Return to your scabbard;
cease and be still.'
⁷But how can it rest
when the LORD has commanded it,
when he has ordered it
to attack Ashkelon and the coast?"

A Message About Moab

48 Concerning Moab:

This is what the LORD Almighty, the God of Israel, says:

"Woe to Nebo, for it will be ruined.
Kiriathaim will be disgraced and captured;
the stronghold^b will be disgraced and
shattered.
²Moab will be praised no more;
in Heshbon^c men will plot her downfall:
'Come, let us put an end to that nation.'
You too, O Madmen,^d will be silenced;
the sword will pursue you.
³Listen to the cries from Horonaim,
cries of great havoc and destruction.

---

^u47:4 *Caftor*. Es decir, *Creta*.   ^v48:1 *Su fortaleza*. Alt. *Misgab*.
^w48:2 En hebreo, *Hesbón* suena como el verbo que significa
maquinan.   ^x48:2 En hebreo, *Madmén* suena como el verbo que
significa *serás silenciada*.

^a4 That is, Crete   ^b1 Or / *Misgab*   ^c2 The Hebrew for
Heshbon sounds like the Hebrew for *plot*.   ^d2 The name of the
Moabite town Madmen sounds like the Hebrew for *be silenced*.

⁴Moab será quebrantada;
  ya se oyen los gritos de sus pequeños.
⁵Por la cuesta de Luhit
  suben llorando sin cesar;
por la bajada de Joronayin
  se oyen gritos de dolor,
  por causa de la destrucción.
⁶¡Huyan! ¡Sálvese quien pueda!
  ¡Sean como las zarzas^y del desierto!
⁷Por cuanto confías en tus obras y en tus
    riquezas,
  también tú serás capturada.
Quemós, tu dios, irá al exilio,
  junto con sus sacerdotes y oficiales.
⁸El destructor vendrá contra toda ciudad,
  y ni una sola de ellas escapará.
El valle quedará en ruinas,
  y la meseta quedará destruida,
  tal como lo ha dicho el SEÑOR.
⁹Coloquen una lápida^z para Moab,
  porque yace destruida;
sus ciudades están desoladas,
  y sin habitante alguno.

¹⁰»¡Maldito el que sea negligente
  para realizar el trabajo del SEÑOR!
¡Maldito el que de la sangre
  retraiga su espada!

¹¹»Moab ha vivido en paz desde su juventud;
  ha reposado sobre sus heces.
No ha pasado de vasija en vasija,
  ni ha ido jamás al exilio.
Por eso conserva su sabor
  y no pierde su aroma.
¹²Pero vienen días —afirma el SEÑOR—
  en que enviaré gente que transvasará a
    Moab;
y vaciará sus vasijas
  y romperá sus cántaros.
¹³Entonces Moab se avergonzará de Quemós,
  como el pueblo de Israel se avergonzó de
    Betel,
santuario en el que había depositado su
    confianza.

¹⁴»¿Cómo se atreven a decir:
  "Somos guerreros,
hombres valientes para la guerra"?
¹⁵Moab será devastada
  y sus ciudades, invadidas
—afirma el Rey,
  cuyo *nombre es el SEÑOR Todopoderoso—:
Lo mejor de su juventud
  descenderá al matadero.
¹⁶La ruina de Moab se acerca;
  su calamidad es inminente.
¹⁷Lloren por él todos sus vecinos,
  los que saben de su fama.
Digan: "¡Cómo se ha quebrado el cetro
  tan poderoso e imponente!"

¹⁸»Tú, que habitas en Dibón:
  desciende de tu lugar de honor
  y siéntate en el sequedal,
porque el destructor de Moab te ataca
  y destruye tus fortificaciones.

⁴Moab will be broken;
  her little ones will cry out.^e
⁵They go up the way to Luhith,
  weeping bitterly as they go;
on the road down to Horonaim
  anguished cries over the destruction are
    heard.
⁶Flee! Run for your lives;
  become like a bush^f in the desert.
⁷Since you trust in your deeds and riches,
  you too will be taken captive,
and Chemosh will go into exile,
  together with his priests and officials.
⁸The destroyer will come against every town,
  and not a town will escape.
The valley will be ruined
  and the plateau destroyed,
  because the LORD has spoken.
⁹Put salt on Moab,
  for she will be laid waste^g;
her towns will become desolate,
  with no one to live in them.

¹⁰"A curse on him who is lax in doing the
    LORD's work!
A curse on him who keeps his sword
  from bloodshed!

¹¹"Moab has been at rest from youth,
  like wine left on its dregs,
not poured from one jar to another—
  she has not gone into exile.
So she tastes as she did,
  and her aroma is unchanged.
¹²But days are coming,"
  declares the LORD,
"when I will send men who pour from jars,
  and they will pour her out;
they will empty her jars
  and smash her jugs.
¹³Then Moab will be ashamed of Chemosh,
  as the house of Israel was ashamed
  when they trusted in Bethel.

¹⁴"How can you say, 'We are warriors,
  men valiant in battle'?
¹⁵Moab will be destroyed and her towns
    invaded;
  her finest young men will go down in the
    slaughter,"
declares the King, whose name is the
  LORD Almighty.
¹⁶"The fall of Moab is at hand;
  her calamity will come quickly.
¹⁷Mourn for her, all who live around her,
  all who know her fame;
say, 'How broken is the mighty scepter,
  how broken the glorious staff!'

¹⁸"Come down from your glory
  and sit on the parched ground,
O inhabitants of the Daughter of Dibon,
for he who destroys Moab
  will come up against you
  and ruin your fortified cities.

---

¹⁹Tú, que habitas en Aroer,
  párate a la vera del camino, y observa;
pregunta a los que huyen, hombres y mujeres:
  "¿Qué es lo que ha sucedido?"
²⁰Moab está humillado;
  ha sido destrozado.
¡Giman y clamen!
¡Anuncien por el río Arnón
  que Moab ha sido devastado!
²¹El juicio ha llegado hasta la meseta
  contra Holón, Yahaza y Mefat;
²²contra Dibón, Nebo y Bet Diblatayin;
²³contra Quiriatayin, Bet Gamul y Bet Megón,
²⁴contra Queriot y Bosra,
  y contra todas las ciudades de Moab,
  cercanas y lejanas.
²⁵El poder*a* de Moab ha desaparecido;
  ¡su fuerza está abatida!
                    —afirma el SEÑOR—.

²⁶»¡Emborrachen a Moab,
  porque ha desafiado al SEÑOR!
¡Que se regodee en su vómito,
  y se convierta en objeto de burla!
²⁷¿Acaso no te burlabas de Israel,
  y con tus palabras lo despreciabas,
  como si hubiera sido sorprendido entre
    ladrones?
²⁸Habitantes de Moab,
  ¡abandonen las ciudades
  y vivan entre las rocas!
Sean como las palomas
  que anidan al borde de los precipicios.

²⁹»Conocemos bien el orgullo de Moab,
  ese orgullo exagerado.
¡Tanta soberbia y tanto orgullo!
¡Tanta arrogancia y altivez!
³⁰Yo conozco su insolencia,
  pero sus jactancias no logran nada
                    —afirma el SEÑOR—.
³¹Por eso lloro por Moab;
  gimo por toda su gente,
  sollozo por el pueblo de Quir Jeres.
³²Lloro por ti, viña de Sibma,
  más que por Jazer;
tus sarmientos sobrepasan el mar
  y llegan hasta Jazer,
pero caerá el destructor
  sobre tu cosecha y sobre tu vendimia.
³³De los fértiles campos de Moab
  han desaparecido el gozo y alegría.
Acabé con el vino de tus lagares;
  ya nadie pisa las uvas entre gritos de
    alborozo;
  los gritos ya no son de regocijo.

³⁴»El clamor de Hesbón llega hasta Elalé y
    Yahaza,
  su voz se alza desde Zoar
  hasta Joronayin y Eglat Selisiyá.
Porque hasta las aguas de Nimrín
  se han secado.
³⁵Acabaré con la gente de Moab
  que ofrece sacrificios en *altares paganos
  y quema incienso a sus dioses
                    —afirma el SEÑOR—.

¹⁹Stand by the road and watch,
  you who live in Aroer.
Ask the man fleeing and the woman
    escaping,
  ask them, 'What has happened?'
²⁰Moab is disgraced, for she is shattered.
  Wail and cry out!
Announce by the Arnon
  that Moab is destroyed.
²¹Judgment has come to the plateau—
  to Holon, Jahzah and Mephaath,
²² to Dibon, Nebo and Beth Diblathaim,
²³ to Kiriathaim, Beth Gamul and Beth
    Meon,
²⁴ to Kerioth and Bozrah—
  to all the towns of Moab, far and near.
²⁵Moab's horn*h* is cut off;
  her arm is broken,"
                    declares the LORD.

²⁶"Make her drunk,
  for she has defied the LORD.
Let Moab wallow in her vomit;
  let her be an object of ridicule.
²⁷Was not Israel the object of your ridicule?
  Was she caught among thieves,
that you shake your head in scorn
  whenever you speak of her?
²⁸Abandon your towns and dwell among the
    rocks,
  you who live in Moab.
Be like a dove that makes its nest
  at the mouth of a cave.

²⁹"We have heard of Moab's pride—
  her overweening pride and conceit,
her pride and arrogance
  and the haughtiness of her heart.
³⁰I know her insolence but it is futile,"
                    declares the LORD,
  "and her boasts accomplish nothing.
³¹Therefore I wail over Moab,
  for all Moab I cry out,
  I moan for the men of Kir Hareseth.
³²I weep for you, as Jazer weeps,
  O vines of Sibmah.
Your branches spread as far as the sea;
  they reached as far as the sea of Jazer.
The destroyer has fallen
  on your ripened fruit and grapes.
³³Joy and gladness are gone
  from the orchards and fields of Moab.
I have stopped the flow of wine from the
    presses;
  no one treads them with shouts of joy.
Although there are shouts,
  they are not shouts of joy.

³⁴"The sound of their cry rises
  from Heshbon to Elealeh and Jahaz,
from Zoar as far as Horonaim and Eglath
    Shelishiyah,
  for even the waters of Nimrim are dried
    up.
³⁵In Moab I will put an end
  to those who make offerings on the high
    places
  and burn incense to their gods,"
                    declares the LORD.

---

a 48:25 *poder.* Lit. *cuerno.*

h 25 *Horn* here symbolizes strength.

36 »Por eso, con sonido de flautas
    gime por Moab mi *corazón;
con sonido de flautas
    gime mi corazón por Quir Jeres,
porque han desaparecido
    las riquezas que acumularon.
37 Toda cabeza está rapada
    y toda barba rasurada;
en todas las manos hay incisiones,
    y todos están vestidos de luto.
38 Sobre todos los techos de Moab,
    y por todas sus plazas,
sólo se escuchan lamentos;
    porque rompí en pedazos a Moab
    como a una vasija desechada
            —afirma el SEÑOR—.
39 ¡Cómo quedó hecha pedazos!
    ¡Cómo gimen!
Moab ha vuelto la espalda
    del todo avergonzada.
Es para todos sus vecinos
    objeto de burla y de terror.»

40 Así dice el SEÑOR:

«¡Miren! Vuela el enemigo como águila;
    sobre Moab despliega sus alas.
41 Sus ciudades serán capturadas,
    y conquistadas sus fortalezas.
En aquel día, el corazón de los guerreros de
    Moab
    será como el de una parturienta.
42 Moab será destruida como nación,
    porque ha desafiado al SEÑOR.
43 El terror, la fosa y la trampa,
    aguardan al habitante de Moab
            —afirma el SEÑOR—.
44 El que huya del terror caerá en la fosa;
    el que salga de la fosa caerá en la trampa;
porque yo hago venir sobre Moab
    el tiempo de su castigo
            —afirma el SEÑOR—.
45 »A la sombra de Hesbón
    se detienen exhaustos los fugitivos.
De Hesbón sale un fuego;
    de la ciudad de Sijón, una llama
que consume las sienes de Moab
    y el cráneo de los arrogantes y revoltosos.
46 ¡Ay de ti, Moab!
    El pueblo de Quemós está destruido;
tus hijos son llevados al exilio;
    tus hijas, al cautiverio.
47 Pero en los días venideros
    yo cambiaré la suerte de Moab»,
            afirma el SEÑOR.

Aquí concluye el juicio contra Moab.

Mensaje para Amón

49 Así dice el SEÑOR acerca de los amonitas:

«¿Acaso Israel no tiene hijos?
    ¿Acaso no tiene herederos?
¿Por qué el dios Moloc*b* ha heredado Gad,
    y su pueblo vive en sus ciudades?

36 "So my heart laments for Moab like a flute;
    it laments like a flute for the men of Kir
      Hareseth.
The wealth they acquired is gone.
37 Every head is shaved
    and every beard cut off;
every hand is slashed
    and every waist is covered with sackcloth.
38 On all the roofs in Moab
    and in the public squares
there is nothing but mourning,
    for I have broken Moab
    like a jar that no one wants,"
            declares the LORD.
39 "How shattered she is! How they wail!
    How Moab turns her back in shame!
Moab has become an object of ridicule,
    an object of horror to all those around
      her."

40 This is what the LORD says:

"Look! An eagle is swooping down,
    spreading its wings over Moab.
41 Kerioth*i* will be captured
    and the strongholds taken.
In that day the hearts of Moab's warriors
    will be like the heart of a woman in
      labor.
42 Moab will be destroyed as a nation
    because she defied the LORD.
43 Terror and pit and snare await you,
    O people of Moab,"
            declares the LORD.
44 "Whoever flees from the terror
    will fall into a pit,
whoever climbs out of the pit
    will be caught in a snare;
for I will bring upon Moab
    the year of her punishment,"
            declares the LORD.

45 "In the shadow of Heshbon
    the fugitives stand helpless,
for a fire has gone out from Heshbon,
    a blaze from the midst of Sihon;
it burns the foreheads of Moab,
    the skulls of the noisy boasters.
46 Woe to you, O Moab!
    The people of Chemosh are destroyed;
your sons are taken into exile
    and your daughters into captivity.
47 "Yet I will restore the fortunes of Moab
    in days to come,"
            declares the LORD.

Here ends the judgment on Moab.

A Message About Ammon

49 Concerning the Ammonites:

This is what the LORD says:

"Has Israel no sons?
    Has she no heirs?
Why then has Molech*j* taken possession of
    Gad?
Why do his people live in its towns?

---

b 49:1 Moloc. Lit. *Malcán;* es decir, Milcón. Alt. *su rey.* También en v. 3.

i 41 Or *The cities*   *j 1* Or *their king;* Hebrew *malcam;* also in verse 3

2 Vienen días —afirma el Señor—
  en que yo haré resonar el grito de guerra
    contra Rabá de los amonitas;
y se convertirá en un montón de ruinas,
  y sus ciudades serán incendiadas.
Entonces Israel despojará de todo
  a los que de todo la despojaron
           —afirma el Señor—.

3 »¡Gime, Hesbón, porque Hai ha sido destruida!
  ¡Griten, hijas de Rabá!
¡Vístanse de luto, y hagan lamentación;
  corran de un lado a otro, dentro de los
    muros!,
porque Moloc marcha al destierro,
  junto con sus sacerdotes y oficiales.
4 ¿Por qué te jactas de tus valles,
  de tus fértiles valles,
hija rebelde, que confías en tus tesoros
  y dices: "¿Quién me atacará?"
5 Voy a hacer que te acose
  el terror por todas partes
      —afirma el Señor *Todopoderoso—.
Todos serán expulsados, cada uno por su lado,
  y nadie reunirá a los fugitivos.

6 »Pero después de esto,
  cambiaré la suerte de los amonitas»,
           afirma el Señor.

Mensaje para Edom

7 Así dice el Señor Todopoderoso acerca de Edom:

«¿Ya no hay sabiduría en Temán?
  ¿Se acabó el consejo de los inteligentes?
  ¿Acaso se ha echado a perder su sabiduría?
8 Habitantes de Dedán:
  ¡Huyan, vuélvanse atrás!
¡Escóndanse en lo más profundo de la tierra!
Yo provocaré un desastre sobre Esaú,
  pues le llegó la hora del castigo.
9 Si los vendimiadores llegaran a ti,
  ¿no te dejarían algunos racimos?
Si de noche te llegaran ladrones,
  ¿no se llevarían sólo lo que pudieran?
10 Pero yo despojaré por completo a Esaú;
  descubriré sus escondites, y no podrá
    ocultarse.
Sus hijos, parientes y vecinos,
  serán destruidos y dejarán de existir.
11 ¡Abandona a tus huérfanos,
  que yo les protegeré la vida!
¡Tus viudas pueden confiar en mí!»

12 Así dice el Señor: «Los que no estaban condenados a beber la copa de castigo, la bebieron. ¿Y acaso tú vas a quedarte sin castigo? ¡De ninguna manera quedarás impune, sino que también beberás de esa copa! 13 Juro por mí mismo —afirma el Señor—, que Bosra se convertirá en objeto de maldición, y en horror, oprobio y desolación. Para siempre quedarán en ruinas todas sus ciudades.»

14 He oído un mensaje del Señor.
  Un heraldo lo anuncia entre las naciones:
  «¡Reúnanse, ataquen a la ciudad!
    ¡Prepárense para la guerra!»

2 But the days are coming,"
  declares the Lord,
"when I will sound the battle cry
  against Rabbah of the Ammonites;
it will become a mound of ruins,
  and its surrounding villages will be set on
    fire.
Then Israel will drive out
  those who drove her out,"
          says the Lord.

3 "Wail, O Heshbon, for Ai is destroyed!
  Cry out, O inhabitants of Rabbah!
Put on sackcloth and mourn;
  rush here and there inside the walls,
for Molech will go into exile,
  together with his priests and officials.
4 Why do you boast of your valleys,
  boast of your valleys so fruitful?
O unfaithful daughter,
  you trust in your riches and say,
  'Who will attack me?'
5 I will bring terror on you
  from all those around you,"
        declares the Lord,
        the Lord Almighty.
"Every one of you will be driven away,
  and no one will gather the fugitives.

6 "Yet afterward, I will restore the fortunes of
  the Ammonites,"
        declares the Lord.

A Message About Edom

7 Concerning Edom:

This is what the Lord Almighty says:

"Is there no longer wisdom in Teman?
  Has counsel perished from the prudent?
  Has their wisdom decayed?
8 Turn and flee, hide in deep caves,
  you who live in Dedan,
for I will bring disaster on Esau
  at the time I punish him.
9 If grape pickers came to you,
  would they not leave a few grapes?
If thieves came during the night,
  would they not steal only as much as they
    wanted?
10 But I will strip Esau bare;
  I will uncover his hiding places,
  so that he cannot conceal himself.
His children, relatives and neighbors will
    perish,
  and he will be no more.
11 Leave your orphans; I will protect their
    lives.
Your widows too can trust in me."

12 This is what the Lord says: "If those who do not deserve to drink the cup must drink it, why should you go unpunished? You will not go unpunished, but must drink it. 13 I swear by myself," declares the Lord, "that Bozrah will become a ruin and an object of horror, of reproach and of cursing; and all its towns will be in ruins forever."

14 I have heard a message from the Lord:
  An envoy was sent to the nations to say,
  "Assemble yourselves to attack it!
    Rise up for battle!"

15 «Te haré pequeño entre las naciones,
   menospreciado entre los *hombres.
16 Tú, que habitas en las hendiduras de las rocas;
   tú, que ocupas las alturas de los montes:
   fuiste engañado por el terror que infundías
   y por el orgullo de tu *corazón.
   Aunque pongas tu nido tan alto como el del
      águila,
   desde allí te haré caer
                              —afirma el SEÑOR—.
17 Tan espantosa será la caída de Edom,
   que todo el que pase junto a la ciudad
   quedará pasmado al ver todas sus heridas.
18 Será como en la destrucción de Sodoma y
      Gomorra
   y de sus ciudades vecinas;
   nadie volverá a vivir allí,
   ni la habitará ningún *ser humano
                              —afirma el SEÑOR—.

19 »Como león que sale de los matorrales del
      Jordán
   hacia praderas de verdes pastos,
   en un instante espantaré de su tierra a los de
      Edom,
   y sobre ellos nombraré a mi elegido.
   Porque, ¿quién como yo?
   ¿Quién me puede desafiar?
   ¿Qué *pastor se me puede oponer?»
20 Por eso, escuchen el plan que el SEÑOR
   ha diseñado contra Edom;
   escuchen lo que tiene proyectado
      contra los habitantes de Temán:
   Serán arrastrados
   los más pequeños del rebaño;
   por causa de ellos
   sus praderas quedarán asoladas.
21 Tiembla la tierra
   por el estruendo de su caída;
   hasta en el *Mar Rojo
   resuenan sus gritos.
22 Remonta vuelo el enemigo,
   se desliza como un águila,
   extiende sus alas sobre Bosra.
   En aquel día se angustiarán los valientes de
      Edom,
   como se angustia una mujer de parto.

Mensaje para Damasco

23 Mensaje acerca de Damasco:

   «Jamat y Arfad están desconcertadas,
      pues ya saben de la mala noticia.
   Naufragan en el mar de la angustia,
      y no pueden calmarse.
24 Damasco desfallece;
   trató de huir, pero la dominó el pánico.
   Se halla presa de la angustia y el dolor,
      como si estuviera de parto.
25 ¿Por qué no ha sido abandonada
   la ciudad famosa, la que era mi delicia?
26 En aquel día sus jóvenes
   quedarán tendidos en las calles;
   ¡perecerán todos sus soldados!
                      —afirma el SEÑOR *Todopoderoso—.

15 "Now I will make you small among the
      nations,
   despised among men.
16 The terror you inspire
   and the pride of your heart have deceived
      you,
   you who live in the clefts of the rocks,
   who occupy the heights of the hill.
   Though you build your nest as high as the
      eagle's,
   from there I will bring you down,"
                              declares the LORD.
17 "Edom will become an object of horror;
   all who pass by will be appalled and will
      scoff
   because of all its wounds.
18 As Sodom and Gomorrah were overthrown,
   along with their neighboring towns,"
                              says the LORD,
   "so no one will live there;
   no man will dwell in it.

19 "Like a lion coming up from Jordan's
      thickets
   to a rich pastureland,
   I will chase Edom from its land in an
      instant.
   Who is the chosen one I will appoint for
      this?
   Who is like me and who can challenge me?
   And what shepherd can stand against
      me?"
20 Therefore, hear what the LORD has planned
      against Edom,
   what he has purposed against those who
      live in Teman:
   The young of the flock will be dragged
      away;
   he will completely destroy their pasture
      because of them.
21 At the sound of their fall the earth will
      tremble;
   their cry will resound to the Red Sea.ᵏ
22 Look! An eagle will soar and swoop down,
   spreading its wings over Bozrah.
   In that day the hearts of Edom's warriors
   will be like the heart of a woman in
      labor.

A Message About Damascus

23 Concerning Damascus:

   "Hamath and Arpad are dismayed,
      for they have heard bad news.
   They are disheartened,
      troubled likeˡ the restless sea.
24 Damascus has become feeble,
      she has turned to flee
   and panic has gripped her;
   anguish and pain have seized her,
      pain like that of a woman in labor.
25 Why has the city of renown not been
      abandoned,
   the town in which I delight?
26 Surely, her young men will fall in the
      streets;
   all her soldiers will be silenced in that
      day,"
                      declares the LORD Almighty.

ᵏ21 Hebrew *Yam Suph*; that is, Sea of Reeds   ˡ23 Hebrew *on*
or *by*

²⁷ Prenderé fuego al muro de Damasco,
y los palacios de Ben Adad serán
consumidos.»

Mensaje para Cedar y Jazor

²⁸ Así dice el SEÑOR acerca de Cedar y de los reinos
de Jazor que fueron atacados por Nabucodonosor, rey
de Babilonia:

«¡Vamos, ataquen a Cedar!
¡Destruyan a esa gente del oriente!
²⁹ Sus carpas y rebaños les serán arrebatados,
se llevarán sus toldos, bienes y camellos.
La gente les gritará:
"¡Cunde el terror por todas partes!"

³⁰ »¡Huyan, habitantes de Jazor!
Escapen ya, escóndanse
en lo más profundo de la tierra
—afirma el SEÑOR—.
Nabucodonosor, rey de Babilonia,
maquina planes contra ustedes;
contra ustedes ha diseñado un plan.

³¹ »¡Vamos, ataquen a esta nación indolente
que vive del todo confiada,
nación que no tiene puertas ni cerrojos,
y que vive muy aislada!
—afirma el SEÑOR—.
³² Sus camellos serán el botín,
y su numeroso ganado, el despojo.
Dispersaré a los cuatro vientos
a los que se rapan las sienes;
de todas partes les traeré su ruina
—afirma el SEÑOR—.
³³ Jazor se convertirá en una guarida de chacales,
en un lugar desolado para siempre.
Ningún *ser humano vivirá allí,
nadie habitará en ese lugar.»

Mensaje para Elam

³⁴ La palabra del SEÑOR acerca de Elam vino al profe-
ta Jeremías al comienzo del reinado de Sedequías, rey
de Judá.

³⁵ Así dice el SEÑOR *Todopoderoso:

«Voy a quebrar el arco de Elam;
voy a acabar con lo mejor de su poderío.
³⁶ Voy a desatar contra Elam los cuatro vientos
desde los cuatro confines de la tierra.
Los voy a esparcir por los cuatro vientos,
y no quedará nación alguna
adonde no lleguen sus desterrados.
³⁷ Aterraré a Elam frente a sus enemigos,
frente a los que atentan contra su vida;
desataré mi ardiente ira,
y traeré sobre ellos calamidad
—afirma el SEÑOR—.
Haré que la espada los persiga
hasta que los haya exterminado.
³⁸ Estableceré mi trono en Elam,
y destruiré a su rey y a sus oficiales
—afirma el SEÑOR—.

³⁹ »Pero en los días venideros
cambiaré la suerte de Elam»,
afirma el SEÑOR.

²⁷"I will set fire to the walls of Damascus;
it will consume the fortresses of
Ben-Hadad."

A Message About Kedar and Hazor

²⁸Concerning Kedar and the kingdoms of Hazor,
which Nebuchadnezzar king of Babylon attacked:

This is what the LORD says:

"Arise, and attack Kedar
and destroy the people of the East.
²⁹Their tents and their flocks will be taken;
their shelters will be carried off
with all their goods and camels.
Men will shout to them,
'Terror on every side!'

³⁰"Flee quickly away!
Stay in deep caves, you who live in
Hazor,"
declares the LORD.
"Nebuchadnezzar king of Babylon has
plotted against you;
he has devised a plan against you.

³¹"Arise and attack a nation at ease,
which lives in confidence,"
declares the LORD,
"a nation that has neither gates nor bars;
its people live alone.
³²Their camels will become plunder,
and their large herds will be booty.
I will scatter to the winds those who are in
distant places^m
and will bring disaster on them from
every side,"
declares the LORD.
³³"Hazor will become a haunt of jackals,
a desolate place forever.
No one will live there;
no man will dwell in it."

A Message About Elam

³⁴This is the word of the LORD that came to Jeremiah
the prophet concerning Elam, early in the reign of Zedekiah king of Judah:

³⁵This is what the LORD Almighty says:

"See, I will break the bow of Elam,
the mainstay of their might.
³⁶I will bring against Elam the four winds
from the four quarters of the heavens;
I will scatter them to the four winds,
and there will not be a nation
where Elam's exiles do not go.
³⁷I will shatter Elam before their foes,
before those who seek their lives;
I will bring disaster upon them,
even my fierce anger,"
declares the LORD.
"I will pursue them with the sword
until I have made an end of them.
³⁸I will set my throne in Elam
and destroy her king and officials,"
declares the LORD.

³⁹"Yet I will restore the fortunes of Elam
in days to come,"
declares the LORD.

---

m 32 Or *who clip the hair by their foreheads*

Mensaje para Babilonia

50 La palabra del SEÑOR acerca de los *babilonios y de su país vino al profeta Jeremías:

2 «¡Anuncien y proclamen entre las naciones!
¡Proclámenlo, levanten un estandarte!
No oculten nada, sino digan:
"¡Babilonia será conquistada!
¡Bel quedará en vergüenza!
¡Marduc quedará aterrado!
¡Sus imágenes quedan humilladas,
y aterrados sus ídolos!"
3 Porque la ataca una nación del norte,
que dejará desolada a su tierra.
*Hombres y animales saldrán huyendo,
y no habrá nadie que la habite.

4 »En aquellos días, en aquel tiempo,
la gente de Israel y de Judá
irá llorando en busca del SEÑOR, su Dios
—afirma el SEÑOR—.
5 Preguntarán por el camino de *Sión,
y hacia allá se encaminarán.
Vendrán y se aferrarán al SEÑOR
en un *pacto eterno, que ya no olvidarán.

6 »Mi pueblo ha sido como un rebaño perdido;
sus *pastores lo han descarriado,
lo han hecho vagar por las montañas.
Ha ido de colina en colina,
y se ha olvidado de su redil.
7 Todos los que lo encuentran, lo devoran;
"No somos culpables —decían sus
enemigos—,
porque ellos pecaron contra el SEÑOR;
¡él es morada de *justicia,
esperanza de sus antepasados!"

8 »¡Huyan de Babilonia;
abandonen ese país!
Sean como los machos cabríos
que guían a las ovejas.
9 Porque yo movilizo contra Babilonia,
una alianza de grandes naciones del norte.
Se alistarán contra ella,
y desde el norte será conquistada.
Sus flechas son como expertos guerreros
que no vuelven con las manos vacías.
10 Babilonia será saqueada,
y todos sus saqueadores se saciarán
—afirma el SEÑOR—.

11 »Ustedes, que saquean mi heredad,
alégrense y regocíjense!
¡Salten como terneros en la pradera,
relinchen como sementales!
12 Pero la patria de ustedes
quedará humillada;
la que les dio la vida quedará en vergüenza.
Será la última de las naciones;
se convertirá en sequedal, desierto y estepa.

A Message About Babylon

50 This is the word the LORD spoke through Jeremiah the prophet concerning Babylon and the land of the Babylonians[n]:

2 "Announce and proclaim among the nations,
lift up a banner and proclaim it;
keep nothing back, but say,
'Babylon will be captured;
Bel will be put to shame,
Marduk filled with terror.
Her images will be put to shame
and her idols filled with terror.'
3 A nation from the north will attack her
and lay waste her land.
No one will live in it;
both men and animals will flee away.

4 "In those days, at that time,"
declares the LORD,
"the people of Israel and the people of
Judah together
will go in tears to seek the LORD their
God.
5 They will ask the way to Zion
and turn their faces toward it.
They will come and bind themselves to the
LORD
in an everlasting covenant
that will not be forgotten.

6 "My people have been lost sheep;
their shepherds have led them astray
and caused them to roam on the
mountains.
They wandered over mountain and hill
and forgot their own resting place.
7 Whoever found them devoured them;
their enemies said, 'We are not guilty,
for they sinned against the LORD, their true
pasture,
the LORD, the hope of their fathers.'

8 "Flee out of Babylon;
leave the land of the Babylonians,
and be like the goats that lead the flock.
9 For I will stir up and bring against Babylon
an alliance of great nations from the land
of the north.
They will take up their positions against her,
and from the north she will be captured.
Their arrows will be like skilled warriors
who do not return empty-handed.
10 So Babylonia[o] will be plundered;
all who plunder her will have their fill,"
declares the LORD.

11 "Because you rejoice and are glad,
you who pillage my inheritance,
because you frolic like a heifer threshing
grain
and neigh like stallions,
12 your mother will be greatly ashamed;
she who gave you birth will be disgraced.
She will be the least of the nations—
a wilderness, a dry land, a desert.

---

[n] 1 Or *Chaldeans*; also in verses 8, 25, 35 and 45
[o] 10 Or *Chaldea*

¹³ Por el enojo del SEÑOR
     no será habitada,
     sino que quedará en desolación.
   Todo el que pase por Babilonia
     quedará pasmado al ver todas sus heridas.

¹⁴ »¡Tomen posiciones alrededor de Babilonia,
     todos los que tensan el arco!
   ¡Dispárenle, no escatimen flechas,
     porque ha pecado contra el SEÑOR!
¹⁵ Griten en torno de ella:
     ¡Babilonia se rinde!
   ¡Cayeron sus torres,
     se derrumbaron sus muros!
   ¡Ésta es la venganza del SEÑOR!
     ¡Vénguense de ella!
     ¡Páguenle con la misma moneda!
¹⁶ Exterminen al que siembra en Babilonia,
     y al que maneja la hoz en la cosecha.
   Ante la espada del opresor,
     cada uno retorna a su pueblo,
     cada cual huye a su país.

¹⁷ »Israel es como un rebaño descarriado,
     acosado por los leones.
   Primero lo devoró el rey de Asiria,
     y luego Nabucodonosor, rey de Babilonia,
     le quebró todos los huesos.»

¹⁸ Por eso, así dice el SEÑOR *Todopoderoso, el Dios de Israel:

   «Castigaré al rey de Babilonia y a su país
     como castigué al rey de Asiria.
¹⁹ Haré que Israel vuelva a su prado
     y que se alimente en el Carmelo y en Basán.
   Su apetito quedará saciado
     en las montañas de Efraín y Galaad.
²⁰ En aquellos días se buscará la iniquidad de
     Israel,
     pero ya no se encontrará.
   En aquel tiempo se buscarán los pecados de
     Judá,
     pero ya no se hallarán,
   porque yo perdonaré a los que deje con vida
               —afirma el SEÑOR—.

²¹ »¡Ataca el país de Meratayin
     y a los que viven en Pecod!
   ¡Mátalos, *destrúyelos por completo!
   ¡Cumple con todas mis órdenes!
               —afirma el SEÑOR—.
²² ¡En el país hay estruendo de guerra
     y de impresionante destrucción!
²³ ¡Cómo ha sido quebrado y derribado
     el martillo de toda la tierra!
   ¡Babilonia ha quedado desolada
     en medio de las naciones!
²⁴ Te tendí una trampa, y en ella caíste
     antes de que te dieras cuenta.
   Fuiste sorprendida y apresada,
     porque te opusiste al SEÑOR.
²⁵ El SEÑOR ha abierto su arsenal,
     y ha sacado las armas de su ira;
   el SEÑOR omnipotente, el Todopoderoso,
     tiene una tarea que cumplir
     en el país de los babilonios.

¹³Because of the LORD's anger she will not be
     inhabited
     but will be completely desolate.
   All who pass Babylon will be horrified and
     scoff
     because of all her wounds.

¹⁴"Take up your positions around Babylon,
     all you who draw the bow.
   Shoot at her! Spare no arrows,
     for she has sinned against the LORD.
¹⁵Shout against her on every side!
     She surrenders, her towers fall,
     her walls are torn down.
   Since this is the vengeance of the LORD,
     take vengeance on her;
     do to her as she has done to others.
¹⁶Cut off from Babylon the sower,
     and the reaper with his sickle at harvest.
   Because of the sword of the oppressor
     let everyone return to his own people,
     let everyone flee to his own land.

¹⁷"Israel is a scattered flock
     that lions have chased away.
   The first to devour him
     was the king of Assyria;
   the last to crush his bones
     was Nebuchadnezzar king of Babylon."

¹⁸Therefore this is what the LORD Almighty, the God of Israel, says:

   "I will punish the king of Babylon and his
     land
     as I punished the king of Assyria.
¹⁹But I will bring Israel back to his own
     pasture
     and he will graze on Carmel and Bashan;
   his appetite will be satisfied
     on the hills of Ephraim and Gilead.
²⁰In those days, at that time,"
     declares the LORD,
   "search will be made for Israel's guilt,
     but there will be none,
   and for the sins of Judah,
     but none will be found,
     for I will forgive the remnant I spare.

²¹"Attack the land of Merathaim
     and those who live in Pekod.
   Pursue, kill and completely destroy*^p* them,"
               declares the LORD.
   "Do everything I have commanded you.
²²The noise of battle is in the land,
     the noise of great destruction!
²³How broken and shattered
     is the hammer of the whole earth!
   How desolate is Babylon
     among the nations!
²⁴I set a trap for you, O Babylon,
     and you were caught before you knew it;
   you were found and captured
     because you opposed the LORD.
²⁵The LORD has opened his arsenal
     and brought out the weapons of his wrath,
   for the Sovereign LORD Almighty has work
     to do
     in the land of the Babylonians.

---

p 21 The Hebrew term refers to the irrevocable giving over of things or persons to the LORD, often by totally destroying them; also in verse 26.

26¡Atáquenla desde los confines de la tierra!
    ¡Abran sus graneros!
¡Amontónenla como a las gavillas!
    ¡Destrúyanla por completo!
    ¡Que no quede nada de ella!
27¡Maten a todos sus novillos!
    ¡Llévenlos al matadero!
¡Ay de ellos, pues les ha llegado el día,
    el día de su castigo!
28Se oye la voz de los fugitivos,
    de los que escaparon de Babilonia;
vienen a anunciar en Sión
    la venganza del SEÑOR, nuestro Dios,
    la venganza por su templo.

29»Recluten contra Babilonia a los arqueros,
    a todos los que tensan el arco;
acampen a su alrededor,
    y que no escape ninguno.
Retribúyanle según sus obras,
    páguenle con la misma moneda.
Porque ella ha desafiado al SEÑOR,
    al *Santo de Israel.
30Por eso en aquel día
    caerán sus jóvenes en las calles
    y perecerán todos sus soldados
                —afirma el SEÑOR—.

31»Estoy contra ti, nación arrogante
    —afirma el Señor, el SEÑOR Todopoderoso—;
al fin ha llegado el día,
    el día de tu castigo.
32El arrogante tropezará y caerá,
    y no habrá quien lo ayude a levantarse.
Prenderé fuego a todas sus ciudades,
    fuego que consumirá cuanto le rodea.»

33Así dice el SEÑOR Todopoderoso:

«Israel y Judá son pueblos oprimidos;
    sus enemigos los tienen apresados,
    no los dejan en libertad.
34Pero su redentor es fuerte,
    su *nombre es el SEÑOR Todopoderoso.
Con vigor defenderá su causa;
    traerá la *paz a la tierra,
    pero a Babilonia, el terror.

35»¡Muerte a^c los babilonios!
    ¡Muerte a sus jefes y sabios!
                —afirma el SEÑOR—.
36¡Muerte a sus falsos profetas!
    ¡Que pierdan la razón!
¡Muerte a sus guerreros!
    ¡Que queden aterrorizados!
37¡Muerte a sus caballos y carros!
    ¡Muerte a todos sus mercenarios!
    ¡Que se vuelvan como mujeres!
¡Muerte a sus tesoros!
    ¡Que sean saqueados!
38¡Muerte a sus aguas!
    ¡Que queden secas!
Porque Babilonia es un país de ídolos,
    de ídolos terribles que provocan la locura.

26Come against her from afar.
    Break open her granaries;
    pile her up like heaps of grain.
Completely destroy her
    and leave her no remnant.
27Kill all her young bulls;
    let them go down to the slaughter!
Woe to them! For their day has come,
    the time for them to be punished.
28Listen to the fugitives and refugees from
        Babylon
    declaring in Zion
how the LORD our God has taken
        vengeance,
    vengeance for his temple.

29»Summon archers against Babylon,
    all those who draw the bow.
Encamp all around her;
    let no one escape.
Repay her for her deeds;
    do to her as she has done.
For she has defied the LORD,
    the Holy One of Israel.
30Therefore, her young men will fall in the
        streets;
    all her soldiers will be silenced in that
        day,"
                declares the LORD.
31"See, I am against you, O arrogant one,"
    declares the Lord, the LORD Almighty,
"for your day has come,
    the time for you to be punished.
32The arrogant one will stumble and fall
    and no one will help her up;
I will kindle a fire in her towns
    that will consume all who are around
        her."

33This is what the LORD Almighty says:

"The people of Israel are oppressed,
    and the people of Judah as well.
All their captors hold them fast,
    refusing to let them go.
34Yet their Redeemer is strong;
    the LORD Almighty is his name.
He will vigorously defend their cause
    so that he may bring rest to their land,
    but unrest to those who live in Babylon.

35"A sword against the Babylonians!"
    declares the LORD—
"against those who live in Babylon
    and against her officials and wise men!
36A sword against her false prophets!
    They will become fools.
A sword against her warriors!
    They will be filled with terror.
37A sword against her horses and chariots
    and all the foreigners in her ranks!
    They will become women.
A sword against her treasures!
    They will be plundered.
38A drought on^q her waters!
    They will dry up.
For it is a land of idols,
    idols that will go mad with terror.

---

c 50:35 *Muerte a.* Lit. *Espada contra*; también en vv. 36 y 37.   q 38 Or *A sword against*

39 »Por eso las fieras del desierto
    vivirán allí con las hienas;
    también los avestruces harán allí su morada.
  Nunca más volverá a ser habitada;
    quedará despoblada para siempre.
40 Será como cuando Dios destruyó a Sodoma y
        Gomorra,
    y a sus ciudades vecinas;
  allí nadie volverá a vivir,
    ni la habitará ningún *ser humano
        —afirma el SEÑOR—.

41 »Del norte viene un ejército;
    desde los confines de la tierra
    se preparan una gran nación y muchos reyes.
42 Vienen armados con arcos y lanzas;
    son crueles y desalmados.
  Vienen montados a caballo;
    su estruendo es como el bramido del mar.
  Contra ti, bella Babilonia, contra ti
    marchan en formación de combate,
    alineados como un solo hombre.
43 El rey de Babilonia ha escuchado la noticia,
    y sus brazos flaquean;
  de él se apodera la angustia
    y le vienen dolores de parto.
44 Como león que sale de los matorrales del
        Jordán
    hacia praderas de verdes pastos,
  en un instante espantaré de su tierra a los de
        Babilonia,
    y sobre ellos nombraré a mi elegido.
  Porque, ¿quién como yo?
    ¿Quién me puede desafiar?
    ¿Qué pastor se me puede oponer?»
45 Por eso, escuchen el plan que el SEÑOR
    ha diseñado contra Babilonia,
  escuchen lo que tiene proyectado
    en contra del país de los babilonios:
  Serán arrastrados
    los más pequeños del rebaño;
  por causa de ellos,
    sus praderas quedarán asoladas.
46 Tiembla la tierra
    por la estruendosa caída de Babilonia;
  resuenan sus gritos
    en medio de las naciones.

51 Así dice el SEÑOR:

  «Voy a levantar un viento destructor
    contra Babilonia y la gente de Leb Camay.*d*
2 Enviaré contra Babilonia
    gente que la lance por los aires,
  que la aviente como se avienta el trigo,
    hasta dejarla vacía.
  En el día de su calamidad
    la atacarán por todas partes.
3 Que no tense el arquero su arco,*e*
    ni se vista la coraza.
  No perdonen a sus jóvenes;
    *destruyan a su ejército por completo.
4 Caerán muertos en el país de los *babilonios;
    serán traspasados en las calles.

39 "So desert creatures and hyenas will live
        there,
    and there the owl will dwell.
  It will never again be inhabited
    or lived in from generation to generation.
40 As God overthrew Sodom and Gomorrah
    along with their neighboring towns,"
                    declares the LORD,
  "so no one will live there;
    no man will dwell in it.

41 "Look! An army is coming from the north;
    a great nation and many kings
    are being stirred up from the ends of the
        earth.
42 They are armed with bows and spears;
    they are cruel and without mercy.
  They sound like the roaring sea
    as they ride on their horses;
  they come like men in battle formation
    to attack you, O Daughter of Babylon.
43 The king of Babylon has heard reports
        about them,
    and his hands hang limp.
  Anguish has gripped him,
    pain like that of a woman in labor.
44 Like a lion coming up from Jordan's
        thickets
    to a rich pastureland,
  I will chase Babylon from its land in an
        instant.
    Who is the chosen one I will appoint for
        this?
  Who is like me and who can challenge me?
    And what shepherd can stand against
        me?"
45 Therefore, hear what the LORD has planned
        against Babylon,
    what he has purposed against the land of
        the Babylonians:
  The young of the flock will be dragged
        away;
    he will completely destroy their pasture
        because of them.
46 At the sound of Babylon's capture the earth
        will tremble;
    its cry will resound among the nations.

51 This is what the LORD says:

  "See, I will stir up the spirit of a destroyer
    against Babylon and the people of Leb
        Kamai.*r*
2 I will send foreigners to Babylon
    to winnow her and to devastate her land;
  they will oppose her on every side
    in the day of her disaster.
3 Let not the archer string his bow,
    nor let him put on his armor.
  Do not spare her young men;
    completely destroy*s* her army.
4 They will fall down slain in Babylon,*t*
    fatally wounded in her streets.

---

*d*51:1 *Leb Camay* es un criptograma que alude a *Caldea, es decir,
Babilonia.   *e*51:3 *Que no tense el arquero su arco.* Frase de
difícil traducción.

*r*1 *Leb Kamai* is a cryptogram for Chaldea, that is, Babylonia.
*s*3 The Hebrew term refers to the irrevocable giving over of things
or persons to the LORD, often by totally destroying them.
*t*4 Or *Chaldea*

5 Aunque Israel y Judá están llenos de culpa
  delante del *Santo de Israel,
no han sido abandonados por su Dios,
  el SEÑOR *Todopoderoso.

6 »¡Huyan de Babilonia!
  ¡Sálvese quien pueda!
  No perezcan por causa de su iniquidad.
Porque ha llegado la hora
  de que el SEÑOR tome venganza;
  ¡él le dará su merecido!
7 En la mano del SEÑOR
  Babilonia era una copa de oro
que embriagaba a toda la tierra.
Las naciones bebieron de su vino
  y se enloquecieron.
8 Pero de pronto Babilonia cayó hecha pedazos.
  ¡Giman por ella!
Traigan bálsamo para su dolor;
  tal vez pueda ser curada.

9 »"Quisimos curar a Babilonia,
  pero no pudo ser sanada;
abandonémosla, y regrese cada uno a su país,
  porque llega su condena hasta los cielos;
  ¡se eleva hasta las nubes!"

10 »"¡El SEÑOR nos ha vindicado!
  Vengan, que en *Sión daremos a conocer
  lo que ha hecho el SEÑOR, nuestro Dios."

11 »¡Afilen las flechas!
  ¡Ármense con escudos!
El SEÑOR ha despertado el espíritu
  de los reyes de Media
  para destruir a Babilonia.
Ésta es la venganza del SEÑOR,
  la venganza por su templo.
12 ¡Levanten el estandarte
  contra los muros de Babilonia!
¡Refuercen la guardia!
  ¡Pongan centinelas!
  ¡Preparen la emboscada!
El SEÑOR cumplirá su propósito;
  cumplirá su decreto contra los babilonios.
13 Tú, que habitas junto a muchas aguas
  y eres rica en tesoros,
has llegado a tu fin,
  al final de tu existencia.
14 El SEÑOR Todopoderoso ha jurado por sí
    mismo:
  "Te llenaré de enemigos, como de langostas,
  y sobre ti lanzarán gritos de victoria."

15 »Con su poder hizo el SEÑOR la tierra;
  con su sabiduría afirmó el mundo;
  con su inteligencia extendió los cielos.
16 Ante su trueno, braman las lluvias en el cielo,
  y desde los confines de la tierra
hace que suban las nubes;
entre relámpagos desata la lluvia,
  y saca de sus depósitos el viento.

17 »Todo *hombre es *necio e ignorante;
  todo orfebre se avergüenza de sus ídolos.
Sus ídolos son una mentira;
  no tienen aliento de vida.

5 For Israel and Judah have not been forsaken
  by their God, the LORD Almighty,
though their land*u* is full of guilt
  before the Holy One of Israel.

6 "Flee from Babylon!
  Run for your lives!
  Do not be destroyed because of her sins.
It is time for the LORD's vengeance;
  he will pay her what she deserves.
7 Babylon was a gold cup in the LORD's
    hand;
  she made the whole earth drunk.
The nations drank her wine;
  therefore they have now gone mad.
8 Babylon will suddenly fall and be broken.
  Wail over her!
Get balm for her pain;
  perhaps she can be healed.

9 " 'We would have healed Babylon,
  but she cannot be healed;
let us leave her and each go to his own
    land,
for her judgment reaches to the skies,
  it rises as high as the clouds.'

10 " 'The LORD has vindicated us;
  come, let us tell in Zion
  what the LORD our God has done.'

11 "Sharpen the arrows,
  take up the shields!
The LORD has stirred up the kings of the
    Medes,
  because his purpose is to destroy
    Babylon.
The LORD will take vengeance,
  vengeance for his temple.
12 Lift up a banner against the walls of
    Babylon!
  Reinforce the guard,
station the watchmen,
  prepare an ambush!
The LORD will carry out his purpose,
  his decree against the people of Babylon.
13 You who live by many waters
  and are rich in treasures,
your end has come,
  the time for you to be cut off.
14 The LORD Almighty has sworn by himself:
  I will surely fill you with men, as with a
    swarm of locusts,
  and they will shout in triumph over you.

15 "He made the earth by his power;
  he founded the world by his wisdom
  and stretched out the heavens by his
    understanding.
16 When he thunders, the waters in the heavens
    roar;
  he makes clouds rise from the ends of the
    earth.
He sends lightning with the rain
  and brings out the wind from his
    storehouses.

17 "Every man is senseless and without
    knowledge;
  every goldsmith is shamed by his idols.
His images are a fraud;
  they have no breath in them.

¹⁸ Son absurdos, objetos de burla;
en el tiempo del juicio serán destruidos.
¹⁹ La porción de Jacob no es como aquéllos;
su Dios es el creador de todas las cosas.
Su *nombre es el SEÑOR Todopoderoso;
Israel es la tribu de su heredad.

²⁰ »Tú eres mi mazo, mi arma de guerra;
contigo destrozo naciones y reinos.
²¹ Contigo destrozo jinetes y caballos;
contigo destrozo aurigas y carros de guerra.
²² Contigo destrozo hombres y mujeres;
contigo destrozo jóvenes y ancianos,
contigo destrozo jóvenes y doncellas.
²³ Contigo destrozo pastores y rebaños;
contigo destrozo labradores y yuntas,
contigo destrozo jefes y gobernantes.

²⁴ »Pero en presencia de ustedes les daré su merecido
a Babilonia y a todos sus habitantes por todo el mal que
han hecho en Sión —afirma el SEÑOR—.

²⁵ »Estoy en contra tuya,
monte del exterminio,
que destruyes toda la tierra —afirma el
SEÑOR—.
Extenderé mi mano contra ti;
te haré rodar desde los peñascos
y te convertiré en monte quemado.
²⁶ No volverán a tomar de ti piedra angular,
ni piedra de cimiento,
porque para siempre quedarás desolada
—afirma el SEÑOR—.

²⁷ »¡Levanten la bandera en el país!
¡Toquen la trompeta entre las naciones!
¡Convoquen contra ella
a los reinos de Ararat, Mini y Asquenaz!
¡Pongan al frente un general!
¡Que avancen los caballos cual plaga de
langostas!
²⁸ ¡Convoquen contra ella a las naciones,
a los reyes de Media,
y a sus gobernadores y oficiales!
¡Convoquen a todo su imperio!
²⁹ La tierra tiembla y se sacude;
se cumplen los planes de Dios contra
Babilonia,
al convertirla en un desierto desolado
donde nadie ha de habitar.
³⁰ Dejaron de combatir los guerreros de
Babilonia;
se escondieron en las fortalezas.
Sus fuerzas se agotaron;
se volvieron como mujeres.
Sus moradas fueron incendiadas
y destrozados sus cerrojos.
³¹ Corre un emisario tras el otro;
un mensajero sigue a otro mensajero,
para anunciarle al rey de Babilonia
que toda la ciudad ha sido conquistada.
³² Los vados han sido ocupados,
e incendiados los esteros;
llenos de pánico quedaron los guerreros.»

¹⁸ They are worthless, the objects of mockery;
when their judgment comes, they will
perish.
¹⁹ He who is the Portion of Jacob is not like
these,
for he is the Maker of all things,
including the tribe of his inheritance—
the LORD Almighty is his name.

²⁰ "You are my war club,
my weapon for battle—
with you I shatter nations,
with you I destroy kingdoms,
²¹ with you I shatter horse and rider,
with you I shatter chariot and driver,
²² with you I shatter man and woman,
with you I shatter old man and youth,
with you I shatter young man and maiden,
²³ with you I shatter shepherd and flock,
with you I shatter farmer and oxen,
with you I shatter governors and officials.

²⁴ "Before your eyes I will repay Babylon and all
who live in Babylonia*ᵛ* for all the wrong they have
done in Zion," declares the LORD.

²⁵ "I am against you, O destroying mountain,
you who destroy the whole earth,"
declares the LORD.
"I will stretch out my hand against you,
roll you off the cliffs,
and make you a burned-out mountain.
²⁶ No rock will be taken from you for a
cornerstone,
nor any stone for a foundation,
for you will be desolate forever,"
declares the LORD.

²⁷ "Lift up a banner in the land!
Blow the trumpet among the nations!
Prepare the nations for battle against her;
summon against her these kingdoms:
Ararat, Minni and Ashkenaz.
Appoint a commander against her;
send up horses like a swarm of locusts.
²⁸ Prepare the nations for battle against her—
the kings of the Medes,
their governors and all their officials,
and all the countries they rule.
²⁹ The land trembles and writhes,
for the LORD's purposes against Babylon
stand—
to lay waste the land of Babylon
so that no one will live there.
³⁰ Babylon's warriors have stopped fighting;
they remain in their strongholds.
Their strength is exhausted;
they have become like women.
Her dwellings are set on fire;
the bars of her gates are broken.
³¹ One courier follows another
and messenger follows messenger
to announce to the king of Babylon
that his entire city is captured,
³² the river crossings seized,
the marshes set on fire,
and the soldiers terrified."

v 24 Or *Chaldea*; also in verse 35

³³Porque así dice el SEÑOR Todopoderoso, el Dios de Israel:

«La bella Babilonia es como una era
en el momento de la trilla;
¡ya le llega el tiempo de la cosecha!»

³⁴«Nabucodonosor, el rey de Babilonia,
me devoró, me confundió;
me dejó como un plato vacío.
Me tragó como un monstruo marino,
con mis delicias se ha llenado el estómago
para luego vomitarme.
³⁵Dice Jerusalén:
"¡Que recaiga sobre Babilonia
la violencia que me hizo!"
Dice la moradora de Sión:
"¡Que mi sangre se derrame
sobre los babilonios!"»

³⁶Por eso, así dice el SEÑOR:

«Voy a defender tu causa,
y llevaré a cabo tu venganza;
voy a secar el agua de su mar,
y dejaré secos sus manantiales.
³⁷Babilonia se convertirá en un montón de
ruinas,
en guarida de chacales,
en objeto de horror y de burla,
en un lugar sin habitantes.
³⁸Juntos rugen como leones;
gruñen como cachorros de león.
³⁹Cuando entren en calor, les serviré bebida;
los embriagaré para que se diviertan.
Así dormirán un sueño eterno
del que ya no despertarán
—afirma el SEÑOR—.
⁴⁰Voy a llevarlos al matadero,
como si fueran corderos;
como carneros y chivos.

⁴¹»¡Cómo ha sido capturada Sesac!^f
¡Cómo ha sido conquistado
el orgullo de toda la tierra!
Babilonia se ha convertido
en un horror para las naciones.
⁴²El mar ha subido contra Babilonia;
agitadas olas la han cubierto.
⁴³Desoladas han quedado sus ciudades:
como un sequedal, como un desierto.
Nadie habita allí,
nadie pasa por ese lugar.
⁴⁴Voy a castigar al dios Bel en Babilonia;
haré que vomite lo que se ha tragado.
Ya no acudirán a él las naciones,
ni quedará en pie el muro de Babilonia.

⁴⁵»¡Huye de ella, pueblo mío!
¡Sálvese quien pueda de mi ardiente ira!
⁴⁶No desfallezcan, no se acobarden
por los rumores que corren por el país.
Año tras año surgen nuevos rumores;
cunde la violencia en el país,
y un gobernante se levanta contra otro.

³³This is what the LORD Almighty, the God of Israel, says:

"The Daughter of Babylon is like a
threshing floor
at the time it is trampled;
the time to harvest her will soon come."

³⁴"Nebuchadnezzar king of Babylon has
devoured us,
he has thrown us into confusion,
he has made us an empty jar.
Like a serpent he has swallowed us
and filled his stomach with our delicacies,
and then has spewed us out.
³⁵May the violence done to our flesh^w be
upon Babylon,"
say the inhabitants of Zion.
"May our blood be on those who live in
Babylonia,"
says Jerusalem.

³⁶Therefore, this is what the LORD says:

"See, I will defend your cause
and avenge you;
I will dry up her sea
and make her springs dry.
³⁷Babylon will be a heap of ruins,
a haunt of jackals,
an object of horror and scorn,
a place where no one lives.
³⁸Her people all roar like young lions,
they growl like lion cubs.
³⁹But while they are aroused,
I will set out a feast for them
and make them drunk,
so that they shout with laughter—
then sleep forever and not awake,"
declares the LORD.
⁴⁰"I will bring them down
like lambs to the slaughter,
like rams and goats.

⁴¹"How Sheshach^x will be captured,
the boast of the whole earth seized!
What a horror Babylon will be
among the nations!
⁴²The sea will rise over Babylon;
its roaring waves will cover her.
⁴³Her towns will be desolate,
a dry and desert land,
a land where no one lives,
through which no man travels.
⁴⁴I will punish Bel in Babylon
and make him spew out what he has
swallowed.
The nations will no longer stream to him.
And the wall of Babylon will fall.

⁴⁵"Come out of her, my people!
Run for your lives!
Run from the fierce anger of the LORD.
⁴⁶Do not lose heart or be afraid
when rumors are heard in the land;
one rumor comes this year, another the next,
rumors of violence in the land
and of ruler against ruler.

---

f 51:41 Sesac es un criptograma que alude a Babilonia.

^w 35 Or *done to us and to our children*   ^x 41 *Sheshach* is a cryptogram for Babylon.

47 Se acercan ya los días
     en que castigaré a los ídolos de Babilonia.
   Toda su tierra será avergonzada;
     caerán sus víctimas en medio de ella.
48 Entonces el cielo y la tierra,
     y todo lo que hay en ellos,
   lanzarán gritos de júbilo contra Babilonia,
     porque del norte vendrán sus destructores
                    —afirma el SEÑOR—.

49 »Babilonia tiene que caer
     por las víctimas de Israel,
   así como en toda la tierra
     cayeron las víctimas de Babilonia.
50 Ustedes, los que escaparon de la espada,
     huyan sin demora.
   Invoquen al SEÑOR en tierras lejanas,
     y no dejen de pensar en Jerusalén.»

51 «Sentimos vergüenza por los insultos;
     estamos cubiertos de deshonra,
   porque han penetrado extranjeros
     en el santuario del SEÑOR.»

52 «Por eso, vienen días
     en que castigaré a sus ídolos;
   a lo largo de todo el país
     gemirán sus heridos
                    —afirma el SEÑOR—.
53 Aunque Babilonia suba hasta los cielos,
     y en lo alto fortifique sus baluartes,
   yo enviaré destructores contra ella
                    —afirma el SEÑOR—.

54 »Se oyen clamores por la gran destrucción
     del país de Babilonia.
55 El SEÑOR la destruye por completo;
     pone fin a su bullicio.
   Rugen sus enemigos como olas agitadas;
     resuena el estruendo de su voz.
56 Llega contra Babilonia el destructor;
     sus guerreros serán capturados,
     y sus arcos serán hechos pedazos.
   Porque el SEÑOR es un Dios
     que a cada cual le da su merecido.
57 Voy a embriagar a sus jefes y a sus sabios;
     a sus gobernadores, oficiales y guerreros;
   y dormirán un sueño eterno,
     del que no despertarán»,
   afirma el Rey,
     cuyo nombre es el SEÑOR Todopoderoso.

58 Así dice el SEÑOR Todopoderoso:

   «Los anchos muros de Babilonia
     serán derribados por completo;
   sus imponentes *puertas serán incendiadas.
   Los pueblos se agotan en vano,
     y las naciones se fatigan
   por lo que se desvanece como el humo.»

59 Éste es el mandato que el profeta Jeremías dio a Seraías, hijo de Nerías y nieto de Maseías, cuando fue a Babilonia con Sedequías, rey de Judá, durante el año cuarto de su reinado. Seraías era el jefe de este viaje. 60 Jeremías había descrito en un rollo todas las calamidades que le sobrevendrían a Babilonia, es decir, todo lo concerniente a ella. 61 Jeremías le dijo a Seraías: «En cuanto llegues a Babilonia, asegúrate de leerles todas

47 For the time will surely come
     when I will punish the idols of Babylon;
   her whole land will be disgraced
     and her slain will all lie fallen within her.
48 Then heaven and earth and all that is in
     them
   will shout for joy over Babylon,
   for out of the north
     destroyers will attack her,"
                    declares the LORD.

49 "Babylon must fall because of Israel's slain,
     just as the slain in all the earth
     have fallen because of Babylon.
50 You who have escaped the sword,
     leave and do not linger!
   Remember the LORD in a distant land,
     and think on Jerusalem."

51 "We are disgraced,
     for we have been insulted
   and shame covers our faces,
   because foreigners have entered
     the holy places of the LORD's house."

52 "But days are coming," declares the LORD,
     "when I will punish her idols,
   and throughout her land
     the wounded will groan.
53 Even if Babylon reaches the sky
     and fortifies her lofty stronghold,
   I will send destroyers against her,"
                    declares the LORD.

54 "The sound of a cry comes from Babylon,
     the sound of great destruction
     from the land of the Babylonians.y
55 The LORD will destroy Babylon;
     he will silence her noisy din.
   Waves ⌊of enemies⌋ will rage like great
     waters;
   the roar of their voices will resound.
56 A destroyer will come against Babylon;
     her warriors will be captured,
     and their bows will be broken.
   For the LORD is a God of retribution;
     he will repay in full.
57 I will make her officials and wise men
     drunk,
   her governors, officers and warriors as
     well;
   they will sleep forever and not awake,"
     declares the King, whose name is the
     LORD Almighty.

58 This is what the LORD Almighty says:

   "Babylon's thick wall will be leveled
     and her high gates set on fire;
   the peoples exhaust themselves for nothing,
     the nations' labor is only fuel for the
     flames."

59 This is the message Jeremiah gave to the staff officer Seraiah son of Neriah, the son of Mahseiah, when he went to Babylon with Zedekiah king of Judah in the fourth year of his reign. 60 Jeremiah had written on a scroll about all the disasters that would come upon Babylon—all that had been recorded concerning Babylon. 61 He said to Seraiah, "When you get to Babylon,

estas palabras. 62 Luego diles: "SEÑOR, tú has dicho que vas a destruir este lugar, y que lo convertirás en una desolación perpetua, hasta que no quede en él un solo habitante, ni hombre ni animal." 63 Cuando termines de leer el rollo, átale una piedra y arrójalo al Éufrates. 64 Luego diles: "Así se hundirá Babilonia, y nunca más se levantará del desastre que voy a traer sobre ella."»

Aquí concluyen las palabras de Jeremías.

La caída de Jerusalén

52 Sedequías tenía veintiún años cuando ascendió al trono, y reinó en Jerusalén once años. Su madre se llamaba Jamutal hija de Jeremías, oriunda de Libná. 2 Al igual que Joacim, Sedequías hizo lo que ofende al SEÑOR, 3 a tal grado que el Señor, en su ira, los echó de su presencia. Todo esto sucedió en Jerusalén y en Judá.

Sedequías se rebeló contra el rey de Babilonia. 4 En el año noveno del reinado de Sedequías, a los diez días del mes décimo, Nabucodonosor, rey de Babilonia, marchó con todo su ejército y atacó a Jerusalén. Acampó frente a la ciudad y construyó una rampa de asalto a su alrededor. 5 La ciudad estuvo sitiada hasta el año undécimo del reinado de Sedequías.

6 A los nueve días del mes cuarto, cuando el hambre se agravó en la ciudad y no había más alimento para el pueblo, 7 se abrió una brecha en el muro de la ciudad, de modo que, aunque los *babilonios la tenían cercada, todo el ejército se escapó. Salieron de noche, por la *puerta que estaba entre los dos muros, junto al jardín real. Huyeron camino al Arabá, g 8 pero el ejército babilonio persiguió al rey Sedequías hasta alcanzarlo en la llanura de Jericó. Sus soldados se dispersaron, abandonándolo, 9 y los babilonios lo capturaron. Entonces lo llevaron ante el rey de Babilonia, que estaba en Riblá, en el territorio de Jamat. Allí Nabucodonosor dictó sentencia contra Sedequías, 10 y ante sus propios ojos hizo degollar a sus hijos, lo mismo que a todos los nobles de Judá. 11 Luego mandó que a Sedequías le sacaran los ojos y que le pusieran cadenas de bronce para llevarlo a Babilonia, donde permaneció preso hasta el día en que murió.

12 A los diez días del mes quinto del año diecinueve del reinado de Nabucodonosor, rey de Babilonia, su servidor Nabuzaradán, que era comandante de la guardia, fue a Jerusalén 13 y le prendió fuego al templo del SEÑOR, al palacio real y a todas las casas de Jerusalén, incluso a todos los edificios importantes. 14 Entonces el ejército de los babilonios bajo su mando derribó todas las murallas que rodeaban la ciudad. 15 Nabuzaradán además deportó h a la gente que quedaba en la ciudad, es decir, al resto de los artesanos y a los que se habían aliado con el rey de Babilonia. 16 Sin embargo, dejó a algunos de los más pobres para que se encargaran de los viñedos y de los campos.

17 Los babilonios quebraron las columnas de bronce, las bases y la fuente i de bronce que estaban en el templo del SEÑOR, y se llevaron todo el bronce a Babilonia. 18 También se llevaron las ollas, las tenazas, las despabiladeras, los tazones, la vajilla y todos los uten-

see that you read all these words aloud. 62 Then say, 'O LORD, you have said you will destroy this place, so that neither man nor animal will live in it; it will be desolate forever.' 63 When you finish reading this scroll, tie a stone to it and throw it into the Euphrates. 64 Then say, 'So will Babylon sink to rise no more because of the disaster I will bring upon her. And her people will fall.' "

The words of Jeremiah end here.

The Fall of Jerusalem

52 Zedekiah was twenty-one years old when he became king, and he reigned in Jerusalem eleven years. His mother's name was Hamutal daughter of Jeremiah; she was from Libnah. 2 He did evil in the eyes of the LORD, just as Jehoiakim had done. 3 It was because of the LORD's anger that all this happened to Jerusalem and Judah, and in the end he thrust them from his presence.

Now Zedekiah rebelled against the king of Babylon.

4 So in the ninth year of Zedekiah's reign, on the tenth day of the tenth month, Nebuchadnezzar king of Babylon marched against Jerusalem with his whole army. They camped outside the city and built siege works all around it. 5 The city was kept under siege until the eleventh year of King Zedekiah.

6 By the ninth day of the fourth month the famine in the city had become so severe that there was no food for the people to eat. 7 Then the city wall was broken through, and the whole army fled. They left the city at night through the gate between the two walls near the king's garden, though the Babylonians z were surrounding the city. They fled toward the Arabah, a 8 but the Babylonian b army pursued King Zedekiah and overtook him in the plains of Jericho. All his soldiers were separated from him and scattered, 9 and he was captured.

He was taken to the king of Babylon at Riblah in the land of Hamath, where he pronounced sentence on him. 10 There at Riblah the king of Babylon slaughtered the sons of Zedekiah before his eyes; he also killed all the officials of Judah. 11 Then he put out Zedekiah's eyes, bound him with bronze shackles and took him to Babylon, where he put him in prison till the day of his death.

12 On the tenth day of the fifth month, in the nineteenth year of Nebuchadnezzar king of Babylon, Nebuzaradan commander of the imperial guard, who served the king of Babylon, came to Jerusalem. 13 He set fire to the temple of the LORD, the royal palace and all the houses of Jerusalem. Every important building he burned down. 14 The whole Babylonian army under the commander of the imperial guard broke down all the walls around Jerusalem. 15 Nebuzaradan the commander of the guard carried into exile some of the poorest people and those who remained in the city, along with the rest of the craftsmen c and those who had gone over to the king of Babylon. 16 But Nebuzaradan left behind the rest of the poorest people of the land to work the vineyards and fields.

17 The Babylonians broke up the bronze pillars, the movable stands and the bronze Sea that were at the temple of the LORD and they carried all the bronze to Babylon. 18 They also took away the pots, shovels, wick trimmers, sprinkling bowls, dishes and all the

---

g 52:7 Arabá. Alt. valle del Jordán.   h 52:15 deportó (lectura probable; véase 2R 25:11); deportó a algunos de los más pobres del pueblo y (TM).   i 52:17 la fuente. Lit. el mar; también en v. 20.

z 7 Or Chaldeans; also in verse 17   a 7 Or the Jordan Valley
b 8 Or Chaldean; also in verse 14   c 15 Or populace

silios de bronce que se usaban para el culto. ¹⁹ Además, el comandante de la guardia se apoderó de las palanganas, los incensarios, los aspersorios, las ollas, los candelabros, los platos y fuentes para las libaciones, todo lo cual era de oro y de plata.

²⁰ El bronce de las dos columnas, de la fuente, de los doce toros que estaban debajo de la fuente,ʲ y de las bases, que el rey Salomón había hecho para el templo del SEÑOR, era tanto que no se podía pesar. ²¹ Cada columna medía ocho metros de altura y cinco y medio de circunferencia; su espesor era de ocho centímetros,ᵏ y era hueca por dentro. ²² El capitel de bronce que estaba encima de cada columna medía dos metrosˡ de altura y estaba decorado alrededor con una red y con granadas de bronce. Las dos columnas tenían el mismo adorno. ²³ De cada columna pendían noventa y seis granadas, y las granadas que estaban alrededor de la red eran cien en total.

²⁴ El comandante de la guardia tomó presos a Seraías, sacerdote principal, a Sofonías, sacerdote de segundo rango, y a los tres porteros. ²⁵ De los que quedaban en la ciudad, apresó al oficial encargado de las tropas, a siete de los servidores personales del rey, al cronista principal del ejército, encargado de reclutar soldados de entre el pueblo, y a sesenta ciudadanos que todavía estaban dentro de la ciudad. ²⁶ Después de apresarlos, Nabuzaradán, comandante de la guardia, se los llevó al rey de Babilonia, que estaba en Riblá. ²⁷ Allí, en el territorio de Jamat, el rey los hizo ejecutar.

Así Judá fue desterrado y llevado cautivo. ²⁸ Éste es el número de personas desterradas por Nabucodonosor:

en el año séptimo de su reinado, tres mil veintitrés judíos;
²⁹ en el año dieciocho de su reinado, ochocientas treinta y dos personas de Jerusalén;
³⁰ en el año veintitrés de su reinado, Nabuzaradán, el capitán de la guardia real, desterró a setecientos cuarenta y cinco judíos.
En total fueron desterradas cuatro mil seiscientas personas.

Liberación del rey Joaquín

³¹ En el día veintisiete del mes duodécimo del año treinta y siete del exilio de Joaquín, rey de Judá, Evil Merodac, rey de Babilonia, en el año primero de su reinado, indultó a Joaquín y lo sacó de la cárcel. ³² Lo trató amablemente y le dio una posición más alta que la de los otros reyes que estaban con él en Babilonia. ³³ Joaquín dejó su ropa de prisionero, y por el resto de su vida comió a la mesa del rey. ³⁴ Además, durante toda su vida y hasta el día de su muerte, Joaquín gozó de una pensión diaria que le proveía el rey de Babilonia.

bronze articles used in the temple service. ¹⁹The commander of the imperial guard took away the basins, censers, sprinkling bowls, pots, lampstands, dishes and bowls used for drink offerings—all that were made of pure gold or silver.

²⁰The bronze from the two pillars, the Sea and the twelve bronze bulls under it, and the movable stands, which King Solomon had made for the temple of the LORD, was more than could be weighed. ²¹Each of the pillars was eighteen cubits high and twelve cubits in circumferenceᵈ; each was four fingers thick, and hollow. ²²The bronze capital on top of the one pillar was five cubitsᵉ high and was decorated with a network and pomegranates of bronze all around. The other pillar, with its pomegranates, was similar. ²³There were ninety-six pomegranates on the sides; the total number of pomegranates above the surrounding network was a hundred.

²⁴The commander of the guard took as prisoners Seraiah the chief priest, Zephaniah the priest next in rank and the three doorkeepers. ²⁵Of those still in the city, he took the officer in charge of the fighting men, and seven royal advisers. He also took the secretary who was chief officer in charge of conscripting the people of the land and sixty of his men who were found in the city. ²⁶Nebuzaradan the commander took them all and brought them to the king of Babylon at Riblah. ²⁷There at Riblah, in the land of Hamath, the king had them executed.

So Judah went into captivity, away from her land. ²⁸This is the number of the people Nebuchadnezzar carried into exile:

in the seventh year, 3,023 Jews;
²⁹in Nebuchadnezzar's eighteenth year,
832 people from Jerusalem;
³⁰in his twenty-third year,
745 Jews taken into exile by Nebuzaradan the commander of the imperial guard.
There were 4,600 people in all.

Jehoiachin Released

³¹In the thirty-seventh year of the exile of Jehoiachin king of Judah, in the year Evil-Merodachᶠ became king of Babylon, he released Jehoiachin king of Judah and freed him from prison on the twenty-fifth day of the twelfth month. ³²He spoke kindly to him and gave him a seat of honor higher than those of the other kings who were with him in Babylon. ³³So Jehoiachin put aside his prison clothes and for the rest of his life ate regularly at the king's table. ³⁴Day by day the king of Babylon gave Jehoiachin a regular allowance as long as he lived, till the day of his death.

ʲ52:20 debajo de la fuente (LXX y Siríaca); debajo (TM).
ᵏ52:21 ocho metros ... cinco y medio ... ocho centímetros. Lit. dieciocho *codos ... doce codos ... cuatro dedos.   ˡ52:22 dos metros. Lit. cinco codos.

ᵈ21 That is, about 27 feet (about 8.1 meters) high and 18 feet (about 5.4 meters) in circumference   ᵉ22 That is, about 7 1/2 feet (about 2.3 meters)   ᶠ31 Also called Amel-Marduk

Lamentaciones

Lamentations

Álef

1 ^a ¡Ay, cuán desolada se encuentra
    la que fue ciudad populosa!
¡Tiene apariencia de viuda
    la que fue grande entre las naciones!
¡Hoy es esclava de las provincias
    la que fue gran señora entre ellas!

Bet

² Amargas lágrimas derrama por las noches;
    corre el llanto por sus mejillas.
No hay entre sus amantes
    uno solo que la consuele.
Todos sus amigos la traicionaron;
    se volvieron sus enemigos.

Guímel

³ Humillada, cargada de cadenas,
    Judá marchó al exilio.
Una más entre las naciones,
    no encuentra reposo.
Todos sus perseguidores la acosan,
    la ponen en aprietos.

Dálet

⁴ Los caminos a *Sión están de duelo;
    ya nadie asiste a sus fiestas solemnes.
Las *puertas de la ciudad se ven desoladas:
    sollozan sus sacerdotes,
se turban sus doncellas,
    ¡toda ella es amargura!

He

⁵ Sus enemigos se volvieron sus amos;
    ¡tranquilos se ven sus adversarios!
El SEÑOR la ha acongojado
    por causa de sus muchos pecados.
Sus hijos marcharon al cautiverio,
    arrastrados por sus enemigos.

Vav

⁶ La bella Sión ha perdido
    todo su antiguo esplendor.
Sus príncipes parecen venados
    que vagan en busca de pastos.
Exhaustos, se dan a la fuga
    frente a sus perseguidores.

Zayin

⁷ Jerusalén trae a la memoria
    los tristes días de su peregrinaje;
se acuerda de todos los tesoros
    que en el pasado fueron suyos.
Cuando su pueblo cayó en manos enemigas
    nadie acudió en su ayuda.
Sus adversarios vieron su caída
    y se burlaron de ella.

1 ^a How deserted lies the city,
    once so full of people!
How like a widow is she,
    who once was great among the nations!
She who was queen among the provinces
    has now become a slave.

²Bitterly she weeps at night,
    tears are upon her cheeks.
Among all her lovers
    there is none to comfort her.
All her friends have betrayed her;
    they have become her enemies.

³After affliction and harsh labor,
    Judah has gone into exile.
She dwells among the nations;
    she finds no resting place.
All who pursue her have overtaken her
    in the midst of her distress.

⁴The roads to Zion mourn,
    for no one comes to her appointed feasts.
All her gateways are desolate,
    her priests groan,
her maidens grieve,
    and she is in bitter anguish.

⁵Her foes have become her masters;
    her enemies are at ease.
The LORD has brought her grief
    because of her many sins.
Her children have gone into exile,
    captive before the foe.

⁶All the splendor has departed
    from the Daughter of Zion.
Her princes are like deer
    that find no pasture;
in weakness they have fled
    before the pursuer.

⁷In the days of her affliction and wandering
    Jerusalem remembers all the treasures
that were hers in days of old.
When her people fell into enemy hands,
    there was no one to help her.
Her enemies looked at her
    and laughed at her destruction.

---

^a *Cap. 1* Este capítulo es un poema acróstico, que sigue el orden del alfabeto hebreo.

^a This chapter is an acrostic poem, the verses of which begin with the successive letters of the Hebrew alphabet.

Jet

8 Grave es el pecado de Jerusalén;
  ¡por eso se ha vuelto *impura!
Los que antes la honraban ahora la desprecian,
  pues han visto su desnudez;
ella misma se deshace en llanto,
  y no se atreve a dar la cara.

Tet

9 Sus vestidos están llenos de inmundicia;
  no tomó en cuenta lo que le esperaba.
Su caída fue sorprendente;
  no hubo nadie que la consolara.
«¡Mira, SEÑOR, mi aflicción!
  ¡El enemigo ha triunfado!»

Yod

10 El enemigo se adueñó
  de todos los tesoros de Jerusalén;
vio ella penetrar en su santuario
  a las naciones *paganas,
a las que tú prohibiste
  entrar en tu asamblea.

Caf

11 Todo su pueblo solloza
  y anda en busca de pan;
para mantenerse con *vida
  cambian por comida sus tesoros.
«¡Mira, SEÑOR, date cuenta
  de cómo me están humillando!»

Lámed

12 «Fíjense ustedes, los que pasan por el camino:
  ¿Acaso no les importa?
¿Dónde hay un sufrimiento como el mío,
  como el que el SEÑOR me ha hecho padecer,
como el que el SEÑOR lanzó sobre mí
  en el día de su furor?

Mem

13 »Desde lo alto envió el Señor un fuego
  que me caló hasta los huesos.
A mi paso tendió una trampa
  y me hizo retroceder.
Me abandonó por completo;
  a todas horas me sentía morir.

Nun

14 »Pesan mis pecados como un yugo sobre mí;
  Dios mismo me los ató con sus manos.*b*
Me los ha colgado al cuello,
  y ha debilitado mis fuerzas.
Me ha entregado en manos de gente
  a la que no puedo ofrecer resistencia.

Sámej

15 »En mi ciudad el SEÑOR ha rechazado
  a todos los guerreros;
ha reunido un ejército para atacarme,
  para despedazar*c* a mis jóvenes.
El SEÑOR ha aplastado a la virginal hija de Judá
  como quien pisa uvas para hacer vino.

8 Jerusalem has sinned greatly
  and so has become unclean.
All who honored her despise her,
  for they have seen her nakedness;
she herself groans
  and turns away.

9 Her filthiness clung to her skirts;
  she did not consider her future.
Her fall was astounding;
  there was none to comfort her.
"Look, O LORD, on my affliction,
  for the enemy has triumphed."

10 The enemy laid hands
  on all her treasures;
she saw pagan nations
  enter her sanctuary—
those you had forbidden
  to enter your assembly.

11 All her people groan
  as they search for bread;
they barter their treasures for food
  to keep themselves alive.
"Look, O LORD, and consider,
  for I am despised."

12 "Is it nothing to you, all you who pass by?
  Look around and see.
Is any suffering like my suffering
  that was inflicted on me,
that the LORD brought on me
  in the day of his fierce anger?

13 "From on high he sent fire,
  sent it down into my bones.
He spread a net for my feet
  and turned me back.
He made me desolate,
  faint all the day long.

14 "My sins have been bound into a yoke*b*;
  by his hands they were woven together.
They have come upon my neck
  and the Lord has sapped my strength.
He has handed me over
  to those I cannot withstand.

15 "The Lord has rejected
  all the warriors in my midst;
he has summoned an army against me
  to*c* crush my young men.
In his winepress the Lord has trampled
  the Virgin Daughter of Judah.

---

b 1:14 como un yugo ... sus manos. Texto de difícil traducción.
c 1:15 ha reunido ... despedazar. Alt. *ha establecido mi tiempo, / cuando él despedazará.*

b 14 Most Hebrew manuscripts; Septuagint *He kept watch over my sins*   *c 15* Or *has set a time for me / when he will*

Ayin

16 »Todo esto me hace llorar;
　　los ojos se me nublan de llanto.
　No tengo cerca a nadie que me consuele;
　　no tengo a nadie que me reanime.
　Mis hijos quedaron abandonados
　　porque el enemigo salió victorioso.»

Pe

17 Sión clama pidiendo ayuda,*d*
　　pero no hay quien la consuele.
　Por decreto del Señor
　　los vecinos de Jacob son ahora sus
　　　enemigos;
　Jerusalén ha llegado a ser
　　basura e inmundicia.

Tsade

18 «El Señor es justo,
　　pero yo me rebelé contra sus *leyes.
　Escuchen, ustedes los pueblos;
　　fíjense en mi sufrimiento.
　Mis jóvenes y mis doncellas
　　han marchado al destierro.

Qof

19 »Llamé a mis amantes,
　　pero ellos me traicionaron.
　Mis sacerdotes y mis *ancianos
　　perecieron en la ciudad,
　mientras buscaban alimentos
　　para mantenerse con vida.

Resh

20 »¡Mírame, Señor, que me encuentro angustiada!
　　¡Siento una profunda agonía!*e*
　Mi corazón está desconcertado,
　　pues he sido muy rebelde.
　Allá afuera, la espada me deja sin hijos;
　　aquí adentro, hay un ambiente de muerte.

Shin

21 »La gente ha escuchado mi gemir,
　　pero no hay quien me consuele.
　Todos mis enemigos conocen mi pesar
　　y se alegran de lo que has hecho conmigo.
　¡Manda ya tu castigo anunciado,
　　para que sufran lo que he sufrido!

Tav

22 »¡Que llegue a tu presencia
　　toda su maldad!
　¡Trátalos como me has tratado a mí
　　por causa de todos mis pecados!
　Son muchos mis gemidos,
　　y mi *corazón desfallece.»

Álef

2 *f* ¡Ay, el Señor ha eclipsado a la bella *Sión
　　con la nube de su furor!*g*
　Desde el cielo echó por tierra
　　el esplendor de Israel;
　en el día de su ira se olvidó
　　del estrado de sus pies.

16 "This is why I weep
　　and my eyes overflow with tears.
　No one is near to comfort me,
　　no one to restore my spirit.
　My children are destitute
　　because the enemy has prevailed."

17 Zion stretches out her hands,
　　but there is no one to comfort her.
　The Lord has decreed for Jacob
　　that his neighbors become his foes;
　Jerusalem has become
　　an unclean thing among them.

18 "The Lord is righteous,
　　yet I rebelled against his command.
　Listen, all you peoples;
　　look upon my suffering.
　My young men and maidens
　　have gone into exile.

19 "I called to my allies
　　but they betrayed me.
　My priests and my elders
　　perished in the city
　while they searched for food
　　to keep themselves alive.

20 "See, O Lord, how distressed I am!
　　I am in torment within,
　and in my heart I am disturbed,
　　for I have been most rebellious.
　Outside, the sword bereaves;
　　inside, there is only death.

21 "People have heard my groaning,
　　but there is no one to comfort me.
　All my enemies have heard of my distress;
　　they rejoice at what you have done.
　May you bring the day you have announced
　　so they may become like me.

22 "Let all their wickedness come before you;
　　deal with them
　as you have dealt with me
　　because of all my sins.
　My groans are many
　　and my heart is faint."

2 *d* How the Lord has covered the Daughter of
　　　Zion
　　with the cloud of his anger*e* !
　He has hurled down the splendor of Israel
　　from heaven to earth;
　he has not remembered his footstool
　　in the day of his anger.

---

d 1:17 *clama pidiendo ayuda.* Lit. *extiende los brazos.*
e 1:20 *¡Siento ... agonía!* Lit. *Mis entrañas se agitan.*　　*f* Cap. 2
Este capítulo es un poema acróstico, que sigue el orden del alfabeto
hebreo.　　*g* 2:1 *¡Ay ... furor!* Alt. *¡Cómo el Señor, en su enojo, /
ha tratado con reproches a la hija de Sión!*

d This chapter is an acrostic poem, the verses of which begin with
the successive letters of the Hebrew alphabet.　　*e* 1 Or *How the
Lord in his anger / has treated the Daughter of Zion with contempt*

Bet

2 Sin compasión el Señor ha destruido
    todas las moradas de Jacob;
en su furor ha derribado
    los baluartes de la bella Judá
y ha puesto su honra por los suelos
    al derrocar a su rey y a sus príncipes.

Guímel

3 Dio rienda suelta a su furor
    y deshizo todo el poder*h* de Israel.
Nos vimos frente al enemigo,
    y el Señor nos negó su ayuda.*i*
Ardió en Jacob como un fuego encendido
    que consumía cuanto le rodeaba.

Dálet

4 Como enemigo, tensó el arco;
    lista estaba su mano derecha.
Como enemigo, eliminó
    a nuestros seres queridos.
Como fuego, derramó su ira
    sobre las tiendas de la bella Sión.

He

5 El Señor se porta como enemigo:
    ha destruido a Israel.
Ha destruido todos sus palacios
    y derribado sus baluartes.
Ha multiplicado el luto y los lamentos
    por la bella Judá.

Vav

6 Ha desolado su morada como a un jardín;
    ha derribado su lugar de reunión.
El Señor ha hecho que Sión olvide
    sus fiestas solemnes y sus *sábados;
se desató su furia contra el rey
    y dejó de lado al sacerdote.

Zayin

7 El Señor ha rechazado su altar;
    ha abandonado su santuario.
Ha puesto en manos del enemigo
    las murallas de sus palacios.
¡Lanzan gritos en la casa del Señor
    como en día de fiesta!

Jet

8 El Señor decidió derribar
    la muralla que rodea a la bella Sión.
Tomó la vara y midió;
    destruyó sin compasión.
Hubo lamentos en rampas y muros;
    todos ellos se derrumbaron.

Tet

9 Las *puertas se han desplomado;
    él rompió por completo sus cerrojos.
Su rey y sus príncipes
    andan entre las naciones;
ya no hay ley ni profetas,
    ni visiones de parte del Señor.

2 Without pity the Lord has swallowed up
    all the dwellings of Jacob;
in his wrath he has torn down
    the strongholds of the Daughter of Judah.
He has brought her kingdom and its princes
    down to the ground in dishonor.

3 In fierce anger he has cut off
    every horn*f* of Israel.
He has withdrawn his right hand
    at the approach of the enemy.
He has burned in Jacob like a flaming fire
    that consumes everything around it.

4 Like an enemy he has strung his bow;
    his right hand is ready.
Like a foe he has slain
    all who were pleasing to the eye;
he has poured out his wrath like fire
    on the tent of the Daughter of Zion.

5 The Lord is like an enemy;
    he has swallowed up Israel.
He has swallowed up all her palaces
    and destroyed her strongholds.
He has multiplied mourning and lamentation
    for the Daughter of Judah.

6 He has laid waste his dwelling like a
    garden;
he has destroyed his place of meeting.
The LORD has made Zion forget
    her appointed feasts and her Sabbaths;
in his fierce anger he has spurned
    both king and priest.

7 The Lord has rejected his altar
    and abandoned his sanctuary.
He has handed over to the enemy
    the walls of her palaces;
they have raised a shout in the house of the
    LORD
    as on the day of an appointed feast.

8 The LORD determined to tear down
    the wall around the Daughter of Zion.
He stretched out a measuring line
    and did not withhold his hand from
      destroying.
He made ramparts and walls lament;
    together they wasted away.

9 Her gates have sunk into the ground;
    their bars he has broken and destroyed.
Her king and her princes are exiled among
    the nations,
    the law is no more,
and her prophets no longer find
    visions from the LORD.

---

h 2:3 *todo el poder.* Lit. *todo cuerno.*   *i* 2:3 *nos negó su ayuda.*
Lit. *retiró su mano derecha.*

f 3 Or / *all the strength*; or *every king*; *horn* here symbolizes
strength.

Yod

10 En la bella Sión los ancianos
    se sientan silenciosos en el suelo;
  se echan ceniza sobre la cabeza
    y se visten de luto.
  Postradas yacen en el suelo
    las jóvenes de Jerusalén.

Caf

11 El llanto me consume los ojos;
    siento una profunda agonía.*ʲ*
  Estoy con el ánimo*ᵏ* por los suelos
    porque mi pueblo ha sido destruido.
  Niños e infantes desfallecen
    por las calles de la ciudad.

Lámed

12 «¿Dónde hay pan y vino?»,
    preguntan a sus madres
  mientras caen por las calles
    como heridos de muerte,
  mientras en los brazos maternos
    exhalan el último suspiro.

Mem

13 ¿Qué puedo decir de ti, bella Jerusalén?
    ¿A qué te puedo comparar?
  ¿Qué ejemplo darte como consuelo,
    virginal ciudad de Sión?
  Profundas como el mar son tus heridas.
    ¿Quién podría devolverte la salud?

Nun

14 Tus profetas te anunciaron
    visiones falsas y engañosas.
  No denunciaron tu maldad;
    no evitaron tu cautiverio.
  Los mensajes que te anunciaban
    eran falsas patrañas.

Sámej

15 Cuantos pasan por el camino
    aplauden burlones al verte.
  Ante ti, bella Jerusalén, hacen muecas,
    y entre silbidos preguntan:
  «¿Es ésta la ciudad de belleza perfecta?
    ¿Es ésta la alegría de toda la tierra?»

Pe

16 Todos tus enemigos abren la boca
    para hablar mal de ti;
  rechinando los dientes, declaran burlones:
    «Nos la hemos comido viva.
  Llegó el día tan esperado;
    ¡hemos vivido para verlo!»

Ayin

17 El SEÑOR ha llevado a cabo sus planes;
    ha cumplido su palabra,
    que decretó hace mucho tiempo.
  Sin piedad, te echó por tierra;
    dejó que el enemigo se burlara de ti,
    y enalteció el poder*ˡ* de tus oponentes.

10 The elders of the Daughter of Zion
    sit on the ground in silence;
  they have sprinkled dust on their heads
    and put on sackcloth.
  The young women of Jerusalem
    have bowed their heads to the ground.

11 My eyes fail from weeping,
    I am in torment within,
  my heart is poured out on the ground
    because my people are destroyed,
  because children and infants faint
    in the streets of the city.

12 They say to their mothers,
    "Where is bread and wine?"
  as they faint like wounded men
    in the streets of the city,
  as their lives ebb away
    in their mothers' arms.

13 What can I say for you?
    With what can I compare you,
    O Daughter of Jerusalem?
  To what can I liken you,
    that I may comfort you,
    O Virgin Daughter of Zion?
  Your wound is as deep as the sea.
    Who can heal you?

14 The visions of your prophets
    were false and worthless;
  they did not expose your sin
    to ward off your captivity.
  The oracles they gave you
    were false and misleading.

15 All who pass your way
    clap their hands at you;
  they scoff and shake their heads
    at the Daughter of Jerusalem:
  "Is this the city that was called
    the perfection of beauty,
    the joy of the whole earth?"

16 All your enemies open their mouths
    wide against you;
  they scoff and gnash their teeth
    and say, "We have swallowed her up.
  This is the day we have waited for;
    we have lived to see it."

17 The LORD has done what he planned;
    he has fulfilled his word,
    which he decreed long ago.
  He has overthrown you without pity,
    he has let the enemy gloat over you,
    he has exalted the horn*ᵍ* of your foes.

ʲ 2:11 siento ... agonía. Lit. *mis entrañas se agitan.*
ᵏ 2:11 Estoy con el ánimo. Lit. *Mi hígado está derramado.*
ˡ 2:17 poder. Lit. *cuerno.*

ᵍ 17 Horn here symbolizes strength.

Tsade

18 El *corazón de la gente
    clama al Señor con angustia.
Bella Sión amurallada,
    ¡deja que día y noche
    corran tus lágrimas como un río!
¡No te des un momento de descanso!
    ¡No retengas el llanto de tus ojos!*m*

Qof

19 Levántate y clama por las noches,
    cuando empiece la vigilancia nocturna.
Deja correr el llanto de tu corazón
    como ofrenda derramada ante el Señor.
Eleva tus manos a Dios en oración
    por la *vida de tus hijos,
que desfallecen de hambre
    y quedan tendidos por las calles.

Resh

20 «Mira, SEÑOR, y ponte a pensar:
    ¿A quién trataste alguna vez así?
¿Habrán de comerse las mujeres
    a sus hijos, fruto de sus entrañas?
¿Habrán de matar a sacerdotes y profetas
    en el santuario del Señor?

Shin

21 »Jóvenes y ancianos por igual
    yacen en el polvo de las calles;
mis jóvenes y mis doncellas
    cayeron a filo de espada.
En tu enojo les quitaste la vida;
    ¡los masacraste sin piedad!

Tav

22 »Como si invitaras a una fiesta solemne,
    enviaste contra mí terror de todas partes.
En el día de la ira del SEÑOR
    nadie pudo escapar, nadie quedó con vida.
A mis seres queridos, a los que eduqué,
    los aniquiló el enemigo.»

Álef

3[n] Yo soy aquel que ha sufrido la aflicción
    bajo la vara de su ira.
2 Me ha hecho andar en las tinieblas;
    me ha apartado de la luz.
3 Una y otra vez, y a todas horas,
    su mano se ha vuelto contra mí.

Bet

4 Me ha marchitado la carne y la piel;
    me ha quebrantado los huesos.
5 Me ha tendido un cerco
    de amargura y tribulaciones.
6 Me obliga a vivir en las tinieblas,
    como a los que hace tiempo murieron.

Guímel

7 Me tiene encerrado, no puedo escapar;
    me ha puesto pesadas cadenas.
8 Por más que grito y pido ayuda,
    él se niega a escuchar mi oración.
9 Ha sembrado de piedras mi camino;
    ha torcido mis senderos.

18 The hearts of the people
    cry out to the Lord.
O wall of the Daughter of Zion,
    let your tears flow like a river
    day and night;
give yourself no relief,
    your eyes no rest.

19 Arise, cry out in the night,
    as the watches of the night begin;
pour out your heart like water
    in the presence of the Lord.
Lift up your hands to him
    for the lives of your children,
who faint from hunger
    at the head of every street.

20 "Look, O LORD, and consider:
    Whom have you ever treated like this?
Should women eat their offspring,
    the children they have cared for?
Should priest and prophet be killed
    in the sanctuary of the Lord?

21 "Young and old lie together
    in the dust of the streets;
my young men and maidens
    have fallen by the sword.
You have slain them in the day of your
      anger;
    you have slaughtered them without pity.

22 "As you summon to a feast day,
    so you summoned against me terrors on
      every side.
In the day of the LORD's anger
    no one escaped or survived;
those I cared for and reared,
    my enemy has destroyed."

3[h] I am the man who has seen affliction
    by the rod of his wrath.
2 He has driven me away and made me walk
    in darkness rather than light;
3 indeed, he has turned his hand against me
    again and again, all day long.

4 He has made my skin and my flesh grow
      old
    and has broken my bones.
5 He has besieged me and surrounded me
    with bitterness and hardship.
6 He has made me dwell in darkness
    like those long dead.

7 He has walled me in so I cannot escape;
    he has weighed me down with chains.
8 Even when I call out or cry for help,
    he shuts out my prayer.
9 He has barred my way with blocks of stone;
    he has made my paths crooked.

---

m 2:18 *no retengas ... ojos.* Lit. *no acalles a la niña de tus ojos.*
n Cap. 3 Este capítulo es un poema acróstico, que sigue el orden del alfabeto hebreo.

h This chapter is an acrostic poem; the verses of each stanza begin with the successive letters of the Hebrew alphabet, and the verses within each stanza begin with the same letter.

Dálet

10 Me vigila como oso agazapado;
    me acecha como león.
11 Me aparta del camino para despedazarme;
    ¡me deja del todo desvalido!
12 Con el arco tenso,
    me ha hecho el blanco de sus flechas.

He

13 Me ha partido el *corazón
    con las flechas de su aljaba.
14 Soy el hazmerreír de todo mi pueblo;
    todo el día me cantan parodias.
15 Me ha llenado de amargura,
    me ha saturado de hiel.

Vav

16 Me ha estrellado contra el suelo;
    me ha hecho morder el polvo.
17 Me ha quitado la *paz;
    ya no recuerdo lo que es la dicha.
18 Y digo: «La vida se me acaba,
    junto con mi esperanza en el SEÑOR.»

Zayin

19 Recuerda que ando errante y afligido,
    que me embargan la hiel y la amargura.
20 Siempre tengo esto presente,
    y por eso me deprimo.
21 Pero algo más me viene a la memoria,
    lo cual me llena de esperanza:

Jet

22 El gran amor del SEÑOR nunca se acaba,[ñ]
    y su compasión jamás se agota.
23 Cada mañana se renuevan sus bondades;
    ¡muy grande es su fidelidad!
24 Por tanto, digo:
    «El SEÑOR es todo lo que tengo.
    ¡En él esperaré!»

Tet

25 Bueno es el SEÑOR con quienes en él confían,
    con todos los que lo buscan.
26 Bueno es esperar calladamente
    a que el SEÑOR venga a *salvarnos.
27 Bueno es que el hombre aprenda
    a llevar el yugo desde su juventud.

Yod

28 ¡Déjenlo estar solo y en silencio,
    porque así el SEÑOR se lo impuso!
29 ¡Que hunda el rostro en el polvo!
    ¡Tal vez haya esperanza todavía!
30 ¡Que dé la otra mejilla a quien lo hiera,
    y quede así cubierto de oprobio!

Caf

31 El Señor nos ha rechazado,
    pero no será para siempre.
32 Nos hace sufrir, pero también nos compadece,
    porque es muy grande su amor.
33 El Señor nos hiere y nos aflige,
    pero no porque sea de su agrado.

Lámed

34 Cuando se aplasta bajo el pie
    a todos los prisioneros de la tierra,

10 Like a bear lying in wait,
    like a lion in hiding,
11 he dragged me from the path and mangled
    me
    and left me without help.
12 He drew his bow
    and made me the target for his arrows.
13 He pierced my heart
    with arrows from his quiver.
14 I became the laughingstock of all my
    people;
    they mock me in song all day long.
15 He has filled me with bitter herbs
    and sated me with gall.

16 He has broken my teeth with gravel;
    he has trampled me in the dust.
17 I have been deprived of peace;
    I have forgotten what prosperity is.
18 So I say, "My splendor is gone
    and all that I had hoped from the LORD."

19 I remember my affliction and my
    wandering,
    the bitterness and the gall.
20 I well remember them,
    and my soul is downcast within me.
21 Yet this I call to mind
    and therefore I have hope:

22 Because of the LORD's great love we are not
    consumed,
    for his compassions never fail.
23 They are new every morning;
    great is your faithfulness.
24 I say to myself, "The LORD is my portion;
    therefore I will wait for him."

25 The LORD is good to those whose hope is in
    him,
    to the one who seeks him;
26 it is good to wait quietly
    for the salvation of the LORD.
27 It is good for a man to bear the yoke
    while he is young.

28 Let him sit alone in silence,
    for the LORD has laid it on him.
29 Let him bury his face in the dust—
    there may yet be hope.
30 Let him offer his cheek to one who would
    strike him,
    and let him be filled with disgrace.

31 For men are not cast off
    by the Lord forever.
32 Though he brings grief, he will show
    compassion,
    so great is his unfailing love.
33 For he does not willingly bring affliction
    or grief to the children of men.

34 To crush underfoot
    all prisoners in the land,

ñ 3:22 El gran ... acaba (Siríaca y Targum); Por el gran amor del
SEÑOR no somos consumidos (TM).

35 cuando en presencia del *Altísimo
se le niegan al *hombre sus derechos
36 y no se le hace justicia,
¿el Señor no se da cuenta?

Mem

37 ¿Quién puede anunciar algo y hacerlo realidad
sin que el Señor dé la orden?
38 ¿No es acaso por mandato del Altísimo
que acontece lo bueno y lo malo?
39 ¿Por qué habría de quejarse en vida
quien es castigado por sus pecados?

Nun

40 Hagamos un examen de conciencia
y volvamos al *camino del SEÑOR.
41 Elevemos al Dios de los cielos
nuestro corazón y nuestras manos.
42 Hemos pecado, hemos sido rebeldes,
y tú no has querido perdonarnos.

Sámej

43 Ardiendo en ira nos persigues;
nos masacras sin piedad.
44 Te envuelves en una nube
para no escuchar nuestra oración.
45 Como a escoria despreciable,
nos has arrojado entre las naciones.

Pe

46 Todos nuestros enemigos abren la boca
para hablar mal de nosotros.
47 Hemos sufrido terrores, caídas,
ruina y destrucción.
48 Ríos de lágrimas corren por mis mejillas
porque ha sido destruida la capital de mi
pueblo.

Ayin

49 Se inundarán en llanto mis ojos,
sin cesar y sin consuelo,
50 hasta que desde el cielo
el SEÑOR se digne mirarnos.
51 Me duele en lo más profundo del *alma
ver sufrir a las mujeres de mi ciudad.

Tsade

52 Mis enemigos me persiguen sin razón,
y quieren atraparme como a un ave.
53 Me quieren enterrar vivo
y taparme con piedras la salida.
54 Las aguas me han cubierto la cabeza;
tal parece que me ha llegado el fin.

Qof

55 Desde lo más profundo de la fosa
invoqué, SEÑOR, tu nombre,
56 y tú escuchaste mi plegaria;
no cerraste tus oídos a mi clamor.
57 Te invoqué, y viniste a mí;
«No temas», me dijiste.

Resh

58 Tú, Señor, te pusiste de mi parte
y me salvaste la vida.
59 Tú, SEÑOR, viste el mal que me causaron;
¡hazme justicia!
60 Tú notaste su sed de venganza
y todas sus maquinaciones en mi contra.

35 to deny a man his rights
before the Most High,
36 to deprive a man of justice—
would not the Lord see such things?

37 Who can speak and have it happen
if the Lord has not decreed it?
38 Is it not from the mouth of the Most High
that both calamities and good things
come?
39 Why should any living man complain
when punished for his sins?

40 Let us examine our ways and test them,
and let us return to the LORD.
41 Let us lift up our hearts and our hands
to God in heaven, and say:
42 "We have sinned and rebelled
and you have not forgiven.

43 "You have covered yourself with anger and
pursued us;
you have slain without pity.
44 You have covered yourself with a cloud
so that no prayer can get through.
45 You have made us scum and refuse
among the nations.

46 "All our enemies have opened their mouths
wide against us.
47 We have suffered terror and pitfalls,
ruin and destruction."
48 Streams of tears flow from my eyes
because my people are destroyed.

49 My eyes will flow unceasingly,
without relief,
50 until the LORD looks down
from heaven and sees.
51 What I see brings grief to my soul
because of all the women of my city.

52 Those who were my enemies without cause
hunted me like a bird.
53 They tried to end my life in a pit
and threw stones at me;
54 the waters closed over my head,
and I thought I was about to be cut off.

55 I called on your name, O LORD,
from the depths of the pit.
56 You heard my plea: "Do not close your ears
to my cry for relief."
57 You came near when I called you,
and you said, "Do not fear."

58 O Lord, you took up my case;
you redeemed my life.
59 You have seen, O LORD, the wrong done to
me.
Uphold my cause!
60 You have seen the depth of their vengeance,
all their plots against me.

Shin

61 SEÑOR, tú has escuchado sus insultos
y todas sus maquinaciones en mi contra;
62 tú sabes que todo el día mis enemigos
cuchichean y se confabulan contra mí.
63 ¡Míralos! Hagan lo que hagan,*o*
se burlan de mí en sus canciones.

Tav

64 ¡Dales, SEÑOR, su merecido
por todo lo que han hecho!
65 Oscurece su entendimiento,
¡y caiga sobre ellos tu maldición!
66 Persíguelos, SEÑOR, en tu enojo,
y bórralos de este mundo.

Álef

4*p* ¡El oro ha perdido su lustre!
¡Se ha empañado el oro fino!
¡Regadas por las esquinas de las calles
se han quedado las joyas sagradas!

Bet

2 A los apuestos habitantes de *Sión,
que antaño valían su peso en oro,
hoy se les ve como vasijas de barro,
¡como la obra de un alfarero!

Guímel

3 Hasta los chacales ofrecen el pecho
y dan leche a sus cachorros,
pero Jerusalén*q* ya no tiene sentimientos;
¡es como los avestruces del desierto!

Dálet

4 Tanta es la sed que tienen los niños,
que la lengua se les pega al paladar.
Piden pan los pequeñuelos,
pero nadie se lo da.

He

5 Quienes antes comían los más ricos manjares
hoy desfallecen de hambre por las calles.
Quienes antes se vestían de fina púrpura
hoy se revuelcan en la inmundicia.

Vav

6 Más grande que los pecados de Sodoma
es la iniquidad de Jerusalén;
¡fue derribada en un instante,
y nadie le tendió la mano!

Zayin

7 Más radiantes que la nieve eran sus príncipes,
y más blancos que la leche;
más rosado que el coral era su cuerpo;
su apariencia era la del zafiro.

Jet

8 Pero ahora se ven más sucios que el hollín;
en la calle nadie los reconoce.
Su piel, reseca como la leña,
se les pega a los huesos.

61 O LORD, you have heard their insults,
all their plots against me—
62 what my enemies whisper and mutter
against me all day long.
63 Look at them! Sitting or standing,
they mock me in their songs.

64 Pay them back what they deserve, O LORD,
for what their hands have done.
65 Put a veil over their hearts,
and may your curse be on them!
66 Pursue them in anger and destroy them
from under the heavens of the LORD.

4*i* How the gold has lost its luster,
the fine gold become dull!
The sacred gems are scattered
at the head of every street.

2 How the precious sons of Zion,
once worth their weight in gold,
are now considered as pots of clay,
the work of a potter's hands!

3 Even jackals offer their breasts
to nurse their young,
but my people have become heartless
like ostriches in the desert.

4 Because of thirst the infant's tongue
sticks to the roof of its mouth;
the children beg for bread,
but no one gives it to them.

5 Those who once ate delicacies
are destitute in the streets.
Those nurtured in purple
now lie on ash heaps.

6 The punishment of my people
is greater than that of Sodom,
which was overthrown in a moment
without a hand turned to help her.

7 Their princes were brighter than snow
and whiter than milk,
their bodies more ruddy than rubies,
their appearance like sapphires.*j*

8 But now they are blacker than soot;
they are not recognized in the streets.
Their skin has shriveled on their bones;
it has become as dry as a stick.

---

o 3:63 ¡Míralos! Hagan lo que hagan. Lit. *Su sentarse y su
levantarse mira.* *p Cap. 4* Este capítulo es un poema acróstico,
que sigue el orden del alfabeto hebreo. *q 4:3 Jerusalén.* Lit. *la
hija de mi pueblo;* también en vv. 6 y 10.

i This chapter is an acrostic poem, the verses of which begin with
the successive letters of the Hebrew alphabet.   *j 7* Or *lapis lazuli*

Tet

9 ¡*Dichosos los que mueren por la espada,
    más que los que mueren de hambre!
Torturados por el hambre desfallecen,
    pues no cuentan con los frutos del campo.

Yod

10 Con sus manos, mujeres compasivas
    cocinaron a sus propios hijos,
y esos niños fueron su alimento
    cuando Jerusalén fue destruida.

Caf

11 El SEÑOR dio rienda suelta a su enojo;
    dejó correr el ardor de su ira.
Le prendió fuego a Sión
    y la consumió hasta sus cimientos.

Lámed

12 No creían los reyes de la tierra,
    ni tampoco los habitantes del mundo,
que los enemigos y adversarios de Jerusalén
    cruzarían alguna vez sus *puertas.

Mem

13 Pero sucedió.
    Por los pecados de sus profetas.
Por las iniquidades de sus sacerdotes.
¡Por derramar sangre inocente
    en las calles de la ciudad!

Nun

14 Con las manos manchadas de sangre,
    andan por las calles como ciegos.
No hay nadie que se atreva
    a tocar siquiera sus vestidos.

Sámej

15 «¡Largo de aquí, *impuros!», les grita la gente.
    «¡Fuera! ¡Fuera! ¡No nos toquen!»
Entre las naciones *paganas les dicen:
    «Son unos vagabundos, que andan huyendo.
    No pueden quedarse aquí más tiempo.»

Pe

16 El SEÑOR mismo los ha dispersado;
    ya no se preocupa por ellos.
Ya no hay respeto para los sacerdotes
    ni compasión para los ancianos.

Ayin

17 Para colmo, desfallecen nuestros ojos
    esperando en vano que alguien nos ayude.
Desde nuestras torres estamos en espera
    de una nación que no puede salvarnos.

Tsade

18 A cada paso nos acechan;
    no podemos ya andar por las calles.
Nuestro fin se acerca, nos ha llegado la hora;
    ¡nuestros días están contados!

Qof

19 Nuestros perseguidores resultaron
    más veloces que las águilas del cielo;
nos persiguieron por las montañas,
    nos acecharon en el desierto.

9 Those killed by the sword are better off
    than those who die of famine;
racked with hunger, they waste away
    for lack of food from the field.

10 With their own hands compassionate women
    have cooked their own children,
who became their food
    when my people were destroyed.

11 The LORD has given full vent to his wrath;
    he has poured out his fierce anger.
He kindled a fire in Zion
    that consumed her foundations.

12 The kings of the earth did not believe,
    nor did any of the world's people,
that enemies and foes could enter
    the gates of Jerusalem.

13 But it happened because of the sins of her
        prophets
    and the iniquities of her priests,
who shed within her
    the blood of the righteous.

14 Now they grope through the streets
    like men who are blind.
They are so defiled with blood
    that no one dares to touch their garments.

15 "Go away! You are unclean!" men cry to
        them.
    "Away! Away! Don't touch us!"
When they flee and wander about,
    people among the nations say,
    "They can stay here no longer."

16 The LORD himself has scattered them;
    he no longer watches over them.
The priests are shown no honor,
    the elders no favor.

17 Moreover, our eyes failed,
    looking in vain for help;
from our towers we watched
    for a nation that could not save us.

18 Men stalked us at every step,
    so we could not walk in our streets.
Our end was near, our days were numbered,
    for our end had come.

19 Our pursuers were swifter
    than eagles in the sky;
they chased us over the mountains
    and lay in wait for us in the desert.

Resh

20 También cayó en sus redes el *ungido del
    SEÑOR,
    que era nuestra razón de vivir.
    Era él de quien decíamos:
    ¡Viviremos bajo su sombra entre las
      naciones!

Shin

21 ¡Regocíjate y alégrate, capital de Edom,
    que vives como reina en la tierra de Uz!
    ¡Pero ya tendrás que beber de esta copa,
    y quedarás embriagada y desnuda!

Tav

22 Tu castigo se ha cumplido, bella Sión;
    Dios no volverá a desterrarte.
    Pero a ti, capital de Edom, te castigará por tu
      maldad
    y pondrá al descubierto tus pecados.

20 The LORD's anointed, our very life breath,
    was caught in their traps.
    We thought that under his shadow
      we would live among the nations.

21 Rejoice and be glad, O Daughter of Edom,
    you who live in the land of Uz.
    But to you also the cup will be passed;
    you will be drunk and stripped naked.

22 O Daughter of Zion, your punishment will
      end;
    he will not prolong your exile.
    But, O Daughter of Edom, he will punish
      your sin
    and expose your wickedness.

5 Recuerda, SEÑOR, lo que nos ha sucedido;
    toma en cuenta nuestro oprobio.
2 Nuestra heredad ha caído en manos extrañas;
    nuestro hogar, en manos de extranjeros.
3 No tenemos padre, hemos quedado huérfanos;
    viudas han quedado nuestras madres.
4 El agua que bebemos, tenemos que pagarla;
    la leña, tenemos que comprarla.
5 Los que nos persiguen nos pisan los talones;*r*
    estamos fatigados y no hallamos descanso.
6 Entramos en tratos*s* con Egipto y con Asiria
    para conseguir alimentos.
7 Nuestros padres pecaron y murieron,
    pero a nosotros nos tocó el castigo.
8 Ahora nos gobiernan los esclavos,
    y no hay quien nos libre de sus manos.
9 Exponiéndonos a los peligros*t* del desierto,
    nos jugamos la *vida para obtener alimentos.
10 La piel nos arde como un horno;
    ¡de hambre nos da fiebre!
11 En *Sión y en los pueblos de Judá
    fueron violadas casadas y solteras.
12 A nuestros jefes los colgaron de las manos,
    y ni siquiera respetaron a nuestros ancianos.
13 A nuestros mejores jóvenes los pusieron a
      moler;
    los niños tropezaban bajo el peso de la leña.
14 Ya no se sientan los *ancianos
    a las *puertas de la ciudad;
    no se escucha ya la música de los jóvenes.
15 En nuestro corazón ya no hay gozo;
    la alegría de nuestras danzas se convirtió en
      tristeza.
16 Nuestra cabeza se ha quedado sin corona.
    ¡Ay de nosotros; hemos pecado!
17 Desfallece nuestro *corazón;
    se apagan nuestros ojos,
18 porque el monte Sión se halla desolado,
    y sobre él rondan los chacales.

19 Pero tú, SEÑOR, reinas por siempre;
    tu trono permanece eternamente.
20 ¿Por qué siempre nos olvidas?
    ¿Por qué nos abandonas tanto tiempo?

5 Remember, O LORD, what has happened to
      us;
    look, and see our disgrace.
2 Our inheritance has been turned over to
      aliens,
    our homes to foreigners.
3 We have become orphans and fatherless,
    our mothers like widows.
4 We must buy the water we drink;
    our wood can be had only at a price.
5 Those who pursue us are at our heels;
    we are weary and find no rest.
6 We submitted to Egypt and Assyria
    to get enough bread.
7 Our fathers sinned and are no more,
    and we bear their punishment.
8 Slaves rule over us,
    and there is none to free us from their
      hands.
9 We get our bread at the risk of our lives
    because of the sword in the desert.
10 Our skin is hot as an oven,
    feverish from hunger.
11 Women have been ravished in Zion,
    and virgins in the towns of Judah.
12 Princes have been hung up by their hands;
    elders are shown no respect.
13 Young men toil at the millstones;
    boys stagger under loads of wood.
14 The elders are gone from the city gate;
    the young men have stopped their music.
15 Joy is gone from our hearts;
    our dancing has turned to mourning.
16 The crown has fallen from our head.
    Woe to us, for we have sinned!
17 Because of this our hearts are faint,
    because of these things our eyes grow
      dim
18 for Mount Zion, which lies desolate,
    with jackals prowling over it.

19 You, O LORD, reign forever;
    your throne endures from generation to
      generation.
20 Why do you always forget us?
    Why do you forsake us so long?

---

r 5:5 Los que ... los talones. Lit. *Sobre nuestro cuello nos persiguen.*
s 5:6 Entramos en tratos. Lit. *Dimos la mano.*
t 5:9 Exponiéndonos a los peligros. Lit. *Por causa de la espada.*

²¹Permítenos volver a ti, SEÑOR, y volveremos;
　　devuélvenos la gloria de antaño.ᵘ
²²La verdad es que nos has rechazado
　　y te has excedido en tu enojo contra
　　nosotros.

²¹Restore us to yourself, O LORD, that we
　　may return;
　　renew our days as of old
²²unless you have utterly rejected us
　　and are angry with us beyond measure.

Ezequiel

Ezekiel

The Living Creatures and the Glory of the LORD

1 En el día quinto del mes cuarto del año treinta, mientras me encontraba entre los deportados a orillas del río Quebar, los cielos se abrieron y recibí visiones de Dios. ²Habían pasado cinco años y cinco meses desde que el rey Joaquín fue deportado.

³(En este tiempo, mientras Ezequiel hijo de Buzí estaba a orillas del río Quebar, en la tierra de los *caldeos, el SEÑOR le dirigió la palabra, y su mano se posó sobre él.)

⁴De pronto me fijé y vi que del norte venían un viento huracanado y una nube inmensa rodeada de un fuego fulgurante y de un gran resplandor. En medio del fuego se veía algo semejante a un metal refulgente. ⁵También en medio del fuego vi algo parecido a cuatro seres vivientes, ⁶cada uno de los cuales tenía cuatro caras y cuatro alas. ⁷Sus piernas eran rectas, y sus pies parecían pezuñas de ternero y brillaban como el bronce bruñido. ⁸En sus cuatro costados, debajo de las alas, tenían manos humanas. Estos cuatro seres tenían caras y alas, ⁹y las alas se tocaban entre sí. Cuando avanzaban no se volvían, sino que cada uno caminaba de frente. ¹⁰Sus rostros tenían el siguiente aspecto: de frente, los cuatro tenían rostro humano; a la derecha tenían cara de león; a la izquierda, de toro; y por detrás, de águila. ¹¹Tales eran sus caras. Sus alas se desplegaban hacia arriba. Con dos alas se tocaban entre sí, mientras que con las otras dos se cubrían el cuerpo. ¹²Los cuatro seres avanzaban de frente. Iban adonde el espíritu los impulsaba, y no se volvían al andar. ¹³Estos seres vivientes parecían carbones encendidos, o antorchas, que se movían de un lado a otro. El fuego resplandecía, y de él se desprendían relámpagos. ¹⁴Los seres vivientes se desplazaban de un lado a otro con la rapidez de un rayo.

¹⁵Miré a los seres vivientes de cuatro caras, y vi que en el suelo, junto a cada uno de ellos, había una rueda. ¹⁶Las cuatro ruedas tenían el mismo aspecto, es decir, brillaban como el topacio y tenían la misma forma. Su estructura era tal que cada rueda parecía estar encajada dentro de la otra. ¹⁷Las ruedas podían avanzar en las cuatro direcciones sin tener que volverse. ¹⁸Las cuatro ruedas tenían grandes aros y estaban llenas de ojos por todas partes. ¹⁹Cuando los seres vivientes avanzaban, las ruedas a su lado hacían lo mismo, y cuando se levantaban del suelo, también se levantaban las ruedas. ²⁰Los seres iban adonde el espíritu los impulsaba, y las ruedas se elevaban juntamente con ellos, porque el espíritu de los seres vivientes estaba en las ruedas. ²¹Cuando los seres se movían, las ruedas también se movían; cuando se detenían, las ruedas también se detenían; cuando se elevaban del suelo, las ruedas también se elevaban. Las ruedas hacían lo mismo que ellos, porque el espíritu de los seres vivientes estaba en las ruedas.

²²Sobre las cabezas de los seres vivientes había una especie de bóveda, muy hermosa y reluciente como el

1 In the[a] thirtieth year, in the fourth month on the fifth day, while I was among the exiles by the Kebar River, the heavens were opened and I saw visions of God.

²On the fifth of the month—it was the fifth year of the exile of King Jehoiachin— ³the word of the LORD came to Ezekiel the priest, the son of Buzi,[b] by the Kebar River in the land of the Babylonians.[c] There the hand of the LORD was upon him.

⁴I looked, and I saw a windstorm coming out of the north—an immense cloud with flashing lightning and surrounded by brilliant light. The center of the fire looked like glowing metal, ⁵and in the fire was what looked like four living creatures. In appearance their form was that of a man, ⁶but each of them had four faces and four wings. ⁷Their legs were straight; their feet were like those of a calf and gleamed like burnished bronze. ⁸Under their wings on their four sides they had the hands of a man. All four of them had faces and wings, ⁹and their wings touched one another. Each one went straight ahead; they did not turn as they moved.

¹⁰Their faces looked like this: Each of the four had the face of a man, and on the right side each had the face of a lion, and on the left the face of an ox; each also had the face of an eagle. ¹¹Such were their faces. Their wings were spread out upward; each had two wings, one touching the wing of another creature on either side, and two wings covering its body. ¹²Each one went straight ahead. Wherever the spirit would go, they would go, without turning as they went. ¹³The appearance of the living creatures was like burning coals of fire or like torches. Fire moved back and forth among the creatures; it was bright, and lightning flashed out of it. ¹⁴The creatures sped back and forth like flashes of lightning.

¹⁵As I looked at the living creatures, I saw a wheel on the ground beside each creature with its four faces. ¹⁶This was the appearance and structure of the wheels: They sparkled like chrysolite, and all four looked alike. Each appeared to be made like a wheel intersecting a wheel. ¹⁷As they moved, they would go in any one of the four directions the creatures faced; the wheels did not turn about[d] as the creatures went. ¹⁸Their rims were high and awesome, and all four rims were full of eyes all around.

¹⁹When the living creatures moved, the wheels beside them moved; and when the living creatures rose from the ground, the wheels also rose. ²⁰Wherever the spirit would go, they would go, and the wheels would rise along with them, because the spirit of the living creatures was in the wheels. ²¹When the creatures moved, they also moved; when the creatures stood still, they also stood still; and when the creatures rose from the ground, the wheels rose along with them, because the spirit of the living creatures was in the wheels.

²²Spread out above the heads of the living creatures was what looked like an expanse, sparkling like ice,

---

cristal. 23 Debajo de la bóveda las alas de estos seres se extendían y se tocaban entre sí, y cada uno de ellos tenía otras dos alas con las que se cubría el cuerpo. 24 Cuando los seres avanzaban, yo podía oír el ruido de sus alas: era como el estruendo de muchas aguas, como la voz del *Todopoderoso, como el tumultuoso ruido de un campamento militar. Cuando se detenían, replegaban sus alas. 25 Luego, mientras estaban parados con sus alas replegadas, se produjo un estruendo por encima de la bóveda que estaba sobre sus cabezas. 26 Por encima de esa bóveda había algo semejante a un trono de zafiro, y sobre lo que parecía un trono había una figura de aspecto humano. 27 De lo que parecía ser su cintura para arriba, vi algo que brillaba como el metal bruñido, rodeado de fuego. De su cintura para abajo, vi algo semejante al fuego, y un resplandor a su alrededor. 28 El resplandor era semejante al del arco iris cuando aparece en las nubes en un día de lluvia. Tal era el aspecto de la gloria del SEÑOR. Ante esa visión, caí rostro en tierra y oí que una voz me hablaba.

Llamamiento de Ezequiel

2 Esa voz me dijo: «Hijo de hombre, ponte en pie, que voy a hablarte.»
2 Mientras me hablaba, el Espíritu entró en mí, hizo que me pusiera de pie, y pude oír al que me hablaba. 3 Me dijo: «Hijo de hombre, te voy a enviar a los israelitas. Es una nación rebelde que se ha sublevado contra mí. Ellos y sus antepasados se han rebelado contra mí hasta el día de hoy. 4 Te estoy enviando a un pueblo obstinado y terco, al que deberás advertirle: "Así dice el SEÑOR omnipotente." 5 Tal vez te escuchen, tal vez no, pues son un pueblo rebelde; pero al menos sabrán que entre ellos hay un profeta. 6 Tú, hijo de hombre, no tengas miedo de ellos ni de sus palabras, por más que estés en medio de cardos y espinas, y vivas rodeado de escorpiones. No temas por lo que digan, ni te sientas atemorizado, porque son un pueblo obstinado. 7 Tal vez te escuchen, tal vez no, pues son un pueblo rebelde; pero tú les proclamarás mis palabras. 8 Tú, hijo de hombre, atiende bien a lo que te voy a decir, y no seas rebelde como ellos. Abre tu boca y come lo que te voy a dar.»
9 Entonces miré, y vi que una mano con un rollo escrito se extendía hacia mí. 10 La mano abrió ante mis ojos el rollo, el cual estaba escrito por ambos lados, y contenía lamentos, gemidos y amenazas.

3 Y me dijo: «Hijo de hombre, cómete este rollo escrito, y luego ve a hablarles a los israelitas.»
2 Yo abrí la boca y él hizo que me comiera el rollo. 3 Luego me dijo: «Hijo de hombre, cómete el rollo que te estoy dando hasta que te sacies.» Y yo me lo comí, y era tan dulce como la miel.
4 Otra vez me dijo: «Hijo de hombre, ve a la nación de Israel y proclámale mis palabras. 5 No te envío a un pueblo de lenguaje complicado y difícil de entender, sino a la nación de Israel. 6 No te mando a naciones numerosas de lenguaje complicado y difícil de entender, aunque si te hubiera mandado a ellas seguramente te escucharían. 7 Pero el pueblo de Israel no va a escucharte porque no quiere obedecerme. Todo el pueblo

and awesome. 23 Under the expanse their wings were stretched out one toward the other, and each had two wings covering its body. 24 When the creatures moved, I heard the sound of their wings, like the roar of rushing waters, like the voice of the Almighty,ᵉ like the tumult of an army. When they stood still, they lowered their wings.
25 Then there came a voice from above the expanse over their heads as they stood with lowered wings. 26 Above the expanse over their heads was what looked like a throne of sapphire,ᶠ and high above on the throne was a figure like that of a man. 27 I saw that from what appeared to be his waist up he looked like glowing metal, as if full of fire, and that from there down he looked like fire; and brilliant light surrounded him. 28 Like the appearance of a rainbow in the clouds on a rainy day, so was the radiance around him.

This was the appearance of the likeness of the glory of the LORD. When I saw it, I fell facedown, and I heard the voice of one speaking.

Ezekiel's Call

2 He said to me, "Son of man, stand up on your feet and I will speak to you." 2 As he spoke, the Spirit came into me and raised me to my feet, and I heard him speaking to me.
3 He said: "Son of man, I am sending you to the Israelites, to a rebellious nation that has rebelled against me; they and their fathers have been in revolt against me to this very day. 4 The people to whom I am sending you are obstinate and stubborn. Say to them, 'This is what the Sovereign LORD says.' 5 And whether they listen or fail to listen—for they are a rebellious house—they will know that a prophet has been among them. 6 And you, son of man, do not be afraid of them or their words. Do not be afraid, though briers and thorns are all around you and you live among scorpions. Do not be afraid of what they say or terrified by them, though they are a rebellious house. 7 You must speak my words to them, whether they listen or fail to listen, for they are rebellious. 8 But you, son of man, listen to what I say to you. Do not rebel like that rebellious house; open your mouth and eat what I give you."
9 Then I looked, and I saw a hand stretched out to me. In it was a scroll, 10 which he unrolled before me. On both sides of it were written words of lament and mourning and woe.

3 And he said to me, "Son of man, eat what is before you, eat this scroll; then go and speak to the house of Israel." 2 So I opened my mouth, and he gave me the scroll to eat.
3 Then he said to me, "Son of man, eat this scroll I am giving you and fill your stomach with it." So I ate it, and it tasted as sweet as honey in my mouth.
4 He then said to me: "Son of man, go now to the house of Israel and speak my words to them. 5 You are not being sent to a people of obscure speech and difficult language, but to the house of Israel— 6 not to many peoples of obscure speech and difficult language, whose words you cannot understand. Surely if I had sent you to them, they would have listened to you. 7 But the house of Israel is not willing to listen to you because they are not willing to listen to me, for the whole

---

de Israel es terco y obstinado. ⁸No obstante, yo te haré tan terco y obstinado como ellos. ⁹¡Te haré inquebrantable como el diamante, inconmovible como la roca! No les tengas miedo ni te asustes, por más que sean un pueblo rebelde.»

¹⁰Luego me dijo: «Hijo de hombre, escucha bien todo lo que voy a decirte, y atesóralo en tu *corazón. ¹¹Ahora ve adonde están exiliados tus compatriotas. Tal vez te escuchen, tal vez no; pero tú adviérteles: "Así dice el Señor omnipotente."»

¹²Entonces el Espíritu de Diosᵃ me levantó, y detrás de mí oí decir con el estruendo de un terremoto: «¡Bendita sea la gloria del Señor, donde él habita!» ¹³Oí el ruido de las alas de los seres vivientes al rozarse unas con otras, y el de las ruedas que estaban junto a ellas, y el ruido era estruendoso. ¹⁴El Espíritu me levantó y se apoderó de mí, y me fui amargado y enardecido, mientras la mano del Señor me sujetaba con fuerza. ¹⁵Así llegué a Tel Aviv, a orillas del río Quebar, adonde estaban los israelitas exiliados, y totalmente abatido me quedé con ellos durante siete días.

Advertencia a Israel

¹⁶Al cabo de los siete días, el Señor me dijo lo siguiente: ¹⁷«Hijo de hombre, a ti te he puesto como centinela del pueblo de Israel. Por tanto, cuando oigas mi palabra, adviértele de mi parte ¹⁸al malvado: "Estás condenado a muerte." Si tú no le hablas al malvado ni le haces ver su mala conducta, para que siga viviendo, ese malvado morirá por causa de su pecado, pero yo te pediré cuentas de su muerte. ¹⁹En cambio, si tú se lo adviertes, y él no se *arrepiente de su maldad ni de su mala conducta, morirá por causa de su pecado, pero tú habrás salvado tu vida. ²⁰Por otra parte, si un justo se desvía de su buena conducta y hace lo malo, y yo lo hago caer y tú no se lo adviertes, él morirá sin que se le tome en cuenta todo el bien que haya hecho. Por no haberle hecho ver su maldad, él morirá por causa de su pecado, pero yo te pediré cuentas de su muerte. ²¹Pero si tú le adviertes al justo que no peque, y en efecto él no peca, él seguirá viviendo porque hizo caso de tu advertencia, y tú habrás salvado tu vida.»

²²Luego el Señor puso su mano sobre mí, y me dijo: «Levántate y dirígete al campo, que allí voy a hablarte.» ²³Yo me levanté y salí al campo. Allí vi la gloria del Señor, tal como la había visto a orillas del río Quebar, y caí rostro en tierra. ²⁴Entonces el Espíritu de Dios entró en mí, hizo que me pusiera de pie, y me dijo: «Ve y enciérrate en tu casa. ²⁵A ti, hijo de hombre, te atarán con sogas para que no puedas salir ni andar entre el pueblo. ²⁶Yo haré que se te pegue la lengua al paladar, y así te quedarás mudo y no podrás reprenderlos, por más que sean un pueblo rebelde. ²⁷Pero cuando yo te hable, te soltaré la lengua y les advertirás: "Así dice el Señor omnipotente." El que quiera oír, que oiga; y el que no quiera, que no oiga, porque son un pueblo rebelde.

Anuncio del sitio a Jerusalén

4 »Hijo de hombre, toma ahora un ladrillo, ponlo delante de ti y dibuja en él la ciudad de Jerusalén. ²Acampa a su alrededor y ponle sitio; levanta torres de

house of Israel is hardened and obstinate. ⁸But I will make you as unyielding and hardened as they are. ⁹I will make your forehead like the hardest stone, harder than flint. Do not be afraid of them or terrified by them, though they are a rebellious house."

¹⁰And he said to me, "Son of man, listen carefully and take to heart all the words I speak to you. ¹¹Go now to your countrymen in exile and speak to them. Say to them, 'This is what the Sovereign Lord says,' whether they listen or fail to listen."

¹²Then the Spirit lifted me up, and I heard behind me a loud rumbling sound—May the glory of the Lord be praised in his dwelling place!— ¹³the sound of the wings of the living creatures brushing against each other and the sound of the wheels beside them, a loud rumbling sound. ¹⁴The Spirit then lifted me up and took me away, and I went in bitterness and in the anger of my spirit, with the strong hand of the Lord upon me. ¹⁵I came to the exiles who lived at Tel Abib near the Kebar River. And there, where they were living, I sat among them for seven days—overwhelmed.

Warning to Israel

¹⁶At the end of seven days the word of the Lord came to me: ¹⁷"Son of man, I have made you a watchman for the house of Israel; so hear the word I speak and give them warning from me. ¹⁸When I say to a wicked man, 'You will surely die,' and you do not warn him or speak out to dissuade him from his evil ways in order to save his life, that wicked man will die forᵍ his sin, and I will hold you accountable for his blood. ¹⁹But if you do warn the wicked man and he does not turn from his wickedness or from his evil ways, he will die for his sin; but you will have saved yourself.

²⁰"Again, when a righteous man turns from his righteousness and does evil, and I put a stumbling block before him, he will die. Since you did not warn him, he will die for his sin. The righteous things he did will not be remembered, and I will hold you accountable for his blood. ²¹But if you do warn the righteous man not to sin and he does not sin, he will surely live because he took warning, and you will have saved yourself."

²²The hand of the Lord was upon me there, and he said to me, "Get up and go out to the plain, and there I will speak to you." ²³So I got up and went out to the plain. And the glory of the Lord was standing there, like the glory I had seen by the Kebar River, and I fell facedown.

²⁴Then the Spirit came into me and raised me to my feet. He spoke to me and said: "Go, shut yourself inside your house. ²⁵And you, son of man, they will tie with ropes; you will be bound so that you cannot go out among the people. ²⁶I will make your tongue stick to the roof of your mouth so that you will be silent and unable to rebuke them, though they are a rebellious house. ²⁷But when I speak to you, I will open your mouth and you shall say to them, 'This is what the Sovereign Lord says.' Whoever will listen let him listen, and whoever will refuse let him refuse; for they are a rebellious house.

Siege of Jerusalem Symbolized

4 "Now, son of man, take a clay tablet, put it in front of you and draw the city of Jerusalem on it. ²Then lay siege to it: Erect siege works against it, build a

---

ᵃ *3:12 Espíritu de Dios.* Lit. *espíritu o viento*; también en v. 24.   ᵍ *18 Or in; also in verses 19 and 20*

asalto contra ella y construye una rampa que llegue hasta la ciudad; instala máquinas para derribar sus murallas. ³Toma una plancha de hierro y colócala como un muro entre ti y la ciudad, y fija tu mirada contra ella. De esa manera quedará sitiada: tú mismo la sitiarás. Eso les servirá de señal a los israelitas.

4»Acuéstate sobre tu lado izquierdo, y echa sobre ti la culpa de los israelitas. Todo el tiempo que estés acostado sobre ese lado, cargarás con sus culpas. ⁵Yo te he puesto un plazo de trescientos noventa días, es decir, un lapso de tiempo equivalente a los años de la culpa de Israel. ⁶Cuando cumplas ese plazo, volverás a acostarte, pero esta vez sobre tu lado derecho, y cuarenta días cargarás con la culpa del pueblo de Judá, o sea, un día por cada año. ⁷Luego mirarás el asedio de Jerusalén, y con brazo amenazante profetizarás contra ella. ⁸Yo te ataré con sogas para que no puedas darte vuelta de un lado a otro mientras no se cumplan los días del asedio.

9»Toma trigo, cebada, habas, lentejas, mijo y avena; viértelos en un recipiente y amásalos para hacer pan, pues ése será tu alimento durante los trescientos noventa días que estarás acostado sobre tu lado izquierdo. ¹⁰Cada día comerás, a una hora fija, una ración de un cuarto de kilo.ᵇ ¹¹También a una hora fija beberás medio litroᶜ de agua. ¹²Cocerás ese pan con excremento humano, y a la vista de todos lo comerás, como si fuera una torta de cebada.»

13Luego el SEÑOR añadió: «De igual manera, los israelitas comerán alimentos *impuros en medio de las naciones por donde los voy a dispersar.»

14Entonces exclamé: «¡No, SEÑOR mi Dios! ¡Yo jamás me he *contaminado con nada! Desde mi niñez y hasta el día de hoy, jamás he comido carne de ningún animal que se haya encontrado muerto, o que haya sido despedazado por las fieras. ¡Por mi boca no ha entrado ningún tipo de carne impura!»

15«Está bien —me respondió—, te doy permiso para que hornees tu pan con excremento de vaca en vez de excremento humano.»

16Luego me dijo: «Hijo de hombre, voy a hacer que escasee el trigo en Jerusalén. La gente comerá el pan racionado y con mucha angustia; también el agua será racionada, la beberán con mucha ansiedad. ¹⁷Escasearán el pan y el agua, y cuando cada uno vea la condición del otro, todos irán perdiendo las fuerzas y acabarán muriéndose a causa de sus pecados.

5 »Hijo de hombre, toma ahora una espada afilada, y úsala como navaja de afeitar para raparte la cabeza y afeitarte la barba. Toma luego una balanza y divide tu cabello cortado. ²Cuando se cumplan los días del sitio, quemarás en medio de la ciudad una tercera parte del cabello; otra tercera parte la cortarás con la espada alrededor de la ciudad, y la parte restante la esparcirás al viento. Yo, por mi parte, desenvainaré la espada y perseguiré a sus habitantes. ³Toma algunos de los cabellos y átalos al borde de tu manto. ⁴Luego toma otros pocos y arrójalos en el fuego para que se quemen. Desde allí se extenderá el fuego sobre todo el pueblo de Israel.

5»Así dice el SEÑOR omnipotente: Ésta es la ciudad de Jerusalén. Yo la coloqué en medio de las naciones y de

ramp up to it, set up camps against it and put battering rams around it. ³Then take an iron pan, place it as an iron wall between you and the city and turn your face toward it. It will be under siege, and you shall besiege it. This will be a sign to the house of Israel.

4"Then lie on your left side and put the sin of the house of Israel upon yourself.ʰ You are to bear their sin for the number of days you lie on your side. ⁵I have assigned you the same number of days as the years of their sin. So for 390 days you will bear the sin of the house of Israel.

6"After you have finished this, lie down again, this time on your right side, and bear the sin of the house of Judah. I have assigned you 40 days, a day for each year. ⁷Turn your face toward the siege of Jerusalem and with bared arm prophesy against her. ⁸I will tie you up with ropes so that you cannot turn from one side to the other until you have finished the days of your siege.

9"Take wheat and barley, beans and lentils, millet and spelt; put them in a storage jar and use them to make bread for yourself. You are to eat it during the 390 days you lie on your side. ¹⁰Weigh out twenty shekelsⁱ of food to eat each day and eat it at set times. ¹¹Also measure out a sixth of a hinʲ of water and drink it at set times. ¹²Eat the food as you would a barley cake; bake it in the sight of the people, using human excrement for fuel." ¹³The LORD said, "In this way the people of Israel will eat defiled food among the nations where I will drive them."

14Then I said, "Not so, Sovereign LORD! I have never defiled myself. From my youth until now I have never eaten anything found dead or torn by wild animals. No unclean meat has ever entered my mouth."

15"Very well," he said, "I will let you bake your bread over cow manure instead of human excrement."

16He then said to me: "Son of man, I will cut off the supply of food in Jerusalem. The people will eat rationed food in anxiety and drink rationed water in despair, ¹⁷for food and water will be scarce. They will be appalled at the sight of each other and will waste away because ofᵏ their sin."

5 "Now, son of man, take a sharp sword and use it as a barber's razor to shave your head and your beard. Then take a set of scales and divide up the hair. ²When the days of your siege come to an end, burn a third of the hair with fire inside the city. Take a third and strike it with the sword all around the city. And scatter a third to the wind. For I will pursue them with drawn sword. ³But take a few strands of hair and tuck them away in the folds of your garment. ⁴Again, take a few of these and throw them into the fire and burn them up. A fire will spread from there to the whole house of Israel.

5"This is what the Sovereign LORD says: This is Jerusalem, which I have set in the center of the nations,

---

ᵇ4:10 un cuarto de kilo. Lit. veinte *siclos.   ᶜ4:11 medio litro. Lit. la sexta parte de un *hin.

ʰ4 Or your side   ⁱ10 That is, about 8 ounces (about 0.2 kilogram)   ʲ11 That is, about 2/3 quart (about 0.6 liter)   ᵏ17 Or away in

los territorios a su alrededor. 6 Pero ella se rebeló contra mis *leyes y decretos, con una perversidad mayor a la de las naciones y territorios vecinos. En otras palabras, rechazó por completo mis leyes y decretos.

7 »Por eso yo, el SEÑOR omnipotente, declaro: Ustedes han sido más rebeldes que las naciones a su alrededor; no han seguido mis decretos ni obedecido mis leyes, y ni siquiera se han sujetado a las costumbres de esas naciones. 8 Por lo tanto yo, el SEÑOR omnipotente, declaro: Estoy contra ti, Jerusalén, y te voy a castigar a la vista de todas las naciones. 9 Por causa de tus ídolos repugnantes, haré contigo lo que jamás he hecho ni volveré a hacer. 10 Entre ustedes habrá padres que se comerán a sus hijos, y también hijos que se comerán a sus padres. Yo los castigaré, y a quien sobreviva lo dispersaré por los cuatro vientos.

11 »Por esta razón yo, el SEÑOR omnipotente, juro por mí mismo: Como ustedes han profanado mi santuario con sus ídolos repugnantes y con prácticas detestables, yo los destruiré sin misericordia y sin piedad. 12 Una tercera parte de tu pueblo morirá en tus calles por la peste y por el hambre; otra tercera parte caerá a filo de espada en tus alrededores, y a la tercera parte restante la dispersaré por los cuatro vientos. Yo desenvainaré la espada y perseguiré a la gente. 13 Entonces se apaciguará mi ira, mi enojo contra ellos será saciado, y me daré por satisfecho. Y cuando en mi celo haya desahogado mi enojo contra ellos, sabrán que yo, el SEÑOR, lo he dicho.

14 »Yo te convertiré en un montón de ruinas; te haré objeto de burla de todas las naciones que te rodean. Todos los que pasen junto a ti, lo verán. 15 Cuando yo te castigue con indignación, enojo y durísimos reproches, serás objeto de burla y de oprobio, y motivo de advertencia y escarmiento para las naciones que te rodean. Yo, el SEÑOR, lo he dicho.

16 »Yo te haré blanco del hambre, esa mortífera flecha que todo lo destruye. Dispararé a matar, pues traeré sobre ti hambre y escasez de provisiones. 17 Por si fuera poco, lanzaré contra ti animales salvajes que te dejarán sin hijos. Te verás abrumado por las plagas y por el derramamiento de sangre, pues haré que caigas a filo de espada. Yo, el SEÑOR, lo he dicho.»

Profecía contra los montes de Israel

6 El SEÑOR me dirigió la palabra: 2 «Hijo de hombre, alza tu mirada hacia los cerros de Israel, y profetiza contra ellos. 3 Diles: "Escuchen, cerros de Israel, la palabra del SEÑOR. Esto dice el SEÑOR omnipotente a cerros y colinas, a ríos y valles: 'Hagan que venga contra ustedes la espada, y destruiré sus lugares de culto idolátrico. 4 Despedazaré sus altares, haré añicos sus quemadores de incienso, y haré también que sus muertos caigan frente a sus ídolos malolientes. 5 ¡Sí! Delante de sus ídolos malolientes arrojaré los cadáveres de los israelitas, y esparciré sus huesos en torno a sus altares. 6 No importa dónde vivan ustedes, sus ciudades serán destruidas y sus lugares de culto idolátrico serán devastados. Sus altares quedarán completamente destrozados; sus ídolos malolientes, hechos un montón de ruinas; sus quemadores de incienso, hechos añicos. ¡Todas sus obras desaparecerán! 7 Su propia gente caerá muerta, y así sabrán ustedes que yo soy el SEÑOR.

8 » " 'Pero yo dejaré que algunos de ustedes se escapen de la muerte y queden esparcidos entre las nacio-

with countries all around her. 6 Yet in her wickedness she has rebelled against my laws and decrees more than the nations and countries around her. She has rejected my laws and has not followed my decrees.

7 "Therefore this is what the Sovereign LORD says: You have been more unruly than the nations around you and have not followed my decrees or kept my laws. You have not even[1] conformed to the standards of the nations around you.

8 "Therefore this is what the Sovereign LORD says: I myself am against you, Jerusalem, and I will inflict punishment on you in the sight of the nations. 9 Because of all your detestable idols, I will do to you what I have never done before and will never do again. 10 Therefore in your midst fathers will eat their children, and children will eat their fathers. I will inflict punishment on you and will scatter all your survivors to the winds. 11 Therefore as surely as I live, declares the Sovereign LORD, because you have defiled my sanctuary with all your vile images and detestable practices, I myself will withdraw my favor; I will not look on you with pity or spare you. 12 A third of your people will die of the plague or perish by famine inside you; a third will fall by the sword outside your walls; and a third I will scatter to the winds and pursue with drawn sword.

13 "Then my anger will cease and my wrath against them will subside, and I will be avenged. And when I have spent my wrath upon them, they will know that I the LORD have spoken in my zeal.

14 "I will make you a ruin and a reproach among the nations around you, in the sight of all who pass by. 15 You will be a reproach and a taunt, a warning and an object of horror to the nations around you when I inflict punishment on you in anger and in wrath and with stinging rebuke. I the LORD have spoken. 16 When I shoot at you with my deadly and destructive arrows of famine, I will shoot to destroy you. I will bring more and more famine upon you and cut off your supply of food. 17 I will send famine and wild beasts against you, and they will leave you childless. Plague and bloodshed will sweep through you, and I will bring the sword against you. I the LORD have spoken."

A Prophecy Against the Mountains of Israel

6 The word of the LORD came to me: 2 "Son of man, set your face against the mountains of Israel; prophesy against them 3 and say: 'O mountains of Israel, hear the word of the Sovereign LORD. This is what the Sovereign LORD says to the mountains and hills, to the ravines and valleys: I am about to bring a sword against you, and I will destroy your high places. 4 Your altars will be demolished and your incense altars will be smashed; and I will slay your people in front of your idols. 5 I will lay the dead bodies of the Israelites in front of their idols, and I will scatter your bones around your altars. 6 Wherever you live, the towns will be laid waste and the high places demolished, so that your altars will be laid waste and devastated, your idols smashed and ruined, your incense altars broken down, and what you have made wiped out. 7 Your people will fall slain among you, and you will know that I am the LORD.

8 " 'But I will spare some, for some of you will escape the sword when you are scattered among the lands

---

7 Most Hebrew manuscripts; some Hebrew manuscripts and Syriac *You have*

nes y los pueblos. 9Los sobrevivientes se acordarán de mí en las naciones donde hayan sido llevados cautivos. Se acordarán de cómo sufrí por culpa de su *corazón adúltero, y de cómo se apartaron de mí y se fueron tras sus ídolos malolientes. ¡Sentirán asco de ellos mismos por todas las maldades que hicieron y por sus obras repugnantes! 10Entonces sabrán que no en vano yo, el SEÑOR, los amenacé con estas calamidades.' "

11»Así dice el SEÑOR omnipotente: "Aplaude, patalea y grita: '¡Felicitaciones por todas las terribles abominaciones del pueblo de Israel!' Morirán por la espada, el hambre y la peste. 12Quien esté lejos perecerá por la peste, y quien esté cerca morirá a filo de espada, y el que quede con vida se morirá de hambre. Así descargaré sobre ellos toda mi ira, 13y sus cadáveres quedarán tendidos entre sus ídolos malolientes y alrededor de sus altares, en las colinas altas y en las cumbres de los cerros, o debajo de todo árbol frondoso y de toda encina tupida, es decir, en los lugares donde ofrecieron incienso de olor agradable a sus ídolos malolientes. ¡Entonces sabrán que yo soy el SEÑOR! 14Extenderé mi mano contra ellos, y convertiré en tierra desolada su país y todo lugar donde habiten, desde el desierto hasta Riblá. ¡Entonces sabrán que yo soy el SEÑOR!"»

El fin ha llegado

7 El SEÑOR me dirigió la palabra: 2«Hijo de hombre, así dice el SEÑOR omnipotente al pueblo de Israel: ¡Te llegó la hora! Ha llegado el fin para todo el país. 3¡Te ha llegado el fin! Descargaré mi ira sobre ti; te juzgaré según tu conducta y te pediré cuentas de todas tus acciones detestables. 4No voy a tratarte con piedad ni a tenerte compasión, sino que te haré pagar cara tu conducta y tus prácticas repugnantes. Así sabrás que yo soy el SEÑOR.

5»Así dice el SEÑOR omnipotente: ¡Las desgracias se siguen unas a otras! 6¡Ya viene la hecatombe; tu fin es inminente! 7Te ha llegado la hora, habitante del país. Ya viene la hora, ya se acerca el día. En las montañas hay pánico y no alegría. 8Ya estoy por descargar sobre ti mi furor; desahogaré mi enojo contra ti. Te juzgaré según tu conducta; te pediré cuentas por todas tus acciones detestables. 9No voy a tratarte con piedad ni a tenerte compasión, sino que te haré pagar cara tu conducta y tus prácticas repugnantes. Así sabrás que yo, el SEÑOR, también puedo herir.

10¡Ya llegó el día! ¡Ya está aquí! ¡Tu suerte está echada! Florece la injusticia,d germina el orgullo, 11y la violencia produce frutos de maldad. Nada quedará de ustedese ni de su multitud; nada de su riqueza ni de su opulencia.f 12Llegó la hora; éste es el día. Que no se alegre el que compra ni llore el que vende, porque mi enojo caerá sobre toda la multitud. 13Y aunque el vendedor siga con vida, no recuperará lo vendido. Porque no se revocará la visión referente a toda su multitud, y por su culpa nadie podrá conservar su vida. 14Aunque toquen la trompeta y preparen todo, nadie saldrá a la batalla, porque mi enojo caerá sobre toda la multitud.

and nations. 9Then in the nations where they have been carried captive, those who escape will remember me—how I have been grieved by their adulterous hearts, which have turned away from me, and by their eyes, which have lusted after their idols. They will loathe themselves for the evil they have done and for all their detestable practices. 10And they will know that I am the LORD; I did not threaten in vain to bring this calamity on them.

11" 'This is what the Sovereign LORD says: Strike your hands together and stamp your feet and cry out "Alas!" because of all the wicked and detestable practices of the house of Israel, for they will fall by the sword, famine and plague. 12He that is far away will die of the plague, and he that is near will fall by the sword, and he that survives and is spared will die of famine. So will I spend my wrath upon them. 13And they will know that I am the LORD, when their people lie slain among their idols around their altars, on every high hill and on all the mountaintops, under every spreading tree and every leafy oak—places where they offered fragrant incense to all their idols. 14And I will stretch out my hand against them and make the land a desolate waste from the desert to Diblahm—wherever they live. Then they will know that I am the LORD.' "

The End Has Come

7 The word of the LORD came to me: 2"Son of man, this is what the Sovereign LORD says to the land of Israel: The end! The end has come upon the four corners of the land. 3The end is now upon you and I will unleash my anger against you. I will judge you according to your conduct and repay you for all your detestable practices. 4I will not look on you with pity or spare you; I will surely repay you for your conduct and the detestable practices among you. Then you will know that I am the LORD.

5"This is what the Sovereign LORD says: Disaster! An unheard-ofn disaster is coming. 6The end has come! The end has come! It has roused itself against you. It has come! 7Doom has come upon you—you who dwell in the land. The time has come, the day is near; there is panic, not joy, upon the mountains. 8I am about to pour out my wrath on you and spend my anger against you; I will judge you according to your conduct and repay you for all your detestable practices. 9I will not look on you with pity or spare you; I will repay you in accordance with your conduct and the detestable practices among you. Then you will know that it is I the LORD who strikes the blow.

10"The day is here! It has come! Doom has burst forth, the rod has budded, arrogance has blossomed! 11Violence has grown intoo a rod to punish wickedness; none of the people will be left, none of that crowd—no wealth, nothing of value. 12The time has come, the day has arrived. Let not the buyer rejoice nor the seller grieve, for wrath is upon the whole crowd. 13The seller will not recover the land he has sold as long as both of them live, for the vision concerning the whole crowd will not be reversed. Because of their sins, not one of them will preserve his life. 14Though they blow the trumpet and get everything ready, no one will go into battle, for my wrath is upon the whole crowd.

---

d7:10 injusticia. Lit. vara.   e7:11 ustedes. Lit. ellos; es decir, el pueblo de Israel.   f7:11 nada quedará ... opulencia. Frases de difícil traducción.

m14 Most Hebrew manuscripts; a few Hebrew manuscripts Riblah   n5 Most Hebrew manuscripts; some Hebrew manuscripts and Syriac Disaster after   o11 Or The violent one has become

15 »Allá afuera hay guerra; y aquí adentro, peste y hambre. El que esté en el campo morirá a filo de espada, y el que esté en la ciudad se morirá de hambre y de peste. 16 Los que logren escapar se quedarán en las montañas como palomas del valle, cada uno llorando por su maldad. 17 Desfallecerá todo brazo y temblará toda rodilla. 18 Se vestirán de luto, y el terror los dominará. Se llenarán de vergüenza y se convertirán en objeto de burla.g 19 La plata la arrojarán a las calles, y el oro lo verán como basura. En el día de la ira del SEÑOR, ni su oro ni su plata podrán salvarlos, ni les servirán para saciar su hambre y llenarse el estómago, porque el oro fue el causante de su caída. 20 Se enorgullecían de sus joyas hermosas, y las usaron para fabricar sus imágenes detestables y sus ídolos despreciables. Por esta razón convertiré esas joyas en algo repugnante. 21 Haré que vengan los extranjeros y se las roben, y que los malvados de la tierra se las lleven y las profanen. 22 Alejaré de ellos mi presencia, y mi templo será profanado; entrarán los invasores y lo profanarán.

23 »Prepara las cadenash porque el país se ha llenado de sangre, y la ciudad está llena de violencia. 24 Haré que las naciones más violentas vengan y se apoderen de sus casas. Pondré fin a la soberbia de los poderosos, y sus santuarios serán profanados. 25 Cuando la desesperación los atrape, en vano buscarán la *paz. 26 Una tras otra vendrán las desgracias, al igual que las malas noticias. Del profeta demandarán visiones; la instrucción se alejará del sacerdote, y a los *jefes del pueblo no les quedarán consejos. 27 El rey hará duelo, el príncipe se cubrirá de tristeza, y temblarán las manos del pueblo. Yo los trataré según su conducta, y los juzgaré según sus acciones. Así sabrán que yo soy el SEÑOR.»

Idolatría en el templo

8 En el día quinto del mes sexto del año sexto, yo estaba sentado en mi casa, junto con los *jefes de Judá. De pronto, el SEÑOR puso su mano sobre mí.

2 Miré entonces, y vi una figura de aspecto humano: de la cintura para abajo, ardía como fuego; de la cintura para arriba, brillaba como el metal bruñido. 3 Aquella figura extendió lo que parecía ser una mano, y me tomó del cabello. Un viento me sostuvo entre la tierra y el cielo, y en visiones divinas me llevó a la parte norte de Jerusalén, hasta la entrada de la puerta interior, que es donde está el ídolo que provoca los celos de Dios. 4 Allí estaba la gloria del Dios de Israel, como la visión que yo había visto en el campo. 5 Y Dios me dijo: «Hijo de hombre, levanta la vista hacia el norte.» Yo miré en esa dirección, y en la entrada misma, al norte de la puerta del altar, estaba el ídolo que provoca los celos de Dios. 6 También me dijo: «Hijo de hombre, ¿ves las grandes abominaciones que cometen los israelitas en este lugar, y que me hacen alejarme de mi santuario? Realmente no has visto nada todavía; peores abominaciones verás.»

7 Después me llevó a la entrada del atrio. En el muro había un agujero. 8 Entonces me dijo: «Hijo de hombre, agranda el agujero del muro.» Yo agrandé el agujero en el muro y me encontré con una puerta. 9 Dios me dijo: «Entra y observa las abominaciones que allí co-

15 "Outside is the sword, inside are plague and famine; those in the country will die by the sword, and those in the city will be devoured by famine and plague. 16 All who survive and escape will be in the mountains, moaning like doves of the valleys, each because of his sins. 17 Every hand will go limp, and every knee will become as weak as water. 18 They will put on sackcloth and be clothed with terror. Their faces will be covered with shame and their heads will be shaved. 19 They will throw their silver into the streets, and their gold will be an unclean thing. Their silver and gold will not be able to save them in the day of the LORD's wrath. They will not satisfy their hunger or fill their stomachs with it, for it has made them stumble into sin. 20 They were proud of their beautiful jewelry and used it to make their detestable idols and vile images. Therefore I will turn these into an unclean thing for them. 21 I will hand it all over as plunder to foreigners and as loot to the wicked of the earth, and they will defile it. 22 I will turn my face away from them, and they will desecrate my treasured place; robbers will enter it and desecrate it.

23 "Prepare chains, because the land is full of bloodshed and the city is full of violence. 24 I will bring the most wicked of the nations to take possession of their houses; I will put an end to the pride of the mighty, and their sanctuaries will be desecrated. 25 When terror comes, they will seek peace, but there will be none. 26 Calamity upon calamity will come, and rumor upon rumor. They will try to get a vision from the prophet; the teaching of the law by the priest will be lost, as will the counsel of the elders. 27 The king will mourn, the prince will be clothed with despair, and the hands of the people of the land will tremble. I will deal with them according to their conduct, and by their own standards I will judge them. Then they will know that I am the LORD."

Idolatry in the Temple

8 In the sixth year, in the sixth month on the fifth day, while I was sitting in my house and the elders of Judah were sitting before me, the hand of the Sovereign LORD came upon me there. 2 I looked, and I saw a figure like that of a man.p From what appeared to be his waist down he was like fire, and from there up his appearance was as bright as glowing metal. 3 He stretched out what looked like a hand and took me by the hair of my head. The Spirit lifted me up between earth and heaven and in visions of God he took me to Jerusalem, to the entrance to the north gate of the inner court, where the idol that provokes to jealousy stood. 4 And there before me was the glory of the God of Israel, as in the vision I had seen in the plain.

5 Then he said to me, "Son of man, look toward the north." So I looked, and in the entrance north of the gate of the altar I saw this idol of jealousy.

6 And he said to me, "Son of man, do you see what they are doing—the utterly detestable things the house of Israel is doing here, things that will drive me far from my sanctuary? But you will see things that are even more detestable."

7 Then he brought me to the entrance to the court. I looked, and I saw a hole in the wall. 8 He said to me, "Son of man, now dig into the wall." So I dug into the wall and saw a doorway there.

9 And he said to me, "Go in and see the wicked and

---

g 7:18 se convertirán en objeto de burla. Lit. todas sus cabezas serán rapadas.   h 7:23 cadenas. Palabra de difícil traducción.

p 2 Or saw a fiery figure

meten.» 10 Yo entré y a lo largo del muro vi pinturas de todo tipo: figuras de reptiles y de otros animales repugnantes, y de todos los malolientes ídolos de Israel. 11 Setenta jefes israelitas estaban de pie frente a los ídolos, rindiéndoles culto. Entre ellos se encontraba Jazanías hijo de Safán. Cada uno tenía en la mano un incensario, del cual subía una fragante nube de incienso.

12 Y él me dijo: «Hijo de hombre, ¿ves lo que hacen los jefes israelitas en los oscuros nichos de sus ídolos? Andan diciendo: "No hay ningún SEÑOR que nos vea. El SEÑOR ha abandonado el país."» 13 Y añadió: «Ya los verás cometer mayores atrocidades.»

14 Luego me llevó a la entrada del templo del SEÑOR, a la puerta que da hacia el norte. Allí estaban unas mujeres sentadas, que lloraban por el dios Tamuz. 15 Entonces Dios me dijo: «Hijo de hombre, ¿ves esto? Pues aún las verás cometer mayores atrocidades.»

16 Y me llevó al atrio interior del templo. A la entrada del templo, entre el vestíbulo y el altar, había unos veinticinco hombres que estaban mirando hacia el oriente y adoraban al sol, de espaldas al templo del SEÑOR. 17 Me dijo: «Hijo de hombre, ¿ves esto? ¿Tan poca cosa le parece a Judá cometer tales abominaciones, que también ha llenado la tierra de violencia y no deja de provocarme? ¡Mira cómo me enardecen, pasándome[i] por la nariz sus pestilentes ramos! 18 Por eso, voy a actuar con furor. No les tendré piedad ni compasión. Por más que me imploren a gritos, ¡no los escucharé!»

El castigo de los culpables

9 Después oí que Dios clamaba con fuerte voz: «¡Acérquense, verdugos de la ciudad, cada uno con su arma destructora en la mano!» 2 Entonces vi que por el camino de la puerta superior que da hacia el norte venían seis hombres, cada uno con un arma mortal en la mano. Con ellos venía un hombre vestido de lino, que llevaba en la cintura un estuche de escriba. Todos ellos entraron y se pararon junto al altar de bronce. 3 La gloria del Dios de Israel, que estaba sobre los *querubines, se elevó y se dirigió hacia el umbral del templo. Al hombre vestido de lino que llevaba en la cintura un estuche de escriba, el SEÑOR lo llamó 4 y le dijo: «Recorre la ciudad de Jerusalén, y coloca una señal en la frente de quienes giman y hagan lamentación por todos los actos detestables que se cometen en la ciudad.» 5 Pero oí que a los otros les dijo: «Síganlo. Recorran la ciudad y maten sin piedad ni compasión. 6 Maten a viejos y a jóvenes, a muchachas, niños y mujeres; comiencen en el templo, y no dejen a nadie con vida. Pero no toquen a los que tengan la señal.» Y aquellos hombres comenzaron por matar a los viejos que estaban frente al templo.

7 Después les dijo: «Salgan y profanen el templo; llenen de cadáveres los atrios.»

Ellos salieron y comenzaron a matar gente en toda la ciudad. 8 Y mientras mataban, yo me quedé solo, caí rostro en tierra y grité: «¡Ay, SEÑOR y Dios! ¿Descargarás tu furor sobre Jerusalén y destruirás a todo el resto de Israel?»

detestable things they are doing here." 10 So I went in and looked, and I saw portrayed all over the walls all kinds of crawling things and detestable animals and all the idols of the house of Israel. 11 In front of them stood seventy elders of the house of Israel, and Jaazaniah son of Shaphan was standing among them. Each had a censer in his hand, and a fragrant cloud of incense was rising.

12 He said to me, "Son of man, have you seen what the elders of the house of Israel are doing in the darkness, each at the shrine of his own idol? They say, 'The LORD does not see us; the LORD has forsaken the land.' " 13 Again, he said, "You will see them doing things that are even more detestable."

14 Then he brought me to the entrance to the north gate of the house of the LORD, and I saw women sitting there, mourning for Tammuz. 15 He said to me, "Do you see this, son of man? You will see things that are even more detestable than this."

16 He then brought me into the inner court of the house of the LORD, and there at the entrance to the temple, between the portico and the altar, were about twenty-five men. With their backs toward the temple of the LORD and their faces toward the east, they were bowing down to the sun in the east.

17 He said to me, "Have you seen this, son of man? Is it a trivial matter for the house of Judah to do the detestable things they are doing here? Must they also fill the land with violence and continually provoke me to anger? Look at them putting the branch to their nose! 18 Therefore I will deal with them in anger; I will not look on them with pity or spare them. Although they shout in my ears, I will not listen to them."

Idolaters Killed

9 Then I heard him call out in a loud voice, "Bring the guards of the city here, each with a weapon in his hand." 2 And I saw six men coming from the direction of the upper gate, which faces north, each with a deadly weapon in his hand. With them was a man clothed in linen who had a writing kit at his side. They came in and stood beside the bronze altar.

3 Now the glory of the God of Israel went up from above the cherubim, where it had been, and moved to the threshold of the temple. Then the LORD called to the man clothed in linen who had the writing kit at his side 4 and said to him, "Go throughout the city of Jerusalem and put a mark on the foreheads of those who grieve and lament over all the detestable things that are done in it."

5 As I listened, he said to the others, "Follow him through the city and kill, without showing pity or compassion. 6 Slaughter old men, young men and maidens, women and children, but do not touch anyone who has the mark. Begin at my sanctuary." So they began with the elders who were in front of the temple.

7 Then he said to them, "Defile the temple and fill the courts with the slain. Go!" So they went out and began killing throughout the city. 8 While they were killing and I was left alone, I fell facedown, crying out, "Ah, Sovereign LORD! Are you going to destroy the entire remnant of Israel in this outpouring of your wrath on Jerusalem?"

---

i 8:17 pasándome. Lit. pasándose.

9 El SEÑOR me respondió: «La iniquidad del pueblo de Israel y de Judá es extremadamente grande. El país está lleno de violencia; la ciudad, llena de injusticia. Ellos piensan: "El SEÑOR ha abandonado el país. No hay ningún SEÑOR que vea." 10 Por eso no les tendré piedad ni compasión, sino que les pediré cuentas de su conducta.»

11 Entonces el hombre vestido de lino que llevaba en la cintura un estuche de escriba me informó: «Ya hice lo que me mandaste hacer.»

La gloria del SEÑOR abandona el templo

10 Después miré, y sobre la bóveda que estaba encima de la cabeza de los *querubines vi una especie de piedra de zafiro que tenía la forma de un trono. 2 Y el SEÑOR le dijo al hombre vestido de lino: «Métete entre las ruedas que están debajo de los querubines, toma un puñado de las brasas que están entre los querubines, y espárcelas por toda la ciudad.» Y el hombre se metió allí, mientras yo miraba.

3 En el momento en que el hombre entró, los querubines estaban en la parte sur del templo y una nube llenaba el atrio interior. 4 Entonces la gloria del SEÑOR, que estaba sobre los querubines, se elevó y se dirigió hacia el umbral del templo. La nube llenó el templo, y el atrio se llenó del resplandor de la gloria del SEÑOR. 5 El ruido de las alas de los querubines llegaba hasta el atrio exterior, y era semejante a la voz del Dios *Todopoderoso.

6 El SEÑOR le ordenó al hombre vestido de lino: «Toma fuego de en medio de las ruedas que están entre los querubines.» Así que el hombre fue y se paró entre las ruedas. 7 Uno de los querubines extendió la mano, tomó el fuego que estaba entre ellos, y lo puso en las manos del hombre vestido de lino. Aquél lo recibió y se fue. 8 (Debajo de las alas de los querubines se veía algo semejante a la mano de un hombre.)

9 Me fijé, y al lado de los querubines vi cuatro ruedas, una junto a cada uno de ellos. Las ruedas tenían un aspecto brillante como el crisólito. 10 Las cuatro ruedas se asemejaban, y parecía como si una rueda estuviera encajada en la otra. 11 Al avanzar, podían hacerlo en las cuatro direcciones sin necesidad de volverse. Avanzaban en la dirección a que apuntaba la cabeza del querubín, y no tenían que volverse. 12 Todo el cuerpo, la espalda, las manos y las alas de los querubines, al igual que las cuatro ruedas, estaban llenos de ojos. 13 Alcancé a oír que a las ruedas se les llamaba «círculos». 14 Cada uno de los querubines tenía cuatro caras: la primera, de querubín; la segunda, de hombre; la tercera, de león; y la cuarta, de águila.

15 Los querubines, que eran los mismos seres que yo había visto junto al río Quebar, se elevaron. 16 Cuando avanzaban, las ruedas a su costado hacían lo mismo; cuando desplegaban sus alas para levantarse del suelo, las ruedas no se apartaban de ellos; 17 cuando se detenían, las ruedas hacían lo mismo; cuando se levantaban, las ruedas se levantaban también, porque el espíritu de esos seres vivientes estaba en las ruedas.

18 La gloria del SEÑOR se elevó por encima del umbral del templo y se detuvo sobre los querubines. 19 Y mientras yo miraba, los querubines desplegaron sus alas y se elevaron del suelo, y junto con las ruedas salieron y se detuvieron en la puerta oriental del templo del SEÑOR. La gloria del Dios de Israel estaba por encima de ellos.

9 He answered me, "The sin of the house of Israel and Judah is exceedingly great; the land is full of bloodshed and the city is full of injustice. They say, 'The LORD has forsaken the land; the LORD does not see.' 10 So I will not look on them with pity or spare them, but I will bring down on their own heads what they have done."

11 Then the man in linen with the writing kit at his side brought back word, saying, "I have done as you commanded."

The Glory Departs From the Temple

10 I looked, and I saw the likeness of a throne of sapphire[q] above the expanse that was over the heads of the cherubim. 2 The LORD said to the man clothed in linen, "Go in among the wheels beneath the cherubim. Fill your hands with burning coals from among the cherubim and scatter them over the city." And as I watched, he went in.

3 Now the cherubim were standing on the south side of the temple when the man went in, and a cloud filled the inner court. 4 Then the glory of the LORD rose from above the cherubim and moved to the threshold of the temple. The cloud filled the temple, and the court was full of the radiance of the glory of the LORD. 5 The sound of the wings of the cherubim could be heard as far away as the outer court, like the voice of God Almighty[r] when he speaks.

6 When the LORD commanded the man in linen, "Take fire from among the wheels, from among the cherubim," the man went in and stood beside a wheel. 7 Then one of the cherubim reached out his hand to the fire that was among them. He took up some of it and put it into the hands of the man in linen, who took it and went out. 8 (Under the wings of the cherubim could be seen what looked like the hands of a man.)

9 I looked, and I saw beside the cherubim four wheels, one beside each of the cherubim; the wheels sparkled like chrysolite. 10 As for their appearance, the four of them looked alike; each was like a wheel intersecting a wheel. 11 As they moved, they would go in any one of the four directions the cherubim faced; the wheels did not turn about[s] as the cherubim went. The cherubim went in whatever direction the head faced, without turning as they went. 12 Their entire bodies, including their backs, their hands and their wings, were completely full of eyes, as were their four wheels. 13 I heard the wheels being called "the whirling wheels." 14 Each of the cherubim had four faces: One face was that of a cherub, the second the face of a man, the third the face of a lion, and the fourth the face of an eagle.

15 Then the cherubim rose upward. These were the living creatures I had seen by the Kebar River. 16 When the cherubim moved, the wheels beside them moved; and when the cherubim spread their wings to rise from the ground, the wheels did not leave their side. 17 When the cherubim stood still, they also stood still; and when the cherubim rose, they rose with them, because the spirit of the living creatures was in them.

18 Then the glory of the LORD departed from over the threshold of the temple and stopped above the cherubim. 19 While I watched, the cherubim spread their wings and rose from the ground, and as they went, the wheels went with them. They stopped at the entrance to the east gate of the LORD's house, and the glory of the God of Israel was above them.

20 Eran los mismos seres vivientes que, estando yo junto al río Quebar, había visto debajo del Dios de Israel. Entonces me di cuenta de que eran querubines. 21 Cada uno tenía cuatro caras y cuatro alas, y bajo las alas tenían algo que se parecía a las manos de un hombre. 22 Sus caras eran iguales a las que yo había visto junto al río Quebar. Cada uno de ellos caminaba de frente.

Juicio contra los líderes de Israel

11 Un viento me levantó y me llevó hasta la entrada oriental del templo del SEÑOR. A la entrada vi a veinticinco hombres, entre los cuales estaban Jazanías hijo de Azur y Pelatías hijo de Benaías, que eran jefes del pueblo. 2 Dios me dijo: «Hijo de hombre, éstos son los que están tramando maldades y dando malos consejos en esta ciudad. 3 Dicen: "Todavía no es el momento de reconstruir las casas. La ciudad es la olla y nosotros somos la carne." 4 Por eso, hijo de hombre, profetiza contra ellos; ¡sí, profetiza!»

5 El Espíritu del SEÑOR vino sobre mí y me ordenó proclamar: «Así dice el SEÑOR: "Ustedes, pueblo de Israel, han dicho esto, y yo conozco sus pensamientos. 6 Han matado a mucha gente en esta ciudad y han llenado las calles de cadáveres. 7 Por eso yo, el SEÑOR omnipotente, les aseguro que los cadáveres que ustedes han arrojado en medio de la ciudad son la carne, y la ciudad es la olla de la que yo los arrojaré. 8 ¿Temen la guerra? Pues bien, yo, el SEÑOR omnipotente, declaro que enviaré guerra contra ustedes. 9 Los echaré de la ciudad, los entregaré en manos de extranjeros y los castigaré con justicia. 10 Morirán a filo de espada; yo los juzgaré en las mismas fronteras de Israel, y así sabrán que yo soy el SEÑOR. 11 La ciudad no les servirá de olla, ni serán ustedes la carne dentro de ella. Yo los juzgaré en la frontera misma de Israel. 12 Entonces sabrán que yo soy el SEÑOR. No han seguido mis decretos ni han cumplido con mis *leyes, sino que han adoptado las costumbres de las naciones que los rodean." »

13 Mientras yo profetizaba, Pelatías hijo de Benaías cayó muerto. Entonces caí rostro en tierra y clamé a gritos: «¡Ay, SEÑOR mi Dios! ¿Vas a exterminar al resto de Israel?»

14 El SEÑOR me dirigió la palabra: 15 «Hijo de hombre, esto es lo que dicen los habitantes de Jerusalén en cuanto a tus hermanos, tus parientes y todo el pueblo de Israel: "Ellos se han alejado del SEÑOR, y por eso se nos ha dado esta tierra en posesión." 16 Por tanto, adviérteles que así dice el SEÑOR omnipotente: "Aunque los desterré a naciones lejanas y los dispersé por países extraños, por un tiempo les he servido de santuario en las tierras adonde han ido."

17 »Adviérteles también que así dice el SEÑOR omnipotente: "Yo los reuniré de entre las naciones; los juntaré de los países donde han estado dispersos, y les daré la tierra de Israel. 18 Ellos volverán a su tierra y echarán de allí a los ídolos detestables y pondrán fin a las prácticas repugnantes. 19 Yo les daré un *corazón íntegro, y pondré en ellos un espíritu renovado. Les arrancaré el corazón de piedra que ahora tienen, y pon-

20 These were the living creatures I had seen beneath the God of Israel by the Kebar River, and I realized that they were cherubim. 21 Each had four faces and four wings, and under their wings was what looked like the hands of a man. 22 Their faces had the same appearance as those I had seen by the Kebar River. Each one went straight ahead.

Judgment on Israel's Leaders

11 Then the Spirit lifted me up and brought me to the gate of the house of the LORD that faces east. There at the entrance to the gate were twenty-five men, and I saw among them Jaazaniah son of Azzur and Pelatiah son of Benaiah, leaders of the people. 2 The LORD said to me, "Son of man, these are the men who are plotting evil and giving wicked advice in this city. 3 They say, 'Will it not soon be time to build houses?*t* This city is a cooking pot, and we are the meat.' 4 Therefore prophesy against them; prophesy, son of man."

5 Then the Spirit of the LORD came upon me, and he told me to say: "This is what the LORD says: That is what you are saying, O house of Israel, but I know what is going through your mind. 6 You have killed many people in this city and filled its streets with the dead.

7 "Therefore this is what the Sovereign LORD says: The bodies you have thrown there are the meat and this city is the pot, but I will drive you out of it. 8 You fear the sword, and the sword is what I will bring against you, declares the Sovereign LORD. 9 I will drive you out of the city and hand you over to foreigners and inflict punishment on you. 10 You will fall by the sword, and I will execute judgment on you at the borders of Israel. Then you will know that I am the LORD. 11 This city will not be a pot for you, nor will you be the meat in it; I will execute judgment on you at the borders of Israel. 12 And you will know that I am the LORD, for you have not followed my decrees or kept my laws but have conformed to the standards of the nations around you."

13 Now as I was prophesying, Pelatiah son of Benaiah died. Then I fell facedown and cried out in a loud voice, "Ah, Sovereign LORD! Will you completely destroy the remnant of Israel?"

14 The word of the LORD came to me: 15 "Son of man, your brothers—your brothers who are your blood relatives*u* and the whole house of Israel—are those of whom the people of Jerusalem have said, 'They are*v* far away from the LORD; this land was given to us as our possession.'

Promised Return of Israel

16 "Therefore say: 'This is what the Sovereign LORD says: Although I sent them far away among the nations and scattered them among the countries, yet for a little while I have been a sanctuary for them in the countries where they have gone.'

17 "Therefore say: 'This is what the Sovereign LORD says: I will gather you from the nations and bring you back from the countries where you have been scattered, and I will give you back the land of Israel again.'

18 "They will return to it and remove all its vile images and detestable idols. 19 I will give them an undivided heart and put a new spirit in them; I will remove from them their heart of stone and give them a heart of

---

t 3 Or *This is not the time to build houses.*   *u 15* Or *are in exile with you* (see Septuagint and Syriac)   *v 15* Or *those to whom the people of Jerusalem have said, 'Stay*

dré en ellos un corazón de carne, 20para que cumplan mis decretos y pongan en práctica mis leyes. Entonces ellos serán mi pueblo, y yo seré su Dios. 21Pero a los que van tras esos ídolos detestables y siguen prácticas repugnantes, yo les pediré cuentas de su conducta. Lo afirma el SEÑOR omnipotente." »

La gloria del Señor abandona Jerusalén

22Los *querubines desplegaron sus alas. Las ruedas estaban junto a ellos, y la gloria del Dios de Israel estaba por encima de ellos. 23La gloria del SEÑOR se elevó de en medio de la ciudad y se detuvo sobre el cerro que está al oriente de Jerusalén. 24En una visión, un viento me levantó y me trasladó hasta donde estaban los exiliados en Babilonia; y la visión desapareció. 25Entonces les comuniqué a los exiliados lo que el SEÑOR me había revelado.

Símbolo del exilio

12 El SEÑOR me dirigió la palabra: 2«Hijo de hombre, vives en medio de un pueblo rebelde. Tienen ojos para ver, pero no ven; tienen oídos para oír, pero no oyen. ¡Son un pueblo rebelde!

3»Por tanto, hijo de hombre, prepara tu equipaje; prepáralo para el exilio, y a plena luz del día, a la vista de todos, saldrás como quien va exiliado sin destino fijo. Tal vez así entiendan, aunque son un pueblo rebelde. 4Saca tu equipaje a plena luz del día, a la vista de todos, y al caer la tarde ponte en marcha, a la vista de todos, como quien va al exilio. 5También en presencia de todos, abre un agujero en el muro y sal por ahí con tu equipaje. 6Al llegar la noche, mientras todos te estén viendo, ponte en marcha con el equipaje al hombro. Cúbrete la cara para que no puedas ver la tierra, porque de ti he hecho un presagio para el pueblo de Israel.»

7Hice lo que se me había mandado, y a plena luz del día saqué mi bagaje, como quien va al exilio. Al caer la tarde abrí el agujero con mis propias manos, y al llegar la noche, en presencia de todos, salí con mi equipaje al hombro.

8Por la mañana el SEÑOR me dirigió la palabra: 9«Hijo de hombre, con toda seguridad el pueblo rebelde de Israel te preguntará: "¿Qué estás haciendo?" 10Pero tú explícales: "Así dice el SEÑOR omnipotente: 'Este mensaje se refiere al pueblo de Israel que vive en Jerusalén, y también a su gobernante.' " 11Diles: "Yo soy un presagio para ustedes. Lo que hice yo, les va a pasar a ustedes, pues serán llevados cautivos al exilio." 12Y su gobernante se echará el equipaje al hombro, y saldrá de noche por un agujero que abrirán en el muro. Se cubrirá la cara para que no pueda ver la tierra. 13Yo tenderé mi red sobre él, y quedará atrapado en mi trampa. Así lo llevaré a Babilonia, la tierra de los *caldeos, pero no podrá verla porque allá morirá. 14Dispersaré a los cuatro vientos a todos los que lo rodean, tanto a sus ayudantes como a todas sus tropas, y los perseguiré espada en mano. 15Entonces sabrán que yo soy el SEÑOR.

»Cuando los haya dispersado y esparcido por las naciones, 16dejaré que unos pocos de ellos se escapen de la guerra, del hambre y de la peste, para que en las naciones por donde vayan den cuenta de sus prácticas repugnantes. Entonces sabrán que yo soy el SEÑOR.»

17El SEÑOR me dirigió la palabra: 18«Hijo de hombre, tiembla al comer tu pan, y llénate de espanto y miedo

flesh. 20Then they will follow my decrees and be careful to keep my laws. They will be my people, and I will be their God. 21But as for those whose hearts are devoted to their vile images and detestable idols, I will bring down on their own heads what they have done, declares the Sovereign LORD."

22Then the cherubim, with the wheels beside them, spread their wings, and the glory of the God of Israel was above them. 23The glory of the LORD went up from within the city and stopped above the mountain east of it. 24The Spirit lifted me up and brought me to the exiles in Babyloniaʷ in the vision given by the Spirit of God.

Then the vision I had seen went up from me, 25and I told the exiles everything the LORD had shown me.

The Exile Symbolized

12 The word of the LORD came to me: 2"Son of man, you are living among a rebellious people. They have eyes to see but do not see and ears to hear but do not hear, for they are a rebellious people.

3"Therefore, son of man, pack your belongings for exile and in the daytime, as they watch, set out and go from where you are to another place. Perhaps they will understand, though they are a rebellious house. 4During the daytime, while they watch, bring out your belongings packed for exile. Then in the evening, while they are watching, go out like those who go into exile. 5While they watch, dig through the wall and take your belongings out through it. 6Put them on your shoulder as they are watching and carry them out at dusk. Cover your face so that you cannot see the land, for I have made you a sign to the house of Israel."

7So I did as I was commanded. During the day I brought out my things packed for exile. Then in the evening I dug through the wall with my hands. I took my belongings out at dusk, carrying them on my shoulders while they watched.

8In the morning the word of the LORD came to me: 9"Son of man, did not that rebellious house of Israel ask you, 'What are you doing?'

10"Say to them, 'This is what the Sovereign LORD says: This oracle concerns the prince in Jerusalem and the whole house of Israel who are there.' 11Say to them, 'I am a sign to you.'

"As I have done, so it will be done to them. They will go into exile as captives.

12"The prince among them will put his things on his shoulder at dusk and leave, and a hole will be dug in the wall for him to go through. He will cover his face so that he cannot see the land. 13I will spread my net for him, and he will be caught in my snare; I will bring him to Babylonia, the land of the Chaldeans, but he will not see it, and there he will die. 14I will scatter to the winds all those around him—his staff and all his troops—and I will pursue them with drawn sword.

15"They will know that I am the LORD, when I disperse them among the nations and scatter them through the countries. 16But I will spare a few of them from the sword, famine and plague, so that in the nations where they go they may acknowledge all their detestable practices. Then they will know that I am the LORD."

17The word of the LORD came to me: 18"Son of man, tremble as you eat your food, and shudder in fear as

---

al beber tu agua. ¹⁹Adviértele a la gente del país que así dice el SEÑOR omnipotente acerca de los que habitan en Jerusalén y en la tierra de Israel: "Con mucho miedo comerán su pan, y con gran angustia beberán su agua. Por la violencia de sus habitantes la tierra será despojada de todo lo que hay en ella. ²⁰Las ciudades habitadas serán arrasadas, y su país quedará en ruinas. Entonces sabrán ustedes que yo soy el SEÑOR." »

²¹El SEÑOR me dirigió la palabra: ²²«Hijo de hombre, ¿qué quiere decir este refrán que se repite en la tierra de Israel: "Se cumple el tiempo, pero no la visión"? ²³Por lo tanto, adviérteles que así dice el SEÑOR omnipotente: "Pondré fin a ese refrán, y ya no volverán a repetirlo en Israel." Y adviérteles también: "Ya vienen los días en que se cumplirán las visiones. ²⁴Pues ya no habrá visiones engañosas ni predicciones que susciten falsas expectativas en el pueblo de Israel. ²⁵Porque yo, el SEÑOR, hablaré, y lo que diga se cumplirá sin retraso. Pueblo rebelde, mientras ustedes aún tengan vida, yo cumpliré mi palabra. Lo afirma el SEÑOR omnipotente." »

²⁶El SEÑOR me dirigió la palabra: ²⁷«Hijo de hombre, el pueblo de Israel anda diciendo que tus visiones son para un futuro distante, y que tus profecías son a largo plazo. ²⁸Por lo tanto, adviérteles que así dice el SEÑOR omnipotente: "Mis palabras se cumplirán sin retraso: yo cumpliré con lo que digo. Lo afirma el SEÑOR omnipotente." »

Condena a los falsos profetas

13 El SEÑOR me dirigió la palabra: ²«Hijo de hombre, denuncia a los profetas de Israel que hacen vaticinios según sus propios delirios, y diles que escuchen la palabra del SEÑOR. ³Así dice el SEÑOR omnipotente: "¡Ay de los profetas insensatos que, sin haber recibido ninguna visión, siguen su propia inspiración! ⁴¡Ay, Israel! Tus profetas son como chacales entre las ruinas. ⁵No han ocupado su lugar en las brechas, ni han reparado los muros del pueblo de Israel, para que en el día del SEÑOR se mantenga firme en la batalla. ⁶Sus visiones son falsas, y mentirosas sus adivinaciones. Dicen: 'Lo afirma el SEÑOR', pero el SEÑOR no los ha enviado; sin embargo, ellos esperan que se cumpla lo que profetizan. ⁷¿Acaso no son falsas sus visiones, y mentirosas sus adivinaciones, cuando dicen: 'Lo afirma el SEÑOR', sin que yo haya hablado?

⁸» "Por tanto, así dice el SEÑOR omnipotente: A causa de sus palabras falsas y visiones mentirosas, aquí estoy contra ustedes. Lo afirma el SEÑOR omnipotente. ⁹Levantaré mi mano contra los profetas; contra aquellos que tienen visiones falsas y ofrecen adivinaciones mentirosas. No participarán en la asamblea de mi pueblo, ni aparecerán sus nombres en los registros de los israelitas, ni entrarán en el país de Israel. Así sabrán ustedes que yo soy el SEÑOR omnipotente.

¹⁰» "Así es, en efecto. Estos profetas han engañado a mi pueblo diciendo: '¡Todo anda bien!', pero las cosas no andan bien; construyen paredes endebles de hermosa fachada. ¹¹Pues diles a esos constructores que sus fachadas se vendrán abajo con una lluvia torrencial, abundante granizo y viento huracanado. ¹²Y cuando la pared se haya caído, les preguntarán: '¿Qué pasó con la hermosa fachada?'

¹³» "Por tanto, así dice el SEÑOR omnipotente: En mi furia desataré un viento huracanado; en mi ira, una lluvia torrencial; en mi furia, granizo destructor.

you drink your water. ¹⁹Say to the people of the land: 'This is what the Sovereign LORD says about those living in Jerusalem and in the land of Israel: They will eat their food in anxiety and drink their water in despair, for their land will be stripped of everything in it because of the violence of all who live there. ²⁰The inhabited towns will be laid waste and the land will be desolate. Then you will know that I am the LORD.' "

²¹The word of the LORD came to me: ²²"Son of man, what is this proverb you have in the land of Israel: 'The days go by and every vision comes to nothing'? ²³Say to them, 'This is what the Sovereign LORD says: I am going to put an end to this proverb, and they will no longer quote it in Israel.' Say to them, 'The days are near when every vision will be fulfilled. ²⁴For there will be no more false visions or flattering divinations among the people of Israel. ²⁵But I the LORD will speak what I will, and it shall be fulfilled without delay. For in your days, you rebellious house, I will fulfill whatever I say, declares the Sovereign LORD.'"

²⁶The word of the LORD came to me: ²⁷"Son of man, the house of Israel is saying, 'The vision he sees is for many years from now, and he prophesies about the distant future.'

²⁸"Therefore say to them, 'This is what the Sovereign LORD says: None of my words will be delayed any longer; whatever I say will be fulfilled, declares the Sovereign LORD.'"

False Prophets Condemned

13 The word of the LORD came to me: ²"Son of man, prophesy against the prophets of Israel who are now prophesying. Say to those who prophesy out of their own imagination: 'Hear the word of the LORD! ³This is what the Sovereign LORD says: Woe to the foolish[x] prophets who follow their own spirit and have seen nothing! ⁴Your prophets, O Israel, are like jackals among ruins. ⁵You have not gone up to the breaks in the wall to repair it for the house of Israel so that it will stand firm in the battle on the day of the LORD. ⁶Their visions are false and their divinations a lie. They say, "The LORD declares," when the LORD has not sent them; yet they expect their words to be fulfilled. ⁷Have you not seen false visions and uttered lying divinations when you say, "The LORD declares," though I have not spoken?

⁸" 'Therefore this is what the Sovereign LORD says: Because of your false words and lying visions, I am against you, declares the Sovereign LORD. ⁹My hand will be against the prophets who see false visions and utter lying divinations. They will not belong to the council of my people or be listed in the records of the house of Israel, nor will they enter the land of Israel. Then you will know that I am the Sovereign LORD.

¹⁰" 'Because they lead my people astray, saying, "Peace," when there is no peace, and because, when a flimsy wall is built, they cover it with whitewash, ¹¹therefore tell those who cover it with whitewash that it is going to fall. Rain will come in torrents, and I will send hailstones hurtling down, and violent winds will burst forth. ¹²When the wall collapses, will people not ask you, "Where is the whitewash you covered it with?"

¹³" 'Therefore this is what the Sovereign LORD says: In my wrath I will unleash a violent wind, and in my anger hailstones and torrents of rain will fall with de-

---

x 3 Or *wicked*

14Echaré por los suelos la pared con su hermosa fachada; sus endebles cimientos quedarán al descubierto. Y cuando caiga, ustedes perecerán. Así sabrán que yo soy el Señor. 15Descargaré mi furia sobre esa pared y sobre los que hicieron su hermosa fachada. A ustedes les diré que ya no queda la pared ni los que hicieron su hermosa fachada: 16esos profetas de Israel que profetizaban acerca de Jerusalén, y tenían visiones falsas, y anunciaban que todo andaba bien, cuando en realidad era todo lo contrario. Lo afirma el Señor omnipotente."

Condena a las profetisas

17»Y ahora tú, hijo de hombre, enfréntate a esas mujeres de tu pueblo que profetizan según sus propios delirios. ¡Denúncialas! 18Adviérteles que así dice el Señor omnipotente: "¡Ay de las que hacen objetos de hechicería y sortilegios para atrapar a la gente!*j* ¿Acaso creen que pueden atrapar la vida de mi pueblo y salvar su propio pellejo? 19Ustedes me han profanado delante de mi pueblo por un puñado de cebada y unas migajas de pan. Por las mentiras que dicen, y que mi pueblo cree, se mata a los que no deberían morir y se deja con vida a los que no merecen vivir.

20» "Por tanto, así dice el Señor omnipotente: Estoy contra sus hechicerías, con las que ustedes atrapan a la gente como a pájaros. Pero yo los liberaré de sus poderes mágicos, y los dejaré volar. 21Rescataré a mi pueblo de esos sortilegios, para que dejen de ser presa en sus manos. Así sabrán que yo soy el Señor. 22Porque ustedes han descorazonado al justo con sus mentiras, sin que yo lo haya afligido. Han alentado al malvado para que no se convierta de su mala conducta y se salve. 23Por eso ya no volverán a tener visiones falsas ni a practicar la adivinación. Yo rescataré a mi pueblo del poder de ustedes, y así sabrán que yo soy el Señor." »

Contra la idolatría

14 Unos *jefes de Israel vinieron a visitarme, y se sentaron frente a mí. 2Entonces el Señor me dirigió la palabra: 3«Hijo de hombre, estas personas han hecho de su *corazón un altar de ídolos malolientes, y a su paso han colocado trampas que los hacen pecar. ¿Cómo voy a permitir que me consulten? 4Por tanto, habla con ellos y adviérteles que así dice el Señor omnipotente: "A todo israelita que haya hecho de su corazón un altar de ídolos malolientes, y que después de haber colocado a su paso trampas que lo hagan pecar consulte al profeta, yo el Señor le responderé según la multitud de sus ídolos malolientes. 5Así cautivaré el corazón de los israelitas que por causa de todos esos ídolos malolientes se hayan alejado de mí."

6»Por tanto, adviértele al pueblo de Israel que así dice el Señor omnipotente: "¡*Arrepiéntanse! Apártense de una vez por todas de su idolatría y de toda práctica repugnante." 7Yo seré quien le responda a todo israelita o inmigrante que resida en Israel y que se haya alejado de mí: al que haya hecho de su corazón un altar de ídolos malolientes, o haya colocado ante sí trampas que lo hayan hecho pecar, y luego haya acudido al profeta para consultarme. 8Me enfrentaré a él, y de él haré una señal de escarmiento, y lo extirparé de mi pueblo. Así sabrán que yo soy el Señor.

9»Si un profeta es seducido y pronuncia un mensaje, será porque yo, el Señor, lo he seducido. Así que levantaré mi mano contra él, y lo haré pedazos en presencia

structive fury. 14I will tear down the wall you have covered with whitewash and will level it to the ground so that its foundation will be laid bare. When it*y* falls, you will be destroyed in it; and you will know that I am the Lord. 15So I will spend my wrath against the wall and against those who covered it with whitewash. I will say to you, "The wall is gone and so are those who whitewashed it, 16those prophets of Israel who prophesied to Jerusalem and saw visions of peace for her when there was no peace, declares the Sovereign Lord." '

17"Now, son of man, set your face against the daughters of your people who prophesy out of their own imagination. Prophesy against them 18and say, 'This is what the Sovereign Lord says: Woe to the women who sew magic charms on all their wrists and make veils of various lengths for their heads in order to ensnare people. Will you ensnare the lives of my people but preserve your own? 19You have profaned me among my people for a few handfuls of barley and scraps of bread. By lying to my people, who listen to lies, you have killed those who should not have died and have spared those who should not live.

20" 'Therefore this is what the Sovereign Lord says: I am against your magic charms with which you ensnare people like birds and I will tear them from your arms; I will set free the people that you ensnare like birds. 21I will tear off your veils and save my people from your hands, and they will no longer fall prey to your power. Then you will know that I am the Lord. 22Because you disheartened the righteous with your lies, when I had brought them no grief, and because you encouraged the wicked not to turn from their evil ways and so save their lives, 23therefore you will no longer see false visions or practice divination. I will save my people from your hands. And then you will know that I am the Lord.' "

Idolaters Condemned

14 Some of the elders of Israel came to me and sat down in front of me. 2Then the word of the Lord came to me: 3"Son of man, these men have set up idols in their hearts and put wicked stumbling blocks before their faces. Should I let them inquire of me at all? 4Therefore speak to them and tell them, 'This is what the Sovereign Lord says: When any Israelite sets up idols in his heart and puts a wicked stumbling block before his face and then goes to a prophet, I the Lord will answer him myself in keeping with his great idolatry. 5I will do this to recapture the hearts of the people of Israel, who have all deserted me for their idols.'

6"Therefore say to the house of Israel, 'This is what the Sovereign Lord says: Repent! Turn from your idols and renounce all your detestable practices!

7" 'When any Israelite or any alien living in Israel separates himself from me and sets up idols in his heart and puts a wicked stumbling block before his face and then goes to a prophet to inquire of me, I the Lord will answer him myself. 8I will set my face against that man and make him an example and a byword. I will cut him off from my people. Then you will know that I am the Lord.

9" 'And if the prophet is enticed to utter a prophecy, I the Lord have enticed that prophet, and I will stretch out my hand against him and destroy him from among

---

j13:18 las que hacen ... la gente. Texto de difícil traducción.   *y14 Or the city*

de mi pueblo. ¹⁰Tanto el profeta como quien lo haya consultado cargarán con la misma culpa, ¹¹para que el pueblo de Israel ya no se aparte de mí ni vuelva a mancharse con sus pecados. Entonces ellos serán mi pueblo y yo seré su Dios. Lo afirma el SEÑOR omnipotente.»

Contra falsas esperanzas

¹²El SEÑOR me dirigió la palabra: ¹³«Hijo de hombre, si un país peca contra mí y persiste en su infidelidad, yo levantaré mi mano contra él; le quitaré las provisiones, lo sumiré en el hambre, y arrasaré a sus habitantes y a sus animales. ¹⁴Y aun si Noé, Daniel*ᵏ* y Job vivieran en ese país, sólo ellos se salvarían por su justicia. Lo afirmo yo, el SEÑOR omnipotente.

¹⁵»Y si por todo el país yo mandara bestias feroces que lo arrasaran y lo convirtieran en desierto desolado, de modo que por temor a las fieras nadie se atreviera a pasar, ¹⁶aun si aquellos tres hombres vivieran allí, ni sus hijos ni sus hijas sobrevivirían. Sólo ellos se salvarían, pero el país quedaría desolado. ¡Yo, el SEÑOR omnipotente, lo juro por mí mismo!

¹⁷»Y si yo enviara guerra sobre ese país y dejara que la espada arrasara la tierra y eliminara a sus habitantes y a sus animales, ¹⁸aun si aquellos tres hombres vivieran allí, ni sus hijos ni sus hijas sobrevivirían. Sólo ellos se salvarían. ¡Yo, el SEÑOR omnipotente, lo juro por mí mismo!

¹⁹»Y si yo enviara peste a ese país y derramara sobre él mi ira mortal para eliminar a sus habitantes y a sus animales, ²⁰aun si Noé, Daniel y Job vivieran allí, ni sus hijos ni sus hijas sobrevivirían. Sólo ellos se salvarían por su justicia. ¡Yo, el SEÑOR omnipotente, lo juro por mí mismo!

²¹»Así dice el SEÑOR omnipotente: ¡Peor será cuando mande contra Jerusalén mis cuatro castigos fatales: la guerra, el hambre, las bestias feroces y la peste! Con ellas arrasaré a sus habitantes y a sus animales. ²²Sin embargo, quedarán algunos sobrevivientes que serán liberados y harán salir del exilio a sus hijos y a sus hijas. Cuando lleguen adonde están ustedes, y ustedes vean su conducta y sus obras, se consolarán del desastre que envié contra Jerusalén, y de todo lo que hice contra ella. ²³Ustedes se consolarán cuando vean la conducta y las obras de esa gente, y sabrán que lo que hice contra Jerusalén no fue sin razón. Lo afirma el SEÑOR omnipotente.»

Jerusalén, una vid inútil

15 El SEÑOR me dirigió la palabra: ²«Hijo de hombre, ¿en qué supera la leña de la vid a la madera de los árboles del bosque? ³Esa leña no sirve para hacer muebles, ¡y ni siquiera para hacer una percha! ⁴¡Escasamente sirve para alimentar el fuego! Pero ¿de qué sirve cuando sus extremos se consumen y ya se ha quemado por dentro? ⁵Si cuando estaba entera no servía para nada, ¡mucho menos cuando ya ha sido consumida por el fuego!

⁶»Por tanto, así dice el SEÑOR omnipotente: Como la leña de la vid, que sólo sirve para echarla al fuego, así haré con los habitantes de Jerusalén. ⁷Voy a enfrentarme a ellos; ¡se han librado de un fuego, pero serán consumidos por otro! Cuando me enfrente a ellos, uste-

my people Israel. ¹⁰They will bear their guilt—the prophet will be as guilty as the one who consults him. ¹¹Then the people of Israel will no longer stray from me, nor will they defile themselves anymore with all their sins. They will be my people, and I will be their God, declares the Sovereign LORD.' "

Judgment Inescapable

¹²The word of the LORD came to me: ¹³"Son of man, if a country sins against me by being unfaithful and I stretch out my hand against it to cut off its food supply and send famine upon it and kill its men and their animals, ¹⁴even if these three men—Noah, Daniel*ᶻ* and Job—were in it, they could save only themselves by their righteousness, declares the Sovereign LORD.

¹⁵"Or if I send wild beasts through that country and they leave it childless and it becomes desolate so that no one can pass through it because of the beasts, ¹⁶as surely as I live, declares the Sovereign LORD, even if these three men were in it, they could not save their own sons or daughters. They alone would be saved, but the land would be desolate.

¹⁷"Or if I bring a sword against that country and say, 'Let the sword pass throughout the land,' and I kill its men and their animals, ¹⁸as surely as I live, declares the Sovereign LORD, even if these three men were in it, they could not save their own sons or daughters. They alone would be saved.

¹⁹"Or if I send a plague into that land and pour out my wrath upon it through bloodshed, killing its men and their animals, ²⁰as surely as I live, declares the Sovereign LORD, even if Noah, Daniel and Job were in it, they could save neither son nor daughter. They would save only themselves by their righteousness.

²¹"For this is what the Sovereign LORD says: How much worse will it be when I send against Jerusalem my four dreadful judgments—sword and famine and wild beasts and plague—to kill its men and their animals! ²²Yet there will be some survivors—sons and daughters who will be brought out of it. They will come to you, and when you see their conduct and their actions, you will be consoled regarding the disaster I have brought upon Jerusalem—every disaster I have brought upon it. ²³You will be consoled when you see their conduct and their actions, for you will know that I have done nothing in it without cause, declares the Sovereign LORD."

Jerusalem, A Useless Vine

15 The word of the LORD came to me: ²"Son of man, how is the wood of a vine better than that of a branch on any of the trees in the forest? ³Is wood ever taken from it to make anything useful? Do they make pegs from it to hang things on? ⁴And after it is thrown on the fire as fuel and the fire burns both ends and chars the middle, is it then useful for anything? ⁵If it was not useful for anything when it was whole, how much less can it be made into something useful when the fire has burned it and it is charred?

⁶"Therefore this is what the Sovereign LORD says: As I have given the wood of the vine among the trees of the forest as fuel for the fire, so will I treat the people living in Jerusalem. ⁷I will set my face against them. Although they have come out of the fire, the fire will yet consume them. And when I set my face against

---

ᵏ 14:14 Daniel. Alt. *Danel.*

ᶻ 14 Or Danel; the Hebrew spelling may suggest a person other than the prophet Daniel; also in verse 20.

des sabrán que yo soy el SEÑOR. ⁸Convertiré a este país en desolación, porque ha sido infiel. Lo afirma el SEÑOR omnipotente.»

Infidelidad de Jerusalén

16 El SEÑOR me dirigió la palabra: ²«Hijo de hombre, échale en cara a Jerusalén sus prácticas repugnantes. ³Adviértele que así dice el SEÑOR omnipotente: "Jerusalén, tú eres cananea de origen y de nacimiento; tu padre era amorreo y tu madre, hitita. ⁴El día en que naciste no te cortaron el cordón umbilical; no te bañaron, no te frotaron con sal, ni te envolvieron en pañales. ⁵Nadie se apiadó de ti ni te mostró compasión brindándote estos cuidados. Al contrario, el día en que naciste te arrojaron al campo como un objeto despreciable.

⁶» "Pasé junto a ti, y te vi revolcándote en tu propia sangre y te dije: ¡Sigue viviendo; ⁷crece como planta silvestre!

» "Tú te desarrollaste, y creciste y te hiciste mujer. Y se formaron tus senos, y te brotó el vello, pero tú seguías completamente desnuda.

⁸» "Tiempo después pasé de nuevo junto a ti, y te miré. Estabas en la edad del amor. Extendí entonces mi manto sobre ti, y cubrí tu desnudez. Me comprometí e hice alianza contigo, y fuiste mía. Lo afirma el SEÑOR omnipotente.

⁹» "Te bañé, te limpié la sangre y te perfumé. ¹⁰Te puse un vestido bordado y te calcé con finas sandalias de cuero. Te vestí con ropa de lino y de seda. ¹¹Te adorné con joyas: te puse pulseras, collares, ¹²aretes, un anillo en la nariz y una hermosa corona en la cabeza. ¹³Quedaste adornada de oro y plata, vestida de lino fino, de seda y de telas bordadas. Te alimentabas con el mejor trigo, y con miel y aceite de oliva. Llegaste a ser muy hermosa; ¡te sobraban cualidades para ser reina! ¹⁴Tan perfecta era tu belleza que tu fama se extendió por todas las naciones, pues yo te adorné con mi esplendor. Lo afirma el SEÑOR omnipotente.

¹⁵» "Sin embargo, confiaste en tu belleza y, valiéndote de tu fama, te prostituiste. ¡Sin ningún pudor te entregaste a cualquiera que pasaba! ¹⁶Con tus mismos vestidos te hiciste aposentos idolátricos de vistosos colores, y allí te prostituiste. ¡Algo nunca visto! ¹⁷Con las joyas de oro y plata que yo te había obsequiado, hiciste imágenes masculinas, y con ellas te prostituiste ofreciéndoles culto. ¹⁸Les pusiste tus vestidos bordados, y les ofreciste mi aceite y mi perfume. ¹⁹Como ofrenda de olor fragante les presentaste el alimento que yo te había dado: el mejor trigo, el aceite de oliva y la miel. Lo afirma el SEÑOR omnipotente.

²⁰» "Tomaste también a los hijos y a las hijas que tuviste conmigo y los sacrificaste como alimento a esas imágenes. ¡No te bastaron tus prostituciones! ²¹Inmolaste a mis hijos y los pasaste por fuego como ofrenda

---

them, you will know that I am the LORD. ⁸I will make the land desolate because they have been unfaithful, declares the Sovereign LORD."

An Allegory of Unfaithful Jerusalem

16 The word of the LORD came to me: ²"Son of man, confront Jerusalem with her detestable practices ³and say, 'This is what the Sovereign LORD says to Jerusalem: Your ancestry and birth were in the land of the Canaanites; your father was an Amorite and your mother a Hittite. ⁴On the day you were born your cord was not cut, nor were you washed with water to make you clean, nor were you rubbed with salt or wrapped in cloths. ⁵No one looked on you with pity or had compassion enough to do any of these things for you. Rather, you were thrown out into the open field, for on the day you were born you were despised.

⁶" 'Then I passed by and saw you kicking about in your blood, and as you lay there in your blood I said to you, "Live!"ᵃ ⁷I made you grow like a plant of the field. You grew up and developed and became the most beautiful of jewels.ᵇ Your breasts were formed and your hair grew, you who were naked and bare.

⁸" 'Later I passed by, and when I looked at you and saw that you were old enough for love, I spread the corner of my garment over you and covered your nakedness. I gave you my solemn oath and entered into a covenant with you, declares the Sovereign LORD, and you became mine.

⁹" 'I bathedᶜ you with water and washed the blood from you and put ointments on you. ¹⁰I clothed you with an embroidered dress and put leather sandals on you. I dressed you in fine linen and covered you with costly garments. ¹¹I adorned you with jewelry: I put bracelets on your arms and a necklace around your neck, ¹²and I put a ring on your nose, earrings on your ears and a beautiful crown on your head. ¹³So you were adorned with gold and silver; your clothes were of fine linen and costly fabric and embroidered cloth. Your food was fine flour, honey and olive oil. You became very beautiful and rose to be a queen. ¹⁴And your fame spread among the nations on account of your beauty, because the splendor I had given you made your beauty perfect, declares the Sovereign LORD.

¹⁵" 'But you trusted in your beauty and used your fame to become a prostitute. You lavished your favors on anyone who passed by and your beauty became his.ᵈ ¹⁶You took some of your garments to make gaudy high places, where you carried on your prostitution. Such things should not happen, nor should they ever occur. ¹⁷You also took the fine jewelry I gave you, the jewelry made of my gold and silver, and you made for yourself male idols and engaged in prostitution with them. ¹⁸And you took your embroidered clothes to put on them, and you offered my oil and incense before them. ¹⁹Also the food I provided for you—the fine flour, olive oil and honey I gave you to eat—you offered as fragrant incense before them. That is what happened, declares the Sovereign LORD.

²⁰" 'And you took your sons and daughters whom you bore to me and sacrificed them as food to the idols. Was your prostitution not enough? ²¹You slaughtered

---

en honor de esos ídolos. ²²En todas tus repugnantes prácticas y prostituciones no te acordaste de los días de tu infancia, cuando estabas completamente desnuda y te revolcabas en tu propia sangre.

²³» "¡Ay de ti, ay de ti! —afirma el SEÑOR omnipotente—. Para colmo de tus perversidades, ²⁴construiste prostíbulos en cada plaza. ²⁵¡No hubo esquina donde no te exhibieras para prostituirte! Te abriste de piernas a cualquiera que pasaba, y fornicaste sin cesar. ²⁶Te acostaste con los egipcios, tus vecinos de grandes genitales, y para enfurecerme multiplicaste tus fornicaciones. ²⁷Yo levanté mi mano para castigarte y reduje tu territorio; te entregué a las ciudades^l filisteas, que se avergonzaban de tu conducta depravada. ²⁸Una y otra vez fornicaste con los asirios, porque eras insaciable. ²⁹Lo mismo hiciste con los comerciantes de Babilonia, y ni así quedaste satisfecha.

³⁰» "¡Qué *mente tan depravada la tuya! —afirma el SEÑOR omnipotente—. ¡Te comportabas como una vil prostituta! ³¹Pero cuando en cada plaza armabas un prostíbulo y te exhibías en cada esquina, no te comportabas como una prostituta, ¡pues no cobrabas nada!

³²» "¡Adúltera! Prefieres a los extraños, en vez de a tu marido. ³³A todas las prostitutas se les paga; tú, en cambio, les pagas a tus amantes. Los sobornas para que vengan de todas partes a acostarse contigo. ³⁴En tu prostitución has sido diferente de otras mujeres: como nadie se te ofrecía, tú pagabas en vez de que te pagaran a ti. ¡En eso sí eras diferente de las demás!

³⁵» "Por tanto, prostituta, escucha la palabra del SEÑOR. ³⁶Así dice el SEÑOR omnipotente: Has expuesto tus vergüenzas y exhibido tu desnudez al fornicar con tus amantes y con tus malolientes ídolos; a éstos les has ofrecido la sangre de tus hijos. ³⁷Por tanto, reuniré a todos tus amantes, a quienes brindaste placer; tanto a los que amaste como a los que odiaste. Los reuniré contra ti de todas partes, y expondré tu desnudez ante ellos, y ellos te verán completamente desnuda. ³⁸Te juzgaré como a una adúltera y homicida, y derramaré sobre ti mi ira y mi celo. ³⁹Te entregaré en sus manos, y ellos derribarán tus prostíbulos y demolerán tus puestos. Te arrancarán la ropa y te despojarán de tus joyas, dejándote completamente desnuda. ⁴⁰Convocarán a la asamblea contra ti, y te apedrearán y te descuartizarán a filo de espada. ⁴¹Incendiarán tus casas, y en presencia de muchas mujeres ejecutarán la sentencia contra ti. Yo pondré fin a tu prostitución, y ya no volverás a pagarles a tus amantes. ⁴²Así calmaré mi ira contra ti y se apaciguarán mis celos; me quedaré tranquilo y sin enojo. ⁴³Yo te hago responsable de tu conducta por haberte olvidado de los días de tu infancia, por haberme irritado con todas estas cosas, y por haber agregado infamia a tus prácticas repugnantes. Lo afirma el SEÑOR.

⁴⁴» "Los que acostumbran citar refranes, dirán esto

my children and sacrificed them^e to the idols. ²²In all your detestable practices and your prostitution you did not remember the days of your youth, when you were naked and bare, kicking about in your blood.

²³ 'Woe! Woe to you, declares the Sovereign LORD. In addition to all your other wickedness, ²⁴you built a mound for yourself and made a lofty shrine in every public square. ²⁵At the head of every street you built your lofty shrines and degraded your beauty, offering your body with increasing promiscuity to anyone who passed by. ²⁶You engaged in prostitution with the Egyptians, your lustful neighbors, and provoked me to anger with your increasing promiscuity. ²⁷So I stretched out my hand against you and reduced your territory; I gave you over to the greed of your enemies, the daughters of the Philistines, who were shocked by your lewd conduct. ²⁸You engaged in prostitution with the Assyrians too, because you were insatiable; and even after that, you still were not satisfied. ²⁹Then you increased your promiscuity to include Babylonia,^f a land of merchants, but even with this you were not satisfied.

³⁰ 'How weak-willed you are, declares the Sovereign LORD, when you do all these things, acting like a brazen prostitute! ³¹When you built your mounds at the head of every street and made your lofty shrines in every public square, you were unlike a prostitute, because you scorned payment.

³² 'You adulterous wife! You prefer strangers to your own husband! ³³Every prostitute receives a fee, but you give gifts to all your lovers, bribing them to come to you from everywhere for your illicit favors. ³⁴So in your prostitution you are the opposite of others; no one runs after you for your favors. You are the very opposite, for you give payment and none is given to you.

³⁵ 'Therefore, you prostitute, hear the word of the LORD! ³⁶This is what the Sovereign LORD says: Because you poured out your wealth^g and exposed your nakedness in your promiscuity with your lovers, and because of all your detestable idols, and because you gave them your children's blood, ³⁷therefore I am going to gather all your lovers, with whom you found pleasure, those you loved as well as those you hated. I will gather them against you from all around and will strip you in front of them, and they will see all your nakedness. ³⁸I will sentence you to the punishment of women who commit adultery and who shed blood; I will bring upon you the blood vengeance of my wrath and jealous anger. ³⁹Then I will hand you over to your lovers, and they will tear down your mounds and destroy your lofty shrines. They will strip you of your clothes and take your fine jewelry and leave you naked and bare. ⁴⁰They will bring a mob against you, who will stone you and hack you to pieces with their swords. ⁴¹They will burn down your houses and inflict punishment on you in the sight of many women. I will put a stop to your prostitution, and you will no longer pay your lovers. ⁴²Then my wrath against you will subside and my jealous anger will turn away from you; I will be calm and no longer angry.

⁴³ 'Because you did not remember the days of your youth but enraged me with all these things, I will surely bring down on your head what you have done, declares the Sovereign LORD. Did you not add lewdness to all your other detestable practices?

⁴⁴ 'Everyone who quotes proverbs will quote this proverb about you: "Like mother, like daughter."

---

^l16:27 *ciudades*. Lit. *hijas*.

^e21 Or *and made them pass through ⌊the fire⌋*   ^f29 Or *Chaldea*   ^g36 Or *lust*

de ti: 'De tal palo, tal astilla.' 45 Tú eres igual a tu madre, que despreció a su marido y a sus hijos; eres igual a tus hermanas, que despreciaron a sus maridos y a sus hijos. La madre de ustedes era hitita, y su padre, amorreo. 46 Tu hermana mayor es Samaria, ubicada al norte de ti con sus aldeas.*m* Tu hermana menor es Sodoma, ubicada al sur de ti con sus aldeas. 47 No sólo has seguido su conducta, sino que has actuado según sus prácticas repugnantes. En poco tiempo llegaste a ser peor que ellas. 48 Yo, el SEÑOR, lo juro por mí mismo: ni tu hermana Sodoma ni sus aldeas hicieron jamás lo que tú y tus aldeas han hecho. 49 Tu hermana Sodoma y sus aldeas pecaron de soberbia, gula, apatía, e indiferencia hacia el pobre y el indigente. 50 Se creían superiores a otras, y en mi presencia se entregaron a prácticas repugnantes. Por eso, tal como lo has visto, las he destruido. 51 ¡Pero ni Samaria ni sus aldeas cometieron la mitad de tus pecados! Tú te entregaste a más prácticas repugnantes que ellas, haciendo que ellas parecieran justas en comparación contigo. 52 Ahora tú, carga con tu desgracia; porque son tantos tus pecados que has favorecido a tus hermanas al hacerlas parecer más justas que tú. ¡Avergüénzate y carga con tu desgracia! Has hecho que tus hermanas parezcan más justas que tú.

53 » "Pero yo cambiaré su suerte, la suerte de Sodoma y de Samaria, con sus respectivas aldeas, y haré lo mismo contigo. 54 Así cargarás con tu desgracia y te avergonzarás de todo lo que hiciste, y les servirás de consuelo. 55 Tú y tus dos hermanas, con sus respectivas aldeas, volverán a ser como antes. 56 ¿Acaso no te burlabas de tu hermana Sodoma en tu época de orgullo, 57 antes de que se hiciera pública tu maldad? Ahora te has vuelto el hazmerreír de las aldeas edomitas y filisteas, ¡y por todas partes te desprecian! 58 Sobre tus hombros llevas el peso de tu infamia y de tus prácticas repugnantes. Lo afirma el SEÑOR.

59 » "Así dice el SEÑOR omnipotente: Te daré tu merecido, porque has menospreciado el juramento y quebrantado la alianza. 60 Sin embargo, yo sí me acordaré de la alianza que hice contigo en los días de tu infancia, y estableceré contigo una alianza eterna. 61 Tú te acordarás de tu conducta pasada, y te avergonzarás cuando yo acoja*n* a tus hermanas, la mayor y la menor, para dártelas como hijas, aunque no participan de mi alianza contigo. 62 Yo estableceré mi alianza contigo, y sabrás que yo soy el SEÑOR. 63 Cuando yo te perdone por todo lo que has hecho, tú te acordarás de tu maldad y te avergonzarás, y en tu humillación no volverás a jactarte. Lo afirma el SEÑOR omnipotente."»

La vid y el águila

17 El SEÑOR me dirigió la palabra: 2 «Hijo de hombre: Plantéale al pueblo de Israel este enigma, y nárrale esta parábola. 3 Adviértele que así dice el SEÑOR:

»Llegó al Líbano un águila enorme,
de grandes alas, tupido plumaje y vivos colores.
Se posó sobre la copa de un cedro,

45 You are a true daughter of your mother, who despised her husband and her children; and you are a true sister of your sisters, who despised their husbands and their children. Your mother was a Hittite and your father an Amorite. 46 Your older sister was Samaria, who lived to the north of you with her daughters; and your younger sister, who lived to the south of you with her daughters, was Sodom. 47 You not only walked in their ways and copied their detestable practices, but in all your ways you soon became more depraved than they. 48 As surely as I live, declares the Sovereign LORD, your sister Sodom and her daughters never did what you and your daughters have done.

49 " 'Now this was the sin of your sister Sodom: She and her daughters were arrogant, overfed and unconcerned; they did not help the poor and needy. 50 They were haughty and did detestable things before me. Therefore I did away with them as you have seen. 51 Samaria did not commit half the sins you did. You have done more detestable things than they, and have made your sisters seem righteous by all these things you have done. 52 Bear your disgrace, for you have furnished some justification for your sisters. Because your sins were more vile than theirs, they appear more righteous than you. So then, be ashamed and bear your disgrace, for you have made your sisters appear righteous.

53 " 'However, I will restore the fortunes of Sodom and her daughters and of Samaria and her daughters, and your fortunes along with them, 54 so that you may bear your disgrace and be ashamed of all you have done in giving them comfort. 55 And your sisters, Sodom with her daughters and Samaria with her daughters, will return to what they were before; and you and your daughters will return to what you were before. 56 You would not even mention your sister Sodom in the day of your pride, 57 before your wickedness was uncovered. Even so, you are now scorned by the daughters of Edom*h* and all her neighbors and the daughters of the Philistines—all those around you who despise you. 58 You will bear the consequences of your lewdness and your detestable practices, declares the LORD.

59 " 'This is what the Sovereign LORD says: I will deal with you as you deserve, because you have despised my oath by breaking the covenant. 60 Yet I will remember the covenant I made with you in the days of your youth, and I will establish an everlasting covenant with you. 61 Then you will remember your ways and be ashamed when you receive your sisters, both those who are older than you and those who are younger. I will give them to you as daughters, but not on the basis of my covenant with you. 62 So I will establish my covenant with you, and you will know that I am the LORD. 63 Then, when I make atonement for you for all you have done, you will remember and be ashamed and never again open your mouth because of your humiliation, declares the Sovereign LORD.' "

Two Eagles and a Vine

17 The word of the LORD came to me: 2 "Son of man, set forth an allegory and tell the house of Israel a parable. 3 Say to them, 'This is what the Sovereign LORD says: A great eagle with powerful wings, long feathers and full plumage of varied colors came to

---

m 16:46 aldeas. Lit. *hijas*; así en el resto de este capítulo.
n 16:61 yo acoja (mss. de LXX y Siríaca); *tú acojas* (TM).

h 57 Many Hebrew manuscripts and Syriac; most Hebrew manuscripts, Septuagint and Vulgate *Aram*

4 y arrancó el retoño más alto.
Lo llevó a un país de mercaderes,
  y lo plantó en una ciudad de comerciantes.
5 Tomó luego semilla de aquel país
  y la plantó en terreno fértil.
La sembró como un sauce,
  junto a aguas abundantes.
6 La semilla germinó
  y se hizo una vid frondosa, de poca altura;
volvió sus ramas hacia el águila,
  y hundió sus raíces bajo sí misma.
Así se convirtió en una vid
  con retoños y exuberante follaje.
7 Pero había otra águila grande,
  de gigantescas alas y abundante plumaje.
Y la vid volvió sus raíces
  y orientó sus ramas hacia ella,
para recibir más agua
  de la que ya tenía.
8 ¡Había estado plantada en tierra fértil
junto a aguas abundantes,
para echar retoños y dar frutos,
  y convertirse en una hermosa vid!

9 »Adviértele que así dice el SEÑOR:

»¿Prosperará esa vid?
  ¿El águila no la arrancará de raíz?
¿No le quitará su fruto,
  y así la vid se marchitará?
Sí, los tiernos retoños se secarán.
  No hará falta un brazo fuerte ni mucha gente
  para arrancarla de cuajo.
10 ¿Prosperará aunque sea trasplantada?
  ¿Acaso el viento del este
  no la marchitará cuando la azote?
¡claro que sí se marchitará
  en el lugar donde había nacido!»

11 El SEÑOR me dirigió la palabra: 12 «Pregúntale a este pueblo rebelde si tiene idea de lo que significa todo esto. Recuérdale que el rey de Babilonia vino a Jerusalén y se llevó a su país al rey de Judá y a sus funcionarios. 13 Luego tomó a uno de la familia real y lo obligó a firmar con él un tratado bajo juramento, y se llevó a la flor y nata del país. 14 Esto lo hizo para humillar a Judá. Así le impidió sublevarse y lo obligó a cumplir el tratado para poder subsistir. 15 Sin embargo, este príncipe se rebeló contra el rey de Babilonia, y envió mensajeros a Egipto para conseguir caballos y un numeroso ejército. ¿Y tendrá éxito y podrá escapar el que se atreva a hacer esto? ¿Acaso podrá violar el tratado y salir con vida? 16 ¡No, sino que morirá en Babilonia, el país del rey que lo nombró y con quien hizo un juramento que no cumplió, y firmó un tratado que violó! Yo, el SEÑOR omnipotente, lo juro por mí mismo. 17 Ni el faraón con su gran ejército y numerosas tropas podrá auxiliarlo en la guerra, cuando se levanten rampas y se construyan torres de asalto para matar a mucha gente. 18 El príncipe de Judá quebrantó el juramento y violó el tratado. Así que por haber hecho todo esto a pesar de su compromiso, ¡no escapará!

19 »Por tanto, así dice el SEÑOR omnipotente: "Juro por mí mismo que lo castigaré por haber faltado al juramento y violado el tratado. 20 Le tenderé mis redes, y caerá en mi trampa. Lo llevaré a Babilonia, y allí lo

Lebanon. Taking hold of the top of a cedar, 4he broke off its topmost shoot and carried it away to a land of merchants, where he planted it in a city of traders.

5 " 'He took some of the seed of your land and put it in fertile soil. He planted it like a willow by abundant water, 6and it sprouted and became a low, spreading vine. Its branches turned toward him, but its roots remained under it. So it became a vine and produced branches and put out leafy boughs.

7 " 'But there was another great eagle with powerful wings and full plumage. The vine now sent out its roots toward him from the plot where it was planted and stretched out its branches to him for water. 8It had been planted in good soil by abundant water so that it would produce branches, bear fruit and become a splendid vine.'

9 "Say to them, 'This is what the Sovereign LORD says: Will it thrive? Will it not be uprooted and stripped of its fruit so that it withers? All its new growth will wither. It will not take a strong arm or many people to pull it up by the roots. 10Even if it is transplanted, will it thrive? Will it not wither completely when the east wind strikes it—wither away in the plot where it grew?' "

11 Then the word of the LORD came to me: 12 "Say to this rebellious house, 'Do you not know what these things mean?' Say to them: 'The king of Babylon went to Jerusalem and carried off her king and her nobles, bringing them back with him to Babylon. 13Then he took a member of the royal family and made a treaty with him, putting him under oath. He also carried away the leading men of the land, 14so that the kingdom would be brought low, unable to rise again, surviving only by keeping his treaty. 15But the king rebelled against him by sending his envoys to Egypt to get horses and a large army. Will he succeed? Will he who does such things escape? Will he break the treaty and yet escape?

16 " 'As surely as I live, declares the Sovereign LORD, he shall die in Babylon, in the land of the king who put him on the throne, whose oath he despised and whose treaty he broke. 17Pharaoh with his mighty army and great horde will be of no help to him in war, when ramps are built and siege works erected to destroy many lives. 18He despised the oath by breaking the covenant. Because he had given his hand in pledge and yet did all these things, he shall not escape.

19 " 'Therefore this is what the Sovereign LORD says: As surely as I live, I will bring down on his head my oath that he despised and my covenant that he broke. 20I will spread my net for him, and he will be caught in my snare. I will bring him to Babylon and execute judgment upon him there because he was unfaithful to

someteré a juicio por haberme sido infiel. [21] Lo mejor[ñ] de sus tropas caerá a filo de espada, y los que aún queden con vida serán esparcidos a los cuatro vientos. Así sabrán que yo, el SEÑOR, lo he dicho.

[22] » "Así dice el SEÑOR omnipotente:

> » "De la copa de un cedro tomaré un retoño,
> de las ramas más altas arrancaré un brote,
> y lo plantaré sobre un cerro muy elevado.
> [23] Lo plantaré sobre el cerro
> más alto de Israel,
> para que eche ramas y produzca fruto
> y se convierta en un magnífico cedro.
> Toda clase de aves anidará en él,
> y vivirá a la sombra de sus ramas.
> [24] Y todos los árboles del campo
> sabrán que yo soy el SEÑOR.
> Al árbol grande lo corto,
> y al pequeño lo hago crecer.
> Al árbol verde lo seco,
> y al seco, lo hago florecer.
> Yo, el SEÑOR, lo he dicho,
> y lo cumpliré." »

me. [21] All his fleeing troops will fall by the sword, and the survivors will be scattered to the winds. Then you will know that I the LORD have spoken.

[22] " 'This is what the Sovereign LORD says: I myself will take a shoot from the very top of a cedar and plant it; I will break off a tender sprig from its topmost shoots and plant it on a high and lofty mountain. [23] On the mountain heights of Israel I will plant it; it will produce branches and bear fruit and become a splendid cedar. Birds of every kind will nest in it; they will find shelter in the shade of its branches. [24] All the trees of the field will know that I the LORD bring down the tall tree and make the low tree grow tall. I dry up the green tree and make the dry tree flourish.

" 'I the LORD have spoken, and I will do it.' "

La responsabilidad personal

18 El SEÑOR me dirigió la palabra: [2] «¿A qué viene tanta repetición de este *proverbio tan conocido en Israel: "Los padres comieron uvas agrias, y a los hijos se les destemplaron los dientes?" [3] Yo, el SEÑOR omnipotente, juro por mí mismo que jamás se volverá a repetir este proverbio en Israel. [4] La persona que peque morirá. Sepan que todas las vidas me pertenecen, tanto la del padre como la del hijo.

[5] »Quien es justo practica el derecho y la justicia; [6] no participa de los banquetes idolátricos en los cerros, ni eleva plegarias a los ídolos malolientes de Israel. No deshonra a la mujer de su prójimo, ni se une a la mujer en los días de su menstruación. [7] No oprime a nadie, ni roba, sino que devuelve la prenda al deudor, da de comer al hambriento y viste al desnudo. [8] No presta dinero con usura ni exige intereses. Se abstiene de hacer el mal y juzga imparcialmente entre los rivales. [9] Obedece mis decretos y cumple fielmente mis *leyes. Tal persona es justa, y ciertamente vivirá. Lo afirma el SEÑOR omnipotente.

[10] »Pero bien puede suceder que esa persona tenga un hijo violento y homicida, que no siga su ejemplo [11] y participe de los banquetes idolátricos en los cerros;

The Soul Who Sins Will Die

18 The word of the LORD came to me: [2] "What do you people mean by quoting this proverb about the land of Israel:

" 'The fathers eat sour grapes,
and the children's teeth are set on edge'?

[3] "As surely as I live, declares the Sovereign LORD, you will no longer quote this proverb in Israel. [4] For every living soul belongs to me, the father as well as the son—both alike belong to me. The soul who sins is the one who will die.

[5] "Suppose there is a righteous man
who does what is just and right.
[6] He does not eat at the mountain shrines
or look to the idols of the house of Israel.
He does not defile his neighbor's wife
or lie with a woman during her period.
[7] He does not oppress anyone,
but returns what he took in pledge for a
loan.
He does not commit robbery
but gives his food to the hungry
and provides clothing for the naked.
[8] He does not lend at usury
or take excessive interest.[i]
He withholds his hand from doing wrong
and judges fairly between man and man.
[9] He follows my decrees
and faithfully keeps my laws.
That man is righteous;
he will surely live,
declares the Sovereign LORD.

[10] "Suppose he has a violent son, who sheds blood or does any of these other things[j] [11] (though the father has done none of them):

"He eats at the mountain shrines.
He defiles his neighbor's wife.

[ñ] 17:21 *Lo mejor* (mss. hebreos, mss. de LXX, Siríaca y Targum); *Los fugitivos* (TM).

[i] 8 Or *take interest*; similarly in verses 13 and 17   [j] 10 Or *things to a brother*

que deshonre a la mujer de su prójimo, 12 oprima al pobre y al indigente, robe y no devuelva la prenda al deudor, y eleve plegarias a los ídolos e incurre en actos repugnantes; 13 que, además, preste dinero con usura y exija intereses. ¿Tal hijo merece vivir? ¡Claro que no! Por haber incurrido en estos actos asquerosos, será condenado a muerte, y de su muerte sólo él será responsable.

14 »Ahora bien, ese hijo podría a su vez tener un hijo que observa todos los pecados de su padre, pero no los imita, 15 pues no participa de los banquetes idolátricos en los cerros, ni eleva plegarias a los ídolos malolientes de Israel, ni deshonra a la mujer de su prójimo; 16 no oprime a nadie, no roba, devuelve la prenda al deudor, da de comer al hambriento y viste al desnudo; 17 se abstiene de hacer el mal, no presta dinero con usura ni exige intereses; cumple mis leyes y obedece mis decretos. Un hijo así no merece morir por la maldad de su padre; ¡merece vivir! 18 En cuanto a su padre, que fue un opresor, que robó a su prójimo y que hizo lo malo en medio de su pueblo, ¡morirá por su propio pecado!

19 »Pero ustedes preguntan: "¿Por qué no carga el hijo con las culpas de su padre?" ¡Porque el hijo era justo y recto, pues obedeció mis decretos y los puso en práctica! ¡Tal hijo merece vivir! 20 Todo el que peque, merece la muerte, pero ningún hijo cargará con la culpa de su padre, ni ningún padre con la del hijo: al justo se le pagará con justicia y al malvado se le pagará con maldad.

21 »Si el malvado se *arrepiente de todos los pecados que ha cometido, y obedece todos mis decretos y practica el derecho y la justicia, no morirá; 22 vivirá por practicar la justicia, y Dios se olvidará de todos los pecados que ese malvado haya cometido. 23 ¿Acaso creen que me complace la muerte del malvado? ¿No quiero más bien que abandone su mala conducta y que viva? Yo, el SEÑOR, lo afirmo.

24 »Si el justo se aparta de la justicia y hace lo malo y practica los mismos actos repugnantes del malvado, ¿merece vivir? No, sino que morirá por causa de su infidelidad y de sus pecados, y no se recordará ninguna de sus obras justas.

25 »Ustedes dicen: "El SEÑOR es injusto." Pero escucha, pueblo de Israel: ¿En qué soy injusto? ¿No son más bien ustedes los injustos? 26 Cuando el justo se aparta de la justicia, cae en la maldad y muere, ¡pero muere por su maldad! 27 Por otra parte, si el malvado se aleja de su maldad y practica el derecho y la justicia, salvará su vida. 28 Si recapacita y se aparta de todas sus maldades, no morirá sino que vivirá.

29 »Sin embargo, el pueblo de Israel anda diciendo: "El SEÑOR es injusto." Pueblo de Israel, ¿en qué soy

12 He oppresses the poor and needy.
   He commits robbery.
   He does not return what he took in pledge.
   He looks to the idols.
   He does detestable things.
13 He lends at usury and takes excessive
   interest.

Will such a man live? He will not! Because he has done all these detestable things, he will surely be put to death and his blood will be on his own head.

14 "But suppose this son has a son who sees all the sins his father commits, and though he sees them, he does not do such things:

15 "He does not eat at the mountain shrines
   or look to the idols of the house of Israel.
   He does not defile his neighbor's wife.
16 He does not oppress anyone
   or require a pledge for a loan.
   He does not commit robbery
   but gives his food to the hungry
   and provides clothing for the naked.
17 He withholds his hand from sin*k*
   and takes no usury or excessive interest.
   He keeps my laws and follows my decrees.

He will not die for his father's sin; he will surely live. 18 But his father will die for his own sin, because he practiced extortion, robbed his brother and did what was wrong among his people.

19 "Yet you ask, 'Why does the son not share the guilt of his father?' Since the son has done what is just and right and has been careful to keep all my decrees, he will surely live. 20 The soul who sins is the one who will die. The son will not share the guilt of the father, nor will the father share the guilt of the son. The righteousness of the righteous man will be credited to him, and the wickedness of the wicked will be charged against him.

21 "But if a wicked man turns away from all the sins he has committed and keeps all my decrees and does what is just and right, he will surely live; he will not die. 22 None of the offenses he has committed will be remembered against him. Because of the righteous things he has done, he will live. 23 Do I take any pleasure in the death of the wicked? declares the Sovereign LORD. Rather, am I not pleased when they turn from their ways and live?

24 "But if a righteous man turns from his righteousness and commits sin and does the same detestable things the wicked man does, will he live? None of the righteous things he has done will be remembered. Because of the unfaithfulness he is guilty of and because of the sins he has committed, he will die.

25 "Yet you say, 'The way of the Lord is not just.' Hear, O house of Israel: Is my way unjust? Is it not your ways that are unjust? 26 If a righteous man turns from his righteousness and commits sin, he will die for it; because of the sin he has committed he will die. 27 But if a wicked man turns away from the wickedness he has committed and does what is just and right, he will save his life. 28 Because he considers all the offenses he has committed and turns away from them, he will surely live; he will not die. 29 Yet the house of Israel says, 'The way of the Lord is not just.' Are my ways unjust, O house of Israel? Is it not your ways that are unjust?

---

k 17 Septuagint (see also verse 8); Hebrew *from the poor*

injusto? ¿No son más bien ustedes los injustos? 30 Por tanto, a cada uno de ustedes, los israelitas, los juzgaré según su conducta. Lo afirma el Señor omnipotente. Arrepiéntanse y apártense de todas sus maldades, para que el pecado no les acarree la ruina. 31 Arrojen de una vez por todas las maldades que cometieron contra mí, y háganse de un *corazón y de un espíritu nuevos. ¿Por qué habrás de morir, pueblo de Israel? 32 Yo no quiero la muerte de nadie. ¡Conviértanse, y vivirán! Lo afirma el Señor omnipotente.

30 "Therefore, O house of Israel, I will judge you, each one according to his ways, declares the Sovereign LORD. Repent! Turn away from all your offenses; then sin will not be your downfall. 31 Rid yourselves of all the offenses you have committed, and get a new heart and a new spirit. Why will you die, O house of Israel? 32 For I take no pleasure in the death of anyone, declares the Sovereign LORD. Repent and live!

Lamento por los príncipes de Israel

19 »Dedícale este lamento a la nobleza de Israel:

2 »"En medio de los leones,
    tu madre era toda una leona.
Recostada entre leoncillos,
    amamantaba a sus cachorros.
3 A uno de ellos lo crió,
    y éste llegó a ser un león bravo
que aprendió a desgarrar su presa
    y a devorar a la gente.
4 Las naciones supieron de sus excesos,
    y lo atraparon en una fosa;
¡se lo llevaron encadenado a Egipto!
5 Cuando la leona madre perdió toda esperanza
    de que volviera su cachorro,
tomó a otra de sus crías
    y la convirtió en una fiera.
6 Cuando este león se hizo fuerte,
    se paseaba muy orondo entre los leones.
Aprendió a desgarrar su presa
    y a devorar a la gente.
7 Demolía palacios,o
    asolaba ciudades,
y amedrentaba con sus rugidos
    a todo el país y a sus habitantes.
8 Las naciones y provincias vecinas
    se dispusieron a atacarlo.
Le tendieron trampas,
    y quedó atrapado en la fosa.
9 Encadenado y enjaulado
    lo llevaron ante el rey de Babilonia.
Enjaulado lo llevaron
    para que no se oyeran sus rugidos
    en los cerros de Israel.

10 » "En medio del viñedop
    tu madre era una vid
plantada junto al agua:
    ¡fructífera y frondosa,
    gracias al agua abundante!
11 Sus ramas crecieron vigorosas,
    ¡aptas para ser cetros de reyes!
Tanto creció que se destacaba
    por encima del follaje.
Se le reconocía por su altura
    y por sus ramas frondosas.
12 Pero fue desarraigada con furia
    y arrojada por el suelo.
El viento del este la dejó marchita,
    y la gente le arrancó sus frutos.
Secas quedaron sus vigorosas ramas,
    y fueron consumidas por el fuego.

A Lament for Israel's Princes

19 "Take up a lament concerning the princes of Israel 2 and say:

" 'What a lioness was your mother
    among the lions!
She lay down among the young lions
    and reared her cubs.
3 She brought up one of her cubs,
    and he became a strong lion.
He learned to tear the prey
    and he devoured men.
4 The nations heard about him,
    and he was trapped in their pit.
They led him with hooks
    to the land of Egypt.

5 " 'When she saw her hope unfulfilled,
    her expectation gone,
she took another of her cubs
    and made him a strong lion.
6 He prowled among the lions,
    for he was now a strong lion.
He learned to tear the prey
    and he devoured men.
7 He broke downl their strongholds
    and devastated their towns.
The land and all who were in it
    were terrified by his roaring.
8 Then the nations came against him,
    those from regions round about.
They spread their net for him,
    and he was trapped in their pit.
9 With hooks they pulled him into a cage
    and brought him to the king of Babylon.
They put him in prison,
    so his roar was heard no longer
    on the mountains of Israel.

10 " 'Your mother was like a vine in your vineyardm
    planted by the water;
it was fruitful and full of branches
    because of abundant water.
11 Its branches were strong,
    fit for a ruler's scepter.
It towered high
    above the thick foliage,
conspicuous for its height
    and for its many branches.
12 But it was uprooted in fury
    and thrown to the ground.
The east wind made it shrivel,
    it was stripped of its fruit;
its strong branches withered
    and fire consumed them.

---

o 19:7 Demolía palacios (lectura probable; véanse LXX y Targum); Conocía viudas (TM).   p 19:10 del viñedo (dos mss. hebreos); de tu sangre (TM).

l 7 Targum (see Septuagint); Hebrew He knew
m 10 Two Hebrew manuscripts; most Hebrew manuscripts your blood

13 Ahora se halla en el desierto,
plantada en tierra árida y reseca.
14 De una de sus ramas brotó un fuego,
y ese fuego devoró sus frutos.
¡Nada queda de esas vigorosas ramas,
aptas para ser cetros de reyes!"

Éste es un lamento, y debe entonarse como tal.»

Historia de una rebelión

20 El día diez del mes quinto del año séptimo, unos *jefes de Israel vinieron a consultar al SEÑOR, y se sentaron frente a mí. 2 Allí el SEÑOR me dirigió la palabra: 3 «Hijo de hombre, habla con los jefes de Israel y adviérteles que yo, el SEÑOR omnipotente, digo: "¿Así que ustedes vienen a consultarme? ¡Pues juro por mí mismo que no dejaré que me consulten! Lo afirmo yo, el SEÑOR omnipotente."

4 »¡Júzgalos tú, hijo de hombre; júzgalos tú! Hazles ver las repugnantes prácticas de sus antepasados. 5 Adviérteles que así dice el SEÑOR omnipotente: "El día en que elegí a Israel, con la mano en alto le hice un juramento a la descendencia de Jacob. El día en que me di a conocer a ellos en Egipto, volví a hacerles este juramento: 'Yo soy el SEÑOR su Dios.' 6 En aquel día, con la mano en alto les juré que los sacaría de Egipto y los llevaría a una tierra que yo mismo había explorado. Es una tierra donde abundan la leche y la miel, ¡la más hermosa de todas! 7 A cada uno de ellos le ordené que arrojara sus ídolos detestables, con los que estaba obsesionado, y que no se *contaminara con los malolientes ídolos de Egipto; porque yo soy el SEÑOR su Dios.

8 » "Sin embargo, ellos se rebelaron contra mí, y me desobedecieron. No arrojaron los ídolos con que estaban obsesionados, ni abandonaron los ídolos de Egipto. Por eso, cuando estaban en Egipto, pensé agotar mi furor y descargar mi ira sobre ellos. 9 Pero decidí actuar en honor a mi *nombre, para que no fuera profanado ante las naciones entre las cuales vivían los israelitas. Porque al sacar a los israelitas de Egipto yo me di a conocer a ellos en presencia de las naciones.

10 » "Yo los saqué de Egipto y los llevé al desierto. 11 Les di mis decretos, y les hice conocer mis *leyes, que son vida para quienes los obedecen. 12 También les di mis *sábados como una señal entre ellos y yo, para que reconocieran que yo, el SEÑOR, he consagrado los sábados para mí. 13 Pero el pueblo de Israel se rebeló contra mí en el desierto; desobedeció mis decretos y rechazó mis leyes, que son vida para quienes los obedecen. ¡Hasta el colmo profanaron mis sábados! Por eso, cuando estaban en el desierto, pensé descargar mi ira sobre ellos y exterminarlos. 14 Pero decidí actuar en honor a mi nombre, para que no fuera profanado ante las naciones, las cuales me vieron sacarlos de Egipto.

15 » "También con la mano en alto, en el desierto les juré que no los llevaría a la tierra que les había dado, ¡la tierra más hermosa de todas, donde abundan la leche y la miel! 16 Rechazaron mis leyes, desobedecieron mis decretos y profanaron mis sábados, ¡y todo esto lo hicieron por haber andado tras esos ídolos malolientes! 17 Sin embargo, les tuve compasión, y en el desierto no los destruí ni los exterminé.

18 » "Allí en el desierto les dije a sus descendientes: 'No sigan los preceptos de sus padres; no obedezcan sus leyes ni se contaminen con sus ídolos malolientes. 19 Yo soy el SEÑOR su Dios. Sigan mis decretos, obedezcan mis leyes 20 y observen mis sábados como días consagrados a mí, como señal entre ustedes y yo, para que reconozcan que yo soy el SEÑOR su Dios.'

13 Now it is planted in the desert,
in a dry and thirsty land.
14 Fire spread from one of its main[n] branches
and consumed its fruit.
No strong branch is left on it
fit for a ruler's scepter.'

This is a lament and is to be used as a lament."

Rebellious Israel

20 In the seventh year, in the fifth month on the tenth day, some of the elders of Israel came to inquire of the LORD, and they sat down in front of me.

2 Then the word of the LORD came to me: 3 "Son of man, speak to the elders of Israel and say to them, 'This is what the Sovereign LORD says: Have you come to inquire of me? As surely as I live, I will not let you inquire of me, declares the Sovereign LORD.'

4 "Will you judge them? Will you judge them, son of man? Then confront them with the detestable practices of their fathers 5 and say to them: 'This is what the Sovereign LORD says: On the day I chose Israel, I swore with uplifted hand to the descendants of the house of Jacob and revealed myself to them in Egypt. With uplifted hand I said to them, "I am the LORD your God." 6 On that day I swore to them that I would bring them out of Egypt into a land I had searched out for them, a land flowing with milk and honey, the most beautiful of all lands. 7 And I said to them, "Each of you, get rid of the vile images you have set your eyes on, and do not defile yourselves with the idols of Egypt. I am the LORD your God."

8 "'But they rebelled against me and would not listen to me; they did not get rid of the vile images they had set their eyes on, nor did they forsake the idols of Egypt. So I said I would pour out my wrath on them and spend my anger against them in Egypt. 9 But for the sake of my name I did what would keep it from being profaned in the eyes of the nations they lived among and in whose sight I had revealed myself to the Israelites by bringing them out of Egypt. 10 Therefore I led them out of Egypt and brought them into the desert. 11 I gave them my decrees and made known to them my laws, for the man who obeys them will live by them. 12 Also I gave them my Sabbaths as a sign between us, so they would know that I the LORD made them holy.

13 "'Yet the people of Israel rebelled against me in the desert. They did not follow my decrees but rejected my laws—although the man who obeys them will live by them—and they utterly desecrated my Sabbaths. So I said I would pour out my wrath on them and destroy them in the desert. 14 But for the sake of my name I did what would keep it from being profaned in the eyes of the nations in whose sight I had brought them out. 15 Also with uplifted hand I swore to them in the desert that I would not bring them into the land I had given them—a land flowing with milk and honey, most beautiful of all lands— 16 because they rejected my laws and did not follow my decrees and desecrated my Sabbaths. For their hearts were devoted to their idols. 17 Yet I looked on them with pity and did not destroy them or put an end to them in the desert. 18 I said to their children in the desert, "Do not follow the statutes of your fathers or keep their laws or defile yourselves with their idols. 19 I am the LORD your God; follow my decrees and be careful to keep my laws. 20 Keep my Sabbaths holy, that they may be a sign between us. Then you will know that I am the LORD your God."

---

n 14 Or from under its

21» "Sin embargo, los israelitas se rebelaron contra mí. No siguieron mis decretos y no obedecieron mis leyes, que son vida para quienes los obedecen. Además, profanaron mis sábados. Por eso, cuando estaban en el desierto, pensé agotar mi furor y descargar mi ira sobre ellos. 22Pero me contuve en honor a mi nombre, para que no fuera profanado ante las naciones, las cuales me vieron sacarlos de Egipto. 23También con la mano en alto les juré en el desierto que los dispersaría entre las naciones. Los esparciría entre los países 24porque, obsesionados como estaban con los ídolos malolientes de sus antepasados, desobedecieron mis leyes, rechazaron mis decretos y profanaron mis sábados. 25¡Hasta les di decretos que no eran buenos y leyes que no daban vida! 26Los contaminé con sus propias ofrendas, dejándolos ofrecer en sacrificio a sus primogénitos, para horrorizarlos y hacerles reconocer que yo soy el SEÑOR."

27»Por tanto, hijo de hombre, habla con el pueblo de Israel y adviértele que yo, el SEÑOR omnipotente, digo: "En esto también me ofendieron tus antepasados y me trataron con absoluta infidelidad: 28Cuando los hice entrar en la tierra que con la mano en alto había jurado darles, cualquier cerro o árbol frondoso que veían les venía bien para hacer sacrificios y presentarme esas ofrendas que tanto me ofenden. Allí quemaban incienso y derramaban sus libaciones. 29Y les pregunté: '¿Qué significa ese *santuario pagano que tanto frecuentan?' Y hasta el día de hoy ese lugar de culto idolátrico se conoce como 'santuario pagano'."

Juicio y restauración

30»Por tanto, adviértele al pueblo de Israel que así dice el SEÑOR omnipotente: "¿Se *contaminarán ustedes a la manera de sus antepasados, y se prostituirán con sus ídolos detestables? 31Hasta el día de hoy, ustedes se contaminan al hacer sus ofrendas y al sacrificar a sus hijos, pasándolos por fuego en honor a los ídolos malolientes. ¿Y ahora ustedes, israelitas, vienen a consultarme? Juro por mí mismo que no dejaré que me consulten. Yo, el SEÑOR omnipotente, lo afirmo. 32Jamás sucederá lo que ustedes tienen en mente: 'Queremos ser como las otras naciones, como los pueblos del mundo, que adoran al palo y a la piedra.' 33Yo, el SEÑOR omnipotente, juro por mí mismo que reinaré sobre ustedes con gran despliegue de fuerza y de poder,q y con furia incontenible. 34Los sacaré de las naciones y de los pueblos por donde estaban esparcidos, y los reuniré con gran despliegue de fuerza y de poder, y con furia incontenible. 35Los llevaré al desierto que está entre las naciones, y allí los juzgaré cara a cara. 36Así como juzgué a sus antepasados en el desierto de Egipto, también los juzgaré a ustedes. Yo, el SEÑOR omnipotente, lo afirmo. 37Así como el *pastor selecciona sus ovejas, también yo los haré pasar a ustedes bajo mi vara y los seleccionaré para que formen parte de la alianza. 38Apartaré a los rebeldes, a los que se rebelan contra mí, y los sacaré del país donde ahora viven como extranjeros, pero no entrarán en la tierra de Israel. Entonces ustedes reconocerán que yo soy el SEÑOR.

39» "En cuanto a ustedes, pueblo de Israel, así dice el SEÑOR omnipotente: Si no quieren obedecerme, ¡vayan y adoren a sus ídolos malolientes! Pero no sigan profanando mi *santo *nombre con sus ofrendas y sus

21" 'But the children rebelled against me: They did not follow my decrees, they were not careful to keep my laws—although the man who obeys them will live by them—and they desecrated my Sabbaths. So I said I would pour out my wrath on them and spend my anger against them in the desert. 22But I withheld my hand, and for the sake of my name I did what would keep it from being profaned in the eyes of the nations in whose sight I had brought them out. 23Also with uplifted hand I swore to them in the desert that I would disperse them among the nations and scatter them through the countries, 24because they had not obeyed my laws but had rejected my decrees and desecrated my Sabbaths, and their eyes ⌊lusted⌋ after their fathers' idols. 25I also gave them over to statutes that were not good and laws they could not live by; 26I let them become defiled through their gifts—the sacrifice of every firstborno—that I might fill them with horror so they would know that I am the LORD.'

27"Therefore, son of man, speak to the people of Israel and say to them, 'This is what the Sovereign LORD says: In this also your fathers blasphemed me by forsaking me: 28When I brought them into the land I had sworn to give them and they saw any high hill or any leafy tree, there they offered their sacrifices, made offerings that provoked me to anger, presented their fragrant incense and poured out their drink offerings. 29Then I said to them: What is this high place you go to?' " (It is called Bamahp to this day.)

Judgment and Restoration

30"Therefore say to the house of Israel: 'This is what the Sovereign LORD says: Will you defile yourselves the way your fathers did and lust after their vile images? 31When you offer your gifts—the sacrifice of your sons inq the fire—you continue to defile yourselves with all your idols to this day. Am I to let you inquire of me, O house of Israel? As surely as I live, declares the Sovereign LORD, I will not let you inquire of me.

32" 'You say, "We want to be like the nations, like the peoples of the world, who serve wood and stone." But what you have in mind will never happen. 33As surely as I live, declares the Sovereign LORD, I will rule over you with a mighty hand and an outstretched arm and with outpoured wrath. 34I will bring you from the nations and gather you from the countries where you have been scattered—with a mighty hand and an outstretched arm and with outpoured wrath. 35I will bring you into the desert of the nations and there, face to face, I will execute judgment upon you. 36As I judged your fathers in the desert of the land of Egypt, so I will judge you, declares the Sovereign LORD. 37I will take note of you as you pass under my rod, and I will bring you into the bond of the covenant. 38I will purge you of those who revolt and rebel against me. Although I will bring them out of the land where they are living, yet they will not enter the land of Israel. Then you will know that I am the LORD.

39" 'As for you, O house of Israel, this is what the Sovereign LORD says: Go and serve your idols, every one of you! But afterward you will surely listen to me and no longer profane my holy name with your gifts

---

q 20:33 despliegue ... poder. Lit. mano fuerte y brazo extendido; también en v. 34.

o 26 Or —making every firstborn pass through ⌊the fire⌋
p 29 Bamah means high place. q 31 Or —making your sons pass through

ídolos apestosos. 40Porque en mi monte santo, el monte elevado de Israel, me adorará todo el pueblo de Israel; todos los que habitan en el país. Yo, el SEÑOR, lo afirmo. Allí los recibiré, y exigiré sus ofrendas y sus *primicias, junto con todo lo que quieran dedicarme. 41Cuando yo los saque a ustedes y los reúna de todas las naciones y pueblos donde estarán esparcidos, en presencia de las naciones los recibiré como incienso agradable y les manifestaré mi santidad. 42Y cuando yo los lleve a la tierra de Israel, al país que con la mano en alto había jurado a sus antepasados que les daría, entonces reconocerán que yo soy el SEÑOR. 43Allí se acordarán de su conducta y de todas sus acciones con las que se contaminaron, y sentirán asco de sí mismos por todas las maldades que cometieron. 44Pueblo de Israel, cuando yo actúe en favor de ustedes, en honor a mi nombre y no según su mala conducta y sus obras corruptas, entonces ustedes reconocerán que yo soy el SEÑOR. Yo, el SEÑOR omnipotente, lo afirmo." »

Profecía contra el sur

45El SEÑOR me dirigió la palabra: 46«Hijo de hombre, mira hacia el sur y en esa dirección profetiza contra el bosque del Néguev. 47Dile: "Escucha, bosque del Néguev, la palabra del SEÑOR. Así dice el SEÑOR omnipotente: 'En medio de ti voy a prender un fuego que devorará todos los árboles, tanto los secos como los verdes. Este incendio no se podrá apagar, y quemará toda la superficie, de norte a sur. 48Todos los *mortales verán que yo, el SEÑOR, lo he encendido, y no podrá apagarse.' "»

49Entonces yo exclamé: «¡Ay, SEÑOR omnipotente, todo el mundo anda diciendo que soy un charlatán!»

La espada justiciera

21 El SEÑOR me dirigió la palabra: 2 «Hijo de hombre, vuélvele la espalda a Jerusalén; clama contra sus santuarios, profetiza contra la tierra de Israel, 3anúnciale que así dice el SEÑOR: "Me declaro contra ti. Desenvainaré mi espada y mataré a justos y a malvados por igual. 4Puesto que he de extirpar de ti tanto al justo como al malvado, mi espada saldrá contra todo el mundo, desde el norte hasta el sur. 5Así todos sabrán que yo, el SEÑOR, he desenvainado la espada y no volveré a envainarla."

6»Y tú, hijo de hombre, con el *corazón quebrantado y en presencia de todo el mundo, llora con amargura. 7Y cuando te pregunten por qué lloras así, diles que es por la noticia de lo que va a suceder. Esta noticia hará que todos los corazones desfallezcan, que se dejen caer todos los brazos, y que tiemblen todas las rodillas. ¡Ya está por llegar! ¡Ya es una realidad! Yo, el SEÑOR, lo afirmo.»

8El SEÑOR me dirigió la palabra: 9«Hijo de hombre, profetiza y proclama que así dice el SEÑOR:

»"¡La espada, la espada,
    afilada y bruñida!,
10bruñida para fulgurar
    y afilada para masacrar.r
11La bruñeron y la afilaron
    para ponerla en manos del asesino.

and idols. 40For on my holy mountain, the high mountain of Israel, declares the Sovereign LORD, there in the land the entire house of Israel will serve me, and there I will accept them. There I will require your offerings and your choice gifts,r along with all your holy sacrifices. 41I will accept you as fragrant incense when I bring you out from the nations and gather you from the countries where you have been scattered, and I will show myself holy among you in the sight of the nations. 42Then you will know that I am the LORD, when I bring you into the land of Israel, the land I had sworn with uplifted hand to give to your fathers. 43There you will remember your conduct and all the actions by which you have defiled yourselves, and you will loathe yourselves for all the evil you have done. 44You will know that I am the LORD, when I deal with you for my name's sake and not according to your evil ways and your corrupt practices, O house of Israel, declares the Sovereign LORD.' "

Prophecy Against the South

45The word of the LORD came to me: 46"Son of man, set your face toward the south; preach against the south and prophesy against the forest of the southland. 47Say to the southern forest: 'Hear the word of the LORD. This is what the Sovereign LORD says: I am about to set fire to you, and it will consume all your trees, both green and dry. The blazing flame will not be quenched, and every face from south to north will be scorched by it. 48Everyone will see that I the LORD have kindled it; it will not be quenched."

49Then I said, "Ah, Sovereign LORD! They are saying of me, 'Isn't he just telling parables?' "

Babylon, God's Sword of Judgment

21 The word of the LORD came to me: 2"Son of man, set your face against Jerusalem and preach against the sanctuary. Prophesy against the land of Israel 3and say to her: 'This is what the LORD says: I am against you. I will draw my sword from its scabbard and cut off from you both the righteous and the wicked. 4Because I am going to cut off the righteous and the wicked, my sword will be unsheathed against everyone from south to north. 5Then all people will know that I the LORD have drawn my sword from its scabbard; it will not return again.'

6"Therefore groan, son of man! Groan before them with broken heart and bitter grief. 7And when they ask you, 'Why are you groaning?' you shall say, 'Because of the news that is coming. Every heart will melt and every hand go limp; every spirit will become faint and every knee become as weak as water.' It is coming! It will surely take place, declares the Sovereign LORD."

8The word of the LORD came to me: 9"Son of man, prophesy and say, 'This is what the Lord says:

" 'A sword, a sword,
    sharpened and polished—
10sharpened for the slaughter,
    polished to flash like lightning!

" 'Shall we rejoice in the scepter of my son ⌞Judah⌟? The sword despises every such stick.

11" 'The sword is appointed to be polished,
    to be grasped with the hand;
it is sharpened and polished,
    made ready for the hand of the slayer.

---

r21:10 bruñida para ... masacrar (véanse LXX, Vetus Latina, y Siríaca); TM incluye una frase de difícil traducción.

r40 Or and the gifts of your firstfruits

12» »¡Grita y gime, hijo de hombre,
que la espada se perfila contra mi pueblo
y contra todos los jefes de Israel.
Han sido arrojados contra ella,
lo mismo que mi pueblo.
Por eso, ¡date golpes de pecho!

13» »"El Señor omnipotente afirma:ˢ

14» »"Hijo de hombre, profetiza y bate palmas;
que hiera la espada, y vuelva a herir.
Es la espada de la muerte
que a todos mantiene amenazados,
15para que el corazón desfallezca
y aumente el número de víctimas.
Ya he colocado en las puertas
la espada asesina.ᵗ
Es la espada bruñida para centellear
y afilada para matar.
16Muévete a diestra y a siniestra,
y hiere por todas partes.
¡Exhibe tu filo, espada asesina!
17También yo batiré palmas
y aplacaré mi furor.
Yo, el Señor, lo he dicho."»

18El Señor me dirigió la palabra: 19«Tú, hijo de hombre, traza dos caminos para que llegue por ellos la espada del rey de Babilonia. Estos dos caminos partirán del mismo país, y a la entrada de cada uno de ellos colocarás una señal que indique a qué ciudad conduce. 20Traza un camino para que la espada llegue contra Rabá de los amonitas y contra Jerusalén, la ciudad fortificada de Judá. 21El rey de Babilonia se ha colocado en la bifurcación del camino y consulta los augurios: sacude las saetas, consulta los ídolos domésticos y examina el hígado de un animal. 22Con su mano *derecha ha marcado el destino de Jerusalén: prepara arietes para derribar las *puertas, levanta terraplenes y edifica torres de asedio; alza la voz en grito de batalla y da la orden para la matanza. 23Por las alianzas ya hechas, los habitantes de Jerusalén creerán que se trata de una falsa profecía; pero aquel rey les recordará la iniquidad por la que serán capturados.

24»Por eso dice el Señor omnipotente:

»Se les ha recordado su iniquidad,
y han quedado al descubierto sus rebeliones;
expuestas están sus acciones pecaminosas,
¡y por tanto serán capturados!

25»Y en cuanto a ti, príncipe de Israel, infame y malvado, tu día ha llegado; ¡la hora de tu castigo es inminente! 26Así dice el Señor omnipotente: Quítate el turbante, renuncia a la corona, que todo cambiará. Lo humilde será exaltado y lo excelso será humillado. 27¡Ruinas, ruinas, todo lo convertiré en ruinas! Esto no sucederá hasta que venga aquel a quien le asiste el derecho, y a quien le pediré que establezca la justicia.

28»Y tú, hijo de hombre, profetiza y declara que esto afirma el Señor omnipotente acerca de los amonitas y de sus insultos: "La espada, la espada está desenvainada para la masacre; pulida está para devorar y cente-

12Cry out and wail, son of man,
for it is against my people;
it is against all the princes of Israel.
They are thrown to the sword
along with my people.
Therefore beat your breast.

13» 'Testing will surely come. And what if the scepter ⌊of Judah⌋, which the sword despises, does not continue? declares the Sovereign Lord.'

14"So then, son of man, prophesy
and strike your hands together.
Let the sword strike twice,
even three times.
It is a sword for slaughter—
a sword for great slaughter,
closing in on them from every side.
15So that hearts may melt
and the fallen be many,
I have stationed the sword for slaughterˢ
at all their gates.
Oh! It is made to flash like lightning,
it is grasped for slaughter.
16O sword, slash to the right,
then to the left,
wherever your blade is turned.
17I too will strike my hands together,
and my wrath will subside.
I the Lord have spoken."

18The word of the Lord came to me: 19"Son of man, mark out two roads for the sword of the king of Babylon to take, both starting from the same country. Make a signpost where the road branches off to the city. 20Mark out one road for the sword to come against Rabbah of the Ammonites and another against Judah and fortified Jerusalem. 21For the king of Babylon will stop at the fork in the road, at the junction of the two roads, to seek an omen: He will cast lots with arrows, he will consult his idols, he will examine the liver. 22Into his right hand will come the lot for Jerusalem, where he is to set up battering rams, to give the command to slaughter, to sound the battle cry, to set battering rams against the gates, to build a ramp and to erect siege works. 23It will seem like a false omen to those who have sworn allegiance to him, but he will remind them of their guilt and take them captive.

24"Therefore this is what the Sovereign Lord says: 'Because you people have brought to mind your guilt by your open rebellion, revealing your sins in all that you do—because you have done this, you will be taken captive.

25" 'O profane and wicked prince of Israel, whose day has come, whose time of punishment has reached its climax, 26this is what the Sovereign Lord says: Take off the turban, remove the crown. It will not be as it was: The lowly will be exalted and the exalted will be brought low. 27A ruin! A ruin! I will make it a ruin! It will not be restored until he comes to whom it rightfully belongs; to him I will give it.'

28"And you, son of man, prophesy and say, 'This is what the Sovereign Lord says about the Ammonites and their insults:

" 'A sword, a sword,
drawn for the slaughter,
polished to consume
and to flash like lightning!

ˢ21:13 El Señor omnipotente afirma (lectura probable); TM incluye frases de difícil traducción.   ᵗ21:15 asesina. Palabra de difícil traducción.

ˢ15 Septuagint; the meaning of the Hebrew for this word is uncertain.

llear como relámpago. 29 La espada degollará a esos infames malvados, pues sus visiones son falsas y sus adivinanzas, mentiras. Pero su día ha llegado; ¡la hora de su castigo es inminente!

30 » ”¡Espada, vuelve a tu vaina! Allí, en tu tierra de origen, donde fuiste forjada, ¡allí te juzgaré! 31 Sobre ti derramaré mi ira, sobre ti soplaré el fuego de mi furor; te entregaré en manos de gente sanguinaria y destructora. 32 Serás pasto para el fuego; salpicaré con tu sangre todo el país, y borraré tu memoria de la faz de la tierra. Yo, el SEÑOR, lo he dicho.” »

Los pecados de Jerusalén

22 El SEÑOR me dirigió la palabra: 2 «Tú, hijo de hombre, juzga a la ciudad sanguinaria; denúnciala por todas sus prácticas detestables. 3 Adviértele que así dice el SEÑOR omnipotente: "¡Ay de ti, ciudad que derramas sangre en tus calles, y te *contaminas fabricando ídolos malolientes! ¡Cómo provocas tu ruina! 4 Te has hecho culpable por la sangre que has derramado, te has contaminado con los ídolos malolientes que has fabricado; has hecho que se avecine tu hora, ¡has llegado al final de tus años! Por eso te haré objeto de oprobio y de burla entre las naciones y los pueblos. 5 Ciudad caótica y de mala fama, ¡gente de cerca y de lejos se burlará de ti! 6 Mira, ahí tienes a los gobernadores de Israel, que en tus calles abusan del poder sólo para derramar sangre. 7 Tus habitantes tratan con desprecio a su padre y a su madre, oprimen al extranjero, explotan al huérfano y a la viuda. 8 Menosprecian mis objetos sagrados, profanan mis *sábados. 9 En ti habita gente que con sus calumnias incita a derramar sangre; gente que come en los santuarios de los montes y que hace cosas detestables. 10 Hay quienes deshonran la cama de su padre y obligan a la mujer a tener relaciones en su período de menstruación. 11 Algunos cometen adulterio con la mujer de su prójimo, otros tienen relaciones vergonzosas con sus nueras, y hasta hay quienes violan a su hermana, ¡a la hija de su propio padre! 12 También hay entre los tuyos quienes aceptan soborno para derramar sangre. Tú practicas la usura y cobras altísimos intereses; extorsionas a tu prójimo y te olvidas de mí. Lo afirma el SEÑOR.

13 » ”Pero yo voy a batir palmas en contra de las ganancias injustas que has acumulado, y en contra de la sangre que se ha derramado en tus calles. 14 Y cuando yo te haga frente, ¿podrá resistir tu *corazón, y tendrán fuerza tus manos? Yo, el SEÑOR, lo he dicho, y lo cumpliré. 15 Te dispersaré entre las naciones, y esparciré entre los pueblos, y pondré fin a tu inmundicia. 16 Serás una deshonra frente a las naciones, pero sabrás que yo soy el SEÑOR." »

17 El SEÑOR me dirigió la palabra: 18 «Hijo de hombre, todo el pueblo de Israel se ha vuelto para mí como la escoria del cobre y del estaño, del hierro y del plomo, que se queda en el horno. ¡Son como la escoria de la

29 Despite false visions concerning you
    and lying divinations about you,
it will be laid on the necks
    of the wicked who are to be slain,
whose day has come,
    whose time of punishment has reached its
        climax.
30 Return the sword to its scabbard.
    In the place where you were created,
in the land of your ancestry,
    I will judge you.
31 I will pour out my wrath upon you
    and breathe out my fiery anger against
        you;
I will hand you over to brutal men,
    men skilled in destruction.
32 You will be fuel for the fire,
    your blood will be shed in your land,
you will be remembered no more;
    for I the LORD have spoken.' "

Jerusalem's Sins

22 The word of the LORD came to me: 2 "Son of man, will you judge her? Will you judge this city of bloodshed? Then confront her with all her detestable practices 3 and say: 'This is what the Sovereign LORD says: O city that brings on herself doom by shedding blood in her midst and defiles herself by making idols, 4 you have become guilty because of the blood you have shed and have become defiled by the idols you have made. You have brought your days to a close, and the end of your years has come. Therefore I will make you an object of scorn to the nations and a laughingstock to all the countries. 5 Those who are near and those who are far away will mock you, O infamous city, full of turmoil.

6 " 'See how each of the princes of Israel who are in you uses his power to shed blood. 7 In you they have treated father and mother with contempt; in you they have oppressed the alien and mistreated the fatherless and the widow. 8 You have despised my holy things and desecrated my Sabbaths. 9 In you are slanderous men bent on shedding blood; in you are those who eat at the mountain shrines and commit lewd acts. 10 In you are those who dishonor their fathers' bed; in you are those who violate women during their period, when they are ceremonially unclean. 11 In you one man commits a detestable offense with his neighbor's wife, another shamefully defiles his daughter-in-law, and another violates his sister, his own father's daughter. 12 In you men accept bribes to shed blood; you take usury and excessive interest[t] and make unjust gain from your neighbors by extortion. And you have forgotten me, declares the Sovereign LORD.

13 " 'I will surely strike my hands together at the unjust gain you have made and at the blood you have shed in your midst. 14 Will your courage endure or your hands be strong in the day I deal with you? I the LORD have spoken, and I will do it. 15 I will disperse you among the nations and scatter you through the countries; and I will put an end to your uncleanness. 16 When you have been defiled[u] in the eyes of the nations, you will know that I am the LORD.' "

17 Then the word of the LORD came to me: 18 "Son of man, the house of Israel has become dross to me; all of them are the copper, tin, iron and lead left inside a

---

t 12 Or *usury and interest*   u 16 Or *When I have allotted you your inheritance*

plata! 19 Por eso, así dice el SEÑOR omnipotente: "Como todos ustedes se han convertido en escoria, los voy a reunir en medio de Jerusalén. 20 Así como la plata, el cobre, el hierro, el plomo y el estaño se juntan y se echan en el horno, y se atiza el fuego para fundirlos, así también yo, en mi ira, los juntaré a ustedes y los fundiré. 21 Los amontonaré y atizaré contra ustedes el fuego de mi ira, y los fundiré en medio de la ciudad. 22 Así como se funde la plata en medio del horno, así serán fundidos ustedes en medio de la ciudad, y sabrán que yo, el SEÑOR, he derramado mi ira contra ustedes." »

23 El SEÑOR me dirigió la palabra: 24 «Hijo de hombre, dile a Israel: "Tú eres una tierra que no ha sido *purificada ni mojada por la lluvia en el día de la ira." 25 Como leones rugientes que despedazan a la presa, hay una conspiración de profetas que devoran a la gente, que se apoderan de las riquezas y de los objetos de valor, y que aumentan el número de viudas. 26 Sus sacerdotes violan mi *ley y profanan mis objetos sagrados. Ellos no hacen distinción entre lo sagrado y lo profano, ni enseñan a otros la diferencia entre lo puro y lo impuro. Tampoco le prestan atención a mis sábados, y he sido profanado entre ellos. 27 Los jefes de la ciudad son como lobos que desgarran a su presa; siempre están listos a derramar sangre y a destruir vidas, con tal de lograr ganancias injustas. 28 Los profetas todo lo blanquean[u] mediante visiones falsas y predicciones mentirosas. Alegan que lo ha dicho el SEÑOR omnipotente, cuando en realidad el SEÑOR no les ha dicho nada. 29 Los terratenientes roban y extorsionan a la gente, explotan al indigente y al pobre, y maltratan injustamente al extranjero. 30 Yo he buscado entre ellos a alguien que se interponga entre mi pueblo y yo, y saque la cara por él[v] para que yo no lo destruya. ¡Y no lo he hallado! 31 Por eso derramaré mi ira sobre ellos; los consumiré con el fuego de mi ira, y haré recaer sobre ellos todo el mal que han hecho. Lo afirma el SEÑOR omnipotente.»

Las dos hermanas adúlteras

23 El SEÑOR me dirigió la palabra: 2 «Hijo de hombre, te cuento que había dos mujeres, hijas de una misma madre. 3 Desde jóvenes se dejaron manosear los senos; en Egipto se prostituyeron y dejaron que les acariciaran sus pechos virginales. 4 La mayor se llamaba Aholá, y la menor, Aholibá. Me uní a ellas, y me dieron hijos e hijas. (Aholá representa a Samaria, y su hermana Aholibá, a Jerusalén.) 5 Mientras Aholá me pertenecía, me fue infiel y se enamoró perdidamente de sus amantes los asirios, 6 todos ellos guerreros vestidos de púrpura, gobernadores y oficiales, jóvenes apuestos y hábiles jinetes. 7 Como una prostituta, se entregó a lo mejor de los asirios; se *contaminó con todos los ídolos malolientes que pertenecían a sus amantes. 8 Jamás abandonó la prostitución que había comenzado a practicar en Egipto. Desde su juventud, fueron muchos los que se acostaron con ella; fueron muchos los que acariciaron sus pechos virginales y se apasionaron con ella. 9 Por eso la entregué en manos de sus amantes, los asirios, con quienes ella se apasionó. 10 Y ellos la desnudaron, le quitaron sus hijos y sus hijas, y a ella la mataron a filo de espada. Fue tal el castigo que ella recibió, que su caso se volvió una advertencia para las mujeres.

furnace. They are but the dross of silver. 19 Therefore this is what the Sovereign LORD says: 'Because you have all become dross, I will gather you into Jerusalem. 20 As men gather silver, copper, iron, lead and tin into a furnace to melt it with a fiery blast, so will I gather you in my anger and my wrath and put you inside the city and melt you. 21 I will gather you and I will blow on you with my fiery wrath, and you will be melted inside her. 22 As silver is melted in a furnace, so you will be melted inside her, and you will know that I the LORD have poured out my wrath upon you.' "

23 Again the word of the LORD came to me: 24 "Son of man, say to the land, 'You are a land that has had no rain or showers[v] in the day of wrath.' 25 There is a conspiracy of her princes[w] within her like a roaring lion tearing its prey; they devour people, take treasures and precious things and make many widows within her. 26 Her priests do violence to my law and profane my holy things; they do not distinguish between the holy and the common; they teach that there is no difference between the unclean and the clean; and they shut their eyes to the keeping of my Sabbaths, so that I am profaned among them. 27 Her officials within her are like wolves tearing their prey; they shed blood and kill people to make unjust gain. 28 Her prophets whitewash these deeds for them by false visions and lying divinations. They say, 'This is what the Sovereign LORD says'—when the LORD has not spoken. 29 The people of the land practice extortion and commit robbery; they oppress the poor and needy and mistreat the alien, denying them justice.

30 "I looked for a man among them who would build up the wall and stand before me in the gap on behalf of the land so I would not have to destroy it, but I found none. 31 So I will pour out my wrath on them and consume them with my fiery anger, bringing down on their own heads all they have done, declares the Sovereign LORD."

Two Adulterous Sisters

23 The word of the LORD came to me: 2 "Son of man, there were two women, daughters of the same mother. 3 They became prostitutes in Egypt, engaging in prostitution from their youth. In that land their breasts were fondled and their virgin bosoms caressed. 4 The older was named Oholah, and her sister was Oholibah. They were mine and gave birth to sons and daughters. Oholah is Samaria, and Oholibah is Jerusalem.

5 "Oholah engaged in prostitution while she was still mine; and she lusted after her lovers, the Assyrians— warriors 6 clothed in blue, governors and commanders, all of them handsome young men, and mounted horsemen. 7 She gave herself as a prostitute to all the elite of the Assyrians and defiled herself with all the idols of everyone she lusted after. 8 She did not give up the prostitution she began in Egypt, when during her youth men slept with her, caressed her virgin bosom and poured out their lust upon her.

9 "Therefore I handed her over to her lovers, the Assyrians, for whom she lusted. 10 They stripped her naked, took away her sons and daughters and killed her with the sword. She became a byword among women, and punishment was inflicted on her.

---

u 22:28 Los profetas todo lo blanquean. Lit. Sus profetas los recubren con cal.   v 22:30 se interponga ... por él. Lit. construya un muro y se ponga en la brecha delante de mí por la tierra.

v 24 Septuagint; Hebrew has not been cleansed or rained on
w 25 Septuagint; Hebrew prophets

11»Aunque su hermana Aholibá vio esto, dio rienda suelta a sus pasiones y se prostituyó aun más que su hermana. 12Ella también se enamoró perdidamente de los asirios, todos ellos gobernadores y oficiales, guerreros vestidos con mucho lujo, hábiles jinetes, y jóvenes muy apuestos. 13Yo pude darme cuenta de que ella se había contaminado y seguido el ejemplo de su hermana. 14Pero Aholibá llevó más allá sus prostituciones. Vio en la pared figuras de *caldeos pintadas de rojo, 15con cinturones y amplios turbantes en la cabeza. Todos ellos tenían aspecto de oficiales, y se parecían a los *babilonios originarios de Caldea. 16Al verlos, se enamoró de ellos perdidamente y envió mensajeros a Caldea. 17Los babilonios vinieron y se acostaron con ella en el lecho de sus pasiones. A tal punto la contaminaron con sus prostituciones que se hastió de ellos. 18Pero exhibiendo su desnudez, practicó con descaro la prostitución. Entonces me hastié de ella, como antes me había hastiado de su hermana. 19Pero ella multiplicó sus prostituciones, recordando los días de su juventud cuando en Egipto había sido una prostituta. 20Allí se había enamorado perdidamente de sus amantes, cuyos genitales eran como los de un asno y su semen como el de un caballo. 21Así echó de menos la lujuria de su juventud, cuando los egipcios le manoseaban los senos y le acariciaban sus pechos virginales.

22»Por eso, Aholibá, así dice el Señor omnipotente: "Voy a incitar contra ti a tus amantes, de los que ahora estás hastiada. De todas partes traeré contra ti 23a los babilonios y a todos los caldeos, a los de Pecod, Soa y Coa, y con ellos a los asirios, todos ellos jóvenes apuestos, gobernantes y oficiales, guerreros y hombres distinguidos, montados a caballo. 24Vendrán contra ti con muchos carros y carretas, y con una multitud de ejércitos, cascos y escudos. Les encargaré que te juzguen, y te juzgarán según sus costumbres. 25Descargaré sobre ti el furor de mi ira, y ellos te maltratarán con saña. Te cortarán la nariz y las orejas, y a tus sobrevivientes los matarán a filo de espada. Te arrebatarán a tus hijos y a tus hijas, y los que aún queden con vida serán consumidos por el fuego. 26Te arrancarán tus vestidos y te quitarán tus joyas. 27Así pondré fin a tu lujuria y a tu prostitución, que comenzaste en Egipto. Ya no desearás esas cosas ni te acordarás más de Egipto.

28»"Así dice el Señor omnipotente: Voy a entregarte en manos de los que odias, en manos de quienes te hartaron. 29Ellos te tratarán con odio y te despojarán de todas tus posesiones. Te dejarán completamente desnuda, y tus prostituciones quedarán al descubierto. Tu lujuria y tu promiscuidad 30son la causa de todo esto, porque te prostituiste con las naciones y te contaminaste con sus ídolos malolientes. 31Por cuanto has seguido los pasos de tu hermana, en castigo beberás la misma copa.

32»"Así dice el Señor omnipotente:

» "Beberás la copa de tu hermana,
    una copa grande y profunda.
Llena está de burla y escarnio,

11"Her sister Oholibah saw this, yet in her lust and prostitution she was more depraved than her sister. 12She too lusted after the Assyrians—governors and commanders, warriors in full dress, mounted horsemen, all handsome young men. 13I saw that she too defiled herself; both of them went the same way.

14"But she carried her prostitution still further. She saw men portrayed on a wall, figures of Chaldeans[x] portrayed in red, 15with belts around their waists and flowing turbans on their heads; all of them looked like Babylonian chariot officers, natives of Chaldea.[y] 16As soon as she saw them, she lusted after them and sent messengers to them in Chaldea. 17Then the Babylonians came to her, to the bed of love, and in their lust they defiled her. After she had been defiled by them, she turned away from them in disgust. 18When she carried on her prostitution openly and exposed her nakedness, I turned away from her in disgust, just as I had turned away from her sister. 19Yet she became more and more promiscuous as she recalled the days of her youth, when she was a prostitute in Egypt. 20There she lusted after her lovers, whose genitals were like those of donkeys and whose emission was like that of horses. 21So you longed for the lewdness of your youth, when in Egypt your bosom was caressed and your young breasts fondled.[z]

22"Therefore, Oholibah, this is what the Sovereign Lord says: I will stir up your lovers against you, those you turned away from in disgust, and I will bring them against you from every side— 23the Babylonians and all the Chaldeans, the men of Pekod and Shoa and Koa, and all the Assyrians with them, handsome young men, all of them governors and commanders, chariot officers and men of high rank, all mounted on horses. 24They will come against you with weapons,[a] chariots and wagons and with a throng of people; they will take up positions against you on every side with large and small shields and with helmets. I will turn you over to them for punishment, and they will punish you according to their standards. 25I will direct my jealous anger against you, and they will deal with you in fury. They will cut off your noses and your ears, and those of you who are left will fall by the sword. They will take away your sons and daughters, and those of you who are left will be consumed by fire. 26They will also strip you of your clothes and take your fine jewelry. 27So I will put a stop to the lewdness and prostitution you began in Egypt. You will not look on these things with longing or remember Egypt anymore.

28"For this is what the Sovereign Lord says: I am about to hand you over to those you hate, to those you turned away from in disgust. 29They will deal with you in hatred and take away everything you have worked for. They will leave you naked and bare, and the shame of your prostitution will be exposed. Your lewdness and promiscuity 30have brought this upon you, because you lusted after the nations and defiled yourself with their idols. 31You have gone the way of your sister; so I will put her cup into your hand.

32"This is what the Sovereign Lord says:

"You will drink your sister's cup,
    a cup large and deep;
it will bring scorn and derision,
    for it holds so much.

---

x 14 Or *Babylonians*   *y* 15 Or *Babylonia*; also in verse 16
z 21 Syriac (see also verse 3); Hebrew *caressed because of your young breasts*   *a* 24 The meaning of the Hebrew for this word is uncertain.

33 llena de embriaguez y dolor.
Es la copa de ruina y desolación;
¡es la copa de tu hermana Samaria!
34 La beberás hasta las heces,
la romperás en mil pedazos,
y te desgarrarás los pechos
porque yo lo he dicho.
Lo afirma el SEÑOR omnipotente.

35 » "Por eso, así dice el SEÑOR omnipotente: Por cuanto me has olvidado y me has dado la espalda, sufrirás las consecuencias de tu lujuria y de tus prostituciones." »

36 El SEÑOR me dijo: «Hijo de hombre, ¿acaso no juzgarás a Aholá y a Aholibá? ¡Échales en cara sus actos detestables! 37 Ellas han cometido adulterio, y tienen las manos manchadas de sangre. Han cometido adulterio con sus ídolos malolientes, han sacrificado a los hijos que me dieron, y los han ofrecido como alimento a esos ídolos. 38 Además, me han ofendido contaminando mi santuario y, a la vez, profanando mis *sábados. 39 El mismo día que sacrificaron a sus hijos para adorar a sus ídolos malolientes, entraron a mi santuario y lo profanaron. ¡Y lo hicieron en mi propia casa!

40 » Y por si fuera poco, mandaron traer gente de muy lejos. Cuando esa gente llegó, ellas se bañaron, se pintaron los ojos y se adornaron con joyas; 41 luego se sentaron en un diván lujoso, frente a una mesa donde previamente habían colocado el incienso y el aceite que me pertenecen. 42 Podía escucharse el bullicio de una multitud: eran los sabeos, que venían del desierto. Adornaron a las mujeres poniéndoles brazaletes en los brazos y hermosas coronas sobre la cabeza. 43 Pensé entonces en esa mujer desgastada por sus adulterios: "Ahora van a seguir aprovechándose de esa mujer prostituida." 44 Y se acostaron con ella como quien se acuesta con una prostituta. Fue así como se acostaron con esas mujeres lascivas llamadas Aholá y Aholibá. 45 Pero los hombres justos les darán el castigo que merecen las mujeres asesinas y adúlteras, ¡porque son unas adúlteras, y tienen las manos manchadas de sangre!

46 » En efecto, así dice el SEÑOR: ¡Que se convoque a una multitud contra ellas, y que sean entregadas al terror y al saqueo! 47 ¡Que la multitud las apedree y las despedace con la espada! ¡Que maten a sus hijos y a sus hijas, y les prendan fuego a sus casas! 48 Yo pondré fin en el país a esta conducta llena de lascivia. Todas las mujeres quedarán advertidas y no seguirán su ejemplo. 49 Sobre estas dos hermanas recaerá su propia lascivia, y pagarán las consecuencias de sus pecados de idolatría. Entonces sabrán que yo soy el SEÑOR omnipotente.»

La olla hirviente

24 El día diez del mes décimo del año noveno, el SEÑOR me dirigió la palabra: 2 «Hijo de hombre, anota la fecha de hoy, de este mismo día, porque el rey de Babilonia se ha puesto en marcha contra Jerusalén. 3 Cuéntale una parábola a este pueblo rebelde, y adviértele que así dice el SEÑOR omnipotente:

» "Coloca la olla sobre el fuego
y échale agua.

33 You will be filled with drunkenness and sorrow,
the cup of ruin and desolation,
the cup of your sister Samaria.
34 You will drink it and drain it dry;
you will dash it to pieces
and tear your breasts.

I have spoken, declares the Sovereign LORD.

35 "Therefore this is what the Sovereign LORD says: Since you have forgotten me and thrust me behind your back, you must bear the consequences of your lewdness and prostitution."

36 The LORD said to me: "Son of man, will you judge Oholah and Oholibah? Then confront them with their detestable practices, 37 for they have committed adultery and blood is on their hands. They committed adultery with their idols; they even sacrificed their children, whom they bore to me,[b] as food for them. 38 They have also done this to me: At that same time they defiled my sanctuary and desecrated my Sabbaths. 39 On the very day they sacrificed their children to their idols, they entered my sanctuary and desecrated it. That is what they did in my house.

40 "They even sent messengers for men who came from far away, and when they arrived you bathed yourself for them, painted your eyes and put on your jewelry. 41 You sat on an elegant couch, with a table spread before it on which you had placed the incense and oil that belonged to me.

42 "The noise of a carefree crowd was around her; Sabeans[c] were brought from the desert along with men from the rabble, and they put bracelets on the arms of the woman and her sister and beautiful crowns on their heads. 43 Then I said about the one worn out by adultery, 'Now let them use her as a prostitute, for that is all she is.' 44 And they slept with her. As men sleep with a prostitute, so they slept with those lewd women, Oholah and Oholibah. 45 But righteous men will sentence them to the punishment of women who commit adultery and shed blood, because they are adulterous and blood is on their hands.

46 "This is what the Sovereign LORD says: Bring a mob against them and give them over to terror and plunder. 47 The mob will stone them and cut them down with their swords; they will kill their sons and daughters and burn down their houses.

48 "So I will put an end to lewdness in the land, that all women may take warning and not imitate you. 49 You will suffer the penalty for your lewdness and bear the consequences of your sins of idolatry. Then you will know that I am the Sovereign LORD."

The Cooking Pot

24 In the ninth year, in the tenth month on the tenth day, the word of the LORD came to me: 2 "Son of man, record this date, this very date, because the king of Babylon has laid siege to Jerusalem this very day. 3 Tell this rebellious house a parable and say to them: 'This is what the Sovereign LORD says:

" 'Put on the cooking pot; put it on
and pour water into it.

---

b 37 Or even made the children they bore to me pass through ⌊the fire⌋   c 42 Or drunkards

4 Agrégale pedazos de carne,
    los mejores trozos de pata y de lomo,
    y lo mejor de los huesos.
5 Toma luego la oveja más gorda
    y amontona leña debajo de ella,
    para que hierva bien el agua
    y se cuezan bien los huesos.

6 » "Porque el SEÑOR omnipotente dice:

» "¡Ay de la ciudad sanguinaria!
    ¡Ay de esa olla herrumbrada,
    cuya herrumbre no se puede quitar!
    Saca uno a uno los trozos de carne,
    tal como vayan saliendo.*w*
7 La ciudad está empapada en su sangre,
    pues ella la derramó sobre la roca desnuda;
    no la derramó por el suelo,
    para impedir que el polvo la cubriera.
8 Sobre la roca desnuda he vertido su sangre,
    para que no quede cubierta.
    Así haré que se encienda mi ira,
    y daré lugar a mi venganza.

9 » "Porque así dice el SEÑOR omnipotente:

» "¡Ay de la ciudad sanguinaria!
    Yo también amontonaré la leña.
10 ¡Vamos, apilen la leña y enciendan el fuego!
    ¡Cocinen la carne y preparen las especias,
    y que se quemen bien los huesos!
11 ¡Pongan la olla vacía sobre las brasas,
    hasta que el bronce esté al rojo vivo!
    ¡Que se fundan en ella sus *impurezas,
    y se consuma su herrumbre!
12 ¡Aunque esa olla está tan oxidada
    que ya ni con fuego se purifica!*x*

13 » "Jerusalén, yo he querido purificarte de tu infame lujuria, pero no has dejado que te purifique. Por eso, no quedarás *limpia hasta que se apacigüe mi ira contra ti. 14 Yo, el SEÑOR, lo he dicho, y lo cumpliré. No tendré compasión ni me arrepentiré. Te juzgaré conforme a tu conducta y a tus acciones. Lo afirma el SEÑOR omnipotente." »

Muerte de la esposa de Ezequiel

15 El SEÑOR me dirigió la palabra: 16 «Hijo de hombre, voy a quitarte de golpe la mujer que te deleita la vista. Pero no llores ni hagas lamentos, ni dejes tampoco que te corran las lágrimas. 17 Gime en silencio y no hagas duelo por los muertos. Átate el turbante, cálzate los pies, y no te cubras la barba ni comas el pan de duelo.»

18 Por la mañana le hablé al pueblo, y por la tarde murió mi esposa. A la mañana siguiente hice lo que se me había ordenado. 19 La gente del pueblo me preguntó: «¿No nos vas a explicar qué significado tiene para nosotros lo que estás haciendo?» 20 Yo les contesté: «El SEÑOR me dirigió la palabra y me ordenó 21 advertirle al pueblo de Israel que así dice el SEÑOR omnipotente: "Voy a profanar mi santuario, orgullo de su fortaleza, el templo que les deleita la vista y en el que depositan su afecto. Los hijos y las hijas que ustedes dejaron morirán a filo de espada, 22 y ustedes harán lo mismo que yo: no se cubrirán la barba ni comerán el pan de

4 Put into it the pieces of meat,
    all the choice pieces—the leg and the
       shoulder.
    Fill it with the best of these bones;
5   take the pick of the flock.
    Pile wood beneath it for the bones;
      bring it to a boil
    and cook the bones in it.

6 " 'For this is what the Sovereign LORD says:

" 'Woe to the city of bloodshed,
    to the pot now encrusted,
    whose deposit will not go away!
    Empty it piece by piece
    without casting lots for them.

7 " 'For the blood she shed is in her midst:
    She poured it on the bare rock;
    she did not pour it on the ground,
    where the dust would cover it.
8 To stir up wrath and take revenge
    I put her blood on the bare rock,
    so that it would not be covered.

9 " 'Therefore this is what the Sovereign LORD says:

" 'Woe to the city of bloodshed!
    I, too, will pile the wood high.
10 So heap on the wood
    and kindle the fire.
    Cook the meat well,
    mixing in the spices;
    and let the bones be charred.
11 Then set the empty pot on the coals
    till it becomes hot and its copper glows
    so its impurities may be melted
    and its deposit burned away.
12 It has frustrated all efforts;
    its heavy deposit has not been removed,
    not even by fire.

13 " 'Now your impurity is lewdness. Because I tried to cleanse you but you would not be cleansed from your impurity, you will not be clean again until my wrath against you has subsided.

14 " 'I the LORD have spoken. The time has come for me to act. I will not hold back; I will not have pity, nor will I relent. You will be judged according to your conduct and your actions, declares the Sovereign LORD.' "

Ezekiel's Wife Dies

15 The word of the LORD came to me: 16 "Son of man, with one blow I am about to take away from you the delight of your eyes. Yet do not lament or weep or shed any tears. 17 Groan quietly; do not mourn for the dead. Keep your turban fastened and your sandals on your feet; do not cover the lower part of your face or eat the customary food ⌊of mourners⌋."

18 So I spoke to the people in the morning, and in the evening my wife died. The next morning I did as I had been commanded.

19 Then the people asked me, "Won't you tell us what these things have to do with us?"

20 So I said to them, "The word of the LORD came to me: 21 Say to the house of Israel, 'This is what the Sovereign LORD says: I am about to desecrate my sanctuary—the stronghold in which you take pride, the delight of your eyes, the object of your affection. The sons and daughters you left behind will fall by the sword. 22 And you will do as I have done. You will not cover the lower part of your face or eat the customary

---

w 24:6 tal como vayan saliendo. Lit. *sin echar suertes sobre ella.*
x 24:12 Aunque ... purifica. Texto de difícil traducción.

duelo. 23 Llevarán el turbante sobre la cabeza y se calzarán los pies. No llorarán ni harán lamentos, sino que se pudrirán a causa de sus pecados y gemirán unos con otros. 24 Ezequiel les servirá de señal, y ustedes harán lo mismo que él hizo. Cuando esto suceda, sabrán que yo soy el SEÑOR omnipotente."

25 » Y tú, hijo de hombre, el día en que yo les quite su fortaleza, su alegría y su gozo, el templo que les deleita la vista, el deseo de su *corazón, y a sus hijos e hijas, 26 vendrá un fugitivo a comunicarte la noticia. 27 Ese mismo día se te soltará la lengua y dejarás de estar mudo. Entonces podrás hablar con el fugitivo; servirás de señal para ellos, y sabrán que yo soy el SEÑOR.»

Profecía contra Amón

25 El SEÑOR me dirigió la palabra: 2 «Hijo de hombre, encara a los amonitas y profetiza contra ellos. 3 Diles que presten atención a la palabra del SEÑOR omnipotente: "Por cuanto ustedes se burlaron cuando vieron que mi santuario era profanado, y que el país de Israel era devastado y que a los habitantes de Judá se los llevaban al exilio, 4 yo los entregaré a ustedes al poder de los pueblos del oriente. Ellos armarán sus campamentos y establecerán entre ustedes sus moradas; comerán los frutos y beberán la leche de ustedes. 5 Convertiré a Rabá en un pastizal de camellos, y a Amón en un corral de ovejas. Entonces sabrán ustedes que yo soy el SEÑOR.

6 » "Así dice el SEÑOR omnipotente: Por cuanto ustedes los amonitas aplaudieron y saltaron de alegría, y maliciosamente se rieron de Israel, 7 yo voy a extender mi mano contra ustedes y los entregaré a las naciones como despojo. Los arrancaré de entre los pueblos, y los destruiré por completo. Entonces sabrán que yo soy el SEÑOR." »

Profecía contra Moab

8 «Así dice el SEÑOR omnipotente: Por cuanto Moab y Seír dicen: "Judá es igual a todas las naciones," 9 voy a abrir el flanco de Moab. De un extremo a otro la dejaré sin Bet Yesimot, Baal Megón y Quiriatayin, ciudades que son su orgullo. 10 Entregaré a Moab y a los amonitas en manos de los pueblos del oriente, y de los amonitas no quedará ni el recuerdo. 11 Además, castigaré a Moab. Entonces sabrán que yo soy el SEÑOR.»

Profecía contra Edom

12 «Así dice el SEÑOR omnipotente: Edom se ha vengado completamente de Judá, y de esta manera resulta más grave su culpa. 13 Por eso, así dice el SEÑOR omnipotente: Extenderé mi mano contra Edom, y exterminaré a *hombres y animales. Lo dejaré en ruinas. Desde Temán hasta Dedán, todos morirán a filo de espada. 14 Por medio de mi pueblo Israel me vengaré de Edom. Mi pueblo hará con Edom lo que le dicten mi ira y mi furor. Así conocerán lo que es mi venganza. Lo afirma el SEÑOR omnipotente.»

Profecía contra los filisteos

15 «Así dice el SEÑOR omnipotente: Los filisteos se vengaron con alevosía; con profundo desprecio intentaron destruir a Judá por causa de una antigua enemis-

food ⌊of mourners⌋. 23 You will keep your turbans on your heads and your sandals on your feet. You will not mourn or weep but will waste away because of[d] your sins and groan among yourselves. 24 Ezekiel will be a sign to you; you will do just as he has done. When this happens, you will know that I am the Sovereign LORD.'

25 "And you, son of man, on the day I take away their stronghold, their joy and glory, the delight of their eyes, their heart's desire, and their sons and daughters as well— 26 on that day a fugitive will come to tell you the news. 27 At that time your mouth will be opened; you will speak with him and will no longer be silent. So you will be a sign to them, and they will know that I am the LORD."

A Prophecy Against Ammon

25 The word of the LORD came to me: 2 "Son of man, set your face against the Ammonites and prophesy against them. 3 Say to them, 'Hear the word of the Sovereign LORD. This is what the Sovereign LORD says: Because you said "Aha!" over my sanctuary when it was desecrated and over the land of Israel when it was laid waste and over the people of Judah when they went into exile, 4 therefore I am going to give you to the people of the East as a possession. They will set up their camps and pitch their tents among you; they will eat your fruit and drink your milk. 5 I will turn Rabbah into a pasture for camels and Ammon into a resting place for sheep. Then you will know that I am the LORD. 6 For this is what the Sovereign LORD says: Because you have clapped your hands and stamped your feet, rejoicing with all the malice of your heart against the land of Israel, 7 therefore I will stretch out my hand against you and give you as plunder to the nations. I will cut you off from the nations and exterminate you from the countries. I will destroy you, and you will know that I am the LORD.' "

A Prophecy Against Moab

8 "This is what the Sovereign LORD says: 'Because Moab and Seir said, "Look, the house of Judah has become like all the other nations," 9 therefore I will expose the flank of Moab, beginning at its frontier towns—Beth Jeshimoth, Baal Meon and Kiriathaim— the glory of that land. 10 I will give Moab along with the Ammonites to the people of the East as a possession, so that the Ammonites will not be remembered among the nations; 11 and I will inflict punishment on Moab. Then they will know that I am the LORD.' "

A Prophecy Against Edom

12 "This is what the Sovereign LORD says: 'Because Edom took revenge on the house of Judah and became very guilty by doing so, 13 therefore this is what the Sovereign LORD says: I will stretch out my hand against Edom and kill its men and their animals. I will lay it waste, and from Teman to Dedan they will fall by the sword. 14 I will take vengeance on Edom by the hand of my people Israel, and they will deal with Edom in accordance with my anger and my wrath; they will know my vengeance, declares the Sovereign LORD.' "

A Prophecy Against Philistia

15 "This is what the Sovereign LORD says: 'Because the Philistines acted in vengeance and took revenge with malice in their hearts, and with ancient hostility

---

d 23 Or away in

tad. ¹⁶Por eso, así dice el SEÑOR omnipotente: Extenderé mi mano contra los filisteos. Exterminaré a los quereteos, y destruiré a los que aún quedan en la costa del mar. ¹⁷Mi venganza contra ellos será terrible. Los castigaré con mi ira. Y cuando ejecute mi venganza, sabrán que yo soy el SEÑOR.»

Profecía contra Tiro

26 El día primero del mes primero^y del año undécimo, el SEÑOR me dirigió la palabra: ²«Tiro ha dicho de Jerusalén: "Las *puertas de las naciones se han derrumbado. Sus puertas se me han abierto de par en par, y yo me estoy enriqueciendo mientras ellas yacen en ruinas." ³Por eso, así dice el SEÑOR omnipotente: Tiro, yo me declaro contra ti, y así como el mar levanta sus olas, voy a hacer que contra ti se levanten muchas naciones. ⁴Destruirán los muros de Tiro, y derribarán sus torres. Hasta los escombros barreré de su lugar; ¡la dejaré como roca desnuda! ⁵¡Quedará en medio del mar como un tendedero de redes! Yo, el SEÑOR omnipotente, lo afirmo. Tiro será despojo de las naciones, ⁶y sus poblados tierra adentro serán devastados a filo de espada. Entonces sabrán que yo soy el SEÑOR.

⁷»Así dice el SEÑOR omnipotente: Desde el norte voy a traer contra Tiro a Nabucodonosor, rey de Babilonia, rey de reyes. Vendrá con un gran ejército de caballos, y con carros de guerra y jinetes. ⁸Tus poblados tierra adentro serán devastados a filo de espada. Y Nabucodonosor construirá contra ti muros de asedio, levantará rampas para atacarte y alzará sus escudos. ⁹Atacará tus muros con arietes, y con sus armas destruirá tus torres. ¹⁰Cuando el rey de Babilonia entre por tus puertas, como se entra en una ciudad conquistada, sus caballos serán tan numerosos que te cubrirán de polvo, y tus muros temblarán por el estruendo de su caballería y sus carros. ¹¹Con los cascos de sus caballos pisoteará todas tus calles; matará a tu pueblo a filo de espada, y tus sólidas columnas caerán por tierra. ¹²Además, saquearán tus riquezas y robarán tus mercancías. Derribarán tus muros, demolerán tus suntuosos palacios, y arrojarán al mar tus piedras, vigas y escombros. ¹³Así pondré fin al ruido de tus canciones, y no se volverá a escuchar la melodía de tus arpas. ¹⁴Te convertiré en una roca desnuda, en un tendedero de redes, y no volverás a ser edificada. Yo, el SEÑOR, lo he dicho. Yo, el SEÑOR omnipotente, lo afirmo.

¹⁵»Así le dice el SEÑOR omnipotente a Tiro: Las naciones costeras temblarán ante el estruendo de tu caída, el gemido de tus heridos y la masacre de tus habitantes. ¹⁶Todos los príncipes del mar descenderán de sus tronos, se quitarán los mantos y se despojarán de las vestiduras bordadas. Llenos de pánico se sentarán en el suelo; espantados por tu condición temblarán sin cesar, ¹⁷y sobre ti entonarán este lamento:

»¡Cómo has sido destruida, ciudad famosa,
   habitada por gente del mar!
¡Tú en el mar eras poderosa!
   ¡Con tus habitantes infundías
   terror a todo el continente!

sought to destroy Judah, ¹⁶therefore this is what the Sovereign LORD says: I am about to stretch out my hand against the Philistines, and I will cut off the Kerethites and destroy those remaining along the coast. ¹⁷I will carry out great vengeance on them and punish them in my wrath. Then they will know that I am the LORD, when I take vengeance on them.' "

A Prophecy Against Tyre

26 In the eleventh year, on the first day of the month, the word of the LORD came to me: ²"Son of man, because Tyre has said of Jerusalem, 'Aha! The gate to the nations is broken, and its doors have swung open to me; now that she lies in ruins I will prosper,' ³therefore this is what the Sovereign LORD says: I am against you, O Tyre, and I will bring many nations against you, like the sea casting up its waves. ⁴They will destroy the walls of Tyre and pull down her towers; I will scrape away her rubble and make her a bare rock. ⁵Out in the sea she will become a place to spread fishnets, for I have spoken, declares the Sovereign LORD. She will become plunder for the nations, ⁶and her settlements on the mainland will be ravaged by the sword. Then they will know that I am the LORD.

⁷"For this is what the Sovereign LORD says: From the north I am going to bring against Tyre Nebuchadnezzar^e king of Babylon, king of kings, with horses and chariots, with horsemen and a great army. ⁸He will ravage your settlements on the mainland with the sword; he will set up siege works against you, build a ramp up to your walls and raise his shields against you. ⁹He will direct the blows of his battering rams against your walls and demolish your towers with his weapons. ¹⁰His horses will be so many that they will cover you with dust. Your walls will tremble at the noise of the war horses, wagons and chariots when he enters your gates as men enter a city whose walls have been broken through. ¹¹The hoofs of his horses will trample all your streets; he will kill your people with the sword, and your strong pillars will fall to the ground. ¹²They will plunder your wealth and loot your merchandise; they will break down your walls and demolish your fine houses and throw your stones, timber and rubble into the sea. ¹³I will put an end to your noisy songs, and the music of your harps will be heard no more. ¹⁴I will make you a bare rock, and you will become a place to spread fishnets. You will never be rebuilt, for I the LORD have spoken, declares the Sovereign LORD.

¹⁵"This is what the Sovereign LORD says to Tyre: Will not the coastlands tremble at the sound of your fall, when the wounded groan and the slaughter takes place in you? ¹⁶Then all the princes of the coast will step down from their thrones and lay aside their robes and take off their embroidered garments. Clothed with terror, they will sit on the ground, trembling every moment, appalled at you. ¹⁷Then they will take up a lament concerning you and say to you:

" 'How you are destroyed, O city of
      renown,
   peopled by men of the sea!
You were a power on the seas,
   you and your citizens;
you put your terror
   on all who lived there.

---

^y 26:1 *primero* (mss. de LXX); TM no incluye esta palabra.

^e 7 Hebrew *Nebuchadrezzar,* of which *Nebuchadnezzar* is a variant; here and often in Ezekiel and Jeremiah

18 Ahora, en el día de tu caída,
tiemblan los pueblos costeros,
y las islas que están en el mar
se aterrorizan ante tu debacle."

19 »Así dice el SEÑOR omnipotente: Te convertiré en lugar de ruinas, como toda ciudad deshabitada. Haré que te cubran las aguas caudalosas del océano. 20 Te haré descender con los que descienden a la fosa; te haré habitar en lo más profundo de la tierra, en el país de eternas ruinas, con los que descienden a la fosa. No volverás a ser habitada ni reconstruida[z] en la tierra de los vivientes. 21 Te convertiré en objeto de espanto, y ya no volverás a existir. Te buscarán, pero jamás podrán encontrarte. Lo afirma el SEÑOR omnipotente.»

Lamento por la caída de Tiro

27 El SEÑOR me dirigió la palabra: 2 «Hijo de hombre, dedícale este canto fúnebre a Tiro, 3 ciudad asentada junto al mar y que trafica con pueblos de muchas costas lejanas:

»Así dice el SEÑOR omnipotente:

»"Tú, ciudad de Tiro,
pretendes ser hermosa y perfecta.
4 Tu dominio está en alta mar,
tus constructores resaltaron tu hermosura.
5 Con pinos del monte Senir
hicieron todos tus entablados.
Con cedros del Líbano
armaron tu mástil.
6 Con encinas de Basán
construyeron tus remos,
y con cipreses de Chipre
ensamblaron tu cubierta,
la cual fue decorada
con incrustaciones de marfil.
7 Con lino bordado de Egipto
hicieron tus velas,
y éstas te sirvieron de bandera.
De las costas de Elisá trajeron
telas moradas y rojas para tu toldo.
8 Oh, Tiro, tus remeros vinieron de Sidón y de Arvad.
A bordo iban tus propios timoneles,
los más expertos hombres de mar.
9 Los hábiles veteranos de Guebal[a]
repararon los daños en la nave.
Los marineros de todas las naves del mar
negociaron con tus mercancías.
10 Hombres de Persia, Lidia y Fut
militaron en tu ejército.
Te adornaron con escudos y cascos;
¡sacaron a relucir tu esplendor!

11 » "Los de Arvad, junto con tu ejército, defendían los muros que te rodean, y los de Gamad estaban apostados en tus torres. A lo largo de tus muros colgaban sus escudos, haciendo resaltar tu hermosura. 12 Era tal tu riqueza que Tarsis comerciaba contigo. A cambio de tu mercadería, ella te ofrecía plata, hierro, estaño y

18 Now the coastlands tremble
on the day of your fall;
the islands in the sea
are terrified at your collapse.'

19 "This is what the Sovereign LORD says: When I make you a desolate city, like cities no longer inhabited, and when I bring the ocean depths over you and its vast waters cover you, 20 then I will bring you down with those who go down to the pit, to the people of long ago. I will make you dwell in the earth below, as in ancient ruins, with those who go down to the pit, and you will not return or take your place[f] in the land of the living. 21 I will bring you to a horrible end and you will be no more. You will be sought, but you will never again be found, declares the Sovereign LORD."

A Lament for Tyre

27 The word of the LORD came to me: 2 "Son of man, take up a lament concerning Tyre. 3 Say to Tyre, situated at the gateway to the sea, merchant of peoples on many coasts, 'This is what the Sovereign LORD says:

" 'You say, O Tyre,
"I am perfect in beauty."
4 Your domain was on the high seas;
your builders brought your beauty to perfection.
5 They made all your timbers
of pine trees from Senir[g];
they took a cedar from Lebanon
to make a mast for you.
6 Of oaks from Bashan
they made your oars;
of cypress wood[h] from the coasts of Cyprus[i]
they made your deck, inlaid with ivory.
7 Fine embroidered linen from Egypt was your sail
and served as your banner;
your awnings were of blue and purple
from the coasts of Elishah.
8 Men of Sidon and Arvad were your oarsmen;
your skilled men, O Tyre, were aboard as your seamen.
9 Veteran craftsmen of Gebal[j] were on board
as shipwrights to caulk your seams.
All the ships of the sea and their sailors
came alongside to trade for your wares.

10 " 'Men of Persia, Lydia and Put
served as soldiers in your army.
They hung their shields and helmets on your walls,
bringing you splendor.
11 Men of Arvad and Helech
manned your walls on every side;
men of Gammad
were in your towers.
They hung their shields around your walls;
they brought your beauty to perfection.

12 " 'Tarshish did business with you because of your great wealth of goods; they exchanged silver, iron, tin and lead for your merchandise.

---

[z] 26:20 *ni reconstruida* (LXX); *y daré gloria* (TM).
[a] 27:9 *Guebal.* Es decir, Byblos.

[f] 20 Septuagint; Hebrew *return, and I will give glory* [g] 5 That is, Hermon [h] 6 Targum; the Masoretic Text has a different division of the consonants. [i] 6 Hebrew *Kittim* [j] 9 That is, Byblos

plomo. 13 También Grecia, Tubal y Mésec negociaban contigo, y a cambio de tus mercancías te ofrecían esclavos y objetos de bronce. 14 La gente de Bet Togarma te pagaba con caballos de trabajo, caballos de montar y mulos. 15 Los habitantes de Rodas*b* también comerciaban contigo. Concretabas negocios con muchas islas del mar, las cuales te pagaban con ébano y colmillos de marfil. 16 Por los muchos productos que tenías, Siria comerciaba contigo y a cambio te entregaba topacio, telas teñidas de púrpura, telas bordadas, lino fino, corales y rubíes. 17 Judá e Israel también comerciaban contigo. Te ofrecían trigo de Minit, pasteles,*c* miel, aceite y bálsamo. 18 Por la gran cantidad de tus productos, y por la abundancia de tu riqueza, también Damasco comerciaba contigo. Te pagaba con vino de Jelbón y lana de Sajar. 19 A cambio de tus mercancías, los danitas y los griegos te traían de Uzal hierro forjado, canela y caña aromática. 20 Dedán te vendía aparejos para montar. 21 Tus clientes eran Arabia y todos los príncipes de Cedar, quienes te pagaban con corderos, carneros y chivos. 22 También eran tus clientes los comerciantes de Sabá y Ragama. A cambio de mercancías, te entregaban oro, piedras preciosas y los mejores perfumes. 23 Jarán, Cané, Edén y los comerciantes de Sabá, Asiria y Quilmad negociaban contigo. 24 Para abastecer tus mercados te vendían hermosas telas, mantos de color púrpura, bordados, tapices de muchos colores y cuerdas muy bien trenzadas. 25 Las naves de Tarsis transportaban tus mercancías.

» "Cargada de riquezas,
 navegabas en alta mar.
26 Tus remeros te llevaron por los mares
 inmensos,
 en alta mar el viento del este te hizo
 pedazos.
27 El día de tu naufragio
 se hundirán en el fondo del mar
tu riqueza, tu mercancía y tus productos,
 tus marineros y tus timoneles,
los que reparan tus naves y tus comerciantes,
 tus soldados y toda tu tripulación.
28 Al grito de tus timoneles
 temblarán las costas.
29 Todos los remeros abandonarán las naves;
 marineros y timoneles bajarán a tierra.
30 Por ti levantarán la voz
 y llorarán con amargura;
 se echarán ceniza sobre la cabeza,
 y se revolcarán en ella.
31 Por tu culpa se raparán la cabeza,
 y se vestirán de luto.
 Llorarán por ti con gran amargura,
 y con angustiosos gemidos.

13 'Greece, Tubal and Meshech traded with you; they exchanged slaves and articles of bronze for your wares.
14 'Men of Beth Togarmah exchanged work horses, war horses and mules for your merchandise.
15 'The men of Rhodes*k* traded with you, and many coastlands were your customers; they paid you with ivory tusks and ebony.
16 'Aram*l* did business with you because of your many products; they exchanged turquoise, purple fabric, embroidered work, fine linen, coral and rubies for your merchandise.
17 'Judah and Israel traded with you; they exchanged wheat from Minnith and confections,*m* honey, oil and balm for your wares.
18 'Damascus, because of your many products and great wealth of goods, did business with you in wine from Helbon and wool from Zahar.
19 'Danites and Greeks from Uzal bought your merchandise; they exchanged wrought iron, cassia and calamus for your wares.
20 'Dedan traded in saddle blankets with you.
21 'Arabia and all the princes of Kedar were your customers; they did business with you in lambs, rams and goats.
22 'The merchants of Sheba and Raamah traded with you; for your merchandise they exchanged the finest of all kinds of spices and precious stones, and gold.
23 'Haran, Canneh and Eden and merchants of Sheba, Asshur and Kilmad traded with you. 24 In your marketplace they traded with you beautiful garments, blue fabric, embroidered work and multicolored rugs with cords twisted and tightly knotted.

25 'The ships of Tarshish serve
 as carriers for your wares.
 You are filled with heavy cargo
 in the heart of the sea.
26 Your oarsmen take you
 out to the high seas.
 But the east wind will break you to pieces
 in the heart of the sea.
27 Your wealth, merchandise and wares,
 your mariners, seamen and shipwrights,
 your merchants and all your soldiers,
 and everyone else on board
 will sink into the heart of the sea
 on the day of your shipwreck.
28 The shorelands will quake
 when your seamen cry out.
29 All who handle the oars
 will abandon their ships;
 the mariners and all the seamen
 will stand on the shore.
30 They will raise their voice
 and cry bitterly over you;
 they will sprinkle dust on their heads
 and roll in ashes.
31 They will shave their heads because of you
 and will put on sackcloth.
 They will weep over you with anguish of
 soul
 and with bitter mourning.

---

b 27:15 *Rodas* (LXX); *Dedán* (TM). *c* 27:17 *pasteles.* Palabra de difícil traducción.

k 15 Septuagint; Hebrew *Dedan* *l* 16 Most Hebrew manuscripts; some Hebrew manuscripts and Syriac *Edom* *m* 17 The meaning of the Hebrew for this word is uncertain.

32 Entonarán sentidos lamentos,
   y en tono de amarga queja dirán:
'¿Quién en medio de los mares
   podía compararse a Tiro?'
33 Cuando desembarcaban tus productos
   muchas naciones quedaban satisfechas.
Con tus muchas riquezas y mercancías,
   enriquecías a los reyes de la tierra.
34 Pero ahora el mar te ha hecho pedazos,
   ¡yaces en lo profundo de las aguas!
Tus mercancías y toda tu tripulación
   se hundieron contigo.
35 Por ti están horrorizados
   todos los habitantes de las costas;
sus reyes tiemblan de miedo,
   y en su rostro se dibuja el terror.
36 Atónitos se han quedado
   los comerciantes de otros países;
¡tu fin ha llegado!,
   ¡nunca más volverás a existir!" »

32 As they wail and mourn over you,
   they will take up a lament concerning
      you:
"Who was ever silenced like Tyre,
   surrounded by the sea?"
33 When your merchandise went out on the
      seas,
   you satisfied many nations;
with your great wealth and your wares
   you enriched the kings of the earth.
34 Now you are shattered by the sea
   in the depths of the waters;
your wares and all your company
   have gone down with you.
35 All who live in the coastlands
   are appalled at you;
their kings shudder with horror
   and their faces are distorted with fear.
36 The merchants among the nations hiss at
      you;
   you have come to a horrible end
   and will be no more.' "

Profecía contra el rey de Tiro

28 El SEÑOR me dirigió la palabra: 2 «Hijo de hombre, adviértele al rey de Tiro que así dice el SEÑOR omnipotente:

»"En la intimidad de tu arrogancia dijiste:
   'Yo soy un dios.
Me encuentro en alta mar
   sentado en un trono de dioses.'
¡Pero tú no eres un dios,
   aunque te creas que lo eres!
¡Tú eres un simple *mortal!
3 ¿Acaso eres más sabio que Daniel?
   ¿Acaso conoces todos los secretos?
4 Con tu sabiduría y tu inteligencia
   has acumulado muchas riquezas,
y en tus cofres has amontonado
   mucho oro y mucha plata.
5 Eres muy hábil para el comercio;
   por eso te has hecho muy rico.
Con tus grandes riquezas
   te has vuelto muy arrogante.

6 Por eso, así dice el SEÑOR omnipotente:

» "Ya que pretendes ser
   tan sabio como un dios,
7 haré que vengan extranjeros contra ti,
   los más feroces de las naciones:
desenvainarán la espada
   contra tu hermosura y sabiduría,
   y profanarán tu esplendor.
8 Te hundirán en la fosa,
   y en alta mar sufrirás una muerte violenta.
9 Y aun así, en presencia de tus verdugos,
   ¿te atreverás a decir: ¡Soy un dios!?
¡Pues en manos de tus asesinos
   no serás un dios sino un simple mortal!
10 Sufrirás a manos de extranjeros
   la muerte de los incircuncisos,
   porque yo lo he dicho.

Lo afirma el SEÑOR omnipotente." »

A Prophecy Against the King of Tyre

28 The word of the LORD came to me: 2 "Son of man, say to the ruler of Tyre, 'This is what the Sovereign LORD says:

" 'In the pride of your heart
   you say, "I am a god;
I sit on the throne of a god
   in the heart of the seas."
But you are a man and not a god,
   though you think you are as wise as a
      god.
3 Are you wiser than Daniel[n]?
   Is no secret hidden from you?
4 By your wisdom and understanding
   you have gained wealth for yourself
and amassed gold and silver
   in your treasuries.
5 By your great skill in trading
   you have increased your wealth,
and because of your wealth
   your heart has grown proud.

6 " 'Therefore this is what the Sovereign LORD says:

" 'Because you think you are wise,
   as wise as a god,
7 I am going to bring foreigners against you,
   the most ruthless of nations;
they will draw their swords against your
      beauty and wisdom
   and pierce your shining splendor.
8 They will bring you down to the pit,
   and you will die a violent death
   in the heart of the seas.
9 Will you then say, "I am a god,"
   in the presence of those who kill you?
You will be but a man, not a god,
   in the hands of those who slay you.
10 You will die the death of the uncircumcised
   at the hands of foreigners.

I have spoken, declares the Sovereign LORD.' "

---

[n] 3 Or *Danel*; the Hebrew spelling may suggest a person other than the prophet Daniel.

11 El SEÑOR me dirigió la palabra: 12 «Hijo de hombre,
entona una elegía al rey de Tiro y adviértele que así
dice el SEÑOR omnipotente:

»"Eras un modelo de perfección,
lleno de sabiduría y de hermosura perfecta.
13 Estabas en Edén, en el jardín de Dios,
adornado con toda clase de piedras
preciosas:
rubí, crisólito, jade,
topacio, cornalina, jaspe,
zafiro, granate y esmeralda.
Tus joyas y encajes estaban cubiertos de oro,
y especialmente preparados para ti
desde el día en que fuiste creado.
14 Fuiste elegido *querubín protector,
porque yo así lo dispuse.[d]
Estabas en el *santo monte de Dios,
y caminabas sobre piedras de fuego.
15 Desde el día en que fuiste creado
tu conducta fue irreprochable,
hasta que la maldad halló cabida en ti.
16 Por la abundancia de tu comercio,
te llenaste de violencia, y pecaste.
Por eso te expulsé del monte de Dios,
como a un objeto profano.
A ti, querubín protector,
te borré de entre las piedras de fuego.
17 A causa de tu hermosura
te llenaste de orgullo.
A causa de tu esplendor,
corrompiste tu sabiduría.
Por eso te arrojé por tierra,
y delante de los reyes
te expuse al ridículo.
18 Has profanado tus santuarios,
por la gran cantidad de tus pecados,
¡por tu comercio corrupto!
Por eso hice salir de ti
un fuego que te devorara.
A la vista de todos los que te admiran
te eché por tierra y te reduje a cenizas.
19 Al verte, han quedado espantadas
todas las naciones que te conocen.
Has llegado a un final terrible,
y ya no volverás a existir."»

Profecía contra Sidón

20 El SEÑOR me dirigió la palabra: 21 «Hijo de hombre,
encara a Sidón y profetiza contra ella. 22 Adviértele que
así dice el SEÑOR omnipotente:

»"Aquí estoy, Sidón, para acusarte
y para ser glorificado en ti.
Cuando traiga sobre ti un justo castigo,
y manifieste sobre ti mi *santidad,
se sabrá que yo soy el SEÑOR.
23 Mandaré contra ti una peste,
y por tus calles correrá la sangre;
por la espada que ataca por todos lados
los heridos caerán en tus calles,
y se sabrá que yo soy el SEÑOR.
24 Los israelitas no volverán a sufrir
el desprecio de sus vecinos,
que duele como aguijones
y punza como espinas,
¡y se sabrá que yo soy el SEÑOR!"

[d] 28:14 *Fuiste ... dispuse.* Texto de difícil traducción.

11 The word of the LORD came to me: 12 "Son of man,
take up a lament concerning the king of Tyre and say
to him: 'This is what the Sovereign LORD says:

" 'You were the model of perfection,
full of wisdom and perfect in beauty.
13 You were in Eden,
the garden of God;
every precious stone adorned you:
ruby, topaz and emerald,
chrysolite, onyx and jasper,
sapphire,[o] turquoise and beryl.[p]
Your settings and mountings[q] were made
of gold;
on the day you were created they were
prepared.
14 You were anointed as a guardian cherub,
for so I ordained you.
You were on the holy mount of God;
you walked among the fiery stones.
15 You were blameless in your ways
from the day you were created
till wickedness was found in you.
16 Through your widespread trade
you were filled with violence,
and you sinned.
So I drove you in disgrace from the mount
of God,
and I expelled you, O guardian cherub,
from among the fiery stones.
17 Your heart became proud
on account of your beauty,
and you corrupted your wisdom
because of your splendor.
So I threw you to the earth;
I made a spectacle of you before kings.
18 By your many sins and dishonest trade
you have desecrated your sanctuaries.
So I made a fire come out from you,
and it consumed you,
and I reduced you to ashes on the ground
in the sight of all who were watching.
19 All the nations who knew you
are appalled at you;
you have come to a horrible end
and will be no more.' "

A Prophecy Against Sidon

20 The word of the LORD came to me: 21 "Son of man,
set your face against Sidon; prophesy against her 22 and
say: 'This is what the Sovereign LORD says:

" 'I am against you, O Sidon,
and I will gain glory within you.
They will know that I am the LORD,
when I inflict punishment on her
and show myself holy within her.
23 I will send a plague upon her
and make blood flow in her streets.
The slain will fall within her,
with the sword against her on every side.
Then they will know that I am the LORD.

24 " 'No longer will the people of Israel have malicious neighbors who are painful briers and sharp thorns. Then they will know that I am the Sovereign LORD.

[o] 13 Or *lapis lazuli* [p] 13 The precise identification of some of these precious stones is uncertain. [q] 13 The meaning of the Hebrew for this phrase is uncertain.

25 »Así dice el SEÑOR omnipotente: "Cuando yo reúna al pueblo de Israel de entre las naciones donde se encuentra disperso, le mostraré mi santidad en presencia de todas las naciones. Entonces Israel vivirá en su propio país, el mismo que le di a mi siervo Jacob. 26 Allí vivirán seguros, y se construirán casas y plantarán viñedos, porque yo ejecutaré un justo castigo sobre los vecinos que desprecian al pueblo de Israel. ¡y se sabrá que yo soy el SEÑOR su Dios!" »

Profecía contra Egipto

29 A los doce días del mes décimo del año décimo, el SEÑOR me dirigió la palabra: 2 «Hijo de hombre, encara al faraón, rey de Egipto, y profetiza contra él y contra todo Egipto. 3 Adviértele que así dice el SEÑOR omnipotente:

»"A ti, Faraón, rey de Egipto,
     gran monstruo que yaces
     en el cauce de tus ríos,
que dices: 'El Nilo es mío,
     el Nilo es mi creación,'
     ¡te declaro que estoy en tu contra!
4 Te pondré garfios en las mandíbulas,
     y haré que los peces del río
     se te peguen a las escamas.
Y con todos los peces pegados a tus escamas
     te sacaré de la corriente.
5 Te abandonaré a tu suerte en el desierto,
     junto con todos los peces de tu río.
Caerás en campo abierto,
     y no serás recogido ni enterrado.ᵉ
Las bestias de la tierra y las aves del cielo
     te las daré como alimento.
6 Entonces todos los habitantes de Egipto
     sabrán que yo soy el SEÑOR.
No fuiste para el pueblo de Israel
     más que un bastón de caña.
7 Cuando se agarraron de tu mano,
     te quebraste, y les desgarraste las manos;ᶠ
cuando en ti se apoyaron te rompiste,
     y sus espaldas se estremecieron.ᵍ

8 » "Por eso, así dice el SEÑOR omnipotente: Contra ti traeré la espada, y haré que mate a *hombres y animales. 9 La tierra de Egipto se convertirá en desolación. Entonces sabrán que yo soy el SEÑOR. Tú dijiste: 'El Nilo es mío, el Nilo es mi creación.' 10 Por eso me declaro en contra tuya y en contra de tus ríos. Desde Migdol hasta Asuán, y hasta la frontera con Etiopía, convertiré a la tierra de Egipto en ruina y desolación total. 11 Durante cuarenta años quedará completamente deshabitada, y ni hombres ni animales pasarán por allí. 12 Haré de Egipto la más desolada de todas las tierras, y durante cuarenta años sus ciudades quedarán en ruinas y en medio de gran desolación. Yo dispersaré a los egipcios entre las naciones, y los esparciré por los países.

13 » "Así dice el SEÑOR omnipotente: Al cabo de los cuarenta años reuniré a los egipcios de entre los pueblos donde fueron dispersados. 14 Cambiaré la suerte de Egipto y los haré volver a Patros, tierra de sus antepa-

25 " 'This is what the Sovereign LORD says: When I gather the people of Israel from the nations where they have been scattered, I will show myself holy among them in the sight of the nations. Then they will live in their own land, which I gave to my servant Jacob. 26 They will live there in safety and will build houses and plant vineyards; they will live in safety when I inflict punishment on all their neighbors who maligned them. Then they will know that I am the LORD their God.' "

A Prophecy Against Egypt

29 In the tenth year, in the tenth month on the twelfth day, the word of the LORD came to me: 2 "Son of man, set your face against Pharaoh king of Egypt and prophesy against him and against all Egypt. 3 Speak to him and say: 'This is what the Sovereign LORD says:

" 'I am against you, Pharaoh king of Egypt,
     you great monster lying among your
         streams.
You say, "The Nile is mine;
     I made it for myself."
4 But I will put hooks in your jaws
     and make the fish of your streams stick to
         your scales.
I will pull you out from among your
         streams,
     with all the fish sticking to your scales.
5 I will leave you in the desert,
     you and all the fish of your streams.
You will fall on the open field
     and not be gathered or picked up.
I will give you as food
     to the beasts of the earth and the birds of
         the air.

6 Then all who live in Egypt will know that I am the LORD.

" 'You have been a staff of reed for the house of Israel. 7 When they grasped you with their hands, you splintered and you tore open their shoulders; when they leaned on you, you broke and their backs were wrenched.ʳ

8 " 'Therefore this is what the Sovereign LORD says: I will bring a sword against you and kill your men and their animals. 9 Egypt will become a desolate wasteland. Then they will know that I am the LORD.

" 'Because you said, "The Nile is mine; I made it," 10 therefore I am against you and against your streams, and I will make the land of Egypt a ruin and a desolate waste from Migdol to Aswan, as far as the border of Cush.ˢ 11 No foot of man or animal will pass through it; no one will live there for forty years. 12 I will make the land of Egypt desolate among devastated lands, and her cities will lie desolate forty years among ruined cities. And I will disperse the Egyptians among the nations and scatter them through the countries.

13 " 'Yet this is what the Sovereign LORD says: At the end of forty years I will gather the Egyptians from the nations where they were scattered. 14 I will bring them back from captivity and return them to Upper Egypt,ᵗ the land of their ancestry. There they will be a lowly

---

ᵉ 29:5 *enterrado* (mss. hebreos y Targum); *juntado* (TM).
ᶠ 29:7 *manos* (LXX y Siríaca); *hombros* (TM).   ᵍ 29:7 *se estremecieron* (Siríaca; véanse LXX y Vulgata); *hiciste que se pararan* (TM).

ʳ 7 Syriac (see also Septuagint and Vulgate); Hebrew *and you caused their backs to stand*   ˢ 10 That is, the upper Nile region
ᵗ 14 Hebrew *to Pathros*

sados. Allí formarán un reino humilde. 15 Será el reino de menor importancia, y nunca podrá levantarse por encima de las demás naciones. Yo mismo los haré tan pequeños que no podrán dominar a las otras naciones. 16 El pueblo de Israel no confiará más en Egipto. Al contrario, será Egipto quien les sirva para recordar el pecado que cometieron los israelitas al seguirlo. Así sabrán que yo soy el SEÑOR."»

17 El día primero del mes primero del año veintisiete, el SEÑOR me dirigió la palabra: 18 «Toma en cuenta, hijo de hombre, que el rey de Babilonia, Nabucodonosor, y su ejército llevaron a cabo una gran campaña contra Tiro. Todos ellos quedaron con la cabeza rapada y con llagas en la espalda. Pero, a pesar del tremendo esfuerzo, ni él ni su ejército sacaron provecho alguno de la campaña emprendida contra Tiro. 19 Por eso, así dice el SEÑOR omnipotente: Pondré a Egipto en manos de Nabucodonosor, rey de Babilonia, quien se apoderará de sus riquezas, saqueará sus despojos, y se llevará el botín que servirá de recompensa para su ejército. 20 Al rey de Babilonia le entregaré Egipto como recompensa por lo que hizo contra Tiro, porque ellos lo hicieron por mí. Lo afirma el SEÑOR omnipotente.

21 »En aquel día acrecentaré la fuerza del pueblo de Israel, y entonces tú, Ezequiel, les hablarás con libertad. Entonces sabrán que yo soy el SEÑOR.»

Lamento por Egipto

30 El SEÑOR me dirigió la palabra: 2 «Hijo de hombre, profetiza y adviérteles:

»Así dice el SEÑOR:
"Giman: ¡Ay de aquel día!'
3 El día del SEÑOR se acerca,
sí, ya se acerca el día.
Día cargado de nubarrones,
día nefasto para los pueblos.
4 Vendrá una espada contra Egipto
y Etiopía será presa de la angustia.
Cuando caigan heridos los egipcios,
serán saqueadas sus riquezas
y destruidos sus cimientos.
5 Etiopía, Fut, toda Arabia y Lidia
caerán a filo de espada,
lo mismo que los hijos del *pacto.

6 » "Así dice el SEÑOR;
esto afirma el SEÑOR omnipotente:
Caerán los aliados de Egipto,
se derrumbará el orgullo de su poder.
Desde Migdol hasta Asuán
caerán a filo de espada.
7 Sus ciudades quedarán en ruinas,
entre las más desoladas de las tierras.
8 Cuando yo le prenda fuego a Egipto
y sean destrozados todos sus aliados,
sabrán que yo soy el SEÑOR.

9 » "En aquel día saldrán en barcos mis mensajeros para aterrorizar a la confiada Etiopía; en el día de Egipto, que ya está a la puerta, les sobrevendrá la angustia.

kingdom. 15 It will be the lowliest of kingdoms and will never again exalt itself above the other nations. I will make it so weak that it will never again rule over the nations. 16 Egypt will no longer be a source of confidence for the people of Israel but will be a reminder of their sin in turning to her for help. Then they will know that I am the Sovereign LORD.' "

17 In the twenty-seventh year, in the first month on the first day, the word of the LORD came to me: 18 "Son of man, Nebuchadnezzar king of Babylon drove his army in a hard campaign against Tyre; every head was rubbed bare and every shoulder made raw. Yet he and his army got no reward from the campaign he led against Tyre. 19 Therefore this is what the Sovereign LORD says: I am going to give Egypt to Nebuchadnezzar king of Babylon, and he will carry off its wealth. He will loot and plunder the land as pay for his army. 20 I have given him Egypt as a reward for his efforts because he and his army did it for me, declares the Sovereign LORD. 21 "On that day I will make a horn[u] grow for the house of Israel, and I will open your mouth among them. Then they will know that I am the LORD."

A Lament for Egypt

30 The word of the LORD came to me: 2 "Son of man, prophesy and say: 'This is what the Sovereign LORD says:

" 'Wail and say,
"Alas for that day!"
3 For the day is near,
the day of the LORD is near—
a day of clouds,
a time of doom for the nations.
4 A sword will come against Egypt,
and anguish will come upon Cush.[v]
When the slain fall in Egypt,
her wealth will be carried away
and her foundations torn down.

5 Cush and Put, Lydia and all Arabia, Libya[w] and the people of the covenant land will fall by the sword along with Egypt.

6 " 'This is what the LORD says:

" 'The allies of Egypt will fall
and her proud strength will fail.
From Migdol to Aswan
they will fall by the sword within her,
declares the Sovereign LORD.
7 " 'They will be desolate
among desolate lands,
and their cities will lie
among ruined cities.
8 Then they will know that I am the LORD,
when I set fire to Egypt
and all her helpers are crushed.

9 " 'On that day messengers will go out from me in ships to frighten Cush out of her complacency. Anguish will take hold of them on the day of Egypt's doom, for it is sure to come.

---

u 21 *Horn* here symbolizes strength.   v 4 That is, the upper Nile region; also in verses 5 and 9   w 5 Hebrew *Cub*

¹⁰ » "Así dice el S<small>EÑOR</small> omnipotente:

» "Por medio de Nabucodonosor, rey de
Babilonia,
acabaré con la opulencia de Egipto.
¹¹ Nabucodonosor y su ejército,
el más poderoso de las naciones,
vendrán a destruir el país.
Desenvainarán la espada contra Egipto
y llenarán de cadáveres el país.
¹² Secaré los canales del Nilo,
y entregaré el país en manos de gente
malvada.
Por medio de manos extranjeras
desolaré el país y cuanto haya en él.
Yo, el S<small>EÑOR</small>, lo he dicho.

¹³ » "Así dice el S<small>EÑOR</small> omnipotente:

» "Voy a destruir a todos los ídolos de Menfis;
pondré fin a sus dioses falsos.
Haré que cunda el pánico por todo el país,
y no habrá más príncipes en Egipto.
¹⁴ Devastaré a Patros,
le prenderé fuego a Zoán,
y dictaré sentencia contra Tebas.

¹⁵ » "Desataré mi ira sobre Sin, la fortaleza de Egipto, y extirparé la riqueza de Tebas. ¹⁶ Le prenderé fuego a Egipto, y Sin se retorcerá de dolor. Se abrirán brechas en Tebas, y Menfis vivirá en constante angustia. ¹⁷ Los jóvenes de On y de Bubastis caerán a filo de espada, y las mujeres irán al cautiverio. ¹⁸ Cuando yo haga pedazos el yugo de Egipto, el día se oscurecerá en Tafnes. Así llegará a su fin el orgullo de su fuerza. Egipto quedará cubierto de nubes, y sus hijas irán al cautiverio. ¹⁹ Éste será su castigo, y así Egipto sabrá que yo soy el S<small>EÑOR</small>."

²⁰ El día siete del mes primero del año undécimo, el S<small>EÑOR</small> me dirigió la palabra: ²¹ «Hijo de hombre, yo le he quebrado el brazo al faraón, rey de Egipto. Nadie se lo ha vendado ni curado para que recobre su fuerza y pueda empuñar la espada. ²² Por eso, así dice el S<small>EÑOR</small>: "Estoy contra el faraón, rey de Egipto. Le quebraré los dos brazos, el sano y el fracturado, y haré que la espada se le caiga de la mano. ²³ Voy a dispersar a los egipcios entre las naciones; voy a esparcirlos entre los países. ²⁴ Fortaleceré a su vez los brazos del rey de Babilonia: pondré mi espada en sus manos y quebraré los brazos del faraón. Entonces él gemirá ante su enemigo como herido de muerte. ²⁵ Fortaleceré los brazos del rey de Babilonia, y haré que desfallezcan los brazos del faraón. Y cuando ponga yo mi espada en manos del rey de Babilonia, y él la extienda contra Egipto, se sabrá

¹⁰" 'This is what the Sovereign L<small>ORD</small> says:

" 'I will put an end to the hordes of Egypt
by the hand of Nebuchadnezzar king of
Babylon.
¹¹He and his army—the most ruthless of
nations—
will be brought in to destroy the land.
They will draw their swords against Egypt
and fill the land with the slain.
¹²I will dry up the streams of the Nile
and sell the land to evil men;
by the hand of foreigners
I will lay waste the land and everything
in it.

I the L<small>ORD</small> have spoken.

¹³" 'This is what the Sovereign L<small>ORD</small> says:

" 'I will destroy the idols
and put an end to the images in
Memphis.^x
No longer will there be a prince in Egypt,
and I will spread fear throughout the land.
¹⁴I will lay waste Upper Egypt,^y
set fire to Zoan
and inflict punishment on Thebes.^z
¹⁵I will pour out my wrath on Pelusium,^a
the stronghold of Egypt,
and cut off the hordes of Thebes.
¹⁶I will set fire to Egypt;
Pelusium will writhe in agony.
Thebes will be taken by storm;
Memphis will be in constant distress.
¹⁷The young men of Heliopolis^b and
Bubastis^c
will fall by the sword,
and the cities themselves will go into
captivity.
¹⁸Dark will be the day at Tahpanhes
when I break the yoke of Egypt;
there her proud strength will come to an
end.
She will be covered with clouds,
and her villages will go into captivity.
¹⁹So I will inflict punishment on Egypt,
and they will know that I am the L<small>ORD</small>.' "

²⁰In the eleventh year, in the first month on the seventh day, the word of the L<small>ORD</small> came to me: ²¹"Son of man, I have broken the arm of Pharaoh king of Egypt. It has not been bound up for healing or put in a splint so as to become strong enough to hold a sword. ²²Therefore this is what the Sovereign L<small>ORD</small> says: I am against Pharaoh king of Egypt. I will break both his arms, the good arm as well as the broken one, and make the sword fall from his hand. ²³I will disperse the Egyptians among the nations and scatter them through the countries. ²⁴I will strengthen the arms of the king of Babylon and put my sword in his hand, but I will break the arms of Pharaoh, and he will groan before him like a mortally wounded man. ²⁵I will strengthen the arms of the king of Babylon, but the arms of Pharaoh will fall limp. Then they will know that I am the L<small>ORD</small>, when I put my sword into the hand of the king

^x13 Hebrew *Noph*; also in verse 16   ^y14 Hebrew *waste Pathros*
^z14 Hebrew *No*; also in verses 15 and 16   ^a15 Hebrew *Sin*;
also in verse 16   ^b17 Hebrew *Awen* (or *On*)   ^c17 Hebrew
Pi Beseth

que yo soy el SEÑOR. 26 Dispersaré por las naciones a los egipcios; los esparciré entre los países. Entonces sabrán que yo soy el SEÑOR." »

El cedro del Líbano

31 El día primero del mes tercero del año undécimo, el SEÑOR me dirigió la palabra: 2 «Hijo de hombre, dile al faraón y a toda su gente:

»"¿Quién se puede comparar con tu grandeza?
3 Fíjate en Asiria,
    que alguna vez fue cedro del Líbano,
con bello y frondoso ramaje;
    su copa llegaba hasta las nubes.
4 Las aguas lo hicieron crecer;
    las corrientes profundas lo nutrieron.
Sus ríos corrían en torno a sus raíces;
    sus acequias regaban todos los árboles del
        campo.
5 Así el cedro creció
    más alto que todos los árboles.
Gracias a las abundantes aguas,
    se extendió su frondoso ramaje.
6 Todas las aves del cielo
    anidaban en sus ramas.
Todas las bestias del campo
    parían bajo su follaje.
Todas las naciones
    vivían bajo su sombra.
7 Era un árbol imponente y majestuoso,
    de ramas extendidas;
sus raíces se hundían
    hasta las aguas caudalosas.
8 Ningún cedro en el jardín de Dios
    se le podía comparar;
ningún pino ostentaba un follaje parecido,
    ni tenían su fronda los castaños.
Ningún árbol del jardín de Dios
    se le comparaba en hermosura.
9 Yo lo hice bello
    y con un ramaje majestuoso.
En el Edén, jardín de Dios,
    era la envidia de todos los árboles.

10 » "Por eso, así dice el SEÑOR omnipotente: 'Por cuanto el árbol creció tan alto, y ufano de su altura irguió su copa hasta las nubes, 11 yo lo he desechado; lo he dejado en manos de un déspota invasor, para que lo trate según su maldad. 12 Los extranjeros más crueles lo han talado, abandonándolo a su suerte. Sus ramas han caído en los montes y en los valles; yacen rotas por todas las cañadas del país. Huyeron y lo abandonaron todas las naciones que buscaban protección bajo su sombra. 13 Ahora las aves del cielo se posan sobre su tronco caído, y los animales salvajes se meten entre sus ramas. 14 Y esto es para que ningún árbol que esté junto a las aguas vuelva a crecer tanto; para que ningún árbol, por bien regado que esté, vuelva a elevar su copa hasta las nubes. Todos están destinados a la muerte, a bajar a las regiones profundas de la tierra y quedarse entre los *mortales que descienden a la fosa.

of Babylon and he brandishes it against Egypt. 26 I will disperse the Egyptians among the nations and scatter them through the countries. Then they will know that I am the LORD."

A Cedar in Lebanon

31 In the eleventh year, in the third month on the first day, the word of the LORD came to me: 2 "Son of man, say to Pharaoh king of Egypt and to his hordes:

" 'Who can be compared with you in
    majesty?
3 Consider Assyria, once a cedar in Lebanon,
    with beautiful branches overshadowing the
        forest;
it towered on high,
    its top above the thick foliage.
4 The waters nourished it,
    deep springs made it grow tall;
their streams flowed
    all around its base
and sent their channels
    to all the trees of the field.
5 So it towered higher
    than all the trees of the field;
its boughs increased
    and its branches grew long,
    spreading because of abundant waters.
6 All the birds of the air
    nested in its boughs,
all the beasts of the field
    gave birth under its branches;
all the great nations
    lived in its shade.
7 It was majestic in beauty,
    with its spreading boughs,
for its roots went down
    to abundant waters.
8 The cedars in the garden of God
    could not rival it,
nor could the pine trees
    equal its boughs,
nor could the plane trees
    compare with its branches—
no tree in the garden of God
    could match its beauty.
9 I made it beautiful
    with abundant branches,
the envy of all the trees of Eden
    in the garden of God.

10 " 'Therefore this is what the Sovereign LORD says: Because it towered on high, lifting its top above the thick foliage, and because it was proud of its height, 11 I handed it over to the ruler of the nations, for him to deal with according to its wickedness. I cast it aside, 12 and the most ruthless of foreign nations cut it down and left it. Its boughs fell on the mountains and in all the valleys; its branches lay broken in all the ravines of the land. All the nations of the earth came out from under its shade and left it. 13 All the birds of the air settled on the fallen tree, and all the beasts of the field were among its branches. 14 Therefore no other trees by the waters are ever to tower proudly on high, lifting their tops above the thick foliage. No other trees so well-watered are ever to reach such a height; they are all destined for death, for the earth below, among mortal men, with those who go down to the pit.

15» " 'Así dice el Señor omnipotente: El día en que el cedro bajó al *abismo, hice que el mar subterráneo se secara en señal de duelo. Detuve sus corrientes, y contuve sus ríos; por él cubrí de luto al Líbano, y todos los árboles del campo se marchitaron. 16 Cuando lo hice bajar al abismo, junto con los que descienden a la fosa, con el estruendo de su caída hice temblar a las naciones. Todos los árboles del Edén, los más selectos y hermosos del Líbano, los que estaban mejor regados, se consolaron en las regiones subterráneas. 17 Sus aliados entre las naciones que buscaban protección bajo su sombra también descendieron con él al abismo, junto con los que habían muerto a filo de espada. 18 Ningún árbol del Edén se le podía comparar en grandeza y majestad. No obstante, también él descendió con los árboles del Edén a las regiones subterráneas. Allí quedó tendido en medio de los *paganos, junto con los que murieron a filo de espada. ¡Y así será la muerte del faraón y de todos sus súbditos! Lo afirma el Señor omnipotente.' "»

Lamento por el faraón

32 El día primero del mes duodécimo del año duodécimo, el Señor me dirigió la palabra: 2 «Hijo de hombre, entona este lamento dedicado al faraón, rey de Egipto:

»"Pareces un león entre las naciones;
    pareces un monstruo marino
    chapoteando en el río;
con tus patas enturbias el agua
    y revuelves sus corrientes.

3» "Así dice el Señor omnipotente:

» "'Aunque estés entre numerosos pueblos,
    tenderé sobre ti mi red
    y te atraparé con ella.
4 Te arrastraré por tierra,
    y en pleno campo te dejaré tendido.
Dejaré que sobre ti se posen
    todas las aves del cielo.
Dejaré que con tu carne
    se sacien todas las bestias salvajes.
5 Desparramaré tu carne por los montes,
    y con tu carroña llenaré los valles.
6 Con tu sangre empaparé la tierra
    hasta la cima de las montañas;
con tu sangre llenaré
    los cauces de los ríos.
7 Cuando te hayas consumido,
    haré que el cielo se oscurezca
    y se apaguen las estrellas;
cubriré el sol con una nube,
    y no brillará más la luna.
8 Por ti haré que se oscurezcan
    todos los astros luminosos de los cielos,
y que tu país quede envuelto en las tinieblas.
           Lo afirma el Señor omnipotente.

9» " 'Cuando yo haga que la noticia de tu destrucción llegue hasta tierras que tú no conocías, haré tem-

15 " 'This is what the Sovereign Lord says: On the day it was brought down to the grave[d] I covered the deep springs with mourning for it; I held back its streams, and its abundant waters were restrained. Because of it I clothed Lebanon with gloom, and all the trees of the field withered away. 16 I made the nations tremble at the sound of its fall when I brought it down to the grave with those who go down to the pit. Then all the trees of Eden, the choicest and best of Lebanon, all the trees that were well-watered, were consoled in the earth below. 17 Those who lived in its shade, its allies among the nations, had also gone down to the grave with it, joining those killed by the sword.

18 " 'Which of the trees of Eden can be compared with you in splendor and majesty? Yet you, too, will be brought down with the trees of Eden to the earth below; you will lie among the uncircumcised, with those killed by the sword.

" 'This is Pharaoh and all his hordes, declares the Sovereign Lord.' "

A Lament for Pharaoh

32 In the twelfth year, in the twelfth month on the first day, the word of the Lord came to me: 2"Son of man, take up a lament concerning Pharaoh king of Egypt and say to him:

" 'You are like a lion among the nations;
    you are like a monster in the seas
thrashing about in your streams,
    churning the water with your feet
    and muddying the streams.

3" 'This is what the Sovereign Lord says:

" 'With a great throng of people
    I will cast my net over you,
    and they will haul you up in my net.
4 I will throw you on the land
    and hurl you on the open field.
I will let all the birds of the air settle on
      you
    and all the beasts of the earth gorge
      themselves on you.
5 I will spread your flesh on the mountains
    and fill the valleys with your remains.
6 I will drench the land with your flowing
      blood
all the way to the mountains,
    and the ravines will be filled with your
      flesh.
7 When I snuff you out, I will cover the
      heavens
    and darken their stars;
I will cover the sun with a cloud,
    and the moon will not give its light.
8 All the shining lights in the heavens
    I will darken over you;
I will bring darkness over your land,
          declares the Sovereign Lord.
9 I will trouble the hearts of many peoples
    when I bring about your destruction
      among the nations,
    among[e] lands you have not known.

---

d 15 Hebrew *Sheol*; also in verses 16 and 17   e 9 Hebrew;
Septuagint *bring you into captivity among the nations, / to*

blar a muchas naciones. ¹⁰También haré que por tu causa muchos pueblos queden consternados. Cuando yo esgrima mi espada delante de ellos, sus reyes se estremecerán. En el día de tu debacle, en todo momento temblarán de miedo por temor a perder la vida.

¹¹ » ″ 'Así dice el SEÑOR omnipotente: La espada del rey de Babilonia vendrá contra ti. ¹²Haré que tu pueblo numeroso caiga a filo de espada, empuñada por los guerreros más crueles entre las naciones. Ellos arrasarán la soberbia de Egipto, y toda su multitud será derrotada. ¹³Voy a destruir a todo el ganado que pasta junto a las aguas abundantes, y éstas nunca más serán enturbiadas por *hombres ni animales. ¹⁴Entonces dejaré que las aguas se asienten y que corran tranquilas, como el aceite. Lo afirma el SEÑOR omnipotente. ¹⁵Cuando convierta en desolación la tierra de Egipto, y la despoje de todo lo que hay en ella, y hiera a todos lo que la habitan, entonces sabrán que yo soy el SEÑOR.'

¹⁶Éste es el lamento que las ciudades de las naciones entonarán sobre Egipto y toda su multitud. Lo afirma el SEÑOR omnipotente.»

¹⁷En el día quince del mes duodécimo del año duodécimo, el SEÑOR me dirigió la palabra: ¹⁸«Hijo de hombre, entona un lamento sobre las multitudes de Egipto, y junto con las ciudades de las naciones más poderosas hazlas descender con los que bajan a la fosa, a las regiones más profundas. ¹⁹Pregúntales: "¿Se creen acaso más privilegiados que otros? ¡Pues bajen y tiéndanse entre los *paganos!" ²⁰Y caerán entre los que murieron a filo de espada. Ya tienen la espada en la mano: ¡que se arrastre a Egipto y a sus multitudes! ²¹En medio del *abismo, los guerreros más fuertes y valientes hablarán de Egipto y de sus aliados. Y dirán: "¡Ya han descendido a la fosa! ¡Yacen tendidos entre los paganos que murieron a filo de espada!"

²²»Allí está Asiria, con toda su multitud en torno a su sepulcro. Todos ellos murieron a filo de espada. ²³Todos los que sembraban el terror en la tierra de los vivientes yacen muertos, víctimas de la espada. Ahora están sepultados en lo más profundo de la fosa, ¡tendidos alrededor de su tumba!

²⁴»Allí está Elam, con toda su multitud en torno a su sepulcro. Todos ellos murieron a filo de espada. Todos los que sembraban el terror en la tierra de los vivientes bajaron como paganos a lo más profundo de la fosa. Yacen tendidos sin honor entre los que descendieron a la fosa. ²⁵A Elam le han preparado una cama en medio de los muertos, entre los paganos que murieron a filo de espada y que ahora rodean su tumba. Ellos sembraron el terror en la tierra de los vivientes, pero ahora yacen tendidos sin honor entre los que descendieron a la fosa. Allí quedaron, entre gente que murió asesinada.

²⁶»Allí están Mésec y Tubal, con toda su multitud en torno a su sepulcro. Todos ellos son paganos, muertos a filo de espada porque sembraron el terror en la tierra

¹⁰I will cause many peoples to be appalled at you,
and their kings will shudder with horror because of you
when I brandish my sword before them.
On the day of your downfall
each of them will tremble
every moment for his life.

¹¹" 'For this is what the Sovereign LORD says:

" 'The sword of the king of Babylon
will come against you.
¹²I will cause your hordes to fall
by the swords of mighty men—
the most ruthless of all nations.
They will shatter the pride of Egypt,
and all her hordes will be overthrown.
¹³I will destroy all her cattle
from beside abundant waters
no longer to be stirred by the foot of man
or muddied by the hoofs of cattle.
¹⁴Then I will let her waters settle
and make her streams flow like oil,
           declares the Sovereign LORD.
¹⁵When I make Egypt desolate
and strip the land of everything in it,
when I strike down all who live there,
then they will know that I am the LORD.'

¹⁶"This is the lament they will chant for her. The daughters of the nations will chant it; for Egypt and all her hordes they will chant it, declares the Sovereign LORD."

¹⁷In the twelfth year, on the fifteenth day of the month, the word of the LORD came to me: ¹⁸"Son of man, wail for the hordes of Egypt and consign to the earth below both her and the daughters of mighty nations, with those who go down to the pit. ¹⁹Say to them, 'Are you more favored than others? Go down and be laid among the uncircumcised.' ²⁰They will fall among those killed by the sword. The sword is drawn; let her be dragged off with all her hordes. ²¹From within the graveᶠ the mighty leaders will say of Egypt and her allies, 'They have come down and they lie with the uncircumcised, with those killed by the sword.'

²²"Assyria is there with her whole army; she is surrounded by the graves of all her slain, all who have fallen by the sword. ²³Their graves are in the depths of the pit and her army lies around her grave. All who had spread terror in the land of the living are slain, fallen by the sword.

²⁴"Elam is there, with all her hordes around her grave. All of them are slain, fallen by the sword. All who had spread terror in the land of the living went down uncircumcised to the earth below. They bear their shame with those who go down to the pit. ²⁵A bed is made for her among the slain, with all her hordes around her grave. All of them are uncircumcised, killed by the sword. Because their terror had spread in the land of the living, they bear their shame with those who go down to the pit; they are laid among the slain.

²⁶"Meshech and Tubal are there, with all their hordes around their graves. All of them are uncircumcised, killed by the sword because they spread their

---

f21 Hebrew Sheol; also in verse 27

de los vivientes. 27 No yacen con los héroes caídos de entre los paganos, que bajaron al abismo con sus armas de guerra y que tienen sus espadas bajo la cabeza. El castigo de sus pecados cayó sobre sus huesos, porque estos héroes sembraron el terror en la tierra de los vivientes.

28 »Ahí estarás tú, Egipto, en medio de los paganos, quebrado y sepultado junto con los que murieron a filo de espada.

29 »Allí está Edom, con sus reyes y príncipes. A pesar de todo su poder, también ellos yacen tendidos junto a los que murieron a filo de espada. Yacen entre los paganos, con los que descendieron a la fosa.

30 »Allí están todos los príncipes del norte, y todos los de Sidón. A pesar del terror que sembraron con su poderío, también ellos bajaron, envueltos en deshonra, con los que murieron a filo de espada. Son paganos, y ahora yacen tendidos entre los que murieron a filo de espada, en medio de los que descendieron a la fosa.

31 »El faraón los verá y se consolará de la muerte de toda su gente, pues él y todo su ejército morirán a filo de espada. Lo afirma el Señor omnipotente.

32 »Aunque yo hice que el faraón sembrara el terror en la tierra de los vivientes, él y todo su ejército serán sepultados entre los paganos, con los que murieron a filo de espada. Lo afirma el Señor omnipotente.»

El profeta centinela de su pueblo

33 El Señor me dirigió la palabra: 2 «Hijo de hombre, habla con tu pueblo y dile: "Cuando yo envío la guerra a algún país, y la gente de ese país escoge a un hombre y lo pone por centinela, 3 si éste ve acercarse al ejército enemigo, toca la trompeta para advertir al pueblo. 4 Entonces, si alguien escucha la trompeta pero no se da por advertido, y llega la espada y lo mata, él mismo será el culpable de su propia muerte. 5 Como escuchó el sonido de la trompeta pero no le hizo caso, será responsable de su propia muerte, pues si hubiera estado atento se habría salvado.

6 » "Ahora bien, si el centinela ve que se acerca el enemigo y no toca la trompeta para prevenir al pueblo, y viene la espada y mata a alguien, esa persona perecerá por su maldad, pero al centinela yo le pediré cuentas de esa muerte."

7 »A ti, hijo de hombre, te he puesto por centinela del pueblo de Israel. Por lo tanto, oirás la palabra de mi boca, y advertirás de mi parte al pueblo. 8 Cuando yo le diga al malvado: "¡Vas a morir!", si tú no le adviertes que cambie su mala conducta, el malvado morirá por su pecado, pero a ti te pediré cuentas de su sangre. 9 En cambio, si le adviertes al malvado que cambie su mala conducta, y no lo hace, él morirá por su pecado pero tú habrás salvado tu vida.

10 »Hijo de hombre, diles a los israelitas: "Ustedes dicen: 'Nuestras rebeliones y nuestros pecados pesan sobre nosotros, y nos estamos consumiendo en vida. ¿Cómo podremos vivir?' " 11 Diles: "Tan cierto como que yo vivo —afirma el Señor omnipotente—, que no me alegro con la muerte del malvado, sino con que se convierta de su mala conducta y viva. ¡Conviértete, pueblo de Israel; conviértete de tu conducta perversa! ¿Por qué habrás de morir?"

terror in the land of the living. 27 Do they not lie with the other uncircumcised warriors who have fallen, who went down to the grave with their weapons of war, whose swords were placed under their heads? The punishment for their sins rested on their bones, though the terror of these warriors had stalked through the land of the living.

28 "You too, O Pharaoh, will be broken and will lie among the uncircumcised, with those killed by the sword.

29 "Edom is there, her kings and all her princes; despite their power, they are laid with those killed by the sword. They lie with the uncircumcised, with those who go down to the pit.

30 "All the princes of the north and all the Sidonians are there; they went down with the slain in disgrace despite the terror caused by their power. They lie uncircumcised with those killed by the sword and bear their shame with those who go down to the pit.

31 "Pharaoh—he and all his army—will see them and he will be consoled for all his hordes that were killed by the sword, declares the Sovereign Lord. 32 Although I had him spread terror in the land of the living, Pharaoh and all his hordes will be laid among the uncircumcised, with those killed by the sword, declares the Sovereign Lord."

Ezekiel a Watchman

33 The word of the Lord came to me: 2 "Son of man, speak to your countrymen and say to them: 'When I bring the sword against a land, and the people of the land choose one of their men and make him their watchman, 3 and he sees the sword coming against the land and blows the trumpet to warn the people, 4 then if anyone hears the trumpet but does not take warning and the sword comes and takes his life, his blood will be on his own head. 5 Since he heard the sound of the trumpet but did not take warning, his blood will be on his own head. If he had taken warning, he would have saved himself. 6 But if the watchman sees the sword coming and does not blow the trumpet to warn the people and the sword comes and takes the life of one of them, that man will be taken away because of his sin, but I will hold the watchman accountable for his blood.'

7 "Son of man, I have made you a watchman for the house of Israel; so hear the word I speak and give them warning from me. 8 When I say to the wicked, 'O wicked man, you will surely die,' and you do not speak out to dissuade him from his ways, that wicked man will die for*g* his sin, and I will hold you accountable for his blood. 9 But if you do warn the wicked man to turn from his ways and he does not do so, he will die for his sin, but you will have saved yourself.

10 "Son of man, say to the house of Israel, 'This is what you are saying: "Our offenses and sins weigh us down, and we are wasting away because of*h* them. How then can we live?" ' 11 Say to them, 'As surely as I live, declares the Sovereign Lord, I take no pleasure in the death of the wicked, but rather that they turn from their ways and live. Turn! Turn from your evil ways! Why will you die, O house of Israel?'

---

g 8 Or in; also in verse 9   *h 10 Or away in*

¹²»Tú, hijo de hombre, diles a los hijos de tu pueblo: "Al justo no lo salvará su propia justicia si comete algún pecado; y la maldad del impío no le será motivo de tropiezo si se convierte. Si el justo peca, no se podrá salvar por su justicia anterior. ¹³Si yo le digo al justo: '¡Vivirás!', pero él se atiene a su propia justicia y hace lo malo, no se le tomará en cuenta su justicia, sino que morirá por la maldad que cometió. ¹⁴En cambio, si le digo al malvado: '¡Morirás!', pero luego él se convierte de su pecado y actúa con justicia y rectitud, ¹⁵y devuelve lo que tomó en prenda y restituye lo que robó, y obedece los preceptos de vida, sin cometer ninguna iniquidad, ciertamente vivirá y no morirá. ¹⁶No se le tomará en cuenta ninguno de los pecados que antes cometió, sino que vivirá por haber actuado con justicia y rectitud."

¹⁷»Los hijos de tu pueblo dicen: "El Señor no actúa con justicia." En realidad, los que no actúan con justicia son ellos. ¹⁸Si el justo se aparta de su justicia y hace lo malo, morirá a causa de ello. ¹⁹Y si el malvado deja de hacer lo malo y actúa con justicia y rectitud, vivirá. ²⁰A pesar de esto, ustedes siguen repitiendo: "El Señor no actúa con justicia." Pero yo, israelitas, los juzgaré a cada uno de ustedes según su conducta.»

La caída de Jerusalén

²¹El día quinto del mes décimo del año duodécimo de nuestro exilio, un fugitivo que había huido de Jerusalén vino y me dio esta noticia: «La ciudad ha sido conquistada.» ²²La noche antes de que llegara el fugitivo, la mano del Señor vino sobre mí y me dejó mudo. A la mañana siguiente, cuando vino el hombre, el Señor me devolvió el habla.

²³Luego el Señor me dirigió la palabra: ²⁴«Hijo de hombre, la gente que vive en esas ruinas en la tierra de Israel, anda diciendo: "Si Abraham, que era uno solo, llegó a poseer todo el país, con mayor razón nosotros, que somos muchos, habremos de recibir la tierra en posesión." ²⁵Por tanto, adviérteles que así dice el Señor omnipotente: "Ustedes comen carne con sangre, adoran a sus ídolos, y derraman sangre, ¿y aun así pretenden poseer el país? ²⁶Además, confían en sus espadas, cometen abominaciones, viven en adulterio con la mujer de su prójimo, ¿y aun así pretenden poseer el país?"

²⁷»Por tanto, adviérteles que así dice el Señor omnipotente: "Tan cierto como que yo vivo, que los que habitan en las ruinas morirán a filo de espada; a los que andan por el campo abierto se los daré como pasto a las fieras, y los que están en las fortalezas y en las cuevas morirán de peste. ²⁸Convertiré al país en un desierto desolado, y se acabará el orgullo de su poder. Los montes de Israel quedarán devastados, y nadie más pasará por ellos. ²⁹Y cuando yo deje a este país como un desierto desolado por culpa de los actos detestables que ellos cometieron, sabrán que yo soy el Señor."

³⁰»En cuanto a ti, hijo de hombre, los de tu pueblo hablan de ti junto a los muros y en las puertas de las casas, y se dicen unos a otros: "Vamos a escuchar el mensaje que nos envía el Señor." ³¹Y se te acercan en masa, y se sientan delante de ti y escuchan tus palabras, pero luego no las practican. Me halagan de labios para afuera, pero después sólo buscan las ganancias injustas. ³²En realidad, tú eres para ellos tan sólo alguien que entona canciones de amor con una voz hermosa, y que toca bien un instrumento; oyen tus palabras, pero

¹²"Therefore, son of man, say to your countrymen, 'The righteousness of the righteous man will not save him when he disobeys, and the wickedness of the wicked man will not cause him to fall when he turns from it. The righteous man, if he sins, will not be allowed to live because of his former righteousness.' ¹³If I tell the righteous man that he will surely live, but then he trusts in his righteousness and does evil, none of the righteous things he has done will be remembered; he will die for the evil he has done. ¹⁴And if I say to the wicked man, 'You will surely die,' but he then turns away from his sin and does what is just and right— ¹⁵if he gives back what he took in pledge for a loan, returns what he has stolen, follows the decrees that give life, and does no evil, he will surely live; he will not die. ¹⁶None of the sins he has committed will be remembered against him. He has done what is just and right; he will surely live.

¹⁷"Yet your countrymen say, 'The way of the Lord is not just.' But it is their way that is not just. ¹⁸If a righteous man turns from his righteousness and does evil, he will die for it. ¹⁹And if a wicked man turns away from his wickedness and does what is just and right, he will live by doing so. ²⁰Yet, O house of Israel, you say, 'The way of the Lord is not just.' But I will judge each of you according to his own ways."

Jerusalem's Fall Explained

²¹In the twelfth year of our exile, in the tenth month on the fifth day, a man who had escaped from Jerusalem came to me and said, "The city has fallen!" ²²Now the evening before the man arrived, the hand of the Lord was upon me, and he opened my mouth before the man came to me in the morning. So my mouth was opened and I was no longer silent.

²³Then the word of the Lord came to me: ²⁴"Son of man, the people living in those ruins in the land of Israel are saying, 'Abraham was only one man, yet he possessed the land. But we are many; surely the land has been given to us as our possession.' ²⁵Therefore say to them, 'This is what the Sovereign Lord says: Since you eat meat with the blood still in it and look to your idols and shed blood, should you then possess the land? ²⁶You rely on your sword, you do detestable things, and each of you defiles his neighbor's wife. Should you then possess the land?'

²⁷"Say this to them: 'This is what the Sovereign Lord says: As surely as I live, those who are left in the ruins will fall by the sword, those out in the country I will give to the wild animals to be devoured, and those in strongholds and caves will die of a plague. ²⁸I will make the land a desolate waste, and her proud strength will come to an end, and the mountains of Israel will become desolate so that no one will cross them. ²⁹Then they will know that I am the Lord, when I have made the land a desolate waste because of all the detestable things they have done.'

³⁰"As for you, son of man, your countrymen are talking together about you by the walls and at the doors of the houses, saying to each other, 'Come and hear the message that has come from the Lord.' ³¹My people come to you, as they usually do, and sit before you to listen to your words, but they do not put them into practice. With their mouths they express devotion, but their hearts are greedy for unjust gain. ³²Indeed, to them you are nothing more than one who sings love songs with a beautiful voice and plays an instrument well, for they hear your words but do not put them into practice.

no las ponen en práctica. ³³No obstante, cuando todo esto suceda —y en verdad está a punto de cumplirse—, sabrán que hubo un profeta entre ellos.»

Pastores y ovejas

34 El Señor me dirigió la palabra: ²«Hijo de hombre, profetiza contra los pastores de Israel; profetiza y adviérteles que así dice el Señor omnipotente: "¡Ay de ustedes, *pastores de Israel, que tan sólo se cuidan a sí mismos! ¿Acaso los pastores no deben cuidar al rebaño? ³Ustedes se beben la leche, se visten con la lana, y matan las ovejas más gordas, pero no cuidan del rebaño. ⁴No fortalecen a la oveja débil, no cuidan de la enferma, ni curan a la herida; no van por la descarriada ni buscan a la perdida. Al contrario, tratan al rebaño con crueldad y violencia. ⁵Por eso las ovejas se han dispersado: ¡por falta de pastor! Por eso están a la merced de las fieras salvajes. ⁶Mis ovejas andan descarriadas por montes y colinas, dispersas por toda la tierra, sin que nadie se preocupe por buscarlas.

⁷» "Por tanto, pastores, escuchen bien la palabra del Señor: ⁸Tan cierto como que yo vivo —afama el Señor omnipotente—, que por falta de pastor mis ovejas han sido objeto del pillaje y han estado a merced de las fieras salvajes. Mis pastores no se ocupan de mis ovejas; cuidan de sí mismos pero no de mis ovejas. ⁹Por tanto, pastores, escuchen la palabra del Señor. ¹⁰Así dice el Señor omnipotente: Yo estoy en contra de mis pastores. Les pediré cuentas de mi rebaño; les quitaré la responsabilidad de apacentar a mis ovejas, y no se apacentarán más a sí mismos. Arrebataré de sus faucesá mis ovejas, para que nos les sirvan de alimento.

¹¹» "Así dice el Señor omnipotente: Yo mismo me encargaré de buscar y de cuidar a mi rebaño. ¹²Como un pastor que cuida de sus ovejas cuando están dispersas, así me ocuparé de mis ovejas y las rescataré dé todos los lugares donde, en un día oscuro y de nubarrones, se hayan dispersado. ¹³Yo las sacaré de entre las naciones; las reuniré de los países, y las llevaré a su tierra. Las apacentaré en los montes de Israel, en los vados y en todos los poblados del país. ¹⁴Las haré pastar en los mejores pastos, y su aprisco estará en los montes altos de Israel. Allí descansarán en un buen lugar de pastoreo y se alimentarán de los mejores pastos de los montes de Israel. ¹⁵Yo mismo apacentaré a mi rebaño, y lo llevaré a descansar. Lo afirma el Señor omnipotente. ¹⁶Buscaré a las ovejas perdidas, recogeré a las extraviadas; vendaré a las que estén heridas y fortaleceré a las débiles, pero exterminaré a las ovejas gordas y robustas. Yo las pastorearé con *justicia.

¹⁷» "En cuanto a ti, rebaño mío, esto es lo que dice el Señor omnipotente: Juzgaré entre ovejas y ovejas, y entre carneros y chivos. ¹⁸¿No les basta con comerse los mejores pastos, sino que tienen también que pisotear lo que queda? ¿No les basta con beber agua limpia, sino que tienen que enturbiar el resto con las patas? ¹⁹Por eso mis ovejas tienen ahora que comerse el pasto que ustedes han pisoteado, y beberse el agua que ustedes han enturbiado.

²⁰» "Por eso, así dice el Señor omnipotente: Yo mismo voy a juzgar entre las ovejas gordas y las flacas. ²¹Por cuanto ustedes han empujado con el costado y con la espalda, y han atacado a cornadas a las más débiles, hasta dispersarlas, ²²voy a salvar a mis ovejas, y ya no les servirán de presa. Yo juzgaré entre ovejas

³³"When all this comes true—and it surely will—then they will know that a prophet has been among them."

Shepherds and Sheep

34 The word of the Lord came to me: ²"Son of man, prophesy against the shepherds of Israel; prophesy and say to them: 'This is what the Sovereign Lord says: Woe to the shepherds of Israel who only take care of themselves! Should not shepherds take care of the flock? ³You eat the curds, clothe yourselves with the wool and slaughter the choice animals, but you do not take care of the flock. ⁴You have not strengthened the weak or healed the sick or bound up the injured. You have not brought back the strays or searched for the lost. You have ruled them harshly and brutally. ⁵So they were scattered because there was no shepherd, and when they were scattered they became food for all the wild animals. ⁶My sheep wandered over all the mountains and on every high hill. They were scattered over the whole earth, and no one searched or looked for them.

⁷" 'Therefore, you shepherds, hear the word of the Lord: ⁸As surely as I live, declares the Sovereign Lord, because my flock lacks a shepherd and so has been plundered and has become food for all the wild animals, and because my shepherds did not search for my flock but cared for themselves rather than for my flock, ⁹therefore, O shepherds, hear the word of the Lord: ¹⁰This is what the Sovereign Lord says: I am against the shepherds and will hold them accountable for my flock. I will remove them from tending the flock so that the shepherds can no longer feed themselves. I will rescue my flock from their mouths, and it will no longer be food for them.

¹¹" 'For this is what the Sovereign Lord says: 'I myself will search for my sheep and look after them: ¹²As a shepherd looks after his scattered flock when he is with them, so will I look after my sheep. I will rescue them from all the places where they were scattered on a day of clouds and darkness. ¹³I will bring them out from the nations and gather them from the countries, and I will bring them into their own land. I will pasture them on the mountains of Israel, in the ravines and in all the settlements in the land. ¹⁴I will tend them in a good pasture, and the mountain heights of Israel will be their grazing land. There they will lie down in good grazing land, and there they will feed in a rich pasture on the mountains of Israel. ¹⁵I myself will tend my sheep and have them lie down, declares the Sovereign Lord. ¹⁶I will search for the lost and bring back the strays. I will bind up the injured and strengthen the weak, but the sleek and the strong I will destroy. I will shepherd the flock with justice.

¹⁷" 'As for you, my flock, this is what the Sovereign Lord says: I will judge between one sheep and another, and between rams and goats. ¹⁸Is it not enough for you to feed on the good pasture? Must you also trample the rest of your pasture with your feet? Is it not enough for you to drink clear water? Must you also muddy the rest with your feet? ¹⁹Must my flock feed on what you have trampled and drink what you have muddied with your feet?

²⁰" 'Therefore this is what the Sovereign Lord says to them: See, I myself will judge between the fat sheep and the lean sheep. ²¹Because you shove with flank and shoulder, butting all the weak sheep with your horns until you have driven them away, ²²I will save my flock, and they will no longer be plundered. I will

y ovejas. 23 Entonces les daré un pastor, mi siervo David, que las apacentará y será su único pastor. 24 Yo, el SEÑOR, seré su Dios, y mi siervo David será su príncipe. Yo, el SEÑOR, lo he dicho.

25 » "Estableceré con ellas un *pacto de *paz: haré desaparecer del país a las bestias feroces, para que mis ovejas puedan habitar seguras en el desierto y dormir tranquilas en los bosques. 26 Haré que ellas y los alrededores de mi colina sean una fuente de bendición. Haré caer lluvias de bendición en el tiempo oportuno. 27 Los árboles del campo darán su fruto, la tierra entregará sus cosechas, y ellas vivirán seguras en su propia tierra. Y cuando yo haga pedazos su yugo y las libere de sus tiranos, entonces sabrán que yo soy el SEÑOR. 28 Ya no volverán a ser presa de las naciones, ni serán devoradas por las fieras. Vivirán seguras y nadie les infundirá temor. 29 Les daré una tierra famosa por sus cosechas. No sufrirán hambre en la tierra, ni tendrán que soportar los insultos de las naciones. 30 Entonces sabrán que yo, el SEÑOR su Dios, estoy con ellos, y que ellos, el pueblo de Israel, son mi pueblo. Yo, el SEÑOR omnipotente, lo afirmo, 31 y afirmo también que yo soy su Dios y que ustedes son mis ovejas, las ovejas de mi prado." »

Profecía contra Edom

35 El SEÑOR me dirigió la palabra: 2 «Hijo de hombre, vuélvete hacia la montaña de Seír y profetiza contra ella. 3 Adviértele que así dice el SEÑOR omnipotente:

»"Aquí estoy contra ti, montaña de Seír.
    Contra ti extenderé mi mano,
    y te convertiré en un desierto desolado.
4 Tus ciudades quedarán en ruinas,
    y tú serás una desolación.
    Entonces sabrán que yo soy el SEÑOR.

5 » "En el día del castigo final de los israelitas, en el tiempo de su calamidad, tú les hiciste la guerra, y has mantenido contra ellos una enemistad proverbial. Por lo tanto, 6 tan cierto como que yo vivo, que te anegaré en sangre, y la sangre te perseguirá. Lo afirma el SEÑOR omnipotente: eres culpable de muerte, y la muerte no te dará tregua. 7 Haré de la montaña de Seír un desierto desolado, y exterminaré a todo el que pase o venga por allí. 8 Llenaré de víctimas tus montes; los que han muerto a filo de espada cubrirán tus colinas, tus valles y los cauces de tus ríos. 9 Para siempre te convertiré en una desolación; tus ciudades quedarán deshabitadas. Entonces sabrás que yo soy el SEÑOR.

10 » "Porque tú has dicho: 'A pesar de que el Señor viva allí, las dos naciones y los dos territorios serán míos, y yo seré su dueño.' 11 Por eso, tan cierto como que yo vivo, que haré contigo conforme al furor y celo con que tú actuaste en tu odio contra ellos. Lo afirma el SEÑOR. Y cuando yo te castigue me haré conocer entre ellos. 12 Entonces sabrás que yo, el SEÑOR, he oído todas las injurias que has proferido contra las montañas de Israel. Tú dijiste desafiante: '¡Están devastados! ¡Ahora sí me los puedo devorar!' 13 Me has desafiado con arrogancia e insolencia, y te he escuchado.

14 » "Así dice el SEÑOR omnipotente: Para alegría de toda la tierra, yo los voy a destruir. 15 Así como se alegraron cuando quedó devastada la herencia del pueblo de Israel, también yo me alegraré de ti. Tú, montaña de Seír, y todo el territorio de Edom, quedarán desolados. Así sabrán que yo soy el SEÑOR."

judge between one sheep and another. 23 I will place over them one shepherd, my servant David, and he will tend them; he will tend them and be their shepherd. 24 I the LORD will be their God, and my servant David will be prince among them. I the LORD have spoken.

25 " 'I will make a covenant of peace with them and rid the land of wild beasts so that they may live in the desert and sleep in the forests in safety. 26 I will bless them and the places surrounding my hill.*i* I will send down showers in season; there will be showers of blessing. 27 The trees of the field will yield their fruit and the ground will yield its crops; the people will be secure in their land. They will know that I am the LORD, when I break the bars of their yoke and rescue them from the hands of those who enslaved them. 28 They will no longer be plundered by the nations, nor will wild animals devour them. They will live in safety, and no one will make them afraid. 29 I will provide for them a land renowned for its crops, and they will no longer be victims of famine in the land or bear the scorn of the nations. 30 Then they will know that I, the LORD their God, am with them and that they, the house of Israel, are my people, declares the Sovereign LORD. 31 You my sheep, the sheep of my pasture, are people, and I am your God, declares the Sovereign LORD.' "

A Prophecy Against Edom

35 The word of the LORD came to me: 2 "Son of man, set your face against Mount Seir; prophesy against it 3 and say: 'This is what the Sovereign LORD says: I am against you, Mount Seir, and I will stretch out my hand against you and make you a desolate waste. 4 I will turn your towns into ruins and you will be desolate. Then you will know that I am the LORD.

5 " 'Because you harbored an ancient hostility and delivered the Israelites over to the sword at the time of their calamity, the time their punishment reached its climax, 6 therefore as surely as I live, declares the Sovereign LORD, I will give you over to bloodshed and it will pursue you. Since you did not hate bloodshed, bloodshed will pursue you. 7 I will make Mount Seir a desolate waste and cut off from it all who come and go. 8 I will fill your mountains with the slain; those killed by the sword will fall on your hills and in your valleys and in all your ravines. 9 I will make you desolate forever; your towns will not be inhabited. Then you will know that I am the LORD.

10 " 'Because you have said, "These two nations and countries will be ours and we will take possession of them," even though I the LORD was there, 11 therefore as surely as I live, declares the Sovereign LORD, I will treat you in accordance with the anger and jealousy you showed in your hatred of them and I will make myself known among them when I judge you. 12 Then you will know that I the LORD have heard all the contemptible things you have said against the mountains of Israel. You said, "They have been laid waste and have been given over to us to devour." 13 You boasted against me and spoke against me without restraint, and I heard it. 14 This is what the Sovereign LORD says: While the whole earth rejoices, I will make you desolate. 15 Because you rejoiced when the inheritance of the house of Israel became desolate, that is how I will treat you. You will be desolate, O Mount Seir, you and all of Edom. Then they will know that I am the LORD.' "

---

i 26 Or *I will make them and the places surrounding my hill a blessing*

Profecía sobre las montañas de Israel

36 »Tú, hijo de hombre, profetiza contra los montes de Israel y diles: "Montes de Israel, escuchen la palabra del SEÑOR. 2 Así dice el SEÑOR omnipotente: El enemigo se ha burlado de ustedes diciendo: 'Las antiguas colinas ya son nuestras.' " 3 Por eso, profetiza y adviértele que así dice el SEÑOR omnipotente: "A ustedes los han asolado y arrasado por todas partes; se han convertido en posesión del resto de las naciones, y además han sido objeto de burla y de insultos por parte de la gente. 4 Por eso, montes de Israel, escuchen la palabra del SEÑOR omnipotente. Así habla el SEÑOR omnipotente a los montes y a las colinas, a los torrentes y a los valles, a las ruinas desoladas y a los pueblos deshabitados, saqueados y escarnecidos por los pueblos vecinos. 5 Esto dice el SEÑOR omnipotente: En el ardor de mi celo me he pronunciado contra el resto de las naciones y contra todo Edom, porque con mucha alegría y profundo desprecio se han apoderado de mi tierra para destruirla y saquearla."

6 »Por eso, profetiza contra Israel, y adviérteles a los montes y a las colinas, a los torrentes y a los valles, que así dice el SEÑOR omnipotente: "En mi celo y en mi furor he hablado, porque ustedes han sufrido el oprobio de las naciones. 7 Por eso, así dice el SEÑOR omnipotente: Juro con la mano en alto que las naciones vecinas también sufrirán su propia deshonra.

8 » "Ustedes, en cambio, montes de Israel, echarán ramas y producirán frutos para mi pueblo Israel, porque ya está por regresar. 9 Yo estoy preocupado por ustedes, y los voy a proteger. Ustedes, los montes, volverán a ser sembrados y cultivados, 10 y multiplicaré al pueblo de Israel. Las ciudades serán repobladas, y reconstruidas las ruinas. 11 Sobre ustedes multiplicaré a los *hombres y animales, y ellos serán fecundos y numerosos. Los poblaré como en tiempos pasados, y los haré prosperar más que antes. Entonces sabrán que yo soy el SEÑOR. 12 Haré que mi pueblo Israel transite por el territorio de ustedes. Él te poseerá, y tú serás parte de su herencia, y ya nunca más los privarás de sus hijos.

13 » "Así dice el SEÑOR omnipotente: Por cuanto te han dicho que tú devoras a los hombres y dejas sin hijos a tu propio pueblo, 14 el SEÑOR omnipotente afirma: Ya no devorarás más hombres, ni dejarás sin hijos a tu pueblo. 15 Nunca más te haré oír el ultraje de las naciones; no tendrás que volver a soportar los insultos de los pueblos, ni serás causa de tropiezo para tu nación. Lo afirma el SEÑOR omnipotente." »

16 El SEÑOR me dirigió otra vez la palabra: 17 «Hijo de hombre, cuando los israelitas habitaban en su propia tierra, ellos mismos la *contaminaron con su conducta y sus acciones. Su conducta ante mí era semejante a la *impureza de una mujer en sus días de menstruación. 18 Por eso, por haber derramado tanta sangre sobre la tierra y por haberla contaminado con sus ídolos, desaté mi furor contra ellos. 19 Los dispersé entre las naciones, y quedaron esparcidos entre diversos pueblos. Los juzgué según su conducta y sus acciones. 20 Pero al llegar a las distintas naciones, ellos profanaban mi *santo *nombre, pues se decía de ellos: "Son el pueblo del SEÑOR, pero han tenido que abandonar su tierra." 21 Así que tuve que defender mi santo nombre, el cual los israelitas profanaban entre las naciones por donde iban.

22 »Por eso, adviértele al pueblo de Israel que así dice el SEÑOR omnipotente: "Voy a actuar, pero no por ustedes sino por causa de mi santo nombre, que ustedes han profanado entre las naciones por donde han ido.

A Prophecy to the Mountains of Israel

36 "Son of man, prophesy to the mountains of Israel and say, 'O mountains of Israel, hear the word of the LORD. 2 This is what the Sovereign LORD says: The enemy said of you, "Aha! The ancient heights have become our possession." ' 3 Therefore prophesy and say, 'This is what the Sovereign LORD says: Because they ravaged and hounded you from every side so that you became the possession of the rest of the nations and the object of people's malicious talk and slander, 4 therefore, O mountains of Israel, hear the word of the Sovereign LORD: This is what the Sovereign LORD says to the mountains and hills, to the ravines and valleys, to the desolate ruins and the deserted towns that have been plundered and ridiculed by the rest of the nations around you— 5 this is what the Sovereign LORD says: In my burning zeal I have spoken against the rest of the nations, and against all Edom, for with glee and with malice in their hearts they made my land their own possession so that they might plunder its pastureland.' 6 Therefore prophesy concerning the land of Israel and say to the mountains and hills, to the ravines and valleys: 'This is what the Sovereign LORD says: I speak in my jealous wrath because you have suffered the scorn of the nations. 7 Therefore this is what the Sovereign LORD says: I swear with uplifted hand that the nations around you will also suffer scorn.

8 " 'But you, O mountains of Israel, will produce branches and fruit for my people Israel, for they will soon come home. 9 I am concerned for you and will look on you with favor; you will be plowed and sown, 10 and I will multiply the number of people upon you, even the whole house of Israel. The towns will be inhabited and the ruins rebuilt. 11 I will increase the number of men and animals upon you, and they will be fruitful and become numerous. I will settle people on you as in the past and will make you prosper more than before. Then you will know that I am the LORD. 12 I will cause people, my people Israel, to walk upon you. They will possess you, and you will be their inheritance; you will never again deprive them of their children.

13 " 'This is what the Sovereign LORD says: Because people say to you, "You devour men and deprive your nation of its children," 14 therefore you will no longer devour men or make your nation childless, declares the Sovereign LORD. 15 No longer will I make you hear the taunts of the nations, and no longer will you suffer the scorn of the peoples or cause your nation to fall, declares the Sovereign LORD.' "

16 Again the word of the LORD came to me: 17 "Son of man, when the people of Israel were living in their own land, they defiled it by their conduct and their actions. Their conduct was like a woman's monthly uncleanness in my sight. 18 So I poured out my wrath on them because they had shed blood in the land and because they had defiled it with their idols. 19 I dispersed them among the nations, and they were scattered through the countries; I judged them according to their conduct and their actions. 20 And wherever they went among the nations they profaned my holy name, for it was said of them, 'These are the LORD's people, and yet they had to leave his land.' 21 I had concern for my holy name, which the house of Israel profaned among the nations where they had gone.

22 "Therefore say to the house of Israel, 'This is what the Sovereign LORD says: It is not for your sake, O house of Israel, that I am going to do these things, but for the sake of my holy name, which you have

23 Daré a conocer la grandeza de mi santo nombre, el cual ha sido profanado entre las naciones, el mismo que ustedes han profanado entre ellas. Cuando dé a conocer mi santidad entre ustedes, las naciones sabrán que yo soy el SEÑOR. Lo afirma el SEÑOR omnipotente. 24 Los sacaré de entre las naciones, los reuniré de entre todos los pueblos, y los haré regresar a su propia tierra. 25 Los rociaré con agua pura, y quedarán purificados. Los *limpiaré de todas sus impurezas e idolatrías. 26 Les daré un nuevo *corazón, y les infundiré un espíritu nuevo; les quitaré ese corazón de piedra que ahora tienen, y les pondré un corazón de carne. 27 Infundiré mi Espíritu en ustedes, y haré que sigan mis preceptos y obedezcan mis *leyes. 28 Vivirán en la tierra que les di a sus antepasados, y ustedes serán mi pueblo y yo seré su Dios. 29 Los libraré de todas sus impurezas. Haré que tengan trigo en abundancia, y no permitiré que sufran hambre. 30 Multiplicaré el fruto de los árboles y las cosechas del campo, para que no sufran más entre las naciones el oprobio de pasar hambre. 31 Así se acordarán ustedes de su mala conducta y de sus acciones perversas, y sentirán vergüenza por sus propias iniquidades y prácticas detestables. 32 Y quiero que sepan que esto no lo hago por consideración a ustedes. Lo afirma el SEÑOR. ¡Oh, pueblo de Israel, sientan vergüenza y confusión por su conducta!

33 » "Así dice el SEÑOR omnipotente: El día que yo los purifique de todas sus iniquidades, poblaré las ciudades y reconstruiré las ruinas. 34 Se cultivará la tierra desolada, y ya no estará desierta a la vista de cuantos pasan por ella. 35 Entonces se dirá: 'Esta tierra, que antes yacía desolada, es ahora un jardín de Edén; las ciudades que antes estaban en ruinas, desoladas y destruidas, están ahora habitadas y fortalecidas.' 36 Entonces las naciones que quedaron a su alrededor sabrán que yo, el SEÑOR, reconstruí lo que estaba derribado y replanté lo que había quedado como desierto. Yo, el SEÑOR, lo he dicho, y lo cumpliré."

37 »Así dice el SEÑOR omnipotente: Todavía he de concederle al pueblo de Israel que me suplique aumentar el número de sus hombres, hasta que sean como un rebaño. 38 Entonces las ciudades desoladas se llenarán de mucha gente. Serán como las ovejas que, durante las fiestas solemnes, se llevan a Jerusalén para los sacrificios. Entonces sabrán que yo soy el SEÑOR.»

El valle de los huesos secos

37 La mano del SEÑOR vino sobre mí, y su Espíritu me llevó y me colocó en medio de un valle que estaba lleno de huesos. 2 Me hizo pasearme entre ellos, y pude observar que había muchísimos huesos en el valle, huesos que estaban completamente secos. 3 Y me dijo: «Hijo de hombre, ¿podrán revivir estos huesos?» Y yo le contesté: «SEÑOR omnipotente, tú lo sabes.»

4 Entonces me dijo: «Profetiza sobre estos huesos, y diles: "¡Huesos secos, escuchen la palabra del SEÑOR! 5 Así dice el SEÑOR omnipotente a estos huesos: 'Yo les daré aliento de vida, y ustedes volverán a vivir. 6 Les pondré tendones, haré que les salga carne, y los cubriré de piel; les daré aliento de vida, y así revivirán. Entonces sabrán que yo soy el SEÑOR.' "»

7 Tal y como el SEÑOR me lo había mandado, profeticé. Y mientras profetizaba, se escuchó un ruido que sacudió la tierra, y los huesos comenzaron a unirse

profaned among the nations where you have gone. 23 I will show the holiness of my great name, which has been profaned among the nations, the name you have profaned among them. Then the nations will know that I am the LORD, declares the Sovereign LORD, when I show myself holy through you before their eyes.

24 " 'For I will take you out of the nations; I will gather you from all the countries and bring you back into your own land. 25 I will sprinkle clean water on you, and you will be clean; I will cleanse you from all your impurities and from all your idols. 26 I will give you a new heart and put a new spirit in you; I will remove from you your heart of stone and give you a heart of flesh. 27 And I will put my Spirit in you and move you to follow my decrees and be careful to keep my laws. 28 You will live in the land I gave your forefathers; you will be my people, and I will be your God. 29 I will save you from all your uncleanness. I will call for the grain and make it plentiful and will not bring famine upon you. 30 I will increase the fruit of the trees and the crops of the field, so that you will no longer suffer disgrace among the nations because of famine. 31 Then you will remember your evil ways and wicked deeds, and you will loathe yourselves for your sins and detestable practices. 32 I want you to know that I am not doing this for your sake, declares the Sovereign LORD. Be ashamed and disgraced for your conduct, O house of Israel!

33 " 'This is what the Sovereign LORD says: On the day I cleanse you from all your sins, I will resettle your towns, and the ruins will be rebuilt. 34 The desolate land will be cultivated instead of lying desolate in the sight of all who pass through it. 35 They will say, "This land that was laid waste has become like the garden of Eden; the cities that were lying in ruins, desolate and destroyed, are now fortified and inhabited." 36 Then the nations around you that remain will know that I the LORD have rebuilt what was destroyed and have replanted what was desolate. I the LORD have spoken, and I will do it.'

37 "This is what the Sovereign LORD says: Once again I will yield to the plea of the house of Israel and do this for them: I will make their people as numerous as sheep, 38 as numerous as the flocks for offerings at Jerusalem during her appointed feasts. So will the ruined cities be filled with flocks of people. Then they will know that I am the LORD."

The Valley of Dry Bones

37 The hand of the LORD was upon me, and he brought me out by the Spirit of the LORD and set me in the middle of a valley; it was full of bones. 2 He led me back and forth among them, and I saw a great many bones on the floor of the valley, bones that were very dry. 3 He asked me, "Son of man, can these bones live?"

I said, "O Sovereign LORD, you alone know."

4 Then he said to me, "Prophesy to these bones and say to them, 'Dry bones, hear the word of the LORD! 5 This is what the Sovereign LORD says to these bones: I will make breath j enter you, and you will come to life. 6 I will attach tendons to you and make flesh come upon you and cover you with skin; I will put breath in you, and you will come to life. Then you will know that I am the LORD.' "

7 So I prophesied as I was commanded. And as I was prophesying, there was a noise, a rattling sound, and

---

j 5 The Hebrew for this word can also mean *wind* or *spirit* (see verses 6-14).

entre sí. 8 Yo me fijé, y vi que en ellos aparecían tendones, y les salía carne y se recubrían de piel, ¡pero no tenían vida!

9 Entonces el Señor me dijo: «Profetiza, hijo de hombre; conjura al aliento de vida y dile: "Esto ordena el Señor omnipotente: 'Ven de los cuatro vientos, y dales vida a estos huesos muertos para que revivan.'"» 10 Yo profeticé, tal como el Señor me lo había ordenado, y el aliento de vida entró en ellos; entonces los huesos revivieron y se pusieron de pie. ¡Era un ejército numeroso!

11 Luego me dijo: «Hijo de hombre, estos huesos son el pueblo de Israel. Ellos andan diciendo: "Nuestros huesos se han secado. Ya no tenemos esperanza. ¡Estamos perdidos!" 12 Por eso, profetiza y adviérteles que así dice el Señor omnipotente: "Pueblo mío, abriré tus tumbas y te sacaré de ellas, y te haré regresar a la tierra de Israel. 13 Y cuando haya abierto tus tumbas y te haya sacado de allí, entonces, pueblo mío, sabrás que yo soy el Señor. 14 Pondré en ti mi aliento de vida, y volverás a vivir. Y te estableceré en tu propia tierra. Entonces sabrás que yo, el Señor, lo he dicho, y lo cumpliré. Lo afirma el Señor."»

Unificación de Judá e Israel

15 El Señor me dirigió la palabra: 16 «Hijo de hombre, toma una vara y escribe sobre ella: "Para Judá y sus aliados los israelitas." Luego toma otra vara y escribe: "Para José, vara de Efraín, y todos sus aliados los israelitas." 17 Júntalas, la una con la otra, de modo que formen una sola vara en tu mano.

18 »Cuando la gente de tu pueblo te pregunte: "¿Qué significa todo esto?", 19 tú les responderás que así dice el Señor omnipotente: "Voy a tomar la vara de José que está en la mano de Efraín, y a las tribus de Israel que están unidas a él, y la uniré a la vara de Judá. Así haré con ellos una sola vara, y en mi mano serán una sola." 20 Sostén en tu mano las varas sobre las cuales has escrito, de modo que ellos las vean, 21 y adviérteles que así dice el Señor omnipotente: "Tomaré a los israelitas de entre las naciones por donde han andado, y de todas partes los reuniré y los haré regresar a su propia tierra. 22 Y en esta tierra, en los montes de Israel, haré de ellos una sola nación. Todos estarán bajo un solo rey, y nunca más serán dos naciones ni estarán divididos en dos reinos. 23 Ya no se *contaminarán más con sus ídolos, ni con sus iniquidades ni actos abominables. Yo los libraré y los *purificaré de todas sus infidelidades.h Ellos serán mi pueblo y yo seré su Dios. 24 Mi siervo David será su rey, y todos tendrán un solo *pastor. Caminarán según mis *leyes, y cumplirán mis preceptos y los pondrán en práctica. 25 Habitarán en la tierra que le di a mi siervo Jacob, donde vivieron sus antepasados. Ellos, sus hijos y sus nietos vivirán allí para siempre, y mi siervo David será su príncipe eterno. 26 Y haré con ellos un *pacto de *paz. Será un pacto eterno. Haré que se multipliquen, y para siempre colocaré mi santuario en medio de ellos. 27 Habitaré entre ellos, y yo seré su Dios y ellos serán mi pueblo. 28 Y cuando mi santuario esté para siempre en medio de ellos, las naciones sabrán que yo, el Señor, he hecho de Israel un pueblo *santo."»

the bones came together, bone to bone. 8 I looked, and tendons and flesh appeared on them and skin covered them, but there was no breath in them.

9 Then he said to me, "Prophesy to the breath; prophesy, son of man, and say to it, 'This is what the Sovereign Lord says: Come from the four winds, O breath, and breathe into these slain, that they may live.'" 10 So I prophesied as he commanded me, and breath entered them; they came to life and stood up on their feet—a vast army.

11 Then he said to me: "Son of man, these bones are the whole house of Israel. They say, 'Our bones are dried up and our hope is gone; we are cut off.' 12 Therefore prophesy and say to them: 'This is what the Sovereign Lord says: O my people, I am going to open your graves and bring you up from them; I will bring you back to the land of Israel. 13 Then you, my people, will know that I am the Lord, when I open your graves and bring you up from them. 14 I will put my Spirit in you and you will live, and I will settle you in your own land. Then you will know that I the Lord have spoken, and I have done it, declares the Lord.'"

One Nation Under One King

15 The word of the Lord came to me: 16 "Son of man, take a stick of wood and write on it, 'Belonging to Judah and the Israelites associated with him.' Then take another stick of wood, and write on it, 'Ephraim's stick, belonging to Joseph and all the house of Israel associated with him.' 17 Join them together into one stick so that they will become one in your hand.

18 "When your countrymen ask you, 'Won't you tell us what you mean by this?' 19 say to them, 'This is what the Sovereign Lord says: I am going to take the stick of Joseph—which is in Ephraim's hand—and of the Israelite tribes associated with him, and join it to Judah's stick, making them a single stick of wood, and they will become one in my hand.' 20 Hold before their eyes the sticks you have written on 21 and say to them, 'This is what the Sovereign Lord says: I will take the Israelites out of the nations where they have gone. I will gather them from all around and bring them back into their own land. 22 I will make them one nation in the land, on the mountains of Israel. There will be one king over all of them and they will never again be two nations or be divided into two kingdoms. 23 They will no longer defile themselves with their idols and vile images or with any of their offenses, for I will save them from all their sinful backsliding,k and I will cleanse them. They will be my people, and I will be their God.

24 "'My servant David will be king over them, and they will all have one shepherd. They will follow my laws and be careful to keep my decrees. 25 They will live in the land I gave to my servant Jacob, the land where your fathers lived. They and their children and their children's children will live there forever, and David my servant will be their prince forever. 26 I will make a covenant of peace with them; it will be an everlasting covenant. I will establish them and increase their numbers, and I will put my sanctuary among them forever. 27 My dwelling place will be with them; I will be their God, and they will be my people. 28 Then the nations will know that I the Lord make Israel holy, when my sanctuary is among them forever.'"

---

h 37:23 infidelidades (mss. hebreos y LXX); moradas (TM).

k 23 Many Hebrew manuscripts (see also Septuagint); most Hebrew manuscripts all their dwelling places where they sinned

Profecía contra Gog

38 El Señor me dirigió la palabra: 2 «Hijo de hombre, encara a Gog, de la tierra de Magog, príncipe soberano de Mésec y Tubal. Profetiza contra él 3 y adviértele que así dice el Señor omnipotente: "Yo estoy contra ti, Gog, príncipe supremo de Mésec y Tubal. 4 Te haré volver, te pondré garfios en la boca y te sacaré con todo tu ejército, caballos y jinetes. Todos ellos están bien armados; son una multitud enorme, con escudos y broqueles; todos ellos empuñan la espada. 5 Con ellos están Persia, Etiopía y Fut, todos ellos armados con escudos y yelmos. 6 Gómer también está allí, con todas sus tropas, y también Bet Togarma, desde el lejano norte, con todas sus tropas y muchos ejércitos que son tus aliados.

7 » "Prepárate, mantente alerta, tú y toda la multitud que está reunida a tu alrededor; ponlos bajo tu mando. 8 Al cabo de muchos días se te encomendará una misión. Después de muchos años invadirás un país que se ha recuperado de la guerra, una nación que durante mucho tiempo estuvo en ruinas, pero que ha sido reunido de entre los muchos pueblos en los montes de Israel. Ha sido sacado de entre las naciones, y ahora vive confiado. 9 Pero tú lo invadirás como un huracán. Tú, con todas tus tropas y todos tus aliados, serás como un nubarrón que cubrirá la tierra.

10 » "Así dice el Señor omnipotente: En aquel día harás proyectos, y maquinarás un plan perverso. 11 Y dirás: 'Invadiré a un país indefenso; atacaré a un pueblo pacífico que habita confiado en ciudades sin muros, *puertas y cerrojos. 12 Lo saquearé y me llevaré el botín; atacaré a las ciudades reconstruidas de entre las ruinas, al pueblo reunido allí de entre las naciones; es un pueblo rico en ganado y posesiones, que se cree el centro del mundo.' 13 La gente de Sabá y Dedán, y los comerciantes de Tarsis y todos sus potentados, te preguntarán: '¿A qué vienes? ¿A despojarnos de todo lo nuestro? ¿Para eso reuniste a tus tropas? ¿Para quitarnos la plata y el oro, y llevarte nuestros ganados y posesiones? ¿Para alzarte con un enorme botín?' "

14 »Por eso, hijo de hombre, profetiza contra Gog y adviértele que así dice el Señor omnipotente: "En aquel día, ¿acaso no te enterarás de que mi pueblo Israel vive confiado? 15 Vendrás desde el lejano norte, desde el lugar donde habitas, junto con otros pueblos numerosos. Todos ellos vendrán montados a caballo, y serán una gran multitud, un ejército poderoso. 16 En los últimos días atacarás a mi pueblo Israel, y como un nubarrón cubrirás el país. Yo haré que tú, Gog, vengas contra mi tierra, para que las naciones me conozcan y para que, por medio de ti, mi *santidad se manifieste ante todos ellos.

17 » "Así dice el Señor omnipotente: A ti me refería yo cuando en tiempos pasados hablé por medio de mis siervos, los profetas de Israel. En aquel tiempo, y durante años, ellos profetizaron que yo te haría venir contra los israelitas. 18 Pero el día en que Gog invada a Israel, mi ira se encenderá con furor. Lo afirma el Señor omnipotente. 19 En el ardor de mi ira, declaro que en aquel momento habrá un gran terremoto en la tierra de Israel. 20 Ante mí temblarán los peces del mar, las aves del cielo, las bestias del campo, los reptiles que se arrastran, y toda la gente que hay sobre la faz de la tierra. Se derrumbarán los montes, se desplomarán las pendientes escarpadas, y todos los muros se vendrán abajo. 21 En todos los montes convocaré a la guerra contra Gog, y la espada de cada cual se volverá contra

A Prophecy Against Gog

38 The word of the Lord came to me: 2 "Son of man, set your face against Gog, of the land of Magog, the chief prince of[l] Meshech and Tubal; prophesy against him 3 and say: 'This is what the Sovereign Lord says: I am against you, O Gog, chief prince of[m] Meshech and Tubal. 4 I will turn you around, put hooks in your jaws and bring you out with your whole army—your horses, your horsemen fully armed, and a great horde with large and small shields, all of them brandishing their swords. 5 Persia, Cush[n] and Put will be with them, all with shields and helmets, 6 also Gomer with all its troops, and Beth Togarmah from the far north with all its troops—the many nations with you.

7 " 'Get ready; be prepared, you and all the hordes gathered about you, and take command of them. 8 After many days you will be called to arms. In future years you will invade a land that has recovered from war, whose people were gathered from many nations to the mountains of Israel, which had long been desolate. They had been brought out from the nations, and now all of them live in safety. 9 You and all your troops and the many nations with you will go up, advancing like a storm; you will be like a cloud covering the land.

10 " 'This is what the Sovereign Lord says: On that day thoughts will come into your mind and you will devise an evil scheme. 11 You will say, "I will invade a land of unwalled villages; I will attack a peaceful and unsuspecting people—all of them living without walls and without gates and bars. 12 I will plunder and loot and turn my hand against the resettled ruins and the people gathered from the nations, rich in livestock and goods, living at the center of the land." 13 Sheba and Dedan and the merchants of Tarshish and all her villages[o] will say to you, "Have you come to plunder? Have you gathered your hordes to loot, to carry off silver and gold, to take away livestock and goods and to seize much plunder?" '

14 "Therefore, son of man, prophesy and say to Gog: 'This is what the Sovereign Lord says: In that day, when my people Israel are living in safety, will you not take notice of it? 15 You will come from your place in the far north, you and many nations with you, all of them riding on horses, a great horde, a mighty army. 16 You will advance against my people Israel like a cloud that covers the land. In days to come, O Gog, I will bring you against my land, so that the nations may know me when I show myself holy through you before their eyes.

17 " 'This is what the Sovereign Lord says: Are you not the one I spoke of in former days by my servants the prophets of Israel? At that time they prophesied for years that I would bring you against them. 18 This is what will happen in that day: When Gog attacks the land of Israel, my hot anger will be aroused, declares the Sovereign Lord. 19 In my zeal and fiery wrath I declare that at that time there shall be a great earthquake in the land of Israel. 20 The fish of the sea, the birds of the air, the beasts of the field, every creature that moves along the ground, and all the people on the face of the earth will tremble at my presence. The mountains will be overturned, the cliffs will crumble and every wall will fall to the ground. 21 I will summon a sword against Gog on all my mountains, declares the Sovereign Lord. Every man's sword will be against

---

l 2 Or *the prince of Rosh,*   *m 3* Or *Gog, prince of Rosh,*
n 5 That is, the upper Nile region   *o 13* Or *her strong lions*

su prójimo —afirma el Señor—. ²²Yo juzgaré a Gog con peste y con sangre; sobre él y sobre sus tropas, lo mismo que sobre todas sus naciones aliadas, haré caer lluvias torrenciales, granizo, fuego y azufre. ²³De esta manera mostraré mi grandeza y mi santidad, y me daré a conocer ante muchas naciones. Entonces sabrán que yo soy el Señor."

Derrota de Gog

39»Hijo de hombre, profetiza contra Gog y adviértele que así dice el Señor omnipotente: "Yo estoy contra ti, Gog, príncipe soberano de Mésec y Tubal. ²Te haré volver y te arrastraré; te haré salir del lejano norte, y te haré venir contra los montes de Israel. ³Quebraré el arco que llevas en la mano izquierda, y arrojaré a la basura las flechas que llevas en la mano derecha. ⁴Caerás sobre los montes de Israel, junto con tus tropas y las naciones que te acompañan. Te arrojaré a las aves de rapiña y a las fieras salvajes para que te devoren. ⁵⁻⁶Y caerás en campo abierto, porque yo lo he dicho. Y enviaré fuego sobre Magog y sobre los que confiados habitan en las costas. Entonces sabrán que yo soy el Señor. Yo, el Señor omnipotente, lo afirmo.

⁷»"Y me daré a conocer en medio de mi pueblo Israel. Ya no permitiré que mi *santo *nombre sea profanado; las naciones sabrán que yo soy el Señor, el santo de Israel. ⁸Todo esto se acerca, y está a punto de suceder. Éste es el día del que he hablado. Yo, el Señor, lo afirmo.

⁹» "Entonces los habitantes de las ciudades de Israel saldrán y prenderán una hoguera, y allí quemarán sus armas: escudos y broqueles, arcos y flechas, mazas y lanzas. ¡Tendrán suficiente leña para hacer fuego durante siete años! ¹⁰No tendrán que ir a buscar leña al monte, ni tendrán que cortarla de los bosques, porque la leña que usarán serán sus propias armas. Además, saquearán a sus saqueadores y despojarán a sus despojadores. Lo afirma el Señor.

¹¹» "En aquel día abriré en Israel, en el valle de los Viajeros, frente al mar, una tumba para Gog. Ese lugar le cortará el paso a los viajeros. Allí enterrarán a Gog y a todo su ejército, y lo llamarán Valle del ejército de Gog. ¹²Para enterrarlos, y *purificar así el país, los israelitas necesitarán siete meses. ¹³Toda la gente del país los enterrará. Y el día en que yo me glorifique será para ellos un día memorable. Yo, el Señor omnipotente, lo afirmo.

¹⁴»"Al cabo de esos siete meses, elegirán hombres que se encarguen de recorrer el país, y junto con otros enterrarán a los que aún queden sobre la tierra, y así purificarán al país. ¹⁵Cuando al recorrer el país uno de estos hombres encuentre algún hueso humano, colocará a su lado una señal, hasta que los enterradores lo sepulten en el Valle del ejército de Gog. ¹⁶De esa manera purificarán al país. También allí habrá una ciudad llamada 'El ejército'.".

¹⁷»Hijo de hombre, así dice el Señor omnipotente: Diles a todas las aves del cielo, y a todas las fieras, que se reúnan de todos los alrededores y vengan al sacrificio que les ofrezco, un gran sacrificio sobre los montes de Israel. Allí comerán carne y beberán sangre: ¹⁸carne de poderosos guerreros, sangre de los príncipes de la tierra, como si fuera de carneros o corderos, de chivos

his brother. ²²I will execute judgment upon him with plague and bloodshed; I will pour down torrents of rain, hailstones and burning sulfur on him and on his troops and on the many nations with him. ²³And so I will show my greatness and my holiness, and I will make myself known in the sight of many nations. Then they will know that I am the Lord.'

39"Son of man, prophesy against Gog and say: 'This is what the Sovereign Lord says: I am against you, O Gog, chief prince ofᵖ Meshech and Tubal. ²I will turn you around and drag you along. I will bring you from the far north and send you against the mountains of Israel. ³Then I will strike your bow from your left hand and make your arrows drop from your right hand. ⁴On the mountains of Israel you will fall, you and all your troops and the nations with you. I will give you as food to all kinds of carrion birds and to the wild animals. ⁵You will fall in the open field, for I have spoken, declares the Sovereign Lord. ⁶I will send fire on Magog and on those who live in safety in the coastlands, and they will know that I am the Lord.

⁷"'I will make known my holy name among my people Israel. I will no longer let my holy name be profaned, and the nations will know that I the Lord am the Holy One in Israel. ⁸It is coming! It will surely take place, declares the Sovereign Lord. This is the day I have spoken of.

⁹"'Then those who live in the towns of Israel will go out and use the weapons for fuel and burn them up—the small and large shields, the bows and arrows, the war clubs and spears. For seven years they will use them for fuel. ¹⁰They will not need to gather wood from the fields or cut it from the forests, because they will use the weapons for fuel. And they will plunder those who plundered them and loot those who looted them, declares the Sovereign Lord.

¹¹"'On that day I will give Gog a burial place in Israel, in the valley of those who travel east towardᵠ the Sea.ʳ It will block the way of travelers, because Gog and all his hordes will be buried there. So it will be called the Valley of Hamon Gog.ˢ

¹²"'For seven months the house of Israel will be burying them in order to cleanse the land. ¹³All the people of the land will bury them, and the day I am glorified will be a memorable day for them, declares the Sovereign Lord.

¹⁴"'Men will be regularly employed to cleanse the land. Some will go throughout the land and, in addition to them, others will bury those that remain on the ground. At the end of the seven months they will begin their search. ¹⁵As they go through the land and one of them sees a human bone, he will set up a marker beside it until the gravediggers have buried it in the Valley of Hamon Gog. ¹⁶(Also a town called Hamonahᵗ will be there.) And so they will cleanse the land.'

¹⁷"Son of man, this is what the Sovereign Lord says: Call out to every kind of bird and all the wild animals: 'Assemble and come together from all around to the sacrifice I am preparing for you, the great sacrifice on the mountains of Israel. There you will eat flesh and drink blood. ¹⁸You will eat the flesh of mighty men and drink the blood of the princes of the earth as if they were rams and lambs, goats and bulls—all of

---

ᵖ1 Or *Gog, prince of Rosh,*   ᵠ11 Or *of*   ʳ11 That is, the Dead Sea
ˢ11 *Hamon Gog* means *hordes of Gog.*   ᵗ16 *Hamonah* means *horde.*

o becerros, todos ellos engordados en Basán. ¹⁹Del sacrificio que voy a preparar, comerán grasa hasta hastiarse y beberán sangre hasta emborracharse. ²⁰En mi mesa se hartarán de caballos y de jinetes, de guerreros valientes y de toda clase de soldados. Yo, el SEÑOR, lo afirmo.

²¹»Yo manifestaré mi gloria entre las naciones. Todas ellas verán cómo los he juzgado y castigado. ²²Y a partir de ese día, los israelitas sabrán que yo soy el SEÑOR, su Dios. ²³Y sabrán las naciones que el pueblo de Israel fue al exilio por causa de sus iniquidades, y porque me fueron infieles. Por eso les di la espalda y los entregué en manos de sus enemigos, y todos ellos cayeron a filo de espada. ²⁴Los traté conforme a sus impurezas y rebeliones, y les volví la espalda.

²⁵»Por eso, así dice el SEÑOR omnipotente: Ahora voy a cambiar la suerte de Jacob. Tendré compasión de todo el pueblo de Israel, y celaré el prestigio de mi santo nombre. ²⁶Cuando habiten tranquilos en su tierra, sin que nadie los perturbe, olvidarán su vergüenza y todas las infidelidades que cometieron contra mí. ²⁷Cuando yo los haga volver de entre las naciones, y los reúna de entre los pueblos enemigos, en presencia de muchas naciones y por medio de ellos manifestaré mi *santidad. ²⁸Entonces sabrán que yo soy el SEÑOR su Dios, quien los envió al exilio entre las naciones, pero que después volví a reunirlos en su propia tierra, sin dejar a nadie atrás. ²⁹Ya no volveré a darles la espalda, pues derramaré mi Espíritu sobre Israel. Yo, el SEÑOR, lo afirmo.»

Visión del templo futuro

40 Transcurría el año veinticinco del exilio cuando el SEÑOR puso su mano sobre mí, y me llevó a Jerusalén. Esto sucedió al comenzar el año, el día diez del mes primero, es decir, catorce años después de la toma de Jerusalén. ²En una visión divina, Dios me trasladó a la tierra de Israel y me colocó sobre un monte muy alto. Desde allí, mirando al sur, había unos edificios que parecían una ciudad. ³Dios me llevó allí, y vi un hombre que parecía hecho de bronce. Estaba de pie junto a la puerta, y en su mano tenía una cuerda de lino y una vara de medir. ⁴Aquel hombre me dijo: «Hijo de hombre, abre los ojos y presta atención a todo lo que estoy por mostrarte, pues para eso se te ha traído aquí. Anda luego y comunícale a Israel todo lo que veas.»

La puerta oriental

⁵Entonces vi un muro que rodeaba el templo por fuera. El hombre tenía en la mano una vara de tres metros,ⁱ que le servía para medir, y midió el muro, el cual tenía tres metros de ancho por tres metros de alto.

⁶Luego se dirigió a la puerta que mira hacia el oriente. Subió sus gradas y midió el umbral de la puerta, el cual medía tres metros de ancho.ʲ ⁷Cada celda lateral medía tres metros de largo por tres metros de ancho. Entre las celdas había un espacio de dos metros y medio. El umbral junto al vestíbulo de la puerta que daba

them fattened animals from Bashan. ¹⁹At the sacrifice I am preparing for you, you will eat fat till you are glutted and drink blood till you are drunk. ²⁰At my table you will eat your fill of horses and riders, mighty men and soldiers of every kind,' declares the Sovereign LORD.

²¹"I will display my glory among the nations, and all the nations will see the punishment I inflict and the hand I lay upon them. ²²From that day forward the house of Israel will know that I am the LORD their God. ²³And the nations will know that the people of Israel went into exile for their sin, because they were unfaithful to me. So I hid my face from them and handed them over to their enemies, and they all fell by the sword. ²⁴I dealt with them according to their uncleanness and their offenses, and I hid my face from them.

²⁵"Therefore this is what the Sovereign LORD says: I will now bring Jacob back from captivityᵘ and will have compassion on all the people of Israel, and I will be zealous for my holy name. ²⁶They will forget their shame and all the unfaithfulness they showed toward me when they lived in safety in their land with no one to make them afraid. ²⁷When I have brought them back from the nations and have gathered them from the countries of their enemies, I will show myself holy through them in the sight of many nations. ²⁸Then they will know that I am the LORD their God, for though I sent them into exile among the nations, I will gather them to their own land, not leaving any behind. ²⁹I will no longer hide my face from them, for I will pour out my Spirit on the house of Israel, declares the Sovereign LORD."

The New Temple Area

40 In the twenty-fifth year of our exile, at the beginning of the year, on the tenth of the month, in the fourteenth year after the fall of the city—on that very day the hand of the LORD was upon me and he took me there. ²In visions of God he took me to the land of Israel and set me on a very high mountain, on whose south side were some buildings that looked like a city. ³He took me there, and I saw a man whose appearance was like bronze; he was standing in the gateway with a linen cord and a measuring rod in his hand. ⁴The man said to me, "Son of man, look with your eyes and hear with your ears and pay attention to everything I am going to show you, for that is why you have been brought here. Tell the house of Israel everything you see."

The East Gate to the Outer Court

⁵I saw a wall completely surrounding the temple area. The length of the measuring rod in the man's hand was six long cubits, each of which was a cubitᵛ and a handbreadth.ʷ He measured the wall; it was one measuring rod thick and one rod high.

⁶Then he went to the gate facing east. He climbed its steps and measured the threshold of the gate; it was one rod deep.ˣ ⁷The alcoves for the guards were one rod long and one rod wide, and the projecting walls between the alcoves were five cubits thick. And the threshold of the gate next to the portico facing the temple was one rod deep.

ⁱ40:5 tres metros. Lit. seis *codos, a razón de codo y *palmo. En el resto de este libro, las medidas se han convertido al sistema métrico, sin explicación en las notas.   ʲ40:6 ancho (LXX); ancho, y un umbral, una vara de ancho (TM).

ᵘ25 Or now restore the fortunes of Jacob   ᵛ5 The common cubit was about 1 1/2 feet (about 0.5 meter).   ʷ5 That is, about 3 inches (about 8 centimeters)   ˣ6 Septuagint; Hebrew deep, the first threshold, one rod deep

al templo medía tres metros. ⁸Luego midió el vestíbulo de la puerta, hacia el interior, y medía tres metros. ⁹Midió el vestíbulo de la puerta que daba al templo, y éste medía cuatro metros; sus pilares eran de un metro de ancho. ¹⁰A cada lado de la puerta que daba al oriente había tres celdas del mismo tamaño. A su vez, los pilares que estaban a los lados tenían la misma medida.

¹¹Aquel hombre midió también la entrada de la puerta, y tenía cinco metros de ancho por seis metros y medio de largo. ¹²Delante de cada celda había un pequeño muro que medía medio metro de ancho por lado. Cada celda medía tres metros de ancho por tres metros de largo. ¹³Luego midió la puerta, desde el techo de una celda hasta el techo de la celda de enfrente, y entre una y otra abertura había una distancia de doce metros y medio. ¹⁴Luego midió el vestíbulo, que era de diez metros. El vestíbulo daba al atrio, que lo rodeaba por completo. ¹⁵Desde el frente de la puerta de entrada hasta la parte interior del vestíbulo, el corredor tenía una extensión de veinticinco metros. ¹⁶En torno de las celdas y de los pilares había ventanas con rejas que daban al interior. También en torno al vestíbulo había ventanas que daban a su interior. Sobre los pilares había grabados de palmeras.

El atrio exterior

¹⁷Luego el hombre me llevó al atrio exterior. Allí vi unas habitaciones y un enlosado construido alrededor del atrio; las habitaciones que daban al enlosado eran treinta. ¹⁸Este enlosado, que estaba en el piso inferior, bordeaba las puertas y correspondía a la longitud de las mismas. ¹⁹Luego midió la distancia desde el frente de la puerta de abajo hasta el frente del atrio interior, y al este y al norte la distancia era de cincuenta metros.

La puerta norte

²⁰El hombre midió el largo y el ancho de la puerta que daba hacia el norte, es decir, hacia el atrio exterior. ²¹Sus celdas, que también eran tres de cada lado, más sus pilares y su vestíbulo, tenían las mismas medidas que la primera puerta: veinticinco metros de largo por doce metros y medio de ancho. ²²Sus ventanas, su vestíbulo y sus palmeras tenían las mismas medidas que las de la puerta oriental. A esta puerta se subía por medio de siete gradas, y su vestíbulo estaba frente a ellas. ²³En el atrio interior había una puerta que daba a la puerta del norte, igual que en la puerta del este. El hombre midió la distancia entre las dos puertas, y era de cincuenta metros.

La puerta sur

²⁴Luego me condujo hacia el sur, y allí había una puerta que daba al sur. Midió las celdas, los pilares y el vestíbulo, y todos éstos tenían las mismas medidas que los anteriores. ²⁵La puerta y el vestíbulo también tenían ventanas a su alrededor, al igual que los otros, y medían veinticinco metros de largo por doce metros y medio de ancho. ²⁶También se subía a la puerta por medio de siete gradas, y frente a ella estaba su vestíbulo. Los pilares a ambos lados tenían grabados de palmeras. ²⁷El atrio interior tenía una puerta que daba al sur. El hombre midió la distancia entre una puerta y otra en dirección sur, y era de cincuenta metros.

Las puertas del atrio interior: la puerta sur

²⁸Luego me llevó por la puerta del sur hacia el atrio interior. Midió la puerta del sur, la cual tenía las mis-

⁸Then he measured the portico of the gateway; ⁹it[y] was eight cubits deep and its jambs were two cubits thick. The portico of the gateway faced the temple.

¹⁰Inside the east gate were three alcoves on each side; the three had the same measurements, and the faces of the projecting walls on each side had the same measurements. ¹¹Then he measured the width of the entrance to the gateway; it was ten cubits and its length was thirteen cubits. ¹²In front of each alcove was a wall one cubit high, and the alcoves were six cubits square. ¹³Then he measured the gateway from the top of the rear wall of one alcove to the top of the opposite one; the distance was twenty-five cubits from one parapet opening to the opposite one. ¹⁴He measured along the faces of the projecting walls all around the inside of the gateway—sixty cubits. The measurement was up to the portico[z] facing the courtyard.[a] ¹⁵The distance from the entrance of the gateway to the far end of its portico was fifty cubits. ¹⁶The alcoves and the projecting walls inside the gateway were surmounted by narrow parapet openings all around, as was the portico; the openings all around faced inward. The faces of projecting walls were decorated with palm trees.

The Outer Court

¹⁷Then he brought me into the outer court. There I saw some rooms and a pavement that had been constructed all around the court; there were thirty rooms along the pavement. ¹⁸It abutted the sides of the gateways and was as wide as they were long; this was the lower pavement. ¹⁹Then he measured the distance from the inside of the lower gateway to the outside of the inner court; it was a hundred cubits on the east side as well as on the north.

The North Gate

²⁰Then he measured the length and width of the gate facing north, leading into the outer court. ²¹Its alcoves—three on each side—its projecting walls and its portico had the same measurements as those of the first gateway. It was fifty cubits long and twenty-five cubits wide. ²²Its openings, its portico and its palm tree decorations had the same measurements as those of the gate facing east. Seven steps led up to it, with its portico opposite them. ²³There was a gate to the inner court facing the north gate, just as there was on the east. He measured from one gate to the opposite one; it was a hundred cubits.

The South Gate

²⁴Then he led me to the south side and I saw a gate facing south. He measured its jambs and its portico, and they had the same measurements as the others. ²⁵The gateway and its portico had narrow openings all around, like the openings of the others. It was fifty cubits long and twenty-five cubits wide. ²⁶Seven steps led up to it, with its portico opposite them; it had palm tree decorations on the faces of the projecting walls on each side. ²⁷The inner court also had a gate facing south, and he measured from this gate to the outer gate on the south side; it was a hundred cubits.

Gates to the Inner Court

²⁸Then he brought me into the inner court through the south gate, and he measured the south gate; it had

y 8,9 Many Hebrew manuscripts, Septuagint, Vulgate and Syriac; most Hebrew manuscripts *gateway facing the temple; it was one rod deep.* ⁹*Then he measured the portico of the gateway; it* z 14 Septuagint; Hebrew *projecting wall*   a 14 The meaning of the Hebrew for this verse is uncertain.

mas medidas que las anteriores. ²⁹Sus celdas, sus pilares y su vestíbulo también tenían las mismas medidas que los anteriores. La puerta y el vestíbulo tenían ventanas a su alrededor, y medían veinticinco metros de largo por doce metros y medio de ancho. ³⁰En su derredor había unos vestíbulos de doce metros y medio de largo por dos metros y medio de ancho. ³¹Su vestíbulo daba hacia el atrio exterior; sus pilares también tenían grabados de palmeras. A esta puerta se llegaba subiendo ocho gradas.

El atrio interior: la puerta oriental

³²También me llevó al atrio interior que daba al oriente, y midió la entrada, y medía igual que las anteriores. ³³Sus celdas, sus pilares y su vestíbulo también tenían las mismas medidas que los anteriores. La puerta y el vestíbulo tenían ventanas a su alrededor, y medían veinticinco metros de largo por doce metros y medio de ancho. ³⁴Su vestíbulo daba al atrio exterior. Los pilares tenían a cada lado grabados de palmeras, y a esta puerta se llegaba subiendo ocho gradas.

El atrio interior: la puerta norte

³⁵Luego el mismo hombre me llevó a la puerta del norte y la midió: ésta tenía las mismas medidas que las otras. ³⁶También tenía celdas, pilares, vestíbulo y ventanas a su alrededor, y medían veinticinco metros de largo por doce metros y medio de ancho. ³⁷Su vestíbulo miraba hacia el atrio exterior. Los pilares tenían grabados de palmera a cada lado. A esta puerta se llegaba subiendo ocho gradas.

Los anexos de las puertas

³⁸Había una sala que se comunicaba con el vestíbulo de cada puerta. Allí se lavaba el *holocausto. ³⁹En el vestíbulo de la puerta había cuatro mesas, dos de cada lado, donde se mataba a los animales para el holocausto, para la ofrenda por el pecado y para la ofrenda por la culpa. ⁴⁰Fuera del vestíbulo, por donde se subía hacia la entrada de la puerta norte, había otras dos mesas; y al otro lado del vestíbulo de la puerta había otras dos mesas. ⁴¹De manera que había cuatro mesas de un lado de la puerta y cuatro del otro, es decir, ocho mesas en total, donde se mataba a los animales. ⁴²Para el holocausto había cuatro mesas talladas en piedra, que medían setenta y cinco centímetros de largo por setenta y cinco centímetros de ancho, y cincuenta centímetros de alto. Sobre ellas se colocaban los instrumentos con que se mataba a los animales para el holocausto y otros sacrificios. ⁴³Colocados en el interior, sobre las paredes en derredor, estaban los ganchos dobles, que medían unos veinticinco centímetros de largo. Sobre las mesas se ponía la carne de las ofrendas.

Las habitaciones para los sacerdotes

⁴⁴En el atrio interior, fuera de las puertas interiores, había dos salas.ᵏ Una de ellas estaba junto a la puerta del norte que daba al sur, y la otra estaba junto a la puerta del surˡ que daba al norte. ⁴⁵Aquel hombre me dijo: «La sala que da al sur es para los sacerdotes que están encargados del servicio en el templo, ⁴⁶mientras que la sala que da al norte es para los sacerdotes encargados del servicio en el altar. Éstos son los hijos de Sadoc, y son los únicos levitas que pueden acercarse al Señor para servirle.»

the same measurements as the others. ²⁹Its alcoves, its projecting walls and its portico had the same measurements as the others. The gateway and its portico had openings all around. It was fifty cubits long and twenty-five cubits wide. ³⁰(The porticoes of the gateways around the inner court were twenty-five cubits wide and five cubits deep.) ³¹Its portico faced the outer court; palm trees decorated its jambs, and eight steps led up to it.

³²Then he brought me to the inner court on the east side, and he measured the gateway; it had the same measurements as the others. ³³Its alcoves, its projecting walls and its portico had the same measurements as the others. The gateway and its portico had openings all around. It was fifty cubits long and twenty-five cubits wide. ³⁴Its portico faced the outer court; palm trees decorated the jambs on either side, and eight steps led up to it.

³⁵Then he brought me to the north gate and measured it. It had the same measurements as the others, ³⁶as did its alcoves, its projecting walls and its portico, and it had openings all around. It was fifty cubits long and twenty-five cubits wide. ³⁷Its porticoᵇ faced the outer court; palm trees decorated the jambs on either side, and eight steps led up to it.

The Rooms for Preparing Sacrifices

³⁸A room with a doorway was by the portico in each of the inner gateways, where the burnt offerings were washed. ³⁹In the portico of the gateway were two tables on each side, on which the burnt offerings, sin offerings and guilt offerings were slaughtered. ⁴⁰By the outside wall of the portico of the gateway, near the steps at the entrance to the north gateway were two tables, and on the other side of the steps were two tables. ⁴¹So there were four tables on one side of the gateway and four on the other—eight tables in all—on which the sacrifices were slaughtered. ⁴²There were also four tables of dressed stone for the burnt offerings, each a cubit and a half long, a cubit and a half wide and a cubit high. On them were placed the utensils for slaughtering the burnt offerings and the other sacrifices. ⁴³And double-pronged hooks, each a handbreadth long, were attached to the wall all around. The tables were for the flesh of the offerings.

Rooms for the Priests

⁴⁴Outside the inner gate, within the inner court, were two rooms, oneᶜ at the side of the north gate and facing south, and another at the side of the southᵈ gate and facing north. ⁴⁵He said to me, "The room facing south is for the priests who have charge of the temple, ⁴⁶and the room facing north is for the priests who have charge of the altar. These are the sons of Zadok, who are the only Levites who may draw near to the Lord to minister before him."

ᵏ 40:44 *dos salas* (LXX); *salas para cantores* (TM).　　ˡ40:44 *sur* (LXX); *este* (TM).

ᵇ 37 Septuagint (see also verses 31 and 34); Hebrew *jambs*
ᶜ 44 Septuagint; Hebrew *were rooms for singers, which were*
ᵈ 44 Septuagint; Hebrew *east*

El atrio interior y el templo

⁴⁷El hombre midió el atrio, que era un cuadrado de cincuenta metros de largo por cincuenta metros de ancho. El altar estaba frente al templo. ⁴⁸Entonces me llevó al vestíbulo del templo y midió sus pilares, y cada uno medía dos metros y medio de grueso. El ancho de la puerta era de siete metros, mientras que las paredes laterales de la puerta medían un metro y medio de ancho. ⁴⁹El vestíbulo medía seis metros de largo por diez metros de ancho, y se llegaba a él por una escalera de diez gradas.ᵐ Junto a cada pilar había una columna.

41 Luego el hombre me llevó al templo y midió los pilares, los cuales tenían tres metros de un lado y tres metros del otro. ²El ancho de la entrada era de cinco metros, y cada una de las paredes laterales medía dos metros y medio de ancho. También midió la nave central, la cual medía veinte metros de largo por diez de ancho.

³Después entró en el recinto interior y midió los pilares de la entrada, los cuales eran de un metro cada uno. La entrada medía tres metros de ancho, y las paredes laterales de la entrada medían tres metros y medio. ⁴Después midió la longitud del recinto interior, que era de diez metros de largo; su anchura era de la misma medida. Entonces me dijo: «Éste es el Lugar Santísimo.»

⁵Luego midió el muro del templo, que era de tres metros de espesor. Las salas alrededor del templo medían dos metros de fondo. ⁶Estas salas laterales estaban puestas una sobre otra, formando tres pisos. En cada piso había treinta salas. Alrededor de todo el muro del templo había soportes que sobresalían para sostener a las salas laterales, de modo que no estuvieran empotradas en el muro del templo. ⁷Las salas laterales alrededor del templo se ensanchaban en cada piso sucesivo. La estructura alrededor del templo estaba construida en niveles ascendentes, de modo que, a medida que se subía, las salas de arriba adquirían mayor amplitud. Una rampa subía desde el piso inferior hasta el superior, pasando por el piso intermedio.

⁸También vi que alrededor de todo el templo había una plataforma elevada que servía de base para las salas laterales. Esta base medía tres metros de altura. ⁹La pared exterior de las salas tenía un espesor de dos metros y medio, y entre las salas laterales del templo ¹⁰y las habitaciones de los sacerdotes que rodeaban el templo quedaba un espacio libre de diez metros de ancho. ¹¹Las salas laterales se comunicaban con el espacio libre por medio de dos entradas, una al norte y otra al sur. El ancho del espacio libre alrededor de las salas laterales era de dos metros y medio.

¹²El edificio que por el lado oeste quedaba frente al patio medía treinta y cinco metros de ancho, con un muro de dos metros y medio de ancho por cuarenta y cinco metros de largo.

¹³El hombre midió el templo, el cual tenía un total de cincuenta metros de largo. También el patio con el edificio adyacente y el muro medían cincuenta metros de largo. ¹⁴El ancho de la fachada del templo, más la parte del patio que da hacia el este, medía cincuenta metros. ¹⁵Luego midió la longitud del edificio posterior del templo que daba al patio, junto con las galerías de ambos lados, y medía cincuenta metros.

La nave interior del templo, los vestíbulos del atrio,

⁴⁷Then he measured the court: It was square—a hundred cubits long and a hundred cubits wide. And the altar was in front of the temple.

The Temple

⁴⁸He brought me to the portico of the temple and measured the jambs of the portico; they were five cubits wide on either side. The width of the entrance was fourteen cubits and its projecting walls wereᵉ three cubits wide on either side. ⁴⁹The portico was twenty cubits wide, and twelveᶠ cubits from front to back. It was reached by a flight of stairs,ᵍ and there were pillars on each side of the jambs.

41 Then the man brought me to the outer sanctuary and measured the jambs; the width of the jambs was six cubitsʰ on each side.ⁱ ²The entrance was ten cubits wide, and the projecting walls on each side of it were five cubits wide. He also measured the outer sanctuary; it was forty cubits long and twenty cubits wide.

³Then he went into the inner sanctuary and measured the jambs of the entrance; each was two cubits wide. The entrance was six cubits wide, and the projecting walls on each side of it were seven cubits wide. ⁴And he measured the length of the inner sanctuary; it was twenty cubits, and its width was twenty cubits across the end of the outer sanctuary. He said to me, "This is the Most Holy Place."

⁵Then he measured the wall of the temple; it was six cubits thick, and each side room around the temple was four cubits wide. ⁶The side rooms were on three levels, one above another, thirty on each level. There were ledges all around the wall of the temple to serve as supports for the side rooms, so that the supports were not inserted into the wall of the temple. ⁷The side rooms all around the temple were wider at each successive level. The structure surrounding the temple was built in ascending stages, so that the rooms widened as one went upward. A stairway went up from the lowest floor to the top floor through the middle floor.

⁸I saw that the temple had a raised base all around it, forming the foundation of the side rooms. It was the length of the rod, six long cubits. ⁹The outer wall of the side rooms was five cubits thick. The open area between the side rooms of the temple ¹⁰and the ⌊priests'⌋ rooms was twenty cubits wide all around the temple. ¹¹There were entrances to the side rooms from the open area, one on the north and another on the south; and the base adjoining the open area was five cubits wide all around.

¹²The building facing the temple courtyard on the west side was seventy cubits wide. The wall of the building was five cubits thick all around, and its length was ninety cubits.

¹³Then he measured the temple; it was a hundred cubits long, and the temple courtyard and the building with its walls were also a hundred cubits long. ¹⁴The width of the temple courtyard on the east, including the front of the temple, was a hundred cubits.

¹⁵Then he measured the length of the building facing the courtyard at the rear of the temple, including its galleries on each side; it was a hundred cubits.

The outer sanctuary, the inner sanctuary and the por-

ᵉ 48 Septuagint; Hebrew *entrance was*   ᶠ 49 Septuagint; Hebrew *eleven*   ᵍ 49 Hebrew; Septuagint *Ten steps led up to it*   ʰ 1 The common cubit was about 1 1/2 feet (about 0.5 meter).   ⁱ 1 One Hebrew manuscript and Septuagint; most Hebrew manuscripts *side, the width of the tent*

ᵐ 40:49 *diez gradas* (LXX); *gradas* (TM)

16 los umbrales, las ventanas con rejas y las galerías alrededor de los tres pisos, comenzando desde la entrada, estaban recubiertos de madera por todas partes. De arriba a abajo, todo estaba recubierto, incluso las ventanas. 17 Desde la entrada hasta el recinto interior, y alrededor de todo el muro, por dentro y por fuera, en el interior y el exterior, 18 se alternaban los grabados de *querubines y palmeras. Cada querubín tenía dos rostros, 19 uno de hombre y otro de león. Cada rostro miraba hacia la palmera que tenía a su costado. Alrededor de todo el templo podían verse los grabados de estos querubines. 20 Desde el suelo hasta la parte superior de las puertas había grabados de querubines y palmeras sobre todas las paredes del templo.

21 Los postes de la entrada al templo eran cuadrados, y frente al Lugar Santísimo había algo que parecía 22 un altar de madera, el cual medía un metro y medio de alto por uno de largo y uno de ancho. Sus esquinas, la base*n* y sus costados eran de madera. El hombre me dijo: «Esta es la mesa que está delante del SEÑOR.» 23 Tanto el templo como el Lugar Santísimo tenían puertas dobles. 24 Cada puerta tenía dos hojas; dos hojas giratorias para cada puerta. 25 Sobre la puerta del templo había grabados de querubines y palmeras, como los que había en las paredes. En la fachada del vestíbulo, por la parte exterior, había un alero de madera. 26 Sobre ambos lados del vestíbulo había ventanas con rejas y con grabados de palmeras. Las salas laterales también tenían aleros.

Las habitaciones para los sacerdotes

42 El hombre me sacó al atrio exterior, en dirección al norte, y me hizo entrar a las habitaciones que estaban hacia el norte, frente al patio cerrado y frente al edificio detrás del templo. 2 Todo esto medía cincuenta metros de largo por el lado norte, y veinticinco metros de ancho. 3 Frente a los diez metros del atrio interior, y frente al enlosado del atrio exterior, había en los tres pisos unas galerías, las cuales quedaban unas frente a las otras. 4 Frente a las habitaciones había un pasillo interior de cinco metros de ancho y cincuenta*ñ* de largo. Las puertas de las habitaciones daban al norte. 5 Las habitaciones del piso superior eran más estrechas que las del piso inferior y las del piso intermedio, porque las galerías les quitaban más espacio a las de arriba. 6 Las habitaciones en el tercer piso no tenían columnas como las habitaciones del atrio, y por eso eran más estrechas que las del piso intermedio y las del piso inferior. 7 Había un muro exterior que corría paralelo y de frente a las habitaciones del atrio exterior, el cual medía veinticinco metros de largo. 8 Las habitaciones que daban al atrio exterior medían veinticinco metros, mientras que las que daban al frente del templo medían cincuenta metros. 9 A las habitaciones del piso inferior se entraba por el atrio exterior, es decir, por el este.

10 Por el lado sur,*o* a lo largo del muro del atrio, frente al patio y frente al edificio detrás del templo, había unas habitaciones. 11 Tenían un pasillo frente a ellas, como el de las habitaciones de la parte norte. A su vez, tenían la misma longitud, el mismo ancho, las mismas salidas, las mismas disposiciones y las mismas entradas. 12 Bajo las habitaciones que daban al sur, frente al muro que daba al este, que era por donde se podía entrar a ellas, había una entrada al comienzo de cada pasillo.

tico facing the court, 16 as well as the thresholds and the narrow windows and galleries around the three of them—everything beyond and including the threshold was covered with wood. The floor, the wall up to the windows, and the windows were covered. 17 In the space above the outside of the entrance to the inner sanctuary and on the walls at regular intervals all around the inner and outer sanctuary 18 were carved cherubim and palm trees. Palm trees alternated with cherubim. Each cherub had two faces: 19 the face of a man toward the palm tree on one side and the face of a lion toward the palm tree on the other. They were carved all around the whole temple. 20 From the floor to the area above the entrance, cherubim and palm trees were carved on the wall of the outer sanctuary.

21 The outer sanctuary had a rectangular doorframe, and the one at the front of the Most Holy Place was similar. 22 There was a wooden altar three cubits high and two cubits square*j*; its corners, its base*k* and its sides were of wood. The man said to me, "This is the table that is before the LORD." 23 Both the outer sanctuary and the Most Holy Place had double doors. 24 Each door had two leaves—two hinged leaves for each door. 25 And on the doors of the outer sanctuary were carved cherubim and palm trees like those carved on the walls, and there was a wooden overhang on the front of the portico. 26 On the sidewalls of the portico were narrow windows with palm trees carved on each side. The side rooms of the temple also had overhangs.

Rooms for the Priests

42 Then the man led me northward into the outer court and brought me to the rooms opposite the temple courtyard and opposite the outer wall on the north side. 2 The building whose door faced north was a hundred cubits*l* long and fifty cubits wide. 3 Both in the section twenty cubits from the inner court and in the section opposite the pavement of the outer court, gallery faced gallery at the three levels. 4 In front of the rooms was an inner passageway ten cubits wide and a hundred cubits*m* long. Their doors were on the north. 5 Now the upper rooms were narrower, for the galleries took more space from them than from the rooms on the lower and middle floors of the building. 6 The rooms on the third floor had no pillars, as the courts had; so they were smaller in floor space than those on the lower and middle floors. 7 There was an outer wall parallel to the rooms and the outer court; it extended in front of the rooms for fifty cubits. 8 While the row of rooms on the side next to the outer court was fifty cubits long, the row on the side nearest the sanctuary was a hundred cubits long. 9 The lower rooms had an entrance on the east side as one enters them from the outer court.

10 On the south side*n* along the length of the wall of the outer court, adjoining the temple courtyard and opposite the outer wall, were rooms 11 with a passageway in front of them. These were like the rooms on the north; they had the same length and width, with similar exits and dimensions. Similar to the doorways on the north 12 were the doorways of the rooms on the south. There was a doorway at the beginning of the passageway that was parallel to the corresponding wall extending eastward, by which one enters the rooms.

---

n 41:22 la base (LXX); la longitud (TM).　　*ñ* 42:4 cincuenta (LXX; lit. cien *codos); medio metro (TM; lit. un codo).　*o* 42:10 sur (LXX); este (TM).

j 22 Septuagint; Hebrew *long*　　*k* 22 Septuagint; Hebrew *length*
l 2 The common cubit was about 1 1/2 feet (about 0.5 meter).
m 4 Septuagint and Syriac; Hebrew *and one cubit*
n 10 Septuagint; Hebrew *Eastward*

13 El hombre me dijo: «Las habitaciones del norte y del sur, que están frente al patio, son las habitaciones sagradas. Allí es donde los sacerdotes que se acercan al SEÑOR comerán las ofrendas más sagradas. Allí colocarán la ofrenda de cereal, la ofrenda por el pecado y la ofrenda por la culpa, porque el lugar es *santo. 14 Cuando los sacerdotes entren allí, no saldrán al atrio exterior sin dejar antes las vestiduras con que ministran, porque esas vestiduras son santas. Antes de acercarse a los lugares destinados para el pueblo deberán vestirse con otra ropa.»

15 Cuando el hombre terminó de medir el interior del templo, me hizo salir por la puerta que da al oriente, y midió todo el contorno. 16 Tomó la vara para medir el lado oriental, y éste midió doscientos cincuenta metros.p 17 Después midió el lado norte, y también medía doscientos cincuenta metros; 18 luego el lado sur: doscientos cincuenta metros; 19 luego se volvió hacia el lado oeste y lo midió: doscientos cincuenta metros. 20 El hombre tomó las medidas de los cuatro lados. La zona estaba rodeada por un muro que medía doscientos cincuenta metros de largo por doscientos cincuenta metros de ancho. Este muro separaba lo sagrado de lo profano.

La gloria del SEÑOR vuelve al templo

43 Entonces el hombre me llevó a la puerta que da al oriente, 2 y vi que la gloria del Dios de Israel venía del oriente, en medio de un ruido ensordecedor, semejante al de un río caudaloso; y la tierra se llenó de su gloria. 3 Esta visión era semejante a la que tuve cuando el SEÑOR vino a destruir la ciudad de Jerusalén, y a la que tuve junto al río Quebar. Me incliné rostro en tierra, 4 y la gloria del SEÑOR entró al templo por la puerta que daba al oriente. 5 Entonces el Espíritu me levantó y me introdujo en el atrio interior, y vi que la gloria del SEÑOR había llenado el templo.

6 Mientras el hombre estaba de pie a mi lado, oí que alguien me hablaba desde el templo. 7 Me decía: «Hijo de hombre, éste es el lugar de mi trono, el lugar donde pongo la planta de mis pies; aquí habitaré entre los israelitas para siempre. El pueblo de Israel y sus reyes no volverán a profanar mi *santo *nombre con sus infidelidades, ni con sus tumbas reales y sus cultos idolátricos. 8 Los israelitas profanaron mi santo nombre con sus acciones detestables, pues colocaron su umbral y sus postes junto a los míos, con tan sólo un muro de por medio. Por eso, en mi ira los exterminé. 9 Que alejen ahora de mí sus infidelidades y sus tumbas reales, y yo habitaré en medio de ellos para siempre.

10 »Hijo de hombre, cuéntale al pueblo de Israel acerca del templo, con sus planos y medidas, para que se avergüencen de sus iniquidades. 11 Y si se avergüenzan de todo lo que han hecho, hazles conocer el diseño del templo y su estructura, con sus salidas y entradas, es decir, todo su diseño, al igual que sus preceptos y sus *leyes. Pon todo esto por escrito ante sus ojos, para que sean fieles a todo su diseño y cumplan todos sus preceptos.

12 »Ésta es la ley del templo: todo el terreno que lo rodea sobre la cumbre del monte será un Lugar Santísimo. Tal es la ley del templo.»

13 Then he said to me, "The north and south rooms facing the temple courtyard are the priests' rooms, where the priests who approach the LORD will eat the most holy offerings. There they will put the most holy offerings—the grain offerings, the sin offerings and the guilt offerings—for the place is holy. 14 Once the priests enter the holy precincts, they are not to go into the outer court until they leave behind the garments in which they minister, for these are holy. They are to put on other clothes before they go near the places that are for the people."

15 When he had finished measuring what was inside the temple area, he led me out by the east gate and measured the area all around: 16 He measured the east side with the measuring rod; it was five hundred cubits.o 17 He measured the north side; it was five hundred cubitsp by the measuring rod. 18 He measured the south side; it was five hundred cubits by the measuring rod. 19 Then he turned to the west side and measured; it was five hundred cubits by the measuring rod. 20 So he measured the area on all four sides. It had a wall around it, five hundred cubits long and five hundred cubits wide, to separate the holy from the common.

The Glory Returns to the Temple

43 Then the man brought me to the gate facing east, 2 and I saw the glory of the God of Israel coming from the east. His voice was like the roar of rushing waters, and the land was radiant with his glory. 3 The vision I saw was like the vision I had seen when heq came to destroy the city and like the visions I had seen by the Kebar River, and I fell facedown. 4 The glory of the LORD entered the temple through the gate facing east. 5 Then the Spirit lifted me up and brought me into the inner court, and the glory of the LORD filled the temple.

6 While the man was standing beside me, I heard someone speaking to me from inside the temple. 7 He said: "Son of man, this is the place of my throne and the place for the soles of my feet. This is where I will live among the Israelites forever. The house of Israel will never again defile my holy name—neither they nor their kings—by their prostitutionr and the lifeless idolss of their kings at their high places. 8 When they placed their threshold next to my threshold and their doorposts beside my doorposts, with only a wall between me and them, they defiled my holy name by their detestable practices. So I destroyed them in my anger. 9 Now let them put away from me their prostitution and the lifeless idols of their kings, and I will live among them forever.

10 "Son of man, describe the temple to the people of Israel, that they may be ashamed of their sins. Let them consider the plan, 11 and if they are ashamed of all they have done, make known to them the design of the temple—its arrangement, its exits and entrances—its whole design and all its regulationst and laws. Write these down before them so that they may be faithful to its design and follow all its regulations.

12 "This is the law of the temple: All the surrounding area on top of the mountain will be most holy. Such is the law of the temple.

o 16 See Septuagint of verse 17; Hebrew rods; also in verses 18 and 19.   p 17 Septuagint; Hebrew rods   q 3 Some Hebrew manuscripts and Vulgate; most Hebrew manuscripts I   r 7 Or their spiritual adultery; also in verse 9   s 7 Or the corpses; also in verse 9   t 11 Some Hebrew manuscripts and Septuagint; most Hebrew manuscripts regulations and its whole design

p 42:16 doscientos cincuenta metros. Texto de difícil traducción.

El altar

13 Éstas son las medidas del altar:*q* Alrededor del altar había una fosa de medio metro de hondo por medio metro de ancho, con un reborde de veinticinco centímetros alrededor de toda la orilla. La altura del altar era la siguiente: 14 Desde la fosa en el suelo hasta el zócalo inferior tenía un metro de alto y medio metro de ancho; y desde el zócalo inferior hasta el zócalo superior, medía dos metros de alto y medio metro de ancho. 15 El fogón del altar medía dos metros, y desde allí se erguían cuatro cuernos. 16 El fogón del altar era un cuadrado perfecto de seis metros de largo por seis de ancho. 17 El zócalo superior también era un cuadrado de siete metros de largo por siete de ancho, y alrededor de todo el altar había un reborde de veinticinco centímetros. La fosa alrededor del altar tenía medio metro de ancho. Las gradas del altar daban al oriente.

18 Luego el hombre me dijo: «Hijo de hombre, así dice el SEÑOR omnipotente: El día que se construya el altar para ofrecer los *holocaustos y para derramar la sangre, se deberán seguir estas normas: 19 A los sacerdotes levitas descendientes de Sadoc que se acercan para servirme les darás un ternero para que lo ofrezcan como sacrificio por el pecado. Lo afirma el SEÑOR omnipotente. 20 Luego tomarás un poco de la sangre, y con ella rociarás los cuatro cuernos, las cuatro esquinas del zócalo superior y todo el reborde que lo rodea. Así lo *purificarás y harás *expiación por él. 21 Después tomarás el ternero del sacrificio por el pecado, y éste será quemado en el lugar señalado en el templo, fuera del santuario.

22 »Al segundo día, ofrecerás como sacrificio por el pecado un macho cabrío sin defecto, y el altar quedará purificado de la misma manera que se purificó con el ternero. 23 Cuando hayas terminado de purificarlo, ofrecerás un ternero y un carnero sin defecto 24 en presencia del SEÑOR, y los sacerdotes los rociarán con sal y los ofrecerán como holocausto al SEÑOR. 25 Durante siete días ofrecerás diariamente un macho cabrío para el sacrificio por el pecado, y también un ternero y un carnero del rebaño, ambos sin defecto. 26 Durante siete días los sacerdotes harán la expiación por el altar y lo purificarán; de este modo quedará consagrado. 27 Al cabo de estos siete días, y a partir del día octavo, comenzarán a ofrecer sobre el altar los holocaustos y sacrificios de *comunión que ustedes ofrezcan. Entonces yo los aceptaré. Lo afirma el SEÑOR.»

Deberes de levitas y sacerdotes

44 El hombre me hizo regresar por la puerta exterior del templo, la que daba al oriente, pero estaba cerrada. 2 Allí el SEÑOR me dijo: «Esta puerta quedará cerrada. No se abrirá, y nadie deberá entrar por ella. Deberá quedar cerrada porque por ella ha entrado el SEÑOR, Dios de Israel. 3 Tan sólo el príncipe podrá sentarse junto a la puerta para comer en presencia del SEÑOR. Deberá entrar por el vestíbulo de la puerta, y salir por el mismo lugar.»

Los levitas

4 Después el hombre me llevó por el camino de la puerta del norte, que está frente al templo. Al ver que la gloria del SEÑOR llenaba el templo, me postré rostro

The Altar

13 "These are the measurements of the altar in long cubits, that cubit being a cubit*u* and a handbreadth*v*: Its gutter is a cubit deep and a cubit wide, with a rim of one span*w* around the edge. And this is the height of the altar: 14 From the gutter on the ground up to the lower ledge it is two cubits high and a cubit wide, and from the smaller ledge up to the larger ledge it is four cubits high and a cubit wide. 15 The altar hearth is four cubits high, and four horns project upward from the hearth. 16 The altar hearth is square, twelve cubits long and twelve cubits wide. 17 The upper ledge also is square, fourteen cubits long and fourteen cubits wide, with a rim of half a cubit and a gutter of a cubit all around. The steps of the altar face east."

18 Then he said to me, "Son of man, this is what the Sovereign LORD says: These will be the regulations for sacrificing burnt offerings and sprinkling blood upon the altar when it is built: 19 You are to give a young bull as a sin offering to the priests, who are Levites, of the family of Zadok, who come near to minister before me, declares the Sovereign LORD. 20 You are to take some of its blood and put it on the four horns of the altar and on the four corners of the upper ledge and all around the rim, and so purify the altar and make atonement for it. 21 You are to take the bull for the sin offering and burn it in the designated part of the temple area outside the sanctuary.

22 "On the second day you are to offer a male goat without defect for a sin offering, and the altar is to be purified as it was purified with the bull. 23 When you have finished purifying it, you are to offer a young bull and a ram from the flock, both without defect. 24 You are to offer them before the LORD, and the priests are to sprinkle salt on them and sacrifice them as a burnt offering to the LORD.

25 "For seven days you are to provide a male goat daily for a sin offering; you are also to provide a young bull and a ram from the flock, both without defect. 26 For seven days they are to make atonement for the altar and cleanse it; thus they will dedicate it. 27 At the end of these days, from the eighth day on, the priests are to present your burnt offerings and fellowship offerings*x* on the altar. Then I will accept you, declares the Sovereign LORD."

The Prince, the Levites, the Priests

44 Then the man brought me back to the outer gate of the sanctuary, the one facing east, and it was shut. 2 The LORD said to me, "This gate is to remain shut. It must not be opened; no one may enter through it. It is to remain shut because the LORD, the God of Israel, has entered through it. 3 The prince himself is the only one who may sit inside the gateway to eat in the presence of the LORD. He is to enter by way of the portico of the gateway and go out the same way."

4 Then the man brought me by way of the north gate to the front of the temple. I looked and saw the glory of the LORD filling the temple of the LORD, and I fell facedown.

---

q 43:13 del altar. Lit. del altar en codos, a razón de *codo y *palmo.

u 13 The common cubit was about 1 1/2 feet (about 0.5 meter). *v 13* That is, about 3 inches (about 8 centimeters)   *w 13* That is, about 9 inches (about 22 centimeters)   *x 27* Traditionally *peace offerings*

en tierra. ⁵ Entonces el SEÑOR me dijo: «Hijo de hombre, presta mucha atención. Abre bien los ojos y escucha atentamente todo lo que voy a decirte sobre las normas y las leyes concernientes al templo. Fíjate bien en quiénes pueden entrar al santuario, y quiénes no.

⁶»Adviértele a este pueblo rebelde de Israel que así dice el SEÑOR omnipotente: "Pueblo de Israel, ¡basta ya de tus prácticas detestables! ⁷ Ustedes dejaron entrar en mi santuario a extranjeros, incircuncisos de *corazón y de cuerpo, para que profanaran mi templo. Mientras tanto, ustedes me ofrecían alimentos, grasa y sangre, violando así mi *pacto con sus acciones detestables. ⁸ No se ocuparon de cumplir con mi culto sagrado, sino que pusieron a extranjeros a cargo de mi santuario. ⁹ Así dice el SEÑOR omnipotente: ¡No entrará en mi templo ningún extranjero incircunciso de corazón y de cuerpo; ni siquiera los extranjeros que habitan entre los israelitas!

¹⁰» "Tendrán que pagar por su iniquidad los levitas que se alejaron de mí cuando Israel se descarriaba para ir tras sus ídolos malolientes. ¹¹ Podrán servir en mi santuario como custodios de las puertas, y en algunos otros menesteres del templo. Ellos serán los que maten los animales para el *holocausto y para el sacrificio que presenta el pueblo, y deberán estar dispuestos a servir al pueblo. ¹² Pero yo he levantado mi mano contra ellos, y por haber servido al pueblo de Israel delante de sus ídolos malolientes, y por hacerlo caer, tendrán que pagar por su iniquidad. Yo, el SEÑOR, lo afirmo. ¹³ No podrán acercarse a mí para servir como sacerdotes, ni se acercarán a mis objetos sagrados, y menos aún a los objetos santísimos. Tendrán que cargar con la vergüenza de las acciones detestables que han cometido. ¹⁴ Sin embargo, los pondré a cargo de la custodia del templo, y de todo el servicio que se deba cumplir en él.

¹⁵» "En cambio, se acercarán para servirme los sacerdotes levitas descendientes de Sadoc, que estuvieron al servicio de mi santuario cuando los israelitas se descarriaban de mí; y se presentarán ante mí para ofrecerme la grasa y la sangre. Yo, el SEÑOR omnipotente, lo afirmo. ¹⁶ Sólo ellos entrarán en mi santuario y podrán acercarse a mi mesa para servirme y encargarse de mi servicio. ¹⁷ Y cuando entren por la puerta del atrio interior, se pondrán vestiduras de lino. Cuando estén sirviendo a las puertas del atrio interior, o en el templo, no llevarán ropa de lana. ¹⁸ Llevarán turbantes de lino sobre la cabeza, y alrededor de la cintura usarán ropa interior de lino. No se pondrán nada en la cintura que los haga transpirar. ¹⁹ Y cuando salgan al atrio exterior, donde está el pueblo, deberán quitarse la ropa con que hayan servido y dejarla en las salas sagradas. Luego se cambiarán de ropa, a fin de no *santificar al pueblo por medio de sus vestiduras.

²⁰» "No se raparán la cabeza, pero tampoco se dejarán largo el cabello, sino que se lo recortarán prolijamente.

²¹» "Ningún sacerdote deberá beber vino cuando entre en el atrio interior.

²²» "No deberá casarse con una viuda o una divorciada, sino sólo con una israelita que aún sea virgen o con la viuda de un sacerdote.

²³» "Deberán enseñarle a mi pueblo a distinguir entre lo sagrado y lo profano, y mostrarle cómo diferenciar entre lo *puro y lo impuro.

²⁴» "En cualquier pleito, los sacerdotes fungirán como jueces y juzgarán según mis ordenanzas. En todas mis fiestas observarán mis *leyes y mis preceptos, y observarán mis *sábados, pues son días *santos.

⁵The LORD said to me, "Son of man, look carefully, listen closely and give attention to everything I tell you concerning all the regulations regarding the temple of the LORD. Give attention to the entrance of the temple and all the exits of the sanctuary. ⁶Say to the rebellious house of Israel, 'This is what the Sovereign LORD says: Enough of your detestable practices, O house of Israel! ⁷In addition to all your other detestable practices, you brought foreigners uncircumcised in heart and flesh into my sanctuary, desecrating my temple while you offered me food, fat and blood, and you broke my covenant. ⁸Instead of carrying out your duty in regard to my holy things, you put others in charge of my sanctuary. ⁹This is what the Sovereign LORD says: No foreigner uncircumcised in heart and flesh is to enter my sanctuary, not even the foreigners who live among the Israelites.

¹⁰" 'The Levites who went far from me when Israel went astray and who wandered from me after their idols must bear the consequences of their sin. ¹¹They may serve in my sanctuary, having charge of the gates of the temple and serving in it; they may slaughter the burnt offerings and sacrifices for the people and stand before the people and serve them. ¹²But because they served them in the presence of their idols and made the house of Israel fall into sin, therefore I have sworn with uplifted hand that they must bear the consequences of their sin, declares the Sovereign LORD. ¹³They are not to come near to serve me as priests or come near any of my holy things or my most holy offerings; they must bear the shame of their detestable practices. ¹⁴Yet I will put them in charge of the duties of the temple and all the work that is to be done in it.

¹⁵" 'But the priests, who are Levites and descendants of Zadok and who faithfully carried out the duties of my sanctuary when the Israelites went astray from me, are to come near to minister before me; they are to stand before me to offer sacrifices of fat and blood, declares the Sovereign LORD. ¹⁶They alone are to enter my sanctuary; they alone are to come near my table to minister before me and perform my service.

¹⁷" 'When they enter the gates of the inner court, they are to wear linen clothes; they must not wear any woolen garment while ministering at the gates of the inner court or inside the temple. ¹⁸They are to wear linen turbans on their heads and linen undergarments around their waists. They must not wear anything that makes them perspire. ¹⁹When they go out into the outer court where the people are, they are to take off the clothes they have been ministering in and are to leave them in the sacred rooms, and put on other clothes, so that they do not consecrate the people by means of their garments.

²⁰" 'They must not shave their heads or let their hair grow long, but they are to keep the hair of their heads trimmed. ²¹No priest is to drink wine when he enters the inner court. ²²They must not marry widows or divorced women; they may marry only virgins of Israelite descent or widows of priests. ²³They are to teach my people the difference between the holy and the common and show them how to distinguish between the unclean and the clean.

²⁴" 'In any dispute, the priests are to serve as judges and decide it according to my ordinances. They are to keep my laws and my decrees for all my appointed feasts, and they are to keep my Sabbaths holy.

25» "El sacerdote no deberá acercarse a un cadáver, para no *contaminarse. Sólo podrá contaminarse si el cadáver es de su propio padre, o de su madre, hijo, hija, hermano, o hermana soltera. 26 Si queda contaminado, deberá purificarse, y luego esperar siete días. 27 El día que vuelva a entrar en el atrio interior del santuario para cumplir su servicio, deberá ofrecer su sacrificio por el pecado. Lo afirma el SEÑOR omnipotente.

28» "Los sacerdotes no tendrán ninguna heredad, porque su heredad soy yo. Ustedes no les darán ninguna propiedad en Israel. Su propiedad soy yo. 29 Ellos se alimentarán de la ofrenda de cereal y de las víctimas ofrecidas por el pecado y por la culpa. Además, todo lo que los israelitas consagren al SEÑOR será para ellos. 30 También recibirán lo mejor de todas las *primicias y de todas las ofrendas que ustedes presenten. Les darán a los sacerdotes, para su pan, lo mejor de sus masas. Así mi bendición reposará sobre los hogares de ustedes. 31 Los sacerdotes no comerán ningún animal, sea ave o bestia, que sea encontrado muerto o despedazado por una fiera.

División de la tierra

45 » "Cuando por sorteo se repartan la tierra como herencia, deberán reservar una porción de terreno, la cual será consagrada al SEÑOR. Esta porción santa será de doce mil quinientos metros de largo por diez mil[r] de ancho. Todo este territorio será *santo. 2 De allí se adjudicará para el santuario un terreno cuadrado de doscientos cincuenta metros por lado. Además, alrededor de ese terreno se reservará un espacio libre de veinticinco metros de ancho. 3 En esa sección reservada apartarás una parcela de doce mil quinientos metros de largo por cinco mil de ancho, donde estará el santuario, el Lugar Santísimo. 4 Ésta será la porción santa de tierra para los sacerdotes que sirven en el santuario y que se acercan para servir al SEÑOR. Allí construirán sus casas, y también el santuario del SEÑOR. 5 Además, a los levitas que sirven en el templo se les adjudicará un espacio de doce mil quinientos metros de largo por cinco mil de ancho, para que tengan ciudades donde vivir.[s] 6 Y como territorio para la ciudad se asignará, junto a la sección reservada para el santuario, un espacio de dos mil quinientos metros de ancho por doce mil quinientos de largo. Este terreno pertenecerá a todo el pueblo de Israel.

7» "Al príncipe se le asignará una porción de tierra a ambos lados de la sección reservada para el santuario y de la sección reservada para la ciudad. Por el lado oeste se extenderá hacia el oeste, y hacia el este por el lado oriental. Su longitud de este a oeste será igual a la de los terrenos asignados a una de las tribus. 8 Esta tierra será su posesión en Israel; así mis príncipes no volverán a oprimir a mi pueblo, sino que dejarán que las tribus de Israel ocupen la tierra.

9» "Así dice el SEÑOR omnipotente: ¡Basta ya, príncipes de Israel! ¡Abandonen la violencia y la explotación! ¡Practiquen el derecho y la justicia! ¡Dejen de extorsionar a mi pueblo! Lo afirma el SEÑOR. 10 ¡Usen balanzas justas, y pesas y medidas exactas! 11 Para sólidos y líquidos usarán la misma unidad de medida. El *jómer* de doscientos veinte litros servirá de patrón. Un *bato* de líquido será igual a una décima de *jómer*, y un

25" 'A priest must not defile himself by going near a dead person; however, if the dead person was his father or mother, son or daughter, brother or unmarried sister, then he may defile himself. 26 After he is cleansed, he must wait seven days. 27 On the day he goes into the inner court of the sanctuary to minister in the sanctuary, he is to offer a sin offering for himself, declares the Sovereign LORD.

28" 'I am to be the only inheritance the priests have. You are to give them no possession in Israel; I will be their possession. 29 They will eat the grain offerings, the sin offerings and the guilt offerings; and everything in Israel devoted[y] to the LORD will belong to them. 30 The best of all the firstfruits and of all your special gifts will belong to the priests. You are to give them the first portion of your ground meal so that a blessing may rest on your household. 31 The priests must not eat anything, bird or animal, found dead or torn by wild animals.

Division of the Land

45 " 'When you allot the land as an inheritance, you are to present to the LORD a portion of the land as a sacred district, 25,000 cubits long and 20,000[z] cubits wide; the entire area will be holy. 2 Of this, a section 500 cubits square is to be for the sanctuary, with 50 cubits around it for open land. 3 In the sacred district, measure off a section 25,000 cubits[a] long and 10,000 cubits[b] wide. In it will be the sanctuary, the Most Holy Place. 4 It will be the sacred portion of the land for the priests, who minister in the sanctuary and who draw near to minister before the LORD. It will be a place for their houses as well as a holy place for the sanctuary. 5 An area 25,000 cubits long and 10,000 cubits wide will belong to the Levites, who serve in the temple, as their possession for towns to live in.[c]

6" 'You are to give the city as its property an area 5,000 cubits wide and 25,000 cubits long, adjoining the sacred portion; it will belong to the whole house of Israel.

7" 'The prince will have the land bordering each side of the area formed by the sacred district and the property of the city. It will extend westward from the west side and eastward from the east side, running lengthwise from the western to the eastern border parallel to one of the tribal portions. 8 This land will be his possession in Israel. And my princes will no longer oppress my people but will allow the house of Israel to possess the land according to their tribes.

9" 'This is what the Sovereign LORD says: You have gone far enough, O princes of Israel! Give up your violence and oppression and do what is just and right. Stop dispossessing my people, declares the Sovereign LORD. 10 You are to use accurate scales, an accurate ephah[d] and an accurate bath.[e] 11 The ephah and the bath are to be the same size, the bath containing a tenth of a homer[f] and the ephah a tenth of a homer; the

---

[r] 45:1 *diez mil* (LXX; lit. *veinte mil *codos*); *cinco mil* (TM; lit. *diez mil codos*).   [s] 45:5 *ciudades donde vivir* (LXX); *veinte habitaciones* (TM).

[y] 29 The Hebrew term refers to the irrevocable giving over of things or persons to the LORD.   [z] 1 Septuagint (see also verses 3 and 5 and 48:9); Hebrew *10,000*   [a] 3 That is, about 7 miles (about 12 kilometers)   [b] 3 That is, about 3 miles (about 5 kilometers)   [c] 5 Septuagint; Hebrew *temple; they will have as their possession 20 rooms*   [d] 10 An ephah was a dry measure.   [e] 10 A bath was a liquid measure.   [f] 11 A homer was a dry measure.

efa de granos será igual a una décima de *jómer*. ¹²En cuanto a las medidas de peso: una *mina* será igual a veinte *siclos*, y un *siclo* será igual a veinte *guerás*.

¹³» "Ésta es la ofrenda especial que presentarán: por cada *jómer* de trigo, la sexta parte de un *efa*; por cada *jómer* de cebada, la sexta parte de un *efa*. ¹⁴La medida para el aceite es la siguiente: por cada *coro,* la décima parte de un *bato*; esto equivale a diez *batos,* y también a un *jómer,* ya que diez *batos* equivalen a un *jómer.*

¹⁵» "En cuanto a las ovejas, se tomará una de cada doscientas de los rebaños que pastan en las mejores praderas de Israel. Éstas se usarán para las ofrendas de cereales, el *holocausto y el sacrificio de *comunión, a fin de hacer *expiación por ellos —afirma el SEÑOR—. ¹⁶Todo el pueblo estará obligado a contribuir para esta ofrenda especial del príncipe de Israel. ¹⁷Pero en las fiestas, lunas nuevas y *sábados, y en todas las fiestas señaladas en el pueblo de Israel, al príncipe le corresponderá proveer los holocaustos, las ofrendas de cereales y las libaciones. Deberá también proveer la ofrenda por el pecado, las ofrendas de cereales, el holocausto y los sacrificios de comunión, para hacer expiación por los pecados de Israel.

¹⁸» "Así dice el SEÑOR omnipotente: El día primero del mes primero tomarás un ternero sin defecto y lo ofrecerás como sacrificio para *purificar de pecado al templo. ¹⁹De la ofrenda por el pecado el sacerdote tomará un poco de sangre y la pondrá sobre los postes de la puerta del templo, en las cuatro esquinas del zócalo superior del altar, y en los postes de la puerta del atrio interior. ²⁰Lo mismo harás el día siete del mes con todo el que haya pecado sin intención o por ignorancia. Así el templo quedará purificado.

²¹» "El día catorce del mes primero deberás celebrar la fiesta de la Pascua. Durante siete días comerás pan sin levadura. ²²Ese día el príncipe deberá ofrecer un ternero como sacrificio por su pecado y el de todo el pueblo. ²³Y cada día, durante los siete días de la fiesta, el príncipe deberá ofrecer en holocausto al Señor siete terneros y siete carneros sin defecto. Además, cada día ofrecerá un macho cabrío como sacrificio por el pecado. ²⁴También ofrecerá, como ofrenda de cereal, un *efa* por cada ternero, un *efa* por cada carnero, y un *hin* de aceite por cada *efa.*

²⁵» "Durante los siete días de la fiesta, que comienza el día quince del mes séptimo, el príncipe deberá proveer lo mismo para el sacrificio por el pecado, el holocausto y las ofrendas de cereales y de aceite.

46 » "Así dice el SEÑOR omnipotente: La puerta oriental del atrio interior permanecerá cerrada durante los días laborables, pero se abrirá los *sábados y los días de luna nueva. ²El príncipe entrará por el vestíbulo de la puerta, y se detendrá junto a uno de los postes de la puerta; entonces los sacerdotes ofrecerán sus *holocaustos y sus sacrificios de *comunión. El príncipe adorará junto al umbral de la puerta, y luego saldrá; la puerta, sin embargo, no se cerrará hasta el atardecer.

³» "Los sábados y los días de luna nueva el pueblo de esta tierra adorará en presencia del SEÑOR, frente a la

homer is to be the standard measure for both. ¹²The shekel ᵍ is to consist of twenty gerahs. Twenty shekels plus twenty-five shekels plus fifteen shekels equal one mina. ʰ

Offerings and Holy Days

¹³" 'This is the special gift you are to offer: a sixth of an ephah from each homer of wheat and a sixth of an ephah from each homer of barley. ¹⁴The prescribed portion of oil, measured by the bath, is a tenth of a bath from each cor (which consists of ten baths or one homer, for ten baths are equivalent to a homer). ¹⁵Also one sheep is to be taken from every flock of two hundred from the well-watered pastures of Israel. These will be used for the grain offerings, burnt offerings and fellowship offeringsⁱ to make atonement for the people, declares the Sovereign LORD. ¹⁶All the people of the land will participate in this special gift for the use of the prince in Israel. ¹⁷It will be the duty of the prince to provide the burnt offerings, grain offerings and drink offerings at the festivals, the New Moons and the Sabbaths—at all the appointed feasts of the house of Israel. He will provide the sin offerings, grain offerings, burnt offerings and fellowship offerings to make atonement for the house of Israel.

¹⁸" 'This is what the Sovereign LORD says: In the first month on the first day you are to take a young bull without defect and purify the sanctuary. ¹⁹The priest is to take some of the blood of the sin offering and put it on the doorposts of the temple, on the four corners of the upper ledge of the altar and on the gateposts of the inner court. ²⁰You are to do the same on the seventh day of the month for anyone who sins unintentionally or through ignorance; so you are to make atonement for the temple.

²¹" 'In the first month on the fourteenth day you are to observe the Passover, a feast lasting seven days, during which you shall eat bread made without yeast. ²²On that day the prince is to provide a bull as a sin offering for himself and for all the people of the land. ²³Every day during the seven days of the Feast he is to provide seven bulls and seven rams without defect as a burnt offering to the LORD, and a male goat for a sin offering. ²⁴He is to provide as a grain offering an ephah for each bull and an ephah for each ram, along with a hinʲ of oil for each ephah.

²⁵" 'During the seven days of the Feast, which begins in the seventh month on the fifteenth day, he is to make the same provision for sin offerings, burnt offerings, grain offerings and oil.

46 " 'This is what the Sovereign LORD says: The gate of the inner court facing east is to be shut on the six working days, but on the Sabbath day and on the day of the New Moon it is to be opened. ²The prince is to enter from the outside through the portico of the gateway and stand by the gatepost. The priests are to sacrifice his burnt offering and his fellowship offerings.ᵏ He is to worship at the threshold of the gateway and then go out, but the gate will not be shut until evening. ³On the Sabbaths and New Moons the people of the land are to worship in the presence of the

---

ᵍ 12 A shekel weighed about 2/5 ounce (about 11.5 grams).
ʰ 12 That is, 60 shekels; the common mina was 50 shekels.
ⁱ 15 Traditionally *peace offerings*; also in verse 17   ʲ 24 That is, probably about 4 quarts (about 4 liters)   ᵏ 2 Traditionally *peace offerings*; also in verse 12

misma puerta. 4 El holocausto que el príncipe ofrecerá al SEÑOR el día sábado será de seis corderos y un carnero, todos ellos sin defecto alguno. 5 La ofrenda de cereales será de un *efa* por carnero, y por los corderos, lo que pueda darse; por cada *efa* deberá ofrecer un *hin* de aceite. 6 En el día de luna nueva deberá ofrecer un ternero, seis corderos y un carnero, todos ellos sin defecto alguno. 7 Por el ternero ofrecerá una ofrenda de cereales de un *efa*, y lo mismo por el carnero. Por los corderos, la ofrenda de cereales será según lo que pueda darse, y por cada *efa* deberá ofrecer un *hin* de aceite.

8 » "Cuando el príncipe entre, lo hará por el vestíbulo de la puerta, y saldrá por el mismo lugar. 9 Pero cuando el pueblo se presente delante del SEÑOR durante las fiestas señaladas, el que entre para adorar por la puerta del norte saldrá por la puerta del sur; así mismo, el que entre por la puerta del sur saldrá por la puerta del norte. Nadie saldrá por la misma puerta por la que entró, sino que siempre saldrá por la de enfrente. 10 Y cuando entren y cuando salgan, el príncipe deberá estar entre ellos. 11 En los festivales y en las fiestas señaladas, la ofrenda de cereales será de un *efa* por cada ternero y lo mismo por cada carnero. Por los corderos será según lo que pueda darse, y por cada *efa* deberá ofrecerse un *hin* de aceite.

12 » "Y cuando el príncipe presente una ofrenda voluntaria al SEÑOR, ya sea un holocausto o un sacrificio de comunión, se le abrirá la puerta oriental, y ofrecerá su holocausto o su sacrificio de comunión de la misma manera que lo hace el día sábado. Luego saldrá, y tras él cerrarán la puerta.

13 » "Todas las mañanas ofrecerás, en holocausto al SEÑOR, un cordero de un año sin defecto. 14 De la misma manera, ofrecerás cada mañana una ofrenda de cereales. Será de una sexta parte de un *efa*, con una tercera parte de un *hin* de aceite para humedecer la harina. Ésta será una ofrenda al SEÑOR, que se presentará siempre, por ordenanza perpetua. 15 Por lo tanto, cada mañana se ofrecerán, como holocausto perpetuo, el cordero, la ofrenda de cereales y la ofrenda de aceite.

16 » "Así dice el SEÑOR omnipotente: Si el príncipe le regala a alguno de sus hijos parte de su herencia, ese regalo le pertenecerá a sus descendientes, pues es su herencia. 17 Pero si le regala parte de su herencia a alguno de sus siervos, ésta sólo le pertenecerá al siervo hasta el año del jubileo, después de lo cual el siervo se la devolverá al príncipe. La herencia del príncipe es patrimonio de sus descendientes. 18 El príncipe no se apoderará de la herencia del pueblo, ni lo privará de lo que le pertenece. A sus hijos les dará solamente lo que sea parte de su propiedad personal; así en mi pueblo nadie quedará despojado de su propiedad." »

19 Luego el hombre me llevó a la entrada que estaba al lado de la puerta, a las habitaciones que dan al norte y que estaban consagradas para los sacerdotes. Desde allí me mostró un espacio en el fondo, al lado oeste. 20 Y me dijo: «Éste es el lugar donde los sacerdotes hervirán la carne de los animales ofrecidos en sacrificio por la culpa o por el pecado. También aquí se cocerán las ofrendas de cereales. Esto es para que no tengan que sacarlas al atrio exterior, pues el pueblo podría entrar en contacto con los objetos sagrados.»

21 Entonces me llevó al atrio exterior y me hizo pasar por los cuatro ángulos del atrio. Vi que en cada ángulo había un pequeño atrio. 22 En los cuatro ángulos del atrio había atrios cercados,¹ todos del mismo tamaño,

LORD at the entrance to that gateway. 4 The burnt offering the prince brings to the LORD on the Sabbath day is to be six male lambs and a ram, all without defect. 5 The grain offering given with the ram is to be an ephah,*l* and the grain offering with the lambs is to be as much as he pleases, along with a hin*m* of oil for each ephah. 6 On the day of the New Moon he is to offer a young bull, six lambs and a ram, all without defect. 7 He is to provide as a grain offering one ephah with the bull, one ephah with the ram, and with the lambs as much as he wants to give, along with a hin of oil with each ephah. 8 When the prince enters, he is to go in through the portico of the gateway, and he is to come out the same way.

9 " 'When the people of the land come before the LORD at the appointed feasts, whoever enters by the north gate to worship is to go out the south gate; and whoever enters by the south gate is to go out the north gate. No one is to return through the gate by which he entered, but each is to go out the opposite gate. 10 The prince is to be among them, going in when they go in and going out when they go out.

11 " 'At the festivals and the appointed feasts, the grain offering is to be an ephah with a bull, an ephah with a ram, and with the lambs as much as one pleases, along with a hin of oil for each ephah. 12 When the prince provides a freewill offering to the LORD— whether a burnt offering or fellowship offerings—the gate facing east is to be opened for him. He shall offer his burnt offering or his fellowship offerings as he does on the Sabbath day. Then he shall go out, and after he has gone out, the gate will be shut.

13 " 'Every day you are to provide a year-old lamb without defect for a burnt offering to the LORD; morning by morning you shall provide it. 14 You are also to provide with it morning by morning a grain offering, consisting of a sixth of an ephah with a third of a hin of oil to moisten the flour. The presenting of this grain offering to the LORD is a lasting ordinance. 15 So the lamb and the grain offering and the oil shall be provided morning by morning for a regular burnt offering.

16 " 'This is what the Sovereign LORD says: If the prince makes a gift from his inheritance to one of his sons, it will also belong to his descendants; it is to be their property by inheritance. 17 If, however, he makes a gift from his inheritance to one of his servants, the servant may keep it until the year of freedom; then it will revert to the prince. His inheritance belongs to his sons only; it is theirs. 18 The prince must not take any of the inheritance of the people, driving them off their property. He is to give his sons their inheritance out of his own property, so that none of my people will be separated from his property.' "

19 Then the man brought me through the entrance at the side of the gate to the sacred rooms facing north, which belonged to the priests, and showed me a place at the western end. 20 He said to me, "This is the place where the priests will cook the guilt offering and the sin offering and bake the grain offering, to avoid bringing them into the outer court and consecrating the people."

21 He then brought me to the outer court and led me around to its four corners, and I saw in each corner another court. 22 In the four corners of the outer court were enclosed*n* courts, forty cubits long and thirty cubits wide; each of the courts in the four corners was

---

¹ 46:22 cercados. Palabra de difícil traducción.

l 5 That is, probably about 3/5 bushel (about 22 liters) *m 5* That is, probably about 4 quarts (about 4 liters) *n 22* The meaning of the Hebrew for this word is uncertain.

de veinte metros de largo por quince de ancho. 23 Alrededor de los cuatro atrios había un muro, y en todo el derredor de la parte baja del muro había unos fogones. 24 Entonces me dijo: «Éstas son las cocinas donde los servidores del templo hervirán los animales para los sacrificios del pueblo.»

El río del templo

47 El hombre me trajo de vuelta a la entrada del templo, y vi que brotaba agua por debajo del umbral, en dirección al oriente, que es hacia donde da la fachada del templo. El agua corría por la parte baja del lado derecho del templo, al sur del altar. 2 Luego el hombre me sacó por la puerta del norte, y me hizo dar la vuelta por fuera, hasta la puerta exterior que mira hacia el oriente; y vi que las aguas fluían del lado sur. 3 El hombre salió hacia el oriente con una cuerda en la mano, midió quinientos metros y me hizo cruzar el agua, la cual me llegaba a los tobillos. 4 Luego midió otros quinientos metros y me hizo cruzar el agua, que ahora me llegaba a las rodillas. Midió otros quinientos metros, y me hizo cruzar el agua, que esta vez me llegaba a la cintura. 5 Midió otros quinientos metros, pero la corriente se había convertido ya en un río que yo no podía cruzar. Había crecido tanto que sólo se podía cruzar a nado. 6 Entonces me preguntó: «¿Lo has visto, hijo de hombre?»

En seguida me hizo volver a la orilla del río, 7 y al llegar vi que en sus márgenes había muchos árboles. 8 Allí me dijo: «Estas aguas fluyen hacia la región oriental, descienden hasta el Arabá, y van a dar al Mar Muerto. Cuando desembocan en ese mar, las aguas se vuelven dulces. 9 Por donde corra este río, todo ser viviente que en él se mueva vivirá. Habrá peces en abundancia porque el agua de este río transformará el agua salada en agua dulce, y todo lo que se mueva en sus aguas vivirá. 10 Junto al río se detendrán los pescadores, desde Engadi hasta Eneglayin, porque allí habrá lugar para secar sus redes. Los peces allí serán tan variados y numerosos como en el mar Mediterráneo.u 11 Pero sus pantanos y marismas no tendrán agua dulce, sino que quedarán como salinas. 12 Junto a las orillas del río crecerá toda clase de árboles frutales; sus hojas no se marchitarán, y siempre tendrán frutos. Cada mes darán frutos nuevos, porque el agua que los riega sale del templo. Sus frutos servirán de alimento y sus hojas serán medicinales.

Los límites del país

13 »Así dice el SEÑOR omnipotente: Éstos son los límites del país que se repartirá como herencia a las doce tribus de Israel, tomando en cuenta que a José le tocará una doble porción. 14 A los antepasados de ustedes les juré darles este país como herencia. Ahora cada uno de ustedes recibirá una parte igual, porque este país es su herencia.

15 »Por el lado norte, comenzando desde el mar Mediterráneo y pasando por la ciudad de Hetlón hasta la entrada de Zedad, los límites del país serán: 16 Jamat, Berotá, Sibrayin —que está entre el territorio de Damasco y el de Jamat— y Jazar Haticón, que limita con

the same size. 23 Around the inside of each of the four courts was a ledge of stone, with places for fire built all around under the ledge. 24 He said to me, "These are the kitchens where those who minister at the temple will cook the sacrifices of the people."

The River From the Temple

47 The man brought me back to the entrance of the temple, and I saw water coming out from under the threshold of the temple toward the east (for the temple faced east). The water was coming down from under the south side of the temple, south of the altar. 2 He then brought me out through the north gate and led me around the outside to the outer gate facing east, and the water was flowing from the south side.

3 As the man went eastward with a measuring line in his hand, he measured off a thousand cubitso and then led me through water that was ankle-deep. 4 He measured off another thousand cubits and led me through water that was knee-deep. He measured off another thousand and led me through water that was up to the waist. 5 He measured off another thousand, but now it was a river that I could not cross, because the water had risen and was deep enough to swim in—a river that no one could cross. 6 He asked me, "Son of man, do you see this?"

Then he led me back to the bank of the river. 7 When I arrived there, I saw a great number of trees on each side of the river. 8 He said to me, "This water flows toward the eastern region and goes down into the Arabah,p where it enters the Sea.q When it empties into the Sea,q the water there becomes fresh. 9 Swarms of living creatures will live wherever the river flows. There will be large numbers of fish, because this water flows there and makes the salt water fresh; so where the river flows everything will live. 10 Fishermen will stand along the shore; from En Gedi to En Eglaim there will be places for spreading nets. The fish will be of many kinds—like the fish of the Great Sea.r 11 But the swamps and marshes will not become fresh; they will be left for salt. 12 Fruit trees of all kinds will grow on both banks of the river. Their leaves will not wither, nor will their fruit fail. Every month they will bear, because the water from the sanctuary flows to them. Their fruit will serve for food and their leaves for healing."

The Boundaries of the Land

13 This is what the Sovereign LORD says: "These are the boundaries by which you are to divide the land for an inheritance among the twelve tribes of Israel, with two portions for Joseph. 14 You are to divide it equally among them. Because I swore with uplifted hand to give it to your forefathers, this land will become your inheritance.

15 "This is to be the boundary of the land:

"On the north side it will run from the Great Sea by the Hethlon road past Lebos Hamath to Zedad, 16 Berothaht and Sibraim (which lies on the border between Damascus and Hamath), as far as Hazer Hatticon, which is on the border of Hauran.

---

u 47:10 mar Mediterráneo. Lit. mar grande; también en vv. 15,19,20.

o 3 That is, about 1,500 feet (about 450 meters)   p 8 Or the Jordan Valley   q 8 That is, the Dead Sea   r 10 That is, the Mediterranean; also in verses 15, 19 and 20   s 15 Or past the entrance to   t 15,16 See Septuagint and Ezekiel 48:1; Hebrew road to go into Zedad, 16 Hamath, Berothah

Jaurán. ¹⁷ Así el límite norte se extenderá desde el mar Mediterráneo hasta Jazar Enán. Al norte quedarán los territorios de Jamat y Jaurán.

¹⁸ »Por el oriente, la frontera entre la tierra de Israel y Jaurán, Damasco y Galaad, será el río Jordán, hasta la ciudad de Tamar, que está junto al Mar Muerto; éste será el lado oriental.

¹⁹ »Por el sur, la frontera irá desde Tamar hasta el oasis de Meribá Cades, en dirección del torrente de Egipto, hasta el mar Mediterráneo. Éste será el límite sur.

²⁰ »Por el occidente, la frontera será el mar Mediterráneo, desde el límite sur hasta la costa que está a la altura de Lebó Jamat.ᵛ Éste será el límite occidental.

²¹ »Ustedes deberán repartirse esta tierra entre las doce tribus de Israel. ²² La sortearán como herencia entre ustedes, y entre los extranjeros que habiten entre ustedes y que entre ustedes hayan tenido, a los cuales deberán considerar israelitas por nacimiento. Por tanto, estos extranjeros recibirán una herencia con ustedes entre las tribus de Israel. ²³ Y en la tribu donde esté residiendo el extranjero, allí le darán su herencia. Lo afirma el Señor omnipotente.

Reparto de la tierra

48 »Éstos son los nombres de las tribus, partiendo desde la frontera norte y comenzando con la tribu de Dan, de este a oeste, y desde el Mediterráneo, pasando por Hetlón, hasta Lebó Jamat y Jazar Enán, que es la parte al sur de Damasco y Jamat:

² »Debajo de Dan, de este a oeste, está la porción de territorio de Aser.

³ »Debajo de Aser, de este a oeste, está la porción de territorio de Neftalí.

⁴ »Debajo de Neftalí, de este a oeste, está la porción de territorio de Manasés.

⁵ »Debajo de Manasés, de este a oeste, está la porción de territorio de Efraín.

⁶ »Debajo de Efraín, de este a oeste, está la porción de territorio de Rubén.

⁷ »Debajo de Rubén, de este a oeste, está la porción de territorio de Judá.

⁸ »Debajo de Judá, de este a oeste, está la porción de territorio que reservarás. Será de doce mil quinientos metros de ancho, y de este a oeste su longitud será la misma que la de los otros territorios. En medio de esta porción estará el santuario.

⁹ »La parcela que ustedes deben reservar para el Señor tendrá doce mil quinientos metros de largo por diez mil metrosʷ de ancho. ¹⁰ Dentro de esta parcela sagrada, a los sacerdotes les corresponderá una sección exclusiva que medirá doce mil quinientos metros por el norte, y cinco mil metros por el sur. En medio de ella se levantará el santuario del Señor. ¹¹ Esta sección estará destinada a los sacerdotes consagrados, descendientes de Sadoc, que cuando se descarrió el pueblo de Israel se encargaron de mi servicio y no se descarriaron, como los levitas. ¹² Por eso, a los sacerdotes les corresponderá una sección santísima de la parcela consagrada al Señor, junto al territorio de los levitas.

¹⁷ The boundary will extend from the sea to Hazar Enan,ᵘ along the northern border of Damascus, with the border of Hamath to the north. This will be the north boundary.

¹⁸ "On the east side the boundary will run between Hauran and Damascus, along the Jordan between Gilead and the land of Israel, to the eastern sea and as far as Tamar.ᵛ This will be the east boundary.

¹⁹ "On the south side it will run from Tamar as far as the waters of Meribah Kadesh, then along the Wadi ₗof Egyptₗ to the Great Sea. This will be the south boundary.

²⁰ "On the west side, the Great Sea will be the boundary to a point opposite Leboʷ Hamath. This will be the west boundary.

²¹ "You are to distribute this land among yourselves according to the tribes of Israel. ²² You are to allot it as an inheritance for yourselves and for the aliens who have settled among you and who have children. You are to consider them as native-born Israelites; along with you they are to be allotted an inheritance among the tribes of Israel. ²³ In whatever tribe the alien settles, there you are to give him his inheritance," declares the Sovereign Lord.

The Division of the Land

48 "These are the tribes, listed by name: At the northern frontier, Dan will have one portion; it will follow the Hethlon road to Leboˣ Hamath; Hazar Enan and the northern border of Damascus next to Hamath will be part of its border from the east side to the west side.

² "Asher will have one portion; it will border the territory of Dan from east to west.

³ "Naphtali will have one portion; it will border the territory of Asher from east to west.

⁴ "Manasseh will have one portion; it will border the territory of Naphtali from east to west.

⁵ "Ephraim will have one portion; it will border the territory of Manasseh from east to west.

⁶ "Reuben will have one portion; it will border the territory of Ephraim from east to west.

⁷ "Judah will have one portion; it will border the territory of Reuben from east to west.

⁸ "Bordering the territory of Judah from east to west will be the portion you are to present as a special gift. It will be 25,000 cubitsʸ wide, and its length from east to west will equal one of the tribal portions; the sanctuary will be in the center of it.

⁹ "The special portion you are to offer to the Lord will be 25,000 cubits long and 10,000 cubitsᶻ wide. ¹⁰ This will be the sacred portion for the priests. It will be 25,000 cubits long on the north side, 10,000 cubits wide on the west side, 10,000 cubits wide on the east side and 25,000 cubits long on the south side. In the center of it will be the sanctuary of the Lord. ¹¹ This will be for the consecrated priests, the Zadokites, who were faithful in serving me and did not go astray as the Levites did when the Israelites went astray. ¹² It will be a special gift to them from the sacred portion of the land, a most holy portion, bordering the territory of the Levites.

ᵛ 47:20 *Lebó Jamat.* Alt. *la entrada de Jamat;* también en 48:1.
ʷ 48:9 *diez mil metros* (lectura probable; lit. *veinte mil ((*codos)));*
cinco mil metros (TM; lit. *diez mil ((codos)));* también en v. 13.

ᵘ 17 Hebrew *Enon,* a variant of *Enan*   ᵛ 18 Septuagint and Syriac; Hebrew *Israel. You will measure to the eastern sea*
ʷ 20 Or *opposite the entrance to*   ˣ 1 Or *to the entrance to*
ʸ 8 That is, about 7 miles (about 12 kilometers)   ᶻ 9 That is, about 3 miles (about 5 kilometers)

¹³También los levitas tendrán una parcela de doce mil quinientos metros de largo por cinco mil de ancho, a lo largo del territorio de los sacerdotes. En total, la parcela reservada tendrá doce mil quinientos metros de largo por diez mil metros de ancho. ¹⁴Como parcela escogida del país, no se podrá vender, permutar ni expropiar ninguna parte de ella, pues está consagrada al SEÑOR.

¹⁵»La sección restante de doce mil quinientos metros de largo por dos mil quinientos metros de ancho es terreno profano. Se dedicará al uso común de la ciudad, para la construcción de viviendas y para pastizales. La ciudad quedará en el centro, ¹⁶y medirá dos mil doscientos cincuenta metros de largo por el lado norte, y lo mismo por sus lados sur, este y oeste. ¹⁷Los pastizales de la ciudad medirán ciento veinticinco metros de ancho alrededor de toda la ciudad. ¹⁸A los costados de la ciudad quedará una sección, junto a la parcela consagrada al SEÑOR, que tendrá cinco mil metros de largo por la parte este, y otros tantos por el oeste. Todo lo que allí se produzca servirá de alimento para los trabajadores de la ciudad. ¹⁹La cultivarán los trabajadores de la ciudad, sin importar a qué tribu pertenezcan. ²⁰Toda la parcela consagrada, incluso lo que pertenece a la ciudad, formará un cuadrado de doce mil quinientos metros por lado.

²¹»El terreno que quede a ambos lados de la parcela consagrada y de la que pertenece a la ciudad, será para el príncipe. A él le tocará una parcela de doce mil quinientos metros por el lado este, hasta la frontera oriental, y doce mil quinientos metros por el oeste, hasta la frontera occidental. Todo esto quedará paralelo a las otras secciones. En el centro estarán la parcela consagrada y el santuario del templo. ²²Así mismo, la propiedad de los levitas y la de la ciudad se ubicarán entre las fronteras de Judá y Benjamín, en medio de la parcela que le corresponde al príncipe.

²³»En cuanto a las demás tribus, a Benjamín le tocará una sección de este a oeste.

²⁴»Debajo de Benjamín, a Simeón le tocará una sección de este a oeste.

²⁵»Debajo de Simeón, a Isacar le tocará una sección de este a oeste.

²⁶»Debajo de Isacar, a Zabulón le tocará una sección de este a oeste.

²⁷»Debajo de Zabulón, a Gad le tocará una sección de este a oeste.

²⁸»Debajo de Gad, partiendo de este a oeste, la frontera irá desde Tamar hasta el oasis de Meribá Cades y el arroyo de Egipto, y hasta el mar Mediterráneo.

²⁹»Éste es el territorio que ustedes repartirán por sorteo entre las tribus de Israel, y que será su herencia. Así quedará distribuido el territorio. Lo afirma el SEÑOR omnipotente.

Las puertas de Jerusalén

³⁰»Éstas son las salidas de la ciudad:

»Por el norte, la ciudad medirá dos mil doscientos cincuenta metros. ³¹Las *puertas de la ciudad tendrán los nombres de las tribus de Israel. Al norte habrá tres puertas: la de Rubén, la de Judá y la de Leví.

³²»Por el este, la ciudad medirá dos mil doscientos cincuenta metros, y tendrá tres puertas: la de José, la de Benjamín y la de Dan.

³³»Por el sur, la ciudad medirá dos mil doscientos cincuenta metros, y tendrá tres puertas: la de Simeón, la de Isacar y la de Zabulón.

¹³"Alongside the territory of the priests, the Levites will have an allotment 25,000 cubits long and 10,000 cubits wide. Its total length will be 25,000 cubits and its width 10,000 cubits. ¹⁴They must not sell or exchange any of it. This is the best of the land and must not pass into other hands, because it is holy to the LORD.

¹⁵"The remaining area, 5,000 cubits wide and 25,000 cubits long, will be for the common use of the city, for houses and for pastureland. The city will be in the center of it ¹⁶and will have these measurements: the north side 4,500 cubits, the south side 4,500 cubits, the east side 4,500 cubits, and the west side 4,500 cubits. ¹⁷The pastureland for the city will be 250 cubits on the north, 250 cubits on the south, 250 cubits on the east, and 250 cubits on the west. ¹⁸What remains of the area, bordering on the sacred portion and running the length of it, will be 10,000 cubits on the east side and 10,000 cubits on the west side. Its produce will supply food for the workers of the city. ¹⁹The workers from the city who farm it will come from all the tribes of Israel. ²⁰The entire portion will be a square, 25,000 cubits on each side. As a special gift you will set aside the sacred portion, along with the property of the city.

²¹"What remains on both sides of the area formed by the sacred portion and the city property will belong to the prince. It will extend eastward from the 25,000 cubits of the sacred portion to the eastern border, and westward from the 25,000 cubits to the western border. Both these areas running the length of the tribal portions will belong to the prince, and the sacred portion with the temple sanctuary will be in the center of them. ²²So the property of the Levites and the property of the city will lie in the center of the area that belongs to the prince. The area belonging to the prince will lie between the border of Judah and the border of Benjamin.

²³"As for the rest of the tribes: Benjamin will have one portion; it will extend from the east side to the west side.

²⁴"Simeon will have one portion; it will border the territory of Benjamin from east to west.

²⁵"Issachar will have one portion; it will border the territory of Simeon from east to west.

²⁶"Zebulun will have one portion; it will border the territory of Issachar from east to west.

²⁷"Gad will have one portion; it will border the territory of Zebulun from east to west.

²⁸"The southern boundary of Gad will run south from Tamar to the waters of Meribah Kadesh, then along the Wadi ⌊of Egypt⌋ to the Great Sea.^a

²⁹"This is the land you are to allot as an inheritance to the tribes of Israel, and these will be their portions," declares the Sovereign LORD.

The Gates of the City

³⁰"These will be the exits of the city: Beginning on the north side, which is 4,500 cubits long, ³¹the gates of the city will be named after the tribes of Israel. The three gates on the north side will be the gate of Reuben, the gate of Judah and the gate of Levi.

³²"On the east side, which is 4,500 cubits long, will be three gates: the gate of Joseph, the gate of Benjamin and the gate of Dan.

³³"On the south side, which measures 4,500 cubits, will be three gates: the gate of Simeon, the gate of Issachar and the gate of Zebulun.

^a28 That is, the Mediterranean

³⁴»Por el oeste, la ciudad medirá dos mil doscientos cincuenta metros, y tendrá tres puertas: la de Gad, la de Aser y la de Neftalí.

³⁵»El perímetro urbano será de nueve mil metros.

»Y desde aquel día el *nombre de la ciudad será:

AQUÍ HABITA EL SEÑOR.»

³⁴"On the west side, which is 4,500 cubits long, will be three gates: the gate of Gad, the gate of Asher and the gate of Naphtali.

³⁵"The distance all around will be 18,000 cubits.

"And the name of the city from that time on will be:

THE LORD IS THERE."

Daniel

Daniel

Daniel en Babilonia

1 En el año tercero del reinado del rey Joacim de Judá, el rey Nabucodonosor de Babilonia vino a Jerusalén y la sitió. ²El SEÑOR permitió que Joacim cayera en manos de Nabucodonosor. Junto con él, cayeron en sus manos algunos de los utensilios del templo de Dios, los cuales Nabucodonosor se llevó a Babilonia y puso en el tesoro del templo de sus dioses. ³Además, el rey le ordenó a Aspenaz, jefe de los oficiales de su corte, que llevara a su presencia a algunos de los israelitas pertenecientes a la familia real y a la nobleza. ⁴Debían ser jóvenes apuestos y sin ningún defecto físico, que tuvieran aptitudes para aprender de todo y que actuaran con sensatez; jóvenes sabios y aptos para el servicio en el palacio real, a los cuales Aspenaz debía enseñarles la lengua y la literatura de los *babilonios. ⁵El rey les asignó raciones diarias de la comida y del vino que se servía en la mesa real. Su preparación habría de durar tres años, después de lo cual entrarían al servicio del rey.

⁶Entre estos jóvenes se encontraban Daniel, Ananías, Misael y Azarías, que eran de Judá, ⁷y a los cuales el jefe de oficiales les cambió el nombre: a Daniel lo llamó Beltsasar; a Ananías, Sadrac; a Misael, Mesac; y a Azarías, Abednego.

⁸Pero Daniel se propuso no *contaminarse con la comida y el vino del rey, así que le pidió al jefe de oficiales que no lo obligara a contaminarse. ⁹Y aunque Dios había hecho que Daniel se ganara el afecto y la simpatía del jefe de oficiales, ¹⁰éste se vio obligado a responderle a Daniel: «Tengo miedo de mi señor el rey, pues fue él quien te asignó la comida y el vino. Si el rey llega a verte más flaco y demacrado que los otros jóvenes de tu edad, por culpa tuya me cortará la cabeza.»

¹¹El jefe de oficiales le ordenó a un guardia atender a Daniel, Ananías, Misael y Azarías. Por su parte, Daniel habló con ese guardia y le dijo: ¹²«Por favor, haz con tus siervos una prueba de diez días. Danos de comer sólo verduras, y de beber sólo agua. ¹³Pasado ese tiempo, compara nuestro semblante con el de los jóvenes que se alimentan con la comida real, y procede de acuerdo con lo que veas en nosotros.»

¹⁴El guardia aceptó la propuesta, y los sometió a una prueba de diez días. ¹⁵Al cumplirse el plazo, estos jóvenes se veían más sanos y mejor alimentados que cualquiera de los que participaban de la comida real. ¹⁶Así que el guardia les retiró la comida y el vino del rey, y en su lugar siguió alimentándolos con verduras.

¹⁷A estos cuatro jóvenes Dios los dotó de sabiduría e inteligencia para entender toda clase de literatura y ciencia. Además, Daniel podía entender toda visión y todo sueño.

¹⁸Cumplido el plazo fijado por el rey Nabucodonosor, y conforme a sus instrucciones, el jefe de oficiales los llevó ante su presencia. ¹⁹Luego de hablar el rey con Daniel, Ananías, Misael y Azarías, no encontró a nadie que los igualara, de modo que los cuatro entraron a su servicio. ²⁰El rey los interrogó, y en todos los temas que requerían de sabiduría y discernimiento los halló diez veces más inteligentes que todos los magos

Daniel's Training in Babylon

1 In the third year of the reign of Jehoiakim king of Judah, Nebuchadnezzar king of Babylon came to Jerusalem and besieged it. ²And the Lord delivered Jehoiakim king of Judah into his hand, along with some of the articles from the temple of God. These he carried off to the temple of his god in Babylonia[a] and put in the treasure house of his god.

³Then the king ordered Ashpenaz, chief of his court officials, to bring in some of the Israelites from the royal family and the nobility— ⁴young men without any physical defect, handsome, showing aptitude for every kind of learning, well informed, quick to understand, and qualified to serve in the king's palace. He was to teach them the language and literature of the Babylonians.[b] ⁵The king assigned them a daily amount of food and wine from the king's table. They were to be trained for three years, and after that they were to enter the king's service.

⁶Among these were some from Judah: Daniel, Hananiah, Mishael and Azariah. ⁷The chief official gave them new names: to Daniel, the name Belteshazzar; to Hananiah, Shadrach; to Mishael, Meshach; and to Azariah, Abednego.

⁸But Daniel resolved not to defile himself with the royal food and wine, and he asked the chief official for permission not to defile himself this way. ⁹Now God had caused the official to show favor and sympathy to Daniel, ¹⁰but the official told Daniel, "I am afraid of my lord the king, who has assigned your[c] food and drink. Why should he see you looking worse than the other young men your age? The king would then have my head because of you."

¹¹Daniel then said to the guard whom the chief official had appointed over Daniel, Hananiah, Mishael and Azariah, ¹²"Please test your servants for ten days: Give us nothing but vegetables to eat and water to drink. ¹³Then compare our appearance with that of the young men who eat the royal food, and treat your servants in accordance with what you see." ¹⁴So he agreed to this and tested them for ten days.

¹⁵At the end of the ten days they looked healthier and better nourished than any of the young men who ate the royal food. ¹⁶So the guard took away their choice food and the wine they were to drink and gave them vegetables instead.

¹⁷To these four young men God gave knowledge and understanding of all kinds of literature and learning. And Daniel could understand visions and dreams of all kinds.

¹⁸At the end of the time set by the king to bring them in, the chief official presented them to Nebuchadnezzar. ¹⁹The king talked with them, and he found none equal to Daniel, Hananiah, Mishael and Azariah; so they entered the king's service. ²⁰In every matter of wisdom and understanding about which the king questioned them, he found them ten times better than all the magicians and enchanters in his whole kingdom.

a 2 Hebrew *Shinar*   *b* 4 Or *Chaldeans*   *c* 10 The Hebrew for *your* and *you* in this verse is plural.

y hechiceros de su reino. ²¹Fue así como Daniel se quedó en Babilonia hasta el primer año del rey Ciro.

El sueño del rey Nabucodonosor

2 En el segundo año de su reinado, Nabucodonosor tuvo varios sueños que lo perturbaron y no lo dejaban dormir. ²Mandó entonces que se reunieran los magos, hechiceros, adivinos y astrólogos*ᵃ* de su reino, para que le dijeran lo que había soñado. Una vez reunidos, y ya en presencia del rey, ³éste les dijo:

—Tuve un sueño que me tiene preocupado, y quiero saber lo que significa.

⁴Los astrólogos le respondieron:*ᵇ*

—¡Que viva Su Majestad por siempre! Estamos a su servicio. Cuéntenos el sueño, y nosotros le diremos lo que significa.

⁵Pero el rey les advirtió:

—Mi decisión ya está tomada: Si no me dicen lo que soñé, ni me dan su interpretación, ordenaré que los corten en pedazos y que sus casas sean reducidas a cenizas. ⁶Pero si me dicen lo que soñé y me explican su significado, yo les daré regalos, recompensas y grandes honores. Así que comiencen por decirme lo que soñé, y luego explíquenme su significado.

⁷Los astrólogos insistieron:

—Si Su Majestad les cuenta a estos siervos suyos lo que soñó, nosotros le diremos lo que significa.

⁸Pero el rey les contestó:

—Mi decisión ya está tomada. Eso ustedes bien lo saben, y por eso quieren ganar tiempo. ⁹Si no me dicen lo que soñé, ya saben lo que les espera. Ustedes se han puesto de acuerdo para salirme con cuestiones engañosas y mal intencionadas, esperando que cambie yo de parecer. Díganme lo que soñé, y así sabré que son capaces de darme su interpretación.

¹⁰Entonces los astrólogos le respondieron:

—¡No hay nadie en la tierra capaz de hacer lo que Su Majestad nos pide! ¡Jamás a ningún rey se le ha ocurrido pedirle tal cosa a ningún mago, hechicero o astrólogo! ¹¹Lo que Su Majestad nos pide raya en lo imposible, y nadie podrá revelárselo, a no ser los dioses. ¡Pero ellos no viven entre nosotros!

¹²Tanto enfureció al rey la respuesta de los astrólogos, que mandó ejecutar a todos los sabios de Babilonia. ¹³Se publicó entonces un edicto que decretaba la muerte de todos los sabios, de modo que se ordenó la búsqueda de Daniel y de sus compañeros para que fueran ejecutados.

¹⁴Cuando el comandante de la guardia real, que se llamaba Arioc, salió para ejecutar a los sabios *babilonios, Daniel le habló con mucho tacto e inteligencia. ¹⁵Le dijo: «¿Por qué ha emitido el rey un edicto tan violento?» Y una vez que Arioc le explicó cuál era el problema, ¹⁶Daniel fue a ver al rey y le pidió tiempo para poder interpretarle su sueño. ¹⁷Después volvió a su casa y les contó a sus amigos Ananías, Misael y Azarías cómo se presentaba la situación. ¹⁸Al mismo tiempo, les pidió que imploraran la misericordia del Dios del cielo en cuanto a ese sueño misterioso, para que ni él ni sus amigos fueran ejecutados con el resto de los sabios babilonios.

¹⁹Durante la noche, Daniel recibió en una visión la respuesta al misterio. Entonces alabó al Dios del cielo

²¹And Daniel remained there until the first year of King Cyrus.

Nebuchadnezzar's Dream

2 In the second year of his reign, Nebuchadnezzar had dreams; his mind was troubled and he could not sleep. ²So the king summoned the magicians, enchanters, sorcerers and astrologers*ᵈ* to tell him what he had dreamed. When they came in and stood before the king, ³he said to them, "I have had a dream that troubles me and I want to know what it means.*ᵉ*"

⁴Then the astrologers answered the king in Aramaic,*ᶠ* "O king, live forever! Tell your servants the dream, and we will interpret it."

⁵The king replied to the astrologers, "This is what I have firmly decided: If you do not tell me what my dream was and interpret it, I will have you cut into pieces and your houses turned into piles of rubble. ⁶But if you tell me the dream and explain it, you will receive from me gifts and rewards and great honor. So tell me the dream and interpret it for me."

⁷Once more they replied, "Let the king tell his servants the dream, and we will interpret it."

⁸Then the king answered, "I am certain that you are trying to gain time, because you realize that this is what I have firmly decided: ⁹If you do not tell me the dream, there is just one penalty for you. You have conspired to tell me misleading and wicked things, hoping the situation will change. So then, tell me the dream, and I will know that you can interpret it for me."

¹⁰The astrologers answered the king, "There is not a man on earth who can do what the king asks! No king, however great and mighty, has ever asked such a thing of any magician or enchanter or astrologer. ¹¹What the king asks is too difficult. No one can reveal it to the king except the gods, and they do not live among men."

¹²This made the king so angry and furious that he ordered the execution of all the wise men of Babylon. ¹³So the decree was issued to put the wise men to death, and men were sent to look for Daniel and his friends to put them to death.

¹⁴When Arioch, the commander of the king's guard, had gone out to put to death the wise men of Babylon, Daniel spoke to him with wisdom and tact. ¹⁵He asked the king's officer, "Why did the king issue such a harsh decree?" Arioch then explained the matter to Daniel. ¹⁶At this, Daniel went in to the king and asked for time, so that he might interpret the dream for him.

¹⁷Then Daniel returned to his house and explained the matter to his friends Hananiah, Mishael and Azariah. ¹⁸He urged them to plead for mercy from the God of heaven concerning this mystery, so that he and his friends might not be executed with the rest of the wise men of Babylon. ¹⁹During the night the mystery was revealed to Daniel in a vision. Then Daniel praised the

---

ᵃ2:2 astrólogos. Lit. **caldeos;* así en el resto de este libro.
ᵇ2:4 le respondieron. Lit. *le respondieron en arameo.* En efecto, de aquí al final del cap. 7 el texto bíblico está escrito en la lengua aramea.

ᵈ2 Or *Chaldeans;* also in verses 4, 5 and 10   *ᵉ3* Or *was*
ᶠ4 The text from here through chapter 7 is in Aramaic.

²⁰ y dijo:

> «¡Alabado sea por siempre el *nombre de
> Dios!
> Suyos son la sabiduría y el poder.
> ²¹ Él cambia los tiempos y las épocas,
> pone y depone reyes.
> A los sabios da sabiduría,
> y a los inteligentes, discernimiento.
> ²² Él revela lo profundo y lo escondido,
> y sabe lo que se oculta en las sombras.
> ¡En él habita la luz!
> ²³ A ti, Dios de mis padres,
> te alabo y te doy gracias.
> Me has dado sabiduría y poder,
> me has dado a conocer lo que te pedimos,
> ¡me has dado a conocer el sueño del rey!»

Daniel interpreta el sueño del rey

²⁴ Entonces Daniel fue a ver a Arioc, a quien el rey le había dado la orden de ejecutar a los sabios de Babilonia, y le dijo:

—No mates a los sabios *babilonios. Llévame ante el rey, y le interpretaré el sueño que tuvo.

²⁵ Inmediatamente Arioc condujo a Daniel a la presencia del rey, y le dijo:

—Entre los exiliados de Judá he hallado a alguien que puede interpretar el sueño de Su Majestad.

²⁶ El rey le preguntó a Daniel, a quien los babilonios le habían puesto por nombre Beltsasar:

—¿Puedes decirme lo que vi en mi sueño, y darme su interpretación?

²⁷ A esto Daniel respondió:

—No hay ningún sabio ni hechicero, ni mago o adivino, que pueda explicarle a Su Majestad el misterio que le preocupa. ²⁸ Pero hay un Dios en el cielo que revela los misterios. Ese Dios le ha mostrado a usted lo que tendrá lugar en los días venideros. Éstos son el sueño y las visiones que pasaron por la mente de Su Majestad mientras dormía: ²⁹ Allí, en su cama, Su Majestad dirigió sus pensamientos a las cosas por venir, y el que revela los misterios le mostró lo que está por suceder. ³⁰ Por lo que a mí toca, este misterio me ha sido revelado, no porque yo sea más sabio que el resto de la humanidad, sino para que Su Majestad llegue a conocer su interpretación y entienda lo que pasaba por su *mente.

³¹ »En su sueño Su Majestad veía una estatua enorme, de tamaño impresionante y de aspecto horrible. ³² La cabeza de la estatua era de oro puro, el pecho y los brazos eran de plata, el vientre y los muslos eran de bronce, ³³ y las piernas eran de hierro, lo mismo que la mitad de los pies, en tanto que la otra mitad era de barro cocido. ³⁴ De pronto, y mientras Su Majestad contemplaba la estatua, una roca que nadie desprendió vino y golpeó los pies de hierro y barro de la estatua, y los hizo pedazos. ³⁵ Con ellos se hicieron añicos el hierro y el barro, junto con el bronce, la plata y el oro. La estatua se hizo polvo, como el que vuela en el verano cuando se trilla el trigo. El viento barrió con la estatua, y no quedó ni rastro de ella. En cambio, la roca que dio contra la estatua se convirtió en una montaña enorme que llenó toda la tierra.

³⁶ »Éste fue el sueño que tuvo Su Majestad, y éste es su significado: ³⁷ Su Majestad es rey entre los reyes; el Dios del cielo le ha dado el reino, el poder, la majestad y la gloria. ³⁸ Además, ha puesto en manos de Su Majestad a la *humanidad entera, a las bestias del campo y a las aves del cielo. No importa dónde vivan, Dios ha hecho de Su Majestad el gobernante de todos ellos. ¡Su Majestad es la cabeza de oro!

God of heaven ²⁰and said:

> "Praise be to the name of God for ever and
> ever;
> wisdom and power are his.
> ²¹He changes times and seasons;
> he sets up kings and deposes them.
> He gives wisdom to the wise
> and knowledge to the discerning.
> ²²He reveals deep and hidden things;
> he knows what lies in darkness,
> and light dwells with him.
> ²³I thank and praise you, O God of my
> fathers:
> You have given me wisdom and power,
> you have made known to me what we asked
> of you,
> you have made known to us the dream of
> the king."

Daniel Interprets the Dream

²⁴Then Daniel went to Arioch, whom the king had appointed to execute the wise men of Babylon, and said to him, "Do not execute the wise men of Babylon. Take me to the king, and I will interpret his dream for him."

²⁵Arioch took Daniel to the king at once and said, "I have found a man among the exiles from Judah who can tell the king what his dream means."

²⁶The king asked Daniel (also called Belteshazzar), "Are you able to tell me what I saw in my dream and interpret it?"

²⁷Daniel replied, "No wise man, enchanter, magician or diviner can explain to the king the mystery he has asked about, ²⁸but there is a God in heaven who reveals mysteries. He has shown King Nebuchadnezzar what will happen in days to come. Your dream and the visions that passed through your mind as you lay on your bed are these:

²⁹"As you were lying there, O king, your mind turned to things to come, and the revealer of mysteries showed you what is going to happen. ³⁰As for me, this mystery has been revealed to me, not because I have greater wisdom than other living men, but so that you, O king, may know the interpretation and that you may understand what went through your mind.

³¹"You looked, O king, and there before you stood a large statue—an enormous, dazzling statue, awesome in appearance. ³²The head of the statue was made of pure gold, its chest and arms of silver, its belly and thighs of bronze, ³³its legs of iron, its feet partly of iron and partly of baked clay. ³⁴While you were watching, a rock was cut out, but not by human hands. It struck the statue on its feet of iron and clay and smashed them. ³⁵Then the iron, the clay, the bronze, the silver and the gold were broken to pieces at the same time and became like chaff on a threshing floor in the summer. The wind swept them away without leaving a trace. But the rock that struck the statue became a huge mountain and filled the whole earth.

³⁶"This was the dream, and now we will interpret it to the king. ³⁷You, O king, are the king of kings. The God of heaven has given you dominion and power and might and glory; ³⁸in your hands he has placed mankind and the beasts of the field and the birds of the air. Wherever they live, he has made you ruler over them all. You are that head of gold.

39 »Después de Su Majestad surgirá otro reino de menor importancia. Luego vendrá un tercer reino, que será de bronce, y dominará sobre toda la tierra. 40 Finalmente, vendrá un cuarto reino, sólido como el hierro. Y así como el hierro todo lo rompe, destroza y pulveriza, este cuarto reino hará polvo a los otros reinos.

41 »Su Majestad veía que los pies y los dedos de la estatua eran mitad hierro y mitad barro cocido. El hierro y el barro, que Su Majestad vio mezclados, significan que éste será un reino dividido, aunque tendrá la fuerza del hierro. 42 Y como los dedos eran también mitad hierro y mitad barro, este reino será medianamente fuerte y medianamente débil. 43 Su Majestad vio mezclados el hierro y el barro, dos elementos que no pueden fundirse entre sí. De igual manera, el pueblo será una mezcla que no podrá mantenerse unida.

44 »En los días de estos reyes el Dios del cielo establecerá un reino que jamás será destruido ni entregado a otro pueblo, sino que permanecerá para siempre y hará pedazos a todos estos reinos. 45 Tal es el sentido del sueño donde la roca se desprendía de una montaña; roca que, sin la intervención de nadie, hizo añicos al hierro, al bronce, al barro, a la plata y al oro. El gran Dios le ha mostrado a Su Majestad lo que tendrá lugar en el futuro. El sueño es verdadero, y esta interpretación, digna de confianza.

46 Al oír esto, el rey Nabucodonosor se postró ante Daniel y le rindió pleitesía, ordenó que se le presentara una ofrenda e incienso, 47 y le dijo:

—¡Tu Dios es el Dios de dioses y el soberano de los reyes! ¡Tu Dios revela todos los misterios, pues fuiste capaz de revelarme este sueño misterioso!

48 Luego el rey puso a Daniel en un puesto prominente y lo colmó de regalos, lo nombró gobernador de toda la provincia de Babilonia y jefe de todos sus sabios. 49 Además, a solicitud de Daniel, el rey nombró a Sadrac, Mesac y Abednego administradores de la provincia de Babilonia. Daniel, por su parte, permaneció en la corte real.

El horno en llamas

3 El rey Nabucodonosor mandó hacer una estatua de oro, de veintisiete metros de alto por dos metros y medio^c de ancho, y mandó que la colocaran en los llanos de Dura, en la provincia de Babilonia. 2 Luego les ordenó a los *sátrapas, prefectos, gobernadores, consejeros, tesoreros, jueces, magistrados y demás oficiales de las provincias, que asistieran a la dedicación de la estatua que había mandado erigir. 3 Para celebrar tal dedicación, los sátrapas, prefectos, gobernadores, consejeros, tesoreros, jueces, magistrados y demás oficiales de las provincias se reunieron ante la estatua. 4 Entonces los heraldos proclamaron a voz en cuello: «A ustedes, pueblos, naciones y gente de toda lengua, se les ordena lo siguiente: 5 Tan pronto como escuchen la música de trompetas, flautas, cítaras, liras, arpas, zampoñas y otros instrumentos musicales, deberán inclinarse y adorar la estatua de oro que el rey Nabucodonosor ha mandado erigir. 6 Todo el que no se incline ante ella ni la adore será arrojado de inmediato a un horno en llamas.»

7 Ante tal amenaza, tan pronto como se escuchó la música de todos esos instrumentos musicales, todos los pueblos y naciones, y gente de toda lengua, se inclinaron y adoraron la estatua de oro que el rey Nabucodonosor había mandado erigir. 8 Pero algunos astrólogos se presentaron ante el rey y acusaron a los judíos.

39 "After you, another kingdom will rise, inferior to yours. Next, a third kingdom, one of bronze, will rule over the whole earth. 40 Finally, there will be a fourth kingdom, strong as iron—for iron breaks and smashes everything—and as iron breaks things to pieces, so it will crush and break all the others. 41 Just as you saw that the feet and toes were partly of baked clay and partly of iron, so this will be a divided kingdom; yet it will have some of the strength of iron in it, even as you saw iron mixed with clay. 42 As the toes were partly iron and partly clay, so this kingdom will be partly strong and partly brittle. 43 And just as you saw the iron mixed with baked clay, so the people will be a mixture and will not remain united, any more than iron mixes with clay.

44 "In the time of those kings, the God of heaven will set up a kingdom that will never be destroyed, nor will it be left to another people. It will crush all those kingdoms and bring them to an end, but it will itself endure forever. 45 This is the meaning of the vision of the rock cut out of a mountain, but not by human hands—a rock that broke the iron, the bronze, the clay, the silver and the gold to pieces.

"The great God has shown the king what will take place in the future. The dream is true and the interpretation is trustworthy."

46 Then King Nebuchadnezzar fell prostrate before Daniel and paid him honor and ordered that an offering and incense be presented to him. 47 The king said to Daniel, "Surely your God is the God of gods and the Lord of kings and a revealer of mysteries, for you were able to reveal this mystery."

48 Then the king placed Daniel in a high position and lavished many gifts on him. He made him ruler over the entire province of Babylon and placed him in charge of all its wise men. 49 Moreover, at Daniel's request the king appointed Shadrach, Meshach and Abednego administrators over the province of Babylon, while Daniel himself remained at the royal court.

The Image of Gold and the Fiery Furnace

3 King Nebuchadnezzar made an image of gold, ninety feet high and nine feet^g wide, and set it up on the plain of Dura in the province of Babylon. 2 He then summoned the satraps, prefects, governors, advisers, treasurers, judges, magistrates and all the other provincial officials to come to the dedication of the image he had set up. 3 So the satraps, prefects, governors, advisers, treasurers, judges, magistrates and all the other provincial officials assembled for the dedication of the image that King Nebuchadnezzar had set up, and they stood before it.

4 Then the herald loudly proclaimed, "This is what you are commanded to do, O peoples, nations and men of every language: 5 As soon as you hear the sound of the horn, flute, zither, lyre, harp, pipes and all kinds of music, you must fall down and worship the image of gold that King Nebuchadnezzar has set up. 6 Whoever does not fall down and worship will immediately be thrown into a blazing furnace."

7 Therefore, as soon as they heard the sound of the horn, flute, zither, lyre, harp and all kinds of music, all the peoples, nations and men of every language fell down and worshiped the image of gold that King Nebuchadnezzar had set up.

8 At this time some astrologers^h came forward and

---

^c *3:1 veintisiete metros ... dos metros y medio. Lit. sesenta* *codos ... seis codos.*

^g *1 Aramaic sixty cubits high and six cubits wide* (about 27 meters high and 2.7 meters wide)   ^h *8 Or Chaldeans*

9—¡Que viva Su Majestad por siempre! —exclamaron—. 10 Usted ha emitido un decreto ordenando que todo el que oiga la música de trompetas, flautas, cítaras, liras, arpas, zampoñas y otros instrumentos musicales, se incline ante la estatua de oro y la adore. 11 También ha ordenado que todo el que no se incline ante la estatua ni la adore será arrojado a un horno en llamas. 12 Pero hay algunos judíos, a quienes Su Majestad ha puesto al frente de la provincia de Babilonia, que no acatan sus órdenes. No adoran a los dioses de Su Majestad ni a la estatua de oro que mandó erigir. Se trata de Sadrac, Mesac y Abednego.

13 Lleno de ira, Nabucodonosor los mandó llamar. Cuando los jóvenes se presentaron ante el rey, 14 Nabucodonosor les dijo:

—Ustedes tres, ¿es verdad que no honran a mis dioses ni adoran a la estatua de oro que he mandado erigir? 15 Ahora que escuchen la música de los instrumentos musicales, más les vale que se inclinen ante la estatua que he mandado hacer, y que la adoren. De lo contrario, serán lanzados de inmediato a un horno en llamas, ¡y no habrá dios capaz de librarlos de mis manos!

16 Sadrac, Mesac y Abednego le respondieron a Nabucodonosor:

—¡No hace falta que nos defendamos ante Su Majestad! 17 Si se nos arroja al horno en llamas, el Dios al que servimos puede librarnos del horno y de las manos de Su Majestad. 18 Pero aun si nuestro Dios no lo hace así, sepa usted que no honraremos a sus dioses ni adoraremos a su estatua.

19 Ante la respuesta de Sadrac, Mesac y Abednego, Nabucodonosor se puso muy furioso y cambió su actitud hacia ellos. Mandó entonces que se calentara el horno siete veces más de lo normal, 20 y que algunos de los soldados más fuertes de su ejército ataran a los tres jóvenes y los arrojaran al horno en llamas. 21 Fue así como los arrojaron al horno con sus mantos, sandalias, turbantes y todo, es decir, tal y como estaban vestidos. 22 Tan inmediata fue la orden del rey, y tan caliente estaba el horno, que las llamas alcanzaron y mataron a los soldados que arrojaron a Sadrac, Mesac y Abednego, 23 los cuales, atados de pies y manos, cayeron dentro del horno en llamas.

24 En ese momento Nabucodonosor se puso de pie, y sorprendido les preguntó a sus consejeros:

—¿Acaso no eran tres los hombres que atamos y arrojamos al fuego?

—Así es, Su Majestad —le respondieron.

25—¡Pues miren! —exclamó—. Allí en el fuego veo a cuatro hombres, sin ataduras y sin daño alguno, ¡y el cuarto tiene la apariencia de un dios!d

26 Dicho esto, Nabucodonosor se acercó a la puerta del horno en llamas y gritó:

—Sadrac, Mesac y Abednego, siervos del Dios *Altísimo, ¡salgan de allí, y vengan acá!

Cuando los tres jóvenes salieron del horno, 27 los sátrapas, prefectos, gobernadores y consejeros reales se arremolinaron en torno a ellos y vieron que el fuego no les había causado ningún daño, y que ni uno solo de sus cabellos se había chamuscado; es más, su ropa no estaba quemada ¡y ni siquiera olía a humo!

28 Entonces exclamó Nabucodonosor: «¡Alabado sea el Dios de estos jóvenes, que envió a su ángel y los salvó! Ellos confiaron en él y, desafiando la orden real, optaron por la muerte antes que honrar o adorar a otro

denounced the Jews. 9 They said to King Nebuchadnezzar, "O king, live forever! 10 You have issued a decree, O king, that everyone who hears the sound of the horn, flute, zither, lyre, harp, pipes and all kinds of music must fall down and worship the image of gold, 11 and that whoever does not fall down and worship will be thrown into a blazing furnace. 12 But there are some Jews whom you have set over the affairs of the province of Babylon—Shadrach, Meshach and Abednego—who pay no attention to you, O king. They neither serve your gods nor worship the image of gold you have set up."

13 Furious with rage, Nebuchadnezzar summoned Shadrach, Meshach and Abednego. So these men were brought before the king, 14 and Nebuchadnezzar said to them, "Is it true, Shadrach, Meshach and Abednego, that you do not serve my gods or worship the image of gold I have set up? 15 Now when you hear the sound of the horn, flute, zither, lyre, harp, pipes and all kinds of music, if you are ready to fall down and worship the image I made, very good. But if you do not worship it, you will be thrown immediately into a blazing furnace. Then what god will be able to rescue you from my hand?"

16 Shadrach, Meshach and Abednego replied to the king, "O Nebuchadnezzar, we do not need to defend ourselves before you in this matter. 17 If we are thrown into the blazing furnace, the God we serve is able to save us from it, and he will rescue us from your hand, O king. 18 But even if he does not, we want you to know, O king, that we will not serve your gods or worship the image of gold you have set up."

19 Then Nebuchadnezzar was furious with Shadrach, Meshach and Abednego, and his attitude toward them changed. He ordered the furnace heated seven times hotter than usual 20 and commanded some of the strongest soldiers in his army to tie up Shadrach, Meshach and Abednego and throw them into the blazing furnace. 21 So these men, wearing their robes, trousers, turbans and other clothes, were bound and thrown into the blazing furnace. 22 The king's command was so urgent and the furnace so hot that the flames of the fire killed the soldiers who took up Shadrach, Meshach and Abednego, 23 and these three men, firmly tied, fell into the blazing furnace.

24 Then King Nebuchadnezzar leaped to his feet in amazement and asked his advisers, "Weren't there three men that we tied up and threw into the fire?"

They replied, "Certainly, O king."

25 He said, "Look! I see four men walking around in the fire, unbound and unharmed, and the fourth looks like a son of the gods."

26 Nebuchadnezzar then approached the opening of the blazing furnace and shouted, "Shadrach, Meshach and Abednego, servants of the Most High God, come out! Come here!"

So Shadrach, Meshach and Abednego came out of the fire, 27 and the satraps, prefects, governors and royal advisers crowded around them. They saw that the fire had not harmed their bodies, nor was a hair of their heads singed; their robes were not scorched, and there was no smell of fire on them.

28 Then Nebuchadnezzar said, "Praise be to the God of Shadrach, Meshach and Abednego, who has sent his angel and rescued his servants! They trusted in him and defied the king's command and were willing to give up their lives rather than serve or worship any god except

d 3:25 dios. Lit. hijo de dioses.

dios que no fuera el suyo. 29 Por tanto, yo decreto que se descuartice a cualquiera que hable en contra del Dios de Sadrac, Mesac y Abednego, y que su casa sea reducida a cenizas, sin importar la nación a que pertenezca o la lengua que hable. ¡No hay otro dios que pueda salvar de esta manera!»

30 Después de eso el rey promovió a Sadrac, Mesac y Abednego a un alto puesto en la provincia de Babilonia.

Nabucodonosor, árbol caído

4 El rey Nabucodonosor,

a todos los pueblos y naciones que habitan en este mundo, y a toda lengua:

¡Paz y prosperidad para todos!

2 Me es grato darles a conocer las señales y maravillas que el Dios *Altísimo *ha realizado en mi favor. 3 ¡Cuán grandes son sus señales! ¡Cuán portentosas son sus maravillas! ¡Su reino es un reino eterno! ¡Su soberanía permanece de generación en generación!

4 Yo, Nabucodonosor, estaba en mi palacio, feliz y lleno de prosperidad, 5 cuando tuve un sueño que me infundió miedo. Recostado en mi lecho, las imágenes y visiones que pasaron por mi mente me llenaron de terror. 6 Ordené entonces que vinieran a mi presencia todos los sabios de Babilonia para que me interpretaran el sueño. 7 Cuando llegaron los magos, hechiceros, astrólogos y adivinos, les conté mi sueño pero no me lo pudieron interpretar. 8 Finalmente Daniel, que en honor a mi Dios también se llama Beltsasar, se presentó ante mí y le conté mi sueño, pues en él reposa el espíritu de los *santos dioses.

9 Yo le dije: «Beltsasar, jefe de los magos, yo sé que en ti reposa el espíritu de los santos dioses, y que no hay para ti ningún misterio demasiado difícil de resolver. Te voy a contar mi sueño, y quiero que me digas lo que significa. 10 Y ésta es la tremenda visión que tuve mientras reposaba en mi lecho: Veía ante mí un árbol de altura impresionante, plantado en medio de la tierra. 11 El árbol creció y se hizo fuerte, y su copa tocaba el cielo, ¡hasta podía verse desde cualquier punto de la tierra! 12 Tenía un hermoso follaje y abundantes frutos; ¡todo el mundo hallaba en él su alimento! Hasta las bestias salvajes venían a refugiarse bajo su sombra, y en sus ramas anidaban las aves del cielo. ¡Ese árbol alimentaba a todos los animales!

13 »En la visión que tuve mientras reposaba en mi lecho, vi ante mí a un mensajero santo que descendía del cielo 14 y que a voz en cuello me gritaba: "¡Derriba el árbol y córtale las ramas; arráncale las hojas y esparce los frutos! ¡Haz que las bestias huyan de su sombra, y que las aves abandonen sus nidos! 15 Pero deja enterrados el tocón y las raíces; sujétalos con hierro y bronce entre la hierba del campo. Deja que se empape con el rocío del cielo, y que habite con los animales y entre las plantas de la tierra. 16 Deja que su *mente *humana se trastorne y se vuelva como la de un animal, hasta que hayan transcurrido siete años."*e*

their own God. 29 Therefore I decree that the people of any nation or language who say anything against the God of Shadrach, Meshach and Abednego be cut into pieces and their houses be turned into piles of rubble, for no other god can save in this way."

30 Then the king promoted Shadrach, Meshach and Abednego in the province of Babylon.

Nebuchadnezzar's Dream of a Tree

4 King Nebuchadnezzar,

To the peoples, nations and men of every language, who live in all the world:

May you prosper greatly!

2 It is my pleasure to tell you about the miraculous signs and wonders that the Most High God has performed for me.

3 How great are his signs,
   how mighty his wonders!
His kingdom is an eternal kingdom;
   his dominion endures from generation
      to generation.

4 I, Nebuchadnezzar, was at home in my palace, contented and prosperous. 5 I had a dream that made me afraid. As I was lying in my bed, the images and visions that passed through my mind terrified me. 6 So I commanded that all the wise men of Babylon be brought before me to interpret the dream for me. 7 When the magicians, enchanters, astrologers*i* and diviners came, I told them the dream, but they could not interpret it for me. 8 Finally, Daniel came into my presence and I told him the dream. (He is called Belteshazzar, after the name of my god, and the spirit of the holy gods is in him.)

9 I said, "Belteshazzar, chief of the magicians, I know that the spirit of the holy gods is in you, and no mystery is too difficult for you. Here is my dream; interpret it for me. 10 These are the visions I saw while lying in my bed: I looked, and there before me stood a tree in the middle of the land. Its height was enormous. 11 The tree grew large and strong and its top touched the sky; it was visible to the ends of the earth. 12 Its leaves were beautiful, its fruit abundant, and on it was food for all. Under it the beasts of the field found shelter, and the birds of the air lived in its branches; from it every creature was fed.

13 "In the visions I saw while lying in my bed, I looked, and there before me was a messenger,*j* a holy one, coming down from heaven. 14 He called in a loud voice: 'Cut down the tree and trim off its branches; strip off its leaves and scatter its fruit. Let the animals flee from under it and the birds from its branches. 15 But let the stump and its roots, bound with iron and bronze, remain in the ground, in the grass of the field.

" 'Let him be drenched with the dew of heaven, and let him live with the animals among the plants of the earth. 16 Let his mind be changed from that of a man and let him be given the mind of an animal, till seven times*k* pass by for him.

---

e 4:16 años. Lit. *tiempos;* también en v. 23.

i 7 Or *Chaldeans*   *j 13* Or *watchman;* also in verses 17 and 23
k 16 Or *years;* also in verses 23, 25 and 32

¹⁷»Los santos mensajeros han anunciado la decisión, es decir, el veredicto, para que todos los vivientes reconozcan que el Dios Altísimo es el soberano de todos los reinos humanos, y que se los entrega a quien él quiere, y hasta pone sobre ellos al más humilde de los hombres.

¹⁸»Yo, Nabucodonosor, tuve este sueño. Ahora tú, Beltsasar, dime qué es lo que significa, ya que ninguno de los sabios de mi reino me lo pudo interpretar. ¡Pero tú sí puedes hacerlo, porque en ti reposa el espíritu de los santos dioses!»

Daniel interpreta el sueño del rey

¹⁹Daniel, conocido también como Beltsasar, se quedó desconcertado por algún tiempo y aterrorizado por sus propios pensamientos; por eso el rey le dijo:

—Beltsasar, no te dejes alarmar por este sueño y su significado.

A esto Daniel respondió:

—¡Ojalá que el sueño y su significado tengan que ver con los acérrimos enemigos de Su Majestad! ²⁰La copa del árbol que Su Majestad veía crecer y fortalecerse, tocaba el cielo; ¡hasta podía verse desde cualquier punto de la tierra! ²¹Ese árbol tenía un hermoso follaje y daba abundantes frutos, y alimentaba a todo el mundo; bajo su sombra se refugiaban las bestias salvajes, y en sus ramas anidaban las aves del cielo. ²²Ese árbol es Su Majestad, que se ha hecho fuerte y poderoso, y con su grandeza ha alcanzado el cielo. ¡Su dominio se extiende a los lugares más remotos de la tierra!

²³»Su Majestad veía que del cielo bajaba un mensajero *santo, el cual le ordenaba derribar el árbol y destruirlo, y dejarlo enterrado para que se empapara con el rocío del cielo, aunque tenía que sujetar con hierro y bronce el tocón y las raíces. De este modo viviría como los animales salvajes hasta que transcurrieran siete años.

²⁴»La interpretación del sueño, y el decreto que el *Altísimo ha emitido contra Su Majestad, es como sigue: ²⁵Usted será apartado de la gente y habitará con los animales salvajes; comerá pasto como el ganado, y se empapará con el rocío del cielo. Siete años pasarán hasta que Su Majestad reconozca que el Altísimo es el soberano de todos los reinos del mundo, y que se los entrega a quien él quiere. ²⁶La orden de dejar el tocón y las raíces del árbol quiere decir que Su Majestad recibirá nuevamente el reino, cuando haya reconocido que el verdadero reino es el del cielo. ²⁷Por lo tanto, yo le ruego a Su Majestad aceptar el consejo que le voy a dar: Renuncie usted a sus pecados y actúe con justicia; renuncie a su maldad y sea bondadoso con los oprimidos. Tal vez entonces su prosperidad vuelva a ser la de antes.»

²⁸En efecto, todo esto le sucedió al rey Nabucodonosor. ²⁹Doce meses después, mientras daba un paseo por la terraza del palacio real de Babilonia, ³⁰exclamó: «¡Miren la gran Babilonia que he construido como capital del reino! ¡La he construido con mi gran poder, para mi propia honra!»

³¹No había terminado de hablar cuando, desde el cielo, se escuchó una voz que decía:

«Éste es el decreto en cuanto a ti, rey Nabucodonosor. Tu autoridad real se te ha quitado. ³²Serás apartado de la gente y vivirás entre los animales salvajes; comerás pasto como el ganado, y siete años transcurrirán hasta que reconozcas que el Altísimo es el soberano de todos los reinos del mundo, y que se los entrega a quien él quiere.»

¹⁷" 'The decision is announced by messengers, the holy ones declare the verdict, so that the living may know that the Most High is sovereign over the kingdoms of men and gives them to anyone he wishes and sets over them the lowliest of men.'

¹⁸"This is the dream that I, King Nebuchadnezzar, had. Now, Belteshazzar, tell me what it means, for none of the wise men in my kingdom can interpret it for me. But you can, because the spirit of the holy gods is in you."

Daniel Interprets the Dream

¹⁹Then Daniel (also called Belteshazzar) was greatly perplexed for a time, and his thoughts terrified him. So the king said, "Belteshazzar, do not let the dream or its meaning alarm you."

Belteshazzar answered, "My lord, if only the dream applied to your enemies and its meaning to your adversaries! ²⁰The tree you saw, which grew large and strong, with its top touching the sky, visible to the whole earth, ²¹with beautiful leaves and abundant fruit, providing food for all, giving shelter to the beasts of the field, and having nesting places in its branches for the birds of the air— ²²you, O king, are that tree! You have become great and strong; your greatness has grown until it reaches the sky, and your dominion extends to distant parts of the earth.

²³"You, O king, saw a messenger, a holy one, coming down from heaven and saying, 'Cut down the tree and destroy it, but leave the stump, bound with iron and bronze, in the grass of the field, while its roots remain in the ground. Let him be drenched with the dew of heaven; let him live like the wild animals, until seven times pass by for him.'

²⁴"This is the interpretation, O king, and this is the decree the Most High has issued against my lord the king: ²⁵You will be driven away from people and will live with the wild animals; you will eat grass like cattle and be drenched with the dew of heaven. Seven times will pass by for you until you acknowledge that the Most High is sovereign over the kingdoms of men and gives them to anyone he wishes. ²⁶The command to leave the stump of the tree with its roots means that your kingdom will be restored to you when you acknowledge that Heaven rules. ²⁷Therefore, O king, be pleased to accept my advice: Renounce your sins by doing what is right, and your wickedness by being kind to the oppressed. It may be that then your prosperity will continue."

The Dream Is Fulfilled

²⁸All this happened to King Nebuchadnezzar. ²⁹Twelve months later, as the king was walking on the roof of the royal palace of Babylon, ³⁰he said, "Is not this the great Babylon I have built as the royal residence, by my mighty power and for the glory of my majesty?"

³¹The words were still on his lips when a voice came from heaven, "This is what is decreed for you, King Nebuchadnezzar: Your royal authority has been taken from you. ³²You will be driven away from people and will live with the wild animals; you will eat grass like cattle. Seven times will pass by for you until you acknowledge that the Most High is sovereign over the kingdoms of men and gives them to anyone he wishes."

³³Y al instante se cumplió lo anunciado a Nabucodonosor. Lo separaron de la gente, y comió pasto como el ganado. Su cuerpo se empapó con el rocío del cielo, y hasta el pelo y las uñas le crecieron como plumas y garras de águila.

³⁴Pasado ese tiempo yo, Nabucodonosor, elevé los ojos al cielo, y recobré el juicio. Entonces alabé al Altísimo; honré y glorifiqué al que vive para siempre:

Su dominio es eterno;
    su reino permanece para siempre.
³⁵Ninguno de los pueblos de la tierra
    merece ser tomado en cuenta.
Dios hace lo que quiere
    con los poderes celestiales
    y con los pueblos de la tierra.
No hay quien se oponga a su poder
    ni quien le pida cuentas de sus actos.

³⁶Recobré el juicio, y al momento me fueron devueltos la honra, el esplendor y la gloria de mi reino. Mis consejeros y cortesanos vinieron a buscarme, y me fue devuelto el trono. ¡Llegué a ser más poderoso que antes! ³⁷Por eso yo, Nabucodonosor, alabo, exalto y glorifico al Rey del cielo, porque siempre procede con rectitud y justicia, y es capaz de humillar a los soberbios.

La escritura en la pared

5 El rey Belsasar ofreció un gran banquete a mil miembros de la nobleza, y bebió vino con ellos hasta emborracharse. ²⁻³Mientras brindaban, Belsasar mandó que le trajeran las copas de oro y de plata que Nabucodonosor, su padre, había tomado del templo de Jerusalén. Y así se hizo. Le llevaron las copas, y en ellas bebieron el rey y sus nobles, junto con sus esposas y concubinas. ⁴Ya borrachos, se deshacían en alabanzas a los dioses de oro, plata, bronce, hierro, madera y piedra.

⁵En ese momento, en la sala del palacio apareció una mano que, a la luz de las lámparas, escribía con el dedo sobre la parte blanca de la pared. Mientras el rey observaba la mano que escribía, ⁶el rostro le palideció del susto, las rodillas comenzaron a temblarle, y apenas podía sostenerse. ⁷Mandó entonces que vinieran los hechiceros, astrólogos y adivinos, y a estos sabios *babilonios les dijo:

—Al que lea lo que allí está escrito, y me diga lo que significa, lo vestiré de púrpura, le pondré una cadena de oro en el cuello, y lo nombraré tercer gobernante del reino.

⁸Todos los sabios del reino se presentaron, pero no pudieron descifrar lo escrito ni decirle al rey lo que significaba. ⁹Esto hizo que el rey Belsasar se asustara y palideciera más todavía. Los nobles, por su parte, se hallaban confundidos.

¹⁰Al oír el alboroto que hacían el rey y sus nobles, la reina misma entró en la sala del banquete y exclamó:

—¡Que viva Su Majestad por siempre! ¡Y no se

³³Immediately what had been said about Nebuchadnezzar was fulfilled. He was driven away from people and ate grass like cattle. His body was drenched with the dew of heaven until his hair grew like the feathers of an eagle and his nails like the claws of a bird.

³⁴At the end of that time, I, Nebuchadnezzar, raised my eyes toward heaven, and my sanity was restored. Then I praised the Most High; I honored and glorified him who lives forever.

His dominion is an eternal dominion;
    his kingdom endures from generation to
    generation.
³⁵All the peoples of the earth
    are regarded as nothing.
He does as he pleases
    with the powers of heaven
    and the peoples of the earth.
No one can hold back his hand
    or say to him: "What have you done?"

³⁶At the same time that my sanity was restored, my honor and splendor were returned to me for the glory of my kingdom. My advisers and nobles sought me out, and I was restored to my throne and became even greater than before. ³⁷Now I, Nebuchadnezzar, praise and exalt and glorify the King of heaven, because everything he does is right and all his ways are just. And those who walk in pride he is able to humble.

The Writing on the Wall

5 King Belshazzar gave a great banquet for a thousand of his nobles and drank wine with them. ²While Belshazzar was drinking his wine, he gave orders to bring in the gold and silver goblets that Nebuchadnezzar his father^l had taken from the temple in Jerusalem, so that the king and his nobles, his wives and his concubines might drink from them. ³So they brought in the gold goblets that had been taken from the temple of God in Jerusalem, and the king and his nobles, his wives and his concubines drank from them. ⁴As they drank the wine, they praised the gods of gold and silver, of bronze, iron, wood and stone.

⁵Suddenly the fingers of a human hand appeared and wrote on the plaster of the wall, near the lampstand in the royal palace. The king watched the hand as it wrote. ⁶His face turned pale and he was so frightened that his knees knocked together and his legs gave way.

⁷The king called out for the enchanters, astrologers^m and diviners to be brought and said to these wise men of Babylon, "Whoever reads this writing and tells me what it means will be clothed in purple and have a gold chain placed around his neck, and he will be made the third highest ruler in the kingdom."

⁸Then all the king's wise men came in, but they could not read the writing or tell the king what it meant. ⁹So King Belshazzar became even more terrified and his face grew more pale. His nobles were baffled.

¹⁰The queen,ⁿ hearing the voices of the king and his nobles, came into the banquet hall. "O king, live forever!" she said. "Don't be alarmed! Don't look so pale!

---

^l2 Or ancestor; or predecessor; also in verses 11, 13 and 18
^m7 Or Chaldeans; also in verse 11   ⁿ10 Or queen mother

alarme ni se ponga pálido! 11 En el reino de Su Majestad hay un hombre en quien reposa el espíritu de los
*santos dioses. Cuando vivía el rey Nabucodonosor,
padre de Su Majestad, se halló que ese hombre poseía
sabiduría, inteligencia y gran percepción, semejantes a
las de los dioses. El padre de Su Majestad llegó a
nombrar a ese hombre jefe de los magos, hechiceros,
astrólogos y adivinos. 12 Y es que ese hombre tiene una
mente aguda, amplios *conocimientos, e inteligencia y
capacidad para interpretar sueños, explicar misterios y
resolver problemas difíciles. Llame usted a ese hombre, y él le dirá lo que significa ese escrito. Se llama
Daniel, aunque el padre de Su Majestad le puso por
nombre Beltsasar.

13 Daniel fue llevado a la presencia del rey, y éste le
preguntó:

—¿Así que tú eres Daniel, uno de los exiliados que
mi padre trajo de Judá? 14 Me han contado que en ti
reposa el espíritu de los dioses, y que posees gran
agudeza e inteligencia, y una sabiduría sorprendente.
15 Los sabios y hechiceros se presentaron ante mí para
leer esta escritura y decirme lo que significa, pero no
pudieron descifrarla. 16 Según me han dicho, tú puedes
dar interpretaciones y resolver problemas difíciles. Si
logras descifrar e interpretar lo que allí está escrito, te
vestiré de púrpura, te pondré una cadena de oro en el
cuello, y te nombraré tercer gobernante del reino.

17 —Su Majestad puede quedarse con sus regalos, o
dárselos a otro —le respondió Daniel—. Yo voy a
leerle a Su Majestad lo que dice en la pared, y le
explicaré lo que significa.

18 »El Dios *Altísimo dio al rey Nabucodonosor, padre de usted, grandeza, gloria, majestad y esplendor.
19 Gracias a la autoridad que Dios le dio, ante él temblaban de miedo todos los pueblos, naciones y gente de
toda lengua. A quien él quería matar, lo mandaba matar; a quien quería perdonar, lo perdonaba; si quería
promover a alguien, lo promovía; y si quería humillarlo, lo humillaba. 20 Pero, cuando su *corazón se volvió
arrogante y orgulloso, se le arrebató el trono real y se
le despojó de su gloria; 21 fue apartado de la gente y
recibió la *mente de un animal; vivió entre los asnos
salvajes y se alimentó con pasto como el ganado; ¡el
rocío de la noche empapaba su cuerpo! Todo esto le
sucedió hasta que reconoció que el Dios Altísimo es el
soberano de todos los reinos del mundo, y que se los
entrega a quien él quiere.

22 »Sin embargo, y a pesar de saber todo esto, usted,
hijo de Nabucodonosor, no se ha humillado. 23 Por el
contrario, se ha opuesto al Dios del cielo mandando
traer de su templo las copas, para que beban en ellas
usted y sus nobles, y sus esposas y concubinas. Usted
se ha deshecho en alabanzas a los dioses de oro, plata,
hierro, madera y piedra, dioses que no pueden ver ni
oír ni entender; en cambio, no ha honrado al Dios en
cuyas manos se hallan la vida y las acciones de Su
Majestad. 24 Por eso Dios ha enviado esa mano a escribir 25 lo que allí aparece: *Mene, Mene, Téquel, Parsin*.

26 »Pues bien, esto es lo que significan esas palabras:

»*Mene*: Dios ha contado los días del reino de Su
Majestad, y les ha puesto un límite.

27 »*Téquel*: Su Majestad ha sido puesto en la balanza,
y no pesa lo que debería pesar.

11 There is a man in your kingdom who has the spirit of
the holy gods in him. In the time of your father he was
found to have insight and intelligence and wisdom like
that of the gods. King Nebuchadnezzar your father—
your father the king, I say—appointed him chief of the
magicians, enchanters, astrologers and diviners. 12 This
man Daniel, whom the king called Belteshazzar, was
found to have a keen mind and knowledge and understanding, and also the ability to interpret dreams, explain riddles and solve difficult problems. Call for
Daniel, and he will tell you what the writing means."

13 So Daniel was brought before the king, and the
king said to him, "Are you Daniel, one of the exiles my
father the king brought from Judah? 14 I have heard that
the spirit of the gods is in you and that you have insight, intelligence and outstanding wisdom. 15 The wise
men and enchanters were brought before me to read
this writing and tell me what it means, but they could
not explain it. 16 Now I have heard that you are able to
give interpretations and to solve difficult problems. If
you can read this writing and tell me what it means,
you will be clothed in purple and have a gold chain
placed around your neck, and you will be made the
third highest ruler in the kingdom."

17 Then Daniel answered the king, "You may keep
your gifts for yourself and give your rewards to someone else. Nevertheless, I will read the writing for the
king and tell him what it means.

18 "O king, the Most High God gave your father
Nebuchadnezzar sovereignty and greatness and glory
and splendor. 19 Because of the high position he gave
him, all the peoples and nations and men of every
language dreaded and feared him. Those the king
wanted to put to death, he put to death; those he wanted
to spare, he spared; those he wanted to promote, he
promoted; and those he wanted to humble, he humbled.
20 But when his heart became arrogant and hardened
with pride, he was deposed from his royal throne and
stripped of his glory. 21 He was driven away from people and given the mind of an animal; he lived with the
wild donkeys and ate grass like cattle; and his body
was drenched with the dew of heaven, until he acknowledged that the Most High God is sovereign over
the kingdoms of men and sets over them anyone he
wishes.

22 "But you his son,[o] O Belshazzar, have not humbled yourself, though you knew all this. 23 Instead, you
have set yourself up against the Lord of heaven. You
had the goblets from his temple brought to you, and
you and your nobles, your wives and your concubines
drank wine from them. You praised the gods of silver
and gold, of bronze, iron, wood and stone, which cannot see or hear or understand. But you did not honor
the God who holds in his hand your life and all your
ways. 24 Therefore he sent the hand that wrote the inscription.

25 "This is the inscription that was written:

MENE, MENE, TEKEL, PARSIN[p]

26 "This is what these words mean:

Mene[q]: God has numbered the days of your
reign and brought it to an end.

27 *Tekel*[r]: You have been weighed on the
scales and found wanting.

[o] 22 Or *descendant*; or *successor* [p] 25 Aramaic *UPARSIN* (that is, *AND PARSIN*) [q] 26 *Mene* can mean *numbered* or *mina* (a unit of money). [r] 27 *Tekel* can mean *weighed* or *shekel*.

28 »*Parsin*: El reino de Su Majestad se ha dividido, y ha sido entregado a medos y persas.

29 Entonces Belsasar ordenó que se vistiera a Daniel de púrpura, que se le pusiera una cadena de oro en el cuello, y que se le nombrara tercer gobernante del reino. 30 Esa misma noche fue asesinado Belsasar, rey de los babilonios, y Darío el Persa se apoderó del reino. 31 Para entonces, Darío tenía sesenta y dos años.

Daniel en el foso de los leones

6 Para el control eficaz de su reino, Darío consideró prudente nombrar a ciento veinte *sátrapas 2 y tres administradores, uno de los cuales era Daniel. Estos sátrapas eran responsables ante los administradores, a fin de que los intereses del rey no se vieran afectados. 3 Y tanto se distinguió Daniel por sus extraordinarias cualidades administrativas, que el rey pensó en ponerlo al frente de todo el reino. 4 Entonces los administradores y los sátrapas empezaron a buscar algún motivo para acusar a Daniel de malos manejos en los negocios del reino. Sin embargo, no encontraron de qué acusarlo porque, lejos de ser corrupto o negligente, Daniel era un hombre digno de confianza. 5 Por eso concluyeron: «Nunca encontraremos nada de qué acusar a Daniel, a no ser algo relacionado con la *ley de su Dios.»

6 Formaron entonces los administradores y sátrapas una comisión para ir a hablar con el rey, y estando en su presencia le dijeron:

—¡Que viva para siempre Su Majestad, el rey Darío! 7 Nosotros los administradores reales, junto con los prefectos, sátrapas, consejeros y gobernadores, convenimos en que Su Majestad debiera emitir y confirmar un decreto que exija que, durante los próximos treinta días, sea arrojado al foso de los leones todo el que adore a cualquier dios u *hombre que no sea Su Majestad. 8 Expida usted ahora ese decreto, y póngalo por escrito. Así, conforme a la ley de los medos y los persas, no podrá ser revocado.

9 El rey Darío expidió el decreto y lo puso por escrito. 10 Cuando Daniel se enteró de la publicación del decreto, se fue a su casa y subió a su dormitorio, cuyas ventanas se abrían en dirección a Jerusalén. Allí se arrodilló y se puso a orar y alabar a Dios, pues tenía por costumbre orar tres veces al día. 11 Cuando aquellos hombres llegaron y encontraron a Daniel orando e implorando la ayuda de Dios, 12 fueron a hablar con el rey respecto al decreto real:

—¿No es verdad que Su Majestad publicó un decreto? Según entendemos, todo el que en los próximos treinta días adore a otro dios u hombre que no sea Su Majestad, será arrojado al foso de los leones.

—El decreto sigue en pie —contestó el rey—. Según la ley de los medos y los persas, no puede ser derogado.

13 —¡Pues Daniel —respondieron ellos—, que es uno de los exiliados de Judá, no toma en cuenta a Su Majestad ni al decreto que ha promulgado! ¡Todavía sigue orando a su Dios tres veces al día!

14 Cuando el rey escuchó esto, se deprimió mucho y se propuso salvar a Daniel, así que durante todo el día buscó la forma de salvarlo. 15 Pero aquellos hombres fueron a ver al rey y lo presionaron:

—No olvide Su Majestad que, según la ley de los medos y los persas, ningún decreto ni edicto emitido por el rey puede ser derogado.

28 *Peres*[s]: Your kingdom is divided and given to the Medes and Persians."

29 Then at Belshazzar's command, Daniel was clothed in purple, a gold chain was placed around his neck, and he was proclaimed the third highest ruler in the kingdom. 30 That very night Belshazzar, king of the Babylonians,[t] was slain, 31 and Darius the Mede took over the kingdom, at the age of sixty-two.

Daniel in the Den of Lions

6 It pleased Darius to appoint 120 satraps to rule throughout the kingdom, 2 with three administrators over them, one of whom was Daniel. The satraps were made accountable to them so that the king might not suffer loss. 3 Now Daniel so distinguished himself among the administrators and the satraps by his exceptional qualities that the king planned to set him over the whole kingdom. 4 At this, the administrators and the satraps tried to find grounds for charges against Daniel in his conduct of government affairs, but they were unable to do so. They could find no corruption in him, because he was trustworthy and neither corrupt nor negligent. 5 Finally these men said, "We will never find any basis for charges against this man Daniel unless it has something to do with the law of his God."

6 So the administrators and the satraps went as a group to the king and said: "O King Darius, live forever! 7 The royal administrators, prefects, satraps, advisers and governors have all agreed that the king should issue an edict and enforce the decree that anyone who prays to any god or man during the next thirty days, except to you, O king, shall be thrown into the lions' den. 8 Now, O king, issue the decree and put it in writing so that it cannot be altered—in accordance with the laws of the Medes and Persians, which cannot be repealed." 9 So King Darius put the decree in writing.

10 Now when Daniel learned that the decree had been published, he went home to his upstairs room where the windows opened toward Jerusalem. Three times a day he got down on his knees and prayed, giving thanks to his God, just as he had done before. 11 Then these men went as a group and found Daniel praying and asking God for help. 12 So they went to the king and spoke to him about his royal decree: "Did you not publish a decree that during the next thirty days anyone who prays to any god or man except to you, O king, would be thrown into the lions' den?"

The king answered, "The decree stands—in accordance with the laws of the Medes and Persians, which cannot be repealed."

13 Then they said to the king, "Daniel, who is one of the exiles from Judah, pays no attention to you, O king, or to the decree you put in writing. He still prays three times a day." 14 When the king heard this, he was greatly distressed; he was determined to rescue Daniel and made every effort until sundown to save him.

15 Then the men went as a group to the king and said to him, "Remember, O king, that according to the law of the Medes and Persians no decree or edict that the king issues can be changed."

---

[s] 28 *Peres* (the singular of *Parsin*) can mean *divided* or *Persia* or *a half mina* or *a half shekel*.   [t] 30 Or *Chaldeans*

¹⁶El rey dio entonces la orden, y Daniel fue arrojado al foso de los leones. Allí el rey animaba a Daniel:

—¡Que tu Dios, a quien siempre sirves, se digne salvarte!

¹⁷Trajeron entonces una piedra, y con ella taparon la boca del foso. El rey lo selló con su propio anillo y con el de sus nobles, para que la sentencia contra Daniel no pudiera ser cambiada. ¹⁸Luego volvió a su palacio y pasó la noche sin comer y sin divertirse, y hasta el sueño se le fue. ¹⁹Tan pronto como amaneció, se levantó y fue al foso de los leones. ²⁰Ya cerca, lleno de ansiedad gritó:

—Daniel, siervo del Dios viviente, ¿pudo tu Dios, a quien siempre sirves, salvarte de los leones?

²¹—¡Que viva Su Majestad por siempre! —contestó Daniel desde el foso—. ²²Mi Dios envió a su ángel y les cerró la boca a los leones. No me han hecho ningún daño, porque Dios bien sabe que soy inocente. ¡Tampoco he cometido nada malo contra Su Majestad!

²³Sin ocultar su alegría, el rey ordenó que sacaran del foso a Daniel. Cuando lo sacaron, no se le halló un solo rasguño, pues Daniel confiaba en su Dios. ²⁴Entonces el rey mandó traer a los que falsamente lo habían acusado, y ordenó que los arrojaran al foso de los leones, junto con sus esposas y sus hijos. ¡No habían tocado el suelo cuando ya los leones habían caído sobre ellos y les habían triturado los huesos!

²⁵Más tarde el rey Darío firmó este decreto:

«A todos los pueblos, naciones y lenguas de este mundo:

»¡Paz y prosperidad para todos!

²⁶»He decretado que en todo lugar de mi reino la gente adore y honre al Dios de Daniel.

»Porque él es el Dios vivo,
    y permanece para siempre.
Su reino jamás será destruido,
    y su dominio jamás tendrá fin.
²⁷Él rescata y salva;
    hace prodigios en el cielo
    y maravillas en la tierra.
¡Ha salvado a Daniel
    de las garras de los leones!»

²⁸Fue así como Daniel prosperó durante los reinados de Darío y de Ciro el Persa.

Las cuatro bestias

7 En el primer año del reinado de Belsasar en Babilonia, Daniel tuvo un sueño y visiones mientras yacía en su lecho. Entonces puso por escrito lo más importante de su sueño, ²y esto es lo que escribió:

«Durante la noche tuve una visión, y en ella veía al gran mar, agitado por los cuatro vientos del cielo. ³Del mar salían cuatro bestias enormes, cada una diferente de la otra.

⁴»La primera de ellas se parecía a un león, pero sus alas eran las de un águila. Mientras yo la observaba, le arrancaron las alas, la levantaron del suelo, y la obligaron a pararse sobre sus patas traseras, como si fuera un hombre. Y se le dio un corazón *humano.

⁵»La segunda bestia que vi se parecía a un oso. Se levantaba sobre uno de sus costados, y entre sus fauces tenía tres costillas. A esta bestia se le dijo: "¡Levántate y come carne hasta que te hartes!"

¹⁶So the king gave the order, and they brought Daniel and threw him into the lions' den. The king said to Daniel, "May your God, whom you serve continually, rescue you!"

¹⁷A stone was brought and placed over the mouth of the den, and the king sealed it with his own signet ring and with the rings of his nobles, so that Daniel's situation might not be changed. ¹⁸Then the king returned to his palace and spent the night without eating and without any entertainment being brought to him. And he could not sleep.

¹⁹At the first light of dawn, the king got up and hurried to the lions' den. ²⁰When he came near the den, he called to Daniel in an anguished voice, "Daniel, servant of the living God, has your God, whom you serve continually, been able to rescue you from the lions?"

²¹Daniel answered, "O king, live forever! ²²My God sent his angel, and he shut the mouths of the lions. They have not hurt me, because I was found innocent in his sight. Nor have I ever done any wrong before you, O king."

²³The king was overjoyed and gave orders to lift Daniel out of the den. And when Daniel was lifted from the den, no wound was found on him, because he had trusted in his God.

²⁴At the king's command, the men who had falsely accused Daniel were brought in and thrown into the lions' den, along with their wives and children. And before they reached the floor of the den, the lions overpowered them and crushed all their bones.

²⁵Then King Darius wrote to all the peoples, nations and men of every language throughout the land:

"May you prosper greatly!

²⁶"I issue a decree that in every part of my kingdom people must fear and reverence the God of Daniel.

"For he is the living God
    and he endures forever;
his kingdom will not be destroyed,
    his dominion will never end.
²⁷He rescues and he saves;
    he performs signs and wonders
    in the heavens and on the earth.
He has rescued Daniel
    from the power of the lions."

²⁸So Daniel prospered during the reign of Darius and the reign of Cyrus[u] the Persian.

Daniel's Dream of Four Beasts

7 In the first year of Belshazzar king of Babylon, Daniel had a dream, and visions passed through his mind as he was lying on his bed. He wrote down the substance of his dream.

²Daniel said: "In my vision at night I looked, and there before me were the four winds of heaven churning up the great sea. ³Four great beasts, each different from the others, came up out of the sea.

⁴"The first was like a lion, and it had the wings of an eagle. I watched until its wings were torn off and it was lifted from the ground so that it stood on two feet like a man, and the heart of a man was given to it.

⁵"And there before me was a second beast, which looked like a bear. It was raised up on one of its sides, and it had three ribs in its mouth between its teeth. It was told, 'Get up and eat your fill of flesh!'

---

[u] 28 Or *Darius, that is, the reign of Cyrus*

6»Ante mis propios ojos vi aparecer otra bestia, la cual se parecía a un leopardo, aunque en el lomo tenía cuatro alas, como las de un ave. Esta bestia tenía cuatro cabezas, y recibió autoridad para gobernar.

7»Después de esto, en mis visiones nocturnas vi ante mí una cuarta bestia, la cual era extremadamente horrible y poseía una fuerza descomunal. Con sus grandes colmillos de hierro aplastaba y devoraba a sus víctimas, para luego pisotear los restos. Tenía diez cuernos, y no se parecía en nada a las otras bestias.

8»Mientras me fijaba en los cuernos, vi surgir entre ellos otro cuerno más pequeño. Por causa de éste fueron arrancados tres de los primeros. El cuerno pequeño parecía tener ojos humanos, y una boca que profería insolencias.

Canto al Anciano

9»Mientras yo observaba esto,
  se colocaron unos tronos,
  y tomó asiento un venerable Anciano.
Su ropa era blanca como la nieve,
  y su cabello, blanco como la lana.
Su trono con sus ruedas
  centelleaban como el fuego.
10De su presencia brotaba
  un torrente de fuego.
Miles y millares le servían,
  centenares de miles lo atendían.
Al iniciarse el juicio,
  los libros fueron abiertos.

11»Yo me quedé mirando por causa de las grandes insolencias que profería el cuerno. Seguí mirando hasta que a esta bestia la mataron, la descuartizaron y echaron los pedazos al fuego ardiente. 12A las otras bestias les quitaron el poder, aunque las dejaron vivir por algún tiempo.

13»En esa visión nocturna, vi que alguien con aspecto humano*f* venía entre las nubes del cielo. Se acercó al venerable Anciano y fue llevado a su presencia, 14y se le dio autoridad, poder y majestad. ¡Todos los pueblos, naciones y lenguas lo adoraron! ¡Su dominio es un dominio eterno, que no pasará, y su reino jamás será destruido!

La interpretación del sueño

15»Yo, Daniel, me quedé aterrorizado, y muy preocupado por las visiones que pasaban por mi mente. 16Me acerqué entonces a uno de los que estaban allí, y le pregunté el verdadero significado de todo esto. Y ésta fue su interpretación: 17"Las cuatro grandes bestias son cuatro reinos que se levantarán en la tierra, 18pero los *santos del *Altísimo recibirán el reino, y será suyo para siempre, ¡para siempre jamás!"

19»Quise entonces saber el verdadero significado de la cuarta bestia, la cual desmenuzaba a sus víctimas y las devoraba, pisoteando luego sus restos. Era muy distinta a las otras tres, pues tenía colmillos de hierro y garras de bronce. ¡Tenía un aspecto espantoso! 20Quise saber también acerca de los diez cuernos que tenía en la cabeza, y del otro cuerno que le había salido y ante el cual habían caído tres de ellos. Este cuerno se veía más impresionante que los otros, pues tenía ojos y hablaba con insolencia.

21»Mientras observaba yo, este cuerno libró una guerra contra los santos y los venció. 22Entonces vino el Anciano y emitió juicio en favor de los santos del Altísimo. En ese momento los santos recibieron el reino.

6"After that, I looked, and there before me was another beast, one that looked like a leopard. And on its back it had four wings like those of a bird. This beast had four heads, and it was given authority to rule.

7"After that, in my vision at night I looked, and there before me was a fourth beast—terrifying and frightening and very powerful. It had large iron teeth; it crushed and devoured its victims and trampled underfoot whatever was left. It was different from all the former beasts, and it had ten horns.

8"While I was thinking about the horns, there before me was another horn, a little one, which came up among them; and three of the first horns were uprooted before it. This horn had eyes like the eyes of a man and a mouth that spoke boastfully.

9"As I looked,

  "thrones were set in place,
    and the Ancient of Days took his seat.
His clothing was as white as snow;
  the hair of his head was white like wool.
His throne was flaming with fire,
  and its wheels were all ablaze.
10A river of fire was flowing,
  coming out from before him.
Thousands upon thousands attended him;
  ten thousand times ten thousand stood
    before him.
The court was seated,
  and the books were opened.

11"Then I continued to watch because of the boastful words the horn was speaking. I kept looking until the beast was slain and its body destroyed and thrown into the blazing fire. 12(The other beasts had been stripped of their authority, but were allowed to live for a period of time.)

13"In my vision at night I looked, and there before me was one like a son of man, coming with the clouds of heaven. He approached the Ancient of Days and was led into his presence. 14He was given authority, glory and sovereign power; all peoples, nations and men of every language worshiped him. His dominion is an everlasting dominion that will not pass away, and his kingdom is one that will never be destroyed.

The Interpretation of the Dream

15"I, Daniel, was troubled in spirit, and the visions that passed through my mind disturbed me. 16I approached one of those standing there and asked him the true meaning of all this.

"So he told me and gave me the interpretation of these things: 17'The four great beasts are four kingdoms that will rise from the earth. 18But the saints of the Most High will receive the kingdom and will possess it forever—yes, for ever and ever.'

19"Then I wanted to know the true meaning of the fourth beast, which was different from all the others and most terrifying, with its iron teeth and bronze claws—the beast that crushed and devoured its victims and trampled underfoot whatever was left. 20I also wanted to know about the ten horns on its head and about the other horn that came up, before which three of them fell—the horn that looked more imposing than the others and that had eyes and a mouth that spoke boastfully. 21As I watched, this horn was waging war against the saints and defeating them, 22until the Ancient of Days came and pronounced judgment in favor of the saints of the Most High, and the time came when they possessed the kingdom.

---

f7:13 alguien con aspecto humano. Lit. *como un hijo de hombre.*

23 »Ésta fue la explicación que me dio el venerable Anciano:

"La cuarta bestia es un cuarto reino
　　que surgirá en este mundo.
Será diferente a los otros reinos;
　　devorará a toda la tierra;
　　¡la aplastará y la pisoteará!
24 Los diez cuernos son diez reyes
　　que saldrán de este reino.
Otro rey les sucederá,
　　distinto a los anteriores,
　　el cual derrocará a tres reyes.
25 Hablará en contra del Altísimo
　　y oprimirá a sus santos;
tratará de cambiar las festividades
　　y también las leyes,
y los santos quedarán bajo su poder
　　durante tres años y medio.*g*
26 Los jueces tomarán asiento,
　　y al cuerno se le quitará el poder
　　y se le destruirá para siempre.
27 Entonces se dará a los santos,
　　que son el pueblo del Altísimo,
la majestad y el poder
　　y la grandeza de los reinos.
Su reino será un reino eterno,
　　y lo adorarán y obedecerán
　　todos los gobernantes de la tierra."

28 »Aquí termina la visión. Yo, Daniel, me quedé desconcertado por tantas ideas que me pasaban por la *mente, a tal grado que palideció mi rostro. Pero preferí mantener todo esto en secreto.»*h*

Visión del carnero y del macho cabrío

8 «En el tercer año del reinado de Belsasar, yo, Daniel, tuve otra visión. 2 En ella, me veía en la ciudadela de Susa, en la provincia de Elam, junto al río Ulay. 3 Me fijé, y vi ante mí un carnero con sus dos cuernos. Estaba junto al río, y tenía cuernos largos. Uno de ellos era más largo, y le había salido después. 4 »Me quedé observando cómo el carnero atacaba hacia el norte y hacia el sur. Ningún animal podía hacerle frente, ni había tampoco quien pudiera librarse de su poder. El carnero hacía lo que quería, y cada vez cobraba más fuerza.

5 »Mientras reflexionaba yo al respecto, de pronto surgió del oeste un macho cabrío, con un cuerno enorme entre los ojos, y cruzó toda la tierra sin tocar siquiera el suelo. 6 Se lanzó contra el carnero que yo había visto junto al río, y lo atacó furiosamente. 7 Yo vi cómo lo golpeó y le rompió los dos cuernos. El carnero no pudo hacerle frente, pues el macho cabrío lo derribó y lo pisoteó. Nadie pudo librar al carnero del poder del macho cabrío.

8 »El macho cabrío cobró gran fuerza, pero en el momento de su mayor grandeza se le rompió el cuerno más largo, y en su lugar brotaron cuatro grandes cuernos que se alzaron contra los cuatro vientos del cielo. 9 De uno de ellos salió otro cuerno, pequeño al principio, que extendió su poder hacia el sur y hacia el este, y también hacia nuestra hermosa tierra. 10 Creció hasta alcanzar al ejército de los cielos, derribó algunas estrellas y las pisoteó, 11 y aun llegó a sentirse más importante que el jefe del ejército de los cielos. Por causa de él se eliminó el sacrificio diario y se profanó el santua-

23 "He gave me this explanation: 'The fourth beast is a fourth kingdom that will appear on earth. It will be different from all the other kingdoms and will devour the whole earth, trampling it down and crushing it. 24 The ten horns are ten kings who will come from this kingdom. After them another king will arise, different from the earlier ones; he will subdue three kings. 25 He will speak against the Most High and oppress his saints and try to change the set times and the laws. The saints will be handed over to him for a time, times and half a time.*v*

26 " 'But the court will sit, and his power will be taken away and completely destroyed forever. 27 Then the sovereignty, power and greatness of the kingdoms under the whole heaven will be handed over to the saints, the people of the Most High. His kingdom will be an everlasting kingdom, and all rulers will worship and obey him.'

28 "This is the end of the matter. I, Daniel, was deeply troubled by my thoughts, and my face turned pale, but I kept the matter to myself."

Daniel's Vision of a Ram and a Goat

8 In the third year of King Belshazzar's reign, I, Daniel, had a vision, after the one that had already appeared to me. 2 In my vision I saw myself in the citadel of Susa in the province of Elam; in the vision I was beside the Ulai Canal. 3 I looked up, and there before me was a ram with two horns, standing beside the canal, and the horns were long. One of the horns was longer than the other but grew up later. 4 I watched the ram as he charged toward the west and the north and the south. No animal could stand against him, and none could rescue from his power. He did as he pleased and became great.

5 As I was thinking about this, suddenly a goat with a prominent horn between his eyes came from the west, crossing the whole earth without touching the ground. 6 He came toward the two-horned ram I had seen standing beside the canal and charged at him in great rage. 7 I saw him attack the ram furiously, striking the ram and shattering his two horns. The ram was powerless to stand against him; the goat knocked him to the ground and trampled on him, and none could rescue the ram from his power. 8 The goat became very great, but at the height of his power his large horn was broken off, and in its place four prominent horns grew up toward the four winds of heaven.

9 Out of one of them came another horn, which started small but grew in power to the south and to the east and toward the Beautiful Land. 10 It grew until it reached the host of the heavens, and it threw some of the starry host down to the earth and trampled on them. 11 It set itself up to be as great as the Prince of the host; it took away the daily sacrifice from him, and the place

---

g 7:25 tres años y medio. Lit. *un tiempo y tiempos y medio tiempo.*
h 7:28 Aquí termina la porción aramea. Véase nota en 2:4.

v 25 Or for a year, two years and half a year

rio. 12 Por la rebeldía de nuestro pueblo, su ejército echó por tierra la verdad y quitó el sacrificio diario. En fin, ese cuerno hizo y deshizo.

13 »Escuché entonces que uno de los *santos hablaba, y que otro le preguntaba: "¿Cuánto más va a durar esta visión del sacrificio diario, de la rebeldía desoladora, de la entrega del santuario y de la humillación del ejército?" 14 Y aquel santo me dijo: "Va a tardar dos mil trescientos días con sus noches. Después de eso, se *purificará el santuario."

Significado de la visión

15 »Mientras yo, Daniel, contemplaba la visión y trataba de entenderla, de repente apareció ante mí alguien de apariencia *humana. 16 Escuché entonces una voz que desde el río Ulay gritaba: "¡Gabriel, dile a este hombre lo que significa la visión!"

17 »Cuando Gabriel se acercó al lugar donde yo estaba, me sentí aterrorizado y caí de rodillas. Pero él me dijo: "Toma en cuenta, criatura humana,[i] que la visión tiene que ver con la hora final."

18 »Mientras Gabriel me hablaba, yo caí en un sueño profundo, de cara al suelo. Pero él me despertó y me obligó a levantarme, 19 mientras me decía: "Voy a darte a conocer lo que sucederá cuando llegue a su fin el tiempo de la ira de Dios, porque el fin llegará en el momento señalado. 20 El carnero de dos cuernos que has visto simboliza a los reyes de Media y de Persia. 21 El macho cabrío es el rey de Grecia, y el cuerno grande que tiene entre los ojos es el primer rey. 22 Los cuatro cuernos que salieron en lugar del que fue hecho pedazos simbolizan a los cuatro reinos que surgirán de esa nación, pero que no tendrán el mismo poder.

23 » "Hacia el final de esos reinos, cuando los rebeldes lleguen al colmo de su maldad, surgirá un rey de rostro adusto, maestro de la intriga, 24 que llegará a tener mucho poder, pero no por sí mismo. Ese rey causará impresionantes destrozos y saldrá airoso en todo lo que emprenda. Destruirá a los poderosos y al pueblo *santo. 25 Con su astucia propagará el engaño, creyéndose un ser superior. Destruirá a mucha gente que creía estar segura, y se enfrentará al Príncipe de los príncipes, pero será destruido sin la intervención humana. 26 Esta visión de los días con sus noches, que se te ha dado a conocer, es verdadera. Pero no la hagas pública, pues para eso falta mucho tiempo."

27 »Yo, Daniel, quedé exhausto, y durante varios días guardé cama. Luego me levanté para seguir atendiendo los asuntos del reino. Pero la visión me dejó pasmado, pues no lograba comprenderla.

Oración de Daniel

9 1-2 »Corría el primer año del reinado de Darío hijo de Jerjes, un medo que llegó a ser rey de los *babilonios, cuando yo, Daniel, logré entender ese pasaje de las Escrituras[j] donde el SEÑOR le comunicó al profeta Jeremías que la desolación de Jerusalén duraría setenta años. 3 Entonces me puse a orar y a dirigir mis súplicas al Señor mi Dios. Además de orar, ayuné y me vestí de

of his sanctuary was brought low. 12 Because of rebellion, the host [of the saints][w] and the daily sacrifice were given over to it. It prospered in everything it did, and truth was thrown to the ground.

13 Then I heard a holy one speaking, and another holy one said to him, "How long will it take for the vision to be fulfilled—the vision concerning the daily sacrifice, the rebellion that causes desolation, and the surrender of the sanctuary and of the host that will be trampled underfoot?"

14 He said to me, "It will take 2,300 evenings and mornings; then the sanctuary will be reconsecrated."

The Interpretation of the Vision

15 While I, Daniel, was watching the vision and trying to understand it, there before me stood one who looked like a man. 16 And I heard a man's voice from the Ulai calling, "Gabriel, tell this man the meaning of the vision."

17 As he came near the place where I was standing, I was terrified and fell prostrate. "Son of man," he said to me, "understand that the vision concerns the time of the end."

18 While he was speaking to me, I was in a deep sleep, with my face to the ground. Then he touched me and raised me to my feet.

19 He said: "I am going to tell you what will happen later in the time of wrath, because the vision concerns the appointed time of the end.[x] 20 The two-horned ram that you saw represents the kings of Media and Persia. 21 The shaggy goat is the king of Greece, and the large horn between his eyes is the first king. 22 The four horns that replaced the one that was broken off represent four kingdoms that will emerge from his nation but will not have the same power.

23 "In the latter part of their reign, when rebels have become completely wicked, a stern-faced king, a master of intrigue, will arise. 24 He will become very strong, but not by his own power. He will cause astounding devastation and will succeed in whatever he does. He will destroy the mighty men and the holy people. 25 He will cause deceit to prosper, and he will consider himself superior. When they feel secure, he will destroy many and take his stand against the Prince of princes. Yet he will be destroyed, but not by human power.

26 "The vision of the evenings and mornings that has been given you is true, but seal up the vision, for it concerns the distant future."

27 I, Daniel, was exhausted and lay ill for several days. Then I got up and went about the king's business. I was appalled by the vision; it was beyond understanding.

Daniel's Prayer

9 In the first year of Darius son of Xerxes[y] (a Mede by descent), who was made ruler over the Babylonian[z] kingdom— 2 in the first year of his reign, I, Daniel, understood from the Scriptures, according to the word of the LORD given to Jeremiah the prophet, that the desolation of Jerusalem would last seventy years. 3 So I turned to the Lord God and pleaded with him in prayer and petition, in fasting, and in sackcloth and ashes.

i 8:17 criatura humana. Lit. hijo de hombre.　j 9:2 Alusión a Jer 25:11-12.

w 12 Or rebellion, the armies　x 19 Or because the end will be at the appointed time　y 1 Hebrew Ahasuerus　z 1 Or Chaldean

luto y me senté sobre cenizas. 4Ésta fue la oración y confesión que le hice:

»"Señor, Dios grande y terrible, que cumples tu *pacto de fidelidad con los que te aman y obedecen tus mandamientos: 5Hemos pecado y hecho lo malo; hemos sido malvados y rebeldes; nos hemos apartado de tus mandamientos y de tus *leyes. 6No hemos prestado atención a tus siervos los profetas, que en tu *nombre hablaron a nuestros reyes y príncipes, a nuestros antepasados y a todos los habitantes de la tierra.

7» "Tú, Señor, eres justo. Nosotros, en cambio, somos motivo de vergüenza en este día; nosotros, pueblo de Judá, habitantes de Jerusalén y de todo Israel, tanto los que vivimos cerca como los que se hallan lejos, en todos los países por los que nos has dispersado por haberte sido infieles.

8» "Señor, tanto nosotros como nuestros reyes y príncipes, y nuestros antepasados, somos motivo de vergüenza por haber pecado contra ti. 9Pero aun cuando nos hemos rebelado contra ti, tú, Señor nuestro, eres un Dios compasivo y perdonador.

10» "SEÑOR y Dios nuestro, no hemos obedecido ni seguido tus leyes, las cuales nos diste por medio de tus siervos los profetas. 11Todo Israel se ha apartado de tu ley y se ha negado a obedecerte. Por eso, porque pecamos contra ti, nos han sobrevenido las maldiciones que nos anunciaste, las cuales están escritas en la ley de tu siervo Moisés.

12» "Tú has cumplido las advertencias que nos hiciste, a nosotros y a nuestros gobernantes, y has traído sobre nosotros esta gran calamidad. ¡Jamás ha ocurrido bajo el cielo nada semejante a lo que sucedió con Jerusalén!

13» "SEÑOR y Dios, todo este desastre ha venido sobre nosotros, tal y como está escrito en la ley de Moisés, y ni aun así hemos buscado tu favor. No nos hemos apartado de nuestros pecados ni hemos procurado entender tu verdad.

14» "Tú, SEÑOR y Dios nuestro, dispusiste esta calamidad y la has dejado caer sobre nosotros, porque eres justo en todos tus actos. ¡A pesar de todo, no te hemos obedecido!

15» "Señor y Dios nuestro, que con mano poderosa sacaste de Egipto a tu pueblo y te has hecho famoso, como hoy podemos ver: ¡Hemos pecado; hemos hecho lo malo! 16Aparta tu ira y tu furor de Jerusalén, como corresponde a tus actos de *justicia. Ella es tu ciudad y tu monte *santo. Por nuestros pecados, y por la iniquidad de nuestros antepasados, Jerusalén y tu pueblo son objeto de burla de cuantos nos rodean.

17» "Y ahora, Dios y Señor nuestro, escucha las oraciones y súplicas de este siervo tuyo. Haz honor a tu nombre y mira con amor a tu santuario, que ha quedado desolado. 18Préstanos oído, Dios nuestro; abre los ojos y mira nuestra desolación y la ciudad sobre la cual se invoca tu nombre. Al hacerte estas peticiones, no apelamos a nuestra rectitud sino a tu gran misericordia. 19¡Señor, escúchanos! ¡Señor, perdónanos! ¡Señor, atiéndenos y actúa! Dios mío, haz honor a tu nombre y no tardes más; ¡tu nombre se invoca sobre tu ciudad y sobre tu pueblo!"

Las setenta semanas

20»Yo seguí hablando y orando al SEÑOR mi Dios. Le confesé mi pecado y el de mi pueblo Israel, y le supliqué en favor de su *santo monte. 21 Se acercaba la hora del sacrificio vespertino. Y mientras yo seguía orando, el ángel Gabriel, a quien había visto en mi visión ante-

4I prayed to the LORD my God and confessed:

"O Lord, the great and awesome God, who keeps his covenant of love with all who love him and obey his commands, 5we have sinned and done wrong. We have been wicked and have rebelled; we have turned away from your commands and laws. 6We have not listened to your servants the prophets, who spoke in your name to our kings, our princes and our fathers, and to all the people of the land.

7"Lord, you are righteous, but this day we are covered with shame—the men of Judah and people of Jerusalem and all Israel, both near and far, in all the countries where you have scattered us because of our unfaithfulness to you. 8O LORD, we and our kings, our princes and our fathers are covered with shame because we have sinned against you. 9The Lord our God is merciful and forgiving, even though we have rebelled against him; 10we have not obeyed the LORD our God or kept the laws he gave us through his servants the prophets. 11All Israel has transgressed your law and turned away, refusing to obey you.

"Therefore the curses and sworn judgments written in the Law of Moses, the servant of God, have been poured out on us, because we have sinned against you. 12You have fulfilled the words spoken against us and against our rulers by bringing upon us great disaster. Under the whole heaven nothing has ever been done like what has been done to Jerusalem. 13Just as it is written in the Law of Moses, all this disaster has come upon us, yet we have not sought the favor of the LORD our God by turning from our sins and giving attention to your truth. 14The LORD did not hesitate to bring the disaster upon us, for the LORD our God is righteous in everything he does; yet we have not obeyed him.

15"Now, O Lord our God, who brought your people out of Egypt with a mighty hand and who made for yourself a name that endures to this day, we have sinned, we have done wrong. 16O Lord, in keeping with all your righteous acts, turn away your anger and your wrath from Jerusalem, your city, your holy hill. Our sins and the iniquities of our fathers have made Jerusalem and your people an object of scorn to all those around us.

17"Now, our God, hear the prayers and petitions of your servant. For your sake, O Lord, look with favor on your desolate sanctuary. 18Give ear, O God, and hear; open your eyes and see the desolation of the city that bears your Name. We do not make requests of you because we are righteous, but because of your great mercy. 19O Lord, listen! O Lord, forgive! O Lord, hear and act! For your sake, O my God, do not delay, because your city and your people bear your Name."

The Seventy "Sevens"

20While I was speaking and praying, confessing my sin and the sin of my people Israel and making my request to the LORD my God for his holy hill— 21while I was still in prayer, Gabriel, the man I had seen in the earlier vision, came to me in swift flight about the time

rior, vino en raudo vuelo a verme ²²y me hizo la siguiente aclaración:

»"Daniel, he venido en este momento para que entiendas todo con claridad. ²³Tan pronto como empezaste a orar, Dios contestó tu oración. He venido a decírtelo porque tú eres muy apreciado. Presta, pues, atención a mis palabras, para que entiendas la visión.

²⁴» "Setenta semanas*k* han sido decretadas para que tu pueblo y tu santa ciudad pongan fin a sus transgresiones y pecados, pidan perdón por su maldad, establezcan para siempre la justicia, sellen la visión y la profecía, y consagren el lugar santísimo.

²⁵» "Entiende bien lo siguiente: Habrá siete semanas desde la promulgación del decreto que ordena la reconstrucción de Jerusalén hasta la llegada del príncipe elegido.*l* Después de eso, habrá sesenta y dos semanas más. Entonces será reconstruida Jerusalén, con sus calles y murallas.*m* Pero cuando los tiempos apremien, ²⁶después de las sesenta y dos semanas, se le quitará la vida al príncipe elegido. Éste se quedará sin ciudad y sin santuario, porque un futuro gobernante los destruirá. El fin vendrá como una inundación, y la destrucción no cesará*n* hasta que termine la guerra. ²⁷Durante una semana ese gobernante hará un pacto con muchos, pero a media semana pondrá fin a los sacrificios y ofrendas. Sobre una de las alas del templo cometerá horribles sacrilegios, hasta que le sobrevenga el desastroso fin que le ha sido decretado."»

Daniel junto al río Tigris

10 En el tercer año del reinado de Ciro de Persia, Daniel tuvo una visión acerca de un gran ejército. El mensaje era verdadero, y Daniel, que también se llamaba Beltsasar, pudo comprender su significado en la visión.

²«En aquella ocasión yo, Daniel, pasé tres semanas como si estuviera de luto. ³En todo ese tiempo no comí nada especial, ni probé carne ni vino, ni usé ningún perfume. ⁴El día veinticuatro del mes primero, mientras me encontraba yo a la orilla del gran río Tigris, ⁵levanté los ojos y vi ante mí a un hombre vestido de lino, con un cinturón del oro más refinado. ⁶Su cuerpo brillaba como el topacio, y su rostro resplandecía como el relámpago; sus ojos eran dos antorchas encendidas, y sus brazos y piernas parecían de bronce bruñido; su voz resonaba como el eco de una multitud.

⁷»Yo, Daniel, fui el único que tuvo esta visión. Los que estaban conmigo, aunque no vieron nada, se asustaron y corrieron a esconderse. ⁸Nadie se quedó conmigo cuando tuve esta gran visión. Las fuerzas me abandonaron, palideció mi rostro, y me sentí totalmente desvalido. ⁹Fue entonces cuando oí que aquel hombre me hablaba. Mientras lo oía, caí en un profundo sueño, de cara al suelo. ¹⁰En ese momento una mano me agarró, me puso sobre mis manos y rodillas, ¹¹y me dijo: "Levántate, Daniel, pues he sido enviado a verte. Tú eres muy apreciado, así que presta atención a lo que voy a decirte."

»En cuanto aquel hombre me habló, tembloroso me

of the evening sacrifice. ²²He instructed me and said to me, "Daniel, I have now come to give you insight and understanding. ²³As soon as you began to pray, an answer was given, which I have come to tell you, for you are highly esteemed. Therefore, consider the message and understand the vision:

²⁴"Seventy 'sevens'*a* are decreed for your people and your holy city to finish*b* transgression, to put an end to sin, to atone for wickedness, to bring in everlasting righteousness, to seal up vision and prophecy and to anoint the most holy.*c*

²⁵"Know and understand this: From the issuing of the decree*d* to restore and rebuild Jerusalem until the Anointed One,*e* the ruler, comes, there will be seven 'sevens,' and sixty-two 'sevens.' It will be rebuilt with streets and a trench, but in times of trouble. ²⁶After the sixty-two 'sevens,' the Anointed One will be cut off and will have nothing.*f* The people of the ruler who will come will destroy the city and the sanctuary. The end will come like a flood: War will continue until the end, and desolations have been decreed. ²⁷He will confirm a covenant with many for one 'seven.'*g* In the middle of the 'seven'*g* he will put an end to sacrifice and offering. And on a wing ⌐of the temple⌐ he will set up an abomination that causes desolation, until the end that is decreed is poured out on him.*h* "*i*

Daniel's Vision of a Man

10 In the third year of Cyrus king of Persia, a revelation was given to Daniel (who was called Belteshazzar). Its message was true and it concerned a great war.*j* The understanding of the message came to him in a vision.

²At that time I, Daniel, mourned for three weeks. ³I ate no choice food; no meat or wine touched my lips; and I used no lotions at all until the three weeks were over.

⁴On the twenty-fourth day of the first month, as I was standing on the bank of the great river, the Tigris, ⁵I looked up and there before me was a man dressed in linen, with a belt of the finest gold around his waist. ⁶His body was like chrysolite, his face like lightning, his eyes like flaming torches, his arms and legs like the gleam of burnished bronze, and his voice like the sound of a multitude.

⁷I, Daniel, was the only one who saw the vision; the men with me did not see it, but such terror overwhelmed them that they fled and hid themselves. ⁸So I was left alone, gazing at this great vision; I had no strength left, my face turned deathly pale and I was helpless. ⁹Then I heard him speaking, and as I listened to him, I fell into a deep sleep, my face to the ground.

¹⁰A hand touched me and set me trembling on my hands and knees. ¹¹He said, "Daniel, you who are highly esteemed, consider carefully the words I am about to speak to you, and stand up, for I have now been sent to you." And when he said this to me, I stood up trembling.

a 24 Or 'weeks'; also in verses 25 and 26   *b* 24 Or restrain
c 24 Or Most Holy Place; or most holy One   *d* 25 Or word
e 25 Or an anointed one; also in verse 26   *f* 26 Or off and will
have no one; or off, but not for himself   *g* 27 Or 'week'
h 27 Or it   *i* 27 Or And one who causes desolation will come
upon the pinnacle of the abominable ⌐temple⌐, until the end that is
decreed is poured out on the desolated ⌐city⌐   *j* 1 Or true and
burdensome

k 9:24 semanas. Lit. sietes; también en vv. 25-27.
l 9:25 príncipe elegido. Lit. *Mesías príncipe.   *m* 9:25 murallas.
Alt. trincheras, o diques.   *n* 9:26 no cesará. Lit. ha sido
decretada.

puse de pie. ¹²Entonces me dijo: "No tengas miedo, Daniel. Tu petición fue escuchada desde el primer día en que te propusiste ganar entendimiento y humillarte ante tu Dios. En respuesta a ella estoy aquí. ¹³Durante veintiún días el príncipe de Persia se me opuso, así que acudió en mi ayuda Miguel, uno de los príncipes de primer rango. Y me quedé allí, con los reyes de Persia. ¹⁴Pero ahora he venido a explicarte lo que va a suceder con tu pueblo en el futuro, pues la visión tiene que ver con el porvenir."

¹⁵»Mientras aquel hombre me decía esto, yo me incliné de cara al suelo y guardé silencio. ¹⁶Entonces alguien con aspecto *humano me tocó los labios, y yo los abrí y comencé a hablar. Y le dije a quien había estado hablando conmigo: "Señor, por causa de esta visión me siento muy angustiado y sin fuerzas. ¹⁷¿Cómo es posible que yo, que soy tu siervo, hable contigo? ¡Las fuerzas me han abandonado, y apenas puedo respirar!"

¹⁸»Una vez más, el de aspecto humano me tocó y me infundió fuerzas, ¹⁹al tiempo que me decía: "¡La *paz sea contigo, hombre altamente estimado! ¡Cobra ánimo, no tengas miedo!"

»Mientras él me hablaba, yo fui recobrando el ánimo y le dije: "Ya que me has reanimado, ¡háblame, Señor!" ²⁰Y me dijo: "¿Sabes por qué he venido a verte? Pues porque debo volver a pelear contra el príncipe de Persia. Y cuando termine de luchar con él, hará su aparición el príncipe de Grecia. ²¹Pero antes de eso, te diré lo que está escrito en el libro de la verdad. En mi lucha contra ellos, sólo cuento con el apoyo de Miguel, el capitán de ustedes.

11 » "Cuando Darío el Medo estaba en el primer año de su reinado, también le brindé mi apoyo y mi ayuda.

Los reyes del norte y del sur

²» "Pero ahora voy a darte a conocer la verdad. Van a levantarse en Persia tres reyes más, y hasta un cuarto, el cual será más rico que los otros tres. En cuanto haya cobrado fuerza con sus riquezas, incitará a todos contra el reino griego. ³Surgirá entonces un rey muy aguerrido, el cual gobernará con lujo de fuerza y hará lo que mejor le parezca. ⁴Pero tan pronto como surja su imperio, se resquebrajará y se esparcirá hacia los cuatro vientos del cielo. Este imperio no será para sus descendientes, ni tendrá el poder que tuvo bajo su gobierno, porque Dios lo dividirá y se lo entregará a otros.

⁵» "El rey del sur cobrará fuerza, pero uno de sus comandantes se hará más fuerte que él, y con alarde de poder gobernará sobre su propio imperio. ⁶Pasados algunos años harán una alianza: la hija del rey del sur se casará con el rey del norte, y harán las paces, aunque ella no retendrá su poder, y el poder del rey tampoco durará. Ella será traicionada, junto con su escolta, su hijo y su esposo.

» "En esos días, ⁷uno de la familia real usurpará el trono de la hija del rey del sur, y con su ejército atacará al rey del norte y a la fortaleza real, saliendo victorioso de la lucha. ⁸Se apoderará de las estatuas de metal de sus dioses, y de sus objetos de oro y plata, y se los llevará a Egipto, dejando tranquilo al rey del norte

¹²Then he continued, "Do not be afraid, Daniel. Since the first day that you set your mind to gain understanding and to humble yourself before your God, your words were heard, and I have come in response to them. ¹³But the prince of the Persian kingdom resisted me twenty-one days. Then Michael, one of the chief princes, came to help me, because I was detained there with the king of Persia. ¹⁴Now I have come to explain to you what will happen to your people in the future, for the vision concerns a time yet to come."

¹⁵While he was saying this to me, I bowed with my face toward the ground and was speechless. ¹⁶Then one who looked like a man^k touched my lips, and I opened my mouth and began to speak. I said to the one standing before me, "I am overcome with anguish because of the vision, my lord, and I am helpless. ¹⁷How can I, your servant, talk with you, my lord? My strength is gone and I can hardly breathe."

¹⁸Again the one who looked like a man touched me and gave me strength. ¹⁹"Do not be afraid, O man highly esteemed," he said. "Peace! Be strong now; be strong."

When he spoke to me, I was strengthened and said, "Speak, my lord, since you have given me strength."

²⁰So he said, "Do you know why I have come to you? Soon I will return to fight against the prince of Persia, and when I go, the prince of Greece will come; ²¹but first I will tell you what is written in the Book of Truth. (No one supports me against them except Michael, your prince.

11 ¹And in the first year of Darius the Mede, I took my stand to support and protect him.)

The Kings of the South and the North

²"Now then, I tell you the truth: Three more kings will appear in Persia, and then a fourth, who will be far richer than all the others. When he has gained power by his wealth, he will stir up everyone against the kingdom of Greece. ³Then a mighty king will appear, who will rule with great power and do as he pleases. ⁴After he has appeared, his empire will be broken up and parceled out toward the four winds of heaven. It will not go to his descendants, nor will it have the power he exercised, because his empire will be uprooted and given to others.

⁵"The king of the South will become strong, but one of his commanders will become even stronger than he and will rule his own kingdom with great power. ⁶After some years, they will become allies. The daughter of the king of the South will go to the king of the North to make an alliance, but she will not retain her power, and he and his power^l will not last. In those days she will be handed over, together with her royal escort and her father^m and the one who supported her.

⁷"One from her family line will arise to take her place. He will attack the forces of the king of the North and enter his fortress; he will fight against them and be victorious. ⁸He will also seize their gods, their metal images and their valuable articles of silver and gold and carry them off to Egypt. For some years he will

durante algunos años. ⁹Luego el rey del norte invadirá los dominios del rey del sur, pero se verá forzado a volver a su país. ¹⁰Tocará a sus hijos alistarse para la guerra, y reunirán a un gran ejército que, como una inundación, avanzará arrasándolo todo hasta llegar a la fortaleza.

¹¹» "Enfurecido, el rey del sur marchará en contra del rey del norte, que será derrotado a pesar de contar con un gran ejército. ¹²Ante el triunfo obtenido, el rey del sur se llenará de orgullo y matará a miles, pero su victoria no durará ¹³porque el rey del norte reunirá a otro ejército, más numeroso y mejor armado que el anterior, y después de algunos años volverá a atacar al rey del sur.

¹⁴» "Mira, Daniel, por ese tiempo habrá muchos que se rebelarán contra el rey del sur, incluso gente violenta de tu pueblo, pero no saldrán victoriosos. Así se cumplirá la visión. ¹⁵Entonces el rey del norte vendrá y levantará rampas de asalto y conquistará la ciudad fortificada, pues las fuerzas del sur no podrán resistir; ¡ni siquiera sus mejores tropas podrán ofrecer resistencia! ¹⁶El ejército invasor hará de las suyas, pues nadie podrá hacerle frente, y se establecerá en nuestra hermosa tierra, la cual quedará bajo su dominio. ¹⁷El rey del norte se dispondrá a atacar con todo el poder de su reino, pero hará una alianza con el rey del sur: éste le dará su hija en matrimonio, con miras a derrocar su reino, pero sus planes no tendrán el éxito esperado. ¹⁸Dirigirá entonces sus ataques contra las ciudades costeras, y conquistará muchas de ellas, pero un general responderá a su insolencia y lo hará quedar en ridículo. ¹⁹Después de eso, el rey del norte regresará a la fortaleza de su país, pero sufrirá un tropiezo y no volverá a saberse nada de él.

²⁰» "Después del rey del norte, ocupará el trono un rey que, para mantener el esplendor del reino, enviará a un recaudador de impuestos. Pero poco tiempo después ese rey perderá la vida, aunque no en el fragor de la batalla.

²¹» "En su lugar reinará un hombre despreciable, indigno de ser rey, que invadirá el reino cuando la gente se sienta más segura y, recurriendo a artimañas, usurpará el trono. ²²Arrasará como una inundación a las fuerzas que se le opongan; las derrotará por completo, lo mismo que al príncipe del pacto. ²³Engañará a los que pacten con él, y con un grupo reducido usurpará el trono. ²⁴Cuando las provincias más ricas se sientan más seguras, las invadirá, logrando así lo que jamás lograron sus padres y abuelos. Repartirá entre sus seguidores el botín y las riquezas que haya ganado en la guerra, y hará planes para atacar las ciudades fortificadas.

» "Pero esto no durará mucho tiempo. ²⁵Envalentonado por su fuerza, ese hombre atacará al rey del sur con un gran ejército. Al frente de un ejército muy grande y poderoso, el rey del sur responderá al ataque; pero no podrá vencerlo, porque será traicionado. ²⁶Los mismos que compartían su mesa buscarán su ruina; su ejército será derrotado por completo, y muchos caerán en batalla. ²⁷Sentados a la misma mesa, estos dos reyes pensarán sólo en hacerse daño, y se mentirán el uno al otro; pero esto de nada servirá, porque el momento del fin todavía no habrá llegado. ²⁸El rey del norte regresará a su país con grandes riquezas, pero antes profanará el *santo templo,ñ así que llevará a cabo sus planes y luego volverá a su país.

²⁹» "En el momento preciso, el rey del norte volverá a invadir el sur, aunque esta vez el resultado será dife-

leave the king of the North alone. ⁹Then the king of the North will invade the realm of the king of the South but will retreat to his own country. ¹⁰His sons will prepare for war and assemble a great army, which will sweep on like an irresistible flood and carry the battle as far as his fortress.

¹¹"Then the king of the South will march out in a rage and fight against the king of the North, who will raise a large army, but it will be defeated. ¹²When the army is carried off, the king of the South will be filled with pride and will slaughter many thousands, yet he will not remain triumphant. ¹³For the king of the North will muster another army, larger than the first; and after several years, he will advance with a huge army fully equipped.

¹⁴"In those times many will rise against the king of the South. The violent men among your own people will rebel in fulfillment of the vision, but without success. ¹⁵Then the king of the North will come and build up siege ramps and will capture a fortified city. The forces of the South will be powerless to resist; even their best troops will not have the strength to stand. ¹⁶The invader will do as he pleases; no one will be able to stand against him. He will establish himself in the Beautiful Land and will have the power to destroy it. ¹⁷He will determine to come with the might of his entire kingdom and will make an alliance with the king of the South. And he will give him a daughter in marriage in order to overthrow the kingdom, but his plansⁿ will not succeed or help him. ¹⁸Then he will turn his attention to the coastlands and will take many of them, but a commander will put an end to his insolence and will turn his insolence back upon him. ¹⁹After this, he will turn back toward the fortresses of his own country but will stumble and fall, to be seen no more.

²⁰"His successor will send out a tax collector to maintain the royal splendor. In a few years, however, he will be destroyed, yet not in anger or in battle.

²¹"He will be succeeded by a contemptible person who has not been given the honor of royalty. He will invade the kingdom when its people feel secure, and he will seize it through intrigue. ²²Then an overwhelming army will be swept away before him; both it and a prince of the covenant will be destroyed. ²³After coming to an agreement with him, he will act deceitfully, and with only a few people he will rise to power. ²⁴When the richest provinces feel secure, he will invade them and will achieve what neither his fathers nor his forefathers did. He will distribute plunder, loot and wealth among his followers. He will plot the overthrow of fortresses—but only for a time.

²⁵"With a large army he will stir up his strength and courage against the king of the South. The king of the South will wage war with a large and very powerful army, but he will not be able to stand because of the plots devised against him. ²⁶Those who eat from the king's provisions will try to destroy him; his army will be swept away, and many will fall in battle. ²⁷The two kings, with their hearts bent on evil, will sit at the same table and lie to each other, but to no avail, because an end will still come at the appointed time. ²⁸The king of the North will return to his own country with great wealth, but his heart will be set against the holy covenant. He will take action against it and then return to his own country.

²⁹"At the appointed time he will invade the South again, but this time the outcome will be different from

---

rente, 30 porque los barcos de guerra de las costas occidentales se opondrán a él y le harán perder el valor.
Entonces retrocederá y descargará su enojo contra el
santo templo. En su retirada, se mostrará bondadoso
con los que renegaron de él. 31 Sus fuerzas armadas se
dedicarán a profanar la fortaleza del templo, y suspenderán el sacrificio diario, estableciendo el horrible sacrilegio. 32 Corromperá con halagos a los que hayan
renegado del pacto, pero los que conozcan a su Dios se
le opondrán con firmeza.
33 » "Los sabios instruirán a muchos, aunque durante
algún tiempo morirán a filo de espada, o serán quemados, o se les tomará cautivos y se les despojará de todo.
34 Cuando caigan, recibirán muy poca ayuda, aunque
mucha gente hipócrita se les unirá. 35 Algunos de los
sabios caerán, pero esa prueba los *purificará y *perfeccionará, para que cuando llegue la hora final no
tengan mancha alguna. Todavía falta mucho para que
llegue el momento preciso.

El rey se exalta a sí mismo

36 » "El rey hará lo que mejor le parezca. Se exaltará
a sí mismo, se creerá superior a todos los dioses, y dirá
cosas del Dios de dioses que nadie antes se atrevió a
decir. Su éxito durará mientras la ira de Dios no llegue
a su colmo, aunque lo que ha de suceder, sucederá.
37 Ese rey no tomará en cuenta a los dioses de sus
antepasados, ni al dios que adoran las mujeres, ni a
ningún otro dios, sino que se exaltará a sí mismo por
encima de todos ellos. 38 En su lugar, adorará al dios de
las fortalezas; honrará a un dios que sus antepasados no
conocieron, y le presentará costosas ofrendas de oro,
plata y piedras preciosas. 39 Con la ayuda de un dios
extraño atacará las fortalezas más poderosas, y rendirá
grandes honores a aquellos que lo reconozcan, pues en
recompensa los pondrá como gobernadores de grandes
multitudes y les dará tierras.
40 » "Cuando llegue la hora final, el rey del sur trabará combate contra el rey del norte, pero éste responderá
a su ataque con carros y caballos y con toda una flota
de barcos de guerra. Invadirá muchos países, y los
arrasará como una inundación. 41 También invadirá
nuestro hermoso país, y muchos países caerán bajo su
poder, aunque Edom y Moab y los jefes de Amón
escaparán de sus manos. 42 Extenderá su poder sobre
muchos países, y ni Egipto podrá salvarse. 43 Se adue-
ñará de los tesoros de oro y plata de Egipto, y de todas
sus riquezas, y también someterá a los libios y a los
etíopes. 44 Sin embargo, le llegarán noticias alarmantes
del este y del norte, y en su furor se pondrá en marcha
dispuesto a destruir y matar a mucha gente. 45 Plantará
su campamento real entre el mar y el bello monte *santo; pero allí le llegará su fin, y nadie acudirá en su
ayuda.

La hora final

12 » "Entonces se levantará Miguel,
el gran príncipe protector de tu pueblo.
Habrá un período de angustia,
como no lo ha habido jamás
desde que las naciones existen.
Serán salvados los de tu pueblo,
cuyo *nombre se halla anotado en el libro,
2 y del polvo de la tierra se levantarán
las multitudes de los que duermen,
algunos de ellos para vivir por siempre,
pero otros para quedar en la vergüenza
y en la confusión perpetuas.

what it was before. 30 Ships of the western coastlands[o]
will oppose him, and he will lose heart. Then he will
turn back and vent his fury against the holy covenant.
He will return and show favor to those who forsake the
holy covenant.
31 "His armed forces will rise up to desecrate the
temple fortress and will abolish the daily sacrifice.
Then they will set up the abomination that causes desolation. 32 With flattery he will corrupt those who have
violated the covenant, but the people who know their
God will firmly resist him.
33 "Those who are wise will instruct many, though
for a time they will fall by the sword or be burned or
captured or plundered. 34 When they fall, they will receive a little help, and many who are not sincere will
join them. 35 Some of the wise will stumble, so that
they may be refined, purified and made spotless until
the time of the end, for it will still come at the appointed time.

The King Who Exalts Himself

36 "The king will do as he pleases. He will exalt
and magnify himself above every god and will say
unheard-of things against the God of gods. He will be
successful until the time of wrath is completed, for
what has been determined must take place. 37 He will
show no regard for the gods of his fathers or for the one
desired by women, nor will he regard any god, but will
exalt himself above them all. 38 Instead of them, he will
honor a god of fortresses; a god unknown to his fathers
he will honor with gold and silver, with precious stones
and costly gifts. 39 He will attack the mightiest fortresses with the help of a foreign god and will greatly
honor those who acknowledge him. He will make them
rulers over many people and will distribute the land at
a price.[p]
40 "At the time of the end the king of the South will
engage him in battle, and the king of the North will
storm out against him with chariots and cavalry and a
great fleet of ships. He will invade many countries and
sweep through them like a flood. 41 He will also invade
the Beautiful Land. Many countries will fall, but
Edom, Moab and the leaders of Ammon will be delivered from his hand. 42 He will extend his power over
many countries; Egypt will not escape. 43 He will gain
control of the treasures of gold and silver and all the
riches of Egypt, with the Libyans and Nubians in submission. 44 But reports from the east and the north will
alarm him, and he will set out in a great rage to destroy
and annihilate many. 45 He will pitch his royal tents
between the seas at[q] the beautiful holy mountain. Yet
he will come to his end, and no one will help him.

The End Times

12 "At that time Michael, the great prince who
protects your people, will arise. There will be a
time of distress such as has not happened from the
beginning of nations until then. But at that time your
people—everyone whose name is found written in the
book—will be delivered. 2 Multitudes who sleep in the
dust of the earth will awake: some to everlasting life,
others to shame and everlasting contempt. 3 Those who

[o] 30 Hebrew *of Kittim*
[p] 39 Or *land for a reward*
[q] 45 Or *the sea and*

3 Los sabios resplandecerán
con el brillo de la bóveda celeste;
los que instruyen a las multitudes
en el *camino de la justicia
brillarán como las estrellas
por toda la eternidad.

4 » "Tú, Daniel, guarda estas cosas en secreto y sella el libro hasta la hora final, pues muchos andarán de un lado a otro en busca de cualquier conocimiento."

5 »Yo, Daniel, vi ante mí a otros dos hombres; uno de ellos estaba en una orilla del río, y el otro en la orilla opuesta. 6 Uno de ellos le dijo al hombre vestido de lino, que estaba sobre las aguas del río: "¿Cuánto falta para que se cumplan estas cosas tan increíbles?"

7 »Yo pude ver y oír cuando el hombre vestido de lino, que estaba sobre las aguas del río, levantó las manos al cielo y juró por el que vive para siempre: "Faltan tres años y medio.º Todo esto se cumplirá cuando el poder del pueblo *santo no vuelva a ser destruido."

8 »Aunque escuché lo que dijo ese hombre, no pude entenderlo, así que le pregunté: "Señor, ¿en qué va a parar todo esto?" 9 Y él me respondió: "Sigue adelante, Daniel, que estas cosas se mantendrán selladas y en secreto hasta que llegue la hora final. 10 Muchos serán *purificados y *perfeccionados, y quedarán limpios, pero los malvados seguirán en su maldad. Ninguno de ellos entenderá nada, pero los sabios lo entenderán todo. 11 A partir del momento en que se suspenda el sacrificio diario y se imponga el horrible sacrilegio, transcurrirán mil doscientos noventa días. 12 ¡*Dichoso el que espere a que hayan transcurrido mil trescientos treinta y cinco días! 13 Pero tú, persevera hasta el fin y descansa, que al final de los tiempos te levantarás para recibir tu recompensa." »

are wiser will shine like the brightness of the heavens, and those who lead many to righteousness, like the stars for ever and ever. 4 But you, Daniel, close up and seal the words of the scroll until the time of the end. Many will go here and there to increase knowledge."

5 Then I, Daniel, looked, and there before me stood two others, one on this bank of the river and one on the opposite bank. 6 One of them said to the man clothed in linen, who was above the waters of the river, "How long will it be before these astonishing things are fulfilled?"

7 The man clothed in linen, who was above the waters of the river, lifted his right hand and his left hand toward heaven, and I heard him swear by him who lives forever, saying, "It will be for a time, times and half a time.s When the power of the holy people has been finally broken, all these things will be completed."

8 I heard, but I did not understand. So I asked, "My lord, what will the outcome of all this be?"

9 He replied, "Go your way, Daniel, because the words are closed up and sealed until the time of the end. 10 Many will be purified, made spotless and refined, but the wicked will continue to be wicked. None of the wicked will understand, but those who are wise will understand.

11 "From the time that the daily sacrifice is abolished and the abomination that causes desolation is set up, there will be 1,290 days. 12 Blessed is the one who waits for and reaches the end of the 1,335 days.

13 "As for you, go your way till the end. You will rest, and then at the end of the days you will rise to receive your allotted inheritance."

º 12:7 *tres años y medio*. Lit. *un tiempo, tiempos y medio tiempo*.

r 3 Or *who impart wisdom*   s 7 Or *a year, two years and half a year*

Oseas

Hosea

1 Ésta es la palabra del SEÑOR que vino a Oseas hijo de Beerí durante los reinados de Uzías, Jotán, Acaz y Ezequías, reyes de Judá, y durante el reinado de Jeroboán hijo de Joás, rey de Israel.

La esposa y los hijos de Oseas

2 La primera vez que el SEÑOR habló por medio de Oseas, le dijo: «Ve y toma por esposa una prostituta, y ten con ella hijos de prostitución, porque el país se ha prostituido por completo. ¡Se ha apartado del SEÑOR!»

3 Oseas fue y tomó por esposa a Gómer, hija de Diblayin, la cual concibió y le dio a luz un hijo.

4 Entonces el SEÑOR le dijo: «Ponle por *nombre Jezrel, porque dentro de poco haré que la casa real de Jehú pague por la masacre en Jezrel. Así pondré fin al dominio del reino de Israel. 5 Ese día quebraré el arco de Israel en el valle de Jezrel.»

6 Gómer volvió a concebir y dio a luz una niña. Entonces el SEÑOR le dijo a Oseas: «Ponle por nombre: "Indigna de compasión",ᵃ porque no volveré a compadecerme del reino de Israel, sino que le negaré el perdón. 7 En cambio, tendré compasión de la tribu de Judá, y la salvaré; pero no por medio de arco, ni de espada ni de batallas, ni tampoco por medio de caballos y jinetes, sino por medio del SEÑOR su Dios.»

8 Cuando Gómer destetó a la llamada «Indigna de compasión», volvió a concebir y tuvo otro hijo. 9 Entonces el SEÑOR le dijo a Oseas: «Ponle por nombre: "Pueblo ajeno",ᵇ porque ni ustedes son mi pueblo, ni yo soy su Dios.

10 »Con todo, los israelitas serán tan numerosos como la arena del mar, que no se puede medir ni contar. Y en el mismo lugar donde se les llamó: "Pueblo ajeno", se les llamará: "Hijos del Dios viviente". 11 El pueblo de Judá se reunirá con el pueblo de Israel, y nombrarán un solo jefe y resurgirán en su país, porque grande será el día de Jezrel.

2 »Llamen a sus hermanos: "Pueblo mío",ᶜ y a sus hermanas: "Compadecidas".ᵈ

Castigo y restauración de Israel

2 »¡Échenle en cara a su madre
que ni ella es mi esposa ni yo su esposo!
¡Que se quite del rostro el maquillaje de
prostituta,
y de entre los pechos los adornos de ramera!
3 De lo contrario, la desnudaré por completo;
la dejaré como el día en que nació.
La pondré como un desierto:
¡la convertiré en tierra seca y la mataré de
sed!
4 No tendré compasión de sus hijos,
porque son hijos de prostitución.

1 The word of the LORD that came to Hosea son of Beeri during the reigns of Uzziah, Jotham, Ahaz and Hezekiah, kings of Judah, and during the reign of Jeroboam son of Jehoashᵃ king of Israel:

Hosea's Wife and Children

2 When the LORD began to speak through Hosea, the LORD said to him, "Go, take to yourself an adulterous wife and children of unfaithfulness, because the land is guilty of the vilest adultery in departing from the LORD." 3 So he married Gomer daughter of Diblaim, and she conceived and bore him a son.

4 Then the LORD said to Hosea, "Call him Jezreel, because I will soon punish the house of Jehu for the massacre at Jezreel, and I will put an end to the kingdom of Israel. 5 In that day I will break Israel's bow in the Valley of Jezreel."

6 Gomer conceived again and gave birth to a daughter. Then the LORD said to Hosea, "Call her Lo-Ruhamah,ᵇ for I will no longer show love to the house of Israel, that I should at all forgive them. 7 Yet I will show love to the house of Judah; and I will save them—not by bow, sword or battle, or by horses and horsemen, but by the LORD their God."

8 After she had weaned Lo-Ruhamah, Gomer had another son. 9 Then the LORD said, "Call him Lo-Ammi,ᶜ for you are not my people, and I am not your God.

10 "Yet the Israelites will be like the sand on the seashore, which cannot be measured or counted. In the place where it was said to them, 'You are not my people,' they will be called 'sons of the living God.' 11 The people of Judah and the people of Israel will be reunited, and they will appoint one leader and will come up out of the land, for great will be the day of Jezreel.

2 "Say of your brothers, 'My people,' and of your sisters, 'My loved one.'

Israel Punished and Restored

2 "Rebuke your mother, rebuke her,
for she is not my wife,
and I am not her husband.
Let her remove the adulterous look from her
face
and the unfaithfulness from between her
breasts.
3 Otherwise I will strip her naked
and make her as bare as on the day she
was born;
I will make her like a desert,
turn her into a parched land,
and slay her with thirst.
4 I will not show my love to her children,
because they are the children of adultery.

ᵃ 1:6 Indigna de compasión. Lit. Lorrujama; también en v. 8, y véase 2:23. ᵇ 1:9 Pueblo ajeno. Lit. Loamí. ᶜ 2:1 Pueblo mío. Lit. Amí. ᵈ 2:1 Compadecidas. Lit. Rujama.

ᵃ 1 Hebrew Joash, a variant of Jehoash ᵇ 6 Lo-Ruhamah means not loved. ᶜ 9 Lo-Ammi means not my people.

5 Su madre es una prostituta;
    ¡la que los concibió es una sinvergüenza!
  Pues dijo: "Quiero ir tras mis amantes,
    que me dan mi pan y mi agua,
    mi lana y mi lino, mi aceite y mis bebidas."
6 Por eso le cerraré el paso con espinos;
    la encerraré para que no encuentre el
      camino.
7 Con ardor perseguirá a sus amantes,
    y al no encontrarlos dirá:
  "Prefiero volver con mi primer esposo,
    porque antes me iba mejor que ahora."
8 Ella no ha querido reconocer que soy yo
    quien le da el grano, el vino nuevo y el
      aceite.
  Yo le he multiplicado la plata y el oro,
    ¿y que hizo con ellos? ¡Falsos dioses!e

9 »Por eso, llegado el momento
    le quitaré mi trigo y mi vino nuevo.
  La dejaré sin la lana y el lino
    que le di para cubrir su desnudez.
10 Voy a exhibir su desvergüenza
    a la vista de sus amantes,
    y nadie la librará de mi mano.
11 Pondré fin a todo su jolgorio:
    sus peregrinaciones, sus lunas nuevas,
    sus días de reposo, y sus fiestas solemnes.
12 Devastaré sus vides y sus higueras,
    que consideraba la paga de sus amantes.
  Las convertiré en maleza,
    y los animales del campo acabarán con ellas.
13 La llamaré a cuentas por los días
    en que quemaba ofrendas a sus falsos dioses,
  cuando se adornaba con zarcillos y joyas,
    y olvidándose de mí, se iba tras sus amantes
               —afirma el Señor—.

14 »Por eso, ahora voy a seducirla:
    me la llevaré al desierto
    y le hablaré con ternura.
15 Allí le devolveré sus viñedos,
    y convertiré el valle de la Desgraciaf
    en el paso de la Esperanza.
  Allí me corresponderá, como en los días de su
      juventud,
  como en el día en que salió de Egipto.

16 »En aquel día —afirma el Señor—,
    ya no me llamarás: "mi señor",g
    sino que me dirás: "esposo mío".
17 Te quitaré de los labios el nombre de tus
      falsos dioses,
    y nunca más volverás a invocarlos.

5 Their mother has been unfaithful
    and has conceived them in disgrace.
  She said, 'I will go after my lovers,
    who give me my food and my water,
    my wool and my linen, my oil and my
      drink.'
6 Therefore I will block her path with
      thornbushes;
    I will wall her in so that she cannot find
      her way.
7 She will chase after her lovers but not catch
      them;
    she will look for them but not find them.
  Then she will say,
    'I will go back to my husband as at first,
    for then I was better off than now.'
8 She has not acknowledged that I was the
      one
    who gave her the grain, the new wine and
      oil,
  who lavished on her the silver and gold—
    which they used for Baal.

9 "Therefore I will take away my grain when
      it ripens,
    and my new wine when it is ready.
  I will take back my wool and my linen,
    intended to cover her nakedness.
10 So now I will expose her lewdness
    before the eyes of her lovers;
    no one will take her out of my hands.
11 I will stop all her celebrations:
    her yearly festivals, her New Moons,
    her Sabbath days—all her appointed
      feasts.
12 I will ruin her vines and her fig trees,
    which she said were her pay from her
      lovers;
  I will make them a thicket,
    and wild animals will devour them.
13 I will punish her for the days
    she burned incense to the Baals;
  she decked herself with rings and jewelry,
    and went after her lovers,
    but me she forgot,"
               declares the Lord.

14 "Therefore I am now going to allure her;
    I will lead her into the desert
    and speak tenderly to her.
15 There I will give her back her vineyards,
    and will make the Valley of Achord a
      door of hope.
  There she will singe as in the days of her
      youth,
    as in the day she came up out of Egypt.

16 "In that day," declares the Lord,
    "you will call me 'my husband';
    you will no longer call me 'my master.f'
17 I will remove the names of the Baals from
      her lips;
    no longer will their names be invoked.

e 2:8 Falsos dioses. Lit. *Baales; también en vv. 13 y 17.
f 2:15 la Desgracia. Lit. Acor; véase Jos 7:24-26.   g 2:16 señor.
Lit. baal.   d 15 Achor means trouble.   e 15 Or respond   f 16 Hebrew
baal

18 Aquel día haré en tu favor un pacto
　　con los animales del campo,
con las aves de los cielos
　　y con los reptiles de la tierra.
Eliminaré del país arcos, espadas y guerra,
　　para que todos duerman seguros.
19 Yo te haré mi esposa para siempre,
　　y te daré como dote el derecho y la justicia,
　　el amor y la compasión.
20 Te daré como dote mi fidelidad,
　　y entonces conocerás al SEÑOR.

21 »En aquel día yo responderé
　　—afirma el SEÑOR—;
yo le responderé al cielo,
　　y el cielo le responderá a la tierra;
22 la tierra les responderá al cereal,
　　al vino nuevo y al aceite,
　　y éstos le responderán a Jezrel.h
23 Yo la sembraré para mí en la tierra;
　　me compadeceré de la "Indigna de
　　　　compasión",
a "Pueblo ajeno" lo llamaré: "Pueblo mío";i
　　y él me dirá: "Mi Dios".»

18 In that day I will make a covenant for them
　　with the beasts of the field and the birds
　　　　of the air
　　and the creatures that move along the
　　　　ground.
Bow and sword and battle
　　I will abolish from the land,
　　so that all may lie down in safety.
19 I will betroth you to me forever;
　　I will betroth you ing righteousness and
　　　　justice,
　　inh love and compassion.
20 I will betroth you in faithfulness,
　　and you will acknowledge the LORD.

21 "In that day I will respond,"
　　declares the LORD—
"I will respond to the skies,
　　and they will respond to the earth;
22 and the earth will respond to the grain,
　　the new wine and oil,
　　and they will respond to Jezreel.i
23 I will plant her for myself in the land;
　　I will show my love to the one I called
　　　　'Not my loved one.'j
I will say to those called 'Not my
　　people,k' 'You are my people';
　　and they will say, 'You are my God.' "

Oseas se reconcilia con su esposa

3 Me habló una vez más el SEÑOR, y me dijo: «Ve y ama a esa mujer adúltera, que es amante de otro. Ámala como ama el SEÑOR a los israelitas, aunque se hayan vuelto a dioses ajenos y se deleiten con las tortas de pasas que les ofrecen.»

2 Compré entonces a esa mujer por quince monedas de plataj y una carga y media de cebada,k 3 y le dije: «Vas a vivir conmigo mucho tiempo, pero sin prostituirte. No tendrás relaciones sexuales con ningún otro hombre. ¡Ni yo te voy a tocar!»

4 Ciertamente los israelitas vivirán mucho tiempo sin rey ni gobernante, sin sacrificio ni altares, ni *efod ni ídolos. 5 Pero después los israelitas buscarán nuevamente al SEÑOR su Dios, y a David su rey. En los últimos días acudirán con temor reverente al Señor y a sus bondades.

Hosea's Reconciliation With His Wife

3 The LORD said to me, "Go, show your love to your wife again, though she is loved by another and is an adulteress. Love her as the LORD loves the Israelites, though they turn to other gods and love the sacred raisin cakes."

2 So I bought her for fifteen shekelsl of silver and about a homer and a lethekm of barley. 3 Then I told her, "You are to live withn me many days; you must not be a prostitute or be intimate with any man, and I will live withn you."

4 For the Israelites will live many days without king or prince, without sacrifice or sacred stones, without ephod or idol. 5 Afterward the Israelites will return and seek the LORD their God and David their king. They will come trembling to the LORD and to his blessings in the last days.

Pleito contra Israel

4 Escuchen, israelitas,
　　la palabra del SEÑOR,
porque el SEÑOR va a entrar en juicio
　　contra los habitantes del país:

«Ya no hay entre mi pueblo fidelidad ni amor,
　　ni *conocimiento de Dios.
2 Cunden, más bien, el perjurio y la mentira.
Abundan el robo, el adulterio y el asesinato.
¡Un homicidio sigue a otro!
3 Por tanto, se resecará la tierra,
　　y desfallecerán todos sus habitantes.
¡Morirán las bestias del campo,
　　las aves del cielo y los peces del mar!

The Charge Against Israel

4 Hear the word of the LORD, you Israelites,
　　because the LORD has a charge to bring
　　against you who live in the land:
"There is no faithfulness, no love,
　　no acknowledgment of God in the land.
2 There is only cursing,o lying and murder,
　　stealing and adultery;
they break all bounds,
　　and bloodshed follows bloodshed.
3 Because of this the land mourns,p
　　and all who live in it waste away;
the beasts of the field and the birds of the
　　　　air
　　and the fish of the sea are dying.

---

h 2:22 En hebreo, Jezrel significa Dios siembra. i 2:23 Indigna de compasión ... Pueblo ajeno ... Pueblo mío. Véanse 1:6,8; 2:1 y notas. j 3:2 quince monedas de plata. Lit. quince [*siclos] de plata. k 3:2 una carga y media de cebada. Lit. un *jómer de cebada y un *létec de cebada.

g 19 Or with; also in verse 20　h 19 Or with　i 22 Jezreel means God plants.　j 23 Hebrew Lo-Ruhamah　k 23 Hebrew Lo-Ammi　l 2 That is, about 6 ounces (about 170 grams)　m 2 That is, probably about 10 bushels (about 330 liters)　n 3 Or wait for　o 2 That is, to pronounce a curse upon　p 3 Or dries up

4 »¡Que nadie acuse ni reprenda a nadie!
    ¡Tu pueblo parece acusar al sacerdote!
5 Tropiezas de día y de noche,
    y los profetas tropiezan contigo;
tu madre dejará de existir,
6   pues por falta de conocimiento
    mi pueblo ha sido destruido.

»Puesto que rechazaste el conocimiento,
    yo también te rechazo como mi sacerdote.
Ya que te olvidaste de la *ley de tu Dios,
    yo también me olvidaré de tus hijos.
7 Mientras más aumentaban los sacerdotes,
    más pecaban contra mí;
cambiaron a quien es su gloria
    en algo deshonroso.
8 El pecado de mi pueblo es su comida;
    se regodean en su perversidad.
9 ¡De tal pueblo, tal sacerdote!*l*
¡Por eso les pediré cuentas de su conducta
    y les daré la paga de sus acciones!

10 »Comerán, pero no quedarán satisfechos;
    se prostituirán, pero no se saciarán;*m*
porque han abandonado al Señor
    para entregarse 11 a la prostitución y al vino,
    ¡al mosto que hace perder la razón!
12 Mi pueblo consulta a su ídolo de madera,
    y ese pedazo de palo le responde;
su tendencia a prostituirse los descarría;
    se prostituyen en abierto desafío a su Dios.
13 En la cumbre de montes y colinas
    queman ofrendas y ofrecen sacrificios,
bajo la agradable sombra
    de robles, álamos y encinas.
Por eso se prostituyen sus hijas
    y cometen adulterio sus nueras.
14 Pero no las castigaré
    por sus prostituciones y adulterios,
porque sus propios maridos
    se juntan con prostitutas
y celebran banquetes paganos
    con las sacerdotisas del templo.
¡Es así como acaba por hundirse
    un pueblo falto de entendimiento!

15 »Si tú, Israel, te prostituyes,
    ¡que no resulte culpable Judá!

»No vayan a Guilgal ni suban a Bet Avén,*n*
    ni juren: "¡Por la vida del Señor!"
16 Israel es tan indómito como una novilla.
    ¿Cómo podrá el Señor pastorearlos
en campo abierto, como a corderos?
17 Efraín se ha aliado con las imágenes;
    ¡pues que se quede con ellas!

4 "But let no man bring a charge,
    let no man accuse another,
for your people are like those
    who bring charges against a priest.
5 You stumble day and night,
    and the prophets stumble with you.
So I will destroy your mother—
6   my people are destroyed from lack of
      knowledge.

"Because you have rejected knowledge,
    I also reject you as my priests;
because you have ignored the law of your
      God,
    I also will ignore your children.
7 The more the priests increased,
    the more they sinned against me;
they exchanged*q* their*r* Glory for
      something disgraceful.
8 They feed on the sins of my people
    and relish their wickedness.
9 And it will be: Like people, like priests.
    I will punish both of them for their ways
    and repay them for their deeds.

10 "They will eat but not have enough;
    they will engage in prostitution but not
      increase,
because they have deserted the Lord
    to give themselves 11 to prostitution,
to old wine and new,
    which take away the understanding 12 of
      my people.
They consult a wooden idol
    and are answered by a stick of wood.
A spirit of prostitution leads them astray;
    they are unfaithful to their God.
13 They sacrifice on the mountaintops
    and burn offerings on the hills,
under oak, poplar and terebinth,
    where the shade is pleasant.
Therefore your daughters turn to prostitution
    and your daughters-in-law to adultery.

14 "I will not punish your daughters
    when they turn to prostitution,
nor your daughters-in-law
    when they commit adultery,
because the men themselves consort with
      harlots
    and sacrifice with shrine prostitutes—
a people without understanding will come
      to ruin!

15 "Though you commit adultery, O Israel,
    let not Judah become guilty.

"Do not go to Gilgal;
    do not go up to Beth Aven.*s*
    And do not swear, 'As surely as the Lord
      lives!'
16 The Israelites are stubborn,
    like a stubborn heifer.
How then can the Lord pasture them
    like lambs in a meadow?
17 Ephraim is joined to idols;
    leave him alone!

---

l 4:9 ¡De tal ... sacerdote! Alt. *Al pueblo le irá como al sacerdote.*
m 4:10 no se saciarán. Alt. *no tendrán hijos.*   *n 4:15 Bet Avén,*
nombre que significa *casa de iniquidad,* se aplica aquí a la ciudad
de Betel, que significa *casa de Dios* (véase también 5:8).

q 7 Syriac and an ancient Hebrew scribal tradition; Masoretic Text *I*
will exchange   *r 7* Masoretic Text; an ancient Hebrew scribal
tradition *my*   *s 15 Beth Aven* means *house of wickedness* (a name
for Bethel, which means *house of God*).

18 Cuando ya no tienen licor,
    se entregan de lleno a la prostitución,
    ¡y hasta sus gobernantes aman la deshonra!
19 ¡Por eso un torbellino los arrastrará,
    y quedarán avergonzados por sus sacrificios!

Juicio contra Israel

5 »¡Oigan esto, sacerdotes!
    ¡Pon atención, reino de Israel!
¡Escucha, casa real!
    ¡Contra ustedes es la sentencia!
En Mizpa han sido ustedes una trampa;
    en el monte Tabor, una red tendida;
2 en Sitín, una fosa abierta.ñ
    Por eso, yo los disciplinaré.
3 Yo conozco bien a Efraín;
    Israel no me es desconocido.
Pero ahora Efraín se ha prostituido;
    e Israel se ha mancillado.

4 »No les permiten sus malas obras
    volverse a su Dios;
su tendencia a prostituirse
    les impide conocer al SEÑOR.
5 La arrogancia de Israel testificará en su contra,
    Israel y Efraín tropezarán con su maldad,
    y hasta Judá caerá con ellos.
6 Con sus ovejas y sus vacas
    irán en busca del SEÑOR,
pero no lo encontrarán
    porque él se ha apartado de ellos.
7 Han traicionado al SEÑOR;
    han dado a luz hijos de otros padres.
¡Ahora la destruccióno devorará sus fincas!

8 »Toquen la corneta en Guibeá,
    hagan sonar la trompeta en Ramá,
lancen el grito de guerra en Bet Avén:p
    "¡Cuídate las espaldas, Benjamín!"
9 En el día de la represión,
    Efraín quedará desolado.
Entre las tribus de Israel
    doy a conocer lo que les va a pasar.
10 Las autoridades de Judá se parecen
    a los que alteran los linderos.
¡Pues derramaré mi enojo sobre ellos
    como si derramara un torrente de agua!
11 Efraín está deprimido,
    aplastado por el juicio,
    empeñado en seguir a los ídolos.q
12 ¡Pues seré para Efraín como polilla,
    como carcoma para el pueblo de Judá!

13 »Cuando Efraín vio su enfermedad
    y Judá reparó en sus llagas,
Efraín recurrió a Asiria
    y pidió la ayuda del gran rey.
Pero el rey no podrá sanarlo,
    ni tampoco curar sus llagas.

18 Even when their drinks are gone,
    they continue their prostitution;
    their rulers dearly love shameful ways.
19 A whirlwind will sweep them away,
    and their sacrifices will bring them
      shame.

Judgment Against Israel

5 "Hear this, you priests!
    Pay attention, you Israelites!
Listen, O royal house!
    This judgment is against you:
You have been a snare at Mizpah,
    a net spread out on Tabor.
2 The rebels are deep in slaughter.
    I will discipline all of them.
3 I know all about Ephraim;
    Israel is not hidden from me.
Ephraim, you have now turned to
      prostitution;
    Israel is corrupt.

4 "Their deeds do not permit them
    to return to their God.
A spirit of prostitution is in their heart;
    they do not acknowledge the LORD.
5 Israel's arrogance testifies against them;
    the Israelites, even Ephraim, stumble in
      their sin;
    Judah also stumbles with them.
6 When they go with their flocks and herds
    to seek the LORD,
they will not find him;
    he has withdrawn himself from them.
7 They are unfaithful to the LORD;
    they give birth to illegitimate children.
Now their New Moon festivals
    will devour them and their fields.

8 "Sound the trumpet in Gibeah,
    the horn in Ramah.
Raise the battle cry in Beth Avent;
    lead on, O Benjamin.
9 Ephraim will be laid waste
    on the day of reckoning.
Among the tribes of Israel
    I proclaim what is certain.
10 Judah's leaders are like those
    who move boundary stones.
I will pour out my wrath on them
    like a flood of water.
11 Ephraim is oppressed,
    trampled in judgment,
    intent on pursuing idols.u
12 I am like a moth to Ephraim,
    like rot to the people of Judah.

13 "When Ephraim saw his sickness,
    and Judah his sores,
then Ephraim turned to Assyria,
    and sent to the great king for help.
But he is not able to cure you,
    not able to heal your sores.

ñ 5:2 en Sitín ... abierta (lectura probable); en TM, texto de difícil traducción.   o 5:7 la destrucción (lectura probable); la fiesta de luna nueva (TM).   p 5:8 Véase nota en 4:15.   q 5:11 ídolos. Palabra de difícil traducción.

t 8 Beth Aven means house of wickedness (a name for Bethel, which means house of God).   u 11 The meaning of the Hebrew for this word is uncertain.

14 Yo seré como un león para Efraín,
   como un cachorro para Judá.
Yo mismo los haré pedazos,
   y luego me alejaré;
yo mismo me llevaré la presa,
   y no habrá quien me la arrebate.
15 Volveré luego a mi morada,
   hasta que reconozcan su culpa.
Buscarán ganarse mi favor;
   angustiados, me buscarán con ansias.»

Impenitencia de Israel

6 ¡Vengan, volvámonos al SEÑOR!
   Él nos ha despedazado, pero nos sanará;
   nos ha herido, pero nos vendará.
2 Después de dos días nos dará vida;
   al tercer día nos levantará,
   y así viviremos en su presencia.
3 Conozcamos al SEÑOR;
   vayamos tras su conocimiento.
Tan cierto como que sale el sol,
   él habrá de manifestarse;
vendrá a nosotros como la lluvia de invierno,
   como la lluvia de primavera que riega la
      tierra.

4 «¿Qué voy a hacer contigo, Efraín?
   ¿Qué voy a hacer contigo, Judá?
El amor de ustedes es como nube matutina,
   como rocío que temprano se evapora.
5 Por eso los hice pedazos por medio de los
      profetas;
   los herí con las palabras de mi boca.
¡Mi sentencia los fulminará como un
      relámpago!
6 Lo que pido de ustedes es amor y no
      sacrificios,
   conocimiento de Dios y no *holocaustos.
7 Son como Adán:
   han quebrantado el *pacto,
   ¡me han traicionado!
8 Galaad es una ciudad de malhechores;
   sus pisadas dejan huellas de sangre.
9 Una pandilla de sacerdotes
   está al acecho en el camino a Siquén,
y como banda de salteadores,
   comete toda clase de infamias.
10 En el reino de Israel
   he visto algo horrible:
Allí se prostituye Efraín
   y se mancilla Israel.

11 »¡A ti también, Judá,
   te espera la cosecha de tu maldad!

7 »Cuando cambie yo la suerte de mi pueblo,
   cuando sane yo a Israel,
la perversidad de Efraín y la maldad de
      Samaria
   quedarán al descubierto.
Porque ellos cometen fraudes;
   mientras el ladrón se mete en las casas,
   una banda de salteadores roba en las calles.

Israel Unrepentant

6 "Come, let us return to the LORD.
   He has torn us to pieces
      but he will heal us;
he has injured us
      but he will bind up our wounds.
2 After two days he will revive us;
   on the third day he will restore us,
   that we may live in his presence.
3 Let us acknowledge the LORD;
   let us press on to acknowledge him.
As surely as the sun rises,
   he will appear;
he will come to us like the winter rains,
   like the spring rains that water the earth."

4 "What can I do with you, Ephraim?
   What can I do with you, Judah?
Your love is like the morning mist,
   like the early dew that disappears.
5 Therefore I cut you in pieces with my
      prophets,
   I killed you with the words of my mouth;
   my judgments flashed like lightning upon
      you.
6 For I desire mercy, not sacrifice,
   and acknowledgment of God rather than
      burnt offerings.
7 Like Adam,[v] they have broken the
      covenant—
   they were unfaithful to me there.
8 Gilead is a city of wicked men,
   stained with footprints of blood.
9 As marauders lie in ambush for a man,
   so do bands of priests;
they murder on the road to Shechem,
   committing shameful crimes.
10 I have seen a horrible thing
   in the house of Israel.
There Ephraim is given to prostitution
   and Israel is defiled.

11 "Also for you, Judah,
   a harvest is appointed.

7 "Whenever I would restore the fortunes of
      my people,
1 whenever I would heal Israel,
the sins of Ephraim are exposed
   and the crimes of Samaria revealed.
They practice deceit,
   thieves break into houses,
   bandits rob in the streets;

---

v 7 Or *As at Adam*; or *Like men*

²No se ponen a pensar
  que yo tomo en cuenta todas sus maldades.
Sus malas acciones los tienen cercados,
  y las tengo muy presentes.

³»Con su maldad deleitan al rey;
  con sus mentiras, a las autoridades.
⁴Parecen un horno encendido
  cuyo fuego no hace falta atizar
desde que el panadero prepara la harina
  hasta que la masa fermenta.
  ¡Todos ellos son adúlteros!
⁵En la fiesta del rey las autoridades se
      encienden
  bajo los efectos del vino,
y el rey pierde su dignidad
  codeándose con la plebe.
⁶Como el horno, se les prende el corazón,
  dispuesto para la intriga.
Su ira se adormece por la noche,
  pero se reaviva por la mañana.
⁷Todos ellos arden como un horno;
  devoran a sus gobernantes.
Caen todos sus reyes,
  pero ninguno de ellos me invoca.

⁸»Efraín se mezcla con las naciones;
  parece una torta cocida de un solo lado.
⁹Los extranjeros le minan las fuerzas,
  pero él ni cuenta se da.
Su pelo se ha encanecido,
  pero él ni cuenta se da.
¹⁰La arrogancia de Israel testifica en su contra,
  pero él no se vuelve al Señor su Dios;
  a pesar de todo esto, no lo busca.

¹¹»Efraín es como una paloma
  torpe y sin entendimiento,
que unas veces pide ayuda a Egipto
  y otras, recurre a Asiria.
¹²Pero tan pronto como lo hagan,
  lanzaré mi red sobre ellos;
los derribaré como a las aves del cielo,
  ¡siete veces los castigaré por sus pecados!ʳ
¹³¡Ay de ellos, que de mí se alejaron!
  ¡Que sean destruidos por rebelarse contra
     mí!
Yo bien podría redimirlos,
  pero ellos no me hablan con la verdad.
¹⁴No me invocan de *corazón,
  sino que se lamentan echados en sus camas.
Para obtener grano y vino nuevo se laceranˢ
  y se ponen en mi contra.
¹⁵Yo adiestré y fortalecí sus brazos,
  pero ellos maquinan maldades contra mí.
¹⁶No se vuelven al *Altísimo;
  son como un arco engañoso.
Sus autoridades caerán a filo de espada
  por sus palabras insolentes,
y en la tierra de Egipto
  se burlarán de ellos.

²but they do not realize
  that I remember all their evil deeds.
Their sins engulf them;
  they are always before me.

³"They delight the king with their
    wickedness,
  the princes with their lies.
⁴They are all adulterers,
  burning like an oven
whose fire the baker need not stir
  from the kneading of the dough till it
    rises.
⁵On the day of the festival of our king
  the princes become inflamed with wine,
  and he joins hands with the mockers.
⁶Their hearts are like an oven;
  they approach him with intrigue.
Their passion smolders all night;
  in the morning it blazes like a flaming
    fire.
⁷All of them are hot as an oven;
  they devour their rulers.
All their kings fall,
  and none of them calls on me.

⁸"Ephraim mixes with the nations;
  Ephraim is a flat cake not turned over.
⁹Foreigners sap his strength,
  but he does not realize it.
His hair is sprinkled with gray,
  but he does not notice.
¹⁰Israel's arrogance testifies against him,
  but despite all this
he does not return to the Lord his God
  or search for him.

¹¹"Ephraim is like a dove,
  easily deceived and senseless—
now calling to Egypt,
  now turning to Assyria.
¹²When they go, I will throw my net over
    them;
  I will pull them down like birds of the
    air.
When I hear them flocking together,
  I will catch them.
¹³Woe to them,
  because they have strayed from me!
Destruction to them,
  because they have rebelled against me!
I long to redeem them
  but they speak lies against me.
¹⁴They do not cry out to me from their hearts
  but wail upon their beds.
They gather togetherʷ for grain and new
    wine
  but turn away from me.
¹⁵I trained them and strengthened them,
  but they plot evil against me.
¹⁶They do not turn to the Most High;
  they are like a faulty bow.
Their leaders will fall by the sword
  because of their insolent words.
For this they will be ridiculed
  in the land of Egypt.

ʳ 7:12 *siete veces ... por sus pecados* (lectura probable); *según la
noticia a su asamblea* (TM).   ˢ 7:14 *se laceran* (mss. hebreos y
LXX); *residen como extranjeros* (TM).

ʷ 14 Most Hebrew manuscripts; some Hebrew manuscripts and
Septuagint *They slash themselves*

Siembran vientos y cosechan torbellinos

8 »¡Da el toque de trompeta!
    ¡Un águila se cierne sobre la casa del Señor!
Han quebrantado mi *pacto
    y se han rebelado contra mi *ley,
2 y ahora vienen a suplicarme:
    "¡Dios de Israel, te conocemos!"
3 Pero Israel ha rechazado el bien,
    así que un enemigo lo perseguirá.
4 Establecen reyes que yo no apruebo,
    y escogen autoridades que no conozco.
Con su plata y con su oro se hacen imágenes
    para su propia destrucción.
5 Samaria, ¡arroja el becerro
    que tienes por ídolo!
Contra ustedes se ha encendido mi ira.
    ¿Hasta cuándo estarán sin *purificarse?
6 Oye, Israel: Ese becerro no es Dios;
    es obra de un escultor.
Ese becerro de Samaria
    será hecho pedazos.

7 »Sembraron vientos
    y cosecharán tempestades.
El tallo no tiene espiga
    y no producirá harina;
si acaso llegara a producirla,
    se la tragarían los extranjeros.
8 Pues a Israel se lo han tragado,
    y hoy es de poca estima entre las naciones.
9 Los israelitas subieron a Asiria;
    se apartaron como terco asno salvaje,
    y Efraín se ha comprado amantes.
10 Pero aunque se los compre entre las naciones,
    de allí volveré a reunirlos;
y comenzarán a retorcerse
    bajo la opresión de un rey poderoso.

11 »Efraín edificó muchos altares
    para *expiar sus pecados,
pero éstos se han convertido
    en altares para pecar.
12 Yo podría escribirles mi ley muchas veces,
    pero ellos la verían como algo extraño.
13 Me han ofrecido sacrificios y ofrendas,
    y se han comido la carne,
    pero eso a mí no me agrada.
Voy ahora a tomar en cuenta sus
    perversidades,
    y castigaré sus pecados;
    ¡y tendrán que regresar a Egipto!
14 Israel se olvidó de su Hacedor y se edificó
    palacios;
Judá multiplicó las ciudades amuralladas;
pero yo lanzaré sobre sus ciudades y fortalezas
    un fuego que las consuma.»

El castigo a Israel

9 No te alegres, Israel;
    no hagas fiesta como las naciones.
Porque te has prostituido:
    ¡le has sido infiel a tu Dios!
Prefieres la paga de prostituta
    que recibes en todos los trigales.[t]

t 9:1 trigales. Lit. eras.

Israel to Reap the Whirlwind

8 "Put the trumpet to your lips!
    An eagle is over the house of the Lord
because the people have broken my
    covenant
    and rebelled against my law.
2 Israel cries out to me,
    'O our God, we acknowledge you!'
3 But Israel has rejected what is good;
    an enemy will pursue him.
4 They set up kings without my consent;
    they choose princes without my approval.
With their silver and gold
    they make idols for themselves
    to their own destruction.
5 Throw out your calf-idol, O Samaria!
    My anger burns against them.
How long will they be incapable of purity?
6   They are from Israel!
This calf—a craftsman has made it;
    it is not God.
It will be broken in pieces,
    that calf of Samaria.

7 "They sow the wind
    and reap the whirlwind.
The stalk has no head;
    it will produce no flour.
Were it to yield grain,
    foreigners would swallow it up.
8 Israel is swallowed up;
    now she is among the nations
    like a worthless thing.
9 For they have gone up to Assyria
    like a wild donkey wandering alone.
    Ephraim has sold herself to lovers.
10 Although they have sold themselves among
    the nations,
    I will now gather them together.
They will begin to waste away
    under the oppression of the mighty king.

11 "Though Ephraim built many altars for sin
    offerings,
    these have become altars for sinning.
12 I wrote for them the many things of my
    law,
    but they regarded them as something
    alien.
13 They offer sacrifices given to me
    and they eat the meat,
    but the Lord is not pleased with them.
Now he will remember their wickedness
    and punish their sins:
    They will return to Egypt.
14 Israel has forgotten his Maker
    and built palaces;
Judah has fortified many towns.
But I will send fire upon their cities
    that will consume their fortresses."

Punishment for Israel

9 Do not rejoice, O Israel;
    do not be jubilant like the other nations.
For you have been unfaithful to your God;
    you love the wages of a prostitute
    at every threshing floor.

2 Ni el trigo ni las uvas podrán alimentarlos;
  el vino nuevo no tendrá el gusto que
    esperaban.
3 No habitarán en la tierra del SEÑOR;
  Efraín regresará a Egipto
  y comerá inmundicias en Asiria.
4 No le ofrecerán al SEÑOR más libaciones de
    vino,
  ni le serán gratos sus sacrificios.
  Se les volverá pan de lágrimas;
  quienes lo coman quedarán *impuros.
  Tal vez les sirva para matar el hambre,
  pero no tendrá cabida en la casa del SEÑOR.

5 ¿Qué harán ustedes en los días de fiesta,
  o en las peregrinaciones en honor del SEÑOR?
6 Aunque escapen de la destrucción,
  los recogerá Egipto y los enterrará Menfis.
  Sus tesoros de plata se llenarán de ortigas,
  y los espinos invadirán sus carpas.
7 Han llegado los días del castigo,
  han llegado los días de la retribución.
  ¡Que lo sepa Israel!
  Es tan grande tu maldad,
  y tan intensa tu hostilidad,
  que al profeta se le tiene por necio,
  y al hombre inspirado por loco.
8 El profeta, junto con Dios,
  es el centinela de Efraín, u
  pero enfrenta trampas en todos sus caminos,
  y hostilidad en la casa de su Dios.
9 Han llegado al colmo de la corrupción,
  como en los días de Guibeá;
  ¡pero Dios se acordará de sus perversidades
  y los castigará por sus pecados!

10 «Cuando encontré a Israel,
  fue como hallar uvas en el desierto;
  cuando vi a sus antepasados,
  fue como ver higos tiernos en la higuera.
  Pero ellos se fueron a Baal Peor
  y se entregaron a la vergüenza;
  ¡se volvieron tan detestables
  como el objeto de su amor!
11 El esplendor de Efraín saldrá volando, como
    un ave;
  no habrá más concepción ni embarazo ni
    nacimiento.
12 Y aun cuando vean crecer a sus hijos,
  yo los arrebataré de este mundo.
  ¡Ay de ellos cuando los abandone!
13 He visto a Efraín y a Tiro plantados en una
    pradera. v
  ¡Pero Efraín entregará sus hijos al verdugo!»

14 Dales, SEÑOR ... ¿qué les darás?
  ¡Dales vientres que aborten y pechos
    resecos!

2 Threshing floors and winepresses will not
    feed the people;
  the new wine will fail them.
3 They will not remain in the LORD's land;
  Ephraim will return to Egypt
  and eat unclean x food in Assyria.
4 They will not pour out wine offerings to the
    LORD,
  nor will their sacrifices please him.
  Such sacrifices will be to them like the
    bread of mourners;
  all who eat them will be unclean.
  This food will be for themselves;
  it will not come into the temple of the
    LORD.

5 What will you do on the day of your
    appointed feasts,
  on the festival days of the LORD?
6 Even if they escape from destruction,
  Egypt will gather them,
  and Memphis will bury them.
  Their treasures of silver will be taken over
    by briers,
  and thorns will overrun their tents.
7 The days of punishment are coming,
  the days of reckoning are at hand.
  Let Israel know this.
  Because your sins are so many
  and your hostility so great,
  the prophet is considered a fool,
  the inspired man a maniac.
8 The prophet, along with my God,
  is the watchman over Ephraim, y
  yet snares await him on all his paths,
  and hostility in the house of his God.
9 They have sunk deep into corruption,
  as in the days of Gibeah.
  God will remember their wickedness
  and punish them for their sins.

10 "When I found Israel,
  it was like finding grapes in the desert;
  when I saw your fathers,
  it was like seeing the early fruit on the fig
    tree.
  But when they came to Baal Peor,
  they consecrated themselves to that
    shameful idol
  and became as vile as the thing they
    loved.
11 Ephraim's glory will fly away like a bird—
  no birth, no pregnancy, no conception.
12 Even if they rear children,
  I will bereave them of every one.
  Woe to them
  when I turn away from them!
13 I have seen Ephraim, like Tyre,
  planted in a pleasant place.
  But Ephraim will bring out
  their children to the slayer."

14 Give them, O LORD—
  what will you give them?
  Give them wombs that miscarry
  and breasts that are dry.

u 9:8 El profeta ... de Efraín. Alt. El profeta es el centinela de
Efraín, / el pueblo de mi Dios.   v 9:13 He visto ... pradera.
Texto de difícil traducción.   x 3 That is, ceremonially unclean   y 8 Or The prophet is the
watchman over Ephraim, / the people of my God

15 «Toda su maldad comenzó en Guilgal;
    allí comencé a aborrecerlos.
Por causa de sus maldades,
    los expulsaré de mi casa.
No volveré a amarlos,
    pues todas sus autoridades son rebeldes.
16 Efraín se ha marchitado:
    su raíz se secó y no produce fruto.
Aunque llegue a tener hijos,
    mataré el precioso fruto de su vientre.»

17 Como no lo obedecieron, mi Dios los
      rechazará;
      ¡andarán errantes entre las naciones!

10 Israel era una vid frondosa
    que daba fruto a su antojo.
Pero cuanto más aumentaba su fruto,
    más altares se construía;
cuanto más prosperaba su país,
    más hermosas hacía sus *piedras sagradas.
2 Su *corazón es escurridizo,
    pero tendrá que cargar con su culpa.
El Señor destrozará sus altares
    y devastará sus piedras sagradas.

3 Tal vez dirán: «No hemos temido al Señor,
    y por eso no tenemos rey.
Pero aun si lo tuviéramos,
    ¿qué podría hacer por nosotros?»
4 Hablan sólo por hablar;
    juran en falso y hacen tratos;
¡por eso florecen los pleitos
    como la mala yerba en el campo!
5 Temen los moradores de Samaria
    por el becerro que adoran en Bet Avén.ʷ
El pueblo del becerro hará duelo por él,
    lo mismo que sus sacerdotes idólatras.
Harán lamentos por su esplendor,
    porque se lo llevarán al destierro.
6 El becerro será llevado a Asiria
    como tributo para el gran rey.
Efraín quedará avergonzado;
    Israel se avergonzará de sus ídolos.ˣ
7 Samaria y su rey desaparecerán
    como rama arrastrada por el agua.
8 Serán destruidos sus *santuarios paganos,
    lugares de pecado de Israel.
    ¡Cardos y espinos crecerán sobre sus altares!
Entonces dirán a las montañas: «¡Cúbrannos!»,
    y a las colinas: «¡Caigan sobre nosotros!»

9 «Tú, Israel, has venido pecando
    desde los días de Guibeá,
    y allí te has mantenido.
¡En Guibeá la guerra
    tomará por sorpresa a los malvados!
10 Cuando yo quiera, los castigaré;
    entonces las naciones se juntarán contra
      ellos
    para aprisionarlos por su doble perversión.

15 "Because of all their wickedness in Gilgal,
    I hated them there.
Because of their sinful deeds,
    I will drive them out of my house.
I will no longer love them;
    all their leaders are rebellious.
16 Ephraim is blighted,
    their root is withered,
    they yield no fruit.
Even if they bear children,
    I will slay their cherished offspring."

17 My God will reject them
    because they have not obeyed him;
    they will be wanderers among the nations.

10 Israel was a spreading vine;
    he brought forth fruit for himself.
As his fruit increased,
    he built more altars;
as his land prospered,
    he adorned his sacred stones.
2 Their heart is deceitful,
    and now they must bear their guilt.
The Lord will demolish their altars
    and destroy their sacred stones.

3 Then they will say, "We have no king
    because we did not revere the Lord.
But even if we had a king,
    what could he do for us?"
4 They make many promises,
    take false oaths
    and make agreements;
therefore lawsuits spring up
    like poisonous weeds in a plowed field.
5 The people who live in Samaria fear
    for the calf-idol of Beth Aven.ᶻ
Its people will mourn over it,
    and so will its idolatrous priests,
those who had rejoiced over its splendor,
    because it is taken from them into exile.
6 It will be carried to Assyria
    as tribute for the great king.
Ephraim will be disgraced;
    Israel will be ashamed of its wooden
      idols.ᵃ
7 Samaria and its king will float away
    like a twig on the surface of the waters.
8 The high places of wickednessᵇ will be
      destroyed—
    it is the sin of Israel.
Thorns and thistles will grow up
    and cover their altars.
Then they will say to the mountains, "Cover
      us!"
    and to the hills, "Fall on us!"

9 "Since the days of Gibeah, you have sinned,
      O Israel,
    and there you have remained.ᶜ
Did not war overtake
    the evildoers in Gibeah?
10 When I please, I will punish them;
    nations will be gathered against them
    to put them in bonds for their double sin.

ᶻ 5 *Beth Aven* means *house of wickedness* (a name for Bethel, which means *house of God*).   ᵃ 6 Or *its counsel*   ᵇ 8 Hebrew *aven*, a reference to Beth Aven (a derogatory name for Bethel)   ᶜ 9 Or *there a stand was taken*

ʷ 10:5 Véase nota en 4:15.   ˣ 10:6 *sus ídolos* (lectura probable); *sus planes* (TM).

11 Efraín es una novilla adiestrada
    a la que le gusta trillar,
    pero yo no quise ponerle el yugo.
  Pero ahora voy a uncir a Efraín,
    y Judá tendrá que arar,
    y Jacob emparejará la tierra.»

12 ¡Siembren para ustedes *justicia!
    ¡Cosechen el fruto del amor,
    y pónganse a labrar el barbecho!
  ¡Ya es tiempo de buscar al SEÑOR!,
    hasta que él venga y les envíe lluvias de
        justicia.
13 Pero ustedes sembraron maldad, cosecharon
        crímenes
    y comieron el fruto de la mentira,
  porque confiaron en sus carros
    y en la multitud de sus guerreros.
14 Un estruendo de guerra se levantará contra su
        pueblo,
    y todas sus fortalezas serán devastadas,
  como devastó Salmán a Bet Arbel en el día de
        la batalla,
    cuando las madres fueron destrozadas
    junto con sus hijos.
15 Esto es lo que Betel les hizo a ustedes,
    a causa de su extrema maldad.
  ¡Pues el rey de Israel será destruido por
        completo
    en cuanto amanezca!

El amor de Dios por Israel

11 «Desde que Israel era niño, yo lo amé;
    de Egipto llamé a mi hijo.
2 Pero cuanto más lo llamaba,
    más se alejaba de mí.ʸ
  Ofrecía sacrificios a sus falsos diosesᶻ
    y quemaba incienso a las imágenes.
3 Yo fui quien enseñó a caminar a Efraín;
    yo fui quien lo tomó de la mano.
  Pero él no quiso reconocer
    que era yo quien lo sanaba.
4 Lo atraje con cuerdas de ternura,ᵃ
    lo atraje con lazos de amor.
  Le quité de la cerviz el yugo,
    y con ternura me acerqué para alimentarlo.

5 »No volverán a Egipto,
    sino que Asiria reinará sobre ellos,
    porque no quisieron volverse a mí.
6 En sus ciudades se blandirán espadas,
    que destrozarán los barrotes de sus *puertas
    y acabarán con sus planes.
7 Mi pueblo está resuelto a renegar de mi
        *nombre;
    por eso, aunque me invoquen, no los
        exaltaré.

8 »¿Cómo podría yo entregarte, Efraín?
    ¿Cómo podría abandonarte, Israel?
  ¡Yo no podría entregarte como entregué a
        Admá!
  ¡Yo no podría abandonarte como a Zeboyín!
  Dentro de mí, el *corazón me da vuelcos,
    y se me conmueven las entrañas.

11 Ephraim is a trained heifer
    that loves to thresh;
  so I will put a yoke
    on her fair neck.
  I will drive Ephraim,
    Judah must plow,
    and Jacob must break up the ground.
12 Sow for yourselves righteousness,
    reap the fruit of unfailing love,
  and break up your unplowed ground;
    for it is time to seek the LORD,
  until he comes
    and showers righteousness on you.
13 But you have planted wickedness,
    you have reaped evil,
    you have eaten the fruit of deception.
  Because you have depended on your own
        strength
    and on your many warriors,
14 the roar of battle will rise against your
        people,
  so that all your fortresses will be
        devastated—
  as Shalman devastated Beth Arbel on the
        day of battle,
    when mothers were dashed to the ground
    with their children.
15 Thus will it happen to you, O Bethel,
    because your wickedness is great.
  When that day dawns,
    the king of Israel will be completely
        destroyed.

God's Love for Israel

11 "When Israel was a child, I loved him,
    and out of Egypt I called my son.
2 But the more Iᵈ called Israel,
    the further they went from me.ᵉ
  They sacrificed to the Baals
    and they burned incense to images.
3 It was I who taught Ephraim to walk,
    taking them by the arms;
  but they did not realize
    it was I who healed them.
4 I led them with cords of human kindness,
    with ties of love;
  I lifted the yoke from their neck
    and bent down to feed them.

5 "Will they not return to Egypt
    and will not Assyria rule over them
    because they refuse to repent?
6 Swords will flash in their cities,
    will destroy the bars of their gates
    and put an end to their plans.
7 My people are determined to turn from me.
    Even if they call to the Most High,
    he will by no means exalt them.

8 "How can I give you up, Ephraim?
    How can I hand you over, Israel?
  How can I treat you like Admah?
    How can I make you like Zeboiim?
  My heart is changed within me;
    all my compassion is aroused.

ʸ *11:2* llamaba ... de mí (LXX); llamaban ... de ellos (TM).
ᶻ *11:2* falsos dioses. Lit. *baales*.   ᵃ *11:4* de ternura. Lit.
humanas.

ᵈ *2* Some Septuagint manuscripts; Hebrew they   ᵉ *2* Septuagint;
Hebrew them

⁹ Pero no daré rienda suelta a mi ira,
ni volveré a destruir a Efraín.
Porque en medio de ti no está un *hombre,
sino estoy yo, el Dios *santo,
y no atacaré la ciudad.»

¹⁰ El SEÑOR rugirá como león,
y ellos lo seguirán.
Cuando el SEÑOR lance su rugido,
sus hijos vendrán temblando de occidente.

¹¹ «Vendrán desde Egipto, temblando como aves;
vendrán desde Asiria, temblando como
palomas,
y yo los estableceré en sus casas
—afirma el SEÑOR—.

⁹ I will not carry out my fierce anger,
nor will I turn and devastate Ephraim.
For I am God, and not man—
the Holy One among you.
I will not come in wrath.^f

¹⁰ They will follow the LORD;
he will roar like a lion.
When he roars,
his children will come trembling from the
west.

¹¹ They will come trembling
like birds from Egypt,
like doves from Assyria.
I will settle them in their homes,"
declares the LORD.

El pecado de Israel

¹² »Efraín me ha rodeado de mentiras,
y el reino de Israel con fraude;
Judá anda errante, lejos de Dios;
¡lejos del Dios santísimo y fiel!

12 Efraín se alimenta de viento:
todo el día va tras el viento solano,
y multiplica la mentira y la violencia.
Hace pactos con Asiria,
y a Egipto le da aceite como tributo.»

² El SEÑOR tiene un pleito contra Judá:
le hará pagar a Jacob^b todo lo que ha
hecho,
le dará lo que merecen sus obras.
³ Ya en el seno materno suplantó a su hermano,
y cuando se hizo hombre luchó con Dios.
⁴ Luchó con el ángel, y lo venció;
lloró y le rogó que lo favoreciera.
Se lo encontró en Betel,
y allí habló con él;
⁵ ¡habló con el SEÑOR, Dios *Todopoderoso,
cuyo *nombre es el SEÑOR!
⁶ Pero tú debes volverte a tu Dios,
practicar el amor y la justicia,
y confiar siempre en él.

⁷ Canaán^c usa balanzas fraudulentas,
pues le gusta explotar a los demás.
⁸ Efraín dice con jactancia:
«¡Cómo me he enriquecido!
¡He amasado una gran fortuna!
En todas mis ganancias no encontrarán
que haya pecado en algo.»

⁹ «Yo soy el SEÑOR tu Dios
desde que estabas en Egipto,
y haré que vuelvas a vivir en carpas,
como en los días de nuestro encuentro en el
desierto.^d
¹⁰ Yo les hablé a los profetas;
les hice tener muchas visiones,
y por medio de ellos les hablé en
parábolas.»

Israel's Sin

¹² Ephraim has surrounded me with lies,
the house of Israel with deceit.
And Judah is unruly against God,
even against the faithful Holy One.

12 Ephraim feeds on the wind;
he pursues the east wind all day
and multiplies lies and violence.
He makes a treaty with Assyria
and sends olive oil to Egypt.

² The LORD has a charge to bring against
Judah;
he will punish Jacob^g according to his
ways
and repay him according to his deeds.
³ In the womb he grasped his brother's heel;
as a man he struggled with God.
⁴ He struggled with the angel and overcame
him;
he wept and begged for his favor.
He found him at Bethel
and talked with him there—
⁵ the LORD God Almighty,
the LORD is his name of renown!
⁶ But you must return to your God;
maintain love and justice,
and wait for your God always.

⁷ The merchant uses dishonest scales;
he loves to defraud.
⁸ Ephraim boasts,
"I am very rich; I have become wealthy.
With all my wealth they will not find in me
any iniquity or sin."

⁹ "I am the LORD your God,
⌊who brought you⌋ out of^h Egypt;
I will make you live in tents again,
as in the days of your appointed feasts.
¹⁰ I spoke to the prophets,
gave them many visions
and told parables through them."

---

^b 12:2 En hebreo, *Jacob* significa *él agarra el talón* (en sentido figurado: *él suplanta* o *engaña*).   ^c 12:7 *Canaán*. Alt. *El mercader.*   ^d 12:9 *de nuestro encuentro en el desierto*. Alt. *de fiestas solemnes.*

^f 9 Or *come against any city*   ^g 2 *Jacob* means *he grasps the heel* (figuratively, *he deceives*).   ^h 9 Or *God / ever since you were in*

11 ¿Es Galaad malvado?
　¡No hay duda de que no vale nada!
　En Guilgal sacrifica toros;
　　por eso sus altares quedarán reducidos a
　　　montones de piedra
　　entre los surcos del campo.
12 Jacob huyó a un campo de Aram;*e*
　Israel trabajó cuidando ovejas
　en pago por su esposa.
13 Para sacar a Israel de Egipto, y después
　　cuidarlo,
　el Señor usó a un profeta.
14 Pero Efraín ha irritado a su Señor;
　le ha causado un amargo disgusto.
　Por eso el Señor le hará pagar sus crímenes
　y le devolverá sus injurias.

La ira del Señor contra Israel

13 Efraín tenía la preeminencia en Israel.
　　Cuando él hablaba, la gente temblaba.
　Pero le rindió culto a *Baal,
　y por ese pecado murió.
2 Sin embargo, siguen pecando,
　pues se fabrican, según su ingenio,
　imágenes de fundición e ídolos de plata
　que no son más que obra de artesanos.
　De ellos se dice:
　　«Ofrecen sacrificios humanos
　　y besan ídolos en forma de becerros.»*f*
3 Por eso serán como nube matutina,
　como rocío que temprano se evapora,
　como paja que se lleva el viento,
　como humo que se escapa por la chimenea.

4 «Pero yo soy el Señor tu Dios
　desde que estabas en Egipto.
　No conocerás*g* a otro Dios fuera de mí,
　ni a otro Salvador que no sea yo.
5 Porque yo fui el que te conoció en el desierto,
　en esa tierra de terrible aridez.
6 Les di de comer, y quedaron saciados,
　y una vez satisfechos, se volvieron
　　arrogantes
　y se olvidaron de mí.
7 Por eso, yo seré para ellos como un león;
　los acecharé junto al camino, como un
　　leopardo.
8 Los atacaré y les desgarraré el pecho
　como una osa a quien le quitan sus
　　cachorros.
　¡Los devoraré como un león!
　¡Los despedazaré como fiera del campo!

9 »Voy a destruirte, Israel,
　porque estás contra quien te ayuda.
10 ¿Dónde está tu rey,
　para que te salve en todas tus ciudades?
　¿Dónde están los gobernantes, de los que
　　decías:
　　"Dame rey y autoridades"?
11 En mi ira te di rey,
　y en mi enojo te lo quité.
12 La perversidad de Efraín está bien guardada;
　se ha tomado nota de su pecado.

11 Is Gilead wicked?
　Its people are worthless!
　Do they sacrifice bulls in Gilgal?
　　Their altars will be like piles of stones
　　on a plowed field.
12 Jacob fled to the country of Aram;*i*
　Israel served to get a wife,
　and to pay for her he tended sheep.
13 The LORD used a prophet to bring Israel up
　　from Egypt,
　by a prophet he cared for him.
14 But Ephraim has bitterly provoked him to
　　anger;
　his Lord will leave upon him the guilt of
　　his bloodshed
　and will repay him for his contempt.

The LORD's Anger Against Israel

13 When Ephraim spoke, men trembled;
　　he was exalted in Israel.
　But he became guilty of Baal worship and
　　died.
2 Now they sin more and more;
　they make idols for themselves from their
　　silver,
　cleverly fashioned images,
　all of them the work of craftsmen.
　It is said of these people,
　　"They offer human sacrifice
　　and kiss*j* the calf-idols."
3 Therefore they will be like the morning
　　mist,
　like the early dew that disappears,
　like chaff swirling from a threshing floor,
　like smoke escaping through a window.

4 "But I am the LORD your God,
　⌊who brought you⌋ out of*k* Egypt.
　You shall acknowledge no God but me,
　no Savior except me.
5 I cared for you in the desert,
　in the land of burning heat.
6 When I fed them, they were satisfied;
　when they were satisfied, they became
　　proud;
　then they forgot me.
7 So I will come upon them like a lion,
　like a leopard I will lurk by the path.
8 Like a bear robbed of her cubs,
　I will attack them and rip them open.
　Like a lion I will devour them;
　a wild animal will tear them apart.

9 "You are destroyed, O Israel,
　because you are against me, against your
　　helper.
10 Where is your king, that he may save you?
　Where are your rulers in all your towns,
　of whom you said,
　　'Give me a king and princes'?
11 So in my anger I gave you a king,
　and in my wrath I took him away.
12 The guilt of Ephraim is stored up,
　his sins are kept on record.

---

e 12:12 Aram. Es decir, al noroeste de Mesopotamia.   *f 13:2 De ellos ... becerros.* Alt. *Dicen a la gente: «Quien ofrezca sacrificios, que bese a los becerros.»*   *g 13:4 No conocerás.* Alt. *No deberías haber conocido.*

i 12 That is, Northwest Mesopotamia   *j 2* Or *"Men who sacrifice / kiss*   *k 4* Or *God / ever since you were in*

13 Llegan los dolores de parto,
    pero él es una criatura necia:
¡cuando llega la hora del parto,
    no se acomoda para salir!

14 »¿Habré de rescatarlos del poder del
        *sepulcro?
    ¿Los redimiré de la muerte?
¿Dónde están, oh muerte, tus plagas?
    ¿Dónde está, oh sepulcro, tu destrucción?
¡Vengan, que no les tendré misericordia!»

15 Aunque Efraín prospere entre sus hermanos,
    vendrá el viento del SEÑOR,
el viento solano que se levanta del desierto,
    y se agotarán sus fuentes y manantiales.
¡Y arrebatará sus tesoros,
    todos sus objetos preciosos!
16 El pueblo de Samaria cargará con su culpa
    por haberse rebelado contra su Dios.
Caerán a filo de espada;
    ¡a los niños los lanzarán contra el suelo,
    y a las embarazadas les abrirán el vientre!

Arrepentimiento para traer bendición

14 Vuélvete, Israel, al SEÑOR tu Dios.
    ¡Tu perversidad te ha hecho caer!
2 Piensa bien lo que le dirás,
    y vuélvete al SEÑOR con este ruego:
«Perdónanos nuestra perversidad,
    y recíbenos con benevolencia,
pues queremos ofrecerte
    el fruto de nuestros labios.
3 Asiria no podrá salvarnos;
    no montaremos caballos de guerra.
Nunca más llamaremos "dios nuestro"
    a cosas hechas por nuestras manos,
pues en ti el huérfano halla compasión.»

Respuesta de Dios

4 «Yo corregiré su rebeldía
    y los amaré de pura gracia,
porque mi ira contra ellos se ha calmado.
5 Yo seré para Israel como el rocío,
    y lo haré florecer como lirio.
¡Hundirá sus raíces como cedro del Líbano!
6 Sus vástagos crecerán,
    y tendrán el esplendor del olivo
    y la fragancia del cedro del Líbano.
7 Volverán a habitar bajo mi sombra,
    y crecerán como el trigo.
Echarán renuevos, como la vid,
    y serán tan famosos como el vino del
    Líbano.
8 Efraín, ¿yo qué tengo que ver con las
        imágenes?
¡Soy yo quien te responde y cuida de ti!
Soy como un pino siempre verde;
    tu fruto procede de mí.»

13 Pains as of a woman in childbirth come to
    him,
    but he is a child without wisdom;
when the time arrives,
    he does not come to the opening of the
    womb.

14 "I will ransom them from the power of the
    grave[l];
    I will redeem them from death.
Where, O death, are your plagues?
    Where, O grave,[l] is your destruction?

"I will have no compassion,
15   even though he thrives among his
    brothers.
An east wind from the LORD will come,
    blowing in from the desert;
his spring will fail
    and his well dry up.
His storehouse will be plundered
    of all its treasures.
16 The people of Samaria must bear their guilt,
    because they have rebelled against their
    God.
They will fall by the sword;
    their little ones will be dashed to the
    ground,
    their pregnant women ripped open."

Repentance to Bring Blessing

14 Return, O Israel, to the LORD your God.
    Your sins have been your downfall!
2 Take words with you
    and return to the LORD.
Say to him:
    "Forgive all our sins
and receive us graciously,
    that we may offer the fruit of our lips.[m]
3 Assyria cannot save us;
    we will not mount war-horses.
We will never again say 'Our gods'
    to what our own hands have made,
for in you the fatherless find
        compassion."

4 "I will heal their waywardness
    and love them freely,
for my anger has turned away from them.
5 I will be like the dew to Israel;
    he will blossom like a lily.
Like a cedar of Lebanon
    he will send down his roots;
6   his young shoots will grow.
His splendor will be like an olive tree,
    his fragrance like a cedar of Lebanon.
7 Men will dwell again in his shade.
    He will flourish like the grain.
He will blossom like a vine,
    and his fame will be like the wine from
    Lebanon.
8 O Ephraim, what more have I[n] to do with
        idols?
    I will answer him and care for him.
I am like a green pine tree;
    your fruitfulness comes from me."

---

l 14   Hebrew *Sheol*   *m 2*   Or *offer our lips as sacrifices of bulls*
n 8   Or *What more has Ephraim*

9 El que es sabio entiende estas cosas;
  el que es inteligente las comprende.
Ciertamente son rectos los *caminos del SEÑOR:
  en ellos caminan los justos,
  mientras que allí tropiezan los rebeldes.

9 Who is wise? He will realize these things.
  Who is discerning? He will understand
    them.
The ways of the LORD are right;
  the righteous walk in them,
  but the rebellious stumble in them.

Joel

1 Ésta es la palabra del SEÑOR, que vino a Joel hijo de Petuel.

La invasión de langostas

2 ¡Oigan esto, *ancianos del pueblo!
  ¡Presten atención, habitantes todos del país!
¿Alguna vez sucedió cosa semejante
  en sus tiempos o en los de sus antepasados?
3 Cuéntenselo a sus hijos,
  y que ellos se lo cuenten a los suyos,
  y éstos a la siguiente generación.
4 Lo que dejaron las langostas grandes
  lo devoraron las langostas pequeñas;
lo que dejaron las langostas pequeñas
  se lo comieron las larvas;
y lo que dejaron las larvas
  se lo comieron las orugas.*a*

5 ¡Despierten, borrachos, y lloren!
  Giman, todos los entregados al vino,
porque el vino dulce les fue arrebatado de
    los labios.
6 Una nación poderosa e innumerable
  ha invadido mi país;
tiene dientes de león,
  colmillos de leona.
7 Asoló mis vides,
  desgajó mis higueras.
Las peló hasta dejar blancas sus ramas;
  ¡las derribó por completo!

8 Mi pueblo gime como virgen vestida de luto
  por la muerte de su prometido.
9 Las ofrendas de cereales y las libaciones
  no se ofrecen ya en la casa del SEÑOR.
Hacen duelo los sacerdotes,
  los ministros del SEÑOR.
10 Los campos yacen devastados,
  reseca está la tierra;
han sido arrasados los cereales,
  se ha secado el vino nuevo
  y agotado el aceite.
11 Séquense también ustedes, labradores;
  giman, viñadores,
por el trigo y la cebada,
  porque se ha perdido la cosecha de los
    campos.
12 La vid se marchitó;
  languideció la higuera;
se marchitaron los granados,
  las palmeras, los manzanos,
  ¡todos los árboles del campo!
¡Y hasta la alegría de la gente acabó por
    marchitarse!

Joel

1 The word of the LORD that came to Joel son of Pethuel.

An Invasion of Locusts

2 Hear this, you elders;
  listen, all who live in the land.
Has anything like this ever happened in
    your days
  or in the days of your forefathers?
3 Tell it to your children,
  and let your children tell it to their
    children,
  and their children to the next generation.
4 What the locust swarm has left
  the great locusts have eaten;
what the great locusts have left
  the young locusts have eaten;
what the young locusts have left
  other locusts*a* have eaten.

5 Wake up, you drunkards, and weep!
  Wail, all you drinkers of wine;
wail because of the new wine,
  for it has been snatched from your lips.
6 A nation has invaded my land,
  powerful and without number;
it has the teeth of a lion,
  the fangs of a lioness.
7 It has laid waste my vines
  and ruined my fig trees.
It has stripped off their bark
  and thrown it away,
  leaving their branches white.

8 Mourn like a virgin*b* in sackcloth
  grieving for the husband*c* of her youth.
9 Grain offerings and drink offerings
  are cut off from the house of the LORD.
The priests are in mourning,
  those who minister before the LORD.
10 The fields are ruined,
  the ground is dried up*d*;
the grain is destroyed,
  the new wine is dried up,
  the oil fails.
11 Despair, you farmers,
  wail, you vine growers;
grieve for the wheat and the barley,
  because the harvest of the field is
    destroyed.
12 The vine is dried up
  and the fig tree is withered;
the pomegranate, the palm and the apple
    tree—
  all the trees of the field—are dried up.
Surely the joy of mankind
  is withered away.

---

a 1:4 El texto hebreo en este versículo usa cuatro términos que se refieren a langostas y que son de difícil traducción; también en 2:25.

a 4 The precise meaning of the four Hebrew words used here for locusts is uncertain.   *b 8* Or *young woman*   *c 8* Or *betrothed*   *d 10* Or *ground mourns*

| Llamado al arrepentimiento | A Call to Repentance |

Llamado al arrepentimiento

13 Vístanse de duelo y giman, sacerdotes;
   laméntense, ministros del altar.
Vengan, ministros de mi Dios,
   y pasen la noche vestidos de luto,
porque las ofrendas de cereales y las libaciones
   han sido suspendidas en la casa de su Dios.
14 Entréguense al ayuno,
   convoquen a una asamblea solemne.
Reúnan a los *ancianos del pueblo
   en la casa del SEÑOR su Dios;
reúnan a todos los habitantes del país,
   y clamen al SEÑOR.

15 ¡Ay de aquel día, el día del SEÑOR, que ya se
      aproxima!
   Vendrá como devastación de parte del
      *Todopoderoso.

16 ¿No se nos arrebató el alimento
      ante nuestros propios ojos,
   y la alegría y el regocijo
      de la casa de nuestro Dios?
17 La semilla se pudrió
      a pesar de haber sido cultivada.b
   Los silos están en ruinas
      y los graneros derribados
   porque la cosecha se perdió.
18 ¡Cómo brama el ganado!
   Vagan sin rumbo las vacas
porque no tienen donde pastar,
   y sufren también las ovejas.

19 A ti clamo, SEÑOR,
   porque el fuego ha devorado los pastizales
      de la estepa;
   las llamas han consumido todos los árboles
      silvestres.
20 Aun los animales del campo te buscan con
      ansias,
   porque se han secado los arroyos
   y el fuego ha devorado los pastizales de la
      estepa.

Un ejército de langostas

2 Toquen la trompeta en *Sión;
   den la voz de alarma en mi *santo monte.
Tiemblen todos los habitantes del país,
   pues ya viene el día del SEÑOR;
   en realidad ya está cerca.
2 Día de tinieblas y oscuridad,
   día de nubes y densos nubarrones.
Como la aurora que se extiende sobre los
      montes,
   así avanza un pueblo fuerte y numeroso,
pueblo como nunca lo hubo en la antigüedad
   ni lo habrá en las generaciones futuras.
3 Antes de que llegue, devora el fuego;
   cuando ya ha pasado, las llamas lo inflaman
      todo.
Antes de que llegue, el país se parece al jardín
      del Edén;
   cuando ya ha pasado, queda un desolado
      desierto;
   ¡nada escapa su poder!
4 Tienen aspecto de caballos;
   galopan como corceles.

A Call to Repentance

13 Put on sackcloth, O priests, and mourn;
   wail, you who minister before the altar.
Come, spend the night in sackcloth,
   you who minister before my God;
for the grain offerings and drink offerings
   are withheld from the house of your God.
14 Declare a holy fast;
   call a sacred assembly.
Summon the elders
   and all who live in the land
to the house of the LORD your God,
   and cry out to the LORD.

15 Alas for that day!
   For the day of the LORD is near;
   it will come like destruction from the
      Almighty.e

16 Has not the food been cut off
      before our very eyes—
   joy and gladness
      from the house of our God?
17 The seeds are shriveled
      beneath the clods.f
   The storehouses are in ruins,
      the granaries have been broken down,
   for the grain has dried up.
18 How the cattle moan!
   The herds mill about
because they have no pasture;
   even the flocks of sheep are suffering.

19 To you, O LORD, I call,
   for fire has devoured the open pastures
   and flames have burned up all the trees of
      the field.
20 Even the wild animals pant for you;
   the streams of water have dried up
   and fire has devoured the open pastures.

An Army of Locusts

2 Blow the trumpet in Zion;
   sound the alarm on my holy hill.
Let all who live in the land tremble,
   for the day of the LORD is coming.
   It is close at hand—
2   a day of darkness and gloom,
   a day of clouds and blackness.
Like dawn spreading across the mountains
   a large and mighty army comes,
such as never was of old
   nor ever will be in ages to come.

3 Before them fire devours,
   behind them a flame blazes.
Before them the land is like the garden of
      Eden,
   behind them, a desert waste—
   nothing escapes them.
4 They have the appearance of horses;
   they gallop along like cavalry.

---

b 1:17 *La semilla ... cultivada.* Texto de difícil traducción.

e 15 Hebrew *Shaddai*   f 17 The meaning of the Hebrew for this
word is uncertain.

5 Y al saltar sobre las cumbres de los montes,
  producen un estruendo como el de carros de
  guerra,
como el crepitar del fuego al consumir la
  hojarasca.
  ¡Son como un ejército poderoso en
  formación de batalla!

6 Ante él se estremecen las naciones;
  todo rostro palidece.
7 Atacan como guerreros,
  escalan muros como soldados.
Cada uno mantiene la marcha
  sin romper la formación.
8 No se atropellan entre sí;
  cada uno marcha en línea.
Se lanzan entre las flechas
  sin romper filas.
9 Se abalanzan contra la ciudad,
  arremeten contra los muros,
trepan por las casas,
  se meten por las ventanas como ladrones.

10 Ante este ejército tiembla la tierra
  y se estremece el cielo,
el sol y la luna se oscurecen
  y las estrellas dejan de brillar.
11 Truena la voz del SEÑOR
  al frente de su ejército;
son innumerables sus tropas
  y poderosos los que ejecutan su palabra.
El día del SEÑOR es grande y terrible.
  ¿Quién lo podrá resistir?

Exhortación al arrepentimiento

12 «Ahora bien —afirma el SEÑOR—,
  vuélvanse a mí de todo *corazón,
  con ayuno, llantos y lamentos.»

13 Rásguense el corazón
  y no las vestiduras.
Vuélvanse al SEÑOR su Dios,
  porque él es bondadoso y compasivo,
lento para la ira y lleno de amor,
  cambia de parecer y no castiga.
14 Tal vez Dios reconsidere y cambie de parecer,
  y deje tras de sí una bendición.
Las ofrendas de cereales y las libaciones
  son del SEÑOR su Dios.

15 Toquen la trompeta en *Sión,
  proclamen el ayuno,
convoquen a una asamblea solemne.
16 Congreguen al pueblo,
  *purifiquen la asamblea;
junten a los *ancianos del pueblo,
  reúnan a los pequeños
  y a los niños de pecho.
Que salga de su alcoba el recién casado,
  y la recién casada de su cámara nupcial.
17 Lloren, sacerdotes, ministros del SEÑOR,
  entre el pórtico y el altar;
y digan: «Compadécete, SEÑOR, de tu pueblo.
  No entregues tu propiedad al oprobio,
  para que las naciones no se burlen de ella.c
¿Por qué habrán de decir entre los pueblos:
  "Dónde está su Dios?" »

5 With a noise like that of chariots
  they leap over the mountaintops,
like a crackling fire consuming stubble,
  like a mighty army drawn up for battle.

6 At the sight of them, nations are in anguish;
  every face turns pale.
7 They charge like warriors;
  they scale walls like soldiers.
They all march in line,
  not swerving from their course.
8 They do not jostle each other;
  each marches straight ahead.
They plunge through defenses
  without breaking ranks.
9 They rush upon the city;
  they run along the wall.
They climb into the houses;
  like thieves they enter through the
  windows.

10 Before them the earth shakes,
  the sky trembles,
the sun and moon are darkened,
  and the stars no longer shine.
11 The LORD thunders
  at the head of his army;
his forces are beyond number,
  and mighty are those who obey his
  command.
The day of the LORD is great;
  it is dreadful.
  Who can endure it?

Rend Your Heart

12 "Even now," declares the LORD,
  "return to me with all your heart,
  with fasting and weeping and mourning."

13 Rend your heart
  and not your garments.
Return to the LORD your God,
  for he is gracious and compassionate,
slow to anger and abounding in love,
  and he relents from sending calamity.
14 Who knows? He may turn and have pity
  and leave behind a blessing—
grain offerings and drink offerings
  for the LORD your God.

15 Blow the trumpet in Zion,
  declare a holy fast,
  call a sacred assembly.
16 Gather the people,
  consecrate the assembly;
bring together the elders,
  gather the children,
  those nursing at the breast.
Let the bridegroom leave his room
  and the bride her chamber.
17 Let the priests, who minister before the
  LORD,
  weep between the temple porch and the
  altar.
Let them say, "Spare your people, O LORD.
  Do not make your inheritance an object of
  scorn,
  a byword among the nations.
Why should they say among the peoples,
  'Where is their God?' "

---

c 2:17 *no se burlen de ella.* Alt. *no la sometan.*

La respuesta del Señor

18 Entonces el Señor mostró amor por su tierra
     y perdonó a su pueblo.

19 Y les respondió el Señor:

«Miren, les enviaré cereales, vino nuevo y
     aceite,
hasta dejarlos plenamente satisfechos;
y no volveré a entregarlos
     al oprobio entre las naciones.

20 »Alejaré de ustedes al que viene del norte,
     arrojándolo hacia una tierra seca y desolada:
lanzaré su vanguardia hacia el mar oriental,
     y su retaguardia hacia el mar occidental.*d*
Subirá su hedor
     y se elevará su fetidez.»
¡El Señor hará grandes cosas!
21 No temas, tierra,
     sino alégrate y regocíjate,
porque el Señor hará grandes cosas.
22 No teman, animales del campo,
     porque los pastizales de la estepa
         reverdecerán;
los árboles producirán su fruto,
     y la higuera y la vid darán su riqueza.
23 Alégrense, hijos de Sión,
     regocíjense en el Señor su Dios,
que a su tiempo les dará las lluvias de
         otoño.
Les enviará la lluvia,
     la de otoño y la de primavera,
     como en tiempos pasados.
24 Las eras se llenarán de grano;
     los lagares rebosarán de vino nuevo y de
         aceite.
25 «Yo les compensaré a ustedes
     por los años en que todo lo devoró
ese gran ejército de langostas
     que envié contra ustedes:
las grandes, las pequeñas,
     las larvas y las orugas.*e*
26 Ustedes comerán en abundancia, hasta saciarse,
     y alabarán el *nombre del Señor su Dios,
que hará maravillas por ustedes.
         ¡Nunca más será avergonzado mi pueblo!
27 Entonces sabrán que yo estoy en medio de
         Israel,
que yo soy el Señor su Dios,
     y no hay otro fuera de mí.
¡Nunca más será avergonzado mi pueblo!

El día del Señor

28 »Después de esto,
     derramaré mi Espíritu sobre todo el *género
         humano.
Los hijos y las hijas de ustedes profetizarán,
     tendrán sueños los ancianos
     y visiones los jóvenes.
29 En esos días derramaré mi Espíritu
     aun sobre los siervos y las siervas.

The Lord's Answer

18 Then the Lord will be jealous for his land
     and take pity on his people.

19 The Lord will reply*g* to them:

"I am sending you grain, new wine and oil,
     enough to satisfy you fully;
never again will I make you
     an object of scorn to the nations.

20 "I will drive the northern army far from
     you,
     pushing it into a parched and barren land,
with its front columns going into the eastern
     sea*h*
and those in the rear into the western
     sea.*i*
And its stench will go up;
     its smell will rise."

Surely he has done great things.*j*
21   Be not afraid, O land;
     be glad and rejoice.
Surely the Lord has done great things.
22   Be not afraid, O wild animals,
     for the open pastures are becoming green.
The trees are bearing their fruit;
     the fig tree and the vine yield their riches.
23 Be glad, O people of Zion,
     rejoice in the Lord your God,
for he has given you
     the autumn rains in righteousness.*k*
He sends you abundant showers,
     both autumn and spring rains, as before.
24 The threshing floors will be filled with
     grain;
the vats will overflow with new wine and
     oil.

25 "I will repay you for the years the locusts
     have eaten—
the great locust and the young locust,
the other locusts and the locust
     swarm*l*—
my great army that I sent among you.
26 You will have plenty to eat, until you are
     full,
and you will praise the name of the Lord
     your God,
who has worked wonders for you;
never again will my people be shamed.
27 Then you will know that I am in Israel,
that I am the Lord your God,
     and that there is no other;
never again will my people be shamed.

The Day of the Lord

28 "And afterward,
     I will pour out my Spirit on all people.
Your sons and daughters will prophesy,
     your old men will dream dreams,
     your young men will see visions.
29 Even on my servants, both men and women,
     I will pour out my Spirit in those days.

---

d 2:20 el mar oriental ... el mar occidental. Es decir, el Mar Muerto
y el Mediterráneo.   *e 2:25* Véase nota en 1:4.

g 18,19 Or *Lord was jealous . . . / and took pity . . . / ¹⁹The Lord
replied*   *h 20* That is, the Dead Sea   *i 20* That is, the
Mediterranean   *j 20* Or *rise. / Surely it has done great things."*
k 23 Or *the teacher for righteousness:*   *l 25* The precise
meaning of the four Hebrew words used here for locusts is
uncertain.

30 En el cielo y en la tierra mostraré prodigios:
  sangre, fuego y columnas de humo.
31 El sol se convertirá en tinieblas
  y la luna en sangre
  antes que llegue el día del SEÑOR,
  día grande y terrible.
32 Y todo el que invoque el *nombre del SEÑOR
  escapará con vida,
  porque en el monte *Sión y en Jerusalén
  habrá escapatoria,
  como lo ha dicho el SEÑOR.
  Y entre los sobrevivientes
  estarán los llamados del SEÑOR.

El juicio de las naciones

3 »En aquellos días, en el tiempo señalado,
  cuando restaure yo la suerte de Judá y de
  Jerusalén,
2 reuniré a todas las naciones
  y las haré bajar al valle de Josafat.*f*
  Allí entraré en juicio contra los pueblos
  en cuanto a mi propiedad, mi pueblo Israel,
  pues lo dispersaron entre las naciones
  y se repartieron mi tierra.
3 Se repartieron a mi pueblo echando suertes,
  cambiaron a niños por prostitutas
  y, para emborracharse,
  vendieron niñas por vino.

4 »Ahora bien, Tiro y Sidón, y regiones todas de Filistea, ¿qué tienen en contra mía? ¿Quieren acaso vengarse de mí? Si es así, yo haré que muy pronto recaiga sobre ustedes su propia venganza, 5 pues se robaron mi oro y mi plata, y se llevaron a sus templos mis valiosos tesoros. 6 A los griegos les vendieron el pueblo de Jerusalén y de Judá, para alejarlos de su tierra.

7 »Sepan, pues, que voy a sacarlos de los lugares donde fueron vendidos, y haré que recaiga sobre ustedes su propia venganza. 8 Venderé sus hijos y sus hijas al pueblo de Judá, y ellos a su vez los venderán a los sabeos, una nación lejana.» El SEÑOR lo ha dicho.

9 Proclamen esto entre las naciones:
  ¡Prepárense*g* para la batalla!
  ¡Movilicen a los soldados!
  ¡Alístense para el combate todos los
    hombres de guerra!
10 Forjen espadas con los azadones
  y hagan lanzas con las hoces.
  Que diga el cobarde:
  «¡Soy un valiente!»
11 Dense prisa, naciones vecinas,
  reúnanse en ese lugar.

  ¡Haz bajar, SEÑOR, a tus valientes!

12 «Movilícense las naciones;
  suban hasta el valle de Josafat,
  que allí me sentaré
  para juzgar a los pueblos vecinos.

The Nations Judged

3 "In those days and at that time,
  when I restore the fortunes of Judah and
  Jerusalem,
2 I will gather all nations
  and bring them down to the Valley of
  Jehoshaphat.*m*
  There I will enter into judgment against
  them
  concerning my inheritance, my people
  Israel,
  for they scattered my people among the
  nations
  and divided up my land.
3 They cast lots for my people
  and traded boys for prostitutes;
  they sold girls for wine
  that they might drink.

4 "Now what have you against me, O Tyre and Sidon and all you regions of Philistia? Are you repaying me for something I have done? If you are paying me back, I will swiftly and speedily return on your own heads what you have done. 5 For you took my silver and my gold and carried off my finest treasures to your temples. 6 You sold the people of Judah and Jerusalem to the Greeks, that you might send them far from their homeland.

7 "See, I am going to rouse them out of the places to which you sold them, and I will return on your own heads what you have done. 8 I will sell your sons and daughters to the people of Judah, and they will sell them to the Sabeans, a nation far away." The LORD has spoken.

9 Proclaim this among the nations:
  Prepare for war!
  Rouse the warriors!
  Let all the fighting men draw near and
    attack.
10 Beat your plowshares into swords
  and your pruning hooks into spears.
  Let the weakling say,
  "I am strong!"
11 Come quickly, all you nations from every
    side,
  and assemble there.

  Bring down your warriors, O LORD!

12 "Let the nations be roused;
  let them advance into the Valley of
    Jehoshaphat,
  for there I will sit
  to judge all the nations on every side.

---

f 3:2 En hebreo, *Josafat* significa *el SEÑOR juzga*; también en v. 12.
g 3:9 *Prepárense.* Lit. *Santifíquense.*

m 2 *Jehoshaphat* means *the LORD judges*; also in verse 12.

13 Mano a la hoz,
    que la mies está madura.
Vengan a pisar las uvas,
    que está lleno el lagar.
Sus cubas se desbordan:
    ¡tan grande es su maldad!»

14 ¡Multitud tras multitud
    en el valle de la Decisión!
¡Cercano está el día del SEÑOR
    en el valle de la Decisión!
15 Se oscurecerán el sol y la luna;
    dejarán de brillar las estrellas.
16 Rugirá el SEÑOR desde *Sión,
    tronará su voz desde Jerusalén,
    y la tierra y el cielo temblarán.
Pero el SEÑOR será un refugio para su pueblo,
    una fortaleza para los israelitas.

Bendiciones para el pueblo de Dios

17 «Entonces ustedes sabrán que yo, el SEÑOR su Dios,
    habito en Sión, mi monte *santo.
Santa será Jerusalén,
    y nunca más la invadirán los extranjeros.

18 »En aquel día las montañas destilarán vino dulce,
    y de las colinas fluirá leche;
correrá el agua por los arroyos de Judá.
De la casa del SEÑOR brotará una fuente
    que irrigará el valle de las Acacias.
19 Pero Egipto quedará desolado,
    y Edom convertido en desierto,
por la violencia cometida contra el pueblo de Judá,
    en cuya tierra derramaron sangre inocente.
20 Judá y Jerusalén serán habitadas
    para siempre, por todas las generaciones.
21 ¿Perdonaré la sangre que derramaron?
    ¡Claro que no la perdonaré!»

        ¡El SEÑOR hará su morada en Sión!

13 Swing the sickle,
    for the harvest is ripe.
Come, trample the grapes,
    for the winepress is full
    and the vats overflow—
so great is their wickedness!"

14 Multitudes, multitudes
    in the valley of decision!
For the day of the LORD is near
    in the valley of decision.
15 The sun and moon will be darkened,
    and the stars no longer shine.
16 The LORD will roar from Zion
    and thunder from Jerusalem;
    the earth and the sky will tremble.
But the LORD will be a refuge for his people,
    a stronghold for the people of Israel.

Blessings for God's People

17 "Then you will know that I, the LORD your God,
    dwell in Zion, my holy hill.
Jerusalem will be holy;
    never again will foreigners invade her.

18 "In that day the mountains will drip new wine,
    and the hills will flow with milk;
    all the ravines of Judah will run with water.
A fountain will flow out of the LORD's house
    and will water the valley of acacias.[n]
19 But Egypt will be desolate,
    Edom a desert waste,
because of violence done to the people of Judah,
    in whose land they shed innocent blood.
20 Judah will be inhabited forever
    and Jerusalem through all generations.
21 Their bloodguilt, which I have not pardoned,
    I will pardon."

        The LORD dwells in Zion!

Amós

1 Éstas son las palabras de Amós, pastor de Tecoa. Es la visión que recibió acerca de Israel dos años antes del terremoto, cuando Uzías era rey de Judá, y Jeroboán hijo de Joás era rey de Israel. ²Amós dijo:

«Ruge el SEÑOR desde *Sión;
    truena su voz desde Jerusalén.
Los pastizales de los pastores quedan asolados,
    y se seca la cumbre del Carmelo.»

Juicio contra las naciones vecinas

³Así dice el SEÑOR:

«Los delitos de Damasco han llegado a su
        colmo;ᵃ
    por tanto, no revocaré su castigo:
Porque trillaron a Galaad
    con trillos de hierro,
⁴yo enviaré fuego contra el palacio de Jazael,
    que consumirá las fortalezas de Ben Adad.
⁵Romperé el cerrojo de la *puerta de Damasco,
    destruiré al que reina en el valle de Avénᵇ
    y al que empuña el cetro en Bet Edén.
Y el pueblo de Siria
    será desterrado a Quir»,
                    dice el SEÑOR.

⁶Así dice el SEÑOR:

«Los delitos de Gaza han llegado a su colmo;
    por tanto, no revocaré su castigo:
Porque desterraron a poblaciones enteras
    para venderlas a Edom,
⁷yo enviaré fuego contra los muros de Gaza,
    que consumirá sus fortalezas.
⁸Destruiré al que reina en Asdod
    y al que empuña el cetro en Ascalón.
Volveré mi mano contra Ecrón,
    y perecerá hasta el último de los filisteos»,
                    dice el SEÑOR omnipotente.

⁹Así dice el SEÑOR:

«Los delitos de Tiro han llegado a su colmo;
    por tanto, no revocaré su castigo:
Porque le vendieron a Edom poblaciones
        enteras de cautivos,
    olvidando así una alianza entre hermanos,
¹⁰yo enviaré fuego contra los muros de Tiro,
    que consumirá sus fortalezas.»

Amos

1 The words of Amos, one of the shepherds of Tekoa—what he saw concerning Israel two years before the earthquake, when Uzziah was king of Judah and Jeroboam son of Jehoashᵃ was king of Israel. ²He said:

"The LORD roars from Zion
    and thunders from Jerusalem;
the pastures of the shepherds dry up,ᵇ
    and the top of Carmel withers."

Judgment on Israel's Neighbors

³This is what the LORD says:

"For three sins of Damascus,
    even for four, I will not turn back ⌐my
        wrath⌐.
Because she threshed Gilead
    with sledges having iron teeth,
⁴I will send fire upon the house of Hazael
    that will consume the fortresses of
        Ben-Hadad.
⁵I will break down the gate of Damascus;
    I will destroy the king who is inᶜ the
        Valley of Avenᵈ
and the one who holds the scepter in Beth
        Eden.
    The people of Aram will go into exile to
        Kir,"
                    says the LORD.

⁶This is what the LORD says:

"For three sins of Gaza,
    even for four, I will not turn back ⌐my
        wrath⌐.
Because she took captive whole
        communities
    and sold them to Edom,
⁷I will send fire upon the walls of Gaza
    that will consume her fortresses.
⁸I will destroy the kingᵉ of Ashdod
    and the one who holds the scepter in
        Ashkelon.
I will turn my hand against Ekron,
    till the last of the Philistines is dead,"
                    says the Sovereign LORD.

⁹This is what the LORD says:

"For three sins of Tyre,
    even for four, I will not turn back ⌐my
        wrath⌐.
Because she sold whole communities of
        captives to Edom,
    disregarding a treaty of brotherhood,
¹⁰I will send fire upon the walls of Tyre
    that will consume her fortresses."

ᵃ 1:3 Los delitos ... su colmo. Lit. Por tres delitos de ..., y por cuatro (hebraísmo que indica plenitud); también en 1:6,9,11,13; 2:1,4,6.   ᵇ 1:5 Avén. Alt. maldad.

ᵃ 1 Hebrew Joash, a variant of Jehoash   ᵇ 2 Or shepherds mourn   ᶜ 5 Or the inhabitants of   ᵈ 5 Aven means wickedness.   ᵉ 8 Or inhabitants

11 Así dice el SEÑOR:

«Los delitos de Edom han llegado a su colmo;
    por tanto, no revocaré su castigo:
Porque sin mostrar ninguna compasión
    persiguieron con espada a su hermano;
porque dieron rienda suelta a su ira
    y no dejaron de alimentar su enojo,
12 yo enviaré fuego contra Temán,
    que consumirá las fortalezas de Bosra.»

13 Así dice el SEÑOR:

«Los delitos de Amón han llegado a su colmo;
    por tanto, no revocaré su castigo:
Porque, a fin de extender sus fronteras,
    a las mujeres encintas de la región de
        Galaad
    les abrieron el vientre,
14 yo prenderé fuego a los muros de Rabá,
    que consumirá sus fortalezas
entre gritos de guerra en el día de la batalla,
    y en el rugir de la tormenta en un día de
        tempestad.
15 Su rey*c* marchará al destierro,
    junto con sus oficiales»,
                                    dice el SEÑOR.

2 Así dice el SEÑOR:

«Los delitos de Moab han llegado a su colmo;
    por tanto, no revocaré su castigo:
Porque quemaron los huesos del rey de Edom
    hasta reducirlos a ceniza,
2 yo enviaré fuego sobre Moab
    que consumirá las fortalezas de Queriot,
y morirá Moab en medio del estrépito
    de gritos de guerra y toques de trompeta.
3 Destruiré al gobernante en medio de su pueblo,
    y junto con él mataré a todos sus oficiales»,
                                    dice el SEÑOR.

4 Así dice el SEÑOR:

«Los delitos de Judá han llegado a su colmo;
    por tanto, no revocaré su castigo:
Porque, dejándose descarriar por sus mentiras,
    tras las cuales anduvieron sus antepasados,
rechazaron la *ley del SEÑOR
    y no obedecieron sus preceptos,
5 Por eso yo enviaré fuego contra Judá,
    que consumirá las fortalezas de Jerusalén.»

11 This is what the LORD says:

"For three sins of Edom,
    even for four, I will not turn back ˩my
        wrath˩.
Because he pursued his brother with a
        sword,
    stifling all compassion,*f*
because his anger raged continually
    and his fury flamed unchecked,
12 I will send fire upon Teman
    that will consume the fortresses of
        Bozrah."

13 This is what the LORD says:

"For three sins of Ammon,
    even for four, I will not turn back ˩my
        wrath˩.
Because he ripped open the pregnant women
        of Gilead
    in order to extend his borders,
14 I will set fire to the walls of Rabbah
    that will consume her fortresses
amid war cries on the day of battle,
    amid violent winds on a stormy day.
15 Her king*g* will go into exile,
    he and his officials together,"
                                    says the LORD.

2 This is what the LORD says:

"For three sins of Moab,
    even for four, I will not turn back ˩my
        wrath˩.
Because he burned, as if to lime,
    the bones of Edom's king,
2 I will send fire upon Moab
    that will consume the fortresses of
        Kerioth.*h*
Moab will go down in great tumult
    amid war cries and the blast of the
        trumpet.
3 I will destroy her ruler
    and kill all her officials with him,"
                                    says the LORD.

4 This is what the LORD says:

"For three sins of Judah,
    even for four, I will not turn back ˩my
        wrath˩.
Because they have rejected the law of the
        LORD
    and have not kept his decrees,
because they have been led astray by false
        gods,*i*
    the gods*j* their ancestors followed,
5 I will send fire upon Judah
    that will consume the fortresses of
        Jerusalem."

---

f 11 Or *sword / and destroyed his allies*   *g 15* Or / *Molech*;
Hebrew *malcam*   *h 2* Or *of her cities*   *i 4* Or *by lies*
j 4 Or *lies*

Juicio contra Israel

⁶ Así dice el Señor:

«Los delitos de Israel han llegado a su colmo;
　　por tanto, no revocaré su castigo:
Venden al justo por monedas,
　　y al necesitado, por un par de sandalias.
⁷ Pisotean la cabeza de los desvalidos
　　como si fuera el polvo de la tierra,
　　y pervierten el camino de los pobres.
Padre e hijo se acuestan con la misma mujer,
　　profanando así mi *santo *nombre.
⁸ Junto a cualquier altar
　　se acuestan sobre ropa que tomaron en
　　　　prenda,
y el vino que han cobrado como multa
　　lo beben en la casa de su Dios.ᵈ

⁹ »Todo esto, a pesar de que por ellos
　　yo destruí a los amorreos;
destruí su fruto arriba
　　y sus raíces abajo,
aunque eran altos como el cedro
　　y fuertes como la encina.

¹⁰ »Yo mismo los hice subir desde Egipto,
　　y los conduje cuarenta años por el desierto,
a fin de conquistar para ustedes
　　la tierra de los amorreos.
¹¹ También levanté profetas de entre sus hijos
　　y nazareos de entre sus jóvenes.
　　¿Acaso no fue así, israelitas?
　　　　　　　　　　　—afirma el Señor—.
¹² Pero ustedes les hicieron beber vino a los
　　　　nazareos
y les ordenaron a los profetas que no
　　profetizaran.

¹³ »Pues bien, estoy por aplastarlos a ustedes
　　como aplasta una carreta cargada de trigo.
¹⁴ Entonces no habrá escapatoria para el ágil,
　　ni el fuerte podrá valerse de su fuerza,
　　ni el valiente librará su vida.
¹⁵ El arquero no resistirá,
　　ni escapará con vida el ágil de piernas,
　　ni se salvará el que monta a caballo.
¹⁶ En aquel día huirá desnudo
　　aun el más valiente de los guerreros,»
　　　　　　　　　　　　afirma el Señor.

Vocación del profeta Amós

3 Oigan, israelitas, esta palabra que el Señor pronuncia contra ustedes, contra toda la familia que saqué de Egipto:

² «Sólo a ustedes los he escogido
　　entre todas las familias de la tierra.
Por tanto, les haré pagar
　　todas sus perversidades.»

³ ¿Pueden dos caminar juntos
　　sin antes ponerse de acuerdo?
⁴ ¿Ruge el león en la espesura
　　sin tener presa alguna?
¿Gruñe el leoncillo en su guarida
　　sin haber atrapado nada?
⁵ ¿Cae el pájaro en la trampa
　　sin que haya carnada?
¿Salta del suelo la trampa
　　sin haber atrapado nada?

Judgment on Israel

⁶ This is what the Lord says:

"For three sins of Israel,
　　even for four, I will not turn back ⌐my
　　　　wrath⌐.
They sell the righteous for silver,
　　and the needy for a pair of sandals.
⁷ They trample on the heads of the poor
　　as upon the dust of the ground
　　and deny justice to the oppressed.
Father and son use the same girl
　　and so profane my holy name.
⁸ They lie down beside every altar
　　on garments taken in pledge.
In the house of their god
　　they drink wine taken as fines.

⁹ "I destroyed the Amorite before them,
　　though he was tall as the cedars
　　and strong as the oaks.
I destroyed his fruit above
　　and his roots below.

¹⁰ "I brought you up out of Egypt,
　　and I led you forty years in the desert
　　to give you the land of the Amorites.
¹¹ I also raised up prophets from among your
　　　　sons
　　and Nazirites from among your young
　　　　men.
Is this not true, people of Israel?"
　　　　　　　　　　　declares the Lord.

¹² "But you made the Nazirites drink wine
　　and commanded the prophets not to
　　　　prophesy.

¹³ "Now then, I will crush you
　　as a cart crushes when loaded with grain.
¹⁴ The swift will not escape,
　　the strong will not muster their strength,
　　and the warrior will not save his life.
¹⁵ The archer will not stand his ground,
　　the fleet-footed soldier will not get away,
　　and the horseman will not save his life.
¹⁶ Even the bravest warriors
　　will flee naked on that day,"
　　　　　　　　　　　declares the Lord.

Witnesses Summoned Against Israel

3 Hear this word the Lord has spoken against you, O people of Israel—against the whole family I brought up out of Egypt:

² "You only have I chosen
　　of all the families of the earth;
therefore I will punish you
　　for all your sins."

³ Do two walk together
　　unless they have agreed to do so?
⁴ Does a lion roar in the thicket
　　when he has no prey?
Does he growl in his den
　　when he has caught nothing?
⁵ Does a bird fall into a trap on the ground
　　where no snare has been set?
Does a trap spring up from the earth
　　when there is nothing to catch?

ᵈ 2:8　su Dios. Alt. sus dioses.

6 ¿Se toca la trompeta en la ciudad
   sin que el pueblo se alarme?
¿Ocurrirá en la ciudad alguna desgracia
   que el Señor no haya provocado?

7 En verdad, nada hace el Señor omnipotente
   sin antes revelar sus designios
   a sus siervos los profetas.

8 Ruge el león;
   ¿quién no temblará de miedo?
Habla el Señor omnipotente;
   ¿quién no profetizará?

El castigo a Israel

9 Proclamen en las fortalezas de Asdod
   y en los baluartes de Egipto:
«Reúnanse sobre los montes de Samaria
   y vean cuánto pánico hay en ella,
   ¡cuánta opresión hay en su medio!»

10 «Los que acumulan en sus fortalezas
   el fruto de la violencia y el saqueo
   no saben actuar con rectitud»,
                    afirma el Señor.

11 Por lo tanto, así dice el Señor omnipotente:

«Un enemigo invadirá tu tierra;
   echará abajo tu poderío
   y saqueará tus fortalezas.»

12 Así dice el Señor:

«Como el pastor arrebata de las fauces del
   león
   si acaso dos patas o un pedazo de oreja,
así serán rescatados los israelitas,
los que en Samaria se reclinan
   en el borde de la cama y en divanes de
   Damasco.*e*

13 »Oigan esto y testifiquen contra el pueblo de Jacob
—afirma el Señor omnipotente, el Dios *Todopoderoso—:

14 »El día en que haga pagar a Israel sus delitos,
   destruiré los altares de Betel;
los cuernos del altar serán arrancados,
   y caerán por tierra.
15 Derribaré tanto la casa de invierno
   como la de verano;
serán destruidas las casas adornadas de marfil
   y serán demolidas muchas mansiones»,
                    afirma el Señor.

4 Oigan esta palabra ustedes, vacas de Basán,
   que viven en el monte de Samaria,
que oprimen a los desvalidos
   y maltratan a los necesitados,
que dicen a sus esposos:
   «¡Tráigannos de beber!»
2 El Señor omnipotente ha jurado por su
   *santidad:
«Vendrán días en que hasta la última de
   ustedes
   será arreada con garfios y arpones.

6 When a trumpet sounds in a city,
   do not the people tremble?
When disaster comes to a city,
   has not the Lord caused it?

7 Surely the Sovereign Lord does nothing
   without revealing his plan
   to his servants the prophets.

8 The lion has roared—
   who will not fear?
The Sovereign Lord has spoken—
   who can but prophesy?

9 Proclaim to the fortresses of Ashdod
   and to the fortresses of Egypt:
"Assemble yourselves on the mountains of
   Samaria;
see the great unrest within her
   and the oppression among her people."

10 "They do not know how to do right,"
         declares the Lord,
"who hoard plunder and loot in their
      fortresses."

11 Therefore this is what the Sovereign Lord says:

"An enemy will overrun the land;
   he will pull down your strongholds
   and plunder your fortresses."

12 This is what the Lord says:

"As a shepherd saves from the lion's mouth
   only two leg bones or a piece of an ear,
so will the Israelites be saved,
those who sit in Samaria
   on the edge of their beds
   and in Damascus on their couches.*k*"

13 "Hear this and testify against the house of Jacob,"
declares the Lord, the Lord God Almighty.

14 "On the day I punish Israel for her sins,
   I will destroy the altars of Bethel;
the horns of the altar will be cut off
   and fall to the ground.
15 I will tear down the winter house
   along with the summer house;
the houses adorned with ivory will be
   destroyed
and the mansions will be demolished,"
                  declares the Lord.

Israel Has Not Returned to God

4 Hear this word, you cows of Bashan on
   Mount Samaria,
you women who oppress the poor and
   crush the needy
and say to your husbands, "Bring us some
   drinks!"
2 The Sovereign Lord has sworn by his
   holiness:
"The time will surely come
when you will be taken away with hooks,
the last of you with fishhooks.

---

e 3:12   en el borde ... Damasco. Texto de difícil traducción.   *k 12*   The meaning of the Hebrew for this line is uncertain.

3 Una tras otra saldrán por las brechas del muro,
　　y hacia Hermón serán expulsadas
　　　　　　　　—afirma el SEÑOR—.

4 »Vayan a Betel y pequen;
　　vayan a Guilgal y sigan pecando.
　Ofrezcan sus sacrificios por la mañana,
　　y al tercer día sus diezmos.
5 Quemen pan leudado como ofrenda de gratitud
　y proclamen ofrendas voluntarias.
　Háganlo saber a todos, israelitas;
　　¡eso es lo que a ustedes les encanta!
　　　　　—afirma el SEÑOR omnipotente—.

Dureza de Israel

6 »Yo les hice pasar hambre en todas sus
　　　　ciudades,
　　y los privé de pan en todos sus poblados.
　Con todo, ustedes no se volvieron a mí
　　　　　　　　—afirma el SEÑOR—.

7 »Yo les retuve la lluvia
　　cuando aún faltaban tres meses para la
　　　　cosecha.
　En una ciudad hacía llover,
　　pero en otra no;
　una parcela recibía lluvia,
　　mientras que otra no, y se secó.
8 Vagando de ciudad en ciudad, iba la gente en
　　　　busca de agua,
　　pero no calmaba su sed.
　Con todo, ustedes no se volvieron a mí
　　　　　　　　—afirma el SEÑOR—.

9 »Castigué sus campos con plagas y sequía;
　　la langosta devoró sus huertos y viñedos,
　sus higueras y olivares.
　Con todo, ustedes no se volvieron a mí
　　　　　　　　—afirma el SEÑOR—.

10 »Les mandé plagas
　　como las de Egipto.
　Pasé por la espada a sus mejores jóvenes,
　　junto con los caballos capturados.
　Hice que llegara hasta sus propias narices
　　el hedor de los cadáveres.
　Con todo, ustedes no se volvieron a mí
　　　　　　　　—afirma el SEÑOR—.

11 »Yo les envié destrucción
　　como la de Sodoma y Gomorra;
　¡quedaron como tizones arrebatados del fuego!
　Con todo, ustedes no se volvieron a mí
　　　　　　　　—afirma el SEÑOR—.

12 »Por eso, Israel, voy a actuar contra ti;
　　y como voy a hacerlo,
　　¡prepárate, Israel, para encontrarte con tu
　　　　Dios!»

13 He aquí el que forma las montañas,
　　el que crea el viento,
　　el que revela al hombre sus designios,
　el que convierte la aurora en tinieblas,
　　el que marcha sobre las alturas de la tierra:
　　su nombre es el SEÑOR Dios *Todopoderoso.

3 You will each go straight out
　　through breaks in the wall,
　　and you will be cast out toward
　　　　Harmon,*l*"
　　　　　　　　declares the LORD.

4 "Go to Bethel and sin;
　　go to Gilgal and sin yet more.
　Bring your sacrifices every morning,
　　your tithes every three years.*m*
5 Burn leavened bread as a thank offering
　　and brag about your freewill offerings—
　boast about them, you Israelites,
　　for this is what you love to do,"
　　　　　declares the Sovereign LORD.

6 "I gave you empty stomachs*n* in every city
　　and lack of bread in every town,
　　yet you have not returned to me,"
　　　　　　　　declares the LORD.

7 "I also withheld rain from you
　　when the harvest was still three months
　　　　away.
　I sent rain on one town,
　　but withheld it from another.
　One field had rain;
　　another had none and dried up.
8 People staggered from town to town for
　　　　water
　　but did not get enough to drink,
　　yet you have not returned to me,"
　　　　　　　　declares the LORD.

9 "Many times I struck your gardens and
　　　　vineyards,
　　I struck them with blight and mildew.
　Locusts devoured your fig and olive trees,
　　yet you have not returned to me,"
　　　　　　　　declares the LORD.

10 "I sent plagues among you
　　as I did to Egypt.
　I killed your young men with the sword,
　　along with your captured horses.
　I filled your nostrils with the stench of your
　　　　camps,
　　yet you have not returned to me,"
　　　　　　　　declares the LORD.

11 "I overthrew some of you
　　as I*o* overthrew Sodom and Gomorrah.
　You were like a burning stick snatched from
　　　　the fire,
　　yet you have not returned to me,"
　　　　　　　　declares the LORD.

12 "Therefore this is what I will do to you,
　　　　Israel,
　　and because I will do this to you,
　　prepare to meet your God, O Israel."

13 He who forms the mountains,
　　creates the wind,
　　and reveals his thoughts to man,
　he who turns dawn to darkness,
　　and treads the high places of the earth—
　　the LORD God Almighty is his name.

---

l 3 Masoretic Text; with a different word division of the Hebrew
(see Septuagint) *out, O mountain of oppression*　　*m 4* Or *tithes on*
the third day　　*n 6* Hebrew *you cleanness of teeth*
o 11 Hebrew *God*

Advertencias y lamentos

5 Oye esta palabra, reino de Israel,
este canto fúnebre que por ti entono:

2 «Ha caído la joven Israel,
y no volverá a levantarse;
postrada en su propia tierra,
no hay quien la levante.»

3 Así dice el SEÑOR omnipotente al reino de Israel:

«La ciudad que salía a la guerra con mil
hombres
se quedará sólo con cien,
y la que salía con cien
se quedará sólo con diez.»

4 Así dice el SEÑOR al reino de Israel:

«Búsquenme y vivirán.
5   Pero no acudan a Betel,
ni vayan a Guilgal,
ni pasen a Berseba,
porque Guilgal será llevada cautiva,
y Betel, reducida a la nada.»

6 Busquen al SEÑOR y vivirán,
no sea que él caiga como fuego
sobre los descendientes de José,
fuego que devore a Betel
sin que haya quien lo apague.

7 Ustedes convierten el derecho en amargura
y echan por tierra la justicia.

8 El SEÑOR hizo las Pléyades y el Orión,
convierte en aurora las densas tinieblas
y oscurece el día hasta convertirlo en noche.
Él convoca las aguas del mar
y las derrama sobre la tierra.
¡Su nombre es el SEÑOR!
9 Él reduce a la nada la fortaleza
y trae la ruina sobre la plaza fuerte.

10 Ustedes odian al que defiende la justicia en el
tribunal
y detestan al que dice la verdad.
11 Por eso, como pisotean al desvalido
y le imponen tributo de grano,
no vivirán en las casas de piedra labrada que
han construido,
ni beberán del vino de los selectos viñedos
que han plantado.
12 ¡Yo sé cuán numerosos son sus delitos,
cuán grandes sus pecados!

Ustedes oprimen al justo, exigen soborno
y en los tribunales atropellan al necesitado.
13 Por eso en circunstancias como éstas guarda
silencio el prudente,
porque estos tiempos son malos.

14 Busquen el bien y no el mal, y vivirán;
y así estará con ustedes el SEÑOR Dios
*Todopoderoso,
tal como ustedes lo afirman.

15 ¡Odien el mal y amen el bien!
Hagan que impere la justicia en los
tribunales;
tal vez así el SEÑOR, el Dios Todopoderoso,
tenga compasión del remanente de José.

A Lament and Call to Repentance

5 Hear this word, O house of Israel, this lament I
take up concerning you:

2 "Fallen is Virgin Israel,
never to rise again,
deserted in her own land,
with no one to lift her up."

3 This is what the Sovereign LORD says:

"The city that marches out a thousand
strong for Israel
will have only a hundred left;
the town that marches out a hundred strong
will have only ten left."

4 This is what the LORD says to the house of Israel:

"Seek me and live;
5   do not seek Bethel,
do not go to Gilgal,
do not journey to Beersheba.
For Gilgal will surely go into exile,
and Bethel will be reduced to nothing. *p*"
6 Seek the LORD and live,
or he will sweep through the house of
Joseph like a fire;
it will devour,
and Bethel will have no one to quench it.

7 You who turn justice into bitterness
and cast righteousness to the ground
8 (he who made the Pleiades and Orion,
who turns blackness into dawn
and darkens day into night,
who calls for the waters of the sea
and pours them out over the face of the
land—
the LORD is his name—
9 he flashes destruction on the stronghold
and brings the fortified city to ruin),
10 you hate the one who reproves in court
and despise him who tells the truth.

11 You trample on the poor
and force him to give you grain.
Therefore, though you have built stone
mansions,
you will not live in them;
though you have planted lush vineyards,
you will not drink their wine.
12 For I know how many are your offenses
and how great your sins.

You oppress the righteous and take bribes
and you deprive the poor of justice in the
courts.
13 Therefore the prudent man keeps quiet in
such times,
for the times are evil.

14 Seek good, not evil,
that you may live.
Then the LORD God Almighty will be with
you,
just as you say he is.
15 Hate evil, love good;
maintain justice in the courts.
Perhaps the LORD God Almighty will have
mercy
on the remnant of Joseph.

p 5 Or *grief*; or *wickedness*; Hebrew *aven*, a reference to Beth Aven
(a derogatory name for Bethel)

16 Por eso, así dice el Señor omnipotente, el Dios Todopoderoso:

«En todas las plazas se escucharán lamentos,
    y gritos de angustia en todas las calles.
Llamarán a duelo a los campesinos,
    y a los llorones profesionales, a hacer
        lamentación.
17 Se escucharán lamentos en todos los viñedos
    cuando yo pase en medio de ti»,
                          dice el Señor.

18 ¡Ay de los que suspiran
    por el día del Señor!
¿De qué les servirá ese día
    si va a ser de oscuridad y no de luz?
19 Será como cuando alguien huye de un león
    y se le viene encima un oso,
o como cuando al llegar a su casa,
    apoya la mano en la pared
    y lo muerde una serpiente.
20 ¿No será el día del Señor de oscuridad y no de
        luz?
    ¡Será por cierto sombrío y sin resplandor!

21 «Yo aborrezco sus fiestas religiosas;
    no me agradan sus cultos solemnes.
22 Aunque me traigan holocaustos y ofrendas de
        cereal,
    no los aceptaré,
ni prestaré atención
    a los sacrificios de *comunión de novillos
        cebados.
23 Aleja de mí el bullicio de tus canciones;
    no quiero oír la música de tus cítaras.
24 ¡Pero que fluya el derecho como las aguas,
    y la justicia como arroyo inagotable!

25 »Pueblo de Israel, ¿acaso me ofrecieron
        sacrificios y ofrendas
    durante los cuarenta años en el desierto?
26 Ustedes tendrán que cargar con la imagen de
        Sicut, su rey,
    y también con la de Quiyún,
imágenes de esos dioses astrales
    que ustedes mismos se han fabricado.
27 Entonces los mandaré al exilio más allá de
        Damasco»,
    dice el Señor, cuyo nombre es Dios
        Todopoderoso.

6 ¡Ay de los que viven tranquilos en *Sión
    y de los que viven confiados en el monte de
        Samaria!
¡Ay de los notables de la nación más
        importante,
    a quienes acude el pueblo de Israel!
2 Pasen a Calné y obsérvenla;
    vayan de allí a Jamat la grande,
    bajen luego a Gat de los filisteos.
¿Acaso son ustedes superiores a estos reinos,
    o es más grande su territorio que el de
        ustedes?
3 Ustedes creen alejar el día de la desgracia,
    pero están acercando el imperio de la
        violencia.

16 Therefore this is what the Lord, the Lord God Almighty, says:

"There will be wailing in all the streets
    and cries of anguish in every public
        square.
The farmers will be summoned to weep
    and the mourners to wail.
17 There will be wailing in all the vineyards,
    for I will pass through your midst,"
                          says the Lord.

The Day of the Lord

18 Woe to you who long
    for the day of the Lord!
Why do you long for the day of the Lord?
    That day will be darkness, not light.
19 It will be as though a man fled from a lion
    only to meet a bear,
as though he entered his house
    and rested his hand on the wall
    only to have a snake bite him.
20 Will not the day of the Lord be darkness,
        not light—
    pitch-dark, without a ray of brightness?

21 "I hate, I despise your religious feasts;
    I cannot stand your assemblies.
22 Even though you bring me burnt offerings
        and grain offerings,
    I will not accept them.
Though you bring choice fellowship
        offerings,q
    I will have no regard for them.
23 Away with the noise of your songs!
    I will not listen to the music of your
        harps.
24 But let justice roll on like a river,
    righteousness like a never-failing stream!

25 "Did you bring me sacrifices and offerings
    forty years in the desert, O house of
        Israel?
26 You have lifted up the shrine of your king,
    the pedestal of your idols,
    the star of your godr—
    which you made for yourselves.
27 Therefore I will send you into exile beyond
        Damascus,"
    says the Lord, whose name is God
        Almighty.

Woe to the Complacent

6 Woe to you who are complacent in Zion,
    and to you who feel secure on Mount
        Samaria,
you notable men of the foremost nation,
    to whom the people of Israel come!
2 Go to Calneh and look at it;
    go from there to great Hamath,
    and then go down to Gath in Philistia.
Are they better off than your two
        kingdoms?
    Is their land larger than yours?
3 You put off the evil day
    and bring near a reign of terror.

q 22 Traditionally *peace offerings*   r 26 Or *lifted up Sakkuth your king / and Kaiwan your idols, / your star-gods*; Septuagint *lifted up the shrine of Molech / and the star of your god Rephan, / their idols*

⁴Ustedes que se acuestan en camas incrustadas
    de marfil
  y se arrellanan en divanes;
que comen corderos selectos
  y terneros engordados;
⁵que, a la manera de David,
  improvisan canciones al son de la cítara
  e inventan instrumentos musicales;
⁶que beben vino en tazones
  y se perfuman con las esencias más finas
  sin afligirse por la ruina de José,
⁷marcharán a la cabeza de los desterrados,
  y así terminará el banquete de los
    holgazanes.

⁸El Señor omnipotente jura por sí mismo;
  esto afirma el Señor Dios *Todopoderoso:

«Yo detesto la arrogancia de Jacob;
  yo aborrezco sus fortalezas;
por eso entregaré la ciudad al enemigo,
  con todo lo que hay en ella.»

⁹Sucederá que si en una casa quedan diez hombres con vida, todos morirán. ¹⁰Y cuando vengan a la casa para levantar los cadáveres y quemarlos, algún pariente le preguntará a otro que ande en la casa: «¿Queda alguien más contigo?» Y aquél le responderá: «No.» Entonces le dirá: «¡Cállate! No vayamos a mencionar el *nombre del Señor.»

¹¹Mira, el Señor da la orden
  de golpear la casa grande hasta hacerla
    añicos
  y de hacer trizas la casa pequeña.

¹²¿Acaso galopan los caballos por las rocas
  o se ara en éstas con bueyes?
Pero ustedes han convertido el derecho en
    veneno,
  y en amargura el fruto de la justicia.
¹³Ustedes se regocijan por la conquista de Lo
    Debar*f*
  y agregan: «¿No fue con nuestras propias
    fuerzas
  como nos apoderamos de Carnayin?»*g*

¹⁴«Por tanto, pueblo de Israel,
  voy a levantar contra ti a una nación
que te oprimirá desde Lebó Jamat*h*
  hasta el torrente del Arabá»,
    afirma el Señor, el Dios Todopoderoso.

Tres visiones

7 El Señor omnipotente me mostró esta visión: Empezaba a crecer la hierba después de la siega que corresponde al rey, y vi al Señor preparando enjambres de langostas. ²Cuando las langostas acababan con la hierba de la tierra, exclamé:

—¡Señor mi Dios, te ruego que perdones a Jacob! ¿Cómo va a sobrevivir, si es tan pequeño?

³Entonces el Señor se compadeció y dijo:

—Esto no va a suceder.

⁴El Señor omnipotente me mostró entonces otra visión: Vi al Señor llamar a juicio con un fuego que devoraba el gran abismo y consumía los campos. ⁵Y exclamé:

—¡Detente, Señor mi Dios, te lo ruego! ¿Cómo sobrevivirá Jacob, si es tan pequeño?

⁴You lie on beds inlaid with ivory
  and lounge on your couches.
  You dine on choice lambs
  and fattened calves.
⁵You strum away on your harps like David
  and improvise on musical instruments.
⁶You drink wine by the bowlful
  and use the finest lotions,
  but you do not grieve over the ruin of
    Joseph.
⁷Therefore you will be among the first to go
    into exile;
  your feasting and lounging will end.

The Lord Abhors the Pride of Israel

⁸The Sovereign Lord has sworn by himself—the Lord God Almighty declares:

  "I abhor the pride of Jacob
    and detest his fortresses;
  I will deliver up the city
    and everything in it."

⁹If ten men are left in one house, they too will die. ¹⁰And if a relative who is to burn the bodies comes to carry them out of the house and asks anyone still hiding there, "Is anyone with you?" and he says, "No," then he will say, "Hush! We must not mention the name of the Lord."

¹¹For the Lord has given the command,
  and he will smash the great house into
    pieces
  and the small house into bits.

¹²Do horses run on the rocky crags?
  Does one plow there with oxen?
But you have turned justice into poison
  and the fruit of righteousness into
    bitterness—
¹³you who rejoice in the conquest of Lo
    Debar*s*
  and say, "Did we not take Karnaim*t* by
    our own strength?"

¹⁴For the Lord God Almighty declares,
  "I will stir up a nation against you,
    O house of Israel,
  that will oppress you all the way
    from Lebo*u* Hamath to the valley of the
    Arabah."

Locusts, Fire and a Plumb Line

7 This is what the Sovereign Lord showed me: He was preparing swarms of locusts after the king's share had been harvested and just as the second crop was coming up. ²When they had stripped the land clean, I cried out, "Sovereign Lord, forgive! How can Jacob survive? He is so small!"

³So the Lord relented.

"This will not happen," the Lord said.

⁴This is what the Sovereign Lord showed me: The Sovereign Lord was calling for judgment by fire; it dried up the great deep and devoured the land. ⁵Then I cried out, "Sovereign Lord, I beg you, stop! How can Jacob survive? He is so small!"

---

f 6:13 En hebreo, *Lo Debar* significa *nada.*   *g 6:13* En hebreo, *Carnayin* significa *dos cuernos;* el cuerno es símbolo del poder.   *h 6:14* *Lebó Jamat.* Alt. *la entrada de Jamat.*

s 13 *Lo Debar* means *nothing.*   *t 13* *Karnaim* means *horns; horn* here symbolizes *strength.*   *u 14* Or *from the entrance to*

⁶Entonces el SEÑOR se compadeció y dijo:

—Esto tampoco va a suceder.

⁷El SEÑOR me mostró otra visión: Estaba él de pie junto a un muro construido a plomo, y tenía una cuerda de plomada en la mano. ⁸Y el SEÑOR me preguntó:

—¿Qué ves, Amós?

—Una cuerda de plomada —respondí.

Entonces el Señor dijo:

—Mira, voy a tirar la plomada en medio de mi pueblo Israel; no volveré a perdonarlo.

⁹»Los *altares paganos de Isaac serán
      destruidos,
   y arruinados los santuarios de Israel;
me levantaré con espada
   contra el palacio de Jeroboán.

Amasías contra Amós

¹⁰Entonces Amasías, sacerdote de Betel, envió un mensaje a Jeroboán rey de Israel: «Amós está conspirando contra ti en medio de Israel. El país ya no aguanta tanta palabrería de Amós, ¹¹porque anda diciendo:

»"Jeroboán morirá a espada,
   e Israel será llevado cautivo
   lejos de su tierra."»

¹²Entonces Amasías le dijo a Amós:

—¡Largo de aquí, vidente! ¡Si quieres ganarte el pan profetizando, vete a la tierra de Judá! ¹³No vuelvas a profetizar en Betel, porque éste es el santuario del rey; es el templo del reino.

¹⁴Amós le respondió a Amasías:

—Yo no soy profeta ni hijo de profeta, sino que cuido ovejas y cultivo higueras. ¹⁵Pero el SEÑOR me sacó de detrás del rebaño y me dijo: "Ve y profetiza a mi pueblo Israel." ¹⁶Así que oye la palabra del SEÑOR. Tú dices:

»"No profetices contra Israel;
   deja de predicar contra los descendientes de
   Isaac."

¹⁷»Por eso, así dice el SEÑOR:

»"Tu esposa se prostituirá en la ciudad,
   y tus hijos y tus hijas caerán a espada.
Tu tierra será medida y repartida,
   y tú mismo morirás en un país *pagano.
E Israel será llevado cautivo
   lejos de su tierra."

Cuarta visión y advertencias

8 El SEÑOR omnipotente me mostró en una visión una canasta de fruta madura, ²y me preguntó:

—¿Qué ves, Amós?

—Una canasta de fruta madura —respondí.

Entonces el SEÑOR me dijo:

—Ha llegado el tiempo de que Israel caiga como fruta madura; no volveré a perdonarlo.

³»En aquel día —afirma el SEÑOR omnipotente—, las canciones del palacio se volverán lamentos. ¡Muchos serán los cadáveres tirados por todas partes! ¡Silencio!

⁴Oigan esto, los que pisotean a los necesitados
   y exterminan a los pobres de la tierra.

⁶So the LORD relented.

"This will not happen either," the Sovereign LORD said.

⁷This is what he showed me: The Lord was standing by a wall that had been built true to plumb, with a plumb line in his hand. ⁸And the LORD asked me, "What do you see, Amos?"

"A plumb line," I replied.

Then the Lord said, "Look, I am setting a plumb line among my people Israel; I will spare them no longer.

⁹"The high places of Isaac will be destroyed
      and the sanctuaries of Israel will be
      ruined;
   with my sword I will rise against the
      house of Jeroboam."

Amos and Amaziah

¹⁰Then Amaziah the priest of Bethel sent a message to Jeroboam king of Israel: "Amos is raising a conspiracy against you in the very heart of Israel. The land cannot bear all his words. ¹¹For this is what Amos is saying:

" 'Jeroboam will die by the sword,
   and Israel will surely go into exile,
   away from their native land.' "

¹²Then Amaziah said to Amos, "Get out, you seer! Go back to the land of Judah. Earn your bread there and do your prophesying there. ¹³Don't prophesy anymore at Bethel, because this is the king's sanctuary and the temple of the kingdom."

¹⁴Amos answered Amaziah, "I was neither a prophet nor a prophet's son, but I was a shepherd, and I also took care of sycamore-fig trees. ¹⁵But the LORD took me from tending the flock and said to me, 'Go, prophesy to my people Israel.' ¹⁶Now then, hear the word of the LORD. You say,

" 'Do not prophesy against Israel,
   and stop preaching against the house of
      Isaac.'

¹⁷"Therefore this is what the LORD says:

" 'Your wife will become a prostitute in the
      city,
   and your sons and daughters will fall by
      the sword.
Your land will be measured and divided up,
   and you yourself will die in a paganᵛ
      country.
And Israel will certainly go into exile,
   away from their native land.' "

A Basket of Ripe Fruit

8 This is what the Sovereign LORD showed me: a basket of ripe fruit. ²"What do you see, Amos?" he asked.

"A basket of ripe fruit," I answered.

Then the LORD said to me, "The time is ripe for my people Israel; I will spare them no longer.

³"In that day," declares the Sovereign LORD, "the songs in the temple will turn to wailing.ʷ Many, many bodies—flung everywhere! Silence!"

⁴Hear this, you who trample the needy
   and do away with the poor of the land,

ᵛ17 Hebrew *an unclean*   ʷ3 Or *"the temple singers will wail*

⁵Ustedes dicen:

«¿Cuándo pasará la fiesta de luna nueva
    para que podamos vender grano,
o el día de reposo
    para que pongamos a la venta el trigo?»

Ustedes buscan

achicar la medida
    y aumentar el precio,
falsear las balanzas
⁶   y vender los deshechos del trigo,
comprar al desvalido por dinero,
    y al necesitado, por un par de sandalias.

⁷Jura el SEÑOR por el orgullo de Jacob: «Jamás olvidaré nada de lo que han hecho.

⁸»¿Y con todo esto no temblará la tierra?
    ¿No se enlutarán sus habitantes?
Subirá la tierra entera como el Nilo;
    se agitará y bajará,
    como el río de Egipto.

⁹»En aquel día —afirma el SEÑOR omnipotente—,

»haré que el sol se ponga al mediodía,
    y que en pleno día la tierra se oscurezca.
¹⁰Convertiré en luto sus fiestas religiosas,
    y en cantos fúnebres todas sus canciones.
Los vestiré de luto
    y les afeitaré la cabeza.
Será como si lloraran la muerte de un hijo
    único,
y terminarán el día en amargura.

¹¹»Vienen días —afirma el SEÑOR omnipotente—,
    en que enviaré hambre al país;
no será hambre de pan ni sed de agua,
    sino hambre de oír las palabras del SEÑOR.
¹²La gente vagará sin rumbo de mar a mar;
    andarán errantes del norte al este,
buscando la palabra del SEÑOR,
    pero no la encontrarán.

¹³»En aquel día se desmayarán de sed
    las jóvenes hermosas y los jóvenes fuertes.
¹⁴Y caerán para no levantarse jamás
    los que juran por la culpaⁱ de Samaria,
los que dicen: "¡Por la vida de tu dios, oh
    Dan!
¡Por la vida de tu dios, Berseba!"»ʲ

⁵saying,

"When will the New Moon be over
    that we may sell grain,
and the Sabbath be ended
    that we may market wheat?"—
skimping the measure,
    boosting the price
    and cheating with dishonest scales,
⁶buying the poor with silver
    and the needy for a pair of sandals,
selling even the sweepings with the
    wheat.

⁷The LORD has sworn by the Pride of Jacob: "I will never forget anything they have done.

⁸"Will not the land tremble for this,
    and all who live in it mourn?
The whole land will rise like the Nile;
    it will be stirred up and then sink
    like the river of Egypt.

⁹"In that day," declares the Sovereign LORD,

"I will make the sun go down at noon
    and darken the earth in broad daylight.
¹⁰I will turn your religious feasts into
    mourning
    and all your singing into weeping.
I will make all of you wear sackcloth
    and shave your heads.
I will make that time like mourning for an
    only son
    and the end of it like a bitter day.

¹¹"The days are coming," declares the
    Sovereign LORD,
"when I will send a famine through the
    land—
not a famine of food or a thirst for water,
    but a famine of hearing the words of the
    LORD.
¹²Men will stagger from sea to sea
    and wander from north to east,
searching for the word of the LORD,
    but they will not find it.

¹³"In that day

"the lovely young women and strong young
    men
will faint because of thirst.
¹⁴They who swear by the shameˣ of
    Samaria,
or say, 'As surely as your god lives,
    O Dan,'
or, 'As surely as the godʸ of Beersheba
    lives'—
they will fall,
    never to rise again."

ⁱ8:14 *por la culpa.* Alt. *por Asima*; es decir, el ídolo samaritano.
ʲ8:14 *de tu dios, Berseba.* Lit. *del camino de Berseba.*

ˣ14 Or *by Ashima*; or *by the idol*   ʸ14 Or *power*

Quinta visión

9

Vi al Señor de pie junto al altar, y él dijo:

«Golpea los capiteles de las columnas
    para que se estremezcan los umbrales,
y que caigan en pedazos sobre sus cabezas.
    A los que queden los mataré a espada.
Ni uno solo escapará,
    ninguno saldrá con vida.
2 Aunque se escondan en lo profundo del
    *sepulcro,
    de allí los sacará mi mano.
Aunque suban hasta el cielo,
    de allí los derribaré.
3 Aunque se oculten en la cumbre del Carmelo,
    allí los buscaré y los atraparé.
Aunque de mí se escondan en el fondo del
    mar,
    allí ordenaré a la serpiente que los muerda.
4 Aunque vayan al destierro arriados por sus
    enemigos,
    allí ordenaré que los mate la espada.
Para mal, y no para bien,
    fijaré en ellos mis ojos.»

5 El SEÑOR omnipotente, el Todopoderoso,
    toca la tierra, y ella se desmorona.
Sube y baja la tierra
    como las aguas del Nilo, el río de Egipto,
    y se enlutan todos los que en ella viven.
6 Dios construye su excelso palacio en el cielo
    y pone su cimiento*k* en la tierra,
llama a las aguas del mar
    y las derrama sobre la superficie de la tierra:
    su *nombre es el SEÑOR.

7 «Israelitas, ¿acaso ustedes
    no son para mí como *cusitas?
¿Acaso no saqué de Egipto a Israel,
    de Creta*l* a los filisteos
    y de Quir a los *sirios?
             —afirma el SEÑOR—.
8 Por eso los ojos del SEÑOR omnipotente
    están sobre este reino pecaminoso.
Borraré de la faz de la tierra a los
      descendientes de Jacob,
    aunque no del todo
             —afirma el SEÑOR—.
9 Daré la orden de zarandear al pueblo de Israel
    entre todas las naciones,
como se zarandea la arena en una criba,
    sin que caiga a tierra ni una sola piedra.
10 Morirán a filo de espada
    todos los pecadores de mi pueblo,
todos los que dicen:
    "No nos alcanzará la calamidad;
    ¡jamás se nos acercará!"

Israel to Be Destroyed

9

I saw the Lord standing by the altar, and he said:

"Strike the tops of the pillars
    so that the thresholds shake.
Bring them down on the heads of all the
    people;
    those who are left I will kill with the
      sword.
Not one will get away,
    none will escape.
2 Though they dig down to the depths of the
    grave,*z*
    from there my hand will take them.
Though they climb up to the heavens,
    from there I will bring them down.
3 Though they hide themselves on the top of
    Carmel,
    there I will hunt them down and seize
      them.
Though they hide from me at the bottom of
    the sea,
    there I will command the serpent to bite
      them.
4 Though they are driven into exile by their
    enemies,
    there I will command the sword to slay
      them.
I will fix my eyes upon them
    for evil and not for good."

5 The Lord, the LORD Almighty,
    he who touches the earth and it melts,
    and all who live in it mourn—
the whole land rises like the Nile,
    then sinks like the river of Egypt—
6 he who builds his lofty palace*a* in the
    heavens
    and sets its foundation*b* on the earth,
who calls for the waters of the sea
    and pours them out over the face of the
      land—
    the LORD is his name.

7 "Are not you Israelites
    the same to me as the Cushites*c* ?"
             declares the LORD.
"Did I not bring Israel up from Egypt,
    the Philistines from Caphtor*d*
    and the Arameans from Kir?
8 "Surely the eyes of the Sovereign LORD
    are on the sinful kingdom.
I will destroy it
    from the face of the earth—
yet I will not totally destroy
    the house of Jacob,"
             declares the LORD.
9 "For I will give the command,
    and I will shake the house of Israel
    among all the nations
as grain is shaken in a sieve,
    and not a pebble will reach the ground.
10 All the sinners among my people
    will die by the sword,
all those who say,
    'Disaster will not overtake or meet us.'

---

k 9:6 excelso palacio ... cimiento. Palabras de difícil traducción.
l 9:7 Creta. Lit. *Caftor.*

z 2 Hebrew *to Sheol*   *a* 6 The meaning of the Hebrew for
this phrase is uncertain.   *b* 6 The meaning of the Hebrew for this
word is uncertain.   *c* 7 That is, people from the upper Nile
region   *d* 7 That is, Crete

Restauración de Israel

11»En aquel día levantaré
la choza caída de David.
Repararé sus grietas,
restauraré sus ruinas
y la reconstruiré tal como era en días
pasados,
12para que ellos posean el remanente de Edom
y todas las naciones que llevan mi *nombre
—afirma el SEÑOR,
que hará estas cosas—.

13»Vienen días —afirma el SEÑOR—,

»en los cuales el que ara alcanzará al segador
y el que pisa las uvas, al sembrador.
Los montes destilarán vino dulce,
el cual correrá por todas las colinas.
14Restauraré a*m* mi pueblo Israel;
ellos reconstruirán las ciudades arruinadas
y vivirán en ellas.
Plantarán viñedos y beberán su vino;
cultivarán huertos y comerán sus frutos.
15Plantaré a Israel en su propia tierra,
para que nunca más sea arrancado
de la tierra que yo le di»,
dice el SEÑOR tu Dios.

Israel's Restoration

11"In that day I will restore
David's fallen tent.
I will repair its broken places,
restore its ruins,
and build it as it used to be,
12so that they may possess the remnant of
Edom
and all the nations that bear my name,*e*"
declares the LORD, who will
do these things.

13"The days are coming," declares the LORD,

"when the reaper will be overtaken by the
plowman
and the planter by the one treading
grapes.
New wine will drip from the mountains
and flow from all the hills.
14I will bring back my exiled*f* people Israel;
they will rebuild the ruined cities and live
in them.
They will plant vineyards and drink their
wine;
they will make gardens and eat their fruit.
15I will plant Israel in their own land,
never again to be uprooted
from the land I have given them,"

says the LORD your God.

---

m 9:14 Restauraré a. Alt. *Haré volver a los cautivos de.*

e 12 Hebrew; Septuagint *so that the remnant of men / and all the
nations that bear my name may seek ⌊the Lord⌋*   *f 14* Or *will
restore the fortunes of my*

Abdías

Obadiah

¹Visión de Abdías.

¹The vision of Obadiah.

Orgullo y caída de Edom

Hemos oído una noticia de parte del SEÑOR y un mensajero ha sido enviado a las naciones, diciendo: «¡Vamos, marchemos a la guerra contra ella!»

Así dice el SEÑOR omnipotente acerca de Edom:

² «¡Te haré insignificante entre las naciones,
     serás tremendamente despreciado!
³ Tu carácter soberbio te ha engañado.
   Como habitas en las hendiduras de los
        desfiladeros,
     en la altura de tu morada,
   te dices a ti mismo:
     ¿Quién podrá arrojarme a tierra?
⁴ Pero aunque vueles a lo alto como águila,
   y tu nido esté puesto en las estrellas,
     de allí te arrojaré
                              —afirma el SEÑOR—.
⁵ Si vinieran a ti ladrones
     o saqueadores nocturnos,
   ¿no robarían sólo lo que les bastara?
     ¡Pero tú, cómo serás destruido!
   Si vinieran a ti vendimiadores,
     ¿no dejarían algunos racimos?
⁶ ¡Pero cómo registrarán a Esaú!
     ¡Cómo rebuscarán sus escondrijos!
⁷ Hasta la frontera te expulsarán
     tus propios aliados,
   te engañarán y dominarán
     tus propios amigos.
   Los que se sientan a tu mesa
     te pondrán una trampa.
   ¡Es que Edom ya no tiene inteligencia!
⁸ ¿Acaso no destruiré yo en aquel día
     a los sabios de Edom,
   a la inteligencia del monte de Esaú?
                              —afirma el SEÑOR—.
⁹ Ciudad de Temán, tus guerreros se caerán de
        miedo,
   a fin de que todo hombre sea exterminado
     del monte de Esaú por la masacre.

¹⁰ »Por la violencia hecha contra tu hermano
        Jacob,
     te cubrirá la vergüenza
   y serás exterminado para siempre.
¹¹ En el día que te mantuviste aparte,
     en el día que extranjeros llevaron su ejército
        cautivo,
   cuando extraños entraron por su puerta
     y sobre Jerusalén echaron suerte,
   tú eras como uno de ellos.

This is what the Sovereign LORD says about
Edom—

   We have heard a message from the LORD:
     An envoy was sent to the nations to say,
   "Rise, and let us go against her for
        battle"—

² "See, I will make you small among the
        nations;
     you will be utterly despised.
³ The pride of your heart has deceived you,
     you who live in the clefts of the rocks*ᵃ*
   and make your home on the heights,
   you who say to yourself,
     'Who can bring me down to the ground?'
⁴ Though you soar like the eagle
   and make your nest among the stars,
     from there I will bring you down,"
                              declares the LORD.
⁵ "If thieves came to you,
     if robbers in the night—
   Oh, what a disaster awaits you—
     would they not steal only as much as they
        wanted?
   If grape pickers came to you,
     would they not leave a few grapes?
⁶ But how Esau will be ransacked,
     his hidden treasures pillaged!
⁷ All your allies will force you to the border;
     your friends will deceive and overpower
        you;
   those who eat your bread will set a trap for
        you,*ᵇ*
     but you will not detect it.

⁸ "In that day," declares the LORD,
     "will I not destroy the wise men of Edom,
   men of understanding in the mountains of
        Esau?
⁹ Your warriors, O Teman, will be terrified,
     and everyone in Esau's mountains
   will be cut down in the slaughter.
¹⁰ Because of the violence against your brother
        Jacob,
     you will be covered with shame;
   you will be destroyed forever.
¹¹ On the day you stood aloof
     while strangers carried off his wealth
   and foreigners entered his gates
     and cast lots for Jerusalem,
   you were like one of them.

ᵃ3 Or *of Sela*   *ᵇ7* The meaning of the Hebrew for this clause is
uncertain.

12 No debiste reírte de tu hermano en su mal día,
   en el día de su desgracia.
No debiste alegrarte a costa del pueblo de Judá
   en el día de su ruina.
No debiste proferir arrogancia
   en el día de su angustia.
13 No debiste entrar por la *puerta de mi pueblo
   en el día de su calamidad.
No debiste recrear la vista con su desgracia
   en el día de su calamidad.
No debiste echar mano a sus riquezas
   en el día de su calamidad.
14 No debiste aguardar en los angostos caminos
   para matar a los que huían.
No debiste entregar a los sobrevivientes
   en el día de su angustia.

15 »Porque cercano está el día del SEÑOR
   contra todas las naciones.
¡Edom, como hiciste, se te hará!
   ¡sobre tu cabeza recaerá tu merecido!
16 Pues sin duda que así como ustedes, israelitas,
   bebieron de mi copa en mi santo monte,
así también la beberán sin cesar todas las
   naciones;
   beberán y engullirán,
   y entonces serán como si nunca hubieran
   existido.
17 Pero en el monte *Sión habrá liberación, y
   será sagrado.
El pueblo de Jacob recuperará sus
   posesiones.
18 Los descendientes de Jacob serán fuego,
   y los de José, llama;
pero la casa real de Esaú será estopa:
   le pondrán fuego y la consumirán,
de tal forma que no quedará sobreviviente
   entre los descendientes de Esaú.»
                        El SEÑOR lo ha dicho.

Restauración del pueblo de Dios

19 Los del Néguev poseerán el monte de Esaú, y los
de la Sefelá poseerán Filistea. Los israelitas poseerán
los campos de Efraín y de Samaria, y los de Benjamín
poseerán Galaad.
20 Los exiliados, este ejército de israelitas que viven
entre los cananeos, poseerán la tierra hasta Sarepta.
Los desterrados de Jerusalén, que viven en Sefarad,
poseerán las ciudades del Néguev, 21 y los libertadores
subirán al monte Sión para gobernar la región montañosa de Esaú. Y el reino será del SEÑOR.

12 You should not look down on your brother
   in the day of his misfortune,
nor rejoice over the people of Judah
   in the day of their destruction,
nor boast so much
   in the day of their trouble.
13 You should not march through the gates of
   my people
   in the day of their disaster,
nor look down on them in their calamity
   in the day of their disaster,
nor seize their wealth
   in the day of their disaster.
14 You should not wait at the crossroads
   to cut down their fugitives,
nor hand over their survivors
   in the day of their trouble.

15 "The day of the LORD is near
   for all nations.
As you have done, it will be done to you;
   your deeds will return upon your own
   head.
16 Just as you drank on my holy hill,
   so all the nations will drink continually;
they will drink and drink
   and be as if they had never been.
17 But on Mount Zion will be deliverance;
   it will be holy,
and the house of Jacob
   will possess its inheritance.
18 The house of Jacob will be a fire
   and the house of Joseph a flame;
the house of Esau will be stubble,
   and they will set it on fire and consume
   it.
There will be no survivors
   from the house of Esau."
                        The LORD has spoken.

19 People from the Negev will occupy
   the mountains of Esau,
and people from the foothills will possess
   the land of the Philistines.
They will occupy the fields of Ephraim and
   Samaria,
   and Benjamin will possess Gilead.
20 This company of Israelite exiles who are in
   Canaan
will possess ⌞the land⌟ as far as Zarephath;
the exiles from Jerusalem who are in
   Sepharad
will possess the towns of the Negev.
21 Deliverers will go up onᶜ Mount Zion
   to govern the mountains of Esau.
And the kingdom will be the LORD's.

Jonás

Jonás desobedece al Señor

1 La palabra del Señor vino a Jonás hijo de Amitay: ²«Anda, ve a la gran ciudad de Nínive y proclama contra ella que su maldad ha llegado hasta mi presencia.»

³Jonás se fue, pero en dirección a Tarsis, para huir del Señor. Bajó a Jope, donde encontró un barco que zarpaba rumbo a Tarsis. Pagó su pasaje y se embarcó con los que iban a esa ciudad, huyendo así del Señor. ⁴Pero el Señor lanzó sobre el mar un fuerte viento, y se desencadenó una tormenta tan violenta que el barco amenazaba con hacerse pedazos.

⁵Los marineros, aterrados y a fin de aliviar la situación, comenzaron a clamar cada uno a su dios y a lanzar al mar lo que había en el barco. Jonás, en cambio, que había bajado al fondo de la nave para acostarse, ahora dormía profundamente. ⁶El capitán del barco se le acercó y le dijo:

—¿Cómo puedes estar durmiendo? ¡Levántate! ¡Clama a tu dios! Quizá se fije en nosotros, y no perezcamos.

⁷Los marineros, por su parte, se dijeron unos a otros:

—¡Vamos, echemos suertes para averiguar quién tiene la culpa de que nos haya venido este desastre!

Así lo hicieron, y la suerte recayó en Jonás. ⁸Entonces le preguntaron:

—Dinos ahora, ¿quién tiene la culpa de que nos haya venido este desastre? ¿A qué te dedicas? ¿De dónde vienes? ¿Cuál es tu país? ¿A qué pueblo perteneces?

⁹—Soy hebreo y temo al Señor, Dios del cielo, que hizo el mar y la tierra firme —les respondió.

¹⁰Al oír esto, los marineros se aterraron aun más, y como sabían que Jonás huía del Señor, pues él mismo se lo había contado, le dijeron:

—¡Qué es lo que has hecho!

¹¹Pero el mar se iba enfureciendo más y más, así que le preguntaron:

—¿Qué vamos a hacer contigo para que el mar deje de azotarnos?

¹²—Tómenme y láncenme al mar, y el mar dejará de azotarlos —les respondió—. Yo sé bien que por mi culpa se ha desatado sobre ustedes esta terrible tormenta.

¹³Sin embargo, en un intento por regresar a tierra firme, los marineros se pusieron a remar con todas sus fuerzas; pero como el mar se enfurecía más y más contra ellos, no lo consiguieron. ¹⁴Entonces clamaron al Señor: «Oh Señor, tú haces lo que quieres. No nos hagas perecer por quitarle la *vida a este hombre, ni nos hagas responsables de la muerte de un inocente.» ¹⁵Así que tomaron a Jonás y lo lanzaron al agua, y la furia del mar se aplacó. ¹⁶Al ver esto, se apoderó de ellos un profundo temor al Señor, a quien le ofrecieron un sacrificio y le hicieron votos.

¹⁷El Señor, por su parte, dispuso un enorme pez para que se tragara a Jonás, quien pasó tres días y tres noches en su vientre.

Jonah

Jonah Flees From the Lord

1 The word of the Lord came to Jonah son of Amittai: ²"Go to the great city of Nineveh and preach against it, because its wickedness has come up before me."

³But Jonah ran away from the Lord and headed for Tarshish. He went down to Joppa, where he found a ship bound for that port. After paying the fare, he went aboard and sailed for Tarshish to flee from the Lord.

⁴Then the Lord sent a great wind on the sea, and such a violent storm arose that the ship threatened to break up. ⁵All the sailors were afraid and each cried out to his own god. And they threw the cargo into the sea to lighten the ship.

But Jonah had gone below deck, where he lay down and fell into a deep sleep. ⁶The captain went to him and said, "How can you sleep? Get up and call on your god! Maybe he will take notice of us, and we will not perish."

⁷Then the sailors said to each other, "Come, let us cast lots to find out who is responsible for this calamity." They cast lots and the lot fell on Jonah.

⁸So they asked him, "Tell us, who is responsible for making all this trouble for us? What do you do? Where do you come from? What is your country? From what people are you?"

⁹He answered, "I am a Hebrew and I worship the Lord, the God of heaven, who made the sea and the land."

¹⁰This terrified them and they asked, "What have you done?" (They knew he was running away from the Lord, because he had already told them so.)

¹¹The sea was getting rougher and rougher. So they asked him, "What should we do to you to make the sea calm down for us?"

¹²"Pick me up and throw me into the sea," he replied, "and it will become calm. I know that it is my fault that this great storm has come upon you."

¹³Instead, the men did their best to row back to land. But they could not, for the sea grew even wilder than before. ¹⁴Then they cried to the Lord, "O Lord, please do not let us die for taking this man's life. Do not hold us accountable for killing an innocent man, for you, O Lord, have done as you pleased." ¹⁵Then they took Jonah and threw him overboard, and the raging sea grew calm. ¹⁶At this the men greatly feared the Lord, and they offered a sacrifice to the Lord and made vows to him.

¹⁷But the Lord provided a great fish to swallow Jonah, and Jonah was inside the fish three days and three nights.

Oración de Jonás

2 Entonces Jonás oró al SEÑOR su Dios desde el vientre del pez. ²Dijo:

«En mi angustia clamé al SEÑOR,
  y él me respondió.
Desde las entrañas del *sepulcro pedí auxilio,
  y tú escuchaste mi clamor.
³A lo profundo me arrojaste,
  al corazón mismo de los mares;
las corrientes me envolvían,
  todas tus ondas y tus olas pasaban sobre mí.
⁴Y pensé: "He sido expulsado
  de tu presencia.
¿Cómo volveré a contemplar
  tu santo templo?"ª
⁵Las aguas me llegaban hasta el *cuello,
  lo profundo del océano me envolvía;
las algas se me enredaban en la cabeza,
⁶ arrastrándome a los cimientos de las
      montañas.
Me tragó la tierra, y para siempre
  sus cerrojos se cerraron tras de mí.
Pero tú, SEÑOR, Dios mío,
  me rescataste de la fosa.

⁷»Al sentir que se me iba la *vida,
  me acordé del SEÑOR,
y mi oración llegó hasta ti,
  hasta tu *santo templo.

⁸»Los que siguen a ídolos vanos
  abandonan el amor de Dios.ᵇ
⁹Yo, en cambio, te ofreceré sacrificios
  y cánticos de gratitud.
Cumpliré las promesas que te hice.
  ¡La *salvación viene del SEÑOR!»

¹⁰Entonces el SEÑOR dio una orden y el pez vomitó a Jonás en tierra firme.

Jonás obedece al SEÑOR

3 La palabra del SEÑOR vino por segunda vez a Jonás: ²«Anda, ve a la gran ciudad de Nínive y proclámale el mensaje que te voy a dar.»

³Jonás se fue hacia Nínive, conforme al mandato del SEÑOR. Ahora bien, Nínive era una ciudad grande y de mucha importancia.ᶜ ⁴Jonás se fue internando en la ciudad, y la recorrió todo un día, mientras proclamaba: «¡Dentro de cuarenta días Nínive será destruida!» ⁵Y los ninivitas le creyeron a Dios, proclamaron ayuno y, desde el mayor hasta el menor, se vistieron de luto en señal de *arrepentimiento.

⁶Cuando el rey de Nínive se enteró del mensaje, se levantó de su trono, se quitó su manto real, hizo duelo y se cubrió de ceniza. ⁷Luego mandó que se pregonara en Nínive:

«Por decreto del rey y de su corte:

»Ninguna persona o animal, ni ganado lanar o vacuno, probará alimento alguno, ni tampoco pastará ni beberá agua. ⁸Al contrario, el rey ordena que toda persona, junto con sus animales, haga duelo y clame a Dios con todas sus fuerzas. Ordena así mismo que cada uno se convierta de su mal camino y de sus

Jonah's Prayer

2 From inside the fish Jonah prayed to the LORD his God. ²He said:

"In my distress I called to the LORD,
  and he answered me.
From the depths of the graveª I called for
      help,
  and you listened to my cry.
³You hurled me into the deep,
  into the very heart of the seas,
  and the currents swirled about me;
all your waves and breakers
  swept over me.
⁴I said, 'I have been banished
  from your sight;
yet I will look again
  toward your holy temple.'
⁵The engulfing waters threatened me,ᵇ
  the deep surrounded me;
  seaweed was wrapped around my head.
⁶To the roots of the mountains I sank down;
  the earth beneath barred me in forever.
But you brought my life up from the pit,
  O LORD my God.

⁷"When my life was ebbing away,
  I remembered you, LORD,
and my prayer rose to you,
  to your holy temple.

⁸"Those who cling to worthless idols
  forfeit the grace that could be theirs.
⁹But I, with a song of thanksgiving,
  will sacrifice to you.
What I have vowed I will make good.
  Salvation comes from the LORD."

¹⁰And the LORD commanded the fish, and it vomited Jonah onto dry land.

Jonah Goes to Nineveh

3 Then the word of the LORD came to Jonah a second time: ²"Go to the great city of Nineveh and proclaim to it the message I give you."

³Jonah obeyed the word of the LORD and went to Nineveh. Now Nineveh was a very important city—a visit required three days. ⁴On the first day, Jonah started into the city. He proclaimed: "Forty more days and Nineveh will be overturned." ⁵The Ninevites believed God. They declared a fast, and all of them, from the greatest to the least, put on sackcloth.

⁶When the news reached the king of Nineveh, he rose from his throne, took off his royal robes, covered himself with sackcloth and sat down in the dust. ⁷Then he issued a proclamation in Nineveh:

"By the decree of the king and his nobles:

Do not let any man or beast, herd or flock, taste anything; do not let them eat or drink. ⁸But let man and beast be covered with sackcloth. Let everyone call urgently on God. Let them give up

---

ª2:4 ¿Cómo ... templo? Alt. Sin embargo, volveré a contemplar / tu santo templo. ᵇ2:8 abandonan el amor de Dios. Alt. desprecian la misericordia suya. ᶜ3:3 grande y de mucha importancia. Lit. grande para Dios, viaje de tres días.

ª2 Hebrew Sheol ᵇ5 Or waters were at my throat

hechos violentos. ⁹¡Quién sabe! Tal vez Dios cambie de parecer, y aplaque el ardor de su ira, y no perezcamos.»

¹⁰Al ver Dios lo que hicieron, es decir, que se habían convertido de su mal camino, cambió de parecer y no llevó a cabo la destrucción que les había anunciado.

Enojo de Jonás

4 Pero esto disgustó mucho a Jonás, y lo hizo enfurecerse. ²Así que oró al SEÑOR de esta manera:

—¡Oh SEÑOR! ¿No era esto lo que yo decía cuando todavía estaba en mi tierra? Por eso me anticipé a huir a Tarsis, pues bien sabía que tú eres un Dios bondadoso y compasivo, lento para la ira y lleno de amor, que cambias de parecer y no destruyes. ³Así que ahora, SEÑOR, te suplico que me quites la *vida. ¡Prefiero morir que seguir viviendo!

⁴—¿Tienes razón de enfurecerte tanto? —le respondió el SEÑOR.

⁵Jonás salió y acampó al este de la ciudad. Allí hizo una enramada y se sentó bajo su sombra para ver qué iba a suceder con la ciudad. ⁶Para aliviarlo de su malestar, Dios el SEÑOR dispuso una planta,ᵈ la cual creció hasta cubrirle a Jonás la cabeza con su sombra. Jonás se alegró muchísimo por la planta. ⁷Pero al amanecer del día siguiente Dios dispuso que un gusano la hiriera, y la planta se marchitó. ⁸Al salir el sol, Dios dispuso un viento oriental abrasador. Además, el sol hería a Jonás en la cabeza, de modo que éste desfallecía. Con deseos de morirse, exclamó: «¡Prefiero morir que seguir viviendo!»

⁹Pero Dios le dijo a Jonás:

—¿Tienes razón de enfurecerte tanto por la planta?

—¡Claro que la tengo! —le respondió—. ¡Me muero de rabia!

¹⁰El SEÑOR le dijo:

—Tú te compadeces de una planta que, sin ningún esfuerzo de tu parte, creció en una noche y en la otra pereció. ¹¹Y de Nínive, una gran ciudad donde hay más de ciento veinte mil personas que no distinguen su derecha de su izquierda, y tanto ganado, ¿no habría yo de compadecerme?

Jonah's Anger at the LORD's Compassion

4 But Jonah was greatly displeased and became angry. ²He prayed to the LORD, "O LORD, is this not what I said when I was still at home? That is why I was so quick to flee to Tarshish. I knew that you are a gracious and compassionate God, slow to anger and abounding in love, a God who relents from sending calamity. ³Now, O LORD, take away my life, for it is better for me to die than to live."

⁴But the LORD replied, "Have you any right to be angry?"

⁵Jonah went out and sat down at a place east of the city. There he made himself a shelter, sat in its shade and waited to see what would happen to the city. ⁶Then the LORD God provided a vine and made it grow up over Jonah to give shade for his head to ease his discomfort, and Jonah was very happy about the vine. ⁷But at dawn the next day God provided a worm, which chewed the vine so that it withered. ⁸When the sun rose, God provided a scorching east wind, and the sun blazed on Jonah's head so that he grew faint. He wanted to die, and said, "It would be better for me to die than to live."

⁹But God said to Jonah, "Do you have a right to be angry about the vine?"

"I do," he said. "I am angry enough to die."

¹⁰But the LORD said, "You have been concerned about this vine, though you did not tend it or make it grow. It sprang up overnight and died overnight. ¹¹But Nineveh has more than a hundred and twenty thousand people who cannot tell their right hand from their left, and many cattle as well. Should I not be concerned about that great city?"

ᵈ4:6 planta. Palabra de difícil traducción.

Miqueas

Micah

1

Ésta es la palabra que el SEÑOR dirigió a Miqueas de Moréset, durante los reinados de Jotán, Acaz y Ezequías, reyes de Judá. Ésta es la visión que tuvo acerca de Samaria y de Jerusalén.

La venida del Señor

2 Escuchen, pueblos todos;
    preste atención la tierra
y todo lo que hay en ella.
Desde su *santo templo
    el Señor, el SEÑOR omnipotente,
será testigo en contra de ustedes.
3 ¡Miren! Ya sale el SEÑOR de su morada;
    ya baja y se encamina
hacia las cumbres de la tierra.
4 A su paso se derriten las montañas
    como la cera junto al fuego;
se parten en dos los valles
    como partidos por el agua de un torrente.
5 Y todo esto por la transgresión de Jacob,
    por los pecados del pueblo de Israel.
¿Acaso no representa Samaria
    la transgresión de Jacob?
¿Y no es acaso en Jerusalén
    donde están los *santuarios paganos de
        Judá?
6 Dejaré a Samaria hecha un montón de ruinas:
    ¡convertida en campo arado para viñedos!
Arrojaré sus piedras al valle,
    y pondré al descubierto sus cimientos.
7 Todos sus ídolos serán hechos pedazos;
    toda su paga de prostituta será arrojada al
        fuego.
Yo destrozaré todas sus imágenes.
Todo cuanto ganó como prostituta,
    en paga de prostituta se convertirá.

Lamento de Miqueas

8 Por eso lloraré y gritaré de dolor,
    y andaré descalzo y desnudo.
Aullaré como chacal
    y gemiré como avestruz.
9 Porque la herida de Samaria es incurable:
    ha llegado hasta Judá.
Se ha extendido hasta mi pueblo,
    ¡hasta la *entrada misma de Jerusalén!
10 No lo anuncien en Gat,*a*
    no se entreguen al llanto;
¡revuélquense de dolor
    en el polvo de Bet Leafrá!*b*

1

The word of the LORD that came to Micah of Moresheth during the reigns of Jotham, Ahaz and Hezekiah, kings of Judah—the vision he saw concerning Samaria and Jerusalem.

2 Hear, O peoples, all of you,
    listen, O earth and all who are in it,
that the Sovereign LORD may witness
    against you,
    the Lord from his holy temple.

Judgment Against Samaria and Jerusalem

3 Look! The LORD is coming from his
        dwelling place;
he comes down and treads the high places
    of the earth.
4 The mountains melt beneath him
    and the valleys split apart,
like wax before the fire,
    like water rushing down a slope.
5 All this is because of Jacob's transgression,
    because of the sins of the house of Israel.
What is Jacob's transgression?
    Is it not Samaria?
What is Judah's high place?
    Is it not Jerusalem?

6 "Therefore I will make Samaria a heap of
        rubble,
a place for planting vineyards.
I will pour her stones into the valley
    and lay bare her foundations.
7 All her idols will be broken to pieces;
    all her temple gifts will be burned with
        fire;
I will destroy all her images.
Since she gathered her gifts from the wages
    of prostitutes,
as the wages of prostitutes they will again
    be used."

Weeping and Mourning

8 Because of this I will weep and wail;
    I will go about barefoot and naked.
I will howl like a jackal
    and moan like an owl.
9 For her wound is incurable;
    it has come to Judah.
It*a* has reached the very gate of my people,
    even to Jerusalem itself.
10 Tell it not in Gath*b*;
    weep not at all.*c*
In Beth Ophrah*d*
    roll in the dust.

---

a 9 Or *He*   *b 10* Gath sounds like the Hebrew for *tell*.
c 10 Hebrew; Septuagint may suggest *not in Acco*. The Hebrew for
in Acco sounds like the Hebrew for *weep*.   *d 10* Beth Ophrah
means *house of dust*.

a 1:10 En hebreo, *Gat* suena como el verbo que significa *anuncien*.
b 1:10 En hebreo, *Bet Leafrá* significa *casa de polvo*.

11 Habitantes de Safir,c
　　emigren desnudos y humillados.
Los habitantes de Zanánd
　　no se atrevieron a salir.
Bet Ésel está gimiendo,
　　y va a retirarles su apoyo.
12 Se retuercen esperando el bien,
　　los habitantes de Marot;e
el SEÑOR ha enviado el mal
　　hasta la entrada misma de Jerusalén.

13 Habitantes de Laquis,f
　　¡enganchen al carro los corceles!
Con ustedes comenzó el pecado de la hija de
　　*Sión;
　　en ustedes se hallaron los delitos de Israel.
14 Por tanto, despídanse de Moréset Gat.
Los edificios de la ciudad de Aczibg
　　son una trampa para los reyes de Israel.

15 Habitantes de Maresá,h
　　yo enviaré contra ustedes un conquistador,
y hasta Adulán irá a parar
　　la flor y nata de Israel.
16 Así que rasúrate la barba y rápate la cabeza;
haz duelo por tus amados hijos;
agranda tu calva como la del buitre,
　　pues tus hijos te serán arrebatados.

El castigo a los ricos opresores

2 ¡Ay de los que sólo piensan en el mal,
　　y aun acostados hacen planes malvados!
En cuanto amanece, los llevan a cabo
porque tienen el poder en sus manos.
2 Codician campos, y se apropian de ellos;
casas, y de ellas se adueñan.
Oprimen al varón y a su familia,
al hombre y a su propiedad.

3 Por tanto, así dice el SEÑOR:

«Ahora soy yo el que piensa
　　traer sobre ellos una desgracia,
de la que no podrán escapar.
Ya no andarán erguidos,
porque ha llegado la hora de su desgracia.
4 En aquel día se les hará burla,
y se les cantará este lamento:
"¡Estamos perdidos!
Se están repartiendo los campos de mi
　　pueblo.
¡Cómo me los arrebatan!
Nuestra tierra se la reparten los traidores."»

5 Por eso no tendrán en la asamblea del SEÑOR
a nadie que reparta la tierra.

Falsos profetas

6 Estos profetas me dicen:
«¡Deja ya de profetizarnos!
¡No nos vengas con que el oprobio nos
alcanzará!»

11 Pass on in nakedness and shame,
　　you who live in Shaphir.e
Those who live in Zaananf
　　will not come out.
Beth Ezel is in mourning;
　　its protection is taken from you.
12 Those who live in Marothg writhe in pain,
　　waiting for relief,
because disaster has come from the LORD,
　　even to the gate of Jerusalem.
13 You who live in Lachish,h
　　harness the team to the chariot.
You were the beginning of sin
　　to the Daughter of Zion,
for the transgressions of Israel
　　were found in you.
14 Therefore you will give parting gifts
　　to Moresheth Gath.
The town of Aczibi will prove deceptive
　　to the kings of Israel.
15 I will bring a conqueror against you
　　who live in Mareshah.j
He who is the glory of Israel
　　will come to Adullam.
16 Shave your heads in mourning
　　for the children in whom you delight;
make yourselves as bald as the vulture,
　　for they will go from you into exile.

Man's Plans and God's

2 Woe to those who plan iniquity,
　　to those who plot evil on their beds!
At morning's light they carry it out
　　because it is in their power to do it.
2 They covet fields and seize them,
　　and houses, and take them.
They defraud a man of his home,
　　a fellowman of his inheritance.

3 Therefore, the LORD says:

"I am planning disaster against this people,
　　from which you cannot save yourselves.
You will no longer walk proudly,
　　for it will be a time of calamity.
4 In that day men will ridicule you;
　　they will taunt you with this mournful
　　song:
'We are utterly ruined;
　　my people's possession is divided up.
He takes it from me!
　　He assigns our fields to traitors.' "

5 Therefore you will have no one in the
　　assembly of the LORD
　　to divide the land by lot.

False Prophets

6 "Do not prophesy," their prophets say.
　　"Do not prophesy about these things;
disgrace will not overtake us."

---

c 1:11 En hebreo, Safir significa placentero.　　d 1:11 En hebreo,
Zanán suena como el verbo que significa salir.　　e 1:12 En
hebreo, Marot suena como la palabra que significa amargura.
f 1:13 En hebreo, Laquis suena como la palabra que significa
corceles.　　g 1:14 En hebreo, Aczib significa destrucción.
h 1:15 En hebreo, Maresá suena como la palabra que significa
conquistador.

e 11 Shaphir means pleasant.　　f 11 Zaanan sounds like the
Hebrew for come out.　　g 12 Maroth sounds like the Hebrew for
bitter.　　h 13 Lachish sounds like the Hebrew for team.
i 14 Aczib means deception.　　j 15 Mareshah sounds like the
Hebrew for conqueror.

7 Los descendientes de Jacob declaran:
«¿Acaso ha perdido el SEÑOR la paciencia?
¿Es ésta su manera de actuar?
¿Acaso no hacen bien sus palabras?
¿Acaso no caminamos con el Justo?»
8 Ayer ustedes eran mi pueblo,
pero hoy se han vuelto mis enemigos.
A los que pasan confiados,
a los que vuelven de la guerra,
los despojan de su manto.
9 A las mujeres de mi pueblo
las echan de sus preciadas casas,
y a sus niños los despojan para siempre
del honor que les di.

10 ¡Levántense! ¡Pónganse en marcha,
que éste no es un lugar de reposo!
¡Está *contaminado,
destruido sin remedio!
11 Si con la intención de mentirles,
llega algún embustero y les dice:
«Yo les anuncio vino y cerveza»,
este pueblo lo verá como un profeta.

Promesa de liberación

12 Te aseguro, Jacob,
que yo reuniré a todo tu pueblo.
Te aseguro, Israel,
que yo juntaré a tu remanente.
Los congregaré como a rebaño en el aprisco,
como a ovejas que, en medio del pastizal,
balan huyendo de la gente.
13 El que abre brecha marchará al frente,
y también ellos se abrirán camino;
atravesarán la puerta y se irán,
mientras su rey avanza al frente,
mientras el SEÑOR va a la cabeza.

El castigo a los gobernantes corruptos

3 Entonces dije:

«Escuchen, gobernantes de Jacob,
autoridades del pueblo de Israel:
¿Acaso no les corresponde a ustedes
conocer el derecho?
2 Ustedes odian el bien y aman el mal;
a mi pueblo le arrancan la piel del cuerpo
y la carne de los huesos;
3 ustedes se devoran a mi pueblo,
le arrancan la piel, le rompen los huesos;
lo descuartizan como carne para la olla,
como carne para el horno.»

4 Ya le pedirán auxilio al SEÑOR,
pero él no les responderá;
esconderá de ellos su rostro
porque hicieron lo malo.

Contraste entre el profeta falso y el verdadero

5 Esto es lo que dice el SEÑOR contra ustedes,
profetas que descarrían a mi pueblo:

«Con el estómago lleno, invitan a la paz;
con el vientre vacío, declaran la guerra.

7 Should it be said, O house of Jacob:
"Is the Spirit of the LORD angry?
Does he do such things?"

"Do not my words do good
to him whose ways are upright?
8 Lately my people have risen up
like an enemy.
You strip off the rich robe
from those who pass by without a care,
like men returning from battle.
9 You drive the women of my people
from their pleasant homes.
You take away my blessing
from their children forever.
10 Get up, go away!
For this is not your resting place,
because it is defiled,
it is ruined, beyond all remedy.
11 If a liar and deceiver comes and says,
'I will prophesy for you plenty of wine
and beer,'
he would be just the prophet for this
people!

Deliverance Promised

12 "I will surely gather all of you, O Jacob;
I will surely bring together the remnant of
Israel.
I will bring them together like sheep in a
pen,
like a flock in its pasture;
the place will throng with people.
13 One who breaks open the way will go up
before them;
they will break through the gate and go
out.
Their king will pass through before them,
the LORD at their head."

Leaders and Prophets Rebuked

3 Then I said,

"Listen, you leaders of Jacob,
you rulers of the house of Israel.
Should you not know justice,
2 you who hate good and love evil;
who tear the skin from my people
and the flesh from their bones;
3 who eat my people's flesh,
strip off their skin
and break their bones in pieces;
who chop them up like meat for the pan,
like flesh for the pot?"

4 Then they will cry out to the LORD,
but he will not answer them.
At that time he will hide his face from them
because of the evil they have done.

5 This is what the LORD says:

"As for the prophets
who lead my people astray,
if one feeds them,
they proclaim 'peace';
if he does not,
they prepare to wage war against him.

6 Por tanto, tendrán noches sin visiones,
   oscuridad sin presagios.»

El sol se ocultará de estos profetas;
   ¡el día se les volverá tinieblas!
7 Los videntes quedarán en vergüenza;
   los adivinos serán humillados.
Dios les tapará la boca,
   pues no les dará respuesta.
8 Yo, en cambio, estoy lleno de poder,
   lleno del Espíritu del SEÑOR,
   y lleno de justicia y de fuerza,
   para echarle en cara a Jacob su delito;
   para reprocharle a Israel su pecado.

El gobierno corrupto, causa de la caída de Sión

9 Escuchen esto ustedes,
   gobernantes del pueblo de Jacob,
y autoridades del reino de Israel,
   que abominan la justicia y tuercen el
      derecho,
10 que edifican a *Sión con sangre
   y a Jerusalén con injusticia.
11 Sus gobernantes juzgan por soborno,
   sus sacerdotes instruyen por paga,
   y sus profetas predicen por dinero;
para colmo, se apoyan en el SEÑOR, diciendo:
   «¿No está el SEÑOR entre nosotros?
   ¡No vendrá sobre nosotros ningún mal!»
12 Por lo tanto, por culpa de ustedes
   Sión será como un campo arado;
Jerusalén quedará en ruinas,
   y el monte del templo se volverá un
      matorral.

Futura exaltación de Sión

4 En los últimos días,
   el monte del templo del SEÑOR
será puesto sobre la cumbre de las montañas
y elevado por encima de las colinas.
Entonces los pueblos marcharán hacia ella,
2   y muchas naciones se acercarán, diciendo:
   «Vengan, subamos al monte del SEÑOR,
   a la casa del Dios de Jacob.
Dios mismo nos instruirá en sus *caminos,
   y así andaremos en sus sendas.»
Porque de *Sión viene la instrucción;
   de Jerusalén, la palabra del SEÑOR.
3 Dios mismo juzgará entre muchos pueblos,
   y administrará *justicia
   a naciones poderosas y lejanas.
Convertirán en azadones sus espadas,
   y en hoces sus lanzas.
Ya no alzará su espada nación contra nación,
   ni se adiestrarán más para la guerra.
4 Cada uno se sentará
   bajo su parra y su higuera;
y nadie perturbará su solaz
   —el SEÑOR *Todopoderoso lo ha dicho—.
5 Todos los pueblos marchan
   en *nombre de sus dioses,
pero nosotros marchamos en el nombre del
      SEÑOR,
   en el nombre de nuestro Dios,
   desde ahora y para siempre.

6 Therefore night will come over you, without
      visions,
   and darkness, without divination.
The sun will set for the prophets,
   and the day will go dark for them.
7 The seers will be ashamed
   and the diviners disgraced.
They will all cover their faces
   because there is no answer from God."

8 But as for me, I am filled with power,
   with the Spirit of the LORD,
   and with justice and might,
to declare to Jacob his transgression,
   to Israel his sin.
9 Hear this, you leaders of the house of Jacob,
   you rulers of the house of Israel,
who despise justice
   and distort all that is right;
10 who build Zion with bloodshed,
   and Jerusalem with wickedness.
11 Her leaders judge for a bribe,
   her priests teach for a price,
   and her prophets tell fortunes for money.
Yet they lean upon the LORD and say,
   "Is not the LORD among us?
   No disaster will come upon us."
12 Therefore because of you,
   Zion will be plowed like a field,
Jerusalem will become a heap of rubble,
   the temple hill a mound overgrown with
      thickets.

The Mountain of the LORD

4 In the last days

the mountain of the LORD's temple will be
      established
   as chief among the mountains;
it will be raised above the hills,
   and peoples will stream to it.

2 Many nations will come and say,

   "Come, let us go up to the mountain of the
      LORD,
   to the house of the God of Jacob.
He will teach us his ways,
   so that we may walk in his paths."
The law will go out from Zion,
   the word of the LORD from Jerusalem.
3 He will judge between many peoples
   and will settle disputes for strong nations
      far and wide.
They will beat their swords into plowshares
   and their spears into pruning hooks.
Nation will not take up sword against
      nation,
   nor will they train for war anymore.
4 Every man will sit under his own vine
   and under his own fig tree,
and no one will make them afraid,
   for the LORD Almighty has spoken.
5 All the nations may walk
   in the name of their gods;
we will walk in the name of the LORD
   our God for ever and ever.

Futura restauración de Sión

6«En aquel día —afirma el SEÑOR—
 reuniré a las ovejas lastimadas,
  dispersas y maltratadas.
7Con las ovejas heridas formaré un remanente,
 y con las desterradas, una nación poderosa.
El SEÑOR reinará sobre ellas en el monte Sión
 desde ahora y para siempre.
8Y tú, Torre del Rebaño,
 colina fortificada de la ciudad de Sión:
a ti volverá tu antiguo poderío,
 la soberanía de la ciudad de Jerusalén.»

Castigo y triunfo de Sión

9Ahora, ¿por qué gritas tanto?
 ¿Acaso no tienes rey?
¿Por qué te han venido dolores de parto?
 ¿Murió acaso tu consejero?
10Retuércete y puja, hija de Sión,
 como mujer a punto de dar a luz,
porque ahora vas a salir de tu ciudad,
 y tendrás que vivir a campo abierto.
Irás a Babilonia, pero de allí serás rescatada;
 el SEÑOR te librará del poder de tus enemigos.

11Ahora muchas naciones se han reunido
  contra ti.
 Y dicen: «¡Que sea profanada Sión!
 ¡Disfrutemos del espectáculo!»
12Pero ellas no saben lo que piensa el SEÑOR,
 ni comprenden sus designios;
no saben que él las junta
 como a gavillas en la era.
13¡Levántate, hija de Sión!
 ¡Ponte a trillar!
Yo haré de hierro tus cuernos
 y de bronce tus pezuñas,
para que conviertas en polvo a muchos
  pueblos,
 y consagres al SEÑOR sus ganancias injustas;
sus riquezas, al Señor de toda la tierra.

Humillación y exaltación de la dinastía davídica

5 Reagrupa tus tropas, ciudad guerrera,
  porque nos asedian.
 Con vara golpearán en la mejilla
  al gobernante de Israel.
2Pero de ti, Belén Efrata,
 pequeña entre los clanes de Judá,
 saldrá el que gobernará a Israel;
sus orígenes se remontan hasta la antigüedad,
 hasta tiempos inmemoriales.

The LORD's Plan

6"In that day," declares the LORD,

 "I will gather the lame;
 I will assemble the exiles
 and those I have brought to grief.
7I will make the lame a remnant,
 those driven away a strong nation.
The LORD will rule over them in Mount
  Zion
 from that day and forever.
8As for you, O watchtower of the flock,
 O stronghold[k] of the Daughter of Zion,
the former dominion will be restored to you;
 kingship will come to the Daughter of
  Jerusalem."

9Why do you now cry aloud—
 have you no king?
Has your counselor perished,
 that pain seizes you like that of a woman
  in labor?
10Writhe in agony, O Daughter of Zion,
 like a woman in labor,
for now you must leave the city
 to camp in the open field.
You will go to Babylon;
 there you will be rescued.
There the LORD will redeem you
 out of the hand of your enemies.

11But now many nations
 are gathered against you.
They say, "Let her be defiled,
 let our eyes gloat over Zion!"
12But they do not know
 the thoughts of the LORD;
they do not understand his plan,
 he who gathers them like sheaves to the
  threshing floor.

13"Rise and thresh, O Daughter of Zion,
 for I will give you horns of iron;
I will give you hoofs of bronze
 and you will break to pieces many
  nations."
You will devote their ill-gotten gains to the
  LORD,
 their wealth to the Lord of all the earth.

A Promised Ruler From Bethlehem

5 Marshal your troops, O city of troops,[l]
  for a siege is laid against us.
 They will strike Israel's ruler
  on the cheek with a rod.

2"But you, Bethlehem Ephrathah,
 though you are small among the clans[m]
  of Judah,
out of you will come for me
 one who will be ruler over Israel,
whose origins[n] are from of old,
 from ancient times.[o]"

---

k 8 Or *hill*   l 1 Or *Strengthen your walls, O walled city*
m 2 Or *rulers*   n 2 Hebrew *goings out*   o 2 Or *from days of eternity*

³Por eso Dios los entregará al enemigo
　　hasta que tenga su hijo la que va a ser
　　　madre,
　y vuelva junto al pueblo de Israel
　　el resto de sus hermanos.
⁴Pero surgirá uno para *pastorearlos
　　con el poder del SEÑOR,
　con la majestad del nombre del SEÑOR su
　　　Dios.
　Vivirán seguros, porque él dominará
　　hasta los confines de la tierra.
⁵　¡Él traerá la *paz!
　Si Asiria llegara a invadir nuestro país
　　para pisotear nuestras fortalezas,
　le haremos frente con siete pastores,
　　y aun con ocho líderes del pueblo;
⁶ellos pastorearán a Asiria con la espada;
　　con la daga, a la tierra de Nimrod.
　Si Asiria llegara a invadir nuestro país,
　　si llegara a profanar nuestras fronteras,
　　¡él nos rescatará!

El remanente

⁷Será el remanente de Jacob,
　　en medio de muchos pueblos,
　como rocío que viene del SEÑOR,
　　como abundante lluvia sobre la hierba,
　que no depende de los hombres,
　　ni espera nada de ellos.
⁸Será el remanente de Jacob entre las naciones,
　　en medio de muchos pueblos,
　como un león entre los animales del bosque,
　　como un cachorro entre las ovejas del
　　　rebaño,
　que al pasar las pisotea y las desgarra,
　　sin que nadie pueda rescatarlas.
⁹Levantarás la mano contra tus enemigos,
　y acabarás con todos tus agresores.

Purificación de un pueblo idólatra y belicoso

¹⁰Esto afirma el SEÑOR:

　«En aquel día exterminaré tu caballería,
　　y destruiré tus carros de guerra.
¹¹Exterminaré las ciudades de tu país
　　y derribaré todas tus fortalezas.
¹²Pondré fin a tus hechicerías
　　y no tendrás más adivinos.
¹³Acabaré con tus ídolos
　　y con tus monumentos sagrados;
　nunca más volverás a postrarte
　　ante las obras de tus manos.
¹⁴Arrancaré tus imágenes de *Aserá,
　　y reduciré a escombros tus ciudades;
¹⁵con ira y con furor me vengaré
　　de las naciones que no me obedecieron.»

Querella de Dios contra su pueblo

6 Escuchen lo que dice el SEÑOR:

　«Levántate, presenta tu caso ante las montañas;
　　deja que las colinas oigan tu voz.»

³Therefore Israel will be abandoned
　　until the time when she who is in labor
　　　gives birth
　and the rest of his brothers return
　　to join the Israelites.
⁴He will stand and shepherd his flock
　　in the strength of the LORD,
　in the majesty of the name of the LORD
　　his God.
　And they will live securely, for then his
　　greatness
　will reach to the ends of the earth.
⁵　And he will be their peace.

Deliverance and Destruction

When the Assyrian invades our land
　　and marches through our fortresses,
　we will raise against him seven shepherds,
　　even eight leaders of men.
⁶They will rule*p* the land of Assyria with
　　the sword,
　the land of Nimrod with drawn sword.*q*
　He will deliver us from the Assyrian
　　when he invades our land
　　and marches into our borders.

⁷The remnant of Jacob will be
　　in the midst of many peoples
　like dew from the LORD,
　　like showers on the grass,
　which do not wait for man
　　or linger for mankind.
⁸The remnant of Jacob will be among the
　　nations,
　in the midst of many peoples,
　like a lion among the beasts of the forest,
　　like a young lion among flocks of sheep,
　which mauls and mangles as it goes,
　　and no one can rescue.
⁹Your hand will be lifted up in triumph over
　　your enemies,
　and all your foes will be destroyed.

¹⁰"In that day," declares the LORD,

　"I will destroy your horses from among you
　　and demolish your chariots.
¹¹I will destroy the cities of your land
　　and tear down all your strongholds.
¹²I will destroy your witchcraft
　　and you will no longer cast spells.
¹³I will destroy your carved images
　　and your sacred stones from among you;
　you will no longer bow down
　　to the work of your hands.
¹⁴I will uproot from among you your Asherah
　　poles*r*
　　and demolish your cities.
¹⁵I will take vengeance in anger and wrath
　　upon the nations that have not obeyed
　　me."

The LORD's Case Against Israel

6 Listen to what the LORD says:

　"Stand up, plead your case before the
　　mountains;
　let the hills hear what you have to say.

p 6 Or *crush*　　*q 6* Or *Nimrod in its gates*　　*r 14* That is,
symbols of the goddess Asherah

²Escuchen, montañas, la querella del Señor;
  presten atención, firmes cimientos de la
    tierra;
el Señor entra en juicio contra su pueblo,
  entabla un pleito contra Israel:
³«Pueblo mío, ¿qué te he hecho?
  ¡Dime en qué te he ofendido!
⁴Yo fui quien te sacó de Egipto,
  quien te libró de esa tierra de esclavitud.
  Yo envié a Moisés, Aarón y Miriam,
    para que te dirigieran.
⁵Recuerda, pueblo mío,
  lo que tramaba Balac, rey de Moab,
  y lo que le respondió Balán hijo de Beor.
  Recuerda tu paso desde Sitín hasta Guilgal,
    y reconoce las hazañas redentoras del
      Señor.»

⁶¿Cómo podré acercarme al Señor
  y postrarme ante el Dios Altísimo?
¿Podré presentarme con *holocaustos
  o con becerros de un año?
⁷¿Se complacerá el Señor con miles de carneros,
  o con diez mil arroyos de aceite?
¿Ofreceré a mi primogénito por mi delito,
  al fruto de mis entrañas por mi pecado?

⁸¡Ya se te ha declarado lo que es bueno!
  Ya se te ha dicho lo que de ti espera el
    Señor:
  Practicar la justicia,
  amar la misericordia,
    y humillarte ante tu Dios.

Castigo por delitos económicos y sociales

⁹Tribu y asamblea de la ciudad,
  escuchen la voz del Señor, que los convoca,
  pues es de sabios temer su *nombre.*ⁱ
¹⁰«¡Malvados!
  ¿Debo tolerar sus tesoros mal habidos,
  y sus odiosas medidas adulteradas?
¹¹¿Debo tener por justas la balanza falsa
  y la bolsa de pesas alteradas?
¹²Los ricos de la ciudad son gente violenta;
  sus habitantes son gente mentirosa;
  ¡engañan con la boca y con la lengua!
¹³Por lo que a mí toca, te demoleré a golpes,
  te destruiré por tus pecados.
¹⁴Comerás, pero no te saciarás,
  sino que seguirás padeciendo hambre.ʲ
  Lo que recojas no lo podrás retener,
  y lo que retengas lo entregaré a la espada.
¹⁵Lo que siembres no lo cosecharás,
  ni usarás el aceite de las aceitunas que
    exprimas,
  ni beberás el vino de las uvas que pises.

²Hear, O mountains, the Lord's accusation;
  listen, you everlasting foundations of the
    earth.
For the Lord has a case against his people;
  he is lodging a charge against Israel.

³"My people, what have I done to you?
  How have I burdened you? Answer me.
⁴I brought you up out of Egypt
  and redeemed you from the land of
    slavery.
I sent Moses to lead you,
  also Aaron and Miriam.
⁵My people, remember
  what Balak king of Moab counseled
  and what Balaam son of Beor answered.
Remember ⌊your journey⌋ from Shittim to
    Gilgal,
  that you may know the righteous acts of
    the Lord."

⁶With what shall I come before the Lord
  and bow down before the exalted God?
Shall I come before him with burnt
    offerings,
  with calves a year old?
⁷Will the Lord be pleased with thousands of
    rams,
  with ten thousand rivers of oil?
Shall I offer my firstborn for my
    transgression,
  the fruit of my body for the sin of my
    soul?
⁸He has showed you, O man, what is good.
  And what does the Lord require of you?
To act justly and to love mercy
  and to walk humbly with your God.

Israel's Guilt and Punishment

⁹Listen! The Lord is calling to the city—
  and to fear your name is wisdom—
  "Heed the rod and the One who appointed
    it.ˢ
¹⁰Am I still to forget, O wicked house,
  your ill-gotten treasures
  and the short ephah,ᵗ which is accursed?
¹¹Shall I acquit a man with dishonest scales,
  with a bag of false weights?
¹²Her rich men are violent;
  her people are liars
  and their tongues speak deceitfully.
¹³Therefore, I have begun to destroy you,
  to ruin you because of your sins.
¹⁴You will eat but not be satisfied;
  your stomach will still be empty.ᵘ
You will store up but save nothing,
  because what you save I will give to the
    sword.
¹⁵You will plant but not harvest;
  you will press olives but not use the oil
    on yourselves,
  you will crush grapes but not drink the
    wine.

6:9 Versículo de difícil traducción.   j6:14 seguirás padeciendo
hambre. Texto de difícil traducción.

ˢ9 The meaning of the Hebrew for this line is uncertain.
ᵗ10 An ephah was a dry measure.   ᵘ14 The meaning of the
Hebrew for this word is uncertain.

16 Tú sigues fielmente los decretos de Omrí
   y todas las prácticas de la dinastía de Acab;
   te conduces según sus consejos.
Por eso voy a entregarte a la destrucción,
   y a poner en ridículo a tus habitantes.
   ¡Tendrás que soportar el insulto de los
      pueblos!»_k_

Lamento ante una sociedad corrupta

7 ¡Pobre de mí!
   No llegué a tiempo para la cosecha de verano
      ni para los rebuscos de la vendimia;
   no tengo un solo racimo que comer,
      ni un higo tierno, por el que me muero.
2 La gente piadosa ha sido eliminada del país,
      ¡ya no hay gente honrada en este mundo!
   Todos tratan de matar a alguien,
      y unos a otros se tienden redes.
3 Nadie les gana en cuanto a hacer lo malo;
      funcionarios y jueces exigen soborno.
   Los magnates no hacen más que pedir,
      y todos complacen su codicia.
4 El mejor de ellos es más enmarañado que una
         zarza;
      el más recto, más torcido que un espino.
   Pero ya viene el día de su confusión;
      ¡ya se acerca el día de tu castigo
      anunciado por tus centinelas!
5 No creas en tu prójimo,
      ni confíes en tus amigos;
   cuídate de lo que hablas
      con la que duerme en tus brazos.
6 El hijo ultraja al padre,
      la hija se rebela contra la madre,
      la nuera contra la suegra,
   y los enemigos de cada cual
      están en su propia casa.
7 Pero yo he puesto mi esperanza en el SEÑOR;
      yo espero en el Dios de mi *salvación.
      ¡Mi Dios me escuchará!

Esperanza de redención

8 Enemiga mía, no te alegres de mi mal.
      Caí, pero he de levantarme;
      vivo en tinieblas, pero el SEÑOR es mi luz.
9 He pecado contra el SEÑOR,
      así que soportaré su furia
   hasta que él juzgue mi causa
      y me haga justicia.
   Entonces me sacará a la luz
      y gozaré de su salvación.
10 Cuando lo vea mi enemiga,
      la que me decía: «¿Dónde está tu Dios?»,
      se llenará de vergüenza.
   Mis ojos contemplarán su desgracia,
      pues será pisoteada como el lodo de las
         calles.

11 El día que tus muros sean reconstruidos
      será el momento de extender tus fronteras.

Israel's Misery

7 What misery is mine!
   I am like one who gathers summer fruit
      at the gleaning of the vineyard;
   there is no cluster of grapes to eat,
      none of the early figs that I crave.
2 The godly have been swept from the land;
      not one upright man remains.
   All men lie in wait to shed blood;
      each hunts his brother with a net.
3 Both hands are skilled in doing evil;
      the ruler demands gifts,
   the judge accepts bribes,
      the powerful dictate what they desire—
      they all conspire together.
4 The best of them is like a brier,
      the most upright worse than a thorn
         hedge.
   The day of your watchmen has come,
      the day God visits you.
   Now is the time of their confusion.
5 Do not trust a neighbor;
      put no confidence in a friend.
   Even with her who lies in your embrace
      be careful of your words.
6 For a son dishonors his father,
      a daughter rises up against her mother,
   a daughter-in-law against her
         mother-in-law—
      a man's enemies are the members of his
         own household.

7 But as for me, I watch in hope for the
      LORD,
   I wait for God my Savior;
      my God will hear me.

Israel Will Rise

8 Do not gloat over me, my enemy!
      Though I have fallen, I will rise.
   Though I sit in darkness,
      the LORD will be my light.
9 Because I have sinned against him,
      I will bear the LORD's wrath,
   until he pleads my case
      and establishes my right.
   He will bring me out into the light;
      I will see his righteousness.
10 Then my enemy will see it
      and will be covered with shame,
   she who said to me,
      "Where is the LORD your God?"
   My eyes will see her downfall;
      even now she will be trampled underfoot
      like mire in the streets.

11 The day for building your walls will come,
      the day for extending your boundaries.

_k 6:16_ los pueblos (LXX); mi pueblo (TM).   _v 16_ Septuagint; Hebrew *scorn due my people*

12 Ese día acudirán a ti los pueblos,
   desde Asiria hasta las ciudades de Egipto,
   desde el río Nilo hasta el río Éufrates,
   de mar a mar y de montaña a montaña.
13 La tierra quedará desolada
   por culpa de sus habitantes,
   como resultado de su maldad.

14 Pastorea con tu cayado a tu pueblo,
   al rebaño de tu propiedad,
   que habita solitario en el bosque,
   en medio de la espesura.
   Hazlo pastar en Basán y en Galaad
   como en los tiempos pasados.
15 Muéstrale tus prodigios,
   como cuando lo sacaste de Egipto.[l]
16 Las naciones verán tus maravillas
   y se avergonzarán de toda su prepotencia;
   se llevarán la mano a la boca
   y sus oídos se ensordecerán.
17 Lamerán el polvo como serpientes,
   como los reptiles de la tierra.
   Saldrán temblando de sus escondrijos
   y, temerosos ante tu presencia,
   se volverán a ti, SEÑOR y Dios nuestro.

18 ¿Qué Dios hay como tú,
   que perdone la maldad
   y pase por alto el delito
   del remanente de su pueblo?
   No siempre estarás airado,
   porque tu mayor placer es amar.
19 Vuelve a compadecerte de nosotros.
   Pon tu pie sobre nuestras maldades
   y arroja al fondo del mar todos nuestros
      pecados.
20 Muestra tu fidelidad a Jacob,
   y tu lealtad a Abraham,
   como desde tiempos antiguos
   se lo juraste a nuestros antepasados.

12 In that day people will come to you
   from Assyria and the cities of Egypt,
   even from Egypt to the Euphrates
   and from sea to sea
   and from mountain to mountain.
13 The earth will become desolate because of
      its inhabitants,
   as the result of their deeds.

Prayer and Praise

14 Shepherd your people with your staff,
   the flock of your inheritance,
   which lives by itself in a forest,
   in fertile pasturelands.[w]
   Let them feed in Bashan and Gilead
   as in days long ago.

15 "As in the days when you came out of
      Egypt,
   I will show them my wonders."

16 Nations will see and be ashamed,
   deprived of all their power.
   They will lay their hands on their mouths
   and their ears will become deaf.
17 They will lick dust like a snake,
   like creatures that crawl on the ground.
   They will come trembling out of their dens;
   they will turn in fear to the LORD our
      God
   and will be afraid of you.
18 Who is a God like you,
   who pardons sin and forgives the
      transgression
   of the remnant of his inheritance?
   You do not stay angry forever
   but delight to show mercy.
19 You will again have compassion on us;
   you will tread our sins underfoot
   and hurl all our iniquities into the depths
      of the sea.
20 You will be true to Jacob,
   and show mercy to Abraham,
   as you pledged on oath to our fathers
   in days long ago.

---

l 7:15 Muéstrale ... Egipto (lectura probable); Le mostraré
maravillas / como cuando saliste de la tierra de Egipto (TM).   w 14 Or in the middle of Carmel

Nahúm

Nahum

1 Profecía acerca de Nínive. Libro de la visión que tuvo Nahúm de Elcós.

Manifestación del SEÑOR

2 El SEÑOR es un Dios celoso y vengador.
¡SEÑOR de la venganza, Señor de la ira!
El SEÑOR se venga de sus adversarios;
es implacable con sus enemigos.
3 El SEÑOR es lento para la ira,
imponente en su fuerza.
El SEÑOR no deja a nadie sin castigo.
Camina en el huracán y en la tormenta;
las nubes son el polvo de sus pies.
4 Increpa al mar y lo seca;
hace que todos los ríos se evaporen.
Los montes Basán y Carmelo pierden su
lozanía;
el verdor del Líbano se marchita.
5 Ante él tiemblan las montañas
y se desmoronan las colinas.
Ante él se agita la tierra,
el mundo y cuanto en él habita.
6 ¿Quién podrá enfrentarse a su indignación?
¿Quién resistirá el ardor de su ira?
Su furor se derrama como fuego;
ante él se resquebrajan las rocas.

Destrucción de Nínive

7 Bueno es el SEÑOR;
es refugio en el día de la angustia,
y protector de los que en él confían.
8 Pero destruirá a Nínive*a*
con una inundación arrasadora;
¡aun en las tinieblas perseguirá a sus
enemigos!
9 ¿Qué traman contra el SEÑOR?
¡Él desbaratará sus planes!
¡La calamidad no se repetirá!
10 Serán consumidos como paja seca,
como espinos enmarañados,
como borrachos ahogados en vino.
11 Tú, Nínive, engendraste
al que trama el mal contra el SEÑOR,
al infame consejero.

Liberación del opresor

12 Así dice el SEÑOR:

«Aunque los asirios sean fuertes y numerosos,
serán arrancados y morirán.
Y a ti, Judá, aunque te he afligido,
no volveré a afligirte.
13 Voy a quebrar el yugo que te oprime,
voy a romper tus ataduras.»

1 An oracle concerning Nineveh. The book of the vision of Nahum the Elkoshite.

The LORD's Anger Against Nineveh

2 The LORD is a jealous and avenging God;
the LORD takes vengeance and is filled
with wrath.
The LORD takes vengeance on his foes
and maintains his wrath against his
enemies.
3 The LORD is slow to anger and great in
power;
the LORD will not leave the guilty
unpunished.
His way is in the whirlwind and the storm,
and clouds are the dust of his feet.
4 He rebukes the sea and dries it up;
he makes all the rivers run dry.
Bashan and Carmel wither
and the blossoms of Lebanon fade.
5 The mountains quake before him
and the hills melt away.
The earth trembles at his presence,
the world and all who live in it.
6 Who can withstand his indignation?
Who can endure his fierce anger?
His wrath is poured out like fire;
the rocks are shattered before him.

7 The LORD is good,
a refuge in times of trouble.
He cares for those who trust in him,
8 but with an overwhelming flood
he will make an end of ⌞Nineveh⌟;
he will pursue his foes into darkness.

9 Whatever they plot against the LORD
he*a* will bring to an end;
trouble will not come a second time.
10 They will be entangled among thorns
and drunk from their wine;
they will be consumed like dry stubble.*b*
11 From you, ⌞O Nineveh,⌟ has one come forth
who plots evil against the LORD
and counsels wickedness.

12 This is what the LORD says:

"Although they have allies and are
numerous,
they will be cut off and pass away.
Although I have afflicted you, ⌞O Judah,⌟
I will afflict you no more.
13 Now I will break their yoke from your neck
and tear your shackles away."

---

a 1:8 a Nínive. Lit. el lugar de ella.

a 9 Or What do you foes plot against the LORD? / He
b 10 The meaning of the Hebrew for this verse is uncertain.

14 Pero acerca de ti, Nínive,
   el SEÑOR ha decretado:
«No tendrás más hijos que perpetúen tu
     *nombre;
   extirparé de la casa de tus dioses
las imágenes talladas y los ídolos fundidos.
Te voy a preparar una tumba,
   porque eres una infame.»

Anuncio de la victoria sobre Nínive

15 ¡Miren! Ya se acerca por los montes
   el que anuncia las buenas nuevas de
     *victoria,
   el que proclama la *paz.
¡Celebra tus peregrinaciones, Judá!
   ¡Paga tus votos!
Porque no volverán a invadirte los malvados,
   pues han sido destruidos por completo.

La destrucción de Nínive

2 Nínive, un destructor avanza contra ti,
   así que monta guardia en el terraplén,
vigila el camino, renueva tus fuerzas,
   acrecienta tu poder.
2 Porque el SEÑOR restaura la majestad de Jacob,
   como la majestad de Israel,
pues los destructores lo han arrasado;
   han arruinado sus sarmientos.

3 Rojo es el escudo de sus valientes;
   de púrpura se visten los guerreros.
El metal de sus carros brilla como fuego
   mientras se alistan para la batalla
y los guerreros agitan sus lanzas.
4 Desaforados corren los carros por las calles,
   irrumpen con violencia por las plazas.
Son como antorchas de fuego,
   como relámpagos zigzagueantes.

Caída y saqueo de Nínive

5 Convoca el rey de Nínive a sus tropas
     escogidas,
   que en su carrera se atropellan.
Se lanzan contra la muralla
   para levantar la barricada,
6 pero se abren las compuertas de los ríos
   y el palacio se derrumba.
7 Ya está decidido:
   la ciudad[b] será llevada al exilio.
Gimen sus criadas como palomas,
   y se golpean el pecho.

8 Nínive es como un estanque roto
   cuyas aguas se derraman.
«¡Deténganse!» «¡Deténganse!», les gritan,
   pero nadie vuelve atrás.
9 ¡Saqueen la plata!
   ¡Saqueen el oro!
El tesoro es inagotable,
   y abundan las riquezas y los objetos
     preciosos.
10 ¡Destrucción, desolación, devastación!
   Desfallecen los *corazones,
   tiemblan las rodillas,
se estremecen los cuerpos,
   palidecen los rostros.

14 The LORD has given a command concerning
   you, ⌊Nineveh⌋:
   "You will have no descendants to bear
     your name.
I will destroy the carved images and cast
     idols
   that are in the temple of your gods.
I will prepare your grave,
   for you are vile."

15 Look, there on the mountains,
   the feet of one who brings good news,
   who proclaims peace!
Celebrate your festivals, O Judah,
   and fulfill your vows.
No more will the wicked invade you;
   they will be completely destroyed.

Nineveh to Fall

2 An attacker advances against you, ⌊Nineveh⌋.
   Guard the fortress,
   watch the road,
   brace yourselves,
   marshal all your strength!

2 The LORD will restore the splendor of Jacob
   like the splendor of Israel,
though destroyers have laid them waste
   and have ruined their vines.

3 The shields of his soldiers are red;
   the warriors are clad in scarlet.
The metal on the chariots flashes
   on the day they are made ready;
   the spears of pine are brandished.[c]
4 The chariots storm through the streets,
   rushing back and forth through the
     squares.
They look like flaming torches;
   they dart about like lightning.

5 He summons his picked troops,
   yet they stumble on their way.
They dash to the city wall;
   the protective shield is put in place.
6 The river gates are thrown open
   and the palace collapses.
7 It is decreed[d] that ⌊the city⌋
   be exiled and carried away.
Its slave girls moan like doves
   and beat upon their breasts.
8 Nineveh is like a pool,
   and its water is draining away.
"Stop! Stop!" they cry,
   but no one turns back.
9 Plunder the silver!
   Plunder the gold!
The supply is endless,
   the wealth from all its treasures!
10 She is pillaged, plundered, stripped!
   Hearts melt, knees give way,
   bodies tremble, every face grows pale.

---

[b] 2:7 *ciudad.* Alt. *reina.*

[c] 3 Hebrew; Septuagint and Syriac / *the horsemen rush to and fro*
[d] 7 The meaning of the Hebrew for this word is uncertain.

La bestia salvaje morirá

11 ¿Qué fue de la guarida de los leones
     y de la cueva de los leoncillos,
donde el león, la leona y sus cachorros
     se guarecían sin que nadie los perturbara?
12 ¿Qué fue del león,
     que despedazaba para sus crías
     y estrangulaba para sus leonas,
que llenaba de presas su caverna
     y de carne su guarida?
13 Pero ahora yo vengo contra ti
     —afirma el SEÑOR omnipotente—.
Reduciré a cenizas tus carros de guerra
     y mataré a filo de espada a tus leoncillos.
Pondré fin en el país a tus rapiñas,
     y no volverá a oírse la voz de tus
         mensajeros.

Descripción del fin de Nínive

3 ¡Ay de la ciudad sedienta de sangre,
     repleta de mentira,
insaciable en su rapiña,
     aferrada a la presa!
2 Se oye el chasquido de los látigos,
     el estrépito de las ruedas,
el galopar de los caballos,
     el chirrido de los carros,
3 la carga de la caballería,
     el fulgor de las espadas,
el centellear de las lanzas,
     la multitud de muertos,
los cuerpos amontonados,
     los cadáveres por doquier,
en los que todos tropiezan.
4 ¡Y todo por las muchas prostituciones
     de esa ramera de encantos zalameros,
     de esa maestra de la seducción!
Engañó a los pueblos con sus fornicaciones,
     y a los clanes con sus embrujos.

5 «¡Aquí estoy contra ti!
     —afirma el SEÑOR *Todopoderoso—.
Te levantaré la falda hasta la cara,
     para que las naciones vean tu desnudez,
     y los reinos descubran tus vergüenzas.
6 Te cubriré de inmundicias,
     te ultrajaré y te exhibiré en público.
7 Todos los que te vean huirán de ti,
     y dirán: "¡Nínive ha sido devastada!
¿Quién hará duelo por ella?"
     ¿Dónde hallaré quien la consuele?»

Destrucción total de Nínive

8 ¿Acaso eres mejor que Tebas,ᶜ
     ciudad rodeada de aguas,
     asentada junto a las corrientes del Nilo,
que tiene al mar por terraplén
     y a las aguas por muralla?
9 *Cus y Egipto eran su fuerza ilimitada,
     Fut y Libia eran sus aliados.
10 Con todo, Tebas marchó al exilio;
     fue llevada al cautiverio.
A sus hijos los estrellaron
     contra las esquinas de las calles.
Sobre sus nobles echaron suertes,
     y encadenaron a su gente ilustre.

11 Where now is the lions' den,
     the place where they fed their young,
where the lion and lioness went,
     and the cubs, with nothing to fear?
12 The lion killed enough for his cubs
     and strangled the prey for his mate,
filling his lairs with the kill
     and his dens with the prey.

13 "I am against you,"
     declares the LORD Almighty.
"I will burn up your chariots in smoke,
     and the sword will devour your young
         lions.
I will leave you no prey on the earth.
The voices of your messengers
     will no longer be heard."

Woe to Nineveh

3 Woe to the city of blood,
     full of lies,
full of plunder,
     never without victims!
2 The crack of whips,
     the clatter of wheels,
galloping horses
     and jolting chariots!
3 Charging cavalry,
     flashing swords
     and glittering spears!
Many casualties,
     piles of dead,
bodies without number,
     people stumbling over the corpses—
4 all because of the wanton lust of a harlot,
     alluring, the mistress of sorceries,
who enslaved nations by her prostitution
     and peoples by her witchcraft.

5 "I am against you," declares the LORD
     Almighty.
"I will lift your skirts over your face.
I will show the nations your nakedness
     and the kingdoms your shame.
6 I will pelt you with filth,
     I will treat you with contempt
     and make you a spectacle.
7 All who see you will flee from you and say,
     'Nineveh is in ruins—who will mourn for
         her?'
Where can I find anyone to comfort
         you?"

8 Are you better than Thebes,ᵉ
     situated on the Nile,
     with water around her?
The river was her defense,
     the waters her wall.
9 Cushᶠ and Egypt were her boundless
         strength;
     Put and Libya were among her allies.
10 Yet she was taken captive
     and went into exile.
Her infants were dashed to pieces
     at the head of every street.
Lots were cast for her nobles,
     and all her great men were put in chains.

ᶜ 3:8 *Tebas*. Lit. *No Amón.*   ᵉ 8 Hebrew *No Amon*   ᶠ 9 That is, the upper Nile region

¹¹ También tú, Nínive, te embriagarás,
    y se embotarán tus sentidos.
  También tú, por causa del enemigo,
    tendrás que buscar refugio.
¹² Todas tus fortalezas son higueras
    cargadas de brevas maduras:
  si las sacuden,
    caen en la boca del que se las come.
¹³ Mira, al enfrentarse al enemigo
    tus tropas se portan como mujeres.
  Las *puertas de tu país quedarán abiertas de
      par en par,
    porque el fuego consumirá tus cerrojos.

Defensa inútil

¹⁴ Abastécete de agua para el asedio,
    refuerza tus fortificaciones.
  Métete al barro, pisa la mezcla
    y moldea los ladrillos.
¹⁵ Porque allí mismo te consumirá el fuego
    y te exterminará la espada;
  ¡como larva de langosta te devorará!
  Multiplícate como larva,
    reprodúcete como langosta.
¹⁶ Aumentaste tus mercaderes
    más que las estrellas del cielo.ᵈ
¹⁷ Tus dignatarios son como langostas
    y tus oficiales, como insectos
    que en días fríos se posan sobre los muros,
  pero que al salir el sol desaparecen,
    y nadie sabe dónde hallarlos.

¹⁸ Rey de Asiria,
    tus pastores están amodorrados,
    ¡tus tropas escogidas se echaron a dormir!
  Tu pueblo anda disperso por los montes,
    y no hay quien lo reúna.
¹⁹ Tu herida no tiene remedio;
    tu llaga es incurable.

  Todos los que sepan lo que te ha pasado,
    celebrarán tu desgracia.
  Pues ¿quién no fue víctima
    de tu constante maldad?

¹¹ You too will become drunk;
    you will go into hiding
    and seek refuge from the enemy.
¹² All your fortresses are like fig trees
    with their first ripe fruit;
  when they are shaken,
    the figs fall into the mouth of the eater.
¹³ Look at your troops—
    they are all women!
  The gates of your land
    are wide open to your enemies;
    fire has consumed their bars.

¹⁴ Draw water for the siege,
    strengthen your defenses!
  Work the clay,
    tread the mortar,
    repair the brickwork!
¹⁵ There the fire will devour you;
    the sword will cut you down
    and, like grasshoppers, consume you.
  Multiply like grasshoppers,
    multiply like locusts!
¹⁶ You have increased the number of your
        merchants
    till they are more than the stars of the
        sky,
  but like locusts they strip the land
    and then fly away.
¹⁷ Your guards are like locusts,
    your officials like swarms of locusts
    that settle in the walls on a cold day—
  but when the sun appears they fly away,
    and no one knows where.

¹⁸ O king of Assyria, your shepherdsᵍ
        slumber;
    your nobles lie down to rest.
  Your people are scattered on the mountains
    with no one to gather them.
¹⁹ Nothing can heal your wound;
    your injury is fatal.
  Everyone who hears the news about you
    claps his hands at your fall,
  for who has not felt
    your endless cruelty?

ᵈ *3:16* cielo (lectura probable); *cielo. La larva se desprende del*
capullo y vuela (TM).   ᵍ *18* Or *rulers*

Habacuc

1 Ésta es la profecía que el profeta Habacuc recibió en visión.

La primera queja de Habacuc

2 ¿Hasta cuándo, SEÑOR, he de pedirte ayuda
  sin que tú me escuches?
¿Hasta cuándo he de quejarme de la violencia
  sin que tú nos salves?
3 ¿Por qué me haces presenciar calamidades?
  ¿Por qué debo contemplar el sufrimiento?
Veo ante mis ojos destrucción y violencia;
  surgen riñas y abundan las contiendas.
4 Por lo tanto, se entorpece la ley
  y no se da curso a la justicia.
El impío acosa al justo,
  y las sentencias que se dictan son injustas.

La respuesta del SEÑOR

5 «¡Miren a las naciones!
  ¡Contémplenlas y quédense asombrados!
Estoy por hacer en estos días cosas tan
    sorprendentes
  que no las creerán aunque alguien se las
    explique.
6 Estoy incitando a los *caldeos,
  ese pueblo despiadado e impetuoso,
que recorre toda la tierra
  para apoderarse de territorios ajenos.
7 Son un pueblo temible y espantoso,
  que impone su propia justicia y grandeza.
8 Sus caballos son más veloces que leopardos,
  más feroces que lobos nocturnos.
Su caballería se lanza a todo galope;
  sus jinetes vienen de muy lejos.
  ¡Caen como buitres sobre su presa!
9 Vienen en son de violencia;
  avanzan sus hordas*a* como el viento del
    desierto,
  hacen prisioneros como quien recoge arena.
10 Ridiculizan a los reyes,
  se burlan de los gobernantes;
se ríen de toda ciudad amurallada,
  pues construyen terraplenes y la toman.
11 Son un viento que a su paso arrasa todo;
  su pecado es hacer de su fuerza un dios.»

La segunda queja de Habacuc

12 ¡Tú, SEÑOR, existes desde la eternidad!
  ¡Tú, mi *santo Dios, eres inmortal!*b*
Tú, SEÑOR, los has puesto para hacer justicia;
tú, mi *Roca, los has puesto para ejecutar tu
    castigo.

Habakkuk

1 The oracle that Habakkuk the prophet received.

Habakkuk's Complaint

2 How long, O LORD, must I call for help,
  but you do not listen?
Or cry out to you, "Violence!"
  but you do not save?
3 Why do you make me look at injustice?
  Why do you tolerate wrong?
Destruction and violence are before me;
  there is strife, and conflict abounds.
4 Therefore the law is paralyzed,
  and justice never prevails.
The wicked hem in the righteous,
  so that justice is perverted.

The LORD's Answer

5 "Look at the nations and watch—
  and be utterly amazed.
For I am going to do something in your
    days
  that you would not believe,
  even if you were told.
6 I am raising up the Babylonians,*a*
  that ruthless and impetuous people,
who sweep across the whole earth
  to seize dwelling places not their own.
7 They are a feared and dreaded people;
  they are a law to themselves
  and promote their own honor.
8 Their horses are swifter than leopards,
  fiercer than wolves at dusk.
Their cavalry gallops headlong;
  their horsemen come from afar.
They fly like a vulture swooping to devour;
9 they all come bent on violence.
  Their hordes*b* advance like a desert wind
  and gather prisoners like sand.
10 They deride kings
  and scoff at rulers.
They laugh at all fortified cities;
  they build earthen ramps and capture
    them.
11 Then they sweep past like the wind and go
    on—
  guilty men, whose own strength is their
    god."

Habakkuk's Second Complaint

12 O LORD, are you not from everlasting?
  My God, my Holy One, we will not die.
O LORD, you have appointed them to
    execute judgment;
  O Rock, you have ordained them to
    punish.

---

a 1:9 hordas. Palabra de difícil traducción.   *b 1:12 eres inmortal*
(lit. *no morirás;* según una tradición rabínica); *no moriremos* (TM).

a 6 Or *Chaldeans*   *b 9* The meaning of the Hebrew for this word
is uncertain.

13 Son tan puros tus ojos que no puedes ver el
      mal;
    no te es posible contemplar el sufrimiento.
  ¿Por qué entonces toleras a los traidores?
    ¿Por qué guardas silencio
    mientras los impíos se tragan a los justos?
14 Has hecho a los *hombres como peces del
      mar,
    como reptiles que no tienen jefe.
15 Babilonia los saca a todos con anzuelo,
    los arrastra con sus redes,
  los recoge entre sus mallas,
    y así se alegra y regocija.
16 Por lo tanto, ofrece sacrificios a sus redes
    y quema incienso a sus mallas,
  pues gracias a sus redes su porción es sabrosa
    y su comida es suculenta.
17 ¿Continuará vaciando sus redes
    y matando sin piedad a las naciones?

2   Me mantendré alerta,
    me apostaré en los terraplenes;
  estaré pendiente de lo que me diga,
    de su respuesta a mi reclamo.

La respuesta del SEÑOR

2 Y el SEÑOR me respondió:

  «Escribe la visión,
    y haz que resalte claramente en las tablillas,
    para que pueda leerse de corrido.
3 Pues la visión se realizará en el tiempo
    señalado;
  marcha hacia su cumplimiento, y no dejará
    de cumplirse.
  Aunque parezca tardar, espérala;
    porque sin falta vendrá.

4 »El insolente no tiene el *alma recta,
    pero el justo vivirá por su fe.
5 Además, la riqueza es traicionera;c
    por eso el soberbio no permanecerá.
  Pues ensancha su garganta, como el *sepulcro,
    y es insaciable como la muerte.
  Reúne en torno suyo a todas las naciones
    y toma cautivos a todos los pueblos.
6 Y éstos lo harán objeto de burla
    en sus sátiras y adivinanzas.

  »¡Ay del que se hace rico con lo ajeno
    y acumula prendas empeñadas!
    ¿Hasta cuándo seguirá con esta práctica?
7 ¿No se levantarán de repente tus acreedores?
    ¿No se despertarán para sacudirte
    y despojarte con violencia?
8 Son tantas las naciones que has saqueado,
    que los pueblos que se salven te saquearán a
      ti;
  porque es mucha la sangre que has derramado,
    y mucha tu violencia contra este país,
    contra esta ciudad y sus habitantes.

13 Your eyes are too pure to look on evil;
    you cannot tolerate wrong.
  Why then do you tolerate the treacherous?
    Why are you silent while the wicked
    swallow up those more righteous than
      themselves?
14 You have made men like fish in the sea,
    like sea creatures that have no ruler.
15 The wicked foe pulls all of them up with
      hooks,
  he catches them in his net,
  he gathers them up in his dragnet;
    and so he rejoices and is glad.
16 Therefore he sacrifices to his net
    and burns incense to his dragnet,
  for by his net he lives in luxury
    and enjoys the choicest food.
17 Is he to keep on emptying his net,
    destroying nations without mercy?

2   I will stand at my watch
    and station myself on the ramparts;
  I will look to see what he will say to me,
    and what answer I am to give to this
      complaint.c

The LORD's Answer

2 Then the LORD replied:

  "Write down the revelation
    and make it plain on tablets
    so that a heraldd may run with it.
3 For the revelation awaits an appointed time;
    it speaks of the end
    and will not prove false.
  Though it linger, wait for it;
    ite will certainly come and will not
      delay.

4 "See, he is puffed up;
    his desires are not upright—
    but the righteous will live by his
      faithf—
5 indeed, wine betrays him;
    he is arrogant and never at rest.
  Because he is as greedy as the graveg
    and like death is never satisfied,
  he gathers to himself all the nations
    and takes captive all the peoples.

6 "Will not all of them taunt him with ridicule and
scorn, saying,

  " 'Woe to him who piles up stolen goods
    and makes himself wealthy by extortion!
    How long must this go on?'
7 Will not your debtorsh suddenly arise?
    Will they not wake up and make you
      tremble?
  Then you will become their victim.
8 Because you have plundered many nations,
    the peoples who are left will plunder you.
  For you have shed man's blood;
    you have destroyed lands and cities and
      everyone in them.

---

c 2:5 *la riqueza es traicionera* (Qumrán); *el vino es traicionero*
(TM).

c 1 Or *and what to answer when I am rebuked*   d 2 Or *so that*
whoever reads it   e 3 Or *Though he linger, wait for him; / he*
f 4 Or *faithfulness*   g 5 Hebrew *Sheol*   h 7 Or *creditors*

9 »¡Ay del que llena su casa de ganancias
    injustas
    en un intento por salvar su nido
    y escapar de las garras del infortunio!

10 »Son tus maquinaciones la vergüenza de tu
    casa:
    exterminaste a muchas naciones,
    pero causaste tu propia desgracia.

11 Por eso hasta las piedras del muro claman,
    y resuenan las vigas del enmaderado.

12 »¡Ay del que construye una ciudad con
    asesinatos
    y establece un poblado mediante el crimen!

13 ¿No ha determinado el Señor *Todopoderoso
    que los pueblos trabajen para el fuego
    y las naciones se fatiguen por nada?

14 Porque así como las aguas cubren los mares,
    así también se llenará la tierra
    del conocimiento de la gloria del Señor.

15 »¡Ay de ti, que emborrachas a tu prójimo!
    ¡Ay de ti, que lo embriagas con vino*d*
    para contemplar su cuerpo desnudo!

16 Con esto te has cubierto de ignominia y no de
    gloria.
    ¡Pues bebe también tú, y muestra lo pagano
    que eres!*e*
    ¡Que se vuelque sobre ti la copa de la diestra
    del Señor,
    y sobre tu gloria, la ignominia!

17 ¡Que te aplaste la violencia que cometiste
    contra el Líbano!
    ¡Que te abata la destrucción que hiciste de
    los animales!
    ¡Porque es mucha la sangre que has
    derramado,
    y mucha tu violencia contra este país,
    contra esta ciudad y sus habitantes!

18 »¿De qué sirve una imagen,
    si quien la esculpe es un artesano?
    ¿De qué sirve un ídolo fundido,
    si tan sólo enseña mentiras?
    El artesano que hace ídolos que no pueden
    hablar
    sólo está confiando en su propio artificio.

19 ¡Ay del que le dice al madero: "Despierta",
    y a la piedra muda: "Levántate"!
    Aunque están recubiertos de oro y plata,
    nada pueden enseñarle,
    pues carecen de aliento de vida.

20 En cambio, el Señor está en su *santo templo;
    ¡guarde toda la tierra silencio en su
    presencia!»

La oración de Habacuc

3 Oración del profeta Habacuc. Según *sigionot.f*

2 Señor, he sabido de tu fama;
    tus obras, Señor, me dejan pasmado.
    Realízalas de nuevo en nuestros días,
    dalas a conocer en nuestro tiempo;
    en tu ira, ten presente tu misericordia.

9 "Woe to him who builds his realm by unjust
    gain
    to set his nest on high,
    to escape the clutches of ruin!

10 You have plotted the ruin of many peoples,
    shaming your own house and forfeiting
    your life.

11 The stones of the wall will cry out,
    and the beams of the woodwork will echo
    it.

12 "Woe to him who builds a city with
    bloodshed
    and establishes a town by crime!

13 Has not the Lord Almighty determined
    that the people's labor is only fuel for the
    fire,
    that the nations exhaust themselves for
    nothing?

14 For the earth will be filled with the
    knowledge of the glory of the Lord,
    as the waters cover the sea.

15 "Woe to him who gives drink to his
    neighbors,
    pouring it from the wineskin till they are
    drunk,
    so that he can gaze on their naked bodies.

16 You will be filled with shame instead of
    glory.
    Now it is your turn! Drink and be
    exposed*i* !
    The cup from the Lord's right hand is
    coming around to you,
    and disgrace will cover your glory.

17 The violence you have done to Lebanon
    will overwhelm you,
    and your destruction of animals will
    terrify you.
    For you have shed man's blood;
    you have destroyed lands and cities and
    everyone in them.

18 "Of what value is an idol, since a man has
    carved it?
    Or an image that teaches lies?
    For he who makes it trusts in his own
    creation;
    he makes idols that cannot speak.

19 Woe to him who says to wood, 'Come to
    life!'
    Or to lifeless stone, 'Wake up!'
    Can it give guidance?
    It is covered with gold and silver;
    there is no breath in it.

20 But the Lord is in his holy temple;
    let all the earth be silent before him."

Habakkuk's Prayer

3 A prayer of Habakkuk the prophet. On *shigionoth.j*

2 Lord, I have heard of your fame;
    I stand in awe of your deeds, O Lord.
    Renew them in our day,
    in our time make them known;
    in wrath remember mercy.

---

d 2:15 que lo embriagas con vino. Texto de difícil traducción.
e 2:16 lo pagano que eres. Lit. *tu prepucio.*   *f 3:1 Sigionot.*
Probablemente un término literario o musical.

i 16 Masoretic Text; Dead Sea Scrolls, Aquila, Vulgate and Syriac
(see also Septuagint) *and stagger*   *j 1* Probably a literary or
musical term

³De Temán viene Dios,
del monte de Parán viene el *Santo.
        *Selah

Su gloria cubre el cielo
y su alabanza llena la tierra.
⁴Su brillantez es la del relámpago;
rayos brotan de sus manos;
¡tras ellos se esconde su poder!
⁵Una plaga mortal lo precede,
un fuego abrasador le sigue los pasos.
⁶Se detiene, y la tierra se estremece;
lanza una mirada, y las naciones tiemblan.
Se desmoronan las antiguas montañas
y se desploman las viejas colinas,
pero los caminos de Dios son eternos.
⁷He visto afligidos los campamentos de Cusán,
y angustiadas las moradas de Madián.

⁸¿Te enojaste, oh Señor, con los ríos?
¿Estuviste airado contra las corrientes?
¿Tan enfurecido estabas contra el mar
que cabalgaste en tus caballos
y montaste en tus carros victoriosos?
⁹Descubriste tu arco,
llenaste de flechas tu aljaba. g
        Selah

Tus ríos surcan la tierra;
10   las montañas te ven y se retuercen.
Pasan los torrentes de agua,
y ruge el abismo, levantando sus manos.
¹¹El sol y la luna se detienen en el cielo
por el fulgor de tus veloces flechas,
por el deslumbrante brillo de tu lanza.
¹²Indignado, marchas sobre la tierra;
lleno de ira, trillas a las naciones.

¹³Saliste a liberar a tu pueblo,
saliste a salvar a tu *ungido.
Aplastaste al rey de la perversa dinastía,
¡lo desnudaste de pies a cabeza!
        Selah
¹⁴Con tu lanza les partiste la cabeza a sus
guerreros,
que enfurecidos querían dispersarme,
que con placer arrogante se lanzaron contra mí,
como quien se lanza contra un pobre
indefenso. h
¹⁵Pisoteaste el mar con tus corceles,
agitando las inmensas aguas.

¹⁶Al oírlo, se estremecieron mis entrañas;
a su voz, me temblaron los labios;
la carcoma me caló en los huesos,
y se me aflojaron las piernas.
Pero yo espero con paciencia
el día en que la calamidad
vendrá sobre la nación que nos invade.
¹⁷Aunque la higuera no dé renuevos,
ni haya frutos en las vides;
aunque falle la cosecha del olivo,
y los campos no produzcan alimentos;
aunque en el aprisco no haya ovejas,
ni ganado alguno en los establos;
¹⁸aun así, yo me regocijaré en el Señor,
¡me alegraré en Dios, mi libertador!

³God came from Teman,
the Holy One from Mount Paran.   *Selah* k
His glory covered the heavens
and his praise filled the earth.
⁴His splendor was like the sunrise;
rays flashed from his hand,
where his power was hidden.
⁵Plague went before him;
pestilence followed his steps.
⁶He stood, and shook the earth;
he looked, and made the nations tremble.
The ancient mountains crumbled
and the age-old hills collapsed.
His ways are eternal.
⁷I saw the tents of Cushan in distress,
the dwellings of Midian in anguish.

⁸Were you angry with the rivers, O LORD?
Was your wrath against the streams?
Did you rage against the sea
when you rode with your horses
and your victorious chariots?
⁹You uncovered your bow,
you called for many arrows.   *Selah*
You split the earth with rivers;
10   the mountains saw you and writhed.
Torrents of water swept by;
the deep roared
and lifted its waves on high.

¹¹Sun and moon stood still in the heavens
at the glint of your flying arrows,
at the lightning of your flashing spear.
¹²In wrath you strode through the earth
and in anger you threshed the nations.
¹³You came out to deliver your people,
to save your anointed one.
You crushed the leader of the land of
wickedness,
you stripped him from head to foot.   *Selah*
¹⁴With his own spear you pierced his head
when his warriors stormed out to scatter
us,
gloating as though about to devour
the wretched who were in hiding.
¹⁵You trampled the sea with your horses,
churning the great waters.

¹⁶I heard and my heart pounded,
my lips quivered at the sound;
decay crept into my bones,
and my legs trembled.
Yet I will wait patiently for the day of
calamity
to come on the nation invading us.
¹⁷Though the fig tree does not bud
and there are no grapes on the vines,
though the olive crop fails
and the fields produce no food,
though there are no sheep in the pen
and no cattle in the stalls,
¹⁸yet I will rejoice in the LORD,
I will be joyful in God my Savior.

---

g 3:9 *llenaste de flechas tu aljaba* (mss. de LXX); en TM, texto de
difícil traducción.   h 3:14 Versículo de difícil traducción.

k 3 A word of uncertain meaning; possibly a musical term; also in
verses 9 and 13

19 El Señor omnipotente es mi fuerza;
  da a mis pies la ligereza de una gacela
  y me hace caminar por las alturas.

Al director musical.
Sobre instrumentos de cuerda.

19 The Sovereign Lord is my strength;
  he makes my feet like the feet of a deer,
  he enables me to go on the heights.

For the director of music. On my stringed
instruments.

Sofonías

Zephaniah

1 Ésta es la palabra del SEÑOR, que vino a Sofonías hijo de Cusí, hijo de Guedalías, hijo de Amarías, hijo de Ezequías, durante el reinado de Josías hijo de Amón, rey de Judá:

Advertencia sobre la destrucción venidera

2 «Arrasaré por completo
   cuanto hay sobre la faz de la tierra
                    —afirma el SEÑOR—.
3 Arrasaré con *hombres y animales,
   con las aves del cielo,
   con los peces del mar,
   con ídolos e impíos por igual.*a*

»Exterminaré al hombre
   de sobre la faz de la tierra
                    —afirma el SEÑOR—.

Juicio contra Judá

4 »Extenderé mi mano contra Judá
   y contra todos los habitantes de Jerusalén.
   Exterminaré de este lugar todo rastro de *Baal,
   y hasta el nombre de sus sacerdotes;*b*
5 a los que en las azoteas se postran en
        adoración
   ante las estrellas del cielo,
   a los que, postrados en adoración,
   juran lealtad al SEÑOR,
   y al mismo tiempo a Moloc,*c*
6 a los que se apartan del SEÑOR,
   y no lo buscan ni lo consultan.
7 ¡Silencio ante el SEÑOR omnipotente,
   porque cercano está el día del SEÑOR;
   ha preparado el SEÑOR un sacrificio
   y ha *purificado a sus invitados!
8 En el día del sacrificio del SEÑOR
   castigaré a los funcionarios y oficiales del
        rey,
   y a cuantos se visten según modas extrañas.
9 En aquel día castigaré
   a cuantos evitan pisar el umbral,*d*
   a los que llenan de violencia y engaño
   la casa de sus dioses.*e*
10 »Aquel día se oirán gritos de auxilio,
   desde la puerta del Pescado,
   gemidos desde el Barrio Nuevo,
   y gran quebranto desde las colinas
                    —afirma el SEÑOR—.
11 »¡Giman, habitantes del Barrio del Mercado!*f*
   Aniquilados serán todos sus mercaderes,
   exterminados cuantos comercian con plata.

1 The word of the LORD that came to Zephaniah son of Cushi, the son of Gedaliah, the son of Amariah, the son of Hezekiah, during the reign of Josiah son of Amon king of Judah:

Warning of Coming Destruction

2 "I will sweep away everything
   from the face of the earth,"
                    declares the LORD.
3 "I will sweep away both men and animals;
   I will sweep away the birds of the air
   and the fish of the sea.
The wicked will have only heaps of
        rubble*a*
   when I cut off man from the face of the
        earth,"
                    declares the LORD.

Against Judah

4 "I will stretch out my hand against Judah
   and against all who live in Jerusalem.
I will cut off from this place every remnant
        of Baal,
   the names of the pagan and the idolatrous
        priests—
5 those who bow down on the roofs
   to worship the starry host,
those who bow down and swear by the
        LORD
   and who also swear by Molech,*b*
6 those who turn back from following the
        LORD
   and neither seek the LORD nor inquire of
        him.
7 Be silent before the Sovereign LORD,
   for the day of the LORD is near.
The LORD has prepared a sacrifice;
   he has consecrated those he has invited.
8 On the day of the LORD's sacrifice
   I will punish the princes
   and the king's sons
and all those clad
   in foreign clothes.
9 On that day I will punish
   all who avoid stepping on the threshold,*c*
who fill the temple of their gods
   with violence and deceit.

10 "On that day," declares the LORD,
   "a cry will go up from the Fish Gate,
   wailing from the New Quarter,
   and a loud crash from the hills.
11 Wail, you who live in the market district*d*;
   all your merchants will be wiped out,
   all who trade with*e* silver will be ruined.

---

¹²En aquel tiempo registraré Jerusalén con
lámparas
para castigar a los que reposan tranquilos
como vino en su sedimento,
a los que piensan: "El Señor no va a hacer
nada,
ni para bien ni para mal."
¹³En botín se convertirán sus riquezas,
sus casas en desolación:
"Edificarán casas,
pero no las habitarán;
plantarán viñas,
pero del vino no beberán."

El gran día del Señor

¹⁴»Ya se acerca el gran día del Señor;
a toda prisa se acerca.
El estruendo del día del Señor será amargo,
y aun el más valiente gritará.
¹⁵Día de ira será aquel día,
día de acoso y angustia,
día de devastación y ruina,
día de tinieblas y penumbra,
día de niebla y densos nubarrones,
¹⁶   día de trompeta y grito de batalla
contra las ciudades fortificadas,
contra los altos bastiones.
¹⁷De tal manera acosaré a los *hombres,
que andarán como ciegos,
porque pecaron contra el Señor.
Su sangre será derramada como polvo
y sus entrañas como estiércol.
¹⁸No los podrán librar
ni su plata ni su oro
en el día de la ira del Señor.
En el fuego de su celo
será toda la tierra consumida;
en un instante reducirá a la nada
a todos los habitantes de la tierra.»

2 Humíllate hasta el polvo,[g]
nación no quebrantada;
²hazlo antes que se cumpla lo que he
determinado
y ese día se desvanezca como la brizna,
antes que caiga sobre ti la ira ardiente del
Señor,
antes que venga sobre ti el día de la ira del
Señor.
³Busquen al Señor, todos los humildes de la
tierra,
los que han puesto en práctica sus normas.
Busquen la justicia, busquen la humildad;
tal vez encontrarán refugio
en el día de la ira del Señor.

Juicio contra los filisteos

⁴Gaza quedará abandonada
y Ascalón acabará en desolación.
Asdod será expulsada a plena luz del día
y Ecrón será desarraigada.

¹²At that time I will search Jerusalem with
lamps
and punish those who are complacent,
who are like wine left on its dregs,
who think, 'The Lord will do nothing,
either good or bad.'
¹³Their wealth will be plundered,
their houses demolished.
They will build houses
but not live in them;
they will plant vineyards
but not drink the wine.

The Great Day of the Lord

¹⁴"The great day of the Lord is near—
near and coming quickly.
Listen! The cry on the day of the Lord will
be bitter,
the shouting of the warrior there.
¹⁵That day will be a day of wrath,
a day of distress and anguish,
a day of trouble and ruin,
a day of darkness and gloom,
a day of clouds and blackness,
¹⁶a day of trumpet and battle cry
against the fortified cities
and against the corner towers.
¹⁷I will bring distress on the people
and they will walk like blind men,
because they have sinned against the
Lord.
Their blood will be poured out like dust
and their entrails like filth.
¹⁸Neither their silver nor their gold
will be able to save them
on the day of the Lord's wrath.
In the fire of his jealousy
the whole world will be consumed,
for he will make a sudden end
of all who live in the earth."

2 Gather together, gather together,
O shameful nation,
²before the appointed time arrives
and that day sweeps on like chaff,
before the fierce anger of the Lord comes
upon you,
before the day of the Lord's wrath comes
upon you.
³Seek the Lord, all you humble of the land,
you who do what he commands.
Seek righteousness, seek humility;
perhaps you will be sheltered
on the day of the Lord's anger.

Against Philistia

⁴Gaza will be abandoned
and Ashkelon left in ruins.
At midday Ashdod will be emptied
and Ekron uprooted.

---

g 2:1 *Humíllate hasta el polvo.* Texto de difícil traducción.

5 ¡Ay de la nación queretea
   que habita a la orilla del mar!
La palabra del SEÑOR es contra ti,
   Canaán, tierra de los filisteos:

   «Te aniquilaré
   hasta no dejar en ti habitante.»

6 El litoral se convertirá en praderas,
   en campos*h* de pastoreo y corrales de
      ovejas.
7 Y allí pastarán las ovejas
   del remanente de la tribu de Judá.
Al atardecer se echarán a descansar
   en las casas de Ascalón;
el SEÑOR su Dios vendrá en su ayuda
   para restaurarlos.*i*

Juicio contra Moab y Amón

8 «He oído los insultos de Moab
   y las burlas de los amonitas,
que injuriaron a mi pueblo
   y se mostraron arrogantes contra su
      territorio.
9 Tan cierto como que yo vivo
   —afirma el SEÑOR *Todopoderoso, el Dios de
      Israel—,
que Moab vendrá a ser como Sodoma
   y los amonitas como Gomorra:
se volverán campos de espinos y minas de sal,
   desolación perpetua.
El remanente de mi pueblo los saqueará;
   los sobrevivientes de mi nación heredarán su
      tierra.»

10 Éste será el pago por su soberbia
   y por injuriar y despreciar al pueblo del
      SEÑOR Todopoderoso.
11 El SEÑOR los aterrará
   cuando destruya a todos los dioses de la
      tierra;
y así hasta las naciones más remotas
   se postrarán en adoración ante él,
   cada cual en su propia tierra.

Juicio contra Cus

12 «También ustedes, *cusitas,
   serán atravesados por mi espada.»

Juicio contra Asiria

13 Él extenderá su mano contra el norte;
   aniquilará a Asiria
y convertirá a Nínive en desolación,
   árida como un desierto.
14 Se tenderán en medio de ella los rebaños,
   todos los animales del campo.
Pasarán la noche sobre sus columnas
   tanto el pelícano como la garza.
Resonarán por las ventanas sus graznidos,
   habrá asolamiento en los umbrales,
   las vigas de cedro quedarán al descubierto.

5 Woe to you who live by the sea,
   O Kerethite people;
the word of the LORD is against you,
   O Canaan, land of the Philistines.

   "I will destroy you,
   and none will be left."

6 The land by the sea, where the Kerethites*f*
      dwell,
   will be a place for shepherds and sheep
      pens.
7 It will belong to the remnant of the house of
      Judah;
   there they will find pasture.
In the evening they will lie down
   in the houses of Ashkelon.
The LORD their God will care for them;
   he will restore their fortunes.*g*

Against Moab and Ammon

8 "I have heard the insults of Moab
   and the taunts of the Ammonites,
who insulted my people
   and made threats against their land.
9 Therefore, as surely as I live,"
   declares the LORD Almighty, the God of
      Israel,
"surely Moab will become like Sodom,
   the Ammonites like Gomorrah—
a place of weeds and salt pits,
   a wasteland forever.
The remnant of my people will plunder
      them;
   the survivors of my nation will inherit
      their land."

10 This is what they will get in return for their
      pride,
   for insulting and mocking the people of
      the LORD Almighty.
11 The LORD will be awesome to them
   when he destroys all the gods of the land.
The nations on every shore will worship
      him,
   every one in its own land.

Against Cush

12 "You too, O Cushites,*h*
   will be slain by my sword."

Against Assyria

13 He will stretch out his hand against the
      north
   and destroy Assyria,
leaving Nineveh utterly desolate
   and dry as the desert.
14 Flocks and herds will lie down there,
   creatures of every kind.
The desert owl and the screech owl
   will roost on her columns.
Their calls will echo through the windows,
   rubble will be in the doorways,
   the beams of cedar will be exposed.

---

h 2:6 *campos.* Palabra de difícil traducción.   *i* 2:7 *para
restaurarlos.* Alt. *y hará volver a sus cautivos.*

f 6 The meaning of the Hebrew for this word is uncertain.
g 7 Or *will bring back their captives*   *h* 12 That is, people from
the upper Nile region

15 Ésta es la ciudad alegre
    que habitaba segura,
la que se decía a sí misma:
    «Yo y nadie más.»
¡Cómo ha quedado convertida en espanto,
    en guarida de fieras!
Todo el que pasa junto a ella
    se mofa y amenaza con los puños.

El futuro de Jerusalén

3 ¡Ay de la ciudad opresora,
    rebelde y contaminada!
2 No atiende a consejos,
    ni acepta *corrección.
No confía en el Señor,
    ni se acerca a su Dios.
3 Las autoridades que están en ella
    son leones rugientes,
sus gobernantes son lobos nocturnos
    que no dejan nada para la mañana.
4 Sus profetas son impertinentes,
    hombres traicioneros.
Sus sacerdotes profanan las cosas *santas
    y violentan la ley.
5 Pero el Señor que está en ella es justo;
    no comete iniquidad.
Cada mañana imparte su justicia,
    y no deja de hacerlo cada nuevo día,
    pero el inicuo no conoce la vergüenza.

6 «Exterminé naciones;
    quedaron desolados sus bastiones.
Dejé sus calles desiertas,
    y nadie pasa por ellas.
Quedaron arrasadas sus ciudades,
    sin ningún habitante.
7 Dije a la ciudad:
    "¡Ciertamente me temerás;
    aceptarás corrección!"
Entonces no sería destruida su morada,
    según todo lo que decreté contra ella.
A pesar de todo, se empeñaron
    en corromper todas sus obras.
8 Espérenme, por tanto,
    hasta el día que me levante a buscar el botín
        —afirma el Señor—,
porque he decidido reunir a las naciones
    y juntar a los reinos
para derramar sobre ellos mi indignación,
    toda mi ardiente ira.
En el fuego de mi celo
    será toda la tierra consumida.

9 »*Purificaré los labios de los pueblos
    para que todos invoquen el *nombre del
        Señor
    y le sirvan de común acuerdo.
10 Desde más allá de los ríos de *Cus
    me traerán ofrendas
    mis adoradores, mi pueblo disperso.
11 Aquel día no tendrás que avergonzarte más
    de todas tus rebeliones contra mí.
Quitaré de en medio de ti
    a esa gente altanera y jactanciosa,
y así nunca más volverás a ser arrogante
    en mi santo monte.
12 Dejaré un remanente en medio de ti,
    un pueblo pobre y humilde.
En el nombre del Señor,

The Future of Jerusalem

15 This is the carefree city
    that lived in safety.
She said to herself,
    "I am, and there is none besides me."
What a ruin she has become,
    a lair for wild beasts!
All who pass by her scoff
    and shake their fists.

3 Woe to the city of oppressors,
    rebellious and defiled!
2 She obeys no one,
    she accepts no correction.
She does not trust in the Lord,
    she does not draw near to her God.
3 Her officials are roaring lions,
    her rulers are evening wolves,
    who leave nothing for the morning.
4 Her prophets are arrogant;
    they are treacherous men.
Her priests profane the sanctuary
    and do violence to the law.
5 The Lord within her is righteous;
    he does no wrong.
Morning by morning he dispenses his
        justice,
    and every new day he does not fail,
    yet the unrighteous know no shame.

6 "I have cut off nations;
    their strongholds are demolished.
I have left their streets deserted,
    with no one passing through.
Their cities are destroyed;
    no one will be left—no one at all.
7 I said to the city,
    'Surely you will fear me
    and accept correction!'
Then her dwelling would not be cut off,
    nor all my punishments come upon her.
But they were still eager
    to act corruptly in all they did.
8 Therefore wait for me," declares the Lord,
    "for the day I will stand up to testify.*i*
I have decided to assemble the nations,
    to gather the kingdoms
and to pour out my wrath on them—
    all my fierce anger.
The whole world will be consumed
    by the fire of my jealous anger.

9 "Then will I purify the lips of the peoples,
    that all of them may call on the name of
        the Lord
    and serve him shoulder to shoulder.
10 From beyond the rivers of Cush*j*
    my worshipers, my scattered people,
    will bring me offerings.
11 On that day you will not be put to shame
    for all the wrongs you have done to me,
because I will remove from this city
    those who rejoice in their pride.
Never again will you be haughty
    on my holy hill.
12 But I will leave within you
    the meek and humble,
    who trust in the name of the Lord.

i 8 Septuagint and Syriac; Hebrew *will rise up to plunder*
j 10 That is, the upper Nile region

se cobijará ¹³ el remanente de Israel;
  no cometerá iniquidad,
    no dirá mentiras,
    ni se hallará engaño en su boca.
  Pastarán y se echarán a descansar
    sin que nadie los espante.»

¹⁴ ¡Lanza gritos de alegría, hija de *Sión!
  ¡da gritos de victoria, Israel!
¡Regocíjate y alégrate de todo corazón,
  hija de Jerusalén!
¹⁵ El SEÑOR te ha levantado el castigo,
  ha puesto en retirada a tus enemigos.
El SEÑOR, rey de Israel, está en medio de ti:
  nunca más temerás mal alguno.
¹⁶ Aquel día le dirán a Jerusalén:
  «No temas, Sión, ni te desanimes,
¹⁷ porque el SEÑOR tu Dios está en medio de ti
  como guerrero victorioso.
Se deleitará en ti con gozo,
  te renovará con su amor,
se alegrará por ti con cantos
¹⁸   como en los días de fiesta.

  »Yo te libraré de las tristezas,
  que son para ti una carga deshonrosa.^j
¹⁹ En aquel tiempo yo mismo me ocuparé
  de todos los que te oprimen;
salvaré a la oveja que cojea
  y juntaré a la descarriada.
Les daré a ustedes fama y renombre
  en los países donde fueron avergonzados.
²⁰ En aquel tiempo yo los traeré,
  en aquel tiempo los reuniré.
Daré a ustedes fama y renombre
  entre todos los pueblos de la tierra
cuando yo los restaure^k
ante sus mismos ojos.»
              Así lo ha dicho el SEÑOR.

¹³The remnant of Israel will do no wrong;
  they will speak no lies,
  nor will deceit be found in their mouths.
They will eat and lie down
  and no one will make them afraid."

¹⁴Sing, O Daughter of Zion;
  shout aloud, O Israel!
Be glad and rejoice with all your heart,
  O Daughter of Jerusalem!
¹⁵The LORD has taken away your punishment,
  he has turned back your enemy.
The LORD, the King of Israel, is with you;
  never again will you fear any harm.
¹⁶On that day they will say to Jerusalem,
  "Do not fear, O Zion;
  do not let your hands hang limp.
¹⁷The LORD your God is with you,
  he is mighty to save.
He will take great delight in you,
  he will quiet you with his love,
  he will rejoice over you with singing."

¹⁸"The sorrows for the appointed feasts
  I will remove from you;
  they are a burden and a reproach to
    you.^k
¹⁹At that time I will deal
  with all who oppressed you;
I will rescue the lame
  and gather those who have been scattered.
I will give them praise and honor
  in every land where they were put to
    shame.
²⁰At that time I will gather you;
  at that time I will bring you home.
I will give you honor and praise
  among all the peoples of the earth
when I restore your fortunes^l
  before your very eyes,"
              says the LORD.

---

^j 3:18 Versículo de difícil traducción.   ^k 3:20 los restaure. Alt. haga volver a sus cautivos.

^k 18 Or "I will gather you who mourn for the appointed feasts; / your reproach is a burden to you   ^l 20 Or I bring back your captives

Hageo

Haggai

Primer oráculo: Exhortación a reedificar el templo

1 El día primero del mes sexto del segundo año del rey Darío, vino palabra del Señor por medio del profeta Hageo a Zorobabel hijo de Salatiel, gobernador de Judá, y al sumo sacerdote Josué hijo de Josadac: ² «Así dice el Señor *Todopoderoso: "Este pueblo alega que todavía no es el momento apropiado para ir a reconstruir la casa del Señor."»

³ También vino esta palabra del Señor por medio del profeta Hageo:

⁴ «¿Acaso es el momento apropiado
para que ustedes residan en casas techadas
mientras que esta casa está en ruinas?»

⁵ Así dice ahora el Señor Todopoderoso:

«¡Reflexionen sobre su proceder!

⁶ »Ustedes siembran mucho, pero cosechan
poco;
comen, pero no quedan satisfechos;
beben, pero no llegan a saciarse;
se visten, pero no logran abrigarse;
y al jornalero se le va su salario
como por saco roto.»

⁷ Así dice el Señor Todopoderoso:

«¡Reflexionen sobre su proceder!

⁸ »Vayan ustedes a los montes;
traigan madera y reconstruyan mi casa.
Yo veré su reconstrucción con gusto,
y manifestaré mi gloria
—dice el Señor—.

⁹ »Ustedes esperan mucho,
pero cosechan poco;
lo que almacenan en su casa,
yo lo disipo de un soplo.
¿Por qué? ¡Porque mi casa está en ruinas,
mientras ustedes sólo se ocupan de la suya!
—afirma el Señor Todopoderoso—.

¹⁰ »Por eso, por culpa de ustedes, los cielos retuvieron el rocío y la tierra se negó a dar sus productos. ¹¹ Yo hice venir una sequía sobre los campos y las montañas, sobre el trigo y el vino nuevo, sobre el aceite fresco y el fruto de la tierra, sobre los animales y los hombres, y sobre toda la obra de sus manos.»

¹² Zorobabel hijo de Salatiel, el sumo sacerdote Josué hijo de Josadac, y todo el resto del pueblo, obedecieron al Señor su Dios, es decir, obedecieron las palabras del profeta Hageo, a quien el Señor su Dios había enviado. Y el pueblo sintió temor en la presencia del Señor. ¹³ Entonces Hageo su mensajero comunicó al pueblo el mensaje del Señor: «Yo estoy con ustedes. Yo, el Señor, lo afirmo.» ¹⁴ Y el Señor inquietó de tal manera a Zorobabel hijo de Salatiel, gobernador de Judá, y al sumo sacerdote Josué hijo de Josadac, y a todo el resto del pueblo, que vinieron y empezaron a trabajar en la casa de su Dios, el Señor Todopoderoso. ¹⁵ Era el día veinticuatro del mes sexto del segundo año del rey Darío.

A Call to Build the House of the LORD

1 In the second year of King Darius, on the first day of the sixth month, the word of the LORD came through the prophet Haggai to Zerubbabel son of Shealtiel, governor of Judah, and to Joshua[a] son of Jehozadak, the high priest:

²This is what the LORD Almighty says: "These people say, 'The time has not yet come for the LORD's house to be built.' "

³Then the word of the LORD came through the prophet Haggai: ⁴"Is it a time for you yourselves to be living in your paneled houses, while this house remains a ruin?"

⁵Now this is what the LORD Almighty says: "Give careful thought to your ways. ⁶You have planted much, but have harvested little. You eat, but never have enough. You drink, but never have your fill. You put on clothes, but are not warm. You earn wages, only to put them in a purse with holes in it."

⁷This is what the LORD Almighty says: "Give careful thought to your ways. ⁸Go up into the mountains and bring down timber and build the house, so that I may take pleasure in it and be honored," says the LORD. ⁹"You expected much, but see, it turned out to be little. What you brought home, I blew away. Why?" declares the LORD Almighty. "Because of my house, which remains a ruin, while each of you is busy with his own house. ¹⁰Therefore, because of you the heavens have withheld their dew and the earth its crops. ¹¹I called for a drought on the fields and the mountains, on the grain, the new wine, the oil and whatever the ground produces, on men and cattle, and on the labor of your hands."

¹²Then Zerubbabel son of Shealtiel, Joshua son of Jehozadak, the high priest, and the whole remnant of the people obeyed the voice of the LORD their God and the message of the prophet Haggai, because the LORD their God had sent him. And the people feared the LORD.

¹³Then Haggai, the LORD's messenger, gave this message of the LORD to the people: "I am with you," declares the LORD. ¹⁴So the LORD stirred up the spirit of Zerubbabel son of Shealtiel, governor of Judah, and the spirit of Joshua son of Jehozadak, the high priest, and the spirit of the whole remnant of the people. They came and began to work on the house of the LORD Almighty, their God, ¹⁵on the twenty-fourth day of the sixth month in the second year of King Darius.

---

a 1 A variant of *Jeshua*; here and elsewhere in Haggai

Segundo oráculo: La presencia del Señor

2 El día veintiuno del mes séptimo, vino palabra del SEÑOR por medio del profeta Hageo: ² «Pregunta a Zorobabel hijo de Salatiel, gobernador de Judá, al sumo sacerdote Josué hijo de Josadac, y al resto del pueblo: ³ "¿Queda alguien entre ustedes que haya visto esta casa en su antiguo esplendor? ¿Qué les parece ahora? ¿No la ven como muy poca cosa? ⁴ Pues ahora, ¡ánimo, Zorobabel! —afirma el SEÑOR—. ¡Ánimo, Josué hijo de Josadac! ¡Tú eres el sumo sacerdote! ¡Ánimo, pueblo de esta tierra! —afirma el SEÑOR—. ¡Manos a la obra, que yo estoy con ustedes! —afirma el SEÑOR *Todopoderoso—. ⁵ Y mi Espíritu permanece en medio de ustedes, conforme al *pacto que hice con ustedes cuando salieron de Egipto."

»No teman, ⁶ porque así dice el SEÑOR Todopoderoso: "Dentro de muy poco haré que se estremezcan los cielos y la tierra, el mar y la tierra firme; ⁷ ¡haré temblar a todas las naciones! Sus riquezas llegarán aquí, y así llenaré de esplendor esta casa —dice el SEÑOR Todopoderoso—. ⁸ Mía es la plata, y mío es el oro —afirma el SEÑOR Todopoderoso—. ⁹ El esplendor de esta segunda casa será mayor que el de la primera —dice el SEÑOR Todopoderoso—. Y en este lugar concederé la *paz", afirma el SEÑOR Todopoderoso.»

Tercer oráculo: Consulta a los sacerdotes

¹⁰ El día veinticuatro del mes noveno del segundo año de Darío, vino palabra del SEÑOR al profeta Hageo: ¹¹ «Así dice el SEÑOR Todopoderoso: "Consulta a los sacerdotes sobre las cosas sagradas."» Entonces Hageo les planteó lo siguiente:

¹² —Supongamos que alguien lleva carne consagrada en la falda de su vestido, y sucede que la falda toca pan, o guiso, o vino, o aceite, o cualquier otro alimento; ¿quedarán también consagrados?

—¡No! —contestaron los sacerdotes.

¹³ —Supongamos ahora —prosiguió Hageo— que una persona inmunda por el contacto de un cadáver toca cualquiera de estas cosas; ¿también ellas quedarán inmundas?

—¡Sí! —contestaron los sacerdotes.

¹⁴ Entonces Hageo respondió:

«¡Así es este pueblo!
¡Así es para mí esta nación!
—afirma el SEÑOR—.
¡Así es cualquier obra de sus manos!
¡y aun lo que allí ofrecen es inmundo!

¹⁵ »Ahora bien, desde hoy en adelante, reflexionen. Antes de que ustedes pusieran piedra sobre piedra en la casa del SEÑOR, ¹⁶ ¿cómo les iba? Cuando alguien se acercaba a un montón de grano esperando encontrar veinte medidas, sólo hallaba diez; y si se iba al lagar esperando sacar cincuenta medidas de la artesa del mosto, sólo sacaba veinte. ¹⁷ Herí sus campos con quemazón y con plaga, y con granizo toda obra de sus manos. Pero ustedes no se volvieron*ᵃ* a mí —afirma el SEÑOR—. ¹⁸ Reflexionen desde hoy en adelante, desde el día veinticuatro del mes noveno, día en que se colocaron los cimientos de la casa del SEÑOR. Reflexionen: ¹⁹ ¿Queda todavía alguna semilla en el granero? ¿Todavía no producen nada la vid ni la higuera, ni el granado ni el olivo? ¡Pues a partir de hoy yo los bendeciré!»

Cuarto oráculo: Promesas a Zorobabel

²⁰ El día veinticuatro del mismo mes vino por segun-

The Promised Glory of the New House

2 On the twenty-first day of the seventh month, the word of the LORD came through the prophet Haggai: ² "Speak to Zerubbabel son of Shealtiel, governor of Judah, to Joshua son of Jehozadak, the high priest, and to the remnant of the people. Ask them, ³ 'Who of you is left who saw this house in its former glory? How does it look to you now? Does it not seem to you like nothing? ⁴ But now be strong, O Zerubbabel,' declares the LORD. 'Be strong, O Joshua son of Jehozadak, the high priest. Be strong, all you people of the land,' declares the LORD, 'and work. For I am with you,' declares the LORD Almighty. ⁵ 'This is what I covenanted with you when you came out of Egypt. And my Spirit remains among you. Do not fear.'

⁶ "This is what the LORD Almighty says: 'In a little while I will once more shake the heavens and the earth, the sea and the dry land. ⁷ I will shake all nations, and the desired of all nations will come, and I will fill this house with glory,' says the LORD Almighty. ⁸ 'The silver is mine and the gold is mine,' declares the LORD Almighty. ⁹ 'The glory of this present house will be greater than the glory of the former house,' says the LORD Almighty. 'And in this place I will grant peace,' declares the LORD Almighty."

Blessings for a Defiled People

¹⁰ On the twenty-fourth day of the ninth month, in the second year of Darius, the word of the LORD came to the prophet Haggai: ¹¹ "This is what the LORD Almighty says: 'Ask the priests what the law says: ¹² If a person carries consecrated meat in the fold of his garment, and that fold touches some bread or stew, some wine, oil or other food, does it become consecrated?' "

The priests answered, "No."

¹³ Then Haggai said, "If a person defiled by contact with a dead body touches one of these things, does it become defiled?"

"Yes," the priests replied, "it becomes defiled."

¹⁴ Then Haggai said, " 'So it is with this people and this nation in my sight,' declares the LORD. 'Whatever they do and whatever they offer there is defiled.

¹⁵ " 'Now give careful thought to this from this day on*ᵇ*—consider how things were before one stone was laid on another in the LORD's temple. ¹⁶ When anyone came to a heap of twenty measures, there were only ten. When anyone went to a wine vat to draw fifty measures, there were only twenty. ¹⁷ I struck all the work of your hands with blight, mildew and hail, yet you did not turn to me,' declares the LORD. ¹⁸ 'From this day on, from this twenty-fourth day of the ninth month, give careful thought to the day when the foundation of the LORD's temple was laid. Give careful thought: ¹⁹ Is there yet any seed left in the barn? Until now, the vine and the fig tree, the pomegranate and the olive tree have not borne fruit.

" 'From this day on I will bless you.' "

Zerubbabel the LORD's Signet Ring

²⁰ The word of the LORD came to Haggai a second

ᵃ 2:17 no se volvieron (LXX y Siríaca); en TM, texto de difícil traducción.

ᵇ 15 Or to the days past

da vez palabra del SEÑOR a Hageo: 21 «Di a Zorobabel, gobernante de Judá: "Yo estoy por estremecer los cielos y la tierra. 22 Volcaré los tronos reales y haré pedazos el poderío de los reinos del mundo. Volcaré los carros con sus conductores, y caerán caballos y jinetes, y éstos se matarán a espada unos a otros. 23 En aquel día —afirma el SEÑOR *Todopoderoso— te tomaré a ti, mi siervo Zorobabel hijo de Salatiel —afirma el SEÑOR—, y te haré semejante a un anillo de sellar, porque yo te he elegido", afirma el SEÑOR Todopoderoso.»

time on the twenty-fourth day of the month: 21 "Tell Zerubbabel governor of Judah that I will shake the heavens and the earth. 22 I will overturn royal thrones and shatter the power of the foreign kingdoms. I will overthrow chariots and their drivers; horses and their riders will fall, each by the sword of his brother.

23 " 'On that day,' declares the LORD Almighty, 'I will take you, my servant Zerubbabel son of Shealtiel,' declares the LORD, 'and I will make you like my signet ring, for I have chosen you,' declares the LORD Almighty."

Zacarías

Un llamado a volver al SEÑOR

1 En el mes octavo del segundo año del reinado de Darío, la palabra del SEÑOR vino al profeta Zacarías, hijo de Berequías y nieto de Idó:

2 «El SEÑOR está ardiendo en ira contra los antepasados de ustedes. 3 Por lo tanto, adviértele al pueblo que así dice el SEÑOR *Todopoderoso:

»"Vuélvanse a mí,
  y yo me volveré a ustedes
       —afirma el SEÑOR Todopoderoso—.

4 » "No sean como sus antepasados,
  a quienes les proclamaron
   los profetas de antaño
que así dice el SEÑOR Todopoderoso:
  'Vuélvanse de su mala conducta
  y de sus malas prácticas.'
Porque ellos no me obedecieron
  ni me prestaron atención
       —afirma el SEÑOR—.

5 » "¿Dónde están los antepasados de ustedes?
  ¿Acaso los profetas siguen con vida?
6 ¿No se cumplieron en sus antepasados
  las palabras y los decretos
que a mis siervos los profetas
  ordené comunicarles?

» "Entonces ellos se volvieron al SEÑOR, y dijeron: 'El SEÑOR Todopoderoso nos ha tratado tal y como había resuelto hacerlo: conforme a lo que merecen nuestra conducta y nuestras acciones.' "»

El hombre entre los arrayanes

7 En el segundo año del reinado de Darío, en el día veinticuatro del mes de *sebat, que es el mes undécimo, la palabra del SEÑOR vino al profeta Zacarías, hijo de Berequías y nieto de Idó: 8 Una noche tuve una visión, en la que vi a un hombre montado en un caballo alazán. Ese hombre se detuvo entre los arrayanes que había en una hondonada. Detrás de él había jinetes en caballos alazanes, bayos y blancos. 9 Yo le pregunté: «¿Qué significan estos jinetes, mi señor?» El ángel que hablaba conmigo me respondió: «Voy a explicarte lo que significan.» 10 Y el hombre que estaba entre los arrayanes me dijo: «El SEÑOR ha enviado estos jinetes a recorrer toda la tierra.»

11 Los jinetes informaron al ángel del SEÑOR, que estaba entre los arrayanes: «Hemos recorrido toda la tierra. Por cierto, la encontramos tranquila y en paz.» 12 Ante esto, el ángel del SEÑOR replicó: «SEÑOR Todopoderoso, ¿hasta cuándo te negarás a compadecerte de Jerusalén y de las ciudades de Judá, con las que has estado enojado estos setenta años?»

13 El SEÑOR le respondió con palabras buenas y consoladoras al ángel que hablaba conmigo, 14 y luego el ángel me dijo: «Proclama este mensaje de parte del SEÑOR Todopoderoso:

»"Mi amor por *Sión y por Jerusalén
  me hace sentir celos por ellas.

Zechariah

A Call to Return to the LORD

1 In the eighth month of the second year of Darius, the word of the LORD came to the prophet Zechariah son of Berekiah, the son of Iddo:

2 "The LORD was very angry with your forefathers. 3 Therefore tell the people: This is what the LORD Almighty says: 'Return to me,' declares the LORD Almighty, 'and I will return to you,' says the LORD Almighty. 4 Do not be like your forefathers, to whom the earlier prophets proclaimed: This is what the LORD Almighty says: 'Turn from your evil ways and your evil practices.' But they would not listen or pay attention to me, declares the LORD. 5 Where are your forefathers now? And the prophets, do they live forever? 6 But did not my words and my decrees, which I commanded my servants the prophets, overtake your forefathers?

"Then they repented and said, 'The LORD Almighty has done to us what our ways and practices deserve, just as he determined to do.' "

The Man Among the Myrtle Trees

7 On the twenty-fourth day of the eleventh month, the month of Shebat, in the second year of Darius, the word of the LORD came to the prophet Zechariah son of Berekiah, the son of Iddo.

8 During the night I had a vision—and there before me was a man riding a red horse! He was standing among the myrtle trees in a ravine. Behind him were red, brown and white horses.

9 I asked, "What are these, my lord?"

The angel who was talking with me answered, "I will show you what they are."

10 Then the man standing among the myrtle trees explained, "They are the ones the LORD has sent to go throughout the earth."

11 And they reported to the angel of the LORD, who was standing among the myrtle trees, "We have gone throughout the earth and found the whole world at rest and in peace."

12 Then the angel of the LORD said, "LORD Almighty, how long will you withhold mercy from Jerusalem and from the towns of Judah, which you have been angry with these seventy years?" 13 So the LORD spoke kind and comforting words to the angel who talked with me.

14 Then the angel who was speaking to me said, "Proclaim this word: This is what the LORD Almighty says:

15 En cambio, estoy lleno de ira
   con las naciones engreídas.
Mi enojo no era tan grave,
   pero ellas lo agravaron más."

16 »Por lo tanto, así dice el SEÑOR:
   "Volveré a compadecerme de Jerusalén.
Allí se reconstruirá mi templo,
   y se extenderá el cordel de medir,
      afirma el Señor Todopoderoso."

17 »Proclama además lo siguiente de parte del SEÑOR Todopoderoso:

   »"Otra vez mis ciudades rebosarán de bienes,
   otra vez el SEÑOR consolará a Sión,
   otra vez escogerá a Jerusalén." »

18 Alcé la vista, ¡y vi ante mí cuatro cuernos! 19 Le pregunté entonces al ángel que hablaba conmigo: «¿Qué significan estos cuernos?» Y el ángel me respondió: «Estos cuernos son los poderes que dispersaron a Judá, a Israel y a Jerusalén.»

20 Luego el SEÑOR me mostró cuatro herreros. 21 Le pregunté: «¿Y éstos qué han venido a hacer?» Y el SEÑOR me respondió: «Los cuernos son los poderes que dispersaron a Judá, a tal punto que nadie pudo volver a levantar la cabeza. Los herreros han venido para aterrorizarlos, y para deshacer el poder de las naciones que levantaron su cuerno contra la tierra de Judá y dispersaron a sus habitantes.»

El hombre con el cordel de medir

2 Alcé la vista, ¡y vi ante mí un hombre que tenía en la mano un cordel de medir! 2 Le pregunté: «¿A dónde vas?» Y él me respondió: «Voy a medir a Jerusalén. Quiero ver cuánto mide de ancho y cuánto de largo.»

3 Ya salía el ángel que hablaba conmigo cuando otro ángel vino a su encuentro 4 y le dijo: «Corre a decirle a ese joven:

   »"Tanta gente habrá en Jerusalén,
   y tanto ganado,
que Jerusalén llegará a ser
   una ciudad sin muros.
5 En torno suyo —afirma el SEÑOR—
   seré un muro de fuego,
y dentro de ella
   seré su gloria."

6 »¡Salgan, salgan!
   ¡Huyan del país del norte!
             —afirma el SEÑOR—.

»¡Fui yo quien los dispersó a ustedes
   por los cuatro vientos del cielo!
             —afirma el SEÑOR—.

7 »Sión, tú que habitas en Babilonia, ¡sal de allí; escápate!» 8 Porque así dice el SEÑOR *Todopoderoso, cuya gloria me envió contra las naciones que los saquearon a ustedes:

   «La nación que toca a mi pueblo,
   me toca la niña de los ojos.
9 Yo agitaré mi mano contra esa nación,
   y sus propios esclavos la saquearán.

»Así sabrán que me ha enviado el SEÑOR Todopoderoso.

10 »¡Grita de alegría, hija de *Sión!
   ¡Yo vengo a habitar en medio de ti!
             —afirma el SEÑOR—.

'I am very jealous for Jerusalem and Zion, 15 but I am very angry with the nations that feel secure. I was only a little angry, but they added to the calamity.'

16 "Therefore, this is what the LORD says: 'I will return to Jerusalem with mercy, and there my house will be rebuilt. And the measuring line will be stretched out over Jerusalem,' declares the LORD Almighty.

17 "Proclaim further: This is what the LORD Almighty says: 'My towns will again overflow with prosperity, and the LORD will again comfort Zion and choose Jerusalem.' "

Four Horns and Four Craftsmen

18 Then I looked up—and there before me were four horns! 19 I asked the angel who was speaking to me, "What are these?"

He answered me, "These are the horns that scattered Judah, Israel and Jerusalem."

20 Then the LORD showed me four craftsmen. 21 I asked, "What are these coming to do?"

He answered, "These are the horns that scattered Judah so that no one could raise his head, but the craftsmen have come to terrify them and throw down these horns of the nations who lifted up their horns against the land of Judah to scatter its people."

A Man With a Measuring Line

2 Then I looked up—and there before me was a man with a measuring line in his hand! 2 I asked, "Where are you going?"

He answered me, "To measure Jerusalem, to find out how wide and how long it is."

3 Then the angel who was speaking to me left, and another angel came to meet him 4 and said to him: "Run, tell that young man, 'Jerusalem will be a city without walls because of the great number of men and livestock in it. 5 And I myself will be a wall of fire around it,' declares the LORD, 'and I will be its glory within.'

6 "Come! Come! Flee from the land of the north," declares the LORD, "for I have scattered you to the four winds of heaven," declares the LORD.

7 "Come, O Zion! Escape, you who live in the Daughter of Babylon!" 8 For this is what the LORD Almighty says: "After he has honored me and has sent me against the nations that have plundered you—for whoever touches you touches the apple of his eye— 9 I will surely raise my hand against them so that their slaves will plunder them.[a] Then you will know that the LORD Almighty has sent me.

10 "Shout and be glad, O Daughter of Zion. For I am coming, and I will live among you," declares the LORD.

---

[a] 8,9 Or says after . . . eye: 9 "I . . . plunder them."

11 »En aquel día,
    muchas naciones se unirán al Señor.
Ellas serán mi pueblo,
    y yo habitaré entre ellas.

»Así sabrán que el Señor Todopoderoso es quien me ha enviado a ustedes. 12 El Señor tomará posesión de Judá, su porción en tierra *santa, y de nuevo escogerá a Jerusalén. 13 ¡Que todo el mundo guarde silencio ante el Señor, que ya avanza desde su santa morada!»

Ropas limpias para el sumo sacerdote

3 Entonces me mostró a Josué, el sumo sacerdote, que estaba de pie ante el ángel del Señor, y a *Satanás, que estaba a su mano derecha como parte acusadora. 2 El ángel del Señor le dijo a Satanás:

«¡Que te reprenda el Señor,
    que ha escogido a Jerusalén!
¡Que el Señor te reprenda, Satanás!
¿Acaso no es este hombre
    un tizón rescatado del fuego?»

3 Josué estaba vestido con ropas sucias en presencia del ángel. 4 Así que el ángel les dijo a los que estaban allí, dispuestos a servirle: «¡Quítenle las ropas sucias!» Y a Josué le dijo: «Como puedes ver, ya te he liberado de tu culpa, y ahora voy a vestirte con ropas espléndidas.»

5 Entonces dije yo: «¡Pónganle también un turbante limpio en la cabeza!» Y le pusieron en la cabeza un turbante limpio, y lo vistieron, mientras el ángel del Señor permanecía de pie. 6 Luego el ángel del Señor le hizo esta advertencia a Josué: 7 «Así dice el Señor *Todopoderoso:

»"Si andas en mis *caminos
    y me cumples como sacerdote,
entonces gobernarás mi templo
    y te harás cargo de mis atrios.
¡Yo te concederé un lugar
    entre estos que están aquí!

8 » "Escucha, Josué, sumo sacerdote,
    y que lo oigan tus compañeros,
que se sientan en tu presencia
    y que son un buen presagio:
Estoy por traer a mi siervo,
    estoy por traer al Renuevo.
9 ¡Mira, Josué, la piedra
    que ante ti he puesto!
Hay en ella siete ojos,[a]
    y en ella pondré una inscripción.
¡En un solo día borraré
    el pecado de esta tierra!
        —afirma el Señor Todopoderoso—.

10 » "En aquel día, cada uno de ustedes invitará a su vecino a sentarse debajo de su vid y de su higuera, afirma el Señor Todopoderoso." »

El candelabro de oro y los dos olivos

4 Entonces el ángel que hablaba conmigo volvió y me despertó, como a quien se despierta de su sueño. 2 Y me preguntó: «¿Qué es lo que ves?» Yo le respondí: «Veo un candelabro de oro macizo, con un recipiente en la parte superior. Encima del candelabro hay siete lámparas, con siete tubos para las mismas.

11 "Many nations will be joined with the Lord in that day and will become my people. I will live among you and you will know that the Lord Almighty has sent me to you. 12 The Lord will inherit Judah as his portion in the holy land and will again choose Jerusalem. 13 Be still before the Lord, all mankind, because he has roused himself from his holy dwelling."

Clean Garments for the High Priest

3 Then he showed me Joshua[b] the high priest standing before the angel of the Lord, and Satan[c] standing at his right side to accuse him. 2 The Lord said to Satan, "The Lord rebuke you, Satan! The Lord, who has chosen Jerusalem, rebuke you! Is not this man a burning stick snatched from the fire?"

3 Now Joshua was dressed in filthy clothes as he stood before the angel. 4 The angel said to those who were standing before him, "Take off his filthy clothes."

Then he said to Joshua, "See, I have taken away your sin, and I will put rich garments on you."

5 Then I said, "Put a clean turban on his head." So they put a clean turban on his head and clothed him, while the angel of the Lord stood by.

6 The angel of the Lord gave this charge to Joshua: 7 "This is what the Lord Almighty says: 'If you will walk in my ways and keep my requirements, then you will govern my house and have charge of my courts, and I will give you a place among these standing here.

8 " 'Listen, O high priest Joshua and your associates seated before you, who are men symbolic of things to come: I am going to bring my servant, the Branch. 9 See, the stone I have set in front of Joshua! There are seven eyes[d] on that one stone, and I will engrave an inscription on it,' says the Lord Almighty, 'and I will remove the sin of this land in a single day.

10 " 'In that day each of you will invite his neighbor to sit under his vine and fig tree,' declares the Lord Almighty."

The Gold Lampstand and the Two Olive Trees

4 Then the angel who talked with me returned and wakened me, as a man is wakened from his sleep. 2 He asked me, "What do you see?"

I answered, "I see a solid gold lampstand with a bowl at the top and seven lights on it, with seven channels to the lights. 3 Also there are two olive trees

---

b 1 A variant of Jeshua; here and elsewhere in Zechariah
c 1 Satan means accuser.   d 9 Or facets

³Hay también junto a él dos olivos, uno a la derecha del recipiente, y el otro a la izquierda.»

⁴Le pregunté entonces al ángel que hablaba conmigo: «¿Qué significa todo esto, mi señor?» ⁵Y el ángel me respondió: «¿Acaso no sabes lo que significa?» Tuve que admitir que no lo sabía. ⁶Así que el ángel me dijo: «Ésta es la palabra del SEÑOR para Zorobabel:

»"No será por la fuerza
ni por ningún poder,
sino por mi Espíritu
—dice el SEÑOR *Todopoderoso—.

⁷¿Quién te crees tú, gigantesca montaña?
¡Ante Zorobabel sólo eres una llanura!
Y él sacará la piedra principal
entre gritos de alabanza a su belleza." »

⁸Entonces vino a mí la palabra del SEÑOR:

⁹«Zorobabel ha puesto los cimientos de este
templo,
y él mismo terminará de construirlo.
¡Así sabrán que me ha enviado a ustedes
el SEÑOR Todopoderoso!
¹⁰Cuando vean la plomada
en las manos de Zorobabel,
se alegrarán los que menospreciaron
los días de los modestos comienzos.
¡Éstos son los siete ojos del SEÑOR,
que recorren toda la tierra!»

¹¹Entonces le pregunté al ángel: «¿Qué significan estos dos olivos a la derecha y a la izquierda del candelabro?» ¹²Y también le pregunté: «¿Qué significan estas dos ramas de olivo junto a los dos tubos de oro, por los que fluye el aceite dorado?»

¹³El ángel me respondió: «¿Acaso no sabes lo que significan?» Y yo tuve que admitir que no lo sabía. ¹⁴Así que el ángel me explicó: «Éstos son los dos *ungidos que están al servicio del Señor de toda la tierra.»

El rollo que volaba

5 Alcé otra vez la vista, ¡y vi ante mí un rollo que volaba! ²El ángel me preguntó: «¿Qué es lo que ves?» Y yo respondí: «Veo un rollo que vuela, de diez metros de largo por cinco de ancho.»ᵇ

³Entonces el ángel me dijo: «Ésta es la maldición que caerá sobre todo el país. Según lo escrito en el rollo, alcanzará tanto al ladrón como al perjuro. ⁴Así que he desencadenado esta maldición para que entre en la casa del ladrón y en la del que jura en falso por mi nombre. Se alojará dentro de su casa y la destruirá, junto con sus vigas y sus piedras, afirma el SEÑOR *Todopoderoso.»

La mujer en un recipiente

⁵Entonces el ángel que hablaba conmigo salió y me dijo: «Alza la vista y fíjate en esto que ha aparecido.»

⁶«¿Y qué es?», le pregunté. Y él me contestó: «Es una medida de veintidós litros.ᶜ Es la maldad de la gente de todo el país.»

⁷Se levantó entonces la tapa de plomo, ¡y dentro de

by it, one on the right of the bowl and the other on its left."

⁴I asked the angel who talked with me, "What are these, my lord?"

⁵He answered, "Do you not know what these are?"

"No, my lord," I replied.

⁶So he said to me, "This is the word of the LORD to Zerubbabel: 'Not by might nor by power, but by my Spirit,' says the LORD Almighty.

⁷"Whatᵉ are you, O mighty mountain? Before Zerubbabel you will become level ground. Then he will bring out the capstone to shouts of 'God bless it! God bless it!' "

⁸Then the word of the LORD came to me: ⁹"The hands of Zerubbabel have laid the foundation of this temple; his hands will also complete it. Then you will know that the LORD Almighty has sent me to you.

¹⁰"Who despises the day of small things? Men will rejoice when they see the plumb line in the hand of Zerubbabel.

"(These seven are the eyes of the LORD, which range throughout the earth.)"

¹¹Then I asked the angel, "What are these two olive trees on the right and the left of the lampstand?"

¹²Again I asked him, "What are these two olive branches beside the two gold pipes that pour out golden oil?"

¹³He replied, "Do you not know what these are?"

"No, my lord," I said.

¹⁴So he said, "These are the two who are anointed toᶠ serve the Lord of all the earth."

The Flying Scroll

5 I looked again—and there before me was a flying scroll!

²He asked me, "What do you see?"

I answered, "I see a flying scroll, thirty feet long and fifteen feet wide.ᵍ "

³And he said to me, "This is the curse that is going out over the whole land; for according to what it says on one side, every thief will be banished, and according to what it says on the other, everyone who swears falsely will be banished. ⁴The LORD Almighty declares, 'I will send it out, and it will enter the house of the thief and the house of him who swears falsely by my name. It will remain in his house and destroy it, both its timbers and its stones.' "

The Woman in a Basket

⁵Then the angel who was speaking to me came forward and said to me, "Look up and see what this is that is appearing."

⁶I asked, "What is it?"

He replied, "It is a measuring basket.ʰ" And he added, "This is the iniquityⁱ of the people throughout the land."

⁷Then the cover of lead was raised, and there in the

ᵇ 5:2 *diez metros de largo por cinco de ancho.* Lit. *veinte *codos de largo y diez codos de ancho.*   ᶜ 5:6 *una medida de veintidós litros.* Lit. *un *efa; también en vv. 7,9,10.*

ᵉ 7 Or *Who*   ᶠ 14 Or *two who bring oil and*   ᵍ 2 Hebrew *twenty cubits long and ten cubits wide (about 9 meters long and 4.5 meters wide)*   ʰ 6 Hebrew *an ephah; also in verses 7-11*   ⁱ 6 Or *appearance*

esa medida había una mujer sentada! 8 El ángel dijo: «Ésta es la maldad», e inmediatamente arrojó a la mujer dentro de la medida, la cual cubrió luego con la tapa de plomo.

9 Alcé la vista, ¡y vi ante mí dos mujeres que salían batiendo sus alas al viento! Tenían alas como de cigüeña, y elevaban la medida por los aires.

10 Yo le pregunté al ángel que hablaba conmigo: «¿A dónde se llevan la medida?» 11 Y él me respondió: «Se la llevan al país de Babilonia, para construirle un templo. Cuando el templo esté listo, colocarán la medida allí, sobre un pedestal.»

Los cuatro carros

6 Alcé de nuevo la vista, ¡y vi ante mí cuatro carros de guerra que salían de entre dos montañas, las cuales eran de bronce! 2 El primer carro era tirado por caballos alazanes, el segundo por caballos negros, 3 el tercero por caballos blancos, y el cuarto por caballos pintos. Todos ellos eran caballos briosos. 4 Le pregunté al ángel que hablaba conmigo: «¿Qué significan estos carros, mi señor?»

5 El ángel me respondió: «Éstos son los cuatro espíritus*d* del cielo, que salen después de haberse presentado ante el Señor de toda la tierra. 6 El carro de los caballos negros va hacia el país del norte; el de los caballos blancos, hacia el occidente;*e* y el de los caballos pintos, hacia el país del sur.»

7 Esos briosos caballos estaban impacientes por recorrer toda la tierra. Y el ángel les dijo: «¡Vayan, recorran la tierra de uno a otro extremo!» Y así lo hicieron.

8 Entonces el ángel me llamó y me dijo: «Mira, los que van hacia el país del norte van a calmar mi enojo en ese país.»

La corona para Josué

9 La palabra del SEÑOR vino a mí, y me dijo: 10 «Ve hoy mismo a la casa de Josías hijo de Sofonías, que es adonde han llegado de Babilonia los exiliados Jelday, Tobías y Jedaías. Recíbeles 11 la plata y el oro que traen consigo, y con ese oro y esa plata haz una corona, la cual pondrás en la cabeza del sumo sacerdote Josué hijo de Josadac. 12 Y le dirás a Josué de parte del SEÑOR *Todopoderoso:

» "Éste es aquel cuyo *nombre es Renuevo,
pues echará renuevos de sus raíces
y reconstruirá el templo del SEÑOR.
13 Él reconstruirá el templo del SEÑOR,
se revestirá de majestad
y se sentará a gobernar en su trono.
También un sacerdote se sentará en su propio trono,
y entre ambos habrá armonía."

14 »La corona permanecerá en el templo del SEÑOR como un recordatorio para Jelday,*f* Tobías, Jedaías y Hen*g* hijo de Sofonías. 15 Si ustedes se esmeran en obedecer al SEÑOR su Dios, los que están lejos vendrán para ayudar en la reconstrucción del templo del SEÑOR. Así sabrán que el SEÑOR Todopoderoso me ha enviado a ustedes.»

basket sat a woman! 8 He said, "This is wickedness," and he pushed her back into the basket and pushed the lead cover down over its mouth.

9 Then I looked up—and there before me were two women, with the wind in their wings! They had wings like those of a stork, and they lifted up the basket between heaven and earth.

10 "Where are they taking the basket?" I asked the angel who was speaking to me.

11 He replied, "To the country of Babylonia*j* to build a house for it. When it is ready, the basket will be set there in its place."

Four Chariots

6 I looked up again—and there before me were four chariots coming out from between two mountains—mountains of bronze! 2 The first chariot had red horses, the second black, 3 the third white, and the fourth dappled—all of them powerful. 4 I asked the angel who was speaking to me, "What are these, my lord?"

5 The angel answered me, "These are the four spirits*k* of heaven, going out from standing in the presence of the Lord of the whole world. 6 The one with the black horses is going toward the north country, the one with the white horses toward the west,*l* and the one with the dappled horses toward the south."

7 When the powerful horses went out, they were straining to go throughout the earth. And he said, "Go throughout the earth!" So they went throughout the earth.

8 Then he called to me, "Look, those going toward the north country have given my Spirit*m* rest in the land of the north."

A Crown for Joshua

9 The word of the LORD came to me: 10 "Take ⌐silver and gold⌐ from the exiles Heldai, Tobijah and Jedaiah, who have arrived from Babylon. Go the same day to the house of Josiah son of Zephaniah. 11 Take the silver and gold and make a crown, and set it on the head of the high priest, Joshua son of Jehozadak. 12 Tell him this is what the LORD Almighty says: 'Here is the man whose name is the Branch, and he will branch out from his place and build the temple of the LORD. 13 It is he who will build the temple of the LORD, and he will be clothed with majesty and will sit and rule on his throne. And he will be a priest on his throne. And there will be harmony between the two.' 14 The crown will be given to Heldai,*n* Tobijah, Jedaiah and Hen*o* son of Zephaniah as a memorial in the temple of the LORD. 15 Those who are far away will come and help to build the temple of the LORD, and you will know that the LORD Almighty has sent me to you. This will happen if you diligently obey the LORD your God."

---

d 6:5 espíritus. Alt. *vientos.*   *e 6:6 hacia el occidente* (lectura probable); *tras ellos* (TM).   *f 6:14 Jelday* (Siríaca; véase v. 10); *Hélem* (TM).   *g 6:14 Hen.* Alt. *el piadoso, el.*

j 11 Hebrew *Shinar*   *k 5* Or *winds*   *l 6* Or *horses after them*   *m 8* Or *spirit*   *n 14* Syriac; Hebrew *Helem*   *o 14* Or *and the gracious one, the*

Justicia y misericordia en lugar de ayuno

7 En el cuarto año del reinado del rey Darío, en el día cuatro del mes noveno, que es el mes de *quisleu,* la palabra del Señor vino a Zacarías. ²El pueblo de Betel había enviado a Sarézer y a Reguen Mélec, y a sus hombres, a buscar el favor del Señor ³y a preguntarles a los sacerdotes de la casa del Señor *Todopoderoso y a los profetas: «¿Debemos observar en el quinto mes un día de duelo y abstinencia, tal como lo hemos hecho todos estos años?»

⁴Vino entonces a mí esta palabra de parte del Señor Todopoderoso:

⁵«Dile a todo el pueblo de la tierra,
   y también a los sacerdotes:
"Cuando ustedes ayunaban y se lamentaban
   en los meses quinto y séptimo
   de los últimos setenta años,
     ¿realmente ayunaban por mí?
⁶Y cuando ustedes comen y beben,
    ¿acaso no lo hacen para sí mismos?"»

⁷¿No son éstas las palabras
   que por medio de los antiguos profetas
   el Señor mismo proclamó
cuando Jerusalén y las ciudades cercanas
   estaban habitadas y tenían paz,
cuando el Néguev y las llanuras del oeste
   también estaban habitadas?

⁸La palabra del Señor vino de nuevo a Zacarías. Le advirtió:

⁹«Así dice el Señor Todopoderoso:

»"Juzguen con verdadera justicia;
   muestren amor y compasión
   los unos por los otros.
¹⁰No opriman a las viudas ni a los huérfanos,
   ni a los extranjeros ni a los pobres.
No maquinen el mal en su *corazón
   los unos contra los otros."

¹¹»Pero ellos se negaron a hacer caso. Desafiantes volvieron la espalda, y se taparon los oídos. ¹²Para no oír las instrucciones ni las palabras que por medio de los antiguos profetas el Señor Todopoderoso había enviado con su Espíritu, endurecieron su corazón como el diamante. Por lo tanto, el Señor Todopoderoso se llenó de ira. ¹³"Como no me escucharon cuando los llamé, tampoco yo los escucharé cuando ellos me llamen —dice el Señor Todopoderoso—. ¹⁴Como con un torbellino, los dispersé entre todas las naciones que no conocían. La tierra que dejaron quedó tan desolada que nadie siquiera pasaba por ella. Fue así como convirtieron en desolación la tierra que antes era una delicia."»

El Señor promete bendecir a Jerusalén

8 Otra vez vino a mí la palabra del Señor *Todopoderoso. Me hizo saber lo siguiente:

²«Así dice el Señor Todopoderoso:

»"Siento grandes celos por *Sión.
Son tantos mis celos por ella
que me llenan de furia."

Justice and Mercy, Not Fasting

7 In the fourth year of King Darius, the word of the Lord came to Zechariah on the fourth day of the ninth month, the month of Kislev. ²The people of Bethel had sent Sharezer and Regem-Melech, together with their men, to entreat the Lord ³by asking the priests of the house of the Lord Almighty and the prophets, "Should I mourn and fast in the fifth month, as I have done for so many years?"

⁴Then the word of the Lord Almighty came to me: ⁵"Ask all the people of the land and the priests, 'When you fasted and mourned in the fifth and seventh months for the past seventy years, was it really for me that you fasted? ⁶And when you were eating and drinking, were you not just feasting for yourselves? ⁷Are these not the words the Lord proclaimed through the earlier prophets when Jerusalem and its surrounding towns were at rest and prosperous, and the Negev and the western foothills were settled?' "

⁸And the word of the Lord came again to Zechariah: ⁹"This is what the Lord Almighty says: 'Administer true justice; show mercy and compassion to one another. ¹⁰Do not oppress the widow or the fatherless, the alien or the poor. In your hearts do not think evil of each other.'

¹¹"But they refused to pay attention; stubbornly they turned their backs and stopped up their ears. ¹²They made their hearts as hard as flint and would not listen to the law or to the words that the Lord Almighty had sent by his Spirit through the earlier prophets. So the Lord Almighty was very angry.

¹³" 'When I called, they did not listen; so when they called, I would not listen,' says the Lord Almighty. ¹⁴'I scattered them with a whirlwind among all the nations, where they were strangers. The land was left so desolate behind them that no one could come or go. This is how they made the pleasant land desolate.' "

The Lord Promises to Bless Jerusalem

8 Again the word of the Lord Almighty came to me. ²This is what the Lord Almighty says: "I am very jealous for Zion; I am burning with jealousy for her."

3 »Así dice el SEÑOR:

»"Regresaré a Sión,
   y habitaré en Jerusalén.
Y Jerusalén será conocida
   como la Ciudad de la Verdad,
y el monte del SEÑOR Todopoderoso
   como el Monte de la *Santidad."

4 »Así dice el SEÑOR Todopoderoso:

»"Los ancianos y las ancianas volverán a
       sentarse
   en las calles de Jerusalén,
cada uno con su bastón en la mano
   debido a su avanzada edad.
5 Los niños y las niñas volverán a jugar
   en las calles de la ciudad."

6 »Así dice el SEÑOR Todopoderoso:

»"Al remanente de este pueblo
   podrá parecerle imposible en aquellos días,
¿pero también a mí me parecerá imposible?,
   afirma el SEÑOR Todopoderoso."

7 »Así dice el SEÑOR Todopoderoso:

»"Salvaré a mi pueblo
   de los países de oriente y de occidente.
8 Los haré volver
   para que vivan en Jerusalén;
ellos serán mi pueblo
   y yo seré su Dios,
en la verdad y en la justicia."

9 »Así dice el SEÑOR Todopoderoso:

»"¡Cobren ánimo, ustedes,
   los que en estos días han escuchado
   las palabras de los profetas,
mientras se echan los cimientos
   para la reconstrucción del templo
   del SEÑOR Todopoderoso!
10 Porque antes de estos días
   ni los hombres recibían su jornal
   ni los animales su alimento.
Por culpa del enemigo
   tampoco los viajeros tenían seguridad,
pues yo puse a la *humanidad entera
   en contra de sus semejantes.
11 Pero ya no trataré al remanente de este pueblo
   como lo hice en el pasado
   —afirma el SEÑOR Todopoderoso—.
12 Habrá *paz cuando se siembre,
   y las vides darán su fruto;
la tierra producirá sus cosechas
   y el cielo enviará su rocío.
Todo esto se lo daré como herencia
   al remanente de este pueblo.
13 Judá e Israel,
   ¡no teman, sino cobren ánimo!
Ustedes han sido entre las naciones
   objeto de maldición,
pero yo los salvaré,
   y serán una bendición."

14 »Así dice el SEÑOR Todopoderoso:

»"Cuando sus antepasados me hicieron enojar,
   yo decidí destruirlos sin ninguna compasión
   —afirma el SEÑOR Todopoderoso—.
15 Pero ahora he decidido
   hacerles bien a Jerusalén y a Judá.
   ¡Así que no tengan miedo!

3 This is what the LORD says: "I will return to Zion and dwell in Jerusalem. Then Jerusalem will be called the City of Truth, and the mountain of the LORD Almighty will be called the Holy Mountain."

4 This is what the LORD Almighty says: "Once again men and women of ripe old age will sit in the streets of Jerusalem, each with cane in hand because of his age. 5 The city streets will be filled with boys and girls playing there."

6 This is what the LORD Almighty says: "It may seem marvelous to the remnant of this people at that time, but will it seem marvelous to me?" declares the LORD Almighty.

7 This is what the LORD Almighty says: "I will save my people from the countries of the east and the west. 8 I will bring them back to live in Jerusalem; they will be my people, and I will be faithful and righteous to them as their God."

9 This is what the LORD Almighty says: "You who now hear these words spoken by the prophets who were there when the foundation was laid for the house of the LORD Almighty, let your hands be strong so that the temple may be built. 10 Before that time there were no wages for man or beast. No one could go about his business safely because of his enemy, for I had turned every man against his neighbor. 11 But now I will not deal with the remnant of this people as I did in the past," declares the LORD Almighty.

12 "The seed will grow well, the vine will yield its fruit, the ground will produce its crops, and the heavens will drop their dew. I will give all these things as an inheritance to the remnant of this people. 13 As you have been an object of cursing among the nations, O Judah and Israel, so will I save you, and you will be a blessing. Do not be afraid, but let your hands be strong."

14 This is what the LORD Almighty says: "Just as I had determined to bring disaster upon you and showed no pity when your fathers angered me," says the LORD Almighty, 15 "so now I have determined to do good again to Jerusalem and Judah. Do not be afraid.

16» "Lo que ustedes deben hacer
   es decirse la verdad,
y juzgar en sus tribunales
   con la verdad y la justicia.
   ¡Eso trae la paz!
17 No maquinen el mal contra su prójimo,
   ni sean dados al falso testimonio,
porque yo aborrezco todo eso,
   afirma el Señor."»

18 Vino a mí la palabra del Señor Todopoderoso, y me declaró:

19 «Así dice el Señor Todopoderoso:

»"Para Judá, los ayunos de los meses
   cuarto, quinto, séptimo y décimo,
serán motivo de gozo y de alegría,
   y de animadas festividades.
   Amen, pues, la verdad y la paz."

20 »Así dice el Señor Todopoderoso:

»"Todavía vendrán pueblos
   y habitantes de muchas ciudades,
21 que irán de una ciudad a otra
   diciendo a los que allí vivan:
'¡Vayamos al Señor para buscar su bendición!
   ¡Busquemos al Señor Todopoderoso!
   ¡Yo también voy a buscarlo!'
22 Y muchos pueblos y potentes naciones
   vendrán a Jerusalén
en busca del Señor Todopoderoso
   y de su bendición."

23 »Así dice el Señor Todopoderoso: "En aquellos días habrá mucha gente, de todo idioma y de toda nación, que tomará a un judío por el borde de su capa y le dirá: ¡Déjanos acompañarte! ¡Hemos sabido que Dios está con ustedes!"»

Juicio contra los enemigos de Israel

9 Esta profecía es la palabra del Señor, la cual caerá sobre la tierra de Jadrac y sobre Damasco. Ciertamente el Señor tiene puestos los ojos sobre la humanidad y sobre todas las tribus de Israel,ʰ 2 como también sobre Jamat, su vecina, y sobre Tiro y Sidón, aunque sean muy sabias.

3 Tiro se ha edificado una fortaleza;
   ha amontonado plata como polvo,
   y oro como lodo de las calles.
4 Pero el Señor le quitará sus posesiones;
   arrojará al mar sus riquezas,
   y el fuego la devorará.
5 Lo verá Ascalón, y se llenará de miedo;
   Gaza se retorcerá en agonía,
y lo mismo hará Ecrón
   al ver marchita su esperanza.
Gaza se quedará sin rey,
   y Ascalón sin habitantes.
6 Bastardos habitarán en Asdod,
   y yo aniquilaré el orgullo de los filisteos.

16 These are the things you are to do: Speak the truth to each other, and render true and sound judgment in your courts; 17 do not plot evil against your neighbor, and do not love to swear falsely. I hate all this," declares the Lord.

18 Again the word of the Lord Almighty came to me. 19 This is what the Lord Almighty says: "The fasts of the fourth, fifth, seventh and tenth months will become joyful and glad occasions and happy festivals for Judah. Therefore love truth and peace."

20 This is what the Lord Almighty says: "Many peoples and the inhabitants of many cities will yet come, 21 and the inhabitants of one city will go to another and say, 'Let us go at once to entreat the Lord and seek the Lord Almighty. I myself am going.' 22 And many peoples and powerful nations will come to Jerusalem to seek the Lord Almighty and to entreat him."

23 This is what the Lord Almighty says: "In those days ten men from all languages and nations will take firm hold of one Jew by the hem of his robe and say, 'Let us go with you, because we have heard that God is with you.' "

Judgment on Israel's Enemies

An Oracle

9 The word of the Lord is against the land of
   Hadrach
   and will rest upon Damascus—
for the eyes of men and all the tribes of
   Israel
   are on the Lord—ᵖ
2 and upon Hamath too, which borders on it,
   and upon Tyre and Sidon, though they are
   very skillful.
3 Tyre has built herself a stronghold;
   she has heaped up silver like dust,
   and gold like the dirt of the streets.
4 But the Lord will take away her possessions
   and destroy her power on the sea,
   and she will be consumed by fire.
5 Ashkelon will see it and fear;
   Gaza will writhe in agony,
   and Ekron too, for her hope will wither.
Gaza will lose her king
   and Ashkelon will be deserted.
6 Foreigners will occupy Ashdod,
   and I will cut off the pride of the
   Philistines.

ʰ 9:1 Damasco ... Israel. Alt. Damasco. Porque la humanidad y todas las tribus de Israel tienen los ojos puestos en el Señor.

ᵖ 1 Or Damascus. / For the eye of the Lord is on all mankind, / as well as on the tribes of Israel,

7 De la boca les quitaré la sangre,
    y de entre los dientes el alimento prohibido.
También los filisteos serán
    un remanente de nuestro Dios;
se convertirán en jefes de Judá,
    y Ecrón será como los jebuseos.
8 Montaré guardia junto a mi casa
    para que nadie entre ni salga.
¡Nunca más un opresor invadirá a mi pueblo,
    porque ahora me mantengo vigilante!

El rey de Sión

9 ¡Alégrate mucho, hija de *Sión!
    ¡Grita de alegría, hija de Jerusalén!
Mira, tu rey viene hacia ti,
    justo, salvador y humilde.
Viene montado en un asno,
    en un pollino, cría de asna.
10 Destruirá los carros de Efraín
    y los caballos de Jerusalén.
Quebrará el arco de combate
    y proclamará *paz a las naciones.
Su dominio se extenderá de mar a mar,
    ¡desde el río Éufrates
    hasta los confines de la tierra!

Restauración de Israel

11 En cuanto a ti,
    por la sangre de mi *pacto contigo
    libraré de la cisterna seca a tus cautivos.
12 Vuelvan a su fortaleza,
    cautivos de la esperanza,
pues hoy mismo les hago saber
    que les devolveré el doble.
13 Tensaré a Judá como mi arco,
    y pondré a Efraín como mi flecha.
Incitaré a tus hijos, a los hijos de Sión,
    contra tus hijos, los hijos de Grecia,
y te usaré como espada de guerrero.

14 El Señor se aparecerá sobre ellos,
    y como un relámpago saldrá su flecha.
¡El Señor omnipotente tocará la trompeta
    y marchará sobre las tempestades del sur!
15 El Señor Todopoderoso los protegerá,
    y ellos destruirán por completo
    los proyectiles de la honda.
Beberán y reirán como embriagados de vino;
    se llenarán como un tazón de libaciones,
    como los cuernos del altar.
16 En aquel día el Señor su Dios
    salvará a su pueblo como a un rebaño,
y en la tierra del Señor
    brillarán como las joyas de una corona.
17 ¡Qué bueno y hermoso será todo ello!
    El trigo dará nuevos bríos a los jóvenes,
    y el mosto alegrará a las muchachas.

El Señor cuidará de Judá

10 ¡Pídanle al Señor que llueva en primavera!
    ¡Él es quien hace los nubarrones
    y envía los aguaceros!
¡Él es quien da a todo *hombre
    la hierba del campo!

7 I will take the blood from their mouths,
    the forbidden food from between their
    teeth.
Those who are left will belong to our God
    and become leaders in Judah,
    and Ekron will be like the Jebusites.
8 But I will defend my house
    against marauding forces.
Never again will an oppressor overrun my
    people,
    for now I am keeping watch.

The Coming of Zion's King

9 Rejoice greatly, O Daughter of Zion!
    Shout, Daughter of Jerusalem!
See, your king^q comes to you,
    righteous and having salvation,
    gentle and riding on a donkey,
    on a colt, the foal of a donkey.
10 I will take away the chariots from Ephraim
    and the war-horses from Jerusalem,
    and the battle bow will be broken.
He will proclaim peace to the nations.
    His rule will extend from sea to sea
    and from the River^r to the ends of the
    earth.^s
11 As for you, because of the blood of my
    covenant with you,
I will free your prisoners from the
    waterless pit.
12 Return to your fortress, O prisoners of hope;
    even now I announce that I will restore
    twice as much to you.
13 I will bend Judah as I bend my bow
    and fill it with Ephraim.
I will rouse your sons, O Zion,
    against your sons, O Greece,
    and make you like a warrior's sword.

The Lord Will Appear

14 Then the Lord will appear over them;
    his arrow will flash like lightning.
The Sovereign Lord will sound the trumpet;
    he will march in the storms of the south,
15   and the Lord Almighty will shield them.
They will destroy
    and overcome with slingstones.
They will drink and roar as with wine;
    they will be full like a bowl
    used for sprinkling^t the corners of the
    altar.
16 The Lord their God will save them on that
    day
    as the flock of his people.
They will sparkle in his land
    like jewels in a crown.
17 How attractive and beautiful they will be!
    Grain will make the young men thrive,
    and new wine the young women.

The Lord Will Care for Judah

10 Ask the Lord for rain in the springtime;
    it is the Lord who makes the storm
    clouds.
He gives showers of rain to men,
    and plants of the field to everyone.

---

^q 9 Or King   ^r 10 That is, the Euphrates   ^s 10 Or the end of
the land   ^t 15 Or bowl, / like

2 Los ídolos hablan con engaño,
    los adivinos tienen sueños falsos;
hablan de visiones engañosas
    y consuelan con fantasías.
¡Y el pueblo vaga como rebaño agobiado
    porque carece de *pastor!

3 Se enciende mi ira contra los pastores;
    castigaré a esos machos cabríos.
Ciertamente el SEÑOR *Todopoderoso
    cuida de Judá, que es su rebaño,
¡y lo convertirá en su corcel de honor
    el día de la batalla!
4 De Judá saldrán
    la piedra angular y la estaca de la carpa,
    el arco de guerra y todo gobernante.
5 Juntos serán como héroes
    que combaten sobre el lodo de las calles,
que luchan contra jinetes y los derriban
    porque el SEÑOR está con ellos.

6 «Yo fortaleceré a la tribu de Judá
    y salvaré a los descendientes de José.
Me he compadecido de ellos
    y los haré volver.
Será como si nunca los hubiera rechazado,
    porque yo soy el SEÑOR su Dios,
    y les responderé.
7 Efraín se volverá como un guerrero,
    y su *corazón se alegrará
    como si tomara vino.
Sus hijos lo verán y se pondrán felices;
    su corazón se alegrará en el SEÑOR.
8 Yo los llamaré y los recogeré.
    Cuando los haya redimido,
    serán tan numerosos como antes.
9 Aunque los dispersé entre los pueblos,
    en tierras remotas se acordarán de mí.
Aunque vivieron allí con sus hijos,
    regresarán a su tierra.
10 Los traeré de Egipto,
    los recogeré de Asiria,
los llevaré a Galaad y al Líbano,
    y hasta espacio les faltará.
11 Cruzarán el mar de la angustia,
    pero yo heriré sus olas,
    y las profundidades del Nilo se secarán.
Abatiré el orgullo de Asiria,
    y pondré fin al dominio de Egipto.
12 Yo mismo los fortaleceré,
    y ellos caminarán en mi nombre»,
                afirma el SEÑOR.

2 The idols speak deceit,
    diviners see visions that lie;
they tell dreams that are false,
    they give comfort in vain.
Therefore the people wander like sheep
    oppressed for lack of a shepherd.

3 "My anger burns against the shepherds,
    and I will punish the leaders;
for the LORD Almighty will care
    for his flock, the house of Judah,
    and make them like a proud horse in
        battle.
4 From Judah will come the cornerstone,
    from him the tent peg,
    from him the battle bow,
    from him every ruler.
5 Together they[u] will be like mighty men
    trampling the muddy streets in battle.
Because the LORD is with them,
    they will fight and overthrow the
        horsemen.

6 "I will strengthen the house of Judah
    and save the house of Joseph.
I will restore them
    because I have compassion on them.
They will be as though
    I had not rejected them,
for I am the LORD their God
    and I will answer them.
7 The Ephraimites will become like mighty
      men,
    and their hearts will be glad as with wine.
Their children will see it and be joyful;
    their hearts will rejoice in the LORD.
8 I will signal for them
    and gather them in.
Surely I will redeem them;
    they will be as numerous as before.
9 Though I scatter them among the peoples,
    yet in distant lands they will remember
      me.
They and their children will survive,
    and they will return.
10 I will bring them back from Egypt
    and gather them from Assyria.
I will bring them to Gilead and Lebanon,
    and there will not be room enough for
      them.
11 They will pass through the sea of trouble;
    the surging sea will be subdued
    and all the depths of the Nile will dry up.
Assyria's pride will be brought down
    and Egypt's scepter will pass away.
12 I will strengthen them in the LORD
    and in his name they will walk,"
                declares the LORD.

11 ¡Abre tus puertas, monte Líbano,
    para que el fuego devore tus cedros!
2 ¡Gime tú, ciprés, porque los cedros se han
      caído
    y los majestuosos árboles se han
      derrumbado!
¡Giman, robles de Basán!
    ¡Los tupidos bosques han sido derribados!

11 Open your doors, O Lebanon,
    so that fire may devour your cedars!
2 Wail, O pine tree, for the cedar has fallen;
    the stately trees are ruined!
Wail, oaks of Bashan;
    the dense forest has been cut down!

u 4,5 Or *ruler, all of them together. /* 5 *They*

³Escuchen el gemido de los pastores;
  ¡sus ricos pastizales han sido destruidos!
Escuchen el rugido de los leones;
  ¡la espesura del Jordán ha quedado
    devastada!

Los dos pastores

⁴Así dice el SEÑOR mi Dios: «Cuida de las ovejas destinadas al matadero. ⁵Quienes las compran las matan impunemente, y quienes las venden dicen: "¡Bendito sea el SEÑOR, porque me he enriquecido!" Ni sus propios pastores se compadecen de ellas. ⁶Pero ya no tendré piedad de los que habitan este país —afirma el SEÑOR—, sino que los entregaré en manos de su prójimo y de su rey. Aunque devasten el país, no los rescataré de sus manos.»

⁷Así que me dediqué a cuidar las ovejas que los mercaderes habían destinado al matadero. Tomé dos varas de *pastor: a una le puse por nombre Gracia, y a la otra Unión, y me dediqué a cuidar del rebaño. ⁸En un solo mes me deshice de tres pastores.

Pero me cansé de las ovejas, y ellas se cansaron de mí. ⁹Así que les dije:ⁱ «Ya no voy a ser su pastor. Las que se vayan a morir, que se mueran; las que deban perecer, que perezcan; y las que queden con vida, que se devoren unas a otras.»

¹⁰Tomé entonces la vara a la que había llamado Gracia, y la quebré. De ese modo anulé el pacto que había hecho con todas las naciones. ¹¹Ese mismo día quedó anulado, y los mercaderes de ovejas que me observaban supieron que se trataba de la palabra del SEÑOR.

¹²Les dije: «Si les parece bien, páguenme mi jornal; de lo contrario, quédense con él.» Y me pagaron sólo treinta monedas de plata.ʲ ¹³¡Valiente precio el que me pusieron!

Entonces el SEÑOR me dijo: «Entrégaselas al fundidor.» Así que tomé las treinta monedas de plata y se las di al fundidor del templo del SEÑOR.

¹⁴Quebré luego la segunda vara, a la que había llamado Unión, y anulé el vínculo fraternal entre Judá e Israel. ¹⁵El SEÑOR me dijo entonces: «Vístete ahora como uno de esos pastores insensatos, ¹⁶porque voy a poner sobre el país a un pastor que no se preocupará por las ovejas moribundas, ni buscará a las ovejas pequeñas, ni curará a las ovejas heridas ni dará de comer a las ovejas sanas, sino que devorará a las más gordas y les arrancará las pezuñas.»

¹⁷¡Ay del pastor inútil
  que abandona su rebaño!
¡Que la espada le hiera el brazo,
  y el puñal le saque el ojo derecho!
¡Que del brazo quede tullido,
  y del ojo derecho, ciego!

Destrucción de los enemigos de Jerusalén

12 Esta profecía es la palabra del SEÑOR con respecto a Israel.

Afirma el SEÑOR, que extendió los cielos,
  que echó los cimientos de la tierra,
  y que puso en el *hombre aliento de vida:

² «Convertiré a Jerusalén en una copa que embriagará a todos los pueblos vecinos. Judá será sitiada, lo mismo que Jerusalén, ³y todas las naciones de la tierra se juntarán contra ella.

ⁱ 11:8-9 *me cansé ... les dije.* Alt. *me cansé de los pastores, y ellos se hastiaron de mí.* 9 *Así que les dije a las ovejas.*
ʲ 11:12 *treinta monedas de plata.* Lit. *treinta ((*siclos)) de plata.*

---

³Listen to the wail of the shepherds;
  their rich pastures are destroyed!
Listen to the roar of the lions;
  the lush thicket of the Jordan is ruined!

Two Shepherds

⁴This is what the LORD my God says: "Pasture the flock marked for slaughter. ⁵Their buyers slaughter them and go unpunished. Those who sell them say, 'Praise the LORD, I am rich!' Their own shepherds do not spare them. ⁶For I will no longer have pity on the people of the land," declares the LORD. "I will hand everyone over to his neighbor and his king. They will oppress the land, and I will not rescue them from their hands."

⁷So I pastured the flock marked for slaughter, particularly the oppressed of the flock. Then I took two staffs and called one Favor and the other Union, and I pastured the flock. ⁸In one month I got rid of the three shepherds.

The flock detested me, and I grew weary of them ⁹and said, "I will not be your shepherd. Let the dying die, and the perishing perish. Let those who are left eat one another's flesh."

¹⁰Then I took my staff called Favor and broke it, revoking the covenant I had made with all the nations. ¹¹It was revoked on that day, and so the afflicted of the flock who were watching me knew it was the word of the LORD.

¹²I told them, "If you think it best, give me my pay; but if not, keep it." So they paid me thirty pieces of silver.

¹³And the LORD said to me, "Throw it to the potter"—the handsome price at which they priced me! So I took the thirty pieces of silver and threw them into the house of the LORD to the potter.

¹⁴Then I broke my second staff called Union, breaking the brotherhood between Judah and Israel.

¹⁵Then the LORD said to me, "Take again the equipment of a foolish shepherd. ¹⁶For I am going to raise up a shepherd over the land who will not care for the lost, or seek the young, or heal the injured, or feed the healthy, but will eat the meat of the choice sheep, tearing off their hoofs.

¹⁷"Woe to the worthless shepherd,
  who deserts the flock!
May the sword strike his arm and his right
    eye!
May his arm be completely withered,
  his right eye totally blinded!"

Jerusalem's Enemies to Be Destroyed

An Oracle

12 This is the word of the LORD concerning Israel. The LORD, who stretches out the heavens, who lays the foundation of the earth, and who forms the spirit of man within him, declares: ²"I am going to make Jerusalem a cup that sends all the surrounding peoples reeling. Judah will be besieged as well as Jerusalem. ³On that day, when all the nations of the earth

»En aquel día convertiré a Jerusalén en una roca inconmovible para todos los pueblos. Los que intenten moverla quedarán despedazados.

4»En aquel día espantaré a todos los caballos y enloqueceré a sus jinetes —afirma el SEÑOR—. Me mantendré vigilante sobre Judá, pero dejaré ciegos a los caballos de todas las naciones. 5Entonces los jefes de Judá proclamarán: "La fortaleza de los habitantes de Jerusalén es su Dios, el SEÑOR *Todopoderoso."

6»En aquel día convertiré a los jefes de Judá en un brasero ardiente dentro de un bosque, en una antorcha encendida entre las gavillas. A diestra y a siniestra devorarán a todos los pueblos vecinos, pero Jerusalén misma volverá a ser habitada. 7El SEÑOR salvará primero las viviendas de Judá, para que no sea mayor la gloria de la casa real de David, y la de los habitantes de Jerusalén, que la de Judá.

8»En aquel día yo, el SEÑOR, protegeré a los habitantes de Jerusalén. El más débil entre ellos será como David, y la casa real de David será como Dios mismo, como el ángel del SEÑOR que marcha al frente de ellos.

Lamento por el que fue traspasado

9»En aquel día me dispondré a destruir a todas las naciones que ataquen a Jerusalén. 10Sobre la casa real de David y los habitantes de Jerusalén derramaré un espíritu*k* de gracia y de súplica, y entonces pondrán sus ojos en mí. Harán lamentación por el que traspasaron, como quien hace lamentación por su hijo único; llorarán amargamente, como quien llora por su primogénito.

11»En aquel día habrá una gran lamentación en Jerusalén, como la de Hadad Rimón en la llanura de Meguido. 12Todo el país hará duelo, familia por familia:

»la parentela de David
    y sus esposas,
la parentela de Natán
    y sus esposas,
13la parentela de Leví
    y sus esposas,
la parentela de Simí
    y sus esposas,
14y todas las demás familias
    y sus esposas.

Limpieza del pecado

13 »En aquel día se abrirá una fuente para lavar del pecado y de la *impureza a la casa real de David y a los habitantes de Jerusalén.

2»En aquel día arrancaré del país los *nombres de los ídolos, y nunca más volverán a ser invocados —afirma el SEÑOR *Todopoderoso—. También eliminaré del país a los profetas y la impureza que los inspira. 3Y si hubiera todavía alguno que quisiera profetizar, sus propios padres le dirán: "Has mentido en el nombre del SEÑOR. Por tanto, debes morir." Y por meterse a profeta, sus propios padres lo apuñalarán.

4»En aquel día los profetas se avergonzarán de sus visiones proféticas. Ya no engañarán a nadie vistiéndose con mantos de piel, 5sino que cada cual dirá: "Yo no soy profeta sino agricultor. Desde mi juventud, la tierra ha sido mi ocupación."*l* 6Y si alguien le pregunta: "¿Por qué tienes esas heridas en las manos?", él responderá: "Son las heridas que me hicieron en casa de mis amigos."

---

are gathered against her, I will make Jerusalem an immovable rock for all the nations. All who try to move it will injure themselves. 4On that day I will strike every horse with panic and its rider with madness," declares the LORD. "I will keep a watchful eye over the house of Judah, but I will blind all the horses of the nations. 5Then the leaders of Judah will say in their hearts, 'The people of Jerusalem are strong, because the LORD Almighty is their God.'

6"On that day I will make the leaders of Judah like a firepot in a woodpile, like a flaming torch among sheaves. They will consume right and left all the surrounding peoples, but Jerusalem will remain intact in her place.

7"The LORD will save the dwellings of Judah first, so that the honor of the house of David and of Jerusalem's inhabitants may not be greater than that of Judah. 8On that day the LORD will shield those who live in Jerusalem, so that the feeblest among them will be like David, and the house of David will be like God, like the Angel of the LORD going before them. 9On that day I will set out to destroy all the nations that attack Jerusalem.

Mourning for the One They Pierced

10"And I will pour out on the house of David and the inhabitants of Jerusalem a spirit*v* of grace and supplication. They will look on*w* me, the one they have pierced, and they will mourn for him as one mourns for an only child, and grieve bitterly for him as one grieves for a firstborn son. 11On that day the weeping in Jerusalem will be great, like the weeping of Hadad Rimmon in the plain of Megiddo. 12The land will mourn, each clan by itself, with their wives by themselves: the clan of the house of David and their wives, the clan of the house of Nathan and their wives, 13the clan of the house of Levi and their wives, the clan of Shimei and their wives, 14and all the rest of the clans and their wives.

Cleansing From Sin

13 "On that day a fountain will be opened to the house of David and the inhabitants of Jerusalem, to cleanse them from sin and impurity.

2"On that day, I will banish the names of the idols from the land, and they will be remembered no more," declares the LORD Almighty. "I will remove both the prophets and the spirit of impurity from the land. 3And if anyone still prophesies, his father and mother, to whom he was born, will say to him, 'You must die, because you have told lies in the LORD's name.' When he prophesies, his own parents will stab him.

4"On that day every prophet will be ashamed of his prophetic vision. He will not put on a prophet's garment of hair in order to deceive. 5He will say, 'I am not a prophet. I am a farmer; the land has been my livelihood since my youth.*x* 6If someone asks him, 'What are these wounds on your body*y*?' he will answer, 'The wounds I was given at the house of my friends.'

---

k 12:10 un espíritu. Alt. el Espíritu.   *l 13:5* Desde ... ocupación. Alt. Un hombre me vendió en mi juventud.

v 10 Or the Spirit   *w 10* Or to   *x 5* Or farmer; a man sold me in my youth   *y 6* Or wounds between your hands

El pastor herido, las ovejas dispersas

7 »¡Despierta, espada, contra mi *pastor,
　　contra el hombre en quien confío!
　　—afirma el SEÑOR Todopoderoso—.
　Hiere al pastor
　　para que se dispersen las ovejas
　　y vuelva yo mi mano contra los corderitos.
8 Las dos terceras partes del país
　　serán abatidas y perecerán;
　sólo una tercera parte quedará con vida
　　—afirma el SEÑOR—.
9 Pero a esa parte restante la pasaré por el
　　fuego;
　la refinaré como se refina la plata,
　la probaré como se prueba el oro.
　Entonces ellos me invocarán
　　y yo les responderé.
　Yo diré: "Ellos son mi pueblo",
　　y ellos dirán: "El SEÑOR es nuestro Dios."

The Shepherd Struck, the Sheep Scattered

7 "Awake, O sword, against my shepherd,
　　against the man who is close to me!"
　　declares the LORD Almighty.
　"Strike the shepherd,
　　and the sheep will be scattered,
　　and I will turn my hand against the little
　　　ones.
8 In the whole land," declares the LORD,
　　"two-thirds will be struck down and
　　　perish;
　　yet one-third will be left in it.
9 This third I will bring into the fire;
　　I will refine them like silver
　　and test them like gold.
　They will call on my name
　　and I will answer them;
　I will say, 'They are my people,'
　　and they will say, 'The LORD is our
　　　God.' "

El reinado venidero del SEÑOR

14 »¡Jerusalén! Viene un día para el SEÑOR cuando tus despojos serán repartidos en tus propias calles. ²Movilizaré a todas las naciones para que peleen contra ti. Te conquistarán, saquearán tus casas y violarán a tus mujeres. La mitad de tus habitantes irá al exilio, pero el resto del pueblo se quedará contigo. ³Entonces saldrá el SEÑOR y peleará contra aquellas naciones, como cuando pelea en el día de la batalla.

4 »En aquel día pondrá el SEÑOR sus pies en el monte de los Olivos, que se encuentra al este de Jerusalén, y el monte de los Olivos se partirá en dos de este a oeste, y formará un gran valle, con una mitad del monte desplazándose al norte y la otra mitad al sur. ⁵Ustedes huirán por el valle de mi monte, porque se extenderá hasta Asal. Huirán como huyeron del terremoto en los días de Uzías, rey de Judá. Entonces vendrá el SEÑOR mi Dios, acompañado de todos sus fieles.

6 »En aquel día no habrá luz, ni hará frío. ⁷Será un día excepcional, que sólo el SEÑOR conoce: no tendrá día ni noche, pues cuando llegue la noche, seguirá alumbrando la luz.

8 »En aquel día fluirá agua viva desde Jerusalén, tanto en verano como en invierno. Y una mitad correrá hacia el Mar Muerto, y la otra hacia el mar Mediterráneo. ⁹El SEÑOR reinará sobre toda la tierra. En aquel día el SEÑOR será el único Dios, y su *nombre será el único nombre.

10 »Desde Gueba hasta Rimón, al sur de Jerusalén, todo el país se volverá un desierto.ᵐ Pero Jerusalén se levantará y permanecerá en su lugar, desde la puerta de Benjamín hasta el sitio de la puerta Primera, hasta la puerta del Ángulo, y desde la torre de Jananel hasta los lagares del rey. ¹¹Jerusalén volverá a ser habitada, tendrá tranquilidad, y nunca más será *destruida.

12 »Ésta es la plaga con la que el SEÑOR herirá a todos los pueblos que pelearon contra Jerusalén: Se les pudrirá la carne en vida, se les pudrirán los ojos en las cuencas, y se les pudrirá la lengua en la boca. ¹³En aquel día el SEÑOR los llenará de pánico. Cada uno levantará la mano contra el otro, y se atacarán entre sí. ¹⁴También Judá peleará en Jerusalén, y se recogerán las riquezas de todas las naciones vecinas, y grandes

The LORD Comes and Reigns

14 A day of the LORD is coming when your plunder will be divided among you. ²I will gather all the nations to Jerusalem to fight against it; the city will be captured, the houses ransacked, and the women raped. Half of the city will go into exile, but the rest of the people will not be taken from the city. ³Then the LORD will go out and fight against those nations, as he fights in the day of battle. ⁴On that day his feet will stand on the Mount of Olives, east of Jerusalem, and the Mount of Olives will be split in two from east to west, forming a great valley, with half of the mountain moving north and half moving south. ⁵You will flee by my mountain valley, for it will extend to Azel. You will flee as you fled from the earthquakeᶻ in the days of Uzziah king of Judah. Then the LORD my God will come, and all the holy ones with him.

6 On that day there will be no light, no cold or frost. ⁷It will be a unique day, without daytime or nighttime—a day known to the LORD. When evening comes, there will be light.

8 On that day living water will flow out from Jerusalem, half to the eastern seaᵃ and half to the western sea,ᵇ in summer and in winter. ⁹The LORD will be king over the whole earth. On that day there will be one LORD, and his name the only name.

10 The whole land, from Geba to Rimmon, south of Jerusalem, will become like the Arabah. But Jerusalem will be raised up and remain in its place, from the Benjamin Gate to the site of the First Gate, to the Corner Gate, and from the Tower of Hananel to the royal winepresses. ¹¹It will be inhabited; never again will it be destroyed. Jerusalem will be secure.

12 This is the plague with which the LORD will strike all the nations that fought against Jerusalem: Their flesh will rot while they are still standing on their feet, their eyes will rot in their sockets, and their tongues will rot in their mouths. ¹³On that day men will be stricken by the LORD with great panic. Each man will seize the hand of another, and they will attack each other. ¹⁴Judah too will fight at Jerusalem. The wealth of all the surrounding nations will be collected—great

---

ᵐ 14:10 un desierto. Lit. como el Arabá.

ᶻ 5 Or ⁵My mountain valley will be blocked and will extend to Azel.
It will be blocked as it was blocked because of the earthquake
ᵃ 8 That is, the Dead Sea　　ᵇ 8 That is, the Mediterranean

cantidades de oro y plata y de ropa. 15 Una plaga semejante herirá también a caballos y mulos, camellos y asnos, y a todo animal que esté en aquellos campamentos.

16 »Entonces los sobrevivientes de todas las naciones que atacaron a Jerusalén subirán año tras año para adorar al Rey, al SEÑOR *Todopoderoso, y para celebrar la fiesta de las *Enramadas. 17 Si alguno de los pueblos de la tierra no sube a Jerusalén para adorar al Rey, al SEÑOR Todopoderoso, tampoco recibirá lluvia. 18 Y si el pueblo egipcio no sube ni participa, tampoco recibirá lluvia. El SEÑOR enviará una plaga para castigar a las naciones que no suban a celebrar la fiesta de las Enramadas. 19 ¡Así será castigado Egipto, y todas las naciones que no suban a celebrar la fiesta de las Enramadas!

20 »En aquel día los cascabeles de los caballos llevarán esta inscripción: CONSAGRADO AL SEÑOR. Las ollas de cocina del templo del SEÑOR serán como los tazones sagrados que están frente al altar del sacrificio. 21 Toda olla de Jerusalén y de Judá será consagrada al SEÑOR Todopoderoso, y todo el que vaya a sacrificar tomará algunas de esas ollas y cocinará en ellas. En aquel día no habrá más mercaderes[n] en el templo del SEÑOR Todopoderoso.»

quantities of gold and silver and clothing. 15 A similar plague will strike the horses and mules, the camels and donkeys, and all the animals in those camps.

16 Then the survivors from all the nations that have attacked Jerusalem will go up year after year to worship the King, the LORD Almighty, and to celebrate the Feast of Tabernacles. 17 If any of the peoples of the earth do not go up to Jerusalem to worship the King, the LORD Almighty, they will have no rain. 18 If the Egyptian people do not go up and take part, they will have no rain. The LORD[c] will bring on them the plague he inflicts on the nations that do not go up to celebrate the Feast of Tabernacles. 19 This will be the punishment of Egypt and the punishment of all the nations that do not go up to celebrate the Feast of Tabernacles.

20 On that day HOLY TO THE LORD will be inscribed on the bells of the horses, and the cooking pots in the LORD's house will be like the sacred bowls in front of the altar. 21 Every pot in Jerusalem and Judah will be holy to the LORD Almighty, and all who come to sacrifice will take some of the pots and cook in them. And on that day there will no longer be a Canaanite[d] in the house of the LORD Almighty.

Malaquías

Malachi

1 Esta profecía es la palabra del SEÑOR dirigida a Israel por medio de Malaquías.[a]

1 An oracle: The word of the LORD to Israel through Malachi.[a]

El amor de Dios por su pueblo

2 «Yo los he amado», dice el SEÑOR.

« "¿Y cómo nos has amado?", replican ustedes.

»¿No era Esaú hermano de Jacob? Sin embargo, amé a Jacob 3 pero aborrecí a Esaú, y convertí sus montañas en desolación y entregué su heredad a los chacales del desierto.»

4 Edom dice: «Aunque nos han hecho pedazos, reconstruiremos sobre las ruinas.» Pero el SEÑOR Todopoderoso dice: «Ustedes podrán reconstruir, pero yo derribaré. Serán llamados territorio malvado, pueblo contra el cual siempre estará indignado el SEÑOR. 5 Ustedes lo verán con sus propios ojos y dirán: "¡Se ha engrandecido el SEÑOR aun más allá de las fronteras[b] de Israel!"

El culto al SEÑOR

6 »El hijo honra a su padre y el siervo a su señor. Ahora bien, si soy padre, ¿dónde está el honor que merezco? Y si soy señor, ¿dónde está el respeto que se me debe? Yo, el SEÑOR *Todopoderoso, les pregunto a ustedes, sacerdotes que desprecian mi *nombre.

»Y encima preguntan: "¿En qué hemos despreciado tu nombre?"

7 »Pues en que ustedes traen a mi altar alimento mancillado.

»Y todavía preguntan: "¿En qué te hemos mancillado?"

»Pues en que tienen la mesa del SEÑOR como algo despreciable. 8 Ustedes traen animales ciegos para el sacrificio, y piensan que no tiene nada de malo; sacrifican animales cojos o enfermos, y piensan que no tiene nada de malo. ¿Por qué no tratan de ofrecérselos a su gobernante? ¿Creen que estaría él contento con ustedes? ¿Se ganarían su favor? —dice el SEÑOR Todopoderoso—.

9 »Ahora pues, traten de apaciguar a Dios para que se apiade de nosotros. ¿Creen que con esta clase de ofrendas se van a ganar su favor? —dice el SEÑOR Todopoderoso—. 10 ¡Cómo quisiera que alguno de ustedes clausurara el templo, para que no encendieran en vano el fuego de mi altar! No estoy nada contento con ustedes —dice el SEÑOR Todopoderoso—, y no voy a aceptar ni una sola ofrenda de sus manos. 11 Porque desde donde nace el sol hasta donde se pone, grande es mi nombre entre las naciones. En todo lugar se ofrece incienso y ofrendas puras a mi nombre, porque grande es mi nombre entre las naciones —dice el SEÑOR Todopoderoso—. 12 Pero ustedes lo profanan cuando dicen que la mesa del Señor está mancillada y que su alimento es despreciable. 13 Y exclaman: "¡Qué hastío!" Y me tratan con desdén —dice el SEÑOR Todopoderoso—. ¿Y creen que voy a aceptar de sus manos los animales lesionados, cojos o enfermos que ustedes me traen como sacrificio? —dice el SEÑOR—.

Jacob Loved, Esau Hated

2 "I have loved you," says the LORD.

"But you ask, 'How have you loved us?'

"Was not Esau Jacob's brother?" the LORD says. "Yet I have loved Jacob, 3 but Esau I have hated, and I have turned his mountains into a wasteland and left his inheritance to the desert jackals."

4 Edom may say, "Though we have been crushed, we will rebuild the ruins."

But this is what the LORD Almighty says: "They may build, but I will demolish. They will be called the Wicked Land, a people always under the wrath of the LORD. 5 You will see it with your own eyes and say, 'Great is the LORD—even beyond the borders of Israel!'

Blemished Sacrifices

6 "A son honors his father, and a servant his master. If I am a father, where is the honor due me? If I am a master, where is the respect due me?" says the LORD Almighty. "It is you, O priests, who show contempt for my name.

"But you ask, 'How have we shown contempt for your name?'

7 "You place defiled food on my altar.

"But you ask, 'How have we defiled you?'

"By saying that the LORD's table is contemptible. 8 When you bring blind animals for sacrifice, is that not wrong? When you sacrifice crippled or diseased animals, is that not wrong? Try offering them to your governor! Would he be pleased with you? Would he accept you?" says the LORD Almighty.

9 "Now implore God to be gracious to us. With such offerings from your hands, will he accept you?"—says the LORD Almighty.

10 "Oh, that one of you would shut the temple doors, so that you would not light useless fires on my altar! I am not pleased with you," says the LORD Almighty, "and I will accept no offering from your hands. 11 My name will be great among the nations, from the rising to the setting of the sun. In every place incense and pure offerings will be brought to my name, because my name will be great among the nations," says the LORD Almighty.

12 "But you profane it by saying of the Lord's table, 'It is defiled,' and of its food, 'It is contemptible.' 13 And you say, 'What a burden!' and you sniff at it contemptuously," says the LORD Almighty.

"When you bring injured, crippled or diseased animals and offer them as sacrifices, should I accept them

---

a 1:1 En hebreo, *Malaquías* significa *mi mensajero.*   b 1:5 aun
más allá de las fronteras. Alt. *sobre el territorio.*

a 1 *Malachi* means *my messenger.*

14 »¡Maldito sea el tramposo que, teniendo un macho aceptable en su rebaño, se lo dedica al Señor y luego le ofrece un animal mutilado! Porque yo soy el gran rey —dice el Señor Todopoderoso—, y temido es mi nombre entre las naciones.

Juicio contra los sacerdotes

2 »Ahora, pues, este mandato es para ustedes, los sacerdotes. 2 Si no me hacen caso ni se deciden a honrar mi *nombre —dice el Señor *Todopoderoso—, les enviaré una maldición, y maldeciré sus bendiciones. Ya las les maldecido, porque ustedes no se han decidido a honrarme.

3 »Por esto, voy a reprender a sus descendientes. Les arrojaré a la cara los desperdicios de los sacrificios de sus fiestas, y los barreré junto con ellos. 4 Entonces sabrán que les he dado este mandato, a fin de que continúe mi *pacto con Leví —dice el Señor Todopoderoso—. 5 Mi pacto con él era de vida y *paz, y se las di; era también de temor, y él me temió, y mostró ante mí profunda reverencia. 6 En su boca había instrucción fidedigna; en sus labios no se encontraba perversidad. En paz y rectitud caminó conmigo, y apartó del pecado a muchos.

7 »Los labios de un sacerdote atesoran sabiduría, y de su boca los hombres buscan instrucción, porque es mensajero del Señor Todopoderoso. 8 Pero ustedes se han desviado del *camino y mediante su instrucción han hecho tropezar a muchos; ustedes han arruinado el pacto con Leví —dice el Señor Todopoderoso—. 9 Por mi parte, yo he hecho que ustedes sean despreciables y viles ante todo el pueblo, porque no han guardado mis caminos sino que han mostrado parcialidad en cuestiones de la *ley.»

Deslealtad de Judá

10 ¿No tenemos todos un solo Padre? ¿No nos creó un solo Dios? ¿Por qué, pues, profanamos el *pacto de nuestros antepasados al traicionarnos unos a otros?

11 Judá ha sido traicionero. En Israel y en Jerusalén se ha cometido algo detestable: al casarse Judá con la hija de un dios extraño, ha profanado el santuario[c] que el Señor ama. 12 En cuanto al hombre que haga eso, quienquiera que sea, que el Señor *Todopoderoso lo excluya de los campamentos de Jacob, aun cuando le lleve ofrendas.

13 Otra cosa que ustedes hacen es inundar de lágrimas el altar del Señor; lloran y se lamentan porque él ya no presta atención a sus ofrendas ni las acepta de sus manos con agrado.

14 Y todavía preguntan por qué.

Pues porque el Señor actúa como testigo entre ti y la esposa de tu juventud, a la que traicionaste aunque es tu compañera, la esposa de tu pacto.[d] 15 ¿Acaso no hizo el Señor un solo ser, que es cuerpo y espíritu? Y ¿por qué es uno solo? Porque busca descendencia dada por Dios.[e] Así que cuídense ustedes en su propio espíritu, y no traicionen a la esposa de su juventud.

from your hands?" says the Lord. 14 "Cursed is the cheat who has an acceptable male in his flock and vows to give it, but then sacrifices a blemished animal to the Lord. For I am a great king," says the Lord Almighty, "and my name is to be feared among the nations.

Admonition for the Priests

2 "And now this admonition is for you, O priests. 2 If you do not listen, and if you do not set your heart to honor my name," says the Lord Almighty, "I will send a curse upon you, and I will curse your blessings. Yes, I have already cursed them, because you have not set your heart to honor me.

3 "Because of you I will rebuke[b] your descendants[c]; I will spread on your faces the offal from your festival sacrifices, and you will be carried off with it. 4 And you will know that I have sent you this admonition so that my covenant with Levi may continue," says the Lord Almighty. 5 "My covenant was with him, a covenant of life and peace, and I gave them to him; this called for reverence and he revered me and stood in awe of my name. 6 True instruction was in his mouth and nothing false was found on his lips. He walked with me in peace and uprightness, and turned many from sin.

7 "For the lips of a priest ought to preserve knowledge, and from his mouth men should seek instruction—because he is the messenger of the Lord Almighty. 8 But you have turned from the way and by your teaching have caused many to stumble; you have violated the covenant with Levi," says the Lord Almighty. 9 "So I have caused you to be despised and humiliated before all the people, because you have not followed my ways but have shown partiality in matters of the law."

Judah Unfaithful

10 Have we not all one Father[d]? Did not one God create us? Why do we profane the covenant of our fathers by breaking faith with one another?

11 Judah has broken faith. A detestable thing has been committed in Israel and in Jerusalem: Judah has desecrated the sanctuary the Lord loves, by marrying the daughter of a foreign god. 12 As for the man who does this, whoever he may be, may the Lord cut him off from the tents of Jacob[e]—even though he brings offerings to the Lord Almighty.

13 Another thing you do: You flood the Lord's altar with tears. You weep and wail because he no longer pays attention to your offerings or accepts them with pleasure from your hands. 14 You ask, "Why?" It is because the Lord is acting as the witness between you and the wife of your youth, because you have broken faith with her, though she is your partner, the wife of your marriage covenant.

15 Has not ˏthe Lordˎ made them one? In flesh and spirit they are his. And why one? Because he was seeking godly offspring.[f] So guard yourself in your spirit, and do not break faith with the wife of your youth.

---

b 3 Or cut off (see Septuagint)   c 3 Or will blight your grain
d 10 Or father   e 12 Or 12 May the Lord cut off from the tents of Jacob anyone who gives testimony in behalf of the man who does this   f 15 Or 15 But the one ˏwho is our fatherˎ did not do this, not as long as life remained in him. And what was he seeking? An offspring from God

c 2:11 el santuario. Alt. las cosas santas.   d 2:14 pacto. Alt. vínculo matrimonial, o misma nacionalidad.   e 2:15 ¿Acaso ... Dios. Texto de difícil traducción.

16«Yo aborrezco el divorcio —dice el SEÑOR, Dios de Israel—, y al que cubre*f* de violencia sus vestiduras», dice el SEÑOR Todopoderoso.

Así que cuídense en su espíritu, y no sean traicioneros.

Acusaciones contra Judá

17Ustedes han cansado al SEÑOR con sus palabras.

Y encima preguntan: «¿En qué lo hemos cansado?»

En que dicen: «Todo el que hace lo malo agrada al SEÑOR, y él se complace con ellos»; y murmuran: «¿Dónde está el Dios de *justicia?»

3 El SEÑOR *Todopoderoso responde: «Yo estoy por enviar a mi mensajero para que prepare el camino delante de mí. De pronto vendrá a su templo el Señor a quien ustedes buscan; vendrá el mensajero del *pacto, en quien ustedes se complacen.»

2Pero ¿quién podrá soportar el día de su venida? ¿Quién podrá mantenerse en pie cuando él aparezca? Porque será como fuego de fundidor o lejía de lavandero. 3Se sentará como fundidor y purificador de plata; *purificará a los levitas y los refinará como se refinan el oro y la plata. Entonces traerán al SEÑOR ofrendas conforme a la justicia, 4y las ofrendas de Judá y Jerusalén serán aceptables al SEÑOR, como en tiempos antiguos, como en años pasados.

5«De modo que me acercaré a ustedes para juicio. Estaré presto a testificar contra los hechiceros, los adúlteros y los perjuros, contra los que explotan a sus asalariados; contra los que oprimen a las viudas y a los huérfanos, y niegan el derecho del extranjero, sin mostrarme ningún temor —dice el SEÑOR Todopoderoso—.

Fidelidad en las ofrendas

6»Yo, el SEÑOR, no cambio. Por eso ustedes, descendientes de Jacob, no han sido exterminados. 7Desde la época de sus antepasados se han apartado de mis preceptos y no los han guardado. Vuélvanse a mí, y yo me volveré a ustedes —dice el SEÑOR Todopoderoso—.

»Pero ustedes replican: "¿En qué sentido tenemos que volvernos?"

8»¿Acaso roba el hombre a Dios? ¡Ustedes me están robando!

»Y todavía preguntan: "¿En qué te robamos?"

»En los diezmos y en las ofrendas. 9Ustedes —la nación entera— están bajo gran maldición, pues es a mí a quien están robando.

10»Traigan íntegro el diezmo para los fondos del templo, y así habrá alimento en mi casa. Pruébenme en esto —dice el SEÑOR Todopoderoso—, y vean si no abro las compuertas del cielo y derramo sobre ustedes bendición hasta que sobreabunde. 11Exterminaré a la langosta, para que no arruine sus cultivos y las vides en los campos no pierdan su fruto —dice el SEÑOR Todopoderoso—. 12Entonces todas las naciones los llamarán a ustedes *dichosos, porque ustedes tendrán una nación encantadora —dice el SEÑOR Todopoderoso—.

Insolencia de Judá

13»Ustedes profieren insolencias contra mí —dice el SEÑOR—.

»Y encima preguntan: "¿Qué insolencias hemos dicho contra ti?"

14»Ustedes han dicho: "Servir a Dios no vale la pena. ¿Qué ganamos con cumplir sus mandatos y ves-

16"I hate divorce," says the LORD God of Israel, "and I hate a man's covering himself*g* with violence as well as with his garment," says the LORD Almighty.

So guard yourself in your spirit, and do not break faith.

The Day of Judgment

17You have wearied the LORD with your words.

"How have we wearied him?" you ask.

By saying, "All who do evil are good in the eyes of the LORD, and he is pleased with them" or "Where is the God of justice?"

3 "See, I will send my messenger, who will prepare the way before me. Then suddenly the Lord you are seeking will come to his temple; the messenger of the covenant, whom you desire, will come," says the LORD Almighty.

2But who can endure the day of his coming? Who can stand when he appears? For he will be like a refiner's fire or a launderer's soap. 3He will sit as a refiner and purifier of silver; he will purify the Levites and refine them like gold and silver. Then the LORD will have men who will bring offerings in righteousness, 4and the offerings of Judah and Jerusalem will be acceptable to the LORD, as in days gone by, as in former years.

5"So I will come near to you for judgment. I will be quick to testify against sorcerers, adulterers and perjurers, against those who defraud laborers of their wages, who oppress the widows and the fatherless, and deprive aliens of justice, but do not fear me," says the LORD Almighty.

Robbing God

6"I the LORD do not change. So you, O descendants of Jacob, are not destroyed. 7Ever since the time of your forefathers you have turned away from my decrees and have not kept them. Return to me, and I will return to you," says the LORD Almighty.

"But you ask, 'How are we to return?'

8"Will a man rob God? Yet you rob me.

"But you ask, 'How do we rob you?'

"In tithes and offerings. 9You are under a curse—the whole nation of you—because you are robbing me. 10Bring the whole tithe into the storehouse, that there may be food in my house. Test me in this," says the LORD Almighty, "and see if I will not throw open the floodgates of heaven and pour out so much blessing that you will not have room enough for it. 11I will prevent pests from devouring your crops, and the vines in your fields will not cast their fruit," says the LORD Almighty. 12"Then all the nations will call you blessed, for yours will be a delightful land," says the LORD Almighty.

13"You have said harsh things against me," says the LORD.

"Yet you ask, 'What have we said against you?'

14"You have said, 'It is futile to serve God. What did we gain by carrying out his requirements and going

---

f 2:16 *Yo aborrezco el divorcio ... y al que cubre.* Alt. *El que odia y se divorcia ... cubre.*

g 16 Or *his wife*

tirnos de luto delante del SEÑOR Todopoderoso 15 si nos toca llamar dichosos a los soberbios, y los que hacen lo malo no sólo prosperan sino que incluso desafían a Dios y se salen con la suya?"»

16 Los que temían al SEÑOR hablaron entre sí, y él los escuchó y les prestó atención. Entonces se escribió en su presencia un libro de memorias de aquellos que temen al SEÑOR y honran su nombre. 17 «El día que yo actúe ellos serán mi propiedad exclusiva —dice el SEÑOR Todopoderoso—. Tendré compasión de ellos, como se compadece un hombre del hijo que le sirve. 18 Y ustedes volverán a distinguir entre los buenos y los malos, entre los que sirven a Dios y los que no le sirven.

El día del SEÑOR

4 »Miren, ya viene el día, ardiente como un horno. Todos los soberbios y todos los malvados serán como paja, y aquel día les prenderá fuego hasta dejarlos sin raíz ni rama —dice el SEÑOR *Todopoderoso—. 2 Pero para ustedes que temen mi *nombre, se levantará el sol de justicia trayendo en sus rayos*g* salud. Y ustedes saldrán saltando como becerros recién alimentados. 3 El día que yo actúe ustedes pisotearán a los malvados, y bajo sus pies quedarán hechos polvo —dice el SEÑOR Todopoderoso—.

4 »Acuérdense de la *ley de mi siervo Moisés. Recuerden los preceptos y las leyes que le di en Horeb para todo Israel.

5 »Estoy por enviarles al profeta Elías antes que llegue el día del SEÑOR, día grande y terrible. 6 Él hará que los padres se reconcilien con sus hijos y los hijos con sus padres, y así no vendré a herir la tierra con *destrucción total.»

about like mourners before the LORD Almighty? 15 But now we call the arrogant blessed. Certainly the evildoers prosper, and even those who challenge God escape.' "

16 Then those who feared the LORD talked with each other, and the LORD listened and heard. A scroll of remembrance was written in his presence concerning those who feared the LORD and honored his name.

17 "They will be mine," says the LORD Almighty, "in the day when I make up my treasured possession.*h* I will spare them, just as in compassion a man spares his son who serves him. 18 And you will again see the distinction between the righteous and the wicked, between those who serve God and those who do not.

The Day of the LORD

4 "Surely the day is coming; it will burn like a furnace. All the arrogant and every evildoer will be stubble, and that day that is coming will set them on fire," says the LORD Almighty. "Not a root or a branch will be left to them. 2 But for you who revere my name, the sun of righteousness will rise with healing in its wings. And you will go out and leap like calves released from the stall. 3 Then you will trample down the wicked; they will be ashes under the soles of your feet on the day when I do these things," says the LORD Almighty.

4 "Remember the law of my servant Moses, the decrees and laws I gave him at Horeb for all Israel.

5 "See, I will send you the prophet Elijah before that great and dreadful day of the LORD comes. 6 He will turn the hearts of the fathers to their children, and the hearts of the children to their fathers; or else I will come and strike the land with a curse."

---

g 4:2 rayos. Lit. *alas.*

h 17 Or *Almighty, "my treasured possession, in the day when I act*

Nuevo Testamento
The New Testament

Evangelio según

Mateo

Genealogía de Jesucristo

1 Tabla genealógica de *Jesucristo, hijo de David, hijo de Abraham:

2 Abraham fue el padre de[a] Isaac;
Isaac, padre de Jacob;
Jacob, padre de Judá y de sus hermanos;
3 Judá, padre de Fares y de Zera, cuya madre fue Tamar;
Fares, padre de Jezrón;
Jezrón, padre de Aram;
4 Aram, padre de Aminadab;
Aminadab, padre de Naasón;
Naasón, padre de Salmón;
5 Salmón, padre de Booz, cuya madre fue Rajab;
Booz, padre de Obed, cuya madre fue Rut;
Obed, padre de Isaí;
6 e Isaí, padre del rey David.

David fue el padre de Salomón, cuya madre había sido la esposa de Urías;
7 Salomón, padre de Roboán;
Roboán, padre de Abías;
Abías, padre de Asá;
8 Asá, padre de Josafat;
Josafat, padre de Jorán;
Jorán, padre de Uzías;
9 Uzías, padre de Jotán;
Jotán, padre de Acaz;
Acaz, padre de Ezequías;
10 Ezequías, padre de Manasés;
Manasés, padre de Amón;
Amón, padre de Josías;
11 y Josías, padre de Jeconías[b] y de sus hermanos en tiempos de la deportación a Babilonia.

12 Después de la deportación a Babilonia,
Jeconías fue el padre de Salatiel;
Salatiel, padre de Zorobabel;
13 Zorobabel, padre de Abiud;
Abiud, padre de Eliaquín;
Eliaquín, padre de Azor;
14 Azor, padre de Sadoc;
Sadoc, padre de Aquín;
Aquín, padre de Eliud;
15 Eliud, padre de Eleazar;
Eleazar, padre de Matán;
Matán, padre de Jacob;
16 y Jacob fue padre de José, que fue el esposo de María, de la cual nació Jesús, llamado el *Cristo.

17 Así que hubo en total catorce generaciones desde Abraham hasta David, catorce desde David hasta la deportación a Babilonia, y catorce desde la deportación hasta el Cristo.

Matthew

The Genealogy of Jesus

1 A record of the genealogy of Jesus Christ the son of David, the son of Abraham:

2 Abraham was the father of Isaac,
Isaac the father of Jacob,
Jacob the father of Judah and his brothers,
3 Judah the father of Perez and Zerah, whose mother was Tamar,
Perez the father of Hezron,
Hezron the father of Ram,
4 Ram the father of Amminadab,
Amminadab the father of Nahshon,
Nahshon the father of Salmon,
5 Salmon the father of Boaz, whose mother was Rahab,
Boaz the father of Obed, whose mother was Ruth,
Obed the father of Jesse,
6 and Jesse the father of King David.

David was the father of Solomon, whose mother had been Uriah's wife,
7 Solomon the father of Rehoboam,
Rehoboam the father of Abijah,
Abijah the father of Asa,
8 Asa the father of Jehoshaphat,
Jehoshaphat the father of Jehoram,
Jehoram the father of Uzziah,
9 Uzziah the father of Jotham,
Jotham the father of Ahaz,
Ahaz the father of Hezekiah,
10 Hezekiah the father of Manasseh,
Manasseh the father of Amon,
Amon the father of Josiah,
11 and Josiah the father of Jeconiah[a] and his brothers at the time of the exile to Babylon.

12 After the exile to Babylon:
Jeconiah was the father of Shealtiel,
Shealtiel the father of Zerubbabel,
13 Zerubbabel the father of Abiud,
Abiud the father of Eliakim,
Eliakim the father of Azor,
14 Azor the father of Zadok,
Zadok the father of Akim,
Akim the father of Eliud,
15 Eliud the father of Eleazar,
Eleazar the father of Matthan,
Matthan the father of Jacob,
16 and Jacob the father of Joseph, the husband of Mary, of whom was born Jesus, who is called Christ.

17 Thus there were fourteen generations in all from Abraham to David, fourteen from David to the exile to Babylon, and fourteen from the exile to the Christ.[b]

Nacimiento de Jesucristo

18 El nacimiento de Jesús, el *Cristo, fue así: Su madre, María, estaba comprometida para casarse con José, pero antes de unirse a él, resultó que estaba encinta por obra del Espíritu Santo. 19 Como José, su esposo, era un hombre justo y no quería exponerla a vergüenza pública, resolvió divorciarse de ella en secreto.

20 Pero cuando él estaba considerando hacerlo, se le apareció en sueños un ángel del Señor y le dijo: «José, hijo de David, no temas recibir a María por esposa, porque ella ha concebido por obra del Espíritu Santo. 21 Dará a luz un hijo, y le pondrás por nombre Jesús,c porque él salvará a su pueblo de sus pecados.»

22 Todo esto sucedió para que se cumpliera lo que el Señor había dicho por medio del profeta: 23 «La virgen concebirá y dará a luz un hijo, y lo llamarán Emanuel»d (que significa «Dios con nosotros»).

24 Cuando José se despertó, hizo lo que el ángel del Señor le había mandado y recibió a María por esposa. 25 Pero no tuvo relaciones conyugales con ella hasta que dio a luz un hijo,e a quien le puso por nombre Jesús.

Visita de los sabios

2 Después de que Jesús nació en Belén de Judea en tiempos del rey Herodes, llegaron a Jerusalén unos sabiosf procedentes del Oriente.

2 —¿Dónde está el que ha nacido rey de los judíos? —preguntaron—. Vimos levantarseg su estrella y hemos venido a adorarlo.

3 Cuando lo oyó el rey Herodes, se turbó, y toda Jerusalén con él. 4 Así que convocó de entre el pueblo a todos los jefes de los sacerdotes y *maestros de la ley, y les preguntó dónde había de nacer el *Cristo.

5 —En Belén de Judea —le respondieron—, porque esto es lo que ha escrito el profeta:

6 »"Pero tú, Belén, en la tierra de Judá,
    de ninguna manera eres la menor entre los
        principales de Judá;
    porque de ti saldrá un príncipe
        que será el pastor de mi pueblo Israel."h

7 Luego Herodes llamó en secreto a los sabios y se enteró por ellos del tiempo exacto en que había aparecido la estrella. 8 Los envió a Belén y les dijo:

—Vayan e infórmense bien de ese niño y, tan pronto como lo encuentren, avísenme para que yo también vaya y lo adore.

9 Después de oír al rey, siguieron su camino, y sucedió que la estrella que habían visto levantarse iba delante de ellos hasta que se detuvo sobre el lugar donde estaba el niño. 10 Al ver la estrella, se llenaron de alegría. 11 Cuando llegaron a la casa, vieron al niño con María, su madre; y postrándose lo adoraron. Abrieron sus cofres y le presentaron como regalos oro, incienso y mirra. 12 Entonces, advertidos en sueños de que no volvieran a Herodes, regresaron a su tierra por otro camino.

The Birth of Jesus Christ

18 This is how the birth of Jesus Christ came about: His mother Mary was pledged to be married to Joseph, but before they came together, she was found to be with child through the Holy Spirit. 19 Because Joseph her husband was a righteous man and did not want to expose her to public disgrace, he had in mind to divorce her quietly.

20 But after he had considered this, an angel of the Lord appeared to him in a dream and said, "Joseph son of David, do not be afraid to take Mary home as your wife, because what is conceived in her is from the Holy Spirit. 21 She will give birth to a son, and you are to give him the name Jesus,c because he will save his people from their sins."

22 All this took place to fulfill what the Lord had said through the prophet: 23 "The virgin will be with child and will give birth to a son, and they will call him Immanuel"d—which means, "God with us."

24 When Joseph woke up, he did what the angel of the Lord had commanded him and took Mary home as his wife. 25 But he had no union with her until she gave birth to a son. And he gave him the name Jesus.

The Visit of the Magi

2 After Jesus was born in Bethlehem in Judea, during the time of King Herod, Magie from the east came to Jerusalem 2 and asked, "Where is the one who has been born king of the Jews? We saw his star in the eastf and have come to worship him."

3 When King Herod heard this he was disturbed, and all Jerusalem with him. 4 When he had called together all the people's chief priests and teachers of the law, he asked them where the Christg was to be born. 5 "In Bethlehem in Judea," they replied, "for this is what the prophet has written:

6 " 'But you, Bethlehem, in the land of Judah,
    are by no means least among the rulers of
        Judah;
    for out of you will come a ruler
        who will be the shepherd of my people
            Israel.' h "

7 Then Herod called the Magi secretly and found out from them the exact time the star had appeared. 8 He sent them to Bethlehem and said, "Go and make a careful search for the child. As soon as you find him, report to me, so that I too may go and worship him."

9 After they had heard the king, they went on their way, and the star they had seen in the easti went ahead of them until it stopped over the place where the child was. 10 When they saw the star, they were overjoyed. 11 On coming to the house, they saw the child with his mother Mary, and they bowed down and worshiped him. Then they opened their treasures and presented him with gifts of gold and of incense and of myrrh. 12 And having been warned in a dream not to go back to Herod, they returned to their country by another route.

---

c 1:21 Jesús es la forma griega del nombre hebreo Josué, que significa el Señor salva.   d 1:23 Is 7:14   e 1:25 un hijo. Var. su hijo primogénito.   f 2:1 sabios. Lit. magos; también en vv. 7, 16.   g 2:2 levantarse. Alt. en el oriente; también en v. 9. h 2:6 Mi 5:2

c 21 Jesus is the Greek form of Joshua, which means the Lord saves.   d 23 Isaiah 7:14   e 1 Traditionally Wise Men f 2 Or star when it rose   g 4 Or Messiah   h 6 Micah 5:2 i 9 Or seen when it rose

La huida a Egipto

13 Cuando ya se habían ido, un ángel del Señor se le apareció en sueños a José y le dijo: «Levántate, toma al niño y a su madre, y huye a Egipto. Quédate allí hasta que yo te avise, porque Herodes va a buscar al niño para matarlo.»

14 Así que se levantó cuando todavía era de noche, tomó al niño y a su madre, y partió para Egipto, 15 donde permaneció hasta la muerte de Herodes. De este modo se cumplió lo que el Señor había dicho por medio del profeta: «De Egipto llamé a mi hijo.»[i]

16 Cuando Herodes se dio cuenta de que los sabios se habían burlado de él, se enfureció y mandó matar a todos los niños menores de dos años en Belén y en sus alrededores, de acuerdo con el tiempo que había averiguado de los sabios. 17 Entonces se cumplió lo dicho por el profeta Jeremías:

18 «Se oye un grito en Ramá,
     llanto y gran lamentación;
   es Raquel, que llora por sus hijos
     y no quiere ser consolada;
     ¡sus hijos ya no existen!»[j]

El regreso a Nazaret

19 Después de que murió Herodes, un ángel del Señor se le apareció en sueños a José en Egipto 20 y le dijo: «Levántate, toma al niño y a su madre, y vete a la tierra de Israel, que ya murieron los que amenazaban con quitarle la *vida al niño.»

21 Así que se levantó José, tomó al niño y a su madre, y regresó a la tierra de Israel. 22 Pero al oír que Arquelao reinaba en Judea en lugar de su padre Herodes, tuvo miedo de ir allá. Advertido por Dios en sueños, se retiró al distrito de Galilea, 23 y fue a vivir en un pueblo llamado Nazaret. Con esto se cumplió lo dicho por los profetas: «Lo llamarán nazareno.»

Juan el Bautista prepara el camino

3 En aquellos días se presentó Juan el Bautista predicando en el desierto de Judea. 2 Decía: «*Arrepiéntanse, porque el reino de los cielos está cerca.» 3 Juan era aquel de quien había escrito el profeta Isaías:

«Voz de uno que grita en el desierto:
"Preparen el camino para el Señor,
   háganle sendas derechas."»[k]

4 La ropa de Juan estaba hecha de pelo de camello. Llevaba puesto un cinturón de cuero y se alimentaba de langostas y miel silvestre. 5 Acudía a él la gente de Jerusalén, de toda Judea y de toda la región del Jordán. 6 Cuando confesaban sus pecados, él los bautizaba en el río Jordán.

7 Pero al ver que muchos fariseos y saduceos llegaban adonde él estaba bautizando, les advirtió: «¡Camada de víboras! ¿Quién les dijo que podrán escapar del castigo que se acerca? 8 Produzcan frutos que demuestren arrepentimiento. 9 No piensen que podrán alegar: "Tenemos a Abraham por padre." Porque les digo que aun de estas piedras Dios es capaz de darle hijos a Abraham. 10 El hacha ya está puesta a la raíz de los árboles, y todo árbol que no produzca buen fruto será cortado y arrojado al fuego.

11 »Yo los bautizo a ustedes con[l] agua para que se arrepientan. Pero el que viene después de mí es más poderoso que yo, y ni siquiera merezco llevarle las sandalias. Él los bautizará con el Espíritu Santo y con

The Escape to Egypt

13 When they had gone, an angel of the Lord appeared to Joseph in a dream. "Get up," he said, "take the child and his mother and escape to Egypt. Stay there until I tell you, for Herod is going to search for the child to kill him."

14 So he got up, took the child and his mother during the night and left for Egypt, 15 where he stayed until the death of Herod. And so was fulfilled what the Lord had said through the prophet: "Out of Egypt I called my son."[j]

16 When Herod realized that he had been outwitted by the Magi, he was furious, and he gave orders to kill all the boys in Bethlehem and its vicinity who were two years old and under, in accordance with the time he had learned from the Magi. 17 Then what was said through the prophet Jeremiah was fulfilled:

18 "A voice is heard in Ramah,
     weeping and great mourning,
   Rachel weeping for her children
     and refusing to be comforted,
   because they are no more."[k]

The Return to Nazareth

19 After Herod died, an angel of the Lord appeared in a dream to Joseph in Egypt 20 and said, "Get up, take the child and his mother and go to the land of Israel, for those who were trying to take the child's life are dead."

21 So he got up, took the child and his mother and went to the land of Israel. 22 But when he heard that Archelaus was reigning in Judea in place of his father Herod, he was afraid to go there. Having been warned in a dream, he withdrew to the district of Galilee, 23 and he went and lived in a town called Nazareth. So was fulfilled what was said through the prophets: "He will be called a Nazarene."

John the Baptist Prepares the Way

3 In those days John the Baptist came, preaching in the Desert of Judea 2 and saying, "Repent, for the kingdom of heaven is near." 3 This is he who was spoken of through the prophet Isaiah:

"A voice of one calling in the desert,
'Prepare the way for the Lord,
   make straight paths for him.' "[l]

4 John's clothes were made of camel's hair, and he had a leather belt around his waist. His food was locusts and wild honey. 5 People went out to him from Jerusalem and all Judea and the whole region of the Jordan. 6 Confessing their sins, they were baptized by him in the Jordan River.

7 But when he saw many of the Pharisees and Sadducees coming to where he was baptizing, he said to them: "You brood of vipers! Who warned you to flee from the coming wrath? 8 Produce fruit in keeping with repentance. 9 And do not think you can say to yourselves, 'We have Abraham as our father.' I tell you that out of these stones God can raise up children for Abraham. 10 The ax is already at the root of the trees, and every tree that does not produce good fruit will be cut down and thrown into the fire.

11 "I baptize you with[m] water for repentance. But after me will come one who is more powerful than I, whose sandals I am not fit to carry. He will baptize you

---

i 2:15 Os 11:1   *j* 2:18 Jer 31:15   *k* 3:3 Is 40:3
l 3:11 con. Alt. en.

j 15 Hosea 11:1   *k* 18 Jer. 31:15   *l* 3 Isaiah 40:3
m 11 Or in

fuego. 12 Tiene el rastrillo en la mano y limpiará su era, recogiendo el trigo en su granero; la paja, en cambio, la quemará con fuego que nunca se apagará.»

Bautismo de Jesús

13 Un día Jesús fue de Galilea al Jordán para que Juan lo bautizara. 14 Pero Juan trató de disuadirlo.

—Yo soy el que necesita ser bautizado por ti, ¿y tú vienes a mí? —objetó.

15 —Dejémoslo así por ahora, pues nos conviene cumplir con lo que es justo —le contestó Jesús.

Entonces Juan consintió.

16 Tan pronto como Jesús fue bautizado, subió del agua. En ese momento se abrió el cielo, y él vio al Espíritu de Dios bajar como una paloma y posarse sobre él. 17 Y una voz del cielo decía: «Éste es mi Hijo amado; estoy muy complacido con él.»

Tentación de Jesús

4 Luego el Espíritu llevó a Jesús al desierto para que el diablo lo sometiera a *tentación. 2 Después de ayunar cuarenta días y cuarenta noches, tuvo hambre. 3 El tentador se le acercó y le propuso:

—Si eres el Hijo de Dios, ordena a estas piedras que se conviertan en pan.

4 Jesús le respondió:

—Escrito está: "No sólo de pan vive el hombre, sino de toda palabra que sale de la boca de Dios."m

5 Luego el diablo lo llevó a la ciudad santa e hizo que se pusiera de pie sobre la parte más alta del *templo, y le dijo:

6 —Si eres el Hijo de Dios, tírate abajo. Porque escrito está:

"Ordenará que sus ángeles
te sostengan en sus manos,
para que no tropieces con piedra alguna."n

7 —También está escrito: "No pongas a prueba al Señor tu Dios"ñ —le contestó Jesús.

8 De nuevo lo tentó el diablo, llevándolo a una montaña muy alta, y le mostró todos los reinos del mundo y su esplendor.

9 —Todo esto te daré si te postras y me adoras.

10 —¡Vete, Satanás! —le dijo Jesús—. Porque escrito está: "Adora al Señor tu Dios y sírvele solamente a él."o

11 Entonces el diablo lo dejó, y unos ángeles acudieron a servirle.

Jesús comienza a predicar

12 Cuando Jesús oyó que habían encarcelado a Juan, regresó a Galilea. 13 Partió de Nazaret y se fue a vivir a Capernaúm, que está junto al lago en la región de Zabulón y de Neftalí, 14 para cumplir lo dicho por el profeta Isaías:

15 «Tierra de Zabulón y tierra de Neftalí,
     camino del mar, al otro lado del Jordán,
     Galilea de los *gentiles;
16 el pueblo que habitaba en la oscuridad
     ha visto una gran luz;
     sobre los que vivían en densas tinieblasp
     la luz ha resplandecido.»q

17 Desde entonces comenzó Jesús a predicar: «*Arrepiéntanse, porque el reino de los cielos está cerca.»

with the Holy Spirit and with fire. 12 His winnowing fork is in his hand, and he will clear his threshing floor, gathering his wheat into the barn and burning up the chaff with unquenchable fire."

The Baptism of Jesus

13 Then Jesus came from Galilee to the Jordan to be baptized by John. 14 But John tried to deter him, saying, "I need to be baptized by you, and do you come to me?"

15 Jesus replied, "Let it be so now; it is proper for us to do this to fulfill all righteousness." Then John consented.

16 As soon as Jesus was baptized, he went up out of the water. At that moment heaven was opened, and he saw the Spirit of God descending like a dove and lighting on him. 17 And a voice from heaven said, "This is my Son, whom I love; with him I am well pleased."

The Temptation of Jesus

4 Then Jesus was led by the Spirit into the desert to be tempted by the devil. 2 After fasting forty days and forty nights, he was hungry. 3 The tempter came to him and said, "If you are the Son of God, tell these stones to become bread."

4 Jesus answered, "It is written: 'Man does not live on bread alone, but on every word that comes from the mouth of God.'n "

5 Then the devil took him to the holy city and had him stand on the highest point of the temple. 6 "If you are the Son of God," he said, "throw yourself down. For it is written:

" 'He will command his angels concerning
         you,
     and they will lift you up in their hands,
     so that you will not strike your foot against
         a stone.'o "

7 Jesus answered him, "It is also written: 'Do not put the Lord your God to the test.'p "

8 Again, the devil took him to a very high mountain and showed him all the kingdoms of the world and their splendor. 9 "All this I will give you," he said, "if you will bow down and worship me."

10 Jesus said to him, "Away from me, Satan! For it is written: 'Worship the Lord your God, and serve him only.'q "

11 Then the devil left him, and angels came and attended him.

Jesus Begins to Preach

12 When Jesus heard that John had been put in prison, he returned to Galilee. 13 Leaving Nazareth, he went and lived in Capernaum, which was by the lake in the area of Zebulun and Naphtali— 14 to fulfill what was said through the prophet Isaiah:

15 "Land of Zebulun and land of Naphtali,
     the way to the sea, along the Jordan,
     Galilee of the Gentiles—
16 the people living in darkness
     have seen a great light;
     on those living in the land of the shadow of
         death
     a light has dawned."r

17 From that time on Jesus began to preach, "Repent, for the kingdom of heaven is near."

---

m 4:4 Dt 8:3   n 4:6 Sal 91:11,12   ñ 4:7 Dt 6:16
o 4:10 Dt 6:13   p 4:16 vivían en densas tinieblas. Lit. habitaban en tierra y sombra de muerte.   q 4:16 Is 9:1,2

n 4 Deut. 8:3   o 6 Psalm 91:11,12   p 7 Deut. 6:16
q 10 Deut. 6:13   r 16 Isaiah 9:1,2

Llamamiento de los primeros discípulos

18 Mientras caminaba junto al mar de Galilea, Jesús vio a dos hermanos: uno era Simón, llamado Pedro, y el otro Andrés. Estaban echando la red al lago, pues eran pescadores. 19 «Vengan, síganme —les dijo Jesús—, y los haré pescadores de hombres.» 20 Al instante dejaron las redes y lo siguieron.

21 Más adelante vio a otros dos hermanos: *Jacobo y Juan, hijos de Zebedeo, que estaban en una barca remendando las redes. Jesús los llamó, 22 y dejaron en seguida la barca y a su padre, y lo siguieron.

Jesús sana a los enfermos

23 Jesús recorría toda Galilea, enseñando en las sinagogas, anunciando las buenas *nuevas del reino, y sanando toda enfermedad y dolencia entre la gente. 24 Su fama se extendió por toda Siria, y le llevaban todos los que padecían de diversas enfermedades, los que sufrían de dolores graves, los endemoniados, los epilépticos y los paralíticos, y él los sanaba. 25 Lo seguían grandes multitudes de Galilea, *Decápolis, Jerusalén, Judea y de la región al otro lado del Jordán.

Las bienaventuranzas

5 Cuando vio a las multitudes, subió a la ladera de una montaña y se sentó. Sus discípulos se le acercaron, 2 y tomando él la palabra, comenzó a enseñarles diciendo:

3 «*Dichosos los pobres en espíritu,
     porque el reino de los cielos les pertenece.
4 Dichosos los que lloran,
     porque serán consolados.
5 Dichosos los humildes,
     porque recibirán la tierra como herencia.
6 Dichosos los que tienen hambre y sed de
     justicia,
     porque serán saciados.
7 Dichosos los compasivos,
     porque serán tratados con compasión.
8 Dichosos los de corazón limpio,
     porque ellos verán a Dios.
9 Dichosos los que trabajan por la paz,
     porque serán llamados hijos de Dios.
10 Dichosos los perseguidos por causa de la
     justicia,
     porque el reino de los cielos les pertenece.

11 »Dichosos serán ustedes cuando por mi causa la gente los insulte, los persiga y levante contra ustedes toda clase de calumnias. 12 Alégrense y llénense de júbilo, porque les espera una gran recompensa en el cielo. Así también persiguieron a los profetas que los precedieron a ustedes.

La sal y la luz

13 »Ustedes son la sal de la tierra. Pero si la sal se vuelve insípida, ¿cómo recobrará su sabor? Ya no sirve para nada, sino para que la gente la deseche y la pisotee.

14 »Ustedes son la luz del mundo. Una ciudad en lo alto de una colina no puede esconderse. 15 Ni se enciende una lámpara para cubrirla con un cajón. Por el contrario, se pone en la repisa para que alumbre a todos los

The Calling of the First Disciples

18 As Jesus was walking beside the Sea of Galilee, he saw two brothers, Simon called Peter and his brother Andrew. They were casting a net into the lake, for they were fishermen. 19 "Come, follow me," Jesus said, "and I will make you fishers of men." 20 At once they left their nets and followed him.

21 Going on from there, he saw two other brothers, James son of Zebedee and his brother John. They were in a boat with their father Zebedee, preparing their nets. Jesus called them, 22 and immediately they left the boat and their father and followed him.

Jesus Heals the Sick

23 Jesus went throughout Galilee, teaching in their synagogues, preaching the good news of the kingdom, and healing every disease and sickness among the people. 24 News about him spread all over Syria, and people brought to him all who were ill with various diseases, those suffering severe pain, the demon-possessed, those having seizures, and the paralyzed, and he healed them. 25 Large crowds from Galilee, the Decapolis,[s] Jerusalem, Judea and the region across the Jordan followed him.

The Beatitudes

5 Now when he saw the crowds, he went up on a mountainside and sat down. His disciples came to him, 2 and he began to teach them, saying:

3 "Blessed are the poor in spirit,
     for theirs is the kingdom of heaven.
4 Blessed are those who mourn,
     for they will be comforted.
5 Blessed are the meek,
     for they will inherit the earth.
6 Blessed are those who hunger and thirst for
     righteousness,
     for they will be filled.
7 Blessed are the merciful,
     for they will be shown mercy.
8 Blessed are the pure in heart,
     for they will see God.
9 Blessed are the peacemakers,
     for they will be called sons of God.
10 Blessed are those who are persecuted
     because of righteousness,
     for theirs is the kingdom of heaven.

11 "Blessed are you when people insult you, persecute you and falsely say all kinds of evil against you because of me. 12 Rejoice and be glad, because great is your reward in heaven, for in the same way they persecuted the prophets who were before you.

Salt and Light

13 "You are the salt of the earth. But if the salt loses its saltiness, how can it be made salty again? It is no longer good for anything, except to be thrown out and trampled by men.

14 "You are the light of the world. A city on a hill cannot be hidden. 15 Neither do people light a lamp and put it under a bowl. Instead they put it on its stand, and

que están en la casa. ¹⁶Hagan brillar su luz delante de todos, para que ellos puedan ver las buenas obras de ustedes y alaben al Padre que está en el cielo.

El cumplimiento de la ley

¹⁷»No piensen que he venido a anular la ley o los profetas; no he venido a anularlos sino a darles cumplimiento. ¹⁸Les aseguro que mientras existan el cielo y la tierra, ni una letra ni una tilde de la ley desaparecerán hasta que todo se haya cumplido. ¹⁹Todo el que infrinja uno solo de estos mandamientos, por pequeño que sea, y enseñe a otros a hacer lo mismo, será considerado el más pequeño en el reino de los cielos; pero el que los practique y enseñe será considerado grande en el reino de los cielos. ²⁰Porque les digo a ustedes, que no van a entrar en el reino de los cielos a menos que su justicia supere a la de los fariseos y de los *maestros de la ley.

El homicidio

²¹»Ustedes han oído que se dijo a sus antepasados: "No mates,ʳ y todo el que mate quedará sujeto al juicio del tribunal." ²²Pero yo les digo que todo el que se enojeˢ con su hermano quedará sujeto al juicio del tribunal. Es más, cualquiera que insulteᵗ a su hermano quedará sujeto al juicio del *Consejo. Pero cualquiera que lo maldigaᵘ quedará sujeto al juicio del infierno.ᵛ

²³»Por lo tanto, si estás presentando tu ofrenda en el altar y allí recuerdas que tu hermano tiene algo contra ti, ²⁴deja tu ofrenda allí delante del altar. Ve primero y reconcíliate con tu hermano; luego vuelve y presenta tu ofrenda.

²⁵»Si tu adversario te va a denunciar, llega a un acuerdo con él lo más pronto posible. Hazlo mientras vayan de camino al juzgado, no sea que te entregue al juez, y el juez al guardia, y te echen en la cárcel. ²⁶Te aseguro que no saldrás de allí hasta que pagues el último centavo.ʷ

El adulterio

²⁷»Ustedes han oído que se dijo: "No cometas adulterio."ˣ ²⁸Pero yo les digo que cualquiera que mira a una mujer y la codicia ya ha cometido adulterio con ella en el corazón. ²⁹Por tanto, si tu ojo derecho te hace *pecar, sácatelo y tíralo. Más te vale perder una sola parte de tu cuerpo, y no que todo él sea arrojado al infierno.ʸ ³⁰Y si tu mano derecha te hace pecar, córtatela y arrójala. Más te vale perder una sola parte de tu cuerpo, y no que todo él vaya al infierno.

El divorcio

³¹»Se ha dicho: "El que repudia a su esposa debe darle un certificado de divorcio."ᶻ ³²Pero yo les digo que, excepto en caso de infidelidad conyugal, todo el que se divorcia de su esposa, la induce a cometer adulterio, y el que se casa con la divorciada comete adulterio también.

Los juramentos

³³»También han oído que se dijo a sus antepasados: "No faltes a tu juramento, sino cumple con tus promesas al Señor." ³⁴Pero yo les digo: No juren de ningún modo: ni por el cielo, porque es el trono de Dios; ³⁵ni por la tierra, porque es el estrado de sus pies; ni por

The Fulfillment of the Law

¹⁷"Do not think that I have come to abolish the Law or the Prophets; I have not come to abolish them but to fulfill them. ¹⁸I tell you the truth, until heaven and earth disappear, not the smallest letter, not the least stroke of a pen, will by any means disappear from the Law until everything is accomplished. ¹⁹Anyone who breaks one of the least of these commandments and teaches others to do the same will be called least in the kingdom of heaven, but whoever practices and teaches these commands will be called great in the kingdom of heaven. ²⁰For I tell you that unless your righteousness surpasses that of the Pharisees and the teachers of the law, you will certainly not enter the kingdom of heaven.

Murder

²¹"You have heard that it was said to the people long ago, 'Do not murder,ᵗ and anyone who murders will be subject to judgment.' ²²But I tell you that anyone who is angry with his brotherᵘ will be subject to judgment. Again, anyone who says to his brother, 'Raca,ᵛ' is answerable to the Sanhedrin. But anyone who says, 'You fool!' will be in danger of the fire of hell.

²³"Therefore, if you are offering your gift at the altar and there remember that your brother has something against you, ²⁴leave your gift there in front of the altar. First go and be reconciled to your brother; then come and offer your gift.

²⁵"Settle matters quickly with your adversary who is taking you to court. Do it while you are still with him on the way, or he may hand you over to the judge, and the judge may hand you over to the officer, and you may be thrown into prison. ²⁶I tell you the truth, you will not get out until you have paid the last penny.ʷ

Adultery

²⁷"You have heard that it was said, 'Do not commit adultery.'ˣ ²⁸But I tell you that anyone who looks at a woman lustfully has already committed adultery with her in his heart. ²⁹If your right eye causes you to sin, gouge it out and throw it away. It is better for you to lose one part of your body than for your whole body to be thrown into hell. ³⁰And if your right hand causes you to sin, cut it off and throw it away. It is better for you to lose one part of your body than for your whole body to go into hell.

Divorce

³¹"It has been said, 'Anyone who divorces his wife must give her a certificate of divorce.'ʸ ³²But I tell you that anyone who divorces his wife, except for marital unfaithfulness, causes her to become an adulteress, and anyone who marries the divorced woman commits adultery.

Oaths

³³"Again, you have heard that it was said to the people long ago, 'Do not break your oath, but keep the oaths you have made to the Lord.' ³⁴But I tell you, Do not swear at all: either by heaven, for it is God's throne; ³⁵or by the earth, for it is his footstool; or by

---

ʳ5:21 Éx 20:13   ˢ5:22 *se enoje.* Var. *se enoje sin causa.*
ᵗ5:22 insulte. Lit. *le diga: "Raca"* (estúpido en arameo).
ᵘ5:22 *lo maldiga.* Lit. *le diga: "Necio."*   ᵛ5:22 *del infierno.*
Lit. *de la *Gehenna del fuego.*   ʷ5:26 *centavo.* Lit. *cuadrante.*
ˣ5:27 Éx 20:14   ʸ5:29 *al infierno.* Lit. *a la *Gehenna;* también
en v. 30.   ᶻ5:31 Dt 24:1

ᵗ21 Exodus 20:13   ᵘ22 Some manuscripts *brother without cause*
ᵛ22 An Aramaic term of contempt   ʷ26 Greek *kodrantes*
ˣ27 Exodus 20:14   ʸ31 Deut. 24:1

Jerusalén, porque es la ciudad del gran Rey. 36 Tampoco jures por tu cabeza, porque no puedes hacer que ni uno solo de tus cabellos se vuelva blanco o negro. 37 Cuando ustedes digan "sí", que sea realmente sí; y cuando digan "no", que sea no. Cualquier cosa de más, proviene del maligno.

Ojo por ojo

38 »Ustedes han oído que se dijo: "Ojo por ojo y diente por diente."*a* 39 Pero yo les digo: No resistan al que les haga mal. Si alguien te da una bofetada en la mejilla derecha, vuélvele también la otra. 40 Si alguien te pone pleito para quitarte la capa, déjale también la *camisa. 41 Si alguien te obliga a llevarle la carga un kilómetro, llévasela dos. 42 Al que te pida, dale; y al que quiera tomar de ti prestado, no le vuelvas la espalda.

El amor a los enemigos

43 »Ustedes han oído que se dijo: "Ama a tu prójimo*b* y odia a tu enemigo." 44 Pero yo les digo: Amen a sus enemigos y oren por quienes los persiguen,*c* 45 para que sean hijos de su Padre que está en el cielo. Él hace que salga el sol sobre malos y buenos, y que llueva sobre justos e injustos. 46 Si ustedes aman solamente a quienes los aman, ¿qué recompensa recibirán? ¿Acaso no hacen eso hasta los *recaudadores de impuestos? 47 Y si saludan a sus hermanos solamente, ¿qué de más hacen ustedes? ¿Acaso no hacen esto hasta los *gentiles? 48 Por tanto, sean *perfectos, así como su Padre celestial es perfecto.

El dar a los necesitados

6 »Cuídense de no hacer sus obras de justicia delante de la gente para llamar la atención. Si actúan así, su Padre que está en el cielo no les dará ninguna recompensa.

2 »Por eso, cuando des a los necesitados, no lo anuncies al son de trompeta, como lo hacen los *hipócritas en las sinagogas y en las calles para que la gente les rinda homenaje. Les aseguro que ellos ya han recibido toda su recompensa. 3 Más bien, cuando des a los necesitados, que no se entere tu mano izquierda de lo que hace la derecha, 4 para que tu limosna sea en secreto. Así tu Padre, que ve lo que se hace en secreto, te recompensará.

La oración

5 »Cuando oren, no sean como los *hipócritas, porque a ellos les encanta orar de pie en las sinagogas y en las esquinas de las plazas para que la gente los vea. Les aseguro que ya han obtenido toda su recompensa. 6 Pero tú, cuando te pongas a orar, entra en tu cuarto, cierra la puerta y ora a tu Padre, que está en lo secreto. Así tu Padre, que ve lo que se hace en secreto, te recompensará. 7 Y al orar, no hablen sólo por hablar como hacen los *gentiles, porque ellos se imaginan que serán escuchados por sus muchas palabras. 8 No sean como ellos, porque su Padre sabe lo que ustedes necesitan antes de que se lo pidan.

9 »Ustedes deben orar así:

»"Padre nuestro que estás en el cielo,
*santificado sea tu nombre,

Jerusalem, for it is the city of the Great King. 36 And do not swear by your head, for you cannot make even one hair white or black. 37 Simply let your 'Yes' be 'Yes,' and your 'No,' 'No'; anything beyond this comes from the evil one.

An Eye for an Eye

38 "You have heard that it was said, 'Eye for eye, and tooth for tooth.'*z* 39 But I tell you, Do not resist an evil person. If someone strikes you on the right cheek, turn to him the other also. 40 And if someone wants to sue you and take your tunic, let him have your cloak as well. 41 If someone forces you to go one mile, go with him two miles. 42 Give to the one who asks you, and do not turn away from the one who wants to borrow from you.

Love for Enemies

43 "You have heard that it was said, 'Love your neighbor*a* and hate your enemy.' 44 But I tell you: Love your enemies*b* and pray for those who persecute you, 45 that you may be sons of your Father in heaven. He causes his sun to rise on the evil and the good, and sends rain on the righteous and the unrighteous. 46 If you love those who love you, what reward will you get? Are not even the tax collectors doing that? 47 And if you greet only your brothers, what are you doing more than others? Do not even pagans do that? 48 Be perfect, therefore, as your heavenly Father is perfect.

Giving to the Needy

6 "Be careful not to do your 'acts of righteousness' before men, to be seen by them. If you do, you will have no reward from your Father in heaven.

2 "So when you give to the needy, do not announce it with trumpets, as the hypocrites do in the synagogues and on the streets, to be honored by men. I tell you the truth, they have received their reward in full. 3 But when you give to the needy, do not let your left hand know what your right hand is doing, 4 so that your giving may be in secret. Then your Father, who sees what is done in secret, will reward you.

Prayer

5 "And when you pray, do not be like the hypocrites, for they love to pray standing in the synagogues and on the street corners to be seen by men. I tell you the truth, they have received their reward in full. 6 But when you pray, go into your room, close the door and pray to your Father, who is unseen. Then your Father, who sees what is done in secret, will reward you. 7 And when you pray, do not keep on babbling like pagans, for they think they will be heard because of their many words. 8 Do not be like them, for your Father knows what you need before you ask him.

9 "This, then, is how you should pray:

" 'Our Father in heaven,
hallowed be your name,

---

a 5:38 Éx 21:24; Lv 24:20; Dt 19:21   *b 5:43* Lv 19:18
c 5:44 Amen ... persiguen. Var. Amen a sus enemigos, bendigan a quienes los maldicen, hagan bien a los odian, y oren por quienes los ultrajan y los persiguen (véase Lc 6:27,28).

z 38 Exodus 21:24; Lev. 24:20; Deut. 19:21   *a 43* Lev. 19:18
b 44 Some late manuscripts enemies, bless those who curse you, do good to those who hate you

10 venga tu reino,
  hágase tu voluntad
    en la tierra como en el cielo.
11 Danos hoy nuestro pan cotidiano.*d*
12 Perdónanos nuestras deudas,
  como también nosotros hemos perdonado a
    nuestros deudores.
13 Y no nos dejes caer en *tentación,
  sino líbranos del maligno."*e*

14 »Porque si perdonan a otros sus ofensas, también los perdonará a ustedes su Padre celestial. 15 Pero si no perdonan a otros sus ofensas, tampoco su Padre les perdonará a ustedes las suyas.

El ayuno

16 »Cuando ayunen, no pongan cara triste como hacen los *hipócritas, que demudan sus rostros para mostrar que están ayunando. Les aseguro que éstos ya han obtenido toda su recompensa. 17 Pero tú, cuando ayunes, perfúmate la cabeza y lávate la cara 18 para que no sea evidente ante los demás que estás ayunando, sino sólo ante tu Padre, que está en lo secreto; y tu Padre, que ve lo que se hace en secreto, te recompensará.

Tesoros en el cielo

19 »No acumulen para sí tesoros en la tierra, donde la polilla y el óxido destruyen, y donde los ladrones se meten a robar. 20 Más bien, acumulen para sí tesoros en el cielo, donde ni la polilla ni el óxido carcomen, ni los ladrones se meten a robar. 21 Porque donde esté tu tesoro, allí estará también tu corazón.

22 »El ojo es la lámpara del cuerpo. Por tanto, si tu visión es clara, todo tu ser disfrutará de la luz. 23 Pero si tu visión está nublada, todo tu ser estará en oscuridad. Si la luz que hay en ti es oscuridad, ¡qué densa será esa oscuridad!

24 »Nadie puede servir a dos señores, pues menospreciará a uno y amará al otro, o querrá mucho a uno y despreciará al otro. No se puede servir a la vez a Dios y a las riquezas.

De nada sirve preocuparse

25 »Por eso les digo: No se preocupen por su *vida, qué comerán o beberán; ni por su cuerpo, cómo se vestirán. ¿No tiene la vida más valor que la comida, y el cuerpo más que la ropa? 26 Fíjense en las aves del cielo: no siembran ni cosechan ni almacenan en graneros; sin embargo, el Padre celestial las alimenta. ¿No valen ustedes mucho más que ellas? 27 ¿Quién de ustedes, por mucho que se preocupe, puede añadir una sola hora al curso de su vida?*f*

28 »¿Y por qué se preocupan por la ropa? Observen cómo crecen los lirios del campo. No trabajan ni hilan; 29 sin embargo, les digo que ni siquiera Salomón, con todo su esplendor, se vestía como uno de ellos. 30 Si así viste Dios a la hierba que hoy está en el campo y mañana es arrojada al horno, ¿no hará mucho más por ustedes, gente de poca fe? 31 Así que no se preocupen diciendo: "¿Qué comeremos?" o "¿Qué beberemos?" o "¿Con qué nos vestiremos?" 32 Porque los *paganos andan tras todas estas cosas, y el Padre celestial sabe que ustedes las necesitan. 33 Más bien, busquen primeramente el reino de Dios y su justicia, y todas estas

10 your kingdom come,
  your will be done
    on earth as it is in heaven.
11 Give us today our daily bread.
12 Forgive us our debts,
  as we also have forgiven our debtors.
13 And lead us not into temptation,
  but deliver us from the evil one.*c* ʾ

14 For if you forgive men when they sin against you, your heavenly Father will also forgive you. 15 But if you do not forgive men their sins, your Father will not forgive your sins.

Fasting

16 "When you fast, do not look somber as the hypocrites do, for they disfigure their faces to show men they are fasting. I tell you the truth, they have received their reward in full. 17 But when you fast, put oil on your head and wash your face, 18 so that it will not be obvious to men that you are fasting, but only to your Father, who is unseen; and your Father, who sees what is done in secret, will reward you.

Treasures in Heaven

19 "Do not store up for yourselves treasures on earth, where moth and rust destroy, and where thieves break in and steal. 20 But store up for yourselves treasures in heaven, where moth and rust do not destroy, and where thieves do not break in and steal. 21 For where your treasure is, there your heart will be also.

22 "The eye is the lamp of the body. If your eyes are good, your whole body will be full of light. 23 But if your eyes are bad, your whole body will be full of darkness. If then the light within you is darkness, how great is that darkness!

24 "No one can serve two masters. Either he will hate the one and love the other, or he will be devoted to the one and despise the other. You cannot serve both God and Money.

Do Not Worry

25 "Therefore I tell you, do not worry about your life, what you will eat or drink; or about your body, what you will wear. Is not life more important than food, and the body more important than clothes? 26 Look at the birds of the air; they do not sow or reap or store away in barns, and yet your heavenly Father feeds them. Are you not much more valuable than they? 27 Who of you by worrying can add a single hour to his life*d*?

28 "And why do you worry about clothes? See how the lilies of the field grow. They do not labor or spin. 29 Yet I tell you that not even Solomon in all his splendor was dressed like one of these. 30 If that is how God clothes the grass of the field, which is here today and tomorrow is thrown into the fire, will he not much more clothe you, O you of little faith? 31 So do not worry, saying, 'What shall we eat?' or 'What shall we drink?' or 'What shall we wear?' 32 For the pagans run after all these things, and your heavenly Father knows that you need them. 33 But seek first his kingdom and his righteousness, and all these things will be given to

ramente el reino de Dios y su justicia, y todas estas

---

d 6:11 *nuestro pan cotidiano.* Alt. *el pan que necesitamos.*
e 6:13 *del maligno.* Alt. *del mal.* Var. *del maligno, porque tuyos son el reino y el poder y la gloria para siempre. Amén.*
f 6:27 *puede añadir ... su vida.* Alt. *puede aumentar su estatura siquiera medio metro?* (lit. *un *codo*).

c 13 Or *from evil*; some late manuscripts *one, / for yours is the kingdom and the power and the glory forever. Amen.*
d 27 Or *single cubit to his height*

cosas les serán añadidas. 34 Por lo tanto, no se angustien por el mañana, el cual tendrá sus propios afanes. Cada día tiene ya sus problemas.

El juzgar a los demás

7 »No juzguen a nadie, para que nadie los juzgue a ustedes. 2 Porque tal como juzguen se les juzgará, y con la medida que midan a otros, se les medirá a ustedes.

3 »¿Por qué te fijas en la astilla que tiene tu hermano en el ojo, y no le das importancia a la viga que está en el tuyo? 4 ¿Cómo puedes decirle a tu hermano: "Déjame sacarte la astilla del ojo", cuando ahí tienes una viga en el tuyo? 5 ¡*Hipócrita!, saca primero la viga de tu propio ojo, y entonces verás con claridad para sacar la astilla del ojo de tu hermano.

6 »No den lo sagrado a los *perros, no sea que se vuelvan contra ustedes y los despedacen; ni echen sus perlas a los cerdos, no sea que las pisoteen.

Pidan, busquen, llamen

7 »Pidan, y se les dará; busquen, y encontrarán; llamen, y se les abrirá. 8 Porque todo el que pide, recibe; el que busca, encuentra; y al que llama, se le abre.

9 »¿Quién de ustedes, si su hijo le pide pan, le da una piedra? 10 ¿O si le pide un pescado, le da una serpiente? 11 Pues si ustedes, aun siendo malos, saben dar cosas buenas a sus hijos, ¡cuánto más su Padre que está en el cielo dará cosas buenas a los que le pidan! 12 Así que en todo traten ustedes a los demás tal y como quieren que ellos los traten a ustedes. De hecho, esto es la ley y los profetas.

La puerta estrecha y la puerta ancha

13 »Entren por la puerta estrecha. Porque es ancha la puerta y espacioso el camino que conduce a la destrucción, y muchos entran por ella. 14 Pero estrecha es la puerta y angosto el camino que conduce a la vida, y son pocos los que la encuentran.

El árbol y sus frutos

15 »Cuídense de los falsos profetas. Vienen a ustedes disfrazados de ovejas, pero por dentro son lobos feroces. 16 Por sus frutos los conocerán. ¿Acaso se recogen uvas de los espinos, o higos de los cardos? 17 Del mismo modo, todo árbol bueno da fruto bueno, pero el árbol malo da fruto malo. 18 Un árbol bueno no puede dar fruto malo, y un árbol malo no puede dar fruto bueno. 19 Todo árbol que no da buen fruto se corta y se arroja al fuego. 20 Así que por sus frutos los conocerán.

21 »No todo el que me dice: "Señor, Señor", entrará en el reino de los cielos, sino sólo el que hace la voluntad de mi Padre que está en el cielo. 22 Muchos me dirán en aquel día: "Señor, Señor, ¿no profetizamos en tu nombre, y en tu nombre expulsamos demonios e hicimos muchos milagros?" 23 Entonces les diré claramente: "Jamás los conocí. ¡Aléjense de mí, hacedores de maldad!"

El prudente y el insensato

24 »Por tanto, todo el que me oye estas palabras y las pone en práctica es como un hombre prudente que construyó su casa sobre la roca. 25 Cayeron las lluvias, crecieron los ríos, y soplaron los vientos y azotaron aquella casa; con todo, la casa no se derrumbó porque estaba cimentada sobre la roca. 26 Pero todo el que me oye estas palabras y no las pone en práctica es como un hombre insensato que construyó su casa sobre la arena.

you as well. 34 Therefore do not worry about tomorrow, for tomorrow will worry about itself. Each day has enough trouble of its own.

Judging Others

7 "Do not judge, or you too will be judged. 2 For in the same way you judge others, you will be judged, and with the measure you use, it will be measured to you.

3 "Why do you look at the speck of sawdust in your brother's eye and pay no attention to the plank in your own eye? 4 How can you say to your brother, 'Let me take the speck out of your eye,' when all the time there is a plank in your own eye? 5 You hypocrite, first take the plank out of your own eye, and then you will see clearly to remove the speck from your brother's eye.

6 "Do not give dogs what is sacred; do not throw your pearls to pigs. If you do, they may trample them under their feet, and then turn and tear you to pieces.

Ask, Seek, Knock

7 "Ask and it will be given to you; seek and you will find; knock and the door will be opened to you. 8 For everyone who asks receives; he who seeks finds; and to him who knocks, the door will be opened.

9 "Which of you, if his son asks for bread, will give him a stone? 10 Or if he asks for a fish, will give him a snake? 11 If you, then, though you are evil, know how to give good gifts to your children, how much more will your Father in heaven give good gifts to those who ask him! 12 So in everything, do to others what you would have them do to you, for this sums up the Law and the Prophets.

The Narrow and Wide Gates

13 "Enter through the narrow gate. For wide is the gate and broad is the road that leads to destruction, and many enter through it. 14 But small is the gate and narrow the road that leads to life, and only a few find it.

A Tree and Its Fruit

15 "Watch out for false prophets. They come to you in sheep's clothing, but inwardly they are ferocious wolves. 16 By their fruit you will recognize them. Do people pick grapes from thornbushes, or figs from thistles? 17 Likewise every good tree bears good fruit, but a bad tree bears bad fruit. 18 A good tree cannot bear bad fruit, and a bad tree cannot bear good fruit. 19 Every tree that does not bear good fruit is cut down and thrown into the fire. 20 Thus, by their fruit you will recognize them.

21 "Not everyone who says to me, 'Lord, Lord,' will enter the kingdom of heaven, but only he who does the will of my Father who is in heaven. 22 Many will say to me on that day, 'Lord, Lord, did we not prophesy in your name, and in your name drive out demons and perform many miracles?' 23 Then I will tell them plainly, 'I never knew you. Away from me, you evildoers!'

The Wise and Foolish Builders

24 "Therefore everyone who hears these words of mine and puts them into practice is like a wise man who built his house on the rock. 25 The rain came down, the streams rose, and the winds blew and beat against that house; yet it did not fall, because it had its foundation on the rock. 26 But everyone who hears these words of mine and does not put them into practice is like a

27Cayeron las lluvias, crecieron los ríos, y soplaron los vientos y azotaron aquella casa, y ésta se derrumbó, y grande fue su ruina.»

28Cuando Jesús terminó de decir estas cosas, las multitudes se asombraron de su enseñanza, 29porque les enseñaba como quien tenía autoridad, y no como los *maestros de la ley.

Jesús sana a un leproso

8 Cuando Jesús bajó de la ladera de la montaña, lo siguieron grandes multitudes. 2Un hombre que tenía *lepra se le acercó y se arrodilló delante de él.

—Señor, si quieres, puedes *limpiarme —le dijo.

3Jesús extendió la mano y tocó al hombre.

—Sí quiero —le dijo—. ¡Queda limpio!

Y al instante quedó sanog de la lepra.

4—Mira, no se lo digas a nadie —le dijo Jesús—; sólo ve, preséntate al sacerdote, y lleva la ofrenda que ordenó Moisés, para que sirva de testimonio.

La fe del centurión

5Al entrar Jesús en Capernaúm, se le acercó un centurión pidiendo ayuda.

6—Señor, mi siervo está postrado en casa con parálisis, y sufre terriblemente.

7—Iré a sanarlo —respondió Jesús.

8—Señor, no merezco que entres bajo mi techo. Pero basta con que digas una sola palabra, y mi siervo quedará sano. 9Porque yo mismo soy un hombre sujeto a órdenes superiores, y además tengo soldados bajo mi autoridad. Le digo a uno: "Ve", y va, y al otro: "Ven", y viene. Le digo a mi siervo: "Haz esto", y lo hace.

10Al oír esto, Jesús se asombró y dijo a quienes lo seguían:

—Les aseguro que no le encontrado en Israel a nadie que tenga tanta fe. 11Les digo que muchos vendrán del oriente y del occidente, y participarán en el banquete con Abraham, Isaac y Jacob en el reino de los cielos. 12Pero a los súbditos del reino se les echará afuera, a la oscuridad, donde habrá llanto y rechinar de dientes.

13Luego Jesús le dijo al centurión:

—¡Ve! Todo se hará tal como creíste.

Y en esa misma hora aquel siervo quedó sanó.

Jesús sana a muchos enfermos

14Cuando Jesús entró en casa de Pedro, vio a la suegra de éste en cama, con fiebre. 15Le tocó la mano y la fiebre se le quitó; luego ella se levantó y comenzó a servirle.

16Al atardecer, le llevaron muchos endemoniados, y con una sola palabra expulsó a los espíritus, y sanó a todos los enfermos. 17Esto sucedió para que se cumpliera lo dicho por el profeta Isaías:

«Él cargó con nuestras enfermedades
y soportó nuestros dolores.»h

Lo que cuesta seguir a Jesús

18Cuando Jesús vio a la multitud que lo rodeaba, dio orden de pasar al otro lado del lago. 19Se le acercó un *maestro de la ley y le dijo:

—Maestro, te seguiré a dondequiera que vayas.

20—Las zorras tienen madrigueras y las aves tienen nidos —le respondió Jesús—, pero el Hijo del hombre no tiene dónde recostar la cabeza.

foolish man who built his house on sand. 27The rain came down, the streams rose, and the winds blew and beat against that house, and it fell with a great crash."

28When Jesus had finished saying these things, the crowds were amazed at his teaching, 29because he taught as one who had authority, and not as their teachers of the law.

The Man With Leprosy

8 When he came down from the mountainside, large crowds followed him. 2A man with leprosye came and knelt before him and said, "Lord, if you are willing, you can make me clean."

3Jesus reached out his hand and touched the man. "I am willing," he said. "Be clean!" Immediately he was curedf of his leprosy. 4Then Jesus said to him, "See that you don't tell anyone. But go, show yourself to the priest and offer the gift Moses commanded, as a testimony to them."

The Faith of the Centurion

5When Jesus had entered Capernaum, a centurion came to him, asking for help. 6"Lord," he said, "my servant lies at home paralyzed and in terrible suffering."

7Jesus said to him, "I will go and heal him."

8The centurion replied, "Lord, I do not deserve to have you come under my roof. But just say the word, and my servant will be healed. 9For I myself am a man under authority, with soldiers under me. I tell this one, 'Go,' and he goes; and that one, 'Come,' and he comes. I say to my servant, 'Do this,' and he does it."

10When Jesus heard this, he was astonished and said to those following him, "I tell you the truth, I have not found anyone in Israel with such great faith. 11I say to you that many will come from the east and the west, and will take their places at the feast with Abraham, Isaac and Jacob in the kingdom of heaven. 12But the subjects of the kingdom will be thrown outside, into the darkness, where there will be weeping and gnashing of teeth."

13Then Jesus said to the centurion, "Go! It will be done just as you believed it would." And his servant was healed at that very hour.

Jesus Heals Many

14When Jesus came into Peter's house, he saw Peter's mother-in-law lying in bed with a fever. 15He touched her hand and the fever left her, and she got up and began to wait on him.

16When evening came, many who were demon-possessed were brought to him, and he drove out the spirits with a word and healed all the sick. 17This was to fulfill what was spoken through the prophet Isaiah:

"He took up our infirmities
and carried our diseases."g

The Cost of Following Jesus

18When Jesus saw the crowd around him, he gave orders to cross to the other side of the lake. 19Then a teacher of the law came to him and said, "Teacher, I will follow you wherever you go."

20Jesus replied, "Foxes have holes and birds of the air have nests, but the Son of Man has no place to lay his head."

---

g8:3 sano. Lit. limpio.   h8:17 Is 53:4

e2 The Greek word was used for various diseases affecting the skin—not necessarily leprosy.   f3 Greek made clean   g17 Isaiah 53:4

21Otro discípulo le pidió:

—Señor, primero déjame ir a enterrar a mi padre.

22—Sígueme —le replicó Jesús—, y deja que los muertos entierren a sus muertos.

Jesús calma la tormenta

23Luego subió a la barca y sus discípulos lo siguieron. 24De repente, se levantó en el lago una tormenta tan fuerte que las olas inundaban la barca. Pero Jesús estaba dormido. 25Los discípulos fueron a despertarlo.

—¡Señor —gritaron—, sálvanos, que nos vamos a ahogar!

26—Hombres de poca fe —les contestó—, ¿por qué tienen tanto miedo?

Entonces se levantó y reprendió a los vientos y a las olas, y todo quedó completamente tranquilo.

27Los discípulos no salían de su asombro, y decían: «¿Qué clase de hombre es éste, que hasta los vientos y las olas le obedecen?»

Liberación de dos endemoniados

28Cuando Jesús llegó al otro lado, a la región de los gadarenos,ᶦ dos endemoniados le salieron al encuentro de entre los sepulcros. Eran tan violentos que nadie se atrevía a pasar por aquel camino. 29De pronto le gritaron:

—¿Por qué te entrometes, Hijo de Dios? ¿Has venido aquí a atormentarnos antes del tiempo señalado?

30A cierta distancia de ellos estaba paciendo una gran manada de cerdos. 31Los demonios le rogaron a Jesús:

—Si nos expulsas, mándanos a la manada de cerdos.

32—Vayan —les dijo.

Así que salieron de los hombres y entraron en los cerdos, y toda la manada se precipitó al lago por el despeñadero y murió en el agua. 33Los que cuidaban los cerdos salieron corriendo al pueblo y dieron aviso de todo, incluso de lo que les había sucedido a los endemoniados. 34Entonces todos del pueblo fueron al encuentro de Jesús. Y cuando lo vieron, le suplicaron que se alejara de esa región.

Jesús sana a un paralítico

9 Subió Jesús a una barca, cruzó al otro lado y llegó a su propio pueblo. 2Unos hombres le llevaron un paralítico, acostado en una camilla. Al ver Jesús la fe de ellos, le dijo al paralítico:

—¡Ánimo, hijo; tus pecados quedan perdonados!

3Algunos de los *maestros de la ley murmuraron entre ellos: «¡Este hombre *blasfema!»

4Como Jesús conocía sus pensamientos, les dijo:

—¿Por qué dan lugar a tan malos pensamientos? 5¿Qué es más fácil, decir: "Tus pecados quedan perdonados", o decir: "Levántate y anda"? 6Pues para que sepan que el Hijo del hombre tiene autoridad en la tierra para perdonar pecados —se dirigió entonces al paralítico—: Levántate, toma tu camilla y vete a tu casa.

7Y el hombre se levantó y se fue a su casa. 8Al ver esto, la multitud se llenó de temor, y glorificó a Dios por haber dado tal autoridad a los *mortales.

Llamamiento de Mateo

9Al irse de allí, Jesús vio a un hombre llamado Mateo, sentado a la mesa de recaudación de impuestos. «Sígueme», le dijo. Mateo se levantó y lo siguió.

21Another disciple said to him, "Lord, first let me go and bury my father."

22But Jesus told him, "Follow me, and let the dead bury their own dead."

Jesus Calms the Storm

23Then he got into the boat and his disciples followed him. 24Without warning, a furious storm came up on the lake, so that the waves swept over the boat. But Jesus was sleeping. 25The disciples went and woke him, saying, "Lord, save us! We're going to drown!"

26He replied, "You of little faith, why are you so afraid?" Then he got up and rebuked the winds and the waves, and it was completely calm.

27The men were amazed and asked, "What kind of man is this? Even the winds and the waves obey him!"

The Healing of Two Demon-possessed Men

28When he arrived at the other side in the region of the Gadarenes,ʰ two demon-possessed men coming from the tombs met him. They were so violent that no one could pass that way. 29"What do you want with us, Son of God?" they shouted. "Have you come here to torture us before the appointed time?"

30Some distance from them a large herd of pigs was feeding. 31The demons begged Jesus, "If you drive us out, send us into the herd of pigs."

32He said to them, "Go!" So they came out and went into the pigs, and the whole herd rushed down the steep bank into the lake and died in the water. 33Those tending the pigs ran off, went into the town and reported all this, including what had happened to the demon-possessed men. 34Then the whole town went out to meet Jesus. And when they saw him, they pleaded with him to leave their region.

Jesus Heals a Paralytic

9 Jesus stepped into a boat, crossed over and came to his own town. 2Some men brought to him a paralytic, lying on a mat. When Jesus saw their faith, he said to the paralytic, "Take heart, son; your sins are forgiven."

3At this, some of the teachers of the law said to themselves, "This fellow is blaspheming!"

4Knowing their thoughts, Jesus said, "Why do you entertain evil thoughts in your hearts? 5Which is easier: to say, 'Your sins are forgiven,' or to say, 'Get up and walk'? 6But so that you may know that the Son of Man has authority on earth to forgive sins . . ." Then he said to the paralytic, "Get up, take your mat and go home." 7And the man got up and went home. 8When the crowd saw this, they were filled with awe; and they praised God, who had given such authority to men.

The Calling of Matthew

9As Jesus went on from there, he saw a man named Matthew sitting at the tax collector's booth. "Follow me," he told him, and Matthew got up and followed him.

ᶦ8:28 *gadarenos*. Var. *gergesenos*; otra var. *gerasenos*.   ʰ28 Some manuscripts *Gergesenes*; others *Gerasenes*

¹⁰Mientras Jesús estaba comiendo en casa de Mateo, muchos *recaudadores de impuestos y *pecadores llegaron y comieron con él y sus discípulos. ¹¹Cuando los fariseos vieron esto, les preguntaron a sus discípulos:

—¿Por qué come su maestro con recaudadores de impuestos y con pecadores?

¹²Al oír esto, Jesús les contestó:

—No son los sanos los que necesitan médico sino los enfermos. ¹³Pero vayan y aprendan lo que significa: "Lo que pido de ustedes es misericordia y no sacrificios."ʲ Porque no he venido a llamar a justos sino a pecadores.

Le preguntan a Jesús sobre el ayuno

¹⁴Un día se le acercaron los discípulos de Juan y le preguntaron:

—¿Cómo es que nosotros y los fariseos ayunamos, pero no así tus discípulos?

Jesús les contestó:

¹⁵—¿Acaso pueden estar de luto los invitados del novio mientras él está con ellos? Llegará el día en que se les quitará el novio; entonces sí ayunarán. ¹⁶Nadie remienda un vestido viejo con un retazo de tela nueva, porque el remiendo fruncirá el vestido y la rotura se hará peor. ¹⁷Ni tampoco se echa vino nuevo en odres viejos. De hacerlo así, se reventarán los odres, se derramará el vino y los odres se arruinarán. Más bien, el vino nuevo se echa en odres nuevos, y así ambos se conservan.

Una niña muerta y una mujer enferma

¹⁸Mientras él les decía esto, un dirigente judío llegó, se arrodilló delante de él y le dijo:

—Mi hija acaba de morir. Pero ven y pon tu mano sobre ella, y vivirá.

¹⁹Jesús se levantó y fue con él, acompañado de sus discípulos. ²⁰En esto, una mujer que hacía doce años padecía de hemorragias se le acercó por detrás y le tocó el borde del manto. ²¹Pensaba: «Si al menos logro tocar su manto, quedaré *sana.» ²²Jesús se dio vuelta, la vio y le dijo:

—¡Ánimo, hija! Tu fe te ha sanado.

Y la mujer quedó sana en aquel momento.

²³Cuando Jesús entró en la casa del dirigente y vio a los flautistas y el alboroto de la gente, ²⁴les dijo:

—Váyanse. La niña no está muerta sino dormida.

Entonces empezaron a burlarse de él. ²⁵Pero cuando se les hizo salir, entró él, tomó de la mano a la niña, y ésta se levantó. ²⁶La noticia se divulgó por toda aquella región.

Jesús sana a los ciegos y a los mudos

²⁷Al irse Jesús de allí, dos ciegos lo siguieron, gritándole:

—¡Ten compasión de nosotros, Hijo de David!

²⁸Cuando entró en la casa, se le acercaron los ciegos, y él les preguntó:

—¿Creen que puedo sanarlos?

—Sí, Señor —le respondieron.

²⁹Entonces les tocó los ojos y les dijo:

—Se hará con ustedes conforme a su fe.

³⁰Y recobraron la vista. Jesús les advirtió con firmeza:

—Asegúrense de que nadie se entere de esto.

³¹Pero ellos salieron para divulgar por toda aquella región la noticia acerca de Jesús.

³²Mientras ellos salían, le llevaron un mudo ende-

¹⁰While Jesus was having dinner at Matthew's house, many tax collectors and "sinners" came and ate with him and his disciples. ¹¹When the Pharisees saw this, they asked his disciples, "Why does your teacher eat with tax collectors and 'sinners'?"

¹²On hearing this, Jesus said, "It is not the healthy who need a doctor, but the sick. ¹³But go and learn what this means: 'I desire mercy, not sacrifice.'ⁱ For I have not come to call the righteous, but sinners."

Jesus Questioned About Fasting

¹⁴Then John's disciples came and asked him, "How is it that we and the Pharisees fast, but your disciples do not fast?"

¹⁵Jesus answered, "How can the guests of the bridegroom mourn while he is with them? The time will come when the bridegroom will be taken from them; then they will fast.

¹⁶"No one sews a patch of unshrunk cloth on an old garment, for the patch will pull away from the garment, making the tear worse. ¹⁷Neither do men pour new wine into old wineskins. If they do, the skins will burst, the wine will run out and the wineskins will be ruined. No, they pour new wine into new wineskins, and both are preserved."

A Dead Girl and a Sick Woman

¹⁸While he was saying this, a ruler came and knelt before him and said, "My daughter has just died. But come and put your hand on her, and she will live." ¹⁹Jesus got up and went with him, and so did his disciples.

²⁰Just then a woman who had been subject to bleeding for twelve years came up behind him and touched the edge of his cloak. ²¹She said to herself, "If I only touch his cloak, I will be healed."

²²Jesus turned and saw her. "Take heart, daughter," he said, "your faith has healed you." And the woman was healed from that moment.

²³When Jesus entered the ruler's house and saw the flute players and the noisy crowd, ²⁴he said, "Go away. The girl is not dead but asleep." But they laughed at him. ²⁵After the crowd had been put outside, he went in and took the girl by the hand, and she got up. ²⁶News of this spread through all that region.

Jesus Heals the Blind and Mute

²⁷As Jesus went on from there, two blind men followed him, calling out, "Have mercy on us, Son of David!"

²⁸When he had gone indoors, the blind men came to him, and he asked them, "Do you believe that I am able to do this?"

"Yes, Lord," they replied.

²⁹Then he touched their eyes and said, "According to your faith will it be done to you"; ³⁰and their sight was restored. Jesus warned them sternly, "See that no one knows about this." ³¹But they went out and spread the news about him all over that region.

³²While they were going out, a man who was demon-possessed and could not talk was brought to

moniado. ³³ Así que Jesús expulsó al demonio, y el que había estado mudo habló. La multitud se maravillaba y decía: «Jamás se ha visto nada igual en Israel.»

³⁴ Pero los fariseos afirmaban: «Éste expulsa a los demonios por medio del príncipe de los demonios.»

Son pocos los obreros

³⁵ Jesús recorría todos los pueblos y aldeas enseñando en las sinagogas, anunciando las buenas *nuevas del reino, y sanando toda enfermedad y toda dolencia. ³⁶ Al ver a las multitudes, tuvo compasión de ellas, porque estaban agobiadas y desamparadas, como ovejas sin pastor. ³⁷ «La cosecha es abundante, pero son pocos los obreros —les dijo a sus discípulos—. ³⁸ Pídanle, por tanto, al Señor de la cosecha que envíe obreros a su campo.»

Jesús envía a los doce

10 Reunió a sus doce discípulos y les dio autoridad para expulsar a los *espíritus malignos y sanar toda enfermedad y toda dolencia.

² Éstos son los nombres de los doce apóstoles: primero Simón, llamado Pedro, y su hermano Andrés; *Jacobo y su hermano Juan, hijos de Zebedeo; ³ Felipe y Bartolomé; Tomás y Mateo, el *recaudador de impuestos; Jacobo, hijo de Alfeo, y Tadeo; ⁴ Simón el Zelote y Judas Iscariote, el que lo traicionó.

⁵ Jesús envió a estos doce con las siguientes instrucciones: «No vayan entre los *gentiles ni entren en ningún pueblo de los samaritanos. ⁶ Vayan más bien a las ovejas descarriadas del pueblo de Israel. ⁷ Dondequiera que vayan, prediquen este mensaje: "El reino de los cielos está cerca." ⁸ Sanen a los enfermos, resuciten a los muertos, *limpien de su enfermedad a los que tienen *lepra, expulsen a los demonios. Lo que ustedes recibieron gratis, denlo gratuitamente. ⁹ No lleven oro ni plata ni cobre en el cinturón, ¹⁰ ni bolsa para el camino, ni dos mudas de ropa, ni sandalias, ni bastón; porque el trabajador merece que se le dé su sustento.

¹¹ »En cualquier pueblo o aldea donde entren, busquen a alguien que merezca recibirlos, y quédense en su casa hasta que se vayan de ese lugar. ¹² Al entrar, digan: "Paz a esta casa."ᵏ ¹³ Si el hogar se lo merece, que la paz de ustedes reine en él; y si no, que la paz se vaya con ustedes. ¹⁴ Si alguno no los recibe bien ni escucha sus palabras, al salir de esa casa o de ese pueblo, sacúdanse el polvo de los pies. ¹⁵ Les aseguro que en el día del juicio el castigo para Sodoma y Gomorra será más tolerable que para ese pueblo. ¹⁶ Los envío como ovejas en medio de lobos. Por tanto, sean astutos como serpientes y sencillos como palomas.

¹⁷ »Tengan cuidado con la gente; los entregarán a los tribunales y los azotarán en las sinagogas. ¹⁸ Por mi causa los llevarán ante gobernadores y reyes para dar testimonio a ellos y a los gentiles. ¹⁹ Pero cuando los arresten, no se preocupen por lo que van a decir o cómo van a decirlo. En ese momento se les dará lo que han de decir, ²⁰ porque no serán ustedes los que hablen, sino que el Espíritu de su Padre hablará por medio de ustedes.

²¹ »El hermano entregará a la muerte al hermano, y el padre al hijo. Los hijos se rebelarán contra sus padres y harán que los maten. ²² Por causa de mi nombre todo el mundo los odiará, pero el que se mantenga

Jesus. ³³ And when the demon was driven out, the man who had been mute spoke. The crowd was amazed and said, "Nothing like this has ever been seen in Israel."

³⁴ But the Pharisees said, "It is by the prince of demons that he drives out demons."

The Workers Are Few

³⁵ Jesus went through all the towns and villages, teaching in their synagogues, preaching the good news of the kingdom and healing every disease and sickness. ³⁶ When he saw the crowds, he had compassion on them, because they were harassed and helpless, like sheep without a shepherd. ³⁷ Then he said to his disciples, "The harvest is plentiful but the workers are few. ³⁸ Ask the Lord of the harvest, therefore, to send out workers into his harvest field."

Jesus Sends Out the Twelve

10 He called his twelve disciples to him and gave them authority to drive out evilʲ spirits and to heal every disease and sickness.

² These are the names of the twelve apostles: first, Simon (who is called Peter) and his brother Andrew; James son of Zebedee, and his brother John; ³ Philip and Bartholomew; Thomas and Matthew the tax collector; James son of Alphaeus, and Thaddaeus; ⁴ Simon the Zealot and Judas Iscariot, who betrayed him.

⁵ These twelve Jesus sent out with the following instructions: "Do not go among the Gentiles or enter any town of the Samaritans. ⁶ Go rather to the lost sheep of Israel. ⁷ As you go, preach this message: 'The kingdom of heaven is near.' ⁸ Heal the sick, raise the dead, cleanse those who have leprosy,ᵏ drive out demons. Freely you have received, freely give. ⁹ Do not take along any gold or silver or copper in your belts; ¹⁰ take no bag for the journey, or extra tunic, or sandals or a staff; for the worker is worth his keep.

¹¹ "Whatever town or village you enter, search for some worthy person there and stay at his house until you leave. ¹² As you enter the home, give it your greeting. ¹³ If the home is deserving, let your peace rest on it; if it is not, let your peace return to you. ¹⁴ If anyone will not welcome you or listen to your words, shake the dust off your feet when you leave that home or town. ¹⁵ I tell you the truth, it will be more bearable for Sodom and Gomorrah on the day of judgment than for that town. ¹⁶ I am sending you out like sheep among wolves. Therefore be as shrewd as snakes and as innocent as doves.

¹⁷ "Be on your guard against men; they will hand you over to the local councils and flog you in their synagogues. ¹⁸ On my account you will be brought before governors and kings as witnesses to them and to the Gentiles. ¹⁹ But when they arrest you, do not worry about what to say or how to say it. At that time you will be given what to say, ²⁰ for it will not be you speaking, but the Spirit of your Father speaking through you.

²¹ "Brother will betray brother to death, and a father his child; children will rebel against their parents and have them put to death. ²² All men will hate you because of me, but he who stands firm to the end will be

---

ᵏ 10:12 *Al entrar ... casa". Lit. Al entrar en la casa, salúdenla.*

j 1 Greek *unclean*　　　*k 8* The Greek word was used for various diseases affecting the skin—not necessarily leprosy.

firme hasta el fin será salvo. 23 Cuando los persigan en una ciudad, huyan a otra. Les aseguro que no terminarán de recorrer las ciudades de Israel antes de que venga el Hijo del hombre.

24 »El discípulo no es superior a su maestro, ni el *siervo superior a su amo. 25 Basta con que el discípulo sea como su maestro, y el siervo como su amo. Si al jefe de la casa lo han llamado *Beelzebú, ¡cuánto más a los de su familia!

26 »Así que no les tengan miedo; porque no hay nada encubierto que no llegue a revelarse, ni nada escondido que no llegue a conocerse. 27 Lo que les digo en la oscuridad, díganlo ustedes a plena luz; lo que se les susurra al oído, proclámenlo desde las azoteas. 28 No teman a los que matan el cuerpo pero no pueden matar el alma.l Teman más bien al que puede destruir alma y cuerpo en el infierno.m 29 ¿No se venden dos gorriones por una monedita?n Sin embargo, ni uno de ellos caerá a tierra sin que lo permita el Padre; 30 y él les tiene contados a ustedes aun los cabellos de la cabeza. 31 Así que no tengan miedo; ustedes valen más que muchos gorriones.

32 »A cualquiera que me reconozca delante de los demás, yo también lo reconoceré delante de mi Padre que está en el cielo. 33 Pero a cualquiera que me desconozca delante de los demás, yo también lo desconoceré delante de mi Padre que está en el cielo.

34 »No crean que he venido a traer paz a la tierra. No vine a traer paz sino espada. 35 Porque he venido a poner en conflicto

> "al hombre contra su padre,
>   a la hija contra su madre,
>   a la nuera contra su suegra;
> 36 los enemigos de cada cual
>   serán los de su propia familia".ñ

37 »El que quiere a su padre o a su madre más que a mí no es digno de mí; el que quiere a su hijo o a su hija más que a mí no es digno de mí; 38 y el que no toma su cruz y me sigue no es digno de mí. 39 El que encuentre su *vida, la perderá, y el que la pierda por mi causa, la encontrará.

40 »Quien los recibe a ustedes, me recibe a mí; y quien me recibe a mí, recibe al que me envió. 41 Cualquiera que recibe a un profeta por tratarse de un profeta, recibirá recompensa de profeta; y el que recibe a un justo por tratarse de un justo, recibirá recompensa de justo. 42 Y quien dé siquiera un vaso de agua fresca a uno de estos pequeños por tratarse de uno de mis discípulos, les aseguro que no perderá su recompensa.»

Jesús y Juan el Bautista

11 Cuando Jesús terminó de dar instrucciones a sus doce discípulos, se fue de allí a enseñar y a predicar en otros pueblos.

2 Juan estaba en la cárcel, y al enterarse de lo que *Cristo estaba haciendo, envió a sus discípulos a que le preguntaran:

3 —¿Eres tú el que ha de venir, o debemos esperar a otro?

4 Les respondió Jesús:

—Vayan y cuéntenle a Juan lo que están viendo y oyendo: 5 Los ciegos ven, los cojos andan, los que tienen *lepra son sanados, los sordos oyen, los muertos resucitan y a los pobres se les anuncian las buenas *nuevas. 6 *Dichoso el que no *tropieza por causa mía.

saved. 23 When you are persecuted in one place, flee to another. I tell you the truth, you will not finish going through the cities of Israel before the Son of Man comes.

24 "A student is not above his teacher, nor a servant above his master. 25 It is enough for the student to be like his teacher, and the servant like his master. If the head of the house has been called Beelzebub,l how much more the members of his household!

26 "So do not be afraid of them. There is nothing concealed that will not be disclosed, or hidden that will not be made known. 27 What I tell you in the dark, speak in the daylight; what is whispered in your ear, proclaim from the roofs. 28 Do not be afraid of those who kill the body but cannot kill the soul. Rather, be afraid of the One who can destroy both soul and body in hell. 29 Are not two sparrows sold for a pennym? Yet not one of them will fall to the ground apart from the will of your Father. 30 And even the very hairs of your head are all numbered. 31 So don't be afraid; you are worth more than many sparrows.

32 "Whoever acknowledges me before men, I will also acknowledge him before my Father in heaven. 33 But whoever disowns me before men, I will disown him before my Father in heaven.

34 "Do not suppose that I have come to bring peace to the earth. I did not come to bring peace, but a sword. 35 For I have come to turn

> " 'a man against his father,
>   a daughter against her mother,
>   a daughter-in-law against her
>   mother-in-law—
> 36   a man's enemies will be the members of
>   his own household.'n

37 "Anyone who loves his father or mother more than me is not worthy of me; anyone who loves his son or daughter more than me is not worthy of me; 38 and anyone who does not take his cross and follow me is not worthy of me. 39 Whoever finds his life will lose it, and whoever loses his life for my sake will find it.

40 "He who receives you receives me, and he who receives me receives the one who sent me. 41 Anyone who receives a prophet because he is a prophet will receive a prophet's reward, and anyone who receives a righteous man because he is a righteous man will receive a righteous man's reward. 42 And if anyone gives even a cup of cold water to one of these little ones because he is my disciple, I tell you the truth, he will certainly not lose his reward."

Jesus and John the Baptist

11 After Jesus had finished instructing his twelve disciples, he went on from there to teach and preach in the towns of Galilee.o

2 When John heard in prison what Christ was doing, he sent his disciples 3 to ask him, "Are you the one who was to come, or should we expect someone else?"

4 Jesus replied, "Go back and report to John what you hear and see: 5 The blind receive sight, the lame walk, those who have leprosyp are cured, the deaf hear, the dead are raised, and the good news is preached to the poor. 6 Blessed is the man who does not fall away on account of me."

---

l 10:28 alma. Este vocablo griego también puede significar *vida.   m 10:28 infierno. Lit. *Gehenna.   n 10:29 una monedita. Lit. un *asarion.   ñ 10:36 Mi 7:6

l 25 Greek Beezeboul or Beelzeboul   m 29 Greek an assarion   n 36 Micah 7:6   o 1 Greek in their towns   p 5 The Greek word was used for various diseases affecting the skin—not necessarily leprosy.

7 Mientras se iban los discípulos de Juan, Jesús comenzó a hablarle a la multitud acerca de Juan: «¿Qué salieron a ver al desierto? ¿Una caña sacudida por el viento? 8 Si no, ¿qué salieron a ver? ¿A un hombre vestido con ropa fina? Claro que no, pues los que usan ropa de lujo están en los palacios de los reyes. 9 Entonces, ¿qué salieron a ver? ¿A un profeta? Sí, les digo, y más que profeta. 10 Éste es de quien está escrito:

> »"Yo estoy por enviar a mi mensajero delante
> de ti,
> el cual preparará tu camino."*o*

11 Les aseguro que entre los mortales no se ha levantado nadie más grande que Juan el Bautista; sin embargo, el más pequeño en el reino de los cielos es más grande que él. 12 Desde los días de Juan el Bautista hasta ahora, el reino de los cielos ha venido avanzando contra viento y marea, y los que se esfuerzan logran aferrarse a él.*p* 13 Porque todos los profetas y la ley profetizaron hasta Juan. 14 Y si quieren aceptar mi palabra, Juan es el Elías que había de venir. 15 El que tenga oídos, que oiga.

16 ¿Con qué puedo comparar a esta generación? Se parece a los niños sentados en la plaza que gritan a los demás:

> 17 »"Tocamos la flauta,
>   y ustedes no bailaron;
> Cantamos por los muertos,
>   y ustedes no lloraron."

18 »Porque vino Juan, que no comía ni bebía, y ellos dicen: "Tiene un demonio." 19 Vino el Hijo del hombre, que come y bebe, y dicen: "Éste es un glotón y un borracho, amigo de *recaudadores de impuestos y de *pecadores." Pero la sabiduría queda demostrada por sus hechos.»

Ayes sobre ciudades no arrepentidas

20 Entonces comenzó Jesús a denunciar a las ciudades en que había hecho la mayor parte de sus milagros, porque no se habían *arrepentido. 21 «¡Ay de ti, Corazín! ¡Ay de ti, Betsaida! Si se hubieran hecho en Tiro y en Sidón los milagros que se hicieron en medio de ustedes, ya hace tiempo que se habrían arrepentido con muchos lamentos.*q* 22 Pero les digo que en el día del juicio será más tolerable el castigo para Tiro y Sidón que para ustedes. 23 Y tú, Capernaúm, ¿acaso serás levantada hasta el cielo? No, sino que descenderás hasta el *abismo. Si los milagros que se hicieron en ti se hubieran hecho en Sodoma, ésta habría permanecido hasta el día de hoy. 24 Pero te*r* digo que en el día del juicio será más tolerable el castigo para Sodoma que para ti.»

Descanso para los cansados

25 En aquel tiempo Jesús dijo: «Te alabo, Padre, Señor del cielo y de la tierra, porque habiendo escondido estas cosas de los sabios e instruidos, se las has revelado a los que son como niños. 26 Sí, Padre, porque esa fue tu buena voluntad.

27 »Mi Padre me ha entregado todas las cosas. Nadie conoce al Hijo sino el Padre, y nadie conoce al Padre sino el Hijo y aquel a quien el Hijo quiera revelarlo.

28 »Vengan a mí todos ustedes que están cansados y agobiados, y yo les daré descanso. 29 Carguen con mi yugo y aprendan de mí, pues yo soy apacible y humilde

7 As John's disciples were leaving, Jesus began to speak to the crowd about John: "What did you go out into the desert to see? A reed swayed by the wind? 8 If not, what did you go out to see? A man dressed in fine clothes? No, those who wear fine clothes are in kings' palaces. 9 Then what did you go out to see? A prophet? Yes, I tell you, and more than a prophet. 10 This is the one about whom it is written:

> " 'I will send my messenger ahead of you,
>   who will prepare your way before you.'*q*

11 I tell you the truth: Among those born of women there has not risen anyone greater than John the Baptist; yet he who is least in the kingdom of heaven is greater than he. 12 From the days of John the Baptist until now, the kingdom of heaven has been forcefully advancing, and forceful men lay hold of it. 13 For all the Prophets and the Law prophesied until John. 14 And if you are willing to accept it, he is the Elijah who was to come. 15 He who has ears, let him hear.

16 "To what can I compare this generation? They are like children sitting in the marketplaces and calling out to others:

> 17 " 'We played the flute for you,
>   and you did not dance;
> we sang a dirge,
>   and you did not mourn.'

18 For John came neither eating nor drinking, and they say, 'He has a demon.' 19 The Son of Man came eating and drinking, and they say, 'Here is a glutton and a drunkard, a friend of tax collectors and "sinners." ' But wisdom is proved right by her actions."

Woe on Unrepentant Cities

20 Then Jesus began to denounce the cities in which most of his miracles had been performed, because they did not repent. 21 "Woe to you, Korazin! Woe to you, Bethsaida! If the miracles that were performed in you had been performed in Tyre and Sidon, they would have repented long ago in sackcloth and ashes. 22 But I tell you, it will be more bearable for Tyre and Sidon on the day of judgment than for you. 23 And you, Capernaum, will you be lifted up to the skies? No, you will go down to the depths.*r* If the miracles that were performed in you had been performed in Sodom, it would have remained to this day. 24 But I tell you that it will be more bearable for Sodom on the day of judgment than for you."

Rest for the Weary

25 At that time Jesus said, "I praise you, Father, Lord of heaven and earth, because you have hidden these things from the wise and learned, and revealed them to little children. 26 Yes, Father, for this was your good pleasure.

27 "All things have been committed to me by my Father. No one knows the Son except the Father, and no one knows the Father except the Son and those to whom the Son chooses to reveal him.

28 "Come to me, all you who are weary and burdened, and I will give you rest. 29 Take my yoke upon you and learn from me, for I am gentle and humble in

---

o 11:10 Mal 3:1   *p 11:12 ha venido ... aferrarse a él.* Alt. *sufre violencia y los violentos quieren arrebatarlo.*   *q 11:21 con muchos lamentos.* Lit. *en saco y ceniza.*   *r 11:24 te.* Lit. *les.*

q 10 Mal. 3:1   *r 23* Greek *Hades*

de corazón, y encontrarán descanso para su alma. ³⁰Porque mi yugo es suave y mi carga es liviana.»

Señor del sábado

12 Por aquel tiempo pasaba Jesús por los sembrados en *sábado. Sus discípulos tenían hambre, así que comenzaron a arrancar algunas espigas de trigo y comérselas. ²Al ver esto, los fariseos le dijeron:

—¡Mira! Tus discípulos están haciendo lo que está prohibido en sábado.

³Él les contestó:

—¿No han leído lo que hizo David en aquella ocasión en que él y sus compañeros tuvieron hambre? ⁴Entró en la casa de Dios, y él y sus compañeros comieron los panes consagrados a Dios, lo que no se les permitía a ellos sino sólo a los sacerdotes. ⁵¿O no han leído en la ley que los sacerdotes en el *templo profanan el sábado sin incurrir en culpa? ⁶Pues yo les digo que aquí está uno más grande que el templo. ⁷Si ustedes supieran lo que significa: "Lo que pido de ustedes es misericordia y no sacrificios",ˢ no condenarían a los que no son culpables. ⁸Sepan que el Hijo del hombre es Señor del sábado.

⁹Pasando de allí, entró en la sinagoga, ¹⁰donde había un hombre que tenía una mano paralizada. Como buscaban un motivo para acusar a Jesús, le preguntaron:

—¿Está permitido sanar en sábado?

¹¹Él les contestó:

—Si alguno de ustedes tiene una oveja y en sábado se le cae en un hoyo, ¿no la agarra y la saca? ¹²¡Cuánto más vale un hombre que una oveja! Por lo tanto, está permitido hacer el bien en sábado.

¹³Entonces le dijo al hombre:

—Extiende la mano.

Así que la extendió y le quedó restablecida, tan sana como la otra. ¹⁴Pero los fariseos salieron y tramaban cómo matar a Jesús.

El siervo escogido por Dios

¹⁵Consciente de esto, Jesús se retiró de aquel lugar. Muchos lo siguieron, y él sanó a todos los enfermos, ¹⁶pero les ordenó que no dijeran quién era él. ¹⁷Esto fue para que se cumpliera lo dicho por el profeta Isaías:

¹⁸«Éste es mi siervo, a quien he escogido,
　　mi amado, en quien estoy muy complacido;
sobre él pondré mi Espíritu,
　　y proclamará justicia a las *naciones.
¹⁹No disputará ni gritará;
　　nadie oirá su voz en las calles.
²⁰No acabará de romper la caña quebrada
　　ni apagará la mecha que apenas arde,
　　hasta que haga triunfar la justicia.
²¹　Y en su nombre pondrán las naciones su
　　esperanza.»ᵗ

Jesús y Beelzebú

²²Un día le llevaron un endemoniado que estaba ciego y mudo, y Jesús lo sanó, de modo que pudo ver y hablar. ²³Toda la gente se quedó asombrada y decía: «¿No será éste el Hijo de David?»

²⁴Pero al oírlo los fariseos, dijeron: «Éste no expulsa a los demonios sino por medio de *Beelzebú, príncipe de los demonios.»

²⁵Jesús conocía sus pensamientos, y les dijo: «Todo reino dividido contra sí mismo quedará asolado, y toda ciudad o familia dividida contra sí misma no se man-

heart, and you will find rest for your souls. ³⁰For my yoke is easy and my burden is light."

Lord of the Sabbath

12 At that time Jesus went through the grainfields on the Sabbath. His disciples were hungry and began to pick some heads of grain and eat them. ²When the Pharisees saw this, they said to him, "Look! Your disciples are doing what is unlawful on the Sabbath."

³He answered, "Haven't you read what David did when he and his companions were hungry? ⁴He entered the house of God, and he and his companions ate the consecrated bread—which was not lawful for them to do, but only for the priests. ⁵Or haven't you read in the Law that on the Sabbath the priests in the temple desecrate the day and yet are innocent? ⁶I tell you that oneˢ greater than the temple is here. ⁷If you had known what these words mean, 'I desire mercy, not sacrifice,'ᵗ you would not have condemned the innocent. ⁸For the Son of Man is Lord of the Sabbath."

⁹Going on from that place, he went into their synagogue, ¹⁰and a man with a shriveled hand was there. Looking for a reason to accuse Jesus, they asked him, "Is it lawful to heal on the Sabbath?"

¹¹He said to them, "If any of you has a sheep and it falls into a pit on the Sabbath, will you not take hold of it and lift it out? ¹²How much more valuable is a man than a sheep! Therefore it is lawful to do good on the Sabbath."

¹³Then he said to the man, "Stretch out your hand." So he stretched it out and it was completely restored, just as sound as the other. ¹⁴But the Pharisees went out and plotted how they might kill Jesus.

God's Chosen Servant

¹⁵Aware of this, Jesus withdrew from that place. Many followed him, and he healed all their sick, ¹⁶warning them not to tell who he was. ¹⁷This was to fulfill what was spoken through the prophet Isaiah:

¹⁸"Here is my servant whom I have chosen,
　　the one I love, in whom I delight;
I will put my Spirit on him,
　　and he will proclaim justice to the
　　　nations.
¹⁹He will not quarrel or cry out;
　　no one will hear his voice in the streets.
²⁰A bruised reed he will not break,
　　and a smoldering wick he will not snuff
　　　out,
　　till he leads justice to victory.
²¹　In his name the nations will put their
　　hope."ᵘ

Jesus and Beelzebub

²²Then they brought him a demon-possessed man who was blind and mute, and Jesus healed him, so that he could both talk and see. ²³All the people were astonished and said, "Could this be the Son of David?"

²⁴But when the Pharisees heard this, they said, "It is only by Beelzebub,ᵛ the prince of demons, that this fellow drives out demons."

²⁵Jesus knew their thoughts and said to them, "Every kingdom divided against itself will be ruined, and every city or household divided against itself will not

---

ˢ 12:7 Os 6:6　　ᵗ 12:21 Is 42:1-4

ˢ 6 Or *something*; also in verses 41 and 42　　ᵗ 7 Hosea 6:6
ᵘ 21 Isaiah 42:1-4　　ᵛ 24 Greek *Beezeboul* or *Beelzeboul*; also in verse 27

tendrá en pie. 26 Si Satanás expulsa a Satanás, está dividido contra sí mismo. ¿Cómo puede, entonces, mantenerse en pie su reino? 27 Ahora bien, si yo expulso a los demonios por medio de Beelzebú, ¿los seguidores de ustedes por medio de quién los expulsan? Por eso ellos mismos los juzgarán a ustedes. 28 En cambio, si expulso a los demonios por medio del Espíritu de Dios, eso significa que el reino de Dios ha llegado a ustedes.

29 »¿O cómo puede entrar alguien en la casa de un hombre fuerte y arrebatarle sus bienes, a menos que primero lo ate? Sólo entonces podrá robar su casa.

30 »El que no está de mi parte, está contra mí; y el que conmigo no recoge, esparce. 31 Por eso les digo que a todos se les podrá perdonar todo pecado y toda *blasfemia, pero la blasfemia contra el Espíritu no se le perdonará a nadie. 32 A cualquiera que pronuncie alguna palabra contra el Hijo del hombre se le perdonará, pero el que hable contra el Espíritu Santo no tendrá perdón ni en este mundo ni en el venidero.

33 »Si tienen un buen árbol, su fruto es bueno; si tienen un mal árbol, su fruto es malo. Al árbol se le reconoce por su fruto. 34 Camada de víboras, ¿cómo pueden ustedes que son malos decir algo bueno? De la abundancia del corazón habla la boca. 35 El que es bueno, de la bondad que atesora en el corazón saca el bien, pero el que es malo, de su maldad saca el mal. 36 Pero yo les digo que en el día del juicio todos tendrán que dar cuenta de toda palabra ociosa que hayan pronunciado. 37 Porque por tus palabras se te absolverá, y por tus palabras se te condenará.»

La señal de Jonás

38 Algunos de los fariseos y de los *maestros de la ley le dijeron:

—Maestro, queremos ver alguna señal milagrosa de parte tuya.

39 Jesús les contestó:

—¡Esta generación malvada y adúltera pide una señal milagrosa! Pero no se le dará más señal que la del profeta Jonás. 40 Porque así como tres días y tres noches estuvo Jonás en el vientre de un gran pez, también tres días y tres noches estará el Hijo del hombre en las entrañas de la tierra. 41 Los habitantes de Nínive se levantarán en el juicio contra esta generación y la condenarán; porque ellos se *arrepintieron al escuchar la predicación de Jonás, y aquí tienen ustedes a uno más grande que Jonás. 42 La reina del Sur se levantará en el día del juicio y condenará a esta generación; porque ella vino desde los confines de la tierra para escuchar la sabiduría de Salomón, y aquí tienen ustedes a uno más grande que Salomón.

43 »Cuando un *espíritu maligno sale de una persona, va por lugares áridos, buscando descanso sin encontrarlo. 44 Entonces dice: "Volveré a la casa de donde salí." Cuando llega, la encuentra desocupada, barrida y arreglada. 45 Luego va y trae a otros siete espíritus más malvados que él, y entran a vivir allí. Así que el estado postrero de aquella persona resulta peor que el primero. Así le pasará también a esta generación malvada.

La madre y los hermanos de Jesús

46 Mientras Jesús le hablaba a la multitud, se presentaron su madre y sus hermanos. Se quedaron afuera, y deseaban hablar con él. 47 Alguien le dijo:

—Tu madre y tus hermanos están afuera y quieren hablar contigo.u

48 —¿Quién es mi madre, y quiénes son mis hermanos? —replicó Jesús.

stand. 26 If Satan drives out Satan, he is divided against himself. How then can his kingdom stand? 27 And if I drive out demons by Beelzebub, by whom do your people drive them out? So then, they will be your judges. 28 But if I drive out demons by the Spirit of God, then the kingdom of God has come upon you.

29 "Or again, how can anyone enter a strong man's house and carry off his possessions unless he first ties up the strong man? Then he can rob his house.

30 "He who is not with me is against me, and he who does not gather with me scatters. 31 And so I tell you, every sin and blasphemy will be forgiven men, but the blasphemy against the Spirit will not be forgiven. 32 Anyone who speaks a word against the Son of Man will be forgiven, but anyone who speaks against the Holy Spirit will not be forgiven, either in this age or in the age to come.

33 "Make a tree good and its fruit will be good, or make a tree bad and its fruit will be bad, for a tree is recognized by its fruit. 34 You brood of vipers, how can you who are evil say anything good? For out of the overflow of the heart the mouth speaks. 35 The good man brings good things out of the good stored up in him, and the evil man brings evil things out of the evil stored up in him. 36 But I tell you that men will have to give account on the day of judgment for every careless word they have spoken. 37 For by your words you will be acquitted, and by your words you will be condemned."

The Sign of Jonah

38 Then some of the Pharisees and teachers of the law said to him, "Teacher, we want to see a miraculous sign from you."

39 He answered, "A wicked and adulterous generation asks for a miraculous sign! But none will be given it except the sign of the prophet Jonah. 40 For as Jonah was three days and three nights in the belly of a huge fish, so the Son of Man will be three days and three nights in the heart of the earth. 41 The men of Nineveh will stand up at the judgment with this generation and condemn it; for they repented at the preaching of Jonah, and now onew greater than Jonah is here. 42 The Queen of the South will rise at the judgment with this generation and condemn it; for she came from the ends of the earth to listen to Solomon's wisdom, and now one greater than Solomon is here.

43 "When an evilx spirit comes out of a man, it goes through arid places seeking rest and does not find it. 44 Then it says, 'I will return to the house I left.' When it arrives, it finds the house unoccupied, swept clean and put in order. 45 Then it goes and takes with it seven other spirits more wicked than itself, and they go in and live there. And the final condition of that man is worse than the first. That is how it will be with this wicked generation."

Jesus' Mother and Brothers

46 While Jesus was still talking to the crowd, his mother and brothers stood outside, wanting to speak to him. 47 Someone told him, "Your mother and brothers are standing outside, wanting to speak to you."y

48 He replied to him, "Who is my mother, and who

---

u 12:47 Var. no incluye v. 47.

w 41 Or *something*; also in verse 42   x 43 Greek *unclean*
y 47 Some manuscripts do not have verse 47.

⁴⁹Señalando a sus discípulos, añadió:

—Aquí tienen a mi madre y a mis hermanos. ⁵⁰Pues mi hermano, mi hermana y mi madre son los que hacen la voluntad de mi Padre que está en el cielo.

Parábola del sembrador

13 Ese mismo día salió Jesús de la casa y se sentó junto al lago. ²Era tal la multitud que se reunió para verlo que él tuvo que subir a una barca donde se sentó mientras toda la gente estaba de pie en la orilla. ³Y les dijo en parábolas muchas cosas como éstas: «Un sembrador salió a sembrar. ⁴Mientras iba esparciendo la semilla, una parte cayó junto al camino, y llegaron los pájaros y se la comieron. ⁵Otra parte cayó en terreno pedregoso, sin mucha tierra. Esa semilla brotó pronto porque la tierra no era profunda; ⁶pero cuando salió el sol, las plantas se marchitaron y, por no tener raíz, se secaron. ⁷Otra parte de la semilla cayó entre espinos que, al crecer, la ahogaron. ⁸Pero las otras semillas cayeron en buen terreno, en el que se dio una cosecha que rindió treinta, sesenta y hasta cien veces más de lo que se había sembrado. ⁹El que tenga oídos, que oiga.»

¹⁰Los discípulos se acercaron y le preguntaron:

—¿Por qué le hablas a la gente en parábolas?

¹¹—A ustedes se les ha concedido conocer los *secretos del reino de los cielos; pero a ellos no. ¹²Al que tiene, se le dará más, y tendrá en abundancia. Al que no tiene, hasta lo poco que tiene se le quitará. ¹³Por eso les hablo a ellos en parábolas:

»Aunque miran, no ven;
    aunque oyen, no escuchan ni entienden.

¹⁴En ellos se cumple la profecía de Isaías:

»"Por mucho que oigan, no entenderán;
    por mucho que vean, no percibirán.
¹⁵Porque el corazón de este pueblo se ha vuelto insensible;
    se les han embotado los oídos,
    y se les han cerrado los ojos.
De lo contrario, verían con los ojos,
    oirían con los oídos,
    entenderían con el corazón
    y se convertirían, y yo los sanaría."ᵛ

¹⁶Pero *dichosos los ojos de ustedes porque ven, y sus oídos porque oyen. ¹⁷Porque les aseguro que muchos profetas y otros justos anhelaron ver lo que ustedes ven, pero no lo vieron; y oír lo que ustedes oyen, pero no lo oyeron.

¹⁸»Escuchen lo que significa la parábola del sembrador: ¹⁹Cuando alguien oye la palabra acerca del reino y no la entiende, viene el maligno y arrebata lo que se sembró en su corazón. Ésta es la semilla sembrada junto al camino. ²⁰El que recibió la semilla que cayó en terreno pedregoso es el que oye la palabra e inmediatamente la recibe con alegría; ²¹pero como no tiene raíz, dura poco tiempo. Cuando surgen problemas o persecución a causa de la palabra, en seguida se aparta de ella. ²²El que recibió la semilla que cayó entre espinos es el que oye la palabra, pero las preocupaciones de esta vida y el engaño de las riquezas la ahogan,

are my brothers?" ⁴⁹Pointing to his disciples, he said, "Here are my mother and my brothers. ⁵⁰For whoever does the will of my Father in heaven is my brother and sister and mother."

The Parable of the Sower

13 That same day Jesus went out of the house and sat by the lake. ²Such large crowds gathered around him that he got into a boat and sat in it, while all the people stood on the shore. ³Then he told them many things in parables, saying: "A farmer went out to sow his seed. ⁴As he was scattering the seed, some fell along the path, and the birds came and ate it up. ⁵Some fell on rocky places, where it did not have much soil. It sprang up quickly, because the soil was shallow. ⁶But when the sun came up, the plants were scorched, and they withered because they had no root. ⁷Other seed fell among thorns, which grew up and choked the plants. ⁸Still other seed fell on good soil, where it produced a crop—a hundred, sixty or thirty times what was sown. ⁹He who has ears, let him hear."

¹⁰The disciples came to him and asked, "Why do you speak to the people in parables?"

¹¹He replied, "The knowledge of the secrets of the kingdom of heaven has been given to you, but not to them. ¹²Whoever has will be given more, and he will have an abundance. Whoever does not have, even what he has will be taken from him. ¹³This is why I speak to them in parables:

"Though seeing, they do not see;
    though hearing, they do not hear or
      understand.

¹⁴In them is fulfilled the prophecy of Isaiah:

" 'You will be ever hearing but never
    understanding;
you will be ever seeing but never
    perceiving.
¹⁵For this people's heart has become
    calloused;
they hardly hear with their ears,
    and they have closed their eyes.
Otherwise they might see with their eyes,
    hear with their ears,
understand with their hearts
and turn, and I would heal them.'ᶻ

¹⁶But blessed are your eyes because they see, and your ears because they hear. ¹⁷For I tell you the truth, many prophets and righteous men longed to see what you see but did not see it, and to hear what you hear but did not hear it.

¹⁸"Listen then to what the parable of the sower means: ¹⁹When anyone hears the message about the kingdom and does not understand it, the evil one comes and snatches away what was sown in his heart. This is the seed sown along the path. ²⁰The one who received the seed that fell on rocky places is the man who hears the word and at once receives it with joy. ²¹But since he has no root, he lasts only a short time. When trouble or persecution comes because of the word, he quickly falls away. ²²The one who received the seed that fell among the thorns is the man who hears the word, but the worries of this life and the deceitfulness of wealth choke it, making it unfruitful.

ᵛ 13:15 Is 6:9,10   ᶻ15 Isaiah 6:9,10

de modo que ésta no llega a dar fruto. ²³Pero el que recibió la semilla que cayó en buen terreno es el que oye la palabra y la entiende. Éste sí produce una cosecha al treinta, al sesenta y hasta al ciento por uno.

Parábola de la mala hierba

²⁴Jesús les contó otra parábola: «El reino de los cielos es como un hombre que sembró buena semilla en su campo. ²⁵Pero mientras todos dormían, llegó su enemigo y sembró mala hierba entre el trigo, y se fue. ²⁶Cuando brotó el trigo y se formó la espiga, apareció también la mala hierba. ²⁷Los siervos fueron al dueño y le dijeron: "Señor, ¿no sembró usted semilla buena en su campo? Entonces, ¿de dónde salió la mala hierba?" ²⁸"Esto es obra de un enemigo", les respondió. Le preguntaron los siervos: "¿Quiere usted que vayamos a arrancarla?" ²⁹"¡No! —les contestó—, no sea que, al arrancar la mala hierba, arranquen con ella el trigo. ³⁰Dejen que crezcan juntos hasta la cosecha. Entonces les diré a los segadores: Recojan primero la mala hierba, y átenla en manojos para quemarla; después recojan el trigo y guárdenlo en mi granero."»

Parábolas del grano de mostaza y de la levadura

³¹Les contó otra parábola: «El reino de los cielos es como un grano de mostaza que un hombre sembró en su campo. ³²Aunque es la más pequeña de todas las semillas, cuando crece es la más grande de las hortalizas y se convierte en árbol, de modo que vienen las aves y anidan en sus ramas.»

³³Les contó otra parábola más: «El reino de los cielos es como la levadura que una mujer tomó y mezcló en una gran cantidadʷ de harina, hasta que fermentó toda la masa.»

³⁴Jesús le dijo a la multitud todas estas cosas en parábolas. Sin emplear parábolas no les decía nada. ³⁵Así se cumplió lo dicho por el profeta:

«Hablaré por medio de parábolas;
　revelaré cosas que han estado ocultas desde
　　la creación del mundo.»ˣ

Explicación de la parábola de la mala hierba

³⁶Una vez que se despidió de la multitud, entró en la casa. Se le acercaron sus discípulos y le pidieron:

—Explícanos la parábola de la mala hierba del campo.

³⁷—El que sembró la buena semilla es el Hijo del hombre —les respondió Jesús—. ³⁸El campo es el mundo, y la buena semilla representa a los hijos del reino. La mala hierba son los hijos del maligno, ³⁹y el enemigo que la siembra es el diablo. La cosecha es el fin del mundo, y los segadores son los ángeles.

⁴⁰»Así como se recoge la mala hierba y se quema en el fuego, ocurrirá también al fin del mundo. ⁴¹El Hijo del hombre enviará a sus ángeles, y arrancarán de su reino a todos los que *pecan y hacen pecar. ⁴²Los arrojarán al horno encendido, donde habrá llanto y rechinar de dientes. ⁴³Entonces los justos brillarán en el reino de su Padre como el sol. El que tenga oídos, que oiga.

---

²³But the one who received the seed that fell on good soil is the man who hears the word and understands it. He produces a crop, yielding a hundred, sixty or thirty times what was sown."

The Parable of the Weeds

²⁴Jesus told them another parable: "The kingdom of heaven is like a man who sowed good seed in his field. ²⁵But while everyone was sleeping, his enemy came and sowed weeds among the wheat, and went away. ²⁶When the wheat sprouted and formed heads, then the weeds also appeared.

²⁷"The owner's servants came to him and said, 'Sir, didn't you sow good seed in your field? Where then did the weeds come from?'

²⁸"'An enemy did this,' he replied.

"The servants asked him, 'Do you want us to go and pull them up?'

²⁹"'No,' he answered, 'because while you are pulling the weeds, you may root up the wheat with them. ³⁰Let both grow together until the harvest. At that time I will tell the harvesters: First collect the weeds and tie them in bundles to be burned; then gather the wheat and bring it into my barn.' "

The Parables of the Mustard Seed and the Yeast

³¹He told them another parable: "The kingdom of heaven is like a mustard seed, which a man took and planted in his field. ³²Though it is the smallest of all your seeds, yet when it grows, it is the largest of garden plants and becomes a tree, so that the birds of the air come and perch in its branches."

³³He told them still another parable: "The kingdom of heaven is like yeast that a woman took and mixed into a large amountᵃ of flour until it worked all through the dough."

³⁴Jesus spoke all these things to the crowd in parables; he did not say anything to them without using a parable. ³⁵So was fulfilled what was spoken through the prophet:

"I will open my mouth in parables,
　I will utter things hidden since the
　　creation of the world."ᵇ

The Parable of the Weeds Explained

³⁶Then he left the crowd and went into the house. His disciples came to him and said, "Explain to us the parable of the weeds in the field."

³⁷He answered, "The one who sowed the good seed is the Son of Man. ³⁸The field is the world, and the good seed stands for the sons of the kingdom. The weeds are the sons of the evil one, ³⁹and the enemy who sows them is the devil. The harvest is the end of the age, and the harvesters are angels.

⁴⁰"As the weeds are pulled up and burned in the fire, so it will be at the end of the age. ⁴¹The Son of Man will send out his angels, and they will weed out of his kingdom everything that causes sin and all who do evil. ⁴²They will throw them into the fiery furnace, where there will be weeping and gnashing of teeth. ⁴³Then the righteous will shine like the sun in the kingdom of their Father. He who has ears, let him hear.

ʷ 13:33 *una gran cantidad*. Lit. *tres satas* (probablemente unos 22 litros).　　ˣ 13:35 Sal 78:2

ᵃ 33 Greek *three satas* (probably about 1/2 bushel or 22 liters)　　ᵇ 35 Psalm 78:2

Parábolas del tesoro escondido y de la perla

44 »El reino de los cielos es como un tesoro escondido en un campo. Cuando un hombre lo descubrió, lo volvió a esconder, y lleno de alegría fue y vendió todo lo que tenía y compró ese campo.

45 »También se parece el reino de los cielos a un comerciante que andaba buscando perlas finas. 46 Cuando encontró una de gran valor, fue y vendió todo lo que tenía y la compró.

Parábola de la red

47 »También se parece el reino de los cielos a una red echada al lago, que recoge peces de toda clase. 48 Cuando se llena, los pescadores la sacan a la orilla, se sientan y recogen en canastas los peces buenos, y desechan los malos. 49 Así será al fin del mundo. Vendrán los ángeles y apartarán de los justos a los malvados, 50 y los arrojarán al horno encendido, donde habrá llanto y rechinar de dientes.

51 —¿Han entendido todo esto? —les preguntó Jesús.

—Sí —respondieron ellos.

Entonces concluyó Jesús:

52 —Todo *maestro de la ley que ha sido instruido acerca del reino de los cielos es como el dueño de una casa, que de lo que tiene guardado saca tesoros nuevos y viejos.

Un profeta sin honra

53 Cuando Jesús terminó de contar estas parábolas, se fue de allí. 54 Al llegar a su tierra, comenzó a enseñar a la gente en la sinagoga.

—¿De dónde sacó éste tal sabiduría y tales poderes milagrosos? —decían maravillados—. 55 ¿No es acaso el hijo del carpintero? ¿No se llama su madre María; y no son sus hermanos *Jacobo, José, Simón y Judas? 56 ¿No están con nosotros todas sus hermanas? ¿Así que de dónde sacó todas estas cosas?

57 Y se *escandalizaban a causa de él. Pero Jesús les dijo:

—En todas partes se honra a un profeta, menos en su tierra y en su propia casa.

58 Y por la incredulidad de ellos, no hizo allí muchos milagros.

Decapitación de Juan el Bautista

14 En aquel tiempo Herodes el tetrarca se enteró de lo que decían de Jesús, 2 y comentó a sus sirvientes: «¡Ése es Juan el Bautista; ha *resucitado! Por eso tiene poder para realizar milagros.»

3 En efecto, Herodes había arrestado a Juan. Lo había encadenado y metido en la cárcel por causa de Herodías, esposa de su hermano Felipe. 4 Es que Juan había estado diciéndole: «La ley te prohíbe tenerla por esposa.» 5 Herodes quería matarlo, pero le tenía miedo a la gente, porque consideraban a Juan como un profeta.

6 En el cumpleaños de Herodes, la hija de Herodías bailó delante de todos; y tanto le agradó a Herodes 7 que le prometió bajo juramento darle cualquier cosa que pidiera. 8 Instigada por su madre, le pidió: «Dame en una bandeja la cabeza de Juan el Bautista.»

9 El rey se entristeció, pero a causa de sus juramentos y en atención a los invitados, ordenó que se le concediera la petición, 10 y mandó decapitar a Juan en la cárcel. 11 Llevaron la cabeza en una bandeja y se la dieron a la muchacha, quien se la entregó a su madre. 12 Luego llegaron los discípulos de Juan, recogieron el cuerpo y le dieron sepultura. Después fueron y avisaron a Jesús.

The Parables of the Hidden Treasure and the Pearl

44 "The kingdom of heaven is like treasure hidden in a field. When a man found it, he hid it again, and then in his joy went and sold all he had and bought that field.

45 "Again, the kingdom of heaven is like a merchant looking for fine pearls. 46 When he found one of great value, he went away and sold everything he had and bought it.

The Parable of the Net

47 "Once again, the kingdom of heaven is like a net that was let down into the lake and caught all kinds of fish. 48 When it was full, the fishermen pulled it up on the shore. Then they sat down and collected the good fish in baskets, but threw the bad away. 49 This is how it will be at the end of the age. The angels will come and separate the wicked from the righteous 50 and throw them into the fiery furnace, where there will be weeping and gnashing of teeth.

51 "Have you understood all these things?" Jesus asked.

"Yes," they replied.

52 He said to them, "Therefore every teacher of the law who has been instructed about the kingdom of heaven is like the owner of a house who brings out of his storeroom new treasures as well as old."

A Prophet Without Honor

53 When Jesus had finished these parables, he moved on from there. 54 Coming to his hometown, he began teaching the people in their synagogue, and they were amazed. "Where did this man get this wisdom and these miraculous powers?" they asked. 55 "Isn't this the carpenter's son? Isn't his mother's name Mary, and aren't his brothers James, Joseph, Simon and Judas? 56 Aren't all his sisters with us? Where then did this man get all these things?" 57 And they took offense at him.

But Jesus said to them, "Only in his hometown and in his own house is a prophet without honor."

58 And he did not do many miracles there because of their lack of faith.

John the Baptist Beheaded

14 At that time Herod the tetrarch heard the reports about Jesus, 2 and he said to his attendants, "This is John the Baptist; he has risen from the dead! That is why miraculous powers are at work in him."

3 Now Herod had arrested John and bound him and put him in prison because of Herodias, his brother Philip's wife, 4 for John had been saying to him: "It is not lawful for you to have her." 5 Herod wanted to kill John, but he was afraid of the people, because they considered him a prophet.

6 On Herod's birthday the daughter of Herodias danced for them and pleased Herod so much 7 that he promised with an oath to give her whatever she asked. 8 Prompted by her mother, she said, "Give me here on a platter the head of John the Baptist." 9 The king was distressed, but because of his oaths and his dinner guests, he ordered that her request be granted 10 and had John beheaded in the prison. 11 His head was brought in on a platter and given to the girl, who carried it to her mother. 12 John's disciples came and took his body and buried it. Then they went and told Jesus.

Jesús alimenta a los cinco mil

13 Cuando Jesús recibió la noticia, se retiró él solo en una barca a un lugar solitario. Las multitudes se enteraron y lo siguieron a pie desde los poblados. 14 Cuando Jesús desembarcó y vio a tanta gente, tuvo compasión de ellos y sanó a los que estaban enfermos.

15 Al atardecer se le acercaron sus discípulos y le dijeron:

—Éste es un lugar apartado y ya se hace tarde. Despide a la gente, para que vayan a los pueblos y se compren algo de comer.

16 —No tienen que irse —contestó Jesús—. Denles ustedes mismos de comer.

17 Ellos objetaron:

—No tenemos aquí más que cinco panes y dos pescados.

18 —Tráiganmelos acá —les dijo Jesús.

19 Y mandó a la gente que se sentara sobre la hierba. Tomó los cinco panes y los dos pescados y, mirando al cielo, los bendijo. Luego partió los panes y se los dio a los discípulos, quienes los repartieron a la gente. 20 Todos comieron hasta quedar satisfechos, y los discípulos recogieron doce canastas llenas de pedazos que sobraron. 21 Los que comieron fueron unos cinco mil hombres, sin contar a las mujeres y a los niños.

Jesús camina sobre el agua

22 En seguida Jesús hizo que los discípulos subieran a la barca y se le adelantaran al otro lado mientras él despedía a la multitud. 23 Después de despedir a la gente, subió a la montaña para orar a solas. Al anochecer, estaba allí él solo, 24 y la barca ya estaba bastante lejos*y* de la tierra, zarandeada por las olas, porque el viento le era contrario.

25 En la madrugada,*z* Jesús se acercó a ellos caminando sobre el lago. 26 Cuando los discípulos lo vieron caminando sobre el agua, quedaron aterrados.

—¡Es un fantasma! —gritaron de miedo.

27 Pero Jesús les dijo en seguida:

—¡Cálmense! Soy yo. No tengan miedo.

28 —Señor, si eres tú —respondió Pedro—, mándame que vaya a ti sobre el agua.

29 —Ven —dijo Jesús.

Pedro bajó de la barca y caminó sobre el agua en dirección a Jesús. 30 Pero al sentir el viento fuerte, tuvo miedo y comenzó a hundirse. Entonces gritó:

—¡Señor, sálvame!

31 En seguida Jesús le tendió la mano y, sujetándolo, lo reprendió:

—¡Hombre de poca fe! ¿Por qué dudaste?

32 Cuando subieron a la barca, se calmó el viento. 33 Y los que estaban en la barca lo adoraron diciendo:

—Verdaderamente tú eres el Hijo de Dios.

34 Después de cruzar el lago, desembarcaron en Genesaret. 35 Los habitantes de aquel lugar reconocieron a Jesús y divulgaron la noticia por todos los alrededores. Le llevaban todos los enfermos, 36 suplicándole que les permitiera tocar siquiera el borde de su manto, y quienes lo tocaban quedaban sanos.

Lo limpio y lo impuro

15 Se acercaron a Jesús algunos fariseos y *maestros de la ley que habían llegado de Jerusalén, y le preguntaron:

Jesus Feeds the Five Thousand

13 When Jesus heard what had happened, he withdrew by boat privately to a solitary place. Hearing of this, the crowds followed him on foot from the towns. 14 When Jesus landed and saw a large crowd, he had compassion on them and healed their sick.

15 As evening approached, the disciples came to him and said, "This is a remote place, and it's already getting late. Send the crowds away, so they can go to the villages and buy themselves some food."

16 Jesus replied, "They do not need to go away. You give them something to eat."

17 "We have here only five loaves of bread and two fish," they answered.

18 "Bring them here to me," he said. 19 And he directed the people to sit down on the grass. Taking the five loaves and the two fish and looking up to heaven, he gave thanks and broke the loaves. Then he gave them to the disciples, and the disciples gave them to the people. 20 They all ate and were satisfied, and the disciples picked up twelve basketfuls of broken pieces that were left over. 21 The number of those who ate was about five thousand men, besides women and children.

Jesus Walks on the Water

22 Immediately Jesus made the disciples get into the boat and go on ahead of him to the other side, while he dismissed the crowd. 23 After he had dismissed them, he went up on a mountainside by himself to pray. When evening came, he was there alone, 24 but the boat was already a considerable distance*c* from land, buffeted by the waves because the wind was against it.

25 During the fourth watch of the night Jesus went out to them, walking on the lake. 26 When the disciples saw him walking on the lake, they were terrified. "It's a ghost," they said, and cried out in fear.

27 But Jesus immediately said to them: "Take courage! It is I. Don't be afraid."

28 "Lord, if it's you," Peter replied, "tell me to come to you on the water."

29 "Come," he said.

Then Peter got down out of the boat, walked on the water and came toward Jesus. 30 But when he saw the wind, he was afraid and, beginning to sink, cried out, "Lord, save me!"

31 Immediately Jesus reached out his hand and caught him. "You of little faith," he said, "why did you doubt?"

32 And when they climbed into the boat, the wind died down. 33 Then those who were in the boat worshiped him, saying, "Truly you are the Son of God."

34 When they had crossed over, they landed at Gennesaret. 35 And when the men of that place recognized Jesus, they sent word to all the surrounding country. People brought all their sick to him 36 and begged him to let the sick just touch the edge of his cloak, and all who touched him were healed.

Clean and Unclean

15 Then some Pharisees and teachers of the law came to Jesus from Jerusalem and asked,

---

y 14:24 bastante lejos. Lit. *a muchos *estadios.*   *z 14:25 la madrugada.* Lit. *la cuarta vigilia de la noche.*   *c 24* Greek *many stadia*

2 —¿Por qué quebrantan tus discípulos la tradición de los *ancianos? ¡Comen sin cumplir primero el rito de lavarse las manos!

3 Jesús les contestó:

—¿Y por qué ustedes quebrantan el mandamiento de Dios a causa de la tradición? 4 Dios dijo: "Honra a tu padre y a tu madre",ᵃ y también: "El que maldiga a su padre o a su madre será condenado a muerte."ᵇ 5 Ustedes, en cambio, enseñan que un hijo puede decir a su padre o a su madre: "Cualquier ayuda que pudiera darte ya la he dedicado como ofrenda a Dios." 6 En ese caso, el tal hijo no tiene que honrar a su padre.ᶜ Así por causa de la tradición anulan ustedes la palabra de Dios. 7 ¡*Hipócritas! Tenía razón Isaías cuando profetizó de ustedes:

8 »"Este pueblo me honra con los labios,
    pero su corazón está lejos de mí.
9 En vano me adoran;
    sus enseñanzas no son más que reglas
      *humanas."ᵈ

10 Jesús llamó a la multitud y dijo:

—Escuchen y entiendan. 11 Lo que *contamina a una persona no es lo que entra en la boca sino lo que sale de ella.

12 Entonces se le acercaron los discípulos y le dijeron:

—¿Sabes que los fariseos se *escandalizaron al oír eso?

13 —Toda planta que mi Padre celestial no haya plantado será arrancada de raíz —les respondió—. 14 Déjenlos; son guías ciegos.ᵉ Y si un ciego guía a otro ciego, ambos caerán en un hoyo.

15 —Explícanos la comparación —le pidió Pedro.

16 —¿También ustedes son todavía tan torpes? —les dijo Jesús—. 17 ¿No se dan cuenta de que todo lo que entra en la boca va al estómago y después se echa en la letrina? 18 Pero lo que sale de la boca viene del corazón y contamina a la persona. 19 Porque del corazón salen los malos pensamientos, los homicidios, los adulterios, la inmoralidad sexual, los robos, los falsos testimonios y las calumnias. 20 Éstas son las cosas que contaminan a la persona, y no el comer sin lavarse las manos.

La fe de la mujer cananea

21 Partiendo de allí, Jesús se retiró a la región de Tiro y Sidón. 22 Una mujer cananea de las inmediaciones salió a su encuentro, gritando:

—¡Señor, Hijo de David, ten compasión de mí! Mi hija sufre terriblemente por estar endemoniada.

23 Jesús no le respondió palabra. Así que sus discípulos se acercaron a él y le rogaron:

—Despídela, porque viene detrás de nosotros gritando.

24 —No fui enviado sino a las ovejas perdidas del pueblo de Israel —contestó Jesús.

25 La mujer se acercó y, arrodillándose delante de él, le suplicó:

—¡Señor, ayúdame!

26 Él le respondió:

—No está bien quitarles el pan a los hijos y echárselo a los *perros.

27 —Sí, Señor; pero hasta los perros comen las migajas que caen de la mesa de sus amos.

2 "Why do your disciples break the tradition of the elders? They don't wash their hands before they eat!"

3 Jesus replied, "And why do you break the command of God for the sake of your tradition? 4 For God said, 'Honor your father and mother'ᵈ and 'Anyone who curses his father or mother must be put to death.'ᵉ 5 But you say that if a man says to his father or mother, 'Whatever help you might otherwise have received from me is a gift devoted to God,' 6 he is not to 'honor his fatherᶠ' with it. Thus you nullify the word of God for the sake of your tradition. 7 You hypocrites! Isaiah was right when he prophesied about you:

8 " 'These people honor me with their lips,
    but their hearts are far from me.
9 They worship me in vain;
    their teachings are but rules taught by
      men.'ᵍ"

10 Jesus called the crowd to him and said, "Listen and understand. 11 What goes into a man's mouth does not make him 'unclean,' but what comes out of his mouth, that is what makes him 'unclean.' "

12 Then the disciples came to him and asked, "Do you know that the Pharisees were offended when they heard this?"

13 He replied, "Every plant that my heavenly Father has not planted will be pulled up by the roots. 14 Leave them; they are blind guides.ʰ If a blind man leads a blind man, both will fall into a pit."

15 Peter said, "Explain the parable to us."

16 "Are you still so dull?" Jesus asked them. 17 "Don't you see that whatever enters the mouth goes into the stomach and then out of the body? 18 But the things that come out of the mouth come from the heart, and these make a man 'unclean.' 19 For out of the heart come evil thoughts, murder, adultery, sexual immorality, theft, false testimony, slander. 20 These are what make a man 'unclean'; but eating with unwashed hands does not make him 'unclean.' "

The Faith of the Canaanite Woman

21 Leaving that place, Jesus withdrew to the region of Tyre and Sidon. 22 A Canaanite woman from that vicinity came to him, crying out, "Lord, Son of David, have mercy on me! My daughter is suffering terribly from demon-possession."

23 Jesus did not answer a word. So his disciples came to him and urged him, "Send her away, for she keeps crying out after us."

24 He answered, "I was sent only to the lost sheep of Israel."

25 The woman came and knelt before him. "Lord, help me!" she said.

26 He replied, "It is not right to take the children's bread and toss it to their dogs."

27 "Yes, Lord," she said, "but even the dogs eat the crumbs that fall from their masters' table."

---

a 15:4 Éx 20:12; Dt 5:16   *b 15:4* Éx 21:17; Lv 20:9
c 15:6 padre. Var. padre ni a su madre.   *d 15:9* Is 29:13
e 15:14 guías ciegos. Var. ciegos guías de ciegos.

d 4 Exodus 20:12; Deut. 5:16   *e 4* Exodus 21:17; Lev. 20:9
f 6 Some manuscripts father or his mother   *g 9* Isaiah 29:13
h 14 Some manuscripts guides of the blind

28 —¡Mujer, qué grande es tu fe! —contestó Jesús—. Que se cumpla lo que quieres.

Y desde ese mismo momento quedó sana su hija.

Jesús alimenta a los cuatro mil

29 Salió Jesús de allí y llegó a orillas del mar de Galilea. Luego subió a la montaña y se sentó. 30 Se le acercaron grandes multitudes que llevaban cojos, ciegos, lisiados, mudos y muchos enfermos más, y los pusieron a sus pies; y él los sanó. 31 La gente se asombraba al ver a los mudos hablar, a los lisiados recobrar la salud, a los cojos andar y a los ciegos ver. Y alababan al Dios de Israel.

32 Jesús llamó a sus discípulos y les dijo:

—Siento compasión de esta gente porque ya llevan tres días conmigo y no tienen nada que comer. No quiero despedirlos sin comer, no sea que se desmayen por el camino.

33 Los discípulos objetaron:

—¿Dónde podríamos conseguir en este lugar despoblado suficiente pan para dar de comer a toda esta multitud?

34 —¿Cuántos panes tienen? —les preguntó Jesús.

—Siete, y unos pocos pescaditos.

35 Luego mandó que la gente se sentara en el suelo. 36 Tomando los siete panes y los pescados, dio gracias, los partió y se los fue dando a los discípulos. Éstos, a su vez, los distribuyeron a la gente. 37 Todos comieron hasta quedar satisfechos. Después los discípulos recogieron siete cestas llenas de pedazos que sobraron. 38 Los que comieron eran cuatro mil hombres, sin contar a las mujeres y a los niños. 39 Después de despedir a la gente, subió Jesús a la barca y se fue a la región de Magadán.ᶠ

Le piden a Jesús una señal

16 Los fariseos y los saduceos se acercaron a Jesús y, para ponerlo a prueba, le pidieron que les mostrara una señal del cielo.

2 Él les contestó:ᵍ «Al atardecer, ustedes dicen que hará buen tiempo porque el cielo está rojizo, 3 y por la mañana, que habrá tempestad porque el cielo está nublado y amenazante.ʰ Ustedes saben discernir el aspecto del cielo, pero no las señales de los tiempos. 4 Esta generación malvada y adúltera busca una señal milagrosa, pero no se le dará más señal que la de Jonás.» Entonces Jesús los dejó y se fue.

La levadura de los fariseos y de los saduceos

5 Cruzaron el lago, pero a los discípulos se les había olvidado llevar pan.

6 —Tengan cuidado —les advirtió Jesús—; eviten la levadura de los fariseos y de los saduceos.

7 Ellos comentaban entre sí: «Lo dice porque no trajimos pan.» 8 Al darse cuenta de esto, Jesús les recriminó:

—Hombres de poca fe, ¿por qué están hablando de que no tienen pan? 9 ¿Todavía no entienden? ¿No recuerdan los cinco panes para los cinco mil, y el número de canastas que recogieron? 10 ¿Ni los siete panes para los cuatro mil, y el número de cestas que recogieron? 11 ¿Cómo es que no entienden que no hablaba yo del pan sino de tener cuidado de la levadura de fariseos y saduceos?

28 Then Jesus answered, "Woman, you have great faith! Your request is granted." And her daughter was healed from that very hour.

Jesus Feeds the Four Thousand

29 Jesus left there and went along the Sea of Galilee. Then he went up on a mountainside and sat down. 30 Great crowds came to him, bringing the lame, the blind, the crippled, the mute and many others, and laid them at his feet; and he healed them. 31 The people were amazed when they saw the mute speaking, the crippled made well, the lame walking and the blind seeing. And they praised the God of Israel.

32 Jesus called his disciples to him and said, "I have compassion for these people; they have already been with me three days and have nothing to eat. I do not want to send them away hungry, or they may collapse on the way."

33 His disciples answered, "Where could we get enough bread in this remote place to feed such a crowd?"

34 "How many loaves do you have?" Jesus asked.

"Seven," they replied, "and a few small fish."

35 He told the crowd to sit down on the ground. 36 Then he took the seven loaves and the fish, and when he had given thanks, he broke them and gave them to the disciples, and they in turn to the people. 37 They all ate and were satisfied. Afterward the disciples picked up seven basketfuls of broken pieces that were left over. 38 The number of those who ate was four thousand, besides women and children. 39 After Jesus had sent the crowd away, he got into the boat and went to the vicinity of Magadan.

The Demand for a Sign

16 The Pharisees and Sadducees came to Jesus and tested him by asking him to show them a sign from heaven.

2 He replied,ⁱ "When evening comes, you say, 'It will be fair weather, for the sky is red,' 3 and in the morning, 'Today it will be stormy, for the sky is red and overcast.' You know how to interpret the appearance of the sky, but you cannot interpret the signs of the times. 4 A wicked and adulterous generation looks for a miraculous sign, but none will be given it except the sign of Jonah." Jesus then left them and went away.

The Yeast of the Pharisees and Sadducees

5 When they went across the lake, the disciples forgot to take bread. 6 "Be careful," Jesus said to them. "Be on your guard against the yeast of the Pharisees and Sadducees."

7 They discussed this among themselves and said, "It is because we didn't bring any bread."

8 Aware of their discussion, Jesus asked, "You of little faith, why are you talking among yourselves about having no bread? 9 Do you still not understand? Don't you remember the five loaves for the five thousand, and how many basketfuls you gathered? 10 Or the seven loaves for the four thousand, and how many basketfuls you gathered? 11 How is it you don't understand that I was not talking to you about bread? But be on your guard against the yeast of the Pharisees and

---

ᶠ 15:39 *Magadán.* Var. *Magdala.* ᵍ 16:2 Var. no incluye el resto del v. 2 y todo el v. 3. ʰ 16:3 *amenazante.* Lit. *rojizo.*

ⁱ 2 Some early manuscripts do not have the rest of verse 2 and all of verse 3.

12 Entonces comprendieron que no les decía que se cuidaran de la levadura del pan sino de la enseñanza de los fariseos y de los saduceos.

La confesión de Pedro

13 Cuando llegó a la región de Cesarea de Filipo, Jesús preguntó a sus discípulos:

—¿Quién dice la gente que es el Hijo del hombre? Le respondieron:

14 —Unos dicen que es Juan el Bautista, otros que Elías, y otros que Jeremías o uno de los profetas.

15 —Y ustedes, ¿quién dicen que soy yo?

16 —Tú eres el *Cristo, el Hijo del Dios viviente —afirmó Simón Pedro.

17 —*Dichoso tú, Simón, hijo de Jonás —le dijo Jesús—, porque eso no te lo reveló ningún mortal,i sino mi Padre que está en el cielo. 18 Yo te digo que tú eres Pedro,j y sobre esta piedra edificaré mi iglesia, y las puertas del reino de la muertek no prevalecerán contra ella. 19 Te daré las llaves del reino de los cielos; todo lo que ates en la tierra quedará atado en el cielo, y todo lo que desates en la tierra quedará desatado en el cielo.

20 Luego les ordenó a sus discípulos que no dijeran a nadie que él era el Cristo.

Jesús predice su muerte

21 Desde entonces comenzó Jesús a advertir a sus discípulos que tenía que ir a Jerusalén y sufrir muchas cosas a manos de los *ancianos, de los jefes de los sacerdotes y de los *maestros de la ley, y que era necesario que lo mataran y que al tercer día resucitara. 22 Pedro lo llevó aparte y comenzó a reprenderlo:

—¡De ninguna manera, Señor! ¡Esto no te sucederá jamás!

23 Jesús se volvió y le dijo a Pedro:

—¡Aléjate de mí, Satanás! Quieres hacerme *tropezar; no piensas en las cosas de Dios sino en las de los hombres.

24 Luego dijo Jesús a sus discípulos:

—Si alguien quiere ser mi discípulo, tiene que negarse a sí mismo, tomar su cruz y seguirme. 25 Porque el que quiera salvar su *vida, la perderá; pero el que pierda su vida por mi causa, la encontrará. 26 ¿De qué sirve ganar el mundo entero si se pierde la vida? ¿O qué se puede dar a cambio de la vida? 27 Porque el Hijo del hombre ha de venir en la gloria de su Padre con sus ángeles, y entonces recompensará a cada persona según lo que haya hecho. 28 Les aseguro que algunos de los aquí presentes no sufrirán la muerte sin antes haber visto al Hijo del hombre llegar en su reino.

La transfiguración

17 Seis días después, Jesús tomó consigo a Pedro, a *Jacobo y a Juan, el hermano de Jacobo, y los llevó aparte, a una montaña alta. 2 Allí se transfiguró en presencia de ellos; su rostro resplandeció como el sol, y su ropa se volvió blanca como la luz. 3 En esto, se les aparecieron Moisés y Elías conversando con Jesús. 4 Pedro le dijo a Jesús:

—Señor, ¡qué bien que estemos aquí! Si quieres, levantaré tres albergues: uno para ti, otro para Moisés y otro para Elías.

Sadducees." 12 Then they understood that he was not telling them to guard against the yeast used in bread, but against the teaching of the Pharisees and Sadducees.

Peter's Confession of Christ

13 When Jesus came to the region of Caesarea Philippi, he asked his disciples, "Who do people say the Son of Man is?"

14 They replied, "Some say John the Baptist; others say Elijah; and still others, Jeremiah or one of the prophets."

15 "But what about you?" he asked. "Who do you say I am?"

16 Simon Peter answered, "You are the Christ,j the Son of the living God."

17 Jesus replied, "Blessed are you, Simon son of Jonah, for this was not revealed to you by man, but by my Father in heaven. 18 And I tell you that you are Peter,k and on this rock I will build my church, and the gates of Hadesl will not overcome it.m 19 I will give you the keys of the kingdom of heaven; whatever you bind on earth will ben bound in heaven, and whatever you loose on earth will ben loosed in heaven." 20 Then he warned his disciples not to tell anyone that he was the Christ.

Jesus Predicts His Death

21 From that time on Jesus began to explain to his disciples that he must go to Jerusalem and suffer many things at the hands of the elders, chief priests and teachers of the law, and that he must be killed and on the third day be raised to life.

22 Peter took him aside and began to rebuke him. "Never, Lord!" he said. "This shall never happen to you!"

23 Jesus turned and said to Peter, "Get behind me, Satan! You are a stumbling block to me; you do not have in mind the things of God, but the things of men."

24 Then Jesus said to his disciples, "If anyone would come after me, he must deny himself and take up his cross and follow me. 25 For whoever wants to save his lifeo will lose it, but whoever loses his life for me will find it. 26 What good will it be for a man if he gains the whole world, yet forfeits his soul? Or what can a man give in exchange for his soul? 27 For the Son of Man is going to come in his Father's glory with his angels, and then he will reward each person according to what he has done. 28 I tell you the truth, some who are standing here will not taste death before they see the Son of Man coming in his kingdom."

The Transfiguration

17 After six days Jesus took with him Peter, James and John the brother of James, and led them up a high mountain by themselves. 2 There he was transfigured before them. His face shone like the sun, and his clothes became as white as the light. 3 Just then there appeared before them Moses and Elijah, talking with Jesus.

4 Peter said to Jesus, "Lord, it is good for us to be here. If you wish, I will put up three shelters—one for you, one for Moses and one for Elijah."

---

i 16:17 ningún mortal. Lit. *carne y sangre.   j 16:18 Pedro significa piedra.   k 16:18 del reino de la muerte. Lit. del *Hades.

j 16 Or Messiah; also in verse 20   k 18 Peter means rock.
l 18 Or hell   m 18 Or not prove stronger than it   n 19 Or have been   o 25 The Greek word means either life or soul; also in verse 26.

5 Mientras estaba aún hablando, apareció una nube luminosa que los envolvió, de la cual salió una voz que dijo: «Éste es mi Hijo amado; estoy muy complacido con él. ¡Escúchenlo!»

6 Al oír esto, los discípulos se postraron sobre su rostro, aterrorizados. 7 Pero Jesús se acercó a ellos y los tocó.

—Levántense —les dijo—. No tengan miedo.

8 Cuando alzaron la vista, no vieron a nadie más que a Jesús.

9 Mientras bajaban de la montaña, Jesús les encargó:

—No le cuenten a nadie lo que han visto hasta que el Hijo del hombre *resucite.

10 Entonces los discípulos le preguntaron a Jesús:

—¿Por qué dicen los *maestros de la ley que Elías tiene que venir primero?

11 —Sin duda Elías viene, y restaurará todas las cosas —respondió Jesús—. 12 Pero les digo que Elías ya vino, y no lo reconocieron sino que hicieron con él todo lo que quisieron. De la misma manera va a sufrir el Hijo del hombre a manos de ellos.

13 Entonces entendieron los discípulos que les estaba hablando de Juan el Bautista.

Jesús sana a un muchacho endemoniado

14 Cuando llegaron a la multitud, un hombre se acercó a Jesús y se arrodilló delante de él.

15 —Señor, ten compasión de mi hijo. Le dan ataques y sufre terriblemente. Muchas veces cae en el fuego o en el agua. 16 Se lo traje a tus discípulos, pero no pudieron sanarlo.

17 —¡Ah, generación incrédula y perversa! —respondió Jesús—. ¿Hasta cuándo tendré que estar con ustedes? ¿Hasta cuándo tendré que soportarlos? Tráiganme acá al muchacho.

18 Jesús reprendió al demonio, el cual salió del muchacho, y éste quedó sano desde aquel momento.

19 Después los discípulos se acercaron a Jesús y, en privado, le preguntaron:

—¿Por qué nosotros no pudimos expulsarlo?

20 —Porque ustedes tienen tan poca fe —les respondió—. Les aseguro que si tienen fe tan pequeña como un grano de mostaza, podrán decirle a esta montaña: "Trasládate de aquí para allá", y se trasladará. Para ustedes nada será imposible.[l]

22 Estando reunidos en Galilea, Jesús les dijo: «El Hijo del hombre va a ser entregado en manos de los hombres. 23 Lo matarán, pero al tercer día resucitará.» Y los discípulos se entristecieron mucho.

El impuesto del templo

24 Cuando Jesús y sus discípulos llegaron a Capernaúm, los que cobraban el impuesto del *templo[m] se acercaron a Pedro y le preguntaron:

—¿Su maestro no paga el impuesto del templo?

25 —Sí, lo paga —respondió Pedro.

Al entrar Pedro en la casa, se adelantó Jesús a preguntarle:

—¿Tú qué opinas, Simón? Los reyes de la tierra, ¿a quiénes cobran tributos e impuestos: a los suyos o a los demás?

26 —A los demás —contestó Pedro.

—Entonces los suyos están exentos —le dijo

5 While he was still speaking, a bright cloud enveloped them, and a voice from the cloud said, "This is my Son, whom I love; with him I am well pleased. Listen to him!"

6 When the disciples heard this, they fell facedown to the ground, terrified. 7 But Jesus came and touched them. "Get up," he said. "Don't be afraid." 8 When they looked up, they saw no one except Jesus.

9 As they were coming down the mountain, Jesus instructed them, "Don't tell anyone what you have seen, until the Son of Man has been raised from the dead."

10 The disciples asked him, "Why then do the teachers of the law say that Elijah must come first?"

11 Jesus replied, "To be sure, Elijah comes and will restore all things. 12 But I tell you, Elijah has already come, and they did not recognize him, but have done to him everything they wished. In the same way the Son of Man is going to suffer at their hands." 13 Then the disciples understood that he was talking to them about John the Baptist.

The Healing of a Boy With a Demon

14 When they came to the crowd, a man approached Jesus and knelt before him. 15 "Lord, have mercy on my son," he said. "He has seizures and is suffering greatly. He often falls into the fire or into the water. 16 I brought him to your disciples, but they could not heal him."

17 "O unbelieving and perverse generation," Jesus replied, "how long shall I stay with you? How long shall I put up with you? Bring the boy here to me." 18 Jesus rebuked the demon, and it came out of the boy, and he was healed from that moment.

19 Then the disciples came to Jesus in private and asked, "Why couldn't we drive it out?"

20 He replied, "Because you have so little faith. I tell you the truth, if you have faith as small as a mustard seed, you can say to this mountain, 'Move from here to there' and it will move. Nothing will be impossible for you.[p]"

22 When they came together in Galilee, he said to them, "The Son of Man is going to be betrayed into the hands of men. 23 They will kill him, and on the third day he will be raised to life." And the disciples were filled with grief.

The Temple Tax

24 After Jesus and his disciples arrived in Capernaum, the collectors of the two-drachma tax came to Peter and asked, "Doesn't your teacher pay the temple tax[q]?"

25 "Yes, he does," he replied.

When Peter came into the house, Jesus was the first to speak. "What do you think, Simon?" he asked. "From whom do the kings of the earth collect duty and taxes—from their own sons or from others?"

26 "From others," Peter answered.

"Then the sons are exempt," Jesus said to him.

---

l 17:20 *imposible.* Var. *imposible.* *21 Pero esta clase no sale sino con oración y ayuno.* *m* 17:24 *el impuesto del templo.* Lit. *las dos *dracmas.*

p 20 Some manuscripts *you.* *21 But this kind does not go out except by prayer and fasting.* *q* 24 Greek *the two drachmas*

Jesús—. 27 Pero, para no *escandalizar a esta gente, vete al lago y echa el anzuelo. Saca el primer pez que pique; ábrele la boca y encontrarás una moneda.[n] Tómala y dásela a ellos por mi impuesto y por el tuyo.

El más importante en el reino de los cielos

18 En ese momento los discípulos se acercaron a Jesús y le preguntaron:

—¿Quién es el más importante en el reino de los cielos?

2 Él llamó a un niño y lo puso en medio de ellos. 3 Entonces dijo:

—Les aseguro que a menos que ustedes cambien y se vuelvan como niños, no entrarán en el reino de los cielos. 4 Por tanto, el que se humilla como este niño será el más grande en el reino de los cielos.

5 »Y el que recibe en mi nombre a un niño como éste, me recibe a mí. 6 Pero si alguien hace *pecar a uno de estos pequeños que creen en mí, más le valdría que le colgaran al cuello una gran piedra de molino y lo hundieran en lo profundo del mar.

7 »¡Ay del mundo por las cosas que hacen pecar a la gente! Inevitable es que sucedan, pero ¡ay del que hace pecar a los demás! 8 Si tu mano o tu pie te hace pecar, córtatelo y arrójalo. Más te vale entrar en la vida manco o cojo que ser arrojado al fuego eterno con tus dos manos y tus dos pies. 9 Y si tu ojo te hace pecar, sácatelo y arrójalo. Más te vale entrar tuerto en la vida que con dos ojos ser arrojado al fuego del infierno.[ñ]

Parábola de la oveja perdida

10 »Miren que no menosprecien a uno de estos pequeños. Porque les digo que en el cielo los ángeles de ellos contemplan siempre el rostro de mi Padre celestial.[o]

12 »¿Qué les parece? Si un hombre tiene cien ovejas y se le extravía una de ellas, ¿no dejará las noventa y nueve en las colinas para ir en busca de la extraviada? 13 Y si llega a encontrarla, les aseguro que se pondrá más feliz por esa sola oveja que por las noventa y nueve que no se extraviaron. 14 Así también, el Padre de ustedes que está en el cielo no quiere que se pierda ninguno de estos pequeños.

El hermano que peca contra ti

15 »Si tu hermano peca contra ti,[p] ve a solas con él y hazle ver su falta. Si te hace caso, has ganado a tu hermano. 16 Pero si no, lleva contigo a uno o dos más, para que "todo asunto se resuelva mediante el testimonio de dos o tres testigos".[q] 17 Si se niega a hacerles caso a ellos, díselo a la iglesia; y si incluso a la iglesia no le hace caso, trátalo como si fuera un incrédulo o un renegado.[r]

18 »Les aseguro que todo lo que ustedes aten en la tierra quedará atado en el cielo, y todo lo que desaten en la tierra quedará desatado en el cielo.

19 »Además les digo que si dos de ustedes en la tierra se ponen de acuerdo sobre cualquier cosa que pidan, les será concedida por mi Padre que está en el cielo. 20 Porque donde dos o tres se reúnen en mi nombre, allí estoy yo en medio de ellos.

[n] *17:27 una moneda.* Lit. *un estatero* (moneda que equivale a cuatro *dracmas). [ñ] *18:9 al fuego del infierno.* Lit. *a la *Gehenna del fuego.* [o] *18:10 celestial.* Var. *celestial.* [11] *El Hijo del hombre vino a salvar lo que se había perdido.* [p] *18:15 peca contra ti.* Var. *peca.* [q] *18:16* Dt 19:15 [r] *18:17 un incrédulo o un renegado.* Lit. *un *gentil o un *recaudador de impuestos.*

27 "But so that we may not offend them, go to the lake and throw out your line. Take the first fish you catch; open its mouth and you will find a four-drachma coin. Take it and give it to them for my tax and yours."

The Greatest in the Kingdom of Heaven

18 At that time the disciples came to Jesus and asked, "Who is the greatest in the kingdom of heaven?"

2 He called a little child and had him stand among them. 3 And he said: "I tell you the truth, unless you change and become like little children, you will never enter the kingdom of heaven. 4 Therefore, whoever humbles himself like this child is the greatest in the kingdom of heaven.

5 "And whoever welcomes a little child like this in my name welcomes me. 6 But if anyone causes one of these little ones who believe in me to sin, it would be better for him to have a large millstone hung around his neck and to be drowned in the depths of the sea.

7 "Woe to the world because of the things that cause people to sin! Such things must come, but woe to the man through whom they come! 8 If your hand or your foot causes you to sin, cut it off and throw it away. It is better for you to enter life maimed or crippled than to have two hands or two feet and be thrown into eternal fire. 9 And if your eye causes you to sin, gouge it out and throw it away. It is better for you to enter life with one eye than to have two eyes and be thrown into the fire of hell.

The Parable of the Lost Sheep

10 "See that you do not look down on one of these little ones. For I tell you that their angels in heaven always see the face of my Father in heaven.[r]

12 "What do you think? If a man owns a hundred sheep, and one of them wanders away, will he not leave the ninety-nine on the hills and go to look for the one that wandered off? 13 And if he finds it, I tell you the truth, he is happier about that one sheep than about the ninety-nine that did not wander off. 14 In the same way your Father in heaven is not willing that any of these little ones should be lost.

A Brother Who Sins Against You

15 "If your brother sins against you,[s] go and show him his fault, just between the two of you. If he listens to you, you have won your brother over. 16 But if he will not listen, take one or two others along, so that 'every matter may be established by the testimony of two or three witnesses.'[t] 17 If he refuses to listen to them, tell it to the church; and if he refuses to listen even to the church, treat him as you would a pagan or a tax collector.

18 "I tell you the truth, whatever you bind on earth will be[u] bound in heaven, and whatever you loose on earth will be[u] loosed in heaven.

19 "Again, I tell you that if two of you on earth agree about anything you ask for, it will be done for you by my Father in heaven. 20 For where two or three come together in my name, there am I with them."

[r] *10* Some manuscripts *heaven.* [11] *The Son of Man came to save what was lost.* [s] *15* Some manuscripts do not have *against you.* [t] *16* Deut. 19:15 [u] *18* Or *have been*

Parábola del siervo despiadado

21 Pedro se acercó a Jesús y le preguntó:

—Señor, ¿cuántas veces tengo que perdonar a mi hermano que peca contra mí? ¿Hasta siete veces?

22 —No te digo que hasta siete veces, sino hasta setenta y siete veces*s* —le contestó Jesús—.

23 »Por eso el reino de los cielos se parece a un rey que quiso ajustar cuentas con sus *siervos. 24 Al comenzar a hacerlo, se le presentó uno que le debía miles y miles de monedas de oro.*t* 25 Como él no tenía con qué pagar, el señor mandó que lo vendieran a él, a su esposa y a sus hijos, y todo lo que tenía, para así saldar la deuda. 26 El siervo se postró delante de él. "Tenga paciencia conmigo —le rogó—, y se lo pagaré todo." 27 El señor se compadeció de su siervo, le perdonó la deuda y lo dejó en libertad.

28 »Al salir, aquel siervo se encontró con uno de sus compañeros que le debía cien monedas de plata.*u* Lo agarró por el cuello y comenzó a estrangularlo. "¡Págame lo que me debes!", le exigió. 29 Su compañero se postró delante de él. "Ten paciencia conmigo —le rogó—, y te lo pagaré." 30 Pero él se negó. Más bien fue y lo hizo meter en la cárcel hasta que pagara la deuda. 31 Cuando los demás siervos vieron lo ocurrido, se entristecieron mucho y fueron a contarle a su señor todo lo que había sucedido. 32 Entonces el señor mandó llamar al siervo. "¡Siervo malvado! —le increpó—. Te perdoné toda aquella deuda porque me lo suplicaste. 33 ¿No debías tú también haberte compadecido de tu compañero, así como yo me compadecí de ti?" 34 Y enojado, su señor lo entregó a los carceleros para que lo torturaran hasta que pagara todo lo que debía.

35 »Así también mi Padre celestial los tratará a ustedes, a menos que cada uno perdone de corazón a su hermano.

El divorcio

19 Cuando Jesús acabó de decir estas cosas, salió de Galilea y se fue a la región de Judea, al otro lado del Jordán. 2 Lo siguieron grandes multitudes, y sanó allí a los enfermos.

3 Algunos fariseos se le acercaron y, para ponerlo a *prueba, le preguntaron:

—¿Está permitido que un hombre se divorcie de su esposa por cualquier motivo?

4 —¿No han leído —replicó Jesús— que en el principio el Creador "los hizo hombre y mujer",*v* 5 y dijo: "Por eso dejará el hombre a su padre y a su madre, y se unirá a su esposa, y los dos llegarán a ser un solo cuerpo"?*w* 6 Así que ya no son dos, sino uno solo. Por tanto, lo que Dios ha unido, que no lo separe el hombre.

7 Le replicaron:

—¿Por qué, entonces, mandó Moisés que un hombre le diera a su esposa un certificado de divorcio y la despidiera?

8 —Moisés les permitió divorciarse de su esposa por lo obstinados que son*x* —respondió Jesús—. Pero no fue así desde el principio. 9 Les digo que, excepto en caso de infidelidad conyugal, el que se divorcia de su esposa, y se casa con otra, comete adulterio.

10 —Si tal es la situación entre esposo y esposa —comentaron los discípulos—, es mejor no casarse.

The Parable of the Unmerciful Servant

21 Then Peter came to Jesus and asked, "Lord, how many times shall I forgive my brother when he sins against me? Up to seven times?"

22 Jesus answered, "I tell you, not seven times, but seventy-seven times.*v*

23 "Therefore, the kingdom of heaven is like a king who wanted to settle accounts with his servants. 24 As he began the settlement, a man who owed him ten thousand talents*w* was brought to him. 25 Since he was not able to pay, the master ordered that he and his wife and his children and all that he had be sold to repay the debt.

26 "The servant fell on his knees before him. 'Be patient with me,' he begged, 'and I will pay back everything.' 27 The servant's master took pity on him, canceled the debt and let him go.

28 "But when that servant went out, he found one of his fellow servants who owed him a hundred denarii.*x* He grabbed him and began to choke him. 'Pay back what you owe me!' he demanded.

29 "His fellow servant fell to his knees and begged him, 'Be patient with me, and I will pay you back.'

30 "But he refused. Instead, he went off and had the man thrown into prison until he could pay the debt. 31 When the other servants saw what had happened, they were greatly distressed and went and told their master everything that had happened.

32 "Then the master called the servant in. 'You wicked servant,' he said, 'I canceled all that debt of yours because you begged me to. 33 Shouldn't you have had mercy on your fellow servant just as I had on you?' 34 In anger his master turned him over to the jailers to be tortured, until he should pay back all he owed.

35 "This is how my heavenly Father will treat each of you unless you forgive your brother from your heart."

Divorce

19 When Jesus had finished saying these things, he left Galilee and went into the region of Judea to the other side of the Jordan. 2 Large crowds followed him, and he healed them there.

3 Some Pharisees came to him to test him. They asked, "Is it lawful for a man to divorce his wife for any and every reason?"

4 "Haven't you read," he replied, "that at the beginning the Creator 'made them male and female,'*y* 5 and said, 'For this reason a man will leave his father and mother and be united to his wife, and the two will become one flesh'*z*? 6 So they are no longer two, but one. Therefore what God has joined together, let man not separate."

7 "Why then," they asked, "did Moses command that a man give his wife a certificate of divorce and send her away?"

8 Jesus replied, "Moses permitted you to divorce your wives because your hearts were hard. But it was not this way from the beginning. 9 I tell you that anyone who divorces his wife, except for marital unfaithfulness, and marries another woman commits adultery."

10 The disciples said to him, "If this is the situation between a husband and wife, it is better not to marry."

---

s 18:22 *setenta y siete veces.* Alt. *setenta veces siete.*
t 18:24 *miles y miles de monedas de oro.* Lit. *una miríada de* *talentos.*   *u* 18:28 *monedas de plata.* Lit. *denarios.*
v 19:4 Gn 1:27   *w* 19:5 Gn 2:24   *x* 19:8 *por lo obstinados que son.* Lit. *por su dureza de corazón.*

v 22 Or *seventy times seven*   *w* 24 That is, millions of dollars
x 28 That is, a few dollars   *y* 4 Gen. 1:27   *z* 5 Gen. 2:24

11 —No todos pueden comprender este asunto —respondió Jesús—, sino sólo aquellos a quienes se les ha concedido entenderlo. 12 Pues algunos son *eunucos porque nacieron así; a otros los hicieron así los hombres; y otros se han hecho así por causa del reino de los cielos. El que pueda aceptar esto, que lo acepte.

Jesús y los niños

13 Llevaron unos niños a Jesús para que les impusiera las manos y orara por ellos, pero los discípulos reprendían a quienes los llevaban.

14 Jesús dijo: «Dejen que los niños vengan a mí, y no se lo impidan, porque el reino de los cielos es de quienes son como ellos.» 15 Después de poner las manos sobre ellos, se fue de allí.

El joven rico

16 Sucedió que un hombre se acercó a Jesús y le preguntó:

—Maestro, ¿qué de bueno tengo que hacer para obtener la vida eterna?

17 —¿Por qué me preguntas sobre lo que es bueno? —respondió Jesús—. Solamente hay uno que es bueno. Si quieres entrar en la vida, obedece los mandamientos.

18 —¿Cuáles? —preguntó el hombre.

Contestó Jesús:

—"No mates, no cometas adulterio, no robes, no presentes falso testimonio, 19 honra a tu padre y a tu madre",y y "ama a tu prójimo como a ti mismo"z.

20 —Todos ésos los he cumplido —dijo el joven—. ¿Qué más me falta?

21 —Si quieres ser *perfecto, anda, vende lo que tienes y dáselo a los pobres, y tendrás tesoro en el cielo. Luego ven y sígueme.

22 Cuando el joven oyó esto, se fue triste porque tenía muchas riquezas.

23 —Les aseguro —comentó Jesús a sus discípulos— que es difícil para un rico entrar en el reino de los cielos. 24 De hecho, le resulta más fácil a un camello pasar por el ojo de una aguja, que a un rico entrar en el reino de Dios.

25 Al oír esto, los discípulos quedaron desconcertados y decían:

—En ese caso, ¿quién podrá salvarse?

26 —Para los hombres es imposible —aclaró Jesús, mirándolos fijamente—, mas para Dios todo es posible.

27 —¡Mira, nosotros lo hemos dejado todo por seguirte! —le reclamó Pedro—. ¿Y qué ganamos con eso?

28 —Les aseguro —respondió Jesús— que en la renovación de todas las cosas, cuando el Hijo del hombre se siente en su trono glorioso, ustedes que me han seguido se sentarán también en doce tronos para gobernar a las doce tribus de Israel. 29 Y todo el que por mi causa haya dejado casas, hermanos, hermanas, padre, madre,a hijos o terrenos, recibirá cien veces más y heredará la vida eterna. 30 Pero muchos de los primeros serán últimos, y muchos de los últimos serán primeros.

Parábola de los viñadores

20 »Así mismo el reino de los cielos se parece a un propietario que salió de madrugada a contratar obreros para su viñedo. 2 Acordó darles la paga de un día de trabajob y los envió a su viñedo. 3 Cerca de las

11 Jesus replied, "Not everyone can accept this word, but only those to whom it has been given. 12 For some are eunuchs because they were born that way; others were made that way by men; and others have renounced marriagea because of the kingdom of heaven. The one who can accept this should accept it."

The Little Children and Jesus

13 Then little children were brought to Jesus for him to place his hands on them and pray for them. But the disciples rebuked those who brought them.

14 Jesus said, "Let the little children come to me, and do not hinder them, for the kingdom of heaven belongs to such as these." 15 When he had placed his hands on them, he went on from there.

The Rich Young Man

16 Now a man came up to Jesus and asked, "Teacher, what good thing must I do to get eternal life?"

17 "Why do you ask me about what is good?" Jesus replied. "There is only One who is good. If you want to enter life, obey the commandments."

18 "Which ones?" the man inquired.

Jesus replied, " 'Do not murder, do not commit adultery, do not steal, do not give false testimony, 19 honor your father and mother,'b and 'love your neighbor as yourself.'c "

20 "All these I have kept," the young man said. "What do I still lack?"

21 Jesus answered, "If you want to be perfect, go, sell your possessions and give to the poor, and you will have treasure in heaven. Then come, follow me."

22 When the young man heard this, he went away sad, because he had great wealth.

23 Then Jesus said to his disciples, "I tell you the truth, it is hard for a rich man to enter the kingdom of heaven. 24 Again I tell you, it is easier for a camel to go through the eye of a needle than for a rich man to enter the kingdom of God."

25 When the disciples heard this, they were greatly astonished and asked, "Who then can be saved?"

26 Jesus looked at them and said, "With man this is impossible, but with God all things are possible."

27 Peter answered him, "We have left everything to follow you! What then will there be for us?"

28 Jesus said to them, "I tell you the truth, at the renewal of all things, when the Son of Man sits on his glorious throne, you who have followed me will also sit on twelve thrones, judging the twelve tribes of Israel. 29 And everyone who has left houses or brothers or sisters or father or motherd or children or fields for my sake will receive a hundred times as much and will inherit eternal life. 30 But many who are first will be last, and many who are last will be first.

The Parable of the Workers in the Vineyard

20 "For the kingdom of heaven is like a landowner who went out early in the morning to hire men to work in his vineyard. 2 He agreed to pay them a denarius for the day and sent them into his vineyard.

y 19:19 Éx 20:12-16; Dt 5:16-20   z 19:19 Lv 18:18
a 19:29 madre. Var. madre, esposa.   b 20:2 la paga de un día de trabajo. Lit. un *denario por el día; también en vv. 9,10,13.

a 12 Or have made themselves eunuchs   b 19 Exodus 20:12-16; Deut. 5:16-20   c 19 Lev. 19:18   d 29 Some manuscripts mother or wife

nueve de la mañana,ᶜ salió y vio a otros que estaban desocupados en la plaza. 4Les dijo: "Vayan también ustedes a trabajar en mi viñedo, y les pagaré lo que sea justo." 5Así que fueron. Salió de nuevo a eso del mediodía y a la media tarde, e hizo lo mismo. 6Alrededor de las cinco de la tarde, salió y encontró a otros más que estaban sin trabajo. Les preguntó: "¿Por qué han estado aquí desocupados todo el día?" 7"Porque nadie nos ha contratado", contestaron. Él les dijo: "Vayan también ustedes a trabajar en mi viñedo."

8»Al atardecer, el dueño del viñedo le ordenó a su capataz: "Llama a los obreros y págales su jornal, comenzando por los últimos contratados hasta llegar a los primeros." 9Se presentaron los obreros que habían sido contratados cerca de las cinco de la tarde, y cada uno recibió la paga de un día. 10Por eso cuando llegaron los que fueron contratados primero, esperaban que recibirían más. Pero cada uno de ellos recibió también la paga de un día. 11Al recibirla, comenzaron a murmurar contra el propietario. 12"Estos que fueron los últimos en ser contratados trabajaron una sola hora —dijeron—, y usted los ha tratado como a nosotros que hemos soportado el peso del trabajo y el calor del día." 13Pero él le contestó a uno de ellos: "Amigo, no estoy cometiendo ninguna injusticia contigo. ¿Acaso no aceptaste trabajar por esa paga? 14Tómala y vete. Quiero darle al último obrero contratado lo mismo que te di a ti. 15¿Es que no tengo derecho a hacer lo que quiera con mi dinero? ¿O te da envidia de que yo sea generoso?"ᵈ

16»Así que los últimos serán primeros, y los primeros, últimos.

Jesús predice de nuevo su muerte

17Mientras subía Jesús rumbo a Jerusalén, tomó aparte a los doce discípulos y les dijo: 18«Ahora vamos rumbo a Jerusalén, y el Hijo del hombre será entregado a los jefes de los sacerdotes y a los *maestros de la ley. Ellos lo condenarán a muerte 19y lo entregarán a los *gentiles para que se burlen de él, lo azoten y lo crucifiquen. Pero al tercer día resucitará.»

La petición de una madre

20Entonces la madre de *Jacobo y de Juan,ᵉ junto con ellos, se acercó a Jesús y, arrodillándose, le pidió un favor.

21—¿Qué quieres? —le preguntó Jesús.

—Ordena que en tu reino uno de estos dos hijos míos se siente a tu *derecha y el otro a tu izquierda.

22—No saben lo que están pidiendo —les replicó Jesús—. ¿Pueden acaso beber el trago amargo de la copa que yo voy a beber?

—Sí, podemos.

23—Ciertamente beberán de mi copa —les dijo Jesús—, pero el sentarse a mi derecha o a mi izquierda no me corresponde concederlo. Eso ya lo ha decididoᶠ mi Padre.

24Cuando lo oyeron los otros diez, se indignaron contra los dos hermanos. 25Jesús los llamó y les dijo:

—Como ustedes saben, los gobernantes de las *naciones oprimen a los súbditos, y los altos oficiales abusan de su autoridad. 26Pero entre ustedes no debe ser así. Al contrario, el que quiera hacerse grande entre ustedes deberá ser su servidor, 27y el que quiera ser el

3"About the third hour he went out and saw others standing in the marketplace doing nothing. 4He told them, 'You also go and work in my vineyard, and I will pay you whatever is right.' 5So they went.

"He went out again about the sixth hour and the ninth hour and did the same thing. 6About the eleventh hour he went out and found still others standing around. He asked them, 'Why have you been standing here all day long doing nothing?'

7" 'Because no one has hired us,' they answered.

"He said to them, 'You also go and work in my vineyard.'

8"When evening came, the owner of the vineyard said to his foreman, 'Call the workers and pay them their wages, beginning with the last ones hired and going on to the first.'

9"The workers who were hired about the eleventh hour came and each received a denarius. 10So when those came who were hired first, they expected to receive more. But each one of them also received a denarius. 11When they received it, they began to grumble against the landowner. 12'These men who were hired last worked only one hour,' they said, 'and you have made them equal to us who have borne the burden of the work and the heat of the day.'

13"But he answered one of them, 'Friend, I am not being unfair to you. Didn't you agree to work for a denarius? 14Take your pay and go. I want to give the man who was hired last the same as I gave you. 15Don't I have the right to do what I want with my own money? Or are you envious because I am generous?'

16"So the last will be first, and the first will be last."

Jesus Again Predicts His Death

17Now as Jesus was going up to Jerusalem, he took the twelve disciples aside and said to them, 18"We are going up to Jerusalem, and the Son of Man will be betrayed to the chief priests and the teachers of the law. They will condemn him to death 19and will turn him over to the Gentiles to be mocked and flogged and crucified. On the third day he will be raised to life!"

A Mother's Request

20Then the mother of Zebedee's sons came to Jesus with her sons and, kneeling down, asked a favor of him.

21"What is it you want?" he asked.

She said, "Grant that one of these two sons of mine may sit at your right and the other at your left in your kingdom."

22"You don't know what you are asking," Jesus said to them. "Can you drink the cup I am going to drink?"

"We can," they answered.

23Jesus said to them, "You will indeed drink from my cup, but to sit at my right or left is not for me to grant. These places belong to those for whom they have been prepared by my Father."

24When the ten heard about this, they were indignant with the two brothers. 25Jesus called them together and said, "You know that the rulers of the Gentiles lord it over them, and their high officials exercise authority over them. 26Not so with you. Instead, whoever wants to become great among you must be your servant, 27and whoever wants to be first must be your slave—

ᶜ20:3 *las nueve de la mañana.* Lit. *la hora tercera;* en v. 5 *la hora sexta y novena;* en vv. 6 y 9 *la hora undécima.*   ᵈ20:15 ¿O ... *generoso?* Lit. *¿O es tu ojo malo porque yo soy bueno?*
ᵉ20:20 *de Jacobo y de Juan.* Lit. *de los hijos de Zebedeo.*
ᶠ20:23 *concederlo. Eso ya lo ha decidido.* Lit. *concederlo, sino para quienes lo ha preparado.*

primero deberá ser *esclavo de los demás; 28 así como el Hijo del hombre no vino para que le sirvan, sino para servir y para dar su *vida en rescate por muchos.

Dos ciegos reciben la vista

29 Una gran multitud seguía a Jesús cuando él salía de Jericó con sus discípulos. 30 Dos ciegos que estaban sentados junto al camino, al oír que pasaba Jesús, gritaron:

—¡Señor, Hijo de David, ten compasión de nosotros!

31 La multitud los reprendía para que se callaran, pero ellos gritaban con más fuerza:

—¡Señor, Hijo de David, ten compasión de nosotros!

32 Jesús se detuvo y los llamó.

—¿Qué quieren que haga por ustedes?

33 —Señor, queremos recibir la vista.

34 Jesús se compadeció de ellos y les tocó los ojos. Al instante recobraron la vista y lo siguieron.

La entrada triunfal

21 Cuando se acercaban a Jerusalén y llegaron a Betfagué, al monte de los Olivos, Jesús envió a dos discípulos 2 con este encargo: «Vayan a la aldea que tienen enfrente, y ahí mismo encontrarán una burra atada, y un burrito con ella. Desátenlos y tráiganmelos. 3 Si alguien les dice algo, díganle que el Señor los necesita, pero que ya los devolverá.»

4 Esto sucedió para que se cumpliera lo dicho por el profeta:

5 «Digan a la hija de Sión:
"Mira, tu rey viene hacia ti,
humilde y montado en un burro,
en un burrito, cría de una bestia de
carga." » g

6 Los discípulos fueron e hicieron como les había mandado Jesús. 7 Llevaron la burra y el burrito, y pusieron encima sus mantos, sobre los cuales se sentó Jesús. 8 Había mucha gente que tendía sus mantos sobre el camino; otros cortaban ramas de los árboles y las esparcían en el camino. 9 Tanto la gente que iba delante de él como la que iba detrás, gritaba:

—¡Hosanna h al Hijo de David!

—¡Bendito el que viene en el nombre del Señor! i

—¡Hosanna en las alturas!

10 Cuando Jesús entró en Jerusalén, toda la ciudad se conmovió.

—¿Quién es éste? —preguntaban.

11 —Éste es el profeta Jesús, de Nazaret de Galilea —contestaba la gente.

Jesús en el templo

12 Jesús entró en el *templo j y echó de allí a todos los que compraban y vendían. Volcó las mesas de los que cambiaban dinero y los puestos de los que vendían palomas. 13 «Escrito está —les dijo—: "Mi casa será llamada casa de oración"; k pero ustedes la están convirtiendo en "cueva de ladrones". l»

14 Se le acercaron en el templo ciegos y cojos, y los

28 just as the Son of Man did not come to be served, but to serve, and to give his life as a ransom for many."

Two Blind Men Receive Sight

29 As Jesus and his disciples were leaving Jericho, a large crowd followed him. 30 Two blind men were sitting by the roadside, and when they heard that Jesus was going by, they shouted, "Lord, Son of David, have mercy on us!"

31 The crowd rebuked them and told them to be quiet, but they shouted all the louder, "Lord, Son of David, have mercy on us!"

32 Jesus stopped and called them. "What do you want me to do for you?" he asked.

33 "Lord," they answered, "we want our sight."

34 Jesus had compassion on them and touched their eyes. Immediately they received their sight and followed him.

The Triumphal Entry

21 As they approached Jerusalem and came to Bethphage on the Mount of Olives, Jesus sent two disciples, 2 saying to them, "Go to the village ahead of you, and at once you will find a donkey tied there, with her colt by her. Untie them and bring them to me. 3 If anyone says anything to you, tell him that the Lord needs them, and he will send them right away."

4 This took place to fulfill what was spoken through the prophet:

5 "Say to the Daughter of Zion,
'See, your king comes to you,
gentle and riding on a donkey,
on a colt, the foal of a donkey.' " e

6 The disciples went and did as Jesus had instructed them. 7 They brought the donkey and the colt, placed their cloaks on them, and Jesus sat on them. 8 A very large crowd spread their cloaks on the road, while others cut branches from the trees and spread them on the road. 9 The crowds that went ahead of him and those that followed shouted,

"Hosanna f to the Son of David!"

"Blessed is he who comes in the name of the Lord!" g

"Hosanna f in the highest!"

10 When Jesus entered Jerusalem, the whole city was stirred and asked, "Who is this?"

11 The crowds answered, "This is Jesus, the prophet from Nazareth in Galilee."

Jesus at the Temple

12 Jesus entered the temple area and drove out all who were buying and selling there. He overturned the tables of the money changers and the benches of those selling doves. 13 "It is written," he said to them, " 'My house will be called a house of prayer,' h but you are making it a 'den of robbers.' i"

14 The blind and the lame came to him at the temple,

---

g 21:5 Zac 9:9   h 21:9 Expresión hebrea que significa «¡Salva!», y que llegó a ser una exclamación de alabanza; también en v. 15.
i 21:9 Sal 118:26   j 21:12 Es decir, en el área general del templo; también en vv. 14,15,23.   k 21:13 Is 56:7
l 21:13 Jer 7:11

e 5 Zech. 9:9   f 9 A Hebrew expression meaning "Save!" which became an exclamation of praise; also in verse 15
g 9 Psalm 118:26   h 13 Isaiah 56:7   i 13 Jer. 7:11

sanó. 15Pero cuando los jefes de los sacerdotes y los *maestros de la ley vieron que hacía cosas maravillosas, y que los niños gritaban en el templo: «¡Hosanna al Hijo de David!», se indignaron.

16—¿Oyes lo que ésos están diciendo? —protestaron.

—Claro que sí —respondió Jesús—; ¿no han leído nunca:

»"En los labios de los pequeños
　　y de los niños de pecho
　　has puesto la perfecta alabanza"?m

17Entonces los dejó y, saliendo de la ciudad, se fue a pasar la noche en Betania.

Se seca la higuera

18Muy de mañana, cuando volvía a la ciudad, tuvo hambre. 19Al ver una higuera junto al camino, se acercó a ella, pero no encontró nada más que hojas.

—¡Nunca más vuelvas a dar fruto! —le dijo.

Y al instante se secó la higuera.

20Los discípulos se asombraron al ver esto.

—¿Cómo es que se secó la higuera tan pronto? —preguntaron ellos.

21—Les aseguro que si tienen fe y no dudan —les respondió Jesús—, no sólo harán lo que he hecho con la higuera, sino que podrán decirle a este monte: "¡Quítate de ahí y tírate al mar!", y así se hará. 22Si ustedes creen, recibirán todo lo que pidan en oración.

La autoridad de Jesús puesta en duda

23Jesús entró en el *templo y, mientras enseñaba, se le acercaron los jefes de los sacerdotes y los *ancianos del pueblo.

—¿Con qué autoridad haces esto? —lo interrogaron—. ¿Quién te dio esa autoridad?

24—Yo también voy a hacerles una pregunta. Si me la contestan, les diré con qué autoridad hago esto. 25El bautismo de Juan, ¿de dónde procedía? ¿Del cielo o de la tierra?n

Ellos se pusieron a discutir entre sí: «Si respondemos: "Del cielo", nos dirá: "Entonces, ¿por qué no le creyeron?" 26Pero si decimos: "De la tierra"... tememos al pueblo, porque todos consideran que Juan era un profeta.» Así que le respondieron a Jesús:

27—No lo sabemos.

—Pues yo tampoco les voy a decir con qué autoridad hago esto.

Parábola de los dos hijos

28»¿Qué les parece? —continuó Jesús—. Había un hombre que tenía dos hijos. Se dirigió al primero y le pidió: "Hijo, ve a trabajar hoy en el viñedo." 29"No quiero", contestó, pero después se *arrepintió y fue. 30Luego el padre se dirigió al otro hijo y le pidió lo mismo. Éste contestó: "Sí, señor"; pero no fue. 31¿Cuál de los dos hizo lo que su padre quería?

—El primero —contestaron ellos.

Jesús les dijo:

—Les aseguro que los *recaudadores de impuestos y las prostitutas van delante de ustedes hacia el reino de Dios. 32Porque Juan fue enviado a ustedes a señalarles el camino de la justicia, y no le creyeron, pero los recaudadores de impuestos y las prostitutas sí le creyeron. E incluso después de ver esto, ustedes no se arrepintieron para creerle.

and he healed them. 15But when the chief priests and the teachers of the law saw the wonderful things he did and the children shouting in the temple area, "Hosanna to the Son of David," they were indignant.

16"Do you hear what these children are saying?" they asked him.

"Yes," replied Jesus, "have you never read,

　" 'From the lips of children and infants
　　you have ordained praise'j ?"

17And he left them and went out of the city to Bethany, where he spent the night.

The Fig Tree Withers

18Early in the morning, as he was on his way back to the city, he was hungry. 19Seeing a fig tree by the road, he went up to it but found nothing on it except leaves. Then he said to it, "May you never bear fruit again!" Immediately the tree withered.

20When the disciples saw this, they were amazed. "How did the fig tree wither so quickly?" they asked.

21Jesus replied, "I tell you the truth, if you have faith and do not doubt, not only can you do what was done to the fig tree, but also you can say to this mountain, 'Go, throw yourself into the sea,' and it will be done. 22If you believe, you will receive whatever you ask for in prayer."

The Authority of Jesus Questioned

23Jesus entered the temple courts, and, while he was teaching, the chief priests and the elders of the people came to him. "By what authority are you doing these things?" they asked. "And who gave you this authority?"

24Jesus replied, "I will also ask you one question. If you answer me, I will tell you by what authority I am doing these things. 25John's baptism—where did it come from? Was it from heaven, or from men?"

They discussed it among themselves and said, "If we say, 'From heaven,' he will ask, 'Then why didn't you believe him?' 26But if we say, 'From men'—we are afraid of the people, for they all hold that John was a prophet."

27So they answered Jesus, "We don't know."

Then he said, "Neither will I tell you by what authority I am doing these things.

The Parable of the Two Sons

28"What do you think? There was a man who had two sons. He went to the first and said, 'Son, go and work today in the vineyard.'

29" 'I will not,' he answered, but later he changed his mind and went.

30"Then the father went to the other son and said the same thing. He answered, 'I will, sir,' but he did not go.

31"Which of the two did what his father wanted?"

"The first," they answered.

Jesus said to them, "I tell you the truth, the tax collectors and the prostitutes are entering the kingdom of God ahead of you. 32For John came to you to show you the way of righteousness, and you did not believe him, but the tax collectors and the prostitutes did. And even after you saw this, you did not repent and believe him.

The Parable of the Tenants

33"Listen to another parable: There was a landowner

---

m 21:16 Sal 8:2　　n 21:25 la tierra. Lit. los hombres; también en v. 26.

j 16 Psalm 8:2

Parábola de los labradores malvados

33 »Escuchen otra parábola: Había un propietario que plantó un viñedo. Lo cercó, cavó un lagar y construyó una torre de vigilancia. Luego arrendó el viñedo a unos labradores y se fue de viaje. 34 Cuando se acercó el tiempo de la cosecha, mandó sus *siervos a los labradores para recibir de éstos lo que le correspondía. 35 Los labradores agarraron a esos siervos; golpearon a uno, mataron a otro y apedrearon a un tercero. 36 Después les mandó otros siervos, en mayor número que la primera vez, y también los maltrataron.

37 »Por último, les mandó a su propio hijo, pensando: "¡A mi hijo sí lo respetarán!" 38 Pero cuando los labradores vieron al hijo, se dijeron unos a otros: "Éste es el heredero. Matémoslo, para quedarnos con su herencia." 39 Así que le echaron mano, lo arrojaron fuera del viñedo y lo mataron.

40 »Ahora bien, cuando vuelva el dueño, ¿qué hará con esos labradores?

41 —Hará que esos malvados tengan un fin miserable —respondieron—, y arrendará el viñedo a otros labradores que le den lo que le corresponde cuando llegue el tiempo de la cosecha.

42 Les dijo Jesús:

—¿No han leído nunca en las Escrituras:

» "La piedra que desecharon los constructores
     ha llegado a ser la piedra angular;
esto es obra del Señor,
     y nos deja maravillados"? [ñ]

43 »Por eso les digo que el reino de Dios se les quitará a ustedes y se le entregará a un pueblo que produzca los frutos del reino. 44 El que caiga sobre esta piedra quedará despedazado, y si ella cae sobre alguien, lo hará polvo. [o] 45 Cuando los jefes de los sacerdotes y los fariseos oyeron las parábolas de Jesús, se dieron cuenta de que hablaba de ellos. 46 Buscaban la manera de arrestarlo, pero temían a la gente porque ésta lo consideraba un profeta.

Parábola del banquete de bodas

22 Jesús volvió a hablarles en parábolas, y les dijo: 2 «El reino de los cielos es como un rey que preparó un banquete de bodas para su hijo. 3 Mandó a sus *siervos que llamaran a los invitados, pero éstos se negaron a asistir al banquete. 4 Luego mandó a otros siervos y les ordenó: "Digan a los invitados que ya he preparado mi comida: Ya han matado mis bueyes y mis reses cebadas, y todo está listo. Vengan al banquete de bodas." 5 Pero ellos no hicieron caso y se fueron: uno a su campo, otro a su negocio. 6 Los demás agarraron a los siervos, los maltrataron y los mataron. 7 El rey se enfureció. Mandó su ejército a destruir a los asesinos y a incendiar su ciudad. 8 Luego dijo a sus siervos: "El banquete de bodas está preparado, pero los que invité no merecían venir. 9 Vayan al cruce de los caminos e inviten al banquete a todos los que encuentren." 10 Así que los siervos salieron a los caminos y reunieron a todos los que pudieron encontrar, buenos y malos, y se llenó de invitados el salón de bodas.

11 »Cuando el rey entró a ver a los invitados, notó que allí había un hombre que no estaba vestido con el

who planted a vineyard. He put a wall around it, dug a winepress in it and built a watchtower. Then he rented the vineyard to some farmers and went away on a journey. 34 When the harvest time approached, he sent his servants to the tenants to collect his fruit.

35 "The tenants seized his servants; they beat one, killed another, and stoned a third. 36 Then he sent other servants to them, more than the first time, and the tenants treated them the same way. 37 Last of all, he sent his son to them. 'They will respect my son,' he said.

38 "But when the tenants saw the son, they said to each other, 'This is the heir. Come, let's kill him and take his inheritance.' 39 So they took him and threw him out of the vineyard and killed him.

40 "Therefore, when the owner of the vineyard comes, what will he do to those tenants?"

41 "He will bring those wretches to a wretched end," they replied, "and he will rent the vineyard to other tenants, who will give him his share of the crop at harvest time."

42 Jesus said to them, "Have you never read in the Scriptures:

" 'The stone the builders rejected
     has become the capstone [k];
the Lord has done this,
     and it is marvelous in our eyes' [l] ?

43 "Therefore I tell you that the kingdom of God will be taken away from you and given to a people who will produce its fruit. 44 He who falls on this stone will be broken to pieces, but he on whom it falls will be crushed." [m]

45 When the chief priests and the Pharisees heard Jesus' parables, they knew he was talking about them. 46 They looked for a way to arrest him, but they were afraid of the crowd because the people held that he was a prophet.

The Parable of the Wedding Banquet

22 Jesus spoke to them again in parables, saying: 2 "The kingdom of heaven is like a king who prepared a wedding banquet for his son. 3 He sent his servants to those who had been invited to the banquet to tell them to come, but they refused to come.

4 "Then he sent some more servants and said, 'Tell those who have been invited that I have prepared my dinner: My oxen and fattened cattle have been butchered, and everything is ready. Come to the wedding banquet.'

5 "But they paid no attention and went off—one to his field, another to his business. 6 The rest seized his servants, mistreated them and killed them. 7 The king was enraged. He sent his army and destroyed those murderers and burned their city.

8 "Then he said to his servants, 'The wedding banquet is ready, but those I invited did not deserve to come. 9 Go to the street corners and invite to the banquet anyone you find.' 10 So the servants went out into the streets and gathered all the people they could find, both good and bad, and the wedding hall was filled with guests.

11 "But when the king came in to see the guests, he noticed a man there who was not wearing wedding

---

ñ 21:42 Sal 118:22,23   o 21:44 Var. no incluye v. 44.

k 42 Or *cornerstone*   l 42 Psalm 118:22,23   m 44 Some manuscripts do not have verse 44.

traje de boda. 12“Amigo, ¿cómo entraste aquí sin el traje de boda?”, le dijo. El hombre se quedó callado. 13Entonces el rey dijo a los sirvientes: “Átenlo de pies y manos, y échenlo afuera, a la oscuridad, donde habrá llanto y rechinar de dientes.” 14Porque muchos son los invitados, pero pocos los escogidos.»

El pago de impuestos al césar

15Entonces salieron los fariseos y tramaron cómo tenderle a Jesús una trampa con sus mismas palabras. 16Enviaron algunos de sus discípulos junto con los herodianos, los cuales le dijeron:

—Maestro, sabemos que eres un hombre íntegro y que enseñas el camino de Dios de acuerdo con la verdad. No te dejas influir por nadie porque no te fijas en las apariencias. 17Danos tu opinión: ¿Está permitido pagar impuestos al *césar o no?

18Conociendo sus malas intenciones, Jesús replicó: —¡*Hipócritas! ¿Por qué me tienden *trampas? 19Muéstrenme la moneda para el impuesto.

Y se la enseñaron.[p]

20—¿De quién son esta imagen y esta inscripción? —les preguntó.

21—Del césar —respondieron.

—Entonces denle al césar lo que es del césar y a Dios lo que es de Dios.

22Al oír esto, se quedaron asombrados. Así que lo dejaron y se fueron.

El matrimonio en la resurrección

23Ese mismo día los saduceos, que decían que no hay resurrección, se le acercaron y le plantearon un problema:

24—Maestro, Moisés nos enseñó que si un hombre muere sin tener hijos, el hermano de ese hombre tiene que casarse con la viuda para que su hermano tenga descendencia. 25Pues bien, había entre nosotros siete hermanos. El primero se casó y murió y, como no tuvo hijos, dejó la esposa a su hermano. 26Lo mismo les pasó al segundo y al tercer hermano, y así hasta llegar al séptimo. 27Por último, murió la mujer. 28Ahora bien, en la resurrección, ¿de cuál de los siete será esposa esta mujer, ya que todos estuvieron casados con ella?

29Jesús les contestó:

—Ustedes andan equivocados porque desconocen las Escrituras y el poder de Dios. 30En la resurrección, las personas no se casarán ni serán dadas en casamiento, sino que serán como los ángeles que están en el cielo. 31Pero en cuanto a la resurrección de los muertos, ¿no han leído lo que Dios les dijo a ustedes: 32“Yo soy el Dios de Abraham, de Isaac y de Jacob”?[q] Él no es Dios de muertos, sino de vivos.

33Al oír esto, la gente quedó admirada de su enseñanza.

El mandamiento más importante

34Los fariseos se reunieron al oír que Jesús había hecho callar a los saduceos. 35Uno de ellos, *experto en la ley, le tendió una *trampa con esta pregunta:

36—Maestro, ¿cuál es el mandamiento más importante de la ley?

37—“Ama al Señor tu Dios con todo tu corazón, con todo tu ser y con toda tu mente”[r] —le respondió Jesús—. 38Éste es el primero y el más importante de los mandamientos. 39El segundo se parece a éste: “Ama a tu prójimo como a ti mismo.”[s] 40De estos dos mandamientos dependen toda la ley y los profetas.

[p]*22:19 se la enseñaron.* Lit. *le trajeron un *denario.*
[q]*22:32* Éx 3:6 [r]*22:37* Dt 6:5 [s]*22:39* Lv 19:18

clothes. 12‘Friend,’ he asked, ‘how did you get in here without wedding clothes?’ The man was speechless.

13“Then the king told the attendants, ‘Tie him hand and foot, and throw him outside, into the darkness, where there will be weeping and gnashing of teeth.’

14“For many are invited, but few are chosen.”

Paying Taxes to Caesar

15Then the Pharisees went out and laid plans to trap him in his words. 16They sent their disciples to him along with the Herodians. “Teacher,” they said, “we know you are a man of integrity and that you teach the way of God in accordance with the truth. You aren’t swayed by men, because you pay no attention to who they are. 17Tell us then, what is your opinion? Is it right to pay taxes to Caesar or not?”

18But Jesus, knowing their evil intent, said, “You hypocrites, why are you trying to trap me? 19Show me the coin used for paying the tax.” They brought him a denarius, 20and he asked them, “Whose portrait is this? And whose inscription?”

21“Caesar’s,” they replied.

Then he said to them, “Give to Caesar what is Caesar’s, and to God what is God’s.”

22When they heard this, they were amazed. So they left him and went away.

Marriage at the Resurrection

23That same day the Sadducees, who say there is no resurrection, came to him with a question. 24“Teacher,” they said, “Moses told us that if a man dies without having children, his brother must marry the widow and have children for him. 25Now there were seven brothers among us. The first one married and died, and since he had no children, he left his wife to his brother. 26The same thing happened to the second and third brother, right on down to the seventh. 27Finally, the woman died. 28Now then, at the resurrection, whose wife will she be of the seven, since all of them were married to her?”

29Jesus replied, “You are in error because you do not know the Scriptures or the power of God. 30At the resurrection people will neither marry nor be given in marriage; they will be like the angels in heaven. 31But about the resurrection of the dead—have you not read what God said to you, 32‘I am the God of Abraham, the God of Isaac, and the God of Jacob’[n]? He is not the God of the dead but of the living.”

33When the crowds heard this, they were astonished at his teaching.

The Greatest Commandment

34Hearing that Jesus had silenced the Sadducees, the Pharisees got together. 35One of them, an expert in the law, tested him with this question: 36“Teacher, which is the greatest commandment in the Law?”

37Jesus replied: “ ‘Love the Lord your God with all your heart and with all your soul and with all your mind.’[o] 38This is the first and greatest commandment. 39And the second is like it: ‘Love your neighbor as yourself.’[p] 40All the Law and the Prophets hang on these two commandments.”

[n]*32* Exodus 3:6 [o]*37* Deut. 6:5 [p]*39* Lev. 19:18

¿De quién es hijo el Cristo?

41 Mientras estaban reunidos los fariseos, Jesús les preguntó:

42 —¿Qué piensan ustedes acerca del *Cristo? ¿De quién es hijo?

—De David —le respondieron ellos.

43 —Entonces, ¿cómo es que David, hablando por el Espíritu, lo llama "Señor"? Él afirma:

44 »"Dijo el Señor a mi Señor:
'Siéntate a mi *derecha,
hasta que ponga a tus enemigos
debajo de tus pies.' "ᵗ

45 Si David lo llama "Señor", ¿cómo puede entonces ser su hijo?

46 Nadie pudo responderle ni una sola palabra, y desde ese día ninguno se atrevía a hacerle más preguntas.

Jesús denuncia a los fariseos y a los maestros de la ley

23 Después de esto, Jesús dijo a la gente y a sus discípulos: **2** «Los *maestros de la ley y los fariseos tienen la responsabilidad de interpretar a Moisés.ᵘ **3** Así que ustedes deben obedecerlos y hacer todo lo que les digan. Pero no hagan lo que hacen ellos, porque no practican lo que predican. **4** Atan cargas pesadas y las ponen sobre la espalda de los demás, pero ellos mismos no están dispuestos a mover ni un dedo para levantarlas.

5 »Todo lo hacen para que la gente los vea: Usan filacterias grandes y adornan sus ropas con borlas vistosas;ᵛ **6** se mueren por el lugar de honor en los banquetes y los primeros asientos en las sinagogas, **7** y porque la gente los salude en las plazas y los llame "Rabí".

8 »Pero no permitan que a ustedes se les llame "Rabí", porque tienen un solo Maestro y todos ustedes son hermanos. **9** Y no llamen "padre" a nadie en la tierra, porque ustedes tienen un solo Padre, y él está en el cielo. **10** Ni permitan que los llamen "maestro", porque tienen un solo Maestro, el *Cristo. **11** El más importante entre ustedes será siervo de los demás. **12** Porque el que a sí mismo se enaltece será humillado, y el que se humilla será enaltecido.

13 »¡Ay de ustedes, maestros de la ley y fariseos, *hipócritas! Les cierran a los demás el reino de los cielos, y ni entran ustedes ni dejan entrar a los que intentan hacerlo.ʷ

15 »¡Ay de ustedes, maestros de la ley y fariseos, hipócritas! Recorren tierra y mar para ganar un solo adepto, y cuando lo han logrado lo hacen dos veces más merecedor del infiernoˣ que ustedes.

16 »¡Ay de ustedes, guías ciegos!, que dicen: "Si alguien jura por el templo, no significa nada; pero si jura por el oro del templo, queda obligado por su juramento." **17** ¡Ciegos insensatos! ¿Qué es más importante: el oro, o el templo que hace sagrado al oro? **18** También dicen ustedes: "Si alguien jura por el altar, no significa nada; pero si jura por la ofrenda que está sobre él, queda obligado por su juramento." **19** ¡Ciegos! ¿Qué es más importante: la ofrenda, o el altar que hace sagrada

Whose Son Is the Christ?

41 While the Pharisees were gathered together, Jesus asked them, **42** "What do you think about the Christᵠ? Whose son is he?"

"The son of David," they replied.

43 He said to them, "How is it then that David, speaking by the Spirit, calls him 'Lord'? For he says,

44 " 'The Lord said to my Lord:
"Sit at my right hand
until I put your enemies
under your feet." 'ʳ

45 If then David calls him 'Lord,' how can he be his son?" **46** No one could say a word in reply, and from that day on no one dared to ask him any more questions.

Seven Woes

23 Then Jesus said to the crowds and to his disciples: **2** "The teachers of the law and the Pharisees sit in Moses' seat. **3** So you must obey them and do everything they tell you. But do not do what they do, for they do not practice what they preach. **4** They tie up heavy loads and put them on men's shoulders, but they themselves are not willing to lift a finger to move them.

5 "Everything they do is done for men to see: They make their phylacteriesˢ wide and the tassels on their garments long; **6** they love the place of honor at banquets and the most important seats in the synagogues; **7** they love to be greeted in the marketplaces and to have men call them 'Rabbi.'

8 "But you are not to be called 'Rabbi,' for you have only one Master and you are all brothers. **9** And do not call anyone on earth 'father,' for you have one Father, and he is in heaven. **10** Nor are you to be called 'teacher,' for you have one Teacher, the Christ.ᵠ **11** The greatest among you will be your servant. **12** For whoever exalts himself will be humbled, and whoever humbles himself will be exalted.

13 "Woe to you, teachers of the law and Pharisees, you hypocrites! You shut the kingdom of heaven in men's faces. You yourselves do not enter, nor will you let those enter who are trying to.ᵗ

15 "Woe to you, teachers of the law and Pharisees, you hypocrites! You travel over land and sea to win a single convert, and when he becomes one, you make him twice as much a son of hell as you are.

16 "Woe to you, blind guides! You say, 'If anyone swears by the temple, it means nothing; but if anyone swears by the gold of the temple, he is bound by his oath.' **17** You blind fools! Which is greater: the gold, or the temple that makes the gold sacred? **18** You also say, 'If anyone swears by the altar, it means nothing; but if anyone swears by the gift on it, he is bound by his oath.' **19** You blind men! Which is greater: the gift, or

---

ᵗ *22:44* Sal 110:1   ᵘ *23:2 tienen ... Moisés.* Lit. *se sientan en la cátedra de Moisés.*   ᵛ *23:5 Usan ... vistosas.* Lit. *Ensanchan sus filacterias y engrandecen las borlas.* Las filacterias eran pequeñas cajas en las que llevaban textos de las Escrituras en la frente y en los brazos; las borlas simbolizaban obediencia a los mandamientos (véanse Nm 15:38-39; Dt 6:8; 11:18).   ʷ *23:13 hacerlo.* Var. *hacerlo.* 14 *¡Ay de ustedes, maestros de la ley y fariseos, hipócritas! Ustedes devoran las casas de las viudas y por las apariencias hacen largas plegarias. Por esto se les castigará con más severidad.*   ˣ *23:15 merecedor del infierno.* Lit. *hijo de la *Gehenna.*

ᵠ *42,10 Or Messiah*   ʳ *44* Psalm 110:1   ˢ *5 That is, boxes containing Scripture verses, worn on forehead and arm*   ᵗ *13 Some manuscripts to.* 14 *Woe to you, teachers of the law and Pharisees, you hypocrites! You devour widows' houses and for a show make lengthy prayers. Therefore you will be punished more severely.*

la ofrenda? 20 Por tanto, el que jura por el altar, jura no sólo por el altar sino por todo lo que está sobre él. 21 El que jura por el templo, jura no sólo por el templo sino por quien habita en él. 22 Y el que jura por el cielo, jura por el trono de Dios y por aquel que lo ocupa.

23 »¡Ay de ustedes, maestros de la ley y fariseos, hipócritas! Dan la décima parte de sus especias: la menta, el anís y el comino. Pero han descuidado los asuntos más importantes de la ley, tales como la justicia, la misericordia y la *fidelidad. Debían haber practicado esto sin descuidar aquello. 24 ¡Guías ciegos! Cuelan el mosquito pero se tragan el camello.

25 »¡Ay de ustedes, maestros de la ley y fariseos, hipócritas! *Limpian el exterior del vaso y del plato, pero por dentro están llenos de robo y de desenfreno. 26 ¡Fariseo ciego! Limpia primero por dentro el vaso y el plato, y así quedará limpio también por fuera.

27 »¡Ay de ustedes, maestros de la ley y fariseos, hipócritas!, que son como sepulcros blanqueados. Por fuera lucen hermosos pero por dentro están llenos de huesos de muertos y de podredumbre. 28 Así también ustedes, por fuera dan la impresión de ser justos pero por dentro están llenos de hipocresía y de maldad.

29 »¡Ay de ustedes, maestros de la ley y fariseos, hipócritas! Construyen sepulcros para los profetas y adornan los monumentos de los justos. 30 Y dicen: "Si hubiéramos vivido nosotros en los días de nuestros antepasados, no habríamos sido cómplices de ellos para derramar la sangre de los profetas." 31 Pero así quedan implicados ustedes al declararse descendientes de los que asesinaron a los profetas. 32 ¡Completen de una vez por todas lo que sus antepasados comenzaron!

33 »¡Serpientes! ¡Camada de víboras! ¿Cómo escaparán ustedes de la condenación del infierno? y 34 Por eso yo les voy a enviar profetas, sabios y maestros. A algunos de ellos ustedes los matarán y crucificarán; a otros los azotarán en sus sinagogas y los perseguirán de pueblo en pueblo. 35 Así recaerá sobre ustedes la culpa de toda la sangre justa que ha sido derramada sobre la tierra, desde la sangre del justo Abel hasta la de Zacarías, hijo de Berequías, a quien ustedes asesinaron entre el *santuario y el altar de los sacrificios. 36 Les aseguro que todo esto vendrá sobre esta generación.

37 »¡Jerusalén, Jerusalén, que matas a los profetas y apedreas a los que se te envían! ¡Cuántas veces quise reunir a tus hijos, como reúne la gallina a sus pollitos debajo de sus alas, pero no quisiste! 38 Pues bien, la casa de ustedes va a quedar abandonada. 39 Y les advierto que ya no volverán a verme hasta que digan: "¡Bendito el que viene en el nombre del Señor!" z »

Señales del fin del mundo

24 Jesús salió del *templo y, mientras caminaba, se le acercaron sus discípulos y le mostraron los edificios del templo.

2 Pero él les dijo:

—¿Ven todo esto? Les aseguro que no quedará piedra sobre piedra, pues todo será derribado.

3 Más tarde estaba Jesús sentado en el monte de los Olivos, cuando llegaron los discípulos y le preguntaron en privado:

—¿Cuándo sucederá eso, y cuál será la señal de tu venida y del fin del mundo?

4 —Tengan cuidado de que nadie los engañe —les

the altar that makes the gift sacred? 20 Therefore, he who swears by the altar swears by it and by everything on it. 21 And he who swears by the temple swears by it and by the one who dwells in it. 22 And he who swears by heaven swears by God's throne and by the one who sits on it.

23 "Woe to you, teachers of the law and Pharisees, you hypocrites! You give a tenth of your spices—mint, dill and cummin. But you have neglected the more important matters of the law—justice, mercy and faithfulness. You should have practiced the latter, without neglecting the former. 24 You blind guides! You strain out a gnat but swallow a camel.

25 "Woe to you, teachers of the law and Pharisees, you hypocrites! You clean the outside of the cup and dish, but inside they are full of greed and self-indulgence. 26 Blind Pharisee! First clean the inside of the cup and dish, and then the outside also will be clean.

27 "Woe to you, teachers of the law and Pharisees, you hypocrites! You are like whitewashed tombs, which look beautiful on the outside but on the inside are full of dead men's bones and everything unclean. 28 In the same way, on the outside you appear to people as righteous but on the inside you are full of hypocrisy and wickedness.

29 "Woe to you, teachers of the law and Pharisees, you hypocrites! You build tombs for the prophets and decorate the graves of the righteous. 30 And you say, 'If we had lived in the days of our forefathers, we would not have taken part with them in shedding the blood of the prophets.' 31 So you testify against yourselves that you are the descendants of those who murdered the prophets. 32 Fill up, then, the measure of the sin of your forefathers!

33 "You snakes! You brood of vipers! How will you escape being condemned to hell? 34 Therefore I am sending you prophets and wise men and teachers. Some of them you will kill and crucify; others you will flog in your synagogues and pursue from town to town. 35 And so upon you will come all the righteous blood that has been shed on earth, from the blood of righteous Abel to the blood of Zechariah son of Berekiah, whom you murdered between the temple and the altar. 36 I tell you the truth, all this will come upon this generation.

37 "O Jerusalem, Jerusalem, you who kill the prophets and stone those sent to you, how often I have longed to gather your children together, as a hen gathers her chicks under her wings, but you were not willing. 38 Look, your house is left to you desolate. 39 For I tell you, you will not see me again until you say, 'Blessed is he who comes in the name of the Lord.' u »

Signs of the End of the Age

24 Jesus left the temple and was walking away when his disciples came up to him to call his attention to its buildings. 2 "Do you see all these things?" he asked. "I tell you the truth, not one stone here will be left on another; every one will be thrown down."

3 As Jesus was sitting on the Mount of Olives, the disciples came to him privately. "Tell us," they said, "when will this happen, and what will be the sign of your coming and of the end of the age?"

4 Jesus answered: "Watch out that no one deceives

y 23:33 del infierno. Lit. de la *Gehenna.   z 23:39 Sal 118:26   u 39 Psalm 118:26

advirtió Jesús—. 5 Vendrán muchos que, usando mi nombre, dirán: "Yo soy el *Cristo", y engañarán a muchos. 6 Ustedes oirán de guerras y de rumores de guerras, pero procuren no alarmarse. Es necesario que eso suceda, pero no será todavía el fin. 7 Se levantará nación contra nación, y reino contra reino. Habrá hambres y terremotos por todas partes. 8 Todo esto será apenas el comienzo de los dolores.

9 »Entonces los entregarán a ustedes para que los persigan y los maten, y los odiarán todas las *naciones por causa de mi nombre. 10 En aquel tiempo muchos se apartarán de la fe; unos a otros se traicionarán y se odiarán; 11 y surgirá un gran número de falsos profetas que engañarán a muchos. 12 Habrá tanta maldad que el amor de muchos se enfriará, 13 pero el que se mantenga firme hasta el fin será salvo. 14 Y este *evangelio del reino se predicará en todo el mundo como testimonio a todas las naciones, y entonces vendrá el fin.

15 »Así que cuando vean en el lugar santo "el horrible sacrilegio",ª de la que habló el profeta Daniel (el que lee, que lo entienda), 16 los que estén en Judea huyan a las montañas. 17 El que esté en la azotea no baje a llevarse nada de su casa. 18 Y el que esté en el campo no regrese para buscar su capa. 19 ¡Qué terrible será en aquellos días para las que estén embarazadas o amamantando! 20 Oren para que su huida no suceda en invierno ni en *sábado. 21 Porque habrá una gran tribulación, como no la ha habido desde el principio del mundo hasta ahora, ni la habrá jamás. 22 Si no se acortaran esos días, nadie sobreviviría, pero por causa de los elegidos se acortarán. 23 Entonces, si alguien les dice a ustedes: "¡Miren, aquí está el Cristo!" o "¡Allí está!", no lo crean. 24 Porque surgirán falsos Cristos y falsos profetas que harán grandes señales y milagros para engañar, de ser posible, aun a los elegidos. 25 Fíjense que se lo he dicho a ustedes de antemano.

26 »Por eso, si les dicen: "¡Miren que está en el desierto!", no salgan; o: "¡Miren que está en la casa!", no lo crean. 27 Porque así como el relámpago que sale del oriente se ve hasta en el occidente, así será la venida del Hijo del hombre. 28 Donde esté el cadáver, allí se reunirán los buitres.

29 »Inmediatamente después de la tribulación de aquellos días,

> »"se oscurecerá el sol
> y no brillará más la luna;
> las estrellas caerán del cielo
> y los cuerpos celestes serán sacudidos".ᵇ

30 »La señal del Hijo del hombre aparecerá en el cielo, y se angustiarán todas las razas de la tierra. Verán al Hijo del hombre venir sobre las nubes del cielo con poder y gran gloria. 31 Y al sonido de la gran trompeta mandará a sus ángeles, y reunirán de los cuatro vientos a los elegidos, de un extremo al otro del cielo.

32 »Aprendan de la higuera esta lección: Tan pronto como se ponen tiernas sus ramas y brotan sus hojas, ustedes saben que el verano está cerca. 33 Igualmente, cuando vean todas estas cosas, sepan que el tiempo está cerca, a las puertas. 34 Les aseguro que no pasará esta generación hasta que todas estas cosas sucedan.

you. 5 For many will come in my name, claiming, 'I am the Christ,ᵛ' and will deceive many. 6 You will hear of wars and rumors of wars, but see to it that you are not alarmed. Such things must happen, but the end is still to come. 7 Nation will rise against nation, and kingdom against kingdom. There will be famines and earthquakes in various places. 8 All these are the beginning of birth pains.

9 "Then you will be handed over to be persecuted and put to death, and you will be hated by all nations because of me. 10 At that time many will turn away from the faith and will betray and hate each other, 11 and many false prophets will appear and deceive many people. 12 Because of the increase of wickedness, the love of most will grow cold, 13 but he who stands firm to the end will be saved. 14 And this gospel of the kingdom will be preached in the whole world as a testimony to all nations, and then the end will come.

15 "So when you see standing in the holy place 'the abomination that causes desolation,'ʷ spoken of through the prophet Daniel—let the reader understand— 16 then let those who are in Judea flee to the mountains. 17 Let no one on the roof of his house go down to take anything out of the house. 18 Let no one in the field go back to get his cloak. 19 How dreadful it will be in those days for pregnant women and nursing mothers! 20 Pray that your flight will not take place in winter or on the Sabbath. 21 For then there will be great distress, unequaled from the beginning of the world until now—and never to be equaled again. 22 If those days had not been cut short, no one would survive, but for the sake of the elect those days will be shortened. 23 At that time if anyone says to you, 'Look, here is the Christ!' or, 'There he is!' do not believe it. 24 For false Christs and false prophets will appear and perform great signs and miracles to deceive even the elect—if that were possible. 25 See, I have told you ahead of time.

26 "So if anyone tells you, 'There he is, out in the desert,' do not go out; or, 'Here he is, in the inner rooms,' do not believe it. 27 For as lightning that comes from the east is visible even in the west, so will be the coming of the Son of Man. 28 Wherever there is a carcass, there the vultures will gather.

29 "Immediately after the distress of those days

> " 'the sun will be darkened,
> and the moon will not give its light;
> the stars will fall from the sky,
> and the heavenly bodies will be
>   shaken.'ˣ

30 "At that time the sign of the Son of Man will appear in the sky, and all the nations of the earth will mourn. They will see the Son of Man coming on the clouds of the sky, with power and great glory. 31 And he will send his angels with a loud trumpet call, and they will gather his elect from the four winds, from one end of the heavens to the other.

32 "Now learn this lesson from the fig tree: As soon as its twigs get tender and its leaves come out, you know that summer is near. 33 Even so, when you see all these things, you know that itʸ is near, right at the door. 34 I tell you the truth, this generationᶻ will certainly not pass away until all these things have hap-

---

ª 24:15 *el horrible sacrilegio*. Lit. *la abominación de la desolación*; Dn 9:27; 11:31; 12:11.   ᵇ 24:29 Is 13:10; 34:4

ᵛ 5 Or *Messiah*; also in verse 23   ʷ 15 Daniel 9:27; 11:31; 12:11   ˣ 29 Isaiah 13:10; 34:4   ʸ 33 Or *he*   ᶻ 34 Or *race*

³⁵El cielo y la tierra pasarán, pero mis palabras jamás pasarán.

Se desconocen el día y la hora

³⁶»Pero en cuanto al día y la hora, nadie lo sabe, ni siquiera los ángeles en el cielo, ni el Hijo,ᶜ sino sólo el Padre. ³⁷La venida del Hijo del hombre será como en tiempos de Noé. ³⁸Porque en los días antes del diluvio comían, bebían y se casaban y daban en casamiento, hasta el día en que Noé entró en el arca; ³⁹y no supieron nada de lo que sucedería hasta que llegó el diluvio y se los llevó a todos. Así será en la venida del Hijo del hombre. ⁴⁰Estarán dos hombres en el campo: uno será llevado y el otro será dejado. ⁴¹Dos mujeres estarán moliendo: una será llevada y la otra será dejada.

⁴²»Por lo tanto, manténganse despiertos, porque no saben qué día vendrá su Señor. ⁴³Pero entiendan esto: Si un dueño de casa supiera a qué hora de la noche va a llegar el ladrón, se mantendría despierto para no dejarlo forzar la entrada. ⁴⁴Por eso también ustedes deben estar preparados, porque el Hijo del hombre vendrá cuando menos lo esperen.

⁴⁵»¿Quién es el *siervo fiel y prudente a quien su señor ha dejado encargado de los sirvientes para darles la comida a su debido tiempo? ⁴⁶*Dichoso el siervo cuando su señor, al regresar, lo encuentra cumpliendo con su deber. ⁴⁷Les aseguro que lo pondrá a cargo de todos sus bienes. ⁴⁸Pero ¿qué tal si ese siervo malo se pone a pensar: "Mi señor se está demorando", ⁴⁹y luego comienza a golpear a sus compañeros, y a comer y beber con los borrachos? ⁵⁰El día en que el siervo menos lo espere y a la hora menos pensada el señor volverá. ⁵¹Lo castigará severamente y le impondrá la condena que reciben los *hipócritas. Y habrá llanto y rechinar de dientes.

Parábola de las diez jóvenes

25 »El reino de los cielos será entonces como diez jóvenes solteras que tomaron sus lámparas y salieron a recibir al novio. ²Cinco de ellas eran insensatas y cinco prudentes. ³Las insensatas llevaron sus lámparas, pero no se abastecieron de aceite. ⁴En cambio, las prudentes llevaron vasijas de aceite junto con sus lámparas. ⁵Y como el novio tardaba en llegar, a todas las dio sueño y se durmieron. ⁶A medianoche se oyó un grito: "¡Ahí viene el novio! ¡Salgan a recibirlo!" ⁷Entonces todas las jóvenes se despertaron y se pusieron a preparar sus lámparas. ⁸Las insensatas dijeron a las prudentes: "Dennos un poco de su aceite porque nuestras lámparas se están apagando." ⁹"No —respondieron éstas—, porque así no va a alcanzar ni para nosotras ni para ustedes. Es mejor que vayan a los que venden aceite, y compren para ustedes mismas." ¹⁰Pero mientras iban a comprar el aceite llegó el novio, y las jóvenes que estaban preparadas entraron con él al banquete de bodas. Y se cerró la puerta. ¹¹Después llegaron también las otras. "¡Señor! ¡Señor! —suplicaban—. ¡Ábrenos la puerta!" ¹²"¡No, no las conozco!", respondió él.

³⁵Heaven and earth will pass away, but my words will never pass away.

The Day and Hour Unknown

³⁶"No one knows about that day or hour, not even the angels in heaven, nor the Son,ᵃ but only the Father. ³⁷As it was in the days of Noah, so it will be at the coming of the Son of Man. ³⁸For in the days before the flood, people were eating and drinking, marrying and giving in marriage, up to the day Noah entered the ark; ³⁹and they knew nothing about what would happen until the flood came and took them all away. That is how it will be at the coming of the Son of Man. ⁴⁰Two men will be in the field; one will be taken and the other left. ⁴¹Two women will be grinding with a hand mill; one will be taken and the other left.

⁴²"Therefore keep watch, because you do not know on what day your Lord will come. ⁴³But understand this: If the owner of the house had known at what time of night the thief was coming, he would have kept watch and would not have let his house be broken into. ⁴⁴So you also must be ready, because the Son of Man will come at an hour when you do not expect him.

⁴⁵"Who then is the faithful and wise servant, whom the master has put in charge of the servants in his household to give them their food at the proper time? ⁴⁶It will be good for that servant whose master finds him doing so when he returns. ⁴⁷I tell you the truth, he will put him in charge of all his possessions. ⁴⁸But suppose that servant is wicked and says to himself, 'My master is staying away a long time,' ⁴⁹and he then begins to beat his fellow servants and to eat and drink with drunkards. ⁵⁰The master of that servant will come on a day when he does not expect him and at an hour he is not aware of. ⁵¹He will cut him to pieces and assign him a place with the hypocrites, where there will be weeping and gnashing of teeth.

The Parable of the Ten Virgins

25 "At that time the kingdom of heaven will be like ten virgins who took their lamps and went out to meet the bridegroom. ²Five of them were foolish and five were wise. ³The foolish ones took their lamps but did not take any oil with them. ⁴The wise, however, took oil in jars along with their lamps. ⁵The bridegroom was a long time in coming, and they all became drowsy and fell asleep.

⁶"At midnight the cry rang out: 'Here's the bridegroom! Come out to meet him!'

⁷"Then all the virgins woke up and trimmed their lamps. ⁸The foolish ones said to the wise, 'Give us some of your oil; our lamps are going out.'

⁹"'No,' they replied, 'there may not be enough for both us and you. Instead, go to those who sell oil and buy some for yourselves.'

¹⁰"But while they were on their way to buy the oil, the bridegroom arrived. The virgins who were ready went in with him to the wedding banquet. And the door was shut.

¹¹"Later the others also came. 'Sir! Sir!' they said. 'Open the door for us!'

¹²"But he replied, 'I tell you the truth, I don't know you.'

ᶜ 24:36 Var. no incluye: ni el Hijo.

ᵃ 36 Some manuscripts do not have nor the Son.

13 »Por tanto —agregó Jesús—, manténganse despiertos porque no saben ni el día ni la hora.

Parábola de las monedas de oro

14 »El reino de los cielos será también como un hombre que, al emprender un viaje, llamó a sus *siervos y les encargó sus bienes. 15 A uno le dio cinco mil monedas de oro,d a otro dos mil y a otro sólo mil, a cada uno según su capacidad. Luego se fue de viaje. 16 El que había recibido las cinco mil fue en seguida y negoció con ellas y ganó otras cinco mil. 17 Así mismo, el que recibió dos mil ganó otras dos mil. 18 Pero el que había recibido mil fue, cavó un hoyo en la tierra y escondió el dinero de su señor.

19 »Después de mucho tiempo volvió el señor de aquellos siervos y arregló cuentas con ellos. 20 El que había recibido las cinco mil monedas llegó con las otras cinco mil. "Señor —dijo—, usted me encargó cinco mil monedas. Mire, he ganado otras cinco mil." 21 Su señor le respondió: "¡Hiciste bien, siervo bueno y fiel! En lo poco has sido fiel; te pondré a cargo de mucho más. ¡Ven a compartir la felicidad de tu señor!" 22 Llegó también el que recibió dos mil monedas. "Señor —informó—, usted me encargó dos mil monedas. Mire, he ganado otras dos mil." 23 Su señor le respondió: "¡Hiciste bien, siervo bueno y fiel! Has sido fiel en lo poco; te pondré a cargo de mucho más. ¡Ven a compartir la felicidad de tu señor!"

24 »Después llegó el que había recibido sólo mil monedas. "Señor —explicó—, yo sabía que usted es un hombre duro, que cosecha donde no ha sembrado y recoge donde no ha esparcido. 25 Así que tuve miedo, y fui y escondí su dinero en la tierra. Mire, aquí tiene lo que es suyo." 26 Pero su señor le contestó: "¡Siervo malo y perezoso! ¿Así que sabías que cosecho donde no he sembrado y recojo donde no he esparcido? 27 Pues debías haber depositado mi dinero en el banco, para que a mi regreso lo hubiera recibido con intereses.

28 » "Quítenle las mil monedas y dénselas al que tiene las diez mil. 29 Porque a todo el que tiene, se le dará más, y tendrá en abundancia. Al que no tiene se le quitará hasta lo que tiene. 30 Y a ese siervo inútil échenlo afuera, a la oscuridad, donde habrá llanto y rechinar de dientes."

Las ovejas y las cabras

31 »Cuando el Hijo del hombre venga en su gloria, con todos sus ángeles, se sentará en su trono glorioso. 32 Todas las naciones se reunirán delante de él, y él separará a unos de otros, como separa el pastor las ovejas de las cabras. 33 Pondrá las ovejas a su *derecha, y las cabras a su izquierda.

34 »Entonces dirá el Rey a los que estén a su derecha: "Vengan ustedes, a quienes mi Padre ha bendecido; reciban su herencia, el reino preparado para ustedes desde la creación del mundo. 35 Porque tuve hambre, y ustedes me dieron de comer; tuve sed, y me dieron de beber; fui forastero, y me dieron alojamiento; 36 necesité ropa, y me vistieron; estuve enfermo, y me atendieron; estuve en la cárcel, y me visitaron." 37 Y le contestarán los justos: "Señor, ¿cuándo te vimos hambriento y te alimentamos, o sediento y te dimos de beber?

13 "Therefore keep watch, because you do not know the day or the hour.

The Parable of the Talents

14 "Again, it will be like a man going on a journey, who called his servants and entrusted his property to them. 15 To one he gave five talentsb of money, to another two talents, and to another one talent, each according to his ability. Then he went on his journey. 16 The man who had received the five talents went at once and put his money to work and gained five more. 17 So also, the one with the two talents gained two more. 18 But the man who had received the one talent went off, dug a hole in the ground and hid his master's money.

19 "After a long time the master of those servants returned and settled accounts with them. 20 The man who had received the five talents brought the other five. 'Master,' he said, 'you entrusted me with five talents. See, I have gained five more.'

21 "His master replied, 'Well done, good and faithful servant! You have been faithful with a few things; I will put you in charge of many things. Come and share your master's happiness!'

22 "The man with the two talents also came. 'Master,' he said, 'you entrusted me with two talents; see, I have gained two more.'

23 "His master replied, 'Well done, good and faithful servant! You have been faithful with a few things; I will put you in charge of many things. Come and share your master's happiness!'

24 "Then the man who had received the one talent came. 'Master,' he said, 'I knew that you are a hard man, harvesting where you have not sown and gathering where you have not scattered seed. 25 So I was afraid and went out and hid your talent in the ground. See, here is what belongs to you.'

26 "His master replied, 'You wicked, lazy servant! So you knew that I harvest where I have not sown and gather where I have not scattered seed? 27 Well then, you should have put my money on deposit with the bankers, so that when I returned I would have received it back with interest.

28 " 'Take the talent from him and give it to the one who has the ten talents. 29 For everyone who has will be given more, and he will have an abundance. Whoever does not have, even what he has will be taken from him. 30 And throw that worthless servant outside, into the darkness, where there will be weeping and gnashing of teeth.'

The Sheep and the Goats

31 "When the Son of Man comes in his glory, and all the angels with him, he will sit on his throne in heavenly glory. 32 All the nations will be gathered before him, and he will separate the people one from another as a shepherd separates the sheep from the goats. 33 He will put the sheep on his right and the goats on his left.

34 "Then the King will say to those on his right, 'Come, you who are blessed by my Father; take your inheritance, the kingdom prepared for you since the creation of the world. 35 For I was hungry and you gave me something to eat, I was thirsty and you gave me something to drink, I was a stranger and you invited me in, 36 I needed clothes and you clothed me, I was sick and you looked after me, I was in prison and you came to visit me.'

37 "Then the righteous will answer him, 'Lord, when did we see you hungry and feed you, or thirsty and give

---

d 25:15 cinco mil monedas de oro. Lit. cinco *talentos (y así sucesivamente en el resto de este pasaje).

b 15 A talent was worth more than a thousand dollars.

38¿Cuándo te vimos como forastero y te dimos alojamiento, o necesitado de ropa y te vestimos? 39¿Cuándo te vimos enfermo o en la cárcel y te visitamos?" 40El Rey les responderá: "Les aseguro que todo lo que hicieron por uno de mis hermanos, aun por el más pequeño, lo hicieron por mí."

41»Luego dirá a los que estén a su izquierda: "Apártense de mí, malditos, al fuego eterno preparado para el diablo y sus ángeles. 42Porque tuve hambre, y ustedes no me dieron nada de comer; tuve sed, y no me dieron nada de beber; 43fui forastero, y no me dieron alojamiento; necesité ropa, y no me vistieron; estuve enfermo y en la cárcel, y no me atendieron." 44Ellos también le contestarán: "Señor, ¿cuándo te vimos hambriento o sediento, o como forastero, o necesitado de ropa, o enfermo, o en la cárcel, y no te ayudamos?" 45Él les responderá: "Les aseguro que todo lo que no hicieron por el más pequeño de mis hermanos, tampoco lo hicieron por mí."

46»Aquéllos irán al castigo eterno, y los justos a la vida eterna.

La conspiración contra Jesús

26 Después de exponer todas estas cosas, Jesús les dijo a sus discípulos: 2«Como ya saben, faltan dos días para la Pascua, y el Hijo del hombre será entregado para que lo crucifiquen.»

3Se reunieron entonces los jefes de los sacerdotes y los *ancianos del pueblo en el palacio de Caifás, el sumo sacerdote, 4y con artimañas buscaban cómo arrestar a Jesús para matarlo. 5«Pero no durante la fiesta —decían—, no sea que se amotine el pueblo.»

Una mujer unge a Jesús en Betania

6Estando Jesús en Betania, en casa de Simón llamado el Leproso, 7se acercó una mujer con un frasco de alabastro lleno de un perfume muy caro, y lo derramó sobre la cabeza de Jesús mientras él estaba *sentado a la mesa.

8Al ver esto, los discípulos se indignaron.

—¿Para qué este desperdicio? —dijeron—. 9Podía haberse vendido este perfume por mucho dinero para darlo a los pobres.

10Consciente de ello, Jesús les dijo:

—¿Por qué molestan a esta mujer? Ella ha hecho una obra hermosa conmigo. 11A los pobres siempre los tendrán con ustedes, pero a mí no me van a tener siempre. 12Al derramar ella este perfume sobre mi cuerpo, lo hizo a fin de prepararme para la sepultura. 13Les aseguro que en cualquier parte del mundo donde se predique este *evangelio, se contará también, en memoria de esta mujer, lo que ella hizo.

Judas acuerda traicionar a Jesús

14Uno de los doce, el que se llamaba Judas Iscariote, fue a ver a los jefes de los sacerdotes.

15—¿Cuánto me dan, y yo les entrego a Jesús? —les propuso.

Decidieron pagarle treinta monedas de plata. 16Y desde entonces Judas buscaba una oportunidad para entregarlo.

La Cena del Señor

17El primer día de la fiesta de los Panes sin levadura, se acercaron los discípulos a Jesús y le preguntaron:

—¿Dónde quieres que hagamos los preparativos para que comas la Pascua?

you something to drink? 38When did we see you a stranger and invite you in, or needing clothes and clothe you? 39When did we see you sick or in prison and go to visit you?'

40"The King will reply, 'I tell you the truth, whatever you did for one of the least of these brothers of mine, you did for me.'

41"Then he will say to those on his left, 'Depart from me, you who are cursed, into the eternal fire prepared for the devil and his angels. 42For I was hungry and you gave me nothing to eat, I was thirsty and you gave me nothing to drink, 43I was a stranger and you did not invite me in, I needed clothes and you did not clothe me, I was sick and in prison and you did not look after me.'

44"They also will answer, 'Lord, when did we see you hungry or thirsty or a stranger or needing clothes or sick or in prison, and did not help you?'

45"He will reply, 'I tell you the truth, whatever you did not do for one of the least of these, you did not do for me.'

46"Then they will go away to eternal punishment, but the righteous to eternal life."

The Plot Against Jesus

26 When Jesus had finished saying all these things, he said to his disciples, 2"As you know, the Passover is two days away—and the Son of Man will be handed over to be crucified."

3Then the chief priests and the elders of the people assembled in the palace of the high priest, whose name was Caiaphas, 4and they plotted to arrest Jesus in some sly way and kill him. 5"But not during the Feast," they said, "or there may be a riot among the people."

Jesus Anointed at Bethany

6While Jesus was in Bethany in the home of a man known as Simon the Leper, 7a woman came to him with an alabaster jar of very expensive perfume, which she poured on his head as he was reclining at the table.

8When the disciples saw this, they were indignant. "Why this waste?" they asked. 9"This perfume could have been sold at a high price and the money given to the poor."

10Aware of this, Jesus said to them, "Why are you bothering this woman? She has done a beautiful thing to me. 11The poor you will always have with you, but you will not always have me. 12When she poured this perfume on my body, she did it to prepare me for burial. 13I tell you the truth, wherever this gospel is preached throughout the world, what she has done will also be told, in memory of her."

Judas Agrees to Betray Jesus

14Then one of the Twelve—the one called Judas Iscariot—went to the chief priests 15and asked, "What are you willing to give me if I hand him over to you?" So they counted out for him thirty silver coins. 16From then on Judas watched for an opportunity to hand him over.

The Lord's Supper

17On the first day of the Feast of Unleavened Bread, the disciples came to Jesus and asked, "Where do you want us to make preparations for you to eat the Passover?"

¹⁸Él les respondió que fueran a la ciudad, a la casa de cierto hombre, y le dijeran: «El Maestro dice: "Mi tiempo está cerca. Voy a celebrar la Pascua en tu casa con mis discípulos."» ¹⁹Los discípulos hicieron entonces como Jesús les había mandado, y prepararon la Pascua.

²⁰Al anochecer, Jesús estaba *sentado a la mesa con los doce. ²¹Mientras comían, les dijo:

—Les aseguro que uno de ustedes me va a traicionar.

²²Ellos se entristecieron mucho, y uno por uno comenzaron a preguntarle:

—¿Acaso seré yo, Señor?

²³—El que mete la mano conmigo en el plato es el que me va a traicionar —respondió Jesús—. ²⁴A la verdad el Hijo del hombre se irá, tal como está escrito de él, pero ¡ay de aquel que lo traiciona! Más le valdría a ese hombre no haber nacido.

²⁵—¿Acaso seré yo, Rabí? —le dijo Judas, el que lo iba a traicionar.

—Tú lo has dicho —le contestó Jesús.

²⁶Mientras comían, Jesús tomó pan y lo bendijo. Luego lo partió y se lo dio a sus discípulos, diciéndoles:

—Tomen y coman; esto es mi cuerpo.

²⁷Después tomó la copa, dio gracias, y se la ofreció diciéndoles:

—Beban de ella todos ustedes. ²⁸Esto es mi sangre del pacto,ᵉ que es derramada por muchos para el perdón de pecados. ²⁹Les digo que no beberé de este fruto de la vid desde ahora en adelante, hasta el día en que beba con ustedes el vino nuevo en el reino de mi Padre.

³⁰Después de cantar los salmos, salieron al monte de los Olivos.

Jesús predice la negación de Pedro

³¹—Esta misma noche —les dijo Jesús— todos ustedes me abandonarán, porque está escrito:

»"Heriré al pastor,
   y se dispersarán las ovejas del rebaño."ᶠ

³²Pero después de que yo resucite, iré delante de ustedes a Galilea.

³³—Aunque todos te abandonen —declaró Pedro—, yo jamás lo haré.

³⁴—Te aseguro —le contestó Jesús— que esta misma noche, antes de que cante el gallo, me negarás tres veces.

³⁵—Aunque tenga que morir contigo —insistió Pedro—, jamás te negaré.

Y los demás discípulos dijeron lo mismo.

Jesús en Getsemaní

³⁶Luego fue Jesús con sus discípulos a un lugar llamado Getsemaní, y les dijo: «Siéntense aquí mientras voy más allá a orar.» ³⁷Se llevó a Pedro y a los dos hijos de Zebedeo, y comenzó a sentirse triste y angustiado. ³⁸«Es tal la angustia que me invade, que me siento morir —les dijo—. Quédense aquí y manténganse despiertos conmigo.»

³⁹Yendo un poco más allá, se postró sobre su rostro y oró: «Padre mío, si es posible, no me hagas beber este trago amargo.ᵍ Pero no sea lo que yo quiero, sino lo que quieres tú.»

⁴⁰Luego volvió adonde estaban sus discípulos y los encontró dormidos. «¿No pudieron mantenerse despiertos conmigo ni una hora? —le dijo a Pedro—.

¹⁸He replied, "Go into the city to a certain man and tell him, 'The Teacher says: My appointed time is near. I am going to celebrate the Passover with my disciples at your house.' " ¹⁹So the disciples did as Jesus had directed them and prepared the Passover.

²⁰When evening came, Jesus was reclining at the table with the Twelve. ²¹And while they were eating, he said, "I tell you the truth, one of you will betray me."

²²They were very sad and began to say to him one after the other, "Surely not I, Lord?"

²³Jesus replied, "The one who has dipped his hand into the bowl with me will betray me. ²⁴The Son of Man will go just as it is written about him. But woe to that man who betrays the Son of Man! It would be better for him if he had not been born."

²⁵Then Judas, the one who would betray him, said, "Surely not I, Rabbi?"

Jesus answered, "Yes, it is you."ᶜ

²⁶While they were eating, Jesus took bread, gave thanks and broke it, and gave it to his disciples, saying, "Take and eat; this is my body."

²⁷Then he took the cup, gave thanks and offered it to them, saying, "Drink from it, all of you. ²⁸This is my blood of theᵈ covenant, which is poured out for many for the forgiveness of sins. ²⁹I tell you, I will not drink of this fruit of the vine from now on until that day when I drink it anew with you in my Father's kingdom."

³⁰When they had sung a hymn, they went out to the Mount of Olives.

Jesus Predicts Peter's Denial

³¹Then Jesus told them, "This very night you will all fall away on account of me, for it is written:

" 'I will strike the shepherd,
   and the sheep of the flock will be
     scattered.'ᵉ

³²But after I have risen, I will go ahead of you into Galilee."

³³Peter replied, "Even if all fall away on account of you, I never will."

³⁴"I tell you the truth," Jesus answered, "this very night, before the rooster crows, you will disown me three times."

³⁵But Peter declared, "Even if I have to die with you, I will never disown you." And all the other disciples said the same.

Gethsemane

³⁶Then Jesus went with his disciples to a place called Gethsemane, and he said to them, "Sit here while I go over there and pray." ³⁷He took Peter and the two sons of Zebedee along with him, and he began to be sorrowful and troubled. ³⁸Then he said to them, "My soul is overwhelmed with sorrow to the point of death. Stay here and keep watch with me."

³⁹Going a little farther, he fell with his face to the ground and prayed, "My Father, if it is possible, may this cup be taken from me. Yet not as I will, but as you will."

⁴⁰Then he returned to his disciples and found them sleeping. "Could you men not keep watch with me for

---

ᵉ 26:28 del pacto. Var. del nuevo pacto (véase Lc 22:20).
ᶠ 26:31 Zac 13:7   ᵍ 26:39 no ... amargo. Lit. que pase de mí esta copa.

ᶜ 25 Or "You yourself have said it"   ᵈ 28 Some manuscripts the new   ᵉ 31 Zech. 13:7

41 Estén alerta y oren para que no caigan en *tentación. El espíritu está dispuesto, pero el cuerpo*h* es débil.»

42 Por segunda vez se retiró y oró: «Padre mío, si no es posible evitar que yo beba este trago amargo,*i* hágase tu voluntad.»

43 Cuando volvió, otra vez los encontró dormidos, porque se les cerraban los ojos de sueño. 44 Así que los dejó y se retiró a orar por tercera vez, diciendo lo mismo.

45 Volvió de nuevo a los discípulos y les dijo: «¿Siguen durmiendo y descansando? Miren, se acerca la hora, y el Hijo del hombre va a ser entregado en manos de *pecadores. 46 ¡Levántense! ¡Vámonos! ¡Ahí viene el que me traiciona!»

Arresto de Jesús

47 Todavía estaba hablando Jesús cuando llegó Judas, uno de los doce. Lo acompañaba una gran turba armada con espadas y palos, enviada por los jefes de los sacerdotes y los *ancianos del pueblo. 48 El traidor les había dado esta contraseña: «Al que le dé un beso, ése es; arréstenlo.» 49 En seguida Judas se acercó a Jesús y lo saludó.

—¡Rabí! —le dijo, y lo besó.

50 —Amigo —le replicó Jesús—, ¿a qué vienes?*j*

Entonces los hombres se acercaron y prendieron a Jesús. 51 En eso, uno de los que estaban con él extendió la mano, sacó la espada e hirió al siervo del sumo sacerdote, cortándole una oreja.

52 —Guarda tu espada —le dijo Jesús—, porque los que a hierro matan, a hierro mueren.*k* 53 ¿Crees que no puedo acudir a mi Padre, y al instante pondría a mi disposición más de doce batallones*l* de ángeles? 54 Pero entonces, ¿cómo se cumplirían las Escrituras que dicen que así tiene que suceder?

55 Y de inmediato dijo a la turba:

—¿Acaso soy un bandido,*m* para que vengan con espadas y palos a arrestarme? Todos los días me sentaba a enseñar en el *templo, y no me prendieron. 56 Pero todo esto ha sucedido para que se cumpla lo que escribieron los profetas.

Entonces todos los discípulos lo abandonaron y huyeron.

Jesús ante el Consejo

57 Los que habían arrestado a Jesús lo llevaron ante Caifás, el sumo sacerdote, donde se habían reunido los *maestros de la ley y los *ancianos. 58 Pero Pedro lo siguió de lejos hasta el patio del sumo sacerdote. Entró y se sentó con los guardias para ver en qué terminaba aquello.

59 Los jefes de los sacerdotes y el *Consejo en pleno buscaban alguna prueba falsa contra Jesús para poder condenarlo a muerte. 60 Pero no la encontraron, a pesar de que se presentaron muchos falsos testigos.

Por fin se presentaron dos, 61 que declararon:

—Este hombre dijo: "Puedo destruir el *templo de Dios y reconstruirlo en tres días."

62 Poniéndose en pie, el sumo sacerdote le dijo a Jesús:

—¿No vas a responder? ¿Qué significan estas denuncias en tu contra?

one hour?" he asked Peter. 41 "Watch and pray so that you will not fall into temptation. The spirit is willing, but the body is weak."

42 He went away a second time and prayed, "My Father, if it is not possible for this cup to be taken away unless I drink it, may your will be done."

43 When he came back, he again found them sleeping, because their eyes were heavy. 44 So he left them and went away once more and prayed the third time, saying the same thing.

45 Then he returned to the disciples and said to them, "Are you still sleeping and resting? Look, the hour is near, and the Son of Man is betrayed into the hands of sinners. 46 Rise, let us go! Here comes my betrayer!"

Jesus Arrested

47 While he was still speaking, Judas, one of the Twelve, arrived. With him was a large crowd armed with swords and clubs, sent from the chief priests and the elders of the people. 48 Now the betrayer had arranged a signal with them: "The one I kiss is the man; arrest him." 49 Going at once to Jesus, Judas said, "Greetings, Rabbi!" and kissed him.

50 Jesus replied, "Friend, do what you came for."*f*

Then the men stepped forward, seized Jesus and arrested him. 51 With that, one of Jesus' companions reached for his sword, drew it out and struck the servant of the high priest, cutting off his ear.

52 "Put your sword back in its place," Jesus said to him, "for all who draw the sword will die by the sword. 53 Do you think I cannot call on my Father, and he will at once put at my disposal more than twelve legions of angels? 54 But how then would the Scriptures be fulfilled that say it must happen in this way?"

55 At that time Jesus said to the crowd, "Am I leading a rebellion, that you have come out with swords and clubs to capture me? Every day I sat in the temple courts teaching, and you did not arrest me. 56 But this has all taken place that the writings of the prophets might be fulfilled." Then all the disciples deserted him and fled.

Before the Sanhedrin

57 Those who had arrested Jesus took him to Caiaphas, the high priest, where the teachers of the law and the elders had assembled. 58 But Peter followed him at a distance, right up to the courtyard of the high priest. He entered and sat down with the guards to see the outcome.

59 The chief priests and the whole Sanhedrin were looking for false evidence against Jesus so that they could put him to death. 60 But they did not find any, though many false witnesses came forward.

Finally two came forward 61 and declared, "This fellow said, 'I am able to destroy the temple of God and rebuild it in three days.' "

62 Then the high priest stood up and said to Jesus, "Are you not going to answer? What is this testimony

---

h 26:41 el cuerpo. Lit. la *carne.   i 26:42 evitar ... amargo.* Lit. que esto pase de mí.   *j 26:50 ¿a qué vienes?* Alt. haz lo que viniste a hacer.   *k 26:52 porque ... mueren.* Lit. Porque todos los que toman espada, por espada perecerán.
l 26:53 batallones. Lit. legiones.   *m 26:55 bandido.* Alt. insurgente.

f 50 Or "Friend, why have you come?"

63 Pero Jesús se quedó callado. Así que el sumo sacerdote insistió:

—Te ordeno en el nombre del Dios viviente que nos digas si eres el *Cristo, el Hijo de Dios.

64 —Tú lo has dicho —respondió Jesús—. Pero yo les digo a todos: De ahora en adelante verán ustedes al Hijo del hombre sentado a la *derecha del Todopoderoso, y viniendo en las nubes del cielo.

65 —¡Ha *blasfemado! —exclamó el sumo sacerdote, rasgándose las vestiduras—. ¿Para qué necesitamos más testigos? ¡Miren, ustedes mismos han oído la blasfemia! 66 ¿Qué piensan de esto?

—Merece la muerte —le contestaron.

67 Entonces algunos le escupieron en el rostro y le dieron puñetazos. Otros lo abofeteaban 68 y decían:

—A ver, Cristo, ¡adivina quién te pegó!

Pedro niega a Jesús

69 Mientras tanto, Pedro estaba sentado afuera, en el patio, y una criada se le acercó.

—Tú también estabas con Jesús de Galilea —le dijo.

70 Pero él lo negó delante de todos, diciendo:

—No sé de qué estás hablando.

71 Luego salió a la puerta, donde otra criada lo vio y dijo a los que estaban allí:

—Éste estaba con Jesús de Nazaret.

72 Él lo volvió a negar, jurándoles:

—¡A ese hombre ni lo conozco!

73 Poco después se acercaron a Pedro los que estaban allí y le dijeron:

—Seguro que eres uno de ellos; se te nota por tu acento.

74 Y comenzó a echarse maldiciones, y les juró:

—¡A ese hombre ni lo conozco!

En ese instante cantó un gallo. 75 Entonces Pedro se acordó de lo que Jesús había dicho: «Antes de que cante el gallo, me negarás tres veces.» Y saliendo de allí, lloró amargamente.

Judas se ahorca

27 Muy de mañana, todos los jefes de los sacerdotes y los *ancianos del pueblo tomaron la decisión de condenar a muerte a Jesús. 2 Lo ataron, se lo llevaron y se lo entregaron a Pilato, el gobernador.

3 Cuando Judas, el que lo había traicionado, vio que habían condenado a Jesús, sintió remordimiento y devolvió las treinta monedas de plata a los jefes de los sacerdotes y a los ancianos.

4 —He pecado —les dijo— porque he entregado sangre inocente.

—¿Y eso a nosotros qué nos importa? —respondieron—. ¡Allá tú!

5 Entonces Judas arrojó el dinero en el *santuario y salió de allí. Luego fue y se ahorcó.

6 Los jefes de los sacerdotes recogieron las monedas y dijeron: «La ley no permite echar esto al tesoro, porque es precio de sangre.» 7 Así que resolvieron comprar con ese dinero un terreno conocido como Campo del Alfarero, para sepultar allí a los extranjeros. 8 Por eso se le ha llamado Campo de Sangre hasta el día de hoy. 9 Así se cumplió lo dicho por el profeta Jeremías: «Tomaron las treinta monedas de plata, el precio que el pueblo de Israel le había fijado, 10 y con ellas compraron el campo del alfarero, como me ordenó el Señor.»[n]

that these men are bringing against you?" 63 But Jesus remained silent.

The high priest said to him, "I charge you under oath by the living God: Tell us if you are the Christ,[g] the Son of God."

64 "Yes, it is as you say," Jesus replied. "But I say to all of you: In the future you will see the Son of Man sitting at the right hand of the Mighty One and coming on the clouds of heaven."

65 Then the high priest tore his clothes and said, "He has spoken blasphemy! Why do we need any more witnesses? Look, now you have heard the blasphemy. 66 What do you think?"

"He is worthy of death," they answered.

67 Then they spit in his face and struck him with their fists. Others slapped him 68 and said, "Prophesy to us, Christ. Who hit you?"

Peter Disowns Jesus

69 Now Peter was sitting out in the courtyard, and a servant girl came to him. "You also were with Jesus of Galilee," she said.

70 But he denied it before them all. "I don't know what you're talking about," he said.

71 Then he went out to the gateway, where another girl saw him and said to the people there, "This fellow was with Jesus of Nazareth."

72 He denied it again, with an oath: "I don't know the man!"

73 After a little while, those standing there went up to Peter and said, "Surely you are one of them, for your accent gives you away."

74 Then he began to call down curses on himself and he swore to them, "I don't know the man!"

Immediately a rooster crowed. 75 Then Peter remembered the word Jesus had spoken: "Before the rooster crows, you will disown me three times." And he went outside and wept bitterly.

Judas Hangs Himself

27 Early in the morning, all the chief priests and the elders of the people came to the decision to put Jesus to death. 2 They bound him, led him away and handed him over to Pilate, the governor.

3 When Judas, who had betrayed him, saw that Jesus was condemned, he was seized with remorse and returned the thirty silver coins to the chief priests and the elders. 4 "I have sinned," he said, "for I have betrayed innocent blood."

"What is that to us?" they replied. "That's your responsibility."

5 So Judas threw the money into the temple and left. Then he went away and hanged himself.

6 The chief priests picked up the coins and said, "It is against the law to put this into the treasury, since it is blood money." 7 So they decided to use the money to buy the potter's field as a burial place for foreigners. 8 That is why it has been called the Field of Blood to this day. 9 Then what was spoken by Jeremiah the prophet was fulfilled: "They took the thirty silver coins, the price set on him by the people of Israel, 10 and they used them to buy the potter's field, as the Lord commanded me."[h]

---

n 27:10 Véanse Zac 11:12,13; Jer 19:1-13; 32:6-9.

g 63 Or Messiah; also in verse 68   h 10 See Zech. 11:12,13; Jer. 19:1-13; 32:6-9.

Jesús ante Pilato

11 Mientras tanto, Jesús compareció ante el gobernador, y éste le preguntó:

—¿Eres tú el rey de los judíos?

—Tú lo dices —respondió Jesús.

12 Al ser acusado por los jefes de los sacerdotes y por los *ancianos, Jesús no contestó nada.

13 —¿No oyes lo que declaran contra ti? —le dijo Pilato.

14 Pero Jesús no respondió ni a una sola acusación, por lo que el gobernador se llenó de asombro.

15 Ahora bien, durante la fiesta el gobernador acostumbraba soltar un preso que la gente escogiera. 16 Tenían un preso famoso llamado Barrabás. 17–18 Así que cuando se reunió la multitud, Pilato, que sabía que le habían entregado a Jesús por envidia, les preguntó:

—¿A quién quieren que les suelte: a Barrabás o a Jesús, al que llaman *Cristo?

19 Mientras Pilato estaba sentado en el tribunal, su esposa le envió el siguiente recado: «No te metas con ese justo, pues por causa de él, hoy he sufrido mucho en un sueño.»

20 Pero los jefes de los sacerdotes y los ancianos persuadieron a la multitud a que le pidiera a Pilato soltar a Barrabás y ejecutar a Jesús.

21 —¿A cuál de los dos quieren que les suelte? —preguntó el gobernador.

—A Barrabás.

22 —¿Y qué voy a hacer con Jesús, al que llaman Cristo?

—¡Crucifícalo! —respondieron todos.

23 —¿Por qué? ¿Qué crimen ha cometido?

Pero ellos gritaban aun más fuerte:

—¡Crucifícalo!

24 Cuando Pilato vio que no conseguía nada, sino que más bien se estaba formando un tumulto, pidió agua y se lavó las manos delante de la gente.

—Soy inocente de la sangre de este hombre —dijo—. ¡Allá ustedes!

25 —¡Que su sangre caiga sobre nosotros y sobre nuestros hijos! —contestó todo el pueblo.

26 Entonces les soltó a Barrabás; pero a Jesús lo mandó azotar, y lo entregó para que lo crucificaran.

Los soldados se burlan de Jesús

27 Los soldados del gobernador llevaron a Jesús al palacio[ñ] y reunieron a toda la tropa alrededor de él. 28 Le quitaron la ropa y le pusieron un manto de color escarlata. 29 Luego trenzaron una corona de espinas y se la colocaron en la cabeza, y en la mano derecha le pusieron una caña. Arrodillándose delante de él, se burlaban diciendo:

—¡Salve, rey de los judíos!

30 Y le escupían, y con la caña le golpeaban la cabeza. 31 Después de burlarse de él, le quitaron el manto, le pusieron su propia ropa y se lo llevaron para crucificarlo.

La crucifixión

32 Al salir encontraron a un hombre de Cirene que se llamaba Simón, y lo obligaron a llevar la cruz. 33 Llegaron a un lugar llamado Gólgota (que significa «Lugar de la Calavera»). 34 Allí le dieron a Jesús vino mezclado con hiel; pero después de probarlo, se negó a beberlo. 35 Lo crucificaron y repartieron su ropa echando

Jesus Before Pilate

11 Meanwhile Jesus stood before the governor, and the governor asked him, "Are you the king of the Jews?"

"Yes, it is as you say," Jesus replied.

12 When he was accused by the chief priests and the elders, he gave no answer. 13 Then Pilate asked him, "Don't you hear the testimony they are bringing against you?" 14 But Jesus made no reply, not even to a single charge—to the great amazement of the governor.

15 Now it was the governor's custom at the Feast to release a prisoner chosen by the crowd. 16 At that time they had a notorious prisoner, called Barabbas. 17 So when the crowd had gathered, Pilate asked them, "Which one do you want me to release to you: Barabbas, or Jesus who is called Christ?" 18 For he knew it was out of envy that they had handed Jesus over to him.

19 While Pilate was sitting on the judge's seat, his wife sent him this message: "Don't have anything to do with that innocent man, for I have suffered a great deal today in a dream because of him."

20 But the chief priests and the elders persuaded the crowd to ask for Barabbas and to have Jesus executed.

21 "Which of the two do you want me to release to you?" asked the governor.

"Barabbas," they answered.

22 "What shall I do, then, with Jesus who is called Christ?" Pilate asked.

They all answered, "Crucify him!"

23 "Why? What crime has he committed?" asked Pilate.

But they shouted all the louder, "Crucify him!"

24 When Pilate saw that he was getting nowhere, but that instead an uproar was starting, he took water and washed his hands in front of the crowd. "I am innocent of this man's blood," he said. "It is your responsibility!"

25 All the people answered, "Let his blood be on us and on our children!"

26 Then he released Barabbas to them. But he had Jesus flogged, and handed him over to be crucified.

The Soldiers Mock Jesus

27 Then the governor's soldiers took Jesus into the Praetorium and gathered the whole company of soldiers around him. 28 They stripped him and put a scarlet robe on him, 29 and then twisted together a crown of thorns and set it on his head. They put a staff in his right hand and knelt in front of him and mocked him. "Hail, king of the Jews!" they said. 30 They spit on him, and took the staff and struck him on the head again and again. 31 After they had mocked him, they took off the robe and put his own clothes on him. Then they led him away to crucify him.

The Crucifixion

32 As they were going out, they met a man from Cyrene, named Simon, and they forced him to carry the cross. 33 They came to a place called Golgotha (which means The Place of the Skull). 34 There they offered Jesus wine to drink, mixed with gall; but after tasting it, he refused to drink it. 35 When they had crucified him, they divided up his clothes by casting lots.[i]

ñ 27:27 *palacio*. Lit. *pretorio*.

[i] 35 A few late manuscripts *lots that the word spoken by the prophet might be fulfilled: "They divided my garments among themselves and cast lots for my clothing"* (Psalm 22:18)

suertes.[o] 36 Y se sentaron a vigilarlo. 37 Encima de su cabeza pusieron por escrito la causa de su condena: «ÉSTE ES JESÚS, EL REY DE LOS JUDÍOS.» 38 Con él crucificaron a dos bandidos,[p] uno a su derecha y otro a su izquierda. 39 Los que pasaban meneaban la cabeza y *blasfemaban contra él:

40 —Tú, que destruyes el *templo y en tres días lo reconstruyes, ¡sálvate a ti mismo! ¡Si eres el Hijo de Dios, baja de la cruz!

41 De la misma manera se burlaban de él los jefes de los sacerdotes, junto con los *maestros de la ley y los *ancianos.

42 —Salvó a otros —decían—, ¡pero no puede salvarse a sí mismo! ¡Y es el Rey de Israel! Que baje ahora de la cruz, y así creeremos en él. 43 Él confía en Dios; pues que lo libre Dios ahora, si de veras lo quiere. ¿Acaso no dijo: "Yo soy el Hijo de Dios"?

44 Así también lo insultaban los bandidos que estaban crucificados con él.

Muerte de Jesús

45 Desde el mediodía y hasta la media tarde[q] toda la tierra quedó en oscuridad. 46 Como a las tres de la tarde,[r] Jesús gritó con fuerza:

—*Elí, Elí,*[s] *¿lama sabactani?* (que significa: "Dios mío, Dios mío, ¿por qué me has desamparado?").[t]

47 Cuando lo oyeron, algunos de los que estaban allí dijeron:

—Está llamando a Elías.

48 Al instante uno de ellos corrió en busca de una esponja. La empapó en vinagre, la puso en una caña y se la ofreció a Jesús para que bebiera. 49 Los demás decían:

—Déjalo, a ver si viene Elías a salvarlo.

50 Entonces Jesús volvió a gritar con fuerza, y entregó su espíritu.

51 En ese momento la cortina del *santuario del templo se rasgó en dos, de arriba abajo. La tierra tembló y se partieron las rocas. 52 Se abrieron los sepulcros, y muchos *santos que habían muerto resucitaron. 53 Salieron de los sepulcros y, después de la resurrección de Jesús, entraron en la ciudad santa y se aparecieron a muchos.

54 Cuando el centurión y los que con él estaban custodiando a Jesús vieron el terremoto y todo lo que había sucedido, quedaron aterrados y exclamaron:

—¡Verdaderamente éste era el Hijo[u] de Dios!

55 Estaban allí, mirando de lejos, muchas mujeres que habían seguido a Jesús desde Galilea para servirle. 56 Entre ellas se encontraban María Magdalena, María la madre de *Jacobo y de José, y la madre de los hijos de Zebedeo.

Sepultura de Jesús

57 Al atardecer, llegó un hombre rico de Arimatea, llamado José, que también se había convertido en discípulo de Jesús. 58 Se presentó ante Pilato para pedirle el cuerpo de Jesús, y Pilato ordenó que se lo dieran. 59 José tomó el cuerpo, lo envolvió en una sábana limpia 60 y lo puso en un sepulcro nuevo de su propiedad que había cavado en la roca. Luego hizo rodar una

[o] *27:35 suertes.* Var. *suertes, para que se cumpliera lo dicho por medio del profeta: «Se repartieron entre ellos mi manto y sobre mi ropa echaron suertes»* (Sal 22:18; véase Jn 19:24).
[p] *27:38 bandidos.* Alt. *insurgentes*; también en v. 44.
[q] *27:45 Desde ... tarde.* Lit. *Desde la hora sexta hasta la hora novena.*
[r] *27:46 Como ... tarde.* Lit. *Como a la hora novena.*
[s] *27:46 Elí, Elí.* Var. *Eloi, Eloi.*
[t] *27:46* Sal 22:1
[u] *27:54 era el Hijo.* Alt. *era hijo.*

36 And sitting down, they kept watch over him there. 37 Above his head they placed the written charge against him: THIS IS JESUS, THE KING OF THE JEWS. 38 Two robbers were crucified with him, one on his right and one on his left. 39 Those who passed by hurled insults at him, shaking their heads 40 and saying, "You who are going to destroy the temple and build it in three days, save yourself! Come down from the cross, if you are the Son of God!"

41 In the same way the chief priests, the teachers of the law and the elders mocked him. 42 "He saved others," they said, "but he can't save himself! He's the King of Israel! Let him come down now from the cross, and we will believe in him. 43 He trusts in God. Let God rescue him now if he wants him, for he said, 'I am the Son of God.' " 44 In the same way the robbers who were crucified with him also heaped insults on him.

The Death of Jesus

45 From the sixth hour until the ninth hour darkness came over all the land. 46 About the ninth hour Jesus cried out in a loud voice, *"Eloi, Eloi,*[j] *lama sabachthani?"*—which means, "My God, my God, why have you forsaken me?"[k]

47 When some of those standing there heard this, they said, "He's calling Elijah."

48 Immediately one of them ran and got a sponge. He filled it with wine vinegar, put it on a stick, and offered it to Jesus to drink. 49 The rest said, "Now leave him alone. Let's see if Elijah comes to save him."

50 And when Jesus had cried out again in a loud voice, he gave up his spirit.

51 At that moment the curtain of the temple was torn in two from top to bottom. The earth shook and the rocks split. 52 The tombs broke open and the bodies of many holy people who had died were raised to life. 53 They came out of the tombs, and after Jesus' resurrection they went into the holy city and appeared to many people.

54 When the centurion and those with him who were guarding Jesus saw the earthquake and all that had happened, they were terrified, and exclaimed, "Surely he was the Son[l] of God!"

55 Many women were there, watching from a distance. They had followed Jesus from Galilee to care for his needs. 56 Among them were Mary Magdalene, Mary the mother of James and Joses, and the mother of Zebedee's sons.

The Burial of Jesus

57 As evening approached, there came a rich man from Arimathea, named Joseph, who had himself become a disciple of Jesus. 58 Going to Pilate, he asked for Jesus' body, and Pilate ordered that it be given to him. 59 Joseph took the body, wrapped it in a clean linen cloth, 60 and placed it in his own new tomb that he had cut out of the rock. He rolled a big stone in front

[j] *46* Some manuscripts *Eli, Eli*
[k] *46* Psalm 22:1
[l] *54* Or *a son*

piedra grande a la entrada del sepulcro, y se fue. 61 Allí estaban, sentadas frente al sepulcro, María Magdalena y la otra María.

La guardia ante el sepulcro

62 Al día siguiente, después del día de la preparación, los jefes de los sacerdotes y los fariseos se presentaron ante Pilato. 63 —Señor —le dijeron—, nosotros recordamos que mientras ese engañador aún vivía, dijo: "A los tres días resucitaré." 64 Por eso, ordene usted que se selle el sepulcro hasta el tercer día, no sea que vengan sus discípulos, se roben el cuerpo y le digan al pueblo que ha *resucitado. Ese último engaño sería peor que el primero.

65 —Llévense una guardia de soldados —les ordenó Pilato—, y vayan a asegurar el sepulcro lo mejor que puedan.

66 Así que ellos fueron, cerraron el sepulcro con una piedra, y lo sellaron; y dejaron puesta la guardia.

La resurrección

28 Después del *sábado, al amanecer del primer día de la semana, María Magdalena y la otra María fueron a ver el sepulcro.

2 Sucedió que hubo un terremoto violento, porque un ángel del Señor bajó del cielo y, acercándose al sepulcro, quitó la piedra y se sentó sobre ella. 3 Su aspecto era como el de un relámpago, y su ropa era blanca como la nieve. 4 Los guardias tuvieron tanto miedo de él que se pusieron a temblar y quedaron como muertos.

5 El ángel dijo a las mujeres:

—No tengan miedo; sé que ustedes buscan a Jesús, el que fue crucificado. 6 No está aquí, pues ha resucitado, tal como dijo. Vengan a ver el lugar donde lo pusieron. 7 Luego vayan pronto a decirles a sus discípulos: "Él se ha *levantado de entre los muertos y va delante de ustedes a Galilea. Allí lo verán." Ahora ya lo saben.

8 Así que las mujeres se alejaron a toda prisa del sepulcro, asustadas pero muy alegres, y corrieron a dar la noticia a los discípulos. 9 En eso Jesús les salió al encuentro y las saludó. Ellas se le acercaron, le abrazaron los pies y lo adoraron. 10 —No tengan miedo —les dijo Jesús—. Vayan a decirles a mis hermanos que se dirijan a Galilea, y allí me verán.

El informe de los guardias

11 Mientras las mujeres iban de camino, algunos de los guardias entraron en la ciudad e informaron a los jefes de los sacerdotes de todo lo que había sucedido. 12 Después de reunirse estos jefes con los *ancianos y de trazar un plan, les dieron a los soldados una fuerte suma de dinero 13 y les encargaron: «Digan que los discípulos de Jesús vinieron por la noche y que, mientras ustedes dormían, se robaron el cuerpo. 14 Y si el gobernador llega a enterarse de esto, nosotros responderemos por ustedes y les evitaremos cualquier problema.»

15 Así que los soldados tomaron el dinero e hicieron como se les había instruido. Esta es la versión de los sucesos que hasta el día de hoy ha circulado entre los judíos.

La gran comisión

16 Los once discípulos fueron a Galilea, a la montaña que Jesús les había indicado. 17 Cuando lo vieron, lo

of the entrance to the tomb and went away. 61 Mary Magdalene and the other Mary were sitting there opposite the tomb.

The Guard at the Tomb

62 The next day, the one after Preparation Day, the chief priests and the Pharisees went to Pilate. 63 "Sir," they said, "we remember that while he was still alive that deceiver said, 'After three days I will rise again.' 64 So give the order for the tomb to be made secure until the third day. Otherwise, his disciples may come and steal the body and tell the people that he has been raised from the dead. This last deception will be worse than the first."

65 "Take a guard," Pilate answered. "Go, make the tomb as secure as you know how." 66 So they went and made the tomb secure by putting a seal on the stone and posting the guard.

The Resurrection

28 After the Sabbath, at dawn on the first day of the week, Mary Magdalene and the other Mary went to look at the tomb.

2 There was a violent earthquake, for an angel of the Lord came down from heaven and, going to the tomb, rolled back the stone and sat on it. 3 His appearance was like lightning, and his clothes were white as snow. 4 The guards were so afraid of him that they shook and became like dead men.

5 The angel said to the women, "Do not be afraid, for I know that you are looking for Jesus, who was crucified. 6 He is not here; he has risen, just as he said. Come and see the place where he lay. 7 Then go quickly and tell his disciples: 'He has risen from the dead and is going ahead of you into Galilee. There you will see him.' Now I have told you."

8 So the women hurried away from the tomb, afraid yet filled with joy, and ran to tell his disciples. 9 Suddenly Jesus met them. "Greetings," he said. They came to him, clasped his feet and worshiped him. 10 Then Jesus said to them, "Do not be afraid. Go and tell my brothers to go to Galilee; there they will see me."

The Guards' Report

11 While the women were on their way, some of the guards went into the city and reported to the chief priests everything that had happened. 12 When the chief priests had met with the elders and devised a plan, they gave the soldiers a large sum of money, 13 telling them, "You are to say, 'His disciples came during the night and stole him away while we were asleep.' 14 If this report gets to the governor, we will satisfy him and keep you out of trouble." 15 So the soldiers took the money and did as they were instructed. And this story has been widely circulated among the Jews to this very day.

The Great Commission

16 Then the eleven disciples went to Galilee, to the mountain where Jesus had told them to go. 17 When they saw him, they worshiped him; but some doubted.

adoraron; pero algunos dudaban. 18 Jesús se acercó entonces a ellos y les dijo:

—Se me ha dado toda autoridad en el cielo y en la tierra. 19 Por tanto, vayan y hagan discípulos de todas las *naciones, bautizándolos en el nombre del Padre y del Hijo y del Espíritu Santo, 20 enseñándoles a obedecer todo lo que les he mandado a ustedes. Y les aseguro que estaré con ustedes siempre, hasta el fin del mundo.ᵛ

18 Then Jesus came to them and said, "All authority in heaven and on earth has been given to me. 19 Therefore go and make disciples of all nations, baptizing them inᵐ the name of the Father and of the Son and of the Holy Spirit, 20 and teaching them to obey everything I have commanded you. And surely I am with you always, to the very end of the age."

ᵐ 19 Or *into*; see Acts 8:16; 19:5; Romans 6:3; 1 Cor. 1:13; 10:2 and Gal. 3:27.

Evangelio según

Marcos

Mark

Juan el Bautista prepara el camino

1 Comienzo del *evangelio de *Jesucristo, el Hijo de Dios.ᵃ

2 Sucedió como está escrito en el profeta Isaías:

«Yo estoy por enviar a mi mensajero delante
de ti,
el cual preparará tu camino.»ᵇ
3 «Voz de uno que grita en el desierto:
"Preparen el camino del Señor,
háganle sendas derechas."»ᶜ

4 Así se presentó Juan, bautizando en el desierto y predicando el bautismo de *arrepentimiento para el perdón de pecados. 5 Toda la gente de la región de Judea y de la ciudad de Jerusalén acudía a él. Cuando confesaban sus pecados, él los bautizaba en el río Jordán. 6 La ropa de Juan estaba hecha de pelo de camello. Llevaba puesto un cinturón de cuero, y comía langostas y miel silvestre. 7 Predicaba de esta manera: «Después de mí viene uno más poderoso que yo; ni siquiera merezco agacharme para desatar la correa de sus sandalias. 8 Yo los he bautizado a ustedes conᵈ agua, pero él los bautizará con el Espíritu Santo.»

Bautismo y tentación de Jesús

9 En esos días llegó Jesús desde Nazaret de Galilea y fue bautizado por Juan en el Jordán. 10 En seguida, al subir del agua, Jesús vio que el cielo se abría y que el Espíritu bajaba sobre él como una paloma. 11 También se oyó una voz del cielo que decía: «Tú eres mi Hijo amado; estoy muy complacido contigo.»

12 En seguida el Espíritu lo impulsó a ir al desierto, 13 y allí fue *tentado por Satanás durante cuarenta días. Estaba entre las fieras, y los ángeles le servían.

Llamamiento de los primeros discípulos

14 Después de que encarcelaron a Juan, Jesús se fue a Galilea a anunciar las buenas *nuevas de Dios. 15 «Se ha cumplido el tiempo —decía—. El reino de Dios está cerca. ¡*Arrepiéntanse y crean las buenas *nuevas!»

16 Pasando por la orilla del mar de Galilea, Jesús vio a Simón y a su hermano Andrés que echaban la red al lago, pues eran pescadores. 17 «Vengan, síganme —les dijo Jesús—, y los haré pescadores de hombres.» 18 Al momento dejaron las redes y lo siguieron.

19 Un poco más adelante vio a *Jacobo y a su hermano Juan, hijos de Zebedeo, que estaban en su barca remendando las redes. 20 En seguida los llamó, y ellos, dejando a su padre Zebedeo en la barca con los jornaleros, se fueron con Jesús.

Jesús expulsa a un espíritu maligno

21 Entraron en Capernaúm, y tan pronto como llegó el *sábado, Jesús fue a la sinagoga y se puso a enseñar. 22 La gente se asombraba de su enseñanza, porque la impartía como quien tiene autoridad y no como los

John the Baptist Prepares the Way

1 The beginning of the gospel about Jesus Christ, the Son of God.ᵃ

2 It is written in Isaiah the prophet:

"I will send my messenger ahead of you,
who will prepare your way"ᵇ—
3 "a voice of one calling in the desert,
'Prepare the way for the Lord,
make straight paths for him.' "ᶜ

4 And so John came, baptizing in the desert region and preaching a baptism of repentance for the forgiveness of sins. 5 The whole Judean countryside and all the people of Jerusalem went out to him. Confessing their sins, they were baptized by him in the Jordan River. 6 John wore clothing made of camel's hair, with a leather belt around his waist, and he ate locusts and wild honey. 7 And this was his message: "After me will come one more powerful than I, the thongs of whose sandals I am not worthy to stoop down and untie. 8 I baptize you withᵈ water, but he will baptize you with the Holy Spirit."

The Baptism and Temptation of Jesus

9 At that time Jesus came from Nazareth in Galilee and was baptized by John in the Jordan. 10 As Jesus was coming up out of the water, he saw heaven being torn open and the Spirit descending on him like a dove. 11 And a voice came from heaven: "You are my Son, whom I love; with you I am well pleased."

12 At once the Spirit sent him out into the desert, 13 and he was in the desert forty days, being tempted by Satan. He was with the wild animals, and angels attended him.

The Calling of the First Disciples

14 After John was put in prison, Jesus went into Galilee, proclaiming the good news of God. 15 "The time has come," he said. "The kingdom of God is near. Repent and believe the good news!"

16 As Jesus walked beside the Sea of Galilee, he saw Simon and his brother Andrew casting a net into the lake, for they were fishermen. 17 "Come, follow me," Jesus said, "and I will make you fishers of men." 18 At once they left their nets and followed him.

19 When he had gone a little farther, he saw James son of Zebedee and his brother John in a boat, preparing their nets. 20 Without delay he called them, and they left their father Zebedee in the boat with the hired men and followed him.

Jesus Drives Out an Evil Spirit

21 They went to Capernaum, and when the Sabbath came, Jesus went into the synagogue and began to teach. 22 The people were amazed at his teaching, because he taught them as one who had authority, not as

---

ᵃ 1:1 Var. no incluye: el Hijo de Dios.   ᵇ 1:2 Mal 3:1
ᶜ 1:3 Is 40:3   ᵈ 1:8 con. Alt. en.

ᵃ 1 Some manuscripts do not have the Son of God.   ᵇ 2 Mal. 3:1
ᶜ 3 Isaiah 40:3   ᵈ 8 Or in

*maestros de la ley. 23 De repente, en la sinagoga, un hombre que estaba poseído por un *espíritu maligno gritó:

24 —¿Por qué te entrometes, Jesús de Nazaret? ¿Has venido a destruirnos? Yo sé quién eres tú: ¡el Santo de Dios!

25 —¡Cállate! —lo reprendió Jesús—. ¡Sal de ese hombre!

26 Entonces el espíritu maligno sacudió al hombre violentamente y salió de él dando un alarido. 27 Todos se quedaron tan asustados que se preguntaban unos a otros: «¿Qué es esto? ¡Una enseñanza nueva, pues lo hace con autoridad! Les da órdenes incluso a los espíritus malignos, y le obedecen.» 28 Como resultado, su fama se extendió rápidamente por toda la región de Galilea.

Jesús sana a muchos enfermos

29 Tan pronto como salieron de la sinagoga, Jesús fue con *Jacobo y Juan a casa de Simón y Andrés. 30 La suegra de Simón estaba en cama con fiebre, y en seguida se lo dijeron a Jesús. 31 Él se le acercó, la tomó de la mano y la ayudó a levantarse. Entonces se le quitó la fiebre y se puso a servirles.

32 Al atardecer, cuando ya se ponía el sol, la gente le llevó a Jesús todos los enfermos y endemoniados, 33 de manera que la población entera se estaba congregando a la puerta. 34 Jesús sanó a muchos que padecían de diversas enfermedades. También expulsó a muchos demonios, pero no los dejaba hablar porque sabían quién era él.

Jesús ora en un lugar solitario

35 Muy de madrugada, cuando todavía estaba oscuro, Jesús se levantó, salió de la casa y se fue a un lugar solitario, donde se puso a orar. 36 Simón y sus compañeros salieron a buscarlo.

37 Por fin lo encontraron y le dijeron:

—Todo el mundo te busca.

38 Jesús respondió:

—Vámonos de aquí a otras aldeas cercanas donde también pueda predicar; para esto he venido.

39 Así que recorrió toda Galilea, predicando en las sinagogas y expulsando demonios.

Jesús sana a un leproso

40 Un hombre que tenía *lepra se le acercó, y de rodillas le suplicó:

—Si quieres, puedes *limpiarme.

41 Movido a compasión, Jesús extendió la mano y tocó al hombre, diciéndole:

—Sí quiero. ¡Queda limpio!

42 Al instante se le quitó la lepra y quedó sano.e 43 Jesús lo despidió en seguida con una fuerte advertencia:

44 —Mira, no se lo digas a nadie; sólo ve, preséntate al sacerdote y lleva por tu *purificación lo que ordenó Moisés, para que sirva de testimonio.

45 Pero él salió y comenzó a hablar sin reserva, divulgando lo sucedido. Como resultado, Jesús ya no podía entrar en ningún pueblo abiertamente, sino que se quedaba afuera, en lugares solitarios. Aun así, gente de todas partes seguía acudiendo a él.

the teachers of the law. 23 Just then a man in their synagogue who was possessed by an evile spirit cried out, 24 "What do you want with us, Jesus of Nazareth? Have you come to destroy us? I know who you are— the Holy One of God!"

25 "Be quiet!" said Jesus sternly. "Come out of him!" 26 The evil spirit shook the man violently and came out of him with a shriek.

27 The people were all so amazed that they asked each other, "What is this? A new teaching—and with authority! He even gives orders to evil spirits and they obey him." 28 News about him spread quickly over the whole region of Galilee.

Jesus Heals Many

29 As soon as they left the synagogue, they went with James and John to the home of Simon and Andrew. 30 Simon's mother-in-law was in bed with a fever, and they told Jesus about her. 31 So he went to her, took her hand and helped her up. The fever left her and she began to wait on them.

32 That evening after sunset the people brought to Jesus all the sick and demon-possessed. 33 The whole town gathered at the door, 34 and Jesus healed many who had various diseases. He also drove out many demons, but he would not let the demons speak because they knew who he was.

Jesus Prays in a Solitary Place

35 Very early in the morning, while it was still dark, Jesus got up, left the house and went off to a solitary place, where he prayed. 36 Simon and his companions went to look for him, 37 and when they found him, they exclaimed: "Everyone is looking for you!"

38 Jesus replied, "Let us go somewhere else—to the nearby villages—so I can preach there also. That is why I have come." 39 So he traveled throughout Galilee, preaching in their synagogues and driving out demons.

A Man With Leprosy

40 A man with leprosyf came to him and begged him on his knees, "If you are willing, you can make me clean."

41 Filled with compassion, Jesus reached out his hand and touched the man. "I am willing," he said. "Be clean!" 42 Immediately the leprosy left him and he was cured.

43 Jesus sent him away at once with a strong warning: 44 "See that you don't tell this to anyone. But go, show yourself to the priest and offer the sacrifices that Moses commanded for your cleansing, as a testimony to them." 45 Instead he went out and began to talk freely, spreading the news. As a result, Jesus could no longer enter a town openly but stayed outside in lonely places. Yet the people still came to him from everywhere.

---

e 1:42 sano. Lit. limpio.

e 23 Greek unclean; also in verses 26 and 27   f 40 The Greek word was used for various diseases affecting the skin—not necessarily leprosy.

Jesús sana a un paralítico

2 Unos días después, cuando Jesús entró de nuevo en Capernaúm, corrió la voz de que estaba en casa. ²Se aglomeraron tantos que ya no quedaba sitio ni siquiera frente a la puerta mientras él les predicaba la palabra. ³Entonces llegaron cuatro hombres que le llevaban un paralítico. ⁴Como no podían acercarlo a Jesús por causa de la multitud, quitaron parte del techo encima de donde estaba Jesús y, luego de hacer una abertura, bajaron la camilla en la que estaba acostado el paralítico. ⁵Al ver Jesús la fe de ellos, le dijo al paralítico:

—Hijo, tus pecados quedan perdonados.

⁶Estaban sentados allí algunos *maestros de la ley, que pensaban: ⁷«¿Por qué habla éste así? ¡Está *blasfemando! ¿Quién puede perdonar pecados sino sólo Dios?»

⁸En ese mismo instante supo Jesús en su espíritu que esto era lo que estaban pensando.

—¿Por qué razonan así? —les dijo—. ⁹¿Qué es más fácil, decirle al paralítico: "Tus pecados son perdonados", o decirle: "Levántate, toma tu camilla y anda"? ¹⁰Pues para que sepan que el Hijo del hombre tiene autoridad en la tierra para perdonar pecados —se dirigió entonces al paralítico—: ¹¹A ti te digo, levántate, toma tu camilla y vete a tu casa.

¹²Él se levantó, tomó su camilla en seguida y salió caminando a la vista de todos. Ellos se quedaron asombrados y comenzaron a alabar a Dios.

—Jamás habíamos visto cosa igual —decían.

Llamamiento de Leví

¹³De nuevo salió Jesús a la orilla del lago. Toda la gente acudía a él, y él les enseñaba. ¹⁴Al pasar vio a Leví hijo de Alfeo, donde éste cobraba impuestos.

—Sígueme —le dijo Jesús.

Y Leví se levantó y lo siguió.

¹⁵Sucedió que, estando Jesús a la mesa en casa de Leví, muchos *recaudadores de impuestos y *pecadores se *sentaron con él y sus discípulos, pues ya eran muchos los que lo seguían. ¹⁶Cuando los *maestros de la ley, que eran *fariseos, vieron con quién comía, les preguntaron a sus discípulos:

—¿Y éste come con recaudadores de impuestos y con pecadores?

¹⁷Al oírlos, Jesús les contestó:

—No son los sanos los que necesitan médico sino los enfermos. Y yo no he venido a llamar a justos sino a pecadores.

Le preguntan a Jesús sobre el ayuno

¹⁸Al ver que los discípulos de Juan y los *fariseos ayunaban, algunos se acercaron a Jesús y le preguntaron:

—¿Cómo es que los discípulos de Juan y de los fariseos ayunan, pero los tuyos no?

¹⁹Jesús les contestó:

—¿Acaso pueden ayunar los invitados del novio mientras él está con ellos? No pueden hacerlo mientras lo tienen con ellos. ²⁰Pero llegará el día en que se les quitará el novio, y ese día sí ayunarán. ²¹Nadie remienda un vestido viejo con un retazo de tela nueva. De hacerlo así, el remiendo fruncirá el vestido y la rotura se hará peor. ²²Ni echa nadie vino nuevo en odres viejos. De hacerlo así, el vino hará reventar los odres y se arruinarán tanto el vino como los odres. Más bien, el vino nuevo se echa en odres nuevos.

Jesus Heals a Paralytic

2 A few days later, when Jesus again entered Capernaum, the people heard that he had come home. ²So many gathered that there was no room left, not even outside the door, and he preached the word to them. ³Some men came, bringing to him a paralytic, carried by four of them. ⁴Since they could not get him to Jesus because of the crowd, they made an opening in the roof above Jesus and, after digging through it, lowered the mat the paralyzed man was lying on. ⁵When Jesus saw their faith, he said to the paralytic, "Son, your sins are forgiven."

⁶Now some teachers of the law were sitting there, thinking to themselves, ⁷"Why does this fellow talk like that? He's blaspheming! Who can forgive sins but God alone?"

⁸Immediately Jesus knew in his spirit that this was what they were thinking in their hearts, and he said to them, "Why are you thinking these things? ⁹Which is easier: to say to the paralytic, 'Your sins are forgiven,' or to say, 'Get up, take your mat and walk'? ¹⁰But that you may know that the Son of Man has authority on earth to forgive sins . . ." He said to the paralytic, ¹¹"I tell you, get up, take your mat and go home." ¹²He got up, took his mat and walked out in full view of them all. This amazed everyone and they praised God, saying, "We have never seen anything like this!"

The Calling of Levi

¹³Once again Jesus went out beside the lake. A large crowd came to him, and he began to teach them. ¹⁴As he walked along, he saw Levi son of Alphaeus sitting at the tax collector's booth. "Follow me," Jesus told him, and Levi got up and followed him.

¹⁵While Jesus was having dinner at Levi's house, many tax collectors and "sinners" were eating with him and his disciples, for there were many who followed him. ¹⁶When the teachers of the law who were Pharisees saw him eating with the "sinners" and tax collectors, they asked his disciples: "Why does he eat with tax collectors and 'sinners'?"

¹⁷On hearing this, Jesus said to them, "It is not the healthy who need a doctor, but the sick. I have not come to call the righteous, but sinners."

Jesus Questioned About Fasting

¹⁸Now John's disciples and the Pharisees were fasting. Some people came and asked Jesus, "How is it that John's disciples and the disciples of the Pharisees are fasting, but yours are not?"

¹⁹Jesus answered, "How can the guests of the bridegroom fast while he is with them? They cannot, so long as they have him with them. ²⁰But the time will come when the bridegroom will be taken from them, and on that day they will fast.

²¹"No one sews a patch of unshrunk cloth on an old garment. If he does, the new piece will pull away from the old, making the tear worse. ²²And no one pours new wine into old wineskins. If he does, the wine will burst the skins, and both the wine and the wineskins will be ruined. No, he pours new wine into new wineskins."

Señor del sábado

23 Un *sábado, al cruzar Jesús los sembrados, sus discípulos comenzaron a arrancar a su paso unas espigas de trigo.

24 —Mira —le preguntaron los *fariseos—, ¿por qué hacen ellos lo que está prohibido hacer en sábado?

25 Él les contestó:

—¿Nunca han leído lo que hizo David en aquella ocasión, cuando él y sus compañeros tuvieron hambre y pasaron necesidad? 26 Entró en la casa de Dios cuando Abiatar era el sumo sacerdote, y comió los panes consagrados a Dios, que sólo a los sacerdotes les es permitido comer. Y dio también a sus compañeros.

27 »El sábado se hizo para el hombre, y no el hombre para el sábado —añadió—. 28 Así que el Hijo del hombre es Señor incluso del sábado.

3 En otra ocasión entró en la sinagoga, y había allí un hombre que tenía la mano paralizada. 2 Algunos que buscaban un motivo para acusar a Jesús no le quitaban la vista de encima para ver si sanaba al enfermo en *sábado. 3 Entonces Jesús le dijo al hombre de la mano paralizada:

—Ponte de pie frente a todos.

4 Luego dijo a los otros:

—¿Qué está permitido en sábado: hacer el bien o hacer el mal, salvar una *vida o matar?

Pero ellos permanecieron callados. 5 Jesús se les quedó mirando, enojado y entristecido por la dureza de su corazón, y le dijo al hombre:

—Extiende la mano.

La extendió, y la mano le quedó restablecida. 6 Tan pronto como salieron los fariseos, comenzaron a tramar con los herodianos cómo matar a Jesús.

La multitud sigue a Jesús

7 Jesús se retiró al lago con sus discípulos, y mucha gente de Galilea lo siguió. 8 Cuando se enteraron de todo lo que hacía, acudieron también a él muchos de Judea y Jerusalén, de Idumea, del otro lado del Jordán y de las regiones de Tiro y Sidón. 9 Entonces, para evitar que la gente lo atropellara, encargó a sus discípulos que le tuvieran preparada una pequeña barca; 10 pues como había sanado a muchos, todos los que sufrían dolencias se abalanzaban sobre él para tocarlo. 11 Además, los *espíritus malignos, al verlo, se postraban ante él, gritando: «¡Tú eres el Hijo de Dios!» 12 Pero él les ordenó terminantemente que no dijeran quién era él.

Nombramiento de los doce apóstoles

13 Subió Jesús a una montaña y llamó a los que quiso, los cuales se reunieron con él. 14 Designó a doce, a quienes nombró apóstoles,ᶠ para que lo acompañaran y para enviarlos a predicar 15 y ejercer autoridad para expulsar demonios. 16 Éstos son los doce que él nombró: Simón (a quien llamó Pedro); 17 *Jacobo y su hermano Juan, hijos de Zebedeo (a quienes llamó Boanerges, que significa: Hijos del trueno); 18 Andrés, Felipe, Bartolomé, Mateo, Tomás, Jacobo, hijo de Alfeo; Tadeo, Simón el Zelote 19 y Judas Iscariote, el que lo traicionó.

Jesús y Beelzebú

20 Luego entró en una casa, y de nuevo se aglomeró tanta gente que ni siquiera podían comer él y sus discí-

Lord of the Sabbath

23 One Sabbath Jesus was going through the grainfields, and as his disciples walked along, they began to pick some heads of grain. 24 The Pharisees said to him, "Look, why are they doing what is unlawful on the Sabbath?"

25 He answered, "Have you never read what David did when he and his companions were hungry and in need? 26 In the days of Abiathar the high priest, he entered the house of God and ate the consecrated bread, which is lawful only for priests to eat. And he also gave some to his companions."

27 Then he said to them, "The Sabbath was made for man, not man for the Sabbath. 28 So the Son of Man is Lord even of the Sabbath."

3 Another time he went into the synagogue, and a man with a shriveled hand was there. 2 Some of them were looking for a reason to accuse Jesus, so they watched him closely to see if he would heal him on the Sabbath. 3 Jesus said to the man with the shriveled hand, "Stand up in front of everyone."

4 Then Jesus asked them, "Which is lawful on the Sabbath: to do good or to do evil, to save life or to kill?" But they remained silent.

5 He looked around at them in anger and, deeply distressed at their stubborn hearts, said to the man, "Stretch out your hand." He stretched it out, and his hand was completely restored. 6 Then the Pharisees went out and began to plot with the Herodians how they might kill Jesus.

Crowds Follow Jesus

7 Jesus withdrew with his disciples to the lake, and a large crowd from Galilee followed. 8 When they heard all he was doing, many people came to him from Judea, Jerusalem, Idumea, and the regions across the Jordan and around Tyre and Sidon. 9 Because of the crowd he told his disciples to have a small boat ready for him, to keep the people from crowding him. 10 For he had healed many, so that those with diseases were pushing forward to touch him. 11 Whenever the evilᵍ spirits saw him, they fell down before him and cried out, "You are the Son of God." 12 But he gave them strict orders not to tell who he was.

The Appointing of the Twelve Apostles

13 Jesus went up on a mountainside and called to him those he wanted, and they came to him. 14 He appointed twelve—designating them apostlesʰ—that they might be with him and that he might send them out to preach 15 and to have authority to drive out demons. 16 These are the twelve he appointed: Simon (to whom he gave the name Peter); 17 James son of Zebedee and his brother John (to them he gave the name Boanerges, which means Sons of Thunder); 18 Andrew, Philip, Bartholomew, Matthew, Thomas, James son of Alphaeus, Thaddaeus, Simon the Zealot 19 and Judas Iscariot, who betrayed him.

Jesus and Beelzebub

20 Then Jesus entered a house, and again a crowd gathered, so that he and his disciples were not even

---

ᶠ3:14 Var. no incluye: *a quienes nombró apóstoles.*

ᵍ 11 Greek *unclean*; also in verse 30   ʰ 14 Some manuscripts do not have *designating them apostles.*

pulos. 21 Cuando se enteraron sus parientes, salieron a hacerse cargo de él, porque decían: «Está fuera de sí.»

22 Los *maestros de la ley que habían llegado de Jerusalén decían: «¡Está poseído por *Beelzebú! Expulsa a los demonios por medio del príncipe de los demonios.»

23 Entonces Jesús los llamó y les habló en parábolas: «¿Cómo puede Satanás expulsar a Satanás? 24 Si un reino está dividido contra sí mismo, ese reino no puede mantenerse en pie. 25 Y si una familia está dividida contra sí misma, esa familia no puede mantenerse en pie. 26 Igualmente, si Satanás se levanta contra sí mismo y se divide, no puede mantenerse en pie, sino que ha llegado su fin. 27 Ahora bien, nadie puede entrar en la casa de alguien fuerte y arrebatarle sus bienes a menos que primero lo ate. Sólo entonces podrá robar su casa. 28 Les aseguro que todos los pecados y *blasfemias se les perdonarán a todos por igual, 29 excepto a quien blasfeme contra el Espíritu Santo. Éste no tendrá perdón jamás; es culpable de un pecado eterno.»

30 Es que ellos habían dicho: «Tiene un *espíritu maligno.»

La madre y los hermanos de Jesús

31 En eso llegaron la madre y los hermanos de Jesús. Se quedaron afuera y enviaron a alguien a llamarlo, 32 pues había mucha gente sentada alrededor de él.

—Mira, tu madre y tus hermanos g están afuera y te buscan —le dijeron.

33 —¿Quiénes son mi madre y mis hermanos? —replicó Jesús.

34 Luego echó una mirada a los que estaban sentados alrededor de él y añadió:

—Aquí tienen a mi madre y a mis hermanos. 35 Cualquiera que hace la voluntad de Dios es mi hermano, mi hermana y mi madre.

Parábola del sembrador

4 De nuevo comenzó Jesús a enseñar a la orilla del lago. La multitud que se reunió para verlo era tan grande que él subió y se sentó en una barca que estaba en el lago, mientras toda la gente se quedaba en la playa. 2 Entonces se puso a enseñarles muchas cosas por medio de parábolas y, como parte de su instrucción, les dijo: 3 «¡Pongan atención! Un sembrador salió a sembrar. 4 Sucedió que al esparcir él la semilla, una parte cayó junto al camino, y llegaron los pájaros y se la comieron. 5 Otra parte cayó en terreno pedregoso, sin mucha tierra. Esa semilla brotó pronto porque la tierra no era profunda; 6 pero cuando salió el sol, las plantas se marchitaron y, por no tener raíz, se secaron. 7 Otra parte de la semilla cayó entre espinos que, al crecer, la ahogaron, de modo que no dio fruto. 8 Pero las otras semillas cayeron en buen terreno. Brotaron, crecieron y produjeron una cosecha que rindió el treinta, el sesenta y hasta el ciento por uno.

9 »El que tenga oídos para oír, que oiga», añadió Jesús.

10 Cuando se quedó solo, los doce y los que estaban alrededor de él le hicieron preguntas sobre las parábolas. 11 «A ustedes se les ha revelado el *secreto del

able to eat. 21 When his family heard about this, they went to take charge of him, for they said, "He is out of his mind."

22 And the teachers of the law who came down from Jerusalem said, "He is possessed by Beelzebub i ! By the prince of demons he is driving out demons."

23 So Jesus called them and spoke to them in parables: "How can Satan drive out Satan? 24 If a kingdom is divided against itself, that kingdom cannot stand. 25 If a house is divided against itself, that house cannot stand. 26 And if Satan opposes himself and is divided, he cannot stand; his end has come. 27 In fact, no one can enter a strong man's house and carry off his possessions unless he first ties up the strong man. Then he can rob his house. 28 I tell you the truth, all the sins and blasphemies of men will be forgiven them. 29 But whoever blasphemes against the Holy Spirit will never be forgiven; he is guilty of an eternal sin."

30 He said this because they were saying, "He has an evil spirit."

Jesus' Mother and Brothers

31 Then Jesus' mother and brothers arrived. Standing outside, they sent someone in to call him. 32 A crowd was sitting around him, and they told him, "Your mother and brothers are outside looking for you."

33 "Who are my mother and my brothers?" he asked.

34 Then he looked at those seated in a circle around him and said, "Here are my mother and my brothers! 35 Whoever does God's will is my brother and sister and mother."

The Parable of the Sower

4 Again Jesus began to teach by the lake. The crowd that gathered around him was so large that he got into a boat and sat in it out on the lake, while all the people were along the shore at the water's edge. 2 He taught them many things by parables, and in his teaching said: 3 "Listen! A farmer went out to sow his seed. 4 As he was scattering the seed, some fell along the path, and the birds came and ate it up. 5 Some fell on rocky places, where it did not have much soil. It sprang up quickly, because the soil was shallow. 6 But when the sun came up, the plants were scorched, and they withered because they had no root. 7 Other seed fell among thorns, which grew up and choked the plants, so that they did not bear grain. 8 Still other seed fell on good soil. It came up, grew and produced a crop, multiplying thirty, sixty, or even a hundred times."

9 Then Jesus said, "He who has ears to hear, let him hear."

10 When he was alone, the Twelve and the others around him asked him about the parables. 11 He told them, "The secret of the kingdom of God has been

---

g 3:32 tus hermanos. Var. tus hermanos y tus hermanas.　　　　i 22 Greek Beezeboul or Beelzeboul

reino de Dios —les contestó—; pero a los de afuera todo les llega por medio de parábolas, ¹²para que

> »"por mucho que vean, no perciban;
>   y por mucho que oigan, no entiendan;
> no sea que se conviertan y sean
>   perdonados."ʰ

¹³»¿No entienden esta parábola? —continuó Jesús—. ¿Cómo podrán, entonces, entender las demás? ¹⁴El sembrador siembra la palabra. ¹⁵Algunos son como lo sembrado junto al camino, donde se siembra la palabra. Tan pronto como la oyen, viene Satanás y les quita la palabra sembrada en ellos. ¹⁶Otros son como lo sembrado en terreno pedregoso: cuando oyen la palabra, en seguida la reciben con alegría, ¹⁷pero como no tienen raíz, duran poco tiempo. Cuando surgen problemas o persecución a causa de la palabra, en seguida se apartan de ella. ¹⁸Otros son como lo sembrado entre espinos: oyen la palabra, ¹⁹pero las preocupaciones de esta vida, el engaño de las riquezas y muchos otros malos deseos entran hasta ahogar la palabra, de modo que ésta no llega a dar fruto. ²⁰Pero otros son como lo sembrado en buen terreno: oyen la palabra, la aceptan y producen una cosecha que rinde el treinta, el sesenta y hasta el ciento por uno.»

Una lámpara en una repisa

²¹También les dijo: «¿Acaso se trae una lámpara para ponerla debajo de un cajón o debajo de la cama? ¿No es, por el contrario, para ponerla en una repisa? ²²No hay nada escondido que no esté destinado a descubrirse; tampoco hay nada oculto que no esté destinado a ser revelado. ²³El que tenga oídos para oír, que oiga.

²⁴»Pongan mucha atención —añadió—. Con la medida que midan a otros, se les medirá a ustedes, y aun más se les añadirá. ²⁵Al que tiene, se le dará más; al que no tiene, hasta lo poco que tiene se le quitará.»

Parábola de la semilla que crece

²⁶Jesús continuó: «El reino de Dios se parece a quien esparce semilla en la tierra. ²⁷Sin que éste sepa cómo, y ya sea que duerma o esté despierto, día y noche brota y crece la semilla. ²⁸La tierra da fruto por sí sola; primero el tallo, luego la espiga, y después el grano lleno en la espiga. ²⁹Tan pronto como el grano está maduro, se le mete la hoz, pues ha llegado el tiempo de la cosecha.»

Parábola del grano de mostaza

³⁰También dijo: «¿Con qué vamos a comparar el reino de Dios? ¿Qué parábola podemos usar para describirlo? ³¹Es como un grano de mostaza: cuando se siembra en la tierra, es la semilla más pequeña que hay, ³²pero una vez sembrada crece hasta convertirse en la más grande de las hortalizas, y echa ramas tan grandes que las aves pueden anidar bajo su sombra.»

³³Y con muchas parábolas semejantes les enseñaba Jesús la palabra hasta donde podían entender. ³⁴No les decía nada sin emplear parábolas. Pero cuando estaba a solas con sus discípulos, les explicaba todo.

Jesús calma la tormenta

³⁵Ese día al anochecer, les dijo a sus discípulos:
—Crucemos al otro lado.

³⁶Dejaron a la multitud y se fueron con él en la barca donde estaba. También lo acompañaban otras barcas. ³⁷Se desató entonces una fuerte tormenta, y las olas azotaban la barca, tanto que ya comenzaba a inundarse.

given to you. But to those on the outside everything is said in parables ¹²so that,

> " 'they may be ever seeing but never
>   perceiving,
>   and ever hearing but never understanding;
> otherwise they might turn and be
>   forgiven!'ʲ "

¹³Then Jesus said to them, "Don't you understand this parable? How then will you understand any parable? ¹⁴The farmer sows the word. ¹⁵Some people are like seed along the path, where the word is sown. As soon as they hear it, Satan comes and takes away the word that was sown in them. ¹⁶Others, like seed sown on rocky places, hear the word and at once receive it with joy. ¹⁷But since they have no root, they last only a short time. When trouble or persecution comes because of the word, they quickly fall away. ¹⁸Still others, like seed sown among thorns, hear the word; ¹⁹but the worries of this life, the deceitfulness of wealth and the desires for other things come in and choke the word, making it unfruitful. ²⁰Others, like seed sown on good soil, hear the word, accept it, and produce a crop—thirty, sixty or even a hundred times what was sown."

A Lamp on a Stand

²¹He said to them, "Do you bring in a lamp to put it under a bowl or a bed? Instead, don't you put it on its stand? ²²For whatever is hidden is meant to be disclosed, and whatever is concealed is meant to be brought out into the open. ²³If anyone has ears to hear, let him hear."

²⁴"Consider carefully what you hear," he continued. "With the measure you use, it will be measured to you—and even more. ²⁵Whoever has will be given more; whoever does not have, even what he has will be taken from him."

The Parable of the Growing Seed

²⁶He also said, "This is what the kingdom of God is like. A man scatters seed on the ground. ²⁷Night and day, whether he sleeps or gets up, the seed sprouts and grows, though he does not know how. ²⁸All by itself the soil produces grain—first the stalk, then the head, then the full kernel in the head. ²⁹As soon as the grain is ripe, he puts the sickle to it, because the harvest has come."

The Parable of the Mustard Seed

³⁰Again he said, "What shall we say the kingdom of God is like, or what parable shall we use to describe it? ³¹It is like a mustard seed, which is the smallest seed you plant in the ground. ³²Yet when planted, it grows and becomes the largest of all garden plants, with such big branches that the birds of the air can perch in its shade."

³³With many similar parables Jesus spoke the word to them, as much as they could understand. ³⁴He did not say anything to them without using a parable. But when he was alone with his own disciples, he explained everything.

Jesus Calms the Storm

³⁵That day when evening came, he said to his disciples, "Let us go over to the other side." ³⁶Leaving the crowd behind, they took him along, just as he was, in the boat. There were also other boats with him. ³⁷A furious squall came up, and the waves broke over the

---

ʰ 4:12 Is 6:9,10   ʲ 12 Isaiah 6:9,10

38Jesús, mientras tanto, estaba en la popa, durmiendo sobre un cabezal, así que los discípulos lo despertaron.

—¡Maestro! —gritaron—, ¿no te importa que nos ahoguemos?

39Él se levantó, reprendió al viento y ordenó al mar:

—¡Silencio! ¡Cálmate!

El viento se calmó y todo quedó completamente tranquilo.

40—¿Por qué tienen tanto miedo? —dijo a sus discípulos—. ¿Todavía*i* no tienen fe?

41Ellos estaban espantados y se decían unos a otros:

—¿Quién es éste, que hasta el viento y el mar le obedecen?

Liberación de un endemoniado

5 Cruzaron el lago hasta llegar a la región de los gerasenos.*j* 2Tan pronto como desembarcó Jesús, un hombre poseído por un *espíritu maligno le salió al encuentro de entre los sepulcros. 3Este hombre vivía en los sepulcros, y ya nadie podía sujetarlo, ni siquiera con cadenas. 4Muchas veces lo habían atado con cadenas y grilletes, pero él los destrozaba, y nadie tenía fuerza para dominarlo. 5Noche y día andaba por los sepulcros y por las colinas, gritando y golpeándose con piedras.

6Cuando vio a Jesús desde lejos, corrió y se postró delante de él.

7—¿Por qué te entrometes, Jesús, Hijo del Dios Altísimo? —gritó con fuerza—. ¡Te ruego por Dios que no me atormentes!

8Es que Jesús le había dicho: «¡Sal de este hombre, espíritu maligno!»

9—¿Cómo te llamas? —le preguntó Jesús.

—Me llamo Legión —respondió—, porque somos muchos.

10Y con insistencia le suplicaba a Jesús que no los expulsara de aquella región.

11Como en una colina estaba paciendo una manada de muchos cerdos, los demonios le rogaron a Jesús:

12—Mándanos a los cerdos; déjanos entrar en ellos.

13Así que él les dio permiso. Cuando los espíritus malignos salieron del hombre, entraron en los cerdos, que eran unos dos mil, y la manada se precipitó al lago por el despeñadero y allí se ahogó.

14Los que cuidaban los cerdos salieron huyendo y dieron la noticia en el pueblo y por los campos, y la gente fue a ver lo que había pasado. 15Llegaron adonde estaba Jesús, y cuando vieron al que había estado poseído por la legión de demonios, sentado, vestido y en su sano juicio, tuvieron miedo. 16Los que habían presenciado estos hechos le contaron a la gente lo que había sucedido con el endemoniado y con los cerdos. 17Entonces la gente comenzó a suplicarle a Jesús que se fuera de la región.

18Mientras subía Jesús a la barca, el que había estado endemoniado le rogaba que le permitiera acompañarlo. 19Jesús no se lo permitió, sino que le dijo:

—Vete a tu casa, a los de tu familia, y diles todo lo que el Señor ha hecho por ti y cómo te ha tenido compasión.

20Así que el hombre se fue y se puso a proclamar en *Decápolis lo mucho que Jesús había hecho por él. Y toda la gente se quedó asombrada.

Una niña muerta y una mujer enferma

21Después de que Jesús regresó en la barca al otro lado del lago, se reunió alrededor de él una gran multi-

boat, so that it was nearly swamped. 38Jesus was in the stern, sleeping on a cushion. The disciples woke him and said to him, "Teacher, don't you care if we drown?"

39He got up, rebuked the wind and said to the waves, "Quiet! Be still!" Then the wind died down and it was completely calm.

40He said to his disciples, "Why are you so afraid? Do you still have no faith?"

41They were terrified and asked each other, "Who is this? Even the wind and the waves obey him!"

The Healing of a Demon-possessed Man

5 They went across the lake to the region of the Gerasenes.*k* 2When Jesus got out of the boat, a man with an evil*l* spirit came from the tombs to meet him. 3This man lived in the tombs, and no one could bind him any more, not even with a chain. 4For he had often been chained hand and foot, but he tore the chains apart and broke the irons on his feet. No one was strong enough to subdue him. 5Night and day among the tombs and in the hills he would cry out and cut himself with stones.

6When he saw Jesus from a distance, he ran and fell on his knees in front of him. 7He shouted at the top of his voice, "What do you want with me, Jesus, Son of the Most High God? Swear to God that you won't torture me!" 8For Jesus had said to him, "Come out of this man, you evil spirit!"

9Then Jesus asked him, "What is your name?"

"My name is Legion," he replied, "for we are many." 10And he begged Jesus again and again not to send them out of the area.

11A large herd of pigs was feeding on the nearby hillside. 12The demons begged Jesus, "Send us among the pigs; allow us to go into them." 13He gave them permission, and the evil spirits came out and went into the pigs. The herd, about two thousand in number, rushed down the steep bank into the lake and were drowned.

14Those tending the pigs ran off and reported this in the town and countryside, and the people went out to see what had happened. 15When they came to Jesus, they saw the man who had been possessed by the legion of demons, sitting there, dressed and in his right mind; and they were afraid. 16Those who had seen it told the people what had happened to the demon-possessed man—and told about the pigs as well. 17Then the people began to plead with Jesus to leave their region.

18As Jesus was getting into the boat, the man who had been demon-possessed begged to go with him. 19Jesus did not let him, but said, "Go home to your family and tell them how much the Lord has done for you, and how he has had mercy on you." 20So the man went away and began to tell in the Decapolis*m* how much Jesus had done for him. And all the people were amazed.

A Dead Girl and a Sick Woman

21When Jesus had again crossed over by boat to the other side of the lake, a large crowd gathered around

---

i 4:40 Todavía. Var. *Cómo es que.*   *j 5:1 gerasenos.* Var. *gadarenos;* otra var. *gergesenos.*

k 1 Some manuscripts *Gadarenes;* other manuscripts *Gergesenes*
l 2 Greek *unclean;* also in verses 8 and 13   *m 20* That is, the Ten Cities

tud, por lo que él se quedó en la orilla. ²²Llegó entonces uno de los jefes de la sinagoga, llamado Jairo. Al
ver a Jesús, se arrojó a sus pies, ²³suplicándole con
insistencia:

—Mi hijita se está muriendo. Ven y pon tus manos
sobre ella para que se *sane y viva.

²⁴Jesús se fue con él, y lo seguía una gran multitud,
la cual lo apretujaba. ²⁵Había entre la gente una mujer
que hacía doce años padecía de hemorragias. ²⁶Había
sufrido mucho a manos de varios médicos, y se había
gastado todo lo que tenía sin que le hubiera servido de
nada, pues en vez de mejorar, iba de mal en peor.
²⁷Cuando oyó hablar de Jesús, se le acercó por detrás
entre la gente y le tocó el manto. ²⁸Pensaba: «Si logro
tocar siquiera su ropa, quedaré sana.» ²⁹Al instante
cesó su hemorragia, y se dio cuenta de que su cuerpo
había quedado libre de esa aflicción.

³⁰Al momento también Jesús se dio cuenta de que de
él había salido poder, así que se volvió hacia la gente
y preguntó:

—¿Quién me ha tocado la ropa?

³¹—Ves que te apretuja la gente —le contestaron
sus discípulos—, y aun así preguntas: "¿Quién me ha
tocado?"

³²Pero Jesús seguía mirando a su alrededor para ver
quién lo había hecho. ³³La mujer, sabiendo lo que le
había sucedido, se acercó temblando de miedo y, arrojándose a sus pies, le confesó toda la verdad.

³⁴—¡Hija, tu fe te ha sanado! —le dijo Jesús—.
Vete en paz y queda sana de tu aflicción.

³⁵Todavía estaba hablando Jesús, cuando llegaron
unos hombres de la casa de Jairo, jefe de la sinagoga,
para decirle:

—Tu hija ha muerto. ¿Para qué sigues molestando al
Maestro?

³⁶Sin hacer caso de la noticia, Jesús le dijo al jefe de
la sinagoga:

—No tengas miedo; cree nada más.

³⁷No dejó que nadie lo acompañara, excepto Pedro,
*Jacobo y Juan, el hermano de Jacobo. ³⁸Cuando lle-
garon a la casa del jefe de la sinagoga, Jesús notó el
alboroto, y que la gente lloraba y daba grandes alaridos. ³⁹Entró y les dijo:

—¿Por qué tanto alboroto y llanto? La niña no está
muerta sino dormida.

⁴⁰Entonces empezaron a burlarse de él, pero él los
sacó a todos, tomó consigo al padre y a la madre de la
niña y a los discípulos que estaban con él, y entró
adonde estaba la niña. ⁴¹La tomó de la mano y le dijo:

—Talita cumᵏ (que significa: Niña, a ti te digo,
¡levántate!).

⁴²La niña, que tenía doce años, se levantó en seguida
y comenzó a andar. Ante este hecho todos se llenaron
de asombro. ⁴³Él dio órdenes estrictas de que nadie se
enterara de lo ocurrido, y les mandó que le dieran de
comer a la niña.

Un profeta sin honra

6 Salió Jesús de allí y fue a su tierra, en compañía de
sus discípulos. ²Cuando llegó el *sábado, comenzó a enseñar en la sinagoga.

—¿De dónde sacó éste tales cosas? —decían maravillados muchos de los que le oían—. ¿Qué sabiduría
es ésta que se le ha dado? ¿Cómo se explican estos
milagros que vienen de sus manos? ³¿No es acaso el

him while he was by the lake. ²²Then one of the synagogue rulers, named Jairus, came there. Seeing Jesus,
he fell at his feet ²³and pleaded earnestly with him,
"My little daughter is dying. Please come and put your
hands on her so that she will be healed and live." ²⁴So
Jesus went with him.

A large crowd followed and pressed around him.
²⁵And a woman was there who had been subject to
bleeding for twelve years. ²⁶She had suffered a great
deal under the care of many doctors and had spent all
she had, yet instead of getting better she grew worse.
²⁷When she heard about Jesus, she came up behind him
in the crowd and touched his cloak, ²⁸because she
thought, "If I just touch his clothes, I will be healed."
²⁹Immediately her bleeding stopped and she felt in her
body that she was freed from her suffering.

³⁰At once Jesus realized that power had gone out
from him. He turned around in the crowd and asked,
"Who touched my clothes?"

³¹"You see the people crowding against you," his
disciples answered, "and yet you can ask, 'Who
touched me?'"

³²But Jesus kept looking around to see who had done
it. ³³Then the woman, knowing what had happened to
her, came and fell at his feet and, trembling with fear,
told him the whole truth. ³⁴He said to her, "Daughter,
your faith has healed you. Go in peace and be freed
from your suffering."

³⁵While Jesus was still speaking, some men came
from the house of Jairus, the synagogue ruler. "Your
daughter is dead," they said. "Why bother the teacher
any more?"

³⁶Ignoring what they said, Jesus told the synagogue
ruler, "Don't be afraid; just believe."

³⁷He did not let anyone follow him except Peter,
James and John the brother of James. ³⁸When they
came to the home of the synagogue ruler, Jesus saw a
commotion, with people crying and wailing loudly.
³⁹He went in and said to them, "Why all this commotion and wailing? The child is not dead but asleep."
⁴⁰But they laughed at him.

After he put them all out, he took the child's father
and mother and the disciples who were with him, and
went in where the child was. ⁴¹He took her by the hand
and said to her, "Talitha koum!" (which means, "Little
girl, I say to you, get up!"). ⁴²Immediately the girl
stood up and walked around (she was twelve years
old). At this they were completely astonished. ⁴³He
gave strict orders not to let anyone know about this,
and told them to give her something to eat.

A Prophet Without Honor

6 Jesus left there and went to his hometown, accompanied by his disciples. ²When the Sabbath came,
he began to teach in the synagogue, and many who
heard him were amazed.

"Where did this man get these things?" they asked.
"What's this wisdom that has been given him, that he
even does miracles! ³Isn't this the carpenter? Isn't this

ᵏ 5:41 cum. Var. cumi.

carpintero, el hijo de María y hermano de *Jacobo, de José, de Judas y de Simón? ¿No están sus hermanas aquí con nosotros?

Y se *escandalizaban a causa de él. Por tanto, Jesús les dijo:

4 —En todas partes se honra a un profeta, menos en su tierra, entre sus familiares y en su propia casa.

5 En efecto, no pudo hacer allí ningún milagro, excepto sanar a unos pocos enfermos al imponerles las manos. 6 Y él se quedó asombrado por la incredulidad de ellos.

Jesús envía a los doce

Jesús recorría los alrededores, enseñando de pueblo en pueblo. 7 Reunió a los doce, y comenzó a enviarlos de dos en dos, dándoles autoridad sobre los *espíritus malignos.

8 Les ordenó que no llevaran nada para el camino, ni pan, ni bolsa, ni dinero en el cinturón, sino sólo un bastón. 9 «Lleven sandalias —dijo—, pero no dos mudas de ropa.» 10 Y añadió: «Cuando entren en una casa, quédense allí hasta que salgan del pueblo. 11 Y si en algún lugar no los reciben bien o no los escuchan, al salir de allí sacúdanse el polvo de los pies, como un testimonio contra ellos.»

12 Los doce salieron y exhortaban a la gente a que se *arrepintiera. 13 También expulsaban a muchos demonios y sanaban a muchos enfermos, ungiéndolos con aceite.

Decapitación de Juan el Bautista

14 El rey Herodes se enteró de esto, pues el nombre de Jesús se había hecho famoso. Algunos decían:ˡ «Juan el Bautista ha *resucitado, y por eso tiene poder para realizar milagros.» 15 Otros decían: «Es Elías.» Otros, en fin, afirmaban: «Es un profeta, como los de antes.» 16 Pero cuando Herodes oyó esto, exclamó: «¡Juan, al que yo mandé que le cortaran la cabeza, ha resucitado!»

17 En efecto, Herodes mismo había mandado que arrestaran a Juan y que lo encadenaran en la cárcel. Herodes se había casado con Herodías, esposa de Felipe su hermano, 18 y Juan le había estado diciendo a Herodes: «La ley te prohíbe tener a la esposa de tu hermano.» 19 Por eso Herodías le guardaba rencor a Juan y deseaba matarlo. Pero no había logrado hacerlo, 20 ya que Herodes temía a Juan y lo protegía, pues sabía que era un hombre justo y *santo. Cuando Herodes oía a Juan, se quedaba muy desconcertado, pero lo escuchaba con gusto.

21 Por fin se presentó la oportunidad. En su cumpleaños Herodes dio un banquete a sus altos oficiales, a los comandantes militares y a los notables de Galilea. 22 La hija de Herodías entró en el banquete y bailó, y esto agradó a Herodes y a los invitados.

—Pídeme lo que quieras y te lo daré —le dijo el rey a la muchacha.

23 Y le prometió bajo juramento:

—Te daré cualquier cosa que me pidas, aun cuando sea la mitad de mi reino.

24 Ella salió a preguntarle a su madre:

—¿Qué debo pedir?

—La cabeza de Juan el Bautista —contestó.

25 En seguida se fue corriendo la muchacha a presentarle al rey su petición:

—Quiero que ahora mismo me des en una bandeja la cabeza de Juan el Bautista.

26 El rey se quedó angustiado, pero a causa de sus juramentos y en atención a los invitados, no quiso des-

Mary's son and the brother of James, Joseph,ⁿ Judas and Simon? Aren't his sisters here with us?" And they took offense at him.

4 Jesus said to them, "Only in his hometown, among his relatives and in his own house is a prophet without honor." 5 He could not do any miracles there, except lay his hands on a few sick people and heal them. 6 And he was amazed at their lack of faith.

Jesus Sends Out the Twelve

Then Jesus went around teaching from village to village. 7 Calling the Twelve to him, he sent them out two by two and gave them authority over evilᵒ spirits.

8 These were his instructions: "Take nothing for the journey except a staff—no bread, no bag, no money in your belts. 9 Wear sandals but not an extra tunic. 10 Whenever you enter a house, stay there until you leave that town. 11 And if any place will not welcome you or listen to you, shake the dust off your feet when you leave, as a testimony against them."

12 They went out and preached that people should repent. 13 They drove out many demons and anointed many sick people with oil and healed them.

John the Baptist Beheaded

14 King Herod heard about this, for Jesus' name had become well known. Some were saying,ᵖ "John the Baptist has been raised from the dead, and that is why miraculous powers are at work in him."

15 Others said, "He is Elijah."

And still others claimed, "He is a prophet, like one of the prophets of long ago."

16 But when Herod heard this, he said, "John, the man I beheaded, has been raised from the dead!"

17 For Herod himself had given orders to have John arrested, and he had him bound and put in prison. He did this because of Herodias, his brother Philip's wife, whom he had married. 18 For John had been saying to Herod, "It is not lawful for you to have your brother's wife." 19 So Herodias nursed a grudge against John and wanted to kill him. But she was not able to, 20 because Herod feared John and protected him, knowing him to be a righteous and holy man. When Herod heard John, he was greatly puzzledᑫ; yet he liked to listen to him.

21 Finally the opportune time came. On his birthday Herod gave a banquet for his high officials and military commanders and the leading men of Galilee. 22 When the daughter of Herodias came in and danced, she pleased Herod and his dinner guests.

The king said to the girl, "Ask me for anything you want, and I'll give it to you." 23 And he promised her with an oath, "Whatever you ask I will give you, up to half my kingdom."

24 She went out and said to her mother, "What shall I ask for?"

"The head of John the Baptist," she answered.

25 At once the girl hurried in to the king with the request: "I want you to give me right now the head of John the Baptist on a platter."

26 The king was greatly distressed, but because of his oaths and his dinner guests, he did not want to refuse

---

ˡ6:14 Algunos decían. Var. Él decía.

ⁿ 3 Greek Joses, a variant of Joseph   ᵒ 7 Greek unclean
ᵖ 14 Some early manuscripts He was saying   ᑫ 20 Some early manuscripts he did many things

airarla. 27 Así que en seguida envió a un verdugo con la orden de llevarle la cabeza de Juan. El hombre fue, decapitó a Juan en la cárcel 28 y volvió con la cabeza en una bandeja. Se la entregó a la muchacha, y ella se la dio a su madre. 29 Al enterarse de esto, los discípulos de Juan fueron a recoger el cuerpo y le dieron sepultura.

Jesús alimenta a los cinco mil

30 Los apóstoles se reunieron con Jesús y le contaron lo que habían hecho y enseñado.

31 Y como no tenían tiempo ni para comer, pues era tanta la gente que iba y venía, Jesús les dijo:

—Vengan conmigo ustedes solos a un lugar tranquilo y descansen un poco.

32 Así que se fueron solos en la barca a un lugar solitario. 33 Pero muchos que los vieron salir los reconocieron y, desde todos los poblados, corrieron por tierra hasta allá y llegaron antes que ellos. 34 Cuando Jesús desembarcó y vio tanta gente, tuvo compasión de ellos, porque eran como ovejas sin pastor. Así que comenzó a enseñarles muchas cosas.

35 Cuando ya se hizo tarde, se le acercaron sus discípulos y le dijeron:

—Este es un lugar apartado y ya es muy tarde. 36 Despide a la gente, para que vayan a los campos y pueblos cercanos y se compren algo de comer.

37 —Denles ustedes mismos de comer —contestó Jesús.

—¡Eso costaría casi un año de trabajo!m —objetaron—. ¿Quieres que vayamos y gastemos todo ese dinero en pan para darles de comer?

38 —¿Cuántos panes tienen ustedes? —preguntó—. Vayan a ver.

Después de averiguarlo, le dijeron:

—Cinco, y dos pescados.

39 Entonces les mandó que hicieran que la gente se sentara por grupos sobre la hierba verde. 40 Así que ellos se acomodaron en grupos de cien y de cincuenta. 41 Jesús tomó los cinco panes y los dos pescados y, mirando al cielo, los bendijo. Luego partió los panes y se los dio a los discípulos para que se los repartieran a la gente. También repartió los dos pescados entre todos. 42 Comieron todos hasta quedar satisfechos, 43 y los discípulos recogieron doce canastas llenas de pedazos de pan y de pescado. 44 Los que comieron fueron cinco mil.

Jesús camina sobre el agua

45 En seguida Jesús hizo que sus discípulos subieran a la barca y se le adelantaran al otro lado, a Betsaida, mientras él despedía a la multitud. 46 Cuando se despidió, fue a la montaña para orar.

47 Al anochecer, la barca se hallaba en medio del lago, y Jesús estaba en tierra solo. 48 En la madrugada,n vio que los discípulos hacían grandes esfuerzos para remar, pues tenían el viento en contra. Se acercó a ellos caminando sobre el lago, e iba a pasarlos de largo. 49 Los discípulos, al verlo caminar sobre el agua, creyeron que era un fantasma y se pusieron a gritar, 50 llenos de miedo por lo que veían. Pero él habló en seguida con ellos y les dijo: «¡Cálmense! Soy yo. No tengan miedo.»

51 Subió entonces a la barca con ellos, y el viento se calmó. Estaban sumamente asombrados, 52 porque tenían la mente embotada y no habían comprendido lo de los panes.

53 Después de cruzar el lago, llegaron a tierra en

her. 27 So he immediately sent an executioner with orders to bring John's head. The man went, beheaded John in the prison, 28 and brought back his head on a platter. He presented it to the girl, and she gave it to her mother. 29 On hearing of this, John's disciples came and took his body and laid it in a tomb.

Jesus Feeds the Five Thousand

30 The apostles gathered around Jesus and reported to him all they had done and taught. 31 Then, because so many people were coming and going that they did not even have a chance to eat, he said to them, "Come with me by yourselves to a quiet place and get some rest."

32 So they went away by themselves in a boat to a solitary place. 33 But many who saw them leaving recognized them and ran on foot from all the towns and got there ahead of them. 34 When Jesus landed and saw a large crowd, he had compassion on them, because they were like sheep without a shepherd. So he began teaching them many things.

35 By this time it was late in the day, so his disciples came to him. "This is a remote place," they said, "and it's already very late. 36 Send the people away so they can go to the surrounding countryside and villages and buy themselves something to eat."

37 But he answered, "You give them something to eat."

They said to him, "That would take eight months of a man's wagesr! Are we to go and spend that much on bread and give it to them to eat?"

38 "How many loaves do you have?" he asked. "Go and see."

When they found out, they said, "Five—and two fish."

39 Then Jesus directed them to have all the people sit down in groups on the green grass. 40 So they sat down in groups of hundreds and fifties. 41 Taking the five loaves and the two fish and looking up to heaven, he gave thanks and broke the loaves. Then he gave them to his disciples to set before the people. He also divided the two fish among them all. 42 They all ate and were satisfied, 43 and the disciples picked up twelve basketfuls of broken pieces of bread and fish. 44 The number of the men who had eaten was five thousand.

Jesus Walks on the Water

45 Immediately Jesus made his disciples get into the boat and go on ahead of him to Bethsaida, while he dismissed the crowd. 46 After leaving them, he went up on a mountainside to pray.

47 When evening came, the boat was in the middle of the lake, and he was alone on land. 48 He saw the disciples straining at the oars, because the wind was against them. About the fourth watch of the night he went out to them, walking on the lake. He was about to pass by them, 49 but when they saw him walking on the lake, they thought he was a ghost. They cried out, 50 because they all saw him and were terrified.

Immediately he spoke to them and said, "Take courage! It is I. Don't be afraid." 51 Then he climbed into the boat with them, and the wind died down. They were completely amazed, 52 for they had not understood about the loaves; their hearts were hardened.

53 When they had crossed over, they landed at Gen-

---

m 6:37 casi un año de trabajo. Lit. doscientos *denarios.
n 6:48 En la madrugada. Lit. Alrededor de la cuarta vigilia de la noche.

r 37 Greek take two hundred denarii

Genesaret y atracaron allí. ⁵⁴Al bajar ellos de la barca, la gente en seguida reconoció a Jesús. ⁵⁵Lo siguieron por toda aquella región y, adonde oían que él estaba, lo llevaban en camillas a los que tenían enfermedades. ⁵⁶Y dondequiera que iba, en pueblos, ciudades o caseríos, colocaban a los enfermos en las plazas. Le suplicaban que les permitiera tocar siquiera el borde de su manto, y quienes lo tocaban quedaban *sanos.

Lo puro y lo impuro

7 Los *fariseos y algunos de los *maestros de la ley que habían llegado de Jerusalén se reunieron alrededor de Jesús, ²y vieron a algunos de sus discípulos que comían con manos *impuras, es decir, sin habérselas lavado. ³(En efecto, los fariseos y los demás judíos no comen nada sin primero cumplir con el rito de lavarse las manos, ya que están aferrados a la tradición de los *ancianos. ⁴Al regresar del mercado, no comen nada antes de lavarse. Y siguen otras muchas tradiciones, tales como el rito de lavar copas, jarras y bandejas de cobre.ñ) ⁵Así que los fariseos y los maestros de la ley le preguntaron a Jesús:

—¿Por qué no siguen tus discípulos la tradición de los ancianos, en vez de comer con manos impuras?

⁶Él les contestó:

—Tenía razón Isaías cuando profetizó acerca de ustedes, *hipócritas, según está escrito:

»"Este pueblo me honra con los labios,
 pero su corazón está lejos de mí.
⁷En vano me adoran;
 sus enseñanzas no son más que reglas
  *humanas."o

⁸Ustedes han desechado los mandamientos divinos y se aferran a las tradiciones humanas.

⁹Y añadió:

—¡Qué buena manera tienen ustedes de dejar a un lado los mandamientos de Dios para mantenerp sus propias tradiciones! ¹⁰Por ejemplo, Moisés dijo: "Honra a tu padre y a tu madre",q y: "El que maldiga a su padre o a su madre será condenado a muerte".r ¹¹Ustedes, en cambio, enseñan que un hijo puede decirle a su padre o a su madre: "Cualquier ayuda que pudiera haberte dado es corbán" (es decir, ofrenda dedicada a Dios). ¹²En ese caso, el tal hijo ya no está obligado a hacer nada por su padre ni por su madre. ¹³Así, por la tradición que se transmiten entre ustedes, anulan la palabra de Dios. Y hacen muchas cosas parecidas.

¹⁴De nuevo Jesús llamó a la multitud.

—Escúchenme todos —dijo— y entiendan esto: ¹⁵Nada de lo que viene de afuera puede *contaminar a una persona. Más bien, lo que sale de la persona es lo que la contamina.s

¹⁷Después de que dejó a la gente y entró en la casa, sus discípulos le preguntaron sobre la comparación que había hecho.

¹⁸—¿Tampoco ustedes pueden entenderlo? —les dijo—. ¿No se dan cuenta de que nada de lo que entra en una persona puede contaminarla? ¹⁹Porque no entra en su corazón sino en su estómago, y después va a dar a la letrina.

Con esto Jesús declaraba *limpios todos los alimentos. ²⁰Luego añadió:

—Lo que sale de la persona es lo que la contamina.

nesaret and anchored there. ⁵⁴As soon as they got out of the boat, people recognized Jesus. ⁵⁵They ran throughout that whole region and carried the sick on mats to wherever they heard he was. ⁵⁶And wherever he went—into villages, towns or countryside—they placed the sick in the marketplaces. They begged him to let them touch even the edge of his cloak, and all who touched him were healed.

Clean and Unclean

7 The Pharisees and some of the teachers of the law who had come from Jerusalem gathered around Jesus and ²saw some of his disciples eating food with hands that were "unclean," that is, unwashed. ³(The Pharisees and all the Jews do not eat unless they give their hands a ceremonial washing, holding to the tradition of the elders. ⁴When they come from the marketplace they do not eat unless they wash. And they observe many other traditions, such as the washing of cups, pitchers and kettles.s)

⁵So the Pharisees and teachers of the law asked Jesus, "Why don't your disciples live according to the tradition of the elders instead of eating their food with 'unclean' hands?"

⁶He replied, "Isaiah was right when he prophesied about you hypocrites; as it is written:

 " 'These people honor me with their lips,
  but their hearts are far from me.
⁷They worship me in vain;
  their teachings are but rules taught by
   men.'t

⁸You have let go of the commands of God and are holding on to the traditions of men."

⁹And he said to them: "You have a fine way of setting aside the commands of God in order to observeu your own traditions! ¹⁰For Moses said, 'Honor your father and your mother,'v and, 'Anyone who curses his father or mother must be put to death.'w ¹¹But you say that if a man says to his father or mother: 'Whatever help you might otherwise have received from me is Corban' (that is, a gift devoted to God), ¹²then you no longer let him do anything for his father or mother. ¹³Thus you nullify the word of God by your tradition that you have handed down. And you do many things like that."

¹⁴Again Jesus called the crowd to him and said, "Listen to me, everyone, and understand this. ¹⁵Nothing outside a man can make him 'unclean' by going into him. Rather, it is what comes out of a man that makes him 'unclean.'x "

¹⁷After he had left the crowd and entered the house, his disciples asked him about this parable. ¹⁸"Are you so dull?" he asked. "Don't you see that nothing that enters a man from the outside can make him 'unclean'? ¹⁹For it doesn't go into his heart but into his stomach, and then out of his body." (In saying this, Jesus declared all foods "clean.")

²⁰He went on: "What comes out of a man is what

ñ 7:4 bandejas de cobre. Var. bandejas de cobre y divanes.
o 7:6,7 Is 29:13 p 7:9 mantener. Var. establecer. q 7:10 Éx 20:12; Dt 5:16 r 7:10 Éx 21:17; Lv 20:9 s 7:15 contamina. Var. contamina. ¹⁶ El que tenga oídos para oír, que oiga.

s 4 Some early manuscripts pitchers, kettles and dining couches
t 6,7 Isaiah 29:13 u 9 Some manuscripts set up
v 10 Exodus 20:12; Deut. 5:16 w 10 Exodus 21:17; Lev. 20:9
x 15 Some early manuscripts 'unclean.' ¹⁶If anyone has ears to hear, let him hear.

21 Porque de adentro, del corazón humano, salen los malos pensamientos, la inmoralidad sexual, los robos, los homicidios, los adulterios, 22 la avaricia, la maldad, el engaño, el libertinaje, la envidia, la calumnia, la arrogancia y la necedad. 23 Todos estos males vienen de adentro y contaminan a la persona.

La fe de una mujer sirofenicia

24 Jesús partió de allí y fue a la región de Tiro.ᵗ Entró en una casa y no quería que nadie lo supiera, pero no pudo pasar inadvertido. 25 De hecho, muy pronto se enteró de su llegada una mujer que tenía una niña poseída por un *espíritu maligno, así que fue y se arrojó a sus pies. 26 Esta mujer era extranjera,ᵘ sirofenicia de nacimiento, y le rogaba que expulsara al demonio que tenía su hija.

27 —Deja que primero se sacien los hijos —replicó Jesús—, porque no está bien quitarles el pan a los hijos y echárselo a los *perros.

28 —Sí, Señor —respondió la mujer—, pero hasta los perros comen debajo de la mesa las migajas que dejan los hijos.

29 Jesús le dijo:

—Por haberme respondido así, puedes irte tranquila; el demonio ha salido de tu hija.

30 Cuando ella llegó a su casa, encontró a la niña acostada en la cama. El demonio ya había salido de ella.

Jesús sana a un sordomudo

31 Luego regresó Jesús de la región de Tiro y se dirigió por Sidón al mar de Galilea, internándose en la región de *Decápolis. 32 Allí le llevaron un sordo tartamudo, y le suplicaban que pusiera la mano sobre él.

33 Jesús lo apartó de la multitud para estar a solas con él, le puso los dedos en los oídos y le tocó la lengua con saliva.ᵛ 34 Luego, mirando al cielo, suspiró profundamente y le dijo: «¡Efatá!» (que significa: ¡Ábrete!). 35 Con esto, se le abrieron los oídos al hombre, se le destrabó la lengua y comenzó a hablar normalmente.

36 Jesús les mandó que no se lo dijeran a nadie, pero cuanto más se lo prohibía, tanto más lo seguían propagando. 37 La gente estaba sumamente asombrada, y decía: «Todo lo hace bien. Hasta hace oír a los sordos y hablar a los mudos.»

Jesús alimenta a los cuatro mil

8 En aquellos días se reunió de nuevo mucha gente. Como no tenían nada que comer, Jesús llamó a sus discípulos y les dijo:

2 —Siento compasión de esta gente porque ya llevan tres días conmigo y no tienen nada que comer. 3 Si los despido a sus casas sin haber comido, se van a desmayar por el camino, porque algunos de ellos han venido de lejos.

4 Los discípulos objetaron:

—¿Dónde se va a conseguir suficiente pan en este lugar despoblado para darles de comer?

5 —¿Cuántos panes tienen? —les preguntó Jesús.

—Siete —respondieron.

6 Entonces mandó que la gente se sentara en el suelo. Tomando los siete panes, dio gracias, los partió y se los fue dando a sus discípulos para que los repartieran a la gente, y así lo hicieron. 7 Tenían además unos cuantos pescaditos. Dio gracias por ellos también y les dijo a

makes him 'unclean.' 21 For from within, out of men's hearts, come evil thoughts, sexual immorality, theft, murder, adultery, 22 greed, malice, deceit, lewdness, envy, slander, arrogance and folly. 23 All these evils come from inside and make a man 'unclean.' "

The Faith of a Syrophoenician Woman

24 Jesus left that place and went to the vicinity of Tyre.ʸ He entered a house and did not want anyone to know it; yet he could not keep his presence secret. 25 In fact, as soon as she heard about him, a woman whose little daughter was possessed by an evilᶻ spirit came and fell at his feet. 26 The woman was a Greek, born in Syrian Phoenicia. She begged Jesus to drive the demon out of her daughter.

27 "First let the children eat all they want," he told her, "for it is not right to take the children's bread and toss it to their dogs."

28 "Yes, Lord," she replied, "but even the dogs under the table eat the children's crumbs."

29 Then he told her, "For such a reply, you may go; the demon has left your daughter."

30 She went home and found her child lying on the bed, and the demon gone.

The Healing of a Deaf and Mute Man

31 Then Jesus left the vicinity of Tyre and went through Sidon, down to the Sea of Galilee and into the region of the Decapolis.ᵃ 32 There some people brought to him a man who was deaf and could hardly talk, and they begged him to place his hand on the man.

33 After he took him aside, away from the crowd, Jesus put his fingers into the man's ears. Then he spit and touched the man's tongue. 34 He looked up to heaven and with a deep sigh said to him, "Ephphatha!" (which means, "Be opened!"). 35 At this, the man's ears were opened, his tongue was loosened and he began to speak plainly.

36 Jesus commanded them not to tell anyone. But the more he did so, the more they kept talking about it. 37 People were overwhelmed with amazement. "He has done everything well," they said. "He even makes the deaf hear and the mute speak."

Jesus Feeds the Four Thousand

8 During those days another large crowd gathered. Since they had nothing to eat, Jesus called his disciples to him and said, 2 "I have compassion for these people; they have already been with me three days and have nothing to eat. 3 If I send them home hungry, they will collapse on the way, because some of them have come a long distance."

4 His disciples answered, "But where in this remote place can anyone get enough bread to feed them?"

5 "How many loaves do you have?" Jesus asked.

"Seven," they replied.

6 He told the crowd to sit down on the ground. When he had taken the seven loaves and given thanks, he broke them and gave them to his disciples to set before the people, and they did so. 7 They had a few small fish as well; he gave thanks for them also and told the

---

ᵗ 7:24 de Tiro. Var. de Tiro y Sidón. ᵘ 7:26 extranjera. Lit.
helénica (es decir, de cultura griega). ᵛ 7:33 con saliva. Lit.
escupiendo.

ʸ 24 Many early manuscripts Tyre and Sidon ᶻ 25 Greek
unclean ᵃ 31 That is, the Ten Cities

los discípulos que los repartieran. ⁸La gente comió hasta quedar satisfecha. Después los discípulos recogieron siete cestas llenas de pedazos que sobraron. ⁹Los que comieron eran unos cuatro mil. Tan pronto como los despidió, ¹⁰Jesús se embarcó con sus discípulos y se fue a la región de Dalmanuta.

¹¹Llegaron los *fariseos y comenzaron a discutir con Jesús. Para ponerlo a *prueba, le pidieron una señal del cielo. ¹²Él lanzó un profundo suspiro y dijo:ʷ «¿Por qué pide esta generación una señal milagrosa? Les aseguro que no se le dará ninguna señal.» ¹³Entonces los dejó, volvió a embarcarse y cruzó al otro lado.

La levadura de los fariseos y la de Herodes

¹⁴A los discípulos se les había olvidado llevar comida, y sólo tenían un pan en la barca.

¹⁵Tengan cuidado —les advirtió Jesús—; ¡ojo con la levadura de los *fariseos y con la de Herodes!

¹⁶Ellos comentaban entre sí: «Lo dice porque no tenemos pan.» ¹⁷Al darse cuenta de esto, Jesús les dijo:

—¿Por qué están hablando de que no tienen pan? ¿Todavía no ven ni entienden? ¿Tienen la mente embotada? ¹⁸¿Es que tienen ojos, pero no ven, y oídos, pero no oyen? ¿Acaso no recuerdan? ¹⁹Cuando partí los cinco panes para los cinco mil, ¿cuántas canastas llenas de pedazos recogieron?

—Doce —respondieron.

²⁰—Y cuando partí los siete panes para los cuatro mil, ¿cuántas cestas llenas de pedazos recogieron?

—Siete.

²¹Entonces concluyó:

—¿Y todavía no entienden?

Jesús sana a un ciego en Betsaida

²²Cuando llegaron a Betsaida, algunas personas le llevaron un ciego a Jesús y le rogaron que lo tocara. ²³Él tomó de la mano al ciego y lo sacó fuera del pueblo. Después de escupirle en los ojos y de poner las manos sobre él, le preguntó:

—¿Puedes ver ahora?

²⁴El hombre alzó los ojos y dijo:

—Veo gente; parecen árboles que caminan.

²⁵Entonces le puso de nuevo las manos sobre los ojos, y el ciego fue curado: recobró la vista y comenzó a ver todo con claridad. ²⁶Jesús lo mandó a su casa con esta advertencia:

—No vayas a entrar en el pueblo.ˣ

La confesión de Pedro

²⁷Jesús y sus discípulos salieron hacia las aldeas de Cesarea de Filipo. En el camino les preguntó:

—¿Quién dice la gente que soy yo?

²⁸—Unos dicen que Juan el Bautista, otros que Elías, y otros que uno de los profetas —contestaron.

²⁹—Y ustedes, ¿quién dicen que soy yo?

—Tú eres el *Cristo —afirmó Pedro.

³⁰Jesús les ordenó que no hablaran a nadie acerca de él.

Jesús predice su muerte

³¹Luego comenzó a enseñarles:

—El Hijo del hombre tiene que sufrir muchas cosas y ser rechazado por los *ancianos, por los jefes de los sacerdotes y por los *maestros de la ley. Es necesario que lo maten y que a los tres días resucite.

³²Habló de esto con toda claridad. Pedro lo llevó

disciples to distribute them. ⁸The people ate and were satisfied. Afterward the disciples picked up seven basketfuls of broken pieces that were left over. ⁹About four thousand men were present. And having sent them away, ¹⁰he got into the boat with his disciples and went to the region of Dalmanutha.

¹¹The Pharisees came and began to question Jesus. To test him, they asked him for a sign from heaven. ¹²He sighed deeply and said, "Why does this generation ask for a miraculous sign? I tell you the truth, no sign will be given to it." ¹³Then he left them, got back into the boat and crossed to the other side.

The Yeast of the Pharisees and Herod

¹⁴The disciples had forgotten to bring bread, except for one loaf they had with them in the boat. ¹⁵"Be careful," Jesus warned them. "Watch out for the yeast of the Pharisees and that of Herod."

¹⁶They discussed this with one another and said, "It is because we have no bread."

¹⁷Aware of their discussion, Jesus asked them: "Why are you talking about having no bread? Do you still not see or understand? Are your hearts hardened? ¹⁸Do you have eyes but fail to see, and ears but fail to hear? And don't you remember? ¹⁹When I broke the five loaves for the five thousand, how many basketfuls of pieces did you pick up?"

"Twelve," they replied.

²⁰"And when I broke the seven loaves for the four thousand, how many basketfuls of pieces did you pick up?"

They answered, "Seven."

²¹He said to them, "Do you still not understand?"

The Healing of a Blind Man at Bethsaida

²²They came to Bethsaida, and some people brought a blind man and begged Jesus to touch him. ²³He took the blind man by the hand and led him outside the village. When he had spit on the man's eyes and put his hands on him, Jesus asked, "Do you see anything?"

²⁴He looked up and said, "I see people; they look like trees walking around."

²⁵Once more Jesus put his hands on the man's eyes. Then his eyes were opened, his sight was restored, and he saw everything clearly. ²⁶Jesus sent him home, saying, "Don't go into the village.ᵇ"

Peter's Confession of Christ

²⁷Jesus and his disciples went on to the villages around Caesarea Philippi. On the way he asked them, "Who do people say I am?"

²⁸They replied, "Some say John the Baptist; others say Elijah; and still others, one of the prophets."

²⁹"But what about you?" he asked. "Who do you say I am?"

Peter answered, "You are the Christ.ᶜ"

³⁰Jesus warned them not to tell anyone about him.

Jesus Predicts His Death

³¹He then began to teach them that the Son of Man must suffer many things and be rejected by the elders, chief priests and teachers of the law, and that he must be killed and after three days rise again. ³²He spoke plainly about this, and Peter took him aside and began to rebuke him.

ʷ 8:12　lanzó ... dijo. Lit. suspirando en su espíritu dijo.
ˣ 8:26　pueblo. Var. pueblo, ni a decírselo a nadie en el pueblo.

ᵇ 26　Some manuscripts Don't go and tell anyone in the village
ᶜ 29　Or Messiah. "The Christ" (Greek) and "the Messiah" (Hebrew) both mean "the Anointed One."

aparte y comenzó a reprenderlo. ³³Pero Jesús se dio la vuelta, miró a sus discípulos, y reprendió a Pedro.

—¡Aléjate de mí, Satanás! —le dijo—. Tú no piensas en las cosas de Dios sino en las de los hombres.

³⁴Entonces llamó a la multitud y a sus discípulos.

—Si alguien quiere ser mi discípulo —les dijo—, que se niegue a sí mismo, lleve su cruz y me siga. ³⁵Porque el que quiera salvar su *vida, la perderá; pero el que pierda su vida por mi causa y por el *evangelio, la salvará. ³⁶¿De qué sirve ganar el mundo entero si se pierde la vida? ³⁷¿O qué se puede dar a cambio de la vida? ³⁸Si alguien se avergüenza de mí y de mis palabras en medio de esta generación adúltera y pecadora, también el Hijo del hombre se avergonzará de él cuando venga en la gloria de su Padre con los santos ángeles.

9 Y añadió:
—Les aseguro que algunos de los aquí presentes no sufrirán la muerte sin antes haber visto el reino de Dios llegar con poder.

La transfiguración

²Seis días después Jesús tomó consigo a Pedro, a *Jacobo y a Juan, y los llevó a una montaña alta, donde estaban solos. Allí se transfiguró en presencia de ellos. ³Su ropa se volvió de un blanco resplandeciente como nadie en el mundo podría blanquearla. ⁴Y se les aparecieron Elías y Moisés, los cuales conversaban con Jesús. Tomando la palabra, ⁵Pedro le dijo a Jesús:

—Rabí, ¡qué bien que estemos aquí! Podemos levantar tres albergues: uno para ti, otro para Moisés y otro para Elías.

⁶No sabía qué decir, porque todos estaban asustados. ⁷Entonces apareció una nube que los envolvió, de la cual salió una voz que dijo: «Éste es mi Hijo amado. ¡Escúchenlo!»

⁸De repente, cuando miraron a su alrededor, ya no vieron a nadie más que a Jesús.

⁹Mientras bajaban de la montaña, Jesús les ordenó que no contaran a nadie lo que habían visto hasta que el Hijo del hombre se *levantara de entre los muertos. ¹⁰Guardaron el secreto, pero discutían entre ellos qué significaría eso de «levantarse de entre los muertos».

¹¹—¿Por qué dicen los *maestros de la ley que Elías tiene que venir primero? —le preguntaron.

¹²—Sin duda Elías ha de venir primero para restaurar todas las cosas —respondió Jesús—. Pero entonces, ¿cómo es que está escrito que el Hijo del hombre tiene que sufrir mucho y ser rechazado? ¹³Pues bien, les digo que Elías ya ha venido, y le hicieron todo lo que quisieron, tal como está escrito de él.

Jesús sana a un muchacho endemoniado

¹⁴Cuando llegaron adonde estaban los otros discípulos, vieronʸ que a su alrededor había mucha gente y que los *maestros de la ley discutían con ellos. ¹⁵Tan pronto como la gente vio a Jesús, todos se sorprendieron y corrieron a saludarlo.

¹⁶—¿Qué están discutiendo con ellos? —les preguntó.

¹⁷—Maestro —respondió un hombre de entre la multitud—, te he traído a mi hijo, pues está poseído

³³But when Jesus turned and looked at his disciples, he rebuked Peter. "Get behind me, Satan!" he said. "You do not have in mind the things of God, but the things of men."

³⁴Then he called the crowd to him along with his disciples and said: "If anyone would come after me, he must deny himself and take up his cross and follow me. ³⁵For whoever wants to save his lifeᵈ will lose it, but whoever loses his life for me and for the gospel will save it. ³⁶What good is it for a man to gain the whole world, yet forfeit his soul? ³⁷Or what can a man give in exchange for his soul? ³⁸If anyone is ashamed of me and my words in this adulterous and sinful generation, the Son of Man will be ashamed of him when he comes in his Father's glory with the holy angels."

9 And he said to them, "I tell you the truth, some who are standing here will not taste death before they see the kingdom of God come with power."

The Transfiguration

²After six days Jesus took Peter, James and John with him and led them up a high mountain, where they were all alone. There he was transfigured before them. ³His clothes became dazzling white, whiter than anyone in the world could bleach them. ⁴And there appeared before them Elijah and Moses, who were talking with Jesus.

⁵Peter said to Jesus, "Rabbi, it is good for us to be here. Let us put up three shelters—one for you, one for Moses and one for Elijah." ⁶(He did not know what to say, they were so frightened.)

⁷Then a cloud appeared and enveloped them, and a voice came from the cloud: "This is my Son, whom I love. Listen to him!"

⁸Suddenly, when they looked around, they no longer saw anyone with them except Jesus.

⁹As they were coming down the mountain, Jesus gave them orders not to tell anyone what they had seen until the Son of Man had risen from the dead. ¹⁰They kept the matter to themselves, discussing what "rising from the dead" meant.

¹¹And they asked him, "Why do the teachers of the law say that Elijah must come first?"

¹²Jesus replied, "To be sure, Elijah does come first, and restores all things. Why then is it written that the Son of Man must suffer much and be rejected? ¹³But I tell you, Elijah has come, and they have done to him everything they wished, just as it is written about him."

The Healing of a Boy With an Evil Spirit

¹⁴When they came to the other disciples, they saw a large crowd around them and the teachers of the law arguing with them. ¹⁵As soon as all the people saw Jesus, they were overwhelmed with wonder and ran to greet him.

¹⁶"What are you arguing with them about?" he asked.

¹⁷A man in the crowd answered, "Teacher, I brought you my son, who is possessed by a spirit that has

---

ʸ 9:14 *Cuando llegaron ... vieron.* Var. *Cuando llegó ... vio.*   ᵈ 35 The Greek word means either *life* or *soul*; also in verse 36.

por un espíritu que le ha quitado el habla. ¹⁸ Cada vez que se apodera de él, lo derriba. Echa espumarajos, cruje los dientes y se queda rígido. Les pedí a tus discípulos que expulsaran al espíritu, pero no lo lograron.

¹⁹ —¡Ah, generación incrédula! — respondió Jesús—. ¿Hasta cuándo tendré que estar con ustedes? ¿Hasta cuándo tendré que soportarlos? Tráiganme al muchacho.

²⁰ Así que se lo llevaron. Tan pronto como vio a Jesús, el espíritu sacudió de tal modo al muchacho que éste cayó al suelo y comenzó a revolcarse echando espumarajos.

²¹ —¿Cuánto tiempo hace que le pasa esto? —le preguntó Jesús al padre.

—Desde que era niño —contestó—. ²² Muchas veces lo ha echado al fuego y al agua para matarlo. Si puedes hacer algo, ten compasión de nosotros y ayúdanos.

²³ —¿Cómo que si puedo? Para el que cree, todo es posible.

²⁴ —¡Sí creo! —exclamó de inmediato el padre del muchacho—. ¡Ayúdame en mi poca fe!

²⁵ Al ver Jesús que se agolpaba mucha gente, reprendió al *espíritu maligno.

—Espíritu sordo y mudo —dijo—, te mando que salgas y que jamás vuelvas a entrar en él.

²⁶ El espíritu, dando un alarido y sacudiendo violentamente al muchacho, salió de él. Éste quedó como muerto, tanto que muchos decían: «Ya se murió.» ²⁷ Pero Jesús lo tomó de la mano y lo levantó, y el muchacho se puso de pie.

²⁸ Cuando Jesús entró en casa, sus discípulos le preguntaron en privado:

—¿Por qué nosotros no pudimos expulsarlo?

²⁹ —Esta clase de demonios sólo puede ser expulsada a fuerza de oración*z* —respondió Jesús.

³⁰ Dejaron aquel lugar y pasaron por Galilea. Pero Jesús no quería que nadie lo supiera, ³¹ porque estaba instruyendo a sus discípulos. Les decía: «El Hijo del hombre va a ser entregado en manos de los hombres. Lo matarán, y a los tres días de muerto resucitará.» ³² Pero ellos no entendían lo que quería decir con esto, y no se atrevían a preguntárselo.

¿Quién es el más importante?

³³ Llegaron a Capernaúm. Cuando ya estaba en casa, Jesús les preguntó:

—¿Qué venían discutiendo por el camino?

³⁴ Pero ellos se quedaron callados, porque en el camino habían discutido entre sí quién era el más importante.

³⁵ Entonces Jesús se sentó, llamó a los doce y les dijo:

—Si alguno quiere ser el primero, que sea el último de todos y el servidor de todos.

³⁶ Luego tomó a un niño y lo puso en medio de ellos. Abrazándolo, les dijo:

³⁷ —El que recibe en mi nombre a uno de estos niños, me recibe a mí; y el que me recibe a mí, no me recibe a mí sino al que me envió.

El que no está contra nosotros está a favor de nosotros

³⁸ —Maestro —dijo Juan—, vimos a uno que expulsaba demonios en tu nombre y se lo impedimos porque no es de los nuestros.*a*

robbed him of speech. ¹⁸ Whenever it seizes him, it throws him to the ground. He foams at the mouth, gnashes his teeth and becomes rigid. I asked your disciples to drive out the spirit, but they could not.”

¹⁹ “O unbelieving generation,” Jesus replied, “how long shall I stay with you? How long shall I put up with you? Bring the boy to me.”

²⁰ So they brought him. When the spirit saw Jesus, it immediately threw the boy into a convulsion. He fell to the ground and rolled around, foaming at the mouth.

²¹ Jesus asked the boy’s father, “How long has he been like this?”

“From childhood,” he answered. ²² “It has often thrown him into fire or water to kill him. But if you can do anything, take pity on us and help us.”

²³ “ ‘If you can’?” said Jesus. “Everything is possible for him who believes.”

²⁴ Immediately the boy’s father exclaimed, “I do believe; help me overcome my unbelief!”

²⁵ When Jesus saw that a crowd was running to the scene, he rebuked the evil*e* spirit. “You deaf and mute spirit,” he said, “I command you, come out of him and never enter him again.”

²⁶ The spirit shrieked, convulsed him violently and came out. The boy looked so much like a corpse that many said, “He’s dead.” ²⁷ But Jesus took him by the hand and lifted him to his feet, and he stood up.

²⁸ After Jesus had gone indoors, his disciples asked him privately, “Why couldn’t we drive it out?”

²⁹ He replied, “This kind can come out only by prayer.*f* ”

³⁰ They left that place and passed through Galilee. Jesus did not want anyone to know where they were, ³¹ because he was teaching his disciples. He said to them, “The Son of Man is going to be betrayed into the hands of men. They will kill him, and after three days he will rise.” ³² But they did not understand what he meant and were afraid to ask him about it.

Who Is the Greatest?

³³ They came to Capernaum. When he was in the house, he asked them, “What were you arguing about on the road?” ³⁴ But they kept quiet because on the way they had argued about who was the greatest.

³⁵ Sitting down, Jesus called the Twelve and said, “If anyone wants to be first, he must be the very last, and the servant of all.”

³⁶ He took a little child and had him stand among them. Taking him in his arms, he said to them, ³⁷ “Whoever welcomes one of these little children in my name welcomes me; and whoever welcomes me does not welcome me but the one who sent me.”

Whoever Is Not Against Us Is for Us

³⁸ “Teacher,” said John, “we saw a man driving out demons in your name and we told him to stop, because he was not one of us.”

---

z 9:29 *oración.* Var. *oración y ayuno.*   *a* 9:38 *no es de los nuestros.* Lit. *no nos sigue.*

e 25 Greek *unclean*   *f* 29 Some manuscripts *prayer and fasting*

39—No se lo impidan —replicó Jesús—. Nadie que haga un milagro en mi nombre puede a la vez hablar mal de mí. 40El que no está contra nosotros está a favor de nosotros. 41Les aseguro que cualquiera que les dé un vaso de agua en mi nombre por ser ustedes de *Cristo no perderá su recompensa.

El hacer pecar

42»Pero si alguien hace *pecar a uno de estos pequeños que creen en mí, más le valdría que le ataran al cuello una piedra de molino y lo arrojaran al mar. 43Si tu mano te hace pecar, córtatela. Más te vale entrar en la vida manco, que ir con las dos manos al infierno,b donde el fuego nunca se apaga.c 45Y si tu pie te hace pecar, córtatelo. Más te vale entrar en la vida cojo, que ser arrojado con los dos pies al infierno.d 47Y si tu ojo te hace pecar, sácatelo. Más te vale entrar tuerto en el reino de Dios, que ser arrojado con los dos ojos al infierno, 48donde

»"su gusano no muere,
    y el fuego no se apaga".e

49La sal con que todos serán sazonados es el fuego.
50»La sal es buena, pero si deja de ser salada, ¿cómo le pueden volver a dar sabor? Que no falte la sal entre ustedes, para que puedan vivir en paz unos con otros.

El divorcio

10 Jesús partió de aquel lugar y se fue a la región de Judea y al otro lado del Jordán. Otra vez se le reunieron las multitudes, y como era su costumbre, les enseñaba.

2En eso, unos *fariseos se le acercaron y, para ponerlo a *prueba, le preguntaron:
—¿Está permitido que un hombre se divorcie de su esposa?

3—¿Qué les mandó Moisés? —replicó Jesús.

4—Moisés permitió que un hombre le escribiera un certificado de divorcio y la despidiera —contestaron ellos.

5—Esa ley la escribió Moisésf para ustedes por lo obstinados que sonf —aclaró Jesús—. 6Pero al principio de la creación Dios "los hizo hombre y mujer".g 7"Por eso dejará el hombre a su padre y a su madre, y se unirá a su esposa,h 8y los dos llegarán a ser un solo cuerpo."i Así que ya no son dos, sino uno solo. 9Por tanto, lo que Dios ha unido, que no lo separe el hombre.

10Vueltos a casa, los discípulos le preguntaron a Jesús sobre este asunto.

11—El que se divorcia de su esposa y se casa con otra, comete adulterio contra la primera —respondió—. 12Y si la mujer se divorcia de su esposo y se casa con otro, comete adulterio.

Jesús y los niños

13Empezaron a llevarle niños a Jesús para que los tocara, pero los discípulos reprendían a quienes los llevaban. 14Cuando Jesús se dio cuenta, se indignó y les dijo: «Dejen que los niños vengan a mí, y no se lo impidan, porque el reino de Dios es de quienes son

---

39"Do not stop him," Jesus said. "No one who does a miracle in my name can in the next moment say anything bad about me, 40for whoever is not against us is for us. 41I tell you the truth, anyone who gives you a cup of water in my name because you belong to Christ will certainly not lose his reward.

Causing to Sin

42"And if anyone causes one of these little ones who believe in me to sin, it would be better for him to be thrown into the sea with a large millstone tied around his neck. 43If your hand causes you to sin, cut it off. It is better for you to enter life maimed than with two hands to go into hell, where the fire never goes out.g 45And if your foot causes you to sin, cut it off. It is better for you to enter life crippled than to have two feet and be thrown into hell.h 47And if your eye causes you to sin, pluck it out. It is better for you to enter the kingdom of God with one eye than to have two eyes and be thrown into hell, 48where

" 'their worm does not die,
    and the fire is not quenched.'i

49Everyone will be salted with fire.
50"Salt is good, but if it loses its saltiness, how can you make it salty again? Have salt in yourselves, and be at peace with each other."

Divorce

10 Jesus then left that place and went into the region of Judea and across the Jordan. Again crowds of people came to him, and as was his custom, he taught them.

2Some Pharisees came and tested him by asking, "Is it lawful for a man to divorce his wife?"

3"What did Moses command you?" he replied.

4They said, "Moses permitted a man to write a certificate of divorce and send her away."

5"It was because your hearts were hard that Moses wrote you this law," Jesus replied. 6"But at the beginning of creation God 'made them male and female.'j 7'For this reason a man will leave his father and mother and be united to his wife,k 8and the two will become one flesh.'l So they are no longer two, but one. 9Therefore what God has joined together, let man not separate."

10When they were in the house again, the disciples asked Jesus about this. 11He answered, "Anyone who divorces his wife and marries another woman commits adultery against her. 12And if she divorces her husband and marries another man, she commits adultery."

The Little Children and Jesus

13People were bringing little children to Jesus to have him touch them, but the disciples rebuked them. 14When Jesus saw this, he was indignant. He said to them, "Let the little children come to me, and do not hinder them, for the kingdom of God belongs to such

---

b 9:43 al infierno. Lit. a la *Gehenna; también en vv. 45 y 47.
c 9:43 apaga. Var. apaga, 44 donde "su gusano no muere, y el fuego no se apaga". d 9:45 infierno. Var. infierno, 46 donde "su gusano no muere, y el fuego no se apaga". e 9:48 Is 66:24
f 10:5 por lo obstinados que son. Lit. por su dureza de corazón.
g 10:6 Gn 1:27   h 10:7 Var. no incluye: y se unirá a su esposa.
i 10:8 Gn 2:24

g 43 Some manuscripts out, 44where / " 'their worm does not die, / and the fire is not quenched.' h 45 Some manuscripts hell, 46where / " 'their worm does not die, / and the fire is not quenched.'
i 48 Isaiah 66:24   j 6 Gen. 1:27   k 7 Some early manuscripts do not have and be united to his wife.   l 8 Gen. 2:24

como ellos. 15 Les aseguro que el que no reciba el reino de Dios como un niño, de ninguna manera entrará en él.» 16 Y después de abrazarlos, los bendecía poniendo las manos sobre ellos.

El joven rico

17 Cuando Jesús estaba ya para irse, un hombre llegó corriendo y se postró delante de él.

—Maestro bueno —le preguntó—, ¿qué debo hacer para heredar la vida eterna?

18 —¿Por qué me llamas bueno? —respondió Jesús—. Nadie es bueno sino sólo Dios. 19 Ya sabes los mandamientos: "No mates, no cometas adulterio, no robes, no presentes falso testimonio, no defraudes, honra a tu padre y a tu madre."j

20 —Maestro —dijo el hombre—, todo eso lo he cumplido desde que era joven.

21 Jesús lo miró con amor y añadió:

—Una sola cosa te falta: anda, vende todo lo que tienes y dáselo a los pobres, y tendrás tesoro en el cielo. Luego ven y sígueme.

22 Al oír esto, el hombre se desanimó y se fue triste porque tenía muchas riquezas.

23 Jesús miró alrededor y les comentó a sus discípulos:

—¡Qué difícil es para los ricos entrar en el reino de Dios!

24 Los discípulos se asombraron de sus palabras.

—Hijos, ¡qué difícil es entrark en el reino de Dios! —repitió Jesús—. 25 Le resulta más fácil a un camello pasar por el ojo de una aguja, que a un rico entrar en el reino de Dios.

26 Los discípulos se asombraron aún más, y decían entre sí: «Entonces, ¿quién podrá salvarse?»

27 —Para los hombres es imposible —aclaró Jesús, mirándolos fijamente—, pero no para Dios; de hecho, para Dios todo es posible.

28 —¿Qué de nosotros, que lo hemos dejado todo y te hemos seguido? —comenzó a reclamarle Pedro.

29 —Les aseguro —respondió Jesús— que todo el que por mi causa y la del *evangelio haya dejado casa, hermanos, hermanas, madre, padre, hijos o terrenos, 30 recibirá cien veces más ahora en este tiempo (casas, hermanos, hermanas, madres, hijos y terrenos, aunque con persecuciones); y en la edad venidera, la vida eterna. 31 Pero muchos de los primeros serán últimos, y los últimos, primeros.

Jesús predice de nuevo su muerte

32 Iban de camino subiendo a Jerusalén, y Jesús se les adelantó. Los discípulos estaban asombrados, y los otros que venían detrás tenían miedo. De nuevo tomó aparte a los doce y comenzó a decirles lo que le iba a suceder. 33 «Ahora vamos rumbo a Jerusalén, y el Hijo del hombre será entregado a los jefes de los sacerdotes y a los *maestros de la ley. Ellos lo condenarán a muerte y lo entregarán a los *gentiles. 34 Se burlarán de él, le escupirán, lo azotarán y lo matarán. Pero a los tres días resucitará.»

La petición de Jacobo y Juan

35 Se le acercaron *Jacobo y Juan, hijos de Zebedeo.

—Maestro —le dijeron—, queremos que nos concedas lo que te vamos a pedir.

36 —¿Qué quieren que haga por ustedes?

37 —Concédenos que en tu glorioso reino uno de nosotros se siente a tu *derecha y el otro a tu izquierda.

The Rich Young Man

17 As Jesus started on his way, a man ran up to him and fell on his knees before him. "Good teacher," he asked, "what must I do to inherit eternal life?"

18 "Why do you call me good?" Jesus answered. "No one is good—except God alone. 19 You know the commandments: 'Do not murder, do not commit adultery, do not steal, do not give false testimony, do not defraud, honor your father and mother.'m"

20 "Teacher," he declared, "all these I have kept since I was a boy."

21 Jesus looked at him and loved him. "One thing you lack," he said. "Go, sell everything you have and give to the poor, and you will have treasure in heaven. Then come, follow me."

22 At this the man's face fell. He went away sad, because he had great wealth.

23 Jesus looked around and said to his disciples, "How hard it is for the rich to enter the kingdom of God!"

24 The disciples were amazed at his words. But Jesus said again, "Children, how hard it isn to enter the kingdom of God! 25 It is easier for a camel to go through the eye of a needle than for a rich man to enter the kingdom of God."

26 The disciples were even more amazed, and said to each other, "Who then can be saved?"

27 Jesus looked at them and said, "With man this is impossible, but not with God; all things are possible with God."

28 Peter said to him, "We have left everything to follow you!"

29 "I tell you the truth," Jesus replied, "no one who has left home or brothers or sisters or mother or father or children or fields for me and the gospel 30 will fail to receive a hundred times as much in this present age (homes, brothers, sisters, mothers, children and fields—and with them, persecutions) and in the age to come, eternal life. 31 But many who are first will be last, and the last first."

Jesus Again Predicts His Death

32 They were on their way up to Jerusalem, with Jesus leading the way, and the disciples were astonished, while those who followed were afraid. Again he took the Twelve aside and told them what was going to happen to him. 33 "We are going up to Jerusalem," he said, "and the Son of Man will be betrayed to the chief priests and teachers of the law. They will condemn him to death and will hand him over to the Gentiles, 34 who will mock him and spit on him, flog him and kill him. Three days later he will rise."

The Request of James and John

35 Then James and John, the sons of Zebedee, came to him. "Teacher," they said, "we want you to do for us whatever we ask."

36 "What do you want me to do for you?" he asked.

37 They replied, "Let one of us sit at your right and the other at your left in your glory."

---

j 10:19 Éx 20:12-16; Dt 5:16-20   k 10:24 es entrar. Var. es para los que confían en las riquezas entrar.

m 19 Exodus 20:12-16; Deut. 5:16-20   n 24 Some manuscripts is for those who trust in riches

38 —No saben lo que están pidiendo —les replicó Jesús—. ¿Pueden acaso beber el trago amargo de la copa que yo bebo, o pasar por la prueba del bautismo con el que voy a ser probado?*l*

39 —Sí, podemos.

—Ustedes beberán de la copa que yo bebo —les respondió Jesús— y pasarán por la prueba del bautismo con el que voy a ser probado, 40 pero el sentarse a mi derecha o a mi izquierda no me corresponde a mí concederlo. Eso ya está decidido.*m*

41 Los otros diez, al oír la conversación, se indignaron contra Jacobo y Juan. 42 Así que Jesús los llamó y les dijo:

—Como ustedes saben, los que se consideran jefes de las *naciones oprimen a los súbditos, y los altos oficiales abusan de su autoridad. 43 Pero entre ustedes no debe ser así. Al contrario, el que quiera hacerse grande entre ustedes deberá ser su servidor, 44 y el que quiera ser el primero deberá ser *esclavo de todos. 45 Porque ni aun el Hijo del hombre vino para que le sirvan, sino para servir y para dar su *vida en rescate por muchos.

El ciego Bartimeo recibe la vista

46 Después llegaron a Jericó. Más tarde, salió Jesús de la ciudad acompañado de sus discípulos y de una gran multitud. Un mendigo ciego llamado Bartimeo (el hijo de Timeo) estaba sentado junto al camino. 47 Al oír que el que venía era Jesús de Nazaret, se puso a gritar:

—¡Jesús, Hijo de David, ten compasión de mí!

48 Muchos lo reprendían para que se callara, pero él se puso a gritar aún más:

—¡Hijo de David, ten compasión de mí!

49 Jesús se detuvo y dijo:

—Llámenlo.

Así que llamaron al ciego.

—¡Ánimo! —le dijeron—. ¡Levántate! Te llama.

50 Él, arrojando la capa, dio un salto y se acercó a Jesús.

51 —¿Qué quieres que haga por ti? —le preguntó.

—Rabí, quiero ver —respondió el ciego.

52 —Puedes irte —le dijo Jesús—; tu fe te ha *sanado.

Al momento recobró la vista y empezó a seguir a Jesús por el camino.

La entrada triunfal

11 Cuando se acercaban a Jerusalén y llegaron a Betfagué y a Betania, junto al monte de los Olivos, Jesús envió a dos de sus discípulos 2 con este encargo: «Vayan a la aldea que tienen enfrente. Tan pronto como entren en ella, encontrarán atado un burrito, en el que nunca se ha montado nadie. Desátenlo y tráiganlo acá. 3 Y si alguien les dice: "¿Por qué hacen eso?", díganle: "El Señor lo necesita, y en seguida lo devolverá."»

4 Fueron, encontraron un burrito afuera en la calle, atado a un portón, y lo desataron. 5 Entonces algunos de los que estaban allí les preguntaron: «¿Qué hacen desatando el burrito?» 6 Ellos contestaron como Jesús les había dicho, y les dejaron desatarlo. 7 Le llevaron, pues, el burrito a Jesús. Luego pusieron encima sus mantos, y él se montó. 8 Muchos tendieron sus mantos sobre el camino; otros usaron ramas que habían corta-

38 "You don't know what you are asking," Jesus said. "Can you drink the cup I drink or be baptized with the baptism I am baptized with?"

39 "We can," they answered.

Jesus said to them, "You will drink the cup I drink and be baptized with the baptism I am baptized with, 40 but to sit at my right or left is not for me to grant. These places belong to those for whom they have been prepared."

41 When the ten heard about this, they became indignant with James and John. 42 Jesus called them together and said, "You know that those who are regarded as rulers of the Gentiles lord it over them, and their high officials exercise authority over them. 43 Not so with you. Instead, whoever wants to become great among you must be your servant, 44 and whoever wants to be first must be slave of all. 45 For even the Son of Man did not come to be served, but to serve, and to give his life as a ransom for many."

Blind Bartimaeus Receives His Sight

46 Then they came to Jericho. As Jesus and his disciples, together with a large crowd, were leaving the city, a blind man, Bartimaeus (that is, the Son of Timaeus), was sitting by the roadside begging. 47 When he heard that it was Jesus of Nazareth, he began to shout, "Jesus, Son of David, have mercy on me!"

48 Many rebuked him and told him to be quiet, but he shouted all the more, "Son of David, have mercy on me!"

49 Jesus stopped and said, "Call him."

So they called to the blind man, "Cheer up! On your feet! He's calling you." 50 Throwing his cloak aside, he jumped to his feet and came to Jesus.

51 "What do you want me to do for you?" Jesus asked him.

The blind man said, "Rabbi, I want to see."

52 "Go," said Jesus, "your faith has healed you." Immediately he received his sight and followed Jesus along the road.

The Triumphal Entry

11 As they approached Jerusalem and came to Bethphage and Bethany at the Mount of Olives, Jesus sent two of his disciples, 2 saying to them, "Go to the village ahead of you, and just as you enter it, you will find a colt tied there, which no one has ever ridden. Untie it and bring it here. 3 If anyone asks you, 'Why are you doing this?' tell him, 'The Lord needs it and will send it back here shortly.'"

4 They went and found a colt outside in the street, tied at a doorway. As they untied it, 5 some people standing there asked, "What are you doing, untying that colt?" 6 They answered as Jesus had told them to, and the people let them go. 7 When they brought the colt to Jesus and threw their cloaks over it, he sat on it. 8 Many people spread their cloaks on the road, while others spread branches they had cut in the fields.

---

l 10:38 beber ... probado? Lit. beber la copa que yo bebo, o ser bautizados con el bautismo con que yo soy bautizado.
m 10:40 concederlo. Eso ya está decidido. Lit. concederlo, sino para quienes está preparado.

do en los campos. 9 Tanto los que iban delante como los que iban detrás, gritaban:

—¡Hosanna!n

—¡Bendito el que viene en el nombre del Señor!ñ

10 —¡Bendito el reino venidero de nuestro padre David!

—¡Hosanna en las alturas!

11 Jesús entró en Jerusalén y fue al *templo. Después de observarlo todo, como ya era tarde, salió para Betania con los doce.

Jesús purifica el templo

12 Al día siguiente, cuando salían de Betania, Jesús tuvo hambre. 13 Viendo a lo lejos una higuera que tenía hojas, fue a ver si hallaba algún fruto. Cuando llegó a ella sólo encontró hojas, porque no era tiempo de higos. 14 «¡Nadie vuelva jamás a comer fruto de ti!», le dijo a la higuera. Y lo oyeron sus discípulos.

15 Llegaron, pues, a Jerusalén. Jesús entró en el *temploo y comenzó a echar de allí a los que compraban y vendían. Volcó las mesas de los que cambiaban dinero y los puestos de los que vendían palomas, 16 y no permitía que nadie atravesara el templo llevando mercancías. 17 También les enseñaba con estas palabras: «¿No está escrito:

»"Mi casa será llamada
casa de oración para todas las *naciones"?p

Pero ustedes la han convertido en "cueva de ladrones".»q

18 Los jefes de los sacerdotes y los *maestros de la ley lo oyeron y comenzaron a buscar la manera de matarlo, pues le temían, ya que toda la gente se maravillaba de sus enseñanzas.

19 Cuando cayó la tarde, salieronr de la ciudad.

La higuera seca

20 Por la mañana, al pasar junto a la higuera, vieron que se había secado de raíz. 21 Pedro, acordándose, le dijo a Jesús:

—¡Rabí, mira, se ha secado la higuera que maldijiste!

22 —Tengan fe en Dios —respondió Jesús—. 23 Les aseguros que si alguno le dice a este monte: "Quítate de ahí y tírate al mar", creyendo, sin abrigar la menor duda de que lo que dice sucederá, lo obtendrá. 24 Por eso les digo: Crean que ya han recibido todo lo que estén pidiendo en oración, y lo obtendrán. 25 Y cuando estén orando, si tienen algo contra alguien, perdónenlo, para que también su Padre que está en el cielo les perdone a ustedes sus pecados.t

La autoridad de Jesús puesta en duda

27 Llegaron de nuevo a Jerusalén, y mientras Jesús andaba por el *templo, se le acercaron los jefes de los sacerdotes, los *maestros de la ley y los *ancianos.

28 —¿Con qué autoridad haces esto? —lo interrogaron—. ¿Quién te dio autoridad para actuar así?

29 —Yo voy a hacerles una pregunta a ustedes —replicó él—. Contéstenmela, y les diré con qué autoridad

9 Those who went ahead and those who followed shouted,

"Hosanna!o"

"Blessed is he who comes in the name of the Lord!"p

10 "Blessed is the coming kingdom of our father David!"

"Hosanna in the highest!"

11 Jesus entered Jerusalem and went to the temple. He looked around at everything, but since it was already late, he went out to Bethany with the Twelve.

Jesus Clears the Temple

12 The next day as they were leaving Bethany, Jesus was hungry. 13 Seeing in the distance a fig tree in leaf, he went to find out if it had any fruit. When he reached it, he found nothing but leaves, because it was not the season for figs. 14 Then he said to the tree, "May no one ever eat fruit from you again." And his disciples heard him say it.

15 On reaching Jerusalem, Jesus entered the temple area and began driving out those who were buying and selling there. He overturned the tables of the money changers and the benches of those selling doves, 16 and would not allow anyone to carry merchandise through the temple courts. 17 And as he taught them, he said, "Is it not written:

" 'My house will be called
a house of prayer for all nations'q?

But you have made it 'a den of robbers.'r"

18 The chief priests and the teachers of the law heard this and began looking for a way to kill him, for they feared him, because the whole crowd was amazed at his teaching.

19 When evening came, theys went out of the city.

The Withered Fig Tree

20 In the morning, as they went along, they saw the fig tree withered from the roots. 21 Peter remembered and said to Jesus, "Rabbi, look! The fig tree you cursed has withered!"

22 "Havet faith in God," Jesus answered. 23 "I tell you the truth, if anyone says to this mountain, 'Go, throw yourself into the sea,' and does not doubt in his heart but believes that what he says will happen, it will be done for him. 24 Therefore I tell you, whatever you ask for in prayer, believe that you have received it, and it will be yours. 25 And when you stand praying, if you hold anything against anyone, forgive him, so that your Father in heaven may forgive you your sins.u"

The Authority of Jesus Questioned

27 They arrived again in Jerusalem, and while Jesus was walking in the temple courts, the chief priests, the teachers of the law and the elders came to him. 28 "By what authority are you doing these things?" they asked. "And who gave you authority to do this?"

29 Jesus replied, "I will ask you one question. Answer me, and I will tell you by what authority I am doing

---

n 11:9 Expresión hebrea que significa «¡Salva!», y que llegó a ser una exclamación de alabanza; también en v. 10.   ñ 11:9 Sal 118:25,26   o 11:15 Es decir, en el área general del templo; también en v. 16.   p 11:17 Is 56:7   q 11:17 Jer 7:11   r 11:19 salieron. Var. salió.   s 11:22-23 Tengan fe ... Les aseguro. Var. Si tienen fe ... les aseguro.   t 11:25 pecados. Var. pecados. Pero si ustedes no perdonan, tampoco su Padre que está en el cielo les perdonará a ustedes sus pecados.

o 9 A Hebrew expression meaning "Save!" which became an exclamation of praise; also in verse 10   p 9 Psalm 118:25,26   q 17 Isaiah 56:7   r 17 Jer. 7:11   s 19 Some early manuscripts he   t 22 Some early manuscripts If you have   u 25 Some manuscripts sins. 26 But if you do not forgive, neither will your Father who is in heaven forgive your sins.

hago esto: ³⁰El bautismo de Juan, ¿procedía del cielo o de la tierra?ᵘ Respóndanme.

³¹Ellos se pusieron a discutir entre sí: «Si respondemos: "Del cielo", nos dirá: "Entonces, ¿por qué no le creyeron?" ³²Pero si decimos: "De la tierra" ... » Es que temían al pueblo, porque todos consideraban que Juan era realmente un profeta. ³³Así que le respondieron a Jesús:

—No lo sabemos.

—Pues yo tampoco les voy a decir con qué autoridad hago esto.

Parábola de los labradores malvados

12 Entonces comenzó Jesús a hablarles en parábolas: «Un hombre plantó un viñedo. Lo cercó, cavó un lagar y construyó una torre de vigilancia. Luego arrendó el viñedo a unos labradores y se fue de viaje. ²Llegada la cosecha, mandó un *siervo a los labradores para recibir de ellos una parte del fruto. ³Pero ellos lo agarraron, lo golpearon y lo despidieron con las manos vacías. ⁴Entonces les mandó otro siervo; a éste le rompieron la cabeza y lo humillaron. ⁵Mandó a otro, y a éste lo mataron. Mandó a otros muchos, a unos los golpearon, a otros los mataron.

⁶»Le quedaba todavía uno, su hijo amado. Por último, lo mandó a él, pensando: "¡A mi hijo sí lo respetarán!" ⁷Pero aquellos labradores se dijeron unos a otros: "Éste es el heredero. Matémoslo, y la herencia será nuestra." ⁸Así que le echaron mano y lo mataron, y lo arrojaron fuera del viñedo.

⁹»¿Qué hará el dueño? Volverá, acabará con los labradores, y dará el viñedo a otros. ¹⁰¿No han leído ustedes esta Escritura:

»"La piedra que desecharon los constructores
    ha llegado a ser la piedra angular;
¹¹esto es obra del Señor,
    y nos deja maravillados"?»ᵛ

¹²Cayendo en la cuenta de que la parábola iba dirigida contra ellos, buscaban la manera de arrestarlo. Pero temían a la multitud; así que lo dejaron y se fueron.

El pago de impuestos al césar

¹³Luego enviaron a Jesús algunos de los *fariseos y de los herodianos para tenderle una trampa con sus mismas palabras. ¹⁴Al llegar le dijeron:

—Maestro, sabemos que eres un hombre íntegro. No te dejas influir por nadie porque no te fijas en las apariencias, sino que de verdad enseñas el camino de Dios. ¿Está permitido pagar impuestos al *césar o no? ¹⁵¿Debemos pagar o no?

Pero Jesús, sabiendo que fingían, les replicó:

—¿Por qué me tienden *trampas? Tráiganme una moneda romanaʷ para verla.

¹⁶Le llevaron la moneda, y él les preguntó:

—¿De quién son esta imagen y esta inscripción?

—Del césar —contestaron.

¹⁷—Denle, pues, al césar lo que es del césar, y a Dios lo que es de Dios.

Y se quedaron admirados de él.

El matrimonio en la resurrección

¹⁸Entonces los saduceos, que dicen que no hay resurrección, fueron a verlo y le plantearon un problema:

these things. ³⁰John's baptism—was it from heaven, or from men? Tell me!"

³¹They discussed it among themselves and said, "If we say, 'From heaven,' he will ask, 'Then why didn't you believe him?' ³²But if we say, 'From men' . . ." (They feared the people, for everyone held that John really was a prophet.)

³³So they answered Jesus, "We don't know."

Jesus said, "Neither will I tell you by what authority I am doing these things."

The Parable of the Tenants

12 He then began to speak to them in parables: "A man planted a vineyard. He put a wall around it, dug a pit for the winepress and built a watchtower. Then he rented the vineyard to some farmers and went away on a journey. ²At harvest time he sent a servant to the tenants to collect from them some of the fruit of the vineyard. ³But they seized him, beat him and sent him away empty-handed. ⁴Then he sent another servant to them; they struck this man on the head and treated him shamefully. ⁵He sent still another, and that one they killed. He sent many others; some of them they beat, others they killed.

⁶"He had one left to send, a son, whom he loved. He sent him last of all, saying, 'They will respect my son.'

⁷"But the tenants said to one another, 'This is the heir. Come, let's kill him, and the inheritance will be ours.' ⁸So they took him and killed him, and threw him out of the vineyard.

⁹"What then will the owner of the vineyard do? He will come and kill those tenants and give the vineyard to others. ¹⁰Haven't you read this scripture:

" 'The stone the builders rejected
    has become the capstoneᵛ;
¹¹the Lord has done this,
    and it is marvelous in our eyes'ʷ?"

¹²Then they looked for a way to arrest him because they knew he had spoken the parable against them. But they were afraid of the crowd; so they left him and went away.

Paying Taxes to Caesar

¹³Later they sent some of the Pharisees and Herodians to Jesus to catch him in his words. ¹⁴They came to him and said, "Teacher, we know you are a man of integrity. You aren't swayed by men, because you pay no attention to who they are; but you teach the way of God in accordance with the truth. Is it right to pay taxes to Caesar or not? ¹⁵Should we pay or shouldn't we?"

But Jesus knew their hypocrisy. "Why are you trying to trap me?" he asked. "Bring me a denarius and let me look at it." ¹⁶They brought the coin, and he asked them, "Whose portrait is this? And whose inscription?"

"Caesar's," they replied.

¹⁷Then Jesus said to them, "Give to Caesar what is Caesar's and to God what is God's."

And they were amazed at him.

Marriage at the Resurrection

¹⁸Then the Sadducees, who say there is no resurrec-

ᵘ 11:30 *la tierra*. Lit. *los hombres*; también en v. 32.
ᵛ 12:11 Sal 118:22,23   ʷ 12:15 *una moneda romana*. Lit. *un *denario*.

ᵛ 10 Or *cornerstone*   ʷ 11 Psalm 118:22,23

19 —Maestro, Moisés nos enseñó en sus escritos que si un hombre muere y deja a la viuda sin hijos, el hermano de ese hombre tiene que casarse con la viuda para que su hermano tenga descendencia. 20 Ahora bien, había siete hermanos. El primero se casó y murió sin dejar descendencia. 21 El segundo se casó con la viuda, pero también murió sin dejar descendencia. Lo mismo le pasó al tercero. 22 En fin, ninguno de los siete dejó descendencia. Por último, murió también la mujer. 23 Cuando resuciten, ¿de cuál será esposa esta mujer, ya que los siete estuvieron casados con ella?

24 —¿Acaso no andan ustedes equivocados? —les replicó Jesús—. ¡Es que desconocen las Escrituras y el poder de Dios! 25 Cuando resuciten los muertos, no se casarán ni serán dados en casamiento, sino que serán como los ángeles que están en el cielo. 26 Pero en cuanto a que los muertos resucitan, ¿no han leído en el libro de Moisés, en el pasaje sobre la zarza, cómo Dios le dijo: "Yo soy el Dios de Abraham, de Isaac y de Jacob"?*x* 27 Él no es Dios de muertos, sino de vivos. ¡Ustedes andan muy equivocados!

El mandamiento más importante

28 Uno de los *maestros de la ley se acercó y los oyó discutiendo. Al ver lo bien que Jesús les había contestado, le preguntó:

—De todos los mandamientos, ¿cuál es el más importante?

29 —El más importante es: "Oye, Israel. El Señor nuestro Dios es el único Señor*y* —contestó Jesús—. 30 Ama al Señor tu Dios con todo tu corazón, con toda tu alma, con toda tu mente y con todas tus fuerzas."*z* 31 El segundo es: "Ama a tu prójimo como a ti mismo."*a* No hay otro mandamiento más importante que éstos.

32 —Bien dicho, Maestro —respondió el hombre—. Tienes razón al decir que Dios es uno solo y que no hay otro fuera de él. 33 Amarlo con todo el corazón, con todo el entendimiento y con todas las fuerzas, y amar al prójimo como a uno mismo, es más importante que todos los holocaustos y sacrificios.

34 Al ver Jesús que había respondido con inteligencia, le dijo:

—No estás lejos del reino de Dios.

Y desde entonces nadie se atrevió a hacerle más preguntas.

¿De quién es hijo el Cristo?

35 Mientras enseñaba en el *templo, Jesús les propuso:

—¿Cómo es que los *maestros de la ley dicen que el *Cristo es hijo de David? 36 David mismo, hablando por el Espíritu Santo, declaró:

»"Dijo el Señor a mi Señor:
 'Siéntate a mi *derecha,
 hasta que ponga a tus enemigos
 debajo de tus pies.' "*b*

37 Si David mismo lo llama "Señor", ¿cómo puede ser su hijo?

La muchedumbre lo escuchaba con agrado. 38 Como parte de su enseñanza Jesús decía:

—Tengan cuidado de los *maestros de la ley. Les gusta pasearse con ropas ostentosas y que los saluden en las plazas, 39 ocupar los primeros asientos en las

tion, came to him with a question. 19 "Teacher," they said, "Moses wrote for us that if a man's brother dies and leaves a wife but no children, the man must marry the widow and have children for his brother. 20 Now there were seven brothers. The first one married and died without leaving any children. 21 The second married the widow, but he also died, leaving no child. It was the same with the third. 22 In fact, none of the seven left any children. Last of all, the woman died too. 23 At the resurrection*x* whose wife will she be, since the seven were married to her?"

24 Jesus replied, "Are you not in error because you do not know the Scriptures or the power of God? 25 When the dead rise, they will neither marry nor be given in marriage; they will be like the angels in heaven. 26 Now about the dead rising—have you not read in the book of Moses, in the account of the bush, how God said to him, 'I am the God of Abraham, the God of Isaac, and the God of Jacob'*y*? 27 He is not the God of the dead, but of the living. You are badly mistaken!"

The Greatest Commandment

28 One of the teachers of the law came and heard them debating. Noticing that Jesus had given them a good answer, he asked him, "Of all the commandments, which is the most important?"

29 "The most important one," answered Jesus, "is this: 'Hear, O Israel, the Lord our God, the Lord is one.*z* 30 Love the Lord your God with all your heart and with all your soul and with all your mind and with all your strength.'*a* 31 The second is this: 'Love your neighbor as yourself.'*b* There is no commandment greater than these."

32 "Well said, teacher," the man replied. "You are right in saying that God is one and there is no other but him. 33 To love him with all your heart, with all your understanding and with all your strength, and to love your neighbor as yourself is more important than all burnt offerings and sacrifices."

34 When Jesus saw that he had answered wisely, he said to him, "You are not far from the kingdom of God." And from then on no one dared ask him any more questions.

Whose Son Is the Christ?

35 While Jesus was teaching in the temple courts, he asked, "How is it that the teachers of the law say that the Christ*c* is the son of David? 36 David himself, speaking by the Holy Spirit, declared:

" 'The Lord said to my Lord:
 "Sit at my right hand
 until I put your enemies
 under your feet." '*d*

37 David himself calls him 'Lord.' How then can he be his son?"

The large crowd listened to him with delight.

38 As he taught, Jesus said, "Watch out for the teachers of the law. They like to walk around in flowing robes and be greeted in the marketplaces, 39 and have the most important seats in the synagogues and the

---

x 12:26 Éx 3:6 *y 12:29 Dios es el único Señor.* Alt. *Dios, el Señor es uno.* *z 12:30* Dt 6:4,5 *a 12:31* Lv 19:18
b 12:36 Sal 110:1

x 23 Some manuscripts *resurrection, when men rise from the dead,*
y 26 Exodus 3:6 *z 29* Or *the Lord our God is one Lord*
a 30 Deut. 6:4,5 *b 31* Lev. 19:18 *c 35* Or *Messiah*
d 36 Psalm 110:1

sinagogas y los lugares de honor en los banquetes. 40 Se apoderan de los bienes de las viudas y a la vez hacen largas plegarias para impresionar a los demás. Éstos recibirán peor castigo.

La ofrenda de la viuda

41 Jesús se sentó frente al lugar donde se depositaban las ofrendas, y estuvo observando cómo la gente echaba sus monedas en las alcancías del *templo. Muchos ricos echaban grandes cantidades. 42 Pero una viuda pobre llegó y echó dos moneditas de muy poco valor.c

43 Jesús llamó a sus discípulos y les dijo: «Les aseguro que esta viuda pobre ha echado en el tesoro más que todos los demás. 44 Éstos dieron de lo que les sobraba; pero ella, de su pobreza, echó todo lo que tenía, todo su sustento.»

Señales del fin del mundo

13 Cuando salía Jesús del *templo, le dijo uno de sus discípulos:

—¡Mira, Maestro! ¡Qué piedras! ¡Qué edificios!

2 —¿Ves todos estos grandiosos edificios? —contestó Jesús—. No quedará piedra sobre piedra; todo será derribado.

3 Más tarde estaba Jesús sentado en el monte de los Olivos, frente al templo. Y Pedro, *Jacobo, Juan y Andrés le preguntaron en privado:

4 —Dinos, ¿cuándo sucederá eso? ¿Y cuál será la señal de que todo está a punto de cumplirse?

5 —Tengan cuidado de que nadie los engañe —comenzó Jesús a advertirles—. 6 Vendrán muchos que, usando mi nombre, dirán: "Yo soy", y engañarán a muchos. 7 Cuando sepan de guerras y de rumores de guerras, no se alarmen. Es necesario que eso suceda, pero no será todavía el fin. 8 Se levantará nación contra nación, y reino contra reino. Habrá terremotos por todas partes; también habrá hambre. Esto será apenas el comienzo de los dolores.

9 »Pero ustedes cuídense. Los entregarán a los tribunales y los azotarán en las sinagogas. Por mi causa comparecerán ante gobernadores y reyes para dar testimonio ante ellos. 10 Pero primero tendrá que predicarse el *evangelio a todas las *naciones. 11 Y cuando los arresten y los sometan a juicio, no se preocupen de antemano por lo que van a decir. Sólo declaren lo que se les dé a decir en ese momento, porque no serán ustedes los que hablen, sino el Espíritu Santo.

12 »El hermano entregará a la muerte al hermano, y el padre al hijo. Los hijos se rebelarán contra sus padres y les darán muerte. 13 Todo el mundo los odiará a ustedes por causa de mi nombre, pero el que se mantenga firme hasta el fin será salvo.

14 »Ahora bien, cuando vean "el horrible sacrilegio"d donde no debe estar (el que lee, que lo entienda), entonces los que estén en Judea huyan a las montañas. 15 El que esté en la azotea no baje ni entre en casa para llevarse nada. 16 Y el que esté en el campo no regrese para buscar su capa. 17 ¡Ay de las que estén embarazadas o amamantando en aquellos días! 18 Oren para que esto no suceda en invierno, 19 porque serán días de tribulación como no la ha habido desde el principio, cuando Dios creó el mundo,e ni la habrá jamás. 20 Si el Señor no hubiera acortado esos días, nadie sobreviviría. Pero por causa de los que él ha elegido, los

places of honor at banquets. 40 They devour widows' houses and for a show make lengthy prayers. Such men will be punished most severely."

The Widow's Offering

41 Jesus sat down opposite the place where the offerings were put and watched the crowd putting their money into the temple treasury. Many rich people threw in large amounts. 42 But a poor widow came and put in two very small copper coins,e worth only a fraction of a penny.f

43 Calling his disciples to him, Jesus said, "I tell you the truth, this poor widow has put more into the treasury than all the others. 44 They all gave out of their wealth; but she, out of her poverty, put in everything— all she had to live on."

Signs of the End of the Age

13 As he was leaving the temple, one of his disciples said to him, "Look, Teacher! What massive stones! What magnificent buildings!"

2 "Do you see all these great buildings?" replied Jesus. "Not one stone here will be left on another; every one will be thrown down."

3 As Jesus was sitting on the Mount of Olives opposite the temple, Peter, James, John and Andrew asked him privately, 4 "Tell us, when will these things happen? And what will be the sign that they are all about to be fulfilled?"

5 Jesus said to them: "Watch out that no one deceives you. 6 Many will come in my name, claiming, 'I am he,' and will deceive many. 7 When you hear of wars and rumors of wars, do not be alarmed. Such things must happen, but the end is still to come. 8 Nation will rise against nation, and kingdom against kingdom. There will be earthquakes in various places, and famines. These are the beginning of birth pains.

9 "You must be on your guard. You will be handed over to the local councils and flogged in the synagogues. On account of me you will stand before governors and kings as witnesses to them. 10 And the gospel must first be preached to all nations. 11 Whenever you are arrested and brought to trial, do not worry beforehand about what to say. Just say whatever is given you at the time, for it is not you speaking, but the Holy Spirit.

12 "Brother will betray brother to death, and a father his child. Children will rebel against their parents and have them put to death. 13 All men will hate you because of me, but he who stands firm to the end will be saved.

14 "When you see 'the abomination that causes desolation'g standing where ith does not belong—let the reader understand—then let those who are in Judea flee to the mountains. 15 Let no one on the roof of his house go down or enter the house to take anything out. 16 Let no one in the field go back to get his cloak. 17 How dreadful it will be in those days for pregnant women and nursing mothers! 18 Pray that this will not take place in winter, 19 because those will be days of distress unequaled from the beginning, when God created the world, until now—and never to be equaled again. 20 If the Lord had not cut short those days, no one would survive. But for the sake of the elect, whom

---

c 12:42 dos moneditas de muy poco valor. Lit. dos *lepta, que es un cuadrante.   d 13:14 el horrible sacrilegio. Lit. la abominación de desolación; Dn 9:27; 11:31; 12:11.   e 13:19 desde ... mundo. Lit. desde el principio de la creación que creó Dios hasta ahora.

e 42 Greek two lepta   f 42 Greek kodrantes
g 14 Daniel 9:27; 11:31; 12:11   h 14 Or he; also in verse 29

ha acortado. 21 Entonces, si alguien les dice a ustedes: "¡Miren, aquí está el *Cristo!" o "¡Miren, allí está!", no lo crean. 22 Porque surgirán falsos Cristos y falsos profetas que harán señales y milagros para engañar, de ser posible, aun a los elegidos. 23 Así que tengan cuidado; los he prevenido de todo.

24 »Pero en aquellos días, después de esa tribulación,

»"se oscurecerá el sol
    y no brillará más la luna;
25 las estrellas caerán del cielo
    y los cuerpos celestes serán sacudidos".f

26 »Verán entonces al Hijo del hombre venir en las nubes con gran poder y gloria. 27 Y él enviará a sus ángeles para reunir de los cuatro vientos a los elegidos, desde los confines de la tierra hasta los confines del cielo.

28 »Aprendan de la higuera esta lección: Tan pronto como se ponen tiernas sus ramas y brotan sus hojas, ustedes saben que el verano está cerca. 29 Igualmente, cuando vean que suceden estas cosas, sepan que el tiempo está cerca, a las puertas. 30 Les aseguro que no pasará esta generación hasta que todas estas cosas sucedan. 31 El cielo y la tierra pasarán, pero mis palabras jamás pasarán.

Se desconocen el día y la hora

32 »Pero en cuanto al día y la hora, nadie lo sabe, ni siquiera los ángeles en el cielo, ni el Hijo, sino sólo el Padre. 33 ¡Estén alerta! ¡Vigilen!g Porque ustedes no saben cuándo llegará ese momento. 34 Es como cuando un hombre sale de viaje y deja su casa al cuidado de sus siervos, cada uno con su tarea, y le manda al portero que vigile.

35 »Por lo tanto, manténganse despiertos, porque no saben cuándo volverá el dueño de la casa, si al atardecer, o a la medianoche, o al canto del gallo, o al amanecer; 36 no sea que venga de repente y los encuentre dormidos. 37 Lo que les digo a ustedes, se lo digo a todos: ¡Manténganse despiertos!

Una mujer unge a Jesús en Betania

14 Faltaban sólo dos días para la Pascua y para la fiesta de los Panes sin levadura. Los jefes de los sacerdotes y los *maestros de la ley buscaban con artimañas cómo arrestar a Jesús para matarlo. 2 Por eso decían: «No durante la fiesta, no sea que se amotine el pueblo.»

3 En Betania, mientras estaba él *sentado a la mesa en casa de Simón llamado el leproso, llegó una mujer con un frasco de alabastro lleno de un perfume muy costoso, hecho de nardo puro. Rompió el frasco y derramó el perfume sobre la cabeza de Jesús.

4 Algunos de los presentes comentaban indignados: —¿Para qué este desperdicio de perfume? 5 Podía haberse vendido por muchísimo dineroh para darlo a los pobres.

Y la reprendían con severidad.

6 —Déjenla en paz —dijo Jesús—. ¿Por qué la molestan? Ella ha hecho una obra hermosa conmigo. 7 A los pobres siempre los tendrán con ustedes, y podrán ayudarlos cuando quieran; pero a mí no me van a tener siempre. 8 Ella hizo lo que pudo. Ungió mi cuerpo de

he has chosen, he has shortened them. 21 At that time if anyone says to you, 'Look, here is the Christi!' or, 'Look, there he is!' do not believe it. 22 For false Christs and false prophets will appear and perform signs and miracles to deceive the elect—if that were possible. 23 So be on your guard; I have told you everything ahead of time.

24 "But in those days, following that distress,

" 'the sun will be darkened,
    and the moon will not give its light;
25 the stars will fall from the sky,
    and the heavenly bodies will be
      shaken.'j

26 "At that time men will see the Son of Man coming in clouds with great power and glory. 27 And he will send his angels and gather his elect from the four winds, from the ends of the earth to the ends of the heavens.

28 "Now learn this lesson from the fig tree: As soon as its twigs get tender and its leaves come out, you know that summer is near. 29 Even so, when you see these things happening, you know that it is near, right at the door. 30 I tell you the truth, this generationk will certainly not pass away until all these things have happened. 31 Heaven and earth will pass away, but my words will never pass away.

The Day and Hour Unknown

32 "No one knows about that day or hour, not even the angels in heaven, nor the Son, but only the Father. 33 Be on guard! Be alertl! You do not know when that time will come. 34 It's like a man going away: He leaves his house and puts his servants in charge, each with his assigned task, and tells the one at the door to keep watch.

35 "Therefore keep watch because you do not know when the owner of the house will come back—whether in the evening, or at midnight, or when the rooster crows, or at dawn. 36 If he comes suddenly, do not let him find you sleeping. 37 What I say to you, I say to everyone: 'Watch!' "

Jesus Anointed at Bethany

14 Now the Passover and the Feast of Unleavened Bread were only two days away, and the chief priests and the teachers of the law were looking for some sly way to arrest Jesus and kill him. 2 "But not during the Feast," they said, "or the people may riot."

3 While he was in Bethany, reclining at the table in the home of a man known as Simon the Leper, a woman came with an alabaster jar of very expensive perfume, made of pure nard. She broke the jar and poured the perfume on his head.

4 Some of those present were saying indignantly to one another, "Why this waste of perfume? 5 It could have been sold for more than a year's wagesm and the money given to the poor." And they rebuked her harshly.

6 "Leave her alone," said Jesus. "Why are you bothering her? She has done a beautiful thing to me. 7 The poor you will always have with you, and you can help them any time you want. But you will not always have me. 8 She did what she could. She poured perfume on

---

f 13:25 Is 13:10; 34:4   g 13:33 ¡Vigilen! Var. ¡Vigilen y oren!
h 14:5 muchísimo dinero. Lit. más de trescientos *denarios.

i 21 Or Messiah   j 25 Isaiah 13:10; 34:4   k 30 Or race
l 33 Some manuscripts alert and pray   m 5 Greek than three hundred denarii

antemano, preparándolo para la sepultura. 9 Les aseguro que en cualquier parte del mundo donde se predique el *evangelio, se contará también, en memoria de esta mujer, lo que ella hizo.

10 Judas Iscariote, uno de los doce, fue a los jefes de los sacerdotes para entregarles a Jesús. 11 Ellos se alegraron al oírlo, y prometieron darle dinero. Así que él buscaba la ocasión propicia para entregarlo.

La Cena del Señor

12 El primer día de la fiesta de los Panes sin levadura, cuando se acostumbraba sacrificar el cordero de la Pascua, los discípulos le preguntaron a Jesús:

—¿Dónde quieres que vayamos a hacer los preparativos para que comas la Pascua?

13 Él envió a dos de sus discípulos con este encargo:

—Vayan a la ciudad y les saldrá al encuentro un hombre que lleva un cántaro de agua. Síganlo, 14 y allí donde entre díganle al dueño: "El Maestro pregunta: ¿Dónde está la sala en la que pueda comer la Pascua con mis discípulos?" 15 Él les mostrará en la planta alta una sala amplia, amueblada y arreglada. Preparen allí nuestra cena.

16 Los discípulos salieron, entraron en la ciudad y encontraron todo tal y como les había dicho Jesús. Así que prepararon la Pascua.

17 Al anochecer llegó Jesús con los doce. 18 Mientras estaban *sentados a la mesa comiendo, dijo:

—Les aseguro que uno de ustedes, que está comiendo conmigo, me va a traicionar.

19 Ellos se pusieron tristes, y uno tras otro empezaron a preguntarle:

—¿Acaso seré yo?

20 —Es uno de los doce —contestó—, uno que moja el pan conmigo en el plato. 21 A la verdad, el Hijo del hombre se irá tal como está escrito de él, pero ¡ay de aquel que lo traiciona! Más le valdría a ese hombre no haber nacido.

22 Mientras comían, Jesús tomó pan y lo bendijo. Luego lo partió y se lo dio a ellos, diciéndoles:

—Tomen; esto es mi cuerpo.

23 Después tomó una copa, dio gracias y se la dio a ellos, y todos bebieron de ella.

24 —Esto es mi sangre del pacto,[i] que es derramada por muchos —les dijo—. 25 Les aseguro que no volveré a beber del fruto de la vid hasta aquel día en que beba el vino nuevo en el reino de Dios.

26 Después de cantar los salmos, salieron al monte de los Olivos.

Jesús predice la negación de Pedro

27 —Todos ustedes me abandonarán —les dijo Jesús—, porque está escrito:

» "Heriré al pastor,
     y se dispersarán las ovejas."[j]

28 Pero después de que yo resucite, iré delante de ustedes a Galilea.

29 —Aunque todos te abandonen, yo no —declaró Pedro.

30 —Te aseguro —le contestó Jesús— que hoy, esta misma noche, antes de que el gallo cante por segunda vez,[k] me negarás tres veces.

31 —Aunque tenga que morir contigo —insistió Pedro con vehemencia—, jamás te negaré.

Y los demás dijeron lo mismo.

my body beforehand to prepare for my burial. 9 I tell you the truth, wherever the gospel is preached throughout the world, what she has done will also be told, in memory of her."

10 Then Judas Iscariot, one of the Twelve, went to the chief priests to betray Jesus to them. 11 They were delighted to hear this and promised to give him money. So he watched for an opportunity to hand him over.

The Lord's Supper

12 On the first day of the Feast of Unleavened Bread, when it was customary to sacrifice the Passover lamb, Jesus' disciples asked him, "Where do you want us to go and make preparations for you to eat the Passover?"

13 So he sent two of his disciples, telling them, "Go into the city, and a man carrying a jar of water will meet you. Follow him. 14 Say to the owner of the house he enters, 'The Teacher asks: Where is my guest room, where I may eat the Passover with my disciples?' 15 He will show you a large upper room, furnished and ready. Make preparations for us there."

16 The disciples left, went into the city and found things just as Jesus had told them. So they prepared the Passover.

17 When evening came, Jesus arrived with the Twelve. 18 While they were reclining at the table eating, he said, "I tell you the truth, one of you will betray me —one who is eating with me."

19 They were saddened, and one by one they said to him, "Surely not I?"

20 "It is one of the Twelve," he replied, "one who dips bread into the bowl with me. 21 The Son of Man will go just as it is written about him. But woe to that man who betrays the Son of Man! It would be better for him if he had not been born."

22 While they were eating, Jesus took bread, gave thanks and broke it, and gave it to his disciples, saying, "Take it; this is my body."

23 Then he took the cup, gave thanks and offered it to them, and they all drank from it.

24 "This is my blood of the[n] covenant, which is poured out for many," he said to them. 25 "I tell you the truth, I will not drink again of the fruit of the vine until that day when I drink it anew in the kingdom of God."

26 When they had sung a hymn, they went out to the Mount of Olives.

Jesus Predicts Peter's Denial

27 "You will all fall away," Jesus told them, "for it is written:

     " 'I will strike the shepherd,
         and the sheep will be scattered.'[o]

28 But after I have risen, I will go ahead of you into Galilee."

29 Peter declared, "Even if all fall away, I will not."

30 "I tell you the truth," Jesus answered, "today— yes, tonight—before the rooster crows twice[p] you yourself will disown me three times."

31 But Peter insisted emphatically, "Even if I have to die with you, I will never disown you." And all the others said the same.

i 14:24 del pacto. Var. del nuevo pacto (véase Lc 22:20).
j 14:27 Zac 13:7   k 14:30 Var. no incluye: por segunda vez.

n 24 Some manuscripts the new   o 27 Zech. 13:7   p 30 Some early manuscripts do not have twice.

Getsemaní

32Fueron a un lugar llamado Getsemaní, y Jesús les dijo a sus discípulos: «Siéntense aquí mientras yo oro.» 33Se llevó a Pedro, a *Jacobo y a Juan, y comenzó a sentir temor y tristeza. 34«Es tal la angustia que me invade que me siento morir —les dijo—. Quédense aquí y vigilen.»

35Yendo un poco más allá, se postró en tierra y empezó a orar que, de ser posible, no tuviera él que pasar por aquella hora. 36Decía: «*Abba, Padre, todo es posible para ti. No me hagas beber este trago amargo,l pero no sea lo que yo quiero, sino lo que quieres tú.»

37Luego volvió a sus discípulos y los encontró dormidos. «Simón —le dijo a Pedro—, ¿estás dormido? ¿No pudiste mantenerte despierto ni una hora? 38Vigilen y oren para que no caigan en *tentación. El espíritu está dispuesto, pero el cuerpom es débil.»

39Una vez más se retiró e hizo la misma oración. 40Cuando volvió, los encontró dormidos otra vez, porque se les cerraban los ojos de sueño. No sabían qué decirle. 41Al volver por tercera vez, les dijo: «¿Siguen durmiendo y descansando? ¡Se acabó! Ha llegado la hora. Miren, el Hijo del hombre va a ser entregado en manos de *pecadores. 42¡Levántense! ¡Vámonos! ¡Ahí viene el que me traiciona!»

Arresto de Jesús

43Todavía estaba hablando Jesús cuando de repente llegó Judas, uno de los doce. Lo acompañaba una turba armada con espadas y palos, enviada por los jefes de los sacerdotes, los *maestros de la ley y los *ancianos. 44El traidor les había dado esta contraseña: «Al que yo le dé un beso, ése es; arréstenlo y llévenselo bien asegurado.» 45Tan pronto como llegó, Judas se acercó a Jesús.

—¡Rabí! —le dijo, y lo besó.

46Entonces los hombres prendieron a Jesús. 47Pero uno de los que estaban ahí desenfundó la espada e hirió al siervo del sumo sacerdote, cortándole una oreja.

48—¿Acaso soy un bandido n —dijo Jesús—, para que vengan con espadas y palos a arrestarme? 49Día tras día estaba con ustedes, enseñando en el *templo, y no me prendieron. Pero es preciso que se cumplan las Escrituras.

50Entonces todos lo abandonaron y huyeron. 51Cierto joven que se cubría con sólo una sábana iba siguiendo a Jesús. Lo detuvieron, 52pero él soltó la sábana y escapó desnudo.

Jesús ante el Consejo

53Llevaron a Jesús ante el sumo sacerdote y se reunieron allí todos los jefes de los sacerdotes, los *ancianos y los *maestros de la ley. 54Pedro lo siguió de lejos hasta dentro del patio del sumo sacerdote. Allí se sentó con los guardias, y se calentaba junto al fuego.

55Los jefes de los sacerdotes y el *Consejo en pleno buscaban alguna prueba contra Jesús para poder condenarlo a muerte, pero no la encontraban. 56Muchos testificaban falsamente contra él, pero sus declaraciones no coincidían. 57Entonces unos decidieron dar este falso testimonio contra él:

58—Nosotros le oímos decir: "Destruiré este *templo hecho por hombres y en tres días construiré otro, no hecho por hombres."

59Pero ni aun así concordaban sus declaraciones.

Gethsemane

32They went to a place called Gethsemane, and Jesus said to his disciples, "Sit here while I pray." 33He took Peter, James and John along with him, and he began to be deeply distressed and troubled. 34"My soul is overwhelmed with sorrow to the point of death," he said to them. "Stay here and keep watch."

35Going a little farther, he fell to the ground and prayed that if possible the hour might pass from him. 36"Abba,q Father," he said, "everything is possible for you. Take this cup from me. Yet not what I will, but what you will."

37Then he returned to his disciples and found them sleeping. "Simon," he said to Peter, "are you asleep? Could you not keep watch for one hour? 38Watch and pray so that you will not fall into temptation. The spirit is willing, but the body is weak."

39Once more he went away and prayed the same thing. 40When he came back, he again found them sleeping, because their eyes were heavy. They did not know what to say to him.

41Returning the third time, he said to them, "Are you still sleeping and resting? Enough! The hour has come. Look, the Son of Man is betrayed into the hands of sinners. 42Rise! Let us go! Here comes my betrayer!"

Jesus Arrested

43Just as he was speaking, Judas, one of the Twelve, appeared. With him was a crowd armed with swords and clubs, sent from the chief priests, the teachers of the law, and the elders. 44Now the betrayer had arranged a signal with them: "The one I kiss is the man; arrest him and lead him away under guard." 45Going at once to Jesus, Judas said, "Rabbi!" and kissed him. 46The men seized Jesus and arrested him. 47Then one of those standing near drew his sword and struck the servant of the high priest, cutting off his ear.

48"Am I leading a rebellion," said Jesus, "that you have come out with swords and clubs to capture me? 49Every day I was with you, teaching in the temple courts, and you did not arrest me. But the Scriptures must be fulfilled." 50Then everyone deserted him and fled.

51A young man, wearing nothing but a linen garment, was following Jesus. When they seized him, 52he fled naked, leaving his garment behind.

Before the Sanhedrin

53They took Jesus to the high priest, and all the chief priests, elders and teachers of the law came together. 54Peter followed him at a distance, right into the courtyard of the high priest. There he sat with the guards and warmed himself at the fire.

55The chief priests and the whole Sanhedrin were looking for evidence against Jesus so that they could put him to death, but they did not find any. 56Many testified falsely against him, but their statements did not agree.

57Then some stood up and gave this false testimony against him: 58"We heard him say, 'I will destroy this man-made temple and in three days will build another, not made by man.' " 59Yet even then their testimony did not agree.

---

l 14:36 No ... amargo. Lit. Quita de mí esta copa.　m 14:38 el cuerpo. Lit. la *carne.　n 14:48 bandido. Alt. insurgente.　q 36 Aramaic for Father

60 Poniéndose de pie en el medio, el sumo sacerdote interrogó a Jesús:

—¿No tienes nada que contestar? ¿Qué significan estas denuncias en tu contra?

61 Pero Jesús se quedó callado y no contestó nada.

—¿Eres el *Cristo, el Hijo del Bendito? —le preguntó de nuevo el sumo sacerdote.

62 —Sí, yo soy —dijo Jesús—. Y ustedes verán al Hijo del hombre sentado a la *derecha del Todopoderoso, y viniendo en las nubes del cielo.

63 —¿Para qué necesitamos más testigos? —dijo el sumo sacerdote, rasgándose las vestiduras—. 64 ¡Ustedes han oído la *blasfemia! ¿Qué les parece?

Todos ellos lo condenaron como digno de muerte. 65 Algunos comenzaron a escupirle; le vendaron los ojos y le daban puñetazos.

—¡Profetiza! —le gritaban.

Los guardias también le daban bofetadas.

Pedro niega a Jesús

66 Mientras Pedro estaba abajo en el patio, pasó una de las criadas del sumo sacerdote. 67 Cuando vio a Pedro calentándose, se fijó en él.

—Tú también estabas con ese nazareno, con Jesús —le dijo ella.

68 Pero él lo negó:

—No lo conozco. Ni siquiera sé de qué estás hablando.

Y salió afuera, a la entrada.ñ

69 Cuando la criada lo vio allí, les dijo de nuevo a los presentes:

—Éste es uno de ellos.

70 Él lo volvió a negar.

Poco después, los que estaban allí le dijeron a Pedro:

—Seguro que tú eres uno de ellos, pues eres galileo.

71 Él comenzó a echarse maldiciones.

—¡No conozco a ese hombre del que hablan! —les juró.

72 Al instante un gallo cantó por segunda vez.o Pedro se acordó de lo que Jesús le había dicho: «Antes de que el gallo cante por segunda vez,o me negarás tres veces.» Y se echó a llorar.

Jesús ante Pilato

15 Tan pronto como amaneció, los jefes de los sacerdotes, con los *ancianos, los *maestros de la ley y el *Consejo en pleno, llegaron a una decisión. Ataron a Jesús, se lo llevaron y se lo entregaron a Pilato.

2 —¿Eres tú el rey de los judíos? —le preguntó Pilato.

—Tú mismo lo dices —respondió.

3 Los jefes de los sacerdotes se pusieron a acusarlo de muchas cosas.

4 —¿No vas a contestar? —le preguntó de nuevo Pilato—. Mira de cuántas cosas te están acusando.

5 Pero Jesús ni aun con eso contestó nada, de modo que Pilato se quedó asombrado.

6 Ahora bien, durante la fiesta él acostumbraba soltarles un preso, el que la gente pidiera. 7 Y resulta que un hombre llamado Barrabás estaba encarcelado con los rebeldes condenados por haber cometido homicidio en una insurrección. 8 Subió la multitud y le pidió a Pilato que le concediera lo que acostumbraba.

9 —¿Quieren que les suelte al rey de los judíos?

60 Then the high priest stood up before them and asked Jesus, "Are you not going to answer? What is this testimony that these men are bringing against you?" 61 But Jesus remained silent and gave no answer.

Again the high priest asked him, "Are you the Christ,r the Son of the Blessed One?"

62 "I am," said Jesus. "And you will see the Son of Man sitting at the right hand of the Mighty One and coming on the clouds of heaven."

63 The high priest tore his clothes. "Why do we need any more witnesses?" he asked. 64 "You have heard the blasphemy. What do you think?"

They all condemned him as worthy of death. 65 Then some began to spit at him; they blindfolded him, struck him with their fists, and said, "Prophesy!" And the guards took him and beat him.

Peter Disowns Jesus

66 While Peter was below in the courtyard, one of the servant girls of the high priest came by. 67 When she saw Peter warming himself, she looked closely at him.

"You also were with that Nazarene, Jesus," she said.

68 But he denied it. "I don't know or understand what you're talking about," he said, and went out into the entryway.s

69 When the servant girl saw him there, she said again to those standing around, "This fellow is one of them." 70 Again he denied it.

After a little while, those standing near said to Peter, "Surely you are one of them, for you are a Galilean."

71 He began to call down curses on himself, and he swore to them, "I don't know this man you're talking about."

72 Immediately the rooster crowed the second time.t Then Peter remembered the word Jesus had spoken to him: "Before the rooster crows twiceu you will disown me three times." And he broke down and wept.

Jesus Before Pilate

15 Very early in the morning, the chief priests, with the elders, the teachers of the law and the whole Sanhedrin, reached a decision. They bound Jesus, led him away and handed him over to Pilate.

2 "Are you the king of the Jews?" asked Pilate.

"Yes, it is as you say," Jesus replied.

3 The chief priests accused him of many things. 4 So again Pilate asked him, "Aren't you going to answer? See how many things they are accusing you of."

5 But Jesus still made no reply, and Pilate was amazed.

6 Now it was the custom at the Feast to release a prisoner whom the people requested. 7 A man called Barabbas was in prison with the insurrectionists who had committed murder in the uprising. 8 The crowd came up and asked Pilate to do for them what he usually did.

9 "Do you want me to release to you the king of the

ñ 14:68 entrada. Var. entrada; y cantó el gallo. o 14:72 Var. no incluye: por segunda vez.

r 61 Or Messiah s 68 Some early manuscripts entryway and the rooster crowed t 72 Some early manuscripts do not have the second time. u 72 Some early manuscripts do not have twice.

—replicó Pilato, [10] porque se daba cuenta de que los jefes de los sacerdotes habían entregado a Jesús por envidia.

[11] Pero los jefes de los sacerdotes incitaron a la multitud para que Pilato les soltara más bien a Barrabás.

[12] —¿Y qué voy a hacer con el que ustedes llaman el rey de los judíos? —les preguntó Pilato.

[13] —¡Crucifícalo! —gritaron.

[14] —¿Por qué? ¿Qué crimen ha cometido?

Pero ellos gritaron aún más fuerte:

—¡Crucifícalo!

[15] Como quería satisfacer a la multitud, Pilato les soltó a Barrabás; a Jesús lo mandó azotar, y lo entregó para que lo crucificaran.

Los soldados se burlan de Jesús

[16] Los soldados llevaron a Jesús al interior del palacio (es decir, al pretorio) y reunieron a toda la tropa. [17] Le pusieron un manto de color púrpura; luego trenzaron una corona de espinas, y se la colocaron.

[18] —¡Salve, rey de los judíos! —lo aclamaban.

[19] Lo golpeaban en la cabeza con una caña y le escupían. Doblando la rodilla, le rendían homenaje. [20] Después de burlarse de él, le quitaron el manto y le pusieron su propia ropa. Por fin, lo sacaron para crucificarlo.

La crucifixión

[21] A uno que pasaba por allí de vuelta del campo, un tal Simón de Cirene, padre de Alejandro y de Rufo, lo obligaron a llevar la cruz. [22] Condujeron a Jesús al lugar llamado Gólgota (que significa: Lugar de la Calavera). [23] Le ofrecieron vino mezclado con mirra, pero no lo tomó. [24] Y lo crucificaron. Repartieron su ropa, echando suertes para ver qué le tocaría a cada uno.

[25] Eran las nueve de la mañana[p] cuando lo crucificaron. [26] Un letrero tenía escrita la causa de su condena: «EL REY DE LOS JUDÍOS.» [27] Con él crucificaron a dos bandidos,[q] uno a su derecha y otro a su izquierda.[r] [29] Los que pasaban meneaban la cabeza y *blasfemaban contra él.

—¡Eh! Tú que destruyes el *templo y en tres días lo reconstruyes —decían—, [30] ¡baja de la cruz y sálvate a ti mismo!

[31] De la misma manera se burlaban de él los jefes de los sacerdotes junto con los maestros de la ley.

—Salvó a otros —decían—, ¡pero no puede salvarse a sí mismo! [32] Que baje ahora de la cruz ese *Cristo, el rey de Israel, para que veamos y creamos.

También lo insultaban los que estaban crucificados con él.

Muerte de Jesús

[33] Desde el mediodía y hasta la media tarde quedó toda la tierra en oscuridad. [34] A las tres de la tarde[s] Jesús gritó a voz en cuello:

—Eloi, Eloi, ¿lama sabactani? (que significa: "Dios mío, Dios mío, ¿por qué me has desamparado?").[t]

[35] Cuando lo oyeron, algunos de los que estaban cerca dijeron:

—Escuchen, está llamando a Elías.

[36] Un hombre corrió, empapó una esponja en vinagre, la puso en una caña y se la ofreció a Jesús para que bebiera.

—Déjenlo, a ver si viene Elías a bajarlo —dijo.

[37] Entonces Jesús, lanzando un fuerte grito, expiró.

Jews?" asked Pilate, [10] knowing it was out of envy that the chief priests had handed Jesus over to him. [11] But the chief priests stirred up the crowd to have Pilate release Barabbas instead.

[12] "What shall I do, then, with the one you call the king of the Jews?" Pilate asked them.

[13] "Crucify him!" they shouted.

[14] "Why? What crime has he committed?" asked Pilate.

But they shouted all the louder, "Crucify him!"

[15] Wanting to satisfy the crowd, Pilate released Barabbas to them. He had Jesus flogged, and handed him over to be crucified.

The Soldiers Mock Jesus

[16] The soldiers led Jesus away into the palace (that is, the Praetorium) and called together the whole company of soldiers. [17] They put a purple robe on him, then twisted together a crown of thorns and set it on him. [18] And they began to call out to him, "Hail, king of the Jews!" [19] Again and again they struck him on the head with a staff and spit on him. Falling on their knees, they paid homage to him. [20] And when they had mocked him, they took off the purple robe and put his own clothes on him. Then they led him out to crucify him.

The Crucifixion

[21] A certain man from Cyrene, Simon, the father of Alexander and Rufus, was passing by on his way in from the country, and they forced him to carry the cross. [22] They brought Jesus to the place called Golgotha (which means The Place of the Skull). [23] Then they offered him wine mixed with myrrh, but he did not take it. [24] And they crucified him. Dividing up his clothes, they cast lots to see what each would get.

[25] It was the third hour when they crucified him. [26] The written notice of the charge against him read: THE KING OF THE JEWS. [27] They crucified two robbers with him, one on his right and one on his left.[v] [29] Those who passed by hurled insults at him, shaking their heads and saying, "So! You who are going to destroy the temple and build it in three days, [30] come down from the cross and save yourself!"

[31] In the same way the chief priests and the teachers of the law mocked him among themselves. "He saved others," they said, "but he can't save himself! [32] Let this Christ,[w] this King of Israel, come down now from the cross, that we may see and believe." Those crucified with him also heaped insults on him.

The Death of Jesus

[33] At the sixth hour darkness came over the whole land until the ninth hour. [34] And at the ninth hour Jesus cried out in a loud voice, "Eloi, Eloi, lama sabachthani?"—which means, "My God, my God, why have you forsaken me?"[x]

[35] When some of those standing near heard this, they said, "Listen, he's calling Elijah."

[36] One man ran, filled a sponge with wine vinegar, put it on a stick, and offered it to Jesus to drink. "Now leave him alone. Let's see if Elijah comes to take him down," he said.

[37] With a loud cry, Jesus breathed his last.

---

p 15:25 Eran ... mañana. Lit. Era la hora tercera.
q 15:27 bandidos. Alt. insurgentes.   r 15:27 izquierda. Var.
izquierda. 28 Así se cumplió la Escritura que dice: «Fue contado
con los malhechores.» (Is 53:12)   s 15:33-34 Desde ... tarde. Lit.
Y llegando la hora sexta vino oscuridad sobre toda la tierra hasta
la hora novena. 34 Y en la hora novena.   t 15:34 Sal 22:1

v 27 Some manuscripts left, 28 and the scripture was fulfilled which
says, "He was counted with the lawless ones" (Isaiah 53:12)
w 32 Or Messiah   x 34 Psalm 22:1

38La cortina del *santuario del templo se rasgó en dos, de arriba abajo. 39Y el centurión, que estaba frente a Jesús, al oír el grito yᵘ ver cómo murió, dijo:

—¡Verdaderamente este hombre era el Hijoᵛ de Dios!

40Algunas mujeres miraban desde lejos. Entre ellas estaban María Magdalena, María la madre de *Jacobo el menor y de José, y Salomé. 41Estas mujeres lo habían seguido y atendido cuando estaba en Galilea. Además había allí muchas otras que habían subido con él a Jerusalén.

Sepultura de Jesús

42Era el día de preparación (es decir, la víspera del *sábado). Así que al atardecer, 43José de Arimatea, miembro distinguido del *Consejo, y que también esperaba el reino de Dios, se atrevió a presentarse ante Pilato para pedirle el cuerpo de Jesús. 44Pilato, sorprendido de que ya hubiera muerto, llamó al centurión y le preguntó si hacía mucho queʷ había muerto. 45Una vez informado por el centurión, le entregó el cuerpo a José. 46Entonces José bajó el cuerpo, lo envolvió en una sábana que había comprado, y lo puso en un sepulcro cavado en la roca. Luego hizo rodar una piedra a la entrada del sepulcro. 47María Magdalena y María la madre de José vieron dónde lo pusieron.

La resurrección

16 Cuando pasó el *sábado, María Magdalena, María la madre de *Jacobo, y Salomé compraron especias aromáticas para ir a ungir el cuerpo de Jesús. 2Muy de mañana el primer día de la semana, apenas salido el sol, se dirigieron al sepulcro. 3Iban diciéndose unas a otras: «¿Quién nos quitará la piedra de la entrada del sepulcro?» 4Pues la piedra era muy grande.

Pero al fijarse bien, se dieron cuenta de que estaba corrida. 5Al entrar en el sepulcro vieron a un joven vestido con un manto blanco, sentado a la derecha, y se asustaron.

6—No se asusten —les dijo—. Ustedes buscan a Jesús el nazareno, el que fue crucificado. ¡Ha resucitado! No está aquí. Miren el lugar donde lo pusieron. 7Pero vayan a decirles a los discípulos y a Pedro: "Él va delante de ustedes a Galilea. Allí lo verán, tal como les dijo."

8Temblorosas y desconcertadas, las mujeres salieron huyendo del sepulcro. No dijeron nada a nadie, porque tenían miedo.ˣ

Apariciones y ascensión de Jesús

9Cuando Jesús resucitó en la madrugada del primer día de la semana, se apareció primero a María Magdalena, de la que había expulsado siete demonios. 10Ella fue y avisó a los que habían estado con él, que estaban lamentándose y llorando. 11Pero ellos, al oír que Jesús estaba vivo y que ella lo había visto, no lo creyeron.

12Después se apareció Jesús en otra forma a dos de ellos que iban de camino al campo. 13Éstos volvieron y avisaron a los demás, pero no les creyeron a ellos tampoco.

38The curtain of the temple was torn in two from top to bottom. 39And when the centurion, who stood there in front of Jesus, heard his cry andʸ saw how he died, he said, "Surely this man was the Sonᶻ of God!"

40Some women were watching from a distance. Among them were Mary Magdalene, Mary the mother of James the younger and of Joses, and Salome. 41In Galilee these women had followed him and cared for his needs. Many other women who had come up with him to Jerusalem were also there.

The Burial of Jesus

42It was Preparation Day (that is, the day before the Sabbath). So as evening approached, 43Joseph of Arimathea, a prominent member of the Council, who was himself waiting for the kingdom of God, went boldly to Pilate and asked for Jesus' body. 44Pilate was surprised to hear that he was already dead. Summoning the centurion, he asked him if Jesus had already died. 45When he learned from the centurion that it was so, he gave the body to Joseph. 46So Joseph bought some linen cloth, took down the body, wrapped it in the linen, and placed it in a tomb cut out of rock. Then he rolled a stone against the entrance of the tomb. 47Mary Magdalene and Mary the mother of Joses saw where he was laid.

The Resurrection

16 When the Sabbath was over, Mary Magdalene, Mary the mother of James, and Salome bought spices so that they might go to anoint Jesus' body. 2Very early on the first day of the week, just after sunrise, they were on their way to the tomb 3and they asked each other, "Who will roll the stone away from the entrance of the tomb?"

4But when they looked up, they saw that the stone, which was very large, had been rolled away. 5As they entered the tomb, they saw a young man dressed in a white robe sitting on the right side, and they were alarmed.

6"Don't be alarmed," he said. "You are looking for Jesus the Nazarene, who was crucified. He has risen! He is not here. See the place where they laid him. 7But go, tell his disciples and Peter, 'He is going ahead of you into Galilee. There you will see him, just as he told you.'"

8Trembling and bewildered, the women went out and fled from the tomb. They said nothing to anyone, because they were afraid.

[The earliest manuscripts and some other ancient witnesses do not have Mark 16:9–20.]

9When Jesus rose early on the first day of the week, he appeared first to Mary Magdalene, out of whom he had driven seven demons. 10She went and told those who had been with him and who were mourning and weeping. 11When they heard that Jesus was alive and that she had seen him, they did not believe it.

12Afterward Jesus appeared in a different form to two of them while they were walking in the country. 13These returned and reported it to the rest; but they did not believe them either.

ᵘ15:39 Var. no incluye: oír el grito y.   ᵛ15:39 era el Hijo. Alt. era hijo.   ʷ15:44 hacía mucho que. Var. ya.   ˣ16:8 Los mss. más antiguos y otros testimonios de la antigüedad no incluyen Mr 16:9-20. En lugar de este pasaje, algunos mss. incluyen una conclusión más breve.

ʸ39 Some manuscripts do not have heard his cry and   ᶻ39 Or a son

14 Por último se apareció Jesús a los once mientras comían; los reprendió por su falta de fe y por su obstinación en no creerles a los que lo habían visto *resucitado.

15 Les dijo: «Vayan por todo el mundo y anuncien las buenas *nuevas a toda criatura.*y* 16 El que crea y sea bautizado será salvo, pero el que no crea será condenado. 17 Estas señales acompañarán a los que crean: en mi nombre expulsarán demonios; hablarán en nuevas lenguas; 18 tomarán en sus manos serpientes; y cuando beban algo venenoso, no les hará daño alguno; pondrán las manos sobre los enfermos, y éstos recobrarán la salud.»

19 Después de hablar con ellos, el Señor Jesús fue llevado al cielo y se sentó a la *derecha de Dios. 20 Los discípulos salieron y predicaron por todas partes, y el Señor los ayudaba en la obra y confirmaba su palabra con las señales que la acompañaban.

14 Later Jesus appeared to the Eleven as they were eating; he rebuked them for their lack of faith and their stubborn refusal to believe those who had seen him after he had risen.

15 He said to them, "Go into all the world and preach the good news to all creation. 16 Whoever believes and is baptized will be saved, but whoever does not believe will be condemned. 17 And these signs will accompany those who believe: In my name they will drive out demons; they will speak in new tongues; 18 they will pick up snakes with their hands; and when they drink deadly poison, it will not hurt them at all; they will place their hands on sick people, and they will get well."

19 After the Lord Jesus had spoken to them, he was taken up into heaven and he sat at the right hand of God. 20 Then the disciples went out and preached everywhere, and the Lord worked with them and confirmed his word by the signs that accompanied it.

Evangelio según

Lucas

Prólogo

1 Muchos han intentado hacer un relato de las cosas que se han cumplido[a] entre nosotros, 2 tal y como nos las transmitieron los que desde el principio fueron testigos presenciales y servidores de la palabra. 3 Por lo tanto, yo también, excelentísimo Teófilo, habiendo investigado todo esto con esmero desde su origen, he decidido escribírtelo ordenadamente, 4 para que llegues a tener plena seguridad de lo que te enseñaron.

Anuncio del nacimiento de Juan el Bautista

5 En tiempos de Herodes, rey de Judea, hubo un sacerdote llamado Zacarías, miembro del grupo de Abías. Su esposa Elisabet también era descendiente de Aarón. 6 Ambos eran rectos e intachables delante de Dios; obedecían todos los mandamientos y preceptos del Señor. 7 Pero no tenían hijos, porque Elisabet era estéril; y los dos eran de edad avanzada.

8 Un día en que Zacarías, por haber llegado el turno de su grupo, oficiaba como sacerdote delante de Dios, 9 le tocó en suerte, según la costumbre del sacerdocio, entrar en el *santuario del Señor para quemar incienso. 10 Cuando llegó la hora de ofrecer el incienso, la multitud reunida afuera estaba orando. 11 En esto un ángel del Señor se le apareció a Zacarías a la derecha del altar del incienso. 12 Al verlo, Zacarías se asustó, y el temor se apoderó de él. 13 El ángel le dijo:

—No tengas miedo, Zacarías, pues ha sido escuchada tu oración. Tu esposa Elisabet te dará un hijo, y le pondrás por nombre Juan. 14 Tendrás gozo y alegría, y muchos se regocijarán por su nacimiento, 15 porque él será un gran hombre delante del Señor. Jamás tomará vino ni licor, y será lleno del Espíritu Santo aun desde su nacimiento.[b] 16 Hará que muchos israelitas se vuelvan al Señor su Dios. 17 Él irá primero, delante del Señor, con el espíritu y el poder de Elías, para reconciliar a[c] los padres con los hijos y guiar a los desobedientes a la sabiduría de los justos. De este modo preparará un pueblo bien dispuesto para recibir al Señor.

18 —¿Cómo podré estar seguro de esto? —preguntó Zacarías al ángel—. Ya soy anciano y mi esposa también es de edad avanzada.

19 —Yo soy Gabriel y estoy a las órdenes de Dios —le contestó el ángel—. He sido enviado para hablar contigo y darte estas buenas *noticias. 20 Pero como no creíste en mis palabras, las cuales se cumplirán a su debido tiempo, te vas a quedar mudo. No podrás hablar hasta el día en que todo esto suceda.

21 Mientras tanto, el pueblo estaba esperando a Zacarías y les extrañaba que se demorara tanto en el santuario. 22 Cuando por fin salió, no podía hablarles, así que se dieron cuenta de que allí había tenido una visión. Se podía comunicar sólo por señas, pues seguía mudo.

23 Cuando terminaron los días de su servicio, regresó a su casa. 24 Poco después, su esposa Elisabet quedó encinta y se mantuvo recluida por cinco meses.

---

a 1:1 se han cumplido. Alt. *se han recibido con convicción.*
b 1:15 desde su nacimiento. Alt. *antes de nacer.* Lit. *desde el vientre de su madre.* *c 1:17 reconciliar a.* Lit. *hacer volver los corazones de;* véase Mal 4:6.

Luke

Introduction

1 Many have undertaken to draw up an account of the things that have been fulfilled[a] among us, 2 just as they were handed down to us by those who from the first were eyewitnesses and servants of the word. 3 Therefore, since I myself have carefully investigated everything from the beginning, it seemed good also to me to write an orderly account for you, most excellent Theophilus, 4 so that you may know the certainty of the things you have been taught.

The Birth of John the Baptist Foretold

5 In the time of Herod king of Judea there was a priest named Zechariah, who belonged to the priestly division of Abijah; his wife Elizabeth was also a descendant of Aaron. 6 Both of them were upright in the sight of God, observing all the Lord's commandments and regulations blamelessly. 7 But they had no children, because Elizabeth was barren; and they were both well along in years.

8 Once when Zechariah's division was on duty and he was serving as priest before God, 9 he was chosen by lot, according to the custom of the priesthood, to go into the temple of the Lord and burn incense. 10 And when the time for the burning of incense came, all the assembled worshipers were praying outside.

11 Then an angel of the Lord appeared to him, standing at the right side of the altar of incense. 12 When Zechariah saw him, he was startled and was gripped with fear. 13 But the angel said to him: "Do not be afraid, Zechariah; your prayer has been heard. Your wife Elizabeth will bear you a son, and you are to give him the name John. 14 He will be a joy and delight to you, and many will rejoice because of his birth, 15 for he will be great in the sight of the Lord. He is never to take wine or other fermented drink, and he will be filled with the Holy Spirit even from birth.[b] 16 Many of the people of Israel will he bring back to the Lord their God. 17 And he will go on before the Lord, in the spirit and power of Elijah, to turn the hearts of the fathers to their children and the disobedient to the wisdom of the righteous—to make ready a people prepared for the Lord."

18 Zechariah asked the angel, "How can I be sure of this? I am an old man and my wife is well along in years."

19 The angel answered, "I am Gabriel. I stand in the presence of God, and I have been sent to speak to you and to tell you this good news. 20 And now you will be silent and not able to speak until the day this happens, because you did not believe my words, which will come true at their proper time."

21 Meanwhile, the people were waiting for Zechariah and wondering why he stayed so long in the temple. 22 When he came out, he could not speak to them. They realized he had seen a vision in the temple, for he kept making signs to them but remained unable to speak.

23 When his time of service was completed, he returned home. 24 After this his wife Elizabeth became pregnant and for five months remained in seclusion.

---

a 1 Or been surely believed   *b 15 Or from his mother's womb*

25 «Esto —decía ella— es obra del Señor, que ahora ha mostrado su bondad al quitarme la vergüenza que yo tenía ante los demás.»

Anuncio del nacimiento de Jesús

26 A los seis meses, Dios envió al ángel Gabriel a Nazaret, pueblo de Galilea, 27 a visitar a una joven virgen comprometida para casarse con un hombre que se llamaba José, descendiente de David. La virgen se llamaba María. 28 El ángel se acercó a ella y le dijo:

—¡Te saludo,*d* tú que has recibido el favor de Dios! El Señor está contigo.

29 Ante estas palabras, María se perturbó, y se preguntaba qué podría significar este saludo.

30 —No tengas miedo, María; Dios te ha concedido su favor —le dijo el ángel—. 31 Quedarás encinta y darás a luz un hijo, y le pondrás por nombre Jesús. 32 Él será un gran hombre, y lo llamarán Hijo del Altísimo. Dios el Señor le dará el trono de su padre David, 33 y reinará sobre el pueblo de Jacob para siempre. Su reinado no tendrá fin.

34 —¿Cómo podrá suceder esto —le preguntó María al ángel—, puesto que soy virgen?*e*

35 —El Espíritu Santo vendrá sobre ti, y el poder del Altísimo te cubrirá con su sombra. Así que al santo niño que va a nacer lo llamarán Hijo de Dios. 36 También tu parienta Elisabet va a tener un hijo en su vejez; de hecho, la que decían que era estéril ya está en el sexto mes de embarazo. 37 Porque para Dios no hay nada imposible.

38 —Aquí tienes a la sierva del Señor —contestó María—. Que él haga conmigo como me has dicho.

Con esto, el ángel la dejó.

María visita a Elisabet

39 A los pocos días María emprendió el viaje y se fue de prisa a un pueblo en la región montañosa de Judea. 40 Al llegar, entró en casa de Zacarías y saludó a Elisabet. 41 Tan pronto como Elisabet oyó el saludo de María, la criatura saltó en su vientre. Entonces Elisabet, llena del Espíritu Santo, 42 exclamó:

—¡Bendita tú entre las mujeres, y bendito el hijo que darás a luz!*f* 43 Pero, ¿cómo es esto, que la madre de mi Señor venga a verme? 44 Te digo que tan pronto como llegó a mis oídos la voz de tu saludo, saltó de alegría la criatura que llevo en el vientre. 45 ¡*Dichosa tú que has creído, porque lo que el Señor te ha dicho se cumplirá!

El cántico de María

46 Entonces dijo María:

—Mi alma glorifica al Señor,
47 y mi espíritu se regocija en Dios mi Salvador,
48 porque se ha dignado fijarse en su humilde sierva.
Desde ahora me llamarán *dichosa todas las generaciones,
49 porque el Poderoso ha hecho grandes cosas por mí.
¡Santo es su nombre!
50 De generación en generación se extiende su misericordia a los que le temen.
51 Hizo proezas con su brazo;
desbarató las intrigas de los soberbios.*g*

25 "The Lord has done this for me," she said. "In these days he has shown his favor and taken away my disgrace among the people."

The Birth of Jesus Foretold

26 In the sixth month, God sent the angel Gabriel to Nazareth, a town in Galilee, 27 to a virgin pledged to be married to a man named Joseph, a descendant of David. The virgin's name was Mary. 28 The angel went to her and said, "Greetings, you who are highly favored! The Lord is with you."

29 Mary was greatly troubled at his words and wondered what kind of greeting this might be. 30 But the angel said to her, "Do not be afraid, Mary, you have found favor with God. 31 You will be with child and give birth to a son, and you are to give him the name Jesus. 32 He will be great and will be called the Son of the Most High. The Lord God will give him the throne of his father David, 33 and he will reign over the house of Jacob forever; his kingdom will never end."

34 "How will this be," Mary asked the angel, "since I am a virgin?"

35 The angel answered, "The Holy Spirit will come upon you, and the power of the Most High will overshadow you. So the holy one to be born will be called*c* the Son of God. 36 Even Elizabeth your relative is going to have a child in her old age, and she who was said to be barren is in her sixth month. 37 For nothing is impossible with God."

38 "I am the Lord's servant," Mary answered. "May it be to me as you have said." Then the angel left her.

Mary Visits Elizabeth

39 At that time Mary got ready and hurried to a town in the hill country of Judea, 40 where she entered Zechariah's home and greeted Elizabeth. 41 When Elizabeth heard Mary's greeting, the baby leaped in her womb, and Elizabeth was filled with the Holy Spirit. 42 In a loud voice she exclaimed: "Blessed are you among women, and blessed is the child you will bear! 43 But why am I so favored, that the mother of my Lord should come to me? 44 As soon as the sound of your greeting reached my ears, the baby in my womb leaped for joy. 45 Blessed is she who has believed that what the Lord has said to her will be accomplished!"

Mary's Song

46 And Mary said:

"My soul glorifies the Lord
47 and my spirit rejoices in God my Savior,
48 for he has been mindful of the humble state of his servant.
From now on all generations will call me blessed,
49 for the Mighty One has done great things for me—
holy is his name.
50 His mercy extends to those who fear him, from generation to generation.
51 He has performed mighty deeds with his arm;
he has scattered those who are proud in their inmost thoughts.

---

d 1:28 ¡Te saludo. Alt. ¡Alégrate.   e 1:34 soy virgen? Lit. no conozco a hombre? f 1:42 el hijo que darás a luz! Lit. el fruto de tu vientre! g 1:51 desbarató ... soberbios. Lit. dispersó a los orgullosos en el pensamiento del corazón de ellos.

c 35 Or So the child to be born will be called holy,

⁵²De sus tronos derrocó a los poderosos,
　　mientras que ha exaltado a los humildes.
⁵³A los hambrientos los colmó de bienes,
　　y a los ricos los despidió con las manos
　　　vacías.
⁵⁴⁻⁵⁵Acudió en ayuda de su siervo Israel
　　y, cumpliendo su promesa a nuestros padres,
　　mostró^h su misericordia a Abraham
　　y a su descendencia para siempre.

⁵⁶María se quedó con Elisabet unos tres meses y luego regresó a su casa.

Nacimiento de Juan el Bautista

⁵⁷Cuando se le cumplió el tiempo, Elisabet dio a luz un hijo. ⁵⁸Sus vecinos y parientes se enteraron de que el Señor le había mostrado gran misericordia, y compartieron su alegría.

⁵⁹A los ocho días llevaron a circuncidar al niño. Como querían ponerle el nombre de su padre, Zacarías, ⁶⁰su madre se opuso.

—¡No! —dijo ella—. Tiene que llamarse Juan.

⁶¹—Pero si nadie en tu familia tiene ese nombre —le dijeron.

⁶²Entonces le hicieron señas a su padre, para saber qué nombre quería ponerle al niño. ⁶³Él pidió una tablilla, en la que escribió: «Su nombre es Juan.» Y todos quedaron asombrados. ⁶⁴Al instante se le desató la lengua, recuperó el habla y comenzó a alabar a Dios. ⁶⁵Todos los vecinos se llenaron de temor, y por toda la región montañosa de Judea se comentaba lo sucedido. ⁶⁶Quienes lo oían se preguntaban: «¿Qué llegará a ser este niño?» Porque la mano del Señor lo protegía.

El cántico de Zacarías

⁶⁷Entonces su padre Zacarías, lleno del Espíritu Santo, profetizó:

⁶⁸«Bendito sea el Señor, Dios de Israel,
　　porque ha venido a redimirⁱ a su pueblo.
⁶⁹Nos envió un poderoso salvador^j
　　en la casa de David su siervo
⁷⁰(como lo prometió en el pasado por medio de
　　sus *santos profetas),
⁷¹para librarnos de nuestros enemigos
　　y del poder de todos los que nos aborrecen;
⁷²para mostrar misericordia a nuestros padres
　　al acordarse de su santo pacto.
⁷³　Así lo juró a Abraham nuestro padre:
⁷⁴nos concedió que fuéramos libres del temor,
　　al rescatarnos del poder de nuestros
　　　enemigos,
　　para que le sirviéramos ⁷⁵con *santidad y
　　　justicia,
　　viviendo en su presencia todos nuestros días.

⁷⁶Y tú, hijito mío, serás llamado profeta del
　　Altísimo,
　　porque irás delante del Señor para prepararle
　　　el camino.
⁷⁷Darás a conocer a su pueblo la salvación
　　mediante el perdón de sus pecados,
⁷⁸gracias a la entrañable misericordia de nuestro
　　Dios.
　　Así nos visitará desde el cielo el sol
　　　naciente,

⁵²He has brought down rulers from their
　　thrones
　　but has lifted up the humble.
⁵³He has filled the hungry with good things
　　but has sent the rich away empty.
⁵⁴He has helped his servant Israel,
　　remembering to be merciful
⁵⁵to Abraham and his descendants forever,
　　even as he said to our fathers."

⁵⁶Mary stayed with Elizabeth for about three months and then returned home.

The Birth of John the Baptist

⁵⁷When it was time for Elizabeth to have her baby, she gave birth to a son. ⁵⁸Her neighbors and relatives heard that the Lord had shown her great mercy, and they shared her joy.

⁵⁹On the eighth day they came to circumcise the child, and they were going to name him after his father Zechariah, ⁶⁰but his mother spoke up and said, "No! He is to be called John."

⁶¹They said to her, "There is no one among your relatives who has that name."

⁶²Then they made signs to his father, to find out what he would like to name the child. ⁶³He asked for a writing tablet, and to everyone's astonishment he wrote, "His name is John." ⁶⁴Immediately his mouth was opened and his tongue was loosed, and he began to speak, praising God. ⁶⁵The neighbors were all filled with awe, and throughout the hill country of Judea people were talking about all these things. ⁶⁶Everyone who heard this wondered about it, asking, "What then is this child going to be?" For the Lord's hand was with him.

Zechariah's Song

⁶⁷His father Zechariah was filled with the Holy Spirit and prophesied:

⁶⁸"Praise be to the Lord, the God of Israel,
　　because he has come and has redeemed
　　　his people.
⁶⁹He has raised up a horn^d of salvation for
　　us
　　in the house of his servant David
⁷⁰(as he said through his holy prophets of
　　long ago),
⁷¹salvation from our enemies
　　and from the hand of all who hate us—
⁷²to show mercy to our fathers
　　and to remember his holy covenant,
⁷³　the oath he swore to our father Abraham:
⁷⁴to rescue us from the hand of our enemies,
　　and to enable us to serve him without fear
⁷⁵　in holiness and righteousness before him
　　all our days.

⁷⁶And you, my child, will be called a prophet
　　of the Most High;
　　for you will go on before the Lord to
　　　prepare the way for him,
⁷⁷to give his people the knowledge of
　　salvation
　　through the forgiveness of their sins,
⁷⁸because of the tender mercy of our God,
　　by which the rising sun will come to us
　　from heaven

---

^h 1:54-55 mostró. Lit. recordó.　　ⁱ 1:68 ha venido a redimir. Lit.
ha visitado y ha redimido.　　^j 1:69 envió un poderoso salvador.
Lit. levantó un cuerno de salvación.

^d 69 Horn here symbolizes strength.

79 para dar luz a los que viven en tinieblas,
en la más terrible oscuridad,[k]
para guiar nuestros pasos por la senda de la
paz.»

80 El niño crecía y se fortalecía en espíritu; y vivió en el desierto hasta el día en que se presentó públicamente al pueblo de Israel.

Nacimiento de Jesús

2 Por aquellos días Augusto *César decretó que se levantara un censo en todo el imperio romano.[l] 2 (Este primer censo se efectuó cuando Cirenio gobernaba en Siria.) 3 Así que iban todos a inscribirse, cada cual a su propio pueblo.

4 También José, que era descendiente del rey David, subió de Nazaret, ciudad de Galilea, a Judea. Fue a Belén, la ciudad de David, 5 para inscribirse junto con María su esposa.[m] Ella se encontraba encinta 6 y, mientras estaban allí, se le cumplió el tiempo. 7 Así que dio a luz a su hijo primogénito. Lo envolvió en pañales y lo acostó en un pesebre, porque no había lugar para ellos en la posada.

Los pastores y los ángeles

8 En esa misma región había unos pastores que pasaban la noche en el campo, turnándose para cuidar sus rebaños. 9 Sucedió que un ángel del Señor se les apareció. La gloria del Señor los envolvió en su luz, y se llenaron de temor. 10 Pero el ángel les dijo: «No tengan miedo. Miren que les traigo buenas *noticias que serán motivo de mucha alegría para todo el pueblo. 11 Hoy les ha nacido en la ciudad de David un Salvador, que es *Cristo el Señor. 12 Esto les servirá de señal: Encontrarán a un niño envuelto en pañales y acostado en un pesebre.»

13 De repente apareció una multitud de ángeles del cielo, que alababan a Dios y decían:

14 «Gloria a Dios en las alturas,
y en la tierra paz a los que gozan de su
buena voluntad.»[n]

15 Cuando los ángeles se fueron al cielo, los pastores se dijeron unos a otros: «Vamos a Belén, a ver esto que ha pasado y que el Señor nos ha dado a conocer.»

16 Así que fueron de prisa y encontraron a María y a José, y al niño que estaba acostado en el pesebre. 17 Cuando vieron al niño, contaron lo que les habían dicho acerca de él, 18 y cuantos lo oyeron se asombraron de lo que los pastores decían. 19 María, por su parte, guardaba todas estas cosas en su corazón y meditaba acerca de ellas. 20 Los pastores regresaron glorificando y alabando a Dios por lo que habían visto y oído, pues todo sucedió tal como se les había dicho.

Presentación de Jesús en el templo

21 Cuando se cumplieron los ocho días y fueron a circuncidarlo, lo llamaron Jesús, nombre que el ángel le había puesto antes de que fuera concebido.

22 Así mismo, cuando se cumplió el tiempo en que, según la ley de Moisés, ellos debían *purificarse, José y María llevaron al niño a Jerusalén para presentarlo al Señor. 23 Así cumplieron con lo que en la ley del Señor está escrito: «Todo varón primogénito será consagra-

79 to shine on those living in darkness
and in the shadow of death,
to guide our feet into the path of peace.”

80 And the child grew and became strong in spirit; and he lived in the desert until he appeared publicly to Israel.

The Birth of Jesus

2 In those days Caesar Augustus issued a decree that a census should be taken of the entire Roman world. 2 (This was the first census that took place while Quirinius was governor of Syria.) 3 And everyone went to his own town to register.

4 So Joseph also went up from the town of Nazareth in Galilee to Judea, to Bethlehem the town of David, because he belonged to the house and line of David. 5 He went there to register with Mary, who was pledged to be married to him and was expecting a child. 6 While they were there, the time came for the baby to be born, 7 and she gave birth to her firstborn, a son. She wrapped him in cloths and placed him in a manger, because there was no room for them in the inn.

The Shepherds and the Angels

8 And there were shepherds living out in the fields nearby, keeping watch over their flocks at night. 9 An angel of the Lord appeared to them, and the glory of the Lord shone around them, and they were terrified. 10 But the angel said to them, “Do not be afraid. I bring you good news of great joy that will be for all the people. 11 Today in the town of David a Savior has been born to you; he is Christ[e] the Lord. 12 This will be a sign to you: You will find a baby wrapped in cloths and lying in a manger.”

13 Suddenly a great company of the heavenly host appeared with the angel, praising God and saying,

14 “Glory to God in the highest,
and on earth peace to men on whom his
favor rests.”

15 When the angels had left them and gone into heaven, the shepherds said to one another, “Let's go to Bethlehem and see this thing that has happened, which the Lord has told us about.”

16 So they hurried off and found Mary and Joseph, and the baby, who was lying in the manger. 17 When they had seen him, they spread the word concerning what had been told them about this child, 18 and all who heard it were amazed at what the shepherds said to them. 19 But Mary treasured up all these things and pondered them in her heart. 20 The shepherds returned, glorifying and praising God for all the things they had heard and seen, which were just as they had been told.

Jesus Presented in the Temple

21 On the eighth day, when it was time to circumcise him, he was named Jesus, the name the angel had given him before he had been conceived.

22 When the time of their purification according to the Law of Moses had been completed, Joseph and Mary took him to Jerusalem to present him to the Lord 23 (as it is written in the Law of the Lord, “Every first-

---

k 1:79 en la más terrible oscuridad. Lit. y en sombra de muerte.
l 2:1 el imperio romano. Lit. el mundo.   m 2:5 María su esposa.
Lit. María, que estaba comprometida para casarse con él.
n 2:14 paz ... voluntad. Lit. paz a los hombres de buena voluntad.
Var. paz, buena voluntad a los hombres.

e 11 Or Messiah. “The Christ” (Greek) and “the Messiah” (Hebrew) both mean “the Anointed One”; also in verse 26.

doñ al Señor».o 24También ofrecieron un sacrificio conforme a lo que la ley del Señor dice: «un par de tórtolas o dos pichones de paloma».p

25 Ahora bien, en Jerusalén había un hombre llamado Simeón, que era justo y devoto, y aguardaba con esperanza la redenciónq de Israel. El Espíritu Santo estaba con él 26y le había revelado que no moriría sin antes ver al *Cristo del Señor. 27Movido por el Espíritu, fue al *templo. Cuando al niño Jesús lo llevaron sus padres para cumplir con la costumbre establecida por la ley, 28Simeón lo tomó en sus brazos y bendijo a Dios:

29«Según tu palabra, Soberano Señor,
    ya puedes despedir a tu *siervo en paz.
30Porque han visto mis ojos tu salvación,
31   que has preparado a la vista de todos los
        pueblos:
32luz que ilumina a las *naciones
    y gloria de tu pueblo Israel.»

33El padre y la madre del niño se quedaron maravillados por lo que se decía de él. 34Simeón les dio su bendición y le dijo a María, la madre de Jesús: «Este niño está destinado a causar la caída y el levantamiento de muchos en Israel, y a crear mucha oposición,r 35 a fin de que se manifiesten las intenciones de muchos corazones. En cuanto a ti, una espada te atravesará el alma.»

36Había también una profetisa, Ana, hija de Penuel, de la tribu de Aser. Era muy anciana; casada de joven, había vivido con su esposo siete años, 37y luego permaneció viuda hasta la edad de ochenta y cuatro.s Nunca salía del *templo, sino que día y noche adoraba a Dios con ayunos y oraciones. 38Llegando en ese mismo momento, Ana dio gracias a Dios y comenzó a hablar del niño a todos los que esperaban la redención de Jerusalén.

39Después de haber cumplido con todo lo que exigía la ley del Señor, José y María regresaron a Galilea, a su propio pueblo de Nazaret. 40El niño crecía y se fortalecía; progresaba en sabiduría, y la gracia de Dios lo acompañaba.

El niño Jesús en el templo

41Los padres de Jesús subían todos los años a Jerusalén para la fiesta de la Pascua. 42Cuando cumplió doce años, fueron allá según era la costumbre. 43Terminada la fiesta, emprendieron el viaje de regreso, pero el niño Jesús se había quedado en Jerusalén, sin que sus padres se dieran cuenta. 44Ellos, pensando que él estaba entre el grupo de viajeros, hicieron un día de camino mientras lo buscaban entre los parientes y conocidos. 45 Al no encontrarlo, volvieron a Jerusalén en busca de él. 46Al cabo de tres días lo encontraron en el *templo, sentado entre los maestros, escuchándolos y haciéndoles preguntas. 47Todos los que le oían se asombraban de su inteligencia y de sus respuestas. 48Cuando lo vieron sus padres, se quedaron admirados.

—Hijo, ¿por qué te has portado así con nosotros? —le dijo su madre—. ¡Mira que tu padre y yo te hemos estado buscando angustiados!

49—¿Por qué me buscaban? ¿No sabían que tengo que estar en la casa de mi Padre?

50Pero ellos no entendieron lo que les decía.

51Así que Jesús bajó con sus padres a Nazaret y vivió sujeto a ellos. Pero su madre conservaba todas

born male is to be consecrated to the Lord"ƒ), 24and to offer a sacrifice in keeping with what is said in the Law of the Lord: "a pair of doves or two young pigeons."g

25Now there was a man in Jerusalem called Simeon, who was righteous and devout. He was waiting for the consolation of Israel, and the Holy Spirit was upon him. 26It had been revealed to him by the Holy Spirit that he would not die before he had seen the Lord's Christ. 27Moved by the Spirit, he went into the temple courts. When the parents brought in the child Jesus to do for him what the custom of the Law required, 28Simeon took him in his arms and praised God, saying:

29"Sovereign Lord, as you have promised,
    you now dismissh your servant in peace.
30For my eyes have seen your salvation,
31   which you have prepared in the sight of
        all people,
32a light for revelation to the Gentiles
    and for glory to your people Israel."

33The child's father and mother marveled at what was said about him. 34Then Simeon blessed them and said to Mary, his mother: "This child is destined to cause the falling and rising of many in Israel, and to be a sign that will be spoken against, 35so that the thoughts of many hearts will be revealed. And a sword will pierce your own soul too."

36There was also a prophetess, Anna, the daughter of Phanuel, of the tribe of Asher. She was very old; she had lived with her husband seven years after her marriage, 37and then was a widow until she was eighty-four.i She never left the temple but worshiped night and day, fasting and praying. 38Coming up to them at that very moment, she gave thanks to God and spoke about the child to all who were looking forward to the redemption of Jerusalem.

39When Joseph and Mary had done everything required by the Law of the Lord, they returned to Galilee to their own town of Nazareth. 40And the child grew and became strong; he was filled with wisdom, and the grace of God was upon him.

The Boy Jesus at the Temple

41Every year his parents went to Jerusalem for the Feast of the Passover. 42When he was twelve years old, they went up to the Feast, according to the custom. 43After the Feast was over, while his parents were returning home, the boy Jesus stayed behind in Jerusalem, but they were unaware of it. 44Thinking he was in their company, they traveled on for a day. Then they began looking for him among their relatives and friends. 45When they did not find him, they went back to Jerusalem to look for him. 46After three days they found him in the temple courts, sitting among the teachers, listening to them and asking them questions. 47Everyone who heard him was amazed at his understanding and his answers. 48When his parents saw him, they were astonished. His mother said to him, "Son, why have you treated us like this? Your father and I have been anxiously searching for you."

49"Why were you searching for me?" he asked. "Didn't you know I had to be in my Father's house?" 50But they did not understand what he was saying to them.

51Then he went down to Nazareth with them and was obedient to them. But his mother treasured all these

---

ñ 2:23 Todo ... consagrado. Lit. Todo varón que abre la matriz será llamado santo.   o 2:23 Éx 13:2,12   p 2:24 Lv 12:8
q 2:25 redención. Lit. consolación.   r 2:34 a crear mucha oposición. Lit. a ser una señal contra la cual se hablará.
s 2:37 hasta la edad de ochenta y cuatro. Alt. durante ochenta y cuatro años.

ƒ 23 Exodus 13:2,12   g 24 Lev. 12:8   h 29 Or promised, / now dismiss   i 37 Or widow for eighty-four years

estas cosas en el corazón. 52Jesús siguió creciendo en sabiduría y estatura, y cada vez más gozaba del favor de Dios y de toda la gente.

Juan el Bautista prepara el camino

3 En el año quince del reinado de Tiberio *César, Poncio Pilato gobernaba la provincia de Judea, Herodes*r* era tetrarca en Galilea, su hermano Felipe en Iturea y Traconite, y Lisanias en Abilene; 2el sumo sacerdocio lo ejercían Anás y Caifás. En aquel entonces, la palabra de Dios llegó a Juan hijo de Zacarías, en el desierto. 3Juan recorría toda la región del Jordán predicando el bautismo de *arrepentimiento para el perdón de pecados. 4Así está escrito en el libro del profeta Isaías:

«Voz de uno que grita en el desierto:
"Preparen el camino del Señor,
    háganle sendas derechas.
5Todo valle será rellenado,
    toda montaña y colina será allanada.
Los caminos torcidos se enderezarán,
    las sendas escabrosas quedarán llanas.
6Y todo *mortal verá la salvación de Dios."»*u*

7Muchos acudían a Juan para que los bautizara.

—¡Camada de víboras! —les advirtió—. ¿Quién les dijo que podrán escapar del castigo que se acerca? 8Produzcan frutos que demuestren arrepentimiento. Y no se pongan a pensar: "Tenemos a Abraham por padre." Porque les digo que aun de estas piedras Dios es capaz de darle hijos a Abraham. 9Es más, el hacha ya está puesta a la raíz de los árboles, y todo árbol que no produzca buen fruto será cortado y arrojado al fuego.

10—¿Entonces qué debemos hacer? —le preguntaba la gente.

11—El que tiene dos *camisas debe compartir con el que no tiene ninguna —les contestó Juan—, y el que tiene comida debe hacer lo mismo.

12Llegaron también unos *recaudadores de impuestos para que los bautizara.

—Maestro, ¿qué debemos hacer nosotros? —le preguntaron.

13—No cobren más de lo debido —les respondió.

14—Y nosotros, ¿qué debemos hacer? —le preguntaron unos soldados.

—No extorsionen a nadie ni hagan denuncias falsas; más bien confórmense con lo que les pagan.

15La gente estaba a la expectativa, y todos se preguntaban si acaso Juan sería el *Cristo.

16—Yo los bautizo a ustedes con*v* agua —les respondió Juan a todos—. Pero está por llegar uno más poderoso que yo, a quien ni siquiera merezco desatarle la correa de sus sandalias. Él los bautizará con el Espíritu Santo y con fuego. 17Tiene el rastrillo en la mano para limpiar su era y recoger el trigo en su granero; la paja, en cambio, la quemará con fuego que nunca se apagará.

18Y con muchas otras palabras exhortaba Juan a la gente y le anunciaba las buenas *nuevas. 19Pero cuando reprendió al tetrarca Herodes por el asunto de su cuñada Herodías,*w* y por todas las otras maldades que había cometido, 20Herodes llegó hasta el colmo de encerrar a Juan en la cárcel.

things in her heart. 52And Jesus grew in wisdom and stature, and in favor with God and men.

John the Baptist Prepares the Way

3 In the fifteenth year of the reign of Tiberius Caesar—when Pontius Pilate was governor of Judea, Herod tetrarch of Galilee, his brother Philip tetrarch of Iturea and Traconitis, and Lysanias tetrarch of Abilene— 2during the high priesthood of Annas and Caiaphas, the word of God came to John son of Zechariah in the desert. 3He went into all the country around the Jordan, preaching a baptism of repentance for the forgiveness of sins. 4As is written in the book of the words of Isaiah the prophet:

"A voice of one calling in the desert,
'Prepare the way for the Lord,
    make straight paths for him.
5Every valley shall be filled in,
    every mountain and hill made low.
The crooked roads shall become straight,
    the rough ways smooth.
6And all mankind will see God's
        salvation.' "*j*

7John said to the crowds coming out to be baptized by him, "You brood of vipers! Who warned you to flee from the coming wrath? 8Produce fruit in keeping with repentance. And do not begin to say to yourselves, 'We have Abraham as our father.' For I tell you that out of these stones God can raise up children for Abraham. 9The ax is already at the root of the trees, and every tree that does not produce good fruit will be cut down and thrown into the fire."

10"What should we do then?" the crowd asked.

11John answered, "The man with two tunics should share with him who has none, and the one who has food should do the same."

12Tax collectors also came to be baptized. "Teacher," they asked, "what should we do?"

13"Don't collect any more than you are required to," he told them.

14Then some soldiers asked him, "And what should we do?"

He replied, "Don't extort money and don't accuse people falsely—be content with your pay."

15The people were waiting expectantly and were all wondering in their hearts if John might possibly be the Christ.*k* 16John answered them all, "I baptize you with*l* water. But one more powerful than I will come, the thongs of whose sandals I am not worthy to untie. He will baptize you with the Holy Spirit and with fire. 17His winnowing fork is in his hand to clear his threshing floor and to gather the wheat into his barn, but he will burn up the chaff with unquenchable fire." 18And with many other words John exhorted the people and preached the good news to them.

19But when John rebuked Herod the tetrarch because of Herodias, his brother's wife, and all the other evil things he had done, 20Herod added this to them all: He locked John up in prison.

---

t3:1 Es decir, Herodes Antipas, hijo del rey Herodes (1:5).
u3:6 Is 40:3-5   *v3:16 con.* Alt. *en.*   *w3:19* Esposa de Felipe, hermano de Herodes Antipas.

j6 Isaiah 40:3-5   *k15* Or *Messiah*   *l16* Or *in*

Bautismo y genealogía de Jesús

21 Un día en que todos acudían a Juan para que los bautizara, Jesús fue bautizado también. Y mientras oraba, se abrió el cielo, 22 y el Espíritu Santo bajó sobre él en forma de paloma. Entonces se oyó una voz del cielo que decía: «Tú eres mi Hijo amado; estoy muy complacido contigo.»

23 Jesús tenía unos treinta años cuando comenzó su ministerio. Era hijo, según se creía, de José,

hijo de Elí, 24 hijo de Matat,
hijo de Leví, hijo de Melquí,
hijo de Janay, hijo de José,
25 hijo de Matatías, hijo de Amós,
hijo de Nahúm, hijo de Eslí,
hijo de Nagay, 26 hijo de Máat,
hijo de Matatías, hijo de Semeí,
hijo de Josec, hijo de Judá,
27 hijo de Yojanán, hijo de Resa,
hijo de Zorobabel, hijo de Salatiel,
hijo de Neri, 28 hijo de Melquí,
hijo de Adí, hijo de Cosán,
hijo de Elmadán, hijo de Er,
29 hijo de Josué, hijo de Eliezer,
hijo de Jorín, hijo de Matat,
hijo de Leví, 30 hijo de Simeón,
hijo de Judá, hijo de José,
hijo de Jonán, hijo de Eliaquín,
31 hijo de Melea, hijo de Mainán,
hijo de Matata, hijo de Natán,
hijo de David, 32 hijo de Isaí,
hijo de Obed, hijo de Booz,
hijo de Salmón, x hijo de Naasón,
33 hijo de Aminadab, hijo de Aram, y
hijo de Jezrón, hijo de Fares,
hijo de Judá, 34 hijo de Jacob,
hijo de Isaac, hijo de Abraham,
hijo de Téraj, hijo de Najor,
35 hijo de Serug, hijo de Ragau,
hijo de Péleg, hijo de Éber,
hijo de Selaj, 36 hijo de Cainán,
hijo de Arfaxad, hijo de Sem,
hijo de Noé, hijo de Lamec,
37 hijo de Matusalén, hijo de Enoc,
hijo de Jared, hijo de Malalel,
hijo de Cainán, 38 hijo de Enós,
hijo de Set, hijo de Adán,
hijo de Dios.

Tentación de Jesús

4 Jesús, lleno del Espíritu Santo, volvió del Jordán y fue llevado por el Espíritu al desierto. 2 Allí estuvo cuarenta días y fue *tentado por el diablo. No comió nada durante esos días, pasados los cuales tuvo hambre.

3 —Si eres el Hijo de Dios —le propuso el diablo—, dile a esta piedra que se convierta en pan.

4 Jesús le respondió:

—Escrito está: "No sólo de pan vive el hombre." z

5 Entonces el diablo lo llevó a un lugar alto y le mostró en un instante todos los reinos del mundo.

6 —Sobre estos reinos y todo su esplendor —le dijo—, te daré la autoridad, porque a mí me ha sido

The Baptism and Genealogy of Jesus

21 When all the people were being baptized, Jesus was baptized too. And as he was praying, heaven was opened 22 and the Holy Spirit descended on him in bodily form like a dove. And a voice came from heaven: "You are my Son, whom I love; with you I am well pleased."

23 Now Jesus himself was about thirty years old when he began his ministry. He was the son, so it was thought, of Joseph,

the son of Heli, 24 the son of Matthat,
the son of Levi, the son of Melki,
the son of Jannai, the son of Joseph,
25 the son of Mattathias, the son of Amos,
the son of Nahum, the son of Esli,
the son of Naggai, 26 the son of Maath,
the son of Mattathias, the son of Semein,
the son of Josech, the son of Joda,
27 the son of Joanan, the son of Rhesa,
the son of Zerubbabel, the son of Shealtiel,
the son of Neri, 28 the son of Melki,
the son of Addi, the son of Cosam,
the son of Elmadam, the son of Er,
29 the son of Joshua, the son of Eliezer,
the son of Jorim, the son of Matthat,
the son of Levi, 30 the son of Simeon,
the son of Judah, the son of Joseph,
the son of Jonam, the son of Eliakim,
31 the son of Melea, the son of Menna,
the son of Mattatha, the son of Nathan,
the son of David, 32 the son of Jesse,
the son of Obed, the son of Boaz,
the son of Salmon, m the son of Nahshon,
33 the son of Amminadab, the son of Ram, n
the son of Hezron, the son of Perez,
the son of Judah, 34 the son of Jacob,
the son of Isaac, the son of Abraham,
the son of Terah, the son of Nahor,
35 the son of Serug, the son of Reu,
the son of Peleg, the son of Eber,
the son of Shelah, 36 the son of Cainan,
the son of Arphaxad, the son of Shem,
the son of Noah, the son of Lamech,
37 the son of Methuselah, the son of Enoch,
the son of Jared, the son of Mahalalel,
the son of Kenan, 38 the son of Enosh,
the son of Seth, the son of Adam,
the son of God.

The Temptation of Jesus

4 Jesus, full of the Holy Spirit, returned from the Jordan and was led by the Spirit in the desert, 2 where for forty days he was tempted by the devil. He ate nothing during those days, and at the end of them he was hungry.

3 The devil said to him, "If you are the Son of God, tell this stone to become bread."

4 Jesus answered, "It is written: 'Man does not live on bread alone.' o "

5 The devil led him up to a high place and showed him in an instant all the kingdoms of the world. 6 And he said to him, "I will give you all their authority and splendor, for it has been given to me, and I can give it

---

x 3:32 Salmón. Var. Sala.   y 3:33 Aminadab, hijo de Aram. Var. Aminadab, el hijo de Admín, el hijo de Arní; los mss. varían mucho en este versículo.   z 4:4 Dt 8:3

m 32 Some early manuscripts Sala   n 33 Some manuscripts Amminadab, the son of Admin, the son of Arni; other manuscripts vary widely.   o 4 Deut. 8:3

entregada, y puedo dársela a quien yo quiera. 7 Así que, si me adoras, todo será tuyo.

Jesús le contestó:

8 —Escrito está: "Adora al Señor tu Dios y sírvele solamente a él."*a*

9 El diablo lo llevó luego a Jerusalén e hizo que se pusiera de pie en la parte más alta del *templo, y le dijo:

—Si eres el Hijo de Dios, ¡tírate de aquí! 10 Pues escrito está:

»"Ordenará que sus ángeles te cuiden.
Te sostendrán en sus manos
11 para que no tropieces con piedra alguna."*b*

12 —También está escrito: "No pongas a prueba al Señor tu Dios"*c* —le replicó Jesús.

13 Así que el diablo, habiendo agotado todo recurso de tentación, lo dejó hasta otra oportunidad.

Rechazan a Jesús en Nazaret

14 Jesús regresó a Galilea en el poder del Espíritu, y se extendió su fama por toda aquella región. 15 Enseñaba en las sinagogas, y todos lo admiraban.

16 Fue a Nazaret, donde se había criado, y un *sábado entró en la sinagoga, como era su costumbre. Se levantó para hacer la lectura, 17 y le entregaron el libro del profeta Isaías. Al desenrollarlo, encontró el lugar donde está escrito:

18 «El Espíritu del Señor está sobre mí,
      por cuanto me ha ungido
      para anunciar buenas *nuevas a los pobres.
   Me ha enviado a proclamar libertad a los
         cautivos
      y dar vista a los ciegos,
   a poner en libertad a los oprimidos,
19   a pregonar el año del favor del Señor.»*d*

20 Luego enrolló el libro, se lo devolvió al ayudante y se sentó. Todos los que estaban en la sinagoga lo miraban detenidamente, 21 y él comenzó a hablarles: «Hoy se cumple esta Escritura en presencia de ustedes.»

22 Todos dieron su aprobación, impresionados por las hermosas palabras*e* que salían de su boca. «¿No es éste el hijo de José?», se preguntaban.

23 Jesús continuó: «Seguramente ustedes me van a citar el proverbio: "¡Médico, cúrate a ti mismo! Haz aquí en tu tierra lo que hemos oído que hiciste en Capernaúm." 24 Pues bien, les aseguro que a ningún profeta lo aceptan en su propia tierra. 25 No cabe duda de que en tiempos de Elías, cuando el cielo se cerró por tres años y medio, de manera que hubo una gran hambre en toda la tierra, muchas viudas vivían en Israel. 26 Sin embargo, Elías no fue enviado a ninguna de ellas, sino a una viuda de Sarepta, en los alrededores de Sidón. 27 Así mismo, había en Israel muchos enfermos de *lepra en tiempos del profeta Eliseo, pero ninguno de ellos fue sanado, sino Naamán el sirio.»

28 Al oír esto, todos los que estaban en la sinagoga se enfurecieron. 29 Se levantaron, lo expulsaron del pueblo y lo llevaron hasta la cumbre de la colina sobre la que estaba construido el pueblo, para tirarlo por el precipicio. 30 Pero él pasó por en medio de ellos y se fue.

to anyone I want to. 7 So if you worship me, it will all be yours."

8 Jesus answered, "It is written: 'Worship the Lord your God and serve him only.'*p*"

9 The devil led him to Jerusalem and had him stand on the highest point of the temple. "If you are the Son of God," he said, "throw yourself down from here. 10 For it is written:

" 'He will command his angels concerning
         you
      to guard you carefully;
11 they will lift you up in their hands,
      so that you will not strike your foot
            against a stone.'*q*"

12 Jesus answered, "It says: 'Do not put the Lord your God to the test.'*r*"

13 When the devil had finished all this tempting, he left him until an opportune time.

Jesus Rejected at Nazareth

14 Jesus returned to Galilee in the power of the Spirit, and news about him spread through the whole countryside. 15 He taught in their synagogues, and everyone praised him.

16 He went to Nazareth, where he had been brought up, and on the Sabbath day he went into the synagogue, as was his custom. And he stood up to read. 17 The scroll of the prophet Isaiah was handed to him. Unrolling it, he found the place where it is written:

18 "The Spirit of the Lord is on me,
      because he has anointed me
      to preach good news to the poor.
   He has sent me to proclaim freedom for the
         prisoners
      and recovery of sight for the blind,
   to release the oppressed,
19   to proclaim the year of the Lord's
            favor."*s*

20 Then he rolled up the scroll, gave it back to the attendant and sat down. The eyes of everyone in the synagogue were fastened on him, 21 and he began by saying to them, "Today this scripture is fulfilled in your hearing."

22 All spoke well of him and were amazed at the gracious words that came from his lips. "Isn't this Joseph's son?" they asked.

23 Jesus said to them, "Surely you will quote this proverb to me: 'Physician, heal yourself! Do here in your hometown what we have heard that you did in Capernaum.' "

24 "I tell you the truth," he continued, "no prophet is accepted in his hometown. 25 I assure you that there were many widows in Israel in Elijah's time, when the sky was shut for three and a half years and there was a severe famine throughout the land. 26 Yet Elijah was not sent to any of them, but to a widow in Zarephath in the region of Sidon. 27 And there were many in Israel with leprosy*t* in the time of Elisha the prophet, yet not one of them was cleansed—only Naaman the Syrian."

28 All the people in the synagogue were furious when they heard this. 29 They got up, drove him out of the town, and took him to the brow of the hill on which the town was built, in order to throw him down the cliff. 30 But he walked right through the crowd and went on his way.

---

a 4:8 Dt 6:13   *b 4:10-11* Sal 91:11,12   *c 4:12* Dt 6:16
d 4:19 Is 61:1,2   *e 4:22 Todos ... palabras.* Lit. *Todos daban testimonio de él y estaban asombrados de las palabras de gracia.*

p 8 Deut. 6:13   *q 11* Psalm 91:11,12   *r 12* Deut. 6:16
s 19 Isaiah 61:1,2   *t 27* The Greek word was used for various diseases affecting the skin—not necessarily leprosy.

Jesús expulsa a un espíritu maligno

31 Jesús pasó a Capernaúm, un pueblo de Galilea, y el día *sábado enseñaba a la gente. 32 Estaban asombrados de su enseñanza, porque les hablaba con autoridad.

33 Había en la sinagoga un hombre que estaba poseído por un *espíritu maligno, quien gritó con todas sus fuerzas:

34 —¡Ah! ¿Por qué te entrometes, Jesús de Nazaret? ¿Has venido a destruirnos? Yo sé quién eres tú: ¡el Santo de Dios!

35 —¡Cállate! —lo reprendió Jesús—. ¡Sal de ese hombre!

Entonces el demonio derribó al hombre en medio de la gente y salió de él sin hacerle ningún daño.

36 Todos se asustaron y se decían unos a otros: «¿Qué clase de palabra es ésta? ¡Con autoridad y poder les da órdenes a los espíritus malignos, y salen!» 37 Y se extendió su fama por todo aquel lugar.

Jesús sana a muchos enfermos

38 Cuando Jesús salió de la sinagoga, se fue a casa de Simón, cuya suegra estaba enferma con una fiebre muy alta. Le pidieron a Jesús que la ayudara, 39 así que se inclinó sobre ella y reprendió a la fiebre, la cual se le quitó. Ella se levantó en seguida y se puso a servirles.

40 Al ponerse el sol, la gente le llevó a Jesús todos los que padecían de diversas enfermedades; él puso las manos sobre cada uno de ellos y los sanó. 41 Además, de muchas personas salían demonios que gritaban: «¡Tú eres el Hijo de Dios!» Pero él los reprendía y no los dejaba hablar porque sabían que él era el *Cristo.

42 Cuando amaneció, Jesús salió y se fue a un lugar solitario. La gente andaba buscándolo, y cuando llegaron adonde él estaba, procuraban detenerlo para que no se fuera. 43 Pero él les dijo: «Es preciso que anuncie también a los demás pueblos las buenas *nuevas del reino de Dios, porque para esto fui enviado.»

44 Y siguió predicando en las sinagogas de los judíos.f

Llamamiento de los primeros discípulos

5 Un día estaba Jesús a orillas del lago de Genesaret,g y la gente lo apretujaba para escuchar el mensaje de Dios. 2 Entonces vio dos barcas que los pescadores habían dejado en la playa mientras lavaban las redes. 3 Subió a una de las barcas, que pertenecía a Simón, y le pidió que la alejara un poco de la orilla. Luego se sentó, y enseñaba a la gente desde la barca.

4 Cuando acabó de hablar, le dijo a Simón:

—Lleva la barca hacia aguas más profundas, y echen allí las redes para pescar.

5 —Maestro, hemos estado trabajando duro toda la noche y no hemos pescado nada —le contestó Simón—. Pero como tú me lo mandas, echaré las redes.

6 Así lo hicieron, y recogieron una cantidad tan grande de peces que las redes se les rompían. 7 Entonces llamaron por señas a sus compañeros de la otra barca para que los ayudaran. Ellos se acercaron y llenaron tanto las dos barcas que comenzaron a hundirse.

8 Al ver esto, Simón Pedro cayó de rodillas delante de Jesús y le dijo:

—¡Apártate de mí, Señor; soy un pecador!

9 Es que él y todos sus compañeros estaban asombra-

Jesus Drives Out an Evil Spirit

31 Then he went down to Capernaum, a town in Galilee, and on the Sabbath began to teach the people. 32 They were amazed at his teaching, because his message had authority.

33 In the synagogue there was a man possessed by a demon, an evilu spirit. He cried out at the top of his voice, 34 "Ha! What do you want with us, Jesus of Nazareth? Have you come to destroy us? I know who you are—the Holy One of God!"

35 "Be quiet!" Jesus said sternly. "Come out of him!" Then the demon threw the man down before them all and came out without injuring him.

36 All the people were amazed and said to each other, "What is this teaching? With authority and power he gives orders to evil spirits and they come out!" 37 And the news about him spread throughout the surrounding area.

Jesus Heals Many

38 Jesus left the synagogue and went to the home of Simon. Now Simon's mother-in-law was suffering from a high fever, and they asked Jesus to help her. 39 So he bent over her and rebuked the fever, and it left her. She got up at once and began to wait on them.

40 When the sun was setting, the people brought to Jesus all who had various kinds of sickness, and laying his hands on each one, he healed them. 41 Moreover, demons came out of many people, shouting, "You are the Son of God!" But he rebuked them and would not allow them to speak, because they knew he was the Christ.v

42 At daybreak Jesus went out to a solitary place. The people were looking for him and when they came to where he was, they tried to keep him from leaving them. 43 But he said, "I must preach the good news of the kingdom of God to the other towns also, because that is why I was sent." 44 And he kept on preaching in the synagogues of Judea.w

The Calling of the First Disciples

5 One day as Jesus was standing by the Lake of Gennesaret,x with the people crowding around him and listening to the word of God, 2 he saw at the water's edge two boats, left there by the fishermen, who were washing their nets. 3 He got into one of the boats, the one belonging to Simon, and asked him to put out a little from shore. Then he sat down and taught the people from the boat.

4 When he had finished speaking, he said to Simon, "Put out into deep water, and let downy the nets for a catch."

5 Simon answered, "Master, we've worked hard all night and haven't caught anything. But because you say so, I will let down the nets."

6 When they had done so, they caught such a large number of fish that their nets began to break. 7 So they signaled their partners in the other boat to come and help them, and they came and filled both boats so full that they began to sink.

8 When Simon Peter saw this, he fell at Jesus' knees and said, "Go away from me, Lord; I am a sinful man!" 9 For he and all his companions were astonished at the

---

f 4:44 los judíos. Lit. Judea. Var. Galilea.   g 5:1 Es decir, el mar de Galilea.

u 33 Greek unclean; also in verse 36   v 41 Or Messiah
w 44 Or the land of the Jews; some manuscripts Galilee
x 1 That is, Sea of Galilee   y 4 The Greek verb is plural.

dos ante la pesca que habían hecho, [10]como también lo estaban *Jacobo y Juan, hijos de Zebedeo, que eran socios de Simón.

—No temas; desde ahora serás pescador de hombres —le dijo Jesús a Simón.

[11]Así que llevaron las barcas a tierra y, dejándolo todo, siguieron a Jesús.

Jesús sana a un leproso

[12]En otra ocasión, cuando Jesús estaba en un pueblo, se presentó un hombre cubierto de *lepra. Al ver a Jesús, cayó rostro en tierra y le suplicó:

—Señor, si quieres, puedes *limpiarme.

[13]Jesús extendió la mano y tocó al hombre.

—Sí quiero —le dijo—. ¡Queda limpio!

Y al instante se le quitó la lepra.

[14]—No se lo digas a nadie —le ordenó Jesús—; sólo ve, preséntate al sacerdote y lleva por tu *purificación lo que ordenó Moisés, para que sirva de testimonio.

[15]Sin embargo, la fama de Jesús se extendía cada vez más, de modo que acudían a él multitudes para oírlo y para que los sanara de sus enfermedades. [16]Él, por su parte, solía retirarse a lugares solitarios para orar.

Jesús sana a un paralítico

[17]Un día, mientras enseñaba, estaban sentados allí algunos *fariseos y *maestros de la ley que habían venido de todas las aldeas de Galilea y Judea, y también de Jerusalén. Y el poder del Señor estaba con él para sanar a los enfermos. [18]Entonces llegaron unos hombres que llevaban en una camilla a un paralítico. Procuraron entrar para ponerlo delante de Jesús, [19]pero no pudieron a causa de la multitud. Así que subieron a la azotea y, separando las tejas, lo bajaron en la camilla hasta ponerlo en medio de la gente, frente a Jesús.

[20]Al ver la fe de ellos, Jesús dijo:

—Amigo, tus pecados quedan perdonados.

[21]Los fariseos y los maestros de la ley comenzaron a pensar: «¿Quién es éste que dice *blasfemias? ¿Quién puede perdonar pecados sino sólo Dios?»

[22]Pero Jesús supo lo que estaban pensando y les dijo:

—¿Por qué razonan así? [23]¿Qué es más fácil decir: "Tus pecados quedan perdonados", o "Levántate y anda"? [24]Pues para que sepan que el Hijo del hombre tiene autoridad en la tierra para perdonar pecados —se dirigió entonces al paralítico—: A ti te digo, levántate, toma tu camilla y vete a tu casa.

[25]Al instante se levantó a la vista de todos, tomó la camilla en que había estado acostado, y se fue a su casa alabando a Dios. [26]Todos quedaron asombrados y ellos también alababan a Dios. Estaban llenos de temor y decían: «Hoy hemos visto maravillas.»

Llamamiento de Leví

[27]Después de esto salió Jesús y se fijó en un *recaudador de impuestos llamado Leví, sentado a la mesa donde cobraba.

—Sígueme —le dijo Jesús.

[28]Y Leví se levantó, lo dejó todo y lo siguió.

[29]Luego Leví le ofreció a Jesús un gran banquete en su casa, y había allí un grupo numeroso de recaudadores de impuestos y otras personas que estaban comiendo con ellos. [30]Pero los *fariseos y los *maestros de la ley que eran de la misma secta les reclamaban a los discípulos de Jesús:

—¿Por qué comen y beben ustedes con recaudadores de impuestos y *pecadores?

catch of fish they had taken, [10]and so were James and John, the sons of Zebedee, Simon's partners.

Then Jesus said to Simon, "Don't be afraid; from now on you will catch men." [11]So they pulled their boats up on shore, left everything and followed him.

The Man With Leprosy

[12]While Jesus was in one of the towns, a man came along who was covered with leprosy.[z] When he saw Jesus, he fell with his face to the ground and begged him, "Lord, if you are willing, you can make me clean."

[13]Jesus reached out his hand and touched the man. "I am willing," he said. "Be clean!" And immediately the leprosy left him.

[14]Then Jesus ordered him, "Don't tell anyone, but go, show yourself to the priest and offer the sacrifices that Moses commanded for your cleansing, as a testimony to them."

[15]Yet the news about him spread all the more, so that crowds of people came to hear him and to be healed of their sicknesses. [16]But Jesus often withdrew to lonely places and prayed.

Jesus Heals a Paralytic

[17]One day as he was teaching, Pharisees and teachers of the law, who had come from every village of Galilee and from Judea and Jerusalem, were sitting there. And the power of the Lord was present for him to heal the sick. [18]Some men came carrying a paralytic on a mat and tried to take him into the house to lay him before Jesus. [19]When they could not find a way to do this because of the crowd, they went up on the roof and lowered him on his mat through the tiles into the middle of the crowd, right in front of Jesus.

[20]When Jesus saw their faith, he said, "Friend, your sins are forgiven."

[21]The Pharisees and the teachers of the law began thinking to themselves, "Who is this fellow who speaks blasphemy? Who can forgive sins but God alone?"

[22]Jesus knew what they were thinking and asked, "Why are you thinking these things in your hearts? [23]Which is easier: to say, 'Your sins are forgiven,' or to say, 'Get up and walk'? [24]But that you may know that the Son of Man has authority on earth to forgive sins . . ." He said to the paralyzed man, "I tell you, get up, take your mat and go home." [25]Immediately he stood up in front of them, took what he had been lying on and went home praising God. [26]Everyone was amazed and gave praise to God. They were filled with awe and said, "We have seen remarkable things today."

The Calling of Levi

[27]After this, Jesus went out and saw a tax collector by the name of Levi sitting at his tax booth. "Follow me," Jesus said to him, [28]and Levi got up, left everything and followed him.

[29]Then Levi held a great banquet for Jesus at his house, and a large crowd of tax collectors and others were eating with them. [30]But the Pharisees and the teachers of the law who belonged to their sect complained to his disciples, "Why do you eat and drink with tax collectors and 'sinners'?"

---

[z]12 The Greek word was used for various diseases affecting the skin—not necessarily leprosy.

31 —No son los sanos los que necesitan médico sino los enfermos —les contestó Jesús—. 32 No he venido a llamar a justos sino a pecadores para que se *arrepientan.

Le preguntan a Jesús sobre el ayuno

33 Algunos dijeron a Jesús:

—Los discípulos de Juan ayunan y oran con frecuencia, lo mismo que los discípulos de los *fariseos, pero los tuyos se la pasan comiendo y bebiendo.

34 Jesús les replicó:

—¿Acaso pueden obligar a los invitados del novio a que ayunen mientras él está con ellos? 35 Llegará el día en que se les quitará el novio; en aquellos días sí ayunarán.

36 Les contó esta parábola:

—Nadie quita un retazo de un vestido nuevo para remendar un vestido viejo. De hacerlo así, habrá rasgado el vestido nuevo, y el retazo nuevo no hará juego con el vestido viejo. 37 Ni echa nadie vino nuevo en odres viejos. De hacerlo así, el vino nuevo hará reventar los odres, se derramará el vino y los odres se arruinarán. 38 Más bien, el vino nuevo debe echarse en odres nuevos. 39 Y nadie que haya bebido vino añejo quiere el nuevo, porque dice: "El añejo es mejor."

Señor del sábado

6 Un *sábado, al pasar Jesús por los sembrados, sus discípulos se pusieron a arrancar unas espigas de trigo, y las desgranaban para comérselas. 2 Por eso algunos de los *fariseos les dijeron:

—¿Por qué hacen ustedes lo que está prohibido hacer en sábado?

3 Jesús les contestó:

—¿Nunca han leído lo que hizo David en aquella ocasión en que él y sus compañeros tuvieron hambre? 4 Entró en la casa de Dios, y tomando los panes consagrados a Dios, comió lo que sólo a los sacerdotes les es permitido comer. Y les dio también a sus compañeros.

5 Entonces añadió:

—El Hijo del hombre es Señor del sábado.

6 Otro sábado entró en la sinagoga y comenzó a enseñar. Había allí un hombre que tenía la mano derecha paralizada; 7 así que los *maestros de la ley y los fariseos, buscando un motivo para acusar a Jesús, no le quitaban la vista de encima para ver si sanaría en sábado. 8 Pero Jesús, que sabía lo que estaban pensando, le dijo al hombre de la mano paralizada:

—Levántate y ponte frente a todos.

Así que el hombre se puso de pie. Entonces Jesús dijo a los otros:

9 —Voy a hacerles una pregunta: ¿Qué está permitido hacer en sábado: hacer el bien o el mal, salvar una *vida o destruirla?

10 Jesús se quedó mirando a todos los que lo rodeaban, y le dijo al hombre:

—Extiende la mano.

Así lo hizo, y la mano le quedó restablecida. 11 Pero ellos se enfurecieron y comenzaron a discutir qué podrían hacer contra Jesús.

Los doce apóstoles

12 Por aquel tiempo se fue Jesús a la montaña a orar, y pasó toda la noche en oración a Dios. 13 Al llegar la mañana, llamó a sus discípulos y escogió a doce de ellos, a los que nombró apóstoles: 14 Simón (a quien llamó Pedro), su hermano Andrés, *Jacobo, Juan, Felipe, Bartolomé, 15 Mateo, Tomás, Jacobo hijo de Alfeo,

31 Jesus answered them, "It is not the healthy who need a doctor, but the sick. 32 I have not come to call the righteous, but sinners to repentance."

Jesus Questioned About Fasting

33 They said to him, "John's disciples often fast and pray, and so do the disciples of the Pharisees, but yours go on eating and drinking."

34 Jesus answered, "Can you make the guests of the bridegroom fast while he is with them? 35 But the time will come when the bridegroom will be taken from them; in those days they will fast."

36 He told them this parable: "No one tears a patch from a new garment and sews it on an old one. If he does, he will have torn the new garment, and the patch from the new will not match the old. 37 And no one pours new wine into old wineskins. If he does, the new wine will burst the skins, the wine will run out and the wineskins will be ruined. 38 No, new wine must be poured into new wineskins. 39 And no one after drinking old wine wants the new, for he says, 'The old is better.'"

Lord of the Sabbath

6 One Sabbath Jesus was going through the grainfields, and his disciples began to pick some heads of grain, rub them in their hands and eat the kernels. 2 Some of the Pharisees asked, "Why are you doing what is unlawful on the Sabbath?"

3 Jesus answered them, "Have you never read what David did when he and his companions were hungry? 4 He entered the house of God, and taking the consecrated bread, he ate what is lawful only for priests to eat. And he also gave some to his companions." 5 Then Jesus said to them, "The Son of Man is Lord of the Sabbath."

6 On another Sabbath he went into the synagogue and was teaching, and a man was there whose right hand was shriveled. 7 The Pharisees and the teachers of the law were looking for a reason to accuse Jesus, so they watched him closely to see if he would heal on the Sabbath. 8 But Jesus knew what they were thinking and said to the man with the shriveled hand, "Get up and stand in front of everyone." So he got up and stood there.

9 Then Jesus said to them, "I ask you, which is lawful on the Sabbath: to do good or to do evil, to save life or to destroy it?"

10 He looked around at them all, and then said to the man, "Stretch out your hand." He did so, and his hand was completely restored. 11 But they were furious and began to discuss with one another what they might do to Jesus.

The Twelve Apostles

12 One of those days Jesus went out to a mountainside to pray, and spent the night praying to God. 13 When morning came, he called his disciples to him and chose twelve of them, whom he also designated apostles: 14 Simon (whom he named Peter), his brother Andrew, James, John, Philip, Bartholomew, 15 Matthew, Thomas, James son of Alphaeus, Simon who

Simón, al que llamaban el Zelote, 16 Judas hijo de Jacobo, y Judas Iscariote, que llegó a ser el traidor.

Bendiciones y ayes

17 Luego bajó con ellos y se detuvo en un llano. Había allí una gran multitud de sus discípulos y mucha gente de toda Judea, de Jerusalén y de la costa de Tiro y Sidón, 18 que habían llegado para oírlo y para que los sanara de sus enfermedades. Los que eran atormentados por *espíritus malignos quedaban liberados; 19 así que toda la gente procuraba tocarlo, porque de él salía poder que sanaba a todos.

20 Él entonces dirigió la mirada a sus discípulos y dijo:

«*Dichosos ustedes los pobres,
   porque el reino de Dios les pertenece.
21 Dichosos ustedes que ahora pasan hambre,
   porque serán saciados.
Dichosos ustedes que ahora lloran,
   porque luego habrán de reír.
22 Dichosos ustedes cuando los odien,
   cuando los discriminen, los insulten y los
      desprestigien*h*
   por causa del Hijo del hombre.

23 »Alégrense en aquel día y salten de gozo, pues miren que les espera una gran recompensa en el cielo. Dense cuenta de que los antepasados de esta gente trataron así a los profetas.

24 »Pero ¡ay de ustedes los ricos,
   porque ya han recibido su consuelo!
25 ¡Ay de ustedes los que ahora están saciados,
   porque sabrán lo que es pasar hambre!
¡Ay de ustedes los que ahora ríen,
   porque sabrán lo que es derramar lágrimas!
26 ¡Ay de ustedes cuando todos los elogien!
   Dense cuenta de que los antepasados de esta
      gente trataron así a los falsos profetas.

El amor a los enemigos

27 »Pero a ustedes que me escuchan les digo: Amen a sus enemigos, hagan bien a quienes los odian, 28 bendigan a quienes los maldicen, oren por quienes los maltratan. 29 Si alguien te pega en una mejilla, vuélvele también la otra. Si alguien te quita la *camisa, no le impidas que se lleve también la capa. 30 Dale a todo el que te pida, y si alguien se lleva lo que es tuyo, no se lo reclames. 31 Traten a los demás tal y como quieren que ellos los traten a ustedes.

32 »¿Qué mérito tienen ustedes al amar a quienes los aman? Aun los *pecadores lo hacen así. 33 ¿Y qué mérito tienen ustedes al hacer bien a quienes les hacen bien? Aun los pecadores actúan así. 34 ¿Y qué mérito tienen ustedes al dar prestado a quienes pueden corresponderles? Aun los pecadores se prestan entre sí, esperando recibir el mismo trato. 35 Ustedes, por el contrario, amen a sus enemigos, háganles bien y denles prestado sin esperar nada a cambio. Así tendrán una gran recompensa y serán hijos del Altísimo, porque él es bondadoso con los ingratos y malvados. 36 Sean compasivos, así como su Padre es compasivo.

El juzgar a los demás

37 »No juzguen, y no se les juzgará. No condenen, y no se les condenará. Perdonen, y se les perdonará.

Blessings and Woes

17 He went down with them and stood on a level place. A large crowd of his disciples was there and a great number of people from all over Judea, from Jerusalem, and from the coast of Tyre and Sidon, 18 who had come to hear him and to be healed of their diseases. Those troubled by evil*a* spirits were cured, 19 and the people all tried to touch him, because power was coming from him and healing them all.

20 Looking at his disciples, he said:

"Blessed are you who are poor,
   for yours is the kingdom of God.
21 Blessed are you who hunger now,
   for you will be satisfied.
Blessed are you who weep now,
   for you will laugh.
22 Blessed are you when men hate you,
   when they exclude you and insult you
   and reject your name as evil,
      because of the Son of Man.

23 "Rejoice in that day and leap for joy, because great is your reward in heaven. For that is how their fathers treated the prophets.

24 "But woe to you who are rich,
   for you have already received your
      comfort.
25 Woe to you who are well fed now,
   for you will go hungry.
Woe to you who laugh now,
   for you will mourn and weep.
26 Woe to you when all men speak well of
      you,
   for that is how their fathers treated the
      false prophets.

Love for Enemies

27 "But I tell you who hear me: Love your enemies, do good to those who hate you, 28 bless those who curse you, pray for those who mistreat you. 29 If someone strikes you on one cheek, turn to him the other also. If someone takes your cloak, do not stop him from taking your tunic. 30 Give to everyone who asks you, and if anyone takes what belongs to you, do not demand it back. 31 Do to others as you would have them do to you.

32 "If you love those who love you, what credit is that to you? Even 'sinners' love those who love them. 33 And if you do good to those who are good to you, what credit is that to you? Even 'sinners' do that. 34 And if you lend to those from whom you expect repayment, what credit is that to you? Even 'sinners' lend to 'sinners,' expecting to be repaid in full. 35 But love your enemies, do good to them, and lend to them without expecting to get anything back. Then your reward will be great, and you will be sons of the Most High, because he is kind to the ungrateful and wicked. 36 Be merciful, just as your Father is merciful.

Judging Others

37 "Do not judge, and you will not be judged. Do not condemn, and you will not be condemned. Forgive,

---

h 6:22 *los desprestigien*. Lit. *echen su nombre como malo.*   *a* 18 Greek *unclean*

38 Den, y se les dará: se les echará en el regazo una medida llena, apretada, sacudida y desbordante. Porque con la medida que midan a otros, se les medirá a ustedes.»

39 También les contó esta parábola: «¿Acaso puede un ciego guiar a otro ciego? ¿No caerán ambos en el hoyo? 40 El discípulo no está por encima de su maestro, pero todo el que haya completado su aprendizaje, a lo sumo llega al nivel de su maestro.

41 »¿Por qué te fijas en la astilla que tiene tu hermano en el ojo y no le das importancia a la viga que tienes en el tuyo? 42 ¿Cómo puedes decirle a tu hermano: "Hermano, déjame sacarte la astilla del ojo", cuando tú mismo no te das cuenta de la viga en el tuyo? ¡*Hipócrita! Saca primero la viga de tu propio ojo, y entonces verás con claridad para sacar la astilla del ojo de tu hermano.

El árbol y su fruto

43 »Ningún árbol bueno da fruto malo; tampoco da buen fruto el árbol malo. 44 A cada árbol se le reconoce por su propio fruto. No se recogen higos de los espinos ni se cosechan uvas de las zarzas. 45 El que es bueno, de la bondad que atesora en el corazón produce el bien; pero el que es malo, de su maldad produce el mal, porque de lo que abunda en el corazón habla la boca.

El prudente y el insensato

46 »¿Por qué me llaman ustedes "Señor, Señor", y no hacen lo que les digo? 47 Voy a decirles a quién se parece todo el que viene a mí, y oye mis palabras y las pone en práctica: 48 Se parece a un hombre que, al construir una casa, cavó bien hondo y puso el cimiento sobre la roca. De manera que cuando vino una inundación, el torrente azotó aquella casa, pero no pudo ni siquiera hacerla tambalear porque estaba bien construida. 49 Pero el que oye mis palabras y no las pone en práctica se parece a un hombre que construyó una casa sobre tierra y sin cimientos. Tan pronto como la azotó el torrente, la casa se derrumbó, y el desastre fue terrible.»

La fe del centurión

7 Cuando terminó de hablar al pueblo, Jesús entró en Capernaúm. 2 Había allí un centurión, cuyo *siervo, a quien él estimaba mucho, estaba enfermo, a punto de morir. 3 Como oyó hablar de Jesús, el centurión mandó a unos dirigentes[i] de los judíos a pedirle que fuera a sanar a su siervo. 4 Cuando llegaron ante Jesús, le rogaron con insistencia:

—Este hombre merece que le concedas lo que te pide: 5 aprecia tanto a nuestra nación, que nos ha construido una sinagoga.

6 Así que Jesús fue con ellos. No estaba lejos de la casa cuando el centurión mandó unos amigos a decirle:

—Señor, no te tomes tanta molestia, pues no merezco que entres bajo mi techo. 7 Por eso ni siquiera me atreví a presentarme ante ti. Pero con una sola palabra que digas, quedará sano mi siervo. 8 Yo mismo obedezco órdenes superiores y, además, tengo soldados bajo mi autoridad. Le digo a uno: "Ve", y va, y al otro: "Ven", y viene. Le digo a mi siervo: "Haz esto", y lo hace.

9 Al oírlo, Jesús se asombró de él y, volviéndose a la multitud que lo seguía, comentó:

—Les digo que ni siquiera en Israel he encontrado una fe tan grande.

and you will be forgiven. 38 Give, and it will be given to you. A good measure, pressed down, shaken together and running over, will be poured into your lap. For with the measure you use, it will be measured to you."

39 He also told them this parable: "Can a blind man lead a blind man? Will they not both fall into a pit? 40 A student is not above his teacher, but everyone who is fully trained will be like his teacher.

41 "Why do you look at the speck of sawdust in your brother's eye and pay no attention to the plank in your own eye? 42 How can you say to your brother, 'Brother, let me take the speck out of your eye,' when you yourself fail to see the plank in your own eye? You hypocrite, first take the plank out of your eye, and then you will see clearly to remove the speck from your brother's eye.

A Tree and Its Fruit

43 "No good tree bears bad fruit, nor does a bad tree bear good fruit. 44 Each tree is recognized by its own fruit. People do not pick figs from thornbushes, or grapes from briers. 45 The good man brings good things out of the good stored up in his heart, and the evil man brings evil things out of the evil stored up in his heart. For out of the overflow of his heart his mouth speaks.

The Wise and Foolish Builders

46 "Why do you call me, 'Lord, Lord,' and do not do what I say? 47 I will show you what he is like who comes to me and hears my words and puts them into practice. 48 He is like a man building a house, who dug down deep and laid the foundation on rock. When a flood came, the torrent struck that house but could not shake it, because it was well built. 49 But the one who hears my words and does not put them into practice is like a man who built a house on the ground without a foundation. The moment the torrent struck that house, it collapsed and its destruction was complete."

The Faith of the Centurion

7 When Jesus had finished saying all this in the hearing of the people, he entered Capernaum. 2 There a centurion's servant, whom his master valued highly, was sick and about to die. 3 The centurion heard of Jesus and sent some elders of the Jews to him, asking him to come and heal his servant. 4 When they came to Jesus, they pleaded earnestly with him, "This man deserves to have you do this, 5 because he loves our nation and has built our synagogue." 6 So Jesus went with them.

He was not far from the house when the centurion sent friends to say to him: "Lord, don't trouble yourself, for I do not deserve to have you come under my roof. 7 That is why I did not even consider myself worthy to come to you. But say the word, and my servant will be healed. 8 For I myself am a man under authority, with soldiers under me. I tell this one, 'Go,' and he goes; and that one, 'Come,' and he comes. I say to my servant, 'Do this,' and he does it."

9 When Jesus heard this, he was amazed at him, and turning to the crowd following him, he said, "I tell you, I have not found such great faith even in Israel."

---

i 7:3 dirigentes. Lit. *ancianos.

¹⁰Al regresar a casa, los enviados encontraron sano al siervo.

Jesús resucita al hijo de una viuda

¹¹Poco después Jesús, en compañía de sus discípulos y de una gran multitud, se dirigió a un pueblo llamado Naín. ¹²Cuando ya se acercaba a las puertas del pueblo, vio que sacaban de allí a un muerto, hijo único de madre viuda. La acompañaba un grupo grande de la población. ¹³Al verla, el Señor se compadeció de ella y le dijo:

—No llores.

¹⁴Entonces se acercó y tocó el féretro. Los que lo llevaban se detuvieron, y Jesús dijo:

—Joven, ¡te ordeno que te levantes!

¹⁵El muerto se incorporó y comenzó a hablar, y Jesús se lo entregó a su madre. ¹⁶Todos se llenaron de temor y alababan a Dios.

—Ha surgido entre nosotros un gran profeta —decían—. Dios ha venido en ayuda deʲ su pueblo.

¹⁷Así que esta noticia acerca de Jesús se divulgó por toda Judeaᵏ y por todas las regiones vecinas.

Jesús y Juan el Bautista

¹⁸Los discípulos de Juan le contaron todo esto. Él llamó a dos de ellos ¹⁹y los envió al Señor a preguntarle:

—¿Eres tú el que ha de venir, o debemos esperar a otro?

²⁰Cuando se acercaron a Jesús, ellos le dijeron:

—Juan el Bautista nos ha enviado a preguntarte: "¿Eres tú el que ha de venir, o debemos esperar a otro?"

²¹En ese mismo momento Jesús sanó a muchos que tenían enfermedades, dolencias y *espíritus malignos, y les dio la vista a muchos ciegos. ²²Entonces les respondió a los enviados:

—Vayan y cuéntenle a Juan lo que han visto y oído: Los ciegos ven, los cojos andan, los que tienen *lepra son sanados, los sordos oyen, los muertos resucitan y a los pobres se les anuncian las buenas *nuevas. ²³*Dichoso el que no *tropieza por causa mía.

²⁴Cuando se fueron los enviados, Jesús comenzó a hablarle a la multitud acerca de Juan: «¿Qué salieron a ver al desierto? ¿Una caña sacudida por el viento? ²⁵Si no, ¿qué salieron a ver? ¿A un hombre vestido con ropa fina? Claro que no, pues los que se visten ostentosamente y llevan una vida de lujo están en los palacios reales. ²⁶Entonces, ¿qué salieron a ver? ¿A un profeta? Sí, les digo, y más que profeta. ²⁷Éste es de quien está escrito:

»"Yo estoy por enviar a mi mensajero delante
        de ti,
    el cual preparará el camino."ˡ

²⁸Les digo que entre los mortales no ha habido nadie más grande que Juan; sin embargo, el más pequeño en el reino de Dios es más grande que él.»

²⁹Al oír esto, todo el pueblo, y hasta los *recaudadores de impuestos, reconocieron que el camino de Dios era justo, y fueron bautizados por Juan. ³⁰Pero los *fariseos y los *expertos en la ley no se hicieron bautizar por Juan, rechazando así el propósito de Dios respecto a ellos.ᵐ

³¹«Entonces, ¿con qué puedo comparar a la gente de

¹⁰Then the men who had been sent returned to the house and found the servant well.

Jesus Raises a Widow's Son

¹¹Soon afterward, Jesus went to a town called Nain, and his disciples and a large crowd went along with him. ¹²As he approached the town gate, a dead person was being carried out—the only son of his mother, and she was a widow. And a large crowd from the town was with her. ¹³When the Lord saw her, his heart went out to her and he said, "Don't cry."

¹⁴Then he went up and touched the coffin, and those carrying it stood still. He said, "Young man, I say to you, get up!" ¹⁵The dead man sat up and began to talk, and Jesus gave him back to his mother.

¹⁶They were all filled with awe and praised God. "A great prophet has appeared among us," they said. "God has come to help his people." ¹⁷This news about Jesus spread throughout Judeaᵇ and the surrounding country.

Jesus and John the Baptist

¹⁸John's disciples told him about all these things. Calling two of them, ¹⁹he sent them to the Lord to ask, "Are you the one who was to come, or should we expect someone else?"

²⁰When the men came to Jesus, they said, "John the Baptist sent us to you to ask, 'Are you the one who was to come, or should we expect someone else?' "

²¹At that very time Jesus cured many who had diseases, sicknesses and evil spirits, and gave sight to many who were blind. ²²So he replied to the messengers, "Go back and report to John what you have seen and heard: The blind receive sight, the lame walk, those who have leprosyᶜ are cured, the deaf hear, the dead are raised, and the good news is preached to the poor. ²³Blessed is the man who does not fall away on account of me."

²⁴After John's messengers left, Jesus began to speak to the crowd about John: "What did you go out into the desert to see? A reed swayed by the wind? ²⁵If not, what did you go out to see? A man dressed in fine clothes? No, those who wear expensive clothes and indulge in luxury are in palaces. ²⁶But what did you go out to see? A prophet? Yes, I tell you, and more than a prophet. ²⁷This is the one about whom it is written:

" 'I will send my messenger ahead of you,
    who will prepare your way before you.'ᵈ

²⁸I tell you, among those born of women there is no one greater than John; yet the one who is least in the kingdom of God is greater than he."

²⁹(All the people, even the tax collectors, when they heard Jesus' words, acknowledged that God's way was right, because they had been baptized by John. ³⁰But the Pharisees and experts in the law rejected God's purpose for themselves, because they had not been baptized by John.)

³¹"To what, then, can I compare the people of this

ʲ7:16 ha venido en ayuda de. Lit. ha visitado a.   ᵏ7:17 Judea.
Alt. la tierra de los judíos.   ˡ7:27 Mal 3:1
ᵐ7:29-30 Algunos intérpretes piensan que estos versículos forman
parte del discurso de Jesús.

ᵇ17 Or the land of the Jews   ᶜ22 The Greek word was used for
various diseases affecting the skin—not necessarily leprosy.
ᵈ27 Mal. 3:1

esta generación? ¿A quién se parecen ellos? [32] Se parecen a niños sentados en la plaza que se gritan unos a otros:

> »"Tocamos la flauta,
>   y ustedes no bailaron;
> entonamos un canto fúnebre,
>   y ustedes no lloraron."

[33] Porque vino Juan el Bautista, que no comía pan ni bebía vino, y ustedes dicen: "Tiene un demonio." [34] Vino el Hijo del hombre, que come y bebe, y ustedes dicen: "Éste es un glotón y un borracho, amigo de recaudadores de impuestos y de *pecadores." [35] Pero la sabiduría queda demostrada por los que la siguen.»[n]

Una mujer pecadora unge a Jesús

[36] Uno de los *fariseos invitó a Jesús a comer, así que fue a la casa del fariseo y se *sentó a la mesa.[ñ] [37] Ahora bien, vivía en aquel pueblo una mujer que tenía fama de *pecadora. Cuando ella se enteró de que Jesús estaba comiendo en casa del fariseo, se presentó con un frasco de alabastro lleno de perfume. [38] Llorando, se arrojó a los pies de Jesús,[o] de manera que se los bañaba en lágrimas. Luego se los secó con los cabellos; también se los besaba y se los ungía con el perfume.

[39] Al ver esto, el fariseo que lo había invitado dijo para sí: «Si este hombre fuera profeta, sabría quién es la que lo está tocando, y qué clase de mujer es: una pecadora.»

[40] Entonces Jesús le dijo a manera de respuesta:

—Simón, tengo algo que decirte.

—Dime, Maestro —respondió.

[41] —Dos hombres le debían dinero a cierto prestamista. Uno le debía quinientas monedas de plata,[p] y el otro cincuenta. [42] Como no tenían con qué pagarle, les perdonó la deuda a los dos. Ahora bien, ¿cuál de los dos lo amará más?

[43] —Supongo que aquel a quien más le perdonó —contestó Simón.

—Has juzgado bien —le dijo Jesús.

[44] Luego se volvió hacia la mujer y le dijo a Simón:

—¿Ves a esta mujer? Cuando entré en tu casa, no me diste agua para los pies, pero ella me ha bañado los pies en lágrimas y me los ha secado con sus cabellos. [45] Tú no me besaste, pero ella, desde que entré, no ha dejado de besarme los pies. [46] Tú no me ungiste la cabeza con aceite, pero ella me ungió los pies con perfume. [47] Por esto te digo: si ella ha amado mucho, es que sus muchos pecados le han sido perdonados.[q] Pero a quien poco se le perdona, poco ama.

[48] Entonces le dijo Jesús a ella:

—Tus pecados quedan perdonados.

[49] Los otros invitados comenzaron a decir entre sí: «¿Quién es éste, que hasta perdona pecados?»

[50] —Tu fe te ha salvado —le dijo Jesús a la mujer—; vete en paz.

Parábola del sembrador

8 Después de esto, Jesús estuvo recorriendo los pueblos y las aldeas, proclamando las buenas *nuevas del reino de Dios. Lo acompañaban los doce, [2] y tam-

generation? What are they like? [32] They are like children sitting in the marketplace and calling out to each other:

> " 'We played the flute for you,
>   and you did not dance;
> we sang a dirge,
>   and you did not cry.'

[33] For John the Baptist came neither eating bread nor drinking wine, and you say, 'He has a demon.' [34] The Son of Man came eating and drinking, and you say, 'Here is a glutton and a drunkard, a friend of tax collectors and "sinners." ' [35] But wisdom is proved right by all her children."

Jesus Anointed by a Sinful Woman

[36] Now one of the Pharisees invited Jesus to have dinner with him, so he went to the Pharisee's house and reclined at the table. [37] When a woman who had lived a sinful life in that town learned that Jesus was eating at the Pharisee's house, she brought an alabaster jar of perfume, [38] and as she stood behind him at his feet weeping, she began to wet his feet with her tears. Then she wiped them with her hair, kissed them and poured perfume on them.

[39] When the Pharisee who had invited him saw this, he said to himself, "If this man were a prophet, he would know who is touching him and what kind of woman she is—that she is a sinner."

[40] Jesus answered him, "Simon, I have something to tell you."

"Tell me, teacher," he said.

[41] "Two men owed money to a certain moneylender. One owed him five hundred denarii,[e] and the other fifty. [42] Neither of them had the money to pay him back, so he canceled the debts of both. Now which of them will love him more?"

[43] Simon replied, "I suppose the one who had the bigger debt canceled."

"You have judged correctly," Jesus said.

[44] Then he turned toward the woman and said to Simon, "Do you see this woman? I came into your house. You did not give me any water for my feet, but she wet my feet with her tears and wiped them with her hair. [45] You did not give me a kiss, but this woman, from the time I entered, has not stopped kissing my feet. [46] You did not put oil on my head, but she has poured perfume on my feet. [47] Therefore, I tell you, her many sins have been forgiven—for she loved much. But he who has been forgiven little loves little."

[48] Then Jesus said to her, "Your sins are forgiven."

[49] The other guests began to say among themselves, "Who is this who even forgives sins?"

[50] Jesus said to the woman, "Your faith has saved you; go in peace."

The Parable of the Sower

8 After this, Jesus traveled about from one town and village to another, proclaiming the good news of the kingdom of God. The Twelve were with him, [2] and

---

[n] 7:35 *queda ... siguen.* Lit. *ha sido justificada por todos sus hijos.*
[ñ] 7:36 *se sentó a la mesa.* Lit. *se recostó.*   [o] 7:38 *se arrojó a los pies de Jesús.* Lit. *se puso detrás junto a sus pies;* es decir, detrás del recostadero.   [p] 7:41 *quinientas monedas de plata.* Lit. *quinientos *denarios.*   [q] 7:47 *te digo ... perdonados.* Lit. *te digo que sus muchos pecados han sido perdonados porque amó mucho.*

[e] 41 A denarius was a coin worth about a day's wages.

bién algunas mujeres que habían sido sanadas de *espíritus malignos y de enfermedades: María, a la que llamaban Magdalena, y de la que habían salido siete demonios; 3 Juana, esposa de Cuza, el administrador de Herodes; Susana y muchas más que los ayudaban con sus propios recursos.

4 De cada pueblo salía gente para ver a Jesús, y cuando se reunió una gran multitud, él les contó esta parábola: 5 «Un sembrador salió a sembrar. Al esparcir la semilla, una parte cayó junto al camino; fue pisoteada, y los pájaros se la comieron. 6 Otra parte cayó sobre las piedras y, cuando brotó, las plantas se secaron por falta de humedad. 7 Otra parte cayó entre espinos que, al crecer junto con la semilla, la ahogaron. 8 Pero otra parte cayó en buen terreno; así que brotó y produjo una cosecha del ciento por uno.»

Dicho esto, exclamó: «El que tenga oídos para oír, que oiga.»

9 Sus discípulos le preguntaron cuál era el significado de esta parábola. 10 «A ustedes se les ha concedido que conozcan los *secretos del reino de Dios —les contestó—; pero a los demás se les habla por medio de parábolas para que

»"aunque miren, no vean;
aunque oigan, no entiendan". *r*

11 »Éste es el significado de la parábola: La semilla es la palabra de Dios. 12 Los que están junto al camino son los que oyen, pero luego viene el diablo y les quita la palabra del corazón, no sea que crean y se salven. 13 Los que están sobre las piedras son los que reciben la palabra con alegría cuando la oyen, pero no tienen raíz. Éstos creen por algún tiempo, pero se apartan cuando llega la *prueba. 14 La parte que cayó entre espinos son los que oyen, pero, con el correr del tiempo, los ahogan las preocupaciones, las riquezas y los placeres de esta vida, y no maduran. 15 Pero la parte que cayó en buen terreno son los que oyen la palabra con corazón noble y bueno, y la retienen; y como perseveran, producen una buena cosecha.

Una lámpara en una repisa

16 »Nadie enciende una lámpara para después cubrirla con una vasija o ponerla debajo de la cama, sino para ponerla en una repisa, a fin de que los que entren tengan luz. 17 No hay nada escondido que no llegue a descubrirse, ni nada oculto que no llegue a conocerse públicamente. 18 Por lo tanto, pongan mucha atención. Al que tiene, se le dará más; al que no tiene, hasta lo que cree tener se le quitará.»

La madre y los hermanos de Jesús

19 La madre y los hermanos de Jesús fueron a verlo, pero como había mucha gente, no lograban acercársele.

20 —Tu madre y tus hermanos están afuera y quieren verte —le avisaron.

21 Pero él les contestó:

—Mi madre y mis hermanos son los que oyen la palabra de Dios y la ponen en práctica.

Jesús calma la tormenta

22 Un día subió Jesús con sus discípulos a una barca.

—Crucemos al otro lado del lago —les dijo.

Así que partieron, 23 y mientras navegaban, él se durmió. Entonces se desató una tormenta sobre el lago, de modo que la barca comenzó a inundarse y corrían gran peligro.

also some women who had been cured of evil spirits and diseases: Mary (called Magdalene) from whom seven demons had come out; 3 Joanna the wife of Cuza, the manager of Herod's household; Susanna; and many others. These women were helping to support them out of their own means.

4 While a large crowd was gathering and people were coming to Jesus from town after town, he told this parable: 5 "A farmer went out to sow his seed. As he was scattering the seed, some fell along the path; it was trampled on, and the birds of the air ate it up. 6 Some fell on rock, and when it came up, the plants withered because they had no moisture. 7 Other seed fell among thorns, which grew up with it and choked the plants. 8 Still other seed fell on good soil. It came up and yielded a crop, a hundred times more than was sown."

When he said this, he called out, "He who has ears to hear, let him hear."

9 His disciples asked him what this parable meant. 10 He said, "The knowledge of the secrets of the kingdom of God has been given to you, but to others I speak in parables, so that,

" 'though seeing, they may not see;
though hearing, they may not
understand.' *f*

11 "This is the meaning of the parable: The seed is the word of God. 12 Those along the path are the ones who hear, and then the devil comes and takes away the word from their hearts, so that they may not believe and be saved. 13 Those on the rock are the ones who receive the word with joy when they hear it, but they have no root. They believe for a while, but in the time of testing they fall away. 14 The seed that fell among thorns stands for those who hear, but as they go on their way they are choked by life's worries, riches and pleasures, and they do not mature. 15 But the seed on good soil stands for those with a noble and good heart, who hear the word, retain it, and by persevering produce a crop.

A Lamp on a Stand

16 "No one lights a lamp and hides it in a jar or puts it under a bed. Instead, he puts it on a stand, so that those who come in can see the light. 17 For there is nothing hidden that will not be disclosed, and nothing concealed that will not be known or brought out into the open. 18 Therefore consider carefully how you listen. Whoever has will be given more; whoever does not have, even what he thinks he has will be taken from him."

Jesus' Mother and Brothers

19 Now Jesus' mother and brothers came to see him, but they were not able to get near him because of the crowd. 20 Someone told him, "Your mother and brothers are standing outside, wanting to see you."

21 He replied, "My mother and brothers are those who hear God's word and put it into practice."

Jesus Calms the Storm

22 One day Jesus said to his disciples, "Let's go over to the other side of the lake." So they got into a boat and set out. 23 As they sailed, he fell asleep. A squall came down on the lake, so that the boat was being swamped, and they were in great danger.

24 Los discípulos fueron a despertarlo.

—¡Maestro, Maestro, nos vamos a ahogar! —gritaron.

Él se levantó y reprendió al viento y a las olas; la tormenta se apaciguó y todo quedó tranquilo.

25 —¿Dónde está la fe de ustedes? —les dijo a sus discípulos.

Con temor y asombro ellos se decían unos a otros: «¿Quién es éste, que manda aun a los vientos y al agua, y le obedecen?»

Liberación de un endemoniado

26 Navegaron hasta la región de los gerasenos,ˢ que está al otro lado del lago, frente a Galilea. 27 Al desembarcar Jesús, un endemoniado que venía del pueblo le salió al encuentro. Hacía mucho tiempo que este hombre no se vestía; tampoco vivía en una casa sino en los sepulcros. 28 Cuando vio a Jesús, dio un grito y se arrojó a sus pies. Entonces exclamó con fuerza:

—¿Por qué te entrometes, Jesús, Hijo del Dios Altísimo? ¡Te ruego que no me atormentes!

29 Es que Jesús le había ordenado al *espíritu maligno que saliera del hombre. Se había apoderado de él muchas veces y, aunque le sujetaban los pies y las manos con cadenas y lo mantenían bajo custodia, rompía las cadenas y el demonio lo arrastraba a lugares solitarios.

30 —¿Cómo te llamas? —le preguntó Jesús.

—Legión —respondió, ya que habían entrado en él muchos demonios.

31 Y éstos le suplicaban a Jesús que no los mandara al *abismo. 32 Como había una manada grande de cerdos paciendo en la colina, le rogaron a Jesús que los dejara entrar en ellos. Así que él les dio permiso. 33 Y cuando los demonios salieron del hombre, entraron en los cerdos, y la manada se precipitó al lago por el despeñadero y se ahogó.

34 Al ver lo sucedido, los que cuidaban los cerdos huyeron y dieron la noticia en el pueblo y por los campos, 35 y la gente salió a ver lo que había pasado. Llegaron adonde estaba Jesús y encontraron, sentado a sus pies, al hombre de quien habían salido los demonios. Cuando lo vieron vestido y en su sano juicio, tuvieron miedo. 36 Los que habían presenciado estas cosas le contaron a la gente cómo el endemoniado había sido *sanado. 37 Entonces toda la gente de la región de los gerasenos le pidió a Jesús que se fuera de allí, porque les había entrado mucho miedo. Así que él subió a la barca para irse.

38 Ahora bien, el hombre de quien habían salido los demonios le rogaba que le permitiera acompañarlo, pero Jesús lo despidió y le dijo:

39 —Vuelve a tu casa y cuenta todo lo que Dios ha hecho por ti.

Así que el hombre se fue y proclamó por todo el pueblo lo mucho que Jesús había hecho por él.

Una niña muerta y una mujer enferma

40 Cuando Jesús regresó, la multitud se alegró de verlo, pues todos estaban esperándolo. 41 En esto llegó un hombre llamado Jairo, que era un jefe de la sinagoga. Arrojándose a los pies de Jesús, le suplicaba que fuera a su casa, 42 porque su única hija, de unos doce años, se estaba muriendo.

Jesús se puso en camino y las multitudes lo apretujaban. 43 Había entre la gente una mujer que hacía doce años padecía de hemorragias,ᵗ sin que nadie pudiera

24 The disciples went and woke him, saying, "Master, Master, we're going to drown!"

He got up and rebuked the wind and the raging waters; the storm subsided, and all was calm. 25 "Where is your faith?" he asked his disciples.

In fear and amazement they asked one another, "Who is this? He commands even the winds and the water, and they obey him."

The Healing of a Demon-possessed Man

26 They sailed to the region of the Gerasenes,ᵍ which is across the lake from Galilee. 27 When Jesus stepped ashore, he was met by a demon-possessed man from the town. For a long time this man had not worn clothes or lived in a house, but had lived in the tombs. 28 When he saw Jesus, he cried out and fell at his feet, shouting at the top of his voice, "What do you want with me, Jesus, Son of the Most High God? I beg you, don't torture me!" 29 For Jesus had commanded the evilʰ spirit to come out of the man. Many times it had seized him, and though he was chained hand and foot and kept under guard, he had broken his chains and had been driven by the demon into solitary places.

30 Jesus asked him, "What is your name?"

"Legion," he replied, because many demons had gone into him. 31 And they begged him repeatedly not to order them to go into the Abyss.

32 A large herd of pigs was feeding there on the hillside. The demons begged Jesus to let them go into them, and he gave them permission. 33 When the demons came out of the man, they went into the pigs, and the herd rushed down the steep bank into the lake and was drowned.

34 When those tending the pigs saw what had happened, they ran off and reported this in the town and countryside, 35 and the people went out to see what had happened. When they came to Jesus, they found the man from whom the demons had gone out, sitting at Jesus' feet, dressed and in his right mind; and they were afraid. 36 Those who had seen it told the people how the demon-possessed man had been cured. 37 Then all the people of the region of the Gerasenes asked Jesus to leave them, because they were overcome with fear. So he got into the boat and left.

38 The man from whom the demons had gone out begged to go with him, but Jesus sent him away, saying, 39 "Return home and tell how much God has done for you." So the man went away and told all over town how much Jesus had done for him.

A Dead Girl and a Sick Woman

40 Now when Jesus returned, a crowd welcomed him, for they were all expecting him. 41 Then a man named Jairus, a ruler of the synagogue, came and fell at Jesus' feet, pleading with him to come to his house 42 because his only daughter, a girl of about twelve, was dying.

As Jesus was on his way, the crowds almost crushed him. 43 And a woman was there who had been subject to bleeding for twelve years,ⁱ but no one could heal

---

ˢ 8:26 *gerasenos.* Var. *gadarenos;* otra var. *gergesenos;* también en v. 37.　　ᵗ 8:43 *hemorragias.* Var. *hemorragias y que había gastado en médicos todo lo que tenía.*

ᵍ 26 Some manuscripts *Gadarenes;* other manuscripts *Gergesenes;* also in verse 37　　ʰ 29 Greek *unclean*　　ⁱ 43 Many manuscripts *years, and she had spent all she had on doctors*

sanarla. 44 Ella se le acercó por detrás y le tocó el borde del manto, y al instante cesó su hemorragia.

45 —¿Quién me ha tocado? —preguntó Jesús.

Como todos negaban haberlo tocado, Pedro le dijo:

—Maestro, son multitudes las que te aprietan y te oprimen.

46 —No, alguien me ha tocado —replicó Jesús—; yo sé que de mí ha salido poder.

47 La mujer, al ver que no podía pasar inadvertida, se acercó temblando y se arrojó a sus pies. En presencia de toda la gente, contó por qué lo había tocado y cómo había sido sanada al instante.

48 —Hija, tu fe te ha *sanado —le dijo Jesús—. Vete en paz.

49 Todavía estaba hablando Jesús, cuando alguien llegó de la casa de Jairo, jefe de la sinagoga, para decirle:

—Tu hija ha muerto. No molestes más al Maestro.

50 Al oír esto, Jesús le dijo a Jairo:

—No tengas miedo; cree nada más, y ella será sanada.

51 Cuando llegó a la casa de Jairo, no dejó que nadie entrara con él, excepto Pedro, Juan y *Jacobo, y el padre y la madre de la niña. 52 Todos estaban llorando, muy afligidos por ella.

—Dejen de llorar —les dijo Jesús—. No está muerta sino dormida.

53 Entonces ellos empezaron a burlarse de él porque sabían que estaba muerta. 54 Pero él la tomó de la mano y le dijo:

—¡Niña, levántate!

55 Recobró la vida" y al instante se levantó. Jesús mandó darle de comer. 56 Los padres se quedaron atónitos, pero él les advirtió que no contaran a nadie lo que había sucedido.

Jesús envía a los doce

9 Habiendo reunido a los doce, Jesús les dio poder y autoridad para expulsar a todos los demonios y para sanar enfermedades. 2 Entonces los envió a predicar el reino de Dios y a sanar a los enfermos. 3 «No lleven nada para el camino: ni bastón, ni bolsa, ni pan, ni dinero, ni dos mudas de ropa —les dijo—. 4 En cualquier casa que entren, quédense allí hasta que salgan del pueblo. 5 Si no los reciben bien, al salir de ese pueblo, sacúdanse el polvo de los pies como un testimonio contra sus habitantes.» 6 Así que partieron y fueron por todas partes de pueblo en pueblo, predicando el evangelio y sanando a la gente.

7 Herodes el tetrarca se enteró de todo lo que estaba sucediendo. Estaba perplejo porque algunos decían que Juan había *resucitado, 8 otros, que se había aparecido Elías; y otros, en fin, que había resucitado alguno de los antiguos profetas. 9 Pero Herodes dijo: «A Juan mandé que le cortaran la cabeza; ¿quién es, entonces, éste de quien oigo tales cosas?» Y procuraba verlo.

Jesús alimenta a los cinco mil

10 Cuando regresaron los apóstoles, le relataron a Jesús lo que habían hecho. Él se los llevó consigo y se retiraron solos a un pueblo llamado Betsaida, 11 pero la gente se enteró y lo siguió. Él los recibió y les habló del reino de Dios. También sanó a los que lo necesitaban.

her. 44 She came up behind him and touched the edge of his cloak, and immediately her bleeding stopped.

45 "Who touched me?" Jesus asked.

When they all denied it, Peter said, "Master, the people are crowding and pressing against you."

46 But Jesus said, "Someone touched me; I know that power has gone out from me."

47 Then the woman, seeing that she could not go unnoticed, came trembling and fell at his feet. In the presence of all the people, she told why she had touched him and how she had been instantly healed. 48 Then he said to her, "Daughter, your faith has healed you. Go in peace."

49 While Jesus was still speaking, someone came from the house of Jairus, the synagogue ruler. "Your daughter is dead," he said. "Don't bother the teacher any more."

50 Hearing this, Jesus said to Jairus, "Don't be afraid; just believe, and she will be healed."

51 When he arrived at the house of Jairus, he did not let anyone go in with him except Peter, John and James, and the child's father and mother. 52 Meanwhile, all the people were wailing and mourning for her. "Stop wailing," Jesus said. "She is not dead but asleep."

53 They laughed at him, knowing that she was dead. 54 But he took her by the hand and said, "My child, get up!" 55 Her spirit returned, and at once she stood up. Then Jesus told them to give her something to eat. 56 Her parents were astonished, but he ordered them not to tell anyone what had happened.

Jesus Sends Out the Twelve

9 When Jesus had called the Twelve together, he gave them power and authority to drive out all demons and to cure diseases, 2 and he sent them out to preach the kingdom of God and to heal the sick. 3 He told them: "Take nothing for the journey—no staff, no bag, no bread, no money, no extra tunic. 4 Whatever house you enter, stay there until you leave that town. 5 If people do not welcome you, shake the dust off your feet when you leave their town, as a testimony against them." 6 So they set out and went from village to village, preaching the gospel and healing people everywhere.

7 Now Herod the tetrarch heard about all that was going on. And he was perplexed, because some were saying that John had been raised from the dead, 8 others that Elijah had appeared, and still others that one of the prophets of long ago had come back to life. 9 But Herod said, "I beheaded John. Who, then, is this I hear such things about?" And he tried to see him.

Jesus Feeds the Five Thousand

10 When the apostles returned, they reported to Jesus what they had done. Then he took them with him and they withdrew by themselves to a town called Bethsaida, 11 but the crowds learned about it and followed him. He welcomed them and spoke to them about the kingdom of God, and healed those who needed healing.

" 8:55 *Recobró la vida.* Lit. *Y volvió el espíritu de ella.*

12 Al atardecer se le acercaron los doce y le dijeron:

—Despide a la gente, para que vaya a buscar alojamiento y comida en los campos y pueblos cercanos, pues donde estamos no hay nada.ᵛ

13 —Denles ustedes mismos de comer —les dijo Jesús.

—No tenemos más que cinco panes y dos pescados, a menos que vayamos a comprar comida para toda esta gente —objetaron ellos, 14 porque había allí unos cinco mil hombres.

Pero Jesús dijo a sus discípulos:

—Hagan que se sienten en grupos como de cincuenta cada uno.

15 Así lo hicieron los discípulos, y se sentaron todos. 16 Entonces Jesús tomó los cinco panes y los dos pescados, y mirando al cielo, los bendijo. Luego los partió y se los dio a los discípulos para que se los repartieran a la gente. 17 Todos comieron hasta quedar satisfechos, y de los pedazos que sobraron se recogieron doce canastas.

La confesión de Pedro

18 Un día cuando Jesús estaba orando para sí, estando allí sus discípulos, les preguntó:

—¿Quién dice la gente que soy yo?

19 —Unos dicen que Juan el Bautista, otros que Elías, y otros que uno de los antiguos profetas ha resucitado —respondieron.

20 —Y ustedes, ¿quién dicen que soy yo?

—El *Cristo de Dios —afirmó Pedro.

21 Jesús les ordenó terminantemente que no dijeran esto a nadie. Y les dijo:

22 —El Hijo del hombre tiene que sufrir muchas cosas y ser rechazado por los *ancianos, los jefes de los sacerdotes y los *maestros de la ley. Es necesario que lo maten y que resucite al tercer día.

23 Dirigiéndose a todos, declaró:

—Si alguien quiere ser mi discípulo, que se niegue a sí mismo, lleve su cruz cada día y me siga. 24 Porque el que quiera salvar su *vida, la perderá; pero el que pierda su vida por mi causa, la salvará. 25 ¿De qué le sirve a uno ganar el mundo entero si se pierde o se destruye a sí mismo? 26 Si alguien se avergüenza de mí y de mis palabras, el Hijo del hombre se avergonzará de él cuando venga en su gloria y en la gloria del Padre y de los santos ángeles. 27 Además, les aseguro que algunos de los aquí presentes no sufrirán la muerte sin antes haber visto el reino de Dios.

La transfiguración

28 Unos ocho días después de decir esto, Jesús, acompañado de Pedro, Juan y *Jacobo, subió a una montaña a orar. 29 Mientras oraba, su rostro se transformó, y su ropa se tornó blanca y radiante. 30 Y aparecieron dos personajes —Moisés y Elías— que conversaban con Jesús. 31 Tenían un aspecto glorioso, y hablaban de la partidaʷ de Jesús, que él estaba por llevar a cabo en Jerusalén. 32 Pedro y sus compañeros estaban rendidos de sueño, pero cuando se despabilaron, vieron su gloria y a los dos personajes que estaban con él. 33 Mientras éstos se apartaban de Jesús, Pedro, sin saber lo que estaba diciendo, propuso:

—Maestro, ¡qué bien que estemos aquí! Podemos levantar tres albergues: uno para ti, otro para Moisés y otro para Elías.

34 Estaba hablando todavía cuando apareció una nube que los envolvió, de modo que se asustaron. 35 Entonces salió de la nube una voz que dijo: «Éste es

12 Late in the afternoon the Twelve came to him and said, "Send the crowd away so they can go to the surrounding villages and countryside and find food and lodging, because we are in a remote place here."

13 He replied, "You give them something to eat."

They answered, "We have only five loaves of bread and two fish—unless we go and buy food for all this crowd." 14 (About five thousand men were there.)

But he said to his disciples, "Have them sit down in groups of about fifty each." 15 The disciples did so, and everybody sat down. 16 Taking the five loaves and the two fish and looking up to heaven, he gave thanks and broke them. Then he gave them to the disciples to set before the people. 17 They all ate and were satisfied, and the disciples picked up twelve basketfuls of broken pieces that were left over.

Peter's Confession of Christ

18 Once when Jesus was praying in private and his disciples were with him, he asked them, "Who do the crowds say I am?"

19 They replied, "Some say John the Baptist; others say Elijah; and still others, that one of the prophets of long ago has come back to life."

20 "But what about you?" he asked. "Who do you say I am?"

Peter answered, "The Christʲ of God."

21 Jesus strictly warned them not to tell this to anyone. 22 And he said, "The Son of Man must suffer many things and be rejected by the elders, chief priests and teachers of the law, and he must be killed and on the third day be raised to life."

23 Then he said to them all: "If anyone would come after me, he must deny himself and take up his cross daily and follow me. 24 For whoever wants to save his life will lose it, but whoever loses his life for me will save it. 25 What good is it for a man to gain the whole world, and yet lose or forfeit his very self? 26 If anyone is ashamed of me and my words, the Son of Man will be ashamed of him when he comes in his glory and in the glory of the Father and of the holy angels. 27 I tell you the truth, some who are standing here will not taste death before they see the kingdom of God."

The Transfiguration

28 About eight days after Jesus said this, he took Peter, John and James with him and went up onto a mountain to pray. 29 As he was praying, the appearance of his face changed, and his clothes became as bright as a flash of lightning. 30 Two men, Moses and Elijah, 31 appeared in glorious splendor, talking with Jesus. They spoke about his departure, which he was about to bring to fulfillment at Jerusalem. 32 Peter and his companions were very sleepy, but when they became fully awake, they saw his glory and the two men standing with him. 33 As the men were leaving Jesus, Peter said to him, "Master, it is good for us to be here. Let us put up three shelters—one for you, one for Moses and one for Elijah." (He did not know what he was saying.)

34 While he was speaking, a cloud appeared and enveloped them, and they were afraid as they entered the cloud. 35 A voice came from the cloud, saying, "This is

---

ᵛ 9:12 donde estamos no hay nada. Lit. aquí estamos en un lugar desierto.   ʷ 9:31 de la partida. Lit. del éxodo.   ʲ 20 Or Messiah

mi Hijo, mi escogido; escúchenlo.» ³⁶Después de oírse la voz, Jesús quedó solo. Los discípulos guardaron esto en secreto, y por algún tiempo a nadie contaron nada de lo que habían visto.

Jesús sana a un muchacho endemoniado

³⁷Al día siguiente, cuando bajaron de la montaña, le salió al encuentro mucha gente. ³⁸Y un hombre de entre la multitud exclamó:

—Maestro, te ruego que atiendas a mi hijo, pues es el único que tengo. ³⁹Resulta que un espíritu se posesiona de él, y de repente el muchacho se pone a gritar; también lo sacude con violencia y hace que eche espumarajos. Cuando lo atormenta, a duras penas lo suelta. ⁴⁰Ya les rogué a tus discípulos que lo expulsaran, pero no pudieron.

⁴¹—¡Ah, generación incrédula y perversa! —respondió Jesús—. ¿Hasta cuándo tendré que estar con ustedes y soportarlos? Trae acá a tu hijo.

⁴²Estaba acercándose el muchacho cuando el demonio lo derribó con una convulsión. Pero Jesús reprendió al *espíritu maligno, sanó al muchacho y se lo devolvió al padre. ⁴³Y todos se quedaron asombrados de la grandeza de Dios.

En medio de tanta admiración por todo lo que hacía, Jesús dijo a sus discípulos:

⁴⁴—Presten mucha atención a lo que les voy a decir: El Hijo del hombre va a ser entregado en manos de los hombres.

⁴⁵Pero ellos no entendían lo que quería decir con esto. Les estaba encubierto para que no lo comprendieran, y no se atrevían a preguntárselo.

¿Quién va a ser el más importante?

⁴⁶Surgió entre los discípulos una discusión sobre quién de ellos sería el más importante. ⁴⁷Como Jesús sabía bien lo que pensaban, tomó a un niño y lo puso a su lado.

⁴⁸—El que recibe en mi nombre a este niño —les dijo—, me recibe a mí; y el que me recibe a mí, recibe al que me envió. El que es más insignificante entre todos ustedes, ése es el más importante.

⁴⁹—Maestro —intervino Juan—, vimos a un hombre que expulsaba demonios en tu nombre; pero como no anda con nosotros, tratamos de impedírselo.

⁵⁰—No se lo impidan —les replicó Jesús—, porque el que no está contra ustedes está a favor de ustedes.

La oposición de los samaritanos

⁵¹Como se acercaba el tiempo de que fuera llevado al cielo, Jesús se hizo el firme propósito de ir a Jerusalén. ⁵²Envió por delante mensajeros, que entraron en un pueblo samaritano para prepararle alojamiento; ⁵³pero allí la gente no quiso recibirlo porque se dirigía a Jerusalén. ⁵⁴Cuando los discípulos *Jacobo y Juan vieron esto, le preguntaron:

—Señor, ¿quieres que hagamos caer fuego del cielo paraˣ que los destruya?

⁵⁵Pero Jesús se volvió a ellos y los reprendió. ⁵⁶Luegoʸ siguieron la jornada a otra aldea.

Lo que cuesta seguir a Jesús

⁵⁷Iban por el camino cuando alguien le dijo:

—Te seguiré a dondequiera que vayas.

The Healing of a Boy With an Evil Spirit

³⁷The next day, when they came down from the mountain, a large crowd met him. ³⁸A man in the crowd called out, "Teacher, I beg you to look at my son, for he is my only child. ³⁹A spirit seizes him and he suddenly screams; it throws him into convulsions so that he foams at the mouth. It scarcely ever leaves him and is destroying him. ⁴⁰I begged your disciples to drive it out, but they could not."

⁴¹"O unbelieving and perverse generation," Jesus replied, "how long shall I stay with you and put up with you? Bring your son here."

⁴²Even while the boy was coming, the demon threw him to the ground in a convulsion. But Jesus rebuked the evilᵏ spirit, healed the boy and gave him back to his father. ⁴³And they were all amazed at the greatness of God.

While everyone was marveling at all that Jesus did, he said to his disciples, ⁴⁴"Listen carefully to what I am about to tell you: The Son of Man is going to be betrayed into the hands of men." ⁴⁵But they did not understand what this meant. It was hidden from them, so that they did not grasp it, and they were afraid to ask him about it.

Who Will Be the Greatest?

⁴⁶An argument started among the disciples as to which of them would be the greatest. ⁴⁷Jesus, knowing their thoughts, took a little child and had him stand beside him. ⁴⁸Then he said to them, "Whoever welcomes this little child in my name welcomes me; and whoever welcomes me welcomes the one who sent me. For he who is least among you all—he is the greatest."

⁴⁹"Master," said John, "we saw a man driving out demons in your name and we tried to stop him, because he is not one of us."

⁵⁰"Do not stop him," Jesus said, "for whoever is not against you is for you."

Samaritan Opposition

⁵¹As the time approached for him to be taken up to heaven, Jesus resolutely set out for Jerusalem. ⁵²And he sent messengers on ahead, who went into a Samaritan village to get things ready for him; ⁵³but the people there did not welcome him, because he was heading for Jerusalem. ⁵⁴When the disciples James and John saw this, they asked, "Lord, do you want us to call fire down from heaven to destroy themˡ?" ⁵⁵But Jesus turned and rebuked them, ⁵⁶andᵐ they went to another village.

The Cost of Following Jesus

⁵⁷As they were walking along the road, a man said to him, "I will follow you wherever you go."

ˣ 9:54 cielo para. Var. cielo, como hizo Elías, para.
ʸ 9:55,56 reprendió. ⁵⁶ Luego. Var. reprendió. / —Ustedes no saben de qué espíritu son —les dijo—, ⁵⁶ porque el Hijo del Hombre no vino para destruir la vida de las personas sino para salvarla. / Luego.

ᵏ 42 Greek unclean ˡ 54 Some manuscripts them, even as Elijah did ᵐ 55,56 Some manuscripts them. And he said, "You do not know what kind of spirit you are of, for the Son of Man did not come to destroy men's lives, but to save them." ⁵⁶And

⁵⁸—Las zorras tienen madrigueras y las aves tienen nidos —le respondió Jesús—, pero el Hijo del hombre no tiene dónde recostar la cabeza.

⁵⁹A otro le dijo:

—Sígueme.

—Señor —le contestó—, primero déjame ir a enterrar a mi padre.

⁶⁰—Deja que los muertos entierren a sus propios muertos, pero tú ve y proclama el reino de Dios —le replicó Jesús.

⁶¹Otro afirmó:

—Te seguiré, Señor; pero primero déjame despedirme de mi familia.

⁶²Jesús le respondió:

—Nadie que mire atrás después de poner la mano en el arado es apto para el reino de Dios.

Jesús envía a los setenta y dos

10 Después de esto, el Señor escogió a otros setenta y dos[z] para enviarlos de dos en dos delante de él a todo pueblo y lugar adonde él pensaba ir. ²«Es abundante la cosecha —les dijo—, pero son pocos los obreros. Pídanle, por tanto, al Señor de la cosecha que mande obreros a su campo. ³¡Vayan ustedes! Miren que los envío como corderos en medio de lobos. ⁴No lleven monedero ni bolsa ni sandalias; ni se detengan a saludar a nadie por el camino.

⁵»Cuando entren en una casa, digan primero: "Paz a esta casa." ⁶Si hay allí alguien digno de paz, gozará de ella; y si no, la bendición no se cumplirá.[a] ⁷Quédense en esa casa, y coman y beban de lo que ellos tengan, porque el trabajador tiene derecho a su sueldo. No anden de casa en casa.

⁸»Cuando entren en un pueblo y los reciban, coman lo que les sirvan. ⁹Sanen a los enfermos que encuentren allí y díganles: "El reino de Dios ya está cerca de ustedes." ¹⁰Pero cuando entren en un pueblo donde no los reciban, salgan a las plazas y digan: ¹¹"Aun el polvo de este pueblo, que se nos ha pegado a los pies, nos lo sacudimos en protesta contra ustedes. Pero tengan por seguro que ya está cerca el reino de Dios." ¹²Les digo que en aquel día será más tolerable el castigo para Sodoma que para ese pueblo.

¹³»¡Ay de ti, Corazín! ¡Ay de ti, Betsaida! Si se hubieran hecho en Tiro y en Sidón los milagros que se hicieron en medio de ustedes, ya hace tiempo que se habrían *arrepentido con grandes lamentos.[b] ¹⁴Pero en el juicio será más tolerable el castigo para Tiro y Sidón que para ustedes. ¹⁵Y tú, Capernaúm, ¿acaso serás levantada hasta el cielo? No, sino que descenderás hasta el *abismo.

¹⁶»El que los escucha a ustedes, me escucha a mí; el que los rechaza a ustedes, me rechaza a mí; y el que me rechaza a mí, rechaza al que me envió.»

¹⁷Cuando los setenta y dos regresaron, dijeron contentos:

—Señor, hasta los demonios se nos someten en tu nombre.

¹⁸—Yo veía a Satanás caer del cielo como un rayo —respondió él—. ¹⁹Sí, les he dado autoridad a ustedes para pisotear serpientes y escorpiones y vencer todo el poder del enemigo; nada les podrá hacer daño. ²⁰Sin embargo, no se alegren de que puedan someter a los espíritus, sino alégrense de que sus nombres están escritos en el cielo.

⁵⁸Jesus replied, "Foxes have holes and birds of the air have nests, but the Son of Man has no place to lay his head."

⁵⁹He said to another man, "Follow me."

But the man replied, "Lord, first let me go and bury my father."

⁶⁰Jesus said to him, "Let the dead bury their own dead, but you go and proclaim the kingdom of God."

⁶¹Still another said, "I will follow you, Lord; but first let me go back and say good-by to my family."

⁶²Jesus replied, "No one who puts his hand to the plow and looks back is fit for service in the kingdom of God."

Jesus Sends Out the Seventy-two

10 After this the Lord appointed seventy-two[n] others and sent them two by two ahead of him to every town and place where he was about to go. ²He told them, "The harvest is plentiful, but the workers are few. Ask the Lord of the harvest, therefore, to send out workers into his harvest field. ³Go! I am sending you out like lambs among wolves. ⁴Do not take a purse or bag or sandals; and do not greet anyone on the road.

⁵"When you enter a house, first say, 'Peace to this house.' ⁶If a man of peace is there, your peace will rest on him; if not, it will return to you. ⁷Stay in that house, eating and drinking whatever they give you, for the worker deserves his wages. Do not move around from house to house.

⁸"When you enter a town and are welcomed, eat what is set before you. ⁹Heal the sick who are there and tell them, 'The kingdom of God is near you.' ¹⁰But when you enter a town and are not welcomed, go into its streets and say, ¹¹'Even the dust of your town that sticks to our feet we wipe off against you. Yet be sure of this: The kingdom of God is near.' ¹²I tell you, it will be more bearable on that day for Sodom than for that town.

¹³"Woe to you, Korazin! Woe to you, Bethsaida! For if the miracles that were performed in you had been performed in Tyre and Sidon, they would have repented long ago, sitting in sackcloth and ashes. ¹⁴But it will be more bearable for Tyre and Sidon at the judgment than for you. ¹⁵And you, Capernaum, will you be lifted up to the skies? No, you will go down to the depths.[o]

¹⁶"He who listens to you listens to me; he who rejects you rejects me; but he who rejects me rejects him who sent me."

¹⁷The seventy-two returned with joy and said, "Lord, even the demons submit to us in your name."

¹⁸He replied, "I saw Satan fall like lightning from heaven. ¹⁹I have given you authority to trample on snakes and scorpions and to overcome all the power of the enemy; nothing will harm you. ²⁰However, do not rejoice that the spirits submit to you, but rejoice that your names are written in heaven."

---

z 10:1 setenta y dos. Var. setenta; también en v. 17.   a 10:6 Si hay ... se cumplirá. Lit. Si hay allí un hijo de paz, la paz de ustedes reposará sobre él; y si no, volverá a ustedes.   b 10:13 con grandes lamentos. Lit. sentados en saco y ceniza.

n 1 Some manuscripts seventy; also in verse 17   o 15 Greek Hades

21 En aquel momento Jesús, lleno de alegría por el
Espíritu Santo, dijo: «Te alabo, Padre, Señor del cielo
y de la tierra, porque habiendo escondido estas cosas
de los sabios e instruidos, se las has revelado a los que
son como niños. Sí, Padre, porque esa fue tu buena
voluntad.
22 »Mi Padre me ha entregado todas las cosas. Nadie
sabe quién es el Hijo, sino el Padre, y nadie sabe quién
es el Padre, sino el Hijo y aquel a quien el Hijo quiera
revelárselo.»
23 Volviéndose a sus discípulos, les dijo aparte:
«*Dichosos los ojos que ven lo que ustedes ven. 24 Les
digo que muchos profetas y reyes quisieron ver lo que
ustedes ven, pero no lo vieron; y oír lo que ustedes
oyen, pero no lo oyeron.»

Parábola del buen samaritano

25 En esto se presentó un *experto en la ley y, para
poner a prueba a Jesús, le hizo esta pregunta:
—Maestro, ¿qué tengo que hacer para heredar la
vida eterna?
26 Jesús replicó:
—¿Qué está escrito en la ley? ¿Cómo la interpre-
tas tú?
27 Como respuesta el hombre citó:
—"Ama al Señor tu Dios con todo tu corazón, con
todo tu ser, con todas tus fuerzas y con toda tu mente",[c] y: "Ama a tu prójimo como a ti mismo."[d]
28 —Bien contestado —le dijo Jesús—. Haz eso y
vivirás.
29 Pero él quería justificarse, así que le preguntó a
Jesús:
—¿Y quién es mi prójimo?
30 Jesús respondió:
—Bajaba un hombre de Jerusalén a Jericó, y cayó en
manos de unos ladrones. Le quitaron la ropa, lo golpearon y se fueron, dejándolo medio muerto. 31 Resulta
que viajaba por el mismo camino un sacerdote quien,
al verlo, se desvió y siguió de largo. 32 Así también
llegó a aquel lugar un levita, y al verlo, se desvió y
siguió de largo. 33 Pero un samaritano que iba de viaje
llegó adonde estaba el hombre y, viéndolo, se compadeció de él. 34 Se acercó, le curó las heridas con vino y
aceite, y se las vendó. Luego lo montó sobre su propia
cabalgadura, lo llevó a un alojamiento y lo cuidó. 35 Al
día siguiente, sacó dos monedas de plata[e] y se las dio
al dueño del alojamiento. "Cuídemelo —le dijo—, y lo
que gaste usted de más, se lo pagaré cuando yo vuelva." 36 ¿Cuál de estos tres piensas que demostró ser el
prójimo del que cayó en manos de los ladrones?
37 —El que se compadeció de él —contestó el experto en la ley.
—Anda entonces y haz tú lo mismo —concluyó
Jesús.

En casa de Marta y María

38 Mientras iba de camino con sus discípulos, Jesús
entró en una aldea, y una mujer llamada Marta lo recibió en su casa. 39 Tenía ella una hermana llamada María que, sentada a los pies del Señor, escuchaba lo que
él decía. 40 Marta, por su parte, se sentía abrumada
porque tenía mucho que hacer. Así que se acercó a él
y le dijo:
—Señor, ¿no te importa que mi hermana me haya
dejado sirviendo sola? ¡Dile que me ayude!
41 —Marta, Marta —le contestó Jesús—, estás in-

21 At that time Jesus, full of joy through the Holy
Spirit, said, "I praise you, Father, Lord of heaven and
earth, because you have hidden these things from the
wise and learned, and revealed them to little children.
Yes, Father, for this was your good pleasure.
22 "All things have been committed to me by my
Father. No one knows who the Son is except the Father, and no one knows who the Father is except the
Son and those to whom the Son chooses to reveal
him."
23 Then he turned to his disciples and said privately,
"Blessed are the eyes that see what you see. 24 For I tell
you that many prophets and kings wanted to see what
you see but did not see it, and to hear what you hear
but did not hear it."

The Parable of the Good Samaritan

25 On one occasion an expert in the law stood up to
test Jesus. "Teacher," he asked, "what must I do to
inherit eternal life?"
26 "What is written in the Law?" he replied. "How do
you read it?"
27 He answered: " 'Love the Lord your God with all
your heart and with all your soul and with all your
strength and with all your mind'[p]; and, 'Love your
neighbor as yourself.'[q]"
28 "You have answered correctly," Jesus replied. "Do
this and you will live."
29 But he wanted to justify himself, so he asked
Jesus, "And who is my neighbor?"
30 In reply Jesus said: "A man was going down from
Jerusalem to Jericho, when he fell into the hands of
robbers. They stripped him of his clothes, beat him and
went away, leaving him half dead. 31 A priest happened
to be going down the same road, and when he saw the
man, he passed by on the other side. 32 So too, a Levite,
when he came to the place and saw him, passed by on
the other side. 33 But a Samaritan, as he traveled, came
where the man was; and when he saw him, he took pity
on him. 34 He went to him and bandaged his wounds,
pouring on oil and wine. Then he put the man on his
own donkey, took him to an inn and took care of him.
35 The next day he took out two silver coins[r] and gave
them to the innkeeper. 'Look after him,' he said, 'and
when I return, I will reimburse you for any extra expense you may have.'
36 "Which of these three do you think was a neighbor
to the man who fell into the hands of robbers?"
37 The expert in the law replied, "The one who had
mercy on him."
Jesus told him, "Go and do likewise."

At the Home of Martha and Mary

38 As Jesus and his disciples were on their way, he
came to a village where a woman named Martha
opened her home to him. 39 She had a sister called
Mary, who sat at the Lord's feet listening to what he
said. 40 But Martha was distracted by all the preparations that had to be made. She came to him and asked,
"Lord, don't you care that my sister has left me to do
the work by myself? Tell her to help me!"
41 "Martha, Martha," the Lord answered, "you are

[c] *10:27* Dt 6:5 [d] *10:27* Lv 19:18 [e] *10:35* monedas de plata. Lit. **denarios.*

[p] *27* Deut. 6:5 [q] *27* Lev. 19:18 [r] *35* Greek *two denarii*

quieta y preocupada por muchas cosas, 42pero sólo una es necesaria.ʄ María ha escogido la mejor, y nadie se la quitará.

Jesús enseña sobre la oración

11 Un día estaba Jesús orando en cierto lugar. Cuando terminó, le dijo uno de sus discípulos:
—Señor, enséñanos a orar, así como Juan enseñó a sus discípulos.

2 Él les dijo:
—Cuando oren, digan:

»"Padre,ᵍ
*santificado sea tu nombre.
Venga tu reino.ʰ
3 Danos cada día nuestro pan cotidiano.ⁱ
4 Perdónanos nuestros pecados,
    porque también nosotros perdonamos a todos
        los que nos ofenden.ʲ
Y no nos metas en *tentación."ᵏ

5 »Supongamos —continuó— que uno de ustedes tiene un amigo, y a medianoche va y le dice: "Amigo, préstame tres panes, 6pues se me ha presentado un amigo recién llegado de viaje, y no tengo nada que ofrecerle." 7 Y el que está adentro le contesta: "No me molestes. Ya está cerrada la puerta, y mis hijos y yo estamos acostados. No puedo levantarme a darte nada." 8 Les digo que, aunque no se levante a darle pan por ser amigo suyo, sí se levantará por su impertinencia y le dará cuanto necesite.

9 »Así que yo les digo: Pidan, y se les dará; busquen, y encontrarán; llamen, y se les abrirá la puerta. 10 Porque todo el que pide, recibe; el que busca, encuentra; y al que llama, se le abre.

11 »¿Quién de ustedes que sea padre, si su hijo le pideˡ un pescado, le dará en cambio una serpiente? 12 ¿O si le pide un huevo, le dará un escorpión? 13 Pues si ustedes, aun siendo malos, saben dar cosas buenas a sus hijos, ¡cuánto más el Padre celestial dará el Espíritu Santo a quienes se lo pidan!

Jesús y Beelzebú

14 En otra ocasión Jesús expulsaba de un hombre a un demonio que lo había dejado mudo. Cuando salió el demonio, el mudo habló, y la gente se quedó asombrada. 15 Pero algunos dijeron: «Éste expulsa a los demonios por medio de *Beelzebú, príncipe de los demonios.» 16 Otros, para ponerlo a *prueba, le pedían una señal del cielo.

17 Como él conocía sus pensamientos, les dijo: «Todo reino dividido contra sí mismo quedará asolado, y una casa dividida contra sí misma se derrumbará.ᵐ 18 Por tanto, si Satanás está dividido contra sí mismo, ¿cómo puede mantenerse en pie su reino? Lo pregunto porque ustedes dicen que yo expulso a los demonios por medio de Beelzebú. 19 Ahora bien, si yo expulso a los demonios por medio de Beelzebú, ¿los seguidores de ustedes por medio de quién los expulsan? Por eso ellos mismos los juzgarán a ustedes. 20 Pero si expulso a los demonios con el poderⁿ de Dios, eso significa que ha llegado a ustedes el reino de Dios.

worried and upset about many things, 42but only one thing is needed.ˢ Mary has chosen what is better, and it will not be taken away from her."

Jesus' Teaching on Prayer

11 One day Jesus was praying in a certain place. When he finished, one of his disciples said to him, "Lord, teach us to pray, just as John taught his disciples."

2 He said to them, "When you pray, say:

" 'Father,ᵗ
hallowed be your name,
    your kingdom come.ᵘ
3 Give us each day our daily bread.
4 Forgive us our sins,
    for we also forgive everyone who sins
        against us.ᵛ
And lead us not into temptation.ʷ ' "

5 Then he said to them, "Suppose one of you has a friend, and he goes to him at midnight and says, 'Friend, lend me three loaves of bread, 6because a friend of mine on a journey has come to me, and I have nothing to set before him.'

7 "Then the one inside answers, 'Don't bother me. The door is already locked, and my children are with me in bed. I can't get up and give you anything.' 8 I tell you, though he will not get up and give him the bread because he is his friend, yet because of the man's boldnessˣ he will get up and give him as much as he needs.

9 "So I say to you: Ask and it will be given to you; seek and you will find; knock and the door will be opened to you. 10 For everyone who asks receives; he who seeks finds; and to him who knocks, the door will be opened.

11 "Which of you fathers, if your son asks forʸ a fish, will give him a snake instead? 12 Or if he asks for an egg, will give him a scorpion? 13 If you then, though you are evil, know how to give good gifts to your children, how much more will your Father in heaven give the Holy Spirit to those who ask him!"

Jesus and Beelzebub

14 Jesus was driving out a demon that was mute. When the demon left, the man who had been mute spoke, and the crowd was amazed. 15 But some of them said, "By Beelzebub,ᶻ the prince of demons, he is driving out demons." 16 Others tested him by asking for a sign from heaven.

17 Jesus knew their thoughts and said to them: "Any kingdom divided against itself will be ruined, and a house divided against itself will fall. 18 If Satan is divided against himself, how can his kingdom stand? I say this because you claim that I drive out demons by Beelzebub. 19 Now if I drive out demons by Beelzebub, by whom do your followers drive them out? So then, they will be your judges. 20 But if I drive out demons by the finger of God, then the kingdom of God has come to you.

ʄ 10:42 *sólo una es necesaria.* Var. *se necesitan pocas cosas, o una sola.* ᵍ 11:2 *Padre.* Var. *Padre nuestro que estás en el cielo* (véase Mt 6:9). ʰ 11:2 *reino.* Var. *reino. Hágase tu voluntad en la tierra como en el cielo* (véase Mt 6:10). ⁱ 11:3 *nuestro pan cotidiano.* Alt. *el pan que necesitamos.* ʲ 11:4 *nos ofenden.* Lit. *nos deben.* ᵏ 11:4 *tentación.* Var. *tentación, sino líbranos del maligno* (véase Mt 6:13). ˡ 11:11 *le pide.* Var. *le pide pan, le dará una piedra; o si le pide.* ᵐ 11:17 *y una casa ... derrumbará.* Alt. *y sus casas se derrumbarán unas sobre otras.* ⁿ 11:20 *poder.* Lit. *dedo.*

ˢ 42 Some manuscripts *but few things are needed—or only one* ᵗ 2 Some manuscripts *Our Father in heaven* ᵘ 2 Some manuscripts *come. May your will be done on earth as it is in heaven.* ᵛ 4 Greek *everyone who is indebted to us* ʷ 4 Some manuscripts *temptation but deliver us from the evil one* ˣ 8 Or *persistence* ʸ 11 Some manuscripts *for bread, will give him a stone; or if he asks for* ᶻ 15 Greek *Beezeboul* or *Beelzeboul*; also in verses 18 and 19

21»Cuando un hombre fuerte y bien armado cuida su hacienda, sus bienes están seguros. 22Pero si lo ataca otro más fuerte que él y lo vence, le quita las armas en que confiaba y reparte el botín.

23»El que no está de mi parte, está contra mí; y el que conmigo no recoge, esparce.

24»Cuando un *espíritu maligno sale de una persona, va por lugares áridos buscando un descanso. Y al no encontrarlo, dice: "Volveré a mi casa, de donde salí." 25Cuando llega, la encuentra barrida y arreglada. 26Luego va y trae otros siete espíritus más malvados que él, y entran a vivir allí. Así que el estado final de aquella persona resulta peor que el inicial.»

27Mientras Jesús decía estas cosas, una mujer de entre la multitud exclamó:

—¡*Dichosa la mujer que te dio a luz y te amamantó!ñ

28—Dichosos más bien —contestó Jesús— los que oyen la palabra de Dios y la obedecen.

La señal de Jonás

29Como crecía la multitud, Jesús se puso a decirles: «Ésta es una generación malvada. Pide una señal milagrosa, pero no se le dará más señal que la de Jonás. 30Así como Jonás fue una señal para los habitantes de Nínive, también lo será el Hijo del hombre para esta generación. 31La reina del Sur se levantará en el día del juicio y condenará a esta gente; porque ella vino desde los confines de la tierra para escuchar la sabiduría de Salomón, y aquí tienen ustedes a uno más grande que Salomón. 32Los ninivitas se levantarán en el día del juicio y condenarán a esta generación; porque ellos se *arrepintieron al escuchar la predicación de Jonás, y aquí tienen ustedes a uno más grande que Jonás.

La lámpara del cuerpo

33»Nadie enciende una lámpara para luego ponerla en un lugar escondido o cubrirla con un cajón, sino para ponerla en una repisa, a fin de que los que entren tengan luz. 34Tus ojos son la lámpara de tu cuerpo. Si tu visión es clara, todo tu ser disfrutará de la luz; pero si está nublada, todo tu ser estará en la oscuridad.o 35Asegúrate de que la luz que crees tener no sea oscuridad. 36Por tanto, si todo tu ser disfruta de la luz, sin que ninguna parte quede en la oscuridad, estarás completamente iluminado, como cuando una lámpara te alumbra con su luz.»

Jesús denuncia a los fariseos y a los expertos en la ley

37Cuando Jesús terminó de hablar, un *fariseo lo invitó a comer con él; así que entró en la casa y se *sentó a la mesa. 38Pero el fariseo se sorprendió al ver que Jesús no había cumplido con el rito de lavarse antes de comer.

39—Resulta que ustedes los fariseos —les dijo el Señor—, *limpian el vaso y el plato por fuera, pero por dentro están ustedes llenos de codicia y de maldad. 40¡Necios! ¿Acaso el que hizo lo de afuera no hizo también lo de adentro? 41Den más bien a los pobres de lo que está dentro,p y así todo quedará limpio para ustedes.

42»¡Ay de ustedes, fariseos!, que dan la décima parte de la menta, de la ruda y de toda clase de legumbres, pero descuidan la justicia y el amor de Dios. Debían haber practicado esto, sin dejar de hacer aquello.

21"When a strong man, fully armed, guards his own house, his possessions are safe. 22But when someone stronger attacks and overpowers him, he takes away the armor in which the man trusted and divides up the spoils.

23"He who is not with me is against me, and he who does not gather with me, scatters.

24"When an evila spirit comes out of a man, it goes through arid places seeking rest and does not find it. Then it says, 'I will return to the house I left.' 25When it arrives, it finds the house swept clean and put in order. 26Then it goes and takes seven other spirits more wicked than itself, and they go in and live there. And the final condition of that man is worse than the first."

27As Jesus was saying these things, a woman in the crowd called out, "Blessed is the mother who gave you birth and nursed you."

28He replied, "Blessed rather are those who hear the word of God and obey it."

The Sign of Jonah

29As the crowds increased, Jesus said, "This is a wicked generation. It asks for a miraculous sign, but none will be given it except the sign of Jonah. 30For as Jonah was a sign to the Ninevites, so also will the Son of Man be to this generation. 31The Queen of the South will rise at the judgment with the men of this generation and condemn them; for she came from the ends of the earth to listen to Solomon's wisdom, and now oneb greater than Solomon is here. 32The men of Nineveh will stand up at the judgment with this generation and condemn it; for they repented at the preaching of Jonah, and now one greater than Jonah is here.

The Lamp of the Body

33"No one lights a lamp and puts it in a place where it will be hidden, or under a bowl. Instead he puts it on its stand, so that those who come in may see the light. 34Your eye is the lamp of your body. When your eyes are good, your whole body also is full of light. But when they are bad, your body also is full of darkness. 35See to it, then, that the light within you is not darkness. 36Therefore, if your whole body is full of light, and no part of it dark, it will be completely lighted, as when the light of a lamp shines on you."

Six Woes

37When Jesus had finished speaking, a Pharisee invited him to eat with him; so he went in and reclined at the table. 38But the Pharisee, noticing that Jesus did not first wash before the meal, was surprised.

39Then the Lord said to him, "Now then, you Pharisees clean the outside of the cup and dish, but inside you are full of greed and wickedness. 40You foolish people! Did not the one who made the outside make the inside also? 41But give what is inside ⌐the dish¬c to the poor, and everything will be clean for you.

42"Woe to you Pharisees, because you give God a tenth of your mint, rue and all other kinds of garden herbs, but you neglect justice and the love of God. You should have practiced the latter without leaving the former undone.

ñ 11:27 ¡Dichosa ... amamantó! Lit. ¡Dichoso el vientre que te llevó y los pechos que te criaron! o 11:34 Si tu visión ... oscuridad. Lit. Cuando tu ojo es bueno, todo tu cuerpo está iluminado; pero cuando es malo, también tu cuerpo está oscuro. p 11:41 lo que está dentro. Alt. lo que tienen.

a 24 Greek unclean b 31 Or something; also in verse 32 c 41 Or what you have

43 »¡Ay de ustedes, fariseos!, que se mueren por los primeros puestos en las sinagogas y los saludos en las plazas.

44 »¡Ay de ustedes!, que son como tumbas sin lápida, sobre las que anda la gente sin darse cuenta.

45 Uno de los *expertos en la ley le respondió:

—Maestro, al hablar así nos insultas también a nosotros.

46 Contestó Jesús:

—¡Ay de ustedes también, expertos en la ley! Abruman a los demás con cargas que apenas se pueden soportar, pero ustedes mismos no levantan ni un dedo para ayudarlos.

47 »¡Ay de ustedes!, que construyen monumentos para los profetas, a quienes los antepasados de ustedes mataron. 48 En realidad*q* aprueban lo que hicieron sus antepasados; ellos mataron a los profetas, y ustedes les construyen los sepulcros. 49 Por eso dijo Dios en su sabiduría: "Les enviaré profetas y apóstoles, de los cuales matarán a unos y perseguirán a otros." 50 Por lo tanto, a esta generación se le pedirán cuentas de la sangre de todos los profetas derramada desde el principio del mundo, 51 desde la sangre de Abel hasta la sangre de Zacarías, el que murió entre el altar y el *santuario. Sí, les aseguro que de todo esto se le pedirán cuentas a esta generación.

52 »¡Ay de ustedes, expertos en la ley!, porque se han adueñado de la llave del conocimiento. Ustedes mismos no han entrado, y a los que querían entrar les han cerrado el paso.

53 Cuando Jesús salió de allí, los *maestros de la ley y los fariseos, resentidos, se pusieron a acosarlo a preguntas. 54 Estaban tendiéndole trampas para ver si fallaba en algo.

Advertencias y estímulos

12 Mientras tanto, se habían reunido millares de personas, tantas que se atropellaban unas a otras. Jesús comenzó a hablar, dirigiéndose primero a sus discípulos: «Cuídense de la levadura de los *fariseos, o sea, de la *hipocresía. 2 No hay nada encubierto que no llegue a revelarse, ni nada escondido que no llegue a conocerse. 3 Así que todo lo que ustedes han dicho en la oscuridad se dará a conocer a plena luz, y lo que han susurrado a puerta cerrada se proclamará desde las azoteas.

4 »A ustedes, mis amigos, les digo que no teman a los que matan el cuerpo pero después no pueden hacer más. 5 Les voy a enseñar más bien a quién deben temer: teman al que, después de dar muerte, tiene poder para echarlos al infierno.*r* Sí, les aseguro que a él deben temerle. 6 ¿No se venden cinco gorriones por dos monedlas?*s* Sin embargo, Dios no se olvida de ninguno de ellos. 7 Así mismo sucede con ustedes: aun los cabellos de su cabeza están contados. No tengan miedo; ustedes valen más que muchos gorriones.

8 »Les aseguro que a cualquiera que me reconozca delante de la gente, también el Hijo del hombre lo reconocerá delante de los ángeles de Dios. 9 Pero al que me desconozca delante de la gente se le desconocerá delante de los ángeles de Dios. 10 Y todo el que pronuncie alguna palabra contra el Hijo del hombre será perdonado, pero el que *blasfeme contra el Espíritu Santo no tendrá perdón.

11 »Cuando los hagan comparecer ante las sinagogas, los gobernantes y las autoridades, no se preocupen de

43 "Woe to you Pharisees, because you love the most important seats in the synagogues and greetings in the marketplaces.

44 "Woe to you, because you are like unmarked graves, which men walk over without knowing it."

45 One of the experts in the law answered him, "Teacher, when you say these things, you insult us also."

46 Jesus replied, "And you experts in the law, woe to you, because you load people down with burdens they can hardly carry, and you yourselves will not lift one finger to help them.

47 "Woe to you, because you build tombs for the prophets, and it was your forefathers who killed them. 48 So you testify that you approve of what your forefathers did; they killed the prophets, and you build their tombs. 49 Because of this, God in his wisdom said, 'I will send them prophets and apostles, some of whom they will kill and others they will persecute.' 50 Therefore this generation will be held responsible for the blood of all the prophets that has been shed since the beginning of the world, 51 from the blood of Abel to the blood of Zechariah, who was killed between the altar and the sanctuary. Yes, I tell you, this generation will be held responsible for it all.

52 "Woe to you experts in the law, because you have taken away the key to knowledge. You yourselves have not entered, and you have hindered those who were entering."

53 When Jesus left there, the Pharisees and the teachers of the law began to oppose him fiercely and to besiege him with questions, 54 waiting to catch him in something he might say.

Warnings and Encouragements

12 Meanwhile, when a crowd of many thousands had gathered, so that they were trampling on one another, Jesus began to speak first to his disciples, saying: "Be on your guard against the yeast of the Pharisees, which is hypocrisy. 2 There is nothing concealed that will not be disclosed, or hidden that will not be made known. 3 What you have said in the dark will be heard in the daylight, and what you have whispered in the ear in the inner rooms will be proclaimed from the roofs.

4 "I tell you, my friends, do not be afraid of those who kill the body and after that can do no more. 5 But I will show you whom you should fear: Fear him who, after the killing of the body, has power to throw you into hell. Yes, I tell you, fear him. 6 Are not five sparrows sold for two pennies*d*? Yet not one of them is forgotten by God. 7 Indeed, the very hairs of your head are all numbered. Don't be afraid; you are worth more than many sparrows.

8 "I tell you, whoever acknowledges me before men, the Son of Man will also acknowledge him before the angels of God. 9 But he who disowns me before men will be disowned before the angels of God. 10 And everyone who speaks a word against the Son of Man will be forgiven, but anyone who blasphemes against the Holy Spirit will not be forgiven.

11 "When you are brought before synagogues, rulers and authorities, do not worry about how you will de-

---

q 11:48 En realidad. Lit. *Así que ustedes son testigos y.*
r 12:5 al infierno. Lit. *a la *Gehenna.*   *s 12:6 monedas.* Lit. *asaria.*

d 6 Greek two assaria

cómo van a defenderse o de qué van a decir, 12 porque en ese momento el Espíritu Santo les enseñará lo qué deben responder.»

Parábola del rico insensato

13 Uno de entre la multitud le pidió:

—Maestro, dile a mi hermano que comparta la herencia conmigo.

14 —Hombre —replicó Jesús—, ¿quién me nombró a mí juez o árbitro entre ustedes?

15 »¡Tengan cuidado! —advirtió a la gente—. Absténganse de toda avaricia; la vida de una persona no depende de la abundancia de sus bienes.

16 Entonces les contó esta parábola:

—El terreno de un hombre rico le produjo una buena cosecha. 17 Así que se puso a pensar: "¿Qué voy a hacer? No tengo dónde almacenar mi cosecha." 18 Por fin dijo: "Ya sé lo que voy a hacer: derribaré mis graneros y construiré otros más grandes, donde pueda almacenar todo mi grano y mis bienes. 19 Y diré: Alma mía, ya tienes bastantes cosas buenas guardadas para muchos años. Descansa, come, bebe y goza de la vida." 20 Pero Dios le dijo: "¡Necio! Esta misma noche te van a reclamar la *vida. ¿Y quién se quedará con lo que has acumulado?"

21 »Así le sucede al que acumula riquezas para sí mismo, en vez de ser rico delante de Dios.

No se preocupen

22 Luego dijo Jesús a sus discípulos:

—Por eso les digo: No se preocupen por su *vida, qué comerán; ni por su cuerpo, con qué se vestirán. 23 La vida tiene más valor que la comida, y el cuerpo más que la ropa. 24 Fíjense en los cuervos: no siembran ni cosechan, ni tienen almacén ni granero; sin embargo, Dios los alimenta. ¡Cuánto más valen ustedes que las aves! 25 ¿Quién de ustedes, por mucho que se preocupe, puede añadir una sola hora al curso de su vida?t 26 Ya que no pueden hacer algo tan insignificante, ¿por qué se preocupan por lo demás?

27 »Fíjense cómo crecen los lirios. No trabajan ni hilan; sin embargo, les digo que ni siquiera Salomón, con todo su esplendor, se vestía como uno de ellos. 28 Si así viste Dios a la hierba que hoy está en el campo y mañana es arrojada al horno, ¡cuánto más hará por ustedes, gente de poca fe! 29 Así que no se afanen por lo que han de comer o beber; dejen de atormentarse. 30 El mundo *pagano anda tras todas estas cosas, pero el Padre sabe que ustedes las necesitan. 31 Ustedes, por el contrario, busquen el reino de Dios, y estas cosas les serán añadidas.

32 »No tengan miedo, mi rebaño pequeño, porque es la buena voluntad del Padre darles el reino. 33 Vendan sus bienes y den a los pobres. Provéanse de bolsas que no se desgasten; acumulen un tesoro inagotable en el cielo, donde no hay ladrón que aceche ni polilla que destruya. 34 Pues donde tengan ustedes su tesoro, allí estará también su corazón.

La vigilancia

35 »Manténganse listos, con la ropa bien ajustadau y la luz encendida. 36 Pórtense como siervos que esperan a que regrese su señor de un banquete de bodas, para abrirle la puerta tan pronto como él llegue y toque. 37 *Dichosos los *siervos a quienes su señor encuentre pendientes de su llegada. Créanme que se ajustará la ropa, hará que los siervos se sienten a la mesa, y él

fend yourselves or what you will say, 12 for the Holy Spirit will teach you at that time what you should say."

The Parable of the Rich Fool

13 Someone in the crowd said to him, "Teacher, tell my brother to divide the inheritance with me."

14 Jesus replied, "Man, who appointed me a judge or an arbiter between you?" 15 Then he said to them, "Watch out! Be on your guard against all kinds of greed; a man's life does not consist in the abundance of his possessions."

16 And he told them this parable: "The ground of a certain rich man produced a good crop. 17 He thought to himself, 'What shall I do? I have no place to store my crops.'

18 "Then he said, 'This is what I'll do. I will tear down my barns and build bigger ones, and there I will store all my grain and my goods. 19 And I'll say to myself, "You have plenty of good things laid up for many years. Take life easy; eat, drink and be merry." '

20 "But God said to him, 'You fool! This very night your life will be demanded from you. Then who will get what you have prepared for yourself?'

21 "This is how it will be with anyone who stores up things for himself but is not rich toward God."

Do Not Worry

22 Then Jesus said to his disciples: "Therefore I tell you, do not worry about your life, what you will eat; or about your body, what you will wear. 23 Life is more than food, and the body more than clothes. 24 Consider the ravens: They do not sow or reap, they have no storeroom or barn; yet God feeds them. And how much more valuable you are than birds! 25 Who of you by worrying can add a single hour to his lifee? 26 Since you cannot do this very little thing, why do you worry about the rest?

27 "Consider how the lilies grow. They do not labor or spin. Yet I tell you, not even Solomon in all his splendor was dressed like one of these. 28 If that is how God clothes the grass of the field, which is here today, and tomorrow is thrown into the fire, how much more will he clothe you, O you of little faith! 29 And do not set your heart on what you will eat or drink; do not worry about it. 30 For the pagan world runs after all such things, and your Father knows that you need them. 31 But seek his kingdom, and these things will be given to you as well.

32 "Do not be afraid, little flock, for your Father has been pleased to give you the kingdom. 33 Sell your possessions and give to the poor. Provide purses for yourselves that will not wear out, a treasure in heaven that will not be exhausted, where no thief comes near and no moth destroys. 34 For where your treasure is, there your heart will be also.

Watchfulness

35 "Be dressed ready for service and keep your lamps burning, 36 like men waiting for their master to return from a wedding banquet, so that when he comes and knocks they can immediately open the door for him. 37 It will be good for those servants whose master finds them watching when he comes. I tell you the truth, he will dress himself to serve, will have them recline at

---

t 12:25 puede añadir ... su vida. Alt. puede aumentar su estatura siquiera medio metro (lit. un *codo).   u 12:35 Manténganse ... ajustada. Lit. Tengan sus lomos ceñidos.

e 25 Or single cubit to his height

mismo se pondrá a servirles. ³⁸Sí, dichosos aquellos siervos a quienes su señor encuentre preparados, aunque llegue a la medianoche o de madrugada. ³⁹Pero entiendan esto: Si un dueño de casa supiera a qué hora va a llegar el ladrón, estaría pendiente para no dejarlo forzar la entrada. ⁴⁰Así mismo deben ustedes estar preparados, porque el Hijo del hombre vendrá cuando menos lo esperen.

⁴¹—Señor —le preguntó Pedro—, ¿cuentas esta parábola para nosotros, o para todos?

⁴²Respondió el Señor:

—¿Dónde se halla un mayordomo fiel y prudente a quien su señor deja encargado de los siervos para repartirles la comida a su debido tiempo? ⁴³Dichoso el siervo cuyo señor, al regresar, lo encuentra cumpliendo con su deber. ⁴⁴Les aseguro que lo pondrá a cargo de todos sus bienes. ⁴⁵Pero ¡qué tal si ese siervo se pone a pensar: "Mi señor tarda en volver", y luego comienza a golpear a los criados y a las criadas, y a comer y beber y emborracharse! ⁴⁶El señor de ese siervo volverá el día en que el siervo menos lo espere y a la hora menos pensada. Entonces lo castigará severamente y le impondrá la condena que reciben los incrédulos.ᵛ

⁴⁷»El siervo que conoce la voluntad de su señor, y no se prepara para cumplirla, recibirá muchos golpes. ⁴⁸En cambio, el que no la conoce y hace algo que merezca castigo, recibirá pocos golpes. A todo el que se le ha dado mucho, se le exigirá mucho; y al que se le ha confiado mucho, se le pedirá aun más.

División en vez de paz

⁴⁹»He venido a traer fuego a la tierra, y ¡cómo quisiera que ya estuviera ardiendo! ⁵⁰Pero tengo que pasar por la prueba de un bautismo, y ¡cuánta angustia siento hasta que se cumpla! ⁵¹¿Creen ustedes que vine a traer paz a la tierra? ¡Les digo que no, sino división! ⁵²De ahora en adelante estarán divididos cinco en una familia, tres contra dos, y dos contra tres. ⁵³Se enfrentarán el padre contra su hijo y el hijo contra su padre, la madre contra su hija y la hija contra su madre, la suegra contra su nuera y la nuera contra su suegra.

Señales de los tiempos

⁵⁴Luego añadió Jesús, dirigiéndose a la multitud:

—Cuando ustedes ven que se levanta una nube en el occidente, en seguida dicen: "Va a llover", y así sucede. ⁵⁵Y cuando sopla el viento del sur, dicen: "Va a hacer calor", y así sucede. ⁵⁶¡*Hipócritas! Ustedes saben interpretar la apariencia de la tierra y del cielo. ¿Cómo es que no saben interpretar el tiempo actual?

⁵⁷»¿Por qué no juzgan por ustedes mismos lo que es justo? ⁵⁸Si tienes que ir con un adversario al magistrado, procura reconciliarte con él en el camino, no sea que te lleve por la fuerza ante el juez, y el juez te entregue al alguacil, y el alguacil te meta en la cárcel. ⁵⁹Te digo que no saldrás de allí hasta que pagues el último centavo.ʷ

the table and will come and wait on them. ³⁸It will be good for those servants whose master finds them ready, even if he comes in the second or third watch of the night. ³⁹But understand this: If the owner of the house had known at what hour the thief was coming, he would not have let his house be broken into. ⁴⁰You also must be ready, because the Son of Man will come at an hour when you do not expect him."

⁴¹Peter asked, "Lord, are you telling this parable to us, or to everyone?"

⁴²The Lord answered, "Who then is the faithful and wise manager, whom the master puts in charge of his servants to give them their food allowance at the proper time? ⁴³It will be good for that servant whom the master finds doing so when he returns. ⁴⁴I tell you the truth, he will put him in charge of all his possessions. ⁴⁵But suppose the servant says to himself, 'My master is taking a long time in coming,' and he then begins to beat the menservants and maidservants and to eat and drink and get drunk. ⁴⁶The master of that servant will come on a day when he does not expect him and at an hour he is not aware of. He will cut him to pieces and assign him a place with the unbelievers.

⁴⁷"That servant who knows his master's will and does not get ready or does not do what his master wants will be beaten with many blows. ⁴⁸But the one who does not know and does things deserving punishment will be beaten with few blows. From everyone who has been given much, much will be demanded; and from the one who has been entrusted with much, much more will be asked.

Not Peace but Division

⁴⁹"I have come to bring fire on the earth, and how I wish it were already kindled! ⁵⁰But I have a baptism to undergo, and how distressed I am until it is completed! ⁵¹Do you think I came to bring peace on earth? No, I tell you, but division. ⁵²From now on there will be five in one family divided against each other, three against two and two against three. ⁵³They will be divided, father against son and son against father, mother against daughter and daughter against mother, mother-in-law against daughter-in-law and daughter-in-law against mother-in-law."

Interpreting the Times

⁵⁴He said to the crowd: "When you see a cloud rising in the west, immediately you say, 'It's going to rain,' and it does. ⁵⁵And when the south wind blows, you say, 'It's going to be hot,' and it is. ⁵⁶Hypocrites! You know how to interpret the appearance of the earth and the sky. How is it that you don't know how to interpret this present time?

⁵⁷"Why don't you judge for yourselves what is right? ⁵⁸As you are going with your adversary to the magistrate, try hard to be reconciled to him on the way, or he may drag you off to the judge, and the judge turn you over to the officer, and the officer throw you into prison. ⁵⁹I tell you, you will not get out until you have paid the last penny.ᶠ"

ᵛ 12:46 lo castigará ... incrédulos. Lit. lo cortará en dos y fijará su porción con los incrédulos.   ʷ 12:59 centavo. Lit. *lepton.   ᶠ 59 Greek lepton

El que no se arrepiente perecerá

13 En aquella ocasión algunos que habían llegado le contaron a Jesús cómo Pilato había dado muerte a unos galileos cuando ellos ofrecían sus sacrificios.ˣ ² Jesús les respondió: «¿Piensan ustedes que esos galileos, por haber sufrido así, eran más pecadores que todos los demás? ³ ¡Les digo que no! De la misma manera, todos ustedes perecerán, a menos que se *arrepientan. ⁴ ¿O piensan que aquellos dieciocho que fueron aplastados por la torre de Siloé eran más culpables que todos los demás habitantes de Jerusalén? ⁵ ¡Les digo que no! De la misma manera, todos ustedes perecerán, a menos que se arrepientan.»

⁶ Entonces les contó esta parábola: «Un hombre tenía una higuera plantada en su viñedo, pero cuando fue a buscar fruto en ella, no encontró nada. ⁷ Así que le dijo al viñador: "Mira, ya hace tres años que vengo a buscar fruto en esta higuera, y no he encontrado nada. ¡Córtala! ¿Para qué ha de ocupar terreno?" ⁸ "Señor —le contestó el viñador—, déjela todavía por un año más, para que yo pueda cavar a su alrededor y echarle abono. ⁹ Así tal vez en adelante dé fruto; si no, córtela." »

Jesús sana en sábado a una mujer encorvada

¹⁰ Un *sábado Jesús estaba enseñando en una de las sinagogas, ¹¹ y estaba allí una mujer que por causa de un demonio llevaba dieciocho años enferma. Andaba encorvada y de ningún modo podía enderezarse. ¹² Cuando Jesús la vio, la llamó y le dijo:

—Mujer, quedas libre de tu enfermedad.

¹³ Al mismo tiempo, puso las manos sobre ella, y al instante la mujer se enderezó y empezó a alabar a Dios. ¹⁴ Indignado porque Jesús había sanado en sábado, el jefe de la sinagoga intervino, dirigiéndose a la gente:

—Hay seis días en que se puede trabajar, así que vengan esos días para ser sanados, y no el sábado.

¹⁵ —*¡Hipócritas! —le contestó el Señor—. ¿Acaso no desata cada uno de ustedes su buey o su burro en sábado, y lo saca del establo para llevarlo a tomar agua? ¹⁶ Sin embargo, a esta mujer, que es hija de Abraham, y a quien Satanás tenía atada durante dieciocho largos años, ¿no se le debía quitar esta cadena en sábado?

¹⁷ Cuando razonó así, quedaron humillados todos sus adversarios, pero la gente estaba encantada de tantas maravillas que él hacía.

Parábolas del grano de mostaza y de la levadura

¹⁸ —¿A qué se parece el reino de Dios? —continuó Jesús—. ¿Con qué voy a compararlo? ¹⁹ Se parece a un grano de mostaza que un hombre sembró en su huerto. Creció hasta convertirse en un árbol, y las aves anidaron en sus ramas.

²⁰ Volvió a decir:

—¿Con qué voy a comparar el reino de Dios? ²¹ Es como la levadura que una mujer tomó y mezcló con una gran cantidadʸ de harina, hasta que fermentó toda la masa.

La puerta estrecha

²² Continuando su viaje a Jerusalén, Jesús enseñaba en los pueblos y aldeas por donde pasaba.

²³ —Señor, ¿son pocos los que van a salvarse? —le preguntó uno.

Repent or Perish

13 Now there were some present at that time who told Jesus about the Galileans whose blood Pilate had mixed with their sacrifices. ²Jesus answered, "Do you think that these Galileans were worse sinners than all the other Galileans because they suffered this way? ³I tell you, no! But unless you repent, you too will all perish. ⁴Or those eighteen who died when the tower in Siloam fell on them—do you think they were more guilty than all the others living in Jerusalem? ⁵I tell you, no! But unless you repent, you too will all perish."

⁶Then he told this parable: "A man had a fig tree, planted in his vineyard, and he went to look for fruit on it, but did not find any. ⁷So he said to the man who took care of the vineyard, 'For three years now I've been coming to look for fruit on this fig tree and haven't found any. Cut it down! Why should it use up the soil?'

⁸" 'Sir,' the man replied, 'leave it alone for one more year, and I'll dig around it and fertilize it. ⁹If it bears fruit next year, fine! If not, then cut it down.' "

A Crippled Woman Healed on the Sabbath

¹⁰On a Sabbath Jesus was teaching in one of the synagogues, ¹¹and a woman was there who had been crippled by a spirit for eighteen years. She was bent over and could not straighten up at all. ¹²When Jesus saw her, he called her forward and said to her, "Woman, you are set free from your infirmity." ¹³Then he put his hands on her, and immediately she straightened up and praised God.

¹⁴Indignant because Jesus had healed on the Sabbath, the synagogue ruler said to the people, "There are six days for work. So come and be healed on those days, not on the Sabbath."

¹⁵The Lord answered him, "You hypocrites! Doesn't each of you on the Sabbath untie his ox or donkey from the stall and lead it out to give it water? ¹⁶Then should not this woman, a daughter of Abraham, whom Satan has kept bound for eighteen long years, be set free on the Sabbath day from what bound her?"

¹⁷When he said this, all his opponents were humiliated, but the people were delighted with all the wonderful things he was doing.

The Parables of the Mustard Seed and the Yeast

¹⁸Then Jesus asked, "What is the kingdom of God like? What shall I compare it to? ¹⁹It is like a mustard seed, which a man took and planted in his garden. It grew and became a tree, and the birds of the air perched in its branches."

²⁰Again he asked, "What shall I compare the kingdom of God to? ²¹It is like yeast that a woman took and mixed into a large amountᵍ of flour until it worked all through the dough."

The Narrow Door

²²Then Jesus went through the towns and villages, teaching as he made his way to Jerusalem. ²³Someone asked him, "Lord, are only a few people going to be saved?"

ˣ *13:1 le contaron ... sacrificios.* Lit. *le contaron acerca de los galileos cuya sangre Pilato mezcló con sus sacrificios.*
ʸ *13:21 una gran cantidad.* Lit. *tres satas* (probablemente unos 22 litros).

ᵍ 21 Greek *three satas* (probably about 1/2 bushel or 22 liters)

24—Esfuércense por entrar por la puerta estrecha —contestó—, porque les digo que muchos tratarán de entrar y no podrán. 25 Tan pronto como el dueño de la casa se haya levantado a cerrar la puerta, ustedes desde afuera se pondrán a golpear la puerta, diciendo: "Señor, ábrenos." Pero él les contestará: "No sé quiénes son ustedes." 26 Entonces dirán: "Comimos y bebimos contigo, y tú enseñaste en nuestras plazas." 27 Pero él les contestará: "Les repito que no sé quiénes son ustedes. ¡Apártense de mí, todos ustedes hacedores de injusticia!"

28 »Allí habrá llanto y rechinar de dientes cuando vean en el reino de Dios a Abraham, Isaac, Jacob y a todos los profetas, mientras a ustedes los echan fuera. 29 Habrá quienes lleguen del oriente y del occidente, del norte y del sur, para *sentarse al banquete en el reino de Dios. 30 En efecto, hay últimos que serán primeros, y primeros que serán últimos.

Lamento de Jesús sobre Jerusalén

31 En ese momento se acercaron a Jesús unos *fariseos y le dijeron:

—Sal de aquí y vete a otro lugar, porque Herodes quiere matarte.

32 Él les contestó:

—Vayan y díganle a ese zorro: "Mira, hoy y mañana seguiré expulsando demonios y sanando a la gente, y al tercer día terminaré lo que debo hacer." 33 Tengo que seguir adelante hoy, mañana y pasado mañana, porque no puede ser que muera un profeta fuera de Jerusalén.

34 »¡Jerusalén, Jerusalén, que matas a los profetas y apedreas a los que se te envían! ¡Cuántas veces quise reunir a tus hijos, como reúne la gallina a sus pollitos debajo de sus alas, pero no quisiste! 35 Pues bien, la casa de ustedes va a quedar abandonada. Y les advierto que ya no volverán a verme hasta el día que digan: "¡Bendito el que viene en el nombre del Señor!"z

Jesús en casa de un fariseo

14 Un día Jesús fue a comer a casa de un notable de los *fariseos. Era *sábado, así que éstos estaban acechando a Jesús. 2 Allí, delante de él, estaba un hombre enfermo de hidropesía. 3 Jesús les preguntó a los *expertos en la ley y a los fariseos:

—¿Está permitido o no sanar en sábado?

4 Pero ellos se quedaron callados. Entonces tomó al hombre, lo sanó y lo despidió.

5 También les dijo:

—Si uno de ustedes tiene un hijoa o un buey que se le cae en un pozo, ¿no lo saca en seguida aunque sea sábado?

6 Y no pudieron contestarle nada.

7 Al notar cómo los invitados escogían los lugares de honor en la mesa, les contó esta parábola:

8 —Cuando alguien te invite a una fiesta de bodas, no te sientes en el lugar de honor, no sea que haya algún invitado más distinguido que tú. 9 Si es así, el que los invitó a los dos vendrá y te dirá: "Cédele tu asiento a este hombre." Entonces, avergonzado, tendrás que ocupar el último asiento. 10 Más bien, cuando te inviten, siéntate en el último lugar, para que cuando venga el que te invitó, te diga: "Amigo, pasa más adelante a un lugar mejor." Así recibirás honor en presencia de todos los demás invitados. 11 Todo el que a sí mismo se enaltece será humillado, y el que se humilla será enaltecido.

12 También dijo Jesús al que lo había invitado:

He said to them, 24"Make every effort to enter through the narrow door, because many, I tell you, will try to enter and will not be able to. 25 Once the owner of the house gets up and closes the door, you will stand outside knocking and pleading, 'Sir, open the door for us.'

"But he will answer, 'I don't know you or where you come from.'

26"Then you will say, 'We ate and drank with you, and you taught in our streets.'

27"But he will reply, 'I don't know you or where you come from. Away from me, all you evildoers!'

28"There will be weeping there, and gnashing of teeth, when you see Abraham, Isaac and Jacob and all the prophets in the kingdom of God, but you yourselves thrown out. 29 People will come from east and west and north and south, and will take their places at the feast in the kingdom of God. 30 Indeed there are those who are last who will be first, and first who will be last."

Jesus' Sorrow for Jerusalem

31 At that time some Pharisees came to Jesus and said to him, "Leave this place and go somewhere else. Herod wants to kill you."

32 He replied, "Go tell that fox, 'I will drive out demons and heal people today and tomorrow, and on the third day I will reach my goal.' 33 In any case, I must keep going today and tomorrow and the next day—for surely no prophet can die outside Jerusalem!

34"O Jerusalem, Jerusalem, you who kill the prophets and stone those sent to you, how often I have longed to gather your children together, as a hen gathers her chicks under her wings, but you were not willing! 35 Look, your house is left to you desolate. I tell you, you will not see me again until you say, 'Blessed is he who comes in the name of the Lord.'h"

Jesus at a Pharisee's House

14 One Sabbath, when Jesus went to eat in the house of a prominent Pharisee, he was being carefully watched. 2 There in front of him was a man suffering from dropsy. 3 Jesus asked the Pharisees and experts in the law, "Is it lawful to heal on the Sabbath or not?" 4 But they remained silent. So taking hold of the man, he healed him and sent him away.

5 Then he asked them, "If one of you has a soni or an ox that falls into a well on the Sabbath day, will you not immediately pull him out?" 6 And they had nothing to say.

7 When he noticed how the guests picked the places of honor at the table, he told them this parable: 8"When someone invites you to a wedding feast, do not take the place of honor, for a person more distinguished than you may have been invited. 9 If so, the host who invited both of you will come and say to you, 'Give this man your seat.' Then, humiliated, you will have to take the least important place. 10 But when you are invited, take the lowest place, so that when your host comes, he will say to you, 'Friend, move up to a better place.' Then you will be honored in the presence of all your fellow guests. 11 For everyone who exalts himself will be humbled, and he who humbles himself will be exalted."

12 Then Jesus said to his host, "When you give a

—Cuando des una comida o una cena, no invites a tus amigos, ni a tus hermanos, ni a tus parientes, ni a tus vecinos ricos; no sea que ellos, a su vez, te inviten y así seas recompensado. 13 Más bien, cuando des un banquete, invita a los pobres, a los inválidos, a los cojos y a los ciegos. 14 Entonces serás *dichoso, pues aunque ellos no tienen con qué recompensarte, serás recompensado en la resurrección de los justos.

Parábola del gran banquete

15 Al oír esto, uno de los que estaban *sentados a la mesa con Jesús le dijo:

—¡*Dichoso el que coma en el banquete del reino de Dios!

16 Jesús le contestó:

—Cierto hombre preparó un gran banquete e invitó a muchas personas. 17 A la hora del banquete mandó a su siervo a decirles a los invitados: "Vengan, porque ya todo está listo." 18 Pero todos, sin excepción, comenzaron a disculparse. El primero le dijo: "Acabo de comprar un terreno y tengo que ir a verlo. Te ruego que me disculpes." 19 Otro adujo: "Acabo de comprar cinco yuntas de bueyes, y voy a probarlas. Te ruego que me disculpes." 20 Otro alegó: "Acabo de casarme y por eso no puedo ir." 21 El siervo regresó y le informó de esto a su señor. Entonces el dueño de la casa se enojó y le mandó a su siervo: "Sal de prisa por las plazas y los callejones del pueblo, y trae acá a los pobres, a los inválidos, a los cojos y a los ciegos." 22 "Señor —le dijo luego el siervo—, ya hice lo que usted me mandó, pero todavía hay lugar." 23 Entonces el señor le respondió: "Ve por los caminos y las veredas, y oblígalos a entrar para que se llene mi casa. 24 Les digo que ninguno de aquellos invitados disfrutará de mi banquete."

El precio del discipulado

25 Grandes multitudes seguían a Jesús, y él se volvió y les dijo: 26 «Si alguno viene a mí y no sacrifica el amorᵇ a su padre y a su madre, a su esposa y a sus hijos, a sus hermanos y a sus hermanas, y aun a su propia *vida, no puede ser mi discípulo. 27 Y el que no carga su cruz y me sigue, no puede ser mi discípulo. 28 »Supongamos que alguno de ustedes quiere construir una torre. ¿Acaso no se sienta primero a calcular el costo, para ver si tiene suficiente dinero para terminarla? 29 Si tras los cimientos y no puede terminarla, todos los que la vean comenzarán a burlarse de él, 30 y dirán: "Este hombre ya no pudo terminar lo que comenzó a construir."

31 »O supongamos que un rey está a punto de ir a la guerra contra otro rey. ¿Acaso no se sienta primero a calcular si con diez mil hombres puede enfrentarse al que viene contra él con veinte mil? 32 Si no puede, enviará una delegación mientras el otro está todavía lejos, para pedir condiciones de paz. 33 De la misma manera, cualquiera de ustedes que no renuncie a todos sus bienes, no puede ser mi discípulo.

34 »La sal es buena, pero si se vuelve insípida, ¿cómo recuperará el sabor? 35 No sirve ni para la tierra ni para el abono; hay que tirarla fuera.

»El que tenga oídos para oír, que oiga.»

Parábola de la oveja perdida

15 Muchos *recaudadores de impuestos y *pecadores se acercaban a Jesús para oírlo, 2 de modo que los *fariseos y los *maestros de la ley se pusieron a murmurar: «Este hombre recibe a los pecadores y come con ellos.»

ᵇ 14:26 *no sacrifica el amor.* Lit. *no odia.*

The Parable of the Great Banquet

15 When one of those at the table with him heard this, he said to Jesus, "Blessed is the man who will eat at the feast in the kingdom of God."

16 Jesus replied: "A certain man was preparing a great banquet and invited many guests. 17 At the time of the banquet he sent his servant to tell those who had been invited, 'Come, for everything is now ready.'

18 "But they all alike began to make excuses. The first said, 'I have just bought a field, and I must go and see it. Please excuse me.'

19 "Another said, 'I have just bought five yoke of oxen, and I'm on my way to try them out. Please excuse me.'

20 "Still another said, 'I just got married, so I can't come.'

21 "The servant came back and reported this to his master. Then the owner of the house became angry and ordered his servant, 'Go out quickly into the streets and alleys of the town and bring in the poor, the crippled, the blind and the lame.'

22 " 'Sir,' the servant said, 'what you ordered has been done, but there is still room.'

23 "Then the master told his servant, 'Go out to the roads and country lanes and make them come in, so that my house will be full. 24 I tell you, not one of those men who were invited will get a taste of my banquet.' "

The Cost of Being a Disciple

25 Large crowds were traveling with Jesus, and turning to them he said: 26 "If anyone comes to me and does not hate his father and mother, his wife and children, his brothers and sisters—yes, even his own life—he cannot be my disciple. 27 And anyone who does not carry his cross and follow me cannot be my disciple.

28 "Suppose one of you wants to build a tower. Will he not first sit down and estimate the cost to see if he has enough money to complete it? 29 For if he lays the foundation and is not able to finish it, everyone who sees it will ridicule him, 30 saying, 'This fellow began to build and was not able to finish.'

31 "Or suppose a king is about to go to war against another king. Will he not first sit down and consider whether he is able with ten thousand men to oppose the one coming against him with twenty thousand? 32 If he is not able, he will send a delegation while the other is still a long way off and will ask for terms of peace. 33 In the same way, any of you who does not give up everything he has cannot be my disciple.

34 "Salt is good, but if it loses its saltiness, how can it be made salty again? 35 It is fit neither for the soil nor for the manure pile; it is thrown out.

"He who has ears to hear, let him hear."

The Parable of the Lost Sheep

15 Now the tax collectors and "sinners" were all gathering around to hear him. 2 But the Pharisees and the teachers of the law muttered, "This man welcomes sinners and eats with them."

³Él entonces les contó esta parábola: ⁴«Supongamos que uno de ustedes tiene cien ovejas y pierde una de ellas. ¿No deja las noventa y nueve en el campo, y va en busca de la oveja perdida hasta encontrarla? ⁵Y cuando la encuentra, lleno de alegría la carga en los hombros ⁶y vuelve a la casa. Al llegar, reúne a sus amigos y vecinos, y les dice: "Alégrense conmigo; ya encontré la oveja que se me había perdido." ⁷Les digo que así es también en el cielo: habrá más alegría por un solo pecador que se *arrepienta, que por noventa y nueve justos que no necesitan arrepentirse.

Parábola de la moneda perdida

⁸»O supongamos que una mujer tiene diez monedas de plata*c* y pierde una. ¿No enciende una lámpara, barre la casa y busca con cuidado hasta encontrarla? ⁹Y cuando la encuentra, reúne a sus amigas y vecinas, y les dice: "Alégrense conmigo; ya encontré la moneda que se me había perdido." ¹⁰Les digo que así mismo se alegra Dios con sus ángeles*d* por un pecador que se arrepiente.

Parábola del hijo perdido

¹¹»Un hombre tenía dos hijos —continuó Jesús—. ¹²El menor de ellos le dijo a su padre: "Papá, dame lo que me toca de la herencia." Así que el padre repartió sus bienes entre los dos. ¹³Poco después el hijo menor juntó todo lo que tenía y se fue a un país lejano; allí vivió desenfrenadamente y derrochó su herencia.

¹⁴»Cuando ya lo había gastado todo, sobrevino una gran escasez en la región, y él comenzó a pasar necesidad. ¹⁵Así que fue y consiguió empleo con un ciudadano de aquel país, quien lo mandó a sus campos a cuidar cerdos. ¹⁶Tanta hambre tenía que hubiera querido llenarse el estómago con la comida que daban a los cerdos, pero aun así nadie le daba nada. ¹⁷Por fin recapacitó y se dijo: "¡Cuántos jornaleros de mi padre tienen comida de sobra, y yo aquí me muero de hambre! ¹⁸Tengo que volver a mi padre y decirle: Papá, he pecado contra el cielo y contra ti. ¹⁹Ya no merezco que se me llame tu hijo; trátame como si fuera uno de tus jornaleros." ²⁰Así que emprendió el viaje y se fue a su padre.

»Todavía estaba lejos cuando su padre lo vio y se compadeció de él; salió corriendo a su encuentro, lo abrazó y lo besó. ²¹El joven le dijo: "Papá, he pecado contra el cielo y contra ti. Ya no merezco que se me llame tu hijo."*e* ²²Pero el padre ordenó a sus *siervos: "¡Pronto! Traigan la mejor ropa para vestirlo. Pónganle también un anillo en el dedo y sandalias en los pies. ²³Traigan el ternero más gordo y mátenlo para celebrar un banquete. ²⁴Porque este hijo mío estaba muerto, pero ahora ha vuelto a la vida; se había perdido, pero ya lo hemos encontrado." Así que empezaron a hacer fiesta.

²⁵»Mientras tanto, el hijo mayor estaba en el campo. Al volver, cuando se acercó a la casa, oyó la música del baile. ²⁶Entonces llamó a uno de los siervos y le preguntó qué pasaba. ²⁷"Ha llegado tu hermano —le respondió—, y tu papá ha matado el ternero más gordo porque lo recobrado a su hijo sano y salvo." ²⁸Indignado, el hermano mayor se negó a entrar. Así que su padre salió a suplicarle que lo hiciera. ²⁹Pero él le contestó: "¡Fíjate cuántos años te he servido sin desobedecer jamás tus órdenes, y ni un cabrito me has dado

³Then Jesus told them this parable: ⁴"Suppose one of you has a hundred sheep and loses one of them. Does he not leave the ninety-nine in the open country and go after the lost sheep until he finds it? ⁵And when he finds it, he joyfully puts it on his shoulders ⁶and goes home. Then he calls his friends and neighbors together and says, 'Rejoice with me; I have found my lost sheep.' ⁷I tell you that in the same way there will be more rejoicing in heaven over one sinner who repents than over ninety-nine righteous persons who do not need to repent.

The Parable of the Lost Coin

⁸"Or suppose a woman has ten silver coins*j* and loses one. Does she not light a lamp, sweep the house and search carefully until she finds it? ⁹And when she finds it, she calls her friends and neighbors together and says, 'Rejoice with me; I have found my lost coin.' ¹⁰In the same way, I tell you, there is rejoicing in the presence of the angels of God over one sinner who repents."

The Parable of the Lost Son

¹¹Jesus continued: "There was a man who had two sons. ¹²The younger one said to his father, 'Father, give me my share of the estate.' So he divided his property between them.

¹³"Not long after that, the younger son got together all he had, set off for a distant country and there squandered his wealth in wild living. ¹⁴After he had spent everything, there was a severe famine in that whole country, and he began to be in need. ¹⁵So he went and hired himself out to a citizen of that country, who sent him to his fields to feed pigs. ¹⁶He longed to fill his stomach with the pods that the pigs were eating, but no one gave him anything.

¹⁷"When he came to his senses, he said, 'How many of my father's hired men have food to spare, and here I am starving to death! ¹⁸I will set out and go back to my father and say to him: Father, I have sinned against heaven and against you. ¹⁹I am no longer worthy to be called your son; make me like one of your hired men.' ²⁰So he got up and went to his father.

"But while he was still a long way off, his father saw him and was filled with compassion for him; he ran to his son, threw his arms around him and kissed him. ²¹The son said to him, 'Father, I have sinned against heaven and against you. I am no longer worthy to be called your son.*k* ' ²²"But the father said to his servants, 'Quick! Bring the best robe and put it on him. Put a ring on his finger and sandals on his feet. ²³Bring the fattened calf and kill it. Let's have a feast and celebrate. ²⁴For this son of mine was dead and is alive again; he was lost and is found.' So they began to celebrate.

²⁵"Meanwhile, the older son was in the field. When he came near the house, he heard music and dancing. ²⁶So he called one of the servants and asked him what was going on. ²⁷'Your brother has come,' he replied, 'and your father has killed the fattened calf because he has him back safe and sound.'

²⁸"The older brother became angry and refused to go in. So his father went out and pleaded with him. ²⁹But he answered his father, 'Look! All these years I've been slaving for you and never disobeyed your orders. Yet you never gave me even a young goat so I could

---

c 15:8 monedas de plata. Lit. **dracmas.**   *d 15:10 se alegra ... ángeles.* Lit. *hay alegría en la presencia de los ángeles de Dios.*
e 15:21 hijo. Var. *hijo; trátame como si fuera uno de tus jornaleros.*

j 8 Greek *ten drachmas,* each worth about a day's wages
k 21 Some early manuscripts *son. Make me like one of your hired men.*

para celebrar una fiesta con mis amigos! ³⁰¡Pero ahora llega ese hijo tuyo, que ha despilfarrado tu fortuna con prostitutas, y tú mandas matar en su honor el ternero más gordo!"

³¹»"Hijo mío —le dijo su padre—, tú siempre estás conmigo, y todo lo que tengo es tuyo. ³²Pero teníamos que hacer fiesta y alegrarnos, porque este hermano tuyo estaba muerto, pero ahora ha vuelto a la vida; se había perdido, pero ya lo hemos encontrado."»

Parábola del administrador astuto

16 Jesús contó otra parábola a sus discípulos: «Un hombre rico tenía un administrador a quien acusaron de derrochar sus bienes. ²Así que lo mandó a llamar y le dijo: "¿Qué es esto que me dicen de ti? Rinde cuentas de tu administración, porque ya no puedes seguir en tu puesto." ³El administrador reflexionó: "¿Qué voy a hacer ahora que mi patrón está por quitarme el puesto? No tengo fuerzas para cavar, y me da vergüenza pedir limosna. ⁴Tengo que asegurarme de que, cuando me echen de la administración, haya gente que me reciba en su casa. ¡Ya sé lo que voy a hacer!"

⁵»Llamó entonces a cada uno de los que le debían algo a su patrón. Al primero le preguntó: "¿Cuánto le debes a mi patrón?" ⁶"Cien barriles*f* de aceite", le contestó él. El administrador le dijo: "Toma tu factura, siéntate en seguida y escribe cincuenta." ⁷Luego preguntó al segundo: "Y tú, ¿cuánto debes?" "Cien bultos*g* de trigo", contestó. El administrador le dijo: "Toma tu factura y escribe ochenta."

⁸»Pues bien, el patrón elogió al administrador de riquezas mundanas*h* por haber actuado con astucia. Es que los de este mundo, en su trato con los que son como ellos, son más astutos que los que han recibido la luz. ⁹Por eso les digo que se valgan de las riquezas mundanas para ganar amigos,*i* a fin de que cuando éstas se acaben haya quienes los reciban a ustedes en las viviendas eternas.

¹⁰»El que es honrado*j* en lo poco, también lo será en lo mucho; y el que no es íntegro*k* en lo poco, tampoco lo será en lo mucho. ¹¹Por eso, si ustedes no han sido honrados en el uso de las riquezas mundanas,*l* ¿quién les confiará las verdaderas? ¹²Y si con lo ajeno no han sido honrados, ¿quién les dará a ustedes lo que les pertenece?

¹³»Ningún sirviente puede servir a dos patrones. Menospreciará a uno y amará al otro, o querrá mucho a uno y despreciará al otro. Ustedes no pueden servir a la vez a Dios y a las riquezas.»

¹⁴Oían todo esto los *fariseos, a quienes les encantaba el dinero, y se burlaban de Jesús. ¹⁵Él les dijo: «Ustedes se hacen los buenos ante la gente, pero Dios conoce sus corazones. Dense cuenta de que aquello que la gente tiene en gran estima es detestable delante de Dios.

Otras enseñanzas

¹⁶»La ley y los profetas se proclamaron hasta Juan. Desde entonces se anuncian las buenas *nuevas del reino de Dios, y todos se esfuerzan por entrar en él.*m*

celebrate with my friends. ³⁰But when this son of yours who has squandered your property with prostitutes comes home, you kill the fattened calf for him!'

³¹" 'My son,' the father said, 'you are always with me, and everything I have is yours. ³²But we had to celebrate and be glad, because this brother of yours was dead and is alive again; he was lost and is found.' "

The Parable of the Shrewd Manager

16 Jesus told his disciples: "There was a rich man whose manager was accused of wasting his possessions. ²So he called him in and asked him, 'What is this I hear about you? Give an account of your management, because you cannot be manager any longer.'

³"The manager said to himself, 'What shall I do now? My master is taking away my job. I'm not strong enough to dig, and I'm ashamed to beg— ⁴I know what I'll do so that, when I lose my job here, people will welcome me into their houses.'

⁵"So he called in each one of his master's debtors. He asked the first, 'How much do you owe my master?'

⁶" 'Eight hundred gallons*l* of olive oil,' he replied.

"The manager told him, 'Take your bill, sit down quickly, and make it four hundred.'

⁷"Then he asked the second, 'And how much do you owe?'

" 'A thousand bushels*m* of wheat,' he replied.

"He told him, 'Take your bill and make it eight hundred.'

⁸"The master commended the dishonest manager because he had acted shrewdly. For the people of this world are more shrewd in dealing with their own kind than are the people of the light. ⁹I tell you, use worldly wealth to gain friends for yourselves, so that when it is gone, you will be welcomed into eternal dwellings.

¹⁰"Whoever can be trusted with very little can also be trusted with much, and whoever is dishonest with very little will also be dishonest with much. ¹¹So if you have not been trustworthy in handling worldly wealth, who will trust you with true riches? ¹²And if you have not been trustworthy with someone else's property, who will give you property of your own?

¹³"No servant can serve two masters. Either he will hate the one and love the other, or he will be devoted to the one and despise the other. You cannot serve both God and Money."

¹⁴The Pharisees, who loved money, heard all this and were sneering at Jesus. ¹⁵He said to them, "You are the ones who justify yourselves in the eyes of men, but God knows your hearts. What is highly valued among men is detestable in God's sight.

Additional Teachings

¹⁶"The Law and the Prophets were proclaimed until John. Since that time, the good news of the kingdom of God is being preached, and everyone is forcing his way

---

f 16:6 cien barriles. Lit. *cien *batos* (unos 3.700 litros).
g 16:7 cien bultos. Lit. *cien *coros* (unos 37.000 litros).
h 16:8 administrador de riquezas mundanas. Alt. *administrador deshonesto.* Lit. *administrador de injusticia.*   *i 16:9 se valgan ... amigos.* Lit. *se hagan amigos por medio del dinero de injusticia.*
j 16:10 honrado. Alt. *digno de confianza.* Lit. *fiel;* también en vv. 11,12.   *k 16:10 el que no es íntegro.* Lit. *el que es injusto.*
l 16:11 las riquezas mundanas. Lit. *el dinero injusto.*
m 16:16 se esfuerzan por entrar en él. Alt. *hacen violencia por entrar en él, o hacen violencia contra él.*

l 6 Greek one hundred batous (probably about 3 kiloliters)
m 7 Greek one hundred korous (probably about 35 kiloliters)

17 Es más fácil que desaparezcan el cielo y la tierra, que caiga una sola tilde de la ley.

18 »Todo el que se divorcia de su esposa y se casa con otra, comete adulterio; y el que se casa con la divorciada, comete adulterio.

El rico y Lázaro

19 »Había un hombre rico que se vestía lujosamente[n] y daba espléndidos banquetes todos los días. 20 A la puerta de su casa se tendía un mendigo llamado Lázaro, que estaba cubierto de llagas 21 y que hubiera querido llenarse el estómago con lo que caía de la mesa del rico. Hasta los perros se acercaban y le lamían las llagas.

22 »Resulta que murió el mendigo, y los ángeles se lo llevaron para que estuviera al lado de Abraham. También murió el rico, y lo sepultaron. 23 En el infierno,[n] en medio de sus tormentos, el rico levantó los ojos y vio de lejos a Abraham, y a Lázaro junto a él. 24 Así que alzó la voz y lo llamó: "Padre Abraham, ten compasión de mí y manda a Lázaro que moje la punta del dedo en agua y me refresque la lengua, porque estoy sufriendo mucho en este fuego." 25 Pero Abraham le contestó: "Hijo, recuerda que durante tu vida te fue muy bien, mientras que a Lázaro le fue muy mal; pero ahora a él le toca recibir consuelo aquí, y a ti, sufrir terriblemente. 26 Además de eso, hay un gran abismo entre nosotros y ustedes, de modo que los que quieren pasar de aquí para allá no pueden, ni tampoco pueden los de allá para acá."

27 »Él respondió: "Entonces te ruego, padre, que mandes a Lázaro a la casa de mi padre, 28 para que advierta a mis cinco hermanos y no vengan ellos también a este lugar de tormento." 29 Pero Abraham le contestó: "Ya tienen a Moisés y a los profetas; ¡que les hagan caso a ellos!" 30 "No les harán caso, padre Abraham —replicó el rico—; en cambio, si se les presentara uno de entre los muertos, entonces sí se *arrepentirían." 31 Abraham le dijo: "Si no les hacen caso a Moisés y a los profetas, tampoco se convencerán aunque alguien se *levante de entre los muertos." »

El pecado, la fe y el deber

17 Luego dijo Jesús a sus discípulos:
—Los *tropiezos son inevitables, pero ¡ay de aquel que los ocasiona! 2 Más le valdría ser arrojado al mar con una piedra de molino atada al cuello, que servir de tropiezo a uno solo de estos pequeños. 3 Así que, ¡cuídense!

»Si tu hermano peca, repréndelo; y si se *arrepiente, perdónalo. 4 Aun si peca contra ti siete veces en un día, y siete veces regresa a decirte "Me arrepiento", perdónalo.

5 Entonces los apóstoles le dijeron al Señor:
—¡Aumenta nuestra fe!

6 —Si ustedes tuvieran una fe tan pequeña como un grano de mostaza —les respondió el Señor—, podrían decirle a este árbol: "Desarráigate y plántate en el mar", y les obedecería.

7 »Supongamos que uno de ustedes tiene un *siervo que ha estado arando el campo o cuidando las ovejas. Cuando el siervo regresa del campo, ¿acaso se le dice: "Ven en seguida a sentarte a la mesa"? 8 ¿No se le diría más bien: "Prepárame la comida y cámbiate de ropa para atenderme mientras yo ceno; después tú podrás cenar"? 9 ¿Acaso se le darían las gracias al siervo por

into it. 17 It is easier for heaven and earth to disappear than for the least stroke of a pen to drop out of the Law.

18 "Anyone who divorces his wife and marries another woman commits adultery, and the man who marries a divorced woman commits adultery.

The Rich Man and Lazarus

19 "There was a rich man who was dressed in purple and fine linen and lived in luxury every day. 20 At his gate was laid a beggar named Lazarus, covered with sores 21 and longing to eat what fell from the rich man's table. Even the dogs came and licked his sores.

22 "The time came when the beggar died and the angels carried him to Abraham's side. The rich man also died and was buried. 23 In hell,[n] where he was in torment, he looked up and saw Abraham far away, with Lazarus by his side. 24 So he called to him, 'Father Abraham, have pity on me and send Lazarus to dip the tip of his finger in water and cool my tongue, because I am in agony in this fire.'

25 "But Abraham replied, 'Son, remember that in your lifetime you received your good things, while Lazarus received bad things, but now he is comforted here and you are in agony. 26 And besides all this, between us and you a great chasm has been fixed, so that those who want to go from here to you cannot, nor can anyone cross over from there to us.'

27 "He answered, 'Then I beg you, father, send Lazarus to my father's house, 28 for I have five brothers. Let him warn them, so that they will not also come to this place of torment.'

29 "Abraham replied, 'They have Moses and the Prophets; let them listen to them.'

30 " 'No, father Abraham,' he said, 'but if someone from the dead goes to them, they will repent.'

31 "He said to him, 'If they do not listen to Moses and the Prophets, they will not be convinced even if someone rises from the dead.' "

Sin, Faith, Duty

17 Jesus said to his disciples: "Things that cause people to sin are bound to come, but woe to that person through whom they come. 2 It would be better for him to be thrown into the sea with a millstone tied around his neck than for him to cause one of these little ones to sin. 3 So watch yourselves.

"If your brother sins, rebuke him, and if he repents, forgive him. 4 If he sins against you seven times in a day, and seven times comes back to you and says, 'I repent,' forgive him."

5 The apostles said to the Lord, "Increase our faith!"

6 He replied, "If you have faith as small as a mustard seed, you can say to this mulberry tree, 'Be uprooted and planted in the sea,' and it will obey you.

7 "Suppose one of you had a servant plowing or looking after the sheep. Would he say to the servant when he comes in from the field, 'Come along now and sit down to eat'? 8 Would he not rather say, 'Prepare my supper, get yourself ready and wait on me while I eat and drink; after that you may eat and drink'? 9 Would he thank the servant because he did what he was told

---

n 16:19 lujosamente. Lit. con púrpura y tela fina.
n 16:23 infierno. Lit. *Hades.

n 23 Greek Hades

haber hecho lo que se le mandó? 10 Así también ustedes, cuando hayan hecho todo lo que se les ha mandado, deben decir: "Somos siervos inútiles; no hemos hecho más que cumplir con nuestro deber."

Jesús sana a diez leprosos

11 Un día, siguiendo su viaje a Jerusalén, Jesús pasaba por Samaria y Galilea. 12 Cuando estaba por entrar en un pueblo, salieron a su encuentro diez hombres enfermos de *lepra. Como se habían quedado a cierta distancia, 13 gritaron:

—¡Jesús, Maestro, ten compasión de nosotros!

14 Al verlos, les dijo:

—Vayan a presentarse a los sacerdotes.

Resultó que, mientras iban de camino, quedaron *limpios.

15 Uno de ellos, al verse ya sano, regresó alabando a Dios a grandes voces. 16 Cayó rostro en tierra a los pies de Jesús y le dio las gracias, no obstante que era samaritano.

17 —¿Acaso no quedaron limpios los diez? —preguntó Jesús—. ¿Dónde están los otros nueve? 18 ¿No hubo ninguno que regresara a dar gloria a Dios, excepto este extranjero? 19 Levántate y vete —le dijo al hombre—; tu fe te ha *sanado.

La venida del reino de Dios

20 Los *fariseos le preguntaron a Jesús cuándo iba a venir el reino de Dios, y él les respondió:

—La venida del reino de Dios no se puede someter a cálculos.[o] 21 No van a decir: "¡Mírenlo acá! ¡Mírenlo allá!" Dense cuenta de que el reino de Dios está entre[p] ustedes.

22 A sus discípulos les dijo:

—Llegará el tiempo en que ustedes anhelarán vivir siquiera uno de los días del Hijo del hombre, pero no podrán. 23 Les dirán: "¡Mírenlo allá! ¡Mírenlo acá!" No vayan; no los sigan. 24 Porque en su día[q] el Hijo del hombre será como el relámpago que fulgura e ilumina el cielo de uno a otro extremo. 25 Pero antes él tiene que sufrir muchas cosas y ser rechazado por esta generación.

26 »Tal como sucedió en tiempos de Noé, así también será cuando venga el Hijo del hombre. 27 Comían, bebían, y se casaban y daban en casamiento, hasta el día en que Noé entró en el arca; entonces llegó el diluvio y los destruyó a todos.

28 »Lo mismo sucedió en tiempos de Lot: comían y bebían, compraban y vendían, sembraban y edificaban. 29 Pero el día en que Lot salió de Sodoma, llovió del cielo fuego y azufre y acabó con todos.

30 »Así será el día en que se manifieste el Hijo del hombre. 31 En aquel día, el que esté en la azotea y tenga sus cosas dentro de la casa, que no baje a buscarlas. Así mismo el que esté en el campo, que no regrese por lo que haya dejado atrás. 32 ¡Acuérdense de la esposa de Lot! 33 El que procure conservar su *vida, la perderá; y el que la pierda, la conservará. 34 Les digo que en aquella noche estarán dos personas en una misma cama: una será llevada y la otra será dejada. 35 Dos mujeres estarán moliendo juntas: una será llevada y la otra será dejada.[r]

37 —¿Dónde, Señor? —preguntaron.

—Donde esté el cadáver, allí se reunirán los buitres —respondió él.

[o] *17:20 La venida ... cálculos*. Lit. *El reino de Dios no viene con observación.* [p] *17:21 entre*. Alt. *dentro de.* [q] *17:24* Var. no incluye: *en su día.* [r] *17:35 dejada*. Var. *dejada. Estarán dos hombres en el campo: uno será llevado y el otro será dejado* (véase Mt 24:40).

to do? 10 So you also, when you have done everything you were told to do, should say, 'We are unworthy servants; we have only done our duty.' "

Ten Healed of Leprosy

11 Now on his way to Jerusalem, Jesus traveled along the border between Samaria and Galilee. 12 As he was going into a village, ten men who had leprosy[o] met him. They stood at a distance 13 and called out in a loud voice, "Jesus, Master, have pity on us!"

14 When he saw them, he said, "Go, show yourselves to the priests." And as they went, they were cleansed.

15 One of them, when he saw he was healed, came back, praising God in a loud voice. 16 He threw himself at Jesus' feet and thanked him—and he was a Samaritan.

17 Jesus asked, "Were not all ten cleansed? Where are the other nine? 18 Was no one found to return and give praise to God except this foreigner?" 19 Then he said to him, "Rise and go; your faith has made you well."

The Coming of the Kingdom of God

20 Once, having been asked by the Pharisees when the kingdom of God would come, Jesus replied, "The kingdom of God does not come with your careful observation, 21 nor will people say, 'Here it is,' or 'There it is,' because the kingdom of God is within[p] you."

22 Then he said to his disciples, "The time is coming when you will long to see one of the days of the Son of Man, but you will not see it. 23 Men will tell you, 'There he is!' or 'Here he is!' Do not go running off after them. 24 For the Son of Man in his day[q] will be like the lightning, which flashes and lights up the sky from one end to the other. 25 But first he must suffer many things and be rejected by this generation.

26 "Just as it was in the days of Noah, so also will it be in the days of the Son of Man. 27 People were eating, drinking, marrying and being given in marriage up to the day Noah entered the ark. Then the flood came and destroyed them all.

28 "It was the same in the days of Lot. People were eating and drinking, buying and selling, planting and building. 29 But the day Lot left Sodom, fire and sulfur rained down from heaven and destroyed them all.

30 "It will be just like this on the day the Son of Man is revealed. 31 On that day no one who is on the roof of his house, with his goods inside, should go down to get them. Likewise, no one in the field should go back for anything. 32 Remember Lot's wife! 33 Whoever tries to keep his life will lose it, and whoever loses his life will preserve it. 34 I tell you, on that night two people will be in one bed; one will be taken and the other left. 35 Two women will be grinding grain together; one will be taken and the other left.[r]"

37 "Where, Lord?" they asked.

He replied, "Where there is a dead body, there the vultures will gather."

[o] *12* The Greek word was used for various diseases affecting the skin—not necessarily leprosy. [p] *21* Or *among* [q] *24* Some manuscripts do not have *in his day.* [r] *35* Some manuscripts *left. 36 Two men will be in the field; one will be taken and the other left.*

Parábola de la viuda insistente

18 Jesús les contó a sus discípulos una parábola para mostrarles que debían orar siempre, sin desanimarse. ²Les dijo: «Había en cierto pueblo un juez que no tenía temor de Dios ni consideración de nadie. ³En el mismo pueblo había una viuda que insistía en pedirle: "Hágame usted justicia contra mi adversario." ⁴Durante algún tiempo él se negó, pero por fin concluyó: "Aunque no temo a Dios ni tengo consideración de nadie, ⁵como esta viuda no deja de molestarme, voy a tener que hacerle justicia, no sea que con sus visitas me haga la vida imposible." »

⁶Continuó el Señor: «Tengan en cuenta lo que dijo el juez injusto. ⁷¿Acaso Dios no hará justicia a sus escogidos, que claman a él día y noche? ¿Se tardará mucho en responderles? ⁸Les digo que sí les hará justicia, y sin demora. No obstante, cuando venga el Hijo del hombre, ¿encontrará fe en la tierra?»

Parábola del fariseo y del recaudador de impuestos

⁹A algunos que, confiando en sí mismos, se creían justos y que despreciaban a los demás, Jesús les contó esta parábola: ¹⁰«Dos hombres subieron al *templo a orar; uno era *fariseo, y el otro, *recaudador de impuestos. ¹¹El fariseo se puso a orar consigo mismo: "Oh Dios, te doy gracias porque no soy como otros hombres —ladrones, malhechores, adúlteros— ni mucho menos como ese recaudador de impuestos. ¹²Ayuno dos veces a la semana y doy la décima parte de todo lo que recibo." ¹³En cambio, el recaudador de impuestos, que se había quedado a cierta distancia, ni siquiera se atrevía a alzar la vista al cielo, sino que se golpeaba el pecho y decía: "¡Oh Dios, ten compasión de mí, que soy pecador!"

¹⁴»Les digo que éste, y no aquél, volvió a su casa *justificado ante Dios. Pues todo el que a sí mismo se enaltece será humillado, y el que se humilla será enaltecido.»

Jesús y los niños

¹⁵También le llevaban niños pequeños a Jesús para que los tocara. Al ver esto, los discípulos reprendían a quienes los llevaban. ¹⁶Pero Jesús llamó a los niños y dijo: «Dejen que los niños vengan a mí, y no se lo impidan, porque el reino de Dios es de quienes son como ellos. ¹⁷Les aseguro que el que no reciba el reino de Dios como un niño, de ninguna manera entrará en él.»

El dirigente rico

¹⁸Cierto dirigente le preguntó:

—Maestro bueno, ¿qué tengo que hacer para heredar la vida eterna?

¹⁹—¿Por qué me llamas bueno? —respondió Jesús—. Nadie es bueno sino solo Dios. ²⁰Ya sabes los mandamientos: "No cometas adulterio, no mates, no robes, no presentes falso testimonio, honra a tu padre y a tu madre."ˢ

²¹—Todo eso lo he cumplido desde que era joven —dijo el hombre.

²²Al oír esto, Jesús añadió:

—Todavía te falta una cosa: vende todo lo que tienes y repártelo entre los pobres, y tendrás tesoro en el cielo. Luego ven y sígueme.

²³Cuando el hombre oyó esto, se entristeció mucho,

The Parable of the Persistent Widow

18 Then Jesus told his disciples a parable to show them that they should always pray and not give up. ²He said: "In a certain town there was a judge who neither feared God nor cared about men. ³And there was a widow in that town who kept coming to him with the plea, 'Grant me justice against my adversary.'

⁴"For some time he refused. But finally he said to himself, 'Even though I don't fear God or care about men, ⁵yet because this widow keeps bothering me, I will see that she gets justice, so that she won't eventually wear me out with her coming!' "

⁶And the Lord said, "Listen to what the unjust judge says. ⁷And will not God bring about justice for his chosen ones, who cry out to him day and night? Will he keep putting them off? ⁸I tell you, he will see that they get justice, and quickly. However, when the Son of Man comes, will he find faith on the earth?"

The Parable of the Pharisee and the Tax Collector

⁹To some who were confident of their own righteousness and looked down on everybody else, Jesus told this parable: ¹⁰"Two men went up to the temple to pray, one a Pharisee and the other a tax collector. ¹¹The Pharisee stood up and prayed aboutˢ himself: 'God, I thank you that I am not like other men—robbers, evildoers, adulterers—or even like this tax collector. ¹²I fast twice a week and give a tenth of all I get.'

¹³"But the tax collector stood at a distance. He would not even look up to heaven, but beat his breast and said, 'God, have mercy on me, a sinner.'

¹⁴"I tell you that this man, rather than the other, went home justified before God. For everyone who exalts himself will be humbled, and he who humbles himself will be exalted."

The Little Children and Jesus

¹⁵People were also bringing babies to Jesus to have him touch them. When the disciples saw this, they rebuked them. ¹⁶But Jesus called the children to him and said, "Let the little children come to me, and do not hinder them, for the kingdom of God belongs to such as these. ¹⁷I tell you the truth, anyone who will not receive the kingdom of God like a little child will never enter it."

The Rich Ruler

¹⁸A certain ruler asked him, "Good teacher, what must I do to inherit eternal life?"

¹⁹"Why do you call me good?" Jesus answered. "No one is good—except God alone. ²⁰You know the commandments: 'Do not commit adultery, do not murder, do not steal, do not give false testimony, honor your father and mother.'ᵗ"

²¹"All these I have kept since I was a boy," he said.

²²When Jesus heard this, he said to him, "You still lack one thing. Sell everything you have and give to the poor, and you will have treasure in heaven. Then come, follow me."

²³When he heard this, he became very sad, because

ˢ*18:20* Éx 20:12-16; Dt 5:16-20   ˢ*11* Or *to*   ᵗ*20* Exodus 20:12-16; Deut. 5:16-20

pues era muy rico. 24 Al verlo tan afligido, Jesús comentó:

—¡Qué difícil es para los ricos entrar en el reino de Dios! 25 En realidad, le resulta más fácil a un camello pasar por el ojo de una aguja, que a un rico entrar en el reino de Dios.

26 Los que lo oyeron preguntaron:

—Entonces, ¿quién podrá salvarse?

27 —Lo que es imposible para los hombres es posible para Dios —aclaró Jesús.

28 —Mira —le dijo Pedro—, nosotros hemos dejado todo lo que teníamos para seguirte.

29 —Les aseguro —respondió Jesús— que todo el que por causa del reino de Dios haya dejado casa, esposa, hermanos, padres o hijos, 30 recibirá mucho más en este tiempo; y en la edad venidera, la vida eterna.

Jesús predice de nuevo su muerte

31 Entonces Jesús tomó aparte a los doce y les dijo: «Ahora vamos rumbo a Jerusalén, donde se cumplirá todo lo que escribieron los profetas acerca del Hijo del hombre. 32 En efecto, será entregado a los *gentiles. Se burlarán de él, lo insultarán, le escupirán; 33 y después de azotarlo, lo matarán. Pero al tercer día resucitará.»

34 Los discípulos no entendieron nada de esto. Les era incomprensible, pues no captaban el sentido de lo que les hablaba.

Un mendigo ciego recibe la vista

35 Sucedió que al acercarse Jesús a Jericó, estaba un ciego sentado junto al camino pidiendo limosna. 36 Cuando oyó a la multitud que pasaba, preguntó qué acontecía.

37 —Jesús de Nazaret está pasando por aquí —le respondieron.

38 —¡Jesús, Hijo de David, ten compasión de mí! —gritó el ciego.

39 Los que iban delante lo reprendían para que se callara, pero él se puso a gritar aún más fuerte:

—¡Hijo de David, ten compasión de mí!

40 Jesús se detuvo y mandó que se lo trajeran. Cuando el ciego se acercó, le preguntó Jesús:

41 —¿Qué quieres que haga por ti?

—Señor, quiero ver.

42 —¡Recibe la vista! —le dijo Jesús—. Tu fe te ha *sanado.

43 Al instante recobró la vista. Entonces, glorificando a Dios, comenzó a seguir a Jesús, y todos los que lo vieron daban alabanza a Dios.

Zaqueo, el recaudador de impuestos

19 Jesús llegó a Jericó y comenzó a cruzar la ciudad. 2 Resulta que había allí un hombre llamado Zaqueo, jefe de los *recaudadores de impuestos, que era muy rico. 3 Estaba tratando de ver quién era Jesús, pero la multitud se lo impedía, pues era de baja estatura. 4 Por eso se adelantó corriendo y se subió a un árbol para poder verlo, ya que Jesús iba a pasar por allí.

5 Llegando al lugar, Jesús miró hacia arriba y le dijo:

—Zaqueo, baja en seguida. Tengo que quedarme hoy en tu casa.

6 Así que se apresuró a bajar y, muy contento, recibió a Jesús en su casa.

7 Al ver esto, todos empezaron a murmurar: «Ha ido a hospedarse con un *pecador.»

he was a man of great wealth. 24 Jesus looked at him and said, "How hard it is for the rich to enter the kingdom of God! 25 Indeed, it is easier for a camel to go through the eye of a needle than for a rich man to enter the kingdom of God."

26 Those who heard this asked, "Who then can be saved?"

27 Jesus replied, "What is impossible with men is possible with God."

28 Peter said to him, "We have left all we had to follow you!"

29 "I tell you the truth," Jesus said to them, "no one who has left home or wife or brothers or parents or children for the sake of the kingdom of God 30 will fail to receive many times as much in this age and, in the age to come, eternal life."

Jesus Again Predicts His Death

31 Jesus took the Twelve aside and told them, "We are going up to Jerusalem, and everything that is written by the prophets about the Son of Man will be fulfilled. 32 He will be handed over to the Gentiles. They will mock him, insult him, spit on him, flog him and kill him. 33 On the third day he will rise again."

34 The disciples did not understand any of this. Its meaning was hidden from them, and they did not know what he was talking about.

A Blind Beggar Receives His Sight

35 As Jesus approached Jericho, a blind man was sitting by the roadside begging. 36 When he heard the crowd going by, he asked what was happening. 37 They told him, "Jesus of Nazareth is passing by."

38 He called out, "Jesus, Son of David, have mercy on me!"

39 Those who led the way rebuked him and told him to be quiet, but he shouted all the more, "Son of David, have mercy on me!"

40 Jesus stopped and ordered the man to be brought to him. When he came near, Jesus asked him, 41 "What do you want me to do for you?"

"Lord, I want to see," he replied.

42 Jesus said to him, "Receive your sight; your faith has healed you." 43 Immediately he received his sight and followed Jesus, praising God. When all the people saw it, they also praised God.

Zacchaeus the Tax Collector

19 Jesus entered Jericho and was passing through. 2 A man was there by the name of Zacchaeus; he was a chief tax collector and was wealthy. 3 He wanted to see who Jesus was, but being a short man he could not, because of the crowd. 4 So he ran ahead and climbed a sycamore-fig tree to see him, since Jesus was coming that way.

5 When Jesus reached the spot, he looked up and said to him, "Zacchaeus, come down immediately. I must stay at your house today." 6 So he came down at once and welcomed him gladly.

7 All the people saw this and began to mutter, "He has gone to be the guest of a 'sinner.'"

8 Pero Zaqueo dijo resueltamente:

—Mira, Señor: Ahora mismo voy a dar a los pobres la mitad de mis bienes, y si en algo he defraudado a alguien, le devolveré cuatro veces la cantidad que sea.

9 —Hoy ha llegado la salvación a esta casa —le dijo Jesús—, ya que éste también es hijo de Abraham. 10 Porque el Hijo del hombre vino a buscar y a salvar lo que se había perdido.

Parábola del dinero

11 Como la gente lo escuchaba, pasó a contarles una parábola, porque estaba cerca de Jerusalén y la gente pensaba que el reino de Dios iba a manifestarse en cualquier momento. 12 Así que les dijo: «Un hombre de la nobleza se fue a un país lejano para ser coronado rey y luego regresar. 13 Llamó a diez de sus *siervos y entregó a cada cual una buena cantidad de dinero.ᵗ Les instruyó: "Hagan negocio con este dinero hasta que yo vuelva." 14 Pero sus súbditos lo odiaban y mandaron tras él una delegación a decir: "No queremos a éste por rey."

15 »A pesar de todo, fue nombrado rey. Cuando regresó a su país, mandó llamar a los siervos a quienes había entregado el dinero, para enterarse de lo que habían ganado. 16 Se presentó el primero y dijo: "Señor, su dineroᵘ ha producido diez veces más." 17 "¡Hiciste bien, siervo bueno! —le respondió el rey—. Puesto que has sido fiel en tan poca cosa, te doy el gobierno de diez ciudades." 18 Se presentó el segundo y dijo: "Señor, su dinero ha producido cinco veces más." 19 El rey le respondió: "A ti te pongo sobre cinco ciudades."

20 »Llegó otro siervo y dijo: "Señor, aquí tiene su dinero; lo he tenido guardado, envuelto en un pañuelo. 21 Es que le tenía miedo a usted, que es un hombre muy exigente: toma lo que no depositó y cosecha lo que no sembró." 22 El rey le contestó: "Siervo malo, con tus propias palabras te voy a juzgar. ¿Así que sabías que soy muy exigente, que tomo lo que no deposité y cosecho lo que no sembré? 23 Entonces, ¿por qué no pusiste mi dinero en el banco, para que al regresar pudiera reclamar los intereses?" 24 Luego dijo a los presentes: "Quítenle el dinero y dénselo al que recibió diez veces más." 25 "Señor —protestaron—, ¡él ya tiene diez veces más!" 26 El rey contestó: "Les aseguro que a todo el que tiene, se le dará más, pero al que no tiene, se le quitará hasta lo que tiene. 27 Pero en cuanto a esos enemigos míos que no me querían por rey, tráiganlos acá y mátenlos delante de mí." »

La entrada triunfal

28 Dicho esto, Jesús siguió adelante, subiendo hacia Jerusalén. 29 Cuando se acercó a Betfagué y a Betania, junto al monte llamado de los Olivos, envió a dos de sus discípulos con este encargo: 30 «Vayan a la aldea que está enfrente y, al entrar en ella, encontrarán atado a un burrito en el que nadie se ha montado. Desátenlo y tráiganlo acá. 31 Y si alguien les pregunta: "¿Por qué lo desatan?", díganle: "El Señor lo necesita." »

32 Fueron y lo encontraron tal como él les había dicho. 33 Cuando estaban desatando el burrito, los dueños les preguntaron:

—¿Por qué desatan el burrito?

34 —El Señor lo necesita —contestaron.

8 But Zacchaeus stood up and said to the Lord, "Look, Lord! Here and now I give half of my possessions to the poor, and if I have cheated anybody out of anything, I will pay back four times the amount."

9 Jesus said to him, "Today salvation has come to this house, because this man, too, is a son of Abraham. 10 For the Son of Man came to seek and to save what was lost."

The Parable of the Ten Minas

11 While they were listening to this, he went on to tell them a parable, because he was near Jerusalem and the people thought that the kingdom of God was going to appear at once. 12 He said: "A man of noble birth went to a distant country to have himself appointed king and then to return. 13 So he called ten of his servants and gave them ten minas.ᵘ 'Put this money to work,' he said, 'until I come back.'

14 "But his subjects hated him and sent a delegation after him to say, 'We don't want this man to be our king.'

15 "He was made king, however, and returned home. Then he sent for the servants to whom he had given the money, in order to find out what they had gained with it.

16 "The first one came and said, 'Sir, your mina has earned ten more.'

17 "'Well done, my good servant!' his master replied. 'Because you have been trustworthy in a very small matter, take charge of ten cities.'

18 "The second came and said, 'Sir, your mina has earned five more.'

19 "His master answered, 'You take charge of five cities.'

20 "Then another servant came and said, 'Sir, here is your mina; I have kept it laid away in a piece of cloth. 21 I was afraid of you, because you are a hard man. You take out what you did not put in and reap what you did not sow.'

22 "His master replied, 'I will judge you by your own words, you wicked servant! You knew, did you, that I am a hard man, taking out what I did not put in, and reaping what I did not sow? 23 Why then didn't you put my money on deposit, so that when I came back, I could have collected it with interest?'

24 "Then he said to those standing by, 'Take his mina away from him and give it to the one who has ten minas.'

25 "'Sir,' they said, 'he already has ten!'

26 "He replied, 'I tell you that to everyone who has, more will be given, but as for the one who has nothing, even what he has will be taken away. 27 But those enemies of mine who did not want me to be king over them—bring them here and kill them in front of me.' "

The Triumphal Entry

28 After Jesus had said this, he went on ahead, going up to Jerusalem. 29 As he approached Bethphage and Bethany at the hill called the Mount of Olives, he sent two of his disciples, saying to them, 30 "Go to the village ahead of you, and as you enter it, you will find a colt tied there, which no one has ever ridden. Untie it and bring it here. 31 If anyone asks you, 'Why are you untying it?' tell him, 'The Lord needs it.' "

32 Those who were sent ahead went and found it just as he had told them. 33 As they were untying the colt, its owners asked them, "Why are you untying the colt?"

34 They replied, "The Lord needs it."

ᵗ 19:13 y entregó ... de dinero. Lit. y les entregó diez *minas (una mina equivalía al salario de unos tres meses).   ᵘ 19:16 dinero. Lit. mina; también en vv. 18,20,24.

ᵘ 13 A mina was about three months' wages.

35 Se lo llevaron, pues, a Jesús. Luego pusieron sus mantos encima del burrito y ayudaron a Jesús a montarse. 36 A medida que avanzaba, la gente tendía sus mantos sobre el camino.

37 Al acercarse él a la bajada del monte de los Olivos, todos los discípulos se entusiasmaron y comenzaron a alabar a Dios por tantos milagros que habían visto. Gritaban:

38 —¡Bendito el Rey que viene en el nombre del Señor!v

—¡Paz en el cielo y gloria en las alturas!

39 Algunos de los *fariseos que estaban entre la gente le reclamaron a Jesús:

—¡Maestro, reprende a tus discípulos!

40 Pero él respondió:

—Les aseguro que si ellos se callan, gritarán las piedras.

Jesús en el templo

41 Cuando se acercaba a Jerusalén, Jesús vio la ciudad y lloró por ella. 42 Dijo:

—¡Cómo quisiera que hoy supieras lo que te puede traer paz! Pero eso ahora está oculto a tus ojos. 43 Te sobrevendrán días en que tus enemigos levantarán un muro y te rodearán, y te encerrarán por todos lados. 44 Te derribarán a ti y a tus hijos dentro de tus murallas. No dejarán ni una piedra sobre otra, porque no reconociste el tiempo en que Dios vino a salvarte.w

45 Luego entró en el *templox y comenzó a echar de allí a los que estaban vendiendo. 46 «Escrito está —les dijo—: "Mi casa será casa de oración";y pero ustedes la han convertido en "cueva de ladrones".z»

47 Todos los días enseñaba en el templo, y los jefes de los sacerdotes, los *maestros de la ley y los dirigentes del pueblo procuraban matarlo. 48 Sin embargo, no encontraban la manera de hacerlo, porque todo el pueblo lo escuchaba con gran interés.

La autoridad de Jesús puesta en duda

20 Un día, mientras Jesús enseñaba al pueblo en el *templo y les predicaba el *evangelio, se le acercaron los jefes de los sacerdotes y los *maestros de la ley, junto con los *ancianos.

2 —Dinos con qué autoridad haces esto —lo interrogaron—. ¿Quién te dio esa autoridad?

3 —Yo también voy a hacerles una pregunta a ustedes —replicó él—. Díganme: 4 El bautismo de Juan, ¿procedía del cielo o de la tierra?a

5 Ellos, pues, lo discutieron entre sí: «Si respondemos: "Del cielo", nos dirá: "¿Por qué no le creyeron?" 6 Pero si decimos: "De la tierra", todo el pueblo nos apedreará, porque están convencidos de que Juan era un profeta.»

Así que le respondieron:

7 —No sabemos de dónde era.

8 —Pues yo tampoco les voy a decir con qué autoridad hago esto.

Parábola de los labradores malvados

9 Pasó luego a contarle a la gente esta parábola:

—Un hombre plantó un viñedo, se lo arrendó a unos

35 They brought it to Jesus, threw their cloaks on the colt and put Jesus on it. 36 As he went along, people spread their cloaks on the road.

37 When he came near the place where the road goes down the Mount of Olives, the whole crowd of disciples began joyfully to praise God in loud voices for all the miracles they had seen:

38 "Blessed is the king who comes in the name of the Lord!"v

"Peace in heaven and glory in the highest!"

39 Some of the Pharisees in the crowd said to Jesus, "Teacher, rebuke your disciples!"

40 "I tell you," he replied, "if they keep quiet, the stones will cry out."

41 As he approached Jerusalem and saw the city, he wept over it 42 and said, "If you, even you, had only known on this day what would bring you peace—but now it is hidden from your eyes. 43 The days will come upon you when your enemies will build an embankment against you and encircle you and hem you in on every side. 44 They will dash you to the ground, you and the children within your walls. They will not leave one stone on another, because you did not recognize the time of God's coming to you."

Jesus at the Temple

45 Then he entered the temple area and began driving out those who were selling. 46 "It is written," he said to them, "'My house will be a house of prayer'w; but you have made it 'a den of robbers.'x"

47 Every day he was teaching at the temple. But the chief priests, the teachers of the law and the leaders among the people were trying to kill him. 48 Yet they could not find any way to do it, because all the people hung on his words.

The Authority of Jesus Questioned

20 One day as he was teaching the people in the temple courts and preaching the gospel, the chief priests and the teachers of the law, together with the elders, came up to him. 2 "Tell us by what authority you are doing these things," they said. "Who gave you this authority?"

3 He replied, "I will also ask you a question. Tell me, 4 John's baptism—was it from heaven, or from men?"

5 They discussed it among themselves and said, "If we say, 'From heaven,' he will ask, 'Why didn't you believe him?' 6 But if we say, 'From men,' all the people will stone us, because they are persuaded that John was a prophet."

7 So they answered, "We don't know where it was from."

8 Jesus said, "Neither will I tell you by what authority I am doing these things."

The Parable of the Tenants

9 He went on to tell the people this parable: "A man planted a vineyard, rented it to some farmers and went

---

v 19:38 Sal 118:26 w 19:44 el tiempo ... salvarte. Lit. el tiempo de tu visitación. x 19:45 Es decir, en el área general del templo. y 19:46 Is 56:7 z 19:46 Jer 7:11 a 20:4 la tierra. Lit. los hombres; también en v. 6.

v 38 Psalm 118:26 w 46 Isaiah 56:7 x 46 Jer. 7:11

labradores y se fue de viaje por largo tiempo. [10]Llegada la cosecha, mandó un *siervo a los labradores para que le dieran parte de la cosecha. Pero los labradores lo golpearon y lo despidieron con las manos vacías. [11]Les envió otro siervo, pero también a éste lo golpearon, lo humillaron y lo despidieron con las manos vacías. [12]Entonces envió un tercero, pero aun a éste lo hirieron y lo expulsaron.

[13]»Entonces pensó el dueño del viñedo: "¿Qué voy a hacer? Enviaré a mi hijo amado; seguro que a él sí lo respetarán." [14]Pero cuando lo vieron los labradores, trataron el asunto. "Éste es el heredero —dijeron—. Matémoslo, y la herencia será nuestra." [15]Así que lo arrojaron fuera del viñedo y lo mataron.

»¿Qué les hará el dueño? [16]Volverá, acabará con esos labradores y dará el viñedo a otros.

Al oír esto, la gente exclamó:

—¡Dios no lo quiera!

[17]Mirándolos fijamente, Jesús les dijo:

—Entonces, ¿qué significa esto que está escrito:

»"La piedra que desecharon los constructores
ha llegado a ser la piedra angular"?[b]

[18]Todo el que caiga sobre esa piedra quedará despedazado, y si ella cae sobre alguien, lo hará polvo.

[19]Los maestros de la ley y los jefes de los sacerdotes, cayendo en cuenta que la parábola iba dirigida contra ellos, buscaron la manera de echarle mano en aquel mismo momento. Pero temían al pueblo.

El pago de impuestos al césar

[20]Entonces, para acecharlo, enviaron espías que fingían ser gente honorable. Pensaban atrapar a Jesús en algo que él dijera, y así poder entregarlo a la jurisdicción del gobernador. [21]—Maestro —dijeron los espías—, sabemos que lo que dices y enseñas es correcto. No juzgas por las apariencias, sino que de verdad enseñas el camino de Dios. [22]¿Nos está permitido pagar impuestos al *césar o no?

[23]Pero Jesús, dándose cuenta de sus malas intenciones, replicó:

[24]—Muéstrenme una moneda romana.[c] ¿De quién son esta imagen y esta inscripción?

—Del césar —contestaron.

[25]—Entonces denle al césar lo que es del césar, y a Dios lo que es de Dios.

[26]No pudieron atraparlo en lo que decía en público. Así que, admirados de su respuesta, se callaron.

La resurrección y el matrimonio

[27]Luego, algunos de los saduceos, que decían que no hay resurrección, se acercaron a Jesús y le plantearon un problema:

[28]—Maestro, Moisés nos enseñó en sus escritos que si un hombre muere y deja a la viuda sin hijos, el hermano de ese hombre tiene que casarse con la viuda para que su hermano tenga descendencia. [29]Pues bien, había siete hermanos. El primero se casó y murió sin dejar hijos. [30]Entonces el segundo [31]y el tercero se casaron con ella, y así sucesivamente murieron los siete sin dejar hijos. [32]Por último, murió también la mujer. [33]Ahora bien, en la resurrección, ¿de cuál será esposa esta mujer, ya que los siete estuvieron casados con ella?

[34]—La gente de este mundo se casa y se da en

away for a long time. [10]At harvest time he sent a servant to the tenants so they would give him some of the fruit of the vineyard. But the tenants beat him and sent him away empty-handed. [11]He sent another servant, but that one also they beat and treated shamefully and sent away empty-handed. [12]He sent still a third, and they wounded him and threw him out.

[13]"Then the owner of the vineyard said, 'What shall I do? I will send my son, whom I love; perhaps they will respect him.'

[14]"But when the tenants saw him, they talked the matter over. 'This is the heir,' they said. 'Let's kill him, and the inheritance will be ours.' [15]So they threw him out of the vineyard and killed him.

"What then will the owner of the vineyard do to them? [16]He will come and kill those tenants and give the vineyard to others."

When the people heard this, they said, "May this never be!"

[17]Jesus looked directly at them and asked, "Then what is the meaning of that which is written:

" 'The stone the builders rejected
has become the capstone[y] [z]'?

[18]Everyone who falls on that stone will be broken to pieces, but he on whom it falls will be crushed."

[19]The teachers of the law and the chief priests looked for a way to arrest him immediately, because they knew he had spoken this parable against them. But they were afraid of the people.

Paying Taxes to Caesar

[20]Keeping a close watch on him, they sent spies, who pretended to be honest. They hoped to catch Jesus in something he said so that they might hand him over to the power and authority of the governor. [21]So the spies questioned him: "Teacher, we know that you speak and teach what is right, and that you do not show partiality but teach the way of God in accordance with the truth. [22]Is it right for us to pay taxes to Caesar or not?"

[23]He saw through their duplicity and said to them, [24]"Show me a denarius. Whose portrait and inscription are on it?"

[25]"Caesar's," they replied.

He said to them, "Then give to Caesar what is Caesar's, and to God what is God's."

[26]They were unable to trap him in what he had said there in public. And astonished by his answer, they became silent.

The Resurrection and Marriage

[27]Some of the Sadducees, who say there is no resurrection, came to Jesus with a question. [28]"Teacher," they said, "Moses wrote for us that if a man's brother dies and leaves a wife but no children, the man must marry the widow and have children for his brother. [29]Now there were seven brothers. The first one married a woman and died childless. [30]The second [31]and then the third married her, and in the same way the seven died, leaving no children. [32]Finally, the woman died too. [33]Now then, at the resurrection whose wife will she be, since the seven were married to her?"

[34]Jesus replied, "The people of this age marry and

---

[b] 20:17 Sal 118:22   [c] 20:24 una moneda romana. Lit. un *denario.

[y] 17 Or cornerstone   [z] 17 Psalm 118:22

casamiento —les contestó Jesús—. ³⁵Pero en cuanto a los que sean dignos de tomar parte en el mundo venidero por la resurrección: ésos no se casarán ni serán dados en casamiento, ³⁶ni tampoco podrán morir, pues serán como los ángeles. Son hijos de Dios porque toman parte en la resurrección. ³⁷Pero que los muertos resucitan lo dio a entender Moisés mismo en el pasaje sobre la zarza, pues llama al Señor "el Dios de Abraham, de Isaac y de Jacob".ᵈ ³⁸Él no es Dios de muertos, sino de vivos; en efecto, para él todos ellos viven.

³⁹Algunos de los *maestros de la ley le respondieron:

—¡Bien dicho, Maestro!

⁴⁰Y ya no se atrevieron a hacerle más preguntas.

¿De quién es hijo el Cristo?

⁴¹Pero Jesús les preguntó:

—¿Cómo es que dicen que el *Cristo es hijo de David? ⁴²David mismo declara en el libro de los Salmos:

» "Dijo el Señor a mi Señor:
'Siéntate a mi *derecha,
⁴³ hasta que ponga a tus enemigos
por estrado de tus pies.' "ᵉ

⁴⁴David lo llama "Señor". ¿Cómo puede entonces ser su hijo?

⁴⁵Mientras todo el pueblo lo escuchaba, Jesús les dijo a sus discípulos:

⁴⁶—Cuídense de los *maestros de la ley. Les gusta pasearse con ropas ostentosas y les encanta que los saluden en las plazas, y ocupar el primer puesto en las sinagogas y los lugares de honor en los banquetes. ⁴⁷Devoran los bienes de las viudas y a la vez hacen largas plegarias para impresionar a los demás. Éstos recibirán peor castigo.

La ofrenda de la viuda

21 Jesús se detuvo a observar y vio a los ricos que echaban sus ofrendas en las alcancías del *templo. ²También vio a una viuda pobre que echaba dos moneditas de cobre.ᶠ

³—Les aseguro —dijo— que esta viuda pobre ha echado más que todos los demás. ⁴Todos ellos dieron sus ofrendas de lo que les sobraba; pero ella, de su pobreza, echó todo lo que tenía para su sustento.

Señales del fin del mundo

⁵Algunos de sus discípulos comentaban acerca del *templo, de cómo estaba adornado con hermosas piedras y con ofrendas dedicadas a Dios. Pero Jesús dijo:

⁶—En cuanto a todo esto que ven ustedes, llegará el día en que no quedará piedra sobre piedra; todo será derribado.

⁷—Maestro —le preguntaron—, ¿cuándo sucederá eso, y cuál será la señal de que está a punto de suceder?

⁸—Tengan cuidado; no se dejen engañar —les advirtió Jesús—. Vendrán muchos que usando mi nombre dirán: "Yo soy", y: "El tiempo está cerca." No los sigan ustedes. ⁹Cuando sepan de guerras y de revoluciones, no se asusten. Es necesario que eso suceda primero, pero el fin no vendrá en seguida.

¹⁰»Se levantará nación contra nación, y reino contra reino —continuó—. ¹¹Habrá grandes terremotos, hambre y epidemias por todas partes, cosas espantosas y grandes señales del cielo.

are given in marriage. ³⁵But those who are considered worthy of taking part in that age and in the resurrection from the dead will neither marry nor be given in marriage, ³⁶and they can no longer die; for they are like the angels. They are God's children, since they are children of the resurrection. ³⁷But in the account of the bush, even Moses showed that the dead rise, for he calls the Lord 'the God of Abraham, and the God of Isaac, and the God of Jacob.'ᵃ ³⁸He is not the God of the dead, but of the living, for to him all are alive."

³⁹Some of the teachers of the law responded, "Well said, teacher!" ⁴⁰And no one dared to ask him any more questions.

Whose Son Is the Christ?

⁴¹Then Jesus said to them, "How is it that they say the Christᵇ is the Son of David? ⁴²David himself declares in the Book of Psalms:

" 'The Lord said to my Lord:
"Sit at my right hand
⁴³until I make your enemies
a footstool for your feet." 'ᶜ

⁴⁴David calls him 'Lord.' How then can he be his son?"

⁴⁵While all the people were listening, Jesus said to his disciples, ⁴⁶"Beware of the teachers of the law. They like to walk around in flowing robes and love to be greeted in the marketplaces and have the most important seats in the synagogues and the places of honor at banquets. ⁴⁷They devour widows' houses and for a show make lengthy prayers. Such men will be punished most severely."

The Widow's Offering

21 As he looked up, Jesus saw the rich putting their gifts into the temple treasury. ²He also saw a poor widow put in two very small copper coins.ᵈ ³"I tell you the truth," he said, "this poor widow has put in more than all the others. ⁴All these people gave their gifts out of their wealth; but she out of her poverty put in all she had to live on."

Signs of the End of the Age

⁵Some of his disciples were remarking about how the temple was adorned with beautiful stones and with gifts dedicated to God. But Jesus said, ⁶"As for what you see here, the time will come when not one stone will be left on another; every one of them will be thrown down."

⁷"Teacher," they asked, "when will these things happen? And what will be the sign that they are about to take place?"

⁸He replied: "Watch out that you are not deceived. For many will come in my name, claiming, 'I am he,' and, 'The time is near.' Do not follow them. ⁹When you hear of wars and revolutions, do not be frightened. These things must happen first, but the end will not come right away."

¹⁰Then he said to them: "Nation will rise against nation, and kingdom against kingdom. ¹¹There will be great earthquakes, famines and pestilences in various places, and fearful events and great signs from heaven.

ᵈ 20:37 Éx 3:6   ᵉ 20:43 Sal 110:1   ᶠ 21:2 dos moneditas de cobre. Lit. dos *lepta.

ᵃ 37 Exodus 3:6   ᵇ 41 Or Messiah   ᶜ 43 Psalm 110:1
ᵈ 2 Greek two lepta

12»Pero antes de todo esto, echarán mano de ustedes y los perseguirán. Los entregarán a las sinagogas y a las cárceles, y por causa de mi nombre los llevarán ante reyes y gobernadores. 13Así tendrán ustedes la oportunidad de dar testimonio ante ellos. 14Pero tengan en cuenta que no hay por qué preparar una defensa de antemano, 15pues yo mismo les daré tal elocuencia y sabiduría para responder, que ningún adversario podrá resistirles ni contradecirles. 16Ustedes serán traicionados aun por sus padres, hermanos, parientes y amigos, y a algunos de ustedes se les dará muerte. 17Todo el mundo los odiará por causa de mi nombre. 18Pero no se perderá ni un solo cabello de su cabeza. 19Si se mantienen firmes, se salvarán.g

20»Ahora bien, cuando vean a Jerusalén rodeada de ejércitos, sepan que su desolación ya está cerca. 21Entonces los que estén en Judea huyan a las montañas, los que estén en la ciudad salgan de ella, y los que estén en el campo no entren en la ciudad. 22Ése será el tiempo del juicio cuando se cumplirá todo lo que está escrito. 23¡Ay de las que estén embarazadas o amamantando en aquellos días! Porque habrá gran aflicción en la tierra, y castigo contra este pueblo. 24Caerán a filo de espada y los llevarán cautivos a todas las naciones. Los *gentiles pisotearán a Jerusalén, hasta que se cumplan los tiempos señalados para ellos.

25»Habrá señales en el sol, la luna y las estrellas. En la tierra, las naciones estarán angustiadas y perplejas por el bramido y la agitación del mar. 26Se desmayarán de terror los hombres, temerosos por lo que va a sucederle al mundo, porque los cuerpos celestes serán sacudidos. 27Entonces verán al Hijo del hombre venir en una nube con poder y gran gloria. 28Cuando comiencen a suceder estas cosas, cobren ánimo y levanten la cabeza, porque se acerca su redención.

29Jesús también les propuso esta comparación:

—Fíjense en la higuera y en los demás árboles. 30Cuando brotan las hojas, ustedes pueden ver por sí mismos y saber que el verano está cerca. 31Igualmente, cuando vean que suceden estas cosas, sepan que el reino de Dios está cerca.

32»Les aseguro que no pasará esta generación hasta que todas estas cosas sucedan. 33El cielo y la tierra pasarán, pero mis palabras jamás pasarán.

34»Tengan cuidado, no sea que se les endurezca el corazón por el vicio, la embriaguez y las preocupaciones de esta vida. De otra manera, aquel día caerá de improviso sobre ustedes, 35pues vendrá como una trampa sobre todos los habitantes de la tierra. 36Estén siempre vigilantes, y oren para que puedan escapar de todo lo que está por suceder, y presentarse delante del Hijo del hombre.

37De día Jesús enseñaba en el templo, pero salía a pasar la noche en el monte llamado de los Olivos, 38y toda la gente madrugaba para ir al templo a oírlo.

Judas acuerda traicionar a Jesús

22 Se aproximaba la fiesta de los Panes sin levadura, llamada la Pascua. 2Los jefes de los sacerdotes y los *maestros de la ley buscaban algún modo de acabar con Jesús, porque temían al pueblo. 3Entonces entró Satanás en Judas, uno de los doce, al que llamaban Iscariote. 4Éste fue a los jefes de los sacerdotes y a los capitanes del *templo para tratar con ellos cómo les entregaría a Jesús. 5Ellos se alegraron y acordaron

12"But before all this, they will lay hands on you and persecute you. They will deliver you to synagogues and prisons, and you will be brought before kings and governors, and all on account of my name. 13This will result in your being witnesses to them. 14But make up your mind not to worry beforehand how you will defend yourselves. 15For I will give you words and wisdom that none of your adversaries will be able to resist or contradict. 16You will be betrayed even by parents, brothers, relatives and friends, and they will put some of you to death. 17All men will hate you because of me. 18But not a hair of your head will perish. 19By standing firm you will gain life.

20"When you see Jerusalem being surrounded by armies, you will know that its desolation is near. 21Then let those who are in Judea flee to the mountains, let those in the city get out, and let those in the country not enter the city. 22For this is the time of punishment in fulfillment of all that has been written. 23How dreadful it will be in those days for pregnant women and nursing mothers! There will be great distress in the land and wrath against this people. 24They will fall by the sword and will be taken as prisoners to all the nations. Jerusalem will be trampled on by the Gentiles until the times of the Gentiles are fulfilled.

25"There will be signs in the sun, moon and stars. On the earth, nations will be in anguish and perplexity at the roaring and tossing of the sea. 26Men will faint from terror, apprehensive of what is coming on the world, for the heavenly bodies will be shaken. 27At that time they will see the Son of Man coming in a cloud with power and great glory. 28When these things begin to take place, stand up and lift up your heads, because your redemption is drawing near."

29He told them this parable: "Look at the fig tree and all the trees. 30When they sprout leaves, you can see for yourselves and know that summer is near. 31Even so, when you see these things happening, you know that the kingdom of God is near.

32"I tell you the truth, this generatione will certainly not pass away until all these things have happened. 33Heaven and earth will pass away, but my words will never pass away.

34"Be careful, or your hearts will be weighed down with dissipation, drunkenness and the anxieties of life, and that day will close on you unexpectedly like a trap. 35For it will come upon all those who live on the face of the whole earth. 36Be always on the watch, and pray that you may be able to escape all that is about to happen, and that you may be able to stand before the Son of Man."

37Each day Jesus was teaching at the temple, and each evening he went out to spend the night on the hill called the Mount of Olives, 38and all the people came early in the morning to hear him at the temple.

Judas Agrees to Betray Jesus

22 Now the Feast of Unleavened Bread, called the Passover, was approaching, 2and the chief priests and the teachers of the law were looking for some way to get rid of Jesus, for they were afraid of the people. 3Then Satan entered Judas, called Iscariot, one of the Twelve. 4And Judas went to the chief priests and the officers of the temple guard and discussed with them how he might betray Jesus. 5They were delighted

---

g 21:19 Si ... salvarán. Lit. Por su perseverancia obtendrán sus almas.

e 32 Or race

darle dinero. 6Él aceptó, y comenzó a buscar una oportunidad para entregarles a Jesús cuando no hubiera gente.

La última cena

7Cuando llegó el día de la fiesta de los Panes sin levadura, en que debía sacrificarse el cordero de la Pascua, 8Jesús envió a Pedro y a Juan, diciéndoles:

—Vayan a hacer los preparativos para que comamos la Pascua.

9—¿Dónde quieres que la preparemos? —le preguntaron.

10—Miren —contestó él—: al entrar ustedes en la ciudad les saldrá al encuentro un hombre que lleva un cántaro de agua. Síganlo hasta la casa en que entre, 11y díganle al dueño de la casa: "El Maestro pregunta: ¿Dónde está la sala en la que voy a comer la Pascua con mis discípulos?" 12Él les mostrará en la planta alta una sala amplia y amueblada. Preparen allí la cena.

13Ellos se fueron y encontraron todo tal como les había dicho Jesús. Así que prepararon la Pascua.

14Cuando llegó la hora, Jesús y sus apóstoles se *sentaron a la mesa. 15Entonces les dijo:

—He tenido muchísimos deseos de comer esta Pascua con ustedes antes de padecer, 16pues les digo que no volveré a comerla hasta que tenga su pleno cumplimiento en el reino de Dios.

17Luego tomó la copa, dio gracias y dijo:

—Tomen esto y repártanlo entre ustedes. 18Les digo que no volveré a beber del fruto de la vid hasta que venga el reino de Dios.

19También tomó pan y, después de dar gracias, lo partió, se lo dio a ellos y dijo:

—Este pan es mi cuerpo, entregado por ustedes; hagan esto en memoria de mí.

20De la misma manera tomó la copa después de la cena, y dijo:

—Esta copa es el nuevo pacto en mi sangre, que es derramada por ustedes. 21Pero sepan que la mano del que va a traicionarme está con la mía, sobre la mesa. 22A la verdad el Hijo del hombre se irá según está decretado, pero ¡ay de aquel que lo traiciona!

23Entonces comenzaron a preguntarse unos a otros quién de ellos haría esto.

24Tuvieron además un altercado sobre cuál de ellos sería el más importante. 25Jesús les dijo:

—Los reyes de las *naciones oprimen a sus súbditos, y los que ejercen autoridad sobre ellos se llaman a sí mismos benefactores. 26No sea así entre ustedes. Al contrario, el mayor debe comportarse como el menor, y el que manda como el que sirve. 27Porque, ¿quién es más importante, el que está a la mesa o el que sirve? ¿No lo es el que está sentado a la mesa? Sin embargo, yo estoy entre ustedes como uno que sirve. 28Ahora bien, ustedes son los que han estado siempre a mi lado en mis *pruebas. 29Por eso, yo mismo les concedo un reino, así como mi Padre me lo concedió a mí, 30para que coman y beban a mi mesa en mi reino, y se sienten en tronos para juzgar a las doce tribus de Israel.

31»Simón, Simón, mira que Satanás ha pedido zarandearlos a ustedes como si fueran trigo. 32Pero yo he orado por ti, para que no falle tu fe. Y tú, cuando te hayas vuelto a mí, fortalece a tus hermanos.

33—Señor —respondió Pedro—, estoy dispuesto a ir contigo tanto a la cárcel como a la muerte.

34—Pedro, te digo que hoy mismo, antes de que cante el gallo, tres veces negarás que me conoces.

and agreed to give him money. 6He consented, and watched for an opportunity to hand Jesus over to them when no crowd was present.

The Last Supper

7Then came the day of Unleavened Bread on which the Passover lamb had to be sacrificed. 8Jesus sent Peter and John, saying, "Go and make preparations for us to eat the Passover."

9"Where do you want us to prepare for it?" they asked.

10He replied, "As you enter the city, a man carrying a jar of water will meet you. Follow him to the house that he enters, 11and say to the owner of the house, 'The Teacher asks: Where is the guest room, where I may eat the Passover with my disciples?' 12He will show you a large upper room, all furnished. Make preparations there."

13They left and found things just as Jesus had told them. So they prepared the Passover.

14When the hour came, Jesus and his apostles reclined at the table. 15And he said to them, "I have eagerly desired to eat this Passover with you before I suffer. 16For I tell you, I will not eat it again until it finds fulfillment in the kingdom of God."

17After taking the cup, he gave thanks and said, "Take this and divide it among you. 18For I tell you I will not drink again of the fruit of the vine until the kingdom of God comes."

19And he took bread, gave thanks and broke it, and gave it to them, saying, "This is my body given for you; do this in remembrance of me."

20In the same way, after the supper he took the cup, saying, "This cup is the new covenant in my blood, which is poured out for you. 21But the hand of him who is going to betray me is with mine on the table. 22The Son of Man will go as it has been decreed, but woe to that man who betrays him." 23They began to question among themselves which of them it might be who would do this.

24Also a dispute arose among them as to which of them was considered to be greatest. 25Jesus said to them, "The kings of the Gentiles lord it over them; and those who exercise authority over them call themselves Benefactors. 26But you are not to be like that. Instead, the greatest among you should be like the youngest, and the one who rules like the one who serves. 27For who is greater, the one who is at the table or the one who serves? Is it not the one who is at the table? But I am among you as one who serves. 28You are those who have stood by me in my trials. 29And I confer on you a kingdom, just as my Father conferred one on me, 30so that you may eat and drink at my table in my kingdom and sit on thrones, judging the twelve tribes of Israel.

31"Simon, Simon, Satan has asked to sift you*f* as wheat. 32But I have prayed for you, Simon, that your faith may not fail. And when you have turned back, strengthen your brothers."

33But he replied, "Lord, I am ready to go with you to prison and to death."

34Jesus answered, "I tell you, Peter, before the rooster crows today, you will deny three times that you know me."

---

f31 The Greek is plural.

³⁵ Luego Jesús dijo a todos:

—Cuando los envié a ustedes sin monedero ni bolsa ni sandalias, ¿acaso les faltó algo?

—Nada —respondieron.

³⁶ —Ahora, en cambio, el que tenga un monedero, que lo lleve; así mismo, el que tenga una bolsa. Y el que nada tenga, que venda su manto y compre una espada. ³⁷ Porque les digo que tiene que cumplirse en mí aquello que está escrito: "Y fue contado entre los transgresores."*ʰ* En efecto, lo que se ha escrito de mí se está cumpliendo.*ⁱ*

³⁸ —Mira, Señor —le señalaron los discípulos—, aquí hay dos espadas.

—¡Basta! —les contestó.

Jesús ora en el monte de los Olivos

³⁹ Jesús salió de la ciudad y, como de costumbre, se dirigió al monte de los Olivos, y sus discípulos lo siguieron. ⁴⁰ Cuando llegaron al lugar, les dijo: «Oren para que no caigan en *tentación.» ⁴¹ Entonces se separó de ellos a una buena distancia,*ʲ* se arrodilló y empezó a orar: ⁴² «Padre, si quieres, no me hagas beber este trago amargo;*ᵏ* pero no se cumpla mi voluntad, sino la tuya.» ⁴³ Entonces se le apareció un ángel del cielo para fortalecerlo. ⁴⁴ Pero, como estaba angustiado, se puso a orar con más fervor, y su sudor era como gotas de sangre que caían a tierra.*ˡ*

⁴⁵ Cuando terminó de orar y volvió a los discípulos, los encontró dormidos, agotados por la tristeza. ⁴⁶ «¿Por qué están durmiendo? —les exhortó—. Levántense y oren para que no caigan en tentación.»

Arresto de Jesús

⁴⁷ Todavía estaba hablando Jesús cuando se apareció una turba, y al frente iba uno de los doce, el que se llamaba Judas. Éste se acercó a Jesús para besarlo, ⁴⁸ pero Jesús le preguntó:

—Judas, ¿con un beso traicionas al Hijo del hombre?

⁴⁹ Los discípulos que lo rodeaban, al darse cuenta de lo que pasaba, dijeron:

—Señor, ¿atacamos con la espada?

⁵⁰ Y uno de ellos hirió al siervo del sumo sacerdote, cortándole la oreja derecha.

⁵¹ —¡Déjenlos! —ordenó Jesús.

Entonces le tocó la oreja al hombre, y lo sanó. ⁵² Luego dijo a los jefes de los sacerdotes, a los capitanes del *templo y a los *ancianos, que habían venido a prenderlo:

—¿Acaso soy un bandido,*ᵐ* para que vengan contra mí con espadas y palos? ⁵³ Todos los días estaba con ustedes en el templo, y no se atrevieron a ponerme las manos encima. Pero ya ha llegado la hora de ustedes, cuando reinan las tinieblas.

Pedro niega a Jesús

⁵⁴ Prendieron entonces a Jesús y lo llevaron a la casa del sumo sacerdote. Pedro los seguía de lejos. ⁵⁵ Pero luego, cuando encendieron una fogata en medio del patio y se sentaron alrededor, Pedro se les unió. ⁵⁶ Una criada lo vio allí sentado a la lumbre, lo miró detenidamente y dijo:

—Éste estaba con él.

⁵⁷ Pero él lo negó.

—Muchacha, yo no lo conozco.

³⁵ Then Jesus asked them, "When I sent you without purse, bag or sandals, did you lack anything?"

"Nothing," they answered.

³⁶ He said to them, "But now if you have a purse, take it, and also a bag; and if you don't have a sword, sell your cloak and buy one. ³⁷ It is written: 'And he was numbered with the transgressors'*ᵍ*; and I tell you that this must be fulfilled in me. Yes, what is written about me is reaching its fulfillment."

³⁸ The disciples said, "See, Lord, here are two swords."

"That is enough," he replied.

Jesus Prays on the Mount of Olives

³⁹ Jesus went out as usual to the Mount of Olives, and his disciples followed him. ⁴⁰ On reaching the place, he said to them, "Pray that you will not fall into temptation." ⁴¹ He withdrew about a stone's throw beyond them, knelt down and prayed, ⁴² "Father, if you are willing, take this cup from me; yet not my will, but yours be done." ⁴³ An angel from heaven appeared to him and strengthened him. ⁴⁴ And being in anguish, he prayed more earnestly, and his sweat was like drops of blood falling to the ground.*ʰ*

⁴⁵ When he rose from prayer and went back to the disciples, he found them asleep, exhausted from sorrow. ⁴⁶ "Why are you sleeping?" he asked them. "Get up and pray so that you will not fall into temptation."

Jesus Arrested

⁴⁷ While he was still speaking a crowd came up, and the man who was called Judas, one of the Twelve, was leading them. He approached Jesus to kiss him, ⁴⁸ but Jesus asked him, "Judas, are you betraying the Son of Man with a kiss?"

⁴⁹ When Jesus' followers saw what was going to happen, they said, "Lord, should we strike with our swords?" ⁵⁰ And one of them struck the servant of the high priest, cutting off his right ear.

⁵¹ But Jesus answered, "No more of this!" And he touched the man's ear and healed him.

⁵² Then Jesus said to the chief priests, the officers of the temple guard, and the elders, who had come for him, "Am I leading a rebellion, that you have come with swords and clubs? ⁵³ Every day I was with you in the temple courts, and you did not lay a hand on me. But this is your hour—when darkness reigns."

Peter Disowns Jesus

⁵⁴ Then seizing him, they led him away and took him into the house of the high priest. Peter followed at a distance. ⁵⁵ But when they had kindled a fire in the middle of the courtyard and had sat down together, Peter sat down with them. ⁵⁶ A servant girl saw him seated there in the firelight. She looked closely at him and said, "This man was with him."

⁵⁷ But he denied it. "Woman, I don't know him," he said.

ʰ 22:37 Is 53:12   *ⁱ* 22:37 *En efecto ... cumpliendo.* Lit. *Porque lo que es acerca de mí tiene fin.*   *ʲ* 22:41 *a una buena distancia.* Lit. *como a un tiro de piedra.*   *ᵏ* 22:42 *no ... amargo.* Lit. *quita de mí esta copa.*   *ˡ* 22:44 Var. no incluye vv. 43 y 44.   *ᵐ* 22:52 *bandido.* Alt. *insurgente.*

ᵍ 37 Isaiah 53:12   *ʰ* 44 Some early manuscripts do not have verses 43 and 44.

58 Poco después lo vio otro y afirmó:

—Tú también eres uno de ellos.

—¡No, hombre, no lo soy! —contestó Pedro.

59 Como una hora más tarde, otro lo acusó:

—Seguro que éste estaba con él; miren que es galileo.

60 —¡Hombre, no sé de qué estás hablando! —replicó Pedro.

En el mismo momento en que dijo eso, cantó el gallo. 61 El Señor se volvió y miró directamente a Pedro. Entonces Pedro se acordó de lo que el Señor le había dicho: «Hoy mismo, antes de que el gallo cante, me negarás tres veces.» 62 Y saliendo de allí, lloró amargamente.

Los soldados se burlan de Jesús

63 Los hombres que vigilaban a Jesús comenzaron a burlarse de él y a golpearlo. 64 Le vendaron los ojos, y le increpaban:

—¡Adivina quién te pegó!

65 Y le lanzaban muchos otros insultos.

Jesús ante Pilato y Herodes

66 Al amanecer, se reunieron los *ancianos del pueblo, tanto los jefes de los sacerdotes como los *maestros de la ley, e hicieron comparecer a Jesús ante el *Consejo.

67 —Si eres el *Cristo, dínoslo —le exigieron.

Jesús les contestó:

—Si se lo dijera a ustedes, no me lo creerían, 68 y si les hiciera preguntas, no me contestarían. 69 Pero de ahora en adelante el Hijo del hombre estará sentado a la *derecha del Dios Todopoderoso.

70 —¿Eres tú, entonces, el Hijo de Dios? —le preguntaron a una voz.

—Ustedes mismos lo dicen.

71 —¿Para qué necesitamos más testimonios? —resolvieron—. Acabamos de oírlo de sus propios labios.

23 Así que la asamblea en pleno se levantó, y lo llevaron a Pilato. 2 Y comenzaron la acusación con estas palabras:

—Hemos descubierto a este hombre agitando a nuestra nación. Se opone al pago de impuestos al *emperador y afirma que él es el *Cristo, un rey.

3 Así que Pilato le preguntó a Jesús:

—¿Eres tú el rey de los judíos?

—Tú mismo lo dices —respondió.

4 Entonces Pilato declaró a los jefes de los sacerdotes y a la multitud:

—No encuentro que este hombre sea culpable de nada.

5 Pero ellos insistían:

—Con sus enseñanzas agita al pueblo por toda Judea.n Comenzó en Galilea y ha llegado hasta aquí.

6 Al oír esto, Pilato preguntó si el hombre era galileo. 7 Cuando se enteró de que pertenecía a la jurisdicción de Herodes, se lo mandó a él, ya que en aquellos días también Herodes estaba en Jerusalén.

8 Al ver a Jesús, Herodes se puso muy contento; hacía tiempo que quería verlo por lo que oía acerca de él, y esperaba presenciar algún milagro que hiciera Jesús. 9 Lo acosó con muchas preguntas, pero Jesús no le contestaba nada. 10 Allí estaban también los jefes de los sacerdotes y los *maestros de la ley, acusándolo con vehemencia. 11 Entonces Herodes y sus soldados, con desprecio y burlas, le pusieron un manto lujoso y

58 A little later someone else saw him and said, "You also are one of them."

"Man, I am not!" Peter replied.

59 About an hour later another asserted, "Certainly this fellow was with him, for he is a Galilean."

60 Peter replied, "Man, I don't know what you're talking about!" Just as he was speaking, the rooster crowed. 61 The Lord turned and looked straight at Peter. Then Peter remembered the word the Lord had spoken to him: "Before the rooster crows today, you will disown me three times." 62 And he went outside and wept bitterly.

The Guards Mock Jesus

63 The men who were guarding Jesus began mocking and beating him. 64 They blindfolded him and demanded, "Prophesy! Who hit you?" 65 And they said many other insulting things to him.

Jesus Before Pilate and Herod

66 At daybreak the council of the elders of the people, both the chief priests and teachers of the law, met together, and Jesus was led before them. 67 "If you are the Christ,i" they said, "tell us."

Jesus answered, "If I tell you, you will not believe me, 68 and if I asked you, you would not answer. 69 But from now on, the Son of Man will be seated at the right hand of the mighty God."

70 They all asked, "Are you then the Son of God?"

He replied, "You are right in saying I am."

71 Then they said, "Why do we need any more testimony? We have heard it from his own lips."

23 Then the whole assembly rose and led him off to Pilate. 2 And they began to accuse him, saying, "We have found this man subverting our nation. He opposes payment of taxes to Caesar and claims to be Christ,j a king."

3 So Pilate asked Jesus, "Are you the king of the Jews?"

"Yes, it is as you say," Jesus replied.

4 Then Pilate announced to the chief priests and the crowd, "I find no basis for a charge against this man."

5 But they insisted, "He stirs up the people all over Judeak by his teaching. He started in Galilee and has come all the way here."

6 On hearing this, Pilate asked if the man was a Galilean. 7 When he learned that Jesus was under Herod's jurisdiction, he sent him to Herod, who was also in Jerusalem at that time.

8 When Herod saw Jesus, he was greatly pleased, because for a long time he had been wanting to see him. From what he had heard about him, he hoped to see him perform some miracle. 9 He plied him with many questions, but Jesus gave him no answer. 10 The chief priests and the teachers of the law were standing there, vehemently accusing him. 11 Then Herod and his soldiers ridiculed and mocked him. Dressing him in an

---

n 23:5 toda Judea. Alt. toda la tierra de los judíos.

i 67 Or Messiah   j 2 Or Messiah; also in verses 35 and 39
k 5 Or over the land of the Jews

lo mandaron de vuelta a Pilato. ¹²Anteriormente, Herodes y Pilato no se llevaban bien, pero ese mismo día se hicieron amigos.

¹³Pilato entonces reunió a los jefes de los sacerdotes, a los gobernantes y al pueblo, ¹⁴y les dijo:

—Ustedes me trajeron a este hombre acusado de fomentar la rebelión entre el pueblo, pero resulta que lo he interrogado delante de ustedes sin encontrar que sea culpable de lo que ustedes lo acusan. ¹⁵Y es claro que tampoco Herodes lo ha juzgado culpable, puesto que nos lo devolvió. Como pueden ver, no ha cometido ningún delito que merezca la muerte, ¹⁶así que le daré una paliza y después lo soltaré.^ñ

¹⁸Pero todos gritaron a una voz:

—¡Llévate a ése! ¡Suéltanos a Barrabás!

¹⁹A Barrabás lo habían metido en la cárcel por una insurrección en la ciudad, y por homicidio. ²⁰Pilato, como quería soltar a Jesús, apeló al pueblo otra vez, ²¹pero ellos se pusieron a gritar:

—¡Crucifícalo! ¡Crucifícalo!

²²Por tercera vez les habló:

—Pero, ¿qué crimen ha cometido este hombre? No encuentro que él sea culpable de nada que merezca la pena de muerte, así que le daré una paliza y después lo soltaré.

²³Pero a voz en cuello ellos siguieron insistiendo en que lo crucificara, y con sus gritos se impusieron. ²⁴Por fin Pilato decidió concederles su demanda: ²⁵soltó al hombre que le pedían, el que por insurrección y homicidio había sido echado en la cárcel, y dejó que hicieran con Jesús lo que quisieran.

La crucifixión

²⁶Cuando se lo llevaban, echaron mano de un tal Simón de Cirene, que volvía del campo, y le cargaron la cruz para que la llevara detrás de Jesús. ²⁷Lo seguía mucha gente del pueblo, incluso mujeres que se golpeaban el pecho, lamentándose por él. ²⁸Jesús se volvió hacia ellas y les dijo:

—Hijas de Jerusalén, no lloren por mí; lloren más bien por ustedes y por sus hijos. ²⁹Miren, va a llegar el tiempo en que se dirá: "¡*Dichosas las estériles, que nunca dieron a luz ni amamantaron!" ³⁰Entonces

»"dirán a las montañas: '¡Caigan sobre
         nosotros!',
y a las colinas: '¡Cúbrannos!' "^o

³¹Porque si esto se hace cuando el árbol está verde, ¿qué no sucederá cuando esté seco?

³²También llevaban con él a otros dos, ambos criminales, para ser ejecutados. ³³Cuando llegaron al lugar llamado la Calavera, lo crucificaron allí, junto con los criminales, uno a su derecha y otro a su izquierda. ³⁴—Padre —dijo Jesús—, perdónalos, porque no saben lo que hacen.^p

Mientras tanto, echaban suertes para repartirse entre sí la ropa de Jesús.

³⁵La gente, por su parte, se quedó allí observando, y aun los gobernantes estaban burlándose de él.

—Salvó a otros —decían—; que se salve a sí mismo, si es el *Cristo de Dios, el Escogido.

³⁶También los soldados se acercaron para burlarse de él. Le ofrecieron vinagre ³⁷y le dijeron:

—Si eres el rey de los judíos, sálvate a ti mismo.

³⁸Resulta que había sobre él un letrero, que decía: «ÉSTE ES EL REY DE LOS JUDÍOS.»

elegant robe, they sent him back to Pilate. ¹²That day Herod and Pilate became friends—before this they had been enemies.

¹³Pilate called together the chief priests, the rulers and the people, ¹⁴and said to them, "You brought me this man as one who was inciting the people to rebellion. I have examined him in your presence and have found no basis for your charges against him. ¹⁵Neither has Herod, for he sent him back to us; as you can see, he has done nothing to deserve death. ¹⁶Therefore, I will punish him and then release him.^l

¹⁸With one voice they cried out, "Away with this man! Release Barabbas to us!" ¹⁹(Barabbas had been thrown into prison for an insurrection in the city, and for murder.)

²⁰Wanting to release Jesus, Pilate appealed to them again. ²¹But they kept shouting, "Crucify him! Crucify him!"

²²For the third time he spoke to them: "Why? What crime has this man committed? I have found in him no grounds for the death penalty. Therefore I will have him punished and then release him."

²³But with loud shouts they insistently demanded that he be crucified, and their shouts prevailed. ²⁴So Pilate decided to grant their demand. ²⁵He released the man who had been thrown into prison for insurrection and murder, the one they asked for, and surrendered Jesus to their will.

The Crucifixion

²⁶As they led him away, they seized Simon from Cyrene, who was on his way in from the country, and put the cross on him and made him carry it behind Jesus. ²⁷A large number of people followed him, including women who mourned and wailed for him. ²⁸Jesus turned and said to them, "Daughters of Jerusalem, do not weep for me; weep for yourselves and for your children. ²⁹For the time will come when you will say, 'Blessed are the barren women, the wombs that never bore and the breasts that never nursed!' ³⁰Then

" 'they will say to the mountains, "Fall on
        us!"
and to the hills, "Cover us!" '^m

³¹For if men do these things when the tree is green, what will happen when it is dry?"

³²Two other men, both criminals, were also led out with him to be executed. ³³When they came to the place called the Skull, there they crucified him, along with the criminals—one on his right, the other on his left. ³⁴Jesus said, "Father, forgive them, for they do not know what they are doing."ⁿ And they divided up his clothes by casting lots.

³⁵The people stood watching, and the rulers even sneered at him. They said, "He saved others; let him save himself if he is the Christ of God, the Chosen One."

³⁶The soldiers also came up and mocked him. They offered him wine vinegar ³⁷and said, "If you are the king of the Jews, save yourself."

³⁸There was a written notice above him, which read: THIS IS THE KING OF THE JEWS.

ñ 23:16 soltaré. Var. *soltaré.* ¹⁷*Ahora bien, durante la fiesta tenía la obligación de soltarles un preso* (véanse Mt 27:15 y Mr 15:6). *o 23:30* Os 10:8   *p 23:34* Var. no incluye esta oración.

l 16 Some manuscripts *him."* ¹⁷*Now he was obliged to release one man to them at the Feast.*   *m 30* Hosea 10:8   *n 34* Some early manuscripts do not have this sentence.

39 Uno de los criminales allí colgados empezó a insultarlo:

—¿No eres tú el Cristo? ¡Sálvate a ti mismo y a nosotros!

40 Pero el otro criminal lo reprendió:

—¿Ni siquiera temor de Dios tienes, aunque sufres la misma condena? 41 En nuestro caso, el castigo es justo, pues sufrimos lo que merecen nuestros delitos; éste, en cambio, no ha hecho nada malo.

42 Luego dijo:

—Jesús, acuérdate de mí cuando vengas en tu reino.

43 —Te aseguro que hoy estarás conmigo en el paraíso —le contestó Jesús.

Muerte de Jesús

44 Desde el mediodía y hasta la media tardeᵍ toda la tierra quedó sumida en la oscuridad, 45 pues el sol se ocultó. Y la cortina del *santuario del templo se rasgó en dos. 46 Entonces Jesús exclamó con fuerza:

—¡Padre, en tus manos encomiendo mi espíritu!

Y al decir esto, expiró.

47 El centurión, al ver lo que había sucedido, alabó a Dios y dijo:

—Verdaderamente este hombre era justo.

48 Entonces los que se habían reunido para presenciar aquel espectáculo, al ver lo ocurrido, se fueron de allí golpeándose el pecho. 49 Pero todos los conocidos de Jesús, incluso las mujeres que lo habían seguido desde Galilea, se quedaron mirando desde lejos.

Sepultura de Jesús

50 Había un hombre bueno y justo llamado José, miembro del *Consejo, 51 que no había estado de acuerdo con la decisión ni con la conducta de ellos. Era natural de un pueblo de Judea llamado Arimatea, y esperaba el reino de Dios. 52 Éste se presentó ante Pilato y le pidió el cuerpo de Jesús. 53 Después de bajarlo, lo envolvió en una sábana de lino y lo puso en un sepulcro cavado en la roca, en el que todavía no se había sepultado a nadie. 54 Era el día de preparación para el *sábado, que estaba a punto de comenzar.

55 Las mujeres que habían acompañado a Jesús desde Galilea siguieron a José para ver el sepulcro y cómo colocaban el cuerpo. 56 Luego volvieron a casa y prepararon especias aromáticas y perfumes. Entonces descansaron el sábado, conforme al mandamiento.

La resurrección

24 El primer día de la semana, muy de mañana, las mujeres fueron al sepulcro, llevando las especias aromáticas que habían preparado. 2 Encontraron que había sido quitada la piedra que cubría el sepulcro 3 y, al entrar, no hallaron el cuerpo del Señor Jesús. 4 Mientras se preguntaban qué habría pasado, se les presentaron dos hombres con ropas resplandecientes. 5 Asustadas, se postraron sobre su rostro, pero ellos les dijeron:

—¿Por qué buscan ustedes entre los muertos al que vive? 6 No está aquí; ¡ha resucitado! Recuerden lo que les dijo cuando todavía estaba con ustedes en Galilea: 7 "El Hijo del hombre tiene que ser entregado en manos de hombres *pecadores, y ser crucificado, pero al tercer día resucitará."

8 Entonces ellas se acordaron de las palabras de Jesús. 9 Al regresar del sepulcro, les contaron todas estas cosas a los once y a todos los demás. 10 Las mujeres eran María Magdalena, Juana, María la madre de

39 One of the criminals who hung there hurled insults at him: "Aren't you the Christ? Save yourself and us!"

40 But the other criminal rebuked him. "Don't you fear God," he said, "since you are under the same sentence? 41 We are punished justly, for we are getting what our deeds deserve. But this man has done nothing wrong."

42 Then he said, "Jesus, remember me when you come into your kingdom.ᵒ"

43 Jesus answered him, "I tell you the truth, today you will be with me in paradise."

Jesus' Death

44 It was now about the sixth hour, and darkness came over the whole land until the ninth hour, 45 for the sun stopped shining. And the curtain of the temple was torn in two. 46 Jesus called out with a loud voice, "Father, into your hands I commit my spirit." When he had said this, he breathed his last.

47 The centurion, seeing what had happened, praised God and said, "Surely this was a righteous man."

48 When all the people who had gathered to witness this sight saw what took place, they beat their breasts and went away. 49 But all those who knew him, including the women who had followed him from Galilee, stood at a distance, watching these things.

Jesus' Burial

50 Now there was a man named Joseph, a member of the Council, a good and upright man, 51 who had not consented to their decision and action. He came from the Judean town of Arimathea and he was waiting for the kingdom of God. 52 Going to Pilate, he asked for Jesus' body. 53 Then he took it down, wrapped it in linen cloth and placed it in a tomb cut in the rock, one in which no one had yet been laid. 54 It was Preparation Day, and the Sabbath was about to begin.

55 The women who had come with Jesus from Galilee followed Joseph and saw the tomb and how his body was laid in it. 56 Then they went home and prepared spices and perfumes. But they rested on the Sabbath in obedience to the commandment.

The Resurrection

24 On the first day of the week, very early in the morning, the women took the spices they had prepared and went to the tomb. 2 They found the stone rolled away from the tomb, 3 but when they entered, they did not find the body of the Lord Jesus. 4 While they were wondering about this, suddenly two men in clothes that gleamed like lightning stood beside them. 5 In their fright the women bowed down with their faces to the ground, but the men said to them, "Why do you look for the living among the dead? 6 He is not here; he has risen! Remember how he told you, while he was still with you in Galilee: 7 'The Son of Man must be delivered into the hands of sinful men, be crucified and on the third day be raised again.' " 8 Then they remembered his words.

9 When they came back from the tomb, they told all these things to the Eleven and to all the others. 10 It was Mary Magdalene, Joanna, Mary the mother of James, and the others with them who told this to the apostles.

ᵍ 23:44 *el mediodía ... la media tarde*. Lit. *la hora sexta ... la hora novena*.

ᵒ 42 Some manuscripts *come with your kingly power*

*Jacobo, y las demás que las acompañaban. 11 Pero a los discípulos el relato les pareció una tontería, así que no les creyeron. 12 Pedro, sin embargo, salió corriendo al sepulcro. Se asomó y vio sólo las vendas de lino. Luego volvió a su casa, extrañado de lo que había sucedido.

De camino a Emaús

13 Aquel mismo día dos de ellos se dirigían a un pueblo llamado Emaús, a unos once kilómetros*r* de Jerusalén. 14 Iban conversando sobre todo lo que había acontecido. 15 Sucedió que, mientras hablaban y discutían, Jesús mismo se acercó y comenzó a caminar con ellos; 16 pero no lo reconocieron, pues sus ojos estaban velados.

17 —¿Qué vienen discutiendo por el camino? —les preguntó.

Se detuvieron, cabizbajos; 18 y uno de ellos, llamado Cleofas, le dijo:

—¿Eres tú el único peregrino en Jerusalén que no se ha enterado de todo lo que ha pasado recientemente?

19 —¿Qué es lo que ha pasado? —les preguntó.

—Lo de Jesús de Nazaret. Era un profeta, poderoso en obras y en palabras delante de Dios y de todo el pueblo. 20 Los jefes de los sacerdotes y nuestros gobernantes lo entregaron para ser condenado a muerte, y lo crucificaron; 21 pero nosotros abrigábamos la esperanza de que era él quien redimiría a Israel. Es más, ya hace tres días que sucedió todo esto. 22 También algunas mujeres de nuestro grupo nos dejaron asombrados. Esta mañana, muy temprano, fueron al sepulcro 23 pero no hallaron su cuerpo. Cuando volvieron, nos contaron que se les habían aparecido unos ángeles quienes les dijeron que él vivía vivo. 24 Algunos de nuestros compañeros fueron después al sepulcro y lo encontraron tal como habían dicho las mujeres, pero a él no lo vieron.

25 —¡Qué torpes son ustedes —les dijo—, y qué tardos de corazón para creer todo lo que han dicho los profetas! 26 ¿Acaso no tenía que sufrir el *Cristo estas cosas antes de entrar en su gloria?

27 Entonces, comenzando por Moisés y por todos los profetas, les explicó lo que se refería a él en todas las Escrituras.

28 Al acercarse al pueblo adonde se dirigían, Jesús hizo como que iba más lejos. 29 Pero ellos insistieron:

—Quédate con nosotros, que está atardeciendo; ya es casi de noche.

Así que entró para quedarse con ellos. 30 Luego, estando con ellos a la mesa, tomó el pan, lo bendijo, lo partió y se lo dio. 31 Entonces se les abrieron los ojos y lo reconocieron, pero él desapareció. 32 Se decían el uno al otro:

—¿No ardía nuestro corazón mientras conversaba con nosotros en el camino y nos explicaba las Escrituras?

33 Al instante se pusieron en camino y regresaron a Jerusalén. Allí encontraron a los once y a los que estaban reunidos con ellos. 34 «¡Es cierto! —decían—. El Señor ha resucitado y se le ha aparecido a Simón.»

35 Los dos, por su parte, contaron lo que les había sucedido en el camino, y cómo habían reconocido a Jesús cuando partió el pan.

Jesús se aparece a los discípulos

36 Todavía estaban ellos hablando acerca de esto, cuando Jesús mismo se puso en medio de ellos y les dijo:

—Paz a ustedes.

37 Aterrorizados, creyeron que veían a un espíritu.

11 But they did not believe the women, because their words seemed to them like nonsense. 12 Peter, however, got up and ran to the tomb. Bending over, he saw the strips of linen lying by themselves, and he went away, wondering to himself what had happened.

On the Road to Emmaus

13 Now that same day two of them were going to a village called Emmaus, about seven miles*p* from Jerusalem. 14 They were talking with each other about everything that had happened. 15 As they talked and discussed these things with each other, Jesus himself came up and walked along with them; 16 but they were kept from recognizing him.

17 He asked them, "What are you discussing together as you walk along?"

They stood still, their faces downcast. 18 One of them, named Cleopas, asked him, "Are you only a visitor to Jerusalem and do not know the things that have happened there in these days?"

19 "What things?" he asked.

"About Jesus of Nazareth," they replied. "He was a prophet, powerful in word and deed before God and all the people. 20 The chief priests and our rulers handed him over to be sentenced to death, and they crucified him; 21 but we had hoped that he was the one who was going to redeem Israel. And what is more, it is the third day since all this took place. 22 In addition, some of our women amazed us. They went to the tomb early this morning 23 but didn't find his body. They came and told us that they had seen a vision of angels, who said he was alive. 24 Then some of our companions went to the tomb and found it just as the women had said, but him they did not see."

25 He said to them, "How foolish you are, and how slow of heart to believe all that the prophets have spoken! 26 Did not the Christ*q* have to suffer these things and then enter his glory?" 27 And beginning with Moses and all the Prophets, he explained to them what was said in all the Scriptures concerning himself.

28 As they approached the village to which they were going, Jesus acted as if he were going farther. 29 But they urged him strongly, "Stay with us, for it is nearly evening; the day is almost over." So he went in to stay with them.

30 When he was at the table with them, he took bread, gave thanks, broke it and began to give it to them. 31 Then their eyes were opened and they recognized him, and he disappeared from their sight. 32 They asked each other, "Were not our hearts burning within us while he talked with us on the road and opened the Scriptures to us?"

33 They got up and returned at once to Jerusalem. There they found the Eleven and those with them, assembled together 34 and saying, "It is true! The Lord has risen and has appeared to Simon." 35 Then the two told what had happened on the way, and how Jesus was recognized by them when he broke the bread.

Jesus Appears to the Disciples

36 While they were still talking about this, Jesus himself stood among them and said to them, "Peace be with you."

37 They were startled and frightened, thinking they

---

r 24:13 unos once kilómetros. Lit. sesenta *estadios.*

p 13 Greek sixty stadia (about 11 kilometers)   *q 26* Or Messiah; also in verse 46

38 —¿Por qué se asustan tanto? —les preguntó—. ¿Por qué les vienen dudas? 39 Miren mis manos y mis pies. ¡Soy yo mismo! Tóquenme y vean; un espíritu no tiene carne ni huesos, como ven que los tengo yo.

40 Dicho esto, les mostró las manos y los pies. 41 Como ellos no acababan de creerlo a causa de la alegría y del asombro, les preguntó:

—¿Tienen aquí algo de comer?

42 Le dieron un pedazo de pescado asado, 43 así que lo tomó y se lo comió delante de ellos. Luego les dijo:

44 —Cuando todavía estaba yo con ustedes, les decía que tenía que cumplirse todo lo que está escrito acerca de mí en la ley de Moisés, en los profetas y en los salmos.

45 Entonces les abrió el entendimiento para que comprendieran las Escrituras.

46 —Esto es lo que está escrito —les explicó—: que el *Cristo padecerá y *resucitará al tercer día, 47 y en su nombre se predicará el *arrepentimiento y el perdón de pecados a todas las *naciones, comenzando por Jerusalén. 48 Ustedes son testigos de estas cosas. 49 Ahora voy a enviarles lo que ha prometido mi Padre; pero ustedes quédense en la ciudad hasta que sean revestidos del poder de lo alto.

La ascensión

50 Después los llevó Jesús hasta Betania; allí alzó las manos y los bendijo. 51 Sucedió que, mientras los bendecía, se alejó de ellos y fue llevado al cielo. 52 Ellos, entonces, lo adoraron y luego regresaron a Jerusalén con gran alegría. 53 Y estaban continuamente en el *templo, alabando a Dios.

saw a ghost. 38 He said to them, "Why are you troubled, and why do doubts rise in your minds? 39 Look at my hands and my feet. It is I myself! Touch me and see; a ghost does not have flesh and bones, as you see I have."

40 When he had said this, he showed them his hands and feet. 41 And while they still did not believe it because of joy and amazement, he asked them, "Do you have anything here to eat?" 42 They gave him a piece of broiled fish, 43 and he took it and ate it in their presence.

44 He said to them, "This is what I told you while I was still with you: Everything must be fulfilled that is written about me in the Law of Moses, the Prophets and the Psalms."

45 Then he opened their minds so they could understand the Scriptures. 46 He told them, "This is what is written: The Christ will suffer and rise from the dead on the third day, 47 and repentance and forgiveness of sins will be preached in his name to all nations, beginning at Jerusalem. 48 You are witnesses of these things. 49 I am going to send you what my Father has promised; but stay in the city until you have been clothed with power from on high."

The Ascension

50 When he had led them out to the vicinity of Bethany, he lifted up his hands and blessed them. 51 While he was blessing them, he left them and was taken up into heaven. 52 Then they worshiped him and returned to Jerusalem with great joy. 53 And they stayed continually at the temple, praising God.

Evangelio según

Juan

John

El Verbo se hizo hombre

1 En el principio ya existía el *Verbo,
y el Verbo estaba con Dios,
y el Verbo era Dios.
2 Él estaba con Dios en el principio.
3 Por medio de él todas las cosas fueron creadas;
sin él, nada de lo creado llegó a existir.
4 En él estaba la vida,
y la vida era la luz de la *humanidad.
5 Esta luz resplandece en las tinieblas,
y las tinieblas no han podido extinguirla.a

6 Vino un hombre llamado Juan. Dios lo envió
7 como testigo para dar testimonio de la luz, a fin de
que por medio de él todos creyeran. 8 Juan no era la luz,
sino que vino para dar testimonio de la luz. 9 Esa luz
verdadera, la que alumbra a todo *ser humano, venía a
este mundo.b

10 El que era la luz ya estaba en el mundo, y el
mundo fue creado por medio de él, pero el mundo no
lo reconoció. 11 Vino a lo que era suyo, pero los suyos
no lo recibieron. 12 Mas a cuantos lo recibieron, a los
que creen en su nombre, les dio el derecho de ser hijos
de Dios. 13 Éstos no nacen de la sangre, ni por deseos
*naturales, ni por voluntad humana, sino que nacen de
Dios.

14 Y el Verbo se hizo hombre y habitóc entre nosotros. Y hemos contemplado su gloria, la gloria que
corresponde al Hijo *unigénito del Padre, lleno de gracia y de verdad.

15 Juan dio testimonio de él, y a voz en cuello proclamó: «Éste es aquel de quien yo decía: "El que viene
después de mí es superior a mí, porque existía antes
que yo."» 16 De su plenitud todos hemos recibido gracia sobre gracia, 17 pues la ley fue dada por medio de
Moisés, mientras que la gracia y la verdad nos han
llegado por medio de *Jesucristo. 18 A Dios nadie lo ha
visto nunca; el Hijo unigénito, que es Diosd y que
vive en unión íntima con el Padre, nos lo ha dado a
conocer.

Juan el Bautista niega ser el Cristo

19 Éste es el testimonio de Juan cuando los judíos de
Jerusalén enviaron sacerdotes y levitas a preguntarle
quién era. 20 No se negó a declararlo, sino que confesó
con franqueza:
—Yo no soy el *Cristo.
21 —¿Quién eres entonces? —le preguntaron—.
¿Acaso eres Elías?
—No lo soy.
—¿Eres el profeta?
—No lo soy.
22 —¿Entonces quién eres? ¡Tenemos que llevar una
respuesta a los que nos enviaron! ¿Cómo te ves a ti
mismo?
23 —Yo soy la voz del que grita en el desierto: "Enderecen el camino del Señor"e —respondió Juan, con
las palabras del profeta Isaías.

The Word Became Flesh

1 In the beginning was the Word, and the Word was
with God, and the Word was God. 2 He was with
God in the beginning.
3 Through him all things were made; without him
nothing was made that has been made. 4 In him was
life, and that life was the light of men. 5 The light shines
in the darkness, but the darkness has not under-
stooda it.

6 There came a man who was sent from God; his
name was John. 7 He came as a witness to testify concerning that light, so that through him all men might
believe. 8 He himself was not the light; he came only as
a witness to the light. 9 The true light that gives light to
every man was coming into the world.b

10 He was in the world, and though the world was
made through him, the world did not recognize him.
11 He came to that which was his own, but his own did
not receive him. 12 Yet to all who received him, to those
who believed in his name, he gave the right to become
children of God— 13 children born not of natural descent,c nor of human decision or a husband's will, but
born of God.

14 The Word became flesh and made his dwelling
among us. We have seen his glory, the glory of the One
and Only,d who came from the Father, full of grace
and truth.

15 John testifies concerning him. He cries out, saying,
"This was he of whom I said, 'He who comes after
me has surpassed me because he was before me.' "
16 From the fullness of his grace we have all received
one blessing after another. 17 For the law was given
through Moses; grace and truth came through Jesus
Christ. 18 No one has ever seen God, but God the One
and Only,d,e who is at the Father's side, has made him
known.

John the Baptist Denies Being the Christ

19 Now this was John's testimony when the Jews of
Jerusalem sent priests and Levites to ask him who he
was. 20 He did not fail to confess, but confessed freely,
"I am not the Christ.f"
21 They asked him, "Then who are you? Are you
Elijah?"
He said, "I am not."
"Are you the Prophet?"
He answered, "No."
22 Finally they said, "Who are you? Give us an answer to take back to those who sent us. What do you
say about yourself?"
23 John replied in the words of Isaiah the prophet, "I
am the voice of one calling in the desert, 'Make
straight the way for the Lord.' "g

a 1:5 extinguirla. Alt. comprenderla.   b 1:9 Esa ... mundo. Alt.
Esa era la luz verdadera que alumbra a todo *ser humano que
viene al mundo.   c 1:14 habitó. Lit. puso su carpa.   d 1:18 el
Hijo unigénito, que es Dios. Lit. Dios unigénito. Var. el Hijo
unigénito.   e 1:23 Is 40:3

a 5 Or darkness, and the darkness has not overcome   b 9 Or This
was the true light that gives light to every man who comes into the
world   c 13 Greek of bloods   d 14,18 Or the Only Begotten
e 18 Some manuscripts but the only (or only begotten) Son
f 20 Or Messiah. "The Christ" (Greek) and "the Messiah" (Hebrew)
both mean "the Anointed One"; also in verse 25.
g 23 Isaiah 40:3

24 Algunos que habían sido enviados por los *fariseos 25 lo interrogaron:

—Pues si no eres el Cristo, ni Elías ni el profeta, ¿por qué bautizas?

26 —Yo bautizo con*f* agua, pero entre ustedes hay alguien a quien no conocen, 27 y que viene después de mí, al cual yo no soy digno ni siquiera de desatarle la correa de las sandalias.

28 Todo esto sucedió en Betania, al otro lado del río Jordán, donde Juan estaba bautizando.

Jesús, el Cordero de Dios

29 Al día siguiente Juan vio a Jesús que se acercaba a él, y dijo: «¡Aquí tienen al Cordero de Dios, que quita el pecado del mundo! 30 De éste hablaba yo cuando dije: "Después de mí viene un hombre que es superior a mí, porque existía antes que yo." 31 Yo ni siquiera lo conocía, pero, para que él se revelara al pueblo de Israel, vine bautizando con agua.»

32 Juan declaró: «Vi al Espíritu descender del cielo como una paloma y permanecer sobre él. 33 Yo mismo no lo conocía, pero el que me envió a bautizar con agua me dijo: "Aquel sobre quien veas que el Espíritu desciende y permanece, es el que bautiza con el Espíritu Santo." 34 Yo lo he visto y por eso testifico que éste es el Hijo de Dios.»

Los primeros discípulos de Jesús

35 Al día siguiente Juan estaba de nuevo allí, con dos de sus discípulos. 36 Al ver a Jesús que pasaba por ahí, dijo:

—¡Aquí tienen al Cordero de Dios!

37 Cuando los dos discípulos le oyeron decir esto, siguieron a Jesús. 38 Jesús se volvió y, al ver que lo seguían, les preguntó:

—¿Qué buscan?

—Rabí, ¿dónde te hospedas? (Rabí significa: Maestro.)

39 —Vengan a ver —les contestó Jesús.

Ellos fueron, pues, y vieron dónde se hospedaba, y aquel mismo día se quedaron con él. Eran como las cuatro de la tarde.*g*

40 Andrés, hermano de Simón Pedro, era uno de los dos que, al oír a Juan, habían seguido a Jesús. 41 Andrés encontró primero a su hermano Simón, y le dijo:

—Hemos encontrado al Mesías (es decir, el *Cristo).

42 Luego lo llevó a Jesús, quien mirándolo fijamente, le dijo:

—Tú eres Simón, hijo de Juan. Serás llamado *Cefas (es decir, Pedro).

Jesús llama a Felipe y a Natanael

43 Al día siguiente, Jesús decidió salir hacia Galilea. Se encontró con Felipe, y lo llamó:

—Sígueme.

44 Felipe era del pueblo de Betsaida, lo mismo que Andrés y Pedro. 45 Felipe buscó a Natanael y le dijo:

—Hemos encontrado a Jesús de Nazaret, el hijo de José, aquel de quien escribió Moisés en la ley, y de quien escribieron los profetas.

46 —¡De Nazaret! —replicó Natanael—. ¿Acaso de allí puede salir algo bueno?

—Ven a ver —le contestó Felipe.

24 Now some Pharisees who had been sent 25 questioned him, "Why then do you baptize if you are not the Christ, nor Elijah, nor the Prophet?"

26 "I baptize with*h* water," John replied, "but among you stands one you do not know. 27 He is the one who comes after me, the thongs of whose sandals I am not worthy to untie."

28 This all happened at Bethany on the other side of the Jordan, where John was baptizing.

Jesus the Lamb of God

29 The next day John saw Jesus coming toward him and said, "Look, the Lamb of God, who takes away the sin of the world! 30 This is the one I meant when I said, 'A man who comes after me has surpassed me because he was before me.' 31 I myself did not know him, but the reason I came baptizing with water was that he might be revealed to Israel."

32 Then John gave this testimony: "I saw the Spirit come down from heaven as a dove and remain on him. 33 I would not have known him, except that the one who sent me to baptize with water told me, 'The man on whom you see the Spirit come down and remain is he who will baptize with the Holy Spirit.' 34 I have seen and I testify that this is the Son of God."

Jesus' First Disciples

35 The next day John was there again with two of his disciples. 36 When he saw Jesus passing by, he said, "Look, the Lamb of God!"

37 When the two disciples heard him say this, they followed Jesus. 38 Turning around, Jesus saw them following and asked, "What do you want?"

They said, "Rabbi" (which means Teacher), "where are you staying?"

39 "Come," he replied, "and you will see."

So they went and saw where he was staying, and spent that day with him. It was about the tenth hour.

40 Andrew, Simon Peter's brother, was one of the two who heard what John had said and who had followed Jesus. 41 The first thing Andrew did was to find his brother Simon and tell him, "We have found the Messiah" (that is, the Christ). 42 And he brought him to Jesus.

Jesus looked at him and said, "You are Simon son of John. You will be called Cephas" (which, when translated, is Peter*i*).

Jesus Calls Philip and Nathanael

43 The next day Jesus decided to leave for Galilee. Finding Philip, he said to him, "Follow me."

44 Philip, like Andrew and Peter, was from the town of Bethsaida. 45 Philip found Nathanael and told him, "We have found the one Moses wrote about in the Law, and about whom the prophets also wrote—Jesus of Nazareth, the son of Joseph."

46 "Nazareth! Can anything good come from there?" Nathanael asked.

"Come and see," said Philip.

---

f 1:26 con. Alt. *en*; también en vv. 31 y 33.   *g 1:39 Eran ... tarde* (si se cuentan las horas a partir de las seis de la mañana, según la hora judía). Lit. *Era como la hora décima*; véase nota en 19:14.

h 26 Or *in*; also in verses 31 and 33   *i 42* Both *Cephas* (Aramaic) and *Peter* (Greek) mean *rock*.

47 Cuando Jesús vio que Natanael se le acercaba, comentó:

—Aquí tienen a un verdadero israelita, en quien no hay falsedad.

48 —¿De dónde me conoces? —le preguntó Natanael.

—Antes de que Felipe te llamara, cuando aún estabas bajo la higuera, ya te había visto.

49 —Rabí, ¡tú eres el Hijo de Dios! ¡Tú eres el Rey de Israel! —declaró Natanael.

50 —¿Lo crees porque te dije que te vi cuando estabas debajo de la higuera? ¡Vas a ver aun cosas más grandes que éstas!

Y añadió:

51 —Ciertamente les aseguro que ustedes verán abrirse el cielo, y a los ángeles de Dios subir y bajar sobre el Hijo del hombre.

Jesús cambia el agua en vino

2 Al tercer día se celebró una boda en Caná de Galilea, y la madre de Jesús se encontraba allí. 2 También habían sido invitados a la boda Jesús y sus discípulos. 3 Cuando el vino se acabó, la madre de Jesús le dijo:

—Ya no tienen vino.

4 —Mujer, ¿eso qué tiene que ver conmigo? —respondió Jesús—. Todavía no ha llegado mi hora.

5 Su madre dijo a los sirvientes:

—Hagan lo que él les ordene.

6 Había allí seis tinajas de piedra, de las que usan los judíos en sus ceremonias de *purificación. En cada una cabían unos cien litros.h

7 Jesús dijo a los sirvientes:

—Llenen de agua las tinajas.

Y los sirvientes las llenaron hasta el borde.

8 —Ahora saquen un poco y llévenlo al encargado del banquete —les dijo Jesús.

Así lo hicieron. 9 El encargado del banquete probó el agua convertida en vino sin saber de dónde había salido, aunque sí lo sabían los sirvientes que habían sacado el agua. Entonces llamó aparte al novio 10 y le dijo:

—Todos sirven primero el mejor vino, y cuando los invitados ya han bebido mucho, entonces sirven el más barato; pero tú has guardado el mejor vino hasta ahora.

11 Ésta, la primera de sus señales, la hizo Jesús en Caná de Galilea. Así reveló su gloria, y sus discípulos creyeron en él.

12 Después de esto Jesús bajó a Capernaúm con su madre, sus hermanos y sus discípulos, y se quedaron allí unos días.

Jesús purifica el templo

13 Cuando se aproximaba la Pascua de los judíos, subió Jesús a Jerusalén. 14 Y en el *temploi halló a los que vendían bueyes, ovejas y palomas, e instalados en sus mesas a los que cambiaban dinero. 15 Entonces, haciendo un látigo de cuerdas, echó a todos del templo, juntamente con sus ovejas y sus bueyes; regó por el suelo las monedas de los que cambiaban dinero y derribó sus mesas. 16 A los que vendían las palomas les dijo:

—¡Saquen esto de aquí! ¿Cómo se atreven a convertir la casa de mi Padre en un mercado?

17 Sus discípulos se acordaron de que está escrito:

47 When Jesus saw Nathanael approaching, he said of him, "Here is a true Israelite, in whom there is nothing false."

48 "How do you know me?" Nathanael asked.

Jesus answered, "I saw you while you were still under the fig tree before Philip called you."

49 Then Nathanael declared, "Rabbi, you are the Son of God; you are the King of Israel."

50 Jesus said, "You believej because I told you I saw you under the fig tree. You shall see greater things than that." 51 He then added, "I tell youk the truth, youk shall see heaven open, and the angels of God ascending and descending on the Son of Man."

Jesus Changes Water to Wine

2 On the third day a wedding took place at Cana in Galilee. Jesus' mother was there, 2 and Jesus and his disciples had also been invited to the wedding. 3 When the wine was gone, Jesus' mother said to him, "They have no more wine."

4 "Dear woman, why do you involve me?" Jesus replied. "My time has not yet come."

5 His mother said to the servants, "Do whatever he tells you."

6 Nearby stood six stone water jars, the kind used by the Jews for ceremonial washing, each holding from twenty to thirty gallons.l

7 Jesus said to the servants, "Fill the jars with water"; so they filled them to the brim.

8 Then he told them, "Now draw some out and take it to the master of the banquet."

They did so, 9 and the master of the banquet tasted the water that had been turned into wine. He did not realize where it had come from, though the servants who had drawn the water knew. Then he called the bridegroom aside 10 and said, "Everyone brings out the choice wine first and then the cheaper wine after the guests have had too much to drink; but you have saved the best till now."

11 This, the first of his miraculous signs, Jesus performed at Cana in Galilee. He thus revealed his glory, and his disciples put their faith in him.

Jesus Clears the Temple

12 After this he went down to Capernaum with his mother and brothers and his disciples. There they stayed for a few days.

13 When it was almost time for the Jewish Passover, Jesus went up to Jerusalem. 14 In the temple courts he found men selling cattle, sheep and doves, and others sitting at tables exchanging money. 15 So he made a whip out of cords, and drove all from the temple area, both sheep and cattle; he scattered the coins of the money changers and overturned their tables. 16 To those who sold doves he said, "Get these out of here! How dare you turn my Father's house into a market!"

17 His disciples remembered that it is written: "Zeal for your house will consume me."m

---

h 2:6 unos cien litros. Lit. entre dos y tres *metretas.   i 2:14 Es decir, en el área general del templo; en vv. 19-21 el término griego significa *santuario.

j 50 Or Do you believe . . . ?   k 51 The Greek is plural.
l 6 Greek two to three metretes (probably about 75 to 115 liters)
m 17 Psalm 69:9

«El celo por tu casa me consumirá.»*j* ¹⁸Entonces los judíos reaccionaron, preguntándole:

—¿Qué señal puedes mostrarnos para actuar de esta manera?

¹⁹—Destruyan este templo —respondió Jesús—, y lo levantaré de nuevo en tres días.

²⁰—Tardaron cuarenta y seis años en construir este templo, ¿y tú vas a levantarlo en tres días?

²¹Pero el templo al que se refería era su propio cuerpo. ²²Así, pues, cuando se *levantó de entre los muertos, sus discípulos se acordaron de lo que había dicho, y creyeron en la Escritura y en las palabras de Jesús.

²³Mientras estaba en Jerusalén, durante la fiesta de la Pascua, muchos creyeron en su nombre al ver las señales que hacía. ²⁴En cambio Jesús no les creía porque los conocía a todos; ²⁵no necesitaba que nadie le informara nada*k* acerca de los demás, pues él conocía el interior del *ser humano.

Jesús enseña a Nicodemo

3 Había entre los *fariseos un dirigente de los judíos llamado Nicodemo. ²Éste fue de noche a visitar a Jesús.

—Rabí —le dijo—, sabemos que eres un maestro que ha venido de parte de Dios, porque nadie podría hacer las señales que tú haces si Dios no estuviera con él.

³—De veras te aseguro que quien no nazca de nuevo*l* no puede ver el reino de Dios —dijo Jesús.

⁴—¿Cómo puede uno nacer de nuevo siendo ya viejo? —preguntó Nicodemo—. ¿Acaso puede entrar por segunda vez en el vientre de su madre y volver a nacer?

⁵—Yo te aseguro que quien no nazca de agua y del Espíritu, no puede entrar en el reino de Dios —respondió Jesús—. ⁶Lo que nace del cuerpo es cuerpo; lo que nace del Espíritu es espíritu. ⁷No te sorprendas de que te haya dicho: "Tienen que nacer de nuevo." ⁸El viento sopla por donde quiere, y lo oyes silbar, aunque ignoras de dónde viene y a dónde va. Lo mismo pasa con todo el que nace del Espíritu.

⁹Nicodemo replicó:

—¿Cómo es posible que esto suceda?

¹⁰—Tú eres maestro de Israel, ¿y no entiendes estas cosas? —respondió Jesús—. ¹¹Te digo con seguridad y verdad que hablamos de lo que sabemos y damos testimonio de lo que hemos visto personalmente, pero ustedes no aceptan nuestro testimonio. ¹²Si les he hablado de las cosas terrenales, y no creen, ¿entonces cómo van a creer si les hablo de las celestiales? ¹³Nadie ha subido jamás al cielo sino el que descendió del cielo, el Hijo del hombre.*m*

Jesús y el amor del Padre

¹⁴»Como levantó Moisés la serpiente en el desierto, así también tiene que ser levantado el Hijo del hombre, ¹⁵para que todo el que crea en él tenga vida eterna.*n*

¹⁶»Porque tanto amó Dios al mundo, que dio a su Hijo *unigénito, para que todo el que cree en él no se pierda, sino que tenga vida eterna. ¹⁷Dios no envió a su Hijo al mundo para condenar al mundo, sino para salvarlo por medio de él. ¹⁸El que cree en él no es condenado, pero el que no cree ya está condenado por no haber creído en el nombre del Hijo unigénito de Dios.

¹⁹Ésta es la causa de la condenación: que la luz vino al mundo, pero la *humanidad prefirió las tinieblas a la

¹⁸Then the Jews demanded of him, "What miraculous sign can you show us to prove your authority to do all this?"

¹⁹Jesus answered them, "Destroy this temple, and I will raise it again in three days."

²⁰The Jews replied, "It has taken forty-six years to build this temple, and you are going to raise it in three days?" ²¹But the temple he had spoken of was his body. ²²After he was raised from the dead, his disciples recalled what he had said. Then they believed the Scripture and the words that Jesus had spoken.

²³Now while he was in Jerusalem at the Passover Feast, many people saw the miraculous signs he was doing and believed in his name.*n* ²⁴But Jesus would not entrust himself to them, for he knew all men. ²⁵He did not need man's testimony about man, for he knew what was in a man.

Jesus Teaches Nicodemus

3 Now there was a man of the Pharisees named Nicodemus, a member of the Jewish ruling council. ²He came to Jesus at night and said, "Rabbi, we know you are a teacher who has come from God. For no one could perform the miraculous signs you are doing if God were not with him."

³In reply Jesus declared, "I tell you the truth, no one can see the kingdom of God unless he is born again.*o*

⁴"How can a man be born when he is old?" Nicodemus asked. "Surely he cannot enter a second time into his mother's womb to be born!"

⁵Jesus answered, "I tell you the truth, no one can enter the kingdom of God unless he is born of water and the Spirit. ⁶Flesh gives birth to flesh, but the Spirit*p* gives birth to spirit. ⁷You should not be surprised at my saying, 'You*q* must be born again.' ⁸The wind blows wherever it pleases. You hear its sound, but you cannot tell where it comes from or where it is going. So it is with everyone born of the Spirit."

⁹"How can this be?" Nicodemus asked.

¹⁰"You are Israel's teacher," said Jesus, "and do you not understand these things? ¹¹I tell you the truth, we speak of what we know, and we testify to what we have seen, but still you people do not accept our testimony. ¹²I have spoken to you of earthly things and you do not believe; how then will you believe if I speak of heavenly things? ¹³No one has ever gone into heaven except the one who came from heaven—the Son of Man.*r* ¹⁴Just as Moses lifted up the snake in the desert, so the Son of Man must be lifted up, ¹⁵that everyone who believes in him may have eternal life.*s*

¹⁶"For God so loved the world that he gave his one and only Son,*t* that whoever believes in him shall not perish but have eternal life. ¹⁷For God did not send his Son into the world to condemn the world, but to save the world through him. ¹⁸Whoever believes in him is not condemned, but whoever does not believe stands condemned already because he has not believed in the name of God's one and only Son.*u* ¹⁹This is the verdict: Light has come into the world, but men loved darkness instead of light because their deeds were evil.

---

j 2:17 Sal 69:9   *k* 2:25 *le informara nada.* Lit. *le diera testimonio.*   *l* 3:3 *de nuevo.* Alt. *de arriba;* también en v. 7.   *m* 3:13 *hombre.* Var. *hombre que está en el cielo.*   *n* 3:15 *todo ... eterna.* Alt. *todo el que cree tenga vida eterna en él.*

n 23 Or *and believed in him*   *o* 3 Or *born from above;* also in verse 7   *p* 6 Or *but spirit*   *q* 7 The Greek is plural.   *r* 13 Some manuscripts *Man, who is in heaven*   *s* 15 Or *believes may have eternal life in him*   *t* 16 Or *his only begotten Son*   *u* 18 Or *God's only begotten Son*

luz, porque sus hechos eran perversos. 20 Pues todo el que hace lo malo aborrece la luz, y no se acerca a ella por temor a que sus obras queden al descubierto. 21 En cambio, el que practica la verdad se acerca a la luz, para que se vea claramente que ha hecho sus obras en obediencia a Dios.[ñ]

Testimonio de Juan el Bautista acerca de Jesús

22 Después de esto Jesús fue con sus discípulos a la región de Judea. Allí pasó algún tiempo con ellos, y bautizaba. 23 También Juan estaba bautizando en Enón, cerca de Salín, porque allí había mucha agua. Así que la gente iba para ser bautizada. 24 (Esto sucedió antes de que encarcelaran a Juan.) 25 Se entabló entonces una discusión entre los discípulos de Juan y un judío[o] en torno a los ritos de *purificación. 26 Aquéllos fueron a ver a Juan y le dijeron:

—Rabí, fíjate, el que estaba contigo al otro lado del Jordán, y de quien tú diste testimonio, ahora está bautizando, y todos acuden a él.

27 —Nadie puede recibir nada a menos que Dios se lo conceda —les respondió Juan—. 28 Ustedes me son testigos de que dije: "Yo no soy el *Cristo, sino que he sido enviado delante de él." 29 El que tiene a la novia es el novio. Pero el amigo del novio, que está a su lado y lo escucha, se llena de alegría cuando oye la voz del novio. Ésa es la alegría que me inunda. 30 A él le toca crecer, y a mí menguar.

El que viene del cielo

31 »El que viene de arriba está por encima de todos; el que es de la tierra, es terrenal y de lo terrenal habla. El que viene del cielo está por encima de todos 32 y da testimonio de lo que ha visto y oído, pero nadie recibe su testimonio. 33 El que lo recibe certifica que Dios es veraz. 34 El enviado de Dios comunica el mensaje divino, pues Dios mismo le da su Espíritu sin restricción. 35 El Padre ama al Hijo, y ha puesto todo en sus manos. 36 El que cree en el Hijo tiene vida eterna; pero el que rechaza al Hijo no sabrá lo que es esa vida, sino que permanecerá bajo el castigo de Dios.[p]

Jesús y la samaritana

4 Jesús[q] se enteró de que los *fariseos sabían que él estaba haciendo y bautizando más discípulos que Juan 2 (aunque en realidad no era Jesús quien bautizaba sino sus discípulos). 3 Por eso se fue de Judea y volvió otra vez a Galilea. 4 Como tenía que pasar por Samaria, 5 llegó a un pueblo samaritano llamado Sicar, cerca del terreno que Jacob le había dado a su hijo José. 6 Allí estaba el pozo de Jacob. Jesús, fatigado del camino, se sentó junto al pozo. Era cerca del mediodía.[r] 7–8 Sus discípulos habían ido al pueblo a comprar comida.

En eso llegó a sacar agua una mujer de Samaria, y Jesús le dijo:

—Dame un poco de agua.

9 Pero como los judíos no usan nada en común[s] con los samaritanos, la mujer le respondió:

—¿Cómo se te ocurre pedirme agua, si tú eres judío y yo soy samaritana?

10 —Si supieras lo que Dios puede dar, y conocieras al que te está pidiendo agua —contestó Jesús—, tú le habrías pedido a él, y él te habría dado agua que da vida.

[ñ] *3:21* Algunos intérpretes consideran que el discurso de Jesús termina en el v. 15. [o] *3:25* *un judío.* Var. *unos judíos.*
[p] *3:36* Algunos intérpretes consideran que los vv. 31-36 son comentario del autor del evangelio. [q] *4:1* *Jesús.* Var. *El Señor.*
[r] *4:6* *del mediodía.* Lit. *de la hora sexta*; véase nota en 1:39.
[s] *4:9* *no usan nada en común.* Alt. *no se llevan bien.*

20 Everyone who does evil hates the light, and will not come into the light for fear that his deeds will be exposed. 21 But whoever lives by the truth comes into the light, so that it may be seen plainly that what he has done has been done through God."[v]

John the Baptist's Testimony About Jesus

22 After this, Jesus and his disciples went out into the Judean countryside, where he spent some time with them, and baptized. 23 Now John also was baptizing at Aenon near Salim, because there was plenty of water, and people were constantly coming to be baptized. 24 (This was before John was put in prison.) 25 An argument developed between some of John's disciples and a certain Jew[w] over the matter of ceremonial washing. 26 They came to John and said to him, "Rabbi, that man who was with you on the other side of the Jordan—the one you testified about—well, he is baptizing, and everyone is going to him."

27 To this John replied, "A man can receive only what is given him from heaven. 28 You yourselves can testify that I said, 'I am not the Christ[x] but am sent ahead of him.' 29 The bride belongs to the bridegroom. The friend who attends the bridegroom waits and listens for him, and is full of joy when he hears the bridegroom's voice. That joy is mine, and it is now complete. 30 He must become greater; I must become less.

31 "The one who comes from above is above all; the one who is from the earth belongs to the earth, and speaks as one from the earth. The one who comes from heaven is above all. 32 He testifies to what he has seen and heard, but no one accepts his testimony. 33 The man who has accepted it has certified that God is truthful. 34 For the one whom God has sent speaks the words of God, for God[y] gives the Spirit without limit. 35 The Father loves the Son and has placed everything in his hands. 36 Whoever believes in the Son has eternal life, but whoever rejects the Son will not see life, for God's wrath remains on him."[z]

Jesus Talks With a Samaritan Woman

4 The Pharisees heard that Jesus was gaining and baptizing more disciples than John, 2 although in fact it was not Jesus who baptized, but his disciples. 3 When the Lord learned of this, he left Judea and went back once more to Galilee.

4 Now he had to go through Samaria. 5 So he came to a town in Samaria called Sychar, near the plot of ground Jacob had given to his son Joseph. 6 Jacob's well was there, and Jesus, tired as he was from the journey, sat down by the well. It was about the sixth hour.

7 When a Samaritan woman came to draw water, Jesus said to her, "Will you give me a drink?" 8 (His disciples had gone into the town to buy food.)

9 The Samaritan woman said to him, "You are a Jew and I am a Samaritan woman. How can you ask me for a drink?" (For Jews do not associate with Samaritans.[a])

10 Jesus answered her, "If you knew the gift of God and who it is that asks you for a drink, you would have asked him and he would have given you living water."

[v] *21* Some interpreters end the quotation after verse 15.
[w] *25* Some manuscripts *and certain Jews* [x] *28* Or *Messiah*
[y] *34* Greek *he* [z] *36* Some interpreters end the quotation after verse 30. [a] *9* Or *do not use dishes Samaritans have used*

11 —Señor, ni siquiera tienes con qué sacar agua, y el pozo es muy hondo; ¿de dónde, pues, vas a sacar esa agua que da vida? 12¿Acaso eres tú superior a nuestro padre Jacob, que nos dejó este pozo, del cual bebieron él, sus hijos y su ganado?

13 —Todo el que beba de esta agua volverá a tener sed —respondió Jesús—, 14pero el que beba del agua que yo le daré, no volverá a tener sed jamás, sino que dentro de él esa agua se convertirá en un manantial del que brotará vida eterna.

15 —Señor, dame de esa agua para que no vuelva a tener sed ni siga viniendo aquí a sacarla.

16 —Ve a llamar a tu esposo, y vuelve acá —le dijo Jesús.

17 —No tengo esposo —respondió la mujer.

—Bien has dicho que no tienes esposo. 18Es cierto que has tenido cinco, y el que ahora tienes no es tu esposo. En esto has dicho la verdad.

19 —Señor, me doy cuenta de que tú eres profeta. 20Nuestros antepasados adoraron en este monte, pero ustedes los judíos dicen que el lugar donde debemos adorar está en Jerusalén.

21 —Créeme, mujer, que se acerca la hora en que ni en este monte ni en Jerusalén adorarán ustedes al Padre. 22Ahora ustedes adoran lo que no conocen; nosotros adoramos lo que conocemos, porque la salvación proviene de los judíos. 23Pero se acerca la hora, y ha llegado ya, en que los verdaderos adoradores rendirán culto al Padre en espíritu y en verdad,*t* porque así quiere el Padre que sean los que le adoren. 24Dios es espíritu, y quienes lo adoran deben hacerlo en espíritu y en verdad.

25 —Sé que viene el Mesías, al que llaman el *Cristo —respondió la mujer—. Cuando él venga nos explicará todas las cosas.

26 —Ése soy yo, el que habla contigo —le dijo Jesús.

Los discípulos vuelven a reunirse con Jesús

27 En esto llegaron sus discípulos y se sorprendieron de verlo hablando con una mujer, aunque ninguno le preguntó: «¿Qué pretendes?» o «¿De qué hablas con ella?»

28La mujer dejó su cántaro, volvió al pueblo y le decía a la gente:

29 —Vengan a ver a un hombre que me ha dicho todo lo que he hecho. ¿No será éste el *Cristo?

30 Salieron del pueblo y fueron a ver a Jesús. 31Mientras tanto, sus discípulos le insistían:

—Rabí, come algo.

32 —Yo tengo un alimento que ustedes no conocen —replicó él.

33 «¿Le habrán traído algo de comer?», comentaban entre sí los discípulos.

34 —Mi alimento es hacer la voluntad del que me envió y terminar su obra —les dijo Jesús—. 35¿No dicen ustedes: "Todavía faltan cuatro meses para la cosecha"? Yo les digo: ¡Abran los ojos y miren los campos sembrados! Ya la cosecha está madura; 36ya el segador recibe su salario y recoge el fruto para vida eterna. Ahora tanto el sembrador como el segador se alegran juntos. 37Porque como dice el refrán: "Uno es el que siembra y otro el que cosecha." 38Yo los he enviado a ustedes a cosechar lo que no les costó ningún trabajo. Otros se han fatigado trabajando, y ustedes han cosechado el fruto de ese trabajo.

11"Sir," the woman said, "you have nothing to draw with and the well is deep. Where can you get this living water? 12Are you greater than our father Jacob, who gave us the well and drank from it himself, as did also his sons and his flocks and herds?"

13Jesus answered, "Everyone who drinks this water will be thirsty again, 14but whoever drinks the water I give him will never thirst. Indeed, the water I give him will become in him a spring of water welling up to eternal life."

15The woman said to him, "Sir, give me this water so that I won't get thirsty and have to keep coming here to draw water."

16He told her, "Go, call your husband and come back."

17"I have no husband," she replied.

Jesus said to her, "You are right when you say you have no husband. 18The fact is, you have had five husbands, and the man you now have is not your husband. What you have just said is quite true."

19"Sir," the woman said, "I can see that you are a prophet. 20Our fathers worshiped on this mountain, but you Jews claim that the place where we must worship is in Jerusalem."

21Jesus declared, "Believe me, woman, a time is coming when you will worship the Father neither on this mountain nor in Jerusalem. 22You Samaritans worship what you do not know; we worship what we do know, for salvation is from the Jews. 23Yet a time is coming and has now come when the true worshipers will worship the Father in spirit and truth, for they are the kind of worshipers the Father seeks. 24God is spirit, and his worshipers must worship in spirit and in truth."

25The woman said, "I know that Messiah" (called Christ) "is coming. When he comes, he will explain everything to us."

26Then Jesus declared, "I who speak to you am he."

The Disciples Rejoin Jesus

27Just then his disciples returned and were surprised to find him talking with a woman. But no one asked, "What do you want?" or "Why are you talking with her?"

28Then, leaving her water jar, the woman went back to the town and said to the people, 29"Come, see a man who told me everything I ever did. Could this be the Christ*b*?" 30They came out of the town and made their way toward him.

31Meanwhile his disciples urged him, "Rabbi, eat something."

32But he said to them, "I have food to eat that you know nothing about."

33Then his disciples said to each other, "Could someone have brought him food?"

34"My food," said Jesus, "is to do the will of him who sent me and to finish his work. 35Do you not say, 'Four months more and then the harvest'? I tell you, open your eyes and look at the fields! They are ripe for harvest. 36Even now the reaper draws his wages, even now he harvests the crop for eternal life, so that the sower and the reaper may be glad together. 37Thus the saying 'One sows and another reaps' is true. 38I sent you to reap what you have not worked for. Others have done the hard work, and you have reaped the benefits of their labor."

---

t 4:23 *en espíritu y en verdad. Alt. por el Espíritu y la verdad;* también en v. 24.

b 29 Or *Messiah*

Muchos samaritanos creen en Jesús

39 Muchos de los samaritanos que vivían en aquel pueblo creyeron en él por el testimonio que daba la mujer: «Me dijo todo lo que he hecho.» **40** Así que cuando los samaritanos fueron a su encuentro le insistieron en que se quedara con ellos. Jesús permaneció allí dos días, **41** y muchos más llegaron a creer por lo que él mismo decía.

42 —Ya no creemos sólo por lo que tú dijiste —le decían a la mujer—; ahora lo hemos oído nosotros mismos, y sabemos que verdaderamente éste es el Salvador del mundo.

Jesús sana al hijo de un funcionario

43 Después de esos dos días Jesús salió de allí rumbo a Galilea **44** (pues, como él mismo había dicho, a ningún profeta se le honra en su propia tierra). **45** Cuando llegó a Galilea, fue bien recibido por los galileos, pues éstos habían visto personalmente todo lo que había hecho en Jerusalén durante la fiesta de la Pascua, ya que ellos habían estado también allí.

46 Y volvió otra vez Jesús a Caná de Galilea, donde había convertido el agua en vino. Había allí un funcionario real, cuyo hijo estaba enfermo en Capernaúm. **47** Cuando este hombre se enteró de que Jesús había llegado de Judea a Galilea, fue a su encuentro y le suplicó que bajara a sanar a su hijo, pues estaba a punto de morir.

48 —Ustedes nunca van a creer si no ven señales y prodigios —le dijo Jesús.

49 —Señor —rogó el funcionario—, baja antes de que se muera mi hijo.

50 —Vuelve a casa, que tu hijo vive —le dijo Jesús—.

El hombre creyó lo que Jesús le dijo, y se fue. **51** Cuando se dirigía a su casa, sus siervos salieron a su encuentro y le dieron la noticia de que su hijo estaba vivo. **52** Cuando les preguntó a qué hora había comenzado su hijo a sentirse mejor, le contestaron:

—Ayer a la una de la tarde*u* se le quitó la fiebre.

53 Entonces el padre se dio cuenta de que precisamente a esa hora Jesús le había dicho: «Tu hijo vive.» Así que creyó él con toda su familia.

54 Ésta fue la segunda señal que hizo Jesús después de que volvió de Judea a Galilea.

Jesús sana a un inválido

5 Algún tiempo después, se celebraba una fiesta de los judíos, y subió Jesús a Jerusalén. **2** Había allí, junto a la puerta de las Ovejas, un estanque rodeado de cinco pórticos, cuyo nombre en arameo es Betzatá.*v* **3** En esos pórticos se hallaban tendidos muchos enfermos, ciegos, cojos y paralíticos.*w* **5** Entre ellos se encontraba un hombre inválido que llevaba enfermo treinta y ocho años. **6** Cuando Jesús lo vio allí, tirado en el suelo, y se enteró de que ya tenía mucho tiempo de estar así, le preguntó:

—¿Quieres quedar sano?

7 —Señor —respondió—, no tengo a nadie que me meta en el estanque mientras se agita el agua, y cuando trato de hacerlo, otro se mete antes.

8 —Levántate, recoge tu camilla y anda —le contestó Jesús.

---

u 4:52 la una de la tarde. Lit. la hora séptima; véase nota en 1:39.
v 5:2 Betzatá. Var. Betesda; otra var. Betsaida.
w 5:3 paralíticos. Var. paralíticos, que esperaban el movimiento del agua. 4 De cuando en cuando un ángel del Señor bajaba al estanque y agitaba el agua. El primero que entraba en el estanque después de cada agitación del agua quedaba sano de cualquier enfermedad que tuviera.

Many Samaritans Believe

39 Many of the Samaritans from that town believed in him because of the woman's testimony, "He told me everything I ever did." **40** So when the Samaritans came to him, they urged him to stay with them, and he stayed two days. **41** And because of his words many more became believers.

42 They said to the woman, "We no longer believe just because of what you said; now we have heard for ourselves, and we know that this man really is the Savior of the world."

Jesus Heals the Official's Son

43 After the two days he left for Galilee. **44** (Now Jesus himself had pointed out that a prophet has no honor in his own country.) **45** When he arrived in Galilee, the Galileans welcomed him. They had seen all that he had done in Jerusalem at the Passover Feast, for they also had been there.

46 Once more he visited Cana in Galilee, where he had turned the water into wine. And there was a certain royal official whose son lay sick at Capernaum. **47** When this man heard that Jesus had arrived in Galilee from Judea, he went to him and begged him to come and heal his son, who was close to death.

48 "Unless you people see miraculous signs and wonders," Jesus told him, "you will never believe."

49 The royal official said, "Sir, come down before my child dies."

50 Jesus replied, "You may go. Your son will live."

The man took Jesus at his word and departed. **51** While he was still on the way, his servants met him with the news that his boy was living. **52** When he inquired as to the time when his son got better, they said to him, "The fever left him yesterday at the seventh hour."

53 Then the father realized that this was the exact time at which Jesus had said to him, "Your son will live." So he and all his household believed.

54 This was the second miraculous sign that Jesus performed, having come from Judea to Galilee.

The Healing at the Pool

5 Some time later, Jesus went up to Jerusalem for a feast of the Jews. **2** Now there is in Jerusalem near the Sheep Gate a pool, which in Aramaic is called Bethesda*c* and which is surrounded by five covered colonnades. **3** Here a great number of disabled people used to lie—the blind, the lame, the paralyzed.*d* **5** One who was there had been an invalid for thirty-eight years. **6** When Jesus saw him lying there and learned that he had been in this condition for a long time, he asked him, "Do you want to get well?"

7 "Sir," the invalid replied, "I have no one to help me into the pool when the water is stirred. While I am trying to get in, someone else goes down ahead of me."

8 Then Jesus said to him, "Get up! Pick up your mat

---

c 2 Some manuscripts Bethzatha; other manuscripts Bethsaida
d 3 Some less important manuscripts paralyzed—and they waited for the moving of the waters. 4 From time to time an angel of the Lord would come down and stir up the waters. The first one into the pool after each such disturbance would be cured of whatever disease he had.

9 Al instante aquel hombre quedó sano, así que tomó su camilla y echó a andar. Pero ese día era *sábado.
10 Por eso los judíos le dijeron al que había sido sanado:
—Hoy es sábado; no te está permitido cargar tu camilla.
11 —El que me sanó me dijo: "Recoge tu camilla y anda" —les respondió.
12 —¿Quién es ese hombre que te dijo: "Recógela y anda"? —le interpelaron.
13 El que había sido sanado no tenía idea de quién era, porque Jesús se había escabullido entre la mucha gente que había en el lugar.
14 Después de esto Jesús lo encontró en el *templo y le dijo:
—Mira, ya has quedado sano. No vuelvas a pecar, no sea que te ocurra algo peor.
15 El hombre se fue e informó a los judíos que Jesús era quien lo había sanado.

Vida mediante el Hijo

16 Precisamente por esto los judíos perseguían a Jesús, pues hacía tales cosas en *sábado. 17 Pero Jesús les respondía:
—Mi Padre aun hoy está trabajando, y yo también trabajo.
18 Así que los judíos redoblaban sus esfuerzos para matarlo, pues no sólo quebrantaba el sábado sino que incluso llamaba a Dios su propio Padre, con lo que él mismo se hacía igual a Dios.
19 Entonces Jesús afirmó:
—Ciertamente les aseguro que el hijo no puede hacer nada por su propia cuenta, sino solamente lo que ve que su padre hace, porque cualquier cosa que hace el padre, la hace también el hijo. 20 Pues el padre ama al hijo y le muestra todo lo que hace. Sí, y aun cosas más grandes que éstas le mostrará, que los dejará a ustedes asombrados. 21 Porque así como el Padre resucita a los muertos y les da vida, así también el Hijo da vida a quienes a él le place. 22 Además, el Padre no juzga a nadie, sino que todo juicio lo ha delegado en el Hijo, 23 para que todos honren al Hijo como lo honran a él. El que se niega a honrar al Hijo no honra al Padre que lo envió.
24 »Ciertamente les aseguro que el que oye mi palabra y cree al que me envió, tiene vida eterna y no será juzgado, sino que ha pasado de la muerte a la vida. 25 Ciertamente les aseguro que ya viene la hora, y ha llegado ya, en que los muertos oirán la voz del Hijo de Dios, y los que la oigan vivirán. 26 Porque así como el Padre tiene vida en sí mismo, así también ha concedido al Hijo el tener vida en sí mismo, 27 y le ha dado autoridad para juzgar, puesto que es el Hijo del hombre.
28 »No se asombren de esto, porque viene la hora en que todos los que están en los sepulcros oirán su voz, 29 y saldrán de allí. Los que han hecho el bien resucitarán para tener vida, pero los que han practicado el mal resucitarán para ser juzgados. 30 Yo no puedo hacer nada por mi propia cuenta; juzgo sólo según lo que oigo, y mi juicio es justo, pues no busco hacer mi propia voluntad sino cumplir la voluntad del que me envió.

Los testimonios a favor del Hijo

31 »Si yo testifico en mi favor, ese testimonio no es válido. 32 Otro es el que testifica en mi favor, y me consta que es válido el testimonio que él da de mí.
33 »Ustedes enviaron a preguntarle a Juan, y él dio un testimonio válido. 34 Y no es que acepte yo el testimonio de un hombre; más bien lo menciono para que

and walk." 9 At once the man was cured; he picked up his mat and walked.
The day on which this took place was a Sabbath, 10 and so the Jews said to the man who had been healed, "It is the Sabbath; the law forbids you to carry your mat."
11 But he replied, "The man who made me well said to me, 'Pick up your mat and walk.' "
12 So they asked him, "Who is this fellow who told you to pick it up and walk?"
13 The man who was healed had no idea who it was, for Jesus had slipped away into the crowd that was there.
14 Later Jesus found him at the temple and said to him, "See, you are well again. Stop sinning or something worse may happen to you." 15 The man went away and told the Jews that it was Jesus who had made him well.

Life Through the Son

16 So, because Jesus was doing these things on the Sabbath, the Jews persecuted him. 17 Jesus said to them, "My Father is always at his work to this very day, and I, too, am working." 18 For this reason the Jews tried all the harder to kill him; not only was he breaking the Sabbath, but he was even calling God his own Father, making himself equal with God.
19 Jesus gave them this answer: "I tell you the truth, the Son can do nothing by himself; he can do only what he sees his Father doing, because whatever the Father does the Son also does. 20 For the Father loves the Son and shows him all he does. Yes, to your amazement he will show him even greater things than these. 21 For just as the Father raises the dead and gives them life, even so the Son gives life to whom he is pleased to give it. 22 Moreover, the Father judges no one, but has entrusted all judgment to the Son, 23 that all may honor the Son just as they honor the Father. He who does not honor the Son does not honor the Father, who sent him.
24 "I tell you the truth, whoever hears my word and believes him who sent me has eternal life and will not be condemned; he has crossed over from death to life. 25 I tell you the truth, a time is coming and has now come when the dead will hear the voice of the Son of God and those who hear will live. 26 For as the Father has life in himself, so he has granted the Son to have life in himself. 27 And he has given him authority to judge because he is the Son of Man.
28 "Do not be amazed at this, for a time is coming when all who are in their graves will hear his voice 29 and come out—those who have done good will rise to live, and those who have done evil will rise to be condemned. 30 By myself I can do nothing; I judge only as I hear, and my judgment is just, for I seek not to please myself but him who sent me.

Testimonies About Jesus

31 "If I testify about myself, my testimony is not valid. 32 There is another who testifies in my favor, and I know that his testimony about me is valid.
33 "You have sent to John and he has testified to the truth. 34 Not that I accept human testimony; but I men-

ustedes sean salvos. 35 Juan era una lámpara encendida y brillante, y ustedes decidieron disfrutar de su luz por algún tiempo.

36 »El testimonio con que yo cuento tiene más peso que el de Juan. Porque esa misma tarea que el Padre me ha encomendado que lleve a cabo, y que estoy haciendo, es la que testifica que el Padre me ha enviado. 37 Y el Padre mismo que me envió ha testificado en mi favor. Ustedes nunca han oído su voz, ni visto su figura, 38 ni vive su palabra en ustedes, porque no creen en aquel a quien él envió. 39 Ustedes estudian x con diligencia las Escrituras porque piensan que en ellas hallan la vida eterna. ¡Y son ellas las que dan testimonio en mi favor! 40 Sin embargo, ustedes no quieren venir a mí para tener esa vida.

41 »La gloria *humana no la acepto, 42 pero a ustedes los conozco, y sé que no aman realmente a Dios. y 43 Yo he venido en nombre de mi Padre, y ustedes no me aceptan; pero si otro viniera por su propia cuenta, a ése sí lo aceptarían. 44 ¿Cómo va a ser posible que ustedes crean, si unos a otros se rinden gloria pero no buscan la gloria que viene del Dios único? z

45 »Pero no piensen que yo voy a acusarlos delante del Padre. Quien los va a acusar es Moisés, en quien tienen puesta su esperanza. 46 Si le creyeran a Moisés, me creerían a mí, porque de mí escribió él. 47 Pero si no creen lo que él escribió, ¿cómo van a creer mis palabras?

Jesús alimenta a los cinco mil

6 Algún tiempo después, Jesús se fue a la otra orilla del mar de Galilea (o de Tiberíades). 2 Y mucha gente lo seguía, porque veían las señales milagrosas que hacía en los enfermos. 3 Entonces subió Jesús a una colina y se sentó con sus discípulos. 4 Faltaba muy poco tiempo para la fiesta judía de la Pascua.

5 Cuando Jesús alzó la vista y vio una gran multitud que venía hacia él, le dijo a Felipe:

—¿Dónde vamos a comprar pan para que coma esta gente?

6 Esto lo dijo sólo para ponerlo a *prueba, porque él ya sabía lo que iba a hacer.

7 —Ni con el salario de ocho meses a podríamos comprar suficiente pan para darle un pedazo a cada uno —respondió Felipe.

8 Otro de sus discípulos, Andrés, que era hermano de Simón Pedro, le dijo:

9 —Aquí hay un muchacho que tiene cinco panes de cebada y dos pescados, pero ¿qué es esto para tanta gente?

10 —Hagan que se sienten todos —ordenó Jesús.

En ese lugar había mucha hierba. Así que se sentaron, y los varones adultos eran como cinco mil. 11 Jesús tomó entonces los panes, dio gracias y distribuyó a los que estaban sentados todo lo que quisieron. Lo mismo hizo con los pescados.

12 Una vez que quedaron satisfechos, dijo a sus discípulos:

—Recojan los pedazos que sobraron, para que no se desperdicie nada.

13 Así lo hicieron, y con los pedazos de los cinco panes de cebada que les sobraron a los que habían comido, llenaron doce canastas.

14 Al ver la señal que Jesús había realizado, la gente comenzó a decir: «En verdad éste es el profeta, el que

tion it that you may be saved. 35 John was a lamp that burned and gave light, and you chose for a time to enjoy his light.

36 "I have testimony weightier than that of John. For the very work that the Father has given me to finish, and which I am doing, testifies that the Father has sent me. 37 And the Father who sent me has himself testified concerning me. You have never heard his voice nor seen his form, 38 nor does his word dwell in you, for you do not believe the one he sent. 39 You diligently study e the Scriptures because you think that by them you possess eternal life. These are the Scriptures that testify about me, 40 yet you refuse to come to me to have life.

41 "I do not accept praise from men, 42 but I know you. I know that you do not have the love of God in your hearts. 43 I have come in my Father's name, and you do not accept me; but if someone else comes in his own name, you will accept him. 44 How can you believe if you accept praise from one another, yet make no effort to obtain the praise that comes from the only God f ?

45 "But do not think I will accuse you before the Father. Your accuser is Moses, on whom your hopes are set. 46 If you believed Moses, you would believe me, for he wrote about me. 47 But since you do not believe what he wrote, how are you going to believe what I say?"

Jesus Feeds the Five Thousand

6 Some time after this, Jesus crossed to the far shore of the Sea of Galilee (that is, the Sea of Tiberias), 2 and a great crowd of people followed him because they saw the miraculous signs he had performed on the sick. 3 Then Jesus went up on a mountainside and sat down with his disciples. 4 The Jewish Passover Feast was near.

5 When Jesus looked up and saw a great crowd coming toward him, he said to Philip, "Where shall we buy bread for these people to eat?" 6 He asked this only to test him, for he already had in mind what he was going to do.

7 Philip answered him, "Eight months' wages g would not buy enough bread for each one to have a bite!"

8 Another of his disciples, Andrew, Simon Peter's brother, spoke up, 9 "Here is a boy with five small barley loaves and two small fish, but how far will they go among so many?"

10 Jesus said, "Have the people sit down." There was plenty of grass in that place, and the men sat down, about five thousand of them. 11 Jesus then took the loaves, gave thanks, and distributed to those who were seated as much as they wanted. He did the same with the fish.

12 When they had all had enough to eat, he said to his disciples, "Gather the pieces that are left over. Let nothing be wasted." 13 So they gathered them and filled twelve baskets with the pieces of the five barley loaves left over by those who had eaten.

14 After the people saw the miraculous sign that Jesus did, they began to say, "Surely this is the Prophet who

---

x 5:39 Ustedes estudian. Alt. Estudien.   y 5:42 no aman ... Dios. Lit. no tienen el amor de Dios en sí mismos.   z 5:44 del Dios único. Var. del Único.   a 6:7 el salario de ocho meses. Lit. doscientos *denarios.

e 39 Or Study diligently (the imperative)   f 44 Some early manuscripts the Only One   g 7 Greek two hundred denarii

ha de venir al mundo.» 15 Pero Jesús, dándose cuenta de que querían llevárselo a la fuerza y declararlo rey, se retiró de nuevo a la montaña él solo.

Jesús camina sobre el agua

16 Cuando ya anochecía, sus discípulos bajaron al lago 17 y subieron a una barca, y comenzaron a cruzar el lago en dirección a Capernaúm. Para entonces ya había oscurecido, y Jesús todavía no se les había unido. 18 Por causa del fuerte viento que soplaba, el lago estaba picado. 19 Habrían remado unos cinco o seis kilómetros[b] cuando vieron que Jesús se acercaba a la barca, caminando sobre el agua, y se asustaron. 20 Pero él les dijo: «No tengan miedo, que soy yo.» 21 Así que se dispusieron a recibirlo a bordo, y en seguida la barca llegó a la orilla adonde se dirigían.

22 Al día siguiente, la multitud que se había quedado en el otro lado del lago se dio cuenta de que los discípulos se habían embarcado solos. Allí había estado una sola barca, y Jesús no había entrado en ella con sus discípulos. 23 Sin embargo, algunas barcas de Tiberíades se aproximaron al lugar donde la gente había comido el pan después de haber dado gracias el Señor. 24 En cuanto la multitud se dio cuenta de que ni Jesús ni sus discípulos estaban allí, subieron a las barcas y se fueron a Capernaúm a buscar a Jesús.

Jesús, el pan de vida

25 Cuando lo encontraron al otro lado del lago, le preguntaron:

—Rabí, ¿cuándo llegaste acá?

26 —Ciertamente les aseguro que ustedes me buscan, no porque han visto señales sino porque comieron pan hasta llenarse. 27 Trabajen, pero no por la comida que es perecedera, sino por la que permanece para vida eterna, la cual les dará el Hijo del hombre. Sobre éste ha puesto Dios el Padre su sello de aprobación.

28 —¿Qué tenemos que hacer para realizar las obras que Dios exige? —le preguntaron.

29 —Ésta es la obra de Dios: que crean en aquel a quien él envió —les respondió Jesús.

30 —¿Y qué señal harás para que la veamos y te creamos? ¿Qué puedes hacer? —insistieron ellos—. 31 Nuestros antepasados comieron el maná en el desierto, como está escrito: "Pan del cielo les dio a comer."[c]

32 —Ciertamente les aseguro que no fue Moisés el que les dio a ustedes el pan del cielo —afirmó Jesús—. El que da el verdadero pan del cielo es mi Padre. 33 El pan de Dios es el que baja del cielo y da vida al mundo.

34 —Señor —le pidieron—, danos siempre ese pan.

35 —Yo soy el pan de vida —declaró Jesús—. El que a mí viene nunca pasará hambre, y el que en mí cree nunca más volverá a tener sed. 36 Pero como ya les dije, a pesar de que ustedes me han visto, no creen. 37 Todos los que el Padre me da vendrán a mí; y al que a mí viene, no lo rechazo. 38 Porque he bajado del cielo no para hacer mi voluntad sino la del que me envió. 39 Y ésta es la voluntad del que me envió: que yo no pierda nada de lo que él me ha dado, sino que lo resucite en el día final. 40 Porque la voluntad de mi Padre es que todo el que reconozca al Hijo y crea en él, tenga vida eterna, y yo lo resucitaré en el día final.

41 Entonces los judíos comenzaron a murmurar contra él, porque dijo: «Yo soy el pan que bajó del cielo.» 42 Y se decían: «¿Acaso no es éste Jesús, el hijo de José? ¿No conocemos a su padre y a su madre? ¿Cómo es que sale diciendo: "Yo bajé del cielo"?»

is to come into the world." 15 Jesus, knowing that they intended to come and make him king by force, withdrew again to a mountain by himself.

Jesus Walks on the Water

16 When evening came, his disciples went down to the lake, 17 where they got into a boat and set off across the lake for Capernaum. By now it was dark, and Jesus had not yet joined them. 18 A strong wind was blowing and the waters grew rough. 19 When they had rowed three or three and a half miles,[h] they saw Jesus approaching the boat, walking on the water; and they were terrified. 20 But he said to them, "It is I; don't be afraid." 21 Then they were willing to take him into the boat, and immediately the boat reached the shore where they were heading.

22 The next day the crowd that had stayed on the opposite shore of the lake realized that only one boat had been there, and that Jesus had not entered it with his disciples, but that they had gone away alone. 23 Then some boats from Tiberias landed near the place where the people had eaten the bread after the Lord had given thanks. 24 Once the crowd realized that neither Jesus nor his disciples were there, they got into the boats and went to Capernaum in search of Jesus.

Jesus the Bread of Life

25 When they found him on the other side of the lake, they asked him, "Rabbi, when did you get here?"

26 Jesus answered, "I tell you the truth, you are looking for me, not because you saw miraculous signs but because you ate the loaves and had your fill. 27 Do not work for food that spoils, but for food that endures to eternal life, which the Son of Man will give you. On him God the Father has placed his seal of approval."

28 Then they asked him, "What must we do to do the works God requires?"

29 Jesus answered, "The work of God is this: to believe in the one he has sent."

30 So they asked him, "What miraculous sign then will you give that we may see it and believe you? What will you do? 31 Our forefathers ate the manna in the desert; as it is written: 'He gave them bread from heaven to eat.'[i]"

32 Jesus said to them, "I tell you the truth, it is not Moses who has given you the bread from heaven, but it is my Father who gives you the true bread from heaven. 33 For the bread of God is he who comes down from heaven and gives life to the world."

34 "Sir," they said, "from now on give us this bread."

35 Then Jesus declared, "I am the bread of life. He who comes to me will never go hungry, and he who believes in me will never be thirsty. 36 But as I told you, you have seen me and still you do not believe. 37 All that the Father gives me will come to me, and whoever comes to me I will never drive away. 38 For I have come down from heaven not to do my will but to do the will of him who sent me. 39 And this is the will of him who sent me, that I shall lose none of all that he has given me, but raise them up at the last day. 40 For my Father's will is that everyone who looks to the Son and believes in him shall have eternal life, and I will raise him up at the last day."

41 At this the Jews began to grumble about him because he said, "I am the bread that came down from heaven." 42 They said, "Is this not Jesus, the son of Joseph, whose father and mother we know? How can he now say, 'I came down from heaven'?"

---

b 6:19 cinco o seis kilómetros. Lit. veinticinco o treinta *estadios.
c 6:31 Éx 16:4; Neh 9:15; Sal 78:24,25

h 19 Greek rowed twenty-five or thirty stadia (about 5 or 6 kilometers)   i 31 Exodus 16:4; Neh. 9:15; Psalm 78:24,25

43 —Dejen de murmurar —replicó Jesús—. 44 Nadie puede venir a mí si no lo atrae el Padre que me envió, y yo lo resucitaré en el día final. 45 En los profetas está escrito: "A todos los instruirá Dios."*d* En efecto, todo el que escucha al Padre y aprende de él, viene a mí. 46 Al Padre nadie lo ha visto, excepto el que viene de Dios; sólo él ha visto al Padre. 47 Ciertamente les aseguro que el que cree tiene vida eterna. 48 Yo soy el pan de vida. 49 Los antepasados de ustedes comieron el maná en el desierto, y sin embargo murieron. 50 Pero éste es el pan que baja del cielo; el que come de él, no muere. 51 Yo soy el pan vivo que bajó del cielo. Si alguno come de este pan, vivirá para siempre. Este pan es mi carne, que daré para que el mundo viva.

52 Los judíos comenzaron a disputar acaloradamente entre sí: «¿Cómo puede éste darnos a comer su carne?»

53 —Ciertamente les aseguro —afirmó Jesús— que si no comen la carne del Hijo del hombre ni beben su sangre, no tienen realmente vida. 54 El que come*e* mi carne y bebe mi sangre tiene vida eterna, y yo lo resucitaré en el día final. 55 Porque mi carne es verdadera comida y mi sangre es verdadera bebida. 56 El que come mi carne y bebe mi sangre, permanece en mí y yo en él. 57 Así como me envió el Padre viviente, y yo vivo por el Padre, también el que come de mí, vivirá por mí. 58 Éste es el pan que bajó del cielo. Los antepasados de ustedes comieron maná y murieron, pero el que come de este pan vivirá para siempre.

59 Todo esto lo dijo Jesús mientras enseñaba en la sinagoga de Capernaúm.

Muchos discípulos abandonan a Jesús

60 Al escucharlo, muchos de sus discípulos exclamaron: «Esta enseñanza es muy difícil; ¿quién puede aceptarla?»

61 Jesús, muy consciente de que sus discípulos murmuraban por lo que había dicho, les reprochó:

—¿Esto les causa *tropiezo? 62 ¿Qué tal si vieran al Hijo del hombre subir adonde antes estaba? 63 El Espíritu da vida; la *carne no vale para nada. Las palabras que les he hablado son espíritu y son vida. 64 Sin embargo, hay algunos de ustedes que no creen.

Es que Jesús conocía desde el principio quiénes eran los que no creían y quién era el que iba a traicionarlo. Así que añadió:

65 —Por esto les dije que nadie puede venir a mí, a menos que se lo haya concedido el Padre.

66 Desde entonces muchos de sus discípulos le volvieron la espalda y ya no andaban con él. Así que Jesús les preguntó a doce:

67 —¿También ustedes quieren marcharse?

68 —Señor —contestó Simón Pedro—, ¿a quién iremos? Tú tienes palabras de vida eterna. 69 Y nosotros hemos creído, y sabemos que tú eres el Santo de Dios.*f*

70 —¿No los he escogido yo a ustedes doce? —repuso Jesús—. No obstante, uno de ustedes es un diablo.

71 Se refería a Judas, hijo de Simón Iscariote, uno de los doce, que iba a traicionarlo.

Jesús va a la fiesta de los Tabernáculos

7 Algún tiempo después, Jesús andaba por Galilea. No tenía ningún interés en ir a Judea, porque allí los judíos buscaban la oportunidad para matarlo. 2 Faltaba poco tiempo para la fiesta judía de los Tabernáculos,*g* 3 así que los hermanos de Jesús le dijeron:

43 "Stop grumbling among yourselves," Jesus answered. 44 "No one can come to me unless the Father who sent me draws him, and I will raise him up at the last day. 45 It is written in the Prophets: 'They will all be taught by God.'*j* Everyone who listens to the Father and learns from him comes to me. 46 No one has seen the Father except the one who is from God; only he has seen the Father. 47 I tell you the truth, he who believes has everlasting life. 48 I am the bread of life. 49 Your forefathers ate the manna in the desert, yet they died. 50 But here is the bread that comes down from heaven, which a man may eat and not die. 51 I am the living bread that came down from heaven. If anyone eats of this bread, he will live forever. This bread is my flesh, which I will give for the life of the world."

52 Then the Jews began to argue sharply among themselves, "How can this man give us his flesh to eat?"

53 Jesus said to them, "I tell you the truth, unless you eat the flesh of the Son of Man and drink his blood, you have no life in you. 54 Whoever eats my flesh and drinks my blood has eternal life, and I will raise him up at the last day. 55 For my flesh is real food and my blood is real drink. 56 Whoever eats my flesh and drinks my blood remains in me, and I in him. 57 Just as the living Father sent me and I live because of the Father, so the one who feeds on me will live because of me. 58 This is the bread that came down from heaven. Your forefathers ate manna and died, but he who feeds on this bread will live forever." 59 He said this while teaching in the synagogue in Capernaum.

Many Disciples Desert Jesus

60 On hearing it, many of his disciples said, "This is a hard teaching. Who can accept it?"

61 Aware that his disciples were grumbling about this, Jesus said to them, "Does this offend you? 62 What if you see the Son of Man ascend to where he was before! 63 The Spirit gives life; the flesh counts for nothing. The words I have spoken to you are spirit*k* and they are life. 64 Yet there are some of you who do not believe." For Jesus had known from the beginning which of them did not believe and who would betray him. 65 He went on to say, "This is why I told you that no one can come to me unless the Father has enabled him."

66 From this time many of his disciples turned back and no longer followed him.

67 "You do not want to leave too, do you?" Jesus asked the Twelve.

68 Simon Peter answered him, "Lord, to whom shall we go? You have the words of eternal life. 69 We believe and know that you are the Holy One of God."

70 Then Jesus replied, "Have I not chosen you, the Twelve? Yet one of you is a devil!" 71 (He meant Judas, the son of Simon Iscariot, who, though one of the Twelve, was later to betray him.)

Jesus Goes to the Feast of Tabernacles

7 After this, Jesus went around in Galilee, purposely staying away from Judea because the Jews there were waiting to take his life. 2 But when the Jewish Feast of Tabernacles was near, 3 Jesus' brothers said to

---

d 6:45 Is 54:13   *e* 6:54 *come. Lit. masca,* o *casca.*   *f* 6:69 *el Santo de Dios. Var. el *Cristo, el hijo del Dios viviente.*   *g* 7:2 *los Tabernáculos.* Alt. *las *Enramadas.*

j 45 Isaiah 54:13   *k* 63 Or *Spirit*

—Deberías salir de aquí e ir a Judea, para que tus discípulos vean las obras que realizas, 4porque nadie que quiera darse a conocer actúa en secreto. Ya que haces estas cosas, deja que el mundo te conozca.

5Lo cierto es que ni siquiera sus hermanos creían en él. 6Por eso Jesús les dijo:

—Para ustedes cualquier tiempo es bueno, pero el tiempo mío aún no ha llegado. 7El mundo no tiene motivos para aborrecerlos; a mí, sin embargo, me aborrece porque yo testifico que sus obras son malas. 8Suban ustedes a la fiesta. Yo no voy todavíaʰ a esta fiesta porque mi tiempo aún no ha llegado.

9Dicho esto, se quedó en Galilea. 10Sin embargo, después de que sus hermanos se fueron a la fiesta, fue también él, no públicamente sino en secreto. 11Por eso las autoridades judías lo buscaban durante la fiesta, y decían: «¿Dónde se habrá metido?»

12Entre la multitud corrían muchos rumores acerca de él. Unos decían: «Es una buena persona.» Otros alegaban: «No, lo que pasa es que engaña a la gente.» 13Sin embargo, por temor a los judíos nadie hablaba de él abiertamente.

Jesús enseña en la fiesta

14Jesús esperó hasta la mitad de la fiesta para subir al *templo y comenzar a enseñar. 15Los judíos se admiraban y decían: «¿De dónde sacó éste tantos conocimientos sin haber estudiado?»

16—Mi enseñanza no es mía —replicó Jesús— sino del que me envió. 17El que esté dispuesto a hacer la voluntad de Dios reconocerá si mi enseñanza proviene de Dios o si yo hablo por mi propia cuenta. 18El que habla por cuenta propia busca su vanagloria; en cambio, el que busca glorificar al que lo envió es una persona íntegra y sin doblez. 19¿No les ha dado Moisés la ley a ustedes? Sin embargo, ninguno de ustedes la cumple. ¿Por qué tratan entonces de matarme?

20—Estás endemoniado —contestó la multitud—. ¿Quién quiere matarte?

21—Hice un milagro y todos ustedes han quedado asombrados. 22Por eso Moisés les dio la circuncisión, que en realidad no proviene de Moisés sino de los patriarcas, y aun en *sábado la practican. 23Ahora bien, si para cumplir la ley de Moisés circuncidan a un varón incluso en sábado, ¿por qué se enfurecen conmigo si en sábado sano por completo? 24No juzguen por las apariencias; juzguen con justicia.

¿Es éste el Cristo?

25Algunos de los que vivían en Jerusalén comentaban: «¿No es éste al que quieren matar? 26Ahí está, hablando abiertamente, y nadie le dice nada. ¿Será que las autoridades se han convencido de que es el *Cristo? 27Nosotros sabemos de dónde viene este hombre, pero cuando venga el Cristo nadie sabrá su procedencia.»

28Por eso Jesús, que seguía enseñando en el *templo, exclamó:

—¡Con que ustedes me conocen y saben de dónde vengo! No he venido por mi propia cuenta, sino que me envió uno que es digno de confianza. Ustedes no lo conocen, 29pero yo sí lo conozco porque vengo de parte suya, y él mismo me ha enviado.

30Entonces quisieron arrestarlo, pero nadie le echó mano porque aún no había llegado su hora. 31Con todo, muchos de entre la multitud creyeron en él y decían: «Cuando venga el Cristo, ¿acaso va a hacer más señales que este hombre?»

him, "You ought to leave here and go to Judea, so that your disciples may see the miracles you do. 4No one who wants to become a public figure acts in secret. Since you are doing these things, show yourself to the world." 5For even his own brothers did not believe in him.

6Therefore Jesus told them, "The right time for me has not yet come; for you any time is right. 7The world cannot hate you, but it hates me because I testify that what it does is evil. 8You go to the Feast. I am not yetˡ going up to this Feast, because for me the right time has not yet come." 9Having said this, he stayed in Galilee.

10However, after his brothers had left for the Feast, he went also, not publicly, but in secret. 11Now at the Feast the Jews were watching for him and asking, "Where is that man?"

12Among the crowds there was widespread whispering about him. Some said, "He is a good man."

Others replied, "No, he deceives the people." 13But no one would say anything publicly about him for fear of the Jews.

Jesus Teaches at the Feast

14Not until halfway through the Feast did Jesus go up to the temple courts and begin to teach. 15The Jews were amazed and asked, "How did this man get such learning without having studied?"

16Jesus answered, "My teaching is not my own. It comes from him who sent me. 17If anyone chooses to do God's will, he will find out whether my teaching comes from God or whether I speak on my own. 18He who speaks on his own does so to gain honor for himself, but he who works for the honor of the one who sent him is a man of truth; there is nothing false about him. 19Has not Moses given you the law? Yet not one of you keeps the law. Why are you trying to kill me?"

20"You are demon-possessed," the crowd answered. "Who is trying to kill you?"

21Jesus said to them, "I did one miracle, and you are all astonished. 22Yet, because Moses gave you circumcision (though actually it did not come from Moses, but from the patriarchs), you circumcise a child on the Sabbath. 23Now if a child can be circumcised on the Sabbath so that the law of Moses may not be broken, why are you angry with me for healing the whole man on the Sabbath? 24Stop judging by mere appearances, and make a right judgment."

Is Jesus the Christ?

25At that point some of the people of Jerusalem began to ask, "Isn't this the man they are trying to kill? 26Here he is, speaking publicly, and they are not saying a word to him. Have the authorities really concluded that he is the Christᵐ? 27But we know where this man is from; when the Christ comes, no one will know where he is from."

28Then Jesus, still teaching in the temple courts, cried out, "Yes, you know me, and you know where I am from. I am not here on my own, but he who sent me is true. You do not know him, 29but I know him because I am from him and he sent me."

30At this they tried to seize him, but no one laid a hand on him, because his time had not yet come. 31Still, many in the crowd put their faith in him. They said, "When the Christ comes, will he do more miraculous signs than this man?"

ʰ 7:8 Var. no incluye: todavía.

ˡ8 Some early manuscripts do not have yet.   ᵐ26 Or Messiah; also in verses 27, 31, 41 and 42

32 Los *fariseos oyeron a la multitud que murmuraba estas cosas acerca de él, y junto con los jefes de los sacerdotes mandaron unos guardias del templo para arrestarlo.

33 —Voy a estar con ustedes un poco más de tiempo —afirmó Jesús—, y luego volveré al que me envió. 34 Me buscarán, pero no me encontrarán, porque adonde yo esté no podrán ustedes llegar.

35 «¿Y éste a dónde piensa irse que no podamos encontrarlo? —comentaban entre sí los judíos—. ¿Será que piensa ir a nuestra gente dispersa entre las naciones,ⁱ para enseñar a los *griegos? 36 ¿Qué quiso decir con eso de que "me buscarán, pero no me encontrarán", y "adonde yo esté no podrán ustedes llegar"?»

Jesús en el último día de la fiesta

37 En el último día, el más solemne de la fiesta, Jesús se puso de pie y exclamó:

—¡Si alguno tiene sed, que venga a mí y beba! 38 De aquel que cree en mí, como diceʲ la Escritura, brotarán ríos de agua viva.

39 Con esto se refería al Espíritu que habrían de recibir más tarde los que creyeran en él. Hasta ese momento el Espíritu no había sido dado, porque Jesús no había sido glorificado todavía.

40 Al oír sus palabras, algunos de entre la multitud decían: «Verdaderamente éste es el profeta.» 41 Otros afirmaban: «¡Es el *Cristo!» Pero otros objetaban: «¿Cómo puede el Cristo venir de Galilea? 42 ¿Acaso no dice la Escritura que el Cristo vendrá de la descendencia de David, y de Belén, el pueblo de donde era David?» 43 Por causa de Jesús la gente estaba dividida. 44 Algunos querían arrestarlo, pero nadie le puso las manos encima.

Incredulidad de los dirigentes judíos

45 Los guardias del *templo volvieron a los jefes de los sacerdotes y a los *fariseos, quienes los interrogaron:

—¿Se puede saber por qué no lo han traído?

46 —¡Nunca nadie ha hablado como ese hombre! —declararon los guardias.

47 —¿Así que también ustedes se han dejado engañar? —replicaron los fariseos—. 48 ¿Acaso ha creído en él alguno de los gobernantes o de los fariseos? 49 ¡No! Pero esta gente, que no sabe nada de la ley, está bajo maldición.

50 Nicodemo, que era uno de ellos y que antes había ido a ver a Jesús, les interpeló:

51 —¿Acaso nuestra ley condena a un hombre sin antes escucharlo y averiguar lo que hace?

52 —¿No eres tú también de Galilea? —protestaron—. Investiga y verás que de Galilea no ha salido ningún profeta.ᵏ

---

53 Entonces todos se fueron a casa.

La mujer sorprendida en adulterio

8 Pero Jesús se fue al monte de los Olivos. 2 Al amanecer se presentó de nuevo en el *templo. Toda la gente se le acercó, y él se sentó a enseñarles. 3 Los

32 The Pharisees heard the crowd whispering such things about him. Then the chief priests and the Pharisees sent temple guards to arrest him.

33 Jesus said, "I am with you for only a short time, and then I go to the one who sent me. 34 You will look for me, but you will not find me; and where I am, you cannot come."

35 The Jews said to one another, "Where does this man intend to go that we cannot find him? Will he go where our people live scattered among the Greeks, and teach the Greeks? 36 What did he mean when he said, 'You will look for me, but you will not find me,' and 'Where I am, you cannot come'?"

37 On the last and greatest day of the Feast, Jesus stood and said in a loud voice, "If anyone is thirsty, let him come to me and drink. 38 Whoever believes in me, asⁿ the Scripture has said, streams of living water will flow from within him." 39 By this he meant the Spirit, whom those who believed in him were later to receive. Up to that time the Spirit had not been given, since Jesus had not yet been glorified.

40 On hearing his words, some of the people said, "Surely this man is the Prophet."

41 Others said, "He is the Christ."

Still others asked, "How can the Christ come from Galilee? 42 Does not the Scripture say that the Christ will come from David's familyᵒ and from Bethlehem, the town where David lived?" 43 Thus the people were divided because of Jesus. 44 Some wanted to seize him, but no one laid a hand on him.

Unbelief of the Jewish Leaders

45 Finally the temple guards went back to the chief priests and Pharisees, who asked them, "Why didn't you bring him in?"

46 "No one ever spoke the way this man does," the guards declared.

47 "You mean he has deceived you also?" the Pharisees retorted. 48 "Has any of the rulers or of the Pharisees believed in him? 49 No! But this mob that knows nothing of the law—there is a curse on them."

50 Nicodemus, who had gone to Jesus earlier and who was one of their own number, asked, 51 "Does our law condemn anyone without first hearing him to find out what he is doing?"

52 They replied, "Are you from Galilee, too? Look into it, and you will find that a prophetᵖ does not come out of Galilee."

[The earliest manuscripts and many other ancient witnesses do not have John 7:53–8:11.]

53 Then each went to his own home.

8 But Jesus went to the Mount of Olives. 2 At dawn he appeared again in the temple courts, where all the people gathered around him, and he sat down to teach them. 3 The teachers of the law and the Pharisees

---

ⁱ 7:35 *nuestra ... naciones*. Lit. *la diáspora de los griegos.*
ʲ 7:37-38 *que venga ... como dice*. Alt. *que venga a mí! ¡Y que beba*
³⁸ *el que cree en mí! De él, como dice.*   ᵏ 7:52 Los mss. más antiguos y otros testimonios de la antigüedad no incluyen Jn 7:53—8:11. En algunos códices y versiones que contienen el relato de la adúltera, ésta sección aparece en diferentes lugares; por ejemplo, después de 7:44, o al final de este evangelio, o después de Lc 21:38.

ⁿ 37,38 Or / *If anyone is thirsty, let him come to me.* / *And let him drink,* ³⁸*who believes in me.* / *As*   ᵒ 42 Greek *seed*
ᵖ 52 Two early manuscripts *the Prophet*

*maestros de la ley y los *fariseos llevaron entonces a una mujer sorprendida en adulterio, y poniéndola en medio del grupo 4 le dijeron a Jesús:

—Maestro, a esta mujer se le ha sorprendido en el acto mismo de adulterio. 5 En la ley Moisés nos ordenó apedrear a tales mujeres. ¿Tú qué dices?

6 Con esta pregunta le estaban tendiendo una *trampa, para tener de qué acusarlo. Pero Jesús se inclinó y con el dedo comenzó a escribir en el suelo. 7 Y como ellos lo acosaban a preguntas, Jesús se incorporó y les dijo:

—Aquel de ustedes que esté libre de pecado, que tire la primera piedra.

8 E inclinándose de nuevo, siguió escribiendo en el suelo. 9 Al oír esto, se fueron retirando uno tras otro, comenzando por los más viejos, hasta dejar a Jesús solo con la mujer, que aún seguía allí. 10 Entonces él se incorporó y le preguntó:

—Mujer, ¿dónde están?¹ ¿Ya nadie te condena?

11 —Nadie, Señor.

—Tampoco yo te condeno. Ahora vete, y no vuelvas a pecar.

Validez del testimonio de Jesús

12 Una vez más Jesús se dirigió a la gente, y les dijo:

—Yo soy la luz del mundo. El que me sigue no andará en tinieblas, sino que tendrá la luz de la vida.

13 —Tú te presentas como tu propio testigo —alegaron los *fariseos—, así que tu testimonio no es válido.

14 —Aunque yo sea mi propio testigo —repuso Jesús—, mi testimonio es válido, porque sé de dónde he venido y a dónde voy. Pero ustedes no saben de dónde vengo ni a dónde voy. 15 Ustedes juzgan según criterios *humanos; yo, en cambio, no juzgo a nadie. 16 Y si lo hago, mis juicios son válidos porque no los emito por mi cuenta sino en unión con el Padre que me envió. 17 En la ley de ustedes está escrito que el testimonio de dos personas es válido. 18 Uno de mis testigos soy yo mismo, y el Padre que me envió también da testimonio de mí.

19 —¿Dónde está tu padre?

—Si supieran quién soy yo, sabrían también quién es mi Padre.

20 Estas palabras las dijo Jesús en el lugar donde se depositaban las ofrendas, mientras enseñaba en el *templo. Pero nadie le echó mano porque aún no había llegado su tiempo.

Yo no soy de este mundo

21 De nuevo Jesús les dijo:

—Yo me voy, y ustedes me buscarán, pero en su pecado morirán. Adonde yo voy, ustedes no pueden ir.

22 Comentaban, por tanto, los judíos: «¿Acaso piensa suicidarse? ¿Será por eso que dice: "Adonde yo voy, ustedes no pueden ir"?»

23 —Ustedes son de aquí abajo —continuó Jesús—; yo soy de allá arriba. Ustedes son de este mundo; yo no soy de este mundo. 24 Por eso les he dicho que morirán en sus pecados, pues si no creen que yo soy el que afirmo ser,^m en sus pecados morirán.

25 —¿Quién eres tú? —le preguntaron.

—En primer lugar, ¿qué tengo que explicarles?^n

---

brought in a woman caught in adultery. They made her stand before the group 4 and said to Jesus, "Teacher, this woman was caught in the act of adultery. 5 In the Law Moses commanded us to stone such women. Now what do you say?" 6 They were using this question as a trap, in order to have a basis for accusing him.

But Jesus bent down and started to write on the ground with his finger. 7 When they kept on questioning him, he straightened up and said to them, "If any one of you is without sin, let him be the first to throw a stone at her." 8 Again he stooped down and wrote on the ground.

9 At this, those who heard began to go away one at a time, the older ones first, until only Jesus was left, with the woman still standing there. 10 Jesus straightened up and asked her, "Woman, where are they? Has no one condemned you?"

11 "No one, sir," she said.

"Then neither do I condemn you," Jesus declared. "Go now and leave your life of sin."

The Validity of Jesus' Testimony

12 When Jesus spoke again to the people, he said, "I am the light of the world. Whoever follows me will never walk in darkness, but will have the light of life."

13 The Pharisees challenged him, "Here you are, appearing as your own witness; your testimony is not valid."

14 Jesus answered, "Even if I testify on my own behalf, my testimony is valid, for I know where I came from and where I am going. But you have no idea where I come from or where I am going. 15 You judge by human standards; I pass judgment on no one. 16 But if I do judge, my decisions are right, because I am not alone. I stand with the Father, who sent me. 17 In your own Law it is written that the testimony of two men is valid. 18 I am one who testifies for myself; my other witness is the Father, who sent me."

19 Then they asked him, "Where is your father?"

"You do not know me or my Father," Jesus replied. "If you knew me, you would know my Father also." 20 He spoke these words while teaching in the temple area near the place where the offerings were put. Yet no one seized him, because his time had not yet come.

21 Once more Jesus said to them, "I am going away, and you will look for me, and you will die in your sin. Where I go, you cannot come."

22 This made the Jews ask, "Will he kill himself? Is that why he says, 'Where I go, you cannot come'?"

23 But he continued, "You are from below; I am from above. You are of this world; I am not of this world. 24 I told you that you would die in your sins; if you do not believe that I am ˪the one I claim to be˼,^q you will indeed die in your sins."

25 "Who are you?" they asked.

"Just what I have been claiming all along," Jesus

---

l 8:10 ¿dónde están? Var. ¿dónde están los que te acusaban?
m 8:24 el que afirmo ser. Alt. aquél; también en v. 28.
n 8:25 En primer ... explicarles? Alt. Lo que desde el principio he venido diciéndoles.

q 24 Or I am he; also in verse 28

—contestó Jesús—. 26 Son muchas las cosas que tengo que decir y juzgar de ustedes. Pero el que me envió es veraz, y lo que le he oído decir es lo mismo que le repito al mundo.

27 Ellos no entendieron que les hablaba de su Padre. 28 Por eso Jesús añadió:

—Cuando hayan levantado al Hijo del hombre, sabrán ustedes que yo soy, y que no hago nada por mi propia cuenta, sino que hablo conforme a lo que el Padre me ha enseñado. 29 El que me envió está conmigo; no me ha dejado solo, porque siempre hago lo que le agrada.

30 Mientras aún hablaba, muchos creyeron en él.

Los hijos de Abraham

31 Jesús se dirigió entonces a los judíos que habían creído en él, y les dijo:

—Si se mantienen fieles a mis enseñanzas, serán realmente mis discípulos; 32 y conocerán la verdad, y la verdad los hará libres.

33 —Nosotros somos descendientes de Abraham —le contestaron—, y nunca hemos sido esclavos de nadie. ¿Cómo puedes decir que seremos liberados?

34 —Ciertamente les aseguro que todo el que peca es esclavo del pecado —respondió Jesús—. 35 Ahora bien, el esclavo no se queda para siempre en la familia; pero el hijo sí se queda en ella para siempre. 36 Así que si el Hijo los libera, serán ustedes verdaderamente libres. 37 Yo sé que ustedes son descendientes de Abraham. Sin embargo, procuran matarme porque no está en sus planes aceptar mi palabra. 38 Yo hablo de lo que he visto en presencia del Padre; así también ustedes, hagan lo que del Padre han escuchado.

39 —Nuestro padre es Abraham —replicaron.

—Si fueran hijos de Abraham, harían lo mismo que él hizo. 40 Ustedes, en cambio, quieren matarme, ¡a mí, que les he expuesto la verdad que he recibido de parte de Dios! Abraham jamás haría tal cosa. 41 Las obras de ustedes son como las de su padre.

—Nosotros no somos hijos nacidos de prostitución —le reclamaron—. Un solo Padre tenemos, y es Dios mismo.

Los hijos del diablo

42 —Si Dios fuera su Padre —les contestó Jesús—, ustedes me amarían, porque yo he venido de Dios y aquí me tienen. No he venido por mi propia cuenta, sino que él me envió. 43 ¿Por qué no entienden mi modo de hablar? Porque no pueden aceptar mi palabra. 44 Ustedes son de su padre, el diablo, cuyos deseos quieren cumplir. Desde el principio éste ha sido un asesino, y no se mantiene en la verdad, porque no hay verdad en él. Cuando miente, expresa su propia naturaleza, porque es un mentiroso. ¡Es el padre de la mentira! 45 Y sin embargo a mí, que les digo la verdad, no me creen. 46 ¿Quién de ustedes me puede probar que soy culpable de pecado? Si digo la verdad, ¿por qué no me creen? 47 El que es de Dios escucha lo que Dios dice. Pero ustedes no escuchan, porque no son de Dios.

Declaración de Jesús acerca de sí mismo

48 —¿No tenemos razón al decir que eres un samaritano, y que estás endemoniado? —replicaron los judíos.

49 —No estoy poseído por ningún demonio —contestó Jesús—. Tan sólo honro a mi Padre; pero ustedes me deshonran a mí. 50 Yo no busco mi propia gloria; pero hay uno que la busca, y él es el juez. 51 Ciertamente les aseguro que el que cumple mi palabra, nunca morirá.

---

replied. 26 "I have much to say in judgment of you. But he who sent me is reliable, and what I have heard from him I tell the world."

27 They did not understand that he was telling them about his Father. 28 So Jesus said, "When you have lifted up the Son of Man, then you will know that I am ⌊the one I claim to be⌋ and that I do nothing on my own but speak just what the Father has taught me. 29 The one who sent me is with me; he has not left me alone, for I always do what pleases him." 30 Even as he spoke, many put their faith in him.

The Children of Abraham

31 To the Jews who had believed him, Jesus said, "If you hold to my teaching, you are really my disciples. 32 Then you will know the truth, and the truth will set you free."

33 They answered him, "We are Abraham's descendants[r] and have never been slaves of anyone. How can you say that we shall be set free?"

34 Jesus replied, "I tell you the truth, everyone who sins is a slave to sin. 35 Now a slave has no permanent place in the family, but a son belongs to it forever. 36 So if the Son sets you free, you will be free indeed. 37 I know you are Abraham's descendants. Yet you are ready to kill me, because you have no room for my word. 38 I am telling you what I have seen in the Father's presence, and you do what you have heard from your father.[s]"

39 "Abraham is our father," they answered.

"If you were Abraham's children," said Jesus, "then you would[t] do the things Abraham did. 40 As it is, you are determined to kill me, a man who has told you the truth that I heard from God. Abraham did not do such things. 41 You are doing the things your own father does."

"We are not illegitimate children," they protested. "The only Father we have is God himself."

The Children of the Devil

42 Jesus said to them, "If God were your Father, you would love me, for I came from God and now am here. I have not come on my own; but he sent me. 43 Why is my language not clear to you? Because you are unable to hear what I say. 44 You belong to your father, the devil, and you want to carry out your father's desire. He was a murderer from the beginning, not holding to the truth, for there is no truth in him. When he lies, he speaks his native language, for he is a liar and the father of lies. 45 Yet because I tell the truth, you do not believe me! 46 Can any of you prove me guilty of sin? If I am telling the truth, why don't you believe me? 47 He who belongs to God hears what God says. The reason you do not hear is that you do not belong to God."

The Claims of Jesus About Himself

48 The Jews answered him, "Aren't we right in saying that you are a Samaritan and demon-possessed?"

49 "I am not possessed by a demon," said Jesus, "but I honor my Father and you dishonor me. 50 I am not seeking glory for myself; but there is one who seeks it, and he is the judge. 51 I tell you the truth, if anyone keeps my word, he will never see death."

---

r 33 Greek seed; also in verse 37   s 38 Or presence. Therefore do what you have heard from the Father.   t 39 Some early manuscripts "If you are Abraham's children," said Jesus, "then

52 —¡Ahora estamos convencidos de que estás endemoniado! —exclamaron los judíos—. Abraham murió, y también los profetas, pero tú sales diciendo que si alguno guarda tu palabra, nunca morirá. 53 ¿Acaso eres tú mayor que nuestro padre Abraham? Él murió, y también murieron los profetas. ¿Quién te crees tú?

54 —Si yo me glorifico a mí mismo —les respondió Jesús—, mi gloria no significa nada. Pero quien me glorifica es mi Padre, el que ustedes dicen que es su Dios, 55 aunque no lo conocen. Yo, en cambio, sí lo conozco. Si dijera que no lo conozco, sería tan mentiroso como ustedes; pero lo conozco y cumplo su palabra. 56 Abraham, el padre de ustedes, se regocijó al pensar que vería mi día; y lo vio y se alegró.

57 —Ni a los cincuenta años llegas —le dijeron los judíos—, ¿y has visto a Abraham?

58 —Ciertamente les aseguro que, antes de que Abraham naciera, ¡yo soy!

59 Entonces los judíos tomaron piedras para arrojárselas, pero Jesús se escondió y salió inadvertido del templo.ñ

Jesús sana a un ciego de nacimiento

9 A su paso, Jesús vio a un hombre que era ciego de nacimiento. 2 Y sus discípulos le preguntaron:

—Rabí, para que este hombre haya nacido ciego, ¿quién pecó, él o sus padres?

3 —Ni él pecó, ni sus padres —respondió Jesús—, sino que esto sucedió para que la obra de Dios se hiciera evidente en su vida. 4 Mientras sea de día, tenemos que llevar a cabo la obra del que me envió. Viene la noche cuando nadie puede trabajar. 5 Mientras esté yo en el mundo, luz soy del mundo.

6 Dicho esto, escupió en el suelo, hizo barro con la saliva y se lo untó en los ojos al ciego, diciéndole:

7 —Ve y lávate en el estanque de Siloé (que significa: Enviado).

El ciego fue y se lavó, y al volver ya veía.

8 Sus vecinos y los que lo habían visto pedir limosna decían: «¿No es éste el que se sienta a mendigar?» 9 Unos aseguraban: «Sí, es él.» Otros decían: «No es él, sino que se le parece.» Pero él insistía: «Soy yo.»

10 —¿Cómo entonces se te han abierto los ojos? —le preguntaron.

11 —Ese hombre que se llama Jesús hizo un poco de barro, me lo untó en los ojos y me dijo: "Ve y lávate en Siloé." Así que fui, me lavé, y entonces pude ver.

12 —¿Y dónde está ese hombre? —le preguntaron.

—No lo sé —respondió.

Las autoridades investigan la sanidad del ciego

13 Llevaron ante los *fariseos al que había sido ciego. 14 Era *sábado cuando Jesús hizo el barro y le abrió los ojos al ciego. 15 Por eso los fariseos, a su vez, le preguntaron cómo había recibido la vista.

—Me untó barro en los ojos, me lavé, y ahora veo —respondió.

16 Algunos de los fariseos comentaban: «Ese hombre no viene de parte de Dios, porque no respeta el sábado.» Otros objetaban: «¿Cómo puede un pecador hacer semejantes señales?» Y había desacuerdo entre ellos.

17 Por eso interrogaron de nuevo al ciego:

—¿Y qué opinas tú de él? Fue a ti a quien te abrió los ojos.

—Yo digo que es profeta —contestó.

18 Pero los judíos no creían que el hombre hubiera

52 At this the Jews exclaimed, "Now we know that you are demon-possessed! Abraham died and so did the prophets, yet you say that if anyone keeps your word, he will never taste death. 53 Are you greater than our father Abraham? He died, and so did the prophets. Who do you think you are?"

54 Jesus replied, "If I glorify myself, my glory means nothing. My Father, whom you claim as your God, is the one who glorifies me. 55 Though you do not know him, I know him. If I said I did not, I would be a liar like you, but I do know him and keep his word. 56 Your father Abraham rejoiced at the thought of seeing my day; he saw it and was glad."

57 "You are not yet fifty years old," the Jews said to him, "and you have seen Abraham!"

58 "I tell you the truth," Jesus answered, "before Abraham was born, I am!" 59 At this, they picked up stones to stone him, but Jesus hid himself, slipping away from the temple grounds.

Jesus Heals a Man Born Blind

9 As he went along, he saw a man blind from birth. 2 His disciples asked him, "Rabbi, who sinned, this man or his parents, that he was born blind?"

3 "Neither this man nor his parents sinned," said Jesus, "but this happened so that the work of God might be displayed in his life. 4 As long as it is day, we must do the work of him who sent me. Night is coming, when no one can work. 5 While I am in the world, I am the light of the world."

6 Having said this, he spit on the ground, made some mud with the saliva, and put it on the man's eyes. 7 "Go," he told him, "wash in the Pool of Siloam" (this word means Sent). So the man went and washed, and came home seeing.

8 His neighbors and those who had formerly seen him begging asked, "Isn't this the same man who used to sit and beg?" 9 Some claimed that he was.

Others said, "No, he only looks like him."

But he himself insisted, "I am the man."

10 "How then were your eyes opened?" they demanded.

11 He replied, "The man they call Jesus made some mud and put it on my eyes. He told me to go to Siloam and wash. So I went and washed, and then I could see."

12 "Where is this man?" they asked him.

"I don't know," he said.

The Pharisees Investigate the Healing

13 They brought to the Pharisees the man who had been blind. 14 Now the day on which Jesus had made the mud and opened the man's eyes was a Sabbath. 15 Therefore the Pharisees also asked him how he had received his sight. "He put mud on my eyes," the man replied, "and I washed, and now I see."

16 Some of the Pharisees said, "This man is not from God, for he does not keep the Sabbath."

But others asked, "How can a sinner do such miraculous signs?" So they were divided.

17 Finally they turned again to the blind man, "What have you to say about him? It was your eyes he opened."

The man replied, "He is a prophet."

18 The Jews still did not believe that he had been

ñ 8:59 templo. Var. templo atravesando por en medio de ellos, y así se fue.

sido ciego y que ahora viera, y hasta llamaron a sus padres ¹⁹y les preguntaron:

—¿Es éste su hijo, el que dicen ustedes que nació ciego? ¿Cómo es que ahora puede ver?

²⁰—Sabemos que éste es nuestro hijo —contestaron los padres—, y sabemos también que nació ciego. ²¹Lo que no sabemos es cómo ahora puede ver, ni quién le abrió los ojos. Pregúntenselo a él, que ya es mayor de edad y puede responder por sí mismo.

²²Sus padres contestaron así por miedo a los judíos, pues ya éstos habían convenido que se expulsara de la sinagoga a todo el que reconociera que Jesús era el *Cristo. ²³Por eso dijeron sus padres: «Pregúntenselo a él, que ya es mayor de edad.»

²⁴Por segunda vez llamaron los judíos al que había sido ciego, y le dijeron:

—Júralo por Dios.ᵒ A nosotros nos consta que ese hombre es *pecador.

²⁵—Si es pecador, no lo sé —respondió el hombre—. Lo único que sé es que yo era ciego y ahora veo.

²⁶Pero ellos le insistieron:

—¿Qué te hizo? ¿Cómo te abrió los ojos?

²⁷—Ya les dije y no me hicieron caso. ¿Por qué quieren oírlo de nuevo? ¿Es que también ustedes quieren hacerse sus discípulos?

²⁸Entonces lo insultaron y le dijeron:

—¡Discípulo de ése lo serás tú! ¡Nosotros somos discípulos de Moisés! ²⁹Y sabemos que a Moisés le habló Dios; pero de éste no sabemos ni de dónde salió.

³⁰—¡Allí está lo sorprendente! —respondió el hombre—: que ustedes no sepan de dónde salió, y que a mí me haya abierto los ojos. ³¹Sabemos que Dios no escucha a los pecadores, pero sí a los piadosos y a quienes hacen su voluntad. ³²Jamás se ha sabido que alguien le haya abierto los ojos a uno que nació ciego. ³³Si este hombre no viniera de parte de Dios, no podría hacer nada.

³⁴Ellos replicaron:

—Tú, que naciste sumido en pecado, ¿vas a darnos lecciones?

Y lo expulsaron.

La ceguera espiritual

³⁵Jesús se enteró de que habían expulsado a aquel hombre, y al encontrarlo le preguntó:

—¿Crees en el Hijo del hombre?

³⁶—¿Quién es, Señor? Dímelo, para que crea en él.

³⁷—Pues ya lo has visto —le contestó Jesús—; es el que está hablando contigo.

³⁸—Creo, Señor —declaró el hombre.

Y, postrándose, lo adoró.

³⁹Entonces Jesús dijo:

—Yo he venido a este mundo para juzgarlo, para que los ciegos vean, y los que ven se queden ciegos.

⁴⁰Algunos fariseos que estaban con él, al oírlo hablar así, le preguntaron:

—¿Qué? ¿Acaso también nosotros somos ciegos?

⁴¹Jesús les contestó:

—Si fueran ciegos, no serían culpables de pecado, pero como afirman que ven, su pecado permanece.

Jesús, el buen pastor

10 »Ciertamente les aseguro que el que no entra por la puerta al redil de las ovejas, sino que trepa y se mete por otro lado, es un ladrón y un bandido. ²El que entra por la puerta es el pastor de las ovejas. ³El portero le abre la puerta, y las ovejas oyen su voz. Llama por nombre a las ovejas y las saca del

blind and had received his sight until they sent for the man's parents. ¹⁹"Is this your son?" they asked. "Is this the one you say was born blind? How is it that now he can see?"

²⁰"We know he is our son," the parents answered, "and we know he was born blind. ²¹But how he can see now, or who opened his eyes, we don't know. Ask him. He is of age; he will speak for himself." ²²His parents said this because they were afraid of the Jews, for already the Jews had decided that anyone who acknowledged that Jesus was the Christᵘ would be put out of the synagogue. ²³That was why his parents said, "He is of age; ask him."

²⁴A second time they summoned the man who had been blind. "Give glory to God,ᵛ" they said. "We know this man is a sinner."

²⁵He replied, "Whether he is a sinner or not, I don't know. One thing I do know. I was blind but now I see!"

²⁶Then they asked him, "What did he do to you? How did he open your eyes?"

²⁷He answered, "I have told you already and you did not listen. Why do you want to hear it again? Do you want to become his disciples, too?"

²⁸Then they hurled insults at him and said, "You are this fellow's disciple! We are disciples of Moses! ²⁹We know that God spoke to Moses, but as for this fellow, we don't even know where he comes from."

³⁰The man answered, "Now that is remarkable! You don't know where he comes from, yet he opened my eyes. ³¹We know that God does not listen to sinners. He listens to the godly man who does his will. ³²Nobody has ever heard of opening the eyes of a man born blind. ³³If this man were not from God, he could do nothing."

³⁴To this they replied, "You were steeped in sin at birth; how dare you lecture us!" And they threw him out.

Spiritual Blindness

³⁵Jesus heard that they had thrown him out, and when he found him, he said, "Do you believe in the Son of Man?"

³⁶"Who is he, sir?" the man asked. "Tell me so that I may believe in him."

³⁷Jesus said, "You have now seen him; in fact, he is the one speaking with you."

³⁸Then the man said, "Lord, I believe," and he worshiped him.

³⁹Jesus said, "For judgment I have come into this world, so that the blind will see and those who see will become blind."

⁴⁰Some Pharisees who were with him heard him say this and asked, "What? Are we blind too?"

⁴¹Jesus said, "If you were blind, you would not be guilty of sin; but now that you claim you can see, your guilt remains.

The Shepherd and His Flock

10 "I tell you the truth, the man who does not enter the sheep pen by the gate, but climbs in by some other way, is a thief and a robber. ²The man who enters by the gate is the shepherd of his sheep. ³The watchman opens the gate for him, and the sheep listen to his voice. He calls his own sheep by name and leads

---

ᵒ 9:24 Júralo por Dios. Lit. Da gloria a Dios; véase Jos 7:19.

ᵘ 22 Or Messiah   ᵛ 24 A solemn charge to tell the truth (see Joshua 7:19)

redil. 4 Cuando ya ha sacado a todas las que son suyas, va delante de ellas, y las ovejas lo siguen porque reconocen su voz. 5 Pero a un desconocido jamás lo siguen; más bien, huyen de él porque no reconocen voces extrañas.

6 Jesús les puso este ejemplo, pero ellos no captaron el sentido de sus palabras. 7 Por eso volvió a decirles: «Ciertamente les aseguro que yo soy la puerta de las ovejas. 8 Todos los que vinieron antes de mí eran unos ladrones y unos bandidos, pero las ovejas no les hicieron caso. 9 Yo soy la puerta; el que entre por esta puerta, que soy yo, será salvo.p Se moverá con entera libertad,q y hallará pastos. 10 El ladrón no viene más que a robar, matar y destruir; yo he venido para que tengan vida, y la tengan en abundancia.

11 »Yo soy el buen pastor. El buen pastor da su *vida por las ovejas. 12 El asalariado no es el pastor, y a él no le pertenecen las ovejas. Cuando ve que el lobo se acerca, abandona las ovejas y huye; entonces el lobo ataca al rebaño y lo dispersa. 13 Y ese hombre huye porque, siendo asalariado, no le importan las ovejas.

14 »Yo soy el buen pastor; conozco a mis ovejas, y ellas me conocen a mí, 15 así como el Padre me conoce a mí y yo lo conozco a él, y doy mi vida por las ovejas. 16 Tengo otras ovejas que no son de este redil, y también a ellas debo traerlas. Así ellas escucharán mi voz, y habrá un solo rebaño y un solo pastor. 17 Por eso me ama el Padre: porque entrego mi vida para volver a recibirla. 18 Nadie me la arrebata, sino que yo la entrego por mi propia voluntad. Tengo autoridad para entregarla, y tengo también autoridad para volver a recibirla. Éste es el mandamiento que recibí de mi Padre.»

19 De nuevo las palabras de Jesús fueron motivo de disensión entre los judíos. 20 Muchos de ellos decían: «Está endemoniado y loco de remate. ¿Para qué hacerle caso?» 21 Pero otros opinaban: «Estas palabras no son de un endemoniado. ¿Puede acaso un demonio abrirles los ojos a los ciegos?»

Jesús y la fiesta de la Dedicación

22 Por esos días se celebraba en Jerusalén la fiesta de la Dedicación.r Era invierno, 23 y Jesús andaba en el *templo, por el pórtico de Salomón. 24 Entonces lo rodearon los judíos y le preguntaron:

—¿Hasta cuándo vas a tenernos en suspenso? Si tú eres el *Cristo, dínoslo con franqueza.

25 —Ya se lo he dicho a ustedes, y no lo creen. Las obras que hago en nombre de mi Padre son las que me acreditan, 26 pero ustedes no creen porque no son de mi rebaño. 27 Mis ovejas oyen mi voz; yo las conozco y ellas me siguen. 28 Yo les doy vida eterna, y nunca perecerán, ni nadie podrá arrebatármelas de la mano. 29 Mi Padre, que me las ha dado, es más grande que todos;s y de la mano del Padre nadie las puede arrebatar. 30 El Padre y yo somos uno.

31 Una vez más los judíos tomaron piedras para arrojárselas, 32 pero Jesús les dijo:

—Yo les he mostrado muchas obras irreprochables que proceden del Padre. ¿Por cuál de ellas me quieren apedrear?

33 —No te apedreamos por ninguna de ellas sino por *blasfemia; porque tú, siendo hombre, te haces pasar por Dios.

34 —¿Y acaso —respondió Jesús— no está escrito en su ley: "Yo he dicho que ustedes son dioses"?t

them out. 4 When he has brought out all his own, he goes on ahead of them, and his sheep follow him because they know his voice. 5 But they will never follow a stranger; in fact, they will run away from him because they do not recognize a stranger's voice." 6 Jesus used this figure of speech, but they did not understand what he was telling them.

7 Therefore Jesus said again, "I tell you the truth, I am the gate for the sheep. 8 All who ever came before me were thieves and robbers, but the sheep did not listen to them. 9 I am the gate; whoever enters through me will be saved.w He will come in and go out, and find pasture. 10 The thief comes only to steal and kill and destroy; I have come that they may have life, and have it to the full.

11 "I am the good shepherd. The good shepherd lays down his life for the sheep. 12 The hired hand is not the shepherd who owns the sheep. So when he sees the wolf coming, he abandons the sheep and runs away. Then the wolf attacks the flock and scatters it. 13 The man runs away because he is a hired hand and cares nothing for the sheep.

14 "I am the good shepherd; I know my sheep and my sheep know me— 15 just as the Father knows me and I know the Father—and I lay down my life for the sheep. 16 I have other sheep that are not of this sheep pen. I must bring them also. They too will listen to my voice, and there shall be one flock and one shepherd. 17 The reason my Father loves me is that I lay down my life—only to take it up again. 18 No one takes it from me, but I lay it down of my own accord. I have authority to lay it down and authority to take it up again. This command I received from my Father."

19 At these words the Jews were again divided. 20 Many of them said, "He is demon-possessed and raving mad. Why listen to him?"

21 But others said, "These are not the sayings of a man possessed by a demon. Can a demon open the eyes of the blind?"

The Unbelief of the Jews

22 Then came the Feast of Dedicationx at Jerusalem. It was winter, 23 and Jesus was in the temple area walking in Solomon's Colonnade. 24 The Jews gathered around him, saying, "How long will you keep us in suspense? If you are the Christ,y tell us plainly."

25 Jesus answered, "I did tell you, but you do not believe. The miracles I do in my Father's name speak for me, 26 but you do not believe because you are not my sheep. 27 My sheep listen to my voice; I know them, and they follow me. 28 I give them eternal life, and they shall never perish; no one can snatch them out of my hand. 29 My Father, who has given them to me, is greater than allz; no one can snatch them out of my Father's hand. 30 I and the Father are one."

31 Again the Jews picked up stones to stone him, 32 but Jesus said to them, "I have shown you many great miracles from the Father. For which of these do you stone me?"

33 "We are not stoning you for any of these," replied the Jews, "but for blasphemy, because you, a mere man, claim to be God."

34 Jesus answered them, "Is it not written in your

---

p 10:9 será salvo. Alt. se mantendrá seguro.   q 10:9 Se moverá ... libertad. Lit. Entrará y saldrá.   r 10:22 Es decir, Hanukkah. s 10:29 Mi Padre ... todos. Var. Lo que mi Padre me ha dado es más grande que todo.   t 10:34 Sal 82:6

w 9 Or kept safe   x 22 That is, Hanukkah   y 24 Or Messiah z 29 Many early manuscripts What my Father has given me is greater than all

35 Si Dios llamó "dioses" a aquellos para quienes vino la palabra (y la Escritura no puede ser quebrantada), 36 ¿por qué acusan de blasfemia a quien el Padre apartó para sí y envió al mundo? ¿Tan sólo porque dijo: "Yo soy el Hijo de Dios"? 37 Si no hago las obras de mi Padre, no me crean. 38 Pero si las hago, aunque no me crean a mí, crean a mis obras, para que sepan y entiendan que el Padre está en mí, y que yo estoy en el Padre.

39 Nuevamente intentaron arrestarlo, pero él se les escapó de las manos.

40 Volvió Jesús al otro lado del Jordán, al lugar donde Juan había estado bautizando antes; y allí se quedó. 41 Mucha gente acudía a él, y decía: «Aunque Juan nunca hizo ninguna señal milagrosa, todo lo que dijo acerca de este hombre era verdad.» 42 Y muchos en aquel lugar creyeron en Jesús.

Muerte de Lázaro

11 Había un hombre enfermo llamado Lázaro, que era de Betania, el pueblo de María y Marta, sus hermanas. 2 María era la misma que ungió con perfume al Señor, y le secó los pies con sus cabellos. 3 Las dos hermanas mandaron a decirle a Jesús: «Señor, tu amigo querido está enfermo.»

4 Cuando Jesús oyó esto, dijo: «Esta enfermedad no terminará en muerte, sino que es para la gloria de Dios, para que por ella el Hijo de Dios sea glorificado.»

5 Jesús amaba a Marta, a su hermana y a Lázaro. 6 A pesar de eso, cuando oyó que Lázaro estaba enfermo, se quedó dos días más donde se encontraba. 7 Después dijo a sus discípulos:

—Volvamos a Judea.

8 —Rabí —objetaron ellos—, hace muy poco los judíos intentaron apedrearte, ¿y todavía quieres volver allá?

9 —¿Acaso el día no tiene doce horas? —respondió Jesús—. El que anda de día no tropieza, porque tiene la luz de este mundo. 10 Pero el que anda de noche sí tropieza, porque no tiene luz.

11 Dicho esto, añadió:

—Nuestro amigo Lázaro duerme, pero voy a despertarlo.

12 —Señor —respondieron sus discípulos—, si duerme, es que va a recuperarse.

13 Jesús les hablaba de la muerte de Lázaro, pero sus discípulos pensaron que se refería al sueño natural. 14 Por eso les dijo claramente:

—Lázaro ha muerto, 15 y por causa de ustedes me alegro de no haber estado allí, para que crean. Pero vamos a verlo.

16 Entonces Tomás, apodado el Gemelo,u dijo a los otros discípulos:

—Vayamos también nosotros, para morir con él.

Jesús consuela a las hermanas de Lázaro

17 A su llegada, Jesús se encontró con que Lázaro llevaba ya cuatro días en el sepulcro. 18 Betania estaba cerca de Jerusalén, como a tres kilómetros de distancia,v y muchos judíos habían ido a casa de Marta y de María, a darles el pésame por la muerte de su hermano. 20 Cuando Marta supo que Jesús llegaba, fue a su encuentro; pero María se quedó en la casa.

21 —Señor —le dijo Marta a Jesús—, si hubieras estado aquí, mi hermano no habría muerto. 22 Pero yo sé que aun ahora Dios te dará todo lo que le pidas.

23 —Tu hermano resucitará —le dijo Jesús.

Law, 'I have said you are gods'a? 35 If he called them 'gods,' to whom the word of God came—and the Scripture cannot be broken— 36 what about the one whom the Father set apart as his very own and sent into the world? Why then do you accuse me of blasphemy because I said, 'I am God's Son'? 37 Do not believe me unless I do what my Father does. 38 But if I do it, even though you do not believe me, believe the miracles, that you may know and understand that the Father is in me, and I in the Father." 39 Again they tried to seize him, but he escaped their grasp.

40 Then Jesus went back across the Jordan to the place where John had been baptizing in the early days. Here he stayed 41 and many people came to him. They said, "Though John never performed a miraculous sign, all that John said about this man was true." 42 And in that place many believed in Jesus.

The Death of Lazarus

11 Now a man named Lazarus was sick. He was from Bethany, the village of Mary and her sister Martha. 2 This Mary, whose brother Lazarus now lay sick, was the same one who poured perfume on the Lord and wiped his feet with her hair. 3 So the sisters sent word to Jesus, "Lord, the one you love is sick."

4 When he heard this, Jesus said, "This sickness will not end in death. No, it is for God's glory so that God's Son may be glorified through it." 5 Jesus loved Martha and her sister and Lazarus. 6 Yet when he heard that Lazarus was sick, he stayed where he was two more days.

7 Then he said to his disciples, "Let us go back to Judea."

8 "But Rabbi," they said, "a short while ago the Jews tried to stone you, and yet you are going back there?"

9 Jesus answered, "Are there not twelve hours of daylight? A man who walks by day will not stumble, for he sees by this world's light. 10 It is when he walks by night that he stumbles, for he has no light."

11 After he had said this, he went on to tell them, "Our friend Lazarus has fallen asleep; but I am going there to wake him up."

12 His disciples replied, "Lord, if he sleeps, he will get better." 13 Jesus had been speaking of his death, but his disciples thought he meant natural sleep.

14 So then he told them plainly, "Lazarus is dead, 15 and for your sake I am glad I was not there, so that you may believe. But let us go to him."

16 Then Thomas (called Didymus) said to the rest of the disciples, "Let us also go, that we may die with him."

Jesus Comforts the Sisters

17 On his arrival, Jesus found that Lazarus had already been in the tomb for four days. 18 Bethany was less than two milesb from Jerusalem, 19 and many Jews had come to Martha and Mary to comfort them in the loss of their brother. 20 When Martha heard that Jesus was coming, she went out to meet him, but Mary stayed at home.

21 "Lord," Martha said to Jesus, "if you had been here, my brother would not have died. 22 But I know that even now God will give you whatever you ask."

23 Jesus said to her, "Your brother will rise again."

---

u 11:16 apodado el Gemelo. Lit. llamado Dídimos.   v 11:18 tres kilómetros. Lit. quince *estadios.   a 34 Psalm 82:6   b 18 Greek fifteen stadia (about 3 kilometers)

24 —Yo sé que resucitará en la resurrección, en el día final —respondió Marta.

25 Entonces Jesús le dijo:

—Yo soy la resurrección y la vida. El que cree en mí vivirá, aunque muera; 26 y todo el que vive y cree en mí no morirá jamás. ¿Crees esto?

27 —Sí, Señor; yo creo que tú eres el *Cristo, el Hijo de Dios, el que había de venir al mundo.

28 Dicho esto, Marta regresó a la casa y, llamando a su hermana María, le dijo en privado:

—El Maestro está aquí y te llama.

29 Cuando María oyó esto, se levantó rápidamente y fue a su encuentro. 30 Jesús aún no había entrado en el pueblo, sino que todavía estaba en el lugar donde Marta se había encontrado con él. 31 Los judíos que habían estado con María en la casa, dándole el pésame, al ver que se había levantado y había salido de prisa, la siguieron, pensando que iba al sepulcro a llorar.

32 Cuando María llegó adonde estaba Jesús y lo vio, se arrojó a sus pies y le dijo:

—Señor, si hubieras estado aquí, mi hermano no habría muerto.

33 Al ver llorar a María y a los judíos que la habían acompañado, Jesús se turbó y se conmovió profundamente.

34 —¿Dónde lo han puesto? —preguntó.

—Ven a verlo, Señor —le respondieron.

35 Jesús lloró.

36 —¡Miren cuánto lo quería! —dijeron los judíos.

37 Pero algunos de ellos comentaban:

—Éste, que le abrió los ojos al ciego, ¿no podría haber impedido que Lázaro muriera?

Jesús resucita a Lázaro

38 Conmovido una vez más, Jesús se acercó al sepulcro. Era una cueva cuya entrada estaba tapada con una piedra.

39 —Quiten la piedra —ordenó Jesús.

Marta, la hermana del difunto, objetó:

—Señor, ya debe oler mal, pues lleva cuatro días allí.

40 —¿No te dije que si crees verás la gloria de Dios? —le contestó Jesús.

41 Entonces quitaron la piedra. Jesús, alzando la vista, dijo:

—Padre, te doy gracias porque me has escuchado. 42 Ya sabía yo que siempre me escuchas, pero lo dije por la gente que está aquí presente, para que crean que tú me enviaste.

43 Dicho esto, gritó con todas sus fuerzas:

—¡Lázaro, sal fuera!

44 El muerto salió, con vendas en las manos y en los pies, y el rostro cubierto con un sudario.

—Quítenle las vendas y dejen que se vaya —les dijo Jesús.

La conspiración para matar a Jesús

45 Muchos de los judíos que habían ido a ver a María y que habían presenciado lo hecho por Jesús, creyeron en él. 46 Pero algunos de ellos fueron a ver a los *fariseos y les contaron lo que Jesús había hecho. 47 Entonces los jefes de los sacerdotes y los fariseos convocaron a una reunión del *Consejo.

—¿Qué vamos a hacer? —dijeron—. Este hombre está haciendo muchas señales milagrosas. 48 Si lo dejamos seguir así, todos van a creer en él, y vendrán los romanos y acabarán con nuestro lugar sagrado, e incluso con nuestra nación.

49 Uno de ellos, llamado Caifás, que ese año era el sumo sacerdote, les dijo:

24 Martha answered, "I know he will rise again in the resurrection at the last day."

25 Jesus said to her, "I am the resurrection and the life. He who believes in me will live, even though he dies; 26 and whoever lives and believes in me will never die. Do you believe this?"

27 "Yes, Lord," she told him, "I believe that you are the Christ,c the Son of God, who was to come into the world."

28 And after she had said this, she went back and called her sister Mary aside. "The Teacher is here," she said, "and is asking for you." 29 When Mary heard this, she got up quickly and went to him. 30 Now Jesus had not yet entered the village, but was still at the place where Martha had met him. 31 When the Jews who had been with Mary in the house, comforting her, noticed how quickly she got up and went out, they followed her, supposing she was going to the tomb to mourn there.

32 When Mary reached the place where Jesus was and saw him, she fell at his feet and said, "Lord, if you had been here, my brother would not have died."

33 When Jesus saw her weeping, and the Jews who had come along with her also weeping, he was deeply moved in spirit and troubled. 34 "Where have you laid him?" he asked.

"Come and see, Lord," they replied.

35 Jesus wept.

36 Then the Jews said, "See how he loved him!"

37 But some of them said, "Could not he who opened the eyes of the blind man have kept this man from dying?"

Jesus Raises Lazarus From the Dead

38 Jesus, once more deeply moved, came to the tomb. It was a cave with a stone laid across the entrance. 39 "Take away the stone," he said.

"But, Lord," said Martha, the sister of the dead man, "by this time there is a bad odor, for he has been there four days."

40 Then Jesus said, "Did I not tell you that if you believed, you would see the glory of God?"

41 So they took away the stone. Then Jesus looked up and said, "Father, I thank you that you have heard me. 42 I knew that you always hear me, but I said this for the benefit of the people standing here, that they may believe that you sent me."

43 When he had said this, Jesus called in a loud voice, "Lazarus, come out!" 44 The dead man came out, his hands and feet wrapped with strips of linen, and a cloth around his face.

Jesus said to them, "Take off the grave clothes and let him go."

The Plot to Kill Jesus

45 Therefore many of the Jews who had come to visit Mary, and had seen what Jesus did, put their faith in him. 46 But some of them went to the Pharisees and told them what Jesus had done. 47 Then the chief priests and the Pharisees called a meeting of the Sanhedrin.

"What are we accomplishing?" they asked. "Here is this man performing many miraculous signs. 48 If we let him go on like this, everyone will believe in him, and then the Romans will come and take away both our placed and our nation."

49 Then one of them, named Caiaphas, who was high priest that year, spoke up, "You know nothing at all!

---

c 27 Or Messiah   d 48 Or temple

—¡Ustedes no saben nada en absoluto! 50 No entienden que les conviene más que muera un solo hombre por el pueblo, y no que perezca toda la nación.

51 Pero esto no lo dijo por su propia cuenta sino que, como era sumo sacerdote ese año, profetizó que Jesús moriría por la nación judía, 52 y no sólo por esa nación sino también por los hijos de Dios que estaban dispersos, para congregarlos y unificarlos. 53 Así que desde ese día convinieron en quitarle la vida.

54 Por eso Jesús ya no andaba en público entre los judíos. Se retiró más bien a una región cercana al desierto, a un pueblo llamado Efraín, donde se quedó con sus discípulos.

55 Faltaba poco para la Pascua judía, así que muchos subieron del campo a Jerusalén para su *purificación ceremonial antes de la Pascua. 56 Andaban buscando a Jesús, y mientras estaban en el *templo comentaban entre sí: «¿Qué les parece? ¿Acaso no vendrá a la fiesta?» 57 Por su parte, los jefes de los sacerdotes y los fariseos habían dado la orden de que si alguien llegaba a saber dónde estaba Jesús, debía denunciarlo para que lo arrestaran.

María unge a Jesús en Betania

12 Seis días antes de la Pascua llegó Jesús a Betania, donde vivía Lázaro, a quien Jesús había *resucitado. 2 Allí se dio una cena en honor de Jesús. Marta servía, y Lázaro era uno de los que estaban a la mesa con él. 3 María tomó entonces como medio litro de nardo puro, que era un perfume muy caro, y lo derramó sobre los pies de Jesús, secándoselos luego con sus cabellos. Y la casa se llenó de la fragancia del perfume.

4 Judas Iscariote, que era uno de sus discípulos y que más tarde lo traicionaría, objetó:

5 —¿Por qué no se vendió este perfume, que vale muchísimo dinero,w para dárselo a los pobres?

6 Dijo esto, no porque se interesara por los pobres sino porque era un ladrón y, como tenía a su cargo la bolsa del dinero, acostumbraba robarse lo que echaban en ella.

7 —Déjala en paz —respondió Jesús—. Ella ha estado guardando este perfume para el día de mi sepultura.x 8 A los pobres siempre los tendrán con ustedes, pero a mí no siempre me tendrán.

9 Mientras tanto, muchos de los judíos se enteraron de que Jesús estaba allí, y fueron a ver no sólo a Jesús sino también a Lázaro, a quien Jesús había resucitado. 10 Entonces los jefes de los sacerdotes resolvieron matar también a Lázaro, 11 pues por su causa muchos se apartaban de los judíos y creían en Jesús.

La entrada triunfal

12 Al día siguiente muchos de los que habían ido a la fiesta se enteraron de que Jesús se dirigía a Jerusalén; 13 tomaron ramas de palma y salieron a recibirlo, gritando a voz en cuello:

—¡Hosanna!

—¡Bendito el que viene en el nombre del Señor!y

—¡Bendito el Rey de Israel!

14 Jesús encontró un burrito y se montó en él, como dice la Escritura:

50 You do not realize that it is better for you that one man die for the people than that the whole nation perish."

51 He did not say this on his own, but as high priest that year he prophesied that Jesus would die for the Jewish nation, 52 and not only for that nation but also for the scattered children of God, to bring them together and make them one. 53 So from that day on they plotted to take his life.

54 Therefore Jesus no longer moved about publicly among the Jews. Instead he withdrew to a region near the desert, to a village called Ephraim, where he stayed with his disciples.

55 When it was almost time for the Jewish Passover, many went up from the country to Jerusalem for their ceremonial cleansing before the Passover. 56 They kept looking for Jesus, and as they stood in the temple area they asked one another, "What do you think? Isn't he coming to the Feast at all?" 57 But the chief priests and Pharisees had given orders that if anyone found out where Jesus was, he should report it so that they might arrest him.

Jesus Anointed at Bethany

12 Six days before the Passover, Jesus arrived at Bethany, where Lazarus lived, whom Jesus had raised from the dead. 2 Here a dinner was given in Jesus' honor. Martha served, while Lazarus was among those reclining at the table with him. 3 Then Mary took about a pinte of pure nard, an expensive perfume; she poured it on Jesus' feet and wiped his feet with her hair. And the house was filled with the fragrance of the perfume.

4 But one of his disciples, Judas Iscariot, who was later to betray him, objected, 5 "Why wasn't this perfume sold and the money given to the poor? It was worth a year's wages.f" 6 He did not say this because he cared about the poor but because he was a thief; as keeper of the money bag, he used to help himself to what was put into it.

7 "Leave her alone," Jesus replied. "⌞It was intended⌟ that she should save this perfume for the day of my burial. 8 You will always have the poor among you, but you will not always have me."

9 Meanwhile a large crowd of Jews found out that Jesus was there and came, not only because of him but also to see Lazarus, whom he had raised from the dead. 10 So the chief priests made plans to kill Lazarus as well, 11 for on account of him many of the Jews were going over to Jesus and putting their faith in him.

The Triumphal Entry

12 The next day the great crowd that had come for the Feast heard that Jesus was on his way to Jerusalem. 13 They took palm branches and went out to meet him, shouting,

"Hosanna!g"

"Blessed is he who comes in the name of the Lord!"h

"Blessed is the King of Israel!"

14 Jesus found a young donkey and sat upon it, as it is written,

---

w 12:5 perfume ... dinero. Lit. perfume por trescientos *denarios.
x 12:7 Jesús—. Ella ... sepultura. Var. Jesús— para que guarde ((es decir, se acuerde de)) esto el día de mi sepultura.   y 12:13 Sal 118:25,26

e 3 Greek a litra (probably about 0.5 liter)   f 5 Greek three hundred denarii   g 13 A Hebrew expression meaning "Save!" which became an exclamation of praise   h 13 Psalm 118:25, 26

¹⁵«No temas, oh hija de Sión;
    mira, que aquí viene tu rey,
    montado sobre un burrito.»ᶻ

¹⁶Al principio, sus discípulos no entendieron lo que sucedía. Sólo después de que Jesús fue glorificado se dieron cuenta de que se había cumplido en él lo que de él ya estaba escrito.

¹⁷La gente que había estado con Jesús cuando él llamó a Lázaro del sepulcro y lo resucitó de entre los muertos, seguía difundiendo la noticia. ¹⁸Muchos que se habían enterado de la señal realizada por Jesús salían a su encuentro. ¹⁹Por eso los *fariseos comentaban entre sí: «Como pueden ver, así no vamos a lograr nada. ¡Miren cómo lo sigue todo el mundo!»

Jesús predice su muerte

²⁰Entre los que habían subido a adorar en la fiesta había algunos *griegos. ²¹Éstos se acercaron a Felipe, que era de Betsaida de Galilea, y le pidieron:

—Señor, queremos ver a Jesús.

²²Felipe fue a decírselo a Andrés, y ambos fueron a decírselo a Jesús.

²³—Ha llegado la hora de que el Hijo del hombre sea glorificado —les contestó Jesús—. ²⁴Ciertamente les aseguro que si el grano de trigo no cae en tierra y muere, se queda solo. Pero si muere, produce mucho fruto. ²⁵El que se apega a su *vida la pierde; en cambio, el que aborrece su vida en este mundo, la conserva para la vida eterna. ²⁶Quien quiera servirme, debe seguirme; y donde yo esté, allí también estará mi siervo. A quien me sirva, mi Padre lo honrará.

²⁷»Ahora todo mi ser está angustiado, ¿y acaso voy a decir: "Padre, sálvame de esta hora difícil"? ¡Si precisamente para afrontarla he venido! ²⁸¡Padre, glorifica tu nombre!

Se oyó entonces, desde el cielo, una voz que decía: «Ya lo he glorificado, y volveré a glorificarlo.» ²⁹La multitud que estaba allí, y que oyó la voz, decía que había sido un trueno; otros decían que un ángel le había hablado.

³⁰—Esa voz no vino por mí sino por ustedes —dijo Jesús—. ³¹El juicio de este mundo ha llegado ya, y el príncipe de este mundo va a ser expulsado. ³²Pero yo, cuando sea levantado de la tierra, atraeré a todos a mí mismo.

³³Con esto daba Jesús a entender de qué manera iba a morir.

³⁴—De la ley hemos sabido —le respondió la gente— que el *Cristo permanecerá para siempre; ¿cómo, pues, dices que el Hijo del hombre tiene que ser levantado? ¿Quién es ese Hijo del hombre?

³⁵—Ustedes van a tener la luz sólo un poco más de tiempo —les dijo Jesús—. Caminen mientras tienen la luz, antes de que los envuelvan las tinieblas. El que camina en las tinieblas no sabe a dónde va. ³⁶Mientras tienen la luz, crean en ella, para que sean hijos de la luz.

Cuando terminó de hablar, Jesús se fue y se escondió de ellos.

Los judíos siguen en su incredulidad

³⁷A pesar de haber hecho Jesús todas estas señales en presencia de ellos, todavía no creían en él. ³⁸Así se cumplió lo dicho por el profeta Isaías:

«Señor, ¿quién ha creído a nuestro mensaje,
    y a quién se le ha revelado el poder del
        Señor?»ᵃ

¹⁵"Do not be afraid, O Daughter of Zion;
    see, your king is coming,
    seated on a donkey's colt."ⁱ

¹⁶At first his disciples did not understand all this. Only after Jesus was glorified did they realize that these things had been written about him and that they had done these things to him.

¹⁷Now the crowd that was with him when he called Lazarus from the tomb and raised him from the dead continued to spread the word. ¹⁸Many people, because they had heard that he had given this miraculous sign, went out to meet him. ¹⁹So the Pharisees said to one another, "See, this is getting us nowhere. Look how the whole world has gone after him!"

Jesus Predicts His Death

²⁰Now there were some Greeks among those who went up to worship at the Feast. ²¹They came to Philip, who was from Bethsaida in Galilee, with a request. "Sir," they said, "we would like to see Jesus." ²²Philip went to tell Andrew; Andrew and Philip in turn told Jesus.

²³Jesus replied, "The hour has come for the Son of Man to be glorified. ²⁴I tell you the truth, unless a kernel of wheat falls to the ground and dies, it remains only a single seed. But if it dies, it produces many seeds. ²⁵The man who loves his life will lose it, while the man who hates his life in this world will keep it for eternal life. ²⁶Whoever serves me must follow me; and where I am, my servant also will be. My Father will honor the one who serves me.

²⁷"Now my heart is troubled, and what shall I say? 'Father, save me from this hour'? No, it was for this very reason I came to this hour. ²⁸Father, glorify your name!"

Then a voice came from heaven, "I have glorified it, and will glorify it again." ²⁹The crowd that was there and heard it said it had thundered; others said an angel had spoken to him.

³⁰Jesus said, "This voice was for your benefit, not mine. ³¹Now is the time for judgment on this world; now the prince of this world will be driven out. ³²But I, when I am lifted up from the earth, will draw all men to myself." ³³He said this to show the kind of death he was going to die.

³⁴The crowd spoke up, "We have heard from the Law that the Christʲ will remain forever, so how can you say, 'The Son of Man must be lifted up'? Who is this 'Son of Man'?"

³⁵Then Jesus told them, "You are going to have the light just a little while longer. Walk while you have the light, before darkness overtakes you. The man who walks in the dark does not know where he is going. ³⁶Put your trust in the light while you have it, so that you may become sons of light." When he had finished speaking, Jesus left and hid himself from them.

The Jews Continue in Their Unbelief

³⁷Even after Jesus had done all these miraculous signs in their presence, they still would not believe in him. ³⁸This was to fulfill the word of Isaiah the prophet:

"Lord, who has believed our message
    and to whom has the arm of the Lord
        been revealed?"ᵏ

ᶻ12:15 Zac 9:9   ᵃ12:38 Is 53:1   ⁱ15 Zech. 9:9   ʲ34 Or Messiah   ᵏ38 Isaiah 53:1

³⁹Por eso no podían creer, pues también había dicho Isaías:

⁴⁰«Les ha cegado los ojos
y endurecido el corazón,
para que no vean con los ojos,
ni entiendan con el corazón
ni se conviertan; y yo los sane.»^b

⁴¹Esto lo dijo Isaías porque vio la gloria de Jesús y habló de él.

⁴²Sin embargo, muchos de ellos, incluso de entre los jefes, creyeron en él, pero no lo confesaban porque temían que los *fariseos los expulsaran de la sinagoga. ⁴³Preferían recibir honores de los hombres más que de parte de Dios.

⁴⁴«El que cree en mí —clamó Jesús con voz fuerte—, cree no sólo en mí sino en el que me envió. ⁴⁵Y el que me ve a mí, ve al que me envió. ⁴⁶Yo soy la luz que ha venido al mundo, para que todo el que crea en mí no viva en tinieblas.

⁴⁷»Si alguno escucha mis palabras, pero no las obedece, no seré yo quien lo juzgue; pues no vine a juzgar al mundo sino a salvarlo. ⁴⁸El que me rechaza y no acepta mis palabras tiene quien lo juzgue. La palabra que yo he proclamado lo condenará en el día final. ⁴⁹Yo no he hablado por mi propia cuenta; el Padre que me envió me ordenó qué decir y cómo decirlo. ⁵⁰Y sé muy bien que su mandato es vida eterna. Así que todo lo que digo es lo que el Padre me ha ordenado decir.»

Jesús les lava los pies a sus discípulos

13 Se acercaba la fiesta de la Pascua. Jesús sabía que le había llegado la hora de abandonar este mundo para volver al Padre. Y habiendo amado a los suyos que estaban en el mundo, los amó hasta el fin.^c

²Llegó la hora de la cena. El diablo ya había incitado a Judas Iscariote, hijo de Simón, para que traicionara a Jesús. ³Sabía Jesús que el Padre había puesto todas las cosas bajo su dominio, y que había salido de Dios y a él volvía; ⁴así que se levantó de la mesa, se quitó el manto y se ató una toalla a la cintura. ⁵Luego echó agua en un recipiente y comenzó a lavarles los pies a sus discípulos y a secárselos con la toalla que llevaba a la cintura.

⁶Cuando llegó a Simón Pedro, éste le dijo:

—¿Y tú, Señor, me vas a lavar los pies a mí?

⁷—Ahora no entiendes lo que estoy haciendo —le respondió Jesús—, pero lo entenderás más tarde.

⁸—¡No! —protestó Pedro—, ¡Jamás me lavarás los pies!

—Si no te los lavo,^d no tendrás parte conmigo.

⁹—Entonces, Señor, ¡no sólo los pies sino también las manos y la cabeza!

¹⁰—El que ya se ha bañado no necesita lavarse más que los pies —le contestó Jesús—; pues ya todo su cuerpo está limpio. Y ustedes ya están limpios, aunque no todos.

¹¹Jesús sabía quién lo iba a traicionar, y por eso dijo que no todos estaban limpios.

¹²Cuando terminó de lavarles los pies, se puso el manto y volvió a su lugar. Entonces les dijo:

—¿Entienden lo que he hecho con ustedes? ¹³Ustedes me llaman Maestro y Señor, y dicen bien, porque lo soy. ¹⁴Pues si yo, el Señor y el Maestro, les he lavado los pies, también ustedes deben lavarse los pies

³⁹For this reason they could not believe, because, as Isaiah says elsewhere:

⁴⁰"He has blinded their eyes
and deadened their hearts,
so they can neither see with their eyes,
nor understand with their hearts,
nor turn—and I would heal them."^l

⁴¹Isaiah said this because he saw Jesus' glory and spoke about him.

⁴²Yet at the same time many even among the leaders believed in him. But because of the Pharisees they would not confess their faith for fear they would be put out of the synagogue; ⁴³for they loved praise from men more than praise from God.

⁴⁴Then Jesus cried out, "When a man believes in me, he does not believe in me only, but in the one who sent me. ⁴⁵When he looks at me, he sees the one who sent me. ⁴⁶I have come into the world as a light, so that no one who believes in me should stay in darkness.

⁴⁷"As for the person who hears my words but does not keep them, I do not judge him. For I did not come to judge the world, but to save it. ⁴⁸There is a judge for the one who rejects me and does not accept my words; that very word which I spoke will condemn him at the last day. ⁴⁹For I did not speak of my own accord, but the Father who sent me commanded me what to say and how to say it. ⁵⁰I know that his command leads to eternal life. So whatever I say is just what the Father has told me to say."

Jesus Washes His Disciples' Feet

13 It was just before the Passover Feast. Jesus knew that the time had come for him to leave this world and go to the Father. Having loved his own who were in the world, he now showed them the full extent of his love.^m

²The evening meal was being served, and the devil had already prompted Judas Iscariot, son of Simon, to betray Jesus. ³Jesus knew that the Father had put all things under his power, and that he had come from God and was returning to God; ⁴so he got up from the meal, took off his outer clothing, and wrapped a towel around his waist. ⁵After that, he poured water into a basin and began to wash his disciples' feet, drying them with the towel that was wrapped around him.

⁶He came to Simon Peter, who said to him, "Lord, are you going to wash my feet?"

⁷Jesus replied, "You do not realize now what I am doing, but later you will understand."

⁸"No," said Peter, "you shall never wash my feet."

Jesus answered, "Unless I wash you, you have no part with me."

⁹"Then, Lord," Simon Peter replied, "not just my feet but my hands and my head as well!"

¹⁰Jesus answered, "A person who has had a bath needs only to wash his feet; his whole body is clean. And you are clean, though not every one of you." ¹¹For he knew who was going to betray him, and that was why he said not every one was clean.

¹²When he had finished washing their feet, he put on his clothes and returned to his place. "Do you understand what I have done for you?" he asked them. ¹³"You call me 'Teacher' and 'Lord,' and rightly so, for that is what I am. ¹⁴Now that I, your Lord and Teacher, have washed your feet, you also should wash

---

^b 12:40 Is 6:10   ^c 13:1 hasta el fin. Alt. hasta lo sumo.
^d 13:8 te los lavo. Lit. te lavo.   ^l 40 Isaiah 6:10   ^m 1 Or he loved them to the last

los unos a los otros. 15 Les he puesto el ejemplo, para que hagan lo mismo que yo he hecho con ustedes. 16 Ciertamente les aseguro que ningún *siervo es más que su amo, y ningún mensajero es más que el que lo envió. 17 ¿Entienden esto? *Dichosos serán si lo ponen en práctica.

Jesús predice la traición de Judas

18 »No me refiero a todos ustedes; yo sé a quiénes he escogido. Pero esto es para que se cumpla la Escritura: "El que comparte el pan conmigo me ha puesto la zancadilla." e

19 »Les digo esto ahora, antes de que suceda, para que cuando suceda crean que yo soy. 20 Ciertamente les aseguro que el que recibe al que yo envío me recibe a mí, y el que me recibe a mí recibe al que me envió.

21 Dicho esto, Jesús se angustió profundamente y declaró:

—Ciertamente les aseguro que uno de ustedes me va a traicionar.

22 Los discípulos se miraban unos a otros sin saber a cuál de ellos se refería. 23 Uno de ellos, el discípulo a quien Jesús amaba, estaba a su lado. 24 Simón Pedro le hizo señas a ese discípulo y le dijo:

—Pregúntale a quién se refiere.

25 —Señor, ¿quién es? —preguntó él, reclinándose sobre Jesús.

26 —Aquel a quien yo le dé este pedazo de pan que voy a mojar en el plato —le contestó Jesús.

Acto seguido, mojó el pedazo de pan y se lo dio a Judas Iscariote, hijo de Simón. 27 Tan pronto como Judas tomó el pan, Satanás entró en él.

—Lo que vas a hacer, hazlo pronto —le dijo Jesús.

28 Ninguno de los que estaban a la mesa entendió por qué le dijo eso Jesús. 29 Como Judas era el encargado del dinero, algunos pensaron que Jesús le estaba diciendo que comprara lo necesario para la fiesta, o que diera algo a los pobres. 30 En cuanto Judas tomó el pan, salió de allí. Ya era de noche.

Jesús predice la negación de Pedro

31 Cuando Judas hubo salido, Jesús dijo:

—Ahora es glorificado el Hijo del hombre, y Dios es glorificado en él. 32 Si Dios es glorificado en él, f Dios glorificará al Hijo en sí mismo, y lo hará muy pronto.

33 »Mis queridos hijos, poco tiempo me queda para estar con ustedes. Me buscarán, y lo que antes les dije a los judíos, ahora se lo digo a ustedes: Adonde yo voy, ustedes no pueden ir.

34 »Este mandamiento nuevo les doy: que se amen los unos a los otros. Así como yo los he amado, también ustedes deben amarse los unos a los otros. 35 De este modo todos sabrán que son mis discípulos, si se aman los unos a los otros.

36 —¿Y a dónde vas, Señor? —preguntó Simón Pedro.

—Adonde yo voy, no puedes seguirme ahora, pero me seguirás más tarde.

37 —Señor —insistió Pedro—, ¿por qué no puedo seguirte ahora? Por ti daré hasta la *vida.

38 —¿Tú darás la vida por mí? ¡De veras te aseguro que antes de que cante el gallo, me negarás tres veces!

one another's feet. 15 I have set you an example that you should do as I have done for you. 16 I tell you the truth, no servant is greater than his master, nor is a messenger greater than the one who sent him. 17 Now that you know these things, you will be blessed if you do them.

Jesus Predicts His Betrayal

18 "I am not referring to all of you; I know those I have chosen. But this is to fulfill the scripture: 'He who shares my bread has lifted up his heel against me.' n

19 "I am telling you now before it happens, so that when it does happen you will believe that I am He. 20 I tell you the truth, whoever accepts anyone I send accepts me; and whoever accepts me accepts the one who sent me."

21 After he had said this, Jesus was troubled in spirit and testified, "I tell you the truth, one of you is going to betray me."

22 His disciples stared at one another, at a loss to know which of them he meant. 23 One of them, the disciple whom Jesus loved, was reclining next to him. 24 Simon Peter motioned to this disciple and said, "Ask him which one he means."

25 Leaning back against Jesus, he asked him, "Lord, who is it?"

26 Jesus answered, "It is the one to whom I will give this piece of bread when I have dipped it in the dish." Then, dipping the piece of bread, he gave it to Judas Iscariot, son of Simon. 27 As soon as Judas took the bread, Satan entered into him.

"What you are about to do, do quickly," Jesus told him, 28 but no one at the meal understood why Jesus said this to him. 29 Since Judas had charge of the money, some thought Jesus was telling him to buy what was needed for the Feast, or to give something to the poor. 30 As soon as Judas had taken the bread, he went out. And it was night.

Jesus Predicts Peter's Denial

31 When he was gone, Jesus said, "Now is the Son of Man glorified and God is glorified in him. 32 If God is glorified in him, o God will glorify the Son in himself, and will glorify him at once.

33 "My children, I will be with you only a little longer. You will look for me, and just as I told the Jews, so I tell you now: Where I am going, you cannot come.

34 "A new command I give you: Love one another. As I have loved you, so you must love one another. 35 By this all men will know that you are my disciples, if you love one another."

36 Simon Peter asked him, "Lord, where are you going?"

Jesus replied, "Where I am going, you cannot follow now, but you will follow later."

37 Peter asked, "Lord, why can't I follow you now? I will lay down my life for you."

38 Then Jesus answered, "Will you really lay down your life for me? I tell you the truth, before the rooster crows, you will disown me three times!

---

e 13:18 Sal 41:9   f 13:32 Var. no incluye: Si Dios es glorificado en él.

n 18 Psalm 41:9   o 32 Many early manuscripts do not have If God is glorified in him.

Jesús consuela a sus discípulos

14 »No se angustien. Confíen en Dios, y confíen también en mí.[g] 2En el hogar de mi Padre hay muchas viviendas; si no fuera así, ya se lo habría dicho a ustedes. Voy a prepararles un lugar. 3Y si me voy y se lo preparo, vendré para llevármelos conmigo. Así ustedes estarán donde yo esté. 4Ustedes ya conocen el camino para ir adonde yo voy.

Jesús, el camino al Padre

5Dijo entonces Tomás:

—Señor, no sabemos a dónde vas, así que ¿cómo podemos conocer el camino?

6—Yo soy el camino, la verdad y la vida —le contestó Jesús—. Nadie llega al Padre sino por mí. 7Si ustedes realmente me conocieran, conocerían[h] también a mi Padre. Y ya desde este momento lo conocen y lo han visto.

8—Señor —dijo Felipe—, muéstranos al Padre y con eso nos basta.

9—¡Pero, Felipe! ¿Tanto tiempo llevo ya entre ustedes, y todavía no me conoces? El que me ha visto a mí, ha visto al Padre. ¿Cómo puedes decirme: "Muéstranos al Padre"? 10¿Acaso no crees que yo estoy en el Padre, y que el Padre está en mí? Las palabras que yo les comunico, no las hablo como cosa mía, sino que es el Padre, que está en mí, el que realiza sus obras. 11Créanme cuando les digo que yo estoy en el Padre y que el Padre está en mí; o al menos créanme por las obras mismas. 12Ciertamente les aseguro que el que cree en mí las obras que yo hago también él las hará, y aun las hará mayores, porque yo vuelvo al Padre. 13Cualquier cosa que ustedes pidan en mi nombre, yo la haré; así será glorificado el Padre en el Hijo. 14Lo que pidan en mi nombre, yo lo haré.

Jesús promete el Espíritu Santo

15»Si ustedes me aman, obedecerán mis mandamientos. 16Y yo le pediré al Padre, y él les dará otro *Consolador para que los acompañe siempre: 17el Espíritu de verdad, a quien el mundo no puede aceptar porque no lo ve ni lo conoce. Pero ustedes sí lo conocen, porque vive con ustedes y estará[i] en ustedes. 18No los voy a dejar huérfanos; volveré a ustedes. 19Dentro de poco el mundo ya no me verá más, pero ustedes sí me verán. Y porque yo vivo, también ustedes vivirán. 20En aquel día ustedes se darán cuenta de que yo estoy en mi Padre, y ustedes en mí, y yo en ustedes. 21¿Quién es el que me ama? El que hace suyos mis mandamientos y los obedece. Y al que me ama, mi Padre lo amará, y yo también lo amaré y me manifestaré a él.

22Judas (no el Iscariote) le dijo:

—¿Por qué, Señor, estás dispuesto a manifestarte a nosotros, y no al mundo?

23Le contestó Jesús:

—El que me ama, obedecerá mi palabra, y mi Padre lo amará, y haremos nuestra vivienda en él. 24El que no me ama, no obedece mis palabras. Pero estas palabras que ustedes oyen no son mías sino del Padre, que me envió.

25»Todo esto lo digo ahora que estoy con ustedes. 26Pero el Consolador, el Espíritu Santo, a quien el Padre enviará en mi nombre, les enseñará todas las

Jesus Comforts His Disciples

14 "Do not let your hearts be troubled. Trust in God[p]; trust also in me. 2In my Father's house are many rooms; if it were not so, I would have told you. I am going there to prepare a place for you. 3And if I go and prepare a place for you, I will come back and take you to be with me that you also may be where I am. 4You know the way to the place where I am going."

Jesus the Way to the Father

5Thomas said to him, "Lord, we don't know where you are going, so how can we know the way?"

6Jesus answered, "I am the way and the truth and the life. No one comes to the Father except through me. 7If you really knew me, you would know[q] my Father as well. From now on, you do know him and have seen him."

8Philip said, "Lord, show us the Father and that will be enough for us."

9Jesus answered: "Don't you know me, Philip, even after I have been among you such a long time? Anyone who has seen me has seen the Father. How can you say, 'Show us the Father'? 10Don't you believe that I am in the Father, and that the Father is in me? The words I say to you are not just my own. Rather, it is the Father, living in me, who is doing his work. 11Believe me when I say that I am in the Father and the Father is in me; or at least believe on the evidence of the miracles themselves. 12I tell you the truth, anyone who has faith in me will do what I have been doing. He will do even greater things than these, because I am going to the Father. 13And I will do whatever you ask in my name, so that the Son may bring glory to the Father. 14You may ask me for anything in my name, and I will do it.

Jesus Promises the Holy Spirit

15"If you love me, you will obey what I command. 16And I will ask the Father, and he will give you another Counselor to be with you forever— 17the Spirit of truth. The world cannot accept him, because it neither sees him nor knows him. But you know him, for he lives with you and will be[r] in you. 18I will not leave you as orphans; I will come to you. 19Before long, the world will not see me anymore, but you will see me. Because I live, you also will live. 20On that day you will realize that I am in my Father, and you are in me, and I am in you. 21Whoever has my commands and obeys them, he is the one who loves me. He who loves me will be loved by my Father, and I too will love him and show myself to him."

22Then Judas (not Judas Iscariot) said, "But, Lord, why do you intend to show yourself to us and not to the world?"

23Jesus replied, "If anyone loves me, he will obey my teaching. My Father will love him, and we will come to him and make our home with him. 24He who does not love me will not obey my teaching. These words you hear are not my own; they belong to the Father who sent me.

25"All this I have spoken while still with you. 26But the Counselor, the Holy Spirit, whom the Father will send in my name, will teach you all things and will

---

g 14:1 *Confíen ... en mí.* Alt. *Ustedes confían en Dios; confíen tambien en mí.*   h 14:7 *me conocieran, conocerían.* Var. *me han conocido, conocerán.*   i 14:17 *estará.* Var. *está.*

p 1 Or *You trust in God*   q 7 Some early manuscripts *If you really have known me, you will know*   r 17 Some early manuscripts *and is*

cosas y les hará recordar todo lo que les he dicho. 27 La paz les dejo; mi paz les doy. Yo no se la doy a ustedes como la da el mundo. No se angustien ni se acobarden.

28 »Ya me han oído decirles: "Me voy, pero vuelvo a ustedes." Si me amaran, se alegrarían de que voy al Padre, porque el Padre es más grande que yo. 29 Y les he dicho esto ahora, antes de que suceda, para que cuando suceda, crean. 30 Ya no hablaré más con ustedes, porque viene el príncipe de este mundo. Él no tiene ningún dominio sobre mí, 31 pero el mundo tiene que saber que amo al Padre, y que hago exactamente lo que él me ha ordenado que haga.

»¡Levántense, vámonos de aquí!

Jesús, la vid verdadera

15 »Yo soy la vid verdadera, y mi Padre es el labrador. 2 Toda rama que en mí no da fruto, la corta; pero toda rama que da fruto la poda*j* para que dé más fruto todavía. 3 Ustedes ya están limpios por la palabra que les he comunicado. 4 Permanezcan en mí, y yo permaneceré en ustedes. Así como ninguna rama puede dar fruto por sí misma, sino que tiene que permanecer en la vid, así tampoco ustedes pueden dar fruto si no permanecen en mí.

5 »Yo soy la vid y ustedes son las ramas. El que permanece en mí, como yo en él, dará mucho fruto; separados de mí no pueden ustedes hacer nada. 6 El que no permanece en mí es desechado y se seca, como las ramas que se recogen, se arrojan al fuego y se queman. 7 Si permanecen en mí y mis palabras permanecen en ustedes, pidan lo que quieran, y se les concederá. 8 Mi Padre es glorificado cuando ustedes dan mucho fruto y muestran así que son mis discípulos.

9 »Así como el Padre me ha amado a mí, también yo los he amado a ustedes. Permanezcan en mi amor. 10 Si obedecen mis mandamientos, permanecerán en mi amor, así como yo he obedecido los mandamientos de mi Padre y permanezco en su amor. 11 Les he dicho esto para que tengan mi alegría y así su alegría sea completa. 12 Y éste es mi mandamiento: que se amen los unos a los otros, como yo los he amado. 13 Nadie tiene amor más grande que el dar la *vida por sus amigos. 14 Ustedes son mis amigos si hacen lo que yo les mando. 15 Ya no los llamo *siervos, porque el siervo no está al tanto de lo que hace su amo; los he llamado amigos, porque todo lo que a mi Padre le oí decir se lo he dado a conocer a ustedes. 16 No me escogieron ustedes a mí, sino que yo los escogí a ustedes y los comisioné para que vayan y den fruto, un fruto que perdure. Así el Padre les dará todo lo que le pidan en mi nombre. 17 Éste es mi mandamiento: que se amen los unos a los otros.

Jesús y sus discípulos aborrecidos por el mundo

18 »Si el mundo los aborrece, tengan presente que antes que a ustedes, me aborreció a mí. 19 Si fueran del mundo, el mundo los querría como a los suyos. Pero ustedes no son del mundo, sino que yo los he escogido de entre el mundo. Por eso el mundo los aborrece. 20 Recuerden lo que les dije: "Ningún *siervo es más que su amo."*k* Si a mí me han perseguido, también a ustedes los perseguirán. Si han obedecido mis enseñanzas, también obedecerán las de ustedes. 21 Los tratarán así por causa de mi nombre, porque no conocen al que me envió. 22 Si yo no hubiera venido ni les hubiera hablado, no serían culpables de pecado. Pero ahora no

remind you of everything I have said to you. 27 Peace I leave with you; my peace I give you. I do not give to you as the world gives. Do not let your hearts be troubled and do not be afraid.

28 "You heard me say, 'I am going away and I am coming back to you.' If you loved me, you would be glad that I am going to the Father, for the Father is greater than I. 29 I have told you now before it happens, so that when it does happen you will believe. 30 I will not speak with you much longer, for the prince of this world is coming. He has no hold on me, 31 but the world must learn that I love the Father and that I do exactly what my Father has commanded me.

"Come now; let us leave.

The Vine and the Branches

15 "I am the true vine, and my Father is the gardener. 2 He cuts off every branch in me that bears no fruit, while every branch that does bear fruit he prunes*s* so that it will be even more fruitful. 3 You are already clean because of the word I have spoken to you. 4 Remain in me, and I will remain in you. No branch can bear fruit by itself; it must remain in the vine. Neither can you bear fruit unless you remain in me.

5 "I am the vine; you are the branches. If a man remains in me and I in him, he will bear much fruit; apart from me you can do nothing. 6 If anyone does not remain in me, he is like a branch that is thrown away and withers; such branches are picked up, thrown into the fire and burned. 7 If you remain in me and my words remain in you, ask whatever you wish, and it will be given you. 8 This is to my Father's glory, that you bear much fruit, showing yourselves to be my disciples.

9 "As the Father has loved me, so have I loved you. Now remain in my love. 10 If you obey my commands, you will remain in my love, just as I have obeyed my Father's commands and remain in his love. 11 I have told you this so that my joy may be in you and that your joy may be complete. 12 My command is this: Love each other as I have loved you. 13 Greater love has no one than this, that he lay down his life for his friends. 14 You are my friends if you do what I command. 15 I no longer call you servants, because a servant does not know his master's business. Instead, I have called you friends, for everything that I learned from my Father I have made known to you. 16 You did not choose me, but I chose you and appointed you to go and bear fruit—fruit that will last. Then the Father will give you whatever you ask in my name. 17 This is my command: Love each other.

The World Hates the Disciples

18 "If the world hates you, keep in mind that it hated me first. 19 If you belonged to the world, it would love you as its own. As it is, you do not belong to the world, but I have chosen you out of the world. That is why the world hates you. 20 Remember the words I spoke to you: 'No servant is greater than his master.'*t* If they persecuted me, they will persecute you also. If they obeyed my teaching, they will obey yours also. 21 They will treat you this way because of my name, for they do not know the One who sent me. 22 If I had not come and spoken to them, they would not be guilty of sin.

---

j 15:2 *poda.* Alt. *limpia.*   *k* 15:20 Jn 13:16   *s* 2 The Greek for *prunes* also means *cleans.*   *t* 20 John 13:16

tienen excusa por su pecado. ²³El que me aborrece a mí, también aborrece a mi Padre. ²⁴Si yo no hubiera hecho entre ellos las obras que ningún otro antes ha realizado, no serían culpables de pecado. Pero ahora las han visto, y sin embargo a mí y a mi Padre nos han aborrecido. ²⁵Pero esto sucede para que se cumpla lo que está escrito en la ley de ellos: "Me odiaron sin motivo."ˡ

²⁶»Cuando venga el *Consolador, que yo les enviaré de parte del Padre, el Espíritu de verdad que procede del Padre, él testificará acerca de mí. ²⁷Y también ustedes darán testimonio porque han estado conmigo desde el principio.

Now, however, they have no excuse for their sin. ²³He who hates me hates my Father as well. ²⁴If I had not done among them what no one else did, they would not be guilty of sin. But now they have seen these miracles, and yet they have hated both me and my Father. ²⁵But this is to fulfill what is written in their Law: 'They hated me without reason.'ᵘ

²⁶"When the Counselor comes, whom I will send to you from the Father, the Spirit of truth who goes out from the Father, he will testify about me. ²⁷And you also must testify, for you have been with me from the beginning.

16 »Todo esto les he dicho para que no flaquee su fe. ²Los expulsarán de las sinagogas; y hasta viene el día en que cualquiera que los mate pensará que le está prestando un servicio a Dios. ³Actuarán de este modo porque no nos han conocido ni al Padre ni a mí. ⁴Y les digo esto para que cuando llegue ese día se acuerden de que ya se lo había advertido. Sin embargo, no les dije esto al principio porque yo estaba con ustedes.

La obra del Espíritu Santo

⁵»Ahora vuelvo al que me envió, pero ninguno de ustedes me pregunta: "¿A dónde vas?" ⁶Al contrario, como les he dicho estas cosas, se han entristecido mucho. ⁷Pero les digo la verdad: Les conviene que me vaya porque, si no lo hago, el *Consolador no vendrá a ustedes; en cambio, si me voy, se lo enviaré a ustedes. ⁸Y cuando él venga, convencerá al mundo de su errorᵐ en cuanto al pecado, a la justicia y al juicio; ⁹en cuanto al pecado, porque no creen en mí; ¹⁰en cuanto a la justicia, porque voy al Padre y ustedes ya no podrán verme; ¹¹y en cuanto al juicio, porque el príncipe de este mundo ya ha sido juzgado.

¹²»Muchas cosas me quedan aún por decirles, que por ahora no podrían soportar. ¹³Pero cuando venga el Espíritu de la verdad, él los guiará a toda la verdad, porque no hablará por su propia cuenta sino que dirá sólo lo que oiga y les anunciará las cosas por venir. ¹⁴Él me glorificará porque tomará de lo mío y se lo dará a conocer a ustedes. ¹⁵Todo cuanto tiene el Padre es mío. Por eso les dije que el Espíritu tomará de lo mío y se lo dará a conocer a ustedes.

¹⁶»Dentro de poco ya no me verán; pero un poco después volverán a verme.

La despedida de Jesús

¹⁷Algunos de sus discípulos comentaban entre sí: «¿Qué quiere decir con eso de que "dentro de poco ya no me verán", y "un poco después volverán a verme", y "porque voy al Padre"?» ¹⁸E insistían: «¿Qué quiere decir con eso de "dentro de poco"? No sabemos de qué habla.»

¹⁹Jesús se dio cuenta de que querían hacerle preguntas acerca de esto, así que les dijo:

—¿Se están preguntando qué quise decir cuando dije: "Dentro de poco ya no me verán", y "un poco después volverán a verme"? ²⁰Ciertamente les aseguro que ustedes llorarán de dolor, mientras que el mundo se alegrará. Se pondrán tristes, pero su tristeza se convertirá en alegría. ²¹La mujer que está por dar a luz siente dolores porque ha llegado su momento, pero en cuanto nace la criatura se olvida de su angustia por la

16 "All this I have told you so that you will not go astray. ²They will put you out of the synagogue; in fact, a time is coming when anyone who kills you will think he is offering a service to God. ³They will do such things because they have not known the Father or me. ⁴I have told you this, so that when the time comes you will remember that I warned you. I did not tell you this at first because I was with you.

The Work of the Holy Spirit

⁵"Now I am going to him who sent me, yet none of you asks me, 'Where are you going?' ⁶Because I have said these things, you are filled with grief. ⁷But I tell you the truth: It is for your good that I am going away. Unless I go away, the Counselor will not come to you; but if I go, I will send him to you. ⁸When he comes, he will convict the world of guiltᵛ in regard to sin and righteousness and judgment: ⁹in regard to sin, because men do not believe in me; ¹⁰in regard to righteousness, because I am going to the Father, where you can see me no longer; ¹¹and in regard to judgment, because the prince of this world now stands condemned.

¹²"I have much more to say to you, more than you can now bear. ¹³But when he, the Spirit of truth, comes, he will guide you into all truth. He will not speak on his own; he will speak only what he hears, and he will tell you what is yet to come. ¹⁴He will bring glory to me by taking from what is mine and making it known to you. ¹⁵All that belongs to the Father is mine. That is why I said the Spirit will take from what is mine and make it known to you.

¹⁶"In a little while you will see me no more, and then after a little while you will see me."

The Disciples' Grief Will Turn to Joy

¹⁷Some of his disciples said to one another, "What does he mean by saying, 'In a little while you will see me no more, and then after a little while you will see me,' and 'Because I am going to the Father'?" ¹⁸They kept asking, "What does he mean by 'a little while'? We don't understand what he is saying."

¹⁹Jesus saw that they wanted to ask him about this, so he said to them, "Are you asking one another what I meant when I said, 'In a little while you will see me no more, and then after a little while you will see me'? ²⁰I tell you the truth, you will weep and mourn while the world rejoices. You will grieve, but your grief will turn to joy. ²¹A woman giving birth to a child has pain because her time has come; but when her baby is born she forgets the anguish because of her joy that a child

---

ˡ15:25 Sal 35:19; 69:4   ᵐ16:8 convencerá ... error. Alt. pondrá en evidencia la culpa del mundo.

ᵘ25 Psalms 35:19; 69:4   ᵛ8 Or will expose the guilt of the world

alegría de haber traído al mundo un nuevo ser. ²²Lo mismo les pasa a ustedes: Ahora están tristes, pero cuando vuelva a verlos se alegrarán, y nadie les va a quitar esa alegría. ²³En aquel día ya no me preguntarán nada. Ciertamente les aseguro que mi Padre les dará todo lo que le pidan en mi nombre. ²⁴Hasta ahora no han pedido nada en mi nombre. Pidan y recibirán, para que su alegría sea completa.

²⁵»Les he dicho todo esto por medio de comparaciones, pero viene la hora en que ya no les hablaré así, sino que les hablaré claramente acerca de mi Padre. ²⁶En aquel día pedirán en mi nombre. Y no digo que voy a rogar por ustedes al Padre, ²⁷ya que el Padre mismo los ama porque me han amado y han creído que yo he venido de parte de Dios. ²⁸Salí del Padre y vine al mundo; ahora dejo de nuevo el mundo y vuelvo al Padre.

²⁹—Ahora sí estás hablando directamente, sin vueltas ni rodeos —le dijeron sus discípulos—. ³⁰Ya podemos ver que sabes todas las cosas, y que ni siquiera necesitas que nadie te haga preguntas. Por esto creemos que saliste de Dios.

³¹—¿Hasta ahora me creen?ⁿ —contestó Jesús—. ³²Miren que la hora viene, y ya está aquí, en que ustedes serán dispersados, y cada uno se irá a su propia casa y a mí me dejarán solo. Sin embargo, solo no estoy, porque el Padre está conmigo. ³³Yo les he dicho estas cosas para que en mí hallen paz. En este mundo afrontarán aflicciones, pero ¡anímense! Yo he vencido al mundo.

Jesús ora por sí mismo

17 Después de que Jesús dijo esto, dirigió la mirada al cielo y oró así:

«Padre, ha llegado la hora. Glorifica a tu Hijo, para que tu Hijo te glorifique a ti, ²ya que le has conferido autoridad sobre todo *mortal para que él les conceda vida eterna a todos los que le has dado. ³Y ésta es la vida eterna: que te conozcan a ti, el único Dios verdadero, y a *Jesucristo, a quien tú has enviado. ⁴Yo te he glorificado en la tierra, y he llevado a cabo la obra que me encomendaste. ⁵Y ahora, Padre, glorifícame en tu presencia con la gloria que tuve contigo antes de que el mundo existiera.

Jesús ora por sus discípulos

⁶»A los que me diste del mundo les he revelado quién eres.ñ Eran tuyos; tú me los diste y ellos han obedecido tu palabra. ⁷Ahora saben que todo lo que me has dado viene de ti, ⁸porque les he entregado las palabras que me diste, y ellos las aceptaron; saben con certeza que salí de ti, y han creído que tú me enviaste. ⁹Ruego por ellos. No ruego por el mundo, sino por los que me has dado, porque son tuyos. ¹⁰Todo lo que yo tengo es tuyo, y todo lo que tú tienes es mío; y por medio de ellos he sido glorificado. ¹¹Ya no voy a estar por más tiempo en el mundo, pero ellos están todavía en el mundo, y yo vuelvo a ti.

»Padre santo, protégelos con el poder de tu nombre, el nombre que me diste, para que sean uno, lo mismo que nosotros. ¹²Mientras estaba con ellos, los protegía y los preservaba mediante el nombre que me diste, y ninguno se perdió sino aquel que nació para perderse, a fin de que se cumpliera la Escritura.

is born into the world. ²²So with you: Now is your time of grief, but I will see you again and you will rejoice, and no one will take away your joy. ²³In that day you will no longer ask me anything. I tell you the truth, my Father will give you whatever you ask in my name. ²⁴Until now you have not asked for anything in my name. Ask and you will receive, and your joy will be complete.

²⁵"Though I have been speaking figuratively, a time is coming when I will no longer use this kind of language but will tell you plainly about my Father. ²⁶In that day you will ask in my name. I am not saying that I will ask the Father on your behalf. ²⁷No, the Father himself loves you because you have loved me and have believed that I came from God. ²⁸I came from the Father and entered the world; now I am leaving the world and going back to the Father."

²⁹Then Jesus' disciples said, "Now you are speaking clearly and without figures of speech. ³⁰Now we can see that you know all things and that you do not even need to have anyone ask you questions. This makes us believe that you came from God."

³¹"You believe at last!"ʷ Jesus answered. ³²"But a time is coming, and has come, when you will be scattered, each to his own home. You will leave me all alone. Yet I am not alone, for my Father is with me.

³³"I have told you these things, so that in me you may have peace. In this world you will have trouble. But take heart! I have overcome the world."

Jesus Prays for Himself

17 After Jesus said this, he looked toward heaven and prayed:

"Father, the time has come. Glorify your Son, that your Son may glorify you. ²For you granted him authority over all people that he might give eternal life to all those you have given him. ³Now this is eternal life: that they may know you, the only true God, and Jesus Christ, whom you have sent. ⁴I have brought you glory on earth by completing the work you gave me to do. ⁵And now, Father, glorify me in your presence with the glory I had with you before the world began.

Jesus Prays for His Disciples

⁶"I have revealed youˣ to those whom you gave me out of the world. They were yours; you gave them to me and they have obeyed your word. ⁷Now they know that everything you have given me comes from you. ⁸For I gave them the words you gave me and they accepted them. They knew with certainty that I came from you, and they believed that you sent me. ⁹I pray for them. I am not praying for the world, but for those you have given me, for they are yours. ¹⁰All I have is yours, and all you have is mine. And glory has come to me through them. ¹¹I will remain in the world no longer, but they are still in the world, and I am coming to you. Holy Father, protect them by the power of your name—the name you gave me—so that they may be one as we are one. ¹²While I was with them, I protected them and kept them safe by that name you gave me. None has been lost except the one doomed to destruction so that Scripture would be fulfilled.

ⁿ 16:31 ¿Hasta ... creen? Alt. ¿Ahora creen? Lit. tu nombre; también en v. 26.　　ñ 17:6 quién eres.

ʷ 31 Or "Do you now believe?"　　ˣ 6 Greek your name; also in verse 26

¹³»Ahora vuelvo a ti, pero digo estas cosas mientras todavía estoy en el mundo, para que tengan mi alegría en plenitud. ¹⁴Yo les he entregado tu palabra, y el mundo los ha odiado porque no son del mundo, como tampoco yo soy del mundo. ¹⁵No te pido que los quites del mundo, sino que los protejas del maligno. ¹⁶Ellos no son del mundo, como tampoco lo soy yo. ¹⁷*Santifícalos en la verdad; tu palabra es la verdad. ¹⁸Como tú me enviaste al mundo, yo los envío también al mundo. ¹⁹Y por ellos me santifico a mí mismo, para que también ellos sean santificados en la verdad.

Jesús ora por todos los creyentes

²⁰»No ruego sólo por éstos. Ruego también por los que han de creer en mí por el mensaje de ellos, ²¹para que todos sean uno. Padre, así como tú estás en mí y yo en ti, permite que ellos también estén en nosotros, para que el mundo crea que tú me has enviado. ²²Yo les he dado la gloria que me diste, para que sean uno, así como nosotros somos uno: ²³yo en ellos y tú en mí. Permite que alcancen la *perfección en la unidad, y así el mundo reconozca que tú me enviaste y que los has amado a ellos tal como me has amado a mí.

²⁴»Padre, quiero que los que me has dado estén conmigo donde yo estoy. Que vean mi gloria, la gloria que me has dado porque me amaste desde antes de la creación del mundo.

²⁵»Padre justo, aunque el mundo no te conoce, yo sí te conozco, y éstos reconocen que tú me enviaste. ²⁶Yo les he dado a conocer quién eres, y seguiré haciéndolo, para que el amor con que me has amado esté en ellos, y yo mismo esté en ellos.»

Arresto de Jesús

18 Cuando Jesús terminó de orar, salió con sus discípulos y cruzó el arroyo de Cedrón. Al otro lado había un huerto en el que entró con sus discípulos.

²También Judas, el que lo traicionaba, conocía aquel lugar, porque muchas veces Jesús se había reunido allí con sus discípulos. ³Así que Judas llegó al huerto, a la cabeza de un destacamento^o de soldados y guardias de los jefes de los sacerdotes y de los *fariseos. Llevaban antorchas, lámparas y armas.

⁴Jesús, que sabía todo lo que le iba a suceder, les salió al encuentro.

—¿A quién buscan? —les preguntó.

⁵—A Jesús de Nazaret —contestaron.

—Yo soy.

Judas, el traidor, estaba con ellos. ⁶Cuando Jesús les dijo: «Yo soy», dieron un paso atrás y se desplomaron.

⁷—¿A quién buscan? —volvió a preguntarles Jesús.

—A Jesús de Nazaret —repitieron.

⁸—Ya les dije que yo soy. Si es a mí a quien buscan, dejen que éstos se vayan.

⁹Esto sucedió para que se cumpliera lo que había dicho: «De los que me diste ninguno se perdió.»^p

¹⁰Simón Pedro, que tenía una espada, la desenfundó e hirió al siervo del sumo sacerdote, cortándole la oreja derecha. (El siervo se llamaba Malco.)

¹¹—¡Vuelve esa espada a su funda! —le ordenó Jesús a Pedro—. ¿Acaso no he de beber el trago amargo que el Padre me da a beber?

¹³"I am coming to you now, but I say these things while I am still in the world, so that they may have the full measure of my joy within them. ¹⁴I have given them your word and the world has hated them, for they are not of the world any more than I am of the world. ¹⁵My prayer is not that you take them out of the world but that you protect them from the evil one. ¹⁶They are not of the world, even as I am not of it. ¹⁷Sanctify^y them by the truth; your word is truth. ¹⁸As you sent me into the world, I have sent them into the world. ¹⁹For them I sanctify myself, that they too may be truly sanctified.

Jesus Prays for All Believers

²⁰"My prayer is not for them alone. I pray also for those who will believe in me through their message, ²¹that all of them may be one, Father, just as you are in me and I am in you. May they also be in us so that the world may believe that you have sent me. ²²I have given them the glory that you gave me, that they may be one as we are one: ²³I in them and you in me. May they be brought to complete unity to let the world know that you sent me and have loved them even as you have loved me.

²⁴"Father, I want those you have given me to be with me where I am, and to see my glory, the glory you have given me because you loved me before the creation of the world.

²⁵"Righteous Father, though the world does not know you, I know you, and they know that you have sent me. ²⁶I have made you known to them, and will continue to make you known in order that the love you have for me may be in them and that I myself may be in them."

Jesus Arrested

18 When he had finished praying, Jesus left with his disciples and crossed the Kidron Valley. On the other side there was an olive grove, and he and his disciples went into it.

²Now Judas, who betrayed him, knew the place, because Jesus had often met there with his disciples. ³So Judas came to the grove, guiding a detachment of soldiers and some officials from the chief priests and Pharisees. They were carrying torches, lanterns and weapons.

⁴Jesus, knowing all that was going to happen to him, went out and asked them, "Who is it you want?"

⁵"Jesus of Nazareth," they replied.

"I am he," Jesus said. (And Judas the traitor was standing there with them.) ⁶When Jesus said, "I am he," they drew back and fell to the ground.

⁷Again he asked them, "Who is it you want?"

And they said, "Jesus of Nazareth."

⁸"I told you that I am he," Jesus answered. "If you are looking for me, then let these men go." ⁹This happened so that the words he had spoken would be fulfilled: "I have not lost one of those you gave me."^z

¹⁰Then Simon Peter, who had a sword, drew it and struck the high priest's servant, cutting off his right ear. (The servant's name was Malchus.)

¹¹Jesus commanded Peter, "Put your sword away! Shall I not drink the cup the Father has given me?"

---

^o 18:3 *un destacamento*. Lit. *una cohorte* (que tenía 600 soldados).
^p 18:9 Jn 6:39

^y 17 Greek *hagiazo* (*set apart for sacred use* or *make holy*); also in verse 19   ^z 9 John 6:39

Jesús ante Anás

12 Entonces los soldados, con su comandante, y los guardias de los judíos, arrestaron a Jesús. Lo ataron 13 y lo llevaron primeramente a Anás, que era suegro de Caifás, el sumo sacerdote de aquel año. 14 Caifás era el que había aconsejado a los judíos que era preferible que muriera un solo hombre por el pueblo.

Pedro niega a Jesús

15 Simón Pedro y otro discípulo seguían a Jesús. Y como el otro discípulo era conocido del sumo sacerdote, entró en el patio del sumo sacerdote con Jesús; 16 Pedro, en cambio, tuvo que quedarse afuera, junto a la puerta. El discípulo conocido del sumo sacerdote volvió entonces a salir, habló con la portera de turno y consiguió que Pedro entrara.

17 —¿No eres tú también uno de los discípulos de ese hombre? —le preguntó la portera.

—No lo soy —respondió Pedro.

18 Los criados y los guardias estaban de pie alrededor de una fogata que habían hecho para calentarse, pues hacía frío. Pedro también estaba de pie con ellos, calentándose.

Jesús ante el sumo sacerdote

19 Mientras tanto, el sumo sacerdote interrogaba a Jesús acerca de sus discípulos y de sus enseñanzas.

20 —Yo he hablado abiertamente al mundo —respondió Jesús—. Siempre he enseñado en las sinagogas o en el *templo, donde se congregan todos los judíos. En secreto no he dicho nada. 21 ¿Por qué me interrogas a mí? ¡Interroga a los que me han oído hablar! Ellos deben saber lo que dije.

22 Apenas dijo esto, uno de los guardias que estaba allí cerca le dio una bofetada y le dijo:

—¿Así contestas al sumo sacerdote?

23 —Si he dicho algo malo —replicó Jesús—, demuéstramelo. Pero si lo que dije es correcto, ¿por qué me pegas?

24 Entonces Anás lo envió,q todavía atado, a Caifás, el sumo sacerdote.

Pedro niega de nuevo a Jesús

25 Mientras tanto, Simón Pedro seguía de pie, calentándose.

—¿No eres tú también uno de sus discípulos? —le preguntaron.

—No lo soy —dijo Pedro, negándolo.

26 —¿Acaso no te vi en el huerto con él? —insistió uno de los siervos del sumo sacerdote, pariente de aquel a quien Pedro le había cortado la oreja.

27 Pedro volvió a negarlo, y en ese instante cantó el gallo.

Jesús ante Pilato

28 Luego los judíos llevaron a Jesús de la casa de Caifás al palacio del gobernador romano.r Como ya amanecía, los judíos no entraron en el palacio, pues de hacerlo se *contaminarían ritualmente y no podrían comer la Pascua. 29 Así que Pilato salió a interrogarlos:

—¿De qué delito acusan a este hombre?

30 —Si no fuera un malhechor —respondieron—, no te lo habríamos entregado.

31 —Pues llévenselo ustedes y júzguenlo según su propia ley —les dijo Pilato.

—Nosotros no tenemos ninguna autoridad para ejecutar a nadie —objetaron los judíos.

Jesus Taken to Annas

12 Then the detachment of soldiers with its commander and the Jewish officials arrested Jesus. They bound him 13 and brought him first to Annas, who was the father-in-law of Caiaphas, the high priest that year. 14 Caiaphas was the one who had advised the Jews that it would be good if one man died for the people.

Peter's First Denial

15 Simon Peter and another disciple were following Jesus. Because this disciple was known to the high priest, he went with Jesus into the high priest's courtyard, 16 but Peter had to wait outside at the door. The other disciple, who was known to the high priest, came back, spoke to the girl on duty there and brought Peter in.

17 "You are not one of his disciples, are you?" the girl at the door asked Peter.

He replied, "I am not."

18 It was cold, and the servants and officials stood around a fire they had made to keep warm. Peter also was standing with them, warming himself.

The High Priest Questions Jesus

19 Meanwhile, the high priest questioned Jesus about his disciples and his teaching.

20 "I have spoken openly to the world," Jesus replied. "I always taught in synagogues or at the temple, where all the Jews come together. I said nothing in secret. 21 Why question me? Ask those who heard me. Surely they know what I said."

22 When Jesus said this, one of the officials nearby struck him in the face. "Is this the way you answer the high priest?" he demanded.

23 "If I said something wrong," Jesus replied, "testify as to what is wrong. But if I spoke the truth, why did you strike me?" 24 Then Annas sent him, still bound, to Caiaphas the high priest.a

Peter's Second and Third Denials

25 As Simon Peter stood warming himself, he was asked, "You are not one of his disciples, are you?"

He denied it, saying, "I am not."

26 One of the high priest's servants, a relative of the man whose ear Peter had cut off, challenged him, "Didn't I see you with him in the olive grove?" 27 Again Peter denied it, and at that moment a rooster began to crow.

Jesus Before Pilate

28 Then the Jews led Jesus from Caiaphas to the palace of the Roman governor. By now it was early morning, and to avoid ceremonial uncleanness the Jews did not enter the palace; they wanted to be able to eat the Passover. 29 So Pilate came out to them and asked, "What charges are you bringing against this man?"

30 "If he were not a criminal," they replied, "we would not have handed him over to you."

31 Pilate said, "Take him yourselves and judge him by your own law."

"But we have no right to execute anyone," the Jews

---

q 18:24 Entonces ... envió. Alt. Ahora bien, Anás lo había enviado.
r 18:28 al ... romano. Lit. al pretorio.

a 24 Or (Now Annas had sent him, still bound, to Caiaphas the high priest.)

32 Esto sucedió para que se cumpliera lo que Jesús había dicho, al indicar la clase de muerte que iba a sufrir.

33 Pilato volvió a entrar en el palacio y llamó a Jesús.

—¿Eres tú el rey de los judíos? —le preguntó.

34 —¿Eso lo dices tú —le respondió Jesús—, o es que otros te han hablado de mí?

35 —¿Acaso soy judío? —replicó Pilato—. Han sido tu propio pueblo y los jefes de los sacerdotes los que te entregaron a mí. ¿Qué has hecho?

36 —Mi reino no es de este mundo —contestó Jesús—. Si lo fuera, mis propios guardias pelearían para impedir que los judíos me arrestaran. Pero mi reino no es de este mundo.

37 —¡Así que eres rey! —le dijo Pilato.

—Eres tú quien dice que soy rey. Yo para esto nací, y para esto vine al mundo: para dar testimonio de la verdad. Todo el que está de parte de la verdad escucha mi voz.

38 —¿Y qué es la verdad? —preguntó Pilato.

Dicho esto, salió otra vez a ver a los judíos.

—Yo no encuentro que éste sea culpable de nada —declaró—. 39 Pero como ustedes tienen la costumbre de que les suelte a un preso durante la Pascua, ¿quieren que les suelte al "rey de los judíos"?

40 —¡No, no sueltes a ése; suelta a Barrabás! —volvieron a gritar desaforadamente.

Y Barrabás era un bandido.ˢ

La sentencia

19 Pilato tomó entonces a Jesús y mandó que lo azotaran. 2 Los soldados, que habían tejido una corona de espinas, se la pusieron a Jesús en la cabeza y lo vistieron con un manto de color púrpura.

3 —¡Viva el rey de los judíos! —le gritaban, mientras se le acercaban para abofetearlo.

4 Pilato volvió a salir.

—Aquí lo tienen —dijo a los judíos—. Lo he sacado para que sepan que no lo encuentro culpable de nada.

5 Cuando salió Jesús, llevaba puestos la corona de espinas y el manto de color púrpura.

—¡Aquí tienen al hombre! —les dijo Pilato.

6 Tan pronto como lo vieron, los jefes de los sacerdotes y los guardias gritaron a voz en cuello:

—¡Crucifícalo! ¡Crucifícalo!

—Pues llévenselo y crucifíquenlo ustedes —replicó Pilato—. Por mi parte, no lo encuentro culpable de nada.

7 —Nosotros tenemos una ley, y según esa ley debe morir, porque se ha hecho pasar por Hijo de Dios —insistieron los judíos.

8 Al oír esto, Pilato se atemorizó aún más, 9 así que entró de nuevo en el palacio y le preguntó a Jesús:

—¿De dónde eres tú?

Pero Jesús no le contestó nada.

10 —¿Te niegas a hablarme? —le dijo Pilato—. ¿No te das cuenta de que tengo poder para ponerte en libertad o para mandar que te crucifiquen?

11 —No tendrías ningún poder sobre mí si no se te hubiera dado de arriba —le contestó Jesús—. Por eso el que me puso en tus manos es culpable de un pecado más grande.

12 Desde entonces Pilato procuraba poner en libertad a Jesús, pero los judíos gritaban desaforadamente:

—Si dejas en libertad a este hombre, no eres amigo del *emperador. Cualquiera que pretende ser rey se hace su enemigo.

objected. 32 This happened so that the words Jesus had spoken indicating the kind of death he was going to die would be fulfilled.

33 Pilate then went back inside the palace, summoned Jesus and asked him, "Are you the king of the Jews?"

34 "Is that your own idea," Jesus asked, "or did others talk to you about me?"

35 "Am I a Jew?" Pilate replied. "It was your people and your chief priests who handed you over to me. What is it you have done?"

36 Jesus said, "My kingdom is not of this world. If it were, my servants would fight to prevent my arrest by the Jews. But now my kingdom is from another place."

37 "You are a king, then!" said Pilate.

Jesus answered, "You are right in saying I am a king. In fact, for this reason I was born, and for this I came into the world, to testify to the truth. Everyone on the side of truth listens to me."

38 "What is truth?" Pilate asked. With this he went out again to the Jews and said, "I find no basis for a charge against him. 39 But it is your custom for me to release to you one prisoner at the time of the Passover. Do you want me to release 'the king of the Jews'?"

40 They shouted back, "No, not him! Give us Barabbas!" Now Barabbas had taken part in a rebellion.

Jesus Sentenced to Be Crucified

19 Then Pilate took Jesus and had him flogged. 2 The soldiers twisted together a crown of thorns and put it on his head. They clothed him in a purple robe 3 and went up to him again and again, saying, "Hail, king of the Jews!" And they struck him in the face.

4 Once more Pilate came out and said to the Jews, "Look, I am bringing him out to you to let you know that I find no basis for a charge against him." 5 When Jesus came out wearing the crown of thorns and the purple robe, Pilate said to them, "Here is the man!"

6 As soon as the chief priests and their officials saw him, they shouted, "Crucify! Crucify!"

But Pilate answered, "You take him and crucify him. As for me, I find no basis for a charge against him."

7 The Jews insisted, "We have a law, and according to that law he must die, because he claimed to be the Son of God."

8 When Pilate heard this, he was even more afraid, 9 and he went back inside the palace. "Where do you come from?" he asked Jesus, but Jesus gave him no answer. 10 "Do you refuse to speak to me?" Pilate said. "Don't you realize I have power either to free you or to crucify you?"

11 Jesus answered, "You would have no power over me if it were not given to you from above. Therefore the one who handed me over to you is guilty of a greater sin."

12 From then on, Pilate tried to set Jesus free, but the Jews kept shouting, "If you let this man go, you are no friend of Caesar. Anyone who claims to be a king opposes Caesar."

ˢ 18:40 bandido. Alt. insurgente.

13 Al oír esto, Pilato llevó a Jesús hacia fuera y se sentó en el tribunal, en un lugar al que llamaban el Empedrado (que en arameo se dice Gabatá). 14 Era el día de la preparación para la Pascua, cerca del mediodía.*

—Aquí tienen a su rey —dijo Pilato a los judíos.

15 —¡Fuera! ¡Fuera! ¡Crucifícalo! —vociferaron.

—¿Acaso voy a crucificar a su rey? —replicó Pilato.

—No tenemos más rey que el emperador romano —contestaron los jefes de los sacerdotes.

16 Entonces Pilato se lo entregó para que lo crucificaran, y los soldados se lo llevaron.

La crucifixión

17 Jesús salió cargando su propia cruz hacia el lugar de la Calavera (que en arameo se llama Gólgota). 18 Allí lo crucificaron, y con él a otros dos, uno a cada lado y Jesús en medio.

19 Pilato mandó que se pusiera sobre la cruz un letrero en el que estuviera escrito: «JESÚS DE NAZARET, REY DE LOS JUDÍOS.» 20 Muchos de los judíos lo leyeron, porque el sitio en que crucificaron a Jesús estaba cerca de la ciudad. El letrero estaba escrito en arameo, latín y griego.

21 —No escribas "Rey de los judíos" —protestaron ante Pilato los jefes de los sacerdotes judíos—. Era él quien decía ser rey de los judíos.

22 —Lo que he escrito, escrito queda —les contestó Pilato.

23 Cuando los soldados crucificaron a Jesús, tomaron su manto y lo partieron en cuatro partes, una para cada uno de ellos. Tomaron también la túnica, la cual no tenía costura, sino que era de una sola pieza, tejida de arriba abajo.

24 —No la dividamos —se dijeron unos a otros—. Echemos suertes para ver a quién le toca.

Y así lo hicieron los soldados. Esto sucedió para que se cumpliera la Escritura que dice:

> «Se repartieron entre ellos mi manto,
> y sobre mi ropa echaron suertes.»*u*

25 Junto a la cruz de Jesús estaban su madre, la hermana de su madre, María la esposa de Cleofas, y María Magdalena. 26 Cuando Jesús vio a su madre, y a su lado al discípulo a quien él amaba, dijo a su madre:

—Mujer, ahí tienes a tu hijo.

27 Luego dijo al discípulo:

—Ahí tienes a tu madre.

Y desde aquel momento ese discípulo la recibió en su casa.

Muerte de Jesús

28 Después de esto, como Jesús sabía que ya todo había terminado, y para que se cumpliera la Escritura, dijo:

—Tengo sed.

29 Había allí una vasija llena de vinagre; así que empaparon una esponja en el vinagre, la pusieron en una caña*v* y se la acercaron a la boca. 30 Al probar Jesús el vinagre, dijo:

—Todo se ha cumplido.

Luego inclinó la cabeza y entregó el espíritu.

31 Era el día de la preparación para la Pascua. Los judíos no querían que los cuerpos permanecieran en la cruz en *sábado, por ser éste un día muy solemne. Así que le pidieron a Pilato ordenar que les quebraran las

13 When Pilate heard this, he brought Jesus out and sat down on the judge's seat at a place known as the Stone Pavement (which in Aramaic is Gabbatha). 14 It was the day of Preparation of Passover Week, about the sixth hour.

"Here is your king," Pilate said to the Jews.

15 But they shouted, "Take him away! Take him away! Crucify him!"

"Shall I crucify your king?" Pilate asked.

"We have no king but Caesar," the chief priests answered.

16 Finally Pilate handed him over to them to be crucified.

The Crucifixion

So the soldiers took charge of Jesus. 17 Carrying his own cross, he went out to the place of the Skull (which in Aramaic is called Golgotha). 18 Here they crucified him, and with him two others—one on each side and Jesus in the middle.

19 Pilate had a notice prepared and fastened to the cross. It read: JESUS OF NAZARETH, THE KING OF THE JEWS. 20 Many of the Jews read this sign, for the place where Jesus was crucified was near the city, and the sign was written in Aramaic, Latin and Greek. 21 The chief priests of the Jews protested to Pilate, "Do not write 'The King of the Jews,' but that this man claimed to be king of the Jews."

22 Pilate answered, "What I have written, I have written."

23 When the soldiers crucified Jesus, they took his clothes, dividing them into four shares, one for each of them, with the undergarment remaining. This garment was seamless, woven in one piece from top to bottom.

24 "Let's not tear it," they said to one another. "Let's decide by lot who will get it."

This happened that the scripture might be fulfilled which said,

> "They divided my garments among them
> and cast lots for my clothing."*b*

So this is what the soldiers did.

25 Near the cross of Jesus stood his mother, his mother's sister, Mary the wife of Clopas, and Mary Magdalene. 26 When Jesus saw his mother there, and the disciple whom he loved standing nearby, he said to his mother, "Dear woman, here is your son," 27 and to the disciple, "Here is your mother." From that time on, this disciple took her into his home.

The Death of Jesus

28 Later, knowing that all was now completed, and so that the Scripture would be fulfilled, Jesus said, "I am thirsty." 29 A jar of wine vinegar was there, so they soaked a sponge in it, put the sponge on a stalk of the hyssop plant, and lifted it to Jesus' lips. 30 When he had received the drink, Jesus said, "It is finished." With that, he bowed his head and gave up his spirit.

31 Now it was the day of Preparation, and the next day was to be a special Sabbath. Because the Jews did not want the bodies left on the crosses during the Sabbath, they asked Pilate to have the legs broken and the

---

t 19:14 del mediodía. Alt. *de las seis de la mañana* (si se cuentan las horas a partir de la medianoche, según la hora romana). Lit. *de la hora sexta;* véase nota en 1:39.   *u 19:24* Sal 22:18
v 19:29 una caña. Lit. *una rama de hisopo.*

b 24 Psalm 22:18

piernas a los crucificados y bajaran sus cuerpos. ³²Fueron entonces los soldados y le quebraron las piernas al primer hombre que había sido crucificado con Jesús, y luego al otro. ³³Pero cuando se acercaron a Jesús y vieron que ya estaba muerto, no le quebraron las piernas, ³⁴sino que uno de los soldados le abrió el costado con una lanza, y al instante le brotó sangre y agua. ³⁵El que lo vio ha dado testimonio de ello, y su testimonio es verídico. Él sabe que dice la verdad, para que también ustedes crean. ³⁶Estas cosas sucedieron para que se cumpliera la Escritura: «No le quebrarán ningún hueso»ʷ ³⁷y, como dice otra Escritura: «Mirarán al que han traspasado.»ˣ

Sepultura de Jesús

³⁸Después de esto, José de Arimatea le pidió a Pilato el cuerpo de Jesús. José era discípulo de Jesús, aunque en secreto por miedo a los judíos. Con el permiso de Pilato, fue y retiró el cuerpo. ³⁹También Nicodemo, el que antes había visitado a Jesús de noche, llegó con unos treinta y cuatro kilosʸ de una mezcla de mirra y áloe. ⁴⁰Ambos tomaron el cuerpo de Jesús y, conforme a la costumbre judía de dar sepultura, lo envolvieron en vendas con las especias aromáticas. ⁴¹En el lugar donde crucificaron a Jesús había un huerto, y en el huerto un sepulcro nuevo en el que todavía no se había sepultado a nadie. ⁴²Como era el día judío de la preparación, y el sepulcro estaba cerca, pusieron allí a Jesús.

El sepulcro vacío

20 El primer día de la semana, muy de mañana, cuando todavía estaba oscuro, María Magdalena fue al sepulcro y vio que habían quitado la piedra que cubría la entrada. ²Así que fue corriendo a ver a Simón Pedro y al otro discípulo, a quien Jesús amaba, y les dijo:

—¡Se han llevado del sepulcro al Señor, y no sabemos dónde lo han puesto!

³Pedro y el otro discípulo se dirigieron entonces al sepulcro. ⁴Ambos fueron corriendo, pero como el otro discípulo corría más aprisa que Pedro, llegó primero al sepulcro. ⁵Inclinándose, se asomó y vio allí las vendas, pero no entró. ⁶Tras él llegó Simón Pedro, y entró en el sepulcro. Vio allí las vendas ⁷y el sudario que había cubierto la cabeza de Jesús, aunque el sudario no estaba con las vendas sino enrollado en un lugar aparte. ⁸En ese momento entró también el otro discípulo, el que había llegado primero al sepulcro; y vio y creyó. ⁹Hasta entonces no habían entendido la Escritura, que dice que Jesús tenía que resucitar.

Jesús se aparece a María Magdalena

¹⁰Los discípulos regresaron a su casa, ¹¹pero María se quedó afuera, llorando junto al sepulcro. Mientras lloraba, se inclinó para mirar dentro del sepulcro, ¹²y vio a dos ángeles vestidos de blanco, sentados donde había estado el cuerpo de Jesús, uno a la cabecera y otro a los pies.

¹³—¿Por qué lloras, mujer? —le preguntaron los ángeles.

—Es que se han llevado a mi Señor, y no sé dónde lo han puesto —les respondió.

¹⁴Apenas dijo esto, volvió la mirada y allí vio a

bodies taken down. ³²The soldiers therefore came and broke the legs of the first man who had been crucified with Jesus, and then those of the other. ³³But when they came to Jesus and found that he was already dead, they did not break his legs. ³⁴Instead, one of the soldiers pierced Jesus' side with a spear, bringing a sudden flow of blood and water. ³⁵The man who saw it has given testimony, and his testimony is true. He knows that he tells the truth, and he testifies so that you also may believe. ³⁶These things happened so that the scripture would be fulfilled: "Not one of his bones will be broken,"ᶜ ³⁷and, as another scripture says, "They will look on the one they have pierced."ᵈ

The Burial of Jesus

³⁸Later, Joseph of Arimathea asked Pilate for the body of Jesus. Now Joseph was a disciple of Jesus, but secretly because he feared the Jews. With Pilate's permission, he came and took the body away. ³⁹He was accompanied by Nicodemus, the man who earlier had visited Jesus at night. Nicodemus brought a mixture of myrrh and aloes, about seventy-five pounds.ᵉ ⁴⁰Taking Jesus' body, the two of them wrapped it, with the spices, in strips of linen. This was in accordance with Jewish burial customs. ⁴¹At the place where Jesus was crucified, there was a garden, and in the garden a new tomb, in which no one had ever been laid. ⁴²Because it was the Jewish day of Preparation and since the tomb was nearby, they laid Jesus there.

The Empty Tomb

20 Early on the first day of the week, while it was still dark, Mary Magdalene went to the tomb and saw that the stone had been removed from the entrance. ²So she came running to Simon Peter and the other disciple, the one Jesus loved, and said, "They have taken the Lord out of the tomb, and we don't know where they have put him!"

³So Peter and the other disciple started for the tomb. ⁴Both were running, but the other disciple outran Peter and reached the tomb first. ⁵He bent over and looked in at the strips of linen lying there but did not go in. ⁶Then Simon Peter, who was behind him, arrived and went into the tomb. He saw the strips of linen lying there, ⁷as well as the burial cloth that had been around Jesus' head. The cloth was folded up by itself, separate from the linen. ⁸Finally the other disciple, who had reached the tomb first, also went inside. He saw and believed. ⁹(They still did not understand from Scripture that Jesus had to rise from the dead.)

Jesus Appears to Mary Magdalene

¹⁰Then the disciples went back to their homes, ¹¹but Mary stood outside the tomb crying. As she wept, she bent over to look into the tomb ¹²and saw two angels in white, seated where Jesus' body had been, one at the head and the other at the foot.

¹³They asked her, "Woman, why are you crying?"

"They have taken my Lord away," she said, "and I don't know where they have put him." ¹⁴At this, she turned around and saw Jesus standing there, but she did not realize that it was Jesus.

ʷ 19:36 Éx 12:46; Nm 9:12; Sal 34:20   ˣ 19:37 Zac 12:10
ʸ 19:39 unos ... kilos. Lit. como cien litrai.

ᶜ 36 Exodus 12:46; Num. 9:12; Psalm 34:20   ᵈ 37 Zech. 12:10
ᵉ 39 Greek a hundred litrai (about 34 kilograms)

Jesús de pie, aunque no sabía que era él. [15]Jesús le dijo:

—¿Por qué lloras, mujer? ¿A quién buscas?

Ella, pensando que se trataba del que cuidaba el huerto, le dijo:

—Señor, si usted se lo ha llevado, dígame dónde lo ha puesto, y yo iré por él.

[16]—María —le dijo Jesús.

Ella se volvió y exclamó:

—¡Raboni! (que en arameo significa: Maestro).

[17]—Suéltame,[z] porque todavía no he vuelto al Padre. Ve más bien a mis hermanos y diles: "Vuelvo a mi Padre, que es Padre de ustedes; a mi Dios, que es Dios de ustedes."

[18]María Magdalena fue a darles la noticia a los discípulos. «¡He visto al Señor!», exclamaba, y les contaba lo que él le había dicho.

Jesús se aparece a sus discípulos

[19]Al atardecer de aquel primer día de la semana, estando reunidos los discípulos a puerta cerrada por temor a los judíos, entró Jesús y, poniéndose en medio de ellos, los saludó.

—¡La paz sea con ustedes!

[20]Dicho esto, les mostró las manos y el costado. Al ver al Señor, los discípulos se alegraron.

[21]—¡La paz sea con ustedes! —repitió Jesús—. Como el Padre me envió a mí, así yo los envío a ustedes.

[22]Acto seguido, sopló sobre ellos y les dijo:

—Reciban el Espíritu Santo. [23]A quienes les perdonen sus pecados, les serán perdonados; a quienes no se los perdonen, no les serán perdonados.

Jesús se aparece a Tomás

[24]Tomás, al que apodaban el Gemelo,[a] y que era uno de los doce, no estaba con los discípulos cuando llegó Jesús. [25]Así que los otros discípulos le dijeron:

—¡Hemos visto al Señor!

—Mientras no vea yo la marca de los clavos en sus manos, y meta mi dedo en las marcas y mi mano en su costado, no lo creeré —repuso Tomás.

[26]Una semana más tarde estaban los discípulos de nuevo en la casa, y Tomás estaba con ellos. Aunque las puertas estaban cerradas, Jesús entró y, poniéndose en medio de ellos, los saludó.

—¡La paz sea con ustedes!

[27]Luego le dijo a Tomás:

—Pon tu dedo aquí y mira mis manos. Acerca tu mano y métela en mi costado. Y no seas incrédulo, sino hombre de fe.

[28]—¡Señor mío y Dios mío! —exclamó Tomás.

[29]—Porque me has visto, has creído —le dijo Jesús—; *dichosos los que no han visto y sin embargo creen.

[30]Jesús hizo muchas otras señales milagrosas en presencia de sus discípulos, las cuales no están registradas en este libro. [31]Pero éstas se han escrito para que ustedes crean que Jesús es el *Cristo, el Hijo de Dios, y para que al creer en su nombre tengan vida.

Jesús y la pesca milagrosa

21 Después de esto Jesús se apareció de nuevo a sus discípulos, junto al lago de Tiberíades.[b] Sucedió de esta manera: [2]Estaban juntos Simón Pedro,

[15]"Woman," he said, "why are you crying? Who is it you are looking for?"

Thinking he was the gardener, she said, "Sir, if you have carried him away, tell me where you have put him, and I will get him."

[16]Jesus said to her, "Mary."

She turned toward him and cried out in Aramaic, "Rabboni!" (which means Teacher).

[17]Jesus said, "Do not hold on to me, for I have not yet returned to the Father. Go instead to my brothers and tell them, 'I am returning to my Father and your Father, to my God and your God.' "

[18]Mary Magdalene went to the disciples with the news: "I have seen the Lord!" And she told them that he had said these things to her.

Jesus Appears to His Disciples

[19]On the evening of that first day of the week, when the disciples were together, with the doors locked for fear of the Jews, Jesus came and stood among them and said, "Peace be with you!" [20]After he said this, he showed them his hands and side. The disciples were overjoyed when they saw the Lord.

[21]Again Jesus said, "Peace be with you! As the Father has sent me, I am sending you." [22]And with that he breathed on them and said, "Receive the Holy Spirit. [23]If you forgive anyone his sins, they are forgiven; if you do not forgive them, they are not forgiven."

Jesus Appears to Thomas

[24]Now Thomas (called Didymus), one of the Twelve, was not with the disciples when Jesus came. [25]So the other disciples told him, "We have seen the Lord!"

But he said to them, "Unless I see the nail marks in his hands and put my finger where the nails were, and put my hand into his side, I will not believe it."

[26]A week later his disciples were in the house again, and Thomas was with them. Though the doors were locked, Jesus came and stood among them and said, "Peace be with you!" [27]Then he said to Thomas, "Put your finger here; see my hands. Reach out your hand and put it into my side. Stop doubting and believe."

[28]Thomas said to him, "My Lord and my God!"

[29]Then Jesus told him, "Because you have seen me, you have believed; blessed are those who have not seen and yet have believed."

[30]Jesus did many other miraculous signs in the presence of his disciples, which are not recorded in this book. [31]But these are written that you may[f] believe that Jesus is the Christ, the Son of God, and that by believing you may have life in his name.

Jesus and the Miraculous Catch of Fish

21 Afterward Jesus appeared again to his disciples, by the Sea of Tiberias.[g] It happened this way: [2]Simon Peter, Thomas (called Didymus), Nathanael

---

[z]20:17 *Suéltame*. Lit. *No me toques.* [a]20:24 *apodaban el Gemelo*. Lit. *llamaban Dídimos.* [b]21:1 Es decir, el mar de Galilea.

[f]31 Some manuscripts *may continue to* [g]1 That is, Sea of Galilee

Tomás (al que apodaban el Gemelo^c), Natanael, el de Caná de Galilea, los hijos de Zebedeo, y otros dos discípulos.

3 —Me voy a pescar —dijo Simón Pedro.

—Nos vamos contigo —contestaron ellos.

Salieron, pues, de allí y se embarcaron, pero esa noche no pescaron nada.

4 Al despuntar el alba Jesús se hizo presente en la orilla, pero los discípulos no se dieron cuenta de que era él.

5 —Muchachos, ¿no tienen algo de comer? —les preguntó Jesús.

—No —respondieron ellos.

6 —Tiren la red a la derecha de la barca, y pescarán algo.

Así lo hicieron, y era tal la cantidad de pescados que ya no podían sacar la red.

7 —¡Es el Señor! —dijo a Pedro el discípulo a quien Jesús amaba.

Tan pronto como Simón Pedro le oyó decir: «Es el Señor», se puso la ropa, pues estaba semidesnudo, y se tiró al agua. 8 Los otros discípulos lo siguieron en la barca, arrastrando la red llena de pescados, pues estaban a escasos cien metros^d de la orilla. 9 Al desembarcar, vieron unas brasas con un pescado encima, y un pan.

10 —Traigan algunos de los pescados que acaban de sacar —les dijo Jesús.

11 Simón Pedro subió a bordo y arrastró hasta la orilla la red, la cual estaba llena de pescados de buen tamaño. Eran ciento cincuenta y tres, pero a pesar de ser tantos la red no se rompió.

12 —Vengan a desayunar —les dijo Jesús.

Ninguno de los discípulos se atrevía a preguntarle: «¿Quién eres tú?», porque sabían que era el Señor. 13 Jesús se acercó, tomó el pan y se lo dio a ellos, e hizo lo mismo con el pescado. 14 Ésta fue la tercera vez que Jesús se apareció a sus discípulos después de haber *resucitado.

Jesús restituye a Pedro

15 Cuando terminaron de desayunar, Jesús le preguntó a Simón Pedro:

—Simón, hijo de Juan, ¿me amas más que éstos?

—Sí, Señor, tú sabes que te quiero —contestó Pedro.

—Apacienta mis corderos —le dijo Jesús.

16 Y volvió a preguntarle:

—Simón, hijo de Juan, ¿me amas?

—Sí, Señor, tú sabes que te quiero.

—Cuida de mis ovejas.

17 Por tercera vez Jesús le preguntó:

—Simón, hijo de Juan, ¿me quieres?

A Pedro le dolió que por tercera vez Jesús le hubiera preguntado: «¿Me quieres?» Así que le dijo:

—Señor, tú lo sabes todo; tú sabes que te quiero.

—Apacienta mis ovejas —le dijo Jesús—. 18 De veras te aseguro que cuando eras más joven te vestías tú mismo e ibas adonde querías; pero cuando seas viejo, extenderás las manos y otro te vestirá y te llevará adonde no quieras ir.

19 Esto dijo Jesús para dar a entender la clase de muerte con que Pedro glorificaría a Dios. Después de eso añadió:

—¡Sígueme!

20 Al volverse, Pedro vio que los seguía el discípulo a quien Jesús amaba, el mismo que en la cena se había reclinado sobre Jesús y le había dicho: «Señor, ¿quién

from Cana in Galilee, the sons of Zebedee, and two other disciples were together. 3 "I'm going out to fish," Simon Peter told them, and they said, "We'll go with you." So they went out and got into the boat, but that night they caught nothing.

4 Early in the morning, Jesus stood on the shore, but the disciples did not realize that it was Jesus.

5 He called out to them, "Friends, haven't you any fish?"

"No," they answered.

6 He said, "Throw your net on the right side of the boat and you will find some." When they did, they were unable to haul the net in because of the large number of fish.

7 Then the disciple whom Jesus loved said to Peter, "It is the Lord!" As soon as Simon Peter heard him say, "It is the Lord," he wrapped his outer garment around him (for he had taken it off) and jumped into the water. 8 The other disciples followed in the boat, towing the net full of fish, for they were not far from shore, about a hundred yards.^h 9 When they landed, they saw a fire of burning coals there with fish on it, and some bread.

10 Jesus said to them, "Bring some of the fish you have just caught."

11 Simon Peter climbed aboard and dragged the net ashore. It was full of large fish, 153, but even with so many the net was not torn. 12 Jesus said to them, "Come and have breakfast." None of the disciples dared ask him, "Who are you?" They knew it was the Lord. 13 Jesus came, took the bread and gave it to them, and did the same with the fish. 14 This was now the third time Jesus appeared to his disciples after he was raised from the dead.

Jesus Reinstates Peter

15 When they had finished eating, Jesus said to Simon Peter, "Simon son of John, do you truly love me more than these?"

"Yes, Lord," he said, "you know that I love you."

Jesus said, "Feed my lambs."

16 Again Jesus said, "Simon son of John, do you truly love me?"

He answered, "Yes, Lord, you know that I love you."

Jesus said, "Take care of my sheep."

17 The third time he said to him, "Simon son of John, do you love me?"

Peter was hurt because Jesus asked him the third time, "Do you love me?" He said, "Lord, you know all things; you know that I love you."

Jesus said, "Feed my sheep. 18 I tell you the truth, when you were younger you dressed yourself and went where you wanted; but when you are old you will stretch out your hands, and someone else will dress you and lead you where you do not want to go." 19 Jesus said this to indicate the kind of death by which Peter would glorify God. Then he said to him, "Follow me!"

20 Peter turned and saw that the disciple whom Jesus loved was following them. (This was the one who had leaned back against Jesus at the supper and had said,

---

^c 21:2 *apodaban el Gemelo.* Lit. *llamaban Dídimos.*   ^d 21:8 *a escasos cien metros.* Lit. *a unos doscientos* *codos.*

^h 8 Greek *about two hundred cubits* (about 90 meters)

es el que va a traicionarte?» 21 Al verlo, Pedro preguntó:

—Señor, ¿y éste, qué?

22 —Si quiero que él permanezca vivo hasta que yo vuelva, ¿a ti qué? Tú sígueme no más.

23 Por este motivo corrió entre los hermanos el rumor de que aquel discípulo no moriría. Pero Jesús no dijo que no moriría, sino solamente: «Si quiero que él permanezca vivo hasta que yo vuelva, ¿a ti qué?»

24 Éste es el discípulo que da testimonio de estas cosas, y las escribió. Y estamos convencidos de que su testimonio es verídico.

25 Jesús hizo también muchas otras cosas, tantas que, si se escribiera cada una de ellas, pienso que los libros escritos no cabrían en el mundo entero.

"Lord, who is going to betray you?") 21 When Peter saw him, he asked, "Lord, what about him?"

22 Jesus answered, "If I want him to remain alive until I return, what is that to you? You must follow me." 23 Because of this, the rumor spread among the brothers that this disciple would not die. But Jesus did not say that he would not die; he only said, "If I want him to remain alive until I return, what is that to you?"

24 This is the disciple who testifies to these things and who wrote them down. We know that his testimony is true.

25 Jesus did many other things as well. If every one of them were written down, I suppose that even the whole world would not have room for the books that would be written.

Hechos

de los Apóstoles

Jesús llevado al cielo

1 Estimado Teófilo, en mi primer libro me referí a todo lo que Jesús comenzó a hacer y enseñar ²hasta el día en que fue llevado al cielo, luego de darles instrucciones por medio del Espíritu Santo a los apóstoles que había escogido. ³Después de padecer la muerte, se les presentó dándoles muchas pruebas convincentes de que estaba vivo. Durante cuarenta días se les apareció y les habló acerca del reino de Dios. ⁴Una vez, mientras comía con ellos, les ordenó:

—No se alejen de Jerusalén, sino esperen la promesa del Padre, de la cual les he hablado: ⁵Juan bautizó con*ᵃ* agua, pero dentro de pocos días ustedes serán bautizados con el Espíritu Santo.

⁶Entonces los que estaban reunidos con él le preguntaron:

—Señor, ¿es ahora cuando vas a restablecer el reino a Israel?

⁷—No les toca a ustedes conocer la hora ni el momento determinados por la autoridad misma del Padre —les contestó Jesús—. ⁸Pero cuando venga el Espíritu Santo sobre ustedes, recibirán poder y serán mis testigos tanto en Jerusalén como en toda Judea y Samaria, y hasta los confines de la tierra.

⁹Habiendo dicho esto, mientras ellos lo miraban, fue llevado a las alturas hasta que una nube lo ocultó de su vista. ¹⁰Ellos se quedaron mirando fijamente al cielo mientras él se alejaba. De repente, se les acercaron dos hombres vestidos de blanco, que les dijeron:

¹¹—Galileos, ¿qué hacen aquí mirando al cielo? Este mismo Jesús, que ha sido llevado de entre ustedes al cielo, vendrá otra vez de la misma manera que lo han visto irse.

Elección de Matías para reemplazar a Judas

¹²Entonces regresaron a Jerusalén desde el monte llamado de los Olivos, situado aproximadamente a un kilómetro de la ciudad.*ᵇ* ¹³Cuando llegaron, subieron al lugar donde se alojaban. Estaban allí Pedro, Juan, *Jacobo, Andrés, Felipe, Tomás, Bartolomé, Mateo, Jacobo hijo de Alfeo, Simón el Zelote y Judas hijo de Jacobo. ¹⁴Todos, en un mismo espíritu, se dedicaban a la oración, junto con las mujeres y con los hermanos de Jesús y su madre María.

¹⁵Por aquellos días Pedro se puso de pie en medio de los creyentes,*ᶜ* que eran un grupo como de ciento veinte personas, ¹⁶y les dijo: «Hermanos, tenía que cumplirse la Escritura que, por boca de David, había predicho el Espíritu Santo en cuanto a Judas, el que sirvió de guía a los que arrestaron a Jesús. ¹⁷Judas se contaba entre los nuestros y participaba en nuestro ministerio. ¹⁸(Con el dinero que obtuvo por su crimen, Judas compró un terreno; allí cayó de cabeza, se reventó, y se le salieron las vísceras. ¹⁹Todos en Jerusalén se enteraron de ello, así que aquel terreno fue llamado Acéldama, que en su propio idioma quiere decir "Campo de Sangre".)

Acts

Jesus Taken Up Into Heaven

1 In my former book, Theophilus, I wrote about all that Jesus began to do and to teach ²until the day he was taken up to heaven, after giving instructions through the Holy Spirit to the apostles he had chosen. ³After his suffering, he showed himself to these men and gave many convincing proofs that he was alive. He appeared to them over a period of forty days and spoke about the kingdom of God. ⁴On one occasion, while he was eating with them, he gave them this command: "Do not leave Jerusalem, but wait for the gift my Father promised, which you have heard me speak about. ⁵For John baptized with*ᵃ* water, but in a few days you will be baptized with the Holy Spirit."

⁶So when they met together, they asked him, "Lord, are you at this time going to restore the kingdom to Israel?"

⁷He said to them: "It is not for you to know the times or dates the Father has set by his own authority. ⁸But you will receive power when the Holy Spirit comes on you; and you will be my witnesses in Jerusalem, and in all Judea and Samaria, and to the ends of the earth."

⁹After he said this, he was taken up before their very eyes, and a cloud hid him from their sight.

¹⁰They were looking intently up into the sky as he was going, when suddenly two men dressed in white stood beside them. ¹¹"Men of Galilee," they said, "why do you stand here looking into the sky? This same Jesus, who has been taken from you into heaven, will come back in the same way you have seen him go into heaven."

Matthias Chosen to Replace Judas

¹²Then they returned to Jerusalem from the hill called the Mount of Olives, a Sabbath day's walk*ᵇ* from the city. ¹³When they arrived, they went upstairs to the room where they were staying. Those present were Peter, John, James and Andrew; Philip and Thomas, Bartholomew and Matthew; James son of Alphaeus and Simon the Zealot, and Judas son of James. ¹⁴They all joined together constantly in prayer, along with the women and Mary the mother of Jesus, and with his brothers.

¹⁵In those days Peter stood up among the believers*ᶜ* (a group numbering about a hundred and twenty) ¹⁶and said, "Brothers, the Scripture had to be fulfilled which the Holy Spirit spoke long ago through the mouth of David concerning Judas, who served as guide for those who arrested Jesus— ¹⁷he was one of our number and shared in this ministry."

¹⁸(With the reward he got for his wickedness, Judas bought a field; there he fell headlong, his body burst open and all his intestines spilled out. ¹⁹Everyone in Jerusalem heard about this, so they called that field in their language Akeldama, that is, Field of Blood.)

ᵃ 1:5 con. Alt. *en.* *ᵇ 1:12 situado ... ciudad.* Lit. *que está cerca de Jerusalén, camino de un *sábado* (es decir, lo que la ley permitía caminar en el día de reposo).* *ᶜ 1:15 creyentes.* Lit. *hermanos.*

ᵃ 5 Or *in* *ᵇ 12* That is, about 3/4 mile (about 1,100 meters) *ᶜ 15* Greek *brothers*

20»Porque en el libro de los Salmos —continuó Pedro— está escrito:

»"Que su lugar quede desierto,
y que nadie lo habite."*d*

También está escrito:

»"Que otro se haga cargo de su oficio."*e*

21-22 Por tanto, es preciso que se una a nosotros un testigo de la resurrección, uno de los que nos acompañaban todo el tiempo que el Señor Jesús vivió entre nosotros, desde que Juan bautizaba hasta el día en que Jesús fue llevado de entre nosotros.»

23 Así que propusieron a dos: a José, llamado Barsabás, apodado el Justo, y a Matías. 24 Y oraron así: «Señor, tú que conoces el corazón de todos, muéstranos a cuál de estos dos has elegido 25 para que se haga cargo del servicio apostólico que Judas dejó para irse al lugar que le correspondía.» 26 Luego echaron suertes y la elección recayó en Matías; así que él fue reconocido junto con los once apóstoles.

El Espíritu Santo desciende en Pentecostés

2 Cuando llegó el día de Pentecostés, estaban todos juntos en el mismo lugar. 2 De repente, vino del cielo un ruido como el de una violenta ráfaga de viento y llenó toda la casa donde estaban reunidos. 3 Se les aparecieron entonces unas lenguas como de fuego que se repartieron y se posaron sobre cada uno de ellos. 4 Todos fueron llenos del Espíritu Santo y comenzaron a hablar en diferentes *lenguas, según el Espíritu les concedía expresarse.

5 Estaban de visita en Jerusalén judíos piadosos, procedentes de todas las naciones de la tierra. 6 Al oír aquel bullicio, se agolparon y quedaron todos pasmados porque cada uno los escuchaba hablar en su propio idioma. 7 Desconcertados y maravillados, decían: «¿No son galileos todos estos que están hablando? 8 ¿Cómo es que cada uno de nosotros los oye hablar en su lengua materna? 9 Partos, medos y elamitas; habitantes de Mesopotamia, de Judea y de Capadocia, del Ponto y de *Asia, 10 de Frigia y de Panfilia, de Egipto y de las regiones de Libia cercanas a Cirene; visitantes llegados de Roma; 11 judíos y *prosélitos; cretenses y árabes: ¡todos por igual los oímos proclamar en nuestra propia lengua las maravillas de Dios!»

12 Desconcertados y perplejos, se preguntaban: «¿Qué quiere decir esto?» 13 Otros se burlaban y decían: «Lo que pasa es que están borrachos.»

Pedro se dirige a la multitud

14 Entonces Pedro, con los once, se puso de pie y dijo a voz en cuello: «Compatriotas judíos y todos ustedes que están en Jerusalén, déjenme explicarles lo que sucede; presten atención a lo que les voy a decir. 15 Éstos no están borrachos, como suponen ustedes. ¡Apenas son las nueve de la mañana!*f* 16 En realidad lo que pasa es lo que anunció el profeta Joel:

17 »"Sucederá que en los últimos días —dice Dios—,
derramaré mi Espíritu sobre todo el género *humano.
Los hijos y las hijas de ustedes profetizarán,
tendrán visiones los jóvenes
y sueños los ancianos.

20"For," said Peter, "it is written in the book of Psalms,

" 'May his place be deserted;
let there be no one to dwell in it,'*d*

and,

" 'May another take his place of
leadership.'*e*

21Therefore it is necessary to choose one of the men who have been with us the whole time the Lord Jesus went in and out among us, 22beginning from John's baptism to the time when Jesus was taken up from us. For one of these must become a witness with us of his resurrection."

23So they proposed two men: Joseph called Barsabbas (also known as Justus) and Matthias. 24Then they prayed, "Lord, you know everyone's heart. Show us which of these two you have chosen 25to take over this apostolic ministry, which Judas left to go where he belongs." 26Then they cast lots, and the lot fell to Matthias; so he was added to the eleven apostles.

The Holy Spirit Comes at Pentecost

2 When the day of Pentecost came, they were all together in one place. 2Suddenly a sound like the blowing of a violent wind came from heaven and filled the whole house where they were sitting. 3They saw what seemed to be tongues of fire that separated and came to rest on each of them. 4All of them were filled with the Holy Spirit and began to speak in other tongues*f* as the Spirit enabled them.

5Now there were staying in Jerusalem God-fearing Jews from every nation under heaven. 6When they heard this sound, a crowd came together in bewilderment, because each one heard them speaking in his own language. 7Utterly amazed, they asked: "Are not all these men who are speaking Galileans? 8Then how is it that each of us hears them in his own native language? 9Parthians, Medes and Elamites; residents of Mesopotamia, Judea and Cappadocia, Pontus and Asia, 10Phrygia and Pamphylia, Egypt and the parts of Libya near Cyrene; visitors from Rome 11(both Jews and converts to Judaism); Cretans and Arabs—we hear them declaring the wonders of God in our own tongues!" 12Amazed and perplexed, they asked one another, "What does this mean?"

13Some, however, made fun of them and said, "They have had too much wine.*g*"

Peter Addresses the Crowd

14Then Peter stood up with the Eleven, raised his voice and addressed the crowd: "Fellow Jews and all of you who live in Jerusalem, let me explain this to you; listen carefully to what I say. 15These men are not drunk, as you suppose. It's only nine in the morning! 16No, this is what was spoken by the prophet Joel:

17" 'In the last days, God says,
I will pour out my Spirit on all people.
Your sons and daughters will prophesy,
your young men will see visions,
your old men will dream dreams.

---

d 1:20 Sal 69:25   *e 1:20* Sal 109:8   *f 2:15 son las nueve de la mañana.* Lit. *es la hora tercera del día.*

d 20 Psalm 69:25   *e 20* Psalm 109:8   *f 4* Or *languages;* also in verse 11   *g 13* Or *sweet wine*

¹⁸En esos días derramaré mi Espíritu
      aun sobre mis *siervos y mis siervas,
   y profetizarán.
¹⁹Arriba en el cielo y abajo en la tierra mostraré
         prodigios:
      sangre, fuego y nubes de humo.
²⁰El sol se convertirá en tinieblas
      y la luna en sangre
   antes que llegue el día del Señor,
      día grande y esplendoroso.
²¹Y todo el que invoque el nombre del Señor
      será salvo." ^g

²²»Pueblo de Israel, escuchen esto: Jesús de Nazaret
fue un hombre acreditado por Dios ante ustedes con
milagros, señales y prodigios, los cuales realizó Dios
entre ustedes por medio de él, como bien lo saben.
²³Éste fue entregado según el determinado propósito y
el previo conocimiento de Dios; y por medio de gente
malvada,^h ustedes lo mataron, clavándolo en la cruz.
²⁴Sin embargo, Dios lo resucitó, librándolo de las an-
gustias de la muerte, porque era imposible que la muerte lo mantuviera bajo su dominio. ²⁵En efecto, David
dijo de él:

   »"Veía yo al Señor siempre delante de mí,
      porque él está a mi *derecha
      para que no caiga.
²⁶Por eso mi corazón se alegra, y canta con gozo
         mi lengua;
      mi cuerpo también vivirá en esperanza.
²⁷No dejarás que mi *vida termine en el
         sepulcro;ⁱ
      no permitirás que tu santo sufra corrupción.
²⁸Me has dado a conocer los caminos de la vida;
      me llenarás de alegría en tu presencia." ^j

²⁹»Hermanos, permítanme hablarles con franqueza
acerca del patriarca David, que murió y fue sepultado,
y cuyo sepulcro está entre nosotros hasta el día de hoy.
³⁰Era profeta y sabía que Dios le había prometido bajo
juramento poner en el trono a uno de sus descendien-
tes.^k ³¹Fue así como previó lo que iba a suceder.
Refiriéndose a la resurrección del *Mesías, afirmó que
Dios no dejaría que su vida terminara en el sepulcro, ni
que su fin fuera la corrupción. ³²A este Jesús, Dios
lo resucitó, y de ello todos nosotros somos testigos.
³³Exaltado por el poder^l de Dios, y habiendo recibido
del Padre el Espíritu Santo prometido, ha derramado
esto que ustedes ahora ven y oyen. ³⁴David no subió al
cielo, y sin embargo declaró:

   »"Dijo el Señor a mi Señor:
      Siéntate a mi derecha,
³⁵hasta que ponga a tus enemigos
      por estrado de tus pies." ^m

³⁶»Por tanto, sépalo bien todo Israel que a este Jesús,
a quien ustedes crucificaron, Dios lo ha hecho Señor y
Mesías.»
³⁷Cuando oyeron esto, todos se sintieron profunda-
mente conmovidos y les dijeron a Pedro y a los otros
apóstoles:
   —Hermanos, ¿qué debemos hacer?
³⁸—*Arrepiéntase y bautícese cada uno de ustedes
en el nombre de *Jesucristo para perdón de sus pecados —les contestó Pedro—, y recibirán el don del

¹⁸Even on my servants, both men and women,
      I will pour out my Spirit in those days,
      and they will prophesy.
¹⁹I will show wonders in the heaven above
      and signs on the earth below,
      blood and fire and billows of smoke.
²⁰The sun will be turned to darkness
      and the moon to blood
      before the coming of the great and
         glorious day of the Lord.
²¹And everyone who calls
      on the name of the Lord will be saved.' ^h

²²"Men of Israel, listen to this: Jesus of Nazareth
was a man accredited by God to you by miracles, wonders and signs, which God did among you through him,
as you yourselves know. ²³This man was handed over
to you by God's set purpose and foreknowledge; and
you, with the help of wicked men,ⁱ put him to death
by nailing him to the cross. ²⁴But God raised him from
the dead, freeing him from the agony of death, because
it was impossible for death to keep its hold on him.
²⁵David said about him:

   " 'I saw the Lord always before me.
      Because he is at my right hand,
      I will not be shaken.
²⁶Therefore my heart is glad and my tongue
         rejoices;
      my body also will live in hope,
²⁷because you will not abandon me to the
         grave,
      nor will you let your Holy One see decay.
²⁸You have made known to me the paths of
         life;
      you will fill me with joy in your
         presence.' ^j

²⁹"Brothers, I can tell you confidently that the patri-
arch David died and was buried, and his tomb is here
to this day. ³⁰But he was a prophet and knew that God
had promised him on oath that he would place one
of his descendants on his throne. ³¹Seeing what was
ahead, he spoke of the resurrection of the Christ,^k that
he was not abandoned to the grave, nor did his body
see decay. ³²God has raised this Jesus to life, and we
are all witnesses of the fact. ³³Exalted to the right hand
of God, he has received from the Father the promised
Holy Spirit and has poured out what you now see and
hear. ³⁴For David did not ascend to heaven, and yet he
said,

   " 'The Lord said to my Lord:
      "Sit at my right hand
³⁵until I make your enemies
      a footstool for your feet." ' ^l

³⁶"Therefore let all Israel be assured of this: God has
made this Jesus, whom you crucified, both Lord and
Christ."
³⁷When the people heard this, they were cut to the
heart and said to Peter and the other apostles, "Brothers, what shall we do?"
³⁸Peter replied, "Repent and be baptized, every one
of you, in the name of Jesus Christ for the forgiveness
of your sins. And you will receive the gift of the Holy

---

^g 2:21 Jl 2:28-32   ^h 2:23 gente malvada. Lit. quienes carecían
de la ley.   ⁱ 2:27 sepulcro. Lit. *Hades; también en v. 31.
^j 2:28 Sal 16:8-11   ^k 2:30 Sal 132:11   ^l 2:33 por el poder.
Alt. a la derecha.   ^m 2:35 Sal 110:1

^h 21 Joel 2:28-32   ⁱ 23 Or of those not having the law (that is,
Gentiles)   ^j 28 Psalm 16:8-11   ^k 31 Or Messiah. "The Christ"
(Greek) and "the Messiah" (Hebrew) both mean "the Anointed
One"; also in verse 36.   ^l 35 Psalm 110:1

Espíritu Santo. 39 En efecto, la promesa es para ustedes, para sus hijos y para todos los extranjeros,*n* es decir, para todos aquellos a quienes el Señor nuestro Dios quiera llamar.

40 Y con muchas otras razones les exhortaba insistentemente:

—¡Sálvense de esta generación perversa!

La comunidad de los creyentes

41 Así, pues, los que recibieron su mensaje fueron bautizados, y aquel día se unieron a la iglesia unas tres mil personas. 42 Se mantenían firmes en la enseñanza de los apóstoles, en la comunión, en el partimiento del pan y en la oración. 43 Todos estaban asombrados por los muchos prodigios y señales que realizaban los apóstoles. 44 Todos los creyentes estaban juntos y tenían todo en común: 45 vendían sus propiedades y posesiones, y compartían sus bienes entre sí según la necesidad de cada uno. 46 No dejaban de reunirse en el *templo ni un solo día. De casa en casa partían el pan y compartían la comida con alegría y generosidad, 47 alabando a Dios y disfrutando de la estimación general del pueblo. Y cada día el Señor añadía al grupo los que iban siendo salvos.

Pedro sana a un mendigo lisiado

3 Un día subían Pedro y Juan al *templo a las tres de la tarde,*ñ* que es la hora de la oración. 2 Junto a la puerta llamada Hermosa había un hombre lisiado de nacimiento, al que todos los días dejaban allí para que pidiera limosna a los que entraban en el templo. 3 Cuando éste vio que Pedro y Juan estaban por entrar, les pidió limosna. 4 Pedro, con Juan, mirándolo fijamente, le dijo:

—¡Míranos!

5 El hombre fijó en ellos la mirada, esperando recibir algo.

6 —No tengo plata ni oro —declaró Pedro—, pero lo que tengo te doy. En el nombre de *Jesucristo de Nazaret, ¡levántate y anda!

7 Y tomándolo por la mano derecha, lo levantó. Al instante los pies y los tobillos del hombre cobraron fuerza. 8 De un salto se puso en pie y comenzó a caminar. Luego entró con ellos en el templo con sus propios pies, saltando y alabando a Dios. 9 Cuando todo el pueblo lo vio caminar y alabar a Dios, 10 lo reconocieron como el mismo hombre que acostumbraba pedir limosna sentado junto a la puerta llamada Hermosa, y se llenaron de admiración y asombro por lo que le había ocurrido.

Pedro se dirige a los espectadores

11 Mientras el hombre seguía aferrado a Pedro y a Juan, toda la gente, que no salía de su asombro, corrió hacia ellos al lugar conocido como Pórtico de Salomón. 12 Al ver esto, Pedro les dijo: «Pueblo de Israel, ¿por qué les sorprende lo que ha pasado? ¿Por qué nos miran como si, por nuestro propio poder o virtud, hubiéramos hecho caminar a este hombre? 13 El Dios de Abraham, de Isaac y de Jacob, el Dios de nuestros antepasados, ha glorificado a su siervo Jesús. Ustedes lo entregaron y lo rechazaron ante Pilato, aunque éste había decidido soltarlo. 14 Rechazaron al Santo y Justo, y pidieron que se indultara a un asesino. 15 Mataron al autor de la vida, pero Dios lo *levantó de entre los

Spirit. 39 The promise is for you and your children and for all who are far off—for all whom the Lord our God will call."

40 With many other words he warned them; and he pleaded with them, "Save yourselves from this corrupt generation." 41 Those who accepted his message were baptized, and about three thousand were added to their number that day.

The Fellowship of the Believers

42 They devoted themselves to the apostles' teaching and to the fellowship, to the breaking of bread and to prayer. 43 Everyone was filled with awe, and many wonders and miraculous signs were done by the apostles. 44 All the believers were together and had everything in common. 45 Selling their possessions and goods, they gave to anyone as he had need. 46 Every day they continued to meet together in the temple courts. They broke bread in their homes and ate together with glad and sincere hearts, 47 praising God and enjoying the favor of all the people. And the Lord added to their number daily those who were being saved.

Peter Heals the Crippled Beggar

3 One day Peter and John were going up to the temple at the time of prayer—at three in the afternoon. 2 Now a man crippled from birth was being carried to the temple gate called Beautiful, where he was put every day to beg from those going into the temple courts. 3 When he saw Peter and John about to enter, he asked them for money. 4 Peter looked straight at him, as did John. Then Peter said, "Look at us!" 5 So the man gave them his attention, expecting to get something from them.

6 Then Peter said, "Silver or gold I do not have, but what I have I give you. In the name of Jesus Christ of Nazareth, walk." 7 Taking him by the right hand, he helped him up, and instantly the man's feet and ankles became strong. 8 He jumped to his feet and began to walk. Then he went with them into the temple courts, walking and jumping, and praising God. 9 When all the people saw him walking and praising God, 10 they recognized him as the same man who used to sit begging at the temple gate called Beautiful, and they were filled with wonder and amazement at what had happened to him.

Peter Speaks to the Onlookers

11 While the beggar held on to Peter and John, all the people were astonished and came running to them in the place called Solomon's Colonnade. 12 When Peter saw this, he said to them: "Men of Israel, why does this surprise you? Why do you stare at us as if by our own power or godliness we had made this man walk? 13 The God of Abraham, Isaac and Jacob, the God of our fathers, has glorified his servant Jesus. You handed him over to be killed, and you disowned him before Pilate, though he had decided to let him go. 14 You disowned the Holy and Righteous One and asked that a murderer be released to you. 15 You killed the author of life, but God raised him from the dead. We are

n 2:39 *los extranjeros.* Lit. *los que están lejos.*   *ñ* 3:1 *las tres de la tarde.* Lit. *la hora novena.*

muertos, y de eso nosotros somos testigos. 16 Por la fe en el nombre de Jesús, él ha restablecido a este hombre a quien ustedes ven y conocen. Esta fe que viene por medio de Jesús lo ha sanado por completo, como les consta a ustedes.

17 »Ahora bien, hermanos, yo sé que ustedes y sus dirigentes actuaron así por ignorancia. 18 Pero de este modo Dios cumplió lo que de antemano había anunciado por medio de todos los profetas: que su *Mesías tenía que padecer. 19 Por tanto, para que sean borrados sus pecados, *arrepiéntanse y vuélvanse a Dios, a fin de que vengan tiempos de descanso de parte del Señor, 20 enviándoles el Mesías que ya había sido preparado para ustedes, el cual es Jesús. 21 Es necesario que él permanezca en el cielo hasta que llegue el tiempo de la restauración de todas las cosas, como Dios lo ha anunciado desde hace siglos por medio de sus *santos profetas. 22 Moisés dijo: "El Señor su Dios hará surgir para ustedes, de entre sus propios hermanos, a un profeta como yo; presten atención a todo lo que les diga. 23 Porque quien no le haga caso será eliminado del pueblo."[o]

24 »En efecto, a partir de Samuel todos los profetas han anunciado estos días. 25 Ustedes, pues, son herederos de los profetas y del pacto que Dios estableció con nuestros antepasados al decirle a Abraham: "Todos los pueblos del mundo serán bendecidos por medio de tu descendencia."[p] 26 Cuando Dios resucitó a su siervo, lo envió primero a ustedes para darles la bendición de que cada uno se convierta de sus maldades.»

Pedro y Juan ante el Consejo

4 Mientras Pedro y Juan le hablaban a la gente, se les presentaron los sacerdotes, el capitán de la guardia del *templo y los saduceos. 2 Estaban muy disgustados porque los apóstoles enseñaban a la gente y proclamaban la resurrección, que se había hecho evidente en el caso de Jesús. 3 Prendieron a Pedro y a Juan y, como ya anochecía, los metieron en la cárcel hasta el día siguiente. 4 Pero muchos de los que oyeron el mensaje creyeron, y el número de éstos llegaba a unos cinco mil.

5 Al día siguiente se reunieron en Jerusalén los gobernantes, los *ancianos y los *maestros de la ley. 6 Allí estaban el sumo sacerdote Anás, Caifás, Juan, Alejandro y los otros miembros de la familia del sumo sacerdote. 7 Hicieron que Pedro y Juan comparecieran ante ellos y comenzaron a interrogarlos:

—¿Con qué poder, o en nombre de quién, hicieron ustedes esto?

8 Pedro, lleno del Espíritu Santo, les respondió:

—Gobernantes del pueblo y ancianos: 9 Hoy se nos procesa por haber favorecido a un inválido, ¡y se nos pregunta cómo fue sanado! 10 Sepan, pues, todos ustedes y todo el pueblo de Israel que este hombre está aquí delante de ustedes, sano gracias al nombre de *Jesucristo de Nazaret, crucificado por ustedes pero *resucitado por Dios. 11 Jesucristo es "la piedra que desecharon ustedes los constructores, y que ha llegado a ser la piedra angular".[q] 12 De hecho, en ningún otro hay salvación, porque no hay bajo el cielo otro nombre dado a los hombres mediante el cual podamos ser salvos.

13 Los gobernantes, al ver la osadía con que hablaban Pedro y Juan, y al darse cuenta de que eran gente sin estudios ni preparación, quedaron asombrados y reconocieron que habían estado con Jesús. 14 Además, como vieron que los acompañaba el hombre que había

[o] *3:23* Lv 23:29; Dt 18:15,18,19 [p] *3:25* Gn 22:18; 26:4
[q] *4:11* Sal 118:22

witnesses of this. 16 By faith in the name of Jesus, this man whom you see and know was made strong. It is Jesus' name and the faith that comes through him that has given this complete healing to him, as you can all see.

17 "Now, brothers, I know that you acted in ignorance, as did your leaders. 18 But this is how God fulfilled what he had foretold through all the prophets, saying that his Christ[m] would suffer. 19 Repent, then, and turn to God, so that your sins may be wiped out, that times of refreshing may come from the Lord, 20 and that he may send the Christ, who has been appointed for you—even Jesus. 21 He must remain in heaven until the time comes for God to restore everything, as he promised long ago through his holy prophets. 22 For Moses said, 'The Lord your God will raise up for you a prophet like me from among your own people; you must listen to everything he tells you. 23 Anyone who does not listen to him will be completely cut off from among his people.'[n]

24 "Indeed, all the prophets from Samuel on, as many as have spoken, have foretold these days. 25 And you are heirs of the prophets and of the covenant God made with your fathers. He said to Abraham, 'Through your offspring all peoples on earth will be blessed.'[o] 26 When God raised up his servant, he sent him first to you to bless you by turning each of you from your wicked ways."

Peter and John Before the Sanhedrin

4 The priests and the captain of the temple guard and the Sadducees came up to Peter and John while they were speaking to the people. 2 They were greatly disturbed because the apostles were teaching the people and proclaiming in Jesus the resurrection of the dead. 3 They seized Peter and John, and because it was evening, they put them in jail until the next day. 4 But many who heard the message believed, and the number of men grew to about five thousand.

5 The next day the rulers, elders and teachers of the law met in Jerusalem. 6 Annas the high priest was there, and so were Caiaphas, John, Alexander and the other men of the high priest's family. 7 They had Peter and John brought before them and began to question them: "By what power or what name did you do this?"

8 Then Peter, filled with the Holy Spirit, said to them: "Rulers and elders of the people! 9 If we are being called to account today for an act of kindness shown to a cripple and are asked how he was healed, 10 then know this, you and all the people of Israel: It is by the name of Jesus Christ of Nazareth, whom you crucified but whom God raised from the dead, that this man stands before you healed. 11 He is

" 'the stone you builders rejected,
which has become the capstone.[p]'[q]

12 Salvation is found in no one else, for there is no other name under heaven given to men by which we must be saved."

13 When they saw the courage of Peter and John and realized that they were unschooled, ordinary men, they were astonished and they took note that these men had been with Jesus. 14 But since they could see the man who had been healed standing there with them, there

[m] *18* Or *Messiah*; also in verse 20 [n] *23* Deut. 18:15,18,19
[o] *25* Gen. 22:18; 26:4 [p] *11* Or *cornerstone*
[q] *11* Psalm 118:22

sido sanado, no tenían nada que alegar. [15] Así que les mandaron que se retiraran del *Consejo, y se pusieron a deliberar entre sí: [16] «¿Qué vamos a hacer con estos sujetos? Es un hecho que por medio de ellos ha ocurrido un milagro evidente; todos los que viven en Jerusalén lo saben, y no podemos negarlo. [17] Pero para evitar que este asunto siga divulgándose entre la gente, vamos a amenazarlos para que no vuelvan a hablar de ese nombre a nadie.»

[18] Los llamaron y les ordenaron terminantemente que dejaran de hablar y enseñar acerca del nombre de Jesús. [19] Pero Pedro y Juan replicaron:

—¿Es justo delante de Dios obedecerlos a ustedes en vez de obedecerlo a él? ¡Júzguenlo ustedes mismos! [20] Nosotros no podemos dejar de hablar de lo que hemos visto y oído.

[21] Después de nuevas amenazas, los dejaron irse. Por causa de la gente, no hallaban manera de castigarlos: todos alababan a Dios por lo que había sucedido, [22] pues el hombre que había sido milagrosamente sanado tenía más de cuarenta años.

La oración de los creyentes

[23] Al quedar libres, Pedro y Juan volvieron a los suyos y les relataron todo lo que les habían dicho los jefes de los sacerdotes y los *ancianos. [24] Cuando lo oyeron, alzaron unánimes la voz en oración a Dios: «Soberano Señor, creador del cielo y de la tierra, del mar y de todo lo que hay en ellos, [25] tú, por medio del Espíritu Santo, dijiste en labios de nuestro padre David, tu siervo:

»"¿Por qué se sublevan las *naciones
    y en vano conspiran los pueblos?
[26] Los reyes de la tierra se rebelan
    y los gobernantes se confabulan
contra el Señor
    y contra su ungido."[r]

[27] En efecto, en esta ciudad se reunieron Herodes y Poncio Pilato, con los *gentiles y con el pueblo[s] de Israel, contra tu santo siervo Jesús, a quien ungiste [28] para hacer lo que de antemano tu poder y tu voluntad habían determinado que sucediera. [29] Ahora, Señor, toma en cuenta sus amenazas y concede a tus *siervos el proclamar tu palabra sin temor alguno. [30] Por eso, extiende tu mano para sanar y hacer señales y prodigios mediante el nombre de tu santo siervo Jesús.»

[31] Después de haber orado, tembló el lugar en que estaban reunidos; todos fueron llenos del Espíritu Santo, y proclamaban la palabra de Dios sin temor alguno.

Los creyentes comparten sus bienes

[32] Todos los creyentes eran de un solo sentir y pensar. Nadie consideraba suya ninguna de sus posesiones, sino que las compartían. [33] Los apóstoles, a su vez, con gran poder seguían dando testimonio de la resurrección del Señor Jesús. La gracia de Dios se derramaba abundantemente sobre todos ellos, [34] pues no había ningún necesitado en la comunidad. Quienes poseían casas o terrenos los vendían, llevaban el dinero de las ventas [35] y lo entregaban a los apóstoles para que se distribuyera a cada uno según su necesidad.

[36] José, un levita natural de Chipre, a quien los apóstoles llamaban Bernabé (que significa: Consolador[t]), [37] vendió un terreno que poseía, llevó el dinero y lo puso a disposición de los apóstoles.

was nothing they could say. [15] So they ordered them to withdraw from the Sanhedrin and then conferred together. [16] "What are we going to do with these men?" they asked. "Everybody living in Jerusalem knows they have done an outstanding miracle, and we cannot deny it. [17] But to stop this thing from spreading any further among the people, we must warn these men to speak no longer to anyone in this name."

[18] Then they called them in again and commanded them not to speak or teach at all in the name of Jesus. [19] But Peter and John replied, "Judge for yourselves whether it is right in God's sight to obey you rather than God. [20] For we cannot help speaking about what we have seen and heard."

[21] After further threats they let them go. They could not decide how to punish them, because all the people were praising God for what had happened. [22] For the man who was miraculously healed was over forty years old.

The Believers' Prayer

[23] On their release, Peter and John went back to their own people and reported all that the chief priests and elders had said to them. [24] When they heard this, they raised their voices together in prayer to God. "Sovereign Lord," they said, "you made the heaven and the earth and the sea, and everything in them. [25] You spoke by the Holy Spirit through the mouth of your servant, our father David:

" 'Why do the nations rage
    and the peoples plot in vain?
[26] The kings of the earth take their stand
    and the rulers gather together
against the Lord
    and against his Anointed One.'[r] [s]

[27] Indeed Herod and Pontius Pilate met together with the Gentiles and the people[t] of Israel in this city to conspire against your holy servant Jesus, whom you anointed. [28] They did what your power and will had decided beforehand should happen. [29] Now, Lord, consider their threats and enable your servants to speak your word with great boldness. [30] Stretch out your hand to heal and perform miraculous signs and wonders through the name of your holy servant Jesus."

[31] After they prayed, the place where they were meeting was shaken. And they were all filled with the Holy Spirit and spoke the word of God boldly.

The Believers Share Their Possessions

[32] All the believers were one in heart and mind. No one claimed that any of his possessions was his own, but they shared everything they had. [33] With great power the apostles continued to testify to the resurrection of the Lord Jesus, and much grace was upon them all. [34] There were no needy persons among them. For from time to time those who owned lands or houses sold them, brought the money from the sales [35] and put it at the apostles' feet, and it was distributed to anyone as he had need.

[36] Joseph, a Levite from Cyprus, whom the apostles called Barnabas (which means Son of Encouragement), [37] sold a field he owned and brought the money and put it at the apostles' feet.

---

[r] 4:26 ungido. Lit. *Cristo; Sal 2:1-2.   [s] 4:27 el pueblo. Lit. los pueblos.   [t] 4:36 Consolador. Lit. Hijo de consolación.   [r] 26 That is, Christ or Messiah   [s] 26 Psalm 2:1,2   [t] 27 The Greek is plural.

Ananías y Safira

5 1-2 Un hombre llamado Ananías también vendió una propiedad y, en complicidad con su esposa Safira, se quedó con parte del dinero y puso el resto a disposición de los apóstoles.

3 —Ananías —le reclamó Pedro—, ¿cómo es posible que Satanás haya llenado tu corazón para que le mintieras al Espíritu Santo y te quedaras con parte del dinero que recibiste por el terreno? 4 ¿Acaso no era tuyo antes de venderlo? Y una vez vendido, ¿no estaba el dinero en tu poder? ¿Cómo se te ocurrió hacer esto? ¡No has mentido a los hombres sino a Dios!

5 Al oír estas palabras, Ananías cayó muerto. Y un gran temor se apoderó de todos los que se enteraron de lo sucedido. 6 Entonces se acercaron los más jóvenes, envolvieron el cuerpo, se lo llevaron y le dieron sepultura.

7 Unas tres horas más tarde entró la esposa, sin saber lo que había ocurrido.

8 —Dime —le preguntó Pedro—, ¿vendieron ustedes el terreno por tal precio?

—Sí —dijo ella—, por tal precio.

9 —¿Por qué se pusieron de acuerdo para poner a *prueba al Espíritu del Señor? —le recriminó Pedro—. ¡Mira! Los que sepultaron a tu esposo acaban de regresar y ahora te llevarán a ti.

10 En ese mismo instante ella cayó muerta a los pies de Pedro. Entonces entraron los jóvenes y, al verla muerta, se la llevaron y le dieron sepultura al lado de su esposo. 11 Y un gran temor se apoderó de toda la iglesia y de todos los que se enteraron de estos sucesos.

Los apóstoles sanan a muchas personas

12 Por medio de los apóstoles ocurrían muchas señales y prodigios entre el pueblo; y todos los creyentes se reunían de común acuerdo en el Pórtico de Salomón. 13 Nadie entre el pueblo se atrevía a juntarse con ellos, aunque los elogiaban. 14 Y seguía aumentando el número de los que creían y aceptaban al Señor. 15 Era tal la multitud de hombres y mujeres, que hasta sacaban a los enfermos a las plazas y los ponían en colchonetas y camillas para que, al pasar Pedro, por lo menos su sombra cayera sobre alguno de ellos. 16 También de los pueblos vecinos a Jerusalén acudían multitudes que llevaban personas enfermas y atormentadas por *espíritus malignos, y todas eran sanadas.

Persiguen a los apóstoles

17 El sumo sacerdote y todos sus partidarios, que pertenecían a la secta de los saduceos, se llenaron de envidia. 18 Entonces arrestaron a los apóstoles y los metieron en la cárcel común. 19 Pero en la noche un ángel del Señor abrió las puertas de la cárcel y los sacó. 20 «Vayan —les dijo—, preséntense en el *templo y comuniquen al pueblo todo este mensaje de vida.»

21 Conforme a lo que habían oído, al amanecer entraron en el templo y se pusieron a enseñar. Cuando llegaron el sumo sacerdote y sus partidarios, convocaron al *Consejo, es decir, a la asamblea general de los *ancianos de Israel, y mandaron traer de la cárcel a los apóstoles. 22 Pero al llegar los guardias a la cárcel, no los encontraron. Así que volvieron con el siguiente informe: 23 «Encontramos la cárcel cerrada, con todas las medidas de seguridad, y a los guardias firmes a las puertas; pero cuando abrimos, no encontramos a nadie adentro.»

24 Al oírlo, el capitán de la guardia del templo y los jefes de los sacerdotes se quedaron perplejos, pregun-

Ananias and Sapphira

5 Now a man named Ananias, together with his wife Sapphira, also sold a piece of property. 2 With his wife's full knowledge he kept back part of the money for himself, but brought the rest and put it at the apostles' feet.

3 Then Peter said, "Ananias, how is it that Satan has so filled your heart that you have lied to the Holy Spirit and have kept for yourself some of the money you received for the land? 4 Didn't it belong to you before it was sold? And after it was sold, wasn't the money at your disposal? What made you think of doing such a thing? You have not lied to men but to God."

5 When Ananias heard this, he fell down and died. And great fear seized all who heard what had happened. 6 Then the young men came forward, wrapped up his body, and carried him out and buried him.

7 About three hours later his wife came in, not knowing what had happened. 8 Peter asked her, "Tell me, is this the price you and Ananias got for the land?"

"Yes," she said, "that is the price."

9 Peter said to her, "How could you agree to test the Spirit of the Lord? Look! The feet of the men who buried your husband are at the door, and they will carry you out also."

10 At that moment she fell down at his feet and died. Then the young men came in and, finding her dead, carried her out and buried her beside her husband. 11 Great fear seized the whole church and all who heard about these events.

The Apostles Heal Many

12 The apostles performed many miraculous signs and wonders among the people. And all the believers used to meet together in Solomon's Colonnade. 13 No one else dared join them, even though they were highly regarded by the people. 14 Nevertheless, more and more men and women believed in the Lord and were added to their number. 15 As a result, people brought the sick into the streets and laid them on beds and mats so that at least Peter's shadow might fall on some of them as he passed by. 16 Crowds gathered also from the towns around Jerusalem, bringing their sick and those tormented by evil[u] spirits, and all of them were healed.

The Apostles Persecuted

17 Then the high priest and all his associates, who were members of the party of the Sadducees, were filled with jealousy. 18 They arrested the apostles and put them in the public jail. 19 But during the night an angel of the Lord opened the doors of the jail and brought them out. 20 "Go, stand in the temple courts," he said, "and tell the people the full message of this new life."

21 At daybreak they entered the temple courts, as they had been told, and began to teach the people.

When the high priest and his associates arrived, they called together the Sanhedrin—the full assembly of the elders of Israel—and sent to the jail for the apostles. 22 But on arriving at the jail, the officers did not find them there. So they went back and reported, 23 "We found the jail securely locked, with the guards standing at the doors; but when we opened them, we found no one inside." 24 On hearing this report, the captain of the temple guard and the chief priests were puzzled, wondering what would come of this.

tándose en qué terminaría todo aquello. 25 En esto, se presentó alguien que les informó: «¡Miren! Los hombres que ustedes metieron en la cárcel están en el templo y siguen enseñando al pueblo.» 26 Fue entonces el capitán con sus guardias y trajo a los apóstoles sin recurrir a la fuerza, porque temían ser apedreados por la gente. 27 Los condujeron ante el Consejo, y el sumo sacerdote les reclamó:

28 —Terminantemente les hemos prohibido enseñar en ese nombre. Sin embargo, ustedes han llenado a Jerusalén con sus enseñanzas, y se han propuesto echarnos la culpa a nosotros de la muerte*u* de ese hombre.

29 —¡Es necesario obedecer a Dios antes que a los hombres! —respondieron Pedro y los demás apóstoles—. 30 El Dios de nuestros antepasados resucitó a Jesús, a quien ustedes mataron colgándolo de un madero. 31 Por su poder,*v* Dios lo exaltó como Príncipe y Salvador, para que diera a Israel *arrepentimiento y perdón de pecados. 32 Nosotros somos testigos de estos acontecimientos, y también lo es el Espíritu Santo que Dios ha dado a quienes le obedecen.

33 A los que oyeron esto se les subió la sangre a la cabeza y querían matarlos. 34 Pero un *fariseo llamado Gamaliel, *maestro de la ley muy respetado por todo el pueblo, se puso de pie en el Consejo y mandó que hicieran salir por un momento a los apóstoles. 35 Luego dijo: «Hombres de Israel, piensen dos veces en lo que están a punto de hacer con estos hombres. 36 Hace algún tiempo surgió Teudas, jactándose de ser alguien, y se le unieron unos cuatrocientos hombres. Pero lo mataron y todos sus seguidores se dispersaron y allí se acabó todo. 37 Después de él surgió Judas el galileo, en los días del censo, y logró que la gente lo siguiera. A él también lo mataron, y todos sus secuaces se dispersaron. 38 En este caso les aconsejo que dejen a estos hombres en paz. ¡Suéltenlos! Si lo que se proponen y hacen es de origen humano, fracasará; 39 pero si es de Dios, no podrán destruirlos, y ustedes se encontrarán luchando contra Dios.»

Se dejaron persuadir por Gamaliel. 40 Entonces llamaron a los apóstoles y, luego de azotarlos, les ordenaron que no hablaran más en el nombre de Jesús. Después de eso los soltaron.

41 Así, pues, los apóstoles salieron del Consejo, llenos de gozo por haber sido considerados dignos de sufrir afrentas por causa del Nombre. 42 Y día tras día, en el templo y de casa en casa, no dejaban de enseñar y anunciar las buenas *nuevas de que Jesús es el *Mesías.

Elección de los siete

6 En aquellos días, al aumentar el número de los discípulos, se quejaron los judíos de habla griega contra los de habla aramea*w* de que sus viudas eran desatendidas en la distribución diaria de los alimentos. 2 Así que los doce reunieron a toda la comunidad de discípulos y les dijeron: «No está bien que nosotros los apóstoles descuidemos el ministerio de la palabra de Dios para servir las mesas. 3 Hermanos, escojan de entre ustedes a siete hombres de buena reputación, llenos del Espíritu y de sabiduría, para encargarles esta responsabilidad. 4 Así nosotros nos dedicaremos de lleno a la oración y al ministerio de la palabra.»

25 Then someone came and said, "Look! The men you put in jail are standing in the temple courts teaching the people." 26 At that, the captain went with his officers and brought the apostles. They did not use force, because they feared that the people would stone them.

27 Having brought the apostles, they made them appear before the Sanhedrin to be questioned by the high priest. 28 "We gave you strict orders not to teach in this name," he said. "Yet you have filled Jerusalem with your teaching and are determined to make us guilty of this man's blood."

29 Peter and the other apostles replied: "We must obey God rather than men! 30 The God of our fathers raised Jesus from the dead—whom you had killed by hanging him on a tree. 31 God exalted him to his own right hand as Prince and Savior that he might give repentance and forgiveness of sins to Israel. 32 We are witnesses of these things, and so is the Holy Spirit, whom God has given to those who obey him."

33 When they heard this, they were furious and wanted to put them to death. 34 But a Pharisee named Gamaliel, a teacher of the law, who was honored by all the people, stood up in the Sanhedrin and ordered that the men be put outside for a little while. 35 Then he addressed them: "Men of Israel, consider carefully what you intend to do to these men. 36 Some time ago Theudas appeared, claiming to be somebody, and about four hundred men rallied to him. He was killed, all his followers were dispersed, and it all came to nothing. 37 After him, Judas the Galilean appeared in the days of the census and led a band of people in revolt. He too was killed, and all his followers were scattered. 38 Therefore, in the present case I advise you: Leave these men alone! Let them go! For if their purpose or activity is of human origin, it will fail. 39 But if it is from God, you will not be able to stop these men; you will only find yourselves fighting against God."

40 His speech persuaded them. They called the apostles in and had them flogged. Then they ordered them not to speak in the name of Jesus, and let them go.

41 The apostles left the Sanhedrin, rejoicing because they had been counted worthy of suffering disgrace for the Name. 42 Day after day, in the temple courts and from house to house, they never stopped teaching and proclaiming the good news that Jesus is the Christ.*v*

The Choosing of the Seven

6 In those days when the number of disciples was increasing, the Grecian Jews among them complained against the Hebraic Jews because their widows were being overlooked in the daily distribution of food. 2 So the Twelve gathered all the disciples together and said, "It would not be right for us to neglect the ministry of the word of God in order to wait on tables. 3 Brothers, choose seven men from among you who are known to be full of the Spirit and wisdom. We will turn this responsibility over to them 4 and will give our attention to prayer and the ministry of the word."

---

u 5:28 muerte. Lit. *sangre.*   *v 5:31 Por su poder.* Alt. *A su derecha.*   *w 6:1 los judíos ... aramea.* Lit. *los helenistas contra los hebreos.*

v 42 Or Messiah

⁵Esta propuesta agradó a toda la asamblea. Escogieron a Esteban, hombre lleno de fe y del Espíritu Santo, y a Felipe, a Prócoro, a Nicanor, a Timón, a Parmenas y a Nicolás, un prosélito de Antioquía. ⁶Los presentaron a los apóstoles, quienes oraron y les impusieron las manos.

⁷Y la palabra de Dios se difundía: el número de los discípulos aumentaba considerablemente en Jerusalén, e incluso muchos de los sacerdotes obedecían a la fe.

Arresto de Esteban

⁸Esteban, hombre lleno de la gracia y del poder de Dios, hacía grandes prodigios y señales milagrosas entre el pueblo. ⁹Con él se pusieron a discutir ciertos individuos de la sinagoga llamada de los Libertos, donde había judíos de Cirene y de Alejandría, de Cilicia y de la provincia de *Asia. ¹⁰Como no podían hacer frente a la sabiduría ni al Espíritu con que hablaba Esteban, ¹¹instigaron a unos hombres a decir: «Hemos oído a Esteban *blasfemar contra Moisés y contra Dios.»

¹²Agitaron al pueblo, a los *ancianos y a los *maestros de la ley. Se apoderaron de Esteban y lo llevaron ante el *Consejo. ¹³Presentaron testigos falsos, que declararon: «Este hombre no deja de hablar contra este lugar santo y contra la ley. ¹⁴Le hemos oído decir que ese Jesús de Nazaret destruirá este lugar y cambiará las tradiciones que nos dejó Moisés.»

¹⁵Todos los que estaban sentados en el Consejo fijaron la mirada en Esteban y vieron que su rostro se parecía al de un ángel.

Discurso de Esteban ante el Consejo

7 —¿Son ciertas estas acusaciones? —le preguntó el sumo sacerdote.

²Él contestó:

—Hermanos y padres, ¡escúchenme! El Dios de la gloria se apareció a nuestro padre Abraham cuando éste aún vivía en Mesopotamia, antes de radicarse en Jarán. ³"Deja tu tierra y a tus parientes —le dijo Dios—, y ve a la tierra que yo te mostraré."ˣ

⁴»Entonces salió de la tierra de los caldeos y se estableció en Jarán. Desde allí, después de la muerte de su padre, Dios lo trasladó a esta tierra donde ustedes viven ahora. ⁵No le dio herencia alguna en ella, ni siquiera dónde plantar el pie, pero le prometió dársela en posesión a él y a su descendencia, aunque Abraham no tenía ni un solo hijo todavía. ⁶Dios le dijo así: "Tus descendientes vivirán como extranjeros en tierra extraña, donde serán esclavizados y maltratados durante cuatrocientos años. ⁷Pero sea cual sea la nación que los esclavice, yo la castigaré, y luego tus descendientes saldrán de esa tierra y me adorarán en este lugar."ʸ ⁸Hizo con Abraham el pacto que tenía por señal la circuncisión. Así, cuando Abraham tuvo a su hijo Isaac, lo circuncidó a los ocho días de nacido, e Isaac a Jacob, y Jacob a los doce patriarcas.

⁹»Por envidia los patriarcas vendieron a José como esclavo, quien fue llevado a Egipto; pero Dios estaba con él ¹⁰y lo libró de todas sus desgracias. Le dio sabiduría para ganarse el favor del faraón, rey de Egipto, que lo nombró gobernador del país y del palacio real.

¹¹»Hubo entonces un hambre que azotó a todo Egipto y a Canaán, causando mucho sufrimiento, y nuestros

⁵This proposal pleased the whole group. They chose Stephen, a man full of faith and of the Holy Spirit; also Philip, Procorus, Nicanor, Timon, Parmenas, and Nicolas from Antioch, a convert to Judaism. ⁶They presented these men to the apostles, who prayed and laid their hands on them.

⁷So the word of God spread. The number of disciples in Jerusalem increased rapidly, and a large number of priests became obedient to the faith.

Stephen Seized

⁸Now Stephen, a man full of God's grace and power, did great wonders and miraculous signs among the people. ⁹Opposition arose, however, from members of the Synagogue of the Freedmen (as it was called)—Jews of Cyrene and Alexandria as well as the provinces of Cilicia and Asia. These men began to argue with Stephen, ¹⁰but they could not stand up against his wisdom or the Spirit by whom he spoke.

¹¹Then they secretly persuaded some men to say, "We have heard Stephen speak words of blasphemy against Moses and against God."

¹²So they stirred up the people and the elders and the teachers of the law. They seized Stephen and brought him before the Sanhedrin. ¹³They produced false witnesses, who testified, "This fellow never stops speaking against this holy place and against the law. ¹⁴For we have heard him say that this Jesus of Nazareth will destroy this place and change the customs Moses handed down to us."

¹⁵All who were sitting in the Sanhedrin looked intently at Stephen, and they saw that his face was like the face of an angel.

Stephen's Speech to the Sanhedrin

7 Then the high priest asked him, "Are these charges true?"

²To this he replied: "Brothers and fathers, listen to me! The God of glory appeared to our father Abraham while he was still in Mesopotamia, before he lived in Haran. ³'Leave your country and your people,' God said, 'and go to the land I will show you.'ʷ

⁴"So he left the land of the Chaldeans and settled in Haran. After the death of his father, God sent him to this land where you are now living. ⁵He gave him no inheritance here, not even a foot of ground. But God promised him that he and his descendants after him would possess the land, even though at that time Abraham had no child. ⁶God spoke to him in this way: 'Your descendants will be strangers in a country not their own, and they will be enslaved and mistreated four hundred years. ⁷But I will punish the nation they serve as slaves,' God said, 'and afterward they will come out of that country and worship me in this place.'ˣ ⁸Then he gave Abraham the covenant of circumcision. And Abraham became the father of Isaac and circumcised him eight days after his birth. Later Isaac became the father of Jacob, and Jacob became the father of the twelve patriarchs.

⁹"Because the patriarchs were jealous of Joseph, they sold him as a slave into Egypt. But God was with him ¹⁰and rescued him from all his troubles. He gave Joseph wisdom and enabled him to gain the goodwill of Pharaoh king of Egypt; so he made him ruler over Egypt and all his palace.

¹¹"Then a famine struck all Egypt and Canaan, bringing great suffering, and our fathers could not find

---

ˣ 7:3 Gn 12:1   ʸ 7:7 Gn 15:13,14; Éx 3:12   ʷ 3 Gen. 12:1   ˣ 7 Gen. 15:13,14

antepasados no encontraban alimentos. 12 Al enterarse Jacob de que había comida en Egipto, mandó allá a nuestros antepasados en una primera visita. 13 En la segunda, José se dio a conocer a sus hermanos, y el faraón supo del origen de José. 14 Después de esto, José mandó llamar a su padre Jacob y a toda su familia, setenta y cinco personas en total. 15 Bajó entonces Jacob a Egipto, y allí murieron él y nuestros antepasados. 16 Sus restos fueron llevados a Siquén y puestos en el sepulcro que a buen precio Abraham había comprado a los hijos de Jamor en Siquén.

17 »Cuando ya se acercaba el tiempo de que se cumpliera la promesa que Dios le había hecho a Abraham, el pueblo crecía y se multiplicaba en Egipto. 18 Por aquel entonces subió al trono de Egipto un nuevo rey que no sabía nada de José. 19 Este rey usó de artimañas con nuestro pueblo y oprimió a nuestros antepasados, obligándolos a dejar abandonados a sus hijos recién nacidos para que murieran.

20 »En aquel tiempo nació Moisés, y fue agradable a los ojos de Dios.z Por tres meses se crió en la casa de su padre 21 y, al quedar abandonado, la hija del faraón lo adoptó y lo crió como a su propio hijo. 22 Así Moisés fue instruido en toda la sabiduría de los egipcios, y era poderoso en palabra y en obra.

23 »Cuando cumplió cuarenta años, Moisés tuvo el deseo de allegarse a sus hermanos israelitas. 24 Al ver que un egipcio maltrataba a uno de ellos, acudió en su defensa y lo vengó matando al egipcio. 25 Moisés suponía que sus hermanos reconocerían que Dios iba a liberarlos por medio de él, pero ellos no lo comprendieron así. 26 Al día siguiente, Moisés sorprendió a dos israelitas que estaban peleando. Trató de reconciliarlos, diciéndoles: "Señores, ustedes son hermanos; ¿por qué quieren hacerse daño?"

27 »Pero el que estaba maltratando al otro empujó a Moisés y le dijo: "¿Y quién te nombró a ti gobernante y juez sobre nosotros? 28 ¿Acaso quieres matarme a mí, como mataste ayer al egipcio?"a 29 Al oír esto, Moisés huyó a Madián; allí vivió como extranjero y tuvo dos hijos.

30 »Pasados cuarenta años, se le apareció un ángel en el desierto cercano al monte Sinaí, en las llamas de una zarza que ardía. 31 Moisés se asombró de lo que veía. Al acercarse para observar, oyó la voz del Señor: 32 "Yo soy el Dios de tus antepasados, el Dios de Abraham, de Isaac y de Jacob."b Moisés se puso a temblar de miedo, y no se atrevía a mirar.

33 »Le dijo el Señor: "Quítate las sandalias, porque estás pisando tierra santa. 34 Ciertamente he visto la opresión que sufre mi pueblo en Egipto. Los he escuchado quejarse, así que he descendido para librarlos. Ahora ven y te enviaré de vuelta a Egipto."c

35 »A este mismo Moisés, a quien habían rechazado diciéndole: "¿Y quién te nombró gobernante y juez?", Dios lo envió para ser gobernante y libertador, mediante el poder del ángel que se le apareció en la zarza. 36 Él los sacó de Egipto haciendo prodigios y señales milagrosas tanto en la tierra de Egipto como en el Mar Rojo, y en el desierto durante cuarenta años.

37 »Este Moisés les dijo a los israelitas: "Dios hará surgir para ustedes, de entre sus propios hermanos, un profeta como yo."d 38 Este mismo Moisés estuvo en la asamblea en el desierto, con el ángel que le habló en el monte Sinaí, y con nuestros antepasados. Fue también él quien recibió palabras de vida para comunicárnoslas a nosotros.

food. 12 When Jacob heard that there was grain in Egypt, he sent our fathers on their first visit. 13 On their second visit, Joseph told his brothers who he was, and Pharaoh learned about Joseph's family. 14 After this, Joseph sent for his father Jacob and his whole family, seventy-five in all. 15 Then Jacob went down to Egypt, where he and our fathers died. 16 Their bodies were brought back to Shechem and placed in the tomb that Abraham had bought from the sons of Hamor at Shechem for a certain sum of money.

17 "As the time drew near for God to fulfill his promise to Abraham, the number of our people in Egypt greatly increased. 18 Then another king, who knew nothing about Joseph, became ruler of Egypt. 19 He dealt treacherously with our people and oppressed our forefathers by forcing them to throw out their newborn babies so that they would die.

20 "At that time Moses was born, and he was no ordinary child.y For three months he was cared for in his father's house. 21 When he was placed outside, Pharaoh's daughter took him and brought him up as her own son. 22 Moses was educated in all the wisdom of the Egyptians and was powerful in speech and action.

23 "When Moses was forty years old, he decided to visit his fellow Israelites. 24 He saw one of them being mistreated by an Egyptian, so he went to his defense and avenged him by killing the Egyptian. 25 Moses thought that his own people would realize that God was using him to rescue them, but they did not. 26 The next day Moses came upon two Israelites who were fighting. He tried to reconcile them by saying, 'Men, you are brothers; why do you want to hurt each other?'

27 "But the man who was mistreating the other pushed Moses aside and said, 'Who made you ruler and judge over us? 28 Do you want to kill me as you killed the Egyptian yesterday?'z 29 When Moses heard this, he fled to Midian, where he settled as a foreigner and had two sons.

30 "After forty years had passed, an angel appeared to Moses in the flames of a burning bush in the desert near Mount Sinai. 31 When he saw this, he was amazed at the sight. As he went over to look more closely, he heard the Lord's voice: 32 'I am the God of your fathers, the God of Abraham, Isaac and Jacob.'a Moses trembled with fear and did not dare to look.

33 "Then the Lord said to him, 'Take off your sandals; the place where you are standing is holy ground. 34 I have indeed seen the oppression of my people in Egypt. I have heard their groaning and have come down to set them free. Now come, I will send you back to Egypt.'b

35 "This is the same Moses whom they had rejected with the words, 'Who made you ruler and judge?' He was sent to be their ruler and deliverer by God himself, through the angel who appeared to him in the bush. 36 He led them out of Egypt and did wonders and miraculous signs in Egypt, at the Red Seac and for forty years in the desert.

37 "This is that Moses who told the Israelites, 'God will send you a prophet like me from your own people.'d 38 He was in the assembly in the desert, with the angel who spoke to him on Mount Sinai, and with our fathers; and he received living words to pass on to us.

---

z 7:20 fue ... Dios. Alt. era sumamente hermoso.   a 7:28 Éx 2:14
b 7:32 Éx 3:6   c 7:34 Éx 3:5,7,8,10   d 7:37 Dt 18:15

y 20 Or was fair in the sight of God   z 28 Exodus 2:14
a 32 Exodus 3:6   b 34 Exodus 3:5,7,8,10   c 36 That is, Sea of Reeds   d 37 Deut. 18:15

³⁹»Nuestros antepasados no quisieron obedecerlo a él, sino que lo rechazaron. Lo que realmente deseaban era volver a Egipto, ⁴⁰por lo cual le dijeron a Aarón: "Tienes que hacernos dioses que vayan delante de nosotros, porque a ese Moisés que nos sacó de Egipto, ¡no sabemos qué pudo haberle pasado!"ᵉ

⁴¹»Entonces se hicieron un ídolo en forma de becerro. Le ofrecieron sacrificios y tuvieron fiesta en honor de la obra de sus manos. ⁴²Pero Dios les volvió la espalda y los entregó a que rindieran culto a los astros. Así está escrito en el libro de los profetas:

»"Casa de Israel, ¿acaso me ofrecieron ustedes
sacrificios y ofrendas
durante los cuarenta años en el desierto?
⁴³Por el contrario, ustedes se hicieron cargo del
tabernáculo de Moloc,
de la estrella del dios Refán,
y de las imágenes que hicieron para
adorarlas.
Por lo tanto, los mandaré al exilio"ᶠ más allá
de Babilonia.

⁴⁴»Nuestros antepasados tenían en el desierto el tabernáculo del testimonio, hecho como Dios le había ordenado a Moisés, según el modelo que éste había visto. ⁴⁵Después de haber recibido el tabernáculo, lo trajeron consigo bajo el mando de Josué, cuando conquistaron la tierra de las naciones que Dios expulsó de la presencia de ellos. Allí permaneció hasta el tiempo de David, ⁴⁶quien disfrutó del favor de Dios y pidió que le permitiera proveer una morada para el Diosᵍ de Jacob. ⁴⁷Pero fue Salomón quien construyó la casa.

⁴⁸»Sin embargo, el Altísimo no habita en casas construidas por manos humanas. Como dice el profeta:

⁴⁹»"El cielo es mi trono,
y la tierra, el estrado de mis pies.
¿Qué clase de casa me construirán?
—dice el Señor—.
¿O qué lugar de descanso?
⁵⁰¿No es mi mano la que ha hecho todas estas
cosas?"ʰ

⁵¹»¡Tercos, duros de corazón y torpes de oídos!ⁱ Ustedes son iguales que sus antepasados: ¡Siempre resisten al Espíritu Santo! ⁵²¿A cuál de los profetas no persiguieron sus antepasados? Ellos mataron a los que de antemano anunciaron la venida del Justo, y ahora a éste lo han traicionado y asesinado ⁵³ustedes, que recibieron la ley promulgada por medio de ángeles y no la han obedecido.

Muerte de Esteban

⁵⁴Al oír esto, rechinando los dientes montaron en cólera contra él. ⁵⁵Pero Esteban, lleno del Espíritu Santo, fijó la mirada en el cielo y vio la gloria de Dios, y a Jesús de pie a la *derecha de Dios.

⁵⁶—¡Veo al cielo abierto —exclamó—, y al Hijo del hombre de pie a la derecha de Dios!

⁵⁷Entonces ellos, gritando a voz en cuello, se taparon los oídos y todos a una se abalanzaron sobre él, ⁵⁸lo sacaron a empellones fuera de la ciudad y comenzaron a apedrearlo. Los acusadores le encargaron sus mantos a un joven llamado Saulo.

⁵⁹Mientras lo apedreaban, Esteban oraba.

—Señor Jesús —decía—, recibe mi espíritu.

³⁹"But our fathers refused to obey him. Instead, they rejected him and in their hearts turned back to Egypt. ⁴⁰They told Aaron, 'Make us gods who will go before us. As for this fellow Moses who led us out of Egypt— we don't know what has happened to him!'ᵉ ⁴¹That was the time they made an idol in the form of a calf. They brought sacrifices to it and held a celebration in honor of what their hands had made. ⁴²But God turned away and gave them over to the worship of the heavenly bodies. This agrees with what is written in the book of the prophets:

" 'Did you bring me sacrifices and offerings
forty years in the desert, O house of
Israel?
⁴³You have lifted up the shrine of Molech
and the star of your god Rephan,
the idols you made to worship.
Therefore I will send you into exile'ᶠ
beyond Babylon.

⁴⁴"Our forefathers had the tabernacle of the Testimony with them in the desert. It had been made as God directed Moses, according to the pattern he had seen. ⁴⁵Having received the tabernacle, our fathers under Joshua brought it with them when they took the land from the nations God drove out before them. It remained in the land until the time of David, ⁴⁶who enjoyed God's favor and asked that he might provide a dwelling place for the God of Jacob.ᵍ ⁴⁷But it was Solomon who built the house for him.

⁴⁸"However, the Most High does not live in houses made by men. As the prophet says:

⁴⁹" 'Heaven is my throne,
and the earth is my footstool.
What kind of house will you build for me?
says the Lord.
Or where will my resting place be?
⁵⁰Has not my hand made all these things?'ʰ

⁵¹"You stiff-necked people, with uncircumcised hearts and ears! You are just like your fathers: You always resist the Holy Spirit! ⁵²Was there ever a prophet your fathers did not persecute? They even killed those who predicted the coming of the Righteous One. And now you have betrayed and murdered him— ⁵³you who have received the law that was put into effect through angels but have not obeyed it."

The Stoning of Stephen

⁵⁴When they heard this, they were furious and gnashed their teeth at him. ⁵⁵But Stephen, full of the Holy Spirit, looked up to heaven and saw the glory of God, and Jesus standing at the right hand of God. ⁵⁶"Look," he said, "I see heaven open and the Son of Man standing at the right hand of God."

⁵⁷At this they covered their ears and, yelling at the top of their voices, they all rushed at him, ⁵⁸dragged him out of the city and began to stone him. Meanwhile, the witnesses laid their clothes at the feet of a young man named Saul.

⁵⁹While they were stoning him, Stephen prayed,

ᵉ 7:40 Éx 32:1   ᶠ 7:43 Am 5:25-27   ᵍ 7:46 para el Dios.
Var. para la casa (es decir, la familia).   ʰ 7:50 Is 66:1,2
ⁱ 7:51 ¡Tercos ... oídos! Lit. ¡Duros de cuello e incircuncisos en los corazones y los oídos!

ᵉ 40 Exodus 32:1   ᶠ 43 Amos 5:25-27   ᵍ 46 Some early manuscripts the house of Jacob   ʰ 50 Isaiah 66:1,2

60 Luego cayó de rodillas y gritó:

—¡Señor, no les tomes en cuenta este pecado!

Cuando hubo dicho esto, murió.

8 Y Saulo estaba allí, aprobando la muerte de Esteban.

La iglesia perseguida y dispersa

Aquel día se desató una gran persecución contra la iglesia en Jerusalén, y todos, excepto los apóstoles, se dispersaron por las regiones de Judea y Samaria. 2 Unos hombres piadosos sepultaron a Esteban e hicieron gran duelo por él. 3 Saulo, por su parte, causaba estragos en la iglesia: entrando de casa en casa, arrastraba a hombres y mujeres y los metía en la cárcel.

Felipe en Samaria

4 Los que se habían dispersado predicaban la palabra por dondequiera que iban. 5 Felipe bajó a una ciudad de Samaria y les anunciaba al *Mesías. 6 Al oír a Felipe y ver las señales milagrosas que realizaba, mucha gente se reunía y todos prestaban atención a su mensaje. 7 De muchos endemoniados los *espíritus malignos salían dando alaridos, y un gran número de paralíticos y cojos quedaban sanos. 8 Y aquella ciudad se llenó de alegría.

Simón el hechicero

9 Ya desde antes había en esa ciudad un hombre llamado Simón que, jactándose de ser un gran personaje, practicaba la hechicería y asombraba a la gente de Samaria. 10 Todos, desde el más pequeño hasta el más grande, le prestaban atención y exclamaban: «¡Este hombre es al que llaman el Gran Poder de Dios!» 11 Lo seguían porque por mucho tiempo los había tenido deslumbrados con sus artes mágicas. 12 Pero cuando creyeron a Felipe, que les anunciaba las buenas *nuevas del reino de Dios y el nombre de *Jesucristo, tanto hombres como mujeres se bautizaron. 13 Simón mismo creyó y, después de bautizarse, seguía a Felipe por todas partes, asombrado de los grandes milagros y señales que veía.

14 Cuando los apóstoles que estaban en Jerusalén se enteraron de que los samaritanos habían aceptado la palabra de Dios, les enviaron a Pedro y a Juan. 15 Éstos, al llegar, oraron por ellos para que recibieran el Espíritu Santo, 16 porque el Espíritu aún no había descendido sobre ninguno de ellos; solamente habían sido bautizados en el nombre del Señor Jesús. 17 Entonces Pedro y Juan les impusieron las manos, y ellos recibieron el Espíritu Santo.

18 Al ver Simón que mediante la imposición de las manos de los apóstoles se daba el Espíritu Santo, les ofreció dinero 19 y les pidió:

—Denme también a mí ese poder, para que todos a quienes yo les imponga las manos reciban el Espíritu Santo.

20 —¡Que tu dinero perezca contigo —le contestó Pedro—, porque intentaste comprar el don de Dios con dinero! 21 No tienes arte ni parte en este asunto, porque no eres íntegro delante de Dios. 22 Por eso, *arrepiéntete de tu maldad y ruega al Señor. Tal vez te perdone el haber tenido esa mala intención. 23 Veo que vas camino a la amargura y a la esclavitud del pecado.

24 —Rueguen al Señor por mí —respondió Simón—, para que no me suceda nada de lo que han dicho.

"Lord Jesus, receive my spirit." 60 Then he fell on his knees and cried out, "Lord, do not hold this sin against them." When he had said this, he fell asleep.

8 And Saul was there, giving approval to his death.

The Church Persecuted and Scattered

On that day a great persecution broke out against the church at Jerusalem, and all except the apostles were scattered throughout Judea and Samaria. 2 Godly men buried Stephen and mourned deeply for him. 3 But Saul began to destroy the church. Going from house to house, he dragged off men and women and put them in prison.

Philip in Samaria

4 Those who had been scattered preached the word wherever they went. 5 Philip went down to a city in Samaria and proclaimed the Christ[i] there. 6 When the crowds heard Philip and saw the miraculous signs he did, they all paid close attention to what he said. 7 With shrieks, evil[j] spirits came out of many, and many paralytics and cripples were healed. 8 So there was great joy in that city.

Simon the Sorcerer

9 Now for some time a man named Simon had practiced sorcery in the city and amazed all the people of Samaria. He boasted that he was someone great, 10 and all the people, both high and low, gave him their attention and exclaimed, "This man is the divine power known as the Great Power." 11 They followed him because he had amazed them for a long time with his magic. 12 But when they believed Philip as he preached the good news of the kingdom of God and the name of Jesus Christ, they were baptized, both men and women. 13 Simon himself believed and was baptized. And he followed Philip everywhere, astonished by the great signs and miracles he saw.

14 When the apostles in Jerusalem heard that Samaria had accepted the word of God, they sent Peter and John to them. 15 When they arrived, they prayed for them that they might receive the Holy Spirit, 16 because the Holy Spirit had not yet come upon any of them; they had simply been baptized into[k] the name of the Lord Jesus. 17 Then Peter and John placed their hands on them, and they received the Holy Spirit.

18 When Simon saw that the Spirit was given at the laying on of the apostles' hands, he offered them money 19 and said, "Give me also this ability so that everyone on whom I lay my hands may receive the Holy Spirit."

20 Peter answered: "May your money perish with you, because you thought you could buy the gift of God with money! 21 You have no part or share in this ministry, because your heart is not right before God. 22 Repent of this wickedness and pray to the Lord. Perhaps he will forgive you for having such a thought in your heart. 23 For I see that you are full of bitterness and captive to sin."

24 Then Simon answered, "Pray to the Lord for me so that nothing you have said may happen to me."

i5 Or Messiah   j7 Greek unclean   k16 Or in

25 Después de testificar y proclamar la palabra del Señor, Pedro y Juan se pusieron en camino de vuelta a Jerusalén, y de paso predicaron el *evangelio en muchas poblaciones de los samaritanos.

Felipe y el etíope

26 Un ángel del Señor le dijo a Felipe: «Ponte en marcha hacia el sur, por el camino del desierto que baja de Jerusalén a Gaza.» 27 Felipe emprendió el viaje, y resulta que se encontró con un etíope *eunuco, alto funcionario encargado de todo el tesoro de la Candace, reina de los etíopes. Éste había ido a Jerusalén para adorar 28 y, en el viaje de regreso a su país, iba sentado en su carro, leyendo el libro del profeta Isaías. 29 El Espíritu le dijo a Felipe: «Acércate y júntate a ese carro.»

30 Felipe se acercó de prisa al carro y, al oír que el hombre leía al profeta Isaías, le preguntó:

—¿Acaso entiende usted lo que está leyendo?

31 —¿Y cómo voy a entenderlo —contestó— si nadie me lo explica?

Así que invitó a Felipe a subir y sentarse con él. 32 El pasaje de la Escritura que estaba leyendo era el siguiente:

«Como oveja, fue llevado al matadero;
    y como cordero que enmudece ante su
        trasquilador,
    ni siquiera abrió su boca.
33 Lo humillaron y no le hicieron justicia.
    ¿Quién describirá su descendencia?
    Porque su vida fue arrancada de la tierra.»j

34 —Dígame usted, por favor, ¿de quién habla aquí el profeta, de sí mismo o de algún otro? —le preguntó el eunuco a Felipe.

35 Entonces Felipe, comenzando con ese mismo pasaje de la Escritura, le anunció las buenas *nuevas acerca de Jesús. 36 Mientras iban por el camino, llegaron a un lugar donde había agua, y dijo el eunuco:

—Mire usted, aquí hay agua. ¿Qué impide que yo sea bautizado?k

38 Entonces mandó parar el carro, y ambos bajaron al agua, y Felipe lo bautizó. 39 Cuando subieron del agua, el Espíritu del Señor se llevó de repente a Felipe. El eunuco no volvió a verlo, pero siguió alegre su camino. 40 En cuanto a Felipe, apareció en Azoto, y se fue predicando el *evangelio en todos los pueblos hasta que llegó a Cesarea.

Conversión de Saulo

9 Mientras tanto, Saulo, respirando aún amenazas de muerte contra los discípulos del Señor, se presentó al sumo sacerdote 2 y le pidió cartas de extradición para las sinagogas de Damasco. Tenía la intención de encontrar y llevarse presos a Jerusalén a todos los que pertenecieran al Camino, fueran hombres o mujeres. 3 En el viaje sucedió que, al acercarse a Damasco, una luz del cielo relampagueó de repente a su alrededor. 4 Él cayó al suelo y oyó una voz que le decía:

—Saulo, Saulo, ¿por qué me persigues?

5 —¿Quién eres, Señor? —preguntó.

—Yo soy Jesús, a quien tú persigues —le contestó la voz—. 6 Levántate y entra en la ciudad, que allí se te dirá lo que tienes que hacer.

7 Los hombres que viajaban con Saulo se detuvieron atónitos, porque oían la voz pero no veían a nadie.

25 When they had testified and proclaimed the word of the Lord, Peter and John returned to Jerusalem, preaching the gospel in many Samaritan villages.

Philip and the Ethiopian

26 Now an angel of the Lord said to Philip, "Go south to the road—the desert road—that goes down from Jerusalem to Gaza." 27 So he started out, and on his way he met an Ethiopian/ eunuch, an important official in charge of all the treasury of Candace, queen of the Ethiopians. This man had gone to Jerusalem to worship, 28 and on his way home was sitting in his chariot reading the book of Isaiah the prophet. 29 The Spirit told Philip, "Go to that chariot and stay near it."

30 Then Philip ran up to the chariot and heard the man reading Isaiah the prophet. "Do you understand what you are reading?" Philip asked.

31 "How can I," he said, "unless someone explains it to me?" So he invited Philip to come up and sit with him.

32 The eunuch was reading this passage of Scripture:

"He was led like a sheep to the slaughter,
    and as a lamb before the shearer is silent,
        so he did not open his mouth.
33 In his humiliation he was deprived of
        justice.
    Who can speak of his descendants?
    For his life was taken from the earth."m

34 The eunuch asked Philip, "Tell me, please, who is the prophet talking about, himself or someone else?" 35 Then Philip began with that very passage of Scripture and told him the good news about Jesus.

36 As they traveled along the road, they came to some water and the eunuch said, "Look, here is water. Why shouldn't I be baptized?"n 38 And he gave orders to stop the chariot. Then both Philip and the eunuch went down into the water and Philip baptized him. 39 When they came up out of the water, the Spirit of the Lord suddenly took Philip away, and the eunuch did not see him again, but went on his way rejoicing. 40 Philip, however, appeared at Azotus and traveled about, preaching the gospel in all the towns until he reached Caesarea.

Saul's Conversion

9 Meanwhile, Saul was still breathing out murderous threats against the Lord's disciples. He went to the high priest 2 and asked him for letters to the synagogues in Damascus, so that if he found any there who belonged to the Way, whether men or women, he might take them as prisoners to Jerusalem. 3 As he neared Damascus on his journey, suddenly a light from heaven flashed around him. 4 He fell to the ground and heard a voice say to him, "Saul, Saul, why do you persecute me?"

5 "Who are you, Lord?" Saul asked.

"I am Jesus, whom you are persecuting," he replied. 6 "Now get up and go into the city, and you will be told what you must do."

7 The men traveling with Saul stood there speechless;

---

j 8:33 Is 53:7,8   k 8:36 bautizado? Var. bautizado? / 37 —Si cree usted de todo corazón, bien puede —le dijo Felipe. / —Creo que Jesucristo es el Hijo de Dios —contestó el hombre.

l 27 That is, from the upper Nile region   m 33 Isaiah 53:7,8
n 36 Some late manuscripts baptized?" 37 Philip said, "If you believe with all your heart, you may." The eunuch answered, "I believe that Jesus Christ is the Son of God."

8 Saulo se levantó del suelo, pero cuando abrió los ojos no podía ver, así que lo tomaron de la mano y lo llevaron a Damasco. 9 Estuvo ciego tres días, sin comer ni beber nada.

10 Había en Damasco un discípulo llamado Ananías, a quien el Señor llamó en una visión.

—¡Ananías!

—Aquí estoy, Señor.

11 —Anda, ve a la casa de Judas, en la calle llamada Derecha, y pregunta por un tal Saulo de Tarso. Está orando, 12 y ha visto en una visión a un hombre llamado Ananías, que entra y pone las manos sobre él para que recobre la vista.

13 Entonces Ananías respondió:

—Señor, he oído hablar mucho de ese hombre y de todo el mal que ha causado a tus *santos en Jerusalén. 14 Y ahora lo tenemos aquí, autorizado por los jefes de los sacerdotes, para llevarse presos a todos los que invocan tu nombre.

15 —¡Ve! —insistió el Señor—, porque ese hombre es mi instrumento escogido para dar a conocer mi nombre tanto a las *naciones y a sus reyes como al pueblo de Israel. 16 Yo le mostraré cuánto tendrá que padecer por mi nombre.

17 Ananías se fue y, cuando llegó a la casa, le impuso las manos a Saulo y le dijo: «Hermano Saulo, el Señor Jesús, que se te apareció en el camino, me ha enviado para que recobres la vista y seas lleno del Espíritu Santo.» 18 Al instante cayó de los ojos de Saulo algo como escamas, y recobró la vista. Se levantó y fue bautizado; 19 y habiendo comido, recobró las fuerzas.

Saulo en Damasco y en Jerusalén

Saulo pasó varios días con los discípulos que estaban en Damasco, 20 y en seguida se dedicó a predicar en las sinagogas, afirmando que Jesús es el Hijo de Dios. 21 Todos los que le oían se quedaban asombrados, y preguntaban: «¿No es éste el que en Jerusalén perseguía a muerte a los que invocan ese nombre? ¿Y no ha venido aquí para llevárselos presos y entregarlos a los jefes de los sacerdotes?» 22 Pero Saulo cobraba cada vez más fuerza y confundía a los judíos que vivían en Damasco, demostrándoles que Jesús es el *Mesías.

23 Después de muchos días, los judíos se pusieron de acuerdo para hacerlo desaparecer, 24 pero Saulo se enteró de sus maquinaciones. Día y noche vigilaban de cerca las puertas de la ciudad con el fin de eliminarlo. 25 Pero sus discípulos se lo llevaron de noche y lo bajaron en un canasto por una abertura en la muralla.

26 Cuando llegó a Jerusalén, trataba de juntarse con los discípulos, pero todos tenían miedo de él, porque no creían que de veras fuera discípulo. 27 Entonces Bernabé lo tomó a su cargo y lo llevó a los apóstoles. Saulo les describió en detalle cómo en el camino había visto al Señor, el cual le había hablado, y cómo en Damasco había predicado con libertad en el nombre de Jesús. 28 Así que se quedó con ellos, y andaba por todas partes en Jerusalén, hablando abiertamente en el nombre del Señor. 29 Conversaba y discutía con los judíos de habla griega,l pero ellos se proponían eliminarlo. 30 Cuando se enteraron de ello los hermanos, se lo llevaron a Cesarea y de allí lo mandaron a Tarso.

31 Mientras tanto, la iglesia disfrutaba de paz a la vez que se consolidaba en toda Judea, Galilea y Samaria, pues vivía en el temor del Señor. E iba creciendo en número, fortalecida por el Espíritu Santo.

they heard the sound but did not see anyone. 8 Saul got up from the ground, but when he opened his eyes he could see nothing. So they led him by the hand into Damascus. 9 For three days he was blind, and did not eat or drink anything.

10 In Damascus there was a disciple named Ananias. The Lord called to him in a vision, "Ananias!"

"Yes, Lord," he answered.

11 The Lord told him, "Go to the house of Judas on Straight Street and ask for a man from Tarsus named Saul, for he is praying. 12 In a vision he has seen a man named Ananias come and place his hands on him to restore his sight."

13 "Lord," Ananias answered, "I have heard many reports about this man and all the harm he has done to your saints in Jerusalem. 14 And he has come here with authority from the chief priests to arrest all who call on your name."

15 But the Lord said to Ananias, "Go! This man is my chosen instrument to carry my name before the Gentiles and their kings and before the people of Israel. 16 I will show him how much he must suffer for my name."

17 Then Ananias went to the house and entered it. Placing his hands on Saul, he said, "Brother Saul, the Lord—Jesus, who appeared to you on the road as you were coming here—has sent me so that you may see again and be filled with the Holy Spirit." 18 Immediately, something like scales fell from Saul's eyes, and he could see again. He got up and was baptized, 19 and after taking some food, he regained his strength.

Saul in Damascus and Jerusalem

Saul spent several days with the disciples in Damascus. 20 At once he began to preach in the synagogues that Jesus is the Son of God. 21 All those who heard him were astonished and asked, "Isn't he the man who raised havoc in Jerusalem among those who call on this name? And hasn't he come here to take them as prisoners to the chief priests?" 22 Yet Saul grew more and more powerful and baffled the Jews living in Damascus by proving that Jesus is the Christ.o

23 After many days had gone by, the Jews conspired to kill him, 24 but Saul learned of their plan. Day and night they kept close watch on the city gates in order to kill him. 25 But his followers took him by night and lowered him in a basket through an opening in the wall.

26 When he came to Jerusalem, he tried to join the disciples, but they were all afraid of him, not believing that he really was a disciple. 27 But Barnabas took him and brought him to the apostles. He told them how Saul on his journey had seen the Lord and that the Lord had spoken to him, and how in Damascus he had preached fearlessly in the name of Jesus. 28 So Saul stayed with them and moved about freely in Jerusalem, speaking boldly in the name of the Lord. 29 He talked and debated with the Grecian Jews, but they tried to kill him. 30 When the brothers learned of this, they took him down to Caesarea and sent him off to Tarsus.

31 Then the church throughout Judea, Galilee and Samaria enjoyed a time of peace. It was strengthened; and encouraged by the Holy Spirit, it grew in numbers, living in the fear of the Lord.

---

l 9:29 los judíos de habla griega. Lit. los helenistas.   o 22 Or Messiah

Eneas y Dorcas

³²Pedro, que estaba recorriendo toda la región, fue también a visitar a los *santos que vivían en Lida. ³³Allí encontró a un paralítico llamado Eneas, que llevaba ocho años en cama. ³⁴«Eneas —le dijo Pedro—, *Jesucristo te sana. Levántate y tiende tu cama.» Y al instante se levantó. ³⁵Todos los que vivían en Lida y en Sarón lo vieron, y se convirtieron al Señor.

³⁶Había en Jope una discípula llamada Tabita (que traducido es Dorcas^m). Ésta se esmeraba en hacer buenas obras y en ayudar a los pobres. ³⁷Sucedió que en esos días cayó enferma y murió. Pusieron el cadáver, después de lavarlo, en un cuarto de la planta alta. ³⁸Y como Lida estaba cerca de Jope, los discípulos, al enterarse de que Pedro se encontraba en Lida, enviaron a dos hombres a rogarle: «¡Por favor, venga usted a Jope en seguida!»

³⁹Sin demora, Pedro se fue con ellos, y cuando llegó lo llevaron al cuarto de arriba. Todas las viudas se presentaron, llorando y mostrándole las túnicas y otros vestidos que Dorcas había hecho cuando aún estaba con ellas.

⁴⁰Pedro hizo que todos salieran del cuarto; luego se puso de rodillas y oró. Volviéndose hacia la muerta, dijo: «Tabita, levántate.» Ella abrió los ojos y, al ver a Pedro, se incorporó. ⁴¹Él, tomándola de la mano, la levantó. Luego llamó a los *creyentes y a las viudas, a quienes la presentó viva. ⁴²La noticia se difundió por todo Jope, y muchos creyeron en el Señor. ⁴³Pedro se quedó en Jope un buen tiempo, en casa de un tal Simón, que era curtidor.

Cornelio manda llamar a Pedro

10 Vivía en Cesarea un centurión llamado Cornelio, del regimiento conocido como el Italiano. ²Él y toda su familia eran devotos y temerosos de Dios. Realizaba muchas obras de beneficencia para el pueblo de Israel y oraba a Dios constantemente. ³Un día, como a las tres de la tarde,^n tuvo una visión. Vio claramente a un ángel de Dios que se le acercaba y le decía:

—¡Cornelio!

⁴—¿Qué quieres, Señor? —le preguntó Cornelio, mirándolo fijamente y con mucho miedo.

—Dios ha recibido tus oraciones y tus obras de beneficencia como una ofrenda —le contestó el ángel—. ⁵Envía de inmediato a algunos hombres a Jope para que hagan venir a un tal Simón, apodado Pedro. ⁶Él se hospeda con Simón el curtidor, que tiene su casa junto al mar.

⁷Después de que se fue el ángel que le había hablado, Cornelio llamó a dos de sus siervos y a un soldado devoto de los que le servían regularmente. ⁸Les explicó todo lo que había sucedido y los envió a Jope.

La visión de Pedro

⁹Al día siguiente, mientras ellos iban de camino y se acercaban a la ciudad, Pedro subió a la azotea a orar. Era casi el mediodía.^ñ ¹⁰Tuvo hambre y quiso algo de comer. Mientras se lo preparaban, le sobrevino un éxtasis. ¹¹Vio el cielo abierto y algo parecido a una gran sábana que, suspendida por las cuatro puntas, descendía hacia la tierra. ¹²En ella había toda clase de cuadrúpedos, como también reptiles y aves.

Aeneas and Dorcas

³²As Peter traveled about the country, he went to visit the saints in Lydda. ³³There he found a man named Aeneas, a paralytic who had been bedridden for eight years. ³⁴"Aeneas," Peter said to him, "Jesus Christ heals you. Get up and take care of your mat." Immediately Aeneas got up. ³⁵All those who lived in Lydda and Sharon saw him and turned to the Lord.

³⁶In Joppa there was a disciple named Tabitha (which, when translated, is Dorcas^p), who was always doing good and helping the poor. ³⁷About that time she became sick and died, and her body was washed and placed in an upstairs room. ³⁸Lydda was near Joppa; so when the disciples heard that Peter was in Lydda, they sent two men to him and urged him, "Please come at once!"

³⁹Peter went with them, and when he arrived he was taken upstairs to the room. All the widows stood around him, crying and showing him the robes and other clothing that Dorcas had made while she was still with them.

⁴⁰Peter sent them all out of the room; then he got down on his knees and prayed. Turning toward the dead woman, he said, "Tabitha, get up." She opened her eyes, and seeing Peter she sat up. ⁴¹He took her by the hand and helped her to her feet. Then he called the believers and the widows and presented her to them alive. ⁴²This became known all over Joppa, and many people believed in the Lord. ⁴³Peter stayed in Joppa for some time with a tanner named Simon.

Cornelius Calls for Peter

10 At Caesarea there was a man named Cornelius, a centurion in what was known as the Italian Regiment. ²He and all his family were devout and God-fearing; he gave generously to those in need and prayed to God regularly. ³One day at about three in the afternoon he had a vision. He distinctly saw an angel of God, who came to him and said, "Cornelius!"

⁴Cornelius stared at him in fear. "What is it, Lord?" he asked.

The angel answered, "Your prayers and gifts to the poor have come up as a memorial offering before God. ⁵Now send men to Joppa to bring back a man named Simon who is called Peter. ⁶He is staying with Simon the tanner, whose house is by the sea."

⁷When the angel who spoke to him had gone, Cornelius called two of his servants and a devout soldier who was one of his attendants. ⁸He told them everything that had happened and sent them to Joppa.

Peter's Vision

⁹About noon the following day as they were on their journey and approaching the city, Peter went up on the roof to pray. ¹⁰He became hungry and wanted something to eat, and while the meal was being prepared, he fell into a trance. ¹¹He saw heaven opened and something like a large sheet being let down to earth by its four corners. ¹²It contained all kinds of four-footed animals, as well as reptiles of the earth and birds of the

---

^m 9:36 Tanto *Tabita* (arameo) como *Dorcas* (griego) significan *gacela.*   ^n 10:3 *las tres de la tarde.* Lit. *la hora novena*; también en v. 30.   ^ñ 10:9 *casi el mediodía.* Lit. *alrededor de la hora sexta.*

^p 36 Both *Tabitha* (Aramaic) and *Dorcas* (Greek) mean *gazelle.*

13 —Levántate, Pedro; mata y come —le dijo una voz.

14 —¡De ninguna manera, Señor! —replicó Pedro—. Jamás he comido nada *impuro o inmundo.

15 Por segunda vez le insistió la voz:

—Lo que Dios ha purificado, tú no lo llames impuro.

16 Esto sucedió tres veces, y en seguida la sábana fue recogida al cielo.

17 Pedro no atinaba a explicarse cuál podría ser el significado de la visión. Mientras tanto, los hombres enviados por Cornelio, que estaban preguntando por la casa de Simón, se presentaron a la puerta. 18 Llamando, averiguaron si allí se hospedaba Simón, apodado Pedro.

19 Mientras Pedro seguía reflexionando sobre el significado de la visión, el Espíritu le dijo: «Mira, Simón, tres[o] hombres te buscan. 20 Date prisa, baja y no dudes en ir con ellos, porque yo los he enviado.»

21 Pedro bajó y les dijo a los hombres:

—Aquí estoy; yo soy el que ustedes buscan. ¿Qué asunto los ha traído por acá?

22 Ellos le contestaron:

—Venimos de parte del centurión Cornelio, un hombre justo y temeroso de Dios, respetado por todo el pueblo judío. Un ángel de Dios le dio instrucciones de invitarlo a usted a su casa para escuchar lo que usted tiene que decirle.

23 Entonces Pedro los invitó a pasar y los hospedó.

Pedro en casa de Cornelio

Al día siguiente, Pedro se fue con ellos acompañado de algunos creyentes de Jope. 24 Un día después llegó a Cesarea. Cornelio estaba esperándolo con los parientes y amigos íntimos que había reunido. 25 Al llegar Pedro a la casa, Cornelio salió a recibirlo y, postrándose delante de él, le rindió homenaje. 26 Pero Pedro hizo que se levantara, y le dijo:

—Ponte de pie, que sólo soy un hombre como tú.

27 Pedro entró en la casa conversando con él, y encontró a muchos reunidos.

28 Entonces les habló así:

—Ustedes saben muy bien que nuestra ley prohíbe que un judío se junte con un extranjero o lo visite. Pero Dios me ha hecho ver que a nadie debo llamar *impuro o inmundo. 29 Por eso, cuando mandaron por mí, vine sin poner ninguna objeción. Ahora permítanme preguntarles: ¿para qué me hicieron venir?

30 Cornelio contestó:

—Hace cuatro días a esta misma hora, las tres de la tarde, estaba yo en casa orando.[p] De repente apareció delante de mí un hombre vestido con ropa brillante, 31 y me dijo: "Cornelio, Dios ha oído tu oración y se ha acordado de tus obras de beneficencia. 32 Por lo tanto, envía a alguien a Jope para hacer venir a Simón, apodado Pedro, que se hospeda en casa de Simón el curtidor, junto al mar." 33 Así que inmediatamente mandé a llamarte, y tú has tenido la bondad de venir. Ahora estamos todos aquí, en la presencia de Dios, para escuchar todo lo que el Señor te ha encomendado que nos digas.

34 Pedro tomó la palabra, y dijo:

—Ahora comprendo que en realidad para Dios no hay favoritismos, 35 sino que en toda nación él ve con agrado a los que le temen y actúan con justicia. 36 Dios envió su mensaje al pueblo de Israel, anunciando las buenas *nuevas de la paz por medio de *Jesucristo,

air. 13 Then a voice told him, "Get up, Peter. Kill and eat."

14 "Surely not, Lord!" Peter replied. "I have never eaten anything impure or unclean."

15 The voice spoke to him a second time, "Do not call anything impure that God has made clean."

16 This happened three times, and immediately the sheet was taken back to heaven.

17 While Peter was wondering about the meaning of the vision, the men sent by Cornelius found out where Simon's house was and stopped at the gate. 18 They called out, asking if Simon who was known as Peter was staying there.

19 While Peter was still thinking about the vision, the Spirit said to him, "Simon, three[q] men are looking for you. 20 So get up and go downstairs. Do not hesitate to go with them, for I have sent them."

21 Peter went down and said to the men, "I'm the one you're looking for. Why have you come?"

22 The men replied, "We have come from Cornelius the centurion. He is a righteous and God-fearing man, who is respected by all the Jewish people. A holy angel told him to have you come to his house so that he could hear what you have to say." 23 Then Peter invited the men into the house to be his guests.

Peter at Cornelius's House

The next day Peter started out with them, and some of the brothers from Joppa went along. 24 The following day he arrived in Caesarea. Cornelius was expecting them and had called together his relatives and close friends. 25 As Peter entered the house, Cornelius met him and fell at his feet in reverence. 26 But Peter made him get up. "Stand up," he said, "I am only a man myself."

27 Talking with him, Peter went inside and found a large gathering of people. 28 He said to them: "You are well aware that it is against our law for a Jew to associate with a Gentile or visit him. But God has shown me that I should not call any man impure or unclean. 29 So when I was sent for, I came without raising any objection. May I ask why you sent for me?"

30 Cornelius answered: "Four days ago I was in my house praying at this hour, at three in the afternoon. Suddenly a man in shining clothes stood before me 31 and said, 'Cornelius, God has heard your prayer and remembered your gifts to the poor. 32 Send to Joppa for Simon who is called Peter. He is a guest in the home of Simon the tanner, who lives by the sea.' 33 So I sent for you immediately, and it was good of you to come. Now we are all here in the presence of God to listen to everything the Lord has commanded you to tell us."

34 Then Peter began to speak: "I now realize how true it is that God does not show favoritism 35 but accepts men from every nation who fear him and do what is right. 36 You know the message God sent to the people of Israel, telling the good news of peace through Jesus

[o] *10:19* Var. no incluye *tres* (un ms. antiguo dice: *dos*).
[p] *10:30* *en casa orando.* Var. *en casa ayunando y orando.*

[q] *19* One early manuscript *two*; other manuscripts do not have the number.

que es el Señor de todos. 37 Ustedes conocen este mensaje que se difundió por toda Judea, comenzando desde Galilea, después del bautismo que predicó Juan. 38 Me refiero a Jesús de Nazaret: cómo lo ungió Dios con el Espíritu Santo y con poder, y cómo anduvo haciendo el bien y sanando a todos los que estaban oprimidos por el diablo, porque Dios estaba con él. 39 Nosotros somos testigos de todo lo que hizo en la tierra de los judíos y en Jerusalén. Lo mataron, colgándolo de un madero, 40 pero Dios lo resucitó al tercer día y dispuso que se apareciera, 41 no a todo el pueblo, sino a nosotros, testigos previamente escogidos por Dios, que comimos y bebimos con él después de su *resurrección. 42 Él nos mandó a predicar al pueblo y a dar solemne testimonio de que ha sido nombrado por Dios como juez de vivos y muertos. 43 De él dan testimonio todos los profetas, que todo el que cree en él recibe, por medio de su nombre, el perdón de los pecados.

44 Mientras Pedro estaba todavía hablando, el Espíritu Santo descendió sobre todos los que escuchaban el mensaje. 45 Los defensores de la circuncisión que habían llegado con Pedro se quedaron asombrados de que el don del Espíritu Santo se hubiera derramado también sobre los *gentiles, 46 pues los oían hablar en *lenguas y alabar a Dios. Entonces Pedro respondió:

47 —¿Acaso puede alguien negar el agua para que sean bautizados estos que han recibido el Espíritu Santo lo mismo que nosotros?

48 Y mandó que fueran bautizados en el nombre de Jesucristo. Entonces le pidieron que se quedara con ellos algunos días.

Pedro explica su comportamiento

11 Los apóstoles y los hermanos de toda Judea se enteraron de que también los *gentiles habían recibido la palabra de Dios. 2 Así que cuando Pedro subió a Jerusalén, los defensores de la circuncisión lo criticaron 3 diciendo:

—Entraste en casa de hombres incircuncisos y comiste con ellos.

4 Entonces Pedro comenzó a explicarles paso a paso lo que había sucedido:

5 —Yo estaba orando en la ciudad de Jope y tuve en éxtasis una visión. Vi que del cielo descendía algo parecido a una gran sábana que, suspendida por las cuatro puntas, bajaba hasta donde yo estaba. 6 Me fijé en lo que había en ella, y vi cuadrúpedos, fieras, reptiles y aves. 7 Luego oí una voz que me decía: "Levántate, Pedro; mata y come." 8 Repliqué: "¡De ninguna manera, Señor! Jamás ha entrado en mi boca nada *impuro o inmundo." 9 Por segunda vez insistió la voz del cielo: "Lo que Dios ha purificado, tú no lo llames impuro." 10 Esto sucedió tres veces, y luego todo volvió a ser llevado al cielo.

11 »En aquel momento se presentaron en la casa donde yo estaba tres hombres que desde Cesarea habían sido enviados a verme. 12 El Espíritu me dijo que fuera con ellos sin dudar. También fueron conmigo estos seis hermanos, y entramos en la casa de aquel hombre. 13 Él nos contó cómo en su casa se le había aparecido un ángel que le dijo: "Manda a alguien a Jope para hacer venir a Simón, apodado Pedro. 14 Él te traerá un mensaje mediante el cual serán salvos tú y toda tu familia."

15 »Cuando comencé a hablarles, el Espíritu Santo descendió sobre ellos tal como al principio descendió sobre nosotros. 16 Entonces recordé lo que había dicho el Señor: "Juan bautizó con^q agua, pero ustedes serán

Christ, who is Lord of all. 37 You know what has happened throughout Judea, beginning in Galilee after the baptism that John preached— 38 how God anointed Jesus of Nazareth with the Holy Spirit and power, and how he went around doing good and healing all who were under the power of the devil, because God was with him.

39 "We are witnesses of everything he did in the country of the Jews and in Jerusalem. They killed him by hanging him on a tree, 40 but God raised him from the dead on the third day and caused him to be seen. 41 He was not seen by all the people, but by witnesses whom God had already chosen—by us who ate and drank with him after he rose from the dead. 42 He commanded us to preach to the people and to testify that he is the one whom God appointed as judge of the living and the dead. 43 All the prophets testify about him that everyone who believes in him receives forgiveness of sins through his name."

44 While Peter was still speaking these words, the Holy Spirit came on all who heard the message. 45 The circumcised believers who had come with Peter were astonished that the gift of the Holy Spirit had been poured out even on the Gentiles. 46 For they heard them speaking in tongues^r and praising God.

Then Peter said, 47 "Can anyone keep these people from being baptized with water? They have received the Holy Spirit just as we have." 48 So he ordered that they be baptized in the name of Jesus Christ. Then they asked Peter to stay with them for a few days.

Peter Explains His Actions

11 The apostles and the brothers throughout Judea heard that the Gentiles also had received the word of God. 2 So when Peter went up to Jerusalem, the circumcised believers criticized him 3 and said, "You went into the house of uncircumcised men and ate with them."

4 Peter began and explained everything to them precisely as it had happened: 5 "I was in the city of Joppa praying, and in a trance I saw a vision. I saw something like a large sheet being let down from heaven by its four corners, and it came down to where I was. 6 I looked into it and saw four-footed animals of the earth, wild beasts, reptiles, and birds of the air. 7 Then I heard a voice telling me, 'Get up, Peter. Kill and eat.'

8 "I replied, 'Surely not, Lord! Nothing impure or unclean has ever entered my mouth.'

9 "The voice spoke from heaven a second time, 'Do not call anything impure that God has made clean.' 10 This happened three times, and then it was all pulled up to heaven again.

11 "Right then three men who had been sent to me from Caesarea stopped at the house where I was staying. 12 The Spirit told me to have no hesitation about going with them. These six brothers also went with me, and we entered the man's house. 13 He told us how he had seen an angel appear in his house and say, 'Send to Joppa for Simon who is called Peter. 14 He will bring you a message through which you and all your household will be saved.'

15 "As I began to speak, the Holy Spirit came on them as he had come on us at the beginning. 16 Then I remembered what the Lord had said: 'John baptized with^s water, but you will be baptized with the Holy

---

bautizados con el Espíritu Santo." 17 Por tanto, si Dios les ha dado a ellos el mismo don que a nosotros al creer en el Señor *Jesucristo, ¿quién soy yo para pretender estorbar a Dios?

18 Al oír esto, se apaciguaron y alabaron a Dios diciendo:

—¡Así que también a los gentiles les ha concedido Dios el *arrepentimiento para vida!

La iglesia en Antioquía

19 Los que se habían dispersado a causa de la persecución que se desató por el caso de Esteban llegaron hasta Fenicia, Chipre y Antioquía, sin anunciar a nadie el mensaje excepto a los judíos. 20 Sin embargo, había entre ellos algunas personas de Chipre y de Cirene que, al llegar a Antioquía, comenzaron a hablarles también a los de habla griega, anunciándoles las buenas *nuevas acerca del Señor Jesús. 21 El poder del Señor estaba con ellos, y un gran número creyó y se convirtió al Señor.

22 La noticia de estos sucesos llegó a oídos de la iglesia de Jerusalén, y mandaron a Bernabé a Antioquía. 23 Cuando él llegó y vio las evidencias de la gracia de Dios, se alegró y animó a todos a hacerse el firme propósito de permanecer fieles al Señor, 24 pues era un hombre bueno, lleno del Espíritu Santo y de fe. Un gran número de personas aceptó al Señor.

25 Después partió Bernabé para Tarso en busca de Saulo, 26 y cuando lo encontró, lo llevó a Antioquía. Durante todo un año se reunieron los dos con la iglesia y enseñaron a mucha gente. Fue en Antioquía donde a los discípulos se les llamó «cristianos» por primera vez.

27 Por aquel tiempo unos profetas bajaron de Jerusalén a Antioquía. 28 Uno de ellos, llamado Ágabo, se puso de pie y predijo por medio del Espíritu que iba a haber una gran hambre en todo el mundo, lo cual sucedió durante el reinado de Claudio. 29 Entonces decidieron que cada uno de los discípulos, según los recursos de cada cual, enviaría ayuda a los hermanos que vivían en Judea. 30 Así lo hicieron, mandando su ofrenda a los *ancianos por medio de Bernabé y de Saulo.

Pedro escapa milagrosamente de la cárcel

12 En ese tiempo el rey Herodes hizo arrestar a algunos de la iglesia con el fin de maltratarlos. 2 A *Jacobo, hermano de Juan, lo mandó matar a espada. 3 Al ver que esto agradaba a los judíos, procedió a prender también a Pedro. Esto sucedió durante la fiesta de los Panes sin levadura. 4 Después de arrestarlo, lo metió en la cárcel y lo puso bajo la vigilancia de cuatro grupos de cuatro soldados cada uno. Tenía la intención de hacerlo comparecer en juicio público después de la Pascua. 5 Pero mientras mantenían a Pedro en la cárcel, la iglesia oraba constante y fervientemente a Dios por él.

6 La misma noche en que Herodes estaba a punto de sacar a Pedro para someterlo a juicio, éste dormía entre dos soldados, sujeto con dos cadenas. Unos guardias vigilaban la entrada de la cárcel. 7 De repente apareció un ángel del Señor y una luz resplandeció en la celda. Despertó a Pedro con unas palmadas en el costado y le dijo: «¡Date prisa, levántate!» Las cadenas cayeron de las manos de Pedro. 8 Le dijo además el ángel: «Vístete y cálzate las sandalias.» Así lo hizo, y el ángel añadió: «Échate la capa encima y sígueme.»

9 Pedro salió tras él, pero no sabía si realmente estaba sucediendo lo que el ángel hacía. Le parecía que se

Spirit.' 17 So if God gave them the same gift as he gave us, who believed in the Lord Jesus Christ, who was I to think that I could oppose God?"

18 When they heard this, they had no further objections and praised God, saying, "So then, God has granted even the Gentiles repentance unto life."

The Church in Antioch

19 Now those who had been scattered by the persecution in connection with Stephen traveled as far as Phoenicia, Cyprus and Antioch, telling the message only to Jews. 20 Some of them, however, men from Cyprus and Cyrene, went to Antioch and began to speak to Greeks also, telling them the good news about the Lord Jesus. 21 The Lord's hand was with them, and a great number of people believed and turned to the Lord.

22 News of this reached the ears of the church at Jerusalem, and they sent Barnabas to Antioch. 23 When he arrived and saw the evidence of the grace of God, he was glad and encouraged them all to remain true to the Lord with all their hearts. 24 He was a good man, full of the Holy Spirit and faith, and a great number of people were brought to the Lord.

25 Then Barnabas went to Tarsus to look for Saul, 26 and when he found him, he brought him to Antioch. So for a whole year Barnabas and Saul met with the church and taught great numbers of people. The disciples were called Christians first at Antioch.

27 During this time some prophets came down from Jerusalem to Antioch. 28 One of them, named Agabus, stood up and through the Spirit predicted that a severe famine would spread over the entire Roman world. (This happened during the reign of Claudius.) 29 The disciples, each according to his ability, decided to provide help for the brothers living in Judea. 30 This they did, sending their gift to the elders by Barnabas and Saul.

Peter's Miraculous Escape From Prison

12 It was about this time that King Herod arrested some who belonged to the church, intending to persecute them. 2 He had James, the brother of John, put to death with the sword. 3 When he saw that this pleased the Jews, he proceeded to seize Peter also. This happened during the Feast of Unleavened Bread. 4 After arresting him, he put him in prison, handing him over to be guarded by four squads of four soldiers each. Herod intended to bring him out for public trial after the Passover.

5 So Peter was kept in prison, but the church was earnestly praying to God for him.

6 The night before Herod was to bring him to trial, Peter was sleeping between two soldiers, bound with two chains, and sentries stood guard at the entrance. 7 Suddenly an angel of the Lord appeared and a light shone in the cell. He struck Peter on the side and woke him up. "Quick, get up!" he said, and the chains fell off Peter's wrists.

8 Then the angel said to him, "Put on your clothes and sandals." And Peter did so. "Wrap your cloak around you and follow me," the angel told him. 9 Peter followed him out of the prison, but he had no idea that what the angel was doing was really happening; he

trataba de una visión. ¹⁰Pasaron por la primera y la segunda guardia, y llegaron al portón de hierro que daba a la ciudad. El portón se les abrió por sí solo, y salieron. Caminaron unas cuadras, y de repente el ángel lo dejó solo.

¹¹Entonces Pedro volvió en sí y se dijo: «Ahora estoy completamente seguro de que el Señor ha enviado a su ángel para librarme del poder de Herodes y de todo lo que el pueblo judío esperaba.»

¹²Cuando cayó en cuenta de esto, fue a casa de María, la madre de Juan, apodado Marcos, donde muchas personas estaban reunidas orando. ¹³Llamó a la puerta de la calle, y salió a responder una sierva llamada Rode. ¹⁴Al reconocer la voz de Pedro, se puso tan contenta que volvió corriendo sin abrir.

—¡Pedro está a la puerta! —exclamó.

¹⁵—¡Estás loca! —le dijeron.

Ella insistía en que así era, pero los otros decían:

—Debe de ser su ángel.

¹⁶Entre tanto, Pedro seguía llamando. Cuando abrieron la puerta y lo vieron, quedaron pasmados. ¹⁷Con la mano Pedro les hizo señas de que se callaran, y les contó cómo el Señor lo había sacado de la cárcel.

—Cuéntenles esto a Jacobo y a los hermanos —les dijo.

Luego salió y se fue a otro lugar.

¹⁸Al amanecer se produjo un gran alboroto entre los soldados respecto al paradero de Pedro. ¹⁹Herodes hizo averiguaciones, pero al no encontrarlo, les tomó declaración a los guardias y mandó matarlos. Después viajó de Judea a Cesarea y se quedó allí.

Muerte de Herodes

²⁰Herodes estaba furioso con los de Tiro y de Sidón, pero ellos se pusieron de acuerdo y se presentaron ante él. Habiéndose ganado el favor de Blasto, camarero del rey, pidieron paz, porque su región dependía del país del rey para obtener sus provisiones.

²¹El día señalado, Herodes, ataviado con su ropaje real y sentado en su trono, le dirigió un discurso al pueblo. ²²La gente gritaba: «¡Voz de un dios, no de hombre!» ²³Al instante un ángel del Señor lo hirió, porque no le había dado la gloria a Dios; y Herodes murió comido de gusanos.

²⁴Pero la palabra de Dios seguía extendiéndose y difundiéndose.

²⁵Cuando Bernabé y Saulo cumplieron su servicio, regresaron deʳ Jerusalén llevando con ellos a Juan, llamado también Marcos.

Despedida de Bernabé y Saulo

13 En la iglesia de Antioquía eran profetas y maestros Bernabé; Simeón, apodado el Negro; Lucio de Cirene; Manaén, que se había criado con Herodes el tetrarca; y Saulo. ²Mientras ayunaban y participaban en el culto al Señor, el Espíritu Santo dijo: «Apártenme ahora a Bernabé y a Saulo para el trabajo al que los he llamado.»

³Así que después de ayunar, orar e imponerles las manos, los despidieron.

En Chipre

⁴Bernabé y Saulo, enviados por el Espíritu Santo,

thought he was seeing a vision. ¹⁰They passed the first and second guards and came to the iron gate leading to the city. It opened for them by itself, and they went through it. When they had walked the length of one street, suddenly the angel left him.

¹¹Then Peter came to himself and said, "Now I know without a doubt that the Lord sent his angel and rescued me from Herod's clutches and from everything the Jewish people were anticipating."

¹²When this had dawned on him, he went to the house of Mary the mother of John, also called Mark, where many people had gathered and were praying. ¹³Peter knocked at the outer entrance, and a servant girl named Rhoda came to answer the door. ¹⁴When she recognized Peter's voice, she was so overjoyed she ran back without opening it and exclaimed, "Peter is at the door!"

¹⁵"You're out of your mind," they told her. When she kept insisting that it was so, they said, "It must be his angel."

¹⁶But Peter kept on knocking, and when they opened the door and saw him, they were astonished. ¹⁷Peter motioned with his hand for them to be quiet and described how the Lord had brought him out of prison. "Tell James and the brothers about this," he said, and then he left for another place.

¹⁸In the morning, there was no small commotion among the soldiers as to what had become of Peter. ¹⁹After Herod had a thorough search made for him and did not find him, he cross-examined the guards and ordered that they be executed.

Herod's Death

Then Herod went from Judea to Caesarea and stayed there a while. ²⁰He had been quarreling with the people of Tyre and Sidon; they now joined together and sought an audience with him. Having secured the support of Blastus, a trusted personal servant of the king, they asked for peace, because they depended on the king's country for their food supply.

²¹On the appointed day Herod, wearing his royal robes, sat on his throne and delivered a public address to the people. ²²They shouted, "This is the voice of a god, not of a man." ²³Immediately, because Herod did not give praise to God, an angel of the Lord struck him down, and he was eaten by worms and died.

²⁴But the word of God continued to increase and spread.

²⁵When Barnabas and Saul had finished their mission, they returned fromʳ Jerusalem, taking with them John, also called Mark.

Barnabas and Saul Sent Off

13 In the church at Antioch there were prophets and teachers: Barnabas, Simeon called Niger, Lucius of Cyrene, Manaen (who had been brought up with Herod the tetrarch) and Saul. ²While they were worshiping the Lord and fasting, the Holy Spirit said, "Set apart for me Barnabas and Saul for the work to which I have called them." ³So after they had fasted and prayed, they placed their hands on them and sent them off.

On Cyprus

⁴The two of them, sent on their way by the Holy Spirit, went down to Seleucia and sailed from there

---

ʳ 12:25 regresaron de. Var. regresaron a.   ʳ 25 Some manuscripts to

bajaron a Seleucia, y de allí navegaron a Chipre. 5 Al llegar a Salamina, predicaron la palabra de Dios en las sinagogas de los judíos. Tenían también a Juan como ayudante.

6 Recorrieron toda la isla hasta Pafos. Allí se encontraron con un hechicero, un falso profeta judío llamado Barjesús, 7 que estaba con el gobernador*s* Sergio Paulo. El gobernador, hombre inteligente, mandó llamar a Bernabé y a Saulo, en un esfuerzo por escuchar la palabra de Dios. 8 Pero Elimas el hechicero (que es lo que significa su nombre) se les oponía y procuraba apartar de la fe al gobernador. 9 Entonces Saulo, o sea Pablo, lleno del Espíritu Santo, clavó los ojos en Elimas y le dijo: 10 «¡Hijo del diablo y enemigo de toda justicia, lleno de todo tipo de engaño y de fraude! ¿Nunca dejarás de torcer los caminos rectos del Señor? 11 Ahora la mano del Señor está contra ti; vas a quedarte ciego y por algún tiempo no podrás ver la luz del sol.»

Al instante cayeron sobre él sombra y oscuridad, y comenzó a buscar a tientas quien lo llevara de la mano. 12 Al ver lo sucedido, el gobernador creyó, maravillado de la enseñanza acerca del Señor.

En Antioquía de Pisidia

13 Pablo y sus compañeros se hicieron a la mar desde Pafos, y llegaron a Perge de Panfilia. Juan se separó de ellos y regresó a Jerusalén; 14 ellos, por su parte, siguieron su viaje desde Perge hasta Antioquía de Pisidia. El *sábado entraron en la sinagoga y se sentaron. 15 Al terminar la lectura de la ley y los profetas, los jefes de la sinagoga mandaron a decirles: «Hermanos, si tienen algún mensaje de aliento para el pueblo, hablen.»

16 Pablo se puso en pie, hizo una señal con la mano y dijo: «Escúchenme, israelitas, y ustedes, los *gentiles temerosos de Dios: 17 El Dios de este pueblo de Israel escogió a nuestros antepasados y engrandeció al pueblo mientras vivían como extranjeros en Egipto. Con gran poder los sacó de aquella tierra 18 y soportó su mal proceder*t* en el desierto unos cuarenta años. 19 Luego de destruir siete naciones en Canaán, dio a su pueblo la tierra de ellas en herencia. 20 Todo esto duró unos cuatrocientos cincuenta años.

»Después de esto, Dios les asignó jueces hasta los días del profeta Samuel. 21 Entonces pidieron un rey, y Dios les dio a Saúl, hijo de Quis, de la tribu de Benjamín, que gobernó por cuarenta años. 22 Tras destituir a Saúl, les puso por rey a David, de quien dio este testimonio: "He encontrado en David, hijo de Isaí, un hombre conforme a mi corazón; él realizará todo lo que yo quiero."

23 »De los descendientes de éste, conforme a la promesa, Dios ha provisto a Israel un salvador, que es Jesús. 24 Antes de la venida de Jesús, Juan predicó un bautismo de *arrepentimiento a todo el pueblo de Israel. 25 Cuando estaba completando su carrera, Juan decía: "¿Quién suponen ustedes que soy? No soy aquél. Miren, después de mí viene uno a quien no soy digno ni siquiera de desatarle las sandalias."

26 »Hermanos, descendientes de Abraham, y ustedes, los gentiles temerosos de Dios: a nosotros se nos ha enviado este mensaje de salvación. 27 Los habitantes de Jerusalén y sus gobernantes no reconocieron a Jesús. Por tanto, al condenarlo, cumplieron las palabras de los profetas que se leen todos los sábados. 28 Aunque no encontraron ninguna causa digna de muerte, le pidieron a Pilato que lo mandara a ejecutar. 29 Después de llevar a cabo todas las cosas que estaban escritas acerca

to Cyprus. 5 When they arrived at Salamis, they proclaimed the word of God in the Jewish synagogues. John was with them as their helper.

6 They traveled through the whole island until they came to Paphos. There they met a Jewish sorcerer and false prophet named Bar-Jesus, 7 who was an attendant of the proconsul, Sergius Paulus. The proconsul, an intelligent man, sent for Barnabas and Saul because he wanted to hear the word of God. 8 But Elymas the sorcerer (for that is what his name means) opposed them and tried to turn the proconsul from the faith. 9 Then Saul, who was also called Paul, filled with the Holy Spirit, looked straight at Elymas and said, 10 "You are a child of the devil and an enemy of everything that is right! You are full of all kinds of deceit and trickery. Will you never stop perverting the right ways of the Lord? 11 Now the hand of the Lord is against you. You are going to be blind, and for a time you will be unable to see the light of the sun."

Immediately mist and darkness came over him, and he groped about, seeking someone to lead him by the hand. 12 When the proconsul saw what had happened, he believed, for he was amazed at the teaching about the Lord.

In Pisidian Antioch

13 From Paphos, Paul and his companions sailed to Perga in Pamphylia, where John left them to return to Jerusalem. 14 From Perga they went on to Pisidian Antioch. On the Sabbath they entered the synagogue and sat down. 15 After the reading from the Law and the Prophets, the synagogue rulers sent word to them, saying, "Brothers, if you have a message of encouragement for the people, please speak."

16 Standing up, Paul motioned with his hand and said: "Men of Israel and you Gentiles who worship God, listen to me! 17 The God of the people of Israel chose our fathers; he made the people prosper during their stay in Egypt, with mighty power he led them out of that country, 18 he endured their conduct*u* for about forty years in the desert, 19 he overthrew seven nations in Canaan and gave their land to his people as their inheritance. 20 All this took about 450 years.

"After this, God gave them judges until the time of Samuel the prophet. 21 Then the people asked for a king, and he gave them Saul son of Kish, of the tribe of Benjamin, who ruled forty years. 22 After removing Saul, he made David their king. He testified concerning him: 'I have found David son of Jesse a man after my own heart; he will do everything I want him to do.'

23 "From this man's descendants God has brought to Israel the Savior Jesus, as he promised. 24 Before the coming of Jesus, John preached repentance and baptism to all the people of Israel. 25 As John was completing his work, he said: 'Who do you think I am? I am not that one. No, but he is coming after me, whose sandals I am not worthy to untie.'

26 "Brothers, children of Abraham, and you God-fearing Gentiles, it is to us that this message of salvation has been sent. 27 The people of Jerusalem and their rulers did not recognize Jesus, yet in condemning him they fulfilled the words of the prophets that are read every Sabbath. 28 Though they found no proper ground for a death sentence, they asked Pilate to have him executed. 29 When they had carried out all that was written about him, they took him down from the tree

---

s 13:7 *gobernador.* Lit. *procónsul;* también en vv. 8 y 12.
t 13:18 *soportó su mal proceder.* Var. *los cuidó.*

u 18 Some manuscripts *and cared for them*

de él, lo bajaron del madero y lo sepultaron. 30 Pero Dios lo *levantó de entre los muertos. 31 Durante muchos días lo vieron los que habían subido con él de Galilea a Jerusalén, y ellos son ahora sus testigos ante el pueblo.

32 »Nosotros les anunciamos a ustedes las buenas *nuevas respecto a la promesa hecha a nuestros antepasados. 33 Dios nos la ha cumplido plenamente a nosotros, los descendientes de ellos, al resucitar a Jesús. Como está escrito en el segundo salmo:

> »"Tú eres mi hijo;
> hoy mismo te he engendrado."^u

34 Dios lo *resucitó para que no volviera jamás a la corrupción. Así se cumplieron estas palabras:

> »"Yo les daré las bendiciones santas y seguras
> prometidas a David."^v

35 Por eso dice en otro pasaje:

> »"No permitirás que el fin de tu santo sea la
> corrupción."^w

36 »Ciertamente David, después de servir a su propia generación conforme al propósito de Dios, murió, fue sepultado con sus antepasados, y su cuerpo sufrió la corrupción. 37 Pero aquel a quien Dios resucitó no sufrió la corrupción de su cuerpo.

38 »Por tanto, hermanos, sepan que por medio de Jesús se les anuncia a ustedes el perdón de los pecados. 39 Ustedes no pudieron ser *justificados de esos pecados por la ley de Moisés, pero todo el que cree es justificado por medio de Jesús. 40 Tengan cuidado, no sea que les suceda lo que han dicho los profetas:

41 »"¡Miren, burlones!
> ¡Asómbrense y desaparezcan!
> Estoy por hacer en estos días una obra
> que ustedes nunca creerán,
> aunque alguien se la explique."^x»

42 Al salir ellos de la sinagoga, los invitaron a que el siguiente sábado les hablaran más de estas cosas. 43 Cuando se disolvió la asamblea, muchos judíos y prosélitos fieles acompañaron a Pablo y a Bernabé, los cuales en su conversación con ellos les instaron a perseverar en la gracia de Dios.

44 El siguiente sábado casi toda la ciudad se congregó para oír la palabra del Señor. 45 Pero cuando los judíos vieron a las multitudes, se llenaron de celos y contradecían con maldiciones lo que Pablo decía.

46 Pablo y Bernabé les contestaron valientemente: «Era necesario que les anunciáramos la palabra de Dios primero a ustedes. Como la rechazan y no se consideran dignos de la vida eterna, ahora vamos a dirigirnos a los gentiles. 47 Así nos lo ha mandado el Señor:

> »"Te he puesto por luz para las *naciones,
> a fin de que lleves mi salvación hasta los
> confines de la tierra."^y»

48 Al oír esto, los gentiles se alegraron y celebraron la palabra del Señor; y creyeron todos los que estaban destinados a la vida eterna.

49 La palabra del Señor se difundía por toda la región. 50 Pero los judíos incitaron a mujeres muy distinguidas y favorables al judaísmo, y a los hombres más prominentes de la ciudad, y provocaron una persecución contra Pablo y Bernabé. Por tanto, los expulsaron

and laid him in a tomb. 30 But God raised him from the dead, 31 and for many days he was seen by those who had traveled with him from Galilee to Jerusalem. They are now his witnesses to our people.

32 "We tell you the good news: What God promised our fathers 33 he has fulfilled for us, their children, by raising up Jesus. As it is written in the second Psalm:

> " 'You are my Son;
> today I have become your Father.'^{v 'w}

34 The fact that God raised him from the dead, never to decay, is stated in these words:

> " 'I will give you the holy and sure
> blessings promised to David.'^x

35 So it is stated elsewhere:

> " 'You will not let your Holy One see
> decay.'^y

36 "For when David had served God's purpose in his own generation, he fell asleep; he was buried with his fathers and his body decayed. 37 But the one whom God raised from the dead did not see decay.

38 "Therefore, my brothers, I want you to know that through Jesus the forgiveness of sins is proclaimed to you. 39 Through him everyone who believes is justified from everything you could not be justified from by the law of Moses. 40 Take care that what the prophets have said does not happen to you:

41 " 'Look, you scoffers,
> wonder and perish,
> for I am going to do something in your days
> that you would never believe,
> even if someone told you.'^z "

42 As Paul and Barnabas were leaving the synagogue, the people invited them to speak further about these things on the next Sabbath. 43 When the congregation was dismissed, many of the Jews and devout converts to Judaism followed Paul and Barnabas, who talked with them and urged them to continue in the grace of God.

44 On the next Sabbath almost the whole city gathered to hear the word of the Lord. 45 When the Jews saw the crowds, they were filled with jealousy and talked abusively against what Paul was saying.

46 Then Paul and Barnabas answered them boldly: "We had to speak the word of God to you first. Since you reject it and do not consider yourselves worthy of eternal life, we now turn to the Gentiles. 47 For this is what the Lord has commanded us:

> " 'I have made you^a a light for the
> Gentiles,
> that you^a may bring salvation to the ends
> of the earth.'^b "

48 When the Gentiles heard this, they were glad and honored the word of the Lord; and all who were appointed for eternal life believed.

49 The word of the Lord spread through the whole region. 50 But the Jews incited the God-fearing women of high standing and the leading men of the city. They stirred up persecution against Paul and Barnabas, and

---

u 13:33 Sal 2:7   v 13:34 Is 55:3   w 13:35 Sal 16:10
x 13:41 Hab 1:5   y 13:47 Is 49:6

v 33 Or have begotten you   w 33 Psalm 2:7   x 34 Isaiah 55:3
y 35 Psalm 16:10   z 41 Hab. 1:5   a 47 The Greek is singular.
b 47 Isaiah 49:6

de la región. 51 Ellos, por su parte, se sacudieron el polvo de los pies en señal de protesta contra la ciudad, y se fueron a Iconio. 52 Y los discípulos quedaron llenos de alegría y del Espíritu Santo.

En Iconio

14 En Iconio, Pablo y Bernabé entraron, como de costumbre, en la sinagoga judía y hablaron de tal manera que creyó una multitud de judíos y de *griegos. 2 Pero los judíos incrédulos incitaron a los *gentiles y les amargaron el ánimo contra los hermanos. 3 En todo caso, Pablo y Bernabé pasaron allí bastante tiempo, hablando valientemente en el nombre del Señor, quien confirmaba el mensaje de su gracia, haciendo señales y prodigios por medio de ellos. 4 La gente de la ciudad estaba dividida: unos estaban de parte de los judíos, y otros de parte de los apóstoles. 5 Hubo un complot tanto de los gentiles como de los judíos, apoyados por sus dirigentes, para maltratarlos y apedrearlos. 6 Al darse cuenta de esto, los apóstoles huyeron a Listra y a Derbe, ciudades de Licaonia, y a sus alrededores, 7 donde siguieron anunciando las buenas *nuevas.

En Listra y Derbe

8 En Listra vivía un hombre lisiado de nacimiento, que no podía mover las piernas y nunca había caminado. Estaba sentado, 9 escuchando a Pablo, quien al reparar en él y ver que tenía fe para ser sanado, 10 le ordenó con voz fuerte:

—¡Ponte en pie y enderézate!

El hombre dio un salto y empezó a caminar. 11 Al ver lo que Pablo había hecho, la gente comenzó a gritar en el idioma de Licaonia:

—¡Los dioses han tomado forma humana y han venido a visitarnos!

12 A Bernabé lo llamaban Zeus, y a Pablo, Hermes, porque era el que dirigía la palabra. 13 El sacerdote de Zeus, el dios cuyo templo estaba a las afueras de la ciudad, llevó toros y guirnaldas a las puertas y, con toda la multitud, quería ofrecerles sacrificios.

14 Al enterarse de esto los apóstoles Bernabé y Pablo, se rasgaron las vestiduras y se lanzaron por entre la multitud, gritando:

15 —Señores, ¿por qué hacen esto? Nosotros también somos hombres mortales como ustedes. Las buenas *nuevas que les anunciamos es que dejen estas cosas sin valor y se vuelvan al Dios viviente, que hizo el cielo, la tierra, el mar y todo lo que hay en ellos. 16 En épocas pasadas él permitió que todas las *naciones siguieran su propio camino. 17 Sin embargo, no ha dejado de dar testimonio de sí mismo haciendo el bien, dándoles lluvias del cielo y estaciones fructíferas, proporcionándoles comida y alegría de corazón.

18 A pesar de todo lo que dijeron, a duras penas evitaron que la multitud les ofreciera sacrificios.

19 En eso llegaron de Antioquía y de Iconio unos judíos que hicieron cambiar de parecer a la multitud. Apedrearon a Pablo y lo arrastraron fuera de la ciudad, creyendo que estaba muerto. 20 Pero cuando lo rodearon los discípulos, él se levantó y volvió a entrar en la ciudad. Al día siguiente, partió para Derbe en compañía de Bernabé.

El regreso a Antioquía de Siria

21 Después de anunciar las buenas *nuevas en aquella ciudad y de hacer muchos discípulos, Pablo y Ber-

expelled them from their region. 51 So they shook the dust from their feet in protest against them and went to Iconium. 52 And the disciples were filled with joy and with the Holy Spirit.

In Iconium

14 At Iconium Paul and Barnabas went as usual into the Jewish synagogue. There they spoke so effectively that a great number of Jews and Gentiles believed. 2 But the Jews who refused to believe stirred up the Gentiles and poisoned their minds against the brothers. 3 So Paul and Barnabas spent considerable time there, speaking boldly for the Lord, who confirmed the message of his grace by enabling them to do miraculous signs and wonders. 4 The people of the city were divided; some sided with the Jews, others with the apostles. 5 There was a plot afoot among the Gentiles and Jews, together with their leaders, to mistreat them and stone them. 6 But they found out about it and fled to the Lycaonian cities of Lystra and Derbe and to the surrounding country, 7 where they continued to preach the good news.

In Lystra and Derbe

8 In Lystra there sat a man crippled in his feet, who was lame from birth and had never walked. 9 He listened to Paul as he was speaking. Paul looked directly at him, saw that he had faith to be healed 10 and called out, "Stand up on your feet!" At that, the man jumped up and began to walk.

11 When the crowd saw what Paul had done, they shouted in the Lycaonian language, "The gods have come down to us in human form!" 12 Barnabas they called Zeus, and Paul they called Hermes because he was the chief speaker. 13 The priest of Zeus, whose temple was just outside the city, brought bulls and wreaths to the city gates because he and the crowd wanted to offer sacrifices to them.

14 But when the apostles Barnabas and Paul heard of this, they tore their clothes and rushed out into the crowd, shouting: 15 "Men, why are you doing this? We too are only men, human like you. We are bringing you good news, telling you to turn from these worthless things to the living God, who made heaven and earth and sea and everything in them. 16 In the past, he let all nations go their own way. 17 Yet he has not left himself without testimony: He has shown kindness by giving you rain from heaven and crops in their seasons; he provides you with plenty of food and fills your hearts with joy." 18 Even with these words, they had difficulty keeping the crowd from sacrificing to them.

19 Then some Jews came from Antioch and Iconium and won the crowd over. They stoned Paul and dragged him outside the city, thinking he was dead. 20 But after the disciples had gathered around him, he got up and went back into the city. The next day he and Barnabas left for Derbe.

The Return to Antioch in Syria

21 They preached the good news in that city and won a large number of disciples. Then they returned to Lys-

nabé regresaron a Listra, a Iconio y a Antioquía, 22 fortaleciendo a los discípulos y animándolos a perseverar en la fe. «Es necesario pasar por muchas dificultades para entrar en el reino de Dios», les decían. 23 En cada iglesia nombraron *ancianos y, con oración y ayuno, los encomendaron al Señor, en quien habían creído. 24 Atravesando Pisidia, llegaron a Panfilia, 25 y cuando terminaron de predicar la palabra en Perge, bajaron a Atalía.

26 De Atalía navegaron a Antioquía, donde se los había encomendado a la gracia de Dios para la obra que ya habían realizado. 27 Cuando llegaron, reunieron a la iglesia e informaron de todo lo que Dios había hecho por medio de ellos, y de cómo había abierto la puerta de la fe a los *gentiles. 28 Y se quedaron allí mucho tiempo con los discípulos.

El concilio de Jerusalén

15 Algunos que habían llegado de Judea a Antioquía se pusieron a enseñar a los hermanos: «A menos que ustedes se circunciden, conforme a la tradición de Moisés, no pueden ser salvos.» 2 Esto provocó un altercado y un serio debate de Pablo y Bernabé con ellos. Entonces se decidió que Pablo y Bernabé, y algunos otros creyentes, subieran a Jerusalén para tratar este asunto con los apóstoles y los *ancianos. 3 Enviados por la iglesia, al pasar por Fenicia y Samaria contaron cómo se habían convertido los *gentiles. Estas noticias llenaron de alegría a todos los creyentes. 4 Al llegar a Jerusalén, fueron muy bien recibidos tanto por la iglesia como por los apóstoles y los ancianos, a quienes informaron de todo lo que Dios había hecho por medio de ellos.

5 Entonces intervinieron algunos creyentes que pertenecían a la secta de los *fariseos y afirmaron:

—Es necesario circuncidar a los gentiles y exigirles que obedezcan la ley de Moisés.

6 Los apóstoles y los ancianos se reunieron para examinar este asunto. 7 Después de una larga discusión, Pedro tomó la palabra:

—Hermanos, ustedes saben que desde un principio Dios me escogió de entre ustedes para que por mi boca los gentiles oyeran el mensaje del *evangelio y creyeran. 8 Dios, que conoce el corazón humano, mostró que los aceptaba dándoles el Espíritu Santo, lo mismo que a nosotros. 9 Sin hacer distinción alguna entre nosotros y ellos, purificó sus corazones por la fe. 10 Entonces, ¿por qué tratan ahora de provocar a Dios poniendo sobre el cuello de esos discípulos un yugo que ni nosotros ni nuestros antepasados hemos podido soportar? 11 ¡No puede ser! Más bien, como ellos, creemos que somos salvos[z] por la gracia de nuestro Señor Jesús.

12 Toda la asamblea guardó silencio para escuchar a Bernabé y a Pablo, que les contaron las señales y prodigios que Dios había hecho por medio de ellos entre los gentiles. 13 Cuando terminaron, *Jacobo tomó la palabra y dijo:

—Hermanos, escúchenme. 14 *Simón[a] nos ha expuesto cómo Dios desde el principio tuvo a bien escoger de entre los gentiles un pueblo para honra de su nombre. 15 Con esto concuerdan las palabras de los profetas, tal como está escrito:

16 »"Después de esto volveré
    y reedificaré la choza caída de David.
Reedificaré sus ruinas,
    y la restauraré,

tra, Iconium and Antioch, 22 strengthening the disciples and encouraging them to remain true to the faith. "We must go through many hardships to enter the kingdom of God," they said. 23 Paul and Barnabas appointed elders[c] for them in each church and, with prayer and fasting, committed them to the Lord, in whom they had put their trust. 24 After going through Pisidia, they came into Pamphylia, 25 and when they had preached the word in Perga, they went down to Attalia.

26 From Attalia they sailed back to Antioch, where they had been committed to the grace of God for the work they had now completed. 27 On arriving there, they gathered the church together and reported all that God had done through them and how he had opened the door of faith to the Gentiles. 28 And they stayed there a long time with the disciples.

The Council at Jerusalem

15 Some men came down from Judea to Antioch and were teaching the brothers: "Unless you are circumcised, according to the custom taught by Moses, you cannot be saved." 2 This brought Paul and Barnabas into sharp dispute and debate with them. So Paul and Barnabas were appointed, along with some other believers, to go up to Jerusalem to see the apostles and elders about this question. 3 The church sent them on their way, and as they traveled through Phoenicia and Samaria, they told how the Gentiles had been converted. This news made all the brothers very glad. 4 When they came to Jerusalem, they were welcomed by the church and the apostles and elders, to whom they reported everything God had done through them.

5 Then some of the believers who belonged to the party of the Pharisees stood up and said, "The Gentiles must be circumcised and required to obey the law of Moses."

6 The apostles and elders met to consider this question. 7 After much discussion, Peter got up and addressed them: "Brothers, you know that some time ago God made a choice among you that the Gentiles might hear from my lips the message of the gospel and believe. 8 God, who knows the heart, showed that he accepted them by giving the Holy Spirit to them, just as he did to us. 9 He made no distinction between us and them, for he purified their hearts by faith. 10 Now then, why do you try to test God by putting on the necks of the disciples a yoke that neither we nor our fathers have been able to bear? 11 No! We believe it is through the grace of our Lord Jesus that we are saved, just as they are."

12 The whole assembly became silent as they listened to Barnabas and Paul telling about the miraculous signs and wonders God had done among the Gentiles through them. 13 When they finished, James spoke up: "Brothers, listen to me. 14 Simon[d] has described to us how God at first showed his concern by taking from the Gentiles a people for himself. 15 The words of the prophets are in agreement with this, as it is written:

16 " 'After this I will return
    and rebuild David's fallen tent.
Its ruins I will rebuild,
    and I will restore it,

z 15:11 que somos salvos. Alt. a fin de ser salvos.
a 15:14 Simón. Lit. Simeón.

c 23 Or Barnabas ordained elders; or Barnabas had elders elected
d 14 Greek Simeon, a variant of Simon; that is, Peter

17 para que busque al Señor el resto de la *humanidad,

todas las *naciones que llevan mi nombre.

18 Así dice el Señor, que hace estas cosas"[b]

conocidas desde tiempos antiguos.[c]

19 »Por lo tanto, yo considero que debemos dejar de ponerles trabas a los gentiles que se convierten a Dios. 20 Más bien debemos escribirles que se abstengan de lo *contaminado por los ídolos, de la inmoralidad sexual, de la carne de animales estrangulados y de sangre. 21 En efecto, desde tiempos antiguos Moisés siempre ha tenido en cada ciudad quien lo predique y lo lea en las sinagogas todos los *sábados.

Carta del concilio a los creyentes gentiles

22 Entonces los apóstoles y los *ancianos, de común acuerdo con toda la iglesia, decidieron escoger a algunos de ellos y enviarlos a Antioquía con Pablo y Bernabé. Escogieron a Judas, llamado Barsabás, y a Silas, que tenían buena reputación entre los hermanos. 23 Con ellos mandaron la siguiente carta:

Los apóstoles y los ancianos,

a nuestros hermanos *gentiles en Antioquía, Siria y Cilicia:

Saludos.

24 Nos hemos enterado de que algunos de los nuestros, sin nuestra autorización, los han inquietado a ustedes, alarmándoles con lo que les han dicho. 25 Así que de común acuerdo hemos decidido escoger a algunos hombres y enviarlos a ustedes con nuestros queridos hermanos Pablo y Bernabé, 26 quienes han arriesgado su *vida por el nombre de nuestro Señor *Jesucristo. 27 Por tanto, les enviamos a Judas y a Silas para que les confirmen personalmente lo que les escribimos. 28 Nos pareció bien al Espíritu Santo y a nosotros no imponerles a ustedes ninguna carga aparte de los siguientes requisitos: 29 abstenerse de lo sacrificado a los ídolos, de sangre, de la carne de animales estrangulados y de la inmoralidad sexual. Bien harán ustedes si evitan estas cosas.

Con nuestros mejores deseos.

30 Una vez despedidos, ellos bajaron a Antioquía, donde reunieron a la congregación y entregaron la carta. 31 Los creyentes la leyeron y se alegraron por su mensaje alentador. 32 Judas y Silas, que también eran profetas, hablaron extensamente para animarlos y fortalecerlos. 33 Después de pasar algún tiempo allí, los hermanos los despidieron en paz, para que regresaran a quienes los habían enviado.[d] 35 Pablo y Bernabé permanecieron en Antioquía, enseñando y anunciando la palabra del Señor en compañía de muchos otros.

Desacuerdo entre Pablo y Bernabé

36 Algún tiempo después, Pablo le dijo a Bernabé: «Volvamos a visitar a los creyentes en todas las ciudades en donde hemos anunciado la palabra del Señor, y veamos cómo están.» 37 Resulta que Bernabé quería llevar con ellos a Juan Marcos, 38 pero a Pablo no le pareció prudente llevarlo, porque los había abandonado en Panfilia y no había seguido con ellos en el trabajo. 39 Se produjo entre ellos un conflicto tan serio que acabaron por separarse. Bernabé se llevó a Marcos y se

17 that the remnant of men may seek the Lord,

and all the Gentiles who bear my name,

says the Lord, who does these things'[e]

18   that have been known for ages.[f]

19 "It is my judgment, therefore, that we should not make it difficult for the Gentiles who are turning to God. 20 Instead we should write to them, telling them to abstain from food polluted by idols, from sexual immorality, from the meat of strangled animals and from blood. 21 For Moses has been preached in every city from the earliest times and is read in the synagogues on every Sabbath."

The Council's Letter to Gentile Believers

22 Then the apostles and elders, with the whole church, decided to choose some of their own men and send them to Antioch with Paul and Barnabas. They chose Judas (called Barsabbas) and Silas, two men who were leaders among the brothers. 23 With them they sent the following letter:

The apostles and elders, your brothers,

To the Gentile believers in Antioch, Syria and Cilicia:

Greetings.

24 We have heard that some went out from us without our authorization and disturbed you, troubling your minds by what they said. 25 So we all agreed to choose some men and send them to you with our dear friends Barnabas and Paul— 26 men who have risked their lives for the name of our Lord Jesus Christ. 27 Therefore we are sending Judas and Silas to confirm by word of mouth what we are writing. 28 It seemed good to the Holy Spirit and to us not to burden you with anything beyond the following requirements: 29 You are to abstain from food sacrificed to idols, from blood, from the meat of strangled animals and from sexual immorality. You will do well to avoid these things.

Farewell.

30 The men were sent off and went down to Antioch, where they gathered the church together and delivered the letter. 31 The people read it and were glad for its encouraging message. 32 Judas and Silas, who themselves were prophets, said much to encourage and strengthen the brothers. 33 After spending some time there, they were sent off by the brothers with the blessing of peace to return to those who had sent them.[g] 35 But Paul and Barnabas remained in Antioch, where they and many others taught and preached the word of the Lord.

Disagreement Between Paul and Barnabas

36 Some time later Paul said to Barnabas, "Let us go back and visit the brothers in all the towns where we preached the word of the Lord and see how they are doing." 37 Barnabas wanted to take John, also called Mark, with them, 38 but Paul did not think it wise to take him, because he had deserted them in Pamphylia and had not continued with them in the work. 39 They had such a sharp disagreement that they parted compa-

---

b 15:18 Am 9:11,12   *c* 15:18 "... que hace ... antiguos. Var. "... que hace todas estas cosas"; conocidas del Señor son todas sus obras desde tiempos antiguos.   *d* 15:33 enviado. Var. enviado, 34 pero Silas decidió quedarse.

e 17 Amos 9:11,12   *f* 17,18 Some manuscripts things'—/ 18 known to the Lord for ages is his work   *g* 33 Some manuscripts them, 34 but Silas decided to remain there

embarcó rumbo a Chipre, 40mientras que Pablo escogió a Silas. Después de que los hermanos lo encomendaron a la gracia del Señor, Pablo partió 41y viajó por Siria y Cilicia, consolidando a las iglesias.

Timoteo se une a Pablo y a Silas

16 Llegó Pablo a Derbe y después a Listra, donde se encontró con un discípulo llamado Timoteo, hijo de una mujer judía creyente, pero de padre *griego. 2Los hermanos en Listra y en Iconio hablaban bien de Timoteo, 3así que Pablo decidió llevárselo. Por causa de los judíos que vivían en aquella región, lo circuncidó, pues todos sabían que su padre era griego. 4Al pasar por las ciudades, entregaban los acuerdos tomados por los apóstoles y los *ancianos de Jerusalén, para que los pusieran en práctica. 5Y así las iglesias se fortalecían en la fe y crecían en número día tras día.

La visión de Pablo del hombre macedonio

6Atravesaron la región de Frigia y Galacia, ya que el Espíritu Santo les había impedido que predicaran la palabra en la provincia de *Asia. 7Cuando llegaron cerca de Misia, intentaron pasar a Bitinia, pero el Espíritu de Jesús no se lo permitió. 8Entonces, pasando de largo por Misia, bajaron a Troas. 9Durante la noche Pablo tuvo una visión en la que un hombre de Macedonia, puesto de pie, le rogaba: «Pasa a Macedonia y ayúdanos.» 10Después de que Pablo tuvo la visión, en seguida nos preparamos para partir hacia Macedonia, convencidos de que Dios nos había llamado a anunciar el *evangelio a los macedonios.

Conversión de Lidia en Filipos

11Zarpando de Troas, navegamos directamente a Samotracia, y al día siguiente a Neápolis. 12De allí fuimos a Filipos, que es una colonia romana y la ciudad principal de ese distrito de Macedonia. En esa ciudad nos quedamos varios días.

13El *sábado salimos a las afueras de la ciudad, y fuimos por la orilla del río, donde esperábamos encontrar un lugar de oración. Nos sentamos y nos pusimos a conversar con las mujeres que se habían reunido. 14Una de ellas, que se llamaba Lidia, adoraba a Dios. Era de la ciudad de Tiatira y vendía telas de púrpura. Mientras escuchaba, el Señor le abrió el corazón para que respondiera al mensaje de Pablo. 15Cuando fue bautizada con su familia, nos hizo la siguiente invitación: «Si ustedes me consideran creyente en el Señor, vengan a hospedarse en mi casa.» Y nos persuadió.

Pablo y Silas en la cárcel

16Una vez, cuando íbamos al lugar de oración, nos salió al encuentro una joven esclava que tenía un espíritu de adivinación. Con sus poderes ganaba mucho dinero para sus amos. 17Nos seguía a Pablo y a nosotros, gritando:

—Estos hombres son *siervos del Dios Altísimo, y les anuncian a ustedes el camino de salvación.

18Así continuó durante muchos días. Por fin Pablo se molestó tanto que se volvió y reprendió al espíritu:

—¡En el nombre de *Jesucristo, te ordeno que salgas de ella!

Y en aquel mismo momento el espíritu la dejó.

19Cuando los amos de la joven se dieron cuenta de que se les había esfumado la esperanza de ganar dinero, echaron mano a Pablo y a Silas y los arrastraron a la plaza, ante las autoridades. 20Los presentaron ante los magistrados y dijeron:

—Estos hombres son judíos, y están alborotando a

ny. Barnabas took Mark and sailed for Cyprus, 40but Paul chose Silas and left, commended by the brothers to the grace of the Lord. 41He went through Syria and Cilicia, strengthening the churches.

Timothy Joins Paul and Silas

16 He came to Derbe and then to Lystra, where a disciple named Timothy lived, whose mother was a Jewess and a believer, but whose father was a Greek. 2The brothers at Lystra and Iconium spoke well of him. 3Paul wanted to take him along on the journey, so he circumcised him because of the Jews who lived in that area, for they all knew that his father was a Greek. 4As they traveled from town to town, they delivered the decisions reached by the apostles and elders in Jerusalem for the people to obey. 5So the churches were strengthened in the faith and grew daily in numbers.

Paul's Vision of the Man of Macedonia

6Paul and his companions traveled throughout the region of Phrygia and Galatia, having been kept by the Holy Spirit from preaching the word in the province of Asia. 7When they came to the border of Mysia, they tried to enter Bithynia, but the Spirit of Jesus would not allow them to. 8So they passed by Mysia and went down to Troas. 9During the night Paul had a vision of a man of Macedonia standing and begging him, "Come over to Macedonia and help us." 10After Paul had seen the vision, we got ready at once to leave for Macedonia, concluding that God had called us to preach the gospel to them.

Lydia's Conversion in Philippi

11From Troas we put out to sea and sailed straight for Samothrace, and the next day on to Neapolis. 12From there we traveled to Philippi, a Roman colony and the leading city of that district of Macedonia. And we stayed there several days.

13On the Sabbath we went outside the city gate to the river, where we expected to find a place of prayer. We sat down and began to speak to the women who had gathered there. 14One of those listening was a woman named Lydia, a dealer in purple cloth from the city of Thyatira, who was a worshiper of God. The Lord opened her heart to respond to Paul's message. 15When she and the members of her household were baptized, she invited us to her home. "If you consider me a believer in the Lord," she said, "come and stay at my house." And she persuaded us.

Paul and Silas in Prison

16Once when we were going to the place of prayer, we were met by a slave girl who had a spirit by which she predicted the future. She earned a great deal of money for her owners by fortune-telling. 17This girl followed Paul and the rest of us, shouting, "These men are servants of the Most High God, who are telling you the way to be saved." 18She kept this up for many days. Finally Paul became so troubled that he turned around and said to the spirit, "In the name of Jesus Christ I command you to come out of her!" At that moment the spirit left her.

19When the owners of the slave girl realized that their hope of making money was gone, they seized Paul and Silas and dragged them into the marketplace to face the authorities. 20They brought them before the magistrates and said, "These men are Jews, and are

nuestra ciudad, 21 enseñando costumbres que a los romanos se nos prohíbe admitir o practicar.

22 Entonces la multitud se amotinó contra Pablo y Silas, y los magistrados mandaron que les arrancaran la ropa y los azotaran. 23 Después de darles muchos golpes, los echaron en la cárcel, y ordenaron al carcelero que los custodiara con la mayor seguridad. 24 Al recibir tal orden, éste los metió en el calabozo interior y les sujetó los pies en el cepo.

25 A eso de la medianoche, Pablo y Silas se pusieron a orar y a cantar himnos a Dios, y los otros presos los escuchaban. 26 De repente se produjo un terremoto tan fuerte que la cárcel se estremeció hasta sus cimientos. Al instante se abrieron todas las puertas y a los presos se les soltaron las cadenas. 27 El carcelero despertó y, al ver las puertas de la cárcel de par en par, sacó la espada y estuvo a punto de matarse, porque pensaba que los presos se habían escapado. Pero Pablo le gritó:

28 —¡No te hagas ningún daño! ¡Todos estamos aquí!

29 El carcelero pidió luz, entró precipitadamente y se echó temblando a los pies de Pablo y de Silas. 30 Luego los sacó y les preguntó:

—Señores, ¿qué tengo que hacer para ser salvo?

31 —Cree en el Señor Jesús; así tú y tu familia serán salvos —le contestaron.

32 Luego les expusieron la palabra de Dios a él y a todos los demás que estaban en su casa. 33 A esas horas de la noche, el carcelero se los llevó y les lavó las heridas; en seguida fueron bautizados él y toda su familia. 34 El carcelero los llevó a su casa, les sirvió comida y se alegró mucho junto con toda su familia por haber creído en Dios.

35 Al amanecer, los magistrados mandaron a unos guardias al carcelero con esta orden: «Suelta a esos hombres.» 36 El carcelero, entonces, le informó a Pablo:

—Los magistrados han ordenado que los suelte. Así que pueden irse. Vayan en paz.

37 Pero Pablo respondió a los guardias:

—¿Cómo? A nosotros, que somos ciudadanos romanos, que nos han azotado públicamente y sin proceso alguno, y nos han echado en la cárcel, ¿ahora quieren expulsarnos a escondidas? ¡Nada de eso! Que vengan ellos personalmente a escoltarnos hasta la salida.

38 Los guardias comunicaron la respuesta a los magistrados. Éstos se asustaron cuando oyeron que Pablo y Silas eran ciudadanos romanos, 39 así que fueron a presentarles sus disculpas. Los escoltaron desde la cárcel, pidiéndoles que se fueran de la ciudad. 40 Al salir de la cárcel, Pablo y Silas se dirigieron a la casa de Lidia, donde se vieron con los hermanos y los animaron. Después se fueron.

En Tesalónica

17 Atravesando Anfípolis y Apolonia, Pablo y Silas llegaron a Tesalónica, donde había una sinagoga de los judíos. 2 Como era su costumbre, Pablo entró en la sinagoga y tres *sábados seguidos discutió con ellos. Basándose en las Escrituras, 3 les explicaba y demostraba que era necesario que el *Mesías padeciera y *resucitara. Les decía: «Este Jesús que les anuncio es el Mesías.» 4 Algunos de los judíos se convencieron y se unieron a Pablo y a Silas, como también lo hicieron un buen número de mujeres prominentes y muchos *griegos que adoraban a Dios.

throwing our city into an uproar 21 by advocating customs unlawful for us Romans to accept or practice."

22 The crowd joined in the attack against Paul and Silas, and the magistrates ordered them to be stripped and beaten. 23 After they had been severely flogged, they were thrown into prison, and the jailer was commanded to guard them carefully. 24 Upon receiving such orders, he put them in the inner cell and fastened their feet in the stocks.

25 About midnight Paul and Silas were praying and singing hymns to God, and the other prisoners were listening to them. 26 Suddenly there was such a violent earthquake that the foundations of the prison were shaken. At once all the prison doors flew open, and everybody's chains came loose. 27 The jailer woke up, and when he saw the prison doors open, he drew his sword and was about to kill himself because he thought the prisoners had escaped. 28 But Paul shouted, "Don't harm yourself! We are all here!"

29 The jailer called for lights, rushed in and fell trembling before Paul and Silas. 30 He then brought them out and asked, "Sirs, what must I do to be saved?"

31 They replied, "Believe in the Lord Jesus, and you will be saved—you and your household." 32 Then they spoke the word of the Lord to him and to all the others in his house. 33 At that hour of the night the jailer took them and washed their wounds; then immediately he and all his family were baptized. 34 The jailer brought them into his house and set a meal before them; he was filled with joy because he had come to believe in God—he and his whole family.

35 When it was daylight, the magistrates sent their officers to the jailer with the order: "Release those men." 36 The jailer told Paul, "The magistrates have ordered that you and Silas be released. Now you can leave. Go in peace."

37 But Paul said to the officers: "They beat us publicly without a trial, even though we are Roman citizens, and threw us into prison. And now do they want to get rid of us quietly? No! Let them come themselves and escort us out."

38 The officers reported this to the magistrates, and when they heard that Paul and Silas were Roman citizens, they were alarmed. 39 They came to appease them and escorted them from the prison, requesting them to leave the city. 40 After Paul and Silas came out of the prison, they went to Lydia's house, where they met with the brothers and encouraged them. Then they left.

In Thessalonica

17 When they had passed through Amphipolis and Apollonia, they came to Thessalonica, where there was a Jewish synagogue. 2 As his custom was, Paul went into the synagogue, and on three Sabbath days he reasoned with them from the Scriptures, 3 explaining and proving that the Christ[h] had to suffer and rise from the dead. "This Jesus I am proclaiming to you is the Christ,[h]" he said. 4 Some of the Jews were persuaded and joined Paul and Silas, as did a large number of God-fearing Greeks and not a few prominent women.

---

h 3 Or Messiah

⁵Pero los judíos, llenos de envidia, reclutaron a unos maleantes callejeros, con los que armaron una turba y empezaron a alborotar la ciudad. Asaltaron la casa de Jasón en busca de Pablo y Silas, con el fin de procesarlos públicamente. ⁶Pero como no los encontraron, arrastraron a Jasón y a algunos otros hermanos ante las autoridades de la ciudad, gritando: «¡Estos que han trastornado el mundo entero han venido también acá, ⁷y Jasón los ha recibido en su casa! Todos ellos actúan en contra de los decretos del *emperador, afirmando que hay otro rey, uno que se llama Jesús.» ⁸Al oír esto, la multitud y las autoridades de la ciudad se alborotaron; ⁹entonces éstas exigieron fianza a Jasón y a los demás para dejarlos en libertad.

En Berea

¹⁰Tan pronto como se hizo de noche, los hermanos enviaron a Pablo y a Silas a Berea, quienes al llegar se dirigieron a la sinagoga de los judíos. ¹¹Éstos eran de sentimientos más nobles que los de Tesalónica, de modo que recibieron el mensaje con toda avidez y todos los días examinaban las Escrituras para ver si era verdad lo que se les anunciaba. ¹²Muchos de los judíos creyeron, y también un buen número de *griegos, incluso mujeres distinguidas y no pocos hombres.

¹³Cuando los judíos de Tesalónica se enteraron de que también en Berea estaba Pablo predicando la palabra de Dios, fueron allá para agitar y alborotar a las multitudes. ¹⁴En seguida los hermanos enviaron a Pablo hasta la costa, pero Silas y Timoteo se quedaron en Berea. ¹⁵Los que acompañaban a Pablo lo llevaron hasta Atenas. Luego regresaron con instrucciones de que Silas y Timoteo se reunieran con él tan pronto como les fuera posible.

En Atenas

¹⁶Mientras Pablo los esperaba en Atenas, le dolió en el alma ver que la ciudad estaba llena de ídolos. ¹⁷Así que discutía en la sinagoga con los judíos y con los *griegos que adoraban a Dios, y a diario hablaba en la plaza con los que se encontraban por allí. ¹⁸Algunos filósofos epicúreos y estoicos entablaron conversación con él. Unos decían: «¿Qué querrá decir este charlatán?» Otros comentaban: «Parece que es predicador de dioses extranjeros.» Decían esto porque Pablo les anunciaba las buenas *nuevas de Jesús y de la resurrección. ¹⁹Entonces se lo llevaron a una reunión del Areópago.

—¿Se puede saber qué nueva enseñanza es esta que usted presenta? —le preguntaron—. ²⁰Porque nos viene usted con ideas que nos suenan extrañas, y queremos saber qué significan.

²¹Es que todos los atenienses y los extranjeros que vivían allí se pasaban el tiempo sin hacer otra cosa más que escuchar y comentar las últimas novedades.

²²Pablo se puso en medio del Areópago y tomó la palabra:

—¡Ciudadanos atenienses! Observo que ustedes son sumamente religiosos en todo lo que hacen. ²³Al pasar y fijarme en sus lugares sagrados, encontré incluso un altar con esta inscripción: A UN DIOS DESCONOCIDO. Pues bien, eso que ustedes adoran como algo desconocido es lo que yo les anuncio.

²⁴»El Dios que hizo el mundo y todo lo que hay en él es Señor del cielo y de la tierra. No vive en templos construidos por hombres, ²⁵ni se deja servir por manos *humanas, como si necesitara de algo. Por el contrario, él es quien da a todos la vida, el aliento y todas las

⁵But the Jews were jealous; so they rounded up some bad characters from the marketplace, formed a mob and started a riot in the city. They rushed to Jason's house in search of Paul and Silas in order to bring them out to the crowd.*ⁱ* ⁶But when they did not find them, they dragged Jason and some other brothers before the city officials, shouting: "These men who have caused trouble all over the world have now come here, ⁷and Jason has welcomed them into his house. They are all defying Caesar's decrees, saying that there is another king, one called Jesus." ⁸When they heard this, the crowd and the city officials were thrown into turmoil. ⁹Then they made Jason and the others post bond and let them go.

In Berea

¹⁰As soon as it was night, the brothers sent Paul and Silas away to Berea. On arriving there, they went to the Jewish synagogue. ¹¹Now the Bereans were of more noble character than the Thessalonians, for they received the message with great eagerness and examined the Scriptures every day to see if what Paul said was true. ¹²Many of the Jews believed, as did also a number of prominent Greek women and many Greek men.

¹³When the Jews in Thessalonica learned that Paul was preaching the word of God at Berea, they went there too, agitating the crowds and stirring them up. ¹⁴The brothers immediately sent Paul to the coast, but Silas and Timothy stayed at Berea. ¹⁵The men who escorted Paul brought him to Athens and then left with instructions for Silas and Timothy to join him as soon as possible.

In Athens

¹⁶While Paul was waiting for them in Athens, he was greatly distressed to see that the city was full of idols. ¹⁷So he reasoned in the synagogue with the Jews and the God-fearing Greeks, as well as in the marketplace day by day with those who happened to be there. ¹⁸A group of Epicurean and Stoic philosophers began to dispute with him. Some of them asked, "What is this babbler trying to say?" Others remarked, "He seems to be advocating foreign gods." They said this because Paul was preaching the good news about Jesus and the resurrection. ¹⁹Then they took him and brought him to a meeting of the Areopagus, where they said to him, "May we know what this new teaching is that you are presenting? ²⁰You are bringing some strange ideas to our ears, and we want to know what they mean." ²¹(All the Athenians and the foreigners who lived there spent their time doing nothing but talking about and listening to the latest ideas.)

²²Paul then stood up in the meeting of the Areopagus and said: "Men of Athens! I see that in every way you are very religious. ²³For as I walked around and looked carefully at your objects of worship, I even found an altar with this inscription: TO AN UNKNOWN GOD. Now what you worship as something unknown I am going to proclaim to you.

²⁴"The God who made the world and everything in it is the Lord of heaven and earth and does not live in temples built by hands. ²⁵And he is not served by human hands, as if he needed anything, because he himself gives all men life and breath and everything else.

ⁱ 5 Or *the assembly of the people*

cosas. 26 De un solo hombre hizo todas las naciones[e] para que habitaran toda la tierra; y determinó los períodos de su historia y las fronteras de sus territorios. 27 Esto lo hizo Dios para que todos lo busquen y, aunque sea a tientas, lo encuentren. En verdad, él no está lejos de ninguno de nosotros, 28 "puesto que en él vivimos, nos movemos y existimos". Como algunos de sus propios poetas griegos han dicho: "De él somos descendientes."

29 »Por tanto, siendo descendientes de Dios, no debemos pensar que la divinidad sea como el oro, la plata o la piedra: escultura hecha como resultado del ingenio y de la destreza del *ser humano. 30 Pues bien, Dios pasó por alto aquellos tiempos de tal ignorancia, pero ahora manda a todos, en todas partes, que se *arrepientan. 31 Él ha fijado un día en que juzgará al mundo con justicia, por medio del hombre que ha designado. De ello ha dado pruebas a todos al *levantarlo de entre los muertos.

32 Cuando oyeron de la resurrección, unos se burlaron; pero otros le dijeron:

—Queremos que usted nos hable en otra ocasión sobre este tema.

33 En ese momento Pablo salió de la reunión. 34 Algunas personas se unieron a Pablo y creyeron. Entre ellos estaba Dionisio, miembro del Areópago, también una mujer llamada Dámaris, y otros más.

En Corinto

18 Después de esto, Pablo se marchó de Atenas y se fue a Corinto. 2 Allí se encontró con un judío llamado Aquila, natural del Ponto, y con su esposa Priscila. Hacía poco habían llegado de Italia, porque Claudio había mandado que todos los judíos fueran expulsados de Roma. Pablo fue a verlos 3 y, como hacía tiendas de campaña al igual que ellos, se quedó para que trabajaran juntos. 4 Todos los *sábados discutía en la sinagoga, tratando de persuadir a judíos y a *griegos.

5 Cuando Silas y Timoteo llegaron de Macedonia, Pablo se dedicó exclusivamente a la predicación, testificándoles a los judíos que Jesús era el *Mesías. 6 Pero cuando los judíos se opusieron a Pablo y lo insultaron, éste se sacudió la ropa en señal de protesta y les dijo: «¡Caiga la sangre de ustedes sobre su propia cabeza! Estoy libre de responsabilidad. De ahora en adelante me dirigiré a los *gentiles.»

7 Entonces Pablo salió de la sinagoga y se fue a la casa de un tal Ticio Justo, que adoraba a Dios y que vivía al lado de la sinagoga. 8 Crispo, el jefe de la sinagoga, creyó en el Señor con toda su familia. También creyeron y fueron bautizados muchos de los corintios que oyeron a Pablo.

9 Una noche el Señor le dijo a Pablo en una visión: «No tengas miedo; sigue hablando y no te calles, 10 pues estoy contigo. Aunque te ataquen, no voy a dejar que nadie te haga daño, porque tengo mucha gente en esta ciudad.» 11 Así que Pablo se quedó allí un año y medio, enseñando entre el pueblo la palabra de Dios.

12 Mientras Galión era gobernador[f] de Acaya, los judíos a una atacaron a Pablo y lo condujeron al tribunal.

13 —Este hombre —denunciaron ellos— anda persuadiendo a la gente a adorar a Dios de una manera que va en contra de nuestra ley.

26 From one man he made every nation of men, that they should inhabit the whole earth; and he determined the times set for them and the exact places where they should live. 27 God did this so that men would seek him and perhaps reach out for him and find him, though he is not far from each one of us. 28 'For in him we live and move and have our being.' As some of your own poets have said, 'We are his offspring.'

29 "Therefore since we are God's offspring, we should not think that the divine being is like gold or silver or stone—an image made by man's design and skill. 30 In the past God overlooked such ignorance, but now he commands all people everywhere to repent. 31 For he has set a day when he will judge the world with justice by the man he has appointed. He has given proof of this to all men by raising him from the dead."

32 When they heard about the resurrection of the dead, some of them sneered, but others said, "We want to hear you again on this subject." 33 At that, Paul left the Council. 34 A few men became followers of Paul and believed. Among them was Dionysius, a member of the Areopagus, also a woman named Damaris, and a number of others.

In Corinth

18 After this, Paul left Athens and went to Corinth. 2 There he met a Jew named Aquila, a native of Pontus, who had recently come from Italy with his wife Priscila, because Claudius had ordered all the Jews to leave Rome. Paul went to see them, 3 and because he was a tentmaker as they were, he stayed and worked with them. 4 Every Sabbath he reasoned in the synagogue, trying to persuade Jews and Greeks.

5 When Silas and Timothy came from Macedonia, Paul devoted himself exclusively to preaching, testifying to the Jews that Jesus was the Christ.[j] 6 But when the Jews opposed Paul and became abusive, he shook out his clothes in protest and said to them, "Your blood be on your own heads! I am clear of my responsibility. From now on I will go to the Gentiles."

7 Then Paul left the synagogue and went next door to the house of Titius Justus, a worshiper of God. 8 Crispus, the synagogue ruler, and his entire household believed in the Lord; and many of the Corinthians who heard him believed and were baptized.

9 One night the Lord spoke to Paul in a vision: "Do not be afraid; keep on speaking, do not be silent. 10 For I am with you, and no one is going to attack and harm you, because I have many people in this city." 11 So Paul stayed for a year and a half, teaching them the word of God.

12 While Gallio was proconsul of Achaia, the Jews made a united attack on Paul and brought him into court. 13 "This man," they charged, "is persuading the people to worship God in ways contrary to the law."

---

e 17:26 todas las naciones. Alt. todo el género humano.
f 18:12 gobernador. Lit. procónsul.

j 5 Or Messiah; also in verse 28

14 Pablo ya iba a hablar cuando Galión les dijo:

—Si ustedes los judíos estuvieran entablando una demanda sobre algún delito o algún crimen grave, sería razonable que los escuchara. 15 Pero como se trata de cuestiones de palabras, de nombres y de su propia ley, arréglense entre ustedes. No quiero ser juez de tales cosas.

16 Así que mandó que los expulsaran del tribunal. 17 Entonces se abalanzaron todos sobre Sóstenes, el jefe de la sinagoga, y lo golpearon delante del tribunal. Pero Galión no le dio ninguna importancia al asunto.

Priscila, Aquila y Apolos

18 Pablo permaneció en Corinto algún tiempo más. Después se despidió de los hermanos y emprendió el viaje rumbo a Siria, acompañado de Priscila y Aquila. En Cencreas, antes de embarcarse, se hizo rapar la cabeza a causa de un voto que había hecho. 19 Al llegar a Éfeso, Pablo se separó de sus acompañantes y entró en la sinagoga, donde se puso a discutir con los judíos. 20 Éstos le pidieron que se quedara más tiempo con ellos. Él no accedió, 21 pero al despedirse les prometió: «Ya volveré, si Dios quiere.» Y zarpó de Éfeso. 22 Cuando desembarcó en Cesarea, subió a Jerusalén a saludar a la iglesia y luego bajó a Antioquía.

23 Después de pasar algún tiempo allí, Pablo se fue a visitar una por una las congregaciones*g* de Galacia y Frigia, animando a todos los discípulos.

24 Por aquel entonces llegó a Éfeso un judío llamado Apolos, natural de Alejandría. Era un hombre ilustrado y convincente en el uso de las Escrituras. 25 Había sido instruido en el camino del Señor, y con gran fervor*h* hablaba y enseñaba con la mayor exactitud acerca de Jesús, aunque conocía sólo el bautismo de Juan. 26 Comenzó a hablar valientemente en la sinagoga. Al oírlo Priscila y Aquila, lo tomaron a su cargo y le explicaron con mayor precisión el camino de Dios.

27 Como Apolos quería pasar a Acaya, los hermanos lo animaron y les escribieron a los discípulos de allá para que lo recibieran. Cuando llegó, ayudó mucho a quienes por la gracia habían creído, 28 pues refutaba vigorosamente en público a los judíos, demostrando por las Escrituras que Jesús es el *Mesías.

Pablo en Éfeso

19 Mientras Apolos estaba en Corinto, Pablo recorrió las regiones del interior y llegó a Éfeso. Allí encontró a algunos discípulos.

2 —¿Recibieron ustedes el Espíritu Santo cuando creyeron? —les preguntó.

—No, ni siquiera hemos oído hablar del Espíritu Santo —respondieron.

3 —Entonces, ¿qué bautismo recibieron?

—El bautismo de Juan.

4 Pablo les explicó:

—El bautismo de Juan no era más que un bautismo de *arrepentimiento. Él le decía al pueblo que creyera en el que venía después de él, es decir, en Jesús.

5 Al oír esto, fueron bautizados en el nombre del Señor Jesús. 6 Cuando Pablo les impuso las manos, el Espíritu Santo vino sobre ellos, y empezaron a hablar en *lenguas y a profetizar. 7 Eran en total unos doce hombres.

8 Pablo entró en la sinagoga y habló allí con toda valentía durante tres meses. Discutía acerca del reino

14 Just as Paul was about to speak, Gallio said to the Jews, "If you Jews were making a complaint about some misdemeanor or serious crime, it would be reasonable for me to listen to you. 15 But since it involves questions about words and names and your own law— settle the matter yourselves. I will not be a judge of such things." 16 So he had them ejected from the court. 17 Then they all turned on Sosthenes the synagogue ruler and beat him in front of the court. But Gallio showed no concern whatever.

Priscilla, Aquila and Apollos

18 Paul stayed on in Corinth for some time. Then he left the brothers and sailed for Syria, accompanied by Priscilla and Aquila. Before he sailed, he had his hair cut off at Cenchrea because of a vow he had taken. 19 They arrived at Ephesus, where Paul left Priscilla and Aquila. He himself went into the synagogue and reasoned with the Jews. 20 When they asked him to spend more time with them, he declined. 21 But as he left, he promised, "I will come back if it is God's will." Then he set sail from Ephesus. 22 When he landed at Caesarea, he went up and greeted the church and then went down to Antioch.

23 After spending some time in Antioch, Paul set out from there and traveled from place to place throughout the region of Galatia and Phrygia, strengthening all the disciples.

24 Meanwhile a Jew named Apollos, a native of Alexandria, came to Ephesus. He was a learned man, with a thorough knowledge of the Scriptures. 25 He had been instructed in the way of the Lord, and he spoke with great fervor*k* and taught about Jesus accurately, though he knew only the baptism of John. 26 He began to speak boldly in the synagogue. When Priscilla and Aquila heard him, they invited him to their home and explained to him the way of God more adequately.

27 When Apollos wanted to go to Achaia, the brothers encouraged him and wrote to the disciples there to welcome him. On arriving, he was a great help to those who by grace had believed. 28 For he vigorously refuted the Jews in public debate, proving from the Scriptures that Jesus was the Christ.

Paul in Ephesus

19 While Apollos was at Corinth, Paul took the road through the interior and arrived at Ephesus. There he found some disciples 2 and asked them, "Did you receive the Holy Spirit when*l* you believed?"

They answered, "No, we have not even heard that there is a Holy Spirit."

3 So Paul asked, "Then what baptism did you receive?"

"John's baptism," they replied.

4 Paul said, "John's baptism was a baptism of repentance. He told the people to believe in the one coming after him, that is, in Jesus." 5 On hearing this, they were baptized into*m* the name of the Lord Jesus. 6 When Paul placed his hands on them, the Holy Spirit came on them, and they spoke in tongues*n* and prophesied. 7 There were about twelve men in all.

8 Paul entered the synagogue and spoke boldly there for three months, arguing persuasively about the king-

---

g 18:23 *una por una las congregaciones.* Lit. *por orden la región.*
h 18:25 *con gran fervor.* Lit. *con fervor en el Espíritu.*

k 25 Or *with fervor in the Spirit*   *l 2* Or *after*   *m 5* Or *in*
n 6 Or *other languages*

de Dios, tratando de convencerlos, 9pero algunos se negaron obstinadamente a creer, y ante la congregación hablaban mal del Camino. Así que Pablo se alejó de ellos y formó un grupo aparte con los discípulos; y a diario debatía en la escuela de Tirano. 10Esto continuó por espacio de dos años, de modo que todos los judíos y los *griegos que vivían en la provincia de *Asia llegaron a escuchar la palabra del Señor.

11Dios hacía milagros extraordinarios por medio de Pablo, 12a tal grado que a los enfermos les llevaban pañuelos y delantales que habían tocado el cuerpo de Pablo, y quedaban sanos de sus enfermedades, y los espíritus malignos salían de ellos.

13Algunos judíos que andaban expulsando espíritus malignos intentaron invocar sobre los endemoniados el nombre del Señor Jesús. Decían: «¡En el nombre de Jesús, a quien Pablo predica, les ordeno que salgan!» 14Esto lo hacían siete hijos de un tal Esceva, que era uno de los jefes de los sacerdotes judíos.

15Un día el *espíritu maligno les replicó: «Conozco a Jesús, y sé quién es Pablo, pero ustedes ¿quiénes son?» 16Y abalanzándose sobre ellos, el hombre que tenía el espíritu maligno los dominó a todos. Los maltrató con tanta violencia que huyeron de la casa desnudos y heridos.

17Cuando se enteraron los judíos y los griegos que vivían en Éfeso, el temor se apoderó de todos ellos, y el nombre del Señor Jesús era glorificado. 18Muchos de los que habían creído llegaban ahora y confesaban públicamente sus prácticas malvadas. 19Un buen número de los que practicaban la hechicería juntaron sus libros en un montón y los quemaron delante de todos. Cuando calcularon el precio de aquellos libros, resultó un total de cincuenta mil monedas de plata.i 20Así la palabra del Señor crecía y se difundía con poder arrollador.

21Después de todos estos sucesos, Pablo tomó la determinación de ir a Jerusalén, pasando por Macedonia y Acaya. Decía: «Después de estar allí, tengo que visitar Roma.» 22Entonces envió a Macedonia a dos de sus ayudantes, Timoteo y Erasto, mientras él se quedaba por algún tiempo en la provincia de Asia.

El disturbio en Éfeso

23Por aquellos días se produjo un gran disturbio a propósito del Camino. 24Un platero llamado Demetrio, que hacía figuras en plata del templo de Artemisa,j proporcionaba a los artesanos no poca ganancia. 25Los reunió con otros obreros del ramo, y les dijo:

—Compañeros, ustedes saben que obtenemos buenos ingresos de este oficio. 26Les consta además que el tal Pablo ha logrado persuadir a mucha gente, no sólo en Éfeso sino en casi toda la provincia de *Asia. Él sostiene que no son dioses los que se hacen con las manos. 27Ahora bien, no sólo hay el peligro de que se desprestigie nuestro oficio, sino también de que el templo de la gran diosa Artemisa sea menospreciado, y que la diosa misma, a quien adoran toda la provincia de Asia y el mundo entero, sea despojada de su divina majestad.

28Al oír esto, se enfurecieron y comenzaron a gritar:

—¡Grande es Artemisa de los efesios!

29En seguida toda la ciudad se alborotó. La turba en masa se precipitó en el teatro, arrastrando a Gayo y a Aristarco, compañeros de viaje de Pablo, que eran de Macedonia. 30Pablo quiso presentarse ante la multitud,

dom of God. 9But some of them became obstinate; they refused to believe and publicly maligned the Way. So Paul left them. He took the disciples with him and had discussions daily in the lecture hall of Tyrannus. 10This went on for two years, so that all the Jews and Greeks who lived in the province of Asia heard the word of the Lord.

11God did extraordinary miracles through Paul, 12so that even handkerchiefs and aprons that had touched him were taken to the sick, and their illnesses were cured and the evil spirits left them.

13Some Jews who went around driving out evil spirits tried to invoke the name of the Lord Jesus over those who were demon-possessed. They would say, "In the name of Jesus, whom Paul preaches, I command you to come out." 14Seven sons of Sceva, a Jewish chief priest, were doing this. 15⌐One day⌐ the evil spirit answered them, "Jesus I know, and I know about Paul, but who are you?" 16Then the man who had the evil spirit jumped on them and overpowered them all. He gave them such a beating that they ran out of the house naked and bleeding.

17When this became known to the Jews and Greeks living in Ephesus, they were all seized with fear, and the name of the Lord Jesus was held in high honor. 18Many of those who believed now came and openly confessed their evil deeds. 19A number who had practiced sorcery brought their scrolls together and burned them publicly. When they calculated the value of the scrolls, the total came to fifty thousand drachmas.o 20In this way the word of the Lord spread widely and grew in power.

21After all this had happened, Paul decided to go to Jerusalem, passing through Macedonia and Achaia. "After I have been there," he said, "I must visit Rome also." 22He sent two of his helpers, Timothy and Erastus, to Macedonia, while he stayed in the province of Asia a little longer.

The Riot in Ephesus

23About that time there arose a great disturbance about the Way. 24A silversmith named Demetrius, who made silver shrines of Artemis, brought in no little business for the craftsmen. 25He called them together, along with the workmen in related trades, and said: "Men, you know we receive a good income from this business. 26And you see and hear how this fellow Paul has convinced and led astray large numbers of people here in Ephesus and in practically the whole province of Asia. He says that man-made gods are no gods at all. 27There is danger not only that our trade will lose its good name, but also that the temple of the great goddess Artemis will be discredited, and the goddess herself, who is worshiped throughout the province of Asia and the world, will be robbed of her divine majesty."

28When they heard this, they were furious and began shouting: "Great is Artemis of the Ephesians!" 29Soon the whole city was in an uproar. The people seized Gaius and Aristarchus, Paul's traveling companions from Macedonia, and rushed as one man into the theater. 30Paul wanted to appear before the crowd, but the

---

i 19:19 monedas de plata. Es decir, *dracmas.   j 19:24 Nombre griego de la Diana de los romanos; también en vv. 27,28,34 y 35.

o 19 A drachma was a silver coin worth about a day's wages.

pero los discípulos no se lo permitieron. 31 Incluso algunas autoridades de la provincia, que eran amigos de Pablo, le enviaron un recado, rogándole que no se arriesgara a entrar en el teatro.

32 Había confusión en la asamblea. Cada uno gritaba una cosa distinta, y la mayoría ni siquiera sabía para qué se habían reunido. 33 Los judíos empujaron a un tal Alejandro hacia adelante, y algunos de entre la multitud lo sacaron para que tomara la palabra. Él agitó la mano para pedir silencio y presentar su defensa ante el pueblo. 34 Pero cuando se dieron cuenta de que era judío, todos se pusieron a gritar al unísono como por dos horas:

—¡Grande es Artemisa de los efesios!

35 El secretario del concejo municipal logró calmar a la multitud y dijo:

—Ciudadanos de Éfeso, ¿acaso no sabe todo el mundo que la ciudad de Éfeso es guardiana del templo de la gran Artemisa y de su estatua bajada del cielo? 36 Ya que estos hechos son innegables, es preciso que ustedes se calmen y no hagan nada precipitadamente. 37 Ustedes han traído a estos hombres, aunque ellos no han cometido ningún sacrilegio ni han *blasfemado contra nuestra diosa. 38 Así que si Demetrio y sus compañeros de oficio tienen alguna queja contra alguien, para eso hay tribunales y gobernadores.k Vayan y presenten allí sus acusaciones unos contra otros. 39 Si tienen alguna otra demanda, que se resuelva en legítima asamblea. 40 Tal y como están las cosas, con los sucesos de hoy corremos el riesgo de que nos acusen de causar disturbios. ¿Qué razón podríamos dar de este alboroto, si no hay ninguna?

41 Dicho esto, despidió la asamblea.

Recorrido por Macedonia y Grecia

20 Cuando cesó el alboroto, Pablo mandó llamar a los discípulos y, después de animarlos, se despidió y salió rumbo a Macedonia. 2 Recorrió aquellas regiones, alentando a los creyentes en muchas ocasiones, y por fin llegó a Grecia, 3 donde se quedó tres meses. Como los judíos tramaban un atentado contra él cuando estaba a punto de embarcarse para Siria, decidió regresar por Macedonia. 4 Lo acompañaron Sópater hijo de Pirro, de Berea; Aristarco y Segundo, de Tesalónica; Gayo, de Derbe; Timoteo; y por último, Tíquico y Trófimo, de la provincia de *Asia. 5 Éstos se adelantaron y nos esperaron en Troas. 6 Pero nosotros zarpamos de Filipos después de la fiesta de los Panes sin levadura, y a los cinco días nos reunimos con los otros en Troas, donde pasamos siete días.

Visita de Pablo a Troas

7 El primer día de la semana nos reunimos para partir el pan. Como iba a salir al día siguiente, Pablo estuvo hablando a los creyentes, y prolongó su discurso hasta la medianoche. 8 En el cuarto del piso superior donde estábamos reunidos había muchas lámparas. 9 Un joven llamado Eutico, que estaba sentado en una ventana, comenzó a dormirse mientras Pablo alargaba su discurso. Cuando se quedó profundamente dormido, se cayó desde el tercer piso y lo recogieron muerto. 10 Pablo bajó, se echó sobre el joven y lo abrazó. «¡No se alarmen! —les dijo—. ¡Está vivo!» 11 Luego volvió a subir, partió el pan y comió. Siguió hablando hasta el amanecer, y entonces se fue. 12 Al joven se lo llevaron vivo a su casa, para gran consuelo de todos.

disciples would not let him. 31 Even some of the officials of the province, friends of Paul, sent him a message begging him not to venture into the theater.

32 The assembly was in confusion: Some were shouting one thing, some another. Most of the people did not even know why they were there. 33 The Jews pushed Alexander to the front, and some of the crowd shouted instructions to him. He motioned for silence in order to make a defense before the people. 34 But when they realized he was a Jew, they all shouted in unison for about two hours: "Great is Artemis of the Ephesians!"

35 The city clerk quieted the crowd and said: "Men of Ephesus, doesn't all the world know that the city of Ephesus is the guardian of the temple of the great Artemis and of her image, which fell from heaven? 36 Therefore, since these facts are undeniable, you ought to be quiet and not do anything rash. 37 You have brought these men here, though they have neither robbed temples nor blasphemed our goddess. 38 If, then, Demetrius and his fellow craftsmen have a grievance against anybody, the courts are open and there are proconsuls. They can press charges. 39 If there is anything further you want to bring up, it must be settled in a legal assembly. 40 As it is, we are in danger of being charged with rioting because of today's events. In that case we would not be able to account for this commotion, since there is no reason for it." 41 After he had said this, he dismissed the assembly.

Through Macedonia and Greece

20 When the uproar had ended, Paul sent for the disciples and, after encouraging them, said good-by and set out for Macedonia. 2 He traveled through that area, speaking many words of encouragement to the people, and finally arrived in Greece, 3 where he stayed three months. Because the Jews made a plot against him just as he was about to sail for Syria, he decided to go back through Macedonia. 4 He was accompanied by Sopater son of Pyrrhus from Berea, Aristarchus and Secundus from Thessalonica, Gaius from Derbe, Timothy also, and Tychicus and Trophimus from the province of Asia. 5 These men went on ahead and waited for us at Troas. 6 But we sailed from Philippi after the Feast of Unleavened Bread, and five days later joined the others at Troas, where we stayed seven days.

Eutychus Raised From the Dead at Troas

7 On the first day of the week we came together to break bread. Paul spoke to the people and, because he intended to leave the next day, kept on talking until midnight. 8 There were many lamps in the upstairs room where we were meeting. 9 Seated in a window was a young man named Eutychus, who was sinking into a deep sleep as Paul talked on and on. When he was sound asleep, he fell to the ground from the third story and was picked up dead. 10 Paul went down, threw himself on the young man and put his arms around him. "Don't be alarmed," he said. "He's alive!" 11 Then he went upstairs again and broke bread and ate. After talking until daylight, he left. 12 The people took the young man home alive and were greatly comforted.

---

k 19:38 gobernadores. Lit. procónsules.

Pablo se despide de los ancianos de Éfeso

13 Nosotros, por nuestra parte, nos embarcamos anticipadamente y zarpamos para Asón, donde íbamos a recoger a Pablo. Así se había planeado, ya que él iba a hacer esa parte del viaje por tierra. 14 Cuando se encontró con nosotros en Asón, lo tomamos a bordo y fuimos a Mitilene. 15 Desde allí zarpamos al día siguiente y llegamos frente a Quío. Al otro día cruzamos en dirección a Samos, y un día después llegamos a Mileto. 16 Pablo había decidido pasar de largo a Éfeso para no demorarse en la provincia de *Asia, porque tenía prisa por llegar a Jerusalén para el día de Pentecostés, si fuera posible.

17 Desde Mileto, Pablo mandó llamar a los *ancianos de la iglesia de Éfeso. 18 Cuando llegaron, les dijo: «Ustedes saben cómo me porté todo el tiempo que estuve con ustedes, desde el primer día que vine a la provincia de Asia. 19 He servido al Señor con toda humildad y con lágrimas, a pesar de haber sido sometido a duras *pruebas por las maquinaciones de los judíos. 20 Ustedes saben que no he vacilado en predicarles nada que les fuera de provecho, sino que les he enseñado públicamente y en las casas. 21 A judíos y a *griegos les he instado a convertirse a Dios y a creer en nuestro Señor Jesús.

22 »Y ahora tengan en cuenta que voy a Jerusalén obligado[l] por el Espíritu, sin saber lo que allí me espera. 23 Lo único que sé es que en todas las ciudades el Espíritu Santo me asegura que me esperan prisiones y sufrimientos. 24 Sin embargo, considero que mi *vida carece de valor para mí mismo, con tal de que termine mi carrera y lleve a cabo el servicio que me ha encomendado el Señor Jesús, que es el de dar testimonio del *evangelio de la gracia de Dios.

25 »Escuchen, yo sé que ninguno de ustedes, entre quienes he andado predicando el reino de Dios, volverá a verme. 26 Por tanto, hoy les declaro que soy inocente de la sangre de todos, 27 porque sin vacilar les he proclamado todo el propósito de Dios. 28 Tengan cuidado de sí mismos y de todo el rebaño sobre el cual el Espíritu Santo los ha puesto como *obispos para pastorear la iglesia de Dios,[m] que él adquirió con su propia sangre.[n] 29 Sé que después de mi partida entrarán en medio de ustedes lobos feroces que procurarán acabar con el rebaño. 30 Aun de entre ustedes mismos se levantarán algunos que enseñarán falsedades para arrastrar a los discípulos que los sigan. 31 Así que estén alerta. Recuerden que día y noche, durante tres años, no he dejado de amonestar con lágrimas a cada uno en particular.

32 »Ahora los encomiendo a Dios y al mensaje de su gracia, mensaje que tiene poder para edificarlos y darles herencia entre todos los *santificados. 33 No he codiciado ni la plata ni el oro ni la ropa de nadie. 34 Ustedes mismos saben bien que estas manos se han ocupado de mis propias necesidades y de las de mis compañeros. 35 Con mi ejemplo les he mostrado que es preciso trabajar duro para ayudar a los necesitados, recordando las palabras del Señor Jesús: "Hay más *dicha en dar que en recibir."»

36 Después de decir esto, Pablo se puso de rodillas con todos ellos y oró. 37 Todos lloraban inconsolablemente mientras lo abrazaban y lo besaban. 38 Lo que más los entristecía era su declaración de que ellos no volverían a verlo. Luego lo acompañaron hasta el barco.

Paul's Farewell to the Ephesian Elders

13 We went on ahead to the ship and sailed for Assos, where we were going to take Paul aboard. He had made this arrangement because he was going there on foot. 14 When he met us at Assos, we took him aboard and went on to Mitylene. 15 The next day we set sail from there and arrived off Kios. The day after that we crossed over to Samos, and on the following day arrived at Miletus. 16 Paul had decided to sail past Ephesus to avoid spending time in the province of Asia, for he was in a hurry to reach Jerusalem, if possible, by the day of Pentecost.

17 From Miletus, Paul sent to Ephesus for the elders of the church. 18 When they arrived, he said to them: "You know how I lived the whole time I was with you, from the first day I came into the province of Asia. 19 I served the Lord with great humility and with tears, although I was severely tested by the plots of the Jews. 20 You know that I have not hesitated to preach anything that would be helpful to you but have taught you publicly and from house to house. 21 I have declared to both Jews and Greeks that they must turn to God in repentance and have faith in our Lord Jesus.

22 "And now, compelled by the Spirit, I am going to Jerusalem, not knowing what will happen to me there. 23 I only know that in every city the Holy Spirit warns me that prison and hardships are facing me. 24 However, I consider my life worth nothing to me, if only I may finish the race and complete the task the Lord Jesus has given me—the task of testifying to the gospel of God's grace.

25 "Now I know that none of you among whom I have gone about preaching the kingdom will ever see me again. 26 Therefore, I declare to you today that I am innocent of the blood of all men. 27 For I have not hesitated to proclaim to you the whole will of God. 28 Keep watch over yourselves and all the flock of which the Holy Spirit has made you overseers.[p] Be shepherds of the church of God,[q] which he bought with his own blood. 29 I know that after I leave, savage wolves will come in among you and will not spare the flock. 30 Even from your own number men will arise and distort the truth in order to draw away disciples after them. 31 So be on your guard! Remember that for three years I never stopped warning each of you night and day with tears.

32 "Now I commit you to God and to the word of his grace, which can build you up and give you an inheritance among all those who are sanctified. 33 I have not coveted anyone's silver or gold or clothing. 34 You yourselves know that these hands of mine have supplied my own needs and the needs of my companions. 35 In everything I did, I showed you that by this kind of hard work we must help the weak, remembering the words the Lord Jesus himself said: 'It is more blessed to give than to receive.' "

36 When he had said this, he knelt down with all of them and prayed. 37 They all wept as they embraced him and kissed him. 38 What grieved them most was his statement that they would never see his face again. Then they accompanied him to the ship.

---

l 20:22 obligado. Lit. *atado.*   *m 20:28 de Dios.* Var. *del Señor.*
n 20:28 su propia sangre. Var. *la sangre de su propio hijo.*

p 28 Traditionally *bishops*   *q 28* Many manuscripts *of the Lord*

Rumbo a Jerusalén

21 Después de separarnos de ellos, zarpamos y navegamos directamente a Cos. Al día siguiente fuimos a Rodas, y de allí a Pátara. ²Como encontramos un barco que iba para Fenicia, subimos a bordo y zarpamos. ³Después de avistar Chipre y de pasar al sur de la isla, navegamos hacia Siria y llegamos a Tiro, donde el barco tenía que descargar. ⁴Allí encontramos a los discípulos y nos quedamos con ellos siete días. Ellos, por medio del Espíritu, exhortaron a Pablo a que no subiera a Jerusalén. ⁵Pero al cabo de algunos días, partimos y continuamos nuestro viaje. Todos los discípulos, incluso las mujeres y los niños, nos acompañaron hasta las afueras de la ciudad, y allí en la playa nos arrodillamos y oramos. ⁶Luego de despedirnos, subimos a bordo y ellos regresaron a sus hogares.

⁷Nosotros continuamos nuestro viaje en barco desde Tiro y arribamos a Tolemaida, donde saludamos a los hermanos y nos quedamos con ellos un día. ⁸Al día siguiente salimos y llegamos a Cesarea, y nos hospedamos en casa de Felipe el evangelista, que era uno de los siete; ⁹éste tenía cuatro hijas solteras que profetizaban.

¹⁰Llevábamos allí varios días, cuando bajó de Judea un profeta llamado Ágabo. ¹¹Éste vino a vernos y, tomando el cinturón de Pablo, se ató con él de pies y manos, y dijo:

—Así dice el Espíritu Santo: "De esta manera atarán los judíos de Jerusalén al dueño de este cinturón, y lo entregarán en manos de los *gentiles."

¹²Al oír esto, nosotros y los de aquel lugar le rogamos a Pablo que no subiera a Jerusalén.

¹³—¿Por qué lloran? ¡Me parten el alma! —respondió Pablo—. Por el nombre del Señor Jesús estoy dispuesto no sólo a ser atado sino también a morir en Jerusalén.

¹⁴Como no se dejaba convencer, desistimos exclamando:

—¡Que se haga la voluntad del Señor!

¹⁵Después de esto, acabamos los preparativos y subimos a Jerusalén. ¹⁶Algunos de los discípulos de Cesarea nos acompañaron y nos llevaron a la casa de Mnasón, donde íbamos a alojarnos. Éste era de Chipre, y uno de los primeros discípulos.

Llegada de Pablo a Jerusalén

¹⁷Cuando llegamos a Jerusalén, los creyentes nos recibieron calurosamente. ¹⁸Al día siguiente Pablo fue con nosotros a ver a *Jacobo, y todos los *ancianos estaban presentes. ¹⁹Después de saludarlos, Pablo les relató detalladamente lo que Dios había hecho entre los *gentiles por medio de su ministerio.

²⁰Al oírlo, alabaron a Dios. Luego le dijeron a Pablo: «Ya ves, hermano, cuántos miles de judíos han creído, y todos ellos siguen aferrados a la ley. ²¹Ahora bien, han oído decir que tú enseñas que se aparten de Moisés todos los judíos que viven entre los gentiles. Les recomiendas que no circunciden a sus hijos ni vivan según nuestras costumbres. ²²¿Qué vamos a hacer? Sin duda se van a enterar de que has llegado. ²³Por eso, será mejor que sigas nuestro consejo. Hay aquí entre nosotros cuatro hombres que tienen que cumplir un voto. ²⁴Llévatelos, toma parte en sus ritos de *purificación y paga los gastos que corresponden al voto de rasurarse la cabeza. Así todos sabrán que no son ciertos esos informes acerca de ti, sino que tú también vives en obediencia a la ley. ²⁵En cuanto a los creyentes gentiles, ya les hemos comunicado por escrito nuestra decisión de que se abstengan de lo sacrificado a los ídolos, de sangre, de la carne de animales estrangulados y de la inmoralidad sexual.»

On to Jerusalem

21 After we had torn ourselves away from them, we put out to sea and sailed straight to Cos. The next day we went to Rhodes and from there to Patara. ²We found a ship crossing over to Phoenicia, went on board and set sail. ³After sighting Cyprus and passing to the south of it, we sailed on to Syria. We landed at Tyre, where our ship was to unload its cargo. ⁴Finding the disciples there, we stayed with them seven days. Through the Spirit they urged Paul not to go on to Jerusalem. ⁵But when our time was up, we left and continued on our way. All the disciples and their wives and children accompanied us out of the city, and there on the beach we knelt to pray. ⁶After saying good-by to each other, we went aboard the ship, and they returned home.

⁷We continued our voyage from Tyre and landed at Ptolemais, where we greeted the brothers and stayed with them for a day. ⁸Leaving the next day, we reached Caesarea and stayed at the house of Philip the evangelist, one of the Seven. ⁹He had four unmarried daughters who prophesied.

¹⁰After we had been there a number of days, a prophet named Agabus came down from Judea. ¹¹Coming over to us, he took Paul's belt, tied his own hands and feet with it and said, "The Holy Spirit says, 'In this way the Jews of Jerusalem will bind the owner of this belt and will hand him over to the Gentiles.' "

¹²When we heard this, we and the people there pleaded with Paul not to go up to Jerusalem. ¹³Then Paul answered, "Why are you weeping and breaking my heart? I am ready not only to be bound, but also to die in Jerusalem for the name of the Lord Jesus." ¹⁴When he would not be dissuaded, we gave up and said, "The Lord's will be done."

¹⁵After this, we got ready and went up to Jerusalem. ¹⁶Some of the disciples from Caesarea accompanied us and brought us to the home of Mnason, where we were to stay. He was a man from Cyprus and one of the early disciples.

Paul's Arrival at Jerusalem

¹⁷When we arrived at Jerusalem, the brothers received us warmly. ¹⁸The next day Paul and the rest of us went to see James, and all the elders were present. ¹⁹Paul greeted them and reported in detail what God had done among the Gentiles through his ministry.

²⁰When they heard this, they praised God. Then they said to Paul: "You see, brother, how many thousands of Jews have believed, and all of them are zealous for the law. ²¹They have been informed that you teach all the Jews who live among the Gentiles to turn away from Moses, telling them not to circumcise their children or live according to our customs. ²²What shall we do? They will certainly hear that you have come, ²³so do what we tell you. There are four men with us who have made a vow. ²⁴Take these men, join in their purification rites and pay their expenses, so that they can have their heads shaved. Then everybody will know there is no truth in these reports about you, but that you yourself are living in obedience to the law. ²⁵As for the Gentile believers, we have written to them our decision that they should abstain from food sacrificed to idols, from blood, from the meat of strangled animals and from sexual immorality."

26Al día siguiente Pablo se llevó a los hombres y se purificó con ellos. Luego entró en el *templo para dar aviso de la fecha en que vencería el plazo de la purificación y se haría la ofrenda por cada uno de ellos.

Arresto de Pablo

27Cuando estaban a punto de cumplirse los siete días, unos judíos de la provincia de *Asia vieron a Pablo en el *templo. Alborotaron a toda la multitud y le echaron mano, 28gritando: «¡Israelitas! ¡Ayúdennos! Éste es el individuo que anda por todas partes enseñando a toda la gente contra nuestro pueblo, nuestra ley y este lugar. Además, hasta ha metido a unos *griegos en el templo, y ha profanado este lugar santo.»

29Ya antes habían visto en la ciudad a Trófimo el efesio en compañía de Pablo, y suponían que Pablo lo había metido en el templo.

30Toda la ciudad se alborotó. La gente se precipitó en masa, agarró a Pablo y lo sacó del templo a rastras, e inmediatamente se cerraron las puertas. 31Estaban por matarlo, cuando se le informó al comandante del batallón romano que toda la ciudad de Jerusalén estaba amotinada. 32En seguida tomó algunos centuriones con sus tropas, y bajó corriendo hacia la multitud. Al ver al comandante y a sus soldados, los amotinados dejaron de golpear a Pablo.

33El comandante se abrió paso, lo arrestó y ordenó que lo sujetaran con dos cadenas. Luego preguntó quién era y qué había hecho. 34Entre la multitud cada uno gritaba una cosa distinta. Como el comandante no pudo averiguar la verdad a causa del alboroto, mandó que condujeran a Pablo al cuartel. 35Cuando Pablo llegó a las gradas, los soldados tuvieron que llevárselo en vilo debido a la violencia de la turba. 36El pueblo en masa iba detrás gritando: «¡Que lo maten!»

Pablo se dirige a la multitud

37Cuando los soldados estaban a punto de meterlo en el cuartel, Pablo le preguntó al comandante:

—¿Me permite decirle algo?

—¿Hablas griego? —replicó el comandante—. 38¿No eres el egipcio que hace algún tiempo provocó una rebelión y llevó al desierto a cuatro mil guerrilleros?

39—No, yo soy judío, natural de Tarso, una ciudad muy importante de Cilicia —le respondió Pablo—. Por favor, permítame hablarle al pueblo.

40Con el permiso del comandante, Pablo se puso de pie en las gradas e hizo una señal con la mano a la multitud. Cuando todos guardaron silencio, les dijo en arameo:ñ

22 «Padres y hermanos, escuchen ahora mi defensa.»

2Al oír que les hablaba en arameo, guardaron más silencio.

Pablo continuó: 3«Yo soy judío, nacido en Tarso de Cilicia, pero criado en esta ciudad. Bajo la tutela de Gamaliel recibí instrucción cabal en la ley de nuestros antepasados, y fui tan celoso de Dios como cualquiera de ustedes lo es hoy día. 4Perseguí a muerte a los seguidores de este Camino, arrestando y echando en la

26The next day Paul took the men and purified himself along with them. Then he went to the temple to give notice of the date when the days of purification would end and the offering would be made for each of them.

Paul Arrested

27When the seven days were nearly over, some Jews from the province of Asia saw Paul at the temple. They stirred up the whole crowd and seized him, 28shouting, "Men of Israel, help us! This is the man who teaches all men everywhere against our people and our law and this place. And besides, he has brought Greeks into the temple area and defiled this holy place." 29(They had previously seen Trophimus the Ephesian in the city with Paul and assumed that Paul had brought him into the temple area.)

30The whole city was aroused, and the people came running from all directions. Seizing Paul, they dragged him from the temple, and immediately the gates were shut. 31While they were trying to kill him, news reached the commander of the Roman troops that the whole city of Jerusalem was in an uproar. 32He at once took some officers and soldiers and ran down to the crowd. When the rioters saw the commander and his soldiers, they stopped beating Paul.

33The commander came up and arrested him and ordered him to be bound with two chains. Then he asked who he was and what he had done. 34Some in the crowd shouted one thing and some another, and since the commander could not get at the truth because of the uproar, he ordered that Paul be taken into the barracks. 35When Paul reached the steps, the violence of the mob was so great he had to be carried by the soldiers. 36The crowd that followed kept shouting, "Away with him!"

Paul Speaks to the Crowd

37As the soldiers were about to take Paul into the barracks, he asked the commander, "May I say something to you?"

"Do you speak Greek?" he replied. 38"Aren't you the Egyptian who started a revolt and led four thousand terrorists out into the desert some time ago?"

39Paul answered, "I am a Jew, from Tarsus in Cilicia, a citizen of no ordinary city. Please let me speak to the people."

40Having received the commander's permission, Paul stood on the steps and motioned to the crowd. When they were all silent, he said to them in Aramaic:r

22 1"Brothers and fathers, listen now to my defense."

2When they heard him speak to them in Aramaic, they became very quiet.

Then Paul said: 3"I am a Jew, born in Tarsus of Cilicia, but brought up in this city. Under Gamaliel I was thoroughly trained in the law of our fathers and was just as zealous for God as any of you are today. 4I persecuted the followers of this Way to their death, arresting both men and women and throwing them into

---

ñ 21:40 *arameo.* Lit. *el dialecto hebreo*; también en 22:2.   r 40 Or possibly *Hebrew*; also in 22:2

cárcel a hombres y mujeres por igual, 5 y así lo pueden atestiguar el sumo sacerdote y todo el *Consejo de *ancianos. Incluso obtuve de parte de ellos cartas de extradición para nuestros hermanos judíos en Damasco, y fui allá con el fin de traer presos a Jerusalén a los que encontrara, para que fueran castigados.

6 »Sucedió que a eso del mediodía, cuando me acercaba a Damasco, una intensa luz del cielo relampagueó de repente a mi alrededor. 7 Caí al suelo y oí una voz que me decía: "Saulo, Saulo, ¿por qué me persigues?" 8 "¿Quién eres, Señor?", pregunté. "Yo soy Jesús de Nazaret, a quien tú persigues", me contestó él. 9 Los que me acompañaban vieron la luz, pero no percibieron la voz del que me hablaba. 10 "¿Qué debo hacer, Señor?", le pregunté. "Levántate —dijo el Señor—, y entra en Damasco. Allí se te dirá todo lo que se ha dispuesto que hagas." 11 Mis compañeros me llevaron de la mano hasta Damasco porque el resplandor de aquella luz me había dejado ciego.

12 »Vino a verme un tal Ananías, hombre devoto que observaba la ley y a quien respetaban mucho los judíos que allí vivían. 13 Se puso a mi lado y me dijo: "Hermano Saulo, ¡recibe la vista!" Y en aquel mismo instante recobré la vista y pude verlo. 14 Luego dijo: "El Dios de nuestros antepasados te ha escogido para que conozcas su voluntad, y para que veas al Justo y oigas las palabras de su boca. 15 Tú le serás testigo ante toda persona de lo que has visto y oído. 16 Y ahora, ¿qué esperas? Levántate, bautízate y lávate de tus pecados, invocando su nombre."

17 »Cuando volví a Jerusalén, mientras oraba en el *templo tuve una visión 18 y vi al Señor que me hablaba: "¡Date prisa! Sal inmediatamente de Jerusalén, porque no aceptarán tu testimonio acerca de mí." 19 "Señor —le respondí—, ellos saben que yo andaba de sinagoga en sinagoga encarcelando y azotando a los que creen en ti; 20 y cuando se derramaba la sangre de tu testigo* Esteban, ahí estaba yo, dando mi aprobación y cuidando la ropa de quienes lo mataban." 21 Pero el Señor me replicó: "Vete; yo te enviaré lejos, a los *gentiles."»

Pablo el ciudadano romano

22 La multitud estuvo escuchando a Pablo hasta que pronunció esas palabras. Entonces levantaron la voz y gritaron: «¡Bórralo de la tierra! ¡Ese tipo no merece vivir!»

23 Como seguían gritando, tirando sus mantos y arrojando polvo al aire, 24 el comandante ordenó que metieran a Pablo en el cuartel. Mandó que lo interrogaran a latigazos con el fin de averiguar por qué gritaban así contra él. 25 Cuando lo estaban sujetando con cadenas para azotarlo, Pablo le dijo al centurión que estaba allí:

—¿Permite la ley que ustedes azoten a un ciudadano romano antes de ser juzgado?

26 Al oír esto, el centurión fue y avisó al comandante.

—¿Qué va a hacer usted? Resulta que ese hombre es ciudadano romano.

27 El comandante se acercó a Pablo y le dijo:

—Dime, ¿eres ciudadano romano?

—Sí, lo soy.

28 —A mí me costó una fortuna adquirir mi ciudadanía —le dijo el comandante.

—Pues yo la tengo de nacimiento —replicó Pablo.

29 Los que iban a interrogarlo se retiraron en seguida. Al darse cuenta de que Pablo era ciudadano romano, el comandante mismo se asustó de haberlo encadenado.

prison, 5 as also the high priest and all the Council can testify. I even obtained letters from them to their brothers in Damascus, and went there to bring these people as prisoners to Jerusalem to be punished.

6 "About noon as I came near Damascus, suddenly a bright light from heaven flashed around me. 7 I fell to the ground and heard a voice say to me, 'Saul! Saul! Why do you persecute me?'

8 " 'Who are you, Lord?' I asked.

" 'I am Jesus of Nazareth, whom you are persecuting,' he replied. 9 My companions saw the light, but they did not understand the voice of him who was speaking to me.

10 " 'What shall I do, Lord?' I asked.

" 'Get up,' the Lord said, 'and go into Damascus. There you will be told all that you have been assigned to do.' 11 My companions led me by the hand into Damascus, because the brilliance of the light had blinded me.

12 "A man named Ananias came to see me. He was a devout observer of the law and highly respected by all the Jews living there. 13 He stood beside me and said, 'Brother Saul, receive your sight!' And at that very moment I was able to see him.

14 "Then he said: 'The God of our fathers has chosen you to know his will and to see the Righteous One and to hear words from his mouth. 15 You will be his witness to all men of what you have seen and heard. 16 And now what are you waiting for? Get up, be baptized and wash your sins away, calling on his name.'

17 "When I returned to Jerusalem and was praying at the temple, I fell into a trance 18 and saw the Lord speaking. 'Quick!' he said to me. 'Leave Jerusalem immediately, because they will not accept your testimony about me.'

19 " 'Lord,' I replied, 'these men know that I went from one synagogue to another to imprison and beat those who believe in you. 20 And when the blood of your martyr* Stephen was shed, I stood there giving my approval and guarding the clothes of those who were killing him.'

21 "Then the Lord said to me, 'Go; I will send you far away to the Gentiles.' "

Paul the Roman Citizen

22 The crowd listened to Paul until he said this. Then they raised their voices and shouted, "Rid the earth of him! He's not fit to live!"

23 As they were shouting and throwing off their cloaks and flinging dust into the air, 24 the commander ordered Paul to be taken into the barracks. He directed that he be flogged and questioned in order to find out why the people were shouting at him like this. 25 As they stretched him out to flog him, Paul said to the centurion standing there, "Is it legal for you to flog a Roman citizen who hasn't even been found guilty?"

26 When the centurion heard this, he went to the commander and reported it. "What are you going to do?" he asked. "This man is a Roman citizen."

27 The commander went to Paul and asked, "Tell me, are you a Roman citizen?"

"Yes, I am," he answered.

28 Then the commander said, "I had to pay a big price for my citizenship."

"But I was born a citizen," Paul replied.

29 Those who were about to question him withdrew immediately. The commander himself was alarmed when he realized that he had put Paul, a Roman citizen, in chains.

---

*22:20 testigo. Alt. mártir.   *20 Or witness*

Pablo ante el Consejo

30 Al día siguiente, como el comandante quería saber con certeza de qué acusaban los judíos a Pablo, lo desató y mandó que se reunieran los jefes de los sacerdotes y el *Consejo en pleno. Luego llevó a Pablo para que compareciera ante ellos.

23 Pablo se quedó mirando fijamente al Consejo y dijo:

—Hermanos, hasta hoy yo he actuado delante de Dios con toda buena conciencia.

2 Ante esto, el sumo sacerdote Ananías ordenó a los que estaban cerca de Pablo que lo golpearan en la boca.

3 —¡Hipócrita,*p* a usted también lo va a golpear Dios! —reaccionó Pablo—. ¡Ahí está sentado para juzgarme según la ley!, ¿y usted mismo viola la ley al mandar que me golpeen?

4 Los que estaban junto a Pablo le interpelaron:

—¿Cómo te atreves a insultar al sumo sacerdote de Dios?

5 —Hermanos, no me había dado cuenta de que es el sumo sacerdote —respondió Pablo—; de hecho está escrito: "No hables mal del jefe de tu pueblo."*q*

6 Pablo, sabiendo que unos de ellos eran saduceos y los demás *fariseos, exclamó en el Consejo:

—Hermanos, yo soy fariseo de pura cepa. Me están juzgando porque he puesto mi esperanza en la resurrección de los muertos.

7 Apenas dijo esto, surgió un altercado entre los fariseos y los saduceos, y la asamblea quedó dividida. 8 (Los saduceos sostienen que no hay resurrección, ni ángeles ni espíritus; los fariseos, en cambio, reconocen todo esto.)

9 Se produjo un gran alboroto, y algunos de los *maestros de la ley que eran fariseos se pusieron de pie y protestaron. «No encontramos ningún delito en este hombre —dijeron—. ¿Acaso no podría haberle hablado un espíritu o un ángel?» 10 Se tornó tan violento el altercado que el comandante tuvo miedo de que hicieran pedazos a Pablo. Así que ordenó a los soldados que bajaran para sacarlo de allí por la fuerza y llevárselo al cuartel.

11 A la noche siguiente el Señor se apareció a Pablo, y le dijo: «¡Ánimo! Así como has dado testimonio de mí en Jerusalén, es necesario que lo des también en Roma.»

Conspiración para matar a Pablo

12 Muy de mañana los judíos tramaron una conspiración y juraron bajo maldición no comer ni beber hasta que lograran matar a Pablo. 13 Más de cuarenta hombres estaban implicados en esta conspiración. 14 Se presentaron ante los jefes de los sacerdotes y los *ancianos, y les dijeron:

—Nosotros hemos jurado bajo maldición no comer nada hasta que logremos matar a Pablo. 15 Ahora, con el respaldo del *Consejo, pídanle al comandante que haga comparecer al reo ante ustedes, con el pretexto de obtener información más precisa sobre su caso. Nosotros estaremos listos para matarlo en el camino.

16 Pero cuando el hijo de la hermana de Pablo se enteró de esta emboscada, entró en el cuartel y avisó a Pablo. 17 Éste llamó entonces a uno de los centuriones y le pidió:

—Lleve a este joven al comandante, porque tiene algo que decirle.

Before the Sanhedrin

30 The next day, since the commander wanted to find out exactly why Paul was being accused by the Jews, he released him and ordered the chief priests and all the Sanhedrin to assemble. Then he brought Paul and had him stand before them.

23 Paul looked straight at the Sanhedrin and said, "My brothers, I have fulfilled my duty to God in all good conscience to this day." 2 At this the high priest Ananias ordered those standing near Paul to strike him on the mouth. 3 Then Paul said to him, "God will strike you, you whitewashed wall! You sit there to judge me according to the law, yet you yourself violate the law by commanding that I be struck!"

4 Those who were standing near Paul said, "You dare to insult God's high priest?"

5 Paul replied, "Brothers, I did not realize that he was the high priest; for it is written: 'Do not speak evil about the ruler of your people.'*t*"

6 Then Paul, knowing that some of them were Sadducees and the others Pharisees, called out in the Sanhedrin, "My brothers, I am a Pharisee, the son of a Pharisee. I stand on trial because of my hope in the resurrection of the dead." 7 When he said this, a dispute broke out between the Pharisees and the Sadducees, and the assembly was divided. 8 (The Sadducees say that there is no resurrection, and that there are neither angels nor spirits, but the Pharisees acknowledge them all.)

9 There was a great uproar, and some of the teachers of the law who were Pharisees stood up and argued vigorously. "We find nothing wrong with this man," they said. "What if a spirit or an angel has spoken to him?" 10 The dispute became so violent that the commander was afraid Paul would be torn to pieces by them. He ordered the troops to go down and take him away from them by force and bring him into the barracks.

11 The following night the Lord stood near Paul and said, "Take courage! As you have testified about me in Jerusalem, so you must also testify in Rome."

The Plot to Kill Paul

12 The next morning the Jews formed a conspiracy and bound themselves with an oath not to eat or drink until they had killed Paul. 13 More than forty men were involved in this plot. 14 They went to the chief priests and elders and said, "We have taken a solemn oath not to eat anything until we have killed Paul. 15 Now then, you and the Sanhedrin petition the commander to bring him before you on the pretext of wanting more accurate information about his case. We are ready to kill him before he gets here."

16 But when the son of Paul's sister heard of this plot, he went into the barracks and told Paul.

17 Then Paul called one of the centurions and said, "Take this young man to the commander; he has some-

---

p 23:3 Hipócrita. Lit. *Pared blanqueada.*   *q 23:5* Éx 22:28   *t 5* Exodus 22:28

¹⁸ Así que el centurión lo llevó al comandante, y le dijo:

—El preso Pablo me llamó y me pidió que le trajera este joven, porque tiene algo que decirle.

¹⁹ El comandante tomó de la mano al joven, lo llevó aparte y le preguntó:

—¿Qué quieres decirme?

²⁰ —Los judíos se han puesto de acuerdo para pedirle a usted que mañana lleve a Pablo ante el Consejo con el pretexto de obtener información más precisa acerca de él. ²¹ No se deje convencer, porque más de cuarenta de ellos lo esperan emboscados. Han jurado bajo maldición no comer ni beber hasta que hayan logrado matarlo. Ya están listos; sólo aguardan a que usted les conceda su petición.

²² El comandante despidió al joven con esta advertencia:

—No le digas a nadie que me has informado de esto.

Trasladan a Pablo a Cesarea

²³ Entonces el comandante llamó a dos de sus centuriones y les ordenó:

—Alisten un destacamento de doscientos soldados de infantería, setenta de caballería y doscientos lanceros para que vayan a Cesarea esta noche a las nueve.^r ²⁴ Y preparen cabalgaduras para llevar a Pablo sano y salvo al gobernador Félix.

²⁵ Además, escribió una carta en estos términos:

²⁶ Claudio Lisias,

a su excelencia el gobernador Félix:

Saludos.

²⁷ Los judíos prendieron a este hombre y estaban a punto de matarlo, pero yo llegué con mis soldados y lo rescaté, porque me había enterado de que es ciudadano romano. ²⁸ Yo quería saber de qué lo acusaban, así que lo llevé al *Consejo judío. ²⁹ Descubrí que lo acusaban de algunas cuestiones de su ley, pero no había contra él cargo alguno que mereciera la muerte o la cárcel. ³⁰ Cuando me informaron que se tramaba una conspiración contra este hombre, decidí enviarlo a usted en seguida. También les ordené a sus acusadores que expongan delante de usted los cargos que tengan contra él.

³¹ Así que los soldados, según se les había ordenado, tomaron a Pablo y lo llevaron de noche hasta Antípatris. ³² Al día siguiente dejaron que la caballería siguiera con él mientras ellos volvían al cuartel. ³³ Cuando la caballería llegó a Cesarea, le entregaron la carta al gobernador y le presentaron también a Pablo. ³⁴ Félix leyó la carta y le preguntó de qué provincia era. Al enterarse de que Pablo era de Cilicia, ³⁵ le dijo: «Te daré audiencia cuando lleguen tus acusadores.» Y ordenó que lo dejaran bajo custodia en el palacio de Herodes.

El proceso ante Félix

24 Cinco días después, el sumo sacerdote Ananías bajó a Cesarea con algunos de los *ancianos y un abogado llamado Tértulo, para presentar ante el gobernador las acusaciones contra Pablo. ² Cuando se

thing to tell him." ¹⁸ So he took him to the commander.

The centurion said, "Paul, the prisoner, sent for me and asked me to bring this young man to you because he has something to tell you."

¹⁹ The commander took the young man by the hand, drew him aside and asked, "What is it you want to tell me?"

²⁰ He said: "The Jews have agreed to ask you to bring Paul before the Sanhedrin tomorrow on the pretext of wanting more accurate information about him. ²¹ Don't give in to them, because more than forty of them are waiting in ambush for him. They have taken an oath not to eat or drink until they have killed him. They are ready now, waiting for your consent to their request."

²² The commander dismissed the young man and cautioned him, "Don't tell anyone that you have reported this to me."

Paul Transferred to Caesarea

²³ Then he called two of his centurions and ordered them, "Get ready a detachment of two hundred soldiers, seventy horsemen and two hundred spearmen^u to go to Caesarea at nine tonight. ²⁴ Provide mounts for Paul so that he may be taken safely to Governor Felix."

²⁵ He wrote a letter as follows:

²⁶ Claudius Lysias,

To His Excellency, Governor Felix:

Greetings.

²⁷ This man was seized by the Jews and they were about to kill him, but I came with my troops and rescued him, for I had learned that he is a Roman citizen. ²⁸ I wanted to know why they were accusing him, so I brought him to their Sanhedrin. ²⁹ I found that the accusation had to do with questions about their law, but there was no charge against him that deserved death or imprisonment. ³⁰ When I was informed of a plot to be carried out against the man, I sent him to you at once. I also ordered his accusers to present to you their case against him.

³¹ So the soldiers, carrying out their orders, took Paul with them during the night and brought him as far as Antipatris. ³² The next day they let the cavalry go on with him, while they returned to the barracks. ³³ When the cavalry arrived in Caesarea, they delivered the letter to the governor and handed Paul over to him. ³⁴ The governor read the letter and asked what province he was from. Learning that he was from Cilicia, ³⁵ he said, "I will hear your case when your accusers get here." Then he ordered that Paul be kept under guard in Herod's palace.

The Trial Before Felix

24 Five days later the high priest Ananias went down to Caesarea with some of the elders and a lawyer named Tertullus, and they brought their charges against Paul before the governor. ² When Paul

---

^r 23:23 *esta ... nueve.* Lit. *a la tercera hora de la noche.*   ^u 23 The meaning of the Greek for this word is uncertain.

hizo comparecer al acusado, Tértulo expuso su caso ante Félix:

—Excelentísimo Félix, bajo su mandato hemos disfrutado de un largo período de paz, y gracias a la previsión suya se han llevado a cabo reformas en pro de esta nación. 3En todas partes y en toda ocasión reconocemos esto con profunda gratitud. 4Pero a fin de no importunarlo más, le ruego que, con la bondad que lo caracteriza, nos escuche brevemente. 5Hemos descubierto que este hombre es una plaga que por todas partes anda provocando disturbios entre los judíos. Es cabecilla de la secta de los nazarenos. 6Incluso trató de profanar el *templo; por eso lo prendimos. 8Usteds mismo, al interrogarlo, podrá cerciorarse de la verdad de todas las acusaciones que presentamos contra él.

9Los judíos corroboraron la acusación, afirmando que todo esto era cierto. 10Cuando el gobernador, con un gesto, le concedió la palabra, Pablo respondió:

—Sé que desde hace muchos años usted ha sido juez de esta nación; así que de buena gana presento mi defensa. 11Usted puede comprobar fácilmente que no hace más de doce días que subí a Jerusalén para adorar. 12Mis acusadores no me encontraron discutiendo con nadie en el templo, ni promoviendo motines entre la gente en las sinagogas ni en ninguna otra parte de la ciudad. 13Tampoco pueden probarle a usted las cosas de que ahora me acusan. 14Sin embargo, esto sí confieso: que adoro al Dios de nuestros antepasados siguiendo este Camino que mis acusadores llaman secta, pues estoy de acuerdo con todo lo que enseña la ley y creo lo que está escrito en los profetas. 15Tengo en Dios la misma esperanza que estos hombres profesan, de que habrá una resurrección de los justos y de los injustos. 16En todo esto procuro conservar siempre limpia mi conciencia delante de Dios y de los hombres.

17»Después de una ausencia de varios años, volví a Jerusalén para traerle donativos a mi pueblo y presentar ofrendas. 18En esto estaba, habiéndome ya *purificado, cuando me encontraron en el templo. No me acompañaba ninguna multitud, ni estaba implicado en ningún disturbio. 19Los que me vieron eran algunos judíos de la provincia de *Asia, y son ellos los que deberían estar delante de usted para formular sus acusaciones, si es que tienen algo contra mí. 20De otro modo, estos que están aquí deberían declarar qué delito hallaron en mí cuando comparecí ante el *Consejo, 21a no ser lo que exclamé en presencia de ellos: "Es por la resurrección de los muertos por lo que hoy me encuentro procesado delante de ustedes."

22Entonces Félix, que estaba bien informado del Camino, suspendió la sesión.

—Cuando venga el comandante Lisias, decidiré su caso —les dijo.

23Luego le ordenó al centurión que mantuviera custodiado a Pablo, pero que le diera cierta libertad y permitiera que sus amigos lo atendieran.

24Algunos días después llegó Félix con su esposa Drusila, que era judía. Mandó llamar a Pablo y lo escuchó hablar acerca de la fe en *Cristo Jesús. 25Al disertar Pablo sobre la justicia, el dominio propio y el juicio venidero, Félix tuvo miedo y le dijo: «¡Basta por ahora! Puedes retirarte. Cuando sea oportuno te mandaré llamar otra vez.» 26Félix también esperaba que Pablo le ofreciera dinero; por eso mandaba llamarlo con frecuencia y conversaba con él.

was called in, Tertullus presented his case before Felix: "We have enjoyed a long period of peace under you, and your foresight has brought about reforms in this nation. 3Everywhere and in every way, most excellent Felix, we acknowledge this with profound gratitude. 4But in order not to weary you further, I would request that you be kind enough to hear us briefly.

5"We have found this man to be a troublemaker, stirring up riots among the Jews all over the world. He is a ringleader of the Nazarene sect 6and even tried to desecrate the temple; so we seized him. 8Byv examining him yourself you will be able to learn the truth about all these charges we are bringing against him."

9The Jews joined in the accusation, asserting that these things were true.

10When the governor motioned for him to speak, Paul replied: "I know that for a number of years you have been a judge over this nation; so I gladly make my defense. 11You can easily verify that no more than twelve days ago I went up to Jerusalem to worship. 12My accusers did not find me arguing with anyone at the temple, or stirring up a crowd in the synagogues or anywhere else in the city. 13And they cannot prove to you the charges they are now making against me. 14However, I admit that I worship the God of our fathers as a follower of the Way, which they call a sect. I believe everything that agrees with the Law and that is written in the Prophets, 15and I have the same hope in God as these men, that there will be a resurrection of both the righteous and the wicked. 16So I strive always to keep my conscience clear before God and man.

17"After an absence of several years, I came to Jerusalem to bring my people gifts for the poor and to present offerings. 18I was ceremonially clean when they found me in the temple courts doing this. There was no crowd with me, nor was I involved in any disturbance. 19But there are some Jews from the province of Asia, who ought to be here before you and bring charges if they have anything against me. 20Or these who are here should state what crime they found in me when I stood before the Sanhedrin— 21unless it was this one thing I shouted as I stood in their presence: 'It is concerning the resurrection of the dead that I am on trial before you today.' "

22Then Felix, who was well acquainted with the Way, adjourned the proceedings. "When Lysias the commander comes," he said, "I will decide your case." 23He ordered the centurion to keep Paul under guard but to give him some freedom and permit his friends to take care of his needs.

24Several days later Felix came with his wife Drusilla, who was a Jewess. He sent for Paul and listened to him as he spoke about faith in Christ Jesus. 25As Paul discoursed on righteousness, self-control and the judgment to come, Felix was afraid and said, "That's enough for now! You may leave. When I find it convenient, I will send for you." 26At the same time he was hoping that Paul would offer him a bribe, so he sent for him frequently and talked with him.

---

s 24:6-8 *prendimos.* 8 *Usted.* Var. *prendimos y quisimos juzgarlo según nuestra ley.* 7 *Pero el comandante Lisias intervino, y con mucha fuerza lo arrebató de nuestras manos* 8 *y mandó que sus acusadores se presentaran ante usted. Usted*

v 6-8 Some manuscripts *him and wanted to judge him according to our law.* 7*But the commander, Lysias, came and with the use of much force snatched him from our hands* 8*and ordered his accusers to come before you.* By

²⁷ Transcurridos dos años, Félix tuvo como sucesor a Porcio Festo, pero como Félix quería congraciarse con los judíos, dejó preso a Pablo.

El proceso ante Festo

25 Tres días después de llegar a la provincia, Festo subió de Cesarea a Jerusalén. ²Entonces los jefes de los sacerdotes y los dirigentes de los judíos presentaron sus acusaciones contra Pablo. ³Insistentemente le pidieron a Festo que les hiciera el favor de trasladar a Pablo a Jerusalén. Lo cierto es que ellos estaban preparando una emboscada para matarlo en el camino. ⁴Festo respondió: «Pablo está preso en Cesarea, y yo mismo partiré en breve para allá. ⁵Que vayan conmigo algunos de los dirigentes de ustedes y formulen allí sus acusaciones contra él, si es que ha hecho algo malo.»

⁶Después de pasar entre los judíos unos ocho o diez días, Festo bajó a Cesarea, y al día siguiente convocó al tribunal y mandó que le trajeran a Pablo. ⁷Cuando éste se presentó, los judíos que habían bajado de Jerusalén lo rodearon, formulando contra él muchas acusaciones graves que no podían probar.

⁸Pablo se defendía:

—No he cometido ninguna falta, ni contra la ley de los judíos ni contra el templo ni contra el *emperador.

⁹Pero Festo, queriendo congraciarse con los judíos, le preguntó:

—¿Estás dispuesto a subir a Jerusalén para ser juzgado allí ante mí?

¹⁰Pablo contestó:

—Ya estoy ante el tribunal del emperador, que es donde se me debe juzgar. No les he hecho ningún agravio a los judíos, como usted sabe muy bien. ¹¹Si soy culpable de haber hecho algo que merezca la muerte, no me niego a morir. Pero si no son ciertas las acusaciones que estos judíos formulan contra mí, nadie tiene el derecho de entregarme a ellos para complacerlos. ¡Apelo al emperador!

¹²Después de consultar con sus asesores, Festo declaró:

—Has apelado al emperador. ¡Al emperador irás!

Festo consulta al rey Agripa

¹³Pasados algunos días, el rey Agripa y Berenice llegaron a Cesarea para saludar a Festo. ¹⁴Como se entretuvieron allí varios días, Festo le presentó al rey el caso de Pablo.

—Hay aquí un hombre —le dijo— que Félix dejó preso. ¹⁵Cuando fui a Jerusalén, los jefes de los sacerdotes y los *ancianos de los judíos presentaron acusaciones contra él y exigieron que se le condenara. ¹⁶Les respondí que no es costumbre de los romanos entregar a ninguna persona sin antes concederle al acusado un careo con sus acusadores, y darle la oportunidad de defenderse de los cargos. ¹⁷Cuando acudieron a mí, no dilaté el caso, sino que convoqué al tribunal el día siguiente y mandé traer a este hombre. ¹⁸Al levantarse para hablar, sus acusadores no alegaron en su contra ninguno de los delitos que yo había supuesto. ¹⁹Más bien, tenían contra él algunas cuestiones tocantes a su propia religión y sobre un tal Jesús, ya muerto, que Pablo sostiene que está vivo. ²⁰Yo no sabía cómo investigar tales cuestiones, así que le pregunté si estaba dispuesto a ir a Jerusalén para ser juzgado allí con

The Trial Before Festus

25 Three days after arriving in the province, Festus went up from Caesarea to Jerusalem, ²where the chief priests and Jewish leaders appeared before him and presented the charges against Paul. ³They urgently requested Festus, as a favor to them, to have Paul transferred to Jerusalem, for they were preparing an ambush to kill him along the way. ⁴Festus answered, "Paul is being held at Caesarea, and I myself am going there soon. ⁵Let some of your leaders come with me and press charges against the man there, if he has done anything wrong."

⁶After spending eight or ten days with them, he went down to Caesarea, and the next day he convened the court and ordered that Paul be brought before him. ⁷When Paul appeared, the Jews who had come down from Jerusalem stood around him, bringing many serious charges against him, which they could not prove.

⁸Then Paul made his defense: "I have done nothing wrong against the law of the Jews or against the temple or against Caesar."

⁹Festus, wishing to do the Jews a favor, said to Paul, "Are you willing to go up to Jerusalem and stand trial before me there on these charges?"

¹⁰Paul answered: "I am now standing before Caesar's court, where I ought to be tried. I have not done any wrong to the Jews, as you yourself know very well. ¹¹If, however, I am guilty of doing anything deserving death, I do not refuse to die. But if the charges brought against me by these Jews are not true, no one has the right to hand me over to them. I appeal to Caesar!"

¹²After Festus had conferred with his council, he declared: "You have appealed to Caesar. To Caesar you will go!"

Festus Consults King Agrippa

¹³A few days later King Agrippa and Bernice arrived at Caesarea to pay their respects to Festus. ¹⁴Since they were spending many days there, Festus discussed Paul's case with the king. He said: "There is a man here whom Felix left as a prisoner. ¹⁵When I went to Jerusalem, the chief priests and elders of the Jews brought charges against him and asked that he be condemned.

¹⁶"I told them that it is not the Roman custom to hand over any man before he has faced his accusers and has had an opportunity to defend himself against their charges. ¹⁷When they came here with me, I did not delay the case, but convened the court the next day and ordered the man to be brought in. ¹⁸When his accusers got up to speak, they did not charge him with any of the crimes I had expected. ¹⁹Instead, they had some points of dispute with him about their own religion and about a dead man named Jesus who Paul claimed was alive. ²⁰I was at a loss how to investigate such matters; so I asked if he would be willing to go to Jerusalem and stand trial there on these charges.

respecto a esos cargos. 21 Pero como Pablo apeló para que se le reservara el fallo al emperador,[t] ordené que quedara detenido hasta ser remitido a Roma.[u]

22 —A mí también me gustaría oír a ese hombre —le dijo Agripa a Festo.

—Pues mañana mismo lo oirá usted —le contestó Festo.

Pablo ante Agripa

23 Al día siguiente Agripa y Berenice se presentaron con gran pompa, y entraron en la sala de la audiencia acompañados por oficiales de alto rango y por las personalidades más distinguidas de la ciudad. Festo mandó que le trajeran a Pablo, 24 y dijo:

—Rey Agripa y todos los presentes: Aquí tienen a este hombre. Todo el pueblo judío me ha presentado una demanda contra él, tanto en Jerusalén como aquí en Cesarea, pidiendo a gritos su muerte. 25 He llegado a la conclusión de que él no ha hecho nada que merezca la muerte, pero como apeló al emperador, he decidido enviarlo a Roma. 26 El problema es que no tengo definido nada que escribir al soberano acerca de él. Por eso lo he hecho comparecer ante ustedes, y especialmente delante de usted, rey Agripa, para que como resultado de esta investigación tenga yo algunos datos para mi carta; 27 me parece absurdo enviar un preso sin especificar los cargos contra él.

26 Entonces Agripa le dijo a Pablo:
—Tienes permiso para defenderte.

Pablo hizo un ademán con la mano y comenzó así su defensa:

2 —Rey Agripa, para mí es un privilegio presentarme hoy ante usted para defenderme de las acusaciones de los judíos, 3 sobre todo porque usted está bien informado de todas las tradiciones y controversias de los judíos. Por eso le ruego que me escuche con paciencia.

4 »Todos los judíos saben cómo he vivido desde que era niño, desde mi edad temprana entre mi gente y también en Jerusalén. 5 Ellos me conocen desde hace mucho tiempo y pueden atestiguar, si quieren, que viví como *fariseo, de acuerdo con la secta más estricta de nuestra religión. 6 Y ahora me juzgan por la esperanza que tengo en la promesa que Dios hizo a nuestros antepasados. 7 Ésta es la promesa que nuestras doce tribus esperan alcanzar rindiendo culto a Dios con diligencia día y noche. Es por esta esperanza, oh rey, por lo que me acusan los judíos. 8 ¿Por qué les parece a ustedes increíble que Dios resucite a los muertos?

9 »Pues bien, yo mismo estaba convencido de que debía hacer todo lo posible por combatir el nombre de Jesús de Nazaret. 10 Eso es precisamente lo que hice en Jerusalén. Con la autoridad de los jefes de los sacerdotes metí en la cárcel a muchos de los *santos, y cuando los mataban, yo manifestaba mi aprobación. 11 Muchas veces anduve de sinagoga en sinagoga castigándolos para obligarlos a *blasfemar. Mi obsesión contra ellos me llevaba al extremo de perseguirlos incluso en ciudades del extranjero.

12 »En uno de esos viajes iba yo hacia Damasco con la autoridad y la comisión de los jefes de los sacerdotes. 13 A eso del mediodía, oh rey, mientras iba por el camino, vi una luz del cielo, más refulgente que el sol, que con su resplandor nos envolvió a mí y a mis acom-

21 When Paul made his appeal to be held over for the Emperor's decision, I ordered him held until I could send him to Caesar."

22 Then Agrippa said to Festus, "I would like to hear this man myself."

He replied, "Tomorrow you will hear him."

Paul Before Agrippa

23 The next day Agrippa and Bernice came with great pomp and entered the audience room with the high ranking officers and the leading men of the city. At the command of Festus, Paul was brought in. 24 Festus said: "King Agrippa, and all who are present with us, you see this man! The whole Jewish community has petitioned me about him in Jerusalem and here in Caesarea, shouting that he ought not to live any longer. 25 I found he had done nothing deserving of death, but because he made his appeal to the Emperor I decided to send him to Rome. 26 But I have nothing definite to write to His Majesty about him. Therefore I have brought him before all of you, and especially before you, King Agrippa, so that as a result of this investigation I may have something to write. 27 For I think it is unreasonable to send on a prisoner without specifying the charges against him."

26 Then Agrippa said to Paul, "You have permission to speak for yourself."

So Paul motioned with his hand and began his defense: 2 "King Agrippa, I consider myself fortunate to stand before you today as I make my defense against all the accusations of the Jews, 3 and especially so because you are well acquainted with all the Jewish customs and controversies. Therefore, I beg you to listen to me patiently.

4 "The Jews all know the way I have lived ever since I was a child, from the beginning of my life in my own country, and also in Jerusalem. 5 They have known me for a long time and can testify, if they are willing, that according to the strictest sect of our religion, I lived as a Pharisee. 6 And now it is because of my hope in what God has promised our fathers that I am on trial today. 7 This is the promise our twelve tribes are hoping to see fulfilled as they earnestly serve God day and night. O king, it is because of this hope that the Jews are accusing me. 8 Why should any of you consider it incredible that God raises the dead?

9 "I too was convinced that I ought to do all that was possible to oppose the name of Jesus of Nazareth. 10 And that is just what I did in Jerusalem. On the authority of the chief priests I put many of the saints in prison, and when they were put to death, I cast my vote against them. 11 Many a time I went from one synagogue to another to have them punished, and I tried to force them to blaspheme. In my obsession against them, I even went to foreign cities to persecute them.

12 "On one of these journeys I was going to Damascus with the authority and commission of the chief priests. 13 About noon, O king, as I was on the road, I saw a light from heaven, brighter than the sun, blazing

---

[t] 25:21 al emperador. Lit. al augusto; también en v. 25.
[u] 25:21 a Roma. Lit. al *césar.

pañantes. 14 Todos caímos al suelo, y yo oí una voz que me decía en arameo:ᵛ "Saulo, Saulo, ¿por qué me persigues? ¿Qué sacas con darte cabezazos contra la pared?"ʷ 15 Entonces pregunté: "¿Quién eres, Señor?" "Yo soy Jesús, a quien tú persigues —me contestó el Señor—. 16 Ahora, ponte en pie y escúchame. Me he aparecido a ti con el fin de designarte siervo y testigo de lo que has visto de mí y de lo que te voy a revelar. 17 Te libraré de tu propio pueblo y de los *gentiles. Te envío a éstos 18 para que les abras los ojos y se conviertan de las tinieblas a la luz, y del poder de Satanás a Dios, a fin de que, por la fe en mí, reciban el perdón de los pecados y la herencia entre los *santificados.'

19 »Así que, rey Agripa, no fui desobediente a esa visión celestial. 20 Al contrario, comenzando con los que estaban en Damasco, siguiendo con los que estaban en Jerusalén y en toda Judea, y luego con los gentiles, a todos les prediqué que se *arrepintieran y se convirtieran a Dios, y que demostraran su arrepentimiento con sus buenas obras. 21 Sólo por eso los judíos me prendieron en el *templo y trataron de matarme. 22 Pero Dios me ha ayudado hasta hoy, y así me mantengo firme, testificando a grandes y pequeños. No he dicho sino lo que los profetas y Moisés ya dijeron que sucedería: 23 que el *Cristo padecería y que, siendo el primero en resucitar, proclamaría la luz a su propio pueblo y a los gentiles.

24 Al llegar Pablo a este punto de su defensa, Festo interrumpió.

—¡Estás loco, Pablo! —le gritó—. El mucho estudio te ha hecho perder la cabeza.

25 —No estoy loco, excelentísimo Festo —contestó Pablo—. Lo que digo es cierto y sensato. 26 El rey está familiarizado con estas cosas, y por eso hablo ante él con tanto atrevimiento. Estoy convencido de que nada de esto ignora, porque no sucedió en un rincón. 27 Rey Agripa, ¿cree usted en los profetas? ¡A mí me consta que sí!

28 —Un poco más y me convences a hacerme cristiano ˣ —le dijo Agripa.

29 —Sea por poco o por mucho— le replicó Pablo—, le pido a Dios que no sólo usted, sino también todos los que me están escuchando hoy, lleguen a ser como yo, aunque sin estas cadenas.

30 Se levantó el rey, y también el gobernador, Berenice y los que estaban sentados con ellos. 31 Al retirarse, decían entre sí:

—Este hombre no ha hecho nada que merezca la muerte ni la cárcel.

32 Y Agripa le dijo a Festo:

—Se podría poner en libertad a este hombre si no hubiera apelado al *emperador.

Pablo viaja a Roma

27 Cuando se decidió que navegáramos rumbo a Italia, entregaron a Pablo y a algunos otros presos a un centurión llamado Julio, que pertenecía al batallón imperial. 2 Subimos a bordo de un barco, con matrícula de Adramitio, que estaba a punto de zarpar hacia los puertos de la provincia de *Asia, y nos hicimos a la mar. Nos acompañaba Aristarco, un macedonio de Tesalónica.

3 Al día siguiente hicimos escala en Sidón; y Julio, con mucha amabilidad, le permitió a Pablo visitar a sus

around me and my companions. 14 We all fell to the ground, and I heard a voice saying to me in Aramaic,ʷ 'Saul, Saul, why do you persecute me? It is hard for you to kick against the goads.'

15 "Then I asked, 'Who are you, Lord?'

" 'I am Jesus, whom you are persecuting,' the Lord replied. 16 'Now get up and stand on your feet. I have appeared to you to appoint you as a servant and as a witness of what you have seen of me and what I will show you. 17 I will rescue you from your own people and from the Gentiles. I am sending you to them 18 to open their eyes and turn them from darkness to light, and from the power of Satan to God, so that they may receive forgiveness of sins and a place among those who are sanctified by faith in me.'

19 "So then, King Agrippa, I was not disobedient to the vision from heaven. 20 First to those in Damascus, then to those in Jerusalem and in all Judea, and to the Gentiles also, I preached that they should repent and turn to God and prove their repentance by their deeds. 21 That is why the Jews seized me in the temple courts and tried to kill me. 22 But I have had God's help to this very day, and so I stand here and testify to small and great alike. I am saying nothing beyond what the prophets and Moses said would happen— 23 that the Christˣ would suffer and, as the first to rise from the dead, would proclaim light to his own people and to the Gentiles."

24 At this point Festus interrupted Paul's defense. "You are out of your mind, Paul!" he shouted. "Your great learning is driving you insane."

25 "I am not insane, most excellent Festus," Paul replied. "What I am saying is true and reasonable. 26 The king is familiar with these things, and I can speak freely to him. I am convinced that none of this has escaped his notice, because it was not done in a corner. 27 King Agrippa, do you believe the prophets? I know you do."

28 Then Agrippa said to Paul, "Do you think that in such a short time you can persuade me to be a Christian?"

29 Paul replied, "Short time or long—I pray God that not only you but all who are listening to me today may become what I am, except for these chains."

30 The king rose, and with him the governor and Bernice and those sitting with them. 31 They left the room, and while talking with one another, they said, "This man is not doing anything that deserves death or imprisonment."

32 Agrippa said to Festus, "This man could have been set free if he had not appealed to Caesar."

Paul Sails for Rome

27 When it was decided that we would sail for Italy, Paul and some other prisoners were handed over to a centurion named Julius, who belonged to the Imperial Regiment. 2 We boarded a ship from Adramyttium about to sail for ports along the coast of the province of Asia, and we put out to sea. Aristarchus, a Macedonian from Thessalonica, was with us.

3 The next day we landed at Sidon; and Julius, in kindness to Paul, allowed him to go to his friends so

---

ᵛ 26:14 arameo. Lit. el dialecto hebreo.　　ʷ 26:14 ¿Qué sacas ... pared? Lit. Te es difícil dar coces contra el aguijón.
ˣ 26:28 Un poco ... cristiano. Alt. ¿Con tan poco pretendes hacerme cristiano?

ʷ 14 Or Hebrew　　ˣ 23 Or Messiah

amigos para que lo atendieran. ⁴Desde Sidón zarpamos y navegamos al abrigo de Chipre, porque los vientos nos eran contrarios. ⁵Después de atravesar el mar frente a las costas de Cilicia y Panfilia, arribamos a Mira de Licia. ⁶Allí el centurión encontró un barco de Alejandría que iba para Italia, y nos hizo subir a bordo. ⁷Durante muchos días la navegación fue lenta, y a duras penas llegamos frente a Gnido. Como el viento nos era desfavorable para seguir el rumbo trazado, navegamos al amparo de Creta, frente a Salmona. ⁸Seguimos con dificultad a lo largo de la costa y llegamos a un lugar llamado Buenos Puertos, cerca de la ciudad de Lasea.

⁹Se había perdido mucho tiempo, y era peligrosa la navegación por haber pasado ya la fiesta del ayuno.ʸ Así que Pablo les advirtió: ¹⁰«Señores, veo que nuestro viaje va a ser desastroso y que va a causar mucho perjuicio tanto para el barco y su carga como para nuestras propias *vidas.» ¹¹Pero el centurión, en vez de hacerle caso, siguió el consejo del timonel y del dueño del barco. ¹²Como el puerto no era adecuado para invernar, la mayoría decidió que debíamos seguir adelante, con la esperanza de llegar a Fenice, puerto de Creta que da al suroeste y al noroeste, y pasar allí el invierno.

La tempestad

¹³Cuando comenzó a soplar un viento suave del sur, creyeron que podían conseguir lo que querían, así que levaron anclas y navegaron junto a la costa de Creta. ¹⁴Poco después se nos vino encima un viento huracanado, llamado Nordeste, que venía desde la isla. ¹⁵El barco quedó atrapado por la tempestad y no podía hacerle frente al viento, así que nos dejamos llevar a la deriva. ¹⁶Mientras pasábamos al abrigo de un islote llamado Cauda, a duras penas pudimos sujetar el bote salvavidas. ¹⁷Después de subirlo a bordo, amarraron con sogas todo el casco del barco para reforzarlo. Temiendo que fueran a encallar en los bancos de arena de la Sirte, echaron el ancla flotante y dejaron el barco a la deriva. ¹⁸Al día siguiente, dado que la tempestad seguía arremetiendo con mucha fuerza contra nosotros, comenzaron a arrojar la carga por la borda. ¹⁹Al tercer día, con sus propias manos arrojaron al mar los aparejos del barco. ²⁰Como pasaron muchos días sin que aparecieran ni el sol ni las estrellas, y la tempestad seguía arreciando, perdimos al fin toda esperanza de salvarnos.

²¹Llevábamos ya mucho tiempo sin comer, así que Pablo se puso en medio de todos y dijo: «Señores, debían haber seguido mi consejo y no haber zarpado de Creta; así se habrían ahorrado este perjuicio y esta pérdida. ²²Pero ahora los exhorto a cobrar ánimo, porque ninguno de ustedes perderá la *vida; sólo se perderá el barco. ²³Anoche se me apareció un ángel del Dios a quien pertenezco y a quien sirvo, ²⁴y me dijo: "No tengas miedo, Pablo. Tienes que comparecer ante el *emperador; y Dios te ha concedido la vida de todos los que navegan contigo." ²⁵Así que ¡ánimo, señores! Confío en Dios que sucederá tal y como se me dijo. ²⁶Sin embargo, tenemos que encallar en alguna isla.»

El naufragio

²⁷Ya habíamos pasado catorce noches a la deriva por el mar Adriático,ᶻ cuando a eso de la medianoche los marineros presintieron que se aproximaban a tierra.

they might provide for his needs. ⁴From there we put out to sea again and passed to the lee of Cyprus because the winds were against us. ⁵When we had sailed across the open sea off the coast of Cilicia and Pamphylia, we landed at Myra in Lycia. ⁶There the centurion found an Alexandrian ship sailing for Italy and put us on board. ⁷We made slow headway for many days and had difficulty arriving off Cnidus. When the wind did not allow us to hold our course, we sailed to the lee of Crete, opposite Salmone. ⁸We moved along the coast with difficulty and came to a place called Fair Havens, near the town of Lasea.

⁹Much time had been lost, and sailing had already become dangerous because by now it was after the Fast.ʸ So Paul warned them, ¹⁰"Men, I can see that our voyage is going to be disastrous and bring great loss to ship and cargo, and to our own lives also." ¹¹But the centurion, instead of listening to what Paul said, followed the advice of the pilot and of the owner of the ship. ¹²Since the harbor was unsuitable to winter in, the majority decided that we should sail on, hoping to reach Phoenix and winter there. This was a harbor in Crete, facing both southwest and northwest.

The Storm

¹³When a gentle south wind began to blow, they thought they had obtained what they wanted; so they weighed anchor and sailed along the shore of Crete. ¹⁴Before very long, a wind of hurricane force, called the "northeaster," swept down from the island. ¹⁵The ship was caught by the storm and could not head into the wind; so we gave way to it and were driven along. ¹⁶As we passed to the lee of a small island called Cauda, we were hardly able to make the lifeboat secure. ¹⁷When the men had hoisted it aboard, they passed ropes under the ship itself to hold it together. Fearing that they would run aground on the sandbars of Syrtis, they lowered the sea anchor and let the ship be driven along. ¹⁸We took such a violent battering from the storm that the next day they began to throw the cargo overboard. ¹⁹On the third day, they threw the ship's tackle overboard with their own hands. ²⁰When neither sun nor stars appeared for many days and the storm continued raging, we finally gave up all hope of being saved.

²¹After the men had gone a long time without food, Paul stood up before them and said: "Men, you should have taken my advice not to sail from Crete; then you would have spared yourselves this damage and loss. ²²But now I urge you to keep up your courage, because not one of you will be lost; only the ship will be destroyed. ²³Last night an angel of the God whose I am and whom I serve stood beside me ²⁴and said, 'Do not be afraid, Paul. You must stand trial before Caesar; and God has graciously given you the lives of all who sail with you.' ²⁵So keep up your courage, men, for I have faith in God that it will happen just as he told me. ²⁶Nevertheless, we must run aground on some island."

The Shipwreck

²⁷On the fourteenth night we were still being driven across the Adriaticᶻ Sea, when about midnight the

---

ʸ 27:9 Es decir, el día de la *Expiación (*Yom Kippur*) en septiembre, de manera que se acercaba el invierno.   ᶻ 27:27 En la antigüedad el nombre *Adriático* se refería a una zona que se extendía muy al sur de Italia.

ʸ 9 That is, the Day of Atonement (Yom Kippur)   ᶻ 27 In ancient times the name referred to an area extending well south of Italy.

28Echaron la sonda y encontraron que el agua tenía unos treinta y siete metros de profundidad. Más adelante volvieron a echar la sonda y encontraron que tenía cerca de veintisiete metros*a* de profundidad. 29Temiendo que fuéramos a estrellarnos contra las rocas, echaron cuatro anclas por la popa y se pusieron a rogar que amaneciera. 30En un intento por escapar del barco, los marineros comenzaron a bajar el bote salvavidas al mar, con el pretexto de que iban a echar algunas anclas desde la proa. 31Pero Pablo les advirtió al centurión y a los soldados: «Si ésos no se quedan en el barco, no podrán salvarse ustedes.» 32Así que los soldados cortaron las amarras del bote salvavidas y lo dejaron caer al agua.

33Estaba a punto de amanecer cuando Pablo animó a todos a tomar alimento: «Hoy hace ya catorce días que ustedes están con la vida en un hilo, y siguen sin probar bocado. 34Les ruego que coman algo, pues lo necesitan para sobrevivir. Ninguno de ustedes perderá ni un solo cabello de la cabeza.» 35Dicho esto, tomó pan y dio gracias a Dios delante de todos. Luego lo partió y comenzó a comer. 36Todos se animaron y también comieron. 37Éramos en total doscientas setenta y seis personas en el barco. 38Una vez satisfechos, aligeraron el barco echando el trigo al mar.

39Cuando amaneció, no reconocieron la tierra, pero vieron una bahía que tenía playa, donde decidieron encallar el barco a como diera lugar. 40Cortaron las anclas y las dejaron caer en el mar, desatando a la vez las amarras de los timones. Luego izaron a favor del viento la vela de proa y se dirigieron a la playa. 41Pero el barco fue a dar en un banco de arena y encalló. La proa se encajó en el fondo y quedó varada, mientras la popa se hacía pedazos al embate de las olas.

42Los soldados pensaron matar a los presos para que ninguno escapara a nado. 43Pero el centurión quería salvarle la vida a Pablo, y les impidió llevar a cabo el plan. Dio orden de que los que pudieran nadar saltaran primero por la borda para llegar a tierra, 44y de que los demás salieran valiéndose de tablas o de restos del barco. De esta manera todos llegamos sanos y salvos a tierra.

En la isla de Malta

28 Una vez a salvo, nos enteramos de que la isla se llamaba Malta. 2Los isleños nos trataron con toda clase de atenciones. Encendieron una fogata y nos invitaron a acercarnos, porque estaba lloviendo y hacía frío. 3Sucedió que Pablo recogió un montón de leña y la estaba echando al fuego, cuando una víbora que huía del calor se le prendió en la mano. 4Al ver la serpiente colgada de la mano de Pablo, los isleños se pusieron a comentar entre sí: «Sin duda este hombre es un asesino, pues aunque se salvó del mar, la justicia divina no va a consentir que siga con vida.» 5Pero Pablo sacudió la mano y la serpiente cayó en el fuego, y él no sufrió ningún daño. 6La gente esperaba que se hinchara o cayera muerto de repente, pero después de esperar un buen rato y de ver que nada extraño le sucedía, cambiaron de parecer y decían que era un dios.

7Cerca de allí había una finca que pertenecía a Publio, el funcionario principal de la isla. Éste nos recibió en su casa con amabilidad y nos hospedó durante tres días. 8El padre de Publio estaba en cama, enfermo con fiebre y disentería. Pablo entró a verlo y, después de

sailors sensed they were approaching land. 28They took soundings and found that the water was a hundred and twenty feet*a* deep. A short time later they took soundings again and found it was ninety feet*b* deep. 29Fearing that we would be dashed against the rocks, they dropped four anchors from the stern and prayed for daylight. 30In an attempt to escape from the ship, the sailors let the lifeboat down into the sea, pretending they were going to lower some anchors from the bow. 31Then Paul said to the centurion and the soldiers, "Unless these men stay with the ship, you cannot be saved." 32So the soldiers cut the ropes that held the lifeboat and let it fall away.

33Just before dawn Paul urged them all to eat. "For the last fourteen days," he said, "you have been in constant suspense and have gone without food—you haven't eaten anything. 34Now I urge you to take some food. You need it to survive. Not one of you will lose a single hair from his head." 35After he said this, he took some bread and gave thanks to God in front of them all. Then he broke it and began to eat. 36They were all encouraged and ate some food themselves. 37Altogether there were 276 of us on board. 38When they had eaten as much as they wanted, they lightened the ship by throwing the grain into the sea.

39When daylight came, they did not recognize the land, but they saw a bay with a sandy beach, where they decided to run the ship aground if they could. 40Cutting loose the anchors, they left them in the sea and at the same time untied the ropes that held the rudders. Then they hoisted the foresail to the wind and made for the beach. 41But the ship struck a sandbar and ran aground. The bow stuck fast and would not move, and the stern was broken to pieces by the pounding of the surf.

42The soldiers planned to kill the prisoners to prevent any of them from swimming away and escaping. 43But the centurion wanted to spare Paul's life and kept them from carrying out their plan. He ordered those who could swim to jump overboard first and get to land. 44The rest were to get there on planks or on pieces of the ship. In this way everyone reached land in safety.

Ashore on Malta

28 Once safely on shore, we found out that the island was called Malta. 2The islanders showed us unusual kindness. They built a fire and welcomed us all because it was raining and cold. 3Paul gathered a pile of brushwood and, as he put it on the fire, a viper, driven out by the heat, fastened itself on his hand. 4When the islanders saw the snake hanging from his hand, they said to each other, "This man must be a murderer; for though he escaped from the sea, Justice has not allowed him to live." 5But Paul shook the snake off into the fire and suffered no ill effects. 6The people expected him to swell up or suddenly fall dead, but after waiting a long time and seeing nothing unusual happen to him, they changed their minds and said he was a god.

7There was an estate nearby that belonged to Publius, the chief official of the island. He welcomed us to his home and for three days entertained us hospitably. 8His father was sick in bed, suffering from fever and dysentery. Paul went in to see him and, after prayer,

---

a 27:28 treinta y siete metros ... veintisiete metros. Lit. *veinte *brazas ... quince brazas.*

a 28 Greek *twenty orguias* (about 37 meters)   *b 28* Greek *fifteen orguias* (about 27 meters)

orar, le impuso las manos y lo sanó. 9Como consecuencia de esto, los demás enfermos de la isla también acudían y eran sanados. 10Nos colmaron de muchas atenciones y nos proveyeron de todo lo necesario para el viaje.

Llegada a Roma

11 Al cabo de tres meses en la isla, zarpamos en un barco que había invernado allí. Era una nave de Alejandría que tenía por insignia a los dioses Dióscuros.[b] 12Hicimos escala en Siracusa, donde nos quedamos tres días. 13Desde allí navegamos bordeando la costa y llegamos a Regio. Al día siguiente se levantó el viento del sur, y al segundo día llegamos a Poteoli. 14Allí encontramos a algunos creyentes que nos invitaron a pasar una semana con ellos. Y por fin llegamos a Roma. 15Los hermanos de Roma, habiéndose enterado de nuestra situación, salieron hasta el Foro de Apio y Tres Tabernas a recibirnos. Al verlos, Pablo dio gracias a Dios y cobró ánimo. 16Cuando llegamos a Roma, a Pablo se le permitió tener su domicilio particular, con un soldado que lo custodiara.

Pablo predica bajo custodia en Roma

17Tres días más tarde, Pablo convocó a los dirigentes de los judíos. Cuando estuvieron reunidos, les dijo:
—A mí, hermanos, a pesar de no haber hecho nada contra mi pueblo ni contra las costumbres de nuestros antepasados, me arrestaron en Jerusalén y me entregaron a los romanos. 18Éstos me interrogaron y quisieron soltarme por no ser yo culpable de ningún delito que mereciera la muerte. 19Cuando los judíos se opusieron, me vi obligado a apelar al *emperador, pero no porque tuviera alguna acusación que presentar contra mi nación. 20Por este motivo he pedido verlos y hablar con ustedes. Precisamente por la esperanza de Israel estoy encadenado.

21—Nosotros no hemos recibido ninguna carta de Judea que tenga que ver contigo —le contestaron ellos—, ni ha llegado ninguno de los hermanos de allá con malos informes o que haya hablado mal de ti. 22Pero queremos oír tu punto de vista, porque lo único que sabemos es que en todas partes se habla en contra de esa secta.

23Señalaron un día para reunirse con Pablo, y acudieron en mayor número a la casa donde estaba alojado. Desde la mañana hasta la tarde estuvo explicándoles y testificándoles acerca del reino de Dios y tratando de convencerlos respecto a Jesús, partiendo de la ley de Moisés y de los profetas. 24Unos se convencieron por lo que él decía, pero otros se negaron a creer. 25No pudieron ponerse de acuerdo entre sí, y comenzaron a irse cuando Pablo añadió esta última declaración: «Con razón el Espíritu Santo les habló a sus antepasados por medio del profeta Isaías diciendo:

26»"Ve a este pueblo y dile:
'Por mucho que oigan, no entenderán;
por mucho que vean, no percibirán.'
27Porque el corazón de este pueblo se ha vuelto
insensible;
se les han embotado los oídos,
y se les han cerrado los ojos.
De lo contrario, verían con los ojos,
oirían con los oídos,
entenderían con el corazón
y se convertirían, y yo los sanaría."[c]

placed his hands on him and healed him. 9When this had happened, the rest of the sick on the island came and were cured. 10They honored us in many ways and when we were ready to sail, they furnished us with the supplies we needed.

Arrival at Rome

11After three months we put out to sea in a ship that had wintered in the island. It was an Alexandrian ship with the figurehead of the twin gods Castor and Pollux. 12We put in at Syracuse and stayed there three days. 13From there we set sail and arrived at Rhegium. The next day the south wind came up, and on the following day we reached Puteoli. 14There we found some brothers who invited us to spend a week with them. And so we came to Rome. 15The brothers there had heard that we were coming, and they traveled as far as the Forum of Appius and the Three Taverns to meet us. At the sight of these men Paul thanked God and was encouraged. 16When we got to Rome, Paul was allowed to live by himself, with a soldier to guard him.

Paul Preaches at Rome Under Guard

17Three days later he called together the leaders of the Jews. When they had assembled, Paul said to them: "My brothers, although I have done nothing against our people or against the customs of our ancestors, I was arrested in Jerusalem and handed over to the Romans. 18They examined me and wanted to release me, because I was not guilty of any crime deserving death. 19But when the Jews objected, I was compelled to appeal to Caesar—not that I had any charge to bring against my own people. 20For this reason I have asked to see you and talk with you. It is because of the hope of Israel that I am bound with this chain."

21They replied, "We have not received any letters from Judea concerning you, and none of the brothers who have come from there has reported or said anything bad about you. 22But we want to hear what your views are, for we know that people everywhere are talking against this sect."

23They arranged to meet Paul on a certain day, and came in even larger numbers to the place where he was staying. From morning till evening he explained and declared to them the kingdom of God and tried to convince them about Jesus from the Law of Moses and from the Prophets. 24Some were convinced by what he said, but others would not believe. 25They disagreed among themselves and began to leave after Paul had made this final statement: "The Holy Spirit spoke the truth to your forefathers when he said through Isaiah the prophet:

26" 'Go to this people and say,
"You will be ever hearing but never
understanding;
you will be ever seeing but never
perceiving."
27For this people's heart has become
calloused;
they hardly hear with their ears,
and they have closed their eyes.
Otherwise they might see with their eyes,
hear with their ears,
understand with their hearts
and turn, and I would heal them.'[c]

---

b 28:11 Dioses gemelos de la mitología griega, probablemente
Cástor y Pólux.   c 28:27 Is 6:9,10

c 27 Isaiah 6:9,10

28 »Por tanto, quiero que sepan que esta salvación de Dios se ha enviado a los *gentiles, y ellos sí escucharán.»[d]

30 Durante dos años completos permaneció Pablo en la casa que tenía alquilada, y recibía a todos los que iban a verlo. 31 Y predicaba el reino de Dios y enseñaba acerca del Señor *Jesucristo sin impedimento y sin temor alguno.

28 "Therefore I want you to know that God's salvation has been sent to the Gentiles, and they will listen!"[d]

30 For two whole years Paul stayed there in his own rented house and welcomed all who came to see him. 31 Boldly and without hindrance he preached the kingdom of God and taught about the Lord Jesus Christ.

---

d 28:28 escucharán.» Var. escucharán.» 29 Después que él dijo esto, los judíos se fueron, discutiendo acaloradamente entre ellos.

d 28 Some manuscripts listen!" 29After he said this, the Jews left, arguing vigorously among themselves.

Carta a los
Romanos

1 Pablo, *siervo de *Cristo Jesús, llamado a ser apóstol, apartado para anunciar el *evangelio de Dios, [2] que por medio de sus profetas ya había prometido en las sagradas Escrituras. [3] Este evangelio habla de su Hijo, que según la *naturaleza humana era descendiente de David, [4] pero que según el Espíritu de *santidad fue designado[a] con poder Hijo de Dios por la resurrección. Él es Jesucristo nuestro Señor. [5] Por medio de él, y en honor a su nombre, recibimos el don apostólico para persuadir a todas las *naciones que obedezcan a la fe.[b] [6] Entre ellas están incluidos también ustedes, a quienes Jesucristo ha llamado.

[7] Les escribo a todos ustedes, los amados de Dios que están en Roma, que han sido llamados a ser *santos.

Que Dios nuestro Padre y el Señor Jesucristo les concedan gracia y paz.

Pablo anhela visitar Roma

[8] En primer lugar, por medio de Jesucristo doy gracias a mi Dios por todos ustedes, pues en el mundo entero se habla bien de su fe. [9] Dios, a quien sirvo de corazón predicando el *evangelio de su Hijo, me es testigo de que los recuerdo a ustedes sin cesar. [10] Siempre pido en mis oraciones que, si es la voluntad de Dios, por fin se me abra ahora el camino para ir a visitarlos.

[11] Tengo muchos deseos de verlos para impartirles algún don espiritual que los fortalezca; [12] mejor dicho, para que unos a otros nos animemos con la fe que compartimos. [13] Quiero que sepan, hermanos, que aunque hasta ahora no he podido visitarlos, muchas veces me he propuesto hacerlo, para recoger algún fruto entre ustedes, tal como lo he recogido entre las otras naciones.

[14] Estoy en deuda con todos, sean cultos o incultos,[c] instruidos o ignorantes. [15] De allí mi gran anhelo de predicarles el evangelio también a ustedes que están en Roma.

[16] A la verdad, no me avergüenzo del evangelio, pues es poder de Dios para la salvación de todos los que creen: de los judíos primeramente, pero también de los *gentiles. [17] De hecho, en el evangelio se revela la justicia que proviene de Dios, la cual es por fe de principio a fin,[d] tal como está escrito: «El justo vivirá por la fe.»[e]

La ira de Dios contra la humanidad

[18] Ciertamente, la ira de Dios viene revelándose desde el cielo contra toda impiedad e injusticia de los *seres humanos, que con su maldad obstruyen la verdad. [19] Me explico: lo que se puede conocer acerca de Dios es evidente para ellos, pues él mismo se lo ha revelado. [20] Porque desde la creación del mundo las cualidades invisibles de Dios, es decir, su eterno poder y su naturaleza divina, se perciben claramente a través

Romans

1 Paul, a servant of Christ Jesus, called to be an apostle and set apart for the gospel of God— [2] the gospel he promised beforehand through his prophets in the Holy Scriptures [3] regarding his Son, who as to his human nature was a descendant of David, [4] and who through the Spirit[a] of holiness was declared with power to be the Son of God[b] by his resurrection from the dead: Jesus Christ our Lord. [5] Through him and for his name's sake, we received grace and apostleship to call people from among all the Gentiles to the obedience that comes from faith. [6] And you also are among those who are called to belong to Jesus Christ.

[7] To all in Rome who are loved by God and called to be saints:

Grace and peace to you from God our Father and from the Lord Jesus Christ.

Paul's Longing to Visit Rome

[8] First, I thank my God through Jesus Christ for all of you, because your faith is being reported all over the world. [9] God, whom I serve with my whole heart in preaching the gospel of his Son, is my witness how constantly I remember you [10] in my prayers at all times; and I pray that now at last by God's will the way may be opened for me to come to you.

[11] I long to see you so that I may impart to you some spiritual gift to make you strong— [12] that is, that you and I may be mutually encouraged by each other's faith. [13] I do not want you to be unaware, brothers, that I planned many times to come to you (but have been prevented from doing so until now) in order that I might have a harvest among you, just as I have had among the other Gentiles.

[14] I am obligated both to Greeks and non-Greeks, both to the wise and the foolish. [15] That is why I am so eager to preach the gospel also to you who are at Rome.

[16] I am not ashamed of the gospel, because it is the power of God for the salvation of everyone who believes: first for the Jew, then for the Gentile. [17] For in the gospel a righteousness from God is revealed, a righteousness that is by faith from first to last,[c] just as it is written: "The righteous will live by faith."[d]

God's Wrath Against Mankind

[18] The wrath of God is being revealed from heaven against all the godlessness and wickedness of men who suppress the truth by their wickedness, [19] since what may be known about God is plain to them, because God has made it plain to them. [20] For since the creation of the world God's invisible qualities—his eternal power and divine nature—have been clearly seen, being understood from what has been made, so that men are without excuse.

---

a 1:4 según el Espíritu de *santidad fue designado. Alt. según su espíritu de santidad fue declarado.   b 1:5 para ... la fe. Lit. para la obediencia de la fe entre todas las naciones.   c 1:14 sean cultos o incultos. Lit. *griegos y bárbaros.   d 1:17 por fe ... fin. Lit. de fe a fe.   e 1 .17 Hab 2:4

a 4 Or who as to his spirit the Son of God with power   b 4 Or was appointed to be   c 17 Or is from faith to faith   d 17 Hab. 2:4

de lo que él creó, de modo que nadie tiene excusa. ²¹ A pesar de haber conocido a Dios, no lo glorificaron como a Dios ni le dieron gracias, sino que se extraviaron en sus inútiles razonamientos, y se les oscureció su insensato corazón. ²² Aunque afirmaban ser sabios, se volvieron necios ²³ y cambiaron la gloria del Dios inmortal por imágenes que eran réplicas del hombre mortal, de las aves, de los cuadrúpedos y de los reptiles.

²⁴ Por eso Dios los entregó a los malos deseos de sus corazones, que conducen a la impureza sexual, de modo que degradaron sus cuerpos los unos con los otros. ²⁵ Cambiaron la verdad de Dios por la mentira, adorando y sirviendo a los seres creados antes que al Creador, quien es bendito por siempre. Amén.

²⁶ Por tanto, Dios los entregó a pasiones vergonzosas. En efecto, las mujeres cambiaron las relaciones naturales por las que van contra la naturaleza. ²⁷ Así mismo los hombres dejaron las relaciones naturales con la mujer y se encendieron en pasiones lujuriosas los unos con los otros. Hombres con hombres cometieron actos indecentes, y en sí mismos recibieron el castigo que merecía su perversión.

²⁸ Además, como estimaron que no valía la pena tomar en cuenta el conocimiento de Dios, él a su vez los entregó a la depravación mental, para que hicieran lo que no debían hacer. ²⁹ Se han llenado de toda clase de maldad, perversidad, avaricia y depravación. Están repletos de envidia, homicidios, disensiones, engaño y malicia. Son chismosos, ³⁰ calumniadores, enemigos de Dios, insolentes, soberbios y arrogantes; se ingenian maldades; se rebelan contra sus padres; ³¹ son insensatos, desleales, insensibles, despiadados. ³² Saben bien que, según el justo decreto de Dios, quienes practican tales cosas merecen la muerte; sin embargo, no sólo siguen practicándolas sino que incluso aprueban a quienes las practican.

El justo juicio de Dios

2 Por tanto, no tienes excusa tú, quienquiera que seas, cuando juzgas a los demás, pues al juzgar a otros te condenas a ti mismo, ya que practicas las mismas cosas. ² Ahora bien, sabemos que el juicio de Dios contra los que practican tales cosas se basa en la verdad. ³ ¿Piensas entonces que vas a escapar del juicio de Dios, tú que juzgas a otros y sin embargo haces lo mismo que ellos? ⁴ ¿No ves que desprecias las riquezas de la bondad de Dios, de su tolerancia y de su paciencia, al no reconocer que su bondad quiere llevarte al *arrepentimiento?

⁵ Pero por tu obstinación y por tu corazón empedernido sigues acumulando castigo contra ti mismo para el día de la ira, cuando Dios revelará su justo juicio. ⁶ Porque Dios «pagará a cada uno según lo que merezcan sus obras».ᶠ ⁷ Él dará vida eterna a los que, perseverando en las buenas obras, buscan gloria, honor e inmortalidad. ⁸ Pero los que por egoísmo rechazan la verdad para aferrarse a la maldad, recibirán el gran castigo de Dios. ⁹ Habrá sufrimiento y angustia para todos los que hacen el mal, los judíos primeramente, y también los *gentiles; ¹⁰ pero gloria, honor y paz para todos los que hacen el bien, los judíos primeramente, y también los gentiles. ¹¹ Porque con Dios no hay favoritismos.

¹² Todos los que han pecado sin conocer la ley, también perecerán sin la ley; y todos los que han pecado

²¹ For although they knew God, they neither glorified him as God nor gave thanks to him, but their thinking became futile and their foolish hearts were darkened. ²² Although they claimed to be wise, they became fools ²³ and exchanged the glory of the immortal God for images made to look like mortal man and birds and animals and reptiles.

²⁴ Therefore God gave them over in the sinful desires of their hearts to sexual impurity for the degrading of their bodies with one another. ²⁵ They exchanged the truth of God for a lie, and worshiped and served created things rather than the Creator—who is forever praised. Amen.

²⁶ Because of this, God gave them over to shameful lusts. Even their women exchanged natural relations for unnatural ones. ²⁷ In the same way the men also abandoned natural relations with women and were inflamed with lust for one another. Men committed indecent acts with other men, and received in themselves the due penalty for their perversion.

²⁸ Furthermore, since they did not think it worthwhile to retain the knowledge of God, he gave them over to a depraved mind, to do what ought not to be done. ²⁹ They have become filled with every kind of wickedness, evil, greed and depravity. They are full of envy, murder, strife, deceit and malice. They are gossips, ³⁰ slanderers, God-haters, insolent, arrogant and boastful; they invent ways of doing evil; they disobey their parents; ³¹ they are senseless, faithless, heartless, ruthless. ³² Although they know God's righteous decree that those who do such things deserve death, they not only continue to do these very things but also approve of those who practice them.

God's Righteous Judgment

2 You, therefore, have no excuse, you who pass judgment on someone else, for at whatever point you judge the other, you are condemning yourself, because you who pass judgment do the same things. ² Now we know that God's judgment against those who do such things is based on truth. ³ So when you, a mere man, pass judgment on them and yet do the same things, do you think you will escape God's judgment? ⁴ Or do you show contempt for the riches of his kindness, tolerance and patience, not realizing that God's kindness leads you toward repentance?

⁵ But because of your stubbornness and your unrepentant heart, you are storing up wrath against yourself for the day of God's wrath, when his righteous judgment will be revealed. ⁶ God "will give to each person according to what he has done."ᵉ ⁷ To those who by persistence in doing good seek glory, honor and immortality, he will give eternal life. ⁸ But for those who are self-seeking and who reject the truth and follow evil, there will be wrath and anger. ⁹ There will be trouble and distress for every human being who does evil: first for the Jew, then for the Gentile; ¹⁰ but glory, honor and peace for everyone who does good: first for the Jew, then for the Gentile. ¹¹ For God does not show favoritism.

¹² All who sin apart from the law will also perish apart from the law, and all who sin under the law will

---

2:6 Sal 62:12; Pr 24:12   *e 6* Psalm 62:12; Prov. 24:12

conociendo la ley, por la ley serán juzgados. 13 Porque Dios no considera justos a los que oyen la ley sino a los que la cumplen. 14 De hecho, cuando los gentiles, que no tienen la ley, cumplen por naturaleza lo que la ley exige,ᵍ ellos son ley para sí mismos, aunque no tengan la ley. 15 Éstos muestran que llevan escrito en el corazón lo que la ley exige, como lo atestigua su conciencia, pues sus propios pensamientos algunas veces los acusan y otras veces los excusan. 16 Así sucederá el día en que, por medio de Jesucristo, Dios juzgará los secretos de toda persona, como lo declara mi *evangelio.

Los judíos y la ley

17 Ahora bien, tú que llevas el nombre de judío; que dependes de la ley y te *jactas de tu relación con Dios; 18 que conoces su voluntad y sabes discernir lo que es mejor porque eres instruido por la ley; 19 que estás convencido de ser guía de los ciegos y luz de los que están en la oscuridad, 20 instructor de los ignorantes, maestro de los sencillos, pues tienes en la ley la esencia misma del conocimiento y de la verdad; 21 en fin, tú que enseñas a otros, ¿no te enseñas a ti mismo? Tú que predicas contra el robo, ¿robas? 22 Tú que dices que no se debe cometer adulterio, ¿adulteras? Tú que aborreces a los ídolos, ¿robas de sus templos? 23 Tú que te jactas de la ley, ¿deshonras a Dios quebrantando la ley? 24 Así está escrito: «Por causa de ustedes se *blasfema el nombre de Dios entre los *gentiles.»ʰ

25 La circuncisión tiene valor si observas la ley; pero si la quebrantas, vienes a ser como un *incircunciso. 26 Por lo tanto, si los gentiles cumplenⁱ los requisitos de la ley, ¿no se les considerará como si estuvieran circuncidados? 27 El que no está físicamente circuncidado, pero obedece la ley, te condenará a ti que, a pesar de tener el mandamiento escritoʲ y la circuncisión, quebrantas la ley.

28 Lo exterior no hace a nadie judío, ni consiste la circuncisión en una señal en el cuerpo. 29 El verdadero judío lo es interiormente; y la circuncisión es la del corazón, la que realiza el Espíritu, no el mandamiento escrito. Al que es judío así, lo alaba Dios y no la gente.

Fidelidad de Dios

3 Entonces, ¿qué se gana con ser judío, o qué valor tiene la circuncisión? 2 Mucho, desde cualquier punto de vista. En primer lugar, a los judíos se les confiaron las palabras mismas de Dios.

3 Pero entonces, si a algunos les faltó la fe, ¿acaso su falta de fe anula la *fidelidad de Dios? 4 ¡De ninguna manera! Dios es siempre veraz, aunque el hombre sea mentiroso. Así está escrito:

> «Por eso, eres justo en tu sentencia,
>   y triunfarás cuando te juzguen.»ᵏ

5 Pero si nuestra injusticia pone de relieve la justicia de Dios, ¿qué diremos? ¿Que Dios es injusto al descargar sobre nosotros su ira? (Hablo en términos humanos.) 6 ¡De ninguna manera! Si así fuera, ¿cómo podría Dios juzgar al mundo? 7 Alguien podría objetar: «Si mi mentira destaca la verdad de Dios y así aumenta su gloria, ¿por qué todavía se me juzga como pecador?

be judged by the law. 13 For it is not those who hear the law who are righteous in God's sight, but it is those who obey the law who will be declared righteous. 14 (Indeed, when Gentiles, who do not have the law, do by nature things required by the law, they are a law for themselves, even though they do not have the law, 15 since they show that the requirements of the law are written on their hearts, their consciences also bearing witness, and their thoughts now accusing, now even defending them.) 16 This will take place on the day when God will judge men's secrets through Jesus Christ, as my gospel declares.

The Jews and the Law

17 Now you, if you call yourself a Jew; if you rely on the law and brag about your relationship to God; 18 if you know his will and approve of what is superior because you are instructed by the law; 19 if you are convinced that you are a guide for the blind, a light for those who are in the dark, 20 an instructor of the foolish, a teacher of infants, because you have in the law the embodiment of knowledge and truth— 21 you, then, who teach others, do you not teach yourself? You who preach against stealing, do you steal? 22 You who say that people should not commit adultery, do you commit adultery? You who abhor idols, do you rob temples? 23 You who brag about the law, do you dishonor God by breaking the law? 24 As it is written: "God's name is blasphemed among the Gentiles because of you."ᶠ

25 Circumcision has value if you observe the law, but if you break the law, you have become as though you had not been circumcised. 26 If those who are not circumcised keep the law's requirements, will they not be regarded as though they were circumcised? 27 The one who is not circumcised physically and yet obeys the law will condemn you who, even though you have theᵍ written code and circumcision, are a lawbreaker.

28 A man is not a Jew if he is only one outwardly, nor is circumcision merely outward and physical. 29 No, a man is a Jew if he is one inwardly; and circumcision is circumcision of the heart, by the Spirit, not by the written code. Such a man's praise is not from men, but from God.

God's Faithfulness

3 What advantage, then, is there in being a Jew, or what value is there in circumcision? 2 Much in every way! First of all, they have been entrusted with the very words of God.

3 What if some did not have faith? Will their lack of faith nullify God's faithfulness? 4 Not at all! Let God be true, and every man a liar. As it is written:

> "So that you may be proved right when you
>   speak
> and prevail when you judge."ʰ

5 But if our unrighteousness brings out God's righteousness more clearly, what shall we say? That God is unjust in bringing his wrath on us? (I am using a human argument.) 6 Certainly not! If that were so, how could God judge the world? 7 Someone might argue, "If my falsehood enhances God's truthfulness and so increases his glory, why am I still condemned as a sin-

---

ᵍ 2:14 *que no tienen ... exige.* Alt. *que por naturaleza no tienen la ley, cumplen lo que la ley exige.*   ʰ 2:24 Is 52:5; Ez 36:22   ⁱ 2:26 *si ... cumplen.* Lit. *si la incircuncisión guarda.*   ʲ 2:27 *el mandamiento escrito.* Lit. *la letra*; también en v. 29.   ᵏ 3:4 Sal 51:4

ᶠ 24 Isaiah 52:5; Ezek. 36:22   ᵍ 27 Or *who, by means of a*   ʰ 4 Psalm 51:4

8 ¿Por qué no decir: Hagamos lo malo para que venga lo bueno?» Así nos calumnian algunos, asegurando que eso es lo que enseñamos. ¡Pero bien merecida se tienen la condenación!

No hay un solo justo

9 ¿A qué conclusión llegamos? ¿Acaso los judíos somos mejores? ¡De ninguna manera! Ya hemos demostrado que tanto los judíos como los *gentiles están bajo el pecado. 10 Así está escrito:

«No hay un solo justo, ni siquiera uno;
11   no hay nadie que entienda,
     nadie que busque a Dios.
12 Todos se han descarriado,
    a una se han corrompido.
No hay nadie que haga lo bueno;
    ¡no hay uno solo!»l
13 «Su garganta es un sepulcro abierto;
   con su lengua profieren engaños.»m
«¡Veneno de víbora hay en sus labios!»n
14   «Llena está su boca de maldiciones y de
     amargura.»ñ
15 «Veloces son sus pies para ir a derramar
    sangre;
16   dejan ruina y miseria en sus caminos,
17 y no conocen la senda de la paz.» o
18   «No hay temor de Dios delante de sus
    ojos.»p

19 Ahora bien, sabemos que todo lo que dice la ley, lo dice a quienes están sujetos a ella, para que todo el mundo se calle la boca y quede convicto delante de Dios. 20 Por tanto, nadie será *justificado en presencia de Dios por hacer las obras que exige la ley; más bien, mediante la ley cobramos conciencia del pecado.

La justicia mediante la fe

21 Pero ahora, sin la mediación de la ley, se ha manifestado la justicia de Dios, de la que dan testimonio la ley y los profetas. 22 Esta justicia de Dios llega, mediante la *fe en Jesucristo, a todos los que creen. De hecho, no hay distinción, 23 pues todos han pecado y están privados de la gloria de Dios, 24 pero por su gracia son *justificados gratuitamente mediante la redención que Cristo Jesús efectuó.q 25 Dios lo ofreció como un sacrificio de *expiaciónr que se recibe por la fe en su sangre, para así demostrar su justicia. Anteriormente, en su paciencia, Dios había pasado por alto los pecados; 26 pero en el tiempo presente ha ofrecido a Jesucristo para manifestar su justicia. De este modo Dios es justo y, a la vez, el que justifica a los que tienen fe en Jesús.

27 ¿Dónde, pues, está la *jactancia? Queda excluida. ¿Por cuál principio? ¿Por el de la observancia de la ley? No, sino por el de la fe. 28 Porque sostenemos que todos somos justificados por la fe, y no por las obras que la ley exige. 29 ¿Es acaso Dios sólo Dios de los judíos? ¿No lo es también de los *gentiles? Sí, también es Dios de los gentiles, 30 pues no hay más que un solo Dios. Él justificará por la fe a los que están circuncidados y, mediante esa misma fe, a los que no lo están. 31 ¿Quiere decir que anulamos la ley con la fe? ¡De ninguna manera! Más bien, confirmamos la ley.

ner?" 8 Why not say—as we are being slanderously reported as saying and as some claim that we say— "Let us do evil that good may result"? Their condemnation is deserved.

No One Is Righteous

9 What shall we conclude then? Are we any betteri? Not at all! We have already made the charge that Jews and Gentiles alike are all under sin. 10 As it is written:

"There is no one righteous, not even one;
11   there is no one who understands,
     no one who seeks God.
12 All have turned away,
    they have together become worthless;
there is no one who does good,
    not even one."j
13 "Their throats are open graves;
   their tongues practice deceit."k
"The poison of vipers is on their lips."l
14   "Their mouths are full of cursing and
     bitterness."m
15 "Their feet are swift to shed blood;
16   ruin and misery mark their ways,
17 and the way of peace they do not know."n
18   "There is no fear of God before their
    eyes."o

19 Now we know that whatever the law says, it says to those who are under the law, so that every mouth may be silenced and the whole world held accountable to God. 20 Therefore no one will be declared righteous in his sight by observing the law; rather, through the law we become conscious of sin.

Righteousness Through Faith

21 But now a righteousness from God, apart from law, has been made known, to which the Law and the Prophets testify. 22 This righteousness from God comes through faith in Jesus Christ to all who believe. There is no difference, 23 for all have sinned and fall short of the glory of God, 24 and are justified freely by his grace through the redemption that came by Christ Jesus. 25 God presented him as a sacrifice of atonement,p through faith in his blood. He did this to demonstrate his justice, because in his forbearance he had left the sins committed beforehand unpunished— 26 he did it to demonstrate his justice at the present time, so as to be just and the one who justifies those who have faith in Jesus.

27 Where, then, is boasting? It is excluded. On what principle? On that of observing the law? No, but on that of faith. 28 For we maintain that a man is justified by faith apart from observing the law. 29 Is God the God of Jews only? Is he not the God of Gentiles too? Yes, of Gentiles too, 30 since there is only one God, who will justify the circumcised by faith and the uncircumcised through that same faith. 31 Do we, then, nullify the law by this faith? Not at all! Rather, we uphold the law.

l 3:12 Sal 14:1-3; 53:1-3; Ec 7:20   m 3:13 Sal 5:9
n 3:13 Sal 140:3   ñ 3:14 Sal 10:7   o 3:17 Is 59:7,8
p 3:18 Sal 36:1   q 3:24 redención ... efectuó. Lit. redención en
Cristo Jesús.   r 3:25 un sacrificio de *expiación. Lit.
propiciación.

i 9 Or worse   j 12 Psalms 14:1-3; 53:1-3; Eccles. 7:20
k 13 Psalm 5:9   l 13 Psalm 140:3   m 14 Psalm 10:7
n 17 Isaiah 59:7,8   o 18 Psalm 36:1   p 25 Or as the one who
would turn aside his wrath, taking away sin

Abraham, justificado por la fe

4 Entonces, ¿qué diremos en el caso de nuestro antepasado Abraham?[s] [2]En realidad, si Abraham hubiera sido *justificado por las obras, habría tenido de qué *jactarse, pero no delante de Dios. [3]Pues ¿qué dice la Escritura? «Le creyó Abraham a Dios, y esto se le tomó en cuenta como justicia.»[t]

[4]Ahora bien, cuando alguien trabaja, no se le toma en cuenta el salario como un favor sino como una deuda. [5]Sin embargo, al que no trabaja, sino que cree en el que justifica al malvado, se le toma en cuenta la fe como justicia. [6]David dice lo mismo cuando habla de la dicha de aquel a quien Dios le atribuye justicia sin la mediación de las obras:

[7]«¡*Dichosos aquellos
  a quienes se les perdonan las transgresiones
  y se les cubren los pecados!
[8]¡Dichoso aquel
  cuyo pecado el Señor no tomará en
    cuenta!»[u]

[9]¿Acaso se ha reservado esta dicha sólo para los que están circuncidados? ¿Acaso no es también para los *gentiles?[v] Hemos dicho que a Abraham se le tomó en cuenta la fe como justicia. [10]¿Bajo qué circunstancias sucedió esto? ¿Fue antes o después de ser circuncidado? ¡Antes, y no después! [11]Es más, cuando todavía no estaba circuncidado, recibió la señal de la circuncisión como sello de la justicia que se le había tomado en cuenta por la fe. Por tanto, Abraham es padre de todos los que creen, aunque no hayan sido circuncidados, y a éstos se les toma en cuenta su fe como justicia. [12]Y también es padre de aquellos que, además de haber sido circuncidados, siguen las huellas de nuestro padre Abraham, quien creyó cuando todavía era incircunciso.

[13]En efecto, no fue mediante la ley como Abraham y su descendencia recibieron la promesa de que él sería heredero del mundo, sino mediante la fe, la cual se le tomó en cuenta como justicia. [14]Porque si los que viven por la ley fueran los herederos, entonces la fe no tendría ya ningún valor y la promesa no serviría de nada. [15]La ley, en efecto, acarrea castigo. Pero donde no hay ley, tampoco hay transgresión.

[16]Por eso la promesa viene por la fe, a fin de que por la gracia quede garantizada para toda la descendencia de Abraham; esta promesa no es sólo para los que son de la ley sino para los que son también de la fe de Abraham, quien es el padre que tenemos en común [17]delante de Dios, tal como está escrito: «Te he confirmado como padre de muchas naciones.»[w] Así que Abraham creyó en el Dios que da vida a los muertos y que llama las cosas que no son como si ya existieran.

[18]Contra toda esperanza, Abraham creyó y esperó, y de este modo llegó a ser padre de muchas naciones, tal como se le había dicho: «¡Así de numerosa será tu descendencia!»[x] [19]Su fe no flaqueó, aunque reconocía que su cuerpo estaba como muerto, pues ya tenía unos cien años, y que también estaba muerta la matriz de Sara. [20]Ante la promesa de Dios no vaciló como un incrédulo, sino que se reafirmó en su fe y dio gloria a Dios, [21]plenamente convencido de que Dios tenía poder para cumplir lo que había prometido. [22]Por eso se le tomó en cuenta su fe como justicia. [23]Y esto de que «se le tomó en cuenta» no se escribió sólo para Abra-

Abraham Justified by Faith

4 What then shall we say that Abraham, our forefather, discovered in this matter? [2]If, in fact, Abraham was justified by works, he had something to boast about—but not before God. [3]What does the Scripture say? "Abraham believed God, and it was credited to him as righteousness."[q]

[4]Now when a man works, his wages are not credited to him as a gift, but as an obligation. [5]However, to the man who does not work but trusts God who justifies the wicked, his faith is credited as righteousness. [6]David says the same thing when he speaks of the blessedness of the man to whom God credits righteousness apart from works:

[7]"Blessed are they
  whose transgressions are forgiven,
  whose sins are covered.
[8]Blessed is the man
  whose sin the Lord will never count
    against him."[r]

[9]Is this blessedness only for the circumcised, or also for the uncircumcised? We have been saying that Abraham's faith was credited to him as righteousness. [10]Under what circumstances was it credited? Was it after he was circumcised, or before? It was not after, but before! [11]And he received the sign of circumcision, a seal of the righteousness that he had by faith while he was still uncircumcised. So then, he is the father of all who believe but have not been circumcised, in order that righteousness might be credited to them. [12]And he is also the father of the circumcised who not only are circumcised but who also walk in the footsteps of the faith that our father Abraham had before he was circumcised.

[13]It was not through law that Abraham and his offspring received the promise that he would be heir of the world, but through the righteousness that comes by faith. [14]For if those who live by law are heirs, faith has no value and the promise is worthless, [15]because law brings wrath. And where there is no law there is no transgression.

[16]Therefore, the promise comes by faith, so that it may be by grace and may be guaranteed to all Abraham's offspring—not only to those who are of the law but also to those who are of the faith of Abraham. He is the father of us all. [17]As it is written: "I have made you a father of many nations."[s] He is our father in the sight of God, in whom he believed—the God who gives life to the dead and calls things that are not as though they were.

[18]Against all hope, Abraham in hope believed and so became the father of many nations, just as it had been said to him, "So shall your offspring be."[t] [19]Without weakening in his faith, he faced the fact that his body was as good as dead—since he was about a hundred years old—and that Sarah's womb was also dead. [20]Yet he did not waver through unbelief regarding the promise of God, but was strengthened in his faith and gave glory to God, [21]being fully persuaded that God had power to do what he had promised. [22]This is why "it was credited to him as righteousness." [23]The words "it was credited to him" were written not for him alone,

---

[s]*4:1 ¿qué ... Abraham? Lit. ¿qué diremos que descubrió Abraham, nuestro antepasado según la *carne?   [t]*4:3 Gn 15:6; también en v. 22   [u]*4:8 Sal 32:1,2   [v]*4:9 los *gentiles. Lit. la *incircuncisión.   [w]*4:17 Gn 17:5   [x]*4:18 Gn 15:5

[q]3 Gen. 15:6; also in verse 22   [r]8 Psalm 32:1,2   [s]17 Gen. 17:5   [t]18 Gen. 15:5

ham, 24 sino también para nosotros. Dios tomará en cuenta nuestra fe como justicia, pues creemos en aquel que *levantó de entre los muertos a Jesús nuestro Señor. 25 Él fue entregado a la muerte por nuestros pecados, y resucitó para nuestra justificación.

Paz y alegría

5 En consecuencia, ya que hemos sido *justificados mediante la fe, tenemos[y] paz con Dios por medio de nuestro Señor Jesucristo. 2 También por medio de él, y mediante la fe, tenemos acceso a esta gracia en la cual nos mantenemos firmes. Así que nos *regocijamos en la esperanza de alcanzar la gloria de Dios. 3 Y no sólo en esto, sino también en nuestros sufrimientos, porque sabemos que el sufrimiento produce perseverancia; 4 la perseverancia, entereza de carácter; la entereza de carácter, esperanza. 5 Y esta esperanza no nos defrauda, porque Dios ha derramado su amor en nuestro corazón por el Espíritu Santo que nos ha dado.

6 A la verdad, como éramos incapaces de salvarnos,[z] en el tiempo señalado Cristo murió por los malvados. 7 Difícilmente habrá quien muera por un justo, aunque tal vez haya quien se atreva a morir por una persona buena. 8 Pero Dios demuestra su amor por nosotros en esto: en que cuando todavía éramos pecadores, Cristo murió por nosotros.

9 Y ahora que hemos sido justificados por su sangre, ¡con cuánta más razón, por medio de él, seremos salvados del castigo de Dios! 10 Porque si, cuando éramos enemigos de Dios, fuimos reconciliados con él mediante la muerte de su Hijo, ¡con cuánta más razón, habiendo sido reconciliados, seremos salvados por su vida! 11 Y no sólo esto, sino que también nos regocijamos en Dios por nuestro Señor Jesucristo, pues gracias a él ya hemos recibido la reconciliación.

De Adán, la muerte; de Cristo, la vida

12 Por medio de un solo hombre el pecado entró en el mundo, y por medio del pecado entró la muerte; fue así como la muerte pasó a toda la *humanidad, porque todos pecaron.[a] 13 Antes de promulgarse la ley, ya existía el pecado en el mundo. Es cierto que el pecado no se toma en cuenta cuando no hay ley; 14 sin embargo, desde Adán hasta Moisés la muerte reinó, incluso sobre los que no pecaron quebrantando un mandato, como lo hizo Adán, quien es figura de aquel que había de venir.

15 Pero la transgresión de Adán no puede compararse con la gracia de Dios. Pues si por la transgresión de un solo hombre murieron todos, ¡cuánto más el don que vino por la gracia de un solo hombre, Jesucristo, abundó para todos! 16 Tampoco se puede comparar la dádiva de Dios con las consecuencias del pecado de Adán. El juicio que lleva a la condenación fue resultado de un solo pecado, pero la dádiva que lleva a la *justificación tiene que ver con[b] una multitud de transgresiones. 17 Pues si por la transgresión de un solo hombre reinó la muerte, con mayor razón los que reciben en abundancia la gracia y el don de la justicia reinarán en vida por medio de un solo hombre, Jesucristo.

18 Por tanto, así como una sola transgresión causó la condenación de todos, también un solo acto de justicia

24 but also for us, to whom God will credit righteousness—for us who believe in him who raised Jesus our Lord from the dead. 25 He was delivered over to death for our sins and was raised to life for our justification.

Peace and Joy

5 Therefore, since we have been justified through faith, we[u] have peace with God through our Lord Jesus Christ, 2 through whom we have gained access by faith into this grace in which we now stand. And we[u] rejoice in the hope of the glory of God. 3 Not only so, but we[u] also rejoice in our sufferings, because we know that suffering produces perseverance; 4 perseverance, character; and character, hope. 5 And hope does not disappoint us, because God has poured out his love into our hearts by the Holy Spirit, whom he has given us.

6 You see, at just the right time, when we were still powerless, Christ died for the ungodly. 7 Very rarely will anyone die for a righteous man, though for a good man someone might possibly dare to die. 8 But God demonstrates his own love for us in this: While we were still sinners, Christ died for us.

9 Since we have now been justified by his blood, how much more shall we be saved from God's wrath through him! 10 For if, when we were God's enemies, we were reconciled to him through the death of his Son, how much more, having been reconciled, shall we be saved through his life! 11 Not only is this so, but we also rejoice in God through our Lord Jesus Christ, through whom we have now received reconciliation.

Death Through Adam, Life Through Christ

12 Therefore, just as sin entered the world through one man, and death through sin, and in this way death came to all men, because all sinned— 13 for before the law was given, sin was in the world. But sin is not taken into account when there is no law. 14 Nevertheless, death reigned from the time of Adam to the time of Moses, even over those who did not sin by breaking a command, as did Adam, who was a pattern of the one to come.

15 But the gift is not like the trespass. For if the many died by the trespass of the one man, how much more did God's grace and the gift that came by the grace of the one man, Jesus Christ, overflow to the many! 16 Again, the gift of God is not like the result of the one man's sin: The judgment followed one sin and brought condemnation, but the gift followed many trespasses and brought justification. 17 For if, by the trespass of the one man, death reigned through that one man, how much more will those who receive God's abundant provision of grace and of the gift of righteousness reign in life through the one man, Jesus Christ.

18 Consequently, just as the result of one trespass was condemnation for all men, so also the result of one act of righteousness was justification that brings life for all

---

y 5:1 tenemos. Var. tengamos.   z 5:6 como ... salvarnos. Lit. cuando todavía éramos débiles.   a 5:12 En el griego este versículo es la primera parte de una oración comparativa que se reinicia y concluye en el v. 18.   b 5:16 resultado ... con. Alt. resultado del pecado de uno solo, pero la dádiva que lleva a la justificación fue resultado de.

u 1,2,3 Or let us

produjo la justificación que da vida a todos. ¹⁹Porque así como por la desobediencia de uno solo muchos fueron constituidos pecadores, también por la obediencia de uno solo muchos serán constituidos justos.

²⁰En lo que atañe a la ley, ésta intervino para que aumentara la transgresión. Pero allí donde abundó el pecado, sobreabundó la gracia, ²¹a fin de que, así como reinó el pecado en la muerte, reine también la gracia que nos trae justificación y vida eterna por medio de Jesucristo nuestro Señor.

Muertos al pecado, vivos en Cristo

6 ¿Qué concluiremos? ¿Vamos a persistir en el pecado, para que la gracia abunde? ²¡De ninguna manera! Nosotros, que hemos muerto al pecado, ¿cómo podemos seguir viviendo en él? ³¿Acaso no saben ustedes que todos los que fuimos bautizados para unirnos con Cristo Jesús, en realidad fuimos bautizados para participar en su muerte? ⁴Por tanto, mediante el bautismo fuimos sepultados con él en su muerte, a fin de que, así como Cristo *resucitó por el poderᶜ del Padre, también nosotros llevemos una vida nueva.

⁵En efecto, si hemos estado unidos con él en su muerte, sin duda también estaremos unidos con él en su resurrección. ⁶Sabemos que nuestra vieja naturaleza fue crucificada con él para que nuestro cuerpo pecaminoso perdiera su poder, de modo que ya no siguiéramos siendo esclavos del pecado; ⁷porque el que muere queda liberado del pecado.

⁸Ahora bien, si hemos muerto con Cristo, confiamos que también viviremos con él. ⁹Pues sabemos que Cristo, por haber sido *levantado de entre los muertos, ya no puede volver a morir; la muerte ya no tiene dominio sobre él. ¹⁰En cuanto a su muerte, murió al pecado una vez y para siempre; en cuanto a su vida, vive para Dios.

¹¹De la misma manera, también ustedes considérense muertos al pecado, pero vivos para Dios en Cristo Jesús. ¹²Por lo tanto, no permitan ustedes que el pecado reine en su cuerpo mortal, ni obedezcan a sus malos deseos. ¹³No ofrezcan los miembros de su cuerpo al pecado como instrumentos de injusticia; al contrario, ofrézcanse más bien a Dios como quienes han vuelto de la muerte a la vida, presentando los miembros de su cuerpo como instrumentos de justicia. ¹⁴Así el pecado no tendrá dominio sobre ustedes, porque ya no están bajo la ley sino bajo la gracia.

Esclavos de la justicia

¹⁵Entonces, ¿qué? ¿Vamos a pecar porque no estamos ya bajo la ley sino bajo la gracia? ¡De ninguna manera! ¹⁶¿Acaso no saben ustedes que, cuando se entregan a alguien para obedecerlo, son *esclavos de aquel a quien obedecen? Claro que lo son, ya sea del pecado que lleva a la muerte, o de la obediencia que lleva a la justicia. ¹⁷Pero gracias a Dios que, aunque antes eran esclavos del pecado, ya se han sometido de corazón a la enseñanzaᵈ que les fue transmitida. ¹⁸En efecto, habiendo sido liberados del pecado, ahora son ustedes esclavos de la justicia.

¹⁹Hablo en términos humanos, por las limitaciones de su *naturaleza humana. Antes ofrecían ustedes los miembros de su cuerpo para servir a la impureza, que lleva más y más a la maldad; ofrézcanlos ahora para servir a la justicia que lleva a la *santidad. ²⁰Cuando ustedes eran esclavos del pecado, estaban libres del

men. ¹⁹For just as through the disobedience of the one man the many were made sinners, so also through the obedience of the one man the many will be made righteous.

²⁰The law was added so that the trespass might increase. But where sin increased, grace increased all the more, ²¹so that, just as sin reigned in death, so also grace might reign through righteousness to bring eternal life through Jesus Christ our Lord.

Dead to Sin, Alive in Christ

6 What shall we say, then? Shall we go on sinning so that grace may increase? ²By no means! We died to sin; how can we live in it any longer? ³Or don't you know that all of us who were baptized into Christ Jesus were baptized into his death? ⁴We were therefore buried with him through baptism into death in order that, just as Christ was raised from the dead through the glory of the Father, we too may live a new life.

⁵If we have been united with him like this in his death, we will certainly also be united with him in his resurrection. ⁶For we know that our old self was crucified with him so that the body of sin might be done away with,ᵛ that we should no longer be slaves to sin— ⁷because anyone who has died has been freed from sin.

⁸Now if we died with Christ, we believe that we will also live with him. ⁹For we know that since Christ was raised from the dead, he cannot die again; death no longer has mastery over him. ¹⁰The death he died, he died to sin once for all; but the life he lives, he lives to God.

¹¹In the same way, count yourselves dead to sin but alive to God in Christ Jesus. ¹²Therefore do not let sin reign in your mortal body so that you obey its evil desires. ¹³Do not offer the parts of your body to sin, as instruments of wickedness, but rather offer yourselves to God, as those who have been brought from death to life; and offer the parts of your body to him as instruments of righteousness. ¹⁴For sin shall not be your master, because you are not under law, but under grace.

Slaves to Righteousness

¹⁵What then? Shall we sin because we are not under law but under grace? By no means! ¹⁶Don't you know that when you offer yourselves to someone to obey him as slaves, you are slaves to the one whom you obey— whether you are slaves to sin, which leads to death, or to obedience, which leads to righteousness? ¹⁷But thanks be to God that, though you used to be slaves to sin, you wholeheartedly obeyed the form of teaching to which you were entrusted. ¹⁸You have been set free from sin and have become slaves to righteousness.

¹⁹I put this in human terms because you are weak in your natural selves. Just as you used to offer the parts of your body in slavery to impurity and to ever-increasing wickedness, so now offer them in slavery to righteousness leading to holiness. ²⁰When you were slaves to sin, you were free from the control of righ-

---

ᶜ 6:4 el poder. Lit. la gloria.　　ᵈ 6:17 a la enseñanza. Lit. al modelo de enseñanza.

ᵛ 6 Or be rendered powerless

dominio de la justicia. ²¹ ¿Qué fruto cosechaban entonces? ¡Cosas que ahora los avergüenzan y que conducen a la muerte! ²² Pero ahora que han sido liberados del pecado y se han puesto al servicio de Dios, cosechan la santidad que conduce a la vida eterna. ²³ Porque la paga del pecado es muerte, mientras que la dádiva de Dios es vida eterna en Cristo Jesús, nuestro Señor.

Analogía tomada del matrimonio

7 Hermanos, les hablo como a quienes conocen la ley. ¿Acaso no saben que uno está sujeto a la ley solamente en vida? ² Por ejemplo, la casada está ligada por ley a su esposo sólo mientras éste vive; pero si su esposo muere, ella queda libre de la ley que la unía a su esposo. ³ Por eso, si se casa con otro hombre mientras su esposo vive, se le considera adúltera. Pero si muere su esposo, ella queda libre de esa ley, y no es adúltera aunque se case con otro hombre.

⁴ Así mismo, hermanos míos, ustedes murieron a la ley mediante el cuerpo crucificado de Cristo, a fin de pertenecer al que fue *levantado de entre los muertos. De este modo daremos fruto para Dios. ⁵ Porque cuando nuestra *naturaleza pecaminosa aún nos dominaba,ᵉ las malas pasiones que la ley nos despertaba actuaban en los miembros de nuestro cuerpo, y dábamos fruto para muerte. ⁶ Pero ahora, al morir a lo que nos tenía subyugados, hemos quedado libres de la ley, a fin de servir a Dios con el nuevo poder que nos da el Espíritu, y no por medio del antiguo mandamiento escrito.

Conflicto con el pecado

⁷ ¿Qué concluiremos? ¿Que la ley es pecado? ¡De ninguna manera! Sin embargo, si no fuera por la ley, no me habría dado cuenta de lo que es el pecado. Por ejemplo, nunca habría sabido yo lo que es codiciar si la ley no hubiera dicho: «No codicies.»ᶠ ⁸ Pero el pecado, aprovechando la oportunidad que le proporcionó el mandamiento, despertó en mí toda clase de codicia. Porque aparte de la ley el pecado está muerto. ⁹ En otro tiempo yo tenía vida aparte de la ley; pero cuando vino el mandamiento, cobró vida el pecado y yo morí. ¹⁰ Se me hizo evidente que el mismo mandamiento que debía haberme dado vida me llevó a la muerte; ¹¹ porque el pecado se aprovechó del mandamiento, me engañó, y por medio de él me mató.

¹² Concluimos, pues, que la ley es santa, y que el mandamiento es santo, justo y bueno. ¹³ Pero entonces, ¿lo que es bueno se convirtió en muerte para mí? ¡De ninguna manera! Más bien fue el pecado lo que, valiéndose de lo bueno, me produjo la muerte; ocurrió así para que el pecado se manifestara claramente, o sea, para que mediante el mandamiento se demostrara lo extremadamente malo que es el pecado.

¹⁴ Sabemos, en efecto, que la ley es espiritual. Pero yo soy meramente *humano, y estoy vendido como esclavo al pecado. ¹⁵ No entiendo lo que me pasa, pues no hago lo que quiero, sino lo que aborrezco. ¹⁶ Ahora bien, si hago lo que no quiero, estoy de acuerdo en que la ley es buena; ¹⁷ pero, en ese caso, ya no soy yo quien lo lleva a cabo sino el pecado que habita en mí. ¹⁸ Yo sé que en mí, es decir, en mi *naturaleza pecaminosa, nada bueno habita. Aunque deseo hacer lo bueno, no soy capaz de hacerlo. ¹⁹ De hecho, no hago el bien que quiero, sino el mal que no quiero. ²⁰ Y si hago lo que no quiero, ya no soy yo quien lo hace sino el pecado que habita en mí.

teousness. ²¹ What benefit did you reap at that time from the things you are now ashamed of? Those things result in death! ²² But now that you have been set free from sin and have become slaves to God, the benefit you reap leads to holiness, and the result is eternal life. ²³ For the wages of sin is death, but the gift of God is eternal life inʷ Christ Jesus our Lord.

An Illustration From Marriage

7 Do you not know, brothers—for I am speaking to men who know the law—that the law has authority over a man only as long as he lives? ² For example, by law a married woman is bound to her husband as long as he is alive, but if her husband dies, she is released from the law of marriage. ³ So then, if she marries another man while her husband is still alive, she is called an adulteress. But if her husband dies, she is released from that law and is not an adulteress, even though she marries another man.

⁴ So, my brothers, you also died to the law through the body of Christ, that you might belong to another, to him who was raised from the dead, in order that we might bear fruit to God. ⁵ For when we were controlled by the sinful nature,ˣ the sinful passions aroused by the law were at work in our bodies, so that we bore fruit for death. ⁶ But now, by dying to what once bound us, we have been released from the law so that we serve in the new way of the Spirit, and not in the old way of the written code.

Struggling With Sin

⁷ What shall we say, then? Is the law sin? Certainly not! Indeed I would not have known what sin was except through the law. For I would not have known what coveting really was if the law had not said, "Do not covet."ʸ ⁸ But sin, seizing the opportunity afforded by the commandment, produced in me every kind of covetous desire. For apart from law, sin is dead. ⁹ Once I was alive apart from law; but when the commandment came, sin sprang to life and I died. ¹⁰ I found that the very commandment that was intended to bring life actually brought death. ¹¹ For sin, seizing the opportunity afforded by the commandment, deceived me, and through the commandment put me to death. ¹² So then, the law is holy, and the commandment is holy, righteous and good.

¹³ Did that which is good, then, become death to me? By no means! But in order that sin might be recognized as sin, it produced death in me through what was good, so that through the commandment sin might become utterly sinful.

¹⁴ We know that the law is spiritual; but I am unspiritual, sold as a slave to sin. ¹⁵ I do not understand what I do. For what I want to do I do not do, but what I hate I do. ¹⁶ And if I do what I do not want to do, I agree that the law is good. ¹⁷ As it is, it is no longer I myself who do it, but it is sin living in me. ¹⁸ I know that nothing good lives in me, that is, in my sinful nature.ᶻ For I have the desire to do what is good, but I cannot carry it out. ¹⁹ For what I do is not the good I want to do; no, the evil I do not want to do—this I keep on doing. ²⁰ Now if I do what I do not want to do, it is no longer I who do it, but it is sin living in me that does it.

ᵉ 7:5 *cuando ... dominaba.* Lit. *cuando estábamos en la *carne.*
ᶠ 7:7 Éx 20:17; Dt 5:21

ʷ 23 Or *through*   ˣ 5 Or *the flesh*; also in verse 25
ʸ 7 Exodus 20:17; Deut. 5:21   ᶻ 18 Or *my flesh*

21 Así que descubro esta ley: que cuando quiero hacer el bien, me acompaña el mal. 22 Porque en lo íntimo de mi ser me deleito en la ley de Dios; 23 pero me doy cuenta de que en los miembros de mi cuerpo hay otra ley, que es la ley del pecado. Esta ley lucha contra la ley de mi mente, y me tiene cautivo. 24 ¡Soy un pobre miserable! ¿Quién me librará de este cuerpo mortal? 25 ¡Gracias a Dios por medio de Jesucristo nuestro Señor!

En conclusión, con la mente yo mismo me someto a la ley de Dios, pero mi *naturaleza pecaminosa está sujeta a la ley del pecado.

Vida mediante el Espíritu

8 Por lo tanto, ya no hay ninguna condenación para los que están unidos a Cristo Jesús,g 2 pues por medio de él la ley del Espíritu de vida meh ha liberado de la ley del pecado y de la muerte. 3 En efecto, la ley no pudo liberarnos porque la *naturaleza pecaminosa anuló su poder; por eso Dios envió a su propio Hijo en condición semejante a nuestra condición de pecadores,i para que se ofreciera en sacrificio por el pecado. Así condenó Dios al pecado en la naturaleza humana, 4 a fin de que las justas demandas de la ley se cumplieran en nosotros, que no vivimos según la naturaleza pecaminosa sino según el Espíritu.

5 Los que viven conforme a la naturaleza pecaminosa fijan la mente en los deseos de tal naturaleza; en cambio, los que viven conforme al Espíritu fijan la mente en los deseos del Espíritu. 6 La mentalidad pecaminosa es muerte, mientras que la mentalidad que proviene del Espíritu es vida y paz. 7 La mentalidad pecaminosa es enemiga de Dios, pues no se somete a la ley de Dios, ni es capaz de hacerlo. 8 Los que viven según la naturaleza pecaminosa no pueden agradar a Dios.

9 Sin embargo, ustedes no viven según la naturaleza pecaminosa sino según el Espíritu, si es que el Espíritu de Dios vive en ustedes. Y si alguno no tiene el Espíritu de Cristo, no es de Cristo. 10 Pero si Cristo está en ustedes, el cuerpo está muerto a causa del pecado, pero el Espíritu que está en ustedes es vidaj a causa de la justicia. 11 Y si el Espíritu de aquel que *levantó a Jesús de entre los muertos vive en ustedes, el mismo que levantó a Cristo de entre los muertos también dará vida a sus cuerpos mortales por medio de su Espíritu, que vive en ustedes.

12 Por tanto, hermanos, tenemos una obligación, pero no es la de vivir conforme a la naturaleza pecaminosa. 13 Porque si ustedes viven conforme a ella, morirán; pero si por medio del Espíritu dan muerte a los malos hábitos del cuerpo, vivirán. 14 Porque todos los que son guiados por el Espíritu de Dios son hijos de Dios. 15 Y ustedes no recibieron un espíritu que de nuevo los esclavice al miedo, sino el Espíritu que los adopta como hijos y les permite clamar: «¡*Abba! ¡Padre!» 16 El Espíritu mismo le asegura a nuestro espíritu que somos hijos de Dios. 17 Y si somos hijos, somos herederos; herederos de Dios y coherederos con Cristo, pues si ahora sufrimos con él, también tendremos parte con él en su gloria.

La gloria futura

18 De hecho, considero que en nada se comparan los sufrimientos actuales con la gloria que habrá de reve-

21 So I find this law at work: When I want to do good, evil is right there with me. 22 For in my inner being I delight in God's law; 23 but I see another law at work in the members of my body, waging war against the law of my mind and making me a prisoner of the law of sin at work within my members. 24 What a wretched man I am! Who will rescue me from this body of death? 25 Thanks be to God—through Jesus Christ our Lord!

So then, I myself in my mind am a slave to God's law, but in the sinful nature a slave to the law of sin.

Life Through the Spirit

8 Therefore, there is now no condemnation for those who are in Christ Jesus,a 2 because through Christ Jesus the law of the Spirit of life set me free from the law of sin and death. 3 For what the law was powerless to do in that it was weakened by the sinful nature,b God did by sending his own Son in the likeness of sinful man to be a sin offering.c And so he condemned sin in sinful man,d 4 in order that the righteous requirements of the law might be fully met in us, who do not live according to the sinful nature but according to the Spirit.

5 Those who live according to the sinful nature have their minds set on what that nature desires; but those who live in accordance with the Spirit have their minds set on what the Spirit desires. 6 The mind of sinful mane is death, but the mind controlled by the Spirit is life and peace; 7 the sinful mindf is hostile to God. It does not submit to God's law, nor can it do so. 8 Those controlled by the sinful nature cannot please God.

9 You, however, are controlled not by the sinful nature but by the Spirit, if the Spirit of God lives in you. And if anyone does not have the Spirit of Christ, he does not belong to Christ. 10 But if Christ is in you, your body is dead because of sin, yet your spirit is alive because of righteousness. 11 And if the Spirit of him who raised Jesus from the dead is living in you, he who raised Christ from the dead will also give life to your mortal bodies through his Spirit, who lives in you.

12 Therefore, brothers, we have an obligation—but it is not to the sinful nature, to live according to it. 13 For if you live according to the sinful nature, you will die; but if by the Spirit you put to death the misdeeds of the body, you will live, 14 because those who are led by the Spirit of God are sons of God. 15 For you did not receive a spirit that makes you a slave again to fear, but you received the Spirit of sonship.g And by him we cry, "Abba,h Father." 16 The Spirit himself testifies with our spirit that we are God's children. 17 Now if we are children, then we are heirs—heirs of God and co-heirs with Christ, if indeed we share in his sufferings in order that we may also share in his glory.

Future Glory

18 I consider that our present sufferings are not worth comparing with the glory that will be revealed in us.

---

g 8:1 Jesús. Var. Jesús, los que no viven según la naturaleza pecaminosa sino según el Espíritu (véase v. 4).   h 8:2 me. Var. te.   i 8:3 en condición semejante ... pecadores. Lit. en semejanza de *carne de pecado.   j 8:10 el Espíritu ... vida. Alt. el espíritu de ustedes vive.

a 1 Some later manuscripts Jesus, who do not live according to the sinful nature but according to the Spirit,   b 3 Or the flesh; also in verses 4, 5, 8, 9, 12 and 13   c 3 Or man, for sin   d 3 Or in the flesh   e 6 Or mind set on the flesh   f 7 Or the mind set on the flesh   g 15 Or adoption   h 15 Aramaic for Father

larse en nosotros. ¹⁹La creación aguarda con ansiedad la revelación de los hijos de Dios, ²⁰porque fue sometida a la frustración. Esto no sucedió por su propia voluntad, sino por la del que así lo dispuso. Pero queda la firme esperanza ²¹de que la creación misma ha de ser liberada de la corrupción que la esclaviza, para así alcanzar la gloriosa libertad de los hijos de Dios.

²²Sabemos que toda la creación todavía gime a una, como si tuviera dolores de parto. ²³Y no sólo ella, sino también nosotros mismos, que tenemos las *primicias del Espíritu, gemimos interiormente, mientras aguardamos nuestra adopción como hijos, es decir, la redención de nuestro cuerpo. ²⁴Porque en esa esperanza fuimos salvados. Pero la esperanza que se ve, ya no es esperanza. ¿Quién espera lo que ya tiene? ²⁵Pero si esperamos lo que todavía no tenemos, en la espera mostramos nuestra constancia.

²⁶Así mismo, en nuestra debilidad el Espíritu acude a ayudarnos. No sabemos qué pedir, pero el Espíritu mismo intercede por nosotros con gemidos que no pueden expresarse con palabras. ²⁷Y Dios, que examina los corazones, sabe cuál es la intención del Espíritu, porque el Espíritu intercede por los *creyentes conforme a la voluntad de Dios.

Más que vencedores

²⁸Ahora bien, sabemos que Dios dispone todas las cosas para el bien de quienes lo aman,ᵏ los que han sido llamados de acuerdo con su propósito. ²⁹Porque a los que Dios conoció de antemano, también los predestinó a ser transformados según la imagen de su Hijo, para que él sea el primogénito entre muchos hermanos. ³⁰A los que predestinó, también los llamó; a los que llamó, también los *justificó; y a los que justificó, también los glorificó.

³¹¿Qué diremos frente a esto? Si Dios está de nuestra parte, ¿quién puede estar en contra nuestra? ³²El que no escatimó ni a su propio Hijo, sino que lo entregó por todos nosotros, ¿cómo no habrá de darnos generosamente, junto con él, todas las cosas? ³³¿Quién acusará a los que Dios ha escogido? Dios es el que justifica. ³⁴¿Quién condenará? Cristo Jesús es el que murió, e incluso *resucitó, y está a la *derecha de Dios e intercede por nosotros. ³⁵¿Quién nos apartará del amor de Cristo? ¿La tribulación, o la angustia, la persecución, el hambre, la indigencia, el peligro, o la violencia? ³⁶Así está escrito:

«Por tu causa siempre nos llevan a la muerte;
¡nos tratan como a ovejas para el matadero!»ˡ

³⁷Sin embargo, en todo esto somos más que vencedores por medio de aquel que nos amó. ³⁸Pues estoy convencido de que ni la muerte ni la vida, ni los ángeles ni los demonios,ᵐ ni lo presente ni lo por venir, ni los poderes, ³⁹ni lo alto ni lo profundo, ni cosa alguna en toda la creación, podrá apartarnos del amor que Dios nos ha manifestado en Cristo Jesús nuestro Señor.

La elección soberana de Dios

9 Digo la verdad en Cristo; no miento. Mi conciencia me lo confirma en el Espíritu Santo. ²Me invade una gran tristeza y me embarga un continuo dolor.

¹⁹The creation waits in eager expectation for the sons of God to be revealed. ²⁰For the creation was subjected to frustration, not by its own choice, but by the will of the one who subjected it, in hope ²¹thatⁱ the creation itself will be liberated from its bondage to decay and brought into the glorious freedom of the children of God.

²²We know that the whole creation has been groaning as in the pains of childbirth right up to the present time. ²³Not only so, but we ourselves, who have the firstfruits of the Spirit, groan inwardly as we wait eagerly for our adoption as sons, the redemption of our bodies. ²⁴For in this hope we were saved. But hope that is seen is no hope at all. Who hopes for what he already has? ²⁵But if we hope for what we do not yet have, we wait for it patiently.

²⁶In the same way, the Spirit helps us in our weakness. We do not know what we ought to pray for, but the Spirit himself intercedes for us with groans that words cannot express. ²⁷And he who searches our hearts knows the mind of the Spirit, because the Spirit intercedes for the saints in accordance with God's will.

More Than Conquerors

²⁸And we know that in all things God works for the good of those who love him,ʲ whoᵏ have been called according to his purpose. ²⁹For those God foreknew he also predestined to be conformed to the likeness of his Son, that he might be the firstborn among many brothers. ³⁰And those he predestined, he also called; those he called, he also justified; those he justified, he also glorified.

³¹What, then, shall we say in response to this? If God is for us, who can be against us? ³²He who did not spare his own Son, but gave him up for us all—how will he not also, along with him, graciously give us all things? ³³Who will bring any charge against those whom God has chosen? It is God who justifies. ³⁴Who is he that condemns? Christ Jesus, who died—more than that, who was raised to life—is at the right hand of God and is also interceding for us. ³⁵Who shall separate us from the love of Christ? Shall trouble or hardship or persecution or famine or nakedness or danger or sword? ³⁶As it is written:

"For your sake we face death all day long;
we are considered as sheep to be slaughtered."ˡ

³⁷No, in all these things we are more than conquerors through him who loved us. ³⁸For I am convinced that neither death nor life, neither angels nor demons,ᵐ neither the present nor the future, nor any powers, ³⁹neither height nor depth, nor anything else in all creation, will be able to separate us from the love of God that is in Christ Jesus our Lord.

God's Sovereign Choice

9 I speak the truth in Christ—I am not lying, my conscience confirms it in the Holy Spirit— ²I have great sorrow and unceasing anguish in my heart. ³For

---

ᵏ 8:28 Dios ... aman. Var. todo actúa para el bien de quienes aman a Dios.   ˡ 8:36 Sal 44:22   ᵐ 8:38 demonios. Alt. gobernantes celestiales.

ʲ 20,21 Or subjected it in hope. ²¹For   ʲ 28 Some manuscripts And we know that all things work together for good to those who love God   ᵏ 28 Or works together with those who love him to bring about what is good—with those who   ˡ 36 Psalm 44:22 ᵐ 38 Or nor heavenly rulers

3 Desearía yo mismo ser maldecido y separado de
Cristo por el bien de mis hermanos, los de mi propia
raza, 4 el pueblo de Israel. De ellos son la adopción
como hijos, la gloria divina, los pactos, la ley, y el
privilegio de adorar a Dios y contar con sus promesas.
5 De ellos son los patriarcas, y de ellos, según la *naturaleza humana, nació Cristo, quien es Dios sobre todas
las cosas. ¡Alabado sea por siempre![n] Amén.

6 Ahora bien, no digamos que la Palabra de Dios ha
fracasado. Lo que sucede es que no todos los que descienden de Israel son Israel. 7 Tampoco por ser descendientes de Abraham son todos hijos suyos. Al contrario: «Tu descendencia se establecerá por medio de
Isaac.»[ñ] 8 En otras palabras, los hijos de Dios no son
los descendientes *naturales; más bien, se considera
descendencia de Abraham a los hijos de la promesa.
9 Y la promesa es ésta: «Dentro de un año vendré, y
para entonces Sara tendrá un hijo.»[o]

10 No sólo eso. También sucedió que los hijos de
Rebeca tuvieron un mismo padre, que fue nuestro antepasado Isaac. 11 Sin embargo, antes de que los mellizos
nacieran, o hicieran algo bueno o malo, y para confirmar el propósito de la elección divina, 12 no en base a
las obras sino al llamado de Dios, se le dijo a ella: «El
mayor servirá al menor.»[p] 13 Y así está escrito: «Amé
a Jacob, pero aborrecí a Esaú.»[q]

14 ¿Qué concluiremos? ¿Acaso es Dios injusto? ¡De
ninguna manera! 15 Es un hecho que a Moisés le dice:

«Tendré clemencia de quien yo quiera tenerla,
y seré compasivo con quien yo quiera
serlo.»[r]

16 Por lo tanto, la elección no depende del deseo ni del
esfuerzo humano sino de la misericordia de Dios.
17 Porque la Escritura le dice al faraón: «Te he levantado precisamente para mostrar en ti mi poder, y para
que mi nombre sea proclamado por toda la tierra.»[s]
18 Así que Dios tiene misericordia de quien él quiere
tenerla, y endurece a quien él quiere endurecer.

19 Pero tú me dirás: «Entonces, ¿por qué todavía nos
echa la culpa Dios? ¿Quién puede oponerse a su voluntad?» 20 Respondo: ¿Quién eres tú para pedirle cuentas
a Dios? «¿Acaso le dirá la olla de barro al que la
modeló: "¿Por qué me hiciste así?"»[t] 21 ¿No tiene
derecho el alfarero de hacer del mismo barro unas vasijas para usos especiales y otras para fines ordinarios?
22 ¿Y qué si Dios, queriendo mostrar su ira y dar a
conocer su poder, soportó con mucha paciencia a los
que eran objeto de su castigo[u] y estaban destinados a
la destrucción? 23 ¿Qué si lo hizo para dar a conocer sus
gloriosas riquezas a los que eran objeto de su misericordia, y a quienes de antemano preparó para esa gloria? 24 Ésos somos nosotros, a quienes Dios llamó no
sólo de entre los judíos sino también de entre los *gentiles. 25 Así lo dice Dios en el libro de Oseas:

«Llamaré "mi pueblo" a los que no son mi
pueblo;
y llamaré "mi amada" a la que no es mi
amada»,[v]
26 «Y sucederá que en el mismo lugar donde se
les dijo:
"Ustedes no son mi pueblo",
serán llamados "hijos del Dios viviente".»[w]

I could wish that I myself were cursed and cut off from
Christ for the sake of my brothers, those of my own
race, 4 the people of Israel. Theirs is the adoption as
sons; theirs the divine glory, the covenants, the receiving of the law, the temple worship and the promises.
5 Theirs are the patriarchs, and from them is traced the
human ancestry of Christ, who is God over all, forever
praised![n] Amen.

6 It is not as though God's word had failed. For not
all who are descended from Israel are Israel. 7 Nor because they are his descendants are they all Abraham's
children. On the contrary, "It is through Isaac that your
offspring will be reckoned."[o] 8 In other words, it is not
the natural children who are God's children, but it is
the children of the promise who are regarded as Abraham's offspring. 9 For this was how the promise was
stated: "At the appointed time I will return, and Sarah
will have a son."[p]

10 Not only that, but Rebekah's children had one and
the same father, our father Isaac. 11 Yet, before the
twins were born or had done anything good or bad—in
order that God's purpose in election might stand: 12 not
by works but by him who calls—she was told, "The
older will serve the younger."[q] 13 Just as it is written:
"Jacob I loved, but Esau I hated."[r]

14 What then shall we say? Is God unjust? Not at all!
15 For he says to Moses,

"I will have mercy on whom I have mercy,
and I will have compassion on whom I
have compassion."[s]

16 It does not, therefore, depend on man's desire or
effort, but on God's mercy. 17 For the Scripture says to
Pharaoh: "I raised you up for this very purpose, that I
might display my power in you and that my name
might be proclaimed in all the earth."[t] 18 Therefore
God has mercy on whom he wants to have mercy, and
he hardens whom he wants to harden.

19 One of you will say to me: "Then why does God
still blame us? For who resists his will?" 20 But who are
you, O man, to talk back to God? "Shall what is
formed say to him who formed it, 'Why did you make
me like this?' "[u] 21 Does not the potter have the right
to make out of the same lump of clay some pottery for
noble purposes and some for common use?

22 What if God, choosing to show his wrath and make
his power known, bore with great patience the objects
of his wrath—prepared for destruction? 23 What if he
did this to make the riches of his glory known to the
objects of his mercy, whom he prepared in advance for
glory— 24 even us, whom he also called, not only from
the Jews but also from the Gentiles? 25 As he says in
Hosea:

"I will call them 'my people' who are not
my people;
and I will call her 'my loved one' who is
not my loved one,"[v]

26 and,

"It will happen that in the very place where
it was said to them,
'You are not my people,'
they will be called 'sons of the living
God.' "[w]

[n] *9:5 Cristo ... siempre!* Alt. *Cristo. ¡Dios, que está sobre todas las cosas, sea alabado por siempre!* [ñ] *9:7* Gn 21:12 [o] *9:9* Gn 18:10,14 [p] *9:12* Gn 25:23 [q] *9:13* Mal 1:2,3 [r] *9:15* Éx 33:19 [s] *9:17* Éx 9:16 [t] *9:20* Is 29:16; 45:9 [u] *9:22 objeto de su castigo.* Lit. *vasijas de ira.* [v] *9:25* Os 2:23 [w] *9:26* Os 1:10

[n] *5* Or *Christ, who is over all. God be forever praised!* Or *Christ. God who is over all be forever praised!* [o] *7* Gen. 21:12 [p] *9* Gen. 18:10,14 [q] *12* Gen. 25:23 [r] *13* Mal. 1:2,3 [s] *15* Exodus 33:19 [t] *17* Exodus 9:16 [u] *20* Isaiah 29:16; 45:9 [v] *25* Hosea 2:23 [w] *26* Hosea 1:10

27 Isaías, por su parte, proclama respecto de Israel:

> «Aunque los israelitas sean tan numerosos
> como la arena del mar,
> sólo el remanente será salvo;
> 28 porque plenamente y sin demora
> el Señor cumplirá su sentencia en la
> tierra.» *x*

29 Así había dicho Isaías:

> «Si el Señor Todopoderoso
> no nos hubiera dejado descendientes,
> seríamos ya como Sodoma,
> nos pareceríamos a Gomorra.» *y*

Incredulidad de Israel

30 ¿Qué concluiremos? Pues que los *gentiles, que no buscaban la justicia, la han alcanzado. Me refiero a la justicia que es por la fe. 31 En cambio Israel, que iba en busca de una ley que le diera justicia, no ha alcanzado esa justicia. 32 ¿Por qué no? Porque no la buscaron mediante la fe sino mediante las obras, como si fuera posible alcanzarla así. Por eso tropezaron con la «piedra de tropiezo», 33 como está escrito:

> «Miren que pongo en Sión una piedra de
> tropiezo
> y una roca que hace *caer;
> pero el que confíe en él no será defraudado.» *z*

10 Hermanos, el deseo de mi corazón, y mi oración a Dios por los israelitas, es que lleguen a ser salvos. 2 Puedo declarar en favor de ellos que muestran celo por Dios, pero su celo no se basa en el conocimiento. 3 No conociendo la justicia que proviene de Dios, y procurando establecer la suya propia, no se sometieron a la justicia de Dios. 4 De hecho, Cristo es el fin de la ley, para que todo el que cree reciba la justicia.

5 Así describe Moisés la justicia que se basa en la ley: «Quien practique estas cosas vivirá por ellas.» *a* 6 Pero la justicia que se basa en la fe afirma: «No digas en tu corazón: "¿Quién subirá al cielo?" *b* (es decir, para hacer bajar a Cristo), 7 o "¿Quién bajará al *abismo?" » (es decir, para hacer subir a Cristo de entre los muertos). 8 ¿Qué afirma entonces? «La palabra está cerca de ti; la tienes en la boca y en el corazón.» *c* Ésta es la palabra de fe que predicamos: 9 que si confiesas con tu boca que Jesús es el Señor, y crees en tu corazón que Dios lo *levantó de entre los muertos, serás salvo. 10 Porque con el corazón se cree para ser *justificado, pero con la boca se confiesa para ser salvo. 11 Así dice la Escritura: «Todo el que confíe en él no será jamás defraudado.» *d* 12 No hay diferencia entre judíos y *gentiles, pues el mismo Señor es Señor de todos y bendice abundantemente a cuantos lo invocan, 13 porque «todo el que invoque el nombre del Señor será salvo». *e*

14 Ahora bien, ¿cómo invocarán a aquel en quien no han creído? ¿Y cómo creerán en aquel de quien no han oído? ¿Y cómo oirán si no hay quien les predique? 15 ¿Y quién predicará sin ser enviado? Así está escrito: «¡Qué hermoso es recibir al mensajero que trae *f* buenas *nuevas!»

27 Isaiah cries out concerning Israel:

> "Though the number of the Israelites be like
> the sand by the sea,
> only the remnant will be saved.
> 28 For the Lord will carry out
> his sentence on earth with speed and
> finality." *x*

29 It is just as Isaiah said previously:

> "Unless the Lord Almighty
> had left us descendants,
> we would have become like Sodom,
> we would have been like Gomorrah." *y*

Israel's Unbelief

30 What then shall we say? That the Gentiles, who did not pursue righteousness, have obtained it, a righteousness that is by faith; 31 but Israel, who pursued a law of righteousness, has not attained it. 32 Why not? Because they pursued it not by faith but as if it were by works. They stumbled over the "stumbling stone." 33 As it is written:

> "See, I lay in Zion a stone that causes men
> to stumble
> and a rock that makes them fall,
> and the one who trusts in him will never be
> put to shame." *z*

10 Brothers, my heart's desire and prayer to God for the Israelites is that they may be saved. 2 For I can testify about them that they are zealous for God, but their zeal is not based on knowledge. 3 Since they did not know the righteousness that comes from God and sought to establish their own, they did not submit to God's righteousness. 4 Christ is the end of the law so that there may be righteousness for everyone who believes.

5 Moses describes in this way the righteousness that is by the law: "The man who does these things will live by them." *a* 6 But the righteousness that is by faith says: "Do not say in your heart, 'Who will ascend into heaven?' *b* " (that is, to bring Christ down) 7 "or 'Who will descend into the deep?' *c* " (that is, to bring Christ up from the dead). 8 But what does it say? "The word is near you; it is in your mouth and in your heart," *d* that is, the word of faith we are proclaiming: 9 That if you confess with your mouth, "Jesus is Lord," and believe in your heart that God raised him from the dead, you will be saved. 10 For it is with your heart that you believe and are justified, and it is with your mouth that you confess and are saved. 11 As the Scripture says, "Anyone who trusts in him will never be put to shame." *e* 12 For there is no difference between Jew and Gentile—the same Lord is Lord of all and richly blesses all who call on him, 13 for, "Everyone who calls on the name of the Lord will be saved." *f*

14 How, then, can they call on the one they have not believed in? And how can they believe in the one of whom they have not heard? And how can they hear without someone preaching to them? 15 And how can they preach unless they are sent? As it is written, "How beautiful are the feet of those who bring good news!" *g*

---

x 9:28 Is 10:22,23   *y* 9:29 Is 1:9   *z* 9:33 Is 8:14; 28:16
a 10:5 Lv 18:5   *b* 10:6 Dt 30:12   *c* 10:8 Dt 30:14
d 10:11 Is 28:16   *e* 10:13 Jl 2:32   *f* 10:15 ¡Qué hermoso ...
trae. Lit. ¡Qué hermosos son los pies de los que anuncian; Is 52:7.

x 28 Isaiah 10:22,23   *y* 29 Isaiah 1:9   *z* 33 Isaiah 8:14; 28:16
a 5 Lev. 18:5   *b* 6 Deut. 30:12   *c* 7 Deut. 30:13
d 8 Deut. 30:14   *e* 11 Isaiah 28:16   *f* 13 Joel 2:32
g 15 Isaiah 52:7

16 Sin embargo, no todos los israelitas aceptaron las buenas nuevas. Isaías dice: «Señor, ¿quién ha creído a nuestro mensaje?» *g* 17 Así que la fe viene como resultado de oír el mensaje, y el mensaje que se oye es la palabra de Cristo. *h* 18 Pero pregunto: ¿Acaso no oyeron? ¡Claro que sí!

«Por toda la tierra se difundió su voz,
    ¡sus palabras llegan hasta los confines del
        mundo!» *i*

19 Pero insisto: ¿Acaso no entendió Israel? En primer lugar, Moisés dice:

«Yo haré que ustedes sientan envidia de los
    que no son nación;
voy a irritarlos con una nación insensata.» *j*

20 Luego Isaías se atreve a decir:

«Dejé que me hallaran los que no me
    buscaban;
me di a conocer a los que no preguntaban
    por mí.» *k*

21 En cambio, respecto de Israel, dice:

«Todo el día extendí mis manos
    hacia un pueblo desobediente y rebelde.» *l*

El remanente de Israel

11 Por lo tanto, pregunto: ¿Acaso rechazó Dios a su pueblo? ¡De ninguna manera! Yo mismo soy israelita, descendiente de Abraham, de la tribu de Benjamín. 2 Dios no rechazó a su pueblo, al que de antemano conoció. ¿No saben lo que relata la Escritura en cuanto a Elías? Acusó a Israel delante de Dios: 3 «Señor, han matado a tus profetas y han derribado tus altares. Yo soy el único que ha quedado con vida, ¡y ahora quieren matarme a mí también!» *m* 4 ¿Y qué le contestó la voz divina? «He apartado para mí siete mil hombres, los que no se han arrodillado ante Baal.» *n* 5 Así también hay en la actualidad un remanente escogido por gracia. 6 Y si es por gracia, ya no es por obras; porque en tal caso la gracia ya no sería gracia. *ñ*

7 ¿Qué concluiremos? Pues que Israel no consiguió lo que tanto deseaba, pero sí lo consiguieron los elegidos. Los demás fueron endurecidos, 8 como está escrito:

«Dios les dio un espíritu insensible,
    ojos con los que no pueden ver
y oídos con los que no pueden oír,
hasta el día de hoy.» *o*

9 Y David dice:

«Que sus banquetes se les conviertan en red y
    en trampa,
en *tropezadero y en castigo.
10 Que se les nublen los ojos para que no vean,
y se encorven sus espaldas para siempre.» *p*

Ramas injertadas

11 Ahora pregunto: ¿Acaso tropezaron para no volver a levantarse? ¡De ninguna manera! Más bien, gracias a su transgresión ha venido la salvación a los *gentiles,

16 But not all the Israelites accepted the good news. For Isaiah says, "Lord, who has believed our message?" *h* 17 Consequently, faith comes from hearing the message, and the message is heard through the word of Christ. 18 But I ask: Did they not hear? Of course they did:

"Their voice has gone out into all the earth,
    their words to the ends of the world." *i*

19 Again I ask: Did Israel not understand? First, Moses says,

"I will make you envious by those who are
    not a nation;
I will make you angry by a nation that
    has no understanding." *j*

20 And Isaiah boldly says,

"I was found by those who did not seek me;
    I revealed myself to those who did not
        ask for me." *k*

21 But concerning Israel he says,

"All day long I have held out my hands
    to a disobedient and obstinate people." *l*

The Remnant of Israel

11 I ask then: Did God reject his people? By no means! I am an Israelite myself, a descendant of Abraham, from the tribe of Benjamin. 2 God did not reject his people, whom he foreknew. Don't you know what the Scripture says in the passage about Elijah— how he appealed to God against Israel: 3 "Lord, they have killed your prophets and torn down your altars; I am the only one left, and they are trying to kill me" *m* ? 4 And what was God's answer to him? "I have reserved for myself seven thousand who have not bowed the knee to Baal." *n* 5 So too, at the present time there is a remnant chosen by grace. 6 And if by grace, then it is no longer by works; if it were, grace would no longer be grace. *o*

7 What then? What Israel sought so earnestly it did not obtain, but the elect did. The others were hardened, 8 as it is written:

"God gave them a spirit of stupor,
    eyes so that they could not see
    and ears so that they could not hear,
to this very day." *p*

9 And David says:

"May their table become a snare and a trap,
    a stumbling block and a retribution for
        them.
10 May their eyes be darkened so they cannot
    see,
    and their backs be bent forever." *q*

Ingrafted Branches

11 Again I ask: Did they stumble so as to fall beyond recovery? Not at all! Rather, because of their transgression, salvation has come to the Gentiles to make Israel

g 10:16 Is 53:1   *h 10:17 Cristo. Var. Dios.*   *i 10:18* Sal 19:4
j 10:19 Dt 32:21   *k 10:20* Is 65:1   *l 10:21* Is 65:2
m 11:3 1R 19:10,14   *n 11:4* 1R 19:18   *ñ 11:6 no sería gracia. Var. no sería gracia. Pero si es por obras, ya no es por gracia; porque en tal caso la obra ya no sería obra.*   *o 11:8* Dt 29:4; Is 29:10   *p 11:10* Sal 69:22,23

h 16 Isaiah 53:1   *i 18* Psalm 19:4   *j 19* Deut. 32:21
k 20 Isaiah 65:1   *l 21* Isaiah 65:2   *m 3* 1 Kings 19:10,14
n 4 1 Kings 19:18   *o 6* Some manuscripts *by grace. But if by works, then it is no longer grace; if it were, work would no longer be work.*   *p 8* Deut. 29:4; Isaiah 29:10   *q 10* Psalm 69:22,23

para que Israel sienta celos. 12 Pero si su transgresión ha enriquecido al mundo, es decir, si su fracaso ha enriquecido a los gentiles, ¡cuánto mayor será la riqueza que su plena restauración producirá!

13 Me dirijo ahora a ustedes, los gentiles. Como apóstol que soy de ustedes, le hago honor a mi ministerio, 14 pues quisiera ver si de algún modo despierto los celos de mi propio pueblo, para así salvar a algunos de ellos. 15 Pues si el haberlos rechazado dio como resultado la reconciliación entre Dios y el mundo, ¿no será su restitución una vuelta a la vida? 16 Si se consagra la parte de la masa que se ofrece como *primicias, también se consagra toda la masa; si la raíz es santa, también lo son las ramas.

17 Ahora bien, es verdad que algunas de las ramas han sido desgajadas, y que tú, siendo de olivo silvestre, has sido injertado entre las otras ramas. Ahora participas de la savia nutritiva de la raíz del olivo. 18 Sin embargo, no te vayas a creer mejor que las ramas originales. Y si te jactas de ello, ten en cuenta que no eres tú quien nutre a la raíz, sino que es la raíz la que te nutre a ti. 19 Tal vez dirás: «Desgajaron unas ramas para que yo fuera injertado.» 20 De acuerdo. Pero ellas fueron desgajadas por su falta de fe, y tú por la fe te mantienes firme. Así que no seas arrogante sino temeroso; 21 porque si Dios no tuvo miramientos con las ramas originales, tampoco los tendrá contigo.

22 Por tanto, considera la bondad y la severidad de Dios: severidad hacia los que cayeron y bondad hacia ti. Pero si no te mantienes en su bondad, tú también serás desgajado. 23 Y si ellos dejan de ser incrédulos, serán injertados, porque Dios tiene poder para injertarlos de nuevo. 24 Después de todo, si tú fuiste cortado de un olivo silvestre, al que por naturaleza pertenecías, y contra tu condición natural fuiste injertado en un olivo cultivado, ¡con cuánta mayor facilidad las ramas naturales de ese olivo serán injertadas de nuevo en él!

Todo Israel será salvo

25 Hermanos, quiero que entiendan este *misterio para que no se vuelvan presuntuosos. Parte de Israel se ha endurecido, y así permanecerá hasta que haya entrado la totalidad de los *gentiles. 26 De esta manera todo Israel será salvo, como está escrito:

«El redentor vendrá de Sión
    y apartará de Jacob la impiedad.
27 Y éste será mi pacto con ellos
    cuando perdone sus pecados.»*q*

28 Con respecto al *evangelio, los israelitas son enemigos de Dios para bien de ustedes; pero si tomamos en cuenta la elección, son amados de Dios por causa de los patriarcas, 29 porque las dádivas de Dios son irrevocables, como lo es también su llamamiento. 30 De hecho, en otro tiempo ustedes fueron desobedientes a Dios; pero ahora, por la desobediencia de los israelitas, han sido objeto de su misericordia. 31 Así mismo, estos que han desobedecido recibirán misericordia ahora, como resultado de la misericordia de Dios hacia ustedes. 32 En fin, Dios ha sujetado a todos a la desobediencia, con el fin de tener misericordia de todos.

Doxología

33 ¡Qué profundas son las riquezas de la sabiduría y del conocimiento de Dios!

¡Qué indescifrables sus juicios
    e impenetrables sus caminos!

---

envious. 12 But if their transgression means riches for the world, and their loss means riches for the Gentiles, how much greater riches will their fullness bring!

13 I am talking to you Gentiles. Inasmuch as I am the apostle to the Gentiles, I make much of my ministry 14 in the hope that I may somehow arouse my own people to envy and save some of them. 15 For if their rejection is the reconciliation of the world, what will their acceptance be but life from the dead? 16 If the part of the dough offered as firstfruits is holy, then the whole batch is holy; if the root is holy, so are the branches.

17 If some of the branches have been broken off, and you, though a wild olive shoot, have been grafted in among the others and now share in the nourishing sap from the olive root, 18 do not boast over those branches. If you do, consider this: You do not support the root, but the root supports you. 19 You will say then, "Branches were broken off so that I could be grafted in." 20 Granted. But they were broken off because of unbelief, and you stand by faith. Do not be arrogant, but be afraid. 21 For if God did not spare the natural branches, he will not spare you either.

22 Consider therefore the kindness and sternness of God: sternness to those who fell, but kindness to you, provided that you continue in his kindness. Otherwise, you also will be cut off. 23 And if they do not persist in unbelief, they will be grafted in, for God is able to graft them in again. 24 After all, if you were cut out of an olive tree that is wild by nature, and contrary to nature were grafted into a cultivated olive tree, how much more readily will these, the natural branches, be grafted into their own olive tree!

All Israel Will Be Saved

25 I do not want you to be ignorant of this mystery, brothers, so that you may not be conceited: Israel has experienced a hardening in part until the full number of the Gentiles has come in. 26 And so all Israel will be saved, as it is written:

"The deliverer will come from Zion;
    he will turn godlessness away from Jacob.
27 And this is*r* my covenant with them
    when I take away their sins."*s*

28 As far as the gospel is concerned, they are enemies on your account; but as far as election is concerned, they are loved on account of the patriarchs, 29 for God's gifts and his call are irrevocable. 30 Just as you who were at one time disobedient to God have now received mercy as a result of their disobedience, 31 so they too have now become disobedient in order that they too may now*t* receive mercy as a result of God's mercy to you. 32 For God has bound all men over to disobedience so that he may have mercy on them all.

Doxology

33 Oh, the depth of the riches of the wisdom and*u* knowledge of God!
How unsearchable his judgments,
    and his paths beyond tracing out!

---

q 11:27 Is 59:20,21; 27:9; Jer 31:33,34

r 27 Or *will be*   *s 27* Isaiah 59:20,21; 27:9; Jer. 31:33,34 *t 31* Some manuscripts do not have *now*.   *u 33* Or *riches and the wisdom and the*

34«¿Quién ha conocido la mente del Señor,
o quién ha sido su consejero?»[r]
35«¿Quién le ha dado primero a Dios,
para que luego Dios le pague?»[s]
36Porque todas las cosas proceden de él,
y existen por él y para él.
¡A él sea la gloria por siempre! Amén.

Sacrificios vivos

12 Por lo tanto, hermanos, tomando en cuenta la misericordia de Dios, les ruego que cada uno de ustedes, en adoración espiritual,[t] ofrezca su cuerpo como sacrificio vivo, *santo y agradable a Dios. 2No se amolden al mundo actual, sino sean transformados mediante la renovación de su mente. Así podrán comprobar cuál es la voluntad de Dios, buena, agradable y perfecta.

3Por la gracia que se me ha dado, les digo a todos ustedes: Nadie tenga un concepto de sí más alto que el que debe tener, sino más bien piense de sí mismo con moderación, según la medida de fe que Dios le haya dado. 4Pues así como cada uno de nosotros tiene un solo cuerpo con muchos miembros, y no todos estos miembros desempeñan la misma función, 5también nosotros, siendo muchos, formamos un solo cuerpo en Cristo, y cada miembro está unido a todos los demás. 6Tenemos dones diferentes, según la gracia que se nos ha dado. Si el don de alguien es el de profecía, que lo use en proporción con su fe;[u] 7si es el de prestar un servicio, que lo preste; si es el de enseñar, que enseñe; 8si es el de animar a otros, que los anime; si es el de socorrer a los necesitados, que dé con generosidad; si es el de dirigir, que dirija con esmero; si es el de mostrar compasión, que lo haga con alegría.

El amor

9El amor debe ser sincero. Aborrezcan el mal; aférrense al bien. 10Ámense los unos a los otros con amor fraternal, respetándose y honrándose mutuamente. 11Nunca dejen de ser diligentes; antes bien, sirvan al Señor con el fervor que da el Espíritu. 12Alégrense en la esperanza, muestren paciencia en el sufrimiento, perseveren en la oración. 13Ayuden a los hermanos necesitados. Practiquen la hospitalidad. 14Bendigan a quienes los persigan; bendigan y no maldigan. 15Alégrense con los que están alegres; lloren con los que lloran. 16Vivan en armonía los unos con los otros. No sean arrogantes, sino háganse solidarios con los humildes.[v] No se crean los únicos que saben.

17No paguen a nadie mal por mal. Procuren hacer lo bueno delante de todos. 18Si es posible, y en cuanto dependa de ustedes, vivan en paz con todos. 19No tomen venganza, hermanos míos, sino dejen el castigo en las manos de Dios, porque está escrito: «Mía es la venganza; yo pagaré»,[w] dice el Señor. 20Antes bien,

«Si tu enemigo tiene hambre, dale de comer;
si tiene sed, dale de beber.
Actuando así, harás que se avergüence de su conducta.»[x]

21No te dejes vencer por el mal; al contrario, vence el mal con el bien.

34"Who has known the mind of the Lord?
Or who has been his counselor?"[v]
35"Who has ever given to God,
that God should repay him?"[w]
36For from him and through him and to him
are all things.
To him be the glory forever! Amen.

Living Sacrifices

12 Therefore, I urge you, brothers, in view of God's mercy, to offer your bodies as living sacrifices, holy and pleasing to God—this is your spiritual[x] act of worship. 2Do not conform any longer to the pattern of this world, but be transformed by the renewing of your mind. Then you will be able to test and approve what God's will is—his good, pleasing and perfect will.

3For by the grace given me I say to every one of you: Do not think of yourself more highly than you ought, but rather think of yourself with sober judgment, in accordance with the measure of faith God has given you. 4Just as each of us has one body with many members, and these members do not all have the same function, 5so in Christ we who are many form one body, and each member belongs to all the others. 6We have different gifts, according to the grace given us. If a man's gift is prophesying, let him use it in proportion to his[y] faith. 7If it is serving, let him serve; if it is teaching, let him teach; 8if it is encouraging, let him encourage; if it is contributing to the needs of others, let him give generously; if it is leadership, let him govern diligently; if it is showing mercy, let him do it cheerfully.

Love

9Love must be sincere. Hate what is evil; cling to what is good. 10Be devoted to one another in brotherly love. Honor one another above yourselves. 11Never be lacking in zeal, but keep your spiritual fervor, serving the Lord. 12Be joyful in hope, patient in affliction, faithful in prayer. 13Share with God's people who are in need. Practice hospitality.

14Bless those who persecute you; bless and do not curse. 15Rejoice with those who rejoice; mourn with those who mourn. 16Live in harmony with one another. Do not be proud, but be willing to associate with people of low position.[z] Do not be conceited.

17Do not repay anyone evil for evil. Be careful to do what is right in the eyes of everybody. 18If it is possible, as far as it depends on you, live at peace with everyone. 19Do not take revenge, my friends, but leave room for God's wrath, for it is written: "It is mine to avenge; I will repay,"[a] says the Lord. 20On the contrary:

"If your enemy is hungry, feed him;
if he is thirsty, give him something to drink.
In doing this, you will heap burning coals on his head."[b]

21Do not be overcome by evil, but overcome evil with good.

---

[r] 11:34 Is 40:13 [s] 11:35 Job 41:11 [t] 12:1 espiritual. Alt. racional. [u] 12:6 en proporción con su fe. Alt. de acuerdo con la fe. [v] 12:16 háganse ... humildes. Alt. estén dispuestos a ocuparse en oficios humildes. [w] 12:19 Dt 32:35 [x] 12:20 harás ... conducta. Lit. ascuas de fuego amontonarás sobre su cabeza (Pr 25:21,22).

[v] 34 Isaiah 40:13 [w] 35 Job 41:11 [x] 1 Or reasonable [y] 6 Or in agreement with the [z] 16 Or willing to do menial work [a] 19 Deut. 32:35 [b] 20 Prov. 25:21,22

El respeto a las autoridades

13 Todos deben someterse a las autoridades públicas, pues no hay autoridad que Dios no haya dispuesto, así que las que existen fueron establecidas por él. ²Por lo tanto, todo el que se opone a la autoridad se rebela contra lo que Dios ha instituido. Los que así proceden recibirán castigo. ³Porque los gobernantes no están para infundir terror a los que hacen lo bueno sino a los que hacen lo malo. ¿Quieres librarte del miedo a la autoridad? Haz lo bueno, y tendrás su aprobación, ⁴pues está al servicio de Dios para tu bien. Pero si haces lo malo, entonces debes tener miedo. No en vano lleva la espada, pues está al servicio de Dios para impartir justicia y castigar al malhechor. ⁵Así que es necesario someterse a las autoridades, no sólo para evitar el castigo sino también por razones de conciencia.

⁶Por eso mismo pagan ustedes impuestos, pues las autoridades están al servicio de Dios, dedicadas precisamente a gobernar. ⁷Paguen a cada uno lo que le corresponda: si deben impuestos, paguen los impuestos; si deben contribuciones, paguen las contribuciones; al que deban respeto, muéstrenle respeto; al que deban honor, ríndanle honor.

La responsabilidad hacia los demás

⁸No tengan deudas pendientes con nadie, a no ser la de amarse unos a otros. De hecho, quien ama al prójimo ha cumplido la ley. ⁹Porque los mandamientos que dicen: «No cometas adulterio», «No mates», «No robes», «No codicies»,*y* y todos los demás mandamientos, se resumen en este precepto: «Ama a tu prójimo como a ti mismo.»*z* ¹⁰El amor no perjudica al prójimo. Así que el amor es el cumplimiento de la ley.

¹¹Hagan todo esto estando conscientes del tiempo en que vivimos. Ya es hora de que despierten del sueño, pues nuestra salvación está ahora más cerca que cuando inicialmente creímos. ¹²La noche está muy avanzada y ya se acerca el día. Por eso, dejemos a un lado las obras de la oscuridad y pongámonos la armadura de la luz. ¹³Vivamos decentemente, como a la luz del día, no en orgías y borracheras, ni en inmoralidad sexual y libertinaje, ni en disensiones y envidias. ¹⁴Más bien, revístanse ustedes del Señor Jesucristo, y no se preocupen por satisfacer los deseos de la *naturaleza pecaminosa.

Los débiles y los fuertes

14 Reciban al que es débil en la fe, pero no para entrar en discusiones. ²A algunos su fe les permite comer de todo, pero hay quienes son débiles en la fe, y sólo comen verduras. ³El que come de todo no debe menospreciar al que no come ciertas cosas, y el que no come de todo no debe condenar al que lo hace, pues Dios lo ha aceptado. ⁴¿Quién eres tú para juzgar al siervo de otro? Que se mantenga en pie, o que caiga, es asunto de su propio señor. Y se mantendrá en pie, porque el Señor tiene poder para sostenerlo.

⁵Hay quien considera que un día tiene más importancia que otro, pero hay quien considera iguales todos los días. Cada uno debe estar firme en sus propias opiniones. ⁶El que le da importancia especial a cierto día, lo hace para el Señor. El que come de todo, come para el Señor, y lo demuestra dándole gracias a Dios; y el que no come, para el Señor se abstiene, y también da gracias a Dios. ⁷Porque ninguno de nosotros vive

Submission to the Authorities

13 Everyone must submit himself to the governing authorities, for there is no authority except that which God has established. The authorities that exist have been established by God. ²Consequently, he who rebels against the authority is rebelling against what God has instituted, and those who do so will bring judgment on themselves. ³For rulers hold no terror for those who do right, but for those who do wrong. Do you want to be free from fear of the one in authority? Then do what is right and he will commend you. ⁴For he is God's servant to do you good. But if you do wrong, be afraid, for he does not bear the sword for nothing. He is God's servant, an agent of wrath to bring punishment on the wrongdoer. ⁵Therefore, it is necessary to submit to the authorities, not only because of possible punishment but also because of conscience.

⁶This is also why you pay taxes, for the authorities are God's servants, who give their full time to governing. ⁷Give everyone what you owe him: If you owe taxes, pay taxes; if revenue, then revenue; if respect, then respect; if honor, then honor.

Love, for the Day Is Near

⁸Let no debt remain outstanding, except the continuing debt to love one another, for he who loves his fellowman has fulfilled the law. ⁹The commandments, "Do not commit adultery," "Do not murder," "Do not steal," "Do not covet,"*c* and whatever other commandment there may be, are summed up in this one rule: "Love your neighbor as yourself."*d* ¹⁰Love does no harm to its neighbor. Therefore love is the fulfillment of the law.

¹¹And do this, understanding the present time. The hour has come for you to wake up from your slumber, because our salvation is nearer now than when we first believed. ¹²The night is nearly over; the day is almost here. So let us put aside the deeds of darkness and put on the armor of light. ¹³Let us behave decently, as in the daytime, not in orgies and drunkenness, not in sexual immorality and debauchery, not in dissension and jealousy. ¹⁴Rather, clothe yourselves with the Lord Jesus Christ, and do not think about how to gratify the desires of the sinful nature.*e*

The Weak and the Strong

14 Accept him whose faith is weak, without passing judgment on disputable matters. ²One man's faith allows him to eat everything, but another man, whose faith is weak, eats only vegetables. ³The man who eats everything must not look down on him who does not, and the man who does not eat everything must not condemn the man who does, for God has accepted him. ⁴Who are you to judge someone else's servant? To his own master he stands or falls. And he will stand, for the Lord is able to make him stand.

⁵One man considers one day more sacred than another; another man considers every day alike. Each one should be fully convinced in his own mind. ⁶He who regards one day as special, does so to the Lord. He who eats meat, eats to the Lord, for he gives thanks to God; and he who abstains, does so to the Lord and gives thanks to God. ⁷For none of us lives to himself alone

---

y 13:9 Éx 20:13-15,17; Dt 5:17-19,21   *z 13:9* Lv 19:18

c 9 Exodus 20:13-15,17; Deut. 5:17-19,21   *d 9* Lev. 19:18
e 14 Or *the flesh*

para sí mismo, ni tampoco muere para sí. 8 Si vivimos, para el Señor vivimos; y si morimos, para el Señor morimos. Así pues, sea que vivamos o que muramos, del Señor somos. 9 Para esto mismo murió Cristo, y volvió a vivir, para ser Señor tanto de los que han muerto como de los que aún viven. 10 Tú, entonces, ¿por qué juzgas a tu hermano? O tú, ¿por qué lo menosprecias? ¡Todos tendremos que comparecer ante el tribunal de Dios! 11 Está escrito:

> «Tan cierto como que yo vivo —dice el
> Señor—,
> ante mí se doblará toda rodilla
> y toda lengua confesará a Dios.»*a*

12 Así que cada uno de nosotros tendrá que dar cuentas de sí a Dios.

13 Por tanto, dejemos de juzgarnos unos a otros. Más bien, propónganse no poner *tropiezos ni obstáculos al hermano. 14 Yo, de mi parte, estoy plenamente convencido en el Señor Jesús de que no hay nada *impuro en sí mismo. Si algo es impuro, lo es solamente para quien así lo considera. 15 Ahora bien, si tu hermano se angustia por causa de lo que comes, ya no te comportas con amor. No destruyas, por causa de la comida, al hermano por quien Cristo murió. 16 En una palabra, no den lugar a que se hable mal del bien que ustedes practican, 17 porque el reino de Dios no es cuestión de comidas o bebidas sino de justicia, paz y alegría en el Espíritu Santo. 18 El que de esta manera sirve a Cristo, agrada a Dios y es aprobado por sus semejantes.

19 Por lo tanto, esforcémonos por promover todo lo que conduzca a la paz y a la mutua edificación. 20 No destruyas la obra de Dios por causa de la comida. Todo alimento es puro; lo malo es hacer tropezar a otros por lo que uno come. 21 Más vale no comer carne ni beber vino, ni hacer nada que haga *caer a tu hermano.

22 Así que la convicción*b* que tengas tú al respecto, manténla como algo entre Dios y tú. *Dichoso aquel a quien su conciencia no lo acusa por lo que hace. 23 Pero el que tiene dudas en cuanto a lo que come, se condena; porque no lo hace por convicción. Y todo lo que no se hace por convicción es pecado.

15 Los fuertes en la fe debemos apoyar a los débiles, en vez de hacer lo que nos agrada. 2 Cada uno debe agradar al prójimo para su bien, con el fin de edificarlo. 3 Porque ni siquiera Cristo se agradó a sí mismo sino que, como está escrito: «Sobre mí han recaído los insultos de tus detractores.»*c* 4 De hecho, todo lo que se escribió en el pasado se escribió para enseñarnos, a fin de que, alentados por las Escrituras, perseveremos en mantener nuestra esperanza.

5 Que el Dios que infunde aliento y perseverancia les conceda vivir juntos en armonía, conforme al ejemplo de Cristo Jesús, 6 para que con un solo corazón y a una sola voz glorifiquen al Dios y Padre de nuestro Señor Jesucristo.

7 Por tanto, acéptense mutuamente, así como Cristo los aceptó a ustedes para gloria de Dios. 8 Les digo que Cristo se hizo servidor de los judíos*d* para demostrar la fidelidad de Dios, a fin de confirmar las promesas

and none of us dies to himself alone. 8 If we live, we live to the Lord; and if we die, we die to the Lord. So, whether we live or die, we belong to the Lord.

9 For this very reason, Christ died and returned to life so that he might be the Lord of both the dead and the living. 10 You, then, why do you judge your brother? Or why do you look down on your brother? For we will all stand before God's judgment seat. 11 It is written:

> " 'As surely as I live,' says the Lord,
> 'every knee will bow before me;
> every tongue will confess to God.' "*f*

12 So then, each of us will give an account of himself to God.

13 Therefore let us stop passing judgment on one another. Instead, make up your mind not to put any stumbling block or obstacle in your brother's way. 14 As one who is in the Lord Jesus, I am fully convinced that no food*g* is unclean in itself. But if anyone regards something as unclean, then for him it is unclean. 15 If your brother is distressed because of what you eat, you are no longer acting in love. Do not by your eating destroy your brother for whom Christ died. 16 Do not allow what you consider good to be spoken of as evil. 17 For the kingdom of God is not a matter of eating and drinking, but of righteousness, peace and joy in the Holy Spirit, 18 because anyone who serves Christ in this way is pleasing to God and approved by men.

19 Let us therefore make every effort to do what leads to peace and to mutual edification. 20 Do not destroy the work of God for the sake of food. All food is clean, but it is wrong for a man to eat anything that causes someone else to stumble. 21 It is better not to eat meat or drink wine or to do anything else that will cause your brother to fall.

22 So whatever you believe about these things keep between yourself*b* and God. Blessed is the man who does not condemn himself by what he approves. 23 But the man who has doubts is condemned if he eats, because his eating is not from faith; and everything that does not come from faith is sin.

15 We who are strong ought to bear with the failings of the weak and not to please ourselves. 2 Each of us should please his neighbor for his good, to build him up. 3 For even Christ did not please himself but, as it is written: "The insults of those who insult you have fallen on me."*h* 4 For everything that was written in the past was written to teach us, so that through endurance and the encouragement of the Scriptures we might have hope.

5 May the God who gives endurance and encouragement give you a spirit of unity among yourselves as you follow Christ Jesus, 6 so that with one heart and mouth you may glorify the God and Father of our Lord Jesus Christ.

7 Accept one another, then, just as Christ accepted you, in order to bring praise to God. 8 For I tell you that Christ has become a servant of the Jews*i* on behalf of God's truth, to confirm the promises made to the patri-

---

a 14:11 Is 45:23　　*b* 14:22 *convicción.* Lit. *fe;* también en v. 23.
c 15:3 Sal 69:9　　*d* 15:8 *de los judíos.* Lit. *de la *circuncisión.*

f 11 Isaiah 45:23　　*g* 14 Or *that nothing*　　*h* 3 Psalm 69:9
i 8 Greek *circumcision*

hechas a los patriarcas, ⁹y para que los *gentiles glorifiquen a Dios por su compasión, como está escrito:

«Por eso te alabaré entre las *naciones;
    cantaré salmos a tu nombre.»ᵉ

¹⁰En otro pasaje dice:

«Alégrense, naciones, con el pueblo de
    Dios.»ᶠ

¹¹Y en otra parte:

«¡Alaben al Señor, naciones todas!
    ¡Pueblos todos, cántenle alabanzas!»ᵍ

¹²A su vez, Isaías afirma:

«Brotará la raíz de Isaí,
    el que se levantará para gobernar a las
      naciones;
    en él los pueblos pondrán su esperanza.»ʰ

¹³Que el Dios de la esperanza los llene de toda alegría y paz a ustedes que creen en él, para que rebosen de esperanza por el poder del Espíritu Santo.

Pablo, ministro de los gentiles

¹⁴Por mi parte, hermanos míos, estoy seguro de que ustedes mismos rebosan de bondad, abundan en conocimiento y están capacitados para instruirse unos a otros. ¹⁵Sin embargo, les he escrito con mucha franqueza sobre algunos asuntos, como para refrescarles la memoria. Me he atrevido a hacerlo por causa de la gracia que Dios me dio ¹⁶para ser ministro de Cristo Jesús a los *gentiles. Yo tengo el deber sacerdotal de proclamar el *evangelio de Dios, a fin de que los gentiles lleguen a ser una ofrenda aceptable a Dios, *santificada por el Espíritu Santo.

¹⁷Por tanto, mi servicio a Dios es para mí motivo de *orgullo en Cristo Jesús. ¹⁸No me atreveré a hablar de nada sino de lo que Cristo ha hecho por medio de mí para que los gentiles lleguen a obedecer a Dios. Lo ha hecho con palabras y obras, ¹⁹mediante poderosas señales y milagros, por el poder del Espíritu de Dios. Así que, habiendo comenzado en Jerusalén, he completado la proclamación del evangelio de Cristo por todas partes, hasta la región de Iliria. ²⁰En efecto, mi propósito ha sido predicar el evangelio donde Cristo no sea conocido, para no edificar sobre fundamento ajeno. ²¹Más bien, como está escrito:

«Los que nunca habían recibido noticia de él,
    lo verán;
    y entenderán los que no habían oído hablar
      de él.»ⁱ

²²Este trabajo es lo que muchas veces me ha impedido ir a visitarlos.

Pablo piensa visitar Roma

²³Pero ahora que ya no me queda un lugar dónde trabajar en estas regiones, y como desde hace muchos años anhelo verlos, ²⁴tengo planes de visitarlos cuando vaya rumbo a España. Espero que, después de que haya disfrutado de la compañía de ustedes por algún tiempo, me ayuden a continuar el viaje. ²⁵Por ahora, voy a Jerusalén para llevar ayuda a los *hermanos, ²⁶ya que Macedonia y Acaya tuvieron a bien hacer una colecta

archs ⁹so that the Gentiles may glorify God for his mercy, as it is written:

"Therefore I will praise you among the
    Gentiles;
    I will sing hymns to your name."ʲ

¹⁰Again, it says,

"Rejoice, O Gentiles, with his people."ᵏ

¹¹And again,

"Praise the Lord, all you Gentiles,
    and sing praises to him, all you
      peoples."ˡ

¹²And again, Isaiah says,

"The Root of Jesse will spring up,
    one who will arise to rule over the
      nations;
    the Gentiles will hope in him."ᵐ

¹³May the God of hope fill you with all joy and peace as you trust in him, so that you may overflow with hope by the power of the Holy Spirit.

Paul the Minister to the Gentiles

¹⁴I myself am convinced, my brothers, that you yourselves are full of goodness, complete in knowledge and competent to instruct one another. ¹⁵I have written you quite boldly on some points, as if to remind you of them again, because of the grace God gave me ¹⁶to be a minister of Christ Jesus to the Gentiles with the priestly duty of proclaiming the gospel of God, so that the Gentiles might become an offering acceptable to God, sanctified by the Holy Spirit.

¹⁷Therefore I glory in Christ Jesus in my service to God. ¹⁸I will not venture to speak of anything except what Christ has accomplished through me in leading the Gentiles to obey God by what I have said and done— ¹⁹by the power of signs and miracles, through the power of the Spirit. So from Jerusalem all the way around to Illyricum, I have fully proclaimed the gospel of Christ. ²⁰It has always been my ambition to preach the gospel where Christ was not known, so that I would not be building on someone else's foundation. ²¹Rather, as it is written:

"Those who were not told about him will
    see,
    and those who have not heard will
      understand."ⁿ

²²This is why I have often been hindered from coming to you.

Paul's Plan to Visit Rome

²³But now that there is no more place for me to work in these regions, and since I have been longing for many years to see you, ²⁴I plan to do so when I go to Spain. I hope to visit you while passing through and to have you assist me on my journey there, after I have enjoyed your company for a while. ²⁵Now, however, I am on my way to Jerusalem in the service of the saints there. ²⁶For Macedonia and Achaia were pleased to make a contribution for the poor among the saints in

para los hermanos pobres de Jerusalén. 27 Lo hicieron de buena voluntad, aunque en realidad era su obligación hacerlo. Porque si los *gentiles han participado de las bendiciones espirituales de los judíos, están en deuda con ellos para servirles con las bendiciones materiales. 28 Así que, una vez que yo haya cumplido esta tarea y entregado en sus manos este fruto, saldré para España y de paso los visitaré a ustedes. 29 Sé que, cuando los visite, iré con la abundante bendición de Cristo.

30 Les ruego, hermanos, por nuestro Señor Jesucristo y por el amor del Espíritu, que se unan conmigo en esta lucha y que oren a Dios por mí. 31 Pídanle que me libre de caer en manos de los incrédulos que están en Judea, y que los hermanos de Jerusalén reciban bien la ayuda que les llevo. 32 De este modo, por la voluntad de Dios, llegaré a ustedes con alegría y podré descansar entre ustedes por algún tiempo. 33 El Dios de paz sea con todos ustedes. Amén.

Saludos personales

16 Les recomiendo a nuestra hermana Febe, diaconisa de la iglesia de Cencreas. 2 Les pido que la reciban dignamente en el Señor, como conviene hacerlo entre hermanos en la fe; préstenle toda la ayuda que necesite, porque ella ha ayudado a muchas personas, entre las que me cuento yo.

3 Saluden a *Priscila y a Aquila, mis compañeros de trabajo en Cristo Jesús. 4 Por salvarme la *vida, ellos arriesgaron la suya. Tanto yo como todas las iglesias de los *gentiles les estamos agradecidos.

5 Saluden igualmente a la iglesia que se reúne en la casa de ellos.

Saluden a mi querido hermano Epeneto, el primer convertido a Cristo en la provincia de *Asia.*j*

6 Saluden a María, que tanto ha trabajado por ustedes.

7 Saluden a Andrónico y a Junías,*k* mis parientes y compañeros de cárcel, destacados entre los apóstoles y convertidos a Cristo antes que yo.

8 Saluden a Amplias, mi querido hermano en el Señor.

9 Saluden a Urbano, nuestro compañero de trabajo en Cristo, y a mi querido hermano Estaquis.

10 Saluden a Apeles, que ha dado tantas pruebas de su fe en Cristo.

Saluden a los de la familia de Aristóbulo.

11 Saluden a Herodión, mi pariente.

Saluden a los de la familia de Narciso, fieles en el Señor.

12 Saluden a Trifena y a Trifosa, las cuales se esfuerzan trabajando por el Señor.

Saluden a mi querida hermana Pérsida, que ha trabajado muchísimo en el Señor.

13 Saluden a Rufo, distinguido creyente,*l* y a su madre, que ha sido también como una madre para mí.

14 Saluden a Asíncrito, a Flegonte, a Hermes, a Patrobas, a Hermas y a los hermanos que están con ellos.

15 Saluden a Filólogo, a Julia, a Nereo y a su hermana, a Olimpas y a todos los hermanos que están con ellos.

16 Salúdense unos a otros con un beso santo.

Todas las iglesias de Cristo les mandan saludos.

17 Les ruego, hermanos, que se cuiden de los que causan divisiones y dificultades, y van en contra de lo que a ustedes se les ha enseñado. Apártense de ellos.

Jerusalem. 27 They were pleased to do it, and indeed they owe it to them. For if the Gentiles have shared in the Jews' spiritual blessings, they owe it to the Jews to share with them their material blessings. 28 So after I have completed this task and have made sure that they have received this fruit, I will go to Spain and visit you on the way. 29 I know that when I come to you, I will come in the full measure of the blessing of Christ.

30 I urge you, brothers, by our Lord Jesus Christ and by the love of the Spirit, to join me in my struggle by praying to God for me. 31 Pray that I may be rescued from the unbelievers in Judea and that my service in Jerusalem may be acceptable to the saints there, 32 so that by God's will I may come to you with joy and together with you be refreshed. 33 The God of peace be with you all. Amen.

Personal Greetings

16 I commend to you our sister Phoebe, a servant*o* of the church in Cenchrea. 2 I ask you to receive her in the Lord in a way worthy of the saints and to give her any help she may need from you, for she has been a great help to many people, including me.

3 Greet Priscilla*p* and Aquila, my fellow workers in Christ Jesus. 4 They risked their lives for me. Not only I but all the churches of the Gentiles are grateful to them.

5 Greet also the church that meets at their house.

Greet my dear friend Epenetus, who was the first convert to Christ in the province of Asia.

6 Greet Mary, who worked very hard for you.

7 Greet Andronicus and Junias, my relatives who have been in prison with me. They are outstanding among the apostles, and they were in Christ before I was.

8 Greet Ampliatus, whom I love in the Lord.

9 Greet Urbanus, our fellow worker in Christ, and my dear friend Stachys.

10 Greet Apelles, tested and approved in Christ.

Greet those who belong to the household of Aristobulus.

11 Greet Herodion, my relative.

Greet those in the household of Narcissus who are in the Lord.

12 Greet Tryphena and Tryphosa, those women who work hard in the Lord.

Greet my dear friend Persis, another woman who has worked very hard in the Lord.

13 Greet Rufus, chosen in the Lord, and his mother, who has been a mother to me, too.

14 Greet Asyncritus, Phlegon, Hermes, Patrobas, Hermas and the brothers with them.

15 Greet Philologus, Julia, Nereus and his sister, and Olympas and all the saints with them.

16 Greet one another with a holy kiss.

All the churches of Christ send greetings.

17 I urge you, brothers, to watch out for those who cause divisions and put obstacles in your way that are contrary to the teaching you have learned. Keep away

---

j 16:5 el primer ... *Asia. Lit. *las *primicias de Asia.*
k 16:7 Junías. Alt. *Junia.*   *l 16:13 distinguido creyente.* Lit. *escogido en el Señor.*

o 1 Or *deaconess*   *p 3* Greek *Prisca,* a variant of *Priscilla*

18Tales individuos no sirven a Cristo nuestro Señor, sino a sus propios deseos.*m* Con palabras suaves y lisonjeras engañan a los ingenuos. 19Es cierto que ustedes viven en obediencia, lo que es bien conocido de todos y me alegra mucho; pero quiero que sean sagaces para el bien e inocentes para el mal.

20Muy pronto el Dios de paz aplastará a Satanás bajo los pies de ustedes.

Que la gracia de nuestro Señor Jesús sea con ustedes.

21Saludos de parte de Timoteo, mi compañero de trabajo, como también de Lucio, Jasón y Sosípater, mis parientes.

22Yo, Tercio, que escribo esta carta, los saludo en el Señor.

23Saludos de parte de Gayo, de cuya hospitalidad disfrutamos yo y toda la iglesia de este lugar.

También les mandan saludos Erasto, que es el tesorero de la ciudad, y nuestro hermano Cuarto.*n*

25-26El Dios eterno ocultó su *misterio durante largos siglos, pero ahora lo ha revelado por medio de los escritos proféticos, según su propio mandato, para que todas las *naciones obedezcan a la fe.*ñ* ¡Al que puede fortalecerlos a ustedes conforme a mi *evangelio y a la predicación acerca de Jesucristo, 27al único sabio Dios, sea la gloria para siempre por medio de Jesucristo! Amén.

from them. 18For such people are not serving our Lord Christ, but their own appetites. By smooth talk and flattery they deceive the minds of naive people. 19Everyone has heard about your obedience, so I am full of joy over you; but I want you to be wise about what is good, and innocent about what is evil.

20The God of peace will soon crush Satan under your feet.

The grace of our Lord Jesus be with you.

21Timothy, my fellow worker, sends his greetings to you, as do Lucius, Jason and Sosipater, my relatives.

22I, Tertius, who wrote down this letter, greet you in the Lord.

23Gaius, whose hospitality I and the whole church here enjoy, sends you his greetings.

Erastus, who is the city's director of public works, and our brother Quartus send you their greetings.*q*

25Now to him who is able to establish you by my gospel and the proclamation of Jesus Christ, according to the revelation of the mystery hidden for long ages past, 26but now revealed and made known through the prophetic writings by the command of the eternal God, so that all nations might believe and obey him— 27to the only wise God be glory forever through Jesus Christ! Amen.

---

m 16:18 *sus propios deseos.* Lit. *su propio estómago.*
n 16:23 *Cuarto.* Var. *Cuarto.* 24 *La gracia de nuestro Señor Jesucristo sea con todos ustedes. Amén.* *ñ* 16:25-26 *para ... la fe.* Lit. *para la obediencia de la fe a todas las naciones.*

q 23 Some manuscripts *their greetings.* 24*May the grace of our Lord Jesus Christ be with all of you. Amen.*

Primera Carta a los

Corintios

1 Pablo, llamado por la voluntad de Dios a ser apóstol de *Cristo Jesús, y nuestro hermano Sóstenes,

2 a la iglesia de Dios que está en Corinto, a los que
han sido *santificados en Cristo Jesús y llamados a ser
su santo pueblo, junto con todos los que en todas partes
invocan el nombre de nuestro Señor Jesucristo, Señor
de ellos y de nosotros:

3 Que Dios nuestro Padre y el Señor Jesucristo les
concedan gracia y paz.

Acción de gracias

4 Siempre doy gracias a Dios por ustedes, pues él, en
Cristo Jesús, les ha dado su gracia. 5 Unidos a Cristo
ustedes se han llenado de toda riqueza, tanto en palabra
como en conocimiento. 6 Así se ha confirmado en ustedes nuestro testimonio acerca de Cristo, 7 de modo que
no les falta ningún don espiritual mientras esperan con
ansias que se manifieste nuestro Señor Jesucristo. 8 Él
los mantendrá firmes hasta el fin, para que sean irreprochables en el día de nuestro Señor Jesucristo. 9 Fiel
es Dios, quien los ha llamado a tener comunión con su
Hijo Jesucristo, nuestro Señor.

Divisiones en la iglesia

10 Les suplico, hermanos, en el nombre de nuestro
Señor Jesucristo, que todos vivan en armonía y que no
haya divisiones entre ustedes, sino que se mantengan
unidos en un mismo pensar y en un mismo propósito.
11 Digo esto, hermanos míos, porque algunos de la familia de Cloé me han informado que hay rivalidades
entre ustedes. 12 Me refiero a que unos dicen: «Yo sigo
a Pablo»; otros afirman: «Yo, a Apolos»; otros: «Yo,
a *Cefas»; y otros: «Yo, a Cristo.»

13 ¿Cómo? ¿Está dividido Cristo? ¿Acaso Pablo fue
crucificado por ustedes? ¿O es que fueron bautizados
en el nombre de Pablo? 14 Gracias a Dios que no bauticé a ninguno de ustedes, excepto a Crispo y a Gayo,
15 de modo que nadie puede decir que fue bautizado en
mi nombre. 16 Bueno, también bauticé a la familia de
Estéfanas; fuera de éstos, no recuerdo haber bautizado
a ningún otro. 17 Pues Cristo no me envió a bautizar
sino a predicar el *evangelio, y eso sin discursos de
sabiduría humana, para que la cruz de Cristo no perdiera su eficacia.

Cristo, sabiduría y poder de Dios

18 Me explico: El mensaje de la cruz es una locura
para los que se pierden; en cambio, para los que se
salvan, es decir, para nosotros, este mensaje es el poder
de Dios. 19 Pues está escrito:

«Destruiré la sabiduría de los sabios;
    frustraré la inteligencia de los
        inteligentes.»ᵃ

20 ¿Dónde está el sabio? ¿Dónde el erudito? ¿Dónde
el filósofo de esta época? ¿No ha convertido Dios en
locura la sabiduría de este mundo? 21 Ya que Dios, en
su sabio designio, dispuso que el mundo no lo conocie-
ra mediante la sabiduría humana, tuvo a bien salvar,
mediante la locura de la predicación, a los que creen.

a 1:19 Is 29:14

1 Corinthians

1 Paul, called to be an apostle of Christ Jesus by the
will of God, and our brother Sosthenes,

2 To the church of God in Corinth, to those sanctified
in Christ Jesus and called to be holy, together with all
those everywhere who call on the name of our Lord
Jesus Christ—their Lord and ours:

3 Grace and peace to you from God our Father and
the Lord Jesus Christ.

Thanksgiving

4 I always thank God for you because of his grace
given you in Christ Jesus. 5 For in him you have been
enriched in every way—in all your speaking and in
all your knowledge— 6 because our testimony about
Christ was confirmed in you. 7 Therefore you do not
lack any spiritual gift as you eagerly wait for our Lord
Jesus Christ to be revealed. 8 He will keep you strong
to the end, so that you will be blameless on the day of
our Lord Jesus Christ. 9 God, who has called you into
fellowship with his Son Jesus Christ our Lord, is faithful.

Divisions in the Church

10 I appeal to you, brothers, in the name of our Lord
Jesus Christ, that all of you agree with one another so
that there may be no divisions among you and that you
may be perfectly united in mind and thought. 11 My
brothers, some from Chloe's household have informed
me that there are quarrels among you. 12 What I mean
is this: One of you says, "I follow Paul"; another, "I
follow Apollos"; another, "I follow Cephasᵃ"; still
another, "I follow Christ."

13 Is Christ divided? Was Paul crucified for you?
Were you baptized intoᵇ the name of Paul? 14 I am
thankful that I did not baptize any of you except Crispus and Gaius, 15 so no one can say that you were
baptized into my name. 16 (Yes, I also baptized the
household of Stephanas; beyond that, I don't remember if I baptized anyone else.) 17 For Christ did not send
me to baptize, but to preach the gospel—not with
words of human wisdom, lest the cross of Christ be
emptied of its power.

Christ the Wisdom and Power of God

18 For the message of the cross is foolishness to those
who are perishing, but to us who are being saved it is
the power of God. 19 For it is written:

"I will destroy the wisdom of the wise;
    the intelligence of the intelligent I will
        frustrate."ᶜ

20 Where is the wise man? Where is the scholar?
Where is the philosopher of this age? Has not God
made foolish the wisdom of the world? 21 For since in
the wisdom of God the world through its wisdom did
not know him, God was pleased through the foolishness of what was preached to save those who believe.

a 12 That is, Peter   b 13 Or in; also in verse 15
c 19 Isaiah 29:14

22 Los judíos piden señales milagrosas y los *gentiles buscan sabiduría, 23 mientras que nosotros predicamos a Cristo crucificado. Este mensaje es motivo de *tropiezo para los judíos, y es locura para los gentiles, 24 pero para los que Dios ha llamado, lo mismo judíos que gentiles, Cristo es el poder de Dios y la sabiduría de Dios. 25 Pues la locura de Dios es más sabia que la sabiduría humana, y la debilidad de Dios es más fuerte que la fuerza humana.

26 Hermanos, consideren su propio llamamiento: No muchos de ustedes son sabios, según criterios meramente *humanos; ni son muchos los poderosos ni muchos los de noble cuna. 27 Pero Dios escogió lo insensato del mundo para avergonzar a los sabios, y escogió lo débil del mundo para avergonzar a los poderosos. 28 También escogió Dios lo más bajo y despreciado, y lo que no es nada, para anular lo que es, 29 a fin de que en su presencia nadie pueda *jactarse. 30 Pero gracias a él ustedes están unidos a Cristo Jesús, a quien Dios ha hecho nuestra sabiduría —es decir, nuestra *justificación, *santificación y redención— 31 para que, como está escrito: «Si alguien ha de gloriarse, que se gloríe en el Señor.»b

2 Yo mismo, hermanos, cuando fui a anunciarles el testimonioc de Dios, no lo hice con gran elocuencia y sabiduría. 2 Me propuse más bien, estando entre ustedes, no saber de cosa alguna, excepto de Jesucristo, y de éste crucificado. 3 Es más, me presenté ante ustedes con tanta debilidad que temblaba de miedo. 4 No les hablé ni les prediqué con palabras sabias y elocuentes sino con demostración del poder del Espíritu, 5 para que la fe de ustedes no dependiera de la sabiduría humana sino del poder de Dios.

Sabiduría procedente del Espíritu

6 En cambio, hablamos con sabiduría entre los que han alcanzado madurez,d pero no con la sabiduría de este mundo ni con la de sus gobernantes, los cuales terminarán en nada. 7 Más bien, exponemos el *misterio de la sabiduría de Dios, una sabiduría que ha estado escondida y que Dios había destinado para nuestra gloria desde la eternidad. 8 Ninguno de los gobernantes de este mundo la entendió, porque de haberla entendido no habrían crucificado al Señor de la gloria. 9 Sin embargo, como está escrito:

«Ningún ojo ha visto,
ningún oído ha escuchado,
ninguna mente humana ha concebido
lo que Dios ha preparado para quienes lo aman.»e

10 Ahora bien, Dios nos ha revelado esto por medio de su Espíritu, pues el Espíritu lo examina todo, hasta las profundidades de Dios. 11 En efecto, ¿quién conoce los pensamientos del *ser humano sino su propio espíritu que está en él? Así mismo, nadie conoce los pensamientos de Dios sino el Espíritu de Dios. 12 Nosotros no hemos recibido el espíritu del mundo sino el Espíritu que procede de Dios, para que entendamos lo que por su gracia él nos ha concedido. 13 Esto es precisamente de lo que hablamos, no con las palabras que enseña la sabiduría humana sino con las que enseña el Espíritu, de modo que expresamos verdades espiritua-

22 Jews demand miraculous signs and Greeks look for wisdom, 23 but we preach Christ crucified: a stumbling block to Jews and foolishness to Gentiles, 24 but to those whom God has called, both Jews and Greeks, Christ the power of God and the wisdom of God. 25 For the foolishness of God is wiser than man's wisdom, and the weakness of God is stronger than man's strength.

26 Brothers, think of what you were when you were called. Not many of you were wise by human standards; not many were influential; not many were of noble birth. 27 But God chose the foolish things of the world to shame the wise; God chose the weak things of the world to shame the strong. 28 He chose the lowly things of this world and the despised things—and the things that are not—to nullify the things that are, 29 so that no one may boast before him. 30 It is because of him that you are in Christ Jesus, who has become for us wisdom from God—that is, our righteousness, holiness and redemption. 31 Therefore, as it is written: "Let him who boasts boast in the Lord."d

26 Brothers, think of what you were when you were called. Not many of you were wise by human standards; not many were influential; not many were of noble birth. 27 But God chose the foolish things of the world to shame the wise; God chose the weak things of the world to shame the strong. 28 He chose the lowly things of this world and the despised things—and the things that are not—to nullify the things that are, 29 so that no one may boast before him. 30 It is because of him that you are in Christ Jesus, who has become for us wisdom from God—that is, our righteousness, holiness and redemption. 31 Therefore, as it is written: "Let him who boasts boast in the Lord."d

2 When I came to you, brothers, I did not come with eloquence or superior wisdom as I proclaimed to you the testimony about God.e 2 For I resolved to know nothing while I was with you except Jesus Christ and him crucified. 3 I came to you in weakness and fear, and with much trembling. 4 My message and my preaching were not with wise and persuasive words, but with a demonstration of the Spirit's power, 5 so that your faith might not rest on men's wisdom, but on God's power.

Wisdom From the Spirit

6 We do, however, speak a message of wisdom among the mature, but not the wisdom of this age or of the rulers of this age, who are coming to nothing. 7 No, we speak of God's secret wisdom, a wisdom that has been hidden and that God destined for our glory before time began. 8 None of the rulers of this age understood it, for if they had, they would not have crucified the Lord of glory. 9 However, as it is written:

"No eye has seen,
no ear has heard,
no mind has conceived
what God has prepared for those who love him"f—

10 but God has revealed it to us by his Spirit.
The Spirit searches all things, even the deep things of God. 11 For who among men knows the thoughts of a man except the man's spirit within him? In the same way no one knows the thoughts of God except the Spirit of God. 12 We have not received the spirit of the world but the Spirit who is from God, that we may understand what God has freely given us. 13 This is what we speak, not in words taught us by human wisdom but in words taught by the Spirit, expressing spiri-

---

b 1:31 Jer 9:24   c 2:1 testimonio. Var. *misterio.   d 2:6 los
que ... madurez. Lit. los *perfectos.   e 2:9 Is 64:4

d 31 Jer. 9:24   e 1 Some manuscripts as I proclaimed to you
God's mystery   f 9 Isaiah 64:4

les en términos espirituales.*f* ¹⁴El que no tiene el Espíritu*g* no acepta lo que procede del Espíritu de Dios, pues para él es locura. No puede entenderlo, porque hay que discernirlo espiritualmente. ¹⁵En cambio, el que es espiritual lo juzga todo, aunque él mismo no está sujeto al juicio de nadie, porque

> ¹⁶«¿quién ha conocido la mente del Señor
> para que pueda instruirlo?»*h*

Nosotros, por nuestra parte, tenemos la mente de Cristo.

Sobre las divisiones en la iglesia

3 Yo, hermanos, no pude dirigirme a ustedes como a espirituales sino como a inmaduros,*i* apenas niños en Cristo. ²Les di leche porque no podían asimilar alimento sólido, ni pueden todavía, ³pues aún son inmaduros. Mientras haya entre ustedes celos y contiendas, ¿no serán inmaduros? ¿Acaso no se están comportando según criterios meramente *humanos? ⁴Cuando uno afirma: «Yo sigo a Pablo», y otro: «Yo sigo a Apolos», ¿no es porque están actuando con criterios humanos?*j*

⁵Después de todo, ¿qué es Apolos? ¿Y qué es Pablo? Nada más que servidores por medio de los cuales ustedes llegaron a creer, según lo que el Señor le asignó a cada uno. ⁶Yo sembré, Apolos regó, pero Dios le ha dado el crecimiento. ⁷Así que no cuenta ni el que siembra ni el que riega, sino sólo Dios, quien es el que hace crecer. ⁸El que siembra y el que riega están al mismo nivel, aunque cada uno será recompensado según su propio trabajo. ⁹En efecto, nosotros somos colaboradores al servicio de Dios; y ustedes son el campo de cultivo de Dios, son el edificio de Dios.

¹⁰Según la gracia que Dios me ha dado, yo, como maestro constructor, eché los cimientos, y otro construye sobre ellos. Pero cada uno tenga cuidado de cómo construye, ¹¹porque nadie puede poner un fundamento diferente del que ya está puesto, que es Jesucristo. ¹²Si alguien construye sobre este fundamento, ya sea con oro, plata y piedras preciosas, o con madera, heno y paja, ¹³su obra se mostrará tal cual es, pues el día del juicio la dejará al descubierto. El fuego la dará a conocer, y pondrá a prueba la calidad del trabajo de cada uno. ¹⁴Si lo que alguien ha construido permanece, recibirá su recompensa, ¹⁵pero si su obra es consumida por las llamas, él sufrirá pérdida. Será salvo, pero como quien pasa por el fuego.

¹⁶¿No saben que ustedes son templo de Dios y que el Espíritu de Dios habita en ustedes? ¹⁷Si alguno destruye el templo de Dios, él mismo será destruido por Dios; porque el templo de Dios es sagrado, y ustedes son ese templo.

¹⁸Que nadie se engañe. Si alguno de ustedes se cree sabio según las normas de esta época, hágase ignorante para así llegar a ser sabio. ¹⁹Porque a los ojos de Dios la sabiduría de este mundo es locura. Como está escrito: «Él atrapa a los sabios en su propia astucia»;*k* ²⁰y también dice: «El Señor conoce los pensamientos de los sabios y sabe que son absurdos.»*l* ²¹Por lo tanto, ¡que nadie base su *orgullo en el hombre! Al fin y al cabo, todo es de ustedes, ²²ya sea Pablo, o Apolos, o *Cefas, o el universo, o la vida, o la muerte, o lo

---

tual truths in spiritual words.*g* ¹⁴The man without the Spirit does not accept the things that come from the Spirit of God, for they are foolishness to him, and he cannot understand them, because they are spiritually discerned. ¹⁵The spiritual man makes judgments about all things, but he himself is not subject to any man's judgment:

> ¹⁶"For who has known the mind of the Lord
> that he may instruct him?"*h*

But we have the mind of Christ.

On Divisions in the Church

3 Brothers, I could not address you as spiritual but as worldly—mere infants in Christ. ²I gave you milk, not solid food, for you were not yet ready for it. Indeed, you are still not ready. ³You are still worldly. For since there is jealousy and quarreling among you, are you not worldly? Are you not acting like mere men? ⁴For when one says, "I follow Paul," and another, "I follow Apollos," are you not mere men?

⁵What, after all, is Apollos? And what is Paul? Only servants, through whom you came to believe—as the Lord has assigned to each his task. ⁶I planted the seed, Apollos watered it, but God made it grow. ⁷So neither he who plants nor he who waters is anything, but only God, who makes things grow. ⁸The man who plants and the man who waters have one purpose, and each will be rewarded according to his own labor. ⁹For we are God's fellow workers; you are God's field, God's building.

¹⁰By the grace God has given me, I laid a foundation as an expert builder, and someone else is building on it. But each one should be careful how he builds. ¹¹For no one can lay any foundation other than the one already laid, which is Jesus Christ. ¹²If any man builds on this foundation using gold, silver, costly stones, wood, hay or straw, ¹³his work will be shown for what it is, because the Day will bring it to light. It will be revealed with fire, and the fire will test the quality of each man's work. ¹⁴If what he has built survives, he will receive his reward. ¹⁵If it is burned up, he will suffer loss; he himself will be saved, but only as one escaping through the flames.

¹⁶Don't you know that you yourselves are God's temple and that God's Spirit lives in you? ¹⁷If anyone destroys God's temple, God will destroy him; for God's temple is sacred, and you are that temple.

¹⁸Do not deceive yourselves. If any one of you thinks he is wise by the standards of this age, he should become a "fool" so that he may become wise. ¹⁹For the wisdom of this world is foolishness in God's sight. As it is written: "He catches the wise in their craftiness"*i*; ²⁰and again, "The Lord knows that the thoughts of the wise are futile."*j* ²¹So then, no more boasting about men! All things are yours, ²²whether Paul or Apollos or Cephas*k* or the world or life or death or the present

---

f 2:13 *expresamos ... espirituales.* Alt. *interpretamos verdades espirituales a personas espirituales.*   *g* 2:14 *El que no tiene el Espíritu.* Lit. *El hombre *síquico (o natural).*   *h* 2:16 Is 40:13   *i* 3:1 *inmaduros.* Lit. *carnales;* también en v. 3.   *j* 3:4 ¿no es ... humanos? Lit. ¿no son ustedes hombres?   *k* 3:19 Job 5:13   *l* 3:20 Sal 94:11

g 13 Or *Spirit, interpreting spiritual truths to spiritual men*   *h* 16 Isaiah 40:13   *i* 19 Job 5:13   *j* 20 Psalm 94:11   *k* 22 That is, Peter

presente o lo por venir; todo es de ustedes, 23 y ustedes son de Cristo, y Cristo es de Dios.

Apóstoles de Cristo

4 Que todos nos consideren servidores de Cristo, encargados de administrar los *misterios de Dios. 2 Ahora bien, a los que reciben un encargo se les exige que demuestren ser dignos de confianza. 3 Por mi parte, muy poco me preocupa que me juzguen ustedes o cualquier tribunal humano; es más, ni siquiera me juzgo a mí mismo. 4 Porque aunque la conciencia no me remuerde, no por eso quedo absuelto; el que me juzga es el Señor. 5 Por lo tanto, no juzguen nada antes de tiempo; esperen hasta que venga el Señor. Él sacará a la luz lo que está oculto en la oscuridad y pondrá al descubierto las intenciones de cada corazón. Entonces cada uno recibirá de Dios la alabanza que le corresponda.

6 Hermanos, todo esto lo he aplicado a Apolos y a mí mismo para beneficio de ustedes, con el fin de que aprendan de nosotros aquello de «no ir más allá de lo que está escrito». Así ninguno de ustedes podrá engreírse de haber favorecido al uno en perjuicio del otro. 7 ¿Quién te distingue de los demás? ¿Qué tienes que no hayas recibido? Y si lo recibiste, ¿por qué presumes como si no te lo hubieran dado?

8 ¡Ya tienen todo lo que desean! ¡Ya se han enriquecido! ¡Han llegado a ser reyes, y eso sin nosotros! ¡Ojalá fueran de veras reyes para que también nosotros reináramos con ustedes! 9 Por lo que veo, a nosotros los apóstoles Dios nos ha hecho desfilar en el último lugar, como a los sentenciados a muerte. Hemos llegado a ser un espectáculo para todo el universo, tanto para los ángeles como para los hombres. 10 ¡Por causa de Cristo, nosotros somos los ignorantes; ustedes, en Cristo, son los inteligentes! ¡Los débiles somos nosotros; los fuertes son ustedes! ¡A ustedes se les estima; a nosotros se nos desprecia! 11 Hasta el momento pasamos hambre, tenemos sed, nos falta ropa, se nos maltrata, no tenemos dónde vivir. 12 Con estas manos nos matamos trabajando. Si nos maldicen, bendecimos; si nos persiguen, lo soportamos; 13 si nos calumnian, los tratamos con gentileza. Se nos considera la escoria de la tierra, la basura del mundo, y así hasta el día de hoy.

14 No les escribo esto para avergonzarlos sino para amonestarlos, como a hijos míos amados. 15 De hecho, aunque tuvieran ustedes miles de tutores en Cristo, padres sí que no tienen muchos, porque mediante el *evangelio yo fui el padre que los engendró en Cristo Jesús. 16 Por tanto, les ruego que sigan mi ejemplo. 17 Con este propósito les envié a Timoteo, mi amado y fiel hijo en el Señor. Él les recordará mi manera de comportarme en Cristo Jesús, como enseño por todas partes y en todas las iglesias.

18 Ahora bien, algunos de ustedes se han vuelto presuntuosos, pensando que no iré a verlos. 19 Lo cierto es que, si Dios quiere, iré a visitarlos muy pronto, y ya veremos no sólo cómo hablan sino cuánto poder tienen esos presumidos. 20 Porque el reino de Dios no es cuestión de palabras sino de poder. 21 ¿Qué prefieren? ¿Que vaya a verlos con un látigo, o con amor y espíritu apacible?

¡Expulsen al hermano inmoral!

5 Es ya del dominio público que hay entre ustedes un caso de inmoralidad sexual que ni siquiera entre los *paganos se tolera, a saber, que uno de ustedes tiene por mujer a la esposa de su padre. 2 ¡Y de esto se

or the future—all are yours, 23 and you are of Christ, and Christ is of God.

Apostles of Christ

4 So then, men ought to regard us as servants of Christ and as those entrusted with the secret things of God. 2 Now it is required that those who have been given a trust must prove faithful. 3 I care very little if I am judged by you or by any human court; indeed, I do not even judge myself. 4 My conscience is clear, but that does not make me innocent. It is the Lord who judges me. 5 Therefore judge nothing before the appointed time; wait till the Lord comes. He will bring to light what is hidden in darkness and will expose the motives of men's hearts. At that time each will receive his praise from God.

6 Now, brothers, I have applied these things to myself and Apollos for your benefit, so that you may learn from us the meaning of the saying, "Do not go beyond what is written." Then you will not take pride in one man over against another. 7 For who makes you different from anyone else? What do you have that you did not receive? And if you did receive it, why do you boast as though you did not?

8 Already you have all you want! Already you have become rich! You have become kings—and that without us! How I wish that you really had become kings so that we might be kings with you! 9 For it seems to me that God has put us apostles on display at the end of the procession, like men condemned to die in the arena. We have been made a spectacle to the whole universe, to angels as well as to men. 10 We are fools for Christ, but you are so wise in Christ! We are weak, but you are strong! You are honored, we are dishonored! 11 To this very hour we go hungry and thirsty, we are in rags, we are brutally treated, we are homeless. 12 We work hard with our own hands. When we are cursed, we bless; when we are persecuted, we endure it; 13 when we are slandered, we answer kindly. Up to this moment we have become the scum of the earth, the refuse of the world.

14 I am not writing this to shame you, but to warn you, as my dear children. 15 Even though you have ten thousand guardians in Christ, you do not have many fathers, for in Christ Jesus I became your father through the gospel. 16 Therefore I urge you to imitate me. 17 For this reason I am sending to you Timothy, my son whom I love, who is faithful in the Lord. He will remind you of my way of life in Christ Jesus, which agrees with what I teach everywhere in every church.

18 Some of you have become arrogant, as if I were not coming to you. 19 But I will come to you very soon, if the Lord is willing, and then I will find out not only how these arrogant people are talking, but what power they have. 20 For the kingdom of God is not a matter of talk but of power. 21 What do you prefer? Shall I come to you with a whip, or in love and with a gentle spirit?

Expel the Immoral Brother!

5 It is actually reported that there is sexual immorality among you, and of a kind that does not occur even among pagans: A man has his father's wife. 2 And

sienten orgullosos! ¿No debieran, más bien, haber lamentado lo sucedido y expulsado de entre ustedes al que hizo tal cosa? ³Yo, por mi parte, aunque no estoy físicamente entre ustedes, sí estoy presente en espíritu, y ya he juzgado, como si estuviera presente, al que cometió este pecado. ⁴Cuando se reúnan en el nombre de nuestro Señor Jesús, y con su poder yo los acompañe en espíritu, ⁵entreguen a este hombre a Satanás para destrucción de su *naturaleza pecaminosa*ᵐ a fin de que su espíritu sea salvo en el día del Señor.

⁶Hacen mal en *jactarse. ¿No se dan cuenta de que un poco de levadura hace fermentar toda la masa? ⁷Deshágase de la vieja levadura para que sean masa nueva, panes sin levadura, como lo son en realidad. Porque Cristo, nuestro Cordero pascual, ya ha sido sacrificado. ⁸Así que celebremos nuestra Pascua no con la vieja levadura, que es la malicia y la perversidad, sino con pan sin levadura, que es la sinceridad y la verdad.

⁹Por carta ya les he dicho que no se relacionen con personas inmorales. ¹⁰Por supuesto, no me refería a la gente inmoral de este mundo, ni a los avaros, estafadores o idólatras. En tal caso, tendrían ustedes que salirse de este mundo. ¹¹Pero en esta carta quiero aclararles que no deben relacionarse con nadie que, llamándose hermano, sea inmoral o avaro, idólatra, calumniador, borracho o estafador. Con tal persona ni siquiera deben juntarse para comer.

¹²¿Acaso me toca a mí juzgar a los de afuera? ¿No son ustedes los que deben juzgar a los de adentro? ¹³Dios juzgará a los de afuera. «Expulsen al malvado de entre ustedes.»ⁿ

Pleitos entre creyentes

6 Si alguno de ustedes tiene un pleito con otro, ¿cómo se atreve a presentar demanda ante los inconversos, en vez de acudir a los *creyentes? ²¿Acaso no saben que los creyentes juzgarán al mundo? Y si ustedes han de juzgar al mundo, ¿cómo no van a ser capaces de juzgar casos insignificantes? ³¿No saben que aun a los ángeles los juzgaremos? ¡Cuánto más los asuntos de esta vida! ⁴Por tanto, si tienen pleitos sobre tales asuntos, ¿cómo es que nombran como jueces a los que no cuentan para nada ante la iglesia?ⁿ ⁵Digo esto para que les dé vergüenza. ¿Acaso no hay entre ustedes nadie lo bastante sabio como para juzgar un pleito entre creyentes? ⁶Al contrario, un hermano demanda a otro, ¡y esto ante los incrédulos!

⁷En realidad, ya es una grave falla el solo hecho de que haya pleitos entre ustedes. ¿No sería mejor soportar la injusticia? ¿No sería mejor dejar que los defrauden? ⁸Lejos de eso, son ustedes los que defraudan y cometen injusticias, ¡y conste que se trata de sus hermanos!

⁹¿No saben que los malvados no heredarán el reino de Dios? ¡No se dejen engañar! Ni los fornicarios, ni los idólatras, ni los adúlteros, ni los sodomitas, ni los pervertidos sexuales, ¹⁰ni los ladrones, ni los avaros, ni los borrachos, ni los calumniadores, ni los estafadores heredarán el reino de Dios. ¹¹Y eso eran algunos de ustedes. Pero ya han sido lavados, ya han sido *santificados, ya han sido *justificados en el nombre del Señor Jesucristo y por el Espíritu de nuestro Dios.

you are proud! Shouldn't you rather have been filled with grief and have put out of your fellowship the man who did this? ³Even though I am not physically present, I am with you in spirit. And I have already passed judgment on the one who did this, just as if I were present. ⁴When you are assembled in the name of our Lord Jesus and I am with you in spirit, and the power of our Lord Jesus is present, ⁵hand this man over to Satan, so that the sinful natureˡ may be destroyed and his spirit saved on the day of the Lord.

⁶Your boasting is not good. Don't you know that a little yeast works through the whole batch of dough? ⁷Get rid of the old yeast that you may be a new batch without yeast—as you really are. For Christ, our Passover lamb, has been sacrificed. ⁸Therefore let us keep the Festival, not with the old yeast, the yeast of malice and wickedness, but with bread without yeast, the bread of sincerity and truth.

⁹I have written you in my letter not to associate with sexually immoral people— ¹⁰not at all meaning the people of this world who are immoral, or the greedy and swindlers, or idolaters. In that case you would have to leave this world. ¹¹But now I am writing you that you must not associate with anyone who calls himself a brother but is sexually immoral or greedy, an idolater or a slanderer, a drunkard or a swindler. With such a man do not even eat.

¹²What business is it of mine to judge those outside the church? Are you not to judge those inside? ¹³God will judge those outside. "Expel the wicked man from among you."ᵐ

Lawsuits Among Believers

6 If any of you has a dispute with another, dare he take it before the ungodly for judgment instead of before the saints? ²Do you not know that the saints will judge the world? And if you are to judge the world, are you not competent to judge trivial cases? ³Do you not know that we will judge angels? How much more the things of this life! ⁴Therefore, if you have disputes about such matters, appoint as judges even men of little account in the church!ⁿ ⁵I say this to shame you. Is it possible that there is nobody among you wise enough to judge a dispute between believers? ⁶But instead, one brother goes to law against another—and this in front of unbelievers!

⁷The very fact that you have lawsuits among you means you have been completely defeated already. Why not rather be wronged? Why not rather be cheated? ⁸Instead, you yourselves cheat and do wrong, and you do this to your brothers.

⁹Do you not know that the wicked will not inherit the kingdom of God? Do not be deceived: Neither the sexually immoral nor idolaters nor adulterers nor male prostitutes nor homosexual offenders ¹⁰nor thieves nor the greedy nor drunkards nor slanderers nor swindlers will inherit the kingdom of God. ¹¹And that is what some of you were. But you were washed, you were sanctified, you were justified in the name of the Lord Jesus Christ and by the Spirit of our God.

ᵐ 5:5 su *naturaleza pecaminosa. Alt. su cuerpo. Lit. la *carne.
ⁿ 5:13 Dt 17:7; 19:19; 21:21; 22:21,24; 24:7   ñ 6:4 ¿cómo ... iglesia? Alt. ¡nombren como jueces aun a los que no cuentan para nada ante la iglesia!

ˡ 5 Or that his body; or that the flesh   ᵐ 13 Deut. 17:7; 19:19; 21:21; 22:21,24; 24:7   ⁿ 4 Or matters, do you appoint as judges men of little account in the church?

La inmoralidad sexual

12 «Todo me está permitido», pero no todo es para mi bien. «Todo me está permitido», pero no dejaré que nada me domine. 13 «Los alimentos son para el estómago y el estómago para los alimentos»; así es, y Dios los destruirá a ambos. Pero el cuerpo no es para la inmoralidad sexual sino para el Señor, y el Señor para el cuerpo. 14 Con su poder Dios resucitó al Señor, y nos resucitará también a nosotros. 15 ¿No saben que sus cuerpos son miembros de Cristo mismo? ¿Tomaré acaso los miembros de Cristo para unirlos con una prostituta? ¡Jamás! 16 ¿No saben que el que se une a una prostituta se hace un solo cuerpo con ella? Pues la Escritura dice: «Los dos llegarán a ser un solo cuerpo.»*o* 17 Pero el que se une al Señor se hace uno con él en espíritu.

18 Huyan de la inmoralidad sexual. Todos los demás pecados que una persona comete quedan fuera de su cuerpo; pero el que comete inmoralidades sexuales peca contra su propio cuerpo. 19 ¿Acaso no saben que su cuerpo es templo del Espíritu Santo, quien está en ustedes y al que han recibido de parte de Dios? Ustedes no son sus propios dueños; 20 fueron comprados por un precio. Por tanto, honren con su cuerpo a Dios.

Consejos matrimoniales

7 Paso ahora a los asuntos que me plantearon por escrito: «Es mejor no tener relaciones sexuales.»*p* 2 Pero en vista de tanta inmoralidad, cada hombre debe tener su propia esposa, y cada mujer su propio esposo. 3 El hombre debe cumplir su deber conyugal con su esposa, e igualmente la mujer con su esposo. 4 La mujer ya no tiene derecho sobre su propio cuerpo, sino su esposo. Tampoco el hombre tiene derecho sobre su propio cuerpo, sino su esposa. 5 No se nieguen el uno al otro, a no ser de común acuerdo, y sólo por un tiempo, para dedicarse a la oración. No tarden en volver a unirse nuevamente; de lo contrario, pueden caer en *tentación de Satanás, por falta de dominio propio. 6 Ahora bien, esto lo digo como una concesión y no como una orden. 7 En realidad, preferiría que todos fueran como yo. No obstante, cada uno tiene de Dios su propio don: éste posee uno; aquél, otro.

8 A los solteros y a las viudas les digo que sería mejor que se quedaran como yo. 9 Pero si no pueden dominarse, que se casen, porque es preferible casarse que quemarse de pasión.

10 A los casados les doy la siguiente orden (no yo sino el Señor): que la mujer no se separe de su esposo. 11 Sin embargo, si se separa, que no se vuelva a casar; de lo contrario, que se reconcilie con su esposo. Así mismo, que el hombre no se divorcie de su esposa.

12 A los demás les digo yo (no es mandamiento del Señor): Si algún hermano tiene una esposa que no es creyente, y ella consiente en vivir con él, que no se divorcie de ella. 13 Y si una mujer tiene un esposo que no es creyente, y él consiente en vivir con ella, que no se divorcie de él. 14 Porque el esposo no creyente ha sido *santificado por la unión con su esposa, y la esposa no creyente ha sido santificada por la unión con su esposo creyente. Si así no fuera, sus hijos serían impuros, mientras que, de hecho, son santos.

15 Sin embargo, si el cónyuge no creyente decide separarse, no se lo impidan. En tales circunstancias, el cónyuge creyente queda sin obligación; Dios nos ha

Sexual Immorality

12 "Everything is permissible for me"—but not everything is beneficial. "Everything is permissible for me"—but I will not be mastered by anything. 13 "Food for the stomach and the stomach for food"—but God will destroy them both. The body is not meant for sexual immorality, but for the Lord, and the Lord for the body. 14 By his power God raised the Lord from the dead, and he will raise us also. 15 Do you not know that your bodies are members of Christ himself? Shall I then take the members of Christ and unite them with a prostitute? Never! 16 Do you not know that he who unites himself with a prostitute is one with her in body? For it is said, "The two will become one flesh."*o* 17 But he who unites himself with the Lord is one with him in spirit.

18 Flee from sexual immorality. All other sins a man commits are outside his body, but he who sins sexually sins against his own body. 19 Do you not know that your body is a temple of the Holy Spirit, who is in you, whom you have received from God? You are not your own; 20 you were bought at a price. Therefore honor God with your body.

Marriage

7 Now for the matters you wrote about: It is good for a man not to marry.*p* 2 But since there is so much immorality, each man should have his own wife, and each woman her own husband. 3 The husband should fulfill his marital duty to his wife, and likewise the wife to her husband. 4 The wife's body does not belong to her alone but also to her husband. In the same way, the husband's body does not belong to him alone but also to his wife. 5 Do not deprive each other except by mutual consent and for a time, so that you may devote yourselves to prayer. Then come together again so that Satan will not tempt you because of your lack of self-control. 6 I say this as a concession, not as a command. 7 I wish that all men were as I am. But each man has his own gift from God; one has this gift, another has that.

8 Now to the unmarried and the widows I say: It is good for them to stay unmarried, as I am. 9 But if they cannot control themselves, they should marry, for it is better to marry than to burn with passion.

10 To the married I give this command (not I, but the Lord): A wife must not separate from her husband. 11 But if she does, she must remain unmarried or else be reconciled to her husband. And a husband must not divorce his wife.

12 To the rest I say this (I, not the Lord): If any brother has a wife who is not a believer and she is willing to live with him, he must not divorce her. 13 And if a woman has a husband who is not a believer and he is willing to live with her, she must not divorce him. 14 For the unbelieving husband has been sanctified through his wife, and the unbelieving wife has been sanctified through her believing husband. Otherwise your children would be unclean, but as it is, they are holy.

15 But if the unbeliever leaves, let him do so. A believing man or woman is not bound in such circum-

---

o 6:16 un solo cuerpo. Lit. *una sola* *carne; Gn 2:24.   *p 7:1* «Es ... sexuales.» Alt. «Es mejor no casarse.» Lit. *Es bueno para el hombre no tocar mujer.*

o 16 Gen. 2:24   *p 1* Or *"It is good for a man not to have sexual relations with a woman."*

llamado a vivir en paz. ¹⁶¿Cómo sabes tú, mujer, si acaso salvarás a tu esposo? ¿O cómo sabes tú, hombre, si acaso salvarás a tu esposa?

¹⁷En cualquier caso, cada uno debe vivir conforme a la condición que el Señor le asignó y a la cual Dios lo ha llamado. Ésta es la norma que establezco en todas las iglesias. ¹⁸¿Fue llamado alguno estando ya *circuncidado? Que no disimule su condición. ¿Fue llamado alguno sin estar circuncidado? Que no se circuncide. ¹⁹Para nada cuenta estar o no estar circuncidado; lo que importa es cumplir los mandatos de Dios. ²⁰Que cada uno permanezca en la condición en que estaba cuando Dios lo llamó. ²¹¿Eras *esclavo cuando fuiste llamado? No te preocupes, aunque si tienes la oportunidad de conseguir tu libertad, aprovéchala. ²²Porque el que era esclavo cuando el Señor lo llamó es un liberto del Señor; del mismo modo, el que era libre cuando fue llamado es un esclavo de Cristo. ²³Ustedes fueron comprados por un precio; no se vuelvan esclavos de nadie. ²⁴Hermanos, cada uno permanezca ante Dios en la condición en que estaba cuando Dios lo llamó.

²⁵En cuanto a las personas solteras,*q* no tengo ningún mandato del Señor, pero doy mi opinión como quien por la misericordia del Señor es digno de confianza. ²⁶Pienso que, a causa de la crisis actual, es bueno que cada persona se quede como está. ²⁷¿Estás casado? No procures divorciarte. ¿Estás soltero? No busques esposa. ²⁸Pero si te casas, no pecas; y si una joven*r* se casa, tampoco comete pecado. Sin embargo, los que se casan tendrán que pasar por muchos aprietos,*s* y yo quiero evitárselos.

²⁹Lo que quiero decir, hermanos, es que nos queda poco tiempo. De aquí en adelante los que tienen esposa deben vivir como si no la tuvieran; ³⁰los que lloran, como si no lloraran; los que se alegran, como si no se alegraran; los que compran algo, como si no lo poseyeran; ³¹los que disfrutan de las cosas de este mundo, como si no disfrutaran de ellas; porque este mundo, en su forma actual, está por desaparecer.

³²Yo preferiría que estuvieran libres de preocupaciones. El soltero se preocupa de las cosas del Señor y de cómo agradarlo. ³³Pero el casado se preocupa de las cosas de este mundo y de cómo agradar a su esposa; ³⁴sus intereses están divididos. La mujer no casada, lo mismo que la joven soltera,*t* se preocupa*u* de las cosas del Señor; se afana por consagrarse al Señor tanto en cuerpo como en espíritu. Pero la casada se preocupa de las cosas de este mundo y de cómo agradar a su esposo. ³⁵Les digo esto por su propio bien, no para ponerles restricciones sino para que vivan con decoro y plenamente dedicados al Señor.

³⁶Si alguno piensa que no está tratando a su prometida*v* como es debido, y ella ha llegado ya a su madurez, por lo cual él se siente obligado a casarse, que lo haga. Con eso no peca; que se casen. ³⁷Pero el que se mantiene firme en su propósito, y no está dominado por sus impulsos sino que domina su propia voluntad, y ha resuelto no casarse con su prometida, también

stances; God has called us to live in peace. ¹⁶How do you know, wife, whether you will save your husband? Or, how do you know, husband, whether you will save your wife?

¹⁷Nevertheless, each one should retain the place in life that the Lord assigned to him and to which God has called him. This is the rule I lay down in all the churches. ¹⁸Was a man already circumcised when he was called? He should not become uncircumcised. Was a man uncircumcised when he was called? He should not be circumcised. ¹⁹Circumcision is nothing and uncircumcision is nothing. Keeping God's commands is what counts. ²⁰Each one should remain in the situation which he was in when God called him. ²¹Were you a slave when you were called? Don't let it trouble you—although if you can gain your freedom, do so. ²²For he who was a slave when he was called by the Lord is the Lord's freedman; similarly, he who was a free man when he was called is Christ's slave. ²³You were bought at a price; do not become slaves of men. ²⁴Brothers, each man, as responsible to God, should remain in the situation God called him to.

²⁵Now about virgins: I have no command from the Lord, but I give a judgment as one who by the Lord's mercy is trustworthy. ²⁶Because of the present crisis, I think that it is good for you to remain as you are. ²⁷Are you married? Do not seek a divorce. Are you unmarried? Do not look for a wife. ²⁸But if you do marry, you have not sinned; and if a virgin marries, she has not sinned. But those who marry will face many troubles in this life, and I want to spare you this.

²⁹What I mean, brothers, is that the time is short. From now on those who have wives should live as if they had none; ³⁰those who mourn, as if they did not; those who are happy, as if they were not; those who buy something, as if it were not theirs to keep; ³¹those who use the things of the world, as if not engrossed in them. For this world in its present form is passing away.

³²I would like you to be free from concern. An unmarried man is concerned about the Lord's affairs—how he can please the Lord. ³³But a married man is concerned about the affairs of this world—how he can please his wife— ³⁴and his interests are divided. An unmarried woman or virgin is concerned about the Lord's affairs: Her aim is to be devoted to the Lord in both body and spirit. But a married woman is concerned about the affairs of this world—how she can please her husband. ³⁵I am saying this for your own good, not to restrict you, but that you may live in a right way in undivided devotion to the Lord.

³⁶If anyone thinks he is acting improperly toward the virgin he is engaged to, and if she is getting along in years and he feels he ought to marry, he should do as he wants. He is not sinning. They should get married. ³⁷But the man who has settled the matter in his own mind, who is under no compulsion but has control over his own will, and who has made up his mind not to marry the virgin—this man also does the right thing.

---

q 7:25 personas solteras. Lit. *vírgenes.*   *r 7:28 joven.* Lit. *virgen.*
s 7:28 tendrán ... aprietos. Lit. *tendrán aflicción en la *carne.*
t 7:34 La mujer ... soltera. Lit. *La mujer no casada y la virgen.*
u 7:33-34 su esposa; ... se preocupa. Var. *su esposa.* ³⁴ *También hay diferencia entre la esposa y la joven soltera. La que no es casada se preocupa.*   *v 7:36 prometida.* Lit. *virgen*; también en vv. 37 y 38.

hace bien. 38 De modo que el que se casa con su prometida hace bien, pero el que no se casa hace mejor.w

39 La mujer está ligada a su esposo mientras él vive; pero si el esposo muere, ella queda libre para casarse con quien quiera, con tal de que sea en el Señor. 40 En mi opinión, ella será más feliz si no se casa, y creo que yo también tengo el Espíritu de Dios.

Lo sacrificado a los ídolos

8 En cuanto a lo sacrificado a los ídolos, es cierto que todos tenemos conocimiento. El conocimiento envanece, mientras que el amor edifica. 2 El que cree que sabe algo, todavía no sabe como debiera saber. 3 Pero el que ama a Dios es conocido por él.

4 De modo que, en cuanto a comer lo sacrificado a los ídolos, sabemos que un ídolo no es absolutamente nada, y que hay un solo Dios. 5 Pues aunque haya los así llamados dioses, ya sea en el cielo o en la tierra (y por cierto que hay muchos «dioses» y muchos «señores»), 6 para nosotros no hay más que un solo Dios, el Padre, de quien todo procede y para el cual vivimos; y no hay más que un solo Señor, es decir, Jesucristo, por quien todo existe y por medio del cual vivimos.

7 Pero no todos tienen conocimiento de esto. Algunos siguen tan acostumbrados a los ídolos, que comen carne a sabiendas de que ha sido sacrificada a un ídolo, y su conciencia se contamina por ser débil. 8 Pero lo que comemos no nos acerca a Dios; no somos mejores por comer ni peores por no comer.

9 Sin embargo, tengan cuidado de que su libertad no se convierta en motivo de tropiezo para los débiles. 10 Porque si alguien de conciencia débil te ve a ti, que tienes este conocimiento, comer en el templo de un ídolo, ¿no se sentirá animado a comer lo que ha sido sacrificado a los ídolos? 11 Entonces ese hermano débil, por quien Cristo murió, se perderá a causa de tu conocimiento. 12 Al pecar así contra los hermanos, hiriendo su débil conciencia, pecan ustedes contra Cristo. 13 Por lo tanto, si mi comida ocasiona la caída de mi hermano, no comeré carne jamás, para no hacerlo *caer en pecado.

Los derechos de un apóstol

9 ¿No soy libre? ¿No soy apóstol? ¿No he visto a Jesús nuestro Señor? ¿No son ustedes el fruto de mi trabajo en el Señor? 2 Aunque otros no me reconozcan como apóstol, ¡para ustedes sí lo soy! Porque ustedes mismos son el sello de mi apostolado en el Señor.

3 Ésta es mi defensa contra los que me critican: 4 ¿Acaso no tenemos derecho a comer y a beber? 5 ¿No tenemos derecho a viajar acompañados por una esposa creyente, como hacen los demás apóstoles y *Cefas y los hermanos del Señor? 6 ¿O es que sólo Bernabé y yo estamos obligados a ganarnos la vida con otros trabajos?

7 ¿Qué soldado presta servicio militar pagándose sus propios gastos? ¿Qué agricultor planta un viñedo y no come de sus uvas? ¿Qué pastor cuida un rebaño y no toma de la leche que ordeña? 8 No piensen que digo esto solamente desde un punto de vista humano. ¿No lo

---

38 So then, he who marries the virgin does right, but he who does not marry her does even better.q

39 A woman is bound to her husband as long as he lives. But if her husband dies, she is free to marry anyone she wishes, but he must belong to the Lord. 40 In my judgment, she is happier if she stays as she is—and I think that I too have the Spirit of God.

Food Sacrificed to Idols

8 Now about food sacrificed to idols: We know that we all possess knowledge.r Knowledge puffs up, but love builds up. 2 The man who thinks he knows something does not yet know as he ought to know. 3 But the man who loves God is known by God.

4 So then, about eating food sacrificed to idols: We know that an idol is nothing at all in the world and that there is no God but one. 5 For even if there are so-called gods, whether in heaven or on earth (as indeed there are many "gods" and many "lords"), 6 yet for us there is but one God, the Father, from whom all things came and for whom we live; and there is but one Lord, Jesus Christ, through whom all things came and through whom we live.

7 But not everyone knows this. Some people are still so accustomed to idols that when they eat such food they think of it as having been sacrificed to an idol, and since their conscience is weak, it is defiled. 8 But food does not bring us near to God; we are no worse if we do not eat, and no better if we do.

9 Be careful, however, that the exercise of your freedom does not become a stumbling block to the weak. 10 For if anyone with a weak conscience sees you who have this knowledge eating in an idol's temple, won't he be emboldened to eat what has been sacrificed to idols? 11 So this weak brother, for whom Christ died, is destroyed by your knowledge. 12 When you sin against your brothers in this way and wound their weak conscience, you sin against Christ. 13 Therefore, if what I eat causes my brother to fall into sin, I will never eat meat again, so that I will not cause him to fall.

The Rights of an Apostle

9 Am I not free? Am I not an apostle? Have I not seen Jesus our Lord? Are you not the result of my work in the Lord? 2 Even though I may not be an apostle to others, surely I am to you! For you are the seal of my apostleship in the Lord.

3 This is my defense to those who sit in judgment on me. 4 Don't we have the right to food and drink? 5 Don't we have the right to take a believing wife along with us, as do the other apostles and the Lord's brothers and Cephass? 6 Or is it only I and Barnabas who must work for a living?

7 Who serves as a soldier at his own expense? Who plants a vineyard and does not eat of its grapes? Who tends a flock and does not drink of the milk? 8 Do I say this merely from a human point of view? Doesn't the

---

w 7:36-38 Alt. 36 Si alguno piensa que no está tratando a su hija como es debido, y ella ha llegado a su madurez, por lo cual él se siente obligado a darla en matrimonio, que lo haga. Con eso no peca; que la dé en matrimonio. 37 Pero el que se mantiene firme en su propósito, y no está dominado por sus impulsos sino que domina su propia voluntad, y ha resuelto mantener soltera a su hija, también hace bien. 38 De modo que el que da a su hija en matrimonio hace bien, pero el que no la da en matrimonio hace mejor.

q 36-38 Or 36If anyone thinks he is not treating his daughter properly, and if she is getting along in years, and he feels she ought to marry, he should do as he wants. He is not sinning. He should let her get married. 37But the man who has settled the matter in his own mind, who is under no compulsion but has control over his own will, and who has made up his mind to keep the virgin unmarried—this man also does the right thing. 38So then, he who gives his virgin in marriage does right, but he who does not give her in marriage does even better.   r 1 Or "We all possess knowledge," as you say   s 5 That is, Peter

dice también la ley? 9 Porque en la ley de Moisés está escrito: «No le pongas bozal al buey mientras esté trillando.»x ¿Acaso se preocupa Dios por los bueyes, 10 o lo dice más bien por nosotros? Por supuesto que lo dice por nosotros, porque cuando el labrador ara y el segador trilla, deben hacerlo con la esperanza de participar de la cosecha. 11 Si hemos sembrado semilla espiritual entre ustedes, ¿será mucho pedir que cosechemos de ustedes lo material?y 12 Si otros tienen derecho a este sustento de parte de ustedes, ¿no lo tendremos aun más nosotros?

Sin embargo, no ejercimos este derecho, sino que lo soportamos todo con tal de no crear obstáculo al *evangelio de Cristo. 13 ¿No saben que los que sirven en el templo reciben su alimento del templo, y que los que atienden el altar participan de lo que se ofrece en el altar? 14 Así también el Señor ha ordenado que quienes predican el evangelio vivan de este ministerio.

15 Pero no me he aprovechado de ninguno de estos derechos, ni escribo de esta manera porque quiera reclamarlos. Prefiero morir a que alguien me prive de este motivo de *orgullo. 16 Sin embargo, cuando predico el evangelio, no tengo de qué enorgullecerme, ya que estoy bajo la obligación de hacerlo. ¡Ay de mí si no predico el evangelio! 17 En efecto, si lo hiciera por mi propia voluntad, tendría recompensa; pero si lo hago por obligación, no hago más que cumplir la tarea que se me ha encomendado. 18 ¿Cuál es, entonces, mi recompensa? Pues que al predicar el evangelio pueda presentarlo gratuitamente, sin hacer valer mi derecho.

19 Aunque soy libre respecto a todos, de todos me he hecho *esclavo para ganar a tantos como sea posible. 20 Entre los judíos me volví judío, a fin de ganarlos a ellos. Entre los que viven bajo la ley me volví como los que están sometidos a ella (aunque yo mismo no vivo bajo la ley), a fin de ganar a éstos. 21 Entre los que no tienen la ley me volví como los que están sin ley (aunque no estoy libre de la ley de Dios sino comprometido con la ley de Cristo), a fin de ganar a los que están sin ley. 22 Entre los débiles me hice débil, a fin de ganar a los débiles. Me hice todo para todos, a fin de salvar a algunos por todos los medios posibles. 23 Todo esto lo hago por causa del evangelio, para participar de sus frutos.

24 ¿No saben que en una carrera todos los corredores compiten, pero sólo uno obtiene el premio? Corran, pues, de tal modo que lo obtengan. 25 Todos los deportistas se entrenan con mucha disciplina. Ellos lo hacen para obtener un premio que se echa a perder; nosotros, en cambio, por uno que dura para siempre. 26 Así que yo no corro como quien no tiene meta; no lucho como quien da golpes al aire. 27 Más bien, golpeo mi cuerpo y lo domino, no sea que, después de haber predicado a otros, yo mismo quede descalificado.

Advertencias basadas en la historia de Israel

10 No quiero que desconozcan, hermanos, que nuestros antepasados estuvieron todos bajo la nube y que todos atravesaron el mar. 2 Todos ellos fueron bautizados en la nube y en el mar para unirse a Moisés. 3 Todos también comieron el mismo alimento espiritual 4 y tomaron la misma bebida espiritual, pues bebían de la roca espiritual que los acompañaba, y la roca era Cristo. 5 Sin embargo, la mayoría de ellos no agradaron a Dios, y sus cuerpos quedaron tendidos en el desierto.

Law say the same thing? 9 For it is written in the Law of Moses: "Do not muzzle an ox while it is treading out the grain."t Is it about oxen that God is concerned? 10 Surely he says this for us, doesn't he? Yes, this was written for us, because when the plowman plows and the thresher threshes, they ought to do so in the hope of sharing in the harvest. 11 If we have sown spiritual seed among you, is it too much if we reap a material harvest from you? 12 If others have this right of support from you, shouldn't we have it all the more?

But we did not use this right. On the contrary, we put up with anything rather than hinder the gospel of Christ. 13 Don't you know that those who work in the temple get their food from the temple, and those who serve at the altar share in what is offered on the altar? 14 In the same way, the Lord has commanded that those who preach the gospel should receive their living from the gospel.

15 But I have not used any of these rights. And I am not writing this in the hope that you will do such things for me. I would rather die than have anyone deprive me of this boast. 16 Yet when I preach the gospel, I cannot boast, for I am compelled to preach. Woe to me if I do not preach the gospel! 17 If I preach voluntarily, I have a reward; if not voluntarily, I am simply discharging the trust committed to me. 18 What then is my reward? Just this: that in preaching the gospel I may offer it free of charge, and so not make use of my rights in preaching it.

19 Though I am free and belong to no man, I make myself a slave to everyone, to win as many as possible. 20 To the Jews I became like a Jew, to win the Jews. To those under the law I became like one under the law (though I myself am not under the law), so as to win those under the law. 21 To those not having the law I became like one not having the law (though I am not free from God's law but am under Christ's law), so as to win those not having the law. 22 To the weak I became weak, to win the weak. I have become all things to all men so that by all possible means I might save some. 23 I do all this for the sake of the gospel, that I may share in its blessings.

24 Do you not know that in a race all the runners run, but only one gets the prize? Run in such a way as to get the prize. 25 Everyone who competes in the games goes into strict training. They do it to get a crown that will not last; but we do it to get a crown that will last forever. 26 Therefore I do not run like a man running aimlessly; I do not fight like a man beating the air. 27 No, I beat my body and make it my slave so that after I have preached to others, I myself will not be disqualified for the prize.

Warnings From Israel's History

10 For I do not want you to be ignorant of the fact, brothers, that our forefathers were all under the cloud and that they all passed through the sea. 2 They were all baptized into Moses in the cloud and in the sea. 3 They all ate the same spiritual food 4 and drank the same spiritual drink; for they drank from the spiritual rock that accompanied them, and that rock was Christ. 5 Nevertheless, God was not pleased with most of them; their bodies were scattered over the desert.

---

x 9:9 Dt 25:4   y 9:11 lo material. Lit. las cosas *carnales.   t 9 Deut. 25:4

6Todo eso sucedió para servirnos de ejemplo,z a fin de que no nos apasionemos por lo malo, como lo hicieron ellos. 7No sean idólatras, como lo fueron algunos de ellos, según está escrito: «Se sentó el pueblo a comer y a beber, y se entregó al desenfreno.»a 8No cometamos inmoralidad sexual, como algunos lo hicieron, por lo que en un sólo día perecieron veintitrés mil. 9Tampoco pongamos a *prueba al Señor, como lo hicieron algunos y murieron víctimas de las serpientes. 10Ni murmuren contra Dios, como lo hicieron algunos y sucumbieron a manos del ángel destructor.

11Todo eso les sucedió para servir de ejemplo, y quedó escrito para advertencia nuestra, pues a nosotros nos ha llegado el fin de los tiempos. 12Por lo tanto, si alguien piensa que está firme, tenga cuidado de no caer. 13Ustedes no han sufrido ninguna *tentación que no sea común al género *humano. Pero Dios es fiel, y no permitirá que ustedes sean tentados más allá de lo que puedan aguantar. Más bien, cuando llegue la tentación, él les dará también una salida a fin de que puedan resistir.

Las fiestas idólatras y la Cena del Señor

14Por tanto, mis queridos hermanos, huyan de la idolatría. 15Me dirijo a personas sensatas; juzguen ustedes mismos lo que digo. 16Esa copa de bendición por la cual damos gracias,b ¿no significa que entramos en comunión con la sangre de Cristo? Ese pan que partimos, ¿no significa que entramos en comunión con el cuerpo de Cristo? 17Hay un solo pan del cual todos participamos; por eso, aunque somos muchos, formamos un solo cuerpo.

18Consideren al pueblo de Israel como tal:c ¿No entran en comunión con el altar los que comen de lo sacrificado? 19¿Qué quiero decir con esta comparación? ¿Que el sacrificio que los *gentiles ofrecen a los ídolos sea algo, o que el ídolo mismo sea algo? 20No, sino que cuando ellos ofrecen sacrificios, lo hacen para los demonios, no para Dios, y no quiero que ustedes entren en comunión con los demonios. 21No pueden beber de la copa del Señor y también de la copa de los demonios; no pueden participar de la mesa del Señor y también de la mesa de los demonios. 22¿O vamos a provocar a celos al Señor? ¿Somos acaso más fuertes que él?

La libertad del creyente

23«Todo está permitido», pero no todo es provechoso. «Todo está permitido», pero no todo es constructivo. 24Que nadie busque sus propios intereses sino los del prójimo.

25Coman de todo lo que se vende en la carnicería, sin preguntar nada por motivos de conciencia, 26porque «del Señor es la tierra y todo cuanto hay en ella».d

27Si algún incrédulo los invita a comer, y ustedes aceptan la invitación, coman de todo lo que les sirvan sin preguntar nada por motivos de conciencia. 28Ahora bien, si alguien les dice: «Esto ha sido ofrecido en sacrificio a los ídolos», entonces no lo coman, por consideración al que se lo mencionó, y por motivos de conciencia.e 29(Me refiero a la conciencia del otro, no a la de ustedes.) ¿Por qué se ha de juzgar mi libertad de acuerdo con la conciencia ajena? 30Si con gratitud participo de la comida, ¿me van a condenar por comer algo por lo cual doy gracias a Dios?

6Now these things occurred as examplesu to keep us from setting our hearts on evil things as they did. 7Do not be idolaters, as some of them were; as it is written: "The people sat down to eat and drink and got up to indulge in pagan revelry."v 8We should not commit sexual immorality, as some of them did—and in one day twenty-three thousand of them died. 9We should not test the Lord, as some of them did—and were killed by snakes. 10And do not grumble, as some of them did—and were killed by the destroying angel.

11These things happened to them as examples and were written down as warnings for us, on whom the fulfillment of the ages has come. 12So, if you think you are standing firm, be careful that you don't fall! 13No temptation has seized you except what is common to man. And God is faithful; he will not let you be tempted beyond what you can bear. But when you are tempted, he will also provide a way out so that you can stand up under it.

Idol Feasts and the Lord's Supper

14Therefore, my dear friends, flee from idolatry. 15I speak to sensible people; judge for yourselves what I say. 16Is not the cup of thanksgiving for which we give thanks a participation in the blood of Christ? And is not the bread that we break a participation in the body of Christ? 17Because there is one loaf, we, who are many, are one body, for we all partake of the one loaf.

18Consider the people of Israel: Do not those who eat the sacrifices participate in the altar? 19Do I mean then that a sacrifice offered to an idol is anything, or that an idol is anything? 20No, but the sacrifices of pagans are offered to demons, not to God, and I do not want you to be participants with demons. 21You cannot drink the cup of the Lord and the cup of demons too; you cannot have a part in both the Lord's table and the table of demons. 22Are we trying to arouse the Lord's jealousy? Are we stronger than he?

The Believer's Freedom

23"Everything is permissible"—but not everything is beneficial. "Everything is permissible"—but not everything is constructive. 24Nobody should seek his own good, but the good of others.

25Eat anything sold in the meat market without raising questions of conscience, 26for, "The earth is the Lord's, and everything in it."w

27If some unbeliever invites you to a meal and you want to go, eat whatever is put before you without raising questions of conscience. 28But if anyone says to you, "This has been offered in sacrifice," then do not eat it, both for the sake of the man who told you and for conscience' sakex— 29the other man's conscience, I mean, not yours. For why should my freedom be judged by another's conscience? 30If I take part in the meal with thankfulness, why am I denounced because of something I thank God for?

---

z 10:6 ejemplo. Lit. tipo; también en v. 11.   a 10:7 Éx 32:6
b 10:16 por la cual damos gracias. Lit. que bendecimos.
c 10:18 como tal. Lit. según la *carne.   d 10:26 Sal 24:1
e 10:28 conciencia. Var. conciencia, porque «del Señor es la tierra y todo cuanto hay en ella».

u 6 Or types; also in verse 11   v 7 Exodus 32:6
w 26 Psalm 24:1   x 28 Some manuscripts conscience' sake, for "the earth is the Lord's and everything in it"

31 En conclusión, ya sea que coman o beban o hagan cualquier otra cosa, háganlo todo para la gloria de Dios. 32 No hagan *tropezar a nadie, ni a judíos, ni a *gentiles ni a la iglesia de Dios. 33 Hagan como yo, que procuro agradar a todos en todo. No busco mis propios intereses sino los de los demás, para que sean salvos.

11
Imítenme a mí, como yo imito a Cristo.

Decoro en el culto

2 Los elogio porque se acuerdan de mí en todo y retienen las enseñanzas,f tal como se las transmití.

3 Ahora bien, quiero que entiendan que Cristo es cabeza de todo hombre, mientras que el hombre es cabeza de la mujer y Dios es cabeza de Cristo. 4 Todo hombre que ora o profetiza con la cabeza cubiertag deshonra al que es su cabeza. 5 En cambio, toda mujer que ora o profetiza con la cabeza descubierta deshonra al que es su cabeza; es como si estuviera rasurada. 6 Si la mujer no se cubre la cabeza, que se corte también el cabello; pero si es vergonzoso para la mujer tener el pelo corto o la cabeza rasurada, que se la cubra. 7 El hombre no debe cubrirse la cabeza, ya que él es imagen y gloria de Dios, mientras que la mujer es gloria del hombre. 8 De hecho, el hombre no procede de la mujer sino la mujer del hombre; 9 ni tampoco fue creado el hombre a causa de la mujer, sino la mujer a causa del hombre. 10 Por esta razón, y a causa de los ángeles, la mujer debe llevar sobre la cabeza señal de autoridad.h

11 Sin embargo, en el Señor, ni la mujer existe aparte del hombre ni el hombre aparte de la mujer. 12 Porque así como la mujer procede del hombre, también el hombre nace de la mujer; pero todo proviene de Dios. 13 Juzguen ustedes mismos: ¿Es apropiado que la mujer ore a Dios sin cubrirse la cabeza? 14 ¿No les enseña el mismo orden natural de las cosas que es una vergüenza para el hombre dejarse crecer el cabello, 15 mientras que es una gloria para la mujer llevar cabello largo? Es que a ella se le ha dado su cabellera como velo. 16 Si alguien insiste en discutir este asunto, tenga en cuenta que nosotros no tenemos otra costumbre, ni tampoco las iglesias de Dios.

La Cena del Señor

17 Al darles las siguientes instrucciones, no puedo elogiarlos, ya que sus reuniones traen más perjuicio que beneficio. 18 En primer lugar, oigo decir que cuando se reúnen como iglesia hay divisiones entre ustedes, y hasta cierto punto lo creo. 19 Sin duda, tiene que haber grupos sectarios entre ustedes, para que se demuestre quiénes cuentan con la aprobación de Dios. 20 De hecho, cuando se reúnen, ya no es para comer la Cena del Señor, 21 porque cada uno se adelanta a comer su propia cena, de manera que unos se quedan con hambre mientras otros se emborrachan. 22 ¿Acaso no tienen casas donde comer y beber? ¿O es que menosprecian a la iglesia de Dios y quieren avergonzar a los que no tienen nada? ¿Qué les diré? ¿Voy a elogiarlos por esto? ¡Claro que no!

23 Yo recibí del Señor lo mismo que les transmití a ustedes: Que el Señor Jesús, la noche en que fue traicionado, tomó pan, 24 y después de dar gracias, lo partió y dijo: «Este pan es mi cuerpo, que por ustedes

31 So whether you eat or drink or whatever you do, do it all for the glory of God. 32 Do not cause anyone to stumble, whether Jews, Greeks or the church of God— 33 even as I try to please everybody in every way. For I am not seeking my own good but the good of many, so that they may be saved.

11
1 Follow my example, as I follow the example of Christ.

Propriety in Worship

2 I praise you for remembering me in everything and for holding to the teachings,y just as I passed them on to you.

3 Now I want you to realize that the head of every man is Christ, and the head of the woman is man, and the head of Christ is God. 4 Every man who prays or prophesies with his head covered dishonors his head. 5 And every woman who prays or prophesies with her head uncovered dishonors her head—it is just as though her head were shaved. 6 If a woman does not cover her head, she should have her hair cut off; and if it is a disgrace for a woman to have her hair cut or shaved off, she should cover her head. 7 A man ought not to cover his head,z since he is the image and glory of God; but the woman is the glory of man. 8 For man did not come from woman, but woman from man; 9 neither was man created for woman, but woman for man. 10 For this reason, and because of the angels, the woman ought to have a sign of authority on her head.

11 In the Lord, however, woman is not independent of man, nor is man independent of woman. 12 For as woman came from man, so also man is born of woman. But everything comes from God. 13 Judge for yourselves: Is it proper for a woman to pray to God with her head uncovered? 14 Does not the very nature of things teach you that if a man has long hair, it is a disgrace to him, 15 but that if a woman has long hair, it is her glory? For long hair is given to her as a covering. 16 If anyone wants to be contentious about this, we have no other practice—nor do the churches of God.

The Lord's Supper

17 In the following directives I have no praise for you, for your meetings do more harm than good. 18 In the first place, I hear that when you come together as a church, there are divisions among you, and to some extent I believe it. 19 No doubt there have to be differences among you to show which of you have God's approval. 20 When you come together, it is not the Lord's Supper you eat, 21 for as you eat, each of you goes ahead without waiting for anybody else. One remains hungry, another gets drunk. 22 Don't you have homes to eat and drink in? Or do you despise the church of God and humiliate those who have nothing? What shall I say to you? Shall I praise you for this? Certainly not!

23 For I received from the Lord what I also passed on to you: The Lord Jesus, on the night he was betrayed, took bread, 24 and when he had given thanks, he broke it and said, "This is my body, which is for you; do this

---

y 2 Or traditions   z 4-7 Or 4Every man who prays or prophesies with long hair dishonors his head. 5And every woman who prays or prophesies with no covering ⌊of hair⌋ on her head dishonors her head—she is just like one of the "shorn women." 6If a woman has no covering, let her be for now with short hair, but since it is a disgrace for a woman to have her hair shorn or shaved, she should grow it again. 7A man ought not to have long hair

---

f 11:2 enseñanzas. Alt. tradiciones.   g 11:4 la cabeza cubierta. Alt. el cabello largo; también en el resto del pasaje. h 11:10 debe ... autoridad. Lit. debe tener autoridad sobre la cabeza.

entrego; hagan esto en memoria de mí.» 25 De la misma manera, después de cenar, tomó la copa y dijo: «Esta copa es el nuevo pacto en mi sangre; hagan esto, cada vez que beban de ella, en memoria de mí.» 26 Porque cada vez que comen este pan y beben de esta copa, proclaman la muerte del Señor hasta que él venga.

27 Por lo tanto, cualquiera que coma el pan o beba de la copa del Señor de manera indigna, será culpable de pecar contra el cuerpo y la sangre del Señor. 28 Así que cada uno debe examinarse a sí mismo antes de comer el pan y beber de la copa. 29 Porque el que come y bebe sin discernir el cuerpo,i come y bebe su propia condena. 30 Por eso hay entre ustedes muchos débiles y enfermos, e incluso varios han muerto. 31 Si nos examináramos a nosotros mismos, no se nos juzgaría; 32 pero si nos juzga el Señor, nos disciplina para que no seamos condenados con el mundo.

33 Así que, hermanos míos, cuando se reúnan para comer, espérense unos a otros. 34 Si alguno tiene hambre, que coma en su casa, para que las reuniones de ustedes no resulten dignas de condenación.

Los demás asuntos los arreglaré cuando los visite.

Los dones espirituales

12 En cuanto a los dones espirituales, hermanos, quiero que entiendan bien este asunto. 2 Ustedes saben que cuando eran *paganos se dejaban arrastrar hacia los ídolos mudos. 3 Por eso les advierto que nadie que esté hablando por el Espíritu de Dios puede maldecir a Jesús; ni nadie puede decir: «Jesús es el Señor» sino por el Espíritu Santo.

4 Ahora bien, hay diversos dones, pero un mismo Espíritu. 5 Hay diversas maneras de servir, pero un mismo Señor. 6 Hay diversas funciones, pero es un mismo Dios el que hace todas las cosas en todos.

7 A cada uno se le da una manifestación especial del Espíritu para el bien de los demás. 8 A unos Dios les da por el Espíritu palabra de sabiduría; a otros, por el mismo Espíritu, palabra de conocimiento; 9 a otros, fe por medio del mismo Espíritu; a otros, y por ese mismo Espíritu, dones para sanar enfermos; 10 a otros, poderes milagrosos; a otros, profecía; a otros, el discernir espíritus; a otros, el hablar en diversas *lenguas; y a otros, el interpretar lenguas. 11 Todo esto lo hace un mismo y único Espíritu, quien reparte a cada uno según él lo determina.

Un cuerpo con muchos miembros

12 De hecho, aunque el cuerpo es uno solo, tiene muchos miembros, y todos los miembros, no obstante ser muchos, forman un solo cuerpo. Así sucede con Cristo. 13 Todos fuimos bautizados porj un solo Espíritu para constituir un solo cuerpo —ya seamos judíos o *gentiles, esclavos o libres—, y a todos se nos dio a beber de un mismo Espíritu.

14 Ahora bien, el cuerpo no consta de un solo miembro sino de muchos. 15 Si el pie dijera: «Como no soy mano, no soy del cuerpo», no por eso dejaría de ser parte del cuerpo. 16 Y si la oreja dijera: «Como no soy ojo, no soy del cuerpo», no por eso dejaría de ser parte del cuerpo. 17 Si todo el cuerpo fuera ojo, ¿qué sería del oído? Si todo el cuerpo fuera oído, ¿qué sería del olfato? 18 En realidad, Dios colocó cada miembro del cuerpo como mejor le pareció. 19 Si todos ellos fueran un

in remembrance of me." 25 In the same way, after supper he took the cup, saying, "This cup is the new covenant in my blood; do this, whenever you drink it, in remembrance of me." 26 For whenever you eat this bread and drink this cup, you proclaim the Lord's death until he comes.

27 Therefore, whoever eats the bread or drinks the cup of the Lord in an unworthy manner will be guilty of sinning against the body and blood of the Lord. 28 A man ought to examine himself before he eats of the bread and drinks of the cup. 29 For anyone who eats and drinks without recognizing the body of the Lord eats and drinks judgment on himself. 30 That is why many among you are weak and sick, and a number of you have fallen asleep. 31 But if we judged ourselves, we would not come under judgment. 32 When we are judged by the Lord, we are being disciplined so that we will not be condemned with the world.

33 So then, my brothers, when you come together to eat, wait for each other. 34 If anyone is hungry, he should eat at home, so that when you meet together it may not result in judgment.

And when I come I will give further directions.

Spiritual Gifts

12 Now about spiritual gifts, brothers, I do not want you to be ignorant. 2 You know that when you were pagans, somehow or other you were influenced and led astray to mute idols. 3 Therefore I tell you that no one who is speaking by the Spirit of God says, "Jesus be cursed," and no one can say, "Jesus is Lord," except by the Holy Spirit.

4 There are different kinds of gifts, but the same Spirit. 5 There are different kinds of service, but the same Lord. 6 There are different kinds of working, but the same God works all of them in all men.

7 Now to each one the manifestation of the Spirit is given for the common good. 8 To one there is given through the Spirit the message of wisdom, to another the message of knowledge by means of the same Spirit, 9 to another faith by the same Spirit, to another gifts of healing by that one Spirit, 10 to another miraculous powers, to another prophecy, to another distinguishing between spirits, to another speaking in different kinds of tongues,a and to still another the interpretation of tongues.a 11 All these are the work of one and the same Spirit, and he gives them to each one, just as he determines.

One Body, Many Parts

12 The body is a unit, though it is made up of many parts; and though all its parts are many, they form one body. So it is with Christ. 13 For we were all baptized byb one Spirit into one body—whether Jews or Greeks, slave or free—and we were all given the one Spirit to drink.

14 Now the body is not made up of one part but of many. 15 If the foot should say, "Because I am not a hand, I do not belong to the body," it would not for that reason cease to be part of the body. 16 And if the ear should say, "Because I am not an eye, I do not belong to the body," it would not for that reason cease to be part of the body. 17 If the whole body were an eye, where would the sense of hearing be? If the whole body were an ear, where would the sense of smell be? 18 But in fact God has arranged the parts in the body, every one of them, just as he wanted them to be. 19 If

---

i 11:29 *cuerpo.* Var. *cuerpo del Señor.* j 12:13 *por.* Alt. *con,* o *en.*

a 10 Or *languages;* also in verse 28   b 13 Or *with;* or in

solo miembro, ¿qué sería del cuerpo? 20 Lo cierto es que hay muchos miembros, pero el cuerpo es uno solo.

21 El ojo no puede decirle a la mano: «No te necesito.» Ni puede la cabeza decirles a los pies: «No los necesito.» 22 Al contrario, los miembros del cuerpo que parecen más débiles son indispensables, 23 y a los que nos parecen menos honrosos los tratamos con honra especial. Y se les trata con especial modestia a los miembros que nos parecen menos presentables, 24 mientras que los más presentables no requieren trato especial. Así Dios ha dispuesto los miembros de nuestro cuerpo, dando mayor honra a los que menos tenían, 25 a fin de que no haya división en el cuerpo, sino que sus miembros se preocupen por igual unos por otros. 26 Si uno de los miembros sufre, los demás comparten su sufrimiento; y si uno de ellos recibe honor, los demás se alegran con él.

27 Ahora bien, ustedes son el cuerpo de Cristo, y cada uno es miembro de ese cuerpo. 28 En la iglesia Dios ha puesto, en primer lugar, apóstoles; en segundo lugar, profetas; en tercer lugar, maestros; luego los que hacen milagros; después los que tienen dones para sanar enfermos, los que ayudan a otros, los que administran y los que hablan en diversas *lenguas. 29 ¿Son todos apóstoles? ¿Son todos profetas? ¿Son todos maestros? ¿Hacen todos milagros? 30 ¿Tienen todos dones para sanar enfermos? ¿Hablan todos en lenguas? ¿Acaso interpretan todos? 31 Ustedes, por su parte, ambicionen[k] los mejores dones.

El amor

Ahora les voy a mostrar un camino más excelente.

13 Si hablo en *lenguas *humanas y angelicales, pero no tengo amor, no soy más que un metal que resuena o un platillo que hace ruido. 2 Si tengo el don de profecía y entiendo todos los *misterios y poseo todo conocimiento, y si tengo una fe que logra trasladar montañas, pero me falta el amor, no soy nada. 3 Si reparto entre los pobres todo lo que poseo, y si entrego mi cuerpo para que lo consuman las llamas,[l] pero no tengo amor, nada gano con eso.

4 El amor es paciente, es bondadoso. El amor no es envidioso ni jactancioso ni orgulloso. 5 No se comporta con rudeza, no es egoísta, no se enoja fácilmente, no guarda rencor. 6 El amor no se deleita en la maldad sino que se regocija con la verdad. 7 Todo lo disculpa, todo lo cree, todo lo espera, todo lo soporta.

8 El amor jamás se extingue, mientras que el don de profecía cesará, el de lenguas será silenciado y el de conocimiento desaparecerá. 9 Porque conocemos y profetizamos de manera imperfecta; 10 pero cuando llegue lo perfecto, lo imperfecto desaparecerá. 11 Cuando yo era niño, hablaba como niño, pensaba como niño, razonaba como niño; cuando llegué a ser adulto, dejé atrás las cosas de niño. 12 Ahora vemos de manera indirecta y velada, como en un espejo; pero entonces veremos cara a cara. Ahora conozco de manera imperfecta, pero entonces conoceré tal y como soy conocido.

13 Ahora, pues, permanecen estas tres virtudes: la fe, la esperanza y el amor. Pero la más excelente de ellas es el amor.

they were all one part, where would the body be? 20 As it is, there are many parts, but one body.

21 The eye cannot say to the hand, "I don't need you!" And the head cannot say to the feet, "I don't need you!" 22 On the contrary, those parts of the body that seem to be weaker are indispensable, 23 and the parts that we think are less honorable we treat with special honor. And the parts that are unpresentable are treated with special modesty, 24 while our presentable parts need no special treatment. But God has combined the members of the body and has given greater honor to the parts that lacked it, 25 so that there should be no division in the body, but that its parts should have equal concern for each other. 26 If one part suffers, every part suffers with it; if one part is honored, every part rejoices with it.

27 Now you are the body of Christ, and each one of you is a part of it. 28 And in the church God has appointed first of all apostles, second prophets, third teachers, then workers of miracles, also those having gifts of healing, those able to help others, those with gifts of administration, and those speaking in different kinds of tongues. 29 Are all apostles? Are all prophets? Are all teachers? Do all work miracles? 30 Do all have gifts of healing? Do all speak in tongues[c]? Do all interpret? 31 But eagerly desire[d] the greater gifts.

Love

And now I will show you the most excellent way.

13 If I speak in the tongues[e] of men and of angels, but have not love, I am only a resounding gong or a clanging cymbal. 2 If I have the gift of prophecy and can fathom all mysteries and all knowledge, and if I have a faith that can move mountains, but have not love, I am nothing. 3 If I give all I possess to the poor and surrender my body to the flames,[f] but have not love, I gain nothing.

4 Love is patient, love is kind. It does not envy, it does not boast, it is not proud. 5 It is not rude, it is not self-seeking, it is not easily angered, it keeps no record of wrongs. 6 Love does not delight in evil but rejoices with the truth. 7 It always protects, always trusts, always hopes, always perseveres.

8 Love never fails. But where there are prophecies, they will cease; where there are tongues, they will be stilled; where there is knowledge, it will pass away. 9 For we know in part and we prophesy in part, 10 but when perfection comes, the imperfect disappears. 11 When I was a child, I talked like a child, I thought like a child, I reasoned like a child. When I became a man, I put childish ways behind me. 12 Now we see but a poor reflection as in a mirror; then we shall see face to face. Now I know in part; then I shall know fully, even as I am fully known.

13 And now these three remain: faith, hope and love. But the greatest of these is love.

---

k 12:31 ambicionen. Alt. ambicionan.   l 13:3 para ... llamas. Var. para tener de qué *jactarme.

c 30 Or other languages   d 31 Or But you are eagerly desiring
e 1 Or languages   f 3 Some early manuscripts body that I may boast

El don de lenguas y el de profecía

14 Empéñense en seguir el amor y ambicionen los dones espirituales, sobre todo el de profecía. ²Porque el que habla en *lenguas no habla a los demás sino a Dios. En realidad, nadie le entiende lo que dice, pues habla *misterios por el Espíritu.ᵐ ³En cambio, el que profetiza habla a los demás para edificarlos, animarlos y consolarlos. ⁴El que habla en lenguas se edifica a sí mismo; en cambio, el que profetiza edifica a la iglesia. ⁵Yo quisiera que todos ustedes hablaran en lenguas, pero mucho más que profetizaran. El que profetiza aventaja al que habla en lenguas, a menos que éste también interprete, para que la iglesia reciba edificación.

⁶Hermanos, si ahora fuera a visitarlos y les hablara en lenguas, ¿de qué les serviría, a menos que les presentara alguna revelación, conocimiento, profecía o enseñanza? ⁷Aun en el caso de los instrumentos musicales, tales como la flauta o el arpa, ¿cómo se reconocerá lo que tocan si no dan distintamente sus sonidos? ⁸Y si la trompeta no da un toque claro, ¿quién se va a preparar para la batalla? ⁹Así sucede con ustedes. A menos que su lengua pronuncie palabras comprensibles, ¿cómo se sabrá lo que dicen? Será como si hablaran al aire. ¹⁰¡Quién sabe cuántos idiomas hay en el mundo, y ninguno carece de sentido! ¹¹Pero si no capto el sentido de lo que alguien dice, seré como un extranjero para el que me habla, y él lo será para mí. ¹²Por eso ustedes, ya que tanto ambicionan dones espirituales, procuren que éstos abunden para la edificación de la iglesia.

¹³Por esta razón, el que habla en lenguas pida en oración el don de interpretar lo que diga. ¹⁴Porque si yo oro en lenguas, mi espíritu ora, pero mi entendimiento no se beneficia en nada. ¹⁵¿Qué debo hacer entonces? Pues orar con el espíritu, pero también con el entendimiento; cantar con el espíritu, pero también con el entendimiento. ¹⁶De otra manera, si alabas a Dios con el espíritu, ¿cómo puede quien no es instruidoⁿ decir «amén» a tu acción de gracias, puesto que no entiende lo que dices? ¹⁷En ese caso tu acción de gracias es admirable, pero no edifica al otro.

¹⁸Doy gracias a Dios porque hablo en lenguas más que todos ustedes. ¹⁹Sin embargo, en la iglesia prefiero emplear cinco palabras comprensibles y que me sirvan para instruir a los demás, que diez mil palabras en lenguas.

²⁰Hermanos, no sean niños en su modo de pensar. Sean niños en cuanto a la malicia, pero adultos en su modo de pensar. ²¹En la ley está escrito:

> «Por medio de gente de lengua extraña
> y por boca de extranjeros
> hablaré a este pueblo,
> pero ni aun así me escucharán»,ñ dice el
> Señor.

²²De modo que el hablar en lenguas es una señal, no para los creyentes sino para los incrédulos; en cambio, la profecía no es señal para los incrédulos sino para los creyentes. ²³Así que, si toda la iglesia se reúne y todos hablan en lenguas, y entran algunos que no entienden

Gifts of Prophecy and Tongues

14 Follow the way of love and eagerly desire spiritual gifts, especially the gift of prophecy. ²For anyone who speaks in a tongueᵍ does not speak to men but to God. Indeed, no one understands him; he utters mysteries with his spirit.ʰ ³But everyone who prophesies speaks to men for their strengthening, encouragement and comfort. ⁴He who speaks in a tongue edifies himself, but he who prophesies edifies the church. ⁵I would like every one of you to speak in tongues,ⁱ but I would rather have you prophesy. He who prophesies is greater than one who speaks in tongues,ⁱ unless he interprets, so that the church may be edified.

⁶Now, brothers, if I come to you and speak in tongues, what good will I be to you, unless I bring you some revelation or knowledge or prophecy or word of instruction? ⁷Even in the case of lifeless things that make sounds, such as the flute or harp, how will anyone know what tune is being played unless there is a distinction in the notes? ⁸Again, if the trumpet does not sound a clear call, who will get ready for battle? ⁹So it is with you. Unless you speak intelligible words with your tongue, how will anyone know what you are saying? You will just be speaking into the air. ¹⁰Undoubtedly there are all sorts of languages in the world, yet none of them is without meaning. ¹¹If then I do not grasp the meaning of what someone is saying, I am a foreigner to the speaker, and he is a foreigner to me. ¹²So it is with you. Since you are eager to have spiritual gifts, try to excel in gifts that build up the church.

¹³For this reason anyone who speaks in a tongue should pray that he may interpret what he says. ¹⁴For if I pray in a tongue, my spirit prays, but my mind is unfruitful. ¹⁵So what shall I do? I will pray with my spirit, but I will also pray with my mind; I will sing with my spirit, but I will also sing with my mind. ¹⁶If you are praising God with your spirit, how can one who finds himself among those who do not understandʲ say "Amen" to your thanksgiving, since he does not know what you are saying? ¹⁷You may be giving thanks well enough, but the other man is not edified.

¹⁸I thank God that I speak in tongues more than all of you. ¹⁹But in the church I would rather speak five intelligible words to instruct others than ten thousand words in a tongue.

²⁰Brothers, stop thinking like children. In regard to evil be infants, but in your thinking be adults. ²¹In the Law it is written:

> "Through men of strange tongues
> and through the lips of foreigners
> I will speak to this people,
> but even then they will not listen to
> me,"ᵏ

says the Lord.

²²Tongues, then, are a sign, not for believers but for unbelievers; prophecy, however, is for believers, not for unbelievers. ²³So if the whole church comes together and everyone speaks in tongues, and some who do not understandˡ or some unbelievers come in, will

---

ᵐ 14:2 *por el Espíritu.* Alt. *en su espíritu.*   ⁿ 14:16 *quien no es instruido.* Lit. *el que ocupa el lugar del indocto.*   ñ 14:21 Is 28:11,12

ᵍ 2 Or *another language*; also in verses 4, 13, 14, 19, 26 and 27   ʰ 2 Or *by the Spirit*   ⁱ 5 Or *other languages*; also in verses 6, 18, 22, 23 and 39   ʲ 16 Or *among the inquirers*   ᵏ 21 Isaiah 28:11,12   ˡ 23 Or *some inquirers*

o no creen, ¿no dirán que ustedes están locos? 24Pero si uno que no cree o uno que no entiende entra cuando todos están profetizando, se sentirá reprendido y juzgado por todos, 25y los secretos de su corazón quedarán al descubierto. Así que se postrará ante Dios y lo adorará, exclamando: «¡Realmente Dios está entre ustedes!»

Orden en los cultos

26¿Qué concluimos, hermanos? Que cuando se reúnan, cada uno puede tener un himno, una enseñanza, una revelación, un mensaje en *lenguas, o una interpretación. Todo esto debe hacerse para la edificación de la iglesia. 27Si se habla en lenguas, que hablen dos —o cuando mucho tres—, cada uno por turno; y que alguien interprete. 28Si no hay intérprete, que guarden silencio en la iglesia y cada uno hable para sí mismo y para Dios.

29En cuanto a los profetas, que hablen dos o tres, y que los demás examinen con cuidado lo dicho. 30Si alguien que está sentado recibe una revelación, el que esté hablando ceda la palabra. 31Así todos pueden profetizar por turno, para que todos reciban instrucción y aliento. 32El don de profecía está◦ bajo el control de los profetas, 33porque Dios no es un Dios de desorden sino de paz.

Como es costumbre en las congregaciones de los *creyentes, 34guarden las mujeres silencio en la iglesia, pues no les está permitido hablar. Que estén sumisas, como lo establece la ley. 35Si quieren saber algo, que se lo pregunten en casa a sus esposos; porque no está bien visto que una mujer hable en la iglesia.

36¿Acaso la palabra de Dios procedió de ustedes? ¿O son ustedes los únicos que la han recibido? 37Si alguno se cree profeta o espiritual, reconozca que esto que les escribo es mandato del Señor. 38Si no lo reconoce, tampoco él será reconocido.ᵖ

39Así que, hermanos míos, ambicionen el don de profetizar, y no prohíban que se hable en lenguas. 40Pero todo debe hacerse de una manera apropiada y con orden.

La resurrección de Cristo

15 Ahora, hermanos, quiero recordarles el *evangelio que les prediqué, el mismo que recibieron y en el cual se mantienen firmes. 2Mediante este evangelio son salvos, si se aferran a la palabra que les prediqué. De otro modo, habrán creído en vano.

3Porque ante todoᵠ les transmití a ustedes lo que yo mismo recibí: que Cristo murió por nuestros pecados según las Escrituras, 4que fue sepultado, que resucitó al tercer día según las Escrituras, 5y que se apareció a *Cefas, y luego a los doce. 6Después se apareció a más de quinientos hermanos a la vez, la mayoría de los cuales vive todavía, aunque algunos han muerto. 7Luego se apareció a *Jacobo, más tarde a todos los apóstoles, 8y por último, como a uno nacido fuera de tiempo, se me apareció también a mí.

9Admito que yo soy el más insignificante de los apóstoles y que ni siquiera merezco ser llamado apóstol, porque perseguí a la iglesia de Dios. 10Pero por la gracia de Dios soy lo que soy, y la gracia que él me concedió no fue infructuosa. Al contrario, he trabajado con más tesón que todos ellos, aunque no yo sino la

they not say that you are out of your mind? 24But if an unbeliever or someone who does not understandᵐ comes in while everybody is prophesying, he will be convinced by all that he is a sinner and will be judged by all, 25and the secrets of his heart will be laid bare. So he will fall down and worship God, exclaiming, "God is really among you!"

Orderly Worship

26What then shall we say, brothers? When you come together, everyone has a hymn, or a word of instruction, a revelation, a tongue or an interpretation. All of these must be done for the strengthening of the church. 27If anyone speaks in a tongue, two—or at the most three—should speak, one at a time, and someone must interpret. 28If there is no interpreter, the speaker should keep quiet in the church and speak to himself and God.

29Two or three prophets should speak, and the others should weigh carefully what is said. 30And if a revelation comes to someone who is sitting down, the first speaker should stop. 31For you can all prophesy in turn so that everyone may be instructed and encouraged. 32The spirits of prophets are subject to the control of prophets. 33For God is not a God of disorder but of peace.

As in all the congregations of the saints, 34women should remain silent in the churches. They are not allowed to speak, but must be in submission, as the Law says. 35If they want to inquire about something, they should ask their own husbands at home; for it is disgraceful for a woman to speak in the church.

36Did the word of God originate with you? Or are you the only people it has reached? 37If anybody thinks he is a prophet or spiritually gifted, let him acknowledge that what I am writing to you is the Lord's command. 38If he ignores this, he himself will be ignored.ⁿ

39Therefore, my brothers, be eager to prophesy, and do not forbid speaking in tongues. 40But everything should be done in a fitting and orderly way.

The Resurrection of Christ

15 Now, brothers, I want to remind you of the gospel I preached to you, which you received and on which you have taken your stand. 2By this gospel you are saved, if you hold firmly to the word I preached to you. Otherwise, you have believed in vain.

3For what I received I passed on to you as of first importanceᵒ: that Christ died for our sins according to the Scriptures, 4that he was buried, that he was raised on the third day according to the Scriptures, 5and that he appeared to Peter,ᵖ and then to the Twelve. 6After that, he appeared to more than five hundred of the brothers at the same time, most of whom are still living, though some have fallen asleep. 7Then he appeared to James, then to all the apostles, 8and last of all he appeared to me also, as to one abnormally born.

9For I am the least of the apostles and do not even deserve to be called an apostle, because I persecuted the church of God. 10But by the grace of God I am what I am, and his grace to me was not without effect. No, I worked harder than all of them—yet not I, but

---

o 14:32 El don ... está. Lit. Los espíritus de los profetas están.
p 14:38 tampoco ... reconocido. Var. que no lo reconozca.
q 15:3 ante todo. Alt. al principio.

m 24 Or or some inquirer   n 38 Some manuscripts If he is ignorant of this, let him be ignorant   o 3 Or you at the first
p 5 Greek Cephas

gracia de Dios que está conmigo. 11 En fin, ya sea que se trate de mí o de ellos, esto es lo que predicamos, y esto es lo que ustedes han creído.

La resurrección de los muertos

12 Ahora bien, si se predica que Cristo ha sido levantado de entre los muertos, ¿cómo dicen algunos de ustedes que no hay resurrección? 13 Si no hay resurrección, entonces ni siquiera Cristo ha resucitado. 14 Y si Cristo no ha resucitado, nuestra predicación no sirve para nada, como tampoco la fe de ustedes. 15 Aún más, resultaríamos falsos testigos de Dios por haber testificado que Dios resucitó a Cristo, lo cual no habría sucedido, si en verdad los muertos no resucitan. 16 Porque si los muertos no resucitan, tampoco Cristo ha resucitado. 17 Y si Cristo no ha resucitado, la fe de ustedes es ilusoria y todavía están en sus pecados. 18 En este caso, también están perdidos los que murieron en Cristo. 19 Si la esperanza que tenemos en Cristo fuera sólo para esta vida, seríamos los más desdichados de todos los *mortales.

20 Lo cierto es que Cristo ha sido *levantado de entre los muertos, como *primicias de los que murieron. 21 De hecho, ya que la muerte vino por medio de un hombre, también por medio de un hombre viene la resurrección de los muertos. 22 Pues así como en Adán todos mueren, también en Cristo todos volverán a vivir, 23 pero cada uno en su debido orden: Cristo, las primicias; después, cuando él venga, los que le pertenecen. 24 Entonces vendrá el fin, cuando él entregue el reino a Dios el Padre, luego de destruir todo dominio, autoridad y poder. 25 Porque es necesario que Cristo reine hasta poner a todos sus enemigos debajo de sus pies. 26 El último enemigo que será destruido es la muerte, 27 pues Dios «ha sometido todo a su dominio».r Al decir que «todo» ha quedado sometido a su dominio, es claro que no se incluye a Dios mismo, quien todo lo sometió a Cristo. 28 Y cuando todo le sea sometido, entonces el Hijo mismo se someterá a aquel que le sometió todo, para que Dios sea todo en todo.

29 Si no hay resurrección, ¿qué sacan los que se bautizan por los muertos? Si en definitiva los muertos no resucitan, ¿por qué se bautizan por ellos? 30 Y nosotros, ¿por qué nos exponemos al peligro a todas horas? 31 Que cada día muero, hermanos, es tan cierto como el *orgullo que siento por ustedes en Cristo Jesús nuestro Señor. 32 ¿Qué he ganado si, sólo por motivos humanos, en Éfeso luché contra las fieras? Si los muertos no resucitan,

> «comamos y bebamos,
> que mañana moriremos».s

33 No se dejen engañar: «Las malas compañías corrompen las buenas costumbres.» 34 Vuelvan a su sano juicio, como conviene, y dejen de pecar. En efecto, hay algunos de ustedes que no tienen conocimiento de Dios; para vergüenza de ustedes lo digo.

El cuerpo resucitado

35 Tal vez alguien pregunte: «¿Cómo resucitarán los muertos? ¿Con qué clase de cuerpo vendrán?» 36 ¡Qué tontería! Lo que tú siembras no cobra vida a menos que muera. 37 No plantas el cuerpo que luego ha de nacer sino que siembras una simple semilla de trigo o de otro grano. 38 Pero Dios le da el cuerpo que quiso darle, y a cada clase de semilla le da un cuerpo propio. 39 No todos los cuerpos son iguales: hay cuerpos *humanos; también los hay de animales terrestres, de aves y de

the grace of God that was with me. 11 Whether, then, it was I or they, this is what we preach, and this is what you believed.

The Resurrection of the Dead

12 But if it is preached that Christ has been raised from the dead, how can some of you say that there is no resurrection of the dead? 13 If there is no resurrection of the dead, then not even Christ has been raised. 14 And if Christ has not been raised, our preaching is useless and so is your faith. 15 More than that, we are then found to be false witnesses about God, for we have testified about God that he raised Christ from the dead. But he did not raise him if in fact the dead are not raised. 16 For if the dead are not raised, then Christ has not been raised either. 17 And if Christ has not been raised, your faith is futile; you are still in your sins. 18 Then those also who have fallen asleep in Christ are lost. 19 If only for this life we have hope in Christ, we are to be pitied more than all men.

20 But Christ has indeed been raised from the dead, the firstfruits of those who have fallen asleep. 21 For since death came through a man, the resurrection of the dead comes also through a man. 22 For as in Adam all die, so in Christ all will be made alive. 23 But each in his own turn: Christ, the firstfruits; then, when he comes, those who belong to him. 24 Then the end will come, when he hands over the kingdom to God the Father after he has destroyed all dominion, authority and power. 25 For he must reign until he has put all his enemies under his feet. 26 The last enemy to be destroyed is death. 27 For he "has put everything under his feet."q Now when it says that "everything" has been put under him, it is clear that this does not include God himself, who put everything under Christ. 28 When he has done this, then the Son himself will be made subject to him who put everything under him, so that God may be all in all.

29 Now if there is no resurrection, what will those do who are baptized for the dead? If the dead are not raised at all, why are people baptized for them? 30 And as for us, why do we endanger ourselves every hour? 31 I die every day—I mean that, brothers—just as surely as I glory over you in Christ Jesus our Lord. 32 If I fought wild beasts in Ephesus for merely human reasons, what have I gained? If the dead are not raised,

> "Let us eat and drink,
> for tomorrow we die."r

33 Do not be misled: "Bad company corrupts good character." 34 Come back to your senses as you ought, and stop sinning; for there are some who are ignorant of God—I say this to your shame.

The Resurrection Body

35 But someone may ask, "How are the dead raised? With what kind of body will they come?" 36 How foolish! What you sow does not come to life unless it dies. 37 When you sow, you do not plant the body that will be, but just a seed, perhaps of wheat or of something else. 38 But God gives it a body as he has determined, and to each kind of seed he gives its own body. 39 All flesh is not the same: Men have one kind of flesh, animals have another, birds another and fish another.

r 15:27 Sal 8:6   s 15:32 Is 22:13   q 27 Psalm 8:6   r 32 Isaiah 22:13

peces. 40 Así mismo hay cuerpos celestes y cuerpos terrestres; pero el esplendor de los cuerpos celestes es uno, y el de los cuerpos terrestres es otro. 41 Uno es el esplendor del sol, otro el de la luna y otro el de las estrellas. Cada estrella tiene su propio brillo.

42 Así sucederá también con la resurrección de los muertos. Lo que se siembra en corrupción, resucita en incorrupción; 43 lo que se siembra en oprobio, resucita en gloria; lo que se siembra en debilidad, resucita en poder; 44 se siembra un cuerpo natural,*t* resucita un cuerpo espiritual.

Si hay un cuerpo natural, también hay un cuerpo espiritual. 45 Así está escrito: «El primer hombre, Adán, se convirtió en un ser viviente»;*u* el último Adán, en el Espíritu que da vida. 46 No vino primero lo espiritual sino lo natural, y después lo espiritual. 47 El primer hombre era del polvo de la tierra; el segundo hombre, del cielo. 48 Como es aquel hombre terrenal, así son también los de la tierra; y como es el celestial, así son también los del cielo. 49 Y así como hemos llevado la imagen de aquel hombre terrenal, llevaremos*v* también la imagen del celestial.

50 Les declaro, hermanos, que el cuerpo mortal*w* no puede heredar el reino de Dios, ni lo corruptible puede heredar lo incorruptible. 51 Fíjense bien en el *misterio que les voy a revelar: No todos moriremos, pero todos seremos transformados, 52 en un instante, en un abrir y cerrar de ojos, al toque final de la trompeta. Pues sonará la trompeta y los muertos resucitarán con un cuerpo incorruptible, y nosotros seremos transformados. 53 Porque lo corruptible tiene que revestirse de lo incorruptible, y lo mortal, de inmortalidad. 54 Cuando lo corruptible se revista de lo incorruptible, y lo mortal, de inmortalidad, entonces se cumplirá lo que está escrito: «La muerte ha sido devorada por la victoria.»*x*

55 «¿Dónde está, oh muerte, tu victoria?
¿Dónde está, oh muerte, tu aguijón?»*y*

56 El aguijón de la muerte es el pecado, y el poder del pecado es la ley. 57 ¡Pero gracias a Dios, que nos da la victoria por medio de nuestro Señor Jesucristo!

58 Por lo tanto, mis queridos hermanos, manténganse firmes e inconmovibles, progresando siempre en la obra del Señor, conscientes de que su trabajo en el Señor no es en vano.

La colecta para el pueblo de Dios

16 En cuanto a la colecta para los *creyentes, sigan las instrucciones que di a las iglesias de Galacia. 2 El primer día de la semana, cada uno de ustedes aparte y guarde algún dinero conforme a sus ingresos, para que no se tengan que hacer colectas cuando yo vaya. 3 Luego, cuando llegue, daré cartas de presentación a los que ustedes hayan aprobado y los enviaré a Jerusalén con los donativos que hayan recogido. 4 Si conviene que yo también vaya, iremos juntos.

Encargos personales

5 Después de pasar por Macedonia, pues tengo que atravesar esa región, iré a verlos. 6 Es posible que me quede con ustedes algún tiempo, y tal vez pase allí el invierno, para que me ayuden a seguir el viaje a dondequiera que vaya. 7 Esta vez no quiero verlos sólo de paso; más bien, espero permanecer algún tiempo con ustedes, si el Señor así lo permite. 8 Pero me quedaré en

40 There are also heavenly bodies and there are earthly bodies; but the splendor of the heavenly bodies is one kind, and the splendor of the earthly bodies is another. 41 The sun has one kind of splendor, the moon another and the stars another; and star differs from star in splendor.

42 So will it be with the resurrection of the dead. The body that is sown is perishable, it is raised imperishable; 43 it is sown in dishonor, it is raised in glory; it is sown in weakness, it is raised in power; 44 it is sown a natural body, it is raised a spiritual body.

If there is a natural body, there is also a spiritual body. 45 So it is written: "The first man Adam became a living being"*s*; the last Adam, a life-giving spirit. 46 The spiritual did not come first, but the natural, and after that the spiritual. 47 The first man was of the dust of the earth, the second man from heaven. 48 As was the earthly man, so are those who are of the earth; and as is the man from heaven, so also are those who are of heaven. 49 And just as we have borne the likeness of the earthly man, so shall we*t* bear the likeness of the man from heaven.

50 I declare to you, brothers, that flesh and blood cannot inherit the kingdom of God, nor does the perishable inherit the imperishable. 51 Listen, I tell you a mystery: We will not all sleep, but we will all be changed— 52 in a flash, in the twinkling of an eye, at the last trumpet. For the trumpet will sound, the dead will be raised imperishable, and we will be changed. 53 For the perishable must clothe itself with the imperishable, and the mortal with immortality. 54 When the perishable has been clothed with the imperishable, and the mortal with immortality, then the saying that is written will come true: "Death has been swallowed up in victory."*u*

55 "Where, O death, is your victory?
Where, O death, is your sting?"*v*

56 The sting of death is sin, and the power of sin is the law. 57 But thanks be to God! He gives us the victory through our Lord Jesus Christ.

58 Therefore, my dear brothers, stand firm. Let nothing move you. Always give yourselves fully to the work of the Lord, because you know that your labor in the Lord is not in vain.

The Collection for God's People

16 Now about the collection for God's people: Do what I told the Galatian churches to do. 2 On the first day of every week, each one of you should set aside a sum of money in keeping with his income, saving it up, so that when I come no collections will have to be made. 3 Then, when I arrive, I will give letters of introduction to the men you approve and send them with your gift to Jerusalem. 4 If it seems advisable for me to go also, they will accompany me.

Personal Requests

5 After I go through Macedonia, I will come to you— for I will be going through Macedonia. 6 Perhaps I will stay with you awhile, or even spend the winter, so that you can help me on my journey, wherever I go. 7 I do not want to see you now and make only a passing visit; I hope to spend some time with you, if the Lord permits. 8 But I will stay on at Ephesus until Pentecost,

---

t 15:44 natural. Lit. *síquico*; también en v. 46.   *u 15:45* Gn 2:7
v 15:49 llevaremos. Var. *llevemos.*   *w 15:50 el cuerpo mortal.*
Lit. *carne y sangre.*   *x 15:54* Is 25:8   *y 15:55* Os 13:14

s 45 Gen. 2:7   *t 49* Some early manuscripts *so let us*
u 54 Isaiah 25:8   *v 55* Hosea 13:14

Éfeso hasta Pentecostés, [9] porque se me ha presentado una gran oportunidad para un trabajo eficaz, a pesar de que hay muchos en mi contra.

[10] Si llega Timoteo, procuren que se sienta cómodo entre ustedes, porque él trabaja como yo en la obra del Señor. [11] Por tanto, que nadie lo menosprecie. Ayúdenlo a seguir su viaje en paz para que pueda volver a reunirse conmigo, pues estoy esperándolo junto con los hermanos.

[12] En cuanto a nuestro hermano Apolos, le rogué encarecidamente que en compañía de otros hermanos les hiciera una visita. No quiso de ninguna manera ir ahora, pero lo hará cuando se le presente la oportunidad.

[13] Manténganse alerta; permanezcan firmes en la fe; sean valientes y fuertes. [14] Hagan todo con amor.

[15] Bien saben que los de la familia de Estéfanas fueron los primeros convertidos de Acaya,[z] y que se han dedicado a servir a sus *creyentes. Les recomiendo, hermanos, [16] que se pongan a disposición de aquéllos y de todo el que colabore en este arduo trabajo. [17] Me alegré cuando llegaron Estéfanas, Fortunato y Acaico, porque ellos han suplido lo que ustedes no podían darme, [18] ya que han tranquilizado mi espíritu y también el de ustedes. Tales personas merecen que se les exprese reconocimiento.

Saludos finales

[19] Las iglesias de la provincia de *Asia les mandan saludos. Aquila y *Priscila los saludan cordialmente en el Señor, como también la iglesia que se reúne en la casa de ellos. [20] Todos los hermanos les mandan saludos. Salúdense unos a otros con un beso santo.

[21] Yo, Pablo, escribo este saludo de mi puño y letra. [22] Si alguno no ama al Señor, quede bajo maldición. *¡Marana ta!*[a]

[23] Que la gracia del Señor Jesús sea con ustedes.

[24] Los amo a todos ustedes en Cristo Jesús. Amén.[b]

---

[9] because a great door for effective work has opened to me, and there are many who oppose me.

[10] If Timothy comes, see to it that he has nothing to fear while he is with you, for he is carrying on the work of the Lord, just as I am. [11] No one, then, should refuse to accept him. Send him on his way in peace so that he may return to me. I am expecting him along with the brothers.

[12] Now about our brother Apollos: I strongly urged him to go to you with the brothers. He was quite unwilling to go now, but he will go when he has the opportunity.

[13] Be on your guard; stand firm in the faith; be men of courage; be strong. [14] Do everything in love.

[15] You know that the household of Stephanas were the first converts in Achaia, and they have devoted themselves to the service of the saints. I urge you, brothers, [16] to submit to such as these and to everyone who joins in the work, and labors at it. [17] I was glad when Stephanas, Fortunatus and Achaicus arrived, because they have supplied what was lacking from you. [18] For they refreshed my spirit and yours also. Such men deserve recognition.

Final Greetings

[19] The churches in the province of Asia send you greetings. Aquila and Priscilla[w] greet you warmly in the Lord, and so does the church that meets at their house. [20] All the brothers here send you greetings. Greet one another with a holy kiss.

[21] I, Paul, write this greeting in my own hand.

[22] If anyone does not love the Lord—a curse be on him. Come, O Lord[x]!

[23] The grace of the Lord Jesus be with you.

[24] My love to all of you in Christ Jesus. Amen.[y]

---

z 16:15 los primeros convertidos de Acaya. Lit. *las *primicias de Acaya.*   *a 16:22 ¡Marana ta!* Expresión aramea que significa: «Ven, Señor»; otra posible lectura es *Maran ata,* que significa: «El Señor viene.»   *b 16:24 Var.* no incluye: *Amén.*

w 19 Greek *Prisca,* a variant of *Priscilla*   *x 22* In Aramaic the expression *Come, O Lord* is *Marana tha.*   *y 24* Some manuscripts do not have *Amen.*

Segunda Carta a los

Corintios

2 Corinthians

1 Pablo, apóstol de *Cristo Jesús por la voluntad de Dios, y Timoteo nuestro hermano,

a la iglesia de Dios que está en Corinto y a todos los *santos en toda la región de Acaya:

2 Que Dios nuestro padre y el Señor Jesucristo les concedan gracia y paz.

El Dios de toda consolación

3 Alabado sea el Dios y Padre de nuestro Señor Jesucristo, Padre misericordioso y Dios de toda consolación, 4 quien nos consuela en todas nuestras tribulaciones para que con el mismo consuelo que de Dios hemos recibido, también nosotros podamos consolar a todos los que sufren. 5 Pues así como participamos abundantemente en los sufrimientos de Cristo, así también por medio de él tenemos abundante consuelo. 6 Si sufrimos, es para que ustedes tengan consuelo y salvación; y si somos consolados, es para que ustedes tengan el consuelo que los ayude a soportar con paciencia los mismos sufrimientos que nosotros padecemos. 7 Firme es la esperanza que tenemos en cuanto a ustedes, porque sabemos que así como participan de nuestros sufrimientos, así también participan de nuestro consuelo.

8 Hermanos, no queremos que desconozcan las aflicciones que sufrimos en la provincia de *Asia. Estábamos tan agobiados bajo tanta presión, que hasta perdimos la esperanza de salir con vida: 9 nos sentíamos como sentenciados a muerte. Pero eso sucedió para que no confiáramos en nosotros mismos sino en Dios, que resucita a los muertos. 10 Él nos libró y nos librará de tal peligro de muerte. En él tenemos puesta nuestra esperanza, y él seguirá librándonos. 11 Mientras tanto, ustedes nos ayudan orando por nosotros. Así muchos darán gracias a Dios por nosotros[a] a causa del don que se nos ha concedido en respuesta a tantas oraciones.

Pablo cambia de planes

12 Para nosotros, el motivo de *satisfacción es el testimonio de nuestra conciencia: Nos hemos comportado en el mundo, y especialmente entre ustedes, con la *santidad y sinceridad que vienen de Dios. Nuestra conducta no se ha ajustado a la sabiduría *humana sino a la gracia de Dios. 13 No estamos escribiéndoles nada que no puedan leer ni entender. Espero que comprenderán del todo, 14 así como ya nos han comprendido en parte, que pueden sentirse *orgullosos de nosotros como también nosotros nos sentiremos orgullosos de ustedes en el día del Señor Jesús.

15 Confiando en esto, quise visitarlos primero a ustedes para que recibieran una doble bendición; 16 es decir, visitarlos de paso a Macedonia, y verlos otra vez a mi regreso de allá. Así podrían ayudarme a seguir el viaje a Judea. 17 Al proponerme esto, ¿acaso lo hice a la ligera? ¿O es que hago mis planes según criterios meramente *humanos, de manera que diga «sí, sí» y «no, no» al mismo tiempo?

18 Pero tan cierto como que Dios es fiel, el mensaje

1 Paul, an apostle of Christ Jesus by the will of God, and Timothy our brother,

To the church of God in Corinth, together with all the saints throughout Achaia:

2 Grace and peace to you from God our Father and the Lord Jesus Christ.

The God of All Comfort

3 Praise be to the God and Father of our Lord Jesus Christ, the Father of compassion and the God of all comfort, 4 who comforts us in all our troubles, so that we can comfort those in any trouble with the comfort we ourselves have received from God. 5 For just as the sufferings of Christ flow over into our lives, so also through Christ our comfort overflows. 6 If we are distressed, it is for your comfort and salvation; if we are comforted, it is for your comfort, which produces in you patient endurance of the same sufferings we suffer. 7 And our hope for you is firm, because we know that just as you share in our sufferings, so also you share in our comfort.

8 We do not want you to be uninformed, brothers, about the hardships we suffered in the province of Asia. We were under great pressure, far beyond our ability to endure, so that we despaired even of life. 9 Indeed, in our hearts we felt the sentence of death. But this happened that we might not rely on ourselves but on God, who raises the dead. 10 He has delivered us from such a deadly peril, and he will deliver us. On him we have set our hope that he will continue to deliver us, 11 as you help us by your prayers. Then many will give thanks on our[a] behalf for the gracious favor granted us in answer to the prayers of many.

Paul's Change of Plans

12 Now this is our boast: Our conscience testifies that we have conducted ourselves in the world, and especially in our relations with you, in the holiness and sincerity that are from God. We have done so not according to worldly wisdom but according to God's grace. 13 For we do not write you anything you cannot read or understand. And I hope that, 14 as you have understood us in part, you will come to understand fully that you can boast of us just as we will boast of you in the day of the Lord Jesus.

15 Because I was confident of this, I planned to visit you first so that you might benefit twice. 16 I planned to visit you on my way to Macedonia and to come back to you from Macedonia, and then to have you send me on my way to Judea. 17 When I planned this, did I do it lightly? Or do I make my plans in a worldly manner so that in the same breath I say, "Yes, yes" and "No, no"?

18 But as surely as God is faithful, our message to

que les hemos dirigido no es «sí» y «no». ¹⁹Porque el Hijo de Dios, Jesucristo, a quien *Silvano, Timoteo y yo predicamos entre ustedes, no fue «sí» y «no»; en él siempre ha sido «sí». ²⁰Todas las promesas que ha hecho Dios son «sí» en Cristo. Así que por medio de Cristo respondemos «amén» para la gloria de Dios. ²¹Dios es el que nos mantiene firmes en Cristo, tanto a nosotros como a ustedes. Él nos ungió, ²²nos selló como propiedad suya y puso su Espíritu en nuestro corazón, como garantía de sus promesas.

²³¡Por mi *vida! Pongo a Dios por testigo de que es sólo por consideración a ustedes por lo que todavía no he ido a Corinto. ²⁴No es que intentemos imponerles la fe, sino que deseamos contribuir a la alegría de ustedes, pues por la fe se mantienen firmes.

2 En efecto, decidí no hacerles otra visita que les causara tristeza. ²Porque si yo los entristezco, ¿quién me brindará alegría sino aquel a quien yo haya entristecido? ³Les escribí como lo hice para que, al llegar yo, los que debían alegrarme no me causaran tristeza. Estaba confiado de que todos ustedes harían suya mi alegría. ⁴Les escribí con gran tristeza y angustia de corazón, y con muchas lágrimas, no para entristecerlos sino para darles a conocer la profundidad del amor que les tengo.

Perdón para el pecador

⁵Si alguno ha causado tristeza, no me la ha causado sólo a mí; hasta cierto punto —y lo digo para no exagerar— se la ha causado a todos ustedes. ⁶Para él es suficiente el castigo que le impuso la mayoría. ⁷Más bien debieran perdonarlo y consolarlo para que no sea consumido por la excesiva tristeza. ⁸Por eso les ruego que reafirmen su amor hacia él. ⁹Con este propósito les escribí: para ver si pasan la prueba de la completa obediencia. ¹⁰A quien ustedes perdonen, yo también lo perdono. De hecho, si había algo que perdonar, lo he perdonado por consideración a ustedes en presencia de Cristo, ¹¹para que Satanás no se aproveche de nosotros, pues no ignoramos sus artimañas.

Ministros del nuevo pacto

¹²Ahora bien, cuando llegué a Troas para predicar el *evangelio de Cristo, descubrí que el Señor me había abierto las puertas. ¹³Aun así, me sentí intranquilo por no haber encontrado allí a mi hermano Tito, por lo cual me despedí de ellos y me fui a Macedonia.

¹⁴Sin embargo, gracias a Dios que en Cristo siempre nos lleva triunfantes[b] y, por medio de nosotros, esparce por todas partes la fragancia de su conocimiento. ¹⁵Porque para Dios nosotros somos el aroma de Cristo entre los que se salvan y entre los que se pierden. ¹⁶Para éstos somos olor de muerte que los lleva a la muerte; para aquéllos, olor de vida que los lleva a la vida. ¿Y quién es competente para semejante tarea? ¹⁷A diferencia de muchos, nosotros no somos de los que trafican con la palabra de Dios. Más bien, hablamos con sinceridad delante de él en Cristo, como enviados de Dios que somos.

3 ¿Acaso comenzamos otra vez a recomendarnos a nosotros mismos? ¿O acaso tenemos que presentarles o pedirles a ustedes cartas de recomendación, como hacen algunos? ²Ustedes mismos son nuestra

you is not "Yes" and "No." ¹⁹For the Son of God, Jesus Christ, who was preached among you by me and Silas[b] and Timothy, was not "Yes" and "No," but in him it has always been "Yes." ²⁰For no matter how many promises God has made, they are "Yes" in Christ. And so through him the "Amen" is spoken by us to the glory of God. ²¹Now it is God who makes both us and you stand firm in Christ. He anointed us, ²²set his seal of ownership on us, and put his Spirit in our hearts as a deposit, guaranteeing what is to come.

²³I call God as my witness that it was in order to spare you that I did not return to Corinth. ²⁴Not that we lord it over your faith, but we work with you for your joy, because it is by faith you stand firm.

2 ¹So I made up my mind that I would not make another painful visit to you. ²For if I grieve you, who is left to make me glad but you whom I have grieved? ³I wrote as I did so that when I came I should not be distressed by those who ought to make me rejoice. I had confidence in all of you, that you would all share my joy. ⁴For I wrote you out of great distress and anguish of heart and with many tears, not to grieve you but to let you know the depth of my love for you.

Forgiveness for the Sinner

⁵If anyone has caused grief, he has not so much grieved me as he has grieved all of you, to some extent—not to put it too severely. ⁶The punishment inflicted on him by the majority is sufficient for him. ⁷Now instead, you ought to forgive and comfort him, so that he will not be overwhelmed by excessive sorrow. ⁸I urge you, therefore, to reaffirm your love for him. ⁹The reason I wrote you was to see if you would stand the test and be obedient in everything. ¹⁰If you forgive anyone, I also forgive him. And what I have forgiven—if there was anything to forgive—I have forgiven in the sight of Christ for your sake, ¹¹in order that Satan might not outwit us. For we are not unaware of his schemes.

Ministers of the New Covenant

¹²Now when I went to Troas to preach the gospel of Christ and found that the Lord had opened a door for me, ¹³I still had no peace of mind, because I did not find my brother Titus there. So I said good-by to them and went on to Macedonia.

¹⁴But thanks be to God, who always leads us in triumphal procession in Christ and through us spreads everywhere the fragrance of the knowledge of him. ¹⁵For we are to God the aroma of Christ among those who are being saved and those who are perishing. ¹⁶To the one we are the smell of death; to the other, the fragrance of life. And who is equal to such a task? ¹⁷Unlike so many, we do not peddle the word of God for profit. On the contrary, in Christ we speak before God with sincerity, like men sent from God.

3 Are we beginning to commend ourselves again? Or do we need, like some people, letters of recommendation to you or from you? ²You yourselves are

---

b 2:14 nos lleva triunfantes. Alt. *nos conduce en desfile victorioso.*

b 19 Greek Silvanus, a variant of *Silas*

carta, escrita en nuestro corazón, conocida y leída por todos. ³Es evidente que ustedes son una carta de Cristo, expedida*c* por nosotros, escrita no con tinta sino con el Espíritu del Dios viviente, no en tablas de piedra sino en tablas de carne, en los corazones.

⁴Ésta es la confianza que delante de Dios tenemos por medio de Cristo. ⁵No es que nos consideremos competentes en nosotros mismos. Nuestra capacidad viene de Dios. ⁶Él nos ha capacitado para ser servidores de un nuevo pacto, no el de la letra sino el del Espíritu; porque la letra mata, pero el Espíritu da vida.

La gloria del nuevo pacto

⁷El ministerio que causaba muerte, el que estaba grabado con letras en piedra, fue tan glorioso que los israelitas no podían mirar la cara de Moisés debido a la gloria que se reflejaba en su rostro, la cual ya se estaba extinguiendo. ⁸Pues bien, si aquel ministerio fue así, ¿no será todavía más glorioso el ministerio del Espíritu? ⁹Si es glorioso el ministerio que trae condenación, ¡cuánto más glorioso será el ministerio que trae la justicia! ¹⁰En efecto, lo que fue glorioso ya no lo es, si se le compara con esta excelsa gloria. ¹¹Y si vino con gloria lo que ya se estaba extinguiendo, ¡cuánto mayor será la gloria de lo que permanece!

¹²Así que, como tenemos tal esperanza, actuamos con plena confianza. ¹³No hacemos como Moisés, quien se ponía un velo sobre el rostro para que los israelitas no vieran el fin del resplandor que se iba extinguiendo. ¹⁴Sin embargo, la mente de ellos se embotó, de modo que hasta el día de hoy tienen puesto el mismo velo al leer el antiguo pacto. El velo no les ha sido quitado, porque sólo se quita en Cristo. ¹⁵Hasta el día de hoy, siempre que leen a Moisés, un velo les cubre el corazón. ¹⁶Pero cada vez que alguien se vuelve al Señor, el velo es quitado. ¹⁷Ahora bien, el Señor es el Espíritu; y donde está el Espíritu del Señor, allí hay libertad. ¹⁸Así, todos nosotros, que con el rostro descubierto reflejamos*d* como en un espejo la gloria del Señor, somos transformados a su semejanza con más y más gloria por la acción del Señor, que es el Espíritu.

Tesoros en vasijas de barro

4 Por esto, ya que por la misericordia de Dios tenemos este ministerio, no nos desanimamos. ²Más bien, hemos renunciado a todo lo vergonzoso que se hace a escondidas; no actuamos con engaño ni torcemos la palabra de Dios. Al contrario, mediante la clara exposición de la verdad, nos recomendamos a toda conciencia *humana en la presencia de Dios. ³Pero si nuestro *evangelio está encubierto, lo está para los que se pierden. ⁴El dios de este mundo ha cegado la mente de estos incrédulos, para que no vean la luz del glorioso evangelio de Cristo, el cual es la imagen de Dios. ⁵No nos predicamos a nosotros mismos sino a Jesucristo como Señor; nosotros no somos más que servidores de ustedes por causa de Jesús. ⁶Porque Dios, que ordenó que la luz resplandeciera en las tinieblas,*e* hizo brillar su luz en nuestro corazón para que conociéramos la gloria de Dios que resplandece en el rostro de Cristo.

⁷Pero tenemos este tesoro en vasijas de barro para que se vea que tan sublime poder viene de Dios y no de nosotros. ⁸Nos vemos atribulados en todo, pero no abatidos; perplejos, pero no desesperados; ⁹perseguidos, pero no abandonados; derribados, pero no destrui-

our letter, written on our hearts, known and read by everybody. ³You show that you are a letter from Christ, the result of our ministry, written not with ink but with the Spirit of the living God, not on tablets of stone but on tablets of human hearts.

⁴Such confidence as this is ours through Christ before God. ⁵Not that we are competent in ourselves to claim anything for ourselves, but our competence comes from God. ⁶He has made us competent as ministers of a new covenant—not of the letter but of the Spirit; for the letter kills, but the Spirit gives life.

The Glory of the New Covenant

⁷Now if the ministry that brought death, which was engraved in letters on stone, came with glory, so that the Israelites could not look steadily at the face of Moses because of its glory, fading though it was, ⁸will not the ministry of the Spirit be even more glorious? ⁹If the ministry that condemns men is glorious, how much more glorious is the ministry that brings righteousness! ¹⁰For what was glorious has no glory now in comparison with the surpassing glory. ¹¹And if what was fading away came with glory, how much greater is the glory of that which lasts!

¹²Therefore, since we have such a hope, we are very bold. ¹³We are not like Moses, who would put a veil over his face to keep the Israelites from gazing at it while the radiance was fading away. ¹⁴But their minds were made dull, for to this day the same veil remains when the old covenant is read. It has not been removed, because only in Christ is it taken away. ¹⁵Even to this day when Moses is read, a veil covers their hearts. ¹⁶But whenever anyone turns to the Lord, the veil is taken away. ¹⁷Now the Lord is the Spirit, and where the Spirit of the Lord is, there is freedom. ¹⁸And we, who with unveiled faces all reflect*c* the Lord's glory, are being transformed into his likeness with ever-increasing glory, which comes from the Lord, who is the Spirit.

Treasures in Jars of Clay

4 Therefore, since through God's mercy we have this ministry, we do not lose heart. ²Rather, we have renounced secret and shameful ways; we do not use deception, nor do we distort the word of God. On the contrary, by setting forth the truth plainly we commend ourselves to every man's conscience in the sight of God. ³And even if our gospel is veiled, it is veiled to those who are perishing. ⁴The god of this age has blinded the minds of unbelievers, so that they cannot see the light of the gospel of the glory of Christ, who is the image of God. ⁵For we do not preach ourselves, but Jesus Christ as Lord, and ourselves as your servants for Jesus' sake. ⁶For God, who said, "Let light shine out of darkness,"*d* made his light shine in our hearts to give us the light of the knowledge of the glory of God in the face of Christ.

⁷But we have this treasure in jars of clay to show that this all-surpassing power is from God and not from us. ⁸We are hard pressed on every side, but not crushed; perplexed, but not in despair; ⁹persecuted, but not

---

c 3:3 expedida. Lit. ministrada.   *d 3:18 reflejamos.* Alt. *contemplamos.*   *e 4:6 Gn 1:3*

c 18 Or contemplate   *d 6 Gen. 1:3*

dos. 10 Dondequiera que vamos, siempre llevamos en nuestro cuerpo la muerte de Jesús, para que también su vida se manifieste en nuestro cuerpo. 11 Pues a nosotros, los que vivimos, siempre se nos entrega a la muerte por causa de Jesús, para que también su vida se manifieste en nuestro cuerpo*f* mortal. 12 Así que la muerte actúa en nosotros, y en ustedes la vida.

13 Escrito está: «Creí, y por eso hablé.»*g* Con ese mismo espíritu de fe también nosotros creemos, y por eso hablamos. 14 Pues sabemos que aquel que resucitó al Señor Jesús nos resucitará también a nosotros con él y nos llevará junto con ustedes a su presencia. 15 Todo esto es por el bien de ustedes, para que la gracia que está alcanzando a más y más personas haga abundar la acción de gracias para la gloria de Dios.

16 Por tanto, no nos desanimamos. Al contrario, aunque por fuera nos vamos desgastando, por dentro nos vamos renovando día tras día. 17 Pues los sufrimientos ligeros y efímeros que ahora padecemos producen una gloria eterna que vale muchísimo más que todo sufrimiento. 18 Así que no nos fijamos en lo visible sino en lo invisible, ya que lo que se ve es pasajero, mientras que lo que no se ve es eterno.

Nuestra morada celestial

5 De hecho, sabemos que si esta tienda de campaña en que vivimos se deshace, tenemos de Dios un edificio, una casa eterna en el cielo, no construida por manos humanas. 2 Mientras tanto suspiramos, anhelando ser revestidos de nuestra morada celestial, 3 porque cuando seamos revestidos, no se nos hallará desnudos. 4 Realmente, vivimos en esta tienda de campaña, suspirando y agobiados, pues no deseamos ser desvestidos sino revestidos, para que lo mortal sea absorbido por la vida. 5 Es Dios quien nos ha hecho para este fin y nos ha dado su Espíritu como garantía de sus promesas.

6 Por eso mantenemos siempre la confianza, aunque sabemos que mientras vivamos en este cuerpo estaremos alejados del Señor. 7 Vivimos por fe, no por vista. 8 Así que nos mantenemos confiados, y preferiríamos ausentarnos de este cuerpo y vivir junto al Señor. 9 Por eso nos empeñamos en agradarle, ya sea que vivamos en nuestro cuerpo o que lo hayamos dejado. 10 Porque es necesario que todos comparezcamos ante el tribunal de Cristo, para que cada uno reciba lo que le corresponda, según lo bueno o malo que haya hecho mientras vivió en el cuerpo.

El ministerio de la reconciliación

11 Por tanto, como sabemos lo que es temer al Señor, tratamos de persuadir a todos, aunque para Dios es evidente lo que somos, y espero que también lo sea para la conciencia de ustedes. 12 No buscamos el recomendarnos otra vez a ustedes, sino que les damos una oportunidad de sentirse *orgullosos de nosotros, para que tengan con qué responder a los que se dejan llevar por las apariencias y no por lo que hay dentro del corazón. 13 Si estamos locos, es por Dios; y si estamos cuerdos, es por ustedes. 14 El amor de Cristo nos obliga, porque estamos convencidos de que uno murió por todos, y por consiguiente todos murieron. 15 Y él murió por todos, para que los que viven ya no vivan para sí, sino para el que murió por ellos y fue resucitado.

16 Así que de ahora en adelante no consideramos a nadie según criterios meramente *humanos.*h* Aunque antes conocimos a Cristo de esta manera, ya no lo

abandoned; struck down, but not destroyed. 10 We always carry around in our body the death of Jesus, so that the life of Jesus may also be revealed in our body. 11 For we who are alive are always being given over to death for Jesus' sake, so that his life may be revealed in our mortal body. 12 So then, death is at work in us, but life is at work in you.

13 It is written: "I believed; therefore I have spoken."*e* With that same spirit of faith we also believe and therefore speak, 14 because we know that the one who raised the Lord Jesus from the dead will also raise us with Jesus and present us with you in his presence. 15 All this is for your benefit, so that the grace that is reaching more and more people may cause thanksgiving to overflow to the glory of God.

16 Therefore we do not lose heart. Though outwardly we are wasting away, yet inwardly we are being renewed day by day. 17 For our light and momentary troubles are achieving for us an eternal glory that far outweighs them all. 18 So we fix our eyes not on what is seen, but on what is unseen. For what is seen is temporary, but what is unseen is eternal.

Our Heavenly Dwelling

5 Now we know that if the earthly tent we live in is destroyed, we have a building from God, an eternal house in heaven, not built by human hands. 2 Meanwhile we groan, longing to be clothed with our heavenly dwelling, 3 because when we are clothed, we will not be found naked. 4 For while we are in this tent, we groan and are burdened, because we do not wish to be unclothed but to be clothed with our heavenly dwelling, so that what is mortal may be swallowed up by life. 5 Now it is God who has made us for this very purpose and has given us the Spirit as a deposit, guaranteeing what is to come.

6 Therefore we are always confident and know that as long as we are at home in the body we are away from the Lord. 7 We live by faith, not by sight. 8 We are confident, I say, and would prefer to be away from the body and at home with the Lord. 9 So we make it our goal to please him, whether we are at home in the body or away from it. 10 For we must all appear before the judgment seat of Christ, that each one may receive what is due him for the things done while in the body, whether good or bad.

The Ministry of Reconciliation

11 Since, then, we know what it is to fear the Lord, we try to persuade men. What we are is plain to God, and I hope it is also plain to your conscience. 12 We are not trying to commend ourselves to you again, but are giving you an opportunity to take pride in us, so that you can answer those who take pride in what is seen rather than in what is in the heart. 13 If we are out of our mind, it is for the sake of God; if we are in our right mind, it is for you. 14 For Christ's love compels us, because we are convinced that one died for all, and therefore all died. 15 And he died for all, that those who live should no longer live for themselves but for him who died for them and was raised again.

16 So from now on we regard no one from a worldly point of view. Though we once regarded Christ in this

---

f 4:11 *nuestro cuerpo.* Lit. *nuestra *carne.*   *g* 4:13 Sal 116:10
h 5:16 *criterios ... humanos.* Lit. *la carne.*

e 13 Psalm 116:10

conocemos así. 17Por lo tanto, si alguno está en Cristo, es una nueva creación. ¡Lo viejo ha pasado, ha llegado ya lo nuevo! 18Todo esto proviene de Dios, quien por medio de Cristo nos reconcilió consigo mismo y nos dio el ministerio de la reconciliación: 19esto es, que en Cristo, Dios estaba reconciliando al mundo consigo mismo, no tomándole en cuenta sus pecados y encargándonos a nosotros el mensaje de la reconciliación. 20Así que somos embajadores de Cristo, como si Dios los exhortara a ustedes por medio de nosotros: «En nombre de Cristo les rogamos que se reconcilien con Dios.» 21Al que no cometió pecado alguno, por nosotros Dios lo trató como pecador,*i* para que en él recibiéramos*j* la justicia de Dios.

6 Nosotros, colaboradores de Dios, les rogamos que no reciban su gracia en vano. 2Porque él dice:

> «En el momento propicio te escuché,
> y en el día de salvación te ayudé.»*k*

Les digo que éste es el momento propicio de Dios; ¡hoy es el día de salvación!

Privaciones de Pablo

3Por nuestra parte, a nadie damos motivo alguno de tropiezo, para que no se desacredite nuestro servicio. 4Más bien, en todo y con mucha paciencia nos acreditamos como servidores de Dios: en sufrimientos, privaciones y angustias; 5en azotes, cárceles y tumultos; en trabajos pesados, desvelos y hambre. 6Servimos con pureza, conocimiento, constancia y bondad; en el Espíritu Santo y en amor sincero; 7con palabras de verdad y con el poder de Dios; con armas de justicia, tanto ofensivas como defensivas;*l* 8por honra y por deshonra, por mala y por buena fama; veraces, pero tenidos por engañadores; 9conocidos, pero tenidos por desconocidos; como moribundos, pero aún con vida; golpeados, pero no muertos; 10aparentemente tristes, pero siempre alegres; pobres en apariencia, pero enriqueciendo a muchos; como si no tuviéramos nada, pero poseyéndolo todo.

11Hermanos corintios, les hemos hablado con toda franqueza; les hemos abierto de par en par nuestro corazón. 12Nunca les hemos negado nuestro afecto, pero ustedes sí nos niegan el suyo. 13Para corresponder del mismo modo —les hablo como si fueran mis hijos—, ¡abran también su corazón de par en par!

No formen yunta con los incrédulos

14No formen yunta con los incrédulos. ¿Qué tienen en común la justicia y la maldad? ¿O qué comunión puede tener la luz con la oscuridad? 15¿Qué armonía tiene Cristo con el diablo?*m* ¿Qué tiene en común un creyente con un incrédulo? 16¿En qué concuerdan el templo de Dios y los ídolos? Porque nosotros somos templo del Dios viviente. Como él ha dicho: «Viviré con ellos y caminaré entre ellos. Yo seré su Dios, y ellos serán mi pueblo.»*n* Por tanto, el Señor añade:

> 17«Salgan de en medio de ellos
> y apártense.
> No toquen nada *impuro,
> y yo los recibiré.»*ñ*

way, we do so no longer. 17Therefore, if anyone is in Christ, he is a new creation; the old has gone, the new has come! 18All this is from God, who reconciled us to himself through Christ and gave us the ministry of reconciliation: 19that God was reconciling the world to himself in Christ, not counting men's sins against them. And he has committed to us the message of reconciliation. 20We are therefore Christ's ambassadors, as though God were making his appeal through us. We implore you on Christ's behalf: Be reconciled to God. 21God made him who had no sin to be sin*f* for us, so that in him we might become the righteousness of God.

6 As God's fellow workers we urge you not to receive God's grace in vain. 2For he says,

> "In the time of my favor I heard you,
> and in the day of salvation I helped
> you."*g*

I tell you, now is the time of God's favor, now is the day of salvation.

Paul's Hardships

3We put no stumbling block in anyone's path, so that our ministry will not be discredited. 4Rather, as servants of God we commend ourselves in every way: in great endurance; in troubles, hardships and distresses; 5in beatings, imprisonments and riots; in hard work, sleepless nights and hunger; 6in purity, understanding, patience and kindness; in the Holy Spirit and in sincere love; 7in truthful speech and in the power of God; with weapons of righteousness in the right hand and in the left; 8through glory and dishonor, bad report and good report; genuine, yet regarded as impostors; 9known, yet regarded as unknown; dying, and yet we live on; beaten, and yet not killed; 10sorrowful, yet always rejoicing; poor, yet making many rich; having nothing, and yet possessing everything.

11We have spoken freely to you, Corinthians, and opened wide our hearts to you. 12We are not withholding our affection from you, but you are withholding yours from us. 13As a fair exchange—I speak as to my children—open wide your hearts also.

Do Not Be Yoked With Unbelievers

14Do not be yoked together with unbelievers. For what do righteousness and wickedness have in common? Or what fellowship can light have with darkness? 15What harmony is there between Christ and Belial*h*? What does a believer have in common with an unbeliever? 16What agreement is there between the temple of God and idols? For we are the temple of the living God. As God has said: "I will live with them and walk among them, and I will be their God, and they will be my people."*i*

> 17"Therefore come out from them
> and be separate,
> says the Lord.
> Touch no unclean thing,
> and I will receive you."*j*

---

i 5:21 lo trató como pecador. Alt. *lo hizo sacrificio por el pecado.*
Lit. *lo hizo pecado.*   *j 5:21 recibiéramos.* Lit. *llegáramos a ser.*
k 6:2 Is 49:8   *l 6:7 ofensivas como defensivas.* Lit. *en la mano
derecha como en la izquierda.*   *m 6:15 el diablo.* Lit. *Beliar,* otra
forma de *Belial.*   *n 6:16* Lv 26:12; Jer 32:38; Ez 37:27
ñ 6:17 Is 52:11; Ez 20:34,41

f 21 Or *be a sin offering*   *g 2* Isaiah 49:8   *h 15* Greek *Beliar,*
a variant of *Belial*   *i 16* Lev. 26:12; Jer. 32:38; Ezek. 37:27
j 17 Isaiah 52:11; Ezek. 20:34,41

18 «Yo seré un padre para ustedes,
  y ustedes serán mis hijos y mis hijas,
      dice el Señor Todopoderoso.»*o*

18"I will be a Father to you,
  and you will be my sons and daughters,
      says the Lord Almighty."*k*

7 Como tenemos estas promesas, queridos hermanos, purifiquémonos de todo lo que contamina el
cuerpo y el espíritu, para completar en el temor de Dios
la obra de nuestra *santificación.

7 Since we have these promises, dear friends, let us
purify ourselves from everything that contami-
nates body and spirit, perfecting holiness out of reverence for God.

La alegría de Pablo

2 Hagan lugar para nosotros en su corazón. A nadie
hemos agraviado, a nadie hemos corrompido, a nadie
hemos explotado. 3 No digo esto para condenarlos; ya
les he dicho que tienen un lugar tan amplio en nuestro
corazón que con ustedes viviríamos o moriríamos.
4 Les tengo mucha confianza y me siento muy *orgulloso de ustedes. Estoy muy animado; en medio de
todas nuestras aflicciones se desborda mi alegría.
5 Cuando llegamos a Macedonia, nuestro cuerpo no
tuvo ningún descanso, sino que nos vimos acosados
por todas partes; conflictos por fuera, temores por dentro. 6 Pero Dios, que consuela a los abatidos, nos consoló con la llegada de Tito, 7 y no sólo con su llegada sino
también con el consuelo que él había recibido de ustedes. Él nos habló del anhelo, de la profunda tristeza y
de la honda preocupación que ustedes tienen por mí, lo
cual me llenó de alegría.
8 Si bien los entristecí con mi carta, no me pesa. Es
verdad que antes me pesó, porque me di cuenta de que
por un tiempo mi carta los había entristecido. 9 Sin
embargo, ahora me alegro, no porque se hayan entristecido sino porque su tristeza los llevó al *arrepentimiento. Ustedes se entristecieron tal como Dios lo quiere,
de modo que nosotros de ninguna manera los hemos
perjudicado. 10 La tristeza que proviene de Dios produce el arrepentimiento que lleva a la salvación, de la
cual no hay que arrepentirse, mientras que la tristeza
del mundo produce la muerte. 11 Fíjense lo que ha producido en ustedes esta tristeza que proviene de Dios:
¡qué empeño, qué afán por disculparse, qué indignación, qué temor, qué anhelo, qué preocupación, qué
disposición para ver que se haga justicia! En todo han
demostrado su inocencia en este asunto. 12 Así que, a
pesar de que les escribí, no fue por causa del ofensor
ni del ofendido, sino más bien para que delante de Dios
se dieran cuenta por ustedes mismos de cuánto interés
tienen en nosotros. 13 Todo esto nos reanima.
Además del consuelo que hemos recibido, nos alegró muchísimo el ver lo feliz que estaba Tito debido a
que todos ustedes fortalecieron su espíritu. 14 Ya le
había dicho que me sentía orgulloso de ustedes, y no
me han hecho quedar mal. Al contrario, así como todo
lo que les dijimos es verdad, también resultaron ciertos
los elogios que hice de ustedes delante de Tito. 15 Y él
les tiene aún más cariño al recordar que todos ustedes
fueron obedientes y lo recibieron con temor y temblor.
16 Me alegro de que puedo confiar plenamente en ustedes.

Paul's Joy

2 Make room for us in your hearts. We have wronged
no one, we have corrupted no one, we have exploited
no one. 3 I do not say this to condemn you; I have said
before that you have such a place in our hearts that we
would live or die with you. 4 I have great confidence in
you; I take great pride in you. I am greatly encouraged;
in all our troubles my joy knows no bounds.
5 For when we came into Macedonia, this body of
ours had no rest, but we were harassed at every turn—
conflicts on the outside, fears within. 6 But God, who
comforts the downcast, comforted us by the coming of
Titus, 7 and not only by his coming but also by the
comfort you had given him. He told us about your
longing for me, your deep sorrow, your ardent concern
for me, so that my joy was greater than ever.
8 Even if I caused you sorrow by my letter, I do not
regret it. Though I did regret it—I see that my letter
hurt you, but only for a little while— 9 yet now I am
happy, not because you were made sorry, but because
your sorrow led you to repentance. For you became
sorrowful as God intended and so were not harmed in
any way by us. 10 Godly sorrow brings repentance that
leads to salvation and leaves no regret, but worldly
sorrow brings death. 11 See what this godly sorrow has
produced in you: what earnestness, what eagerness to
clear yourselves, what indignation, what alarm, what
longing, what concern, what readiness to see justice
done. At every point you have proved yourselves to be
innocent in this matter. 12 So even though I wrote to
you, it was not on account of the one who did the
wrong or of the injured party, but rather that before
God you could see for yourselves how devoted to us
you are. 13 By all this we are encouraged.
In addition to our own encouragement, we were especially delighted to see how happy Titus was, because
his spirit has been refreshed by all of you. 14 I had
boasted to him about you, and you have not embar-
rassed me. But just as everything we said to you was
true, so our boasting about you to Titus has proved to
be true as well. 15 And his affection for you is all the
greater when he remembers that you were all obedient,
receiving him with fear and trembling. 16 I am glad I
can have complete confidence in you.

Estímulo a la generosidad

8 Ahora, hermanos, queremos que se enteren de la
gracia que Dios ha dado a las iglesias de Macedonia. 2 En medio de las pruebas más difíciles, su desbordante alegría y su extrema pobreza abundaron en rica
generosidad. 3 Soy testigo de que dieron espontánea-

Generosity Encouraged

8 And now, brothers, we want you to know about
the grace that God has given the Macedonian
churches. 2 Out of the most severe trial, their overflowing joy and their extreme poverty welled up in rich
generosity. 3 For I testify that they gave as much as they

mente tanto como podían, y aún más de lo que podían, [4] rogándonos con insistencia que les concediéramos el privilegio de tomar parte en esta ayuda para los *santos. [5] Incluso hicieron más de lo que esperábamos, ya que se entregaron a sí mismos, primeramente al Señor y después a nosotros, conforme a la voluntad de Dios. [6] De modo que rogamos a Tito que llevara a feliz término esta obra de gracia entre ustedes, puesto que ya la había comenzado. [7] Pero ustedes, así como sobresalen en todo —en fe, en palabras, en conocimiento, en dedicación y en su amor hacia nosotros*p*—, procuren también sobresalir en esta gracia de dar.

[8] No es que esté dándoles órdenes, sino que quiero probar la sinceridad de su amor en comparación con la dedicación de los demás. [9] Ya conocen la gracia de nuestro Señor Jesucristo, que aunque era rico, por causa de ustedes se hizo pobre, para que mediante su pobreza ustedes llegaran a ser ricos.

[10] Aquí va mi consejo sobre lo que les conviene en este asunto: El año pasado ustedes fueron los primeros no sólo en dar sino también en querer hacerlo. [11] Lleven ahora a feliz término la obra, para que, según sus posibilidades, cumplan con lo que de buena gana propusieron. [12] Porque si uno lo hace de buena voluntad, lo que da es bien recibido según lo que tiene, y no según lo que no tiene.

[13] No se trata de que otros encuentren alivio mientras que ustedes sufren escasez; es más bien cuestión de igualdad. [14] En las circunstancias actuales la abundancia de ustedes suplirá lo que ellos necesitan, para que a su vez la abundancia de ellos supla lo que ustedes necesitan. Así habrá igualdad, [15] como está escrito: «Ni al que recogió mucho le sobraba, ni al que recogió poco le faltaba.»*q*

Tito enviado a Corinto

[16] Gracias a Dios que puso en el corazón de Tito la misma preocupación que yo tengo por ustedes. [17] De hecho, cuando accedió a nuestra petición de ir a verlos, lo hizo con mucho entusiasmo y por su propia voluntad. [18] Junto con él les enviamos al hermano que se ha ganado el reconocimiento de todas las iglesias por los servicios prestados al *evangelio. [19] Además, las iglesias lo escogieron para que nos acompañe cuando llevemos la ofrenda, la cual administramos para honrar al Señor y demostrar nuestro ardiente deseo de servir. [20] Queremos evitar cualquier crítica sobre la forma en que administramos este generoso donativo; [21] porque procuramos hacer lo correcto, no sólo delante del Señor sino también delante de los demás.

[22] Con ellos les enviamos a nuestro hermano que nos ha demostrado con frecuencia y de muchas maneras que es diligente, y ahora lo es aún más por la gran confianza que tiene en ustedes. [23] En cuanto a Tito, es mi compañero y colaborador entre ustedes; y en cuanto a los otros hermanos, son enviados de las iglesias, son una honra para Cristo. [24] Por tanto, den a estos hombres una prueba de su amor y muéstrenles por qué nos sentimos *orgullosos de ustedes, para testimonio ante las iglesias.

9 No hace falta que les escriba acerca de esta ayuda para los *santos, [2] porque conozco la buena disposición que ustedes tienen. Esto lo he comentado con

were able, and even beyond their ability. Entirely on their own, [4] they urgently pleaded with us for the privilege of sharing in this service to the saints. [5] And they did not do as we expected, but they gave themselves first to the Lord and then to us in keeping with God's will. [6] So we urged Titus, since he had earlier made a beginning, to bring also to completion this act of grace on your part. [7] But just as you excel in everything—in faith, in speech, in knowledge, in complete earnestness and in your love for us*l*—see that you also excel in this grace of giving.

[8] I am not commanding you, but I want to test the sincerity of your love by comparing it with the earnestness of others. [9] For you know the grace of our Lord Jesus Christ, that though he was rich, yet for your sakes he became poor, so that you through his poverty might become rich.

[10] And here is my advice about what is best for you in this matter: Last year you were the first not only to give but also to have the desire to do so. [11] Now finish the work, so that your eager willingness to do it may be matched by your completion of it, according to your means. [12] For if the willingness is there, the gift is acceptable according to what one has, not according to what he does not have.

[13] Our desire is not that others might be relieved while you are hard pressed, but that there might be equality. [14] At the present time your plenty will supply what they need, so that in turn their plenty will supply what you need. Then there will be equality, [15] as it is written: "He who gathered much did not have too much, and he who gathered little did not have too little."*m*

Titus Sent to Corinth

[16] I thank God, who put into the heart of Titus the same concern I have for you. [17] For Titus not only welcomed our appeal, but he is coming to you with much enthusiasm and on his own initiative. [18] And we are sending along with him the brother who is praised by all the churches for his service to the gospel. [19] What is more, he was chosen by the churches to accompany us as we carry the offering, which we administer in order to honor the Lord himself and to show our eagerness to help. [20] We want to avoid any criticism of the way we administer this liberal gift. [21] For we are taking pains to do what is right, not only in the eyes of the Lord but also in the eyes of men.

[22] In addition, we are sending with them our brother who has often proved to us in many ways that he is zealous, and now even more so because of his great confidence in you. [23] As for Titus, he is my partner and fellow worker among you; as for our brothers, they are representatives of the churches and an honor to Christ. [24] Therefore show these men the proof of your love and the reason for our pride in you, so that the churches can see it.

9 There is no need for me to write to you about this service to the saints. [2] For I know your eagerness to help, and I have been boasting about it to the Macedo-

---

p 8:7 *su amor hacia nosotros.* Var. *nuestro amor hacia ustedes.*
q 8:15 Éx 16:18

l 7 Some manuscripts *in our love for you*   *m* 15 Exodus 16:18

orgullo entre los macedonios, diciéndoles que desde el año pasado ustedes los de Acaya estaban preparados para dar. El entusiasmo de ustedes ha servido de estímulo a la mayoría de ellos. ³ Con todo, les envío a estos hermanos para que en este asunto no resulte vano nuestro *orgullo por ustedes, sino que estén preparados, como ya he dicho que lo estarían, ⁴ no sea que algunos macedonios vayan conmigo y los encuentren desprevenidos. En ese caso nosotros —por no decir nada de ustedes— nos avergonzaríamos por haber estado tan seguros. ⁵ Así que me pareció necesario rogar a estos hermanos que se adelantaran a visitarlos y completaran los preparativos para esa generosa colecta que ustedes habían prometido. Entonces estará lista como una ofrenda generosa,ʳ y no como una tacañería.

Sembrar con generosidad

⁶ Recuerden esto: El que siembra escasamente, escasamente cosechará, y el que siembra en abundancia, en abundancia cosechará.ˢ ⁷ Cada uno debe dar según lo que haya decidido en su corazón, no de mala gana ni por obligación, porque Dios ama al que da con alegría. ⁸ Y Dios puede hacer que toda gracia abunde para ustedes, de manera que siempre, en toda circunstancia, tengan todo lo necesario, y toda buena obra abunde en ustedes. ⁹ Como está escrito:

«Repartió sus bienes entre los pobres;
    su justicia permanece para siempre.»ᵗ

¹⁰ El que le suple semilla al que siembra también le suplirá pan para que coma, aumentará los cultivos y hará que ustedes produzcan una abundante cosecha de justicia. ¹¹ Ustedes serán enriquecidos en todo sentido para que en toda ocasión puedan ser generosos, y para que por medio de nosotros la generosidad de ustedes resulte en acciones de gracias a Dios.

¹² Esta ayuda que es un servicio sagrado no sólo suple las necesidades de los *santos sino que también redunda en abundantes acciones de gracias a Dios. ¹³ En efecto, al recibir esta demostración de servicio, ellos alabarán a Dios por la obediencia con que ustedes acompañan la confesión del *evangelio de Cristo, y por su generosa solidaridad con ellos y con todos. ¹⁴ Además, en las oraciones de ellos por ustedes, expresarán el afecto que les tienen por la sobreabundante gracia que ustedes han recibido de Dios. ¹⁵ ¡Gracias a Dios por su don inefable!

Pablo defiende su ministerio

10 Por la ternura y la bondad de Cristo, yo, Pablo, apelo a ustedes personalmente; yo mismo que, según dicen, soy tímido cuando me encuentro cara a cara con ustedes pero atrevido cuando estoy lejos. ² Les ruego que cuando vaya no tenga que ser tan atrevido como me he propuesto ser con algunos que opinan que vivimos según criterios meramente *humanos, ³ pues aunque vivimos en el *mundo, no libramos batallas como lo hace el mundo. ⁴ Las armas con que luchamos no son del mundo, sino que tienen el poder divino para derribar fortalezas. ⁵ Destruimos argumentos y toda altivez que se levanta contra el conocimiento de Dios, y llevamos cautivo todo pensamiento para que se someta a Cristo. ⁶ Y estamos dispuestos a castigar cualquier acto de desobediencia una vez que yo pueda contar con la completa obediencia de ustedes.

nians, telling them that since last year you in Achaia were ready to give; and your enthusiasm has stirred most of them to action. ³ But I am sending the brothers in order that our boasting about you in this matter should not prove hollow, but that you may be ready, as I said you would be. ⁴ For if any Macedonians come with me and find you unprepared, we—not to say anything about you—would be ashamed of having been so confident. ⁵ So I thought it necessary to urge the brothers to visit you in advance and finish the arrangements for the generous gift you had promised. Then it will be ready as a generous gift, not as one grudgingly given.

Sowing Generously

⁶ Remember this: Whoever sows sparingly will also reap sparingly, and whoever sows generously will also reap generously. ⁷ Each man should give what he has decided in his heart to give, not reluctantly or under compulsion, for God loves a cheerful giver. ⁸ And God is able to make all grace abound to you, so that in all things at all times, having all that you need, you will abound in every good work. ⁹ As it is written:

"He has scattered abroad his gifts to the
    poor;
    his righteousness endures forever."ⁿ

¹⁰ Now he who supplies seed to the sower and bread for food will also supply and increase your store of seed and will enlarge the harvest of your righteousness. ¹¹ You will be made rich in every way so that you can be generous on every occasion, and through us your generosity will result in thanksgiving to God.

¹² This service that you perform is not only supplying the needs of God's people but is also overflowing in many expressions of thanks to God. ¹³ Because of the service by which you have proved yourselves, men will praise God for the obedience that accompanies your confession of the gospel of Christ, and for your generosity in sharing with them and with everyone else. ¹⁴ And in their prayers for you their hearts will go out to you, because of the surpassing grace God has given you. ¹⁵ Thanks be to God for his indescribable gift!

Paul's Defense of His Ministry

10 By the meekness and gentleness of Christ, I appeal to you—I, Paul, who am "timid" when face to face with you, but "bold" when away! ² I beg you that when I come I may not have to be as bold as I expect to be toward some people who think that we live by the standards of this world. ³ For though we live in the world, we do not wage war as the world does. ⁴ The weapons we fight with are not the weapons of the world. On the contrary, they have divine power to demolish strongholds. ⁵ We demolish arguments and every pretension that sets itself up against the knowledge of God, and we take captive every thought to make it obedient to Christ. ⁶ And we will be ready to punish every act of disobedience, once your obedience is complete.

ʳ 9:5 *una ofrenda generosa.* Lit. *una bendición.*   ˢ 9:6 *siembra ... cosechará.* Lit. *siembra en bendición, en bendición cosechará.*
ᵗ 9:9 Sal 112:9

ⁿ 9 Psalm 112:9

7 Fíjense en lo que está a la vista.[u] Si alguno está
convencido de ser de Cristo, considere esto de nuevo:
nosotros somos tan de Cristo como él. 8 No me aver-
gonzaré de *jactarme de nuestra autoridad más de la
cuenta, autoridad que el Señor nos ha dado para la
edificación y no para la destrucción de ustedes. 9 No
quiero dar la impresión de que trato de asustarlos con
mis cartas, 10 pues algunos dicen: «Sus cartas son duras
y fuertes, pero él en persona no impresiona a nadie, y
como orador es un fracaso.» 11 Tales personas deben
darse cuenta de que lo que somos por escrito estando
ausentes, lo seremos con hechos estando presentes.

12 No nos atrevemos a igualarnos ni a compararnos
con algunos que tanto se recomiendan a sí mismos. Al
medirse con su propia medida y compararse unos con
otros, no saben lo que hacen. 13 Nosotros, por nuestra
parte, no vamos a jactarnos más de lo debido. Nos
limitaremos al campo que Dios nos ha asignado según
su medida, en la cual también ustedes están incluidos.
14 Si no hubiéramos estado antes entre ustedes, se podría alegar que estamos rebasando estos límites, cuando lo cierto es que fuimos los primeros en llevarles el
*evangelio de Cristo. 15 No nos jactamos desmedida-
mente a costa del trabajo que otros han hecho. Al contrario, esperamos que, según vaya creciendo la fe de
ustedes, también nuestro campo de acción entre ustedes se amplíe grandemente, 16 para poder predicar el
evangelio más allá de sus regiones, sin tener que jactarnos del trabajo ya hecho por otros. 17 Más bien, «Si
alguien ha de gloriarse, que se gloríe en el Señor».[v]
18 Porque no es aprobado el que se recomienda a sí
mismo sino aquel a quien recomienda el Señor.

Pablo y los falsos apóstoles

11 ¡Ojalá me aguanten unas cuantas tonterías! ¡Sí,
aguántenmelas![w] 2 El celo que siento por ustedes proviene de Dios, pues los tengo prometidos a un
solo esposo, que es Cristo, para presentárselos como
una virgen pura. 3 Pero me temo que, así como la serpiente con su astucia engañó a Eva, los pensamientos
de ustedes sean desviados de un compromiso puro y[x]
sincero con Cristo. 4 Si alguien llega a ustedes predicando a un Jesús diferente del que les hemos predicado
nosotros, o si reciben un espíritu o un *evangelio diferentes de los que ya recibieron, a ése lo aguantan con
facilidad. 5 Pero considero que en nada soy inferior a
esos «superapóstoles». 6 Quizás yo sea un mal orador,
pero tengo conocimiento. Esto se lo hemos demostrado
a ustedes de una y mil maneras.

7 ¿Es que cometí un pecado al humillarme yo para
enaltecerlos a ustedes, predicándoles el *evangelio de
Dios gratuitamente? 8 De hecho, despojé a otras iglesias al recibir de ellas ayuda para servirles a ustedes.
9 Cuando estuve entre ustedes y necesité algo, no fui
una carga para nadie, ya que los hermanos que llegaron
de Macedonia suplieron mis necesidades. He evitado
serles una carga en cualquier sentido, y seguiré evitán-
dolo. 10 Es tan cierto que la verdad de Cristo está en mí,
como lo es que nadie en las regiones de Acaya podrá
privarme de este motivo de *orgullo. 11 ¿Por qué?
¿Porque no los amo? ¡Dios sabe que sí! 12 Pero seguiré
haciendo lo que hago, a fin de quitar todo pretexto a
aquellos que, buscando una oportunidad para hacerse
iguales a nosotros, se *jactan de lo que hacen.

[u] *10:7 Fíjense ... vista.* Alt. *Ustedes se fijan en las apariencias.*
[v] *10:17* Jer 9:24 [w] *11:1 ¡Sí, aguántenmelas!* Alt. *En realidad,
ya me las están aguantando.* [x] *11:3* Var. no incluye: *puro y.*

7 You are looking only on the surface of things.[o] If
anyone is confident that he belongs to Christ, he should
consider again that we belong to Christ just as much as
he. 8 For even if I boast somewhat freely about the
authority the Lord gave us for building you up rather
than pulling you down, I will not be ashamed of it. 9 I
do not want to seem to be trying to frighten you with
my letters. 10 For some say, "His letters are weighty and
forceful, but in person he is unimpressive and his
speaking amounts to nothing." 11 Such people should
realize that what we are in our letters when we are
absent, we will be in our actions when we are present.

12 We do not dare to classify or compare ourselves
with some who commend themselves. When they measure themselves by themselves and compare themselves with themselves, they are not wise. 13 We, however, will not boast beyond proper limits, but will
confine our boasting to the field God has assigned to
us, a field that reaches even to you. 14 We are not going
too far in our boasting, as would be the case if we had
not come to you, for we did get as far as you with the
gospel of Christ. 15 Neither do we go beyond our limits
by boasting of work done by others.[p] Our hope is that,
as your faith continues to grow, our area of activity
among you will greatly expand, 16 so that we can
preach the gospel in the regions beyond you. For we do
not want to boast about work already done in another
man's territory. 17 But, "Let him who boasts boast in
the Lord."[q] 18 For it is not the one who commends
himself who is approved, but the one whom the Lord
commends.

Paul and the False Apostles

11 I hope you will put up with a little of my foolishness; but you are already doing that. 2 I am
jealous for you with a godly jealousy. I promised you
to one husband, to Christ, so that I might present you
as a pure virgin to him. 3 But I am afraid that just as Eve
was deceived by the serpent's cunning, your minds
may somehow be led astray from your sincere and pure
devotion to Christ. 4 For if someone comes to you and
preaches a Jesus other than the Jesus we preached, or
if you receive a different spirit from the one you received, or a different gospel from the one you accepted, you put up with it easily enough. 5 But I do not think
I am in the least inferior to those "super-apostles." 6 I
may not be a trained speaker, but I do have knowledge.
We have made this perfectly clear to you in every way.
7 Was it a sin for me to lower myself in order to
elevate you by preaching the gospel of God to you free
of charge? 8 I robbed other churches by receiving support from them so as to serve you. 9 And when I was
with you and needed something, I was not a burden to
anyone, for the brothers who came from Macedonia
supplied what I needed. I have kept myself from being
a burden to you in any way, and will continue to do so.
10 As surely as the truth of Christ is in me, nobody in
the regions of Achaia will stop this boasting of mine.
11 Why? Because I do not love you? God knows I do!
12 And I will keep on doing what I am doing in order
to cut the ground from under those who want an opportunity to be considered equal with us in the things they
boast about.

[o] 7 Or *Look at the obvious facts* [p] *13-15* Or *13We, however, will
not boast about things that cannot be measured, but we will boast
according to the standard of measurement that the God of measure
has assigned us—a measurement that relates even to you. 14 . . .
15Neither do we boast about things that cannot be measured in
regard to the work done by others.* [q] *17* Jer. 9:24

13 Tales individuos son falsos apóstoles, obreros estafadores, que se disfrazan de apóstoles de Cristo. 14 Y no es de extrañar, ya que Satanás mismo se disfraza de ángel de luz. 15 Por eso no es de sorprenderse que sus servidores se disfracen de servidores de la justicia. Su fin corresponderá con lo que merecen sus acciones.

Los sufrimientos de Pablo

16 Lo repito: Que nadie me tenga por insensato. Pero aun cuando así me consideren, de todos modos recíbanme, para poder *jactarme un poco. 17 Al jactarme tan confiadamente, no hablo como quisiera el Señor sino con insensatez. 18 Ya que muchos se ufanan como lo hace el mundo,ʸ yo también lo haré. 19 Por ser tan sensatos, ustedes de buena gana aguantan a los insensatos. 20 Aguantan incluso a cualquiera que los esclaviza, o los explota, o se aprovecha de ustedes, o se comporta con altanería, o les da de bofetadas. 21 ¡Para vergüenza mía, confieso que hemos sido demasiado débiles!

Si alguien se atreve a dárselas de algo, también yo me atrevo a hacerlo; lo digo como un insensato. 22 ¿Son ellos hebreos? Pues yo también. ¿Son israelitas? También yo lo soy. ¿Son descendientes de Abraham? Yo también. 23 ¿Son servidores de Cristo? ¡Qué locura! Yo lo soy más que ellos. He trabajado más arduamente, he sido encarcelado más veces, he recibido los azotes más severos, he estado en peligro de muerte repetidas veces. 24 Cinco veces recibí de los judíos los treinta y nueve azotes. 25 Tres veces me golpearon con varas, una vez me apedrearon, tres veces naufragué, y pasé un día y una noche como náufrago en alta mar. 26 Mi vida ha sido un continuo ir y venir de un sitio a otro; en peligros de ríos, peligros de bandidos, peligros de parte de mis compatriotas, peligros a manos de los *gentiles, peligros en la ciudad, peligros en el campo, peligros en el mar y peligros de parte de falsos hermanos. 27 He pasado muchos trabajos y fatigas, y muchas veces me he quedado sin dormir; he sufrido hambre y sed, y muchas veces me he quedado en ayunas; he sufrido frío y desnudez. 28 Y como si fuera poco, cada día pesa sobre mí la preocupación por todas las iglesias. 29 ¿Cuando alguien se siente débil, no comparto yo su debilidad? ¿Y cuando a alguien se le hace *tropezar, no ardo yo de indignación?

30 Si me veo obligado a jactarme, me jactaré de mi debilidad. 31 El Dios y Padre del Señor Jesús (¡sea por siempre alabado!) sabe que no miento. 32 En Damasco, el gobernador bajo el rey Aretas mandó que se vigilara la ciudad de los damascenos con el fin de arrestarme; 33 pero me bajaron en un canasto por una ventana de la muralla, y así escapé de las manos del gobernador.

Visión y debilidad de Pablo

12 Me veo obligado a *jactarme, aunque nada se gane con ello. Paso a referirme a las visiones y revelaciones del Señor. 2 Conozco a un seguidor de Cristo que hace catorce años fue llevado al tercer cielo (no sé si en el cuerpo o fuera del cuerpo; Dios lo sabe). 3 Y sé que este hombre (no sé si en el cuerpo o aparte del cuerpo; Dios lo sabe) 4 fue llevado al paraíso y escuchó cosas indecibles que a los *humanos no se nos permite expresar. 5 De tal hombre podría hacer alarde;

13 For such men are false apostles, deceitful workmen, masquerading as apostles of Christ. 14 And no wonder, for Satan himself masquerades as an angel of light. 15 It is not surprising, then, if his servants masquerade as servants of righteousness. Their end will be what their actions deserve.

Paul Boasts About His Sufferings

16 I repeat: Let no one take me for a fool. But if you do, then receive me just as you would a fool, so that I may do a little boasting. 17 In this self-confident boasting I am not talking as the Lord would, but as a fool. 18 Since many are boasting in the way the world does, I too will boast. 19 You gladly put up with fools since you are so wise! 20 In fact, you even put up with anyone who enslaves you or exploits you or takes advantage of you or pushes himself forward or slaps you in the face. 21 To my shame I admit that we were too weak for that!

What anyone else dares to boast about—I am speaking as a fool—I also dare to boast about. 22 Are they Hebrews? So am I. Are they Israelites? So am I. Are they Abraham's descendants? So am I. 23 Are they servants of Christ? (I am out of my mind to talk like this.) I am more. I have worked much harder, been in prison more frequently, been flogged more severely, and been exposed to death again and again. 24 Five times I received from the Jews the forty lashes minus one. 25 Three times I was beaten with rods, once I was stoned, three times I was shipwrecked, I spent a night and a day in the open sea, 26 I have been constantly on the move. I have been in danger from rivers, in danger from bandits, in danger from my own countrymen, in danger from Gentiles; in danger in the city, in danger in the country, in danger at sea; and in danger from false brothers. 27 I have labored and toiled and have often gone without sleep; I have known hunger and thirst and have often gone without food; I have been cold and naked. 28 Besides everything else, I face daily the pressure of my concern for all the churches. 29 Who is weak, and I do not feel weak? Who is led into sin, and I do not inwardly burn?

30 If I must boast, I will boast of the things that show my weakness. 31 The God and Father of the Lord Jesus, who is to be praised forever, knows that I am not lying. 32 In Damascus the governor under King Aretas had the city of the Damascenes guarded in order to arrest me. 33 But I was lowered in a basket from a window in the wall and slipped through his hands.

Paul's Vision and His Thorn

12 I must go on boasting. Although there is nothing to be gained, I will go on to visions and revelations from the Lord. 2 I know a man in Christ who fourteen years ago was caught up to the third heaven. Whether it was in the body or out of the body I do not know—God knows. 3 And I know that this man—whether in the body or apart from the body I do not know, but God knows— 4 was caught up to paradise. He heard inexpressible things, things that man is not permitted to tell. 5 I will boast about a man like that, but I will not boast about myself, except about my

---

*y 11:18 se ufanan ... mundo. Lit. se *jactan según la *carne.*

pero de mí no haré alarde sino de mis debilidades. 6 Sin embargo, no sería insensato si decidiera jactarme, porque estaría diciendo la verdad. Pero no lo hago, para que nadie suponga que soy más de lo que aparento o de lo que digo.

7 Para evitar que me volviera presumido por estas sublimes revelaciones, una espina me fue clavada en el cuerpo, es decir, un mensajero de Satanás, para que me atormentara. 8 Tres veces le rogué al Señor que me la quitara; 9 pero él me dijo: «Te basta con mi gracia, pues mi poder se perfecciona en la debilidad.» Por lo tanto, gustosamente haré más bien alarde de mis debilidades, para que permanezca sobre mí el poder de Cristo. 10 Por eso me regocijo en debilidades, insultos, privaciones, persecuciones y dificultades que sufro por Cristo; porque cuando soy débil, entonces soy fuerte.

Preocupación de Pablo por los corintios

11 Me he portado como un insensato, pero ustedes me han obligado a ello. Ustedes debían haberme elogiado, pues de ningún modo soy inferior a los «superapóstoles», aunque yo no soy nada. 12 Las marcas distintivas de un apóstol, tales como señales, prodigios y milagros, se dieron constantemente entre ustedes. 13 ¿En qué fueron ustedes inferiores a las demás iglesias? Pues sólo en que yo mismo nunca les fui una carga. ¡Perdónenme si los ofendo!

14 Miren que por tercera vez estoy listo para visitarlos, y no les seré una carga, pues no me interesa lo que ustedes tienen sino lo que ustedes son. Después de todo, no son los hijos los que deben ahorrar para los padres, sino los padres para los hijos. 15 Así que de buena gana gastaré todo lo que tengo, y hasta yo mismo me desgastaré del todo por ustedes. Si los amo hasta el extremo, ¿me amarán menos? 16 En todo caso, no les he sido una carga. ¿Es que, como soy tan astuto, les tendí una trampa para estafarlos? 17 ¿Acaso los exploté por medio de alguno de mis enviados? 18 Le rogué a Tito que fuera a verlos y con él envié al hermano. ¿Acaso se aprovechó Tito de ustedes? ¿No procedimos los dos con el mismo espíritu y seguimos el mismo camino?

19 ¿Todo este tiempo han venido pensando que nos estábamos justificando ante ustedes? ¡Más bien, hemos estado hablando delante de Dios en Cristo! Todo lo que hacemos, queridos hermanos, es para su edificación. 20 En realidad, me temo que cuando vaya a verlos no los encuentre como quisiera, ni ustedes me encuentren a mí como quisieran. Temo que haya peleas, celos, arrebatos de ira, rivalidades, calumnias, chismes, insultos y alborotos. 21 Temo que, al volver a visitarlos, mi Dios me humille delante de ustedes, y que yo tenga que llorar por muchos que han pecado desde hace algún tiempo pero no se han *arrepentido de la impureza, de la inmoralidad sexual y de los vicios a que se han entregado.

Advertencias finales

13 Ésta será la tercera vez que los visito. «Todo asunto se resolverá mediante el testimonio de dos o tres testigos.»z 2 Cuando estuve con ustedes por segunda vez les advertí, y ahora que estoy ausente se lo repito: Cuando vuelva a verlos, no seré indulgente con los que antes pecaron ni con ningún otro, 3 ya que están exigiendo una prueba de que Cristo habla por medio de mí. Él no se muestra débil en su trato con

weaknesses. 6 Even if I should choose to boast, I would not be a fool, because I would be speaking the truth. But I refrain, so no one will think more of me than is warranted by what I do or say.

7 To keep me from becoming conceited because of these surpassingly great revelations, there was given me a thorn in my flesh, a messenger of Satan, to torment me. 8 Three times I pleaded with the Lord to take it away from me. 9 But he said to me, "My grace is sufficient for you, for my power is made perfect in weakness." Therefore I will boast all the more gladly about my weaknesses, so that Christ's power may rest on me. 10 That is why, for Christ's sake, I delight in weaknesses, in insults, in hardships, in persecutions, in difficulties. For when I am weak, then I am strong.

Paul's Concern for the Corinthians

11 I have made a fool of myself, but you drove me to it. I ought to have been commended by you, for I am not in the least inferior to the "super-apostles," even though I am nothing. 12 The things that mark an apostle—signs, wonders and miracles—were done among you with great perseverance. 13 How were you inferior to the other churches, except that I was never a burden to you? Forgive me this wrong!

14 Now I am ready to visit you for the third time, and I will not be a burden to you, because what I want is not your possessions but you. After all, children should not have to save up for their parents, but parents for their children. 15 So I will very gladly spend for you everything I have and expend myself as well. If I love you more, will you love me less? 16 Be that as it may, I have not been a burden to you. Yet, crafty fellow that I am, I caught you by trickery! 17 Did I exploit you through any of the men I sent you? 18 I urged Titus to go to you and I sent our brother with him. Titus did not exploit you, did he? Did we not act in the same spirit and follow the same course?

19 Have you been thinking all along that we have been defending ourselves to you? We have been speaking in the sight of God as those in Christ; and everything we do, dear friends, is for your strengthening. 20 For I am afraid that when I come I may not find you as I want you to be, and you may not find me as you want me to be. I fear that there may be quarreling, jealousy, outbursts of anger, factions, slander, gossip, arrogance and disorder. 21 I am afraid that when I come again my God will humble me before you, and I will be grieved over many who have sinned earlier and have not repented of the impurity, sexual sin and debauchery in which they have indulged.

Final Warnings

13 This will be my third visit to you. "Every matter must be established by the testimony of two or three witnesses."r 2 I already gave you a warning when I was with you the second time. I now repeat it while absent: On my return I will not spare those who sinned earlier or any of the others, 3 since you are demanding proof that Christ is speaking through me. He is not weak in dealing with you, but is powerful among

ustedes, sino que ejerce su poder entre ustedes. 4Es cierto que fue crucificado en debilidad, pero ahora vive por el poder de Dios. De igual manera, nosotros participamos de su debilidad, pero por el poder de Dios viviremos con Cristo para ustedes.

5Examínense para ver si están en la fe; pruébense a sí mismos. ¿No se dan cuenta de que Cristo Jesús está en ustedes? ¡A menos que fracasen en la *prueba! 6Espero que reconozcan que nosotros no hemos fracasado. 7Pedimos a Dios que no hagan nada malo, no para demostrar mi éxito, sino para que hagan lo bueno, aunque parezca que nosotros hemos fracasado. 8Pues nada podemos hacer contra la verdad, sino a favor de la verdad. 9De hecho, nos alegramos cuando nosotros somos débiles y ustedes fuertes; y oramos a Dios para que los restaure plenamente. 10Por eso les escribo todo esto en mi ausencia, para que cuando vaya no tenga que ser severo en el uso de mi autoridad, la cual el Señor me ha dado para edificación y no para destrucción.

Saludos finales

11En fin, hermanos, alégrense, busquena su restauración, hagan caso de mi exhortación, sean de un mismo sentir, vivan en paz. Y el Dios de amor y de paz estará con ustedes.

12Salúdense unos a otros con un beso santo. 13Todos los *santos les mandan saludos.

14Que la gracia del Señor Jesucristo, el amor de Dios y la comunión del Espíritu Santo sean con todos ustedes.

---

you. 4For to be sure, he was crucified in weakness, yet he lives by God's power. Likewise, we are weak in him, yet by God's power we will live with him to serve you.

5Examine yourselves to see whether you are in the faith; test yourselves. Do you not realize that Christ Jesus is in you—unless, of course, you fail the test? 6And I trust that you will discover that we have not failed the test. 7Now we pray to God that you will not do anything wrong. Not that people will see that we have stood the test but that you will do what is right even though we may seem to have failed. 8For we cannot do anything against the truth, but only for the truth. 9We are glad whenever we are weak but you are strong; and our prayer is for your perfection. 10This is why I write these things when I am absent, that when I come I may not have to be harsh in my use of authority—the authority the Lord gave me for building you up, not for tearing you down.

Final Greetings

11Finally, brothers, good-by. Aim for perfection, listen to my appeal, be of one mind, live in peace. And the God of love and peace will be with you.

12Greet one another with a holy kiss. 13All the saints send their greetings.

14May the grace of the Lord Jesus Christ, and the love of God, and the fellowship of the Holy Spirit be with you all.

---

a 13:11 alégrense, busquen. Alt. los saludo. Busquen.

Carta a los
Gálatas

1 Pablo, apóstol, no por investidura ni mediación *humanas, sino por *Jesucristo y por Dios Padre, que lo *levantó de entre los muertos; 2 y todos los hermanos que están conmigo,

a las iglesias de Galacia:

3 Que Dios nuestro Padre y el Señor Jesucristo les concedan gracia y paz. 4 Jesucristo dio su vida por nuestros pecados para rescatarnos de este mundo malvado, según la voluntad de nuestro Dios y Padre, 5 a quien sea la gloria por los siglos de los siglos. Amén.

No hay otro evangelio

6 Me asombra que tan pronto estén dejando ustedes a quien los llamó por la gracia de Cristo, para pasarse a otro *evangelio. 7 No es que haya otro evangelio, sino que ciertos individuos están sembrando confusión entre ustedes y quieren tergiversar el evangelio de Cristo. 8 Pero aun si alguno de nosotros o un ángel del cielo les predicara un evangelio distinto del que les hemos predicado, ¡que caiga bajo maldición! 9 Como ya lo hemos dicho, ahora lo repito: si alguien les anda predicando un evangelio distinto del que recibieron, ¡que caiga bajo maldición!

10 ¿Qué busco con esto: ganarme la aprobación *humana o la de Dios? ¿Piensan que procuro agradar a los demás? Si yo buscara agradar a otros, no sería *siervo de Cristo.

Pablo, llamado por Dios

11 Quiero que sepan, hermanos, que el *evangelio que yo predico no es invención *humana. 12 No lo recibí ni lo aprendí de ningún *ser humano, sino que me llegó por revelación de Jesucristo.

13 Ustedes ya están enterados de mi conducta cuando pertenecía al judaísmo, de la furia con que perseguía a la iglesia de Dios, tratando de destruirla. 14 En la práctica del judaísmo, yo aventajaba a muchos de mis contemporáneos en mi celo exagerado por las tradiciones de mis antepasados. 15 Sin embargo, Dios me había apartado desde el vientre de mi madre y me llamó por su gracia. Cuando él tuvo a bien 16 revelarme a su Hijo para que yo lo predicara entre los *gentiles, no consulté con nadie. 17 Tampoco subí a Jerusalén para ver a los que eran apóstoles antes que yo, sino que fui de inmediato a Arabia, de donde luego regresé a Damasco.

18 Después de tres años, subí a Jerusalén para visitar a Pedro,a y me quedé con él quince días. 19 No vi a ningún otro de los apóstoles; sólo vi a *Jacobo, el hermano del Señor. 20 Dios me es testigo que en esto que les escribo no miento. 21 Más tarde fui a las regiones de Siria y Cilicia. 22 Pero en Judea las iglesias deb Cristo no me conocían personalmente. 23 Sólo habían oído decir: «El que antes nos perseguía ahora predica la fe que procuraba destruir.» 24 Y por causa mía glorificaban a Dios.

Galatians

1 Paul, an apostle—sent not from men nor by man, but by Jesus Christ and God the Father, who raised him from the dead— 2 and all the brothers with me,

To the churches in Galatia:

3 Grace and peace to you from God our Father and the Lord Jesus Christ, 4 who gave himself for our sins to rescue us from the present evil age, according to the will of our God and Father, 5 to whom be glory for ever and ever. Amen.

No Other Gospel

6 I am astonished that you are so quickly deserting the one who called you by the grace of Christ and are turning to a different gospel— 7 which is really no gospel at all. Evidently some people are throwing you into confusion and are trying to pervert the gospel of Christ. 8 But even if we or an angel from heaven should preach a gospel other than the one we preached to you, let him be eternally condemned! 9 As we have already said, so now I say again: If anybody is preaching to you a gospel other than what you accepted, let him be eternally condemned!

10 Am I now trying to win the approval of men, or of God? Or am I trying to please men? If I were still trying to please men, I would not be a servant of Christ.

Paul Called by God

11 I want you to know, brothers, that the gospel I preached is not something that man made up. 12 I did not receive it from any man, nor was I taught it; rather, I received it by revelation from Jesus Christ.

13 For you have heard of my previous way of life in Judaism, how intensely I persecuted the church of God and tried to destroy it. 14 I was advancing in Judaism beyond many Jews of my own age and was extremely zealous for the traditions of my fathers. 15 But when God, who set me apart from birtha and called me by his grace, was pleased 16 to reveal his Son in me so that I might preach him among the Gentiles, I did not consult any man, 17 nor did I go up to Jerusalem to see those who were apostles before I was, but I went immediately into Arabia and later returned to Damascus.

18 Then after three years, I went up to Jerusalem to get acquainted with Peterb and stayed with him fifteen days. 19 I saw none of the other apostles—only James, the Lord's brother. 20 I assure you before God that what I am writing you is no lie. 21 Later I went to Syria and Cilicia. 22 I was personally unknown to the churches of Judea that are in Christ. 23 They only heard the report: "The man who formerly persecuted us is now preaching the faith he once tried to destroy." 24 And they praised God because of me.

---

a 1:18 Aquí el autor usa *Cefas, nombre arameo de Pedro; también en 2:9,11,14. b 1:22 de. Lit. en.

a 15 Or from my mother's womb b 18 Greek Cephas

Los apóstoles aceptan a Pablo

2 Catorce años después subí de nuevo a Jerusalén, esta vez con Bernabé, llevando también a Tito. ²Fui en obediencia a una revelación, y me reuní en privado con los que eran reconocidos como dirigentes, y les expliqué el *evangelio que predico entre los *gentiles, para que todo mi esfuerzo no fuera en vano.ᶜ ³Ahora bien, ni siquiera Tito, que me acompañaba, fue obligado a circuncidarse, aunque era *griego. ⁴El problema era que algunos falsos hermanos se habían infiltrado entre nosotros para coartar la libertad que tenemos en Cristo Jesús a fin de esclavizarnos. ⁵Ni por un momento accedimos a someternos a ellos, pues queríamos que se preservara entre ustedes la integridad del evangelio.

⁶En cuanto a los que eran reconocidos como personas importantes —aunque no me interesa lo que fueran, porque Dios no juzga por las apariencias—, no me impusieron nada nuevo. ⁷Al contrario, reconocieron que a mí se me había encomendado predicar el evangelio a los gentiles, de la misma manera que se le había encomendado a Pedro predicarlo a los judíos.ᵈ ⁸El mismo Dios que facultó a Pedro como apóstol de los judíosᵉ me facultó también a mí como apóstol de los gentiles. ⁹En efecto, *Jacobo, Pedro y Juan, que eran considerados columnas, al reconocer la gracia que yo había recibido, nos dieron la mano a Bernabé y a mí en señal de compañerismo, de modo que nosotros fuéramos a los gentiles y ellos a los judíos. ¹⁰Sólo nos pidieron que nos acordáramos de los pobres, y eso es precisamente lo que he venido haciendo con esmero.

Pablo se opone a Pedro

¹¹Pues bien, cuando Pedro fue a Antioquía, le eché en cara su comportamiento condenable. ¹²Antes que llegaran algunos de parte de *Jacobo, Pedro solía comer con los *gentiles. Pero cuando aquéllos llegaron, comenzó a retraerse y a separarse de los gentiles por temor a los partidarios de la *circuncisión.ᶠ ¹³Entonces los demás judíos se unieron a Pedro en su *hipocresía, y hasta el mismo Bernabé se dejó arrastrar por esa conducta hipócrita.

¹⁴Cuando vi que no actuaban rectamente, como corresponde a la integridad del *evangelio, le dije a Pedro delante de todos: «Si tú, que eres judío, vives como si no lo fueras, ¿por qué obligas a los gentiles a practicar el judaísmo?

¹⁵»Nosotros somos judíos de nacimiento y no *"pecadores paganos". ¹⁶Sin embargo, al reconocer que nadie es *justificado por las obras que demanda la ley sino por la *fe en Jesucristo, también nosotros hemos puesto nuestra fe en Cristo Jesús, para ser justificados por la fe en él y no por las obras de la ley; porque por éstas nadie será justificado.

¹⁷»Ahora bien, cuando buscamos ser justificados porᵍ Cristo, se hace evidente que nosotros mismos somos pecadores. ¿Quiere esto decir que Cristo está al servicio del pecado? ¡De ninguna manera! ¹⁸Si uno vuelve a edificar lo que antes había destruido, se haceʰ transgresor. ¹⁹Yo, por mi parte, mediante la ley he muerto a la ley, a fin de vivir para Dios. ²⁰He sido crucificado con Cristo, y ya no vivo yo sino que Cristo vive en mí. Lo que ahora vivo en el cuerpo, lo vivo por la fe en el Hijo de Dios, quien me amó y dio su vida

Paul Accepted by the Apostles

2 Fourteen years later I went up again to Jerusalem, this time with Barnabas. I took Titus along also. ²I went in response to a revelation and set before them the gospel that I preach among the Gentiles. But I did this privately to those who seemed to be leaders, for fear that I was running or had run my race in vain. ³Yet not even Titus, who was with me, was compelled to be circumcised, even though he was a Greek. ⁴This matter aroseⱼ because some false brothers had infiltrated our ranks to spy on the freedom we have in Christ Jesus and to make us slaves. ⁵We did not give in to them for a moment, so that the truth of the gospel might remain with you.

⁶As for those who seemed to be important—whatever they were makes no difference to me; God does not judge by external appearance—those men added nothing to my message. ⁷On the contrary, they saw that I had been entrusted with the task of preaching the gospel to the Gentiles,ᶜ just as Peter had been to the Jews.ᵈ ⁸For God, who was at work in the ministry of Peter as an apostle to the Jews, was also at work in my ministry as an apostle to the Gentiles. ⁹James, Peterᵉ and John, those reputed to be pillars, gave me and Barnabas the right hand of fellowship when they recognized the grace given to me. They agreed that we should go to the Gentiles, and they to the Jews. ¹⁰All they asked was that we should continue to remember the poor, the very thing I was eager to do.

Paul Opposes Peter

¹¹When Peter came to Antioch, I opposed him to his face, because he was clearly in the wrong. ¹²Before certain men came from James, he used to eat with the Gentiles. But when they arrived, he began to draw back and separate himself from the Gentiles because he was afraid of those who belonged to the circumcision group. ¹³The other Jews joined him in his hypocrisy, so that by their hypocrisy even Barnabas was led astray.

¹⁴When I saw that they were not acting in line with the truth of the gospel, I said to Peter in front of them all, "You are a Jew, yet you live like a Gentile and not like a Jew. How is it, then, that you force Gentiles to follow Jewish customs?

¹⁵"We who are Jews by birth and not 'Gentile sinners' ¹⁶know that a man is not justified by observing the law, but by faith in Jesus Christ. So we, too, have put our faith in Christ Jesus that we may be justified by faith in Christ and not by observing the law, because by observing the law no one will be justified.

¹⁷"If, while we seek to be justified in Christ, it becomes evident that we ourselves are sinners, does that mean that Christ promotes sin? Absolutely not! ¹⁸If I rebuild what I destroyed, I prove that I am a lawbreaker. ¹⁹For through the law I died to the law so that I might live for God. ²⁰I have been crucified with Christ and I no longer live, but Christ lives in me. The life I live in the body, I live by faith in the Son of God, who

---

ᶜ 2:2 para ... vano. Lit. para que yo no estuviera corriendo o hubiera corrido en vano. ᵈ 2:7 el evangelio ... judíos. Lit. el evangelio de la incircuncisión, como a Pedro el de la *circuncisión. ᵉ 2:8 los judíos. Lit. la circuncisión; también en v. 9. ᶠ 2:12 los partidarios de la circuncisión. Alt. los judíos. ᵍ 2:17 por. Lit. en. ʰ 2:18 Si uno vuelve ... se hace. Lit. Si vuelvo ... me hago.

ᶜ 7 Greek uncircumcised ᵈ 7 Greek circumcised; also in verses 8 and 9 ᵉ 9 Greek Cephas; also in verses 11 and 14

por mí. 21 No desecho la gracia de Dios. Si la justicia se obtuviera mediante la ley, Cristo habría muerto en vano.»[i]

La fe o la observancia de la ley

3 ¡Gálatas torpes! ¿Quién los ha hechizado a ustedes, ante quienes Jesucristo crucificado ha sido presentado tan claramente? 2 Sólo quiero que me respondan a esto: ¿Recibieron el Espíritu por las obras que demanda la ley, o por la fe con que aceptaron el mensaje? 3 ¿Tan torpes son? Después de haber comenzado con el Espíritu, ¿pretenden ahora perfeccionarse con esfuerzos *humanos?[j] 4 ¿Tanto sufrir, para nada?[k] ¡Si es que de veras fue para nada! 5 Al darles Dios su Espíritu y hacer milagros entre ustedes, ¿lo hace por las obras que demanda la ley o por la fe con que han aceptado el mensaje? 6 Así fue con Abraham: «Le creyó a Dios, y esto se le tomó en cuenta como justicia.»[l]

7 Por lo tanto, sepan que los descendientes de Abraham son aquellos que viven por la fe. 8 En efecto, la Escritura, habiendo previsto que Dios *justificaría por la fe a las *naciones, anunció de antemano el *evangelio a Abraham: «Por medio de ti serán bendecidas todas las naciones.»[m] 9 Así que los que viven por la fe son bendecidos junto con Abraham, el hombre de fe.

10 Todos los que viven por las obras que demanda la ley están bajo maldición, porque está escrito: «Maldito sea quien no practique fielmente todo lo que está escrito en el libro de la ley.»[n] 11 Ahora bien, es evidente que por la ley nadie es justificado delante de Dios, porque «el justo vivirá por la fe».[ñ] 12 La ley no se basa en la fe; por el contrario, «quien practique estas cosas vivirá por ellas».[o] 13 Cristo nos rescató de la maldición de la ley al hacerse maldición por nosotros, pues está escrito: «Maldito todo el que es colgado de un madero.»[p] 14 Así sucedió, para que, por medio de Cristo Jesús, la bendición prometida a Abraham llegara a las naciones, y para que por la fe recibiéramos el Espíritu según la promesa.

La ley y la promesa

15 Hermanos, voy a ponerles un ejemplo: aun en el caso de un pacto[q] *humano, nadie puede anularlo ni añadirle nada una vez que ha sido ratificado. 16 Ahora bien, las promesas se le hicieron a Abraham y a su descendencia. La Escritura no dice: «y a los descendientes», como refiriéndose a muchos, sino: «y a tu descendencia»,[r] dando a entender uno solo, que es Cristo. 17 Lo que quiero decir es esto: La ley, que vino cuatrocientos treinta años después, no anula el pacto que Dios había ratificado previamente; de haber sido así, quedaría sin efecto la promesa. 18 Si la herencia se basa en la ley, ya no se basa en la promesa; pero Dios se la concedió gratuitamente a Abraham mediante una promesa.

19 Entonces, ¿cuál era el propósito de la ley? Fue añadida por causa de[s] las transgresiones hasta que viniera la descendencia a la cual se hizo la promesa. La ley se promulgó por medio de ángeles, por conducto de un mediador. 20 Ahora bien, no hace falta mediador si hay una sola parte, y sin embargo Dios es uno solo.

[i] *2:21* Algunos intérpretes consideran que la cita termina al final del v. 14. [j] *3:3* *¿pretenden ... humanos?* Lit. *¿se perfeccionan ahora con la *carne?* [k] *3:4* *¿Tanto sufrir, para nada?* Alt. *¿Han tenido tan grandes experiencias en vano?* [l] *3:6* Gn 15:6 [m] *3:8* Gn 12:3; 18:18; 22:18 [n] *3:10* Dt 27:26 [ñ] *3:11* Hab 2:4 [o] *3:12* Lv 18:5 [p] *3:13* Dt 21:23 [q] *3:15* *pacto*. Alt. *testamento*. [r] *3:16* Gn 12:7; 13:15; 24:7 [s] *3:19* *por causa de*. Alt. *para manifestar*, o *para aumentar*.

loved me and gave himself for me. 21 I do not set aside the grace of God, for if righteousness could be gained through the law, Christ died for nothing!"[f]

Faith or Observance of the Law

3 You foolish Galatians! Who has bewitched you? Before your very eyes Jesus Christ was clearly portrayed as crucified. 2 I would like to learn just one thing from you: Did you receive the Spirit by observing the law, or by believing what you heard? 3 Are you so foolish? After beginning with the Spirit, are you now trying to attain your goal by human effort? 4 Have you suffered so much for nothing—if it really was for nothing? 5 Does God give you his Spirit and work miracles among you because you observe the law, or because you believe what you heard?

6 Consider Abraham: "He believed God, and it was credited to him as righteousness."[g] 7 Understand, then, that those who believe are children of Abraham. 8 The Scripture foresaw that God would justify the Gentiles by faith, and announced the gospel in advance to Abraham: "All nations will be blessed through you."[h] 9 So those who have faith are blessed along with Abraham, the man of faith.

10 All who rely on observing the law are under a curse, for it is written: "Cursed is everyone who does not continue to do everything written in the Book of the Law."[i] 11 Clearly no one is justified before God by the law, because, "The righteous will live by faith."[j] 12 The law is not based on faith; on the contrary, "The man who does these things will live by them."[k] 13 Christ redeemed us from the curse of the law by becoming a curse for us, for it is written: "Cursed is everyone who is hung on a tree."[l] 14 He redeemed us in order that the blessing given to Abraham might come to the Gentiles through Christ Jesus, so that by faith we might receive the promise of the Spirit.

The Law and the Promise

15 Brothers, let me take an example from everyday life. Just as no one can set aside or add to a human covenant that has been duly established, so it is in this case. 16 The promises were spoken to Abraham and to his seed. The Scripture does not say "and to seeds," meaning many people, but "and to your seed,"[m] meaning one person, who is Christ. 17 What I mean is this: The law, introduced 430 years later, does not set aside the covenant previously established by God and thus do away with the promise. 18 For if the inheritance depends on the law, then it no longer depends on a promise; but God in his grace gave it to Abraham through a promise.

19 What, then, was the purpose of the law? It was added because of transgressions until the Seed to whom the promise referred had come. The law was put into effect through angels by a mediator. 20 A mediator, however, does not represent just one party; but God is one.

[f] *21* Some interpreters end the quotation after verse 14.
[g] *6* Gen. 15:6 [h] *8* Gen. 12:3; 18:18; 22:18 [i] *10* Deut. 27:26
[j] *11* Hab. 2:4 [k] *12* Lev. 18:5 [l] *13* Deut. 21:23
[m] *16* Gen. 12:7; 13:15; 24:7

21 Si esto es así, ¿estará la ley en contra de las promesas de Dios? ¡De ninguna manera! Si se hubiera promulgado una ley capaz de dar vida, entonces sí que la justicia se basaría en la ley. 22 Pero la Escritura declara que todo el mundo es prisionero del pecado,*t* para que mediante la *fe en Jesucristo lo prometido se les conceda a los que creen.

23 Antes de venir esta fe, la ley nos tenía presos, encerrados hasta que la fe se revelara. 24 Así que la ley vino a ser nuestro guía encargado de conducirnos a Cristo,*u* para que fuéramos *justificados por la fe. 25 Pero ahora que ha llegado la fe, ya no estamos sujetos al guía.

Hijos de Dios

26 Todos ustedes son hijos de Dios mediante la *fe en Cristo Jesús, 27 porque todos los que han sido bautizados en Cristo se han revestido de Cristo. 28 Ya no hay judío ni *griego, esclavo ni libre, hombre ni mujer, sino que todos ustedes son uno solo en Cristo Jesús. 29 Y si ustedes pertenecen a Cristo, son la descendencia de Abraham y herederos según la promesa.

4 En otras palabras, mientras el heredero es menor de edad, en nada se diferencia de un *esclavo, a pesar de ser dueño de todo. 2 Al contrario, está bajo el cuidado de tutores y administradores hasta la fecha fijada por su padre. 3 Así también nosotros, cuando éramos menores, estábamos esclavizados por los *principios*v* de este mundo. 4 Pero cuando se cumplió el plazo,*w* Dios envió a su Hijo, nacido de una mujer, nacido bajo la ley, 5 para rescatar a los que estaban bajo la ley, a fin de que fuéramos adoptados como hijos. 6 Ustedes ya son hijos. Dios ha enviado a nuestros corazones el Espíritu de su Hijo, que clama: «¡ *Abba! ¡Padre!» 7 Así que ya no eres esclavo sino hijo; y como eres hijo, Dios te ha hecho también heredero.

Preocupación de Pablo por los gálatas

8 Antes, cuando ustedes no conocían a Dios, eran esclavos de los que en realidad no son dioses. 9 Pero ahora que conocen a Dios —o más bien que Dios los conoce a ustedes—, ¿cómo es que quieren regresar a esos *principios ineficaces y sin valor? ¿Quieren volver a ser esclavos de ellos? 10 ¡Ustedes siguen guardando los días de fiesta, meses, estaciones y años! 11 Temo por ustedes, que tal vez me haya estado esforzando en vano.

12 Hermanos, yo me he identificado con ustedes. Les suplico que ahora se identifiquen conmigo. No es que me hayan ofendido en algo. 13 Como bien saben, la primera vez que les prediqué el *evangelio fue debido a una enfermedad, 14 y aunque ésta fue una *prueba para ustedes, no me trataron con desprecio ni desdén. Al contrario, me recibieron como a un ángel de Dios, como si se tratara de Cristo Jesús. 15 Pues bien, ¿qué pasó con todo ese entusiasmo? Me consta que, de haberles sido posible, se habrían sacado los ojos para dármelos. 16 ¡Y ahora resulta que por decirles la verdad me he vuelto su enemigo!

17 Esos que muestran mucho interés por ganárselos a ustedes no abrigan buenas intenciones. Lo que quieren es alejarlos de nosotros para que ustedes se entreguen

21 Is the law, therefore, opposed to the promises of God? Absolutely not! For if a law had been given that could impart life, then righteousness would certainly have come by the law. 22 But the Scripture declares that the whole world is a prisoner of sin, so that what was promised, being given through faith in Jesus Christ, might be given to those who believe.

23 Before this faith came, we were held prisoners by the law, locked up until faith should be revealed. 24 So the law was put in charge to lead us to Christ*n* that we might be justified by faith. 25 Now that faith has come, we are no longer under the supervision of the law.

Sons of God

26 You are all sons of God through faith in Christ Jesus, 27 for all of you who were baptized into Christ have clothed yourselves with Christ. 28 There is neither Jew nor Greek, slave nor free, male nor female, for you are all one in Christ Jesus. 29 If you belong to Christ, then you are Abraham's seed, and heirs according to the promise.

4 What I am saying is that as long as the heir is a child, he is no different from a slave, although he owns the whole estate. 2 He is subject to guardians and trustees until the time set by his father. 3 So also, when we were children, we were in slavery under the basic principles of the world. 4 But when the time had fully come, God sent his Son, born of a woman, born under law, 5 to redeem those under law, that we might receive the full rights of sons. 6 Because you are sons, God sent the Spirit of his Son into our hearts, the Spirit who calls out, "Abba,*o* Father." 7 So you are no longer a slave, but a son; and since you are a son, God has made you also an heir.

Paul's Concern for the Galatians

8 Formerly, when you did not know God, you were slaves to those who by nature are not gods. 9 But now that you know God—or rather are known by God—how is it that you are turning back to those weak and miserable principles? Do you wish to be enslaved by them all over again? 10 You are observing special days and months and seasons and years! 11 I fear for you, that somehow I have wasted my efforts on you.

12 I plead with you, brothers, become like me, for I became like you. You have done me no wrong. 13 As you know, it was because of an illness that I first preached the gospel to you. 14 Even though my illness was a trial to you, you did not treat me with contempt or scorn. Instead, you welcomed me as if I were an angel of God, as if I were Christ Jesus himself. 15 What has happened to all your joy? I can testify that, if you could have done so, you would have torn out your eyes and given them to me. 16 Have I now become your enemy by telling you the truth?

17 Those people are zealous to win you over, but for no good. What they want is to alienate you ⌐from us⌐,

---

t 3:22 declara ... pecado. Lit. *lo ha encerrado todo bajo pecado.*
u 3:24 la ley ... Cristo. Alt. *la ley fue nuestro guía hasta que vino Cristo.*   *v 4:3 los principios.* Alt. *los poderes espirituales, o las normas;* también en v. 9.   *w 4:4 se cumplió el plazo.* Lit. *vino la plenitud del tiempo.*

n 24 Or charge until Christ came   *o 6 Aramaic for Father*

a ellos. 18Está bien mostrar interés, con tal de que ese interés sea bien intencionado y constante, y que no se manifieste sólo cuando yo estoy con ustedes. 19Queridos hijos, por quienes vuelvo a sufrir dolores de parto hasta que Cristo sea formado en ustedes, 20¡cómo quisiera estar ahora con ustedes y hablarles de otra manera, porque lo que están haciendo me tiene perplejo!

Agar y Sara

21Díganme ustedes, los que quieren estar bajo la ley: ¿por qué no le prestan atención a lo que la ley misma dice? 22¿Acaso no está escrito que Abraham tuvo dos hijos, uno de la esclava y otro de la libre? 23El de la esclava nació por decisión *humana, pero el de la libre nació en cumplimiento de una promesa.

24Ese relato puede interpretarse en sentido figurado: estas mujeres representan dos pactos. Uno, que es Agar, procede del monte Sinaí y tiene hijos que nacen para ser esclavos. 25Agar representa el monte Sinaí en Arabia, y corresponde a la actual ciudad de Jerusalén, porque junto con sus hijos vive en esclavitud. 26Pero la Jerusalén celestial es libre, y ésa es nuestra madre. 27Porque está escrito:

«Tú, mujer estéril que nunca has dado a luz,
¡grita de alegría!
Tú, que nunca tuviste dolores de parto,
¡prorrumpe en gritos de júbilo!
Porque más hijos que la casada
tendrá la desamparada.»x

28Ustedes, hermanos, al igual que Isaac, son hijos por la promesa. 29Y así como en aquel tiempo el hijo nacido por decisión humana persiguió al hijo nacido por el Espíritu, así también sucede ahora. 30Pero, ¿qué dice la Escritura? «¡Echa de aquí a la esclava y a su hijo! El hijo de la esclava jamás tendrá parte en la herencia con el hijo de la libre.»y 31Así que, hermanos, no somos hijos de la esclava sino de la libre.

Libertad en Cristo

5 Cristo nos libertó para que vivamos en libertad. Por lo tanto, manténganse firmesz y no se sometan nuevamente al yugo de esclavitud.

2Escuchen bien: yo, Pablo, les digo que si se hacen circuncidar, Cristo no les servirá de nada. 3De nuevo declaro que todo el que se hace circuncidar está obligado a practicar toda la ley. 4Aquellos de entre ustedes que tratan de ser *justificados por la ley, han roto con Cristo; han caído de la gracia. 5Nosotros, en cambio, por obra del Espíritu y mediante la fe, aguardamos con ansias la justicia que es nuestra esperanza. 6En Cristo Jesús de nada vale estar o no estar circuncidados; lo que vale es la fe que actúa mediante el amor.

7Ustedes estaban corriendo bien. ¿Quién los estorbó para que dejaran de obedecer a la verdad? 8Tal instigación no puede venir de Dios, que es quien los ha llamado.

9«Un poco de levadura fermenta toda la masa.» 10Yo por mi parte confío en el Señor que ustedes no pensarán de otra manera. El que los está perturbando será castigado, sea quien sea. 11Hermanos, si es verdad que yo todavía predico la circuncisión, ¿por qué se me sigue persiguiendo? Si tal fuera mi predicación, la cruz

so that you may be zealous for them. 18It is fine to be zealous, provided the purpose is good, and to be so always and not just when I am with you. 19My dear children, for whom I am again in the pains of childbirth until Christ is formed in you, 20how I wish I could be with you now and change my tone, because I am perplexed about you!

Hagar and Sarah

21Tell me, you who want to be under the law, are you not aware of what the law says? 22For it is written that Abraham had two sons, one by the slave woman and the other by the free woman. 23His son by the slave woman was born in the ordinary way; but his son by the free woman was born as the result of a promise.

24These things may be taken figuratively, for the women represent two covenants. One covenant is from Mount Sinai and bears children who are to be slaves: This is Hagar. 25Now Hagar stands for Mount Sinai in Arabia and corresponds to the present city of Jerusalem, because she is in slavery with her children. 26But the Jerusalem that is above is free, and she is our mother. 27For it is written:

"Be glad, O barren woman,
who bears no children;
break forth and cry aloud,
you who have no labor pains;
because more are the children of the
desolate woman
than of her who has a husband."p

28Now you, brothers, like Isaac, are children of promise. 29At that time the son born in the ordinary way persecuted the son born by the power of the Spirit. It is the same now. 30But what does the Scripture say? "Get rid of the slave woman and her son, for the slave woman's son will never share in the inheritance with the free woman's son."q 31Therefore, brothers, we are not children of the slave woman, but of the free woman.

Freedom in Christ

5 It is for freedom that Christ has set us free. Stand firm, then, and do not let yourselves be burdened again by a yoke of slavery.

2Mark my words! I, Paul, tell you that if you let yourselves be circumcised, Christ will be of no value to you at all. 3Again I declare to every man who lets himself be circumcised that he is obligated to obey the whole law. 4You who are trying to be justified by law have been alienated from Christ; you have fallen away from grace. 5But by faith we eagerly await through the Spirit the righteousness for which we hope. 6For in Christ Jesus neither circumcision nor uncircumcision has any value. The only thing that counts is faith expressing itself through love.

7You were running a good race. Who cut in on you and kept you from obeying the truth? 8That kind of persuasion does not come from the one who calls you. 9"A little yeast works through the whole batch of dough." 10I am confident in the Lord that you will take no other view. The one who is throwing you into confusion will pay the penalty, whoever he may be. 11Brothers, if I am still preaching circumcision, why am I still being persecuted? In that case the offense of

---

no *ofendería tanto. 12¡Ojalá que esos instigadores acabaran por mutilarse del todo!

13Les hablo así, hermanos, porque ustedes han sido llamados a ser libres; pero no se valgan de esa libertad para dar rienda suelta a sus *pasiones. Más bien sírvanse unos a otros con amor. 14En efecto, toda la ley se resume en un solo mandamiento: «Ama a tu prójimo como a ti mismo.»a 15Pero si siguen mordiéndose y devorándose, tengan cuidado, no sea que acaben por destruirse unos a otros.

La vida por el Espíritu

16Así que les digo: Vivan por el Espíritu, y no seguirán los deseos de la *naturaleza pecaminosa. 17Porque ésta desea lo que es contrario al Espíritu, y el Espíritu desea lo que es contrario a ella. Los dos se oponen entre sí, de modo que ustedes no pueden hacer lo que quieren. 18Pero si los guía el Espíritu, no están bajo la ley.

19Las obras de la naturaleza pecaminosa se conocen bien: inmoralidad sexual, impureza y libertinaje; 20idolatría y brujería; odio, discordia, celos, arrebatos de ira, rivalidades, disensiones, sectarismos 21y envidia; borracheras, orgías, y otras cosas parecidas. Les advierto ahora, como antes lo hice, que los que practican tales cosas no heredarán el reino de Dios.

22En cambio, el fruto del Espíritu es amor, alegría, paz, paciencia, amabilidad, bondad, *fidelidad, 23humildad y dominio propio. No hay ley que condene estas cosas. 24Los que son de Cristo Jesús han crucificado la naturaleza pecaminosa, con sus pasiones y deseos. 25Si el Espíritu nos da vida, andemos guiados por el Espíritu. 26No dejemos que la vanidad nos lleve a irritarnos y a envidiarnos unos a otros.

La ayuda mutua

6 Hermanos, si alguien es sorprendido en pecado, ustedes que son espirituales deben restaurarlo con una actitud humilde. Pero cuídese cada uno, porque también puede ser *tentado. 2Ayúdense unos a otros a llevar sus cargas, y así cumplirán la ley de Cristo. 3Si alguien cree ser algo, cuando en realidad no es nada, se engaña a sí mismo. 4Cada cual examine su propia conducta; y si tiene algo de qué presumir, que no se compare con nadie. 5Que cada uno cargue con su propia responsabilidad.

6El que recibe instrucción en la palabra de Dios, comparta todo lo bueno con quien le enseña.

7No se engañen: de Dios nadie se burla. Cada uno cosecha lo que siembra. 8El que siembra para agradar a su *naturaleza pecaminosa, de esa misma naturaleza cosechará destrucción; el que siembra para agradar al Espíritu, del Espíritu cosechará vida eterna. 9No nos cansemos de hacer el bien, porque a su debido tiempo cosecharemos si no nos damos por vencidos. 10Por lo tanto, siempre que tengamos la oportunidad, hagamos bien a todos, y en especial a los de la familia de la fe.

No la circuncisión, sino una nueva creación

11Miren que les escribo de mi puño y letra, ¡y con letras bien grandes!

12Los que tratan de obligarlos a ustedes a circuncidarse lo hacen únicamente para dar una buena impresión y evitar ser perseguidos por causa de la cruz de Cristo. 13Ni siquiera esos que están circuncidados obedecen la ley; lo que pasa es que quieren obligarlos a circuncidarse para luego *jactarse de la señal que uste-

---

the cross has been abolished. 12As for those agitators, I wish they would go the whole way and emasculate themselves!

13You, my brothers, were called to be free. But do not use your freedom to indulge the sinful naturer; rather, serve one another in love. 14The entire law is summed up in a single command: "Love your neighbor as yourself."s 15If you keep on biting and devouring each other, watch out or you will be destroyed by each other.

Life by the Spirit

16So I say, live by the Spirit, and you will not gratify the desires of the sinful nature. 17For the sinful nature desires what is contrary to the Spirit, and the Spirit what is contrary to the sinful nature. They are in conflict with each other, so that you do not do what you want. 18But if you are led by the Spirit, you are not under law.

19The acts of the sinful nature are obvious: sexual immorality, impurity and debauchery; 20idolatry and witchcraft; hatred, discord, jealousy, fits of rage, selfish ambition, dissensions, factions 21and envy; drunkenness, orgies, and the like. I warn you, as I did before, that those who live like this will not inherit the kingdom of God.

22But the fruit of the Spirit is love, joy, peace, patience, kindness, goodness, faithfulness, 23gentleness and self-control. Against such things there is no law. 24Those who belong to Christ Jesus have crucified the sinful nature with its passions and desires. 25Since we live by the Spirit, let us keep in step with the Spirit. 26Let us not become conceited, provoking and envying each other.

Doing Good to All

6 Brothers, if someone is caught in a sin, you who are spiritual should restore him gently. But watch yourself, or you also may be tempted. 2Carry each other's burdens, and in this way you will fulfill the law of Christ. 3If anyone thinks he is something when he is nothing, he deceives himself. 4Each one should test his own actions. Then he can take pride in himself, without comparing himself to somebody else, 5for each one should carry his own load.

6Anyone who receives instruction in the word must share all good things with his instructor.

7Do not be deceived: God cannot be mocked. A man reaps what he sows. 8The one who sows to please his sinful nature, from that naturet will reap destruction; the one who sows to please the Spirit, from the Spirit will reap eternal life. 9Let us not become weary in doing good, for at the proper time we will reap a harvest if we do not give up. 10Therefore, as we have opportunity, let us do good to all people, especially to those who belong to the family of believers.

Not Circumcision but a New Creation

11See what large letters I use as I write to you with my own hand!

12Those who want to make a good impression outwardly are trying to compel you to be circumcised. The only reason they do this is to avoid being persecuted for the cross of Christ. 13Not even those who are circumcised obey the law, yet they want you to be cir-

---

a 5:14 Lv 19:18

r 13 Or the flesh; also in verses 16, 17, 19 and 24
s 14 Lev. 19:18   t 8 Or his flesh, from the flesh

des llevarían en el cuerpo.*b* 14En cuanto a mí, jamás se me ocurra jactarme de otra cosa sino de la cruz de nuestro Señor Jesucristo, por quien*c* el mundo ha sido crucificado para mí, y yo para el mundo. 15Para nada cuenta estar o no estar circuncidados; lo que importa es ser parte de una nueva creación. 16Paz y misericordia desciendan sobre todos los que siguen esta norma, y sobre el Israel de Dios.

17Por lo demás, que nadie me cause más problemas, porque yo llevo en el cuerpo las cicatrices de Jesús.

18Hermanos, que la gracia de nuestro Señor Jesucristo sea con el espíritu de cada uno de ustedes. Amén.

cumcised that they may boast about your flesh. 14May I never boast except in the cross of our Lord Jesus Christ, through which*u* the world has been crucified to me, and I to the world. 15Neither circumcision nor uncircumcision means anything; what counts is a new creation. 16Peace and mercy to all who follow this rule, even to the Israel of God.

17Finally, let no one cause me trouble, for I bear on my body the marks of Jesus.

18The grace of our Lord Jesus Christ be with your spirit, brothers. Amen.

---

b 6:13 jactarse ... cuerpo. Lit. *jactarse en la *carne.*   *c 6:14 por quien.* Alt. *por la cual.*   *u 14 Or whom*

Carta a los
Efesios

Ephesians

1 Pablo, apóstol de *Cristo Jesús por la voluntad de Dios,

a los *santos y fieles*a* en Cristo Jesús que están en Éfeso:*b*

2 Que Dios nuestro Padre y el Señor Jesucristo les concedan gracia y paz.

Bendiciones espirituales en Cristo

3 Alabado sea Dios, Padre de nuestro Señor Jesucristo, que nos ha bendecido en las regiones celestiales con toda bendición espiritual en Cristo. 4 Dios nos escogió en él antes de la creación del mundo, para que seamos santos y sin mancha delante de él. En amor 5 nos predestinó para ser adoptados como hijos suyos por medio de Jesucristo, según el buen propósito de su voluntad, 6 para alabanza de su gloriosa gracia, que nos concedió en su Amado. 7 En él tenemos la redención mediante su sangre, el perdón de nuestros pecados, conforme a las riquezas de la gracia 8 que Dios nos dio en abundancia con toda sabiduría y entendimiento. 9 Él nos hizo conocer el *misterio de su voluntad conforme al buen propósito que de antemano estableció en Cristo, 10 para llevarlo a cabo cuando se cumpliera el tiempo: reunir en él todas las cosas, tanto las del cielo como las de la tierra.

11 En Cristo también fuimos hechos herederos,*c* pues fuimos predestinados según el plan de aquel que hace todas las cosas conforme al designio de su voluntad, 12 a fin de que nosotros, que ya hemos puesto nuestra esperanza en Cristo, seamos para alabanza de su gloria. 13 En él también ustedes, cuando oyeron el mensaje de la verdad, el *evangelio que les trajo la salvación, y lo creyeron, fueron marcados con el sello que es el Espíritu Santo prometido. 14 Éste garantiza nuestra herencia hasta que llegue la redención final del pueblo adquirido por Dios,*d* para alabanza de su gloria.

Acción de gracias e intercesión

15 Por eso yo, por mi parte, desde que me enteré de la fe que tienen en el Señor Jesús y del amor que demuestran por todos los *santos, 16 no he dejado de dar gracias por ustedes al recordarlos en mis oraciones. 17 Pido que el Dios de nuestro Señor Jesucristo, el Padre glorioso, les dé el Espíritu de sabiduría y de revelación, para que lo conozcan mejor. 18 Pido también que les sean iluminados los ojos del corazón para que sepan a qué esperanza él los ha llamado, cuál es la riqueza de su gloriosa herencia entre los santos, 19 y cuán incomparable es la grandeza de su poder a favor de los que creemos. Ese poder es la fuerza grandiosa y eficaz 20 que Dios ejerció en Cristo cuando lo resucitó de entre los muertos y lo sentó a su *derecha en las regiones celestiales, 21 muy por encima de todo gobierno y autoridad, poder y dominio, y de cualquier otro nombre que se invoque, no sólo en este mundo sino tam-

1 Paul, an apostle of Christ Jesus by the will of God,

To the saints in Ephesus,*a* the faithful*b* in Christ Jesus:

2 Grace and peace to you from God our Father and the Lord Jesus Christ.

Spiritual Blessings in Christ

3 Praise be to the God and Father of our Lord Jesus Christ, who has blessed us in the heavenly realms with every spiritual blessing in Christ. 4 For he chose us in him before the creation of the world to be holy and blameless in his sight. In love 5 he*c* predestined us to be adopted as his sons through Jesus Christ, in accordance with his pleasure and will— 6 to the praise of his glorious grace, which he has freely given us in the One he loves. 7 In him we have redemption through his blood, the forgiveness of sins, in accordance with the riches of God's grace 8 that he lavished on us with all wisdom and understanding. 9 And he*d* made known to us the mystery of his will according to his good pleasure, which he purposed in Christ, 10 to be put into effect when the times will have reached their fulfillment—to bring all things in heaven and on earth together under one head, even Christ.

11 In him we were also chosen,*e* having been predestined according to the plan of him who works out everything in conformity with the purpose of his will, 12 in order that we, who were the first to hope in Christ, might be for the praise of his glory. 13 And you also were included in Christ when you heard the word of truth, the gospel of your salvation. Having believed, you were marked in him with a seal, the promised Holy Spirit, 14 who is a deposit guaranteeing our inheritance until the redemption of those who are God's possession—to the praise of his glory.

Thanksgiving and Prayer

15 For this reason, ever since I heard about your faith in the Lord Jesus and your love for all the saints, 16 I have not stopped giving thanks for you, remembering you in my prayers. 17 I keep asking that the God of our Lord Jesus Christ, the glorious Father, may give you the Spirit*f* of wisdom and revelation, so that you may know him better. 18 I pray also that the eyes of your heart may be enlightened in order that you may know the hope to which he has called you, the riches of his glorious inheritance in the saints, 19 and his incomparably great power for us who believe. That power is like the working of his mighty strength, 20 which he exerted in Christ when he raised him from the dead and seated him at his right hand in the heavenly realms, 21 far above all rule and authority, power and dominion, and every title that can be given, not only in the present age

---

a 1:1 fieles. Alt. *creyentes.*   *b 1:1 los santos ... Éfeso.* Var. *los santos que también son fieles en Cristo Jesús* (es decir, sin indicación de lugar).   *c 1:11 fuimos hechos herederos.* Alt. *fuimos escogidos.*   *d 1:14 hasta ... Dios.* Alt. *hasta que lleguemos a adquirirla.*

a 1 Some early manuscripts do not have *in Ephesus.*
b 1 Or *believers who are*   *c 4,5* Or *sight in love.* 5*He*
d 8,9 Or *us. With all wisdom and understanding,* 9*he*
e 11 Or *were made heirs*   *f 17* Or *a spirit*

bién en el venidero. 22 Dios sometió todas las cosas al dominio de Cristo,^e y lo dio como cabeza de todo a la iglesia. 23 Ésta, que es su cuerpo, es la plenitud de aquel que lo llena todo por completo.

La vida en Cristo

2 En otro tiempo ustedes estaban muertos en sus transgresiones y pecados, 2 en los cuales andaban conforme a los poderes de este mundo. Se conducían según el que gobierna las tinieblas, según el espíritu que ahora ejerce su poder en los que viven en la desobediencia. 3 En ese tiempo también todos nosotros vivíamos como ellos, impulsados por nuestros deseos pecaminosos, siguiendo nuestra propia voluntad y nuestros propósitos.^f Como los demás, éramos por naturaleza objeto de la ira de Dios. 4 Pero Dios, que es rico en misericordia, por su gran amor por nosotros, 5 nos dio vida con Cristo, aun cuando estábamos muertos en pecados. ¡Por gracia ustedes han sido salvados! 6 Y en unión con Cristo Jesús, Dios nos resucitó y nos hizo sentar con él en las regiones celestiales, 7 para mostrar en los tiempos venideros la incomparable riqueza de su gracia, que por su bondad derramó sobre nosotros en Cristo Jesús. 8 Porque por gracia ustedes han sido salvados mediante la fe; esto no procede de ustedes, sino que es el regalo de Dios, 9 no por obras, para que nadie se *jacte. 10 Porque somos hechura de Dios, creados en Cristo Jesús para buenas obras, las cuales Dios dispuso de antemano a fin de que las pongamos en práctica.

Unidad en Cristo

11 Por lo tanto, recuerden ustedes los *gentiles de nacimiento —los que son llamados «incircuncisos» por aquellos que se llaman «de la *circuncisión», la cual se hace en el cuerpo por mano humana—, 12 recuerden que en ese entonces ustedes estaban separados de Cristo, excluidos de la ciudadanía de Israel y ajenos a los pactos de la promesa, sin esperanza y sin Dios en el mundo. 13 Pero ahora en Cristo Jesús, a ustedes que antes estaban lejos, Dios los ha acercado mediante la sangre de Cristo.

14 Porque Cristo es nuestra paz: de los dos pueblos ha hecho uno solo, derribando mediante su sacrificio^g el muro de enemistad que nos separaba, 15 pues anuló la ley con sus mandamientos y requisitos. Esto lo hizo para crear en sí mismo de los dos pueblos una nueva *humanidad al hacer la paz, 16 para reconciliar con Dios a ambos en un solo cuerpo mediante la cruz, por la que dio muerte a la enemistad. 17 Él vino y proclamó paz a ustedes que estaban lejos y paz a los que estaban cerca. 18 Pues por medio de él tenemos acceso al Padre por un mismo Espíritu.

19 Por lo tanto, ustedes ya no son extraños ni extranjeros, sino conciudadanos de los *santos y miembros de la familia de Dios, 20 edificados sobre el fundamento de los apóstoles y los profetas, siendo Cristo Jesús mismo la piedra angular. 21 En él todo el edificio, bien armado, se va levantando para llegar a ser un templo santo en el Señor. 22 En él también ustedes son edificados juntamente para ser morada de Dios por su Espíritu.

but also in the one to come. 22 And God placed all things under his feet and appointed him to be head over everything for the church, 23 which is his body, the fullness of him who fills everything in every way.

Made Alive in Christ

2 As for you, you were dead in your transgressions and sins, 2 in which you used to live when you followed the ways of this world and of the ruler of the kingdom of the air, the spirit who is now at work in those who are disobedient. 3 All of us also lived among them at one time, gratifying the cravings of our sinful nature^g and following its desires and thoughts. Like the rest, we were by nature objects of wrath. 4 But because of his great love for us, God, who is rich in mercy, 5 made us alive with Christ even when we were dead in transgressions—it is by grace you have been saved. 6 And God raised us up with Christ and seated us with him in the heavenly realms in Christ Jesus, 7 in order that in the coming ages he might show the incomparable riches of his grace, expressed in his kindness to us in Christ Jesus. 8 For it is by grace you have been saved, through faith—and this not from yourselves, it is the gift of God— 9 not by works, so that no one can boast. 10 For we are God's workmanship, created in Christ Jesus to do good works, which God prepared in advance for us to do.

One in Christ

11 Therefore, remember that formerly you who are Gentiles by birth and called "uncircumcised" by those who call themselves "the circumcision" (that done in the body by the hands of men)— 12 remember that at that time you were separate from Christ, excluded from citizenship in Israel and foreigners to the covenants of the promise, without hope and without God in the world. 13 But now in Christ Jesus you who once were far away have been brought near through the blood of Christ.

14 For he himself is our peace, who has made the two one and has destroyed the barrier, the dividing wall of hostility, 15 by abolishing in his flesh the law with its commandments and regulations. His purpose was to create in himself one new man out of the two, thus making peace, 16 and in this one body to reconcile both of them to God through the cross, by which he put to death their hostility. 17 He came and preached peace to you who were far away and peace to those who were near. 18 For through him we both have access to the Father by one Spirit.

19 Consequently, you are no longer foreigners and aliens, but fellow citizens with God's people and members of God's household, 20 built on the foundation of the apostles and prophets, with Christ Jesus himself as the chief cornerstone. 21 In him the whole building is joined together and rises to become a holy temple in the Lord. 22 And in him you too are being built together to become a dwelling in which God lives by his Spirit.

Pablo y el misterio de Cristo

3 Por esta razón yo, Pablo, prisionero de Cristo Jesús por el bien de ustedes los *gentiles, me arrodillo en oración.*h* 2 Sin duda se han enterado del plan de la gracia de Dios que él me encomendó para ustedes, 3 es decir, el *misterio que me dio a conocer por revelación, como ya les escribí brevemente. 4 Al leer esto, podrán darse cuenta de que comprendo el misterio de Cristo. 5 Ese misterio, que en otras generaciones no se les dio a conocer a los *seres humanos, ahora se les ha revelado por el Espíritu a los santos apóstoles y profetas de Dios; 6 es decir, que los gentiles son, junto con Israel, beneficiarios de la misma herencia, miembros de un mismo cuerpo y participantes igualmente de la promesa en Cristo Jesús mediante el *evangelio.

7 De este evangelio llegué a ser servidor como regalo que Dios, por su gracia, me dio conforme a su poder eficaz. 8 Aunque soy el más insignificante de todos los *santos, recibí esta gracia de predicar a las *naciones las incalculables riquezas de Cristo, 9 y de hacer entender a todos la realización del plan de Dios, el misterio que desde los tiempos eternos se mantuvo oculto en Dios, creador de todas las cosas. 10 El fin de todo esto es que la sabiduría de Dios, en toda su diversidad, se dé a conocer ahora, por medio de la iglesia, a los poderes y autoridades en las regiones celestiales, 11 conforme a su eterno propósito realizado en Cristo Jesús nuestro Señor. 12 En él, mediante la fe, disfrutamos de libertad y confianza para acercarnos a Dios. 13 Así que les pido que no se desanimen a causa de lo que sufro por ustedes, ya que estos sufrimientos míos son para ustedes un honor.

Oración por los efesios

14 Por esta razón me arrodillo delante del Padre, 15 de quien recibe nombre toda familia*i* en el cielo y en la tierra. 16 Le pido que, por medio del Espíritu y con el poder que procede de sus gloriosas riquezas, los fortalezca a ustedes en lo íntimo de su ser, 17 para que por fe Cristo habite en sus corazones. Y pido que, arraigados y cimentados en amor, 18 puedan comprender, junto con todos los *santos, cuán ancho y largo, alto y profundo es el amor de Cristo; 19 en fin, que conozcan ese amor que sobrepasa nuestro conocimiento, para que sean llenos de la plenitud de Dios.

20 Al que puede hacer muchísimo más que todo lo que podamos imaginarnos o pedir, por el poder que obra eficazmente en nosotros, 21 ¡a él sea la gloria en la iglesia y en Cristo Jesús por todas las generaciones, por los siglos de los siglos! Amén.

Unidad en el cuerpo de Cristo

4 Por eso yo, que estoy preso por la causa del Señor, les ruego que vivan de una manera digna del llamamiento que han recibido, 2 siempre humildes y amables, pacientes, tolerantes unos con otros en amor. 3 Esfuércense por mantener la unidad del Espíritu mediante el vínculo de la paz. 4 Hay un solo cuerpo y un solo Espíritu, así como también fueron llamados a una sola esperanza; 5 un solo Señor, una sola fe, un solo bautismo; 6 un solo Dios y Padre de todos, que está sobre todos y por medio de todos y en todos.

Paul the Preacher to the Gentiles

3 For this reason I, Paul, the prisoner of Christ Jesus for the sake of you Gentiles—

2 Surely you have heard about the administration of God's grace that was given to me for you, 3 that is, the mystery made known to me by revelation, as I have already written briefly. 4 In reading this, then, you will be able to understand my insight into the mystery of Christ, 5 which was not made known to men in other generations as it has now been revealed by the Spirit to God's holy apostles and prophets. 6 This mystery is that through the gospel the Gentiles are heirs together with Israel, members together of one body, and sharers together in the promise in Christ Jesus.

7 I became a servant of this gospel*h* by the gift of God's grace given me through the working of his power. 8 Although I am less than the least of all God's people, this grace was given me: to preach to the Gentiles the unsearchable riches of Christ, 9 and to make plain to everyone the administration of this mystery, which for ages past was kept hidden in God, who created all things. 10 His intent was that now, through the church, the manifold wisdom of God should be made known to the rulers and authorities in the heavenly realms, 11 according to his eternal purpose which he accomplished in Christ Jesus our Lord. 12 In him and through faith in him we may approach God with freedom and confidence. 13 I ask you, therefore, not to be discouraged because of my sufferings for you, which are your glory.

A Prayer for the Ephesians

14 For this reason I kneel before the Father, 15 from whom his whole family*h* in heaven and on earth derives its name. 16 I pray that out of his glorious riches he may strengthen you with power through his Spirit in your inner being, 17 so that Christ may dwell in your hearts through faith. And I pray that you, being rooted and established in love, 18 may have power, together with all the saints, to grasp how wide and long and high and deep is the love of Christ, 19 and to know this love that surpasses knowledge—that you may be filled to the measure of all the fullness of God.

20 Now to him who is able to do immeasurably more than all we ask or imagine, according to his power that is at work within us, 21 to him be glory in the church and in Christ Jesus throughout all generations, for ever and ever! Amen.

Unity in the Body of Christ

4 As a prisoner for the Lord, then, I urge you to live a life worthy of the calling you have received. 2 Be completely humble and gentle; be patient, bearing with one another in love. 3 Make every effort to keep the unity of the Spirit through the bond of peace. 4 There is one body and one Spirit—just as you were called to one hope when you were called— 5 one Lord, one faith, one baptism; 6 one God and Father of all, who is over all and through all and in all.

---

h 3:1 En el griego este versículo termina con la palabra *gentiles*, y el tema se reinicia en el v. 14.   *i 3:15 familia.* Alt. *paternidad.*   *h 15* Or *whom all fatherhood*

7 Pero a cada uno de nosotros se nos ha dado gracia en la medida en que Cristo ha repartido los dones. 8 Por esto dice:

«Cuando ascendió a lo alto,
se llevó consigo a los cautivos
y dio dones a los hombres.»*j*

9 (¿Qué quiere decir eso de que «ascendió», sino que también descendió a las partes bajas, o sea, a la tierra?*k* 10 El que descendió es el mismo que ascendió por encima de todos los cielos, para llenarlo todo.) 11 Él mismo constituyó a unos, apóstoles; a otros, profetas; a otros, evangelistas; y a otros, pastores y maestros, 12 a fin de capacitar al *pueblo de Dios para la obra de servicio, para edificar el cuerpo de Cristo. 13 De este modo, todos llegaremos a la unidad de la fe y del conocimiento del Hijo de Dios, a una *humanidad *perfecta que se conforme a la plena estatura de Cristo.

14 Así ya no seremos niños, zarandeados por las olas y llevados de aquí para allá por todo viento de enseñanza y por la astucia y los artificios de quienes emplean artimañas engañosas. 15 Más bien, al vivir la verdad con amor, creceremos hasta ser en todo como aquel que es la cabeza, es decir, Cristo. 16 Por su acción todo el cuerpo crece y se edifica en amor, sostenido y ajustado por todos los ligamentos, según la actividad propia de cada miembro.

Vivan como hijos de luz

17 Así que les digo esto y les insisto en el Señor: no vivan más con pensamientos frívolos como los *paganos. 18 A causa de la ignorancia que los domina y por la dureza de su corazón, éstos tienen oscurecido el entendimiento y están alejados de la vida que proviene de Dios. 19 Han perdido toda vergüenza, se han entregado a la inmoralidad, y no se sacian de cometer toda clase de actos indecentes.

20 No fue ésta la enseñanza que ustedes recibieron acerca de Cristo, 21 si de veras se les habló y enseñó de Jesús según la verdad que está en él. 22 Con respecto a la vida que antes llevaban, se les enseñó que debían quitarse el ropaje de la vieja naturaleza, la cual está corrompida por los deseos engañosos; 23 ser renovados en la actitud de su mente; 24 y ponerse el ropaje de la nueva naturaleza, creada a imagen de Dios, en verdadera justicia y *santidad.

25 Por lo tanto, dejando la mentira, hable cada uno a su prójimo con la verdad, porque todos somos miembros de un mismo cuerpo. 26 «Si se enojan, no pequen.»*l* No dejen que el sol se ponga estando aún enojados, 27 ni den cabida al diablo. 28 El que robaba, que no robe más, sino que trabaje honradamente con las manos para tener qué compartir con los necesitados.

29 Eviten toda conversación obscena. Por el contrario, que sus palabras contribuyan a la necesaria edificación y sean de bendición para quienes escuchan. 30 No agravien al Espíritu Santo de Dios, con el cual fueron sellados para el día de la redención. 31 Abandonen toda amargura, ira y enojo, gritos y calumnias, y toda forma de malicia. 32 Más bien, sean bondadosos y compasivos unos con otros, y perdónense mutuamente, así como Dios los perdonó a ustedes en Cristo.

7 But to each one of us grace has been given as Christ apportioned it. 8 This is why it*i* says:

"When he ascended on high,
he led captives in his train
and gave gifts to men."*j*

9 (What does "he ascended" mean except that he also descended to the lower, earthly regions*k*? 10 He who descended is the very one who ascended higher than all the heavens, in order to fill the whole universe.) 11 It was he who gave some to be apostles, some to be prophets, some to be evangelists, and some to be pastors and teachers, 12 to prepare God's people for works of service, so that the body of Christ may be built up 13 until we all reach unity in the faith and in the knowledge of the Son of God and become mature, attaining to the whole measure of the fullness of Christ.

14 Then we will no longer be infants, tossed back and forth by the waves, and blown here and there by every wind of teaching and by the cunning and craftiness of men in their deceitful scheming. 15 Instead, speaking the truth in love, we will in all things grow up into him who is the Head, that is, Christ. 16 From him the whole body, joined and held together by every supporting ligament, grows and builds itself up in love, as each part does its work.

Living as Children of Light

17 So I tell you this, and insist on it in the Lord, that you must no longer live as the Gentiles do, in the futility of their thinking. 18 They are darkened in their understanding and separated from the life of God because of the ignorance that is in them due to the hardening of their hearts. 19 Having lost all sensitivity, they have given themselves over to sensuality so as to indulge in every kind of impurity, with a continual lust for more.

20 You, however, did not come to know Christ that way. 21 Surely you heard of him and were taught in him in accordance with the truth that is in Jesus. 22 You were taught, with regard to your former way of life, to put off your old self, which is being corrupted by its deceitful desires; 23 to be made new in the attitude of your minds; 24 and to put on the new self, created to be like God in true righteousness and holiness.

25 Therefore each of you must put off falsehood and speak truthfully to his neighbor, for we are all members of one body. 26 "In your anger do not sin"*l*: Do not let the sun go down while you are still angry, 27 and do not give the devil a foothold. 28 He who has been stealing must steal no longer, but must work, doing something useful with his own hands, that he may have something to share with those in need.

29 Do not let any unwholesome talk come out of your mouths, but only what is helpful for building others up according to their needs, that it may benefit those who listen. 30 And do not grieve the Holy Spirit of God, with whom you were sealed for the day of redemption. 31 Get rid of all bitterness, rage and anger, brawling and slander, along with every form of malice. 32 Be kind and compassionate to one another, forgiving each other, just as in Christ God forgave you.

5 Por tanto, imiten a Dios, como hijos muy amados, 2 y lleven una vida de amor, así como Cristo nos

5 Be imitators of God, therefore, as dearly loved children 2 and live a life of love, just as Christ

---

j 4:8 Sal 68:18   *k 4:9 las partes bajas, o sea, a la tierra?* Alt.
las partes bajas de la tierra?   *l 4:26* Sal 4:4

i 8 Or *God*   *j 8* Psalm 68:18   *k 9* Or *the depths of the earth*
l 26 Psalm 4:4

amó y se entregó por nosotros como ofrenda y sacrificio fragante para Dios.

³ Entre ustedes ni siquiera debe mencionarse la inmoralidad sexual, ni ninguna clase de impureza o de avaricia, porque eso no es propio del *pueblo santo de Dios. ⁴ Tampoco debe haber palabras indecentes, conversaciones necias ni chistes groseros, todo lo cual está fuera de lugar; haya más bien acción de gracias. ⁵ Porque pueden estar seguros de que nadie que sea avaro (es decir, idólatra), inmoral o impuro tendrá herencia en el reino de Cristo y de Dios.ᵐ ⁶ Que nadie los engañe con argumentaciones vanas, porque por esto viene el castigo de Dios sobre los que viven en la desobediencia. ⁷ Así que no se hagan cómplices de ellos.

⁸ Porque ustedes antes eran oscuridad, pero ahora son luz en el Señor. Vivan como hijos de luz ⁹(el fruto de la luz consiste en toda bondad, justicia y verdad) ¹⁰y comprueben lo que agrada al Señor. ¹¹ No tengan nada que ver con las obras infructuosas de la oscuridad, sino más bien denúncienlas, ¹²porque da vergüenza aun mencionar lo que los desobedientes hacen en secreto. ¹³ Pero todo lo que la luz pone al descubierto se hace visible, ¹⁴porque la luz es lo que hace que todo sea visible. Por eso se dice:

«Despiértate, tú que duermes,
*levántate de entre los muertos,
y te alumbrará Cristo.»

¹⁵ Así que tengan cuidado de su manera de vivir. No vivan como necios sino como sabios, ¹⁶aprovechando al máximo cada momento oportuno, porque los días son malos. ¹⁷ Por tanto, no sean insensatos, sino entiendan cuál es la voluntad del Señor. ¹⁸ No se emborrachen con vino, que lleva al desenfreno. Al contrario, sean llenos del Espíritu. ¹⁹ Anímense unos a otros con salmos, himnos y canciones espirituales. Canten y alaben al Señor con el corazón, ²⁰dando siempre gracias a Dios el Padre por todo, en el nombre de nuestro Señor Jesucristo.

Deberes conyugales

²¹ Sométanse unos a otros, por reverencia a Cristo. ²² Esposas, sométanse a sus propios esposos como al Señor. ²³ Porque el esposo es cabeza de su esposa, así como Cristo es cabeza y salvador de la iglesia, la cual es su cuerpo. ²⁴ Así como la iglesia se somete a Cristo, también las esposas deben someterse a sus esposos en todo.

²⁵ Esposos, amen a sus esposas, así como Cristo amó a la iglesia y se entregó por ella ²⁶para hacerla santa. Él la purificó, lavándola con agua mediante la palabra, ²⁷para presentársela a sí mismo como una iglesia radiante, sin mancha ni arruga ni ninguna otra imperfección, sino santa e intachable. ²⁸ Así mismo el esposo debe amar a su esposa como a su propio cuerpo. El que ama a su esposa se ama a sí mismo, ²⁹pues nadie ha odiado jamás a su propio cuerpo; al contrario, lo alimenta y lo cuida, así como Cristo hace con la iglesia, ³⁰porque somos miembros de su cuerpo. ³¹«Por eso dejará el hombre a su padre y a su madre, y se unirá a su esposa, y los dos llegarán a ser un solo cuerpo.»ⁿ ³² Esto es un *misterio profundo; yo me refiero a Cristo y a la iglesia. ³³ En todo caso, cada uno de ustedes ame también a su esposa como a sí mismo, y que la esposa respete a su esposo.

loved us and gave himself up for us as a fragrant offering and sacrifice to God.

³ But among you there must not be even a hint of sexual immorality, or of any kind of impurity, or of greed, because these are improper for God's holy people. ⁴ Nor should there be obscenity, foolish talk or coarse joking, which are out of place, but rather thanksgiving. ⁵ For of this you can be sure: No immoral, impure or greedy person—such a man is an idolater—has any inheritance in the kingdom of Christ and of God.ᵐ ⁶ Let no one deceive you with empty words, for because of such things God's wrath comes on those who are disobedient. ⁷ Therefore do not be partners with them.

⁸ For you were once darkness, but now you are light in the Lord. Live as children of light ⁹(for the fruit of the light consists in all goodness, righteousness and truth) ¹⁰and find out what pleases the Lord. ¹¹ Have nothing to do with the fruitless deeds of darkness, but rather expose them. ¹²For it is shameful even to mention what the disobedient do in secret. ¹³But everything exposed by the light becomes visible, ¹⁴for it is light that makes everything visible. This is why it is said:

"Wake up, O sleeper,
rise from the dead,
and Christ will shine on you."

¹⁵ Be very careful, then, how you live—not as unwise but as wise, ¹⁶making the most of every opportunity, because the days are evil. ¹⁷ Therefore do not be foolish, but understand what the Lord's will is. ¹⁸ Do not get drunk on wine, which leads to debauchery. Instead, be filled with the Spirit. ¹⁹ Speak to one another with psalms, hymns and spiritual songs. Sing and make music in your heart to the Lord, ²⁰always giving thanks to God the Father for everything, in the name of our Lord Jesus Christ.

²¹ Submit to one another out of reverence for Christ.

Wives and Husbands

²² Wives, submit to your husbands as to the Lord. ²³ For the husband is the head of the wife as Christ is the head of the church, his body, of which he is the Savior. ²⁴ Now as the church submits to Christ, so also wives should submit to their husbands in everything.

²⁵ Husbands, love your wives, just as Christ loved the church and gave himself up for her ²⁶to make her holy, cleansingⁿ her by the washing with water through the word, ²⁷and to present her to himself as a radiant church, without stain or wrinkle or any other blemish, but holy and blameless. ²⁸ In this same way, husbands ought to love their wives as their own bodies. He who loves his wife loves himself. ²⁹ After all, no one ever hated his own body, but he feeds and cares for it, just as Christ does the church— ³⁰for we are members of his body. ³¹ "For this reason a man will leave his father and mother and be united to his wife, and the two will become one flesh."ᵒ ³² This is a profound mystery—but I am talking about Christ and the church. ³³ However, each one of you also must love his wife as he loves himself, and the wife must respect her husband.

ᵐ 5:5 de Cristo y de Dios. Alt. de Cristo, que es Dios.
ⁿ 5:31 Gn 2:24

ᵐ 5 Or kingdom of the Christ and God   ⁿ 26 Or having cleansed
ᵒ 31 Gen. 2:24

Deberes filiales

6 Hijos, obedezcan en el Señor a sus padres, porque esto es justo. 2«Honra a tu padre y a tu madre —que es el primer mandamiento con promesa— 3para que te vaya bien y disfrutes de una larga vida en la tierra.»ñ

4Y ustedes, padres, no hagan enojar a sus hijos, sino críenlos según la disciplina e instrucción del Señor.

Deberes de los esclavos y de sus amos

5*Esclavos, obedezcan a sus amos terrenales con respeto y temor, y con integridad de corazón, como a Cristo. 6No lo hagan sólo cuando los estén mirando, como los que quieren ganarse el favor *humano, sino como esclavos de Cristo, haciendo de todo corazón la voluntad de Dios. 7Sirvan de buena gana, como quien sirve al Señor y no a los hombres, 8sabiendo que el Señor recompensará a cada uno por el bien que haya hecho, sea esclavo o sea libre.

9Y ustedes, amos, correspondan a esta actitud de sus esclavos, dejando de amenazarlos. Recuerden que tanto ellos como ustedes tienen un mismo Amoº en el cielo, y que con él no hay favoritismos.

La armadura de Dios

10Por último, fortalézcanse con el gran poder del Señor. 11Pónganse toda la armadura de Dios para que puedan hacer frente a las artimañas del diablo. 12Porque nuestra lucha no es contra *seres humanos, sino contra poderes, contra autoridades, contra potestades que dominan este mundo de tinieblas, contra fuerzas espirituales malignas en las regiones celestiales. 13Por lo tanto, pónganse toda la armadura de Dios, para que cuando llegue el día malo puedan resistir hasta el fin con firmeza. 14Manténganse firmes, ceñidos con el cinturón de la verdad, protegidos por la coraza de justicia, 15y calzados con la disposición de proclamar el *evangelio de la paz. 16Además de todo esto, tomen el escudo de la fe, con el cual pueden apagar todas las flechas encendidas del maligno. 17Tomen el casco de la salvación y la espada del Espíritu, que es la palabra de Dios.

18Oren en el Espíritu en todo momento, con peticiones y ruegos. Manténganse alerta y perseveren en oración por todos los *santos.

19Oren también por mí para que, cuando hable, Dios me dé las palabras para dar a conocer con valor el *misterio del evangelio, 20por el cual soy embajador en cadenas. Oren para que lo proclame valerosamente, como debo hacerlo.

Saludos finales

21Nuestro querido hermano Tíquico, fiel servidor en el Señor, les contará todo, para que también ustedes sepan cómo me va y qué estoy haciendo. 22Lo envío a ustedes precisamente para que sepan cómo estamos y para que cobren ánimo.

23Que Dios el Padre y el Señor Jesucristo les concedan paz, amor y fe a los hermanos. 24La gracia sea con todos los que aman a nuestro Señor Jesucristo con amor imperecedero.

Children and Parents

6 Children, obey your parents in the Lord, for this is right. 2"Honor your father and mother"—which is the first commandment with a promise— 3"that it may go well with you and that you may enjoy long life on the earth."p

4Fathers, do not exasperate your children; instead, bring them up in the training and instruction of the Lord.

Slaves and Masters

5Slaves, obey your earthly masters with respect and fear, and with sincerity of heart, just as you would obey Christ. 6Obey them not only to win their favor when their eye is on you, but like slaves of Christ, doing the will of God from your heart. 7Serve wholeheartedly, as if you were serving the Lord, not men, 8because you know that the Lord will reward everyone for whatever good he does, whether he is slave or free.

9And masters, treat your slaves in the same way. Do not threaten them, since you know that he who is both their Master and yours is in heaven, and there is no favoritism with him.

The Armor of God

10Finally, be strong in the Lord and in his mighty power. 11Put on the full armor of God so that you can take your stand against the devil's schemes. 12For our struggle is not against flesh and blood, but against the rulers, against the authorities, against the powers of this dark world and against the spiritual forces of evil in the heavenly realms. 13Therefore put on the full armor of God, so that when the day of evil comes, you may be able to stand your ground, and after you have done everything, to stand. 14Stand firm then, with the belt of truth buckled around your waist, with the breastplate of righteousness in place, 15and with your feet fitted with the readiness that comes from the gospel of peace. 16In addition to all this, take up the shield of faith, with which you can extinguish all the flaming arrows of the evil one. 17Take the helmet of salvation and the sword of the Spirit, which is the word of God. 18And pray in the Spirit on all occasions with all kinds of prayers and requests. With this in mind, be alert and always keep on praying for all the saints.

19Pray also for me, that whenever I open my mouth, words may be given me so that I will fearlessly make known the mystery of the gospel, 20for which I am an ambassador in chains. Pray that I may declare it fearlessly, as I should.

Final Greetings

21Tychicus, the dear brother and faithful servant in the Lord, will tell you everything, so that you also may know how I am and what I am doing. 22I am sending him to you for this very purpose, that you may know how we are, and that he may encourage you.

23Peace to the brothers, and love with faith from God the Father and the Lord Jesus Christ. 24Grace to all who love our Lord Jesus Christ with an undying love.

ñ6:3 Éx 20:12; Dt 5:16   º6:9 Amo. Lit. Señor.   p 3 Deut. 5:16

Carta a los

Filipenses

Philippians

1

Pablo y Timoteo, *siervos de *Cristo Jesús,

a todos los *santos en Cristo Jesús que están en Filipos, junto con los *obispos y diáconos:

2 Que Dios nuestro Padre y el Señor Jesucristo les concedan gracia y paz.

Acción de gracias e intercesión

3 Doy gracias a mi Dios cada vez que me acuerdo de ustedes. 4 En todas mis oraciones por todos ustedes, siempre oro con alegría, 5 porque han participado en el *evangelio desde el primer día hasta ahora. 6 Estoy convencido de esto: el que comenzó tan buena obra en ustedes la irá *perfeccionando hasta el día de Cristo Jesús. 7 Es justo que yo piense así de todos ustedes porque los llevoᵃ en el corazón; pues, ya sea que me encuentre preso o defendiendo y confirmando el evangelio, todos ustedes participan conmigo de la gracia que Dios me ha dado. 8 Dios es testigo de cuánto los quiero a todos con el entrañable amor de Cristo Jesús.

9 Esto es lo que pido en oración: que el amor de ustedes abunde cada vez más en conocimiento y en buen juicio, 10 para que disciernan lo que es mejor, y sean puros e irreprochables para el día de Cristo, 11 llenos del fruto de justicia que se produce por medio de Jesucristo, para gloria y alabanza de Dios.

El vivir es Cristo

12 Hermanos, quiero que sepan que, en realidad, lo que me ha pasado ha contribuido al avance del *evangelio. 13 Es más, se ha hecho evidente a toda la guardia del palacioᵇ y a todos los demás que estoy encadenado por causa de Cristo. 14 Gracias a mis cadenas, ahora más que nunca la mayoría de los hermanos, confiados en el Señor, se han atrevido a anunciar sin temor la palabra de Dios.

15 Es cierto que algunos predican a Cristo por envidia y rivalidad, pero otros lo hacen con buenas intenciones. 16 Estos últimos lo hacen por amor, pues saben que he sido puesto para la defensa del evangelio. 17 Aquéllos predican a Cristo por ambición personal y no por motivos puros, creyendo que así van a aumentar las angustias que sufro en mi prisión.ᶜ

18 ¿Qué importa? Al fin y al cabo, y sea como sea, con motivos falsos o con sinceridad, se predica a Cristo. Por eso me alegro; es más, seguiré alegrándome 19 porque sé que, gracias a las oraciones de ustedes y a la ayuda que me da el Espíritu de Jesucristo, todo esto resultará en mi liberación.ᵈ 20 Mi ardiente anhelo y esperanza es que en nada seré avergonzado, sino que con toda libertad, y sea que yo viva o muera, ahora como siempre, Cristo será exaltado en mi cuerpo. 21 Porque para mí el vivir es Cristo y el morir es ganancia. 22 Ahora bien, si seguir viviendo en este mundoᵉ representa para mí un trabajo fructífero, ¿qué escogeré? ¡No lo sé! 23 Me siento presionado por dos posibilidades: deseo partir y estar con Cristo, que es muchísimo mejor, 24 pero por el bien de ustedes es preferible

1

Paul and Timothy, servants of Christ Jesus,

To all the saints in Christ Jesus at Philippi, together with the overseersᵃ and deacons:

2 Grace and peace to you from God our Father and the Lord Jesus Christ.

Thanksgiving and Prayer

3 I thank my God every time I remember you. 4 In all my prayers for all of you, I always pray with joy 5 because of your partnership in the gospel from the first day until now, 6 being confident of this, that he who began a good work in you will carry it on to completion until the day of Christ Jesus.

7 It is right for me to feel this way about all of you, since I have you in my heart; for whether I am in chains or defending and confirming the gospel, all of you share in God's grace with me. 8 God can testify how I long for all of you with the affection of Christ Jesus.

9 And this is my prayer: that your love may abound more and more in knowledge and depth of insight, 10 so that you may be able to discern what is best and may be pure and blameless until the day of Christ, 11 filled with the fruit of righteousness that comes through Jesus Christ—to the glory and praise of God.

Paul's Chains Advance the Gospel

12 Now I want you to know, brothers, that what has happened to me has really served to advance the gospel. 13 As a result, it has become clear throughout the whole palace guardᵇ and to everyone else that I am in chains for Christ. 14 Because of my chains, most of the brothers in the Lord have been encouraged to speak the word of God more courageously and fearlessly.

15 It is true that some preach Christ out of envy and rivalry, but others out of goodwill. 16 The latter do so in love, knowing that I am put here for the defense of the gospel. 17 The former preach Christ out of selfish ambition, not sincerely, supposing that they can stir up trouble for me while I am in chains.ᶜ 18 But what does it matter? The important thing is that in every way, whether from false motives or true, Christ is preached. And because of this I rejoice.

Yes, and I will continue to rejoice, 19 for I know that through your prayers and the help given by the Spirit of Jesus Christ, what has happened to me will turn out for my deliverance.ᵈ 20 I eagerly expect and hope that I will in no way be ashamed, but will have sufficient courage so that now as always Christ will be exalted in my body, whether by life or by death. 21 For to me, to live is Christ and to die is gain. 22 If I am to go on living in the body, this will mean fruitful labor for me. Yet what shall I choose? I do not know! 23 I am torn between the two: I desire to depart and be with Christ, which is better by far; 24 but it is more necessary for

---

ᵃ 1:7 los llevo. Alt. me llevan.   ᵇ 1:13 a toda la guardia del palacio. Alt. en todo el palacio.   ᶜ 1:16-17 Var. invierte el orden de vv. 16 y 17.   ᵈ 1:19 liberación. Alt. salvación.
ᵉ 1:22 este mundo. Lit. la *carne; también en v. 24.

ᵃ 1 Traditionally bishops   ᵇ 13 Or whole palace
ᶜ 16,17 Some late manuscripts have verses 16 and 17 in reverse order.   ᵈ 19 Or salvation

que yo permanezca en este mundo. 25 Convencido de esto, sé que permaneceré y continuaré con todos ustedes para contribuir a su jubiloso avance en la fe. 26 Así, cuando yo vuelva, su *satisfacción en Cristo Jesús abundará por causa mía.

27 Pase lo que pase, compórtense de una manera digna del evangelio de Cristo. De este modo, ya sea que vaya a verlos o que, estando ausente, sólo tenga noticias de ustedes, sabré que siguen firmes en un mismo propósito, luchando unánimes por la fe del evangelio 28 y sin temor alguno a sus adversarios, lo cual es para ellos señal de destrucción. Para ustedes, en cambio, es señal de salvación, y esto proviene de Dios. 29 Porque a ustedes se les ha concedido no sólo creer en Cristo, sino también sufrir por él, 30 pues sostienen la misma lucha que antes me vieron sostener, y que ahora saben que sigo sosteniendo.

Humillación y exaltación de Cristo

2 Por tanto, si sienten algún estímulo en su unión con Cristo, algún consuelo en su amor, algún compañerismo en el Espíritu, algún afecto entrañable, 2 llénenme de alegría teniendo un mismo parecer, un mismo amor, unidos en alma y pensamiento. 3 No hagan nada por egoísmo o vanidad; más bien, con humildad consideren a los demás como superiores a ustedes mismos. 4 Cada uno debe velar no sólo por sus propios intereses sino también por los intereses de los demás.

5 La actitud de ustedes debe ser como la de Cristo Jesús,

6 quien, siendo por naturaleza*f* Dios,
no consideró el ser igual a Dios como algo a
qué aferrarse.
7 Por el contrario, se rebajó voluntariamente,
tomando la naturaleza*g* de *siervo
y haciéndose semejante a los seres
*humanos.
8 Y al manifestarse como hombre,
se humilló a sí mismo
y se hizo obediente hasta la muerte,
¡y muerte de cruz!
9 Por eso Dios lo exaltó hasta lo sumo
y le otorgó el nombre
que está sobre todo nombre,
10 para que ante el nombre de Jesús
se doble toda rodilla
en el cielo y en la tierra
y debajo de la tierra,
11 y toda lengua confiese que Jesucristo es el
Señor,
para gloria de Dios Padre.

Testimonio de luz

12 Así que, mis queridos hermanos, como han obedecido siempre —no sólo en mi presencia sino mucho más ahora en mi ausencia— lleven a cabo su salvación con temor y temblor, 13 pues Dios es quien produce en ustedes tanto el querer como el hacer para que se cumpla su buena voluntad.

14 Háganlo todo sin quejas ni contiendas, 15 para que sean intachables y puros, hijos de Dios sin culpa en medio de una generación torcida y depravada. En ella ustedes brillan como estrellas en el firmamento, 16 manteniendo en alto*h* la palabra de vida. Así en el día de Cristo me sentiré *satisfecho de no haber corri-

you that I remain in the body. 25 Convinced of this, I know that I will remain, and I will continue with all of you for your progress and joy in the faith, 26 so that through my being with you again your joy in Christ Jesus will overflow on account of me.

27 Whatever happens, conduct yourselves in a manner worthy of the gospel of Christ. Then, whether I come and see you or only hear about you in my absence, I will know that you stand firm in one spirit, contending as one man for the faith of the gospel 28 without being frightened in any way by those who oppose you. This is a sign to them that they will be destroyed, but that you will be saved—and that by God. 29 For it has been granted to you on behalf of Christ not only to believe on him, but also to suffer for him, 30 since you are going through the same struggle you saw I had, and now hear that I still have.

Imitating Christ's Humility

2 If you have any encouragement from being united with Christ, if any comfort from his love, if any fellowship with the Spirit, if any tenderness and compassion, 2 then make my joy complete by being like-minded, having the same love, being one in spirit and purpose. 3 Do nothing out of selfish ambition or vain conceit, but in humility consider others better than yourselves. 4 Each of you should look not only to your own interests, but also to the interests of others.

5 Your attitude should be the same as that of Christ Jesus:

6 Who, being in very nature*e* God,
did not consider equality with God
something to be grasped,
7 but made himself nothing,
taking the very nature*f* of a servant,
being made in human likeness.
8 And being found in appearance as a man,
he humbled himself
and became obedient to death—
even death on a cross!
9 Therefore God exalted him to the highest
place
and gave him the name that is above
every name,
10 that at the name of Jesus every knee should
bow,
in heaven and on earth and under the
earth,
11 and every tongue confess that Jesus Christ
is Lord,
to the glory of God the Father.

Shining as Stars

12 Therefore, my dear friends, as you have always obeyed—not only in my presence, but now much more in my absence—continue to work out your salvation with fear and trembling, 13 for it is God who works in you to will and to act according to his good purpose.

14 Do everything without complaining or arguing, 15 so that you may become blameless and pure, children of God without fault in a crooked and depraved generation, in which you shine like stars in the universe 16 as you hold out*g* the word of life—in order that I may boast on the day of Christ that I did not run or labor for

---

f 2:6 por naturaleza. Lit. *en forma de.*   *g 2:7 la naturaleza.* Lit.
la forma.   *h 2:16 manteniendo en alto.* Alt. *ya que se aferran a.*   *e 6 Or in the form of*   *f 7 Or the form*   *g 16 Or hold on to*

do ni trabajado en vano. 17 Y aunque mi vida fuera derramada[i] sobre el sacrificio y servicio que proceden de su fe, me alegro y comparto con todos ustedes mi alegría. 18 Así también ustedes, alégrense y compartan su alegría conmigo.

Dos colaboradores ejemplares

19 Espero en el Señor Jesús enviarles pronto a Timoteo, para que también yo cobre ánimo al recibir noticias de ustedes. 20 No tengo a nadie más que, como él, se preocupe de veras por el bienestar de ustedes, 21 pues todos los demás buscan sus propios intereses y no los de Jesucristo. 22 Pero ustedes conocen bien la entereza de carácter de Timoteo, que ha servido conmigo en la obra del *evangelio, como un hijo junto a su padre. 23 Así que espero enviárselo tan pronto como se aclaren mis asuntos. 24 Y confío en el Señor que yo mismo iré pronto.

25 Ahora bien, creo que es necesario enviarles de vuelta a Epafrodito, mi hermano, colaborador y compañero de lucha, a quien ustedes han enviado para atenderme en mis necesidades. 26 Él los extraña mucho a todos y está afligido porque ustedes se enteraron de que estaba enfermo. 27 En efecto, estuvo enfermo y al borde de la muerte; pero Dios se compadeció de él, y no sólo de él sino también de mí, para no añadir tristeza a mi tristeza. 28 Así que lo envío urgentemente para que, al verlo de nuevo, ustedes se alegren y yo esté menos preocupado. 29 Recíbanlo en el Señor con toda alegría y honren a los que son como él, 30 porque estuvo a punto de morir por la obra de Cristo, arriesgando la *vida para suplir el servicio que ustedes no podían prestarme.

Plena confianza en Cristo

3 Por lo demás, hermanos míos, alégrense en el Señor. Para mí no es molestia volver a escribirles lo mismo, y a ustedes les da seguridad.

2 Cuídense de esos *perros, cuídense de esos que hacen el mal, cuídense de esos que mutilan el cuerpo. 3 Porque la *circuncisión somos nosotros, los que por medio del Espíritu de Dios adoramos, nos *enorgullecemos en Cristo Jesús y no ponemos nuestra confianza en esfuerzos *humanos. 4 Yo mismo tengo motivos para tal confianza. Si cualquier otro cree tener motivos para confiar en esfuerzos humanos, yo más: 5 circuncidado al octavo día, del pueblo de Israel, de la tribu de Benjamín, hebreo de pura cepa; en cuanto a la interpretación de la ley, *fariseo; 6 en cuanto al celo, perseguidor de la iglesia; en cuanto a la justicia que la ley exige, intachable.

7 Sin embargo, todo aquello que para mí era ganancia, ahora lo considero pérdida por causa de Cristo. 8 Es más, todo lo considero pérdida por razón del incomparable valor de conocer a Cristo Jesús, mi Señor. Por él lo he perdido todo, y lo tengo por estiércol, a fin de ganar a Cristo 9 y encontrarme unido a él. No quiero mi propia justicia que procede de la ley, sino la que se obtiene mediante la *fe en Cristo, la justicia que procede de Dios, basada en la fe. 10 Lo he perdido todo a fin de conocer a Cristo, experimentar el poder que se manifestó en su resurrección, participar en sus sufrimientos y llegar a ser semejante a él en su muerte. 11 Así espero alcanzar la resurrección de entre los muertos.

nothing. 17 But even if I am being poured out like a drink offering on the sacrifice and service coming from your faith, I am glad and rejoice with all of you. 18 So you too should be glad and rejoice with me.

Timothy and Epaphroditus

19 I hope in the Lord Jesus to send Timothy to you soon, that I also may be cheered when I receive news about you. 20 I have no one else like him, who takes a genuine interest in your welfare. 21 For everyone looks out for his own interests, not those of Jesus Christ. 22 But you know that Timothy has proved himself, because as a son with his father he has served with me in the work of the gospel. 23 I hope, therefore, to send him as soon as I see how things go with me. 24 And I am confident in the Lord that I myself will come soon.

25 But I think it is necessary to send back to you Epaphroditus, my brother, fellow worker and fellow soldier, who is also your messenger, whom you sent to take care of my needs. 26 For he longs for all of you and is distressed because you heard he was ill. 27 Indeed he was ill, and almost died. But God had mercy on him, and not on him only but also on me, to spare me sorrow upon sorrow. 28 Therefore I am all the more eager to send him, so that when you see him again you may be glad and I may have less anxiety. 29 Welcome him in the Lord with great joy, and honor men like him, 30 because he almost died for the work of Christ, risking his life to make up for the help you could not give me.

No Confidence in the Flesh

3 Finally, my brothers, rejoice in the Lord! It is no trouble for me to write the same things to you again, and it is a safeguard for you.

2 Watch out for those dogs, those men who do evil, those mutilators of the flesh. 3 For it is we who are the circumcision, we who worship by the Spirit of God, who glory in Christ Jesus, and who put no confidence in the flesh— 4 though I myself have reasons for such confidence.

If anyone else thinks he has reasons to put confidence in the flesh, I have more: 5 circumcised on the eighth day, of the people of Israel, of the tribe of Benjamin, a Hebrew of Hebrews; in regard to the law, a Pharisee; 6 as for zeal, persecuting the church; as for legalistic righteousness, faultless.

7 But whatever was to my profit I now consider loss for the sake of Christ. 8 What is more, I consider everything a loss compared to the surpassing greatness of knowing Christ Jesus my Lord, for whose sake I have lost all things. I consider them rubbish, that I may gain Christ 9 and be found in him, not having a righteousness of my own that comes from the law, but that which is through faith in Christ—the righteousness that comes from God and is by faith. 10 I want to know Christ and the power of his resurrection and the fellowship of sharing in his sufferings, becoming like him in his death, 11 and so, somehow, to attain to the resurrection from the dead.

---

i 2:17 *derramada.* Es decir, como libación.

Ciudadanos del cielo

12 No es que ya lo haya conseguido todo, o que ya sea *perfecto. Sin embargo, sigo adelante esperando alcanzar aquello para lo cual Cristo Jesús me alcanzó a mí. 13 Hermanos, no pienso que yo mismo lo haya logrado ya. Más bien, una cosa hago: olvidando lo que queda atrás y esforzándome por alcanzar lo que está delante, 14 sigo avanzando hacia la meta para ganar el premio que Dios ofrece mediante su llamamiento celestial en Cristo Jesús.

15 Así que, ¡escuchen los perfectos! Todos debemos*j* tener este modo de pensar. Y si en algo piensan de forma diferente, Dios les hará ver esto también. 16 En todo caso, vivamos de acuerdo con lo que ya hemos alcanzado.*k*

17 Hermanos, sigan todos mi ejemplo, y fíjense en los que se comportan conforme al modelo que les hemos dado. 18 Como les he dicho a menudo, y ahora lo repito hasta con lágrimas, muchos se comportan como enemigos de la cruz de Cristo. 19 Su destino es la destrucción, adoran al dios de sus propios deseos*l* y se enorgullecen de lo que es su vergüenza. Sólo piensan en lo terrenal. 20 En cambio, nosotros somos ciudadanos del cielo, de donde anhelamos recibir al Salvador, el Señor Jesucristo. 21 Él transformará nuestro cuerpo miserable para que sea como su cuerpo glorioso, mediante el poder con que somete a sí mismo todas las cosas.

4 Por lo tanto, queridos hermanos míos, a quienes amo y extraño mucho, ustedes que son mi alegría y mi corona, manténganse así firmes en el Señor.

Exhortaciones

2 Ruego a Evodia y también a Síntique que se pongan de acuerdo en el Señor. 3 Y a ti, mi fiel compañero,*m* te pido que ayudes a estas mujeres que han luchado a mi lado en la obra del *evangelio, junto con Clemente y los demás colaboradores míos, cuyos nombres están en el libro de la vida.

4 Alégrense siempre en el Señor. Insisto: ¡Alégrense! 5 Que su amabilidad sea evidente a todos. El Señor está cerca. 6 No se inquieten por nada; más bien, en toda ocasión, con oración y ruego, presenten sus peticiones a Dios y denle gracias. 7 Y la paz de Dios, que sobrepasa todo entendimiento, cuidará sus corazones y sus pensamientos en Cristo Jesús.

8 Por último, hermanos, consideren bien todo lo verdadero, todo lo respetable, todo lo justo, todo lo puro, todo lo amable, todo lo digno de admiración, en fin, todo lo que sea excelente o merezca elogio. 9 Pongan en práctica lo que de mí han aprendido, recibido y oído, y lo que han visto en mí, y el Dios de paz estará con ustedes.

Gratitud por la ayuda recibida

10 Me alegro muchísimo en el Señor de que al fin hayan vuelto a interesarse en mí. Claro está que tenían interés, sólo que no habían tenido la oportunidad de demostrarlo. 11 No digo esto porque esté necesitado, pues he aprendido a estar satisfecho en cualquier situación en que me encuentre. 12 Sé lo que es vivir en la pobreza, y lo que es vivir en la abundancia. He aprendido a vivir en todas y cada una de las circunstancias, tanto a quedar saciado como a pasar hambre, a tener de

Pressing on Toward the Goal

12 Not that I have already obtained all this, or have already been made perfect, but I press on to take hold of that for which Christ Jesus took hold of me. 13 Brothers, I do not consider myself yet to have taken hold of it. But one thing I do: Forgetting what is behind and straining toward what is ahead, 14 I press on toward the goal to win the prize for which God has called me heavenward in Christ Jesus.

15 All of us who are mature should take such a view of things. And if on some point you think differently, that too God will make clear to you. 16 Only let us live up to what we have already attained.

17 Join with others in following my example, brothers, and take note of those who live according to the pattern we gave you. 18 For, as I have often told you before and now say again even with tears, many live as enemies of the cross of Christ. 19 Their destiny is destruction, their god is their stomach, and their glory is in their shame. Their mind is on earthly things. 20 But our citizenship is in heaven. And we eagerly await a Savior from there, the Lord Jesus Christ, 21 who, by the power that enables him to bring everything under his control, will transform our lowly bodies so that they will be like his glorious body.

4 Therefore, my brothers, you whom I love and long for, my joy and crown, that is how you should stand firm in the Lord, dear friends!

Exhortations

2 I plead with Euodia and I plead with Syntyche to agree with each other in the Lord. 3 Yes, and I ask you, loyal yokefellow,*h* help these women who have contended at my side in the cause of the gospel, along with Clement and the rest of my fellow workers, whose names are in the book of life.

4 Rejoice in the Lord always. I will say it again: Rejoice! 5 Let your gentleness be evident to all. The Lord is near. 6 Do not be anxious about anything, but in everything, by prayer and petition, with thanksgiving, present your requests to God. 7 And the peace of God, which transcends all understanding, will guard your hearts and your minds in Christ Jesus.

8 Finally, brothers, whatever is true, whatever is noble, whatever is right, whatever is pure, whatever is lovely, whatever is admirable—if anything is excellent or praiseworthy—think about such things. 9 Whatever you have learned or received or heard from me, or seen in me—put it into practice. And the God of peace will be with you.

Thanks for Their Gifts

10 I rejoice greatly in the Lord that at last you have renewed your concern for me. Indeed, you have been concerned, but you had no opportunity to show it. 11 I am not saying this because I am in need, for I have learned to be content whatever the circumstances. 12 I know what it is to be in need, and I know what it is to have plenty. I have learned the secret of being content in any and every situation, whether well fed or hungry,

---

j 3:15 Así ... debemos. Alt. *Así que los que somos perfectos debemos.*   *k 3:16 alcanzado.* Var. *alcanzado, una misma regla, un mismo modo de pensar.*   *l 3:19 adoran ... deseos.* Lit. *su dios es el estómago.*   *m 4:3 mi fiel compañero.* Alt. *fiel Sícigo.*

h 3 Or loyal Syzygus

sobra como a sufrir escasez. 13 Todo lo puedo en Cristo que me fortalece.

14 Sin embargo, han hecho bien en participar conmigo en mi angustia. 15 Y ustedes mismos, filipenses, saben que en el principio de la obra del *evangelio, cuando salí de Macedonia, ninguna iglesia participó conmigo en mis ingresos y gastos, excepto ustedes. 16 Incluso a Tesalónica me enviaron ayuda una y otra vez para suplir mis necesidades. 17 No digo esto porque esté tratando de conseguir más ofrendas, sino que trato de aumentar el crédito a su cuenta. 18 Ya he recibido todo lo que necesito y aún más; tengo hasta de sobra ahora que he recibido de Epafrodito lo que me enviaron. Es una ofrenda fragante, un sacrificio que Dios acepta con agrado. 19 Así que mi Dios les proveerá de todo lo que necesiten, conforme a las gloriosas riquezas que tiene en Cristo Jesús.

20 A nuestro Dios y Padre sea la gloria por los siglos de los siglos. Amén.

Saludos finales

21 Saluden a todos los *santos en Cristo Jesús. Los hermanos que están conmigo les mandan saludos. 22 Saludos de parte de todos los santos, especialmente los de la casa del *emperador.

23 Que la gracia del Señor Jesucristo sea con su espíritu. Amén.[n]

whether living in plenty or in want. 13 I can do everything through him who gives me strength.

14 Yet it was good of you to share in my troubles. 15 Moreover, as you Philippians know, in the early days of your acquaintance with the gospel, when I set out from Macedonia, not one church shared with me in the matter of giving and receiving, except you only; 16 for even when I was in Thessalonica, you sent me aid again and again when I was in need. 17 Not that I am looking for a gift, but I am looking for what may be credited to your account. 18 I have received full payment and even more; I am amply supplied, now that I have received from Epaphroditus the gifts you sent. They are a fragrant offering, an acceptable sacrifice, pleasing to God. 19 And my God will meet all your needs according to his glorious riches in Christ Jesus.

20 To our God and Father be glory for ever and ever. Amen.

Final Greetings

21 Greet all the saints in Christ Jesus. The brothers who are with me send greetings. 22 All the saints send you greetings, especially those who belong to Caesar's household.

23 The grace of the Lord Jesus Christ be with your spirit. Amen.[i]

Colosenses

Colossians

1 Pablo, apóstol de *Cristo Jesús por la voluntad de Dios, y el hermano Timoteo,

2 a los *santos y fieles hermanos*a* en Cristo que están en Colosas:

Que Dios nuestro Padre les conceda*b* gracia y paz.

Acción de gracias e intercesión

3 Siempre que oramos por ustedes, damos gracias a Dios, el Padre de nuestro Señor Jesucristo, 4 pues hemos recibido noticias de su fe en Cristo Jesús y del amor que tienen por todos los *santos 5 a causa de la esperanza reservada para ustedes en el cielo. De esta esperanza ya han sabido por la palabra de verdad, que es el *evangelio 6 que ha llegado hasta ustedes. Este evangelio está dando fruto y creciendo en todo el mundo, como también ha sucedido entre ustedes desde el día en que supieron de la gracia de Dios y la comprendieron plenamente. 7 Así lo aprendieron de Epafras, nuestro querido colaborador*c* y fiel servidor de Cristo para el bien de ustedes.*d* 8 Fue él quien nos contó del amor que tienen en el Espíritu.

9 Por eso, desde el día en que lo supimos no hemos dejado de orar por ustedes. Pedimos que Dios les haga conocer plenamente su voluntad con toda sabiduría y comprensión espiritual, 10 para que vivan de manera digna del Señor, agradándole en todo. Esto implica dar fruto en toda buena obra, crecer en el conocimiento de Dios 11 y ser fortalecidos en todo sentido con su glorioso poder. Así perseverarán con paciencia en toda situación, 12 dando gracias con alegría al Padre. Él los*e* ha facultado para participar de la herencia de los santos en el reino de la luz. 13 Él nos libró del dominio de la oscuridad y nos trasladó al reino de su amado Hijo, 14 en quien tenemos redención,*f* el perdón de pecados.

La supremacía de Cristo

15 Él es la imagen del Dios invisible,
    el primogénito*g* de toda creación,
16 porque por medio de él fueron creadas todas
        las cosas
    en el cielo y en la tierra, visibles e
        invisibles,
    sean tronos, poderes, principados o
        autoridades:
    todo ha sido creado
        por medio de él y para él.
17 Él es anterior a todas las cosas,
    que por medio de él forman un todo
        coherente.*h*
18 Él es la cabeza del cuerpo,
    que es la iglesia.
    Él es el principio,
    el primogénito de la resurrección,
    para ser en todo el primero.

1 Paul, an apostle of Christ Jesus by the will of God, and Timothy our brother,

2 To the holy and faithful*a* brothers in Christ at Colosse:

Grace and peace to you from God our Father.*b*

Thanksgiving and Prayer

3 We always thank God, the Father of our Lord Jesus Christ, when we pray for you, 4 because we have heard of your faith in Christ Jesus and of the love you have for all the saints— 5 the faith and love that spring from the hope that is stored up for you in heaven and that you have already heard about in the word of truth, the gospel 6 that has come to you. All over the world this gospel is bearing fruit and growing, just as it has been doing among you since the day you heard it and understood God's grace in all its truth. 7 You learned it from Epaphras, our dear fellow servant, who is a faithful minister of Christ on our*c* behalf, 8 and who also told us of your love in the Spirit.

9 For this reason, since the day we heard about you, we have not stopped praying for you and asking God to fill you with the knowledge of his will through all spiritual wisdom and understanding. 10 And we pray this in order that you may live a life worthy of the Lord and may please him in every way: bearing fruit in every good work, growing in the knowledge of God, 11 being strengthened with all power according to his glorious might so that you may have great endurance and patience, and joyfully 12 giving thanks to the Father, who has qualified you*d* to share in the inheritance of the saints in the kingdom of light. 13 For he has rescued us from the dominion of darkness and brought us into the kingdom of the Son he loves, 14 in whom we have redemption,*e* the forgiveness of sins.

The Supremacy of Christ

15 He is the image of the invisible God, the firstborn over all creation. 16 For by him all things were created: things in heaven and on earth, visible and invisible, whether thrones or powers or rulers or authorities; all things were created by him and for him. 17 He is before all things, and in him all things hold together. 18 And he is the head of the body, the church; he is the beginning and the firstborn from among the dead, so that in ev-

---

a 1:2 santos y fieles hermanos. Alt. *santos hermanos creyentes.*
b 1:2 Padre les conceda. Var. *Padre y el Señor Jesucristo les concedan.*   *c 1:7 colaborador.* Lit. *coesclavo.*   *d 1:7 de ustedes.* Var. *de nosotros.*   *e 1:12 los.* Var. *nos.*
f 1:14 redención. Var. *redención mediante su sangre* (véase Ef 1:7).
g 1:15 el primogénito. Es decir, el que tiene anterioridad y preeminencia; también en v. 18.   *h 1:17 por medio ... coherente.* Alt. *por medio de él continúan existiendo.*

---

a 2 Or believing   b 2 Some manuscripts Father and the Lord Jesus Christ   c 7 Some manuscripts your   d 12 Some manuscripts us   e 14 A few late manuscripts redemption through his blood

¹⁹ Porque a Dios le agradó habitar en él con toda
su plenitud

²⁰ y, por medio de él, reconciliar consigo todas
las cosas,

tanto las que están en la tierra como las que
están en el cielo,

haciendo la paz mediante la sangre que
derramó en la cruz.

²¹ En otro tiempo ustedes, por su actitud y sus malas
acciones, estaban alejados de Dios y eran sus enemigos. ²² Pero ahora Dios, a fin de presentarlos *santos,
intachables e irreprochables delante de él, los ha recon-
ciliado en el cuerpo mortal de Cristo mediante su
muerte, ²³ con tal de que se mantengan firmes en la fe,
bien cimentados y estables, sin abandonar la esperanza
que ofrece el *evangelio. Este es el evangelio que ustedes oyeron y que ha sido proclamado en toda la creación debajo del cielo, y del que yo, Pablo, he llegado
a ser servidor.

Trabajo de Pablo por la iglesia

²⁴ Ahora me alegro en medio de mis sufrimientos por
ustedes, y voy completando en mí mismoⁱ lo que falta
de las aflicciones de Cristo, en favor de su cuerpo, que
es la iglesia. ²⁵ De ésta llegué a ser servidor según el
plan que Dios me encomendó para ustedes: el dar cumplimiento a la palabra de Dios, ²⁶ anunciando el *misterio que se ha mantenido oculto por siglos y generaciones, pero que ahora se ha manifestado a sus *santos.
²⁷ A éstos Dios se propuso dar a conocer cuál es la
gloriosa riqueza de este misterio entre las *naciones,
que es Cristo en ustedes, la esperanza de gloria.

²⁸ A este Cristo proclamamos, aconsejando y ense-
ñando con toda sabiduría a todos los *seres humanos,
para presentarlos a todos *perfectos en él. ²⁹ Con este
fin trabajo y lucho fortalecido por el poder de Cristo
que obra en mí.

2 Quiero que sepan qué gran lucha sostengo por el
bien de ustedes y de los que están en Laodicea, y
de tantos que no me conocen personalmente. ² Quiero
que lo sepan para que cobren ánimo, permanezcan unidos por amor, y tengan toda la riqueza que proviene de
la convicción y del entendimiento. Así conocerán el
*misterio de Dios, es decir, a Cristo, ³ en quien están
escondidos todos los tesoros de la sabiduría y del conocimiento. ⁴ Les digo esto para que nadie los engañe con
argumentos capciosos. ⁵ Aunque estoy físicamente ausente, los acompaño en espíritu, y me alegro al ver su
buen orden y la firmeza de su fe en Cristo.

Libertad en Cristo

⁶ Por eso, de la manera que recibieron a Cristo Jesús
como Señor, vivan ahora en él, ⁷ arraigados y edificados en él, confirmados en la fe como se les enseñó, y
llenos de gratitud.

⁸ Cuídese de que nadie los cautive con la vana y
engañosa filosofía que sigue tradiciones *humanas, la
que va de acuerdo con los *principios^j de este mundo
y no conforme a Cristo.

⁹ Toda la plenitud de la divinidad habita en forma
corporal en Cristo; ¹⁰ y en él, que es la cabeza de todo
poder y autoridad, ustedes han recibido esa plenitud.

erything he might have the supremacy. ¹⁹ For God was
pleased to have all his fullness dwell in him, ²⁰ and
through him to reconcile to himself all things, whether
things on earth or things in heaven, by making peace
through his blood, shed on the cross.

²¹ Once you were alienated from God and were ene-
mies in your minds because of^f your evil behavior.
²² But now he has reconciled you by Christ's physical
body through death to present you holy in his sight,
without blemish and free from accusation— ²³ if you
continue in your faith, established and firm, not moved
from the hope held out in the gospel. This is the gospel
that you heard and that has been proclaimed to every
creature under heaven, and of which I, Paul, have become a servant.

Paul's Labor for the Church

²⁴ Now I rejoice in what was suffered for you, and I
fill up in my flesh what is still lacking in regard to
Christ's afflictions, for the sake of his body, which is
the church. ²⁵ I have become its servant by the commission God gave me to present to you the word of God
in its fullness— ²⁶ the mystery that has been kept hidden for ages and generations, but is now disclosed to
the saints. ²⁷ To them God has chosen to make known
among the Gentiles the glorious riches of this mystery,
which is Christ in you, the hope of glory.

²⁸ We proclaim him, admonishing and teaching ev-
eryone with all wisdom, so that we may present everyone perfect in Christ. ²⁹ To this end I labor, struggling
with all his energy, which so powerfully works in me.

2 I want you to know how much I am struggling for
you and for those at Laodicea, and for all who have
not met me personally. ² My purpose is that they may
be encouraged in heart and united in love, so that they
may have the full riches of complete understanding, in
order that they may know the mystery of God, namely,
Christ, ³ in whom are hidden all the treasures of wisdom and knowledge. ⁴ I tell you this so that no one may
deceive you by fine-sounding arguments. ⁵ For though
I am absent from you in body, I am present with you
in spirit and delight to see how orderly you are and
how firm your faith in Christ is.

Freedom From Human Regulations
Through Life With Christ

⁶ So then, just as you received Christ Jesus as Lord,
continue to live in him, ⁷ rooted and built up in him,
strengthened in the faith as you were taught, and overflowing with thankfulness.

⁸ See to it that no one takes you captive through
hollow and deceptive philosophy, which depends on
human tradition and the basic principles of this world
rather than on Christ.

⁹ For in Christ all the fullness of the Deity lives in
bodily form, ¹⁰ and you have been given fullness in
Christ, who is the head over every power and authority.

ⁱ 1:24 en mí mismo. Lit. en mi *carne.   ^j 2:8 los principios. Alt.
los poderes espirituales, o las normas; también en v. 20.

^f 21 Or minds, as shown by

11 Además, en él fueron *circuncidados, no por mano humana sino con la circuncisión que consiste en despojarse del cuerpo pecaminoso.k Esta circuncisión la efectuó Cristo. 12 Ustedes la recibieron al ser sepultados con él en el bautismo. En él también fueron resucitados mediante la fe en el poder de Dios, quien lo resucitó de entre los muertos.

13 Antes de recibir esa circuncisión, ustedes estaban muertos en sus pecados. Sin embargo, Dios nosl dio vida en unión con Cristo, al perdonarnos todos los pecados 14 y anular la deudam que teníamos pendiente por los requisitos de la ley. Él anuló esa deuda que nos era adversa, clavándola en la cruz. 15 Desarmó a los poderes y a las potestades, y por medio de Criston los humilló en público al exhibirlos en su desfile triunfal.

16 Así que nadie los juzgue a ustedes por lo que comen o beben, o con respecto a días de fiesta religiosa, de luna nueva o de reposo. 17 Todo esto es una sombra de las cosas que están por venir; la realidad se halla en Cristo. 18 No dejen que les prive de esta realidad ninguno de esos que se ufanan en fingir humildad y adoración de ángeles. Los tales hacen alarde de lo que no han visto; y, envanecidos por su razonamiento *humano, 19 no se mantienen firmemente unidos a la Cabeza. Por la acción de ésta, todo el cuerpo, sostenido y ajustado mediante las articulaciones y ligamentos, va creciendo como Dios quiere.

20 Si con Cristo ustedes ya han muerto a los principios de este mundo, ¿por qué, como si todavía pertenecieran al mundo, se someten a preceptos tales como: 21 «No tomes en tus manos, no pruebes, no toques»? 22 Estos preceptos, basados en reglas y enseñanzas humanas, se refieren a cosas que van a desaparecer con el uso. 23 Tienen sin duda apariencia de sabiduría, con su afectada piedad, falsa humildad y severo trato del cuerpo, pero de nada sirven frente a los apetitos de la naturaleza pecaminosa.ñ

Normas para una vida santa

3 Ya que han resucitado con Cristo, busquen las cosas de arriba, donde está Cristo sentado a la *derecha de Dios. 2 Concentren su atención en las cosas de arriba, no en las de la tierra, 3 pues ustedes han muerto y su vida está escondida con Cristo en Dios. 4 Cuando Cristo, que es la vida de ustedes,o se manifieste, entonces también ustedes serán manifestados con él en gloria.

5 Por tanto, hagan morir todo lo que es propio de la naturaleza terrenal: inmoralidad sexual, impureza, bajas pasiones, malos deseos y avaricia, la cual es idolatría. 6 Por estas cosas viene el castigo de Dios.p 7 Ustedes las practicaron en otro tiempo, cuando vivían en ellas. 8 Pero ahora abandonen también todo esto: enojo, ira, malicia, calumnia y lenguaje obsceno. 9 Dejen de mentirse unos a otros, ahora que se han quitado el ropaje de la vieja naturaleza con sus vicios, 10 y se han puesto el de la nueva naturaleza, que se va renovando en conocimiento a imagen de su Creador. 11 En esta nueva naturaleza no hay *griego ni judío, *circunciso ni incircunciso, culto ni inculto,q esclavo ni libre, sino que Cristo es todo y está en todos.

12 Por lo tanto, como escogidos de Dios, *santos y amados, revístanse de afecto entrañable y de bondad,

11 In him you were also circumcised, in the putting off of the sinful nature,g not with a circumcision done by the hands of men but with the circumcision done by Christ, 12 having been buried with him in baptism and raised with him through your faith in the power of God, who raised him from the dead.

13 When you were dead in your sins and in the uncircumcision of your sinful nature,h God made youi alive with Christ. He forgave us all our sins, 14 having canceled the written code, with its regulations, that was against us and that stood opposed to us; he took it away, nailing it to the cross. 15 And having disarmed the powers and authorities, he made a public spectacle of them, triumphing over them by the cross.j

16 Therefore do not let anyone judge you by what you eat or drink, or with regard to a religious festival, a New Moon celebration or a Sabbath day. 17 These are a shadow of the things that were to come; the reality, however, is found in Christ. 18 Do not let anyone who delights in false humility and the worship of angels disqualify you for the prize. Such a person goes into great detail about what he has seen, and his unspiritual mind puffs him up with idle notions. 19 He has lost connection with the Head, from whom the whole body, supported and held together by its ligaments and sinews, grows as God causes it to grow.

20 Since you died with Christ to the basic principles of this world, why, as though you still belonged to it, do you submit to its rules: 21 "Do not handle! Do not taste! Do not touch!"? 22 These are all destined to perish with use, because they are based on human commands and teachings. 23 Such regulations indeed have an appearance of wisdom, with their self-imposed worship, their false humility and their harsh treatment of the body, but they lack any value in restraining sensual indulgence.

Rules for Holy Living

3 Since, then, you have been raised with Christ, set your hearts on things above, where Christ is seated at the right hand of God. 2 Set your minds on things above, not on earthly things. 3 For you died, and your life is now hidden with Christ in God. 4 When Christ, who is yourk life, appears, then you also will appear with him in glory.

5 Put to death, therefore, whatever belongs to your earthly nature: sexual immorality, impurity, lust, evil desires and greed, which is idolatry. 6 Because of these, the wrath of God is coming.l 7 You used to walk in these ways, in the life you once lived. 8 But now you must rid yourselves of all such things as these: anger, rage, malice, slander, and filthy language from your lips. 9 Do not lie to each other, since you have taken off your old self with its practices 10 and have put on the new self, which is being renewed in knowledge in the image of its Creator. 11 Here there is no Greek or Jew, circumcised or uncircumcised, barbarian, Scythian, slave or free, but Christ is all, and is in all.

12 Therefore, as God's chosen people, holy and dearly loved, clothe yourselves with compassion, kindness,

k 2:11 cuerpo pecaminoso. Lit. cuerpo de la *carne.   l 2:13 nos. Var. les.   m 2:14 la deuda. Lit. el pagaré.   n 2:15 por medio de Cristo. Alt. mediante la cruz.   ñ 2:23 los apetitos de la naturaleza pecaminosa. Lit. la satisfacción de la *carne.   o 3:4 de ustedes. Var. de nosotros.   p 3:6 de Dios. Var. de Dios sobre los que son desobedientes.   q 3:11 culto ni inculto. Lit. bárbaro, escita.

g 11 Or the flesh   h 13 Or your flesh   i 13 Some manuscripts us   j 15 Or them in him   k 4 Some manuscripts our   l 6 Some early manuscripts coming on those who are disobedient

humildad, amabilidad y paciencia, 13 de modo que se toleren unos a otros y se perdonen si alguno tiene queja contra otro. Así como el Señor los perdonó, perdonen también ustedes. 14 Por encima de todo, vístanse de amor, que es el vínculo perfecto.

15 Que gobierne en sus corazones la paz de Cristo, a la cual fueron llamados en un solo cuerpo. Y sean agradecidos. 16 Que habite en ustedes la palabra de Cristo con toda su riqueza: instrúyanse y aconséjense unos a otros con toda sabiduría; canten salmos, himnos y canciones espirituales a Dios, con gratitud de corazón. 17 Y todo lo que hagan, de palabra o de obra, háganlo en el nombre del Señor Jesús, dando gracias a Dios el Padre por medio de él.

Normas para la familia cristiana

18 Esposas, sométanse a sus esposos, como conviene en el Señor.

19 Esposos, amen a sus esposas y no sean duros con ellas.

20 Hijos, obedezcan a sus padres en todo, porque esto agrada al Señor.

21 Padres, no exasperen a sus hijos, no sea que se desanimen.

22 *Esclavos, obedezcan en todo a sus amos terrenales, no sólo cuando ellos los estén mirando, como si ustedes quisieran ganarse el favor *humano, sino con integridad de corazón y por respeto al Señor. 23 Hagan lo que hagan, trabajen de buena gana, como para el Señor y no como para nadie en este mundo, 24 conscientes de que el Señor los recompensará con la herencia. Ustedes sirven a Cristo el Señor. 25 El que hace el mal pagará por su propia maldad, y en esto no hay favoritismos.

4 Amos, proporcionen a sus esclavos lo que es justo y equitativo, conscientes de que ustedes también tienen un Amo en el cielo.

Instrucciones adicionales

2 Dedíquense a la oración: perseveren en ella con agradecimiento 3 y, al mismo tiempo, intercedan por nosotros a fin de que Dios nos abra las puertas para proclamar la palabra, el *misterio de Cristo por el cual estoy preso. 4 Oren para que yo lo anuncie con claridad, como debo hacerlo. 5 Compórtense sabiamente con los que no creen en Cristo,ʳ aprovechando al máximo cada momento oportuno. 6 Que su conversación sea siempre amena y de buen gusto. Así sabrán cómo responder a cada uno.

Saludos finales

7 Nuestro querido hermano Tíquico, fiel servidor y colaboradorˢ en el Señor, les contará en detalle cómo me va. 8 Lo envío a ustedes precisamente para que tengan noticias de nosotros, y así cobren ánimo.ᵗ 9 Va con Onésimo, querido y fiel hermano, que es uno de ustedes. Ellos los pondrán al tanto de todo lo que sucede aquí.

10 Aristarco, mi compañero de cárcel, les manda saludos, como también Marcos, el primo de Bernabé. En cuanto a Marcos, ustedes ya han recibido instrucciones; si va a visitarlos, recíbanlo bien. 11 También los saluda Jesús, llamado el Justo. Éstos son los únicos judíos que colaboran conmigo en pro del reino de Dios,

humility, gentleness and patience. 13 Bear with each other and forgive whatever grievances you may have against one another. Forgive as the Lord forgave you. 14 And over all these virtues put on love, which binds them all together in perfect unity.

15 Let the peace of Christ rule in your hearts, since as members of one body you were called to peace. And be thankful. 16 Let the word of Christ dwell in you richly as you teach and admonish one another with all wisdom, and as you sing psalms, hymns and spiritual songs with gratitude in your hearts to God. 17 And whatever you do, whether in word or deed, do it all in the name of the Lord Jesus, giving thanks to God the Father through him.

Rules for Christian Households

18 Wives, submit to your husbands, as is fitting in the Lord.

19 Husbands, love your wives and do not be harsh with them.

20 Children, obey your parents in everything, for this pleases the Lord.

21 Fathers, do not embitter your children, or they will become discouraged.

22 Slaves, obey your earthly masters in everything; and do it, not only when their eye is on you and to win their favor, but with sincerity of heart and reverence for the Lord. 23 Whatever you do, work at it with all your heart, as working for the Lord, not for men, 24 since you know that you will receive an inheritance from the Lord as a reward. It is the Lord Christ you are serving. 25 Anyone who does wrong will be repaid for his wrong, and there is no favoritism.

4 Masters, provide your slaves with what is right and fair, because you know that you also have a Master in heaven.

Further Instructions

2 Devote yourselves to prayer, being watchful and thankful. 3 And pray for us, too, that God may open a door for our message, so that we may proclaim the mystery of Christ, for which I am in chains. 4 Pray that I may proclaim it clearly, as I should. 5 Be wise in the way you act toward outsiders; make the most of every opportunity. 6 Let your conversation be always full of grace, seasoned with salt, so that you may know how to answer everyone.

Final Greetings

7 Tychicus will tell you all the news about me. He is a dear brother, a faithful minister and fellow servant in the Lord. 8 I am sending him to you for the express purpose that you may know about ourᵐ circumstances and that he may encourage your hearts. 9 He is coming with Onesimus, our faithful and dear brother, who is one of you. They will tell you everything that is happening here.

10 My fellow prisoner Aristarchus sends you his greetings, as does Mark, the cousin of Barnabas. (You have received instructions about him; if he comes to you, welcome him.) 11 Jesus, who is called Justus, also sends greetings. These are the only Jews among my fellow workers for the kingdom of God, and they have

---

ʳ 4:5 *los que no creen en Cristo.* Lit. *los de afuera.*
ˢ 4:7 *colaborador.* Lit. *coesclavo.* ᵗ 4:8 *para que … ánimo.* Var. *para que él tenga noticias de ustedes, y los anime.*

ᵐ 8 Some manuscripts *that he may know about your*

y me han sido de mucho consuelo. 12Les manda saludos Epafras, que es uno de ustedes. Este *siervo de Cristo Jesús está siempre luchando en oración por ustedes, para que, plenamente convencidos,*u* se mantengan firmes, cumpliendo en todo la voluntad de Dios. 13A mí me consta que él se preocupa mucho por ustedes y por los que están en Laodicea y en Hierápolis. 14Los saludan Lucas, el querido médico, y Demas. 15Saluden a los hermanos que están en Laodicea, como también a Ninfas y a la iglesia que se reúne en su casa.

16Una vez que se les haya leído a ustedes esta carta, que se lea también en la iglesia de Laodicea, y ustedes lean la carta dirigida a esa iglesia.

17Díganle a Arquipo que se ocupe de la tarea que recibió en el Señor, y que la lleve a cabo.

18Yo, Pablo, escribo este saludo de mi puño y letra. Recuerden que estoy preso. Que la gracia sea con ustedes.

proved a comfort to me. 12Epaphras, who is one of you and a servant of Christ Jesus, sends greetings. He is always wrestling in prayer for you, that you may stand firm in all the will of God, mature and fully assured. 13I vouch for him that he is working hard for you and for those at Laodicea and Hierapolis. 14Our dear friend Luke, the doctor, and Demas send greetings. 15Give my greetings to the brothers at Laodicea, and to Nympha and the church in her house.

16After this letter has been read to you, see that it is also read in the church of the Laodiceans and that you in turn read the letter from Laodicea.

17Tell Archippus: "See to it that you complete the work you have received in the Lord."

18I, Paul, write this greeting in my own hand. Remember my chains. Grace be with you.

---

u 4:12 *plenamente convencidos.* Alt. **perfectos y convencidos.*

Primera Carta a los

Tesalonicenses

1 Pablo, *Silvano y Timoteo,

a la iglesia de los tesalonicenses que está en Dios el Padre y en el Señor *Jesucristo:

Gracia y paz a ustedes.*a*

Acción de gracias por los tesalonicenses

2 Siempre damos gracias a Dios por todos ustedes cuando los mencionamos en nuestras oraciones. 3 Los recordamos constantemente delante de nuestro Dios y Padre a causa de la obra realizada por su fe, el trabajo motivado por su amor, y la constancia sostenida por su esperanza en nuestro Señor Jesucristo.

4 Hermanos amados de Dios, sabemos que él los ha escogido, 5 porque nuestro *evangelio les llegó no sólo con palabras sino también con poder, es decir, con el Espíritu Santo y con profunda convicción. Como bien saben, estuvimos entre ustedes buscando su bien. 6 Ustedes se hicieron imitadores nuestros y del Señor cuando, a pesar de mucho sufrimiento, recibieron el mensaje con la alegría que infunde el Espíritu Santo. 7 De esta manera se constituyeron en ejemplo para todos los creyentes de Macedonia y de Acaya. 8 Partiendo de ustedes, el mensaje del Señor se ha proclamado no sólo en Macedonia y en Acaya sino en todo lugar; a tal punto se ha divulgado su fe en Dios que ya no es necesario que nosotros digamos nada. 9 Ellos mismos cuentan de lo bien que ustedes nos recibieron, y de cómo se convirtieron a Dios dejando los ídolos para servir al Dios vivo y verdadero, 10 y esperar del cielo a Jesús, su Hijo a quien *resucitó, que nos libra del castigo venidero.

Ministerio de Pablo en Tesalónica

2 Hermanos, bien saben que nuestra visita a ustedes no fue un fracaso. 2 Y saben también que, a pesar de las aflicciones e insultos que antes sufrimos en Filipos, cobramos confianza en nuestro Dios y nos atrevimos a comunicarles el *evangelio en medio de una gran lucha. 3 Nuestra predicación no se origina en el error ni en malas intenciones, ni procura engañar a nadie. 4 Al contrario, hablamos con hombres a quienes Dios aprobó y les confió el evangelio: no tratamos de agradar a la gente sino a Dios, que examina nuestro corazón. 5 Como saben, nunca hemos recurrido a las adulaciones ni a las excusas para obtener dinero; Dios es testigo. 6 Tampoco hemos buscado honores de nadie; ni de ustedes ni de otros. 7 Aunque como apóstoles de Cristo hubiéramos podido ser exigentes con ustedes, los tratamos con delicadeza.*b* Como una madre*c* que amamanta y cuida a sus hijos, 8 así nosotros, por el cariño que les tenemos, nos deleitamos en compartir con ustedes no sólo el evangelio de Dios sino también nuestra *vida. ¡Tanto llegamos a quererlos! 9 Recordarán, hermanos, nuestros esfuerzos y fatigas para proclamarles el evangelio de Dios, y cómo trabajamos día y noche para no serles una carga.

---

1 Thessalonians

1 Paul, Silas*a* and Timothy,

To the church of the Thessalonians in God the Father and the Lord Jesus Christ:

Grace and peace to you.*b*

Thanksgiving for the Thessalonians' Faith

2 We always thank God for all of you, mentioning you in our prayers. 3 We continually remember before our God and Father your work produced by faith, your labor prompted by love, and your endurance inspired by hope in our Lord Jesus Christ.

4 For we know, brothers loved by God, that he has chosen you, 5 because our gospel came to you not simply with words, but also with power, with the Holy Spirit and with deep conviction. You know how we lived among you for your sake. 6 You became imitators of us and of the Lord; in spite of severe suffering, you welcomed the message with the joy given by the Holy Spirit. 7 And so you became a model to all the believers in Macedonia and Achaia. 8 The Lord's message rang out from you not only in Macedonia and Achaia—your faith in God has become known everywhere. Therefore we do not need to say anything about it, 9 for they themselves report what kind of reception you gave us. They tell how you turned to God from idols to serve the living and true God, 10 and to wait for his Son from heaven, whom he raised from the dead—Jesus, who rescues us from the coming wrath.

Paul's Ministry in Thessalonica

2 You know, brothers, that our visit to you was not a failure. 2 We had previously suffered and been insulted in Philippi, as you know, but with the help of our God we dared to tell you his gospel in spite of strong opposition. 3 For the appeal we make does not spring from error or impure motives, nor are we trying to trick you. 4 On the contrary, we speak as men approved by God to be entrusted with the gospel. We are not trying to please men but God, who tests our hearts. 5 You know we never used flattery, nor did we put on a mask to cover up greed—God is our witness. 6 We were not looking for praise from men, not from you or anyone else.

As apostles of Christ we could have been a burden to you, 7 but we were gentle among you, like a mother caring for her little children. 8 We loved you so much that we were delighted to share with you not only the gospel of God but our lives as well, because you had become so dear to us. 9 Surely you remember, brothers, our toil and hardship; we worked night and day in order not to be a burden to anyone while we preached the gospel of God to you.

---

a 1:1 a ustedes. Var. *a ustedes de nuestro Padre y del Señor Jesucristo.*   *b 2:7 exigentes ... delicadeza.* Var. *exigentes, fuimos niños entre ustedes.*   *c 2:7 madre.* Alt. *nodriza.*

a 1 Greek *Silvanus*, a variant of *Silas*   *b 1* Some early manuscripts *you from God our Father and the Lord Jesus Christ*

¹⁰Dios y ustedes me son testigos de que nos comportamos con ustedes los creyentes en una forma santa, justa e irreprochable. ¹¹Saben también que a cada uno de ustedes lo hemos tratado como trata un padre a sus propios hijos. ¹²Los hemos animado, consolado y exhortado a llevar una vida digna de Dios, que los llama a su reino y a su gloria.

¹³Así que no dejamos de dar gracias a Dios, porque al oír ustedes la palabra de Dios que les predicamos, la aceptaron no como palabra *humana sino como lo que realmente es, palabra de Dios, la cual actúa en ustedes los creyentes. ¹⁴Ustedes, hermanos, siguieron el ejemplo de las iglesias de Dios en Cristo Jesús que están en Judea, ya que sufrieron a manos de sus compatriotas lo mismo que sufrieron aquellas iglesias a manos de los judíos. ¹⁵Éstos mataron al Señor Jesús y a los profetas, y a nosotros nos expulsaron. No agradan a Dios y son hostiles a todos, ¹⁶pues procuran impedir que prediquemos a los *gentiles para que sean salvos. Así en todo lo que hacen llegan al colmo de su pecado. Pero el castigo de Dios vendrá sobre ellos con toda severidad.^d

Pablo anhela ver a los tesalonicenses

¹⁷Nosotros, hermanos, luego de estar separados de ustedes por algún tiempo, en lo físico pero no en lo espiritual, con ferviente anhelo hicimos todo lo humanamente posible por ir a verlos. ¹⁸Sí, deseábamos visitarlos —yo mismo, Pablo, más de una vez intenté ir—, pero Satanás nos lo impidió. ¹⁹En resumidas cuentas, ¿cuál es nuestra esperanza, alegría o motivo^e de *orgullo delante de nuestro Señor Jesús para cuando él venga? ¿Quién más sino ustedes? ²⁰Sí, ustedes son nuestro orgullo y alegría.

3 Por tanto, cuando ya no pudimos soportarlo más, pensamos que era mejor quedarnos solos en Atenas. ²Así que les enviamos a Timoteo, hermano nuestro y colaborador de Dios^f en el *evangelio de Cristo, con el fin de afianzarlos y animarlos en la fe ³para que nadie fuera perturbado por estos sufrimientos. Ustedes mismos saben que se nos destinó para esto, ⁴pues cuando estábamos con ustedes les advertimos que íbamos a padecer sufrimientos. Y así sucedió. ⁵Por eso, cuando ya no pude soportarlo más, mandé a Timoteo a indagar acerca de su fe, no fuera que el *tentador los hubiera inducido a hacer lo malo y que nuestro trabajo hubiera sido en vano.

El informe alentador de Timoteo

⁶Ahora Timoteo acaba de volver de Tesalónica con buenas noticias de la fe y del amor de ustedes. Nos dice que conservan gratos recuerdos de nosotros y que tienen muchas ganas de vernos, tanto como nosotros a ustedes. ⁷Por eso, hermanos, en medio de todas nuestras angustias y sufrimientos ustedes nos han dado ánimo por su fe. ⁸¡Ahora sí que vivimos al saber que están firmes en el Señor! ⁹¿Cómo podemos agradecer bastante a nuestro Dios por ustedes y por toda la alegría que nos han proporcionado delante de él? ¹⁰Día y noche le suplicamos que nos permita verlos de nuevo para suplir lo que le falta a su fe.

¹¹Que el Dios y Padre nuestro, y nuestro Señor

¹⁰You are witnesses, and so is God, of how holy, righteous and blameless we were among you who believed. ¹¹For you know that we dealt with each of you as a father deals with his own children, ¹²encouraging, comforting and urging you to live lives worthy of God, who calls you into his kingdom and glory.

¹³And we also thank God continually because, when you received the word of God, which you heard from us, you accepted it not as the word of men, but as it actually is, the word of God, which is at work in you who believe. ¹⁴For you, brothers, became imitators of God's churches in Judea, which are in Christ Jesus: You suffered from your own countrymen the same things those churches suffered from the Jews, ¹⁵who killed the Lord Jesus and the prophets and also drove us out. They displease God and are hostile to all men ¹⁶in their effort to keep us from speaking to the Gentiles so that they may be saved. In this way they always heap up their sins to the limit. The wrath of God has come upon them at last.^c

Paul's Longing to See the Thessalonians

¹⁷But, brothers, when we were torn away from you for a short time (in person, not in thought), out of our intense longing we made every effort to see you. ¹⁸For we wanted to come to you—certainly I, Paul, did, again and again—but Satan stopped us. ¹⁹For what is our hope, our joy, or the crown in which we will glory in the presence of our Lord Jesus when he comes? Is it not you? ²⁰Indeed, you are our glory and joy.

3 So when we could stand it no longer, we thought it best to be left by ourselves in Athens. ²We sent Timothy, who is our brother and God's fellow worker^d in spreading the gospel of Christ, to strengthen and encourage you in your faith, ³so that no one would be unsettled by these trials. You know quite well that we were destined for them. ⁴In fact, when we were with you, we kept telling you that we would be persecuted. And it turned out that way, as you well know. ⁵For this reason, when I could stand it no longer, I sent to find out about your faith. I was afraid that in some way the tempter might have tempted you and our efforts might have been useless.

Timothy's Encouraging Report

⁶But Timothy has just now come to us from you and has brought good news about your faith and love. He has told us that you always have pleasant memories of us and that you long to see us, just as we also long to see you. ⁷Therefore, brothers, in all our distress and persecution we were encouraged about you because of your faith. ⁸For now we really live, since you are standing firm in the Lord. ⁹How can we thank God enough for you in return for all the joy we have in the presence of our God because of you? ¹⁰Night and day we pray most earnestly that we may see you again and supply what is lacking in your faith.

¹¹Now may our God and Father himself and our

---

^d2:16 *Pero ... severidad.* Lit. *Pero la ira vino sobre ellos hasta el fin.*   ^e2:19 *motivo.* Lit. *corona.*   ^f3:2 *colaborador de Dios.* Var. *servidor de Dios*; otra var. *servidor de Dios y colaborador nuestro.*

^c16 Or *them fully*   ^d2 Some manuscripts *brother and fellow worker*; other manuscripts *brother and God's servant*

Jesús, nos preparen el camino para ir a verlos. 12 Que el Señor los haga crecer para que se amen más y más unos a otros, y a todos, tal como nosotros los amamos a ustedes. 13 Que los fortalezca interiormente para que, cuando nuestro Señor Jesús venga con todos sus *santos, la santidad de ustedes sea intachable delante de nuestro Dios y Padre.

La vida que agrada a Dios

4 Por lo demás, hermanos, les pedimos encarecidamente en el nombre del Señor Jesús que sigan progresando en el modo de vivir que agrada a Dios, tal como lo aprendieron de nosotros. De hecho, ya lo están practicando. 2 Ustedes saben cuáles son las instrucciones que les dimos de parte del Señor Jesús.

3 La voluntad de Dios es que sean *santificados; que se aparten de la inmoralidad sexual; 4 que cada uno aprenda a controlar su propio cuerpo g de una manera santa y honrosa, 5 sin dejarse llevar por los malos deseos como hacen los *paganos, que no conocen a Dios; 6 y que nadie perjudique a su hermano ni se aproveche de él en este asunto. El Señor castiga todo esto, como ya les hemos dicho y advertido. 7 Dios no nos llamó a la impureza sino a la santidad; 8 por tanto, el que rechaza estas instrucciones no rechaza a un hombre sino a Dios, quien les da a ustedes su Espíritu Santo.

9 En cuanto al amor fraternal, no necesitan que les escribamos, porque Dios mismo les ha enseñado a amarse unos a otros. 10 En efecto, ustedes aman a todos los hermanos que viven en Macedonia. No obstante, hermanos, les animamos a amarse aún más, 11 a procurar vivir en paz con todos, a ocuparse de sus propias responsabilidades y a trabajar con sus propias manos. Así les he mandado, 12 para que por su modo de vivir se ganen el respeto de los que no son creyentes, y no tengan que depender de nadie.

La venida del Señor

13 Hermanos, no queremos que ignoren lo que va a pasar con los que ya han muerto, h para que no se entristezcan como esos otros que no tienen esperanza. 14 ¿Acaso no creemos que Jesús murió y resucitó? Así también Dios resucitará con Jesús a los que han muerto en unión con él. 15 Conforme a lo dicho por el Señor, afirmamos que nosotros, los que estemos vivos y hayamos quedado hasta la venida del Señor, de ninguna manera nos adelantaremos a los que hayan muerto. 16 El Señor mismo descenderá del cielo con voz de mando, con voz de arcángel y con trompeta de Dios, y los muertos en Cristo resucitarán primero. 17 Luego los que estemos vivos, los que hayamos quedado, seremos arrebatados junto con ellos en las nubes para encontrarnos con el Señor en el aire. Y así estaremos con el Señor para siempre. 18 Por lo tanto, anímense unos a otros con estas palabras.

5 Ahora bien, hermanos, ustedes no necesitan que se les escriba acerca de tiempos y fechas, 2 porque ya saben que el día del Señor llegará como ladrón en la noche. 3 Cuando estén diciendo: «Paz y seguridad», vendrá de improviso sobre ellos la destrucción, como le llegan a la mujer encinta los dolores de parto. De ninguna manera podrán escapar.

4 Ustedes, en cambio, hermanos, no están en la oscuridad para que ese día los sorprenda como un ladrón.

Lord Jesus clear the way for us to come to you. 12 May the Lord make your love increase and overflow for each other and for everyone else, just as ours does for you. 13 May he strengthen your hearts so that you will be blameless and holy in the presence of our God and Father when our Lord Jesus comes with all his holy ones.

Living to Please God

4 Finally, brothers, we instructed you how to live in order to please God, as in fact you are living. Now we ask you and urge you in the Lord Jesus to do this more and more. 2 For you know what instructions we gave you by the authority of the Lord Jesus.

3 It is God's will that you should be sanctified: that you should avoid sexual immorality; 4 that each of you should learn to control his own body e in a way that is holy and honorable, 5 not in passionate lust like the heathen, who do not know God; 6 and that in this matter no one should wrong his brother or take advantage of him. The Lord will punish men for all such sins, as we have already told you and warned you. 7 For God did not call us to be impure, but to live a holy life. 8 Therefore, he who rejects this instruction does not reject man but God, who gives you his Holy Spirit.

9 Now about brotherly love we do not need to write to you, for you yourselves have been taught by God to love each other. 10 And in fact, you do love all the brothers throughout Macedonia. Yet we urge you, brothers, to do so more and more.

11 Make it your ambition to lead a quiet life, to mind your own business and to work with your hands, just as we told you, 12 so that your daily life may win the respect of outsiders and so that you will not be dependent on anybody.

The Coming of the Lord

13 Brothers, we do not want you to be ignorant about those who fall asleep, or to grieve like the rest of men, who have no hope. 14 We believe that Jesus died and rose again and so we believe that God will bring with Jesus those who have fallen asleep in him. 15 According to the Lord's own word, we tell you that we who are still alive, who are left till the coming of the Lord, will certainly not precede those who have fallen asleep. 16 For the Lord himself will come down from heaven, with a loud command, with the voice of the archangel and with the trumpet call of God, and the dead in Christ will rise first. 17 After that, we who are still alive and are left will be caught up together with them in the clouds to meet the Lord in the air. And so we will be with the Lord forever. 18 Therefore encourage each other with these words.

5 Now, brothers, about times and dates we do not need to write to you, 2 for you know very well that the day of the Lord will come like a thief in the night. 3 While people are saying, "Peace and safety," destruction will come on them suddenly, as labor pains on a pregnant woman, and they will not escape.

4 But you, brothers, are not in darkness so that this

---

g 4:4 aprenda ... cuerpo. Alt. trate a su esposa, o consiga esposa.
h 4:13 han muerto. Lit. duermen; el mismo verbo en vv. 14 y 15.

e 4 Or learn to live with his own wife; or learn to acquire a wife

5 Todos ustedes son hijos de la luz y del día. No somos de la noche ni de la oscuridad. 6 No debemos, pues, dormirnos como los demás, sino mantenernos alerta y en nuestro sano juicio. 7 Los que duermen, de noche duermen, y los que se emborrachan, de noche se emborrachan. 8 Nosotros que somos del día, por el contrario, estemos siempre en nuestro sano juicio, protegidos por la coraza de la fe y del amor, y por el casco de la esperanza de salvación; 9 pues Dios no nos destinó a sufrir el castigo sino a recibir la salvación por medio de nuestro Señor Jesucristo. 10 Él murió por nosotros para que, en la vida o en la muerte,*i* vivamos junto con él. 11 Por eso, anímense y edifíquense unos a otros, tal como lo vienen haciendo.

Instrucciones finales

12 Hermanos, les pedimos que sean considerados con los que trabajan arduamente entre ustedes, y los guían y amonestan en el Señor. 13 Ténganlos en alta estima, y ámenlos por el trabajo que hacen. Vivan en paz unos con otros. 14 Hermanos, también les rogamos que amonesten a los holgazanes, estimulen a los desanimados, ayuden a los débiles y sean pacientes con todos. 15 Asegúrense de que nadie pague mal por mal; más bien, esfuércense siempre por hacer el bien, no sólo entre ustedes sino a todos.

16 Estén siempre alegres, 17 oren sin cesar, 18 den gracias a Dios en toda situación, porque esta es su voluntad para ustedes en Cristo Jesús.

19 No apaguen el Espíritu, 20 no desprecien las profecías, 21 sométanlo todo a prueba, aférrense a lo bueno, 22 eviten toda clase de mal.

23 Que Dios mismo, el Dios de paz, los *santifique por completo, y conserve todo su ser —espíritu, alma y cuerpo— irreprochable para la venida de nuestro Señor Jesucristo. 24 El que los llama es fiel, y así lo hará.

25 Hermanos, oren también por nosotros. 26 Saluden a todos los hermanos con un beso santo. 27 Les encargo delante del Señor que lean esta carta a todos los hermanos.

28 Que la gracia de nuestro Señor Jesucristo sea con ustedes.

day should surprise you like a thief. 5 You are all sons of the light and sons of the day. We do not belong to the night or to the darkness. 6 So then, let us not be like others, who are asleep, but let us be alert and self-controlled. 7 For those who sleep, sleep at night, and those who get drunk, get drunk at night. 8 But since we belong to the day, let us be self-controlled, putting on faith and love as a breastplate, and the hope of salvation as a helmet. 9 For God did not appoint us to suffer wrath but to receive salvation through our Lord Jesus Christ. 10 He died for us so that, whether we are awake or asleep, we may live together with him. 11 Therefore encourage one another and build each other up, just as in fact you are doing.

Final Instructions

12 Now we ask you, brothers, to respect those who work hard among you, who are over you in the Lord and who admonish you. 13 Hold them in the highest regard in love because of their work. Live in peace with each other. 14 And we urge you, brothers, warn those who are idle, encourage the timid, help the weak, be patient with everyone. 15 Make sure that nobody pays back wrong for wrong, but always try to be kind to each other and to everyone else.

16 Be joyful always; 17 pray continually; 18 give thanks in all circumstances, for this is God's will for you in Christ Jesus.

19 Do not put out the Spirit's fire; 20 do not treat prophecies with contempt. 21 Test everything. Hold on to the good. 22 Avoid every kind of evil.

23 May God himself, the God of peace, sanctify you through and through. May your whole spirit, soul and body be kept blameless at the coming of our Lord Jesus Christ. 24 The one who calls you is faithful and he will do it.

25 Brothers, pray for us. 26 Greet all the brothers with a holy kiss. 27 I charge you before the Lord to have this letter read to all the brothers.

28 The grace of our Lord Jesus Christ be with you.

---

i 5:10 en la vida o en la muerte. Lit. *despiertos o dormidos.*

Segunda Carta a los

Tesalonicenses

2 Thessalonians

1 Pablo, *Silvano y Timoteo,

a la iglesia de los tesalonicenses, unida a Dios nuestro Padre y al Señor *Jesucristo:

2 Que Dios el Padre y el Señor Jesucristo les concedan gracia y paz.

Acción de gracias y oración

3 Hermanos, siempre debemos dar gracias a Dios por ustedes, como es justo, porque su fe se acrecienta cada vez más, y en cada uno de ustedes sigue abundando el amor hacia los otros. 4 Así que nos sentimos orgullosos de ustedes ante las iglesias de Dios por la perseverancia y la fe que muestran al soportar toda clase de persecuciones y sufrimientos. 5 Todo esto prueba que el juicio de Dios es justo, y por tanto él los considera dignos de su reino, por el cual están sufriendo.

6 Dios, que es justo, pagará con sufrimiento a quienes les hacen sufrir a ustedes. 7 Y a ustedes que sufren, les dará descanso, lo mismo que a nosotros. Esto sucederá cuando el Señor Jesús se manifieste desde el cielo entre llamas de fuego, con sus poderosos ángeles, 8 para castigar a los que no conocen a Dios ni obedecen el *evangelio de nuestro Señor Jesús. 9 Ellos sufrirán el castigo de la destrucción eterna, lejos de la presencia del Señor y de la majestad de su poder, 10 el día en que venga para ser glorificado por medio de sus *santos y admirado por todos los que hayan creído, entre los cuales están ustedes porque creyeron el testimonio que les dimos.

11 Por eso oramos constantemente por ustedes, para que nuestro Dios los considere dignos del llamamiento que les ha hecho, y por su poder *perfeccione toda disposición al bien y toda obra que realicen por la fe. 12 Oramos así, de modo que el nombre de nuestro Señor Jesús sea glorificado por medio de ustedes, y ustedes por él, conforme a la gracia de nuestro Dios y del Señor Jesucristo.a

Manifestación y juicio del malvado

2 Ahora bien, hermanos, en cuanto a la venida de nuestro Señor Jesucristo y a nuestra reunión con él, les pedimos que 2 no pierdan la cabeza ni se alarmen por ciertas profecías,b ni por mensajes orales o escritos supuestamente nuestros, que digan: «¡Ya llegó el día del Señor!» 3 No se dejen engañar de ninguna manera, porque primero tiene que llegar la rebelión contra Diosc y manifestarse el hombre de maldad,d el destructor por naturaleza.e 4 Éste se opone y se levanta contra todo lo que lleva el nombre de Dios o es objeto de adoración, hasta el punto de adueñarse del templo de Dios y pretender ser Dios.

5 ¿No recuerdan que ya les hablaba de esto cuando estaba con ustedes? 6 Bien saben que hay algo que detiene a este hombre, a fin de que él se manifieste a

1 Paul, Silasa and Timothy,

To the church of the Thessalonians in God our Father and the Lord Jesus Christ:

2 Grace and peace to you from God the Father and the Lord Jesus Christ.

Thanksgiving and Prayer

3 We ought always to thank God for you, brothers, and rightly so, because your faith is growing more and more, and the love every one of you has for each other is increasing. 4 Therefore, among God's churches we boast about your perseverance and faith in all the persecutions and trials you are enduring.

5 All this is evidence that God's judgment is right, and as a result you will be counted worthy of the kingdom of God, for which you are suffering. 6 God is just: He will pay back trouble to those who trouble you 7 and give relief to you who are troubled, and to us as well. This will happen when the Lord Jesus is revealed from heaven in blazing fire with his powerful angels. 8 He will punish those who do not know God and do not obey the gospel of our Lord Jesus. 9 They will be punished with everlasting destruction and shut out from the presence of the Lord and from the majesty of his power 10 on the day he comes to be glorified in his holy people and to be marveled at among all those who have believed. This includes you, because you believed our testimony to you.

11 With this in mind, we constantly pray for you, that our God may count you worthy of his calling, and that by his power he may fulfill every good purpose of yours and every act prompted by your faith. 12 We pray this so that the name of our Lord Jesus may be glorified in you, and you in him, according to the grace of our God and the Lord Jesus Christ.b

The Man of Lawlessness

2 Concerning the coming of our Lord Jesus Christ and our being gathered to him, we ask you, brothers, 2 not to become easily unsettled or alarmed by some prophecy, report or letter supposed to have come from us, saying that the day of the Lord has already come. 3 Don't let anyone deceive you in any way, for ˪that day will not come˩ until the rebellion occurs and the man of lawlessnessc is revealed, the man doomed to destruction. 4 He will oppose and will exalt himself over everything that is called God or is worshiped, so that he sets himself up in God's temple, proclaiming himself to be God.

5 Don't you remember that when I was with you I used to tell you these things? 6 And now you know what is holding him back, so that he may be revealed

---

a 1:12 Dios y del Señor Jesucristo. Alt. Dios y Señor, Jesucristo.
b 2:2 por ciertas profecías. Lit. por espíritu.   c 2:3 la rebelión contra Dios. Lit. la apostasía.   d 2:3 maldad. Var. pecado.
e 2:3 el destructor por naturaleza. Alt. el que está destinado a la destrucción. Lit. el hijo de la destrucción.

a 1 Greek Silvanus, a variant of Silas   b 12 Or God and Lord, Jesus Christ   c 3 Some manuscripts sin

su debido tiempo. 7Es cierto que el *misterio de la maldad ya está ejerciendo su poder; pero falta que sea quitado de en medio el que ahora lo detiene. 8Entonces se manifestará aquel malvado, a quien el Señor Jesús derrocará con el soplo de su boca y destruirá con el esplendor de su venida. 9El malvado vendrá, por obra de Satanás, con toda clase de milagros, señales y prodigios falsos. 10Con toda perversidad engañará a los que se pierden por haberse negado a amar la verdad y así ser salvos. 11Por eso Dios permite que, por el poder del engaño, crean en la mentira. 12Así serán condenados todos los que no creyeron en la verdad sino que se deleitaron en el mal.

Exhortación a la perseverancia

13Nosotros, en cambio, siempre debemos dar gracias a Dios por ustedes, hermanos amados por el Señor, porque desde el principio Dios los escogió f para ser salvos, mediante la obra *santificadora del Espíritu y la fe que tienen en la verdad. 14Para esto Dios los llamó por nuestro *evangelio, a fin de que tengan parte en la gloria de nuestro Señor Jesucristo. 15Así que, hermanos, sigan firmes y manténganse fieles a las enseñanzas g que, oralmente o por carta, les hemos transmitido.

16Que nuestro Señor Jesucristo mismo y Dios nuestro Padre, que nos amó y por su gracia nos dio consuelo eterno y una buena esperanza, 17los anime y les fortalezca el corazón, para que tanto en palabra como en obra hagan todo lo que sea bueno.

Oración por la difusión del evangelio

3 Por último, hermanos, oren por nosotros para que el mensaje del Señor se difunda rápidamente y se le reciba con honor, tal como sucedió entre ustedes. 2Oren además para que seamos librados de personas perversas y malvadas, porque no todos tienen fe. 3Pero el Señor es fiel, y él los fortalecerá y los protegerá del maligno. 4Confiamos en el Señor de que ustedes cumplen y seguirán cumpliendo lo que les hemos enseñado. 5Que el Señor los lleve a amar como Dios ama, y a perseverar como Cristo perseveró.

Exhortación al trabajo

6Hermanos, en el nombre del Señor Jesucristo les ordenamos que se aparten de todo hermano que esté viviendo como un vago y no según las enseñanzas recibidas h de nosotros. 7Ustedes mismos saben cómo deben seguir nuestro ejemplo. Nosotros no vivimos como ociosos entre ustedes, 8ni comimos el pan de nadie sin pagarlo. Al contrario, día y noche trabajamos arduamente y sin descanso para no ser una carga a ninguno de ustedes. 9Y lo hicimos así, no porque no tuviéramos derecho a tal ayuda, sino para darles buen ejemplo. 10Porque incluso cuando estábamos con ustedes, les ordenamos: «El que no quiera trabajar, que tampoco coma.»

11Nos hemos enterado de que entre ustedes hay algunos que andan de vagos, sin trabajar en nada, y que sólo se ocupan de lo que no les importa. 12A tales personas les ordenamos y exhortamos en el Señor Jesucristo que tranquilamente se pongan a trabajar para ganarse la vida. 13Ustedes, hermanos, no se cansen de hacer el bien.

14Si alguno no obedece las instrucciones que les damos en esta carta, denúncienlo públicamente y no se

at the proper time. 7For the secret power of lawlessness is already at work; but the one who now holds it back will continue to do so till he is taken out of the way. 8And then the lawless one will be revealed, whom the Lord Jesus will overthrow with the breath of his mouth and destroy by the splendor of his coming. 9The coming of the lawless one will be in accordance with the work of Satan displayed in all kinds of counterfeit miracles, signs and wonders, 10and in every sort of evil that deceives those who are perishing. They perish because they refused to love the truth and so be saved. 11For this reason God sends them a powerful delusion so that they will believe the lie 12and so that all will be condemned who have not believed the truth but have delighted in wickedness.

Stand Firm

13But we ought always to thank God for you, brothers loved by the Lord, because from the beginning God chose you d to be saved through the sanctifying work of the Spirit and through belief in the truth. 14He called you to this through our gospel, that you might share in the glory of our Lord Jesus Christ. 15So then, brothers, stand firm and hold to the teachings e we passed on to you, whether by word of mouth or by letter.

16May our Lord Jesus Christ himself and God our Father, who loved us and by his grace gave us eternal encouragement and good hope, 17encourage your hearts and strengthen you in every good deed and word.

Request for Prayer

3 Finally, brothers, pray for us that the message of the Lord may spread rapidly and be honored, just as it was with you. 2And pray that we may be delivered from wicked and evil men, for not everyone has faith. 3But the Lord is faithful, and he will strengthen and protect you from the evil one. 4We have confidence in the Lord that you are doing and will continue to do the things we command. 5May the Lord direct your hearts into God's love and Christ's perseverance.

Warning Against Idleness

6In the name of the Lord Jesus Christ, we command you, brothers, to keep away from every brother who is idle and does not live according to the teaching f you received from us. 7For you yourselves know how you ought to follow our example. We were not idle when we were with you, 8nor did we eat anyone's food without paying for it. On the contrary, we worked night and day, laboring and toiling so that we would not be a burden to any of you. 9We did this, not because we do not have the right to such help, but in order to make ourselves a model for you to follow. 10For even when we were with you, we gave you this rule: "If a man will not work, he shall not eat."

11We hear that some among you are idle. They are not busy; they are busybodies. 12Such people we command and urge in the Lord Jesus Christ to settle down and earn the bread they eat. 13And as for you, brothers, never tire of doing what is right.

14If anyone does not obey our instruction in this letter, take special note of him. Do not associate with

---

f 2:13 desde ... escogió. Var. Dios los escogió como sus *primicias.
g 2:15 enseñanzas. Alt. tradiciones.   h 3:6 las enseñanzas recibidas. Alt. la tradición recibida.

d 13 Some manuscripts because God chose you as his firstfruits
e 15 Or traditions   f 6 Or tradition

relacionen con él, para que se avergüence. ¹⁵ Sin embargo, no lo tengan por enemigo, sino amonéstenlo como a hermano.

Saludos finales

¹⁶ Que el Señor de paz les conceda su paz siempre y en todas las circunstancias. El Señor sea con todos ustedes.

¹⁷ Yo, Pablo, escribo este saludo de mi puño y letra. Ésta es la señal distintiva de todas mis cartas; así escribo yo.

¹⁸ Que la gracia de nuestro Señor Jesucristo sea con todos ustedes.

him, in order that he may feel ashamed. ¹⁵ Yet do not regard him as an enemy, but warn him as a brother.

Final Greetings

¹⁶ Now may the Lord of peace himself give you peace at all times and in every way. The Lord be with all of you.

¹⁷ I, Paul, write this greeting in my own hand, which is the distinguishing mark in all my letters. This is how I write.

¹⁸ The grace of our Lord Jesus Christ be with you all.

Primera Carta a

Timoteo

1

Pablo, apóstol de *Cristo Jesús por mandato de Dios nuestro Salvador y de Cristo Jesús nuestra esperanza,

2 a Timoteo, mi verdadero hijo en la fe:

Que Dios el Padre y Cristo Jesús nuestro Señor te concedan gracia, misericordia y paz.

Advertencia contra los falsos maestros de la ley

3 Al partir para Macedonia, te encargué que permanecieras en Éfeso y les ordenaras a algunos supuestos maestros que dejen de enseñar doctrinas falsas 4 y de prestar atención a leyendas y genealogías interminables. Esas cosas provocan controversias en vez de llevar adelante la obra de Dios que es por la fe. 5 Debes hacerlo así para que el amor brote de un corazón limpio, de una buena conciencia y de una fe sincera. 6 Algunos se han desviado de esa línea de conducta y se han enredado en discusiones inútiles. 7 Pretenden ser maestros de la ley, pero en realidad no saben de qué hablan ni entienden lo que con tanta seguridad afirman.

8 Ahora bien, sabemos que la ley es buena, si se aplica como es debido. 9 Tengamos en cuenta que la ley no se ha instituido para los justos sino para los desobedientes y rebeldes, para los impíos y pecadores, para los irreverentes y profanos. La ley es para los que maltratan a sus propios padres,a para los asesinos, 10 para los adúlteros y los homosexuales, para los traficantes de esclavos, los embusteros y los que juran en falso. En fin, la ley es para todo lo que está en contra de la sana doctrina 11 enseñada por el glorioso *evangelio que el Dios bendito me ha confiado.

La gracia que el Señor dio a Pablo

12 Doy gracias al que me fortalece, Cristo Jesús nuestro Señor, pues me consideró digno de confianza al ponerme a su servicio. 13 Anteriormente, yo era un *blasfemo, un perseguidor y un insolente; pero Dios tuvo misericordia de mí porque yo era un incrédulo y actuaba con ignorancia. 14 Pero la gracia de nuestro Señor se derramó sobre mí con abundancia, junto con la fe y el amor que hay en Cristo Jesús.

15 Este mensaje es digno de crédito y merece ser aceptado por todos: que Cristo Jesús vino al mundo a salvar a los pecadores, de los cuales yo soy el primero. 16 Pero precisamente por eso Dios fue misericordioso conmigo, a fin de que en mí, el peor de los pecadores, pudiera Cristo Jesús mostrar su infinita bondad. Así vengo a ser ejemplo para los que, creyendo en él, recibirán la vida eterna. 17 Por tanto, al Rey eterno, inmortal, invisible, al único Dios, sea honor y gloria por los siglos de los siglos. Amén.

18 Timoteo, hijo mío, te doy este encargo porque tengo en cuenta las profecías que antes se hicieron acerca de ti. Deseo que, apoyado en ellas, pelees la buena batalla 19 y mantengas la fe y una buena conciencia. Por no hacerle caso a su conciencia, algunos han naufragado en la fe. 20 Entre ellos están Himeneo y Alejandro, a quienes he entregado a Satanás para que aprendan a no blasfemar.

Primera Carta a

1 Timothy

1

Paul, an apostle of Christ Jesus by the command of God our Savior and of Christ Jesus our hope,

2 To Timothy my true son in the faith:

Grace, mercy and peace from God the Father and Christ Jesus our Lord.

Warning Against False Teachers of the Law

3 As I urged you when I went into Macedonia, stay there in Ephesus so that you may command certain men not to teach false doctrines any longer 4 nor to devote themselves to myths and endless genealogies. These promote controversies rather than God's work—which is by faith. 5 The goal of this command is love, which comes from a pure heart and a good conscience and a sincere faith. 6 Some have wandered away from these and turned to meaningless talk. 7 They want to be teachers of the law, but they do not know what they are talking about or what they so confidently affirm.

8 We know that the law is good if one uses it properly. 9 We also know that lawa is made not for the righteous but for lawbreakers and rebels, the ungodly and sinful, the unholy and irreligious; for those who kill their fathers or mothers, for murderers, 10 for adulterers and perverts, for slave traders and liars and perjurers—and for whatever else is contrary to the sound doctrine 11 that conforms to the glorious gospel of the blessed God, which he entrusted to me.

The Lord's Grace to Paul

12 I thank Christ Jesus our Lord, who has given me strength, that he considered me faithful, appointing me to his service. 13 Even though I was once a blasphemer and a persecutor and a violent man, I was shown mercy because I acted in ignorance and unbelief. 14 The grace of our Lord was poured out on me abundantly, along with the faith and love that are in Christ Jesus.

15 Here is a trustworthy saying that deserves full acceptance: Christ Jesus came into the world to save sinners—of whom I am the worst. 16 But for that very reason I was shown mercy so that in me, the worst of sinners, Christ Jesus might display his unlimited patience as an example for those who would believe on him and receive eternal life. 17 Now to the King eternal, immortal, invisible, the only God, be honor and glory for ever and ever. Amen.

18 Timothy, my son, I give you this instruction in keeping with the prophecies once made about you, so that by following them you may fight the good fight, 19 holding on to faith and a good conscience. Some have rejected these and so have shipwrecked their faith. 20 Among them are Hymenaeus and Alexander, whom I have handed over to Satan to be taught not to blaspheme.

---

a 1:9 los que maltratan a sus propios padres. Lit. los parricidas y matricidas.

a 9 Or that the law

Instrucciones sobre la adoración

2 Así que recomiendo, ante todo, que se hagan plegarias, oraciones, súplicas y acciones de gracias por todos, [2]especialmente por los gobernantes[b] y por todas las autoridades, para que tengamos paz y tranquilidad, y llevemos una vida piadosa y digna. [3]Esto es bueno y agradable a Dios nuestro Salvador, [4]pues él quiere que todos sean salvos y lleguen a conocer la verdad. [5]Porque hay un solo Dios y un solo mediador entre Dios y los hombres, Jesucristo hombre, [6]quien dio su vida como rescate por todos. Este testimonio Dios lo ha dado a su debido tiempo, [7]y para proclamarlo me nombró heraldo y apóstol. Digo la verdad y no miento: Dios me hizo maestro de los *gentiles para enseñarles la verdadera fe.

[8]Quiero, pues, que en todas partes los hombres levanten las manos al cielo con pureza de corazón, sin enojos ni contiendas.

[9]En cuanto a las mujeres, quiero que ellas se vistan decorosamente, con modestia y recato, sin peinados ostentosos, ni oro, ni perlas ni vestidos costosos. [10]Que se adornen más bien con buenas obras, como corresponde a mujeres que profesan servir a Dios.

[11]La mujer debe aprender con serenidad,[c] con toda sumisión. [12]No permito que la mujer enseñe al hombre y ejerza autoridad sobre él; debe mantenerse ecuánime.[d] [13]Porque primero fue formado Adán, y Eva después. [14]Además, no fue Adán el engañado, sino la mujer; y ella, una vez engañada, incurrió en pecado. [15]Pero la mujer se salvará[e] siendo madre y permaneciendo con sensatez en la fe, el amor y la *santidad.

Obispos y diáconos

3 Se dice, y es verdad, que si alguno desea ser *obispo, a noble función aspira. [2]Así que el obispo debe ser intachable, esposo de una sola mujer, moderado, sensato, respetable, hospitalario, capaz de enseñar; [3]no debe ser borracho ni pendenciero, ni amigo del dinero, sino amable y apacible. [4]Debe gobernar bien su casa y hacer que sus hijos le obedezcan con el debido respeto; [5]porque el que no sabe gobernar su propia familia, ¿cómo podrá cuidar de la iglesia de Dios? [6]No debe ser un recién convertido, no sea que se vuelva presuntuoso y caiga en la misma condenación en que cayó el diablo. [7]Se requiere además que hablen bien de él los que no pertenecen a la iglesia,[f] para que no caiga en descrédito y en la trampa del diablo.

[8]Los diáconos, igualmente, deben ser honorables, sinceros, no amigos del mucho vino ni codiciosos de las ganancias mal habidas. [9]Deben guardar, con una conciencia limpia, las grandes verdades[g] de la fe. [10]Que primero sean puestos a prueba, y después, si no hay nada que reprocharles, que sirvan como diáconos.

[11]Así mismo, las esposas de los diáconos[h] deben ser honorables, no calumniadoras sino moderadas y dignas de toda confianza.

[12]El diácono debe ser esposo de una sola mujer y gobernar bien a sus hijos y su propia casa. [13]Los que ejercen bien el diaconado se ganan un lugar de honor y adquieren mayor confianza para hablar de su fe en Cristo Jesús.

[14]Aunque espero ir pronto a verte, escribo estas ins-

Instructions on Worship

2 I urge, then, first of all, that requests, prayers, intercession and thanksgiving be made for everyone— [2]for kings and all those in authority, that we may live peaceful and quiet lives in all godliness and holiness. [3]This is good, and pleases God our Savior, [4]who wants all men to be saved and to come to a knowledge of the truth. [5]For there is one God and one mediator between God and men, the man Christ Jesus, [6]who gave himself as a ransom for all men—the testimony given in its proper time. [7]And for this purpose I was appointed a herald and an apostle—I am telling the truth, I am not lying—and a teacher of the true faith to the Gentiles.

[8]I want men everywhere to lift up holy hands in prayer, without anger or disputing.

[9]I also want women to dress modestly, with decency and propriety, not with braided hair or gold or pearls or expensive clothes, [10]but with good deeds, appropriate for women who profess to worship God.

[11]A woman should learn in quietness and full submission. [12]I do not permit a woman to teach or to have authority over a man; she must be silent. [13]For Adam was formed first, then Eve. [14]And Adam was not the one deceived; it was the woman who was deceived and became a sinner. [15]But women[b] will be saved[c] through childbearing—if they continue in faith, love and holiness with propriety.

Overseers and Deacons

3 Here is a trustworthy saying: If anyone sets his heart on being an overseer,[d] he desires a noble task. [2]Now the overseer must be above reproach, the husband of but one wife, temperate, self-controlled, respectable, hospitable, able to teach, [3]not given to drunkenness, not violent but gentle, not quarrelsome, not a lover of money. [4]He must manage his own family well and see that his children obey him with proper respect. [5](If anyone does not know how to manage his own family, how can he take care of God's church?) [6]He must not be a recent convert, or he may become conceited and fall under the same judgment as the devil. [7]He must also have a good reputation with outsiders, so that he will not fall into disgrace and into the devil's trap.

[8]Deacons, likewise, are to be men worthy of respect, sincere, not indulging in much wine, and not pursuing dishonest gain. [9]They must keep hold of the deep truths of the faith with a clear conscience. [10]They must first be tested; and then if there is nothing against them, let them serve as deacons.

[11]In the same way, their wives[e] are to be women worthy of respect, not malicious talkers but temperate and trustworthy in everything.

[12]A deacon must be the husband of but one wife and must manage his children and his household well. [13]Those who have served well gain an excellent standing and great assurance in their faith in Christ Jesus.

[14]Although I hope to come to you soon, I am writing

---

[b] 2:2 *gobernantes.* Lit. *reyes.*   [c] 2:11 *con serenidad.* Alt. *en silencio.*   [d] 2:12 *debe mantenerse ecuánime.* Alt. *debe guardar silencio.*   [e] 2:15 *se salvará.* Alt. *será restaurada.*
[f] 3:7 *hablen ... iglesia.* Lit. *tenga buen testimonio de los de afuera.*
[g] 3:9 *las grandes verdades.* Lit. *el *misterio.*   [h] 3:11 *las esposas de los diáconos.* Alt. *las diaconisas.*

[b] 15 Greek *she* also in verse 2   [c] 15 Or *restored*   [d] 1 Traditionally *bishop;*   [e] 11 Or *way, deaconesses*

trucciones para que, [15] si me retraso, sepas cómo hay que portarse en la casa de Dios, que es la iglesia del Dios viviente, columna y fundamento de la verdad. [16] No hay duda de que es grande el *misterio de nuestra fe:[i]

Él[j] se manifestó como hombre;[k]
   fue vindicado por[l] el Espíritu,
visto por los ángeles,
   proclamado entre las *naciones,
creído en el mundo,
   recibido en la gloria.

Instrucciones a Timoteo

4 El Espíritu dice claramente que, en los últimos tiempos, algunos abandonarán la fe para seguir a inspiraciones engañosas y doctrinas diabólicas. [2] Tales enseñanzas provienen de embusteros hipócritas, que tienen la conciencia encallecida.[m] [3] Prohíben el matrimonio y no permiten comer ciertos alimentos que Dios ha creado para que los creyentes,[n] conocedores de la verdad, los coman con acción de gracias. [4] Todo lo que Dios ha creado es bueno, y nada es despreciable si se recibe con acción de gracias, [5] porque la palabra de Dios y la oración lo *santifican.

[6] Si enseñas estas cosas a los hermanos, serás un buen servidor de Cristo Jesús, nutrido con las verdades de la fe y de la buena enseñanza que paso a paso has seguido. [7] Rechaza las leyendas profanas y otros mitos semejantes.[ñ] Más bien, ejercítate en la piedad, [8] pues aunque el ejercicio físico trae algún provecho, la piedad es útil para todo, ya que incluye una promesa no sólo para la vida presente sino también para la venidera. [9] Este mensaje es digno de crédito y merece ser aceptado por todos. [10] En efecto, si trabajamos y nos esforzamos es porque hemos puesto nuestra esperanza en el Dios viviente, que es el Salvador de todos, especialmente de los que creen.

[11] Encarga y enseña estas cosas. [12] Que nadie te menosprecie por ser joven. Al contrario, que los creyentes vean en ti un ejemplo a seguir en la manera de hablar, en la conducta, y en amor, fe y pureza. [13] En tanto que llego, dedícate a la lectura pública de las Escrituras, y a enseñar y animar a los hermanos. [14] Ejercita el don que recibiste mediante profecía, cuando los *ancianos te impusieron las manos.

[15] Sé diligente en estos asuntos; entrégate de lleno a ellos, de modo que todos puedan ver que estás progresando. [16] Ten cuidado de tu conducta y de tu enseñanza. Persevera en todo ello, porque así te salvarás a ti mismo y a los que te escuchen.

Cómo tratar a viudas, ancianos y esclavos

5 No reprendas con dureza al anciano, sino aconséjalo como si fuera tu padre. Trata a los jóvenes como a hermanos; [2] a las ancianas, como a madres; a las jóvenes, como a hermanas, con toda pureza.

[3] Reconoce debidamente a las viudas que de veras están desamparadas. [4] Pero si una viuda tiene hijos o nietos, que éstos aprendan primero a cumplir sus obligaciones con su propia familia y correspondan así a sus padres y abuelos, porque eso agrada a Dios. [5] La viuda desamparada, como ha quedado sola, pone su esperanza en Dios y persevera noche y día en sus oraciones y

you these instructions so that, [15] if I am delayed, you will know how people ought to conduct themselves in God's household, which is the church of the living God, the pillar and foundation of the truth. [16] Beyond all question, the mystery of godliness is great:

He[f] appeared in a body,[g]
   was vindicated by the Spirit,
was seen by angels,
   was preached among the nations,
was believed on in the world,
   was taken up in glory.

Instructions to Timothy

4 The Spirit clearly says that in later times some will abandon the faith and follow deceiving spirits and things taught by demons. [2] Such teachings come through hypocritical liars, whose consciences have been seared as with a hot iron. [3] They forbid people to marry and order them to abstain from certain foods, which God created to be received with thanksgiving by those who believe and who know the truth. [4] For everything God created is good, and nothing is to be rejected if it is received with thanksgiving, [5] because it is consecrated by the word of God and prayer.

[6] If you point these things out to the brothers, you will be a good minister of Christ Jesus, brought up in the truths of the faith and of the good teaching that you have followed. [7] Have nothing to do with godless myths and old wives' tales; rather, train yourself to be godly. [8] For physical training is of some value, but godliness has value for all things, holding promise for both the present life and the life to come.

[9] This is a trustworthy saying that deserves full acceptance [10] (and for this we labor and strive), that we have put our hope in the living God, who is the Savior of all men, and especially of those who believe.

[11] Command and teach these things. [12] Don't let anyone look down on you because you are young, but set an example for the believers in speech, in life, in love, in faith and in purity. [13] Until I come, devote yourself to the public reading of Scripture, to preaching and to teaching. [14] Do not neglect your gift, which was given you through a prophetic message when the body of elders laid their hands on you.

[15] Be diligent in these matters; give yourself wholly to them, so that everyone may see your progress. [16] Watch your life and doctrine closely. Persevere in them, because if you do, you will save both yourself and your hearers.

Advice About Widows, Elders and Slaves

5 Do not rebuke an older man harshly, but exhort him as if he were your father. Treat younger men as brothers, [2] older women as mothers, and younger women as sisters, with absolute purity.

[3] Give proper recognition to those widows who are really in need. [4] But if a widow has children or grandchildren, these should learn first of all to put their religion into practice by caring for their own family and so repaying their parents and grandparents, for this is pleasing to God. [5] The widow who is really in need and left all alone puts her hope in God and continues

---

[i] *3:16 de nuestra fe.* Lit. *de la piedad.*   [j] *3:16 Él.* Lit. *Quien.* Var. *Dios.*   [k] *3:16 como hombre.* Lit. *en la *carne.*
[l] *3:16 vindicado por.* Lit. *justificado en.*   [m] *4:2 encallecida.* Lit. *cauterizada.*   [n] *4:3 creyentes.* Alt. *fieles.*   [ñ] *4:7 Rechaza ... semejantes.* Lit. *Rechaza los mitos profanos y de viejas.*

[f] *16 Some manuscripts God*   [g] *16 Or in the flesh*

súplicas. 6En cambio, la viuda que se entrega al placer ya está muerta en vida. 7Encárgales estas cosas para que sean intachables. 8El que no provee para los suyos, y sobre todo para los de su propia casa, ha negado la fe y es peor que un incrédulo.

9En la lista de las viudas debe figurar únicamente la que tenga más de sesenta años, que haya sido fiel a su esposo,*o* 10y que sea reconocida por sus buenas obras, tales como criar hijos, practicar la hospitalidad, lavar los pies de los *creyentes, ayudar a los que sufren y aprovechar toda oportunidad para hacer el bien.

11No incluyas en esa lista a las viudas más jóvenes, porque cuando sus pasiones las alejan de Cristo, les da por casarse. 12Así resultan culpables de faltar a su primer compromiso. 13Además se acostumbran a estar ociosas y andar de casa en casa. Y no sólo se vuelven holgazanas sino también chismosas y entrometidas, hablando de lo que no deben. 14Por eso exhorto a las viudas jóvenes a que se casen y tengan hijos, y a que lleven bien su hogar y no den lugar a las críticas del enemigo. 15Y es que algunas ya se han descarriado para seguir a Satanás.

16Si alguna creyente tiene viudas en su familia, debe ayudarlas para que no sean una carga a la iglesia; así la iglesia podrá atender a las viudas desamparadas.

17Los *ancianos que dirigen bien los asuntos de la iglesia son dignos de doble honor,*p* especialmente los que dedican sus esfuerzos a la predicación y a la enseñanza. 18Pues la Escritura dice: «No le pongas bozal al buey mientras esté trillando»,*q* y «El trabajador merece que se le pague su salario».*r* 19No admitas ninguna acusación contra un anciano, a no ser que esté respaldada por dos o tres testigos. 20A los que pecan, repréndelos en público para que sirva de escarmiento.

21Te insto delante de Dios, de Cristo Jesús y de los santos ángeles, a que sigas estas instrucciones sin dejarte llevar de prejuicios ni favoritismos.

22No te apresures a imponerle las manos a nadie, no sea que te hagas cómplice de pecados ajenos. Consérvate puro.

23No sigas bebiendo sólo agua; toma también un poco de vino a causa de tu mal de estómago y tus frecuentes enfermedades.

24Los pecados de algunos son evidentes aun antes de ser investigados, mientras que los pecados de otros se descubren después. 25De igual manera son evidentes las buenas obras, y aunque estén ocultas, tarde o temprano se manifestarán.*s*

6 Todos los que aún son esclavos deben reconocer que sus amos merecen todo respeto; así evitarán que se hable mal del nombre de Dios y de nuestra enseñanza. 2Los que tienen amos creyentes no deben faltarles al respeto por ser hermanos. Al contrario, deben servirles todavía mejor, porque los que se benefician de sus servicios son creyentes y hermanos queridos. Esto es lo que debes enseñar y recomendar.

El amor al dinero

3Si alguien enseña falsas doctrinas, apartándose de la sana enseñanza de nuestro Señor Jesucristo y de la

night and day to pray and to ask God for help. 6But the widow who lives for pleasure is dead even while she lives. 7Give the people these instructions, too, so that no one may be open to blame. 8If anyone does not provide for his relatives, and especially for his immediate family, he has denied the faith and is worse than an unbeliever.

9No widow may be put on the list of widows unless she is over sixty, has been faithful to her husband,*h* 10and is well known for her good deeds, such as bringing up children, showing hospitality, washing the feet of the saints, helping those in trouble and devoting herself to all kinds of good deeds.

11As for younger widows, do not put them on such a list. For when their sensual desires overcome their dedication to Christ, they want to marry. 12Thus they bring judgment on themselves, because they have broken their first pledge. 13Besides, they get into the habit of being idle and going about from house to house. And not only do they become idlers, but also gossips and busybodies, saying things they ought not to. 14So I counsel younger widows to marry, to have children, to manage their homes and to give the enemy no opportunity for slander. 15Some have in fact already turned away to follow Satan.

16If any woman who is a believer has widows in her family, she should help them and not let the church be burdened with them, so that the church can help those widows who are really in need.

17The elders who direct the affairs of the church well are worthy of double honor, especially those whose work is preaching and teaching. 18For the Scripture says, "Do not muzzle the ox while it is treading out the grain,"*i* and "The worker deserves his wages."*j* 19Do not entertain an accusation against an elder unless it is brought by two or three witnesses. 20Those who sin are to be rebuked publicly, so that the others may take warning.

21I charge you, in the sight of God and Christ Jesus and the elect angels, to keep these instructions without partiality, and to do nothing out of favoritism.

22Do not be hasty in the laying on of hands, and do not share in the sins of others. Keep yourself pure.

23Stop drinking only water, and use a little wine because of your stomach and your frequent illnesses.

24The sins of some men are obvious, reaching the place of judgment ahead of them; the sins of others trail behind them. 25In the same way, good deeds are obvious, and even those that are not cannot be hidden.

6 All who are under the yoke of slavery should consider their masters worthy of full respect, so that God's name and our teaching may not be slandered. 2Those who have believing masters are not to show less respect for them because they are brothers. Instead, they are to serve them even better, because those who benefit from their service are believers, and dear to them. These are the things you are to teach and urge on them.

Love of Money

3If anyone teaches false doctrines and does not agree to the sound instruction of our Lord Jesus Christ and to

---

o 5:9 que haya sido fiel a su esposo. Alt. que no haya tenido más de un esposo. *p 5:17 honor.Alt. honorario.* *q 5:18 Dt 25:4* *r 5:18 Lc 10:7* *s 5:25 y aunque ... se manifestarán. Alt. y si son malas, no podrán quedar ocultas.*

h 9 Or has had but one husband *i 18 Deut. 25:4* *j 18 Luke 10:7*

doctrina que se ciñe a la verdadera religión,^{*t*} ⁴es un obstinado que nada entiende. Ese tal padece del afán enfermizo de provocar discusiones inútiles que generan envidias, discordias, insultos, suspicacias ⁵y altercados entre personas de mente depravada, carentes de la verdad. Éste es de los que piensan que la religión es un medio de obtener ganancias. ⁶Es cierto que con la verdadera religión se obtienen grandes ganancias, pero sólo si uno está satisfecho con lo que tiene. ⁷Porque nada trajimos a este mundo, y nada podemos llevarnos. ⁸Así que, si tenemos ropa y comida, contentémonos con eso. ⁹Los que quieren enriquecerse caen en la *tentación y se vuelven esclavos de sus muchos deseos. Estos afanes insensatos y dañinos hunden a la gente en la ruina y en la destrucción. ¹⁰Porque el amor al dinero es la raíz de toda clase de males. Por codiciarlo, algunos se han desviado de la fe y se han causado muchísimos sinsabores.

Encargo de Pablo a Timoteo

¹¹Tú, en cambio, hombre de Dios, huye de todo eso, y esmérate en seguir la justicia, la piedad, la fe, el amor, la constancia y la humildad. ¹²Pelea la buena batalla de la fe; haz tuya la vida eterna, a la que fuiste llamado y por la cual hiciste aquella admirable declaración de fe delante de muchos testigos. ¹³Teniendo a Dios por testigo, el cual da vida a todas las cosas, y a Cristo Jesús, que dio su admirable testimonio delante de Poncio Pilato, te encargo ¹⁴que guardes este mandato sin mancha ni reproche hasta la venida de nuestro Señor Jesucristo, ¹⁵la cual Dios a su debido tiempo hará que se cumpla.

Al único y bendito Soberano,
Rey de reyes y Señor de señores,
¹⁶al único inmortal,
que vive en luz inaccesible,
a quien nadie ha visto ni puede ver,
a él sea el honor y el poder eternamente.
Amén.

¹⁷A los ricos de este mundo, mándales que no sean arrogantes ni pongan su esperanza en las riquezas, que son tan inseguras, sino en Dios, que nos provee de todo en abundancia para que lo disfrutemos. ¹⁸Mándales que hagan el bien, que sean ricos en buenas obras, y generosos, dispuestos a compartir lo que tienen. ¹⁹De este modo atesorarán para sí un seguro caudal para el futuro y obtendrán la vida verdadera.

²⁰Timoteo, ¡cuida bien lo que se te ha confiado! Evita las discusiones profanas e inútiles, y los argumentos de la falsa ciencia. ²¹Algunos, por abrazarla, se han desviado de la fe.

Que la gracia sea con ustedes.

godly teaching, ⁴he is conceited and understands nothing. He has an unhealthy interest in controversies and quarrels about words that result in envy, strife, malicious talk, evil suspicions ⁵and constant friction between men of corrupt mind, who have been robbed of the truth and who think that godliness is a means to financial gain.

⁶But godliness with contentment is great gain. ⁷For we brought nothing into the world, and we can take nothing out of it. ⁸But if we have food and clothing, we will be content with that. ⁹People who want to get rich fall into temptation and a trap and into many foolish and harmful desires that plunge men into ruin and destruction. ¹⁰For the love of money is a root of all kinds of evil. Some people, eager for money, have wandered from the faith and pierced themselves with many griefs.

Paul's Charge to Timothy

¹¹But you, man of God, flee from all this, and pursue righteousness, godliness, faith, love, endurance and gentleness. ¹²Fight the good fight of the faith. Take hold of the eternal life to which you were called when you made your good confession in the presence of many witnesses. ¹³In the sight of God, who gives life to everything, and of Christ Jesus, who while testifying before Pontius Pilate made the good confession, I charge you ¹⁴to keep this command without spot or blame until the appearing of our Lord Jesus Christ, ¹⁵which God will bring about in his own time—God, the blessed and only Ruler, the King of kings and Lord of lords, ¹⁶who alone is immortal and who lives in unapproachable light, whom no one has seen or can see. To him be honor and might forever. Amen.

¹⁷Command those who are rich in this present world not to be arrogant nor to put their hope in wealth, which is so uncertain, but to put their hope in God, who richly provides us with everything for our enjoyment. ¹⁸Command them to do good, to be rich in good deeds, and to be generous and willing to share. ¹⁹In this way they will lay up treasure for themselves as a firm foundation for the coming age, so that they may take hold of the life that is truly life.

²⁰Timothy, guard what has been entrusted to your care. Turn away from godless chatter and the opposing ideas of what is falsely called knowledge, ²¹which some have professed and in so doing have wandered from the faith.

Grace be with you.

Segunda Carta a

Timoteo

2 Timothy

1 Pablo, apóstol de *Cristo Jesús por la voluntad de Dios, según la promesa de vida que tenemos en Cristo Jesús,

2 a mi querido hijo Timoteo:

Que Dios el Padre y Cristo Jesús nuestro Señor te concedan gracia, misericordia y paz.

Exhortación a la fidelidad

3 Al recordarte de día y de noche en mis oraciones, siempre doy gracias a Dios, a quien sirvo con una conciencia limpia como lo hicieron mis antepasados. 4 Y al acordarme de tus lágrimas, anhelo verte para llenarme de alegría. 5 Traigo a la memoria tu fe sincera, la cual animó primero a tu abuela Loida y a tu madre Eunice, y ahora te anima a ti. De eso estoy convencido. 6 Por eso te recomiendo que avives la llama del don de Dios que recibiste cuando te impuse las manos. 7 Pues Dios no nos ha dado un espíritu de timidez, sino de poder, de amor y de dominio propio.

8 Así que no te avergüences de dar testimonio de nuestro Señor, ni tampoco de mí, que por su causa soy prisionero. Al contrario, tú también, con el poder de Dios, debes soportar sufrimientos por el *evangelio. 9 Pues Dios nos salvó y nos llamó a una vida *santa, no por nuestras propias obras, sino por su propia determinación y gracia. Nos concedió este favor en Cristo Jesús antes del comienzo del tiempo; 10 y ahora lo ha revelado con la venida de nuestro Salvador Cristo Jesús, quien destruyó la muerte y sacó a la luz la vida incorruptible mediante el evangelio. 11 De este evangelio he sido yo designado heraldo, apóstol y maestro. 12 Por ese motivo padezco estos sufrimientos. Pero no me avergüenzo, porque sé en quién he creído, y estoy seguro de que tiene poder para guardar hasta aquel día lo que le he confiado.ᵃ

13 Con fe y amor en Cristo Jesús, sigue el ejemplo de la sana doctrina que de mí aprendiste. 14 Con el poder del Espíritu Santo que vive en nosotros, cuida la preciosa enseñanzaᵇ que se te ha confiado.

15 Ya sabes que todos los de la provincia de *Asia me han abandonado, incluso Figelo y Hermógenes.

16 Que el Señor le conceda misericordia a la familia de Onesíforo, porque muchas veces me dio ánimo y no se avergonzó de mis cadenas. 17 Al contrario, cuando estuvo en Roma me buscó sin descanso hasta encontrarme. 18 Que el Señor le conceda hallar misericordia divina en aquel día. Tú conoces muy bien los muchos servicios que me prestó en Éfeso.

2 Así que tú, hijo mío, fortalécete por la gracia que tenemos en Cristo Jesús. 2 Lo que me has oído decir en presencia de muchos testigos, encomiéndalo a creyentes dignos de confianza, que a su vez estén capacitados para enseñar a otros. 3 Comparte nuestros sufrimientos, como buen soldado de Cristo Jesús. 4 Ningún soldado que quiera agradar a su superior se enreda en

1 Paul, an apostle of Christ Jesus by the will of God, according to the promise of life that is in Christ Jesus,

2 To Timothy, my dear son:

Grace, mercy and peace from God the Father and Christ Jesus our Lord.

Encouragement to Be Faithful

3 I thank God, whom I serve, as my forefathers did, with a clear conscience, as night and day I constantly remember you in my prayers. 4 Recalling your tears, I long to see you, so that I may be filled with joy. 5 I have been reminded of your sincere faith, which first lived in your grandmother Lois and in your mother Eunice and, I am persuaded, now lives in you also. 6 For this reason I remind you to fan into flame the gift of God, which is in you through the laying on of my hands. 7 For God did not give us a spirit of timidity, but a spirit of power, of love and of self-discipline.

8 So do not be ashamed to testify about our Lord, or ashamed of me his prisoner. But join with me in suffering for the gospel, by the power of God, 9 who has saved us and called us to a holy life—not because of anything we have done but because of his own purpose and grace. This grace was given us in Christ Jesus before the beginning of time, 10 but it has now been revealed through the appearing of our Savior, Christ Jesus, who has destroyed death and has brought life and immortality to light through the gospel. 11 And of this gospel I was appointed a herald and an apostle and a teacher. 12 That is why I am suffering as I am. Yet I am not ashamed, because I know whom I have believed, and am convinced that he is able to guard what I have entrusted to him for that day.

13 What you heard from me, keep as the pattern of sound teaching, with faith and love in Christ Jesus. 14 Guard the good deposit that was entrusted to you—guard it with the help of the Holy Spirit who lives in us.

15 You know that everyone in the province of Asia has deserted me, including Phygelus and Hermogenes.

16 May the Lord show mercy to the household of Onesiphorus, because he often refreshed me and was not ashamed of my chains. 17 On the contrary, when he was in Rome, he searched hard for me until he found me. 18 May the Lord grant that he will find mercy from the Lord on that day! You know very well in how many ways he helped me in Ephesus.

2 You then, my son, be strong in the grace that is in Christ Jesus. 2 And the things you have heard me say in the presence of many witnesses entrust to reliable men who will also be qualified to teach others. 3 Endure hardship with us like a good soldier of Christ Jesus. 4 No one serving as a soldier gets involved in civilian affairs—he wants to please his commanding

---

ᵃ *1:12 lo que le he confiado.* Alt. *lo que me ha confiado.*
ᵇ *1:14 la preciosa enseñanza.* Lit. *el buen depósito.*

cuestiones civiles. 5 Así mismo, el atleta no recibe la corona de vencedor si no compite según el reglamento. 6 El labrador que trabaja duro tiene derecho a recibir primero parte de la cosecha. 7 Reflexiona en lo que te digo, y el Señor te dará una mayor comprensión de todo esto.

8 No dejes de recordar a Jesucristo, descendiente de David, *levantado de entre los muertos. Este es mi *evangelio, 9 por el que sufro al extremo de llevar cadenas como un criminal. Pero la palabra de Dios no está encadenada. 10 Así que todo lo soporto por el bien de los elegidos, para que también ellos alcancen la gloriosa y eterna salvación que tenemos en Cristo Jesús.

11 Este mensaje es digno de crédito:

Si morimos con él,
　　también viviremos con él;
12 si resistimos,
　　también reinaremos con él.
Si lo negamos,
　　también él nos negará;
13 si somos infieles,
　　él sigue siendo fiel,
　　ya que no puede negarse a sí mismo.

Un obrero aprobado por Dios

14 No dejes de recordarles esto. Adviérteles delante de Dios que eviten las discusiones inútiles, pues no sirven nada más que para destruir a los oyentes. 15 Esfuérzate por presentarte a Dios aprobado, como obrero que no tiene de qué avergonzarse y que interpreta rectamente la palabra de verdad. 16 Evita las palabrerías profanas, porque los que se dan a ellas se alejan cada vez más de la vida piadosa, 17 y sus enseñanzas se extienden como gangrena. Entre ellos están Himeneo y Fileto, 18 que se han desviado de la verdad. Andan diciendo que la resurrección ya tuvo lugar, y así trastornan la fe de algunos. 19 A pesar de todo, el fundamento de Dios es sólido y se mantiene firme, pues está sellado con esta inscripción: «El Señor conoce a los suyos»,c y esta otra: «Que se aparte de la maldad todo el que invoca el nombre del Señor».d

20 En una casa grande no sólo hay vasos de oro y de plata sino también de madera y de barro, unos para los usos más nobles y otros para los usos más bajos. 21 Si alguien se mantiene limpio, llegará a ser un vaso noble, *santificado, útil para el Señor y preparado para toda obra buena.

22 Huye de las malas pasiones de la juventud, y esmérate en seguir la justicia, la fe, el amor y la paz, junto con los que invocan al Señor con un corazón limpio. 23 No tengas nada que ver con discusiones necias y sin sentido, pues ya sabes que terminan en pleitos. 24 Y un *siervo del Señor no debe andar peleando; más bien, debe ser amable con todos, capaz de enseñar y no propenso a irritarse. 25 Así, humildemente, debe corregir a los adversarios, con la esperanza de que Dios les conceda el *arrepentimiento para conocer la verdad, 26 de modo que se despierten y escapen de la trampa en que el diablo los tiene cautivos, sumisos a su voluntad.

La impiedad en los últimos días

3 Ahora bien, ten en cuenta que en los últimos días vendrán tiempos difíciles. 2 La gente estará llena de egoísmo y avaricia; serán jactanciosos, arrogantes,

officer. 5 Similarly, if anyone competes as an athlete, he does not receive the victor's crown unless he competes according to the rules. 6 The hardworking farmer should be the first to receive a share of the crops. 7 Reflect on what I am saying, for the Lord will give you insight into all this.

8 Remember Jesus Christ, raised from the dead, descended from David. This is my gospel, 9 for which I am suffering even to the point of being chained like a criminal. But God's word is not chained. 10 Therefore I endure everything for the sake of the elect, that they too may obtain the salvation that is in Christ Jesus, with eternal glory.

11 Here is a trustworthy saying:

If we died with him,
　　we will also live with him;
12 if we endure,
　　we will also reign with him.
If we disown him,
　　he will also disown us;
13 if we are faithless,
　　he will remain faithful,
　　for he cannot disown himself.

A Workman Approved by God

14 Keep reminding them of these things. Warn them before God against quarreling about words; it is of no value, and only ruins those who listen. 15 Do your best to present yourself to God as one approved, a workman who does not need to be ashamed and who correctly handles the word of truth. 16 Avoid godless chatter, because those who indulge in it will become more and more ungodly. 17 Their teaching will spread like gangrene. Among them are Hymenaeus and Philetus, 18 who have wandered away from the truth. They say that the resurrection has already taken place, and they destroy the faith of some. 19 Nevertheless, God's solid foundation stands firm, sealed with this inscription: "The Lord knows those who are his,"a and, "Everyone who confesses the name of the Lord must turn away from wickedness."

20 In a large house there are articles not only of gold and silver, but also of wood and clay; some are for noble purposes and some for ignoble. 21 If a man cleanses himself from the latter, he will be an instrument for noble purposes, made holy, useful to the Master and prepared to do any good work.

22 Flee the evil desires of youth, and pursue righteousness, faith, love and peace, along with those who call on the Lord out of a pure heart. 23 Don't have anything to do with foolish and stupid arguments, because you know they produce quarrels. 24 And the Lord's servant must not quarrel; instead, he must be kind to everyone, able to teach, not resentful. 25 Those who oppose him he must gently instruct, in the hope that God will grant them repentance leading them to a knowledge of the truth, 26 and that they will come to their senses and escape from the trap of the devil, who has taken them captive to do his will.

Godlessness in the Last Days

3 But mark this: There will be terrible times in the last days. 2 People will be lovers of themselves, lovers of money, boastful, proud, abusive, disobedient

---

*blasfemos, desobedientes a los padres, ingratos, impíos, 3 insensibles, implacables, calumniadores, libertinos, despiadados, enemigos de todo lo bueno, 4 traicioneros, impetuosos, vanidosos y más amigos del placer que de Dios. 5 Aparentarán ser piadosos, pero su conducta desmentirá el poder de la piedad. ¡Con esa gente ni te metas!

6 Así son los que van de casa en casa cautivando a mujeres débiles cargadas de pecados, que se dejan llevar de toda clase de pasiones. 7 Ellas siempre están aprendiendo, pero nunca logran conocer la verdad. 8 Del mismo modo que Janes y Jambres se opusieron a Moisés, también esa gente se opone a la verdad. Son personas de mente depravada, reprobadas en la fe. 9 Pero no llegarán muy lejos, porque todo el mundo se dará cuenta de su insensatez, como pasó con aquellos dos.

Encargo de Pablo a Timoteo

10 Tú, en cambio, has seguido paso a paso mis enseñanzas, mi manera de vivir, mi propósito, mi fe, mi paciencia, mi amor, mi constancia, 11 mis persecuciones y mis sufrimientos. Estás enterado de lo que sufrí en Antioquía, Iconio y Listra, y de las persecuciones que soporté. Y de todas ellas me libró el Señor. 12 Así mismo serán perseguidos todos los que quieran llevar una vida piadosa en Cristo Jesús, 13 mientras que esos malvados embaucadores irán de mal en peor, engañando y siendo engañados. 14 Pero tú, permanece firme en lo que has aprendido y de lo cual estás convencido, pues sabes de quiénes lo aprendiste. 15 Desde tu niñez conoces las Sagradas Escrituras, que pueden darte la sabiduría necesaria para la salvación mediante la fe en Cristo Jesús. 16 Toda la Escritura es inspirada por Dios y útil para enseñar, para reprender, para corregir y para instruir en la justicia, 17 a fin de que el siervo de Dios esté enteramente capacitado para toda buena obra.

4 En presencia de Dios y de Cristo Jesús, que ha de venir en su reino y que juzgará a los vivos y a los muertos, te doy este solemne encargo: 2 Predica la Palabra; persiste en hacerlo, sea o no sea oportuno; corrige, reprende y anima con mucha paciencia, sin dejar de enseñar. 3 Porque llegará el tiempo en que no van a tolerar la sana doctrina, sino que, llevados de sus propios deseos, se rodearán de maestros que les digan las novelerías que quieren oír. 4 Dejarán de escuchar la verdad y se volverán a los mitos. 5 Tú, por el contrario, sé prudente en todas las circunstancias, soporta los sufrimientos, dedícate a la evangelización; cumple con los deberes de tu ministerio.

6 Yo, por mi parte, ya estoy a punto de ser ofrecido como un sacrificio, y el tiempo de mi partida ha llegado. 7 He peleado la buena batalla, he terminado la carrera, me he mantenido en la fe. 8 Por lo demás me espera la corona de justicia que el Señor, el juez justo, me otorgará en aquel día; y no sólo a mí, sino también a todos los que con amor hayan esperado su venida.

Instrucciones personales

9 Haz todo lo posible por venir a verme cuanto antes, 10 pues Demas, por amor a este mundo, me ha abandonado y se ha ido a Tesalónica. Crescente se ha ido a Galacia y Tito a Dalmacia. 11 Sólo Lucas está conmigo. Recoge a Marcos y tráelo contigo, porque me es de ayuda en mi ministerio. 12 A Tíquico lo mandé a Éfeso.

to their parents, ungrateful, unholy, 3 without love, unforgiving, slanderous, without self-control, brutal, not lovers of the good, 4 treacherous, rash, conceited, lovers of pleasure rather than lovers of God— 5 having a form of godliness but denying its power. Have nothing to do with them.

6 They are the kind who worm their way into homes and gain control over weak-willed women, who are loaded down with sins and are swayed by all kinds of evil desires, 7 always learning but never able to acknowledge the truth. 8 Just as Jannes and Jambres opposed Moses, so also these men oppose the truth—men of depraved minds, who, as far as the faith is concerned, are rejected. 9 But they will not get very far because, as in the case of those men, their folly will be clear to everyone.

Paul's Charge to Timothy

10 You, however, know all about my teaching, my way of life, my purpose, faith, patience, love, endurance, 11 persecutions, sufferings—what kinds of things happened to me in Antioch, Iconium and Lystra, the persecutions I endured. Yet the Lord rescued me from all of them. 12 In fact, everyone who wants to live a godly life in Christ Jesus will be persecuted, 13 while evil men and impostors will go from bad to worse, deceiving and being deceived. 14 But as for you, continue in what you have learned and have become convinced of, because you know those from whom you learned it, 15 and how from infancy you have known the holy Scriptures, which are able to make you wise for salvation through faith in Christ Jesus. 16 All Scripture is God-breathed and is useful for teaching, rebuking, correcting and training in righteousness, 17 so that the man of God may be thoroughly equipped for every good work.

4 In the presence of God and of Christ Jesus, who will judge the living and the dead, and in view of his appearing and his kingdom, I give you this charge: 2 Preach the Word; be prepared in season and out of season; correct, rebuke and encourage—with great patience and careful instruction. 3 For the time will come when men will not put up with sound doctrine. Instead, to suit their own desires, they will gather around them a great number of teachers to say what their itching ears want to hear. 4 They will turn their ears away from the truth and turn aside to myths. 5 But you, keep your head in all situations, endure hardship, do the work of an evangelist, discharge all the duties of your ministry.

6 For I am already being poured out like a drink offering, and the time has come for my departure. 7 I have fought the good fight, I have finished the race, I have kept the faith. 8 Now there is in store for me the crown of righteousness, which the Lord, the righteous Judge, will award to me on that day—and not only to me, but also to all who have longed for his appearing.

Personal Remarks

9 Do your best to come to me quickly, 10 for Demas, because he loved this world, has deserted me and has gone to Thessalonica. Crescens has gone to Galatia, and Titus to Dalmatia. 11 Only Luke is with me. Get Mark and bring him with you, because he is helpful to me in my ministry. 12 I sent Tychicus to Ephesus.

13 Cuando vengas, trae la capa que dejé en Troas, en casa de Carpo; trae también los libros, especialmente los pergaminos.

14 Alejandro el herrero me ha hecho mucho daño. El Señor le dará su merecido. 15 Tú también cuídate de él, porque se opuso tenazmente a nuestro mensaje.

16 En mi primera defensa, nadie me respaldó, sino que todos me abandonaron. Que no les sea tomado en cuenta. 17 Pero el Señor estuvo a mi lado y me dio fuerzas para que por medio de mí se llevara a cabo la predicación del mensaje y lo oyeran todos los *paganos. Y fui librado de la boca del león. 18 El Señor me librará de todo mal y me preservará para su reino celestial. A él sea la gloria por los siglos de los siglos. Amén.

Saludos finales

19 Saludos a *Priscila y a Aquila, y a la familia de Onesíforo. 20 Erasto se quedó en Corinto; a Trófimo lo dejé enfermo en Mileto. 21 Haz todo lo posible por venir antes del invierno. Te mandan saludos Eubulo, Pudente, Lino, Claudia y todos los hermanos. 22 El Señor esté con tu espíritu. Que la gracia sea con ustedes.

13 When you come, bring the cloak that I left with Carpus at Troas, and my scrolls, especially the parchments.

14 Alexander the metalworker did me a great deal of harm. The Lord will repay him for what he has done. 15 You too should be on your guard against him, because he strongly opposed our message.

16 At my first defense, no one came to my support, but everyone deserted me. May it not be held against them. 17 But the Lord stood at my side and gave me strength, so that through me the message might be fully proclaimed and all the Gentiles might hear it. And I was delivered from the lion's mouth. 18 The Lord will rescue me from every evil attack and will bring me safely to his heavenly kingdom. To him be glory for ever and ever. Amen.

Final Greetings

19 Greet Priscilla[b] and Aquila and the household of Onesiphorus. 20 Erastus stayed in Corinth, and I left Trophimus sick in Miletus. 21 Do your best to get here before winter. Eubulus greets you, and so do Pudens, Linus, Claudia and all the brothers.

22 The Lord be with your spirit. Grace be with you.

---

b 19 Greek *Prisca*, a variant of *Priscilla*

Carta a

Tito

Titus

1 Pablo, *siervo de Dios y apóstol de Jesucristo, llamado para que, mediante la fe, los elegidos de Dios lleguen a conocer la verdadera religión.*a* 2 Nuestra esperanza es la vida eterna, la cual Dios, que no miente, ya había prometido antes de la creación. 3 Ahora, a su debido tiempo, él ha cumplido esta promesa mediante la predicación que se me ha confiado por orden de Dios nuestro Salvador.

4 A Tito, mi verdadero hijo en esta fe que compartimos:

Que Dios el Padre y Cristo Jesús nuestro Salvador te concedan gracia y paz.

Tarea de Tito en Creta

5 Te dejé en Creta para que pusieras en orden lo que quedaba por hacer y en cada pueblo nombraras*b* *ancianos de la iglesia, de acuerdo con las instrucciones que te di. 6 El anciano debe ser intachable, esposo de una sola mujer; sus hijos deben ser creyentes,*c* libres de sospecha de libertinaje o de desobediencia. 7 El *obispo tiene a su cargo la obra de Dios, y por lo tanto debe ser intachable: no arrogante, ni iracundo, ni borracho, ni violento, ni codicioso de ganancias mal habidas. 8 Al contrario, debe ser hospitalario, amigo del bien, sensato, justo, santo y disciplinado. 9 Debe apegarse a la palabra fiel, según la enseñanza que recibió, de modo que también pueda exhortar a otros con la sana doctrina y refutar a los que se opongan.

10 Y es que hay muchos rebeldes, charlatanes y engañadores, especialmente los partidarios de la *circuncisión. 11 A ésos hay que taparles la boca, ya que están arruinando familias enteras al enseñar lo que no se debe; y lo hacen para obtener ganancias mal habidas. 12 Fue precisamente uno de sus propios profetas el que dijo: «Los cretenses son siempre mentirosos, malas bestias, glotones perezosos.» 13 ¡Y es la verdad! Por eso, repréndelos con severidad a fin de que sean sanos en la fe 14 y no hagan caso de leyendas judías ni de lo que exigen esos que rechazan la verdad. 15 Para los puros todo es puro, pero para los corruptos e incrédulos no hay nada puro. Al contrario, tienen corrompidas la mente y la conciencia. 16 Profesan conocer a Dios, pero con sus acciones lo niegan; son abominables, desobedientes e incapaces de hacer nada bueno.

Lo que se debe enseñar

2 Tú, en cambio, predica lo que va de acuerdo con la sana doctrina. 2 A los *ancianos, enséñales que sean moderados, respetables, sensatos, e íntegros en la fe, en el amor y en la constancia.

3 A las ancianas, enséñales que sean reverentes en su conducta, y no calumniadoras ni adictas al mucho vino. Deben enseñar lo bueno 4 y aconsejar a las jóvenes a amar a sus esposos y a sus hijos, 5 a ser sensatas y puras, cuidadosas del hogar, bondadosas y sumisas a sus esposos, para que no se hable mal de la palabra de Dios.

1 Paul, a servant of God and an apostle of Jesus Christ for the faith of God's elect and the knowledge of the truth that leads to godliness— 2 a faith and knowledge resting on the hope of eternal life, which God, who does not lie, promised before the beginning of time, 3 and at his appointed season he brought his word to light through the preaching entrusted to me by the command of God our Savior,

4 To Titus, my true son in our common faith:

Grace and peace from God the Father and Christ Jesus our Savior.

Titus's Task on Crete

5 The reason I left you in Crete was that you might straighten out what was left unfinished and appoint*a* elders in every town, as I directed you. 6 An elder must be blameless, the husband of but one wife, a man whose children believe and are not open to the charge of being wild and disobedient. 7 Since an overseer*b* is entrusted with God's work, he must be blameless—not overbearing, not quick-tempered, not given to drunkenness, not violent, not pursuing dishonest gain. 8 Rather he must be hospitable, one who loves what is good, who is self-controlled, upright, holy and disciplined. 9 He must hold firmly to the trustworthy message as it has been taught, so that he can encourage others by sound doctrine and refute those who oppose it.

10 For there are many rebellious people, mere talkers and deceivers, especially those of the circumcision group. 11 They must be silenced, because they are ruining whole households by teaching things they ought not to teach—and that for the sake of dishonest gain. 12 Even one of their own prophets has said, "Cretans are always liars, evil brutes, lazy gluttons." 13 This testimony is true. Therefore, rebuke them sharply, so that they will be sound in the faith 14 and will pay no attention to Jewish myths or to the commands of those who reject the truth. 15 To the pure, all things are pure, but to those who are corrupted and do not believe, nothing is pure. In fact, both their minds and consciences are corrupted. 16 They claim to know God, but by their actions they deny him. They are detestable, disobedient and unfit for doing anything good.

What Must Be Taught to Various Groups

2 You must teach what is in accord with sound doctrine. 2 Teach the older men to be temperate, worthy of respect, self-controlled, and sound in faith, in love and in endurance.

3 Likewise, teach the older women to be reverent in the way they live, not to be slanderers or addicted to much wine, but to teach what is good. 4 Then they can train the younger women to love their husbands and children, 5 to be self-controlled and pure, to be busy at home, to be kind, and to be subject to their husbands, so that no one will malign the word of God.

6 Similarly, encourage the young men to be self-

---

a 1:1 la verdadera religión. Lit. *la verdad que es según la piedad.*
b 1:5 nombraras. Alt. *ordenaras.*   *c 1:6 creyentes.* Alt. *fieles.*   *a 5* Or *ordain*   *b 7* Traditionally *bishop*

6 A los jóvenes, exhórtalos a ser sensatos. 7 Con tus buenas obras, dales tú mismo ejemplo en todo. Cuando enseñes, hazlo con integridad y seriedad, 8 y con un mensaje sano e intachable. Así se avergonzará cualquiera que se oponga, pues no podrá decir nada malo de nosotros.

9 Enseña a los *esclavos a someterse en todo a sus amos, a procurar agradarles y a no ser respondones. 10 No deben robarles sino demostrar que son dignos de toda confianza, para que en todo hagan honor a la enseñanza de Dios nuestro Salvador.

11 En verdad, Dios ha manifestado a toda la *humanidad su gracia, la cual trae salvación 12 y nos enseña a rechazar la impiedad y las pasiones mundanas. Así podremos vivir en este mundo con justicia, piedad y dominio propio, 13 mientras aguardamos la bendita esperanza, es decir, la gloriosa venida de nuestro gran Dios y Salvador Jesucristo. 14 Él se entregó por nosotros para rescatarnos de toda maldad y purificar para sí un pueblo elegido, dedicado a hacer el bien.

15 Esto es lo que debes enseñar. Exhorta y reprende con toda autoridad. Que nadie te menosprecie.

La conducta del creyente

3 Recuérdales a todos que deben mostrarse obedientes y sumisos ante los gobernantes y las autoridades. Siempre deben estar dispuestos a hacer lo bueno: 2 a no hablar mal de nadie, sino a buscar la paz y ser respetuosos, demostrando plena humildad en su trato con todo el mundo.

3 En otro tiempo también nosotros éramos necios y desobedientes. Estábamos descarriados y éramos esclavos de todo género de pasiones y placeres. Vivíamos en la malicia y en la envidia. Éramos detestables y nos odiábamos unos a otros. 4 Pero cuando se manifestaron la bondad y el amor de Dios nuestro Salvador, 5 él nos salvó, no por nuestras propias obras de justicia sino por su misericordia. Nos salvó mediante el lavamiento de la regeneración y de la renovación por el Espíritu Santo, 6 el cual fue derramado abundantemente sobre nosotros por medio de Jesucristo nuestro Salvador. 7 Así lo hizo para que, *justificados por su gracia, llegáramos a ser herederos que abrigan la esperanza de recibir la vida eterna. 8 Este mensaje es digno de confianza, y quiero que lo recalques, para que los que han creído en Dios se empeñen en hacer buenas obras. Esto es excelente y provechoso para todos.

9 Evita las necias controversias y genealogías, las discusiones y peleas sobre la ley, porque carecen de provecho y de sentido. 10 Al que cause divisiones, amonéstalo dos veces, y después evítalo. 11 Puedes estar seguro de que tal individuo se condena a sí mismo por ser un perverso pecador.

Instrucciones personales y saludos finales

12 Tan pronto como te haya enviado a Artemas o a Tíquico, haz todo lo posible por ir a Nicópolis a verme, pues he decidido pasar allí el invierno. 13 Ayuda en todo lo que puedas al abogado Zenas y a Apolos, de modo que no les falte nada para su viaje. 14 Que aprendan los nuestros a empeñarse en hacer buenas obras, a fin de que atiendan a lo que es realmente necesario y no lleven una vida inútil.

15 Saludos de parte de todos los que me acompañan. Saludos a los que nos aman en la fe.

Que la gracia sea con todos ustedes.

controlled. 7 In everything set them an example by doing what is good. In your teaching show integrity, seriousness 8 and soundness of speech that cannot be condemned, so that those who oppose you may be ashamed because they have nothing bad to say about us.

9 Teach slaves to be subject to their masters in everything, to try to please them, not to talk back to them, 10 and not to steal from them, but to show that they can be fully trusted, so that in every way they will make the teaching about God our Savior attractive.

11 For the grace of God that brings salvation has appeared to all men. 12 It teaches us to say "No" to ungodliness and worldly passions, and to live self-controlled, upright and godly lives in this present age, 13 while we wait for the blessed hope—the glorious appearing of our great God and Savior, Jesus Christ, 14 who gave himself for us to redeem us from all wickedness and to purify for himself a people that are his very own, eager to do what is good.

15 These, then, are the things you should teach. Encourage and rebuke with all authority. Do not let anyone despise you.

Doing What Is Good

3 Remind the people to be subject to rulers and authorities, to be obedient, to be ready to do whatever is good, 2 to slander no one, to be peaceable and considerate, and to show true humility toward all men.

3 At one time we too were foolish, disobedient, deceived and enslaved by all kinds of passions and pleasures. We lived in malice and envy, being hated and hating one another. 4 But when the kindness and love of God our Savior appeared, 5 he saved us, not because of righteous things we had done, but because of his mercy. He saved us through the washing of rebirth and renewal by the Holy Spirit, 6 whom he poured out on us generously through Jesus Christ our Savior, 7 so that, having been justified by his grace, we might become heirs having the hope of eternal life. 8 This is a trustworthy saying. And I want you to stress these things, so that those who have trusted in God may be careful to devote themselves to doing what is good. These things are excellent and profitable for everyone.

9 But avoid foolish controversies and genealogies and arguments and quarrels about the law, because these are unprofitable and useless. 10 Warn a divisive person once, and then warn him a second time. After that, have nothing to do with him. 11 You may be sure that such a man is warped and sinful; he is self-condemned.

Final Remarks

12 As soon as I send Artemas or Tychicus to you, do your best to come to me at Nicopolis, because I have decided to winter there. 13 Do everything you can to help Zenas the lawyer and Apollos on their way and see that they have everything they need. 14 Our people must learn to devote themselves to doing what is good, in order that they may provide for daily necessities and not live unproductive lives.

15 Everyone with me sends you greetings. Greet those who love us in the faith.

Grace be with you all.

Carta a

Filemón

Philemon

¹Pablo, prisionero de *Cristo Jesús, y el hermano Timoteo,

a ti, querido Filemón, compañero de trabajo, ²a la hermana Apia, a Arquipo nuestro compañero de lucha, y a la iglesia que se reúne en tu casa:

³Que Dios nuestro Padre y el Señor Jesucristo les concedan gracia y paz.

Acción de gracias y petición

⁴Siempre doy gracias a mi Dios al recordarte en mis oraciones, ⁵porque tengo noticias de tu amor y tu *fidelidad hacia el Señor Jesús y hacia todos los creyentes. ⁶Pido a Dios que el compañerismo que brota de tu fe sea eficaz para la causa de Cristo mediante el reconocimiento de todo lo bueno que compartimos. ⁷Hermano, tu amor me ha alegrado y animado mucho porque has reconfortado el corazón de los *santos.

Intercesión de Pablo por Onésimo

⁸Por eso, aunque en Cristo tengo la franqueza suficiente para ordenarte lo que debes hacer, ⁹prefiero rogártelo en nombre del amor. Yo, Pablo, ya anciano y ahora, además, prisionero de Cristo Jesús, ¹⁰te suplico por mi hijo Onésimo,ᵃ quien llegó a ser hijo mío mientras yo estaba preso. ¹¹En otro tiempo te era inútil, pero ahora nos es útil tanto a ti como a mí.

¹²Te lo envío de vuelta, y con él va mi propio corazón. ¹³Yo hubiera querido retenerlo para que me sirviera en tu lugar mientras estoy preso por causa del *evangelio. ¹⁴Sin embargo, no he querido hacer nada sin tu consentimiento, para que tu favor no sea por obligación sino espontáneo. ¹⁵Tal vez por eso Onésimo se alejó de ti por algún tiempo, para que ahora lo recibas para siempre, ¹⁶ya no como a esclavo, sino como algo mejor: como a un hermano querido, muy especial para mí, pero mucho más para ti, como persona y como hermano en el Señor.

¹⁷De modo que, si me tienes por compañero, recíbelo como a mí mismo. ¹⁸Si te ha perjudicado o te debe algo, cárgalo a mi cuenta. ¹⁹Yo, Pablo, lo escribo de mi puño y letra: te lo pagaré; por no decirte que tú mismo me debes lo que eres. ²⁰Sí, hermano, ¡que reciba yo de ti algún beneficio en el Señor! Reconforta mi corazón en Cristo. ²¹Te escribo confiado en tu obediencia, seguro de que harás aún más de lo que te pido.

²²Además de eso, prepárame alojamiento, porque espero que Dios les conceda el tenerme otra vez con ustedes en respuesta a sus oraciones.

²³Te mandan saludos Epafras, mi compañero de cárcel en Cristo Jesús, ²⁴y también Marcos, Aristarco, Demas y Lucas, mis compañeros de trabajo.

²⁵Que la gracia del Señor Jesucristo sea con su espíritu.

¹Paul, a prisoner of Christ Jesus, and Timothy our brother,

To Philemon our dear friend and fellow worker, ²to Apphia our sister, to Archippus our fellow soldier and to the church that meets in your home:

³Grace to you and peace from God our Father and the Lord Jesus Christ.

Thanksgiving and Prayer

⁴I always thank my God as I remember you in my prayers, ⁵because I hear about your faith in the Lord Jesus and your love for all the saints. ⁶I pray that you may be active in sharing your faith, so that you will have a full understanding of every good thing we have in Christ. ⁷Your love has given me great joy and encouragement, because you, brother, have refreshed the hearts of the saints.

Paul's Plea for Onesimus

⁸Therefore, although in Christ I could be bold and order you to do what you ought to do, ⁹yet I appeal to you on the basis of love. I then, as Paul—an old man and now also a prisoner of Christ Jesus— ¹⁰I appeal to you for my son Onesimus,ᵃ who became my son while I was in chains. ¹¹Formerly he was useless to you, but now he has become useful both to you and to me.

¹²I am sending him—who is my very heart—back to you. ¹³I would have liked to keep him with me so that he could take your place in helping me while I am in chains for the gospel. ¹⁴But I did not want to do anything without your consent, so that any favor you do will be spontaneous and not forced. ¹⁵Perhaps the reason he was separated from you for a little while was that you might have him back for good— ¹⁶no longer as a slave, but better than a slave, as a dear brother. He is very dear to me but even dearer to you, both as a man and as a brother in the Lord.

¹⁷So if you consider me a partner, welcome him as you would welcome me. ¹⁸If he has done you any wrong or owes you anything, charge it to me. ¹⁹I, Paul, am writing this with my own hand. I will pay it back—not to mention that you owe me your very self. ²⁰I do wish, brother, that I may have some benefit from you in the Lord; refresh my heart in Christ. ²¹Confident of your obedience, I write to you, knowing that you will do even more than I ask.

²²And one thing more: Prepare a guest room for me, because I hope to be restored to you in answer to your prayers.

²³Epaphras, my fellow prisoner in Christ Jesus, sends you greetings. ²⁴And so do Mark, Aristarchus, Demas and Luke, my fellow workers.

²⁵The grace of the Lord Jesus Christ be with your spirit.

ᵃ10 *Onésimo* significa *útil.*

ᵃ10 *Onesimus* means *useful.*

Carta a los

Hebreos

Hebrews

El Hijo, superior a los ángeles

1 Dios, que muchas veces y de varias maneras habló a nuestros antepasados en otras épocas por medio de los profetas, ²en estos días finales nos ha hablado por medio de su Hijo. A éste lo designó heredero de todo, y por medio de él hizo el universo. ³El Hijo es el resplandor de la gloria de Dios, la fiel imagen de lo que él es, y el que sostiene todas las cosas con su palabra poderosa. Después de llevar a cabo la *purificación de los pecados, se sentó a la *derecha de la Majestad en las alturas. ⁴Así llegó a ser superior a los ángeles en la misma medida en que el nombre que ha heredado supera en excelencia al de ellos.

⁵Porque, ¿a cuál de los ángeles dijo Dios jamás:

«Tú eres mi hijo;
    hoy mismo te he engendrado»;ᵃ

y en otro pasaje:

«Yo seré su padre,
    y él será mi hijo»?ᵇ

⁶Además, al introducir a su Primogénito en el mundo, Dios dice:

«Que lo adoren todos los ángeles de Dios.»ᶜ

⁷En cuanto a los ángeles dice:

«Él hace de los vientos sus ángeles,
    y de las llamas de fuego sus servidores.»ᵈ

⁸Pero con respecto al Hijo dice:

«Tu trono, oh Dios, permanece por los siglos
    de los siglos,
y el cetro de tu reino es un cetro de justicia.
⁹Has amado la justicia y odiado la maldad;
    por eso Dios, tu Dios, te ha ungido con
        aceite de alegría,
    exaltándote por encima de tus
        compañeros.»ᵉ

¹⁰También dice:

«En el principio, oh Señor, tú afirmaste la
    tierra,
y los cielos son la obra de tus manos.
¹¹Ellos perecerán, pero tú permaneces para
    siempre.
Todos ellos se desgastarán como un vestido.
¹²Los doblarás como un manto,
    y cambiarán como ropa que se muda;
pero tú eres siempre el mismo,
    y tus años no tienen fin.»ᶠ

¹³¿A cuál de los ángeles dijo Dios jamás:

«Siéntate a mi derecha,
hasta que ponga a tus enemigos
    por estrado de tus pies»?ᵍ

¹⁴¿No son todos los ángeles espíritus dedicados al servicio divino, enviados para ayudar a los que han de heredar la salvación?

The Son Superior to Angels

1 In the past God spoke to our forefathers through the prophets at many times and in various ways, ²but in these last days he has spoken to us by his Son, whom he appointed heir of all things, and through whom he made the universe. ³The Son is the radiance of God's glory and the exact representation of his being, sustaining all things by his powerful word. After he had provided purification for sins, he sat down at the right hand of the Majesty in heaven. ⁴So he became as much superior to the angels as the name he has inherited is superior to theirs.

⁵For to which of the angels did God ever say,

"You are my Son;
    today I have become your Fatherᵃ"ᵇ?

Or again,

"I will be his Father,
    and he will be my Son"ᶜ?

⁶And again, when God brings his firstborn into the world, he says,

"Let all God's angels worship him."ᵈ

⁷In speaking of the angels he says,

"He makes his angels winds,
    his servants flames of fire."ᵉ

⁸But about the Son he says,

"Your throne, O God, will last for ever and
    ever,
and righteousness will be the scepter of
    your kingdom.
⁹You have loved righteousness and hated
    wickedness;
therefore God, your God, has set you
    above your companions
by anointing you with the oil of joy."ᶠ

¹⁰He also says,

"In the beginning, O Lord, you laid the
    foundations of the earth,
and the heavens are the work of your
    hands.
¹¹They will perish, but you remain;
    they will all wear out like a garment.
¹²You will roll them up like a robe;
    like a garment they will be changed.
But you remain the same,
    and your years will never end."ᵍ

¹³To which of the angels did God ever say,

"Sit at my right hand
until I make your enemies
    a footstool for your feet"ʰ?

¹⁴Are not all angels ministering spirits sent to serve those who will inherit salvation?

ᵃ 1:5 Sal 2:7   ᵇ 1:5 2 S 7:14; 1 Cr 17:13   ᶜ 1:6 Dt 32:43 (según Qumrán y LXX)   ᵈ 1:7 Sal 104:4   ᵉ 1:9 Sal 45:6,7   ᶠ 1:12 Sal 102:25-27   ᵍ 1:13 Sal 110:1

ᵃ 5 Or have begotten you   ᵇ 5 Psalm 2:7   ᶜ 5 2 Samuel 7:14; 1 Chron. 17:13   ᵈ 6 Deut. 32:43 (see Dead Sea Scrolls and Septuagint)   ᵉ 7 Psalm 104:4   ᶠ 9 Psalm 45:6,7   ᵍ 12 Psalm 102:25-27   ʰ 13 Psalm 110:1

Advertencia a prestar atención

2 Por eso es necesario que prestemos más atención a lo que hemos oído, no sea que perdamos el rumbo. ² Porque si el mensaje anunciado por los ángeles tuvo validez, y toda transgresión y desobediencia recibió su justo castigo, ³ ¿cómo escaparemos nosotros si descuidamos una salvación tan grande? Esta salvación fue anunciada primeramente por el Señor, y los que la oyeron nos la confirmaron. ⁴ A la vez, Dios ratificó su testimonio acerca de ella con señales, prodigios, diversos milagros y dones distribuidos por el Espíritu Santo según su voluntad.

Jesús, hecho igual a sus hermanos

⁵ Dios no puso bajo el dominio de los ángeles el mundo venidero del que estamos hablando. ⁶ Como alguien ha atestiguado en algún lugar:

«¿Qué es el hombre, para que en él pienses?
    ¿Qué es el *ser humano,ʰ para que lo
        tomes en cuenta?
⁷ Lo hiciste un pocoⁱ menor que los ángeles,
    y lo coronaste de gloria y de honra;
⁸   ¡todo lo sometiste a su dominio!»ʲ

Si Dios puso bajo él todas las cosas, entonces no hay nada que no le esté sujeto. Ahora bien, es cierto que todavía no vemos que todo le esté sujeto. ⁹ Sin embargo, vemos a Jesús, que fue hecho un poco inferior a los ángeles, coronado de gloria y honra por haber padecido la muerte. Así, por la gracia de Dios, la muerte que él sufrió resulta en beneficio de todos.

¹⁰ En efecto, a fin de llevar a muchos hijos a la gloria, convenía que Dios, para quien y por medio de quien todo existe, *perfeccionara mediante el sufrimiento al autor de la salvación de ellos. ¹¹ Tanto el que *santifica como los que son santificados tienen un mismo origen, por lo cual Jesús no se avergüenza de llamarlos hermanos, ¹² cuando dice:

«Proclamaré tu nombre a mis hermanos;
    en medio de la congregación te alabaré.»ᵏ

¹³ En otra parte dice:

«Yo confiaré en él.»ˡ

Y añade:

«Aquí me tienen, con los hijos que Dios me ha
    dado.»ᵐ

¹⁴ Por tanto, ya que ellos son de carne y hueso,ⁿ él también compartió esa naturaleza humana para anular, mediante la muerte, al que tiene el dominio de la muerte —es decir, al diablo—, ¹⁵ y librar a todos los que por temor a la muerte estaban sometidos a esclavitud durante toda la vida. ¹⁶ Pues, ciertamente, no vino en auxilio de los ángeles sino de los descendientes de Abraham. ¹⁷ Por eso era preciso que en todo se asemejara a sus hermanos, para ser un sumo sacerdote fiel y misericordioso al servicio de Dios, a fin de *expiarⁿ los pecados del pueblo. ¹⁸ Por haber sufrido él mismo la *tentación, puede socorrer a los que son tentados.

Warning to Pay Attention

2 We must pay more careful attention, therefore, to what we have heard, so that we do not drift away. ²For if the message spoken by angels was binding, and every violation and disobedience received its just punishment, ³how shall we escape if we ignore such a great salvation? This salvation, which was first announced by the Lord, was confirmed to us by those who heard him. ⁴God also testified to it by signs, wonders and various miracles, and gifts of the Holy Spirit distributed according to his will.

Jesus Made Like His Brothers

⁵It is not to angels that he has subjected the world to come, about which we are speaking. ⁶But there is a place where someone has testified:

"What is man that you are mindful of him,
    the son of man that you care for him?
⁷You made him a littleⁱ lower than the
        angels;
    you crowned him with glory and honor
⁸   and put everything under his feet."ʲ

In putting everything under him, God left nothing that is not subject to him. Yet at present we do not see everything subject to him. ⁹But we see Jesus, who was made a little lower than the angels, now crowned with glory and honor because he suffered death, so that by the grace of God he might taste death for everyone.

¹⁰In bringing many sons to glory, it was fitting that God, for whom and through whom everything exists, should make the author of their salvation perfect through suffering. ¹¹Both the one who makes men holy and those who are made holy are of the same family. So Jesus is not ashamed to call them brothers. ¹²He says,

"I will declare your name to my brothers;
    in the presence of the congregation I will
        sing your praises."ᵏ

¹³And again,

"I will put my trust in him."ˡ

And again he says,

"Here am I, and the children God has given
    me."ᵐ

¹⁴Since the children have flesh and blood, he too shared in their humanity so that by his death he might destroy him who holds the power of death—that is, the devil— ¹⁵and free those who all their lives were held in slavery by their fear of death. ¹⁶For surely it is not angels he helps, but Abraham's descendants. ¹⁷For this reason he had to be made like his brothers in every way, in order that he might become a merciful and faithful high priest in service to God, and that he might make atonement forⁿ the sins of the people. ¹⁸Because he himself suffered when he was tempted, he is able to help those who are being tempted.

ʰ 2:6 el *ser humano. Lit. o hijo de hombre.   ⁱ 2:7 un poco. Alt. por un poco de tiempo; también en v. 9.   ʲ 2:8 Sal 8:4-6
ᵏ 2:12 Sal 22:22   ˡ 2:13 Is 8:17   ᵐ 2:13 Is 8:18
ⁿ 2:14 carne y hueso. Lit. sangre y carne.   ñ 2:17 expiar. Lit. hacer propiciación por.

ⁱ 7 Or him for a little while; also in verse 9   ʲ 8 Psalm 8:4-6
ᵏ 12 Psalm 22:22   ˡ 13 Isaiah 8:17   ᵐ 13 Isaiah 8:18
ⁿ 17 Or and that he might turn aside God's wrath, taking away

Jesús, superior a Moisés

3 Por lo tanto, hermanos, ustedes que han sido *santificados y que tienen parte en el mismo llamamiento celestial, consideren a Jesús, apóstol y sumo
sacerdote de la fe que profesamos. 2 Él fue fiel al que
lo nombró, como lo fue también Moisés en toda la casa
de Dios. 3 De hecho, Jesús ha sido estimado digno de
mayor honor que Moisés, así como el constructor de
una casa recibe mayor honor que la casa misma. 4 Porque toda casa tiene su constructor, pero el constructor
de todo es Dios. 5 Moisés fue fiel como siervo en toda
la casa de Dios, para dar testimonio de lo que Dios
diría en el futuro. 6 *Cristo, en cambio, es fiel como
Hijo al frente de la casa de Dios. Y esa casa somos
nosotros, con tal que mantengamos[o] nuestra confianza y la esperanza que nos *enorgullece.

Advertencia contra la incredulidad

7 Por eso, como dice el Espíritu Santo:

«Si ustedes oyen hoy su voz,
8 no endurezcan el corazón
como sucedió en la rebelión,
en aquel día de *prueba en el desierto.
9 Allí sus antepasados me *tentaron y me
pusieron a prueba,
a pesar de haber visto mis obras cuarenta
años.
10 Por eso me enojé con aquella generación,
y dije: "Siempre se descarría su corazón,
y no han reconocido mis caminos."
11 Así que, en mi enojo, hice este juramento:
"Jamás entrarán en mi reposo."»[p]

12 Cuídense, hermanos, de que ninguno de ustedes
tenga un corazón pecaminoso e incrédulo que los haga
apartarse del Dios vivo. 13 Más bien, mientras dure ese
«hoy», anímense unos a otros cada día, para que ninguno de ustedes se endurezca por el engaño del pecado.
14 Hemos llegado a tener parte con *Cristo, con tal que
retengamos firme hasta el fin la confianza que tuvimos
al principio. 15 Como se acaba de decir:

«Si ustedes oyen hoy su voz,
no endurezcan el corazón
como sucedió en la rebelión.»[q]

16 Ahora bien, ¿quiénes fueron los que oyeron y se
rebelaron? ¿No fueron acaso todos los que salieron de
Egipto guiados por Moisés? 17 ¿Y con quiénes se enojó
Dios durante cuarenta años? ¿No fue acaso con los que
pecaron, los cuales cayeron muertos en el desierto?
18 ¿Y a quiénes juró Dios que jamás entrarían en su
reposo, sino a los que desobedecieron?[r] 19 Como podemos ver, no pudieron entrar por causa de su incredulidad.

Reposo del pueblo de Dios

4 Cuidémonos, por tanto, no sea que, aunque la promesa de entrar en su reposo sigue vigente, alguno
de ustedes parezca quedarse atrás. 2 Porque a nosotros,
lo mismo que a ellos, se nos ha anunciado la buena
*noticia; pero el mensaje que escucharon no les sirvió
de nada, porque no se unieron en la fe a[s] los que
habían prestado atención a ese mensaje. 3 En tal reposo

Jesus Greater Than Moses

3 Therefore, holy brothers, who share in the heavenly calling, fix your thoughts on Jesus, the apostle
and high priest whom we confess. 2 He was faithful to
the one who appointed him, just as Moses was faithful
in all God's house. 3 Jesus has been found worthy of
greater honor than Moses, just as the builder of a house
has greater honor than the house itself. 4 For every
house is built by someone, but God is the builder of
everything. 5 Moses was faithful as a servant in all
God's house, testifying to what would be said in the
future. 6 But Christ is faithful as a son over God's
house. And we are his house, if we hold on to our
courage and the hope of which we boast.

Warning Against Unbelief

7 So, as the Holy Spirit says:

"Today, if you hear his voice,
8 do not harden your hearts
as you did in the rebellion,
during the time of testing in the desert,
9 where your fathers tested and tried me
and for forty years saw what I did.
10 That is why I was angry with that
generation,
and I said, 'Their hearts are always going
astray,
and they have not known my ways.'
11 So I declared on oath in my anger,
'They shall never enter my rest.' "[o]

12 See to it, brothers, that none of you has a sinful,
unbelieving heart that turns away from the living God.
13 But encourage one another daily, as long as it is
called Today, so that none of you may be hardened by
sin's deceitfulness. 14 We have come to share in Christ
if we hold firmly till the end the confidence we had at
first. 15 As has just been said:

"Today, if you hear his voice,
do not harden your hearts
as you did in the rebellion."[p]

16 Who were they who heard and rebelled? Were they
not all those Moses led out of Egypt? 17 And with
whom was he angry for forty years? Was it not with
those who sinned, whose bodies fell in the desert?
18 And to whom did God swear that they would never
enter his rest if not to those who disobeyed[q]? 19 So we
see that they were not able to enter, because of their
unbelief.

A Sabbath-Rest for the People of God

4 Therefore, since the promise of entering his rest
still stands, let us be careful that none of you be
found to have fallen short of it. 2 For we also have had
the gospel preached to us, just as they did; but the
message they heard was of no value to them, because
those who heard did not combine it with faith.[r] 3 Now

[o] 3:6 *mantengamos*. Var. *mantengamos firme hasta el fin.*
[p] 3:11 Sal 95:7-11 [q] 3:15 Sal 95:7,8 [r] 3:18 *los que desobedecieron*. Alt. *los que no creyeron.* [s] 4:2 *no se unieron en la fe a*. Var. *no se combinó con fe para.*

[o] 11 Psalm 95:7-11 [p] 15 Psalm 95:7,8 [q] 18 Or *disbelieved*
[r] 2 Many manuscripts *because they did not share in the faith of those who obeyed*

entramos los que somos creyentes, conforme Dios ha dicho:

«Así que, en mi enojo, hice este juramento: "Jamás entrarán en mi reposo." »*t*

Es cierto que su trabajo quedó terminado con la creación del mundo, 4 pues en algún lugar se ha dicho así del séptimo día: «Y en el séptimo día reposó Dios de todas sus obras.»*u* 5 Y en el pasaje citado también dice: «Jamás entrarán en mi reposo.»

6 Sin embargo, todavía falta que algunos entren en ese reposo, y los primeros a quienes se les anunció la buena noticia no entraron por causa de su desobediencia. 7 Por eso, Dios volvió a fijar un día, que es «hoy», cuando mucho después declaró por medio de David lo que ya se ha mencionado:

«Si ustedes oyen hoy su voz, no endurezcan el corazón.»*v*

8 Si Josué les hubiera dado el reposo, Dios no habría hablado posteriormente de otro día. 9 Por consiguiente, queda todavía un reposo especial*w* para el pueblo de Dios; 10 porque el que entra en el reposo de Dios descansa también de sus obras, así como Dios descansó de las suyas. 11 Esforcémonos, pues, por entrar en ese reposo, para que nadie caiga al seguir aquel ejemplo de desobediencia.

12 Ciertamente, la palabra de Dios es viva y poderosa, y más cortante que cualquier espada de dos filos. Penetra hasta lo más profundo del alma y del espíritu, hasta la médula de los huesos,*x* y juzga los pensamientos y las intenciones del corazón. 13 Ninguna cosa creada escapa a la vista de Dios. Todo está al descubierto, expuesto a los ojos de aquel a quien hemos de rendir cuentas.

Jesús, el gran sumo sacerdote

14 Por lo tanto, ya que en Jesús, el Hijo de Dios, tenemos un gran sumo sacerdote que ha atravesado los cielos, aferrémonos a la fe que profesamos. 15 Porque no tenemos un sumo sacerdote incapaz de compadecerse de nuestras debilidades, sino uno que ha sido *tentado en todo de la misma manera que nosotros, aunque sin pecado. 16 Así que acerquémonos confiadamente al trono de la gracia para recibir misericordia y hallar la gracia que nos ayude en el momento que más la necesitemos.

5 Todo sumo sacerdote es escogido de entre los hombres. Él mismo es nombrado para representar a su pueblo ante Dios, y ofrecer dones y sacrificios por los pecados. 2 Puede tratar con paciencia a los ignorantes y extraviados, ya que él mismo está sujeto a las debilidades humanas. 3 Por tal razón se ve obligado a ofrecer sacrificios por sus propios pecados, como también por los del pueblo.

4 Nadie ocupa ese cargo por iniciativa propia; más bien, lo ocupa el que es llamado por Dios, como sucedió con Aarón. 5 Tampoco *Cristo se glorificó a sí mismo haciéndose sumo sacerdote, sino que Dios le dijo:

«Tú eres mi hijo; hoy mismo te he engendrado.»*y*

we who have believed enter that rest, just as God has said,

"So I declared on oath in my anger, 'They shall never enter my rest.' "*s*

And yet his work has been finished since the creation of the world. 4 For somewhere he has spoken about the seventh day in these words: "And on the seventh day God rested from all his work."*t* 5 And again in the passage above he says, "They shall never enter my rest."

6 It still remains that some will enter that rest, and those who formerly had the gospel preached to them did not go in, because of their disobedience. 7 Therefore God again set a certain day, calling it Today, when a long time later he spoke through David, as was said before:

"Today, if you hear his voice, do not harden your hearts."*u*

8 For if Joshua had given them rest, God would not have spoken later about another day. 9 There remains, then, a Sabbath-rest for the people of God; 10 for anyone who enters God's rest also rests from his own work, just as God did from his. 11 Let us, therefore, make every effort to enter that rest, so that no one will fall by following their example of disobedience.

12 For the word of God is living and active. Sharper than any double-edged sword, it penetrates even to dividing soul and spirit, joints and marrow; it judges the thoughts and attitudes of the heart. 13 Nothing in all creation is hidden from God's sight. Everything is uncovered and laid bare before the eyes of him to whom we must give account.

Jesus the Great High Priest

14 Therefore, since we have a great high priest who has gone through the heavens,*v* Jesus the Son of God, let us hold firmly to the faith we profess. 15 For we do not have a high priest who is unable to sympathize with our weaknesses, but we have one who has been tempted in every way, just as we are—yet was without sin. 16 Let us then approach the throne of grace with confidence, so that we may receive mercy and find grace to help us in our time of need.

5 Every high priest is selected from among men and is appointed to represent them in matters related to God, to offer gifts and sacrifices for sins. 2 He is able to deal gently with those who are ignorant and are going astray, since he himself is subject to weakness. 3 This is why he has to offer sacrifices for his own sins, as well as for the sins of the people.

4 No one takes this honor upon himself; he must be called by God, just as Aaron was. 5 So Christ also did not take upon himself the glory of becoming a high priest. But God said to him,

"You are my Son; today I have become your Father.*w* "*x*

---

t 4:3 Sal 95:11; también en v. 5   *u 4:4* Gn 2:2   *v 4:7* Sal 95:7,8   *w 4:9* *un reposo especial.* Lit. *un sabático.*
x 4:12 *Penetra ... huesos.* Lit. *Penetra hasta la división de alma y espíritu, y de articulaciones y médulas.*   *y 5:5* Sal 2:7

s 3 Psalm 95:11; also in verse 5   *t 4* Gen. 2:2
u 7 Psalm 95:7,8   *v 14* Or *gone into heaven*   *w 5* Or *have begotten you*   *x 5* Psalm 2:7

6 Y en otro pasaje dice:

«Tú eres sacerdote para siempre,
según el orden de Melquisedec.»z

7 En los días de su vida *mortal, Jesús ofreció oraciones y súplicas con fuerte clamor y lágrimas al que podía salvarlo de la muerte, y fue escuchado por su reverente sumisión. 8 Aunque era Hijo, mediante el sufrimiento aprendió a obedecer; 9 y consumada su *perfección, llegó a ser autor de salvación eterna para todos los que le obedecen, 10 y Dios lo nombró sumo sacerdote según el orden de Melquisedec.

Advertencia contra la apostasía

11 Sobre este tema tenemos mucho que decir aunque es difícil explicarlo, porque a ustedes lo que les entra por un oído les sale por el otro.a 12 En realidad, a estas alturas ya deberían ser maestros, y sin embargo necesitan que alguien vuelva a enseñarles las verdades más elementales de la palabra de Dios. Dicho de otro modo, necesitan leche en vez de alimento sólido. 13 El que sólo se alimenta de leche es inexperto en el mensaje de justicia; es como un niño de pecho. 14 En cambio, el alimento sólido es para los adultos, para los que tienen la capacidad de distinguir entre lo bueno y lo malo, pues han ejercitado su facultad de percepción espiritual.

6 Por eso, dejando a un lado las enseñanzas elementales acerca de *Cristo, avancemos hacia la madurez. No volvamos a poner los fundamentos, tales como el *arrepentimiento de las obras que conducen a la muerte, la fe en Dios, 2 la instrucción sobre bautismos, la imposición de manos, la resurrección de los muertos y el juicio eterno. 3 Así procederemos, si Dios lo permite.

4-6 Es imposible que renueven su arrepentimiento aquellos que han sido una vez iluminados, que han saboreado el don celestial, que han tenido parte en el Espíritu Santo y que han experimentado la buena palabra de Dios y los poderes del mundo venidero, y después de todo esto se han apartado. Es imposible, porque así vuelven a crucificar, para su propio mal, al Hijo de Dios, y lo exponen a la vergüenza pública.

7 Cuando la tierra bebe la lluvia que con frecuencia cae sobre ella, y produce una buena cosecha para los que la cultivan, recibe bendición de Dios. 8 En cambio, cuando produce espinos y cardos, no vale nada; está a punto de ser maldecida, y acabará por ser quemada.

9 En cuanto a ustedes, queridos hermanos, aunque nos expresamos así, estamos seguros de que les espera lo mejor, es decir, lo que atañe a la salvación. 10 Porque Dios no es injusto como para olvidarse de las obras y del amor que, para su gloria,b ustedes han mostrado sirviendo a los *santos, como lo siguen haciendo. 11 Deseamos, sin embargo, que cada uno de ustedes siga mostrando ese mismo empeño hasta la realización final y completa de su esperanza. 12 No sean perezosos; más bien, imiten a quienes por su fe y paciencia heredan las promesas.

La certeza de la promesa de Dios

13 Cuando Dios hizo su promesa a Abraham, como no tenía a nadie superior por quien jurar, juró por sí mismo, 14 y dijo: «Te bendeciré en gran manera y mul-

6 And he says in another place,

"You are a priest forever,
in the order of Melchizedek."y

7 During the days of Jesus' life on earth, he offered up prayers and petitions with loud cries and tears to the one who could save him from death, and he was heard because of his reverent submission. 8 Although he was a son, he learned obedience from what he suffered 9 and, once made perfect, he became the source of eternal salvation for all who obey him 10 and was designated by God to be high priest in the order of Melchizedek.

Warning Against Falling Away

11 We have much to say about this, but it is hard to explain because you are slow to learn. 12 In fact, though by this time you ought to be teachers, you need someone to teach you the elementary truths of God's word all over again. You need milk, not solid food! 13 Anyone who lives on milk, being still an infant, is not acquainted with the teaching about righteousness. 14 But solid food is for the mature, who by constant use have trained themselves to distinguish good from evil.

6 Therefore let us leave the elementary teachings about Christ and go on to maturity, not laying again the foundation of repentance from acts that lead to death,z and of faith in God, 2 instruction about baptisms, the laying on of hands, the resurrection of the dead, and eternal judgment. 3 And God permitting, we will do so.

4 It is impossible for those who have once been enlightened, who have tasted the heavenly gift, who have shared in the Holy Spirit, 5 who have tasted the goodness of the word of God and the powers of the coming age, 6 if they fall away, to be brought back to repentance, becausea to their loss they are crucifying the Son of God all over again and subjecting him to public disgrace.

7 Land that drinks in the rain often falling on it and that produces a crop useful to those for whom it is farmed receives the blessing of God. 8 But land that produces thorns and thistles is worthless and is in danger of being cursed. In the end it will be burned.

9 Even though we speak like this, dear friends, we are confident of better things in your case—things that accompany salvation. 10 God is not unjust; he will not forget your work and the love you have shown him as you have helped his people and continue to help them. 11 We want each of you to show this same diligence to the very end, in order to make your hope sure. 12 We do not want you to become lazy, but to imitate those who through faith and patience inherit what has been promised.

The Certainty of God's Promise

13 When God made his promise to Abraham, since there was no one greater for him to swear by, he swore by himself, 14 saying, "I will surely bless you and give

---

z 5:6 Sal 110:4   a 5:11 a ustedes ... por el otro. Lit. se han vuelto torpes en los oídos.   b 6:10 gloria. Lit. nombre.

y 6 Psalm 110:4   z 1 Or from useless rituals a 6 Or repentance while

tiplicaré tu descendencia.»^c 15 Y así, después de esperar con paciencia, Abraham recibió lo que se le había prometido.

16 Los *seres humanos juran por alguien superior a ellos mismos, y el juramento, al confirmar lo que se ha dicho, pone punto final a toda discusión. 17 Por eso Dios, queriendo demostrar claramente a los herederos de la promesa que su propósito es inmutable, la confirmó con un juramento. 18 Lo hizo así para que, mediante la promesa y el juramento, que son dos realidades inmutables en las cuales es imposible que Dios mienta, tengamos un estímulo poderoso los que, buscando refugio, nos aferramos a la esperanza que está delante de nosotros. 19 Tenemos como firme y segura ancla del alma una esperanza que penetra hasta detrás de la cortina del *santuario, 20 hasta donde Jesús, el precursor, entró por nosotros, llegando a ser sumo sacerdote para siempre, según el orden de Melquisedec.

El sacerdocio de Melquisedec

7 Este Melquisedec, rey de Salén y sacerdote del Dios Altísimo, salió al encuentro de Abraham, que regresaba de derrotar a los reyes, y lo bendijo. 2 Abraham, a su vez, le dio la décima parte de todo. El nombre Melquisedec significa, en primer lugar, «rey de justicia» y, además, «rey de Salén», esto es, «rey de paz». 3 No tiene padre ni madre ni genealogía; no tiene comienzo ni fin, pero a semejanza del Hijo de Dios, permanece como sacerdote para siempre.

4 Consideren la grandeza de ese hombre, a quien nada menos que el patriarca Abraham dio la décima parte del botín. 5 Ahora bien, los descendientes de Leví que reciben el sacerdocio tienen, por ley, el mandato de cobrar los diezmos del pueblo, es decir, de sus hermanos, aunque éstos también son descendientes de Abraham. 6 En cambio, Melquisedec, que no era descendiente de Leví, recibió los diezmos de Abraham y bendijo al que tenía las promesas. 7 Es indiscutible que la persona que bendice es superior a la que recibe la bendición. 8 En el caso de los levitas, los diezmos los reciben hombres mortales; en el otro caso, los recibe Melquisedec, de quien se da testimonio de que vive. 9 Hasta podría decirse que Leví, quien ahora recibe los diezmos, los pagó por medio de Abraham, 10 ya que Leví estaba presente en su antepasado Abraham cuando Melquisedec le salió al encuentro.

Jesús, semejante a Melquisedec

11 Si hubiera sido posible alcanzar la *perfección mediante el sacerdocio levítico (pues bajo éste se le dio la ley al pueblo), ¿qué necesidad había de que más adelante surgiera otro sacerdote, según el orden de Melquisedec y no según el de Aarón? 12 Porque cuando cambia el sacerdocio, también tiene que cambiarse la ley. 13 En efecto, Jesús, de quien se dicen estas cosas, era de otra tribu, de la cual nadie se ha dedicado al servicio del altar. 14 Es evidente que nuestro Señor procedía de la tribu de Judá, respecto a la cual nada dijo Moisés con relación al sacerdocio. 15 Y lo que hemos dicho resulta aún más evidente si, a semejanza de Melquisedec, surge otro sacerdote 16 que ha llegado a serlo, no conforme a un requisito legal respecto a linaje *humano, sino conforme al poder de una vida indestructible. 17 Pues de él se da testimonio:

«Tú eres sacerdote para siempre,
según el orden de Melquisedec.»^d

18 Por una parte, la ley anterior queda anulada por ser

you many descendants."^b 15 And so after waiting patiently, Abraham received what was promised.

16 Men swear by someone greater than themselves, and the oath confirms what is said and puts an end to all argument. 17 Because God wanted to make the unchanging nature of his purpose very clear to the heirs of what was promised, he confirmed it with an oath. 18 God did this so that, by two unchangeable things in which it is impossible for God to lie, we who have fled to take hold of the hope offered to us may be greatly encouraged. 19 We have this hope as an anchor for the soul, firm and secure. It enters the inner sanctuary behind the curtain, 20 where Jesus, who went before us, has entered on our behalf. He has become a high priest forever, in the order of Melchizedek.

Melchizedek the Priest

7 This Melchizedek was king of Salem and priest of God Most High. He met Abraham returning from the defeat of the kings and blessed him, 2 and Abraham gave him a tenth of everything. First, his name means "king of righteousness"; then also, "king of Salem" means "king of peace." 3 Without father or mother, without genealogy, without beginning of days or end of life, like the Son of God he remains a priest forever.

4 Just think how great he was: Even the patriarch Abraham gave him a tenth of the plunder! 5 Now the law requires the descendants of Levi who become priests to collect a tenth from the people—that is, their brothers—even though their brothers are descended from Abraham. 6 This man, however, did not trace his descent from Levi, yet he collected a tenth from Abraham and blessed him who had the promises. 7 And without doubt the lesser person is blessed by the greater. 8 In the one case, the tenth is collected by men who die; but in the other case, by him who is declared to be living. 9 One might even say that Levi, who collects the tenth, paid the tenth through Abraham, 10 because when Melchizedek met Abraham, Levi was still in the body of his ancestor.

Jesus Like Melchizedek

11 If perfection could have been attained through the Levitical priesthood (for on the basis of it the law was given to the people), why was there still need for another priest to come—one in the order of Melchizedek, not in the order of Aaron? 12 For when there is a change of the priesthood, there must also be a change of the law. 13 He of whom these things are said belonged to a different tribe, and no one from that tribe has ever served at the altar. 14 For it is clear that our Lord descended from Judah, and in regard to that tribe Moses said nothing about priests. 15 And what we have said is even more clear if another priest like Melchizedek appears, 16 one who has become a priest not on the basis of a regulation as to his ancestry but on the basis of the power of an indestructible life. 17 For it is declared:

"You are a priest forever,
in the order of Melchizedek."^c

18 The former regulation is set aside because it was

^c*6:14* Gn 22:17   ^d*7:17* Sal 110:4; también en v. 21   ^b*14* Gen. 22:17   ^c*17* Psalm 110:4

inútil e ineficaz, ¹⁹ya que no *perfeccionó nada. Y por la otra, se introduce una esperanza mejor, mediante la cual nos acercamos a Dios.

²⁰¡Y no fue sin juramento! Los otros sacerdotes llegaron a serlo sin juramento, ²¹mientras que éste llegó a serlo con el juramento de aquel que le dijo:

«El Señor ha jurado,
  y no cambiará de parecer:
"Tú eres sacerdote para siempre." »

²²Por tanto, Jesús ha llegado a ser el que garantiza un pacto superior.

²³Ahora bien, como a aquellos sacerdotes la muerte les impedía seguir ejerciendo sus funciones, ha habido muchos de ellos; ²⁴pero como Jesús permanece para siempre, su sacerdocio es imperecedero. ²⁵Por eso también puede salvar por completo*e* a los que por medio de él se acercan a Dios, ya que vive siempre para interceder por ellos.

²⁶Nos convenía tener un sumo sacerdote así: santo, irreprochable, puro, apartado de los pecadores y exaltado sobre los cielos. ²⁷A diferencia de los otros sumos sacerdotes, él no tiene que ofrecer sacrificios día tras día, primero por sus propios pecados y luego por los del pueblo; porque él ofreció el sacrificio una sola vez y para siempre cuando se ofreció a sí mismo. ²⁸De hecho, la ley designa como sumos sacerdotes a hombres débiles; pero el juramento, posterior a la ley, designa al Hijo, quien ha sido hecho *perfecto para siempre.

El sumo sacerdote de un nuevo pacto

8 Ahora bien, el punto principal de lo que venimos diciendo es que tenemos tal sumo sacerdote, aquel que se sentó a la *derecha del trono de la Majestad en el cielo, ²el que sirve en el *santuario, es decir, en el verdadero tabernáculo levantado por el Señor y no por ningún *ser humano.

³A todo sumo sacerdote se le nombra para presentar ofrendas y sacrificios, por lo cual es necesario que también tenga algo que ofrecer. ⁴Si Jesús estuviera en la tierra, no sería sacerdote, pues aquí ya hay sacerdotes que presentan las ofrendas en conformidad con la ley. ⁵Estos sacerdotes sirven en un santuario que es copia y sombra del que está en el cielo, tal como se le advirtió a Moisés cuando estaba a punto de construir el tabernáculo: «Asegúrate de hacerlo todo según el modelo que se te ha mostrado en la montaña.»*f* ⁶Pero el servicio sacerdotal que Jesús ha recibido es superior al de ellos, así como el pacto del cual es mediador es superior al antiguo, puesto que se basa en mejores promesas.

⁷Efectivamente, si ese primer pacto hubiera sido *perfecto, no habría lugar para un segundo pacto. ⁸Pero Dios, reprochándoles sus defectos, dijo:

«Vienen días —dice el Señor—,
  en que haré un nuevo pacto
con la casa de Israel
  y con la casa de Judá.
⁹No será un pacto
  como el que hice con sus antepasados
el día en que los tomé de la mano
  y los saqué de Egipto,
ya que ellos no permanecieron fieles a mi
  pacto,
  y yo los abandoné
                          —dice el Señor—.

weak and useless ¹⁹(for the law made nothing perfect), and a better hope is introduced, by which we draw near to God.

²⁰And it was not without an oath! Others became priests without any oath, ²¹but he became a priest with an oath when God said to him:

"The Lord has sworn
  and will not change his mind:
'You are a priest forever.' "*d*

²²Because of this oath, Jesus has become the guarantee of a better covenant.

²³Now there have been many of those priests, since death prevented them from continuing in office; ²⁴but because Jesus lives forever, he has a permanent priesthood. ²⁵Therefore he is able to save completely*e* those who come to God through him, because he always lives to intercede for them.

²⁶Such a high priest meets our need—one who is holy, blameless, pure, set apart from sinners, exalted above the heavens. ²⁷Unlike the other high priests, he does not need to offer sacrifices day after day, first for his own sins, and then for the sins of the people. He sacrificed for their sins once for all when he offered himself. ²⁸For the law appoints as high priests men who are weak; but the oath, which came after the law, appointed the Son, who has been made perfect forever.

The High Priest of a New Covenant

8 The point of what we are saying is this: We do have such a high priest, who sat down at the right hand of the throne of the Majesty in heaven, ²and who serves in the sanctuary, the true tabernacle set up by the Lord, not by man.

³Every high priest is appointed to offer both gifts and sacrifices, and so it was necessary for this one also to have something to offer. ⁴If he were on earth, he would not be a priest, for there are already men who offer the gifts prescribed by the law. ⁵They serve at a sanctuary that is a copy and shadow of what is in heaven. This is why Moses was warned when he was about to build the tabernacle: "See to it that you make everything according to the pattern shown you on the mountain."*f* ⁶But the ministry Jesus has received is as superior to theirs as the covenant of which he is mediator is superior to the old one, and it is founded on better promises.

⁷For if there had been nothing wrong with that first covenant, no place would have been sought for another. ⁸But God found fault with the people and said*g*:

"The time is coming, declares the Lord,
  when I will make a new covenant
with the house of Israel
  and with the house of Judah.
⁹It will not be like the covenant
  I made with their forefathers
when I took them by the hand
  to lead them out of Egypt,
because they did not remain faithful to my
  covenant,
  and I turned away from them,
                          declares the Lord.

*d*21 Psalm 110:4   *e*25 Or *forever*   *f*5 Exodus 25:40
*g*8 Some manuscripts may be translated *fault and said to the people.*

*e*7:25 *por completo.* Alt. *para siempre.*   *f*8:5 Éx 25:40

10Éste es el pacto que después de aquel tiempo
haré con la casa de Israel —dice el
Señor—:
Pondré mis leyes en su mente
y las escribiré en su corazón.
Yo seré su Dios,
y ellos serán mi pueblo.
11Ya no tendrá nadie que enseñar a su prójimo,
ni dirá nadie a su hermano: "¡Conoce al
Señor!",
porque todos, desde el más pequeño hasta el
más grande,
me conocerán.
12Yo les perdonaré sus iniquidades,
y nunca más me acordaré de sus pecados.»g

13Al llamar «nuevo» a ese pacto, ha declarado obsoleto al anterior; y lo que se vuelve obsoleto y envejece ya está por desaparecer.

El culto en el tabernáculo terrenal

9 Ahora bien, el primer pacto tenía sus normas para el culto, y un *santuario terrenal. 2En efecto, se habilitó un tabernáculo de tal modo que en su primera parte, llamada el Lugar Santo, estaban el candelabro, la mesa y los panes consagrados. 3Tras la segunda cortina estaba la parte llamada el Lugar Santísimo, 4el cual tenía el altar de oro para el incienso y el arca del pacto, toda recubierta de oro. Dentro del arca había una urna de oro que contenía el maná, la vara de Aarón que había retoñado, y las tablas del pacto. 5Encima del arca estaban los *querubines de la gloria, que cubrían con su sombra el lugar de la *expiación.h Pero ahora no se puede hablar de eso en detalle.

6Así dispuestas todas estas cosas, los sacerdotes entran continuamente en la primera parte del tabernáculo para celebrar el culto. 7Pero en la segunda parte entra únicamente el sumo sacerdote, y sólo una vez al año, provisto siempre de sangre que ofrece por sí mismo y por los pecados de ignorancia cometidos por el pueblo. 8Con esto el Espíritu Santo da a entender que, mientras siga en pie el primer tabernáculo, aún no se habrá revelado el camino que conduce al Lugar Santísimo. 9Esto nos ilustra hoy día que las ofrendas y los sacrificios que allí se ofrecen no tienen poder alguno para *perfeccionar la conciencia de los que celebran ese culto. 10No se trata más que de reglas externas relacionadas con alimentos, bebidas y diversas ceremonias de *purificación, válidas sólo hasta el tiempo señalado para reformarlo todo.

La sangre de Cristo

11*Cristo, por el contrario, al presentarse como sumo sacerdote de los bienes definitivosi en el tabernáculo más excelente y *perfecto, no hecho por manos humanas (es decir, que no es de esta creación), 12entró una sola vez y para siempre en el Lugar Santísimo. No lo hizo con sangre de machos cabríos y becerros, sino con su propia sangre, logrando así un rescate eterno. 13La sangre de machos cabríos y de toros, y las cenizas de una novilla rociadas sobre personas *impuras, las *santifican de modo que quedan *limpias por fuera. 14Si esto es así, ¡cuánto más la sangre de Cristo, quien por medio del Espíritu eterno se ofreció sin mancha a Dios, purificará nuestra conciencia de las obras que conducen a la muerte, a fin de que sirvamos al Dios viviente!

10This is the covenant I will make with the
house of Israel
after that time, declares the Lord.
I will put my laws in their minds
and write them on their hearts.
I will be their God,
and they will be my people.
11No longer will a man teach his neighbor,
or a man his brother, saying, 'Know the
Lord,'
because they will all know me,
from the least of them to the greatest.
12For I will forgive their wickedness
and will remember their sins no more."h

13By calling this covenant "new," he has made the first one obsolete; and what is obsolete and aging will soon disappear.

Worship in the Earthly Tabernacle

9 Now the first covenant had regulations for worship and also an earthly sanctuary. 2A tabernacle was set up. In its first room were the lampstand, the table and the consecrated bread; this was called the Holy Place. 3Behind the second curtain was a room called the Most Holy Place, 4which had the golden altar of incense and the gold-covered ark of the covenant. This ark contained the gold jar of manna, Aaron's staff that had budded, and the stone tablets of the covenant. 5Above the ark were the cherubim of the Glory, overshadowing the atonement cover.i But we cannot discuss these things in detail now.

6When everything had been arranged like this, the priests entered regularly into the outer room to carry on their ministry. 7But only the high priest entered the inner room, and that only once a year, and never without blood, which he offered for himself and for the sins the people had committed in ignorance. 8The Holy Spirit was showing by this that the way into the Most Holy Place had not yet been disclosed as long as the first tabernacle was still standing. 9This is an illustration for the present time, indicating that the gifts and sacrifices being offered were not able to clear the conscience of the worshiper. 10They are only a matter of food and drink and various ceremonial washings—external regulations applying until the time of the new order.

The Blood of Christ

11When Christ came as high priest of the good things that are already here,j he went through the greater and more perfect tabernacle that is not man-made, that is to say, not a part of this creation. 12He did not enter by means of the blood of goats and calves; but he entered the Most Holy Place once for all by his own blood, having obtained eternal redemption. 13The blood of goats and bulls and the ashes of a heifer sprinkled on those who are ceremonially unclean sanctify them so that they are outwardly clean. 14How much more, then, will the blood of Christ, who through the eternal Spirit offered himself unblemished to God, cleanse our consciences from acts that lead to death,k so that we may serve the living God!

---

g 8:12 Jer 31:31-34   h 9:5 el lugar de la expiación. Lit. el *propiciatorio.   i 9:11 definitivos. Var. venideros.

h 12 Jer. 31:31-34   i 5 Traditionally *the mercy seat   j 11 Some early manuscripts are to come   k 14 Or from useless rituals

15 Por eso Cristo es mediador de un nuevo pacto, para que los llamados reciban la herencia eterna prometida, ahora que él ha muerto para liberarlos de los pecados cometidos bajo el primer pacto.

16 En el caso de un testamento,*j* es necesario constatar la muerte del testador, 17 pues un testamento sólo adquiere validez cuando el testador muere, y no entra en vigor mientras vive. 18 De ahí que ni siquiera el primer pacto se haya establecido sin sangre. 19 Después de promulgar todos los mandamientos de la ley a todo el pueblo, Moisés tomó la sangre de los becerros junto con agua, lana escarlata y ramas de hisopo, y roció el libro de la ley y a todo el pueblo, 20 diciendo: «Ésta es la sangre del pacto que Dios ha mandado que ustedes cumplan.»*k* 21 De la misma manera roció con la sangre el tabernáculo y todos los objetos que se usaban en el culto. 22 De hecho, la ley exige que casi todo sea purificado con sangre, pues sin derramamiento de sangre no hay perdón.

23 Así que era necesario que las copias de las realidades celestiales fueran purificadas con esos sacrificios, pero que las realidades mismas lo fueran con sacrificios superiores a aquéllos. 24 En efecto, Cristo no entró en un santuario hecho por manos humanas, simple copia del verdadero santuario, sino en el cielo mismo, para presentarse ahora ante Dios en favor nuestro. 25 Ni entró en el cielo para ofrecerse vez tras vez, como entra el sumo sacerdote en el Lugar Santísimo cada año con sangre ajena. 26 Si así fuera, Cristo habría tenido que sufrir muchas veces desde la creación del mundo. Al contrario, ahora, al final de los tiempos, se ha presentado una sola vez y para siempre a fin de acabar con el pecado mediante el sacrificio de sí mismo. 27 Y así como está establecido que los seres *humanos mueran una sola vez, y después venga el juicio, 28 también Cristo fue ofrecido en sacrificio una sola vez para quitar los pecados de muchos; y aparecerá por segunda vez, ya no para cargar con pecado alguno, sino para traer salvación a quienes lo esperan.

El sacrificio de Cristo, ofrecido una vez y para siempre

10 La ley es sólo una sombra de los bienes venideros, y no la presencia*l* misma de estas realidades. Por eso nunca puede, mediante los mismos sacrificios que se ofrecen sin cesar año tras año, hacer *perfectos a los que adoran. 2 De otra manera, ¿no habrían dejado ya de hacerse sacrificios? Pues los que rinden culto, *purificados de una vez por todas, ya no se habrían sentido culpables de pecado. 3 Pero esos sacrificios son un recordatorio anual de los pecados, 4 ya es imposible que la sangre de los toros y de los machos cabríos quite los pecados.

5 Por eso, al entrar en el mundo, *Cristo dijo:

«A ti no te complacen sacrificios ni ofrendas;
    en su lugar, me preparaste un cuerpo;
6 no te agradaron ni holocaustos
    ni sacrificios por el pecado.
7 Por eso dije: "Aquí me tienes
    —como el libro dice de mí—.
He venido, oh Dios, a hacer tu voluntad."»*m*

8 Primero dijo: «Sacrificios y ofrendas, holocaustos y expiaciones no te complacen ni fueron de tu agrado» (a pesar de que la ley exigía que se ofrecieran). 9 Luego añadió: «Aquí me tienes: He venido a hacer tu voluntad.» Así quitó lo primero para establecer lo segundo.

15 For this reason Christ is the mediator of a new covenant, that those who are called may receive the promised eternal inheritance—now that he has died as a ransom to set them free from the sins committed under the first covenant.

16 In the case of a will,*l* it is necessary to prove the death of the one who made it, 17 because a will is in force only when somebody has died; it never takes effect while the one who made it is living. 18 This is why even the first covenant was not put into effect without blood. 19 When Moses had proclaimed every commandment of the law to all the people, he took the blood of calves, together with water, scarlet wool and branches of hyssop, and sprinkled the scroll and all the people. 20 He said, "This is the blood of the covenant, which God has commanded you to keep."*m* 21 In the same way, he sprinkled with the blood both the tabernacle and everything used in its ceremonies. 22 In fact, the law requires that nearly everything be cleansed with blood, and without the shedding of blood there is no forgiveness.

23 It was necessary, then, for the copies of the heavenly things to be purified with these sacrifices, but the heavenly things themselves with better sacrifices than these. 24 For Christ did not enter a man-made sanctuary that was only a copy of the true one; he entered heaven itself, now to appear for us in God's presence. 25 Nor did he enter heaven to offer himself again and again, the way the high priest enters the Most Holy Place every year with blood that is not his own. 26 Then Christ would have had to suffer many times since the creation of the world. But now he has appeared once for all at the end of the ages to do away with sin by the sacrifice of himself. 27 Just as man is destined to die once, and after that to face judgment, 28 so Christ was sacrificed once to take away the sins of many people; and he will appear a second time, not to bear sin, but to bring salvation to those who are waiting for him.

Christ's Sacrifice Once for All

10 The law is only a shadow of the good things that are coming—not the realities themselves. For this reason it can never, by the same sacrifices repeated endlessly year after year, make perfect those who draw near to worship. 2 If it could, would they not have stopped being offered? For the worshipers would have been cleansed once for all, and would no longer have felt guilty for their sins. 3 But those sacrifices are an annual reminder of sins, 4 because it is impossible for the blood of bulls and goats to take away sins.

5 Therefore, when Christ came into the world, he said:

"Sacrifice and offering you did not desire,
    but a body you prepared for me;
6 with burnt offerings and sin offerings
    you were not pleased.
7 Then I said, 'Here I am—it is written about
    me in the scroll—
I have come to do your will, O God.' "*n*

8 First he said, "Sacrifices and offerings, burnt offerings and sin offerings you did not desire, nor were you pleased with them" (although the law required them to be made). 9 Then he said, "Here I am, I have come to do your will." He sets aside the first to establish the

---

j 9:16 En griego la misma palabra se emplea para *pacto* y para *testamento*; también en v. 17.   *k 9:20* Éx 24:8
l 10:1 presencia. Lit. *imagen.*   *m 10:7* Sal 40:6-8 (véase LXX)

l 16 Same Greek word as *covenant*; also in verse 17
m 20 Exodus 24:8   *n 7* Psalm 40:6-8 (see Septuagint)

10 Y en virtud de esa voluntad somos *santificados mediante el sacrificio del cuerpo de *Jesucristo, ofrecido una vez y para siempre.

11 Todo sacerdote celebra el culto día tras día ofreciendo repetidas veces los mismos sacrificios, que nunca pueden quitar los pecados. 12 Pero este sacerdote, después de ofrecer por los pecados un solo sacrificio para siempre, se sentó a la *derecha de Dios, 13 en espera de que sus enemigos sean puestos por estrado de sus pies. 14 Porque con un solo sacrificio ha hecho perfectos para siempre a los que está santificando.

15 También el Espíritu Santo nos da testimonio de ello. Primero dice:

16 «Éste es el pacto que haré con ellos
        después de aquel tiempo —dice el Señor—:
    Pondré mis leyes en su corazón,
        y las escribiré en su mente.»*n*

17 Después añade:

    «Y nunca más me acordaré de sus pecados y
        maldades.»*ñ*

18 Y cuando éstos han sido perdonados, ya no hace falta otro sacrificio por el pecado.

Llamada a la perseverancia

19 Así que, hermanos, mediante la sangre de Jesús, tenemos plena libertad para entrar en el Lugar Santísimo, 20 por el camino nuevo y vivo que él nos ha abierto a través de la cortina, es decir, a través de su cuerpo; 21 y tenemos además un gran sacerdote al frente de la familia de Dios. 22 Acerquémonos, pues, a Dios con corazón sincero y con la plena seguridad que da la fe, interiormente purificados de una conciencia culpable y exteriormente lavados con agua pura. 23 Mantengamos firme la esperanza que profesamos, porque fiel es el que hizo la promesa. 24 Preocupémonos los unos por los otros, a fin de estimularnos al amor y a las buenas obras. 25 No dejemos de congregarnos, como acostumbran hacerlo algunos, sino animémonos unos a otros, y con mayor razón ahora que vemos que aquel día se acerca.

26 Si después de recibir el conocimiento de la verdad pecamos obstinadamente, ya no hay sacrificio por los pecados. 27 Sólo queda una terrible expectativa de juicio, el fuego ardiente que ha de devorar a los enemigos de Dios. 28 Cualquiera que rechazaba la ley de Moisés moría irremediablemente por el testimonio de dos o tres testigos. 29 ¿Cuánto mayor castigo piensan ustedes que merece el que ha pisoteado al Hijo de Dios, que ha profanado la sangre del pacto por la cual había sido *santificado, y que ha insultado al Espíritu de la gracia? 30 Pues conocemos al que dijo: «Mía es la venganza; yo pagaré»;*o* y también: «El Señor juzgará a su pueblo.»*p* 31 ¡Terrible cosa es caer en las manos del Dios vivo!

32 Recuerden aquellos días pasados cuando ustedes, después de haber sido iluminados, sostuvieron una dura lucha y soportaron mucho sufrimiento. 33 Unas veces se vieron expuestos públicamente al insulto y a la persecución; otras veces se solidarizaron con los que eran tratados de igual manera. 34 También se compadecieron de los encarcelados, y cuando a ustedes les confiscaron sus bienes, lo aceptaron con alegría, conscientes de que tenían un patrimonio mejor y más permanente.

35 Así que no pierdan la confianza, porque ésta será

second. 10 And by that will, we have been made holy through the sacrifice of the body of Jesus Christ once for all.

11 Day after day every priest stands and performs his religious duties; again and again he offers the same sacrifices, which can never take away sins. 12 But when this priest had offered for all time one sacrifice for sins, he sat down at the right hand of God. 13 Since that time he waits for his enemies to be made his footstool, 14 because by one sacrifice he has made perfect forever those who are being made holy.

15 The Holy Spirit also testifies to us about this. First he says:

16 "This is the covenant I will make with them
        after that time, says the Lord.
    I will put my laws in their hearts,
        and I will write them on their minds."*o*

17 Then he adds:

    "Their sins and lawless acts
        I will remember no more."*p*

18 And where these have been forgiven, there is no longer any sacrifice for sin.

A Call to Persevere

19 Therefore, brothers, since we have confidence to enter the Most Holy Place by the blood of Jesus, 20 by a new and living way opened for us through the curtain, that is, his body, 21 and since we have a great priest over the house of God, 22 let us draw near to God with a sincere heart in full assurance of faith, having our hearts sprinkled to cleanse us from a guilty conscience and having our bodies washed with pure water. 23 Let us hold unswervingly to the hope we profess, for he who promised is faithful. 24 And let us consider how we may spur one another on toward love and good deeds. 25 Let us not give up meeting together, as some are in the habit of doing, but let us encourage one another— and all the more as you see the Day approaching.

26 If we deliberately keep on sinning after we have received the knowledge of the truth, no sacrifice for sins is left, 27 but only a fearful expectation of judgment and of raging fire that will consume the enemies of God. 28 Anyone who rejected the law of Moses died without mercy on the testimony of two or three witnesses. 29 How much more severely do you think a man deserves to be punished who has trampled the Son of God under foot, who has treated as an unholy thing the blood of the covenant that sanctified him, and who has insulted the Spirit of grace? 30 For we know him who said, "It is mine to avenge; I will repay,"*q* and again, "The Lord will judge his people."*r* 31 It is a dreadful thing to fall into the hands of the living God.

32 Remember those earlier days after you had received the light, when you stood your ground in a great contest in the face of suffering. 33 Sometimes you were publicly exposed to insult and persecution; at other times you stood side by side with those who were so treated. 34 You sympathized with those in prison and joyfully accepted the confiscation of your property, because you knew that you yourselves had better and lasting possessions.

35 So do not throw away your confidence; it will be

---

n 10:16 Jer 31:33   *ñ 10:17* Jer 31:34   *o 10:30* Dt 32:35
p 10:30 Dt 32:36; Sal 135:14

o 16 Jer. 31:33   *p 17* Jer. 31:34   *q 30* Deut. 32:35
r 30 Deut. 32:36; Psalm 135:14

grandemente recompensada. 36 Ustedes necesitan perseverar para que, después de haber cumplido la voluntad de Dios, reciban lo que él ha prometido. 37 Pues dentro de muy poco tiempo,

> «el que ha de venir vendrá, y no tardará.
> 38 Pero mi justo*q* vivirá por la fe.
> Y si se vuelve atrás,
> no será de mi agrado.»*r*

39 Pero nosotros no somos de los que se vuelven atrás y acaban por perderse, sino de los que tienen fe y preservan su *vida.

Por la fe

11 Ahora bien, la fe es la garantía de lo que se espera, la certeza de lo que no se ve. 2 Gracias a ella fueron aprobados los antiguos.

3 Por la fe entendemos que el universo fue formado por la palabra de Dios, de modo que lo visible no provino de lo que se ve.

4 Por la fe Abel ofreció a Dios un sacrificio más aceptable que el de Caín, por lo cual recibió testimonio de ser justo, pues Dios aceptó su ofrenda. Y por la fe Abel, a pesar de estar muerto, habla todavía.

5 Por la fe Enoc fue sacado de este mundo sin experimentar la muerte; no fue hallado porque Dios se lo llevó, pero antes de ser llevado recibió testimonio de haber agradado a Dios. 6 En realidad, sin fe es imposible agradar a Dios, ya que cualquiera que se acerca a Dios tiene que creer que él existe y que recompensa a quienes lo buscan.

7 Por la fe Noé, advertido sobre cosas que aún no se veían, con temor reverente construyó un arca para salvar a su familia. Por esa fe condenó al mundo y llegó a ser heredero de la justicia que viene por la fe.

8 Por la fe Abraham, cuando fue llamado para ir a un lugar que más tarde recibiría como herencia, obedeció y salió sin saber a dónde iba. 9 Por la fe se radicó como extranjero en la tierra prometida, y habitó en tiendas de campaña con Isaac y Jacob, herederos también de la misma promesa, 10 porque esperaba la ciudad de cimientos sólidos, de la cual Dios es arquitecto y constructor.

11 Por la fe Abraham, a pesar de su avanzada edad y de que Sara misma era estéril,*s* recibió fuerza para tener hijos, porque consideró fiel al que le había hecho la promesa. 12 Así que de este solo hombre, ya en decadencia, nacieron descendientes numerosos como las estrellas del cielo e incontables como la arena a la orilla del mar.

13 Todos ellos vivieron por la fe, y murieron sin haber recibido las cosas prometidas; más bien, las reconocieron a lo lejos, y confesaron que eran extranjeros y peregrinos en la tierra. 14 Al expresarse así, claramente dieron a entender que andaban en busca de una patria. 15 Si hubieran estado pensando en aquella patria de donde habían emigrado, habrían tenido oportunidad de regresar a ella. 16 Antes bien, anhelaban una patria mejor, es decir, la celestial. Por lo tanto, Dios no se avergonzó de ser llamado su Dios, y les preparó una ciudad.

17 Por la fe Abraham, que había recibido las promesas, fue puesto a *prueba y ofreció a Isaac, su hijo

richly rewarded. 36 You need to persevere so that when you have done the will of God, you will receive what he has promised. 37 For in just a very little while,

> "He who is coming will come and will not delay.
> 38 But my righteous one*s* will live by faith.
> And if he shrinks back,
> I will not be pleased with him."*t*

39 But we are not of those who shrink back and are destroyed, but of those who believe and are saved.

By Faith

11 Now faith is being sure of what we hope for and certain of what we do not see. 2 This is what the ancients were commended for.

3 By faith we understand that the universe was formed at God's command, so that what is seen was not made out of what was visible.

4 By faith Abel offered God a better sacrifice than Cain did. By faith he was commended as a righteous man, when God spoke well of his offerings. And by faith he still speaks, even though he is dead.

5 By faith Enoch was taken from this life, so that he did not experience death; he could not be found, because God had taken him away. For before he was taken, he was commended as one who pleased God. 6 And without faith it is impossible to please God, because anyone who comes to him must believe that he exists and that he rewards those who earnestly seek him.

7 By faith Noah, when warned about things not yet seen, in holy fear built an ark to save his family. By his faith he condemned the world and became heir of the righteousness that comes by faith.

8 By faith Abraham, when called to go to a place he would later receive as his inheritance, obeyed and went, even though he did not know where he was going. 9 By faith he made his home in the promised land like a stranger in a foreign country; he lived in tents, as did Isaac and Jacob, who were heirs with him of the same promise. 10 For he was looking forward to the city with foundations, whose architect and builder is God.

11 By faith Abraham, even though he was past age— and Sarah herself was barren—was enabled to become a father because he*u* considered him faithful who had made the promise. 12 And so from this one man, and he as good as dead, came descendants as numerous as the stars in the sky and as countless as the sand on the seashore.

13 All these people were still living by faith when they died. They did not receive the things promised; they only saw them and welcomed them from a distance. And they admitted that they were aliens and strangers on earth. 14 People who say such things show that they are looking for a country of their own. 15 If they had been thinking of the country they had left, they would have had opportunity to return. 16 Instead, they were longing for a better country—a heavenly one. Therefore God is not ashamed to be called their God, for he has prepared a city for them.

17 By faith Abraham, when God tested him, offered Isaac as a sacrifice. He who had received the promises

---

q 10:38 mi justo. Var. *el justo.* *r 10:38* Hab 2:3,4
s 11:11 Por ... estéril. Alt. *Por la fe incluso Sara, a pesar de su avanzada edad y de que era estéril.*

s 38 One early manuscript *But the righteous* *t 38* Hab. 2:3,4
u 11 Or *By faith even Sarah, who was past age, was enabled to bear children because she*

único, 18 a pesar de que Dios le había dicho: «Tu *descendencia se establecerá por medio de Isaac.»[t] 19 Consideraba Abraham que Dios tiene poder hasta para resucitar a los muertos, y así, en sentido figurado, recobró a Isaac de entre los muertos.

20 Por la fe Isaac bendijo a Jacob y a Esaú, previendo lo que les esperaba en el futuro.

21 Por la fe Jacob, cuando estaba a punto de morir, bendijo a cada uno de los hijos de José, y adoró apoyándose en la punta de su bastón.

22 Por la fe José, al fin de su vida, se refirió a la salida de los israelitas de Egipto y dio instrucciones acerca de sus restos mortales.

23 Por la fe Moisés, recién nacido, fue escondido por sus padres durante tres meses, porque vieron que era un niño precioso, y no tuvieron miedo del edicto del rey.

24 Por la fe Moisés, ya adulto, renunció a ser llamado hijo de la hija del faraón. 25 Prefirió ser maltratado con el pueblo de Dios a disfrutar de los efímeros placeres del pecado. 26 Consideró que el oprobio por causa del *Mesías era una mayor riqueza que los tesoros de Egipto, porque tenía la mirada puesta en la recompensa. 27 Por la fe salió de Egipto sin tenerle miedo a la ira del rey, pues se mantuvo firme como si estuviera viendo al Invisible. 28 Por la fe celebró la Pascua y el rociamiento de la sangre, para que el exterminador de los primogénitos no tocara a los de Israel.

29 Por la fe el pueblo cruzó el Mar Rojo como por tierra seca; pero cuando los egipcios intentaron cruzarlo, se ahogaron.

30 Por la fe cayeron las murallas de Jericó, después de haber marchado el pueblo siete días a su alrededor.

31 Por la fe la prostituta Rajab no murió junto con los desobedientes,[u] pues había recibido en paz a los espías.

32 ¿Qué más voy a decir? Me faltaría tiempo para hablar de Gedeón, Barac, Sansón, Jefté, David, Samuel y los profetas, 33 los cuales por la fe conquistaron reinos, hicieron justicia y alcanzaron lo prometido; cerraron bocas de leones, 34 apagaron la furia de las llamas y escaparon del filo de la espada; sacaron fuerzas de flaqueza; se mostraron valientes en la guerra y pusieron en fuga a ejércitos extranjeros. 35 Hubo mujeres que por la resurrección recobraron a sus muertos. Otros, en cambio, fueron muertos a golpes, pues para alcanzar una mejor resurrección no aceptaron que los pusieran en libertad. 36 Otros sufrieron la prueba de burlas y azotes, e incluso de cadenas y cárceles. 37 Fueron apedreados,[v] aserrados por la mitad, asesinados a filo de espada. Anduvieron fugitivos de aquí para allá, cubiertos de pieles de oveja y de cabra, pasando necesidades, afligidos y maltratados. 38 ¡El mundo no merecía gente así! Anduvieron sin rumbo por desiertos y montañas, por cuevas y cavernas.

39 Aunque todos obtuvieron un testimonio favorable mediante la fe, ninguno de ellos vio el cumplimiento de la promesa. 40 Esto sucedió para que ellos no llegaran a la meta[w] sin nosotros, pues Dios nos había preparado algo mejor.

was about to sacrifice his one and only son, 18 even though God had said to him, "It is through Isaac that your offspring[v] will be reckoned."[w] 19 Abraham reasoned that God could raise the dead, and figuratively speaking, he did receive Isaac back from death.

20 By faith Isaac blessed Jacob and Esau in regard to their future.

21 By faith Jacob, when he was dying, blessed each of Joseph's sons, and worshiped as he leaned on the top of his staff.

22 By faith Joseph, when his end was near, spoke about the exodus of the Israelites from Egypt and gave instructions about his bones.

23 By faith Moses' parents hid him for three months after he was born, because they saw he was no ordinary child, and they were not afraid of the king's edict.

24 By faith Moses, when he had grown up, refused to be known as the son of Pharaoh's daughter. 25 He chose to be mistreated along with the people of God rather than to enjoy the pleasures of sin for a short time. 26 He regarded disgrace for the sake of Christ as of greater value than the treasures of Egypt, because he was looking ahead to his reward. 27 By faith he left Egypt, not fearing the king's anger; he persevered because he saw him who is invisible. 28 By faith he kept the Passover and the sprinkling of blood, so that the destroyer of the firstborn would not touch the firstborn of Israel.

29 By faith the people passed through the Red Sea[x] as on dry land; but when the Egyptians tried to do so, they were drowned.

30 By faith the walls of Jericho fell, after the people had marched around them for seven days.

31 By faith the prostitute Rahab, because she welcomed the spies, was not killed with those who were disobedient.[y]

32 And what more shall I say? I do not have time to tell about Gideon, Barak, Samson, Jephthah, David, Samuel and the prophets, 33 who through faith conquered kingdoms, administered justice, and gained what was promised; who shut the mouths of lions, 34 quenched the fury of the flames, and escaped the edge of the sword; whose weakness was turned to strength; and who became powerful in battle and routed foreign armies. 35 Women received back their dead, raised to life again. Others were tortured and refused to be released, so that they might gain a better resurrection. 36 Some faced jeers and flogging, while still others were chained and put in prison. 37 They were stoned[z]; they were sawed in two; they were put to death by the sword. They went about in sheepskins and goatskins, destitute, persecuted and mistreated— 38 the world was not worthy of them. They wandered in deserts and mountains, and in caves and holes in the ground.

39 These were all commended for their faith, yet none of them received what had been promised. 40 God had planned something better for us so that only together with us would they be made perfect.

---

[t] 11:18 Gn 21:12   [u] 11:31 desobedientes. Alt. incrédulos.
[v] 11:37 apedreados. Var. apedreados, puestos a prueba.
[w] 11:40 meta. Alt. perfección.

[v] 18 Greek seed   [w] 18 Gen. 21:12   [x] 29 That is, Sea of Reeds   [y] 31 Or unbelieving   [z] 37 Some early manuscripts stoned; they were put to the test;

Dios disciplina a sus hijos

12 Por tanto, también nosotros, que estamos rodeados de una multitud tan grande de testigos, despojémonos del lastre que nos estorba, en especial del pecado que nos asedia, y corramos con perseverancia la carrera que tenemos por delante. ² Fijemos la mirada en Jesús, el iniciador y *perfeccionador de nuestra fe, quien por el gozo que le esperaba, soportó la cruz, menospreciando la vergüenza que ella significaba, y ahora está sentado a la *derecha del trono de Dios. ³ Así, pues, consideren a aquel que perseveró frente a tanta oposición por parte de los pecadores, para que no se cansen ni pierdan el ánimo.

⁴ En la lucha que ustedes libran contra el pecado, todavía no han tenido que resistir hasta derramar su sangre. ⁵ Y ya han olvidado por completo las palabras de aliento que como a hijos se les dirige:

«Hijo mío, no tomes a la ligera la disciplina
     del Señor
   ni te desanimes cuando te reprenda,
⁶ porque el Señor disciplina a los que ama,
   y azota a todo el que recibe como hijo.» ˣ

⁷ Lo que soportan es para su disciplina, pues Dios los está tratando como a hijos. ¿Qué hijo hay a quien el padre no disciplina? ⁸ Si a ustedes se les deja sin la disciplina que todos reciben, entonces son bastardos y no hijos legítimos. ⁹ Después de todo, aunque nuestros padres *humanos nos disciplinaban, los respetábamos. ¿No hemos de someternos, con mayor razón, al Padre de los espíritus, para que vivamos? ¹⁰ En efecto, nuestros padres nos disciplinaban por un breve tiempo, como mejor les parecía; pero Dios lo hace para nuestro bien, a fin de que participemos de su *santidad. ¹¹ Ciertamente, ninguna disciplina, en el momento de recibirla, parece agradable, sino más bien penosa; sin embargo, después produce una cosecha de justicia y paz para quienes han sido entrenados por ella.

¹² Por tanto, renueven las fuerzas de sus manos cansadas y de sus rodillas debilitadas. ¹³ «Hagan sendas derechas para sus pies», ʸ para que la pierna coja no se disloque sino que se sane.

Advertencia a los que rechazan a Dios

¹⁴ Busquen la paz con todos, y la *santidad, sin la cual nadie verá al Señor. ¹⁵ Asegúrense de que nadie deje de alcanzar la gracia de Dios; de que ninguna raíz amarga brote y cause dificultades y corrompa a muchos; ¹⁶ y de que nadie sea inmoral ni profano como Esaú, quien por un solo plato de comida vendió sus derechos de hijo mayor.ᶻ ¹⁷ Después, como ya saben, cuando quiso heredar esa bendición, fue rechazado: No se le dio lugar para el *arrepentimiento, aunque con lágrimas buscó la bendición.

¹⁸ Ustedes no se han acercado a una montaña que se pueda tocar o que esté ardiendo en fuego; ni a oscuridad, tinieblas y tormenta; ¹⁹ ni a sonido de trompeta, ni a tal clamor de palabras que quienes lo oyeron suplicaron que no se les hablara más, ²⁰ porque no podían soportar esta orden: «¡Será apedreado todo el que toque la montaña, aunque sea un animal!»ᵃ ²¹ Tan terrible era este espectáculo que Moisés dijo: «Estoy temblando de miedo.»ᵇ

²² Por el contrario, ustedes se han acercado al monte Sión, a la Jerusalén celestial, la ciudad del Dios viviente. Se han acercado a millares y millares de ángeles, a

God Disciplines His Sons

12 Therefore, since we are surrounded by such a great cloud of witnesses, let us throw off everything that hinders and the sin that so easily entangles, and let us run with perseverance the race marked out for us. ²Let us fix our eyes on Jesus, the author and perfecter of our faith, who for the joy set before him endured the cross, scorning its shame, and sat down at the right hand of the throne of God. ³Consider him who endured such opposition from sinful men, so that you will not grow weary and lose heart.

⁴In your struggle against sin, you have not yet resisted to the point of shedding your blood. ⁵And you have forgotten that word of encouragement that addresses you as sons:

"My son, do not make light of the Lord's
     discipline,
   and do not lose heart when he rebukes
     you,
⁶because the Lord disciplines those he loves,
   and he punishes everyone he accepts as a
     son."ᵃ

⁷Endure hardship as discipline; God is treating you as sons. For what son is not disciplined by his father? ⁸If you are not disciplined (and everyone undergoes discipline), then you are illegitimate children and not true sons. ⁹Moreover, we have all had human fathers who disciplined us and we respected them for it. How much more should we submit to the Father of our spirits and live! ¹⁰Our fathers disciplined us for a little while as they thought best; but God disciplines us for our good, that we may share in his holiness. ¹¹No discipline seems pleasant at the time, but painful. Later on, however, it produces a harvest of righteousness and peace for those who have been trained by it.

¹²Therefore, strengthen your feeble arms and weak knees. ¹³"Make level paths for your feet,"ᵇ so that the lame may not be disabled, but rather healed.

Warning Against Refusing God

¹⁴Make every effort to live in peace with all men and to be holy; without holiness no one will see the Lord. ¹⁵See to it that no one misses the grace of God and that no bitter root grows up to cause trouble and defile many. ¹⁶See that no one is sexually immoral, or is godless like Esau, who for a single meal sold his inheritance rights as the oldest son. ¹⁷Afterward, as you know, when he wanted to inherit this blessing, he was rejected. He could bring about no change of mind, though he sought the blessing with tears.

¹⁸You have not come to a mountain that can be touched and that is burning with fire; to darkness, gloom and storm; ¹⁹to a trumpet blast or to such a voice speaking words that those who heard it begged that no further word be spoken to them, ²⁰because they could not bear what was commanded: "If even an animal touches the mountain, it must be stoned."ᶜ ²¹The sight was so terrifying that Moses said, "I am trembling with fear."ᵈ

²²But you have come to Mount Zion, to the heavenly Jerusalem, the city of the living God. You have come to thousands upon thousands of angels in joyful assem-

---

ˣ 12:6 Pr 3:11,12   ʸ 12:13 Pr 4:26   ᶻ 12:16 sus derechos de hijo mayor. Lit. su primogenitura.   ᵃ 12:20 Éx 19:12,13 ᵇ 12:21 Dt 9:19

ᵃ 6 Prov. 3:11,12   ᵇ 13 Prov. 4:26   ᶜ 20 Exodus 19:12,13 ᵈ 21 Deut. 9:19

una asamblea gozosa, 23 a la iglesia de los primogénitos inscritos en el cielo. Se han acercado a Dios, el juez de todos; a los espíritus de los justos que han llegado a la *perfección; 24 a Jesús, el mediador de un nuevo pacto; y a la sangre rociada, que habla con más fuerza que la de Abel.

25 Tengan cuidado de no rechazar al que habla, pues si no escaparon aquellos que rechazaron al que los amonestaba en la tierra, mucho menos escaparemos nosotros si le volvemos la espalda al que nos amonesta desde el cielo. 26 En aquella ocasión, su voz conmovió la tierra, pero ahora ha prometido: «Una vez más haré que se estremezca no sólo la tierra sino también el cielo.»c 27 La frase «una vez más» indica la transformaciónd de las cosas movibles, es decir, las creadas, para que permanezca lo inconmovible.

28 Así que nosotros, que estamos recibiendo un reino inconmovible, seamos agradecidos. Inspirados por esta gratitud, adoremos a Dios como a él le agrada, con temor reverente, 29 porque nuestro «Dios es fuego consumidor».e

Exhortaciones finales

13 Sigan amándose unos a otros fraternalmente. 2 No se olviden de practicar la hospitalidad, pues gracias a ella algunos, sin saberlo, hospedaron ángeles. 3 Acuérdense de los presos, como si ustedes fueran sus compañeros de cárcel, y también de los que son maltratados, como si fueran ustedes mismos los que sufren.

4 Tengan todos en alta estima el matrimonio y la fidelidad conyugal, porque Dios juzgará a los adúlteros y a todos los que cometen inmoralidades sexuales. 5 Manténganse libres del amor al dinero, y conténtense con lo que tienen, porque Dios ha dicho:

«Nunca te dejaré;
     jamás te abandonaré.»f

6 Así que podemos decir con toda confianza:

«El Señor es quien me ayuda; no temeré.
     ¿Qué me puede hacer un simple mortal?» g

7 Acuérdense de sus dirigentes, que les comunicaron la palabra de Dios. Consideren cuál fue el resultado de su estilo de vida, e imiten su fe. 8 *Jesucristo es el mismo ayer y hoy y por los siglos.

9 No se dejen llevar por ninguna clase de enseñanzas extrañas. Conviene que el corazón sea fortalecido por la gracia, y no por alimentos rituales que de nada aprovechan a quienes los comen.

10 Nosotros tenemos un altar del cual no tienen derecho a comer los que oficien en el tabernáculo. 11 Porque el sumo sacerdote introduce la sangre de los animales en el Lugar Santísimo como sacrificio por el pecado, pero los cuerpos de esos animales se queman fuera del campamento. 12 Por eso también Jesús, para *santificar al pueblo mediante su propia sangre, sufrió fuera de la puerta de la ciudad. 13 Por lo tanto, salgamos a su encuentro fuera del campamento, llevando la deshonra que él llevó, 14 pues aquí no tenemos una ciudad permanente, sino que buscamos la ciudad venidera.

15 Así que ofrezcamos continuamente a Dios, por medio de Jesucristo, un sacrificio de alabanza, es decir, el fruto de los labios que confiesan su nombre. 16 No se olviden de hacer el bien y de compartir con otros lo que tienen, porque ésos son los sacrificios que agradan a Dios.

---

bly, 23 to the church of the firstborn, whose names are written in heaven. You have come to God, the judge of all men, to the spirits of righteous men made perfect, 24 to Jesus the mediator of a new covenant, and to the sprinkled blood that speaks a better word than the blood of Abel.

25 See to it that you do not refuse him who speaks. If they did not escape when they refused him who warned them on earth, how much less will we, if we turn away from him who warns us from heaven? 26 At that time his voice shook the earth, but now he has promised, "Once more I will shake not only the earth but also the heavens."e 27 The words "once more" indicate the removing of what can be shaken—that is, created things—so that what cannot be shaken may remain.

28 Therefore, since we are receiving a kingdom that cannot be shaken, let us be thankful, and so worship God acceptably with reverence and awe, 29 for our "God is a consuming fire."f

Concluding Exhortations

13 Keep on loving each other as brothers. 2 Do not forget to entertain strangers, for by so doing some people have entertained angels without knowing it. 3 Remember those in prison as if you were their fellow prisoners, and those who are mistreated as if you yourselves were suffering.

4 Marriage should be honored by all, and the marriage bed kept pure, for God will judge the adulterer and all the sexually immoral. 5 Keep your lives free from the love of money and be content with what you have, because God has said,

"Never will I leave you;
     never will I forsake you." g

6 So we say with confidence,

"The Lord is my helper; I will not be afraid.
     What can man do to me?"h

7 Remember your leaders, who spoke the word of God to you. Consider the outcome of their way of life and imitate their faith. 8 Jesus Christ is the same yesterday and today and forever.

9 Do not be carried away by all kinds of strange teachings. It is good for our hearts to be strengthened by grace, not by ceremonial foods, which are of no value to those who eat them. 10 We have an altar from which those who minister at the tabernacle have no right to eat.

11 The high priest carries the blood of animals into the Most Holy Place as a sin offering, but the bodies are burned outside the camp. 12 And so Jesus also suffered outside the city gate to make the people holy through his own blood. 13 Let us, then, go to him outside the camp, bearing the disgrace he bore. 14 For here we do not have an enduring city, but we are looking for the city that is to come.

15 Through Jesus, therefore, let us continually offer to God a sacrifice of praise—the fruit of lips that confess his name. 16 And do not forget to do good and to share with others, for with such sacrifices God is pleased.

---

c 12:26 Hag 2:6   d 12:27 transformación. Alt. remoción.
e 12:29 Dt 4:24   f 13:5 Dt 31:6   g 13:6 Sal 118:6,7

e 26 Haggai 2:6   f 29 Deut. 4:24   g 5 Deut. 31:6
h 6 Psalm 118:6,7

17 Obedezcan a sus dirigentes y sométanse a ellos, pues cuidan de ustedes como quienes tienen que rendir cuentas. Obedézcanlos a fin de que ellos cumplan su tarea con alegría y sin quejarse, pues el quejarse no les trae ningún provecho.

18 Oren por nosotros, porque estamos seguros de tener la conciencia tranquila y queremos portarnos honradamente en todo. 19 Les ruego encarecidamente que oren para que cuanto antes se me permita estar de nuevo con ustedes.

20 El Dios que da la paz levantó de entre los muertos al gran Pastor de las ovejas, a nuestro Señor Jesús, por la sangre del pacto eterno. 21 Que él los capacite en todo lo bueno para hacer su voluntad. Y que, por medio de Jesucristo, Dios cumpla en nosotros lo que le agrada. A él sea la gloria por los siglos de los siglos. Amén.

22 Hermanos, les ruego que reciban bien estas palabras de exhortación, ya que les he escrito brevemente.

23 Quiero que sepan que nuestro hermano Timoteo ha sido puesto en libertad. Si llega pronto, iré con él a verlos.

24 Saluden a todos sus dirigentes y a todos los *santos. Los de Italia les mandan saludos.

25 Que la gracia sea con todos ustedes.

17 Obey your leaders and submit to their authority. They keep watch over you as men who must give an account. Obey them so that their work will be a joy, not a burden, for that would be of no advantage to you.

18 Pray for us. We are sure that we have a clear conscience and desire to live honorably in every way. 19 I particularly urge you to pray so that I may be restored to you soon.

20 May the God of peace, who through the blood of the eternal covenant brought back from the dead our Lord Jesus, that great Shepherd of the sheep, 21 equip you with everything good for doing his will, and may he work in us what is pleasing to him, through Jesus Christ, to whom be glory for ever and ever. Amen.

22 Brothers, I urge you to bear with my word of exhortation, for I have written you only a short letter.

23 I want you to know that our brother Timothy has been released. If he arrives soon, I will come with him to see you.

24 Greet all your leaders and all God's people. Those from Italy send you their greetings.

25 Grace be with you all.

Carta de

Santiago

James

1 *Santiago, *siervo de Dios y del Señor *Jesucristo,

a las doce tribus que se hallan dispersas por el mundo:

Saludos.

Pruebas y tentaciones

2 Hermanos míos, considérense muy dichosos cuando tengan que enfrentarse con diversas *pruebas, 3 pues ya saben que la prueba de su fe produce constancia. 4 Y la constancia debe llevar a feliz término la obra, para que sean *perfectos e íntegros, sin que les falte nada. 5 Si a alguno de ustedes le falta sabiduría, pídasela a Dios, y él se la dará, pues Dios da a todos generosamente sin menospreciar a nadie. 6 Pero que pida con fe, sin dudar, porque quien duda es como las olas del mar, agitadas y llevadas de un lado a otro por el viento. 7 Quien es así no piense que va a recibir cosa alguna del Señor; 8 es indeciso e inconstante en todo lo que hace.

9 El hermano de condición humilde debe sentirse *orgulloso de su alta dignidad, 10 y el rico, de su humilde condición. El rico pasará como la flor del campo. 11 El sol, cuando sale, seca la planta con su calor abrasador. A ésta se le cae la flor y pierde su belleza. Así se marchitará también el rico en todas sus empresas.

12 *Dichoso el que resiste la *tentación porque, al salir aprobado, recibirá la corona de la vida que Dios ha prometido a quienes lo aman.

13 Que nadie, al ser tentado, diga: «Es Dios quien me tienta.» Porque Dios no puede ser tentado por el mal, ni tampoco tienta él a nadie. 14 Todo lo contrario, cada uno es tentado cuando sus propios malos deseos lo arrastran y seducen. 15 Luego, cuando el deseo ha concebido, engendra el pecado; y el pecado, una vez que ha sido consumado, da a luz la muerte.

16 Mis queridos hermanos, no se engañen. 17 Toda buena dádiva y todo don perfecto descienden de lo alto, donde está el Padre que creó las lumbreras celestes, y que no cambia como los astros ni se mueve como las sombras. 18 Por su propia voluntad nos hizo nacer mediante la palabra de verdad, para que fuéramos como los primeros y mejores frutos de su creación.

Hay que poner en práctica la palabra

19 Mis queridos hermanos, tengan presente esto: Todos deben estar listos para escuchar, y lentos para hablar y para enojarse; 20 pues la ira *humana no produce la vida justa que Dios quiere. 21 Por esto, despójense de toda inmundicia y de la maldad que tanto abunda, para que puedan recibir con humildad la palabra sembrada en ustedes, la cual tiene poder para salvarles la *vida.

22 No se contenten sólo con escuchar la palabra, pues así se engañan ustedes mismos. Llévenla a la práctica. 23 El que escucha la palabra pero no la pone en práctica es como el que se mira el rostro en un espejo 24 y, después de mirarse, se va y se olvida en seguida de cómo es. 25 Pero quien se fija atentamente en la ley perfecta que da libertad, y persevera en ella, no olvidando lo que ha oído sino haciéndolo, recibirá bendición al practicarla.

1 James, a servant of God and of the Lord Jesus Christ,

To the twelve tribes scattered among the nations:

Greetings.

Trials and Temptations

2 Consider it pure joy, my brothers, whenever you face trials of many kinds, 3 because you know that the testing of your faith develops perseverance. 4 Perseverance must finish its work so that you may be mature and complete, not lacking anything. 5 If any of you lacks wisdom, he should ask God, who gives generously to all without finding fault, and it will be given to him. 6 But when he asks, he must believe and not doubt, because he who doubts is like a wave of the sea, blown and tossed by the wind. 7 That man should not think he will receive anything from the Lord; 8 he is a double-minded man, unstable in all he does.

9 The brother in humble circumstances ought to take pride in his high position. 10 But the one who is rich should take pride in his low position, because he will pass away like a wild flower. 11 For the sun rises with scorching heat and withers the plant; its blossom falls and its beauty is destroyed. In the same way, the rich man will fade away even while he goes about his business.

12 Blessed is the man who perseveres under trial, because when he has stood the test, he will receive the crown of life that God has promised to those who love him.

13 When tempted, no one should say, "God is tempting me." For God cannot be tempted by evil, nor does he tempt anyone; 14 but each one is tempted when, by his own evil desire, he is dragged away and enticed. 15 Then, after desire has conceived, it gives birth to sin; and sin, when it is full-grown, gives birth to death.

16 Don't be deceived, my dear brothers. 17 Every good and perfect gift is from above, coming down from the Father of the heavenly lights, who does not change like shifting shadows. 18 He chose to give us birth through the word of truth, that we might be a kind of firstfruits of all he created.

Listening and Doing

19 My dear brothers, take note of this: Everyone should be quick to listen, slow to speak and slow to become angry, 20 for man's anger does not bring about the righteous life that God desires. 21 Therefore, get rid of all moral filth and the evil that is so prevalent and humbly accept the word planted in you, which can save you.

22 Do not merely listen to the word, and so deceive yourselves. Do what it says. 23 Anyone who listens to the word but does not do what it says is like a man who looks at his face in a mirror 24 and, after looking at himself, goes away and immediately forgets what he looks like. 25 But the man who looks intently into the perfect law that gives freedom, and continues to do this, not forgetting what he has heard, but doing it—he will be blessed in what he does.

26 Si alguien se cree religioso pero no le pone freno a su lengua, se engaña a sí mismo, y su religión no sirve para nada. 27 La religión pura y sin mancha delante de Dios nuestro Padre es ésta: atender a los huérfanos y a las viudas en sus aflicciones, y conservarse limpio de la corrupción del mundo.

Prohibición del favoritismo

2 Hermanos míos, la fe que tienen en nuestro glorioso Señor *Jesucristo no debe dar lugar a favoritismos. 2 Supongamos que en el lugar donde se reúnen entra un hombre con anillo de oro y ropa elegante, y entra también un pobre desharrapado. 3 Si atienden bien al que lleva ropa elegante y le dicen: «Siéntese usted aquí, en este lugar cómodo», pero al pobre le dicen: «Quédate ahí de pie» o «Siéntate en el suelo, a mis pies», 4 ¿acaso no hacen discriminación entre ustedes, juzgando con malas intenciones?

5 Escuchen, mis queridos hermanos: ¿No ha escogido Dios a los que son pobres según el mundo para que sean ricos en la fe y hereden el reino que prometió a quienes lo aman? 6 ¡Pero ustedes han menospreciado al pobre! ¿No son los ricos quienes los explotan a ustedes y los arrastran ante los tribunales? 7 ¿No son ellos los que *blasfeman el buen nombre de aquel a quien ustedes pertenecen?

8 Hacen muy bien si de veras cumplen la ley suprema de la Escritura: «Ama a tu prójimo como a ti mismo»;[a] 9 pero si muestran algún favoritismo, pecan y son culpables, pues la misma ley los acusa de ser transgresores. 10 Porque el que cumple con toda la ley pero falla en un solo punto ya es culpable de haberla quebrantado toda. 11 Pues el que dijo: «No cometas adulterio»,[b] también dijo: «No mates.»[c] Si no cometes adulterio, pero matas, ya has violado la ley.

12 Hablen y pórtense como quienes han de ser juzgados por la ley que nos da libertad, 13 porque habrá un juicio sin compasión para el que actúe sin compasión. ¡La compasión triunfa en el juicio!

La fe y las obras

14 Hermanos míos, ¿de qué le sirve a uno alegar que tiene fe, si no tiene obras? ¿Acaso podrá salvarlo esa fe? 15 Supongamos que un hermano o una hermana no tienen con qué vestirse y carecen del alimento diario, 16 y uno de ustedes les dice: «Que les vaya bien; abríguense y coman hasta saciarse», pero no les da lo necesario para el cuerpo. ¿De qué servirá eso? 17 Así también la fe por sí sola, si no tiene obras, está muerta.

18 Sin embargo, alguien dirá: «Tú tienes fe, y yo tengo obras.»

Pues bien, muéstrame tu fe sin las obras, y yo te mostraré la fe por mis obras. 19 ¿Tú crees que hay un solo Dios? ¡Magnífico! También los demonios lo creen, y tiemblan.

20 ¡Qué tonto eres! ¿Quieres convencerte de que la fe sin obras es estéril?[d] 21 ¿No fue declarado justo nuestro padre Abraham por lo que hizo cuando ofreció sobre el altar a su hijo Isaac? 22 Ya lo ves: Su fe y sus obras actuaban conjuntamente, y su fe llegó a la *perfección por las obras que hizo. 23 Así se cumplió la Escritura que dice: «Le creyó Abraham a Dios, y esto se le tomó en cuenta como justicia»,[e] y fue llamado amigo de Dios. 24 Como pueden ver, a una persona se le declara justa por las obras, y no sólo por la fe.

Favoritism Forbidden

2 My brothers, as believers in our glorious Lord Jesus Christ, don't show favoritism. 2 Suppose a man comes into your meeting wearing a gold ring and fine clothes, and a poor man in shabby clothes also comes in. 3 If you show special attention to the man wearing fine clothes and say, "Here's a good seat for you," but say to the poor man, "You stand there" or "Sit on the floor by my feet," 4 have you not discriminated among yourselves and become judges with evil thoughts?

5 Listen, my dear brothers: Has not God chosen those who are poor in the eyes of the world to be rich in faith and to inherit the kingdom he promised those who love him? 6 But you have insulted the poor. Is it not the rich who are exploiting you? Are they not the ones who are dragging you into court? 7 Are they not the ones who are slandering the noble name of him to whom you belong?

8 If you really keep the royal law found in Scripture, "Love your neighbor as yourself,"[a] you are doing right. 9 But if you show favoritism, you sin and are convicted by the law as lawbreakers. 10 For whoever keeps the whole law and yet stumbles at just one point is guilty of breaking all of it. 11 For he who said, "Do not commit adultery,"[b] also said, "Do not murder."[c] If you do not commit adultery but do commit murder, you have become a lawbreaker.

12 Speak and act as those who are going to be judged by the law that gives freedom, 13 because judgment without mercy will be shown to anyone who has not been merciful. Mercy triumphs over judgment!

Faith and Deeds

14 What good is it, my brothers, if a man claims to have faith but has no deeds? Can such faith save him? 15 Suppose a brother or sister is without clothes and daily food. 16 If one of you says to him, "Go, I wish you well; keep warm and well fed," but does nothing about his physical needs, what good is it? 17 In the same way, faith by itself, if it is not accompanied by action, is dead.

18 But someone will say, "You have faith; I have deeds."

Show me your faith without deeds, and I will show you my faith by what I do. 19 You believe that there is one God. Good! Even the demons believe that—and shudder.

20 You foolish man, do you want evidence that faith without deeds is useless[d]? 21 Was not our ancestor Abraham considered righteous for what he did when he offered his son Isaac on the altar? 22 You see that his faith and his actions were working together, and his faith was made complete by what he did. 23 And the scripture was fulfilled that says, "Abraham believed God, and it was credited to him as righteousness,"[e] and he was called God's friend. 24 You see that a person is justified by what he does and not by faith alone.

---

a 2:8 Lv 19:18   b 2:11 Éx 20:14; Dt 5:18   c 2:11 Éx 20:13; Dt 5:17   d 2:20 es estéril. Var. está muerta.   e 2:23 Gn 15:6

a 8 Lev. 19:18   b 11 Exodus 20:14; Deut. 5:18   c 11 Exodus 20:13; Deut. 5:17   d 20 Some early manuscripts dead   e 23 Gen. 15:6

25 De igual manera, ¿no fue declarada justa por las obras aun la prostituta Rajab, cuando hospedó a los espías y les ayudó a huir por otro camino? 26 Pues como el cuerpo sin el espíritu está muerto, así también la fe sin obras está muerta.

25 In the same way, was not even Rahab the prostitute considered righteous for what she did when she gave lodging to the spies and sent them off in a different direction? 26 As the body without the spirit is dead, so faith without deeds is dead.

Hay que domar la lengua

3 Hermanos míos, no pretendan muchos de ustedes ser maestros, pues, como saben, seremos juzgados con más severidad. 2 Todos fallamos mucho. Si alguien nunca falla en lo que dice, es una persona *perfecta, capaz también de controlar todo su cuerpo.

3 Cuando ponemos freno en la boca de los caballos para que nos obedezcan, podemos controlar todo el animal. 4 Fíjense también en los barcos. A pesar de ser tan grandes y de ser impulsados por fuertes vientos, se gobiernan por un pequeño timón a voluntad del piloto. 5 Así también la lengua es un miembro muy pequeño del cuerpo, pero hace alarde de grandes hazañas. ¡Imagínense qué gran bosque se incendia con tan pequeña chispa! 6 También la lengua es un fuego, un mundo de maldad. Siendo uno de nuestros órganos, contamina todo el cuerpo y, encendida por el infierno,f prende a su vez fuego a todo el curso de la vida.

7 El *ser humano sabe domar y, en efecto, ha domado toda clase de fieras, de aves, de reptiles y de bestias marinas; 8 pero nadie puede domar la lengua. Es un mal irrefrenable, lleno de veneno mortal.

9 Con la lengua bendecimos a nuestro Señor y Padre, y con ella maldecimos a las personas, creadas a imagen de Dios. 10 De una misma boca salen bendición y maldición. Hermanos míos, esto no debe ser así. 11 ¿Puede acaso brotar de una misma fuente agua dulce y agua salada?g 12 Hermanos míos, ¿acaso puede dar aceitunas una higuera o higos una vid? Pues tampoco una fuente de agua salada puede dar agua dulce.

Dos clases de sabiduría

13 ¿Quién es sabio y entendido entre ustedes? Que lo demuestre con su buena conducta, mediante obras hechas con la humildad que le da su sabiduría. 14 Pero si ustedes tienen envidias amargas y rivalidades en el corazón, dejen de presumir y de faltar a la verdad. 15 Ésa no es la sabiduría que desciende del cielo, sino que es terrenal, puramente *humana y diabólica. 16 Porque donde hay envidias y rivalidades, también hay confusión y toda clase de acciones malvadas.

17 En cambio, la sabiduría que desciende del cielo es ante todo pura, y además pacífica, bondadosa, dócil, llena de compasión y de buenos frutos, imparcial y sincera. 18 En fin, el fruto de la justicia se siembra en paz parah los que hacen la paz.

Sométanse a Dios

4 ¿De dónde surgen las guerras y los conflictos entre ustedes? ¿No es precisamente de las pasiones que luchan dentro de ustedes mismos?i 2 Desean algo y no lo consiguen. Matan y sienten envidia, y no pueden obtener lo que quieren. Riñen y se hacen la guerra. No tienen, porque no piden. 3 Y cuando piden, no reciben porque piden con malas intenciones, para satisfacer sus propias pasiones.

4 ¡Oh gente adúltera! ¿No saben que la amistad con el mundo es enemistad con Dios? Si alguien quiere ser

Taming the Tongue

3 Not many of you should presume to be teachers, my brothers, because you know that we who teach will be judged more strictly. 2 We all stumble in many ways. If anyone is never at fault in what he says, he is a perfect man, able to keep his whole body in check.

3 When we put bits into the mouths of horses to make them obey us, we can turn the whole animal. 4 Or take ships as an example. Although they are so large and are driven by strong winds, they are steered by a very small rudder wherever the pilot wants to go. 5 Likewise the tongue is a small part of the body, but it makes great boasts. Consider what a great forest is set on fire by a small spark. 6 The tongue also is a fire, a world of evil among the parts of the body. It corrupts the whole person, sets the whole course of his life on fire, and is itself set on fire by hell.

7 All kinds of animals, birds, reptiles and creatures of the sea are being tamed and have been tamed by man, 8 but no man can tame the tongue. It is a restless evil, full of deadly poison.

9 With the tongue we praise our Lord and Father, and with it we curse men, who have been made in God's likeness. 10 Out of the same mouth come praise and cursing. My brothers, this should not be. 11 Can both fresh water and saltf water flow from the same spring? 12 My brothers, can a fig tree bear olives, or a grapevine bear figs? Neither can a salt spring produce fresh water.

Two Kinds of Wisdom

13 Who is wise and understanding among you? Let him show it by his good life, by deeds done in the humility that comes from wisdom. 14 But if you harbor bitter envy and selfish ambition in your hearts, do not boast about it or deny the truth. 15 Such "wisdom" does not come down from heaven but is earthly, unspiritual, of the devil. 16 For where you have envy and selfish ambition, there you find disorder and every evil practice.

17 But the wisdom that comes from heaven is first of all pure; then peace-loving, considerate, submissive, full of mercy and good fruit, impartial and sincere. 18 Peacemakers who sow in peace raise a harvest of righteousness.

Submit Yourselves to God

4 What causes fights and quarrels among you? Don't they come from your desires that battle within you? 2 You want something but don't get it. You kill and covet, but you cannot have what you want. You quarrel and fight. You do not have, because you do not ask God. 3 When you ask, you do not receive, because you ask with wrong motives, that you may spend what you get on your pleasures.

4 You adulterous people, don't you know that friendship with the world is hatred toward God? Anyone who chooses to be a friend of the world becomes an enemy

---

f 3:6 el infierno. Lit. la *Gehenna.   g 3:11 salada. Lit. amarga (véase también v. 12).   h 3:18 para. Alt. por.   i 4:1 luchan ... mismos. Lit. hacen guerra en sus miembros.

f 11 Greek bitter (see also verse 14)

amigo del mundo se vuelve enemigo de Dios. ⁵¿O creen que la Escritura dice en vano que Dios ama celosamente al espíritu que hizo morar en nosotros?*j* ⁶Pero él nos da mayor ayuda con su gracia. Por eso dice la Escritura:

> «Dios se opone a los orgullosos,
> pero da gracia a los humildes.»*k*

⁷Así que sométanse a Dios. Resistan al diablo, y él huirá de ustedes. ⁸Acérquense a Dios, y él se acercará a ustedes. ¡Pecadores, límpiense las manos! ¡Ustedes los inconstantes, purifiquen su corazón! ⁹Reconozcan sus miserias, lloren y laméntense. Que su risa se convierta en llanto, y su alegría en tristeza. ¹⁰Humíllense delante del Señor, y él los exaltará.

¹¹Hermanos, no hablen mal unos de otros. Si alguien habla mal de su hermano, o lo juzga, habla mal de la ley y la juzga. Y si juzgas la ley, ya no eres cumplidor de la ley, sino su juez. ¹²No hay más que un solo legislador y juez, aquel que puede salvar y destruir. Tú, en cambio, ¿quién eres para juzgar a tu prójimo?

Alarde sobre el mañana

¹³Ahora escuchen esto, ustedes que dicen: «Hoy o mañana iremos a tal o cual ciudad, pasaremos allí un año, haremos negocios y ganaremos dinero.» ¹⁴¡Y eso que ni siquiera saben qué sucederá mañana! ¿Qué es su vida? Ustedes son como la niebla, que aparece por un momento y luego se desvanece. ¹⁵Más bien, debieran decir: «Si el Señor quiere, viviremos y haremos esto o aquello.» ¹⁶Pero ahora se *jactan en sus fanfarronerías. Toda esta jactancia es mala. ¹⁷Así que comete pecado todo el que sabe hacer el bien y no lo hace.

Advertencia a los ricos opresores

5 Ahora escuchen, ustedes los ricos: ¡lloren a gritos por las calamidades que se les vienen encima! ²Se ha podrido su riqueza, y sus ropas están comidas por la polilla. ³Se han oxidado su oro y su plata. Ese óxido dará testimonio contra ustedes y consumirá como fuego sus cuerpos. Han amontonado riquezas, ¡y eso que estamos en los últimos tiempos! ⁴Oigan cómo clama contra ustedes el salario no pagado a los obreros que les trabajaron sus campos. El clamor de esos trabajadores ha llegado a oídos del Señor Todopoderoso. ⁵Ustedes han llevado en este mundo una vida de lujo y de placer desenfrenado. Lo que han hecho es engordar para el día de la matanza.*l* ⁶Han condenado y matado al justo sin que él les ofreciera resistencia.

Paciencia en los sufrimientos

⁷Por tanto, hermanos, tengan paciencia hasta la venida del Señor. Miren cómo espera el agricultor a que la tierra dé su precioso fruto y con qué paciencia aguarda las temporadas de lluvia. ⁸Así también ustedes, manténganse firmes y aguarden con paciencia la venida del Señor, que ya se acerca. ⁹No se quejen unos de otros, hermanos, para que no sean juzgados. ¡El juez ya está a la puerta!

¹⁰Hermanos, tomen como ejemplo de sufrimiento y de paciencia a los profetas que hablaron en el nombre

of God. ⁵Or do you think Scripture says without reason that the spirit he caused to live in us envies intensely?*g* ⁶But he gives us more grace. That is why Scripture says:

> "God opposes the proud
> but gives grace to the humble."*h*

⁷Submit yourselves, then, to God. Resist the devil, and he will flee from you. ⁸Come near to God and he will come near to you. Wash your hands, you sinners, and purify your hearts, you double-minded. ⁹Grieve, mourn and wail. Change your laughter to mourning and your joy to gloom. ¹⁰Humble yourselves before the Lord, and he will lift you up.

¹¹Brothers, do not slander one another. Anyone who speaks against his brother or judges him speaks against the law and judges it. When you judge the law, you are not keeping it, but sitting in judgment on it. ¹²There is only one Lawgiver and Judge, the one who is able to save and destroy. But you—who are you to judge your neighbor?

Boasting About Tomorrow

¹³Now listen, you who say, "Today or tomorrow we will go to this or that city, spend a year there, carry on business and make money." ¹⁴Why, you do not even know what will happen tomorrow. What is your life? You are a mist that appears for a little while and then vanishes. ¹⁵Instead, you ought to say, "If it is the Lord's will, we will live and do this or that." ¹⁶As it is, you boast and brag. All such boasting is evil. ¹⁷Anyone, then, who knows the good he ought to do and doesn't do it, sins.

Warning to Rich Oppressors

5 Now listen, you rich people, weep and wail because of the misery that is coming upon you. ²Your wealth has rotted, and moths have eaten your clothes. ³Your gold and silver are corroded. Their corrosion will testify against you and eat your flesh like fire. You have hoarded wealth in the last days. ⁴Look! The wages you failed to pay the workmen who mowed your fields are crying out against you. The cries of the harvesters have reached the ears of the Lord Almighty. ⁵You have lived on earth in luxury and self-indulgence. You have fattened yourselves in the day of slaughter.*i* ⁶You have condemned and murdered innocent men, who were not opposing you.

Patience in Suffering

⁷Be patient, then, brothers, until the Lord's coming. See how the farmer waits for the land to yield its valuable crop and how patient he is for the autumn and spring rains. ⁸You too, be patient and stand firm, because the Lord's coming is near. ⁹Don't grumble against each other, brothers, or you will be judged. The Judge is standing at the door!

¹⁰Brothers, as an example of patience in the face of suffering, take the prophets who spoke in the name of

---

j 4:5 *Dios ... nosotros.* Alt. *el espíritu que él hizo morar en nosotros envidia intensamente,* o *el Espíritu que él hizo morar en nosotros ama celosamente.*   *k* 4:6 Pr 3:34   *l* 5:5 *Lo ... matanza.* Alt. *Han engordado como en un banquete.*

g 5 Or *that God jealously longs for the spirit that he made to live in us;* or *that the Spirit he caused to live in us longs jealously*   *h* 6 Prov. 3:34   *i* 5 Or *yourselves as in a day of feasting*

del Señor. 11 En verdad, consideramos *dichosos a los que perseveraron. Ustedes han oído hablar de la perseverancia de Job, y han visto lo que al final le dio el Señor. Es que el Señor es muy compasivo y misericordioso.

12 Sobre todo, hermanos míos, no juren ni por el cielo ni por la tierra ni por ninguna otra cosa. Que su «sí» sea «sí», y su «no», «no», para que no sean condenados.

La oración de fe

13 ¿Está afligido alguno entre ustedes? Que ore. ¿Está alguno de buen ánimo? Que cante alabanzas. 14 ¿Está enfermo alguno de ustedes? Haga llamar a los *ancianos de la iglesia para que oren por él y lo unjan con aceite en el nombre del Señor. 15 La oración de fe sanará al enfermo y el Señor lo levantará. Y si ha pecado, su pecado se le perdonará. 16 Por eso, confiésense unos a otros sus pecados, y oren unos por otros, para que sean sanados. La oración del justo es poderosa y eficaz.

17 Elías era un hombre con debilidades como las nuestras. Con fervor oró que no lloviera, y no llovió sobre la tierra durante tres años y medio. 18 Volvió a orar, y el cielo dio su lluvia y la tierra produjo sus frutos.

19 Hermanos míos, si alguno de ustedes se extravía de la verdad, y otro lo hace volver a ella, 20 recuerden que quien hace volver a un pecador de su extravío, lo salvará de la muerte y cubrirá muchísimos pecados.

the Lord. 11 As you know, we consider blessed those who have persevered. You have heard of Job's perseverance and have seen what the Lord finally brought about. The Lord is full of compassion and mercy.

12 Above all, my brothers, do not swear—not by heaven or by earth or by anything else. Let your "Yes" be yes, and your "No," no, or you will be condemned.

The Prayer of Faith

13 Is any one of you in trouble? He should pray. Is anyone happy? Let him sing songs of praise. 14 Is any one of you sick? He should call the elders of the church to pray over him and anoint him with oil in the name of the Lord. 15 And the prayer offered in faith will make the sick person well; the Lord will raise him up. If he has sinned, he will be forgiven. 16 Therefore confess your sins to each other and pray for each other so that you may be healed. The prayer of a righteous man is powerful and effective.

17 Elijah was a man just like us. He prayed earnestly that it would not rain, and it did not rain on the land for three and a half years. 18 Again he prayed, and the heavens gave rain, and the earth produced its crops.

19 My brothers, if one of you should wander from the truth and someone should bring him back, 20 remember this: Whoever turns a sinner from the error of his way will save him from death and cover over a multitude of sins.

Primera Carta de

Pedro

1 Pedro, apóstol de *Jesucristo,

a los elegidos, extranjeros dispersos por el Ponto, Galacia, Capadocia, *Asia y Bitinia, 2 según la previsión[a] de Dios el Padre, mediante la obra *santificadora del Espíritu, para obedecer a Jesucristo y ser redimidos[b] por su sangre:

Que abunden en ustedes la gracia y la paz.

Alabanza a Dios por una esperanza viva

3 ¡Alabado sea Dios, Padre de nuestro Señor Jesucristo! Por su gran misericordia, nos ha hecho nacer de nuevo mediante la resurrección de Jesucristo, para que tengamos una esperanza viva 4 y recibamos una herencia indestructible, incontaminada e inmarchitable. Tal herencia está reservada en el cielo para ustedes, 5 a quienes el poder de Dios protege mediante la fe hasta que llegue la salvación que se ha de revelar en los últimos tiempos. 6 Esto es para ustedes motivo de gran alegría, a pesar de que hasta ahora han tenido que sufrir diversas *pruebas por un tiempo. 7 El oro, aunque perecedero, se acrisola al fuego. Así también la fe de ustedes, que vale mucho más que el oro, al ser acrisolada por las pruebas demostrará que es digna de aprobación, gloria y honor cuando Jesucristo se revele. 8 Ustedes lo aman a pesar de no haberlo visto; y aunque no lo ven ahora, creen en él y se alegran con un gozo indescriptible y glorioso, 9 pues están obteniendo la meta de su fe, que es su salvación.

10 Los profetas, que anunciaron la gracia reservada para ustedes, estudiaron y observaron esta salvación. 11 Querían descubrir a qué tiempo y a cuáles circunstancias se refería el Espíritu de *Cristo, que estaba en ellos, cuando testificó de antemano acerca de los sufrimientos de Cristo y de la gloria que vendría después de éstos. 12 A ellos se les reveló que no se estaban sirviendo a sí mismos, sino que les servían a ustedes. Hablaban de las cosas que ahora les han anunciado los que les predicaron el *evangelio por medio del Espíritu Santo enviado del cielo. Aun los mismos ángeles anhelan contemplar esas cosas.

Sean santos

13 Por eso, dispónganse para actuar con inteligencia;[c] tengan dominio propio; pongan su esperanza completamente en la gracia que se les dará cuando se revele *Jesucristo. 14 Como hijos obedientes, no se amolden a los malos deseos que tenían antes, cuando vivían en la ignorancia. 15 Más bien, sean ustedes *santos en todo lo que hagan, como también es santo quien los llamó; 16 pues está escrito: «Sean santos, porque yo soy santo.»[d] 17 Ya que invocan como Padre al que juzga con imparcialidad las obras de cada uno, vivan con temor reverente mientras sean peregrinos en este mundo. 18 Como bien saben, ustedes fueron rescatados de la vida absurda que heredaron de sus antepasados. El precio de su rescate no se pagó con cosas perecede-

---

1 Peter

1 Peter, an apostle of Jesus Christ,

To God's elect, strangers in the world, scattered throughout Pontus, Galatia, Cappadocia, Asia and Bithynia, 2 who have been chosen according to the foreknowledge of God the Father, through the sanctifying work of the Spirit, for obedience to Jesus Christ and sprinkling by his blood:

Grace and peace be yours in abundance.

Praise to God for a Living Hope

3 Praise be to the God and Father of our Lord Jesus Christ! In his great mercy he has given us new birth into a living hope through the resurrection of Jesus Christ from the dead, 4 and into an inheritance that can never perish, spoil or fade—kept in heaven for you, 5 who through faith are shielded by God's power until the coming of the salvation that is ready to be revealed in the last time. 6 In this you greatly rejoice, though now for a little while you may have had to suffer grief in all kinds of trials. 7 These have come so that your faith—of greater worth than gold, which perishes even though refined by fire—may be proved genuine and may result in praise, glory and honor when Jesus Christ is revealed. 8 Though you have not seen him, you love him; and even though you do not see him now, you believe in him and are filled with an inexpressible and glorious joy, 9 for you are receiving the goal of your faith, the salvation of your souls.

10 Concerning this salvation, the prophets, who spoke of the grace that was to come to you, searched intently and with the greatest care, 11 trying to find out the time and circumstances to which the Spirit of Christ in them was pointing when he predicted the sufferings of Christ and the glories that would follow. 12 It was revealed to them that they were not serving themselves but you, when they spoke of the things that have now been told you by those who have preached the gospel to you by the Holy Spirit sent from heaven. Even angels long to look into these things.

Be Holy

13 Therefore, prepare your minds for action; be self-controlled; set your hope fully on the grace to be given you when Jesus Christ is revealed. 14 As obedient children, do not conform to the evil desires you had when you lived in ignorance. 15 But just as he who called you is holy, so be holy in all you do; 16 for it is written: "Be holy, because I am holy."[a] 17 Since you call on a Father who judges each man's work impartially, live your lives as strangers here in reverent fear. 18 For you know that it was not with perishable things such as silver or gold that you were redeemed from the empty way of life handed down to

---

a 1:2 la previsión. Lit. el conocimiento previo.   b 1:2 redimidos. Lit. rociados.   c 1:13 dispónganse ... inteligencia. Lit. ceñidos los lomos de su mente.   d 1:16 Lv 11:44,45; 19:2; 20:7; Is 40:6-8

a 16 Lev. 11:44,45; 19:2; 20:7

ras, como el oro o la plata, ¹⁹sino con la preciosa sangre de Cristo, como de un cordero sin mancha y sin defecto. ²⁰Cristo, a quien Dios escogió antes de la creación del mundo, se ha manifestado en estos últimos tiempos en beneficio de ustedes. ²¹Por medio de él ustedes creen en Dios, que lo *resucitó y glorificó, de modo que su fe y su esperanza están puestas en Dios.

²²Ahora que se han purificado obedeciendo a la verdad y tienen un amor sincero por sus hermanos, ámense de todo corazón^e los unos a los otros. ²³Pues ustedes han nacido de nuevo, no de simiente perecedera, sino de simiente imperecedera, mediante la palabra de Dios que vive y permanece. ²⁴Porque

    «todo *mortal es como la hierba,
       y toda su gloria como la flor del campo;
    la hierba se seca y la flor se cae,
    ²⁵ pero la palabra del Señor permanece para
       siempre.»^f

Y ésta es la palabra del evangelio que se les ha anunciado a ustedes.

2 Por lo tanto, abandonando toda maldad y todo engaño, hipocresía, envidias y toda calumnia, ²deseen con ansias la leche pura de la palabra,^g como niños recién nacidos. Así, por medio de ella, crecerán en su salvación, ³ahora que han probado lo bueno que es el Señor.

La piedra viva y su pueblo escogido

⁴*Cristo es la piedra viva, rechazada por los *seres humanos pero escogida y preciosa ante Dios. Al acercarse a él, ⁵también ustedes son como piedras vivas, con las cuales se está edificando una casa espiritual. De este modo llegan a ser un sacerdocio *santo, para ofrecer sacrificios espirituales que Dios acepta por medio de Jesucristo. ⁶Así dice la Escritura:

    «Miren que pongo en Sión
      una piedra principal escogida y preciosa,
    y el que confíe en ella
      no será jamás defraudado.»^h

⁷Para ustedes los creyentes, esta piedra es preciosa; pero para los incrédulos,

    «la piedra que desecharon los constructores
      ha llegado a ser la piedra angular»,ⁱ

⁸y también:

    «una piedra de *tropiezo
      y una roca que hace *caer.»^j

Tropiezan al desobedecer la palabra, para lo cual estaban destinados.

⁹Pero ustedes son linaje escogido, real sacerdocio, nación santa, pueblo que pertenece a Dios, para que proclamen las obras maravillosas de aquel que los llamó de las tinieblas a su luz admirable. ¹⁰Ustedes antes ni siquiera eran pueblo, pero ahora son pueblo de Dios; antes no habían recibido misericordia, pero ahora ya la han recibido.

¹¹Queridos hermanos, les ruego como a extranjeros y peregrinos en este mundo, que se aparten de los deseos pecaminosos^k que combaten contra la *vida.

you from your forefathers, ¹⁹but with the precious blood of Christ, a lamb without blemish or defect. ²⁰He was chosen before the creation of the world, but was revealed in these last times for your sake. ²¹Through him you believe in God, who raised him from the dead and glorified him, and so your faith and hope are in God.

²²Now that you have purified yourselves by obeying the truth so that you have sincere love for your brothers, love one another deeply, from the heart.^b ²³For you have been born again, not of perishable seed, but of imperishable, through the living and enduring word of God. ²⁴For,

    "All men are like grass,
      and all their glory is like the flowers of
        the field;
    the grass withers and the flowers fall,
    ²⁵ but the word of the Lord stands
       forever."^c

And this is the word that was preached to you.

2 Therefore, rid yourselves of all malice and all deceit, hypocrisy, envy, and slander of every kind. ²Like newborn babies, crave pure spiritual milk, so that by it you may grow up in your salvation, ³now that you have tasted that the Lord is good.

The Living Stone and a Chosen People

⁴As you come to him, the living Stone—rejected by men but chosen by God and precious to him— ⁵you also, like living stones, are being built into a spiritual house to be a holy priesthood, offering spiritual sacrifices acceptable to God through Jesus Christ. ⁶For in Scripture it says:

    "See, I lay a stone in Zion,
      a chosen and precious cornerstone,
    and the one who trusts in him
      will never be put to shame."^d

⁷Now to you who believe, this stone is precious. But to those who do not believe,

    "The stone the builders rejected
      has become the capstone,^e"^f

⁸and,

    "A stone that causes men to stumble
      and a rock that makes them fall."^g

They stumble because they disobey the message— which is also what they were destined for.

⁹But you are a chosen people, a royal priesthood, a holy nation, a people belonging to God, that you may declare the praises of him who called you out of darkness into his wonderful light. ¹⁰Once you were not a people, but now you are the people of God; once you had not received mercy, but now you have received mercy.

¹¹Dear friends, I urge you, as aliens and strangers in the world, to abstain from sinful desires, which war

---

^e *1:22 de todo corazón.* Var. *con corazón puro.*   ^f*1:25* Is 40:6-8
^g*2:2 leche pura de la palabra.* Alt. *leche espiritual pura.*
^h*2:6* Is 28:16   ⁱ*2:7* Sal 118:22   ^j*2:8* Is 8:14
^k*2:11 pecaminosos.* Lit. **carnales.*

^b*22* Some early manuscripts *from a pure heart*
^c*25* Isaiah 40:6-8   ^d*6* Isaiah 28:16   ^e*7* Or *cornerstone*
^f*7* Psalm 118:22   ^g*8* Isaiah 8:14

12Mantengan entre los incrédulos[l] una conducta tan ejemplar que, aunque los acusen de hacer el mal, ellos observen las buenas obras de ustedes y glorifiquen a Dios en el día de la salvación.[m]

Sumisión a los gobernantes y a los superiores

13Sométanse por causa del Señor a toda autoridad humana, ya sea al rey como suprema autoridad, 14o a los gobernadores que él envía para castigar a los que hacen el mal y reconocer a los que hacen el bien. 15Porque ésta es la voluntad de Dios: que, practicando el bien, hagan callar la ignorancia de los insensatos. 16Eso es actuar como personas libres que no se valen de su libertad para disimular la maldad, sino que viven como *siervos de Dios. 17Den a todos el debido respeto: amen a los hermanos, teman a Dios, respeten al rey.

18Criados, sométanse con todo respeto a sus amos, no sólo a los buenos y comprensivos sino también a los insoportables. 19Porque es digno de elogio que, por sentido de responsabilidad delante de Dios, se soporten las penalidades, aun sufriendo injustamente. 20Pero ¿cómo pueden ustedes atribuirse mérito alguno si soportan que los maltraten por hacer el mal? En cambio, si sufren por hacer el bien, eso merece elogio delante de Dios. 21Para esto fueron llamados, porque *Cristo sufrió por ustedes, dándoles ejemplo para que sigan sus pasos.

22«Él no cometió ningún pecado,
   ni hubo engaño en su boca.»[n]

23Cuando proferían insultos contra él, no replicaba con insultos; cuando padecía, no amenazaba, sino que se entregaba a aquel que juzga con justicia. 24Él mismo, en su cuerpo, llevó al madero nuestros pecados, para que muramos al pecado y vivamos para la justicia. Por sus heridas ustedes han sido sanados. 25Antes eran ustedes como ovejas descarriadas, pero ahora han vuelto al Pastor que cuida[ñ] de sus vidas.

Deberes conyugales

3 Así mismo, esposas, sométanse a sus esposos, de modo que si algunos de ellos no creen en la palabra, puedan ser ganados más por el comportamiento de ustedes que por sus palabras, 2al observar su conducta íntegra y respetuosa. 3Que la belleza de ustedes no sea la externa, que consiste en adornos tales como peinados ostentosos, joyas de oro y vestidos lujosos. 4Que su belleza sea más bien la incorruptible, la que procede de lo íntimo del corazón y consiste en un espíritu suave y apacible. Ésta sí que tiene mucho valor delante de Dios. 5Así se adornaban en tiempos antiguos las *santas mujeres que esperaban en Dios, cada una sumisa a su esposo. 6Tal es el caso de Sara, que obedecía a Abraham y lo llamaba su señor. Ustedes son hijas de ella si hacen el bien y viven sin ningún temor.

7De igual manera, ustedes esposos, sean comprensivos en su vida conyugal, tratando cada uno a su esposa con respeto, ya que como mujer es más delicada,[o] y ambos son herederos del grato don de la vida. Así nada estorbará las oraciones de ustedes.

Sufriendo por hacer el bien

8En fin, vivan en armonía los unos con los otros; compartan penas y alegrías, practiquen el amor frater-

against your soul. 12Live such good lives among the pagans that, though they accuse you of doing wrong, they may see your good deeds and glorify God on the day he visits us.

Submission to Rulers and Masters

13Submit yourselves for the Lord's sake to every authority instituted among men: whether to the king, as the supreme authority, 14or to governors, who are sent by him to punish those who do wrong and to commend those who do right. 15For it is God's will that by doing good you should silence the ignorant talk of foolish men. 16Live as free men, but do not use your freedom as a cover-up for evil; live as servants of God. 17Show proper respect to everyone: Love the brotherhood of believers, fear God, honor the king.

18Slaves, submit yourselves to your masters with all respect, not only to those who are good and considerate, but also to those who are harsh. 19For it is commendable if a man bears up under the pain of unjust suffering because he is conscious of God. 20But how is it to your credit if you receive a beating for doing wrong and endure it? But if you suffer for doing good and you endure it, this is commendable before God. 21To this you were called, because Christ suffered for you, leaving you an example, that you should follow in his steps.

22"He committed no sin,
   and no deceit was found in his mouth."[h]

23When they hurled their insults at him, he did not retaliate; when he suffered, he made no threats. Instead, he entrusted himself to him who judges justly. 24He himself bore our sins in his body on the tree, so that we might die to sins and live for righteousness; by his wounds you have been healed. 25For you were like sheep going astray, but now you have returned to the Shepherd and Overseer of your souls.

Wives and Husbands

3 Wives, in the same way be submissive to your husbands so that, if any of them do not believe the word, they may be won over without words by the behavior of their wives, 2when they see the purity and reverence of your lives. 3Your beauty should not come from outward adornment, such as braided hair and the wearing of gold jewelry and fine clothes. 4Instead, it should be that of your inner self, the unfading beauty of a gentle and quiet spirit, which is of great worth in God's sight. 5For this is the way the holy women of the past who put their hope in God used to make themselves beautiful. They were submissive to their own husbands, 6like Sarah, who obeyed Abraham and called him her master. You are her daughters if you do what is right and do not give way to fear.

7Husbands, in the same way be considerate as you live with your wives, and treat them with respect as the weaker partner and as heirs with you of the gracious gift of life, so that nothing will hinder your prayers.

Suffering for Doing Good

8Finally, all of you, live in harmony with one another; be sympathetic, love as brothers, be compassionate

---

[l]2:12 incrédulos. Lit. *gentiles.   [m]2:12 de la salvación. Alt. del juicio. Lit. de la visitación.   [n]2:22 Is 53:9   [ñ]2:25 Pastor que cuida. Lit. Pastor y *Obispo.   [o]3:7 ya que ... delicada. Lit. como a vaso más frágil.

[h]22 Isaiah 53:9

nal, sean compasivos y humildes. ⁹No devuelvan mal por mal ni insulto por insulto; más bien, bendigan, porque para esto fueron llamados, para heredar una bendición. ¹⁰En efecto,

> «el que quiera amar la vida
> y gozar de días felices,
> que refrene su lengua de hablar el mal
> y sus labios de proferir engaños;
> ¹¹que se aparte del mal y haga el bien;
> que busque la paz y la siga.
> ¹²Porque los ojos del Señor están sobre los
> justos,
> y sus oídos, atentos a sus oraciones;
> pero el rostro del Señor está contra los que
> hacen el mal.»^p

¹³Y a ustedes, ¿quién les va a hacer daño si se esfuerzan por hacer el bien? ¹⁴¡*Dichosos si sufren por causa de la justicia! «No teman lo que ellos temen,^q ni se dejen asustar.»^r ¹⁵Más bien, honren en su corazón a *Cristo como Señor. Estén siempre preparados para responder a todo el que les pida razón de la esperanza que hay en ustedes. ¹⁶Pero háganlo con gentileza y respeto, manteniendo la conciencia limpia, para que los que hablan mal de la buena conducta de ustedes en Cristo, se avergüencen de sus calumnias. ¹⁷Si es la voluntad de Dios, es preferible sufrir por hacer el bien que por hacer el mal.

¹⁸Porque Cristo murió por los pecados una vez por todas, el justo por los injustos, a fin de llevarlos a ustedes a Dios. Él sufrió la muerte en su *cuerpo, pero el Espíritu hizo que volviera a la vida.^s ¹⁹Por medio del Espíritu fue y predicó a los espíritus encarcelados, ²⁰que en los tiempos antiguos, en los días de Noé, desobedecieron, cuando Dios esperaba con paciencia mientras se construía el arca. En ella sólo pocas personas, ocho en total, se salvaron mediante el agua, ²¹la cual simboliza el bautismo que ahora los salva también a ustedes. El bautismo no consiste en la limpieza del cuerpo, sino en el compromiso de tener una buena conciencia delante de Dios. Esta salvación es posible por la resurrección de Jesucristo, ²²quien subió al cielo y tomó su lugar a la *derecha de Dios, y a quien están sometidos los ángeles, las autoridades y los poderes.

Viviendo el ejemplo de Cristo

4 Por tanto, ya que *Cristo sufrió en el cuerpo, asuman también ustedes la misma actitud; porque el que ha sufrido en el *cuerpo ha roto con el pecado, ²para vivir el resto de su vida terrenal no satisfaciendo sus pasiones *humanas sino cumpliendo la voluntad de Dios. ³Pues ya basta con el tiempo que han desperdiciado haciendo lo que agrada a los incrédulos,^t entregados al desenfreno, a las pasiones, a las borracheras, a las orgías, a las parrandas y a las idolatrías abominables. ⁴A ellos les parece extraño que ustedes ya no corran con ellos en ese mismo desbordamiento de inmoralidad, y por eso los insultan. ⁵Pero ellos tendrán que rendirle cuentas a aquel que está preparado para juzgar a los vivos y a los muertos. ⁶Por esto también se les predicó el *evangelio aun a los muertos, para que, a pesar de haber sido juzgados según criterios *humanos en lo que atañe al cuerpo, vivan conforme a Dios en lo que atañe al espíritu.^u

and humble. ⁹Do not repay evil with evil or insult with insult, but with blessing, because to this you were called so that you may inherit a blessing. ¹⁰For,

> "Whoever would love life
> and see good days
> must keep his tongue from evil
> and his lips from deceitful speech.
> ¹¹He must turn from evil and do good;
> he must seek peace and pursue it.
> ¹²For the eyes of the Lord are on the
> righteous
> and his ears are attentive to their prayer,
> but the face of the Lord is against those
> who do evil."ⁱ

¹³Who is going to harm you if you are eager to do good? ¹⁴But even if you should suffer for what is right, you are blessed. "Do not fear what they fear^j; do not be frightened."^k ¹⁵But in your hearts set apart Christ as Lord. Always be prepared to give an answer to everyone who asks you to give the reason for the hope that you have. But do this with gentleness and respect, ¹⁶keeping a clear conscience, so that those who speak maliciously against your good behavior in Christ may be ashamed of their slander. ¹⁷It is better, if it is God's will, to suffer for doing good than for doing evil. ¹⁸For Christ died for sins once for all, the righteous for the unrighteous, to bring you to God. He was put to death in the body but made alive by the Spirit, ¹⁹through whom^l also he went and preached to the spirits in prison ²⁰who disobeyed long ago when God waited patiently in the days of Noah while the ark was being built. In it only a few people, eight in all, were saved through water, ²¹and this water symbolizes baptism that now saves you also—not the removal of dirt from the body but the pledge^m of a good conscience toward God. It saves you by the resurrection of Jesus Christ, ²²who has gone into heaven and is at God's right hand—with angels, authorities and powers in submission to him.

Living for God

4 Therefore, since Christ suffered in his body, arm yourselves also with the same attitude, because he who has suffered in his body is done with sin. ²As a result, he does not live the rest of his earthly life for evil human desires, but rather for the will of God. ³For you have spent enough time in the past doing what pagans choose to do—living in debauchery, lust, drunkenness, orgies, carousing and detestable idolatry. ⁴They think it strange that you do not plunge with them into the same flood of dissipation, and they heap abuse on you. ⁵But they will have to give account to him who is ready to judge the living and the dead. ⁶For this is the reason the gospel was preached even to those who are now dead, so that they might be judged according to men in regard to the body, but live according to God in regard to the spirit.

---

p 3:12 Sal 34:12-16   *q 3:14 lo que ellos temen.* Alt. *sus amenazas.*   *r 3:14* Is 8:12   *s 3:18 pero ... vida.* Alt. *pero volvió a la vida en su espíritu.*   *t 4:3 incrédulos.* Lit. **gentiles.*   *u 4:6 en lo que atañe al espíritu.* Alt. *en el Espíritu.*

i 12 Psalm 34:12-16   *j 14* Or *not fear their threats*   *k 14* Isaiah 8:12   *l 18,19* Or *alive in the spirit,* ¹⁹*through which*   *m 21* Or *response*

7 Ya se acerca el fin de todas las cosas. Así que, para orar bien, manténganse sobrios y con la mente despejada. 8 Sobre todo, ámense los unos a los otros profundamente, porque el amor cubre multitud de pecados. 9 Practiquen la hospitalidad entre ustedes sin quejarse. 10 Cada uno ponga al servicio de los demás el don que haya recibido, administrando fielmente la gracia de Dios en sus diversas formas. 11 El que habla, hágalo como quien expresa las palabras mismas de Dios; el que presta algún servicio, hágalo como quien tiene el poder de Dios. Así Dios será en todo alabado por medio de Jesucristo, a quien sea la gloria y el poder por los siglos de los siglos. Amén.

Sufriendo por seguir a Cristo

12 Queridos hermanos, no se extrañen del fuego de la *prueba que están soportando, como si fuera algo insólito. 13 Al contrario, alégrense de tener parte en los sufrimientos de *Cristo, para que también sea inmensa su alegría cuando se revele la gloria de Cristo. 14 *Dichosos ustedes si los insultan por causa del nombre de Cristo, porque el glorioso Espíritu de Dios reposa sobre ustedes. 15 Que ninguno tenga que sufrir por asesino, ladrón o delincuente, ni siquiera por entrometido. 16 Pero si alguien sufre por ser cristiano, que no se avergüence, sino que alabe a Dios por llevar el nombre de Cristo. 17 Porque es tiempo de que el juicio comience por la familia de Dios; y si comienza por nosotros, ¡cuál no será el fin de los que se rebelan contra el *evangelio de Dios!

18 «Si el justo a duras penas se salva,
¿qué será del impío y del pecador?»v

19 Así pues, los que sufren según la voluntad de Dios, entréguense a su fiel Creador y sigan practicando el bien.

Exhortación a los ancianos y a los jóvenes

5 A los *ancianos que están entre ustedes, yo, que soy anciano como ellos, testigo de los sufrimientos de *Cristo y partícipe con ellos de la gloria que se ha de revelar, les ruego esto: 2 cuiden como pastores el rebaño de Dios que está a su cargo, no por obligación ni por ambición de dinero, sino con afán de servir, como Dios quiere. 3 No sean tiranos con los que están a su cuidado, sino sean ejemplos para el rebaño. 4 Así, cuando aparezca el Pastor supremo, ustedes recibirán la inmarcesible corona de gloria.

5 Así mismo, jóvenes, sométanse a los ancianos. Revístanse todos de humildad en su trato mutuo, porque

«Dios se opone a los orgullosos,
pero da gracia a los humildes».w

6 Humíllense, pues, bajo la poderosa mano de Dios, para que él los exalte a su debido tiempo. 7 Depositen en él toda ansiedad, porque él cuida de ustedes.

8 Practiquen el dominio propio y manténganse alerta. Su enemigo el diablo ronda como león rugiente, buscando a quién devorar. 9 Resístanlo, manteniéndose firmes en la fe, sabiendo que sus hermanos en todo el mundo están soportando la misma clase de sufrimientos.

10 Y después de que ustedes hayan sufrido un poco de tiempo, Dios mismo, el Dios de toda gracia que los llamó a su gloria eterna en Cristo, los restaurará y los hará fuertes, firmes y estables. 11 A él sea el poder por los siglos de los siglos. Amén.

7 The end of all things is near. Therefore be clear minded and self-controlled so that you can pray. 8 Above all, love each other deeply, because love covers over a multitude of sins. 9 Offer hospitality to one another without grumbling. 10 Each one should use whatever gift he has received to serve others, faithfully administering God's grace in its various forms. 11 If anyone speaks, he should do it as one speaking the very words of God. If anyone serves, he should do it with the strength God provides, so that in all things God may be praised through Jesus Christ. To him be the glory and the power for ever and ever. Amen.

Suffering for Being a Christian

12 Dear friends, do not be surprised at the painful trial you are suffering, as though something strange were happening to you. 13 But rejoice that you participate in the sufferings of Christ, so that you may be overjoyed when his glory is revealed. 14 If you are insulted because of the name of Christ, you are blessed, for the Spirit of glory and of God rests on you. 15 If you suffer, it should not be as a murderer or thief or any other kind of criminal, or even as a meddler. 16 However, if you suffer as a Christian, do not be ashamed, but praise God that you bear that name. 17 For it is time for judgment to begin with the family of God; and if it begins with us, what will the outcome be for those who do not obey the gospel of God? 18 And,

"If it is hard for the righteous to be saved,
what will become of the ungodly and the
sinner?"n

19 So then, those who suffer according to God's will should commit themselves to their faithful Creator and continue to do good.

To Elders and Young Men

5 To the elders among you, I appeal as a fellow elder, a witness of Christ's sufferings and one who also will share in the glory to be revealed: 2 Be shepherds of God's flock that is under your care, serving as overseers—not because you must, but because you are willing, as God wants you to be; not greedy for money, but eager to serve; 3 not lording it over those entrusted to you, but being examples to the flock. 4 And when the Chief Shepherd appears, you will receive the crown of glory that will never fade away.

5 Young men, in the same way be submissive to those who are older. All of you, clothe yourselves with humility toward one another, because,

"God opposes the proud
but gives grace to the humble."o

6 Humble yourselves, therefore, under God's mighty hand, that he may lift you up in due time. 7 Cast all your anxiety on him because he cares for you.

8 Be self-controlled and alert. Your enemy the devil prowls around like a roaring lion looking for someone to devour. 9 Resist him, standing firm in the faith, because you know that your brothers throughout the world are undergoing the same kind of sufferings.

10 And the God of all grace, who called you to his eternal glory in Christ, after you have suffered a little while, will himself restore you and make you strong, firm and steadfast. 11 To him be the power for ever and ever. Amen.

v 4:18 Pr 11:31   w 5:5 Pr 3:34   n 18 Prov. 11:31   o 5 Prov. 3:34

Saludos finales

¹²Con la ayuda de *Silvano, a quien considero un hermano fiel, les he escrito brevemente, para animarlos y confirmarles que ésta es la verdadera gracia de Dios. Manténganse firmes en ella.

¹³Saludos de parte de la que está en Babilonia, escogida como ustedes, y también de mi hijo Marcos. ¹⁴Salúdense los unos a los otros con un beso de amor fraternal.

Paz a todos ustedes que están en *Cristo.

Final Greetings

¹²With the help of Silas,ᵖ whom I regard as a faithful brother, I have written to you briefly, encouraging you and testifying that this is the true grace of God. Stand fast in it.

¹³She who is in Babylon, chosen together with you, sends you her greetings, and so does my son Mark. ¹⁴Greet one another with a kiss of love.

Peace to all of you who are in Christ.

Segunda Carta de

Pedro

2 Peter

1 Simón Pedro, *siervo y apóstol de *Jesucristo,

a los que por la justicia de nuestro Dios y Salvador Jesucristo han recibido una fe tan preciosa como la nuestra.

2 Que abunden en ustedes la gracia y la paz por medio del conocimiento que tienen de Dios y de Jesús nuestro Señor.

Firmeza en el llamamiento y en la elección

3 Su divino poder, al darnos el conocimiento de aquel que nos llamó por su propia gloria y potencia, nos ha concedido todas las cosas que necesitamos para vivir como Dios manda.*a* 4 Así Dios nos ha entregado sus preciosas y magníficas promesas para que ustedes, luego de escapar de la corrupción que hay en el mundo debido a los malos deseos, lleguen a tener parte en la naturaleza divina.*b* 5 Precisamente por eso, esfuércense por añadir a su fe, virtud; a su virtud, entendimiento; 6 al entendimiento, dominio propio; al dominio propio, constancia; a la constancia, devoción a Dios; 7 a la devoción a Dios, afecto fraternal; y al afecto fraternal, amor. 8 Porque estas cualidades, si abundan en ustedes, les harán crecer en el conocimiento de nuestro Señor Jesucristo, y evitarán que sean inútiles e improductivos. 9 En cambio, el que no las tiene es tan corto de vista que ya ni ve, y se olvida de que ha sido limpiado de sus antiguos pecados. 10 Por lo tanto, hermanos, esfuércense más todavía por asegurarse del llamado de Dios, que fue quien los eligió. Si hacen estas cosas, no caerán jamás, 11 y se les abrirán de par en par las puertas del reino eterno de nuestro Señor y Salvador Jesucristo.

La veracidad de la Escritura

12 Por eso siempre les recordaré estas cosas, por más que las sepan y estén afianzados en la verdad que ahora tienen. 13 Además, considero que tengo la obligación de refrescarles la memoria mientras viva en esta habitación pasajera que es mi cuerpo; 14 porque sé que dentro de poco tendré que abandonarlo, según me lo ha manifestado nuestro Señor *Jesucristo. 15 También me esforzaré con empeño para que aun después de mi partida*c* ustedes puedan recordar estas cosas en todo tiempo.

16 Cuando les dimos a conocer la venida de nuestro Señor Jesucristo en todo su poder, no estábamos siguiendo sutiles cuentos supersticiosos sino dando testimonio de su grandeza, que vimos con nuestros propios ojos. 17 Él recibió honor y gloria de parte de Dios el Padre, cuando desde la majestuosa gloria se le dirigió aquella voz que dijo: «Éste es mi Hijo amado; estoy muy complacido con él.»*d* 18 Nosotros mismos oímos esa voz que vino del cielo cuando estábamos con él en

1 Simon Peter, a servant and apostle of Jesus Christ,

To those who through the righteousness of our God and Savior Jesus Christ have received a faith as precious as ours:

2 Grace and peace be yours in abundance through the knowledge of God and of Jesus our Lord.

Making One's Calling and Election Sure

3 His divine power has given us everything we need for life and godliness through our knowledge of him who called us by his own glory and goodness. 4 Through these he has given us his very great and precious promises, so that through them you may participate in the divine nature and escape the corruption in the world caused by evil desires.

5 For this very reason, make every effort to add to your faith goodness; and to goodness, knowledge; 6 and to knowledge, self-control; and to self-control, perseverance; and to perseverance, godliness; 7 and to godliness, brotherly kindness; and to brotherly kindness, love. 8 For if you possess these qualities in increasing measure, they will keep you from being ineffective and unproductive in your knowledge of our Lord Jesus Christ. 9 But if anyone does not have them, he is nearsighted and blind, and has forgotten that he has been cleansed from his past sins.

10 Therefore, my brothers, be all the more eager to make your calling and election sure. For if you do these things, you will never fall, 11 and you will receive a rich welcome into the eternal kingdom of our Lord and Savior Jesus Christ.

Prophecy of Scripture

12 So I will always remind you of these things, even though you know them and are firmly established in the truth you now have. 13 I think it is right to refresh your memory as long as I live in the tent of this body, 14 because I know that I will soon put it aside, as our Lord Jesus Christ has made clear to me. 15 And I will make every effort to see that after my departure you will always be able to remember these things.

16 We did not follow cleverly invented stories when we told you about the power and coming of our Lord Jesus Christ, but we were eyewitnesses of his majesty. 17 For he received honor and glory from God the Father when the voice came to him from the Majestic Glory, saying, "This is my Son, whom I love; with him I am well pleased."*a* 18 We ourselves heard this voice that came from heaven when we were with him on the sacred mountain.

---

a 1:3 para vivir como Dios manda. Lit. *para la vida y la piedad.*
b 1:4 lleguen ... divina. Alt. *lleguen a ser colaboradores con Dios.*
c 1:15 partida. Lit. *éxodo.*   *d 1:17* Mt 17:5; Mr 9:7; Lc 9:35

a 17 Matt. 17:5; Mark 9:7; Luke 9:35

el monte santo. 19 Esto ha venido a confirmarnos la palabra*e* de los profetas, a la cual ustedes hacen bien en prestar atención, como a una lámpara que brilla en un lugar oscuro, hasta que despunte el día y salga el lucero de la mañana en sus corazones. 20 Ante todo, tengan muy presente que ninguna profecía de la Escritura surge de la interpretación particular de nadie. 21 Porque la profecía no ha tenido su origen en la voluntad *humana, sino que los profetas hablaron de parte de Dios, impulsados por el Espíritu Santo.

Los falsos maestros y su destrucción

2 En el pueblo judío hubo falsos profetas, y también entre ustedes habrá falsos maestros que encubiertamente introducirán herejías destructivas, al extremo de negar al mismo Señor que los rescató. Esto les traerá una pronta destrucción. 2 Muchos los seguirán en sus prácticas vergonzosas, y por causa de ellos se difamará el camino de la verdad. 3 Llevados por la avaricia, estos maestros los explotarán a ustedes con palabras engañosas. Desde hace mucho tiempo su condenación está preparada y su destrucción los acecha.

4 Dios no perdonó a los ángeles cuando pecaron, sino que los arrojó al *abismo, metiéndolos en tenebrosas cavernas*f* y reservándolos para el juicio. 5 Tampoco perdonó al mundo antiguo cuando mandó un diluvio sobre los impíos, aunque protegió a ocho personas, incluyendo a Noé, predicador de la justicia. 6 Además, condenó a las ciudades de Sodoma y Gomorra, y las redujo a cenizas, poniéndolas como escarmiento para los impíos. 7 Por otra parte, libró al justo Lot, que se hallaba abrumado por la vida desenfrenada de esos perversos, 8 pues este justo, que convivía con ellos y amaba el bien, día tras día sentía que se le despedazaba el alma por las obras inicuas que veía y oía. 9 Todo esto demuestra que el Señor sabe librar de la *prueba a los que viven como Dios quiere, y reservar a los impíos para castigarlos en el día del juicio. 10 Esto les espera sobre todo a los que siguen los corrompidos deseos de la *naturaleza humana y desprecian la autoridad del Señor.

¡Atrevidos y arrogantes que son! No tienen reparo en insultar a los seres celestiales, 11 mientras que los ángeles, a pesar de superarlos en fuerza y en poder, no pronuncian contra tales seres ninguna acusación insultante en la presencia del Señor. 12 Pero aquéllos *blasfeman en asuntos que no entienden. Como animales irracionales, se guían únicamente por el instinto, y nacieron para ser atrapados y degollados. Lo mismo que esos animales, perecerán también en su corrupción 13 y recibirán el justo pago por sus injusticias. Su concepto de placer es entregarse a las pasiones desenfrenadas en pleno día. Son manchas y suciedad, que gozan de sus placeres mientras los acompañan a ustedes en sus comidas. 14 Tienen los ojos llenos de adulterio y son insaciables en el pecar; seducen a las personas inconstantes; son expertos en la avaricia, ¡hijos de maldición! 15 Han abandonado el camino recto, y se han extraviado para seguir la senda de Balán, hijo de Bosor,*g* a quien le encantaba el salario de la injusticia. 16 Pero fue reprendido por su maldad: su burra —una muda bestia de carga— habló con voz humana y refrenó la locura del profeta.

17 Estos individuos son fuentes sin agua, niebla empujada por la tormenta, para quienes está reservada la

False Teachers and Their Destruction

19 And we have the word of the prophets made more certain, and you will do well to pay attention to it, as to a light shining in a dark place, until the day dawns and the morning star rises in your hearts. 20 Above all, you must understand that no prophecy of Scripture came about by the prophet's own interpretation. 21 For prophecy never had its origin in the will of man, but men spoke from God as they were carried along by the Holy Spirit.

False Teachers and Their Destruction

2 But there were also false prophets among the people, just as there will be false teachers among you. They will secretly introduce destructive heresies, even denying the sovereign Lord who bought them—bringing swift destruction on themselves. 2 Many will follow their shameful ways and will bring the way of truth into disrepute. 3 In their greed these teachers will exploit you with stories they have made up. Their condemnation has long been hanging over them, and their destruction has not been sleeping.

4 For if God did not spare angels when they sinned, but sent them to hell,*b* putting them into gloomy dungeons*c* to be held for judgment; 5 if he did not spare the ancient world when he brought the flood on its ungodly people, but protected Noah, a preacher of righteousness, and seven others; 6 if he condemned the cities of Sodom and Gomorrah by burning them to ashes, and made them an example of what is going to happen to the ungodly; 7 and if he rescued Lot, a righteous man, who was distressed by the filthy lives of lawless men 8 (for that righteous man, living among them day after day, was tormented in his righteous soul by the lawless deeds he saw and heard)— 9 if this is so, then the Lord knows how to rescue godly men from trials and to hold the unrighteous for the day of judgment, while continuing their punishment.*d* 10 This is especially true of those who follow the corrupt desire of the sinful nature*e* and despise authority.

Bold and arrogant, these men are not afraid to slander celestial beings; 11 yet even angels, although they are stronger and more powerful, do not bring slanderous accusations against such beings in the presence of the Lord. 12 But these men blaspheme in matters they do not understand. They are like brute beasts, creatures of instinct, born only to be caught and destroyed, and like beasts they too will perish.

13 They will be paid back with harm for the harm they have done. Their idea of pleasure is to carouse in broad daylight. They are blots and blemishes, reveling in their pleasures while they feast with you.*f* 14 With eyes full of adultery, they never stop sinning; they seduce the unstable; they are experts in greed—an accursed brood! 15 They have left the straight way and wandered off to follow the way of Balaam son of Beor, who loved the wages of wickedness. 16 But he was rebuked for his wrongdoing by a donkey—a beast without speech—who spoke with a man's voice and restrained the prophet's madness.

17 These men are springs without water and mists driven by a storm. Blackest darkness is reserved for

e 1:19 Esto ... palabra. Lit. *También tenemos la muy segura palabra.* *f 2:4 cavernas.* Var. *cadenas.* *g 2:15 Bosor.* Var. *Beor.*

b 4 Greek *Tartarus*   *c 4* Some manuscripts *into chains of darkness*   *d 9* Or *unrighteous for punishment until the day of judgment*   *e 10* Or *the flesh*   *f 13* Some manuscripts *in their love feasts*

más densa oscuridad. 18 Pronunciando discursos arrogantes y sin sentido, seducen con los instintos *naturales desenfrenados a quienes apenas comienzan a apartarse de los que viven en el error. 19 Les prometen libertad, cuando ellos mismos son *esclavos de la corrupción, ya que cada uno es esclavo de aquello que lo ha dominado. 20 Si habiendo escapado de la contaminación del mundo por haber conocido a nuestro Señor y Salvador *Jesucristo, vuelven a enredarse en ella y son vencidos, terminan en peores condiciones que al principio. 21 Más les hubiera valido no conocer el camino de la justicia, que abandonarlo después de haber conocido el santo mandamiento que se les dio. 22 En su caso ha sucedido lo que acertadamente afirman estos proverbios: «El *perro vuelve a su vómito»,h y «la puerca lavada, a revolcarse en el lodo».

them. 18 For they mouth empty, boastful words and, by appealing to the lustful desires of sinful human nature, they entice people who are just escaping from those who live in error. 19 They promise them freedom, while they themselves are slaves of depravity—for a man is a slave to whatever has mastered him. 20 If they have escaped the corruption of the world by knowing our Lord and Savior Jesus Christ and are again entangled in it and overcome, they are worse off at the end than they were at the beginning. 21 It would have been better for them not to have known the way of righteousness, than to have known it and then to turn their backs on the sacred command that was passed on to them. 22 Of them the proverbs are true: "A dog returns to its vomit,"g and, "A sow that is washed goes back to her wallowing in the mud."

El día del Señor

3 Queridos hermanos, ésta es ya la segunda carta que les escribo. En las dos he procurado refrescarles la memoria para que, con una mente íntegra, 2 recuerden las palabras que los *santos profetas pronunciaron en el pasado, y el mandamiento que dio nuestro Señor y Salvador por medio de los apóstoles.

3 Ante todo, deben saber que en los últimos días vendrá gente burlona que, siguiendo sus malos deseos, se mofará: 4 «¿Qué hubo de esa promesa de su venida? Nuestros padres murieron, y nada ha cambiado desde el principio de la creación.» 5 Pero intencionalmente olvidan que desde tiempos antiguos, por la palabra de Dios, existía el cielo y también la tierra, que surgió del agua y mediante el agua. 6 Por la palabra y el agua, el mundo de aquel entonces pereció inundado. 7 Y ahora, por esa misma palabra, el cielo y la tierra están guardados para el fuego, reservados para el día del juicio y de la destrucción de los impíos.

8 Pero no olviden, queridos hermanos, que para el Señor un día es como mil años, y mil años como un día. 9 El Señor no tarda en cumplir su promesa, según entienden algunos la tardanza. Más bien, él tiene paciencia con ustedes, porque no quiere que nadie perezca sino que todos se *arrepientan.

10 Pero el día del Señor vendrá como un ladrón. En aquel día los cielos desaparecerán con un estruendo espantoso, los elementos serán destruidos por el fuego, y la tierra, con todo lo que hay en ella, será quemada.i

11 Ya que todo será destruido de esa manera, ¿no deberían vivir ustedes como Dios manda, siguiendo una conducta intachable 12 y esperando ansiosamente j la venida del día de Dios? Ese día los cielos serán destruidos por el fuego, y los elementos se derretirán con el calor de las llamas. 13 Pero, según su promesa, esperamos un cielo nuevo y una tierra nueva, en los que habite la justicia.

14 Por eso, queridos hermanos, mientras esperan estos acontecimientos, esfuércense para que Dios los halle sin mancha y sin defecto, y en paz con él. 15 Tengan presente que la paciencia de nuestro Señor significa salvación, tal como les escribió también nuestro querido hermano Pablo, con la sabiduría que Dios le dio. 16 En todas sus cartas se refiere a estos mismos temas. Hay en ellas algunos puntos difíciles de entender, que los ignorantes e inconstantes tergiversan, como lo hacen también con las demás Escrituras, para su propia perdición.

The Day of the Lord

3 Dear friends, this is now my second letter to you. I have written both of them as reminders to stimulate you to wholesome thinking. 2 I want you to recall the words spoken in the past by the holy prophets and the command given by our Lord and Savior through your apostles.

3 First of all, you must understand that in the last days scoffers will come, scoffing and following their own evil desires. 4 They will say, "Where is this 'coming' he promised? Ever since our fathers died, everything goes on as it has since the beginning of creation." 5 But they deliberately forget that long ago by God's word the heavens existed and the earth was formed out of water and by water. 6 By these waters also the world of that time was deluged and destroyed. 7 By the same word the present heavens and earth are reserved for fire, being kept for the day of judgment and destruction of ungodly men.

8 But do not forget this one thing, dear friends: With the Lord a day is like a thousand years, and a thousand years are like a day. 9 The Lord is not slow in keeping his promise, as some understand slowness. He is patient with you, not wanting anyone to perish, but everyone to come to repentance.

10 But the day of the Lord will come like a thief. The heavens will disappear with a roar; the elements will be destroyed by fire, and the earth and everything in it will be laid bare.h

11 Since everything will be destroyed in this way, what kind of people ought you to be? You ought to live holy and godly lives 12 as you look forward to the day of God and speed its coming.i That day will bring about the destruction of the heavens by fire, and the elements will melt in the heat. 13 But in keeping with his promise we are looking forward to a new heaven and a new earth, the home of righteousness.

14 So then, dear friends, since you are looking forward to this, make every effort to be found spotless, blameless and at peace with him. 15 Bear in mind that our Lord's patience means salvation, just as our dear brother Paul also wrote you with the wisdom that God gave him. 16 He writes the same way in all his letters, speaking in them of these matters. His letters contain some things that are hard to understand, which ignorant and unstable people distort, as they do the other Scriptures, to their own destruction.

---

h 2:22 Pr 26:11   i 3:10 será quemada. Var. quedará al
descubierto.   j 3:12 esperando ansiosamente. Alt. esperando y
apresurando.

g 22 Prov. 26:11   h 10 Some manuscripts be burned up
i 12 Or as you wait eagerly for the day of God to come

17 Así que ustedes, queridos hermanos, puesto que ya saben esto de antemano, manténganse alerta, no sea que, arrastrados por el error de esos libertinos, pierdan la estabilidad y caigan. 18 Más bien, crezcan en la gracia y en el conocimiento de nuestro Señor y Salvador *Jesucristo. ¡A él sea la gloria ahora y para siempre! Amén.k

17 Therefore, dear friends, since you already know this, be on your guard so that you may not be carried away by the error of lawless men and fall from your secure position. 18 But grow in the grace and knowledge of our Lord and Savior Jesus Christ. To him be glory both now and forever! Amen.

Primera Carta de

Juan

1 John

El Verbo de vida

1 Lo que ha sido desde el principio, lo que hemos oído, lo que hemos visto con nuestros propios ojos, lo que hemos contemplado, lo que hemos tocado con las manos, esto les anunciamos respecto al *Verbo que es vida. ²Esta vida se manifestó. Nosotros la hemos visto y damos testimonio de ella, y les anunciamos a ustedes la vida eterna que estaba con el Padre y que se nos ha manifestado. ³Les anunciamos lo que hemos visto y oído, para que también ustedes tengan comunión con nosotros. Y nuestra comunión es con el Padre y con su Hijo *Jesucristo. ⁴Les escribimos estas cosas para que nuestra alegría*a* sea completa.

Caminemos en la luz

⁵Éste es el mensaje que hemos oído de él y que les anunciamos: Dios es luz y en él no hay ninguna oscuridad. ⁶Si afirmamos que tenemos comunión con él, pero vivimos en la oscuridad, mentimos y no ponemos en práctica la verdad. ⁷Pero si vivimos en la luz, así como él está en la luz, tenemos comunión unos con otros, y la sangre de su Hijo Jesucristo nos limpia de todo pecado.

⁸Si afirmamos que no tenemos pecado, nos engañamos a nosotros mismos y no tenemos la verdad. ⁹Si confesamos nuestros pecados, Dios, que es fiel y justo, nos los perdonará y nos limpiará de toda maldad. ¹⁰Si afirmamos que no hemos pecado, lo hacemos pasar por mentiroso y su palabra no habita en nosotros.

2 Mis queridos hijos, les escribo estas cosas para que no pequen. Pero si alguno peca, tenemos ante el Padre a un *intercesor, a *Jesucristo, el Justo. ²Él es el sacrificio por el perdón de*b* nuestros pecados, y no sólo por los nuestros sino por los de todo el mundo.

³¿Cómo sabemos si hemos llegado a conocer a Dios? Si obedecemos sus mandamientos. ⁴El que afirma: «Lo conozco», pero no obedece sus mandamientos, es un mentiroso y no tiene la verdad. ⁵En cambio, el amor de Dios se manifiesta plenamente*c* en la vida del que obedece su palabra. De este modo sabemos que estamos unidos a él: ⁶el que afirma que permanece en él, debe vivir como él vivió.

⁷Queridos hermanos, lo que les escribo no es un mandamiento nuevo, sino uno antiguo que han tenido desde el principio. Este mandamiento antiguo es el mensaje que ya oyeron. ⁸Por otra parte, lo que les escribo es un mandamiento nuevo, cuya verdad se manifiesta tanto en la vida de *Cristo como en la de ustedes, porque la oscuridad se va desvaneciendo y ya brilla la luz verdadera.

⁹El que afirma que está en la luz, pero odia a su hermano, todavía está en la oscuridad. ¹⁰El que ama a su hermano permanece en la luz, y no hay nada en su

The Word of Life

1 That which was from the beginning, which we have heard, which we have seen with our eyes, which we have looked at and our hands have touched—this we proclaim concerning the Word of life. ²The life appeared; we have seen it and testify to it, and we proclaim to you the eternal life, which was with the Father and has appeared to us. ³We proclaim to you what we have seen and heard, so that you also may have fellowship with us. And our fellowship is with the Father and with his Son, Jesus Christ. ⁴We write this to make our*a* joy complete.

Walking in the Light

⁵This is the message we have heard from him and declare to you: God is light; in him there is no darkness at all. ⁶If we claim to have fellowship with him yet walk in the darkness, we lie and do not live by the truth. ⁷But if we walk in the light, as he is in the light, we have fellowship with one another, and the blood of Jesus, his Son, purifies us from all*b* sin.

⁸If we claim to be without sin, we deceive ourselves and the truth is not in us. ⁹If we confess our sins, he is faithful and just and will forgive us our sins and purify us from all unrighteousness. ¹⁰If we claim we have not sinned, we make him out to be a liar and his word has no place in our lives.

2 My dear children, I write this to you so that you will not sin. But if anybody does sin, we have one who speaks to the Father in our defense—Jesus Christ, the Righteous One. ²He is the atoning sacrifice for our sins, and not only for ours but also for*c* the sins of the whole world.

³We know that we have come to know him if we obey his commands. ⁴The man who says, "I know him," but does not do what he commands is a liar, and the truth is not in him. ⁵But if anyone obeys his word, God's love*d* is truly made complete in him. This is how we know we are in him: ⁶Whoever claims to live in him must walk as Jesus did.

⁷Dear friends, I am not writing you a new command but an old one, which you have had since the beginning. This old command is the message you have heard. ⁸Yet I am writing you a new command; its truth is seen in him and you, because the darkness is passing and the true light is already shining.

⁹Anyone who claims to be in the light but hates his brother is still in the darkness. ¹⁰Whoever loves his brother lives in the light, and there is nothing in him*e*

---

a 1:4 nuestra alegría. Var. *la alegría de ustedes.*   *b 2:2 el sacrificio por el perdón de.* Lit. *la *propiciación por.*   *c 2:5 se manifiesta plenamente.* Lit. *se ha *perfeccionado.*

a 4 Some manuscripts *your*   *b 7* Or *every*   *c 2* Or *He is the one who turns aside God's wrath, taking away our sins, and not only ours but also*   *d 5* Or *word, love for God*   *e 10* Or *it*

vida*d* que lo haga *tropezar. ¹¹Pero el que odia a su hermano está en la oscuridad y en ella vive, y no sabe a dónde va porque la oscuridad no lo deja ver.

¹²Les escribo a ustedes, queridos hijos,
  porque sus pecados han sido perdonados por el nombre de Cristo.
¹³Les escribo a ustedes, padres,
  porque han conocido al que es desde el principio.
Les escribo a ustedes, jóvenes,
  porque han vencido al maligno.
Les he escrito a ustedes, queridos hijos,
  porque han conocido al Padre.
¹⁴Les he escrito a ustedes, padres,
  porque han conocido al que es desde el principio.
Les he escrito a ustedes, jóvenes,
  porque son fuertes,
  y la palabra de Dios permanece en ustedes,
  y han vencido al maligno.

No amemos al mundo

¹⁵No amen al mundo ni nada de lo que hay en él. Si alguien ama al mundo, no tiene el amor del Padre. ¹⁶Porque nada de lo que hay en el mundo —los malos deseos del *cuerpo, la codicia de los ojos y la arrogancia de la vida— proviene del Padre sino del mundo. ¹⁷El mundo se acaba con sus malos deseos, pero el que hace la voluntad de Dios permanece para siempre.

Cuidémonos de los anticristos

¹⁸Queridos hijos, ésta es la hora final, y así como ustedes oyeron que el anticristo vendría, muchos son los anticristos que han surgido ya. Por eso nos damos cuenta de que ésta es la hora final. ¹⁹Aunque salieron de entre nosotros, en realidad no eran de los nuestros; si lo hubieran sido, se habrían quedado con nosotros. Su salida sirvió para comprobar que ninguno de ellos era de los nuestros.

²⁰Todos ustedes, en cambio, han recibido unción del Santo, de manera que conocen la verdad.*e* ²¹No les escribo porque ignoren la verdad, sino porque la conocen y porque ninguna mentira procede de la verdad. ²²¿Quién es el mentiroso sino el que niega que Jesús es el *Cristo? Es el anticristo, el que niega al Padre y al Hijo. ²³Todo el que niega al Hijo no tiene al Padre; el que reconoce al Hijo tiene también al Padre.

²⁴Permanezca en ustedes lo que han oído desde el principio, y así ustedes*f* permanecerán también en el Hijo y en el Padre. ²⁵Ésta es la promesa que él nos dio: la vida eterna.

²⁶Estas cosas les escribo acerca de los que procuran engañarlos. ²⁷En cuanto a ustedes, la unción que de él recibieron permanece en ustedes, y no necesitan que nadie les enseñe. Esa unción es auténtica —no es falsa— y les enseña todas las cosas. Permanezcan en él, tal y como él les enseñó.

Permanezcamos en Dios

²⁸Y ahora, queridos hijos, permanezcamos*g* en él para que, cuando se manifieste, podamos presentarnos ante él confiadamente, seguros de no ser avergonzados en su venida.

²⁹Si reconocen que *Jesucristo es justo, reconozcan también que todo el que practica la justicia ha nacido de él.

to make him stumble. ¹¹But whoever hates his brother is in the darkness and walks around in the darkness; he does not know where he is going, because the darkness has blinded him.

¹²I write to you, dear children,
  because your sins have been forgiven on account of his name.
¹³I write to you, fathers,
  because you have known him who is from the beginning.
I write to you, young men,
  because you have overcome the evil one.
I write to you, dear children,
  because you have known the Father.
¹⁴I write to you, fathers,
  because you have known him who is from the beginning.
I write to you, young men,
  because you are strong,
  and the word of God lives in you,
  and you have overcome the evil one.

Do Not Love the World

¹⁵Do not love the world or anything in the world. If anyone loves the world, the love of the Father is not in him. ¹⁶For everything in the world—the cravings of sinful man, the lust of his eyes and the boasting of what he has and does—comes not from the Father but from the world. ¹⁷The world and its desires pass away, but the man who does the will of God lives forever.

Warning Against Antichrists

¹⁸Dear children, this is the last hour; and as you have heard that the antichrist is coming, even now many antichrists have come. This is how we know it is the last hour. ¹⁹They went out from us, but they did not really belong to us. For if they had belonged to us, they would have remained with us; but their going showed that none of them belonged to us.

²⁰But you have an anointing from the Holy One, and all of you know the truth.*f* ²¹I do not write to you because you do not know the truth, but because you do know it and because no lie comes from the truth. ²²Who is the liar? It is the man who denies that Jesus is the Christ. Such a man is the antichrist—he denies the Father and the Son. ²³No one who denies the Son has the Father; whoever acknowledges the Son has the Father also.

²⁴See that what you have heard from the beginning remains in you. If it does, you also will remain in the Son and in the Father. ²⁵And this is what he promised us—even eternal life.

²⁶I am writing these things to you about those who are trying to lead you astray. ²⁷As for you, the anointing you received from him remains in you, and you do not need anyone to teach you. But as his anointing teaches you about all things and as that anointing is real, not counterfeit—just as it has taught you, remain in him.

Children of God

²⁸And now, dear children, continue in him, so that when he appears we may be confident and unashamed before him at his coming.

²⁹If you know that he is righteous, you know that everyone who does what is right has been born of him.

---

d 2:10 en su vida. Alt. en la luz.   *e 2:20* la verdad. Var. todas las cosas.   *f 2:24* principio ... ustedes. Lit. principio. Si permanece en ustedes lo que han oído desde el principio, ustedes
g 2:28 permanezcamos. Lit. permanezcan.

f 20 Some manuscripts and you know all things

3 ¡Fíjense qué gran amor nos ha dado el Padre, que se nos llame hijos de Dios! ¡Y lo somos! El mundo no nos conoce, precisamente porque no lo conoció a él. [2] Queridos hermanos, ahora somos hijos de Dios, pero todavía no se ha manifestado lo que habremos de ser. Sabemos, sin embargo, que cuando Cristo venga seremos semejantes a él, porque lo veremos tal como él es. [3] Todo el que tiene esta esperanza en Cristo, se purifica a sí mismo, así como él es puro.

[4] Todo el que comete pecado quebranta la ley; de hecho, el pecado es transgresión de la ley. [5] Pero ustedes saben que Jesucristo se manifestó para quitar nuestros pecados. Y él no tiene pecado. [6] Todo el que permanece en él, no practica el pecado.[h] Todo el que practica el pecado, no lo ha visto ni lo ha conocido.

[7] Queridos hijos, que nadie los engañe. El que practica la justicia es justo, así como él es justo. [8] El que practica el pecado es del diablo, porque el diablo ha estado pecando desde el principio. El Hijo de Dios fue enviado precisamente para destruir las obras del diablo. [9] Ninguno que haya nacido de Dios practica el pecado, porque la semilla de Dios permanece en él; no puede practicar el pecado,[i] porque ha nacido de Dios. [10] Así distinguimos entre los hijos de Dios y los hijos del diablo: el que no practica la justicia no es hijo de Dios; ni tampoco lo es el que no ama a su hermano.

Amémonos los unos a los otros

[11] Éste es el mensaje que han oído desde el principio: que nos amemos los unos a los otros. [12] No seamos como Caín que, por ser del maligno, asesinó a su hermano. ¿Y por qué lo hizo? Porque sus propias obras eran malas, y las de su hermano justas. [13] Hermanos, no se extrañen si el mundo los odia. [14] Nosotros sabemos que hemos pasado de la muerte a la vida porque amamos a nuestros hermanos. El que no ama permanece en la muerte. [15] Todo el que odia a su hermano es un asesino, y ustedes saben que en ningún asesino permanece la vida eterna.

[16] En esto conocemos lo que es el amor: en que Jesucristo entregó su *vida por nosotros. Así también nosotros debemos entregar la vida por nuestros hermanos. [17] Si alguien que posee bienes materiales ve que su hermano está pasando necesidad, y no tiene compasión de él, ¿cómo se puede decir que el amor de Dios habita en él? [18] Queridos hijos, no amemos de palabra ni de labios para afuera, sino con hechos y de verdad.

[19] En esto sabremos que somos de la verdad, y nos sentiremos seguros delante de él: [20] que aunque nuestro corazón nos condene, Dios es más grande que nuestro corazón y lo sabe todo. [21] Queridos hermanos, si el corazón no nos condena, tenemos confianza delante de Dios, [22] y recibimos todo lo que le pedimos porque obedecemos sus mandamientos y hacemos lo que le agrada. [23] Y éste es su mandamiento: que creamos en el nombre de su Hijo Jesucristo, y que nos amemos los unos a los otros, pues así lo ha dispuesto. [24] El que obedece sus mandamientos permanece en Dios, y Dios en él. ¿Cómo sabemos que él permanece en nosotros? Por el Espíritu que nos dio.

Vivamos en el Espíritu

4 Queridos hermanos, no crean a cualquiera que pretenda estar inspirado por el Espíritu,[j] sino sométanlo a prueba para ver si es de Dios, porque han salido por el mundo muchos falsos profetas. [2] En esto pueden

3 How great is the love the Father has lavished on us, that we should be called children of God! And that is what we are! The reason the world does not know us is that it did not know him. [2] Dear friends, now we are children of God, and what we will be has not yet been made known. But we know that when he appears,[g] we shall be like him, for we shall see him as he is. [3] Everyone who has this hope in him purifies himself, just as he is pure.

[4] Everyone who sins breaks the law; in fact, sin is lawlessness. [5] But you know that he appeared so that he might take away our sins. And in him is no sin. [6] No one who lives in him keeps on sinning. No one who continues to sin has either seen him or known him.

[7] Dear children, do not let anyone lead you astray. He who does what is right is righteous, just as he is righteous. [8] He who does what is sinful is of the devil, because the devil has been sinning from the beginning. The reason the Son of God appeared was to destroy the devil's work. [9] No one who is born of God will continue to sin, because God's seed remains in him; he cannot go on sinning, because he has been born of God. [10] This is how we know who the children of God are and who the children of the devil are: Anyone who does not do what is right is not a child of God; nor is anyone who does not love his brother.

Love One Another

[11] This is the message you heard from the beginning: We should love one another. [12] Do not be like Cain, who belonged to the evil one and murdered his brother. And why did he murder him? Because his own actions were evil and his brother's were righteous. [13] Do not be surprised, my brothers, if the world hates you. [14] We know that we have passed from death to life, because we love our brothers. Anyone who does not love remains in death. [15] Anyone who hates his brother is a murderer, and you know that no murderer has eternal life in him.

[16] This is how we know what love is: Jesus Christ laid down his life for us. And we ought to lay down our lives for our brothers. [17] If anyone has material possessions and sees his brother in need but has no pity on him, how can the love of God be in him? [18] Dear children, let us not love with words or tongue but with actions and in truth. [19] This then is how we know that we belong to the truth, and how we set our hearts at rest in his presence [20] whenever our hearts condemn us. For God is greater than our hearts, and he knows everything.

[21] Dear friends, if our hearts do not condemn us, we have confidence before God [22] and receive from him anything we ask, because we obey his commands and do what pleases him. [23] And this is his command: to believe in the name of his Son, Jesus Christ, and to love one another as he commanded us. [24] Those who obey his commands live in him, and he in them. And this is how we know that he lives in us: We know it by the Spirit he gave us.

Test the Spirits

4 Dear friends, do not believe every spirit, but test the spirits to see whether they are from God, because many false prophets have gone out into the world. [2] This is how you can recognize the Spirit of

---

h 3:6 no practica el pecado. Alt. *no peca. practicar el pecado.* Alt. *no puede pecar. el Espíritu.* Lit. *no crean a todo espíritu.*

i 3:9 no puede j 4:1 no crean ... por

g 2 Or when it is made known

discernir quién tiene el Espíritu de Dios: todo profeta[k] que reconoce que *Jesucristo ha venido en cuerpo humano, es de Dios; [3] todo profeta que no reconoce a Jesús, no es de Dios sino del anticristo. Ustedes han oído que éste viene; en efecto, ya está en el mundo.

[4] Ustedes, queridos hijos, son de Dios y han vencido a esos falsos profetas, porque el que está en ustedes es más poderoso que el que está en el mundo. [5] Ellos son del mundo; por eso hablan desde el punto de vista del mundo, y el mundo los escucha. [6] Nosotros somos de Dios, y todo el que conoce a Dios nos escucha; pero el que no es de Dios no nos escucha. Así distinguimos entre el Espíritu de la verdad y el espíritu del engaño.

Permanezcamos en el amor

[7] Queridos hermanos, amémonos los unos a los otros, porque el amor viene de Dios, y todo el que ama ha nacido de él y lo conoce. [8] El que no ama no conoce a Dios, porque Dios es amor. [9] Así manifestó Dios su amor entre nosotros: en que envió a su Hijo unigénito al mundo para que vivamos por medio de él. [10] En esto consiste el amor: no en que nosotros hayamos amado a Dios, sino en que él nos amó y envió a su Hijo para que fuera ofrecido como sacrificio por el perdón de[l] nuestros pecados. [11] Queridos hermanos, ya que Dios nos ha amado así, también nosotros debemos amarnos los unos a los otros. [12] Nadie ha visto jamás a Dios, pero si nos amamos los unos a los otros, Dios permanece entre nosotros, y entre[m] nosotros su amor se ha manifestado plenamente.[n]

[13] ¿Cómo sabemos que permanecemos en él, y que él permanece en nosotros? Porque nos ha dado de su Espíritu. [14] Y nosotros hemos visto y declaramos que el Padre envió a su Hijo para ser el Salvador del mundo. [15] Si alguien reconoce que Jesús es el Hijo de Dios, Dios permanece en él, y él en Dios. [16] Y nosotros hemos llegado a saber y creer que Dios nos ama.

Dios es amor. El que permanece en amor, permanece en Dios, y Dios en él. [17] Ese amor se manifiesta plenamente[ñ] entre nosotros para que en el día del juicio comparezcamos con toda confianza, porque en este mundo hemos vivido como vivió Jesús. En el amor no hay temor, [18] sino que el amor *perfecto echa fuera el temor. El que teme espera el castigo, así que no ha sido perfeccionado en el amor.

[19] Nosotros amamos a Dios porque él nos amó primero. [20] Si alguien afirma: «Yo amo a Dios», pero odia a su hermano, es un mentiroso; pues el que no ama a su hermano, a quien ha visto, no puede amar a Dios, a quien no ha visto. [21] Y él nos ha dado este mandamiento: el que ama a Dios, ame también a su hermano.

Vivamos en la fe

5 Todo el que cree que Jesús es el *Cristo, ha nacido de Dios, y todo el que ama al padre, ama también a sus hijos. [2] Así, cuando amamos a Dios y cumplimos sus mandamientos, sabemos que amamos a los hijos de Dios. [3] En esto consiste el amor a Dios: en que obedezcamos sus mandamientos. Y éstos no son difíciles de cumplir, [4] porque todo el que ha nacido de Dios vence al mundo. Ésta es la victoria que vence al mundo: nuestra fe. [5] ¿Quién es el que vence al mundo sino el que cree que Jesús es el Hijo de Dios?

God: Every spirit that acknowledges that Jesus Christ has come in the flesh is from God, [3] but every spirit that does not acknowledge Jesus is not from God. This is the spirit of the antichrist, which you have heard is coming and even now is already in the world.

[4] You, dear children, are from God and have overcome them, because the one who is in you is greater than the one who is in the world. [5] They are from the world and therefore speak from the viewpoint of the world, and the world listens to them. [6] We are from God, and whoever knows God listens to us; but whoever is not from God does not listen to us. This is how we recognize the Spirit[h] of truth and the spirit of falsehood.

God's Love and Ours

[7] Dear friends, let us love one another, for love comes from God. Everyone who loves has been born of God and knows God. [8] Whoever does not love does not know God, because God is love. [9] This is how God showed his love among us: He sent his one and only Son[i] into the world that we might live through him. [10] This is love: not that we loved God, but that he loved us and sent his Son as an atoning sacrifice for[j] our sins. [11] Dear friends, since God so loved us, we also ought to love one another. [12] No one has ever seen God; but if we love one another, God lives in us and his love is made complete in us.

[13] We know that we live in him and he in us, because he has given us of his Spirit. [14] And we have seen and testify that the Father has sent his Son to be the Savior of the world. [15] If anyone acknowledges that Jesus is the Son of God, God lives in him and he in God. [16] And so we know and rely on the love God has for us.

God is love. Whoever lives in love lives in God, and God in him. [17] In this way, love is made complete among us so that we will have confidence on the day of judgment, because in this world we are like him. [18] There is no fear in love. But perfect love drives out fear, because fear has to do with punishment. The one who fears is not made perfect in love.

[19] We love because he first loved us. [20] If anyone says, "I love God," yet hates his brother, he is a liar. For anyone who does not love his brother, whom he has seen, cannot love God, whom he has not seen. [21] And he has given us this command: Whoever loves God must also love his brother.

Faith in the Son of God

5 Everyone who believes that Jesus is the Christ is born of God, and everyone who loves the father loves his child as well. [2] This is how we know that we love the children of God: by loving God and carrying out his commands. [3] This is love for God: to obey his commands. And his commands are not burdensome, [4] for everyone born of God overcomes the world. This is the victory that has overcome the world, even our faith. [5] Who is it that overcomes the world? Only he who believes that Jesus is the Son of God.

---

[k] *4:2* profeta. Lit. espíritu; también en v. 3.   [l] *4:10* sacrificio por el perdón de. Lit. *propiciación por.*   [m] *4:12* entre ... entre. Alt. en ... en.   [n] *4:12* se ha manifestado plenamente. Lit. se ha *perfeccionado.*   [ñ] *4:17* se manifiesta plenamente. Lit. se ha perfeccionado.

[h] 6 Or spirit   [i] 9 Or his only begotten Son   [j] 10 Or as the one who would turn aside his wrath, taking away

6Éste es el que vino mediante agua y sangre, Jesucristo; no sólo mediante agua, sino mediante agua y sangre. El Espíritu es quien da testimonio de esto, porque el Espíritu es la verdad. 7Tres son los que dan testimonio, 8y los tres están de acuerdo: el Espíritu*o*, el agua y la sangre. 9Aceptamos el testimonio *humano, pero el testimonio de Dios vale mucho más, precisamente porque es el testimonio de Dios, que él ha dado acerca de su Hijo. 10El que cree en el Hijo de Dios acepta este testimonio. El que no cree a Dios lo hace pasar por mentiroso, por no haber creído el testimonio que Dios ha dado acerca de su Hijo. 11Y el testimonio es éste: que Dios nos ha dado vida eterna, y esa vida está en su Hijo. 12El que tiene al Hijo, tiene la vida; el que no tiene al Hijo de Dios, no tiene la vida.

Observaciones finales

13Les escribo estas cosas a ustedes que creen en el nombre del Hijo de Dios, para que sepan que tienen vida eterna. 14Ésta es la confianza que tenemos al acercarnos a Dios: que si pedimos conforme a su voluntad, él nos oye. 15Y si sabemos que Dios oye todas nuestras oraciones, podemos estar seguros de que ya tenemos lo que le hemos pedido.

16Si alguno ve a su hermano cometer un pecado que no lleva a la muerte, ore por él y Dios le dará vida. Me refiero a quien comete un pecado que no lleva a la muerte. Hay un pecado que sí lleva a la muerte, y en ese caso no digo que se ore por él. 17Toda maldad es pecado, pero hay pecado que no lleva a la muerte.

18Sabemos que el que ha nacido de Dios no está en pecado: *Jesucristo, que nació de Dios, lo protege, y el maligno no llega a tocarlo. 19Sabemos que somos hijos de Dios, y que el mundo entero está bajo el control del maligno. 20También sabemos que el Hijo de Dios ha venido y nos ha dado entendimiento para que conozcamos al Dios verdadero. Y estamos con el Verdadero, con*p* su Hijo Jesucristo. Éste es el Dios verdadero y la vida eterna.

21Queridos hijos, apártense de los ídolos.

6This is the one who came by water and blood—Jesus Christ. He did not come by water only, but by water and blood. And it is the Spirit who testifies, because the Spirit is the truth. 7For there are three that testify: 8the*k* Spirit, the water and the blood; and the three are in agreement. 9We accept man's testimony, but God's testimony is greater because it is the testimony of God, which he has given about his Son. 10Anyone who believes in the Son of God has this testimony in his heart. Anyone who does not believe God has made him out to be a liar, because he has not believed the testimony God has given about his Son. 11And this is the testimony: God has given us eternal life, and this life is in his Son. 12He who has the Son has life; he who does not have the Son of God does not have life.

Concluding Remarks

13I write these things to you who believe in the name of the Son of God so that you may know that you have eternal life. 14This is the confidence we have in approaching God: that if we ask anything according to his will, he hears us. 15And if we know that he hears us—whatever we ask—we know that we have what we asked of him.

16If anyone sees his brother commit a sin that does not lead to death, he should pray and God will give him life. I refer to those whose sin does not lead to death. There is a sin that leads to death. I am not saying that he should pray about that. 17All wrongdoing is sin, and there is sin that does not lead to death.

18We know that anyone born of God does not continue to sin; the one who was born of God keeps him safe, and the evil one cannot harm him. 19We know that we are children of God, and that the whole world is under the control of the evil one. 20We know also that the Son of God has come and has given us understanding, so that we may know him who is true. And we are in him who is true—even in his Son Jesus Christ. He is the true God and eternal life.

21Dear children, keep yourselves from idols.

---

o 5:7-8 testimonio ... Espíritu. Var. *testimonio en el cielo: el Padre, el Verbo y el Espíritu Santo, y estos tres son uno.* 8 Y hay tres que dan testimonio en la tierra: el Espíritu (este pasaje se encuentra en mss. posteriores de la Vulgata, pero no está en ningún ms. griego anterior al siglo XVI). *p 5:20 con.* Alt. *por medio de.*

k 7,8 Late manuscripts of the Vulgate *testify in heaven: the Father, the Word and the Holy Spirit, and these three are one.* 8*And there are three that testify on earth: the* (not found in any Greek manuscript before the sixteenth century)

Juan

2 John

¹El *anciano,

a la iglesia elegida y a sus miembros,ᵃ a quienes amo en la verdad —y no sólo yo sino todos los que han conocido la verdad—, ²a causa de esa verdad que permanece en nosotros y que estará con nosotros para siempre:

³La gracia, la misericordia y la paz de Dios el Padre y de *Jesucristo, el Hijo del Padre, estarán con nosotros en verdad y en amor.

⁴Me alegré muchísimo al encontrarme con algunos de ustedesᵇ que están practicando la verdad, según el mandamiento que nos dio el Padre. ⁵Y ahora, hermanos, les ruego que nos amemos los unos a los otros. Y no es que lesᶜ esté escribiendo un mandamiento nuevo sino el que hemos tenido desde el principio. ⁶En esto consiste el amor: en que pongamos en práctica sus mandamientos. Y éste es el mandamiento: que vivan en este amor, tal como ustedes lo han escuchado desde el principio.

⁷Es que han salido por el mundo muchos engañadores que no reconocen que Jesucristo ha venido en cuerpo humano. El que así actúa es el engañador y el anticristo. ⁸Cuídense de no echar a perder el fruto de nuestro trabajo;ᵈ procuren más bien recibir la recompensa completa. ⁹Todo el que se descarría y no permanece en la enseñanza de Cristo, no tiene a Dios; el que permanece en la enseñanzaᵉ sí tiene al Padre y al Hijo. ¹⁰Si alguien los visita y no lleva esta enseñanza, no lo reciban en casa ni le den la bienvenida, ¹¹pues quien le da la bienvenida se hace cómplice de sus malas obras.

¹²Aunque tengo muchas cosas que decirles, no he querido hacerlo por escrito, pues espero visitarlos y hablar personalmente con ustedes para que nuestra alegría sea completa.

¹³Los miembros de la iglesia hermana, la elegida, lesᶠ mandan saludos.

¹The elder,

To the chosen lady and her children, whom I love in the truth—and not I only, but also all who know the truth— ²because of the truth, which lives in us and will be with us forever:

³Grace, mercy and peace from God the Father and from Jesus Christ, the Father's Son, will be with us in truth and love.

⁴It has given me great joy to find some of your children walking in the truth, just as the Father commanded us. ⁵And now, dear lady, I am not writing you a new command but one we have had from the beginning. I ask that we love one another. ⁶And this is love: that we walk in obedience to his commands. As you have heard from the beginning, his command is that you walk in love.

⁷Many deceivers, who do not acknowledge Jesus Christ as coming in the flesh, have gone out into the world. Any such person is the deceiver and the antichrist. ⁸Watch out that you do not lose what you have worked for, but that you may be rewarded fully. ⁹Anyone who runs ahead and does not continue in the teaching of Christ does not have God; whoever continues in the teaching has both the Father and the Son. ¹⁰If anyone comes to you and does not bring this teaching, do not take him into your house or welcome him. ¹¹Anyone who welcomes him shares in his wicked work.

¹²I have much to write to you, but I do not want to use paper and ink. Instead, I hope to visit you and talk with you face to face, so that our joy may be complete.

¹³The children of your chosen sister send their greetings.

ᵃ1 la iglesia ... miembros. Lit. la señora elegida y a sus hijos.
ᵇ4 ustedes. Lit. tus hijos.   ᶜ5 hermanos, les ruego ... Y no es que les. Lit. señora, te ruego ... Y no es que te.   ᵈ8 el fruto de nuestro trabajo. Lit. lo que hemos trabajado. Var. lo que ustedes han trabajado.   ᵉ9 enseñanza. Var. enseñanza de Cristo.
ᶠ13 Los miembros ... les. Lit. Los hijos de tu hermana, la elegida, te.

Tercera Carta de

Juan

3 John

¹El *anciano,

al querido hermano Gayo, a quien amo en la verdad.

²Querido hermano, oro para que te vaya bien en todos tus asuntos y goces de buena salud, así como prosperas espiritualmente. ³Me alegré mucho cuando vinieron unos hermanos y dieron testimonio de tu fidelidad,ᵃ y de cómo estás poniendo en práctica la verdad. ⁴Nada me produce más alegría que oír que mis hijos practican la verdad.

⁵Querido hermano, te comportas fielmente en todo lo que haces por los hermanos, aunque no los conozcas.ᵇ ⁶Delante de la iglesia ellos han dado testimonio de tu amor. Harás bien en ayudarlos a seguir su viaje, como es digno de Dios. ⁷Ellos salieron por causa del Nombre, sin nunca recibir nada de los *paganos; ⁸nosotros, por lo tanto, debemos brindarles hospitalidad, y así colaborar con ellos en la verdad.

⁹Le escribí algunas líneas a la iglesia, pero Diótrefes, a quien le encanta ser el primero entre ellos, no nos recibe. ¹⁰Por eso, si voy no dejaré de reprocharle su comportamiento, ya que, con palabras malintencionadas, habla contra nosotros sólo por hablar. Como si fuera poco, ni siquiera recibe a los hermanos, y a quienes quieren hacerlo, no los deja y los expulsa de la iglesia.

¹¹Querido hermano, no imites lo malo sino lo bueno. El que hace lo bueno es de Dios; el que hace lo malo no ha visto a Dios. ¹²En cuanto a Demetrio, todos dan buen testimonio de él, incluso la verdad misma. También nosotros lo recomendamos, y bien sabes que nuestro testimonio es verdadero.

¹³Tengo muchas cosas que decirte, pero prefiero no hacerlo por escrito; ¹⁴espero verte muy pronto, y entonces hablaremos personalmente.

¹⁵La paz sea contigo. Tus amigos aquí te mandan saludos. Saluda a los amigos allá, a cada uno en particular.

¹The elder,

To my dear friend Gaius, whom I love in the truth.

²Dear friend, I pray that you may enjoy good health and that all may go well with you, even as your soul is getting along well. ³It gave me great joy to have some brothers come and tell about your faithfulness to the truth and how you continue to walk in the truth. ⁴I have no greater joy than to hear that my children are walking in the truth.

⁵Dear friend, you are faithful in what you are doing for the brothers, even though they are strangers to you. ⁶They have told the church about your love. You will do well to send them on their way in a manner worthy of God. ⁷It was for the sake of the Name that they went out, receiving no help from the pagans. ⁸We ought therefore to show hospitality to such men so that we may work together for the truth.

⁹I wrote to the church, but Diotrephes, who loves to be first, will have nothing to do with us. ¹⁰So if I come, I will call attention to what he is doing, gossiping maliciously about us. Not satisfied with that, he refuses to welcome the brothers. He also stops those who want to do so and puts them out of the church.

¹¹Dear friend, do not imitate what is evil but what is good. Anyone who does what is good is from God. Anyone who does what is evil has not seen God. ¹²Demetrius is well spoken of by everyone—and even by the truth itself. We also speak well of him, and you know that our testimony is true.

¹³I have much to write you, but I do not want to do so with pen and ink. ¹⁴I hope to see you soon, and we will talk face to face.

Peace to you. The friends here send their greetings. Greet the friends there by name.

Carta de

Judas

Jude

¹Judas, *siervo de *Jesucristo y hermano de *Jacobo,

a los que son amados por Dios el Padre, guardados por*a* Jesucristo y llamados a la salvación:

²Que reciban misericordia, paz y amor en abundancia.

Pecado y condenación de los impíos

³Queridos hermanos, he deseado intensamente escribirles acerca de la salvación que tenemos en común, y ahora siento la necesidad de hacerlo para rogarles que sigan luchando vigorosamente por la fe encomendada una vez por todas a los *santos. ⁴El problema es que se han infiltrado entre ustedes ciertos individuos que desde hace mucho tiempo han estado señalados*b* para condenación. Son impíos que cambian en libertinaje la gracia de nuestro Dios y niegan a Jesucristo, nuestro único Soberano y Señor.

⁵Aunque ustedes ya saben muy bien todo esto, quiero recordarles que el Señor,*c* después de liberar de la tierra de Egipto a su pueblo, destruyó a los que no creían. ⁶Y a los ángeles que no mantuvieron su posición de autoridad, sino que abandonaron su propia morada, los tiene perpetuamente encarcelados en oscuridad para el juicio del gran Día. ⁷Así también Sodoma y Gomorra y las ciudades vecinas son puestas como escarmiento, al sufrir el castigo de un fuego eterno, por haber practicado, como aquéllos, inmoralidad sexual y vicios contra la naturaleza.

⁸De la misma manera estos individuos, llevados por sus delirios, contaminan su *cuerpo, desprecian la autoridad y maldicen a los seres celestiales. ⁹Ni siquiera el arcángel Miguel, cuando argumentaba con el diablo disputándole el cuerpo de Moisés, se atrevió a pronunciar contra él un juicio de maldición, sino que dijo: «¡Que el Señor te reprenda!» ¹⁰Éstos, en cambio, maldicen todo lo que no entienden; y como animales irracionales, lo que entienden por instinto es precisamente lo que los corrompe.

¹¹¡Ay de los que siguieron el camino de Caín! Por ganar dinero se entregaron al error de Balaam y perecieron en la rebelión de Coré.

¹²Estos individuos son un peligro oculto:*d* sin ningún respeto convierten en parrandas las fiestas de amor fraternal que ustedes celebran. Buscan sólo su propio provecho.*e* Son nubes sin agua, llevadas por el viento. Son árboles que no dan fruto cuando debieran darlo; están doblemente muertos, arrancados de raíz. ¹³Son violentas olas del mar, que arrojan la espuma de sus actos vergonzosos. Son estrellas fugaces, para quienes está reservada eternamente la más densa oscuridad.

¹⁴También Enoc, el séptimo patriarca a partir de Adán, profetizó acerca de ellos: «Miren, el Señor viene con millares y millares de sus ángeles*f* ¹⁵para someter a juicio a todos y para reprender a todos los pecadores impíos por todas las malas obras que han cometido, y por todas las injurias que han proferido contra él.»

¹Jude, a servant of Jesus Christ and a brother of James,

To those who have been called, who are loved by God the Father and kept by*a* Jesus Christ:

²Mercy, peace and love be yours in abundance.

The Sin and Doom of Godless Men

³Dear friends, although I was very eager to write to you about the salvation we share, I felt I had to write and urge you to contend for the faith that was once for all entrusted to the saints. ⁴For certain men whose condemnation was written about*b* long ago have secretly slipped in among you. They are godless men, who change the grace of our God into a license for immorality and deny Jesus Christ our only Sovereign and Lord.

⁵Though you already know all this, I want to remind you that the Lord*c* delivered his people out of Egypt, but later destroyed those who did not believe. ⁶And the angels who did not keep their positions of authority but abandoned their own home—these he has kept in darkness, bound with everlasting chains for judgment on the great Day. ⁷In a similar way, Sodom and Gomorrah and the surrounding towns gave themselves up to sexual immorality and perversion. They serve as an example of those who suffer the punishment of eternal fire.

⁸In the very same way, these dreamers pollute their own bodies, reject authority and slander celestial beings. ⁹But even the archangel Michael, when he was disputing with the devil about the body of Moses, did not dare to bring a slanderous accusation against him, but said, "The Lord rebuke you!" ¹⁰Yet these men speak abusively against whatever they do not understand; and what things they do understand by instinct, like unreasoning animals—these are the very things that destroy them.

¹¹Woe to them! They have taken the way of Cain; they have rushed for profit into Balaam's error; they have been destroyed in Korah's rebellion.

¹²These men are blemishes at your love feasts, eating with you without the slightest qualm—shepherds who feed only themselves. They are clouds without rain, blown along by the wind; autumn trees, without fruit and uprooted—twice dead. ¹³They are wild waves of the sea, foaming up their shame; wandering stars, for whom blackest darkness has been reserved forever.

¹⁴Enoch, the seventh from Adam, prophesied about these men: "See, the Lord is coming with thousands upon thousands of his holy ones ¹⁵to judge everyone, and to convict all the ungodly of all the ungodly acts they have done in the ungodly way, and of all the harsh words ungodly sinners have spoken against him."

16 Estos individuos son refunfuñadores y criticones; se dejan llevar por sus propias pasiones; hablan con arrogancia y adulan a los demás para sacar ventaja.

Exhortación a la perseverancia

17 Ustedes, queridos hermanos, recuerden el mensaje anunciado anteriormente por los apóstoles de nuestro Señor Jesucristo. 18 Ellos les decían: «En los últimos tiempos habrá burladores que vivirán según sus propias pasiones impías.» 19 Éstos son los que causan divisiones y se dejan llevar por sus propios instintos, pues no tienen el Espíritu.

20-21 Ustedes, en cambio, queridos hermanos, manténganse en el amor de Dios, edificándose sobre la base de su santísima fe y orando en el Espíritu Santo, mientras esperan que nuestro Señor Jesucristo, en su misericordia, les conceda vida eterna.

22 Tengan compasión de los que dudan; 23 a otros, sálvenlos arrebatándolos del fuego. Compadézcanse de los demás, pero tengan cuidado; aborrezcan hasta la ropa que haya sido contaminada por su *cuerpo.

Doxología

24 ¡Al único Dios, nuestro Salvador, que puede guardarlos para que no *caigan, y establecerlos sin tacha y con gran alegría ante su gloriosa presencia, 25 sea la gloria, la majestad, el dominio y la autoridad, por medio de Jesucristo nuestro Señor, antes de todos los siglos, ahora y para siempre! Amén.

16 These men are grumblers and faultfinders; they follow their own evil desires; they boast about themselves and flatter others for their own advantage.

A Call to Persevere

17 But, dear friends, remember what the apostles of our Lord Jesus Christ foretold. 18 They said to you, "In the last times there will be scoffers who will follow their own ungodly desires." 19 These are the men who divide you, who follow mere natural instincts and do not have the Spirit.

20 But you, dear friends, build yourselves up in your most holy faith and pray in the Holy Spirit. 21 Keep yourselves in God's love as you wait for the mercy of our Lord Jesus Christ to bring you to eternal life.

22 Be merciful to those who doubt; 23 snatch others from the fire and save them; to others show mercy, mixed with fear—hating even the clothing stained by corrupted flesh.

Doxology

24 To him who is able to keep you from falling and to present you before his glorious presence without fault and with great joy— 25 to the only God our Savior be glory, majesty, power and authority, through Jesus Christ our Lord, before all ages, now and forevermore! Amen.

Apocalipsis

Revelation

Prólogo

1 Ésta es la revelación de *Jesucristo, que Dios le dio para mostrar a sus *siervos lo que sin demora tiene que suceder. Jesucristo envió a su ángel para dar a conocer la revelación a su siervo Juan, ²quien por su parte da fe de la verdad, escribiendo todo lo que vio, a saber, la palabra de Dios y el testimonio de Jesucristo. ³*Dichoso el que lee y dichosos los que escuchan las palabras de este mensaje profético y hacen caso de lo que aquí está escrito, porque el tiempo de su cumplimiento está cerca.

Saludos y doxología

⁴Yo, Juan, escribo a las siete iglesias que están en la provincia de *Asia:

Gracia y paz a ustedes de parte de aquel que es y que era y que ha de venir; y de parte de los siete espíritus que están delante de su trono; ⁵y de parte de *Jesucristo, el testigo fiel, el primogénito de la resurrección, el soberano de los reyes de la tierra.

Al que nos ama
  y que por su sangre
    nos ha librado de nuestros pecados,
⁶al que ha hecho de nosotros un reino,
  sacerdotes al servicio de Dios su Padre,
¡a él sea la gloria y el poder
  por los siglos de los siglos! Amén.

⁷¡Miren que viene en las nubes!
  Y todos lo verán con sus propios ojos,
    incluso quienes lo traspasaron;
  y por él harán lamentación
    todos los pueblos de la tierra.

             ¡Así será! Amén.

⁸«Yo soy el Alfa y la Omega —dice el Señor Dios—, el que es y que era y que ha de venir, el Todopoderoso.»

Alguien semejante al Hijo del hombre

⁹Yo, Juan, hermano de ustedes y compañero en el sufrimiento, en el reino y en la perseverancia que tenemos en unión con Jesús, estaba en la isla de Patmos por causa de la palabra de Dios y del testimonio de Jesús. ¹⁰En el día del Señor vino sobre mí el Espíritu, y oí detrás de mí una voz fuerte, como de trompeta, ¹¹que decía: «Escribe en un libro lo que veas y envíalo a las siete iglesias: a Éfeso, a Esmirna, a Pérgamo, a Tiatira, a Sardis, a Filadelfia y a Laodicea.»

¹²Me volví para ver de quién era la voz que me hablaba y, al volverme, vi siete candelabros de oro. ¹³En medio de los candelabros estaba alguien «semejante al Hijo del hombre»,ᵃ vestido con una túnica que le llegaba hasta los pies y ceñido con una banda de oro a la altura del pecho. ¹⁴Su cabellera lucía blanca como la lana, como la nieve; y sus ojos resplandecían como llama de fuego. ¹⁵Sus pies parecían bronce al rojo vivo en un horno, y su voz era tan fuerte como el

Prologue

1 The revelation of Jesus Christ, which God gave him to show his servants what must soon take place. He made it known by sending his angel to his servant John, ²who testifies to everything he saw—that is, the word of God and the testimony of Jesus Christ. ³Blessed is the one who reads the words of this prophecy, and blessed are those who hear it and take to heart what is written in it, because the time is near.

Greetings and Doxology

⁴John,

To the seven churches in the province of Asia:

Grace and peace to you from him who is, and who was, and who is to come, and from the seven spiritsᵃ before his throne, ⁵and from Jesus Christ, who is the faithful witness, the firstborn from the dead, and the ruler of the kings of the earth.

To him who loves us and has freed us from our sins by his blood, ⁶and has made us to be a kingdom and priests to serve his God and Father—to him be glory and power for ever and ever! Amen.

⁷Look, he is coming with the clouds,
  and every eye will see him,
  even those who pierced him;
  and all the peoples of the earth will
    mourn because of him.
            So shall it be! Amen.

⁸"I am the Alpha and the Omega," says the Lord God, "who is, and who was, and who is to come, the Almighty."

One Like a Son of Man

⁹I, John, your brother and companion in the suffering and kingdom and patient endurance that are ours in Jesus, was on the island of Patmos because of the word of God and the testimony of Jesus. ¹⁰On the Lord's Day I was in the Spirit, and I heard behind me a loud voice like a trumpet, ¹¹which said: "Write on a scroll what you see and send it to the seven churches: to Ephesus, Smyrna, Pergamum, Thyatira, Sardis, Philadelphia and Laodicea."

¹²I turned around to see the voice that was speaking to me. And when I turned I saw seven golden lampstands, ¹³and among the lampstands was someone "like a son of man,"ᵇ dressed in a robe reaching down to his feet and with a golden sash around his chest. ¹⁴His head and hair were white like wool, as white as snow, and his eyes were like blazing fire. ¹⁵His feet were like bronze glowing in a furnace, and his voice was like the

---

estruendo de una catarata. 16En su mano derecha tenía siete estrellas, y de su boca salía una aguda espada de dos filos. Su rostro era como el sol cuando brilla en todo su esplendor.

17Al verlo, caí a sus pies como muerto; pero él, poniendo su mano derecha sobre mí, me dijo: «No tengas miedo. Yo soy el Primero y el Último, 18y el que vive. Estuve muerto, pero ahora vivo por los siglos de los siglos, y tengo las llaves de la muerte y del infierno.b

19»Escribe, pues, lo que has visto, lo que sucede ahora y lo que sucederá después. 20Ésta es la explicación del *misterio de las siete estrellas que viste en mi mano derecha, y de los siete candelabros de oro: las siete estrellas son los ángelesc de las siete iglesias, y los siete candelabros son las siete iglesias.

A la iglesia de Éfeso

2 »Escribe al ángeld de la iglesia de Éfeso:

Esto dice el que tiene las siete estrellas en su mano derecha y se pasea en medio de los siete candelabros de oro: 2Conozco tus obras, tu duro trabajo y tu perseverancia. Sé que no puedes soportar a los malvados, y que has puesto a *prueba a los que dicen ser apóstoles pero no lo son; y has descubierto que son falsos. 3Has perseverado y sufrido por mi nombre, sin desanimarte.

4Sin embargo, tengo en tu contra que has abandonado tu primer amor. 5¡Recuerda de dónde has caído! *Arrepiéntete y vuelve a practicar las obras que hacías al principio. Si no te arrepientes, iré y quitaré de su lugar tu candelabro. 6Pero tienes a tu favor que aborreces las prácticas de los nicolaítas, las cuales yo también aborrezco.

7El que tenga oídos, que oiga lo que el Espíritu dice a las iglesias. Al que salga vencedor le daré derecho a comer del árbol de la vida, que está en el paraíso de Dios.

A la iglesia de Esmirna

8»Escribe al ángel de la iglesia de Esmirna:

Esto dice el Primero y el Último, el que murió y volvió a vivir: 9Conozco tus sufrimientos y tu pobreza. ¡Sin embargo, eres rico! Sé cómo te calumnian los que dicen ser judíos pero que, en realidad, no son más que una sinagoga de Satanás. 10No tengas miedo de lo que estás por sufrir. Te advierto que a algunos de ustedes el diablo los meterá en la cárcel para ponerlos a *prueba, y sufrirán persecución durante diez días. Sé fiel hasta la muerte, y yo te daré la corona de la vida.

11El que tenga oídos, que oiga lo que el Espíritu dice a las iglesias. El que salga vencedor no sufrirá daño alguno de la segunda muerte.

A la iglesia de Pérgamo

12»Escribe al ángel de la iglesia de Pérgamo:

Esto dice el que tiene la aguda espada de dos filos: 13Sé dónde vives: allí donde Satanás tiene su trono. Sin embargo, sigues fiel a mi nombre. No renegaste de tu fe en mí, ni siquiera en los días en que Antipas, mi testigo fiel, sufrió la muerte en esa ciudad donde vive Satanás.

sound of rushing waters. 16In his right hand he held seven stars, and out of his mouth came a sharp double-edged sword. His face was like the sun shining in all its brilliance.

17When I saw him, I fell at his feet as though dead. Then he placed his right hand on me and said: "Do not be afraid. I am the First and the Last. 18I am the Living One; I was dead, and behold I am alive for ever and ever! And I hold the keys of death and Hades.

19"Write, therefore, what you have seen, what is now and what will take place later. 20The mystery of the seven stars that you saw in my right hand and of the seven golden lampstands is this: The seven stars are the angelsc of the seven churches, and the seven lampstands are the seven churches.

To the Church in Ephesus

2 "To the angeld of the church in Ephesus write:

These are the words of him who holds the seven stars in his right hand and walks among the seven golden lampstands: 2I know your deeds, your hard work and your perseverance. I know that you cannot tolerate wicked men, that you have tested those who claim to be apostles but are not, and have found them false. 3You have persevered and have endured hardships for my name, and have not grown weary.

4Yet I hold this against you: You have forsaken your first love. 5Remember the height from which you have fallen! Repent and do the things you did at first. If you do not repent, I will come to you and remove your lampstand from its place. 6But you have this in your favor: You hate the practices of the Nicolaitans, which I also hate.

7He who has an ear, let him hear what the Spirit says to the churches. To him who overcomes, I will give the right to eat from the tree of life, which is in the paradise of God.

To the Church in Smyrna

8"To the angel of the church in Smyrna write:

These are the words of him who is the First and the Last, who died and came to life again. 9I know your afflictions and your poverty—yet you are rich! I know the slander of those who say they are Jews and are not, but are a synagogue of Satan. 10Do not be afraid of what you are about to suffer. I tell you, the devil will put some of you in prison to test you, and you will suffer persecution for ten days. Be faithful, even to the point of death, and I will give you the crown of life.

11He who has an ear, let him hear what the Spirit says to the churches. He who overcomes will not be hurt at all by the second death.

To the Church in Pergamum

12"To the angel of the church in Pergamum write:

These are the words of him who has the sharp, double-edged sword. 13I know where you live— where Satan has his throne. Yet you remain true to my name. You did not renounce your faith in me, even in the days of Antipas, my faithful witness, who was put to death in your city—where Satan lives.

---

b 1:18 *infierno.* Lit. **Hades.*   c 1:20 *ángeles.* Alt. *mensajeros.*
d 2:1 *ángel.* Alt. *mensajero;* también en vv. 8, 12 y 18.

c 20 Or *messengers*   d 1 Or *messenger;* also in verses 8, 12 and 18

14No obstante, tengo unas cuantas cosas en tu contra: que toleras ahí a los que se aferran a la doctrina de Balaam, el que enseñó a Balac a poner *tropiezos a los israelitas, incitándolos a comer alimentos sacrificados a los ídolos y a cometer inmoralidades sexuales. 15Toleras así mismo a los que sostienen la doctrina de los nicolaítas. 16Por lo tanto, ¡*arrepiéntete! De otra manera, iré pronto a ti para pelear contra ellos con la espada que sale de mi boca.

17El que tenga oídos, que oiga lo que el Espíritu dice a las iglesias. Al que salga vencedor le daré del maná escondido, y le daré también una piedrecita blanca en la que está escrito un nombre nuevo que sólo conoce el que lo recibe.

A la iglesia de Tiatira

18»Escribe al ángel de la iglesia de Tiatira:

Esto dice el Hijo de Dios, el que tiene ojos que resplandecen como llamas de fuego y pies que parecen bronce al rojo vivo: 19Conozco tus obras, tu amor y tu fe, tu servicio y tu perseverancia, y sé que tus últimas obras son más abundantes que las primeras.

20Sin embargo, tengo en tu contra que toleras a Jezabel, esa mujer que dice ser profetisa. Con su enseñanza engaña a mis *siervos, pues los induce a cometer inmoralidades sexuales y a comer alimentos sacrificados a los ídolos. 21Le he dado tiempo para que se *arrepienta de su inmoralidad, pero no quiere hacerlo. 22Por eso la voy a postrar en un lecho de dolor, y a los que cometen adulterio con ella los haré sufrir terriblemente, a menos que se arrepientan de lo que aprendieron de ella. 23A los hijos de esa mujer los heriré de muerte. Así sabrán todas las iglesias que yo soy el que escudriña la mente y el corazón; y a cada uno de ustedes lo trataré de acuerdo con sus obras. 24Ahora, al resto de los que están en Tiatira, es decir, a ustedes que no siguen esa enseñanza ni han aprendido los mal llamados "profundos secretos de Satanás", les digo que ya no les impondré ninguna otra carga. 25Eso sí, retengan con firmeza lo que ya tienen, hasta que yo venga.

26Al que salga vencedor y cumpla mi voluntade hasta el fin, le daré autoridad sobre las *naciones 27—así como yo la he recibido de mi Padre— y

"él las gobernará con puño de hierro;f
las hará pedazos como a vasijas de barro".g

28También le daré la estrella de la mañana. 29El que tenga oídos, que oiga lo que el Espíritu dice a las iglesias.

A la iglesia de Sardis

3 »Escribe al ángelh de la iglesia de Sardis:

Esto dice el que tiene los siete espíritus de Dios y las siete estrellas: Conozco tus obras; tienes fama de estar vivo, pero en realidad estás muerto. 2¡Despierta! Reaviva lo que aún es rescatable,i pues no he encontrado que tus obras sean perfectas delante de mi Dios. 3Así que recuerda lo que has recibido y

14Nevertheless, I have a few things against you: You have people there who hold to the teaching of Balaam, who taught Balak to entice the Israelites to sin by eating food sacrificed to idols and by committing sexual immorality. 15Likewise you also have those who hold to the teaching of the Nicolaitans. 16Repent therefore! Otherwise, I will soon come to you and will fight against them with the sword of my mouth.

17He who has an ear, let him hear what the Spirit says to the churches. To him who overcomes, I will give some of the hidden manna. I will also give him a white stone with a new name written on it, known only to him who receives it.

To the Church in Thyatira

18"To the angel of the church in Thyatira write:

These are the words of the Son of God, whose eyes are like blazing fire and whose feet are like burnished bronze. 19I know your deeds, your love and faith, your service and perseverance, and that you are now doing more than you did at first.

20Nevertheless, I have this against you: You tolerate that woman Jezebel, who calls herself a prophetess. By her teaching she misleads my servants into sexual immorality and the eating of food sacrificed to idols. 21I have given her time to repent of her immorality, but she is unwilling. 22So I will cast her on a bed of suffering, and I will make those who commit adultery with her suffer intensely, unless they repent of her ways. 23I will strike her children dead. Then all the churches will know that I am he who searches hearts and minds, and I will repay each of you according to your deeds. 24Now I say to the rest of you in Thyatira, to you who do not hold to her teaching and have not learned Satan's so-called deep secrets (I will not impose any other burden on you): 25Only hold on to what you have until I come.

26To him who overcomes and does my will to the end, I will give authority over the nations—

27'He will rule them with an iron scepter;
he will dash them to pieces like
pottery'e—

just as I have received authority from my Father. 28I will also give him the morning star. 29He who has an ear, let him hear what the Spirit says to the churches.

To the Church in Sardis

3 "To the angelf of the church in Sardis write:

These are the words of him who holds the seven spiritsg of God and the seven stars. I know your deeds; you have a reputation of being alive, but you are dead. 2Wake up! Strengthen what remains and is about to die, for I have not found your deeds complete in the sight of my God. 3Remem-

---

e2:26 cumpla mi voluntad. Lit. guarde mis obras.
f2:27 gobernará ... hierro. Lit. pastoreará con cetro de hierro.
g2:27 Sal 2:9   h3:1 ángel. Alt. mensajero; también en vv. 7 y 14.   i3:2 Reaviva ... rescatable. Lit. Fortalece las otras cosas que están por morir.

e27 Psalm 2:9   f1 Or messenger; also in verses 7 and 14
g1 Or the sevenfold Spirit

oído; obedécelo y *arrepiéntete. Si no te mantienes despierto, cuando menos lo esperes caeré sobre ti como un ladrón.

4 Sin embargo, tienes en Sardis a unos cuantos que no se han manchado la ropa. Ellos, por ser dignos, andarán conmigo vestidos de blanco. 5 El que salga vencedor se vestirá de blanco. Jamás borraré su nombre del libro de la vida, sino que reconoceré su nombre delante de mi Padre y delante de sus ángeles. 6 El que tenga oídos, que oiga lo que el Espíritu dice a las iglesias.

A la iglesia de Filadelfia

7 »Escribe al ángel de la iglesia de Filadelfia:

Esto dice el Santo, el Verdadero, el que tiene la llave de David, el que abre y nadie puede cerrar, el que cierra y nadie puede abrir: 8 Conozco tus obras. Mira que delante de ti he dejado abierta una puerta que nadie puede cerrar. Ya sé que tus fuerzas son pocas, pero has obedecido mi palabra y no has renegado de mi nombre. 9 Voy a hacer que los de la sinagoga de Satanás, que dicen ser judíos pero que en realidad mienten, vayan y se postren a tus pies, y reconozcan que yo te he amado. 10 Ya que has guardado mi mandato de ser constante, yo por mi parte te guardaré de la hora de *tentación, que vendrá sobre el mundo entero para poner a prueba a los que viven en la tierra.

11 Vengo pronto. Aférrate a lo que tienes, para que nadie te quite la corona. 12 Al que salga vencedor lo haré columna del templo de mi Dios, y ya no saldrá jamás de allí. Sobre él grabaré el nombre de mi Dios y el nombre de la nueva Jerusalén, ciudad de mi Dios, la que baja del cielo de parte de mi Dios; y también grabaré sobre él mi nombre nuevo. 13 El que tenga oídos, que oiga lo que el Espíritu dice a las iglesias.

A la iglesia de Laodicea

14 »Escribe al ángel de la iglesia de Laodicea:

Esto dice el Amén, el testigo fiel y veraz, el soberano[j] de la creación de Dios: 15 Conozco tus obras; sé que no eres ni frío ni caliente. ¡Ojalá fueras lo uno o lo otro! 16 Por tanto, como no eres ni frío ni caliente, sino tibio, estoy por vomitarte de mi boca. 17 Dices: "Soy rico; me he enriquecido y no me hace falta nada"; pero no te das cuenta de que el infeliz y miserable, el pobre, ciego y desnudo eres tú. 18 Por eso te aconsejo que de mí compres oro refinado por el fuego, para que te hagas rico; ropas blancas para que te vistas y cubras tu vergonzosa desnudez; y colirio para que te lo pongas en los ojos y recobres la vista.

19 Yo reprendo y disciplino a todos los que amo. Por lo tanto, sé fervoroso y *arrepiéntete. 20 Mira que estoy a la puerta y llamo. Si alguno oye mi voz y abre la puerta, entraré, y cenaré con él, y él conmigo.

21 Al que salga vencedor le daré el derecho de sentarse conmigo en mi trono, como también yo vencí y me senté con mi Padre en su trono. 22 El que tenga oídos, que oiga lo que el Espíritu dice a las iglesias.»

ber, therefore, what you have received and heard; obey it, and repent. But if you do not wake up, I will come like a thief, and you will not know at what time I will come to you.

4 Yet you have a few people in Sardis who have not soiled their clothes. They will walk with me, dressed in white, for they are worthy. 5 He who overcomes will, like them, be dressed in white. I will never blot out his name from the book of life, but will acknowledge his name before my Father and his angels. 6 He who has an ear, let him hear what the Spirit says to the churches.

To the Church in Philadelphia

7 "To the angel of the church in Philadelphia write:

These are the words of him who is holy and true, who holds the key of David. What he opens no one can shut, and what he shuts no one can open. 8 I know your deeds. See, I have placed before you an open door that no one can shut. I know that you have little strength, yet you have kept my word and have not denied my name. 9 I will make those who are of the synagogue of Satan, who claim to be Jews though they are not, but are liars—I will make them come and fall down at your feet and acknowledge that I have loved you. 10 Since you have kept my command to endure patiently, I will also keep you from the hour of trial that is going to come upon the whole world to test those who live on the earth.

11 I am coming soon. Hold on to what you have, so that no one will take your crown. 12 Him who overcomes I will make a pillar in the temple of my God. Never again will he leave it. I will write on him the name of my God and the name of the city of my God, the new Jerusalem, which is coming down out of heaven from my God; and I will also write on him my new name. 13 He who has an ear, let him hear what the Spirit says to the churches.

To the Church in Laodicea

14 "To the angel of the church in Laodicea write:

These are the words of the Amen, the faithful and true witness, the ruler of God's creation. 15 I know your deeds, that you are neither cold nor hot. I wish you were either one or the other! 16 So, because you are lukewarm—neither hot nor cold—I am about to spit you out of my mouth. 17 You say, 'I am rich; I have acquired wealth and do not need a thing.' But you do not realize that you are wretched, pitiful, poor, blind and naked. 18 I counsel you to buy from me gold refined in the fire, so you can become rich; and white clothes to wear, so you can cover your shameful nakedness; and salve to put on your eyes, so you can see.

19 Those whom I love I rebuke and discipline. So be earnest, and repent. 20 Here I am! I stand at the door and knock. If anyone hears my voice and opens the door, I will come in and eat with him, and he with me.

21 To him who overcomes, I will give the right to sit with me on my throne, just as I overcame and sat down with my Father on his throne. 22 He who has an ear, let him hear what the Spirit says to the churches."

3:14 soberano. Lit. comienzo u origen.

El trono en el cielo

4 Después de esto miré, y allí en el cielo había una puerta abierta. Y la voz que me había hablado antes con sonido como de trompeta me dijo: «Sube acá: voy a mostrarte lo que tiene que suceder después de esto.» [2] Al instante vino sobre mí el Espíritu y vi un trono en el cielo, y a alguien sentado en el trono. [3] El que estaba sentado tenía un aspecto semejante a una piedra de jaspe y de cornalina. Alrededor del trono había un arco iris que se asemejaba a una esmeralda. [4] Rodeaban al trono otros veinticuatro tronos, en los que estaban sentados veinticuatro *ancianos vestidos de blanco y con una corona de oro en la cabeza. [5] Del trono salían relámpagos, estruendos[k] y truenos. Delante del trono ardían siete antorchas de fuego, que son los siete espíritus de Dios, [6] y había algo parecido a un mar de vidrio, como de cristal transparente.

En el centro, alrededor del trono, había cuatro seres vivientes cubiertos de ojos por delante y por detrás. [7] El primero de los seres vivientes era semejante a un león; el segundo, a un toro; el tercero tenía rostro como de hombre; el cuarto era semejante a un águila en vuelo. [8] Cada uno de ellos tenía seis alas y estaba cubierto de ojos, por encima y por debajo de las alas. Y día y noche repetían sin cesar:

«Santo, santo, santo
es el Señor Dios Todopoderoso,
el que era y que es y que ha de venir.»

[9] Cada vez que estos seres vivientes daban gloria, honra y acción de gracias al que estaba sentado en el trono, al que vive por los siglos de los siglos, [10] los veinticuatro ancianos se postraban ante él y adoraban al que vive por los siglos de los siglos. Y rendían sus coronas delante del trono exclamando:

[11] «Digno eres, Señor y Dios nuestro,
de recibir la gloria, la honra y el poder,
porque tú creaste todas las cosas;
por tu voluntad existen
y fueron creadas.»

El rollo escrito y el Cordero

5 En la mano derecha del que estaba sentado en el trono vi un rollo escrito por ambos lados y sellado con siete sellos. [2] También vi a un ángel poderoso que proclamaba a gran voz: «¿Quién es digno de romper los sellos y de abrir el rollo?» [3] Pero ni en el cielo ni en la tierra, ni debajo de la tierra, hubo nadie capaz de abrirlo ni de examinar su contenido. [4] Y lloraba yo mucho porque no se había encontrado a nadie que fuera digno de abrir el rollo ni de examinar su contenido. [5] Uno de los *ancianos me dijo: «¡Deja de llorar, que ya el León de la tribu de Judá, la Raíz de David, ha vencido! Él sí puede abrir el rollo y sus siete sellos.»

[6] Entonces vi, en medio de los cuatro seres vivientes y del trono y los ancianos, a un Cordero que estaba de pie y parecía haber sido sacrificado. Tenía siete cuernos y siete ojos, que son los siete espíritus de Dios enviados por toda la tierra. [7] Se acercó y recibió el rollo de la mano derecha del que estaba sentado en el trono. [8] Cuando lo tomó, los cuatro seres vivientes y los veinticuatro ancianos se postraron delante del Cordero. Cada uno tenía un arpa y copas de oro llenas de incien-

The Throne in Heaven

4 After this I looked, and there before me was a door standing open in heaven. And the voice I had first heard speaking to me like a trumpet said, "Come up here, and I will show you what must take place after this." [2] At once I was in the Spirit, and there before me was a throne in heaven with someone sitting on it. [3] And the one who sat there had the appearance of jasper and carnelian. A rainbow, resembling an emerald, encircled the throne. [4] Surrounding the throne were twenty-four other thrones, and seated on them were twenty-four elders. They were dressed in white and had crowns of gold on their heads. [5] From the throne came flashes of lightning, rumblings and peals of thunder. Before the throne, seven lamps were blazing. These are the seven spirits[h] of God. [6] Also before the throne there was what looked like a sea of glass, clear as crystal.

In the center, around the throne, were four living creatures, and they were covered with eyes, in front and in back. [7] The first living creature was like a lion, the second was like an ox, the third had a face like a man, the fourth was like a flying eagle. [8] Each of the four living creatures had six wings and was covered with eyes all around, even under his wings. Day and night they never stop saying:

"Holy, holy, holy
is the Lord God Almighty,
who was, and is, and is to come."

[9] Whenever the living creatures give glory, honor and thanks to him who sits on the throne and who lives for ever and ever, [10] the twenty-four elders fall down before him who sits on the throne, and worship him who lives for ever and ever. They lay their crowns before the throne and say:

[11] "You are worthy, our Lord and God,
to receive glory and honor and power,
for you created all things,
and by your will they were created
and have their being."

The Scroll and the Lamb

5 Then I saw in the right hand of him who sat on the throne a scroll with writing on both sides and sealed with seven seals. [2] And I saw a mighty angel proclaiming in a loud voice, "Who is worthy to break the seals and open the scroll?" [3] But no one in heaven or on earth or under the earth could open the scroll or even look inside it. [4] I wept and wept because no one was found who was worthy to open the scroll or look inside. [5] Then one of the elders said to me, "Do not weep! See, the Lion of the tribe of Judah, the Root of David, has triumphed. He is able to open the scroll and its seven seals."

[6] Then I saw a Lamb, looking as if it had been slain, standing in the center of the throne, encircled by the four living creatures and the elders. He had seven horns and seven eyes, which are the seven spirits[h] of God sent out into all the earth. [7] He came and took the scroll from the right hand of him who sat on the throne. [8] And when he had taken it, the four living creatures and the twenty-four elders fell down before the Lamb. Each one had a harp and they were holding golden

---

[k] 4:5 estruendos. Lit. voces; y así en otros pasajes semejantes.　　　　[h] 5,6 Or the sevenfold Spirit

so, que son las oraciones del *pueblo de Dios. 9 Y
entonaban este nuevo cántico:

«Digno eres de recibir el rollo escrito
　　y de romper sus sellos,
porque fuiste sacrificado,
　　y con tu sangre compraste para Dios
　　gente de toda raza, lengua, pueblo y nación.
10 De ellos hiciste un reino;
　　los hiciste sacerdotes al servicio de nuestro
　　　　Dios,
　　y reinarán sobre la tierra.»

11 Luego miré, y oí la voz de muchos ángeles que
estaban alrededor del trono, de los seres vivientes y de
los ancianos. El número de ellos era millares de millares y millones de millones. 12 Cantaban con todas sus
fuerzas:

«¡Digno es el Cordero, que ha sido sacrificado,
de recibir el poder,
la riqueza y la sabiduría,
la fortaleza y la honra,
la gloria y la alabanza!»

13 Y oí a cuanta criatura hay en el cielo, y en la tierra,
y debajo de la tierra y en el mar, a todos en la creación,
que cantaban:

«¡Al que está sentado en el trono y al Cordero,
sean la alabanza y la honra, la gloria y el
　　poder,
　　por los siglos de los siglos!»

14 Los cuatro seres vivientes exclamaron: «¡Amén!», y
los ancianos se postraron y adoraron.

Los sellos

6 Vi cuando el Cordero rompió el primero de los
siete sellos, y oí a uno de los cuatro seres vivientes,
que gritaba con voz de trueno: «¡Ven!» 2 Miré, ¡y apareció un caballo blanco! El jinete llevaba un arco; se le
dio una corona, y salió como vencedor, para seguir
venciendo.

3 Cuando el Cordero rompió el segundo sello, oí al
segundo ser viviente, que gritaba: «¡Ven!» 4 En eso
salió otro caballo, de color rojo encendido. Al jinete se
le entregó una gran espada; se le permitió quitar la paz
de la tierra y hacer que sus habitantes se mataran unos
a otros.

5 Cuando el Cordero rompió el tercer sello, oí al
tercero de los seres vivientes, que gritaba: «¡Ven!»
Miré, ¡y apareció un caballo negro! El jinete tenía una
balanza en la mano. 6 Y oí como una voz en medio de
los cuatro seres vivientes, que decía: «Un kilo de trigo,
o tres kilos de cebada, por el salario de un día; pero no
afectes el precio del aceite y del vino.» l

7 Cuando el Cordero rompió el cuarto sello, oí la voz
del cuarto ser viviente, que gritaba: «¡Ven!» 8 Miré, ¡y
apareció un caballo amarillento! El jinete se llamaba
Muerte, y el Infierno m lo seguía de cerca. Y se le
otorgó poder sobre la cuarta parte de la tierra, para
matar por medio de la espada, el hambre, las epidemias
y las fieras de la tierra.

9 Cuando el Cordero rompió el quinto sello, vi debajo del altar las almas de los que habían sufrido el martirio por causa de la palabra de Dios y por mantenerse
fieles en su testimonio. 10 Gritaban a gran voz: «¿Hasta
cuándo, Soberano Señor, santo y veraz, seguirás sin
juzgar a los habitantes de la tierra y sin vengar nuestra

bowls full of incense, which are the prayers of the
saints. 9 And they sang a new song:

"You are worthy to take the scroll
　　and to open its seals,
because you were slain,
　　and with your blood you purchased men
　　　　for God
　　from every tribe and language and people
　　　　and nation.
10 You have made them to be a kingdom and
　　priests to serve our God,
　　and they will reign on the earth."

11 Then I looked and heard the voice of many angels,
numbering thousands upon thousands, and ten thousand times ten thousand. They encircled the throne and
the living creatures and the elders. 12 In a loud voice
they sang:

"Worthy is the Lamb, who was slain,
to receive power and wealth and wisdom
　　and strength
and honor and glory and praise!"

13 Then I heard every creature in heaven and on earth
and under the earth and on the sea, and all that is in
them, singing:

"To him who sits on the throne and to the
　　Lamb
be praise and honor and glory and power,
　　for ever and ever!"

14 The four living creatures said, "Amen," and the elders fell down and worshiped.

The Seals

6 I watched as the Lamb opened the first of the
seven seals. Then I heard one of the four living
creatures say in a voice like thunder, "Come!" 2 I
looked, and there before me was a white horse! Its
rider held a bow, and he was given a crown, and he
rode out as a conqueror bent on conquest.

3 When the Lamb opened the second seal, I heard the
second living creature say, "Come!" 4 Then another
horse came out, a fiery red one. Its rider was given
power to take peace from the earth and to make men
slay each other. To him was given a large sword.

5 When the Lamb opened the third seal, I heard the
third living creature say, "Come!" I looked, and there
before me was a black horse! Its rider was holding a
pair of scales in his hand. 6 Then I heard what sounded
like a voice among the four living creatures, saying, "A
quart i of wheat for a day's wages, j and three quarts
of barley for a day's wages, j and do not damage the
oil and the wine!"

7 When the Lamb opened the fourth seal, I heard the
voice of the fourth living creature say, "Come!" 8 I
looked, and there before me was a pale horse! Its rider
was named Death, and Hades was following close behind him. They were given power over a fourth of the
earth to kill by sword, famine and plague, and by the
wild beasts of the earth.

9 When he opened the fifth seal, I saw under the altar
the souls of those who had been slain because of the
word of God and the testimony they had maintained.
10 They called out in a loud voice, "How long, Sovereign Lord, holy and true, until you judge the inhabi-

---

l 6:6 por el salario ... vino. Lit. por un *denario, y no dañes el
aceite ni el vino.　　m 6:8 Infierno. Lit. *Hades.

i 6　Greek a choinix (probably about a liter)　　j 6　Greek a
denarius

muerte?» 11Entonces cada uno de ellos recibió ropas blancas, y se les dijo que esperaran un poco más, hasta que se completara el número de sus consiervos y hermanos que iban a sufrir el martirio como ellos.

12Vi que el Cordero rompió el sexto sello, y se produjo un gran terremoto. El sol se oscureció como si se hubiera vestido de luto,*n* la luna entera se tornó roja como la sangre, 13y las estrellas del firmamento cayeron sobre la tierra, como caen los higos verdes de la higuera sacudida por el vendaval. 14El firmamento desapareció como cuando se enrolla un pergamino, y todas las montañas y las islas fueron removidas de su lugar.

15Los reyes de la tierra, los magnates, los jefes militares, los ricos, los poderosos, y todos los demás, esclavos y libres, se escondieron en las cuevas y entre las peñas de las montañas. 16Todos gritaban a las montañas y a las peñas: «¡Caigan sobre nosotros y escóndannos de la mirada del que está sentado en el trono y de la ira del Cordero, 17porque ha llegado el gran día del castigo! ¿Quién podrá mantenerse en pie?»

tants of the earth and avenge our blood?" 11Then each of them was given a white robe, and they were told to wait a little longer, until the number of their fellow servants and brothers who were to be killed as they had been was completed.

12I watched as he opened the sixth seal. There was a great earthquake. The sun turned black like sackcloth made of goat hair, the whole moon turned blood red, 13and the stars in the sky fell to earth, as late figs drop from a fig tree when shaken by a strong wind. 14The sky receded like a scroll, rolling up, and every mountain and island was removed from its place.

15Then the kings of the earth, the princes, the generals, the rich, the mighty, and every slave and every free man hid in caves and among the rocks of the mountains. 16They called to the mountains and the rocks, "Fall on us and hide us from the face of him who sits on the throne and from the wrath of the Lamb! 17For the great day of their wrath has come, and who can stand?"

Los 144.000 sellados

7 Después de esto vi a cuatro ángeles en los cuatro ángulos de la tierra. Estaban allí de pie, deteniendo los cuatro vientos para que éstos no se desataran sobre la tierra, el mar y los árboles. 2Vi también a otro ángel que venía del oriente con el sello del Dios vivo. Gritó con voz potente a los cuatro ángeles a quienes se les había permitido hacer daño a la tierra y al mar: 3«¡No hagan daño ni a la tierra, ni al mar ni a los árboles, hasta que hayamos puesto un sello en la frente de los *siervos de nuestro Dios!» 4Y oí el número de los que fueron sellados: ciento cuarenta y cuatro mil de todas las tribus de Israel.

5De la tribu de Judá fueron sellados doce mil;
de la tribu de Rubén, doce mil;
de la tribu de Gad, doce mil;
6de la tribu de Aser, doce mil;
de la tribu de Neftalí, doce mil;
de la tribu de Manasés, doce mil;
7de la tribu de Simeón, doce mil;
de la tribu de Leví, doce mil;
de la tribu de Isacar, doce mil;
8de la tribu de Zabulón, doce mil;
de la tribu de José, doce mil;
de la tribu de Benjamín, doce mil.

La gran multitud con túnicas blancas

9Después de esto miré, y apareció una multitud tomada de todas las naciones, tribus, pueblos y lenguas; era tan grande que nadie podía contarla. Estaban de pie delante del trono y del Cordero, vestidos de túnicas blancas y con ramas de palma en la mano. 10Gritaban a gran voz:

«¡La salvación viene de nuestro Dios,
que está sentado en el trono,
y del Cordero!»

11Todos los ángeles estaban de pie alrededor del trono, de los *ancianos y de los cuatro seres vivientes. Se postraron rostro en tierra delante del trono, y adoraron a Dios 12diciendo:

144,000 Sealed

7 After this I saw four angels standing at the four corners of the earth, holding back the four winds of the earth to prevent any wind from blowing on the land or on the sea or on any tree. 2Then I saw another angel coming up from the east, having the seal of the living God. He called out in a loud voice to the four angels who had been given power to harm the land and the sea: 3"Do not harm the land or the sea or the trees until we put a seal on the foreheads of the servants of our God." 4Then I heard the number of those who were sealed: 144,000 from all the tribes of Israel.

5From the tribe of Judah 12,000 were sealed,
from the tribe of Reuben 12,000,
from the tribe of Gad 12,000,
6from the tribe of Asher 12,000,
from the tribe of Naphtali 12,000,
from the tribe of Manasseh 12,000,
7from the tribe of Simeon 12,000,
from the tribe of Levi 12,000,
from the tribe of Issachar 12,000,
8from the tribe of Zebulun 12,000,
from the tribe of Joseph 12,000,
from the tribe of Benjamin 12,000.

The Great Multitude in White Robes

9After this I looked and there before me was a great multitude that no one could count, from every nation, tribe, people and language, standing before the throne and in front of the Lamb. They were wearing white robes and were holding palm branches in their hands. 10And they cried out in a loud voice:

"Salvation belongs to our God,
who sits on the throne,
and to the Lamb."

11All the angels were standing around the throne and around the elders and the four living creatures. They fell down on their faces before the throne and worshiped God, 12saying:

---

n 6:12 se oscureció ... luto. Lit. *se puso negro como un saco hecho de pelo* (es decir, pelo de cabra).

«¡Amén!
    La alabanza, la gloria,
    la sabiduría, la acción de gracias,
    la honra, el poder y la fortaleza
    son de nuestro Dios por los siglos de los
        siglos.
    ¡Amén!»

13 Entonces uno de los ancianos me preguntó:

—Esos que están vestidos de blanco, ¿quiénes son,
y de dónde vienen?

14 —Eso usted lo sabe, mi señor —respondí.
Él me dijo:

    —Aquéllos son los que están saliendo de la
        gran tribulación;
    han lavado y blanqueado sus túnicas en la
        sangre del Cordero.
15 Por eso, están delante del trono de Dios,
    y día y noche le sirven en su templo;
    y el que está sentado en el trono
        les dará refugio en su santuario.ñ
16 Ya no sufrirán hambre ni sed.
    No los abatirá el sol ni ningún calor
        abrasador.
17 Porque el Cordero que está en el trono los
        pastoreará
    y los guiará a fuentes de agua viva;
    y Dios les enjugará toda lágrima de sus ojos.

El séptimo sello y el incensario de oro

8 Cuando el Cordero rompió el séptimo sello, hubo
silencio en el cielo como por media hora.

2 Y vi a los siete ángeles que están de pie delante de
Dios, a los cuales se les dieron siete trompetas.
3 Se acercó otro ángel y se puso de pie frente al altar.
Tenía un incensario de oro, y se le entregó mucho
incienso para ofrecerlo, junto con las oraciones de todo
el *pueblo de Dios, sobre el altar de oro que está delante del trono. 4 Y junto con esas oraciones, subió el
humo del incienso desde la mano del ángel hasta la
presencia de Dios. 5 Luego el ángel tomó el incensario
y lo llenó con brasas del altar, las cuales arrojó sobre
la tierra; y se produjeron truenos, estruendos,o relámpagos y un terremoto.

Las trompetas

6 Los siete ángeles que tenían las siete trompetas se
dispusieron a tocarlas.
7 Tocó el primero su trompeta, y fueron arrojados
sobre la tierra granizo y fuego mezclados con sangre.
Y se quemó la tercera parte de la tierra, la tercera parte
de los árboles y toda la hierba verde.
8 Tocó el segundo ángel su trompeta, y fue arrojado
al mar algo que parecía una enorme montaña envuelta
en llamas. La tercera parte del mar se convirtió en
sangre, 9 y murió la tercera parte de las criaturas que
viven en el mar; también fue destruida la tercera parte
de los barcos.
10 Tocó el tercer ángel su trompeta, y una enorme
estrella, que ardía como una antorcha, cayó desde el
cielo sobre la tercera parte de los ríos y sobre los manantiales. 11 La estrella se llama Amargura.p Y la tercera parte de las aguas se volvió amarga, y por causa
de esas aguas murió mucha gente.

"Amen!
    Praise and glory
    and wisdom and thanks and honor
    and power and strength
    be to our God for ever and ever.
    Amen!"

13 Then one of the elders asked me, "These in white
robes—who are they, and where did they come from?"
14 I answered, "Sir, you know."

And he said, "These are they who have come out of
the great tribulation; they have washed their robes and
made them white in the blood of the Lamb. 15 Therefore,

    "they are before the throne of God
        and serve him day and night in his
            temple;
    and he who sits on the throne will spread
        his tent over them.
    16 Never again will they hunger;
        never again will they thirst.
    The sun will not beat upon them,
        nor any scorching heat.
    17 For the Lamb at the center of the throne
        will be their shepherd;
    he will lead them to springs of living
        water.
    And God will wipe away every tear from
        their eyes."

The Seventh Seal and the Golden Censer

8 When he opened the seventh seal, there was silence in heaven for about half an hour.

2 And I saw the seven angels who stand before God,
and to them were given seven trumpets.
3 Another angel, who had a golden censer, came and
stood at the altar. He was given much incense to offer,
with the prayers of all the saints, on the golden altar
before the throne. 4 The smoke of the incense, together
with the prayers of the saints, went up before God from
the angel's hand. 5 Then the angel took the censer,
filled it with fire from the altar, and hurled it on the
earth; and there came peals of thunder, rumblings,
flashes of lightning and an earthquake.

The Trumpets

6 Then the seven angels who had the seven trumpets
prepared to sound them.
7 The first angel sounded his trumpet, and there came
hail and fire mixed with blood, and it was hurled down
upon the earth. A third of the earth was burned up, a
third of the trees were burned up, and all the green
grass was burned up.
8 The second angel sounded his trumpet, and something like a huge mountain, all ablaze, was thrown into
the sea. A third of the sea turned into blood, 9 a third of
the living creatures in the sea died, and a third of the
ships were destroyed.
10 The third angel sounded his trumpet, and a great
star, blazing like a torch, fell from the sky on a third of
the rivers and on the springs of water— 11 the name of
the star is Wormwood.k A third of the waters turned
bitter, and many people died from the waters that had
become bitter.

ñ 7:15 *les dará ... santuario.* Lit. *extenderá su tienda sobre ellos.*
o 8:5 *estruendos.* Lit. *voces.*   p 8:11 *Amargura.* Lit. *Ajenjo.*   k 11 That is, Bitterness

12 Tocó el cuarto ángel su trompeta, y fue asolada la tercera parte del sol, de la luna y de las estrellas, de modo que se oscureció la tercera parte de ellos. Así quedó sin luz la tercera parte del día y la tercera parte de la noche.

13 Seguí observando, y oí un águila que volaba en medio del cielo y gritaba fuertemente: «¡Ay! ¡Ay! ¡Ay de los habitantes de la tierra cuando suenen las tres trompetas que los últimos tres ángeles están a punto de tocar!»

9 Tocó el quinto ángel su trompeta, y vi que había caído del cielo a la tierra una estrella, a la cual se le entregó la llave del pozo del *abismo. 2 Lo abrió, y del pozo subió una humareda, como la de un horno gigantesco; y la humareda oscureció el sol y el aire. 3 De la humareda descendieron langostas sobre la tierra, y se les dio poder como el que tienen los escorpiones de la tierra. 4 Se les ordenó que no dañaran la hierba de la tierra, ni ninguna planta ni ningún árbol, sino sólo a las personas que no llevaran en la frente el sello de Dios. 5 No se les dio permiso para matarlas sino sólo para torturarlas durante cinco meses. Su tormento es como el producido por la picadura de un escorpión. 6 En aquellos días la gente buscará la muerte, pero no la encontrará; desearán morir, pero la muerte huirá de ellos.

7 El aspecto de las langostas era como de caballos equipados para la guerra. Llevaban en la cabeza algo que parecía una corona de oro, y su cara se asemejaba a un rostro humano. 8 Su crin parecía cabello de mujer, y sus dientes eran como de león. 9 Llevaban coraza como de hierro, y el ruido de sus alas se escuchaba como el estruendo de carros de muchos caballos que se lanzan a la batalla. 10 Tenían cola y aguijón como de escorpión; y en la cola tenían poder para torturar a la gente durante cinco meses. 11 El rey que los dirigía era el ángel del abismo, que en hebreo se llama Abadón y en griego Apolión.[q]

12 El primer ¡ay! ya pasó, pero vienen todavía otros dos.

13 Tocó el sexto ángel su trompeta, y oí una voz que salía de entre los cuernos del altar de oro que está delante de Dios. 14 A este ángel que tenía la trompeta, la voz le dijo: «Suelta a los cuatro ángeles que están atados a la orilla del gran río Éufrates.» 15 Así que los cuatro ángeles que habían sido preparados precisamente para esa hora, y ese día, mes y año, quedaron sueltos para matar a la tercera parte de la *humanidad. 16 Oí que el número de las tropas de caballería llegaba a doscientos millones.

17 Así vi en la visión a los caballos y a sus jinetes: Tenían coraza de color rojo encendido, azul violeta y amarillo como azufre. La cabeza de los caballos era como de león, y por la boca echaban fuego, humo y azufre. 18 La tercera parte de la humanidad murió a causa de las tres plagas de fuego, humo y azufre que salían de la boca de los caballos. 19 Es que el poder de los caballos radicaba en su boca y en su cola; pues sus colas, semejantes a serpientes, tenían cabezas con las que hacían daño.

20 El resto de la humanidad, los que no murieron a causa de estas plagas, tampoco se *arrepintieron de sus malas acciones ni dejaron de adorar a los demonios y a los ídolos de oro, plata, bronce, piedra y madera, los

[q] *9:11 Abadón* y *Apolión* significan *Destructor.*

12 The fourth angel sounded his trumpet, and a third of the sun was struck, a third of the moon, and a third of the stars, so that a third of them turned dark. A third of the day was without light, and also a third of the night.

13 As I watched, I heard an eagle that was flying in midair call out in a loud voice: "Woe! Woe! Woe to the inhabitants of the earth, because of the trumpet blasts about to be sounded by the other three angels!"

9 The fifth angel sounded his trumpet, and I saw a star that had fallen from the sky to the earth. The star was given the key to the shaft of the Abyss. 2 When he opened the Abyss, smoke rose from it like the smoke from a gigantic furnace. The sun and sky were darkened by the smoke from the Abyss. 3 And out of the smoke locusts came down upon the earth and were given power like that of scorpions of the earth. 4 They were told not to harm the grass of the earth or any plant or tree, but only those people who did not have the seal of God on their foreheads. 5 They were not given power to kill them, but only to torture them for five months. And the agony they suffered was like that of the sting of a scorpion when it strikes a man. 6 During those days men will seek death, but will not find it; they will long to die, but death will elude them.

7 The locusts looked like horses prepared for battle. On their heads they wore something like crowns of gold, and their faces resembled human faces. 8 Their hair was like women's hair, and their teeth were like lions' teeth. 9 They had breastplates like breastplates of iron, and the sound of their wings was like the thundering of many horses and chariots rushing into battle. 10 They had tails and stings like scorpions, and in their tails they had power to torment people for five months. 11 They had as king over them the angel of the Abyss, whose name in Hebrew is Abaddon, and in Greek, Apollyon.[l]

12 The first woe is past; two other woes are yet to come.

13 The sixth angel sounded his trumpet, and I heard a voice coming from the horns[m] of the golden altar that is before God. 14 It said to the sixth angel who had the trumpet, "Release the four angels who are bound at the great river Euphrates." 15 And the four angels who had been kept ready for this very hour and day and month and year were released to kill a third of mankind. 16 The number of the mounted troops was two hundred million. I heard their number.

17 The horses and riders I saw in my vision looked like this: Their breastplates were fiery red, dark blue, and yellow as sulfur. The heads of the horses resembled the heads of lions, and out of their mouths came fire, smoke and sulfur. 18 A third of mankind was killed by the three plagues of fire, smoke and sulfur that came out of their mouths. 19 The power of the horses was in their mouths and in their tails; for their tails were like snakes, having heads with which they inflict injury.

20 The rest of mankind that were not killed by these plagues still did not repent of the work of their hands; they did not stop worshiping demons, and idols of gold, silver, bronze, stone and wood—idols that cannot

[l] *11 Abaddon* and *Apollyon* mean *Destroyer.* [m] *13* That is, projections

cuales no pueden ver ni oír ni caminar. 21 Tampoco se arrepintieron de sus asesinatos ni de sus artes mágicas, inmoralidad sexual y robos.

see or hear or walk. 21Nor did they repent of their murders, their magic arts, their sexual immorality or their thefts.

El ángel y el rollo pequeño

10 Después vi a otro ángel poderoso que bajaba del cielo envuelto en una nube. Un arco iris rodeaba su cabeza; su rostro era como el sol, y sus piernas parecían columnas de fuego. 2 Llevaba en la mano un pequeño rollo escrito que estaba abierto. Puso el pie derecho sobre el mar y el izquierdo sobre la tierra, 3 y dio un grito tan fuerte que parecía el rugido de un león. Entonces los siete truenos levantaron también sus voces. 4 Una vez que hablaron los siete truenos, estaba yo por escribir, pero oí una voz del cielo que me decía: «Guarda en secreto lo que han dicho los siete truenos, y no lo escribas.»

5 El ángel que yo había visto de pie sobre el mar y sobre la tierra levantó al cielo su mano derecha 6 y juró por el que vive por los siglos de los siglos, el que creó el cielo, la tierra, el mar y todo lo que hay en ellos, y dijo: «¡El tiempo ha terminado! 7 En los días en que hable el séptimo ángel, cuando comience a tocar su trompeta, se cumplirá el designio *secreto de Dios, tal y como lo anunció a sus *siervos los profetas.»

8 La voz del cielo que yo había escuchado se dirigió a mí de nuevo: «Acércate al ángel que está de pie sobre el mar y sobre la tierra, y toma el rollo que tiene abierto en la mano.»

9 Me acerqué al ángel y le pedí que me diera el rollo. Él me dijo: «Tómalo y cómetelo. Te amargará las entrañas, pero en la boca te sabrá dulce como la miel.» 10 Lo tomé de la mano del ángel y me lo comí. Me supo dulce como la miel, pero al comérmelo se me amargaron las entrañas. 11 Entonces se me ordenó: «Tienes que volver a profetizar acerca de muchos pueblos, naciones, lenguas y reyes.»

The Angel and the Little Scroll

10 Then I saw another mighty angel coming down from heaven. He was robed in a cloud, with a rainbow above his head; his face was like the sun, and his legs were like fiery pillars. 2He was holding a little scroll, which lay open in his hand. He planted his right foot on the sea and his left foot on the land, 3and he gave a loud shout like the roar of a lion. When he shouted, the voices of the seven thunders spoke. 4And when the seven thunders spoke, I was about to write; but I heard a voice from heaven say, "Seal up what the seven thunders have said and do not write it down."

5Then the angel I had seen standing on the sea and on the land raised his right hand to heaven. 6And he swore by him who lives for ever and ever, who created the heavens and all that is in them, the earth and all that is in it, and the sea and all that is in it, and said, "There will be no more delay! 7But in the days when the seventh angel is about to sound his trumpet, the mystery of God will be accomplished, just as he announced to his servants the prophets."

8Then the voice that I had heard from heaven spoke to me once more: "Go, take the scroll that lies open in the hand of the angel who is standing on the sea and on the land."

9So I went to the angel and asked him to give me the little scroll. He said to me, "Take it and eat it. It will turn your stomach sour, but in your mouth it will be as sweet as honey." 10I took the little scroll from the angel's hand and ate it. It tasted as sweet as honey in my mouth, but when I had eaten it, my stomach turned sour. 11Then I was told, "You must prophesy again about many peoples, nations, languages and kings."

Los dos testigos

11 Se me dio una caña que servía para medir, y se me ordenó: «Levántate y mide el templo de Dios y el altar, y calcula cuántos pueden adorar allí. 2 Pero no incluyas el atrio exterior del templo; no lo midas, porque ha sido entregado a las naciones paganas, las cuales pisotearán la ciudad santa durante cuarenta y dos meses. 3 Por mi parte, yo encargaré a mis dos testigos que, vestidos de luto,r profeticen durante mil doscientos sesenta días.» 4 Estos testigos son los dos olivos y los dos candelabros que permanecen delante del Señor de la tierra. 5 Si alguien quiere hacerles daño, ellos lanzan fuego por la boca y consumen a sus enemigos. Así habrá de morir cualquiera que intente hacerles daño. 6 Estos testigos tienen poder para cerrar el cielo a fin de que no llueva mientras estén profetizando; y tienen poder para convertir las aguas en sangre y para azotar la tierra, cuantas veces quieran, con toda clase de plagas.

7 Ahora bien, cuando hayan terminado de dar su testimonio, la bestia que sube del *abismo les hará la guerra, los vencerá y los matará. 8 Sus cadáveres quedarán tendidos en la plaza de la gran ciudad, llamada en sentido figurados Sodoma y Egipto, donde también fue crucificado su Señor. 9 Y gente de todo pueblo, tribu, lengua y nación contemplará sus cadáveres por tres días y medio, y no permitirá que se les dé

The Two Witnesses

11 I was given a reed like a measuring rod and was told, "Go and measure the temple of God and the altar, and count the worshipers there. 2But exclude the outer court; do not measure it, because it has been given to the Gentiles. They will trample on the holy city for 42 months. 3And I will give power to my two witnesses, and they will prophesy for 1,260 days, clothed in sackcloth." 4These are the two olive trees and the two lampstands that stand before the Lord of the earth. 5If anyone tries to harm them, fire comes from their mouths and devours their enemies. This is how anyone who wants to harm them must die. 6These men have power to shut up the sky so that it will not rain during the time they are prophesying; and they have power to turn the waters into blood and to strike the earth with every kind of plague as often as they want.

7Now when they have finished their testimony, the beast that comes up from the Abyss will attack them, and overpower and kill them. 8Their bodies will lie in the street of the great city, which is figuratively called Sodom and Egypt, where also their Lord was crucified. 9For three and a half days men from every people, tribe, language and nation will gaze on their bodies and

---

r 11:3 luto. Lit. cilicio.   s 11:8 en sentido figurado. Lit. espiritualmente.

sepultura. 10 Los habitantes de la tierra se alegrarán de su muerte y harán fiesta e intercambiarán regalos, porque estos dos profetas les estaban haciendo la vida imposible.

11 Pasados los tres días y medio, entró en ellos un aliento de vida enviado por Dios, y se pusieron de pie, y quienes los observaban quedaron sobrecogidos de terror. 12 Entonces los dos testigos oyeron una potente voz del cielo que les decía: «Suban acá.» Y subieron al cielo en una nube, a la vista de sus enemigos.

13 En ese mismo instante se produjo un violento terremoto y se derrumbó la décima parte de la ciudad. Perecieron siete mil personas, pero los sobrevivientes, llenos de temor, dieron gloria al Dios del cielo.

14 El segundo ¡ay! ya pasó, pero se acerca el tercero.

La séptima trompeta

15 Tocó el séptimo ángel su trompeta, y en el cielo resonaron fuertes voces que decían:

«El reino del mundo ha pasado a ser de
nuestro Señor y de su *Cristo,
y él reinará por los siglos de los siglos.»

16 Los veinticuatro *ancianos que estaban sentados en sus tronos delante de Dios se postraron rostro en tierra y adoraron a Dios 17 diciendo:

«Señor, Dios Todopoderoso,
que eres y que eras,ᵗ
te damos gracias porque has asumido tu gran
poder
y has comenzado a reinar.
18 Las *naciones se han enfurecido;
pero ha llegado tu castigo,
el momento de juzgar a los muertos,
y de recompensar a tus *siervos los profetas,
a tus *santos y a los que temen tu nombre,
sean grandes o pequeños,
y de destruir a los que destruyen la tierra.»

19 Entonces se abrió en el cielo el templo de Dios; allí se vio el arca de su pacto, y hubo relámpagos, estruendos, truenos, un terremoto y una fuerte granizada.

La mujer y el dragón

12 Apareció en el cielo una señal maravillosa: una mujer revestida del sol, con la luna debajo de sus pies y con una corona de doce estrellas en la cabeza. 2 Estaba encinta y gritaba por los dolores y angustias del parto. 3 Y apareció en el cielo otra señal: un enorme dragón de color rojo encendido que tenía siete cabezas y diez cuernos, y una diadema en cada cabeza. 4 Con la cola arrastró la tercera parte de las estrellas del cielo y las arrojó sobre la tierra. Cuando la mujer estaba a punto de dar a luz, el dragón se plantó delante de ella para devorar a su hijo tan pronto como naciera. 5 Ella dio a luz un hijo varón que gobernará a todas las *naciones con puño de hierro.ᵘ Pero su hijo fue arrebatado y llevado hasta Dios, que está en su trono. 6 Y la mujer huyó al desierto, a un lugar que Dios le había preparado para que allí la sustentaran durante mil doscientos sesenta días.

refuse them burial. 10 The inhabitants of the earth will gloat over them and will celebrate by sending each other gifts, because these two prophets had tormented those who live on the earth.

11 But after the three and a half days a breath of life from God entered them, and they stood on their feet, and terror struck those who saw them. 12 Then they heard a loud voice from heaven saying to them, "Come up here." And they went up to heaven in a cloud, while their enemies looked on.

13 At that very hour there was a severe earthquake and a tenth of the city collapsed. Seven thousand people were killed in the earthquake, and the survivors were terrified and gave glory to the God of heaven.

14 The second woe has passed; the third woe is coming soon.

The Seventh Trumpet

15 The seventh angel sounded his trumpet, and there were loud voices in heaven, which said:

"The kingdom of the world has become the
kingdom of our Lord and of his
Christ,
and he will reign for ever and ever."

16 And the twenty-four elders, who were seated on their thrones before God, fell on their faces and worshiped God, 17 saying:

"We give thanks to you, Lord God
Almighty,
the One who is and who was,
because you have taken your great power
and have begun to reign.
18 The nations were angry;
and your wrath has come.
The time has come for judging the dead,
and for rewarding your servants the
prophets
and your saints and those who reverence
your name,
both small and great—
and for destroying those who destroy the
earth."

19 Then God's temple in heaven was opened, and within his temple was seen the ark of his covenant. And there came flashes of lightning, rumblings, peals of thunder, an earthquake and a great hailstorm.

The Woman and the Dragon

12 A great and wondrous sign appeared in heaven: a woman clothed with the sun, with the moon under her feet and a crown of twelve stars on her head. 2 She was pregnant and cried out in pain as she was about to give birth. 3 Then another sign appeared in heaven: an enormous red dragon with seven heads and ten horns and seven crowns on his heads. 4 His tail swept a third of the stars out of the sky and flung them to the earth. The dragon stood in front of the woman who was about to give birth, so that he might devour her child the moment it was born. 5 She gave birth to a son, a male child, who will rule all the nations with an iron scepter. And her child was snatched up to God and to his throne. 6 The woman fled into the desert to a place prepared for her by God, where she might be taken care of for 1,260 days.

ᵗ 11:17 *eras. Var. eras y que has de venir.*   ᵘ 12:5 *gobernará ... con puño de hierro. Lit. pastoreará ... con cetro de hierro.*

7 Se desató entonces una guerra en el cielo: Miguel y sus ángeles combatieron al dragón; éste y sus ángeles, a su vez, les hicieron frente, 8 pero no pudieron vencer, y ya no hubo lugar para ellos en el cielo. 9 Así fue expulsado el gran dragón, aquella serpiente antigua que se llama Diablo y Satanás, y que engaña al mundo entero. Junto con sus ángeles, fue arrojado a la tierra. 10 Luego oí en el cielo un gran clamor:

«Han llegado ya la salvación y el poder y el
    reino de nuestro Dios;
  ha llegado ya la autoridad de su *Cristo.
Porque ha sido expulsado
  el acusador de nuestros hermanos,
  el que los acusaba día y noche delante de
    nuestro Dios.
11 Ellos lo han vencido
  por medio de la sangre del Cordero
  y por el mensaje del cual dieron testimonio;
no valoraron tanto su *vida
  como para evitar la muerte.
12 Por eso, ¡alégrense, cielos,
  y ustedes que los habitan!
Pero ¡ay de la tierra y del mar!
  El diablo, lleno de furor, ha descendido a
    ustedes,
  porque sabe que le queda poco tiempo.»

13 Cuando el dragón se vio arrojado a la tierra, persiguió a la mujer que había dado a luz al varón. 14 Pero a la mujer se le dieron las dos alas de la gran águila, para que volara al desierto, al lugar donde sería sustentada durante un tiempo y tiempos y medio tiempo, lejos de la vista de la serpiente. 15 La serpiente, persiguiendo a la mujer, arrojó por sus fauces agua como un río, para que la corriente la arrastrara. 16 Pero la tierra ayudó a la mujer: abrió la boca y se tragó el río que el dragón había arrojado por sus fauces. 17 Entonces el dragón se enfureció contra la mujer, y se fue a hacer guerra contra el resto de sus descendientes, los cuales obedecen los mandamientos de Dios y se mantienen fieles al testimonio de Jesús.

13

Y el dragón se plantó[v] a la orilla del mar.

La bestia que surge del mar

Entonces vi que del mar subía una bestia, la cual tenía diez cuernos y siete cabezas. En cada cuerno tenía una diadema, y en cada cabeza un nombre *blasfemo contra Dios. 2 La bestia parecía un leopardo, pero tenía patas como de oso y fauces como de león. El dragón le confirió a la bestia su poder, su trono y gran autoridad. 3 Una de las cabezas de la bestia parecía haber sufrido una herida mortal, pero esa herida ya había sido sanada. El mundo entero, fascinado, iba tras la bestia 4 y adoraba al dragón porque había dado su autoridad a la bestia. También adoraban a la bestia y decían: «¿Quién como la bestia? ¿Quién puede combatirla?»

5 A la bestia se le permitió hablar con arrogancia y proferir blasfemias contra Dios, y se le confirió autoridad para actuar durante cuarenta y dos meses. 6 Abrió la boca para blasfemar contra Dios, para maldecir su nombre y su morada y a los que viven en el cielo. 7 También se le permitió hacer la guerra a los *santos y vencerlos, y se le dio autoridad sobre toda raza, pue-

7 And there was war in heaven. Michael and his angels fought against the dragon, and the dragon and his angels fought back. 8 But he was not strong enough, and they lost their place in heaven. 9 The great dragon was hurled down—that ancient serpent called the devil, or Satan, who leads the whole world astray. He was hurled to the earth, and his angels with him.

10 Then I heard a loud voice in heaven say:

"Now have come the salvation and the
    power and the kingdom of our God,
  and the authority of his Christ.
For the accuser of our brothers,
  who accuses them before our God day
    and night,
  has been hurled down.
11 They overcame him
  by the blood of the Lamb
  and by the word of their testimony;
they did not love their lives so much
  as to shrink from death.
12 Therefore rejoice, you heavens
  and you who dwell in them!
But woe to the earth and the sea,
  because the devil has gone down to you!
He is filled with fury,
  because he knows that his time is short."

13 When the dragon saw that he had been hurled to the earth, he pursued the woman who had given birth to the male child. 14 The woman was given the two wings of a great eagle, so that she might fly to the place prepared for her in the desert, where she would be taken care of for a time, times and half a time, out of the serpent's reach. 15 Then from his mouth the serpent spewed water like a river, to overtake the woman and sweep her away with the torrent. 16 But the earth helped the woman by opening its mouth and swallowing the river that the dragon had spewed out of his mouth. 17 Then the dragon was enraged at the woman and went off to make war against the rest of her offspring—those who obey God's commandments and hold to the testimony of Jesus.

13

1 And the dragon[n] stood on the shore of the sea.

The Beast out of the Sea

And I saw a beast coming out of the sea. He had ten horns and seven heads, with ten crowns on his horns, and on each head a blasphemous name. 2 The beast I saw resembled a leopard, but had feet like those of a bear and a mouth like that of a lion. The dragon gave the beast his power and his throne and great authority. 3 One of the heads of the beast seemed to have had a fatal wound, but the fatal wound had been healed. The whole world was astonished and followed the beast. 4 Men worshiped the dragon because he had given authority to the beast, and they also worshiped the beast and asked, "Who is like the beast? Who can make war against him?"

5 The beast was given a mouth to utter proud words and blasphemies and to exercise his authority for forty-two months. 6 He opened his mouth to blaspheme God, and to slander his name and his dwelling place and those who live in heaven. 7 He was given power to make war against the saints and to conquer them. And he was given authority over every tribe, people, lan-

---

blo, lengua y nación. ⁸A la bestia la adorarán todos los habitantes de la tierra, aquellos cuyos nombres no han sido escritos en el libro de la vida, el libro del Cordero que fue sacrificado desde la creación del mundo.ʷ

⁹El que tenga oídos, que oiga.

¹⁰El que deba ser llevado cautivo,
a la cautividad irá.
El que deba morirˣ a espada,
a filo de espada morirá.

¡En esto consistenʸ la perseverancia y la *fidelidad de los santos!

La bestia que sube de la tierra

¹¹Después vi que de la tierra subía otra bestia. Tenía dos cuernos como de cordero, pero hablaba como dragón. ¹²Ejercía toda la autoridad de la primera bestia en presencia de ella, y hacía que la tierra y sus habitantes adoraran a la primera bestia, cuya herida mortal había sido sanada. ¹³También hacía grandes señales milagrosas, incluso la de hacer caer fuego del cielo a la tierra, a la vista de todos. ¹⁴Con estas señales que se le permitió hacer en presencia de la primera bestia, engañó a los habitantes de la tierra. Les ordenó que hicieran una imagen en honor de la bestia que, después de ser herida a espada, revivió. ¹⁵Se le permitió infundir vida a la imagen de la primera bestia, para que hablara y mandara matar a quienes no adoraran la imagen. ¹⁶Además logró que a todos, grandes y pequeños, ricos y pobres, libres y esclavos, se les pusiera una marca en la mano derecha o en la frente, ¹⁷de modo que nadie pudiera comprar ni vender, a menos que llevara la marca, que es el nombre de la bestia o el número de ese nombre. ¹⁸En esto consisteᶻ la sabiduría: el que tenga entendimiento, calcule el número de la bestia, pues es número de un ser *humano: seiscientos sesenta y seis.

El Cordero y los 144.000

14 Luego miré, y apareció el Cordero. Estaba de pie sobre el monte Sión, en compañía de ciento cuarenta y cuatro mil personas que llevaban escrito en la frente el nombre del Cordero y de su Padre. ²Oí un sonido que venía del cielo, como el estruendo de una catarata y el retumbar de un gran trueno. El sonido se parecía al de músicos que tañen sus arpas. ³Y cantaban un himno nuevo delante del trono y delante de los cuatro seres vivientes y de los *ancianos. Nadie podía aprender aquel himno, aparte de los ciento cuarenta y cuatro mil que habían sido rescatados de la tierra. ⁴Éstos se mantuvieron puros, sin contaminarse con ritos sexuales.ᵃ Son los que siguen al Cordero por dondequiera que va. Fueron rescatados como los primeros frutos de la *humanidad para Dios y el Cordero. ⁵No se encontró mentira alguna en su boca, pues son intachables.

Los tres ángeles

⁶Luego vi a otro ángel que volaba en medio del cielo, y que llevaba el *evangelio eterno para anunciarlo a los que viven en la tierra, a toda nación, raza,

guage and nation. ⁸All inhabitants of the earth will worship the beast—all whose names have not been written in the book of life belonging to the Lamb that was slain from the creation of the world.ᵒ

⁹He who has an ear, let him hear.

¹⁰If anyone is to go into captivity,
into captivity he will go.
If anyone is to be killedᵖ with the sword,
with the sword he will be killed.

This calls for patient endurance and faithfulness on the part of the saints.

The Beast out of the Earth

¹¹Then I saw another beast, coming out of the earth. He had two horns like a lamb, but he spoke like a dragon. ¹²He exercised all the authority of the first beast on his behalf, and made the earth and its inhabitants worship the first beast, whose fatal wound had been healed. ¹³And he performed great and miraculous signs, even causing fire to come down from heaven to earth in full view of men. ¹⁴Because of the signs he was given power to do on behalf of the first beast, he deceived the inhabitants of the earth. He ordered them to set up an image in honor of the beast who was wounded by the sword and yet lived. ¹⁵He was given power to give breath to the image of the first beast, so that it could speak and cause all who refused to worship the image to be killed. ¹⁶He also forced everyone, small and great, rich and poor, free and slave, to receive a mark on his right hand or on his forehead, ¹⁷so that no one could buy or sell unless he had the mark, which is the name of the beast or the number of his name.

¹⁸This calls for wisdom. If anyone has insight, let him calculate the number of the beast, for it is man's number. His number is 666.

The Lamb and the 144,000

14 Then I looked, and there before me was the Lamb, standing on Mount Zion, and with him 144,000 who had his name and his Father's name written on their foreheads. ²And I heard a sound from heaven like the roar of rushing waters and like a loud peal of thunder. The sound I heard was like that of harpists playing their harps. ³And they sang a new song before the throne and before the four living creatures and the elders. No one could learn the song except the 144,000 who had been redeemed from the earth. ⁴These are those who did not defile themselves with women, for they kept themselves pure. They follow the Lamb wherever he goes. They were purchased from among men and offered as firstfruits to God and the Lamb. ⁵No lie was found in their mouths; they are blameless.

The Three Angels

⁶Then I saw another angel flying in midair, and he had the eternal gospel to proclaim to those who live on the earth—to every nation, tribe, language and people.

ʷ 13:8 escritos ... mundo. Alt. escritos desde la creación del mundo en el libro de la vida, en el libro del Cordero que fue sacrificado. ˣ 13:10 que deba morir. Var. que mata. ʸ 13:10 En esto consisten. Alt. Aquí se verán. ᶻ 13:18 En esto consiste. Alt. Aquí se verá. ᵃ 14:4 Éstos ... sexuales. Lit. Éstos no se contaminaron con mujeres, pues son vírgenes.

ᵒ 8 Or written from the creation of the world in the book of life belonging to the Lamb that was slain ᵖ 10 Some manuscripts anyone kills

lengua y pueblo. 7 Gritaba a gran voz: «Teman a Dios y denle gloria, porque ha llegado la hora de su juicio. Adoren al que hizo el cielo, la tierra, el mar y los manantiales.»

8 Lo seguía un segundo ángel que gritaba: «¡Ya cayó! Ya cayó la gran Babilonia, la que hizo que todas las *naciones bebieran el excitante vino[b] de su adulterio.»

9 Los seguía un tercer ángel que clamaba a grandes voces: «Si alguien adora a la bestia y a su imagen, y se deja poner en la frente o en la mano la marca de la bestia, 10 beberá también el vino del furor de Dios, que en la copa de su ira está puro, no diluido. Será atormentado con fuego y azufre, en presencia de los santos ángeles y del Cordero. 11 El humo de ese tormento sube por los siglos de los siglos. No habrá descanso ni de día ni de noche para el que adore a la bestia y su imagen, ni para quien se deje poner la marca de su nombre.» 12 ¡En esto consiste[c] la perseverancia de los *santos, los cuales obedecen los mandamientos de Dios y se mantienen fieles a Jesús!

13 Entonces oí una voz del cielo, que decía: «Escribe: *Dichosos los que de ahora en adelante mueren en el Señor.»

«Sí —dice el Espíritu—, ellos descansarán de sus fatigosas tareas, pues sus obras los acompañan.»

La cosecha de la tierra

14 Miré, y apareció una nube blanca, sobre la cual estaba sentado alguien «semejante al Hijo del hombre».[d] En la cabeza tenía una corona de oro, y en la mano, una hoz afilada. 15 Entonces salió del templo otro ángel y le gritó al que estaba sentado en la nube: «Mete la hoz y recoge la cosecha; ya es tiempo de segar, pues la cosecha de la tierra está madura.» 16 Así que el que estaba sentado sobre la nube pasó la hoz, y la tierra fue segada.

17 Del templo que está en el cielo salió otro ángel, que también llevaba una hoz afilada. 18 Del altar salió otro ángel, que tenía autoridad sobre el fuego, y le gritó al que llevaba la hoz afilada: «Mete tu hoz y corta los racimos del viñedo de la tierra, porque sus uvas ya están maduras.» 19 El ángel pasó la hoz sobre la tierra, recogió las uvas y las echó en el gran lagar de la ira de Dios. 20 Las uvas fueron exprimidas fuera de la ciudad, y del lagar salió sangre, la cual llegó hasta los frenos de los caballos en una extensión de trescientos kilómetros.[e]

Siete ángeles con siete plagas

15 Vi en el cielo otra señal grande y maravillosa: siete ángeles con las siete plagas, que son las últimas, pues con ellas se consumará la ira de Dios. 2 Vi también un mar como de vidrio mezclado con fuego. De pie, a la orilla del mar, estaban los que habían vencido a la bestia, a su imagen y al número de su nombre. Tenían las arpas que Dios les había dado, 3 y cantaban el himno de Moisés, *siervo de Dios, y el himno del Cordero:

«Grandes y maravillosas son tus obras,
     Señor, Dios Todopoderoso.
Justos y verdaderos son tus caminos,
     Rey de las *naciones.[f]

7 He said in a loud voice, "Fear God and give him glory, because the hour of his judgment has come. Worship him who made the heavens, the earth, the sea and the springs of water."

8 A second angel followed and said, "Fallen! Fallen is Babylon the Great, which made all the nations drink the maddening wine of her adulteries."

9 A third angel followed them and said in a loud voice: "If anyone worships the beast and his image and receives his mark on the forehead or on the hand, 10 he, too, will drink of the wine of God's fury, which has been poured full strength into the cup of his wrath. He will be tormented with burning sulfur in the presence of the holy angels and of the Lamb. 11 And the smoke of their torment rises for ever and ever. There is no rest day or night for those who worship the beast and his image, or for anyone who receives the mark of his name." 12 This calls for patient endurance on the part of the saints who obey God's commandments and remain faithful to Jesus.

13 Then I heard a voice from heaven say, "Write: Blessed are the dead who die in the Lord from now on."

"Yes," says the Spirit, "they will rest from their labor, for their deeds will follow them."

The Harvest of the Earth

14 I looked, and there before me was a white cloud, and seated on the cloud was one "like a son of man"[q] with a crown of gold on his head and a sharp sickle in his hand. 15 Then another angel came out of the temple and called in a loud voice to him who was sitting on the cloud, "Take your sickle and reap, because the time to reap has come, for the harvest of the earth is ripe." 16 So he who was seated on the cloud swung his sickle over the earth, and the earth was harvested.

17 Another angel came out of the temple in heaven, and he too had a sharp sickle. 18 Still another angel, who had charge of the fire, came from the altar and called in a loud voice to him who had the sharp sickle, "Take your sharp sickle and gather the clusters of grapes from the earth's vine, because its grapes are ripe." 19 The angel swung his sickle on the earth, gathered its grapes and threw them into the great winepress of God's wrath. 20 They were trampled in the winepress outside the city, and blood flowed out of the press, rising as high as the horses' bridles for a distance of 1,600 stadia.[r]

Seven Angels With Seven Plagues

15 I saw in heaven another great and marvelous sign: seven angels with the seven last plagues—last, because with them God's wrath is completed. 2 And I saw what looked like a sea of glass mixed with fire and, standing beside the sea, those who had been victorious over the beast and his image and over the number of his name. They held harps given them by God 3 and sang the song of Moses the servant of God and the song of the Lamb:

"Great and marvelous are your deeds,
     Lord God Almighty.
Just and true are your ways,
     King of the ages.

---

b 14:8 *el excitante vino.* Lit. *el vino del furor.*   c 14:12 *En esto consiste.* Alt. *Aquí se verá.*   d 14:14 Dn 7:13   e 14:20 *trescientos kilómetros.* Lit. *mil seiscientos *estadios.*   f 15:3 *de las naciones.* Var. *de los siglos.*

q 14 Daniel 7:13   r 20 That is, about 180 miles (about 300 kilometers)

4 ¿Quién no te temerá, oh Señor?
    ¿Quién no glorificará tu nombre?
Sólo tú eres santo.
Todas las naciones vendrán
    y te adorarán,
porque han salido a la luz
    las obras de tu justicia.»

5 Después de esto miré, y en el cielo se abrió el templo, el tabernáculo del testimonio. 6 Del templo salieron los siete ángeles que llevaban las siete plagas. Estaban vestidos de lino limpio y resplandeciente, y ceñidos con bandas de oro a la altura del pecho. 7 Uno de los cuatro seres vivientes dio a cada uno de los siete ángeles una copa de oro llena del furor de Dios, quien vive por los siglos de los siglos. 8 El templo se llenó del humo que procedía de la gloria y del poder de Dios, y nadie podía entrar allí hasta que se terminaran las siete plagas de los siete ángeles.

Las siete copas de la ira de Dios

16 Oí una voz que desde el templo decía a gritos a los siete ángeles: «¡Vayan y derramen sobre la tierra las siete copas del furor de Dios!»

2 El primer ángel fue y derramó su copa sobre la tierra, y a toda la gente que tenía la marca de la bestia y que adoraba su imagen le salió una llaga maligna y repugnante.

3 El segundo ángel derramó su copa sobre el mar, y el mar se convirtió en sangre como de gente masacrada, y murió todo ser viviente que había en el mar.

4 El tercer ángel derramó su copa sobre los ríos y los manantiales, y éstos se convirtieron en sangre. 5 Oí que el ángel de las aguas decía:

«Justo eres tú, el Santo,
    que eres y que eras,
    porque juzgas así:
6 ellos derramaron la sangre de *santos y de
    profetas,
y tú les has dado a beber sangre, como se lo
    merecen.»

7 Oí también que el altar respondía:

«Así es, Señor, Dios Todopoderoso,
    verdaderos y justos son tus juicios.»

8 El cuarto ángel derramó su copa sobre el sol, al cual se le permitió quemar con fuego a la gente. 9 Todos sufrieron terribles quemaduras, pero ni así se *arrepintieron; en vez de darle gloria a Dios, que tiene poder sobre esas plagas, maldijeron su nombre.

10 El quinto ángel derramó su copa sobre el trono de la bestia, y el reino de la bestia quedó sumido en la oscuridad. La gente se mordía la lengua de dolor 11 y, por causa de sus padecimientos y de sus llagas, maldecían al Dios del cielo, pero no se arrepintieron de sus malas obras.

12 El sexto ángel derramó su copa sobre el gran río Éufrates, y se secaron sus aguas para abrir paso a los reyes del oriente. 13 Y vi salir de la boca del dragón, de la boca de la bestia y de la boca del falso profeta tres espíritus malignos que parecían ranas. 14 Son espíritus de demonios que hacen señales milagrosas y que salen a reunir a los reyes del mundo entero para la batalla del gran día del Dios Todopoderoso.

4 Who will not fear you, O Lord,
    and bring glory to your name?
For you alone are holy.
All nations will come
    and worship before you,
for your righteous acts have been revealed."

5 After this I looked and in heaven the temple, that is, the tabernacle of the Testimony, was opened. 6 Out of the temple came the seven angels with the seven plagues. They were dressed in clean, shining linen and wore golden sashes around their chests. 7 Then one of the four living creatures gave to the seven angels seven golden bowls filled with the wrath of God, who lives for ever and ever. 8 And the temple was filled with smoke from the glory of God and from his power, and no one could enter the temple until the seven plagues of the seven angels were completed.

The Seven Bowls of God's Wrath

16 Then I heard a loud voice from the temple saying to the seven angels, "Go, pour out the seven bowls of God's wrath on the earth."

2 The first angel went and poured out his bowl on the land, and ugly and painful sores broke out on the people who had the mark of the beast and worshiped his image.

3 The second angel poured out his bowl on the sea, and it turned into blood like that of a dead man, and every living thing in the sea died.

4 The third angel poured out his bowl on the rivers and springs of water, and they became blood. 5 Then I heard the angel in charge of the waters say:

"You are just in these judgments,
    you who are and who were, the Holy
    One,
because you have so judged;
6 for they have shed the blood of your saints
    and prophets,
and you have given them blood to drink
    as they deserve."

7 And I heard the altar respond:

"Yes, Lord God Almighty,
    true and just are your judgments."

8 The fourth angel poured out his bowl on the sun, and the sun was given power to scorch people with fire. 9 They were seared by the intense heat and they cursed the name of God, who had control over these plagues, but they refused to repent and glorify him.

10 The fifth angel poured out his bowl on the throne of the beast, and his kingdom was plunged into darkness. Men gnawed their tongues in agony 11 and cursed the God of heaven because of their pains and their sores, but they refused to repent of what they had done.

12 The sixth angel poured out his bowl on the great river Euphrates, and its water was dried up to prepare the way for the kings from the East. 13 Then I saw three evil[s] spirits that looked like frogs; they came out of the mouth of the dragon, out of the mouth of the beast and out of the mouth of the false prophet. 14 They are spirits of demons performing miraculous signs, and they go out to the kings of the whole world, to gather them for the battle on the great day of God Almighty.

15«¡Cuidado! ¡Vengo como un ladrón! *Dichoso el que se mantenga despierto, con su ropa a la mano, no sea que ande desnudo y sufra vergüenza por su desnudez.»

16Entonces los espíritus de los demonios reunieron a los reyes en el lugar que en hebreo se llama Armagedón.

17El séptimo ángel derramó su copa en el aire, y desde el trono del templo salió un vozarrón que decía: «¡Se acabó!» 18Y hubo relámpagos, estruendos, truenos y un violento terremoto. Nunca, desde que el género *humano existe en la tierra, se había sentido un terremoto tan grande y violento. 19La gran ciudad se partió en tres, y las ciudades de las *naciones se desplomaron. Dios se acordó de la gran Babilonia y le dio a beber de la copa llena del vino del furor de su castigo. 20Entonces huyeron todas las islas y desaparecieron las montañas. 21Del cielo cayeron sobre la gente enormes granizos, de casi cuarenta kilos cada uno.g Y maldecían a Dios por esa terrible plaga.

La mujer montada en la bestia

17 Uno de los siete ángeles que tenían las siete copas se me acercó y me dijo: «Ven, y te mostraré el castigo de la gran prostituta que está sentada sobre muchas aguas. 2Con ella cometieron adulterio los reyes de la tierra, y los habitantes de la tierra se embriagaron con el vino de su inmoralidad.»

3Luego el ángel me llevó en el Espíritu a un desierto. Allí vi a una mujer montada en una bestia escarlata. La bestia estaba cubierta de nombres *blasfemos contra Dios, y tenía siete cabezas y diez cuernos. 4La mujer estaba vestida de púrpura y escarlata, y adornada con oro, piedras preciosas y perlas. Tenía en la mano una copa de oro llena de abominaciones y de la inmundicia de sus adulterios. 5En la frente llevaba escrito un nombre misterioso:

LA GRAN BABILONIA
MADRE DE LAS PROSTITUTAS
Y DE LAS ABOMINABLES IDOLATRÍAS
DE LA TIERRA.

6Vi que la mujer se había emborrachado con la sangre de los *santos y de los mártires de Jesús.

Al verla, quedé sumamente asombrado. 7Entonces el ángel me dijo: «¿Por qué te asombras? Yo te explicaré el misterio de esa mujer y de la bestia de siete cabezas y diez cuernos en la que va montada. 8La bestia que has visto es la que antes era pero ya no es, y está a punto de subir del *abismo, pero va rumbo a la destrucción. Los habitantes de la tierra, cuyos nombres, desde la creación del mundo, no han sido escritos en el libro de la vida, se asombrarán al ver a la bestia, porque antes era pero ya no es, y sin embargo reaparecerá.

9»¡En esto consistenh el entendimiento y la sabiduría! Las siete cabezas son siete colinas sobre las que está sentada esa mujer. 10También son siete reyes: cinco han caído, uno está gobernando, el otro no ha llegado todavía; pero cuando llegue, es preciso que dure poco tiempo. 11La bestia, que antes era pero ya no es, es el octavo rey. Está incluido entre los siete, y va rumbo a la destrucción.

12»Los diez cuernos que has visto son diez reyes que todavía no han comenzado a reinar, pero que por una hora recibirán autoridad como reyes, junto con la bestia. 13Éstos tienen un mismo propósito, que es poner su

15"Behold, I come like a thief! Blessed is he who stays awake and keeps his clothes with him, so that he may not go naked and be shamefully exposed."

16Then they gathered the kings together to the place that in Hebrew is called Armageddon.

17The seventh angel poured out his bowl into the air, and out of the temple came a loud voice from the throne, saying, "It is done!" 18Then there came flashes of lightning, rumblings, peals of thunder and a severe earthquake. No earthquake like it has ever occurred since man has been on earth, so tremendous was the quake. 19The great city split into three parts, and the cities of the nations collapsed. God remembered Babylon the Great and gave her the cup filled with the wine of the fury of his wrath. 20Every island fled away and the mountains could not be found. 21From the sky huge hailstones of about a hundred pounds each fell upon men. And they cursed God on account of the plague of hail, because the plague was so terrible.

The Woman on the Beast

17 One of the seven angels who had the seven bowls came and said to me, "Come, I will show you the punishment of the great prostitute, who sits on many waters. 2With her the kings of the earth committed adultery and the inhabitants of the earth were intoxicated with the wine of her adulteries."

3Then the angel carried me away in the Spirit into a desert. There I saw a woman sitting on a scarlet beast that was covered with blasphemous names and had seven heads and ten horns. 4The woman was dressed in purple and scarlet, and was glittering with gold, precious stones and pearls. She held a golden cup in her hand, filled with abominable things and the filth of her adulteries. 5This title was written on her forehead:

MYSTERY
BABYLON THE GREAT
THE MOTHER OF PROSTITUTES
AND OF THE ABOMINATIONS OF THE EARTH.

6I saw that the woman was drunk with the blood of the saints, the blood of those who bore testimony to Jesus.

When I saw her, I was greatly astonished. 7Then the angel said to me: "Why are you astonished? I will explain to you the mystery of the woman and of the beast she rides, which has the seven heads and ten horns. 8The beast, which you saw, once was, now is not, and will come up out of the Abyss and go to his destruction. The inhabitants of the earth whose names have not been written in the book of life from the creation of the world will be astonished when they see the beast, because he once was, now is not, and yet will come.

9"This calls for a mind with wisdom. The seven heads are seven hills on which the woman sits. 10They are also seven kings. Five have fallen, one is, the other has not yet come; but when he does come, he must remain for a little while. 11The beast who once was, and now is not, is an eighth king. He belongs to the seven and is going to his destruction.

12"The ten horns you saw are ten kings who have not yet received a kingdom, but who for one hour will receive authority as kings along with the beast. 13They have one purpose and will give their power and author-

---

g 16:21 *granizos ... cada uno.* Lit. *granizos como* *talentos.*
h 17:9 *En esto consisten.* Alt. *Aquí se verán.*

poder y autoridad a disposición de la bestia. 14Le harán la guerra al Cordero, pero el Cordero los vencerá, porque es Señor de señores y Rey de reyes, y los que están con él son sus llamados, sus escogidos y sus fieles.»

15Además el ángel me dijo: «Las aguas que has visto, donde está sentada la prostituta, son pueblos, multitudes, naciones y lenguas. 16Los diez cuernos y la bestia que has visto le cobrarán odio a la prostituta. Causarán su ruina y la dejarán desnuda; devorarán su cuerpo y la destruirán con fuego, 17porque Dios les ha puesto en el corazón que lleven a cabo su divino propósito. Por eso, y de común acuerdo, ellos se entregarán a la bestia el poder que tienen de gobernar, hasta que se cumplan las palabras de Dios. 18La mujer que has visto es aquella gran ciudad que tiene poder de gobernar sobre los reyes de la tierra.»

La caída de Babilonia

18 Después de esto vi a otro ángel que bajaba del cielo. Tenía mucho poder, y la tierra se iluminó con su resplandor. 2Gritó a gran voz:

«¡Ha caído! ¡Ha caído la gran Babilonia!
Se ha convertido en morada de demonios
y en guarida de todo espíritu *maligno,
en nido de toda ave *impura y detestable.
3Porque todas las *naciones han bebido
el excitante vino de su adulterio;
los reyes de la tierra cometieron adulterio con
ella,
y los comerciantes de la tierra se
enriquecieron
a costa de lo que ella despilfarraba en sus
lujos.»

4Luego oí otra voz del cielo que decía:

«Salgan de ella, pueblo mío,
para que no sean cómplices de sus pecados,
ni los alcance ninguna de sus plagas;
5pues sus pecados se han amontonado hasta el
cielo,
y de sus injusticias se ha acordado Dios.
6Páguenle con la misma moneda;
denle el doble de lo que ha cometido,
y en la misma copa en que ella preparó bebida
mézclenle una doble porción.
7En la medida en que ella se entregó a la
vanagloria y al arrogante lujo
denle tormento y aflicción;
porque en su corazón se jacta:
"Estoy sentada como reina;
no soy viuda ni sufriré jamás."
8Por eso, en un solo día le sobrevendrán sus
plagas:
pestilencia, aflicción y hambre.
Será consumida por el fuego,
porque poderoso es el Señor Dios que la
juzga.»

9Cuando los reyes de la tierra que cometieron adulterio con ella y compartieron su lujo vean el humo del fuego que la consume, llorarán de dolor por ella. 10Aterrorizados al ver semejante castigo, se mantendrán a distancia y gritarán:

«¡Ay! ¡Ay de ti, la gran ciudad,
Babilonia, ciudad poderosa,
porque en una sola hora ha llegado tu juicio!»

11Los comerciantes de la tierra llorarán y harán duelo por ella, porque ya no habrá quien les compre sus

---

ity to the beast. 14They will make war against the Lamb, but the Lamb will overcome them because he is Lord of lords and King of kings—and with him will be his called, chosen and faithful followers."

15Then the angel said to me, "The waters you saw, where the prostitute sits, are peoples, multitudes, nations and languages. 16The beast and the ten horns you saw will hate the prostitute. They will bring her to ruin and leave her naked; they will eat her flesh and burn her with fire. 17For God has put it into their hearts to accomplish his purpose by agreeing to give the beast their power to rule, until God's words are fulfilled. 18The woman you saw is the great city that rules over the kings of the earth."

The Fall of Babylon

18 After this I saw another angel coming down from heaven. He had great authority, and the earth was illuminated by his splendor. 2With a mighty voice he shouted:

"Fallen! Fallen is Babylon the Great!
She has become a home for demons
and a haunt for every evil[l] spirit,
a haunt for every unclean and detestable
bird.
3For all the nations have drunk
the maddening wine of her adulteries.
The kings of the earth committed adultery
with her,
and the merchants of the earth grew rich
from her excessive luxuries."

4Then I heard another voice from heaven say:

"Come out of her, my people,
so that you will not share in her sins,
so that you will not receive any of her
plagues;
5for her sins are piled up to heaven,
and God has remembered her crimes.
6Give back to her as she has given;
pay her back double for what she has
done.
Mix her a double portion from her own
cup.
7Give her as much torture and grief
as the glory and luxury she gave herself.
In her heart she boasts,
'I sit as queen; I am not a widow,
and I will never mourn.'
8Therefore in one day her plagues will
overtake her:
death, mourning and famine.
She will be consumed by fire,
for mighty is the Lord God who judges
her.

9"When the kings of the earth who committed adultery with her and shared her luxury see the smoke of her burning, they will weep and mourn over her. 10Terrified at her torment, they will stand far off and cry:

" 'Woe! Woe, O great city,
O Babylon, city of power!
In one hour your doom has come!'

11"The merchants of the earth will weep and mourn over her because no one buys their cargoes any more—

---

l 2 Greek unclean

mercaderías: ¹²artículos de oro, plata, piedras preciosas y perlas; lino fino, púrpura, telas de seda y escarlata; toda clase de maderas de cedro; los más variados objetos, hechos de marfil, de madera preciosa, de bronce, de hierro y de mármol; ¹³cargamentos de canela y especias aromáticas; de incienso, mirra y perfumes; de vino y aceite; de harina refinada y trigo; de ganado vacuno y de corderos; de caballos y carruajes; y hasta de seres *humanos, vendidos como esclavos.

¹⁴Y dirán: «Se ha apartado de ti el fruto que con toda el alma codiciabas. Has perdido todas tus cosas suntuosas y espléndidas, y nunca las recuperarás.» ¹⁵Los comerciantes que vendían estas mercaderías y se habían enriquecido a costa de ella se mantendrán a distancia, aterrorizados al ver semejante castigo. Llorarán y harán lamentación:

¹⁶«¡Ay! ¡Ay de la gran ciudad,
vestida de lino fino, de púrpura y escarlata,
y adornada con oro, piedras preciosas y
perlas,
¹⁷porque en una sola hora ha quedado destruida
toda tu riqueza!»

Todos los capitanes de barco, los pasajeros, los marineros y todos los que viven del mar se detendrán a lo lejos. ¹⁸Al ver el humo del fuego que la consume, exclamarán: «¿Hubo jamás alguna ciudad como esta gran ciudad?» ¹⁹Harán duelo,ⁱ llorando y lamentándose a gritos:

«¡Ay! ¡Ay de la gran ciudad,
con cuya opulencia se enriquecieron
todos los dueños de flotas navieras!
¡En una sola hora ha quedado destruida!
²⁰¡Alégrate, oh cielo, por lo que le ha sucedido!
¡Alégrense también ustedes, *santos,
apóstoles y profetas!,
porque Dios, al juzgarla,
les ha hecho justicia a ustedes.»

²¹Entonces un ángel poderoso levantó una piedra del tamaño de una gran rueda de molino, y la arrojó al mar diciendo:

«Así también tú, Babilonia, gran ciudad,
serás derribada con la misma violencia,
y desaparecerás de la faz de la tierra.
²²Jamás volverá a oírse en ti
la música de los cantantes
y de arpas, flautas y trompetas.
Jamás volverá a hallarse en ti
ningún tipo de artesano.
Jamás volverá a oírse en ti
el ruido de la rueda de molino.
²³Jamás volverá a brillar en ti
la luz de ninguna lámpara.
Jamás volverá a sentirse en ti
el regocijo de las nupcias.ʲ
Porque tus comerciantes
eran los magnates del mundo,
porque con tus hechicerías
engañaste a todas las naciones,
²⁴porque en ti se halló sangre de profetas y de
santos,
y de todos los que han sido asesinados en la
tierra.»

¹²cargoes of gold, silver, precious stones and pearls; fine linen, purple, silk and scarlet cloth; every sort of citron wood, and articles of every kind made of ivory, costly wood, bronze, iron and marble; ¹³cargoes of cinnamon and spice, of incense, myrrh and frankincense, of wine and olive oil, of fine flour and wheat; cattle and sheep; horses and carriages; and bodies and souls of men.

¹⁴"They will say, 'The fruit you longed for is gone from you. All your riches and splendor have vanished, never to be recovered.' ¹⁵The merchants who sold these things and gained their wealth from her will stand far off, terrified at her torment. They will weep and mourn ¹⁶and cry out:

" 'Woe! Woe, O great city,
dressed in fine linen, purple and scarlet,
and glittering with gold, precious stones
and pearls!
¹⁷In one hour such great wealth has been
brought to ruin!'

"Every sea captain, and all who travel by ship, the sailors, and all who earn their living from the sea, will stand far off. ¹⁸When they see the smoke of her burning, they will exclaim, 'Was there ever a city like this great city?' ¹⁹They will throw dust on their heads, and with weeping and mourning cry out:

" 'Woe! Woe, O great city,
where all who had ships on the sea
became rich through her wealth!
In one hour she has been brought to ruin!
²⁰Rejoice over her, O heaven!
Rejoice, saints and apostles and prophets!
God has judged her for the way she treated
you.' "

²¹Then a mighty angel picked up a boulder the size of a large millstone and threw it into the sea, and said:

"With such violence
the great city of Babylon will be thrown
down,
never to be found again.
²²The music of harpists and musicians, flute
players and trumpeters,
will never be heard in you again.
No workman of any trade
will ever be found in you again.
The sound of a millstone
will never be heard in you again.
²³The light of a lamp
will never shine in you again.
The voice of bridegroom and bride
will never be heard in you again.
Your merchants were the world's great men.
By your magic spell all the nations were
led astray.
²⁴In her was found the blood of prophets and
of the saints,
and of all who have been killed on the
earth."

ⁱ 18:19 *Harán duelo.* Lit. *Se echaron polvo en la cabeza.*
ʲ 18:23 *el regocijo de las nupcias.* Lit. *la voz del novio y de la novia.*

¡Aleluya!

19 Después de esto oí en el cielo un tremendo bullicio, como el de una inmensa multitud que exclamaba:

«¡Aleluya!
La salvación, la gloria y el poder son de
   nuestro Dios,
2   pues sus juicios son verdaderos y justos:
ha condenado a la famosa prostituta
   que con sus adulterios corrompía la tierra;
ha vindicado la sangre de los *siervos de Dios
   derramada por ella.»

3 Y volvieron a exclamar:

«¡Aleluya!
El humo de ella sube por los siglos de los
   siglos.»

4 Entonces los veinticuatro *ancianos y los cuatro seres vivientes se postraron y adoraron a Dios, que estaba sentado en el trono, y dijeron:

«¡Amén, Aleluya!»

5 Y del trono salió una voz que decía:

«¡Alaben ustedes a nuestro Dios,
todos sus siervos, grandes y pequeños,
que con reverente temor le sirven!»

6 Después oí voces como el rumor de una inmensa multitud, como el estruendo de una catarata y como el retumbar de potentes truenos, que exclamaban:

«¡Aleluya!
Ya ha comenzado a reinar el Señor,
   nuestro Dios Todopoderoso.
7 ¡Alegrémonos y regocijémonos
   y démosle gloria!
Ya ha llegado el día de las bodas del Cordero.
   Su novia se ha preparado,
8 y se le ha concedido vestirse
   de lino fino, limpio y resplandeciente.»

(El lino fino representa las acciones justas de los *santos.)

9 El ángel me dijo: «Escribe: "¡*Dichosos los que han sido convidados a la cena de las bodas del Cordero!"» Y añadió: «Estas son las palabras verdaderas de Dios.»

10 Me postré a sus pies para adorarlo. Pero él me dijo: «¡No, cuidado! Soy un siervo como tú y como tus hermanos que se mantienen fieles al testimonio de Jesús. ¡Adora sólo a Dios! El testimonio de Jesús es el espíritu que inspira la profecía.»

El jinete del caballo blanco

11 Luego vi el cielo abierto, y apareció un caballo blanco. Su jinete se llama Fiel y Verdadero. Con justicia dicta sentencia y hace la guerra. 12 Sus ojos resplandecen como llamas de fuego, y muchas diademas ciñen su cabeza. Lleva escrito un nombre que nadie conoce sino sólo él. 13 Está vestido de un manto teñido en sangre, y su nombre es «el *Verbo de Dios». 14 Lo siguen los ejércitos del cielo, montados en caballos blancos y vestidos de lino fino, blanco y limpio. 15 De su boca sale una espada afilada, con la que herirá a las *naciones. «Las gobernará con puño de hierro.»k Él mismo exprime uvas en el lagar del furor del castigo

Hallelujah!

19 After this I heard what sounded like the roar of a great multitude in heaven shouting:

"Hallelujah!
Salvation and glory and power belong to
   our God,
2 for true and just are his judgments.
He has condemned the great prostitute
   who corrupted the earth by her adulteries.
He has avenged on her the blood of his
   servants."

3 And again they shouted:

"Hallelujah!
The smoke from her goes up for ever and
   ever."

4 The twenty-four elders and the four living creatures fell down and worshiped God, who was seated on the throne. And they cried:

"Amen, Hallelujah!"

5 Then a voice came from the throne, saying:

"Praise our God,
   all you his servants,
you who fear him,
   both small and great!"

6 Then I heard what sounded like a great multitude, like the roar of rushing waters and like loud peals of thunder, shouting:

"Hallelujah!
   For our Lord God Almighty reigns.
7 Let us rejoice and be glad
   and give him glory!
For the wedding of the Lamb has come,
   and his bride has made herself ready.
8 Fine linen, bright and clean,
   was given her to wear."
(Fine linen stands for the righteous acts of the saints.)

9 Then the angel said to me, "Write: 'Blessed are those who are invited to the wedding supper of the Lamb!' " And he added, "These are the true words of God."

10 At this I fell at his feet to worship him. But he said to me, "Do not do it! I am a fellow servant with you and with your brothers who hold to the testimony of Jesus. Worship God! For the testimony of Jesus is the spirit of prophecy."

The Rider on the White Horse

11 I saw heaven standing open and there before me was a white horse, whose rider is called Faithful and True. With justice he judges and makes war. 12 His eyes are like blazing fire, and on his head are many crowns. He has a name written on him that no one knows but he himself. 13 He is dressed in a robe dipped in blood, and his name is the Word of God. 14 The armies of heaven were following him, riding on white horses and dressed in fine linen, white and clean. 15 Out of his mouth comes a sharp sword with which to strike down the nations. "He will rule them with an iron scepter."u He treads the winepress of the fury of the wrath of God

---

k 19:15 gobernará ... hierro. Lit. pastoreará con cetro de hierro; Sal 2:9.

u 15 Psalm 2:9

que viene de Dios Todopoderoso. ¹⁶En su manto y sobre el muslo lleva escrito este nombre:

REY DE REYES Y SEÑOR DE SEÑORES.

¹⁷Vi a un ángel que, parado sobre el sol, gritaba a todas las aves que vuelan en medio del cielo: «Vengan, reúnanse para la gran cena de Dios, ¹⁸para que coman carne de reyes, de jefes militares y de magnates; carne de caballos y de sus jinetes; carne de toda clase de gente, libres y esclavos, grandes y pequeños.»
¹⁹Entonces vi a la bestia y a los reyes de la tierra con sus ejércitos, reunidos para hacer guerra contra el jinete de aquel caballo y contra su ejército. ²⁰Pero la bestia fue capturada junto con el falso profeta. Éste es el que hacía señales milagrosas en presencia de ella, con las cuales engañaba a los que habían recibido la marca de la bestia y adoraban su imagen. Los dos fueron arrojados vivos al lago de fuego y azufre. ²¹Los demás fueron exterminados por la espada que salía de la boca del que montaba a caballo, y todas las aves se hartaron de la carne de ellos.

Los mil años

20 Vi además a un ángel que bajaba del cielo con la llave del *abismo y una gran cadena en la mano. ²Sujetó al dragón, a aquella serpiente antigua que es el diablo y Satanás, y lo encadenó por mil años. ³Lo arrojó al abismo, lo encerró y tapó la salida para que no engañara más a las *naciones, hasta que se cumplieran los mil años. Después habrá de ser soltado por algún tiempo.
⁴Entonces vi tronos donde se sentaron los que recibieron autoridad para juzgar. Vi también las almas de los que habían sido decapitados por causa del testimonio de Jesús y por la palabra de Dios. No habían adorado a la bestia ni a su imagen, ni se habían dejado poner su marca en la frente ni en la mano. Volvieron a vivir y reinaron con *Cristo mil años. ⁵Ésta es la primera resurrección; los demás muertos no volvieron a vivir hasta que se cumplieron los mil años. ⁶*Dichosos y santos los que tienen parte en la primera resurrección. La segunda muerte no tiene poder sobre ellos, sino que serán sacerdotes de Dios y de Cristo, y reinarán con él mil años.

Juicio final de Satanás

⁷Cuando se cumplan los mil años, Satanás será liberado de su prisión, ⁸y saldrá para engañar a las *naciones que están en los cuatro ángulos de la tierra —a Gog y a Magog—, a fin de reunirlas para la batalla. Su número será como el de las arenas del mar. ⁹Marcharán a lo largo y a lo ancho de la tierra, y rodearán el campamento del *pueblo de Dios, la ciudad que él ama. Pero caerá fuego del cielo y los consumirá por completo. ¹⁰El diablo, que los había engañado, será arrojado al lago de fuego y azufre, donde también habrán sido arrojados la bestia y el falso profeta. Allí serán atormentados día y noche por los siglos de los siglos.

Juicio de los muertos

¹¹Luego vi un gran trono blanco y a alguien que estaba sentado en él. De su presencia huyeron la tierra y el cielo, sin dejar rastro alguno. ¹²Vi también a los muertos, grandes y pequeños, de pie delante del trono. Se abrieron unos libros, y luego otro, que es el libro de la vida. Los muertos fueron juzgados según lo que habían hecho, conforme a lo que estaba escrito en los

Almighty. ¹⁶On his robe and on his thigh he has this name written:

KING OF KINGS AND LORD OF LORDS.

¹⁷And I saw an angel standing in the sun, who cried in a loud voice to all the birds flying in midair, "Come, gather together for the great supper of God, ¹⁸so that you may eat the flesh of kings, generals, and mighty men, of horses and their riders, and the flesh of all people, free and slave, small and great."
¹⁹Then I saw the beast and the kings of the earth and their armies gathered together to make war against the rider on the horse and his army. ²⁰But the beast was captured, and with him the false prophet who had performed the miraculous signs on his behalf. With these signs he had deluded those who had received the mark of the beast and worshiped his image. The two of them were thrown alive into the fiery lake of burning sulfur. ²¹The rest of them were killed with the sword that came out of the mouth of the rider on the horse, and all the birds gorged themselves on their flesh.

The Thousand Years

20 And I saw an angel coming down out of heaven, having the key to the Abyss and holding in his hand a great chain. ²He seized the dragon, that ancient serpent, who is the devil, or Satan, and bound him for a thousand years. ³He threw him into the Abyss, and locked and sealed it over him, to keep him from deceiving the nations anymore until the thousand years were ended. After that, he must be set free for a short time.
⁴I saw thrones on which were seated those who had been given authority to judge. And I saw the souls of those who had been beheaded because of their testimony for Jesus and because of the word of God. They had not worshiped the beast or his image and had not received his mark on their foreheads or their hands. They came to life and reigned with Christ a thousand years. ⁵(The rest of the dead did not come to life until the thousand years were ended.) This is the first resurrection. ⁶Blessed and holy are those who have part in the first resurrection. The second death has no power over them, but they will be priests of God and of Christ and will reign with him for a thousand years.

Satan's Doom

⁷When the thousand years are over, Satan will be released from his prison ⁸and will go out to deceive the nations in the four corners of the earth—Gog and Magog—to gather them for battle. In number they are like the sand on the seashore. ⁹They marched across the breadth of the earth and surrounded the camp of God's people, the city he loves. But fire came down from heaven and devoured them. ¹⁰And the devil, who deceived them, was thrown into the lake of burning sulfur, where the beast and the false prophet had been thrown. They will be tormented day and night for ever and ever.

The Dead Are Judged

¹¹Then I saw a great white throne and him who was seated on it. Earth and sky fled from his presence, and there was no place for them. ¹²And I saw the dead, great and small, standing before the throne, and books were opened. Another book was opened, which is the book of life. The dead were judged according to what

libros. 13El mar devolvió sus muertos; la muerte y el infierno[l] devolvieron los suyos; y cada uno fue juzgado según lo que había hecho. 14La muerte y el infierno fueron arrojados al lago de fuego. Este lago de fuego es la muerte segunda. 15Aquel cuyo nombre no estaba escrito en el libro de la vida era arrojado al lago de fuego.

La nueva Jerusalén

21 Después vi un cielo nuevo y una tierra nueva, porque el primer cielo y la primera tierra habían dejado de existir, lo mismo que el mar. 2Vi además la ciudad santa, la nueva Jerusalén, que bajaba del cielo, procedente de Dios, preparada como una novia hermosamente vestida para su prometido. 3Oí una potente voz que provenía del trono y decía: «¡Aquí, entre los seres *humanos, está la morada de Dios! Él acampará en medio de ellos, y ellos serán su pueblo; Dios mismo estará con ellos y será su Dios. 4Él les enjugará toda lágrima de los ojos. Ya no habrá muerte, ni llanto, ni lamento ni dolor, porque las primeras cosas han dejado de existir.»

5El que estaba sentado en el trono dijo: «¡Yo hago nuevas todas las cosas!» Y añadió: «Escribe, porque estas palabras son verdaderas y dignas de confianza.»

6También me dijo: «Ya todo está hecho. Yo soy el Alfa y la Omega, el Principio y el Fin. Al que tenga sed le daré a beber gratuitamente de la fuente del agua de la vida. 7El que salga vencedor heredará todo esto, y yo seré su Dios y él será mi hijo. 8Pero los cobardes, los incrédulos, los abominables, los asesinos, los que cometen inmoralidades sexuales, los que practican artes mágicas, los idólatras y todos los mentirosos recibirán como herencia el lago de fuego y azufre. Ésta es la segunda muerte.»

9Se acercó uno de los siete ángeles que tenían las siete copas llenas con las últimas siete plagas. Me habló así: «Ven, que te voy a presentar a la novia, la esposa del Cordero.» 10Me llevó en el Espíritu a una montaña grande y elevada, y me mostró la ciudad santa, Jerusalén, que bajaba del cielo, procedente de Dios. 11Resplandecía con la gloria de Dios, y su brillo era como el de una piedra preciosa, semejante a una piedra de jaspe transparente. 12Tenía una muralla grande y alta, y doce puertas custodiadas por doce ángeles, en las que estaban escritos los nombres de las doce tribus de Israel. 13Tres puertas daban al este, tres al norte, tres al sur y tres al oeste. 14La muralla de la ciudad tenía doce cimientos, en los que estaban los nombres de los doce apóstoles del Cordero.

15El ángel que hablaba conmigo llevaba una caña de oro para medir la ciudad, sus puertas y su muralla. 16La ciudad era cuadrada; medía lo mismo de largo que de ancho. El ángel midió la ciudad con la caña, y tenía dos mil doscientos kilómetros:[m] su longitud, su anchura y su altura eran iguales. 17Midió también la muralla, y tenía sesenta y cinco metros,[n] según las medidas humanas que el ángel empleaba. 18La muralla estaba hecha de jaspe, y la ciudad era de oro puro, semejante a cristal pulido. 19Los cimientos de la muralla de la ciudad estaban decorados con toda clase de piedras preciosas: el primero con jaspe, el segundo con zafiro, el

they had done as recorded in the books. 13The sea gave up the dead that were in it, and death and Hades gave up the dead that were in them, and each person was judged according to what he had done. 14Then death and Hades were thrown into the lake of fire. The lake of fire is the second death. 15If anyone's name was not found written in the book of life, he was thrown into the lake of fire.

The New Jerusalem

21 Then I saw a new heaven and a new earth, for the first heaven and the first earth had passed away, and there was no longer any sea. 2I saw the Holy City, the new Jerusalem, coming down out of heaven from God, prepared as a bride beautifully dressed for her husband. 3And I heard a loud voice from the throne saying, "Now the dwelling of God is with men, and he will live with them. They will be his people, and God himself will be with them and be their God. 4He will wipe every tear from their eyes. There will be no more death or mourning or crying or pain, for the old order of things has passed away."

5He who was seated on the throne said, "I am making everything new!" Then he said, "Write this down, for these words are trustworthy and true."

6He said to me: "It is done. I am the Alpha and the Omega, the Beginning and the End. To him who is thirsty I will give to drink without cost from the spring of the water of life. 7He who overcomes will inherit all this, and I will be his God and he will be my son. 8But the cowardly, the unbelieving, the vile, the murderers, the sexually immoral, those who practice magic arts, the idolaters and all liars—their place will be in the fiery lake of burning sulfur. This is the second death."

9One of the seven angels who had the seven bowls full of the seven last plagues came and said to me, "Come, I will show you the bride, the wife of the Lamb." 10And he carried me away in the Spirit to a mountain great and high, and showed me the Holy City, Jerusalem, coming down out of heaven from God. 11It shone with the glory of God, and its brilliance was like that of a very precious jewel, like a jasper, clear as crystal. 12It had a great, high wall with twelve gates, and with twelve angels at the gates. On the gates were written the names of the twelve tribes of Israel. 13There were three gates on the east, three on the north, three on the south and three on the west. 14The wall of the city had twelve foundations, and on them were the names of the twelve apostles of the Lamb.

15The angel who talked with me had a measuring rod of gold to measure the city, its gates and its walls. 16The city was laid out like a square, as long as it was wide. He measured the city with the rod and found it to be 12,000 stadia[v] in length, and as wide and high as it is long. 17He measured its wall and it was 144 cubits[w] thick,[x] by man's measurement, which the angel was using. 18The wall was made of jasper, and the city of pure gold, as pure as glass. 19The foundations of the city walls were decorated with every kind of precious stone. The first foundation was jasper, the second sapphire, the third chalcedony, the fourth emer-

---

[l] 20:13 *infierno.* Lit. **Hades*; también en v. 14.   [m] 21:16 *dos mil doscientos kilómetros.* Lit. *doce mil *estadios.*   [n] 21:17 *sesenta y cinco metros.* Lit. *ciento cuarenta y cuatro *codos.*

[v] 16 That is, about 1,400 miles (about 2,200 kilometers)   [w] 17 That is, about 200 feet (about 65 meters)   [x] 17 Or *high*

tercero con ágata, el cuarto con esmeralda, 20el quinto con ónice, el sexto con cornalina, el séptimo con crisólito, el octavo con berilo, el noveno con topacio, el décimo con crisoprasa, el undécimo con jacinto y el duodécimo con amatista.ñ 21Las doce puertas eran doce perlas, y cada puerta estaba hecha de una sola perla. La calleo principal de la ciudad era de oro puro, como cristal transparente.

22No vi ningún templo en la ciudad, porque el Señor Dios Todopoderoso y el Cordero son su templo. 23La ciudad no necesita ni sol ni luna que la alumbren, porque la gloria de Dios la ilumina, y el Cordero es su lumbrera. 24Las *naciones caminarán a la luz de la ciudad, y los reyes de la tierra le entregarán sus espléndidas riquezas.p 25Sus puertas estarán abiertas todo el día, pues allí no habrá noche. 26Y llevarán a ella todas las riquezasq y el honor de las *naciones. 27Nunca entrará en ella nada impuro, ni los idólatras ni los farsantes, sino sólo aquellos que tienen su nombre escrito en el libro de la vida, el libro del Cordero.

El río de vida

22 Luego el ángel me mostró un río de agua de vida, claro como el cristal, que salía del trono de Dios y del Cordero, 2y corría por el centro de la calleo principal de la ciudad. A cada lado del río estaba el árbol de la vida, que produce doce cosechas al año, una por mes; y las hojas del árbol son para la salud de las *naciones. 3Ya no habrá maldición. El trono de Dios y del Cordero estará en la ciudad. Sus *siervos lo adorarán; 4lo verán cara a cara, y llevarán su nombre en la frente. 5Ya no habrá noche; no necesitarán luz de lámpara ni de sol, porque el Señor Dios los alumbrará. Y reinarán por los siglos de los siglos.

6El ángel me dijo: «Estas palabras son verdaderas y dignas de confianza. El Señor, el Dios que inspira a los profetas,r ha enviado a su ángel para mostrar a sus siervos lo que tiene que suceder sin demora.»

Cristo viene pronto

7«¡Miren que vengo pronto! *Dichoso el que cumple las palabras del mensaje profético de este libro.»

8Yo, Juan, soy el que vio y oyó todas estas cosas. Y cuando lo vi y oí, me postré para adorar al ángel que me había estado mostrando todo esto. 9Pero él me dijo: «¡No, cuidado! Soy un siervo como tú, como tus hermanos los profetas y como todos los que cumplen las palabras de este libro. ¡Adora sólo a Dios!»

10También me dijo: «No guardes en secreto las palabras del mensaje profético de este libro, porque el tiempo de su cumplimiento está cerca. 11Deja que el malo siga haciendo el mal y que el vil siga envileciéndose; deja que el justo siga practicando la justicia y que el *santo siga santificándose.»

12«¡Miren que vengo pronto! Traigo conmigo mi recompensa, y le pagaré a cada uno según lo que haya hecho. 13Yo soy el Alfa y la Omega, el Primero y el Último, el Principio y el Fin.

14»Dichosos los que lavan sus ropas para tener derecho al árbol de la vida y para poder entrar por las

ald, 20the fifth sardonyx, the sixth carnelian, the seventh chrysolite, the eighth beryl, the ninth topaz, the tenth chrysoprase, the eleventh jacinth, and the twelfth amethyst.y 21The twelve gates were twelve pearls, each gate made of a single pearl. The great street of the city was of pure gold, like transparent glass.

22I did not see a temple in the city, because the Lord God Almighty and the Lamb are its temple. 23The city does not need the sun or the moon to shine on it, for the glory of God gives it light, and the Lamb is its lamp. 24The nations will walk by its light, and the kings of the earth will bring their splendor into it. 25On no day will its gates ever be shut, for there will be no night there. 26The glory and honor of the nations will be brought into it. 27Nothing impure will ever enter it, nor will anyone who does what is shameful or deceitful, but only those whose names are written in the Lamb's book of life.

The River of Life

22 Then the angel showed me the river of the water of life, as clear as crystal, flowing from the throne of God and of the Lamb 2down the middle of the great street of the city. On each side of the river stood the tree of life, bearing twelve crops of fruit, yielding its fruit every month. And the leaves of the tree are for the healing of the nations. 3No longer will there be any curse. The throne of God and of the Lamb will be in the city, and his servants will serve him. 4They will see his face, and his name will be on their foreheads. 5There will be no more night. They will not need the light of a lamp or the light of the sun, for the Lord God will give them light. And they will reign for ever and ever.

6The angel said to me, "These words are trustworthy and true. The Lord, the God of the spirits of the prophets, sent his angel to show his servants the things that must soon take place."

Jesus Is Coming

7"Behold, I am coming soon! Blessed is he who keeps the words of the prophecy in this book."

8I, John, am the one who heard and saw these things. And when I had heard and seen them, I fell down to worship at the feet of the angel who had been showing them to me. 9But he said to me, "Do not do it! I am a fellow servant with you and with your brothers the prophets and of all who keep the words of this book. Worship God!"

10Then he told me, "Do not seal up the words of the prophecy of this book, because the time is near. 11Let him who does wrong continue to do wrong; let him who is vile continue to be vile; let him who does right continue to do right; and let him who is holy continue to be holy."

12"Behold, I am coming soon! My reward is with me, and I will give to everyone according to what he has done. 13I am the Alpha and the Omega, the First and the Last, the Beginning and the End.

14"Blessed are those who wash their robes, that they may have the right to the tree of life and may go

---

ñ21:20 No se sabe con certeza la identificación precisa de algunas de estas piedras.   o21:21,22:2 calle. Alt. plaza.
p21:24 entregarán ... riquezas. Lit. llevarán su gloria.
q21:26 todas las riquezas. Lit. la gloria.   r22:6 el Dios ... profetas. Lit. el Dios de los espíritus de los profetas.

y20 The precise identification of some of these precious stones is uncertain.

puertas de la ciudad. 15 Pero afuera se quedarán los *perros, los que practican las artes mágicas, los que cometen inmoralidades sexuales, los asesinos, los idólatras y todos los que aman y practican la mentira.

16 »Yo, Jesús, he enviado a mi ángel para darles a ustedes testimonio de estas cosas que conciernen a las iglesias. Yo soy la raíz y la descendencia de David, la brillante estrella de la mañana.»

17 El Espíritu y la novia dicen: «¡Ven!»; y el que escuche diga: «¡Ven!» El que tenga sed, venga; y el que quiera, tome gratuitamente del agua de la vida.

18 A todo el que escuche las palabras del mensaje profético de este libro le advierto esto: Si alguno le añade algo, Dios le añadirá a él las plagas descritas en este libro. 19 Y si alguno quita palabras de este libro de profecía, Dios le quitará su parte del árbol de la vida y de la ciudad santa, descritos en este libro.

20 El que da testimonio de estas cosas, dice: «Sí, vengo pronto.»

Amén. ¡Ven, Señor Jesús!

21 Que la gracia del Señor Jesús sea con todos. Amén.

through the gates into the city. 15 Outside are the dogs, those who practice magic arts, the sexually immoral, the murderers, the idolaters and everyone who loves and practices falsehood.

16 "I, Jesus, have sent my angel to give you[z] this testimony for the churches. I am the Root and the Offspring of David, and the bright Morning Star."

17 The Spirit and the bride say, "Come!" And let him who hears say, "Come!" Whoever is thirsty, let him come; and whoever wishes, let him take the free gift of the water of life.

18 I warn everyone who hears the words of the prophecy of this book: If anyone adds anything to them, God will add to him the plagues described in this book. 19 And if anyone takes words away from this book of prophecy, God will take away from him his share in the tree of life and in the holy city, which are described in this book.

20 He who testifies to these things says, "Yes, I am coming soon."

Amen. Come, Lord Jesus.

21 The grace of the Lord Jesus be with God's people. Amen.

z 16 The Greek is plural.

GLOSARIO

Este glosario no pretende ser un diccionario bíblico en miniatura, sino sólo una ayuda relacionada con los principios y métodos de la traducción. Muchos términos culturales y teológicos no están incluidos, pero la lista abarca todas las palabras marcadas con un asterisco en el texto bíblico. (Nótese que si la palabra se usa más de una vez en el mismo pasaje bíblico, el asterisco no se repite.) Se trata principalmente de palabras difíciles de traducir, debido a las diferencias entre los idiomas bíblicos y el español.

abba. Palabra aramea que significa «padre» o «papá». Como fue usada por Jesús de modo característico para referirse a Dios, su Padre celestial (véase Mr 14:36), la iglesia cristiana también la adoptó, aun cuando el idioma de los creyentes era el griego (Ro 8:15; Gá 4:6).

abadón. Literalmente significa «destructor». En el Antiguo Testamento, término hebreo para referirse al reino de la muerte. Aparece como sinónimo de «muerte» y «sepulcro». En el Nuevo Testamento aparece como personificación del ángel de la muerte (Ap 9:11).

abismo. Ya en la tradición judía se usaba este término en oposición a «cielo» (véase Ro 10:6-8); más específicamente, puede designar la morada de los demonios (p.ej. Lc 8:31; Ap 9:1). En un pasaje (Mt 11:23 = Lc 10:15) se ha usado para traducir **Hades**. En otro pasaje la expresión «arrojar al abismo» (2P 2:4) traduce el verbo *tartaróō*, literalmente «meter en el Tártaro», nombre que entre los griegos se refería a un lugar subterráneo (más profundo que el Hades), donde se imponía el castigo divino. Véase también **sepulcro**.

adar. Duodécimo mes en el calendario hebreo (mediados de febrero a mediados de marzo).

alamot. Probable anotación musical en cuanto al instrumento que debía tocarse o el tono en que debía cantarse un salmo. Por su etimología, posible indicación de que la melodía era para voces femeninas.

aleluya. (heb. *hallelu Yah*) Exclamación de alabanza a Dios que significa «¡Alaben al SEÑOR!» En esta versión aparece la expresión junto con su traducción literal.

aliento. Véase **vida**.

alma. Véase **vida**.

altares paganos (también santuarios paganos). Es traducción de la palabra hebrea *bamoth*, que literalmente significa «lugares altos». En 1 y 2 Reyes y en 2 Crónicas se usa para designar santuarios donde se practicaban cultos idolátricos cananeos.

Altísimo. (heb. *'elyón*, arameo *'illa'á*) Uno de los nombres de Dios, que también puede entenderse como «el Excelso».

anaquitas. Habitantes de Palestina, identificados como descendientes de cierto Anac; eran de gran estatura e infundían terror en las poblaciones de la región. En otras versiones castellanas se traduce «anaceos».

anciano. Además de su significado literal, esta palabra se usa con sentido especializado para designar a los jefes y dirigentes del pueblo hebreo, los cuales tenían responsabilidades tanto religiosas como civiles. En el Nuevo Testamento (griego *presbúteros*) se usa también para designar a los encargados de gobernar las iglesias (p.ej Hch 14:23; 1Ti 5:17). En Apocalipsis se usa en un sentido más exaltado con referencia a veinticuatro seres en el cielo (p.ej. Ap 4:4). Véase también **obispo**.

Aram/arameos. Véase **Siria/sirios**.

arrasar. Véase **destrucción**.

arrepentimiento/arrepentirse. Significa no sólo el sentimiento de tristeza o remordimiento por haber pecado, sino también la acción de cambiar el modo de pensar y de actuar; implica un profundo cambio espiritual.

asarion. Moneda romana (latín *as*) de poco valor. Véase **Tabla de pesas, medidas y monedas**.

Aserá. Nombre de una diosa cananea. En el plural (heb. *'aserim*) se refiere a objetos hechos para adorarla, y generalmente se ha traducido con alguna frase, tal como «imágenes para el culto a Aserá».

Asia. En el Nuevo Testamento este nombre no se refiere al Lejano Oriente sino a una provincia romana al suroeste de Asia Menor (lo que hoy es Turquía), cuya capital era Éfeso.

aviv. Primer mes en el calendario hebreo (mediados de marzo a mediados de abril); después del exilio se usó el nombre *nisán*.

Astarté. (En otras traducciones, «Astoret».) Nombre de una diosa, común entre los pueblos semíticos de la antigüedad. En el plural puede referirse a la variedad de diosas que tenían este nombre, o a imágenes hechas en su honor.

Baal. La palabra hebrea significa «amo» o «esposo», pero como nombre propio se refiere a una deidad cananea, el dios de la tormenta, consorte de **Aserá** y **Astarté**. El uso del plural, «baales», parece indicar que el nombre podía referirse a distintas deidades locales.

babilonios. Generalmente es traducción de la palabra hebrea *kasdim*, que puede significar «Caldea» (un país antiguo al sur de Babilonia) o «caldeos». El nombre llegó a designar todo el territorio babilónico o a sus habitantes.

bato. Medida de capacidad equivalente aproximadamente a 22 litros; en el Nuevo Testamento, alrededor de 37 litros. Véase **Tabla de pesas, medidas y monedas**.

becá. Medida de peso equivalente aproximadamente a 6 gramos. Véase **Tabla de pesas, medidas y monedas**.

Beelzebú. Nombre que se usa en los evangelios con referencia a Satanás.

bienestar. Véase **paz**.

blasfemar. Acción de proferir blasfemias, o sea, pronunciar maldiciones o palabras injuriosas contra Dios o contra alguien que lo representa. La «blasfemia contra el Espíritu» (Mt 12:31 y paralelos) consiste en atribuir a Satanás las obras de Jesús, lo cual parece indicar un rechazo total del mensaje de Dios. El término griego también se puede usar en el sentido menos fuerte de «calumniar» o «insultar» (p.ej. Mr 7:22; Ef 4:31).

blasfemo. (heb. *letz*) Término tradicionalmente traducido «escarnecedor» (Sal 1:1), que alude a quienes no tienen respeto por nada ni nadie, ni siquiera por Dios.

braza. Medida de longitud equivalente aproximadamente a 1,80 metros. Véase **Tabla de pesas, medidas y monedas**.

bul. Octavo mes en el calendario hebreo (mediados de octubre a mediados de noviembre).

burlón. Véase **blasfemo**.

cab. Medida de capacidad equivalente aproximadamente a 1,2 litros. Véase **Tabla de pesas, medidas y monedas**.

caer, hacer caer. Véase **tropiezo**.

Caldea/caldeos. Véase **babilonios**.

camino. Además de su sentido primario, en el lenguaje bíblico este término alude simbólicamente a la conducta y voluntad divinas y humanas, así como a sus métodos, hábitos, actitudes y propósitos.

camisa. Se ha usado esta palabra unas cuantas veces (Mt 5:40 = Lc 6:29; Lc 3:11) para representar el vocablo griego *jitōn*, que también puede traducirse con un término general, «ropa» (p.ej. Mt 10:10; Mr 14:63; Jud 23). Con más precisión, se trata de la túnica (y así se tradujo en Jn 19:23; Hch 9:39), que en español puede implicar una vestidura formal o religiosa, y que daría un sentido incorrecto a los pasajes anteriores.

caña. Medida de longitud equivalente aproximadamente a 3 metros. También se ha traducido «vara». Véase **Tabla de pesas, medidas y monedas**.

carne/carnal. El término griego *sarx* tiene un uso muy variado, y frecuentemente contrasta con **Espíritu** (o **espíritu**). En su sentido literal y físico, puede traducirse «carne» o «cuerpo». En un sentido más amplio, se usa para designar lo que es meramente humano y por lo tanto débil. (Nótese también la frase «carne y sangre», que se ha traducido con varias expresiones; p.ej. Mt 16:17; 1Co 15:50; Ef 6:12.) En un sentido moral, indica lo que caracteriza a este mundo pecaminoso (véanse 2Co 10:3-4; Fil 1:22,24). Es difícil representar el concepto en español, por lo que también se han usado frases tales como «naturaleza humana», «naturaleza pecaminosa», «esfuerzos (o criterios, o razonamiento) humanos», «pasiones», y otras más (p.ej. Ro 8:3-9; 1Co 1:26; Gá 3:3; 4:23,29; 5:13-19; Fil 3:3-4; Col 2:18). La dificultad de distinguir entre el sentido literal y el figurado se nota especialmente en Ro 7:18,25; 1P 3:18; 4:1,2 («terrenal»),6.

Cefas. Nombre arameo que significa «roca» y que corresponde al nombre griego Pedro (véase Jn 1:42).

César/césar. Nombre que los emperadores romanos usaban como título (véanse Lc 2:1; 3:1) y que llegó a usarse en el sentido general de «emperador» (así se ha traducido en la mayoría de los pasajes, p.ej. Jn 19:12; Hch 17:7).

cielo(s). En la cosmogonía bíblica, bóveda sólida y firme (de allí que también se le llame «firmamento») que separa las aguas de arriba de las aguas de abajo (Gn 1), en la que Dios tiene su habitación. También se le concibe como una tienda de campaña, como una cortina y como un manto.

cilicio. Tela áspera, generalmente de pelo de cabra. Como se usaba entre los hebreos para expresar la pena y el dolor, la expresión «cubrirse de cilicio» (y otras parecidas) generalmente se ha traducido «vestirse de luto» o «hacer duelo».

circuncisión. Como esta operación era la señal física de que un hombre pertenecía al pueblo de Dios, la palabra se podía usar para designar a los judíos (p.ej. Ro 15:8; Gá 2:8-9; en Fil 3:3 con referencia a los cristianos). Por consiguiente, los términos «incircunciso» e «incircuncisión» (Ro 2:20) se refieren a los no judíos. Véase también **gentiles**.

codo. Medida antigua, basada en el largo del brazo desde el codo hasta la punta de los dedos, equivalente a 45-50 centímetros. Véase **Tabla de pesas, medidas y monedas**.

comunión, sacrificios de. (heb. *shelamim*) Tradicionalmente traducido como «sacrificios de paz», el vocablo hebreo parece referirse a varios tipos de ofrenda relacionados con la acción de gracias.

condenar a muerte. Véase **destrucción**.

conocimiento. Término sinónimo de **sabiduría**, que implica una relación estrecha e íntima entre dos personas, más que una simple acumulación de información y datos.

Consejo. Se ha usado este término como traducción del griego *sunédrion* (tradicionalmente «sanedrín»; en Hch 22:5 el griego es *presbutérion*). Se trata del más importante consejo de gobierno entre los judíos. Incluía a los **ancianos**, los **maestros de la ley** y los jefes de los sacerdotes.

Consolador. Traducción tradicional del término griego *paráklētos* en Jn 14:16,26; 15:26; 16:7. La palabra puede significar «abogado», pero más probable es el sentido general de «mediador» o «ayudador». En 1Jn 2:1 se tradujo «intercesor».

contaminar. Véase **puro**.

corazón. Además de su sentido primario, el lenguaje bíblico alude con este término al órgano cardíaco como la sede principal de las emociones y los sentimientos humanos, así como de sus esperanzas y temores. El corazón es también la sede de la actividad intelectual; de allí que en algunos casos se traduzca como «mente».

coro. Medida de capacidad equivalente aproximadamente a 220 litros. Véase **Tabla de pesas, medidas y monedas**.

corrección. Véase **disciplina**.

creyentes. Véase **santos**.

Cristo. Vocablo griego que significa «ungido» (véase Hch 4:26). Es primeramente un título descriptivo, pero también se usa como nombre propio de Jesús. En ciertos pasajes se ha traducido «Mesías»

(término hebreo que corresponde a Cristo) para aclarar el uso titular, pero hay muchos otros pasajes en que puede entenderse como nombre o como título. La combinación «Jesús Cristo» (traducido como nombre, «Jesucristo») o «Cristo Jesús» también puede tener un sentido titular, es decir, «Jesús el Mesías». Nótese que en las cartas de Pablo, el uso de este vocablo es muy frecuente y se ha marcado con asterisco sólo la primera vez que aparece en cada carta.

cuello.   Véase **vida**.

Cus/cusita.   Se refiere a Nubia, una región al sur de Egipto, en la parte norte de lo que hoy es el Sudán. Los escritores clásicos llamaban a esta región «Etiopía», pero no debe confundirse con el país moderno que lleva ese nombre y que queda más al sur.

cuerpo.   Véase **carne**.

Decápolis.   Significa «las diez ciudades». Era una región de la Palestina habitada por gentiles.

denario.   Moneda romana de plata, cuyo valor correspondía al salario de un obrero por un día de trabajo.

derecha.   Se usa en sentido figurado para señalar la posición de honor. También es un símbolo del poder (véanse Hch 2:33; 5:31).

destrucción, destruir.   Cuando estas palabras llevan asterisco, son traducción de vocablos hebreos (*jérem*, verbo *hejerim*) que se refieren a lo que Dios ha declarado anatema, es decir, algo prohibido y consagrado a Dios para ser destruido totalmente. En esta traducción también se han usado las expresiones «arrasar», «condenar a muerte», «destruir por completo» y «exterminar».

dichoso.   En el Antiguo Testamento representa la palabra hebrea *'ashrey*, término tradicionalmente traducido «bienaventurado». En el Nuevo Testamento, con frecuencia representa la palabra griega *makários*, que significa «feliz» y que tradicionalmente se ha traducido «bienaventurado». En ambos casos se refiere a la persona que recibe la bendición de Dios y así experimenta la verdadera felicidad.

dirigente.   Cuando esta palabra lleva asterisco, es traducción del vocablo hebreo que literalmente significa **anciano**.

disciplina.   (heb. *musar*) Término típico de la literatura sapiencial que implica la **enseñanza** o **instrucción** correctiva de la **ley**, más la educación de los padres, incluido el castigo físico.

discreción.   Véase **sabiduría**.

dracma.   En el Antiguo Testamento se refiere al *dárico*, moneda persa de oro que pesaba alrededor de 125 gramos. En el Nuevo Testamento se refiere a una moneda griega de plata equivalente al **denario**.

efa.   Medida de capacidad equivalente aproximadamente a 22 litros. Véase **Tabla de pesas, medidas y monedas**.

efod.   Parte de la vestimenta sacerdotal, que se describe en Éx 28:6-14.

elul.   Sexto mes en el calendario hebreo (mediados de agosto a mediados de septiembre).

emperador.   Véase **César**.

enorgullecerse.   Véase **jactancia**.

Enramadas, fiesta de las.   Tradicionalmente traducida «Tabernáculos», esta fiesta se celebraba en el mes de *tisrí*. Durante los siete días de celebración, los israelitas vivían en cabañas hechas de ramas de árboles.

entrada(s).   Véase **puerta(s)**.

escándalo/escandalizar.   Véase **tropiezo**.

esclavo.   Véase **siervo**.

Espíritu/espíritu.   En ciertos pasajes donde la palabra griega *pneuma* aparece sin el calificativo «Santo», no es seguro si la referencia es al Espíritu Santo o al espíritu humano (p.ej. Jn 4:23-24; Ro 1:4; 8:10). Véase también **síquico**.

espíritu maligno.   Una traducción más literal es «espíritu impuro». Se refiere a los demonios que se posesionan de algunas personas.

estela.   Véase **piedra sagrada**.

estadio.   Medida de longitud equivalente aproximadamente a 180 metros. Véase **Tabla de pesas, medidas y monedas**.

etanim.   Séptimo mes en el calendario hebreo (mediados de septiembre a mediados de octubre).

eunuco.   Hombre castrado que servía en la corte como guardián de las mujeres. A veces los eunucos llegaban a ser funcionarios de alto rango (véase Hch 8:27). En sentido figurado, se aplica a los que se mantienen solteros (Mt 19:11-12).

evangelio.   Término de origen griego que significa «buena noticia». Principalmente en las cartas, el término se usa con sentido especializado, es decir, el mensaje acerca de Jesucristo. En otros pasajes se ha traducido como «buenas nuevas» o «buenas noticias» (p.ej. Lc 1:19; Hch 5:42). Más tarde, el término llegó a usarse para referirse a los libros que relatan la historia de Jesús.

experto en la ley.   Véase **maestro de la ley**.

expiar/expiación.   Se refiere a la acción divina de cubrir o quitar el pecado por medio del sacrificio. El término **propiciación** describe la misma acción desde otro punto de vista: el sacrificio aplaca la ira de Dios (véanse Ro 3:25; Heb 2:17; 1Jn 2:2; 4:10).

exterminar.   Véase **destrucción**.

fariseo.   Hoy día este término se usa en sentido despectivo y equivale a «hipócrita» (porque así calificó Jesús a los fariseos; p.ej. Mt 23:13-29), pero es necesario recordar que los fariseos constituían un grupo religioso que la mayoría de los judíos admiraba. Estudiaban la ley minuciosamente (muchos **maestros de la ley** estaban relacionados con este grupo) y deseaban obedecerla, aunque su modo de interpretación a veces los llevaba a ignorar los mandatos de Dios (véase especialmente Mr 7:1-13).

fidelidad.   El término griego *pístis* generalmente tiene el sentido activo de «fe», indicando la acción de «confiar en alguien», pero en algunas ocasiones puede tener sentido pasivo, «ser confiable». En este segundo caso, se puede traducir «fidelidad» (p.ej. Ro 3:3; Gá 5:22). Algunos eruditos piensan que la frase «la fe en Jesucristo» (p.ej. Gá 2:16; 3:22) debe traducirse «la fidelidad de Cristo». Nótese también que el adjetivo *pistós* puede significar «creyente» o «fiel».

fosa.   Véase **sepulcro**.

fuerza(s). Véase **vida**.

Gehenna. Nombre de un barranco en Jerusalén donde se quemaban los desperdicios. Entre los judíos llegó a ser un símbolo del fuego eterno, por lo cual se puede traducir «infierno».

género humano. Véase **hombre**.

gente. Véase **hombre**.

gentiles. Designa a los que no son judíos. Por lo general traduce el término que literalmente significa «naciones»; en otros pasajes traduce el término que significa «griegos» (en Ro 2:26 y 4:9 corresponde a «incircuncisión»; véase **circuncisión**). Cuando hay énfasis en el sentido religioso o moral, se traduce «paganos».

gittith. Término hebreo que aparece como título de algunos salmos (8, 81, 84), probablemente en relación con una melodía popular que se cantaba en los lagares.

gómer. Medida de capacidad equivalente aproximadamente a 2,2 litros. Véase **Tabla de pesas, medidas y monedas**.

griegos. Se usa no solamente en un sentido étnico estricto sino también para designar a cualquier persona que haya adoptado la cultura griega. Véase también **gentiles**.

guerá. Medida de peso equivalente aproximadamente a 0,6 gramos. Véase **Tabla de pesas, medidas y monedas**.

Hades. En la mitología griega era el nombre del dios del inframundo, y también se usaba para designar el lugar de los muertos. En el Nuevo Testamento equivale a «infierno»; también se ha traducido como **abismo** (Mt 11:23 = Lc 10:15), «muerte» (Mt 16:18), y «sepulcro» (Hch 2:27).

higaión. Término hebreo que aparece en algunos salmos (19 tít., 9, 92) y en otros libros del Antiguo Testamento (Is y Lm), probablemente para indicar un murmullo (Sal 19:14; Lm 3:62) o una queja (Is 16:7), o bien la vibración de algún instrumento de cuerdas (Sal 92:3).

hijo de hombre. Véase **hombre**.

hin. Medida de capacidad equivalente aproximadamente a 4 litros. Véase **Tabla de pesas, medidas y monedas**.

hipócrita/hipocresía. El término griego *hupokritēs* se refería a los actores de teatro. Posteriormente, incluso en el Nuevo Testamento, se usaba en sentido más general de cualquier persona que fingía ser lo que no era (p.ej. Mt 6:2), o que actuaba de manera incongruente con sus convicciones (Gá 2:13, donde se usan el verbo y el sustantivo). El término no implica necesariamente que la persona fuera mal intencionada.

hisopo. Planta pequeña y frondosa, no del todo identificada, que se usaba en ritos de purificación (Lv 14; Nm 19), y para aplicar la sangre a los dinteles de las puertas (Éx 12).

holocausto. Uno de los sacrificios en que el animal ofrecido se quemaba del todo.

hombre. Tanto en el Antiguo Testamento (heb. *'adam, 'enosh, o 'ish*) como en el Nuevo (griego *ánzrōpos*), el término castellano **hombre** puede usarse en sentido genérico, que contrasta al ser humano con Dios y abarca a toda la humanidad, o en sentido más restrictivo, que contrasta al hom-

bre con la *mujer*. En la actualidad, el segundo sentido ha adquirido más prominencia, lo cual crea nuevos problemas de traducción. Cuando el texto original y el estilo castellano lo permiten, se han usado expresiones tales como «género humano», «gente», «humanidad», «mortal», «persona» y «ser humano».

humanidad/humano. Véanse **carne, hombre** y **síquico**.

impuro. Véase **puro**.

incircunciso. Véase **circuncisión**.

inexperto. (heb. *pety*) En la literatura sapiencial, referencia al joven simple e ingenuo, ignorante de la **ley** e incapaz de discernir por sí mismo entre el bien y el mal.

insolente. Véase **blasfemo**.

instrucción. Véase **ley (del** SEÑOR**)** y **disciplina**.

inteligencia. Véase **sabiduría**.

intercesor. Véase **Consolador**.

Jacobo. En la evolución de la lengua española, el nombre «San Jacobo» llegó a pronunciarse «Santiago». Tradicionalmente, se ha usado «Santiago» en la carta que se conoce por ese nombre, pero se ha mantenido «Jacobo» en los demás pasajes. En esta versión se sigue la misma costumbre.

jactancia/jactarse. Uno de los términos más característicos de las cartas de Pablo es el verbo griego *kaujáomai* (sustantivo *kaújēma*), que puede usarse tanto en sentido positivo como negativo. En castellano, el vocablo «jactarse» siempre tiene una acepción peyorativa («alabarse presuntuosamente»), de manera que se han usado varios términos para traducir el griego según el contexto (p.ej. «presumir», «orgullo/enorgullecerse», «satisfacción/estar satisfecho», «regocijarse»).

Jerusalén. Ciudad importante de Palestina. Conocida como Ciudad de David, fue la capital del reino davídico y, más tarde, del reino de Judá. Reconstruida después del exilio babilónico, era para los judíos la ciudad escogida por Dios para habitar entre su pueblo. Fue destruida nuevamente en el año 70 d.C.

Jesucristo. Véase **Cristo**.

jómer. Medida de capacidad equivalente aproximadamente a 220 litros. Véase **Tabla de pesas, medidas y monedas**.

juicio. (heb. *mishpat*) Véase **ley (del** SEÑOR**)**.

justicia. (heb. *tsedeq, tsedeqah*) Véase **salvación**.

justificar/justificación. El sustantivo generalmente traduce la palabra griega *dikaiosúnē*, que también significa «justicia». El verbo lo usa especialmente Pablo para designar la acción de Dios de «declarar justos» a los que ponen su fe en Jesucristo.

lenguas. En el libro de los Hechos y en 1 Corintios, la expresión «hablar en lenguas» es traducción literal del griego; otra posible traducción es «hablar en otros idiomas».

lepra. Varios tipos de enfermedades de la piel se agrupaban bajo esta categoría en la antigüedad. No se trata necesariamente de la aflicción que la medicina moderna llama «lepra».

lepton. Moneda judía de muy poco valor. Véase **Tabla de pesas, medidas y monedas**.

létec. Medida de capacidad equivalente aproximadamente a 110 litros. Véase **Tabla de pesas, medidas y monedas.**

levantar de entre los muertos. Esta expresión se ha traducido literalmente en algunos casos, según el contexto, pero por lo general se ha usado sencillamente el verbo «resucitar» o el sustantivo «resurrección».

Leviatán. Nombre del monstruo marino vencido por Dios al principio de la creación (Sal 74:14; Is 27:1), y que por lo general aparece como sinónimo de «mar». En Job este nombre alude a algún animal acuático de enormes proporciones, probablemente el hipopótamo.

ley (del SEÑOR/de Moisés). (heb. *torah*) Término que significa «enseñanza» o «instrucción», más que un código legislativo. Bajo este término genérico se incluían «mandamientos», «mandatos», «decretos», «sentencias», «preceptos», «ordenanzas» y «juicios», que debían ser enseñados de padres a hijos (Dt 6:1-9).

limpio. Véase **puro.**

log. Medida de capacidad equivalente aproximadamente a 0,3 litros. Véase **Tabla de pesas, medidas y monedas.**

maestro de la ley. Esta frase representa un vocablo griego (*grammateús*) que tradicionalmente se ha traducido «escriba». Entre el pueblo judío, los escribas estaban encargados no solamente de copiar y preservar los libros del Antiguo Testamento, sino principalmente de interpretar y enseñar su contenido. La expresión **experto en la ley** corresponde a otro vocablo griego (*nomikós*) pero se refiere a la misma profesión.

majalat (leannot). Término hebreo que aparece en el título de algunos salmos (53, 88), y que posiblemente se refiera a la manera triste y melancólica en que estos salmos debían cantarse.

Mar Rojo. Es traducción del nombre hebreo *yam suf*, que literalmente significa «mar de las cañas». En el Antiguo Testamento este nombre se usa principalmente para designar los golfos de Suez y Acaba, y también la región de los «lagos Amargos» al norte de Suez.

masquil. Término hebreo que aparece en el título de varios salmos (32, 42, 44, 45, 47:7, 52, 53, 54, 55, 74, 78, 88, 89, 142), y que parece referirse al carácter didáctico del salmo, o bien a su alta calidad literaria (Sal 45, p.ej.).

mente. Véase **corazón.**

Mesías. Véase **Cristo.**

metreta. Medida de capacidad equivalente aproximadamente a 39 litros. Véase **Tabla de pesas, medidas y monedas.**

mictam. Término hebreo que aparece en el título de algunos salmos (16, 56, 57, 58, 59, 60), y que posiblemente aluda a su carácter enigmático o esotérico.

milla. Medida de longitud equivalente aproximadamente a 1.500 metros. Véase **Tabla de pesas, medidas y monedas.**

mina. Medida de peso equivalente aproximadamente a 0,6 kilogramos. En el Nuevo Testamento se refiere a una moneda valiosa. Véase **Tabla de pesas, medidas y monedas.**

misterio. Este término (griego *mustērion*) lo usa Pablo con referencia a los planes eternos de Dios para las naciones, planes que sólo fueron revelados con la venida de Cristo (p.ej. Ro 16:25-26; Ef 3:2-6). Se ha traducido literalmente cuando el contexto evita que haya confusión. Como el vocablo en español puede implicar un sentido esotérico, en varios pasajes se ha empleado la palabra «secreto».

mortal. Véase **hombre.**

muerte. Véase **abadón.**

mundo. Véase **carne.**

naciones. Véase **gentiles.**

naturaleza humana/pecaminosa. Véase **carne.**

necedad. En la literatura sapiencial, actitud contraria a la **sabiduría**, característica de los jóvenes **inexpertos.** La necedad llega a ser personificada, y su discurso es del todo contrario al de la **sabiduría** (Pr 9:1-12; 13-18).

necio. Se dice de todo el que se resiste a cumplir los mandamientos de Dios y a seguir los sabios consejos de sus padres y maestros. Por extensión, el necio es también **insolente** y **blasfemo.**

nisán. Véase *aviv.*

nombre. En el lenguaje bíblico, el nombre está íntimamente ligado al ser mismo de la persona. El nombre *es* la persona. Sin nombre nada puede existir (Gn 2:18-23; Ec 6:10). La conducta de la persona está condicionada por su nombre (1S 25:25) Un cambio de nombre implica un cambio total de la persona, que deja de ser la misma (Gn 32:28; Mt 16:18). Hablar en nombre de alguien es actuar con la misma personalidad y autoridad de la persona nombrada. Conocer el nombre de alguien equivale a tener poder sobre esa persona.

nuevas/noticias, buenas. Véase **evangelio.**

obispo. Traducción tradicional del término griego *epískopos*, que significa «supervisor, superintendente». Parece ser equivalente a **anciano** (véase Hch 20:17,28; nótese también 1P 2:25). Más tarde comenzó a usarse el término para designar a los que supervisaban varias congregaciones en un mismo distrito.

ofensa/ofender. Véase **tropiezo.**

orgullo. Véase **jactancia.**

pacto. Promesa o acuerdo contraído entre dos partes, generalmente una superior y otra inferior, mediante una fórmula verbal o ritual, que compromete a ambas partes. En el lenguaje bíblico el pacto representa la promesa de Dios al hombre de siempre darle **vida** y **paz** y constante cuidado, y el compromiso del hombre de vivir conforme a las estipulaciones del pacto. Otros términos vinculados con el pacto son **ley** y **testimonio.**

paganos. (heb. *goyyim*) Término hebreo que aparece en el Antiguo Testamento para referirse a los pueblos que no conocen al Dios de Israel ni pertenecen a este pueblo. Por extensión, el mismo término designa a los pueblos y naciones en general. Para el uso de este término en el Nuevo Testamento, véase **gentiles.**

palabra. En el pensamiento bíblico, este término es más que el sonido emitido oralmente. Una vez pronunciada la palabra, tiene poder y autonomía propios, y actúa por sí misma (Gn 1; Jn 1). La pala-

bra dicha no puede ser revocada (Gn 27:30-38; Is 55:10-11). En toda la Biblia, y especialmente en los Salmos, **palabra** aparece como sinónimo de **ley**.

palmo. Medida de longitud equivalente aproximadamente a 24 centímetros. Véase **Tabla de pesas, medidas y monedas**.

pan de la Presencia. Literalmente, «pan del rostro» (heb. *lejem happanim*), tradicionalmente traducido «pan de la proposición». Se trata del pan que cada sábado se colocaba ante la presencia de Dios, sobre una mesa en la **Tienda de reunión** (luego en el templo).

parábola. Narración con fines didácticos, que comunica su enseñanza de manera indirecta. Aunque se caracteriza por su brevedad, puede ser también un tanto extensa. En sus enseñanzas Jesús la usó con singular maestría y pertinencia.

pasiones. Véase **carne**.

pastor. Además de su sentido primario, en la literatura bíblica este término destaca la relación simbólica entre Dios y su pueblo (Sal 23), entre el rey y sus súbditos (Sal 78:70-72), entre los líderes eclesiales y la comunidad creyente (Heb 13:7), y entre Jesús y la iglesia (Jn 10:1-16).

paz. (heb. *shalom*) En el lenguaje bíblico, este término apunta hacia el estado ideal de tranquilidad y plenitud física y síquica, tanto a nivel individual como comunitario. La paz proviene de Dios y es la presencia misma de Dios entre su pueblo (Nm 6:24-26); es resultado de la **justicia** (Is 32:17) y del cumplimiento del **pacto**, y del establecimiento del reinado de Dios (Is 2:1-4; Mi 4:1-5).

pecadores. La Biblia enseña claramente que todos los seres humanos son culpables de pecado (p.ej. Ro 3:10-20). Sin embargo, en el habla de los judíos el término «pecador» se usaba también en un sentido especializado para designar a los que estaban fuera del pacto o pueblo divino. Se aplicaba especialmente a los **gentiles** (p.ej. Gá 2:15), pero también a judíos cuya conducta inmoral los alejaba espiritualmente del pueblo de Dios (p.ej. Mt 11:19; Lc 15:1-2).

pecar, hacer pecar. Véase **tropiezo**.

peregrinos, cántico de los. (heb. *shir hama'aloth*) En los Salmos, título que designa a los salmos probablemente vinculados con las peregrinaciones que se hacían al templo de Jerusalén. Su etimología permite traducirlos como «cánticos de las subidas» o «cánticos graduales».

perfecto/perfección/perfeccionar. Aunque en esta vida nadie llega a estar totalmente libre de pecado, el adjetivo «perfecto» (griego *téleios*) se usa en varios pasajes con referencia a los creyentes. Es posible que se trate del concepto de madurez espiritual (véanse 1Co 2:6-7; Heb 6:1), pero el sentido es más profundo: implica un compromiso definitivo que se refleja en la conducta. En la carta a los Hebreos, el énfasis está en la idea del cumplimiento de las promesas (nótese que el verbo se aplica también a la exaltación de Jesús en 2:10; 5:9; 7:28). La ley del pacto antiguo no podía perfeccionar (7:19; 9:9; 10:1), pero los que creen en Jesús pertenecen al nuevo y perfecto pacto, de manera que ya han recibido lo que el Antiguo Testamento había prometido (10:14; 11:40).

perro. Por ser un animal común al que se consideraba ritualmente impuro (véase **puro**), el perro llegó a ser un símbolo de los que están fuera del pueblo de Dios (Ap 22:15). Se usa con referencia a los **gentiles** (Mt 15:26-27 = Mr 7:27-28) y a los adversarios del evangelio (Mt 7:6; Fil 3:2; 2P 2:22), no como insulto vulgar, sino como un comentario de índole teológica.

piedra sagrada. La palabra hebrea *matsebah* puede referirse a una columna de piedras cuyo propósito era la conmemoración de algún suceso; en ese caso se ha traducido «estela». Como en la religión cananea tales columnas se identificaron con las deidades, el Antiguo Testamento generalmente las condena.

pim. Medida de peso equivalente aproximadamente a 8 gramos. Véase **Tabla de pesas, medidas y monedas**.

portón/portones. Véase **puerta(s)**.

primicias. Los primeros y más importantes frutos de la cosecha, los cuales debían ofrecerse a Dios. En el Nuevo Testamento el término se usa en varios sentidos figurados; por ejemplo, Cristo fue el primero en ser resucitado y es quien hace posible la resurrección de los demás (1Co 15:20); el Espíritu Santo es el primer fruto que reciben los creyentes, y les garantiza que recibirán toda la herencia espiritual (Ro 8:23). Nótese también el uso de «primogénito» en Col 1:15,18.

principios. Así se traduce la palabra griega *stoijeía*, que puede referirse a conceptos básicos (Heb 5:12, «verdades más elementales»), pero también a los elementos fundamentales del universo (2P 3:10). Algunos eruditos piensan que Gá 4:3,9 y Col 2:8,20 hablan de seres espirituales.

Priscila. Así se ha representado el nombre «Prisca» (en Ro 16:3; 1Co 16:19; 2Ti 4:19), del cual «Priscila» es la forma diminutiva (Hch 18:2,18,26).

propiciación. Véase **expiación**.

propiciatorio. Plancha de oro que cubría el arco del pacto y sobre la cual se rociaba la sangre una vez al año para **expiar** el pecado del pueblo (Lv 16).

proverbio. Sentencia o dicho breve e ingenioso en torno a algún hecho que encierra una enseñanza, o condensa la sabiduría popular. Aunque de origen muy antiguo, el proverbio siempre estuvo presente en la literatura sapiencial y hasta los días del Nuevo Testamento. Característico de la literatura bíblica es el proverbio antitético, en el que la segunda parte contrasta o contradice lo dicho en la primera.

prueba, poner a. Véase **tentar**.

pueblo de Dios. Véase **santos**.

puerta(s). (heb. *sha'ar*) Las antiguas ciudades eran amuralladas, y tenían puertas que se abrían al amanecer y se cerraban al caer la noche. Las puertas de la ciudad eran el centro cívico de aquellas ciudades. Allí se difundían las últimas noticias (2S 18:4), se realizaban negocios de compraventa (Rt 4:1-12), y se impartía justicia (Is 29:21; Am 5:12).

puro/impuro/purificar. En muchos pasajes (marcados con asterisco) estos términos no tienen que ver con la limpieza física o moral, sino con cuestiones de contaminación ritual, según las leyes del Antiguo Testamento.

querubines. Seres celestiales con función protectora (Gn 3:24). Dos figuras de querubines como criaturas aladas y con pies y manos cubrían el **propiciatorio**. También se usaron figuras de querubines en la decoración del templo.

quisleu. Noveno mes en el calendario hebreo (mediados de noviembre a mediados de diciembre).

Rahab. Nombre del monstruo vencido por Dios al principio de la creación. Su nombre tal vez aluda a su arrogancia. En los salmos (87:4) y en Isaías (30:9) este nombre aparece como sinónimo de Egipto.

recaudador de impuestos. Así se representa la palabra *telon*ēs, que en otras versiones se ha traducido como «publicano». Se refiere a judíos que se ofrecían a cobrar los impuestos exigidos por el Imperio Romano. Como los recaudadores abusaban de sus compatriotas y colaboraban con los soldados romanos, se les consideraba traidores que no pertenecían al pueblo de Dios.

resucitar/resurrección. Véase **levantar de entre los muertos**.

retama. Arbusto típico del sur de Palestina y del desierto de Sinaí, de escasa altura pero lo bastante grande para proporcionar sombra (1R 19:4-5). Sus ramas suelen también usarse como escobas (Is 14:23) y como combustible (Job 30:4; Sal 120:4; Is 47:14).

roca. Además de su sentido primario, en el contexto desértico de Palestina este término designa de manera simbólica a Dios como fuente de protección y abrigo para su pueblo.

sábado. Día séptimo de la semana en el que, según la ley del Antiguo Testamento, los judíos debían reposar de sus trabajos. El mismo término se usa para referirse a otros días festivos.

sabiduría. Cualidad de la persona dispuesta a recibir consejo para poder discernir entre el bien y el mal, aprender a vivir, y conducirse de acuerdo con la voluntad de Dios. En la literatura sapiencial la sabiduría llega a ser personificada (Pr 8) y considerada colaboradora de Dios en su creación.

Salén. Forma abreviada de «Jerusalén» (véase Sal 76:2), ciudad conocida también como «la ciudad de David».

salvación. (heb. *yeshu'ah*) Acción de Dios en favor del hombre, que redunda en la victoria o triunfo de éste, incluyendo el poner a salvo su vida. En algunos contextos «salvación» aparece como sinónimo de «justicia». En el Nuevo Testamento la salvación divina está íntimamente relacionada con el perdón de los pecados.

sanar. En varios pasajes en los evangelios (Mt 9:21-22; Mr 5:23,28,34; 6:56; 10:52; Lc 8:36,48,50; 17:19; 18:42) este verbo es traducción de un término griego que también significa «salvar».

Santiago. Véase **Jacobo**.

santificar. Este concepto en el Antiguo Testamento indica la acción de separar algo o a alguien para un propósito sagrado. El verbo griego (*hagiádsō*) puede por lo tanto traducirse «consagrar», pero además indica una obra divina de limpieza espiritual en los creyentes. Véase también **santo**.

santo/santidad. Es principalmente un atributo de Dios, y por consiguiente de lo que está relacionado a él, por ejemplo, los profetas, los ángeles, el templo (Lc 1:70; 9:26; Hch 6:13). El Nuevo Testamento usa el término «los santos» para designar a los que forman parte de la iglesia de Cristo. Implica que los creyentes han sido santificados (véase **santificar**) y que Dios los ha constituido como su propio pueblo. En algunos pasajes donde el término castellano puede ser ambiguo, se han usado otros vocablos, por ejemplo, «creyentes» o «pueblo de Dios».

santuario. Véase **templo**.

santuarios paganos. Véase **altares paganos**.

Satanás. Nombre del príncipe del mal; la palabra hebrea *satán* significa «acusador» o «adversario».

satisfacción. Véase **jactancia**.

sátrapa. Título de quienes gobernaban las provincias (satrapías) bajo el imperio de los persas.

seah. Medida de capacidad equivalente aproximadamente a 7,3 litros. Véase **Tabla de pesas, medidas y monedas**.

sebat. Undécimo mes en el calendario hebreo (mediados de enero a mediados de febrero).

secreto. Véase **misterio**.

Selah. En los Salmos, anotación musical cuyo posible significado sea el de *pausa*. Tal sentido no ha sido aún determinado.

sencillo. Véase **inexperto**.

sentarse. Cuando los evangelios se refieren a personas sentadas a la mesa (p.ej. Mt 26:7,20; Mr 2:15; Lc 14:8), se usan varios verbos griegos que literalmente significan «recostarse», pues era costumbre en los banquetes reclinarse en divanes. También se puede traducir como «estar a la mesa» (p.ej. Lc 24:30; Jn 12:3) o aun «comer» (Mt 9:10; Mr 16:14; Lc 5:29; 1Co 8:10).

Seol. Véase **sepulcro**.

sepulcro. (heb. *she'ol*) En el pensamiento hebreo, lugar a donde iban los muertos luego de ser enterrados. Este lugar se hallaba bajo la tierra, pero sobre las aguas de abajo. Otros términos sinónimos son **abismo**, «fosa» y «tumba».

ser humano. Véase **hombre**.

siclo. Medida de peso equivalente aproximadamente a 11,5 gramos. Véase **Tabla de pesas, medidas y monedas**.

siervo. Representa en muchos pasajes el vocablo griego *doúlos*, que también puede traducirse «esclavo». Este último término en español puede tener connotaciones que confundan al lector moderno. El vocablo griego no implica necesariamente que la persona fuera maltratada, ya que en la antigüedad algunos esclavos llegaban a asumir posiciones muy importantes. La idea principal es que la persona estaba bajo el dominio de otra, de manera que se caracterizaba por su humildad y obediencia.

sigaión. Término hebreo que aparece en el título del Salmo 7. Su posible significado de «conmoción» tal vez aluda al estado de ánimo en que debía cantarse ese salmo.

Silvano. En las cartas (2Co 1:19; 1Ts 1:1; 2Ts 1:1; 1P 5:12) se usa este nombre con referencia a «Silas» (véase Hch 15:22).

Sión. Nombre de la colina fortificada de la antigua Jebús, hoy Jerusalén. Durante el reinado de Da-

vid este nombre se extendió para referirse al área general del templo. Sión es considerada la morada de Dios, y en los libros poéticos aparece como sinónimo de Jerusalén.

síquico. Representa el adjetivo griego *psujikós* (sustantivo *psujē*; véase **vida**), que se ha traducido «natural» en 1Co 15:45-46 y «puramente humana» en Stg 3:15. Como contrasta con lo que es espiritual, se ha usado la frase «no tiene el Espíritu» en 1Co 2:14 y Jud 19.

Siria/sirios. Región al norte de Palestina, habitada por los arameos. En el Antiguo Testamento es traducción del nombre *Aram*.

siván. Tercer mes en el calendario hebreo (mediados de mayo a mediados de junio).

Tabernáculos, fiesta de los. Véase **Enramadas**.

talento. En el Antiguo Testamento, medida de peso equivalente aproximadamente a 34 kilogramos. En el Nuevo Testamento se usaba para cálculos monetarios; generalmente de oro, su valor (que era muy alto) variaba mucho, según el lugar y la época (Mt 18:24; 25:15-28). Véase **Tabla de pesas, medidas y monedas**.

tébet. Décimo mes en el calendario hebreo (mediados de diciembre a mediados de enero).

templo. En el Nuevo Testamento este término puede referirse justamente al «santuario» (Lc 1:9), es decir, el edificio donde se encontraban el Lugar Santo y el Lugar Santísimo, o bien el área total que incluía no sólo ese edificio sino también la plaza que lo rodeaba (el atrio de las mujeres y el atrio de los gentiles).

tentar/tentación. El verbo griego (*peirádsō*, sustantivo *peirasmós*) puede usarse en el sentido más o menos neutral de «poner a prueba», pero también en el sentido negativo de «incitar al pecado, tender una trampa». En Stg 1:2,12-14 parece haber un juego de palabras basado en este doble sentido.

Tienda de reunión. Tradicionalmente traducido «tabernáculo de reunión» (heb. *'ohel mo'ed*), esta frase se refiere a un conjunto de cortinas que, colocadas alrededor de bastidores, sirvieron como morada de Dios antes de la construcción del templo.

Todopoderoso. Cuando aparece junto con «SEÑOR», este título representa la palabra *tseba>ot*; es una frase tradicionalmente traducida como «Jehová de los ejércitos». En otros casos, **Todopoderoso** representa la palabra *shadday*, nombre con el que Dios se reveló a los patriarcas (Gn 17:1; Éx 6:3) y que se usa con frecuencia especialmente en el libro de Job.

trampa. Véanse **tentar** y **tropiezo**.

triunfo. Véase **salvación**.

tropezar/tropiezo. Es generalmente traducción del vocablo griego *skándalon* (verbo *skandalídsō*) y se refiere especialmente a lo que causa ofensa, oposición (Gá 5:11), o aun la caída moral de alguien (Mt 5:29-30; 1Co 8:13). En el uso corriente del castellano, el término *escándalo* (*escandalizar*) no corresponde justamente a este significado. En Ro 11:9 se ha traducido como «trampa». También se ha traducido el verbo con términos tales como «ofender», «hacer pecar», «hacer caer», «apartar-

se», «abandonar». En Jn 16:1 se ha empleado la frase «flaquear la fe».

ungido. (heb. *mashiaj*). Término hebreo para referirse al rey escogido por Dios. Después del exilio babilónico este mismo término se usó para referirse al sumo sacerdote. Véase también **Cristo**.

Unigénito. Traducción tradicional del término griego *monogenēs* («único») cuando se refiere a Jesucristo. Véanse Jn 1:14,18; 3:16,18.

urim y tumim. Objetos sagrados que se ponían sobre el pectoral del sumo sacerdote (Éx 28:20) y que se usaban para determinar la voluntad de Dios en algunas situaciones (1Sa 28:6; cf. 23:9-12).

Verbo. Traducción tradicional del término griego *lógos* («palabra») cuando se refiere a Jesucristo. Véanse Jn 1:1,14; 1Jn 1:1; Ap 19:13.

victoria. Véase **salvación**.

vida. Cuando esta palabra lleva asterisco, es traducción en el Antiguo Testamento de la palabra hebrea *nefesh*, y en el Nuevo, de la palabra griega *psujē*. Ambos términos tienen un amplio significado y tradicionalmente se han traducido «alma». En esta versión, la palabra hebrea también se ha traducido «aliento» y «fuerza(s)»; en algunos contextos (Sal 69:1; 105:18; Jon 2:6) se ha usado el vocablo «cuello».

zif. Segundo mes en el calendario hebreo (mediados de abril a mediados de mayo).

TABLA DE PESAS, MEDIDAS Y MONEDAS

Las equivalencias son aproximadas.

ANTIGUO TESTAMENTO

No se incluye aquí una tabla de unidades monetarias porque los hebreos no acuñaron monedas antes del exilio. Cuando la NVI usa la palabra «moneda», se trata de una unidad de peso, principalmente el siclo. (Nótese también que en el libro de Ezequiel las relaciones entre las medidas son un poco diferentes.)

Medidas de peso

talento (= 60 minas) . . . .33 Kg
mina (= 50 siclos) . . . . . .550 gr
siclo (= 2 becás) . . . . .11 gr
pim (= 2/3 siclos) . . . . . .7 gr
becá (= 10 guerás) . . . . . .5,5 gr
guerá . . . . .0,5 gr

Medidas de longitud

caña/vara (= 6 codos) . . . . .2,70 m
codo (= 2 palmos) . . . . .45 cm
palmo (= 3 palmos menores) .22,5 cm
palmo menor (= 4 dedos) . . . .7,5 cm
dedo . . . . .1,9 cm

Medidas de capacidad: áridos

coro = jómer (= 2 létec) . .220 litros
létec (= 5 efas) . . . . .110 litros
efa (= 3 seah) . . . . 22 litros
seah (= 1/3 de efa) . . . . .7,3 litros
gómer . . . . 2,2 litros
cab (= 1/18 de efa) . . . . . 1,2 litros

Medidas de capacidad: líquidos

coro (= 10 batos) . . . . . . .220 litros
bato (= 6 hin) . . . . 22 litros
hin (= 12 log) . . . . 3,7 litros
log . . . . 0,3 litros

NUEVO TESTAMENTO

La única unidad de peso que se usa en el Nuevo Testamento es la litra (= la libra romana), con una equivalencia aproximada de 327 gr.

Medidas de longitud

milla (= 8.3 estadios) . . . .1.500 m
estadio (= 100 brazas) . . .180 m
braza (= 4 codos) . . . . . . .1,80 m
codo . . . . .45 cm

Medidas de capacidad: áridos

coro . . . . .370 litros
sata . . . . .22 litros
joinix . . . . .1 litro

Medidas de capacidad: líquidos

metreta . . . . .39 litros
bato . . . . .37 litros

Monedas

Es extremadamente difícil dar el valor de las monedas antiguas con equivalencias modernas. Un denario era el salario de un obrero por un día de trabajo.

talento . . . . .60 minas
mina . . . . .100 denarios
dracma . . . . .denario
denario . . . . .10 asaria
asarion . . . . .4 cuadrantes
cuadrante . . . . .2 lepta
lepton . . . . .1/80 de denario

TABLE OF WEIGHTS AND MEASURES

Biblical Unit American Equivalent		Approximate Metric Equivalent	Approximate

WEIGHTS

talent	(60 minas)	75 pounds	34 kilograms
mina	(50 shekels)	1 _ pounds	0.6 kilogram
shekel	(2 beaks)	2/5 ounce	11.5 grams
pim	(2/3 shekel)	1/3 ounce	7.6 grams
beka	(10gerahs)	1/5 ounce	5.5 grams
gerah	1/50 ounce	0.6 gram	

LENGHT

cubit	18 inches	0.5 meter
span	9 inches	23 centimeters
handbreath	3 inches	8 centimeters

CAPACITY

Dry Measure

cor [homer]	(10 ephahs)	6 bushels	220 liters
lethek	(5 ephahs)	3 bushels	110 liters
ephah	(10 omers)	3/5 bushel	22 liters
seah	(1/3 ephah)	7 quarts	7.3 liters
omer	(1/10 ephah)	2 quarts	2 liters
cab	(1/72 ephah)	1 quart	1 liter

Liquid Measure

bath	(1 ephah)	6 gallons	22 liters
hin	(1/6 bath)	4 quarts	4 liters
log	(1/72 bath)	1/3 quart	0.3 liter

The figures of the table are calculated on the basis of a shekel equaling 11.5 grams, a cubit equaling 18 inches and an ephah equaling 22 liters. The quart referred to is either a dry quart (slightly larger than a liter) or a liquid quart (slightly smaller than a liter), whichever is applicable. The ton referred to in the footnotes is the American ton of 2,000 pounds.

This table is based upon the best available information, but it is not intended to be mathematically precise; like the measurement equivalents in the footnotes, it merely gives the approximate amounts and distances. Weights and measures differed somewhat at various times and places in the ancient world. There is uncertainty particularly about the ephah and the bath; further discoveries may give more light on these units of capacity.

Índice /Concordancia Abreviado

Este *Índice / Concordancia Abreviado* de la **Nueva Versión Internacional** (NVI) es un índice, puesto que proporciona una lista de palabras en orden alfabético, y es una concordancia, puesto que indica las citas precisas en las que ocurre cada palabra incluida. Se elaboró la lista de la siguiente manera: En primer lugar, se creó una lista de todas las palabras que ocurren en la NVI. (Se entiende por «palabra» cada conjunto de letras con ortografía única, incluso distinguiendo entre mayúsculas y minúsculas y versalitas.) Esa lista inicial contenía el número de veces y todas las citas bíblicas en que ocurre cada palabra. Luego se eliminaron de la lista las palabras que ocurren con demasiada frecuencia para que sea útil su inclusión. Por eso **aparecen únicamente las palabras que ocurren hasta cuarenta veces**. Por último, se eliminaron las conjugaciones de los verbos que ocurren con más de doce desinencias, quedando en estos casos solamente las formas sustantivadas, adjetivadas y adverbiales del verbo (p.ej., *apresurada, apresuradamente, apresurados, apresuramiento; afán, afanada, afanarse, afanosos; alegrarse, alegre, alegremente; dormida, dormido, dormidos, dormir, dormirnos, dormirse; existencia, existir; insultante, insultar, insultarlo, insulto, insultos; vendedor, vendedores, vender, venderla, venderlas, venderlo, venderse, vendérsela, vendérselo, vendérselos, venderte, vendido, vendidos*).

Lo cierto es que esta novedosa concordancia de las Sagradas Escrituras le será de mayor provecho al que ya «interpreta rectamente la palabra de verdad» (2Ti 2:15). Con sólo tomar como ejemplo la primera parte del versículo que se acaba de citar, se puede ver fácilmente el valor que tiene el *Índice/Concordancia Abreviado*: «Esfuérzate por presentarte a Dios aprobado, como obrero que no tiene de qué avergonzarse y que interpreta rectamente la palabra de verdad.» Si el lector conoce el texto del versículo pero se le ha olvidado la cita, lo único que tiene que hacer es buscar las palabras clave que pudieran ocurrir cuarenta veces o menos en la Biblia, entre las cuales están *Esfuérzate* (2) y *esfuérzate* (1), *presentarte* (4), *obrero* (2), *aprobado* (5) y *avergonzarse* (1). Nótese que además de *Esfuérzate* también aparecen como palabras con ortografía única *esfuércense, esfuerzo, esfuerzos,* etc.; además de *presentarte* aparecen *presentarla, presentarlas, presentarme, presentarnos, presentársela, presentárselo, presentárselos,* etc.; además de *obrero* aparece *obreros;* además de *aprobado* aparecen *aprobación, aprobados, aprobando* y *aprobó;* y además de *avergonzarse* aparecen *avergonzada, avergonzado, avergonzados, avergonzar, avergonzarlos, avergonzarte,* etc. En todos estos casos vale la pena resaltar que **aparecen todas las citas bíblicas en que ocurre cada una de estas palabras**.

Uno de los mayores beneficios de este *Índice/Concordancia Abreviado* es que incluye palabras que no se juzgan importantes en la Biblia. Muchos buscan una palabra en una *Concordancia breve* y no la encuentran precisamente por no considerarse significativa. Por ejemplo, ¿qué ocurre si el lector busca el nombre «Abdón», que aparece diez veces en los libros de Josué, Jueces, 1 y 2 Crónicas? No lo encontrará en la *Concordancia breve de la Biblia: Versión Reina-Valera* (Revisión de 1960), y menos en otras concordancias aún más abreviadas que ésa, pero sí lo encontrará en el *Índice/Concordancia Abreviado* de la NVI. Y le sucederá lo mismo si se le ocurre buscar un crecido número de palabras tales como *Avén, cazuela, disturbio, equipados, Estéfanas, ezraíta, faja, Filipo, Golán, Julia, mástil, parcela, pepinos, podredumbre, pudor, quinto, tropel, umbral, undécimo, unión, veinticuatro, virginidad* y *zodíaco.* Todo esto prueba lo útil que puede ser este *Índice/Concordancia Abreviado* para programas y estudios especiales y competencias bíblicas, además del evidente valor que tiene para todo el que «interpreta rectamente la palabra de verdad».

abrazarlos Mr 10:16
abrazarse Ec 3:5
abrazarte Pr 5:20
abrazo Gn 46:29; Cnt 3:4
abrazos Gn 29:13
abrevaderos Gn 30:38; Éx
 2:16; Jue 5:11; Is 7:19
abrevar Gn 29:3
abriga Ec 7:9
abrigábamos Lc 24:21
abrigaban 1R 1:1
abrigado Job 31:20; Sal 66:18
abrigados Pr 31:21
abrigan Job 6:19; 36:13; Gá
 4:17; Tit 3:7
abrigar Mr 11:23
abrigara Rt 1:12
abrigarse Éx 22:27; Hag 1:6
abrigo Dt 32:38; Job 24:8; 37:8;
 Sal 91:1; Hch 27:4,16
abríguense Stg 2:16
abrigues Pr 6:25
abrir Dt 28:20; Job 32:20; 33:2;
 41:14; Sal 91:8; Is 42:7; 45:1;
 66:9; Ez 25:9; Hch 12:14;
 1Co 15:52; Ap 3:7; 5:2,4-5;
 16:12
abrirle Lc 12:36
abrirles Jn 10:21
abrirlo Is 22:22; Ap 5:3
abrirse 2R 3:26; 8:21; 2Cr
 21:9; Jn 1:51
abrirte 2S 7:15
Abroná Nm 33:34-35
abruma Pr 29:4; Jer 8:18
abrumada Lc 10:40
abrumado Sal 88:7; Is
 43:23-24; Ez 5:17; 2P 2:7
abrumadora Is 10:22; 28:15,18
abruman Job 15:24; Sal 38:4;
 65:3
Abruman Lc 11:46
abrumará Job 20:22
abrumarán Is 47:9
abrumarlo Ec 1:13; 3:10
abrumaron 2S 22:5; Sal 18:4
absceso Lv 13:18-23
absoluta Ez 20:27
absolutamente Jue 18:10; 1S
 22:15; Est 4:14; Jer 42:4; 1Co
 8:4
absoluto Is 28:19; Jn 11:49
Absolver Pr 17:15
absolverá Nm 30:5,8,12; Mt
 12:37
absolverás 1R 2:31
absolviendo Dt 25:1
absorbe Job 6:4
absorbían Job 29:23
absorbido 2Co 5:4
abstendrá Lv 22:6
abstendrán Éx 12:19

abstendré Sal 39:1
abstenerse Lv 22:4; Nm 6:3;
 Hch 15:29
abstengan Hch 15:20; 21:25
absténganse Éx 19:15;
 Lv 18:30
Absténganse Lc 12:15
abstengo Ec 4:8
abstenían Job 29:9
abstenido 1S 21:4; 2S 22:24;
 Sal 18:23
abstiene Ez 18:8,17; Ro 14:6
abstienes Is 58:13
abstinencia Nm 30:13; Zac
 7:3
absuelto Job 23:7; 1Co 4:4
absuelve 1R 8:32; 2Cr 6:23
absuelven Is 5:23
absuelvo Éx 23:7
absurda Ec 6:12; 7:15; 1P 1:18
absurdas Ec 8:14
absurdo Pr 26:8; Ec 1:2,14;
 2:1,11,15,17,19,21,23,26;
 3:19; 4:4,7-8,16; 5:10; 6:2,9;
 7:6; 8:10,14; 11:8,10; 12:8; Jer
 16:19; Hch 25:27
absurdos Sal 94:11; Ec 5:7;
 6:11; 9:9; Jer 51:18; 1Co 3:20
abubilla Lv 11:19; Dt 14:18
abuela 1R 15:10,13; 2Cr 15:16;
 2Ti 1:5
abuelo Gn 28:2,13; 32:9; 2S
 9:7; 16:3
abuelos Dn 11:24; 1Ti 5:4
abundante Nm 24:7; Dt 32:2;
 1R 10:27; 1Cr 28:14; 2Cr
 9:27; Pr 12:11; 13:23; 28:19;
 Ec 1:16; Is 30:23; 63:15; Jer
 33:6; Ez 13:11; 17:7; 19:10;
 Mi 5:7; Mt 9:37; Lc 10:2; Ro
 15:29; 2Co 1:5; 9:10
Abundante Is 33:23
abundantemente Hch 4:33;
 Ro 10:12; 2Co 1:5; Tit 3:6
abundantes Dt 8:13; 10:7; 1Cr
 4:40; Neh 9:37; Sal 68:9;
 107:37; 112:3; Pr 8:24; Ez
 17:5,8; 31:5; 32:13; Dn
 4:12,21; 2Co 9:12; Ap 2:19
abundar 2Co 4:15
abusan Ez 22:6; Mt 20:25; Mr
 10:42
abusar Gn 34:7
acá Lv 10:4; Jos 9:7,12; Rt
 2:14; 4:1; 1S 14:1,10,12;
 17:44; 20:21; 2S 7:6; 20:16;
 2Cr 25:17; Esd 4:2; Pr 25:7;
 Cnt 4:16; Jer 40:10; Dn 3:26;
 Mt 14:18; 17:17; Mr 11:2; Lc
 9:41; 14:21; 16:26; 17:21,23;
 19:27,30; Jn 4:16; 6:25; Hch
 10:21; 17:6; Ap 4:1; 11:12

acabar Gn 6:13; Dt 28:21; 1S
 15:18; 20:7; 2R 13:17,19; Ec
 2:15; Jer 44:7; 49:35; Lc 22:2;
 Hch 20:29; Heb 9:26
acacia Éx 25:5,10,13,23,28;
 26:15,26,32,37; 27:1,6; 30:1,5;
 35:7,24; 36:20,31, 36;
 37:1,4,10,15,25,28; 38:1,6; Dt
 10:3
acacias Is 41:19
Acacias Jl 3:18
Acad Gn 10:10
Acaico 1Co 16:17
acaloradamente Gn 26:20; Jn
 6:52
Acalla Job 12:20
acallado Is 16:9
acallados Sal 31:17; 107:42
acallarme Job 23:17
acalle Job 16:18
acampadas Is 21:13
acampado Gn 13:3; 31:25;
 Nm 2:17; 10:2; 1S 4:1; 1R
 16:15; Sal 120:5-6
acampados 1S 13:16; 1R
 20:29; Esd 8:15
acampar Nm 10:31,33;
 Dt 1:33; Jos 10:5; 2R 6:8; Is
 13:20
Acán Gn 36:27; Jos 7:1,18,
 20,22,24-25; 22:20
acapara Pr 11:26; Jer 17:11
acaparan Is 5:8
acaparar Jer 22:15
Acar 1Cr 2:7
acariciaban Ez 23:21
acariciando Gn 26:8
acariciaran Ez 23:3
acariciaron Ez 23:8
acarrea Job 9:23; Sal 15:3; Pr
 13:5; 15:27; Ro 4:15
acarreaban Neh 4:17; 13:15
acarrean Dt 29:11
acarrear Jos 9:23
acarrearon Jos 7:12
acarree Job 39:12; Ez 18:30
acata Pr 10:8; Ec 8:5
acatan 1S 12:15; Dn 3:12
acatando 1S 12:14
acatar Éx 34:32
acataré 1R 2:38; Sal 119:106
acatarlas Ec 8:5
acataron 1R 21:11; Neh 9:34;
 Pr 1:25; Jer 32:23
Acaya Hch 18:12,27; 19:21;
 Ro 15:26; 1Co 16:15; 2Co
 1:1; 9:2; 11:10; 1Ts 1:7-8
Acbor Gn 36:38-39; 2R 22:12,
 14; 1Cr 1:49; Jer 26:22; 36:12
accedido 2S 14:22
accediendo 2R 16:9
accedieron 2R 12:8

accedimos Gá 2:5

accedió Gn 33:15; Éx 8:31; 2R 5:16; Neh 2:8; Jer 41:8; Hch 18:20; 2Co 8:17

acceso Est 1:14; Is 24:10; Ro 5:2; Ef 2:18

accesorios Éx 25:39; 30:27; 31:8; 35:14; 37:24; Nm 4:10,15

accidentada Jer 2:6

accidentalmente Jos 20:3,9

acción Gn 24:20; Lv 7:12-13; 22:29; Dt 1:14; 27:20; 2Cr 29:31; 33:16; Neh 2:18; 12:24,27,46; Job 15:5; Sal 69:30; 95:2; 100:4; Ec 3:17; 10:10; Is 51:3; Jer 3:1; 4:26; 17:26; 33:11; 1Co 14:16-17; 2Co 3:18; 4:15; 10:15; Ef 4:16; 5:4; Col 2:19; 1Ti 4:3-4; Ap 4:9; 7:12

acecha Gn 4:7; Job 39:29; Sal 91:6; Lm 3:10; 2P 2:3

acechan Sal 27:11; 37:32; 59:3; 71:10; 119:95; Pr 1:18; Lm 4:18

acechando Sal 59:6,14; Lc 14:1

acechará Job 20:26

acecharé Os 13:7

acecharlo Lc 20:20

acecharon Lm 4:19

acechas Job 10:16

aceche 1S 22:8,13; Lc 12:33

Acechemos Pr 1:11

aceches Pr 24:15

acecho Gn 49:9; Jue 9:32, 34-35,43; 16:2,9,12; Job 31:9; 38:40; Sal 10:8; 17:12; 56:6; Pr 7:12; 23:28; Jer 5:6,26; Os 6:9

aceitunas Dt 24:20; 28:40; Job 24:11; Is 17:6; 24:13; Mi 6:15; Stg 3:12

Acéldama Hch 1:19

acento Mt 26:73

aceptable Lv 1:3; 22:27; Jue 14:3; Is 58:5; Mal 1:14; Ro 15:16; Heb 11:4

aceptables Sal 19:14; Mal 3:4

aceptada Lv 1:4; 22:23,29; 23:11

aceptado Lv 22:19,21; Jos 20:5; Jue 13:23; Sal 61:5; Jer 7:28; 31:18; Hch 8:14; Ro 14:3; Gá 3:5; 1Ti 1:15; 4:9

aceptar Éx 22:11; 1S 2:15; 2R 5:15-16; Neh 10:30; Is 33:15; Dn 4:27; Mal 1:10, 13; Mt 11:14; 19:12; Jn 8:37,43; 14:17

aceptarla Jn 6:60

aceptarse Lv 27:12,14

acequias Ez 31:4

acercarlo Mr 2:4

acercarlos Sal 32:9

acercarme Mi 6:6

acercármele Job 40:19

acercarnos Jue 19:13; Hch 28:2; Ef 3:12; 1Jn 5:14

acercarse Éx 14:20; 24:2; Lv 16:1; 21:17-18,21; Nm 6:6; 8:19; 18:1,22; Dt 15:9; 1S 17:48; Job 41:13; Is 58:2; Jer 30:21; Ez 33:3; 40:46; 42:14; 44:13,16,25; Lc 18:35; 19:37; 24:28; Hch 7:31; 9:3; 1P 2:4

acercársele Éx 34:30; Lc 8:19

acercarte Éx 24:2

acérrimos Dn 4:19

acertada 2S 17:4

acertadamente 2P 2:22

acertado 2S 17:14

aclama Nm 23:21; Is 24:14

aclamaba 2Cr 23:12

aclamaban Mr 15:18

aclamaciones Esd 3:11

aclamarte Sal 89:15

aclamemos Sal 95:1

aclamémoslo Sal 95:2

aclamen Sal 47:1; 68:4; 81:1

Aclamen Sal 66:1; 98:4,6; 100:1

aclaración Dn 9:22

aclararles 1Co 5:11

aclararte Éx 33:20

aclaren Fil 2:23

aclaró Éx 2:6; Rt 4:5; Mt 19:26; Mr 10:5,27; Lc 18:27

Aco Jue 1:31

acobardar 2S 17:10

acobardaron 1S 4:7; 14:15

acobarden 2Cr 20:15,17; 32:7; Jer 51:46; Jn 14:27

acobardes Dt 20:3; Jos 8:1

acobardó Jos 7:5; 2S 4:1

acoge Sal 91:1,14; Pr 4:10

acogen Is 30:2

acogerán Is 14:2

acogerás Sal 73:24

acoja Ez 16:61

acomoda Os 13:13

acomodará Lv 1:12

acomodarán Lv 1:8

acomodaron Mr 6:40

acomodó 1S 20:25

acompañada Éx 12:8; Rt 1:22; 1S 25:42

acompañado Gn 21:22; 26:26; 32:6; 35:3; 50:14; Éx 24:13; Dt 2:32; 3:1; Jos 10:24; 11:7; Jue 14:20; 1S 10:26; 28:8; 2S 2:3; 15:16; 19:40; 1R 20:1; 2R 3:12; 11:19; 2Cr 22:7; 23:20;

Neh 2:12; Jer 41:13; Zac 14:5; Mt 9:19; Mr 10:46; Lc 9:28; 23:55; Jn 11:33; Hch 10:23; 18:18

Acompañado Dt 32:44; 1S 27:2; 2R 23:2; 2Cr 34:30

acompañados Éx 1:1; Jos 10:7; 1Cr 25:6; 2Cr 23:13; 29:27; Jer 17:25; 22:4; Hch 25:23; 1Co 9:5

acompañantes Gn 24:32, 54,59; 2R 5:15; 2Cr 18:2; Hch 18:19; 26:13

acompañar Éx 10:9; 2S 18:2; 1Cr 16:42

acompañarla Rt 1:18

acompañarlo 2S 19:15,26, 36; Est 5:12; Mr 5:18; Lc 8:38

acompañarlos Éx 33:5; 2R 6:4

acompañarnos 2S 18:3

acompañarte Éx 34:3; 1R 13:16; Zac 8:23

acondicionado Neh 13:5

acondicionó 1R 6:16

acongojado Sal 38:6; Lm 1:5

aconsejadas Nm 31:16

aconsejar Tit 2:4

aconsejarle 2R 5:13

acontece Lm 3:38

acontecer Ec 1:9

acontecía Lc 18:36

acontecido Esd 9:13; Ec 1:9; Lc 24:14

aconteció 2R 1:17

Aconteció Jue 9:26

Acor Jos 7:24,26; 15:7; Is 65:10

acordarme Jer 31:20; 2Ti 1:4

acordarnos Sal 137:1

acordarse Pr 31:7; Lc 1:72

acordé Jon 2:7

acordes 2Cr 35:26

acorralado Job 16:8

acorralados Éx 14:3

acorralará Dt 28:52

acortado Sal 89:45; Mr 13:20

acortan Job 17:1; Pr 10:27

acortaran Mt 24:22

acortarán Mt 24:22

acorten Sal 109:8

acosada Is 13:14; Jer 12:9

acosado Jer 50:17

acosados Sal 35:5; 2Co 7:5

acosarlo Job 19:28; Lc 11:53

acostada Rt 3:8,14; Mr 7:30

acostado Gn 19:4; 20:4; 26:10; 28:13; Nm 5:19; Dt 22:13; Jue 16:3; 2S 3:7; 4:7; 13:8; Pr 6:9; 23:34; Jer 3:2; Ez 4:4,9; Mt 9:2; Mr 2:4; Lc 2:12,16; 5:25

acostados 1S 26:7; Mi 2:1; Lc 11:7

acostarme 2S 11:11

acostarnos Gn 19:5

acostarse Gn 38:26; 39:14; 49:33; Dt 22:25,28; 2S 20:3; 21:10; 1R 19:6; Ez 16:33; Jon 1:5

acostarte 1S 3:5-6; Pr 3:24; Is 57:8; Ez 4:6

acostumbra Lv 5:4; 6:3

acostumbraba Rt 4:7; 1R 3:4; Mt 27:15; Mr 14:12; 15:6,8; Jn 12:6; Hch 3:10

Acostumbraba 1S 27:8

acostumbraban Job 1:4

acostumbrado Dt 34:8; 1S 17:39

acostumbrados Jer 13:23; 1Co 8:7

acostumbran Ez 16:44; 1Ti 5:13; Heb 10:25

Acrabín Jos 15:3

acrecentando Pr 8:21

Acrecentarás Sal 71:21

acrecentaré Ez 29:21

acrecentó Jue 1:35; Sal 21:5

acrecienta Is 40:29; Nah 2:1; 2Ts 1:3

acrecientas Job 10:17

acreditado Hch 2:22

acreditamos 2Co 6:4

acreditan Jn 10:25

acreditó Sal 106:31

acreedor Lv 5:19; Dt 15:2; Is 24:2

acreedores Dt 28:44; Sal 109:11; Pr 22:7; Is 50:1; Hab 2:7

acrisola 1P 1:7

acrisolada 1P 1:7

Acsa Jos 15:16-18; Jue 1:12-14; 1Cr 2:49

Acsaf Jos 11:1; 12:20; 19:25

acta Is 50:1

actitud Nm 14:24; Neh 13:17; Job 1:20; Dn 3:19; Gá 6:1; Ef 4:23; 6:9; Fil 2:5; Col 1:21; 1P 4:1

actividad Ef 4:16

acto Lv 20:12-14,17,21; Nm 5:13; Jue 20:6; 1R 20:41; Job 1:6; 2:1; Sal 106:31; Jn 8:4; Ro 5:18; 2Co 10:6

Acto Lv 8:6,13; Dt 26:10; Jos 20:4; 2S 18:14; 1R 1:53; 2:46; 2R 9:4,10; 25:26; 2Cr 23:20; Jn 13:26; 20:22

actos Éx 6:6; 7:4; Dt 4:34; 25:16; 26:8; 31:29; Jue 5:11; 2Cr 35:26; Job 9:12; 36:23; Is 64:6; Ez 9:4; 18:12-13,24;

23:36; 33:29; 37:23; Dn 4:35; 9:14,16; Ro 1:27; Ef 4:19; Jud 13

actual Lc 12:56; Ro 12:2; 1Co 7:26,31; Gá 4:25

actuales Gn 19:37-38; Ro 8:18; 2Co 8:14

actualidad Ro 11:5

actuar Gn 44:7,17; 2S 12:21; Is 3:8; Ez 8:18; 20:9,14; 36:22; Am 3:10; 4:12; Mi 2:7; Mr 11:28; Jn 2:18; 1P 1:13; 2:16; Ap 13:5

acuático Lv 11:12

acuáticos Lv 11:10

Acub 1Cr 3:24; 9:17; Esd 2:42,45; Neh 7:45; 8:7; 11:19; 12:25

acudir 2Cr 30:5; Sal 71:3; Mt 26:53; 1Co 6:1

acueducto 2S 5:8; 2R 18:17; 20:20; Is 36:2

acuerdos Hch 16:4

acumula Pr 28:8; Hab 2:6; Lc 12:21

acumuladas Ec 5:13

acumulado Gn 12:5; 31:18; 36:7; Ez 22:13; 28:4; Lc 12:20

acumulan Am 3:10

acumulando Gn 26:13; Pr 23:4; Ro 2:5

acumular Ec 2:26

acumulará Dt 17:17

acumularon Jer 48:36

acumulaste Dt 6:11

acumulen Mt 6:19-20; Lc 12:33

Acumuló 2Cr 32:27

acusación Dt 22:20; Job 31:36; Mt 27:14; Lc 23:2; Hch 24:9; 28:19; 1Ti 5:19; 2P 2:11

acusaciones Hch 7:1; 19:38; 24:1,8,19; 25:2,5,7, 11,15; 26:2

acusada Nm 35:30

acusado Nm 35:24-26,28; Dt 19:15; Jos 20:6; Dn 6:24; Mt 27:12; Lc 23:14; Hch 24:2; 25:16

acusador Sal 109:6; Is 50:8; 58:9; Ap 12:10

acusadora Zac 3:1

acusadores Sal 71:13; 109:20,29; Hch 7:58; 23:30,35; 24:12,14; 25:16,18

acusados Jos 21:13,21,27; 1R 1:21; Job 30:5

acusar Dn 6:4-5; Os 4:4; Mt 12:10; Mr 3:2; Lc 6:7; Jn 5:45

acusarlo Job 40:2; Dn 6:4; Mr 15:3; Jn 8:6

acusarlos Jn 5:45

acusarme 1S 12:3

acusarnos 1S 22:15

acusarte Ez 28:22

Aczib Jos 15:44; 19:30; Jue 1:31; Mi 1:14

achicar Am 8:5

Ada Gn 4:19-20,23; 36:2,4, 10,12,16

Adad 1R 15:18,20; 20:1-2, 5,9-10,12,16-17,20,25,30,32-3 3; 2R 6:24; 8:7,9,14; 13:3,24-25; 2Cr 16:2,4; Jer 49:27; Am 1:4

Adadá Jos 15:22

Adaías 2R 22:1; 1Cr 6:41; 8:21; 9:12; 2Cr 23:1; Esd 10:29,39; Neh 11:5,12

Adalías Est 9:8

Adamá Jos 19:36

Adaminéqueb Jos 19:33

Adán Gn 4:25; 5:1,3-5; Jos 3:16; 1Cr 1:1; Os 6:7; Lc 3:38; Ro 5:14-16; 1Co 15:22, 45; 1Ti 2:13-14; Jud 14

adar Esd 6:15; Est 3:7,13; 8:12; 9:1,15,17,19,21

Adar Nm 34:4; Jos 15:3; 16:5; 18:13; 1Cr 8:3

adarga Sal 35:2

Adbel Gn 25:13; 1Cr 1:29

adecuada Gn 2:18,20; Pr 15:23

adecuadas Ec 12:10

adecuado Hch 27:12

adelanta 1Co 11:21

adelantaba Dt 1:33

adelantado 2R 4:31

adelantara Gn 46:28

adelantaran Mt 14:22; Mr 6:45; 2Co 9:5

adelantaremos 1Ts 4:15

adelantaron Hch 20:5

Adelántate Éx 17:5

Adelántense 1S 25:19

adelantó Gn 33:3; Nm 22:26; 1S 9:27; 2S 18:23; 1R 22:21; 2Cr 18:20; Mt 17:25; Mr 10:32; Lc 19:4

ademán Hch 26:1

adentrarte Job 11:7

adentro Éx 40:4; Jue 12:1; 1R 7:25; 2Cr 4:4; Lm 1:20; Ez 7:15; 26:6,8; Mr 7:21, 23; Lc 11:7,40; Hch 5:23; 1Co 5:12

adepto Mt 23:15

Ader 1Cr 8:15

adhiere Lv 3:3,9,14; 4:8

Adí Lc 3:28

adicionales Lv 23:38

adictas Tit 2:3

Adiel 1Cr 4:36; 9:12; 27:25

adiestra   2S 22:35; Sal 18:34; 144:1

adiestrada   Os 10:11

adiestrados   Gn 14:14; 2Cr 17:18; Cnt 3:8

adiestrarán   Is 2:4; Mi 4:3

adiestré   Os 7:15

Adín   Esd 2:15; 8:6; Neh 7:20; 10:16

Adiná   1Cr 11:42

Aditayin   Jos 15:36

adivina   1S 28:7; 1Cr 10:13; Mt 26:68

Adivina   Lc 22:64

adivinación   Gn 30:27; Lv 19:26; Dt 18:10; 1S 15:23; 2R 17:17; 2Cr 33:6; Ez 13:23; Hch 16:16

adivinaciones   Jer 14:14; Ez 13:6-7,9

adivinanza   Jue 14:12-16, 18-19

adivinanzas   Ez 21:29; Hab 2:6

adivinar   Gn 44:5,15

adivino   Jos 13:22; Is 3:2; Dn 2:27

adivinos   Dt 18:14; 1S 6:2; 28:3,9; 2R 23:24; Is 2:6; 44:25; Jer 27:9; 29:8; Dn 2:2; 4:7; 5:7,11; Mi 3:7; 5:12; Zac 10:2

Adivinos   Jue 9:37

adjudicará   Ez 45:2,5

adjudicaron   1Cr 6:65

adjudicó   1Cr 6:54

Adlay   1Cr 27:29

Admá   Gn 10:19; 14:2,8; Dt 29:23; Os 11:8

Admata   Est 1:14

administraba   Gn 24:2; 1R 18:3; 2Cr 31:13

administraban   1Cr 26:30; 27:31

administración   Gn 39:4; 1Cr 26:32; Lc 16:2,4

administrador   Gn 45:8; 2S 9:2,9; 19:17; 1R 16:9; 2R 10:5; 18:18,37; 19:2; Est 8:2; Is 36:3,22; 37:2; Lc 8:3; 16:1,3,6-8

administradores   1Cr 28:1; Est 3:9; 9:3; Dn 2:49; 6:2,4,6-7; Gá 4:2

administramos   2Co 8:19-20

administran   1Co 12:28

administrando   1P 4:10

administrar   1R 3:11,28; 2Cr 31:12; 1Co 4:1

administrará   Mi 4:3

administraran   2Cr 19:8

administrativas   Dn 6:3

admiraban   Lc 4:15; Jn 7:15

admirable   Sal 139:14; Cnt 6:10; Is 9:6; 28:29; 1Co 14:17; 1Ti 6:12-13; 1P 2:9

admiración   Lc 9:43; Hch 3:10; Fil 4:8

admirada   Mt 22:33

admirado   2S 14:25; Job 31:26; 2Ts 1:10

admirados   Mr 12:17; Lc 2:48; 20:26

admiran   Ez 28:18

admirar   Cnt 6:11

admiró   Jos 4:14

admitas   1Ti 5:19

admite   2Cr 19:7

admitieron   Éx 8:19

admitió   Éx 10:16; 1S 15:24; 2R 9:12

admitir   2S 1:16; Job 27:5; Zac 4:5,13; Hch 16:21

Admito   1Co 15:9

Adná   Esd 10:30; Neh 12:15

Adnás   1Cr 12:20; 2Cr 17:14

adolescencia   Ec 11:9

adolorido   Sal 69:29

adoloridos   Gn 34:25

Adón   Esd 2:59; Neh 7:61

adondequiera   Jos 1:16; 2S 15:21; Jer 1:7

Adoní   Jue 1:5-7

Adonías   2S 3:4; 1R 1:5-7,9,11, 13,18,24-25, 41-42,49-51,53; 2:13,15,19, 21,23-25,28; 1Cr 3:2; 2Cr 17:8; Neh 10:16

Adonicán   Esd 2:13; 8:13; Neh 7:18

Adonirán   2S 20:24; 1R 4:6; 5:14; 12:18; 2Cr 10:18

Adonisédec   Jos 10:1-3

adopción   Ro 8:23; 9:4

adopta   Ro 8:15

adoptado   Est 2:15; Ez 11:12

adoptados   Gá 4:5; Ef 1:5

adóptanos   Éx 34:9

adoptar   2S 17:6

adoptarán   Is 49:23

adoptaron   Sal 106:35

Adoptaste   1Cr 17:22

adoptó   Éx 2:10; 2Cr 25:14; Est 2:7; Hch 7:21

adoración   2Cr 29:30; Job 1:20; Is 1:13; 29:13; Sof 1:5; 2:11; Ro 12:1; Col 2:18; 2Ts 2:4

adoradores   2R 10:19,22; Sof 3:10; Jn 4:23

Adorán   1Cr 18:10

adorarlas   Hch 7:43

adorarlo   1R 16:31; Is 46:6; 56:6; Mt 2:2; Ap 19:10

adorarlos   Nm 25:2; Dt 4:19; 8:19; Jue 2:17; Is 2:20; Jer 13:10; 25:6

Adorayin   2Cr 11:9

adormece   Sal 121:4; Os 7:6

adornada   2S 12:30; 1Cr 20:2; Is 61:10; Ez 16:13; Ap 17:4; 18:16

adornadas   Am 3:15

adornado   Ez 28:13; Lc 21:5

adornados   Sal 45:8

adornar   Éx 25:7; Sal 144:12

adorno   2R 25:17; Est 6:8; Sal 93:5; Is 3:18; 49:18; Jer 52:22

adornos   Éx 35:22; Jue 8:21,26; Sal 74:6; Cnt 1:9; Is 3:16; Os 2:2; 1P 3:3

adquirir   Gn 3:6; Dt 17:16; 1Cr 22:14; Pr 1:2; 4:1; 16:16; 17:16; Hch 22:28

Adramélec   2R 17:31; 19:37; Is 37:38

Adramitio   Hch 27:2

Adriático   Hch 27:27

Adriel   1S 18:19; 2S 21:8

adueñarnos   Sal 83:12

adueñarse   2Ts 2:4

adujo   Lc 14:19

adula   Pr 28:23; 29:5

adulaciones   1Ts 2:5

adulan   Jud 16

Adulán   Gn 38:1; Jos 12:15; 15:35; 1S 22:1; 2S 23:13; 1Cr 11:15; 2Cr 11:7; Neh 11:30; Mi 1:15

adulanita   Gn 38:12,20

adular   Job 32:22

adúltera   Lv 20:10; Pr 5:3, 8,20; 6:26; 7:5; 22:14; 30:20; Ez 16:38; Os 3:1; Mt 12:39; 16:4; Mr 8:38; Ro 7:3; Stg 4:4

Adúltera   Ez 16:32

adulteradas   Pr 11:1; Mi 6:10

adulteraron   Jer 29:23

adulteras   Ro 2:22

adúlteras   Ez 23:45

adulterio   Éx 20:14; Lv 20:10; Dt 5:18; Pr 6:32; Jer 3:9; 5:7; 7:9; 23:14; Ez 22:11; 23:37; 33:26; Os 4:2,13; Mt 5:27-28, 32; 19:9,18; Mr 10:11-12,19; Lc 16:18; 18:20; Jn 8:3-4; Ro 2:22; 13:9; Stg 2:11; 2P 2:14; Ap 2:22; 14:8; 17:2; 18:3,9

adulterios   Jer 3:8; 13:27; Ez 23:43; Os 4:14; Mt 15:19; Mr 7:21; Ap 17:4; 19:2

adúltero   Lv 20:10; Job 24:15; Is 57:3; Ez 6:9

adúlteros   Sal 50:18; Jer 9:2; 23:10; Os 7:4; Mal 3:5; Lc

18:11; 1Co 6:9; 1Ti 1:10; Heb 13:4
adulto 1Co 13:11; Heb 11:24
adultos 2Cr 36:17; Jn 6:10; 1Co 14:20; Heb 5:14
Adumín Jos 15:7; 18:17
adusto Dn 8:23
adversa Col 2:14
adversario Dt 32:27; 1R 11:14,23,25; 20:20; Est 7:6; Job 16:9; Sal 13:4; 55:12; 74:10; 107:2; Jer 30:14; Mt 5:25; Lc 12:58; 18:3; 21:15
adversidad Pr 17:17; Is 30:20
adversidades Dt 31:17,21
advertencia Nm 16:40; 17:10; 26:10; Dt 28:46; 1S 2:25; 11:7; 2R 10:24; 17:13; 2Cr 35:22; Jer 42:19; Ez 3:21; 5:15; 23:10; Zac 3:6; Mr 1:43; 8:26; Hch 23:22; 1Co 10:11
advertencias 2R 17:15; 2Cr 36:15; Neh 9:34; Job 33:16; Sal 81:8; Dn 9:12
advertidas Ez 23:48
advertidos Mt 2:12
advertir Ez 33:3; Mt 16:21
advertirle Éx 8:1; 9:13; Ez 2:4; 24:21
advertirles Mr 13:5
advertirte Nm 24:14
adyacente Ez 41:13
adyacentes Jos 21:12
afán Job 3:17; Pr 19:2; Ec 2:18; 4:4; 2Co 7:11; 1Ti 6:4; 1P 5:2
afana 1Co 7:34
afanado Ec 2:18,20
afanan Job 24:5
afanarme Ec 2:10
afanarse Sal 73:12; Ec 1:3; 2:22; 3:9; 4:8; 5:16; 8:15
afanen Lc 12:29
afanes Sal 55:22; 73:5; Pr 23:4; Ec 2:10,19,24; 3:13; 5:18-19; 9:9; Mt 6:34; 1Ti 6:9
afanoso Ec 1:5
Afec Jos 12:18; 13:4; 19:30; Jue 1:31; 1S 4:1; 29:1; 1R 20:26,30; 2R 13:17
Afecá Jos 15:53
afecta Job 7:20
afectada Lv 13:3,33; Col 2:23
afectado Lv 15:4-13,15
afectados Job 35:8; Dn 6:2
afectan Sal 73:5
afectará Sal 91:7
afectas Job 35:6
afecten Sal 15:5
afectes Ap 6:6
afecto Gn 34:3; 1S 19:1; Ez 24:21; Dn 1:9; 2Co 6:12; 9:14; Fil 2:1; Col 3:12; 2P 1:7

afeitada Jer 41:5
afeitadas Is 15:2
afeitar Ez 5:1
afeitara Jue 16:17
afeitará Lv 13:33; Is 7:20
afeitaran 2S 10:4; 1Cr 19:4
afeitaré Am 8:10
afeitarse Gn 41:14; Lv 14:8
afeitarte Ez 5:1
afeiten Nm 8:7
aferrada Nah 3:1
aferrado Hch 3:11
aferrados Pr 1:22; Mr 7:3; Hch 21:20
aferrarme Ec 2:3
aferrarse Is 64:7; Mt 11:12; Ro 2:8; Fil 2:6
Afía 1S 9:1
afianzados 2P 1:12
afianzarlos 1Ts 3:2
afianzarse 2R 14:5; 2Cr 25:3
afianzó 1S 2:8
afila Pr 27:17
afilada Sal 52:2; 57:4; Is 41:15; 49:2; Ez 5:1; 21:9-10,15; Ap 14:14, 17-18; 19:15
Afilan Sal 64:3; 140:3
afilar Ec 10:10
afilará Sal 7:12
afilaran 1S 13:20
afilaron Ez 21:11
afile Dt 32:41
Afilen Jer 46:4; 51:11
afirmado Job 23:11; Sal 16:5; 89:2; 148:6; Is 14:32; 51:16
afirmar Sal 119:5; Pr 20:9; Jer 2:35
afirmarse Pr 12:3
aflicciones 1S 10:19; Job 5:19; Is 46:7; 66:4; Jn 16:33; 2Co 1:8; 7:4; Col 1:24; 1Ts 2:2; Stg 1:27
afligida Is 51:21; 54:11
afligido Rt 1:21; 1S 20:34; 2S 19:2; Job 36:6; Sal 25:16; 69:26; 90:15; 116:10; 119:71; Pr 15:15; 25:20; Lm 3:19; Ez 13:22; Nah 1:12; Lc 18:24; Fil 2:26; Stg 5:13
Afligido Sal 35:14
afligidos Sal 9:12; 107:17; 109:16; Is 14:32; Hab 3:7; Lc 8:52; Heb 11:37
Afligidos Sal 107:10
afligir Job 2:7
afligirnos Is 64:12
afligirse Am 6:6
afligirte Nah 1:12
afloja Is 5:27
aflojado Is 33:23
aflojaron Hab 3:16

afrenta Gn 16:5; 1S 25:39; Is 1:29; 4:1
afrentas 2R 23:26; Hch 5:41
afronta Pr 31:25
afrontar Pr 19:19
afrontarán Jn 16:33
afrontarla Jn 12:27
afrontas Job 4:5
Afsés 1Cr 24:15
afuera Gn 9:22; 15:5; 19:5; 24:31; Dt 23:10; 24:11; 1R 8:8; 2Cr 5:9; 24:8; Pr 22:13; Lm 1:20; Ez 7:15; 33:31; Mt 8:12; 12:46-47; 22:13; 25:30; 26:69; Mr 1:45; 3:31-32; 4:11; 7:15; 11:4; 14:68; Lc 1:10; 8:20; 11:40; 13:25; Jn 18:16; 20:11; 1Co 5:12-13; 1Jn 3:18; Ap 22:15
afueras Gn 24:11; Jue 7:11, 17,19; 1S 9:27; 14:2; 2R 7:5,8; 23:4,6; Hch 14:13; 16:13; 21:5
Ágabo Hch 11:28; 21:10
agacha Nm 24:9
agacharme Mr 1:7
agachó Gn 49:15
Agag Nm 24:7; 1S 15:8-9, 20,32-33; Est 3:1,10
agagueo Est 8:3,5; 9:24
Agar Gn 16:1-4,6,8,13,15; 21:9,14,17,19; 25:12; Sal 83:6; Gá 4:24-25
agareno 1Cr 27:31
agarenos 1Cr 5:10,19-20
agarraderas Is 45:9
agarrar Pr 26:17
agarrarte Is 22:17
ágata Éx 28:19; 39:12; Ap 21:19
agazapa Sal 10:9
agazapado Lm 3:10
ágil Am 2:14-15
agilidad Sal 147:10
agitación Job 3:26; 30:27; Lc 21:25
agitadas Jer 46:7-8; 51:42, 55; Stg 1:6
agitado Is 57:20; Dn 7:2
agitar Hch 17:13
aglomeraron Mr 2:2
aglomeró Mr 3:20
agobiadas Mt 9:36
agobiado Sal 38:6; Is 43:23-24; Zac 10:2
agobiados Sal 145:14; 146:8; Mt 11:28; 2Co 1:8; 5:4
agobiaron Jue 10:8
agolpaba Mr 9:25
agolparon Gn 19:11; Hch 2:6
agonía 2Cr 21:19; Sal 42:10; Lm 1:20; 2:11; Zac 9:5

agonizando 2S 1:9
agonizante 1S 4:20
agonizo Sal 84:2
agoreros Is 8:19; 19:3
agota Job 17:1; Lm 3:22
agotado Gn 25:29; Jue 4:21; 2S 21:15; Sal 77:8; Is 46:1; Jer 45:3; Jl 1:10; Lc 4:13
agotados Jue 8:4-5,15; 2S 16:14; Jer 31:25; Lc 22:45
agotan Job 14:11; Is 58:11; Jer 18:14; 51:58
agotar Is 7:13; Ez 20:8,21
agotará 1R 17:14
agotarán Lv 26:20; Is 19:5; Os 13:15
agotaron Jer 51:30
agotó 1R 17:16
agradable Gn 49:15; Jue 19:22; 2Cr 14:2; Sal 133:1; 135:3; 147:1; Pr 20:17; Cnt 4:10; Jer 31:26; Ez 6:13; 20:41; Os 4:13; Hch 7:20; Ro 12:1-2; 1Ti 2:3; Heb 12:11
agradables Is 30:10; 32:12; 60:7; Jer 12:6
agradar Job 34:9; Ro 8:8; 15:2; 1Co 7:33-34; 10:33; Gá 1:10; 6:8; 1Ts 2:4; 2Ti 2:4; Heb 11:6
agradarle 2Co 5:9
agradarles Tit 2:9
agradarlo 1Co 7:32
agradarse Sal 104:34
agradece Is 38:18
agradecer 1Cr 23:30; 1Ts 3:9
agradeceré 1S 25:8
agradecido Dt 24:13
agradecidos Ro 16:4; Col 3:15; Heb 12:28
agradecimiento Col 4:2
agrado Gn 4:4; Éx 21:8; Nm 6:25; Dt 21:14; Jos 22:33; Rt 2:13; 1S 13:14; 2S 15:26; 24:23; Ec 2:26; Jer 42:6; Lm 3:33; Mal 2:13; Mr 12:37; Hch 10:35; Fil 4:18; Heb 10:8,38
agranda Ez 8:8; Mi 1:16
agrandé Ez 8:8
agravaron Zac 1:15
agraviado Jer 11:17; 2Co 7:2
agravian Jer 44:8
agravien Ef 4:30
agravio 1S 24:11; Hch 25:10
agravó 1R 11:25; 2R 25:3; Jer 52:6
agregaban Jos 19:8
agregado Ez 16:43
agrégale Nm 16:46
Agrégale Éx 30:35; Ez 24:4
agregan Jer 20:10; Am 6:13

agregaron Jer 36:32
agregó Gn 9:26; 24:25; 1S 9:20; Mt 25:13
agresiva Pr 15:1; Is 18:2,7
agresivo Pr 14:29
agresor Éx 21:19,21; Nm 35:16-18,21; Is 16:4
agresores Sal 44:5; Mi 5:9
agriará Job 20:14
agrias Is 5:2,4; Jer 31:29-30; Ez 18:2
agricultor Is 28:24; Zac 13:5; 1Co 9:7; Stg 5:7
agricultores 1Cr 27:26; Jer 31:24
agricultura 2Cr 26:10
agrieta Is 24:19
agrietado Is 30:13; Jer 14:4
Agripa Hch 25:13,22-24, 26; 26:1-2,19,27-28,32
agrupados 2Cr 25:5
agrupan Nm 2:3,10,18,25
Agua Neh 3:26; 8:1,3,16; 12:37
aguacero Dt 32:2; 1R 18:41; Esd 10:9; Is 30:30
aguaceros Jer 3:3; 14:22; Zac 10:1
aguanta Am 7:10
aguantan 2Co 11:4,19
Aguantan 2Co 11:20
aguantar Éx 18:23; Job 4:2; Pr 14:17; 1Co 10:13
aguanten 2Co 11:1
aguántenmelas 2Co 11:1
aguarda Job 27:14; Pr 28:22; Ro 8:19; Stg 5:7
aguardaba Job 29:21; Lc 2:25
aguardamos Ro 8:23; Gá 5:5; Tit 2:13
aguardan Jer 48:43; Hch 23:21
aguardar Abd 14
aguardarlo Job 35:14
aguarden Stg 5:8
aguateros Jos 9:21,27
aguda Pr 25:18; Dn 5:12; Ap 1:16; 2:12
agudas Sal 45:5
agudeza Dn 5:14
agudo 1Cr 15:20
agudos Is 21:3
Agué 2S 23:11
aguerrido Dn 11:3
aguerridos Jue 3:29; 2S 11:16; Sal 76:5
aguijadas 1S 13:21
aguijón 1Co 15:55-56; Ap 9:10
aguijones Ec 12:11; Ez 28:24
águila Éx 19:4; Lv 11:13; Dt 14:12; 28:49; 32:11; Job

39:27; Pr 30:19; Jer 48:40; 49:16,22; Ez 1:10; 10:14; 17:3,6-7,9; Dn 4:33; 7:4; Os 8:1; Abd 4; Ap 4:7; 8:13; 12:14
águilas 2S 1:23; Job 9:26; Sal 103:5; Pr 23:5; Is 40:31; Jer 4:13; Lm 4:19
aguja Mt 19:24; Mr 10:25; Lc 18:25
agujero Ez 8:7-8; 12:5,7,12
Agur Pr 30:1
agusanó Éx 16:24
Ah 2R 1:8; Job 6:8-9; 16:18; 19:23; 23:3; Sal 120:3; 137:5; Cnt 1:2; 7:1; 8:1; Is 44:16; Jer 1:6; 4:10; 14:13; 32:17; Mt 17:17; Mr 9:19; Lc 4:34; 9:41
Ahava Esd 8:15,21,31
Ahián 1Cr 7:19
Ahían 2S 23:33; 1Cr 11:35
Ahías 1S 14:18; 1R 4:3; 11:29-30; 12:15; 14:2,4,6, 18; 15:27,29,33; 21:22; 2R 9:9; 1Cr 2:25; 8:7; 11:36; 2Cr 9:29; 10:15; Neh 10:26
ahoga Job 30:18
ahogados Nah 1:10
ahogan Job 22:11; Mt 13:22; Lc 8:14
ahogar Mt 8:25; Mr 4:19; Lc 8:24
ahogaron Éx 15:4; Mt 13:7; Mr 4:7; Lc 8:7; Heb 11:29
ahogas Is 25:5
ahogó Mr 5:13; Lc 8:33
ahoguemos Mr 4:38
Aholá Ez 23:4-5,36,44
Aholiab Éx 31:6; 35:34; 36:1-2; 38:23
Aholibá Ez 23:4,11,14,22, 36,44
Aholibama Gn 36:2,5,14,18,25,41; 1Cr 1:52
ahondó Sal 7:15
ahórcalos Nm 25:4
ahorcar Jos 8:29
ahorcaran Gn 40:22
ahorcaron Gn 41:13
ahorcó 2S 17:23; Mt 27:5
ahorra Pr 13:11
ahorrado Hch 27:21
ahorrar 2Co 12:14
ahuyenten Éx 23:28
Aías Neh 11:31
airado Sal 85:5; Is 34:2; Mi 7:18; Hab 3:8
aire Éx 9:8,10,19; 14:8; Dt 4:17; 2S 11:11; 18:9; Job 28:4; 41:16; Is 20:4; Hch 22:23; 1Co 9:26; 14:9; 1Ts 4:17; Ap 9:2; 16:17

aires Sal 75:5; Jer 51:2; Zac 5:9
airoso Dn 8:24
aislada Jer 49:31
aislado Lv 13:46; 2R 15:5; 2Cr 26:21
aislar 1R 15:17; 2Cr 16:1
aislará Lv 13:4-5,21,26,31, 33,50,54
aislarla Lv 13:11
Ajará 1Cr 8:1
Ajarjel 1Cr 4:8
Ajasbay 2S 23:34
Ajastarí 1Cr 4:6
Ajbán 1Cr 2:29
ajena Job 24:16; Pr 2:16; 5:10,20; 6:24,29; 7:5; 23:27; 27:13; Jer 5:8; 1Co 10:29; Heb 9:25
ajenas Pr 22:26
ajenjo Jer 9:15
ajeno Éx 22:5; Lv 22:10,13; 24:18; Os 1:9-10; 2:23; Hab 2:6; Lc 16:12; Ro 15:20
ajenos Jos 24:20,23; Job 24:6; Pr 26:17; Jer 17:11; Os 3:1; Hab 1:6; Ef 2:12; 1Ti 5:22
Ajer 1Cr 7:12
ajetreo Job 39:7
Ajicán 2R 22:12,14; 25:22; 2Cr 34:20; Jer 26:24; 39:14; 40:5-7,9,11,14,16; 41:1-2,6,10,16,18; 43:6
Ajiezer Nm 1:12; 2:25; 7:66,71; 10:25; 1Cr 12:3
Ajilud 2S 8:16; 20:24; 1R 4:3,12; 1Cr 18:15
Ajimán Nm 13:22; Jos 15:14; Jue 1:10; 1Cr 9:17
Ajimaz 1S 14:50; 2S 15:27, 36; 17:17,20-21; 18:19, 22-23, 27-30; 1R 4:15; 1Cr 6:8-9,53
Ajimélec 1S 21:1,8; 22:9-12, 14,16,20; 23:6; 26:6; 30:7; 2S 8:17; 1Cr 18:16; 24:3,6,31
Ajimot 1Cr 6:25-26
Ajinadab 1R 4:14
Ajinoán 1S 14:50; 25:43; 27:3; 30:5; 2S 2:2; 3:2; 1Cr 3:1
Ajío 2S 6:3-4; 1Cr 8:14,31; 9:37; 13:7
Ajirá Nm 1:15; 2:29; 7:78,83; 10:27
Ajirán Nm 26:38
ajiranitas Nm 26:38
Ajirot Éx 14:2,9; Nm 33:7-8
Ajisajar 1Cr 7:10
Ajisamac Éx 31:6; 35:34; 38:23
Ajisar 1R 4:6
Ajitob 1S 14:3; 22:9,11-12; 2S 8:17; 1Cr 6:7-8,11-12,52; 9:11; 18:16; Esd 7:2; Neh 11:11

Ajitofel 2S 15:12,31,34; 16:15,20-21,23; 17:1,6-7, 14-15,21,23; 23:34; 1Cr 27:33-34
Ajiud Nm 34:27; 1Cr 8:7
Ajlab Jue 1:31
Ajlay 1Cr 2:31; 11:41
Ajoaj 1Cr 8:4
ajojita 2S 23:9,28; 1Cr 11:12,29; 27:4
ajos Nm 11:5
Ajsay Neh 11:13
Ajumay 1Cr 4:2
Ajusán 1Cr 4:6
ajusta Jer 13:11
ajustada Lc 12:35
ajustado 2S 20:8; 1R 6:35; 2Co 1:12; Ef 4:16; Col 2:19
ajustándose 1R 18:46
ajustar Mt 18:23
ajustará Lc 12:37
ajustaran Jer 13:11
ajustarme Nm 22:18; 24:13
ajusticiados 2S 21:9
ajustició 2R 14:5
ajustó Éx 37:3; 40:20
Ajuzat Gn 26:26
ala 2Cr 3:11-12
Alabada 2S 22:47; Sal 18:46
alabadas Job 36:24; Pr 31:31
alabanzas 1Cr 29:13; 2Cr 8:14; 29:30; 31:2; Sal 9:14; 33:2; 36:2; 66:2; 71:8; 79:13; 106:5,12; 117:1; 145:21; 149:6; Pr 27:21; Is 60:6; Jer 31:7; Dn 5:4,23; Ro 15:11; Stg 5:13
alabar 1Cr 23:5,30; 25:3; 2Cr 7:6; 20:19,21; Esd 3:10; Sal 33:1; 122:4; 138:2; Dn 6:10; Mr 2:12; Lc 1:64; 13:13; 19:37; Hch 3:9; 10:46
alabarlo Sal 147:1
alabarte Sal 9:1; 119:175; 138:1
alabastro Mt 26:7; Mr 14:3; Lc 7:37
Alacranes Nm 34:4
alado Lv 11:20; Dt 14:20
alados Lv 11:21,23
Alamélec Jos 19:26
Alamet 1Cr 7:8
álamo Gn 30:37
álamos Job 40:22; Sal 137:2; Os 4:13
alaraca Is 25:5
alarde Est 5:11; Sal 10:3; Pr 18:2; Dn 11:5; 2Co 12:5,9; Col 2:18; Stg 3:5
alardeaba Éx 15:9
alarga Ec 7:15
Alarga Is 54:2

alargaba Hch 20:9
alargan Jer 6:4
alargó 1S 14:27
alargue 2R 20:10
alarido Mr 1:26; 9:26
alaridos Jue 7:21; Is 42:13; Jer 20:16; Mr 5:38; Hch 8:7
alarma Neh 4:18,20; Jl 2:1
alarmándoles Hch 15:24
alarmantes Dn 11:44
alarmar Dn 4:19
alarmarse Mt 24:6
alarmarte Job 33:7
alarme Dn 5:10; Am 3:6
alarmen Mr 13:7; Hch 20:10; 2Ts 2:2
alarmó Jos 10:2; 1S 30:6
alazán Zac 1:8
alazanes Zac 1:8; 6:2
alba Éx 14:27; Jue 19:26; Sal 37:6; 46:5; 139:9; Jn 21:4
albañiles 2R 12:12; 22:6; 1Cr 14:1; 22:15; 2Cr 34:11; Esd 3:7; Sal 127:1
alberga Pr 26:24
albergan Sal 28:3
albergue 2R 6:2
albergues Mt 17:4; Mr 9:5; Lc 9:33
Albón 2S 23:31
albores Pr 4:18
alborotada 1R 1:45
alborotan Sal 83:2
alborotando Hch 16:20
alborotar Hch 17:5,13
alborotaron Hch 17:8
Alborotaron Hch 21:27
alboroto 1S 4:6,14; 2S 18:29; Dn 5:10; Mt 9:23; Mr 5:38-39; Hch 12:18; 19:40; 20:1; 21:34; 23:9
alborotó Hch 19:29; 21:30
alborotos 2Co 12:20
alborozo Jer 48:33
alcance Gn 19:19; Éx 14:9; 15:9; Dt 17:19; 19:6; 30:11; Jos 2:5; Jue 18:22; 1S 10:7; Job 20:6; 37:23; 41:26; Sal 7:5; 18:37; 69:24; Pr 24:7; Ec 7:23; Is 40:13; 59:9; Ap 18:4
alcancías Mr 12:41; Lc 21:1
alcanzar Nm 34:4; Jos 19:12; 1S 30:8; 2S 5:8; 2R 5:21; Job 11:7; Ec 1:17; 4:16; Is 28:15; Dn 8:10; Mt 25:9; Hch 26:7; Ro 5:2; 8:21; Fil 3:11-13; Heb 7:11; 11:35; 12:15
alcanzarla Ro 9:32
alcanzarlo 2R 25:5; Jer 52:8
alcanzarlos 1S 30:8; Jer 39:5
alcaparra Ec 12:5
alce 2Cr 14:11; Is 18:3

Alcé Zac 1:18; 2:1; 5:1,9; 6:1

alcen Is 42:11

Alcen Is 8:9; 40:26; Jer 13:20

alcoba Éx 8:3; 2S 4:7; 2R 6:12; Sal 45:13; Cnt 1:4; 3:4; Jl 2:16

alcurnia Sal 62:9

aldaba Cnt 5:5

aldea Mt 10:11; 21:2; Mr 11:2; Lc 9:56; 10:38; 19:30

alega Dt 22:17; Job 34:5,9; Hag 1:2

alegaban Jn 7:12

Alegan Ez 22:28

alegando Gn 26:20; Nm 16:41; Dt 22:14

alegar Job 15:14; 25:4; Sal 143:2; Jer 2:35; Mt 3:9; Hch 4:14; 2Co 10:14; Stg 2:14

alegaron Jn 8:13; Hch 25:18

alegato Job 13:6

alegó Lc 14:20

alegrarme Sal 9:2; 39:13; 2Co 2:3

alegrarnos Lc 15:32

alegrarse Ec 2:25; 3:12; 10:19; Is 29:19

alegrarte Is 23:12; Abd 12

alegre Rt 3:7; 1S 25:36; 2R 11:14,20; 2Cr 23:13,21; 30:25-26; Est 1:10; 9:17-18; Sal 84:2; 85:6; 149:2; Pr 15:13; 17:22; Is 23:7; Ez 7:12; Sof 2:15; Hch 8:39

alegremente 2Cr 24:10; Job 39:13

alegres Jue 16:25; 1Cr 15:16,25; Job 21:11; Sal 66:1; 68:3; 81:1; 89:12; 96:12; 98:4,6; 100:1; 137:3; Pr 24:17; Is 24:7; 64:5; Os 9:1; Mi 7:8; Mt 28:8; Ro 12:15; 2Co 6:10; 1Ts 5:16

alegrías Pr 14:13; 1P 3:8

alejada Is 59:14

alejado Nm 14:43; Dt 23:9; Jue 18:22; 1S 28:16; 2S 22:23; Job 19:13; Sal 18:22; 119:29; Ez 11:15; 14:5,7

alejados Sal 10:5; Is 65:5; 2Co 5:6; Ef 4:18; Col 1:21

Alejandría Hch 6:9; 18:24; 27:6; 28:11

Alejandro Mr 15:21; Hch 4:6; 19:33; 1Ti 1:20; 2Ti 4:14

alejar Am 6:3

alejarlos Jl 3:6; Gá 4:17

alejarme Sal 139:7; Ez 8:6

alejarnos Job 33:17

alejarse Gn 36:6; Jue 20:31; 1S 10:9; Pr 13:19

Aleluya Sal 104:35; 105:45; 106:1,48; 111:1; 112:1;

113:1,9; 115:18; 116:19; 117:2; 135:1,21; 146:1,10; 147:1,20; 148:1,14; 149:1,9; 150:1,6; Ap 19:1,3-4,6

Alemet 1Cr 6:60; 8:36; 9:42

alentado Ez 13:22

alentador Hch 15:31

alentados Ro 15:4

alentando Hch 20:2

alentar Is 57:15

alentará Sal 41:3

alero 1R 7:6; Ez 41:25

aleros Ez 41:26

alerta Is 26:21; Jer 1:12; 46:14; Ez 38:7; Hab 2:1; Mt 26:41; Mr 13:33; Hch 20:31; 1Co 16:13; Ef 6:18; 1Ts 5:6; 1P 5:8; 2P 3:17

aletas Lv 11:9-10,12; Dt 14:9-10

aleteara Is 10:14

alevosía Ez 25:15

Alfa Ap 1:8; 21:6; 22:13

alfarero Is 29:16; 41:25; 45:9; 64:8; Jer 18:2-3,6; 19:1,11; Lm 4:2; Mt 27:10; Ro 9:21

Alfarero Mt 27:7

alfareros 1Cr 4:23

Alfareros Jer 19:2

Alfeo Mt 10:3; Mr 2:14; 3:18; Lc 6:15; Hch 1:13

alfombra Cnt 1:16

alforjas Gn 49:14; 1S 9:7

algarabía 2S 6:12; 1R 18:29; Job 20:5

algarroba 2R 6:25

algas Jon 2:5

alguacil Lc 12:58

alhajas Cnt 7:1

aliadas Ez 38:22

aliado Jos 10:6; 2R 25:11; 2Cr 20:37; Is 7:2; Jer 52:15; Os 4:17

aliados Gn 14:13; Jos 13:21; 1R 20:16; 1Cr 5:20; Neh 6:18; Jer 13:21; 47:4; Ez 30:6,8; 31:17; 32:21; 37:16; 38:6,9; Abd 7; Nah 3:9

alianza Jos 7:11; 1R 3:1; 2Cr 19:2; Is 28:15,18; Jer 50:9; Ez 16:8,59-62; 20:37; Dn 11:6,17; Am 1:9

alianzas Is 30:1; Ez 21:23

aliaron Jos 9:2; Jue 6:33

aliarse Jue 3:13

alientan Jer 23:16

aligerará Éx 18:22

aligeraron Hch 27:38

alimaña Lv 20:25

alimentación Éx 21:10

alimentar Gn 36:7; 2R 4:43; Ez 15:4; Am 1:11

alimentarlo Os 11:4

alimentarlos Gn 47:24; Os 9:2

alimentarnos Is 4:1

alimentarse Lv 25:7; Jos 5:11

alimentos Gn 14:11; 42:25; 47:12; Éx 12:16; Dt 10:18; 23:19; 2S 12:20; 17:29; Esd 2:63; Neh 7:65; Est 2:9; 9:22; Pr 6:8; Jer 23:15; Lm 1:19; 5:6,9; Ez 4:13; 44:7; Hab 3:17; Mr 7:19; Hch 6:1; 7:11; 1Co 6:13; 1Ti 4:3; Heb 9:10; 13:9; Ap 2:14,20

alineados Jer 50:42

alinearon 1S 17:21

alió 2Cr 20:35

alisen Is 40:4

alista Pr 21:31

alistaba 1S 14:52

alistan Nah 2:3

alistarán Jer 50:9

alistaron Jue 12:1; 2S 10:8

alistarse Dn 11:10

Alisten Hch 23:23

Alístense Jer 46:4; Jl 3:9

aliviadas Is 1:6

aliviar Jon 1:5

aliviarlo Jon 4:6

Alívienos 1R 12:4,9; 2Cr 10:4,9

alivio Éx 8:15; 2S 14:17; Esd 9:8; Est 4:14; Job 5:18; 7:13; Sal 4:1; Pr 12:18; 2Co 8:13

aljaba Sal 127:5; Is 22:6; 49:2; Lm 3:13; Hab 3:9

aljibes Ec 2:6

almacén Lc 12:24

almacenado Gn 41:36

almacenados Is 23:18

almacenaje Éx 1:11

almacenamiento 1R 9:19; 2Cr 8:4,6; 17:12

almacenar 1Cr 27:27; 2Cr 32:28; Jer 40:10; Lc 12:17-18

almacenarlo Gn 41:35

almacenes 1Cr 28:11; Neh 10:37,39; 12:25; 13:4,12-13

almas Ap 6:9; 20:4

almenas Cnt 8:9; Is 54:12

almendras Gn 43:11; Nm 17:8

almendro Gn 30:37; Éx 25:33-34; 37:19-20; Ec 12:5; Jer 1:11

Almodad Gn 10:26; 1Cr 1:20

almohada Gn 28:11,18

Almón Nm 33:46-47; Jos 21:18

áloe Sal 45:8; Pr 7:17; Cnt 4:14; Jn 19:39

áloes Nm 24:6

alojaban Hch 1:13
alojado 1R 17:19; Hch 28:23
alojamiento Jue 19:15,18; 1R 17:20; Mt 25:35,38,43; Lc 9:12,52; 10:34-35; Flm 22
alojan Nm 22:9
alojará Zac 5:4
alojarnos Hch 21:16
alojaron Nm 22:8
alojarse Nm 22:19
Alón 1Cr 4:37
Alot 1R 4:16
alquilada Hch 28:30
alquilado Gn 30:16; Éx 22:15
alquiler Éx 22:15
alrededores Nm 11:1,31; 1S 5:6; 2S 24:6; 2R 15:16; 18:8; 1Cr 11:8; 2Cr 34:6; Neh 3:22; 12:28; Sal 78:28; Jer 17:26; 21:14; 32:44; 33:13; Ez 5:12; 34:26; 39:17; Mt 2:16; 14:35; Mr 6:6; Lc 4:26; Hch 14:6
altamente Éx 11:3; Dn 10:19
altanera Sal 86:14; Sof 3:11
altanería Pr 16:18; 2Co 11:20
altanero Job 38:15
altaneros 2S 22:28; Job 22:29; Sal 18:27; 75:4; Is 2:12
Altar 1R 13:2
altas Gn 7:19; Jos 15:19; Jue 1:15; Job 22:12; Sal 36:6; 104:18; Is 2:15; 14:14; 17:6; Jer 17:2; Ez 6:13; 17:22
alteradas Mi 6:11
alteran Os 5:10
altercado Éx 17:7; Lc 22:24; Hch 15:2; 23:7,10
altercados 1Ti 6:5
altercaron Éx 17:2
altere Dt 27:17
alteres Pr 24:19
alternaban Ez 41:18
alternada Éx 39:26
alternándolas Éx 28:33
alteró 1S 15:11
altísimo Gn 14:18-20,22; 2S 21:20; 1Cr 20:6; Job 31:2; Sal 7:17; 102:19
altísimos Sal 148:4; Ez 22:12
altiva Is 28:1,3
altivas Is 2:14
altivez 1S 2:3; Sal 75:10; Is 2:17; 9:9; 23:9; Jer 48:29; 2Co 10:5
altivo Dt 17:13; Pr 29:23; Is 2:11
altivos Neh 9:16; Sal 5:5; 75:4; 101:5; 123:4; 131:1; Pr 21:4; Is 5:15
altos Dt 2:10,21; 3:5; 1R 8:27; 2R 19:23; 2Cr 2:6; 6:18; Est 1:14; Job 11:8; Sal 10:5;

80:10; 104:3,13; Ec 5:8; Is 10:33; 25:12; 37:24; 55:9; Jer 4:28; 41:16; Ez 34:14; Am 2:9; Sof 1:16; Mt 20:25; Mr 6:21; 10:42
altura Éx 26:28; 27:5; 36:33; 38:4; Nm 11:31; 22:1; 26:3,63; 31:12; 33:48,50; 34:15; 35:1; 36:13; Jos 3:16; 2S 10:4; 1R 6:10,23,26; 2R 25:17; 1Cr 19:4; 2Cr 3:15; Neh 4:6; Est 5:14; 7:9; Jer 52:21-22; Ez 17:6; 19:11; 31:10; 41:8; 43:13; 47:20; Dn 4:10; Abd 3; Ap 1:13; 15:6; 21:16
alturas Nm 21:28; Dt 32:13; Jue 5:18; 2S 1:19,25; 22:34; Job 22:12; 25:2; 31:2,28; 39:27; Sal 18:33; 42:6; 50:11; 68:18, 34; 71:19; 93:4; 113:5; 144:7; 148:1; Pr 8:2; Ec 3:21; 12:5; Is 22:16; 33:5, 16; Jer 31:12; 49:16; Am 4:13; Hab 3:19; Mt 21:9; Mr 11:10; Lc 2:14; 19:38; Hch 1:9; Heb 1:3; 5:12
alucinaciones Pr 23:33
aluden 2Cr 35:25
alumbrado Éx 35:8,14,28; 39:37
alumbramiento 1S 4:19
alumbrar Gn 1:17; Nm 8:2; Jer 31:35
alumbrarlos Neh 9:19
Alús Nm 33:13-14
aluvión Job 20:28
Alvá Gn 36:40; 1Cr 1:51
Alván Gn 36:23; 1Cr 1:40
alzar Dt 13:9; 1S 24:6,10; 26:9,11; 2S 1:14; Lc 18:13
alzarte Ez 38:13
allana Pr 4:26
allanada Is 32:19; Lc 3:5
allanará Pr 3:6
allanaré Is 42:16; 45:2,13
allanas Is 26:7
allanen Is 40:4
allegados Est 1:14; Job 20:7
allegarse Hch 7:23
Amá 2S 2:24; 8:1
amabilidad 1R 12:7; 2Cr 10:7; Hch 27:3; 28:7; Gá 5:22; Fil 4:5; Col 3:12
amable Pr 12:25; 15:1; 25:15; Fil 4:8; 1Ti 3:3; 2Ti 2:24
amablemente Jue 18:15; 2R 25:28; Job 41:3; Jer 52:32
amables Pr 16:24; Ef 4:2
Amad Jos 19:26
amada Gn 29:31,33; Dt 13:6; Ec 9:9; Cnt 1:9,15;2:2,7,10,

13; 3:5; 4:1,7; 5:2; 6:4; 8:4; Jer 11:15; Ro 9:25
Amado Ef 1:6
amados 2S 1:23; Sal 127:2; Mi 1:16; Ro 1:7; 11:28; 1Co 4:14; Ef 5:1; Col 3:12; 1Ts 1:4; 2Ts 2:13; Jud 1
Amal 1Cr 7:35
Amalec Gn 36:12,16; Éx 17:16; Nm 24:20; Dt 25:19; Jue 5:14; 1S 15:5,8,15,20,32; 1Cr 1:36; 4:43; 18:11; Sal 83:7
amalecita Éx 17:13; 1S 30:13; 2S 1:8,13
amalecitas Gn 14:7; Éx 17:8-11,14; Nm 13:29; 14:25,43,45; Dt 25:17; Jue 3:13; 6:3,33; 7:12; 10:12; 12:15; 1S 14:48; 15:2-3, 6-7,18,20; 27:8; 28:18; 30:1,16,18; 2S 1:1; 8:12
amamanta 1Ts 2:7
amamantaba Ez 19:2
amamantada Is 60:16
amamantado Sal 131:2
amamantados Is 66:11-12
amamantando Mt 24:19; Mr 13:17; Lc 21:23
amamantar 1R 3:21
amamantaran Job 3:12
amamantaría Gn 21:7
amamantarlo 1S 1:24
amamantaron Lc 23:29
amamantó Lc 11:27
Amaná Cnt 4:8
amanece Job 24:14; Mi 2:1
amanecer Gn 19:2,15; 32:24, 26; Éx 14:24; Lv 6:9; Jue 6:31; 16:2; 19:25; Rt 3:14; 1S 9:26; 11:11; 25:22; 30:17; 2S 2:27,32; 23:4; Neh 4:21; Job 7:4; 11:17; Sal 90:6; Pr 7:18; Is 8:20; 17:14; 60:3; Jon 4:7; Mt 28:1; Mr 13:35; Lc 22:66; Jn 8:2; Hch 5:21; 12:18; 16:35; 20:11; 27:33
amanecía Jn 18:28
amaneciendo Gn 19:23
amaneciera 2S 17:22; Hch 27:29
amaneció Jue 19:26; 1R 3:21; Dn 6:19; Mr 15:1; Lc 4:42; Hch 27:39
amanezca Rt 3:13; 1S 14:36; 2R 7:9; Job 7:4; Is 21:11; Os 10:15
amante 2Cr 26:10; Os 3:1
amantes Jer 2:33; 3:1-2; 4:30; 22:20,22; 30:14; Lm 1:2,19; Ez 16:33,36-37,41; 23:5,7,9, 20,22; Os 2:5,7,10,12-13; 8:9

amar Jos 23:11; Sal 34:12; Ec 3:8; Is 49:15; 56:6; Mi 6:8; 7:18; Mr 12:33; Lc 6:32; Ef 5:28; 2Ts 2:10; 3:5; Tit 2:4; 1P 3:10; 1Jn 4:20

amarga Dt 29:18; 2S 2:26; Job 23:2; Pr 5:4; Jer 4:18; Ez 27:32; Heb 12:15; Ap 8:11

amargaba Sal 73:21

amargaban Éx 1:14

amargado Job 21:25; 27:2; Ez 3:14

amargados 1S 22:2; 30:6; Job 3:20; Pr 31:6

amargamente Nm 14:39; Jue 21:2; 2S 19:1; 2R 14:26; 20:3; Esd 10:1; Is 22:4; 33:7; 38:3; Jer 6:26; 13:17; Zac 12:10; Mt 26:75; Lc 22:62

amargará Ap 10:9

amargaron Hch 14:2; Ap 10:10

amargas Éx 12:8; 15:23; Nm 5:18-19,23-24; 9:11; Job 13:26; 30:4; Stg 3:14

Amargas Lm 1:2

amargo 1S 15:32; Pr 27:7; Ec 7:26; Is 5:20; 24:9; Jer 2:19; 31:15; Os 12:14; Sof 1:14; Mt 20:22; 26:39,42; Mr 10:38; 14:36; Lc 22:42; Jn 18:11

amargos Jer 23:15

amargura Gn 26:35; 27:34; Nm 5:24,27; Dt 32:32; Rt 1:13,20; Est 4:1; Job 7:11; 9:18; 10:1; Pr 17:25; Is 38:15; Lm 1:4; 3:5,15,19; Ez 21:6; 27:30-31; Am 5:7; 6:12; 8:10; Hch 8:23; Ro 3:14; Ef 4:31

Amargura Ap 8:11

amarguras Pr 14:10

amarillento Lv 13:30,32, 36; Ap 6:8

amarillo Ap 9:17

amarlo Pr 13:24

Amarlo Mr 12:33

amarlos Os 9:15

amarme Sal 109:5

amarnos 1Jn 4:11

amarra Gn 49:11

amarrado Éx 21:36

amarraron Hch 27:17

amarras Hch 27:32,40

amarró Jue 15:4

amarse Jn 13:34; Ro 13:8; 1Ts 4:9-10

amarte Cnt 1:4

amasa Pr 28:8; Is 41:25

Amasá 2S 17:25; 19:13; 20:4-5,8-13; 1R 2:5,32; 1Cr 2:17; 2Cr 28:12

amasada Lv 2:5; 6:21; 7:10; 8:26; 9:4; 14:10,21; Nm 7:13, 19,25,31,37,43, 49,55,61,67, 73,79; 8:8; Pr 21:6

amasadas Éx 29:2; Job 31:25

amasado Nm 11:8; Os 12:8

amasados Lv 2:4; 7:12; Nm 6:15

amásalos Gn 18:6; Ez 4:9

amasar Dt 28:5,17

amasaron Is 15:7

Amasay 1Cr 6:25,35; 12:18; 15:24; 2Cr 29:12; Neh 11:13

amasó 1S 28:24; 2S 13:8

amatista Éx 28:19; 39:12; Ap 21:20

amavitas Nm 22:5

ámbar Éx 30:34

ambas Éx 26:24; 36:29; Nm 10:3; Dt 21:15; 1S 25:43; 1R 7:20; 1Cr 12:2; Ec 11:6; Is 47:9

ambición Job 20:20; Sal 112:10; Fil 1:17; 1P 5:2

ambiciona Pr 13:4

ambicionaba 1R 1:5

ambicionan 1Co 14:12

ambicionen 1Co 12:31; 14:1, 39

ambicioso Sal 10:3; Pr 15:27; 28:25

ambiente Lm 1:20

ámbitos Sal 103:22

amedrentaba Ez 19:7

amedrentados Jos 2:11

amedrentarme Sal 27:1

amén Neh 8:6; Sal 41:13; 1Co 14:16; 2Co 1:20

amena Col 4:6

amenaza 2S 14:10; Esd 4:22; Is 30:17; Jer 6:1; Dn 3:7; Sof 2:15

amenazados Ez 21:14

amenazante Is 19:16; Jer 23:19; Ez 4:7; Mt 16:3

amenazar Gn 31:24,29

amenazarlos Hch 4:17; Ef 6:9

amenazas Sal 10:7; 55:3; Jer 25:13; 40:3; 44:29; Ez 2:10; Hch 4:21,29; 9:1

Amí Gn 19:38

Amiel Nm 13:12; 2S 9:4-5; 17:27; 1Cr 3:5; 26:5

amigas Jue 11:37-38; Lc 15:9

Aminadab Éx 6:23; Nm 1:7; 2:3; 7:12,17; 10:14; Rt 4:19-20; 1Cr 2:10; 6:22; 15:10-11; Mt 1:4; Lc 3:33

Amirán Éx 6:18,20; Nm 3:19,27; 26:58-59; 1Cr 1:41;

6:2-3,18; 23:12-13; 24:20; Esd 10:34

amiranitas 1Cr 26:23

Amisabad 1Cr 27:6

Amisaday Nm 1:12; 2:25; 7:66,71; 10:25

amistad 1S 18:1; 2S 1:26; Job 29:4; 34:8; Sal 1:1; 25:14; 26:5; 55:14; 88:18; Pr 3:32; 27:9; Stg 4:4

Amitay 2R 14:25; Jon 1:1

Amiud Nm 1:10; 2:18; 7:48,53; 10:22; 34:20,28; 2S 13:37; 1Cr 7:26; 9:4

Amnón 2S 3:2; 13:1-4,6-10, 14,20,22,26-29,32-33,37; 1Cr 4:20

Amoc Neh 12:7,20

amodorrados Nah 3:18

amolden Ro 12:2; 1P 1:14

Amón 1R 22:26; 2R 21:18-20,23-26; 1Cr 3:1,14; 18:11; 2Cr 18:25; 33:20-21, 24; Esd 2:57; Neh 7:59; 13:23; Sal 83:7; Jer 1:2; 9:26; 25:3,21; 27:3; 40:11,14; 41:15; 46:25; Ez 25:5; Dn 11:41; Am 1:13; Sof 1:1; Mt 1:10

amonesta Heb 12:25

amonestaba Heb 12:25

amonestabas Neh 9:34

amonéstalo Tit 3:10

amonestan 1Ts 5:12

amonestar Hch 20:31

amonestarlos 1Co 4:14

amonestaste Neh 9:30

amonesten 1Ts 5:14

amonéstenlo 2Ts 3:15

Amoní Jos 18:24

amonita Dt 2:37; Jos 13:25; Jue 11:14; 1S 11:1-2; 2S 12:26; 17:27; 23:37; 1R 14:21,31; 1Cr 11:39; 2Cr 12:13; 24:26; Neh 2:10,19; 4:3

amontonado Jue 15:16; Esd 9:6; Ez 28:4; Zac 9:3; Stg 5:3; Ap 18:5

amontonados Is 24:22; Nah 3:3

amores Ec 9:6

amoríos 1R 11:1-2

amorosa Pr 5:19

amoroso Sal 144:2

amorreas Nm 21:25

amorreo Gn 14:13; Dt 2:24; Jos 13:21; Jue 10:8; Sal 135:11; 136:19; Ez 16:3,45

amortaja Job 40:13

amos 1S 25:10; Pr 22:7; 25:13; Is 19:4; Lm 1:5; Mt 15:27; Hch 16:16,19; Ef 6:5,9; Col

3:22; 1Ti 6:1-2; Tit 2:9; 1P 2:18

Amos Col 4:1

Amós Am 1:1-2; 7:8,10,12, 14; 8:2; Lc 3:25

amotinada 2S 22:44; Sal 18:43; Hch 21:31

amotinados Hch 21:32

amotinaron Nm 20:2

amotinarse Nm 16:42

amotine Mt 26:5; Mr 14:2

amotinó Hch 16:22

Amoz 2R 19:2,20; 20:1; 2Cr 26:22; 32:20,32; Is 1:1; 2:1; 13:1; 20:2; 37:2,21; 38:1

ampararon 1R 2:7

amparo 2S 22:2; Sal 18:2; 27:5; 31:20; 46:1; 144:2; Hch 27:7

amplia Mr 14:15; Lc 22:12

ampliado Sal 119:32

amplias Jer 22:14

Amplias Ro 16:8

amplíe 2Co 10:15

amplio 2S 22:20; Job 36:16; Sal 18:19; 2Co 7:3

amplios Ez 23:15; Dn 5:12

amplitud Ez 41:7

Amrafel Gn 14:1,9

Amsí 1Cr 6:46; Neh 11:12

amueblada Mr 14:15; Lc 22:12

amuletos Is 3:20

amurallada Lv 25:29; Pr 18:11,19; Lm 2:18; Hab 1:10

amuralladas Nm 13:19; Dt 3:5; Jos 10:20; 1R 4:13; Os 8:14

Ana 1S 1:2,5,7-9,12-13, 18-20,22-23,26; 2:1,21; Lc 2:36,38

Aná Gn 36:2,14,18,20, 24-25,29; 1Cr 1:38,40-41

Anab Jos 11:21; 15:50

Anac Nm 13:22; Dt 9:2; Jos 15:14; Jue 1:20

Anaías Neh 10:22

Anajarat Jos 19:19

Anamélec 2R 17:31

anameos Gn 10:13; 1Cr 1:11

Anán Neh 10:26

Ananí 1Cr 3:24

Ananías Neh 3:23; 11:32; Jer 36:12; Dn 1:6-7,11,19; 2:17; Hch 5:1,3,5; 9:10, 12-13,17; 22:12; 23:2; 24:1

anaquita Jos 11:22

anaquitas Nm 13:28,33; Dt 1:28; 2:10-11,21; 9:2; Jos 11:21; 14:12,15; 15:13; 21:11

Anás Lc 3:2; Jn 18:13,24; Hch 4:6

Anat Jos 19:38; Jue 1:33; 3:31; 5:6

Anatot Jos 21:18; 1R 2:26; 1Cr 6:60; 7:8; 12:3; 27:12; Esd 2:23; Neh 7:27; 10:19; 11:32; Is 10:30; Jer 1:1; 11:21,23; 29:27; 32:7-9

Anatotías 1Cr 8:24

anatotita 2S 23:27; 1Cr 11:28

ancestro Jos 15:13; 21:11

ancestros Sal 45:16; 49:19

anciana Pr 23:22; Lc 2:36

ancianas Zac 8:4; 1Ti 5:2; Tit 2:3

ancianidad Job 42:17

anciano Gn 15:15; 35:29; 43:27; 44:20; 48:10; Jos 6:21; 13:1; 23:1; Jue 19:16-17,20, 22; 1S 2:22; 28:14; 2S 19:32; 1R 1:1,15; 13:11,13,18,25; 2R 4:14; 1Cr 23:1; 29:28; 2Cr 24:15; Job 5:26; Sal 71:18; Pr 17:6; Is 3:2,5; Lc 1:18; 1Ti 5:1,19; Tit 1:6; Flm 9; 1P 5:1; 2Jn 1; 3Jn 1

Anciano Dn 7:9,13,22-23

ancla Hch 27:17; Heb 6:19

anclas Hch 27:13,29-30,40

ancha 1R 7:20; Job 38:18; Is 30:33; Mt 7:13

Ancha Neh 3:8

Ancho Neh 12:38

anchos Job 11:9; Is 33:21; Jer 51:58

anchura Is 8:8; Ez 41:4; Ap 21:16

andanzas Gn 38:24

andar Gn 4:7; 20:13; 47:9; Lv 21:10; Nm 33:8; Dt 2:3; 1S 17:39; Job 29:3; 34:8; Sal 42:9; 43:2; 78:71; 81:13; 115:7; Pr 2:13; 3:31; 25:20; Ec 10:7; Cnt 1:7; Is 48:17; 57:10; Jer 18:15; Lm 3:2; 4:18; Ez 1:12; 3:25; Mt 15:31; Mr 5:42; Jn 5:9; 1Ti 5:13; 2Ti 2:24

Andrés Mt 4:18; 10:2; Mr 1:16,29; 3:18; 13:3; Lc 6:14; Jn 1:40-41,44; 6:8; 12:22; Hch 1:13

Andrónico Ro 16:7

anegaré Ez 35:6

Anén 1Cr 6:73

Aner Gn 14:13,24; 1Cr 6:70

anexo 1R 6:5-6,10

Anfípolis Hch 17:1

angelicales 1Co 13:1

angosto Mt 7:14

angostos Abd 14

angular Job 38:6; Sal 118:22; Is 28:16; Jer 51:26; Zac 10:4;

Mt 21:42; Mr 12:10; Lc 20:17; Hch 4:11; Ef 2:20; 1P 2:7

angulares Is 19:13

ángulo 2Cr 26:9; Neh 3:24; Ez 46:21

Ángulo Zac 14:10

ángulos Ez 46:21-22; Ap 7:1; 20:8

angustiada 1S 1:15; 1R 3:26; 2R 4:27; Is 5:30; 9:1; 54:6; Lm 1:20

Angustiada Sal 6:3

angustiadas Hab 3:7; Lc 21:25

angustiado Gn 32:7; Dt 28:65; 1S 28:15; Esd 9:3-4; Sal 4:1; 13:2; 20:1; 31:9; 38:8; 42:6; 55:17; 69:17; 77:2; 102:2; 129:1-2; Is 65:14; Dn 10:16; Mt 26:37; Mr 6:26; Lc 22:44; Jn 12:27

Angustiado Is 38:14

angustiados Jue 2:15; Sal 106:44; Is 8:21; Os 5:15; Lc 2:48

angustiar Sal 42:5,11; 43:5

angustias Dt 4:30; 2S 4:9; Sal 25:17,22; 31:7,10; 34:6, 17,19; 54:7; 55:2; 138:7; 142:2; Pr 15:16; 21:23; Is 13:8; 30:6; 63:9; 65:16; Hch 2:24; 2Co 6:4; Fil 1:17; 1Ts 3:7; Ap 12:2

angustiosa Jer 3:21

angustioso Jer 19:9

angustiosos Ez 27:31

anhelada Is 62:12

anhelado Sal 107:30; Is 21:4; Jer 6:16

anhelar Dt 28:65

anhelo Job 6:8; 19:27; Ro 1:15; 15:23; 2Co 7:7,11; Fil 1:20; 1Ts 2:17; 2Ti 1:4

Anhelo Sal 61:4; 84:2

anhelos Job 17:11; Sal 38:9

Anián 1Cr 7:19

Anías Neh 8:4

anidaban Ez 31:6; Dn 4:12,21

anidan Sal 104:12; Jer 48:28; Mt 13:32

anidar Mr 4:32

anidará Is 34:15; Ez 17:23

anidarán Is 7:19; 34:11

anidaron Lc 13:19

aniegan Job 31:38

anillo Gn 24:22,30,47; 41:42; Éx 26:24; 27:4-5; 36:29; Jue 8:24-25; Est 3:10,12; 8:2,8,10; Job 42:11; Pr 25:12; Jer 22:24; Ez 16:12; Dn 6:17; Hag 2:23; Lc 15:22; Stg 2:2

anillos Éx 25:12,14-15, 26-27; 26:29; 27:7; 28:23-24,26-28; 30:4; 35:22; 36:34;

37:3,5,13,14, 27; 38:5,7;
39:16-17,19-21; Jue 8:24,26;
Est 1:6; Is 3:21

animadas Zac 8:19

animado 1R 21:25; 1Co 8:10;
2Co 7:4; 1Ts 2:12; Flm 7

Animales Is 56:9

animalitos Pr 30:25-26

animar Ro 12:8; 1Ti 4:13

animarlos Hch 15:32; 20:1;
1Co 14:3; 1Ts 3:2; 1P 5:12

Ánimo 1S 4:9; 2S 10:12; 13:28;
1Cr 19:13; Hag 2:4; Mt
9:2,22; Mr 10:49; Hch 23:11

ánimos Pr 29:8

Anín Jos 15:50

aniquilación Est 4:7; 7:4

aniquilada Jue 21:17

aniquilado Dt 28:24; 2S 7:9;
1Cr 17:8; Est 9:12

aniquilados 2S 17:16; 22:38;
Sal 18:37; Is 11:13

Aniquilados Sof 1:11

aniquilar Est 3:13; 8:5,11;
9:24; Is 10:7

aniquilarlos 1R 22:11; 2Cr
18:10; 20:23; Est 3:9; 9:24; Jer
9:16

aniquilarme Job 6:9

aniquilarte Dt 28:51; 1R 16:3;
Is 48:9

anís Mt 23:23

anoche Gn 19:34; 31:29,42; 1S
15:16

Anoche Hch 27:23

anochecía Jn 6:16; Hch 4:3

anocheciendo Gn 28:11

anónimo Ec 6:4

Anot Jos 15:59

anota Ez 24:2

anotaba Nm 33:2

anotado Est 2:23; Sal 56:8; Dn
12:1

anotados Nm 1:18,45; 3:43

anótalos Pr 7:3

anotando Nm 1:2

anotará Sal 87:6

Anoten Jer 22:30

anotó Jue 8:14

ansía Pr 28:22

ansias Job 7:2; Sal 78:34;
131:2; Os 5:15; Jl 1:20; 1Co
1:7; Gá 5:5; 1P 2:2

ansiedad 1S 7:2; Sal 116:3; Ez
4:16; Dn 6:20; Ro 8:19; 1P
5:7

ansíes Job 36:20

ansío Sal 119:131,174

ansiosamente 2P 3:12

ansioso Job 7:2; Is 16:5

ansiosos Sal 56:6

antaño Gn 6:4; 49:26; Dt 32:7;
Job 20:4; Sal 77:5,11; 78:2;
89:49; 119:52; 143:5; Pr 8:22;
Is 43:18; 46:9; 51:9; 58:12;
61:4; 63:9; Jer 34:5; 46:26;
Lm 4:2; 5:21; Zac 1:4

anteayer Éx 4:10

antecedentes Est 2:10,20

antecesor 2R 15:38

antecesores Ec 1:16

antemano Jos 13:8; 2S 5:17; Is
41:26; Mt 24:25; Mr 13:11;
14:8; Lc 21:14; Hch 3:18;
4:28; 7:52; Ro 8:29; 9:23;
11:2; Gá 3:8; Ef 1:9; 2:10; 1P
1:11; 2P 3:17

antepasado Gn 4:20-21;
10:13,16,21; Jos 14:15; 17:1;
19:47; 24:3; Jue 18:29; 1R
15:3,11; 2R 14:3; 16:2; 18:3;
20:5; 22:2; 1Cr 1:11,14; 24:19;
2Cr 21:12; 28:1; 29:2; 34:2-3;
Is 38:5; 43:27; Jer 35:6,8,10,
14,16, 18; Ro 4:1; 9:10; Heb
7:10

anterior Lv 25:22; 26:10;
27:24; Nm 6:12; 21:26; Rt
3:10; 1R 16:24; Ez 33:12;
40:27; Dn 9:21; 11:13; Col
1:17; Heb 7:18; 8:13

anteriores Jos 6:15; Jue 20:31;
Ez 40:24,28-29, 32-33; Dn
7:24

anteriormente 1S 7:14; 1Cr
4:41; Esd 4:19; Jud 17

Anteriormente 1S 17:55; Lc
23:12; Ro 3:25; 1Ti 1:13

anticipadamente Hch 20:13

anticipé Jon 4:2

anticristo 1Jn 2:18,22; 4:3;
2Jn 7

anticristos 1Jn 2:18

antifaz 1R 20:38,41

antigua Is 23:7; Jer 5:15; Ez
25:15; Ap 12:9; 20:2

antiguamente Dt 2:20

Antiguamente Dt 2:12; 1S
9:9; 2S 20:18

antiguas Lv 14:42; 2R
17:34,40; 1Cr 4:22; Sal 24:7,9;
Is 58:12; 61:4; Ez 36:2; Hab
3:6

antigüedad Jl 2:2; Mi 5:2

antiguo Gn 24:2; Jue 5:21; 1S
24:13; Esd 6:7; Is 22:11; 44:7;
Lm 1:6; Mi 4:8; Hag 2:3; Ro
7:6; 2Co 3:14; Heb 8:6; 2P
2:5; 1Jn 2:7

antiguos Sal 68:33; 74:2, 12;
90:2; Pr 22:28; 23:10; Is
19:11; 25:1; 43:13; 45:21;
46:10; 64:4; Jer 6:16; 18:15;

Mi 7:20; Zac 7:7,12; Mal 3:4;
Lc 9:8,19; Hch 15:18,21; Heb
11:2; 1P 3:5,20; 2P 1:9; 3:5

antílope Dt 14:5

antílopes Is 51:20

Antioquía Hch 6:5; 11:19-20,
22,26-27; 13:1, 14; 14:19,21,
26; 15:1, 22-23,30,35; 18:22;
Gá 2:11; 2Ti 3:11

Antipas Ap 2:13

antipatía Gn 28:8

Antípatris Hch 23:31

antojo Sal 78:18; Jer 5:31; Os
10:1

antojó 1R 10:13; 2Cr 9:12

antorcha Gn 15:17; Jue 15:4;
Is 62:1; Zac 12:6; Ap 8:10

antorchas Jue 7:16,20; 15:5; Is
50:11; Ez 1:13; Dn 10:6; Nah
2:4; Jn 18:3; Ap 4:5

anual Lv 25:53; 1S 1:21; 2:19;
20:6,29; 2R 3:4; 17:4; 2Cr
27:5; Heb 10:3

anuales 2Cr 8:13

anualmente 1R 10:14; 2Cr
9:13

Anub 1Cr 4:8

anulada Nm 6:9,12; Heb 7:18

anulado Zac 11:11

anulados Nm 30:5,8

anular Nm 30:13; Mt 5:17;
1Co 1:28; Col 2:14; Heb 2:14

anularlo Gá 3:15

anularlos Nm 30:15; Mt 5:17

anunciada 1S 17:27; Heb 2:3

anunciado Gn 21:2; 41:25,54;
Jue 13:23; 1S 3:12; 28:17; 1R
14:18; 16:12; 17:16; 2R 1:17;
17:23; 22:19; 24:13; 2Cr
34:27; Is 21:10; 43:12; 52:15;
Jer 26:13,19; 32:24; 35:17;
Lm 1:21; Dn 4:17,33; Jon
3:10; Mi 7:4; Hch 3:18,21,24;
15:36; Heb 2:2; 4:2; 1P 1:12,
25; Jud 17

anunciar Nm 10:10; Sal
102:21; Is 61:1; Jer 50:28; Lm
3:37; Mr 1:14; Lc 4:18; Hch
5:42; 11:19; 14:21; 16:10; Ro
1:1; Fil 1:14

anunciarlas Sal 40:5

anunciarle Jer 51:31

anunciarles 1Co 2:1

anunciarlo Ap 14:6

anuncio 1Cr 17:10; Sal 71:17;
Is 42:9; 46:10; Mi 2:11; Hch
17:3,23

anzuelo Job 41:1; Hab 1:15;
Mt 17:27

anzuelos Is 19:8

añadida Gá 3:19

añadidas Mt 6:33; Lc 12:31

añadido 1S 12:19; Job 34:37
añadidos Pr 9:11
añadir Lv 6:5; 27:13,15,19, 31;
  Dt 12:32; 2Cr 25:16; Sal
  120:3; Mt 6:27; Lc 12:25; Fil
  2:27; 2P 1:5
añadirle Lv 22:14; Nm 15:4;
  Ec 3:14; Gá 3:15
añejo Lc 5:39
añejos Cnt 7:13; Is 25:6
añicos 1R 19:11; Sal 107:16; Is
  30:14; Ez 6:4,6; Dn 2:35,45;
  Am 6:11
Año Éx 13:10; Jer 51:46
añoras Gn 31:30
añoren Jer 44:14
añoro Job 29:2
Aod Jue 3:15-16,18,20-24,
  26,31; 4:1; 1Cr 7:10; 8:6
apabullas Job 14:20
apacentaba Gn 37:2
apacentando Gn 37:13,16
apacentar Gn 37:12; Ez 34:10
apacentará Ez 34:23
apacentarán Ez 34:10
apacentaré Ez 34:13,15
apacible Sal 35:20; Is 33:20;
  Mt 11:29; 1Co 4:21; 1Ti 3:3;
  1P 3:4
apacienta Éx 22:5; Cnt 1:8;
  2:16; 6:3
Apacienta Jn 21:15,17
apacientan Jer 23:2
apacientas Cnt 1:7
apacigua Pr 15:18; 21:14
Apacigua 1R 13:6
apaciguan Pr 29:8
apaciguar Éx 32:11; Mal 1:9
apaciguará Ez 5:13
apaciguarán Ez 16:42
apaciguaré Gn 32:20
apaciguarla Pr 16:14
apaciguaron Hch 11:18
apaciguas Sal 89:9
apacigüe Ez 24:13
apaciguó Lc 8:24
apagada Pr 13:9
apagado Job 21:17; Jer 17:27
apagados Gn 29:17; Ec 12:4
apagar Éx 15:23; Ez 20:47; Ef
  6:16
apagarlo Cnt 8:7; Jer 4:4
apagarse Lv 6:12-13; Ez 20:48
aparceros Cnt 8:11-12
aparecer Lv 14:43; Jue 13:21;
  1S 28:11; Dn 7:6
aparecerse Jue 13:9; Neh
  13:21
aparecidos Dt 32:17
aparejados 2S 16:1
aparejar 2R 4:24
aparejaran 2S 19:26

Aparéjenme 1R 13:13,27
aparejó 2S 17:23; 1R 2:40;
  13:23
aparejos Ez 27:20; Hch 27:19
Aparentarán 2Ti 3:5
aparentemente 2Co 6:10
aparento 2Co 12:6
aparición Dn 10:20
apariencia Nm 9:15-16; 1S
  16:7; Job 41:12; Sal 73:20; Pr
  7:10; Is 53:2; Lm 1:1; 4:7; Dn
  3:25; 8:15; Lc 12:56; 2Co
  6:10; Col 2:23
apariencias 1S 16:7; Is 11:3;
  Mt 22:16; Mr 12:14; Lc 20:21;
  Jn 7:24; 2Co 5:12; Gá 2:6
apartada 1S 9:24
apartados Lv 15:31; 1Cr 25:1;
  Job 28:3
apartar Dt 19:7; 2R 23:27;
  24:3; Jer 18:20; Hch 13:8
apartarla 2R 4:27
apartarnos Nm 20:17; Job
  33:17; Ro 8:39
apartarse Job 36:10; Heb 3:12;
  2P 2:18
Apartarse Job 28:28
apartarte Dt 13:5,10
apasionaron Ez 23:8
apasionemos 1Co 10:6
apasionó Ez 23:9
apatía Ez 16:49
Apayin 1Cr 2:30-31
apedreado Éx 21:32; Lv 20:27;
  Dt 17:5; 1R 21:14; Heb 12:20
apedreados Hch 5:26; Heb
  11:37
apedrear Jn 8:5; 10:32
apedrearlo 1S 30:6; Hch 7:58
apedrearlos Nm 14:10; Hch
  14:5
apedrearte Jn 11:8
apega Jn 12:25
apegarse Tit 1:9
apego Sal 119:31
apela Job 16:21
apelado Hch 25:12; 26:32
apelamos Dn 9:18
apelar Dt 15:9; Hch 28:19
apelaría Job 5:8
Apeles Ro 16:10
apelo 2Co 10:1
Apelo Hch 25:11
apeló Lc 23:20; Hch 25:21,25
apenas Gn 18:27; Dt 15:18;
  Jue 8:20; 1S 9:2; 17:29,42; 2S
  19:35; 22:45; 1R 3:7; 11:17;
  1Cr 16:19; Job 24:14; 30:20;
  41:29; Is 26:16; 28:4; 29:4;
  40:24; 42:3; 66:8; Dn 5:6;
  10:17; Mt 12:20; 24:8; Mr

13:8; 16:2; Lc 11:46; 1Co 3:1;
  2P 2:18
Apenas Rt 1:19; 2S 6:13;
  13:36; Job 24:14; Sal 18:44;
  Jn 18:22; 20:14; Hch 2:15;
  23:7
apesadumbrado Job 30:28
apestados Éx 5:21
apestan Ec 10:1
apestar Éx 16:20
apestará Éx 7:18
Apestarán Is 19:6
apestosos Ez 20:39
apetecibles Gn 2:9
apetito Nm 11:4; Sal 102:4; Pr
  16:26; 23:2; Is 56:11; Jer
  50:19
apetitos Col 2:23
Apia Flm 2
apiada Pr 14:31; Is 27:11
apiadará Is 9:17; 30:19; 51:19
apiadaran Sal 106:46
apiadarán Is 13:18
apiádate Sal 4:1
apiade Mal 1:9
apiades Dt 7:16
apiadó Ez 16:5
apilado Éx 22:6
apilen Job 27:16; Ez 24:10
Apio Hch 28:15
aplaca Is 25:5
aplacada Est 2:1
aplacado Is 9:12,17,21; 10:4
aplacaré Ez 21:17
aplacarlo 1S 26:19
aplacas Is 25:5
Aplácate Éx 32:12
aplacó Jos 7:26; Est 7:10; Is
  5:25; 24:8; Jon 1:15
aplana Is 41:7
aplaque Jon 3:9
aplastadas Job 4:19
aplastado Sal 66:12; Is 63:3;
  Lm 1:15; Os 5:11
aplastados Job 34:25; Lc 13:4
aplastarlos Job 39:15; Am
  2:13
Aplaudan Sal 47:1
aplaude Job 27:23
Aplaude Ez 6:11
aplauden Lm 2:15
aplaudieron 2R 11:12; Ez 25:6
aplaudirán Is 55:12
aplica Lv 7:7; Pr 22:17; 1Ti 1:8
Aplica Pr 23:12
aplicado Lv 27:12,14; 1Co 4:6
aplicará Éx 12:49; 21:31; Lv
  14:2,32; 15:32; 27:3; Nm
  5:30; 6:13,21; 8:24; 15:29;
  19:14
aplicarán Nm 9:14
aplicaron 2R 20:7

aplíquensela   Is 38:21
apodaban   Jn 20:24; 21:2
apodado   Jn 11:16; Hch 1:23;
   10:5,18,32; 11:13; 12:12; 13:1
apoderarse   Jue 18:9; 2Cr
   20:25; Est 8:11; Hab 1:6
apoderarte   2S 12:9
apogeo   Job 29:4
Apolión   Ap 9:11
apologías   Job 13:12
Apolonia   Hch 17:1
Apolos   Hch 18:24,27; 19:1;
   1Co 1:12; 3:4-6,22; 4:6; 16:12;
   Tit 3:13
aporta   Pr 13:17
aportaba   Is 23:3
aportados   1R 10:15
aposentos   Esd 8:29; Sal
   104:3,13; Ez 16:16
apostada   1S 13:3
apostado   Jue 20:22; 2R 10:24
apostados   Is 22:7; Ez 27:11
apostaré   Hab 2:1
apostaron   Jos 8:9; Jer 26:10
apostasía   Jer 8:5
apóstata   Jer 3:8,11-12
apóstatas   Jer 3:14,22
aposté   Jer 6:17
apostó   2R 11:18; 2Cr 23:18
apóstol   Ro 1:1; 11:13; 1Co 1:1;
   9:1-2; 15:9; 2Co 1:1; 12:12;
   Gá 1:1; 2:8; Ef 1:1; Col 1:1;
   1Ti 1:1; 2:7; 2Ti 1:1,11; Tit
   1:1; Heb 3:1; 1P 1:1; 2P 1:1
apostolado   1Co 9:2
apostólico   Hch 1:25; Ro 1:5
apoyada   Gn 28:12; Cnt 8:5
apoyado   2S 1:6; Sal 83:8;
   89:43; Is 30:12; 1Ti 1:18
Apoyado   2R 15:25
apoyados   Esd 10:15; Hch 14:5
apoyar   Jue 16:26; 2S 2:25; 2Cr
   26:13; 28:20; Sal 69:2; Ro
   15:1
apoyarlos   Jer 37:7
apoyarse   Is 10:20
apoyo   Nm 16:2; 1S 14:7; 2S
   22:19,30; 1R 1:7; 2:22; 2R
   15:19; 18:25; Esd 8:36; Job
   8:20; Sal 18:18,29; 20:2; 57:2;
   80:17; Pr 28:17; Is 3:1; 10:20;
   36:10; 63:5; Dn 10:21; 11:1;
   Mi 1:11
aprecia   1S 18:22; Pr 16:13;
   28:23; Lc 7:5
apreciada   1R 10:21; 2Cr 9:20
apreciado   Dn 9:23; 10:11
apreciar   1S 16:21; 2S 19:35
aprecio   1S 2:26; 18:16; 2S
   19:14; Pr 13:15
aprehenderlo   Is 53:8
apremiarlos   Éx 5:13

apremien   Dn 9:25
aprender   Sal 119:73; Jer
   35:13; Dn 1:4; 1Ti 2:11; Ap
   14:3
aprendizaje   Lc 6:40
apresa   Job 12:14
apresada   Jer 50:24
apresados   Jer 6:11; 50:33
apresar   1S 19:14; 2S 21:8
apresaran   1S 19:20; 2S 10:4;
   1Cr 19:4
apresarán   Is 14:2
apresaré   Neh 13:21
apresarlo   1S 21:13; 2S 4:10
apresarlos   2R 25:20; Jer 52:26
apresaron   2R 11:16; 2Cr 22:9;
   23:15; Jer 26:8
apresó   2R 25:19; Jer 52:25
apresta   Sal 19:5; Pr 31:17
apresurado   Jer 17:16
apresurados   Pr 21:5
apresurarse   Job 40:23; Is
   52:12
apretada   Lc 6:38
apretado   Job 41:23
apretuja   Mr 5:31
apretujaba   Mr 5:24; Lc 5:1
apretujaban   Lc 8:42
aprieta   Pr 16:30
aprietan   Lc 8:45
apriete   Sal 109:19
aprieten   Is 28:22
aprieto   Éx 5:19; Sal 143:11; Pr
   12:13
aprietos   Gn 42:21; 1S 13:6; Jer
   10:18; Lm 1:3; 1Co 7:28
aprisa   Jn 20:4
aprisco   Ez 34:14; Mi 2:12;
   Hab 3:17
apriscos   Sal 50:9; 78:70
aprisionado   Sal 88:8
aprisionan   Sal 119:61; Pr 5:22
aprisionarlos   Os 10:10
aprisionaron   Sal 105:18
aprobación   Nm 32:22; Jue
   18:6; 1S 18:5; Est 2:17; Lc
   4:22; Jn 6:27; Hch 22:20;
   26:10; Ro 13:3; 1Co 11:19;
   Gá 1:10; 1P 1:7
aprobado   Ro 14:18; 1Co 16:3;
   2Co 10:18; 2Ti 2:15; Stg 1:12
aprobados   Heb 11:2
aprobando   Hch 8:1
aprobó   1Ts 2:4
apropiada   1Co 14:40
apropiadas   Nm 32:1,4
apropiado   Gn 21:25; Jos 7:11;
   Jue 6:26; Hag 1:2,4; 1Co
   11:13
apropian   Is 5:8; Mi 2:2
apropiarán   Jos 8:1
apropiaron   Gn 34:28

apropié   Jos 7:21
apropies   Dt 13:17
apropió   2S 8:7; 1Cr 18:7
aprovechar   1Ti 5:10
aprovecharse   Gn 39:17
aprovisionó   1R 20:27
aproxima   Jl 1:15
aproximaba   Lc 22:1; Jn 2:13
aproximaban   Hch 27:27
aproximadamente   Hch 1:12
aproximaron   Jn 6:23
aprueba   Nm 30:5,8; Pr 11:1;
   16:7
aprueban   Lc 11:48; Ro 1:32
apruebe   Pr 24:18
apruebo   Jer 34:15; Os 8:4
aptas   Ez 19:11,14
aptitudes   Dn 1:4
apto   Lc 9:62
aptos   Nm 1:3,20,22,24,26,
   28,30,32, 34,36,38,40,42, 45;
   4:3,23,30,35,39,43,47; 26:2;
   2R 24:16; 1Cr 7:11, 40; 12:36;
   2Cr 25:5; Dn 1:4
apuesto   1S 9:2; Sal 45:2; Cnt
   5:10
apuestos   Lm 4:2; Ez 23:6,
   12,23; Dn 1:4
Apunta   Jos 8:18
apuntaba   1Cr 21:16; Ez 10:11
apuñalarán   Zac 13:3
apuñalaron   2S 4:6
apuñaló   2S 3:27
apurado   Est 6:12
Apúrate   Gn 19:15
apure   Is 5:19
apúrense   Gn 45:9,13
Apúrense   Gn 19:14
apuro   2S 4:4
apuros   Jue 11:7; 1S 22:2
aquél   Éx 2:14; Jos 10:14; Jue
   13:16,21; 1R 20:35; Est 8:16;
   Sal 87:5; Am 6:10; Lc 18:14;
   Hch 13:25; 1Co 7:7
Aquél   2S 1:15; 15:2; Ez 10:7
aquélla   1R 3:25; Ec 11:6
Aquellos   Lv 26:39; Jue 19:25;
   1R 12:10; 2R 17:41; 2Cr
   10:10; Gá 5:4
aquéllos   1S 6:4; Sal 20:7; Pr
   1:18; Jer 51:19; 1Co 16:16;
   2Co 2:16; Gá 2:12; Heb 9:23;
   2P 2:12; Jud 7
Aquéllos   2R 3:24; Mt 25:46;
   Jn 3:26; Fil 1:17; Ap 7:14
aquietado   Sal 131:2
Aquila   Hch 18:2,18,26; Ro
   16:3; 1Co 16:19; 2Ti 4:19
AQUÍ   Ez 48:35
Aquín   Mt 1:14

armas Gn 27:3; Nm 32:17, 20-21,27; 1S 17:54; 20:40; 21:8-9; 31:9-10; 2S 1:27; 2:14,21; 1R 1:5; 10:25; 20:12; 1Cr 10:9-10; 12:33; 2Cr 9:24; Esd 4:23; Job 20:24; Sal 7:13; 76:3; Ec 9:18; Is 13:5; 54:16; Jer 22:7; 50:25; Ez 26:9; 32:27; 39:9-10; Lc 11:22; Jn 18:3; 2Co 6:7; 10:4

armazón Nm 3:36; 4:31

Armoní 2S 21:8

armonía Sal 133:1,3; Zac 6:13; Ro 12:16; 15:5; 1Co 1:10; 2Co 6:15; 1P 3:8

Arnán 1Cr 3:21

arnés Job 39:10

Arnón Nm 21:13-14,24,26, 28; 22:36; Dt 2:24,36; 3:8, 12,16; 4:48; Jos 12:1-2; 13:9,16; Jue 11:13,18,22, 26; 2R 10:33; Is 16:2; Jer 48:20

Arodí Gn 46:16; Nm 26:15

aroditas Nm 26:15

Aroer Nm 32:34; Dt 2:36; 3:12; 4:48; Jos 12:2; 13:9, 16,25; Jue 11:26,33; 1S 30:28; 2S 24:5; 2R 10:33; 1Cr 5:8; Is 17:2; Jer 48:19

aroerita 1Cr 11:44

Aroma Sal 45:8

aromas Cnt 3:6

aromática Éx 30:23,25; Is 43:24; Ez 27:19

aromáticas 2Cr 16:14; Cnt 5:13; Mr 16:1; Lc 23:56; 24:1; Jn 19:40; Ap 18:13

aromático Éx 30:7,35; 31:11; 35:8,15,28; 37:29; 39:38; 40:27; Lv 4:7; 16:12; Nm 4:16; 2Cr 2:4

aromatizar Éx 25:6

aros Jue 8:26; 1R 7:33; Ez 1:18

arpa Gn 4:21; 31:27; 1S 16:16, 18,23; 18:10; 19:9; 2R 3:15; 1Cr 25:3; Job 21:12; 30:31; Sal 33:2; 43:4; 49:4; 57:8; 81:2; 92:3; 98:5; 108:2; 144:9; 147:7; 150:3; Is 16:11; 23:16; 24:8; 1Co 14:7; Ap 5:8

arpas 1S 10:5; 2S 6:5; 1R 10:12; 1Cr 13:8; 15:16, 20-21, 28; 16:5; 25:1,6; 2Cr 5:12; 9:11; 20:28; 29:25; Neh 12:27; Sal 137:2; Is 5:12; 14:11; 30:32; Ez 26:13; Dn 3:5,10; Ap 14:2; 15:2; 18:22

arpones Job 41:7; Am 4:2

Arquelao Mt 2:22

arquero Gn 21:20; Pr 26:10; Jer 51:3; Am 2:15

arqueros Gn 49:23; 1S 31:3; 2S 11:24; 1Cr 10:3; 12:2; 2Cr 35:23; Job 16:13; Sal 60:4; 78:9; Is 21:17; 66:19; Jer 4:29; 50:29

Arquipo Col 4:17; Flm 2

arquita 2S 15:32; 16:16; 17:5,14; 1Cr 27:33

arquitas Jos 16:2

arquitecto Heb 11:10

arraigados Ef 3:17; Col 2:7

arraigarse Job 8:17

arrancada Jue 21:6; Job 36:20; Is 22:25; Jer 7:28; 31:40; Mt 15:13; Hch 8:33

arrancado Dt 28:63; 1S 15:28; Job 31:12; Is 53:8; Jer 13:22; Am 9:15

arrancados Lv 22:24; Dn 7:8; Am 3:14; Nah 1:12; Jud 12

arrancar Lv 13:56; Dt 23:25; Jer 1:10; 18:7; 31:28; 45:4; Mt 12:1; 13:29; Mr 2:23; Lc 6:1

arrancarla Ez 17:9; Mt 13:28

arrancarle 1R 11:31

arrasada Jos 6:21; Is 24:3

arrasadas Ez 12:20; Sof 3:6

arrasado Jos 10:39; Jer 12:11; Ez 36:3; Nah 2:2

arrasadora Nah 1:8

arrasados Jos 11:21; Jl 1:10

arrasarla 2S 20:19-20

arrastrada Sal 1:4; Os 10:7

arrastrado Sal 89:39; 124:4-5

arrastrados Is 17:13; Jer 49:20; 50:45; Lm 1:5; 2P 3:17

arrastrar Jer 15:3; Hch 20:30; 1Co 12:2; Gá 2:13

arrayán Neh 8:15

arrayanes Zac 1:8,10-11

arreada Am 4:2

arreando 1S 11:5; Sal 78:71

arrear Jue 3:31

arrebatada Job 13:25

arrebatado Jos 22:8; Jue 5:30; 1S 28:17; 2R 13:25; Jer 15:15; Jl 1:5; Ap 12:5

arrebatados Sal 88:5; Jer 49:29; Am 4:11; Mi 1:16; 1Ts 4:17

arrebatar Jn 10:29

arrebatarle Dt 24:6; Mt 12:29; Mr 3:27

arrebatármelas Jn 10:28

arrebato Is 54:8

arrebatos 2Co 12:20; Gá 5:20

arreciado Gn 41:56

arreciando Hch 27:20

arreció 1R 22:35; 2Cr 18:34

arreglada Mt 12:44; Mr 14:15; Lc 11:25

arreglado Gn 40:14

arreglar 1S 13:21; 2S 17:23

arreglará Pr 29:9

arreglaré 1Co 11:34

Arréglate 2R 4:29; 9:1

arréglense Hch 18:15

arregló 2R 9:30; Mt 25:19

arreglos Is 57:8

arrellanan Am 6:4

arremetan Job 17:10

arremeten Jl 2:9

arremeteré Éx 19:22,24

arremetiendo Hch 27:18

arremetieron Jue 9:44

arremolinaron Dn 3:27

arrendará Mt 21:41

arrendó Mt 21:33; Mr 12:1; Lc 20:9

arrepentido 1S 15:35; Sal 51:17; Mt 11:20-21; Lc 10:13; 2Co 12:21

arrepentimiento Is 30:15; Jon 3:5; Mt 3:8; Mr 1:4; Lc 3:3,8; 24:47; Hch 5:31; 11:18; 13:24; 19:4; 26:20; Ro 2:4; 2Co 7:9-10; 2Ti 2:25; Heb 6:1,4; 12:17

arrepentirse Jer 5:3; Lc 15:7; 2Co 7:10

arrestado Mt 14:3; 26:57

arrestando Hch 22:4

arrestar Mt 26:4; Mr 14:1; Hch 12:1

arrestaran Jer 36:26; Mr 6:17; Jn 11:57; 18:36

arrestarlo Dt 19:12; 2R 17:4; Mt 21:46; Mr 12:12; Jn 7:30,32,44; 10:39; Hch 12:4

arrestarme Mt 26:55; Mr 14:48; 2Co 11:32

arrestaron Jn 18:12; Hch 1:16; 5:18; 28:17

arresten Mt 10:19; Mr 13:11

arréstenlo Mt 26:48; Mr 14:44

arresto Lv 24:12

arrestó Hch 21:33

arriados Am 9:4

arriba Gn 1:7; 40:17; Éx 20:4; 28:27; 36:29; Dt 4:39; 5:8; 30:12; Jue 1:36; 1R 7:7; 8:23; 17:19; 2R 19:30; 1Cr 7:24; 2Cr 8:5; 31:16; Is 37:31; Ez 1:11, 27; 8:2; 41:7,16; 42:5; Am 2:9; Mt 27:51; Mr 15:38; Lc 19:5; Jn 3:31; 8:23; 19:11,23; Hch 2:19; 9:39; Col 3:1-2

Arriba Jos 16:5

arribamos Hch 21:7; 27:5

arriero Job 39:7

arriesgado 2S 18:13; Hch 15:26

arriesgando Jue 9:17; Fil 2:30

arriesgar   Gn 49:6; 2S 17:17
arriesgara   Hch 19:31
arriesgaría   Jer 30:21
arriesgaron   Ro 16:4
arriesgó   Jue 5:18; 1S 19:5
arriesgué   Jue 12:3
arriman   Job 24:8
Arrimarás   Éx 29:10
arrimó   Nm 22:25
arrincona   Job 3:23
arrinconarlas   Dt 33:17
arrodillaba   Est 3:2,5
arrodillaban   Est 3:2
arrodillado   1R 19:18; Ro 11:4
arrodillamos   Hch 21:5
arrodillándose   1R 1:23; Mt
   15:25; 20:20
Arrodillándose   Mt 27:29
arrodillaran   Gn 24:11
arrodillaron   Jue 7:6
arrodillarse   Éx 24:1
arrodillen   Jue 7:5
arrodillo   Ef 3:1,14
arrodilló   Gn 24:26; 1R 1:16;
   2Cr 6:13; Dn 6:10; Mt 8:2;
   9:18; 17:14; Lc 22:41
arrogancia   Éx 18:11; 1S 15:23;
   Job 35:12; 36:9; Sal 10:2;
   94:4; Pr 8:13; 14:3; Ec 7:8; Is
   2:11,17; 10:12; 16:6; Jer
   48:29; Ez 28:2; 35:13; Os 5:5;
   7:10; Am 6:8; Abd 12; Mr
   7:22; 1Jn 2:16; Jud 16; Ap
   13:5
arrogante   2Cr 26:16; Pr 14:16;
   21:24; Jer 50:31-32; Ez 28:5;
   Dn 5:20; Hab 3:14; Sof 3:11;
   Ro 11:20; Tit 1:7; Ap 18:7
arrogantes   Sal 56:2; 73:3,8;
   119:122; Pr 16:5; Is 2:12-13;
   13:11; Jer 43:2; 48:45; Os
   13:6; Sof 2:8; Ro 1:30; 12:16;
   1Ti 6:17; 2Ti 3:2; 2P 2:10,18
arrojada   Is 14:11; Ez 19:12; Mi
   1:7; Mt 6:30; Lc 12:28
arrojadas   Is 9:5
arrojado   Dt 9:4; Jos 13:12; 2R
   7:15; 19:18; Job 16:11; Sal
   31:22; 46:9; Is 14:15; 37:19;
   Jer 14:16; 36:30; 38:9; Lm
   3:45; Ez 11:7; Dn 3:6,11;
   6:7,12,16; Mt 3:10; 5:29;
   18:8,9; Mr 9:45,47; Lc 3:9;
   17:2; Ap 8:8; 12:9,13,16;
   20:10,15
arrojados   Éx 10:11; Is 8:22;
   34:3; Jer 22:28; Ez 21:12; Ap
   8:7; 19:20; 20:10,14
arrojar   Lv 14:45; 18:24; Jer
   16:13; Hch 27:18
arrojarlos   2R 13:23; 17:20

arrojarme   Sal 102:10;
   Abd 3
arrojarnos   2Cr 20:11
arrojarte   Is 22:17
arrojo   Sal 60:8; 108:9
arrollador   Hch 19:20
arrolladora   Pr 27:4; Is 63:1
arropé   Job 38:9
arroyos   Éx 7:19; 8:5; Lv 23:40;
   Nm 24:6; Dt 8:7; 2S 23:30;
   Job 6:15; 20:17; 29:6; 30:6;
   Sal 65:9; 74:15; 78:16,44;
   126:4; Cnt 5:12; Is 11:15;
   19:6; 30:25; 32:2; 34:9;
   44:3-4; Is 57:5-6; Jl 1:20; 3:18;
   Mi 6:7
arruga   Ef 5:27
arruinada   Is 15:1
arruinadas   Am 9:14
arruinado   Éx 8:24; 10:7; Dt
   28:20,51; Pr 14:28; Jer 9:12;
   Nah 2:2; Mal 2:8
arruinados   Is 60:12; Am 7:9
arruinarlo   Job 2:3
arruinarte   Dt 28:63
arrullo   Cnt 2:12
Arsá   1R 16:9
arsenal   2R 10:2; 20:13; Neh
   3:19; Is 22:8; 39:2; Jer 50:25
Artajerjes   Esd 4:7-8,11,23;
   6:14; 7:1,7-8,11-12,21; 8:1;
   Neh 2:1; 5:14; 13:6
arte   Neh 2:20; Cnt 8:2; Hch
   8:21
Artemas   Tit 3:12
Artemisa   Hch 19:24,27-28,
   34-35
artes   Éx 7:11,22; 8:7,18; 35:25;
   Hch 8:11; Ap 9:21; 21:8;
   22:15
artesa   Hag 2:16
artesanías   Éx 31:5; 35:33,35
artesano   Éx 38:23; 1R 7:14;
   Cnt 7:1; Is 3:3; 40:20; 41:7;
   Hab 2:18; Ap 18:22
artesanos   Éx 31:6; 35:10, 35;
   36:4; 2R 24:14,16; Is 44:11;
   Jer 10:9; 24:1; 29:2; 52:15; Os
   13:2; Hch 19:24
Artesanos   Neh 11:35
artesas   Éx 8:3; 12:34
artesonándolas   1R 6:15
articulaciones   Job 31:22; Col
   2:19
artículo   Lv 13:48,51-53, 57-59;
   Nm 31:20
artículos   Nm 31:50-51; 1R
   10:25; 2Cr 9:24; Ap 18:12
artífice   Dt 27:15; Is 45:11; Jer
   10:3
artífices   Jer 10:9
artificial   Neh 3:16

artificio   Hab 2:18
artificios   Ef 4:14
artimañas   Nm 25:18; Sal 10:2;
   26:10; Is 32:7; Dn 11:21; Mt
   26:4; Mr 14:1; Hch 7:19; 2Co
   2:11; Ef 4:14; 6:11
artísticamente   Éx 26:1,31, 36;
   27:16; 28:6,15,39; 36:8, 35,37;
   38:18; 39:3,8,22, 27,29
artístico   Éx 36:1-2,8
artísticos   Éx 31:4; 35:32-33
Arubot   1R 4:10
Arumá   Jue 9:41
Arvad   Ez 27:8,11
arvadeos   Gn 10:18; 1Cr 1:16
asa   Is 44:16
asada   Éx 12:8-9
asadas   1S 25:18
asado   1S 2:15; Lc 24:42
Asael   2S 2:18,20-21,23,30, 32;
   3:27,30; 23:24; 1Cr 2:16;
   11:26; 27:7; 2Cr 17:8; 31:13;
   Esd 10:15
Asaf   2R 18:18,37; 1Cr 6:39;
   9:15; 15:17,19; 16:5,7,37;
   25:1-2,6; 26:1; 2Cr 5:12;
   20:14; 29:13,30; 35:15; Esd
   2:41; 3:10; Neh 2:8; 7:44;
   11:17,22; 12:35,46; Is 36:3,22
asafita   1Cr 25:9
Asaías   2R 22:12,14; 1Cr 4:36;
   6:30; 9:5; 15:6,11; 2Cr 34:20
Asal   Zac 14:5
asalariado   Job 7:1-2; 14:6; Jn
   10:12-13
asalariados   Is 19:10; Mal 3:5
Asalías   2R 22:3; 2Cr 34:8
asalta   Dt 19:11; Job 18:11
asaltaban   Jue 9:25
asaltan   Job 22:10
asaltantes   Esd 8:31; Jer 18:22
asaltar   2S 22:30; Sal 18:29
asaltará   Pr 6:11; 24:34
asaltaron   Jue 20:37
Asaltaron   Hch 17:5
asalto   1S 13:17; 14:15; 2R
   19:32; 25:1; Job 30:12; Ec
   9:14; Is 23:13; 29:3; 37:33; Jer
   33:4; 52:4; Ez 4:2; 17:17; Dn
   11:15
asaltos   Dt 21:5; Is 28:6
asambleas   Gn 49:6; Sal 74:4;
   Is 1:13
Asán   Jos 15:42; 19:7; 1Cr 4:32;
   6:59
Asarel   1Cr 4:16
Asarela   1Cr 25:2
asaron   2Cr 35:13
Asbea   1Cr 4:21
Asbel   Gn 46:21; Nm 26:38;
   1Cr 8:1
asbelitas   Nm 26:38

Ez 1:10,16,26,28; 8:2; 10:9; 23:15; Dn 2:31; 7:13,19; 10:16,18; Jl 2:4; Mt 16:3; 28:3; Lc 9:31; Ap 4:3; 9:7

Aspenaz   Dn 1:3-4

aspereza   Pr 18:23

aspersorio   Nm 7:13,19,25, 31,37,43,49,55, 61,67,73, 79,85

aspersorios   Éx 27:3; 38:3; Nm 4:14; 7:84; 1R 7:40, 45,50; 2R 12:13; 25:15; 2Cr 4:8,11,22; Jer 52:19

áspid   Job 20:14,16

aspira   1Ti 3:1

Asquenaz   Gn 10:3; 1Cr 1:6; Jer 51:27

asquerosos   Ez 18:13

Asriel   Nm 26:30; Jos 17:2; 1Cr 7:14

asrielitas   Nm 26:30

asta   Nm 21:8-9; 1S 17:7; 2S 21:19; 1Cr 20:5

Astarot   Gn 14:5; Dt 1:4; Jos 9:10; 12:4; 13:12,31; 16:2; 1Cr 6:71

astarotita   1Cr 11:44

Astarté   Jue 2:13; 10:6; 1S 7:3-4; 12:10; 31:10; 1R 11:5,33; 2R 23:13

astilla   Ez 16:44; Mt 7:3-5; Lc 6:41-42

astillada   2R 18:21; Is 36:6

astillas   Nm 33:55; Sal 105:33

astrales   Am 5:26

astro   Gn 1:16

astrólogo   Dn 2:10

astrólogos   Is 2:6; 47:13; Jer 27:9; Dn 2:2,4,7,10,12; 3:8; 4:7; 5:7,11

astros   Gn 1:16-17; Dt 4:19; 2R 17:16; 21:3,5; 23:4-5; 2Cr 33:3,5; Is 34:4; Jer 19:13; Ez 32:8; Hch 7:42; Stg 1:17

astucia   Éx 1:10; 2S 20:22; 2Cr 11:23; Job 5:13; Sal 83:3; Dn 8:25; Lc 16:8; 1Co 3:19; 2Co 11:3; Ef 4:14

astuta   Gn 3:1; 2S 14:2; 20:16

astuto   1S 23:22; 2S 13:3; 2Co 12:16

astutos   Job 5:12-13; Mt 10:16; Lc 16:8

Asuán   Is 49:12; Ez 29:10; 30:6

Asuero   Est 1:1,9-10,17; 2:1,16, 21; 3:1,6-8,12; 6:2; 8:1,7,10, 12; 9:2,20,30; 10:1,3

asuman   1P 4:1

asumido   Ap 11:17

asumieron   Neh 9:3

asuntos   1S 7:16; 2S 17:23; 1Cr 26:29,32; Neh 11:24; Dn

8:27; Mt 23:23; Ro 15:15; 1Co 6:3-4; 7:1; 11:34; Fil 2:23; 1Ti 4:15; 5:17; 2P 2:12; 3Jn 2

Asur   Gn 10:11,22; 1Cr 1:17; 2:24; 4:5

asureos   Gn 25:3

asustadas   Mt 28:8

Asustadas   Lc 24:5

asustado   1S 28:21; 31:4; 1Cr 10:4

asustados   Sal 48:5; Mr 1:27; 9:6

asustar   Is 8:12; 1P 3:14

asustarlos   2Co 10:9

asustarnos   Neh 6:9

Asvat   1Cr 7:33

Atac   1S 30:30

atacante   Dt 25:11

atacar   Jos 15:15; Jue 7:10-11; 20:11,33; 1S 4:2; 7:10; 23:3; 30:1; 2S 5:6,19; 10:13; 12:27; 20:15; 1R 20:12,22,25-26; 2R 12:17; 18:25; 1Cr 14:10; 2Cr 16:4; Neh 4:8,12; Est 9:2; Is 36:10; Jer 33:5; 37:8; 46:13; 47:7; Dn 11:13, 17,24

atacarla   Dt 20:10; Jos 10:5; 2S 11:20; 2Cr 32:2; Is 7:1

atacarlo   Jue 9:43; 1R 22:32; 2Cr 18:31; Job 15:24; Ez 19:8

atacarlos   2R 3:21

atacarme   1S 13:12; 17:43; Job 19:5; 30:12; Sal 59:4; 109:28; Lm 1:15

atacarnos   2R 7:6; 2Cr 20:12

atacarte   Ez 26:8

atada   Mt 21:2; Lc 13:16; 17:2

atadas   2S 3:34

atado   Gn 38:30; Jos 2:18; 2R 1:8; Mt 16:19; 18:18; Mr 5:4; 11:2,4; Lc 19:30; Jn 18:24; Hch 21:13

atados   2R 7:10; Pr 7:3; Dn 3:23; Ap 9:14

atadura   Is 58:6

ataduras   Jue 15:14; Sal 129:4; Jer 2:20; 5:5; 30:8; Dn 3:25; Nah 1:13

Ataías   Neh 11:4

atalaya   Is 32:14; Jer 6:27

Atalía   2R 8:26; 11:1-3, 13-14,20; 2Cr 22:2,10-12; 23:12-13,21; 24:7; Hch 14:25-26

Atalías   1Cr 8:26; Esd 8:7

atañe   Nm 3:25; 1R 11:37; 15:23; 16:5,20,27; 2R 22:18; Ro 5:20; Heb 6:9; 1P 4:6

ataque   Nm 5:14,30; 31:6; Jos 15:16; Jue 10:18; 20:34; 1S 4:10; 16:16; 25:37; 2S 5:24;

10:14; 11:25; 13:28; 1R 22:20; 2R 16:9; 18:24; 2Cr 13:12; 18:19; Job 39:25; Is 21:2; 36:9; 54:15; Jer 32:24; Dn 11:25,40

Ataque   1R 22:12,15; 2Cr 18:11

ataques   2S 5:23; 1Cr 14:14; Job 16:12; Sal 35:17; 88:16; Dn 11:18; Mt 17:15

atar   Jue 16:6,10,13; Job 38:31; Pr 26:8

atardecer   Nm 9:3,5,11; 28:4,8; Dt 16:4; 23:11; Jos 10:26; Rt 2:17; 2Cr 18:34; Is 17:14; Ez 46:2; Sof 2:7; Mt 8:16; 14:15; 16:2; 20:8; 27:57; Mr 1:32; 13:35; 15:42; Lc 9:12; Jn 20:19

atardeciendo   Lc 24:29

Atarín   Nm 21:1

atarle   Job 41:1

atarlo   Job 41:5

Atarot   Nm 32:3,34-35; Jos 16:5,7; 18:13

atarte   Jue 15:12

atascaran   Éx 14:25

ataúd   Gn 50:26

ataviado   Hch 12:21

atavío   Jer 2:32

Atay   1Cr 2:35-36; 12:11; 2Cr 11:20

atemorizado   Ez 2:6

Atemorizado   2Cr 20:3

atemorizó   Jn 19:8

Atenas   Hch 17:15-16; 18:1; 1Ts 3:1

atenciones   Hch 28:2,10

atender   Dt 24:5; Neh 11:24; Pr 15:32; 19:27; Dn 1:11; 1Ti 5:16; Stg 1:27

atenderme   Lc 17:8; Fil 2:25

atengan   Is 8:20

Aténganse   Is 8:20

atenienses   Hch 17:21-22

atenta   Sal 143:3; Pr 29:24; 31:27

atentaba   Jer 44:30

atentado   Hch 20:3

atentamente   Lv 18:4; Job 21:2; Sal 11:4; Pr 4:20; Ez 44:5; Stg 1:25

atentan   Jer 19:7,9; 34:20-21; 38:16; 44:30; 46:26; 49:37

atento   Neh 8:3; Ez 33:5

atentó   Est 8:7

atentos   Jue 21:21; 1R 8:52; 2Cr 6:40; 7:15; Sal 34:15; 130:2; Pr 8:34; 25:12; 1P 3:12

Ater   Esd 2:16,42; Neh 7:21,45; 10:17

Aterot   1Cr 2:54

aterra Job 33:16; Sal 90:7; 119:39; Jer 42:16
aterrado Job 23:16; Jer 50:2
aterrador Gn 27:34
aterradora Gn 15:12
aterrados Is 13:8; 20:5; 33:14; 44:11; Jer 46:5; 50:2; Jon 1:5; Mt 14:26; 27:54
Aterrados Job 26:11
aterran Sal 55:2; 104:29
aterrará Sof 2:11
Aterraré Jer 49:37
aterraron Jon 1:10
aterras Job 7:14
aterroricen Jer 10:2
aterrorizado 1Cr 21:30; Est 7:6; Dn 4:19; 7:15; 8:17
aterrorizados Nm 22:3; Jos 2:9; Jer 50:36; Mt 17:6; Ap 18:15
Aterrorizados Lc 24:37; Ap 18:10
aterrorízalos Sal 83:15; Jer 17:18
aterrorizan Ez 26:18
aterrorizando Jue 8:12
aterrorizar Ez 30:9
aterrorizarlos Zac 1:21
aterrorizaron Jue 20:41; 2R 10:4
atesora Pr 7:1; 10:14; Mt 12:35; Lc 6:45
atesorado Job 23:12
atesorados Is 23:18
atesóralo Ez 3:10
atesoran Mal 2:7
atesorarán 1Ti 6:19
atesoraron 2R 20:17; Is 39:6
atesoras Sal 31:19; Pr 2:1
atesoro Sal 119:11
atestigua Ro 2:15
atestiguado Heb 2:6
atestiguan Job 15:6
atestiguar Hch 22:5; 26:5
atestigües Pr 25:7
atiene Ez 33:13
atinaba Hch 10:17
atinaban Gn 45:3
atisbando Cnt 2:9
atiza Ez 22:20
atizado Job 20:26
atizar Os 7:4
atizaré Ez 22:21
Atlay Esd 10:28
atleta Sal 19:5; 2Ti 2:5
atónita 1R 10:4; 2Cr 9:3
atónito Gn 45:26; Jer 18:16; 19:8
atónitos Lv 26:32; Jer 4:9; Lc 8:56; Hch 9:7
Atónitos Ez 27:36
atormentada Is 54:11

atormentadas Hch 5:16
atormentado Job 15:20; Ap 14:10
atormentados Lc 6:18; Ap 20:10
atormentarla 1S 1:6
atormentarnos Mt 8:29
atormentarse Lc 12:29
atracaron Mr 6:53
atractiva Jue 15:2; Est 2:7
atractivo Gn 39:6; Is 53:2
atrae Jn 6:44
atraen Pr 10:4
atraeré Jue 4:7; Jn 12:32
atraes Sal 65:4
atraído 1R 8:41; 2Cr 6:32
atraiga Dt 21:11
atraje Os 11:4
atrancadas Jue 3:24
atrancar Jue 3:23
atranquen 2R 6:32
atrapado Job 18:8-9; 19:6; 36:17; Ez 12:13; 19:8; Am 3:4-5; Hch 27:15
atrapados Jos 8:22; Sal 9:15; Ec 9:12; Is 8:15; 28:13; 42:22; 51:20; Jer 8:9; 2P 2:12
atrapar Sal 10:9; Pr 30:4; Jer 5:26; Ez 13:18; Lc 20:20
atraparlo 1S 23:26; Job 40:24; Lc 20:26
atraparme Jer 18:22; Lm 3:52
atraparnos 2R 7:12
atraparte Am 4:7; 1S 23:17
atrás Gn 9:23; 19:17,26; Éx 10:24; Dt 2:10; Jos 8:20; 10:25; 20:6; 21:44; 1S 24:8; 2S 2:20; 2R 9:18-19; 19:25; 20:10; 1Cr 21:20; 2Cr 13:14; Sal 114:3,5; Is 1:4; 37:26; 50:5; Jer 4:28; 15:6; 34:16; 46:5,21; 49:8; Ez 39:28; Nah 2:8; Lc 9:62; 17:31; Jn 18:6; 1Co 13:11; Fil 3:13; Heb 4:1; 10:38-39
atrasa Jue 5:28
atravesados Nm 14:3; Sof 2:12
atravesar Hch 27:5; 1Co 16:5
atravesarle Job 41:7
atreverse Job 15:25
atrevido Gn 18:27,31; 1S 17:28; 2S 7:27; 1Cr 17:25; Est 7:5; Ro 15:15; 2Co 10:1-2; Fil 1:14
Atrevidos 2P 2:10
atrevimiento 2S 6:7; Hch 26:26
atribuciones Nm 27:20
atribuirse 1P 2:20
atribulados 2Co 4:8
atribuye Ro 4:6

atrios 2R 21:5; 23:12; 1Cr 23:28; 28:6,12; 2Cr 23:5; 33:5; Neh 13:7; Sal 65:4; 84:2,10; 92:13; 96:8; 100:4; 116:19; 135:2; Is 1:12; 62:9; Ez 9:7; 46:22-23; Zac 3:7
atrocidades Ez 8:13,15
atropellaban Lc 12:1
atropellan Jl 2:8; Am 5:12; Nah 2:5
atropellara Mr 3:9
atropelló 2R 7:17,20
aturde Is 21:3
aturdidos Is 28:7
audiencia 2S 24:4; Job 9:16; Hch 23:35; 25:23
augurio 1R 20:33
augurios Ez 21:21
Augusto Lc 2:1
aúllan Sal 59:15
aullarán Is 13:22
Aullaré Mi 1:8
aumentar Nm 32:14; Dt 17:16; 2Cr 28:13; Ez 36:37; Am 8:5; Hch 6:1; Fil 1:17; 4:17
aumento Sal 39:2; 94:19; Pr 4:18
aunaron Gn 14:3
áureas Job 28:17
aurigas Jer 51:21
aurora Dt 33:2; 2S 23:4; Job 3:9; 4:20; 38:12; 41:18; Sal 110:3; Pr 4:18; Cnt 6:10; Is 38:13; 58:8; 60:2; 62:1; Jl 2:2; Am 4:13; 5:8
ausencia Hch 24:17; 2Co 13:10; Fil 2:12
ausentarnos 2Co 5:8
ausente Gn 31:19; 39:11; 2Co 13:2; Fil 1:27; Col 2:5
ausentes 2Co 10:11
auténtica 1Jn 2:27
autor Hch 3:15; Heb 2:10; 5:9
autoridades 2R 10:1; Pr 31:23; Is 43:28; Jer 1:18; 2:26; Os 5:10; 7:3,5,16; 8:4; 9:15; 13:10; Mi 3:1,9; Sof 3:3; Lc 12:11; Jn 7:11,26; Hch 16:19; 17:6,8; 19:31; Ro 13:1,5-6; Ef 3:10; 6:12; Col 1:16; 1Ti 2:2; Tit 3:1; 1P 3:22
autorización Esd 3:7; Hch 15:24
autorizado Lv 22:13; Nm 16:40; 18:4; Esd 5:9; Hch 9:14
autorizó Esd 5:3
auxiliarlo Ez 17:17
auxilio 2S 8:5; 10:19; 1Cr 18:5; 19:19; Job 30:24; Sal 22:19;

azotado Dt 29:22; 1S 6:4; Hch 16:37

azotados 1S 5:12

azotar Pr 17:26; Mt 27:26; Mr 15:15; Ap 11:6

azotarlo Lc 18:33; Hch 22:25

azotarlos Jon 1:12; Hch 5:40

azotarnos Jon 1:11

azote Nm 16:46-47; Ez 17:10

azotea Dt 22:8; 1S 9:25; 2S 11:2; 16:22; 2R 4:10; 23:12; Pr 21:9; 25:24; Mt 24:17; Mr 13:15; Lc 5:19; 17:31; Hch 10:9

azoteas Neh 8:16; Is 22:1; Jer 19:13; 32:29; Sof 1:5; Mt 10:27; Lc 12:3

azotes Dt 25:2-3; 2S 7:14; Sal 89:32; Pr 19:29; 20:30; 23:13-14; 2Co 6:5; 11:23-24; Heb 11:36

Azoto Hch 8:40

Azricán 1Cr 3:23; 8:38; 9:14,44; 2Cr 28:7; Neh 11:15

Azriel 1Cr 5:24; 27:19; Jer 36:26

Azuba 1R 22:42; 1Cr 2:18-19; 2Cr 20:31

azucena 1R 7:26; 2Cr 4:5; Cnt 2:1-2

azucenas 1R 7:19,22; Cnt 2:16; 4:5; 5:13; 6:2-3; 7:2

azufre Gn 19:24; Dt 29:23; Job 18:15; Sal 11:6; Is 30:33; 34:9; Ez 38:22; Lc 17:29; Ap 9:17-18; 14:10; 19:20; 20:10; 21:8

azul Éx 28:28; Est 8:15; Ap 9:17

azules Est 1:6

Azur Neh 10:17; Jer 28:1; Ez 11:1

baales 1R 18:18; 2Cr 17:3; 24:7; 28:2; 33:3; 34:4; Jer 2:23; 9:14

Babel Gn 10:10; 11:9

BABILONIA Ap 17:5

babilónico Jer 39:5

babilonio 2R 25:5,10; Jer 35:11; 37:10; 52:8

babosa Sal 58:8

Bacbacar 1Cr 9:15

Bacbuc Esd 2:51; Neh 7:53

Bacbuquías Neh 11:17; 12:9,25

báculo Job 9:34

Bacut Gn 35:8

bagaje 1S 25:13; 30:24; Ez 12:7

bahía Jos 15:2,5; 18:19; Hch 27:39

bailaban Jue 21:23; 1S 18:6

bailan Sal 87:7

bailando Jue 11:34; 2S 6:16,21

bailar Jue 21:21; 2S 6:14; Jer 31:4

bailaron Mt 11:17; Lc 7:32

baile Lc 15:25

bailó Mt 14:6; Mr 6:22

bajada Jer 48:5; Lc 19:37; Hch 19:35

bajar Gn 8:1; Éx 32:1; Jos 15:18; Jue 1:14,34; 7:4; 1S 2:6; 2S 19:16; Job 30:23; Is 57:9; Ez 31:14,16; Jl 3:2,11; Mt 3:16; Mr 6:54; Lc 19:6; Jn 1:51; Hch 27:30; Ro 10:6

bajarlo Mr 15:36; Lc 23:53

bajarlos 1S 31:12

bajas Jos 2:18; 7:5; 15:19; Jue 1:15; 20:31,39; 2S 18:7; 1R 20:29; Ef 4:9; Col 3:5

bajos Ec 10:6; 2Ti 2:20

Bajurín 2S 3:16; 16:5; 17:18; 19:16; 1R 2:8

bajurinita 2S 23:31; 1Cr 11:33

Balá Jos 15:9-11,29; 19:3; 2S 6:2; 1Cr 13:6

Balaam Jud 11; Ap 2:14

Balac Nm 22:2,4-5,7,10,13-16, 18, 35-37,39-41; 23:1-3,5-7, 11,13,15-18,25,27,30; 24:10, 13,25; Jos 24:9; Jue 11:25; Mi 6:5; Ap 2:14

Baladán 2R 20:12; Is 39:1

balan Mi 2:12

balancea Job 28:4

balanza Job 6:2; 31:6; Sal 62:9; Is 40:12,15; 46:6; Ez 5:1; Dn 5:27; Mi 6:11; Ap 6:5

balanzas Lv 19:36; Pr 11:1; 16:11; Ez 45:10; Os 12:7; Am 8:5

Balat Jos 19:44; 1R 9:18; 2Cr 8:6

Balatber Jos 19:8

balde 1S 25:21; Is 40:15; Jer 22:13

balidos 1S 15:14

Balís Jer 40:14

bálsamo Gn 37:25; 43:11; 2S 5:23; 1Cr 14:14; Cnt 1:3; 5:1,13; 6:2; 8:14; Jer 8:22; 46:11; 51:8; Ez 27:17

balsas 1R 5:9; 2Cr 2:16

baluarte Job 39:28; Sal 9:9; 27:1; 28:8; 30:7; 61:3; 91:4; Pr 10:15; 14:26; 21:22; Is 25:4; 26:1

baluartes Jer 51:53; Lm 2:2,5; Am 3:9

Bamot Nm 21:19-20; 22:41; Jos 13:17

Baná 2S 4:2,5-6,9; 23:29; 1R 4:12,16; 1Cr 11:30; Esd 2:2; Neh 3:4; 7:7; 10:27

banco Mt 25:27; Lc 19:23; Hch 27:41

bancos Hch 27:17

banda 1S 30:8,15,23; 1R 11:24; Sal 22:16; 86:14; Jer 9:2; 18:22; Os 6:9; 7:1; Ap 1:13

bandada Is 33:4

bandas 2S 4:2; 2R 6:23; 13:20-21; 24:2; 1Cr 12:21; 2Cr 22:1; Ap 15:6

bandeja Nm 7:14,20,26,32, 38,44,50,56, 62,68,74,80; Mt 14:8,11; Mr 6:25,28

bandejas Éx 25:29; 37:16; Nm 4:7; 7:84,86; Mr 7:4

bandera Cnt 2:4; Is 5:26; 11:12; 13:2; 31:9; 62:10; Jer 4:6,21; 51:27; Ez 27:7

banderas Sal 20:5; 74:4,9

bandido Pr 6:11; 23:28; 24:34; Mt 26:55; Mr 14:48; Lc 22:52; Jn 10:1; 18:40

bandidos 1S 30:15; Mt 27:38,44; Mr 15:27; Jn 10:8; 2Co 11:26

bando Jer 38:19

Baní 1Cr 6:46; 9:4; Esd 2:10; 10:29,34; Neh 3:17; 8:7; 9:4-5; 10:13-14; 11:22

banquetean Ec 10:16

banquetes Est 8:17; Job 1:4-5; Sal 69:22; 141:4; Is 5:12; Ez 18:6,11,15; Os 4:14; Mt 23:6; Mr 12:39; Lc 16:19; 20:46; Ro 11:9

bañada Is 34:6

bañadas Cnt 4:2; 5:12

bañado Gn 45:15; Lv 16:4; 2S 20:12; Lc 7:44; Jn 13:10

bañados 1R 18:28

bañar Job 36:30

bañarse Éx 2:5; 7:15; Lv 14:8; 15:5-8,10-11, 16,18, 21-22,27; 16:26,28; 17:15

baño Pr 26:23; Cnt 6:6

Bará Jue 7:24; 1Cr 8:8

Barac Jue 4:6,8-9,12,14-16, 22; 5:1,12,15; 1S 12:11; Heb 11:32

baranda Dt 22:8

Baraquel Job 32:2,6

barato Sal 44:12; Jn 2:10

barba Lv 14:9; 19:27; 21:5; 1S 21:13; 2S 10:4-5; 20:9; 1Cr 19:4-5; Esd 9:3; Sal 133:2; Is 7:20; 50:6; Jer 41:5; 48:37; Ez 5:1; 24:17, 22; Mi 1:16

barbaridad Est 7:5

barbas Is 15:2

barbecho Os 10:12

barca Mt 4:21-22; 8:23-24; 9:1; 13:2; 14:13,22,24,29, 32-33; 15:39; Mr 1:19-20; 3:9; 4:1, 36-37; 5:18,21; 6:32,45,47,51, 54; 8:14; Lc 5:3-4,7; 8:22-23, 37; Jn 6:17,19,21-22; 21:6,8

barcas Job 9:26; Is 18:2; Mr 4:36; Lc 5:2-3,7,11; Jn 6:23-24

barco Pr 30:19; Is 33:21; Jon 1:3-6; Hch 20:38; 21:2-3,7; 27:2,6,10-11,15, 17,19,22,30, 31,37-39,41, 44; 28:11; Ap 18:17

barcos Nm 24:24; Dt 28:68; Jue 5:17; 2Cr 8:18; 20:36-37; Sal 104:26; 107:23; Pr 31:14; Is 2:16; 23:1,14; 33:21; 43:14; 60:9; Ez 30:9; Dn 11:30,40; Stg 3:4; Ap 8:9

Barcós Esd 2:53; Neh 7:55

Barías 1Cr 3:22

Barjesús Hch 13:6

Barnea Nm 32:8; 34:4; Dt 1:2,19; 2:14; 9:23; Jos 10:41; 14:6-7; 15:3

barra Jos 7:21; 2Cr 36:3; Is 9:4

Barrabás Mt 27:16-17, 20-21, 26; Mr 15:7,11,15; Lc 23:18-19; Jn 18:40

barranco 1S 15:5

barras Dt 3:5; 2Cr 27:5; 36:3; Neh 3:3,6,13-15; 7:3; Job 40:18; Sal 68:30; 107:16; Cnt 5:14

barre Nm 22:4; 1R 14:10; Pr 20:8; Lc 15:8

barrera Jos 22:25

barrerá Nm 22:4

barreré Is 14:23; Ez 26:4; Mal 2:3

Barreré 1R 14:10

barricada Nah 2:5

barrida Mt 12:44; Lc 11:25

barriles Lc 16:6

barrio 2R 22:14; 2Cr 34:22

Barrio Sof 1:10-11

barrió Dn 2:35

barrotes Job 40:18; Os 11:6

Barsabás Hch 1:23; 15:22

Bartimeo Mr 10:46

Bartolomé Mt 10:3; Mr 3:18; Lc 6:14; Hch 1:13

Baruc Neh 3:20; 10:6; 11:5; Jer 32:12-13,16; 36:4-5,8, 10, 13-15,17-19,26-27,32; 43:3,6; 45:1-2

Barzilay 2S 17:27; 19:31-32, 34,39; 21:8; 1R 2:7; Esd 2:61; Neh 7:63

basa Éx 34:27; 2R 18:19; Is 36:4; Ro 2:2; 10:2,5-6; Gá 3:12,18; Heb 8:6

Basá 1R 15:16-17,19,21-22, 27-29,32-34; 16:1,5-8, 11-13; 21:22; 2R 9:9; 2Cr 16:1,3,5; Jer 41:9

basada Fil 3:9

basados Col 2:22

basan 2Cr 32:10

Basándose Hch 17:2

basaría Gá 3:21

basarse Sal 94:15

base Éx 24:8; 25:31; 26:19, 24; 37:17; 38:27; Lv 8:11; Nm 8:4; 1R 7:30,32,34-35, 38; 20:34; Sal 97:2; Ez 41:8,22; Ro 9:12; 1Co 3:21; Jud 20

Basébet 2S 23:8

Baseías 1Cr 6:40

Basemat Gn 26:34; 36:3-4, 10,13,17; 1R 4:15

Baslut Esd 2:52; Neh 7:54

basta Gn 45:28; 2S 19:30; Job 9:8; 15:11; 19:22; 41:9; Is 7:13; Ez 34:18; 44:6; Mt 8:8; Jn 14:8; 2Co 12:9; 1P 4:3

Basta Dt 3:26; 1S 15:16; 2S 24:16; 1Cr 21:15; Pr 30:15; Ez 45:9; Mt 10:25; Lc 22:38; Hch 24:25

bastaba Gn 36:7

bastan 2S 5:6

bastante Gn 18:11; Éx 23:30; Jos 13:1; Mt 14:24; Hch 14:3; 1Co 6:5; 1Ts 3:9

bastantes Lc 12:19

bastara Abd 5

bastará Dt 19:15; 1S 26:19; Sal 17:15

bastardos Heb 12:8

Bastardos Zac 9:6

bastaría Nm 11:22

bastaron Ez 16:20

bastiones Sof 1:16; 3:6

Bastó Éx 15:8

bastón Gn 32:10; 38:18,25; 49:10; Éx 21:19; Jue 5:14; 6:21; 1S 17:40; 2R 4:29,31; 18:21; Is 9:4; 10:15,24; 14:5,29; 30:31; 36:6; Ez 29:6; Zac 8:4; Mt 10:10; Mr 6:8; Lc 9:3; Heb 11:21

basura Is 5:25; Lm 1:17; Ez 7:19; 39:3; 1Co 4:13

basurero 1S 2:8

Basurero Neh 2:13; 3:13-14; 12:31

Bat Cnt 7:4

batallan Is 29:7

batallas Jos 23:3; 1S 18:17; 25:28; 1R 14:19; 2Cr 32:8; Job 38:23; Os 1:7; 2Co 10:3

batallón 1S 17:18; Hch 21:31; 27:1

batallones 1S 24:2; 26:2; 2S 6:1; Mt 26:53

Batan Sal 98:8

bate Job 39:13; Ez 21:14

batido 1R 10:16-17; 2Cr 9:15-16

batiendo Pr 30:33; Zac 5:9

batientes Sal 93:3

batieron 2R 14:12; 2Cr 25:22

batir Ez 22:13

batiré Ez 21:17

bato Ez 45:11,14

batos Ez 45:14

bautismo Mt 21:25; Mr 1:4; 10:38-39; 11:30; Lc 3:3; 12:50; 20:4; Hch 10:37; 13:24; 18:25; 19:3-4; Ro 6:4; Ef 4:5; Col 2:12; 1P 3:21

bautismos Heb 6:2

Bautista Mt 3:1; 11:11-12; 14:2,8, 16:14; 17:13; Mr 6:14,24-25; 8:28; Lc 7:20,33; 9:19

bautizada Jn 3:23; Hch 16:15

bautizado Mt 3:14,16; Mr 1:8-9; 16:16; Lc 3:21; Hch 8:36; 9:18; 1Co 1:15-16

bautizados Lc 7:29; Hch 1:5; 2:41; 8:16; 10:47-48; 11:16; 16:33; 18:8; 19:5; Ro 6:3; 1Co 1:13; 10:2; 12:13; Gá 3:27

bautizar Lc 7:30; Jn 1:33; 1Co 1:17

bautizarse Hch 8:13

Bavay Neh 3:18

bayos Zac 1:8

Bealías 1Cr 12:5

Bealot Jos 15:24

Bebay Esd 2:11; 8:11; 10:28; Neh 7:16; 10:15

bebedero Gn 24:20

bebederos Gn 30:41

beberla 2S 23:16-17; 1Cr 11:18-19; Jer 25:28

beberlo Sal 75:8; Mt 27:34

beberme 2S 23:17

beberse 2R 18:27; Is 36:12; Ez 34:19

bebida Nm 6:3; Dt 14:26; 29:6; Jue 13:4,7,14; 1R 4:20; Esd 3:7; Sal 80:5; 102:9; Pr 20:1; Jer 51:39; Jn 6:55; 1Co 10:4; Ap 18:6

bebidas Nm 6:3; 1R 10:4; Neh 8:10; Is 5:11,22; Os 2:5; Ro 14:17; Heb 9:10

becerra Dt 21:3,6

becerro   Éx 32:4-5,8,19-20, 24,35; Lv 9:2-3,8; Dt 9:16,21; 1S 1:24-25; 1R 12:30; 2R 17:16; Neh 9:18; Sal 29:6; 106:19; Os 8:5-6; 10:5-6; Hch 7:41

becerros   1S 6:7,10; 1R 12:28-29,32; 2R 10:29; 1Cr 29:21; 2Cr 11:15; 13:8; Esd 6:9,17; 7:17; Sal 50:9; 51:19; 68:30; Ez 39:18; Os 13:2; Mi 6:6; Mal 4:2; Heb 9:12,19

Becorat   1S 9:1

Bedad   Gn 36:35; 1Cr 1:46

Bedán   1Cr 7:17

Bedías   Esd 10:35

beduino   Is 13:20; Jer 3:2

Beelzebú   Mt 10:25; 12:24, 27; Mr 3:22; Lc 11:15, 18-19

Beerá   1Cr 5:6-7; 7:37

Beerí   Gn 26:34; Os 1:1

Behemot   Job 40:15

Bel   Is 46:1; Jer 50:2; 51:44

Bela   Gn 14:2,8; 36:32-33; 46:21; Nm 26:38,40; 1Cr 1:43-44; 5:8; 7:6-7; 8:1,3

belaítas   Nm 26:38

belicosas   Sal 68:30

belicosos   Sal 55:21

Belsasar   Dn 5:1-2,9,29-30; 7:1; 8:1

Beltsasar   Dn 1:7; 2:26; 4:8-9,18-19; 5:12; 10:1

Belyadá   1Cr 14:7

bella   Gn 26:7; 1S 25:3; 2S 13:1; Sal 48:2; 50:2; 55:14; 106:24; Pr 4:9; 11:22; Cnt 1:8,15; 4:1,7; 5:9; 6:1,4,10; 7:6; Is 1:8; Jer 4:31; 50:42; 51:33; Lm 1:6; 2:1-2,4-5,8, 10,13,15; 4:22

Bella   Lm 2:18

bellas   Job 42:15; Cnt 1:8; 5:9; 6:1

belleza   Est 1:11; 2:3,9,12; Sal 96:6; Pr 6:25; 31:30; Is 3:24; 44:13; 53:2; Lm 2:15; Ez 16:14-15; Zac 4:7; Stg 1:11; 1P 3:3-4

bello   Nm 24:5; Sal 45:1; Is 4:2; Ez 31:3,9; Dn 11:45

bellos   Job 16:4; Pr 24:4; Cnt 7:1

Bellos   Sal 16:6

bendecida   Sal 112:2; Is 61:9; 65:23

bendecidas   Gn 12:3; 18:18; 22:18; 26:4; 28:14; Gá 3:8

bendecido   Gn 24:1,35; 26:12, 29; 27:27,33; 28:6; 30:27,30; Éx 32:29; Dt 2:7; 12:7,15; 14:24; 15:14; 16:17; Jos 17:14;

2S 6:12; 1R 2:45; 1Cr 17:27; 2Cr 31:10; Job 1:10; 31:20; Sal 45:2; Pr 22:9; Mt 25:34; Ef 1:3

bendecidos   Pr 24:25; Hch 3:25; Gá 3:9

bendecir   Gn 27:7,30; Nm 23:20; Dt 27:12; 28:12; 1S 9:13; 2S 6:20; 7:29; 1R 8:14; 1Cr 16:43; 17:27; 2Cr 6:3; Job 37:13; Sal 109:17

bendecirlo   Gn 27:23; 28:6

bendecirlos   Nm 23:11; 24:10

bendecirme   Gn 27:12

bendiciones   Gn 49:25-26; Dt 10:8; 15:4; 16:10; 21:5; 28:2; 30:1; 33:23; Jos 8:34; 2S 16:12; Sal 21:3,6; 24:5; 84:6; 115:15; 128:4; Pr 10:6; 11:26; 28:20; Jer 5:25; Mal 2:2; Hch 13:34; Ro 15:27

bendita   Jue 5:24; 1S 25:33; 2S 7:29; 1Cr 17:27; Tit 2:13

Bendita   Pr 5:18; Ez 3:12; Lc 1:42

benditas   Jer 4:2

Benditas   Dt 28:5

benditos   Sal 37:22

Benditos   Nm 24:9; Dt 28:4

Bené   Nm 33:31-32; Dt 10:6; Jos 19:45

benefactores   Lc 22:25

beneficencia   Hch 10:2,4,31

beneficia   Pr 11:17; 1Co 14:14

benefician   1Ti 6:2

beneficiar   2S 9:1,3

beneficiarios   Ef 3:6

beneficiarte   2S 9:7

beneficias   Job 35:3

beneficio   1S 19:4; Job 22:3; 1Co 4:6; 11:17; Flm 20; Heb 2:9; 1P 1:20

beneficios   Dt 18:8; 1S 12:7,24; Sal 103:2; Jer 5:25

benevolencia   2Cr 30:9; Os 14:2

Beninu   Neh 10:13

benjaminita   Jue 21:1,18; 1S 9:1; 2S 2:15; 16:11; 19:16; 20:1; 1R 2:8

benjaminitas   Jue 1:21; 19:16; 20:32,34,46; 21:6, 13-14,17; 2S 2:25,31; 19:17; 23:29; 1Cr 9:7; 11:31; 12:2; 2Cr 14:8; Neh 11:4,31,36; Jer 6:1

Benó   1Cr 24:26-27

Benoní   Gn 35:18

Benot   2R 17:30

Beón   Nm 32:3

Beor   Gn 36:32; Nm 22:5; 24:3,15; 31:8; Dt 23:4; Jos 13:22; 24:9; 1Cr 1:43; Mi 6:5

Béquer   Gn 46:21; Nm 26:35; 1Cr 7:6,8

bequeritas   Nm 26:35

Ber   Nm 21:16; Jue 9:21; Is 15:8

Bera   Gn 14:2

Berac   Jos 19:45

Beracá   1Cr 12:3; 2Cr 20:26

Beraías   1Cr 8:21

Berea   Hch 17:10,13-14; 20:4

Béred   Gn 16:14; 1Cr 7:20

Berenice   Hch 25:13,23; 26:30

Berequías   1Cr 3:20; 6:39; 9:16; 15:17,23; 2Cr 28:12; Neh 3:4,30; 6:18; Zac 1:1,7; Mt 23:35

Berí   1Cr 7:36

Beriá   Gn 46:17; Nm 26:44-45; 1Cr 7:23,25, 30-31; 8:13-14; 23:10-11

beriaítas   Nm 26:44

berilo   Ap 21:20

Berit   Jue 8:33; 9:4,46

Bernabé   Hch 4:36; 9:27; 11:22,25,30; 12:25; 13:1-2, 4,7,43,46,50; 14:1,3,12,14, 20-21; 15:2,12,22,25,35-37, 39; 1Co 9:6; Gá 2:1,9,13; Col 4:10

Berot   Dt 10:6; Jos 9:17; 18:25; 2S 4:2-3; Esd 2:25; Neh 7:29

Berotá   Ez 47:16

Berotay   2S 8:8

berotita   2S 4:2,5,9; 23:37; 1Cr 11:39

Berseba   Gn 21:14,31-33; 22:19; 26:23,33; 28:10; 46:1,5; Jos 15:28; 19:2; Jue 20:1; 1S 3:20; 8:2; 2S 3:10; 17:11; 24:2,7,15; 1R 4:25; 19:3; 2R 12:1; 23:8; 1Cr 4:28; 21:2; 2Cr 19:4; 24:1; 30:5; Neh 11:27,30; Am 5:5; 8:14

besar   Gn 31:28

besarlo   2S 20:9; Lc 22:47

besarme   Lc 7:45

besarte   Cnt 8:1

Besay   Esd 2:49; Neh 7:52

Béser   Dt 4:43; Jos 20:8; 21:36; 1Cr 6:78; 7:37

beso   Gn 27:26; Rt 1:14; 2S 14:33; 15:5; 19:39; 1R 19:20; Job 31:27; Pr 24:26; Mt 26:48; Mr 14:44; Lc 22:48; Ro 16:16; 1Co 16:20; 2Co 13:12; 1Ts 5:26; 1P 5:14

Besodías   Neh 3:6

Besor   1S 30:9,21

besos   Gn 29:13; Cnt 1:2

Besterá   Jos 21:27

bestias   Gn 9:2; Lv 11:2; 26:6; Dt 28:26; 1R 4:33; 18:5; Job

5:22-23; 18:3; 35:11; 39:15;
Sal 49:12,20; 50:11; 104:11;
Pr 30:30; Is 46:1; Jer 15:3;
16:4; 19:7; 27:6; 28:14; Ez
14:15,21; 29:5; 31:6; 32:4;
34:25; 38:20; Dn 2:38; 4:12,
14, 21; 7:3,7,12,17; Os 4:3;
Tit 1:12; Stg 3:7

Betania Mt 21:17; 26:6; Mr
11:1,11-12; 14:3; Lc 19:29;
24:50; Jn 1:28; 11:1,18; 12:1

Betén Jos 19:25

Betfagué Mt 21:1; Mr 11:1; Lc
19:29

Betmacá 2S 20:14-15; 1R
15:20; 2R 15:29

Betonín Jos 13:26

Betsabé 2S 11:3-4,26; 12:24;
1R 1:11,15-17,22, 28,31;
2:13,18-19; 1Cr 3:5

Betsaida Mt 11:21; Mr 6:45;
8:22; Lc 9:10; 10:13; Jn 1:44;
12:21

Betsán Jos 17:16; 1S 31:10,12;
2S 21:12

Betseán Jos 17:11; Jue 1:27;
1R 4:12; 1Cr 7:29

Betsur Jos 15:58; 1Cr 2:45;
2Cr 11:7; Neh 3:16

Betuel Gn 22:22; 24:15,24,
47,50; 25:20; 28:2,5; 1Cr 4:30

Betul Jos 19:4

Betzatá Jn 5:2

Bezalel Éx 31:2; 35:30; 36:1-2;
37:1,10,17,25,29; 38:1,22;
39:2,8,22; 1Cr 2:20; 2Cr 1:5;
Esd 10:30

Bezay Esd 2:17; Neh 7:23;
10:18

Bézec Jue 1:4-7; 1S 11:8

Bicrí 2S 20:1-2,6-7,10,
13-14,21-22

Bidcar 2R 9:25

bieldo Is 30:24

bienestar Dt 23:6; 30:9; 2S
8:10; 1Cr 18:10; Esd 9:12; Est
10:3; Job 20:21; 21:13, 16; Sal
35:27; 37:11; 72:3; 85:12;
106:5; 119:122,165; 122:9; Is
45:7; 54:13; Jer 14:11; 23:17;
29:7,11; 33:9; Fil 2:20

bienvenida 2Jn 10-11

bienvenido Jue 19:20

bifurcación Ez 21:21

bigote 2S 19:24

Bigtá Est 1:10

Bigtán Est 2:21; 6:2

Bigvay Esd 2:2,14; 8:14; Neh
7:7,19; 10:16

Bilán Gn 36:27; 1Cr 1:42; 7:10

Bildad Job 2:11; 8:1; 18:1;
25:1; 42:9

Bileán 1Cr 6:70

Bilgá 1Cr 24:14; Neh 12:5,18

Bilgay Neh 10:8

Bilhá Gn 29:29; 30:3-5,7;
35:22,25; 37:2; 46:25; 1Cr
4:29; 7:13

Bilhán 1Cr 7:10

Bilsán Esd 2:2; Neh 7:7

Bimal 1Cr 7:33

Biná 1Cr 8:37; 9:43

Binuy Esd 8:33; 10:30,38; Neh
3:24; 7:15; 10:9; 12:8

Biray 1Cr 4:31

Birsá Gn 14:2

Birzávit 1Cr 7:31

bisagras 1Cr 22:3

Bislán Esd 4:7

bisnieto Nm 16:1; Jos
7:1,18,24; 17:3; Jer 36:14

bisnietos Nm 14:18

Bitiá 1Cr 4:18

Bitinia Hch 16:7; 1P 1:1

Bitrón 2S 2:29

Biztá Est 1:10

blanca Gn 30:35; Éx 4:6; Lv
13:16-17,23; Nm 12:10; Job
41:32; Dn 5:5; 7:9; Mt 17:2;
28:3; Lc 9:29; Ap 1:14; 2:17;
14:14

blancas Gn 30:37; Jue 5:10;
Est 1:6; Jl 1:7; Ap 3:18; 6:11;
7:9

blanco Éx 16:31; Lv 13:3-4,
13,20-21,25-26; 1S 20:20; 2S
14:19; 2R 5:27; Est 1:6; 8:15;
Job 16:12; 36:32; Sal 51:7;
79:4; 147:16; Lm 3:12; Ez
5:16; Dn 7:9; Mt 5:36; Mr
9:3; 16:5; Jn 20:12; Hch 1:10;
Ap 3:4-5; 4:4; 6:2; 7:13;
19:11,14; 20:11

blancos Gn 49:12; Lv 13:10;
Ec 9:8; Is 1:18; Lm 4:7; Zac
1:8; 6:3,6; Ap 19:14

blancuzca Lv 13:2,4,19,24, 28;
14:56

blancuzcas Lv 13:38-39

blanda Sal 55:21

blandiendo Job 15:26

blandirán Os 11:6

blanqueado Ap 7:14

blanqueados Mt 23:27

blanquean Ez 22:28

blanquearla Mr 9:3

blasfemar Hch 6:11; 26:11;
1Ti 1:20; Ap 13:6

blasfemia Mt 12:31; 26:65; Mr
14:64; Jn 10:33,36

blasfemias 2R 19:6; Is 37:6;
Mr 3:28; Lc 5:21; Ap 13:5

blasfemo Lv 24:14,23; 1Ti
1:13; Ap 13:1

blasfemos Sal 1:1; Is 6:5; 2Ti
3:2; Ap 17:3

Blasto Hch 12:20

bloques 1R 5:17; 7:9

Boanerges Mr 3:17

Boaz 1R 7:21; 2Cr 3:17

bocado Rt 2:14; 1S 14:24; Pr
19:24; 26:15; Is 9:12; Hch
27:33

bocados Pr 26:22

bocas Heb 11:33

boceto Is 44:13

Bocrú 1Cr 8:38; 9:44

boda Jue 14:20; Mt 22:11-12;
Jn 2:1-2

bodas 1R 9:16; Jer 25:10; Mt
22:2,4,8,10; 25:10; Lc 12:36;
14:8; Ap 19:7,9

bodegas 1Cr 27:27; Pr 3:10

bofetada 1R 22:24; 2Cr 18:23;
Mt 5:39; Jn 18:22

bofetadas Job 16:10; Mr
14:65; 2Co 11:20

Bohán Jos 15:6; 18:17

bolsa Gn 42:27-28,35; 44:2,
11-12; Dt 25:13; 1S 17:17,40,
49; Pr 7:20; Mi 6:11; Mt
10:10; Mr 6:8; Lc 9:3; 10:4;
22:35-36; Jn 12:6

bolsas Gn 42:25; 43:12,18,
21-23; 44:1,8; Is 46:6; Lc
12:33

bolsos Is 3:22

bondades Sal 40:5; 65:11;
77:9; 119:29; Jer 31:12; Lm
3:23; Os 3:5

bondadosa Esd 7:9; Neh 2:18;
Pr 11:16; Stg 3:17

bondadosamente 2Cr 2:15

bondadosas Tit 2:5

bondadoso 1S 20:14-15; 1R
2:7; 2R 5:20; Sal 85:1; 145:13,
17; Pr 11:17; Dn 4:27; 11:30;
Jl 2:13; Jon 4:2; Lc 6:35; 1Co
13:4

bondadosos Jos 2:12,14; Jue
1:24; 8:35; 21:22; 1S 15:6; Sal
84:9; Ef 4:32

Booz Rt 2:1,3-5,8,11,14, 19,23;
3:2,7-8,15; 4:1-3,5, 8-9,13,21;
1Cr 2:11-12; Mt 1:5; Lc 3:32

Boquín Jue 2:1,5

borbotones Sal 94:4

borda Hch 27:18,43

bordada Éx 28:4

bordadas Jue 5:30; Ez 16:13;
26:16; 27:16

bordado Éx 28:8; 39:8; Ez
16:10; 27:7

bordados Éx 26:1,31; 36:8, 35;
Sal 45:14; Ez 16:18; 27:24

bordar 2Cr 3:14

bordará Éx 28:6

bordarás Éx 28:15

borde Éx 26:3-4,10; 28:26, 33-34; 36:11,17; 39:19, 24-26; Rt 3:9; 1S 15:27; 24:4,11; 1R 7:24,26; 1Cr 5:9; 2Cr 4:3,5; Sal 88:3; 133:2; Pr 5:14; Jer 48:28; Ez 5:3; Am 3:12; Zac 8:23; Mt 9:20; 14:36; Mr 6:56; Lc 8:44; Jn 2:7; Fil 2:27

bordeaba Jos 15:10; 17:10; Ez 40:18

Bordeaba Jos 19:34

bordeamos Dt 2:8

bordeando Nm 21:4; Jos 15:7; 18:16; 19:27; Jue 11:18; Hch 28:13

bordes Jos 19:8; 1R 7:28-29

bordo Ez 27:8; Jn 6:21; 21:11; Hch 20:14; 21:2,6; 27:2,6,17

borlas Dt 22:12; Mt 23:5

borracha 1S 1:13

borrachera Gn 9:24; 1S 1:14; 25:37

borracheras Ro 13:13; Gá 5:21; 1P 4:3

borracho Dt 21:20; 1S 25:36; Pr 26:9; Is 19:14; 24:20; Jer 23:9; Mt 11:19; Lc 7:34; 1Co 5:11; 1Ti 3:3; Tit 1:7

borrachos Job 12:25; Sal 69:12; Pr 23:21; Is 24:9; 28:1,3; Dn 5:4; Jl 1:5; Nah 1:10; Mt 24:49; Hch 2:13, 15; 1Co 6:10

borrar Gn 6:7; Sal 34:16; Pr 6:33; Jer 36:29

borrarnos Éx 32:12

borrascoso Sal 55:8

Boscat Jos 15:39; 2R 22:1

Bosés 1S 14:4

Bosnay Esd 5:3,6; 6:6,13

Bosor 2P 2:15

bosque Dt 19:5; 1S 14:25-26; 22:5; 2S 18:6,8, 17; 2R 2:24; Job 39:4; Sal 50:10; 74:5; 80:13; 96:12; 104:20; Cnt 2:3,7; 3:5; Is 7:2; 9:18; 10:19, 34; 22:8; 29:17; 32:15,19; 44:14; 55:12; 56:9; Jer 10:3; 21:14; 26:18; Ez 15:2; 20:46-47; Mi 5:8; 7:14; Zac 12:6; Stg 3:5

Bosque 1R 7:2; 10:17,21; 2Cr 9:16,20

bosques Jos 17:15,18; 2R 19:23; 1Cr 27:28; 2Cr 27:4; Sal 29:9; 83:14; Is 10:18; 17:9; 37:24; 44:23; Jer 46:23; Ez 34:25; 39:10; Zac 11:2

Bosra Gn 36:33; 1Cr 1:44; Is 34:6; 63:1; Jer 48:24; 49:13,22; Am 1:12

botas Is 9:5

bote Hch 27:16,30,32

botella Pr 23:30

botones Nm 17:8

bóveda Pr 8:27; Is 40:22; Ez 1:22-23,25-26; 10:1; Dn 12:3

bozal Dt 25:4; 1Co 9:9; 1Ti 5:18

brama Is 5:30; 17:12; Jl 1:18

Bramaban Job 30:7

braman Is 17:13; Jer 51:16

Braman Is 17:12

bramará Is 5:30

Brame Sal 96:11; 98:7

bramen Jer 5:22

bramido Jer 50:42; Lc 21:25

bramidos Jer 6:23

brasa Is 6:6

brasas Lv 16:12; Nm 16:37,46; Sal 11:6; 102:3; 120:4; 140:10; Pr 6:27-28; 26:21; Is 30:14; 44:12,19; 47:14; 54:16; Ez 10:2; 24:11; Jn 21:9; Ap 8:5

brasero Is 29:2; Jer 36:22-23; Zac 12:6

braseros Éx 25:38; 27:3; 37:23; 38:3

bravo Ez 19:3

bravos 2S 17:10; Sal 68:30

brazalete 2S 1:10

brazaletes Nm 31:50; Ez 23:42

brea Gn 6:14; Éx 2:3; Is 34:9

brecha 1R 11:27; 2R 25:4; 1Cr 14:11; Job 30:14; Sal 60:1; 106:23; Ec 10:8; Jer 39:2; 52:7; Mi 2:13

brechas 2S 5:20; 1Cr 14:11; Neh 4:7; 6:1; Sal 144:14; Is 22:9; Ez 13:5; 30:16; Am 4:3

breñas Job 30:4

brevas Nah 3:12

breve Esd 9:8; Job 20:5; Sal 39:5; Pr 6:10; 24:33; Ec 6:12; Hch 25:4; Heb 12:10

brevemente Hch 24:4; Ef 3:3; Heb 13:22; 1P 5:12

bribón Pr 6:12

brida Sal 32:9

brilla Sal 112:4; Pr 13:9; 23:31; Is 60:1; Nah 2:3; 2P 1:19; 1Jn 2:8; Ap 1:16

brillaba Nm 11:7; Ez 1:27; 8:2; Dn 10:6

brillaban Ez 1:7,16

brillan Job 39:23; Fil 2:15

brillante Job 37:21; 41:32; Ez 10:9; Jn 5:35; Hch 10:30; Ap 22:16

brillantes Is 54:12

brillantez Hab 3:4

brillar Sal 104:15; 119:135; Ec 12:2; Jl 2:10; 3:15; Mt 5:16; 2Co 4:6; Ap 18:23

brillará Job 22:28; Is 13:10; 30:26; 58:10; 60:2; Ez 32:7; Mt 24:29; Mr 13:24

brillarán Dn 12:3; Zac 9:16; Mt 13:43

brille Job 3:4; Sal 4:6

brillen Gn 1:15

brillo Job 9:7; 25:5; Is 34:4; Dn 12:3; Hab 3:11; 1Co 15:41; Ap 21:11

brincando Cnt 2:8

brincarán Is 13:21

brincos 1R 18:26

brindarles 3Jn 8

brío Sal 32:9

bríos Job 16:5; Sal 147:10; Zac 9:17

briosos Jue 5:22; Zac 6:3,7

brisa Sal 107:29

brizna Is 40:15; Sof 2:2

brocados Sal 45:13

broches Éx 35:22; Is 3:18

bromeando Gn 19:14; Pr 26:19

bronceó Cnt 1:6

broquel Jer 46:3

broqueles Ez 38:4; 39:9

brotar Gn 1:12; Lv 13:57; Dt 8:15; 32:13; Is 41:18; 43:20; Stg 3:11

bruces 1S 17:49

brujería Nm 23:23; Dt 18:10; Gá 5:20

bruma Is 44:22

bruñeron Ez 21:11

bruñida Ez 21:9-10,15

bruñido 1R 7:45; Esd 8:27; Job 37:18; Ez 1:7,27; 8:2; Dn 10:6

brusquedad 1R 12:13; 2Cr 10:13

Bubastis Ez 30:17

buche Lv 1:16

buenos Gn 2:9; 19:19; 41:35; Éx 11:3; 12:36; Lv 27:33; 1Cr 4:40; Neh 9:13; Job 9:22; Sal 119:39; 125:4; Pr 2:20; 14:19; 15:3; 16:28; 20:18; 23:14; Ec 7:14; 9:11; Jer 24:2,3,5; Ez 20:25; Mal 3:18; Mt 5:45; 13:48; 22:10; Lc 16:15; Hch 19:25; Stg 3:17; 1P 2:18

Buenos Hch 27:8

buey Éx 20:17; 21:33; Nm 7:3; Dt 5:14,21; 14:4; 17:1; 18:3; 22:1,4,10; 25:4; 28:31; 1S 12:3; 1R 18:23, 26,33; Neh

5:18; Job 6:5; Pr 7:22; 14:4; Is 1:3; 11:7; 32:20; 65:25; Lc 13:15; 14:5; 1Co 9:9; 1Ti 5:18

búfalo Dt 33:17

búfalos Is 34:7

búho Lv 11:17; Dt 14:16; Sal 102:6; Is 34:11,15

búhos Is 13:21

buitre Lv 11:18; Dt 14:17; Mi 1:16

buitres Job 15:23; Pr 30:17; Is 18:6; 34:15; Hab 1:8; Mt 24:28; Lc 17:37

bul 1R 6:38

bultos Lc 16:7

bulla 1R 1:41,45

bullicio Is 24:8; Jer 51:55; Ez 23:42; Am 5:23; Hch 2:6; Ap 19:1

Buná 1Cr 2:25

Buní Neh 9:4; 10:15; 11:15

Buquí Nm 34:22; 1Cr 6:5, 51; Esd 7:4

Buquías 1Cr 25:4,13

burbujeantes Is 35:7

burladores Jud 18

burlarme 1S 2:1

burlarse Gn 39:14; 1R 18:27; 2R 2:23; Is 28:22; 57:4; Mt 9:24; 27:31; Mr 5:40; 15:20; Lc 8:53; 14:29; 22:63; 23:36

burlón Job 27:23; Pr 9:7

burlona 2P 3:3

burlones Job 16:10; 17:2; Sal 73:8; Pr 3:34; Is 28:11; Lm 2:15-16; Hch 13:41

burra Nm 22:21-23,25, 27-28, 30,32-33; 2R 4:22, 24; Mt 21:2,7; 2P 2:16

burras 1S 9:3,5,20; 10:2,14,16; 1Cr 27:30

burrito Mt 21:2,5,7; Mr 11:2, 4-5,7; Lc 19:30,33,35; Jn 12:14-15

burro Éx 20:17; Dt 5:14,21; 22:3-4,10; 28:31; Jue 15:15; Is 30:6; Mt 21:5; Lc 13:15

burros Jos 6:21; 1Cr 5:21; 12:40; 2Cr 28:15; Esd 2:67; Neh 7:69; Is 30:24

buscarlas 1S 20:21; Ez 34:6; Lc 17:31

buscarles Nm 10:33; Dt 1:33

buscarlo 1S 16:11-12; 20:31; 2S 9:5; 1R 18:10; 2R 1:9; Cnt 6:1; Zac 8:21; Mr 1:36

buscarlos Dt 28:32; 1R 2:40

buscarme Gn 27:13; 1S 27:1; Dn 4:36

buscarte Gn 27:45; Rt 3:1; 2Cr 30:19

búsqueda 1S 23:25; Dn 2:13

Buz Gn 22:21; 1Cr 5:14; Job 32:2,6; Jer 25:23

Buzí Ez 1:3

cabal Hch 22:3

cabalga Dt 33:26; Sal 45:4; 68:4,33

cabalgadura Neh 2:14; Lc 10:34

cabalgaduras Hch 23:24

cabalgan Jer 6:23

cabalgar Dt 32:13; Is 58:14

Cabalgaremos Is 30:16

cabalgas Sal 104:3

cabalgaste Hab 3:8

cabalgue Lv 15:9

caballería Dt 17:16; Jos 24:6; 1S 8:11; 2S 1:6; 10:18; 1R 4:28; 9:19,22; 20:21; 2R 3:7; 7:6; 11:16; 1Cr 19:18; 2Cr 8:6,9; 23:15; Esd 8:22; Neh 2:9; Is 31:1; Ez 26:10; Mi 5:10; Nah 3:3; Hab 1:8; Hch 23:23,32-33; Ap 9:16

caballerías Sal 66:12

caballerizas 1R 10:26; 2Cr 1:14; 9:25; Est 8:10

caballo Gn 49:17; 1R 20:20,25; 2R 14:20; 2Cr 1:17; 25:28; Est 6:8-11; Job 39:19; Sal 32:9; 33:17; 147:10; Pr 21:31; Ec 10:7; Is 30:16; 63:13; Jer 22:4; 50:42; Ez 23:20,23; 38:15; Am 2:15; Zac 1:8; Ap 6:2,4-5,8; 19:11,19,21

Caballos Neh 3:28; Jer 31:40

cabe Jos 10:14; Lc 4:25

cabecera Gn 47:31; Jos 11:10; 1S 26:7,11-12,16; 1R 19:6; Job 29:25; Jn 20:12

cabecilla Nm 14:4; Hch 24:5

cabellera 2S 14:26; Job 41:32; Cnt 5:11; Jer 7:29; 1Co 11:15; Ap 1:14

cabello Lv 14:9; 19:27; Nm 5:18; 6:5,18; Jue 16:13,19,22; 20:16; 1S 1:11; 2S 14:11; 1R 1:52; 2R 9:30; Ez 5:1-2; 8:3; 44:20; Dn 7:9; Lc 21:18; Hch 27:34; 1Co 11:6, 14-15; Ap 9:8

cabellos Job 4:15; Sal 40:12; 69:4; Ec 9:8; Cnt 4:1; 6:5; 7:5; Ez 5:3; Dn 3:27; Mt 5:36; 10:30; Lc 7:38,44; 12:7; Jn 11:2; 12:3

Cabeza Col 2:19

cabezal Mr 4:38

cabezas Éx 22:1; Nm 31:33; Dt 32:42; 33:20; 1S 29:4; 2R 10:6-8; Sal 74:14; 110:6; Is 15:2; Ez 1:22,25; Dn 7:6; Am

9:1; Ap 9:19; 12:3; 13:1,3; 17:3,7,9

cabezazos Hch 26:14

cabían 2S 8:2; 1R 18:32; Jn 2:6

cabida Dt 15:9; Job 11:14; 29:22; Sal 5:4; 101:4; Ez 28:15; Os 9:4; Ef 4:27

cabizbajo Gn 4:5-6

cabizbajos Gn 40:7; Lc 24:17

Cabón Jos 15:40

cabra Gn 15:9; Éx 25:4; 26:7; 35:6,23,26; 36:14; Lv 3:12; 4:28; 5:6; 17:3; Nm 15:27; 31:20; Dt 14:4-5; 1S 19:13,16; Pr 27:27; Heb 11:37

cabras Gn 30:35; 31:10, 12,38; 32:14; Lv 1:10; 1S 25:2; 1R 20:27; Sal 104:18; Pr 27:26; Cnt 4:1; 6:5; Is 1:11; 5:17; 7:21; 13:21; 34:6,14; Mt 25:32-33

Cabras 1S 24:2

cabrían Jn 21:25

cabríos Lv 16:5,7-8; 17:7; Nm 7:17,23,29,35,41,47, 53,59,65,71,77,83,87-88; 28:27; 2Cr 11:15; 17:11; 29:21,23; Sal 50:9,13; 66:15; Jer 50:8; Zac 10:3; Heb 9:12-13; 10:4

cabritas Cnt 6:6

cabrito Gn 30:33; 37:31; 38:20,23; Éx 12:5; 23:19; 34:26; Lv 22:27; Nm 15:11; Dt 14:21; Jue 6:19; 13:15,19; 14:6; 15:1; 1S 16:20; Is 11:6; Lc 15:29

cabritos Gn 27:9,13-14,16; 30:32; 38:17; Dt 32:14; 1S 10:3; 2Cr 35:7; Cnt 1:8

Cabsel Jos 15:21; 2S 23:20; 1Cr 11:22

Cabul Jos 19:27; 1R 9:13

cace Gn 27:7; Lv 17:13

cacerola 1S 2:14

cachivaches Neh 13:8

cachorro Gn 49:9; Dt 33:22; Jue 14:5; Job 4:10; Is 11:6; 31:4; Ez 19:5; Os 5:14; Mi 5:8

cachorros Job 4:11; 38:39; Jer 51:38; Lm 4:3; Ez 19:2; Os 13:8; Nah 2:11

Cademot Dt 2:26; Jos 13:18; 21:37; 1Cr 6:79

cadena Dn 5:7,16,29; Lc 13:16; Ap 20:1

cadenillas Éx 28:14,22, 24-25; 39:15,17-18; Is 3:20

cadera Gn 32:25,31-32

caderas Job 21:24; Cnt 7:1; Jer 30:6

camaleón Lv 11:30

cámara Sal 19:5; Jl 2:16

cámaras Job 37:9

camarero Hch 12:20

camareros 1R 10:4; Est 1:8

camas 2S 17:28; Sal 149:5; Os 7:14; Am 6:4

Camay Jer 51:1

cambiada Dn 6:17

cambiado Gn 31:7; Lv 13:55; Sal 77:10; Is 10:13; Jer 2:11; 2P 3:4

cambiar Éx 13:17; Lv 27:33; Nm 23:19; Job 10:8; Jer 13:23; Ez 39:25; Dn 7:25; Hch 14:19

cambiarse Gn 41:14; Lv 27:10; Heb 7:12

Camella Jer 2:23

camellas Gn 32:15

camello Gn 24:64; 31:34; Lv 11:4; Dt 14:7; Is 30:6; Mt 3:4; 19:24; 23:24; Mr 1:6; 10:25; Lc 18:25

camilla Mt 9:2,6; Mr 2:4,9, 11-12; Lc 5:18-19,24-25; Jn 5:8-11

camillas Mr 6:55; Hch 5:15

caminante Jer 10:23

caminar Éx 21:19; Lv 26:13; 1S 17:39; 2S 20:8; 2R 4:35; Job 13:27; Pr 6:28; Jer 10:5; Os 11:3; Am 3:3; Hab 3:19; Mr 6:49; Lc 24:15; Hch 3:8-9,12; 14:10; Ap 9:20

Camino Is 35:8; Hch 9:2; 19:9,23; 22:4; 24:14,22

camisa Mt 5:40; Lc 6:29

camisas Lc 3:11

Camón Jue 10:5

camorra Pr 17:11

campamentos Gn 9:27; 25:16; 32:10; Nm 2:17; 10:25; 31:10; Dt 29:11; 1Cr 2:23; 4:41; 9:18; 2Cr 14:15; Sal 69:25; 78:51; 83:6; Cnt 6:13; Jer 37:10; Ez 25:4; Hab 3:7; Zac 14:15; Mal 2:12

campanilla Éx 28:34

campanillas Éx 28:33,35; 39:25-26

campante Jer 5:31

campaña Gn 4:20; 13:5; Éx 18:7; 26:7; 33:7; 36:14; 40:19; Dt 23:9; 1S 17:38, 54; 18:13,16,30; 23:13; 27:8; 29:6; 2S 6:17; 7:2,6; 11:1,7; 16:22; 2R 7:7-8; 1Cr 9:23; 15:1; 16:1; 17:1; 20:1; Sal 69:25; 106:25; Jer 35:7,10; Ez 29:18; Hch 18:3; 2Co 5:1,4; Heb 11:9

campañas Nm 27:17; 2S 3:22; 5:2; 8:6,14; 2R 24:7; 1Cr 11:2; 18:6,13

campesinos Jer 14:4; Am 5:16

Campo 2R 18:17; Is 7:3; 36:2; Mt 27:7-8; Hch 1:19

Caná Jos 16:8; 17:9; 19:28; Jn 2:1,11; 4:46; 21:2

canal 2Cr 32:30; Job 38:25; Is 7:3

canales Éx 7:19; Is 8:7; 19:6; 33:21; Ez 30:12

canalla Is 32:5,7

Canalla 2S 16:7

canallas 2S 3:33

cananea Gn 28:6; 46:10; Éx 6:15; 1Cr 2:3; Ez 16:3; Mt 15:22

cananeas Gn 28:8-9; 36:2; Jos 14:1

cananeo Gn 38:2; Nm 21:1; 33:40; Jos 13:3-4; 22:10; Jue 4:2,23

canas Dt 32:25; 1S 12:2; Job 15:10; Sal 71:18; Pr 16:31; 20:29; Is 46:4

canasta Gn 40:17; Dt 26:2,4,10; 28:5,17; Jue 6:19; Am 8:1-2

canastas Gn 40:16,18; Jer 24:1; Mt 13:48; 14:20; 16:9; Mr 6:43; 8:19; Lc 9:17; Jn 6:13

canastillo Éx 29:3,23,32; Lv 8:2,26; Nm 6:15,17,19

canasto Hch 9:25; 2Co 11:33

cancelación Dt 31:10

canción Jue 5:12; 2S 22:1; Sal 33:3; Cnt 2:12; Is 5:1; 12:2; 23:15; 26:1

canciones Éx 32:18; 1R 4:32; Sal 65:8; 126:2; 137:3-4; Pr 25:20; Is 23:16; 44:23; 49:13; 52:9; 54:1; Lm 3:63; Ez 26:13; 33:32; Am 5:23; 6:5; 8:3,10; Ef 5:19; Col 3:16

Candace Hch 8:27

candelabro Éx 25:31, 33-36,39; 26:35; 30:27; 31:8; 35:14; 37:17-22,24; 39:37; 40:4,24; Lv 24:4; Nm 3:31; 4:9-10,16; 8:2-4; 1Cr 28:15; 2Cr 13:11; Zac 4:2,11; Heb 9:2; Ap 2:5

candelabros 1R 7:49; 1Cr 28:15; 2Cr 4:7,20; Jer 52:19; Ap 1:12-13,20; 2:1; 11:4

candente Sal 11:6

candentes Is 18:4

Cané Ez 27:23

canela Éx 30:23; Sal 45:8; Pr 7:17; Cnt 4:14; Ez 27:19; Ap 18:13

Canela Job 42:14

cansada 2S 17:29

cansadas Heb 12:12

cansado Gn 25:30; Dt 25:18; Jos 23:1; 2S 17:2; Pr 30:1; Is 1:14; 40:29; 43:22; Jer 15:6; Mal 2:17

Cansado Sal 6:6; 69:3; Pr 30:1

cansados 1S 30:10,21; Mt 11:28

cansancio Jue 4:21; Jer 9:5

cansar Jos 7:3

cantantes Ap 18:22

cantar 1Cr 16:41; 2Cr 20:21; Neh 12:42; Sal 9:2; 101:1; 137:4; 147:1; Pr 29:6; Is 24:16; Mt 26:30; Mr 14:26; Hch 16:25; 1Co 14:15

Cantar Cnt 1:1

cantares Cnt 1:1

cantarle 1Cr 25:7

cántaro Gn 24:14-18,20,43; 45-46; Sal 33:7; Ec 12:6; Jer 13:12; 19:1,10-11; Mr 14:13; Lc 22:10; Jn 4:28

cántaros Nm 24:7; Jue 7:16,19-20; 1R 18:34; Job 38:37; Is 22:24; Jer 14:3; 48:12

cantarte Sal 57:7; 101:1; 108:1; 138:1

cantera 1R 5:17; 6:7; 2Cr 34:11; Is 51:1

canteras Jos 7:5; Jue 3:19,26

cantería 2R 12:12; 22:6

canteros 2S 5:11; 1R 5:15; 2R 12:12; 1Cr 22:2,15; 2Cr 2:2,18; 24:12

cántico Éx 15:1-2; Nm 21:17; Dt 31:19,21-22,30; 32:44; 2Cr 20:21-22; Sal 40:3; 96:1; 98:1; 119:172; 137:3; 144:9; 149:1; Is 42:10; Jer 16:9; Ap 5:9

Cántico 2S 1:18

cánticos Neh 12:27,46; Job 36:24; Sal 28:7; 32:7; 69:30; 95:2; 98:4; 100:2; 119:54; 138:5; Is 51:11; Jer 7:34; 30:19; Jon 2:9

cantidad Éx 5:8; 16:16,18, 21; 30:34; Lv 27:16; Dt 17:16; Jos 22:8; 2S 8:8; 1R 1:19,25; 8:5; 10:10,14; 2R 12:11; 1Cr 18:8; 22:14-15; 28:18; 2Cr 5:6; 9:9,13; 14:15; 28:5; Neh 9:25; Est 4:7; Ez 27:18; 28:18; Mt 13:33; Lc 5:6; 13:21; 19:8, 13; Jn 21:6

cantidades Éx 38:21; Dt 17:17; 1R 10:2; 2Cr 32:27; Zac 14:14; Mr 12:41

canto Jue 5:1; 2S 22:50; 1Cr 6:33; 15:21-22,27; Neh 11:22; Sal 18:49; 42:8; 84:2; 118:14; Ec 12:4; Jer 33:11; Ez 27:2; Am 5:1; Mr 13:35; Lc 7:32

Canto Sal 13:6

cantor 2S 23:1; 1Cr 6:33

cantoras 2S 19:35; 2Cr 35:25; Esd 2:65; Neh 7:67; Ec 2:8

cantores 2S 19:35; 1Cr 6:31; 9:33; 15:16,19,27; 2Cr 5:12-13; 23:13; 29:28; 35:15, 25; Esd 2:41,65,70; 7:7,24; 10:24; Neh 7:1,44,67,73; 10:28,39; 11:23; 12:28-29,42, 45,47; 13:5,10; Sal 68:25; Ec 2:8

cantos 1S 21:11; 29:5; 1Cr 15:16; 16:42; 2Cr 29:27-28; 30:21; 35:25; Sal 78:63; Is 35:10; Jer 25:10; Am 8:10; Sof 3:17

caña Éx 30:23; 2R 18:21; Is 19:15; 36:6; 42:3; 43:24; Jer 6:20; Ez 27:19; 29:6; Mt 11:7; 12:20; 27:29-30, 48; Mr 15:19,36; Lc 7:24; Jn 19:29; Ap 11:1; 21:15-16

cañadas Job 22:24; Sal 104:10; Ez 31:12

cañas 1R 14:15; Is 19:6

caos Gn 1:2; Job 10:22; Is 24:10; 34:11; Jer 4:23

caótica Ez 22:5

capa Éx 16:13; Zac 8:23; Mt 5:40; 24:18; Mr 10:50; 13:16; Lc 6:29; Hch 12:8; 2Ti 4:13

capaces Gn 47:6; Éx 18:21,25; Dt 1:17; Jue 20:16; 2R 2:16; 2Cr 25:5; Ec 10:6; Dn 2:9; 1Co 6:2

capacidad Éx 31:3; 35:31; Lv 19:35; 1R 7:26,38; 1Cr 23:29; 2Cr 4:5; Sal 36:3; Dn 5:12; Mt 25:15; 2Co 3:5; Heb 5:14

capacidades Esd 2:69

capacitado Esd 8:18; 2Co 3:6; 2Ti 3:17

capacitados 1Cr 9:13; Ro 15:14; 2Ti 2:2

capacitar Ef 4:12

capacite Heb 13:21

Capadocia Hch 2:9; 1P 1:1

capataces Éx 1:11; 3:7; 5:6,10,13-14; 1R 5:16; 9:23; 2Cr 2:2,18; 8:10

capataz Rt 2:5-6; Job 3:18; Mt 20:8

capaz Gn 41:15; 44:34; Nm 14:16; 22:37; Dt 3:24; 34:12; Jos 1:5; 1S 17:9; 28:2; 2R 5:7; 10:3; 2Cr 22:9; Sal 89:13; Dn 2:10, 47; 3:15; 4:37; Mt 3:9; Lc 3:8; Ro 7:18; 8:7; Gá 3:21; 1Ti 3:2; 2Ti 2:24; Stg 3:2; Ap 5:3

capciosos Col 2:4

Capernaúm Mt 4:13; 8:5; 11:23; 17:24; Mr 1:21; 2:1; 9:33; Lc 4:23,31; 7:1; 10:15; Jn 2:12; 4:46; 6:17,24,59

capital Nm 21:26; 1S 27:5; 2Cr 25:28; Jer 4:11; Lm 3:48; 4:21-22; Dn 4:30

capitales Jos 10:2

capitán Gn 37:36; 39:1; 40:3-4; 41:10,12; 2R 9:5; Is 3:3; Jer 37:13; 52:30; Dn 10:21; Jon 1:6; Hch 4:1; 5:24,26

capitanes Dt 20:9; Jue 5:14; 1S 8:12; 2S 24:2,4; 1R 22:31-33; 2R 8:21; 9:5,11; 11:4,9-10,14,15,19; 2Cr 18:30-32; 21:9; 23:1,9, 13-14,20; 32:21; Neh 2:9; Lc 22:4,52; Ap 18:17

capitel 1R 7:17-18; 2R 25:17; 2Cr 3:15; Jer 52:22

capiteles Éx 36:38; 38:17,19,28; 1R 7:16-17, 19-20,41; 2Cr 4:12; Am 9:1

capricho Gn 49:6; Sal 27:12; 41:2; 78:29-30

caprichos Sal 140:8

caprichosos Is 3:4

capta Pr 20:5

captaban Lc 18:34

captado Job 13:1; Is 42:20

captaron Job 4:12; Jn 10:6

capto 1Co 14:11

captores 2Cr 6:38; Is 14:2

captura 1S 4:21

capturar 1S 5:1; 2S 5:7; 12:28; 20:21

capturarlo 2R 6:13; Job 40:24

capullo 1R 7:26; 2Cr 4:5

Car 1S 7:11

caracol 1R 6:8

carácter 2Cr 13:7; 19:11; Est 1:19; Is 26:3; Abd 3; Ro 5:4; Fil 2:22

caracteriza Dt 9:4; Hch 24:4

caras Pr 25:23; Ez 1:6,8,11, 15; 10:14,21-22

caravana Gn 37:25

caravanas Job 6:18-19; Is 60:6

Caravanas Is 21:13

carbón Pr 26:21

carbones 2S 22:9,13; 1R 19:6; Job 41:21; Sal 18:8, 12-13; Ez 1:13

Carcá Jos 15:3

carcajadas Sal 35:21; Ec 7:6

Carcás Est 1:10

carcelero Hch 16:23,27,29, 33-36

carceleros Mt 18:34

cárceles Is 42:22; Lc 21:12; 2Co 6:5; Heb 11:36

carcoma Pr 12:4; Os 5:12; Hab 3:16

carcome Job 18:13

carcomen Mt 6:20

carcomida Job 13:28

carcomido Is 10:18

Carcor Jue 8:10

cardinales 1Cr 9:24; Is 11:12

cardo 2R 14:9; 2Cr 25:18

cardos Gn 3:18; Is 5:6; Ez 2:6; Mt 7:16; Heb 6:8

Cardos Os 10:8

Carea 2R 25:23; Jer 40:8, 13,15-16; 41:11,13-14,16; 42:1,8; 43:2,4-5

careado Pr 25:19

carece Zac 10:2; Hch 20:24; 1Co 14:10

carecen Dt 32:28; Hab 2:19; Tit 3:9; Stg 2:15

carentes Job 38:2; 1Ti 6:5

careo Hch 25:16

cargada Lm 1:3; Am 2:13

Cargada Ez 27:25

cargadas Gn 45:23; 2R 8:9; Ec 11:3; Nah 3:12; 2Ti 3:6

cargado Is 1:4; 46:3; Ez 30:3

cargadores 1R 5:15; 2Cr 2:2,18; 34:13; Neh 4:10

cargados Gn 37:25; 45:23; 1S 22:2; 2S 16:1; 22:12; 1Cr 12:40; Job 24:10; Sal 18:11; 105:37

cargamentos 1R 10:11; Ap 18:13

cargar Gn 44:13; Nm 11:11; 1Cr 23:26; Ez 44:13; Os 10:2; Am 5:26; Jn 5:10; Heb 9:28

cargarlo 1S 25:18

cargas Dt 1:12; 1R 5:11; 2R 5:17; 2Cr 2:10; 27:5; Neh 5:15; 13:15; Sal 68:19; 90:10; 144:14; Mt 23:4; Lc 11:46; Gá 6:2

cargos 2Cr 8:14; Neh 10:29; Job 13:19; Hch 23:30; 25:16,20,27

caricias Cnt 1:4; 7:12

cariño Éx 21:5; Rt 2:13; 1S 20:17; 2S 15:6; Job 15:11; Sal

102:14; Is 40:2; Jer 2:2; 2Co
7:15; 1Ts 2:8
Carisín 1Cr 4:14
Carmel Jos 15:55; 1S 15:12;
25:2,5,7,40; 27:3; 30:5; 2S 2:2;
3:3; 23:35; 1Cr 3:1; 11:37
Carmelo Jos 12:22; 19:26; 1R
18:19-20,42; 2R 2:25; 4:25;
Cnt 7:5; Is 33:9; 35:2; Jer
46:18; 50:19; Am 1:2; 9:3;
Nah 1:4
carmesí Éx 25:4; 26:1,31, 36;
27:16; 28:5-6,8,15,33;
35:6,23,25,35; 36:8,35,37;
38:18,23; 39:1-3,5,8,24,29;
Nm 4:13; 2S 1:24; 2Cr 2:7,
14; 3:14; Jer 10:9
Carmí Gn 46:9; Éx 6:14; Nm
26:5; Jos 7:1,18; 1Cr 2:7; 4:1;
5:3
carmitas Nm 26:5
carnada Am 3:5
Carnayin Gn 14:5; Am 6:13
carnes Sal 27:2
carnicería 1Co 10:25
caro Mt 26:7; Jn 12:3
carpa Gn 9:21; 18:1-2,6,
9-10,33; 24:67; 31:33-34;
33:19; Éx 33:8,10; Lv 14:8; Dt
33:18; Jos 7:21-22,24; Jue
4:17-18,20-21; 7:13; 20:8; Job
4:21; 18:15; 19:12; Is 38:12;
40:22; 54:2; Jer 10:20; Zac
10:4
carpas Dt 1:27; 5:30; 11:6; Jue
5:24; 6:5; 7:8; Job 12:6; Cnt
1:5; Jer 4:20; 30:18; 49:29; Os
9:6; 12:9
carpintero Is 44:13; Mt 13:55;
Mr 6:3
carpinteros 2S 5:11; 2R 12:11;
22:6; 1Cr 14:1; 22:15; 2Cr
24:12; 34:11; Esd 3:7
Carpo 2Ti 4:13
Carquemis 2Cr 35:20; Is 10:9;
Jer 46:2
carrera Job 39:24; Ec 9:11; Jer
8:6; Nah 2:5; Hch 13:25;
20:24; 1Co 9:24; 2Ti 4:7; Heb
12:1
carreta Nm 7:3; 1S 6:7-12,
14-15; 2S 6:3; 1Cr 13:7; Is
5:18; 28:27-28; Am 2:13
carretas Nm 7:3,6-8; Sal
65:11; Ez 23:24
carretera Is 19:23; 62:10
carroña Ez 32:5
carroza 1Cr 28:18
carrozas Cnt 6:12
carruaje Gn 46:29; Cnt 3:7,9
carruajes Ap 18:13
Carsena Est 1:14

Cartá Jos 21:34
Cartán Jos 21:32
cartas 1R 21:8-9,11; 2R 10:1;
20:12; 2Cr 30:1,6; Neh 2:7,9;
6:19; Est 1:22; 9:20; Is 39:1;
Jer 29:25; Hch 9:2; 22:5; 1Co
16:3; 2Co 3:1; 10:9-10; 2Ts
3:17; 2P 3:16
Casa Hch 7:42
casada Gn 20:3; Nm 30:10; Is
54:1; Jl 2:16; Lc 2:36; Ro 7:2;
1Co 7:34; Gá 4:27
casadas Lm 5:11
casado Éx 21:3; Dt 20:7; 24:5;
1S 25:43; 2S 17:25; 1R 4:15;
7:8; Esd 10:14, 17-18,44; Neh
13:23; Jl 2:16; Mr 6:17; 1Co
7:27,33
casados Mt 22:28; Mr 12:23;
Lc 20:33; 1Co 7:10
casamiento Gn 34:9,16; Mt
22:30; 24:38; Mr 12:25; Lc
17:27; 20:34-35
casar Gn 27:46; 29:26; 34:21;
1S 18:19; Neh 10:30; 1Co
7:11
casarme Gn 29:25; Dt 25:8; Rt
1:12; Lc 14:20
casarse Gn 25:1; 28:6; 29:20;
38:11,14; Éx 22:16; Lv 21:14;
Nm 36:6,8; Dt 22:23,25,28;
24:2,4; 25:7; Jue 14:8; Rt
1:11,13; 1R 2:21; 11:1; 2R
8:18; 2Cr 21:6; Pr 30:23; Jer
3:1; Ez 44:22; Mal 2:11; Mt
1:18; 19:10; 22:24; Mr 12:19;
Lc 1:27; 20:28; 1Co 7:9,36-37,
39; 1Ti 5:11
casarte Dt 28:30
cascabeles Zac 14:20
cascadas Sal 42:7
cáscara Nm 6:4
casco 1S 17:5,38; Is 59:17; Hch
27:17; Ef 6:17; 1Ts 5:8
cascos Jue 5:22; 2Cr 26:14; Is
5:28; Jer 2:23; 46:4; Ez 23:24;
26:11; 27:10
caseríos Mr 6:56
casi Gn 48:10; Nm 11:31; Jos
10:13; Jue 19:11; 1S 9:8;
17:4,7; 1R 22:6; Job 2:12; Sal
84:2; Mr 6:37; Lc 24:29; Hch
10:9; 13:44; 19:26; Heb 9:22;
Ap 16:21
casia Éx 30:24
Casifia Esd 8:17
Casifiá Esd 8:17
Casís Jos 18:21
caslujitas Gn 10:14; 1Cr 1:12
casos Éx 18:22,26; 22:9; Lv
15:3; Dt 1:17; 17:8; 21:5; 2Cr
19:10; Esd 10:17; 1Co 6:2

castaños Ez 31:8
castigada Gn 19:15; Jer 6:6
castigado Gn 4:15; Éx
21:20-21; 2Cr 26:20; Sal
118:18; Is 9:13; 26:14; 57:17;
Lm 3:39; Ez 39:21; Zac
14:19; Gá 5:10
castigados Nm 16:26; Sal
81:15; Jer 25:29; Hch 22:5
castigar 1S 15:2; 28:10; Job
37:13; Sal 94:10; Pr 17:26; Is
26:21; Jer 5:9,29; 9:9; 14:10;
25:29; 46:25; 51:44; Ez 5:8;
Sof 1:12; Zac 14:18; Ro 13:4;
2Co 10:6; 2Ts 1:8; 1P 2:14
castigarlos Éx 32:34; 1S 6:3;
Jer 11:22; 23:2; 44:29; Hch
4:21; 2P 2:9
castigarnos Éx 5:3
castigarte Ez 16:27
castigos 2S 24:12; 1Cr 21:10;
Ez 14:21
castrado Lv 21:20
casualidad Rt 2:3; 1S 6:9; 2S
1:6
casualmente Dt 22:23,28
catarata Ap 1:15; 14:2; 19:6
cataratas Lv 21:20
catástrofe Gn 19:29; Is 47:11
Catat Jos 19:15
categóricamente 2R 17:12
caterva Nm 32:14; Sal 64:2
cauce Jos 3:17; 4:3,5,8-10, 20;
Ez 29:3
cauces Ez 32:6; 35:8
Cauda Hch 27:16
caudal 1Ti 6:19
caudalosas Neh 9:11; Sal
32:6; Is 17:12; Ez 26:19; 31:7
caudaloso Is 59:19; Ez 43:2
caudillo Jue 2:18-19; 3:10;
10:18; 11:8-9,11
caudillos Éx 15:15; Dt 32:42;
Jue 2:16-17; 1Cr 1:51,54; Pr
28:2
causante Ez 7:19
causar Jue 20:31,39; 1R 20:7;
Lc 2:34; Hch 19:40; 27:10
causarle Nm 5:24,27
causarles 2R 8:12
causarme Gn 31:7
cautiva Dt 21:13; Esd 2:1; Is
52:2; Am 5:5
cautivado Sal 45:11; Cnt 7:5
cautivando 2Ti 3:6
cautivar Pr 5:20; 6:25
cautivaré Ez 14:5
cautivas Dt 21:11; Esd 4:10
cautivaste Cnt 4:9
Cautivaste Cnt 4:9
cautive Pr 5:19; Col 2:8

cautiverio Dt 28:41; 1Cr 6:15; 2Cr 29:9; Esd 3:8; 6:16,19-21; 8:35; 9:7; 10:7,16; Neh 4:4; 8:17; Is 46:2; Jer 13:17; 15:2; 20:6; 22:22; 29:14; 30:3; 41:10; 48:46; Lm 1:5; 2:14; Ez 30:17-18; Nah 3:10

cautividad Ap 13:10

cautivo Gn 14:14; Nm 24:22; 2R 25:21; 1Cr 5:6; 9:1; Esd 5:12; Est 2:6; Sal 69:33; 78:61; Is 49:24-25; Jer 41:14; 52:27; Am 7:11, 17; Abd 11; Ro 7:23; 2Co 10:5; Ap 13:10

cavados Gn 26:18

cavar 2Cr 16:14; Lc 13:8; 16:3

cavarte Is 22:16

caverna Nah 2:12

cavernas Heb 11:38; 2P 2:4

cavidades Lv 14:37

cayado Mi 7:14

cazaba Gn 25:28

cazado Gn 27:19,25,31,33

cazador Gn 10:9; 25:27; Sal 91:3; 124:7; Pr 6:5

cazadores Jer 5:26; 16:16

cazando 1S 26:20

cazar Gn 27:5,30

cazarán Jer 16:16

cazarme Gn 27:3

Cazas Job 38:39

cazó Jue 15:4

cazuela 1S 2:14

cebada Éx 9:31; Lv 27:16; Nm 5:15; Dt 8:8; Jue 7:13; Rt 1:22; 2:17,23; 3:2,15,17; 2S 14:30; 17:28; 21:9; 1R 4:28; 2R 4:42; 7:1,16,18; 1Cr 11:13; 2Cr 2:10,15; 27:5; Job 31:40; Is 28:25; Jer 41:8; Ez 4:9,12; 13:19; 45:13; Os 3:2; Jl 1:11; Jn 6:9,13; Ap 6:6

cebadas Mt 22:4

cebados Dt 32:14; Jer 5:8; 46:21; Am 5:22

cebollas Nm 11:5

ceda 1R 2:22; 20:8; 1Co 14:30

Cedar Gn 25:13; 1Cr 1:29; Sal 120:5; Cnt 1:5; Is 21:16-17; 42:11; 60:7; Jer 2:10; 49:28; Ez 27:21

Cédele Lc 14:9

Cedema Gn 25:15; 1Cr 1:31

ceder Jos 6:20

cederá Is 22:25

cederé Job 27:6; Is 48:11

cederle 1R 21:4

Cedes Jos 12:22; 15:23; 19:37; 20:7; 21:32; Jue 4:6,9,11; 2R 15:29; 1Cr 6:72,76

cedido Jue 20:36

cedieron Sal 106:14

cedo Rt 4:6

Cedrón 2S 15:23; 1R 2:37; 15:13; 2R 23:4,6,12; 2Cr 15:16; 29:16; 30:14; Jer 31:40; Jn 18:1

cedros Nm 24:6; Jue 9:15; 1R 5:6; 2R 19:23; Sal 29:5; 80:10; 92:12; 104:16; 148:9; Cnt 1:17; 5:15; Is 2:13; 14:8; 37:24; 41:19; 44:14; Jer 22:7,23; Ez 27:5; Zac 11:1-2

Cefas Jn 1:42; 1Co 1:12; 3:22; 9:5; 15:5

cegado Gn 26:15; Jn 12:40; 2Co 4:4

cegar 2Cr 32:3

cegarán 2R 3:19

cegaron 2R 3:25; 2Cr 32:4

cegó 2Cr 32:30

ceguera Dt 28:28; 2R 6:18

ceja 1S 17:49

cejas Lv 14:9

celaré Ez 39:25

Celata Nm 33:22-23

celda Ez 40:7,12-13; Hch 12:7

celdas 1R 6:5; 7:3; Ez 40:7, 10,16,21,24,29,33,36

celebración Sal 42:4; Jer 16:8

celebrar Éx 10:9; 12:17,21, 47-48; 13:5; Nm 9:6,10, 13-14; 15:3; Dt 16:1,16; 1S 2:1; 13:10; 20:6,29; 1R 8:11; 12:32; 2R 16:18; 2Cr 5:14; 30:1-2,5,13; 35:8,16; Neh 12:27; Est 9:27-28; Job 1:4; Ez 45:21; Dn 3:3; Zac 14:16, 18-19; Mt 26:18; Lc 15:23,29; Heb 9:6

celebrarla Éx 12:14

celebrarlo 1S 25:8

celebrarlos Est 9:22

celeste Pr 8:27; Dn 12:3

celestes Jer 8:2; Mt 24:29; Mr 13:25; Lc 21:26; 1Co 15:40; Stg 1:17

celestial Sal 82:1; Mt 5:48; 6:14,26,32; 15:13; 18:10, 35; Lc 11:13; Hch 26:19; 1Co 15:48-49; 2Co 5:2; Gá 4:26; Fil 3:14; 2Ti 4:18; Heb 3:1; 6:4; 11:16; 12:22

celestiales Sal 29:1; 89:6; Is 24:21; Dn 4:35; Jn 3:12; Ef 1:3,20; 2:6; 3:10; 6:12; Heb 9:23; 2P 2:10; Jud 8

celo Gn 30:38,41; 31:10; Nm 25:11; Dt 29:20; 2S 21:2; 2R 10:16; 19:31; Sal 69:9; 79:5; 119:139; Is 9:7; 26:11; 37:32; 42:13; 63:15; Jer 2:24; Ez 5:13; 16:38; 35:11; 36:5-6; Sof

1:18; 3:8; Jn 2:17; Ro 10:2; 2Co 11:2; Gá 1:14; Fil 3:6

celos Nm 5:14-15,18,25, 29-30; Dt 32:16,21; 1R 14:22; Sal 78:58; Pr 6:34; Is 11:13; 59:17; Ez 8:3,5; 16:42; Zac 1:14; 8:2; Hch 13:45; Ro 11:11,14; 1Co 3:3; 10:22; 2Co 12:20; Gá 5:20

celosamente Nm 25:13; Stg 4:5

celosía Jue 5:28; Pr 7:6

celosías 1R 6:4; Cnt 2:9

celoso Éx 20:5; 34:14; Nm 11:29; Dt 4:24; 5:9; 6:15; Jos 24:19; Pr 23:17; Is 16:5; Nah 1:2; Hch 22:3

cena Mr 14:15; Lc 14:12; 22:12,20; Jn 12:2; 13:2; 21:20; 1Co 11:21; Ap 19:9,17

Cena 1Co 11:20

cenar Lc 17:8; 1Co 11:25

cenaré Ap 3:20

Cencreas Hch 18:18; Ro 16:1

ceniceros Nm 4:9,14

cenit Jos 10:13

ceniza Gn 18:27; Éx 9:8-10; Lv 1:16; 4:12; Nm 19:17; Dt 28:24; 2S 1:2; 13:19; 15:32; Neh 9:1; Est 4:1,3; Job 2:12; 30:19; 42:6; Sal 147:16; Is 50:3; 58:5; Lm 2:10; Ez 27:30; Am 2:1; Jon 3:6

cenizas Lv 6:10-11; Nm 4:13; 19:9-10; 1R 13:3,5; 2R 23:4,6, 15; Job 2:8; Sal 102:9; Is 44:20; 61:3; Jer 6:26; 31:40; Ez 28:18; Dn 2:5; 3:29; 9:3; Nah 2:13; Heb 9:13; 2P 2:6

ceno Lc 17:8

censados Éx 30:13-14; 38:26; Nm 1:46-47; 3:22,34,39; 4:36-37,40-41, 44-45,49; 14:29; 26:54, 62-64; 1Cr 23:27

censar 1Cr 21:17

censaron Nm 3:39

censó 1Cr 27:23

Censó 2Cr 25:5

censuré Neh 13:17

centavo Mt 5:26; Lc 12:59

centellas 2S 22:15; Sal 18:14; 77:17; 78:48

centelleaban Dn 7:9

centelleantes Sal 76:3

centellear Ez 21:15,28; Nah 3:3

centenares Dn 7:10

centeno Is 28:25

centímetro Jos 6:20

centinela 2S 13:34; 18:24-27; 2R 9:17-18,20; Sal 141:3; Is

21:6,8,12; Ez 3:17; 33:2,6-7; Os 9:8

Centinela Is 21:11

centinelas Jue 7:11; 1S 14:16; 1R 14:28; 2R 7:10-11; 2Cr 12:11; Neh 4:22; Sal 130:6; Cnt 3:3; 5:7; Is 52:8; 62:6; Jer 6:17; 31:6; 51:12; Mi 7:4

central Éx 26:28; 36:33; 1R 6:3,5,17,33; 7:21,50; 8:64; 2R 20:4; 2Cr 3:5; 4:22; 7:7; Jer 39:3; Ez 41:2

centrales Dt 19:2; Jue 16:29

centro Éx 28:32; 39:23; Nm 35:5; Dt 3:16; Jos 4:5; Is 23:3; Jer 41:7; Ez 38:12; 48:15,21; Ap 4:6; 22:2

centurión Mt 8:5,13; 27:54; Mr 15:39,44-45; Lc 7:2-3,6; 23:47; Hch 10:1, 22; 22:25-26; 23:18; 24:23; 27:1,6,11,31,43

centuriones Hch 21:32; 23:17,23

ceñida 2S 20:8; Est 1:11

ceñido Éx 12:11; Ap 1:13

ceñidor Is 11:5

ceñidos Ef 6:14; Ap 15:6

cepa Gn 49:11; Hch 23:6; Fil 3:5

cepas Is 5:2

cepo Jer 20:2-3; 29:26; Hch 16:24

cera Sal 22:14; 68:2; 97:5; Mi 1:4

cercada 2R 24:11; 25:4; Jer 52:7

cercado Sal 17:9; 22:16; 88:17

cercados Ez 46:22; Os 7:2

cercan Sal 22:12

cercana Gn 24:48; Dt 21:3; Jos 12:9; Jn 11:54

cercanas Lv 18:17; Dt 2:23; Est 9:20; Jer 48:24; Zac 7:7; Mr 1:38; Hch 2:10

cercanías Jos 9:16

cercano Éx 28:26; Lv 18:6; 20:19; 21:2; 25:25; Nm 27:11; Dt 4:46; 21:6; Jos 7:2; Jue 18:28; Rt 2:20; 3:12; 2S 19:42; 1R 8:46; 2Cr 6:36; 26:23; Sal 85:9; 148:14; Pr 27:10; Is 55:6; Jer 32:7-8; Abd 15; Sof 1:7; Hch 7:30

Cercano Is 50:8; Jl 3:14

cercanos Éx 12:4; Dt 13:7; Neh 12:25; Jer 25:26; Mr 6:36; Lc 9:12

cercaré Is 29:3

cercaron 2R 3:25; 6:14; 8:21; 2Cr 21:9

cercenada Pr 10:31

cerciorarse Hch 24:8

cerco Éx 19:12,21,23; Is 5:5; Lm 3:5

cercó Mt 21:33; Mr 12:1

cercos Nm 22:24

cerdo Lv 11:7; Dt 14:8; Pr 11:22; Is 65:4; 66:3,17

cerdos Mt 7:6; 8:30-33; Mr 5:11-14,16; Lc 8:32-34; 15:15-16

cerebro Job 12:3

ceremonia Éx 12:25-26; 13:5; Jos 5:4; 2Cr 35:10

ceremonial Jn 11:55

ceremonias 1R 14:24; 2R 16:3; 21:2,11; 2Cr 28:3; 33:2; Jn 2:6; Heb 9:10

cerrada Neh 6:10; Is 44:18; Ez 44:1-2; 46:1; Lc 11:7; 12:3; Jn 20:19; Hch 5:23

cerradas Jer 13:19; Jn 20:26

cerrado 2S 2:25; Neh 6:1; Job 19:8; 41:15; Sal 17:10; Cnt 4:12; Is 24:10; Ez 42:1; Mt 13:15; Lc 11:52; Hch 28:27

cerrar Dt 28:20; Jos 2:5; Jue 3:23; 1R 11:27; Sal 132:4; Lc 13:25; 1Co 15:52; Ap 3:7-8; 11:6

cerrarlo Is 22:22

cerrarme Nm 22:34

cerrarse Neh 7:3

cerro Nm 23:3; Jos 18:13; 1S 9:12,14,19; 10:5,13; 1R 16:24; Is 49:9; Ez 11:23; 17:22-23; 20:28

cerrojo Jue 16:3; Cnt 5:4; Am 1:5

cerrojos Dt 33:25; 1S 23:7; 1R 4:13; 2Cr 8:5; 14:7; Neh 3:3,6,13-15; Job 38:10; Sal 147:13; Pr 18:19; Is 45:2; Jer 49:31; 51:30; Lm 2:9; Ez 38:11; Jon 2:6; Nah 3:13

cerros Jos 11:13; 1S 23:14; 1R 12:31; Job 39:8; Sal 50:10; 114:4,6; Is 7:25; 17:13; 40:12; 42:15; Ez 6:2-3,13; 18:6,11,15; 19:9

certeza Jn 17:8; Hch 22:30; Heb 11:1

certifica Jn 3:33

certificado Dt 24:1,3; Mt 5:31; 19:7; Mr 10:4

cervatilla Pr 5:19

cervatillas Cnt 2:7; 3:5

cervatillo Cnt 2:9,17

cervatillos Gn 49:21; Cnt 4:5; 7:3

cervato Cnt 8:14

cerveza 1S 1:15; Mi 2:11

cerviz Os 11:4

cesa Lv 15:13; Job 3:17; 30:27; Jer 15:18

cesado Éx 9:34; Cnt 2:11

cesar Sal 35:15; 72:15; 77:2; Ec 1:6; Jer 14:17; 48:5; Lm 3:49; Ez 16:25; 26:16; Abd 16; Ro 1:9; 1Ts 5:17; Heb 10:1; Ap 4:8

césar Mt 22:17,21; Mr 12:14, 16-17; Lc 20:22, 24-25

César Lc 2:1; 3:1

cesará Jer 23:20; Dn 9:26; 1Co 13:8

cesarán Éx 9:29; Nm 8:25; Pr 22:10

Cesarea Mt 16:13; Mr 8:27; Hch 8:40; 9:30; 10:1, 24; 11:11; 12:19; 18:22; 21:8,16; 23:23,33; 24:1; 25:1,4,6,13,24

cesaron Éx 9:33; Jos 6:9

cesen Esd 4:21

cesó Nm 16:50; 25:8; Mr 5:29; Lc 8:44; Hch 20:1

Cesó Is 24:8

cesta Éx 2:3,5-6

cestas Mt 15:37; 16:10; Mr 8:8,20

cesto Dt 23:24; Sal 81:6

cestos 2R 10:7

cetro Gn 49:10; Nm 21:18; Est 4:11; 5:2; 8:4; Sal 45:6; 60:7; 108:8; 110:2; 125:3; Pr 22:8; Jer 48:17; Am 1:5,8; Heb 1:8

cetros Ez 19:11,14

Cetura Gn 25:1,4; 1Cr 1:32-33

cicatrices Gá 6:17

cicatrizada Lv 13:28

cicatrizado Lv 13:23

ciclo Job 1:5; Is 29:1

ciegamente Jer 3:17

Cielo Jer 44:17-19,25

ciénaga Sal 69:2

ciénagas Sal 140:10

ciencia Pr 2:6; Dn 1:17; 1Ti 6:20

cierne Est 8:6; Is 60:2; Jer 23:19; Os 8:1

ciernes Cnt 2:13

cierta Gn 21:16; 31:10; 34:1; 37:12; Éx 2:4; 24:1; 33:7; 1S 9:3; 2S 23:11,18; 2R 2:7; 4:8,11; 5:2,19; 13:21; 16:5; 1Cr 11:20; Job 2:12; Jer 38:7; Mt 8:30; Lc 17:12; 18:13; Hch 24:23

Cierta Gn 26:19

ciertas Pr 22:21; Hch 7:1; 25:11; Ro 14:3; 2Ts 2:2

ciertos Esd 10:16; Hch 6:9; 21:24; 2Co 7:14; Gá 1:7; 1Ti 4:3; Jud 4

ciervas Jer 14:5

ciervo Dt 12:15,22; 14:5;
15:22; Sal 42:1; Pr 7:22; Is
35:6

cifra 2Cr 2:17

cigüeña Lv 11:19; Dt 14:18;
Job 39:13; Jer 8:7; Zac 5:9

cigüeñas Sal 104:17

cilantro Éx 16:31; Nm 11:7

Cilicia 2Cr 1:16; Hch 6:9;
15:23,41; 21:39; 22:3; 23:34;
27:5; Gá 1:21

cima Éx 17:9-10; Nm 23:9; Dt
28:13; 34:1; Jue 6:26; 9:7;
16:3; 2R 1:9; 2Cr 25:12; Cnt
4:8; Is 30:17; Jer 22:6; Ez 32:6

cimas Gn 8:5; Is 42:11

címbalos 2S 6:5; 1Cr 13:8;
15:16,19,28; 16:5,42; 25:1, 6;
2Cr 5:12-13; 29:25; Neh
12:27; Sal 150:5

cimentada Mt 7:25

cimentadas Job 4:19

cimentados Ef 3:17; Col 1:23

cimentaran Pr 8:25

cimentaré Is 54:11

cimentó Pr 8:27

cimiento Is 28:16; Jer 51:26;
Am 9:6; Lc 6:48

Cimientos 2Cr 23:5

cincel Job 19:24; Jer 10:3; 17:1

cinceló Éx 32:4

cinta Lv 8:7; Job 38:5; Cnt 4:3

cintas Éx 28:7

cinto Sal 109:19; Cnt 3:8; Is
11:5; 22:21

cintura Éx 12:11; 28:42; 1R
12:10; 2R 1:8; 2Cr 10:10;
Neh 4:18; Job 12:18; 15:27;
Pr 31:17; Is 11:5; Jer 13:1-2,
4,11; Ez 1:27; 8:2; 9:2-3,11;
44:18; 47:4; Jn 13:4-5

cinturón Éx 28:8,27-28,39;
29:5; 39:5,20-21; 1S 18:4; 2S
18:11; 20:8; 1R 18:46; 2R 1:8;
Is 3:24; 5:27; Jer 13:1-2,4,
6-7,10-11; Dn 10:5; Mt 3:4;
10:9; Mr 1:6; 6:8; Hch 21:11;
Ef 6:14

cinturones Éx 28:40; 29:9; Pr
31:24; Is 3:20; Ez 23:15

ciprés 2Cr 2:8; 3:5; Is 44:14;
60:13; Zac 11:2

cipreses 2R 19:23; Sal 104:17;
Cnt 1:17; Is 37:24; 41:19;
55:13; Ez 27:6

circulado Mt 28:15

circular 1R 7:23; 2Cr 4:2

círculo Nm 36:3

círculos Ez 10:13

circuncidado Gn 17:24; 34:14;
Éx 12:44; Lv 12:3; Jer 9:25;

Ro 2:27; 4:10-11; 1Co
7:18-19; Fil 3:5

circuncidados Gn 17:10,
12-13,26; 34:24; Jos 5:5, 7-8;
Ro 2:26; 3:30; 4:9, 11-12; Gá
5:6; 6:13,15; Col 2:11

circuncidan Jn 7:23

circuncidar Éx 12:48; Lc 1:59;
Hch 15:5; Gá 5:2-3

Circuncidarán Gn 17:11

circuncidarlo Lc 2:21

circuncidarse Gn 34:17, 19;
Gá 2:3; 6:12-13

circuncide 1Co 7:18

circunciden Gn 34:15,22; Hch
15:1; 21:21

circuncídense Jer 4:4

circuncidó Gn 17:23; 21:4; Jos
5:3,7; Hch 7:8; 16:3

circuncisión Éx 4:26; Jos 5:2;
Jn 7:22; Hch 7:8; 10:45; 11:2;
Ro 2:25,27-29; 3:1; 4:11; Gá
2:12; 5:11; Ef 2:11; Fil 3:3;
Col 2:11,13; Tit 1:10

circunciso Col 3:11

circunferencia 1R 7:15,23;
2Cr 4:2; Jer 52:21

circunstancia 2Co 9:8

circunstancias Am 5:13; Ro
4:10; 1Co 7:15; 2Co 8:14; Fil
4:12; 2Ts 3:16; 2Ti 4:5; 1P
1:11

Cirene Mt 27:32; Mr 15:21; Lc
23:26; Hch 2:10; 6:9; 11:20;
13:1

Cirenio Lc 2:2

Ciro 2Cr 36:22-23; Esd
1:1-2,7-8; 3:7; 4:3,5; 5:13,
15,17; 6:3,14; Is 44:28;
45:1,13; Dn 1:21; 6:28; 10:1

cisne Lv 11:17; Dt 14:16

Cisón Jos 19:20; 21:28

cisterna Gn 37:22,24, 28-29;
2S 23:20; 1Cr 11:22; Is 30:14;
Jer 38:6-7, 9-11,13; 41:7; Zac
9:11

cisternas Gn 37:20; Lv 11:36;
Dt 6:11; Neh 9:25; Jer 2:13;
14:3

citado Heb 4:5

citar Ez 16:44; Lc 4:23

cítara Am 6:5

cítaras Dn 3:5,10; Am 5:23

citó Lc 10:27

ciudadanía Hch 22:28; Ef
2:12

ciudadano Lc 15:15; Hch
22:25-27,29; 23:27

ciudadanos 2R 25:19; Is 48:2;
Jer 52:25; Hch 16:37-38; Fil
3:20

Ciudadanos Hch 17:22; 19:35

ciudadela Neh 1:1; 2:8; 7:2;
Est 1:2,5; 2:3,5,8; 3:15; 8:14;
9:6,11-12; Pr 18:19; Is 25:2;
32:14; Dn 8:2

civil 2Cr 19:11

civiles 2Cr 32:3; 2Ti 2:4

cizaña Is 33:11

clamar Jue 3:15; 1S 7:8; Is
22:5; Jer 11:12; Jon 1:5; Ro
8:15

clamores Is 15:4; Jer 14:12;
51:54

clan Gn 36:40; Lv 25:10; Nm
26:29,36,42; 27:4,11; 36:12;
Dt 29:18; Jos 7:14, 17; 17:4;
21:10; Jue 4:17; 6:11,15,34;
8:32; 9:1; 12:9; 18:19; 2S
20:14

Clanes Nm 3:18-20

clara 1S 14:41; Job 6:6; Sal
139:12; Mt 6:22; Lc 11:34;
2Co 4:2

claramente Gn 43:3; Nm
12:8; Dt 27:8; 31:28; 1S 8:9;
Jer 26:15; Hab 2:2; Mt 7:23;
Jn 3:21; 11:14; 16:25; Hch
10:3; Ro 1:20; 7:13; Gá 3:1;
1Ti 4:1; Heb 6:17; 11:14

Claramente Éx 10:10

claras Pr 8:9

clarear 1R 3:21

claridad Neh 8:8; Is 32:4;
59:9; Jer 23:20; Dn 9:22; Mt
7:5; Mr 8:25,32; Lc 6:42; Col
4:4

clarines Sal 98:6

clarividente Nm 24:3,15

claro Gn 38:23; 43:5; Éx 24:10;
Nm 15:34; 2S 19:6; Sal 19:8;
Is 1:18; Ez 17:10; Lc 23:15;
1Co 14:8; 15:27; Ap 22:1

Claro Gn 27:24; 29:5; 1S 16:5;
22:15; 2S 2:20; 1R 20:33; 2R
3:7; Job 23:6; Jer 3:1; Ez
18:13; Jl 3:21; Jon 4:9; Mt
11:8; 21:16; Lc 7:25; Ro 6:16;
10:18; 1Co 11:22; Fil 4:10

clases Lv 19:19; Dt 22:9; 2Cr
5:11; 16:14; Jer 15:3

Claudia 2Ti 4:21

Claudio Hch 11:28; 18:2;
23:26

cláusulas Est 9:31

clausurada Lv 14:46

clausurara Mal 1:10

clausurará Lv 14:38

clavada 1S 19:10; Is 22:25;
2Co 12:7

clavadas Nm 33:55

clavado 1S 26:8

clavarla Jue 4:21

clavarlo 1S 19:10

clavija Jue 16:13-14
clavo 1S 18:11; 2Cr 3:9
clavos 1Cr 22:3; Ec 12:11; Is 41:7; Jer 10:4; Jn 20:25
clemencia Éx 33:19; 1R 8:50; Est 4:8; Job 27:22; Jer 16:13; 21:7; Ro 9:15
clemente Éx 34:6; Neh 9:17,31; Sal 86:15; 103:8; 111:4; 112:4; 145:8
Clemente Fil 4:3
Cleofas Lc 24:18; Jn 19:25
clientes Ez 27:21-22
Cloé 1Co 1:11
Coa 1R 10:28; Ez 23:23
coartar Gá 2:4
Coat Gn 46:11; Éx 6:16,18; Nm 3:17,27; 4:2,18,37; 16:1; 26:57-58; Jos 21:4-5,10,20,26; 1Cr 6:1-2,16,18,22,33,38,61, 66,70; 15:5; 23:6,12; 2Cr 20:19; 29:12; 34:12
coatitas Nm 3:19,27,29-30; 4:4,15,20,34; 7:9; 10:21; 26:57; 1Cr 6:54; 9:32
cobarde Dt 20:8; Jl 3:10
cobardes Ap 21:8
cobertizo Rt 2:7; Job 27:18; Is 1:8; 4:6
cobertizos Gn 33:17
cobijará Sof 3:12
cobra Sal 27:14; 58:4; Is 11:8; 1Co 15:36
cobrar Hch 27:22; Heb 7:5
cobrarme Job 41:11
cocer Éx 16:23; Jer 7:18
cocerá Lv 6:17
cocerán Ez 46:20
cocerás Éx 23:19
Cocerás Dt 16:7; Ez 4:12
cocerlos Gn 11:3
cocía Nm 11:8; 1S 2:13
cocida Lv 2:4-5,7; 7:9; Nm 6:19; 1S 2:15; Os 7:8
cocidas 1Cr 23:29
cocido Lv 6:28; 1R 19:6; Dn 2:33,41
cocidos Lv 23:17
cocieron Éx 12:39; 2Cr 35:13
cocina Is 65:4; Zac 14:20
cocinamos 2R 6:29
cocinará Zac 14:21
cocinaron Lm 4:10
cocinas Ez 46:24
Cocinen Ez 24:10
cocineras 1S 8:13
cocinero 1S 9:23-24
cocines Dt 14:21
coció Gn 19:3; 2S 13:8
codea Job 3:19
codeándose Os 7:5
codeará Pr 22:29

codicia Job 20:20; Sal 10:3; Pr 11:6; 21:25; Is 57:17; Mi 7:3; Mt 5:28; Lc 11:39; Ro 7:8; 1Jn 2:16
codiciabas Ap 18:14
codiciable Jer 3:19
codiciado Hch 20:33
codician Jer 6:13; 8:10
Codician Mi 2:2
codiciando Pr 21:26
codiciar Ro 7:7
codiciará Éx 34:24
codiciarlo 1Ti 6:10
codicies Éx 20:17; Dt 5:21; 7:25; Pr 23:3,6; Ro 7:7; 13:9
codicioso Tit 1:7
codiciosos 1Ti 3:8
codornices Éx 16:13; Nm 11:31-32; Sal 105:40
codos Job 33:2
cofre 2R 12:9-10; 2Cr 24:8, 10-11
cofres Ez 28:4; Mt 2:11
coherederos Ro 8:17
coherencia Jer 32:39
coherente Col 1:17
coincidían Mr 14:56
coja Heb 12:13
cojea Sof 3:19
cojo Lv 21:18; Dt 15:21; 2S 3:29; 4:4; 19:26; Is 35:6; Mt 18:8; Mr 9:45
cojos Lv 22:22; 2S 5:6,8; Is 33:23; Jer 31:8; Mal 1:8, 13; Mt 11:5; 15:30-31; 21:14; Lc 7:22; 14:13,21; Jn 5:3; Hch 8:7
cola Éx 4:4; 29:22; Lv 3:9; 7:3; 8:25; 9:19; Dt 28:13; Jue 15:4; Is 9:14-15; 19:15; Ap 9:10,19; 12:4
colaboración Nm 1:4
colaborador 2Co 8:23; Fil 2:25; Col 1:7; 4:7; 1Ts 3:2
colaboradores 1Co 3:9; 2Co 6:1; Fil 4:3
colaboran Col 4:11
colaborar Neh 3:5; 3Jn 8
colaboraran 1Cr 22:17
colabore 1Co 16:16
Colaías Neh 11:7; Jer 29:21
colas Ap 9:19
colcha 2R 8:15
colchas Pr 31:22
colchonetas Hch 5:15
colección Is 57:13
colecciones Ec 12:11
colecta Ro 15:26; 1Co 16:1; 2Co 9:5
colectas 1Co 16:2
cólera Hch 7:54
colgada Hch 28:4

colgado Nm 13:23; Dt 21:23; 2S 18:9-10; 21:12; Lm 1:14; Gá 3:13
colgados 2S 21:13; Lc 23:39
colgarlos 2S 21:6
colina Éx 17:9-10; Jos 5:3; 13:19; Jue 9:37; 1S 22:6; 2S 2:25; 6:3; 2R 5:24; 6:17; 17:10; 23:16; Sal 48:2; Cnt 4:6; Is 30:17,25; Jer 2:20; 31:39; 50:6; Ez 34:26; Mi 4:8; Mt 5:14; Mr 5:11; Lc 3:5; 4:29; 8:32; Jn 6:3
Colina 2R 23:13
colinda 1Cr 5:9
colindaba 1R 21:1
colindante Jos 15:46
colirio Ap 3:18
Coljozé Neh 3:15; 11:5
colma Sal 103:5; Pr 11:26
colmado Rt 1:20; 1S 12:7; Sal 88:3; Is 55:5
colman Sal 104:28
colmará Dt 15:4; 1S 17:25
colmaré Sal 91:16; Is 57:18
Colmaré Jer 31:14
colmaron Hch 28:10
colmas Sal 65:9
colmillos Dt 32:24; Job 4:10; 41:14; Sal 58:6; Ez 27:15; Dn 7:7,19; Jl 1:6
colmo Gn 15:16; Dt 1:28; Job 22:9; Sal 119:51; Pr 19:3; Jer 2:16; Lm 4:17; Ez 16:23; 20:13; Dn 8:23; 11:36; Os 9:9; Am 1:3,6,9,11,13; 2:1,4,6; Mi 3:11; Lc 3:20; 1Ts 2:16
colmó Dn 2:48; Lc 1:53
colocadas 1R 7:4-5; Jer 24:1
colocado Gn 9:13; Lv 8:26; 1R 8:9; 2Cr 5:10; 6:11; Ez 14:3-4,7; 21:15,21; 23:41
colocados Éx 37:14
Colocados Ez 40:43
colocar Nm 17:10; 1R 6:4; 2Cr 2:4; 6:13; Neh 13:9; Jer 43:10
colocarla Gn 29:3; Est 7:9
colocarlas Éx 26:19
colocarlo Gn 40:13; 2Cr 24:11
colocarlos Éx 25:12
colonia Hch 16:12
color Lv 13:49; Nm 15:38; 1S 14:29; Est 8:15; Ez 27:24; Mt 27:28; Mr 15:17; Jn 19:2,5; Ap 6:4; 9:17; 12:3
colores Jue 5:30; 1Cr 29:2; Jer 12:9; Ez 16:16; 17:3; 27:24
Colosas Col 1:2
columna Éx 13:21-22; 14:19,24; 33:9-10; Nm 12:5; 14:14; Dt 31:15; Jue 20:40; 1R 7:18,21; 2R 11:14; 23:3;

25:17; 2Cr 3:15; 23:13; 34:31;
Neh 9:12,19; Sal 99:7; Cnt
3:6; Is 9:18; Jer 1:18;
52:21-23; Ez 40:49; 1Ti 3:15;
Ap 3:12

collado 2S 2:24

collar Gn 41:42; Sal 73:6; Pr
1:9; 3:22; 25:12; Cnt 4:9

collares Nm 31:50; Jue 8:26;
Cnt 1:10; Ez 16:11

comadreja Lv 11:29

comandaba Nm 10:14-16,
18-20,22-27

comandaban 2S 4:2

comandantes Nm 1:16; Jos
10:24; 1S 8:12; 1R 1:25; 2:5;
9:22; 1Cr 25:1; 26:26; 27:1;
2Cr 8:9; Dn 11:5; Mr 6:21

comando Jos 10:7

comarca Jos 10:21

combatientes 2S 2:16

combatir Éx 17:9; Nm 13:31;
Jos 11:18; 22:12; Jue 2:15;
3:2; 20:18; 1S 23:8; 1R 8:44;
1Cr 12:21; 2Cr 6:34; Is 31:4;
Jer 51:30; Hch 26:9

combatirla Ap 13:4

combatirlos Jue 20:25; Est 9:2

combatirnos Dt 2:32

combustible Is 9:19; 44:15,19

comencé Jer 36:2; Dn 10:16;
Os 9:15; Hch 11:15

comenta 1S 2:24

comentaba Lc 1:65

comentaban Mt 16:7; Mr
8:16; 14:4; Lc 21:5; Jn 4:33;
7:25,35; 9:16; 11:37, 56;
12:19; 16:17; Hch 17:18

Comentaban Jn 8:22

comentado 1S 25:21; 2Co 9:2

comentar Hch 17:21; 28:4

comentario 2Cr 13:22; 24:27

comentaron Mt 19:10

comentó 2S 13:35; 18:25, 27;
2R 3:12; 9:36; Mt 14:2; 19:23;
Mr 10:23; Lc 7:9; 18:24; Jn
1:47

comenzar Gn 41:50; Jue 7:19;
Neh 2:20; Ez 40:1; Mt 18:24;
Lc 23:54; Jn 7:14

comenzarla Pr 17:14

comerciaba Ez 27:12,16,18

comerciaban Ez 27:15,17

comercial 1R 10:15,22; 2Cr
9:21; Is 23:3

comercian Sof 1:11

comerciante Mt 13:45

comerciantes Gn 23:16; 2Cr
9:14; Neh 3:31-32; 13:20; Pr
31:24; Is 23:2,8; Ez 16:29;
17:4; 27:22,23, 27,36; 38:13;
Ap 18:3,11, 15,23

comerciar Sal 107:23

comercio Ez 28:5,16,18

comerla Éx 12:9; Lv 7:19, 24;
17:12; Dt 12:15,22,24; Lc
22:16

comerlas Éx 29:33

comerlo Lv 7:6; 22:13; Nm
18:31; Dt 15:22; 2R 4:40;
7:2,19

comerlos 1S 14:34

comerse Éx 12:4,46; 29:34; Lv
7:15-16,18-19; 22:30; 26:29;
2R 18:27; Job 6:6; Is 36:12;
Lm 2:20; Ez 34:18-19

comérsela Nm 11:18

comérselas Mt 12:1; Lc 6:1

comérselo Lv 6:26; Dt 14:21

cometer Gn 39:9; Éx 32:21;
Nm 18:22; Dt 13:11; 19:15;
Jue 11:3; 1R 14:16; 15:30;
16:13,31; 2R 10:29; 17:21;
21:16; Esd 9:2; Job 4:18; Pr
24:2; Ez 8:13,15, 17; 33:15;
Mt 5:32; Ro 2:22; Ef 4:19; 1Jn
5:16; Ap 2:14,20

cometida Jue 20:10; Neh 13:7;
Jl 3:19

cometidos Heb 9:7,15

comezón Dt 28:27

comidas Gn 49:20; 2R 23:9;
Ro 14:17; Stg 5:2; 2P 2:13

comido Gn 3:11; 14:24; 41:21;
Lv 10:18-19; Nm 14:9; Dt
8:10,12; Rt 2:18; 1S 14:30;
28:20; 30:12; 1R 13:28; Job
31:17; Pr 23:8; Lm 2:16; Ez
4:14; Os 8:13; Mr 8:3; Jn
6:13,23; Hch 9:19; 10:14;
12:23

comienzo Gn 11:6; 2S 21:10;
23:13; Esd 4:6; Pr 9:10;
20:21; Is 1:26; Jer 26:1; 27:1;
28:1; 49:34; Ez 42:12; Mt
24:8; Mr 13:8; 2Ti 1:9; Heb
7:3

Comienzo Mr 1:1

comienzos 2Cr 36:10; Zac
4:10

comino Is 28:25,27; Mt 23:23

comisión Dn 6:6; Hch 26:12

comisionados 2Cr 34:22

comisioné Jn 15:16

comitiva 2S 17:29

cómodas Dt 8:12

cómodo 1Co 16:10; Stg 2:3

compadecerme Os 1:6; Jon
4:11; Zac 1:16

compadecerse Heb 4:15

compadecerte Mi 7:19; Zac
1:12

Compadecidas Os 2:1

compañera Gn 3:12; Mal 2:14

compañerismo Gá 2:9; Fil
2:1; Flm 6

compañero Éx 2:13; 1S 28:17;
Job 30:29; Sal 55:13; Pr 2:17;
Is 41:6; Mt 18:29,33; Ro
16:9,21; 2Co 8:23; Fil 2:25;
4:3; Col 4:10; Flm 1-2,17,23;
Ap 1:9

compañía Gn 39:10; 43:34;
Nm 23:6,17; Jue 9:37; Esd
2:2; Job 2:13; 15:34; 34:8;
36:7; Sal 26:5; 45:14; 111:1;
141:4; Pr 15:12; 24:1; Mr 6:1;
Lc 7:11; Hch 14:20; 15:35;
21:29; Ro 15:24; 1Co 16:12;
Ap 14:1

compañías Jue 7:16,20;
9:34,43-44; 1S 29:2; 1Co
15:33

comparable Sal 89:6

comparación Ez 16:51; Mt
15:15; Mr 7:17; Lc 21:29; 1Co
10:19; 2Co 8:8

comparaciones Jn 16:25

comparadas Job 8:7

comparado Jue 8:2

Comparado Jue 8:3

Comparados Nm 13:33

comparar 2S 7:23; 1Cr 17:21;
Pr 3:15; Lm 2:13; Ez 31:2,8,
18; Mt 11:16; Mr 4:30; Lc
7:31; 13:20; Ro 5:16

compararlo Lc 13:18

compararme Is 46:5

compararnos 2Co 10:12

compararse 1R 3:13; Ez 27:32;
Ro 5:15; 2Co 10:12

comparecer Éx 21:6; 22:8; Lv
27:8; Job 9:19; 13:22; 31:14;
Lc 12:11; 22:66; Hch 12:4;
23:15; 24:2; 25:26; 27:24; Ro
14:10

comparecerán Is 45:24; Mr
13:9

Compareceré Job 31:37

comparecería Job 13:16

comparecí Hch 24:20

comparecido Jos 20:6

compareciera Hch 22:30

comparecieran Hch 4:7

compareció 1R 22:15; 2Cr
18:14; Mt 27:11

comparezcamos Job 9:32;
2Co 5:10; 1Jn 4:17

Comparezcamos Is 50:8

comparezcan Éx 28:1; Sal
9:19; Is 44:11

compartimentos Gn 6:14

compartir Nm 32:19; 1S
25:11; Neh 8:12; Pr 16:19;
21:9; 25:24; Is 58:7; Mt

25:21,23; Lc 3:11; Ef 4:28;
1Ts 2:8; 1Ti 6:18; Heb 13:16
compartirlo   Éx 12:4; Job 31:17
compás   Is 44:13
compasivas   Lm 4:10
compasivo   Éx 22:27; 33:19;
34:6; Dt 4:31; 2Cr 30:9; Neh
9:17,19,31; Sal 86:15; 103:8,
13; 111:4; 112:4; 116:5; 145:8;
Dn 9:9; Jl 2:13; Jon 4:2; Lc
6:36; Ro 9:15; Stg 5:11
compasivos   1R 20:31; Mt 5:7;
Lc 6:36; Ef 4:32; 1P 3:8
compatriota   Lv 25:36,54; Dt
24:14; Jer 34:9
compatriotas   Lv 25:25,35,
39,46-47; 2Cr 19:10; Est 10:3;
Ez 3:11; 2Co 11:26; 1Ts 2:14
Compatriotas   Hch 2:14
compensación   Gn 20:16; Éx
21:26-27; Nm 5:7-8
compensaré   Jl 2:25
compensatoria   1S 6:3,8,17
competente   Gn 41:33,39; 2Co
2:16
competentes   2Co 3:5
competirás   Jer 12:5
compite   2Ti 2:5
compiten   1Co 9:24
complace   Sal 147:10-11;
149:4; Pr 11:20; 12:22; 15:8;
16:13; 18:2; 31:18; Is 1:11; Ez
18:23; Mal 2:17
complacemos   Neh 1:11
complacen   Sal 40:6; 51:16;
62:4; Pr 2:14; Mi 7:3; Mal
3:1; Heb 10:5,8
complacencia   Pr 1:32
complacerá   Dt 30:9; Is 9:17;
Mi 6:7
complacerán   Pr 1:22
complaceré   Lv 26:31
complacerlos   Hch 25:11
complacía   Nm 24:1; Sal
109:17
complacido   1R 14:13; Est 5:2;
Mt 3:17; 12:18; 17:5; Mr 1:11;
Lc 3:22; 2P 1:17
complaciente   Job 10:3
complazca   Sal 5:4
compleja   Job 11:6
completa   Dt 16:15; Jn 15:11;
16:24; 2Co 2:9; 10:6; Heb
6:11; 1Jn 1:4; 2Jn 8,12
completado   Lc 6:40; Ro 15:19
completamente   Gn 8:14; Éx
30:10; Lv 6:22; Dt 28:51; Jos
2:10; 10:1,37,40; 24:20; 2S
6:22; 2Cr 11:12; 21:4; Sal
38:8; 78:59; Is 3:17; 19:6;
32:19; Ez 6:6; 16:7,22,37,39;
23:29; 25:12; 29:11; 37:2; Mt

8:26; Mr 4:39; Lc 11:36; Hch
12:11; 1P 1:13
completando   Hch 13:25; Col
1:24
completar   Gn 18:28; 2Cr
29:17; Est 2:12; 2Co 7:1
completara   Ap 6:11
completaran   2Co 9:5
completas   Lv 23:15; Nm
11:22
complete   Lv 8:33
completen   Is 65:20
Completen   Mt 23:32
completos   Hch 28:30
complicaciones   Ec 7:29
complicado   2R 5:13; Ez 3:5-6
cómplice   Éx 23:1; Sal 141:4;
Pr 19:18; 29:24; 1Ti 5:22; 2Jn
11
cómplices   Jue 9:24; Is 1:23;
Mt 23:30; Ef 5:7; Ap 18:4
complicidad   Hch 5:1
complot   Hch 14:5
componían   Jos 19:23
comporta   Pr 20:1; 21:24; 1Co
13:5; 2Co 11:20
comportabas   Ez 16:30-31
comportado   Gn 31:28; Jer
12:8; 16:12; 22:21; 44:10; 2Co
1:12
comportamiento   Gá 2:11; 1P
3:1; 3Jn 10
comportamos   1Ts 2:10
comportan   1S 2:23; Fil 3:17-18
comportando   1Co 3:3
comportarme   1R 3:7; 1Co
4:17
comportarse   Lc 22:26
comportas   Ro 14:15; 3Jn 5
compórtense   Fil 1:27
Compórtense   Col 4:5
comprado   Gn 17:13,23; 25:10;
47:23; 50:13; Éx 12:44; Lv
22:11; 25:27; Jos 24:32; Rt
4:9; 2S 12:3; Is 43:24; Jer
13:4; Os 8:9; Mr 15:46; Hch
7:16
comprador   Lv 25:28,30; Pr
20:14; Is 24:2
comprados   Gn 17:12,27; 1Co
6:20; 7:23
comprar   Gn 42:3,5,7,10;
43:20,22; 44:25; Lv 5:7,11;
12:8; 14:21; 25:45; Dt 14:26;
2R 7:16; Pr 27:26; Is 55:1;
Am 8:6; Mt 25:10; 27:7; Lc
9:13; 14:18-19; Jn 4:7; 6:5,7;
Hch 8:20; Ap 13:17
comprarla   Job 28:19; Lm 5:4
comprarle   Gn 41:57
comprarlo   Jer 32:7-8
comprarlos   Lv 25:44

comprarse   2R 7:1,18; Jer 32:15
comprarte   Gn 43:4; Dt 28:68;
2S 24:21
compraventa   Lv 25:14
comprender   Neh 8:2; Job
26:14; 42:3; Sal 73:16; 90:11;
94:8; Pr 30:18; Ec 3:11; 8:17;
Jer 6:10; 9:24; Dn 10:1; Mt
19:11; Ef 3:18
comprenderla   Dn 8:27
comprenderlo   Jer 17:9; 31:19
comprendidas   Jos 13:26; 15:1
comprensibles   1Co 14:9,19
comprensión   Job 37:5; Sal
139:6; Ec 1:17; Is 28:19; Col
1:9; 2Ti 2:7
comprensivos   1P 2:18; 3:7
comprobado   Ec 5:18
comprobar   Gn 42:15,33; Hch
24:11; Ro 12:2; 1Jn 2:19
comprobará   Esd 4:15
comprobaré   Gn 42:34
comprobé   Ec 9:1
comprometa   Nm 30:3,10
comprometas   Pr 22:26
compromete   Nm 30:6; Pr
17:18
comprometerse   Job 41:4
comprometí   Ez 16:8
comprometida   Éx 22:16; Dt
22:23,25,28; Mt 1:18; Lc 1:27
comprometido   Dt 20:7; 28:30;
Pr 6:2; Jer 34:15; 1Co 9:21
comprometiéndonos   Esd
10:3
comprometieran   Esd 10:5
comprometieron   2Cr 15:12;
Esd 10:19
comprometimos   Neh
10:30,35,39
comprometió   Jos 9:15; 2R
23:3; 2Cr 34:31; Neh 10:29
compromiso   Gn 26:31; Nm
30:2,4,9; Pr 6:3; Ez 17:18;
2Co 11:3; 1Ti 5:12; 1P 3:21
compromisos   Nm 30:5,14;
Sal 55:20
comprueba   Lv 14:3; Dt 13:14;
17:4; Job 12:11
compruébalo   Job 5:27
comprueban   Dt 19:18
comprueben   Ef 5:10
compuertas   Gn 7:11; 8:2; Job
38:8,10; Nah 2:6; Mal 3:10
compuesta   Dt 22:10; Neh 8:2
compuesto   2Cr 26:13; 29:30
compungidos   2Cr 30:15
compuso   2S 1:17; 3:33; 2Cr
35:25
Compuso   1R 4:32
común   1S 3:1; 21:4; 1R 10:27;
2R 23:6; 2Cr 9:27; Job 2:11;

31:33; Pr 22:2; 29:13; Is 8:1;
Jer 26:23; Ez 48:15; Sof 3:9;
Jn 4:9; Hch 2:44; 5:12,18;
15:22,25; Ro 4:16; 1Co 7:5;
10:13; 2Co 6:14-15; Jud 3;
Ap 17:17
comunes 2Cr 1:15
comunicar Lc 1:22
comunicarle 1R 2:14; Jer 43:1
comunicarles Éx 19:7; 25:22;
Nm 22:8; Dt 31:28; 1R 1:27;
Jer 42:21; Zac 1:6; 1Ts 2:2
comunicárnoslas Hch 7:38
comunicárselo 2S 14:33; Esd
5:10
comunicarte 1S 15:16; Ez
24:26
Conanías 2Cr 31:12-13; 35:9
concebidas Is 59:13
concebido Job 3:3; Mt 1:20;
Lc 2:21; 1Co 2:9; Stg 1:15
concebir Gn 38:4; Jue 13:3;
Est 7:5; Os 1:6,8
conceder Est 5:8
concederle 1R 3:6; Ez 36:37;
Hch 25:16
concederles Lc 23:24
concederlo Mt 20:23; Mr
10:40
concederte 1R 3:12
concedida Mt 18:19
concedido Gn 4:25; 33:5;
48:9,11; 1R 1:48; 2R 2:10;
2Cr 14:7; 15:15; Esd 9:8; Sal
21:2; Ec 5:18; Is 9:6; 50:4; Mt
13:11; 19:11; Lc 1:30; 8:10; Jn
5:26; 6:65; Hch 11:18; 27:24;
1Co 2:12; 2Co 1:11; Fil 1:29;
2P 1:3; Ap 19:8
concejo Hch 19:35
concentrado 2S 23:9
concentrando 1S 17:1
concentraron 1S 28:4
Concentren Col 3:2
concepción Os 9:11
concepto Ro 12:3; 2P 2:13
concerniente Lv 12:7; 2Cr
19:10; Jer 51:60
concernientes Ez 44:5
concerté Jos 7:11
concesión 1Co 7:6
conciencia Gn 3:7; 1S 24:5; 2S
24:10; Job 27:6; Sal 16:7; Ec
5:1; Lm 3:40; Hch 23:1;
24:16; Ro 2:15; 3:20; 9:1;
13:5; 14:22; 1Co 4:4;
8:7,10,12; 10:25, 27-29; 2Co
1:12; 4:2; 5:11; 1Ti 1:5,19;
3:9; 4:2; 2Ti 1:3; Tit 1:15;
Heb 9:9,14; 10:22; 13:18; 1P
3:16,21
conciernen Ap 22:16

conciliar Sal 77:4; 102:7; Ec
8:16
conciudadanos Gn 34:20; Ef
2:19
concluí Ec 2:15
concluido Jos 9:16
concluimos 1Co 14:26
Concluimos Ro 7:12
concluir Gn 38:12
concluiremos Ro 6:1; 7:7;
9:14,30; 11:7
conclusión Jue 6:29; Hch
25:25; Ro 3:9; 7:25; 1Co
10:31
concluye Jer 48:47
concluyen Jer 51:64
concluyeron Gn 50:15; Dn
6:5
concluyó Gn 9:17; Mt 13:51;
Mr 8:21; Lc 10:37; 18:4
concordaban Mr 14:59
concordia Pr 17:1
Concretabas Ez 27:15
concubina Gn 22:24; 35:22;
36:12; Jue 8:31; 19:1,9-10,
24-25,27,29; 20:4-5; 2S 3:7;
21:11; 1Cr 1:32; 2:46,48; 7:14
concubinas Gn 25:6; 37:2; 2S
5:13; 15:16; 16:21-22; 19:5;
20:3; 1R 11:3; 1Cr 3:9; 2Cr
11:21; Est 2:14; Cnt 6:8-9;
Dn 5:2,23
concuerdan Hch 15:15; 2Co
6:16
concuerde 1R 22:13; 2Cr
18:12
condena 1S 28:18; 2S 1:16; Job
15:6; 16:8; Pr 12:2; Jer 51:9;
Mt 24:51; 27:37; Mr 15:26; Lc
12:46; 23:40; Jn 7:51; 8:10;
Ro 14:23; 1Co 11:29; Tit
3:11; 1Jn 3:21
condenable Gá 2:11
condenación Mt 23:33; Jn
3:19; Ro 3:8; 5:16,18; 8:1;
1Co 11:34; 2Co 3:9; 1Ti 3:6;
2P 2:3; Jud 4
condenada Lv 27:29
condenados Lv 20:10-13; Jue
13:22; Sal 34:21-22; 79:11;
102:20; Jer 49:12; Mr 15:7;
1Co 11:32; 2Ts 2:12; Stg 5:12
condenar Dt 17:6; 19:15; Pr
17:15; Mt 27:1; Jn 3:17; Ro
14:3; 1Co 10:30
condenarlo Job 34:29; Mt
26:59; Mr 14:55; Hch 13:27
condenarlos 2Co 7:3
condesciende 1R 12:7; 2Cr
10:7
condición Gn 34:15,17, 22-23;
Éx 2:23; 1S 11:2; 18:17;

30:15; 2S 3:13; Job 1:12; Sal
59:4; 103:14; Is 27:9; Ez 4:17;
26:16; Ro 8:3; 11:24; 1Co
7:17-18,20, 24; Stg 1:9-10
condiciones Dt 29:9; Job 9:35;
Jer 32:11; Lc 14:32; 2P 2:20
condolencias Job 2:11
condolido Job 30:25
conducida Sal 45:14
conducidas Sal 45:15
conducirme Sal 86:11; 101:2
conducirnos Dt 6:23; Gá 3:24
conducto Jue 6:36-37; Gá 3:19
conductora 2R 2:12; 13:14
conductores Hag 2:22
conduele Job 14:22
conduelen Is 66:10
conejo Lv 11:5
confabulado Sal 31:13
confabulan Sal 2:2; 71:10;
83:5; 119:23; Lm 3:62; Hch
4:26
confabularan Sal 105:25
confabuló 1R 1:7
Confecciona Pr 31:24
confeccionaran Gn 37:3
confeccionarse Nm 15:38
conferida Éx 29:22,26
conferido Lv 21:10; Jn 17:2
conferirá Éx 40:15
conferirás Éx 29:9
conferirles Éx 28:40-41;
29:27,35
confesar Nm 5:7; Sal 32:5;
38:18
confesión Esd 10:1; Dn 9:4;
2Co 9:13
confiable Pr 11:13; 13:17;
25:13; 27:6
confiables Pr 22:21; Is 8:2; Jer
15:18; 38:22
confiada Jue 18:7; Est 2:8; Is
47:8; Jer 49:31; Ez 30:9
confiadamente 2Co 11:17;
Heb 4:16; 1Jn 2:28
confiadas Is 32:9-11
confiado Gn 39:8; Nm 20:12;
Dt 28:52; Jue 16:18; 18:10,27;
1S 15:32; Esd 7:14; Est 3:4;
Job 11:18; Sal 4:8; 22:9; 71:5;
112:7; Pr 14:16; 28:1; Is 25:9;
30:12; 47:10; Jer 12:5; 13:20,
25; 39:18; 40:7; 43:6; Ez 38:8,
11,14; Lc 12:48; 2Co 2:3; 1Ti
1:11; 6:20; 2Ti 1:12,14; Tit 1:3;
Flm 21
confiados Job 12:6; Sal 33:20;
Ez 39:5; Am 6:1; Mi 2:8; 2Co
5:8; Fil 1:14
confiar 2R 18:30; 2Cr 16:7;
Job 4:6; 39:12; Sal 118:8; Ec
11:10; Is 2:22; 36:15; Jer

29:31; 49:11; Os 12:6; 2Co 7:16; Fil 3:4
Confiar Pr 25:19
confieran Éx 28:2
confiere Is 23:8
confiero Is 45:4
confinada Nm 12:15
confine Nm 12:14
confirió Éx 29:31,33-34; Ap 13:2,5
confirmados Col 2:7
confirmar Nm 30:13; 1S 11:14; 20:17; 1R 1:14; 2R 20:9; Est 9:29; Is 38:7; Dn 6:7; Ro 9:11; 15:8; Heb 6:16
confirmarles 1P 5:12
confirmarnos 2P 1:19
confiscación Esd 7:26
confiscaron Heb 10:34
conflicto Gn 16:12; Mt 10:35; Hch 15:39
conflictos 2Co 7:5; Stg 4:1
confluirán Is 2:2
confórmense Lc 3:14
conformidad Heb 8:4
confortar Is 61:3
confortará Sal 41:3
confraterniza Pr 18:9
confrontar Jue 14:4
Confunde Sal 55:9
Confundes Jue 9:36
confundía Hch 9:22
confundido 2R 7:6; Esd 9:6; Sal 30:7; Jer 14:9
confundidos Sal 6:10; 35:4,26; 40:14; 70:2; 71:24; Is 9:16; Jer 14:3; Dn 5:9
confundió Gn 11:9; Jer 51:34
confundir Gn 11:7
confundirlos Est 9:24
confusión Éx 14:24; Dt 7:23; 28:20; 1S 7:10; 14:20; Est 3:15; Sal 31:22; Is 41:29; Ez 36:32; Dn 12:2; Mi 7:4; Hch 19:32; Gá 1:7; Stg 3:16
confuso Is 33:19
congela Job 38:30
congelan Job 37:10
congraciarse Pr 19:6; Hch 24:27; 25:9
congregación Nm 16:41-42,46; 1Cr 28:8; Sal 22:22; 68:26; Jer 6:18; Hch 15:30; 19:9; Heb 2:12
congregaciones Hch 18:23; 1Co 14:33
congregados Jos 22:9; 2S 6:19; 2R 10:23
congregarlos Jn 11:52
congregarnos Heb 10:25
conjuntamente Stg 2:22

conjunto Gn 1:10; Éx 26:4-6, 9-11; 36:11-13, 17-18
conjuntos Éx 36:13,16-17
conjura Ez 37:9
conjurar Is 47:11
conjuras Is 33:15
conjuros Nm 22:7; Dt 18:11
conmemoración Lv 23:24
conmemorar Éx 12:14; Jue 11:40
conmoción Rt 1:19
conmocionan Pr 29:8
conmovido 2R 22:19; 2Cr 34:27; Sal 30:6; 125:1
Conmovido Gn 43:30; Jn 11:38
conmovidos Hch 2:37
conmovió Mt 21:10; Jn 11:33; Heb 12:26
conmueve Jer 31:20
conmueven Os 11:8
conocedores Gn 3:5; Est 1:13; 1Ti 4:3
conocerlo Gn 44:21; Job 24:1; Ec 8:17
conocerlos Gn 42:7
conocerme Jer 9:24; 22:16
conocerse Mt 10:26; Lc 8:17; 12:2
conocida Jos 15:25,49; 20:7; Est 2:7; Zac 8:3; 2Co 3:2
conocidas Hch 15:18
conocido Gn 10:8; 14:3; Éx 1:8; Nm 11:3; Dt 8:3; 11:28; 13:2,13; 32:17; Jos 24:30; Esd 3:12; Job 8:18; 9:25; 42:11; Sal 76:1; 78:3; 147:20; Ez 18:2; Dn 4:19; Mt 27:7; Jn 16:3; 18:15-16; Hch 3:11; 10:1; Ro 1:21; 11:34; 15:20; 16:19; 1Co 2:16; 8:3; 13:12; 2P 2:20-21; 1Jn 2:13-14; 3:6; 2Jn 1
conocidos Job 19:14; Is 61:9; Lc 2:44; 23:49; 2Co 6:9
conocimientos 1R 4:29; Job 21:22; 32:17; Ec 2:21,26; 12:9; Dn 5:12; Jn 7:15
Conque Gn 26:9
conquista Dt 2:24; Pr 21:22; Am 6:13
conquistada Jer 50:2,9; 51:31; Ez 26:10; 33:21
conquistadas Jos 23:4; Jer 48:41
conquistador Mi 1:15
conquistar Nm 13:30; 32:7; Dt 20:19; Jos 11:16, 23; 13:1,3; 19:47; 2R 17:6; 2Cr 32:18; Pr 16:32; Am 2:10
conquistarla 2R 3:25; 18:10; Is 7:1,6; Jer 32:24

conquistarlas 2Cr 32:1
conquistarlo Dt 2:31
consagración Lv 8:9; Nm 6:5-9,12-13; 2Cr 7:9
consagrada Éx 30:29; Lv 6:18, 27; 7:35; 23:20; 27:29; Nm 18:8; Dt 26:13-14,19; Jer 2:3; 11:15; Ez 45:1; 48:12,14,18, 20-21; Hag 2:12; Zac 14:21
consagradas 2Cr 31:6; Ez 46:19
CONSAGRADO Éx 28:36; Zac 14:20
consagrados Éx 29:21,37; Lv 27:10,33; Nm 8:11; 1S 21:5; 2R 23:4,11; 2Cr 23:6; 26:18; 31:12,14,18; 35:3; Esd 8:28; Sal 50:5; Is 13:3; Jer 31:40; Ez 20:20; 48:11; Hag 2:12; Mt 12:4; Mr 2:26; Lc 6:4; Heb 9:2
consagrar Lv 8:12; 27:26; Dt 22:9; Pr 20:25
consagrarlo Éx 20:8; 29:36; Lv 8:11
consagrarlos Éx 28:41; 29:1; Lv 8:10; 2Cr 30:17
consagrarse Éx 19:22; 1Co 7:34
consciente 1R 8:38; 2Cr 6:29; Job 10:15; Sal 19:12; Jn 6:61
Consciente Mt 12:15; 26:10
conscientes Ro 13:11; 1Co 15:58; Col 3:24; 4:1; Heb 10:34
consecuencia Jos 5:6; Hch 28:9; Ro 5:1
consecuencias Gn 42:21; Lv 5:1,17; 7:18; 17:16; 19:8,17; 20:17,19-20; 24:15; Nm 5:31; 9:13; 18:1; Pr 22:3; 27:12; 30:10; Is 65:7; Jer 2:3; Ez 23:35, 49; Ro 5:16
consecutivos Nm 28:24; 2S 21:1; 2Cr 27:5
conseguir Gn 20:10; Jue 20:10; 2R 6:2; 1Cr 22:14; Neh 5:2-4; Jer 2:33; Lm 5:6; Ez 17:15; Mt 15:33; Mr 8:4; Hch 27:13; 1Co 7:21; Fil 4:17
consejero Gn 26:26; 2S 15:12; 1R 4:5; 1Cr 26:14; 27:32-33; 2Cr 25:16; Is 3:3; 40:13; Mi 4:9; Nah 1:11; Ro 11:34
Consejero Is 9:6
consejeros 2Cr 22:4; Esd 4:5; 7:14-15,28; 8:25; Est 6:13; Job 3:14; 12:17,20; Sal 119:24; Pr 11:14; 24:6; Is 1:26; 19:11; Dn 3:2-3, 24,27; 4:36; 6:7
Consejo Mt 5:22; 26:59; Mr 14:55; 15:1,43; Lc 22:66;

23:50; Jn 11:47; Hch 4:15; 5:21,27,34,41; 6:12,15; 22:5,30; 23:1, 6,15,20,28; 24:20

consejos 2Cr 24:17; Job 21:16; 22:18; 26:3; Sal 32:8; Pr 1:25,30; 4:20; 12:5; 13:10; 20:18; 22:20; 23:9; Ec 4:13; Is 19:11; 47:13; Jer 7:24; Ez 7:26; 11:2; Mi 6:16; Sof 3:2

consentida Cnt 6:9

consentido Pr 4:3

consentimiento Flm 14

consentir Hch 28:4

conservar Gn 7:3; Nm 36:7-9; Rt 4:5; Sal 22:29; Jer 45:5; Ez 7:13; Lc 17:33; Hch 24:16

conservarla Éx 16:33

conservarse Stg 1:27

considerablemente Hch 6:7

consideración Dt 19:21; 1S 23:21; 1R 11:12-13, 32,34; 15:4; 2R 8:19; 19:34; 20:6; 2Cr 21:7; Is 37:35; Ez 36:32; Lc 18:2,4; 1Co 10:28; 2Co 1:23; 2:10

considerados Gn 48:5; Hch 5:41; Gá 2:9; 1Ts 5:12

considerar Ez 47:22

considerarla Lv 11:38

considerarlo Éx 30:32,37

considerarlos Lv 11:35

consiente Pr 29:21; 1Co 7:12-13

consiervos Ap 6:11

consiguiente Lv 20:25; 2Co 5:14; Heb 4:9

consintió 1S 28:23; 2R 6:3; Mt 3:15

consiste Nm 4:4,24; 28:24; Ro 2:28; Ef 5:9; Col 2:11; 1P 3:3-4,21; 1Jn 4:10; 5:3; 2Jn 6; Ap 13:18; 14:12

consisten Ap 13:10; 17:9

consistía Nm 7:3; 1Cr 23:28

consistirá Nm 4:31; 28:19

consolación 2Co 1:3

consolada Jer 31:15; Mt 2:18

Consolador Jn 14:16,26; 15:26; 16:7; Hch 4:36

consoladoras Zac 1:13

consolados Is 66:13; Mt 5:4; 2Co 1:6

consolar Gn 37:35; 2S 12:24; Is 61:2; 2Co 1:4

consolarlo 1Cr 7:22; 2Co 2:7

consolarlos Jer 16:7; 1Co 14:3

consolarme Job 21:34; Sal 71:21; 119:82; Is 22:4

consolidaba Jue 4:24; 2S 3:1; Hch 9:31

consolidando 2S 3:6; Hch 15:41

consolidar 1S 14:47; 2Cr 9:8

consolidarás 1S 24:20

consolidaron 2Cr 11:17

consolidó 1R 2:12,46; 2Cr 1:1; 12:1

conspiración 2S 15:12,31; 2R 14:19; 15:15; 2Cr 25:27; Est 2:22; Is 8:12; Jer 11:9; Ez 22:25; Hch 23:12-13,30

conspirado 1R 2:28; 16:16; 2R 21:24; 2Cr 33:25

conspiran 1S 22:8,13; Sal 2:1; 37:12; 59:3; 83:3; 94:21; Hch 4:25

Conspiran Sal 56:6

conspirando Am 7:10

conspiraron 2R 12:20; 21:23; 2Cr 24:21,25-26; 33:24

conspiró 1R 15:27; 16:9; 2R 9:14; 10:9; 15:10,25,30; 1Cr 21:1

consta Gn 43:23; 2S 1:18; Jn 5:32; 9:24; Hch 3:16; 19:26; 26:27; 1Co 12:14; Gá 4:15; Col 4:13

constaba 1Cr 27:1; Est 6:2

constancia Job 33:23; Ro 8:25; 2Co 6:6; 1Ts 1:3; 1Ti 6:11; 2Ti 3:10; Tit 2:2; Stg 1:3-4; 2P 1:6

constante Lv 26:40; Dt 28:66; 1R 14:30; Sal 52:1; 89:28; Pr 19:13; 27:15; Is 51:13; 55:3; Jer 18:16; Ez 30:16; Nah 3:19; Hch 12:5; Gá 4:18; Ap 3:10

constantemente 1R 10:8; 1Cr 16:40; 2Cr 9:7; Neh 4:12; Job 2:8; Is 65:3; Hch 10:2; 2Co 12:12; 1Ts 1:3; 2Ts 1:11

constantes Nm 17:5; 2Cr 12:15

constar 2S 3:28

constatar Heb 9:16

conste 2S 3:8; Job 42:8; Jer 25:3; 1Co 6:8

Conste Jos 2:20

constelaciones Job 9:9; 38:32; Is 13:10; 45:12

consternados Jos 7:6; Ez 32:10

consternaron 1S 17:11

constituí Is 42:6

constituidos Ro 5:19

constituir 1Co 12:13

constituyeron 1Ts 1:7

constituyó Ef 4:11

construcción 1R 5:18; 6:7,38; 7:1; 1Cr 22:2,19; 2Cr 3:2; Ez 48:15

constructivo 1Co 10:23

constructor 1Co 3:10; Heb 3:3-4; 11:10

constructores Esd 3:10; Sal 118:22; Is 49:17; Ez 13:11; 27:4; Mt 21:42; Mr 12:10; Lc 20:17; Hch 4:11; 1P 2:7

construida Neh 8:4; Cnt 4:4; Ez 41:7; Lc 6:48; 2Co 5:1

construidas Hch 7:48

construidos 2R 23:15; Hch 17:24

construirle 2S 5:11; 1Cr 14:1; 21:22; 2Cr 2:6; Zac 5:11

construirlo 1Cr 28:2; 2Cr 8:16; Zac 4:9

construirse Dt 27:6

consuelo Job 2:11; 6:10; 7:13; 16:2,5; 21:2; Sal 69:20; 77:2; 86:17; 94:19; 119:50,52,76; Pr 15:4; Is 12:1; 54:11; 57:18; 66:11; Jer 16:7; Lm 2:13; 3:49; Ez 16:54; Lc 6:24; 16:25; Hch 20:12; 2Co 1:4-7; 7:7,13; Fil 2:1; Col 4:11; 2Ts 2:16

consuelos Jer 31:9

consultar Gn 25:22; Éx 18:15; 33:7; Dt 18:11; 1S 9:9; 10:22; 14:36; 23:4; 2S 5:23; 1R 22:7-8; 2R 1:3,6,16; 3:13; 22:13-14; 1Cr 13:1; 14:14; 21:30; 2Cr 1:5; 18:6-7; 20:3,21; 34:21,22; Is 8:19; Jer 42:6; Ez 20:1; Hch 25:12

consultarla 1S 28:7

consultarlo 1Cr 10:13

consultarme 2R 22:18; 2Cr 34:26; Is 30:2; Jer 37:7; Ez 14:7; 20:3,31

consumada Heb 5:9

consumida Gn 18:12; Ez 15:5; Sof 1:18; 3:8; 1Co 3:15; Ap 18:8

consumidas Neh 1:3; 2:3, 13,17; Job 15:34; Is 9:5; Ez 19:12

consumido Lv 6:10; Job 22:20; Pr 5:11; Ez 32:7; Jl 1:19; 2Co 2:7

consumidor Éx 24:17; Dt 4:24; 9:3; 2S 22:9; Sal 18:8; Is 30:27,30; 33:14; Heb 12:29

consumidos Éx 15:7; Nm 16:35; Sal 73:19; Is 26:11; Jer 49:27; Ez 15:7; 23:25; Nah 1:10

consumir Pr 30:16; Jl 2:5

consumo Lv 25:7; Is 24:16

contabilizarlo Gn 41:49

contacto   Lv 11:35; 22:4; Nm 6:11; 1S 21:5; Neh 6:17; Ez 46:20; Hag 2:13

contada   Nm 18:27; Job 3:6

contadas   Jer 33:13

contado   Gn 47:25; Rt 2:11; 2S 23:19,23; 1R 10:7; 18:13; 1Cr 11:21,25; 2Cr 9:6; Job 39:2; Sal 44:1; 78:3; Is 21:16; 53:12; Jer 32:25; Dn 5:14,26; Jon 1:10; Lc 22:37

contador   Is 33:18

contados   Éx 16:1; 38:25; Lv 27:32; Job 10:20; 15:20; Ec 2:3; Is 16:14; Lm 4:18; Mt 10:30; Lc 12:7

contaminación   2P 2:20

contaminada   Sof 3:1; Jud 23

contaminado   Lv 15:8,31; 22:4; Nm 19:20; Pr 25:26; Jer 2:23; 3:2; Ez 4:14; 22:4; 23:13; 36:18; 44:26; Mi 2:10; Hch 15:20

contaminar   Mr 7:15

contaminarla   Mr 7:18

contaminarse   Lv 21:4,11; Ez 44:25; Dn 1:8; Ap 14:4

contarla   Ap 7:9

contarlas   Sal 41:6

contarle   Gn 12:15; 1S 3:15; 19:7,18; 2S 3:19; 11:19; 1R 13:11; 2R 5:4; Mt 18:31; Lc 20:9

contarles   Gn 20:8; Éx 10:2; Sal 66:16; Lc 19:11

contarlo   Dt 3:3; 4:33; 5:26; 2S 2:30; 1R 3:8

contarlos   1Cr 9:28; Sal 40:12; 139:18; Is 10:19; Jer 23:32

contarme   Sal 28:1

contarse   Job 5:9; 9:10; 25:3

contárselo   Gn 9:22; 29:12; Nm 11:27; Jue 9:42; Job 1:15-17,19

contemplar   Dt 18:16; Sal 27:4; 113:6; Cnt 6:13; Is 33:15; Jon 2:4; Hab 1:3, 13; 2:15; 1P 1:12

contemplarlas   Job 36:25

contemplarlo   Job 20:9

contemplarlos   Ec 5:11

contemplarte   Cnt 6:13

contemporáneo   2R 8:16

contemporáneos   Gá 1:14

contenciosas   Sal 31:20

contender   Job 31:35

contenderá   Is 50:8

contenderé   Is 49:25

contendientes   Éx 21:22

Contendió   Is 27:8

contendiste   Dt 33:8

contener   Gn 43:30; Job 4:2

contenerla   Jer 20:9

contenerlo   2Cr 2:6

contenerme   Jer 6:11

contenerte   1R 8:27; 2Cr 6:18

contenidas   Jer 36:8

contenido   Is 42:14; Ap 5:3-4

contenta   Neh 12:44; Hch 12:14

contentará   Pr 6:35

contentémonos   1Ti 6:8

contenten   Stg 1:22

conténtense   Heb 13:5

contento   1Cr 29:9; Est 5:9, 14; 8:5; Mal 1:8,10; Lc 19:6; 23:8

contentos   1R 8:66; 2Cr 7:10; Ec 4:16; Lc 10:17

contestar   Mr 14:60; 15:4

contestarle   Gn 45:3; Lc 14:6

contienda   Jue 11:27; 12:2; 1R 16:22; Sal 80:6; Pr 18:6; 20:3

contiendan   Is 49:25

contiendas   Sal 55:9; Pr 13:10; 15:18; 16:28; Jer 15:10; Hab 1:3; 1Co 3:3; Fil 2:14; 1Ti 2:8

contiende   Job 40:2; Is 45:9

Contigo   Gn 6:20; Jer 51:21-23

contiguo   Neh 3:2,4,7,25

continente   Ez 26:17

continuación   Éx 29:9; 40:20; Lv 14:19; Jos 12:7; 1S 10:25; 1R 8:22; 1Cr 1:43; 2Cr 6:12

continuamente   Dt 6:7; 2R 21:6; 1Cr 16:6,37; 2Cr 33:6; Lc 24:53; Heb 9:6; 13:15

continuar   Nm 34:9; 1S 16:11; Esd 5:2; 6:14; Jer 41:17; Ro 15:24

continuas   Dt 21:4

continuo   Lv 15:25; Nm 28:3; Ro 9:2; 2Co 11:26

continuos   Is 14:6

contorno   Ez 42:15

contradecían   Hch 13:45

contradecirle   Job 9:14

contradecirles   Lc 21:15

contraerlo   1R 13:4

contraído   Lv 14:32; Esd 10:10

contraídos   Nm 30:14

contraiga   Lv 13:45

contrajo   Cnt 3:11

contraorden   Est 8:5

contrariado   1R 1:6

contrariando   Jer 43:7

contrarias   Is 30:1

contrarió   Est 1:12

contrarios   Is 3:8; Hch 27:4

contraseña   Mt 26:48; Mr 14:44

contrata   Pr 26:10

contrataban   2Cr 24:12

contratado   Jue 18:4; 2R 7:6; Neh 13:2; Mt 20:7,14

contratados   Mt 20:8-10,12

contratan   Is 46:6

contratantes   Rt 4:7

contratar   2S 10:6; 1Cr 19:6; Mt 20:1

Contrataron   1Cr 19:7

contratiempo   2Cr 19:1

contratiempos   1R 22:27-28; 2Cr 18:26-27

contrato   Lv 25:53

contrató   Jue 9:4; 2Cr 2:7; 25:6

contratos   Rt 4:7

contrayendo   Esd 9:14

contribución   Éx 29:28; Lv 7:14,32,34; 10:14; 22:12; Nm 5:9; 6:20; 15:19-21; 18:8,24, 26-29; 31:28-29, 37-40,52; 2Cr 24:6,9; Esd 4:13

contribuciones   Nm 18:11, 19; Dt 12:6,11,17; 2Cr 24:10; Neh 12:44; 13:5; Ro 13:7

contribuido   Fil 1:12

contribuir   Neh 10:32; Ez 45:16; 2Co 1:24; Fil 1:25

contribuyan   Ef 4:29

contribuyendo   Éx 35:24

contrito   Is 57:15

contritos   Is 66:2

control   Gn 41:35,49; Jos 18:1; 2S 8:1; 1Cr 18:1; Ec 2:3; Dn 6:1; 1Co 14:32; 1Jn 5:19

controla   Job 37:15; Pr 16:23; 17:27

controlar   Gn 30:33; 1Ts 4:4; Stg 3:2-3

controlarlo   Job 12:6

controlarse   Gn 45:1

controló   Gn 42:24

controversias   Hch 26:3; 1Ti 1:4; Tit 3:9

convalecía   2R 8:29; 2Cr 22:6

convencer   Hch 21:14; 23:21

convencerla   Jue 19:3

convencerlos   Hch 19:8; 28:23

convencerte   Stg 2:20

convencido   Jn 7:26; Hch 26:9,26; Ro 2:19; 4:21; 8:38; 14:14; 2Co 10:7; Fil 1:6; 2Ti 1:5; 3:14

Convencido   Fil 1:25

convencidos   Lc 20:6; Jn 8:52; 21:24; Hch 16:10; 2Co 5:14; Col 4:12

convenga   Jue 9:33; Jer 40:4-5

convenía   Heb 2:10; 7:26

convenido   Gn 23:16; Esd 10:16; Job 31:1; Jer 32:10; Jn 9:22

conveniente   2S 18:4; Esd 5:17

convenimos   Jos 22:28; Dn 6:7

conversaba   Lc 24:32; Hch 24:26

Conversaba Hch 9:29
conversaban 1S 17:23; Mr 9:4; Lc 9:30
conversación 1S 19:7; Jer 38:27; Mr 10:41; Hch 13:43; 17:18; Ef 4:29; Col 4:6
conversaciones Ef 5:4
conversando 2R 2:11; Mt 17:3; Lc 24:14; Hch 10:27
conversar Hch 16:13
conversó 1S 9:25
convertida Gn 19:26; Is 17:1; Mi 1:6; Sof 2:15; Jn 2:9
convertidas Is 32:14
convertido Dt 27:9; Est 9:4; Is 1:22; 23:13; 25:2; Jer 2:21; 34:15; 37:15; 51:41; Ez 22:19; 36:3; 47:5; Os 8:11; Jl 3:19; Am 6:12; Jon 3:10; Mt 27:57; Mr 11:17; Lc 19:46; Jn 4:46; Hch 15:3; Ro 16:5; 1Co 1:20; 1Ti 3:6; Ap 18:2
convertidos Ro 16:7; 1Co 16:15
convertir 2Cr 28:10; Est 9:23; Jer 20:4; Jn 2:16; Ap 11:6
convertirla 2R 23:6; Jer 51:29
convertirlo 2R 23:15; Am 5:8
convertirlos Jer 25:18
convertirse Éx 32:25; Lv 13:2; 1S 18:26-27; Jer 27:17; 44:8; Ez 17:8; Mr 4:32; Lc 13:19; Hch 20:21
convicción Ro 14:22-23; Col 2:2; 1Ts 1:5
convicciones Is 56:2
convicto Dt 15:9; 24:15; Ro 3:19
convidados Ap 19:9
convidó 2S 13:23
conviene Jue 9:2; Rt 2:22; Est 3:8; Pr 31:4; Ec 6:12; Is 48:17; Mt 3:15; Jn 11:50; 16:7; Ro 16:2; 1Co 15:34; 16:4; 2Co 8:10; Col 3:18
Conviene Ec 7:18; Heb 13:9
convincente Hch 18:24
convincentes Pr 16:21; Hch 1:3
convinieron Jn 11:53
Convinimos Neh 10:37
convino Éx 2:21
convivan Sal 133:1
convivía Sal 55:14; 2P 2:8
convivo Sal 26:4; Pr 8:12
convocadas Is 1:13
convocados Jue 6:34; 10:17; Est 8:9; Jer 36:9
convocar Lv 23:2,4,37; 2S 3:21; 2R 23:1; 2Cr 34:29; Jer 1:15
convulsión Lc 9:42

conyugal Mt 5:32; 19:9; 1Co 7:3; Heb 13:4; 1P 3:7
conyugales Éx 21:10; Mt 1:25
cónyuge 1Co 7:15
copas Éx 25:31,33-34; 37:17, 19-20; 2S 5:24; 1R 7:50; 10:21; 2R 12:13; 1Cr 14:15; 28:17; 2Cr 9:20; Est 1:7; Jer 35:5; Dn 5:2,23; Mr 7:4; Ap 5:8; 16:1; 17:1; 21:9
copero Gn 40:1,5,13; Neh 1:11
coperos Gn 40:2,9,20-21, 23; 41:9; 2Cr 9:3
copia Dt 17:18-19; Jos 8:32; 2R 11:12; 2Cr 23:11; Est 3:14; 4:8; 8:13; Jer 32:11,14; Heb 8:5; 9:24
copiados Pr 25:1
copias Heb 9:23
copos Éx 16:14; Sal 68:14
coraje Sal 107:26
coral Job 28:18; Lm 4:7
corales Ez 27:16
Corasán 1S 30:30
coraza 1S 17:5,38; Job 41:13; Is 59:17; Jer 51:3; Ef 6:14; 1Ts 5:8; Ap 9:9,17
corazas 2Cr 26:14; Neh 4:16; Jer 46:4
Corazín Mt 11:21; Lc 10:13
corazones 1Cr 29:17; Pr 21:2; 24:12; Is 24:7; 61:1; Jer 32:40; Ez 21:7; Nah 2:10; Lc 2:35; 16:15; Hch 15:9; Ro 1:24; 8:27; 2Co 3:3; Gá 4:6; Ef 3:17; Fil 4:7; Col 3:15; 2P 1:19
corbán Mr 7:11
corcel Zac 10:3
corceles Jue 5:22; Est 8:10, 14; Sal 20:7; 76:6; Jer 6:23; 8:16; 46:4,9; 47:3; Jl 2:4; Mi 1:13; Hab 3:15
cordel 2S 8:2; 1R 7:15,23; 2R 21:13; 2Cr 4:2; Job 41:2; Is 34:11; 44:13; Jer 31:39; Zac 1:16; 2:1
cordera Lv 14:10
corderas Gn 21:28-30
corderitos Dt 28:4,18; Zac 13:7
Cordero Jn 1:29,36; 1Co 5:7; Ap 5:6,8,12-13; 6:1,3, 5,7,9, 12,16; 7:9-10,14,17; 8:1; 12:11; 13:8; 14:1,4,10; 15:3; 17:14; 19:7,9; 21:9, 14,22-23, 27; 22:1,3
cordial Esd 5:7
cordialmente Jer 9:8; 1Co 16:19
cordillera Jos 10:40

cordón Gn 38:18,25; Éx 28:14,22,28,37; 39:15,21,31; Jos 2:18,21; Ec 12:6; Ez 16:4
cordones Est 1:6
cordura Pr 13:16; 19:8
Coré Gn 36:5,14,16,18; Éx 6:21,24; Nm 16:1,5-6,8,16, 19,24,27,32,40,49; 26:9-11; 27:3; 1Cr 1:35; 2:43; 6:22, 37; 9:19; 26:1,19; 2Cr 20:19; 31:14; Jud 11
coreíta 1Cr 9:31
coreítas Nm 26:58; 1Cr 9:19; 12:6; 26:1
corintios Hch 18:8; 2Co 6:11
Corinto Hch 18:1,18; 19:1; 1Co 1:2; 2Co 1:1,23; 2Ti 4:20
cornadas Ez 34:21
cornalina Ez 28:13; Ap 4:3; 21:20
cornea Éx 21:28,32,35
corneado Éx 21:35
cornear Éx 21:29,36
cornee Éx 21:31
Cornelio Hch 10:1,3-4,7, 17,22,24-25,30-31
corneta Os 5:8
cornisas 1R 7:9
coro Ez 45:14
coro Neh 11:17; 12:38,46; Job 38:7
coronaba 2Cr 3:15
coronaban 1R 7:41; 2Cr 4:12
coronadas Job 41:14
coronado Gn 24:21; Éx 15:1,21; Sal 21:3; Pr 10:6; Lc 19:12; Heb 2:9
coronados Is 35:10
coronar Jue 9:6,16
coronas Sal 65:11; Is 23:8; Ez 23:42; Ap 4:10
coronaste Sal 8:5; Heb 2:7
coronilla Dt 28:35; Job 2:7; Is 1:6
coros Neh 12:31,40; Sal 98:5
corporal Col 2:9
corpulento Dt 32:15
corral 1R 4:23; Is 65:10; Ez 25:5
corrales Nm 32:16,24,36; Sof 2:6
correa Gn 14:23; Is 5:27; Mr 1:7; Lc 3:16; Jn 1:27
correas Is 58:6; Jer 27:2
corrección Job 36:10; Pr 1:3; 4:1; 5:12; 10:17; 13:1,18; 15:5, 10,32-33; 19:20,27; Jer 2:30; 7:28; 17:23; 31:18; 32:33; Sof 3:2,7
correcciones Pr 1:8
correcta Job 11:4
correctamente Jue 12:6

correcto Gn 24:48; Lv 10:19; Est 8:5; Pr 16:2; 21:2; 22:6; 24:23; 28:21; Lc 20:21; Jn 18:23; 2Co 8:21

corredor Job 9:25; Ez 40:15

corredores 1Co 9:24

corregías Is 26:16

corregido Jer 30:14

corregidos Jer 5:3

corregir Pr 13:24; 2Ti 2:25; 3:16

Corregirá Job 40:2

corregiré Jer 46:28; Os 14:4

correr Jos 3:13,16; 1S 20:36; 2S 18:22; 1R 18:46; 22:35; 2R 5:20-21; Job 21:11; Ec 1:14; 2:11,17,26; 4:4; 6:9; 10:20; Is 63:6; Lm 2:19; 4:11; Lc 8:14

corresponder 2Co 6:13

corresponderles Lc 6:34

correspondiente Lv 27:18; 2Cr 30:3

correspondientes 2Cr 8:13; Neh 12:47; 13:5

corretean Is 7:25

corrida Mr 16:4

corrido Job 31:5; Hab 2:2; Fil 2:16

corriente Gn 23:16; 1S 21:4; 1R 10:27; 2Cr 9:27; Sal 69:2,15; Jer 17:8; Ez 29:4; 47:5; Ap 12:15

corrientes Dt 10:7; Job 6:15; Sal 46:4; 74:15; Pr 5:16; Is 8:6; 27:12; 30:25; 44:27; Jer 31:9; Ez 31:4,15; 32:2; Jon 2:3; Nah 3:8; Hab 3:8

corrige Job 5:17; Sal 94:10; Pr 3:12; 9:7; 22:15; 29:19; 2Ti 4:2

Corrige Pr 19:18

Corrígeme Jer 10:24

corriges Sal 94:12

corrijan Pr 15:12

corroboraron Hch 24:9

corroe Job 30:17; Pr 14:30

corroído Lv 13:55

corromper Sof 3:7

corromperse Dt 4:16; Jue 2:19

corrompida Gn 6:11; Esd 9:11; Ef 4:22

corrompidas Tit 1:15

corrompidos Sal 14:1; 53:1; 2P 2:10

corrosivo Lv 13:51-52; 14:44

corrupción Gn 6:12; Job 17:14; Sal 5:9; 16:10; Jer 23:15; Os 9:9; Hch 2:27, 31; 13:34-37; Ro 8:21; 1Co 15:42; Stg 1:27; 2P 1:4; 2:12,19

corrupta Dt 32:5; Pr 6:12

corruptas 2Cr 27:2; Pr 4:24; Ez 20:44

corruptible 1Co 15:50, 53-54

corrupto Job 15:16; Pr 19:28; Ez 28:18; Dn 6:4

corruptos Sal 94:20; Is 1:4; Jer 6:28; Tit 1:15

corta Ec 10:9; Is 28:20; 50:2; 59:1; Mt 7:19; Jn 15:2; Ap 14:18

cortada Gn 8:11

cortadas 1R 7:11

cortados Lv 22:24; Jue 1:7; 1R 7:9; Job 24:24; Is 33:12

cortaduras Jer 41:5

cortante Pr 5:4; Heb 4:12

cortapabilos Éx 25:38; 37:23; Nm 4:9

cortar Éx 31:5; 35:33; Dt 19:5; 23:25; Jos 9:23; 2R 6:4-5; 2Cr 2:8

cortarla Ez 39:10

cortarlo Job 41:6

cortarme 2R 6:32

cortarse Pr 26:6

cortársela 2S 14:26

corte Gn 50:4,7; Dt 21:12; 2S 12:17; 13:24; 15:16; 16:9; 1R 1:33,47; 3:15; 4:7; 5:9,11; 10:28; 2Cr 1:16; Jer 34:19; Dn 1:3; 2:49; Jon 3:7; 1Co 11:6

cortejo Gn 50:9; Job 21:33

cortes Dt 14:1

cortesanos 1S 16:18; Dn 4:36

cortinaje Nm 3:26; 4:26

cortinas Éx 26:1-7,9,12; 27:9,11-12,14,18; 35:17; 36:8-10,13-16; 38:9,12, 14-16,18; 39:40; Nm 4:25; Est 1:6; Is 54:2

corto Éx 13:17; 2R 6:31; Pr 6:10; 24:33; Ez 17:24; 1Co 11:6; 2P 1:9

cortos Is 3:16

corzos 1R 4:23

Cos 1Cr 4:8; 24:10; Esd 2:61; Neh 3:4,21; 7:63; Hch 21:1

Cosán Lc 3:28

cose Pr 31:22

Cose Éx 26:3,9

cosechar Éx 34:21; Lv 25:15; 1S 8:12; Ec 3:2; Jer 8:13; Jn 4:38

cosechas Gn 41:47; 45:6; Éx 23:10,16; Lv 19:25; 25:16; Dt 28:4,11,18,42,51; 30:9; 32:22; 33:14; Jue 6:4; 1S 8:15; Neh 9:37; 10:37; Job 31:8; Sal 78:46; 107:37; Pr 3:9; Is 16:9; Jer 12:13; Ez 34:27,29; 36:30; Zac 8:12; Ap 22:2

coser Ec 3:7

coserlos Nm 15:38

Cosieron Éx 36:10,16

cosméticos Est 2:12

cosquillas Job 41:29

costa Gn 31:1; Éx 14:4, 17-18; Nm 16:38; 34:6; Dt 1:7; Jos 5:1; 6:26; 9:1; 15:12,47; Jue 5:17; 16:27; 1S 31:4; 1Cr 10:4; 2Cr 8:17; Job 19:5; Is 20:6; 23:2,6; Jer 47:7; Ez 25:16; 47:20; Abd 12; Lc 6:17; Hch 17:14; 27:8,13; 28:13; 2Co 10:15; Ap 18:3,15

costaba 2Cr 1:17

costaban Is 7:23

costado Éx 25:12; 26:26-27; 36:31-32; Lv 1:11,15-16; 5:9; 16:14; 1S 23:26; 2S 2:16; Ec 2:11; Ez 10:16; 34:21; 41:19; Jn 19:34; 20:20,25,27; Hch 12:7

costados Gn 6:16; Éx 25:14,32; 29:16,20; 30:3-4; 37:5,18,26-27; 38:7; Nm 33:55; Job 41:30; Ez 1:8; 41:22; 48:18; Dn 7:5

costales Gn 42:25,35; 43:11; 44:1; Jos 9:4

costar 2R 6:25

costará 1Cr 12:19

costaría Mr 6:37

costaron Dt 15:18

costas Gn 10:5; Nm 24:24; Sal 72:10; 97:1; Is 24:15; 41:1,5; 42:4,10,12; 49:1; 51:5; 59:18; 60:9; 66:19; Jer 2:10; 25:22; 31:10; 47:4; Ez 27:3,7,28,35; 39:5; Dn 11:30; Hch 27:5

costera Nm 13:29

costeras Ez 26:15; Dn 11:18

costeros Ez 26:18

costilla Gn 2:21-22

costillas 2S 19:42; Dn 7:5

costo Jer 15:13; Lc 14:28

costó Jn 4:38; Hch 22:28

costosas Dn 11:38

costoso Sal 49:8; Mr 14:3

costosos 1Ti 2:9

costras Job 7:5

costumbre Gn 19:31; 29:26; Éx 21:29; Jos 4:18; Jue 8:24; 11:39; 14:10; 1S 2:13; 18:10; 20:25; 21:5; 1R 18:28; 2R 11:14; Est 1:13; 9:23,27; Job 1:5; Sal 50:20; Dn 6:10; Mr 10:1; Lc 1:9; 2:27,42; 4:16; 22:39; Jn 18:39; 19:40; Hch 14:1; 17:2; 25:16; 1Co 11:16; 14:33

costumbres Lv 18:3,30; 20:23; Dt 18:9,12; Jue 2:19; 2R

17:8,15,19,33-34, 40; 2Cr
34:33; Esd 9:1; Est 3:8; Sal
106:35; Pr 22:25; Jer 10:3; Ez
5:7; 11:12; 23:24; Hch 16:21;
21:21; 28:17; 1Co 15:33

costura Éx 28:27; 39:20; Jn
19:23

cotidiana Job 1:5

cotidiano Lv 11:32; Mt 6:11;
Lc 11:3

coyundas Lv 26:13

coyuntura Gn 32:25,32

Cozbí Nm 25:15,18

Cozebá 1Cr 4:22

cráneo Nm 24:17; Jue 9:53; 2R
9:35; Jer 48:45

creación Gn 2:4; Dt 27:15; Sal
139:14; 145:9; Ez 29:3,9; Mt
13:35; 25:34; Mr 10:6; Jn
17:24; Ro 1:20; 8:19,21-22,39;
2Co 5:17; Gá 6:15; Ef 1:4;
Col 1:15,23; Tit 1:2; Heb 4:3;
9:11,26; Stg 1:18; 1P 1:20; 2P
3:4; Ap 3:14; 5:13; 13:8; 17:8

creada Ef 4:24; Heb 4:13

creadas Is 48:7; Jn 1:3; Col
1:16; Heb 12:27; Stg 3:9; Ap
4:11

creado Gn 6:7; 9:6; Neh 9:6;
Job 33:4; Sal 33:9; 86:9; 96:5;
102:18; 148:5; Pr 20:12; 22:2;
Is 40:26; 41:20; 43:7; 45:8;
54:16; 57:16; Ez 28:13,15; Jn
1:3,10; 1Co 11:9; Col 1:16;
1Ti 4:3-4

creador Gn 14:19,22; Sal
115:15; 121:2; 124:8; 134:3;
146:6; 149:2; Ec 11:5; Is
40:28; 43:15; Jer 51:19; Hch
4:24; Ef 3:9

Creador Dt 32:6; Job 4:17;
32:22; Pr 14:31; 17:5; Ec
12:1,6; Is 27:11; Mt 19:4; Ro
1:25; Col 3:10; 1P 4:19

creadora Gn 2:3

creados Gn 5:2; Sal 33:6;
89:12; 104:30; Ro 1:25; Ef
2:10

crear Gn 30:40; Lv 18:18; Is
65:17-18; Lc 2:34; 1Co 9:12;
Ef 2:15

creativa Éx 31:3; 35:31

crecer Gn 2:9; Nm 6:5; Jue
16:22; 2R 19:26; Job 8:11; Sal
129:6; 147:8; Is 17:11; 37:27;
44:14; Ez 17:24; 31:4,14; Dn
4:20; Os 9:12; Am 7:1; Mt
13:7; Mr 4:7; Lc 8:7; Jn 3:30;
1Co 3:7; 11:14; Col 1:10; 1Ts
3:12; 2P 1:8

creces Nm 22:17; Rt 2:12; Sal
132:15

creciente Sal 74:23

crecientes Is 8:7

crecimiento 1Co 3:6

crédito 1S 18:8; Pr 30:5; Fil
4:17; 1Ti 1:15; 4:9; 2Ti 2:11

creer Nm 14:11; 1R 10:7; 2Cr
9:6; Lc 24:25; Jn 3:12; 4:41,
48; 5:47; 11:48; 12:39; 17:20;
20:31; Hch 11:17; 19:9;
20:21; 28:24; Ro 11:18; 1Co
3:5; Fil 1:29; Heb 11:6; 1Jn
4:16

creerle Mt 21:32

creerles Mr 16:14

creerlo Job 29:24; Lc 24:41

creerse Job 15:14

crema Job 20:17; 29:6

crepitar Ec 7:6; Jl 2:5

crepúsculo Lv 23:5; Is 21:4

Crescente 2Ti 4:10

cresta Is 14:14

Creta Dt 2:23; Am 9:7; Hch
27:7,12-13,21; Tit 1:5

cretenses Hch 2:11; Tit 1:12

creyente Hch 16:1,15; Ro
16:13; 1Co 7:12-15; 9:5; 2Co
6:15; 1Ti 5:16

creyentes Hch 1:15; 2:44;
4:32; 5:12; 9:41; 10:23;
15:2-3,5,31,36; 20:2,7; 21:17,
25; 28:14; Ro 8:27; 1Co 6:1-2,
5; 14:22,33; 16:1,15; 1Ts 1:7;
2:10,13; 4:12; 1Ti 4:3,12;
5:10; 6:2; 2Ti 2:2; Tit 1:6; Flm
5; Heb 4:3; 1P 2:7

cría Gn 33:13; 49:11; Lv 22:28;
27:26; Dt 7:14; 22:6; 1S
6:7,10; 2S 17:8; Zac 9:9; Mt
21:5

criada Gn 25:12; 29:24,29;
30:3-4,7,9,12,18; 2S 17:17; 2R
5:2; Pr 30:23; Mt 26:69,71;
Mr 14:69; Lc 22:56

criadas Gn 24:61; 30:43;
31:33; 33:2; Rt 2:8,22-23; 3:2;
1S 8:16; 25:42; 2R 5:26; Est
4:4; Job 19:15; Pr 31:15; Nah
2:7; Mr 14:66; Lc 12:45

criar Jue 13:8,12; 1Ti 5:10

criarlo Rt 4:16

crías Gn 30:39; 31:8; 32:15; Éx
12:29; 34:19; Lv 27:26; Nm
3:41; Dt 7:13; 28:4,51; 30:9;
Neh 10:36; Job 21:10; 38:41;
39:1,3-4; Sal 147:9; Cnt 4:5;
7:3; Is 11:7; 34:15; Jer 14:5;
31:12; Ez 19:5; Nah 2:12

criatura Lv 17:11,14; Job
28:21; 40:15; Dn 8:17; Os
13:13; Mr 16:15; Lc 1:41,44;
Jn 16:21; Ap 5:13

criaturas Sal 104:24; Ap 8:9

criba Am 9:9

crimen Gn 31:36; Éx 21:20; Dt
19:15-16; 25:2; Jue 9:24,56;
20:12; 1S 20:1; 2R 9:26; Jer
37:18; 41:11; Hab 2:12; Mt
27:23; Mr 15:14; Lc 23:22;
Hch 1:18; 18:14

crímenes Sal 5:10; Pr 29:22;
Os 10:13; 12:14

criminal 1Cr 12:17; Lc 23:40;
2Ti 2:9

criminales 2S 3:34; Lc
23:32-33,39

crin Ap 9:8

crines Job 39:19

crisis 1Co 7:26

crisol Sal 12:6; Pr 17:3; 27:21

crisoles Job 28:1

crisólito Éx 28:17; 39:10; Ez
10:9; 28:13; Ap 21:20

crisoprasa Ap 21:20

Crispo Hch 18:8; 1Co 1:14

cristal Job 28:17; Ez 1:22; Ap
4:6; 21:18,21; 22:1

cristiano Hch 26:28; 1P 4:16

cristianos Hch 11:26

Cristos Mt 24:24; Mr 13:22

criterios Jn 8:15; 1Co 1:26;
3:3-4; 2Co 1:17; 5:16; 10:2;
1P 4:6

crítica Pr 15:31; 2Co 8:20

critican 1Co 9:3

criticaron Hch 11:2

críticas 1Ti 5:14

criticones Jud 16

crónica Lv 13:11

cronista 2S 8:17; 20:25; 2R
18:18,37; 19:2; 22:3,8,10, 12;
25:19; 1Cr 18:16; 24:6; 2Cr
26:11; 34:15,18,20; Esd
4:8-9,17,23; Is 36:3, 22; 37:2;
Jer 36:10,12,20; 37:15,20;
52:25

cronistas 1R 4:3; 2Cr 34:13

cruce Dt 31:3; 2S 17:16; Mt
22:9

crucificada Ro 6:6

crucificado Mt 28:5; Mr 16:6;
Lc 24:7; Jn 19:32; Hch 4:10;
Ro 7:4; 1Co 1:13,23; 2:2,8;
2Co 13:4; Gá 2:20; 3:1; 5:24;
6:14; Ap 11:8

crucificados Mt 27:44; Mr
15:32; Jn 19:31

Crucifícalo Mt 27:22-23; Mr
15:13-14; Lc 23:21; Jn 19:6,15

crucificar Jn 19:15; Heb 6:4

crucificara Lc 23:23

crucificaran Mt 27:26; Mr
15:15; Jn 19:16

crucificarán Mt 23:34

crucificarlo Mt 27:31; Mr 15:20

crucificaron Mt 27:35,38; Mr 15:24-25,27; Lc 23:33; 24:20; Jn 19:18,20,23,41; Hch 2:36

crucifiquen Mt 20:19; 26:2; Jn 19:10

crucifíquenlo Jn 19:6

cruda Éx 12:9; 1S 2:15

cruel Lv 25:43,46; Pr 5:9; 11:17; 17:11; Is 13:9; 14:3; Jer 30:14

Cruel Pr 27:4

crueldad Gn 49:7; Éx 1:13-14; Lv 25:53; Ez 34:4

crueles Sal 59:3; 119:150; Is 19:4; 25:3-4; Jer 6:23; 50:42; Ez 31:12; 32:12

cruelmente Jue 4:3

cruenta Sal 144:10

cruje Mr 9:18

crujen Sal 37:12

cruz Mt 10:38; 16:24; 27:32,40, 42; Mr 8:34; 15:21,30,32; Lc 9:23; 14:27; 23:26; Jn 19:17, 19, 25,31; Hch 2:23; 1Co 1:17-18; Gá 5:11; 6:12,14; Ef 2:16; Fil 2:8; 3:18; Col 1:20; 2:14; Heb 12:2

cruzado Gn 32:23; Dt 4:22; 27:4,12; Sal 74:11; Pr 6:10; 24:33

cruzarlo Jos 3:1; 2S 19:18; Heb 11:29

cuadrada 2Cr 6:13; Ap 21:16

cuadrado Éx 27:1; 28:16; 30:2; 37:25; 38:1; 39:9; Ez 40:47; 43:16-17; 45:2; 48:20

cuadrados 1R 7:31; Ez 41:21

cuadrangulares 1R 6:33

cuadras Hch 12:10

cuadrilla Éx 5:6,10,14-15, 19; Is 31:4

cuadrúpedos Hch 10:12; 11:6; Ro 1:23

cuajada Jue 5:25; 2S 17:29; Is 7:15,22

cuajar Job 10:10

cuajo Ez 17:9

cualesquiera Lv 16:16,21

cualidades Ez 16:13; Dn 6:3; Ro 1:20; 2P 1:8

cuanta Gn 34:12; Ap 5:13

Cuantos Sal 22:7; Lm 2:15

cuarta Éx 20:5; 28:20; 34:7; 39:13; Nm 23:10; Dt 5:9; Jos 19:17; 1Cr 24:8; 25:11; 27:7; Job 42:16; Pr 30:15, 18,21,29; Ez 10:14; Dn 7:7,19,23; Ap 6:8

cuartel 1S 14:52; 2R 11:6, 19; 1Cr 12:33; Neh 3:16; Hch 21:34,37; 22:24; 23:10,16,32

cuarteles 1R 9:19; 2Cr 8:6

Cuarto Ro 16:23

cuartos 1R 6:30; 7:25; 2R 23:7; 1Cr 23:28; 28:11-12; 2Cr 4:4; Pr 24:4

cuatrocientas Gn 23:15-16; Jue 21:12; 1R 7:42; 2Cr 4:13

cubas Job 24:11; Jl 3:13

cubierta Gn 8:13; Éx 4:6; Nm 4:25; 7:89; Jue 3:22; 1S 4:12; 2S 1:2; 15:30,32; Is 34:6; Ez 24:8; 27:6; 1Co 11:4; Ap 17:3

cubiertas Nm 7:3; Sal 68:13

cubierto Gn 25:25; 38:15; Éx 14:18; 19:18; Jue 6:39-40; 1R 20:38; 2R 18:16; Job 7:5; 19:8; 39:19; Sal 69:7; 89:45; Is 14:19; 32:13; 51:16; Jer 51:42; Lm 3:30,54; Ez 30:18; Hab 2:16; Lc 5:12; 16:20; Jn 11:44; 20:7; Ap 4:8

cubiertos Job 21:26; Sal 35:26; 65:13; 109:29; Cnt 8:14; Jer 51:51; Ez 28:13; Heb 11:37; Ap 4:6

cubos 1R 7:33

cubrir Éx 8:6; 26:7; 36:14; Nm 4:15; Sal 104:9; Is 54:9; Os 2:9

cubrirla Mt 5:15; Lc 8:16; 11:33

cubrirle Jon 4:6

cubrirlo Éx 25:20; Jue 4:19

cubrirme Éx 14:4,17

cubrirnos Esd 9:6

cubrirse Gn 3:7; Is 59:6; 1Co 11:7,13

cubrirte Jer 13:26

cucharones 2Cr 24:14

cuchichean Sal 41:7; Lm 3:62

cuchicheando 2S 12:19

cuchichear Sal 31:13

cuchillo Gn 22:6,10; Éx 4:25; Jue 19:29

cuchillos Jos 5:2-3; 1R 18:28; Esd 1:9; Pr 30:14

cuece Éx 29:31; Lv 6:28

Cuelan Mt 23:24

cuenca Jos 12:2

cuencas 2S 22:16; Sal 18:15; Zac 14:12

cuento Gn 34:30; Éx 33:12-13; 34:9; Jos 9:22; 1S 26:15; 27:5; 2S 14:22; 15:25; Sal 139:22; Ez 23:2; Dn 10:21; Jn 5:36; Ro 16:2

cuentos 2P 1:16

cuerda Jue 16:9; Job 41:1; Sal 11:2; 68:25; 71:22; Ec 4:12; Is

38:20; Ez 40:3; 47:3; Am 7:7,8; Hab 3:19

cuerdas Éx 35:18; 39:40; Nm 3:26,37; 4:26,32; Jue 16:7-9; 1Cr 15:21; Job 38:31; 39:5; Sal 45:8; 144:9; 150:4; Pr 5:22; Is 5:18; 16:11; 33:23; 54:2; Jer 10:20; 38:6; Ez 27:24; Os 11:4; Jn 2:15

cuerdos 2Co 5:13

cuerno Éx 27:2; 38:2; 1S 16:1,13; 1R 1:39; Sal 81:3; Dn 7:8,11,20-21,26; 8:5, 8-9,12,21; Zac 1:21; Ap 13:1

cuero Éx 17:14; Lv 13:48, 51,53,56; Nm 31:20; 2R 1:8; Is 30:8; Ez 16:10; Mt 3:4; Mr 1:6

cuerpos Gn 47:18; 1S 31:12; 2S 4:12; 1Cr 10:12; Sal 49:14; 79:2; Jer 8:2; 14:18; Nah 2:10; 3:3; Mt 24:29; Mr 13:25; Lc 21:26; Jn 19:31; Ro 1:24; 8:11; 1Co 6:15; 10:5; 15:39-40; Heb 13:11; Stg 5:3

cuervo Gn 8:7; Dt 14:17; Cnt 5:11; Is 34:11

cuervos Lv 11:15; Dt 14:14; 1R 17:4,6; Job 38:41; Sal 147:9; Pr 30:17; Lc 12:24

cuesta Éx 4:10; Nm 34:4; Jos 15:3,8; 18:16-19; Jue 1:36; 1S 9:11; 2R 9:27; 2Cr 20:16; Neh 12:37; Is 15:5; Jer 48:5

cuestas Nm 14:34; Jos 15:11; Sal 66:11

cueste 1Cr 21:24; Pr 6:31

cuesten 2S 24:24

cuestión Gn 38:23; Job 9:19; Ro 14:17; 1Co 4:20; 2Co 8:13

cuestionar Job 9:12

cuestionaré Job 38:3; 40:7; 42:4

cuestionas Job 22:13

cuestiones Éx 23:7; Est 1:13; Jer 12:1; Dn 2:9; Mal 2:9; Hch 18:15; 23:29; 25:19-20; 2Ti 2:4

cueva Gn 19:30; 23:9,11, 17,19-20; 25:9; 49:29-30, 32; 50:13; Jos 10:16-18, 22-23,27; Jue 15:8,11; 1S 22:1; 24:3,7, 10; 2S 17:9; 23:13; 1R 19:9, 13; 1Cr 11:15; Sal 44:19; Is 11:8; Jer 7:11; Nah 2:11; Mt 21:13; Mr 11:17; Lc 19:46; Jn 11:38

cuevas Jue 6:2; 1S 13:6; 14:11; 1R 18:4,13; Job 30:6; 37:8; 38:40; Is 2:19; 32:14; 42:22; Ez 33:27; Heb 11:38; Ap 6:15

cuezan Éx 16:23; Ez 24:5

Cuezan   Lv 8:31

cuezas   Éx 34:26

cuidados   Job 10:12; Sal 65:9; 80:14; Ez 16:5

cuidadosamente   Dt 6:17; Jue 6:29

cuidadosas   Tit 2:5

cuidar   Gn 4:9; 46:34; Nm 1:53; 4:4; 1S 17:15,34; 2S 7:8; 15:16; 1R 1:4; 1Cr 17:7; Sal 84:10; Cnt 1:6; Ez 34:2,11; Zac 11:7; Lc 2:8; 15:15; 1Ti 3:5

cuidarlas   Gn 33:13

cuidarlo   Os 12:13

culebra   Is 59:5

culpables   Gn 26:10; 44:31; Jos 22:25; 1R 8:47; 2R 7:9; 2Cr 6:37; 19:10; 28:10,13; Is 24:6; Jer 50:7; Mt 12:7; Lc 13:4; Jn 9:41; 15:22,24; 1Ti 5:12; Heb 10:2; Stg 2:9

Culpables   Esd 9:15

culpas   Ez 4:4; 18:19

culpes   Dt 21:8

cultivada   Is 5:6; Jl 1:17

cultivadas   Lv 25:5,11; Jer 2:2

cultivado   Ro 11:24

cultivados   Ez 36:9

cultivar   Gn 9:20

cultivo   Jos 14:3; Sal 26:5; Pr 24:27; Am 7:14; 1Co 3:9

cultivos   Éx 9:25; Dt 15:14; 28:22; Cnt 5:13; Mal 3:11; 2Co 9:10

cultos   Ez 43:7; Am 5:21; Ro 1:14

cum   Mr 5:41

cumbre   Éx 19:20; 24:17; 34:2; Nm 20:28; 21:20; 23:14,28; Dt 3:27; Jos 15:8-9; 1S 26:13; 2S 15:32; 16:1; 1R 18:42; 1Cr 16:39; Sal 68:14; 72:16; Cnt 4:8; 7:5; Is 28:1,4; 31:4; Ez 43:12; Os 4:13; Am 1:2; 9:3; Mi 4:1; Lc 4:29

cumbres   Jue 9:25,36; 2R 19:23; Sal 95:4; Is 37:24; 41:18; 58:14; Ez 6:13; Jl 2:5; Mi 1:3

cumpleaños   Gn 40:20; Mt 14:6; Mr 6:21

cumplidamente   1Cr 28:8

cumplidor   Stg 4:11

cumplidos   Pr 13:4; 23:8

Cumplidos   Lv 13:6; Jue 11:39

cumplimiento   Lv 22:23; 2S 7:21; 21:14; 2Cr 36:22; Is 44:28; Hab 2:3; Mt 5:17; Lc 22:16; Ro 13:10; Gá 4:23; Col 1:25; Heb 11:39; Ap 1:3; 22:10

cumplirla   Dt 23:21; Lc 12:47

cumplirlo   Nm 30:9; Ec 5:4

cumplirlos   Ec 5:5

cumplirse   Éx 27:21; Lv 25:30; Jos 21:45; 23:14; 2R 10:10; Ez 33:33; Dn 1:15; Hab 2:3; Mr 13:4; Lc 22:37; 24:44; Hch 1:16; 21:27

Cun   1Cr 18:8

cuna   Sal 62:9; Is 46:3; 1Co 1:26

cunda   Ez 30:13

cunde   Jer 51:46

Cunde   Jer 46:5; 49:29

Cunden   Os 4:2

cundía   Gn 41:57

Cundió   1S 14:15

cuñada   Dt 25:9; Rt 1:15; 1R 11:19; Lc 3:19

cuñado   Gn 38:8; Dt 25:5,7

cuota   Éx 5:8,14,18-19

cuotas   1R 4:28

curada   Jer 51:8

curadas   Is 1:6

curado   Ez 30:21; Mr 8:25

curan   Pr 20:30; Ez 34:4

Curan   Jer 6:14; 8:11

curar   Jer 51:9; Os 5:13

curará   Zac 11:16

curaré   Jer 3:22; 33:6

cúrate   Lc 4:23

cure   1R 13:6

curó   1R 13:6; Lc 10:34

curso   Jue 17:8; Job 38:35; Sal 102:23; Pr 17:23; 21:1; Is 3:12; Hab 1:4; Mt 6:27; Lc 12:25; Stg 3:6

curtidor   Hch 9:43; 10:6,32

curva   Jos 16:6

curvas   Cnt 7:1

Cus   Gn 2:13; 10:6-8; 2R 19:9; 1Cr 1:8-10; Est 1:1; 8:9; Job 28:19; Sal 68:31; 87:4; Is 11:11; 18:1; 20:3-4; 37:9; 43:3; 45:14; Jer 46:9; Nah 3:9; Sof 3:10

Cusaías   1Cr 15:17

Cusán   Jue 3:8,10; Hab 3:7

Cusí   Jer 36:14; Sof 1:1

cusita   2S 18:21-23,31-32; 2Cr 14:9

cusitas   2Cr 12:3; 14:12-13; 16:8; 21:16; Am 9:7; Sof 2:12

custodia   Gn 41:10; 42:19; Ez 44:14; Lc 8:29; Hch 23:35

custodiaba   1R 14:27; 2Cr 12:10

custodiaban   1Cr 9:26

custodiadas   Ap 21:12

custodiado   1Cr 9:19; Hch 24:23

custodian   1Cr 9:18

custodiando   Mt 27:54

custodiar   Gn 3:24; 1Cr 9:19,23

custodiara   Hch 16:23; 28:16

custodios   Ez 44:11

Cuta   2R 17:24,30

cutánea   Lv 13:39; 14:32,54

Cuyas   Sal 136:21

Cuza   Lc 8:3

chacal   Mi 1:8

chacales   Gn 49:5; Job 30:29; Sal 44:19; 63:10; Is 13:22; 34:13; 35:7; 43:20; Jer 9:11; 10:22; 14:6; 49:33; 51:37; Lm 4:3; 5:18; Ez 13:4; Mal 1:3

chalecos   Éx 28:32

chales   Is 3:22

chamuscada   Jue 16:9

chamuscado   Dn 3:27

chapoteando   Ez 32:2

charco   Is 14:23

charlatán   Pr 12:18; Ez 20:49; Hch 17:18

charlatanería   Is 16:6

charlatanes   Tit 1:10

chasqueando   Nm 24:10

chasquido   Nah 3:2

chico   Jer 42:1,8

chicos   Gn 48:8

chillara   Is 10:14

Chillé   Is 38:14

chimenea   Os 13:3

Chipre   Nm 24:24; 1Cr 1:7; Is 23:1,12; Jer 2:10; Ez 27:6; Hch 4:36; 11:19-20; 13:4; 15:39; 21:3,16; 27:4

chirrido   Nah 3:2

chismes   Pr 18:8; 26:20,22; 2Co 12:20

chismosa   Pr 11:13

chismosas   1Ti 5:13

chismoso   Pr 16:28; 20:19

chismosos   Ro 1:29

chispa   Is 1:31; Stg 3:5

chispas   Job 5:7; 41:19

chistes   Ef 5:4

chivos   Gn 30:35; 31:10,12; 32:14; Esd 6:17; 8:35; Jer 51:40; Ez 27:21; 34:17; 39:18

choza   Is 1:8; 24:20; Am 9:11; Hch 15:16

Chupará   Job 20:16

Daberat   Jos 19:12; 21:28; 1Cr 6:72

Dabéset   Jos 19:11

dada   2Cr 34:14; 36:22; Jer 35:16; Mal 2:15; Jn 1:17

dadas   Mt 22:30

dádiva   Ro 5:16; 6:23; Stg 1:17

dádivas   Ro 11:29

dados   Ec 12:11; Zac 8:17; Mr 12:25; Lc 20:35

daga   2S 20:8,10; Mi 5:6

dagas   1R 18:28

Dagón   Jos 15:41; 19:27; Jue
16:23; 1S 5:2-3,5,7; 1Cr 10:10

Dalfón   Est 9:7

Dalila   Jue 16:4,6,8,10,
12-13,18

Dalmacia   2Ti 4:10

Dalmanuta   Mr 8:10

Dámaris   Hch 17:34

damas   Jue 5:29; Sal 45:9, 14

damascenos   2Co 11:32

Daná   Jos 15:49

danitas   Nm 26:42; Jos 19:47;
Jue 18:2,11,16, 22-23,25-28;
Ez 27:19

danza   Sal 30:11

danzaba   1Cr 15:29

danzaban   1S 21:11; 29:5; 2S
6:5; 1Cr 13:8

danzan   Job 21:11

danzando   Éx 15:20

danzarán   Jer 31:13

danzas   Éx 32:19; Sal 149:3;
150:4; Cnt 6:13; Lm 5:15

dañado   2R 12:5

dañaran   Ap 9:4

dañarán   Nm 5:19

dañarlo   Is 65:8

dañas   Job 35:6

dañinos   1Ti 6:9

daños   Éx 21:19; Ez 27:9

Darcón   Esd 2:56; Neh 7:58

Dardá   1R 4:31; 1Cr 2:6

dardos   Job 41:26

Darío   Esd 4:5,24; 5:5-7;
6:1,6,12-15; Neh 12:22; Dn
5:30-31; 6:1,6,9,25,28; 9:1;
11:1; Hag 1:1,15; 2:10; Zac
1:1,7; 7:1

darlo   Mt 26:9; Mr 14:5; Jud 12

darlos   2R 19:3; Is 37:3

darme   Gn 15:2; 22:12; 24:17;
27:19,31; 30:24; Nm 11:15;
Jue 4:19; 2S 11:11; 13:5; 1Cr
28:19; Sal 44:6; 71:20; 119:77;
Cnt 6:12; Is 45:11; Ez 23:13;
Dn 2:9,26; 1Co 16:17

dármelos   Gá 4:15

darnos   Éx 10:25; 12:33; Nm
10:29; 2R 3:12; Sal 78:20;
85:6; Jn 6:52; 9:34; Ro 8:32;
2P 1:3

darse   Gn 16:4; Lv 5:2-4; Nm
35:23; Jos 9:3; Jue 20:41; Rt
3:8; 1S 7:7; 17:42; 28:14; 2S
10:6; 1Cr 19:6; Job 19:5;
36:12; Sal 58:9; Pr 24:12; Is
58:4; Ez 46:5,7,11; Mt 16:8;
Mr 8:17; Lc 11:44; 22:49; Jn
7:4; Hch 4:13; 14:6; 22:29;
2Co 10:11; Ef 3:4

dársela   Nm 5:9; Jue 11:23; Lc
4:6; Hch 7:5

dárselas   2Co 11:21

dárselo   Dt 14:21; 1Cr 21:24;
Ec 2:26; Jn 12:5

dárselos   Lv 7:34; 1S 17:17; Jer
27:5; Dn 5:17

darte   Gn 15:7; 20:3; Éx 10:28;
18:19; 24:12; 33:19; Dt 5:31;
1S 21:4; 1R 1:12; 2:37,42;
17:9; 2R 20:6; 1Cr 29:14; 2Cr
1:12; Job 33:32; Sal 88:10;
92:1; 119:62; Is 38:5; Jer 3:19;
42:2; Lm 2:13; Ez 4:8; Dn
8:19; 11:2; Mt 15:5; Lc 1:19;
11:7; Hch 26:14; 2Ti 3:15

dártela   Dt 4:38; Jue 14:16

dártelas   Nm 16:13; Ez 16:61

dártelo   1R 14:8

dártelos   Nm 18:6

Datán   Nm 16:1,12,24-25, 27;
26:9; Dt 11:6; Sal 106:17

dátiles   2S 6:19; 1Cr 16:3

datos   1S 23:23; Hch 25:26

Deambulan   Sal 82:5

deambularon   Jos 5:6

debacle   Ez 26:18; 32:10

Debar   2S 9:4-5; 17:27; Am
6:13

debate   Hch 15:2

debatía   Hch 19:9

deber   Gn 38:8; Nm 32:22; Dt
24:5; 25:5,7; Is 8:19; Mt
24:46; Lc 12:43; 17:10; Ro
15:16; 1Co 7:3

deberes   Nm 8:26; 18:3; Neh
11:23; 2Ti 4:5

debida   Neh 5:9

debidamente   Est 2:23; 1Ti 5:3

debidas   Dt 3:28

débil   Jue 6:15; 16:17; 2S 3:39;
2Cr 13:7; 14:11; Job 26:2; Sal
38:8; 41:1; 116:6; 142:6; Pr
30:1; Is 40:29; 60:22; Ez 34:4;
Dn 2:42; Zac 12:8; Mt 26:41;
Mr 14:38; Ro 14:1; 1Co 1:27;
8:7,10-12; 9:22; 2Co 11:29;
12:10; 13:3

débiles   Gn 30:42; 33:13; Nm
13:18; Dt 1:17; 1S 2:4; 2Cr
28:15; Job 8:14; Sal 49:2; Is
16:14; 26:6; 35:3; Ez 34:16,21;
Ro 14:2; 15:1; 1Co 4:10; 8:9;
9:22; 11:30; 12:22; 2Co 11:21;
13:9; 1Ts 5:14; 2Ti 3:6; Heb
7:28

debilidad   Ro 8:26; 1Co 1:25;
2:3; 15:43; 2Co 11:29-30;
12:9; 13:4

debilidades   2Co 12:5, 9-10;
Heb 4:15; 5:2; Stg 5:17

debilitadas   Heb 12:12

debilitado   Dt 34:7; Is 14:10;
Lm 1:14

debilitan   Sal 34:10

debilitando   2S 3:1; Job 18:7;
Sal 31:10; 32:4

debilitará   Is 17:4

debilitarán   Lv 26:16

debilitaré   Jue 16:7,11,13

Debir   Jos 10:3,38-39; 11:21;
12:13; 13:26; 15:7,15,49;
21:15; Jue 1:11; 1Cr 6:58

Débora   Gn 35:8; Jue
4:4-6,9-10,14; 5:1,7,12,15

decacordio   Sal 33:2; 92:3

decadencia   Heb 11:12

decae   Sal 102:4

decaídas   Job 4:3

decaído   Pr 17:22

decapitados   Ap 20:4

decapitar   Mt 14:10

decapitaron   1S 31:9; 2R 10:7

decapiten   Gn 40:19

decapitó   Mr 6:27

Decápolis   Mt 4:25; Mr 5:20;
7:31

Decar   1R 4:9

decenas   Dt 33:17; Sal 144:13

decentemente   Ro 13:13

decidida   Rt 1:18

Decidida   Pr 31:17

decidido   Gn 6:13; Nm 18:24;
Dt 14:24; 26:2; Jos 7:1; 24:22;
1S 15:2; 20:7,9, 33; 29:9; 2S
9:7; 13:32; 19:29; 1R 14:21;
2R 21:7; 2Cr 12:13; 30:2; Esd
6:8; Neh 1:9; Est 7:7; Is
14:24; Jer 4:28; 21:10; 44:11;
Nah 2:7; Sof 3:8; Zac 8:15;
Mal 2:2; Mt 20:23; Mr 10:40;
Lc 1:3; Hch 3:13; 15:25;
20:16; 25:25; 2Co 9:7; Tit
3:12

decididos   Jue 1:27,35; 1Cr
12:38

decidir   Dt 21:5

decidirse   Ec 9:4

décima   Gn 28:22; Éx 16:36;
Dt 14:22-23; 23:2-3; 26:12; 1S
8:15,17; 1Cr 24:11; 25:17;
27:13; Neh 10:37; 13:12; Is
6:13; Ez 45:11,14; Mt 23:23;
Lc 11:42; 18:12; Heb 7:2,4;
Ap 11:13

décimo   Gn 8:5; Éx 12:3; Nm
7:66; 2R 25:1; 1Cr 12:13;
27:13; Esd 10:16; Est 2:16;
Jer 32:1; 39:1; 52:4; Ez 24:1;
29:1; 33:21; Zac 8:19; Ap
21:20

decimoctava   1Cr 24:15; 25:25

decimocuarta   1Cr 24:13;
25:21

decimonovena 1Cr 24:16; 25:26

decimoquinta 1Cr 24:14; 25:22

decimoséptima 1Cr 24:15; 25:24

decimosexta 1Cr 24:14; 25:23

decimotercera 1Cr 24:13; 25:20

decirles Éx 3:14; 5:13; Lv 22:3; 25:21; Nm 12:6; 14:39; 32:2; Jos 3:9; 22:27; 1S 14:12; 2R 7:12; 18:27; Neh 6:3; Job 32:10; Is 5:5; 32:9; 36:12; Jer 28:7; 35:15; 43:1; Mt 28:7,10; Mr 10:32; 16:7; Lc 6:47; 11:29; 14:17; Jn 10:7; 14:28; 16:12; Hch 13:15; 1Co 12:21; Gá 4:16; 2Jn 12

decirlo Ec 10:14; Mt 10:19; Jn 12:49

decirme Gn 24:23; 31:27; Nm 22:10,19; Dt 1:22; 2R 6:11; Job 32:13; Sal 11:1; Is 8:5; Jer 13:8; Dn 2:6,26; 5:15; Jn 14:9; Hch 23:19

decirnos Gn 37:10; Sal 115:2; Jer 43:2

decirse Jer 31:23,29; Heb 7:9

decírselo Jn 12:22

decírtelo Dn 9:23

decisión Jue 20:7; 1S 19:1; 1R 20:40; Esd 5:17; 10:8; Is 16:3; Dn 2:5,8; 4:17; Mt 27:1; Mr 15:1; Lc 23:51; Hch 21:25; Gá 4:23,29

Decisión Jl 3:14

decisiones Dt 17:11; Sal 48:11; Pr 21:29; Is 28:7; 58:2

declaración Dt 19:18; Hch 12:19; 20:38; 28:25; 1Ti 6:12

declaraciones Mr 14:56,59

declarada Lv 19:20; Stg 2:25

declarado Éx 22:9; 32:8; Lv 25:10; Dt 10:9; 26:17-19; 32:46; 1R 22:38; Job 13:18; 15:18; Sal 109:2; 130:3; Mi 6:8; Heb 8:13; Stg 2:21

declarar Éx 21:5; Lv 5:1; 14:2; Pr 18:5; Hch 24:20; Ro 10:2

declararle 2Cr 17:10

declararles Gn 49:1; Dt 5:5

declararlo Lv 13:37; Jn 1:20; 6:15

declararlos Lv 13:59

declararse Job 25:4; Mt 23:31

decoraban 1R 7:41; 2Cr 4:12

decorada Ez 27:6

decorado 2R 25:17; Cnt 3:10; Jer 52:22

decorados Ap 21:19

decoro 1Co 7:35

decorosamente 1Ti 2:9

decreta 2Cr 36:23

Decreta Sal 44:4

decretaba Dn 2:13

decretada Is 10:23; 28:22

decretadas Dn 9:24

decretado 1R 1:24; 22:23; 2Cr 18:22; Est 2:1; 9:31; Job 14:5; Is 10:22; 22:5; Jer 11:17; 16:10; Dn 6:26; 9:27; Nah 1:14; Lc 22:22

Decretaron 1R 21:12

decreté Sof 3:7

Decreten 1R 21:9

decreto 2Cr 36:22; Esd 1:1; 6:12,14; Est 1:19; 3:9; 8:8; 9:32; Job 28:26; Sal 2:7; 78:5; 81:4; 94:20; 105:10; 148:6; Jer 51:12; Lm 1:17; Dn 3:10,29; 4:24,31; 6:7-10,12-13,15,25; 9:25; Jon 3:7; Ro 1:32

decretó 1R 12:33; Esd 1:1; 4:3; Jer 40:2; Lm 2:17; Lc 2:1

Decretó 1R 12:32

Dedán Gn 10:7; 25:3; 1Cr 1:9,32; Is 21:13; Jer 25:23; 49:8; Ez 25:13; 27:20; 38:13

dedicación Nm 7:10-11, 84,88; Esd 6:17; Neh 12:27; Dn 3:2-3; 2Co 8:7-8

Dedicación Jn 10:22

dedicada Is 5:1; Mr 7:11

dedicadas Lc 21:5; Ro 13:6

dedicado Nm 18:14; Jue 6:25; 1S 1:28; 1Cr 26:27; Esd 7:10; Ec 1:17; Ez 32:2; Mt 15:5; 1Co 16:15; Tit 2:14; Heb 7:13

dedicados Nm 3:9; 18:6; 2R 23:7; 1Co 7:35; Heb 1:14

dedicar Éx 28:38; Neh 12:27

Dedicarle Pr 25:20

dedicarlo 1S 1:22

dedicarme Ec 8:9,16; Ez 20:40

dedicarse 2Cr 31:4; 35:2; 1Co 7:5

dedicárselo 1S 2:20

dedo Éx 29:12,20; 31:18; Lv 4:6,17,25,30,34; 8:15,23-24; 9:9; 14:14,17, 25,28; 16:14,19; Nm 19:4; 1R 12:10; 2Cr 10:10; Ec 2:21; Is 58:9; Dn 5:5; Mt 23:4; Lc 11:46; 15:22; 16:24; Jn 8:6; 20:25,27

dedos Nm 24:10; Jue 1:6-7; 2S 21:20; 1Cr 20:6; Sal 8:3; 58:7; 144:1; Pr 6:13; 7:3; Cnt 5:5; Is 2:8; 17:8; 40:12; 59:3; Dn 2:41-42; Mr 7:33

defectos Lv 22:25; Heb 8:8

defectuoso Sal 78:57

defender Jos 10:33; Jue 6:31; Is 34:8; Jer 51:36; Ez 36:21

defenderlo Job 13:8

defenderme Job 9:15; Sal 94:16; Hch 26:2

defendernos Neh 4:9

defenderse Dt 20:19; Jue 6:2,31; Est 8:11; 9:16; Sal 38:14; Jer 41:9; Lc 12:11; Hch 25:16

defenderte Hch 26:1

defensa Neh 4:17,23; Job 8:6; 13:6; Pr 25:28; Lc 21:14; Hch 7:24; 19:33; 22:1; 24:10; 26:1, 24; 1Co 9:3; Fil 1:16; 2Ti 4:16

defensas Jer 33:4

defensivas 2Co 6:7

defensor Job 29:16; Sal 4:1; 17:2; 68:5; Is 19:20; 29:21

Defensor Pr 23:11

defensores 2S 11:16; Job 13:8; Hch 10:45; 11:2

deferencia 2R 16:18

definido Hch 25:26

definitiva Jue 13:14; 1Co 15:29

definitivamente Lv 26:28

definitivos Heb 9:11

deforme Lv 21:18; 22:23

deformes Lv 22:25

defrauda Ro 5:5

defraudado 1S 12:3-4; Lc 19:8; Ro 9:33; 10:11; 1P 2:6

defraudan 1Co 6:8

defraudar Lv 6:2

defraudará Jer 2:36

defraudaste Sal 22:5

defrauden 1Co 6:7

defraudes Sal 119:116; Mr 10:19

defraudó Jer 2:36

degenerada Jer 2:21

degollada Lv 6:25; 7:2; 14:6,51

degollados 2P 2:12

degollar Lv 14:5; Jer 39:6; 52:10

degollarlos 1S 14:34

degrada Is 2:9

degradaron Ro 1:24

degraden Lv 19:29

dejada Mt 24:41; Lc 17:34-35

dejarla Is 26:5; 45:18; Jer 51:2; Ez 44:19

dejarle Ec 5:14

dejarlo Éx 4:23; 9:17; Nm 22:22; Jue 11:20; Dn 4:23; Mt 24:43; Lc 12:39

dejarlos Éx 3:19; 8:28; 9:2,28; 10:4,27; Nm 20:21; Is 19:6; 25:12; Jl 2:19; Mal 4:1; Hch 17:9

dejarnos Éx 13:15; Dt 2:30

dejarse Nm 15:39; 2S 13:33; 1Co 11:14; 1Ts 4:5

dejárselo Ec 2:18

dejárselos Lv 25:46

dejarte Gn 33:15; Nm 22:32; Dt 15:16; 2R 2:3,5; Job 36:18; Pr 5:20; 1Ti 5:21

Delaías 1Cr 3:24; 24:18; Esd 2:60; Neh 6:10; 7:62; Jer 36:12,25

delantales Hch 19:12

delantera Éx 28:25,37; 39:18; Lv 8:9; Nm 8:2-3; Jos 6:13; 2R 16:14

delatado Est 6:2

delatas Jos 2:14,20

Déle 1R 3:26

delegación Lc 14:32; 19:14

delegado Jue 9:28; Jn 5:22

delegados Est 2:3

deleite Sal 43:4; 112:1; 119:16,24; Is 32:14; 62:4

delfín Éx 25:5; 26:14; 35:7,23; 36:19; 39:34; Nm 4:6,8,10-12, 14,25

delgadas Gn 41:6-7,23-24,27

delgado Lv 13:30

deliberadamente Nm 15:30

deliberar Hch 4:15

deliberen Is 45:21

deliberó 1R 3:23; 2R 6:8

delicada Is 47:1; Jer 6:2; 1P 3:7

delicadeza 1Ts 2:7

delicia Is 58:13; Jer 49:25; Zac 7:14

delicias Cnt 7:6; Jer 51:34

deliciosa Pr 24:13

deliciosas Gn 49:20

delicioso Cnt 4:10

deliciosos Pr 18:8; Is 55:2

delincuente 1P 4:15

delinquido Sal 59:3

delirio Dt 28:28

delirios Jer 14:14; 23:26; Ez 13:2,17; Jud 8

delito Dt 19:6,15; 21:22; Jos 20:3,5,9; 1S 20:1; 26:18; 2S 19:19; Ec 8:11; Mi 3:8; 6:7; 7:18; Lc 23:15; Jn 18:29; Hch 18:14; 23:9; 24:20; 28:18

delitos Sal 65:3; Am 1:3,6, 9,11,13; 2:1,4,6; 3:14; 5:12; Mi 1:13; Lc 23:41; Hch 25:18

demacrado Dn 1:10

demanda 2S 15:3-4; Is 41:21; Lc 23:24; Hch 18:14; 19:39; 25:24; 1Co 6:1,6; Gá 2:16; 3:2,5,10

demandabas Job 22:6

demandará Dt 23:21

demandarán Ez 7:26

demandas Éx 23:3,6; Job 17:3; Jer 5:4-5; Ro 8:4

Demas Col 4:14; 2Ti 4:10; Flm 24

demasiada Jue 7:2,4; Job 22:5

demasiadas Ec 4:8; 7:29

demasiado Gn 13:6; 33:13; Éx 12:4; 18:18; Nm 11:14; 16:3,7; Dt 1:6; 12:21; 14:24; 17:8; Jos 17:15; Jue 18:26; Rt 1:12; 1S 30:10,21; 1R 20:23; 2R 5:20; Job 42:3; Sal 38:4; Ec 7:16,24; Is 28:20,28; 49:19-20; 64:9; 65:5; Jer 4:12; Dn 4:9; 2Co 11:21

Demasiado Éx 32:8

Demetrio Hch 19:24,38; 3Jn 12

demoledoras Éx 33:4

demoler Jer 1:10; 31:28

demolerán Ez 16:39; 26:12

Demolerán Dt 12:3

demoleré Lv 26:30; Mi 6:13

demolerla Lv 14:45

Demolía Ez 19:7

demolidas Am 3:15

demolieron Is 23:13

demonio Sal 41:8; Mt 9:33; 11:18; 17:18; Mr 7:26, 29-30; Lc 4:35; 7:33; 8:29; 9:42; 11:14; 13:11; Jn 8:49; 10:21

demora Jue 5:28; Is 60:22; Jer 51:50; Lc 18:8; Hch 9:39; Ro 9:28; Ap 1:1; 22:6

demorado Gn 43:10

demorando Mt 24:48

demorara Lc 1:21

demoraron Jer 3:3

demorarse Hch 20:16

demores Gn 45:9; Éx 22:29; Sal 70:5

demoró Gn 34:19

demostración 1Co 2:4; 2Co 9:13

demostrada Mt 11:19; Lc 7:35

demostrado Gn 24:14; Dt 34:12; Job 26:3; Ro 3:9; 2Co 7:11; 8:22; 11:6

demostrar Gn 44:16; Esd 2:59,61; Neh 7:61,63; Job 32:17; 36:3; Ro 3:25; 15:8; 2Co 8:19; 13:7; Tit 2:10; Heb 6:17

demostrarlo Fil 4:10

demudan Mt 6:16

denigran Sal 69:19

densa Éx 19:9,16; 20:21; Dt 4:11; 5:22; Job 23:17; 28:3; Sal 44:19; Pr 4:19; 20:20; Is 30:27; 59:9; 60:2; Mt 6:23; 2P 2:17; Jud 13

densas Éx 10:21-22; Job 3:6; 22:14; 38:9; Sal 107:10; Is 9:2; Jer 13:16; Am 5:8; Mt 4:16

Densas Éx 8:24

densos Jl 2:2; Sof 1:15

dentados Job 41:30

denunciar Is 3:13; Mt 5:25; 11:20

denunciarlo Job 20:27; Jer 20:10; Jn 11:57

denunciarte Sal 50:21

depara Is 41:23

dependa Lv 21:3; Is 50:10; Ro 12:18

depende Dt 30:20; 32:47; Job 21:16; Pr 11:14; 21:31; Jer 29:7; Mi 5:7; Lc 12:15; Ro 9:16

dependen Mt 22:40

depender 1Ts 4:12

dependes Ro 2:17

dependía 1S 13:20; Hch 12:20

dependido Sal 71:6

Dependiendo Nm 9:18

dependiera 1Co 2:5

deplorable Job 16:8

depone Job 9:13; Dn 2:21

deportación Jer 29:28; Mt 1:11-12,17

deportada Jer 1:3

deportado Jer 29:4,7; Ez 1:2

deportados Dt 28:36; 2R 17:28,33; Esd 1:11; Jer 24:5; 28:4,6; 29:22,31; 30:16; 40:1,7; Ez 1:1

deportar Jer 29:20

deportará Jer 20:4

deporté Jer 29:14

deportistas 1Co 9:25

deportó 2R 15:29; 16:9; 17:6,26; 18:11; 24:14-15; 25:11; 1Cr 5:26; 6:15; Jer 24:1; 27:20; 52:15

Deportó 2R 24:16

depositado Esd 1:7; Jer 48:13; Mt 25:27

depositarlo Gn 47:14

depósito Is 22:11; Jer 38:11

depósitos Éx 7:19; 2S 12:27; 1Cr 26:15,17,20,26; 27:28; 28:12; 2Cr 16:4; 31:11; 32:28; Neh 12:44; Job 38:22; Sal 135:7; Jer 10:13; 51:16

depravación Lv 18:23; 20:14; Ro 1:28-29

depravada Ez 16:27,30; Fil 2:15; 1Ti 6:5; 2Ti 3:8

depravado Lv 20:12,14; Jue 20:6; 2S 13:13

depredadores Jer 12:12

deprime Pr 15:4,13

deprimido   1R 20:43;
21:4-5,27; Esd 10:6; Os 5:11
deprimió   Dn 6:14
deprimo   Lm 3:20
depusiste   Sal 85:3
Derbe   Hch 14:6,20; 16:1; 20:4
Derecha   Hch 9:11
derechas   Mt 3:3; Mr 1:3; Lc
3:4; Heb 12:13
derechos   Gn 25:31-34; 27:36;
Éx 21:9-10; Dt 21:16; 22:30;
24:17; 27:19; Job 36:6; Sal
89:27; Pr 18:5; 31:5,8; Is 5:23;
10:2; Lm 3:35; 1Co 9:15; Heb
12:16
deriva   Hch 27:15,17,27
derogado   Dn 6:12,15
derramada   Lv 7:2; 1S 26:20;
Sal 106:38; Is 26:21; Lm 2:19;
Sof 1:17; Mt 23:35; 26:28; Mr
14:24; Lc 11:50; 22:20; Fil
2:17; Ap 19:2
derramado   Gn 4:11; Lv 17:4;
21:10; 1S 25:31; 2R 24:4; 1Cr
22:8; 28:3; 2Cr 34:21; Sal
22:14; 79:3; Is 29:10; 32:15;
57:6; Jer 42:18; Ez 22:4,13,22;
36:18; Hab 2:8,17; Hch 2:33;
10:45; Ro 5:5; Tit 3:6
derramamiento   Nm 35:33;
Jue 9:24; Ez 5:17; Heb 9:22
derramar   Éx 37:16; Lv 7:14;
Nm 18:5; Dt 28:12; 1S 25:26,
33; 2Cr 32:26; Sal 51:14; Pr
1:16; Is 59:7; Jer 22:17; Lm
4:13; Ez 22:6,9,12,27; 43:18;
Sof 3:8; Mt 23:30; 26:12; Lc
6:25; Ro 3:15; Heb 12:4
derramarse   Pr 5:16
derredor   Éx 25:11,24;
37:2,11,26; 40:8; Ez 40:30,43;
46:23
derretía   Éx 16:21
derretida   Job 24:19
derretirá   Is 34:3
derretirán   2P 3:12
derretirse   Job 6:16
derribada   2Cr 32:5; Neh 1:3;
Sal 80:16; Jer 31:40; Lm 4:6;
Ap 18:21
derribado   1R 13:3; 19:10,14;
2Cr 33:3; Sal 80:12; 89:40; Is
10:13; Jer 9:19; 46:15; 50:23;
Lm 2:2,5-6; Ez 36:36; Mt
24:2; Mr 13:2; Lc 21:6; Ro
11:3
derribados   1S 14:13; Jer 6:15;
8:12; 18:23; 33:4; 51:58; Jl
1:17; Zac 11:2; 2Co 4:9
derribar   Dt 20:20; 2S 20:15;
2Cr 25:8; 31:1; Sal 89:44; Is
22:5; Jer 1:10; 18:7; 31:28;

Lm 2:8; Ez 4:2; 21:22; Dn
4:23; 2Co 10:4
derribarla   Gn 19:9
derribarlo   Sal 62:3-4
derribarme   Sal 17:11
derribarnos   Is 14:8
derrite   Job 6:16; Sal 22:14;
68:2; 119:28; 147:18; Jer 6:29
derriten   Sal 97:5; Mi 1:4
derroca   Job 12:19; 34:25
derrocados   Job 34:20
derrocar   Job 34:24; Lm 2:2;
Dn 11:17
derrocará   Dn 7:24; 2Ts 2:8
derrocó   Lc 1:52
derrocha   Pr 29:3
derrochador   Pr 28:7
derrochan   Is 46:6
derrochar   Lc 16:1
derrochó   Lc 15:13
derrota   Éx 32:18; Jos 10:10;
Jue 11:33; 1S 4:17; 1R 20:21;
1Cr 21:12; 2Cr 13:17; 28:5;
Sal 40:15; 54:7; 59:10; 92:11;
Is 9:4
derrotada   Ez 32:12
derrotado   Dt 1:4; 4:46; 7:2;
Jos 10:33; 13:12,21; 1S 4:3; 2S
1:1; 8:9-10; 1R 8:33; 2R
13:19; 14:10; 1Cr 18:9-10;
2Cr 6:24; 25:19; 28:23; Est
6:13; Job 30:24; Jer 46:2; Dn
11:11,26
derrotados   Jos 8:15; 1S 7:10;
2S 10:15,19; 1Cr 19:16,19; Sal
40:14; 112:8; Is 60:11; Jer
46:5
derrotar   Gn 14:17; 2S 5:24; 2R
13:17; 1Cr 5:20; 14:15; 2Cr
25:14; Heb 7:1
derrotarlo   2R 13:25
derruidos   Is 58:12
derrumba   Job 14:18; Sal 46:6;
Is 3:8; Nah 2:6
derrumbado   Ez 26:2; Zac 11:2
derrumban   Pr 12:7
derrumbará   Ez 30:6; Lc 11:17
derrumbarán   Jos 6:5; Ez
38:20
derrumbaron   Jos 6:20; Jer
50:15; Lm 2:8
derrumbarse   Job 15:28; Sal
62:3; Is 30:13
derrumben   Dt 28:52; Esd 6:11
derrumbó   2R 23:7; Mt
7:25,27; Lc 6:49; Ap 11:13
desabrida   Job 6:6
desabrigado   Pr 25:20
desacato   Dt 17:12
desacredite   2Co 6:3
desacuerdo   Jn 9:16

desafiado   1S 17:45; 1R 13:21;
Jer 48:26,42; 50:29; Ez 35:13
desafían   Sal 83:2; Is 3:8; Mal
3:15
desafiando   1S 17:36; Dn 3:28
desafiante   Job 15:26; 39:25;
Ez 35:12
desafiantes   Nm 33:3
Desafiantes   Zac 7:11
desafiar   1S 17:16,25-26; 2S
21:21; 1Cr 20:7; Job 15:25;
Jer 49:19; 50:44
desafiarlo   Job 9:4
desafiarme   Nm 14:35
desafiaron   2S 23:9; Is 65:7
desafió   Jos 18:3; 1S 17:8; 1R
13:26
desafío   1S 17:10,23; Os 4:12
desaforadamente   Jn 18:40;
19:12
desaforados   Sal 78:65
Desaforados   Nah 2:4
desagrada   2S 12:9
desagrade   1S 29:7
desagradó   2S 11:27
desagravio   Pr 6:35; Is 34:8
desahogado   Ez 5:13
desahogaré   Ez 7:8
desahogarme   Job 32:20
desahogarse   1S 1:15
desahogo   Job 10:1
desahogó   1S 20:41
desahuciados   Job 29:13
desairarla   Mr 6:26
desalentados   2R 19:26; Is
19:10; 37:27
desalienten   Is 51:7
desaliento   Is 61:3
desalmado   Job 15:20
desalmados   Job 27:13; Jer
50:42
desalojando   2R 16:6
desalojará   Is 54:3
desalojarás   Éx 23:31
desalojaré   Éx 23:29-30; 33:2
desalojarlos   Dt 2:21
desalojarlos   Dt 2:12
desalojó   Dt 2:22; 4:38
desamparada   Is 32:14; 54:1;
Gá 4:27; 1Ti 5:5
desamparadas   Mt 9:36; 1Ti
5:3,16
desamparado   Jue 6:13; Mt
27:46; Mr 15:34
desamparados   Sal 68:6;
102:17
desampares   Sal 27:9
desanimados   Is 19:3; 1Ts 5:14
desanimar   Esd 4:4
desanimarnos   Neh 6:9
desanimarse   1S 17:32; Lc 18:1
desanimarte   Ap 2:3

desánimo Éx 6:9

desaparecer Éx 16:14; Jer 48:2; Ez 34:25; Hch 9:23; 1Co 7:31; Col 2:22; Heb 8:13

desaparecido Lv 14:48; Dt 2:14; Jue 21:3; Jer 48:2,25, 33,36

desaparejó Gn 24:32

desaparición 1R 13:34

desaprobó Nm 30:5

desaprueba Nm 30:11

desarmarlo Nm 1:51

Desarmó Col 2:15

desarraigada Ez 19:12; Sof 2:4

desarraigado Jer 12:15

desarraigados Pr 2:22

desarraigará 1R 14:15

desarraigaré 2Cr 7:20; Jer 12:17

Desarráigate Lc 17:6

desarraigue Sal 36:11

desarrolla Lv 13:23

desarrollado Lv 13:37

desarrollaste Ez 16:7

desastre Dt 32:35; Jos 24:20; 2S 1:10; 12:11; 1R 9:9; 2Cr 7:22; Job 18:12; 21:17,30; 31:3; Pr 3:25; 10:8,10; 16:4; Is 15:5; Jer 4:20; 49:8; 51:64; Ez 14:22; Dn 9:13; Jon 1:7-8; Lc 6:49

desastres Dt 28:61; 31:17, 21; 1R 22:8,18; 2Cr 18:7, 17

desastroso Dn 9:27; Hch 27:10

desatado Nm 16:47; 25:8; Jer 23:19; 30:23; Jon 1:12; Mt 16:19; 18:18

desatar Job 38:31; Is 58:6; Jer 49:36; Mr 1:7

desatarle Lc 3:16; Jn 1:27; Hch 13:25

desatarlo Mr 11:6

desatendidas Hch 6:1

desayunar Jn 21:12,15

desbandaba 1S 13:11

desbandada Dt 28:7,25; 1S 4:10; 14:16

desbandarse 1S 13:8

desbarata Job 5:13; Sal 33:10

desbaratada Is 8:10

desbaratan Sal 146:4; Pr 22:12

desbaratar 2S 15:34

desbaratará Nah 1:9

desbaratarlo Is 43:13

desbarató Jue 4:15; Lc 1:51

desbocados Jer 8:6

desborda 2Co 7:4

desbordadas Job 6:15

desbordado Nm 16:46; Is 28:2; 30:28; 66:12; Jer 47:2

desbordamiento 1P 4:4

desbordan Jos 3:15; Sal 65:11; Jl 3:13

desbordante Lc 6:38; 2Co 8:2

desbordará Is 8:7

desbordaron Jos 4:18

desbordarse Sal 32:6

desbordó 1Cr 12:15

descalificado 1Co 9:27

descalzo Is 20:2-3; Mi 1:8

descalzos Dt 25:10; 2S 15:30; Is 20:4; Jer 2:25

descansar Gn 18:4; 47:30; Éx 23:11; 34:21; Dt 5:14; 31:16; Rt 2:7; 3:18; 2S 7:12; 15:24; 2Cr 6:41; Job 40:21; Sal 23:2; Is 13:20; 14:3; 62:7; Jer 33:12; 47:6-7; Ez 34:15; Sof 2:7; 3:13; Ro 15:32

descansos Sal 139:3

descarada Pr 7:11

descaradamente Job 19:3

descarga Esd 8:22; Pr 14:35

Descarga 2S 24:17; 1Cr 21:17; Sal 69:24

descargado 1S 5:7,11; 6:15; Sal 88:16

descargar Éx 32:10; Nm 31:3; Job 6:9; Ez 7:8; 20:8, 13,21; Hch 21:3; Ro 3:5

descargará Jos 22:18; 23:15-16; 1S 12:15; Job 20:23; Is 30:30; Dn 11:30

Descargará Is 66:15

Descargarás Ez 9:8

descargaré Éx 7:4; Ez 6:12

Descargaré Jer 7:20; Ez 7:3; 13:15; 23:25

descargó Jos 22:20; 1S 5:6; 12:15

descargue Nm 1:53; Esd 7:23; Is 30:32

descaro Nm 25:6; Pr 7:13; Is 3:9; Jer 3:3; Ez 23:18

descarriada Ez 34:4; Sof 3:19

descarriadas Ez 34:6; Mt 10:6; 1P 2:25

descarriado Dt 9:12; Sal 14:3; 53:3; 119:67; Pr 15:10; Jer 5:23; 50:6,17; Ro 3:12; 1Ti 5:15

descarriados Tit 3:3

descarriar Am 2:4

Descendencia 1Cr 5:1

descender Ez 26:20; 32:18; Jn 1:32

Descendientes 1Cr 16:13; Sal 115:10

descenso Jos 18:16

descifrar Sal 71:15; Dn 5:8,16

descifrarla Dn 5:15

descolgaran Jos 10:27

descolgarán Nm 4:5

descolgó 1S 19:12

descompuesta Lv 7:18

descompuesto Lv 19:7

descomunal Dn 7:7

desconcertadas Jer 49:23; Mr 16:8

desconcertado Job 20:2; Lm 1:20; Dn 4:19; 7:28; Mr 6:20

desconcertados Jue 3:25; Job 32:15; Mt 19:25

Desconcertados Hch 2:7,12

desconcierta Is 21:3

desconcierto 1S 14:19; Is 19:14; 22:5

desconfiar 1S 29:3,6

desconfió Jue 11:20

desconocerte Pr 30:9

desconocida Dt 31:13

desconocidas Job 42:3; Is 48:6

desconocido Dt 28:33; Job 19:15; Jer 17:4; Os 5:3; Jn 10:5; Hch 17:23

DESCONOCIDO Hch 17:23

desconocidos Sal 139:15; Pr 20:16; Is 42:16; 2Co 6:9

desconsoladamente Gn 21:16; 43:30; 1S 1:10; 2S 13:36

descorazonado Ec 2:20; Ez 13:22

descorazonados Jos 2:11

descorazonan 2S 22:46; Sal 18:45

descorazone Is 7:4

descorazonó 1S 28:5

descrédito 1Ti 3:7

describe Ro 10:5

describió Hch 9:27

describirá Hch 8:33

describirlo Mr 4:30

descripción Jos 18:6,8-9

descritas Ap 22:18

descrito Jer 51:60

descritos Ap 22:19

descuartice Dn 3:29

descuarticen 1R 18:23

descuartizados Gn 15:17

descuartizan Mi 3:3

descuartizarán Ez 16:40

descuartizaron Dn 7:11

descuartizó Jue 19:29; 1S 11:7; 15:33; 1R 18:33; Job 26:12

descubierta 1Co 11:5

descubierto Gn 8:11; 30:37; 44:16; Éx 21:16; Lv 20:18; Dt 22:17; 2S 18:13; 22:16; Job 12:22; 26:6; 28:7,9; Sal 18:15; 44:21; Pr 10:9; Is 26:21; 47:3; Lm 4:22; Ez 13:14; 21:24; 23:29; Os 7:1; Mi 1:6; Sof 2:14; Lc 23:2; Jn 3:20; Hch

24:5; 1Co 3:13; 4:5; 14:25; 2Co 3:18; Ef 5:13; Heb 4:13; Ap 2:2

descubrir 2Cr 32:31; Jer 13:26; 1P 1:11

descubrirse Mr 4:22; Lc 8:17

descuento Lv 27:18

descuida Pr 19:16

descuidaban Neh 4:17

descuidado Neh 13:11; Mt 23:23

descuidamos Heb 2:3

descuidan Lc 11:42

descuidar Neh 10:39; Mt 23:23

descuidé Cnt 1:6

descuidemos Hch 6:2

descuiden Pr 8:33

descuides Est 6:10

desdén Job 41:34; Sal 31:18; 119:22; Pr 30:13,17; Mal 1:13; Gá 4:14

desdeña Sal 69:33; 107:40; Pr 15:5

desdeñado Is 5:24

desdeñará Sal 102:17

desdicha 1S 1:11

desdichada Rt 1:21

desdichados 1Co 15:19

deseable Gn 3:6; Pr 3:15; 8:11; Is 53:2

deseables Sal 19:10

deseado Jer 17:16; Jud 3

desear Ec 6:2

desearle Nm 23:8; 2S 8:10; 1Cr 18:10

desearse Éx 18:7

desechada Jer 48:38

Desechada Jer 30:17

desechado Sal 89:38; Ez 31:11; Mr 7:8; Jn 15:6

desechar Ec 3:6

desechos Is 15:3

desembarcaban Ez 27:33

desembarcar Lc 8:27; Jn 21:9

desembarcaron Mt 14:34

desembarcó Mt 14:14; Mr 5:2; 6:34; Hch 18:22

desemboca Jos 18:19

desembocadura Jos 15:5; Is 19:7

desembocan Ez 47:8

desempeñaban 1Cr 15:18

desempeñan Ro 12:4

desempeñar Éx 18:18

desempeñarán Nm 3:8

Desempeñarán Nm 3:7

desempeño 1R 11:28; 1Cr 24:3

desencadenado Zac 5:4

desencadenó Jon 1:4

desenfrenada 2P 2:7

desenfrenadamente Lc 15:13

desenfrenadas 2P 2:13

desenfrenado Éx 32:25; Stg 5:5

desenfrenados 2P 2:18

desenfreno Éx 32:6; 2Cr 28:19; Mt 23:25; 1Co 10:7; Ef 5:18; 1P 4:3

desenfundó Mr 14:47; Jn 18:10

desenlace Is 41:22

desenmascara Pr 28:11

desenrollarlo Lc 4:17

desentendido Dt 22:1,4

desentiendas Sal 28:1

desenvainada Nm 22:23; 1Cr 21:16; Ez 21:28

desenvainadas Sal 55:21

desenvainado Ez 21:5

desenvainándola 1S 17:51

desenvainarán Ez 28:7

Desenvainarán Ez 30:11

desenvainaré Lv 26:33; Ez 5:2,12

Desenvainaré Éx 15:9; Ez 21:3

Desenvainen Jue 7:20

desenvaino Jer 25:29

deseo 2S 23:5; Esd 1:5; Neh 7:5; Est 5:5,7-8; 7:3; 9:12; Sal 119:5,20; 132:13-14; Pr 13:12,19; Ec 2:10; Is 26:8; 46:10; 55:11; Ez 24:25; Hch 7:23; Ro 7:18; 9:16; 10:1; 2Co 8:19; Fil 1:23; Stg 1:15

Desertaste Dt 32:18

desértico Jer 44:22

desertores Jer 39:9

desesperación Sal 116:11; Ez 7:25

desesperado Job 6:26; Is 15:8

desesperados Éx 2:23; 3:9; Is 15:5; 2Co 4:8

desfallecer Job 17:5; Sal 38:17; 73:26

desfallecido Is 51:20

desfallecientes Jer 14:6

desfavorable Hch 27:7

desfigurado Is 52:14

desfiguras Job 14:20

desfiladeros Abd 3

desfilar 1Co 4:9

desfilarán Is 60:11

desfilaron Jos 4:13; 2S 15:18

desfile Col 2:15

desgaja Sal 29:5; Is 10:33

desgajadas Ro 11:17,20

desgajado Ro 11:22

desgajados Job 24:20

Desgajaron Ro 11:19

desgajó Jl 1:7

desgarra Job 16:9; Mi 5:8

desgarran Sal 22:13; Ez 22:27

desgarrando Dt 33:20

desgarrar Ez 19:3,6

desgarrará Lv 1:17

desgarrarás Ez 23:34

desgarraré Jue 8:7; Os 13:8

desgarras Job 18:4

desgarraste Ez 29:7

desgarre Éx 28:32

desgastada Ez 23:43

desgastado Job 13:28

desgastan Job 14:19

desgastando 2Co 4:16

desgastarán Sal 102:26; Heb 1:11

desgastaré 2Co 12:15

desgastaron Neh 9:21

desgasten Lc 12:33

desgastó Dt 29:5

Desgracia Os 2:15

desgraciada 1S 20:30

desgracias Sal 15:3; Pr 22:8; Ez 7:5,26; Hch 7:10

desgranaban Lc 6:1

desgranó Rt 2:17

desguarnecidos Neh 4:13

deshabitada Lv 26:43; Jer 26:9; 46:19; Ez 26:19; 29:11

deshabitadas Job 15:28; Sal 69:25; Is 6:11; Jer 22:6; Ez 35:9

deshabitados Job 30:3; Ez 36:4

deshacer Pr 6:3; Zac 1:21

desharrapado Stg 2:2

deshechas Rt 1:9,14

deshecho Nm 12:12; Sal 38:8; Dn 5:23

deshechos Am 8:6

deshoja Is 27:10

deshonestas Jer 22:17

deshonra Gn 34:27; Lv 20:11, 19-20; Dt 27:20; 2R 19:3; Job 20:3; Sal 109:29; Pr 3:35; 13:5,18; 14:34; 28:7; Is 37:3; 61:7; Jer 20:11; 51:51; Ez 18:6,15; 22:16; 32:30; 36:7; Os 4:18; 1Co 11:4-5; 2Co 6:8; Heb 13:13

deshonrada Gn 34:13

deshonrado Lv 20:17,21; Dt 21:14; 22:29

deshonrar Dt 22:21,24; Pr 30:9

deshonrarte Lv 18:10

deshonrosa Sof 3:18

deshonroso Os 4:7

desierta Job 18:4; Ez 36:34

desiertas Jer 14:6; Sof 3:6

desiertos Lv 26:22; Job 12:24; 38:26; Sal 69:25; 107:4,33,40; Is 48:21; Heb 11:38

designadas   Nm 29:39

designado   Éx 31:6; Lv 16:21;
Dt 4:19; 1Cr 16:41; Neh 5:14;
Hch 17:31; Ro 1:4; 2Ti 1:11

designados   Nm 1:17

designar   2S 7:10; 1Cr 17:9

designarte   Hch 26:16

designio   1Co 1:21; Ef 1:11;
Ap 10:7

designios   Sal 33:10-11;
107:11; Pr 19:21; Is 32:7; Am
3:7; 4:13; Mi 4:12

desintegra   Is 24:19

desintegrarán   Is 34:4

desistieron   2Cr 11:4

desistimos   Hch 21:14

desistió   Éx 32:14

desistir   Job 9:12; 11:10; 23:13;
Ec 3:6

desjarretar   Jos 11:6

desjarretó   Jos 11:9; 2S 8:4;
1Cr 18:4

deslavan   Job 14:19

desleal   Sal 101:3; Pr 25:19

desleales   Sal 78:57; Ro 1:31

desliza   Pr 23:31; Jer 49:22

deslizaban   Cnt 5:5

deslizan   Job 9:26; Pr 26:22

deslumbrados   Hch 8:11

deslumbrante   Hab 3:11

deslumbrantes   Job 41:18

deslumbraron   Jos 7:21

deslumbre   Job 37:15

desmandarse   Éx 32:25

desmaya   Jer 15:9

desmayar   Jer 31:12; Mr 8:3

desmayarán   Am 8:13; Lc
21:26

desmayaré   Is 62:1

desmayarse   Job 41:9

desmayaste   Is 57:10

desmaye   Job 23:16

desmayen   Mt 15:32

desmedida   Pr 21:24

desmedidamente   2Co 10:15

desmedidas   Sal 119:36; 131:1

desmentirá   2Ti 3:5

desmenucé   Dt 9:21; 2S 22:43;
Sal 18:42

desmenuza   Pr 20:26

desmenuzaba   Dn 7:19

desmenuzadas   Is 8:9

desmesuradamente   Is 5:14

desmonten   Jos 17:15

Desmóntenla   Jos 17:18

desmontó   Nm 10:17; 2R 16:17

desmoralizando   Jer 38:4

desmorona   Sal 60:2; Am 9:5

desmoronan   Nah 1:5; Hab
3:6

desmorone   Sal 46:2

desnucada   Dt 21:6

desnucan   Is 66:3

desnuda   Is 21:15; Lm 4:21; Ez
16:7,22,37,39; 23:29; 24:7-8;
26:4,14; Ap 17:16

desnudándose   2S 6:20

desnudará   Is 52:10

desnudaré   Os 2:3

desnudaron   Ez 23:10

desnudaste   Is 57:8; Hab 3:13

desnúdate   Is 47:2

desnúdense   Is 32:11

desnudez   Gn 3:7; 9:23; Dt
28:48; Is 47:3; 57:8; Lm 1:8;
Ez 16:8,36-37; 23:18; Os 2:9;
Nah 3:5; 2Co 11:27; Ap 3:18;
16:15

desnudo   Gn 3:10-11; 9:21-23;
1S 19:24; Job 1:21; Ec 5:15; Is
20:2-3; 58:7; Ez 18:7,16; Am
2:16; Mi 1:8; Hab 2:15; Mr
14:52; Ap 3:17; 16:15

Desnudo   Job 1:21

desnudos   Gn 2:25; 2Cr 28:15;
Job 22:6; 24:7,10; Sal 29:9; Is
20:4; Mi 1:11; Hch 19:16;
2Co 5:3

desobedecer   Nm 14:41; Jer
19:15; Lc 15:29; 1P 2:8

desobediencia   Ro 5:19;
11:30,32; 2Co 10:6; Ef 2:2;
5:6; Tit 1:6; Heb 2:2; 4:6,11

desobediente   Hch 26:19; Ro
10:21

desobedientes   Neh 9:26; Lc
1:17; Ro 11:30; Ef 5:12; 1Ti
1:9; 2Ti 3:2; Tit 1:16; 3:3;
Heb 11:31

desocupada   Mt 12:44

desocupado   1S 20:18,25, 27

desocupados   Mt 20:3,6

desocupen   Lv 14:36

desoído   Job 31:16

desolación   2Cr 29:8; Sal 46:8;
Is 13:9; 17:9; 34:11; 64:10; Jer
6:8; 7:34; 9:11; 25:9,11-12;
34:22; 44:6; 46:19; 49:13;
50:13; 51:62; Ez 15:8; 23:33;
29:9-10,12; 32:15; 35:4,9; Dn
9:1,18; Nah 2:10; Sof 1:13;
2:4,9,13; Zac 7:14; Mal 1:3;
Lc 21:20

desolada   Gn 47:19; Éx 23:29;
Lv 26:33-35; Dt 32:10; 2Cr
36:21; Is 3:26; 5:6; 24:10;
34:10; Jer 12:11; 26:9; 32:43;
50:3,23; 51:26; Lm 1:1; Ez
6:14; 29:12; 36:34-35; Jl 2:20;
Mi 7:13; Zac 7:14

Desolada   2S 13:20; Is 62:4

desoladas   Job 30:3; Is 5:9;
54:3; Jer 7:29; 9:10; 33:10;

48:9; Lm 1:4; Ez 30:7; 36:4,
35,38

Desoladas   Jer 51:43

desolado   Job 38:27; Is 1:7; Jer
2:15; 4:27; 9:12; 12:10; 18:16;
19:8; 25:38; 44:22; 49:33;
51:29; Lm 2:6; 5:18; Ez
14:15-16; 33:28-29; 35:3,7;
Dn 9:17; Os 5:9; Jl 2:3; 3:19

desoladora   Dn 8:13

desolados   Job 15:28; Is 33:8;
43:19-20; Ez 35:15; Sof 3:6

desolar   Jer 4:7

desolaré   Ez 30:12

desollaban   2Cr 35:11

desollar   2Cr 29:34

desollará   Lv 1:6

desollarme   Job 19:22

desorden   1Co 14:33

desorientado   Is 28:16

despabiladeras   1R 7:50; 2R
12:13; 25:14; 2Cr 4:22; Jer
52:18

despabilaron   Lc 9:32

despachó   2S 10:7; 2R 1:2; 1Cr
19:8

desparramaré   Gn 49:7

Desparramaré   Ez 32:5

despavoridos   1S 17:24; Jer
46:5

despectiva   Neh 2:19

despectivas   Is 57:4

despedazadas   2Cr 34:4; Is 8:9

despedazado   Gn 31:39; 44:28;
Éx 22:13,31; Lv 17:15; 22:8;
1R 13:26,28; Jer 5:6; Ez 4:14;
44:31; Os 6:1; Mt 21:44; Lc
20:18

despedazados   Zac 12:3

despedazar   Lm 1:15

despedazarme   Lm 3:11

despedida   Is 50:1

despedido   Gn 31:27,42; 2S
3:22

despedidos   Hch 15:30

despedir   Jue 3:18; Esd 10:19;
Mt 14:23; 15:39; Lc 2:29

despedirla   Dt 24:1

despedirlos   Gn 18:16; Mt
15:32

despedirme   1R 19:20; Lc 9:61

despedirnos   Hch 21:6

despedirse   Gn 45:24; Ec 3:5;
Hch 18:21

despeinado   Lv 10:6; 21:10

despejada   1P 4:7

despejado   2S 22:37; Job
37:21; Sal 18:36

despejan   Job 26:12

despeñadero   Mt 8:32; Mr
5:13; Lc 8:33

despeñaderos   Sal 141:6

despeñaron 2Cr 25:12

desperdiciado 1P 4:3

desperdicie Jn 6:12

desperdicio Dt 29:23; Mt 26:8; Mr 14:4

desperdicios Mal 2:3

despertar Gn 28:16; Sal 3:5; 57:8; 108:2; Cnt 2:7; 3:5; 8:4

despertarlo 1R 18:27; Mt 8:25; Lc 8:24; Jn 11:11

despiadado Hab 1:6

despiadados Sal 35:11; Is 29:5,20; Ro 1:31; 2Ti 3:3

despierto Pr 12:11; 20:13; 28:19; Mt 24:43; Mr 4:27; 14:37; Ro 11:14; Ap 3:3; 16:15

despiertos Mt 24:42; 25:13; 26:38,40; Mr 13:35,37

despilfarra Pr 21:20

despilfarraba Ap 18:3

despilfarrado Lc 15:30

desplazaban Ez 1:14

desplazándose Zac 14:4

desplazó Éx 14:19

desploma Ec 10:18

desplomado Jue 5:27; Lm 2:9

desploman Hab 3:6

desplomará Is 30:13

desplomarán Ez 38:20

desplomaron Jn 18:6; Ap 16:19

desplomó Jue 5:27; 19:26; 1S 28:20; 1R 20:30; 2R 9:24

despoblada Jer 50:39

despobladas Job 38:26; Jer 4:7

despoblado Mt 15:33; Mr 8:4

despojada Ez 12:19; Hch 19:27

despojado Job 19:9; Sal 7:4; Is 42:22; Ez 46:18

despojadores Ez 39:10

despojados Sal 76:5; Is 42:22; Jer 30:16

despojar 1S 31:8; 1Cr 10:8; Is 45:1

despojarlo Job 41:13; Is 10:6

despojarnos Ez 38:13

despojarse Col 2:11

despojarte Hab 2:7

despojo Is 3:14; 42:24; Jer 49:32; Ez 25:7; 26:5

despojó Dn 5:20

despojos Gn 49:27; Éx 15:9; Nm 31:11-12,32; 2S 23:10; Is 33:4; Ez 29:19; Zac 14:1

desposeer Dt 9:1; 12:2,29

desposeerlas Dt 11:23

desposeídos Sal 37:11; Pr 31:8

déspota Sal 37:35; Ez 31:11

despreciable 1R 11:7; 2R 23:13; Jer 22:28; Lm 3:45; Ez 16:5; Dn 11:21; Mal 1:7,12; 1Ti 4:4

despreciables Ez 7:20; Mal 2:9

despreciado Nm 11:20; 15:31; Is 1:4; 16:14; 49:7; 53:3; Abd 2; Mal 1:6; 1Co 1:28

Despreciado Is 53:3

despreciar Job 10:3; Pr 5:12; 14:21; Sof 2:10

despreciarse Pr 15:32

desprecio Gn 16:4-5; 1S 2:17, 29; 10:27; 17:42; 2S 6:16; 19:43; 1Cr 15:29; Est 1:18; Job 31:34; Pr 9:7; 18:3; Cnt 8:7; Jer 24:9; Ez 22:7; 25:15; 28:24; 36:5; Lc 23:11; Gá 4:14

desprende Dt 19:5

desprenden Sal 109:23

desprenderle Lv 5:8

desprendía Dn 2:45

desprendían Ez 1:13

desprendiera Éx 32:24; 39:21

desprendió Dn 2:34

despreocupadas Is 32:9,11

desprestigiarme Neh 6:13

desprestigie Hch 19:27

desprestigien Lc 6:22

desprevenidos Gn 34:25; 2Co 9:4

desprotegida Jos 8:17

desprotegidas Gn 42:9,12

Despuntaba Jue 19:26

despuntar Éx 14:27; 29:39; Jn 21:4

despuntará Is 58:8

despuntarán Lv 21:5

despunte Cnt 2:17; 4:6; 2P 1:19

despunten Lv 19:27

desquitaré Is 1:24

destaca Ro 3:7

destacaba Ez 19:11

destacados Ro 16:7

destacamento 1S 4:4; 13:23; 14:1; 2R 6:14; Jn 18:3; Hch 23:23

destacó 2S 23:19,23; 1Cr 11:21,25

destaparan Jos 10:22

destaparán Is 35:5

destapas Rt 3:4

destapó Jue 4:19; Rt 3:7

Destazarás Éx 29:17

destemplarán Jer 31:30

destemplaron Jer 31:29; Ez 18:2

desterrada 1S 4:21; Is 49:21

desterradas Jer 52:28,30; Mi 4:7

desterrado Dt 30:4; 2S 14:13-14; 15:19; 2R 17:11; 25:21; 1Cr 3:17; 12:1; Is 24:11; Jer 22:12; 29:1; 52:27; Am 1:5

desterrados 2R 17:23; Is 11:12; 20:4; 27:13; 56:8; Jer 49:36; Am 6:7; Abd 20

desterraron Am 1:6

desterrarte Lm 4:22

desterré Ez 11:16

desterró Jer 52:30

destetado Gn 21:8; 1S 1:22; Is 11:8

destetados Is 28:9

destetes 1S 1:23

destetó 1S 1:23; Os 1:8

destierro Gn 4:14; 1R 8:47; 2Cr 6:37; Esd 7:26; Neh 1:2-3; Sal 119:54; Is 27:8; Jer 13:19; 46:27; 49:3; Lm 1:18; Os 10:5; Am 1:15; 9:4

destila Sal 19:10; Pr 15:2

destilan Dt 33:28; Pr 10:32; Cnt 4:11

destilarán Jl 3:18; Am 9:13

Destilen Is 45:8

destinada Lv 11:37; Jos 6:17; Ez 48:11

destinadas Zac 11:4

destinado Nm 24:22; Jos 6:18; 7:1,15; 22:20; 2Cr 3:1; 17:19; Sal 79:2; Is 26:11; Jer 43:11; Zac 11:7; Mr 4:22; Lc 2:34; 1Co 2:7

destinados Sal 49:14; Jer 15:2; Ez 31:14; 42:14; Hch 13:48; Ro 9:22; 1P 2:8

destinará Lv 7:14

destinaré Is 65:12

destino Nm 16:29; 2S 16:14; 1R 2:2; Job 3:23; 8:13; Sal 49:13; 73:17; Pr 26:2; Ec 3:19; Is 14:16; 17:14; 57:6; Jer 10:23; Ez 12:3; 21:22; Fil 3:19

Destino Is 65:11

destinó 2Cr 31:3; 1Ts 3:3; 5:9

destituir 1R 2:27; Hch 13:22

destituiré Is 22:19

Destituya 1R 20:24

destituyó 1R 15:13; 2R 23:5; 2Cr 15:16

destrabó Mr 7:35

destreza Sal 33:3; Is 25:11; Hch 17:29

destrozadas Is 8:9; Os 10:14

destrozado Lv 7:24; Jue 11:35; 2Cr 24:7; Sal 46:9; 69:20; Is 7:8; Jer 48:20

destrozados 2Cr 25:12; Job 4:10; Jer 51:30; Ez 6:6; 30:8

destrozarlos Jer 17:18

destrozarme   Job 6:9
destrozos   Dn 8:24
Destrucción   2R 23:13
destructivas   Sal 55:11; 2P 2:1
destructivo   Pr 18:9
destructor   1Cr 21:15; Job
  26:6; 31:12; Sal 88:11; Is 16:4;
  21:2; 33:1; 54:16; Jer 4:7;
  48:8,18,32; 51:1,56; Ez 13:13;
  Nah 2:1; 1Co 10:10; 2Ts 2:3
destructora   Éx 12:13; Is 28:2;
  30:28; 38:17; Ez 9:1; 21:31
destructores   2S 22:5; Sal 18:4;
  78:49; Is 49:17; Jer 22:7;
  51:48,53; Nah 2:2
destruida   Jos 10:37; Esd 4:15;
  Job 19:26; Sal 112:10; 137:8;
  Pr 14:11; 23:18; 24:14; Is 5:5;
  15:1; 22:4; 23:14; Jer 48:1,8-9,
  42; 49:3; Lm 3:48; 4:10; Ez
  26:17; Jon 3:4; Sof 3:7; Zac
  14:11; Ap 8:9; 18:17, 19
destruidas   Job 31:8; Is 6:11;
  23:1; Jer 10:15; Ez 6:6; 36:35;
  Am 3:15
destruidos   Éx 9:31; Nm
  24:24; Dt 4:26; 1S 12:25; 2Cr
  34:4; Job 4:20; 22:20; Sal
  2:12; 11:3; 37:20,22, 34,38;
  63:9; 73:19; 92:7; Jer 4:20;
  22:20; 49:10; 51:18; Ez 30:4;
  Os 7:13; 10:8; Am 7:9; Nah
  1:15; Zac 11:3; 2Co 4:9; 2P
  3:10,12
destruirla   Gn 19:13-14; 1S
  23:10; 2S 10:3; 11:25; 20:20;
  24:16; 1Cr 21:15; Ez 36:5; Lc
  6:9; Gá 1:13
destruirlas   Dt 7:2,23
destruirlo   Dt 9:20; 1Cr 2:7;
  19:3; Dn 4:23
destruirlos   Éx 33:3,5; Dt 9:19;
  10:10; 1S 15:6; 1R 9:20; 2R
  13:23; 2Cr 8:7; 12:7; Sal
  106:23; Zac 8:14; Hch 5:39
destruirme   Job 30:13; Sal
  69:4; 119:95
destruirnos   Dt 1:27; 2S 21:5;
  Jer 6:26; Mr 1:24; Lc 4:34
destruirse   Pr 1:18; Gá 5:15
destruirte   Dt 9:8; 28:45,63;
  2Cr 25:16; Ec 7:16; Os 13:9
desvalido   1S 2:8; Sal 72:13;
  82:3; 88:4; Pr 29:7; Is 25:4;
  58:10; Lm 3:11; Dn 10:8; Am
  5:11; 8:6
desvalidos   Is 11:4; 14:30;
  26:6; Am 2:7; 4:1
desvanece   Job 30:15; Pr
  10:28; Jer 51:58; Stg 4:14
desvanecen   Sal 102:3
desvanecerá   Job 20:8

desvanecerán   Sal 37:20; Is
  29:20
desvanecido   Sal 9:6
desvaneciendo   Sal 109:23;
  112:10; 1Jn 2:8
desvanezca   Sof 2:2
desvanezcan   Cnt 2:17; 4:6
desvarían   Is 56:10
desvelen   Cnt 2:7; 3:5; 8:4
desvelos   Gn 30:29; 2Co 6:5
desventura   Job 4:8
desvergonzada   Pr 9:13; 12:4
desvergüenza   Os 2:10
desvestíamos   Neh 4:23
desvestidos   2Co 5:4
desviado   Nm 5:19-20; Job
  19:4; Jer 8:5; Mal 2:8; 1Ti 1:6;
  6:10,21; 2Ti 2:18
desviados   2Co 11:3
desviar   Job 36:18
desviarme   Job 23:11
desviarnos   Dt 2:27; Is 64:5
desviarse   1S 6:12
desvío   Sal 119:102
Desvístanse   Is 32:11
detalladamente   Hch 21:19
detalle   Gn 20:8; Dt 17:20; 2R
  22:2; 2Cr 34:2; Est 6:10; Hch
  9:27; Col 4:7; Heb 9:5
detalles   2S 11:18; 1R 6:38; 2R
  16:10
detectan   Job 39:29
detener   2S 18:16; Esd 4:23
detenerla   Is 14:27
detenerlo   Lc 4:42
detenerlos   Éx 9:28
detenerse   Jer 46:21
detenidamente   Lc 4:20; 22:56
detenido   Nm 15:34; Jer 36:5;
  Hch 25:21
detentan   Job 12:19
deteriorar   2Cr 34:11
determinación   Hch 19:21;
  2Ti 1:9
determinada   2R 12:11
determinadas   Esd 10:14
determinado   2S 17:14; Esd
  6:11; Job 23:14; Is 14:26-27;
  Hab 2:13; Sof 2:2; Hch 2:23;
  4:28
determinados   Job 14:5; Hch
  1:7
determinar   1R 7:47; 2Cr 4:18;
  Neh 10:34; Est 3:7
detesta   Dt 22:5; Job 34:17; Pr
  13:19; 16:12; 20:10
detestable   Lv 7:21; Dt 27:15;
  1R 11:5,7; 2R 23:13; 1Cr
  21:6; Pr 21:27; Jer 32:35; Mal
  2:11; Lc 16:15; Ap 18:2
detestables   Lv 20:25; Dt
  29:17; 31:29; 32:16; 2R 23:24;

2Cr 15:8; 34:33; 36:14; Sal
  14:1; 53:1; Pr 6:16; Jer 16:18;
  Ez 5:11; 7:3,8,20; 9:4;
  11:18,21; 20:7,30; 22:2,9;
  23:36; 33:29; 36:31; 43:8;
  44:6-7, 13; Os 9:10; Tit 3:3
detéstalo   Dt 7:26
detestan   Gn 46:34; Pr 8:7; Jer
  6:10; Am 5:10
Detestas   Jer 14:19
detesto   Jer 7:30; 44:4; Am 6:8
detractores   Sal 49:5; 69:9; Ro
  15:3
deuda   Dt 15:2-3; Neh 10:31;
  Job 24:9; Mt 18:25, 27,30,32;
  Lc 7:42; Ro 1:14; 4:4; 15:27;
  Col 2:14
deudas   Dt 15:1-3,9; 31:10; 1S
  22:2; 2R 4:7; Pr 11:24; 22:26;
  Mt 6:12; Ro 13:8
deudor   Dt 28:44; Is 24:2; Ez
  18:7,12,16
deudores   Pr 22:7; Mt 6:12
Deuel   Nm 1:14; 7:42,47; 10:20
devastación   Is 13:6; Jer 48:3;
  Jl 1:15; Nah 2:10; Sof 1:15
devastada   Is 6:13; Jer 4:30;
  48:1,15; Ez 35:15; Nah 3:7;
  Zac 11:3
Devastada   Jer 10:20
devastadas   Is 64:10; Os 10:14
devastado   1S 6:5; Jer 4:20;
  48:20; Ez 25:3
devastadora   Sal 106:15; Is
  10:16; Jer 25:38
devastados   Jer 9:19; Ez 6:6;
  26:6,8; 33:28; 35:12; Jl 1:10
devastarlo   Jue 6:5
devoción   2R 10:18; Job 15:4;
  2P 1:6-7
devolver   Gn 43:12; Éx 22:1,7;
  Lv 6:4; 2S 16:3; Sal 69:4; Pr
  6:31
devolverla   1S 6:2-3
devolverle   2S 12:23
devolverlo   Gn 37:22; 43:21
devolverme   Job 10:9
devolvérselo   Éx 22:26
devolverte   Éx 29:25; 2S 9:7;
  Lm 2:13
devorada   1Co 15:54
devoradas   Ez 34:28
devorado   Nm 23:24; Sal 79:7;
  Is 3:14; 64:11; Jer 10:25; Jl
  1:19-20
devorador   Pr 16:27
devoradoras   Is 29:6
devorados   Sal 63:10; Is 1:20;
  33:4; Jer 30:16
devorar   Sal 27:2; Pr 30:14; Jer
  15:3; Ez 19:3,6; 21:28; 35:12;
  Heb 10:27; 1P 5:8; Ap 12:4

devorarse Jer 8:16

devoto Lc 2:25; Hch 10:7; 22:12

devotos Is 44:11; Hch 10:2

devuelto 1S 6:21; 24:17; Esd 6:22; Dn 4:36

devueltos Jer 27:16; Dn 4:36

Día 1S 23:14; 25:16; Est 3:4; Pr 8:30; Is 21:8; 27:3; Ez 30:3; Jl 2:2; Sof 1:15; Mr 14:49; Hch 9:24; 1Ts 3:10; Jud 6

diablo Mt 4:1,5,8,11; 13:39; 25:41; Lc 4:2-3,5,9, 13; 8:12; Jn 6:70; 8:44; 13:2; Hch 10:38; 13:10; 2Co 6:15; Ef 4:27; 6:11; 1Ti 3:6-7; 2Ti 2:26; Heb 2:14; Stg 4:7; 1P 5:8; 1Jn 3:8,10; Jud 9; Ap 2:10; 12:12; 20:2,10

Diablo Ap 12:9

diabólica Stg 3:15

diabólicas 1Ti 4:1

diaconado 1Ti 3:13

diaconisa Ro 16:1

diácono 1Ti 3:12

diáconos Fil 1:1; 1Ti 3:8,10-11

diadema 2S 1:10; Job 31:36; Sal 21:3; Pr 1:9; 4:9; Is 28:5; 61:10; 62:3; Ap 12:3; 13:1

diademas Is 3:18; Ap 19:12

diamante Jer 17:1; Ez 3:9; Zac 7:12

diámetro 1R 7:23,32; 2Cr 4:2

diaria Éx 5:13,19; 16:4; 1R 4:22; 2R 25:30; Jer 52:34; Hch 6:1

diariamente 2Cr 31:16; Est 2:11; Ez 43:25

diarias Dn 1:5

diario Lv 25:7; Nm 28:6,15, 23-24,31; 29:6,11, 16,19,22, 25,28,31,34,38; 1Cr 16:37; Dn 8:11-13; 11:31; 12:11; Hch 17:17; 19:9; Stg 2:15

diarios 2Cr 8:14; Esd 3:5; Neh 10:33; 11:23

Días Sal 90:15; Is 27:6

Diblatayin Nm 33:46-47; Jer 48:22

Diblayin Os 1:3

Dibón Nm 21:30; 32:3,34; 33:45-46; Jos 13:9,17; Neh 11:25; Is 15:2; Jer 48:18,22

Dibrí Lv 24:11

dibuja Ez 4:1; 27:35

Dibuja Job 26:10

dibujo 2R 16:10

Diclá Gn 10:27; 1Cr 1:21

dicta Sal 82:1; Pr 29:26; Ap 19:11

dictaba Job 28:26; Jer 36:4; 45:1

dictado Job 13:26; Is 30:1,6; Jer 36:6,27

dictados Jer 23:17

dictan Ec 3:16; Hab 1:4

dictar 2Cr 20:12

dictaré Jer 1:16; 4:12; Ez 30:14

dicte Éx 18:16; Jue 11:27; 1S 24:15; 2S 7:3; 1Cr 17:2; Jer 18:12

dicten Dt 17:10; Ez 25:14

dictó Nm 33:4; Dt 4:45; Sal 78:5; Jer 36:17-18,32; 39:5; 52:9

dicha Lv 11:34; 14:47; Esd 4:19; 6:6; Job 9:25; Sal 16:11; 113:9; 128:2; Lm 3:17; Hch 20:35; Ro 4:6,9

dichas Pr 25:11

dichos Esd 1:9; Sal 119:11; Pr 1:6; 22:20; 24:23; 31:1; Ec 12:11

Dichos Pr 30:1

dichosa Lc 1:48

Dichosa Sal 33:12; Lc 1:45; 11:27

Dichosas Lc 23:29

dichoso Job 5:17; Sal 41:2; 49:18; 72:17; 137:8; Pr 14:21; Lc 14:14

Dichoso Sal 1:1; 32:1-2; 40:4; 41:1; 65:4; 84:4-5; 94:12; 112:1; 137:9; 144:15; 146:5; Pr 3:13; 16:20; 28:14; Ec 10:17; Is 56:2; Dn 12:12; Mt 11:6; 16:17; 24:46; Lc 7:23; 12:43; 14:15; Ro 4:8; 14:22; Stg 1:12; Ap 1:3; 16:15; 22:7

dichosos Sal 34:8; 84:12; Pr 3:18; 8:32; 20:7; 29:18; Is 32:20; Mal 3:12,15; Mt 13:16; Lc 12:38; Jn 20:29; Stg 1:2; 5:11; Ap 1:3

Dichosos 1R 10:8; 2Cr 9:7; Sal 2:12; 89:15; 106:3; 119:1-2; 127:5; 128:1; Pr 8:34; Is 30:18; Lm 4:9; Mt 5:3-11; Lc 6:20-22; 10:23; 11:28; 12:37; Jn 13:17; Ro 4:7; 1P 3:14; 4:14; Ap 14:13; 19:9; 20:6; 22:14

diecinueve Gn 11:25; Jos 19:38; Jue 8:26; 2S 2:30; 2R 25:8; Jer 52:12

dieciocho Gn 14:14; Jue 3:14; 10:8; 20:25,44; 2S 8:13; 1R 6:17; 15:1; 2R 3:1; 22:3; 23:23; 24:8; 1Cr 12:31; 18:12; 26:9; 2Cr 11:21; 13:1; 34:8; 35:19; 36:9; Esd 8:9,18; Jer 32:1; 52:29; Lc 13:4,11,16

dieciséis Gn 46:18; Éx 26:25; 36:30; Nm 31:46; Jos 15:41;

19:22; 2R 13:10; 14:21; 15:2,33; 16:2; 1Cr 4:27; 24:4; 2Cr 3:15; 13:21; 26:1,3; 27:1,8; 28:1; 29:17

Dieciséis Nm 31:40

diecisiete Gn 7:11; 8:4; 37:2; 47:28; 1R 14:21; 22:51; 2R 13:1; 16:1; 1Cr 7:11; 2Cr 12:13; Jer 32:9

diente Éx 21:24,27; Lv 24:20; Dt 19:21; Pr 25:19; Mt 5:38

dientes Gn 49:12; Job 16:9; Sal 3:7; 35:16; 37:12; 57:4; 58:6; 112:10; 124:6; Pr 10:26; 30:14; Cnt 4:2; 6:6; 7:9; Jer 31:29-30; Lm 2:16; Ez 18:2; Jl 1:6; Zac 9:7; Mt 8:12; 13:42, 50; 22:13; 24:51; 25:30; Mr 9:18; Lc 13:28; Hch 7:54; Ap 9:8

diestra Éx 15:6; Dt 33:2; Sal 17:7; 18:35; 21:8; 45:4; 60:5; 77:10; 78:54; 80:15, 17; 89:13; 98:1; 108:6; 118:15-16; 144:8,11; Pr 4:27; Is 41:10; 44:20; Ez 21:16; Hab 2:16; Zac 12:6

diestro Sal 58:5

diestros 1Cr 5:18; 8:40; 12:23-24; Sal 78:9

diezmarán Lv 26:22

diezmo Gn 14:20; Lv 27:30-32; Nm 18:26,28,32; Dt 12:17; 14:24; 26:12; 2Cr 31:5-6; Neh 10:38; Mal 3:10

diezmos Nm 18:21,24,26, 28,32; Dt 12:6,11; 14:28; 2Cr 31:12; Neh 10:38; 12:44; 13:5; Am 4:4; Mal 3:8; Heb 7:5-6,8-9

difama Dt 22:14,17; Jer 9:4

difamado Dt 22:19

difaman Sal 109:2; 119:69; 139:20

difamará 2P 2:2

diferencia Dt 14:27; 2R 16:2; 2Cr 12:8; 28:1; 33:23; Job 42:7-8; Ez 22:26; Ro 10:12; 2Co 2:17; Gá 4:1; Heb 7:27

diferenciar Ez 44:23

diferente Gn 30:40; Nm 10:7; 14:24; 1R 13:10; Is 65:15; Ez 16:34; Dn 7:3, 23; 11:29; 1Co 3:11; 2Co 11:4; Fil 3:15

diferentes Éx 33:16; Lv 19:19; Dt 22:9; 25:13-14; Est 3:8; Jer 25:24; Hch 2:4; Ro 12:6; 2Co 11:4

difícil Gn 35:16-17; Éx 14:25; 1S 4:19; 14:6; 2S 13:2; 1R 10:3; 2R 2:10; 2Cr 9:2; Ez 3:5-6; Dn 4:9; Mt 19:23; Mr

10:23-24; Lc 18:24; Jn 6:60;
12:27; Heb 5:11

difíciles Gn 47:9; Éx 18:22
,26; Dt 17:8; 1R 10:1; 2Cr 9:1;
Sal 37:19; Jer 17:18; Dn
5:12,16; 2Co 8:2; 2Ti 3:1; 2P
3:16; 1Jn 5:3

Difícilmente Ro 5:7
dificultad Jer 4:31; Hch 27:8
dificultades Éx 18:8; Is 30:6;
Hch 14:22; Ro 16:17; 2Co
12:10; Heb 12:15

difunda 2Ts 3:1
difunde Pr 19:9
difundía Hch 6:7; 13:49;
19:20

difundido Nm 14:37
difundiendo Lv 19:16; Jn
12:17

difundiéndose Hch 12:24
difundieron Nm 14:36
difundió 1R 4:31; 22:36; 2Cr
26:8; Hch 9:42; 10:37; Ro
10:18

difunta Gn 23:3,8
difunto Rt 4:5,10; Jn 11:39
digna Est 2:18; Sal 113:6; Pr
30:5; 31:30; Dn 2:45; Hch
13:28; Ef 4:1; Fil 1:27; Col
1:10; 1Ts 2:12; 1Ti 2:2; 1P 1:7

dignado 1S 12:22; 1Cr 17:27;
Lc 1:48

dignamente Ro 16:2
dignarse 1R 1:27
dignas 1S 1:11; 1Co 11:34; 1Ti
3:11; Ap 21:5; 22:6

dignatario Is 3:3
dignatarios 2R 10:11; Est
1:11,18; Nah 3:17

dígnate Sal 71:2; 88:2
Dígnate Nm 27:16; 2S 7:29;
1R 8:52

digne Lm 3:50; Dn 6:16
dígnese Est 8:5
dignidad Éx 28:2,40; Job
30:15; 31:37; Pr 31:25; Os
7:5; Stg 1:9

digno Gn 32:10; 34:11; 1S
15:28; 2S 22:4; 1Cr 16:25;
Neh 2:5; Sal 18:3; 19:7; 48:1;
96:4; 145:3; Pr 20:6; Is 43:4;
49:5; Dn 6:4; Mt 10:37-38;
Mr 14:64; Lc 10:6; Jn 1:27;
7:28; Hch 13:25; 1Co 7:25;
Fil 4:8; 1Ti 1:12,15; 4:9; 2Ti
2:11; Tit 3:8; Heb 3:3; 1P
2:19; 3Jn 6; Ap 5:2,4

Digno Ap 4:11; 5:9,12
dignos Neh 13:13; Sal 31:23;
111:7; 119:138; Pr 3:35; Is
63:7; Lc 20:35; Hch 5:41;
13:46; 1Co 4:2; 2Ts 1:5,11;

1Ti 5:17; 2Ti 2:2; Tit 2:10; Ap
3:4

Dignos Sal 93:5
dilaté Hch 25:17
Dileán Jos 15:38
diligencia Jn 5:39; Hch 26:7
diligente Pr 12:27; 13:4;
22:29; 2Co 8:22; 1Ti 4:15

diligentemente 2Cr 24:13
diligentes 2Cr 29:34; Esd
4:22; Pr 12:24; Ro 12:11

diluido Ap 14:10
diluvio Gn 6:17; 7:6-7,10, 17;
9:11,15,28; 10:1,32; 11:10;
Job 22:16; 27:20; Is 54:9; Mt
24:38-39; Lc 17:27; 2P 2:5

diluyen Job 7:9
dimensiones Job 38:5
Dimná Jos 21:35
Dimón Is 15:9
Dimoná Jos 15:22
Dina Gn 30:21;
34:1,5,11,13,25-26; 46:15

Dinaba Gn 36:32; 1Cr 1:43
dinastía 1S 25:28; 2S 7:19,
25-27,29; 1R 2:24; 11:38;
13:34; 1Cr 17:17, 23-25; 2Cr
21:7; Sal 89:4, 29; 122:5; Is
7:13,17; 22:23; 31:2; Jer
21:12; Mi 6:16; Hab 3:13

dineros Dt 23:18
dintel Éx 12:7,22-23
dinteles Sal 24:7,9
Dionisio Hch 17:34
DIOS Hch 17:23
diosa Éx 34:13; Dt 7:5; 12:3;
16:21; Jue 6:25,28; 1S 31:10;
1R 11:5,33; 14:15,23; 15:13;
16:33; 18:19; 2R 13:6; 17:10,
16; 18:4; 21:3,7; 23:7,13-14;
2Cr 14:3; 15:16; 17:6; 19:3;
31:1; 33:3,19; 34:3,7; Hch
19:27,37

Dióscuros Hch 28:11
Diótrefes 3Jn 9
direcciones Ez 1:17; 10:11
directa 1Cr 3:10; 4:1,26; 5:4;
6:20,22,26,29,33,39, 44,50;
7:20,25; 9:4,11-12, 14; 26:25;
2Cr 20:14; Esd 7:1

directamente 1S 6:12; Lc
22:61; Jn 16:29; Hch 16:11;
21:1

directo Dt 34:10
director 1Cr 15:27; Hab 3:19
directores Neh 12:46
dirigente Mt 9:18,23; Lc
18:18; Jn 3:1

dirigentes Jos 9:11; Esd 5:5,9;
6:7,14; 10:8,14; Neh 3:5; Lc
7:3; 19:47; Hch 3:17; 14:5;

25:2,5; 28:17; Gá 2:2; Heb
13:7,17,24

dirigida Mal 1:1; Mr 12:12; Lc
20:19; Col 4:16

dirigido 1S 4:18; Job 32:14;
Jer 25:3; 2Co 1:18

dirigidos 1S 19:20; Neh 12:42
dirigir 2Cr 2:18; Jer 10:23; Dn
9:3; Ro 12:8

dirigirle Job 21:15
dirigirlos 1S 12:2; 2S 17:11
dirigirme Gn 18:27; 1Co 3:1
dirigirnos Hch 13:46
dirigirse Job 32:4
dirigirte 1Cr 17:25
Disán Gn 36:21,28,30; 1Cr
1:38,42

discernimiento Dt 32:28; 1R
3:9,11; Job 12:20; 26:3; 28:28;
Sal 32:9; 119:99; Pr 2:3; 4:7;
8:5; 9:6,10; 14:29; 18:2; 19:8;
21:16; 23:23; 30:2; Is 56:11;
Dn 1:20; 2:21

discernir Job 6:30; Pr 1:2,6;
14:8; Mt 16:3; Ro 2:18; 1Co
11:29; 12:10; 1Jn 4:2

discernirlo 1Co 2:14
disciernan Fil 1:10
discierne 1Cr 28:9
disciplina Lv 26:23; Dt 8:5;
11:2; Job 5:17; Pr 1:2,7;
3:11-12; 5:12,23; 6:23; 12:1;
13:18; 15:10; 22:15; 23:12,23;
29:15; 1Co 9:25; 11:32; Ef
6:4; Heb 12:5-8,11

Disciplina Pr 29:17
disciplinaban Heb 12:9-10
disciplinado Tit 1:8
disciplinan Dt 21:18
disciplinar Pr 23:13
disciplinaré Os 5:2
disciplinarlo Pr 13:24
disciplino Ap 3:19
discípula Hch 9:36
discípulo Is 19:11; Mt 8:21;
10:24-25; 16:24; 27:57; Mr
8:34; Lc 6:40; 9:23;
14:26-27,33; Jn 13:23-24;
18:15-16; 19:26-27,38;
20:2-4,8; 21:7,20,23-24; Hch
9:10, 26; 16:1

Discípulo Jn 9:28
discordia Est 1:18; Pr 6:19;
17:1; 22:10; Gá 5:20

discordias 1Ti 6:4
discreción Pr 1:4; 2:11; 3:21;
5:2; 8:12

discreta Pr 11:13
discreto Pr 21:14
discriminación Stg 2:4
discriminar 2S 11:25
discriminen Lc 6:22

disculpa 1Co 13:7
disculparse Lc 14:18; 2Co 7:11
disculpas Hch 16:39
disculpes Lc 14:18-19
disculpó Gn 33:13
discurso Job 26:4; 31:40; Hch 12:21; 20:7,9
discursos Job 16:4; 21:34; Jer 38:4; 1Co 1:17; 2P 2:18
discusión 2S 20:18; Lc 9:46; Jn 3:25; Hch 15:7; Heb 6:16
discusiones Ro 14:1; 1Ti 1:6; 6:4,20; 2Ti 2:14,23; Tit 3:9
discute Job 15:3
discutía Hch 9:29; 17:17; 18:4
Discutía Hch 19:8
discutían Mr 9:10,14; Lc 24:15
discutido Mr 9:34
discutiendo Mr 9:16,33; 12:28; Lc 24:17; Hch 24:12
discutieron Gn 26:20; Lc 20:5
discutió Hch 17:2
discutir 1R 3:22; Job 13:3; Mt 21:25; Mr 8:11; 11:31; Lc 6:11; Hch 6:9; 18:19; 1Co 11:16
diseminado Est 3:8
disensión Jn 10:19
disensiones Pr 6:14; 10:12; Ro 1:29; 13:13; Gá 5:20
disentería Hch 28:8
diseñadas 2Cr 26:15
diseñado Jer 49:20,30; 50:45
diseñador Éx 38:23
diseñando Sal 139:16
diseño 1R 6:38; 1Cr 28:11-12,18-19; 2Cr 2:14; 24:13; Ez 43:11
diseños Éx 35:33,35
disertar Hch 24:25
Disertó 1R 4:33
disfracen 2Co 11:15
disfraza 2Co 11:14
disfrazado 1R 22:30; 2Cr 18:29
disfrazados Mt 7:15
disfrazan 2Co 11:13
Disfrázate 1R 14:2
disfrazó 1S 28:8; 1R 22:30; 2Cr 18:29; 35:22
disfrutar Éx 30:38; Job 10:20; Sal 106:5; Ec 2:24; 3:22; 5:18-19; 6:2,6; Jn 5:35; Heb 11:25
disfrutarlo Ec 10:19
disgustado Nm 11:10; Is 59:15
Disgustado 1S 18:8
disgustados Hch 4:2
disgustaron Neh 2:10
disguste 1S 20:3

disgusto Sal 85:4; Os 12:14
disgustó 1S 8:6; Neh 4:1; 13:8; Jon 4:1
disimula Job 20:12; Pr 10:18
disimulan Is 3:9
disimular 2S 14:20; 1P 2:16
disimule Pr 26:26; 1Co 7:18
disipa Sal 68:2
disipado Is 44:22
disipará Is 5:24
disipo Hag 1:9
dislocada Gn 32:31
dislocados Sal 22:14
dislocó Gn 32:25
disloque Heb 12:13
disminuido Gn 8:3; Lv 13:6,21,26,56
disminuirá Jer 30:19
disminuyan Jer 29:6
disminuye Job 16:6
disminuyendo Ec 12:4
disolvió Hch 13:43
Disón Gn 36:21,25-26,30; 1Cr 1:38,41
dispara Sal 144:6; Pr 26:18
Dispara 2R 13:17
disparadas Job 41:19
disparado Is 22:3
disparan Sal 64:4
disparar 1Cr 12:2; 2Cr 26:15; Sal 11:2
disparará Sal 64:7
Dispararé Ez 5:16
dispararían 2S 11:20
dispararon 2S 11:24; 2Cr 35:23
Dispárenle Jer 50:14
disparó 1R 22:34; 2R 9:24; 2Cr 18:33
dispersado Dt 30:1,3; Sal 44:11; 141:7; Jer 23:2; 29:14; 30:11; 46:28; Lm 4:16; Ez 12:15; 34:5,12; Dn 9:7; Hch 8:4; 11:19
dispersados Gn 11:4; Nm 10:35; 1S 11:11; Sal 68:1; 92:9; Jer 25:34; 43:5; Ez 29:13; Jn 16:32
dispersar Ez 4:13; 30:23
dispersarlas Ez 34:21
dispersarlos Dt 32:26; Sal 106:27
dispersarme Hab 3:14
dispersión Jer 40:15
disperso Est 3:8; Sal 18:42; Jer 10:21; Ez 28:25; Nah 3:18; Sof 3:10
dispersos 1S 30:16; Jer 40:12; Ez 11:17; Jn 11:52; 1P 1:1
disponible 1R 7:36
disposición Gn 13:9; 34:10; 47:6; 2S 12:25; 1R 22:4; 2R

3:7; 1Cr 28:9,21; 2Cr 18:3; 30:22; Mt 26:53; Hch 4:37; 5:1; 1Co 16:16; 2Co 7:11; 9:2; Ef 6:15; 2Ts 1:11; Ap 17:13
disposiciones Éx 24:3; Nm 9:12,14; 1Cr 23:27; Ez 42:11
dispuesta Gn 24:5,8; 1S 25:41; Sal 50:19; Is 30:33
dispuestas 1R 7:20,42; 2Cr 4:13; Job 37:12; Sal 110:3; Heb 9:6
dispuesto Gn 24:51; Nm 22:22,32; Dt 3:1; 5:29; Jue 19:27; Rt 3:13; 1R 1:35; 1Cr 15:3,12; 2Cr 8:14; 22:7; 32:1; 35:15; Esd 7:13; Is 51:13; Dn 11:44; Os 7:6; Mt 26:41; Mr 14:38; Lc 1:17; 22:33; Jn 7:17; 14:22; Hch 21:13; 22:10; 25:9,20; Ro 13:1; 1Co 12:24; 1Jn 3:23
dispuestos Nm 32:20; Jos 9:8; 2R 10:6; 1Cr 12:33; Is 1:19; Ez 44:11; Zac 3:4; Mt 23:4; 2Co 10:6; 1Ti 6:18; Tit 3:1
disputa Gn 26:22; Dt 19:17
disputándole Jud 9
disputar Job 9:3; Jn 6:52
disputará Mt 12:19
Disputaría Job 23:6
disputas Dt 21:5; Jue 4:5; Jer 15:10
distan Job 5:4
distancia Gn 21:16; 30:36; Éx 2:4; 20:18,21; 24:1; 33:7; Dt 21:2; Jos 3:4,16; 1S 26:13; 2R 2:7; 5:19; Job 2:12; Sal 38:11; 139:2; Pr 14:7; Ez 40:13,19, 23,27; Mt 8:30; Lc 17:12; 18:13; 22:41; Jn 11:18; Ap 18:10, 15
distanciaron Job 19:14
distancias Dt 19:6; Job 39:24
distante Éx 36:27; Dt 14:24; 30:4; Jos 9:9; Sal 10:1; Pr 27:10; Is 46:11; Ez 12:27
distantes Neh 4:19; Is 49:1
distinción Éx 8:23; 9:4; 11:7; Lv 27:33; 1Cr 25:8; 26:13; 2Cr 5:11; Ez 22:26; Hch 15:9; Ro 3:22
distingan Nm 16:9
distingue Cnt 5:10; 1Co 4:7
distinguen Jon 4:11
distinguidas Est 2:9; Hch 13:50; 17:12; 25:23
distinguido Éx 4:10; Lv 20:24,26; 2S 6:20; Est 9:4; Mr 15:43; Lc 14:8; Ro 16:13
distinguidos Nm 22:15; 1Cr 11:26; Ez 23:23
distinguimos 1Jn 3:10; 4:6

distinguió   Dn 6:3
distinguir   Lv 10:10; 11:47;
20:25; Dt 1:39; 2S 14:17;
19:35; 1R 3:9; Esd 3:13; Ez
44:23; Mal 3:18; Heb 5:14
distinta   Dn 7:19; Hch 19:32;
21:34
distintamente   1Co 14:7
distintas   Lv 19:19; Ez 36:20
distintiva   Éx 13:9,16; 2Ts 3:17
distintivas   2Co 12:12
distinto   Dn 7:24; Gá 1:8-9
distintos   Jos 22:27
distorsionado   Jer 23:36
distraen   Éx 5:4
distribución   Jos 11:23; 1Cr
24:5; Hch 6:1
distribuían   2Cr 31:15-16
distribuidas   1Cr 6:60
distribuido   Ez 48:29
distribuidos   1Cr 26:19; Heb
2:4
distribuir   2Cr 31:14; Neh
13:13
distribuirán   Lv 26:26
distribuyera   Hch 4:35
distribuyeron   Nm 11:32; 1Cr
26:16; Mt 15:36
distribuyó   Jue 7:16; 19:29; Est
2:18; Jn 6:11
distrito   Gn 47:11; 1R 4:13;
Neh 3:9,12,14-18; Mt 2:22;
Hch 16:12
distritos   Jue 5:15-16
disturbio   Hch 19:23; 24:18
disturbios   Neh 4:8; Is 22:2;
Hch 19:40; 24:5
disuadirlo   Pr 19:19; Mt 3:14
disuelvan   Sal 58:8
divaga   Pr 17:24
diván   Est 7:8; Ez 23:41
divanes   Am 3:12; 6:4
diversas   2Cr 16:14; Est 3:12;
Mt 4:24; Mr 1:34; Lc 4:40;
1Co 12:5-6,10,28; Heb 9:10;
Stg 1:2; 1P 1:6; 4:10
diversidad   Ef 3:10
diversión   Jue 16:25; Ec 7:4; Is
32:13
diversiones   Is 5:14
diversos   1Cr 29:2; Esd 1:10;
Est 3:12; Ez 36:19; 1Co 12:4;
Heb 2:4
divertían   Jue 16:27
divertido   Jer 15:17
divertirse   Ec 8:15; Dn 6:18
dividida   1S 13:17; Mt 12:25;
Mr 3:25; Lc 11:17; Jn 7:43;
Hch 14:4; 23:7
dividido   Jos 14:3; Dn 2:41;
5:28; Mt 12:25-26; Mr 3:24;
Lc 11:17-18; 1Co 1:13

divididos   Jue 9:34; Ez 37:22;
Lc 12:52; 1Co 7:34
dividir   Jos 19:51; Job 26:10
divierta   Jue 16:25
diviertan   1S 31:4; 1Cr 10:4;
Jer 51:39
divierte   Pr 10:23; 15:21
divierten   Job 21:12; Is 24:8
divina   Lv 21:12; Sal 50:6; Cnt
8:6; Is 35:4; Ez 40:2; Hch
19:27; 28:4; Ro 1:20; 9:4,11;
11:4; 2Ti 1:18; 2P 1:4
divinas   Ez 8:3
divinidad   Hch 17:29; Col 2:9
divino   Gn 35:5; Nm 16:46-47;
Jos 9:20; 22:31; Job 9:34;
27:3; Jn 3:34; 2Co 10:4; Heb
1:14; 2P 1:3; Ap 17:17
divinos   Mr 7:8
divisaron   Gn 37:25
división   Jos 18:9; 1Cr 27:1-2,
4-15; Lc 12:51; 1Co 12:25
divisiones   Jos 12:7; 18:10; 1Cr
27:1; 28:1; Ro 16:17; 1Co
1:10; 11:18; Tit 3:10; Jud 19
divorcia   Jer 3:1; Mt 5:32; 19:9;
Mr 10:11-12; Lc 16:18
divorciada   Lv 21:7,14; 22:13;
Nm 30:9; Ez 44:22; Mt 5:32;
Lc 16:18
divorciarse   Dt 22:19,29; Mt
1:19; 19:8
divorciarte   1Co 7:27
divorcie   Mt 19:3; Mr 10:2;
1Co 7:11-13
divorcio   Dt 24:1,3; Is 50:1; Jer
3:8; Mal 2:16; Mt 5:31; 19:7;
Mr 10:4
divulgado   1Ts 1:8
divulgando   Mr 1:45
divulgándose   Hch 4:17
divulgar   Mt 9:31
divulgarlo   Ec 10:20
divulgaron   Mt 14:35
divulgó   Mt 9:26; Lc 7:17
divulgues   Éx 23:1
Dizahab   Dt 1:1
dobla   Jer 27:8
doblando   Éx 26:9
Doblando   Mr 15:19
doblará   Is 45:23; Ro 14:11
doblarás   Heb 1:12
doble   Gn 43:12,15; Éx 16:5,22;
22:4,7,9; 28:16; 39:9; Dt
21:17; Jue 3:16; 2R 2:9; 7:1,
16,18; Is 40:2; 41:15; 61:7; Jer
16:18; 27:11; Ez 47:13; Os
10:10; Zac 9:12; 2Co 1:15; Fil
2:10; 1Ti 5:17; Ap 18:6
doblegada   Is 2:11; 5:15
doblegarán   Dt 33:29
doblemente   Jud 12

doblemos   Sal 95:6
Doblen   Jer 27:12
dobles   Éx 26:24; 36:29; Ez
40:43; 41:23
doblez   Sal 12:2; 73:8; Pr 8:8;
Jn 7:18
Doce   Dn 4:29; Mr 8:19
dócil   Stg 3:17
doctrina   1Ti 1:10; 6:3; 2Ti
1:13; 4:3; Tit 1:9; 2:1; Ap
2:14-15
doctrinas   1Ti 1:3; 4:1; 6:3
documento   Éx 40:20; Nm
5:23; Est 8:8
documentos   Est 3:13
Doday   1Cr 27:4
Dodías   2Cr 20:37
Dodó   Jue 10:1; 2S 23:9,24; 1Cr
11:12,26
Doeg   1S 21:7; 22:9,18,22
Dofcá   Nm 33:12-13
dolencia   Mt 4:23; 9:35; 10:1
dolencias   Job 33:19; Sal 103:3;
Mr 3:10; Lc 7:21
dolido   Pr 15:13
dolidos   Gn 34:7
dolientes   Is 61:3
dolió   Gn 6:6; Jer 5:3; Jn 21:17;
Hch 17:16
dolores   Gn 3:16; Dt 4:30; 1S
4:19; Job 39:3; Sal 16:4; Is
13:8; 21:3; 23:4; 53:3-4; 54:1;
66:7-8; Jer 6:24; 13:21; 22:23;
30:6; 50:43; Os 13:13; Mi 4:9;
Mt 4:24; 8:17; 24:8; Mr 13:8;
Jn 16:21; Ro 8:22; Gá
4:19,27; 1Ts 5:3; Ap 12:2
dolorosas   Job 2:7
domado   Stg 3:7
domar   Sal 32:9; Jer 31:18; Stg
3:7-8
doméstico   Lv 5:2
domésticos   Gn 1:24-26; 2:20;
3:14; 7:14,21; 8:1; 9:10; Jue
17:5; 18:14, 17-18,20; Sal
148:10; Ez 21:21
domicilio   Hch 28:16
dominado   Nm 24:18; Jer 23:9;
1Co 7:37; 2P 2:19
dominados   Sal 106:41
dominante   Is 18:2,7
dominar   Jue 16:6; Pr 27:16;
Ez 29:15
dominarla   Pr 29:11
dominarlo   Gn 4:7; Jue 16:19;
Mr 5:4
dominarlos   Est 9:1
dominarnos   Sal 12:4
dominarse   Pr 16:32; 25:28;
1Co 7:9

dominios Nm 20:17-18; 21:22-23; Dt 33:20,23; Jos 13:21; Dn 11:9

don Pr 19:14; Ec 3:13; 5:19; Hch 2:38; 8:20; 10:45; 11:17; Ro 1:5,11; 5:15,17; 12:6; 1Co 1:7; 7:7; 13:2,8; 14:13,32,39; 2Co 1:11; 9:15; 1Ti 4:14; 2Ti 1:6; Heb 6:4; Stg 1:17; 1P 3:7; 4:10

Don Pr 12:9; 22:29

Donaron 1Cr 29:7

donativo 2Co 8:20

donativos 2Cr 35:8; Esd 2:68; 7:16; Neh 7:70; Hch 24:17; 1Co 16:3

doncella Is 62:5

doncellas Éx 2:5; Dt 32:25; 2Cr 36:17; Est 2:9; 4:16; Sal 68:25; 78:63; Pr 9:3; Cnt 1:3; Jer 51:22; Lm 1:4,18; 2:21

dondequiera Gn 28:15; Lv 3:17; 23:14,21,31; Nm 35:29; Jos 1:7,9; 2S 7:9; 1R 2:3; 2R 17:9; 1Cr 17:8; Jer 45:5; Mt 8:19; Mr 6:56; Lc 9:57; Hch 8:4; 1Co 16:6; Ap 14:4

Dondequiera Gn 20:13; Éx 12:20; Lv 23:3; Mt 10:7; 2Co 4:10

dones Nm 18:29; 2Cr 31:12, 14; Sal 65:4; Ro 12:6; 1Co 12:1,4,9,28, 30-31; 14:1,12; Ef 4:7-8; Heb 2:4; 5:1

doquier Job 18:11; Sal 3:6; Is 18:2; Nah 3:3

Dor Jos 11:2; 12:23; 17:11; 21:32; Jue 1:27; 1R 4:11; 1Cr 7:29

dorado Job 37:22; Zac 4:12

Dorcas Hch 9:36,39

dormida Mt 9:24; Mr 5:39; Lc 8:52

dormido 1S 26:7; 1R 18:27; 19:5; Mt 8:24; Mr 14:37; Hch 20:9

dormidos 1S 26:12; Mt 26:40, 43; Mr 13:36; 14:37, 40; Lc 22:45

dormir Gn 28:11; 31:40; Éx 22:27; Lv 26:6; Jue 16:19; Rt 3:4,7; Est 6:1; Job 17:13; Sal 68:13; Ec 5:12; Ez 34:25; Dn 2:1; Nah 3:18; 2Co 11:27

dormirnos 1Ts 5:6

dormirse Gn 41:5; Hch 20:9

dormita Job 37:17; Is 5:27

dormitamos Job 33:15

dormitar Is 56:10

dormitorio 2R 11:2; 2Cr 22:11; Dn 6:10

doscientas Gn 32:14; Jos 7:21; Jue 17:4; 1S 25:18; 1R 7:20; 1Cr 5:21; 2Cr 28:8; Esd 2:66; Neh 7:68; Cnt 8:12; Ez 45:15; Hch 27:37

dotado Éx 31:6; 2Cr 2:12

Dotán Gn 37:17; 2R 6:13

dotaron 1Cr 12:39

dote Gn 34:12; 1S 18:25; Os 2:19-20

dotó 2Cr 26:14; Dn 1:17

dragón Ap 12:3-4,7,9,13, 16-17; 13:1-2,4,11; 16:13; 20:2

Dragón Neh 2:13; Is 27:1

dromedarios Is 60:6

Drusila Hch 24:24

dudaban Mt 28:17

dudan Mt 21:21; Jud 22

dudar Hch 11:12; Stg 1:6

dudas Lc 24:38; Ro 14:23

dudaste Mt 14:31

duden Jue 18:9

dudes Dt 13:9,15; Hch 10:20

duele 2R 4:19; Sal 77:10; Pr 14:13; 23:35; Jer 42:10; Lm 3:51; Ez 28:24

dueña Gn 16:4,8

dueños Éx 21:35; Nm 16:3; Job 31:39; Jer 8:10; Lc 19:33; 1Co 6:19; Ap 18:19

dulce Éx 15:25; 16:31; Jue 9:11; 14:18; 2S 23:1; Job 20:12; Pr 24:13-14; 27:7; Cnt 2:3; Is 5:20; Jer 6:20; Ez 3:3; 47:9,11; Jl 1:5; 3:18; Am 9:13; Stg 3:11-12; Ap 10:9-10

dulces Neh 8:10; Sal 19:10; 119:103; Ez 47:8

dulzura Jue 14:14; Pr 26:25; 27:9; Cnt 5:16

Dumá Gn 25:14; Jos 15:52; 1Cr 1:30; Is 21:11

duodécima 1Cr 24:12; 25:19; 27:15

duodécimo Nm 7:78; 2R 8:25; 17:1; 25:27; 1Cr 27:15; 2Cr 34:3; Est 3:7; Jer 52:31; Ez 32:1,17; 33:21; Ap 21:20

dura Lv 8:33; 25:29; Dt 8:15; Jue 14:12; 2S 2:17; 11:15; Sal 30:5; Pr 12:19; Is 19:4; Mt 13:21; 1Co 9:25; Heb 10:32

Dura Dn 3:1

duradera Sal 21:4; Jer 14:13

duraderos Pr 8:18

durado Nm 12:14; Neh 6:15

durar 1S 1:14; Jer 29:28; Dn 1:5; 8:13

duras 1R 12:18; 2Cr 10:18; Job 19:20; Sal 60:3; Lc 9:39; Hch

14:18; 20:19; 27:7,16; 2Co 10:10; 1P 4:18

dureza Éx 10:2; Jue 5:23; Sal 118:18; Mr 3:5; Ef 4:18; 1Ti 5:1

durísimos Ez 5:15

duro Jos 9:5,12; 2S 18:5; 1R 12:4; 2Cr 10:4; Pr 17:1; Jer 14:17; Mt 25:24; Lc 5:5; Hch 20:35; 2Ti 2:6; Ap 2:2

Duro Job 41:24

duros Hch 7:51; Col 3:19

Ebal Gn 36:23; Dt 11:29; 27:4,13; Jos 8:30,33; 1Cr 1:40

ébano Ez 27:15

Ébed Jue 9:26,28,30-31,35; Esd 8:6

Ebedmélec Jer 38:7-8, 10-12; 39:16

Ebenezer 1S 4:1; 5:1; 7:12

Éber Gn 10:21,24-25; 11:14-17; Nm 24:24; 1Cr 1:18-19,25; 5:13; 8:12,17, 22; Neh 12:20; Lc 3:35

Ebiasaf 1Cr 6:23,37; 9:19

ebria Is 51:21

ebrios Sal 107:27

Ecbatana Esd 6:2

eclipsa Job 9:7

eclipsado Lm 2:1

eco Sal 19:4; Dn 10:6

económicas Esd 2:69

Ecrón Jos 13:3; 15:11,45; 19:43; Jue 1:18; 1S 5:10; 6:16-17; 7:14; 17:52; 2R 1:2-3,6,16; Jer 25:20; Am 1:8; Sof 2:4; Zac 9:5,7

ecuánime 1Ti 2:12

echada Dt 22:6; Ez 7:10; Mt 13:47

echado Gn 49:14; 2S 13:17; 1R 6:37; Esd 3:6,11; Est 9:24; Sal 66:11; 88:6; Jer 38:7; 49:7; Mr 9:22; 12:43; Lc 21:3; 23:25; Hch 16:37

echados Esd 4:12; Sal 140:10; Jer 22:28; Os 7:14

echar Nm 23:8; Jos 13:6; 1S 10:20; 17:44; 1R 5:17; 7:10; 22:27; 2R 4:41; 2Cr 18:26; Job 5:3; Sal 104:32; Pr 18:18; Ez 17:8; Abd 13; Mt 27:6; Mr 11:15; Lc 19:45; Hch 27:28,30; 2Jn 8

echarla Ez 15:6

echarle Gn 39:7; Pr 25:20; Mi 3:8; Lc 13:8; 20:19

echarlo Gn 37:20

echarlos Éx 6:1; Nm 22:6, 11; Lc 12:5

echarme 2S 13:16

echarnos Hch 5:28

echarse Sal 104:22; Pr 6:27; Mt 26:74; Mr 14:71; Lc 5:38

echárselo Mt 15:26; Mr 7:27

edades Sal 145:13

Edar Gn 35:21; Jos 15:21; 1Cr 23:23; 24:30

Edén Gn 2:8,10,15; 3:23-24; 4:16; 2R 19:12; 2Cr 29:12; 31:15; Is 37:12; 51:3; Ez 27:23; 28:13; 31:9,16,18; 36:35; Jl 2:3; Am 1:5

edicto Esd 4:21; 6:3; Est 1:20; 2:8; 3:14-15; 4:3,8; 8:11, 13-14,17; 9:1,13-14; Dn 2:13, 15; 6:15; Heb 11:23

edictos Is 10:1

edificación Ro 14:19; 1Co 14:5,12,26; 2Co 10:8; 12:19; 13:10; Ef 4:29

edificada Sal 122:3; Ez 26:14

edificados Ef 2:20,22; Col 2:7

edificante Pr 15:31

edificar Éx 1:11; Nm 32:16; 2Cr 2:5,9; Ro 15:20; Gá 2:18; Ef 4:12

edificarle 2Cr 2:6

edificarlo Ro 15:2

edificarlos Hch 20:32; 1Co 14:3

edificio 1R 6:5; 2R 16:14; Esd 5:4; Ez 41:12-13,15; 42:1,10; 1Co 3:9; 2Co 5:1; Ef 2:21

edificios 1R 9:10; 2R 25:9; 1Cr 28:11; 29:4; 2Cr 34:11; Jer 52:13; Ez 40:2; Mi 1:14; Mt 24:1; Mr 13:1-2

edomita Dt 23:7; 1S 21:7; 22:9,18; 1R 11:14

edomitas Gn 36:9,43; Éx 15:15; 1S 14:47; 2S 8:13-14; 1R 11:1,15-17; 2R 8:20-21; 14:7,10; 16:6; 1Cr 18:12-13; 2Cr 21:8-9; 25:14,19; 28:17; Sal 137:7; Ez 16:57

Edrey Nm 21:33; Dt 1:4; 3:1,10; Jos 12:4; 13:12,31; 19:37

educado Is 23:4

educados Jer 10:8

educó 1R 11:20

eduqué Lm 2:22

efa Éx 16:36; Ez 45:11,13, 24; 46:5,7,11,14

Efa Is 60:6

Efá Gn 25:4; 1Cr 1:33; 2:46-47

Efatá Mr 7:34

Efay Jer 40:8

Efectivamente Heb 8:7

efectos Pr 20:1; Os 7:5

efectuó Lc 2:2; Ro 3:24; Col 2:11

Éfer Gn 25:4; 1Cr 1:33; 4:17; 5:24

Efesdamín 1S 17:1

efesio Hch 21:29

efesios Hch 19:28,34

Éfeso Hch 18:19,21,24; 19:1, 17,26,35; 20:16-17; 1Co 15:32; 16:8; Ef 1:1; 1Ti 1:3; 2Ti 1:18; 4:12; Ap 1:11; 2:1

eficacia 1Co 1:17

eficaz Dn 6:1; 1Co 16:9; Ef 1:19; 3:7; Flm 6; Stg 5:16

eficazmente Ef 3:20

efímera Job 14:2; Sal 89:47

efímero Sal 39:4; 78:39

efímeros 2Co 4:17; Heb 11:25

Eflal 1Cr 2:37

Efod Nm 34:23

efraimita 1S 1:1

efraimitas Jos 16:10; 2Cr 25:7; 28:12

Efrata Gn 35:16,19; 48:7; Rt 4:11; 1Cr 2:19,24,50; 4:4; Sal 132:6; Mi 5:2

efrateo 1S 17:12; 1R 11:26

efrateos Rt 1:2

Efrón Gn 23:8,10,13-14, 16-17; 25:9; 49:29-30; 50:13; Jos 15:9

egipcia Gn 16:1,3; 21:9,21; 25:12; Éx 12:30; Nm 12:1; 13:22

egipcias Éx 1:19; 8:21

egipcio Gn 39:1-2,5; Éx 2:11-12,14,19; 6:13,27; 11:5; 12:33; 14:24; Lv 24:10; Dt 23:7; 1S 30:11-13,15-16; 2S 23:21; 1Cr 2:34; 11:23; Is 19:2; Zac 14:18; Hch 7:24,28; 21:38

Eglá 2S 3:5; 1Cr 3:3

Eglat Is 15:5; Jer 48:34

Eglayin Is 15:8

Eglón Jos 10:3,5,23,34, 36-37; 12:12; 15:39; Jue 3:12-15,17

egoísmo Ro 2:8; Fil 2:3; 2Ti 3:2

egoísta Pr 18:1; 1Co 13:5

Eh Mr 15:29

Ehí Gn 46:21

ejecutada Ec 10:10

ejecutados Lv 20:17; Dn 2:13, 18; Lc 23:32

ejecutar Dt 17:7; 2R 25:21; Jer 52:27; Dn 2:12,14,24; Hab 1:12; Mt 27:20; Jn 18:31; Hch 13:28

ejecutarse Est 9:1

ejemplar Rt 3:11; Pr 12:4; 31:10; 1P 2:12

ejemplos 1P 5:3

ejercer Éx 28:43; 39:26; Nm 18:1; 1S 8:9,11; 2Cr 11:14; Est 1:22; Mr 3:15

ejercerlo Rt 4:6

ejercicio Nm 8:26; 1Ti 4:8

Ejercita 1Ti 4:14

ejercitado Is 47:12,15; Heb 5:14

ejercítate 1Ti 4:7

ejércitos Jos 10:5; 11:4; Jue 8:10; 1S 17:1,45; 18:8; 2S 2:13; 1R 2:5; Neh 9:6; Job 25:3; Sal 44:9; 60:10; 103:21; 108:11; 148:2; Is 34:2; Ez 23:24; 38:6; Lc 21:20; Heb 11:34; Ap 19:14,19

ejes 1R 7:30,32-33

Elá Gn 36:41; 1S 17:2,19; 21:9; 1R 4:18; 16:6,8-9,13-14; 2R 15:30; 17:1; 18:1,9; 1Cr 1:52; 4:15; 9:8

elaborando Jer 18:11

Elad 1Cr 7:21

Eladá 1Cr 7:20

Elalé Nm 32:3,37; Is 15:4; 16:9; Jer 48:34

Elam Gn 10:22; 14:1,9; 1Cr 1:17; 8:24; 26:3; Esd 2:7, 31; 4:9; 8:7; 10:2,26; Neh 7:12, 34; 10:14; 12:42; Is 11:11; 21:2; 22:6; Jer 25:25; 49:34-39; Ez 32:24-25; Dn 8:2

elamitas Hch 2:9

Elasá 1Cr 2:39-40; 8:37; 9:43; Esd 10:22; Jer 29:3

Elasar Gn 14:1,9

Elat Dt 2:8; 1R 9:26; 2R 14:22; 16:6; 2Cr 8:17; 26:2

Elcaná Éx 6:24; 1S 1:1-4,8,19, 21,23; 2:11,20; 1Cr 6:23, 25-27,34-36; 9:16; 12:6; 15:23; 2Cr 28:7

Elcós Nah 1:1

Eldá Gn 25:4; 1Cr 1:33

Eldad Nm 11:26-27

elección Hch 1:26; Ro 9:11,16; 11:28

Élef Jos 18:28

elegante Job 41:12; Is 3:24; Stg 2:2-3

elegía Ez 28:12

elegida 2Jn 1,13

elegido Gn 18:19; 24:14; 47:2; Lv 21:10; Nm 17:5; Dt 14:25; 16:7; 18:6; 28:36; 33:16; 2S 16:18; Jer 1:5; 49:19; 50:44; Ez 28:14; Dn 9:25-26; Hag 2:23; Mr 13:20; Hch 1:24; Tit 2:14

elegidos Nm 11:26; 1Cr 16:13; Sal 105:6; Is 65:9; Mt

24:22,24,31; Mr 13:22, 27; Ro
11:7; 2Ti 2:10; Tit 1:1; 1P 1:1

elegir Dt 11:26; 12:26; 15:20;
30:15,19; 31:11; Is 7:15-16

elementales Heb 5:12; 6:1

elementos Dn 2:43; 2P
3:10,12

elevada Is 30:25; 45:14; Ez
41:8; Ap 21:10

elevado Sal 30:7; Ez 17:22;
20:40; Mi 4:1

elevados Ec 10:6; Is 10:33

elevar Job 38:34; Ez 31:14

Elí Mt 27:46

Elí 1S 1:3,9,12-13,17,25,28;
2:11-12,20,22,27; 3:1-2,
5-6,8-9,12,14-18; 4:4,11,
13,14-16,18; 14:3; 1R 2:27;
Mt 27:46; Lc 3:23

Eliab Nm 1:9; 2:7; 7:24,29;
10:16; 16:1,12; 26:8-9; Dt
11:6; 1S 16:6; 17:13,28; 1Cr
2:13; 6:27; 12:9; 15:18,20;
16:5; 2Cr 11:18

Eliadá 2S 5:16; 1R 11:23; 1Cr
3:8; 2Cr 17:17

Elián 2S 11:3; 23:34

Eliaquín 2R 18:18,26,37; 19:2;
23:34; 2Cr 36:4; Neh 12:41;
Is 22:20; 36:3,11,22; 37:2; Mt
1:13; Lc 3:30

Eliasaf Nm 1:14; 2:14; 3:24;
7:42,47; 10:20

Eliasib 1Cr 3:24; 24:12; Esd
10:6,24,27,36; Neh 3:1,20-21;
12:10,22-23; 13:4,7,28

Eliatá 1Cr 25:4,27

Elicá 2S 23:25

Elidad Nm 34:21

Eliel 1Cr 5:24; 6:34; 8:20, 22;
11:46-47; 12:11; 15:9, 11; 2Cr
31:13

Elienay 1Cr 8:20

Eliezer Gn 15:2; Éx 18:4; 1Cr
7:8; 15:24; 23:15,17; 26:25;
27:16; 2Cr 20:37; Esd 8:16;
10:18,23,31; Lc 3:29

Elifal 1Cr 11:35

Elifaz Gn 36:4,10-12, 15-16;
1Cr 1:35-36; Job 2:11; 4:1;
15:1; 22:1; 42:7,9

Elifelet 2S 5:16; 23:34; 1Cr
3:6,8; 8:39; 14:7; Esd 8:13;
10:33

Elifeleu 1Cr 15:18,21

Elihoenay 1Cr 3:23-24; 4:36;
7:8; 26:3; Esd 8:4; 10:22,27;
Neh 12:41

Elijaba 2S 23:32; 1Cr 11:33

Elijoref 1R 4:3

Elim Éx 15:27; 16:1; Nm
33:9-10

Elimas Hch 13:8-9

Elimélec Rt 1:2-3; 2:1,3; 4:3,9

eliminada Lv 7:20; 19:8; Nm
15:30; 19:13,20; Mi 7:2

eliminado Gn 17:14; Éx
12:15,19; 30:33,38; 31:14; Lv
7:21,25,27; 17:4,9,14; 18:29;
22:3; 23:29; Nm 9:13; Is
48:19; Jer 9:21; Hch 3:23

eliminados Lv 20:18; Nm
4:18; 16:33; Job 27:8

eliminar 2R 10:19; 11:1; 2Cr
15:8; 22:10; Ez 14:19

eliminarlo Gn 37:27; Hch
9:24,29

eliminarnos 2S 14:16

Elín Is 15:8

Elisá Gn 10:4; 1Cr 1:7; Ez 27:7

Elisabet Éx 6:23; Lc 1:5,7,
13,24,36, 40-41,56-57

Elisafat 2Cr 23:1

Elisama Nm 1:10; 2:18;
7:48,53; 10:22; 2S 5:16; 2R
25:25; 1Cr 2:41; 3:6,8; 7:26;
14:7; 2Cr 17:8; Jer
36:12,20-21; 41:1

Elisúa 2S 5:15; 1Cr 14:5

Elisur Nm 1:5; 2:10; 7:30,35;
10:18

Eliú 1S 1:1; 1Cr 12:20; 26:7;
27:18; Job 32:2,4,6; 34:1;
35:1; 36:1

Eliud Mt 1:14-15

Elizafán Nm 3:30; 34:25; 1Cr
15:8; 2Cr 29:13

Eljanán 2S 21:19; 23:24; 1Cr
11:26; 20:5

Elmadán Lc 3:28

Elnán 1Cr 11:46

Elnatán 2R 24:8; Esd 8:16; Jer
26:22; 36:12,25

elocuencia Sal 45:2; Lc 21:15;
1Co 2:1

elocuente Éx 4:14

elocuentes 1Co 2:4

elogiaban Hch 5:13

elogiado 2Co 12:11

elogiarlos 1Co 11:17,22

elogie Sal 49:18

elogien Lc 6:26

elogio 1Co 11:2; Fil 4:8; 1P
2:19-20

elogió Lc 16:8

elogios 2Co 7:14

Elohé Gn 33:20

Eloi Mr 15:34

Elón Gn 26:34; 35:8; 36:2;
46:14; Nm 26:26; Jos 19:43;
Jue 12:11-13; 1R 4:9

elonitas Nm 26:26

Elpal 1Cr 8:11-12,18

Elpélet 1Cr 14:5

Eltecón Jos 15:59

Eltequé Jos 19:44; 21:23

Eltolad Jos 15:30; 19:4

elul Neh 6:15

Eluzay 1Cr 12:5

Elzabad 1Cr 12:12; 26:7

Elzafán Éx 6:22; Lv 10:4

Emanuel Is 7:14; 8:8; Mt 1:23

Emaús Lc 24:13

embadurnó Éx 2:3

embajada 2S 5:11; 1R 5:1; 1Cr
14:1; 2Cr 32:31

embajador Ef 6:20

embajadores Sal 68:31; Is
57:9; 2Co 5:20

embalsamaran Gn 50:2

embalsamarlo Gn 50:3

embalsamaron Gn 50:26

embarazada Gn 16:4-5,11;
21:2; 25:21; 29:32-35; 30:5,7,
17,19,23; 38:18,24; Éx 2:2; Rt
4:13; 1S 4:19; 2S 11:5; 2R
4:17; Is 26:17

embarazadas Gn 19:36; 2R
8:12; 15:16; Jer 31:8; Os
13:16; Mt 24:19; Mr 13:17; Lc
21:23

embarazo Os 9:11; Lc 1:36

embarazó Gn 38:25

embarcado Jn 6:22

embarcamos Hch 20:13

embarcaron Jn 21:3

embarcarse Mr 8:13; Hch
18:18; 20:3

embarcó Jon 1:3; Mr 8:10;
Hch 15:39

embarga Ro 9:2

embargan Lm 3:19

embate Hch 27:41

embates Sal 93:4

embaucadores 2Ti 3:13

embellecer Is 60:13

embelleceré Is 60:7

embelleces Jer 4:30

emborrachado Ap 17:6

emborrachan 1Co 11:21; 1Ts
5:7

emborrachándose 1R 16:9;
20:16

emborrachar Gn 19:35

emborracharlo Gn 19:32,34;
2S 11:13

emborracharon Gn 19:33

emborracharse Ez 39:19; Dn
5:1; Jl 3:3; Lc 12:45

emborrachas Hab 2:15

emborrachémonos Is 56:12

emborrachen Ef 5:18

Emborrachen Jer 48:26

emborráchense Jer 25:27

emboscada Dt 19:11; Jos 8:2,
4,9,12,14,19, 21-22; Jue

20:29,36; 1S 15:5; 2R 6:9; 2Cr
13:13; Jer 51:12; Hch 23:16;
25:3
emboscadas Jue 9:25; 2Cr
20:22
emboscados Jue 20:33,37-38;
Hch 23:21
Emboscados Sal 64:4
embota Is 6:10
embotada Mr 6:52; 8:17
embotado Mt 13:15; Hch
28:27
embotarán Nah 3:11
embotellado Job 32:19
embotó 2Co 3:14
embravecido Sal 89:9
embriagada Lm 4:21
embriagador Sal 60:3
embriagados Zac 9:15
embriagante Pr 20:1
embriagantes Is 5:11,22
embriagar Jer 51:57
embriagarse Ec 10:17
embriaguez Ez 23:33; Lc
21:34
embrujos Nah 3:4
embustera Sal 52:4; 120:3; Pr
21:6
embusteras Sal 120:2
embustero Pr 19:1; Mi 2:11
embusteros 1Ti 1:10; 4:2
Émec Jos 18:21; 19:27
emigrado Heb 11:15
emigrar Gn 11:2; Jer 8:7
emigren Mi 1:11
emigró Rt 1:1
eminencias Job 21:22
emisario Is 63:9; Jer 51:31
emisarios Nm 20:14; 21:21;
2R 17:4; Is 18:2
emisión Dt 23:10
emita Lv 15:3; Est 1:19; 3:9
emitas Gn 14:5; Dt 2:10-11
emite Sal 37:30; 115:7; Pr
16:10
emiten Is 10:1
emitido 1Cr 16:12; Sal 68:11;
105:5; 119:13; Dn 2:15; 3:10;
4:24; 6:15
emitió Est 9:14; Sal 148:6; Dn
7:22
emitir Est 3:14; Sal 9:7; Dn 6:7
emitiría Est 8:13
emito Jn 8:16
empadronados Nm 1:18,
20,22,24,26,28, 30,32,34,
36,38,40,42
empalado Est 8:7
empalados Est 2:23;
9:13-14,25
empalaga Pr 27:7
empalagues Pr 25:16

empalara Est 6:4
empalaron Est 7:10
empale Est 5:14
empalen Esd 6:11
Empálenlo Est 7:9
empalizadas Is 29:3
empalmes Éx 27:10-11,17;
36:38; 38:10-12,17,19,28
empañado Lm 4:1
empañarte 1S 2:33
empapada Cnt 5:2; Is 34:7; Ez
24:7
empapar Sal 58:10
empareja Sal 5:8
emparejado Is 28:25
emparejará Os 10:11
emparentado 2R 8:27; 2Cr
18:1; Neh 13:4
empecina Jer 38:21
empecinado Pr 17:12
empecinados Jer 42:17
empecinaron Nm 14:44
empecinó 2Cr 28:22; Jer 44:12
empedernido Ro 2:5
Empedrado Jn 19:13
empellones Hch 7:58
empeñadas Hab 2:6
empeñado 2Cr 30:19; Os 5:11
empeñados Sal 106:43
empeñamos 2Co 5:9
empeñar Neh 5:4
empeñaron Sof 3:7
empeñarse Tit 3:14
empeñas Dt 28:58
empeñen Tit 3:8
Empéñense 1Co 14:1
empeño Ec 9:10; 2Co 7:11;
Heb 6:11; 2P 1:15
empeñó Éx 13:15; 2Cr 26:5
empeorará 2Cr 21:15
empeoró 2Cr 28:20
emperador Lc 23:2; Jn
19:12,15; Hch 17:7; 25:8,
10-12,21,25; 26:32; 27:24;
28:19; Fil 4:22
Empezaba Am 7:1
empezado Nm 11:33
empezará Nm 34:3; 1S 9:13
empezaron Nm 12:1; 1S 4:5;
2R 2:23; 4:40; 6:4; 2Cr 20:22;
Esd 3:2; Neh 12:42; Dn 6:4;
Hag 1:14; Mt 9:24; Mr 5:40;
14:19; Lc 8:53; 15:24; 19:7;
Hch 17:5; 19:6
Empezaron Mr 10:13
empezaste Dn 9:23
empezó Gn 39:7; Nm 14:40;
16:42; Jos 2:5; 5:11; 1S 18:9;
2R 4:5,34; 2Cr 34:3; Mr
10:52; 14:35; Lc 13:13; 22:41;
23:39; Hch 14:10
empiece Lm 2:19

Empiecen Jos 6:16
empiezan 1S 14:11
empleaba Ap 21:17
empleadas Éx 37:14,27
empleado Éx 38:24; Dt 15:18;
24:14
emplean Pr 10:26; Ef 4:14
empleando 1R 10:17; 2Cr 9:16
emplear Mt 13:34; Mr 4:34;
1Co 14:19
emplearlas 1S 8:13
emplearon Éx 38:27; Dt 23:4;
1R 6:7; 10:16; 2Cr 9:15; 29:17
empleo Lc 15:15
empleó Éx 38:28,30
empobrece Lv 25:35,39,47
empobrecerse Pr 22:16
empobrezca Lv 25:25
empolla Jer 17:11
empollar Job 39:14
empotradas Ez 41:6
empotraran 1R 6:6
emprenda Job 16:22; Dn 8:24
Emprendan Dt 2:24
emprendas Dt 15:10; Job
22:28
emprende Pr 12:15; 17:8
emprenden Job 41:25
emprender Gn 42:38; Jue
19:9; Mt 25:14
emprendida Ez 29:18
emprendido Gn 2:2; Dt 2:7;
1R 7:40; 2Cr 4:11; Pr 7:19
emprendiendo Dt 33:18
emprendieron Gn 42:26;
43:15; Nm 10:13; Jos 2:23; Rt
1:7; 1S 28:25; 2R 7:7; Sal
48:5; Jer 37:5; Lc 2:43
emprendió Gn 46:1; 2S 14:23;
15:9; 19:15; 1R 14:4; 2R
10:12; 2Cr 31:21; 32:30; Lc
1:39; 15:20; Hch 8:27; 18:18
empresas 2R 18:7; Sal 10:5;
Stg 1:11
empujada 2P 2:17
empujado Nm 35:20; Ez
34:21
empujados Jer 23:12
empujarlo Job 12:5
empujaron Sal 118:13; Hch
19:33
empujas Sal 73:18
empuje Nm 35:22
empujó Jue 16:30; Hch 7:27
empuña Am 1:5,8
Empuña 2R 13:16; Sal 35:3
empuñaba 2S 23:21; 1Cr
11:23
empuñada Ez 32:12
empuñadura Jue 3:22
empuñan Ez 38:4
Empuñan Jer 6:23

empuñando Nm 22:31
empuñar 1S 17:50; Ez 30:21
empuñaron Gn 34:25
empuñó 2R 13:16
Enacoré Jue 15:19
Enadá Jos 19:21
enaltece 1S 2:7; Job 5:11; Pr 11:11; 14:34; Mt 23:12; Lc 14:11; 18:14
enaltecen Pr 6:17
enaltecerá 1S 2:10
enalteceré Éx 15:2
enaltecerlos 2Co 11:7
Enaltécete Sal 21:13
enaltecida Is 26:5
enaltecido Sal 46:10; 47:10; Pr 29:23; Is 52:13; Mt 23:12; Lc 14:11; 18:14
enalteció Lm 2:17
Enam Jos 15:34
enamorado Gn 29:18,20; 34:8, 19; 2S 13:4; Ez 23:20
enamoró Gn 34:3; Jue 16:4; 1S 18:20; 2S 13:1; Est 2:17; Ez 23:5,12,16
Enán Nm 1:15; 2:29; 7:78,83; 10:27; 34:9-10; Ez 47:17; 48:1
enana Lv 22:23
enano Lv 21:20
enarboló Cnt 2:4
enardecen Is 41:11; Ez 8:17
enardecido Ez 3:14
Enayin Gn 38:14,21
encadenada 2Ti 2:9
encadenado 2S 3:34; Jer 40:1; Ez 19:4; Mt 14:3; Hch 22:29; 28:20; Fil 1:13
Encadenado Ez 19:9
encadenados Job 36:8; Sal 107:10
encadenaran Mr 6:17
encadenaron Nah 3:10
encadenó Ap 20:2
encajada Ez 1:16; 10:10
encaje Éx 26:17
encajen Éx 26:19
encajes Ez 28:13
encajó Hch 27:41
encallar Hch 27:17,26,39
encallecida 1Ti 4:2
encalló Hch 27:41
encamina Pr 11:19; Ec 12:5; Mi 1:3
encaminado Sal 95:10; Cnt 6:1
Encamíname Sal 25:5
encaminan Job 6:18
encaminarán Jer 50:5
encaminaron Gn 18:22
encaminarse Gn 12:5
encamino Job 23:8

encaminó Gn 22:3; 28:10; 31:21; Pr 7:8
encanecido Os 7:9
encanta Job 34:8; Sal 52:4; Cnt 2:3; Is 56:10; Jer 14:10; Am 4:5; Mt 6:5; Lc 20:46; 3Jn 9
encantaba Sal 109:17; Lc 16:14; 2P 2:15
encantada Ec 10:11; Lc 13:17
encantador Ec 10:11; Is 3:3
encantadora Pr 5:19; Cnt 6:4; 7:6; Mal 3:12
encantamiento Jer 8:17
encantamientos Sal 58:5; Is 47:9,12
encanto Pr 31:30; Cnt 1:16; 5:16
encantos Nah 3:4
encara Ez 25:2; 28:21; 29:2; 38:2
encarar Jue 4:9
encarcelado Jer 37:4,18; Mt 4:12; Mr 15:7; 2Co 11:23
encarcelados Heb 10:34; 1P 3:19; Jud 6
encarcelando Hch 22:19
encarcelar 2Cr 16:10
encarcelaran Jn 3:24
encarcelaron Jer 37:15; Mr 1:14
encarceló 2R 23:33
encarecidamente Gn 50:5; 1Co 16:12; 1Ts 4:1; Heb 13:19
encarezco 1Cr 28:8
encargada 2S 17:17
encargadas 2Cr 31:19
encargado Lv 16:26; 1S 17:22; 1R 4:5-6; 2R 10:22; 22:14; 23:11; 25:19; 1Cr 9:31; 27:25 ,27,30-31; 2Cr 28:7; 31:12,14; 34:16,22; 36:23; Esd 1:2; 7:25; Neh 4:18; 13:4; Est 2:3, 14-15; Jer 23:2; 52:25; Mt 24:45; Lc 12:42; Jn 2:8-9; 13:29; Hch 8:27; Gá 3:24
encargados Nm 1:53; 34:17; 2R 12:15; 22:7; 1Cr 6:49; 9:19,23,28; 16:7; 23:5,29; 29:6; 2Cr 13:10; 35:3; Neh 11:16; 12:44; 13:10; Ez 40:45-46; 1Co 4:1
encargarle 1S 17:20
encargarles Hch 6:3
encargarse Nm 4:24; Ez 44:16
encargo Gn 24:9; Jue 19:20; 1S 18:5; 21:8; 25:5; 2R 1:2; 12:8; Mt 21:2; Mr 11:2; 14:13; Lc 19:29; 1Co 4:2; 1Ts 5:27; 1Ti 1:18; 6:13; 2Ti 4:1
encariñó Dt 7:7; 10:15

encaró Jue 6:14
encenderlas 2Cr 4:20
encenderse Éx 32:11; Sal 124:3
encendida Gn 15:17; Lv 1:8,12,17; 3:5; 4:12; 1S 3:3; 1R 11:36; 15:4; 2R 8:19; 2Cr 21:7; Sal 18:28; Is 62:1; Zac 12:6; Lc 12:35; Jn 5:35; Stg 3:6
encendidas Éx 27:20-21; Lv 24:2,4; Pr 26:18; Is 50:11; Dn 10:6; Ef 6:16
encendido Lv 6:9,12-13; Dt 32:22; 2Cr 28:11,13; Job 19:11; Sal 21:9; 74:1; Is 13:8; 50:11; Jer 15:14; 17:4; 36:22; Lm 2:3; Ez 20:48; Os 7:4; 8:5; Mt 13:42,50; Ap 6:4; 9:17; 12:3
encendidos 2S 22:9,13; Sal 18:8,12-13; Ez 1:13
encerradas 2S 20:3
encerrado Neh 6:10; Job 31:34; Jer 37:16; Lm 3:7
encerrados Is 42:22; Gá 3:23
encerrar Gn 29:7; Lc 3:20
encina Gn 12:6; 35:4,8; Jos 24:26; Jue 4:11; 6:11,19; 9:6; 1S 10:3; 2S 18:9-10, 14; 1R 13:14; 1Cr 10:12; Is 1:30; 6:13; Ez 6:13; Am 2:9
Encina Jue 9:37
encinar Gn 13:18; 14:13; 18:1
encinas Dt 11:30; Is 1:29; 2:13; Ez 27:6; Os 4:13
encinta Éx 21:22; Mt 1:18; Lc 1:24,31; 2:5; 1Ts 5:3; Ap 12:2
encintas Am 1:13
enclavada Jos 19:50
encomendada Jud 3
encomendado Jer 20:12; 43:1; Jn 5:36; Hch 10:33; 14:26; 20:24; 1Co 9:17; Gá 2:7
Encomendándome Neh 2:4
encomendará Ez 38:8
encomendaron Esd 3:8; Hch 14:23; 15:40
encomendaste Jn 17:4
encomendó 1S 15:20; Ef 3:2; Col 1:25
Encomienda Sal 37:5; 55:22
encomiéndalo 2Ti 2:2
encomiendo Sal 31:5; 109:4; Lc 23:46; Hch 20:32
encontrar Gn 19:11; 38:22; 41:38; Dt 28:32; Jue 15:15; 1S 5:4; 9:13; 10:2; 2R 12:18; Job 23:3; 24:5; Sal 55:6; Is 55:6; Jer 29:14; Hag 2:16; Mt 22:10; Lc 23:14; Hch 9:2; 16:13

encontrarla   Mt 18:13; Lc
15:4,8

encontrarlo   Sal 37:36; Ec 11:1;
Jer 23:24; Mt 12:43; Lc 2:45;
11:24; Jn 7:35; 9:35; Hch
12:19

encontrarlos   Gn 31:35; 2S
17:20; Os 2:7

encontrarme   Jer 15:16; Fil 3:9;
2Ti 1:17; 2Jn 4

encontrarnos   1S 21:2; 1Ts
4:17

encontrarse   Éx 5:20; 19:3;
Nm 34:11; 1S 15:12; 20:35;
21:1; 22:20; 2S 19:15; 2R
4:31; 16:10; 23:29; 2Cr 22:7;
28:22; Ec 7:14

encontrarte   Éx 24:12; 1R
21:18; Cnt 8:1; Is 7:3; 22:15;
Ez 26:21; Am 4:12

encorvada   Lc 13:11

encorvan   Job 39:3

encorvarán   Ec 12:3

encorven   Ro 11:10

encrespadas   Sal 89:9; Is 17:13

encrespen   Sal 46:3

encrespó   Sal 107:25

encrucijadas   Pr 8:2

encubiertamente   2P 2:1

encubierto   Mt 10:26; Lc 9:45;
12:2; 2Co 4:3

encubras   Dt 13:8

encubre   Pr 10:6,11; 28:13

encumbrado   Is 57:7

enchapa   Is 40:19

enchapados   Is 30:22

endebles   Job 13:12; Ez
13:10,14

endechas   Jer 9:20

endemoniada   Mt 15:22

endemoniado   Mt 9:32; 12:22;
Mr 5:16,18; Lc 8:27,36; Jn
7:20; 8:48,52; 10:20-21

endemoniados   Mt 4:24;
8:16,28,33; Mr 1:32; Hch 8:7;
19:13

enderecen   Is 40:3

Enderecen   Jn 1:23

endereza   2S 22:33; Sal 18:32;
Pr 11:5; 15:21

Endereza   Pr 4:26

enderezar   Ec 1:15; 7:13

enderezarán   Lc 3:5

enderezarse   Lc 13:11

enderézate   Hch 14:10

enderezó   Lc 13:13

endeuda   Dt 24:6

endeudados   2R 4:1

Endor   Jos 17:11; 1S 28:7; Sal
83:10

endulza   Pr 13:19

endulzan   Pr 16:24

endulzará   Pr 2:10

endurecer   Éx 7:3; 14:17; Ro
9:18

endurecido   Éx 8:19; 10:1; Dt
2:30; Jn 12:40; Ro 11:25

endurecidos   Ro 11:7

Eneas   Hch 9:33-34

Eneglayin   Ez 47:10

eneldo   Is 28:25,27

enemiga   Mi 7:10; Ro 8:7

Enemiga   Mi 7:8

enemigas   Dt 25:19; Sal 78:61;
Lm 1:7

enemistad   Gn 3:15; Nm
35:21; Ez 25:15; 35:5; Ef
2:14,16; Stg 4:4

Enemistad   Gn 26:21

energías   Jos 14:11

enérgicamente   Neh 5:1

enfadaron   Cnt 1:6

enferma   Lv 13:4,6-7,12,16;
Job 6:7; Cnt 5:8; Ez 34:4; Lc
4:38; 13:11; Hch 9:37

enfermaban   Sal 35:13

enfermas   Hch 5:16

enfermedad   Éx 23:25; Lv
13:3,8,15,20,22, 25,46; 14:3;
22:4; Nm 12:10; Dt 7:15; 1R
8:37; 15:23; 2R 8:8-10,14; 2Cr
6:28; 16:12; 21:15,18-19; Job
18:13; Sal 106:15; Pr 18:14; Is
10:16; 17:11; 38:9; Jer 10:19;
30:13; Os 5:13; Mt 4:23; 9:35;
10:1,8; Lc 13:12; Jn 11:4; Gá
4:13

enfermedades   Éx 15:26; Lv
26:16; Dt 7:15; 28:59, 61;
29:22; Ec 5:17; Is 53:4; Jer
6:7; 16:4; Mt 4:24; 8:17; Mr
1:34; 6:55; Lc 4:40; 5:15; 6:18;
7:21; 8:2; 9:1; Hch 19:12; 1Ti
5:23

enfermizo   1Ti 6:4

enfermó   2S 13:2; 1R 14:1;
17:17; 2R 20:1; 2Cr 16:12;
32:24; Is 38:1

enfermos   Mal 1:8,13; Mt 8:16;
9:12; 10:8; 12:15; 14:14,35;
15:30; 19:2; Mr 1:32; 2:17;
6:5,13,56; 16:18; Lc 4:27;
5:17,31; 9:2; 10:9; 17:12; Jn
5:3; 6:2; Hch 5:15; 19:12;
28:9; 1Co 11:30; 12:9,28,30

enfrentarme   Ez 15:7

enfrentarnos   Is 30:11

enfrentarse   Éx 9:11; Nm
14:43; Jos 1:5; 1S 4:1;
17:48,55; 23:28; 2S 11:17; 2R
14:11; 2Cr 25:21; Pr 27:4; Ec
6:8; Jer 32:4; Nah 1:6; 3:13;
Lc 14:31; Stg 1:2

enfrente   Gn 30:38; Éx 32:5, 27;
1S 17:8; 20:25; 2R 11:18; Sal
94:13; Is 50:8; Ez 15:7; 40:13;
46:9; Mt 21:2; Mr 11:2; Lc
19:30

enfriará   Mt 24:12

enfurece   1S 20:7; 1R 14:9; Is
10:6

enfurecen   Jn 7:23

enfurecerme   Ez 16:26

enfurecerse   Is 8:21; Jon 4:1

enfurecerte   Jon 4:4,9

enfurecía   Jon 1:13

enfurecido   Dt 19:6; Jue 14:19;
2R 6:11; Est 7:7; Sal 89:38; Pr
17:12; Hab 3:8; Ap 11:18

Enfurecido   1S 11:6; 20:34; Dn
11:11

enfurecidos   Jer 37:15; Hab
3:14

enfureciendo   Jon 1:11

enfurecieron   Is 45:24; Lc
4:28; 6:11; Hch 19:28

enfureció   Gn 4:5; 39:19; Jue
2:14,20; 3:8; 9:30; 10:7; 1S
18:8; 20:30; 2S 13:21; 2R
5:11; 1Cr 15:13; 2Cr 16:10;
26:19; Est 1:12; 3:5; Dn 2:12;
Mt 2:16; 22:7; Ap 12:17

Engadi   Jos 15:62; 1S 23:29;
24:1; 2Cr 20:2; Cnt 1:14; Ez
47:10

Engancha   1R 18:44

enganchaba   1S 2:14

enganchadas   Éx 26:6

enganchen   Mi 1:13

Enganchen   2R 9:21

Enganín   Jos 15:34; 19:21;
21:29

engañada   1Ti 2:14

engañado   Gn 29:25; 31:7, 26;
1S 19:17; 28:12; Is 57:11; Jer
4:10; 38:22; 49:16; Ez 13:10;
Abd 3; 1Ti 2:14; Ap 20:10

engañador   Mt 27:63; 2Jn 7

engañadores   Jer 9:6; 2Co 6:8;
Tit 1:10; 2Jn 7

engañados   Job 12:16; 2Ti 3:13

engañar   Dt 13:8; 2R 18:29;
2Cr 32:15; Is 19:13; 36:14;
44:20; Jer 9:8; 29:8; Mt 24:24;
Mr 13:22; Lc 21:8; Jn 7:47;
1Co 6:9; 15:33; 1Ts 2:3; 2Ts
2:3; Ap 20:8

engañarlo   Gn 27:12; Job 13:9

engañarlos   1Jn 2:26

engañarte   Dt 13:6; Pr 1:10

engaño   2S 3:25; Job 15:35; Sal
32:2; 50:19; 52:2; 55:11;
101:7; Pr 12:5,20; 23:3; Is
28:15; 53:9; Jer 3:23; 5:27;
6:13; 8:5,10; 9:6; 10:14; Dn

8:25; Sof 1:9; 3:13; Zac 10:2;
Mt 13:22; 27:64; Mr 4:19;
7:22; Hch 13:10; Ro 1:29;
2Co 4:2; 2Ts 2:11; Heb 3:13;
1P 2:1,22; 1Jn 4:6

engaños Gn 31:27; 34:13; Job
13:7; Sal 5:9; 34:13; 38:12; Pr
20:17; 26:26; Is 29:21; Ro
3:13; 1P 3:10

engañosa Sal 109:2; Pr 17:20;
Jer 8:8; Col 2:8

engañosas Sal 36:3; Pr 20:10,
23; Jer 7:4,8; 14:14; Lm 2:14;
Ez 12:24; Dn 2:9; Zac 10:2;
Ef 4:14; 1Ti 4:1; 2P 2:3

engañoso Jer 15:18; 17:9; Os
7:16

Engañoso Pr 31:30

engañosos Sal 17:1; Is 30:9; Ef
4:22

engarzadas Éx 39:13
Engárzalas Éx 28:20
engarzará Éx 28:11
Engarzarás Éx 28:17
engarzaron Éx 39:6
engastar Éx 31:5; 35:33
engastaran Éx 35:27
engastarlas Éx 35:9
engastaron Éx 39:10
engaste 1Cr 29:2
engastes Éx 28:13-14,25;
39:6,13,16,18
engatusando Nm 16:14
engendra Stg 1:15
engendrado Job 38:28; Sal
2:7; Is 45:10; Hch 13:33; Heb
1:5; 5:5
Engendrar Pr 17:21
engendraron Jer 16:3
engendraste Nah 1:11
engendró Dt 32:18; Pr 23:22;
Is 49:21; 1Co 4:15
engordado 2S 6:13
engordados 1R 1:9,19,25;
4:23; Sal 66:15; Is 1:11; Ez
39:18; Am 6:4
engordar Stg 5:5
engordarán Dt 31:20
engordaron Neh 9:25
engordas 1S 2:29
engordó Dt 32:15
engrandece Nm 24:7; 1Cr
29:12
Engrandece Job 12:23
engrandecerte Jos 3:7
engrandecí Ec 2:9
engrandecido 2S 5:12; 1Cr
14:2; Ec 1:16; Is 26:15; Mal
1:5
engrandeciera 1R 1:47
engrandeció Jos 4:14; 1Cr
29:25; Hch 13:17

engrandezca 1R 1:37
Engrandezcan Sal 34:3
engrasen Is 21:5
engreídas Zac 1:15
engreído Pr 30:31-32
engreídos Sal 140:5
engreírse 1Co 4:6
engulle Pr 19:28
engullido Jer 3:24
engullirá Job 20:18
engullirán Abd 16
engulló Job 20:15
enigma Sal 49:4; Ez 17:2
enigmas Nm 12:8; Pr 1:6
enjaezadas Cnt 1:9
enjambre Jue 14:8
enjambres Éx 8:21; Sal
105:31; Am 7:1
Enjambres Dt 28:42
enjaulado Ez 19:9
Enjaulado Ez 19:9
Enjazor Jos 19:37
enjuagará Lv 6:28
enjugado Sal 116:8
enjugará Is 25:8; Ap 7:17; 21:4
enjuicia Jer 25:31
enjuiciar Is 3:13
Enlisten Nm 26:2
enloquecerán Dt 28:34
enloqueceré Zac 12:4
enloquecieron Jer 51:7
enlosado 2R 16:17; Ez
40:17-18; 42:3
enlutados Job 5:11
enlutan Am 9:5
enlutarán Am 8:8
enmaderado Hab 2:11
enmarañada Sal 68:21
enmarañado Mi 7:4
enmarañados Nah 1:10
enmiendan Jer 7:5
enmiende Sal 50:23
enmienden Jer 18:11; 26:13;
35:15
Enmienden Jer 7:3
Enmispat Gn 14:7
enmudece Hch 8:32
enmudecerán Is 52:15
enmudeció Is 53:7
ennegrecido Sal 119:83
Enoc Gn 4:17-18; 5:18-19,
21-23; Nm 26:5; 1Cr 1:3; Lc
3:37; Heb 11:5; Jud 14
enojado Gn 4:6; Nm 16:15; Dt
9:20; 2Cr 28:9; Sal 60:1; 79:5;
85:5; 95:10; Is 12:1; 27:4;
34:2; 47:6; 57:16; Jer 2:35;
3:5; Zac 1:12; Mt 18:34; Mr
3:5
enojados 1S 29:4; Ef 4:26
enojar Dt 32:16; Sal 106:32;
Zac 8:14; Ef 6:4

enojarme Is 54:9
enojarse Ec 5:6; Stg 1:19
enojarte Nm 16:22
enojos Ec 5:17; 1Ti 2:8
Enón Jn 3:23
enoquitas Nm 26:5
enorgullece Heb 3:6
enorgullecemos Fil 3:3
enorgullecen Is 20:5; Fil 3:19
enorgullecerme 1Co 9:16
enorgullecían Ez 7:20
enorgullezcan Sal 140:8
enorme Dt 18:16; Jos 22:10;
24:26; 1R 20:13,28; 2Cr
14:13; 16:14; 25:13; 28:8; Est
1:4; 5:11; Ec 2:21; Jer
30:14-15; Ez 17:3; 38:4,13;
Dn 2:31,35; 8:5; Jon 1:17; Ap
8:8,10; 12:3
enormemente Gn 30:30
enormes Nm 13:28,32; Dt
17:17; Jos 10:27; 14:12; Dn
7:3; Ap 16:21
Enós Gn 4:26; 5:6-7,9-11; 1Cr
1:1; Lc 3:38
enramada Jon 4:5
enramadas Lv 23:42; 2S
11:11; Neh 8:14-17
Enramadas Lv 23:34; Dt
16:13,16; 31:10; 2Cr 8:13;
Esd 3:4; Zac 14:16,18-19
enreda Pr 2:19; 12:13; 2Ti 2:4
enredaban Jon 2:5
enredado Gn 22:13; 1Ti 1:6
enredados Is 28:13
enredándote Pr 6:2
enredará Sal 10:2
enredaron 2S 22:6; Sal 18:5;
116:3
enredarse 2P 2:20
enrejado Éx 27:4; 35:16;
38:4-5,30; 39:39
Enrimón Neh 11:29
enriquece Lv 25:47; Pr 13:11
enriquecerse Pr 22:16;
28:20,22; 1Ti 6:9
enriquecías Ez 27:33
enriquecido Gn 31:1; Is 23:2;
Os 12:8; Zac 11:5; Ro 11:12;
1Co 4:8; Ap 3:17; 18:15
enriquecidos 2Co 9:11
enriqueciendo Pr 8:21; Ez
26:2; 2Co 6:10
enriquecieron Ap 18:3,19
enriquezca Sal 49:16
Enroguel Jos 15:7; 18:16; 2S
17:17; 1R 1:9
enrojecida Job 16:16
enrolla Ap 6:14
enrollado Jn 20:7
enrollándolo 2R 2:8
enrollará Is 34:4

enrollé   Is 38:12
enrolló   Lc 4:20
ensalzado   Is 33:10
ensamblaron   Ez 27:6
ensancha   1Cr 4:10; Is 5:14;
   Hab 2:5
Ensancha   Is 54:2
ensanchaban   Ez 41:7
ensanchan   Nm 24:6; Job 6:16
ensancharé   Éx 34:24
ensanche   Dt 33:20
ensañas   Job 7:20
ensartó   Job 26:12
Ensemes   Jos 15:7; 18:17
ensenadas   Jue 5:17
enseñada   1Ti 1:11
enseñado   Dt 4:5; Jos 22:17;
   Neh 8:12; Job 4:8; Sal 51:6;
   Is 29:13; Jer 9:5, 14; Mr 6:30;
   Jn 8:28; 18:20; Hch 20:20; Ro
   16:17; 1Ts 4:9; 2Ts 3:4
enseñanzas   Gn 26:5; Éx
   18:16,20; 2R 12:2; Sal 78:10;
   Pr 1:8; 3:1; 4:2; 7:2; Mt 15:9;
   Mr 7:7; 11:18; Lc 23:5; Jn
   8:31; 15:20; 18:19; Hch 5:28;
   1Co 11:2; Col 2:22; 2Ts 2:15;
   3:6; 1Ti 4:2; 2Ti 2:17; 3:10;
   Heb 6:1; 13:9
enseñar   Éx 35:34; Lv 10:11;
   14:57; 2Cr 35:3; Esd 7:10; Sal
   2:10; Jer 31:34; Mt 11:1;
   13:54; 26:55; Mr 1:21; 4:1;
   6:2; Lc 6:6; 12:5; Jn 7:14,35;
   Hch 1:1; 4:18; 5:21,28,42;
   15:1; Ro 12:7; 1Ti 1:3; 3:2;
   4:13; 6:2; 2Ti 2:2,24; 3:16;
   4:2; Tit 1:11; 2:3,15; Heb 8:11
enseñarle   Ez 44:23; Hab 2:19
enseñarles   Dt 5:31; 2R 17:28;
   Sal 34:11; Dn 1:4; Mt 5:2; Mr
   4:2; 6:34; 8:31; Jn 8:2; 1Ti
   2:7; Heb 5:12
enseñarlos   Sal 78:5
enseñarnos   Ro 15:4
enseñarte   Pr 22:21
ensillados   Jue 19:10
Ensillen   Jer 46:4
ensilló   Gn 22:3; Nm 22:21
ensordecedor   Ez 43:2
ensordecerán   Mi 7:16
ensuciarlos   Cnt 5:3
entabla   Pr 20:18; 29:9; Mi 6:2
entablados   Ez 27:5
entablando   Hch 18:14
entablar   Jer 2:9
entablaran   Jos 11:20
entablaron   Hch 17:18
entabló   1S 4:2; 18:1; Jn 3:25
entalladuras   1R 7:31
entender   Dt 28:49; 29:4; Job
   32:9; Sal 119:27,95; Pr 20:24;

Jer 9:12; Ez 3:5-6; Dn 1:17;
   5:23; 9:1,13; Mr 4:13,33; Lc
   20:37; Jn 12:33; 21:19; 2Co
   1:13; Gá 3:16; Ef 3:9; Heb
   9:8; 11:14; 2P 3:16
entenderla   Job 23:5; Dn 8:15
entenderlo   Sal 139:6; Dn
   12:8; Mt 19:11; Mr 7:18; Hch
   8:31; 1Co 2:14
entendido   Job 13:1; 34:16; Pr
   1:5; 11:12; 14:6; 15:14, 21;
   17:27; 19:25; 24:5; 28:2,7; Is
   48:8; Mt 13:51; Jn 20:9; 1Co
   2:8; Stg 3:13
entendidos   Job 34:10,34; Pr
   8:9
entera   Lv 3:9; Nm 27:21;
   30:4-5,7-8,11-12; Jos 6:21;
   Jue 20:40; 2R 23:2; 2Cr
   34:30; Job 34:15; Sal 31:15;
   64:9; 90:9; Is 9:9; 14:31; Ez
   15:5; Dn 2:38; Am 8:8; Zac
   8:10; Mal 3:9; Mr 1:33; Jn
   10:9; Ap 6:12
enterado   Gn 41:15; Nm
   30:15; Jos 9:9; 2S 19:11; 2R
   19:11; Job 24:12; Is 37:11;
   40:21,28; Jer 41:4; Lc 24:18;
   Jn 12:18; Hch 15:24; 23:27;
   28:15; Ef 3:2; 2Ts 3:11; 2Ti
   3:11
enterados   Gá 1:13
enteramente   2Ti 3:17
enterar   Gn 21:26; Hch 21:22
enterarme   1S 20:9
enterarse   1S 16:2; 20:3; 23:25;
   2S 3:25; 5:17; 13:21; 1Cr
   14:8; Est 2:22; 9:11; Is 37:9;
   Jer 26:21; 40:15; Mt 11:2;
   28:14; Mr 6:29; Lc 19:15;
   Hch 7:12; 9:38; 14:14; 23:34
enteras   Dt 27:5; Am 1:6,9; Tit
   1:11
entereza   Is 15:4; Ro 5:4; Fil
   2:22
entero   Éx 12:4; Jos 10:13; 1S
   9:24; 2S 8:15; 2R 17:5; 1Cr
   18:14; Job 4:14; 37:3; 40:23;
   Pr 1:12; Jer 26:7; Mt 16:26;
   Mr 8:36; Lc 9:25; Jn 21:25;
   Hch 17:6; 19:27; Ro 1:8; 1Jn
   5:19; Ap 3:10; 12:9; 13:3;
   16:14
enteros   Job 7:3; Is 30:26
enterrada   Job 16:15
enterrado   1S 25:1; 28:3; 2S
   3:32; 17:23; 19:37; 1R 13:31;
   Jer 20:6; 22:19; 43:10; Ez
   29:5; Dn 4:23
enterradores   Ez 39:15
enterrados   2S 21:14; Dn 4:15

enterrar   Gn 23:4,13; 1R 11:15;
   2R 13:21; Lm 3:53; Mt 8:21;
   Lc 9:59
enterrarla   2R 9:35
enterrarlo   1R 13:29,31
enterrarlos   Ez 39:12
entonar   2Cr 8:14; 20:22; Sal
   92:1; Jer 9:20
entonarse   Ez 19:14
entorpece   Ec 7:7; Is 51:17;
   Hab 1:4
entradas   1R 7:5; Sal 87:2; Is
   45:1; Ez 41:11; 42:11; 43:11
entrado   Gn 24:1; Éx 14:28; Lv
   11:35; 23:10; 25:2; Nm 15:2;
   Dt 12:9; 26:1,3; Jos 2:2-3; 1S
   4:7; 2S 16:15; 1R 1:1; 1Cr
   29:28; Cnt 5:1; Jer 9:21; Ez
   4:14; 44:2; Lc 8:30,37; 11:52;
   Jn 6:22; 11:30; Hch 11:8; Ro
   11:25
entrante   1R 20:22
entraña   Pr 12:10
entrañable   1S 18:1; Lc 1:78;
   Fil 1:8; 2:1; Col 3:12
entrañas   Gn 25:23; Lv
   1:9,13,16; 2S 16:11; 20:10; 1R
   8:19; 2Cr 6:9; 21:15,18; Job
   19:27; 28:5; Sal 16:9; 22:14;
   26:2; 110:3; 139:13; Pr 7:23;
   26:22; 31:2; Cnt 5:4; Is 16:11;
   Lm 2:20; Os 11:8; Jon 2:2;
   Mi 6:7; Hab 3:16; Sof 1:17;
   Mt 12:40; Ap 10:9,10
entrecruzó   Gn 48:14
entrega   Éx 21:9; Dt 20:14;
   24:1; Jue 11:9; 1Cr 28:17;
   Neh 13:31; Pr 27:13; Jer
   18:21; Dn 4:17,25,32; 5:21;
   8:13; 2Co 4:11; 1Ti 5:6
entregada   Éx 38:25; Jue 14:20;
   2Cr 18:14; Jer 21:10; 32:43;
   46:24; Lc 4:6
entregadas   Jer 38:22; Ez 23:46
entregados   Dt 28:32; Esd 9:7;
   Sal 63:10; Jer 38:23; Jl 1:5; 1P
   4:3
entregar   Éx 5:18; 30:14; Lv
   20:3; Nm 13:2; 21:34; 36:2;
   Dt 23:14; Jue 7:9; 1S 23:4; 1R
   20:28; 2R 12:7; 23:35; 2Cr
   25:20; Jer 32:3, 28; 34:2;
   38:19; 44:30; Abd 14; Hch
   25:16; 1Jn 3:16
entregarla   Jn 10:18
entregarle   Gn 34:14; 47:24; 1S
   6:8; 1Cr 12:23; Ec 2:21; Jer
   32:16
entregarles   Dt 2:31; Jue 6:9;
   Mr 14:10; Lc 22:6
entregarlo   Mt 26:16; Mr
   14:11; Lc 20:20

entregarlos 2R 3:10; Jer 29:21; Jl 2:19; Hch 9:21

entregarme 1Cr 12:17; Ec 2:3; Hch 25:11

entregarnos Dt 1:27; 2R 3:13; Jer 43:3

entregarse Jue 2:17; Est 6:9; Os 4:10; 2P 2:13

entregársela Éx 22:17; 1S 8:15

entregárselo Jos 20:5

entregarte Éx 25:16,21; Dt 19:1; Jue 15:12; Ez 23:28; Os 11:8; Mi 6:16

entrelazadas 1R 7:18

entrelazan Job 40:17

entrenado 1S 17:39; 2Cr 26:13

entrenados Heb 12:11

entrenan 1Co 9:25

Entretanto 2S 2:8

entretejerlas Éx 39:3

entretejes Jue 16:13

entretejido Sal 139:15

entretejieron Gn 3:7

entretejió Jue 16:13

entretengan Job 41:5

entretuvieron Hch 25:14

entrever Pr 20:11

entristece Ec 7:3

entristecerlos 2Co 2:4

entristecí 2Co 7:8

entristecía Hch 20:38

entristecido Mr 3:5; Jn 16:6; 2Co 2:2; 7:8-9

entristecieron Sal 78:40; Mt 17:23; 18:31; 26:22; 2Co 7:9

entristeció Mt 14:9; Lc 18:23

entristezcan 1Ts 4:13

entristezco 2Co 2:2

entrometas 2Cr 35:21

entrometes 1R 17:18; Mt 8:29; Mr 1:24; 5:7; Lc 4:34; 8:28

entrometidas 1Ti 5:13

entrometido 1P 4:15

entronizado 2R 19:15; Is 37:16

entronizaste Sal 8:6

enturbiadas Ez 32:13

enturbiado Ez 34:19

enturbian Job 6:16

enturbiar Ez 34:18

enturbias Ez 32:2

entusiasmaron Lc 19:37

entusiasmo Dt 26:16; 2S 6:5,14; 1Cr 13:8; Neh 3:20; 4:6; 2Co 8:17; 9:2; Gá 4:15

Enumera Job 13:23

enumerar Sal 40:5

envainada 2S 20:8

envainara 1Cr 21:27

envainarla Ez 21:5

Envalentonado Dn 11:25

envanece 1Co 8:1

envanecen Sal 49:13

envanecidos Col 2:18

envejece Heb 8:13

envejecido 1S 8:5

envejeció 2Cr 24:15

envejezcan Job 14:8

envenenada Jer 8:14; 9:15; 23:15

envenenando Pr 23:32

enviada Jer 29:3; Mt 26:47; Mr 14:43

Enviado Jn 9:7

enviados Gn 44:3; Nm 22:13; Esd 4:12; Lc 7:10, 22,24; Jn 1:24; Hch 10:17; 11:11; 13:4; 2Co 2:17; 8:23; 12:17; Heb 1:14; Ap 5:6

Enviados Hch 15:3

enviar Gn 6:17; Éx 9:14; Jue 11:14; 1S 6:20; 9:16; 11:3; 1R 18:1; 20:6; 2R 15:37; 21:12; 22:16; 2Cr 34:24,28; Jer 16:16; 25:16; 35:17; 36:3; Ez 2:3; Mal 3:1; Mt 11:10; 23:34; Mr 1:2; Lc 7:27; Hch 25:27

Enviar Pr 26:6

enviarle 1R 14:10

enviarles Nm 14:12; Job 31:27; Jer 7:25; 35:15; Mal 4:5; Lc 24:49; Fil 2:19,25

enviarlo Hch 23:30; 25:25

enviarlos Lv 26:41; Mr 3:14; 6:7; Lc 10:1; Hch 15:22,25

enviarme Neh 2:6

enviárselo Fil 2:23

enviarte Éx 3:10; 1S 16:1; 1R 21:21

envidia Gn 26:14; 30:1; 37:11; Dt 32:21; 1S 2:32; Job 5:2; Sal 68:16; 73:3; 106:16; Pr 14:30; 24:19; 27:4; Ez 31:9; Mt 20:15; 27:17; Mr 7:22; 15:10; Hch 5:17; 7:9; 17:5; Ro 1:29; 10:19; Gá 5:21; Fil 1:15; Tit 3:3; Stg 4:2

envidiarnos Gá 5:26

envidias Ec 4:4; Ro 13:13; 1Ti 6:4; Stg 3:14,16; 1P 2:1

envidies Sal 37:1; Pr 3:31; 23:17; 24:1

envidioso 1Co 13:4

envileciéndose Ap 22:11

enviudaré Is 47:8

envolver Pr 30:4

envolverlas Éx 12:34

envolverse Is 28:20

envuelta Éx 3:2; 20:18; 1S 21:9; Ap 8:8

envuelto Éx 10:22; 1S 28:14; 1R 5:3; Job 37:22; Ez 32:8; Lc 2:12; 19:20; Ap 10:1

envueltos Sal 109:29; Ez 32:30

Epafras Col 1:7; 4:12; Flm 23

Epafrodito Fil 2:25; 4:18

Epeneto Ro 16:5

epicúreos Hch 17:18

epidemias Dt 28:22; Lc 21:11; Ap 6:8

epilépticos Mt 4:24

época Gn 12:6; 31:10; Jue 17:6; 18:1; 19:1; 21:25; Rt 1:1; 2S 11:1; 16:23; 1R 11:7; 2R 23:22; 1Cr 20:1; 2Cr 30:26; 35:18; Esd 10:13; Neh 12:12,47; Jer 17:8; Ez 16:56; Mal 3:7; 1Co 1:20; 3:18

épocas Dt 32:7; Sal 33:19; 37:19; Dn 2:21; Hch 14:16; Heb 1:1

Équed 2R 10:12,14

Équer 1Cr 2:27

equidad Sal 9:8; 96:10; 98:9; 99:4; Pr 1:3; 2:9

equinos Jue 5:22

equipados 1Cr 12:37; Ap 9:7

equipaje 1S 10:22; Is 10:28; Jer 46:19; Ez 12:3-7,12

equipo Dt 23:13

equipó Dt 1:41

equitativo Col 4:1

equivale Ez 45:14

equivalen Ez 45:14

equivalente Lv 27:2; Ez 4:5

equivocado 2R 6:19; Job 6:24; 32:12; 33:12; 36:23

equivocados Mt 22:29; Mr 12:24,27

equivocan Jer 37:9

Er Gn 38:3,6; 46:12; Nm 26:19; 1Cr 2:3; 4:21; Lc 3:28

Erán Nm 26:36

eranitas Nm 26:36

Erasto Hch 19:22; Ro 16:23; 2Ti 4:20

Érec Gn 10:10; Esd 4:9

erguían Ez 43:15

erguida Gn 37:7; Lv 26:13

erguidas Is 2:14

erguidos Is 2:13; Mi 2:3

erguimos Sal 20:8

Erí Gn 46:16; Nm 26:15

erige Jer 46:18

Erige Gn 35:1; Éx 26:30

erigí Gn 28:22

erigido Gn 13:4; 2S 18:18; 2R 3:2; 23:12,14

erigiendo Jos 22:19

erigieron Jue 18:30; 2R 17:10

Erigieron Jue 8:33

erigió Gn 12:7-8; 13:18; 28:18; 35:14,20; Jos 4:20; 1S 7:17; 15:12; 1R 16:32; 2R 21:3; 2Cr 33:3,19

Erigió Gn 35:7

erigir Is 40:20; Dn 3:2,5,7, 12,14

erigirás Dt 16:22

Erigiste Jer 11:13

eritas Nm 26:15

erizaron Job 4:15

erizo Is 34:11

erizos Is 14:23

erosiona Job 14:18

erradicó 2R 10:28

errante Gn 4:12,14; 20:13; 21:14; Dt 26:5; Jer 31:22; Lm 3:19; Os 11:12

errantes Nm 14:33; Os 9:17; Am 8:12

errar Jue 20:16

error Gn 41:9; 43:12; Pr 16:10; Ec 9:18; 10:5; Is 47:15; Jer 42:20; Jn 16:8; 1Ts 2:3; 2P 2:18; 3:17; Jud 11

errores Job 4:18; 19:4; Sal 19:12; Ec 10:4

erudito 1Co 1:20

erupción Lv 13:2,6-8,39; 14:56; 1S 5:9

Esán Jos 15:52

Esarjadón 2R 19:37; Esd 4:2; Is 37:38

Esbaal 1Cr 8:33; 9:39

Esbán Gn 36:26; 1Cr 1:41

esbelto Cnt 5:15

Esbón Gn 46:16; 1Cr 7:7

esbozaré Job 9:27

escabrosas Jue 5:6; Lc 3:5

escabroso Is 40:4

escabrosos Is 42:16; Jer 18:15

escabullen Sal 104:22

escabullido Jn 5:13

escala 2R 20:11; Is 38:8; Hch 27:3; 28:12

escalan Jl 2:7

escalé 2R 19:23; Is 37:24

escalera 1R 6:8; Ez 40:49

escalinata Gn 28:12

escalinatas 2Cr 9:11

escalofrío Job 21:6

escalones Éx 20:26; 1R 10:12; 2R 9:13

escamas Lv 11:9-10,12; Dt 14:9-10; Ez 29:4; Hch 9:18

escandalizaban Mt 13:57; Mr 6:3

escandalizar Mt 17:27

escandalizaron Mt 15:12

escándalo Pr 20:1

escandalosa 1R 15:13; 2Cr 15:16; Pr 7:11; 9:13

escapada 1S 20:29

escaparme Gn 19:19

escaparse Jue 9:5

escapatoria 1S 23:7; Job 10:7; 11:20; Jer 25:35; 38:18; Jl 2:32; Am 2:14

escape Gn 19:20; 2S 20:6; 1R 18:40; 19:17; 2R 10:25; Esd 9:14; Est 4:13; Jer 50:29

escarcha Éx 16:14; Job 38:29; Sal 78:47; 147:16

escarmentado Jer 31:18

Escarmienta Jer 6:8

escarmiente Job 21:19

escarmiento Job 34:26; Jer 34:17; Ez 5:15; 14:8; 1Ti 5:20; 2P 2:6; Jud 7

escarnecidos Ez 36:4

escarnio Sal 44:13; Jer 24:9; 29:18; Ez 23:32

escarpadas Job 39:28; Sal 68:15-16; Cnt 2:17; Jer 18:14; Ez 38:20

escarpados Sal 104:18

escasamente 2Co 9:6

Escasamente Is 40:24; Ez 15:4

escasas Pr 30:25

escaseará Dt 8:9

Escasearán Ez 4:17

escasee Ez 4:16

escasez Nm 20:2; Pr 6:11; 24:34; Ez 5:16; Lc 15:14; 2Co 8:13; Fil 4:12

escasos Jn 21:8

escatimen Jer 50:14

escatimó Ro 8:32

Esceva Hch 19:14

esclavas Gn 12:16; 20:14; 32:5,22; 33:1,6; Éx 2:5; Lv 25:44; Dt 12:12; 16:11,14; 2S 6:20,22; Esd 2:65; Neh 5:5; 7:67; Ec 2:7; Jer 34:9, 16

esclavice Hch 7:7; Ro 8:15

esclavitud Gn 47:21; 49:15; Éx 6:6,9; Dt 6:12; 7:8; 13:5; Jos 17:13; Jue 6:8; Esd 9:8; Neh 9:17; Is 14:3; Jer 2:14; 34:11,13,16; Mi 6:4; Hch 8:23; Gá 4:25; 5:1; Heb 2:15

esclaviza Ro 8:21; 2Co 11:20

esclavizado Éx 6:5

esclavizados Gn 15:13; Hch 7:6; Gá 4:3

esclavizar Jer 34:9

esclavizará Gn 15:14

esclavizarnos Gá 2:4

escoba Is 14:23

escoger 1S 17:40; 2S 6:21; 24:12; 1Cr 21:10; Hch 15:14,22,25

escogida 1S 10:20; Is 27:2; Ez 48:14; 1P 2:4,6; 5:13

escogidas Neh 5:18; Nah 2:5; 3:18

escogidos Nm 11:28; 26:9; Jue 20:15-16; 1S 24:2; 26:2; 2S 6:1; 1Cr 9:22; 23:13; Sal 105:43; 106:5; Cnt 3:7; Is 43:10; 65:15, 22; Jer 25:34; Mt 22:14; Lc 18:7; Hch 10:41; Col 3:12; Ap 17:14

Escol Gn 14:13,24; Nm 13:23-24; 32:9; Dt 1:24

escolta 2S 15:1; 1R 1:5; Dn 11:6

escoltado 2S 19:40-41; Cnt 3:7

escoltar 2S 19:31

escoltaran Neh 2:9

escoltarnos Hch 16:37

escoltaron 1R 1:38; Hch 16:39

escombros Jos 8:28; 2R 23:12; Neh 4:2,10; Sal 102:14; Is 17:1; 25:2; 61:4; Ez 26:4,12; Mi 5:14

esconder Job 34:22; Sal 55:12; 69:5; Is 29:15; Jer 13:6; Mt 13:44

esconderlo 2R 7:8; 11:2; 2Cr 22:11

esconderlos Gn 31:34

esconderme Job 13:20

esconderse Gn 3:8; Dt 7:20; 1S 13:6; 1Cr 21:20; Neh 6:11; Job 24:4; Jer 16:17; 36:19; Dn 10:7; Mt 5:14

escondida 1Co 2:7; Col 3:3

escondidas 2S 12:12; Job 38:40; Pr 9:17; Hch 16:37; 2Co 4:2

escondido Jos 2:4,6; 6:25; 7:11,22; 10:27; 1S 10:22; 14:22; 23:19; 24:3; 26:1; 2S 17:9; 1R 18:4; 2R 6:29; 7:12; 11:3; 2Cr 22:9,12; Job 3:21; 18:10; Pr 2:4; Is 8:17; 40:27; Jer 13:7; 36:26; Dn 2:22; Mt 10:26; 11:25; 13:44; Mr 4:22; Lc 8:17; 10:21; 11:33; 12:2; Heb 11:23; Ap 2:17

escondidos Dt 33:19; 1S 14:11; Jer 41:8; Col 2:3

escondite Jos 8:7; 1S 20:41; 2S 22:3; 1R 20:30; 22:25; 2Cr 18:24; Sal 18:2, 11; 119:114; 144:2; Is 28:15,17; Jer 23:24

escondites Jue 6:2; Jer 49:10

escondrijo Job 28:7

escondrijos Abd 6; Mi 7:17

escoplo Is 44:13

escoria Job 28:2; Sal 119:119; Pr 25:4; Is 1:22; Lm 3:45; Ez 22:18-19; 1Co 4:13

Escoria Jer 6:30

escorias Is 1:25

escorpión Lc 11:12; Ap 9:5,10

escorpiones Dt 8:15; Ez 2:6; Lc 10:19; Ap 9:3

Escorpiones Jue 1:36

escriba 1Cr 27:32; Neh 13:13; Sal 102:18; Jer 36:23,26,32; Ez 9:2-3,11; 2Co 9:1; 1Ts 5:1

escribas 1Cr 2:55; Pr 25:1; Jer 8:8; Jn 19:21; Ap 10:4

escribir Éx 34:1; Dt 31:24; Dn 5:24; Jn 8:6; Hch 25:26; Ap 10:4

escribirlas Ec 12:10

escribirles Os 8:12; Hch 15:20; Fil 3:1; Jud 3

escribírtelo Lc 1:3

escrita Jos 18:8; Sal 149:9; Mr 15:26; 2Co 3:2-3

escritas Éx 31:18; 32:15; Dt 10:2; 28:58; 29:20-21,27; 2R 23:3,24; 2Cr 34:24,31; Job 19:23; Jer 36:11; Dn 9:11; Hch 13:29

Escrito Mt 4:4; 21:13; Lc 4:4,8; 19:46; 2Co 4:13

escritor Sal 45:1

escritura Éx 32:16; Est 1:22; 3:12; 8:9; Jer 32:10-12,14,16; Dn 5:15

Escritura Mr 12:10; Lc 4:21; Jn 2:22; 7:38,42; 10:35; 12:14; 13:18; 17:12; 19:24,28,36-37; 20:9; Hch 1:16; 8:32,35; Ro 4:3; 9:17; 10:11; 11:2; 1Co 6:16; Gá 3:8,16,22; 4:30; 1Ti 5:18; 2Ti 3:16; Stg 2:8,23; 4:5-6; 1P 2:6; 2P 1:20

escrituras Jer 32:44

Escrituras Dn 9:1; Mt 21:42; 22:29; 26:54; Mr 12:24; 14:49; Lc 24:27,32, 45; Jn 5:39; Hch 17:2,11; 18:24,28; Ro 1:2; 15:4; 1Co 15:3-4; 1Ti 4:13; 2Ti 3:15; 2P 3:16

escrúpulos Jue 9:4; 11:3; Job 11:11

escrupulosa Dt 17:4

escuadrón Éx 12:51; Nm 2:28,30; 10:15-16,19-20, 23-24,26-27

escuadrones Éx 6:26; 7:4; 12:17,41; Nm 1:3,16,52; 2:3,9-10,16,18,24-25,31-32; 10:14,18,22,25,28; 31:5; 1Cr 12:20; 2Cr 26:11; Sal 3:6

escuchada Dn 10:12; Lc 1:13

escuchados Mt 6:7

escucharla Cnt 8:13; Jer 6:10

escucharlo Éx 15:14; Dt 30:12-13; Jn 6:60; 7:51

escucharme Sal 71:2; Jer 6:10

escucharse Ez 23:42

escucharte Neh 9:17; Ez 3:7

escudero Jue 9:54; 1S 14:1,6-7,12-14,17; 16:21; 17:7,41; 31:4-6; 2S 23:37; 1Cr 10:4-5; 11:39

escuderos 2S 18:15

escudo Gn 15:1; Dt 33:29; Jue 5:8; 2S 1:21; 22:3,36; 1Cr 5:18; 12:8,24; 2Cr 25:5; Job 15:26; Sal 3:3; 5:12; 7:10; 18:2,35; 28:7; 33:20; 35:2; 59:11; 84:9,11; 89:18; 91:4; 115:9-11; 119:114; 144:2; Is 22:6; Jer 46:3; Nah 2:3; Ef 6:16

Escudo 2S 22:31; Sal 18:30

escudriña 1Cr 28:9; Pr 20:27; Ap 2:23

escudriñas 1R 8:39; 2Cr 6:30; Sal 17:3

escudriñes Jer 6:27

escudriño Sal 119:94

escuela Hch 19:9

esculpe Hab 2:18

esculpes Is 22:16

esculpidas Lv 26:1; Sal 144:12

esculpió 2Cr 3:7

esculpir 1R 6:23

escultor Is 40:19; Os 8:6

escultura Hch 17:29

esculturas Dt 7:25

escupa Job 17:6

escupe Lv 15:8; Pr 15:2

escupen Sal 94:4

escupían Mt 27:30; Mr 15:19

escupido Nm 12:14

escupieron Mt 26:67

escupió Jn 9:6

escupirá Dt 25:9

escupirán Mr 10:34; Lc 18:32

escupirle Mr 8:23; 14:65

escupirme Job 30:10

escupitajos Is 50:6

escurran Sal 58:7

escurridiza Job 26:12

escurridizo Os 10:2

Esdras 1Cr 4:17; Esd 7:1, 6-8,10-12,21,25; 10:1-2, 5-6,10,16; Neh 8:1-2, 4-6, 9,13; 12:1,13,26,33,36

Ésec 1Cr 8:39

Ésel Mi 1:11

Esen Jos 15:29; 19:3; 1Cr 4:29

esencia Ro 2:20

esencias Am 6:6

esforcémonos Ro 14:19

Esforcémonos Heb 4:11

esforzamos 1Ti 4:10

esforzando Gá 4:11

esforzándome Fil 3:13

esforzaré 2P 1:15

esfuerce Ec 8:17

esfuércense Jos 22:5; 23:6; 1Ts 5:15; 2P 1:5,10; 3:14

Esfuércense Lc 13:24; Ef 4:3

esfuerza Is 64:7

esfuerzan Sal 127:1; Mt 11:12; Lc 16:16; Ro 16:12; 1P 3:13

esfuérzate Dt 6:3

Esfuérzate Dt 31:23; 2Ti 2:15

esfuerzo Gn 48:2; 1Cr 22:14; 29:2; Sal 119:95; Pr 14:23; Ec 4:9; Jer 3:24; 12:13; Ez 29:18; Jon 4:10; Hch 13:7; Ro 9:16; Gá 2:2

esfuerzos Job 36:19; Pr 5:10; Ec 2:22; Mr 6:48; Jn 5:18; Gá 3:3; Fil 3:3-4; 1Ts 2:9; 1Ti 5:17

esfuma Job 14:2; 30:15; Pr 21:6

esfumado Job 27:19; Hch 16:19

esfuman Sal 90:9

esfumará Is 29:14

esfumaran Sal 78:33

esfumarán Is 51:6

esgrima Ez 32:10

Eslí Lc 3:25

esmeraba Hch 9:36

esmeralda Éx 28:17; 39:10; Ez 28:13; Ap 4:3; 21:19

esmeran Zac 6:15

esmérate 1Ti 6:11; 2Ti 2:22

esmero Esd 5:8; Cnt 3:10; Lc 1:3; Ro 12:8; Gá 2:10

Esmirna Ap 1:11; 2:8

espacio Gn 26:22; 32:16; 34:21; Nm 10:33; 1S 14:14; 2S 22:20; 1R 6:16; 7:36; 8:64; 2Cr 7:7; Sal 18:19; 77:17; Is 54:2; Ez 40:7; 41:10-11; 42:5; 45:2, 5-6; 46:19; Zac 10:10; Hch 19:10

Espacios Gn 26:22

espaciosa Éx 3:8; Jue 18:10

espacioso Job 36:16; Sal 31:8; Mt 7:13

espadas Gn 49:5; Jos 24:12; Jue 7:20,22; 20:2, 25,35; 1S 13:19; Neh 4:13; Sal 55:21; 59:7; 76:3; Pr 30:14; Cnt 3:8; Is 2:4; Ez 32:27; 33:26; Os 2:18; 11:6; Jl 3:10; Mi 4:3; Nah 3:3; Mt 26:47,55; Mr 14:43,48; Lc 22:38,52

espaldar 1R 10:19

espaldas Gn 18:10; 49:17; Éx 26:12; Dt 33:29; Jos 23:13; 1S 4:18; 1R 1:11,18; 2:32; Is 28:13; 30:21; Ez 8:16; 29:7; Os 5:8; Ro 11:10

espaldilla Dt 18:3

espantadas Is 16:2; Ez 28:19

espantados   Ez 26:16; Mr 4:41
Espantados   Is 13:8
espantapájaros   Jer 10:5
espanto   Éx 15:16; Dt 2:25; Job
  20:25; 21:6; 23:15; Sal 31:11;
  Is 19:17; 21:4; Jer 15:4; 24:9;
  29:18; 30:5; Ez 12:18; 26:21;
  Sof 2:15
espantosa   1R 18:29; Is 8:22;
  Jer 49:17
espantosas   Lc 21:11
espantoso   Job 6:21; Jer 5:30;
  Dn 7:19; Hab 1:7; 2P 3:10
espantosos   Job 15:21
España   Ro 15:24,28
esparcido   1R 22:17; 2Cr
  18:16; 34:4; Job 18:15; Is
  11:12; Ez 12:15; Mt 25:24, 26
esparcidos   Dt 4:27; Neh 4:19;
  Ez 6:8; 17:21; 20:34,41; 36:19
esparcir   Nm 13:32; Job 36:30;
  Ec 3:5; Jer 49:36; Mr 4:4; Lc
  8:5
esparcirlos   Ez 30:23
especia   Cnt 4:10
especial   Gn 37:3,23,31; Lv
  22:21; 23:39; 27:2; Nm 6:2;
  8:16; Jos 10:7; 1S 1:5; 9:22; 2S
  13:18; Est 1:14; Jer 31:36; Ez
  45:13,16; Dn 10:3; Ro 14:6;
  1Co 12:7, 23-24; Gá 6:10;
  Flm 16; Heb 4:9; 12:1
especiales   Éx 28:3; Est 2:9; Is
  25:6; Ro 9:21
especialmente   Jos 2:1; 9:27;
  Ez 28:13; Hch 25:26; 2Co
  1:12; Fil 4:22; 1Ti 2:2; 4:10;
  5:17; 2Ti 4:13; Tit 1:10
especias   Éx 25:6; 30:23;
  35:8,28; 2R 20:13; 2Cr 16:14;
  Sal 75:8; Cnt 4:14; 8:2; Is
  39:2; Jer 34:5; Ez 24:10; Mt
  23:23; Mr 16:1; Lc 23:56;
  24:1; Jn 19:40; Ap 18:13
especie   Gn 1:11-12,21, 24-25;
  6:19-20; 7:3,16; 8:19; Éx
  24:10; Lv 14:35; Dt
  14:13-15,18; Sal 144:13; Ez
  1:22; 10:1
especies   Lv 19:19
especifica   Nm
  29:18,21,24,27,30,33,37
específicamente   Gn 43:7
especificar   Hch 25:27
espectáculo   Éx 20:18; Mi
  4:11; Lc 23:48; 1Co 4:9; Heb
  12:21
espejo   Job 37:18; 1Co 13:12;
  2Co 3:18; Stg 1:23
espejos   Éx 38:8; Is 3:23
espelta   Éx 9:32

esperado   Lm 2:16; Dn 11:17;
  2Ti 4:8
Esperanza   Os 2:15
esperanzas   Job 6:19; 8:14; Sal
  119:116; Jer 23:16
esperar   Lv 15:13,28; Jos 18:3;
  2S 16:11; 1R 5:3; 20:38; 2R
  6:33; Job 32:11; Pr 26:12;
  29:20; Lm 3:26; Ez 44:26; Mt
  11:3; Lc 6:35; 7:19-20; Hch
  28:6; 1Ts 1:10; Heb 6:15
esperarme   1S 10:8
esperarse   Est 1:7
espesor   Jer 52:21; Ez 41:5,9
espesura   Is 9:18; 10:34; Jer
  12:5; Am 3:4; Mi 7:14; Zac
  11:3
espiando   Cnt 2:9
espiar   Jos 2:3; 2S 10:3; 1Cr
  19:3
espiaran   Jue 18:2
espías   Gn 42:9,11,14,16,
  30-31,34; Jos 2:1-2,4,7-8; Jue
  1:23; 1S 26:4; Lc 20:20-21;
  Heb 11:31; Stg 2:25
espiga   Éx 9:31; Os 8:7; Mt
  13:26; Mr 4:28
espigas   Gn 41:5-7,22-24,
  26-27; Lv 19:9; 23:10,22; Dt
  23:25; 32:14; Rt 2:2-3, 7-8,
  15-17,19,23; 2R 4:42; Job
  24:24; Mt 12:1; Mr 2:23; Lc
  6:1
espina   Pr 26:9; 2Co 12:7
espinas   Gn 3:18; Nm 33:55;
  Jos 23:13; Jue 8:7; Job 5:5; Pr
  15:19; 24:31; Ec 7:6; Cnt 2:2;
  Ez 2:6; 28:24; Mt 27:29; Mr
  15:17; Jn 19:2,5
Espinas   Pr 22:5
espinazo   Lv 3:9
espino   Jue 9:14-15; Mi 7:4
espinos   Jue 8:16; 2S 23:6; Sal
  58:9; Is 5:6; 7:23,25; 9:18;
  10:17; 27:4; 32:13; 33:12;
  34:13; Jer 4:3; 12:13; Os 2:6;
  9:6; 10:8; Nah 1:10; Sof 2:9;
  Mt 7:16; 13:7,22; Mr 4:7,18;
  Lc 6:44; 8:7,14; Heb 6:8
espinosos   Is 7:19
espiritista   Lv 20:27; Dt 18:11
espiritistas   Lv 19:31; 20:6; 2R
  21:6; 2Cr 33:6
espiritual   Ro 1:11; 7:14; 12:1;
  1Co 1:7; 2:15; 9:11; 10:3-4;
  14:37; 15:44,46; Ef 1:3; Col
  1:9; 1Ts 2:17; Heb 5:14; 1P
  2:5
espirituales   Ro 15:27; 1Co
  2:13; 3:1; 12:1; 14:1,12; Gá
  6:1; Ef 5:19; 6:12; Col 3:16;
  1P 2:5

espiritualmente   1Co 2:14;
  3Jn 2
espíritus   Is 19:3; Zac 6:5; Mt
  8:16; 10:1; 12:45; Mr 1:27;
  3:11; 5:13; 6:7; Lc 4:36; 6:18;
  7:21; 8:2; 10:20; 11:26; Hch
  5:16; 8:7; 19:12-13; 23:8; 1Co
  12:10; Heb 1:14; 12:9,23; 1P
  3:19; Ap 1:4; 3:1; 4:5; 5:6;
  16:13-14,16
espléndidas   Zac 3:4; Ap
  18:14; 21:24
espléndido   Is 63:1
espléndidos   Lc 16:19
esplendorosa   Est 1:4; Sal
  132:18; Is 62:3
esplendoroso   1S 2:8; Job
  31:26; Is 60:3; Hch 2:20
esponja   Mt 27:48; Mr 15:36;
  Jn 19:29
espontáneamente   2Co 8:3
espontáneo   Flm 14
Esposa   1R 14:6
esposos   Nm 36:4; Est 1:17,20;
  Am 4:1; 1Co 14:35; Ef
  5:22,24; Col 3:18; Tit 2:4-5;
  1P 3:1,7
Esposos   Ef 5:25; Col 3:19
espuma   Job 24:18; Sal 59:7;
  Jud 13
espumante   Sal 75:8
espumarajos   Mr 9:18,20; Lc
  9:39
espumosa   Dt 32:14
esqueleto   Job 4:14; 17:7
esquilaba   1S 25:2
esquiladores   1S 25:11; 2S
  13:24
esquilando   Gn 31:19; 1S
  25:4,7; 2S 13:23
esquilar   Gn 38:12-13
esquilarás   Dt 15:19
esquiles   Dt 18:4
esquina   1R 7:34,39; 2Cr 4:10;
  28:24; Neh 3:19-20, 24-25; Pr
  7:8,12; Jer 31:40; Ez 16:25,31
Esquina   2R 14:13; 2Cr 25:23;
  26:9; Jer 31:38
esquinas   Éx 25:26; 26:23-24;
  27:2,4; 36:28-29; 37:13;
  38:2,5; 2Cr 26:15; Job 1:19;
  Pr 1:21; Is 51:20; Lm 4:1; Ez
  41:22; 43:20; 45:19; Nah
  3:10; Mt 6:5
esquivar   1S 18:11
esquivó   1S 19:10
estabilidad   Pr 29:4; 2P 3:17
establecer   2S 3:10; 1R 20:34;
  2R 23:35; 1Cr 18:3; Est 9:31;
  Job 38:33; Sal 68:18; 85:9; Ro
  10:3; Heb 10:9

establecerle 2S 7:27; 1Cr 17:25

establecerlo Is 9:7

establecerlos 1S 12:8; Jud 24

establecerse Gn 46:34; Jue 18:1; 1S 23:29; Job 21:8; Is 23:7

establecida Éx 23:15; Nm 9:7,13; 2S 7:26; 1Cr 17:24; Pr 8:23; Is 54:14; Lc 2:27

establecidas Lv 23:44; 1Cr 6:32; Neh 13:31; Ro 13:1

establecido Gn 9:15; Éx 22:17; Lv 23:2,4,37; Dt 12:29; 19:1; Jos 18:1; 19:48; Jue 7:12; 1S 13:13; 25:30; 2S 5:12; 7:1,16; 23:5; 1R 2:24; 12:2; 1Cr 14:2; 15:13; Esd 3:1,10; Neh 12:24,45; Est 9:31; Sal 2:6; 9:7; 87:5; 89:37; 93:1; 96:10; 99:4; 103:19; 119:4; Pr 30:4; Is 2:2; 51:16; Jer 33:25; Heb 9:18,27

establecidos Neh 7:73; Sal 111:8; Jer 12:16

establecimiento 2Cr 36:20

estables Col 1:23; 1P 5:10

establo Gn 49:15; 1S 6:7,10; Sal 50:9; Lc 13:15

establos 1R 4:26; 2Cr 9:25; 32:28; Job 39:9; Hab 3:17

estaca Dt 23:13; Jue 4:21-22; 5:26; Est 2:23; 5:14; 6:4; 7:9-10; 8:7; 9:13,25; Is 22:23,25; Zac 10:4

estacas Éx 27:19; 35:18; 38:20,31; 39:40; Nm 3:37; 4:32; Job 4:21; Is 33:20; 54:2

estaciones Gn 1:14; Sal 104:19; Jer 8:7; Hch 14:17; Gá 4:10

estadía Nm 15:32; 2S 19:32

estafador 1Co 5:11

estafadores 1Co 5:10; 6:10; 2Co 11:13

estafarlos 2Co 12:16

estalla Éx 1:10

estallado Jer 30:23

estallar 1S 19:8; Job 32:19

estalle Sal 27:3

estalló Est 8:15

Estampo Job 31:35

estancada Is 14:23

estandarte Éx 17:15-16; Nm 1:52; 2:2-3,10,17-18, 25; 10:14,18,22,25; Is 11:10; 18:3; 49:22; Jer 50:2; 51:12

estandartes Nm 2:31,34

estanque 2S 2:13; 4:12; 1R 22:38; 2R 18:17; 20:20; Neh 2:14; 3:15-16; Sal 114:8; Is

7:3; 22:9,11; 35:7; 36:2; Jer 41:12; Nah 2:8; Jn 5:2,7; 9:7

estanques Is 41:18; 42:15

estaño Nm 31:22; Ez 22:18,20; 27:12

Estaol Jos 15:33; 19:41; Jue 13:25; 16:31; 18:2,8,11

estaolitas 1Cr 2:53

Estaquis Ro 16:9

estatua Gn 19:26; 1S 5:2-4; Dn 2:31-32,34-35,41; 3:1-3,5,7, 10-12,14-15,18; Hch 19:35

estatuas Dn 11:8

estatura Dt 9:2; 1S 16:7; 17:4; 2S 23:21; Is 18:7; 45:14; Lc 2:52; 19:3; Ef 4:13

estatuto Lv 3:17; 6:18,22; 7:34,36; 10:9,13-15; 16:29, 31,34; 17:7; 23:14,21,31, 41; 24:3,9; Nm 10:8; 15:15; 18:8,11,19,23; 19:2,10,21; 1Cr 16:17

Esteban Hch 6:5,8,10-12,15; 7:55,59; 8:1-2; 11:19; 22:20

Estéfanas 1Co 1:16; 16:15,17

estela Gn 28:18; 31:13,45, 51; 35:14,20; 2S 18:18; Job 41:32

Estela 2S 18:18

Estemoa Jos 15:50; 21:14; 1S 30:28; 1Cr 4:17,19; 6:57

estepa 1R 2:34; Is 40:3; Jer 50:12; Jl 1:19-20; 2:22

estepas Nm 22:1; Sal 68:4

estéril Gn 11:30; 16:2; 25:21; 29:31; 30:2; Éx 23:26; Nm 5:21-22,27; 13:20; Dt 7:14; Jue 13:2-3; 1S 1:5-6; 2:5; 2R 2:19; Job 3:7; 24:21; Sal 113:9; Pr 30:16; Is 49:21; 54:1; Lc 1:7,36; Gá 4:27; Heb 11:11; Stg 2:20

estériles Gn 20:18; Jer 3:2,21; 4:11; Lc 23:29

esterilidad Gn 30:22; 2R 2:21

esteros Jer 51:32

estiércol 1R 14:10; 2R 9:37; Sal 83:10; Jer 8:2; 9:22; 16:4; 25:33; Sof 1:17; Fil 3:8

estilete Is 8:1; 44:13; Jer 36:23

estilo Heb 13:7

estima Est 10:3; Os 8:8; Lc 16:15; 1Co 4:10; 1Ts 5:13; Heb 13:4

Estima Pr 4:8

estimaba Lc 7:2

estimación Hch 2:47

estimado Dn 10:19; Heb 3:3

Estimado Hch 1:1

estimamos Is 53:3

estimaron Ro 1:28

estimas 1S 20:3; Sal 83:3

estimo Is 66:2

estimula Pr 16:26

estimularnos Heb 10:24

estimulen 1Ts 5:14

estímulo Ec 11:9; 2Co 9:2; Fil 2:1; Heb 6:18

estipulaba Jer 34:9

estipulaciones Jer 34:18; 44:23

estipulado Lv 27:8; Nm 29:6; Esd 3:2,4

estirado Is 3:16

estirarse Is 28:20

estirpe Gn 17:12; 2R 25:25; Jer 33:26; 41:1

estoicos Hch 17:18

estómago Job 20:14; Jer 51:34; Ez 7:19; Mi 3:5; Mt 15:17; Mr 7:19; Lc 15:16; 16:21; 1Co 6:13; 1Ti 5:23

Estón 1Cr 4:11-12

estopa Is 1:31; Abd 18

estorba Heb 12:1

estorbar Hch 11:17

estorbará 1P 3:7

estorben Esd 6:7

estorbó Gá 5:7

estornudó 2R 4:35

estrado 1Cr 28:2; 2Cr 9:18; Sal 99:5; 110:1; 132:7; Is 66:1; Lm 2:1; Mt 5:35; Lc 20:43; Hch 2:35; 7:49; Heb 1:13; 10:13

estrago 1S 14:30; Is 11:9

estragos 2R 17:25; 1Cr 21:12; Is 54:16; Jer 14:18; Hch 8:3

estrangulaba Nah 2:12

estrangulados Hch 15:20,29; 21:25

estrangularan Job 7:15

estrangularlo Mt 18:28

estrategia 2R 18:20; Pr 20:18; 24:6; Is 8:10; 36:5

estrecha Is 28:20; Mt 7:13-14; Lc 13:24

estrechas Ez 42:5-6

estrecho Nm 22:24,26; Neh 6:17; Pr 23:27

estrella Nm 24:17; Mt 2:2, 7,9-10; Hch 7:43; 1Co 15:41; Ap 2:28; 8:10-11; 9:1; 22:16

estrellado Lm 3:16

estrellarán Is 13:16

estrellarnos Hch 27:29

estrellaron Jue 7:19; Nah 3:10

estrelle Sal 137:9; Ec 12:6

estremece Job 34:20; Sal 55:4; 75:3; 97:4; 119:120; Is 14:9; 21:3; Jl 2:10; Hab 3:6

estremecen Job 18:20; Sal 82:5; Is 5:25; 7:2; Jer 23:9; Jl 2:6; Nah 2:10

estremecer Pr 30:21; Hag 2:21

estremecerán Is 19:16; Ez 32:10

estremecieron Jue 5:4; Cnt 5:4; Is 6:4; Ez 29:7; Hab 3:16

estremecimiento Job 26:5

estremeció 2S 18:33; 22:8; Sal 18:7; 68:8; 77:16,18; Is 7:2; Hch 16:26

estremezca Sal 99:1; Heb 12:26

estremezcan Job 9:6; Am 9:1; Hag 2:6

estremézcanse Is 32:11

estrenado Dt 20:5

estrene Dt 20:5

estrépito Jer 47:3; Am 2:2; Nah 3:2

estrepitoso Job 37:2

estricta Hch 26:5

estrictas Mr 5:43

estructura 1R 6:14; Esd 5:3,9; Ez 1:16; 41:7; 43:11

estruendo Jue 5:28; 1R 1:40-41; Job 36:29; 37:2; Sal 65:7; 77:17-18; 93:3-4; 104:7; Is 13:4; 17:12; 29:6; 33:3; Jer 3:23; 10:22; 25:31; 47:3; 49:21; 50:22, 42; 51:55; Ez 1:24,25; 3:12; 26:10,15; 31:16; Os 10:14; Jl 2:5; Sof 1:14; 2P 3:10; Ap 1:15; 9:9; 14:2; 19:6

estruendos Jer 11:16; Ap 4:5; 8:5; 11:19; 16:18

estruendosa Jer 50:46

estruendoso Ez 3:13

estuco Lv 14:42,45

estuche Ez 9:2-3,11

estudiadas Sal 111:2

estudiado Jn 7:15

estudian Jn 5:39

estudiar Esd 7:10; Neh 8:13

estudiaron 1P 1:10

estudio Hch 26:24

estudios Hch 4:13

estupideces Pr 23:33

Et 1R 16:31

Etam Éx 13:20; Nm 33:6-8; Jue 15:8,11; 1Cr 4:3,32; 2Cr 11:6

Etán 1R 4:31; 1Cr 2:6,8; 6:42,44; 15:17,19

etanim 1R 8:2

etapas Gn 12:9; 13:3; Éx 17:1

Éter Jos 15:42; 19:7

eternamente Sal 45:17; 52:8; 66:7; 81:15; 85:5; 102:12; 103:9; 104:31; 106:48; Jer 3:5; Lm 5:19; 1Ti 6:16; Jud 13

eternas Gn 49:26; Dt 33:15; Sal 74:3; 76:4; Pr 27:24; Ez 26:20; Lc 16:9

eternidad Sal 61:6; 119:44; Pr 8:23; Dn 12:3; Hab 1:12; 1Co 2:7

eternos Sal 33:11; Hab 3:6; Ef 3:9

etíope Jer 13:23; 38:7,10; 39:16; Hch 8:27

etíopes Dn 11:43; Hch 8:27

Etiopía Is 20:5; Ez 29:10; 30:4-5,9; 38:5

Etnán 1Cr 4:7

Etní 1Cr 6:41

Eubulo 2Ti 4:21

Eunice 2Ti 1:5

eunuco 2R 23:11; Est 2:3, 14-15; Is 56:3; Hch 8:27,34, 36,39

eunucos 2R 20:18; 1Cr 28:1; Est 1:10,12,15; 2:21, 23; 4:4-5; 6:2,14; 7:9; Is 39:7; 56:4; Jer 29:2; Mt 19:12

Eutico Hch 20:9

Eva Gn 3:20; 4:1; 2Co 11:3; 1Ti 2:13

evangelista Hch 21:8

evangelistas Ef 4:11

evangelización 2Ti 4:5

evapora Os 6:4; 13:3

evaporen Nah 1:4

Eví Nm 31:8; Jos 13:21

evidencia Éx 22:13

evidencias Hch 11:23

evidente Mt 6:18; Jn 9:3; Hch 4:2,16; Ro 1:19; 7:10; 2Co 3:3; 5:11; Gá 2:17; 3:11; Fil 1:13; 4:5; Heb 7:14-15

evidentes 1Ti 5:24-25

Evil 2R 25:27; Jer 52:31

evitar Nm 1:53; Dt 19:6; Neh 5:9; Pr 20:3; Is 47:11; Mt 26:42; Mr 3:9; Hch 4:17; Ro 13:5; 2Co 8:20; 12:7; Gá 6:12; Ap 12:11

evitarlo Pr 6:15

evitárselos 1Co 7:28

Evócame 1S 28:11

evocarán Sal 78:2

evocaré Sal 77:12

evoco Sal 119:55

Evodia Fil 4:2

evoques 1S 28:8

exacta Éx 25:9,40; Est 4:7

exactamente Éx 27:8; 39:20; Jos 4:3; 10:25; Jue 7:17; Jer 36:28; Jn 14:31

exactas Pr 11:1; Ez 45:10

exactitud Hch 18:25

exacto Mt 2:7

exagerado Jer 48:29; Gá 1:14

exagerar 2Co 2:5

exaltación Sal 75:6

exaltada Sal 12:8; 89:13,24; 118:16; Is 45:25

exaltado 2S 7:26; 23:1; 1Cr 17:24; Neh 9:5; Job 36:22; Sal 46:10; 70:4; 76:1; 89:19, 42; 92:8; 112:9; 138:2; Is 2:11,17; 5:16; 33:10; 52:13; Jer 17:12; Ez 21:26; Lc 1:52; Fil 1:20; Heb 7:26

Exaltado 2S 22:47; Sal 18:46; 35:27; Is 33:5; Hch 2:33

exaltados Job 24:24

exaltar Job 36:24

examen Lm 3:40

examinar Lv 13:3,21,26, 30-32,34,53; 14:36; Neh 4:14; Hch 15:6; Ap 5:3-4

examinarla Lv 13:25; 14:36,44

examinarlas Lv 13:39

examinarlo Lv 13:27,36,43,55

examinarlos Job 34:23

examinarse 1Co 11:28

exasperen Col 3:21

excedan Sal 131:1

exceden Nm 3:46,48

excedían Nm 3:49

excedido Job 34:37; Lm 5:22

excelencia Hch 23:26; Heb 1:4

excelente Gn 25:27; Dt 1:14; Jue 18:9; 1Co 12:31; 13:13; Fil 4:8; Tit 3:8; Heb 9:11

excelentísimo Lc 1:3; Hch 26:25

Excelentísimo Hch 24:2

excelsa 2Co 3:10

excelso 1R 8:13; 2Cr 6:2; Job 37:23; Sal 77:13; 99:2; 138:6; 148:13; Is 6:1; 57:15; Ez 21:26; Am 9:6

Excelso Sal 147:5

excepción Gn 17:13; 19:4; Nm 26:65; 32:12; 2S 15:16; 17:22; 1R 12:20; Est 4:11; Is 56:11; Lc 14:18

excepcional Zac 14:7

excepto Gn 39:9; Éx 12:16; Lv 21:2; Jos 11:13,19; 1S 13:22; 1R 15:5; 2R 4:2; 2Cr 21:17; Mt 5:32; 19:9; Mr 3:29; 5:37; 6:5; Lc 8:51; 17:18; Jn 6:46; Hch 8:1; 11:19; 1Co 1:14; 2:2; Fil 4:15

excesiva 2Co 2:7

excesos Ez 19:4

excitante Ap 14:8; 18:3

exclamar Gn 30:13; Ap 19:3

excluida Ro 3:27

excluidos Esd 2:62; Neh 7:64; Job 30:5; Ef 2:12

excluirá Is 56:3

exclusiva   Éx 19:5; Lv 27:28; Dt 7:6; 14:2; Ez 48:10; Mal 3:17

exclusivamente   Hch 18:5

excluya   Mal 2:12

excluyen   Is 66:5

excremento   Éx 29:14; Lv 4:11; 8:17; 16:27; Nm 19:5; Dt 23:13; 2R 18:27; Job 20:7; Is 36:12; Ez 4:12, 15

excusa   Gn 44:16; Jn 15:22; Ro 1:20; 2:1

excusan   Ro 2:15

excusas   1Ts 2:5

exenta   1S 17:25

exento   Nm 5:31

exentos   1Cr 9:33; Mt 17:26

exhala   Job 14:10

exhalan   Sal 45:8; Lm 2:12

Exhalan   Sal 146:4

exhalar   Job 11:20

exhaló   Gn 49:33

exhausto   Dn 8:27

exhaustos   1S 14:31; Jer 48:45

Exhaustos   Lm 1:6

Exhibe   Ez 21:16

exhibías   Ez 16:31

exhibido   Ez 16:36

exhibiendo   Ez 23:18

exhibieras   Ez 16:25

exhibir   Est 1:11; Os 2:10

exhibirán   Dt 22:17

exhibiré   Nah 3:6

exhibirlos   Col 2:15

exhortación   2Co 13:11; Heb 13:22

exhortar   Tit 1:9

exhumarán   Jer 8:1

exigencia   1R 20:9

exigencias   1R 20:8

exigente   Lc 19:21-22

exigentes   1Ts 2:7

exigirle   Dt 15:3

exigirles   Neh 5:12; Hch 15:5

exigirme   Gn 34:12

exiliado   Is 5:13; Jer 13:19; 22:10; 43:11; Ez 12:3

exiliados   Sal 147:2; Jer 29:20; Ez 3:11,15; 11:24-25; Dn 2:25; 5:13; 6:13; Abd 20; Zac 6:10

exilio   Jue 18:30; 2R 25:27; 1Cr 5:22; Est 2:6; Jer 29:1,16; 30:10; 43:11; 46:19; 48:7,11, 46; 52:31; Lm 1:3; Ez 12:3-4, 7,11; 14:22; 25:3; 33:21; 39:23,28; 40:1; Am 5:27; Nah 2:7; 3:10; Zac 14:2; Hch 7:43

eximió   2Cr 23:8

eximir   1R 15:22

existencia   Dt 23:6; Ec 9:9; Jer 51:13

existir   Gn 1:3; Job 7:21; 14:10; 24:24; Sal 37:10,36; 39:13; 59:13; 72:7; Pr 12:7; Ec 3:15; Is 19:7; 66:2; Jer 10:20; 49:10; Ez 26:21; 27:36; 28:19; Os 4:5; Jn 1:3; Ap 21:1,4

éxito   Gn 24:21; Jos 1:7-8; 2:22; Jue 18:5; 1S 18:5, 14-15,30; 1R 22:13,22; 2R 14:10; 18:7; 1Cr 29:23; 2Cr 14:7; 18:12, 21; 20:20; 25:19; 31:21; 32:30; Neh 1:11; Job 22:28; Sal 37:7; Pr 11:14; Ec 4:4; 10:10; Is 47:12; Ez 17:15; Dn 11:17, 36; 2Co 13:7

exitosas   Sal 10:5

exoneren   Esd 7:24

exóticos   Cnt 3:6

expandí   Is 44:24

expandió   Sal 136:6; Is 42:5

expectante   Job 29:21

Expectantes   Job 29:23

expectativa   1R 1:20; Lc 3:15; Heb 10:27

expectativas   Ez 12:24

expedición   Jos 10:42; 1S 21:5

expediciones   1S 18:14; 21:5

expedida   2Co 3:3

experiencia   Jue 3:2; 2S 17:8; 1Cr 29:1; Job 4:8; 8:10; 15:10; 32:7; 41:8; Ec 2:21

experimenta   Pr 23:24

experimentado   Éx 23:9; Ec 1:16; Heb 6:4

experimentados   Dt 1:13,15

experimentar   Fil 3:10; Heb 11:5

experimentaron   Dt 11:2

experimentó   Éx 8:15

experta   Sal 78:72

expertas   Éx 35:25; Jer 9:17

experto   Gn 21:20; 1R 7:14; 1Cr 15:22; 2Cr 2:7,14; Is 3:3; Mt 22:35; Lc 10:25,37

expertos   Éx 28:3; 35:35; 36:4; Jue 20:17; 1R 9:27; 1Cr 12:32; 22:15; 28:21; 2Cr 2:7-8,14; 8:18; 24:12; Est 1:13; Job 3:8; Jer 2:8; 50:9; Ez 27:8; Lc 7:30; 11:45-46,52; 14:3; 2P 2:14

expiación   Éx 29:33,36; 30:10; Lv 4:20,26,31,35; 5:6,10,13, 16,18; 6:7; 19:22; 23:28; Nm 5:8; 6:11; 25:13; 35:33; Dt 32:43; 1Cr 6:49; Esd 6:17; 8:35; 10:19; Neh 10:33; Is 53:10; Ez 43:20,26; 45:15,17; Ro 3:25; Heb 9:5

expiaciones   Heb 10:8

expiada   Is 27:9

expiar   1S 3:14; Os 8:11; Heb 2:17

expiatoria   Lv 4:20; Nm 8:7

expiatorios   Lv 7:37; Nm 18:9; 2R 12:16

Expida   Dn 6:8

expidió   Dn 6:9

expiró   1R 17:17; Mr 15:37; Lc 23:46

explicación   Dn 7:23; Ap 1:20

explicaciones   2S 19:29

explicar   Dt 1:5; Ez 24:19; Dn 5:12

explicarle   Dn 2:27

explicarles   Jn 8:25; Hch 2:14; 11:4

explicarlo   Heb 5:11

explicarse   Hch 10:17

explicarte   Dn 10:14; Zac 1:9

exploración   Nm 14:6,34

explorado   Nm 13:32; Jue 18:14,17; Ez 20:6

exploradores   Jos 6:22-23; 1R 20:17

exploramos   Nm 14:7

explorar   Nm 13:2,16-17, 25; 14:36,38; 21:32; 32:8; Jos 2:1; 7:2; 14:7; 1Cr 19:3; Ec 1:13; Jer 31:37

exploraran   Jue 18:2

exploraron   Nm 13:21; Dt 1:24

exploren   Dt 1:22; Jue 18:2

Exploren   Nm 13:18; Jos 18:8

exploró   Nm 14:24

explota   Job 15:2; 2Co 11:20

explotación   Ez 45:9

explotado   Jer 21:12; 2Co 7:2

explotan   Sal 35:10; Is 58:3; Ez 22:7,29; Mal 3:5; Stg 2:6

explotar   Os 12:7

explotarán   Lv 25:17; 2P 2:3

exploté   2Co 12:17

exploten   Lv 25:14

explotes   Éx 22:22; Lv 19:13; Pr 22:22

exponer   Mt 26:1

exponerla   Mt 1:19

exponerles   Éx 19:7

exponerme   1S 28:9

exponerte   Jer 12:1

exposición   Sal 119:130; 2Co 4:2

expresamente   Éx 35:30

expresar   Sal 106:2,5; Ec 1:8; 2Co 12:4

expresarle   Job 2:11

expresarles   Job 32:6

expresarse   1S 16:18; Hch 2:4; Ro 8:26; Heb 11:14

expresión   Job 9:27; Jer 16:9

expresiones   Sal 109:3

exprimas   Mi 6:15

exprime Ap 19:15
Exprimen Job 24:11
exprimí Gn 40:11
exprimían Neh 13:15
exprimidas Ap 14:20
exprimió Jue 6:38
exprimirá Lv 1:15; 5:9
expropiar Ez 48:14
expuesta Is 47:3
expuestas Job 8:16; Ez 21:24
expuesto Jer 36:30; Ez 16:36;
  Jn 8:40; Hch 15:14; Heb 4:13
expuestos Jer 8:2; Heb 10:33
expulsada Sof 2:4; Mr 9:29
expulsadas Am 4:3
expulsar Lv 20:23; Nm 33:52;
  Dt 7:17; Jos 15:63; 17:18; Jue
  1:19,21,27, 29-31,33; Esd
  10:3; Mt 10:1; Mr 3:15,23; Lc
  9:1
expulsarlo Gn 3:24; Mt 17:19;
  Mr 9:28
expulsarlos Jue 1:28,32
expulsarnos Hch 16:37
exquisitos Cnt 4:13,16; 7:13
éxtasis Hch 10:10; 11:5
extender Gn 48:14; Job 9:8;
  26:9; 37:18; Is 11:11; Jer 6:12;
  Ez 25:7; Am 1:13; Mi 7:11
extenderse Sal 37:35
extendida Is 9:12,17,21; 10:4
extendidas Éx 25:20; 37:9; 1R
  6:24,27; 8:7,54; 1Cr 28:18;
  2Cr 3:13; 5:8; Is 8:8; Ez 31:7
extendido Gn 41:56; Lv
  13:6,8,12,27,32, 34,36,51,
  53,55; 14:39,44,48; Dt 12:20;
  Jos 8:26; 1R 13:4; Esd 9:9; Sal
  136:12; Is 5:25; 14:26-27;
  23:11; 26:15; Mi 1:9
extensa 1Cr 4:40; Neh 4:19;
  9:35
extensamente Hch 15:32
extensas Is 30:23
extensión Neh 7:4; Job 36:29;
  Is 40:12; Ez 40:15; Ap 14:20
extensos Job 11:9
extenuada Sal 63:1; 68:9
exterior 1R 6:6; 7:9; 2R 16:18;
  2Cr 32:5; 33:14; Neh 11:16;
  Est 6:4; Ez 10:5; 40:17,20,31,
  34,37; 41:9,17,25; 42:1,3,7-9,
  14; 44:1,19; 46:20-21; 47:2;
  Mt 23:25; Ro 2:28; Ap 11:2
exteriores 1R 6:30; 1Cr 26:29
exteriormente Heb 10:22
exterminada Sal 109:13
exterminadas Jue 21:16
exterminador Éx 12:23; Heb
  11:28
exterminar Gn 18:23; Éx
  23:23; 2Cr 20:23; 22:7; Est

3:6,13; 8:11; Jer 47:4; Ez
  11:13
exterminarlos Lv 26:44; 2S
  21:2; Jer 14:12; Ez 20:13
exterminarnos 2S 21:5
exterminarte Dt 28:61
exterminio Jos 6:17-18; 7:1;
  Est 4:8; 7:4; 8:6; Sal 37:38;
  Jer 51:25
externa 1P 3:3
externas Heb 9:10
extingue 1Co 13:8
extinguido Is 24:11
extinguidos Is 43:17
extinguiendo 2Co 3:7,11, 13
extinguirá Is 34:10
extinguirla Jer 21:12; Jn 1:5
extinguirlo Cnt 8:7
extirpar Ez 21:4
extirparás Dt 13:5; 17:7,12;
  19:19; 21:21; 22:21-22,24;
  24:7
extirparé Sal 101:8; Is 14:22;
  Ez 14:8; 30:15; Nah 1:14
extorsión Sal 62:10; Ec 7:7; Is
  33:15
extorsionan Ez 22:29
extorsionar Ez 45:9
extorsionas Ez 22:12
extorsionen Lc 3:14
extradición Hch 9:2; 22:5
extrae Job 28:2
Extrae Job 28:5
extraerá Lv 3:4,10,15; 4:9; 7:4;
  17:13
extraídos Is 51:1
extranjera Jue 19:12; Rt 2:10;
  Is 62:8; Jer 5:19; Mr 7:26
extranjeras Gn 31:15; Lv
  25:45; 1R 11:1,8; 2R 19:24;
  Esd 10:10-11,14,17-19,44;
  Neh 13:26-27; Is 37:25; Ez
  30:12
extraña Gn 15:13; Éx 2:22;
  18:3; 1S 20:6; Sal 35:15; 54:3;
  109:11; 137:4; 144:7,11; Pr
  2:16; 5:10; Is 28:21; 33:19;
  61:5; Jer 2:21; 5:19; Hch 7:6;
  1Co 14:21; Fil 2:26
extrañaba 2S 14:1; Lc 1:21
extrañado Lc 24:12
extrañar 1S 20:18; 2Co 11:14
extrañas Is 28:11; Jer 6:12; Lm
  5:2; Sof 1:8; Jn 10:5; Hch
  17:20; Heb 13:9
extrañen 1P 4:12; 1Jn 3:13
extraño Gn 29:19; Dt 32:12;
  Job 15:19; 19:15; 31:32; Sal
  39:12; 44:20; 69:8; 81:9;
  114:1; Pr 11:15; 14:10; 20:16;
  27:13; Is 43:12; Dn 11:39; Os

8:12; Mal 2:11; Hch 28:6; Fil
  4:1; 1P 4:4
extraños Gn 35:2,4; Dt 11:28;
  31:16; 32:16; 2S 22:46; Sal
  18:45; Pr 5:17; Is 1:7; Jer
  2:25; 3:13; 8:19; Ez 11:16;
  16:32; Abd 11; Ef 2:19
extraordinaria Gn 45:7; 2Cr
  9:6; 32:24,31
extraordinarias 1R 4:29; Dn
  6:3
extraordinario Dt 34:12; 1S
  14:15; 2S 3:38
extraordinarios Pr 24:4; Hch
  19:11
extravía Pr 29:18; Mt 18:12;
  Stg 5:19
extraviada Mt 18:12
extraviadas Pr 2:15; Ez 34:16
extraviado Dt 22:1; Sal
  119:176; Is 3:12; 9:16; 29:24;
  2P 2:15
extraviados Heb 5:2
extraviaron 1S 9:3; Mt 18:13;
  Ro 1:21
extravíe Dt 17:17; Jer 23:32
extravíes Pr 7:25
extravío Stg 5:20
extrema Dt 28:48; Jue 10:9;
  Os 10:15; 2Co 8:2
extremadamente Is 16:6; Ez
  9:9; Dn 7:7; Ro 7:13
extremidades Job 41:12
extremos Éx 25:18-19; 27:7;
  28:7,23,25-26; 37:7-8;
  39:4,16-19; 1R 8:8; 2Cr 5:9;
  Job 38:13; Sal 139:9; Ez 15:4
exuberante Ez 17:6
eyaculación Lv 15:16,18,33
Ezbay 1Cr 11:37
Ézel 1S 20:19
Ezequiel 1Cr 24:16; Ez 1:3;
  24:24; 29:21
Ezer Gn 36:21,27,30; 2S
  8:3,5,7-10,12; 10:16,19; 1R
  11:23; 1Cr 1:38,42; 4:4; 7:21;
  12:9; 18:3,5,7-10; 19:16,19;
  25:4,31; Neh 3:19; 12:42
Ezión Nm 33:35-36; Dt 2:8;
  1R 9:26; 22:48; 2Cr 8:17;
  20:36
ezraíta 1R 4:31
Ezrí 1Cr 27:26
fabricado Dt 9:12,16; 1R
  15:12; Ez 22:4; Am 5:26
fabricados 2Cr 32:19
fabrican Dt 4:25; Is 44:9; 59:6;
  Os 13:2
fabricando Ez 22:3
fabricantes Éx 30:25,35;
  37:29; Is 19:10

fabricar 1S 8:12; 2Cr 32:5; Ez 7:20

fabricarla Jer 3:16

fabricaron Dt 9:21; 2R 17:29; Is 17:8; 31:7

fabricaste Jer 2:28

fabricó 1R 16:33; Is 2:20

fabriquen Dt 4:23

facción Nm 26:9

facciones 1R 16:21; Ec 8:1

fácil Dt 1:41; 31:17; 1S 18:23; 2R 20:10; Pr 14:6; 20:21; Mt 9:5; 19:24; Mr 2:9; 10:25; Lc 5:23; 16:17; 18:25

facilidad Éx 4:10; 6:12,30; Jue 20:43; Ro 11:24; 2Co 11:4

fácilmente Pr 20:5; Ec 4:12; Jer 2:24; Hch 24:11; 1Co 13:5

factura Lc 16:6-7

facultaba Est 8:11

facultad Heb 5:14

facultado Col 1:12

facultó Gá 2:8

fachada 2Cr 3:15,17; Ez 13:10, 12,14-15; 41:14,25; 47:1

fachadas Ez 13:11

faenas Pr 24:27

faja Éx 28:4; 39:29; Lv 8:7, 13; 16:4

falacias Job 21:34

falda Nah 3:5; Hag 2:12

faldas Jos 11:17; Is 47:2; Jer 13:22,26

falsa Nm 14:36; Dt 19:18; Sal 73:20; 119:128; Ez 21:23; Mi 6:11; Mt 26:59; Col 2:23; 1Ti 6:20; 1Jn 2:27

falsamente Dt 22:14; Dn 6:24; Mr 14:56

falsas Pr 20:10,23; Jer 23:16; Lm 2:14; Ez 12:24; 13:6-9,16, 23; 21:29; 22:28; Lc 3:14; 1Ti 1:3; 6:3

falseando Lv 19:35

falsear Is 29:16; Am 8:5

falsedad Gn 21:23; Job 36:4; Sal 101:7; 119:163; Pr 30:8; Jn 1:47

falsedades Jos 24:27; Sal 119:118; Pr 12:17; Is 32:6; Hch 20:30

falsificado Jer 8:8

falso Éx 20:16; Nm 14:37; Dt 5:20; 19:16; Job 24:25; Sal 144:8,11; Pr 6:19; 12:17; 14:5, 25; 19:5,9; 21:28; 25:18; Jer 5:2; 7:9; Os 10:4; Zac 5:4; 8:17; Mt 19:18; Mr 10:19; 14:57; Lc 18:20; Hch 13:6; 1Ti 1:10; Ap 16:13; 19:20; 20:10

faltar Nm 30:2; 2R 10:21; 1Ti 5:12; Stg 3:14

faltarles 1Ti 6:2

faltas 2Cr 28:13; Job 10:6; 33:10; 35:6; Pr 10:12; 14:9

falto Pr 7:7; 10:13; 11:12; 24:30; 28:16; Os 4:14

faltos Pr 9:4,16

Falú Gn 46:9; Éx 6:14; Nm 26:5,8; 1Cr 5:3

faluitas Nm 26:5

falla 1S 29:8; 1Co 6:7; Stg 2:10; 3:2

fallaba Lc 11:54

fallamos Stg 3:2

fallará Is 32:10; 51:6

fallaran Jer 31:36

falle Hab 3:17; Lc 22:32

fallecido Jos 20:6

fallo Is 11:4; Hch 25:21

familiar Lv 25:10,13,24-25, 28,33,47; 27:16,22,24; Dt 18:8

familiares Gn 19:12; 24:7; 31:19; 32:9; 46:26-27; 47:12,24; 50:8; Éx 6:16,19; 1S 2:36; 1R 21:24; Est 2:10,20; Sal 139:3; Mr 6:4

familiarizado Hch 26:26

famosa Is 66:19; Jer 49:25; Ez 26:17; 34:29; Ap 19:2

famoso Gn 12:2; Jos 6:27; 1S 9:6; 17:4; 18:30; 2S 7:9; 1R 1:47; 1Cr 17:8; 22:5; 2Cr 18:1; Pr 21:24; Dn 9:15; Mt 27:16; Mr 6:14

famosos Gn 6:4; 11:4; 2S 23:8-9; 1Cr 11:11-12; 12:30; Os 14:7

fanfarronerías Jue 9:38; Stg 4:16

fanfarrones Sal 94:4

fango Job 30:19; 41:30; Sal 69:14; Is 57:20; Jer 38:22

fantasías Zac 10:2

fantasma Is 29:4; Mt 14:26; Mr 6:49

Faraón Is 19:11; 30:2-3; Ez 29:3

Fares Gn 38:29; 46:12; Nm 26:19,21; Rt 4:12,18; 1Cr 2:4-5; 4:1; 9:4; 27:3; Neh 11:4,6; Mt 1:3; Lc 3:33

faresitas Nm 26:19

Farfar 2R 5:12

fariseo Lc 7:36-37,39; 11:37-38; 18:10-11; Hch 5:34; 23:6; 26:5; Fil 3:5

Fariseo Mt 23:26

farsantes Ap 21:27

fascinado Cnt 6:5; Ap 13:3

fastidia Is 65:5

fastidiándome 2Cr 25:16

fastidies Pr 25:17

fatal Jer 42:20

fatales Ez 14:21

fatiga 2S 23:10; Ec 4:6; 10:15; 12:12; Is 40:28

fatigado Dt 25:18; Is 28:12; 47:13; 50:4; Jn 4:6,38

fatigados Lm 5:5

fatigan Is 40:30; Jer 51:58

fatigarán Is 40:31

fatigarse Is 16:12; Jer 2:24

fatigas Sal 127:2; 2Co 11:27; 1Ts 2:9

fatigosas Ap 14:13

fatiguen Hab 2:13

fauces Gn 4:11; Nm 26:10; Job 29:17; 36:16; 41:14; Sal 22:13; 59:7; 69:15; Is 5:14; Ez 34:10; Dn 7:5; Am 3:12; Ap 12:15-16; 13:2

favorable Gn 40:16; 41:16; Heb 11:39

favorablemente 1R 22:13; 2Cr 18:12; Jer 24:6

favorables Hch 13:50

favorece Job 34:19; Pr 14:35

favoréceme Neh 5:19; 13:14,31

favorecerán Sal 82:2

favoreceré Job 32:21

favorecerlos Jer 32:41

favoreces Dt 33:8

favorecido Gn 30:20; Ez 16:52; Hch 4:9; 1Co 4:6

favorecidos Jos 21:10

favoreciera Os 12:4

favoreciste Job 10:12

favores Sal 145:16; Jer 3:13

favorezca 1S 1:18

favorita Cnt 6:9

favoritismo Stg 2:9

favoritismos Hch 10:34; Ro 2:11; Ef 6:9; Col 3:25; 1Ti 5:21; Stg 2:1

favorito Dt 33:24

faz Gn 7:4,23; Éx 32:12; Dt 6:15; 1S 20:15; 1R 13:34; Job 26:9-10; 37:12; 38:30; Sal 31:16; 104:30; Is 14:21; 24:1; Jer 8:2; 16:4; 25:26, 33; 28:16; Ez 21:32; 38:20; Am 9:8; Sof 1:2-3; Ap 18:21

feas Gn 41:3-4,19-21,27

Febe Ro 16:1

fecundar Is 55:10

fecundas Sal 65:9

fecundo Gn 17:6,20; 28:3; 35:11; 41:52; 48:4

fecundos Gn 8:17; 9:1,7; Lv 26:9; Ez 36:11

fecha Gn 18:14; Éx 10:6; 13:10; 23:15; 34:18; Lv 25:29;

Nm 9:2-3,7,13; Dt 34:6; 1S
12:2; 18:19; 2S 4:3; 18:18; 1R
12:12; 2R 4:16-17; 2Cr 10:12;
30:3; Est 9:27; Ez 24:2; Hch
21:26; Gá 4:2

fechas Lv 23:4; Nm 10:10;
Esd 10:14; Neh 13:31; Est
9:31; 1Ts 5:1

fechorías Jue 11:3; Pr 24:2; Is
29:15

felices Jue 9:19; Neh 8:12; Job
36:11; Sal 34:12; 68:3; Ec 4:2;
Zac 10:7; 1P 3:10

felicidad Job 7:7; Pr 18:22; Mt
25:21,23

Felicitaciones Ez 6:11
felicitan Pr 31:28
felicitar 1R 1:47
felicitarlo 2S 8:10; 1Cr 18:10
felicitó 2Cr 30:22

Felipe Mt 10:3; 14:3; Mr 3:18;
6:17; Lc 3:1; 6:14; Jn 1:43-46,
48; 6:5,7; 12:21-22; 14:8-9;
Hch 1:13; 6:5; 8:5-6,12-13,
26-27, 29-31,34-35,38-40;
21:8

Félix Hch 23:24,26,34;
24:2,22,24-27; 25:14

feliz Gn 30:13; Dt 24:5; 33:18;
1Cr 29:9; 2Cr 7:11; Sal 10:6;
Pr 15:15; 20:21; Is 65:18; Dn
4:4; Mt 18:13; 1Co 7:40; 2Co
7:13; 8:6,11; Stg 1:4

Fenice Hch 27:12
Fenicia Hch 11:19; 15:3; 21:2
féretro 2S 3:31; Lc 7:14
ferezeo Jos 17:15

ferezeos Gn 13:7; 15:20;
34:30; Éx 3:8,17; 23:23; 33:2;
34:11; Dt 7:1; 20:17; Jos 3:10;
9:1; 11:3; 12:8; 24:11; Jue
1:4-5; 3:5; 1R 9:20; 2Cr 8:7;
Esd 9:1; Neh 9:8

fermenta Os 7:4; Gá 5:9
fermentada Lv 2:11; Nm 6:3;
Dt 14:26; 29:6
fermentadas Nm 6:3
fermentado Éx 12:39
fermentar 1Co 5:6
fermentó Mt 13:33; Lc 13:21

feroces 1Cr 12:8; Ez 14:15, 21;
28:7; 34:25; Hab 1:8; Mt
7:15; Hch 20:29

feroz Dt 28:50; Is 35:9; Jer
2:30

fértil Gn 49:22; Nm 5:28;
13:20; Neh 9:25,35; Is 5:1;
28:1,4; 29:17; 32:15-16; Jer
2:7; 4:26; Ez 17:5,8

fértiles 2R 3:19,25; Sal 107:34;
Is 32:12; Jer 48:33; 49:4

fertilidad Dt 33:15

ferviente 1Ts 2:17
fervientemente Hch 12:5
fervor Lc 22:44; Hch 18:25;
Ro 12:11; Stg 5:17
fervoroso Ap 3:19
festejan Pr 2:14
festejando 1S 30:16
festejar Jue 16:23; Est 9:23
Festejarán Sal 22:29
festejarse Est 9:28
festejos Est 8:17
festín Pr 15:17
festival Jue 9:27; Ec 7:2
festivales Ez 46:11
festividades Is 1:14; Dn 7:25;
Zac 8:19

Festo Hch 24:27; 25:1,3-4,
6,9,12-14,22-23; 26:24-25, 32
fetidez Jl 2:20
fiador Pr 6:1; 11:15; 17:18;
20:16; 22:26; 27:13
fianza Job 17:3; 22:6; Pr 11:15;
Hch 17:9
fiarse Sal 118:9
fibra Jue 15:14
Ficol Gn 21:22,32; 26:26
fidedigna Mal 2:6
fidedignos Sal 119:86
fiebre Lv 26:16; Job 30:30; Sal
38:7; Lm 5:10; Mt 8:14-15;
Mr 1:30-31; Lc 4:38-39; Jn
4:52; Hch 28:8
fiebres Dt 28:22
Fiel Ap 19:11

fielmente Gn 5:22,24; 6:9; Lv
26:3; Dt 6:25; 8:1; 11:13;
15:5; 16:12; 17:19; 23:23;
27:26; 28:1,15; 31:12; 32:46;
Jos 22:5; 24:14; 1S 12:24; 2Cr
31:12,15,18; Sal 119:4,44; Ez
18:9; Mi 6:16; Gá 3:10; 1P
4:10; 3Jn 5

fiera Gn 4:7; Éx 22:13; Pr
26:13; Ez 19:5; 44:31; Os 13:8

fieras Gn 1:30; 31:39; 44:28;
Éx 22:31; Lv 17:15; 22:8;
26:22; Dt 32:24; 1S 17:44,46;
2S 21:10; 2R 14:9; 2Cr 25:18;
Sal 74:19; 91:13; Is 13:21;
23:13; 34:14; 56:9; Jer 34:20;
50:39; Ez 4:14; 14:15; 33:27;
34:5,8,28; 39:4,17; Sof 2:15;
Mr 1:13; Hch 11:6; 1Co
15:32; Stg 3:7; Ap 6:8

fíes Lv 25:37

fiestas Éx 23:18; Lv 23:2,4,
37-38,44; Nm 10:10; 29:39;
Dt 16:16; 1Cr 23:31; 2Cr 2:4;
8:13; 31:3; Esd 3:5; Neh
10:33; Is 29:1; 33:20; Lm 1:4;
2:6; Ez 36:38; 44:24; 45:17;

46:9,11; Os 2:11; Am 5:21;
8:10; Mal 2:3; Jud 12
Figelo 2Ti 1:15
figura Dt 4:15,23; Est 2:7; Ez
1:26; 8:2-3; Jn 5:37; Ro 5:14
figuraba Nm 26:64
figurado Gá 4:24; Heb 11:19;
Ap 11:8
figurar 1Ti 5:9
figuras Lv 26:30; Dt 4:16, 25;
1S 6:4,11,15,17; 1R 6:18,29,
32,35; 7:22,24,29; 2Cr 2:14;
3:5; 4:3; Ez 8:10; 23:14; Hch
19:24
fijada Est 9:27; Gá 4:2
fijadas Est 9:31
fijado Gn 24:30; Lv 5:18; 6:6;
27:13,15,19,27; Nm 23:21; 1R
8:21; Pr 26:12; 29:20; Jer
33:25; Dn 1:18; Mt 27:9; Hch
17:31
fijados Neh 10:34
fijamente 2R 8:11; Mt 19:26;
Mr 10:27; Lc 20:17; Jn 1:42;
Hch 1:10; 3:4; 10:4; 23:1
fijar Éx 28:14; Heb 4:7
fijarlos Éx 28:25,27
fijarme Hch 17:23
fijarse Nm 17:8; Rt 2:10; Mr
16:4; Lc 1:48
fijo 1S 16:7; Ez 12:3
fila Éx 39:10; 1R 19:19
filacterias Mt 23:5
Filadelfia Ap 1:11; 3:7
filas Éx 39:10; 1S 4:16; 14:21;
17:2,8,22-23; 1R 7:4; 2R
11:8,15; 2Cr 23:14; Neh 4:20;
Sal 60:1; Jer 46:21; Jl 2:8
Filemón Flm 1
Fileto 2Ti 2:17
filigrana Éx 28:11,13,20;
39:6,13,16
filipenses Fil 4:15
Filipo Mt 16:13; Mr 8:27
Filipos Hch 16:12; 20:6; Fil
1:1; 1Ts 2:2
filistea Jue 14:1-2; 1S 10:5;
13:3-4; 14:4,11; 2S 23:13-14;
1R 15:27; 16:15; 1Cr 11:16
Filistea 1Cr 18:11; 2Cr 9:26;
Sal 60:8; 83:7; 87:4; 108:9; Is
14:31; Jl 3:4; Abd 19
filisteos 1S 6:18; 2S 1:20; Ez
16:27,57
Filólogo Ro 16:15
filos Sal 149:6; Pr 5:4; Heb
4:12; Ap 1:16; 2:12
filosofía Col 2:8
filósofo 1Co 1:20
filósofos Hch 17:18
filtre Sal 109:18
Fin Ap 21:6; 22:13

fina   Gn 18:6; Éx 29:2,40; Lv 23:13; Lm 4:5; Mt 11:8; Lc 7:25

finales   Heb 1:2

Finalizado   Nm 6:20

finalmente   Gn 33:11; 1S 10:21; 1R 17:17

Finalmente   Gn 48:21; Nm 19:7; Jos 10:21; 24:11,33; 2S 24:7; 2R 17:23; 23:20; 2Cr 28:15; 29:23; Neh 2:15; Jer 39:9; Dn 2:40; 4:8

finas   Éx 30:23; 39:3; Cnt 3:9; 4:14; Is 3:23; 23:18; Ez 16:10; Am 6:6; Mt 13:45

finca   Dt 20:6; Hch 28:7

fincas   Os 5:7

fines   Is 54:16; Ro 9:21

Finés   Éx 6:25; Nm 25:7, 11-12; 31:6; Jos 22:13, 30-32; 24:33; Jue 20:28; 1S 1:3; 2:34; 4:4,11,17,19; 14:3; 1Cr 6:4,50; 9:20; Esd 7:5; 8:2,33; Sal 106:30

finge   2S 13:5

fingían   Mr 12:15; Lc 20:20

fingiendo   Gn 42:7

fingiéndose   Jos 8:15

fingió   1S 21:13; 2S 13:6; Jer 3:10

fingir   Col 2:18

fingiré   1S 20:20

finísima   1Cr 29:4

finjas   2S 14:2

finos   Éx 16:14; Sal 45:14

firma   Job 31:35

firmado   Neh 9:38; Jer 32:12

firmamento   Gn 1:6-8, 14-15,17,20; Sal 19:1; 57:10; 108:4; 150:1; Fil 2:15; Ap 6:13-14

firmar   Ez 17:13

firmarán   Jer 32:44

firmaron   Neh 10:1

firmé   Jer 32:10

firmemente   Gn 41:32; Jos 22:5; Jue 16:11; Rt 3:15; 1R 2:12,24; Jer 32:41; Col 2:19

firmes   Éx 17:12; 2Cr 15:7; Job 41:23; Sal 17:5; 33:11; 78:13; Is 7:9; 56:6; Mi 6:2; Lc 21:19; Hch 2:42; 5:23; Ro 5:2; 1Co 1:8; 15:1,58; 16:13; 2Co 1:21,24; Gá 5:1; Ef 6:14; Fil 1:27; 4:1; Col 1:23; 4:12; 1Ts 3:8; 2Ts 2:15; Stg 5:8; 1P 5:9-10,12

firmeza   Jos 1:7; Sal 51:10; 93:1; 96:10; Is 33:23; Jer 33:2; Dn 11:32; Mt 9:30; Ef 6:13; Col 2:5; Ap 2:25

firmó   1R 20:34; Ez 17:16; Dn 6:25

físicamente   Ro 2:27; 1Co 5:3; Col 2:5

físico   Gn 39:6; Lv 21:17-18; Dn 1:4; 1Ts 2:17; 1Ti 4:8

flacas   Gn 41:3-4,19-20,27; Ez 34:20

flaco   Dn 1:10

flanco   Ez 25:9

flaquea   Pr 25:26; Is 15:4

flaqueaban   Job 4:4

flaquean   2S 22:37; Sal 18:36; Jer 6:24; 50:43

flaquee   Jn 16:1

flaqueen   Sal 69:23

flaqueó   Ro 4:19

flaqueza   Heb 11:34

flauta   Gn 4:21; Job 21:12; 30:31; Mt 11:17; Lc 7:32; 1Co 14:7

flautas   1S 10:5; 1R 1:40; Sal 150:4; Is 5:12; 30:29; Jer 48:36; Dn 3:5,10; Ap 18:22

flautistas   Mt 9:23

flecos   Nm 15:38-39

flecha   1S 20:36-38; 2R 9:24; 19:32; Job 20:24-25; Sal 91:5; Pr 7:23; Is 7:24; 37:33; 49:2; Jer 9:8; Ez 5:16; Zac 9:13-14

Flecha   2R 13:17

flechazos   Éx 19:13

Flegonte   Ro 16:14

floral   1R 7:49; 2Cr 4:21

florece   Sal 52:8

Florece   Ez 7:10

florecen   Sal 92:12-13; 103:15; Cnt 7:12; Os 10:4

florecer   Job 15:33; Is 17:11; Ez 17:24; Os 14:5

florecerá   Job 14:9; Is 27:6; 35:1; 66:14

Florecerá   Ec 12:5; Is 35:2

floreciendo   Job 8:12

floreció   Gn 40:10

flores   Éx 25:31; 37:17,19; Nm 8:4; 17:8; 1R 6:18,29, 32,35; Job 14:2; Sal 37:20; Cnt 2:12; 4:13

florezca   Sal 72:7

florezcan   Sal 92:7

flota   1R 9:26-27; 10:11,22; 22:48; 2Cr 9:21; 20:36; Dn 11:40

flotando   1R 5:9

flotante   Hch 27:17

flotas   Ap 18:19

flote   Gn 7:18; 2R 6:6

fluctuante   Sal 78:8

fluían   Jos 3:16; Job 29:6; Ez 47:2

fluidez   Is 32:4

fluir   Jos 3:16; Job 6:17; Ec 1:7

fluirá   Jl 3:18; Zac 14:8

flujo   Lv 12:4-5,7; 15:3-13, 15,25-26,28, 30,33; 20:18; Nm 5:2

fluya   Am 5:24

fluyan   Sal 104:10

fluye   Pr 5:3,15; Cnt 5:13; Zac 4:12

fluyen   Dt 8:7; Job 36:27; Sal 147:18; Jer 18:14; Ez 47:8

fluyeran   Sal 78:16

fogata   Lc 22:55; Jn 18:18; Hch 28:2

fogatas   Jue 5:16

fogón   2R 4:38; Ez 43:15-16

fogones   Lv 11:35; Ez 46:23

fogosos   Jer 5:8

follaje   Sal 80:10; 104:12; Pr 11:28; Is 33:9; Ez 17:6; 19:11; 31:6,8; Dn 4:12,21

Fomentamos   Is 59:13

fomentan   Sal 140:2

fomentar   Lc 23:14

fondo   Éx 14:27; 15:8; Dt 28:13; 1S 24:3; 1R 6:16; Sal 33:15; 46:2; 139:8; Pr 7:18; 9:18; Is 14:19; 24:18; 51:17; Ez 27:27; 41:5; 46:19; Am 9:3; Jon 1:5; Mi 7:19; Hch 27:41

fondos   Mal 3:10

forastero   Dt 14:21; 15:3; 17:15; Jue 17:7; 19:16; Mt 25:35,38,43-44

forasteros   Éx 6:4; Lv 25:23; Jer 25:20

forja   Is 44:12; 54:16

forjada   Ez 21:30

forjado   Ez 27:19

forjador   Gn 4:22

forjaran   1S 13:19

forje   Is 54:17

Forjen   Jl 3:10

formación   Éx 13:18; Dt 28:7,25; Pr 30:27; Is 14:31; Jer 50:42; Jl 2:5,7

formado   Gn 2:8; Dt 26:19; Sal 139:15; Jer 15:17; Gá 4:19; 1Ti 2:13; Heb 11:3

formados   Éx 12:17

formar   Gn 30:3; 32:10; 34:22; Éx 25:36; 26:11; 30:2; Rt 4:11; 2Cr 31:7; Neh 13:1

formarte   Jer 1:5

formas   Est 1:7; 1P 4:10

fórmula   Éx 30:32,37

formulan   Hch 25:11

formulando   Hch 25:7

formular   Hch 24:19

formulen   Hch 25:5

fruta   2S 16:2; Am 8:1-2
frutal   Neh 10:35
frutales   Lv 19:23; Dt 20:20;
  Neh 9:25; Sal 148:9; Ec 2:5;
  Ez 47:12
frutas   Gn 30:14; 2R 4:39
fuegos   Is 50:11
fuelles   Jer 6:29
Fuente   Neh 2:14; 3:15; 12:37
fuentes   Gn 7:11; 8:2; Lv
  11:36; Nm 7:84; 33:9; Dt 8:7;
  1R 18:5; Job 28:11; 38:16; Sal
  74:15; 107:35; Pr 5:16; 8:28;
  Is 12:3; Jer 52:19; Os 13:15;
  2P 2:17; Ap 7:17
Fuerte   Is 1:24
fuertemente   Is 8:11; Ap 8:13
fuga   Lv 26:36; 1S 19:10; 31:7;
  2S 10:14; 17:2; 22:15; 2R
  3:24; 7:7; 1Cr 10:7; 19:15; Sal
  18:14; 68:14; 78:9; 104:7; Is
  10:31; Lm 1:6; Heb 11:34
fugaces   Sal 144:4; Jud 13
fugaz   Ec 9:9
fugitivo   Gn 4:12,14; Pr 28:17;
  Ez 24:26-27; 33:21-22
fugitivos   Nm 21:29; Jos 8:22;
  1Cr 4:43; Is 15:5,9; 16:3-4;
  21:14; 43:14; 45:20; Jer 44:14;
  48:45; 49:5; 50:28; Heb 11:37
fulgor   Nah 3:3; Hab 3:11
fulgura   Lc 17:24
fulgurante   Ez 1:4
fulgurar   Ez 21:10
fulminado   2S 6:7
fulminará   Os 6:5
función   1Cr 23:28,31; 2Cr
  26:18; Ro 12:4; 1Ti 3:1
funcionario   Gn 37:36; 39:1;
  2R 8:6; 18:17; 2Cr 26:11; Jer
  38:7; 39:3,13; Jn 4:46,49; Hch
  8:27; 28:7
funciones   Nm 3:7-8; 8:25; Dt
  17:9,12; 19:17; Jos 20:6; 1Cr
  9:22; 24:3; 26:29; 2Cr 34:18;
  35:2; Esd 6:18; 1Co 12:6;
  Heb 7:23
funda   Jn 18:11
fundación   Éx 9:18; Is 40:21
fundada   Nm 13:22
fundamento   2R 18:20; Sal
  89:14; Is 36:5; Ro 15:20; 1Co
  3:11-12; Ef 2:20; 1Ti 3:15; 2Ti
  2:19
fundamentos   1S 2:8; Sal 11:3;
  Pr 8:29; Heb 6:1
fundan   Ez 24:11
fundará   Is 16:5
fundaron   Sal 107:36
fundaste   Sal 89:11

fundición   Jue 17:3-4;
  18:14,17-18; 1R 8:51; Sal
  106:19; Os 13:2
fundida   Is 48:5
fundidas   Éx 38:27; Nm 33:52;
  1R 7:24,37; 2Cr 4:3; 28:2
fundido   Éx 32:4,8; 34:17; Lv
  19:4; Dt 9:12,16; 27:15; 1R
  7:16,23,33; 2Cr 4:2; 34:3-4;
  Neh 9:18; Hab 2:18
fundidor   Zac 11:13; Mal 3:2-3
fundidos   1R 7:30; 2R 17:16;
  Ez 22:22; Nah 1:14
fundir   1R 7:46; 2Cr 4:17; Jer
  11:4
fundirlos   Ez 22:20
fundirse   Dn 2:43
fundó   Jue 1:26
fúnebre   Jer 16:7; Ez 27:2; Am
  5:1; Lc 7:32
fúnebres   2Cr 35:25; Am 8:10
funeral   Ec 7:2; Jer 34:5
fungían   Éx 18:26
fungirán   Ez 44:24
funjan   Éx 18:22
Furá   Jue 7:10-11
furia   Dt 29:24,28; 1S 28:18; 2R
  3:27; 2Cr 28:9; Est 2:1; 7:10;
  Job 39:21; 40:11; Sal 46:3;
  69:24; 76:10; Pr 6:34; 20:2;
  27:4; Is 14:4,6; 51:13, 17,20,
  22; Jer 46:9; Lm 2:6; Ez
  13:13,15; 19:12; 20:33-34; Jon
  1:15; Mi 7:9; Zac 8:2; Gá
  1:13; Heb 11:34
furiosamente   Jue 15:8; Dn 8:6
furiosas   2Cr 25:10
furioso   Nm 31:14; 1S 17:28;
  Sal 78:21,59,62; Dn 3:19;
  Hch 12:20
Furioso   2R 5:12
furiosos   2S 17:8
furtivamente   2S 19:3
Fut   Gn 10:6; 1Cr 1:8; Jer 46:9;
  Ez 27:10; 30:5; 38:5; Nah 3:9
Futiel   Éx 6:25
futitas   1Cr 2:53
futura   Job 8:7; Pr 23:18
futuras   Éx 12:14,17,42;
  16:32-33; 29:42; 30:8,10;
  31:16; Dt 29:22; Jos 22:27;
  Sal 22:30; 48:13; 102:18; Jl
  2:2
futuro   Gn 49:1; Dt 6:20; Jos
  4:6,21; 22:24,27; 2S 7:19; 1Cr
  17:17; Pr 10:28; 24:14; Is 9:1;
  41:23; 42:23; 45:11; Jer 29:11;
  31:17; Ez 12:27; Dn 2:45;
  9:26; 10:14; 1Ti 6:19; Heb
  3:5; 11:20
futuros   Gn 19:14

Fuvá   Gn 46:13; Éx 1:15; Nm
  26:23; Jue 10:1; 1Cr 7:1
fuvitas   Nm 26:23
Gaal   Jue 9:26,28,30-31,33,
  35-37,39,41
Gaas   Jos 24:30; Jue 2:9; 2S
  23:30; 1Cr 11:32
Gabaón   Jos 9:17; 10:1-2,
  4-5,10,12,41; 11:19; 18:25;
  21:17; 2S 2:12-13,16,24; 3:30;
  5:25; 20:8; 1R 3:4; 9:2; 1Cr
  8:29; 9:35; 14:16; 16:39;
  21:29; 2Cr 1:3,5,13; Neh 3:7;
  7:25; Is 28:21; Jer 28:1; 41:12
gabaonita   1Cr 12:4
gabaonitas   Jos 9:3,14,16,
  22,24,26; 10:6; 2S 21:1-2, 4,9
Gabatá   Jn 19:13
Gabay   Neh 11:8
Gabriel   Dn 8:16-18; 9:21; Lc
  1:19,26
gacela   Gn 49:21; Dt 12:15, 22;
  14:5; 15:22; 2S 2:18; Pr 5:19;
  6:5; Cnt 4:5; 7:3; Is 13:14;
  Hab 3:19
gacelas   1R 4:23; 1Cr 12:8; Job
  39:1; Cnt 2:7; 3:5
Gadá   Jos 15:27
gadarenos   Mt 8:28
Gader   1Cr 2:51
Gadí   Nm 13:11; 2R 15:14, 17
Gadiel   Nm 13:10
gaditas   Nm 32:6,25,29,31,
  33-34; Dt 3:12,16; 4:43; 29:8;
  Jos 1:12; 12:6; 13:8; 22:9,11,
  30,32,34; 1Cr 5:18,26; 12:8,14
Gaján   Gn 22:24
Gajar   Esd 2:47; Neh 7:49
gala   1S 14:48; Sal 68:28; 73:6;
  75:5; 98:2; Is 3:22; 52:1
galaadita   Nm 26:29; Jue 11:1;
  12:7; 2S 17:27; 19:31; Esd
  2:61; Neh 7:63
galaaditas   Jos 17:1; Jue
  12:4-5; 2R 15:25
Galacia   Hch 16:6; 18:23; 1Co
  16:1; Gá 1:2; 2Ti 4:10; 1P 1:1
Galal   1Cr 9:15-16; Neh 11:17
galardón   Is 40:10
Gálatas   Gá 3:1
gálbano   Éx 30:34
galerías   Ez 41:15-16; 42:3,5
galileo   Mr 14:70; Lc 22:59;
  23:6; Hch 5:37
galileos   Lc 13:1-2; Jn 4:45;
  Hch 2:7
Galileos   Hch 1:11
Galín   1S 25:44; Is 10:30
Galión   Hch 18:12,14,17
galopan   Jue 5:22; Jl 2:4; Am
  6:12
galopar   Nah 3:2

galope Job 39:21; Jer 47:3; Hab 1:8

gallina Mt 23:37; Lc 13:34

gallinazo Dt 14:13

gallo Job 38:36; Pr 30:31; Mt 26:34,74-75; Mr 13:35; 14:30,72; Lc 22:34,60-61; Jn 13:38; 18:27

Gamad Ez 27:11

Gamaliel Nm 1:10; 2:20; 7:54,59; 10:23; Hch 5:34, 39; 22:3

Gamul 1Cr 24:17; Jer 48:23

gana Pr 9:7; 10:22; 11:16; Ec 2:22; 6:8,11; Mi 7:3; Hch 24:10; Ro 3:1; 2Co 8:11; 9:7; 11:19; 12:15; Ef 6:7; Col 3:23

ganadería Nm 32:1,4

ganados Gn 7:23; 13:7; 32:18; Éx 9:3,7,19-21; 10:9,24; 12:32; Nm 32:26; Dt 7:13-14; 8:13; 12:6,17, 21; 23:18; 1S 23:5; 1Cr 4:39,41; 5:9; 7:21; Job 1:10; Sal 147:9; Jer 5:17; Ez 38:13; 1P 3:1

ganancia Pr 10:16; 11:18; 21:5; Ec 10:11; Is 33:15; 56:11; Hch 19:24; Fil 1:21; 3:7

ganancias Éx 18:21; 2R 8:6; Job 20:18; Sal 119:36; Pr 1:19; 3:14; 11:18; 15:6; 31:11,16; Is 23:3,18; Jer 6:13; 8:10; 22:17; Ez 22:13,27; 33:31; Os 12:8; Mi 4:13; Hab 2:9; 1Ti 3:8; 6:5-6; Tit 1:7,11

ganar Gn 29:15; 30:28; Pr 15:32; 16:8; Dn 2:8; 10:12; Mal 1:9; Mt 16:26; 23:15; Mr 8:36; Lc 9:25; 16:9; Hch 16:19; 1Co 9:19-22; Fil 3:8,14; Jud 11

ganarlos 1Co 9:20

ganarme Gn 33:8; Gá 1:10

ganarnos 1Co 9:6

ganarse Gn 32:5; 34:3; 2R 15:19; Neh 1:11; Job 11:19; Pr 20:17; Is 63:12; Jer 44:8; Os 5:15; Hch 7:10; Ef 6:6; Col 3:22; 2Ts 3:12

ganárselos Gá 4:17

ganarte Am 7:12

ganas Gn 27:46; 1R 19:4; 2R 10:18; Sal 30:9; 1Ts 3:6

gancho Job 41:2

ganchos Éx 26:6,11,32-33,37; 27:10-11,17; 35:11; 36:13, 18,36,38; 38:10-12,17,19, 28; 39:33; Ez 40:43

gangrena 2Ti 2:17

garabatos 1S 21:13

garantía Gn 38:17; Jos 2:12; Pr 20:16; 27:13; 2Co 1:22; 5:5; Heb 11:1

garantiza Ef 1:14; Heb 7:22

Garantiza Sal 119:122

garantizada Ro 4:16

garbo Pr 30:29

Gareb 2S 23:38; 1Cr 11:40; Jer 31:39

garfios 2Cr 33:11; Ez 29:4; 38:4; Am 4:2

garganta Nm 11:6; Job 24:12; Sal 5:9; 69:3; 115:7; 119:20; 149:6; Pr 23:7; 25:25; Is 5:14; 29:8; Jer 2:25; Hab 2:5; Ro 3:13

garmita 1Cr 4:19

garras Gn 37:21; 1S 17:37; Job 6:23; 16:11; Sal 49:15; Jer 15:21; Dn 4:33; 6:27; 7:19; Hab 2:9

garrotazos Pr 10:13

garrote Pr 26:3; Is 10:5

garza Sof 2:14

garzas Lv 11:19; Dt 14:18

gastadas Jos 9:5,13

gastado Gn 31:15; Is 49:4; Mr 5:26; Lc 15:14

gastan Is 55:2

gastará Is 51:6

gastarán Is 50:9

gastaré Dt 32:23; 2Co 12:15

gaste Ec 5:11; Lc 10:35

gastemos Mr 6:37

gastes Pr 31:3

gasto Esd 7:20

gastó Dt 8:4

gastos 2R 12:12; Esd 6:4,8; Neh 10:32; Hch 21:24; 1Co 9:7; Fil 4:15

Gat Jos 11:22; 13:3; 19:13, 45; 21:24-25; 1S 5:8; 6:17; 7:14; 17:4,23,52; 21:10,12; 22:1; 27:2,4,11; 2S 1:20; 6:10-11; 15:18; 21:20; 1R 2:39,41; 2R 12:17; 14:25; 1Cr 6:69; 8:13; 13:13; 18:1; 20:6; 2Cr 11:8; 26:6; Am 6:2; Mi 1:10,14

Gatán Gn 36:11,16; 1Cr 1:36

gavilanes Lv 11:14; Dt 14:15

gavilla Gn 37:7; Lv 23:10-11,15; Dt 24:19

gavillas Gn 37:7; Jue 15:5; Rt 2:7,15; Job 5:26; Sal 72:16; 126:6; Jer 9:22; 50:26; Mi 4:12; Zac 12:6

gaviota Dt 14:15

gaviotas Lv 11:16

Gayo Hch 19:29; 20:4; Ro 16:23; 1Co 1:14; 3Jn 1

Gaza Gn 10:19; Dt 2:23; Jos 10:41; 11:22; 13:3; 15:47; Jue

1:18; 6:4; 16:1-2,21; 1S 6:17; 1R 4:24; 2R 18:8; Jer 25:20; 47:1,5; Am 1:6-7; Sof 2:4; Zac 9:5; Hch 8:26

Gazán Esd 2:48; Neh 7:51

Gazez 1Cr 2:46

Ge 1Cr 4:14

Gedeoni Nm 1:11; 2:22; 7:60,65; 10:24

Gemelo Jn 11:16; 20:24; 21:2

gemido Is 15:8; 21:2; 35:10; Jer 25:36; Ez 26:15; Zac 11:3

gemidos Job 3:24; Sal 5:1; 79:11; 102:5; Is 51:11; Jer 4:31; 9:19; Lm 1:22; Ez 2:10; 27:31; Sof 1:10; Ro 8:26

gemir Éx 6:5; Jue 2:18; Sal 32:3; Jer 45:3; Lm 1:21

genealogía Nm 1:20,22,24, 26,28,30,32,34,36,38,40, 42; 1Cr 5:1,17; Heb 7:3

genealogías Gn 10:32; 1Ti 1:4; Tit 3:9

genealógica Mt 1:1

genealógicas 1Cr 9:1

genealógico 1Cr 26:31; 2Cr 31:16; Neh 7:5

genealógicos 1Cr 4:33; 5:7; 7:2,4,9,40; 8:28; 9:9, 22,34; Esd 2:62; 8:1; Neh 7:64

genera Job 15:35; Pr 13:10; 19:21

general 1S 14:50; 17:55; 2S 2:8; 8:16; 10:16,18; 17:25; 19:13; 20:23; 1R 1:19; 11:15,21; 2R 16:15; 1Cr 18:15; Neh 10:34; Jer 51:27; Dn 11:18; Hch 2:47; 5:21

generales 1S 29:3-4,9; 2S 18:5; 19:6; 2R 24:12,14

generan Is 59:6; 1Ti 6:4

género Job 34:15; 36:25,28; Pr 8:31; Ec 1:13; 3:10; 7:29; Jl 2:28; Hch 2:17; 1Co 10:13; Tit 3:3; Ap 16:18

generosa 2Co 9:5,13

generosamente Dt 15:8; Sal 84:11; Ro 8:32; Stg 1:5

generosidad Est 2:18; Sal 37:21,26; 112:5; Pr 21:26; Hch 2:46; Ro 12:8; 2Co 8:2; 9:11

generoso Nm 10:29; Dt 15:10-11; 28:12; Pr 11:25; 22:9; Is 55:7; Mt 20:15; 2Co 8:20

generosos Nm 10:29; 2Co 9:11; 1Ti 6:18

Genesaret Mt 14:34; Mr 6:53; Lc 5:1

genio 1S 25:17; Pr 21:19

genitales Éx 20:26; Dt 25:11;
Ez 16:26; 23:20
Gente Dt 15:11; job 30:8; Sal
35:15; 86:14; 119:161;
Is 61:5; Jer 22:8
gentileza 1Co 4:13; 1P 3:16
genuina Jer 2:21
gerasenos Mr 5:1; Lc 8:26, 37
gergeseos Gn 10:16; 15:21; Dt
7:1; Jos 3:10; 24:11; 1Cr
1:14; Neh 9:8
germina Ez 7:10
germinar Is 55:10
germinará Dt 29:23
germinen Is 61:11
germinó Ez 17:6
gestación Job 39:2; Sal 139:16
gestará Gn 48:19
gesto Hch 24:10
Getsemaní Mt 26:36; Mr 14:32
Geuel Nm 13:15
gigante 2S 21:16,18,20; 1Cr
20:6
gigantes Gn 6:4; Dt 2:11,20;
3:11,13; 2S 21:22; 1Cr 20:4
gigantesca Zac 4:7
gigantescas Ez 17:7
gigantesco Ap 9:2
gira Pr 26:14
giraba Jos 15:7,10-11; 18:17;
19:12,14,27,29
girando Ec 1:6
girar Jós 19:13; Ec 1:6
girará Jer 31:39
giratorias 1R 6:34; Ez 41:24
giro Jos 19:29
Gloria 1S 15:29
gloría Sal 34:2
gloriarán Jer 4:2
gloriarás Is 41:16
gloriaremos Sal 44:8
gloriarse Is 10:15; Jer 9:24;
1Co 1:31; 2Co 10:17
gloríe Jer 9:23-24, lCo 1:31;
2Co 10:17
Gloríense 1Cr 16:10
glorificado Is 26:15; 49:3;
66:5; Ez 28:22; Jn 7:39; 11:4;
12:16,23,28; 13:31-32; 14:13;
15:8; 17:4,10; Hch 3:13;
19:17; 2Ts 1:10,12
glorificar Jn 7:18
glorificarlo Jn 12:28
gloriosa Éx 29:43; Is 3:8;
28:1,4-5; 42:21; 63:15; Ro
8:21; Ef 1:6,18; Col 1:27; 2Ti
2:10; Tit 2:13; Jud 24
gloriosamente Sal 112:9
gloriosas Sal 45:4; 66:2; 87:3;
Ro 9:23, Ef 3:16; Fil 4:19
Gloriosas Sal 111:3
glorioso Dt 28:58; 1Cr 29:13,

25; Neh 9:5; Sal 66:2; 72:19;
Is 4:2;11:10; 24:23; 60:7;
63:12,14; 64:11; Jer 14:21;
Mt 19:28; 25:31; Mr 10:37;
Lc 9:3l; 2Co 17-10,4:4, Ef
1:17; Fil 3:21; Col 1:11;1Ti
1:11; Stg 2:1; 1P 1:8; 4:14
gloriosos Is 22:18
glotón Nm 11:34; Mt 11:19;
Lc 7:34
glotonería Pr 23:2
glotones Pr 23:21; Tit 1:12
Gnido Hch 27:7
Goa Jer 31:39
Gob 2S 21:18-19
gobernado Jue 9:22; 16:31; Is
3:12; 26:13; 63:19
gobernadores 1S 8:1;1R
4:5,7,27; 10:15; 2Cr 9:14;
23:20; Esd 4:9; 8:36; Neh
2:7,9,16; 5:15; Est 1:3; Jer
51:28,57; Ez 22:6; 23:6,12;
Dn 3:2-3,27; 6:7;11:39; Mt
10:18; Mr 13:9; Le 21:12;
Hch 19:38; 1P 2:14
gobernar Gn 1:16,18; 1S 7:6;
2S 12:8; 1R 3:9; 5:7; 11:34;
2Cr 1:10-11; Job 34:17; Pr
14:28; 19:10; Jer 33:26; Dn
7:6; Abd 21; Zac 6:13; Mt
19:28; Ro 13:6; 15:12; 1Ti
3:4,5,12; Ap 17:17-18
gobernarlo 2Cr 1:10
gobernarte Dt 28:36
gobierno 1R 11:24; 14:19; 2R
15:5; 2Cr 26:21; Esd 5:6; Jer
45:1; 46:2; Dn 11:4; Lc 19:l7;
Ef 1:21
Gog 1Cr 5:4; Ez 38:2-3,
14,16,18,21-22; 39:0,1,11,15;
Ap 20:8
Golán Dt 4:43; Jos 268, 21:27;
1Cr 6:71
golfo Is 11:15
Gólgota Mt 27,33; Mr 15:22;
Jn 19:17
Goliat 1S 17:4,8,23-24,54,57;
21:9; 22:10; 2S 21:19; 1Cr
20:5
golondrina Sal 84:3; Pr 26:2;
Is 38:14; Jer 8:7
golpe Éx 17:6; 21:20,25; Dt
20:19; 1S 19:10; 26:8; 2S
2:23; 14:6; Is 30:32; Jer
14:17; Ez 24:l6
golpeado 2R 13:19, Job 4:5;
19:21; Pr 23:35; Is 27:7;
53:4,8; Jer 30:14
golpeados 2Co 69
golpear Éx 7:17; Ec 10:10; Am
6:11; Mt 24:49; Lc 12;45;
13:25; Hch 21:32; 23:3

golpearlo Jer 37:15; Lc 22:63
golpearme Gn 4:23
golpes Job 20:23; 41:29; Sal
39:10; Pr 6:33; 20:30; Is 1:5;
14:6; 24:13; Jer 31:19; Ez
21:12; Mi 6:13, Lc 12:47-48;
Hch 16:23; 1Co 9:26; Heb
11:35
gómer Éx 16:36
Gómer Gn 10:2-3; 1Cr 1:5-6;
Ez 38:6; Os 1:3,6,8
Gomorra Gn 10:19; 13:10,
14:2,8,10-11; 18:20;
19:24,28; Dt 29:23; 32:32; Is
1:9-10; 13:19; Jer 23:14;
49:18; 50:40; Am 4:11; Sof
2:9; Mt 10:15; Ro 9:29; 2P
2:6; Jud 7
gorda Ez 24:5
gordas Gn 41:2,4,18,20; Ez
34:3,16,20; Zac 11:16
gordo Ex 29:20; Lv 8:23-24;
14:14,17,25,28; Jue 3:17; 1S
28:24; Lc 15:23,27,30
gordos Jue 1:6-7;1S 15:9; Jer
5:28
gordura Dt 32:38, Jue 3:22; Is
10:27; 17:4
gorrión Sal 84:3; Pr 26:2
gorriones Mt 10:29,31; Lc
12:6-7
Gosén Gn 45:10; 46:28-29,34;
47:1,4,6,27; 50:8; Éx 8:22;
9:26; Jos 10:41; 11:16; 15:51
gota Is 40:15
gotas Job 36:27; 38:28; Cnt
5:5; Lc 22:44
gotera Pr 19:13
Gotera Pr 27:15
Goyim Gn 14:1,9; Tos 12:23;
Jue 4:2,13,16
Gozán 2R 17:6; 18:11; 19:12;
1Cr 5:26; Is 37:12
gozar Dt 28:30; 2Cr 32:27; Sal
34:12; 91:16; Ec10:19; 1P
3:10
goznes 1R 7:50; Pr 26:14
gozo Dt 28:47, lCr 16:33; 2Cr
20:27; 23:18; 30:21,23; Esd
6:22; Neh 8:10; Sal 51:8;
89:42; Pr 12:20; Is 22:13;
51:11; 58:14; 60:5; Jer 15:16;
25:10; 31:13; 33:9,ll; 48:33;
Lm 5:15; Ez 24:25; Sof 3:17;
Zac 8:19; Lc 1:14; 6:23; Hch
2:26; 5:41; Heb 12:2; 1P 1:8
gozosa Heb 12:22
grabada Éx 28:21; 32:16; 39:14
Grabada Is 49:16
grabadas Job 19:23-24

grabado Is 56:5; Jer 17:1; 2Co 3:7

grabados 2Cr 2:7; Ez 40:16,26, 31,34,37; 41:18-20,25-26

Gracia Zac 11:7,10

gradas 2R 20:9-11; Neh 3:15; 12:37; Is 38:8; Ez 40:6,22,26,31,34,37,49; 43:17; Hch 21:35,40

grado Gn 42:30; Éx 1:7; Lv 19:5; Dt 9:8,19; 28:55; Jue 3:8; 4:15; 2R 6:25; 24:20; Jer 52:3; Dn 7:28; Hch 19:12

gramos Gn 24:22; Éx 30:13,15; 38:26; Lv 27:25; Nm 3:47; 7:13-14,19-20, 25-26,31-32,37-38,43-44,49-5 0,55-56,61-62,67-68,73-74,79-80,85-86; 18:16; 1S 9:8; 13:21; Neh 10:32

Gran Pr 17:22; Hch 8:10

GRAN Ap 17:5

granada Éx 28:34

granadas Éx 28:33; 39:24-26; Nm 13:23; 1R 7:18,20,42; 2R 25:17; 2Cr 3:16; 4:13; Cnt 4:3,13; 6:7; 8:2; Jer 52:22-23

granado 1S 14:2; Hag 2:19

granados Nm 20:5; Dt 8:8; Cnt 6:11; 7:12; Jl 1:12

granate Ez 28:13

Grande Neh 9:37; Sal 48:1; 96:4; 99:2; 117:2; 119:156; 145:3; Jer 10:6; Hch 19:28,34

grandemente Jos 10:2; Sal 47:10; 2Co 10:15; Heb 10:35

Grandes Job 37:23; Sal 111:2; Lc 14:25; Ap 15:3

grandeza Éx 15:11; Dt 3:24; 9:26; 32:3; 1Cr 29:11; Est 10:2; Sal 71:8; 89:1; 93:1; 145:3,6; 150:2; Is 12:4; Ez 31:2,18; 36:23; 38:23; Dn 4:22; 5:18; 7:27; 8:8; Hab 1:7; Lc 9:43; Ef 1:19; Heb 7:4; 2P 1:16

grandezas Sal 131:1

grandiosa Ef 1:19

grandioso Dt 4:32; 1S 12:16; 2R 10:19; Sal 99:3; 104:1

grandiosos Jer 32:19; Mr 13:2

granero 2R 6:27; Pr 14:4; Hag 2:19; Mt 3:12; 13:30; Lc 3:17; 12:24

graneros Gn 41:56; Éx 22:29; Dt 28:8; 1S 23:1; Sal 144:13; Pr 3:10; Jer 50:26; Jl 1:17; Mt 6:26; Lc 12:18

granizada Éx 9:18; Jos 10:11; Ap 11:19

granizar Éx 9:29,33

granizo Éx 9:19,22-25,28,34; 10:5, 12,15; Job 38:22; Sal 78:47-48; 105:32; 147:17; 148:8; Is 28:2,17; 30:30; 32:19; Ez 13:11,13; 38:22; Hag 2:17; Ap 8:7

granizó Éx 9:26

granizos Sal 18:12-13; Ap 16:21

granos Sal 139:18; Is 48:19; Jer 33:22; Ez 45:11

Grata Ec 11:7; Cnt 1:3

gratas 1R 8:56

gratis Gn 29:15; Nm 11:5; Mt 10:8

gratitud Sal 50:14,23; 56:12; 107:22; 116:17; 147:7; Jer 30:19; Am 4:5; Jon 2:9; Hch 24:3; 1Co 10:30; Col 2:7; 3:16; Heb 12:28

gratos Esd 6:10; Os 9:4; 1Ts 3:6

gratuitamente Mt 10:8; Ro 3:24; 1Co 9:18; 2Co 11:7; Gá 3:18; Ap 21:6; 22:17

gratuitas Pr 23:29

gratuitos Sal 38:19; 69:4

grava Sal 147:17

grave Gn 41:9; Dt 15:21; 1S 15:23; 1R 17:17; 2Cr 16:12; 21:15; Esd 9:13; Ez 25:12; Zac 1:15; Hch 18:14; 1Co 6:7

Grave Lm 1:8

gravemente 1S 31:3; 2S 12:15; 2R 20:1; 2Cr 24:25; 32:24; 35:23; Is 38:1

graves Gn 13:13; Mt 4:24; Hch 25:7

gravísimo Gn 18:20; 1S 2:17

graznan Sal 147:9

graznidos Sof 2:14

Grecia Is 66:19; Ez 27:13; Dn 8:21; 10:20; Zac 9:13; Hch 20:2

griega Hch 6:1; 9:29; 11:20

griego Dn 11:2; Jn 19:20; Hch 16:1,3; 21:37; Gá 2:3; 3:28; Col 3:11; Ap 9:11

griegos Ez 27:19; Jl 3:6; Jn 7:35; 12:20; Hch 14:1; 17:4,12,17,28; 18:4; 19:10,17; 20:21; 21:28

grieta Jer 13:4

grietas Job 30:6; 39:28; Sal 60:2; Cnt 2:14; Is 2:19; 57:5; Jer 16:16; Am 9:11

grilletes Sal 105:18; 149:8; Mr 5:4

grillos Lv 11:22

gritar Gn 39:15; Nm 14:1; 16:34; Dt 22:24; Jos 6:5,10, 16; 1S 4:5,13; 5:10; 30:4; 2S

20:1; 1R 18:28; 2R 2:12; Is 42:14; Jer 20:8; Mt 27:50; Mr 6:49; 10:47-48; Lc 9:39; 18:39; 23:21; Jn 18:40; Hch 14:11; 19:28,34

gritería 2R 11:13; 2Cr 23:12

griterío 1S 4:6,14; Sal 74:23

grito Gn 27:34; 1S 28:12; 2Cr 13:15; Job 19:7; Is 8:9; 15:8; 24:18; Jer 3:21; 4:19; 30:5; 31:15; 33:11; 49:2; Lm 3:8; Ez 21:22; 27:28; Os 5:8; Sof 1:16; Mt 2:18; 25:6; Mr 15:37,39; Lc 8:28; Ap 10:3

grosero 1S 25:25

groseros Ef 5:4

grosor 1R 7:26; 2Cr 4:5

grueso Éx 9:14; 1R 12:10; 1Cr 20:1; 2Cr 10:10; Job 15:26; Ez 40:48

grulla Is 38:14; Jer 8:7

gruña Job 4:10

gruñe Is 5:29; 31:4

Gruñe Am 3:4

gruñen Jer 51:38

gruñendo Sal 59:6,14

gruñidos Jer 2:15

gruñimos Is 59:11

grupo Gn 32:8,19; Nm 16:5; 1S 10:5,10,26; 19:20-21; 2S 2:25; 2R 19:31; 2Cr 31:18; 35:5; Esd 8:20; Est 2:19; Is 37:32; Jer 44:15; Dn 11:23; Lc 1:5,8; 2:44; 5:29; 7:12; 24:22; Jn 8:3; Hch 1:15; 2:47; 19:9

grupos Gn 32:7; Dt 1:15; 1S 13:17; 2S 18:1,4; 2R 11:7; 1Cr 23:6; Job 1:17; Jer 6:11; 15:17; Mr 6:39-40; Lc 9:14; Hch 12:4; 1Co 11:19

grutas Is 2:21

guarda Jue 2:22; 2S 18:26; Job 33:31; Sal 103:9; Pr 3:1; 17:28; Ec 8:12; Dn 12:4; Am 5:13; Jn 8:52; 1Co 13:5

guardabosques Neh 2:8

guardados Is 45:3; Lc 12:19

guardado Éx 16:20; Dt 21:13; Sal 39:9; 50:21; Cnt 7:13; Is 42:14; Mal 2:9; 3:7; Mt 13:52; Lc 19:20; Jn 2:10; Ap 3:10

guardados 2R 11:10; 2Cr 23:9; 2P 3:7; Jud 1

guardaespaldas 1S 28:2

guardar Éx 16:19; 21:18; Lv 6:4; Job 34:29; Ec 3:6; Is 64:12; 1Ti 3:9; 2Ti 1:12

guardarlos 1Cr 9:28; Jud 24

guardarropa 2R 10:22

Guardia Neh 12:39

guardián 2Cr 31:14; Neh 3:29; Is 27:3; Jer 35:4

guardiana   Hch 19:35

guardianes   Ec 12:3; Is 56:10

guardias   Jos 10:18; 1S 22:17;
1R 1:5; 14:28; 2R 10:25;
11:4,11,13,18-19; 2Cr 12:11;
23:18; Mt 26:58; 28:4,11; Mr
14:54, 65; Jn 7:32,45-46;
18:3,12, 18,22,36; 19:6; Hch
5:22, 23,26; 12:6,19;
16:35,37-38

guarecen   2S 11:11

guarecían   Nah 2:11

guarida   Sal 10:9; Is 34:13; Jer
9:11; 10:22; 25:38; 49:33;
51:37; Am 3:4; Nah 2:11-12;
Sof 2:15; Ap 18:2

guaridas   Job 38:40; Sal
104:22; Cnt 4:8; Is 35:7

guarnición   1S 10:5; 13:3-4;
14:4,6,11-12,15; 2S 23:14;
1Cr 11:16

guarniciones   2S 8:6,14; 1Cr
18:6,13; 2Cr 17:2

Gudgoda   Dt 10:7

Gueba   Jos 18:24; 21:17; 1S
13:3,16; 14:5; 1R 15:22; 2R
23:8; 1Cr 6:60; 8:6; 2Cr 16:6;
Esd 2:26; Neh 7:30; 11:31;
12:29; Is 10:29; Zac 14:10

Guebal   1R 5:18; Sal 83:7; Ez
27:9

Guéber   Nm 33:35-36; Dt 2:8;
1R 4:13,19; 9:26; 22:48; 2Cr
8:17; 20:36

Guebín   Is 10:31

Guedalías   2R 25:22-25; 1Cr
25:3,9; Esd 10:18; Jer 38:1;
39:14; 40:5-9,11-16; 41:1-4,6,
9-10,16,18; 43:6; Sof 1:1

Guéder   Jos 12:13; 1Cr 27:28

Guederá   Jos 15:36; 1Cr 4:23;
12:4

Guederot   Jos 15:41; 2Cr 28:18

Guederotayin   Jos 15:36

Guedolín   Neh 11:14

Guedor   Jos 15:58; 1Cr 4:4,
17,39; 8:31; 9:37; 12:7

Guelilot   Jos 18:17; 22:10

Guemalí   Nm 13:12

Guemarías   Jer 29:3;
36:10-12,25

Guenubat   1R 11:20

Guerá   Gn 46:21; Jue 3:15; 2S
16:5; 19:16,18; 1R 2:8; 1Cr
8:3,5,7

Guerar   Gn 10:19; 20:1-2;
26:1,6,17,20,26; 2Cr 14:13-14

guerás   Ez 45:12

Guerizín   Dt 11:29; 27:12; Jos
8:33; Jue 9:7

guerras   Nm 21:14; Dt 4:34;
Jos 11:23; 14:15; Jue 3:1; 1R

5:3; 2R 14:28; 1Cr 22:8; 2Cr
12:15; 16:9; 27:7; Job 38:23;
Sal 46:9; Jer 5:12; Mt 24:6;
Mr 13:7; Lc 21:9; Stg 4:1

guerrera   Mi 5:1

guerreras   Is 9:5

guerrero   Éx 15:3; Jue 5:30;
6:12; 11:1; 1S 16:18; 17:4,
23,33; 2S 23:20; 1Cr 1:10;
11:22; 12:21,28; 2Cr 17:17;
28:7; Job 16:14; Sal 24:8;
78:65; 88:4; 120:4; 127:4; Is
3:2; 10:13; 42:13; 43:17;
49:25; Jer 14:9; 20:11; 46:12;
Sof 3:17; Zac 9:13; 10:7

guerrilleros   2R 13:20; 24:2;
Hch 21:38

Guersón   Gn 46:11; Éx 2:22;
6:16-17; 18:3; Nm 3:17,21;
4:28,41; 26:57; Jos 21:6,27,33;
Jue 18:30; 1Cr
6:1,16-17,20,43,62,71; 15:7;
23:6,15-16; 26:21,23; 2Cr
29:12; Esd 8:2

guersonita   1Cr 26:21; 29:8

guersonitas   Nm
3:18,21,23-25; 4:22,24,38; 7:7;
10:17; 26:57; 1Cr 23:7

Guerut   Jer 41:17

Guesán   1Cr 2:47

Guesén   Neh 2:19; 6:1-2,6

Guesur   Jos 12:5; 13:11,13; 2S
3:3; 13:37; 14:23,32; 15:8; 1Cr
2:23; 3:2

guesureo   Jos 13:2

guesureos   Dt 3:14; 1S 27:8

Guesurí   2S 2:9

Guéter   Gn 10:23; 1Cr 1:17

Guézer   Jos 10:33; 12:12;
16:3,10; 21:21; Jue 1:29; 2S
5:25; 1R 9:15-17; 1Cr 6:67;
7:28; 14:16; 20:4

guía   Nm 10:31; 14:14; Dt
10:11; 2R 2:3,5; Sal 23:3;
68:27; Pr 6:22; 11:3; 12:26; Is
33:22; 40:11; 48:17; 63:11; Mt
15:14; Hch 1:16; Ro 2:19; Gá
3:24-25; 5:18

Guiaj   2S 2:24

guiar   Éx 13:22; 33:12; 1S 8:3;
1Cr 15:21; Job 38:32; Is 9:16;
Lc 1:17,79; 6:39

guiarlos   Éx 24:12

guías   Éx 15:13; Sal 67:4;
73:24; 80:1; Is 3:12; 9:16; Mt
15:14; 23:16

Guías   Mt 23:24

Guibar   Esd 2:20

Guibetón   Jos 19:44; 21:23; 1R
15:27; 16:15,17

guiblitas   Jos 13:5

Guidalti   1Cr 25:4,29

Guidel   Esd 2:47,56; Neh
7:49,58

Guidgad   Nm 33:32-33

Guidón   Jue 20:45

Guiezi   2R 4:12-15,25,27,
29,31,36; 5:20-25,27; 6:17;
8:4-5

Guijón   Gn 2:13; 1R 1:33,
38,45; 2Cr 32:30; 33:14

Guilalay   Neh 12:36

Guilboa   1S 28:4; 31:1,8; 2S
1:6,21; 21:12; 1Cr 10:1,8

Guilgal   Dt 11:30; Jos 4:19;
5:9; 9:6; 10:6-7,9,15,43; 12:23;
14:6; 15:7; Jue 2:1; 3:19; 1S
7:16; 10:8; 11:14-15; 13:4,7,
12,15; 15:12,21,33; 2S 19:15,
40; 2R 2:1; 4:38; Neh 12:29;
Os 4:15; 9:15; 12:11; Am 4:4;
5:5; Mi 6:5

Guiló   Jos 15:51; 2S 15:12

guilonita   2S 23:34

Guimzó   2Cr 28:18

Guinat   1R 16:21

Guinetón   Neh 10:6; 12:4,16

guiña   Pr 10:10; 16:30

guiñen   Sal 35:19

guiños   Pr 6:13

guirnaldas   1R 7:29-30,36;
Hch 14:13

guirzitas   1S 27:8

guisado   2R 4:38-40

guiso   Gn 25:29-30,34; 27:4,7,
9,14,17,31; Hag 2:12

Guispa   Neh 11:21

Guitayin   2S 4:3; Neh 11:33

guitita   2S 15:19,22; 18:2;
21:19,22; 1Cr 20:5,8

guititas   2S 15:18

guizonita   1Cr 11:34

gula   Ez 16:49

Guní   Gn 46:24; Nm 26:48;
1Cr 5:15; 7:13

gunitas   Nm 26:48

Gur   2R 9:27; 2Cr 26:7

gusano   Job 25:6; Sal 22:6; Is
41:14; 51:8; 66:24; Jon 4:7;
Mr 9:48

gusanos   Éx 16:20; Dt 28:39;
Job 7:5; 17:14; 21:26; 24:20;
Pr 10:7; Is 14:11; Hch 12:23

gusta   Gn 27:4,7,9; Jue 14:3; Pr
15:12; 17:19; Os 10:11; 12:7;
Mr 12:38; Lc 20:46

gustaba   Gn 25:28; 27:14; Jue
14:7

gustan   Jer 6:20

gustaría   Jue 13:15; 1S 29:6;
Job 11:5; 13:3; Hch 25:22

guste   Dt 14:26; Est 2:4

gusto   Dt 23:16; Jue 8:25; 2S
3:21; 1R 2:31; 11:37; Pr 1:11;

Ec 3:4; Os 9:2; Hag 1:8; Mr 6:20; Col 4:6

gustosa Pr 31:13

gustosamente 2Co 12:9

gustoso Pr 11:26

Habacuc Hab 1:1; 3:1

habas 2S 17:28; Ez 4:9

haberlas Dt 12:30; Job 8:18

habernos Nm 16:13

habérselas Gn 41:21; Mr 7:2

habidas Éx 18:21; Pr 1:19; 10:2; 31:11; 1Ti 3:8; Tit 1:7,11

hábil 1S 16:18; 1R 7:14; Sal 45:1; Cnt 7:1; Is 3:3; 40:20; Ez 28:5

hábiles Éx 35:10,35; 1Cr 5:18; 12:8; 2Cr 34:12; Pr 10:4; Jer 4:22; Ez 23:6,12; 27:9

habilidad Éx 31:6; 35:34; 36:1-2

habilidades Éx 28:3

habilitó Heb 9:2

HABITA Ez 48:35

habitable Sal 107:4,7,36

habitación Gn 43:30; Jue 3:20, 23-25; 15:1; 1S 3:2; 2S 13:10; 1R 1:15; 2R 23:11; 2Cr 3:11-12; Esd 10:6; Neh 13:5, 7-8; Sal 46:4; 2P 1:13

habitaciones 1Cr 9:33; 28:11; 2Cr 3:9; Neh 13:9; Sal 105:30; Is 26:20; Jer 22:13-14; Ez 40:17; 41:10; 42:1,4-13; 46:19

habitada 1Cr 11:4; Is 13:20; 40:22; 44:26; 45:18; Jer 17:25; 46:26; 50:13,39; Ez 26:17,20; Zac 12:6; 14:11

habitadas Ez 12:20; 36:35; Jl 3:20; Zac 7:7

habitado Gn 19:29; 1S 27:8; 2S 7:6; 1Cr 17:5

habitante Dt 17:2; 2S 17:27; Is 6:11; 12:6; 24:17; 33:24; Jer 4:29; 48:9,43; 51:62; Ez 7:7; Sof 2:5; 3:6

habitar Éx 29:46; Dt 12:5, 11,21; 14:23-24; 16:2,6,11; 26:2; Jos 17:12; 1R 8:29; 11:36; 14:21; 2R 21:7; 2Cr 6:6,20; 7:16; 12:13; Esd 6:12; Neh 1:9; 8:14; Sal 15:1; 27:4; 61:4; 84:10; 107:36; Pr 21:9, 19; 25:24; Is 33:14; Jer 7:12; 25:5; 51:29; Ez 26:20; 34:25; Os 14:7; Zac 2:10; Col 1:19

habitarla Dt 28:30

habitarlas Jer 35:9

hábitat Job 39:6

hábitos Ro 8:13

hablador Job 11:2

hablarle Gn 18:31; 44:18; 45:15; Dt 4:33; 5:26; 2S 14:15; Mt 11:7; Lc 7:24; Hch 21:39

hablarles Gn 42:24; Ez 3:1; Mt 22:1; Mr 12:1; Lc 1:22; 4:21; Hch 2:29; 11:15,20; Gá 4:20

hablarme Jn 19:10

hablarse Jer 23:35; Zac 8:16

hablarte 1R 22:24; 2Cr 18:23; Jer 36:2; Ez 2:1; 3:22

Hacatán Esd 8:12

hacedor Éx 15:11

Hacedor Job 35:10; 36:3; 40:19; Sal 95:6; Is 17:7; 45:9; Os 8:14

hacedores Sal 115:8; 135:18; Mt 7:23; Lc 13:27

hacerla Éx 30:36; Nm 22:23; 2S 7:23; 12:10; 1Cr 17:21; Is 26:5; 55:10; Am 6:11; Lc 6:48; Ef 5:26

hacerlas Ez 16:52

hacerles Gn 31:29,43; Lv 26:37; Nm 21:23,33; Dt 11:25; Jos 5:1; 7:12; 9:19; Jue 2:14; 20:13; 1S 6:6; 2S 3:39; 21:15; 1R 12:16; 2Cr 10:16; 13:7; Job 31:13; Sal 78:64; Jer 10:5; 18:10; 26:3; Ez 20:5,26; Zac 8:15; Mt 18:17; 21:24; Mr 11:29; Lc 6:9; 20:3; 2Co 2:1; Ap 11:5

hacerlos 1S 12:22; Sal 106:26; Ec 5:5; Is 1:2

hacerme Gn 50:20; Éx 6:12,30; 1S 17:9; 1R 21:2; Neh 6:2,13; Job 21:27; 27:2; 34:5; 38:3; 40:7; Sal 56:4-5,11; 59:10; 81:11; 140:4; 143:3; Mt 16:23; Hch 26:28

hacernos Gn 31:52; Éx 32:1,23; Job 22:17; Hch 7:40

hacerse Éx 30:37; 32:31; Lv 21:4; Nm 6:7; 1S 25:26; Is 19:15; Dn 11:27; Jon 1:4; Mt 20:26; Mr 3:21; 10:43; Jn 9:27; Hch 7:26; 11:23; 1Co 14:26,40; 2Co 11:12; Gá 3:13; Heb 10:2

hacerte Gn 37:10; Dt 4:38; 28:63; 1S 20:9,13; 25:34; 26:21; 2S 7:9,27; 14:18; 1R 13:7; 14:9; 22:16; 1Cr 17:8; 2Cr 18:15; Sal 21:11; 76:7; Is 63:14; Dn 9:18

hacienda 1S 25:2; 2S 6:12; 1R 2:34; Lc 11:21

hacha Dt 20:19; Jue 9:48; 1S 13:21; 2R 6:5-6; Sal 35:3; Ec

10:10; Is 10:15,34; Mt 3:10; Lc 3:9

hachas 1S 13:20; 2S 12:31; 1Cr 20:3; Sal 74:5-6; Jer 46:22

hachazo Dt 19:5

Hadad Gn 36:35-36,39; 2S 8:3,5,7-10,12; 10:16,19; 1R 11:14,17-19,21-23,25; 1Cr 1:30,46-47,50-51; 18:3,5, 7-10; 19:16,19; Zac 12:11

Hadar Gn 25:15

Hadlay 2Cr 28:12

Hadorán 1Cr 10:27; 1Cr 1:21

Hagán 2R 9:27

Hageo Esd 5:1; 6:14; Hag 1:1,3,12-13; 2:1,10-11, 13-14,20

Hagrí 2S 23:36; 1Cr 11:38

Hai Gn 12:8; 13:3; Jos 7:2-4; 8:1,3,7,9-12,14, 16-18,20-26, 29; 9:3; 10:1-2; 12:9; Esd 2:28; Neh 7:32; Jer 49:3

halagaban Sal 78:36

halagan Ez 33:31

halagaré Job 32:21

halagos Dn 11:32

halagüeño Pr 10:28

halcón Job 28:7; 39:26,30

halcones Dt 14:13

hálito Gn 2:7; Job 12:10; 32:8; 33:4; 34:14

Halojés Neh 3:12; 10:24

hallar Éx 15:22; Rt 1:9; 2Cr 15:15; Job 9:14; Sal 132:5; Pr 20:6; Ec 12:10; Jer 23:24; Os 9:10; 2Ti 1:18; Heb 4:16

hallarle Ec 8:17

hallarlo Pr 18:15

hallarlos Nah 3:17

hallarse Ap 18:22

Hamajlecot 1S 23:28

hambres Mt 24:7

hambriento Job 22:7; Sal 107:9; Pr 27:7; 28:15; Is 29:8; 32:6; 58:7; Ez 18:7, 16; Mt 25:37,44

hambrientos Job 5:5; Sal 107:36; 146:7; Is 8:21; 58:10; Lc 1:53

Hambrientos Sal 107:5

Hamedata Est 3:1,10; 8:5; 9:10,24

Hamoléquet 1Cr 7:18

Hamón Jos 19:28; 1Cr 6:76

Haqueren Neh 3:14; Jer 6:1

haraganes Éx 5:17

Haraganes Éx 5:17

harapientos Pr 23:21

harapos Lv 13:45

harén Est 2:3,8-9,11,13-15; Ec 2:8

Harnéfer 1Cr 7:36

Haroé 1Cr 2:52
harorita 1Cr 11:27
harta Gn 27:46
hartado 2S 1:22
hartan Pr 23:20; Ec 1:8
hartará Dt 32:42
hartarán Éx 16:12; Pr 1:31; Ez 39:20
hartaron Neh 9:25; Sal 78:29; Ez 23:28; Ap 19:21
hartes Dn 7:5
harto Jue 16:16; 1R 19:4; Job 10:1
Harto Is 1:11
hartó Dt 32:15
hartos Nm 21:5; Sal 123:3
harufita 1Cr 12:5
Harún 1Cr 4:8
Hasebayin Esd 2:57; Neh 7:59
hastiada Ez 23:22
hastiado Éx 15:9; Ez 23:18
hastían Ec 1:8
hastiarse Ez 39:19
hastié Ez 23:18
hastió Ez 23:17
hastío Mal 1:13
Hatac Est 4:5-6,9-10
Hatad Gn 50:10-11
Hatavá Nm 11:34-35; 33:16-17; Dt 9:22
Haticón Ez 47:16
hazaña Jos 4:7
hazañas Dt 10:21; 2S 23:17,20, 22; 1Cr 11:19,22, 24; 2Cr 32:32; Sal 45:4; 77:11; Mi 6:5; Stg 3:5
hazmerreír Éx 32:25; 1R 9:7; 2Cr 7:20; Job 12:4; 30:9; Sal 31:11; 44:14; Lm 3:14; Ez 16:57
Hazurín 2S 2:16
Héber Gn 46:17; Nm 26:45; Jue 4:11,17,21; 5:24; 1Cr 4:17; 7:31-32
heberitas Nm 26:45
hebillas Is 3:18
hebras Éx 39:3
hebrea Éx 2:7; 2Cr 32:18
hebreas Éx 1:15-16,19
hebreo Gn 14:13; 39:14,17; 41:12; Éx 2:6,11; 21:2; Dt 15:7,9,12; 1S 4:6; 2R 18:26,28; Is 36:11,13; Jer 34:14; Jon 1:9; Fil 3:5; Ap 9:11; 16:16
hebreos Gn 40:15; 43:32; Éx 1:22; 2:13; 3:18; 5:3; 7:16; 9:1,13; 10:3; Dt 15:11; 1S 4:9; 13:3,7,19; 14:11,21; 29:3; Jer 34:9; 2Co 11:22

hebronitas Nm 26:58; 1Cr 26:23,31
hecatombe Ez 7:6
heces Sal 75:8; Jer 48:11; Ez 23:34
hectáreas Is 5:10
hechicera Éx 22:18; Is 57:3
hechicería Nm 24:1; Dt 18:10; 2R 17:17; 21:6; 2Cr 33:6; Ez 13:18; Hch 8:9; 19:19
hechicerías Nm 23:23; 2R 9:22; Is 47:9,12; Ez 13:20; Mi 5:12; Ap 18:23
hechicero Dn 2:10,27; Hch 13:6,8
hechiceros Éx 7:11; Dt 18:14; 1S 28:3,9; 2R 23:24; Is 47:15; Jer 27:9; Dn 1:20; 2:2; 4:7; 5:7,11,15; Mal 3:5
hechizado Cnt 4:3; Gá 3:1
hechos Lv 23:17; Dt 4:28; 11:3; 1Cr 29:29; 2Cr 16:11; 35:27; Est 10:2; Job 21:31; Sal 106:39; Pr 20:11; Is 5:12; 25:12; 63:7; Jer 25:14; 51:56; Ez 6:6; Jon 3:8; Mi 1:7; Mal 4:3; Mt 11:19; Mr 5:16; Jn 3:19; Hch 19:36; 2Co 10:11; Ef 1:11; 1Jn 3:18; Ap 18:12
hechura Éx 39:5; Pr 16:11; Ef 2:10
hedor Éx 8:14; Is 34:3; Jl 2:20; Am 4:10
Héfer Nm 26:30,33; 27:1; Jos 12:17; 17:2-3; 1R 4:10; 1Cr 4:6; 11:36
heferitas Nm 26:30
Helá 1Cr 4:5,7
heladas Jer 36:30
Hélem 1Cr 7:35
Heles 2S 23:26; 1Cr 2:39; 11:27; 27:10
Helón Nm 1:9; 2:7; 7:24, 29; 10:16
Hemán 1R 4:31; 1Cr 2:6; 6:33,39,44; 15:17,19; 16:41-42; 25:1,4-6; 2Cr 5:12; 29:14; 35:15
hembra Gn 6:19; 7:2,9,16; Lv 3:1,6; 4:32; 5:6
hembras Gn 7:2-3; 30:39,41; 31:8
Hemdán Gn 36:26
hemorragia 2S 3:29; Mr 5:29; Lc 8:44
hemorragias Mt 9:20; Mr 5:25; Lc 8:43
Hen Zac 6:14
Hená 2R 18:34; 19:13; Is 37:13
Henadad Esd 3:9; Neh 3:18,24; 10:9
henchidos Is 66:11

henchirá Is 60:5
hendida Dt 14:6-8
hendidura Éx 33:22
hendiduras Cnt 2:14; Is 2:21; 7:19; Jer 49:16; Abd 3
heno 1Co 3:12
Hepsiba 2R 21:1
heraldo 1R 19:11; Sal 85:13; Jer 49:14; 1Ti 2:7; 2Ti 1:11
heraldos Job 33:22; Sal 89:14; 96:6; Dn 3:4
heredades Nm 35:2
heredar Nm 35:8; Is 14:21; Mr 10:17; Lc 10:25; 18:18; 1Co 15:50; Heb 1:14; 12:17; 1P 3:9
heredero Gn 15:2,4; 2S 14:7; 2R 2:9; Sal 72:1; Mt 21:38; Mr 12:7; Lc 20:14; Ro 4:13; Gá 4:1,7; Heb 1:2; 11:7
herederos Jue 21:17; Jer 12:8; 49:1; Hch 3:25; Ro 4:14; 8:17; Gá 3:29; Ef 1:11; Tit 3:7; Heb 6:17; 11:9; 1P 3:7
herejías 2P 2:1
Herencia Pr 14:18
Heres Jue 1:35; 1Cr 9:15
herida Gn 2:21; Éx 21:25; 2S 1:19; 1R 22:35; Job 5:18; 16:14; Pr 25:20; Is 1:5; Jer 6:14; 8:11,21; 10:19; 14:17; 15:18; 30:12; Ez 34:4; Mi 1:9; Nah 3:19; Ap 13:3,12,14
heridas Lv 19:28; 21:5; Dt 32:39; 2R 1:2; 8:29; 9:15; 2Cr 22:6; Job 9:17; Sal 147:3; Pr 20:30; 23:29; Is 1:6; 30:26; 53:5; Jer 6:7; 16:6; 19:8; 30:15,17; 49:17; 50:13; Lm 2:13; Ez 34:16; Mi 4:7; Zac 11:16; 13:6; Lc 10:34; Hch 16:33; 1P 2:24
herido Gn 4:23; Éx 21:18-19; Nm 33:4; 1S 31:3; 1R 22:34; 2R 1:2; 1Cr 10:3; 2Cr 18:33; 24:25; 35:23; Job 6:4; Sal 69:26; 109:22; Pr 23:35; Is 53:4; Jer 8:21; 14:19; Ez 30:24; Os 6:1
heridos Dt 32:42; 2S 1:22; Job 24:12; Sal 64:7; Is 28:13; 61:1; Jer 37:10; 51:52; Lm 2:12; Ez 26:15; 28:23; 30:4; Hch 19:16
herir Éx 12:23; Ez 7:9; 21:14; Mal 4:6
herirlo 1S 20:33
Hermana Gn 24:60; Job 17:14; Cnt 5:2
hermanas 1Cr 2:16; Job 1:4; 42:11; Ez 16:45,52,55, 61; 23:49; Os 2:1; Mt 13:56;

19:29; Mr 6:3; 10:29-30; Lc
14:26; Jn 11:1,3; 1Ti 5:2
hermanita   2S 13:11
Hermano   Gn 33:9; Éx 32:22;
1R 9:13; Lc 6:42; Hch 9:17;
22:13; Flm 7
Hermas   Ro 16:14
Hermes   Hch 14:12; Ro 16:14
Hermógenes   2Ti 1:15
Hermón   Dt 3:8; 4:48; Jos
11:3,17; 12:1,5; 13:5,11; Jue
3:3; 1Cr 5:23; Sal 29:6; 42:6;
89:12; 133:3; Cnt 4:8; Am 4:3
Hermosa   Hch 3:2,10
hermosamente   Ap 21:2
hermosas   Gn 6:2; 41:2,4-5,
7,18,22,24,26; Nm 24:5; Est
2:2-3; Sal 84:1; Cnt 1:10; Jer
25:37; Ez 7:20; 23:42; 27:24;
Os 10:1; Am 8:13; Lc 4:22;
21:5
hermoso   Éx 2:2; Jos 7:21; 1Cr
16:29; Ec 3:11; Cnt 1:10,16;
2:14; Dn 4:12,21; 11:41; Zac
9:17; Ro 10:15
hermosos   Gn 2:9; 49:21; 1R
20:3; Is 52:7; Jer 11:16; 22:7;
Ez 31:16; Mt 23:27
hermosura   2S 14:25; Sal 27:4;
45:11; Is 28:1,4; Ez 27:4,11;
28:7,12,17; 31:8
herodianos   Mt 22:16; Mr 3:6;
12:13
Herodías   Mt 14:3,6; Mr
6:17,19,22; Lc 3:19
Herodión   Ro 16:11
héroe   1S 17:51
héroes   Gn 6:4; 2S 23:17; 1Cr
11:19; Ez 32:27; Zac 10:5
herramienta   Jos 8:31; 1R 6:7;
Is 44:12
herramientas   Gn 4:22; Éx
20:25
herrero   Gn 4:22; 1S 13:19; Is
44:12; 54:16; 2Ti 4:14
herreros   2R 24:14,16; 1Cr
4:14; Jer 24:1; 29:2; Zac
1:20-21
herrumbrada   Ez 24:6
herrumbre   Ez 24:6,11
hervida   Éx 12:9
hervir   Éx 16:23; Job 41:31
hervirá   Éx 8:3
hervirán   Ez 46:20,24
Hesbón   Nm 21:25-28,30, 34;
32:3,37; Dt 1:4; 2:24, 26,30;
3:2,6; 4:46; 29:7; Jos 9:10;
12:2,5; 13:10,17,21, 26-27;
21:39; Jue 11:19,26; 1Cr 6:81;
Neh 9:22; Cnt 7:4; Is 15:4;
16:8-9; Jer 48:2,34,45; 49:3
Hesmón   Jos 15:27

Het   Gn 10:15; 1Cr 1:13
Hetlón   Ez 47:15; 48:1
heveo   Gn 34:2; 36:2
heveos   Gn 10:17; Éx 3:8, 17;
13:5; 23:23,28; 33:2; 34:11;
Dt 7:1; 20:17; Jos 3:10; 9:1;
11:3,19; 12:8; 24:11; Jue
3:3,5; 2S 24:7; 1R 9:20; 1Cr
1:15; 2Cr 8:7
Hezión   1R 15:18
Hezir   1Cr 24:15; Neh 10:20
Hiday   2S 23:30
hidropesía   Lc 14:2
hieden   Sal 38:5
hiel   Sal 69:21; Pr 5:4; Lm
3:15,19; Mt 27:34
hielo   Job 6:16; 37:10; 38:29
hienas   Is 13:22; 34:14; Jer
50:39
Hierápolis   Col 4:13
hierbas   Gn 1:11-12; 3:18; Éx
12:8; Nm 9:11; 2R 4:39; Job
30:4; 31:40; Cnt 5:13
hierros   Sal 105:18
hierva   Is 64:2; Ez 24:5
hiervan   Éx 16:23
hierve   Jer 1:13
hígado   Éx 29:13,22; Lv 3:4,
10,15; 4:9; 7:4; 8:16,25; 9:10,
19; Job 16:13; 20:25; Ez 21:21
Higaión   Sal 9:16
higo   1S 30:12; Is 28:4; Mi 7:1
higos   Nm 13:23; 1S 25:18; 2S
16:1; 2R 20:7; 1Cr 12:40;
Neh 13:15; Pr 27:18; Is 34:4;
38:21; Jer 8:13; 24:1-3,5,8;
29:17; Os 9:10; Mt 7:16; Mr
11:13; Lc 6:44; Stg 3:12; Ap
6:13
higuera   Gn 3:7; Jue 9:10-11;
1R 4:25; 2R 18:31; Pr 27:18;
Cnt 2:13; Is 9:10; 34:4; 36:16;
Jer 8:13; Os 9:10; Jl 1:12;
2:22; Mi 4:4; Hab 3:17; Hag
2:19; Zac 3:10; Mt 21:19-21;
24:32; Mr 11:13-14,20-21;
13:28; Lc 13:6-7; 21:29; Jn
1:48,50; Stg 3:12; Ap 6:13
higueras   Nm 20:5; Dt 8:8; 1R
10:27; 2Cr 1:15; 9:27; Sal
78:47; 105:33; Jer 5:17; Os
2:12; Jl 1:7; Am 4:9; 7:14;
Nah 3:12
Hija   Gn 24:47; Rt 2:22; 3:1;
Sal 137:8; Is 23:10; Mr 5:34;
Lc 8:48
Hijas   Is 32:9; Lc 23:28
hijita   Mr 5:23
hijito   Lc 1:76
hilan   Mt 6:28; Lc 12:27
Hilel   Jue 12:13,15
Hilén   1Cr 6:58

hilera   Éx 39:11-13,37; Lv 24:7;
1R 6:36; 7:12
hileras   Éx 28:17; Lv 24:6; 1R
6:36; 7:2,12,18,20,24, 42; 2Cr
4:3,13; Esd 6:4; Job 41:15; Is
28:25
hilo   Gn 14:23; 38:28,30; Éx
35:26; 39:8; Lv 19:19; Nm
15:38; Jue 16:12; Sal 119:109;
Pr 31:19; Hch 27:33
hilos   Éx 35:25; Job 8:15; Ec
4:12
Hilos   Cnt 7:5
Himeneo   1Ti 1:20; 2Ti 2:17
himno   Sal 40:3; 1Co 14:26;
Ap 14:3; 15:3
himnos   Sal 100:4; Hch 16:25;
Ef 5:19; Col 3:16
hin   Ez 45:24; 46:5,7,11,14
hincada   1S 26:7
hinchado   Job 15:27
hinchara   Hch 28:6
hinchará   Nm 5:27
hincharon   Dt 8:4; Neh 9:21
hinche   Nm 5:21
hinchen   Nm 5:22
Hinón   Jos 15:8; 18:16; 2R
23:10; 2Cr 28:3; 33:6; Neh
11:30; Jer 7:31-32; 19:2,6;
32:35
hipocresía   Pr 11:3; Mt 23:28;
Lc 12:1; Gá 2:13; 1P 2:1
hipócrita   Dn 11:34; Gá 2:13
Hipócrita   Mt 7:5; Lc 6:42;
Hch 23:3
hipócritas   Sal 26:4; 119:113;
Mt 6:2,5,16;
23:13,15,23,25,27,29; 24:51;
Mr 7:6; 1Ti 4:2
Hipócritas   Mt 15:7; 22:18; Lc
12:56; 13:15
hipotecado   Neh 5:3
Hirá   Gn 38:1,12
Hiram   2S 5:11; 1R 5:1,7-8,
10-12,18; 7:13-15,21,36,
38,40,45; 9:11-14,27; 10:11,
22; 1Cr 8:5; 14:1; 2Cr 2:3,11,
13-14; 4:11,16; 8:2,18; 9:10,21
hirviendo   Job 41:20
hisopo   Éx 12:22; Lv 14:4,6,
49,51-52; Nm 19:6,18; 1R
4:33; Sal 51:7; Heb 9:19
historia   Gn 2:4; 6:9; 10:1;
11:10,27; 25:19; 37:2; 39:17;
Éx 9:24; Est 6:1; Sal 71:24; Ec
3:15; Hch 17:26
hitita   Gn 23:10; 25:9; 26:34;
36:2; 49:29-30; 50:13; 1S
26:6; 2S 11:3,6, 17,21,24;
12:9-10; 23:39; 1R 15:5; 1Cr
11:41; Ez 16:3,45

hititas Gn 15:20; 23:3,5,7,
16,18,20; 25:10; 27:46; 49:32;
Éx 3:8,17; 13:5; 23:23,28;
33:2; 34:11; Nm 13:29; Dt
7:1; 20:17; Jos 1:4; 3:10; 9:1;
11:3; 12:8; 24:11; Jue 1:26;
3:5; 1R 9:20; 10:29; 11:1; 2R
7:6; 2Cr 1:17; 8:7; Esd 9:1;
Neh 9:8

Hizqui 1Cr 8:17

Hobá Gn 14:15

Hobab Nm 10:29-30; Jue 1:16;
4:11

hoces 1S 13:20; Is 2:4; Jl 3:10;
Mi 4:3

hocico Job 41:19; Pr 11:22

Hod 1Cr 7:37

Hodavías 1Cr 3:24; 5:24; 9:7;
Esd 2:40; 3:9; Neh 7:43

Hodes 1Cr 8:9

Hodías 1Cr 4:19; Neh 8:7; 9:5;
10:10,13,18

Hofra Jer 44:30

hogar Gn 30:25; Dt 25:5;
28:6,19; Jos 20:6; Jue 11:34;
Rt 1:9; 3:1; 4:11; Job 17:13;
21:9; Sal 49:11; 52:5; 68:6;
91:10; 104:17; 113:9; 121:8;
128:3; 132:3; Pr 3:33; 27:8;
31:27; Ec 12:5; Lm 5:2; Mt
10:13; Jn 14:2; 1Ti 5:14; Tit
2:5

hogares Éx 10:23; Jos 22:4,6-8;
1S 13:2; 2S 18:17; 19:8; 2R
14:12; 2Cr 25:22; Neh 4:14;
Jer 9:19; Ez 44:30; Hch 21:6

hoguera 2Cr 16:14; 21:19; Is
33:14; Ez 39:9

Hohán Jos 10:3

hoja Lv 26:36; Jue 3:22; Job
13:25; Is 34:4

hojarasca Jl 2:5

hojas Gn 3:7; 1R 6:34; Sal 1:3;
Is 1:30; 64:6; Jer 8:13; 17:8;
Ez 41:24; 47:12; Dn 4:14; Mt
21:19; 24:32; Mr 11:13; 13:28;
Lc 21:30; Ap 22:2

hojuelas 1Cr 23:29

holgazán Pr 19:15; 22:13

holgazanas 1Ti 5:13

holgazanes Éx 5:8; Am 6:7;
1Ts 5:14

Holón Jos 15:51; 21:15; Jer
48:21

hollados Job 28:4

hollarás Sal 91:13

hollín Lm 4:8

Homán Gn 36:22; 1Cr 1:39

Hombre Gn 1:27; 2R 1:9,
11,13; 4:40; Job 22:8; Mt
14:31; Lc 12:14; 22:60

hombreras Éx 28:7,12,25,27;
39:4,7,18,20

Hombres Sal 59:3; Jer 50:3; Ez
27:10; Mt 8:26; 16:8; Hch
5:35; Ro 1:27

hombro Gn 21:14; 24:15, 45;
46:29; 49:15; Éx 12:34; Jos
4:5; Jue 16:3; 1S 9:2; 10:23;
17:6; Cnt 8:5; Ez 12:6-7,12

hombros Gn 9:23; Éx 28:12;
Nm 7:9; Dt 33:12; Jos 8:33;
Jue 9:48; 1Cr 15:15; 2Cr 35:3;
Job 31:22, 36; Sal 81:6; Is
9:4,6; 10:27; 14:25; 22:22;
46:7; 49:22; Ez 16:58; Lc 15:5

homenaje 2S 22:45; 2Cr
24:17; Est 3:2,5; Sal 18:44;
Mt 6:2; Mr 15:19; Hch 10:25

homicida Nm 35:12; Dt 19:4;
Ez 16:38; 18:10

homicidio Éx 21:13-14;
22:2-3; Nm 35:27,30; Dt
19:3,10; Jos 21:13,21,27; Pr
28:17; Os 4:2; Mr 15:7; Lc
23:19,25

homicidios Dt 17:8; Mt 15:19;
Mr 7:21; Ro 1:29

homosexuales 1Ti 1:10

honda Jue 20:16; 1S
17:40,49-50; Pr 26:8; Jer
10:18; Zac 9:15; 2Co 7:7

hondas 2Cr 26:14; Job 41:28

honderos 2R 3:25

hondo Ez 43:13; Lc 6:48; Jn
4:11

hondonada Jue 15:19; Zac 1:8

honestos Pr 16:13

honorable Pr 17:26; Is 58:13;
Lc 20:20

honorables 1Ti 3:8,11

honores 2S 6:22; 1Cr 29:28;
2Cr 17:5; 32:33; Job 14:21;
Sal 91:15; Pr 13:18; 18:12;
26:1,8; 27:18; Ec 6:2; Dn 2:6;
11:39; Jn 12:43; 1Ts 2:6

honrada Gn 42:11,31,33-34;
Sal 94:21; Mi 7:2

honradamente Ef 4:28; Heb
13:18

honradez Gn 30:33; Jue
9:16,19; 2R 12:15; 22:7; 2Cr
34:12; Job 22:30; Ec 12:10; Is
59:14

honrado Gn 6:9; Éx 23:7; 1S
29:6; Est 5:11; Job 33:3; Pr
21:8; 28:6,18; Is 43:23; Dn
5:23; Lc 16:10

honrados Gn 42:19; Dt 32:17;
Lc 16:11-12

honrar Éx 20:10; Dt 5:14;
12:31; 2S 10:3; 1R 8:33; 1Cr
19:3; 22:7; 2Cr 6:24; Esd

7:27; Neh 1:11; Est 6:6-7,
9,11; Jer 3:17; 4:4; Dn 3:28;
Mal 2:2; Mt 15:6; Jn 5:23;
2Co 8:19

honrarlo Gn 43:28; 2Cr 26:18;
Is 8:13

honrarlos Is 10:16

honrarme Mal 2:2

honrarte Jue 13:17

honrosa Pr 16:31; 1Ts 4:4

honroso Pr 25:27

Honroso Pr 20:3

honrosos 1Co 12:23

Hor Nm 20:22,25,27; 21:4;
33:37-39,41; 34:7-8; Dt 32:50

horadará Éx 21:6

Horán Jos 10:33

horas 2R 7:1,18; Neh 9:3; Sal
42:3,10; 74:22; 90:4; 102:8;
Lm 1:13; 3:3; Jn 11:9; Hch
5:7; 16:33; 19:34; 1Co 15:30

horca Dt 21:22

hordas Gn 49:19; Hab 1:9

Horeb Éx 3:1; 17:6; 33:6; Dt
1:2,6,19; 4:10,15; 5:2; 9:8;
18:16; 29:1; 1R 8:9; 19:8; 2Cr
5:10; Sal 106:19; Mal 4:4

horeo Gn 36:20

horeos Gn 14:6; 36:21,29; Dt
2:12,22

Hores 1S 23:15-16,18-19

Horí Gn 36:22; Nm 13:5; 1Cr
1:39

horizonte Job 26:10; Pr 8:27;
Is 13:5

horizontes Pr 17:24

hormiga Pr 6:6

hormigas Pr 30:25

hornea Lv 24:5; Is 44:15

horneada Nm 15:20-21

horneado Jer 37:21

hornearán Lv 26:26

horneé Is 44:19

hornees Ez 4:15

horneó 1S 28:24

hornilla Gn 15:17

hornos Éx 8:3; Lv 11:35; 2S
12:31

Hornos Neh 3:11; 12:38

horonita Neh 2:10,19; 13:28

horqueta 1S 13:21

horquilla Is 30:24; Jer 15:7

horrible Nm 20:5; Dt 8:15; 1S
5:9; Dn 2:31; 7:7; 11:31;
12:11; Os 6:10; Mt 24:15; Mr
13:14

horribles Dt 7:15; Jer 16:4; Dn
9:27

horror Dt 28:37,60; 2Cr 29:8;
Job 24:17; Jer 25:9, 11,18;
29:18; 42:18; 44:12; 49:13;
51:37,41

horrorizados Jer 2:12; Ez 27:35

horrorizarlos Ez 20:26

hortalizas 1R 21:2; Mt 13:32; Mr 4:32

Hosamá 1Cr 3:18

Hosanna Mt 21:9,15; Mr 11:9-10; Jn 12:13

hospeda Hch 10:6,32

hospedaba Jn 1:39; Hch 10:18

hospedado Jue 19:26

hospedamos Hch 21:8

hospedarnos Gn 24:23

hospedaron Jos 2:1; Heb 13:2

hospedarse Gn 19:8; Lc 19:7; Hch 16:15

hospedas Jn 1:38

hospedó Hch 10:23; 28:7; Stg 2:25

hospitalario 1Ti 3:2; Tit 1:8

hospitalidad Ro 12:13; 16:23; 1Ti 5:10; Heb 13:2; 1P 4:9; 3Jn 8

hostigará Dt 28:22

hostigaron Gn 49:23

hostiles Nm 24:8; 1Ts 2:15

hostilidad Job 17:2; Sal 78:49; Os 9:7-8

Hotir 1Cr 25:4,28

hoyo Jos 7:21; 2S 18:17; Mt 12:11; 15:14; 25:18; Lc 6:39

hoz Dt 23:25; Jer 50:16; Jl 3:13; Mr 4:29; Ap 14:14-19

Hucoc Jos 19:34; 1Cr 6:75

hueca Jer 52:21

huecas Job 15:3

hueco Éx 27:8; 38:7; Dt 23:13

huella Cnt 1:8

huellas Job 13:27; 41:30; Sal 77:19; Os 6:8; Ro 4:12

húerfana Est 2:7

huérfano Dt 10:18; 24:17,19-21; 26:12-13; 27:19; Job 6:27; 24:9; 29:12; 31:21; Sal 10:18; 82:3; 146:9; Is 1:17,23; Jer 5:28; 7:6; 22:3; Ez 22:7; Os 14:3

huérfanos Éx 22:22,24; Dt 14:29; 16:11,14; Job 22:9; 24:3; 31:17; Sal 10:14; 68:5; 94:6; 109:9,12; Pr 23:10; Is 9:17; 10:2; Jer 49:11; Lm 5:3; Zac 7:10; Mal 3:5; Jn 14:18; Stg 1:27

huerta 1R 21:2

huerto Dt 11:10; Cnt 4:13; 6:11; Is 5:7; 51:3; 61:11; Lc 13:19; Jn 18:1,3,26; 19:41; 20:15

huertos 2R 5:26; Ec 2:5; Is 10:18; 16:10; Jer 29:5,28; Am 4:9; 9:14

hueso Gn 2:23; Éx 12:46; Nm 9:12; Ez 39:15; Jn 19:36; Heb 2:14

huésped Lv 22:10; Jue 19:23; 2S 12:4

huéspedes Lv 25:23; Job 19:15

huevo Job 6:6; Lc 11:12

huevos Dt 22:6; Job 39:14; Is 10:14; 34:15; 59:5; Jer 17:11

huida Éx 14:27; Jue 9:40; 2S 13:37; Job 41:25; Mt 24:20

huidiza Is 27:1

Hul Gn 10:23; 1Cr 1:17

Huldá 2R 22:14-15; 2Cr 34:22-23

humanamente 1Ts 2:17

humanas 2R 19:18; 2Cr 32:19; Sal 31:20; 115:4; 135:15; Is 37:19; Ez 1:8; Mt 15:9; Mr 7:7-8; Hch 7:48; 17:25; 1Co 13:1; 2Co 5:1; Gá 1:1; Col 2:8,22; Heb 5:2; 9:11,24; 1P 4:2; Ap 21:17

humanidad Nm 16:22; 27:16; Dt 32:8; 2Cr 6:18; Job 34:15; Sal 33:13; 64:9; 115:16; Pr 8:4; Ec 6:10; Is 2:9; 5:15; 40:5; 45:12; 49:26; 66:23-24; Jer 10:14; 32:19,27; Dn 2:30,38; Zac 8:10; 9:1; Jn 1:4; 3:19; Hch 15:17; Ro 5:12; Ef 2:15; 4:13; Tit 2:11; Ap 9:15,18,20; 14:4

humareda Is 30:27; Ap 9:2-3

humeante Gn 15:17

humeantes Is 7:4

humedad Cnt 5:2; Lc 8:6

humedecer Ez 46:14

humildad 2Cr 12:6-7; Sal 45:4; Pr 11:2; 15:33; 18:12; 22:4; Sof 2:3; Hch 20:19; Gá 5:23; Fil 2:3; Col 2:18, 23; 3:12; 1Ti 6:11; Tit 3:2; Stg 1:21; 3:13; 1P 5:5

humilde Nm 12:3; Sal 62:9; Pr 29:23; Is 57:15; Ez 21:26; 29:14; Dn 4:17; Sof 3:12; Zac 9:9; Mt 11:29; 21:5; Lc 1:48; Gá 6:1; Stg 1:9-10

humildemente 2Ti 2:25

humildes 2S 22:28; Job 5:11; 22:29; Sal 18:27; 25:9; 34:2; 138:6; 149:4; Pr 3:34; Is 57:15; Sof 2:3; Mt 5:5; Lc 1:52; Ro 12:16; Ef 4:2; Stg 4:6; 1P 3:8; 5:5

humillación Nm 12:14; 2Cr 33:19; Esd 9:7; Neh 1:3; Job 19:5; Is 22:5; 30:3; 45:16; Jer 23:40; 46:12; Ez 16:63; Dn 8:13

humillada Sal 68:30; Is 2:17; 45:17; 54:4; Jer 15:9; 22:22; 48:1; 50:12

Humillada Is 29:4; Lm 1:3

humilladas Neh 6:16; Jer 50:2

humillado 1R 21:29; 2R 22:19; 2Cr 12:7,12; 34:27; Job 30:11; Sal 25:2; 44:9; 74:21; Pr 29:23; Is 5:15; 50:7; 53:4,7; Jer 31:19; 44:10; 48:20; Ez 21:26; Dn 5:22; Mt 23:12; Lc 14:11; 18:14

humillados 2Cr 13:18; Job 24:24; Sal 35:4; 69:6; 70:2; 71:13; 83:17; 107:39; 136:23; Is 2:11; 41:11; 45:16; Mi 1:11; 3:7; Lc 13:17

humillante Dt 25:3

humillar Is 23:9; Ez 17:14; Dn 4:37

humillarlo Dn 5:19

humillarlos 2S 7:10; Is 2:12

humillarme 2S 6:22; 2Co 11:7

humillarse Pr 16:19; Is 10:4

humillarte Éx 10:3; Dn 10:12; Mi 6:8

humo Gn 19:28; Éx 19:18; 20:18; Jos 8:20; Jue 20:38, 40; 2S 22:9; Job 41:20; Sal 18:8; 37:20; 66:15; 68:2; 102:3; 104:32; 119:83; 144:5; Pr 10:26; Cnt 3:6; Is 4:5; 6:4; 9:18; 14:31; 34:10; 51:6; 65:5; Jer 51:58; Dn 3:27; Os 13:3; Jl 2:30; Hch 2:19; Ap 8:4; 9:17-18; 14:11; 15:8; 18:9, 18; 19:3

humor Est 5:9

Humtá Jos 15:54

hundida Lv 13:3-4,20, 25-26,30-32,34

hundido Lv 13:21; Sal 22:15

hundidos Jer 38:22

hundirse Lv 14:37; Os 4:14; Mt 14:30; Lc 5:7

Hupá 1Cr 24:13

huracán Is 40:24; Jer 4:13; 23:19; Ez 38:9; Nah 1:3

huracanada Jer 30:23

huracanado Job 8:2; Sal 48:7; Ez 1:4; 13:11,13; Hch 27:14

hurga Job 28:3

hurtar Jos 22:20

Husay 2S 15:32,37; 16:16, 18; 17:5-7,14-15; 1R 4:16; 1Cr 27:33

huso Pr 31:19

íbice Dt 14:5

íbices Job 39:1

ibis Dt 14:16; Job 38:36

Ibjar 2S 5:15; 1Cr 3:6; 14:5

Ibleam Jos 17:11; Jue 1:27; 2R 9:27; 15:10

Ibneías 1Cr 9:8

Ibnías 1Cr 9:8

Ibrí 1Cr 24:27

Ibsán Jue 12:8-9,11; 1Cr 7:2

Icabod 1S 4:21; 14:3

Iconio Hch 13:51; 14:1,19,21; 16:2; 2Ti 3:11

Idalá Jos 19:15

Idbás 1Cr 4:3

idea Éx 13:17; Dt 15:9; 1S 18:26; Est 3:6; Job 38:18; Ez 17:12; Jn 5:13

ideas Is 65:2; 66:18; Dn 7:28; Hch 17:20

idénticas 1R 7:37

idéntico Jer 36:32

idénticos 1R 6:25

identificado Gá 4:12

identificarla 2R 9:37

identificas Sal 50:18

identifiquen Gá 4:12

idioma Gn 11:1,6-7,9; Dt 28:49; Est 1:22; 3:12; 8:9; Sal 81:5; Is 19:18; 33:19; Jer 5:15; Zac 8:23; Hch 1:19; 2:6; 14:11

idiomas Gn 10:5,20,31; 1Co 14:10

Idó 1R 4:14; 1Cr 6:21; 27:21; 2Cr 9:29; 12:15; 13:22; Esd 5:1; 6:14; 8:17; Neh 12:4,16; Zac 1:1,7

idólatra 1Co 5:11; Ef 5:5

idólatras 2R 23:5; Sal 40:4; 97:7; Os 10:5; 1Co 5:10; 6:9; 10:7; Ap 21:8,27; 22:15

idolatría 1S 15:23; 2Cr 21:11; Jer 3:24; Ez 14:6; 23:49; 1Co 10:14; Gá 5:20; Col 3:5

idolatrías 2R 9:22; Ez 36:25; 1P 4:3

IDOLATRÍAS Ap 17:5

idolátrico Ez 6:3,6; 20:29

idolátricos Ez 16:16; 18:6, 11,15; 43:7

ídolo Éx 20:4; 32:4,8; Dt 5:8; 9:12,16,21; 27:15; Jue 17:3-4; 18:14,17-18; 1S 19:13,16; 2Cr 33:7,15; Sal 106:19; Is 40:19-20; 41:7; 44:10,12,15, 17; 48:5; Ez 8:3,5; Os 4:12; 8:5; Hab 2:18; Hch 7:41; 1Co 8:4,7, 10; 10:19

idos Sal 77:5

Idumea Mr 3:8

Ifdaías 1Cr 8:25

Igal Nm 13:7; 2S 23:36; 1Cr 3:22

Igdalías Jer 35:4

iglesias Hch 15:41; 16:5; Ro 16:4,16; 1Co 4:17; 7:17; 11:16; 16:1,19; 2Co 8:1,18-19,23-24; 11:8,28; 12:13; Gá 1:2,22; 1Ts 2:14; 2Ts 1:4; Ap 1:4,11,20; 2:7, 11,17,23,29; 3:6,13,22; 22:16

ignominia Job 12:21; 31:7; Sal 44:15; 69:7; 71:13; 83:16; Hab 2:16

ignora Is 40:27; Hch 26:26

ignoramos 2Co 2:11

ignoran Pr 9:18

ignorancia Job 37:19; Sal 73:22; Ez 45:20; Hch 3:17; 17:30; Ef 4:18; 1Ti 1:13; Heb 9:7; 1P 1:14; 2:15

ignorante Job 26:3; Pr 30:2; Jer 10:14; 51:17; 1Co 3:18

ignorantes Ro 1:14; 2:20; 1Co 4:10; Heb 5:2; 2P 3:16

Ignorantes Is 45:20

ignoras Jn 3:8

ignoremos Job 15:9

ignoren 1Ts 4:13; 1Jn 2:21

ignoro Sal 35:11

iguala Job 28:19

igualar Is 46:5

igualara Dn 1:19

igualarnos 2Co 10:12

igualdad 2Co 8:13-14

iguales Éx 21:35; Lv 7:10; Nm 15:15; Dt 10:1; Neh 5:5; Job 33:6; Ez 10:22; Hch 7:51; Ro 14:5; 1Co 15:39; 2Co 11:12; Ap 21:16

igualmente Ro 16:5; 1Co 7:3; Ef 3:6; 1Ti 3:8

Igualmente Mt 24:33; Mr 3:26; 13:29; Lc 21:31

iguana Lv 11:30

Ilay 1Cr 11:29

ilegal Éx 22:9

ilegítima Dt 23:2

ilimitada Nah 3:9

Iliria Ro 15:19

ilumina Sal 13:3; 118:27; Lc 2:32; 17:24; Ap 21:23

iluminación Lv 24:2

iluminado Lc 11:36

iluminados Ef 1:18; Heb 6:4; 10:32

iluminan Sal 97:4

iluminar Gn 1:15; Sal 136:8-9

iluminaron Sal 77:18

iluminas 2S 22:29; Sal 18:28

iluminó 1S 14:27; Ap 18:1

ilusión Pr 11:7

ilusiones Sal 62:10; Is 30:10; Jer 37:9

iluso Is 44:20

ilusoria 1Co 15:17

ilusorias Pr 11:18

Ilusorias Sal 39:6

ilusorio Sal 4:2

ilustra Heb 9:9

ilustrado Hch 18:24

ilustrarse Is 40:14

ilustre Rt 4:11; Nah 3:10

ilustres Est 6:9

imagina 2S 16:3

imaginaba 2S 4:10

imaginación Jer 14:14

imaginado Jer 23:16

imaginan Mt 6:7

imaginará Pr 23:33

imaginario Ec 6:9

imaginarnos Ef 3:20

imaginas Is 47:11

Imagínense 1S 14:30; Stg 3:5

imagines Est 4:13

Imer 1Cr 9:12; 24:14; Esd 2:37,59; 10:20; Neh 3:29; 7:40,61; 11:13; Jer 20:1

imita Ez 18:14

imitadores 1Ts 1:6

imitarán Lv 18:3

imitaron 2R 17:22

imiten Ef 5:1; Heb 6:12; 13:7

Imítenme 1Co 11:1

imites Éx 23:2,24; Dt 18:9; 3Jn 11

imito 1Co 11:1

Imlá 1R 22:8-9; 2Cr 18:7-8

Imná Gn 46:17; Nm 26:44; 1Cr 7:30,35; 2Cr 31:14

imnaítas Nm 26:44

impacientaron Nm 21:4

impacientes Gn 27:40; Zac 6:7

imparcial Stg 3:17

imparcialidad Dt 1:16; 1P 1:17

imparcialmente Ez 18:8

impartan Nm 6:23; 2Cr 19:6

imparte Sal 7:6; 9:16; 37:30; Pr 29:15; Ec 3:16; Sof 3:5

Impárteme Sal 119:66

impartía 1R 7:7; Mr 1:22

impartías Job 4:3

impartió Gn 49:28; Job 39:17; Ec 12:9; Is 40:14

impartir Éx 28:15,29-30; Sal 105:22; Ro 13:4

impartiré Job 33:33

impartirle Job 21:22

impartirles Ro 1:11

impasible Est 8:6; Sal 83:1; Is 18:4

impedía Lc 19:3; Heb 7:23

impedido 1S 25:26,33-34; 2Cr 11:14; Jn 11:37; Hch 16:6; Ro 15:22

impedimento   Jos 6:5; Hch 28:31

impedimos   Mr 9:38

impedir   1R 19:20; 2R 23:33; Ez 24:7; Jn 18:36; 1Ts 2:16

impedirles   Esd 4:5

impedirlo   Is 14:27

impedírselo   Lc 9:49

impenetrable   Pr 25:3

impenetrables   Jer 46:23; Ro 11:33

impere   Am 5:15

imperecedera   1P 1:23

imperecedero   Ef 6:24; Heb 7:24

imperfección   Dt 17:1; Ef 5:27

imperfecta   1Co 13:9,12

imperfecto   1Co 13:10

imperial   Hch 27:1

imperio   Est 10:1; Jer 51:28; Dn 11:4-5; Am 6:3; Lc 2:1

imperios   Sal 47:10

impertinencia   Pr 27:14; Lc 11:8

impertinentes   Sof 3:4

impetuosas   Job 6:3; Sal 29:3; Is 8:7; 43:16

impetuoso   Hab 1:6

Impetuoso   Gn 49:4

impetuosos   2Ti 3:4

impía   Sal 43:1; 109:2; Is 10:6

impías   Jud 18

impida   Nm 22:16

impidan   Mt 19:14; Mr 9:39; 10:14; Lc 9:50; 18:16; 1Co 7:15

impidas   Lc 6:29

impide   2S 19:10; Job 22:11; Os 5:4; Hch 8:36

impidiendo   Éx 8:29

impidieran   2Cr 23:19

impidió   Sal 106:23; Ez 17:14; Hch 27:43; 1Ts 2:18

impiedad   Is 32:6; Ro 1:18; 11:26; Tit 2:12

impío   Job 13:16; 15:20; 17:8; 20:5; 36:13; Sal 10:15; 36:1, 11; 58:10; 94:13; Pr 11:9; 24:20; 25:26; 29:16; Ez 33:12; Hab 1:4; 1P 4:18

implacable   Job 6:10; Sal 139:22; Is 14:6; Nah 1:2

Implacable   Job 30:21

implacables   2Ti 3:3

implantar   Is 42:4

implica   Col 1:10

implicado   Hch 24:18

implicados   Mt 23:31; Hch 23:13

implorado   1S 13:12

implorando   Dn 6:11

implorar   Est 4:8

imploraran   Dn 2:18

implorarle   Est 7:7

imploren   Ez 8:18

imploro   Sal 69:13

imploró   2R 1:13; 2Cr 33:12

imponente   Dt 28:58; Jue 13:6; 1R 9:8; 2Cr 7:21; Sal 8:1,9; 47:2; 68:35; 76:4; 99:3; 111:9; Pr 30:29; Jer 48:17; Ez 31:7; Nah 1:3

imponentes   Éx 34:10; Sal 65:5; 66:3; 68:15; 92:5; Jer 51:58

imponerle   1Ti 5:22

imponerles   Mr 6:5; Hch 13:3; 15:28; 2Co 1:24

importa   2S 17:12; 2R 4:23; 9:18-19; Job 9:21; 27:14; 39:16; Sal 109:28; Ec 6:3; Is 13:17; 57:1; Jer 10:9; 12:11; 30:17; Lm 1:12; Ez 6:6; Dn 2:38; Mt 27:4; Mr 4:38; Lc 10:40; 1Co 7:19; Gá 6:15; Fil 1:18; 2Ts 3:11

importaba   Nm 9:19

importadas   Is 17:10

importado   1R 10:12; 2Cr 1:17

importados   1R 10:28; 2Cr 1:16; 9:28

importan   2S 19:6; Jn 10:13

importancia   Est 1:5; Job 7:17; 19:5; Pr 25:6; Ez 29:15; Dn 2:39; Jon 3:3; Mt 7:3; Lc 6:41; Hch 18:17; Ro 14:5-6

importante   Gn 33:15; 39:9; 44:18,26; 48:19; Éx 12:2; Jos 10:2; 14:15; 2S 20:19; 1R 3:4; 1Cr 4:9; 17:17; 2Cr 28:7; Pr 18:16; 25:7; Is 23:9; Dn 7:1; 8:11; Am 6:1; Mt 18:1; 22:36, 38; 23:11,17,19; Mr 9:34; 12:28-29,31,33; Lc 9:46, 48; 22:24,27; Hch 21:39

importantes   2R 25:9; 1Cr 5:24; 7:40; Esd 7:28; 8:25; Neh 10:29; Est 1:5,20; Pr 8:6; 30:13; Jer 52:13; Mt 23:23; Gá 2:6

importar   2S 18:3; Job 21:21; Ez 48:19; Dn 3:29

importe   Nm 15:12; Job 4:20; 39:15

importunarlo   Hch 24:4

imposible   Gn 18:14; Jue 2:3; 1R 3:8; 8:5; 2Cr 5:6; Est 8:8; Sal 104:25; Jer 32:17,27; Dn 2:11; Zac 8:6; Mt 17:20; 19:26; Mr 10:27; Lc 1:37; 18:5,27; Hch 2:24; Heb 6:4,18; 10:4; 11:6; Ap 11:10

Imposible   Is 2:9

imposición   Hch 8:18; Heb 6:2

impotente   Jer 14:9

impotentes   2R 19:26; Is 37:27

imprecación   Jer 42:18; 44:12

impresión   1S 16:22; Mt 23:28; 2Co 10:9; Gá 6:12

impresiona   2Co 10:10

impresionados   Lc 4:22

impresionante   Ec 9:14; Jer 50:22; Dn 2:31; 4:10; 7:20

impresionantes   Dn 8:24

impresionar   1S 16:7; Mr 12:40; Lc 20:47

impresionas   Éx 15:11

imprime   Is 44:13

improductivos   2P 1:8

improvisan   Am 6:5

improviso   Nm 6:9; Lc 21:34; 1Ts 5:3

imprudente   Pr 12:11; 17:18

imprudentemente   Lv 16:1

impuesto   Dt 26:7; 2R 12:4; 23:35; Neh 5:14-15,18; 9:37; Ec 1:13; 3:10; Mt 17:24,27; 22:19

impuestos   1S 17:25; 1R 10:15; 2Cr 9:14; Esd 4:13,20; 6:8; 7:24; Is 33:18; Dn 11:20; Mt 5:46; 9:9-11; 10:3; 11:19; 17:25; 21:31-32; 22:17; Mr 2:14-16; 12:14; Lc 3:12; 5:27,29-30; 7:29,34; 15:1; 18:10-11,13; 19:2; 20:22; 23:2; Ro 13:6-7

impulsaba   Ez 1:12,20

impulsado   Is 59:19

impulsados   Ef 2:3; Stg 3:4; 2P 1:21

impulsiva   Is 32:4

impulso   Dt 18:6

impulsó   Mr 1:12

impulsos   Nm 15:39; Pr 17:27; Ec 11:9; 1Co 7:37

impune   Nm 14:18; Pr 6:29; 28:20; Jer 30:11; 49:12

impunemente   1S 26:9; Zac 11:5

impunes   Pr 11:21; 16:5

impura   Lv 5:2; 7:19-20; 11:35-36,38; 12:2,5; 13:3,8, 11,14-15,44; 14:44; 15:4,9, 17,19,24-26,33; Nm 19:13, 15,17,19-20; Dt 24:4; Jos 22:19; Is 30:22; 64:6; Lm 1:8; Ez 4:14; Ap 18:2

impuras   Lv 20:25; Jer 19:13; Mr 7:2,5; Heb 9:13

impureza   Lv 5:3; 7:21; 14:19; 15:3,31; 18:19; 20:21; 22:5; Nm 5:19; Esd 6:21; 9:11; Pr 30:12; Jer 13:27; Ez 36:17; Zac 13:1-2; Ro 1:24; 6:19;

2Co 12:21; Gá 5:19; Ef 5:3; Col 3:5; 1Ts 4:7

impurezas Lv 16:16,19; Dt 23:9; Is 1:25; Ez 24:11; 36:25,29; 39:24

Impuro Lv 13:45

impuros Gn 7:2,8; Lv 11:8, 24,28-29,31,35,44; 13:59; 15:18; 19:31; 20:25; 21:4; 22:5; 27:27; Nm 9:6-7; 18:15; Dt 14:7,10,19; Is 6:5; 35:8; 52:1; Lm 4:15; Ez 4:13; Os 9:4; 1Co 7:14

Imrá 1Cr 7:36

Imrí 1Cr 9:4; Neh 3:2

inaccesible 1Ti 6:16

inadvertida Lc 8:47

inadvertidamente Lv 4:2, 13,22,27; 5:15,17-18; 22:14; Nm 15:22,26-29; 35:11,15

inadvertido Nm 15:24-25; Mr 7:24; Jn 8:59

inagotable Sal 85:7; 130:7; Am 5:24; Nah 2:9; Lc 12:33

inagotables Sal 74:15

inalienable Lv 25:34

inalterable 2Cr 13:5

incalculables Is 2:7; Ef 3:8

incapaces Jos 24:19; Ro 5:6; Tit 1:16

incapaz Pr 19:24; Heb 4:15

incauto Pr 1:11

incendiar Jos 11:6; 1S 30:1; 2R 8:12; Mt 22:7

incendio Lv 10:6; Job 31:12; Ez 20:47

incensario Lv 10:1; 16:12; Nm 16:17-18,46; 2Cr 26:19; Ez 8:11; Ap 8:3,5

incensarios Nm 16:6,17,37-39; 1R 7:50; 2R 25:15; 2Cr 4:22; Jer 52:19

incinerada Nm 19:5

incineraron 1S 31:12

incinere Nm 19:6,8

incircuncisas Jer 9:26

incircunciso Gn 17:14; Éx 12:48; Jer 9:26; Ez 44:9; Ro 2:25; 4:12; Col 3:11

incircuncisos Jue 14:3; 15:18; 1S 31:4; 1Cr 10:4; Is 52:1; Ez 28:10; 44:7; Hch 11:3; Ef 2:11

incisiones Jer 47:5; 48:37

incita Pr 18:6; Jer 43:3; Ez 22:9

incitaban 1S 24:10

incitado Is 9:11; Jer 28:16; 29:32; Jn 13:2

incitando Hab 1:6

incitándolos Ap 2:14

incitar Ez 23:22

incitará Dn 11:2

Incitaré Is 19:2; Zac 9:13

incitaron Mr 15:11; Hch 13:50; 14:2

incitaste Job 2:3

incito Is 13:17

incitó 2S 24:1; 1R 11:23; 12:30; 1Cr 5:26; 2Cr 21:16

inclinado Éx 32:8,22; Est 7:8; Sal 62:3

inclinarme 2R 5:18; Sal 138:2

inclinarse Dt 17:3; 1S 20:41; 2S 15:5; Is 60:14; Dn 3:5

inclinarte Dt 8:19; Job 36:21

incluido Ap 17:11

incluidos Nm 2:33; Neh 1:6; Ro 1:6; 2Co 10:13

inclusive 1R 12:30

incómodo 2R 2:17; 8:11

incomparable Ef 1:19; 2:7; Fil 3:8

incomprensible Is 33:19; Lc 18:34

incomprensibles Sal 64:6

inconcebible Neh 5:7; Job 34:10

inconmovible Sal 71:7; Ez 3:9; Zac 12:3; Heb 12:27-28

inconmovibles Job 41:23; 1Co 15:58

inconsolablemente Hch 20:37

inconstancia Pr 14:14

inconstante Pr 14:14; Stg 1:8

inconstantes Job 6:15; Stg 4:8; 2P 2:14; 3:16

incontable Nm 10:36; 1Cr 22:14; Ec 4:16

Incontable Job 36:26

incontables Jue 6:5; 7:12; Job 22:5; 29:18; Is 2:7; Jer 33:22; Heb 11:12

incontaminada 1P 1:4

incontenible 2R 3:27; Ez 20:33-34

inconversos 1Co 6:1

incorporada Nm 36:4

incorporó Lc 7:15; Jn 8:7,10; Hch 9:40

incorrecto Neh 5:9

incorrupción 1Co 15:42

incorruptible 1Co 15:50, 52-54; 2Ti 1:10; 1P 3:4

incrédula Mt 17:17; Mr 9:19; Lc 9:41

incredulidad Mt 13:58; Mr 6:6; Heb 3:19

incrédulo Mt 18:17; Jn 20:27; Ro 4:20; 1Co 10:27; 2Co 6:15; 1Ti 1:13; 5:8; Heb 3:12

incrédulos Lc 12:46; Hch 14:2; Ro 11:23; 15:31; 1Co

6:6; 14:22; 2Co 4:4; 6:14; Tit 1:15; 1P 2:7,12; 4:3; Ap 21:8

increíble Éx 3:3; Is 10:33; Hch 26:8

increíblemente Nm 14:7

increíbles Dn 12:6

Increpa Nah 1:4

increpaban Lc 22:64

increpan Job 21:14; Sal 73:9

Increparon Job 22:17

increpó Gn 42:14; Mt 18:32

incriminadores Job 13:4

incrustaciones Pr 25:11; Cnt 1:11; Ez 27:6

incrustada 1S 17:49

incrustadas Am 6:4

incrustado Cnt 5:14

incrustó 1R 22:39

Incuban Is 59:5

incubará Is 34:15

Incúlcaselas Dt 6:7

inculto Col 3:11

incultos Ro 1:14

incurable 2Cr 21:18; Is 17:11; Jer 10:19; 15:18; 30:12,15; Mi 1:9; Nah 3:19

incurables Dt 28:35,59

incurra Lv 4:2

incurran Éx 28:38,43

incurre Lv 4:22,27; 5:17; Ez 18:12

incurrido Ez 18:13

incurrieran Jer 44:4

incurrió 1Ti 2:14

incurrir Mt 12:5

incursión 1Cr 14:13; Jer 37:11

incursionado 1Cr 14:9

incursionando Jue 15:9

indagar Job 34:24; Ec 7:25; 1Ts 3:5

indecente Dt 23:14

indecentes Ro 1:27; Ef 4:19; 5:4

indecibles 2Co 12:4

indeciso Stg 1:8

indecisos 1R 18:21

indecoroso Dt 24:1

indefensa Is 22:8

indefenso Sal 10:2,9; Is 5:23; 29:21; Ez 38:11; Hab 3:14

indefensos Sal 10:12,17

indeleble Gn 17:13

indemnización Éx 21:23

indemnizar Éx 21:19; 22:12-13

indemnizará Éx 21:34

indescifrables Ro 11:33

indescriptible 1P 1:8

indestructible Heb 7:16; 1P 1:4

India Est 1:1; 8:9

indicada Nm 15:11

indicado   Gn 22:3; 1S 13:8, 11;
21:2; 1R 12:12; 2R 6:10; 2Cr
10:12; Mt 28:16
indicados   1R 4:28
indicar   1S 4:21; Jn 18:32
indicarles   Éx 13:21
indicarme   Gn 37:16; 1S 9:18
índice   Lv 14:16,27
indiferencia   Dt 22:3; Ez 16:49
indigencia   Ro 8:35
indigente   Sal 72:12; Ez 16:49;
18:12; 22:29
indigna   1Co 11:27
Indigna   Os 1:6,8; 2:23
indignación   Dt 9:22; Sal 38:3;
78:49; 90:7; 102:10; 119:53; Is
10:25; Jer 15:17; 21:5; Ez
5:15; Nah 1:6; Sof 3:8; 2Co
7:11; 11:29
indignado   Gn 31:36; Mal 1:4
Indignado   Hab 3:12; Lc
13:14; 15:28
indignados   Mr 14:4
indignan   Job 17:8
indignaron   Mt 20:24; 21:15;
26:8; Mr 10:41
indigno   Job 40:4; Dn 11:21
indignó   Dt 9:19; Mr 10:14
indignos   Dt 32:21
indirecta   1Co 13:12
indiscreta   Pr 11:22
indiscutible   Heb 7:7
indispensables   1Co 12:22
individuo   Éx 10:7; Hch 21:28;
Tit 3:11
individuos   Hch 6:9; Ro 16:18;
2Co 11:13; Gá 1:7; 2P 2:17;
Jud 4,8,12,16
indolencia   Pr 23:21
indolente   Jer 49:31
indómito   Gn 16:12; Os 4:16
induce   Mt 5:32; Ap 2:20
inducido   1Ts 3:5
inducirá   Éx 34:16
indujo   1Cr 21:1; 2Cr 21:11
indulgente   2Co 13:2
indultara   Hch 3:14
indultará   Gn 40:13
indultó   Jer 52:31
inefable   2Co 9:15
ineficaces   Gá 4:9
ineficaz   Heb 7:18
inesperados   Is 64:3
Inevitable   Mt 18:7
inevitables   Lc 17:1
inexperiencia   Pr 1:22,32
inexperto   1Cr 22:5; Pr 19:25;
21:11; 22:3; 27:12; Heb 5:13
inexpertos   Pr 1:4,22; 7:7; 8:5;
9:4,16; 14:18
inexplorados   Is 42:16
inexpugnable   Pr 18:10

inexpugnables   Pr 18:11
infame   Jue 20:6; Job 30:8; Pr
19:26; Ez 21:25; 24:13; Nah
1:11,14
infames   Is 32:7; Jer 3:2; Ez
21:29
infamia   Jue 19:23-24; 20:3,10;
2S 13:12; Job 31:11; Pr 25:10;
Jer 29:23; Ez 16:43,58
infamias   Os 6:9
infancia   Ez 16:22,43,60
infantería   1S 4:10; 15:4; 2S
8:4; 10:6,18; 1R 20:29; 2R
13:7; 1Cr 18:4; 19:18; Hch
23:23
infantes   Lm 2:11
infección   Lv 13:2,5,9,
11-13,25,27, 30,42,45,49;
14:7,32,48,54; Nm 5:2; Dt
24:8
infecciones   Lv 13:43; 14:57
infecciosa   Lv 13:3,8,15,20, 25;
22:4; Nm 12:10
infeccioso   Lv 14:34
infecta   Lv 13:59
infectada   Lv 13:44,57; 14:2-3
infectadas   Lv 14:43
infectado   Lv 13:50,52,54
infeliz   Ap 3:17
inferior   Éx 25:35; 28:33; 38:4;
39:20,24-26; 1R 6:6,8; Is 22:9;
Ez 40:18; 41:7; 42:5-6,9;
43:14; 2Co 11:5; 12:11; Heb
2:9
inferiores   2Co 12:13
infestará   Dt 28:21
Infestarán   Éx 10:6
infestaré   Éx 8:2
infestó   Sal 105:30
infidelidad   Nm 14:33; Jos
22:22; 1Cr 9:1; Esd 9:2;
10:6,14; Pr 23:28; Jer 2:19;
3:22; Ez 14:13; 18:24; 20:27;
Mt 5:32; 19:9
infidelidades   Jer 5:6; 14:7; Ez
37:23; 39:26; 43:7,9
infiel   Nm 5:12,27; Dt 31:16;
Jue 19:2; Pr 13:2, 15; Jer
3:6-8,10-11,20; 5:23; 31:22;
Ez 15:8; 17:20; 23:5; Os 9:1
infieles   Dt 32:20,51; Jos 22:31;
2Cr 12:2; 21:13; Esd 10:2,10;
Sal 44:18; 73:27; Jer 5:11; Ez
39:23; Dn 9:7; 2Ti 2:13
infierno   Mt 5:22,29-30; 10:28;
18:9; 23:15,33; Mr 9:43,45,47;
Lc 12:5; 16:23; Stg 3:6; Ap
1:18; 20:13-14
Infierno   Ap 6:8
infiltrado   Gá 2:4; Jud 4
infinidad   Sal 105:34
infinita   Sal 106:7; 1Ti 1:16

infinito   Esd 7:28; Sal 104:25;
147:5
infinitos   Sal 119:96
inflama   Sal 2:12
inflamación   Lv 13:2,10,
19-20,28,43; 14:56
inflamaciones   Dt 28:22
inflaman   Jl 2:3
inflamó   Sal 39:3
inflexible   Pr 21:29
infligido   1R 8:50
infligió   Jos 10:10; 2Cr 28:5
infligirá   Lv 24:19
infligirles   Jer 18:8
influencias   Job 31:21
influir   Mt 22:16; Mr 12:14
influyente   Rt 2:1
información   Nm 14:36; Dt
1:43; 2S 17:17; 1R 14:5; Hch
23:15,20
informado   Jer 38:25; Mr
15:45; Hch 23:22; 24:22;
26:3; 1Co 1:11
informados   Jos 9:24; 2S 15:35
informar   Gn 37:2; Éx 16:22;
2R 22:20; 2Cr 34:28; Jer
36:16
informarle   Gn 46:31; 47:1; 2R
9:36; 2Cr 20:2
informarte   Rt 4:4
informe   Nm 13:26-27; 14:37;
Dt 1:22; Jos 7:3; 22:32-33; 2S
11:18; 2R 9:15; 17:26; 19:9;
1Cr 21:2; Est 2:23; Is 21:6;
37:9; Hch 5:22
infortunio   Hab 2:9
infortunios   Sal 71:20; 73:5
infracción   Neh 13:7
infranqueable   Jer 5:22
infrinja   Mt 5:19
infructuosa   1Co 15:10
infructuosas   Ef 5:11
infundir   Dt 2:25; Pr 1:4; Ro
13:3; Ap 13:15
infundirles   2Cr 32:18
infundirme   Job 13:21
ingenian   Ro 1:30
ingenio   Os 13:2; Hch 17:29
ingeniosos   2Cr 26:15
ingenuo   Pr 14:15
ingenuos   Ro 16:18
ingratos   Lc 6:35; 2Ti 3:2
ingredientes   Éx 30:25
ingresos   Is 23:18; Hch 19:25;
1Co 16:2; Fil 4:15
inhabitable   Jer 6:8
iniciaba   Jos 15:5; 18:12
iniciador   Heb 12:2
inicial   2Cr 17:3; Lc 11:26
inicialmente   Ro 13:11
inician   Pr 26:21
Iniciar   Pr 17:14

iniciará 1R 20:14
iniciaron Lv 24:10
iniciarse Dn 7:10
iniciativa Heb 5:4
inicie Jue 10:18; Pr 20:3
inicua Job 16:11
inicuas Sal 36:3; 2P 2:8
inicuo Sal 89:22; Sof 3:5
inicuos Job 21:28; Sal 49:5; Is 10:1
iniquidades Lv 16:21-22; Job 13:23; Sal 40:12; 90:8; 141:4; Is 43:24; 50:1; 53:5, 11; 59:2, 12; 64:6-7,9; 65:7; Jer 5:25; 14:7,10; 33:8; Lm 4:13; Ez 36:31,33; 37:23; 39:23; 43:10; Heb 8:12
injertadas Ro 11:24
injertado Ro 11:17,19,24
injertados Ro 11:23
injertarlos Ro 11:23
injuria Job 12:5
injurian Sal 44:16
injuriar Sof 2:10
injuriaron Sof 2:8
injurias Jer 15:15; Ez 35:12; Os 12:14; Jud 15
injustamente Ez 22:29; 1P 2:19
injustas Jer 6:13; 8:10; 17:11; Ez 22:13,27; 33:31; Mi 4:13; Hab 1:4; 2:9
injusticia Dt 25:16; 32:4; 2Cr 19:7; Job 5:16; Sal 58:2; 82:2; 92:15; Pr 13:23; 16:8; Is 58:6; Jer 2:5; 23:10; Ez 7:10; 9:9; Mi 3:10; Mt 20:13; Lc 13:27; Ro 1:18; 3:5; 6:13; 1Co 6:7; 2P 2:15
injusticias Lv 19:35; Job 34:10,12; Sal 37:1; 64:6; 1Co 6:8; 2P 2:13; Ap 18:5
injusto Ec 9:2; Ez 18:25,29; Lc 18:6; Ro 3:5; 9:14; Heb 6:10
injustos Job 6:29; 27:7; Ez 18:25,29; Mt 5:45; Hch 24:15; 1P 3:18
inmaduro Ec 10:16
inmaduros 1Co 3:1,3
inmarcesible 1P 5:4
inmarchitable 1P 1:4
inmediaciones Nm 20:16; Jue 11:33; 20:43; Mt 15:22
inmediata Dn 3:22
inmediatamente Gn 38:19; Éx 9:19; 2R 1:11; 2Cr 24:5; Zac 5:8; Mt 13:20; Hch 10:33; 21:30; 22:18
Inmediatamente Dn 2:25; Mt 24:29
inmediato Gn 24:20; 41:42; Nm 22:29; Dt 7:4; Jos 8:19;

10:6,23; Jue 9:54; 13:10; 1S 9:13; 22:17; 2S 15:16; 17:16; 1R 20:12; 21:8; 22:9; 2R 7:14; 2Cr 18:8; Esd 7:21,23,26; Est 1:13; 3:15; 5:5; 6:10; 8:9, 14; Pr 25:8; Dn 3:6,15; Mt 26:55; Mr 9:24; Hch 10:5; Gá 1:17
inmemoriales Mi 5:2
inmensa 2Cr 7:8; 30:13; Neh 9:27-28; Sal 51:1; 139:17; 145:7; 150:2; Is 16:14; 22:18; Ez 1:4; 1P 4:13; Ap 19:1,6
inmensas Hab 3:15
inmenso Dt 1:19; 2:7; 2S 12:30; 1Cr 20:2; Est 1:20
inmensos 2Cr 32:29; Ez 27:26
inmigrante Dt 24:21; Jos 20:9; Ez 14:7
inmigrantes Nm 35:15; Jos 8:33,35
inminente Job 36:33; Pr 10:14; Jer 48:16; Ez 7:6; 21:25,29
Inmolaste Ez 16:21
inmoral 1Co 5:10-11; Ef 5:5; Heb 12:16
inmorales 1Co 5:9
inmoralidad Mt 15:19; Mr 7:21; Hch 15:20,29; 21:25; Ro 13:13; 1Co 5:1; 6:13, 18; 7:2; 10:8; 2Co 12:21; Gá 5:19; Ef 4:19; 5:3; Col 3:5; 1Ts 4:3; 1P 4:4; Jud 7; Ap 2:21; 9:21; 17:2
inmoralidades 1Co 6:18; Heb 13:4; Ap 2:14,20; 21:8; 22:15
inmortal Hab 1:12; Ro 1:23; 1Ti 1:17; 6:16
inmortalidad Ro 2:7; 1Co 15:53-54
inmóvil Is 30:7
inmovilizaron Éx 15:8
inmunda Hag 2:13
inmundas Hag 2:13
inmundicia Lv 11:43; Job 14:4; Is 4:4; 64:6; Lm 1:9, 17; 4:5; Ez 22:15; Stg 1:21; Ap 17:4
inmundicias Os 9:3; Nah 3:6
inmundo Lv 11:12,20,42; 19:23; Hag 2:14; Hch 10:14,28; 11:8
inmundos Lv 11:10-11,13,23,41,43
inmutable Heb 6:17
inmutables Sal 111:8; Heb 6:18
inmutarse Jer 43:12
innegables Hch 19:36
innumerable 2Cr 12:3; Jl 1:6
innumerables Dt 33:6; Sal 37:16; Pr 7:26; Cnt 6:8; Jl 2:11

inocencia Gn 44:16; Job 15:14; 27:6; 33:26; Sal 7:8; 73:13; 143:2; Is 43:26; Jer 2:35; 2Co 7:11
inocentes Jos 2:19; Jue 21:22; 2S 3:28; 2R 10:9; Job 17:8; 22:19; Sal 9:12; 26:6; Ro 16:19
inquebrantable Ez 3:9
inquiere Sal 77:6
inquieta Is 31:4; Lc 10:41
inquietado Hch 15:24
inquietantes Job 4:13
inquietar Est 7:4
inquietarme Sal 42:5,11; 43:5
inquieten Fil 4:6
inquietó Hag 1:14
inquietudes 1S 9:19
inquirió Gn 43:6; 1R 22:7; 2Cr 18:6
inquirir Dt 12:30; 13:14
insaciable Ez 16:28; Nah 3:1; Hab 2:5
insaciables 2P 2:14
inscribirá Nm 8:24; Est 1:19
inscribirse Lc 2:3,5
inscripción Zac 3:9; 14:20; Mt 22:20; Mr 12:16; Lc 20:24; Hch 17:23; 2Ti 2:19
inscritos 1Cr 9:1; 2Cr 31:16, 19; Neh 12:22-23; Sal 69:28; Is 4:3; Heb 12:23
insecto Lv 11:20
insectos Lv 11:21,23; Dt 14:19; Nah 3:17
inseguras 1Ti 6:17
insensata Dt 32:21; Ro 10:19
insensatas Mt 25:2-3,8
insensatez Sal 38:5; Pr 5:23; 9:6; 14:29; Ec 1:17; 2:12-13; 7:25; 2Co 11:17; 2Ti 3:9
insensato Sal 69:5; 74:18; Jer 5:21; 17:11; Mt 7:26; Ro 1:21; 1Co 1:27; 2Co 11:16,21; 12:6,11
insensatos Dt 32:28; Job 5:2; Sal 49:10; 92:6; 94:8; Is 19:11; Jer 4:22; 10:8; Ez 13:3; Zac 11:15; Mt 23:17; Ro 1:31; 2Co 11:19; Ef 5:17; 1Ti 6:9; 1P 2:15
insensible Sal 17:10; 119:70; Is 6:10; Mt 13:15; Hch 28:27; Ro 11:8
insensibles Ro 1:31; 2Ti 3:3
inseparables 2S 1:23
insertó Éx 40:18
insidias Pr 12:6
insidiosa Pr 15:4
insignia Hch 28:11
insignificante Dt 7:7; Jue 6:15; 1S 9:21; 18:23; 20:2;

Abd 2; Lc 9:48; 12:26; 1Co 15:9; Ef 3:8

Insignificante Sal 119:141

insignificantes 2R 18:24; Is 36:9; 1Co 6:2

insinúa Dt 13:6

insípida Mt 5:13; Lc 14:34

insistencia Gn 33:11; Lv 10:16; Mr 5:10,23; Lc 7:4; 2Co 8:4

insistentemente Hch 2:40

Insistentemente Hch 25:3

insistir Gn 18:30; Job 40:5; Is 1:5; Jer 2:35

insolencia 2R 19:28; Neh 9:10; Sal 31:18; Pr 1:22; 20:1; Is 37:29; Jer 48:30; Ez 35:13; Dn 7:20; 11:18

insolencias Sal 17:10; Dn 7:8,11; Mal 3:13

insolente 1S 25:3; Sal 10:4; Pr 9:8,12; 13:1; 14:6; 15:12; 19:25; 21:11,24; 22:10; Is 14:4; 33:19; Hab 2:4; 1Ti 1:13

insolentes 1S 10:27; Sal 119:21,51,69,78,85; Pr 1:22; 19:29; 24:9; 29:8; Is 28:14; 29:20; Os 7:16; Ro 1:30

insólita Is 28:21

insólito Jer 23:13; 1P 4:12

insondable Sal 145:3; Is 40:28

insondables Job 5:9; 9:10

insoportable Gn 18:20; 19:13; Sal 73:16

insoportables 1P 2:18

Inspección Neh 3:31

inspeccionaba Neh 2:15

inspeccionar Nm 32:9

Inspeccioné Neh 2:13

inspeccionó Éx 39:43

inspectores Gn 41:34-35; 2Cr 31:13

inspira Zac 13:2; Ap 19:10; 22:6

inspiración Ez 13:3

inspiraciones 1Ti 4:1

inspirada 2Ti 3:16

inspirado Os 9:7; 1Jn 4:1

Inspirados Heb 12:28

inspiras Sal 22:25; 65:8; 119:120

instaba Éx 12:33

instado Hch 20:21

instala Ez 4:2

instalado 1Cr 17:1

instalados Jn 2:14

instalar Éx 40:18; Jer 7:30

instalarlo Nm 1:51

instalaron 2S 6:17; 16:22; 1Cr 16:1; Esd 6:18

Instalaron Jue 18:31

instalarse Jer 39:3

instales Nm 8:2

instaló Gn 33:19; 47:11; Éx 40:17; 2S 5:9; 2R 16:17; 17:6; 2Cr 29:25

Instaló Nm 8:3

instaron Hch 13:43

instaurado 2S 2:10

instauró 2S 2:9

instiga 1S 22:8

instigación Gá 5:8

Instigada Mt 14:8

instigadores Gá 5:12

instigando Jue 9:31

instigaron Hch 6:11

instinto 2P 2:12; Jud 10

instintos 2P 2:18; Jud 19

instituido Nm 28:6; Ro 13:2; 1Ti 1:9

insto 1Ti 5:21

instrucción Dt 33:3; 2Cr 15:3; Job 4:3; Sal 50:17; Pr 4:2,13; 8:10,33; 13:13; Ez 7:26; Mi 4:2; Mal 2:6-8; Mr 4:2; Hch 22:3; 1Co 14:31; Gá 6:6; Ef 6:4; Heb 6:2

instructor Ro 2:20

instructores Pr 5:13

instruida Is 50:4

instruido Sal 25:12; Mt 13:52; 28:15; Hch 7:22; 18:25; Ro 2:18; 1Co 14:16

instruidos 1Cr 25:7; Job 34:2; Ec 9:11; Is 29:24; Mt 11:25; Lc 10:21; Ro 1:14

instruir Éx 18:20; 2Cr 17:9; Sal 105:22; 1Co 14:19; 2Ti 3:16

instruirlo 1Co 2:16

instruirse Ro 15:14

instruirte Dt 4:36

instrumento Ez 33:32; Hch 9:15

instrumentos Gn 49:5; Dt 20:20; 27:5; 1Cr 16:42; 23:5; 2Cr 5:13; 7:6; 23:13; 29:26-28; 30:21; 34:12; Neh 12:36; Sal 71:22; Is 38:20; Ez 40:42; Dn 3:5,7, 10,15; Am 6:5; Hab 3:19; Ro 6:13; 1Co 14:7

insultante 2P 2:11

insultar 2R 19:4,16,23; Is 37:4,17,24; Hch 23:4; 2P 2:10

insultarlo Lc 23:39

insulto Pr 12:16; Mi 6:16; Heb 10:33; 1P 3:9

insultos 2S 16:7; Sal 22:7; 69:7,9,20; 89:50; 123:4; Pr 22:10; Is 51:7; Jer 51:51; Lm 3:61; Ez 21:28; 34:29; 36:3,15; Sof 2:8; Lc 22:65; Ro 15:3;

2Co 12:10,20; 1Ts 2:2; 1Ti 6:4; 1P 2:23

insurrección Mr 15:7; Lc 23:19,25

intactos Pr 15:25

intachable Gn 17:1; 2S 22:31; Job 1:1,8; 2:3; 4:6; 9:21; 12:4; 22:3; Sal 15:2; 18:30; 26:1,11; 101:6; Pr 2:7; 19:1; 21:18; Ef 5:27; Fil 3:6; 1Ts 3:13; 1Ti 3:2; Tit 1:6-7; 2:8; 2P 3:11

intachables Lc 1:6; Fil 2:15; Col 1:22; 1Ti 5:7; Ap 14:5

íntegra Job 4:7; Sal 119:9; Pr 2:7; Jn 7:18; 1P 3:2; 2P 3:1

integrado Nm 2:4,6,8,11,13,15,19, 21,23,26,28,30

íntegramente Lv 6:5

integridad 1R 9:4; 2Cr 19:9; Job 2:3,9; 6:29; 27:5; Sal 25:21; 41:12; 86:11; 101:2; 119:7; Pr 10:9; 11:3; 13:6; 14:32; Is 45:23; 59:4; Gá 2:5,14; Ef 6:5; Col 3:22; Tit 2:7

íntegro 2S 22:24; 2R 20:3; 1Cr 29:19; Job 8:20; 9:20; Sal 18:23; 119:80; Pr 3:32; Is 38:3; Ez 11:19; Mal 3:10; Mt 22:16; Mr 12:14; Lc 16:10; Hch 8:21

íntegros Sal 11:7; 33:1; 37:18,37; 140:13; Pr 2:21; 11:5; 14:9; 28:10; 29:10; Tit 2:2; Stg 1:4

inteligente Dt 4:6; 1S 25:3; 1R 2:9; 7:14; 1Cr 27:32; 2Cr 2:13; Pr 14:35; 16:21; 19:14; 20:5; 28:11; Is 10:13; Os 14:9; Hch 13:7

inteligentes Dt 1:13; Ec 9:11; Is 5:21; 29:14; Jer 49:7; Dn 1:20; 2:21; 1Co 1:19; 4:10

intemperie Esd 10:13

intención Gn 20:5; 37:22; 39:14; Éx 32:12; Nm 35:22-23; Jos 22:12,29; Jue 20:5; 1S 23:15; 25:29; 26:15; 1Cr 22:7; 2Cr 11:22; Sal 37:32; 78:18; 101:4; Pr 21:27; Ez 45:20; Mi 2:11; Hch 8:22; 9:2; 12:4; Ro 8:27

intencionadas Sal 141:6; Dn 2:9

intencionado 1S 17:28; Gá 4:18

intencional Éx 21:13

intencionalmente Nm 35:20; 2P 3:5

intenciones Gn 8:21; 19:9; Éx 10:10; Nm 35:20; 2S 13:2;

Neh 4:15; Sal 73:7; Pr 7:10;
Mt 22:18; Lc 2:35; 20:23; 1Co
4:5; Gá 4:17; Fil 1:15; 1Ts
2:3; Heb 4:12; Stg 2:4; 4:3
intendentes Est 3:12; 8:9; 9:3
intensa 2S 18:7; Is 30:26; Os
9:7; Hch 22:6
intensamente Sal 63:1; Jud 3
intensificó 1S 31:3; 1Cr 10:3
intenso Jue 20:34
intentar Éx 19:24; Ec 3:6
intento 1S 24:11; Jon 1:13;
Hab 2:9; Hch 27:30
intercaló 2Cr 3:16
intercambiar Éx 18:7
intercambiarán Ap 11:10
intercambiaremos Gn 34:16
Intercambiemos Gn 34:9
interceda Job 16:21
intercedan Gn 23:8; Col 4:3
intercedas Jer 7:16; 11:14
intercede Ro 8:26-27,34
interceder Gn 20:7; 1S 2:25;
1R 2:19; Est 4:8; 8:3; Jer
18:20; 42:9; Heb 7:25
intercedí Dt 9:20
intercedió Nm 21:7; Is 53:12
intercesor Job 16:20; 1Jn 2:1
interés Lv 25:36; 1R 8:17; 2Cr
6:7; Lc 19:48; Jn 7:1; 2Co
7:12; Gá 4:17-18; Fil 4:10
interesa 2S 21:4; 2Co 12:14;
Gá 2:6
interesado 1R 8:18; 2Cr 6:8
interesara Jn 12:6
interesarse Fil 4:10
intereses Éx 22:25; Lv 25:37;
Dt 23:19-20; Esd 4:22; Neh
5:7; Ez 18:8,13, 17; 22:12; Dn
6:2; Mt 25:27; Lc 19:23; 1Co
7:34; 10:24,33; Fil 2:4,21
interfieras 2Cr 35:21
interiores 1R 6:15,30; 1Cr
28:11; 2Cr 4:22; Ez 40:44
interiormente Ro 2:29; 8:23;
1Ts 3:13; Heb 10:22
intermediario Dt 5:5
intermedio 1R 6:6,8; Ez 41:7;
42:5-6
interminable Job 7:4; Ec
12:12
interminables 1Ti 1:4
internando Jon 3:4
internándose Mr 7:31
internaran Éx 15:22
internaron Éx 19:2
interno Éx 28:26
internó Éx 24:18
interpelaron Jn 5:12; Hch
23:4
interpeló Jos 7:19; Jn 7:50
interponga Ez 22:30

interpretación Gn 40:8,12,
16,18; Jue 7:15; Dn 2:5,9,
26,30,45; 4:24; 7:16; 1Co
14:26; Fil 3:5; 2P 1:20
interpretaciones Dn 5:16
interpretar Gn 41:8,15,24; Dn
2:25; 4:7,18; 5:12,16; Mt 23:2;
Lc 12:56; 1Co 12:10; 14:13
interpretarle Dn 2:16
interpretarlo Gn 41:15
interpretarse Gá 4:24
intérprete Gn 42:23; 1Co
14:28
intérpretes Jer 27:9
interpuesto Is 26:1
interpuso Jos 24:7; Jue 9:23
interroga Job 12:7
Interroga Jn 18:21
interrogaba Jn 18:19
interrogado Job 21:29; Lc
23:14
interrogar Jer 38:27
interrogaran Hch 22:24
interrogarlo Hch 22:29; 24:8
interrogarlos Jn 18:29; Hch
4:7
interrogaron Mt 21:23; Mr
11:28; Lc 20:2; Jn 1:25; 7:45;
9:17; Hch 28:18
interrogas Jn 18:21
interrogó Jue 8:14; Dn 1:20;
Mr 14:60
interrumpan Esd 6:8
interrumpida Neh 6:3
interrumpió Gn 27:32; 1S
15:16; 2Cr 25:16; Hch 26:24
interrumpir Esd 5:5
intervención Job 34:20; Dn
2:45; 8:25
intervenga Is 59:16
intervenir 2Cr 20:17
interviniera Job 11:5
intervinieron Hch 15:5
intervino Éx 2:17; 1S 11:13;
14:36; 2S 13:32; 2R 4:27; Est
7:9; Job 26:1; Lc 9:49; 13:14;
Ro 5:20
intestinos Éx 12:9; 29:17; Lv
3:3,9,14; 4:8,11; 7:3; 8:16,21,
25; 9:14,19; Dt 18:3; 2Cr
21:15,19
íntima Job 29:4; Jn 1:18
íntimas Dt 22:30
intimida Sal 2:5
intimidad Ez 28:2
intimidados Esd 10:9
intimidar Dt 1:17; Esd 4:4
intimidarme Neh 6:13-14, 19
intimidaron 1S 15:24
íntimo Dt 13:6; Sal 51:6; Pr
18:8; 20:30; 23:16; 26:24; Ro
7:22; Ef 3:16; 1P 3:4

íntimos 2R 10:11; Sal 44:21;
Hch 10:24
intranquilo 2Co 2:13
intriga Dn 8:23; Os 7:6
intrigante Pr 12:2; 24:8
intrigas Neh 6:14; Sal 5:10;
31:20; 55:10; Pr 1:31; 24:9; Lc
1:51
introduce Heb 7:19; 13:11
Introduce Éx 25:14
introducir Heb 1:6
introducirá Éx 23:23
introducirán 2P 2:1
introducirlo Dt 31:21
introdujeron 2R 17:8
introdujo Éx 38:7; Lv 10:18;
2R 17:19; Ez 43:5
inundación Dn 9:26;
11:10,22,40; Nah 1:8; Lc 6:48
inundada Gn 7:24
inundado Sal 124:4; 2P 3:6
inundar Mal 2:13
inundarse Mr 4:37; Lc 8:23
inútil 1S 15:9; Is 30:5-6; Jer
18:12; Zac 11:17; Mt 25:30;
Tit 3:14; Flm 11; Heb 7:18
Inútil Pr 26:7
inútiles Lv 19:4; 1S 12:21; 1R
16:13,26; 2R 17:15; Sal 97:7;
Pr 26:7; Is 44:9; 58:13; Jer
8:19; 10:8; 18:15; 23:32; Lc
17:10; Ro 1:21; 1Ti 1:6;
6:4,20; 2Ti 2:14; 2P 1:8
invadir Dt 12:29; 1S 7:13; 2R
6:23; Dn 11:29; Mi 5:5-6
invadirte Nah 1:15
invalidar Job 40:8
invalide Est 8:5
inválido Jn 5:5; Hch 4:9
inválidos Lc 14:13,21
invasor Ez 31:11; Dn 11:16
invasores Gn 14:14; Jue
2:14,16; 2R 17:20; 1Cr 12:21;
Is 21:1; Ez 7:22
invencible Jer 15:20
invención Neh 6:8; Gá 1:11
inventan Am 6:5
inventario Esd 1:9
invernado Hch 28:11
invernar Hch 27:12
invertido Est 9:1
investidura Gá 1:1
investigación Dt 17:4; 19:18;
Hch 25:26
investigar Gn 42:9,12; Dt
13:14; Jue 6:29; 2Cr 32:31;
Esd 4:19; 7:14; Ec 1:13; 7:25;
Hch 25:20
investigarlo Pr 25:2
investirás Nm 27:20
invierno Gn 8:22; Sal 74:17;
Cnt 2:11; Is 18:6; Jer 36:22;

Os 6:3; Am 3:15; Zac 14:8; Mt 24:20; Mr 13:18; Jn 10:22; Hch 27:12; 1Co 16:6; 2Ti 4:21; Tit 3:12

invisible 2Co 4:18; Col 1:15; 1Ti 1:17

Invisible Heb 11:27

invisibles Ro 1:20; Col 1:16

invistió Jue 17:12

invitación Hch 16:15; 1Co 10:27

invitado 1R 1:19,25; Est 4:11; 5:12; Lc 7:39; 14:8,12

invitados 1S 9:13,22; 2S 15:11; 1R 1:41,49; Est 1:8; Pr 9:18; Sof 1:7; Mt 9:15; 14:9; 22:3-4,10-11,14; Mr 2:19; 6:22,26; Lc 5:34; 7:49; 14:7,10,17,24; Jn 2:2,10

invitar 1S 9:24

invitarlo Hch 10:22

invocar Gn 4:26; Éx 20:24; 1S 12:17; 2S 14:11; 2R 5:11; Jer 44:26; Hch 19:13

invocarlos Os 2:17

involucradas Dt 19:17

Iqués 2S 23:26; 1Cr 11:28; 27:9

Ir Gn 10:11; Jos 19:41; 1Cr 4:12,15; 7:12

Ira 2S 20:26; 23:26,38

iracundo Pr 14:17; 15:18; 19:19; 29:22; Tit 1:7

iracundos Pr 22:24

Irad Gn 4:18

Iram Gn 36:43; 1Cr 1:54

irguieron Éx 15:8

irguió Ez 31:10

Irí 1Cr 7:7

Irías Jer 37:13-14

iris Gn 9:13-14,16; Ez 1:28; Ap 4:3; 10:1

Irón Jos 19:38

Irpel Jos 18:27

irracionales 2P 2:12; Jud 10

irradiar Is 13:10

irradie Sal 31:16

irrefrenable Stg 3:8

irremediablemente Heb 10:28

irreprensible Dt 18:13

irreprochable 2S 22:26; Sal 18:25; 51:4; Ez 28:15; 1Ts 2:10; 5:23; Heb 7:26

irreprochables Pr 8:9; Jn 10:32; 1Co 1:8; Fil 1:10; Col 1:22

irreverentes 1Ti 1:9

irrevocable Est 1:19; Is 45:23

irrevocables Ro 11:29

irrigar Ec 2:6

irrigará Jl 3:18

irrita Job 16:3; Pr 17:25; 19:3

irritable Is 57:17

irritado Job 42:7; Ez 16:43; Os 12:14

Irritado Lv 10:16

irritan Job 12:6

irritará Lv 10:6; Sal 112:10

irritarlos Dt 32:21; Ro 10:19

irritarnos Gá 5:26

irritaron Dt 32:19; Sal 78:58; Jer 25:7

irritarse 2Ti 2:24

irriten Jer 25:6

irrites Sal 37:1,7-8

irrumpen Job 30:14; Nah 2:4

irrumpido Job 30:13

irrumpieron Éx 8:24

irrumpió 1R 16:10

irse Éx 21:11; Dt 31:18; Jue 11:38; 19:7-9; 1S 15:27; 2S 11:9; 14:24; 19:24; 2Cr 11:14; Mr 10:17; Lc 8:37; Jn 7:35; Hch 1:11,25; 4:21; 16:36; Hch 28:25

irte Gn 24:55,58; 31:30; Jue 19:5; 1S 20:42; 2R 5:19; Mr 7:29; 10:52

Isba 1Cr 4:17

Isbac Gn 25:2; 1Cr 1:32

Isbibenob 2S 21:16

Isboset 2S 2:8,10,12,15; 3:7,11,14-15; 4:1-2,5, 7-8,12

Iscá Gn 11:29

Iscariote Mt 10:4; 26:14; Mr 3:19; 14:10; Lc 6:16; 22:3; Jn 6:71; 12:4; 13:2, 26; 14:22

Isí 1Cr 2:31; 4:20,42; 5:24

Isías 1Cr 7:3; 12:6; 23:20; 24:21,25; Esd 10:31

isla Hch 13:6; 21:3; 27:14, 26; 28:1,7,9,11; Ap 1:9

islas Est 10:1; Is 40:15; Ez 26:18; 27:15; Ap 6:14; 16:20

isleños Hch 28:2,4

islote Hch 27:16

Ismá 1Cr 4:3

ismaelita 2S 17:25; 1Cr 2:17; 27:30

ismaelitas Gn 37:25,27-28; 39:1; Jue 8:24

Ismaías 1Cr 12:4; 27:19

Ismaquías 2Cr 31:13

Ismeray 1Cr 8:18

Isod 1Cr 7:18

Ispá 1Cr 8:16

Ispán 1Cr 8:22

Israelitas 1R 12:28; 2Cr 13:4,12; 30:6; Is 31:6; Am 9:7; Hch 21:28

Israías 1Cr 7:3

Isvá Gn 46:17; 1Cr 7:30

Isví Gn 46:17; Nm 26:44; 1S 14:49; 1Cr 7:30

isvitas Nm 26:44

Itacasín Jos 19:13

Italia Hch 18:2; 27:1,6; Heb 13:24

Italiano Hch 10:1

Itamar Éx 6:23; 28:1; 38:21; Lv 10:6,12,16; Nm 3:2,4; 4:28, 33; 7:8; 26:60; 1Cr 6:3; 24:1-6; Esd 8:2

Itay 2S 15:19,21-22; 18:2,5, 12; 23:29; 1Cr 11:31

Itiel Neh 11:7

Itmá 1Cr 11:46

Itnán Jos 15:23

Itrá 2S 17:25

Itrán Gn 36:26; 1Cr 1:41; 7:37

Itreán 2S 3:5; 1Cr 3:3

itrita 2S 23:38; 1Cr 11:40

itritas 1Cr 2:53

Iturea Lc 3:1

Ivá 2R 18:34; 19:13; Is 37:13

Iyé Nm 21:11; 33:44-45

Iyín Jos 15:29

Iyón 1R 15:20; 2R 15:29; 2Cr 16:4

Izar Éx 6:18,21; Nm 3:19, 27; 16:1; 1Cr 6:2,18,38; 23:12,18; 24:22; 26:29

Izará Is 11:12

izaritas 1Cr 26:23

izaron Hch 27:40

izquierdo Éx 17:12; 1R 7:39; Ez 4:4,9; Ap 10:2

Izraías Neh 12:42

izraíta 1Cr 27:8

Izri 1Cr 25:11

Jaán 2S 24:6

Jabaías Esd 2:61; Neh 7:63

Jabal Gn 4:20-21

jabalíes Sal 80:13

jabalina Jos 8:18,26; 1S 17:6,45

jabalinas Job 39:23; 41:26

Jabasinías Jer 35:3

Jabés Jue 21:8-10,12,14; 1S 11:1,3,5,9; 31:11-13; 2S 2:4-5; 21:12; 2R 15:10, 13-14; 1Cr 2:55; 4:9-10; 10:11-12

Jabín Jos 11:1; Jue 4:2,7,17, 23-24; Sal 83:9

Jabnel Jos 15:11; 19:33

Jabnia 2Cr 26:6

Jaboc Gn 32:22; Nm 21:24; Dt 2:37; 3:16; Jos 12:2; Jue 11:13,22

jabón Job 9:30; Jer 2:22

Jabor 2R 17:6; 18:11; 1Cr 5:26

Jacalías Neh 1:1; 10:1

Jacán 1Cr 5:13

jacinto   Éx 28:19; 39:12; Ap 21:20

Jacmoní   1Cr 11:11; 27:32

Jacoba   1Cr 4:36

jactancia   Os 12:8; Ro 3:27; Stg 4:16

jactancias   Jer 48:30

jactanciosa   Sal 12:3; Sof 3:11

jactancioso   1Co 13:4

jactanciosos   2Ti 3:2

jactarme   2Co 10:8; 11:16-17,30; 12:1,6; Gá 6:14

jactarnos   2Co 10:13,16

jactarse   Jue 7:2; Is 10:15; Ro 4:2; 1Co 1:29; 5:6; Gá 6:13

jactarte   Ez 16:63

Jacufá   Esd 2:51; Neh 7:53

Jadasá   Jos 15:37; Est 2:7

Jadatá   Jos 15:25

Jadau   Esd 10:43

jade   Éx 28:18; 39:11; Ez 28:13

jadean   Jer 14:6

jadeante   Sal 42:1

Jadeante   Sal 119:131

jadear   Is 42:14

Jadid   Esd 2:33; Neh 7:37; 11:34

Jadón   Neh 3:7

Jadrac   Zac 9:1

Jadúa   Neh 10:21; 12:11,22

Jael   Jue 4:17-18,21-22; 5:6, 24-25

Jafarayin   Jos 19:19

Jafet   Gn 5:32; 6:10; 7:13; 9:18,23,27; 10:1-2,21; 1Cr 1:4-5

Jafía   Jos 10:3; 19:12; 2S 5:15; 1Cr 3:7; 14:6

Jaflet   1Cr 7:32-33

jafletitas   Jos 16:3

Jagab   Esd 2:46

Jagabá   Esd 2:45; Neh 7:48

Jaguí   Gn 46:16; Nm 26:15

Jaguías   1Cr 6:30

Jaguit   2S 3:4; 1R 1:5,11; 2:13; 1Cr 3:2

jaguitas   Nm 26:15

Jagur   Jos 15:21

Jahazías   Esd 10:15

Jahaziel   1Cr 12:4; 16:6; 23:19; 24:23; 2Cr 20:14-15; Esd 8:5

Jairo   Mr 5:22,35; Lc 8:41, 49-51

Jalá   Esd 2:56; Neh 7:58

Jalac   Jos 11:17; 12:7

Jalaj   2R 17:6; 18:11; 1Cr 5:26

Jalán   Gn 36:5,14,18; 1Cr 1:35

Jalí   Jos 19:25

Jaljul   Jos 15:58

Jalón   1Cr 4:17

Jam   Gn 14:5

Jamat   Nm 13:21; 34:8; Jos 13:5; 19:35; Jue 3:3; 2S 8:9; 1R 8:65; 2R 14:25,28; 17:24, 30; 18:34; 19:13; 23:33; 25:21; 1Cr 2:55; 13:5; 18:3,9; 2Cr 7:8; 8:3-4; Sal 76:10; Is 10:9; 11:11; 36:19; 37:13; Jer 39:5; 49:23; 52:9,27; Ez 47:16-17, 20; 48:1; Am 6:2,14; Zac 9:2

jamatitas   Gn 10:18; 1Cr 1:16

jambas   1R 6:31

Jambres   2Ti 3:8

Jamín   Gn 46:10; Éx 6:15; Nm 26:12; 1Cr 2:27; 4:24; Neh 8:7

jaminitas   Nm 26:12

Jamlec   1Cr 4:34

Jamón   Cnt 8:11

Jamor   Gn 33:19; 34:2,6,8, 13,18,20,24,26; Jos 24:32; Jue 9:28; Hch 7:16

Jamot   Jos 21:32

Jamuel   1Cr 4:26

Jamul   Gn 46:12; Nm 26:21; 1Cr 2:5

jamulitas   Nm 26:21

Jamutal   2R 23:31; 24:18; Jer 52:1

Janamel   Jer 32:7-9,12

Janán   Gn 36:38-39; 1R 4:9; 1Cr 1:49-50; 4:20; 8:23,38; 9:44; 11:43; 27:28; Esd 2:46; Neh 7:49; 8:7; 10:10, 22,26; 13:13; Jer 35:4

Jananel   Neh 3:1; 12:39; Jer 31:38; Zac 14:10

Jananí   1R 16:1,7; 1Cr 25:4, 25; 2Cr 16:7; 19:2; 20:34; Esd 10:20; Neh 1:2; 7:2; 12:36

Jananías   1Cr 3:19,21; 8:24; 25:4,23; 2Cr 26:11; Esd 10:28; Neh 3:8,30; 7:2; 10:23; 12:12,41; Jer 28:1,5, 10,12-13,15,17; 37:13

Janatón   Jos 19:14

Janay   1Cr 5:12; Lc 3:24

Janes   2Ti 3:8

Janés   Is 30:4

Janiel   Nm 34:23; 1Cr 7:39

Janoa   Jos 16:6-7; 2R 15:29

Janoc   Gn 25:4; 46:9; Éx 6:14; 1Cr 1:33; 5:3

Janún   2S 10:1-4; 1Cr 19:2,4,6; Neh 3:13,30

Jaqué   Pr 30:1

Jaquilá   1S 23:19; 26:1,3

Jaquín   Gn 46:10; Éx 6:15; 1R 7:21; 1Cr 9:10; 24:17; 2Cr 3:17; Neh 11:10

Jará   1Cr 9:42

Jaradá   Nm 33:24-25

Jaraías   Neh 3:8

Jarán   Gn 11:26-27,29,31; 12:4-5; 27:43; 28:10; 29:4; 2R 19:12; 1Cr 2:46; 23:9; Is 37:12; Ez 27:23; Hch 7:2,4

Jarboná   Est 1:10; 7:9

jardín   Gn 2:8-10,15-16; 3:1,3,8,10,23-24; 13:10; 2R 21:18,26; 25:4; Neh 3:15; Est 1:5; 7:7-8; Job 8:16; Cnt 4:12,16; 5:1; 6:2; Is 1:30; 58:11; Jer 31:12; 39:4; 52:7; Lm 2:6; Ez 28:13; 31:8-9; 36:35; Jl 2:3

Jardín   Cnt 4:12

jardines   Nm 24:6; Ec 2:5; Cnt 4:15; 6:2; 8:13; Is 1:29; 65:3; 66:17

Jared   Gn 5:15-16,18-20; 1Cr 1:2; Lc 3:37

Jaref   1Cr 2:51

Jaréset   2R 3:25; Is 16:7,11

Jaresías   1Cr 8:27

Jaret   1S 22:5

Jarib   1Cr 4:24; Esd 8:16; 10:18

Jarif   Neh 7:24; 10:19

Jarín   1Cr 24:8; Esd 2:32, 39; 10:21,31; Neh 3:11; 7:35,42; 10:5,27; 12:15

Jarjás   2R 22:14; 2Cr 34:22

Jarjur   Esd 2:51; Neh 7:53

Jarmut   Jos 10:3,5,23; 12:11; 15:35; 21:29; Neh 11:29

Jaroa   1Cr 5:14

Jarod   Jue 7:1

jarodita   2S 23:25

Jaroset   Jue 4:2,13,16

jarras   Éx 25:29; 37:16; Nm 4:7; 1Cr 28:17; Jer 35:5; Mr 7:4

jarro   1S 26:11-12,16; 1R 14:3; 17:12,14,16; 19:6

Jarsa   Esd 2:52; Neh 7:54

Jarsá   Esd 2:59; Neh 7:61

Jarumaf   Neh 3:10

Jaruz   2R 21:19

Jasabías   1Cr 6:45; 9:14; 25:3,19; 26:30; 27:17; 2Cr 35:9; Esd 8:19,24; Neh 3:17; 10:11; 11:15,22; 12:21,24

Jasabná   Neh 10:25

Jasabnías   Neh 3:10; 9:5

Jasadías   1Cr 3:20

Jasay   Esd 10:37

Jasbadana   Neh 8:4

Jasbaz   Is 8:1,3

Jasén   2S 23:32; 1Cr 11:34

Jaser   Jos 10:13; 2S 1:18

Jasiel   1Cr 11:47; 27:21

Jasmoná   Nm 33:29-30

Jasón   Hch 17:5-7,9; Ro 16:21

jaspe Éx 28:20; 39:13; Job 28:18; Ez 28:13; Ap 4:3; 21:11,18-19

Jasub 1Cr 9:14; Neh 3:11,23; 10:23; 11:15

Jasubá 1Cr 3:20

Jasufá Esd 2:43; Neh 7:46

Jasún Esd 2:19; 10:33; Neh 7:22; 8:4; 10:18

Jatat 1Cr 4:13

Jatifá Esd 2:54; Neh 7:56

Jatil Esd 2:57; Neh 7:59

Jatir Jos 15:48; 21:14; 1S 30:27; 1Cr 6:57

Jatitá Esd 2:42; Neh 7:45

Jatniel 1Cr 26:2

Jatús 1Cr 3:22; Esd 8:2; Neh 3:10; 10:4; 12:2

jaulas Jer 5:27

Jaurán Ez 47:16-18

jaurías Sal 74:14

Javán Gn 10:2,4; 1Cr 1:5,7

Javilá Gn 2:11; 10:7,29; 25:18; 1S 15:7; 1Cr 1:9,23

Javot Nm 32:41; Dt 3:14

Jayil 2Cr 17:7

Jaza 1Cr 6:78

Jazael 1R 19:15,17; 2R 8:8-9,11-15,28-29; 9:14; 10:32; 12:17-18; 13:3,22, 24; 2Cr 22:5-6; Am 1:4

Jazaías Neh 11:5

Jazanías 2R 25:23; Jer 35:3; Ez 8:11; 11:1

Jazar Gn 10:26; Nm 34:4, 9-10; Jos 15:27-28; 19:3,5; 1Cr 1:20; 4:28,31; Neh 11:27; Ez 47:16-17; 48:1

Jazelelponi 1Cr 4:3

Jazer Nm 21:32; 32:1,3,35; Jos 13:25; 21:39; 2S 24:5; 1Cr 6:81; 26:31; Is 16:8-9; Jer 48:32

Jazera 1Cr 9:12

Jazerot Nm 11:35; 12:16; 33:17-18; Dt 1:1

Jazezón Gn 14:7; 2Cr 20:2

Jazías 1Cr 24:26-27

Jaziel 1Cr 15:18; 23:9

Jaziz 1Cr 27:31

Jazó Gn 22:22

Jazor Jos 11:1,10,13; 12:19; 15:23,25; 19:36; Jue 4:2,17; 1S 12:9; 2S 13:23; 1R 9:15; 2R 15:29; Neh 11:33; Jer 49:28,30,33

Jeberequías Is 8:2

Jebús Jos 18:16,28; Jue 19:10-11; 1Cr 11:4

jebusea Jos 15:8

jebuseo 2S 24:16,18; 1Cr 11:6; 21:15,18; 2Cr 3:1

jebuseos Gn 10:16; 15:21; Éx 3:8,17; 13:5; 23:23; 33:2; 34:11; Nm 13:29; Dt 7:1; 20:17; Jos 3:10; 9:1; 11:3; 12:8; 15:63; 24:11; Jue 1:21; 3:5; 19:11; 2S 5:6,8; 1R 9:20; 1Cr 1:14; 11:4; 2Cr 8:7; Esd 9:1; Neh 9:8; Zac 9:7

Jecamán 1Cr 23:19; 24:23

Jecamías 1Cr 2:41; 3:18

Jecolías 2R 15:2; 2Cr 26:3

Jeconías 1Cr 3:16-17; Est 2:6; Jer 22:24,28; 24:1; 27:20; 28:4; 29:2; 37:1; Mt 1:11-12

Jecutiel 1Cr 4:17

Jedaías 1Cr 4:37; 9:10; 24:7; Esd 2:36; Neh 3:10; 7:39; 11:10; 12:6-7,19,21; Zac 6:10,14

Jediael 1Cr 7:6,10-11; 11:45; 12:20; 26:2

Jedidá 2R 22:1

Jedidías 2S 12:25

Jedutún 1Cr 9:16; 16:38, 41-42; 25:1,3,6; 2Cr 5:12; 29:14; 35:15; Neh 11:17

Jefer Jos 19:13; 2R 14:25

Jefone Nm 13:6; 14:6,30,38; 26:65; 32:12; 34:19; Dt 1:36; Jos 14:6, 14; 15:13; 21:12; 1Cr 4:15; 6:56; 7:38

Jefté Jue 11:1-3,5,7,9,11-15,28-30, 32,34-35,40; 12:1-2,4,7-8; 1S 12:11; Heb 11:32

Jeftel Jos 19:14,27

Jegay Est 2:3,8-9,15

Jehedías 1Cr 24:20; 27:30

Jehías 1Cr 15:24

Jehiel 1Cr 8:29; 9:35; 11:44; 15:18,20; 16:5; 23:8; 26:22; 27:32; 29:8; 2Cr 21:2; 29:14; 31:13; 35:8; Esd 8:9; 10:2,21,26

jehielitas 1Cr 26:21

Jehúd Jos 19:45

Jejiyel 1Cr 16:5

Jelán 2S 10:16-17

Jelba Jue 1:31

Jelbón Ez 27:18

Jelcat Jos 19:25; 21:31; 2S 2:16

Jelcay Neh 12:15

Jelday 1Cr 27:15; Zac 6:10,14

Jélec Nm 26:30; Jos 17:2

Jéled 2S 23:29; 1Cr 11:30

Jélef Jos 19:33

jelequitas Nm 26:30

Jemuel Gn 46:10; Éx 6:15

Jeramel 1S 27:10; 30:29; 1Cr 2:9,25-27,33, 42; 24:29; Jer 36:26

jerarquía Est 10:3

Jerebay 1Cr 11:46

Jéred 1Cr 4:17

Jeremay Esd 10:33

Jeremot 1Cr 8:14; 23:23; 24:30; 25:4,22; Esd 10:26-27

Jeres Jue 2:9; 8:13; Jer 48:31,36

Jerías 1Cr 23:19; 24:23; 26:31

Jeriel 1Cr 7:2

Jerimot 1Cr 7:7-8; 12:5; 27:19; 2Cr 11:18; 31:13

Jeriot 1Cr 2:18

Jerjes Esd 4:6; Dn 9:1

Jeroán 1S 1:1; 1Cr 6:27,34; 8:27; 9:8,12; 12:7; 27:22; 2Cr 23:1; Neh 11:12

Jeruel 2Cr 20:16

Jerusa 2R 15:33; 2Cr 27:1

Jesaná 2Cr 13:19; Neh 3:6; 12:39

Jesarela 1Cr 25:14

Jesebab 1Cr 24:13

Jésed 1R 4:10; 1Cr 3:20

Jéser Gn 46:24; Nm 26:48; 1Cr 2:18; 7:13

jeseritas Nm 26:48

Jesimiel 1Cr 4:36

Jesimón Nm 21:20; 23:28

Jesisay 1Cr 5:14

Jesúa 1Cr 24:11; 2Cr 31:15; Esd 2:2,6,36,40; 3:2,8-9; 4:3; 5:2; 8:33; 10:18; Neh 3:19; 7:7,11,39,43; 8:7; 9:4-5; 10:9; 11:26; 12:1, 7-8,10,24,26

Jesurún Dt 32:15; 33:5,26; Is 44:2

JESÚS Mt 27:37; Jn 19:19

Jéter Jue 8:20; 1R 2:5,32; 1Cr 2:17,32; 4:17; 7:38

Jetet Gn 36:40; 1Cr 1:51

Jetlá Jos 19:42

Jetro Éx 3:1; 4:18; 18:1-2,5-6,9,12

Jetur Gn 25:15; 1Cr 1:31; 5:19

Jeuel 1Cr 9:6

Jeús Gn 36:5,14,18; 1Cr 1:35; 7:10; 8:10,39; 23:10-11; 2Cr 11:19

Jeyel 1Cr 5:7; 15:18,21; 16:5; 2Cr 20:14; 26:11; 29:13; 35:9; Esd 8:13; 10:43

Jezabel 1R 16:31; 18:4,13, 19; 19:1-2; 21:5,7,11, 14-15,23,25; 2R 9:7,10,22,30,36-37; Ap 2:20

Jezanías Jer 40:8

Jezer Nm 26:30

jezeritas Nm 26:30

Jezías Esd 10:25

Jeziel 1Cr 12:3

Jezlías 1Cr 8:18

Jezrel Jos 15:56; 17:16; 19:18; Jue 6:33; 1S 25:43; 29:1,11; 2S 2:9; 4:4; 1R 4:12; 18:45-46; 21:1,23; 2R 8:29; 9:10,15-17, 30,36-37; 10:6-7,11; 1Cr 4:3; 2Cr 22:6; Os 1:4-5,11; 2:22

jezrelita 1S 27:3; 30:5; 2S 2:2; 3:2; 1R 21:1,4,6,15; 2R 9:21,25; 1Cr 3:1

Jezró 2S 23:35; 1Cr 11:37

Jezrón Gn 46:9,12; Éx 6:14; Nm 26:5,21; Jos 15:3,25; Rt 4:18-19; 1Cr 2:5,9,18,21,24-25; 4:1; 5:3; Mt 1:3; Lc 3:33

jezronitas Nm 26:5,21

Jiel 1R 16:34

Jifta Jos 15:43

Jilquías 2R 18:18,26,37; 22:4,8,10,12,14; 23:4,24; 1Cr 6:13,45; 9:11; 26:11; 2Cr 34:9,14,15,18,20,22; 35:8; Esd 7:1; Neh 8:4; 11:11; 12:7,21; Is 22:20; 36:3,22; Jer 1:1; 29:3

jinete Gn 49:17; 2R 9:17-19; Ap 6:2,4-5,8; 19:11,19

Joa 2R 18:18,26,37; 1Cr 6:21; 26:4; 2Cr 29:12; 34:8; Is 36:3,11,22

Joacaz 2R 10:35; 13:1-2,4,7-10,22,25; 14:1,8,17; 23:30-34; 2Cr 21:17; 25:17,23,25; 34:8; 36:1-2,4

Joacim 2R 23:34-36; 24:1-2,5-6,19; 1Cr 3:15-16; 2Cr 36:4-6,8; Jer 1:3; 22:18,24; 24:1; 25:1; 26:1,21-23; 27:20; 28:4; 35:1; 36:1,9,28-30,32; 37:1; 45:1; 46:2; 52:2; Dn 1:1-2

Joada 1Cr 8:36

Joadán 2R 14:2; 2Cr 25:1

Joaquim Neh 12:10,12,26

Joaquín 2R 24:6,8-9,12,15, 17; 25:27,29-30; 1Cr 4:22; 2Cr 36:8-10; Jer 52:31, 33-34; Ez 1:2

Jobab Gn 10:29; 36:33-34; Jos 11:1; 1Cr 1:23,44-45; 8:9,18

Jocabed Éx 6:20; Nm 26:59

Jocdeán Jos 15:56

Jocmeán 1R 4:12; 1Cr 6:68

Jocneán Jos 12:22; 19:11; 21:34

Jocsán Gn 25:2-3; 1Cr 1:32

Joctán Gn 10:25-26,29; 1Cr 1:19-20,23

Joctel Jos 15:38; 2R 14:7

Jodsí 2S 24:6

Joed Neh 11:7

Joel 1S 8:2; 1Cr 4:35; 5:4,8, 12; 6:33,36; 7:3; 11:38; 15:7,11,

17; 23:8; 26:22; 27:20; 2Cr 29:12; Esd 10:43; Neh 11:9; Jl 1:1; Hch 2:16

Joelá 1Cr 12:7

Joezer 1Cr 12:6

Joglá Nm 26:33; 27:1; 36:11; Jos 15:6; 17:3; 18:19,21

Joglí Nm 34:22

Johanán 2R 25:23; 1Cr 3:15,24; 6:9-10; 12:4,12; 26:3; 2Cr 17:15; 23:1; 28:12; Esd 8:12; 10:6,28; Neh 6:18; 12:11,13,22-23, 42; Jer 40:8,13,15-16; 41:11,13-16; 42:1,8; 43:2, 4-5

jolgorio Os 2:11

jómer Ez 45:11,13-14

Jonadab 2S 13:3,5,32,35; 2R 10:15,23; Jer 35:6,8, 10,14,16,18-19

Jonán Lc 3:30

Jonás 2R 14:25; Jon 1:1,3,5, 7,10,15,17; 2:1,10; 3:1,3-4; 4:1,5-6,8-9; Mt 12:39-41; 16:4,17; Lc 11:29-30,32

Jope Jos 19:46; 2Cr 2:16; Esd 3:7; Jon 1:3; Hch 9:36,38,42-43; 10:5,8,23, 32; 11:5,13

Jorá Esd 2:18

Joray 1Cr 5:13

Jorcoán 1Cr 2:44

Jorén Jos 19:38

Jorín Lc 3:29

Jormá Nm 14:45; 21:3; Dt 1:44; Jos 12:14; 15:30; 19:4; Jue 1:17; 1S 30:30; 1Cr 4:30

jornada Lc 9:56

jornal Dt 24:15; Zac 8:10; 11:12; Mt 20:8

jornalero Lv 19:13; 22:10; 25:6,40,50; Is 16:14; 21:16; Hag 1:6

jornaleros Mr 1:20; Lc 15:17,19

jorobado Lv 21:20

Jorón Jos 10:10-11; 16:3,5; 18:13; 21:22; 1S 13:18; 1R 9:17; 1Cr 6:68; 7:24; 2Cr 8:5; 25:13

Joronayin 2S 13:34; Is 15:5; Jer 48:3,5,34

Josá Jos 19:29; 1Cr 16:38; 26:10-11,16

Josaba 2R 11:2; 2Cr 22:11

Josabad 2Cr 35:9

Josacar 2R 12:21

Josadac 1Cr 6:14-15; Esd 3:2,8; 5:2; 10:18; Neh 12:26; Hag 1:1,12,14; 2:2,4; Zac 6:11

Josavía 1Cr 11:46

Josbecasa 1Cr 25:4,24

Joseb 2S 23:8

Josec Lc 3:26

Josibías 1Cr 4:35

Josifías Esd 8:10

Jotán Jue 9:5,7,21,57; 2R 15:5, 7,30,32,34-36,38; 16:1; 1Cr 2:47; 3:12; 5:17; 7:32; 11:44; 2Cr 26:21,23; 27:1-3, 5-8; Is 1:1; 7:1; Os 1:1; Mi 1:1; Mt 1:9

Jotba 2R 21:19

Jotbata Nm 33:33-34; Dt 10:7

jovencitos Job 30:1

Joyarib 1Cr 9:10; 24:7; Esd 8:16; Neh 11:5,10; 12:6,19

joyas Gn 24:53; Éx 32:24; 33:4-6; 35:22; 2S 1:24; 2Cr 20:25; Job 28:17; Cnt 5:12; Is 54:12; 61:10; Jer 2:32; 4:30; Lm 4:1; Ez 7:20; 16:11,17,39; 23:26, 40; 28:13; Os 2:13; Zac 9:16; 1P 3:3

joyero Éx 28:11; Is 40:19; 41:7; 46:6

Jozabad 2R 12:21; 1Cr 12:4,20; 26:4; 2Cr 17:18; 24:26; 31:13; Esd 8:33; 10:22-23; Neh 11:16

Jozabed Neh 8:7

Jozay 2Cr 33:19

Juana Lc 8:3; 24:10

Jubal Gn 4:21

jubilarán Nm 8:25

jubileo Lv 25:10-13,15-16, 28, 30-31,33,40,50,52,54; 27:17-18,21,23-24; Nm 36:4; Ez 46:17

júbilo Lv 9:24; 1Cr 29:17; Esd 6:16; Est 8:16; Sal 67:4; 71:23; 95:1; 100:2; 118:15; 145:7; 149:5; Is 24:8,11; 51:11; 54:1; 55:12; Jer 7:34; 51:48; Mt 5:12; Gá 4:27

jubilosas Sal 126:2

jubiloso Sal 92:4; Fil 1:25

jubilosos Sal 5:11; 63:5; 96:12; 98:8; 105:43; 107:22; 132:9,16; Jer 31:7,12

Jucal Jer 37:3; 38:1

judaísmo Hch 13:50; Gá 1:13-14; 2:14

judía Jn 6:4; 7:2; 11:51,55; 19:40; Hch 14:1; 16:1; 24:24

judías Jn 7:11; Tit 1:14

judío Neh 2:16; Est 2:5; 3:4; 5:13; 6:10,13; 8:7; 9:29,31; 10:3; Jer 34:9; Zac 8:23; Mt 9:18; Jn 3:25; 4:9; 18:35; 19:42; Hch 10:22, 28; 12:11; 13:6; 18:2,24; 19:34; 21:39; 22:3; 23:28; 25:24; Ro 2:17,

28-29; 3:1; 1Co 9:20; Gá 2:14;
3:28; Col 3:11; 2P 2:1

JUDÍOS   Mt 27:37; Mr 15:26; Lc
23:38; Jn 19:19

Judit   Gn 26:34

jueces   Éx 18:22,26; 21:6;
22:8-9; Nm 25:5; Dt 1:16;
16:18; 19:17-18; 21:2; 25:1;
Jos 8:33; 23:2; 24:1; Rt 1:1;
2R 23:22; 1Cr 17:6, 10; 23:4;
26:29; 2Cr 19:5; Esd 4:9;
7:25; 10:14; Job 9:24; 12:17;
Is 1:26; Ez 44:24; Dn 3:2-3;
7:26; Mi 7:3; Hch 13:20; 1Co
6:4

juega   Pr 20:2

juegas   Job 41:5

juego   Job 13:14; Lc 5:36

juergas   Is 5:14

juez   Gn 31:53; Éx 2:14; 18:13;
Dt 17:9,12; 25:2; 2S 15:4; Job
9:15,33; 19:29; 23:7; Sal 7:11;
9:4; 50:6; Is 3:2; 16:5; Mt
5:25; Lc 12:14,58; 18:2,6; Jn
8:50; Hch 7:27,35; 10:42;
18:15; 24:10; 2Ti 4:8; Heb
12:23; Stg 4:11-12; 5:9

Juez   Gn 18:25; Jue 11:27; Sal
94:2

Jufán   Nm 26:38

jufanitas   Nm 26:38

jugado   2S 23:17

jugamos   Lm 5:9

jugar   Job 41:5; Sal 104:26; Zac
8:5

Jugará   Is 11:8

jugaron   1Cr 11:19

jugo   Nm 6:3; Is 65:8

jugué   1S 28:21

juguetean   Job 40:20

juicios   1Cr 16:12,14; 2Cr
19:10; Neh 9:13; Sal 10:5;
36:6; 97:8; 119:7,13,20,30,
39,43,52,62,75,102,106,108,13
7,149,156,160,164,175; Is
26:8-9; Jn 8:16; Ro 11:33; Ap
16:7; 19:2

Julia   Ro 16:15

Julio   Hch 27:1,3

junco   Is 9:14; 58:5

juncos   Gn 41:2,18; Éx 2:3,5;
Job 8:11; 40:21; 41:20; Sal
68:30; Is 19:6; 35:7

Junías   Ro 16:7

juntamente   Ez 1:20; Jn 2:15;
Ef 2:22

juntar   Gn 41:35; Sof 3:8

juntarse   Hch 5:13; 9:26; 1Co
5:11

juntas   Rt 1:7; 4:11; Ec 10:1; Is
11:7; 52:9; Lc 17:35

Jupín   Gn 46:21; 1Cr 7:12,15

Jur   Éx 17:10,12; 24:14; 31:2;
35:30; 38:22; Nm 31:8; Jos
13:21; 1R 4:8; 1Cr 2:19-20,50;
4:1,4; 2Cr 1:5; Neh 3:9

jurado   Gn 14:22; Dt 2:14;
6:23; Jos 9:18; Jue 2:15;
21:1,7,18; 1R 1:13; 2Cr 36:13;
Sal 89:3,35; 110:4; Ec 8:2; Is
14:24; 45:23; 54:9; 62:8; Jer
5:7; 32:22; 51:14; Ez 20:28,42;
Am 4:2; Hch 23:14,21; Heb
7:21

Juramento   Gn 26:33

juramentos   Lv 5:4; Sal 132:2;
Ec 9:2; Mt 14:9; Mr 6:26

jurar   Gn 24:37; 50:5; Lv 19:12;
1R 2:42; 8:31; 18:10; 22:16;
2Cr 6:22; 18:15; Neh 5:12;
13:25; Jer 12:16; 44:26; Heb
6:13

Juray   1Cr 11:32

Jurí   1Cr 5:14

jurisdicción   1R 4:10,13; Lc
20:20; 23:7

Jusá   1Cr 4:4; 27:11

Jusán   Gn 36:34-35; 1Cr
1:45-46

jusatita   2S 21:18; 23:27; 1Cr
11:29; 20:4

Jusín   Gn 46:23; 1Cr 7:12;
8:8,11

Jusot   Nm 22:39

justa   Gn 38:26; Dt 33:21; 2S
15:3; Job 31:6; Sal 33:4; 37:6;
51:4; 119:75,142; Is 26:2; Jer
3:11; Ez 18:9; Mt 23:35; 1Ts
2:10; Stg 1:20; 2:24-25

justamente   Éx 28:27

justas   Éx 23:8; Lv 19:36; Dt
25:15; Job 6:25; Sal 19:9;
48:11; 71:24; 111:7; Pr 8:8,15;
16:11; Is 58:2; Ez 16:51-52;
18:24; 45:10; Mi 6:11; Ro 8:4;
1Jn 3:12; Ap 19:8

justiciera   Job 19:29

justifica   Is 50:8; Ro 3:26; 4:5;
8:33

justificación   Ro 4:25;
5:16,18,21; 1Co 1:30

justificado   Job 32:2; Lc 18:14;
Hch 13:39; Ro 3:20; 4:2;
10:10; Gá 2:16; 3:11

justificados   Hch 13:39; Ro
3:24,28; 5:1,9; 1Co 6:11; Gá
2:16-17; 3:24; 5:4; Tit 3:7

justificando   2Co 12:19

justificar   Job 32:2

justificará   Is 53:11; Ro 3:30

justificaría   Gá 3:8

justificarse   Job 9:2; Lc 10:29

justificó   Ro 8:30

Justo   Mi 2:7; Hch 1:23; 3:14;
7:52; 18:7; 22:14; Col 4:11;
1Jn 2:1; Ap 16:5

juvenil   Job 20:11; Pr 22:15

juzgado   Nm 35:12; Jos 20:9;
Job 31:11,28; Sal 109:7; Ez
39:21; Mt 5:25; Lc 7:43;
23:15; Jn 5:24; 16:11; Hch
22:25; 25:9,20; 1Co 5:3;
14:24; Ap 20:13

juzgar   Dt 17:8; 1Cr 16:33; Job
6:26; 22:13; Sal 76:9; 96:13;
98:9; Jer 2:35; Ez 34:20; Jl
3:12; Zac 8:16; Lc 19:22;
22:30; Jn 5:27; 8:26; 12:47;
Hch 25:10; Ro 2:1; 3:6; 14:4;
1Co 5:12; 6:2,5; 10:29; Stg
4:12; 1P 4:5; Ap 6:10; 11:18;
20:4

juzgarla   Ap 18:20

juzgarlo   Is 53:8; Jn 9:39

juzgarme   Hch 23:3

juzgarnos   Ro 14:13

kilo   Nm 7:13,19,25,31,37,
43,49,55, 61,67,73,79, 85-86;
Jos 7:21; 1R 10:17; 2R 15:20;
2Cr 3:9; Ez 4:10; Ap 6:6

kilómetro   Jos 3:4; Mt 5:41;
Hch 1:12

kilómetros   Lc 24:13; Jn 6:19;
11:18; Ap 14:20; 21:16

labio   Sal 12:3; Pr 22:18; Jer
12:2

labor   1Cr 28:13

laborables   Ez 46:1

labores   Éx 1:14; 35:35; 36:6;
Esd 4:21

labrada   Nm 10:2; 1R 6:36;
7:12; Am 5:11

labradas   Éx 20:25; Dt 27:5; 1R
6:7; Cnt 4:4; 7:1

labrado   Éx 25:18,31,36;
37:17,22; Nm 8:4

labrador   Jn 15:1; 1Co 9:10;
2Ti 2:6

labradores   2Cr 26:10; Jer
51:23; Jl 1:11; Mt
21:33-35,38,40-41; Mr
12:1-2,7,9; Lc 20:9-10, 14,16

labrados   Is 61:5; Jer 4:3

labrar   Jos 8:31; 1S 8:12; Os
10:12

laceran   Os 7:14

Lacún   Jos 19:33

Ladá   1Cr 4:21

Ladán   1Cr 7:26; 23:7-9; 26:21

ladera   Nm 21:15; Jos 18:13;
1S 25:20; 2S 13:34; 16:13; Is
5:1; Mt 5:1; 8:1

laderas   Dt 3:17; 4:49; Jos
10:40; 11:3; 12:3,8; 13:20;

15:10; 18:12,16; 2R 19:23; Is 11:14; 37:24

lados   Gn 3:24; Éx 32:15; Nm 22:24; Jos 8:22,33; 2S 2:13; 1R 7:9; Neh 4:12; Job 19:10; Ez 2:10; 28:23; 40:10,26; 41:15,26; 42:20; 45:7; 48:16,21; Lc 19:43; Ap 5:1

ladrar   Is 56:10

ladrarán   Éx 11:7

ladrillo   Ez 4:1

ladrillos   Gn 11:3; Éx 1:14; 5:7-8,14,16, 18-19; 2S 12:31; Is 9:10; Nah 3:14

ladrón   Éx 22:3,7-8; Job 24:14, 16; Sal 50:18; Pr 6:30; 29:24; Jer 2:26; Os 7:1; Zac 5:3-4; Mt 24:43; Lc 12:33,39; Jn 10:1,10; 12:6; 1Ts 5:2,4; 1P 4:15; 2P 3:10; Ap 3:3; 16:15

ladrones   Job 30:5; Is 1:23; Jer 7:11; 48:27; 49:9; Jl 2:9; Abd 5; Mt 6:19-20; 21:13; Mr 11:17; Lc 10:30, 36; 18:11; 19:46; Jn 10:8; 1Co 6:10

Lael   Nm 3:24

lagar   Nm 18:27; Dt 15:14; Jue 6:11; 7:25; 2R 6:27; Is 5:2; 63:2-3; Jl 3:13; Hag 2:16; Mt 21:33; Mr 12:1; Ap 14:19-20; 19:15

lagares   Éx 22:29; Is 16:10; Jer 48:33; Jl 2:24; Zac 14:10

lagartijas   Pr 30:28

lagartos   Lv 11:29

lágrima   Ap 7:17; 21:4

lágrimas   Gn 45:15; 1S 2:33; 2R 20:5; Est 8:3; Job 16:20; Sal 6:6; 42:3; 80:5; 102:9; 116:8; 119:136; 126:5; Is 16:9; 25:8; 38:5; Jer 9:1,18; 13:17; 14:17; 31:16; Lm 1:2; 2:18; 3:48; Ez 24:16; Os 9:4; Mal 2:13; Lc 6:25; 7:38,44; Hch 20:19,31; 2Co 2:4; Fil 3:18; 2Ti 1:4; Heb 5:7; 12:17

Lágrimas   Sal 84:6

lagunas   Éx 7:19; 8:5

Lais   Jue 18:7,14,27,29; 1S 25:44; 2S 3:15; Is 10:30

Lajad   1Cr 4:2

lajas   Éx 31:18

Lajay   Gn 24:62; 25:11

Lajmás   Jos 15:40

Lajmí   1Cr 20:5

lama   Mt 27:46; Mr 15:34

laman   Jue 7:5

Lamec   Gn 4:18-19,23-24; 5:25-26,28,30-31; 1Cr 1:3; Lc 3:36

lamentación   Jer 9:18; 49:3; Ez 9:4; Am 5:16; Zac 12:10-11; Mt 2:18; Ap 1:7; 18:15

lamentaciones   Gn 50:10; Jer 22:10

Lamentaciones   2Cr 35:25

lamentarlo   Pr 29:21

lamentarse   Is 22:12

lamento   Dt 1:45; 2S 1:17; 3:33; 2Cr 35:25; Job 30:31; Sal 22:1; 30:11; 77:3; Is 29:2; Jer 7:29; 9:20; 31:18; Ez 19:1,14; 26:17; 32:2, 16,18; Mi 2:4; Ap 21:4

lamentos   Éx 11:6; 12:30; 32:18; Neh 9:9; Est 4:3; 9:31; Sal 31:10; 56:8; 102:20; Pr 23:29; Is 19:8; Jer 9:10,19; 14:2; 31:15; 48:38; Lm 2:5,8; Ez 2:10; 24:16,23; 27:32; Os 10:5; Jl 2:12; Am 5:16-17; 8:3; Mt 11:21; Lc 10:13

lamerán   1R 21:19; Is 49:23

Lamerán   Mi 7:17

lamerla   Sal 68:23

lamían   Lc 16:21

lamieron   Jue 7:6-7; 1R 21:19; 22:38

laminada   Jer 10:9

láminas   Éx 39:3; Nm 16:38-40

lamió   1R 18:38

lámpara   1S 3:3; 2S 21:17; 22:29; 1R 11:36; 15:4; 2R 4:10; 8:19; 2Cr 21:7; Job 18:5-6; 21:17; 29:3; Sal 18:28; 119:105; 132:17; Pr 6:23; 13:9; 20:20,27; 21:4; 24:20; 31:18; Jer 25:10; Mt 5:15; 6:22; Mr 4:21; Lc 8:16; 11:33-34,36; 15:8; Jn 5:35; 2P 1:19; Ap 18:23; 22:5

lámparas   Éx 25:6,37; 27:20; 30:7; 35:14; 37:23; 39:37; 40:4,25; Lv 24:2-4; Nm 4:9; 8:2-3; 1R 7:49; 1Cr 28:15; 2Cr 4:20-21; 13:11; 29:7; Dn 5:5; Sof 1:12; Zac 4:2; Mt 25:1,3, 4,7-8; Jn 18:3; Hch 20:8

lampiña   Gn 27:16; Is 18:2,7

lampiño   Gn 27:11

lanar   Ec 2:7; Jon 3:7

lanceros   Hch 23:23

langosta   Éx 10:19; 2Cr 7:13; Job 39:20; Sal 78:46; 109:23; Ec 12:5; Am 4:9; Nah 3:15; Mal 3:11

langostas   Éx 10:4,12-15, 19; Lv 11:22; Nm 13:33; Dt 28:38,42; Jue 6:5; 7:12; 1R 8:37; 2Cr 6:28; Sal 105:34; Pr 30:27; Is 18:1; 33:4; 40:22; Jer

46:23; 51:14,27; Jl 1:4; 2:25; Am 7:1-2; Nah 3:17; Mt 3:4; Mr 1:6; Ap 9:3,7

languidece   1S 2:5; Is 24:4; 33:9

Languidece   Job 18:6; Is 24:7

languidecen   Sal 69:3

languideció   Jl 1:12

lanzadera   Job 7:6

lanzar   Lv 24:11; Jue 20:16; 1S 20:36; 1Cr 12:2; Jon 1:5

lanzarse   Gn 15:11

lanzas   1S 13:19; 2S 18:14; 2R 11:10; 1Cr 12:34; 2Cr 11:12; 14:8; 23:9; 26:14; 32:5; Neh 4:13,16; Job 30:22; 39:23; 41:7,26; Sal 46:9; 57:4; Is 2:4; Jer 46:4; 50:42; Ez 39:9; Jl 3:10; Mi 4:3; Nah 2:3; 3:3

Laodicea   Col 2:1; 4:13, 15-16; Ap 1:11; 3:14

lápida   Jer 48:9; Lc 11:44

Lapidot   Jue 4:4

lapso   Ez 4:5

Laquis   Jos 10:3,5,23,31-35; 12:11; 15:39; 2R 14:19; 18:14,17; 19:8; 2Cr 11:9; 25:27; 32:9; Neh 11:30; Is 36:2; 37:8; Jer 34:7; Mi 1:13

larga   Éx 20:12; 23:26; Dt 5:16,33; 6:2; 22:7; 1S 2:35; 1R 3:11,14; 2Cr 1:11; Job 42:17; Sal 21:4; Pr 3:16; Hch 15:7; Ef 6:3

largas   Gn 37:3,23; 2S 13:18; Job 39:19; Mr 12:40; Lc 20:47

largos   1R 8:8; 2Cr 5:9; Dn 8:3; Lc 13:16; Ro 16:25

larva   Nah 3:15

larvas   Job 27:18; Jl 1:4; 2:25

Lasa   Gn 10:19

lascivas   Ez 23:44

lascivia   Ez 23:48-49

Lasea   Hch 27:8

lastima   Ec 10:9

lástima   Dt 13:8; 19:13; Jer 13:14

lastimadas   Mi 4:6

lastimados   Lv 22:24

lastimas   Jer 2:25

lastimó   Nm 22:25

lastre   Heb 12:1

Late   Sal 38:10

lateral   Ez 40:7

laterales   1R 6:5; Ez 40:48; 41:2-3,6-9,11,26

latigazo   Job 5:21

latigazos   Pr 17:10; Hch 22:24

látigo   1R 12:11,14; 2Cr 10:11,14; Pr 26:3; Is 10:26; Jn 2:15; 1Co 4:21

látigos   Jos 23:13; Nah 3:2

latín Jn 19:20
laureles 1R 20:22
lavada 2P 2:22
lavadas Sal 73:13
lavado Lv 13:55-56; 15:11; 2S 19:24; Cnt 5:3; Mr 7:2; Jn 13:14; Ap 7:14
lavados 1Co 6:11; Heb 10:22
lavamanos Éx 30:18,28; 31:9; 35:16; 38:8; 39:39; 40:7,11,30; Lv 8:11; 1R 7:30-31,38,43; 2R 16:17; 2Cr 4:6,14
lavamiento Tit 3:5
lavandero Mal 3:2
Lavandero 2R 18:17; Is 7:3; 36:2
lavar Lv 13:54,58; Zac 13:1; Mr 7:4; Jn 13:6; 1Ti 5:10
lavarle Éx 29:17
lavarles 1S 25:41; Jn 13:5, 12
lavarlo Hch 9:37
lavarse Gn 19:2; Éx 30:19-20; 40:30; Lv 6:27; 11:25,28,32; 13:58; 14:8, 47; 15:5-8,10-12, 17,21-22, 27; 16:26,28; 17:15; Jue 19:21; Mt 15:2,20; Mr 7:3-4; Lc 11:38; Jn 13:10, 14
laya Éx 12:38
Lázaro Lc 16:20,23-25,27; Jn 11:1,5-6,11,13-14,17, 37,43; 12:1-2,9-10,17
lazo Job 18:10; Sal 69:22; Is 8:14
lazos 2S 22:6; Job 38:31; Sal 18:4-5; 116:3; 119:61; 140:5; Pr 13:14; Os 11:4
Lea Gn 29:16-17,23-25, 30-33,35; 30:9,11-21; 31:4, 14,33; 33:1-2,7; 34:1; 35:23,26; 46:15,18; 49:31; Rt 4:11
leabitas Gn 10:13; 1Cr 1:11
Leafrá Mi 1:10
leal 1S 20:8; 2S 10:2; 1R 12:20; 2R 10:15; 1Cr 19:2
leales 1S 10:26
lealtad Gn 19:19; 21:23; 24:49; 47:29; Rt 1:8; 3:10; 1S 26:23; 2S 16:17; 1R 3:6; 2R 20:3; 2Cr 36:13; Job 6:14; Pr 12:22; 19:22; 20:6; Is 16:5; 19:18; 38:3; Mi 7:20; Sof 1:5
Leb Jer 51:1
Lebaná Esd 2:45; Neh 7:48
Lebaot Jos 15:32; 19:6
Lebó Nm 13:21; 34:8; Jos 13:5; Jue 3:3; 1R 8:65; 2R 14:25; 1Cr 13:5; 2Cr 7:8; Ez 47:20; 48:1; Am 6:14
Leboná Jue 21:19
Lecá 1Cr 4:21

lección Jos 22:17; Job 12:7; Pr 24:32; Jer 16:21; 35:13; Mt 24:32; Mr 13:28
lecciones Jn 9:34
lectura Jos 8:35; Neh 8:2-3,8; Is 29:18; Jer 36:16; Lc 4:16; Hch 13:15; 1Ti 4:13
lecho Dt 27:20; 2R 1:4,6, 16; 1Cr 5:1; 2Cr 16:14; Job 7:13; 30:6; 33:15,19; Sal 6:6; 36:4; 41:3; 63:6; 139:8; Pr 7:17; Cnt 1:16; 3:1; Is 19:5; 57:2,7-8; Ez 23:17; Dn 4:5,10,13; 7:1; Ap 2:22
lechos Job 6:17; Cnt 5:13; 6:2
lechuza Lv 11:16,18; Dt 14:15; Sal 102:6
lechuzas Job 30:29
leer 2R 5:7; Ec 12:12; Is 29:11-12; Jer 36:23; 51:63; Dn 5:15; 2Co 1:13; 3:14; Ef 3:4
leerle Dn 5:17
leerles Jer 51:61
leerlo 2R 22:8
leerse Nm 21:14; Hab 2:2
legal Éx 23:2; Nm 27:11; Heb 7:16
legales Éx 23:3,6
legalizar Rt 4:7
legión Mr 5:15
Legión Mr 5:9; Lc 8:30
legislador Stg 4:12
legítima Hch 19:39
legítimos Heb 12:8
legumbres Lc 11:42
Lehí Jue 15:9,14,17,19
leída Esd 4:18; 2Co 3:2
lejana Dt 28:49; 2S 15:17; Is 5:26; 46:13; Jer 5:15; Jl 3:8
lejanas Dt 20:15; Jos 9:22; 1R 8:41; 2Cr 6:32; Est 9:20; Pr 25:25; Is 8:9; 13:5; 23:7; 37:24; 41:1,5; 42:4, 10,12; 49:1; 51:5; 59:18; 60:9; 66:19; Jer 4:16; 31:10; 48:24; 51:50; Ez 11:16; 27:3; Mi 4:3
lejano Jos 9:6; 1R 8:46; 2R 20:14; 2Cr 6:36; Is 39:3; Jer 6:20; 30:10; Ez 38:6,15; 39:2; Lc 15:13; 19:12
lejanos Dt 13:7; 29:22; Jos 17:18; 2R 19:23; Sal 65:5; Is 7:18; Jer 25:26
lejía Job 9:30; Is 1:25; Jer 2:22; Mal 3:2
Lemuel Pr 31:1,4
lenguaje Sal 19:3; 55:9; Pr 8:13; 17:7; Jer 5:15; Ez 3:5-6; Col 3:8
lenguas Sal 31:20; 120:2; Is 5:24; 28:11; Jer 9:5; Dn 6:25;

7:14; Mr 16:17; Hch 2:3-4; 10:46; 19:6; 1Co 12:10,28,30; 13:1,8; 14:2, 4-6,13-14,18-19, 22-23, 26-27,39; Ap 7:9; 10:11; 17:15
lenta Hch 27:7
lentejas Gn 25:34; 2S 17:28; 23:11; Ez 4:9
lento Éx 34:6; Nm 14:18; Neh 9:17; Sal 86:15; 103:8; 145:8; Jl 2:13; Jon 4:2; Nah 1:3
lentos Stg 1:19
leñadores Jos 9:21,27; Sal 74:5; Jer 46:22-23
leños 1R 17:12; Ec 10:9
León Ap 5:5
leona Gn 49:9; Nm 23:24; 24:9; Job 4:11; Is 5:29; Ez 19:2,5; Jl 1:6; Nah 2:11
leonas Job 38:39; Is 30:6; Nah 2:12
leoncillo Am 3:4
leoncillos Sal 34:10; Is 5:29; Ez 19:2; Nah 2:11,13
leopardo Is 11:6; Jer 5:6; 13:23; Dn 7:6; Os 13:7; Ap 13:2
leopardos Cnt 4:8; Hab 1:8
lepra Éx 4:6; 2S 3:29; 2R 5:1,3,6,11,27; 7:3; 15:5; 2Cr 26:19,23; Mt 8:2-3; 10:8; 11:5; Mr 1:40,42; Lc 4:27; 5:12-13; 7:22; 17:12
leproso 2R 5:7; 2Cr 26:20-21; Mr 14:3
Leproso Mt 26:6
leprosos 2R 7:8
Lesén Jos 19:47
lesionados Mal 1:13
lesione Lv 24:19
letra Éx 7:6; 12:28,50; 15:1; Nm 5:30; 14:35; Dt 17:11; 24:8; Jos 11:15; 21:45; 23:14; 2S 22:1; 1R 6:38; Esd 6:12-13; Neh 6:6; Mt 5:18; 1Co 16:21; 2Co 3:6; Gá 6:11; Col 4:18; 2Ts 3:17; Flm 19
letras 2Co 3:7; Gá 6:11
letrero Mr 15:26; Lc 23:38; Jn 19:19-20
letrina Mt 15:17; Mr 7:19
letuseos Gn 25:3
leudado Dt 16:3; Am 4:5
leudar Éx 12:34
leumeos Gn 25:3
levantado Gn 31:51; Rt 1:13; 2R 19:22; Job 31:21; Is 37:23; 52:13; Ez 44:12; Sof 3:15; Mt 11:11; 28:7; Lc 13:25; Jn 3:14; 8:28; 11:31; 12:32,34; Ro 6:9; 7:4; 9:17; 1Co 15:12,20; 2Ti 2:8; Heb 8:2

levantamiento Lc 2:34

levantar Gn 24:63; 37:25; Nm 7:1; 26:4; Jue 8:28; 1S 22:17; Esd 9:6; Est 6:4; 7:10; Job 14:12; 15:25; Sal 76:5; Pr 18:14; Is 10:15; Jer 33:4; 51:1; Am 6:10,14; Nah 2:5; Zac 1:21; Mr 9:5; Lc 9:33

levantarlas Mt 23:4

levantarlo Dt 22:4; Jn 2:20; Hch 17:31

levantarlos Sal 28:5

levantarme Gn 31:35; Sal 12:5; 41:10; 71:20; Dn 8:18; Mi 7:8; Lc 11:7

levantarse Jue 20:40; 1S 9:26; 2S 11:2; 2R 3:22; Sal 18:38; 36:12; 41:8; 88:10; Is 24:20; 43:17; Jer 25:27; 50:32; Ez 10:16; 29:15; Dn 11:2; Am 5:2; 8:14; Mt 2:2,9; Mr 1:31; 9:10; Hch 25:18; Ro 11:11

levaron Hch 27:13

Leviatán Job 3:8; 41:1; Sal 74:14; 104:26; Is 27:1

levita Éx 2:1; 4:14; Dt 12:19; 18:6; 26:12-13; Jos 21:12; Jue 17:7,9,11-13; 18:3,15; 19:1,7,25; 20:3-4; 1Cr 9:31; 24:6; 2Cr 20:14; 31:12,14; Neh 13:13; Lc 10:32; Hch 4:36

Levitas 2Cr 29:5

levítico Heb 7:11

leyendas 1Ti 1:4; 4:7; Tit 1:14

libación Gn 35:14; Éx 29:40-41; 30:9; 37:16; Lv 23:13,18,37; Nm 6:15,17; 15:5,7,10,24; 28:7-10,15, 24,31; 29:11,16,19,22,25, 28,31,34,38; 2R 16:13

libaciones Nm 4:7; 28:14, 31; 29:6,18,21,24,27,30, 33,37,39; Dt 32:38; 2R 16:15; 1Cr 29:21; 2Cr 29:35; Sal 16:4; Is 57:6; Jer 7:18; 19:13; 32:29; 44:17-19,25; 52:19; Ez 20:28; 45:17; Os 9:4; Jl 1:9,13; 2:14; Zac 9:15

liberación Lv 25:10,50; Est 4:14; Job 13:16; Sal 32:7; Is 59:11; 61:1; Jer 34:17; Abd 17; Fil 1:19

liberado Jer 34:11,14,16; Zac 3:4; Ro 6:7; 8:2; Ap 20:7

liberados Neh 9:28; Is 51:14; Ez 14:22; Lc 6:18; Jn 8:33; Ro 6:18,22

liberar Sal 102:20; Hab 3:13; Jud 5

liberarlo Job 12:14

liberarlos Éx 6:6; Is 50:2; Hch 7:25; Heb 9:15

liberarnos Ro 8:3

libertador Jue 3:9,15; 2S 22:2; 2R 13:5; Sal 18:2; 40:17; 70:5; 144:2; Hab 3:18; Hch 7:35

libertadores Abd 21

libertinaje Mr 7:22; Ro 13:13; Gá 5:19; Tit 1:6; Jud 4

libertino Dt 21:20

libertinos Jer 15:17; 2Ti 3:3; 2P 3:17

liberto 1Co 7:22

libertó Gá 5:1

Libertos Hch 6:9

Libia Nah 3:9; Hch 2:10

libios 2Cr 12:3; 16:8; Dn 11:43

Libná Nm 33:20-21; Jos 10:29-32,39; 12:15; 15:42; 21:13; 2R 8:22; 19:8; 23:31; 24:18; 1Cr 6:57; 2Cr 21:10; Is 37:8; Jer 52:1

Libnat Jos 19:26

Libní Éx 6:17; Nm 3:18,21; 1Cr 6:17,20,29

libnitas Nm 26:58

librado Jue 7:2; 8:22; 1S 11:13; 2S 4:9; 18:19,31; 22:44; 1R 1:29; 2Cr 20:27; Neh 1:2; Job 9:4; 35:9; Sal 18:43; 54:7; 56:13; 81:6; 86:13; 116:8; 141:10; Pr 19:5; 29:25; Jer 30:7; Ez 15:7; 2Ti 4:17; Ap 1:5

librados 1S 11:9; 2Cr 20:20; Pr 11:21; 2Ts 3:2

librar Jue 11:27; 13:5; 1S 4:8; 2R 18:33,35; 2Cr 25:15; 32:17; Is 36:18,20; 42:7; 43:13; Dn 8:7; Sof 1:18; Heb 2:15; 2P 2:9

librarlas 2Cr 32:13-14,17

librarlo Gn 37:21; Éx 5:23

librarlos Éx 3:8; 6:6; 2R 18:29; 2Cr 32:14-15; Sal 34:7; Is 36:14; Jer 42:11; Dn 3:15; Hch 7:34

librarme 1S 26:24; Sal 40:13; 55:8; 88:8; Hch 12:11

librarnos Job 33:18; Dn 3:17; Lc 1:71

librarse Dt 32:39; 2R 13:5; Est 9:16; Pr 15:24; Dn 8:4

librarte 2R 19:11; Sal 91:3; Pr 6:3; Is 37:11; Jer 1:8,19; 15:20; Ro 13:3

libres Gn 26:22; Dt 32:36; Jos 2:17,20; 1S 14:41; 2R 11:7,9; 14:26; 2Cr 23:8; 28:11,14; Job 16:17; 21:9; Is 14:17; Jer 2:31; 34:8; Lc 1:74; Jn 8:32,36; Hch 4:23; Ro 6:20; 7:6; 1Co 7:32;

12:13; Gá 5:13; Tit 1:6; Heb 13:5; 1P 2:16; Ap 6:15; 13:16; 19:18

Libres Sal 73:5

libros Ec 12:12; Dn 7:10; Jn 21:25; Hch 19:19; 2Ti 4:13; Ap 20:12

Licaonia Hch 14:6,11

licencias Ec 8:8

Licia Hch 27:5

lícito Lv 17:13

licor Lv 10:9; Pr 31:4,6; Is 24:9; 28:7; 29:9; 56:12; Os 4:18; Lc 1:15

licores Pr 23:30

Lida Hch 9:32,35,38

líder Nm 13:2; Dt 31:2; 33:21; Is 3:6-7; Jer 30:21

liderazgo Jos 24:31

líderes Nm 4:34,46; 13:16; 16:2; 31:13; Dt 1:15; 29:10; 31:28; 33:5; Jos 22:21; 23:2; 24:1; Jer 5:5; Mi 5:5

Lidia Is 66:19; Jer 46:9; Ez 27:10; 30:5; Hch 16:14,40

liebre Lv 11:6; Dt 14:7

ligada Ro 7:2; 1Co 7:39

ligamentos Ef 4:16; Col 2:19

ligera Éx 20:7; Lv 5:4; Dt 5:11; Job 15:4; Is 19:1; Jer 2:23; 2Co 1:17; Heb 12:5

ligereza 2S 22:34; Sal 18:33; Jer 2:36; Hab 3:19

ligero 2S 2:18; 1R 12:10; 2Cr 10:10; Pr 13:3

ligeros 2Co 4:17

limita Ez 47:16

limitaciones Ro 6:19

limitada Pr 24:10

limitado Nm 11:23

limitaremos Nm 20:17; 21:22; 2Co 10:13

limítate Nm 22:35

límite Dt 19:14; Sal 39:4; Jer 5:22,28; Ez 47:17,19-20; Dn 5:26

limites Is 54:2

límites Gn 23:17; Éx 16:35; Nm 33:6; 34:3; 35:5,26; Dt 27:17; 32:8; Jos 16:5; 17:8,18; 18:20; Job 14:5; 38:10; Sal 74:17; 119:96; Pr 8:29; 30:4; Ez 47:13,15; 2Co 10:14

limitó 2Cr 25:16

limosna Mt 6:4; Lc 16:3; 18:35; Jn 9:8; Hch 3:2-3, 10

limpia Jue 14:6; Pr 30:20; Jer 4:14; Ez 24:13; 34:18; Mt 27:59; Hch 24:16; 1Ti 3:9; 2Ti 1:3; 1P 3:16; 1Jn 1:7

limpiar Jer 4:11; Lc 3:17

limpiarme Mt 8:2; Mr 1:40; Lc 5:12

limpiarse Nm 31:23

limpieza 2S 22:21,25; Sal 18:20,24; 1P 3:21

limpio 2R 5:10,12-14; Job 33:9; Sal 51:7,10; 73:13; Pr 20:9; Is 28:8; Zac 3:5; Mt 5:8; 8:3; 23:26; Mr 1:41; Lc 5:13; 11:41; Jn 13:10; 1Ti 1:5; 2Ti 2:21-22; Stg 1:27; Ap 15:6; 19:8,14

limpios Esd 6:20; Is 66:20; Dn 12:10; Mr 7:19; Lc 17:14,17; Jn 13:10-11; 15:3

linaje Rt 4:18; 1R 2:33; 20:31; Sal 73:15; Heb 7:16; 1P 2:9

Linda Job 42:14

lindero Pr 24:31

linderos Gn 23:9; Job 24:2; 38:20; Pr 15:25; 22:28; 23:10; Os 5:10

línea Gn 31:52; Nm 34:4, 7-8, 10,12; Jos 15:11; 1S 17:48; 1Cr 3:10; 4:1,26; 5:4; 6:20,22, 26,29,33,39, 44,50; 7:20,25; 9:4,11-12, 14; 26:25; 2Cr 20:14; Esd 7:1; Jer 31:39; Jl 2:8; 1Ti 1:6

líneas 3Jn 9

Lino 2Ti 4:21

linos Pr 7:16

Liquejí 1Cr 7:19

líquida Éx 30:23

líquido Lv 11:34; Ez 45:11

líquidos Ez 45:11

lira Sal 57:8; 71:22; 81:2; 92:3; 108:2; 149:3; 150:3

liras 1S 10:5; 18:6; 2S 6:5; 1R 10:12; 1Cr 13:8; 15:16, 28; 16:5; 25:1,6; 2Cr 5:12; 9:11; 20:28; 29:25; Neh 12:27; Is 5:12; Dn 3:5,10

lirio Os 14:5

lirios Mt 6:28; Lc 12:27

Lisanias Lc 3:1

lisas 1S 17:40; Is 57:6

lisiado Lv 21:19; Hch 3:2; 14:8

lisiados Mt 15:30-31

Lisias Hch 23:26; 24:22

lisonja Ec 7:5

lisonjas Pr 7:21

lisonjera Pr 26:28

lisonjeras Ro 16:18

lisonjero Sal 12:3

lisonjeros Sal 12:2

lista Gn 4:7; 5:1; Jos 12:7-8; 15:20; 17:11; 1Cr 11:11; 24:20; 25:1; 27:1; Esd 2:1-2; 8:1; Neh 7:6-7; 10:1; Lm 2:4; 2Co 9:5; 1Ti 5:9,11

listas 1Cr 9:1; 2Cr 13:12; Sal 7:13

listo 1R 13:13; 1Cr 22:5; 28:2; 2Cr 16:9; 26:19; Neh 4:23; Sal 10:9; Zac 5:11; Mt 22:4; Lc 14:17; 2Co 12:14

listos Jos 4:13; 18:8; 1Cr 12:33,35; Pr 24:27; Jer 6:23; Ez 22:27; Lc 12:35; Hch 23:15,21; Stg 1:19

Listra Hch 14:6,8,21; 16:1-2; 2Ti 3:11

literas Is 66:20

literatura Dn 1:4,17

litiga Jer 25:31

litigan Jer 2:29

litigaré Jer 2:9

litigio Jue 11:25; Is 57:16; Jer 2:9

litigios Dt 1:16; 17:8; Pr 18:18-19

litiguen Sal 127:5

litoral Sof 2:6

litro Éx 29:40; Lv 14:10,21; 23:13; Nm 15:4-7; 28:5,7, 14; Ez 4:11; Jn 12:3

litros Éx 16:16,18,22, 32-33,36; 30:24; Lv 5:11; 27:16; Nm 15:9-10; 28:14; 1S 25:18; 1R 4:22; 7:26,38; 18:32; 2Cr 4:5; Esd 7:22; Ez 45:11; Zac 5:6; Jn 2:6

liviana Mt 11:30

lobo Gn 49:27; Is 11:6; 65:25; Jer 5:6; Jn 10:12

lobos Ez 22:27; Hab 1:8; Sof 3:3; Mt 7:15; 10:16; Lc 10:3; Hch 20:29

lóbulo Éx 29:20; Lv 3:4,10, 15; 4:9; 7:4; 8:16,23-25; 9:10,19; 14:14,17,25,28; Dt 15:17

loca Jer 8:6; Hch 12:15

localizados 1S 22:6

loco 1S 21:13-14; 2R 9:11, 20; Pr 26:18; Jer 29:26; Os 9:7; Jn 10:20; Hch 26:24-25

locos 1S 21:15; 1Co 14:23; 2Co 5:13

locura Dt 28:28; 2S 12:18; Ec 2:2; 7:25; 9:3; Jer 50:38; 1Co 1:18,20-21,23,25; 2:14; 3:19; 2Co 11:23; 2P 2:16

locuras 1S 21:15; Pr 14:17

Lod 1Cr 8:12; Esd 2:33; Neh 7:37; 11:35

lodo 2S 22:43; Sal 18:42; 40:2; Is 57:20; Jer 38:6; Mi 7:10; Zac 9:3; 10:5; 2P 2:22

lograr Gn 11:6; 50:20; Ez 22:27; Jn 12:19

logros Dt 12:7,18; 33:11; Sal 49:18; Pr 31:31

Loida 2Ti 1:5

loma Jos 15:8; 1S 7:1

lomas Jer 3:2,21; 4:11; 7:29; 12:12; 14:6

lombrices Is 14:11

lombriz Job 25:6

lomo Neh 13:15; Job 41:15; Is 30:6; Ez 24:4; Dn 7:6

lomos Lv 3:4,10,15; 4:9; 7:4; Job 39:11; 40:16; Is 11:5

longitud Lv 19:35; 1Cr 23:29; Ez 40:18; 41:4,15; 42:11; 45:7; 48:8; Ap 21:16

Lot Gn 11:27,31; 12:4-5; 13:1, 5,7-8,10-12,14; 14:12,16; 19:1, 3,5-6, 9-10,12,14-16,18,23,26, 29-30,36; Dt 2:9,19; Sal 83:8; Lc 17:28-29,32; 2P 2:7

Lotán Gn 36:20,22,29; 1Cr 1:38-39

lotos Job 40:21-22

lozana Sal 90:6

lozanía Job 29:20; Nah 1:4

lozanos Sal 92:14

Lucas Col 4:14; 2Ti 4:11; Flm 24

luce Cnt 1:10; Is 61:10

lucen Sal 73:6; Cnt 1:10; Mt 23:27

lucero Is 14:12; 2P 1:19

luces Gn 1:14

lucía Est 1:6; Ap 1:14

luciendo Sal 45:9,13

Lucio Hch 13:1; Ro 16:21

lucirá Sal 132:18

lucirás Is 49:18

lucro Sal 15:5

lucha Gn 30:8; Jue 9:38; 1S 23:2; 2S 11:15; 18:7; 2Cr 26:13; Dn 10:21; 11:7; Ro 7:23; 15:30; Ef 6:12; Fil 1:30; 2:25; Col 2:1; 1Ts 2:2; Flm 2; Heb 10:32; 12:4

luchar Nm 22:11; Jue 8:1; 10:9; 11:6,8-9,32; 12:1,3; 15:10; 20:14,20,23,28; 1S 23:2; 29:8; 1R 12:24; 2R 10:3; 19:9; 1Cr 12:19,33; 2Cr 11:4; 35:21; Job 9:29; Ec 6:10; Is 37:9; Dn 10:20

Lud Gn 10:22; 1Cr 1:17

ludeos Gn 10:13; 1Cr 1:11

Luhit Is 15:5; Jer 48:5

lujo Ez 23:12; Dn 11:3; Mt 11:8; Lc 7:25; Stg 5:5; Ap 18:7,9

lujos Pr 19:10; Ap 18:3

lujosa 2S 1:24

lujosamente Lc 16:19

lujoso Ez 23:41; Lc 23:11

lujosos Is 2:16; 3:24; 13:22; 1P 3:3

lujuria Job 31:1; Is 57:5; Ez 23:21,27,29,35; 24:13
lujuriosas Ro 1:27
lumbre Job 41:19; Lc 22:56
lumbrera Ap 21:23
lumbreras Stg 1:17
luminarias Sal 136:7
luminosa Mt 17:5
luminosas Sal 148:3
luminosos Ez 32:8
Luna 2Cr 8:13; Is 1:13; Am 8:5
lunas Is 1:14; Ez 45:17; Os 2:11
lustre Lm 4:1
Luz Gn 28:19; 35:6; 48:3; Jos 16:2; 18:13; Jue 1:23,26
llaga Lv 13:3,14,16-17, 29-31,42,44; 2R 20:7; Is 38:21; Jer 30:12; Nah 3:19; Ap 16:2
llagados Lv 22:22
llagas Dt 28:35; Job 2:7; Sal 38:5,11; Is 1:6; Ez 29:18; Os 5:13; Lc 16:20-21; Ap 16:11
llamadas Gn 30:14; Éx 1:15; Ez 23:44
llamados 1S 14:4; Is 4:3; 61:3; 62:12; Jl 2:32; Mal 1:4; Mt 5:9; Ro 1:7; 8:28; 9:26; 1Co 1:2; 8:5; Gá 5:13; Ef 2:11; 4:4; Col 3:15; Heb 9:15; 1P 2:21; 3:9; Jud 1; Ap 2:24; 17:14
llamamiento Ro 11:29; 1Co 1:26; Ef 4:1; Fil 3:14; 2Ts 1:11; Heb 3:1
llamarla Éx 2:8; 1R 17:11
llamarlo 1S 3:16; 17:31; 2S 9:2; 1R 12:20; Mr 3:31; Hch 24:26
llamarlos Heb 2:11
llamarme 2S 19:12
llamarnos Jue 12:1
llamarse Is 34:12; Lc 1:60
llamarte Nm 22:20; 1S 3:9; 28:15; Hch 10:33
llameante Is 4:5
llameantes Sal 7:13
llana Is 26:7
llanas Lc 3:5
llano Jos 17:16; Jer 31:9; Lc 6:17
llanos Jos 10:40; 13:32; 2S 15:28; 17:16; Dn 3:1
llanto Gn 29:11; 43:30; Rt 1:9,14; Esd 3:12-13; Est 4:3; Job 31:38; Sal 6:6,8; 30:5; 39:12; 42:4; 56:8; Is 15:3; 29:2; 65:19; Jer 9:18; 31:15-16; Lm 1:2,8,16; 2:11,18-19; 3:49; Mi 1:10; Mt 2:18; 8:12; 13:42,50; 22:13;

24:51; 25:30; Mr 5:39; Lc 13:28; Stg 4:9; Ap 21:4
llantos Jer 31:9; Jl 2:12
llanura Gn 11:2; 19:25, 28-29; Jos 5:10; 9:1; 15:33; Jue 1:34; 2S 18:23; 1R 7:46; 10:27; 2R 25:5; 2Cr 1:15; 4:17; 9:27; 26:10; 28:18; 35:22; Job 39:21; Is 63:14; Jer 21:13; 32:44; 33:13; 52:8; Zac 4:7; 12:11
llanuras Nm 26:3,63; 31:12; 33:48-50; 35:1; 36:13; Dt 1:7; 34:1,8; Jue 1:19; 1R 20:23,25; Jer 39:5; 47:5; Zac 7:7
llave Jue 3:25; Is 22:22; Lc 11:52; Ap 3:7; 9:1; 20:1
llaves Mt 16:19; Ap 1:18
llegada Gn 46:28; Dt 9:7; 1R 1:23; Job 36:33; Dn 9:25; Mr 7:25; Lc 12:37; Jn 11:17; 2Co 7:6,7
Llegada Mr 12:2; Lc 20:10
llegados Hch 2:10
llegarle Is 8:8
llenar Gn 21:19; Éx 2:16; 1R 18:35; 2R 4:5,39; Jer 13:12-13
llenarla Jer 33:5
llenarlo 2Cr 24:10; Ef 4:10
llenarlos 2R 3:25
llenarme 2Ti 1:4
llenarnos Is 41:23
llenarse Ez 7:19; Lc 15:16; 16:21; Jn 6:26
llenas Éx 1:19; Nm 7:86; Dt 6:11; 32:32; Rt 1:21; 2R 4:6; 2Cr 14:14; Job 21:24; Sal 26:10; 92:4; Pr 11:24; Is 1:15; Jer 5:27; 35:5; Ez 1:18; Mt 14:20; 15:37; Mr 6:43; 8:8,19-20; Ap 5:8; 21:9
Llenas Is 15:9
llevadas Stg 1:6; Jud 12
llevados Dt 28:41; 1S 30:3; 2R 17:23; 20:18; 2Cr 29:9; 36:18; Neh 1:9; Est 2:6; Is 8:4; 27:13; 39:7; 46:1; 66:12; Jer 27:18; 48:46; Ez 6:9; 12:11; Hch 7:16; Ef 4:14; 2Ti 4:3; Jud 8
Llevados 2P 2:3
llevarla Éx 18:22; Nm 11:17; 1R 5:9; 2Cr 35:3
llevarlas Job 38:20
llevarle Gn 24:48; Lv 5:6; 1S 25:5; Mt 3:11; 5:41; Mr 6:27; 10:13
llevarles 2Co 10:14
llevarlo Gn 45:27; Jer 39:7; 52:11; Lc 13:15; Hch 15:38; Ef 1:10

llevarlos Éx 3:8,17; Lv 17:5; Nm 32:17; Dt 9:28; Esd 8:30; Jer 51:40; 1P 3:18
llevarme 2R 5:17
llevármelos 1R 17:12; Jn 14:3
llevarnos Nm 16:14; 1Ti 6:7
llevarse Gn 50:25; Éx 39:26; 2S 6:10; 2R 4:1; Est 2:13; Pr 19:24; 26:15; Ec 5:15; Mt 24:17; Mr 13:15; Hch 9:2,14
llevárselo Jn 6:15; Hch 16:3; 21:35; 23:10
llevárselos Hch 9:21
llevarte Dt 23:24; 2S 15:27; 2R 4:36; Ez 38:13; Ro 2:4
llevártela 1S 21:9
llorones Am 5:16
llover Gn 2:5; 8:2; Éx 9:33; 1R 17:14; Sal 11:6; Is 45:8; Jer 10:13; 14:22; Am 4:7; Lc 12:54
lloverá Dt 28:24
llovido 1R 17:7
lloviendo Hch 28:2
lloviera Sal 78:24,27; Stg 5:17
llovió Gn 7:12; Lc 17:29; Stg 5:17
Llovió Éx 9:24
llueva Gn 7:4; Éx 16:4; Dt 11:17; 1R 8:35; 2Cr 6:26; 7:13; Zac 10:1; Mt 5:45; Ap 11:6
lluevan Sal 140:10; Is 5:6
llueve Jer 14:4
lluvias 1S 12:17; 2S 21:10; Esd 10:13; Job 12:15; 24:8; 28:26; 29:23; 38:25; Sal 29:10; 65:10; 68:9; 72:6; 84:6; Pr 25:23; Cnt 2:11; Jer 3:3; 5:24; 51:16; Ez 34:26; 38:22; Os 10:12; Jl 2:23; Mt 7:25,27; Hch 14:17
lluvioso Pr 27:15
Máat Lc 3:26
Maaz 1Cr 2:27
Maazías 1Cr 24:18; Neh 10:8
Macá Gn 22:24; Jos 12:5; 13:11,13; 2S 3:3; 10:6,8; 1R 2:39; 15:2,10,13; 2R 25:23; 1Cr 2:48; 3:2; 7:15-16; 8:29; 9:35; 11:43; 19:6-7; 27:16; 2Cr 11:20-22; 15:16; Jer 40:8
macateo 2S 23:34; 1Cr 4:19
macateos Dt 3:14
Macaz 1R 4:9
Macbanay 1Cr 12:13
Macbena 1Cr 2:49
Macedonia Hch 16:9-10, 12; 18:5; 19:21-22,29; 20:1,3; Ro 15:26; 1Co 16:5; 2Co 1:16; 2:13; 7:5; 8:1; 11:9; Fil 4:15; 1Ts 1:7-8; 4:10; 1Ti 1:3
macedonio Hch 27:2

macedonios Hch 16:10; 2Co 9:2,4
macizo Zac 4:2
Macnadebay Esd 10:40
Macpela Gn 23:9,17,19; 25:9; 49:30; 50:13
machacaba Nm 11:8
machacarlo Éx 32:20
machacó Jue 5:26
machaques Pr 27:22
machos Gn 7:2-3; 30:39; Éx 13:2; Lv 16:5,7-8; 17:7; Nm 7:17,23,29,35,41,47, 53,59,65, 71,77,83,87-88; 28:27; 2Cr 11:15; 17:11; 29:21,23; Sal 50:9,13; 66:15; Jer 50:8; Zac 10:3; Heb 9:12-13; 10:4
Maday Gn 10:2; 1Cr 1:5; Esd 10:34
maderamen Lv 14:45
maderas Cnt 3:9; Ap 18:12
madero Hab 2:19; Hch 5:30; 10:39; 13:29; Gá 3:13; 1P 2:24
Madián Gn 25:2,4; 36:35; Éx 2:15-16; 3:1; 4:19; 18:1; Nm 22:4,7; 25:15; 31:3,8; Jue 6:13,14; 7:2,8; 8:5,12; 1R 11:18; 1Cr 1:32-33,46; Sal 83:9; Is 9:4; 10:26; 60:6; Hab 3:7; Hch 7:29
madianita Nm 10:29; 25:6, 14-15,18; Jue 7:13,15
madianitas Gn 37:28,36; Nm 25:17; 31:2,7,9-10; Jos 13:21; Jue 6:1-3,6-7,11, 16,33; 7:1,7,9,12,14,21, 23-25; 8:1,3,22,26,28; 9:17; 10:12
Madías Neh 12:5
Madmana Jos 15:31; 1Cr 2:49
Madmén Jer 48:2
Madmena Is 10:31
Madón Jos 11:1; 12:19
Madre Job 17:14
MADRE Ap 17:5
madreperla Est 1:6
madres Gn 32:11; Éx 22:30; Jer 15:8; 16:3; Lm 2:12; 5:3; Os 10:14; Mr 10:30; 1Ti 5:2
madriguera Sal 104:18
madrigueras Mt 8:20; Lc 9:58
madruga Pr 11:27
madrugaba Lc 21:38
madrugada Gn 20:8; 21:14; 22:3; 31:55; Éx 19:16; Jos 7:16; Jue 7:1; 19:25; 21:4; Pr 27:14; 31:15; Mt 14:25; 20:1; Mr 1:35; 6:48; 16:9; Lc 12:38
madrugan Sal 127:2; Is 5:11
madrugar Éx 8:20; 9:13; Jue 19:9
madrugaron Éx 32:6; Jue 19:5; 1S 1:19; 2Cr 20:20

madrugó Gn 19:27; Éx 24:4; Jue 19:8
madura Is 18:5; Jer 6:11; Jl 3:13; Am 8:1-2; Jn 4:35; Ap 14:15
maduran Éx 9:32; Nm 13:20; Jer 24:2; Lc 8:14
maduraron Gn 40:10
maduras Nah 3:12; Ap 14:18
madurez 1Co 2:6; 7:36; Heb 6:1
maduro Is 16:9; 28:4; Mr 4:29
maestra Is 60:21; Nah 3:4
Magadán Mt 15:39
Magbís Esd 2:30
Magdalena Mt 27:56,61; 28:1; Mr 15:40,47; 16:1,9; Lc 8:2; 24:10; Jn 19:25; 20:1,18
Magdiel Gn 36:43; 1Cr 1:54
magia 2R 21:6; 2Cr 33:6
mágica Pr 17:8
mágicas Hch 8:11; Ap 9:21; 21:8; 22:15
mágicos Ez 13:20
magistrado Lc 12:58
magistrados Est 1:3; Dn 3:2-3; Hch 16:20,22, 35-36,38
magnanimidad 1R 10:13
magnates Pr 25:6; Mi 7:3; Ap 6:15; 18:23; 19:18
magníficas Jer 32:19; 2P 1:4
magnificencia Is 21:16
magnífico 1S 12:14; Is 28:29; Ez 17:23
Magnífico Stg 2:19
magnitud 1Cr 29:1
mago Sal 58:5; Dn 2:10,27
Magog Gn 10:2; 1Cr 1:5; Ez 38:2; 39:5; Ap 20:8
magos Gn 41:8,24; Éx 7:11,22; 8:7,18-19; 9:11; Dn 1:20; 2:2; 4:7,9; 5:11
Magpías Neh 10:20
magullados Lv 22:24; Dt 23:1
Mahat 1Cr 6:35; 2Cr 29:12; 31:13
Mahaziot 1Cr 25:4,30
Maher Is 8:1,3
Mainán Lc 3:31
Majalat Gn 28:9; 2Cr 11:18
Majaleb Jos 19:30
Majanayin Gn 32:2; Jos 13:26,30; 21:38; 2S 2:8,12, 29; 17:24,27; 19:32; 1R 2:8; 4:14; 1Cr 6:80
Majané Jue 13:25; 18:12
majavita 1Cr 11:46
majestuosa Sal 29:4; Cnt 6:4,10; Is 30:30; 2P 1:17
majestuosas Sal 111:3
majestuoso Dt 33:17; 2Cr 2:5; Job 37:4; Sal 29:2; Ez 31:7,9

majestuosos Zac 11:2
Majlá Nm 26:33; 27:1; 36:11; Jos 17:3; 1Cr 7:18
Majlí Éx 6:19; Nm 3:20,33; 1Cr 6:19,29,47; 23:21,23; 24:26,28,30; Esd 8:18
majlitas Nm 26:58
Majlón Rt 1:2,5; 4:9-10
Majol 1R 4:31
Malalel Gn 5:12-13,15-17; 1Cr 1:2; Neh 11:4; Lc 3:37
Malaquías Mal 1:1
Malcán 1Cr 8:9
Malco Jn 18:10
malcriado Pr 29:15
maldades 2R 17:11; Esd 9:6-7,13; Sal 38:4; 103:10; Is 59:3; Jer 11:18; 33:5; 44:3,5,9; Ez 6:9; 11:2; 18:28,30-31; 20:43; Os 7:2,15; 9:15; Mi 7:19; Lc 3:19; Hch 3:26; Ro 1:30; Heb 10:17
maldecir Gn 8:21; Lv 24:16; Nm 23:25; 2S 16:5,9; Job 3:1; Sal 102:8; 109:17; 1Co 12:3; Ap 13:6
maldecirte Pr 30:10
maldiciones Nm 5:23; 23:8; Dt 27:13; 28:15,45; 29:20-21,27; 30:1,7; Jos 8:34; 2S 16:12; 1R 2:8; 2Cr 34:24; Job 3:8; Sal 10:7; 59:12; Dn 9:11; Mt 26:74; Mr 14:71; Hch 13:45; Ro 3:14
maldita Gn 3:14,17; 2R 9:34
Malditas Gn 49:7; Dt 28:17
maldito Nm 22:6; Dt 28:16,19; Is 65:20
Maldito Gn 9:25; 27:29; Dt 27:15-26; 28:16,19; Jos 6:26; Jue 21:18; 1S 14:24, 28; Jer 11:3; 17:5; 20:14-15; 48:10; Mal 1:14; Gá 3:10,13
malditos 2R 22:19; Sal 119:21; Mt 25:41
Malditos Nm 24:9; Dt 28:18
maleantes Jue 9:4; 1S 30:23; Hch 17:5
males Sal 40:12; Is 51:19; Jer 2:16; Mr 7:23; 1Ti 6:10
malestar Jon 4:6
maleza Job 30:7; Os 2:12
malgastar 2S 18:14
malhechor 2S 3:39; Pr 21:15; Jn 18:30; Ro 13:4
malhechores Job 31:3; 34:8,22; Sal 5:5; 6:8; 59:2; 64:2; 92:7,9; 94:4,16; 101:8; 125:5; 141:4,9; Pr 10:29; Is 1:4; 14:20; 31:2; 53:9; Jer 23:14; Os 6:8; Lc 18:11
Malhechores Sal 119:115

malhumorado 1R 20:43; 21:4

malicia Sal 73:7; 139:20; Pr 10:10; Is 59:4; Ro 1:29; 1Co 5:8; 14:20; Ef 4:31; Col 3:8; Tit 3:3

maliciosa Pr 17:4; Is 58:9

maliciosamente Ez 25:6

maligna Ec 9:12; Ap 16:2

malignas Dt 28:22,35,59; Is 32:7; Ef 6:12

maligno Jue 9:23; 1S 16:14-16, 23; 18:10; 19:9; Mt 5:37; 6:13; 12:43; 13:19,38; Mr 1:23,26; 3:30; 5:2,8; 7:25; 9:25; Lc 4:33; 8:29; 9:42; 11:24; Jn 17:15; Hch 19:15-16; Ef 6:16; 2Ts 3:3; 1Jn 2:13-14; 3:12; 5:18-19; Ap 18:2

malignos Mt 10:1; Mr 1:27; 3:11; 5:13; 6:7; Lc 4:36; 6:18; 7:21; 8:2; Hch 5:16; 8:7; 19:12-13; Ap 16:13

malintencionadas 3Jn 10

malogrará Is 17:11

malolientes Ez 6:4-6,9,13; 8:10; 14:3-5,7; 16:36; 18:6, 15; 20:7,16,18,24,31,39; 22:3-4; 23:7,30,37,39; 44:10,12

Malotí 1Cr 25:4,26

Malquías 1Cr 6:40; 9:12; 24:9; Esd 10:25,31; Neh 3:11,14, 31; 8:4; 10:3; 11:12; 12:42; Jer 21:1; 38:1,6

Malquiel Gn 46:17; Nm 26:45; 1Cr 7:31

malquielitas Nm 26:45

Malquirán 1Cr 3:18

Malquisúa 1S 14:49; 31:2; 1Cr 8:33; 9:39; 10:2

Malta Hch 28:1

maltratadas Mi 4:6

Maltratado Is 53:7

maltratados Gn 15:13; Hch 7:6; Heb 11:37; 13:3

maltratar Gn 16:6; Éx 5:23

maltratarlos Hch 12:1; 14:5

Maluc 1Cr 6:44; Esd 10:29, 32; Neh 10:4,27; 12:2

malvada 2Cr 24:7; Sal 39:1; Pr 6:24; Jer 8:3; Ez 30:12; Mt 12:39,45; 16:4; Lc 11:29; Hch 2:23

malvadas Jue 2:19; Sal 106:29; Is 1:16; Hch 19:18; 2Ts 3:2; Stg 3:16

mallas Hab 1:15-16

mamá Is 8:4

maman Dt 32:25

Mamré Gn 13:18; 14:13, 24; 18:1; 23:17,19; 25:9; 35:27; 49:30; 50:13

mana Job 22:22; Pr 4:23

maná Éx 16:31-35; Nm 11:6-7, 9; Dt 8:3,16; Jos 5:12; Neh 9:20; Sal 78:24; Jn 6:31,49,58; Heb 9:4; Ap 2:17

manada Gn 32:16; 33:14; Dt 32:14; Sal 68:30; Mt 8:30-32; Mr 5:11,13; Lc 8:32-33

manadas Gn 33:8; Éx 12:38; Nm 11:22; Dt 14:23; 15:19; 28:4,18,51

Manaén Hch 13:1

Manajat Gn 36:23; 1Cr 1:40; 8:6-7

manajatitas 1Cr 2:52,54

mananatiales Jue 1:15

manantial Gn 2:6; 16:7; 26:19; Lv 14:5-6, 50-52; 15:13; Jos 15:9; 18:15; Jue 7:1; 15:19; 1S 29:1; 2R 2:21; Sal 21:6; Pr 5:15; Cnt 4:12,15; Is 58:11; Jer 9:1; 17:13; Jn 4:14

Manantial Pr 25:26

manantiales Éx 15:27; Dt 8:7; Jos 15:19; 16:1; Jue 1:15; 2R 3:19,25; 2Cr 32:3-4; Sal 84:6, 10; 107:33,35; 114:8; Pr 8:24; Cnt 7:4; Is 35:7; 41:18; 49:10; Jer 51:36; Os 13:15; Ap 8:10; 14:7; 16:4

manaron Is 48:21

manasesitas Dt 4:43; 1Cr 12:20

mancilla Os 6:10

mancillada Nm 5:14; Mal 1:12

mancillado Os 5:3; Mal 1:7

mancillándote Nm 5:20

mancille Nm 5:29

mancilló Nm 5:13,27-28

manco Mt 18:8; Mr 9:43

mancha Gn 30:35; Lv 13:2, 4,19,23-28,50-51, 53,55-58; 14:56; Jer 2:22; Dn 11:35; Ef 1:4; 5:27; 1Ti 6:14; Heb 9:14; Stg 1:27; 1P 1:19; 2P 3:14

manchada Gn 30:32; Lv 13:56; Jer 2:34

manchadas Gn 30:35,39; 31:8; Is 59:3; Lm 4:14; Ez 23:37,45

manchado Gn 30:33; 2S 1:21; Ap 3:4

manchados Gn 30:32; 31:8,10,12; Is 59:3

manchándose 1R 2:5

mancharse Ez 14:11

manchas Lv 13:38-39; Jer 13:23; 2P 2:13

manché Is 63:3

Mandamientos Dt 4:13

mandar Gn 19:9; Jer 25:27; 29:17; 43:10; Jn 19:10; Hch 23:3

mandarles Jer 19:15

mandatos Dt 4:45; 6:17,20; Jos 22:3; 1S 12:14-15; 1R 2:3; 2R 17:19; Job 37:12; Pr 7:2; Mal 3:14; 1Co 7:19

mandíbulas Pr 30:14; Ez 29:4

mandrágoras Gn 30:14-16; Cnt 7:13

mandriles 1R 10:22; 2Cr 9:21

maneja Sal 112:5; Is 10:15; Jer 50:16

manejar 2Cr 25:5; Is 10:15

manejarlos Éx 1:10

manejo 1Cr 5:18; 12:8; 2Cr 24:12

manejos Dn 6:4

maneras 1Co 12:5; 2Co 8:22; 11:6; Heb 1:1

mangas Gn 37:3,23; 2S 13:18

manifestación 1Co 12:7

manifestaciones Gn 50:11

manifestar Ro 3:26

manifestarle Gn 24:27

manifestarse Jue 13:25; Is 56:1; Os 6:3; Lc 19:11; Fil 2:8; 2Ts 2:3

manifestarte Jn 14:22

manifiestas Sal 90:16

manjar Job 33:20

manjares Gn 49:20; 1R 10:4; 2Cr 9:3; Job 31:31; Pr 18:8; 23:3,6; Is 25:6; 55:2; Lm 4:5

Mano Jl 3:13

Manoa Jue 13:2,8-9,11-12, 15-16,19-21; 16:31

manojo Éx 12:22

manojos Jos 2:6; Rt 2:16; Neh 13:15; Mt 13:30

Manos Neh 2:18; Hag 2:4

manoseaban Ez 23:21

manosear Ez 23:3

mansalva Sal 10:8; Is 58:4

mansas Is 8:6

mansión Job 21:28

mansiones Job 3:15; Sal 49:14; Is 5:9; Am 3:15

manso Jer 11:19

manta Jue 4:18; 8:25; Is 28:20

manteca Sal 55:21

mantener Gn 13:6; 41:49; Lv 15:31; Dt 25:7,9; Jos 3:4; 1R 8:52; 18:5; 2R 8:19; 2Cr 21:7; Sal 73:13; Dn 7:28; 11:20; Mr 7:9; Ro 15:4; Ef 4:3

mantenerlas Éx 27:21

mantenerlo Job 39:10

mantenerlos Éx 17:12

mantenernos 1Ts 5:6

mantenerse 2R 15:19; Jer 46:15; Lm 1:11,19; Dn 2:43; Mal 3:2; Mt 12:26; 26:40; Mr

3:24-26; Lc 11:18; 1Ti 2:12;
Ap 6:9,17
mantenerte Job 11:15; Mr
14:37
mantequilla Pr 30:33
mantillas Is 3:23
mantos 2R 9:13; 23:7; Job
22:6; Is 3:22; Ez 26:16; 27:24;
Dn 3:21; Zac 13:4; Mt 21:7-8;
Mr 11:7-8; Lc 19:35-36; Hch
7:58; 22:23
manuales Éx 35:25
manzanas Cnt 2:5; 7:8
manzano Cnt 2:3; 8:5
manzanos Jl 1:12
maña Éx 21:36; Ec 9:16
mañanas Éx 16:21; Is 50:4; Ez
46:13
mañosa Jer 2:33
Maoc 1S 27:2
Maón Jos 15:55; 1S 23:24-25;
25:1-2; 1Cr 2:45
Maquedá Jos 10:10,16,21,
28-29; 12:16; 15:41
Maquelot Nm 33:25-26
Maquí Nm 13:15
maquillaje Os 2:2
maquillas Jer 4:30
maquina Is 32:6; Jer 49:30
maquinaban Neh 4:11
maquinaciones Job 5:12; Jer
6:19; Lm 3:60-61; Hab 2:10;
Hch 9:24; 20:19
maquinado Est 8:3; 9:24-25
maquinan Sal 37:7; 38:12;
119:118; Pr 14:22; Is 24:16;
Jer 48:2; Os 7:15
Maquinan Sal 64:6
maquinando Jer 11:19
maquinarás Ez 38:10
maquinaria Ec 9:14
maquinaron Jos 9:4
maquinas Pr 30:32
máquinas 2Cr 26:15; Ez 4:2
maquinen Sal 21:11; Zac 7:10;
8:17
Maquir Gn 50:23; Nm 26:29;
27:1; 32:39; 36:1; Dt 3:15; Jos
13:31; 17:1; Jue 5:14; 2S
9:4-5; 17:27; 1Cr 2:21,23;
7:14-17
maquirita Nm 26:29
maquiritas Nm 32:40
Mar Gn 14:3; Éx 10:19; 13:18;
15:4,22; 23:31; Nm 14:25;
21:4,14; 33:10-11; 34:3,12; Dt
1:40; 2:1; 3:17; 11:4; Jos 2:10;
3:16; 4:23; 12:3; 15:2,5; 18:19;
24:6; Jue 11:16; 1R 9:26; 2Cr
20:2; Neh 9:9; Sal 106:7,
9,22; 136:13,15; Jer 49:21; Ez

47:8,18; Zac 14:8; Hch 7:36;
Heb 11:29
Mara Éx 15:23; Nm 33:8-9; Rt
1:20
Maralá Jos 19:11
Marana 1Co 16:22
Marat Jos 15:59
maravillaba Mt 9:33; Mr
11:18
maravillado Hch 13:12
maravillados Sal 118:23; Mt
13:54; 21:42; Mr 6:2; 12:11;
Lc 2:33; Hch 2:7
maravillosa Ap 12:1; 15:1
maravillosas Dt 10:21; 1Cr
16:9; Job 42:3; Sal 139:14;
145:5; Mt 21:15; 1P 2:9; Ap
15:3
maravilloso Jue 13:18-19; 2Cr
2:9; Sal 139:6
maravillosos Sal 119:129; Is
29:14
Maray 2S 23:28; 1Cr 11:30;
27:13
marca Gn 4:15; 17:13; Éx
13:9,16; Dt 3:16; 6:8; 11:18;
Sal 104:19; Cnt 8:6; Jn 20:25;
Ap 13:16-17; 14:9,11; 16:2;
19:20; 20:4
marcaba Jos 18:20
Marcabot Jos 19:5; 1Cr 4:31
marcado Ez 21:22
marcados Ef 1:13
marcas Jer 31:21; Jn 20:25;
2Co 12:12
marco Éx 21:6; 1R 7:5,35
Marcos Hch 12:12,25; 15:37,
39; Col 4:10; 2Ti 4:11; Flm
24; 1P 5:13
marchar Jos 6:7,10; 10:9; Jue
18:9; 2Cr 11:4; 18:2
marcharme Éx 4:18
marcharse Jn 6:67
marchita Sal 90:6; 102:4;
129:6; Pr 11:28; Is 24:4;
28:1,4; 33:9; 34:4; 40:7-8; Jer
12:4; Ez 19:12; Nah 1:4; Zac
9:5
marchitarse Jl 1:12
marchitas Gn 41:23; Is 1:30;
Jer 8:13
marchitos Is 19:6
Marduc Jer 50:2
marea Mt 11:12
mares Gn 1:22; Lv 11:9-10;
Job 6:3; 41:31; Sal 24:2; 33:7;
65:5,7; 69:34; 135:6; Pr 8:24;
Jer 15:8; Ez 27:26,32; Jon 2:3;
Hab 2:14
Maresá Jos 15:44; 1Cr 2:42;
4:21; 2Cr 11:8; 14:9-10;
20:37; Mi 1:15

marfil 1R 10:18,22; 22:39; 2Cr
9:17,21; Sal 45:8; Cnt 5:14;
7:4; Ez 27:6,15; Am 3:15; 6:4;
Ap 18:12
margen Éx 23:7
márgenes Ez 47:7
marido Gn 3:16; 30:15; 39:16;
Éx 21:22; Lv 21:3; Dt 21:13;
Jue 19:26-27; Jer 6:11; Ez
16:32,45
maridos Jer 18:21; 44:19; Ez
16:45; Os 4:14
marina Lv 11:13
marinas Stg 3:7
marineros 1R 9:27; 2Cr 8:18;
Ez 27:9,27,29; Jon 1:5,7,10,
13; Hch 27:27,30; Ap 18:17
marino Dt 14:17; Is 51:9; Jer
51:34; Ez 32:2
marinos Gn 1:21; Sal 74:13;
148:7; Is 23:2
marismas Ez 47:11
mármol 1Cr 29:2; Est 1:6; Cnt
5:15; Ap 18:12
Marot Mi 1:12
marquen Jer 4:4
Marsená Est 1:14
Marta Lc 10:38,40-41; Jn
11:1,5,19-21,24,28,30,39; 12:2
Martillaron Éx 39:3
martillo Éx 25:18,31,36;
37:7,17,22; Jue 4:21; Is 41:7;
44:12; Jer 10:4; 23:29; 50:23
martillos 1R 6:7; Sal 74:6
mártires Ap 17:6
martirio Ap 6:9,11
mas Job 18:4; Sal 1:6; Ec 1:4;
Mt 19:26
Mas Gn 10:23; Job 33:23; Ec
11:8; Is 66:10; Jn 1:12
masa Éx 12:34,39; Lv 2:11; Jer
7:18; Ez 33:31; Os 7:4; Mt
13:33; Lc 13:21; Hch 19:29;
21:30,36; Ro 11:16; 1Co
5:6-7; Gá 5:9
Masá Gn 25:14; Éx 17:7; Dt
6:16; 9:22; 33:8; 1Cr 1:30; Sal
95:8
masacrada Ap 16:3
masacrado 2S 16:8
masacrados Is 10:4; 26:21
masacrar Ez 21:10
masacras Lm 3:43
masacraste Lm 2:21
masacre Jue 15:8; 1S 11:11; Is
30:25; Ez 21:28; 26:15; Os
1:4; Abd 9
Masal 1Cr 6:74
masas Job 37:10; Ez 44:30
Masay 1Cr 9:12
masculinas Ez 16:17

Maseías 1Cr 15:18,20; 2Cr 23:1; 26:11; 28:7; 34:8; Esd 10:18,21-22,30; Neh 3:23; 8:4,7; 10:25; 11:5,7; 12:41-42; Jer 21:1; 29:21, 25; 32:12; 35:4; 37:3; 51:59

Masreca Gn 36:36; 1Cr 1:47

masticar Nm 11:33

mástil Pr 23:34; Is 30:17; 33:23; Ez 27:5

matadero Sal 44:22; Pr 7:22; Is 14:21; 53:7; Jer 11:19; 12:3; 48:15; 50:27; 51:40; Zac 11:4,7; Hch 8:32; Ro 8:36

Matán 2R 11:18; 2Cr 23:17; Jer 38:1; Mt 1:15

Matana Nm 21:18-19

Matanías 2R 24:17; 1Cr 9:15; 25:4,16; 2Cr 20:14; 29:13; Esd 10:26-27,30,37; Neh 11:17,22; 12:8,25,35; 13:13

matanza 1S 4:10; 2S 2:26; 17:9; Is 34:2,6; Jer 12:3; 25:34; 46:10; Ez 21:22; Stg 5:5

Matanza Jer 7:32; 19:6

matarla Dt 22:21

matarlas Ap 9:5

matarlo Gn 4:15; 26:7; 37:18,20; Éx 4:24; Nm 15:36; 35:27; Dt 13:9; 21:21; 1S 17:35; 19:15; 23:15; 25:29; 26:8,15; 2S 4:8,10; 21:16; 1R 2:29; 2Cr 22:9; Est 3:6; Jer 26:21; Mt 2:13; 14:5; 26:4; Mr 6:19; 9:22; 11:18; 14:1; Lc 19:47; Jn 5:18; 7:1; Hch 21:31; 23:15,21,27; 25:3

matarlos Dt 22:24; 1S 11:12; Sal 37:32; Jer 21:7; Hch 5:33; 12:19

matarme Gn 26:9; 32:11; Éx 2:14; Jue 20:5; 1S 17:9; 19:17; 20:1; 22:23; 1R 19:10,14; Sal 35:4; 38:12; 40:14; 54:3; 70:2; 86:14; Jer 18:23; Jn 7:19; 8:37,40; Hch 7:28; 26:21; Ro 11:3

matarnos Éx 5:3; 16:3; 17:3; 32:12; Nm 16:13; Jue 13:23; 1S 5:10

matarse Hch 16:27

matarte Gn 27:42; Éx 4:19; 1S 19:2; 22:23; 2S 2:22; Neh 6:10; Jer 22:25; 40:14; Lc 13:31; Jn 7:20

Matat Lc 3:24,29

Matata Lc 3:31

Matatá Esd 10:33

Matatías 1Cr 9:31; 15:18, 21; 16:5; 25:3,21; Esd 10:43; Neh 8:4; Lc 3:25-26

Matenay Esd 10:33,37; Neh 12:19

Mateo Mt 9:9-10; 10:3; Mr 3:18; Lc 6:15; Hch 1:13

material Éx 28:8; Lv 14:41; 2Cr 4:6; Pr 25:4; 1Co 9:11

materiales Éx 38:21; Neh 4:17; Ro 15:27; 1Jn 3:17

materna Lv 20:19; Hch 2:8

materno Gn 28:2; 49:25; Job 31:15; Sal 22:9; 58:3; 71:6; Is 44:2,24; 49:5; 66:9; Os 12:3

maternos Lm 2:12

Matías Hch 1:23,26

matorral Gn 22:13; Jer 4:7; Mi 3:12

matorrales 1S 13:6; Job 30:7; Is 7:19; 17:9; 21:13; Jer 4:29; 49:19; 50:44

Matred Gn 36:39; 1Cr 1:50

Matri 1S 10:21

matrícula Hch 27:2

matrimonio Lv 19:20; Dt 7:3; 22:16; Jue 12:9; 21:1, 7; 1S 25:39; Esd 9:14; 10:10; Dn 11:17; 1Ti 4:3; Heb 13:4

matrimonios Jos 23:12

matriz Is 66:9; Ro 4:19

Matusalén Gn 5:21-22, 25-27; 1Cr 1:3; Lc 3:37

matutina Os 6:4; 13:3

matutinas Job 3:9; 38:7

matutino 2R 16:15

matutinos 2Cr 31:3

Mávet Gn 10:26; 1Cr 1:20

máximo Ef 5:16; Col 4:5

May Neh 12:36

Mayin Jos 11:8; 13:6; 2Cr 16:4

Mayor Job 38:32

mayordomo Gn 39:4; 43:16-17,19,23; 44:1-2,4,6, 10,12; Is 22:15; Lc 12:42

mayoría Éx 23:2; Jos 22:7; Hch 19:32; 27:12; 1Co 10:5; 15:6; 2Co 2:6; 9:2; Fil 1:14

mayorías Éx 23:2

mazas Ez 39:9

mazo Jue 5:26; Job 41:29; Pr 25:18; Jer 51:20

Mebunay 2S 23:27

mece Job 40:17; Sal 104:26

mecer Nm 5:25

mecerá Lv 7:30; 14:12,24; 23:11,20; Nm 6:20

mecerás Éx 29:26

mecerme Jue 9:9,11,13

mecida Éx 29:24,26; 35:22; Lv 7:30; 8:27,29; 9:21; 10:14-15; 14:12,24; 23:15, 17,20; Nm 8:11,13,15,21; 18:18

mecidas Nm 18:11

mecido Éx 29:27; Lv 7:34; 14:21; Nm 6:20

mecidos Is 66:12

meciéndolos Éx 29:24

meció Lv 9:21

Mecona Neh 11:28

mecha Is 42:3; 43:17; Mt 12:20

Medad Nm 11:26-27

Medán Gn 25:2; 1Cr 1:32

Medeba Nm 21:30; Jos 13:9,16; 1Cr 19:7; Is 15:2

Media Esd 6:2; Est 1:3,14, 18-19; 10:2; Is 21:2; Jer 25:25; 51:11,28; Dn 8:20

mediación Ro 3:21; 4:6; Gá 1:1

mediador Gá 3:19-20; 1Ti 2:5; Heb 8:6; 9:15; 12:24

medianamente Dn 2:42

medianoche Éx 11:4; 12:29; Jue 7:19; 16:3; Rt 3:8; 1R 3:20; Sal 119:62; Mt 25:6; Mr 13:35; Lc 11:5; 12:38; Hch 16:25; 20:7; 27:27

medicinales Ez 47:12

médico Is 3:7; Jer 8:22; Mt 9:12; Mr 2:17; Lc 5:31; Col 4:14

Médico Lc 4:23

médicos Gn 50:2; 2Cr 16:12; Job 13:4; Mr 5:26

medidas Gn 6:15; Éx 36:15; Lv 19:35-36; Dt 25:14-15; Rt 3:15; 2S 8:2; 1R 5:11; 7:15; 2R 11:1; 1Cr 23:29; 2Cr 2:10; 22:10; Pr 16:11; 20:10,23; Is 5:10; Ez 40:21-22,24, 28-29, 33,35; 42:20; 43:10, 13; 45:10, 12; Mi 6:10; Hag 2:16; Hch 5:23; Ap 21:17

mediodía Gn 43:16,25; 1R 18:26-27,29; 20:16; 2R 4:20; Job 11:17; Sal 37:6; 91:6; Is 58:10; 59:10; Jer 20:16; Am 8:9; Mt 20:5; 27:45; Mr 15:33; Lc 23:44; Jn 4:6; 19:14; Hch 10:9; 22:6; 26:13

medios Lv 25:54; 2S 14:14; 1R 22:22; 2Cr 18:20; 1Co 9:22

medir Éx 26:2,8,16; 27:9, 11-13; Job 38:5; Is 40:13; Jer 31:37,39; Ez 40:3,5; 42:15-16; Os 1:10; Zac 1:16; 2:1-2; Ap 11:1; 21:15

medirse 2Co 10:12

medita Jos 1:8; Sal 1:2; 77:6; 119:23; Pr 15:28

meditaba Gn 37:11; Lc 2:19

meditación Sal 104:34

meditamos Sal 48:9

meditando 1R 18:27

meditar Sal 39:3; 119:48, 148

meditará   Sal 64:9
meditarás   Is 33:18
meditaré   Sal 119:27,78; 145:5
Meditaré   Sal 77:12
Mediten   Dt 32:46
Mediterráneo   Éx 23:31; Nm
   34:5-7; Dt 11:24; 34:2; Jos
   1:4; 5:1; 9:1; 15:4,11-12,47;
   16:3,6,8; 17:9-10; 19:29; 23:4;
   Sal 80:11; Ez 47:10,15,17,
   19-20; 48:1,28; Zac 14:8
medito   Sal 77:3; 119:15,97,99;
   143:5
médium   Dt 18:11
medo   Dn 9:1
Medo   Dn 11:1
medos   2R 17:6; 18:11; Is
   13:17; Dn 5:28; 6:8,12,15;
   Hch 2:9
médula   Job 21:24; Heb 4:12
Mefat   Jos 13:18; 21:37; 1Cr
   6:79; Jer 48:21
Mefiboset   2S 4:4; 9:6,8-9,
   11-13; 16:1,4; 19:24-25,30;
   21:7-8
Megón   Nm 32:38; Jos 13:17;
   1Cr 5:8; Jer 48:23; Ez 25:9
Meguido   Jos 12:21; 17:11; Jue
   1:27; 5:19; 1R 4:12; 9:15; 2R
   9:27; 23:29-30; 1Cr 7:29; 2Cr
   35:22; Zac 12:11
Mehitabel   Gn 36:39; 1Cr
   1:50; Neh 6:10
Mejarcón   Jos 19:46
Mejidá   Esd 2:52; Neh 7:54
mejilla   Lm 3:30; Mi 5:1; Mt
   5:39; Lc 6:29
mejillas   Cnt 1:10; 4:3; 5:13;
   6:7; Is 50:6; Lm 1:2; 3:48
Mejir   1Cr 4:11
Mejolá   Jue 7:22; 1S 18:19; 1R
   4:12; 19:16
mejolatita   2S 21:8
mejorado   Gn 30:29
mejorar   Mr 5:26
Mejuyael   Gn 4:18
Melaj   Esd 2:59; Neh 7:61
Melatías   Neh 3:7
Melea   Lc 3:31
Mélec   2R 23:11; 1Cr 8:35;
   9:41; Zac 7:2
Melicú   Neh 12:14
melodía   Ez 26:13
melodiosa   Sal 81:2
melodiosos   Sal 98:5
melonar   Is 1:8
melones   Nm 11:5; Jer 10:5
Melquí   Lc 3:24,28
Melquisedec   Gn 14:18; Sal
   110:4; Heb 5:6,10; 6:20;
   7:1-2,6,8,10-11,15,17
mellizas   Cnt 4:5; 7:3

mellizos   Gn 25:24,26;
   38:27-28; Ro 9:11
memorable   Ez 39:13
memorables   Sal 111:4
memoria   Dt 32:26; 2S 9:1,7;
   18:18; Esd 6:2; Job 18:17; Sal
   9:5; 34:16; 71:16; 77:11;
   109:15; 143:5; 145:7; Pr 10:7;
   Ec 1:11; 9:5; Is 26:8,14; 65:17;
   Lm 1:7; 3:21; Ez 21:32; Mt
   26:13; Mr 14:9; Lc 22:19; Ro
   15:15; 1Co 11:24-25; 2Ti 1:5;
   2P 1:13; 3:1
memorial   Lv 2:2,9,16; 5:12;
   6:15; 24:7; Nm 5:15,18,26
memorias   Mal 3:16
memorizado   Job 13:12
Memucán   Est 1:14,16,21
Menajem   2R 15:14,16-17,
   19-23
mención   Is 19:17
mencionadas   1Cr 6:65
mencionado   Rt 4:1; Heb 4:7
mencionados   1Cr 4:41
mencionamos   1Ts 1:2
mencionan   1Cr 1:43
mencionándole   Est 4:7
mencionar   1S 4:18; Job 28:18;
   41:12; Sal 50:16; Jer 23:36;
   Am 6:10; Ef 5:12
mencionarse   Is 14:20; 65:17;
   Ef 5:3
mencioné   Jer 19:5
menciono   Jn 5:34
mencionó   1Co 10:28
mendigando   Sal 109:10
mendigar   Jn 9:8
mendigo   Mr 10:46; Lc
   16:20,22
mendiguen   Sal 37:25
mendrugo   Pr 28:21
Mene   Dn 5:25,26
menea   2R 19:21; Is 37:22
meneaban   Mt 27:39; Mr 15:29
menean   Sal 109:25
meneando   Job 16:4; Sal 22:7
meneará   Jer 18:16
menesteres   Ez 44:11
menesteroso   Sal 82:4
menesterosos   Job 5:15; Sal
   72:13; 109:16; Pr 30:14; Jer
   5:28
Menfis   Is 19:13; Jer 2:16; 44:1;
   46:14,19; Ez 30:13,16; Os 9:6
menguar   Jn 3:30
menguará   Is 60:20
menguaran   Sal 107:38
Menor   Job 38:32
menores   Gn 2:10; 1Cr 24:31;
   25:8; 26:13; Mt 2:16; Gá 4:3
menospreciable   Sal 119:141

menospreciado   Jer 49:15; Ez
   16:59; Hch 19:27; Stg 2:6
menospreciar   Sal 10:13;
   107:11; Ro 14:3; Stg 1:5
menosprecio   Sal 119:22;
   123:4; Is 43:28
Mensaje   Jer 23:36,38; 49:23
mensajeras   Sal 68:11
mensajes   Lm 2:14; 2Ts 2:2
menstruación   Gn 31:35; Lv
   12:2,5; 15:19,24; 2S 11:4; Ez
   18:6; 22:10; 36:17
menstrual   Lv 15:20,25,33;
   18:19; 20:18
menstruar   Gn 18:11
mensual   Nm 29:6
menta   Mt 23:23; Lc 11:42
mental   Ro 1:28
mentalidad   Ro 8:6-7
mentir   Nm 23:19; Job 13:7;
   Jer 9:5
mentira   Job 31:5; Sal 7:14;
   52:3; 62:4,9; 119:104; Pr 8:7;
   13:5; 17:7; 30:8; Is 5:18;
   28:15,17; 44:20; Jer 3:23; 9:3;
   13:25; 16:19; 23:14; 28:15;
   29:9,21,31; 40:16; 43:2; 51:17;
   Os 4:2; 10:13; 12:1; Nah 3:1;
   Jn 8:44; Ro 1:25; 3:7; Ef 4:25;
   2Ts 2:11; 1Jn 2:21; Ap 14:5;
   22:15
Mentira   Jer 14:14; 37:14
mentiras   Éx 5:9; Jue 16:10,13;
   Job 27:4; Sal 10:7; 35:20;
   59:12; 144:8,11; Pr 6:19; 14:5;
   19:5,9; 29:12; Is 9:15; 32:7;
   59:3,13; Jer 5:31; 20:6;
   23:25-26,32; 27:10,14-16;
   29:23; Ez 13:19,22; 21:29; Os
   7:3; 11:12; Am 2:4; Hab 2:18;
   Sof 3:13
mentirle   Sal 89:35
mentirles   Mi 2:11
mentirosa   Sal 43:1; 55:23;
   109:2; Pr 12:19; 26:28; Mi
   6:12
mentirosas   Ez 13:6-9; 22:28
mentiroso   1R 22:22-23; 2Cr
   18:21-22; Job 34:6; Pr 17:4;
   19:22; 30:6; Jn 8:44, 55; Ro
   3:4; 1Jn 1:10; 2:4, 22; 4:20;
   5:10
mentirosos   Sal 5:6; 26:4;
   31:18; 58:3; 63:11; 116:11;
   120:2; Pr 10:18; 12:22; Is
   57:4; Jer 23:32; Tit 1:12; Ap
   21:8
mentirse   Sal 12:2; Col 3:9
mentón   Lv 13:29-30
menudo   Fil 3:18
meñique   1R 12:10; 2Cr 10:10
Meonotay   1Cr 4:14

mequeratita 1Cr 11:36

Merab 1S 14:49; 18:17,19; 2S 21:8

Meraías Neh 12:12

meramente Ro 7:14; 1Co 1:26; 3:3; 2Co 1:17; 5:16; 10:2

Merari Gn 46:11; Éx 6:16, 19; Nm 3:17,33; 4:33,45; 26:57; Jos 21:7,40; 1Cr 6:1,16,19, 29,47,63,77; 9:14; 15:6,17; 23:6,21; 24:26-27; 26:10,19; 2Cr 29:12; 34:12; Esd 8:19

meraritas Nm 3:20,33,35; 4:29,42; 7:8; 10:17; 26:57; Jos 21:34; 1Cr 6:44

Meratayin Jer 50:21

Merayot 1Cr 6:6-7,52; 9:11; Esd 7:3; Neh 11:11; 12:15

mercaderes Gn 37:28; 1R 10:15,28; 2Cr 1:16; 9:14; Job 6:19; 41:6; Ez 17:4; Nah 3:16; Sof 1:11; Zac 11:7,11; 14:21

mercadería Ez 27:12

mercaderías Ap 18:11,15

mercado 1R 20:34; Mr 7:4; Jn 2:16

Mercado Sof 1:11

mercados Cnt 3:2; Ez 27:24

mercancía Job 41:6; Is 45:14; Ez 27:27

mercancías 2R 8:9; Neh 10:31; 13:16,20; Ez 26:12; 27:9,13,19,22,25,33-34; Mr 11:16

mercante 1R 22:48; 2Cr 20:36

mercantes Pr 31:14

merced Jos 9:25; 2S 15:26; Jer 18:21; Ez 34:5,8

mercenarios 2S 10:6; Jer 46:21; 50:37

merecedor Mt 23:15

merecida Ro 3:8

merecido Dt 7:10; 32:41; Jue 20:10; 2S 16:8; 1R 8:32; 2Cr 6:23; Job 15:32; 21:31; 33:27; Sal 28:4; 31:23; 41:10; 91:8; 94:2; Pr 13:13; Is 59:18; 65:6; 66:6; Jer 51:6,24,56; Lm 3:64; Ez 16:59; Abd 15; 2Ti 4:14

Méred 1Cr 4:17-18

Meremot Esd 8:33; 10:36; Neh 3:4,21; 10:5; 12:3

Meres Est 1:14

Meribá Éx 17:7; Nm 20:13, 24; 27:14; Dt 32:51; 33:2, 8; Sal 81:7; 95:8; 106:32; Ez 47:19; 48:28

Meribaal 1Cr 8:34; 9:40

mérito Lc 6:32-34; 1P 2:20

merman Sal 107:39

Merodac 2R 20:12; 25:27; Is 39:1; Jer 52:31

merodean Job 28:8

merodeando Sal 12:8

merodear 2R 5:2

Merón Jos 11:5,7; 12:20

Meronot 1Cr 27:30; Neh 3:7

Meroz Jue 5:23

Mesá Gn 10:30; 2R 3:4; 1Cr 2:42; 8:9

Mesac Dn 1:7; 2:49; 3:12, 16,19,22,26,29-30

mesas 1Cr 28:16; 2Cr 4:8, 19; Is 21:5; 28:8; 65:11; Ez 40:39-43; Mt 21:12; Mr 11:15; Jn 2:14-15; Hch 6:2

Mésec Gn 10:2; 1Cr 1:5,17; Sal 120:5; Ez 27:13; 32:26; 38:2-3; 39:1

Meselemías 1Cr 9:21; 26:1-2,9

meseta Dt 3:10; Jos 13:9, 16-17,21; 20:8; 2Cr 26:10; Jer 48:8,21

Mesezabel Neh 3:4; 10:21; 11:24

Mesías Jn 1:41; 4:25; Hch 2:31,36; 3:18,20; 5:42; 8:5; 9:22; 17:3; 18:5,28; Heb 11:26

Mesilemit 1Cr 9:12

Mesilemot 2Cr 28:12; Neh 11:13

Mesobab 1Cr 4:34

Mesopotamia Hch 2:9; 7:2

Mesulán 2R 22:3; 1Cr 3:19; 5:13; 8:17; 9:7-8, 11-12; 2Cr 34:12; Esd 8:16; 10:15,29; Neh 3:4,6, 30; 6:18; 8:4; 10:7, 20; 11:7,11; 12:13,16,25,33

Mesulémet 2R 21:19

meta Sal 101:3; Pr 17:24; Lc 12:58; Jn 5:7; 20:25; 1Co 9:26; Fil 3:14; Heb 11:40; 1P 1:9

metal Éx 27:4; 34:17; Lv 19:4; Dt 9:12; 27:15; 1R 7:23,33, 39,44; 14:9; 2Cr 4:2,10,15; 34:3-4; Neh 9:18; Ez 1:4,27; 8:2; Dn 11:8; Nah 2:3; 1Co 13:1

Méteg 2S 8:1

meter Éx 28:32; Mt 18:30

meterla Jer 17:21

meterlo Hch 21:37

meterme Gn 39:9

meterse Nm 22:23; Zac 13:3

Meterse Pr 26:17

metro Gn 6:16; Éx 25:10, 17; 26:2,8; 27:1; 36:9,15; 37:1,6; 38:1; Nm 11:31; Jue 3:16; 1R 7:19,24,27,38; 2R 25:17; 2Cr 4:3; 6:13; Ez 40:9,12,48; 41:3,22; 43:13-14,17

Metusael Gn 4:18

Meumán Est 1:10

Meunín Esd 2:50; Neh 7:52

meunitas 2Cr 20:1; 26:7

Mezab Gn 36:39; 1Cr 1:50

mezcla Gn 11:3; Éx 1:14; 30:25,35-36; 1Cr 9:30; Dn 2:43; Os 7:8; Nah 3:14; Jn 19:39

mezclada Éx 29:40; Lv 23:13; Nm 15:4,6,9; 28:5, 9,12-13,20,28; 29:3,9,14; Dt 22:11

mezclado Neh 13:3; Sal 75:8; Pr 9:5; Is 65:11; Mt 27:34; Mr 15:23; Ap 15:2

mezclados Dn 2:41,43; Ap 8:7

mezquino Dt 15:10

mías Gn 31:43; Rt 1:11-13; Sal 50:11; Jn 14:24

Mibar 1Cr 11:38

Mibsán Gn 25:13; 1Cr 1:29; 4:25

Mibzar Gn 36:42; 1Cr 1:53

Micael Nm 13:13; 1Cr 5:13-14; 6:40; 7:3; 8:16; 12:20; 27:18; 2Cr 21:2; Esd 8:8

Mical 1S 14:49; 18:20, 27-28; 19:11,13-14,17; 25:44; 2S 3:13-14; 6:16,20, 23; 1Cr 15:29

Miclot 1Cr 8:32; 9:37; 27:4

Micmás 1S 13:2,5,11,16,23; 14:5,31; Esd 2:27; Neh 7:31; 11:31; Is 10:28

Micmetat Jos 16:6; 17:7

Micnías 1Cr 15:18,21

Micri 1Cr 9:8

Midín Jos 15:61

miedoso Dt 20:8

miembro 1R 20:35; 2R 4:1; 9:1; Mr 15:43; Lc 1:5; 23:50; Hch 17:34; Ro 12:5; 1Co 12:14,18-19,27; Ef 4:16; Stg 3:5

mies Lv 23:10,22; Is 17:5; Jl 3:13

migajas Jue 1:7; Ez 13:19; Mt 15:27; Mr 7:28

migas Jos 9:5,12

Migdal Gn 35:21; Jos 15:37; 19:38

Migdol Éx 14:2; Nm 33:7; Jer 44:1; 46:14; Ez 29:10; 30:6

Migrón 1S 14:2; Is 10:28

Miguel Dn 10:13,21; 12:1; Jud 9; Ap 12:7

Mijamín 1Cr 24:9; Esd 10:25; Neh 10:7; 12:5

mijo Ez 4:9

milagro Éx 7:9; Mr 6:5; 9:39; Lc 23:8; Jn 7:21; Hch 4:16

milagros Dt 4:34; 26:8; Sal 77:11; 78:12; 106:22; Jer 21:2; 32:20-21; Mt 7:22; 11:20-21, 23; 13:58; 14:2; 24:24; Mr 6:2, 14; 13:22; Lc 10:13; 19:37; Hch 2:22; 8:13; 19:11; Ro 15:19; 1Co 12:28-29; 2Co 12:12; Gá 3:5; 2Ts 2:9; Heb 2:4

milagrosa Éx 4:8; 8:23; Dt 13:1; Mt 12:38-39; 16:4; Mr 8:12; Lc 11:29; Jn 10:41

milagrosamente Hch 4:22

milagrosas Éx 4:17,28; 7:3; 10:1; Sal 78:43; 105:27; Jn 6:2; 11:47; 20:30; Hch 6:8; 7:36; 8:6; 1Co 1:22; Ap 13:13; 16:14; 19:20

milagrosos Dt 7:19; Mt 13:54; 1Co 12:10

Milalay Neh 12:36

milanos Lv 11:14; Dt 14:13

Milca Gn 11:29; 22:20,23; 24:15,24,47; Nm 26:33; 27:1; 36:11; Jos 17:3

miles 1S 29:5; Is 60:22; Dn 7:10; 11:12; Mi 6:7; Mt 18:24; Hch 21:20; 1Co 4:15

Miles Dn 7:10

Mileto Hch 20:15,17; 2Ti 4:20

militar Nm 1:3,20,22,24, 26,28,30, 32,34,36,38,40, 42,45; 26:2; Jos 5:4,6; 2S 24:2,4,9-10; 2R 18:20; 1Cr 21:2,5; Is 36:5; Ez 1:24; 1Co 9:7

militares 1S 8:11; 1R 22:45; 2R 24:7; 1Cr 27:1; 2Cr 32:3,6; 33:14; Est 1:3; Jer 40:13; 41:11,13,16; 42:1,8; 43:4-5; Mr 6:21; Ap 6:15; 19:18

militaron Ez 27:10

Miló Jue 9:6,20; 2R 12:20

millares Gn 24:60; Dt 33:17; Sal 68:11,17; 119:72; 144:13; Dn 7:10; Lc 12:1; Heb 12:22; Jud 14; Ap 5:11

millón 1Cr 21:5; 2Cr 14:9

millones 1Cr 29:7; Ap 5:11; 9:16

mina Ez 45:12

minan Os 7:9

minas Job 28:1; Sof 2:9

minero Job 28:3,9

Mini Jer 51:27

mínimo Gn 41:21; Dt 17:20; 2R 22:2; 2Cr 34:2

ministerio Éx 28:35,43; 39:26; Nm 3:6,10; 4:4,14, 24; 7:5, 7-8; 8:26; 18:31; 1Cr 6:32; 9:33; 25:1; Lc 3:23; Hch 1:17; 6:2,4; 21:19; Ro 11:13; 1Co

9:14; 2Co 3:7-9; 4:1; 5:18; 2Ti 4:5,11

ministraba Jue 20:28

ministraban Nm 3:31

ministran Nm 4:12; Neh 10:37; Ez 42:14

ministrando Nm 18:2; Dt 18:5

ministrar Éx 29:30; 35:19; 39:1,41; Nm 8:15,22; Dt 10:8; 18:7; 21:5; 2R 23:9

ministraran 1Cr 16:4

ministrarán Nm 8:19

ministre Éx 40:13

ministren Éx 40:15; Nm 16:9; 18:4

ministro 2R 22:12; 25:8; 2Cr 34:20; Ro 15:16

ministros Nm 1:50; 1S 8:14-15; 2S 8:18; 1R 9:22; 2R 6:8,11; 7:12-13; 10:19; 12:20; 14:5; 21:23; 22:9; 2Cr 25:3; 29:11; 33:24; Is 61:6; Jer 33:21-22; 37:18; Jl 1:9,13; 2:17

Minit Jue 11:33; Ez 27:17

Minjamín 2Cr 31:15; Neh 12:17,41

minuciosa Dt 19:18

Miqueas Jer 26:18-19; Mi 1:1

miramientos Ro 11:21

mirar Gn 16:4; Éx 3:4,6; Jue 14:8; 1S 1:11; 6:19; 18:9; 2S 2:20; 1Cr 21:20; Job 31:1; 37:21; Is 38:14; Jer 46:5; Jn 20:11; Hch 7:32; 2Co 3:7

mirarlo Is 53:3

mirarme Job 6:28; Sal 22:17

mirarnos Lm 3:50

mirarse Stg 1:24

Miriam Éx 15:20-21; Nm 12:1,4-5,10,15; 20:1; 26:59; Dt 24:9; 1Cr 4:17; 6:3; Mi 6:4

Mirma 1Cr 8:10

mirra Gn 37:25; 43:11; Éx 30:23; Est 2:12; Sal 45:8; Pr 7:17; Cnt 1:13; 3:6; 4:6,14; 5:1,5,13; Mt 2:11; Mr 15:23; Jn 19:39; Ap 18:13

mirtos Is 41:19; 55:13

Misael Éx 6:22; Lv 10:4; Neh 8:4; Dn 1:6-7,11,19; 2:17

Misán 1Cr 8:12

Miseal Jos 19:26; 21:30

miserable Est 7:6; Job 25:6; Mt 21:41; Ro 7:24; Fil 3:21; Ap 3:17

miserables Neh 4:2

miseria Gn 45:11; Dt 26:7; Jue 6:6; Job 3:10; 7:3; Sal 37:25; 107:41; Pr 11:24; Ro 3:16

miserias Stg 4:9

misericordioso 2Cr 30:9; Jer 3:12; 2Co 1:3; 1Ti 1:16; Heb 2:17; Stg 5:11

Misia Hch 16:7-8

misión 1S 15:18,20; Is 48:15; Ez 38:8

Mismá Gn 25:14; 1Cr 1:30; 4:25-26

Mismaná 1Cr 12:10

Mispar Esd 2:2

Mispéret Neh 7:7

misraítas 1Cr 2:53

Misrayin Gn 10:6,13; 50:11; 1Cr 1:8,11

Misrefot Jos 11:8; 13:6

misterio Jue 13:18; Dn 2:19,27,30; 4:9; Ro 11:25; 16:25; 1Co 2:7; 15:51; Ef 1:9; 3:3-5,9; 5:32; 6:19; Col 1:26-27; 2:2; 4:3; 2Ts 2:7; 1Ti 3:16; Ap 1:20; 17:7

misterios Job 11:7; Sal 78:2; Dn 2:28-29,47; 5:12; 1Co 4:1; 13:2; 14:2

misterioso Dn 2:18,47; Ap 17:5

mitades Cnt 4:3; 6:7

Mitca Nm 33:28-29

mitigar Pr 6:30

Mitilene Hch 20:14

mitnita 1Cr 11:43

mitos 1Ti 4:7; 2Ti 4:4

mitras Éx 28:40; 29:9; 39:28; Lv 8:13

Mitrídates Esd 1:8; 4:7

Mizá Gn 36:13,17; 1Cr 1:37

Mizar Sal 42:6

Mizpé Jos 13:26

Mnasón Hch 21:16

moabita Nm 22:36; Jue 11:18; Rt 1:22; 2:2,6,21; 4:5,10; 1Cr 11:46; 2Cr 24:26; Is 15:1

moabitas Gn 19:37; Nm 21:13; 22:3-4,14; 25:1; Dt 2:9,11,29; 23:3; Jue 3:28-29; 11:15; Rt 1:4; 1S 14:47; 2S 8:2; 1R 11:1,33; 2R 3:10,13, 21-22,24; 13:20; 23:13; 24:2; 1Cr 4:22; 1Cr 18:2; 2Cr 20:1, 10,22-23; Esd 9:1; Neh 13:1; Is 15:9; 16:7

Moadías Neh 12:17

mobiliario Éx 25:9; 31:7

mocoso Gn 37:30

modas Sof 1:8

modela Is 44:10,12

modelando Jer 18:4

modelaste Job 10:9

modelo Éx 25:9; 26:30; Nm 8:4; 1R 7:8; 2Cr 4:7; Ez 28:12; Hch 7:44; Fil 3:17; Heb 8:5

modeló Is 29:16; Ro 9:20

moderación Ro 12:3
moderadas 1Ti 3:11
moderado 1Ti 3:2
moderados Tit 2:2
Modestas Job 8:7
modestia 1Co 12:23; 1Ti 2:9
modestos Zac 4:10
modificar Esd 6:12
modos 1R 11:22; 2R 7:4; 8:10;
  2Co 11:16
mofa Job 16:10; Sal 79:4; Pr
  14:9; Sof 2:15
mofaban 2Cr 36:16
mofan Is 52:5
mofará 2P 3:3
moho Lv 13:47,49,51-52,59;
  14:34-37,39,43-44,48,55
mohosas Lv 14:40
moja Rt 2:14; Mr 14:20
mojada Ez 22:24
mojar Jn 13:26
mojará Lv 14:6,51; Nm
  19:4,18
Mojará Lv 4:6,17; 14:16
moje Lc 16:24
mójenlo Éx 12:22
mojó Lv 9:9; Jn 13:26
Moladá Jos 15:26; 19:2; 1Cr
  4:28; Neh 11:26
moldea Nah 3:14
moldes 1R 7:37,46; 2Cr 4:17
moldura Éx 25:11,24-25;
  30:3-4; 37:2,11-12,26-27
molenderas Ec 12:3
moler Dt 24:6; Jue 9:53; 16:21;
  Lm 5:13
molestar Gn 33:15; 49:9
molestarlo Nm 24:9
molestarme Lc 18:5
molestarte 2S 14:10
molestia 1S 22:8; Lc 7:6; Fil
  3:1
molestias 2R 4:13; Ec 5:17
molesto 2R 5:8
molía Nm 11:8
Molid 1Cr 2:29
molido Lv 2:14,16; Is 53:5
molienda Neh 10:37
moliendo Mt 24:41; Lc 17:35
moliera Is 27:9
molino Éx 11:5; Dt 24:6; 2S
  11:21; Job 41:24; Pr 20:26; Ec
  12:4; Is 47:2; Jer 25:10; Mt
  18:6; Mr 9:42; Lc 17:2; Ap
  18:21-22
Moloc Lv 18:21; 20:2-5; 1R
  11:5,7,33; 2R 23:10,13; Is
  57:9; Jer 32:35; 49:1,3; Sof
  1:5; Hch 7:43
momentos 1S 11:5; 2R 8:4; Sal
  9:9; 10:1; 32:6; 46:1; 59:16;
  91:15; Pr 25:19; Jer 14:8

monarcas Jos 9:1
moneda Gn 23:16; Lv 27:25;
  Nm 3:47,50; 18:16; Jue 1:7;
  9:56; 1S 2:36; 2R 7:1,16,18;
  Job 42:11; Pr 24:29; Jer
  50:15,29; Mt 17:27; 22:19; Mr
  12:15-16; Lc 15:9; 20:24; Ap
  18:6
monedero Lc 10:4; 22:35-36
monedita Mt 10:29
moneditas Mr 12:42; Lc 12:6;
  21:2
monos 1R 10:22; 2Cr 9:21
monstruo Job 7:12; 41:33; Is
  51:9; Jer 51:34; Ez 29:3; 32:2
monstruos Sal 74:13; 148:7
montada Is 21:7; Ap 17:3,7
Montada 1S 25:20
montadas Cnt 5:12,14
montado Nm 22:22,30; 2S
  18:9; Est 6:8; Is 19:1; Zac 1:8;
  9:9; Mt 21:5; Mr 11:2; Lc
  19:30; Jn 12:15
Montado Is 22:6
montados Jer 17:25; 50:42; Ez
  23:23; 38:15; Ap 19:14
montar 2S 19:26; Neh 4:9; Ec
  10:7; Ez 27:14,20
montarlos 2R 18:23; Is 36:8
montarse Lc 19:35
Monte Jer 31:23; Zac 8:3
montés Dt 14:5
monteses 1Cr 12:8; Sal
  104:11,18; Is 34:14
monto Lv 27:23
montón Gn 31:46,48,51; Jos
  7:26; 8:29; Rt 3:7; Neh 4:3;
  Job 8:17; Is 3:6; 17:1; 25:2;
  Jer 5:14; 9:11; 10:22; 22:5;
  49:2; 51:37; Ez 5:14; 6:6; Mi
  1:6; Hag 2:16; Hch 19:19;
  28:3
montones 2R 10:8; 2Cr
  31:6-10; Os 12:11
montura Gn 31:34; Lv 15:9
monumento 1S 15:12; 2R
  23:17; Is 19:19
monumentos Job 3:14; Mi
  5:13; Mt 23:29; Lc 11:47
mora Dt 33:16; Pr 14:33; Is
  33:5
moraba Is 1:21
moradas Job 8:22; 15:34;
  21:28; 38:20; Sal 84:1; 87:2;
  Cnt 1:8; Is 32:18; Jer 30:18;
  51:30; Lm 2:2; Ez 25:4; 27:7;
  Hab 3:7
morador Jer 44:2
moradora Jer 51:35
moradores Is 26:19; Os 10:5
morados Pr 23:29
morar Stg 4:5

morará Is 32:16; 33:16; Jer
  23:6; 33:16
Morará Jer 17:6
morarán Is 34:17; 65:9
moras Is 47:8
mordaza Sal 39:1
morder Sal 7:5; 143:3; 147:6;
  Is 26:5; Lm 3:16
morderán Jer 8:17
morderás Gn 3:15
mordía Ap 16:10
mordidos Nm 21:8-9
mordiendo Pr 23:32
mordiéndose Gá 5:15
mordieran Nm 21:6
Moré Gn 12:6; Dt 11:30; Jue
  7:1
morena Cnt 1:5-6
Morena Cnt 1:5
Moréset Jer 26:18; Mi 1:1,14
moretones Is 1:6
Moria Gn 22:2; 2Cr 3:1
moribundas Zac 11:16
moribundos Job 24:12; 2Co
  6:9
morirme Gn 27:2; 45:28
morirnos 1R 17:12; Neh 5:3
morirse Gn 27:7,10; 38:11;
  50:5; Éx 8:13; 1R 19:4; Jon
  4:8
mortales Gn 9:15; Dt 28:22;
  Job 7:20; 14:12; 21:4; 28:28;
  33:12; 37:24; Sal 9:20; 14:2;
  17:14; 21:10; 39:11; 49:12,20;
  53:2; 78:39; 89:47; 90:3,5;
  146:3; Is 13:12; 44:11; 51:12;
  Jer 25:31; Ez 20:48; 31:14; Mt
  9:8; 11:11; Lc 7:28; Hch
  14:15; Ro 8:11; 1Co 15:19;
  Heb 7:8; 11:22
mortandad Nm 11:33;
  16:48,50; 25:8,18; 26:1
morteros Nm 11:8
mortífera Jer 9:8; Ez 5:16
mortíferas Sal 7:13; 91:3; Pr
  26:18
mortifique Is 58:5
Mosá 1Cr 2:46; 8:36-37;
  9:42-43
mosaicos Est 1:6
mosca Is 7:18
moscas Sal 105:31; Ec 10:1; Is
  51:6
Moserá Dt 10:6
Moserot Nm 33:30-31
mosquito Mt 23:24
mosquitos Éx 8:16-18; Sal
  105:31
mostaza Mt 13:31; 17:20; Mr
  4:31; Lc 13:19; 17:6

mosto Nm 18:27; Dt 28:51; 33:28; 2R 18:32; Is 36:17; Os 4:11; Hag 2:16; Zac 9:17

mostrar Dt 10:19; Rt 2:20; Neh 5:9; Job 27:11; Sal 106:8; Is 61:3; Am 1:11; Mt 6:16; Lc 1:72; Ro 9:17,22; 12:8; 1Co 12:31; Gá 4:18; Ef 2:7; 1Ti 1:16; Ap 1:1; 22:6

mostrarle Gn 24:49; 39:21; Dt 3:24; Ez 44:23

mostrarles Is 30:18; Jer 32:40; Lc 18:1

mostrarme Mal 3:5

mostrarnos Sal 4:6; 77:7; Jn 2:18

mostrarse Jue 8:35; Pr 28:21; Tit 3:1

mostrársele Lv 13:49

mostrarte Éx 9:16; Job 11:6; Ez 40:4; Ap 4:1

moteada Gn 30:32

moteadas Gn 30:35,39

moteado Gn 30:33

moteados Gn 30:32,35; 31:10,12

motines Hch 24:12

motivado Neh 2:12; 1Ts 1:3

motivos Pr 16:2; Jn 7:7; 1Co 10:25,27-28; 15:32; Fil 1:17-18; 3:4

mover Is 46:7; Mt 23:4; Hch 14:8

moverla Zac 12:3

moverse Gn 42:34; Éx 10:23

movibles Heb 12:27

movida Lv 26:36

movidas Éx 35:26

movido Éx 35:5; 1S 10:26

Movido Mr 1:41; Lc 2:27

movidos Éx 35:21-22,29; 36:2; 2Cr 30:12

movilice 2S 12:28

Movilicen Jl 3:9

Movilícense Jl 3:12

moviliza Jer 6:22

Moviliza 2S 20:4

movilizando 2S 12:29

movilizar 2S 10:16; 20:5

Movilizaré Zac 14:2

movilizaron Jue 20:15; 2R 3:21

movilizo Jer 50:9

movilizó Jue 20:17; 1R 12:21; 15:22; 2R 3:6; 6:24; 2Cr 11:1; 16:6

movimiento 2R 5:11

Mozá Jos 18:26

mozo 1S 9:2; 16:12; 17:42

muchacha Gn 34:4,12; Éx 2:8; 21:7-9,31; Jue 5:30; 19:4-6,

8-9; 1R 1:3-4; 2R 5:2-4; Mt 14:11; Mr 6:22,25,28

Muchacha Lc 22:57

muchachas Éx 2:18; Nm 31:18; Jue 11:40; 12:9; 21:12,21,23; Ez 9:6; Zac 9:17

muchacho Gn 4:23; 21:12; 22:5,12; 42:22; 43:8; Éx 21:31; Nm 11:27; Jue 8:20; 16:26; 1S 3:8; 16:18; 17:33,42,55,58; 2S 18:22; 1R 3:7; 11:17; 14:12,17; 17:21-23; Mt 17:17-18; Mr 9:19-20,24, 26-27; Lc 9:39, 42; Jn 6:9

muchachos Gn 31:43; 1S 30:17; 2R 2:23-24; Pr 1:22; Is 3:4; 40:30

Muchachos Jn 21:5

muchedumbre Nm 10:36; 22:4; 2R 25:11; 2Cr 30:13; Sal 109:30; Mr 12:37

muchísimas 2S 12:2; 18:17

muchísimo Gn 30:2,43; 35:22; 44:20; Neh 4:1,7; 5:6; Jer 2:32; Jon 4:6; Mr 14:5; Jn 12:5; Ro 16:12; 2Co 4:17; 7:13; Ef 3:20; Fil 1:23; 4:10; 2Jn 4

muchísimos 2Cr 32:29; Ec 12:9; Ez 37:2; Lc 22:15; 1Ti 6:10; Stg 5:20

muda Hab 2:19; Heb 1:12; 2P 2:16

mudas Gn 45:22; Jue 14:12-13; 2R 5:5,22-23; Mt 10:10; Mr 6:9; Lc 9:3

mudo Éx 4:11; Sal 38:13; Is 35:6; Ez 3:26; 24:27; 33:22; Mt 9:32-33; 12:22; Mr 9:25; Lc 1:20,22; 11:14

mudos Éx 15:16; Is 56:10; Jer 47:5; Mt 15:30-31; Mr 7:37; 1Co 12:2

muebles Ez 15:3

muecas Is 57:4; Lm 2:15

muela Job 31:10

muelas Pr 27:22

muele Is 47:2

Muele Éx 30:36

muerda Am 9:3

muerdan Sal 72:9

muerde Gn 49:17; Ec 10:8,11; Am 5:19

muerta Nm 25:18; Ez 6:7; Mt 9:24; Mr 5:39; Lc 8:52-53; Hch 5:10; 9:40; Ro 4:19; 1Ti 5:6; Stg 2:17,26

muertas Ec 10:1

Muerte Jer 50:35-38; Ap 6:8

muertes 2S 18:8; 1R 2:33

Muerto Gn 14:3; Nm 34:3, 12; Dt 3:17; Jos 3:16; 12:3;

15:2,5; 18:19; 2Cr 20:2; Ez 47:8,18; Zac 14:8

muestras 2S 16:17; Job 10:3; Sal 142:3; Pr 18:22

Muge Job 6:5

mugidos 1S 15:14; Jer 9:10

mugiendo 1S 6:12

Mujeres Is 32:9,11

mula 2S 13:29; 18:9; 1R 1:33,38,44; Neh 13:15

muladar 2R 10:27; Job 9:31; Sal 113:7; Is 25:10

mulas 1R 10:25; 18:5; 1Cr 12:40; 2Cr 9:24; Esd 2:66; Neh 7:68; Is 66:20

mulo Sal 32:9

mulos Ez 27:14; Zac 14:15

multa Éx 21:22; Dt 22:19; Am 2:8

multicolores Pr 7:16

múltiples Sal 68:27

multiplicar Sal 19:13

multiplicarse Gn 6:1

multiplicarte Dt 28:63

multitudes Job 4:3; Ez 32:18,20; Dn 11:39; 12:2-3; Mt 4:25; 5:1; 7:28; 8:1; 9:36; 14:13; 15:30; 19:2; Mr 10:1; Lc 5:15; 8:42,45; 14:25; Hch 5:16; 13:45; 17:13; Ap 17:15

mundanas Lc 16:8-9,11; Tit 2:12

municipal Hch 19:35

Mupín Gn 46:21

murallas Éx 15:8; Lv 25:31; Dt 28:52; Jos 6:20; 1S 6:18; 2S 22:30; 2R 25:10; 2Cr 8:5; 14:7; Neh 4:13; Sal 18:29; 48:13; 89:40; 122:7; Pr 25:28; Cnt 5:7; Jer 52:14; Lm 2:7; Ez 4:2; Dn 9:25; Lc 19:44; Heb 11:30

murciélago Lv 11:19; Dt 14:18

murciélagos Is 2:20

murmullo 1R 19:12; Job 4:12; 26:14

murmuraciones Éx 16:12; Nm 12:2; 14:2

murmuradores Is 29:24

murmurar Éx 15:24; 16:8-9; Nm 12:1,8; 14:27; 16:41; Dt 1:27; Mt 20:11; Lc 15:2; 19:7; Jn 6:41,43

músculos Job 40:16

Musí Éx 6:19; Nm 3:20,33; 1Cr 6:19,47; 23:21,23; 24:26,30

música Gn 31:27; Jue 5:3; 1S 16:23; 1Cr 25:1; 2Cr 29:25; 34:12; Sal 45:8; 58:5; Is 51:3;

Lm 5:14; Dn 3:5,7,10,15; Am 5:23; Lc 15:25; Ap 18:22

musical Hab 3:19

musicales 1Cr 16:42; 23:5; 2Cr 5:13; 7:6; 23:13; 29:26-27; 30:21; Neh 12:36; Dn 3:5,7,10,15; Am 6:5; 1Co 14:7

músico 1S 16:16-17; 2R 3:15

músicos 1S 10:5; 1R 10:12; 2R 11:14; 2Cr 9:11; 23:13; Sal 68:25; Ap 14:2

musitan Is 8:19

musitas Nm 26:58

muslo Gn 24:2,9; 47:29; Éx 28:42; 29:22,27; Lv 7:32-34; 8:25-26; 9:21; 10:14-15; Nm 6:20; 18:18; Jue 3:16,21; 2S 20:8; Ap 19:16

muslos Job 40:17; Dn 2:32

mutilado Lv 21:18; Dt 23:1; Mal 1:14

mutilados Lv 22:22

mutilan Fil 3:2

mutilaron Gn 49:6

mutilarse Gá 5:12

mutua Jos 9:15; 10:1,4; 11:19; Ro 14:19

mutuamente Ro 12:10; 15:7; Ef 4:32

mutuo Gn 26:31; 1P 5:5

Naamán Gn 46:21; Nm 26:40; 2R 5:1-2,4-6,9,11, 14-17, 19-21,23,27; 1Cr 8:4,7; Lc 4:27

naamanitas Nm 26:40

Naasón Éx 6:23; Nm 1:7; 2:3; 7:12,17; 10:14; Rt 4:20; 1Cr 2:10-11; Mt 1:4; Lc 3:32

Nabal 1S 25:3-5,9-10,12, 14,19, 25-26,34,36-39; 27:3; 30:5; 2S 2:2; 3:3

Nabat 1R 11:26; 12:2,15; 15:1; 16:3,26,31; 21:22; 22:52; 2R 3:3; 9:9; 10:29; 13:2,11; 14:24; 15:9,18,24, 28; 17:21; 23:15; 2Cr 9:29; 10:2,15; 13:6

Nabot 1R 21:1-4,6-9,12-16, 18-19; 2R 9:21,25-26

Nabuzaradán 2R 25:8,11,20; Jer 39:9-11,13; 40:1,5; 41:10; 43:6; 52:12, 15,26,30

nacer Gn 25:25; 38:28; 50:23; Jue 13:5,7-8; 16:17; 2R 19:3; Job 3:11; Sal 22:10; 71:6; 78:6; Ec 3:2; Is 37:3; 66:8; Jer 22:26; Mt 2:4; Lc 1:35; Jn 3:4,7; 1Co 15:37; Stg 1:18; 1P 1:3

nacida Lv 18:9

nacidos Gn 17:12,23,27; Éx 23:12; Lv 25:45; 1S 15:3;

22:19; 1Cr 3:1; Jer 44:7; Jn 8:41; Hch 7:19; 1P 2:2

naciente Lc 1:78

nacimiento Gn 5:4,7,10, 13,16,19,22,26,30; 11:11, 13,15,17,19,21,23,25; Éx 28:10; Job 31:18; Sal 51:5; Is 48:8; Ez 16:3; 47:22; Os 9:11; Mt 1:18; Mr 7:26; Lc 1:14-15; Jn 9:1; Hch 3:2; 14:8; 22:28; Gá 2:15; Ef 2:11

nacionalidad Est 2:10,20

Naciones Is 34:1; 41:1; Jer 31:10

Nacón 2S 6:6

Nadab Éx 6:23; 24:1,9; 28:1; Lv 10:1; Nm 3:2,4; 26:60-61; 1R 14:20; 15:25-28,31; 1Cr 2:28,30; 6:3; 8:30; 9:36; 24:1-2

nadador Is 25:11

nadar Is 25:11; Hch 27:43

nado Ez 47:5; Hch 27:42

Nafis Gn 25:15; 1Cr 1:31; 5:19

Nafot Jos 11:2; 12:23; 17:11; 1R 4:11

naftuitas Gn 10:13; 1Cr 1:11

Nagay Lc 3:25

Nahúm Nah 1:1; Lc 3:25

Naín Lc 7:11

Najaliel Nm 21:19

Najamani Neh 7:7

Naján 1Cr 4:19

Najaray 2S 23:37; 1Cr 11:39

Najarayin Gn 24:10; Dt 23:4; Jue 3:8; 1Cr 19:6

Najás 1S 11:1-2; 12:12; 2S 10:2; 17:25,27; 1Cr 4:12; 19:1-2

Najat Gn 36:13,17; 1Cr 1:37; 6:26; 2Cr 31:13

Najbí Nm 13:14

Najor Gn 11:22-27,29; 22:20, 23-24; 24:10,15, 24,47; 29:5; 31:53; Jos 24:2; 1Cr 1:26; Lc 3:34

Nalal Jos 19:15; 21:35

nalgas 2S 10:4; 1Cr 19:4; Is 20:4

Nalol Jue 1:30

Namat Job 2:11; 11:1; 20:1; 42:9

Nara 1Cr 4:5-6

Nará Jos 16:7

Narán 1Cr 7:28

naranjas Pr 25:11

Naray 1Cr 11:37

Narciso Ro 16:11

nardo Cnt 4:13-14; Mr 14:3; Jn 12:3

narices Nm 11:20; Am 4:10

nariz Gn 2:7; 24:22,47; Éx 15:8; 2S 22:9; 2R 19:28; Job 27:3; 40:24; 41:2,20; Sal 10:4; 18:8; 115:6; Pr 30:33; Cnt 7:4; Is 3:21; 37:29; 65:5; Ez 8:17; 16:12; 23:25

nárrale Ez 17:2

nata 2R 24:15; Sal 78:31; Ez 17:13; Mi 1:15

natal Gn 11:28

Natanael Nm 1:8; 2:5; 7:18,23; 10:15; 1Cr 2:14; 15:24; 24:6; 26:4; 2Cr 17:7; 35:9; Esd 10:22; Neh 12:21,36; Jn 1:45-49; 21:2

natas Dt 32:14

nativo Éx 12:48-49; Lv 16:29; 17:15; 24:16,22; Nm 15:30; 1R 7:14; 2Cr 2:14

nativos Lv 18:26; 23:42; Nm 9:14

natural Nm 16:29; 19:16, 18; Lc 23:51; Jn 11:13; Hch 4:36; 18:2,24; 21:39; Ro 11:24; 1Co 11:14; 15:44,46

naturales Jn 1:13; Ro 1:26-27; 9:8; 11:24; 2P 2:18

naufragado 1Ti 1:19

Naufragan Jer 49:23

naufragaron 1R 22:48; 2Cr 20:37

naufragio Ez 27:27

náufrago 2Co 11:25

naufragué 2Co 11:25

nauseabunda Dt 32:24

náuseas Nm 11:20; Sal 119:158; Pr 25:16

navaja Jue 13:5; 16:17; Sal 52:2; Is 7:20; Ez 5:1

nave 1R 6:3,5,17,33; 7:21, 50; 2Cr 3:4-5,13; 4:22; Ez 27:9; 41:2,15; Jon 1:5; Hch 28:11

navegaban Lc 8:23

navegabas Ez 27:25

navegación Hch 27:7,9

navegamos Hch 16:11; 21:1,3; 27:4,7; 28:13

navegan Sal 104:26; Hch 27:24

navegáramos Hch 27:1

navegarán Is 33:21

navegaron 2Cr 8:18; Hch 13:4; 14:26; 27:13

Navegaron Lc 8:26

naveguen 1R 22:49

naves Gn 49:13; Sal 48:7; Is 2:16; Ez 27:9,25,27,29

naviera 1R 9:26

navieras Ap 18:19

Nayot 1S 19:18-19,22-23; 20:1

nazareato Nm 6:12,21

nazareno Mt 2:23; Mr 14:67; 16:6

nazarenos Hch 24:5

nazareo Nm 6:2,4-5,11,13, 16,18-21; Jue 13:5,7; 16:17

nazareos Am 2:11-12

Nazaret Mt 2:23; 4:13; 21:11; 26:71; Mr 1:9,24; 10:47; Lc 1:26; 2:4,39,51; 4:16,34; 18:37; 24:19; Jn 1:45-46; 18:5,7; Hch 2:22; 3:6; 4:10; 6:14; 10:38; 22:8; 26:9

NAZARET Jn 19:19

Neápolis Hch 16:11

Nearías 1Cr 3:22-23; 4:42

Nebalat Neh 11:34

Nebay Neh 10:19

Nebayot Gn 25:13; 28:9; 36:3; 1Cr 1:29; Is 60:7

neblina Sal 148:8

Nebo Nm 32:3,38; 33:47; Dt 32:49; 34:1; 1Cr 5:8; Esd 2:29; 10:43; Neh 7:33; Is 15:2; 46:1; Jer 39:3; 48:1,22

Nebusazbán Jer 39:13

Necao 2R 23:29,33,35; 2Cr 35:20-22; 36:4; Jer 46:2

necedad 1S 25:25; Sal 73:22; 85:8; Pr 1:32; 12:23; 13:16; 14:8,18,24; 16:22; 17:12; 19:3; 22:15; 26:4,11; 27:22; Ec 1:17; 2:3,12; 7:25; 10:1; Is 44:25; Mr 7:22

necedades Pr 15:2; Ec 10:13; Is 9:17; 32:6

necesaria Éx 16:18; Lc 10:42; Ef 4:29; 2Ti 3:15

necesario Nm 3:26,31,36; Dt 19:6; Jos 7:3; 2S 19:32; 1R 12:28; 1Cr 12:39; Esd 7:20; Mt 16:21; 24:6; Mr 8:31; 13:7; Lc 9:22; 21:9; Jn 13:29; Hch 3:21; 5:29; 13:46; 14:22; 15:5; Hch 17:3; 23:11; 28:10; Ro 13:5; 1Co 15:25; 2Co 5:10; 9:5,8; Fil 2:25; 1Ts 1:8; Tit 3:14; Heb 2:1; 8:3; 9:16, 23; Stg 2:16

necesarios Nm 4:26,32; 2R 12:12

necesidad Dt 23:13; Jos 7:3; 1S 17:47; 1R 8:59; Job 30:3; Is 58:10; Ez 10:11; Mr 2:25; Lc 15:14; Hch 2:45; 4:35; Heb 7:11; 1Jn 3:17; Jud 3

necesidades Gn 47:12; Dt 23:12; Jue 3:24; 1S 24:3; Pr 12:10; Jer 5:7; 39:12; Hch 20:34; 2Co 9:12; 11:9; Fil 2:25; 4:16; Heb 11:37

necesitado Éx 22:25; Dt 15:9; 24:14; Job 24:14; 31:19; Sal

9:18; 12:5; 37:14; 40:17; 70:5; 72:13; 74:21; 82:4; 86:1; 109:22, 31; 113:7; Pr 14:31; 31:20; Is 25:4; 32:7; Jer 22:16; Am 2:6; 5:12; 8:6; Mt 25:38,44; Hch 4:34; Fil 4:11

necesitados Dt 15:11; Job 24:4; 29:16; 34:28; Sal 35:10; 69:33; 72:4; 107:41; 140:12; Pr 22:22; 31:9; Is 14:30; 29:19; 41:17; Am 4:1; 8:4; Mt 6:2-3; Hch 20:35; Ro 12:8,13; Ef 4:28

necia Job 2:10; Sal 94:8; Pr 9:13; 14:1; Jer 10:14; Os 13:13

neciamente Nm 12:11

necias Ef 5:4; 2Ti 2:23; Tit 3:9

necios Job 5:2; Sal 39:8; 74:22; 92:6; Pr 1:7,22; 3:35; 8:5; 10:21; 12:23; 13:20; 14:9,24, 33; 15:2,7, 14; 16:22; 17:7; 19:29; Ec 2:16; 5:1,4; 7:5-6; 9:17; Is 19:11,13; 35:8; Jer 5:4; 10:8,21; Ro 1:22; Ef 5:15; Tit 3:3

Necios Lc 11:40

Necoda Esd 2:48,60; Neh 7:50,62

néctar Cnt 8:2

Nedabías 1Cr 3:18

nefasto Ez 30:3

Néfeg Éx 6:21; 2S 5:15; 1Cr 3:7; 14:6

Nefisesín Neh 7:52

Neftóaj Jos 15:9; 18:15

Nefusín Esd 2:50

Negá Jos 19:13

negar Sal 49:10; Mt 26:72; Mr 14:70; Hch 10:47; 2P 2:1

negarlo Jn 18:27; Hch 4:16

negarse Lv 5:1; Pr 11:15; Mt 16:24; 2Ti 2:13

negarte 1R 2:20

negligente Pr 18:9; Jer 48:10; Dn 6:4

negligentes 2Cr 24:5; 29:11

negociaban Ez 27:13,23

negociado Is 47:15

negociantes Is 23:8

negociaron Ez 27:9

negocio Ec 5:14; Mt 22:5; Lc 19:13

negoció Mt 25:16

negocios Gn 34:10,21; Job 20:18; Sal 112:5; Pr 31:18; Is 58:3,13; Ez 27:15; Dn 6:4; Stg 4:13

negra Cnt 5:11

negro Gn 30:33; Lv 13:31, 37; Mt 5:36; Ap 6:5

Negro Hch 13:1

negros Gn 30:32,35,40; Dt 4:11; Is 5:30; Zac 6:2,6

Néguev Gn 12:9; 13:1,3; 20:1; 24:62; Nm 13:17,22, 29; 21:1; 33:40; Dt 1:7; 34:3; Jos 10:40; 11:16; 12:8; 15:19,21; 19:8; Jue 1:9,15-16; 1S 30:1,27; 2S 24:7; 2Cr 28:18; Is 21:1; 30:6; Jer 13:19; 17:26; 32:44; 33:13; Ez 20:46-47; Abd 19-20; Zac 7:7

Nehemías Esd 2:2; Neh 1:1; 3:16; 7:7; 8:9-10; 10:1; 12:26,47

Nehúm Neh 7:7

Nejelán Jer 29:24,31-32

Nejustá 2R 24:8

Nejustán 2R 18:4

Nemuel Nm 26:9,12; 1Cr 4:24

nemuelitas Nm 26:12

Ner 1S 14:50-51; 26:5,14; 2S 2:8,12; 3:23,28,37; 1R 2:5,32; 1Cr 8:30,33; 9:36, 39; 26:28

Nereo Ro 16:15

Nergal 2R 17:30; Jer 39:3,13

Neri Lc 3:27

Nerías Jer 32:12,16; 36:4,8, 14,32; 43:3,6; 45:1; 51:59

nervioso 1S 21:1

Netaín 1Cr 4:23

Netanías Jer 25:23,25; 1Cr 25:2,12; 2Cr 17:8; Jer 36:14; 40:8,14-15; 41:1-2, 6-7,10-11, 15-16,18

Netofa 2R 25:23; 1Cr 27:13,15; Esd 2:22; Neh 7:26; 12:28; Jer 40:8

netofatita 2S 23:28-29; 1Cr 11:30

netofatitas 1Cr 2:54; 9:16

nevando 2S 23:20; 1Cr 11:22

Neyel Jos 19:27

Neziaj Esd 2:54; Neh 7:56

Nezib Jos 15:43

Nibjaz 2R 17:31

Nibsán Jos 15:62

Nicanor Hch 6:5

Nicodemo Jn 3:1,4,9; 7:50; 19:39

nicolaítas Ap 2:6,15

Nicolás Hch 6:5

Nicópolis Tit 3:12

nichos Ez 8:12

nido Nm 24:21; Dt 22:6; 32:11; Job 39:27; Sal 84:3; Pr 26:2; 27:8; Is 10:14; 11:8; 16:2; 31:5; 34:13; Jer 22:23; 49:16; Abd 4; Hab 2:9; Ap 18:2

nidos Sal 104:17; Dn 4:14; Mt 8:20; Lc 9:58

niebla   Pr 21:6; Sof 1:15; Stg
4:14; 2P 2:17

nieta   Gn 36:2,14,39; 2R 8:26;
1Cr 1:50; 2Cr 11:18; 22:2

nietas   Gn 46:7; Lv 18:17

nietos   Gn 31:28,43,55;
36:12-13,16-17; 45:10; 46:7;
Éx 10:2; 34:7; Nm 14:18; Dt
4:9,25; 6:2; Jue 12:14; 1Cr
8:40; Pr 13:22; 17:6; Jer 29:6;
Ez 37:25; 1Ti 5:4

nieva   Pr 31:21

nieve   Éx 4:6; Nm 12:10; 2R
5:27; Job 6:16; 24:19; 37:6;
38:22; Sal 51:7; 68:14; 147:16;
148:8; Pr 25:13; 26:1; Is 1:18;
55:10; Jer 18:14; Lm 4:7; Dn
7:9; Mt 28:3; Ap 1:14

nigromancia   Lv 19:31; 20:6

nigromante   Lv 20:27

nigromantes   2R 21:6; 2Cr
33:6

Nilo   Gn 41:1,3,17; Éx 2:3,5;
4:9; 7:15,17,20-21, 24-25; 8:3,
9,11; 17:5; Is 18:2; 19:5, 7-8;
23:3,10; Jer 2:18; 46:7-8; Ez
29:3,9; 30:12; Am 8:8; 9:5; Mi
7:12; Nah 3:8; Zac 10:11

Nimrá   Nm 32:3,36; Jos 13:27

Nimrín   Is 15:6; Jer 48:34

Nimrod   Gn 10:8-9,11; 1Cr
1:10; Mi 5:6

Nimsi   1R 19:16; 2R 9:2,14, 20;
2Cr 22:7

Ninfas   Col 4:15

Nínive   Gn 10:11-12; 2R 19:36;
Is 37:37; Jon 1:2; 3:2-4,6-7;
4:11; Nah 1:1,8, 11,14; 2:1,5,
8; 3:7,11; Sof 2:13; Mt 12:41;
Lc 11:30

ninivitas   Jon 3:5; Lc 11:32

niña   Éx 1:16; Lv 12:5-7; Dt
32:10; Sal 17:8; Pr 7:2; Os
1:6; Zac 2:8; Mt 9:24-25; Mr
5:39-40,42-43; 7:25,30; Lc
8:51

Niña   Mr 5:41; Lc 8:54

niñas   Éx 1:22; Lv 27:6; 2Cr
28:8; Job 41:5; Jl 3:3; Zac 8:5

niñez   Is 47:12; Ez 4:14; 2Ti
3:15

nisán   Neh 2:1; Est 3:7

Nisroc   2R 19:37; Is 37:38

nivel   Gn 7:20; 1R 6:8; Is 19:6;
28:17; Lc 6:40; 1Co 3:8

nivelas   Sal 65:10

nivele   Is 40:4

niveles   Ez 41:7

Noa   Nm 26:33; 27:1; 36:11;
Jos 17:3

Noadías   Esd 8:33; Neh 6:14

Noamá   Gn 4:22; Jos 15:41; 1R
14:21,31; 2Cr 12:13

Noán   1Cr 4:15

Nob   1S 21:1; 22:9,11,19,22;
Neh 11:32; Is 10:32

Noba   Nm 32:42; Jue 8:11

noble   Nm 21:18; 2R 10:3; Esd
4:10; Ec 10:17; Is 3:5; 32:5,8;
Lc 8:15; 1Co 1:26; 1Ti 3:1;
2Ti 2:21

nobles   Jue 5:13,25; 1R 21:8,
11; 2Cr 23:20; Neh 2:16;
4:14,19; 5:7; 6:17; 7:5; 13:17;
Job 12:21; 29:10; 34:18; Sal
47:9; 83:11; 107:40; 149:8; Pr
8:16; Is 5:13-14; 13:2; 32:8;
34:12; Jer 14:3; 27:20; 39:6;
52:10; Dn 5:2,9-10,23; 6:17;
Nah 3:10; Hch 17:11; 2Ti
2:20

Nobles   2S 1:23

nobleza   Est 1:18; Ez 19:1; Dn
1:3; 5:1; Lc 19:12

nociva   Esd 4:15

nocturna   Lv 11:18; Dt 23:10;
Job 20:8; Is 29:7; Lm 2:19;
Dn 7:13

nocturnas   Job 4:13; 33:15; Sal
102:11; Is 34:14; Dn 7:7

nocturno   Sal 4:4

nocturnos   Abd 5; Hab 1:8;
Sof 3:3

Noche   Dt 28:66; Mr 5:5

noches   Gn 7:4,12; 8:22; Éx
24:18; 34:28; Lv 8:35; Dt
9:9,11,18,25; 10:10; 1S 30:12;
2S 12:16; 1R 19:8; Job 2:13;
7:3; 10:22; 35:10; Sal 17:3;
77:2,6; Cnt 3:1; Is 26:9; Lm
1:2; 2:19; Dn 8:14,26; Jon
1:17; Mi 3:6; Mt 4:2; 12:40;
Hch 27:27

Nod   Gn 4:16

Nodab   1Cr 5:19

nodriza   Gn 24:59; 35:8; Éx
2:7; Nm 11:12; 2S 4:4; 2R
11:2-3; 2Cr 22:11

nodrizas   Is 49:23

Noemí   Rt 1:2-3,5-6,8,11,
15,18-22; 2:1-2,6,20,22;
3:1,18; 4:3,5,9,14,16-17

Nofa   Nm 21:30

Noga   1Cr 3:7; 14:6

nogales   Cnt 6:11

Noja   1Cr 8:2

nómadas   Jue 8:11

nombrados   1Cr 12:31; 16:5;
2Cr 28:15

nombrar   Gn 41:34; Nm 27:16;
Dt 17:15; 1S 22:7; Esd 7:25;
Dn 5:11; 6:1

Nombre   Hch 5:41; 3Jn 7

Nordeste   Hch 27:14

norma   Éx 15:25; 1S 30:25; 1Co
7:17; Gá 6:16

normal   Éx 14:27-28; Dn 3:19

normalmente   Mr 7:35

normas   Gn 26:5; Éx 12:43; Dt
4:1,5,8,14,40,45; 5:1,31; 6:1,
20; 7:11-12; 8:11; 11:1, 32;
12:1; 26:16-17; Jos 24:25; 2R
17:34; 1Cr 6:32; 22:13; 28:7;
2Cr 30:19; Esd 7:10; Neh
9:29; 10:29; Est 9:32; Ez
43:18; 44:5; Sof 2:3; 1Co
3:18; Heb 9:1

noroeste   Hch 27:12

nota   Lv 13:37; 1R 22:28; 2Cr
18:27; Job 34:25; Os 13:12;
Mt 26:73

notaba   Gn 41:21

notable   1Cr 1:10; Ec 9:13; Lc
14:1

notables   2R 10:6; Neh 3:5; Is
24:4; Am 6:1; Mr 6:21

notado   1R 21:29

notar   Lc 14:7

notaron   Jue 21:9; 1S 14:25

notas   Is 58:3

notaste   Lm 3:60

noticias   Gn 29:13; 37:14; Jos
2:10; 2S 4:10; 18:25-27,31; 1R
1:42; 14:6; 2R 7:9; Sal 112:7;
Pr 15:30; 25:25; Is 40:9;
41:27; 52:7; Ez 7:26; Dn
11:44; Lc 1:19; 2:10; Hch
15:3; Fil 1:27; 2:19; Col 1:4;
4:8; 1Ts 3:6; Flm 5

notificaron   2S 3:23

notó   Gn 31:2; Éx 3:2; Est 5:9;
Mt 22:11; Mr 5:38

novecientos   Gn 5:5,8,11,
14,20,27; 9:29; Jue 4:3,13; 1R
9:14; 10:10; 2R 18:14; 1Cr
9:9; 2Cr 9:9; Neh 11:8

novedad   Ec 1:10

novedades   Hch 17:21

novelerías   2Ti 4:3

novena   1Cr 24:11; 25:16;
27:12

noveno   Nm 7:60; 2R 17:6;
18:10; 25:1; 1Cr 12:12; 27:12;
Esd 10:9; Jer 36:9, 22; 39:1;
52:4; Ez 24:1; Hag 2:10,18;
Zac 7:1; Ap 21:20

noventa   Gn 5:9,17,30; 17:1,
17,24; Éx 25:23; 30:2; 37:10,
25; Nm 31:52; 1S 4:15; 2R
18:14; 1Cr 9:6; Esd 8:35; Jer
52:23; Ez 4:5,9; Dn 12:11; Mt
18:12-13; Lc 15:4,7

novia   Sal 45:9; Cnt 4:8-12;
5:1; Is 49:18; 61:10; 62:5; Jer

2:2,32; 7:34; 16:9; 33:11; Jn
3:29; Ap 19:7; 21:2,9; 22:17

novilunios   Nm 10:10

novilla   Os 4:16; 10:11; Heb
9:13

Novilla   Jer 46:20

novillos   Gn 32:15; Éx 24:5;
Nm 7:87; 8:12; 23:1, 29;
28:11,19,27; 29:13-14,
17-18,20-21,23-24,26-27,
29-30,32-33; Esd 8:35; Jer
46:21; 50:27; Am 5:22

novio   Sal 19:5; Is 61:10; 62:5;
Jer 7:34; 16:9; 33:11; Mt 9:15;
25:1,5-6,10; Mr 2:19-20; Lc
5:34-35; Jn 2:9; 3:29

nubarrón   Sal 81:7; Ez 38:9, 16

nubarrones   Dt 4:11; 2S 22:10,
12; Sal 18:9,11; 97:2; Is 5:30;
Ez 30:3; 34:12; Jl 2:2; Sof
1:15; Zac 10:1

nubla   Éx 23:8; Dt 16:19

nublada   Mt 6:23; Lc 11:34

nublado   Mt 16:3

nublan   Sal 88:9; Lm 1:16

nublarán   Is 32:3

nublen   Sal 69:23; Ro 11:10

nuca   Lv 13:40,42; 1S 4:18; Jer
2:37

nudo   Sal 119:20

nueces   Gn 43:11

nuera   Gn 11:31; 38:11,16, 24;
Lv 18:15; 20:12; Rt 1:22;
2:20; 4:15; 1S 4:19; 1Cr 2:4;
Mi 7:6; Mt 10:35; Lc 12:53

nueras   Gn 6:18; 7:7,13;
8:16,18; 46:26; Rt 1:6-8; Ez
22:11; Os 4:13

nuevamente   Gn 26:18; 1Cr
9:2; 2Cr 12:7; 28:17; Dn 4:26;
Os 3:5; 1Co 7:5; Gá 5:1

Nuevamente   Dt 9:18; Jn
10:39

nuevecitos   Jos 9:13

Nuevo   Sof 1:10

numerosa   Gn 15:5; 17:20;
28:14; Nm 23:10; 26:54;
33:54; 35:8; Dt 9:14; 26:5; Jos
24:3; Job 1:3; Ro 4:18

numerosas   Gn 28:3; Dt 7:17;
1Cr 4:27,38; Sal 104:24; Jer
5:6; 15:8; 27:7; 28:8; Ez 3:6;
17:17

numeroso   Nm 22:3; Dt 2:10;
6:3; 7:7; 10:22; 28:62; 1S 13:5;
1R 3:8; 1Cr 27:23; 2Cr 1:9;
16:8; 24:24; 32:7; Sal 105:24;
Jer 44:15; 49:32; Ez 17:15;
32:12; 37:10; Dn 11:13; Jl 2:2;
Lc 5:29

numerosos   Gn 32:12; 47:27;
Éx 1:9,20; 32:13; Nm 22:15;

Dt 1:10; 2:21; Jos 11:4;
17:14-15,17; Jue 7:12; 2S
17:11; 1R 4:20; 2R 19:23; 1Cr
5:23; 29:21; 2Cr 13:8; Sal 3:6;
Is 37:24; Jer 3:16; 46:23; Ez
26:10; 32:3; 36:11; 38:15;
47:10; Os 1:10; Am 5:12;
Nah 1:12; Zac 10:8; Ro 9:27;
Heb 11:12

Nun   Nm 11:28; 13:8,16;
14:6,30,38; 26:65; 27:18;
32:12,28; 34:17; Dt 1:38;
31:23; 32:44; 34:9; Jos 1:1;
2:1,23; 6:6; 14:1; 17:4; 19:49;
21:1; 24:29; Jue 2:8; 1R 16:34;
1Cr 7:27; Neh 8:17

nupcial   Gn 29:27-28; Sal 19:5;
Jl 2:16

nupciales   Sal 78:63

nupcias   Cnt 3:11; Ap 18:23

nutre   Pr 13:2; 15:14; Ro 11:18

nutrido   Gn 49:9; 1Ti 4:6

nutrieron   Ez 31:4

nutrió   Dt 32:13

nutritiva   Ro 11:17

Oad   Gn 46:10; Éx 6:15

oasis   Ez 47:19; 48:28

Obal   Gn 10:28; 1Cr 1:22

Obed   Rt 4:17,21-22; 2S
6:10-12; 1Cr 2:12,37-38;
11:47; 13:13-14; 15:18,21,
24-25; 16:5,38; 26:4-8,15; 2Cr
23:1; 25:24; Mt 1:5; Lc 3:32

obedecer   Éx 7:16; Dt 6:3, 24;
7:11; 11:27,32; 12:28; 26:16;
30:8,11; Jos 1:7; 1S 15:22;
28:21; 2Cr 23:6; 27:6; Neh
9:16; 10:29; Sal 119:56-57,
134; Pr 28:9; 30:17; Is 1:19;
Jer 3:17; 35:13; 42:6,21; Zac
6:15; Mt 28:20; Hch 5:29; Ro
15:18; Gá 5:7; Heb 5:8; 1P
1:2

obedecerlo   Dt 30:12-13; Hch
4:19; 7:39; Ro 6:16

obedecerlos   Mt 23:3; Hch
4:19

obedecerme   Lv 26:18,21; 2R
10:6; Jer 3:13; 11:10; 13:10;
Ez 3:7; 20:39

obedecerte   Dn 9:11

obediencia   Gn 28:7; 49:10;
Jue 2:17; 1R 13:1-2,5,32;
18:36; 20:35; Jn 3:21; Hch
21:24; Ro 5:19; 6:16; 16:19;
2Co 2:9; 9:13; 10:6; Gá 2:2;
Flm 21

obediente   Sal 40:6; 51:12; Fil
2:8

obedientes   Éx 19:5; Pr 29:18;
2Co 7:15; Tit 3:1; 1P 1:14

obeliscos   Jer 43:13

Obil   1Cr 27:30

obispo   1Ti 3:1-2; Tit 1:7

obispos   Hch 20:28; Fil 1:1

objeción   Hch 10:29

objetaban   Jn 7:41; 9:16

objetar   Ro 3:7

objetarán   Jer 18:12

objetaron   Mt 14:17; 15:33; Mr
6:37; 8:4; Lc 9:13; Jn 11:8;
18:31

objetó   Éx 4:10; Jue 6:15; Mt
3:14; Jn 11:39; 12:4

oblea   Éx 29:23; Lv 8:26; Nm
6:19

obleas   Éx 29:2-3; Lv 2:4; 7:12;
Nm 6:15

obligación   Éx 7:2; Neh 10:32;
Job 7:1; Ro 8:12; 15:27; 1Co
7:15; 9:16-17; 2Co 9:7; Flm
14; 1P 5:2; 2P 1:13

obligaciones   Éx 5:4; 18:20;
Nm 8:26; 1R 9:25; 1Ti 5:4

obligada   Nm 30:4,7,9,11

obligado   Éx 21:18; 22:3; Lv
25:39; 26:41; Jue 19:7; 2S
2:22; 2R 5:18; Jer 34:10,16;
Ez 45:16; Dn 1:10; Mt
23:16,18; Mr 7:12; Hch
20:22; 28:19; 1Co 7:36; 2Co
11:30; 12:1,11; Gá 2:3; 5:3;
Heb 5:3

obligados   Gn 47:20; Nm
20:21; Jue 20:31; Job 30:6;
1Co 9:6

obligar   1R 22:3; Lc 5:34

obligarlos   Hch 26:11; Gá
6:12-13

obligatorio   Job 14:14

obligatorios   Nm 30:12

Obot   Nm 21:10; 33:43-44

obrero   Mt 20:14; 2Ti 2:15

obreros   Éx 36:8; 1R 5:6,9,
13,18; 1Cr 22:15; 2Cr 2:8;
8:10; Esd 3:9; Is 58:3; Mt
9:37-38; 20:1,8-9; Lc 10:2;
Hch 19:25; 2Co 11:13; Stg
5:4

obscena   Ef 4:29

obsceno   Col 3:8

obsequiado   1Cr 26:28; Ez
16:17

obsequiados   1Cr 26:26

obsequiará   Pr 4:9

obsequio   Pr 21:14

obsequió   1R 10:10; 2Cr 9:9;
30:24; 35:7; Est 8:2

observación   Ec 8:16

observado   Pr 24:32; Ec 1:14;
Jer 23:13-14

observancia   Ro 3:27

observar   Gn 11:5; Éx 2:11;
31:13,16; Lv 23:32; 25:2; Dt

5:15; Ec 2:13; Jer 17:27; Ez 37:2; Zac 7:3; Lc 21:1; Hch 7:31; 1P 3:2

observarlo Mr 11:11

obsesión Hch 26:11

obsesionado Ez 20:7

obsesionados Ez 20:8,24

obsesiones Pr 23:4

obsoleto Heb 8:13

obstáculo 1Co 9:12

obstáculos Sal 143:10; Pr 4:12; Is 57:14; Jer 6:21; Ro 14:13

obstinación 2Cr 36:13; Mr 16:14; Ro 2:5

obstinada Jue 2:19; Sal 78:8; 81:12

obstinadamente Hch 19:9; Heb 10:26

obstinado Éx 7:14; Lv 26:41; Dt 21:18,20; Pr 17:10; 28:14; Is 48:4; Jer 18:12; 19:15; Ez 2:4,6; 3:7-8; 1Ti 6:4

obstinados Is 46:12; 57:17; Mt 19:8; Mr 10:5

obstinar 1S 6:6

obstinaron Jer 7:26; 17:23

obstruya Lv 15:3

obstruyen Ro 1:18

obtener 2R 18:24; Is 36:9; Lm 5:9; Os 7:14; Mt 19:16; Hch 12:20; 23:15, 20; 1Co 9:25; 1Ts 2:5; 1Ti 6:5; Tit 1:11; Stg 4:2

obtenido Dn 11:12; Mt 6:5,16

ocasiona Lc 17:1; 1Co 8:13

ocasionaron 2Cr 13:17

ocasiones Jue 20:31; 1R 11:9; 2R 6:10; 13:25; Jer 25:3; 35:14; Hch 20:2

ocaso Job 4:20; Sal 113:3

occidental Éx 26:22,27; 27:12; 36:27,32; 38:12; Nm 34:6; Dt 3:17; Jos 9:1; 12:7; 15:12; 18:12,14-15; 22:7; 2Cr 32:30; Ez 47:20; 48:21; Jl 2:20

occidentales Dt 1:7; Jos 12:8; Dn 11:30

occidente Gn 28:14; Jos 11:2-3; 16:8; 19:11,34; Job 18:20; Sal 50:1; 65:8; 75:6; 103:12; 107:3; Is 24:14; 43:5; 45:6; 59:19; Ez 47:20; Os 11:10; Zac 6:6; 8:7; Mt 8:11; 24:27; Lc 12:54; 13:29

océano Dt 30:13; Job 28:14; 36:30; 38:16; Sal 36:6; 88:17; Ez 26:19; Jon 2:5

océanos Sal 33:7

ocio Pr 31:27; Ec 10:18

ociosa Mt 12:36

ociosas Pr 10:4; 1Ti 5:13

ociosos 2Cr 13:7; 2Ts 3:7

Ocrán Nm 1:13; 2:27; 7:72,77; 10:26

octava 1Cr 24:10; 25:15; 27:11

octavo Éx 22:30; Lv 9:1; 12:3; 14:10,23; 15:14,29; 22:27; 23:36,39; 25:22; Nm 6:10; 7:54; 29:35; 1R 6:38; 12:32-33; 2R 24:12; 1Cr 12:12; 26:5; 27:11; 2Cr 7:9; 29:17; 34:3; Neh 8:18; Ez 43:27; Zac 1:1; Fil 3:5; Ap 17:11; 21:20

oculta Job 28:21; 34:29; 40:21; Is 45:15; Jer 16:17; Dn 2:22

ocultar 2Cr 37:26; 47:18; 1S 20:2; Job 15:18; 27:11; Pr 25:2; Is 59:2; Dn 6:23

ocultarle 1S 3:18

ocultarse Sal 104:19; Jer 49:10

ocultas 1S 3:17; Job 28:11; Is 48:6; Jer 33:3; Mt 13:35; 1Ti 5:25

oculto Nm 5:13; Job 24:15; Sal 40:10; 81:7; Mr 4:22; Lc 8:17; 19:42; 1Co 4:5; Ef 3:9; Col 1:26; Jud 12

ocupación Zac 13:5

ocupada 2R 10:33

ocupado Gn 46:34; 1R 18:27; 20:40; Neh 6:3; Job 23:9; Jer 40:10; Ez 13:5; Hch 20:34

ocupados Éx 5:9; 36:4; 2Cr 35:14; Jer 51:32

ocupar Éx 34:12; Jue 9:44; 2S 18:3; 2R 15:20; 1Cr 9:2; Jer 22:30; Mr 12:39; Lc 13:7; 14:9; 20:46

ocuparlas Jos 1:15

ocuparlo Lv 26:32

ocuparme Jer 32:5

ocuparse Nm 4:26; 1Cr 9:33; 1Ts 4:11

ocurra Gn 50:25; Dt 8:17; Jn 5:14; Gá 6:14

ocurre Lv 13:10; Nm 12:7; Dt 24:3; 2S 3:24; Pr 10:24; Is 19:11; Jn 4:9

ocurría Nm 9:20

ocurrían Hch 5:12

ocurrido Gn 20:8,18; Nm 14:13; 17:9; Dt 13:14; 21:7; Jos 11:1; Is 43:9; 44:7; Jer 5:30; 32:35; 36:20; Dn 2:10; 9:12; Mt 18:31; Mr 5:43; Lc 23:48; Hch 3:10; 4:16; 5:7

ocurriera Éx 21:13

ocurrió Gn 16:3; Éx 16:1; 2R 7:20; Hch 5:4; Ro 7:13

ocurrir Nm 15:22; 35:22

ocurrirá Mt 13:40

Ocurrirá Am 3:6

ochocientas Jer 52:29

ochocientos Gn 5:4,7,10, 13,16-17,19; Nm 7:13,19, 25,31,37,43,49,55,61,67, 73,79,85; 2S 23:8; 24:9; 1R 7:38; 1Cr 12:24,30; 2Cr 13:3; Neh 11:12

Oded 2Cr 15:1,8; 28:9

odiar Gn 34:30; Ec 3:8

odiarlo Gn 37:4

odiarte Pr 9:8

odio Gn 37:5; Lv 26:30; 2S 13:15; Sal 25:19; 109:3; 139:22; Pr 10:12,18; 15:17; 26:26; Ec 9:1; Is 61:8; Ez 23:29; 35:11; Gá 5:20; Ap 17:16

odios Lv 19:17; Ec 9:6

odiosas Mi 6:10

odioso 1S 27:12

odiosos 1S 13:4

odre Gn 21:14-15,19; Jue 4:19; 1S 1:24; 10:3; 16:20; 2S 16:1; Job 13:28; 32:19; Sal 119:83

odres Jos 9:4,13; 1S 25:18; Mt 9:17; Mr 2:22; Lc 5:37-38

Ofel 2Cr 27:3; 33:14; Neh 3:26-27; 11:21

ofender Neh 13:27; Sal 52:4

ofenderme Jer 7:18

ofenderte Job 34:31

ofendido Gn 20:9; 2S 10:6; 12:14; 1Cr 19:6; Neh 1:7; Est 1:16; Pr 18:19; Is 42:24; Ez 23:38; Mi 6:3; 2Co 7:12; Gá 4:12

ofensa Gn 34:7; Pr 17:9; 19:11

ofensas 1R 8:50; 16:7; Neh 4:4; 9:18; Job 13:23; Sal 69:10; Mt 6:14-15

ofensivas 2Co 6:7

ofensivos Éx 8:26

ofensor 2Co 7:12

oferente Lv 3:3,6,9,14; 14:30

oferta Dt 2:26; 20:10; Jue 21:13

oficia Lv 14:11

oficiaba Lc 1:8

oficiaban 1S 1:3

ofician Heb 13:10

oficiando Dt 26:3

oficiara 2Cr 31:2

oficiaran 2R 17:32

oficio Gn 46:34; Éx 35:26; 1Cr 15:2; 2Cr 31:2; Sal 109:8; Hch 1:20; 19:25, 27,38

oficios 2Cr 31:16-17

Ofir Gn 10:29; 1R 9:28; 10:11; 22:48; 1Cr 1:23; 29:4; 2Cr 8:18; 9:10; Is 13:12

Ofni Jos 18:24; 1S 1:3; 2:34; 4:4,11,17

Ofra Jos 18:23; Jue 6:11,24; 8:27,32; 9:5; 1S 13:17; 1Cr 4:14

ofrecerlas 1S 15:15,21

ofrecerle Gn 47:18; Éx 3:18; 5:8,17; 8:27,29; Nm 15:3; Jos 22:27; Jue 16:23; 1S 1:3; 9:7; 16:2,5; 2R 5:17; 10:19; 17:36; 2Cr 35:12; Neh 2:1; Lc 11:6

ofrecerles Hch 14:13

ofrecerlo Lv 17:9; Job 41:6; Ap 8:3

ofrecerlos Lv 22:25; 2Cr 29:32; Esd 6:9; 7:17; Sal 106:38

ofrecerme 1S 21:9; Ez 44:15

ofrecerse Ez 46:11; Heb 9:25

ofrecérselas Jer 7:18

ofrecérselos Éx 22:20; Lv 9:4; 10:15; 17:5; Mal 1:8

ofrecerte Os 14:2

ofrecida Lv 7:20-21

ofrecidas Ez 44:29

ofrecido Éx 32:8; Lv 16:6; 27:9; Nm 6:20; 23:4; 26:61; Jue 16:18; 19:18; 1Cr 29:17; 2Cr 24:7; 34:4; Esd 4:2; 7:15; Est 6:14; Ez 16:36; 23:37; Os 8:13; Ro 3:26; 1Co 10:28; 2Ti 4:6; Heb 9:28; 10:10; 1Jn 4:10

ofrecidos Ez 46:20

ofrendar Is 40:20

ofuscado Dt 2:30; Job 17:4

Og Nm 21:33-35; 32:33; Dt 1:4; 3:1,4,10-11,13; 4:47; 29:7; 31:4; Jos 2:10; 9:10; 12:4; 13:12,30-31; 1R 4:19; Neh 9:22; Sal 135:11; 136:20

Ohel 1Cr 3:20

oídas Job 42:5

oírlo 1S 25:37; 2S 1:11; Hab 3:16; Mt 12:24; Mr 14:11; Lc 5:15; 6:18; 7:9; 15:1; 21:38; 22:71; Jn 9:27, 40; Hch 5:24; 18:26; 21:20

oírlos Nm 11:1; 16:34; Jue 2:18; Mr 2:17

oírme Sal 55:19

oírnos Sal 59:7

oírse Jos 6:13; Is 65:19; Nah 2:13; Lc 9:36; Ap 18:22

oírte Sal 35:3

Ojalá Nm 20:3; Dt 5:29; Rt 2:13; 1S 1:18; 2S 15:4; 18:33; 23:15; 2R 5:3; 1Cr 11:17; Cnt 2:6; 8:3; Is 64:1; Jer 9:1-2; Dn 4:19; 1Co 4:8; 2Co 11:1; Gá 5:12; Ap 3:15

ojeras Job 16:16

Ojo Mt 5:38

olas Éx 15:8; 2S 22:5; Job 9:8; 38:11; Sal 42:7; 65:7; 88:7;

89:9; 93:3; 107:25,29; Is 48:18; 51:15; 57:20; Jer 5:22; 31:35; 51:42,55; Ez 26:3; Jon 2:3; Zac 10:11; Mt 8:24, 26-27; 14:24; Mr 4:37; Lc 8:24; Hch 27:41; Ef 4:14; Stg 1:6; Jud 13

oler Dt 4:28; Sal 115:6; Jn 11:39

olfateas Jer 2:24

olfato 1Co 12:17

olía Éx 7:21; Dn 3:27

Olimpas Ro 16:15

olió Gn 27:27

oliva Éx 27:20; 29:40; 30:24; 35:8,28; Nm 28:5; 1R 5:11; 2R 18:32; Is 57:9; Ez 16:13,19

olivares Éx 23:11; Dt 6:11; 8:8; 28:40; Jos 24:13; Jue 15:5; 1S 8:14; 1Cr 27:28; Neh 5:11; 9:25; Am 4:9

olivas Lv 24:2

olivo Gn 8:11; Jue 9:8-9; 1R 6:23,31-33; Neh 8:15; Job 15:33; Sal 52:8; 128:3; Is 17:6; Os 14:6; Hab 3:17; Hag 2:19; Zac 4:12; Ro 11:17,24

Olivo Jer 11:16

olivos Dt 24:20; Is 41:19; Zac 4:3,11; Ap 11:4

Olivos 2S 15:30; Zac 14:4; Mt 21:1; 24:3; 26:30; Mr 11:1; 13:3; 14:26; Lc 19:29, 37; 21:37; 22:39; Jn 8:1; Hch 1:12

olmo Is 60:13

olor Gn 27:27; Ez 6:13; 16:19; 2Co 2:16

olvidada Is 23:15-16; Jer 20:11; 23:40

olvidado Dt 26:13; Sal 10:11; 31:12; 42:9; 44:20; 77:9; 119:153,176; Is 49:14; 51:13; Jer 3:21; 13:25; 18:15; 30:14; 44:9; 50:6; Ez 16:43; 23:35; Mt 16:5; Mr 8:14; Heb 12:5

olvidar Gn 41:30; Dt 4:23; 8:11,19; Is 49:15

olvidarme 1S 1:11

olvidarse Heb 6:10

olvidarte Dt 6:12; Sal 137:5

olvido Job 19:14; Sal 37:36; 41:5; 78:11; 88:12; 119:61,83, 109,141; Ec 2:16; 8:10; 9:5; Is 65:16

olla Lv 2:7; 7:9; Nm 11:8; Jue 6:19; 1S 2:14; 2R 4:38, 41; Job 41:20; Ec 7:6; Jer 1:13; Ez 11:3,7,11; 24:3,6, 11-12; Mi 3:3; Zac 14:21; Ro 9:20

ollas Éx 16:3; 2S 17:28; 1R 7:40,45; 2R 25:14; 2Cr

4:11,16; 35:13; Is 65:4; Jer 52:18,19; Zac 14:20-21

Omar Gn 36:11,15; 1Cr 1:36

ombligo Cnt 7:2

Ombligo Jue 9:37

Omega Ap 1:8; 21:6; 22:13

omiso Lv 20:4

omitas Jer 26:2

omitió Jos 8:35

Omrí 1R 16:16-17,21-23, 25,27-30; 2R 8:26; 1Cr 7:8; 9:4; 27:18; 2Cr 22:2; Mi 6:16

On Gn 41:45,50; 46:20; Nm 16:1; Ez 30:17

Onam Gn 36:23; 1Cr 1:40; 2:26,28

Onán Gn 38:4,8-9; 46:12; Nm 26:19; 1Cr 2:3

once Gn 32:22; 37:9; Éx 26:7; 36:14-15; Nm 3:47; 18:16; 29:20; Dt 1:2; Jos 15:51; 2R 23:36; 24:18; 2Cr 36:5,11; Jer 52:1; Mt 28:16; Mr 16:14; Lc 24:9, 13,33; Hch 1:26; 2:14

ondas Sal 42:7; Jon 2:3

ondear Sal 74:9

ondeen Sal 72:16

ondulada Cnt 5:11

onerosa Ec 12:5

Onesíforo 2Ti 1:16; 4:19

Onésimo Col 4:9; Flm 10,15

ónice Gn 2:12; Éx 25:7; 28:9, 20; 35:9,27; 39:6,13; 1Cr 29:2; Job 28:16; Ap 21:20

Ono 1Cr 8:12; Esd 2:33; Neh 6:2; 7:37; 11:35

opinaban Jn 10:21

opinan 2Co 10:2

opinas Mt 17:25; Jn 9:17

opinen Jue 20:7

opinión 2S 17:5; 24:4; 1Cr 21:4; Job 32:6; 33:3; Pr 3:7; 18:2; Mt 22:17; 1Co 7:25,40

opiniones Ro 14:5

oponentes Éx 15:7; 2S 1:22; Lm 2:17

oponer Jer 49:19; 50:44

oponerme Jer 38:5

oponernos 2Cr 20:12

oponerse Nm 16:3,11; Dt 9:2; 2Cr 13:8; Ro 9:19

oportuna Dt 11:14; Pr 15:23

oportunidad 1S 19:2; Jer 46:17; Mt 26:16; Mr 6:21; Lc 4:13; 21:13; 22:6; Jn 7:1; Hch 25:16; Ro 7:8; 1Co 7:21; 16:9, 12; 2Co 5:12; 11:12; Gá 6:10; Fil 4:10; 1Ti 5:10; Heb 11:15

oportuno Ec 3:1; Ez 34:26; Hch 24:25; Ef 5:16; Col 4:5; 2Ti 4:2

oposición Gn 25:18; Lc 2:34; Heb 12:3

opresión Gn 27:40; Éx 3:7,17; 6:6-7; Dt 26:7; 28:33; 2R 13:4; Job 3:17; 5:15; 35:9; Sal 10:14; 44:24; 55:3,11; 72:14; 107:39; 119:134; Ec 4:1; Is 16:4; 30:12; 54:14; 58:9; 59:13; Jer 6:6; 22:17; Os 8:10; Am 3:9; Hch 7:34

opresivos Is 10:1

opresor Éx 18:10; Nm 10:9; Sal 78:42; Pr 28:16; 29:13; Is 1:17; 14:4; 51:13; Jer 21:12; 22:3; 46:16; 50:16; Ez 18:18; Zac 9:8

opresora Sof 3:1

opresores Jue 6:9; Sal 56:1; 72:4; 106:46; 119:121; 137:3; Ec 4:1; Is 11:13; 14:2; 19:20; 49:26; 60:14; Jer 30:20

oprimido Dt 28:29; Jue 4:3; 1S 12:3-4; Sal 10:18; 42:9; 43:2; 74:21; 82:3; Is 3:12; 52:4; Jer 22:3

oprimidos Sal 9:9; 12:5; 103:6; 146:7; Pr 16:19; 31:5; Ec 4:1; Is 10:2; 58:6; Jer 50:33; Dn 4:27; Lc 4:18; Hch 10:38

oprimir Ez 45:8

Oprimir Pr 22:16

oprimirlos 1Cr 17:9

oprimirme Job 10:3

oprobio Jos 5:9; 7:13,15; Sal 35:26; 71:13; 79:12; 119:39; Pr 6:33; 11:2; 18:3; Is 25:8; 54:4; Jer 20:8; 23:40; 31:19; 42:18; 44:8, 12; 49:13; Lm 3:30; 5:1; Ez 5:15; 22:4; 36:6,30; Jl 2:17,19; Mi 2:6; 1Co 15:43; Heb 11:26

optado Sal 119:30

optaré Sal 119:117

optaron Is 65:12; 66:4; Dn 3:28

Opten Pr 8:10

optes Pr 3:31

optó Jer 28:11

opuesta Gn 9:23; 1S 25:20; Neh 12:38; Dn 12:5

opuesto Éx 26:20,27; 36:25,28,32; Dn 5:23

opuestos 1S 17:3; 2S 2:13

opulencia Ez 7:11; 30:10; Ap 18:19

oraciones 2Cr 6:39-40; 7:15; Job 21:15; Sal 34:15; 35:13; 72:20; 80:4; 109:7; Pr 15:29; Is 1:15; Dn 9:17; Lc 2:37; Hch 10:4; Ro 1:10; 2Co 1:11; 9:14; Ef 1:16; Fil 1:4,19; 1Ts 1:2; 1Ti 2:1; 5:5; 2Ti 1:3; Flm

4,22; Heb 5:7; 1P 3:7,12; 1Jn 5:15; Ap 5:8; 8:3-4

oráculo Nm 23:7,18; 24:3,15,20-21,23

Oráculo 2S 23:1; Pr 30:1; 31:1

orador 2Co 10:10; 11:6

oral 2Cr 36:22

orales 2Ts 2:2

oralmente Esd 1:1; 2Ts 2:15

órbitas Jue 5:20

ordenación Lv 7:37; 8:22, 28,31,33

ordenadamente Nm 33:1; Lc 1:3

ordenadas Esd 3:5; Sal 110:3

ordenados Éx 6:26; 29:29; Nm 3:3; Jos 22:23

ordenanza Sal 81:4; 122:4; Ez 46:14

ordenanzas Nm 36:13; Dt 11:1; 2R 17:37; Ez 44:24

ordenar Jn 19:31

ordenarles 2S 2:26

ordenarte Flm 8

ordeña 1Co 9:7

ordinarias 1S 21:5

ordinarios Ro 9:21

Oreb Jue 7:25; 8:3; Sal 83:11; Is 10:26

Oreguín 2S 21:19

oreja Éx 21:6; 29:20; Lv 8:23-24; 14:14,17,25,28; Dt 15:17; Am 3:12; Mt 26:51; Mr 14:47; Lc 22:50-51; Jn 18:10,26; 1Co 12:16

orejas Gn 35:4; Sal 94:9; Pr 26:17; Ez 23:25

Orén 1Cr 2:25

Orfa Rt 1:4,14

orfebre Pr 25:4; Jer 10:14; 51:17

orfebres Éx 28:11; 1Cr 29:5; Jer 10:9

organicé Neh 12:31; 13:31

Organícense 2Cr 35:4

organización 1Cr 26:1; 28:21

organizaron 1Cr 24:1,4,19; 2Cr 35:10

organizó 1S 11:11; 1Cr 24:3; 26:12; 2Cr 35:16

órgano Lv 15:3

órganos Stg 3:6

orgías Ro 13:13; Gá 5:21; 1P 4:3

orgullosas Job 38:11; Is 3:16

orgulloso Dt 8:14; Job 39:20; Sal 36:11; 131:1; Pr 21:4; Is 10:12; 16:6; Dn 5:20; 1Co 13:4; 2Co 7:4, 14; Stg 1:9

Orgulloso Pr 21:24

orgullosos Job 40:11; Sal 31:23; 105:3; 106:47; 123:4;

138:6; Pr 16:19; Is 2:12; 1Co 5:2; 2Co 1:14; 5:12; 8:24; 2Ts 1:4; Stg 4:6; 1P 5:5

orientado Sal 119:59

oriental Gn 10:30; Éx 27:13; 38:13; Lv 1:16; 16:14; Nm 32:19; 34:10; Jos 12:3; 13:5; 14:3; 15:5; 16:5; 17:5; 18:7,20; 22:4; Jue 11:18; 20:43; 1Cr 5:10; 6:78; 2Cr 29:4; 31:14; Neh 3:26,29; Jer 31:40; Ez 10:19; 11:1; 40:22; 42:16; 45:7; 46:1,12; 47:8,18; 48:21; Jl 2:20; Jon 4:8

orientales Gn 25:6; 29:1; Jos 22:33

orientan Pr 10:21

orientará 2Cr 19:11

Oriente Nm 23:7; 1R 4:30; Is 2:6; Mt 2:1

orientó Ez 17:7

origen Gn 31:13; 48:19; 1S 5:11; Est 6:13; Ec 1:5,7; Jer 4:7; Ez 16:3; 21:30; Lc 1:3; Hch 5:38; 7:13; Heb 2:11; 2P 1:21

orígenes Sal 87:7; Mi 5:2

origina 1Ts 2:3

original 2Cr 24:13

originales Ro 11:18,21

originalmente Jos 14:15

originario Dt 23:4

originarios Ez 23:15

originó Jue 11:39

orillas Gn 41:3,17; Éx 7:15; Nm 22:5; Jos 3:1; 12:2; 13:9,16; 22:10-11; 1R 9:26; 1Cr 1:48; Is 8:7; 19:7; 28:25; Jer 46:6,10; Ez 1:1,3; 3:15,23; 47:12; Mt 15:29; Lc 5:1

orina 2R 18:27; Is 36:12

Orión Job 9:9; 38:31; Am 5:8

oriunda 2R 12:1; 14:2; 15:2; 21:19; 22:1; 23:31,36; 24:8,18; 2Cr 2:14; 24:1; 25:1; 26:3; Jer 52:1

oriundo 1S 17:4; 25:44; 2S 6:10; 17:27; 19:16; 21:19; 1R 11:26; 2R 25:23; 1Cr 13:13

oriundos 1Cr 12:3,7

orlas Is 6:1

Ornán 1Cr 21:15,18, 20-21,23-25

Oro Nm 31:22; Pr 20:15

orondo Ez 19:6

ortigas Is 34:13; 55:13; Os 9:6

orugas Is 33:4; Jl 1:4; 2:25

osa 2S 17:8; Is 11:7; Os 13:8

Osa Job 9:9; 38:32

osadía Hch 4:13

Osaías Neh 12:32; Jer 42:1; 43:2

osas   2R 2:24
oscura   Sal 35:6
oscuras   Sal 139:12; Ec 2:14
oscurece   Job 38:2; 42:3; Am 5:8
Oscurece   Lm 3:65
oscurecen   Jl 2:10
oscurecer   Jos 2:5; Jue 19:9
oscurecerá   Is 13:10; Ez 30:18; Mt 24:29; Mr 13:24
oscurecerán   Jer 4:28; Jl 3:15
oscurecido   Jn 6:17; Ef 4:18
oscureciendo   1R 18:45
oscureció   Sal 105:28; Ro 1:21; Ap 6:12; 8:12; 9:2
oscurezca   Ez 32:7; Am 8:9
oscurezcan   Job 3:9; Ez 32:8
oscuro   Rt 3:14; Job 17:12; Ez 34:12; Mr 1:35; Jn 20:1; 2P 1:19
oscuros   Gn 49:12; 2S 22:10; Job 12:22; 34:22; Sal 18:9,11; Ez 8:12
Oscuros   Sal 97:2
Oseas   Nm 13:8,16; 2R 15:30; 17:1,3-4,6; 18:1, 9-10; 1Cr 27:20; Neh 10:23; Os 1:1-3,6, 9; Ro 9:25
oso   1S 17:34,37; Pr 17:12; 28:15; Lm 3:10; Dn 7:5; Am 5:19; Ap 13:2
osos   1S 17:36; Is 59:11
ostentaba   Ez 31:8
ostentan   Jer 13:18
ostentosamente   Lc 7:25
ostentosas   Mr 12:38; Lc 20:46
ostentosos   1Ti 2:9; 1P 3:3
Otni   1Cr 26:7
Otoniel   Jos 15:17-18; Jue 1:13-14; 3:9-11; 1Cr 4:13; 27:15
otoño   Dt 11:14; Pr 20:4; Jer 5:24; Jl 2:23
otorga   Sal 72:1
otorgara   Job 6:8
otorgará   2Ti 4:8
otorgarlo   Pr 3:27
otorgo   2Cr 1:12
otorgó   Jos 18:3; 1Cr 29:25; Fil 2:9; Ap 6:8
otorgue   Est 1:19
oveja   Gn 30:32-33; Éx 22:1,4, 9-10; Lv 5:6; 22:23, 28; 27:26; Nm 6:14; 15:3; 18:17; Dt 14:4; 17:1; 22:1; 1S 14:34; 15:14; 17:34; 2S 12:6; Sal 119:176; Is 53:7; Ez 24:5; 34:4; Sof 3:19; Mt 12:11-12; 18:13; Lc 15:4,6; Hch 8:32; Heb 11:37
Ovejas   Neh 3:1,32; 12:39; Jn 5:2

ovejeros   Job 30:1
ovejita   2S 12:3-4
ovino   Lv 1:2,10; 3:6; 7:23; 22:19,21; Neh 10:36
oxidada   Ez 24:12
oxidado   Stg 5:3
óxido   Mt 6:19-20; Stg 5:3
oyentes   2Ti 2:14
Ozén   1Cr 2:15,25
Ozni   Nm 26:15
oznitas   Nm 26:15
pabellón   Job 36:29; Sal 18:11; 19:4
pabellones   2S 22:12; Cnt 1:5; Jer 4:20
pace   Is 27:10
pacerá   Is 30:23
pacerán   Is 14:30; 65:25
paces   2R 18:31; Is 27:5; 36:16; Dn 11:6
paciencia   Neh 9:30; Job 21:4; 36:2; Sal 37:7; Pr 25:15; Ec 7:8; 10:4; Is 7:13; Jer 15:15; Mi 2:7; Hab 3:16; Mt 18:26, 29; Hch 26:3; Ro 2:4; 3:25; 9:22; 12:12; 2Co 1:6; 6:4; Gá 5:22; Col 1:11; 3:12; 2Ti 3:10; 4:2; Heb 5:2; 6:12, 15; Stg 5:7-8,10; 1P 3:20; 2P 3:9,15
paciendo   Mt 8:30; Mr 5:11; Lc 8:32
paciente   Pr 14:29; 15:18; 16:32; 19:11; 1Co 13:4
Pacientemente   Is 38:13
pacientes   Ef 4:2; 1Ts 5:14
pacífica   2S 20:19; 1Cr 4:40; Stg 3:17
pacífico   1Cr 22:9; Ez 38:11
pactado   Gn 29:21
pactaron   Sal 50:5
pacté   2Cr 7:18
pacten   Dn 11:23
pactos   Os 12:1; Ro 9:4; Gá 4:24; Ef 2:12
Padán   Gn 25:20; 28:2,5-7; 31:18; 33:18; 35:9,26; 46:15; 48:7
padecer   Lm 1:12; Lc 22:15; Hch 1:3; 3:18; 9:16; 1Ts 3:4
padecimientos   Ap 16:11
Padón   Esd 2:44; Neh 7:47
Pafos   Hch 13:6,13
paga   1S 25:21; 2S 16:12; 2R 4:7; Esd 6:8; Job 7:2; 34:11; Sal 103:10; Pr 24:12; Jer 18:20; 22:13; Ez 16:33; Os 2:12; 4:9; 9:1; Mi 1:7; 3:11; Mt 17:24-25; 20:2,9-10,13; Hch 21:24; Ro 6:23
pagado   Gn 42:25; 43:21; 44:4,8; 47:14; Dt 15:18; Jue

1:7; 2S 22:21; Neh 6:13; Sal 18:20; Is 40:2; Stg 5:4
paganas   2S 1:20; Lm 1:10; 4:15; Ap 11:2
pagano   Dt 10:16; 30:6; 1S 17:26,36; 1R 3:4; 11:7; 2R 23:15; Jer 7:31; Ez 20:29; Am 7:17; Hab 2:16; Lc 12:30
pagar   Gn 42:22; Éx 21:2, 36; 22:15,17; 30:12-13,15; Lv 14:22,30,32; 25:49; 27:8; 2R 9:26; 12:15; 22:7; Esd 6:8; Neh 5:4; Est 4:7; Sal 94:23; 137:8; Pr 22:27; Ez 7:4,9; 44:10,12; Os 12:2,14; Am 3:2,14; Mt 18:25; 22:17; Mr 12:14-15; Lc 20:22
pagarla   Lm 5:4
pagarle   Gn 23:13; Éx 21:32; 22:16; Nm 5:7; 22:7; 2R 15:20; 17:4; 2Cr 27:5; Job 31:39; Sal 49:7; 116:12; Mt 26:15; Lc 7:42
pagarles   2R 22:5; Ez 16:41
pagarlo   Éx 21:30; 2Ts 3:8
pagarme   Gn 30:31
pago   Éx 21:30; Nm 18:21, 31; Dt 15:3; Neh 5:7; Sal 49:8; Pr 11:31; 14:14; Is 55:1; Os 12:12; Sof 2:10; Lc 23:2; 2P 2:13
Paguiel   Nm 1:13; 2:27; 7:72,77; 10:26
paisajes   Pr 8:26
paisanos   2S 15:20
países   Gn 41:54,57; Dt 29:22; 31:4; 1R 4:21; 2R 18:35; 19:11; 1Cr 22:9; 2Cr 9:28; 12:8; 15:5; 36:14; Esd 9:7; Neh 5:17; Sal 76:11; 106:27; 107:3; Is 36:20; 37:11; Jer 16:15; 23:3,8; 27:6; 32:37; 40:11-12; Ez 11:16-17; 20:23; 27:36; 29:12; 30:23,26; 34:13; Dn 9:7; 11:40-42; Sof 3:19; Zac 8:7
paja   Gn 24:25,32; Éx 5:7, 10,12-13,16,18; Jue 19:19; 1R 4:28; Job 13:25; 21:18; 41:27, 28; Sal 1:4; 35:5; 83:13; Is 5:24; 11:7; 17:13; 25:10; 29:5; 33:11; 40:24; 41:2,15; 47:14; 65:25; Jer 13:24; 23:28; Os 13:3; Nah 1:10; Mal 4:1; Mt 3:12; Lc 3:17; 1Co 3:12
pájaro   Am 3:5
pájaros   Job 41:5; Sal 78:27; Pr 1:17; Jer 5:27; Ez 13:20; Mt 13:4; Mr 4:4; Lc 8:5
Pajat   Esd 2:6; 8:4; 10:30; Neh 3:11; 7:11; 10:14
Palabra   Ro 9:6; 2Ti 4:2

Palabras Nm 24:3-4,15-16;
Job 32:18; Pr 30:1
palabrería Job 11:3; 18:2;
27:12; Am 7:10
palabrerías Ec 5:7; 2Ti 2:16
Palacio Is 22:8
palacios 2Cr 36:19; Sal 45:8;
Pr 30:28; Is 13:22; 34:13; Jer
9:21; 17:27; 19:13; 33:4;
49:27; Lm 2:5,7; Ez 19:7;
26:12; Os 8:14; Mt 11:8; Lc
7:25
paladar Job 6:7,30; 29:10;
34:3; Sal 22:15; 119:103;
137:6; Pr 24:13; Cnt 2:3;
5:16; Lm 4:4; Ez 3:26
paladines Sal 103:20
Palal Neh 3:25
palangana Éx 12:22
palanganas Jer 52:19
palas 2Cr 4:11
palidece Jl 2:6
palidecen Nah 2:10
palidecerá Is 29:22
palidecido Jer 30:6
palideciera Dn 5:9
palideció Dn 5:6; 7:28; 10:8
pálido Dn 5:10
paliza Lc 23:16,22
palma Lv 14:15-16,26; Sal
139:5; Is 40:12; 62:3; Jn
12:13; Ap 7:9
palmadas Hch 12:7
palmas Sal 98:8; Is 49:16; Ez
21:14,17; 22:13
palmera Lv 23:40; Neh 8:15;
Cnt 7:7-8; Is 9:14; 19:15; Ez
40:37; 41:19
Palmera Jue 4:5
palmeras Éx 15:27; Nm 33:9;
Dt 34:3; 1R 6:29,32, 35; 7:36;
2Cr 3:5; 28:15; Sal 92:12; Ez
40:16,22, 26,31,34;
41:18,20,25-26; Jl 1:12
Palmeras Jue 1:16; 3:13
palo Éx 21:20; Nm 22:27; 2S
23:21; 2R 6:6; 1Cr 11:23; Is
28:27; Jer 10:8; Ez 16:44;
20:32; Os 4:12
paloma Gn 8:8-12; 15:9; Lv
1:14; 5:7; 12:6,8; 14:22, 30;
15:14,29; Sal 55:6; 68:13; Cnt
5:2; Is 38:14; Os 7:11; Mt
3:16; Mr 1:10; Lc 2:24; 3:22;
Jn 1:32
Paloma Job 42:14; Cnt 2:14
palomar Is 60:8
palomas Nm 6:10; Cnt 1:15;
4:1; 5:12; Is 59:11; 60:8; Jer
48:28; Ez 7:16; Os 11:11;
Nah 2:7; Mt 10:16; 21:12; Mr
11:15; Jn 2:14,16

palomita Cnt 6:9
palos 1S 17:43; Mt 26:47, 55;
Mr 14:43,48; Lc 22:52
palpando Is 59:10
palpar Éx 10:21; Sal 115:7
palpita Job 37:1
palpó Jue 16:29
Palti Nm 13:9
Paltiel Nm 34:26; 1S 25:44; 2S
3:15-16
paltita 2S 23:26
Pamplinas 2R 9:12
Pan Jn 6:31
Panes Éx 12:17; 23:15; 34:18;
Lv 23:6; Dt 16:16; 2Cr 8:13;
30:13,21; 35:17; Esd 6:22; Mt
26:17; Mr 14:1,12; Lc 22:1,7;
Hch 12:3; 20:6
panaderas 1S 8:13
panadero Gn 40:1,5; Os 7:4
panaderos Gn 40:2,16,20, 22;
41:10,13
Panaderos Jer 37:21
panal Jue 14:8; 1S 14:27; Sal
19:10; Pr 24:13; Cnt 5:1
Panal Pr 16:24
pandereta Éx 15:20; Sal 81:2
panderetas Éx 15:20; Jue
11:34; 1S 10:5; 18:6; 2S 6:5;
Sal 68:25; Jer 31:4
pandero Sal 149:3
panderos 1Cr 13:8; Sal 150:4;
Is 30:32
pandilla Sal 64:2; 106:18; Os
6:9
Panea Gn 41:45
panecillo 1R 17:13; 19:6
paneles 1R 7:28-29,31-32,
35-36; 2R 16:17; 2Cr 3:5; Cnt
8:9
Panfilia Hch 2:10; 13:13;
14:24; 15:38; 27:5
pánico Dt 2:25; Jos 5:1; 10:10;
1S 5:9; 14:15; 2Cr 14:14; Sal
55:4; Is 7:6; 22:5; Jer 4:9;
49:24; 51:32; Ez 7:7; 26:16;
30:13; Am 3:9; Zac 14:13
pantano Job 8:11; 40:21; Sal
40:2
pantanos Ez 47:11
panteón 2Cr 21:20; 24:25;
26:23; 28:27; 32:33; 35:24
pañales Ez 16:4; Lc 2:7,12
paño Lv 14:4,6,49,51-52; Nm
4:6-9,11-13; 19:6; 1S 21:9
pañuelo Lc 19:20
pañuelos Is 3:20; Hch 19:12
papá Is 8:4; Lc 15:27
Papá Lc 15:12,18,21
papeles Est 9:1
papiro Éx 2:3; Job 8:11; 9:26;
Is 18:2

papiros Is 35:7
par Éx 37:21; Nm 9:22; 1S
26:15; 2S 16:1; Is 45:8; Ez
26:2; Am 2:6; 8:6; Nah 3:13;
Lc 2:24; Hch 16:27; 2Co
6:11,13; 2P 1:11
Pará Jos 18:23
parábola Pr 1:6; Ez 17:2; 24:3;
Mt 13:18,24,31,33, 36; 21:33;
Mr 4:13,30; 12:12; Lc 5:36;
6:39; 8:4,9, 11; 12:16,41; 13:6;
14:7; 15:3; 16:1; 18:1,9; 19:11;
20:9,19
parábolas Sal 78:2; Os 12:10;
Mt 13:3,10,13, 34-35,53;
21:45; 22:1; Mr 3:23;
4:2,10-11,33-34; 12:1; Lc 8:10
paradero Hch 12:18
parado Pr 13:20; Ap 19:17
parados Gn 42:1; Ez 1:25
Parados Jer 14:6
paraíso Lc 23:43; 2Co 12:4;
Ap 2:7
parajes Sal 107:4
paralelas Éx 36:22
paralelo Ez 42:7; 48:21
parálisis Mt 8:6
paralítico Mt 9:2,6; Mr
2:3-5,9-10; Lc 5:18,24; Hch
9:33
paralíticos Mt 4:24; Jn 5:3;
Hch 8:7
paralizada Mt 12:10; Mr
3:1,3; Lc 6:6,8
paralizado 1S 25:37; Sal 143:4
paralizó 1R 13:4
páramo Job 24:5; 39:6
páramos Job 30:3; Sal 68:7;
78:40; 106:14
Parán Gn 14:6; 21:21; Nm
10:12; 12:16; 13:3,26; Dt 1:1;
33:2; 1R 11:18; Hab 3:3
parangón Jer 30:7
parar Sal 35:21; Pr 21:16; Dn
12:8; Mi 1:15; Hch 8:38
pararé Jue 15:7
pararon Gn 41:3; Ez 9:2
pararse Est 5:1; Dn 7:4
párate Jos 10:12; Jer 17:19;
48:19
Párate Jue 4:20; Jer 7:2; 26:2
Paray 2S 23:35
parcela Gn 33:19; Jos 24:30;
2S 6:6; 24:16,18,21, 24; 1Cr
13:9; 21:15,18, 21-22; 2Cr
3:1; Job 24:18; Jer 12:10; Ez
45:3; 48:9-10,12-14,18,20-22;
Am 4:7
parcial Éx 23:3; Lv 19:15; Job
34:19; Pr 24:23; 28:21
parciales Dt 1:17; Job 13:10

parcialidad Dt 10:17; 16:19; 2Cr 19:7; Mal 2:9

parecer Éx 14:5; Nm 23:19; 1S 15:29; Job 10:8; Sal 110:4; Jer 2:36; Ez 16:52; Dn 2:9; Jl 2:13-14; Jon 3:9-10; 4:2; Hch 14:19; 28:6; Fil 2:2; Heb 7:21

parecerle Zac 8:6

parecida Lv 13:43

parecidas Mr 7:13; Gá 5:21

parecido Éx 30:38; Lv 10:19; 1R 1:6; 7:8; Ez 1:5; 31:8; Hch 10:11; 11:5; Ap 4:6

parecidos Is 46:5

Parecidos Jue 8:18

pared Lv 14:37; Nm 22:25; 1S 18:11; 19:10; 20:25; 2S 24:14; 1R 6:6,10,27; 21:4; 2R 9:33; 20:2; 1Cr 21:13; 2Cr 3:11-12; Is 38:2; 59:10; Ez 13:12, 14-15; 23:14; 41:9; Dn 5:5,17; Am 5:19; Hch 26:14

paredes Lv 14:37,39; 1R 6:5,15,29,36; 1Cr 29:4; 2Cr 3:7; Esd 5:8; Ez 13:10; 40:43,48; 41:2-3,20,25

pareja Gn 6:19-20; Éx 26:5; Jue 15:4; Pr 20:10,12; Cnt 4:2; 6:6; Is 34:15-16

parejas Gn 7:9,15; Jue 15:4

paren Job 21:10

parentela Zac 12:12-13

parentesco Est 8:1

pares Éx 25:35

parían Ez 31:6

paridas Is 40:11

parienta Gn 24:48; Lc 1:36

pariente Gn 29:12,15; Lv 18:6; 20:19; 21:2; 25:25; Nm 5:8; 27:11; Jue 9:18; Rt 2:1,3,20; 3:2,9,12; 4:1,3, 6,8; 2S 19:42; 1R 16:11; 1Cr 6:39; 15:17; 2Cr 36:10; Jer 32:7-8; Am 6:10; Jn 18:26; Ro 16:11

parir Dt 28:57

parirá Sal 7:14

Parmasta Est 9:9

Parmenas Hch 6:5

Parnac Nm 34:25

paró Jos 10:13; Jer 19:14; Ez 10:6

parodias Job 30:9; Sal 69:12; Lm 3:14

Parós Esd 2:3; 8:3; 10:25; Neh 3:25; 7:8; 10:14

párpados Pr 6:4; Jer 9:18

parra 1R 4:25; Mi 4:4

parrandas Is 22:2; 1P 4:3; Jud 12

Parsandata Est 9:7

Parsin Dn 5:25,28

partan 1R 3:26

Partan 1R 3:25

parten Mi 1:4; Hch 21:13

partera Gn 35:17; 38:28-29

parteras Éx 1:15,17-20; 1S 4:20

partí Mr 8:19-20

partía Jos 15:2; 18:15

partían Nm 9:22; 10:34; 33:2; Hch 2:46

participantes Ef 3:6

participar Gn 31:54; 49:6; Éx 12:43-45,48; 34:15; Nm 25:2; Esd 4:2; Sal 106:5; 141:4; Ro 6:3; 1Co 9:10,23; 10:21; Fil 3:10; 4:14; Col 1:12

partícipe 1P 5:1

partícipes Sal 69:27

particular Hch 20:31; 28:16; 2P 1:20; 3Jn 15

partida Lv 11:3-7,26; Nm 10:6; Dt 14:6; 2R 2:9; Job 10:21; Sal 105:38; Lc 9:31; Hch 20:29; 2Ti 4:6; 2P 1:15

partidarios 1R 16:22; 2R 9:15; Hch 5:17,21; Gá 2:12; Tit 1:10

partido Gn 28:7; 48:22; Éx 23:2; Lm 3:13

partidos Mi 1:4

partiendo 2R 24:13; Ez 48:1,28; Hch 28:23

Partiendo Mt 15:21; 1Ts 1:8

partieran Éx 15:22

partimiento Hch 2:42

partimos Esd 8:31; Hch 21:5; 1Co 10:16

partirá Nm 20:24; Zac 14:4

partirán Ez 21:19

Partirán Nm 2:17

partirás Lv 2:6; Nm 27:13

partiré 1R 2:2; Hch 25:4

partiste Hab 3:14

parto Gn 3:16; 35:16-17; 1S 4:19; Job 39:1,3; Is 13:8; 23:4; 54:1; 66:7,9; Jer 6:24; 13:21; 30:6; 49:22,24; 50:43; Os 13:13; Mi 4:9; Ro 8:22; Gá 4:19,27; 1Ts 5:3; Ap 12:2

partos Éx 1:16

Partos Hch 2:9

parturienta Sal 48:6; Is 21:3; 42:14; Jer 4:31; 22:23; 48:41

parturientas Jer 31:8

Parúaj 1R 4:17

Parvayin 2Cr 3:6

Pasac 1Cr 7:33

pasada Gn 43:18; Ez 16:61

pasadas Job 8:8; Is 42:9; 46:9; 48:3; 65:7,17; Jer 5:17; Hch 14:16

pasadizo 2S 18:24

pasados Dt 4:32; Sal 44:1; Is 51:9; 52:4; 63:11; Ez 36:11; 38:17; Jl 2:23; Am 9:11; Mi 7:14; Mal 3:4; Lc 4:2; Heb 10:32

Pasados Gn 50:4; Dt 9:11; 2S 13:23; Dn 11:6; Hch 7:30; 25:13; Ap 11:11

pasaje Dn 9:1; Jon 1:3; Mr 12:26; Lc 20:37; Hch 8:32,35; 13:35; Ro 15:10; Heb 1:5; 4:5; 5:6

pasajera Job 20:5; Pr 31:30; 2P 1:13

pasajero 2Co 4:18

pasajeros Ap 18:17

pasarla Jue 19:6,9

pasarlos Mr 6:48

pasarme Jer 37:14

pasarse Ec 7:17; Gá 1:6

pasarte Jer 37:13

pasas Nm 6:3; 1S 25:18; 30:12; 2S 6:19; 16:1; 1Cr 12:40; 16:3; Job 7:21; 10:14; Cnt 2:5; Is 16:7; Os 3:1

pascual 2Cr 30:18,22; Esd 6:20; 1Co 5:7

Pasdamín 2S 23:9; 1Cr 11:13

pasea Ap 2:1

paseaba Est 2:11; Ez 19:6

paseaban Éx 2:5

Paseaj 1Cr 4:12; Esd 2:49; Neh 3:6; 7:51

pasearme Ez 37:2

pasearse 2S 11:2; Mr 12:38; Lc 20:46

pasee Est 6:9

paseo Gn 24:63; Dn 4:29

Pasés Jos 19:21

pasillo Ez 42:4,11-12

pasión Cnt 6:12; 7:10; 8:6; 1Co 7:9

pasiones Ec 9:6; Ez 23:11, 17; Ro 1:26-27; 7:5; Gá 5:13,24; Col 3:5; 1Ti 5:11; 2Ti 2:22; 3:6; Tit 2:12; 3:3; Stg 4:1,3; 1P 4:2-3; 2P 2:13; Jud 16,18

pasitos Is 3:16

pasmado Jer 49:17; 50:13; Dn 8:27; Hab 3:2

pasmados Gn 45:3; Sal 48:5; 76:6; Is 29:9; Hch 2:6; 12:16

pasos Dt 33:3; 1S 2:9; 2S 5:24; 6:13; 1R 14:6; 2R 6:32; 1Cr 14:15; Job 13:27; 14:16; 18:7,11; 31:4-5,37; 33:11; 34:21; Sal 17:5,11; 37:23; 70:3; 74:3; 119:59, 133; Pr 5:5; 10:9; 15:21; 16:9; 20:24; Ec 5:1; Jer 10:23; Ez 23:31; Hab 3:5; Lc 1:79; 1P 2:21

pasta 2R 20:7; Is 38:21; 63:14; Ez 32:13

pastaba 1Cr 27:29

pastaban Job 1:14

pastan Éx 22:5; Cnt 4:5; Ez 45:15

pastar Gn 29:7; 41:2,18; Éx 34:3; Ez 34:14; Jl 1:18; Mi 7:14

pastará Is 11:7; Jon 3:7

pastarán Is 5:17; 49:9; Sof 2:7

Pastarán Sof 3:13

pasteles Ez 27:17

pastizal Is 32:14; Jer 6:3; Ez 25:5; Mi 2:12

pastizales Sal 83:12; Is 17:2; Jer 25:36; Ez 48:15, 17; Jl 1:19-20; 2:22; Am 1:2; Zac 11:3

pasto Éx 22:6; Dt 32:2; 1R 18:5; Sal 37:2; Pr 10:7; 19:12; Is 5:24; Ez 21:32; 33:27; 34:19; Dn 4:25, 32-33; 5:21

Pastor Gn 49:24; Sal 80:1; Heb 13:20; 1P 2:25; 5:4

Pastorea Mi 7:14

pastorean Job 24:2

pastorear Gn 4:2; Hch 20:28

pastoreará Is 61:5; Ap 7:17

pastorearan 2S 7:7; 1Cr 17:6

pastorearán Jer 23:4; Mi 5:6

pastorearé Ez 34:16

pastorearlos Os 4:16; Mi 5:4

pastoreó Sal 78:72

Pastores 2R 10:12

pastos Gn 47:4; 2R 19:26; 1Cr 4:39-41; Job 39:8; Sal 23:2; Is 37:27; 49:9; Jer 14:5; 23:3,10; 33:12; 49:19; 50:44; Lm 1:6; Ez 34:14, 18; Jn 10:9

Pasur 1Cr 9:12; Esd 2:38; 10:22; Neh 7:41; 10:3; 11:12; Jer 20:1,3,6; 21:1; 38:1

pata Ez 24:4

patalea Ez 6:11

Patalea Job 39:21

Pátara Hch 21:1

patas Éx 12:9; 25:12,26; 37:3, 13; Lv 1:9,13; 4:11; 8:21; 9:14; 11:20-21,23,27, 42; Job 39:15; Ez 32:2; 34:18; Dn 7:4; Am 3:12; Ap 13:2

pateó Dt 32:15

paterna Gn 41:51; Lv 20:19; 2S 19:28

patio 2S 17:18; 2R 20:4; 1Cr 26:18; Neh 3:25; Est 2:11; 4:11; 5:1-2; 6:4-5; Jer 32:2,8,12; 33:1; 37:21; 38:6,13,28; 39:14-15; Ez 41:12-15; 42:1,10,13; Mt

26:58,69; Mr 14:54,66; Lc 22:55; Jn 18:15

patios Éx 8:13; Neh 8:16

Patmos Ap 1:9

patrañas Lm 2:14

patria Is 14:2; Jer 31:17; 50:12; Heb 11:14-16

patriarca Hch 2:29; Heb 7:4; Jud 14

patriarcal Nm 1:4,44-45; 2:2; 3:24,30,35; 17:2-3,6; 36:3-4,8, 12; 1Cr 9:19; 12:28; 2Cr 35:12

patriarcas 1R 8:1; 2Cr 5:2; Jn 7:22; Hch 7:8-9; Ro 9:5; 11:28; 15:8

patrimonio Dt 10:9; 14:27, 29; 18:1,8; Ez 46:17; Heb 10:34

Patrobas Ro 16:14

patrón Gn 39:2,7-9,19; 1S 27:11; Ez 45:11; Lc 16:3, 5,8

patrones Lc 16:13

Patros Is 11:11; Ez 29:14; 30:14

patruseos Gn 10:14; 1Cr 1:12

Pau Gn 36:39; 1Cr 1:50

Paulo Hch 13:7

pavimento Éx 24:10; Jer 43:9

pavor Éx 15:16; Dt 20:3; Jer 15:8

pecador Job 21:19-20; Sal 36:1; 51:5; Pr 13:6,21-22; Ec 2:26; 7:26; 8:12; 9:2; Lc 5:8; 15:7,10; 18:13; 19:7; Jn 9:16, 24-25; Ro 3:7; 2Co 5:21; Tit 3:11; Stg 5:20; 1P 4:18

pecadora Is 1:4; Mr 8:38; Lc 7:37,39

pecadoras Is 31:7

Pecaj 2R 15:25,27,29-32,37; 16:1,5; 2Cr 28:6; Is 7:1

Pecajías 2R 15:22-23,25-26

pecaminosa Ro 7:5,18,25; 8:3-9,12; 13:14; 1Co 5:5; Gá 5:16,19,24; 6:8; Col 2:23

pecaminosas Ez 21:24

pecaminoso Am 9:8; Ro 6:6; Col 2:11; Heb 3:12

pecaminosos Ef 2:3; 1P 2:11

peces Gn 1:26,28; 9:2; Éx 7:18,21; Nm 11:22; Dt 4:18; 1R 4:33; Job 12:8; Sal 8:8; 105:29; Ec 9:12; Is 50:2; Ez 29:4-5; 38:20; 47:9-10; Os 4:3; Hab 1:14; Sof 1:3; Mt 13:47-48; Lc 5:6; 1Co 15:39

Pecod Jer 50:21; Ez 23:23

pectoral Éx 25:7; 28:4,15, 22-24,26,28-30; 29:5; 35:9, 27; 39:8,15-17,19,21; Lv 8:8

pechos Gn 49:25; Job 3:12; 24:9; Pr 5:19; Cnt 1:13;

4:5,13; 7:3,7-8; 8:1,8,10; Is 66:11; Ez 23:3,8,21,34; Os 2:2; 9:14

Pedael Nm 34:28

Pedaías 2R 23:36; 1Cr 3:18-19; 27:20; Neh 3:25; 8:4; 11:7; 13:13

pedantes Jer 5:28

Pedasur Nm 1:10; 2:20; 7:54,59; 10:23

pedazo Éx 12:46; 15:25; Lv 14:4; Nm 35:18; Jue 16:9; 20:6; 1S 2:5,36; 24:11; 1R 17:11-12; Job 2:8; Pr 6:26; Is 44:19; Os 4:12; Am 3:12; Lc 24:42; Jn 6:7; 13:26

pedernal Éx 4:25; Jos 5:2; Job 28:9; Sal 114:8; Is 5:28; 50:7

pedestal Éx 30:18,28; 31:9; 35:16; 38:8; 39:39; 40:11; 1R 7:31; Zac 5:11

pedido Gn 27:6; 50:12; Éx 12:32; 13:19; 1S 1:17; 12:1; 25:35; 1R 1:6; 3:11-13; 2R 2:10; 2Cr 1:11; Neh 5:12; Est 4:11; Job 6:22-23; Sal 40:6; Jer 42:4; Lc 22:31; Jn 4:10; 16:24; Hch 28:20; 1Jn 5:15

pedir Dt 15:6; 1S 12:17; 2S 14:29; 1Cr 19:16; 2Cr 20:4; Job 9:15; Sal 69:3; 119:147; Mi 7:3; Mr 6:24; 10:35; Lc 14:32; 16:3; Jn 9:8; Hch 3:10; 19:33; Ro 8:26; 1Co 9:11; Ef 3:20

pedirla Cnt 8:8

pedirle 1S 12:19; 25:40; 2S 19:10,28,43; 1R 10:13; 2Cr 9:12; Esd 8:22; Est 6:4; Job 36:23; Ec 8:4; Dn 2:10; Mt 27:58; Mr 15:43; Lc 7:3; 18:3; Hch 23:20; Ro 9:20

pedirles Gn 9:5; 23:4; Éx 11:2; 2Co 3:1

pedirme Gn 34:12; Nm 11:13; 2S 19:11; 1R 2:22; Is 45:11; Jn 4:9

pedirte 1R 2:20; 14:5; Job 41:3; Jer 32:7; Hab 1:2

pedradas Éx 17:4; 19:13; 21:28-29; Lv 20:2; 1R 12:18; 21:10,13,15; 2Cr 10:18; 24:21

pedregoso Mt 13:5,20; Mr 4:5,16

pegada 2S 23:10

pegados Ez 29:4

pegarle Nm 22:25

peinado Is 3:24; 19:9

peinados 1Ti 2:9; 1P 3:3

peinan Dt 32:25

peinará Lv 13:45

peine Sal 71:18

peinen   Is 46:4

pelado   Gn 30:38; Is 13:2

Pelaías   1Cr 3:24; Neh 8:7;
10:10

Pelalías   Neh 11:12

Pelatías   1Cr 3:21; 4:42; Neh
10:22; Ez 11:1,13

peldaños   1R 10:19-20; 2Cr
9:18-19

pelea   Dt 3:22; Jos 23:10; 1S
25:28; 2Cr 32:8; Pr 17:14;
27:15; Zac 14:3

pelear   Nm 32:27; Dt 3:1; 20:1;
29:7; Jos 8:3,5,14; 11:5; 22:33;
Jue 1:1,9; 9:29; 1S 17:32,33;
19:8; 2S 10:9; 14:6; 18:6; 1R
22:4; 2R 3:7; 1Cr 19:10; 2Cr
18:3; 35:22; Pr 17:19; Is 58:4;
Jer 6:4; 41:12; Dn 10:20; Ap
2:16

Péleg   Gn 10:25; 11:16-19; 1Cr
1:19,25; Lc 3:35

Pelet   Jos 15:27; Neh 11:26

Pélet   Nm 16:1; 1Cr 2:33, 47;
12:3

peleteos   2S 8:18; 15:18;
20:7,23; 1R 1:38,44; 1Cr
18:17

pelícano   Lv 11:18; Dt 14:17;
Is 34:11; Sof 2:14

peligro   Gn 35:3; Éx 21:22-23;
Jos 2:14; 6:18; 1S 20:7,12,21;
1Cr 11:19; Job 13:14; Sal
23:4; 32:7; 57:1; 107:26; Pr
10:14; 22:3; 27:12; Lc 8:23;
Hch 19:27; Ro 8:35; 1Co
15:30; 2Co 1:10; 11:23; Jud
12

peligros   Ec 12:5; Cnt 3:8; Lm
5:9; 2Co 11:26

peligrosa   Hch 27:9

pelirrojo   Gn 25:25

pelo   Éx 25:4; 26:7; 35:6,23, 26;
36:14; Lv 10:6; 13:30-33,
36-37,40-41; 14:8; Nm 31:20;
1S 14:45; 19:13,16; 2S 14:26;
Pr 23:7; Cnt 5:2; Dn 4:33; Os
7:9; Mt 3:4; Mr 1:6; 1Co 11:6

peló   Gn 30:37; Jl 1:7

pelonita   1Cr 11:27,36; 27:10

pelos   Esd 9:3; Neh 13:25

pelota   Is 22:18

pelotón   Esd 8:22

pellejo   Job 13:14; 19:20; Ez
13:18

pena   1S 25:31; Esd 7:26; Est
4:11; Mal 3:14; Lc 23:22; Ro
1:28

penalidades   Nm 11:1; 1P 2:19

penas   1R 12:18; 2Cr 10:18; Job
5:6; 13:26; 19:20; Pr 31:7; Lc

9:39; Hch 14:18; 27:7,16; 1P
3:8; 4:18

pende   Sal 119:109

penden   Cnt 4:4

pendenciera   Pr 19:13;
21:9,19; 25:24

pendenciero   Pr 26:21; 1Ti 3:3

penderá   Is 22:24

pendían   Jer 52:23

pendiente   Éx 3:16; 4:31; Jos
7:5; 8:14; 15:7; Hab 2:1; Lc
12:39; Col 2:14

pendientes   Éx 35:22; Nm
31:50; Neh 4:16; Job 24:15;
Cnt 1:10-11; 8:13; Is 3:19; Ez
38:20; Lc 12:37; Ro 13:8

pene   Dt 23:1

penetra   Sal 42:10; Heb 6:19

Penetra   Heb 4:12

penetrado   Jer 51:51

penetran   Pr 18:8

penetrar   2R 11:8; Lm 1:10

penetre   Sal 109:18

Peniel   Jue 8:8-9,17; 1R 12:25;
1Cr 8:25

Penina   1S 1:2,4,6-7

penosa   Ec 4:8; Heb 12:11

Penosa   Ec 1:13

penosos   Gn 3:17; 5:29

pensada   Mt 24:50; Lc 12:46

pensado   Gn 26:28; Nm 33:56;
1S 14:7; 20:3; 2S 14:15; 1R
10:2; 2Cr 9:1; Job 23:14; Jer
18:8,10

pensados   Pr 21:5

pensamiento   Nm 24:16; 1Cr
28:9; Job 17:4; Sal 139:2; Ec
10:20; Jer 32:39; 2Co 10:5; Fil
2:2

pensamientos   Gn 6:5; 1Cr
29:18; Job 20:2; Sal 10:4;
19:14; 55:21; 64:6; 92:5;
94:11; 139:17,23; Pr 1:23;
20:5; Is 55:7-9; 59:7; Jer 4:14;
17:10; Ez 11:5; Dn 2:29; 4:19;
Mt 9:4; 12:25; 15:19; Mr 7:21;
Lc 11:17; Ro 2:15; 1Co 2:11;
3:20; 2Co 11:3; Ef 4:17; Fil
4:7; Heb 4:12

pensarlo   Pr 20:25

pensión   2R 25:30; Jer 52:34

pentagonales   1R 6:31

Pentecostés   Hch 2:1; 20:16;
1Co 16:8

Penuel   Gn 32:30-31; 1Cr 4:4;
Lc 2:36

penumbra   Job 10:21; Is 8:22;
9:1; 29:18; Sof 1:15

penurias   Éx 2:11; 3:7; 6:9; 1R
2:26; Sal 25:18; 132:1

peña   Jos 15:6; 18:17; Jue
15:8,11,13; 20:45,47; 21:13;

2S 21:10; 1R 1:9; Sal 78:16;
81:16

peñas   Nm 23:9; Job 24:8; Ap
6:15-16

peñasco   1S 23:25; 2S 22:3; Sal
18:2; Is 32:2

peñascos   1S 14:4; Sal 104:18;
Is 2:21; Jer 4:29; 51:25

Peñascos   1S 24:2

peor   Gn 19:9; Éx 9:18,24; 1S
14:19; 2S 13:4; 19:7; 1R 14:9;
2R 7:13; 21:9,11; 2Cr 33:9;
Jer 9:3; 16:12; Ez 16:47; Mt
9:16; 12:45; 27:64; Mr 2:21;
5:26; 12:40; Lc 11:26; 20:47;
Jn 5:14; 1Ti 1:16; 5:8; 2Ti
3:13

Peor   Nm 23:28; 25:3,5,18;
31:16; Dt 3:29; 4:3,46; 34:6;
Jos 13:20; 22:17; Sal 106:28;
Ez 14:21; Os 9:10

peores   Jer 7:26; Ez 8:6; 1Co
8:8; 2P 2:20

pepinos   Nm 11:5

pequeña   Gn 19:20; Éx 12:4;
Nm 26:54; 33:54; 35:8; Jos
17:15-16; 1S 2:19; 9:21; 1R
18:44; Ec 9:14; 10:1; Cnt 8:8;
Is 22:24; 49:19; Am 6:11; Mi
5:2; Mt 13:32; 17:20; Mr 3:9;
4:31; Lc 17:6; Stg 3:5

pequeñas   Nm 26:56; Pr 30:24;
Cnt 2:15; Jl 1:4; 2:25; Zac
11:16

pequeñitos   Sal 8:2

pequeños   Nm 32:16-17,
24,26; Dt 1:39; 1R 10:17; 2R
25:26; 2Cr 9:16; 14:8; 20:13;
23:9; 31:15,18; 36:18; Job
27:14; Sal 104:25; 115:13;
137:9; Is 13:16; 57:5; Jer 16:6;
48:4; 49:20; 50:45; Ez 29:15;
Jl 2:16; Mt 10:42; 18:6,10,14;
21:16; Mr 9:42; Lc 17:2;
18:15; Hch 26:22; Ap 11:18;
13:16; 19:5,18; 20:12

pequeñuelos   Job 21:11; Lm
4:4

Perasín   2S 5:20; 1Cr 14:11; Is
28:21

Perat   Jer 13:4-7

percató   2S 20:10

percepción   Dn 5:11; Heb 5:14

perceptible   Sal 19:3

percibamos   Job 33:14

perciban   Is 6:9; Mr 4:12

percibe   Job 11:11; 39:25

perciben   Job 15:21; 24:1; Ro
1:20

percibido   Job 15:9; Is 64:4

percibieron   Hch 22:9

percibió   Gn 8:21

percibir Job 34:32
percibirán Is 30:21; Mt 13:14; Hch 28:26
percibirlo Job 9:11; 23:9
percha Ez 15:3
perder Gn 27:45; 43:14; Éx 9:32; Lv 26:16; 1S 21:13; 25:18,42; Pr 19:3; Ec 10:1; Is 19:14; Jer 49:7; Ez 32:10; Dn 11:30; Os 4:11; Mt 5:29-30; Hch 26:24; 1Co 9:25; 2Jn 8
perderse Jn 17:12; Heb 10:39
perdición 2R 14:10; 2Cr 22:4; 25:19; Sal 1:6; Pr 12:26; 18:7; 2P 3:16
perdida Éx 22:9; Sal 119:176; Ez 34:4; Lc 15:4
pérdida Gn 31:39; Éx 22:15; 1S 30:6; Is 47:9; Hch 27:21; 1Co 3:15; Fil 3:7-8
perdidamente Ez 23:5,12, 16,20
perdidas Ez 34:16; Mt 15:24
perdido Gn 37:15; 48:11; Éx 23:4; Lv 6:4; Dt 22:3; 34:7; 1R 14:4; Sal 36:3; 102:4; Is 6:5; Jer 50:6; Lm 1:6; 4:1; Jl 1:11; Mi 2:7; Lc 15:6,9,24,32; 19:10; Hch 27:9; Ef 4:19; Fil 3:8,10; Ap 18:14
perdidos Éx 14:3; Nm 17:12; 2R 21:8; Sal 107:4; Is 49:20; 53:6; Jer 4:13; Ez 37:11; Mi 2:4; 1Co 15:18
perdiz 1S 26:20; Jer 17:11
perdón Dt 15:2,9; 1R 20:31; Job 8:5; Sal 130:4; Pr 28:13; Dn 9:24; Os 1:6; Mt 12:32; 26:28; Mr 1:4; 3:29; Lc 1:77; 3:3; 12:10; 24:47; Hch 2:38; 5:31; 10:43; 13:38; 26:18; Ef 1:7; Col 1:14; Heb 9:22; 1Jn 2:2; 4:10
Perdón Gn 43:20; Lv 23:27-28; 25:9
perdonador Neh 9:17; Sal 86:5; 99:8; Dn 9:9
perdonados Lv 4:20; Nm 15:25; Mt 9:2,5; Mr 2:5,9; 4:12; Lc 5:20,23; 7:47-48; Jn 20:23; Heb 10:18; 1Jn 2:12
perdonar 2R 24:4; Is 55:7; Dn 5:19; Mt 9:6; 12:31; 18:21; Mr 2:7,10; Lc 5:21,24; 2Co 2:10
perdonarle 1S 15:9; 1R 2:9
perdonarles Jos 9:15,18; Jer 36:3
perdonarlo Am 7:8; 8:2; 2Co 2:7
perdonarlos Éx 32:32
perdonarnos Lm 3:42; Col 2:13

perdonarte Jer 5:7
perduran Sal 49:12,20
perdurará Job 20:21
perdurarán Is 66:22
perdure Sal 72:17; 104:31; Jn 15:16
perecedera Jn 6:27; 1P 1:23
perecederas 1P 1:18
perecedero 1P 1:7
perecer 2R 7:13; Job 4:20; Jon 1:14; Zac 11:9
peregrinaba Jos 5:5; 14:10
peregrinaciones Os 2:11; 9:5; Nah 1:15
peregrinaje Gn 47:9; Jos 24:17; Lm 1:7
peregrinando Gn 17:8; 47:9; Dt 24:9
peregrino Sal 39:12; Jer 14:8; Lc 24:18
peregrinos 1Cr 29:15; Sal 84:7; Heb 11:13; 1P 1:17; 2:11
Peres Nm 33:19-20; 2S 6:8; 1Cr 7:16; 13:11
pereza Pr 19:15; Ec 10:18
perezoso Pr 6:6; 10:26; 12:24,27; 13:4; 15:19; 19:24; 20:4; 21:25; 24:30; 26:13-16; Mt 25:26
Perezoso Pr 6:9
perezosos Tit 1:12; Heb 6:12
perfección Job 11:7; Sal 101:2; 119:96; Ez 28:12; Jn 17:23; Heb 5:9; 7:11; 12:23; Stg 2:22
perfecciona 2Co 12:9
perfeccionado 1Jn 4:18
perfeccionador Heb 12:2
perfeccionados Dn 12:10
perfeccionando Fil 1:6
perfeccionar Heb 9:9
perfeccionara Heb 2:10
perfeccionará Dn 11:35
perfeccionarse Gá 3:3
perfeccione 2Ts 1:11
perfeccionó Heb 7:19
perfecta Dt 28:7,25; Sal 19:7; 50:2; Pr 30:27; Is 26:3; Lm 2:15; Ez 16:14; 27:3; 28:12; Mt 21:16; Ro 12:2; Ef 4:13; Stg 1:25; 3:2
perfectamente 2Cr 8:16
perfectas Dt 32:4; Ap 3:2
perfecto 2S 14:25; 22:31; Job 37:16; Sal 18:30; 64:6; Ec 7:29; Ez 43:16; Mt 5:48; 19:21; 1Co 13:10; Fil 3:12; Col 3:14; Heb 7:28; 8:7; 9:11; Stg 1:17; 1Jn 4:18
perfectos Sal 119:1; Pr 2:21; Mt 5:48; Fil 3:15; Col 1:28; Heb 10:1,14; Stg 1:4

perfidia Pr 26:24
perfila Ez 21:12
perforarás Dt 15:17
perforarle Job 40:24; 41:2
perforaron Job 16:13
perfumado Pr 7:17
perfuman Am 6:6
perfúmate Rt 3:3; Mt 6:17
perfume Éx 30:33; 2S 14:2; Sal 23:5; 45:7; 92:10; 141:5; Pr 21:20; 27:9; Ec 7:1; 9:8; 10:1; Cnt 1:12; 4:10; Is 3:20,24; Ez 16:18; Dn 10:3; Mt 26:7,9,12; Mr 14:3-4; Lc 7:37-38,46; Jn 11:2; 12:3,5,7
perfumé Ez 16:9
perfumes Gn 37:25; 43:11; Éx 30:25,35; 37:29; 1R 10:2,10, 25; 1Cr 9:29-30; 2Cr 9:1,9,24; 16:14; 32:27; Est 2:12; Pr 21:17; Cnt 1:3; 3:6; Is 57:9; Ez 27:22; Lc 23:56; Ap 18:13
perfumistas 1S 8:13; Neh 3:8
perfumó 2S 12:20
pergamino Is 29:11; 34:4; Ap 6:14
pergaminos 2Ti 4:13
Pérgamo Ap 1:11; 2:12
Perge Hch 13:13-14; 14:25
pericia Éx 36:1-2; Sal 107:27
perímetro Ez 48:35
período Gn 31:35; Lv 12:4, 6; 15:20,25-26; 18:19; 20:18; Nm 6:13; Ez 22:10; Dn 12:1; Hch 24:2
períodos Hch 17:26
perjudica Gn 42:36; Pr 8:36; 11:17; Ro 13:10
perjudicada Nm 5:7-8
perjudicado Gn 26:29; Sal 15:4; Pr 11:15; 2Co 7:9; Flm 18
perjudican Is 29:21
perjudicar Rt 4:6
perjudicarnos 2S 20:6
perjudicas Nm 11:11
perjudicial Esd 4:13
perjudique 1Ts 4:6
perjuicio Dt 21:16; Esd 4:22; Neh 13:29; Ec 5:13; Hch 27:10,21; 1Co 4:6; 11:17
perjuicios Éx 21:19
perjurio Lv 6:3,5; Os 4:2
perjuro Zac 5:3
perjuró 1S 20:3
perjuros Mal 3:5
perla Is 13:19; Ap 21:21
perlas Mt 7:6; 13:45; 1Ti 2:9; Ap 17:4; 18:12,16; 21:21
permanecer Lv 12:4; Nm 35:28; Dt 1:46; Jue 1:27, 35;

2Cr 32:10; Sal 48:8; Jn 1:32; 15:4; Hch 11:23; 1Co 16:7

permanente Nm 4:7,16; Dt 28:46; Jos 4:7; 1Cr 9:26; Sal 119:111; Heb 10:34; 13:14

permiso Gn 41:44; Jue 11:17; 1S 20:28; Neh 13:6; Est 9:13; Is 22:16; Ez 4:15; Mr 5:13; Lc 8:32; Jn 19:38; Hch 21:40; 26:1; Ap 9:5

permitido Gn 31:7; Éx 32:25; Lv 11:39; Dt 18:14; 34:4; 2Cr 1:8; Esd 7:28; 9:8,15; Job 31:30; Mt 12:10,12; 19:3; 22:17; Mr 2:26; 3:4; 10:2; 12:14; Lc 6:4,9; 14:3; 20:22; Jn 5:10; 1Co 6:12; 10:23; 14:34; Ap 7:2

permitir Gn 47:19; Éx 21:8; Lv 22:16; Nm 35:32; 2Cr 12:7; Esd 4:3,14; 9:8; Is 48:11; Jer 40:15; Ez 14:3

permutar Ez 48:14

pernil 1S 9:24

perorata Job 11:2

peroratas Job 16:3

perpetua Gn 17:8; 48:4; Éx 12:24; 28:43; 29:9; 30:21; Lv 25:30; 1Cr 28:8; Jer 5:22; 25:12; 51:62; Ez 46:14; Sof 2:9

perpetuamente Nm 15:21; Jud 6

perpetuas Is 32:17; Dn 12:2

perpetúen Nah 1:14

perpetuidad Lv 25:23

perpetuo Gn 17:7,13,19; Éx 31:16; Lv 3:17; 6:18,22; 7:34,36; 10:9,15; 16:29,31, 34; 17:7; 23:14,21,31,41; 24:3,8-9; Nm 10:8; 15:15; 18:8,11,19,23; 19:10,21; Ez 46:15

perplejas Lc 21:25

perplejo Lc 9:7; Gá 4:20

perplejos Hch 2:12; 5:24; 2Co 4:8

perro 1S 17:43; 24:14; 2S 3:8; 9:8; 16:9; 2R 8:13; Pr 26:11,17; Ec 9:4; 2P 2:22

perros Éx 11:7; 22:31; Jue 7:5; 1R 14:11; 16:4; 21:19, 23-24; 22:38; 2R 9:10,36; Job 30:1; Sal 22:16,20; 59:6,14; 68:23; Is 56:10-11; 66:3; Jer 15:3; Mt 7:6; 15:26-27; Mr 7:27-28; Lc 16:21; Fil 3:2; Ap 22:15

persa 2Cr 36:20; Neh 12:22

Persa Dn 5:30; 6:28

persas Dn 5:28; 6:8,12,15

persecución Éx 14:8; Jue 8:4; 1S 23:25; 30:10; 31:2; 1Cr

10:2; 21:12; Mt 13:21; Mr 4:17; Hch 8:1; 11:19; 13:50; Ro 8:35; Heb 10:33; Ap 2:10

persecuciones Mr 10:30; 2Co 12:10; 2Ts 1:4; 2Ti 3:11

perseguidor Fil 3:6; 1Ti 1:13

perseguidores Jos 2:16,22; 8:20; Neh 9:11; Sal 7:1; 31:15; 57:3; 119:84,86, 150,157; 140:9; 142:6; Is 30:16; Lm 1:3,6; 4:19

perseguidos Sal 35:6; Mt 5:10; 2Co 4:9; Gá 6:12; 2Ti 3:12

perseguir Éx 14:28; Dt 32:30; Jos 8:16-17; Jue 7:25; 1S 14:37,46; 17:53; 23:28; 24:1; 30:8; 2S 2:26, 28,30; 18:16; 20:7,13

perseguirlo 1S 27:4; 2S 2:23; 20:6; 1R 22:33; 2Cr 18:32

perseguirlos Jos 8:24; 1S 14:22; Hch 26:11

perseguirme 2S 2:22

persevera 1Cr 28:7; Dn 12:13; 1Ti 5:5; Stg 1:25

Persevera 1Ti 4:16

perseverado Ap 2:3

perseveran Lc 8:15

perseverancia Ro 5:3-4; 15:5; 2Ts 1:4; Heb 12:1; Stg 5:11; Ap 1:9; 2:2,19; 13:10; 14:12

perseverando Ro 2:7

perseverar Hch 13:43; 14:22; 2Ts 3:5; Heb 10:36

perseverarán Col 1:11

perseveraron Stg 5:11

perseveremos Ro 15:4

perseveren Ro 12:12; Ef 6:18; Col 4:2

perseveró 2Ts 3:5; Heb 12:3

Persia 2Cr 36:22-23; Esd 1:1-2; 3:7; 4:3,5,7,9,24; 6:14,22; 7:1; 9:9; Est 1:3, 14,18-19; 10:2; Ez 27:10; 38:5; Dn 8:20; 10:1,13,20; 11:2

Pérsida Ro 16:12

persista Dt 29:19

persiste Dt 25:8; Sal 36:4; Jer 8:5; Ez 14:13; 2Ti 4:2

Persiste Is 47:12

persisten 1S 12:25; 2R 17:34

persistentes Dt 28:59

persistiendo Jue 8:4; 1R 15:26,34; 16:19,26

persistieron Jos 17:12; 2R 17:40

persistimos Is 64:5

persistió 2R 5:17

persistir Ro 6:1

personaje Est 9:4; Job 1:3; Hch 8:9

personajes Lc 9:30,32

personal Gn 39:11; 2S 20:26; 23:23; 1R 1:8; 4:5; 7:8; 2R 7:2,17; 22:12; 1Cr 11:25; 2Cr 34:20; Neh 4:23; Ez 46:18; Fil 1:17

personales 2R 12:4; 25:19; Est 2:2; 6:3; Jer 52:25

personalidades Hch 25:23

personalmente 2R 5:11; Jn 3:11; 4:45; Hch 15:27; 16:37; 2Co 10:1; Gá 1:22; Col 2:1; 2Jn 12; 3Jn 14

persuada 2R 18:30; Is 36:15

persuadiendo Hch 18:13

persuadieron Mt 27:20

persuadió Hch 16:15

persuadir Hch 5:39; 18:4; 19:26; Ro 1:5; 2Co 5:11

persuasivas Pr 7:21

pertenecer Ro 7:4

perteneciente Jos 13:23; 18:14; 20:8

pertenecientes Jos 17:7,9; Dn 1:3

pertenencias Gn 46:1; 47:1; Éx 35:5; Nm 16:26, 30; Jos 6:23; 11:14; Jue 14:19

pertrechos 1S 8:12

perturba Pr 11:29

perturbado 1Ts 3:3

perturban Sal 55:2

perturbando Gá 5:10

perturbara Nah 2:11

perturbará Mi 4:4

perturbaron Dn 2:1

perturbe Ez 39:26

perturbó Lc 1:29

Peruda Esd 2:55; Neh 7:57

perversa Nm 14:27,35; Dt 1:35; 15:9; 32:5,20; 1S 30:22; Sal 22:17; 43:1; 101:4; Pr 10:31; 28:24; Is 57:17; Ez 33:11; Hab 3:13; Mt 17:17; Lc 9:41; Hch 2:40

perversas Gn 8:21; Pr 2:12; Ez 36:31; 2Ts 3:2

perversidad Gn 19:7; Lv 18:25; 19:29; Sal 101:3; Pr 2:14; 4:24; 10:32; Is 30:12; 59:4; Ez 5:6; Os 4:8; 7:1; 13:12; 14:1-2; Mal 2:6; Ro 1:29; 1Co 5:8; 2Ts 2:10

perversidades Sal 21:11; 65:3; Ez 16:23; Os 8:13; 9:9; Am 3:2

perversión Gn 6:12; Lv 18:17; Os 10:10; Ro 1:27

perverso 2Cr 20:35; Pr 3:32; 8:13; 11:20; 16:27-28; 30;

17:20; 28:6; Is 55:7; Ez 38:10; Tit 3:11

perversos Dt 13:13; Jue 19:22, 25; 1S 2:12; Sal 26:5; Pr 4:14; 6:18; 28:18; Is 59:7; Jer 4:14; Jn 3:19; 2P 2:7

pervertido Job 33:27; Jer 3:21

pervertidos 1Co 6:9

pervertirán Dt 31:29

pervertirás Dt 16:19

perviertas Éx 23:2; Lv 19:15; Dt 24:4

pervierte Job 8:3; 34:12

pervierten Sal 58:3; Am 2:7

pervirtiendo 1S 8:3

pervirtiera 1R 11:3

pervirtieron 1R 11:4

pesada Éx 18:18; Nm 11:14; Dt 25:13; 2S 14:26; Neh 5:18; Sal 38:4; 66:11; Pr 27:3

Pesada Pr 27:3

pesadas Éx 5:9; Job 3:5; Sal 90:10; 144:14; Lm 3:7; Mt 23:4

Pesadas Is 46:1

pesadillas Ec 5:3,7

pesado 1R 12:4,10-11,14; 2Cr 10:4,10-11,14; Job 39:11; Sal 81:6; Is 47:6

pesados Éx 1:13; Esd 8:30; 2Co 6:5

pésame 2S 10:2-3; 1Cr 19:2-3; Jn 11:19,31

pesares Job 11:16; Pr 23:29

pesas Lv 19:36; Dt 25:13, 15; Pr 11:1; 16:11; 20:23; Ez 45:10; Mi 6:11

Pesas Pr 20:10

pesca Lc 5:9

pescaditos Mt 15:34; Mr 8:7

pescado Nm 11:5; Neh 13:16; Mt 7:10; Mr 6:43; Lc 5:5; 11:11; 24:42; Jn 21:9,13

Pescado 2Cr 33:14; Sof 1:10

pescador Lc 5:10

pescadores Is 19:8; Jer 16:16; Ez 47:10; Mt 4:18-19; 13:48; Mr 1:16-17; Lc 5:2

pescados Mt 14:17,19; 15:36; Mr 6:38,41; Lc 9:13,16; Jn 6:9,11; 21:6,8, 10-11

Pescados Neh 3:3; 12:39

pescar Job 41:1; Lc 5:4; Jn 21:3

pescaran Nm 11:22

pescarán Jer 16:16; Jn 21:6

pescaron Jn 21:3

pesebre Is 1:3; Lc 2:7,12,16

pésima Nm 21:5

peso Éx 23:5; Lv 19:35; Nm 7:85-86; Jue 8:26; 1R 7:47; 2Cr 4:18; Esd 8:34; Job 23:2; 26:8; 35:9; Sal 10:10; 88:7; Jer

11:8; Lm 4:2; 5:13; Ez 16:58; 45:12; Mt 20:12; Jn 5:36

pestañeo Sal 132:4

peste 2S 24:13,15; 1R 8:37; 1Cr 21:12,14; 2Cr 6:28; 20:9; Sal 91:6; Jer 14:12; 21:6-7,9; 38:2; 42:17,22; 44:13; Ez 5:12; 6:11-12; 7:15; 12:16; 14:19,21; 28:23; 33:27; 38:22

pestes Dt 28:22; 2Cr 7:13

pestilencia Dt 32:24; Is 3:24; Jer 24:10; 27:8,13; 28:8; 29:17-18; 32:24,36; 34:17; Ap 18:8

pestilentes Ez 8:17

Petaías 1Cr 24:16; Esd 10:23; Neh 9:5; 11:24

pétalos Éx 25:33-34; 37:19-20

petición Gn 19:21; Jue 6:39; 8:24; 11:37; 2S 14:22; 1R 2:16,23; 3:10; 5:8; 8:43; 2R 16:9; 1Cr 4:10; 2Cr 6:33; Neh 2:8; Est 5:3,6-8; 7:2-3; 9:12; Sal 10:17; Dn 10:12; Mt 14:9; Mr 6:25; Hch 23:21; 2Co 8:17

peticiones Job 35:13; Sal 20:5; Dn 9:18; Ef 6:18; Fil 4:6

Petor Nm 22:5; Dt 23:4

Petuel Jl 1:1

Peultay 1Cr 26:5

pez Jon 1:17; 2:1,10; Mt 12:40; 17:27

pezuña Éx 10:26; Lv 11:3-7,26; Dt 14:6-8

pezuñas Sal 69:31; Ez 1:7; Mi 4:13; Zac 11:16

Pi Éx 14:2,9; Nm 33:7-8

piadosa Mi 7:2; 1Ti 2:2; 2Ti 2:16; 3:12

piadosos 2Cr 35:26; Jn 9:31; Hch 2:5; 8:2; 2Ti 3:5

pica Ec 10:9

picaban Éx 8:17-18

picado Jn 6:18

picadura Ap 9:5

pícaros Job 15:5

pico Gn 8:11; Is 10:14

pichón Gn 15:9; Lv 1:14; 12:6

pichones Lv 5:7,11; 12:8; 14:22,30; 15:14,29; Lc 2:24

piedad Gn 49:23; 1S 3:17; 14:44; 20:13; 25:22; 2S 3:9, 35; 19:13; 21:14; 24:25; 1R 2:23; 19:2; 20:10; 2R 6:31; Job 16:13; Sal 102:13; Is 30:14, 18-19; Jer 13:14; 21:7; Lm 2:17,21; 3:43; Ez 5:11; 7:4,9; 8:18; 9:5,10; Hab 1:17; Zac 11:6; Col 2:23; 1Ti 4:7-8; 6:11; 2Ti 3:5; Tit 2:12

Piedra 1P 2:4

piedrecita Ap 2:17

pieles Gn 3:21; Éx 25:5; 35:7,23; 36:19; 39:34; Heb 11:37

pierna Nm 6:19; Pr 25:19; Heb 12:13

piernas Éx 29:17; Dt 28:35; 1S 17:6; Job 40:18; Pr 26:7; Cnt 5:15; Is 47:2; Ez 1:7; 16:25; Dn 2:33; 10:6; Am 2:15; Hab 3:16; Jn 19:31-33; Hch 14:8; Ap 10:1

pieza Éx 25:19,31,36; 27:2; 28:8; 30:2; 37:8,17,22,25; 38:2; 39:5; 1R 7:24,35; 2Cr 4:3; Jn 19:23

piezas 1R 22:34; 2Cr 18:33

pilar Gn 28:22; Ez 40:49

pilares Éx 26:15; Job 26:11; Pr 9:1; Cnt 5:15; Ez 40:9-10,16, 21,24,26,29,31,33-34,36-37, 48; 41:1,3

Pildás Gn 22:22

Piléser 2R 15:19,29; 16:7, 10; 1Cr 5:6,26; 2Cr 28:20

Piljá Neh 10:24

piloto Stg 3:4

Piltay Neh 12:17

pillaje Esd 9:7; Ez 34:8

pimpollos Cnt 7:12

pino 1R 5:8,10; 6:15,34; 9:11; Is 44:14; Ez 31:8; Os 14:8

Pinón Gn 36:41; 1Cr 1:52

pinos Is 14:8; 41:19; Ez 27:5

pinta Jer 22:14

pintadas Ez 23:14

pintaron Ez 23:40

pintos Zac 6:3,6

pinturas Ez 8:10

piojos Jer 43:12

pique Mt 17:27

piquetas 1R 6:7

pira Is 30:33

Pirán Jos 10:3

Piratón Jue 12:13,15; 1Cr 27:14

piratonita 2S 23:30; 1Cr 11:31

Pirro Hch 20:4

pisa Is 16:10; 63:2; Jer 48:33; Lm 1:15; Am 9:13; Nah 3:14

pisadas Os 6:8

pisado Jue 9:27; Is 63:3

pisan Éx 8:21; 1S 5:5; Job 24:11; Jer 25:30; Lm 5:5

pisando Éx 3:5; 2S 22:10; Sal 18:9; Hch 7:33

pisándoles Éx 14:10

pisar Jl 3:13; Sof 1:9

pisas Jos 5:15

písenles Jos 10:24

pises Is 49:23; Mi 6:15

Pisgá Nm 21:20; 23:14; Dt
3:17,27; 4:49; 34:1; Jos 12:3;
13:20
Pisidia Hch 13:14; 14:24
piso Jue 3:20,23-25; 1R 6:6,
8,15-16; 7:3; 22:35; 2R 1:2;
Est 1:6; Jer 22:14; Ez 40:18;
41:6-7; 42:5-6,9; Hch 20:8-9
pisó Is 41:3
Pisón Gn 2:11
pisos Gn 6:16; 1R 6:30; Ez
41:6,16; 42:3
pisoteada Is 5:5; 24:5; 25:10;
28:3; Mi 7:10; Lc 8:5
pisoteado Is 14:19; 16:8;
63:3,18; Jer 12:10; Ez 34:19;
Heb 10:29
pisotear Ez 34:18; Dn 7:7; Mi
5:5; Lc 10:19
pisotearlo Is 10:6
Pispa 1Cr 7:38
Pitón Éx 1:11; 1Cr 8:35; 9:41
pitonisas Is 8:19; 19:3
placa Éx 28:36,38; 39:30; Lv
8:9; Job 19:24
place Sal 68:16; Jn 5:21
placenta Dt 28:57
placentera Sal 25:13; Cnt 2:14
placenteras Ec 10:12
placenteros Pr 3:17
placer Gn 18:12; Pr 21:17; Ec
2:10; 12:1; Ez 16:37; Mi 7:18;
Hab 3:14; 1Ti 5:6; 2Ti 3:4;
Stg 5:5; 2P 2:13
placeres Sal 39:11; Ec 2:1-2;
Lc 8:14; Tit 3:3; Heb 11:25;
2P 2:13
plaga Éx 9:3,15; 10:14,17;
11:1; 12:13; 30:12; 32:35; Lv
26:25; Nm 14:12,37; 25:9; Dt
32:24; Jue 6:5; 1S 6:4; 2S
24:21,25; 1Cr 21:22; 2Cr
21:14; Job 9:23; Sal 78:50;
91:6; 106:29-30; Is 10:18;
19:22; Jer 51:27; Hab 3:5;
Hag 2:17; Zac 14:12,15,18;
Hch 24:5; Ap 16:21
plagado Pr 15:19
plagados Ec 2:23
plagas Gn 12:17; Éx 5:3; 9:14;
Dt 28:21-22,59-60; Jos 24:5;
1S 4:8; 1R 8:37; 2Cr 6:28; Sal
91:3; Is 15:9; Ez 5:17; Os
13:14; Am 4:9-10; Ap
9:18,20; 11:6; 15:1,6,8; 16:9;
18:4,8; 21:9; 22:18
plan Gn 37:18; 41:37; Dt 1:14;
Jos 9:4; 2S 7:19; 17:6-7,11,
14-15; 1R 20:22; Est 8:3; 9:25;
Sal 64:6; Is 5:19; 8:10; Jer
18:11,18; 49:20,30; 50:45; Ez

38:10; Mt 28:12; Hch 27:43;
Ef 1:11; 3:2,9; Col 1:25
plancha Ez 4:3
planeaban Neh 6:2
planeado 1Cr 28:12; Is 14:24;
19:12; 46:11; 63:4; Hch 20:13
planeando Gn 27:42; 2R
19:25; Is 19:17; 37:26
planeó Is 22:11; 23:8-9
planicie Dt 4:43; Jos 4:13
plano 2R 16:10
planos Ez 43:10
planta Dt 28:35,56; 2S 22:40;
1R 6:8; 17:23; 2R 4:39; Job
2:7; Sal 18:39; Pr 31:16; Is
1:6; 44:14; Ez 16:7; 43:7; Jon
4:6-7,9-10; Mt 15:13; Mr
14:15; Lc 22:12; Hch 9:37;
1Co 9:7; Stg 1:11; Ap 9:4
plantada Ez 17:8; 19:10,13; Lc
13:6
plantado Dt 20:6; 21:4; 22:9;
Job 14:9; Sal 1:3; 19:4; 122:2;
Is 33:20; 60:21; Jer 17:8; 45:4;
Dn 4:10; Am 5:11; Mt 15:13
plantados Nm 24:6; Is 40:24;
Os 9:13
Plantados Sal 92:13
plantar Ec 3:2; Jer 1:10; 18:9;
31:5,28; Hch 7:5
plantarse Dt 29:23
plantas Gn 1:29; Éx 10:15; Lv
11:27,42; Dt 32:2; 1R 4:33;
2R 19:24,26; Job 8:16,19; Sal
104:14; 144:12; Is 17:10;
37:25,27; Jer 12:2; Dn 4:15;
Mt 13:6; Mr 4:6; Lc 8:6; 1Co
15:37
plantea Is 43:26
Plantéale Ez 17:2
plantearon Mt 22:23; Mr
12:18; Lc 20:27; 1Co 7:1
planteó Hag 2:11
plantío Is 61:3
plantíos Dt 28:38
plañideras Jer 9:17
Plata Pr 10:20
plataforma 2Cr 6:13; Neh 8:4;
9:4; Ez 41:8
plátano Gn 30:37
platero Jue 17:4; Hch 19:24
plateros Neh 3:8,31-32
platillo 1Co 13:1
platillos Esd 3:10
plato 2S 12:3; 2R 21:13; Pr
19:24; 26:15; Jer 51:34; Mt
23:25-26; 26:23; Mr 14:20; Lc
11:39; Jn 13:26; Heb 12:16
platos Éx 25:29; 37:16; Nm
4:7; Jer 52:19
playa Mr 4:1; Lc 5:2; Hch
21:5; 27:39-40

plaza Gn 19:2; Dt 13:16; Jue
19:15,17,20; 2S 21:12; 1R
22:10; 2Cr 18:9; 29:4; 32:6;
Esd 10:9; Neh 8:1,3,16; Est
4:6; Job 29:7; Is 59:14; Ez
16:24,31; Am 5:9; Mt 11:16;
20:3; Lc 7:32; Hch 16:19;
17:17; Ap 11:8
plazas Pr 5:16; 7:12; Is 15:3;
Jer 5:1; 9:21; 48:38; Am 5:16;
Nah 2:4; Mt 6:5; 23:7; Mr
6:56; 12:38; Lc 10:10; 11:43;
13:26; 14:21; 20:46; Hch 5:15
plazca Gn 19:8; Dt 12:13;
29:19; Jer 27:5
plazo Éx 9:5; Jue 11:37; 1S
13:8,11; 18:26; 2S 20:5; Esd
10:8; Neh 2:6; Job 14:13; Ez
4:5-6; 12:27; Dn 1:15,18; Hch
21:26; Gá 4:4
plebe Jer 5:4; Os 7:5
plebeyo 1S 18:23; Is 3:5
plebeyos Is 5:14
plegaria Gn 30:6; Sal 5:2;
66:19-20; 141:2; Lm 3:56
plegarias Ez 18:6,12,15; Mr
12:40; Lc 20:47; 1Ti 2:1
pleitesía 1Cr 29:24; Dn 2:46
pleito Lv 24:10; Dt 25:1; 2S
15:2,4; 2R 5:7; Pr 3:30; 20:3;
26:20; 29:9; Ez 44:24; Os
12:2; Mi 6:2; Mt 5:40; 1Co
6:1,5
Pleito Gn 26:20
pleitos Gn 13:8; Dt 1:12; 17:8;
2Cr 19:8; Pr 22:10; 23:29;
26:17,21; Os 10:4; 1Co 6:4,7;
2Ti 2:23
plena Éx 22:3; 32:29; Nm
25:4; 2S 12:12; Est 9:29; Job
5:14; 42:17; Sal 130:7; Pr
22:13; Is 16:3; Jer 6:4; Ez
12:3-4,7; Sof 2:4; Mt 10:27;
Lc 1:4; 12:3; Ro 11:12; 2Co
3:12; Ef 4:13; Tit 3:2; Heb
10:19,22
plenamente Pr 31:11; Jl 2:19;
Hch 13:33; Ro 4:21; 9:28;
14:14; 1Co 7:35; 2Co 7:16;
13:9; Col 1:6,9; 4:12; 1Jn 2:5;
4:12,17
plenitud Pr 4:18; Is 38:10; Jn
1:16; 17:13; Ef 1:23; 3:19; Col
1:19; 2:9-10
pleno Gn 29:7; Éx 12:6; Dt
28:29; Jos 22:11; 2S 12:11;
Job 6:17; Sal 105:22; Is 59:10;
Jer 15:8-9; Ez 32:4; Am 8:9;
Mt 26:59; Mr 14:55; 15:1; Lc
22:16; 23:1; Hch 22:30; 2P
2:13

Pléyades   Job 9:9; 38:31; Am 5:8

pliegues   Job 41:23

plomada   2R 21:13; Is 28:17; 34:11; Am 7:7-8; Zac 4:10

plomo   Éx 15:10; Nm 31:22; Job 19:24; Jer 6:29; Ez 22:18,20; 27:12; Am 7:7; Zac 5:7-8

pluma   Sal 45:1; Jer 8:8

plumaje   Dt 32:11; Job 39:13; Ez 17:3,7

plumas   Sal 68:13; 91:4; Dn 4:33

población   Nm 20:16; Jos 7:3; 13:9,16; 18:14; 1S 5:6; 2R 17:25,27; Esd 2:1; Neh 11:3; 12:44; Jer 1:3; 39:9; Mr 1:33; Lc 7:12

poblada   Is 13:20

Pobladas   Sal 65:13

poblado   Hab 2:12

pobladores   Is 18:3

poblados   Jos 15:28; Jue 10:4; 11:26; 1R 4:13; 2R 17:24,26; Is 42:11; Ez 26:6, 8; 34:13; Am 4:6; Mt 14:13; Mr 6:33

poblará   Is 54:3

poblaré   Ez 36:11,33

poblaron   Gn 9:19; 10:5

pobló   2Cr 8:2

pobreza   Dt 28:48; 1S 2:7; Pr 6:11; 10:4,15; 13:18; 14:23; 21:17; 23:21; 24:34; 28:19,22,27; 30:8; 31:7; Mr 12:44; Lc 21:4; 2Co 8:2,9; Fil 4:12; Ap 2:9

poca   Dt 26:5; 1S 15:17; 2R 3:18; Pr 30:26; Ez 8:17; 17:6; Dn 11:34; Os 8:8; Hag 2:3; Mt 6:30; 8:26; 14:31; 16:8; 17:20; Mr 9:24; Lc 12:28; 19:17; Hch 19:24

pocas   1S 17:28; 2R 10:18; Ec 12:3; 1P 3:20; Ap 3:8

pocos   Gn 34:30; 47:9; Lv 25:16,52; Nm 13:18; Dt 4:27; Jos 7:3; 10:20; 1S 14:6; 1Cr 4:27; 2Cr 29:34; Neh 7:2,4; Job 21:21; Sal 105:12; Ec 9:14; Is 10:19; 16:14; 65:20; Jer 44:28; Ez 5:4; 12:16; Mt 7:14; 9:37; 15:34; 22:14; Mr 6:5; Lc 1:39; 10:2; 12:48; 13:23; Hch 1:5; 17:12

Pocos   Job 14:1; Is 21:17

poda   Jn 15:2

podada   Is 5:6

podamos   Gn 42:2; 43:8; 47:19; Dt 30:12-13; Jue 11:6; 13:17; 1S 11:3; 1R 22:7; 1Cr 29:14; 2Cr 18:6; Est 5:5; Jer 20:10;

Am 8:5; Jn 7:35; Hch 4:12; 2Co 1:4; Ef 3:20; 1Jn 2:28

podarán   Is 18:5

podarás   Lv 25:3-4

Poder   Hch 8:10

poderes   Is 24:21; Ez 13:20; Dn 4:35; Zac 1:19,21; Mt 13:54; Hch 16:16; Ro 8:38; 1Co 12:10; Ef 2:2; 3:10; 6:12; Col 1:16; 2:15; Heb 6:4; 1P 3:22

poderío   1R 15:23; 2R 10:34; 13:8,12; 14:15,28; 20:20; 2Cr 13:20; Jer 49:35; Ez 32:30; Am 3:11; Mi 4:8; Hag 2:22

poderosa   Gn 18:18; Éx 6:1; 32:11; Dt 9:2; 2Cr 6:41; 26:15; Sal 119:161; 132:8; 136:12; 146:3; Is 27:1; 40:26; 60:22; Jer 16:21; 31:11; Ez 26:17; Dn 9:15; Jl 1:6; Mi 4:7; Heb 1:3; 4:12; Stg 5:16; 1P 5:6; Ap 18:10

poderosas   Sal 71:16; 77:12; Ez 32:18; Dn 11:39; Mi 4:3; Ro 15:19

Poderoso   Sal 132:2,5; Is 10:21; 49:26; 60:16; Lc 1:49

poderosos   Éx 1:7; Dt 1:17; 1S 2:4; 4:8; Esd 4:20; Job 5:15; 12:21,24; 24:22; 34:20,24; 41:25,34; Sal 35:10; 49:2; 118:9; 119:23; 135:10; 136:18; Pr 19:6; Is 33:21; 40:23; 47:9; Jer 5:27; 25:14; Ez 7:24; 39:18; Dn 8:24; Jl 2:11; Lc 1:52; 1Co 1:26-27; 2Ts 1:7; Ap 6:15

Poderosos   Sal 16:3

podredumbre   Mt 23:27

podrida   Job 41:27

podrido   Jer 13:7; Stg 5:2

podridos   Jer 29:17

poetas   Nm 21:27; Hch 17:28

polainas   1S 17:6

polea   Ec 12:6

polilla   Job 4:19; 13:28; 27:18; Sal 39:11; Is 50:9; 51:8; Os 5:12; Mt 6:19-20; Lc 12:33; Stg 5:2

pollino   Zac 9:9

pollitos   Mt 23:37; Lc 13:34

polluelos   Dt 22:6-7; 32:11; Job 39:16,30; Sal 84:3

pompa   Hch 25:23

Poncio   Lc 3:1; Hch 4:27; 1Ti 6:13

ponderó   Job 28:27

Ponderó   Ec 12:9

ponerla   Éx 25:25; Esd 7:10; Ez 21:11; Mr 4:21; Lc 8:16; 11:33

ponerle   Job 10:8; 41:2,8, 13; Jer 6:21; Os 10:11; Lc 1:59,62

ponerles   Lv 2:13; Jos 2:19; Hch 15:19; 1Co 7:35; Gá 3:15

ponerlo   2S 17:21; 1R 10:1; 2Cr 9:1; Sal 105:20; Dn 6:3; Mt 16:1; 19:3; Mr 8:11; 10:2; Lc 5:18-19; 11:16; Jn 6:6

ponerlos   Éx 16:4; 20:20; Dt 5:1; Sal 103:18; Jer 9:7; Ap 2:10

ponerme   1Cr 28:4; Jer 44:11; Lc 22:53; 1Ti 1:12

ponerse   Gn 38:19; Éx 33:4,6; Lv 22:7; Nm 4:5, 15; 10:2; 16:47; Dt 4:42; 16:6; 19:5; 23:11; Jos 8:29; 10:27; Jue 19:14; 1S 19:18; 2S 19:18; 1R 19:3; 2Cr 18:34; Job 31:19; Is 60:20; Am 3:3; Lc 4:40; Hch 28:25; Ef 4:24

ponérselos   Éx 28:43

ponerte   2S 5:6; Ec 7:12; Jn 19:10

Ponto   Hch 2:9; 18:2; 1P 1:1

ponzoña   Dt 32:33

ponzoñosas   Sal 64:3

popa   Mr 4:38; Hch 27:29, 41

populacho   Nm 11:4; Job 30:12

populares   2Cr 35:25

populosa   Is 32:14; Lm 1:1

Poquéret   Esd 2:57; Neh 7:59

poquito   Is 28:10,13

Porata   Est 9:8

Porcio   Hch 24:27

porciones   Gn 43:34; Éx 29:27-28; Lv 6:21; Jos 17:5; 2Cr 31:19; Neh 12:47; 13:10,13

pórfido   Est 1:6

pormenores   2S 11:19

porta   Lm 2:5

portaban   Jos 3:15,17; 1R 14:28; 2Cr 14:8; 17:17

portacenizas   Éx 27:3; 38:3

portado   Gn 34:21; 1S 26:21; 1R 14:9; Lc 2:48; 2Co 12:11

portador   2R 5:6

portadora   Is 40:9

portadores   Jos 4:16

portan   Cnt 3:8; Nah 3:13

portando   Jos 4:18; 2Cr 12:11; Sal 118:27

portarnos   Heb 13:18

portaron   1S 25:15

portarse   Gn 44:15; Jue 13:12; 1S 21:13; Ec 7:17; 1Ti 3:15

pórtate   1R 2:2

portavoz   Jer 15:19

porte   Cnt 5:15

porté   Sal 73:22; Hch 20:18

pórtense   Stg 2:12

Pórtense   Lc 12:36

portentos Éx 15:11; Job 5:9;
9:10; Sal 46:8; 78:43; 106:22;
145:6; Is 64:3

portentosas Sal 66:5; 72:18;
75:1; Dn 4:3

portentoso Sal 89:7

portentosos Dt 4:34; 26:8

portera Jn 18:16-17

portero 1Cr 9:21; Mr 13:34; Jn
10:3

porteros 2R 22:4; 23:4; 25:18;
1Cr 9:17-18,22-24, 26; 15:18,
23-24; 16:38,42; 23:5; 26:1,12,
19; 2Cr 8:14; 23:19; 34:9,13;
35:15; Esd 2:42,70; 7:7,24;
10:24; Neh 7:1,3,45,73;
10:28,39; 11:19; 12:25,45,47;
13:5; Jer 52:24

portes Dt 22:3

pórtico 1Cr 28:11; 2Cr 29:17;
Jl 2:17; Jn 10:23

Pórtico Hch 3:11; 5:12

pórticos Jn 5:2-3

portón Jer 38:7; Mr 11:4; Hch
12:10

portones Dt 3:5; 6:9; 11:20;
Sal 122:2

porvenir Sal 37:37-38; Pr
24:20; 31:25; Dn 10:14

pos Job 39:10; Sal 4:2

posaba 2Cr 7:3

posada Éx 4:24; Jer 9:2; Lc 2:7

posadas Cnt 5:12

posado Éx 40:35; 2R 2:15

posan Sal 145:15; Ez 31:13;
Nah 3:17

posará Is 25:10

posaron Hch 2:3

posarse Gn 8:9; Mt 3:16

poseer Gn 28:4; Nm 33:55; Dt
4:14,26; 5:33; 7:1; 11:11,29;
16:20; 18:14; 28:63; 30:18;
31:13; 32:47; Esd 9:11; Pr
17:16; Ez 33:24-26

poseerla Gn 15:8

poseída Mr 7:25

poseído Jue 6:34; 11:29; Mr
1:23; 3:22; 5:2,15; 9:17; Lc
4:33; Jn 8:49

posen Ez 32:4

posesiona Lc 9:39

posesiones Gn 14:12,16;
32:23; 45:10; 46:6; Nm 16:32;
Dt 21:17; Jos 6:25; 7:11,15,
24; 1R 13:8; 2R 24:7; 1Cr
7:28; 9:2; 2Cr 11:14; 21:14;
Esd 8:21; Job 1:10,12; 15:29;
Sal 49:6; 109:11; Pr 6:31; Ez
23:29; 38:12-13; Abd 17; Zac
9:4; Hch 2:45; 4:32

posibilidad Lv 25:24; Jer 45:5

posibilidades 2Co 8:11; Fil
1:23

posibles 1Co 9:22

posición Éx 36:20; 2S 3:6; 2R
4:8; 25:28; 1Cr 19:17; Jer
52:32; Jud 6

posiciones Éx 14:13; Jos
8:4,33; Jue 9:44; 1S 17:3, 20;
2S 2:13,25; 2R 3:21; 2Cr
14:10; Jer 50:14

posó Éx 19:16; 24:16; Ez 1:3;
17:3

poste Jue 6:25-26,28

posteridad Sal 21:10; 22:30; Is
14:22

posterior Éx 26:22,27; 36:32;
Jos 8:2,4,14; 2Cr 2:17; Ez
41:15; Heb 7:28

posteriormente Heb 4:8

Posteriormente 2R 16:6; Esd
10:7

postrada 2Cr 29:28; Am 5:2

Postradas Lm 2:10

postrado Dt 9:25; Jos 7:10; Mt
8:6

Postrado Sal 119:25

postrados Jer 46:15; Sof 1:5

postrar Ap 2:22

postrarme Sal 5:7; Mi 6:6

postrarse Dt 4:19; Is 66:23

postrarte Mi 5:13

postrero Mt 12:45

postreros Nm 24:14; Sal 90:2

postura Job 11:4

potable Éx 7:24

potencia Sal 65:6; 2P 1:3

potentado Job 21:28

potentados Ez 38:13

potente Sal 29:4; Ap 7:2;
11:12; 21:3

potentes Zac 8:22; Ap 19:6

Poteoli Hch 28:13

potestad Nm 5:19-20,29

potestades Ef 6:12; Col 2:15

Potifar Gn 37:36; 39:1, 4-6,12

Potifera Gn 41:45,50; 46:20

Pozo Gn 16:14

pozos Gn 14:10; 26:15,18; Éx
7:24; Nm 20:19; Dt 10:6; 1S
13:6; 2R 19:24; 2Cr 26:10; Is
37:25

practicar Lv 18:26; Dt 18:10;
28:58; Jos 5:2; Pr 21:7; Jer
22:17; Ez 13:23; 18:22; 23:8;
Os 12:6; Hch 16:21; Gá 2:14;
5:3; 1Ti 5:10; Heb 13:2; 1Jn
3:9; Ap 2:5

Practicar Pr 21:3; Mi 6:8

practicarla Stg 1:25

practicarlos Dt 26:16

prácticas Éx 23:24; Lv 18:24;
Dt 23:18; 2R 17:8; 2Cr 17:4;

27:2; 36:14; Esd 9:14; Ez
5:11; 7:4,9; 11:18, 21; 12:16;
16:2,22,43,47, 50-51,58; 20:4;
22:2; 36:31; 44:6; Mi 6:16;
Zac 1:4; Hch 19:18; 2P 2:2;
Ap 2:6

pradera Jer 50:11; Os 9:13

praderas Sal 65:13; Is 5:17;
30:23; Jer 9:10; 23:1; 25:37;
49:19-20; 50:44-45; Ez 45:15;
Sof 2:6

prado Sal 74:1; 79:13; 95:7;
100:3; Is 44:4; Jer 50:19; Ez
34:31

prados Job 39:8; Sal 65:12

prebendas Is 1:23

precauciones 2R 6:10

precede Sal 50:3; Pr 15:33;
18:12; Is 40:10; Hab 3:5

precedido 2R 17:2; Esd 4:15;
Jer 28:8

precedidos 1S 10:5

precedieron Gn 32:21; Dt
4:32; 1R 16:25,30,33; 2R
21:11; 2Cr 1:12; Neh 5:15; Ec
1:10; 2:7,9; Jer 34:5; Mt 5:12

precepto 2Cr 23:6; Ro 13:9

preciadas Is 44:9; Mi 2:9

preciosa Dt 26:18; 2S 1:26; Sal
16:6; 22:20; Cnt 5:2; 6:9; Is
28:16; 2Ti 1:14; 1P 1:19;
2:4,6,7; 2P 1:1; Ap 18:12;
21:11

preciosas Éx 25:7; 28:17; 31:5;
35:9,27,33; 39:10; 2S 12:30;
1R 10:2,10-11; 1Cr 20:2;
29:2,8; 2Cr 3:6; 9:1, 9-10;
20:25; 32:27; Est 1:6; Pr 3:15;
8:11; 20:15; 31:10; Is 54:12;
Ez 27:22; 28:13; Dn 11:38;
1Co 3:12; 2P 1:4; Ap 17:4;
18:12,16; 21:19

precioso Dt 33:13; Sal 36:7; Is
43:4; Os 9:16; Heb 11:23; Stg
5:7

preciosos Esd 8:27; Sal
139:17; Os 13:15; Nah 2:9

precipicio Lc 4:29

precipicios Jer 48:28

precipitada Nm 30:6,8

precipitadamente 2R 7:15;
Hch 16:29; 19:36

precipitado Sal 42:7

precipitó Mt 8:32; Mr 5:13; Lc
8:33; Hch 19:29; 21:30

precisa Hch 23:15,20

precisamente Gn 7:11; Éx
9:16; Jue 7:13; 9:35; 2S 19:22;
2R 8:5; Est 4:14; Jn 4:53;
12:27; Hch 26:10; Ro 9:17;
13:6; 1Co 2:13; Gá 2:10; Ef
6:22; Col 4:8; 1Ti 1:16; Tit

1:12; Stg 4:1; 1Jn 3:1,8; 5:9; Jud 10; Ap 9:15

Precisamente Éx 12:41; 1R 17:12; Jn 5:16; Hch 28:20; 2P 1:5

precisas Dt 25:15

precisión Hch 18:26

preciso Dn 11:29,35; Mr 14:49; Lc 4:43; Hch 1:21; 19:36; 20:35; Heb 2:17; Ap 17:10

precisos 1S 23:23

precursor Heb 6:20

predestinados Ef 1:11

predestinó Ro 8:29-30; Ef 1:5

predicación Mt 12:41; Lc 11:32; Hch 18:5; Ro 16:25; 1Co 1:21; 15:14; Gá 5:11; 1Ts 2:3; 1Ti 5:17; 2Ti 4:17; Tit 1:3

predicador Hch 17:18; 2P 2:5

predicar Am 7:16; Mt 4:17; 11:1; Mr 1:38; 3:14; Lc 9:2; Hch 9:20; 10:42; 14:25; Ro 15:20; 1Co 1:17; 9:18; 2Co 2:12; 10:16; Gá 2:7; Ef 3:8

predicarles Hch 20:20; Ro 1:15

predicarlo Gá 2:7

predicarse Mr 13:10

predicciones Is 47:13; Ez 12:24; 22:28

predicen 1R 22:13; 2Cr 18:12; Mi 3:11

predicho Gn 40:22; Hch 1:16

predijo Sal 105:19; Is 45:21; Hch 11:28

predilectos Jer 13:21

preeminencia Sal 62:4; Os 13:1

preeminente Est 10:3

prefectos Dn 3:2-3,27; 6:7

preferible Jn 18:14; 1Co 7:9; Fil 1:24; 1P 3:17

preferido Is 5:7; Jer 31:20

preferidos Is 22:7

pregonaba 1S 30:20

pregonar 2Cr 30:5; Neh 8:15; Is 61:2; Lc 4:19

pregonara 2Cr 24:9; Jon 3:7

pregonen 2S 1:20

pregunta Jue 4:20; 1S 10:2; 2S 14:18-19; Job 12:7; Jer 23:33; 38:15; 48:19; Zac 13:6; Mt 21:24; 22:35; Mr 11:29; 14:14; Lc 6:9; 10:25; 19:31; 20:3; 22:11; Jn 8:6; 16:5; Hch 4:9; 9:11

preguntar Gn 29:5; Éx 4:1; 2S 9:3; 21:4; Is 21:12; Jer 15:5; 38:14; 1Co 10:25,27

preguntarle Gn 27:24; 1S 23:12; 2R 8:9; Est 5:6; Job

1:8; 2:3; 35:3; Mt 17:25; 26:22; Mr 6:24; 14:19; Lc 7:19; Jn 1:19; 5:33; 21:12,16

preguntarles 1S 6:2; 2R 9:17; Zac 7:3; Jn 18:7; Hch 10:29

preguntarme Jue 18:24

preguntarse Lc 22:23

preguntárselo Mr 9:32; Lc 9:45

preguntarte Lc 7:20

preguntas Gn 32:29; 43:7; Jue 13:18; 2S 11:21; 1R 10:1,3; 2R 8:6; 2Cr 9:1-2; Job 33:13; Ec 7:10; Jer 13:22; Mt 19:17; 22:46; Mr 4:10; 5:31; 12:34; Lc 2:46; 11:53; 20:40; 22:68; 23:9; Jn 8:7; 16:19,30

prejuicios 1Ti 5:21

premeditación Dt 4:42; 19:4,6; Jos 20:3,5

premeditado Éx 21:14

premiado 2S 22:21; Sal 18:20

premio Pr 9:12; 14:14; Is 62:11; 1Co 9:24-25; Fil 3:14

prenda Gn 38:18; Éx 22:26; Lv 16:28; Dt 24:6, 10-12,17; Job 22:6; 24:3; Pr 20:16; 27:13; Ez 18:7, 12,16; 30:8; 33:15; Am 2:8

prendas Gn 38:20,23,25; Hab 2:6

prender Ez 20:47; Hch 12:3

prenderle Jue 9:52; 1R 18:23

prenderlo Lc 22:52

prendidos Job 41:17

prensadas Lv 24:2

preñado Sal 7:14

preñados Dt 32:32

preocupación 1S 20:21; 2Co 7:7,11; 8:16; 11:28

preocupaciones Mt 13:22; Mr 4:19; Lc 8:14; 21:34; 1Co 7:32

preocupada Lc 10:41

preocupado Gn 41:8; 1S 10:2; Ez 36:9; Dn 2:3; 7:15; Fil 2:28

preocupados Gn 40:6

preocuparse Gn 39:8; 1S 9:5; Pr 10:22; 31:21; Ec 2:22

preparación Dn 1:5; Mt 27:62; Mr 15:42; Lc 23:54; Jn 19:14,31,42; Hch 4:13

preparada Lv 2:8; 2Cr 35:10; Is 30:33; Mr 3:9; 2P 2:3; Ap 21:2

preparadas 2Cr 16:14; Mt 25:10

preparado Gn 18:8; 24:31; 27:17; Éx 16:5; 23:20; Nm 23:4; 2S 6:17; 13:10; 2R 19:25; 1Cr 16:1; 2Cr 1:4; 29:36; Job 13:18; Sal 7:13; Is 37:26; 57:8; Ez 32:25; Sof 1:7;

Mt 22:4,8; 25:34, 41; Lc 2:31; 24:1; Hch 3:20; 1Co 2:9; 2Ti 2:21; Heb 11:40; 1P 4:5; Ap 12:6; 19:7

preparados 1Cr 12:8,33, 38; Est 3:14; 8:13; Ez 28:13; Mt 24:44; Lc 12:38, 40; 2Co 9:2-3; 1P 3:15; Ap 9:15

preparar Éx 12:16,39; Jos 8:9,12; Jue 6:19; 2S 13:5; Neh 5:18; Ez 39:19; Nah 1:14; Mt 25:7; Lc 21:14; 1Co 14:8

prepararla 2Cr 35:14

prepararle Lc 1:76; 9:52

prepararles Jn 14:2

prepararlo Gn 18:7

prepararme 2S 13:6; 2Cr 2:9; Mt 26:12

prepararse Nm 15:11; Jos 1:2

preparativos 1Cr 29:2; Mt 26:17; Mr 14:12; Lc 22:8; Hch 21:15; 2Co 9:5

prepotencia Mi 7:16

prepotente Sal 52:1

prepucio Gn 17:11,14; Éx 4:25; Jer 9:25

prepucios 1S 18:25,27; 2S 3:14

presa Gn 49:9,27; Nm 23:24; Dt 31:17; 1S 17:35; Job 4:11,14; 9:26; 24:5; 29:17; 38:39; 39:29; Sal 17:12; 22:13,16; 104:21; Pr 12:27; Is 1:7; 5:29; 10:2; 31:4; Jer 49:24; Ez 13:21; 19:3,6; 22:25,27; 30:4; 34:22,28; Os 5:14; Am 3:4; Nah 3:1; Hab 1:8

presagia Job 36:33

presagian Jer 5:16

presagio Pr 16:14; Is 20:3; Ez 12:6,11; Zac 3:8

presagios Is 8:18; Mi 3:6

presas Nah 2:12

prescribí Jer 11:4

prescribo Jer 11:4

prescrita Lv 9:16; 26:25; Est 9:27

prescrito Lv 5:10; 8:35; 23:37; Nm 15:24; 2R 22:13; 2Cr 4:7,20; 30:5,18; Esd 3:4

prescritos Est 2:12

Presencia Éx 25:30; 35:13; 39:36; 1S 21:6; 1R 7:48; 1Cr 23:29; 2Cr 4:19; 29:18; Neh 10:33

presenciado Mr 5:16; Lc 8:36; Jn 11:45

presenciales Lc 1:2

presenciar Hab 1:3; Lc 23:8,48

presenciarán Pr 29:16

presenciaste Dt 10:21

presencien Sal 50:4
presentables 1Co 12:23-24
presentación 1Co 16:3
presentada Éx 29:18,25,41; Lv
 1:9,13,17; 2:2,9,11,16; 3:5,11,
 16; 4:35; 7:5; 8:21, 28;
 10:12-13; 14:2; 23:18; 24:7;
 Nm 15:3,10; 18:17;
 28:2-3,6,8,13,24
presentadas Lv 7:35; Dt 18:1
presentado Éx 29:27; Lv 13:7;
 Nm 8:15; 9:13; 18:15,30;
 29:13,36; Is 57:6; Zac 6:5; Lc
 11:6; Hch 25:24; 1Co 16:9;
 Gá 3:1; Heb 9:26
presentados Lv 5:12; 6:17-18;
 7:25; 10:15; Nm 16:38
presentarla Nm 7:3
presentarlas Jer 41:5
presentarle Éx 18:19; Lv
 3:1,6; 7:30,38; 21:17,21;
 22:22; 23:36-37; Nm 29:39;
 1S 6:3; Mr 6:25
presentarles Jos 24:9; Hch
 16:39; 2Co 3:1
presentarlo Lc 2:22; 1Co 9:18
presentarlos Col 1:22,28
presentarme Éx 3:11; 19:9;
 22:29; Nm 18:32; 2S 14:32;
 Est 4:11; Sal 42:2; Ez 20:28;
 Mi 6:6; Lc 7:7; Hch 26:2
presentarnos Gn 43:5; 44:26;
 1Jn 2:28
presentarse Éx 34:23; Lv 7:14;
 13:7,19; Jos 7:13; 1S 6:20; 2S
 14:3,24,28; 19:8; 1R 3:16;
 10:2; 12:12; 18:2; 2R 8:14;
 2Cr 9:1; 10:12; Est 1:19;
 2:12,14-15; Job 2:1; Is 1:12;
 Jer 40:8; Mr 15:43; Lc 17:14;
 21:36; Hch 19:30; Heb
 9:11,24
presentársela Nm 25:6; Ef
 5:27
presentárselo Jue 3:18; 1S
 16:8
presentárselos Gn 47:2; 2Co
 11:2
presentarte Éx 10:28; 34:2; 1R
 1:13; 2Ti 2:15
presentes Nm 15:40; 31:54;
 Dt 31:11; 1Cr 23:30; 2Cr
 5:11; 35:17-18; Esd 8:25; Sal
 45:12; 68:29; 72:10; Is 49:16;
 Jer 44:15; Os 7:2; Mt 16:28;
 19:18; Mr 9:1; 10:19; 14:4,69;
 Lc 9:27; 18:20; 19:24; Hch
 21:18; 25:24; 2Co 10:11
Presentes 2S 22:23; Sal 18:22
preservaba Jn 17:12
preservado Is 49:6
Presérvame Sal 86:2

preservan Heb 10:39
preservar Rt 4:10
preservara Gá 2:5
preservará 2Ti 4:18
preservaré 1R 19:18
preservaron 1S 15:9
preservó 2R 13:23
preside Sal 82:1
presidido Nm 7:2
presilla Éx 26:5
presillas Éx 26:4-5,10-11;
 36:11-12,17
presintieron Hch 27:27
presión 2Co 1:8
presionaba Jue 16:16
presionado 2Cr 24:6; 28:22;
 Fil 1:23
presionaron Dn 6:15
preso Gn 40:3; Éx 12:29; Dt
 22:18; Is 13:15; Jer 32:2-3;
 33:1; 39:15; 40:1; 52:11; Mt
 27:15-16; Mr 15:6; Jn 18:39;
 Hch 23:18; 24:27; 25:4,14,27;
 Ef 4:1; Fil 1:7; Col 4:3,18;
 Flm 10,13
presos Gn 39:20; 40:3; 2R
 25:18; Is 14:17; 42:7; Jer
 52:24; Hch 9:2,14,21;
 16:25-27; 22:5; 27:1,42; Gá
 3:23; Heb 13:3
prestada Is 7:20
prestado Éx 22:14-15; Dt 15:6;
 28:12; Neh 5:4,10; Job 21:29;
 Sal 37:21; Is 48:18; Jer 15:10;
 25:4; 35:15; Dn 9:6; Mt 5:42;
 Lc 6:34-35; Heb 4:2
prestados 2Co 8:18
prestamista Is 24:2; Lc 7:41
prestamistas Éx 22:25
préstamo Dt 15:2; 24:10; Pr
 19:17
prestar 1S 15:22; 1Cr 27:1;
 2Cr 8:14; Job 36:10; Ro 12:7;
 1Ti 1:4; 2P 1:19
prestarles Esd 6:8
prestarme Fil 2:30
prestatario Is 24:2
prestigio Gn 45:13; Jos 7:9;
 2R 5:1; 2Cr 32:23,27; Ez
 39:25
presto Sal 44:16; Mal 3:5
prestos Sal 17:11
presume Pr 25:14
presumes 1Co 4:7
presumido 2Co 12:7
presumidos 1Co 4:19
presumir Gá 6:4; Stg 3:14
presunción Dt 18:22
presunciones Jer 23:32
presuntuoso 1Ti 3:6
presuntuosos Ro 11:25; 1Co
 4:18

Presuroso Sal 55:8
presurosos Pr 1:16
Presurosos Sal 59:4
pretenda 1Jn 4:1
pretendan Stg 3:1
pretende Pr 13:7; Jn 19:12
pretenden 2Cr 28:10,13; Neh
 2:19; Jer 23:27; Ez 33:25-26;
 Gá 3:3
Pretenden 1Ti 1:7
pretender Hch 11:17; 2Ts 2:4
pretendes Neh 6:6; Ez 27:3;
 28:6; Jn 4:27
pretendían Jos 22:31; Neh 6:9
pretendías Gn 20:10
pretensión Job 41:9
pretexto Dt 17:16; 2S 4:6; Hch
 23:15,20; 27:30; 2Co 11:12
pretorio Mr 15:16
prevalece Jer 9:3
prevalecen Pr 19:21
prevalecer Sal 27:6; Jer 5:22;
 20:11
prevalecerá Sal 101:7; 125:3;
 Is 54:17
prevalecerán Mt 16:18
prevaleció Jue 3:10; 2S 24:4;
 1Cr 21:4
prevalezca Sal 9:19
prevenido Pr 10:5; Mr 13:23
prevenir Ez 33:6
previamente Jos 2:16; Ez
 23:41; Hch 10:41; Gá 3:17
previendo Heb 11:20
previo Hch 2:23
previó Hch 2:31
previsión Hch 24:2; 1P 1:2
previsto Gá 3:8
prima Est 2:7
primacía Gn 48:20; Sal 89:27
primavera Dt 11:14; 2S 11:1;
 1Cr 20:1; Pr 16:15; Jer 3:3;
 5:24; Os 6:3; Jl 2:23; Zac 10:1
Primera Zac 14:10
primeramente Mt 6:33; Jn
 18:13; Ro 1:16; 2:9-10; 2Co
 8:5; Heb 2:3
primeras Gn 41:3; Éx 12:29;
 34:1,4,19; Lv 23:10; 27:26;
 Nm 3:41; 13:20; Dt 10:1-3;
 Neh 10:36; Job 8:7; Ec 10:13;
 Ap 2:19; 21:4
primeriza Jer 4:31
Primero Ap 1:17; 2:8; 22:13
primeros Éx 13:2; Nm 10:14;
 22:15; Dt 17:7; Jos 21:4,10;
 22:7; 2S 19:43; 21:9; 2R 1:14;
 4:42; 1Cr 9:2; 2Cr 15:19; Esd
 9:2; Job 3:9; 42:12; Pr 3:9;
 4:18; Ec 1:11; Cnt 2:13; Dn
 7:8; Mt 19:30; 20:8,16; 23:6;
 Mr 10:31; 12:39; Lc 11:43;

13:30; Hch 21:16; 1Co 16:15;
2Co 8:10; 10:14; Heb 4:6; Stg
1:18; Ap 14:4

primicia Pr 8:22

primicias Éx 23:16,19; 34:22,
26; Lv 2:12,14; 23:17,20; Nm
18:12-13; 28:26; Dt 18:4;
26:2,10; 2Cr 31:5; Neh 10:35,
37; 12:44; 13:31; Sal 78:51;
105:36; Jer 2:3; Ez 20:40;
44:30; Ro 8:23; 11:16; 1Co
15:20,23

primo Lv 25:49; Jer 32:8-9;
Col 4:10

Primogénito Heb 1:6

primogénitos Gn 4:4; Éx
12:12,29; 13:2,13,15; 22:29;
34:20; Nm 3:13, 40-43,45-46;
8:16-18; 33:4; Dt 12:6,17;
14:23; Neh 10:36; Sal 78:51;
105:36; 135:8; 136:10; Ez
20:26; Heb 11:28; 12:23

primogenitura Dt 21:16-17;
1Cr 5:1-2; Sal 89:27

primordial Pr 8:26

primos Nm 36:11; 1Cr 23:22

princesa Sal 45:13; Cnt 7:1

princesas 2S 13:18; 1R 11:3;
Sal 45:9

principados Col 1:16

principal Nm 3:32; 20:19; Dt
2:27; 2S 23:8; 2R 18:17;
25:18-19; 1Cr 11:11; Jer 20:1;
39:3,13; 52:24-25; Zac 4:7;
Hch 16:12; 28:7; Heb 8:1; 1P
2:6; Ap 21:21; 22:2

principales Gn 10:10; 2R
3:19; 1Cr 9:26; 18:17; Esd
8:29; Mt 2:6

Príncipe Is 9:6; Dn 8:25; Hch
5:31

Principio Ap 21:6; 22:13

principios Gá 4:3,9; Col
2:8,20

prisa Gn 18:6-7; 19:22; 43:30;
Éx 10:16; 12:11; Dt 16:3; 1S
9:12; 20:38; 25:34; 2S 15:14;
17:16,21; 2R 4:22; 2Cr 26:20;
Est 6:14; Sal 119:60; 147:15;
Pr 1:16; 28:20; Cnt 1:4; Jer
9:18; Jl 3:11; Sof 1:14; Mt
28:8; Lc 1:39; 2:16; 14:21; Jn
11:31; Hch 8:30; 10:20; 12:7;
20:16; 22:18

Priscila Hch 18:2,18,26; Ro
16:3; 1Co 16:19; 2Ti 4:19

prisión Sal 142:7; Jer 37:15;
Fil 1:17; Ap 20:7

prisioneras Gn 31:26; Nm
21:29; 1S 30:5

prisionero Jue 15:10; 1S
15:20; 1R 20:39; 2R 25:29; Jer

52:33; Gá 3:22; Ef 3:1; 2Ti
1:8; Flm 1,9

prisioneros Gn 39:22; Nm
31:12,19; Dt 21:10; Jue 5:12;
1S 27:11; 2Cr 28:5,11,13-15,
17; Is 22:3; 24:22; 51:14; 61:1;
Lm 3:34; Hab 1:9

prisiones Hch 20:23

Priva Job 12:24

privaciones 2Co 6:4; 12:10

privado Gn 44:18; 1S 18:22;
2S 3:27; Ec 10:20; Is 38:10;
Jer 5:25; Mt 17:19; 24:3; Mr
9:28; 13:3; Jn 11:28; Gá 2:2

privados Job 38:15; Ro 3:23

Privan Is 10:2

privar Éx 21:10

privará Ez 46:18

privarás Ez 36:12

privarme 2Co 11:10

prive 1Co 9:15; Col 2:18

privé Ec 2:10; Am 4:6

priven Pr 31:5

privilegiadas Ez 32:19

privilegiado Gn 32:10

privilegio Hch 26:2; Ro 9:4;
2Co 8:4

pro Hch 24:2; Col 4:11

proa Hch 27:30,40-41

probada Is 28:16

probar Jue 13:14; Job 24:25;
32:12; Pr 23:30; Jn 8:46;
19:30; Hch 25:7; 27:33; 2Co
8:8

probarla 1S 14:26; Job 6:7

probarlas Lc 14:19

probarle Hch 24:13

probarlo 2Cr 32:31; Mt 27:34

problema Gn 27:11; 34:30; Éx
18:16; 24:14; Sal 73:4; Pr
27:10; Ec 8:6; Dn 2:15; Mt
22:23; 28:14; Mr 12:18; Lc
20:27; Hch 25:26; Gá 2:4;
Jud 4

problemas Gn 41:51; Éx
18:19; Nm 33:55; Dt 1:12; 1R
18:17-18; 20:7; Job 14:1; Sal
10:6; 13:17; 15:6; 19:23; Ec
1:18; Jer 20:18; Dn 5:12,16;
Mt 6:34; 13:21; Mr 4:17; Gá
6:17

procedencia Jn 7:27

procedente Ap 21:2,10

procedentes Dt 2:23; 2Cr
12:3; Mt 2:1; Hch 2:5

proceder Pr 16:2; 21:2; Hag
1:5,7; Hch 13:18

procedimiento Nm 27:11

procesa Hch 4:9

procesado Hch 24:21

procesarlos Hch 17:5

procesión Sal 118:27

procesiones Sal 68:24

proceso Gn 50:3; Éx 23:2;
Hch 16:37

proclamación Ro 15:19

proclamar 1Cr 12:31,38; Sal
92:2,15; 102:21; 106:2;
118:17; Is 40:6; 41:26; 57:19;
61:1; Jer 34:15; Ez 11:5; Mr
5:20; Lc 4:18; Hch 2:11; 4:29;
8:25; Ro 15:16; Ef 6:15; Col
4:3

proclamarlas Sal 40:5

proclamarles 1Ts 2:9

proclamarlo 1R 12:1; 1Cr
11:10; 2Cr 10:1; Is 48:6; 1Ti
2:7

Prócoro Hch 6:5

procurar Sal 38:20; 1Ts 4:11;
Tit 2:9

prodigio Dt 13:1-2

prodigios Éx 4:21; 7:3; Dt
3:24; 6:22; 7:19; 26:8; 34:11;
Jos 3:5; 2S 7:23; 1Cr 16:12;
17:21; Sal 65:8; 71:17; Is
29:14; Jer 32:20-21; Dn 6:27;
Jl 2:30; Mi 7:15; Jn 4:48; Hch
2:19,22,43; 4:30; 5:12; 6:8;
7:36; 14:3; 15:12; 2Co 12:12;
2Ts 2:9; Heb 2:4

producida 1Cr 14:11

producido 2R 8:6; Jer 14:18;
Lc 19:16,18; 2Co 7:11; Ap 9:5

producir Éx 8:18; Dt 8:18

producirla Os 8:7

producto Lv 27:30; Nm 6:4;
Dt 22:9; 28:33; Sal 115:4;
135:15; Is 32:17

productos Gn 43:11; Lv
25:3,20; Dt 14:28; 26:12; Jos
5:11; 2Cr 31:5; Is 45:14; Jer
20:5; Ez 27:16,18,27,33; Hag
1:10

proeza 1S 14:45

proezas Nm 24:18; Dt 34:12;
1R 16:27; 22:45; 1Cr 16:8; Sal
9:11; 21:13; 44:1; 64:9; 66:5;
71:18; 77:12; 78:4,7,11; 89:13;
106:2; 118:15-16; 131:1;
143:5; 145:4,11-12; 150:2; Pr
31:29; Lc 1:51

profanada Is 24:5; Mi 4:11

profanado Lv 22:9; 1Cr 5:1;
Sal 79:1; Jer 7:30; 16:18; 19:4;
34:16; Ez 5:11; 7:22; 13:19;
20:9,14, 22; 22:26; 25:3;
28:18; 36:22-23; 39:7; Mal
2:11; Hch 21:28; Heb 10:29

profanados Ez 7:24

profanar Lv 19:8; 21:6,12, 23;
22:2,15; Neh 13:17-18; Is
58:13; Ez 24:21; 43:7; Dn
11:31; Mi 5:6; Hch 24:6

profanarlo 2R 23:16; Is 56:2,6; 58:13

profano Lv 10:10; Nm 3:4; 26:61; Ez 22:26; 28:16; 42:20; 44:23; 48:15; Heb 12:16

profanos 1Ti 1:9

profecía 2Cr 9:29; Is 14:28; Jer 23:26; Ez 21:23; Dn 9:24; Hab 1:1; Zac 9:1; 12:1; Mal 1:1; Mt 13:14; Ro 12:6; 1Co 12:10; 13:2, 8; 14:1,6,22,32; 1Ti 4:14; 2P 1:20-21; Ap 19:10; 22:19

Profecía Is 13:1; 15:1; 17:1; 19:1; 21:1,11,13; 22:1; 23:1; Nah 1:1

profecías 2Cr 24:27; Jer 27:16; Ez 12:27; 1Ts 5:20; 2Ts 2:2; 1Ti 1:18

profería Dn 7:8,11

proferían 1P 2:23

proferido Ez 35:12; Jud 15

proferimos Is 59:13

proferir Sal 34:13; Ec 5:2; Abd 12; 1P 3:10; Ap 13:5

proferirá Job 27:4

profesamos Heb 3:1; 4:14; 10:23

profesan Hch 24:15; 1Ti 2:10

Profesan Tit 1:16

profesionales Am 5:16

proféticas Zac 13:4

profético 1S 10:10; 19:20, 23; Ap 1:3; 22:7,10,18

proféticos Ro 16:25

profetisa Éx 15:20; Jue 4:4; 2R 22:14; 2Cr 34:22; Neh 6:14; Is 8:3; Lc 2:36; Ap 2:20

profetizar Nm 11:25-26; 1S 10:11,13; Jer 19:14; 26:12; Am 7:13; Zac 13:3; Hch 19:6; 1Co 14:31,39; Ap 10:11

profetizarnos Mi 2:6

profieran 1S 2:3

profiere Pr 10:31; Is 32:6

profieren Job 3:8; Sal 5:9; 17:10; 59:12; Pr 2:12; Is 9:17; Jer 5:31; 23:25; Mal 3:13; Ro 3:13

profiriendo Is 58:13

profunda Job 10:22; Sal 69:2; Pr 22:14; 23:27; 25:3; Is 30:33; 54:7; Jer 13:16; Lm 1:20; 2:11; Ez 23:32; Mal 2:5; Mt 13:5; Mr 4:5; Hch 24:3; 2Co 7:7; 1Ts 1:5

Profunda Job 9:4

profundamente Jue 4:21; 2Cr 33:12; Sal 109:22; Jon 1:5; Mr 7:34; Jn 11:33; 13:21; Hch 2:37; 20:9; 1P 4:8

profundas Éx 15:5; Job 12:22; 16:16; 34:22; Sal 69:2,14; 107:24; 140:10; Pr 18:4; 20:5; Is 7:19; Ez 31:4,14; 32:18; Lc 5:4; Ro 11:33

Profundas Lm 2:13

profundidad Hch 27:28; 2Co 2:4

profundidades Job 36:30; 41:31; Sal 63:9; 68:22; 71:20; 106:9; 130:1; 148:7; Ec 3:21; Is 29:15; 44:23; 51:10; Zac 10:11; 1Co 2:10

profundos Job 11:8; Sal 92:5; 129:3; Ap 2:24

progresaba Lc 2:40

progresando 1Co 15:58; 1Ts 4:1; 1Ti 4:15

prohíban 1Co 14:39

prohíbe 1R 21:3; Mt 14:4; Mr 6:18; Hch 10:28; 16:21

prohíben Lv 4:13,22,27; 5:17

Prohíben 1Ti 4:3

prohibí Gn 3:11,17

prohibía Mr 7:36

prohibido Lv 4:2; Dt 4:23; 2R 17:12,15; Est 2:10; Jer 23:38; Zac 9:7; Mt 12:2; Mr 2:24; Lc 6:2; Hch 5:28

prohibieron 2Cr 26:21

prohibió Esd 2:63; Neh 7:65

prohibirle 1R 11:10

prohibiste Lm 1:10

prolijamente Ez 44:20

prolonga Pr 10:27; 28:16

prolongar 2Cr 30:23

prolongará Is 53:10

prolongarán Dt 11:21; Pr 3:2; Is 13:22

prolongó 2S 3:1; Hch 20:7

prolongue Lv 15:25

promesas Nm 30:4,7, 11-12; Dt 12:6; Jos 21:45; 23:14-15; 2S 7:19,28; 1R 8:56; 1Cr 17:17; Sal 22:25; 50:14; 77:8; 106:12; 116:14; 119:140; Jer 44:25; Jon 2:9; Mt 5:33; Ro 9:4; 15:8; 2Co 1:20,22; 5:5; 7:1; Gá 3:16,21; Heb 6:12; 7:6; 8:6; 11:17; 2P 1:4

prometerme 2S 14:13

prometida Lv 19:20; Dt 22:24; 23:18; 28:30; 1Co 7:36-38; Gá 3:14; Heb 9:15; 11:9

prometidas Hch 13:34; Heb 11:13

prometidos Gn 19:14; 2Co 11:2

prominente 1R 21:9,12; Job 22:8; Dn 2:48

prominentes Hch 13:50; 17:4

promiscuidad Ez 23:29

promover Dn 5:19; Ro 14:19

promovía Est 10:3; Dn 5:19

promoviendo Hch 24:12

promovió Dn 3:30

promueve Pr 16:23

promueven Pr 12:20; 16:21

promulgación Dn 9:25

promulgada Hch 7:53

promulgado Nm 19:2; Est 4:8; Dn 6:13; Gá 3:21

promulgan Pr 8:15

promulgar Heb 9:19

promulgara 2Cr 36:22; Esd 1:1

promulgaron Est 8:9

promulgarse Ro 5:13

promulgo Esd 6:12

promulgó Nm 15:23; 2Cr 36:22; Esd 6:3; Sal 78:5; Gá 3:19

promulgue Esd 4:21

pronta 2P 2:1

pronunciar Gn 48:20; Éx 20:7; Dt 5:11; 10:8; 21:5; 27:13; Jue 12:6; 17:2; 1Cr 23:13; Job 26:4; Jud 9

propaga Éx 22:6; Pr 10:18; 14:5

propagando Mr 7:36

propagará Dn 8:25

propenso 2Ti 2:24

propicia Mr 14:11

propiciatorio Éx 25:17-22; 26:34; 30:6; 31:7; 35:12; 37:6-9; 39:35; 40:20; Lv 16:2,13-15; Nm 7:89; 1Cr 28:11

propicio Is 49:8; 2Co 6:2

propiedades Gn 34:23; 47:27; Jos 24:28; 1S 25:21; Esd 10:8; Neh 5:13; Est 8:1-2,7; Is 49:8; Hch 2:45

propietario 1R 16:24; Mt 20:1,11; 21:33

proponer Gn 23:3

proponerles Jue 14:12

proponerme 2Co 1:17

proponerte Gn 30:31

proporción Lv 25:16,50, 52; Nm 26:54; Dt 16:10; Ro 12:6

proporcionaba Hch 19:24

proporcionado 2S 19:32; 1Ts 3:9

proporcional Lv 25:15,51; Nm 35:8

proporcionalmente Lv 25:16

proporcionándoles Hch 14:17

proporcionaré 1R 5:8

proporcionarle 1R 5:9; Neh 13:7

proporcionen Col 4:1

proporcionó   Gn 45:21; Ro 7:8
proposición   1Cr 28:16
propósitos   1R 9:1; Is 55:11;
Jer 23:20; 30:24; Ef 2:3
propuesta   Gn 16:2; 30:34;
34:18; 42:20; Dt 1:23; 2S
17:4; 1Cr 13:4; 2Cr 30:4; Est
2:2,4; Dn 1:14; Hch 6:5
prorrogar   Est 9:13
Prorrumpa   Sal 145:21
prorrumpan   Is 49:13; 52:9
Prorrumpan   Sal 98:4; Is 44:23
prorrumpe   Is 14:7; 54:1; Gá
4:27
prorrumpieron   Esd 3:12
prorrumpió   Lv 9:24
prorrumpirán   Is 55:12
proseguía   Jos 19:34; Jue 14:9
proseguir   1S 24:7
prosélito   Hch 6:5
prosélitos   Hch 2:11; 13:43
prosiga   Is 29:1
prosiguió   1R 22:19; 2Cr
18:18; Hag 2:13
prosperar   Gn 24:40,42;
32:9,12; 39:3,23; Lv 25:26,
49; Dt 28:63; 30:5; Jue 17:13;
2S 22:36; Job 12:23; 42:10;
Sal 18:35; 44:2; Ez 36:11
prósperas   Dt 6:10
prosperidad   Dt 30:9; Jue
18:7; 1S 25:31; 2Cr 26:5; Esd
9:12; Job 8:7; 22:21; 36:11;
Sal 69:22; 72:7; 73:3; 128:2,5;
Pr 3:2; 8:18; 21:21; 31:18; Dn
4:1,4,27; 6:25
prostíbulo   Ez 16:31
prostíbulos   Jer 5:7; Ez
16:24,39
prostitución   Dt 23:17; 1R
14:24; 15:12; 22:46; 2R 23:7;
Jer 2:20; 13:27; Ez 16:34,41;
23:8,18,27; Os 1:2; 2:4;
4:11,18; Jn 8:41
prostituciones   Jer 3:2; Ez
16:20,22; 23:14,17,19, 29,35;
Os 4:14; Nah 3:4
prostituida   Ez 23:43
prostituirse   Nm 15:39; 25:1;
Jue 8:33; Is 23:17; Jer 3:9; Os
4:12; 5:4
prostituirte   Ez 16:25; Os 3:3
prostitutas   1R 3:16; 22:38; Ez
16:33; Os 4:14; Jl 3:3; Mt
21:31-32; Lc 15:30
PROSTITUTAS   Ap 17:5
protección   1S 27:3; 2S 7:29;
1R 11:40; 1Cr 17:27; Esd
8:23; 9:9; Job 1:10; Sal 5:11;
25:21; 91:9; 139:5; Pr 14:3; Is
4:6; 30:2-3; Ez 31:12,17

protector   2S 22:3; Sal
59:9,16-17; 62:2,6; 94:22; Ez
28:14,16; Dn 12:1; Nah 1:7
protectora   Sal 31:2; 121:5
protectores   2R 10:1,5
proteger   Nm 35:25; Ez 36:9
protegerlo   Jue 6:11
protegerse   Nm 35:12; Job
24:7
protegerte   Dt 23:14; Jer 38:12
protegida   1S 25:29
protegido   1S 26:15-16; Job
11:18; Sal 66:9
protegidos   Ef 6:14; 1Ts 5:8
protesta   Neh 5:6; Lc 10:11;
Hch 13:51; 18:6
protestar   Job 7:11
protestará   Is 3:7
protestaron   1S 5:11; 10:27;
Neh 5:1; Mt 21:16; Lc 19:25;
Jn 7:52; 19:21; Hch 23:9
protestó   1S 8:19; 17:29; 18:8;
1R 9:13; 19:4; Jn 13:8
provecho   Job 15:34; 22:2;
34:9; Pr 3:14; Ec 1:3; 2:11, 13;
3:9; 5:9; Is 30:5; 49:4; Ez
29:18; Hch 20:20; 1Ti 4:8; Tit
3:9; Heb 13:17; Jud 12
provechosa   Ec 7:11
provechoso   1Co 10:23; Tit 3:8
proveer   Ez 45:17,25; Hch 7:46
proveerle   Rt 1:6; Sal 78:20
proveerles   Jue 21:7
provenga   Dt 18:21
provengan   Lv 25:44
provenía   Gn 36:33; Jer 1:1;
Ap 21:3
provenían   Neh 12:44
proverbial   Ez 35:5
proverbio   Pr 1:6; 26:7,9; Ez
18:2-3; Lc 4:23
proverbios   1R 4:32; Job 13:12;
Sal 49:4; Pr 25:1; Ec 12:9; 2P
2:22
Proverbios   Pr 1:1; 10:1
proviene   Gn 24:50; Dt 18:22;
2Cr 19:6; Job 36:3; Sal 121:2;
Pr 16:33; Ec 2:24; Mt 5:37; Jn
4:22; 7:17,22; Ro 1:17; 8:6;
10:3; 1Co 11:12; 2Co 5:18;
7:10-11; 11:2; Ef 4:18; Fil
1:28; Col 2:2; 1Jn 2:16
provienen   Job 5:6; 6:26; 1Ti
4:2
provincias   Esd 4:10,15; Est
1:1,3,16; 2:18; 3:8, 12-13;
4:11; 8:5,9,12; 9:2-4,12,16,20,
30; Ec 2:8; Lm 1:1; Ez 19:8;
Dn 3:2-3; 11:24
provino   Heb 11:3
provisión   1R 4:22; 1Cr 29:19;
Is 3:1

provisiones   Gn 42:25;
45:21,23; Jos 1:11; 9:14; Jue
7:8; 20:10; 1S 17:20, 22; 21:3;
22:10; 2Cr 17:13; Sal 132:15;
144:13; Pr 6:8; Jer 40:5; Ez
5:16; 14:13; Hch 12:20
provisto   Hch 13:23; Heb 9:7
provocaciones   Dt 32:27
provocar   1R 16:33; Neh 4:8;
Job 3:8; Is 7:6; 47:12; 66:9;
Jer 26:19; 45:5; Hch 15:10;
1Co 10:22; 1Ti 6:4
provocarlo   Job 41:10
provocarme   Jer 32:29-30; Ez
8:17
próxima   1S 4:19; Sal 109:13
próximo   Lv 25:15; 27:18; Nm
10:21; 1R 2:1
próximos   Gn 40:13,19; 1R
17:1; Dn 6:7,12
proyectado   Jer 49:20; 50:45
proyectiles   Zac 9:15
proyecto   1R 7:1
proyectos   Pr 16:3; 19:21; Jer
32:19; Ez 38:10
prudencia   1Cr 22:12; Pr 1:3;
8:5,12; 15:5; 16:22
prudente   1R 3:12; Pr 10:13;
12:16,23; 13:16; 14:8,15,17;
17:10,24,27-28; 18:15; 19:25;
22:3; 27:12; Dn 6:1; Am 5:13;
Mt 7:24; 24:45; Lc 12:42;
Hch 15:38; 2Ti 4:5
prudentes   Sal 2:10; Pr 14:18;
Mt 25:2,4,8
púbico   Is 7:20
pública   Dt 13:16; Job 20:27;
29:7; Ez 16:57; Dn 8:26; Mt
1:19; 1Ti 4:13; Heb 6:4
publicación   Dn 6:10
públicamente   1S 7:6; Neh
9:2; Job 33:27; Pr 31:31; Lc
1:80; 8:17; Jn 7:10; Hch
16:37; 17:5; 19:18; 20:20; 2Ts
3:14; Heb 10:33
publican   Is 10:1
públicas   Pr 5:16; Ro 13:1
publicó   Est 3:15; 8:14; Dn
2:13; 6:12
público   Lv 20:17; 1S 21:13;
Nah 3:6; Lc 20:26; Jn 11:54;
Hch 12:4; 18:28; 1Co 5:1;
Col 2:15; 1Ti 5:20
públicos   Pr 1:20
Publio   Hch 28:7-8
Publíquenlo   Is 48:20
Publíquese   Esd 6:12
Pudente   2Ti 4:21
pudor   Ez 16:15
pudra   Is 40:20
pudren   Is 50:2
pudrió   Éx 16:24; Jl 1:17

pudrirá Is 5:24; Zac 14:12
pudrirán Sal 49:14; Ez 24:23;
  Zac 14:12
Pueblo 2S 20:1; 1R 12:16; 2Cr
  10:16; Sal 78:1; 115:9; 135:19;
  Is 10:24; 21:10; 30:19; 62:12;
  Jer 5:15; 17:19; 18:6; Ez
  12:25; 18:29; 20:44; 37:12;
  44:6; Os 1:9-10; 2:1,23; Am
  5:25; Mi 6:3; Hch 2:22; 3:12
puerca 2P 2:22
puerros Nm 11:5
Puerta Jer 26:10; 36:10; Jn 5:2
puerto Gn 49:13; Sal 107:30;
  Is 23:1,10; Hch 27:12
puertos Hch 27:2
Puertos Hch 27:8
puesta Éx 17:12; Dt 8:4; 24:13,
  15; Jue 14:18; 2S 12:30;
  13:18; 1Cr 20:2; Cnt 3:11; Is
  8:17; Jer 48:1; Mt 3:10; 27:66;
  Lc 3:9; Jn 5:45; 2Co 1:10;
  Heb 11:26
puestas Éx 12:11; 29:30; Est
  2:3,8; Ez 41:6; 1P 1:21; Jud 7
puestos Éx 32:3; Jos 3:3; Jue
  7:11; 17:4; 20:2; 2R 11:11;
  1Cr 18:17; 2Cr 7:6; 20:17;
  23:10; 30:16; 35:5,10,15; Neh
  7:3; 13:11; Est 1:14; Job 38:6;
  Sal 25:15; 83:17; 141:8; Ec
  2:14; 10:6; 12:11; Jer 46:14;
  Ez 16:39; Zac 9:1; Mt 21:12;
  Mr 11:15; Lc 11:43; Jn 19:5;
  Hch 7:16; 1Ti 3:10; Heb
  10:13
pugna Pr 18:18
puja Mi 4:10
Pul 1Cr 5:26; Is 66:19
pulga 1S 24:14; 26:20
pulgar Éx 29:20; Lv 8:23-24;
  14:14,17,25,28
pulgares Jue 1:6-7
pulida Is 49:2; Ez 21:28
pulido 2Cr 4:16; Cnt 5:14; Ap
  21:18
pulseras Gn 24:22,30,47; Is
  3:19; Ez 16:11
pululan Gn 1:21
pulveriza Jer 23:29; Dn 2:40
Punón Nm 33:42-43
punta Jue 6:21; 1S 14:27, 43;
  17:7; 2S 2:23; 1R 6:24; Est
  5:2; Job 20:25; Jer 17:1; Lc
  16:24; Heb 11:21
puntas Dt 22:12; Hch 10:11;
  11:5
puntiagudas Is 5:28
Puntiagudas Sal 120:4
puntos 1Cr 9:24; Is 11:12; 2P
  3:16
punza Ez 28:24

punzón Éx 21:6; Dt 15:17
puñado Lv 2:2; 5:12; 6:15;
  9:17; Nm 5:26; 1R 17:12;
  20:10; 1Cr 16:19; Ez 10:2;
  13:19
puñados Éx 9:8; Lv 16:12
puñal Zac 11:17
puñalada 2S 20:10
puñaladas 2S 4:7
puñetazo Nm 35:21
puñetazos Is 58:4; Mt 26:67;
  Mr 14:65
puño Éx 21:18; Job 15:25; Sal
  2:9; Pr 30:4; Is 10:32; 1Co
  16:21; Gá 6:11; Col 4:18; 2Ts
  3:17; Flm 19; Ap 2:27; 12:5;
  19:15
puños Sof 2:15
pur Est 3:7; 9:24,26
pura Lv 7:19; 11:37; 13:6,
  13,17,39; 14:2,48,53; Nm
  5:17,28; 18:13; Dt 14:11; Neh
  6:8; Job 16:17; Pr 20:11; 21:5;
  Ez 36:25; Os 14:4; Hch 23:6;
  2Co 11:2; Fil 3:5; Heb 10:22;
  Stg 1:27; 3:17; 1P 2:2
puramente Stg 3:15
puras Gn 8:20; Lv 11:36; 14:4;
  20:25; Job 25:5; Sal 12:6; Pr
  15:26; Jer 27:16; Mal 1:11; Tit
  2:5
pureza Job 14:4; 25:4; Pr
  22:11; 2Co 6:6; 1Ti 2:8; 4:12;
  5:2
purgan Pr 20:30
purificación Lv 12:4,6;
  13:7,35; 14:4,11,23,32;
  15:13,28; Nm 6:9; 19:9,
  12-13,20-21; 31:23; 1Cr
  23:28; 2Cr 29:17; Neh 12:45;
  Mr 1:44; Lc 5:14; Jn 2:6; 3:25;
  11:55; Hch 21:24,26; Heb
  1:3; 9:10
purificada Lv 12:8; Nm 19:19;
  2R 2:22; Sal 12:6; Ez 22:24
purificado Lv 14:7; Nm 8:15;
  Jos 22:17; 2S 11:4; 2Cr
  29:18-19; 30:3,17-19; 34:8;
  Sal 66:10; Pr 30:12; Ez 43:22;
  45:20; Sof 1:7; Hch 10:15;
  11:9; 24:18; Heb 9:22; 1P
  1:22
purificador Mal 3:3
purificados Lv 16:30; Nm 8:7;
  31:24; Ez 36:25; Dn 12:10;
  Heb 10:2,22
purificar Lv 14:49; Nm 19:17;
  31:20; 2Cr 29:17; 34:3; Ez
  39:12; 45:18; Tit 2:14
purificarlo Lv 8:15; 16:16;
  2Cr 29:15-16; Ez 43:23

purificarlos Lv 16:30; Nm
  8:7,21
purificarse Nm 19:12; 31:23;
  1S 20:26; 2Cr 29:34; Esd
  6:20; Neh 12:30; Ez 44:26;
  Os 8:5; Lc 2:22
purificarte Ez 24:13
Purim Est 9:26,28-29,31-32
puros Gn 7:2,8; 8:20; Lv
  13:59; 20:25; Job 15:15; Sal
  73:1; Pr 30:12; Hab 1:13; Fil
  1:10,17; 2:15; Tit 1:15; Ap
  14:4
purulentas Éx 9:10
Quebar Ez 1:1,3; 3:15,23;
  10:15,20,22; 43:3
quebrada Pr 25:19; Is 42:3; Mt
  12:20
quebradas Is 7:19; 40:4
quebrantados Sal 34:18; Is
  1:28; 8:15; 57:15
quebrantahuesos Lv 11:13;
  Dt 14:12
quebrantar Gn 17:14; Jos
  9:20; Esd 9:14
quebrantarlo Is 53:10
quebranto Sof 1:10
quebrar Jer 28:2,4,11; 49:35;
  Nah 1:13
quedar Gn 29:33,35; Éx 15:9;
  25:27; 34:25; Dt 14:29; Jos
  3:16; Jue 18:9; Rt 2:18; 4:13;
  1R 18:28; 2R 5:12; Job 40:8;
  42:8; Sal 71:1; Pr 6:29; 13:25;
  Is 30:17; Ez 44:2; Dn 11:18;
  12:2; Mt 14:20; 15:37; 23:38;
  Mr 6:42; 8:8; Lc 1:20; 9:17;
  13:35; Jn 5:6; Hch 4:23; 7:21;
  2Co 7:14; Fil 4:12
quedarme 2S 14:32; Job 32:16;
  Lc 19:5
quedarnos 2R 7:3; Esd 10:13;
  Mt 21:38; 1Ts 3:1
quedarse Gn 19:30; 25:27;
  34:22; 46:31; Éx 2:21; 10:26;
  16:29; 21:34,36; 23:29; Nm
  31:19; Jos 8:2; Jue 17:11;
  19:7,10; 1S 5:7; 21:7; 30:4; 2S
  14:16; 19:30; 2R 4:10; Pr
  14:23; Jer 43:4; Lm 4:15; Ez
  31:14; Dn 5:17; Lc 24:29; Jn
  18:16; Heb 4:1
quedarte Éx 33:21; Dt 7:25; 1S
  16:1; Jer 2:23; 49:12; Hch
  13:11
Quedorlaómer Gn 14:1,
  4-5,9,17
Quefar Jos 18:24
quehaceres Éx 5:4
Queilá Jos 15:44; 1S 23:1-4,
  6-8,10,12-13; 1Cr 4:19; Neh
  3:17-18

queja Éx 22:27; 2R 6:30; Job
7:13; 9:27; 10:1; 23:2; 31:13;
Sal 12:5; 64:1; Ez 27:32; Hch
19:38; Col 3:13
quejaban Neh 5:3-4
quejan Nm 14:27
quejándose 2R 5:11
quejarme Hab 1:2
quejaron Hch 6:1
quejarse Éx 3:7; 5:15; Lm
3:39; Hch 7:34; Heb 13:17;
1P 4:9
quejas Éx 2:24; Nm 17:5, 10;
Sal 142:2; Pr 23:29; Jer 30:15;
Fil 2:14
quejé Is 38:14
quejen Stg 5:9
quejó Gn 21:25; Nm 11:1; Jos
9:18; 2R 6:28
Quelaías Esd 10:23
Quelal Esd 10:30
Quelitá Esd 10:23; Neh 8:7;
10:10
Quelub 1Cr 4:11; 27:26
Quelubay 1Cr 2:9
Queluhi Esd 10:35
quemada Lv 13:57; 21:9; Dt
13:16; Jue 15:14; 1S 30:3; Sal
80:16; Dn 3:27; Heb 6:8; 2P
3:10
quemadas Gn 41:6,23,27; Dt
33:10; Neh 4:2
quemado Lv 10:16; 13:52, 55;
Jos 7:15; 1R 22:43; 2R 22:17;
23:8; 2Cr 34:25; Jer 1:16;
36:28,32; 51:25; Ez 15:4;
43:21
quemadores Ez 6:4,6
quemados Lv 18:21; 20:14;
1Cr 14:12; Sal 51:19; Dn
11:33
quemadura Éx 21:25; Lv
13:24-26,28
quemaduras Ap 16:9
quemar Éx 30:1,8; Lv 2:11;
6:12; Dt 7:25; 1R 3:3; 11:8;
13:1; 2R 23:5; 1Cr 6:49;
23:13; 2Cr 2:4,6; 26:16,18;
28:25; 29:7; 32:12; 34:7; Jer
7:31; 11:13,17; 19:5; Lc 1:9;
Ap 16:8
quemarla Mt 13:30
quemarlo Lv 9:20; 19:6;
20:2-3
quemarlos Am 6:10
quemarse Lv 6:23; 1S 2:15; Pr
6:27-28; 1Co 7:9
quemazón Hag 2:17
Quemós Nm 21:29; Jue 11:24;
1R 11:7,33; 2R 23:13; Jer
48:7,13,46

Quemuel Gn 22:21; Nm
34:24; 1Cr 27:17
Quenaná 1R 22:11,24; 1Cr
7:10; 2Cr 18:10,23
Quenaní Neh 9:4
Quenanías 1Cr 15:22,27;
26:29
Quenat Nm 32:42; 1Cr 2:23
Quenaz Gn 36:11,15,42; Jos
15:17; Jue 1:13; 3:9,11; 1Cr
1:36,53; 4:13,15
quenita Nm 24:21; Jue 1:16;
4:11,17; 5:24
quenitas Gn 15:19; Jue 4:11;
1S 15:6; 27:10; 30:29; 1Cr
2:55
quenizita Nm 32:12; Jos
14:6,14
quenizitas Gn 15:19
quepa Gn 44:1
Queramín Jue 11:33
Querán Gn 36:26; 1Cr 1:41
querella 1S 12:7; Sal 103:9; Mi
6:2
querer Nm 35:22; Est 6:6; Job
6:11; 31:17; Ec 1:17; 5:6; 2Co
8:10; Fil 2:13
quererla Dt 24:1
quererlo 1S 18:1; Pr 13:24
quererlos 1Ts 2:8
queretea Sof 2:5
quereteos 1S 30:14; 2S 8:18;
15:18; 20:7,23; 1R 1:38,44; 2R
11:4,19; 1Cr 18:17; Ez 25:16
querida Ro 16:12
querido Gn 31:30; Éx 4:23;
7:16; Jue 13:23; 2R 13:23; Pr
3:12; Is 5:1; 9:13; Jer 3:13;
7:13; 42:21; Lm 3:42; Ez
24:13; Os 2:8; Lc 15:16;
16:21; Jn 11:3; Ro 16:5,8-9;
Ef 6:21; Col 1:7; 4:7,9,14; 2Ti
1:2; Flm 1,13-14,16; 2P 3:15;
2Jn 12; 3Jn 1
Querido 3Jn 2,5,11
Queriot Jos 15:25; Jer 48:24;
Am 2:2
Querit 1R 17:3,5
Querós Esd 2:44; Neh 7:47
Querub Esd 2:59; Neh 7:61
querubín Éx 25:19; 2S 22:11;
1R 6:24-27; 2Cr 3:11-12; Sal
18:10; Ez 10:11,14; 28:14,16;
41:18
Quesalón Jos 15:10
Quésed Gn 22:22
Quesil Jos 15:30
queso 2S 17:29; Job 10:10
quesos 1S 17:18
Quesulot Jos 19:18
Quezib Gn 38:5

Quibrot Nm 11:34-35;
33:16-17; Dt 9:22
Quibsayin Jos 21:22
quiciales 2R 18:16
quicio Sal 106:33
Quidón 1Cr 13:9
quienquiera Mal 2:12; Ro 2:1
quieta Jer 2:23; 47:6
quietos Éx 14:14; Jue 16:2;
2Cr 20:17; Sal 46:10
quietud Sal 4:4
quijada Jue 15:15-17; Job
41:2; Sal 3:7
quijadas Dt 18:3; Is 30:28
Quileab 2S 3:3
Quilión Rt 1:2,5; 4:9
Quilmad Ez 27:23
Quimán 2S 19:37-38,40; Jer
41:17
quimera Sal 62:9
Quiná Jos 15:22
quince Gn 5:10; Éx 16:1; Lv
23:6,34,39; 27:7; Nm 28:17;
29:12; 33:3; Jue 8:10; 2S 9:10;
19:17; 1R 6:6; 7:3; 12:32-33;
18:32; 2R 14:17,23; 20:6; 2Cr
8:18; 15:10; 25:25; Est 9:18,
21; Is 38:5; Ez 32:17; 45:25;
46:22; Os 3:2; Lc 3:1; Gá 1:18
Quinéret Nm 34:11; Dt 3:17;
Jos 11:2; 12:3; 13:27; 19:35;
1R 15:20
quinientas Nm 31:36,43; Neh
7:70; Job 1:3; Lc 7:41
quinta Gn 41:34; 47:24,26; Lv
5:16; 6:5; 22:14; 27:13,15,19,
27,31; Jos 19:24; 1Cr 24:9;
25:12; 27:8; Neh 6:5
quinto Gn 1:23; 30:17; Lv
19:25; Nm 7:36; 29:26; 33:38;
Jue 19:8; 2S 3:4; 1R 14:25; 2R
8:16; 25:8; 1Cr 2:14; 3:3; 8:2;
12:10; 26:3-4; 27:8; 2Cr 12:2;
Esd 7:8-9; Jer 1:3; 28:1; 36:9;
52:12; Ez 1:1; 8:1; 20:1;
33:21; Zac 7:3,5; 8:19; Ap
6:9; 9:1; 16:10; 21:20
Quío Hch 20:15
Quir 2R 3:25; 16:9; Is 15:1;
16:7,11; 22:6; Jer 48:31,36;
Am 1:5; 9:7
Quiriat Gn 23:2; 35:27; Nm
22:39; Jos 9:17; 14:15; 15:9,
13,15-17,49,54,60; 18:14-15,
28; 20:7; 21:11; Jue 1:10-12;
18:12; 1S 6:21; 7:1-2; 1Cr
2:50, 52-53; 13:5-6; 2Cr 1:4;
Esd 2:25; Neh 7:29; 11:25;
Jer 26:20
Quiriatayin Gn 14:5; Nm
32:37; Jos 13:19; 1Cr 6:76; Jer
48:1,23; Ez 25:9

Quis 1S 9:1-3; 10:11,21; 14:51; 2S 21:14; 1Cr 8:30,33; 9:36,39; 12:1; 23:21-22; 24:29; 26:28; 2Cr 29:12; Est 2:5; Hch 13:21

Quisi 1Cr 6:44

quisleu Neh 1:1; Zac 7:1

Quislón Nm 34:21

Quislot Jos 19:12

Quisón Jue 4:7,13; 5:21; 1R 18:40; Sal 83:9

quitar Lv 10:17; 14:40; Dt 12:32; Jue 11:23; Is 49:24; Ez 24:6; Lc 13:16; Jn 16:22; 2Co 11:12; Heb 9:28; 10:11; 1Jn 3:5; Ap 6:4

quitarle Éx 4:23; 2S 3:10; Ec 3:14; Jon 1:14; Mt 2:20; Jn 11:53

quitarles Éx 6:6; 1S 2:25; Jer 8:13; 47:4; Mt 15:26; Mr 7:27

quitarme Gn 30:15; 31:31; 1S 24:11; 2S 16:11; Sal 31:13; 56:6; Lc 1:25; 16:3

quitarnos Job 34:14; Ez 38:13

quitarse Jer 13:23; Ez 44:19; Ef 4:22

quitarte 1R 2:26; 2R 2:3,5; Pr 25:10; Jer 11:21; Ez 24:16; Mt 5:40

Quitín Gn 10:4

Quitlís Jos 15:40

Quitrón Jue 1:30

Quiyún Am 5:26

Quizá Gn 18:24; Jer 20:10; Jon 1:6

quizás Sal 90:10

Quizás 2R 2:16; 2Co 11:6

Raamías Neh 7:7

Rabá Dt 3:11; Jos 13:25; 15:60; 2S 11:1; 12:26-27, 29; 17:27; 1Cr 20:1; Jer 49:2-3; Ez 21:20; 25:5; Am 1:14

Rabí Mt 23:7-8; 26:25,49; Mr 9:5; 10:51; 11:21; 14:45; Jn 1:38,49; 3:2,26; 4:31; 6:25; 9:2; 11:8

rabia Jon 4:9

Rabín Cnt 7:4

Rabit Jos 19:20

rabo Job 40:17

Raboni Jn 20:16

Racal 1S 30:29

Racat Jos 19:35

racimo Lv 19:10; Nm 13:23-24; Is 65:8; Mi 7:1

racimos Gn 40:10; Dt 24:21; 32:32; Cnt 7:7-8; Jer 49:9; Abd 5; Ap 14:18

ración Gn 47:22; Éx 16:4; 1S 9:23-24; Ez 4:10

racionada Ez 4:16

racionado Lv 26:26; Ez 4:16

raciones Éx 12:4; Dn 1:5

Racón Jos 19:46

Raday 1Cr 2:14

radiante 2S 22:13; Job 11:17; Sal 18:12; Pr 13:9; 15:30; 16:15; Cnt 6:10; Is 60:5; Lc 9:29; Ef 5:27

radiantes Lm 4:7

Radiantes Sal 34:5

radica 1S 2:1; Job 6:29; 13:16; 41:22; Pr 20:29; Ec 10:10

radicaba Ap 9:19

radicarse Hch 7:2

radicó Heb 11:9

Rafá 2S 21:22; 1Cr 4:12; 8:2,37; 20:8

Rafael 1Cr 26:7

ráfaga Hch 2:2

ráfagas Sal 29:7

Rafú Nm 13:9

Ragama Gn 10:7; 1Cr 1:9; Ez 27:22

Ragau Lc 3:35

Rahab Job 9:13; 26:12; Sal 87:4; 89:10; Is 30:7; 51:9

Raham 1Cr 2:44

raíces Jue 5:14; 2R 19:30; Job 5:3; 8:17; 14:8; 18:16; 29:19; 30:4; Sal 80:9; 140:11; Is 11:1; 27:6; 37:31; 40:24; Jer 12:2; 17:8; Ez 17:6-7; 31:4,7; Dn 4:15,23,26; Os 14:5; Am 2:9; Zac 6:12

raigambre Neh 2:20

Raíz Ap 5:5

raja Job 7:5

Rajab Jos 2:1,3,8,15,17,21; 6:17,23,25; Mt 1:5; Heb 11:31; Stg 2:25

Ram Rt 4:19; 1Cr 2:9-10,25,27; Job 32:2

rama Lv 14:4,6; Jer 1:11; Os 10:7; Mal 4:1; Jn 15:2,4

Ramá Jos 18:25; 19:29,36; Jue 4:5; 19:13; 1S 1:19; 2:11; 7:17; 8:4; 15:34; 16:13; 19:18-19, 22-23; 20:1; 25:1; 28:3; 1R 15:17, 21-22; 2Cr 16:1,5-6; Esd 2:26; Neh 7:30; 11:33; Is 10:29; Jer 31:15; 40:1; Os 5:8; Mt 2:18

ramaje Ez 31:3,5,9

Ramat Jos 13:26; 19:8; Jue 15:17; 1Cr 27:27

Ramatayin 1S 1:1

ramera Pr 6:26; Os 2:2; Nah 3:4

rameras Pr 29:3

Ramías Esd 10:25

ramita Gn 8:11

ramito Cnt 1:14

ramo Hch 19:25

ramos Ez 8:17

Ramot Dt 4:43; Jos 20:8; 21:38; 1S 30:27; 1R 4:13; 22:3-4,6,12,15,20,29; 2R 8:28-29; 9:1,4,14; 1Cr 6:73,80; 2Cr 18:2-3,5,11, 14,19,28; 22:5-6; Esd 10:29

rampa 2S 20:15; 2R 19:32; 25:1; Job 19:12; Is 37:33; Jer 6:6; 52:4; Ez 4:2; 41:7

rampas Job 30:12; Jer 32:24; 33:4; Lm 2:8; Ez 17:17; 26:8; Dn 11:15

Ramsés Gn 47:11; Éx 1:11; 12:37; Nm 33:3,5

ranas Éx 8:2-3,5-9,11-14; Sal 78:45; 105:30; Ap 16:13

rango 2R 23:4; 25:18; 1Cr 15:18; Is 9:15; Jer 52:24; Dn 10:13; Hch 25:23

ranura Éx 36:24,26; 2R 12:9

ranuras Éx 26:17,19; 36:22

rapada Jer 48:37; Ez 29:18

Rapadas Is 15:2

rapado Nm 6:19

rapan Jer 9:26; 25:23; 47:5; 49:32

rapar Hch 18:18

rapará Lv 14:9; Nm 6:18; Jer 16:6

raparán Lv 21:5; Ez 27:31; 44:20

raparon Jer 2:16

raparse Is 22:12

raparte Ez 5:1

rápate Mi 1:16

rapaz Gn 49:27; Job 28:7; Sal 57:4

rape Dt 21:12

rapes Dt 14:1

rápidamente Gn 18:6; 1S 17:48; 25:23; 2Cr 35:13; Esd 5:8; Ec 8:11; Mr 1:28; Jn 11:29; 2Ts 3:1

rapidez 2Cr 29:36; Job 9:25; Ez 1:14

Rápido Jue 9:48

rapiña Gn 15:11; Is 18:6; 46:11; Jer 12:9; 34:20; Ez 39:4; Nah 3:1

rapiñas Sal 62:10; Nah 2:13

raptó 2R 11:2; 2Cr 22:11

raquíticas Gn 41:19

rascarse Job 2:8

rasgada 2S 1:2; Jer 41:5

rasgadas 2S 15:32; 2R 18:37; Is 36:22

rasgados Esd 9:5

rasgar Ec 3:7

rasgarse Lv 21:10

rasgos Job 38:14

rasguño Dn 6:23

raspado Lv 14:41,43

raspar Lv 14:41

rastras Hch 21:30

rastrera Sal 58:8

rastrillando Is 28:24

rastrillo Is 28:27; Mt 3:12; Lc 3:17

rastrillos 1Cr 20:3; Job 41:30

rastro Éx 17:14; 1R 14:10; Sal 103:16; Pr 30:19; Dn 2:35; Sof 1:4; Ap 20:11

rastrojo Éx 5:12; 15:7

rasurada Jer 48:37; 1Co 11:5-6

rasurarse Nm 6:9; Hch 21:24

rasúrate Mi 1:16

rasuró Job 1:20

rata 1S 6:4

ratas 1S 6:5,11,18; Is 66:17

ratificado Gá 3:15,17

ratificar Rt 4:7

ratificaron Jos 9:15

ratificó Heb 2:4

rato Gn 46:29; Rt 2:7; 1S 1:12; Hch 28:6

ratón Lv 11:29

raudales Est 1:7; Job 36:28

raudo Dn 9:21

raya Dn 2:11

rayadas Gn 30:39; 31:8

rayados Gn 30:35,40; 31:8, 10,12

rayar Sal 46:5

rayo Job 1:16; Is 50:10; Ez 1:14; Lc 10:18

rayos Éx 9:23-24; Dt 33:2; 1R 7:33; Job 3:9; 37:3-4; 38:35; 41:18; Is 18:4; Hab 3:4; Mal 4:2

raza Esd 9:2; Sal 78:51; Ro 9:3; Ap 5:9; 13:7; 14:6

razas Mt 24:30

razona Pr 1:21

razonaba 1Co 13:11

razonable Hch 18:14

razonamiento Col 2:18

razonamientos Job 32:11; Ro 1:21

razonan Mr 2:8; Lc 5:22

razones Ec 8:11; Cnt 1:4; Hch 2:40; Ro 13:5

razonó Éx 2:22; Lc 13:17

reacción 1S 18:24

reaccionaron Jn 2:18

reaccionó Hch 23:3

reacio Pr 29:1

readmitida Nm 12:14

reafirma 2S 7:25

reafirmado 1R 3:6

reafirmando 2R 23:3

reafirmen 2Co 2:8

reafirmó Ro 4:20

Reagrupa Mi 5:1

Reaías 1Cr 4:2; 5:5; Esd 2:47; Neh 7:50

reales Jos 10:2; 1R 1:9; 2Cr 18:9,29; Esd 4:22; Est 2:23; 5:1; 6:1; 8:10,15; Pr 9:14; Cnt 6:12; Ez 43:7,9; Dn 3:27; 6:7; Hag 2:22; Lc 7:25

realeza Is 17:3

realidades Heb 6:18; 9:23; 10:1

realización Ef 3:9; Heb 6:11

realizada Ec 12:14; Jn 12:18; 1Ts 1:3

realizado 2S 24:10; 1Cr 16:12; Sal 78:4; 105:5; Pr 31:29; Jer 23:20; 30:24; Dn 4:2; Jn 6:14; 15:24; Hch 14:26; Ef 3:11

realizar Éx 4:21,28; 10:1; 31:5; 35:33,35; 36:1,3; Dt 34:11-12; Jos 3:5; 2Cr 2:14; Is 28:21; Jer 48:10; Mt 14:2; Mr 6:14; Jn 6:28

realizarlas Ec 2:11

realmente Gn 18:21; 32:10; Éx 33:13; 34:9; Lv 27:19; Dt 9:13; 28:1; 1R 1:4; 17:24; Est 1:11; Is 12:6; Zac 7:5; Mt 5:37; Mr 11:32; Jn 5:42; 6:53; 8:31; 14:7; Hch 7:39; 12:9; 1Ts 2:13; Tit 3:14

Realmente Gn 29:14; Éx 6:1; 1R 2:22; Ec 2:17; 3:19; Ez 8:6; 1Co 14:25; 2Co 5:4

reanima Pr 11:25; 2Co 7:13

reanimaba Job 29:24

reanimado Pr 11:25; Dn 10:19

reanimar Is 57:15

reanimaste Sal 68:9

reanime Lm 1:16

reanímense Sal 69:32

reanimó Gn 45:27; Jue 15:19

reanudaron 2S 16:13; 21:15

reanude 2S 11:25

reanudó 2R 6:30

reaparece Lv 13:57

reaparecerá Ap 17:8

reaviva Os 7:6

Reaviva Ap 3:2

reavívanos Sal 80:18

Reba Nm 31:8; Jos 13:21

rebajar Éx 5:19

rebajará Éx 5:11

rebajarás Lv 25:16

rebajaré 2S 6:22

rebajó Fil 2:7

Rebaño Mi 4:8

rebasa Sal 108:4; 139:6

rebasan Job 37:5

rebasando 2Co 10:14

rebasar Job 14:5

Rebasará Is 8:7

Rebeca Gn 22:23; 24:15,29, 45,51,53,55,58-61,64,67; 25:20,28; 26:7-8,35; 27:5, 42,46; 28:5; 29:12; 35:8; 49:31; Ro 9:10

rebelarnos Jos 22:29

rebelarse 2R 24:1; Neh 2:19; 6:6; Jer 29:32; Os 7:13

rebelarte Dt 13:5

rebelde Dt 9:7; 21:18,20; Esd 4:12,15; Sal 8:2; 78:8; Is 30:9; 48:8; 50:5; 65:2; Jer 5:23; 49:4; Lm 1:20; Ez 2:3,5,7-8; 3:9,26-27; 12:2-3,9,25; 17:12; 24:3; 44:6; Sof 3:1; Ro 10:21

rebeldes Nm 17:10; 20:10; Dt 9:24; 31:27; 2S 22:40; 1R 11:24; Sal 18:39; 66:7; 68:6,18; Pr 24:21; Is 1:23,28; 30:1; 46:8; 57:4; 59:13; Jer 6:28; Lm 3:42; Ez 5:7; 20:38; Dn 8:23; 9:5; Os 9:15; 14:9; Mr 15:7; 1Ti 1:9; Tit 1:10

rebeldía Lv 26:40; Nm 14:18; Jos 22:22; 1S 15:23; 2Cr 29:19; Neh 9:17,29; Job 34:37; Sal 106:43; 107:17; Is 59:20; Dn 8:12-13; Os 14:4

rebeldías 2Cr 33:19; Is 58:1

rebelión Éx 23:21; 34:7; Nm 27:3; 1R 11:27; 12:19; 16:20; 2R 8:22; 2Cr 10:19; 21:10; 28:22; Pr 28:2; Is 1:5; 24:20; Jer 28:16; Lc 23:14; Hch 21:38; 2Ts 2:3; Heb 3:8,15; Jud 11

rebeliones Jos 24:19; Esd 4:19; Sal 99:8; Is 53:5; 59:12; Jer 5:6; Ez 21:24; 33:10; 39:24; Sof 3:11

reblandeces Sal 65:10

reborde Éx 25:25,27; 27:5; 37:12,14; 38:4; Ez 43:13, 17,20

rebosa Dt 33:23; Sal 71:8; Pr 15:28; 26:25; Ec 9:3; Is 11:9

Rebosa Sal 104:24

rebosaba 1Cr 12:40

rebosan Nm 24:7; Ro 15:14

Rebosan Sal 65:12

rebosantes Job 21:23

rebosar Sal 23:5

rebosará Is 11:9

rebosarán Pr 3:10; Jl 2:24; Zac 1:17

rebose Sal 4:7

rebosen Gn 1:20; Sal 119:171; Ro 15:13

rebozante Cnt 7:2

rebuscando Sal 109:10

rebuscarán Abd 6

rebuscos Jue 8:2; Is 17:6; 24:13; Mi 7:1
rebusquen Lv 19:10
Rebusquen Jer 6:9
rebusques Dt 24:20
Rebuzna Job 6:5
Reca 1Cr 4:12
Recab 2S 4:2,5-6,9; 2R 10:15, 23; 1Cr 2:55; Neh 3:14; Jer 35:6,8,14,16,19
recabitas Jer 35:2-3,5,18
recado 2S 13:7; Mt 27:19; Hch 19:31
recae Is 51:20
recaer Lv 22:16; Nm 5:21; 1S 25:39; 1R 2:32; Est 9:25; Sal 54:5; Is 53:6; Ez 22:31
recaerá Sal 7:16; Ez 23:49; Abd 15; Mt 23:35
recaído Sal 69:9; 88:7; Ro 15:3
recaiga Dt 22:8; 1R 2:33; Sal 140:9; Jer 51:35; Jl 3:4, 7
recaigan Neh 4:4
recalques Tit 3:8
recamada Éx 26:36; 27:16; 36:37; 38:18; 39:29
recamado Éx 28:39
recamador Éx 38:23
recamados Éx 35:35
recapacita Ez 18:28
recapacitó Lc 15:17
recargo Lv 25:37; Nm 5:7
recato 1Ti 2:9
recaudación Mt 9:9
recaudado 2Cr 34:9,14
recaudador Is 33:18; Dn 11:20; Mt 10:3; Lc 5:27; 18:10-11,13
recaudadores Mt 5:46; 9:10-11; 11:19; 21:31-32; Mr 2:15-16; Lc 3:12; 5:29-30; 7:29,34; 15:1; 19:2
recaudarás Nm 3:47
recauden Gn 41:34
recaudó Gn 47:14; Nm 3:49-50
recayera Jue 9:24
recayó Is 53:5; Jon 1:7; Hch 1:26
recelo 1S 18:9; 29:6
recibidas Lv 22:12; 2Ts 3:6
recibirla 1R 2:19; 2R 4:26; Mt 20:11; Jn 10:17-18; Heb 12:11
recibirlo Gn 29:13; Nm 22:36; Jue 11:34; 1S 13:10; 2R 5:21; 1Cr 21:21; Is 36:3; Mt 25:6; Lc 9:53; Jn 6:21; 12:13; Hch 10:25
recibirlos Gn 19:1; Nm 31:13; 2R 2:3; 18:18; Mt 10:11
recibirme Jue 11:31; 1R 2:8; 2R 5:11

recibirnos Hch 28:15
recibirte 2R 5:26
recién Gn 8:11; Dt 24:5; 32:17; Jue 6:28; 1S 15:3; 22:19; 25:21; Job 14:9; Sal 131:2; Cnt 4:2; 6:6; Is 11:8; 28:9; 40:11; Jer 44:7; Jl 2:16; Mal 4:2; Lc 11:6; Hch 7:19; 1Ti 3:6; Heb 11:23; 1P 2:2
recientemente Lc 24:18
recinto 1R 6:27; 2R 23:11; Ez 41:3-4,17
recio Éx 14:21; 1R 19:11
recios Job 21:24
recipiente Nm 5:17; Ez 4:9; Zac 4:2-3; Jn 13:5
recipientes Esd 8:27; Is 66:20; Jer 40:10
Recita Jos 1:8
recitar Sal 50:16
recito Sal 45:1
recitó Dt 31:30; 32:44
reclamaciones Nm 20:13
reclamar Nm 27:14; 2S 16:10; Lc 12:20; 19:23
reclamarle Mr 10:28
reclamarlo Job 3:5
reclamarlos 1Co 9:15
reclamarnos Jue 21:22
reclamo Gn 20:10; 2S 3:8; Job 21:4; Hab 2:1
reclinado Jn 21:20
reclinan Am 3:12
reclinándose Jn 13:25
reclinó Gn 47:31
recluida Lc 1:24
reclutado Is 13:3
reclutados Nm 2:32
reclutar 2R 25:19; Jer 52:25
reclutarán Nm 1:3
reclutaron Hch 17:5
reclutas Nm 2:9,16,24, 31-32
Recluten Jer 50:29
reclutó 1R 5:13; 2Cr 2:2
recobrar Éx 14:28; 21:5; Lv 25:24; 1S 30:18; Job 9:18; Mt 15:31
recoger Éx 5:12; 16:4; Rt 2:2-3,7-8,15,23; 2S 14:14; 21:9,12; 2R 4:39; Cnt 6:2; Mr 6:29; Lc 3:17; Hch 20:13; Ro 1:13
recogerla Éx 5:7,11; 1S 26:22
recogerlas Ec 3:5
recogerle Rt 2:21
recogerlo Éx 16:26-27; Nm 11:8; Jue 16:31; 2Cr 20:25
recogida Éx 12:22; Hch 10:16
recolección Éx 23:16
recolectan Neh 10:37
recolectar Neh 10:38
recomendación 2Co 3:1

recomendado Est 6:10
recomendamos 2Co 4:2; 3Jn 12
recomendar 1Ti 6:2
recomendarnos 2Co 3:1; 5:12
recomendó Gn 45:24
recomienda 2Co 10:18
recomiendan 2Co 10:12
recomiendas Hch 21:21
recomiendo Ro 16:1; 1Co 16:15; 1Ti 2:1; 2Ti 1:6
recompensa Gn 15:1; Nm 24:11; 1S 17:27; 2S 4:10; 18:22; Job 17:5; Sal 19:11; 127:3; Pr 12:14; 13:13,21; 14:23; Is 40:10; 49:4; 62:11; Jer 31:16; Ez 29:19-20; Dn 11:39; 12:13; Mt 5:12,46; 6:1-2,5,16; 10:41-42; Mr 9:41; Lc 6:23,35; 1Co 3:14; 9:17-18; Heb 11:6,26; 2Jn 8; Ap 22:12
Recompensa Pr 22:4
recompensar Ap 11:18
recompensarlos 2S 2:6
recompensarme 2S 19:36
recompensarte Nm 22:37; Job 34:33; Lc 14:14
recompensas Dn 2:6
reconciliación Ro 5:11; 11:15; 2Co 5:18-19
reconciliar Lc 1:17; Ef 2:16; Col 1:20
reconciliarlos Hch 7:26
reconciliarse 1S 29:4; 1R 12:27
reconciliarte Lc 12:58
recóndito Sal 139:15; Pr 20:27
reconforta Sal 23:4
Reconforta Sal 86:4; Flm 20
reconfortado Flm 7
reconfortó Gn 50:21
reconocer Lv 5:5; 26:43; Dt 18:21; Jos 2:2; 18:4; 1S 24:18; 2R 6:10; Job 2:12; Is 9:13; 30:15; Ez 20:26; Os 2:8; 11:3; Hch 12:14; Ro 2:4; Gá 2:9,16; 1Ti 6:1; 1P 2:14
reconocerlo 1R 18:7
reconocerme Jer 9:6
reconocerte Dt 28:10
reconocimiento Jos 18:8; Est 6:3; 1Co 16:18; 2Co 8:18; Flm 6
reconquistado 2R 16:6
reconsiderar Pr 20:25
reconsidere Jl 2:14
reconstrucción 2Cr 14:7; Esd 2:69; 3:8; 4:2-4,21,24; 5:2, 16-17; 6:7-8,14-15; Neh 2:20; 3:1,17; 4:6,7,18; 5:16; 6:15; 7:1; Dn 9:25; Hag 1:8; Zac 6:15; 8:9

reconstruidas Ez 36:10; 38:12

reconstruir Jos 6:26; Esd 5:3,9; 6:22; Neh 4:10; Ez 11:3; Hag 1:2; Mal 1:4

reconstruirlo Mt 26:61

recordar Éx 13:9; 39:7; Nm 15:39; Est 9:28; Sal 77:11; Ec 11:8; Is 43:26; Jer 14:10; Ez 29:16; Jn 14:26; 2Co 7:15; 2Ti 2:8; 2P 1:15

recordarles 1Co 15:1; 2Ti 2:14; Jud 5

recordarlos Éx 28:12,29; Job 24:20; Ef 1:16

recordarme 1R 17:18

recordarse Sal 83:4

recordarte 2Ti 1:3; Flm 4

recordatorio Zac 6:14; Heb 10:3

recorrer Gn 41:46; 1R 18:6; 1Cr 21:4; Sal 19:5; 84:5; Pr 3:23; Ez 39:14-15; Zac 1:10; 6:7; Mt 10:23

recorrerla Job 1:7; 2:2

recorrido Dt 1:31; 2S 24:8; 2R 5:19; 6:30; Job 22:15; 38:16; Sal 19:6; Zac 1:11

recortado 2S 19:24

recortarán Ez 44:20

recostada Est 7:8

Recostada Ez 19:2

Recostado Dn 4:5

recostar Mt 8:20; Lc 9:58

recostruiremos Is 9:10

recrea Pr 10:23

recrear Abd 13

recrearme Sal 27:4

recriminará Jer 2:19

recriminé Neh 5:8

recriminó 2R 12:7; Mt 16:8; Hch 5:9

recta Job 17:9; Pr 20:11; 21:8; Jer 31:39; Hab 2:4

rectamente Gá 2:14; 2Ti 2:15

rectangular 1R 7:5

rectas Ez 1:7

recto Gn 18:19; Dt 6:18; 12:25, 28; 13:18; 21:9; 32:4; 1S 12:23; 1R 3:6; Job 1:1,8; 2:3; 8:6; 12:4; 23:7; 32:1; Sal 7:10; 64:10; 107:7; 125:4; Pr 2:13; 16:17; 23:19; Is 26:7; 45:19; 51:7; 57:2; Ez 18:19; Mi 7:4; 2P 2:15

rectos Neh 9:13; Sal 11:2; 19:8; 32:11; 36:10; 37:37; 94:15; 97:11; 107:42; 111:1; 119:62,106,137, 160,164; Pr 14:12; 16:25; Os 14:9; Lc 1:6; Hch 13:10

recubierta Heb 9:4

recubierto 1R 6:21; 10:18; 2Cr 9:17; Job 41:15; Ez 41:16

recubiertos Éx 26:32,37; 38:17,19; Ez 41:16; Hab 2:19

recubrir Éx 26:29; 38:28; Nm 16:38-39; 1Cr 29:4

recuento Nm 4:37,41,45; 31:26

recuerdo Dt 7:24; 9:14; 25:19; Jos 4:7; Est 9:28; Sal 9:6; Lm 3:17; Ez 25:10; Ro 1:9; 1Co 1:16

recuerdos 1Ts 3:6

recupera Éx 21:21

recuperación Is 38:9

recuperado Est 8:2; Is 39:1; Ez 38:8

recuperando 2R 9:16

recuperar Gn 38:20; 1R 12:21; 2R 8:8-9; 13:25; 2Cr 11:1; 13:20; Is 11:11

recuperará Is 38:21; Ez 7:13; Abd 17; Lc 14:34

recuperarás 2R 20:1; Is 38:1; Ap 18:14

recuperarme 2R 1:2

recuperaron Jos 5:8; Jue 11:26; 1S 7:14

recuperarse 1S 28:22; Jn 11:12

recuperó Gn 14:16; 2R 14:28; 20:7; Lc 1:64

Recurran Sal 105:4

recurre Sal 40:4; Is 32:7; Os 7:11

recurría Job 29:12

recurrido 1Ts 2:5

recurriendo Éx 8:18; Dn 11:21

recurrió Nm 24:1; 2Cr 16:12; Os 5:13

recurrir Hch 5:26

recurrirá Dt 25:7

recurro Sal 77:2

recurso Lc 4:13

recursos Lv 27:8; Nm 6:21; Job 6:13; Lc 8:3; Hch 11:29

rechazada Pr 30:23; Is 49:21; 54:6; 1P 2:4

rechazar 2R 18:24; Is 7:15-16; 36:9; Tit 2:12; Heb 12:25

Rechazar Pr 15:32

rechazarlo 1Cr 12:19

rechazarlos 2S 11:23

rechazo Gn 39:10; Os 4:6; Jn 6:37

rechina Job 16:9

rechinaban Sal 35:16

rechinando Sal 112:10; Lm 2:16; Hch 7:54

rechinar Mt 8:12; 13:42,50; 22:13; 24:51; 25:30; Lc 13:28

red Jos 23:13; 1R 7:17,20, 42; 2R 25:17; 2Cr 4:13; Job 19:6;

Sal 9:15; 10:9; 57:6; 66:11; 140:5; Pr 1:17; 7:23; Ec 7:26; 9:12; Is 51:20; Jer 52:22-23; Ez 12:13; 32:3; Os 5:1; 7:12; Mt 4:18; 13:47; Mr 1:16; Jn 21:6,8,11; Ro 11:9

Redactaron Est 3:12

Redacten Est 8:8

redención Rt 4:7; Sal 130:7; Is 63:4; Lc 2:25,38; 21:28; Ro 3:24; 8:23; 1Co 1:30; Ef 1:7,14; 4:30; Col 1:14

redentor Rt 4:1,3,6,8,14; Job 19:25; Sal 19:14; 78:35; Is 29:22; 41:14; 44:6; Jer 50:34; Ro 11:26

Redentor Is 43:14; 44:24; 47:4; 48:17; 49:7,26; 54:5, 8; 59:20; 60:16; 63:16

redentoras Mi 6:5

redes 1R 7:41; 2Cr 4:12; Job 18:8; Sal 141:10; Pr 14:27; Ec 7:26; Is 19:8; Lm 4:20; Ez 17:20; 26:5,14; 47:10; Mi 7:2; Hab 1:15-17; Mt 4:20-21; Mr 1:18-19; Lc 5:2,4-6

redil 1S 24:3; 2S 7:8; 1Cr 17:7; Is 65:10; Jer 50:6; Jn 10:1,3,16

rediles 2Cr 32:28

redimidos Sal 107:2; Is 35:9; 51:10; 52:3; 1P 1:2

Redimidos Is 62:12

redimir Rt 2:20; 3:9; 4:4; Lc 1:68

redimirlo Rt 4:4,6

redimirlos Os 7:13

redimirte Rt 3:12-13

redoblaban Jn 5:18

redonda 1R 7:31; Cnt 7:2

redondo Lv 19:27; 1R 7:35; 10:19

redondos 1R 7:31

reducido Dt 28:62; 1S 14:14; Jer 25:11; Dn 11:23

reducidos Gn 47:21; 2Cr 34:4; Os 12:11

reducir 2R 10:32; Job 24:25

reducirlos Am 2:1

redunda Pr 13:15; 2Co 9:12

redundan Ec 5:13

reedificada Dt 13:16; Jer 31:4

reedificar Esd 4:3; 9:9; Neh 2:5

reedificara Esd 5:15

reedificaré Hch 15:16

Reedificaré Hch 15:16

reembolsar Lv 25:27

reemplácelos 1R 20:24

reemplazado 1S 21:6

reemplazar 2R 17:24

reemplazarlos 1R 14:27; 2Cr 12:10

Refa 1Cr 7:25
Refaías 1Cr 3:21; 4:42; 7:2; 9:43; Neh 3:9
refaíta Jos 17:15
refaítas Gn 14:5; 15:20; Jos 12:4; 13:12
Refán Hch 7:43
Refayin Jos 15:8; 18:16; 2S 5:18,22; 23:13; 1Cr 11:15; 14:9; Is 17:5
referente Nm 18:7; 1Cr 26:30; 2Cr 8:15; Ez 7:13
referí Hch 1:1
refería Ez 38:17; Lc 24:27; Jn 2:21; 6:71; 7:39; 11:13; 13:22; 1Co 5:10; 1P 1:11
referían 2Cr 32:19
referirme 2Co 12:1
Refidín Éx 17:1,8; 19:2; Nm 33:14-15
refiere Ez 12:10; Jn 13:24; 2P 3:16
refieren Col 2:22
refiero Gn 15:19; Éx 3:8; Jos 13:2; Jn 13:18; Hch 10:38; Ro 9:30; 1Co 1:12; 10:29; Ef 5:32; 1Jn 5:16
refina Job 28:1; Zac 13:9
refinada Job 22:25; Sal 12:6; Pr 8:19; 10:20; Ap 18:13
refinado 1Cr 28:18; Job 22:24; 28:16; Sal 19:10; 119:127; Pr 8:10; 17:7; Is 48:10; Dn 10:5; Ap 3:18
refinan Mal 3:3
refinará Mal 3:3
refinaré Zac 13:9
refinarlos Jer 9:7
refine Jer 6:29
refiriéndose Gá 3:16
Refiriéndose Hch 2:31
refirió Éx 19:9; 24:3; 1S 3:18; Heb 11:22
refleja Pr 15:13; 27:19
reflejaba 2R 3:22; 2Co 3:7
reflejamos 2Co 3:18
reflexiona Sal 77:6; Ec 5:20
Reflexiona 2Ti 2:7
reflexionaba Dn 8:5
reflexionan Is 14:16; Jer 5:24
reflexionando Hch 10:19
reflexionar Gn 50:15; Neh 5:7; Ec 1:16
reflexionaste Is 47:7
reflexionen Job 6:29; Hag 2:15
Reflexionen Job 6:29; Hag 1:5,7; 2:18
reflexionó 1R 12:26; Lc 16:3
reformarlo Heb 9:10
reformas Hch 24:2
reforzar Is 22:10

reforzarlo Hch 27:17
reforzarlos 1Cr 19:9
reforzó 2Cr 11:11; Pr 8:28
refrán 1S 24:13; Ez 12:22-23; Jn 4:37
refranes Ez 16:44
refrena Pr 10:19; 11:12; 13:3; 17:27; 21:23
Refrena Sal 37:8
refrenan Job 30:11; Jer 14:10
refrenarlo Job 39:24
refrene Sal 34:13; 1P 3:10
refreno Is 48:9
refrenó 1S 3:13; 2P 2:16
refrescar Gn 3:8
refrescarles Ro 15:15; 2P 1:13; 3:1
refresque Lc 16:24
Refuercen Jer 51:12
refuerza Sal 147:13; Is 54:2; Nah 3:14
refuerzo Éx 28:32; 39:23
refugiado Nm 35:32; Jos 10:16; 2S 4:3; Sal 71:1
refugiados Is 16:3
refugiarme Gn 19:20; Sal 61:4; 142:4
refugiarse Nm 35:15; Dt 4:42; 19:3-5; Jos 10:20; 20:3; 1S 23:6; 2S 13:37; 17:13; 1R 2:28; Sal 118:8-9; Is 30:3; Dn 4:12
refugiarte Rt 2:12
refugios 1S 23:14,19,29; 2S 22:46; 2R 19:23; Sal 18:45; Jer 21:13
refulgente Ez 1:4; Hch 26:13
refunfuñadores Jud 16
Refunfuñaron Sal 106:25
refunfuñas Is 40:27
refuta Pr 18:17
refutaba Hch 18:28
refutada Is 54:17
refutar Job 32:3; Tit 1:9
refute Job 32:13
regaba Gn 2:6,10
regaban Ez 31:4
regada Dt 11:11
regadas Is 28:8
Regadas Lm 4:1
regadío Gn 13:10
regado 1S 17:52; Is 58:11; Jer 31:12; Ez 31:14
regados Sal 104:16; Ez 31:16
regala Ez 46:16-17
regalado Gn 46:18; 1R 10:13; 2Cr 21:3
regalaron 2Cr 30:24
regalaste Neh 9:35
regale 1S 2:36
regalo Gn 23:11; 30:20; 32:13, 18; 33:11; 43:11; Nm 8:16,19;

18:6-7; 1S 9:7; 25:27; 30:26-27; 2S 11:8; 1R 9:16; 13:7; 2R 5:15; 8:8-9; 16:8; 20:12; 1Cr 21:23; Pr 21:14; Is 39:1; Jer 40:5; Ez 46:16; Ef 2:8; 3:7
regaló Gn 20:14; 46:25; 1R 10:10; 11:18; 2Cr 9:9
regalos Gn 24:10,53; 25:6; 32:20-21; 34:12; 43:15, 25-26; Dt 15:14; 1S 10:27; 1R 10:25; 2Cr 9:24; 17:5, 11; 32:23; Est 2:18; 9:19, 22; Pr 6:35; 18:16; 19:6; 22:16; Dn 2:6,48; 5:17; Mt 2:11; Ap 11:10
regaño Pr 17:10
regaños Pr 25:12
regar Job 38:26; Is 55:10
regaré Is 44:3
regarlas Dt 11:10
regazo Nm 11:12; Rt 4:16; 2S 12:3; 1R 17:19; Sal 22:9; 129:7; 131:2; Lc 6:38
regeneración Tit 3:5
regente 1R 22:47
regidos Jer 34:1
regimiento 2Cr 17:13; Hch 10:1
regio 1S 25:36
Regio Hch 28:13
regiones Gn 25:6; Jos 18:6; Jue 19:29; 1S 7:16; 2R 10:33; 1Cr 14:17; 2Cr 11:13; Esd 4:17; Job 38:26; Is 11:11; Ez 31:14,16,18; 32:18; Jl 3:4; Mr 3:8; Lc 7:17; Hch 2:10; 8:1; 19:1; 20:2; Ro 15:23; 2Co 10:16; 11:10; Gá 1:21; Ef 1:3,20; 2:6; 3:10; 6:12
regirá Lv 24:22; Nm 15:15; 35:29
regirán Nm 15:16
registrada Nm 3:1; Job 3:6
registrado Gn 31:37; 1Cr 27:24; Est 9:32; Jer 25:13
registrados Nm 1:20,22, 24,26,28,30, 32,34,36,38, 40,42; 26:53,64; Dt 28:61; 1Cr 9:1; Esd 8:20; Est 10:2
registrarlos Neh 7:5
registro Éx 38:21; 1Cr 26:31; 2Cr 17:14; 31:16, 18-19; Neh 7:5; Sal 87:6; Is 33:18
registros Éx 6:16,19; Rt 4:10; 1Cr 4:33; 5:7; 7:2,4, 9,40; 8:28; 9:9,22,34; Esd 2:62; 8:1; Neh 7:64; Est 2:23; Ez 13:9
reglamentado 2S 23:5
reglamento Neh 11:23; 2Ti 2:5
reglas Mt 15:9; Mr 7:7; Col 2:22; Heb 9:10

regó   Jn 2:15; 1Co 3:6
regocijarme   Sal 9:2
regocijaron   2Cr 29:36
regocijarte   Jer 11:15
regocijo   1S 18:7; 1Cr 29:22;
  Neh 12:43; Est 8:17; Job
  3:22; Sal 31:7; 35:27; 45:15;
  81:1; 100:2; 119:14,47,70,77,
  92,111,143,162,174; 126:5; Pr
  11:10; 23:24; Is 16:10; 35:10;
  51:3,11; 61:10; Jer 16:9;
  48:33; Jl 1:16; 2Co 12:10; Ap
  18:23
regodean   Job 39:30; Os 4:8
regodee   Jer 48:26
regreso   Gn 28:21; 43:21;
  44:30; Jos 2:23; 11:10; 18:4;
  Jue 16:31; 2S 11:12; 17:3; 2R
  1:5; 23:16; 1Cr 13:3; Job
  10:21; 16:22; Mt 25:27; Lc
  2:43; Hch 8:28; 2Co 1:16
Reguen   1Cr 2:47; Zac 7:2
Reguí   1R 1:8
regular   Lv 6:20
regulares   Lv 14:32
regularmente   Lv 24:8; Hch
  10:7
rehenes   2R 14:14; 2Cr 25:24
rehúsa   Pr 30:17; Jer 27:8
rehúsan   Is 1:20
rehúye   Job 39:22
reían   2Cr 30:10
Reina   Jer 44:17-19,25
reinados   Jos 11:10; 1R
  15:16,32; Is 1:1; Dn 6:28; Os
  1:1; Mi 1:1
reinar   Gn 37:8; 1S 13:1; 2S
  5:4; 16:8; 1R 15:29; 22:42; 2R
  8:17; 12:1; 14:2; 15:2, 33;
  16:2; 2Cr 1:8; 23:3; 33:13;
  36:4,10; Job 36:7; Jer 22:30;
  Ap 11:17; 17:12; 19:6
reinas   Sal 80:1; 102:12; Cnt
  6:8-9; 8:13; Is 49:23; Lm 5:19
reincidió   Éx 9:34
reincorporó   2R 14:22
reintegrarse   Nm 31:24
reintegró   Nm 12:15; 2Cr 26:2
reír   Gn 21:6; Ec 3:4; 7:3; Lc
  6:21
reirán   Gn 21:6; Zac 9:15
reírse   Pr 14:13
reírte   Abd 12
reíste   Gn 18:15
reiteró   Jue 11:11
Rejabías   1Cr 23:17; 24:21;
  26:25
rejas   Is 24:22; Ez 40:16;
  41:16,26
rejilla   Éx 38:4
Rejob   Nm 13:21; Jos 19:28,30;
  21:31; Jue 1:31; 18:28; 2S

8:3,12; 10:6,8; 1Cr 6:75; Neh
  10:11
Rejobot   Gn 10:11; 36:37; 1Cr
  1:48
Rejún   Esd 2:2; 4:8-9,17,23;
  Neh 3:17; 10:25; 12:3
rejuvenece   Job 33:25; Sal
  103:5
relación   Nm 9:8; 30:16; Jer
  25:1; Ro 2:17; Heb 7:14
relacionaban   Jue 18:7,28
relacionadas   Heb 9:10
relacionado   Nm 1:50; 4:26;
  1Cr 6:49; 23:28; 2Cr 24:27;
  Dn 6:5
relacionados   1Cr 26:32
relacionarse   1Co 5:11
relacionen   1Co 5:9; 2Ts 3:14
Relaías   Esd 2:2
relámpago   Job 36:32; 37:15;
  Sal 148:8; Ez 21:28; Dn 10:6;
  Os 6:5; Hab 3:4; Zac 9:14;
  Mt 24:27; 28:3; Lc 17:24
relámpagos   Éx 19:16; 20:18;
  Job 37:11; 41:18; Sal 77:18;
  97:4; 105:32; 135:7; 144:6; Jer
  10:13; 51:16; Ez 1:13; Nah
  2:4; Ap 4:5; 8:5; 11:19; 16:18
relampaguean   Job 15:12
relampagueó   Hch 9:3; 22:6
relata   Jue 5:11; Ro 11:2
relataré   Sal 71:16
relataron   Jos 2:23; Lc 9:10;
  Hch 4:23
relaté   Neh 2:18
relato   Jue 7:15; Est 10:2; Lc
  1:1; 24:11; Gá 4:24
relató   Hch 21:19
relevo   Jue 7:19; Job 14:14
relevos   1R 5:14
relieve   1R 6:35; Ro 3:5
religión   Hch 25:19; 26:5; 1Ti
  6:3,5-6; Tit 1:1; Stg 1:26-27
religiosa   Col 2:16
religiosas   Am 5:21; 8:10
religioso   2Cr 19:11; Stg 1:26
religiosos   Hch 17:22
relinchan   Jer 5:8; 8:16
relinchen   Jer 50:11
relinchos   Jer 13:27
reluciente   Dt 32:41; Ez 1:22
relucir   Is 22:6; Ez 27:10
rellenado   Lc 3:5
remado   Jn 6:19
Remalías   2R 15:25,27,30,
  32,37; 16:1,5; 2Cr 28:6; Is
  7:1,4-5,9; 8:6
remanente   2S 21:2; 2R
  19:4,31; 2Cr 30:6; 34:21; Esd
  9:8,13-15; Is 10:20-22; 11:11,
  16; 24:14; 28:5; 37:4,32; Jer
  6:9; 31:7; 40:11; Am 5:15;

9:12; Mi 2:12; 4:7; 5:7-8; 7:18;
  Sof 2:7,9; 3:12-13; Zac 8:6,
  11-12; 9:7; Ro 9:27; 11:5
Remanente   Jer 42:19
remar   Jon 1:13; Mr 6:48
remataba   1S 14:13
remataban   1R 7:16,19
rematarlo   1S 26:8
remataron   2S 18:15
remate   Jn 10:20
remató   Jue 5:26; 1S 17:51
remedio   Gn 43:11; Dt 30:18;
  1S 14:39; 2Cr 36:16; Sal
  69:20; Pr 17:22; 29:1; Ec 10:4;
  Is 10:4; Jer 2:25; 14:19; 17:9;
  30:12-13; Mi 2:10; Nah 3:19
remedios   Jer 46:11
remendadas   Jos 9:5
remendados   Jos 9:4
remendando   Mt 4:21; Mr
  1:19
remendar   Lc 5:36
remeros   Ez 27:8,26,29
Rémet   Jos 19:21
remienda   Mt 9:16; Mr 2:21
remiendo   Mt 9:16; Mr 2:21
remitido   Hch 25:21
remitiendo   Éx 18:26
remoja   Lv 11:38
remonta   Job 39:27; Ec 3:21
Remonta   Jer 49:22
remontan   Mi 5:2
remontó   2S 22:11; Sal 18:10
remorderá   Job 27:6
remordimiento   1S 25:31; Mt
  27:3
remordió   1S 24:5; 2S 24:10
remos   Is 33:21; Ez 27:6
remota   Jue 19:1,18
remotas   Job 22:12; Sal 72:10;
  97:1; Is 11:11; Sof 2:11; Zac
  10:9
remoto   Dt 32:7; Jer 46:27
remotos   Sal 65:8; Is 41:9; Dn
  4:22
removerá   Lv 6:10
removidas   Ap 6:14
removido   Sal 93:1; 96:10
remuelas   Pr 27:22
remuerde   1Co 4:4
remueve   Job 9:6
renacer   Sal 132:17
rencor   Gn 27:41; 50:15; Lv
  19:18; Dt 4:42; 19:4; Jos 20:5;
  Sal 103:9; Jer 3:5,12; Mr 6:19;
  1Co 13:5
rendir   Dt 13:2,4,6,13; Jos
  22:32; 2R 10:29; Esd 7:19; Is
  10:3; Heb 4:13; 13:17
rendirle   Éx 10:11,26; 2Cr
  24:17; 1P 4:5
Rendirle   Pr 26:8

rendirles Job 31:27
rendirnos 2R 7:4
rendirse Jer 38:21
renegado Dn 11:32; Mt 18:17;
   Ap 3:8
renegados Jue 12:4; Sal
   119:158
renegar Os 11:7
renegaron Dn 11:30
renegaste Ap 2:13
rengueando Gn 32:31
renombre Nm 16:2; Rt 4:11,
   14; Job 1:3; Sal 135:13; Is
   55:13; 63:12; Jer 13:11; Sof
   3:19-20
renovación Mt 19:28; Ro 12:2;
   Tit 3:5
renovado Ez 11:19
renovar Is 57:10
rentas Esd 4:20
renuevo Jer 33:15
Renuevo Jer 33:15; Zac 3:8;
   6:12
renuevos Job 14:7; 15:30; Sal
   65:10; 80:11; Os 14:7; Hab
   3:17; Zac 6:12
renuncia Ez 21:26
renunciado 2Co 4:2
renunciar Jue 9:9,11,13
renunciaron 2R 12:8
renuncie Dn 4:27; Lc 14:33
Renuncie Dn 4:27
renunció Heb 11:24
reñido 1R 20:39
reñir Is 58:4
reo Hch 23:15
reparaciones 2R 12:6; 1Cr
   26:27
reparador Is 58:12
reparar Éx 22:5-6; 2S 21:3; 2R
   12:5,14; 2Cr 24:4-5; Esd 9:9;
   Neh 2:8; Jer 19:11; Hch 14:9
repararlo 2Cr 24:12
reparo Jer 3:9; 2P 2:10
repartidas Jos 17:6
repartir Nm 34:17-18,29; 36:2;
   2Cr 31:19
repartirla Nm 33:54
repartirles Lc 12:42
repartirse Nm 26:55; Is 33:23;
   Ez 47:21; Lc 23:34
repasen Jer 6:9
repases Dt 24:21
repatriación Neh 7:5
repatriados Esd 4:1; 9:4;
   10:6,8
repente Nm 16:42; Jue 14:5;
   20:37; 1R 19:5; Sal 2:12; Pr
   6:15; 29:1; Is 29:5; 30:13;
   47:9,11; 48:3; Jer 4:20; 15:8;
   18:22; Dn 8:15; Hab 2:7; Mt
   8:24; Mr 1:23; 9:8; 13:36;

14:43; Lc 2:13; 9:39; Hch
   1:10; 2:2; 8:39; 9:3; 10:30;
   12:7,10; 16:26; 22:6; 28:6
repentina Job 9:23; Sal 6:10
repentino Lv 26:16; Pr 3:25;
   24:22; Is 17:14
repentinos Job 22:10
repercutió 2Cr 28:9
repetición Ez 18:2
repetidas Nm 14:22; Jer 25:3;
   35:14; 2Co 11:23; Heb 10:11
repetir 1S 17:23; Job 41:8; Ez
   18:3
repetirles Éx 4:30
repetirlo Ez 12:23
repetirse Nm 11:25
repisa Mt 5:15; Mr 4:21; Lc
   8:16; 11:33
replanté Ez 36:36
replegaban Ez 1:24
replegadas Ez 1:25
replegado Jer 34:21
repleta Nah 3:1
repletas Neh 9:25
repletos Jos 9:13; 22:8; Ro
   1:29
réplica Éx 25:9,40; Jos 22:28
replicaba 1S 2:16; Job 29:22;
   1P 2:23
replicado 2R 7:19
replican Mal 1:2; 3:7
replicar Job 20:2
replicaron Gn 34:31; 37:8; Jos
   9:7; 17:16; 1S 14:45; 2R 9:12;
   Mt 19:7; Jn 7:47; 8:39,48;
   9:34; Hch 4:19
réplicas Ro 1:23
replieguen Jer 21:4
Repliqué Hch 11:8
repobladas Ez 36:10
Repón Jue 19:5,8
repondrán Lv 14:42
repondremos Is 9:10
reponerse 2R 8:29; 9:15; 2Cr
   22:6; Ec 10:17
repongan Is 44:28
reposa Nm 14:14; Dn 4:8-9,
   18; 5:11,14; 1P 4:14
reposaba Éx 40:38; Nm
   9:18,20; Dn 4:10,13
reposado Jer 48:11
reposan Is 14:18; 60:13; Sof
   1:12
reposar Sal 22:9; Cnt 1:7; 2:6;
   8:3
reposara Nm 9:22; 1Cr 28:2
reposará Job 20:11; Is 9:6;
   11:2; Ez 44:30
reposarán Is 34:14
repose Gn 41:38; Dt 33:12; Is
   11:10
Repose Dt 33:16

reposó Heb 4:4
repostería Gn 40:17
reprender Mal 2:3; 2Ti 3:16;
   Jud 15
reprenderlo Mt 16:22; Mr
   8:32
reprenderlos Ez 3:26
reprenderte Sal 50:21; Is 54:9
reprendido Pr 27:5; Jer 29:27;
   1Co 14:24; 2P 2:16
reprensión 2S 22:16; Job 20:3;
   26:11; Sal 18:15; 80:16; 104:7;
   Pr 13:1; 15:32; Ec 7:5; Is 50:2;
   66:15; Os 5:9
reprensiones Pr 1:23,25,30;
   3:11; 29:1
represa Pr 17:14
representa Éx 29:22,26; Ez
   23:4; Mi 1:5; Mt 13:38; Gá
   4:25; Fil 1:22; Ap 19:8
representaba Nm 17:8
representación Éx 23:21;
   24:4; Nm 1:44; 3:38
representan Gá 4:24
representante Neh 11:24
representantes Jos 21:1;
   22:14; 1R 4:34
representar Éx 18:19; Heb 5:1
representarán Is 40:18
representarlos Jer 40:10
represente Nm 13:2
representes 2Cr 9:8
reprimas Is 58:1
Reprime Jer 31:16
reprobadas 2Ti 3:8
reprocha Is 45:10
reprochaba Jer 32:3
reprochándoles Heb 8:8
reprocharle Mi 3:8; 3Jn 10
reprocharles 1Ti 3:10
reprocharon Jos 17:14; Jue 8:1
reproche Neh 5:9; Is 51:7,20;
   1Ti 6:14
reprochen Gn 45:5
reproches Job 19:3; Ez 5:15
reprochó 2S 6:20; Job 2:9; Jn
   6:61
reprodúcete Nah 3:15
reprueba Sal 15:4; Pr 20:23
reptil Lv 5:2
reptiles Gn 1:24-26,28; 6:7,20;
   7:23; 8:19; Lv 11:10; 1R 4:33;
   Sal 148:10; Ez 8:10; 38:20;
   Os 2:18; Mi 7:17; Hab 1:14;
   Hch 10:12; 11:6; Ro 1:23; Stg
   3:7
repudia Mt 5:31
repudiado Jer 3:8
repudiaré 1R 9:7; 2R 23:27;
   2Cr 7:20
repudié Is 50:1
repudio Sal 119:163

repudió 1Cr 8:8

repugnante 1R 21:26; Job 19:17; 33:20; Ec 2:17; Is 14:19; Ez 7:20; 14:6; Ap 16:2

repugnantes 1R 14:24; 2R 16:3; 21:2,11; 2Cr 28:3; 33:2; Ez 5:9,11; 6:9; 7:4,9; 8:10; 11:18,21; 12:16; 16:2,22,43, 47,50-51,58; 18:12,24; 20:4

repujadas 1R 7:29

repulsivos Is 66:24

repusieran Gn 42:25

repuso Gn 24:56; 33:9; Éx 10:10; Rt 1:20; 1R 22:14; 2R 1:12; 2Cr 18:13; Jn 6:70; 8:14; 20:25

reputación Pr 22:1; Hch 6:3; 15:22

requemado Job 30:30

Requen Nm 31:8; Jos 13:21; 18:27; 1Cr 2:43-44; 7:16

requería Nm 7:7-8

requerían Dn 1:20

requerido Gn 50:3; Lv 14:21

requesón Gn 18:8

requiera Lv 27:16; Nm 7:5; Esd 7:22

requiere Lv 22:16; 2R 17:26-27; 1Ti 3:7

requieren 1Co 12:24

requisar 1R 20:6

requisito Heb 7:16

requisitos Hch 15:28; Ro 2:26; Ef 2:15; Col 2:14

res Lv 4:10; 17:3; 22:23; 27:26

Resa Lc 3:27

resaltan Job 38:14

resaltar Ez 27:11

resaltaron Ez 27:4

resalte Hab 2:2

resanada Lv 14:48

resanado Lv 14:43

resanará Lv 14:42

resarcir Job 20:10

resbaladizo Sal 73:18; Jer 23:12

resbalan Sal 37:31; 94:18

resbalara Sal 73:2

resbalará Dt 32:35

resbale Sal 121:3; Cnt 7:9

resbalen Sal 66:9

resbalo Sal 38:16

resbalosa Sal 35:6

rescatable Ap 3:2

rescatado Gn 48:16; Éx 13:13; 15:13; 18:9; Lv 25:48,54; Dt 33:29; Jue 8:34; Neh 5:8; Is 49:24; Zac 3:2

rescatados Éx 13:13; Nm 3:49; Is 35:10; 51:11; Am 3:12; 1P 1:18; Ap 14:3-4

rescatar Gn 37:22; Éx 34:20; Lv 25:26,32; 27:13, 27-28,31, 33; Nm 3:46; 18:17; Dt 25:11; 1S 12:21; 2R 13:25; Is 46:2; 50:2; Gá 4:5

rescatarla Lv 25:28-29; 27:15

rescatarlas Dt 28:31; Neh 5:5; Mi 5:8

rescatarlo Éx 34:20; Lv 25:48; 27:19-20

rescatarlos Os 13:14

rescatarme 2S 10:11; 1Cr 19:12; Sal 70:1

rescatarnos Lc 1:74; Gá 1:4; Tit 2:14

rescatarse Lv 25:31

rescate Éx 30:12,15-16; Lv 25:26,49,51-52; Nm 3:48-49; 18:16; 35:31-32; 2S 10:11; Job 6:22; 33:24; Sal 49:7-8; 111:9; Is 43:3; Mt 20:28; Mr 10:45; 1Ti 2:6; Heb 9:12; 1P 1:18

rescoldo Nm 16:37

reseca Nm 11:6; Dt 8:15; Sal 69:3; Pr 25:25; Is 29:8; Jer 2:6; Lm 4:8; Ez 19:13; Jl 1:10

resecado Is 41:17

resecará Os 4:3

resecas Is 58:11

reseco Is 19:5

resecos Os 9:14

Résef 2R 19:12; 1Cr 7:25; Is 37:12

Resén Gn 10:12

resentida 1S 1:8

resentidos Lc 11:53

resentimiento Jue 8:3; Job 5:2; 36:13

reseña Jos 18:4

reseque Jer 2:25

reserva Gn 41:35; Dt 32:34; Job 20:29; 21:19; Pr 2:7; Mr 1:45

reservada Lv 23:20; Job 27:13; Ez 45:3,6-7; 48:13; Col 1:5; 1P 1:4,10; 2P 2:17; Jud 13

reservado Gn 41:43; Lv 27:21; 1S 9:24; 25:11; Ro 4:9

reservados 2P 3:7

reservándolos 2P 2:4

reservar Ez 45:1; 48:9; 2P 2:9

reservara Hch 25:21

reservará Dt 7:15; Ez 45:2

reservarán Nm 18:28-29; 35:13

reservarás Ez 48:8

reservó Dt 4:41

reses Mt 22:4

resguarda Éx 35:12; Nm 4:5

resguardaba Éx 39:34

resguardará Sal 27:5

resguardarla Éx 40:21

resguardas Sal 31:20

resguardo Is 25:4; 32:2

residencia Éx 16:35; Lv 23:17; 1R 7:8; 1Cr 7:28; 23:25

residente Gn 38:1; Éx 12:45; Lv 20:2; 22:18; 25:6,35,40,47; Nm 15:29

residentes Nm 35:15

residir Sal 68:16; Jer 42:22

resina Gn 2:12; Éx 30:34; Nm 11:7

resinosa Gn 6:14

resinoso Cnt 4:14

resistencia Dt 2:36; Lm 1:14; Dn 11:15; Stg 5:6

resistente Job 15:26

resistir Dt 7:24; Jos 7:13; Job 31:23; Sal 147:17; Ec 4:12; Ez 22:14; Dn 11:15; Jl 2:11; 1Co 10:13; Ef 6:13; Heb 12:4

resistirles Lc 21:15

resistirlos Jos 23:9

resistirte Jos 10:8; 2Cr 20:6

resoluciones Jue 5:15

resolver Dt 1:17; Jue 4:5; 14:14; 1R 10:3; 2Cr 9:2; Esd 10:17; Dn 4:9; 5:12,16

resolverá Dt 19:15; 2Co 13:1

resolvía 2S 20:18

resolviera 2S 15:2,6

resolvieran 2Cr 19:8

resolvieron Mt 27:7; Lc 22:71; Jn 12:10

resolvió Mt 1:19

resollar Is 42:14

resonaba Dn 10:6

resonantes Sal 150:5

resonar Lv 25:9; 2Cr 29:28; Jer 49:2

Resonarán Sof 2:14

resonaron Is 9:5; Ap 11:15

Resonaron Jue 5:22

resonó 2S 22:14; Sal 18:13

resopla Job 39:25

Resopla Job 41:18

resoplar Jer 8:16

resoplido 2S 22:16; Job 39:20; Sal 18:15

respaldaba 1R 16:21

respaldada 1Ti 5:19

respaldado Gn 26:28

respaldo Hch 23:15

respaldó 2Ti 4:16

respecta Lv 25:46

respectiva Neh 11:3

respectivas Gn 36:19; Éx 12:21; Jos 16:9; 24:28; Jue 1:27; 1Cr 5:24; 7:29; 29:21; 2Cr 4:20; 13:19; 28:18; 35:15; Esd 7:17; Neh 13:30; Est 9:2; Job 1:4; Ez 16:53,55

respectivos Gn 10:5; Éx 26:37; Jos 10:39; 13:24; 14:3; 16:5; 18:2,7; 21:41; 1R 22:10; 1Cr 6:59-60, 69-71,73,75-77, 79,81; 2Cr 18:9; 30:16; 31:16; Job 2:11

respetable 1R 1:42; Fil 4:8; 1Ti 3:2

respetables Tit 2:2

respetado Gn 34:19; Éx 11:3; 1S 9:1; 22:14; Neh 13:22; Pr 31:23; Is 32:5; Hch 5:34; 10:22

respeto Gn 9:2; 47:10; 50:4; Lv 22:2; 1R 3:28; 11:28; 2R 3:14; Pr 11:16; Lm 4:16; Mal 1:6; Ro 13:7; Ef 6:5; Col 3:22; 1Ts 4:12; 1Ti 3:4; 6:1-2; 1P 2:17-18; 3:7,16; Jud 12

respetuosa 1P 3:2

respetuosos Tit 3:2

respira Sal 150:6; Jer 4:31

respiran Sal 27:12

respirando Hch 9:1

respirar Dn 10:17

respiro Dt 28:60; Sal 66:12

resplandecer Sal 67:1; 80:3,7,19

resplandeciente Éx 34:30; Sal 68:13; Mr 9:3; Ap 15:6; 19:8

resplandecientes Lc 24:4

resplandor Job 37:3,22; Is 4:5; 60:19; Ez 1:4,27-28; 10:4; Am 5:20; Hch 22:11; 26:13; 2Co 3:13; Heb 1:3; Ap 18:1

responder Gn 42:13; 43:7; Nm 5:6; Neh 5:8; Job 17:3; 20:3; 32:15; 40:5; Pr 6:1; 18:13; 22:21; 26:16; 27:11; Mt 26:62; Lc 12:12; 21:15; Jn 9:21; Hch 12:13; 2Co 5:12; Col 4:6; 1P 3:15

responderle 2S 3:11; 24:13; 1R 12:9; 1Cr 21:12; 2Cr 10:9; Job 9:3,14; 32:1, 14; 37:19; Dn 1:10; Mt 22:46

responderles Job 35:4; Is 46:7; Lc 18:7

responderte Job 40:4

respondones Tit 2:9

responsabilidad Gn 43:8; Nm 4:27; 7:9; Esd 10:4; Neh 9:3; Jer 32:7-8; Ez 34:10; Mt 23:2; Hch 6:3; 18:6; Gá 6:5; 1P 2:19

responsabilidades Gn 39:11; 1Ts 4:11

responsable Gn 44:32; Éx 21:28; Lv 20:9,27; Jos 2:19; 1S 10:12; 2S 3:37; 2R 6:12; Sal 41:7; Ez 16:43; 18:13; 33:5

responsables Lv 20:11-13, 16; Nm 14:37; 31:30,47; Jos 2:19; 9:23; 2S 3:29; 1Cr 6:49; 23:28; Dn 6:2; Jon 1:14

respuestas Job 21:34; Pr 15:28; Ec 8:1; Lc 2:47

resquebraja Is 24:19

resquebrajado Sal 60:2

resquebrajan Nah 1:6

resquebrajará Dn 11:4

restablecer 2S 8:3; Hch 1:6

restablecí Neh 13:11

restablecida Jer 30:20; Mt 12:13; Mr 3:5; Lc 6:10

restablecido Hch 3:16

restableció 2R 14:25; 2Cr 29:35

restante Éx 26:12; 29:12; 38:28; 2Cr 23:5; Ez 5:2,12; 48:15; Zac 13:9

restantes Jos 13:7; 1S 30:10; Est 9:16

restas Job 15:4

restauración 2R 12:7,11; 22:5; 2Cr 24:12-13,27; 34:10; 35:20; Hch 3:21; Ro 11:12; 2Co 13:11

restaurador Is 58:12

restaurar 2R 12:5,8,12; 22:6; Esd 5:3,9; Sal 85:1; Mr 9:12

restaurarlo Gá 6:1

restaurarlos Sof 2:7

restitución Lv 5:16; Ro 11:15

restituir Éx 22:3,9; Lv 22:14

restituirán Job 20:10

restituirle Éx 22:11

restituirlo Éx 22:4,14; Lv 6:5

restituye Ez 33:15

restituyeron Gn 41:13

restituyó Gn 40:21

restos Éx 13:19; 22:13; Jos 24:32; Dn 7:7,19; Hch 7:16; 27:44; Heb 11:22

restregará Lv 6:28

restricción Jn 3:34

restricciones 1Co 7:35

restriega 2R 21:13

restriegue Job 9:30

resucitado Mt 14:2; 27:64; 28:6; Mr 6:14,16; 16:6,14; Lc 9:7-8,19; 24:6,34; Jn 12:1,9; 21:14; Hch 4:10; 1Co 15:13-14,16-17; 2Co 5:15; Col 3:1

resucitados Col 2:12

resucitar Jn 20:9; Hch 13:33; 26:23; Heb 11:19

resueltamente Lc 19:8

resuelto Gn 41:32; Nm 20:21; Jue 14:18-19; Rt 3:18; 2Cr 25:16; Os 11:7; Zac 1:6; 1Co 7:37

resuelva Mt 18:16; Hch 19:39

resuena Job 37:4; Sal 19:4; 29:3-4; Is 66:6; Jer 51:55; 1Co 13:1

resuenan Sal 118:15; Jer 49:21; 50:46; Hab 2:11

resuene 1Cr 16:32

resultaba Ec 2:17

resultado Gn 38:24; Éx 21:20; Nm 1:44; 14:41; Jos 7:5; 2S 17:3; 1R 21:13; Jer 3:11; Dn 11:29; Mi 7:13; Mr 1:28,45; Hch 17:29; 25:26; Ro 5:16; 10:17; 11:15,31; Heb 13:7

resultados 2S 24:9; 1Cr 21:5

resultar Job 13:8; 34:6

resume Gá 5:14

resumen Lv 11:42; Ro 13:9

resumidas 1Ts 2:19

resurgirá Jer 30:18

resurgirán Os 1:11

retaguardia Éx 14:19; Nm 10:25; Jos 6:9,13; 10:19; 2S 5:23; 10:9; 1Cr 14:14; 19:10; 2Cr 13:14; Jl 2:20

retama Job 30:4; Sal 120:4

retazo Mt 9:16; Mr 2:21; Lc 5:36

retemblaron Sal 18:7

retener Dt 20:14; 2Cr 22:9; Pr 27:16; Mi 6:14

retenerlas Pr 22:18

retenerlo Ec 8:8; Flm 13

retenerlos Dt 28:41

retiembla Is 24:19

retiemblen Sal 46:3

retirada 2S 5:6; Sal 48:5; 60:4; 144:6; Jer 37:5; Dn 11:30; Sof 3:15

retirar Éx 12:15; Jer 37:9

retirarles Mi 1:11

retirarme Jue 11:37

retirarnos Job 34:14

retirarse 2R 3:27; 2Cr 35:22; Pr 17:14; Jer 21:2; Lc 5:16; Hch 26:31

retirarte Hch 24:25

retiro 2S 20:21

retiró Gn 17:22; 23:3; 41:46; 47:10; 48:12; Éx 10:6; 35:20; Lv 9:22; 2S 20:12; 1R 15:21; 2R 12:18; 15:20; 16:14; 19:8, 36; 2Cr 32:31; Job 1:12; 2:7; Is 37:8,37; Jer 37:11; Dn 1:16; Mt 2:22; 12:15; 14:13; 15:21; 26:42,44; Mr 3:7; 14:39; Jn 6:15; 11:54; 19:38

reto 2R 14:8; 2Cr 25:17

retomando Job 27:1; 29:1

retoñará Nm 17:8; Cnt 7:12; Heb 9:4

retoñará Is 27:6

retoñe Nm 17:5; Job 14:7

retoño Gn 49:22; Dt 32:32; Is 4:2; 11:1; 60:21; Ez 17:4,22

retoños Cnt 6:11; Is 18:5; 61:11; Ez 17:6,8-9

retorcerá Lv 5:8; Ez 30:16; Zac 9:5

retorcerse Os 8:10

Retorciéndose Job 30:3

retorcimos Is 26:18

retorna Jer 50:16

retornar Jos 1:15

retornaron Jos 10:21

retozan Cnt 4:1; 6:5

retozar Cnt 6:2

retractar Ez 24:14

retractará Is 31:2

retractaré Sal 89:34; Jer 4:28

retractarme Jue 11:35; Sal 35:13

retractaron Jer 34:11

retracto Job 42:6

retraerse Gá 2:12

retraes Sal 74:11

retraiga Jer 48:10

retraso Ez 12:25,28; 1Ti 3:15

retribución Is 35:4; 59:18; Os 9:7

Retribúyanle Jer 50:29

retroceda Is 38:8

retrocedan Sal 35:4; 70:2; 129:5

retrocede Pr 30:30

retroceden Sal 9:3; Jer 46:5

retroceder Éx 14:21; Nm 14:45; Jue 1:34; 2S 22:41; 2R 20:9; Sal 6:10; 18:40; 21:12; 44:10; 78:66; Is 44:25; Jer 21:4; Lm 1:13

retrocederá Dn 11:30

retrocederán Is 42:17

retrocedí 2S 22:38; Sal 18:37

retrocediera 2R 20:11

retrocedieron Jer 7:24

retrocedió Is 38:8

retuerce Sal 29:9; Is 26:17

retuercen Is 13:8; Mi 1:12; Hab 3:10

Retuércete Mi 4:10

retuerzo Jer 4:19

retumbando 1S 3:11; 2R 21:12

retumbar Ap 14:2; 19:6

retumbaron Sal 77:17

retumbó Sal 77:18

Reú Gn 11:18-21; 1Cr 1:25

Reuel Gn 36:4,10,13,17; Éx 2:18; Nm 2:14; 10:29; 1Cr 1:35,37; 9:8

Reumá Gn 22:24

reunida Lv 16:33; 1S 20:6; 1R 8:5; 2Cr 5:6; 23:3; Ez 38:7; Lc 1:10

reunidas Est 2:8; Hch 12:12

reunido Nm 16:11,19; Jue 9:47; 1S 7:7; 1R 12:1; 2R 3:10,13; 1Cr 11:13; 2Cr 10:1; 12:5; 30:3; Est 9:18; Is 13:4; 56:8; Jer 40:15; Lm 1:15; Ez 38:8,12; Mi 4:11; Mt 26:57; Lc 9:1; 12:1; 23:48; Jn 18:2; Hch 10:24; 16:13; 19:32

reunidos Dt 5:22; 10:4; Jos 2:18; 2R 9:5; Jer 36:12; Dn 2:2; Mt 17:22; 22:41; Lc 24:33; Jn 20:19; Hch 1:6; 2:2; 4:31; 10:27; 20:8; 28:17; Ap 19:19

reuniones Gn 49:6; 1Co 11:17,34

reunir Nm 10:2,7; Neh 7:5; Is 34:16; 66:18; Ez 22:19; Sof 3:8; Mt 23:37; Mr 13:27; Lc 13:34; Ef 1:10; Ap 16:14

reunirlas Ap 20:8

reunirlos 2Cr 28:15; 32:6; Jer 32:37; Ez 39:28; Os 8:10

reunirme Gn 37:35; 49:29; Éx 32:30; Nm 23:15; Neh 6:3

reunirnos Neh 6:2; Sal 106:47

reunirse Gn 25:8,17; 49:33; Éx 32:1; Nm 23:3; 1S 22:9; 2S 10:15; 2R 9:11; Esd 10:7; Est 8:11; Sal 49:19; Mt 28:12; Hch 2:46; 28:23; 1Co 16:11

reunirte Nm 27:13; 31:2; Dt 30:3-4; 1Cr 17:11

revelación 1S 9:15; 2S 7:17; 1Cr 17:15; 28:19; Ro 8:19; 1Co 14:6,26,30; Gá 1:12; 2:2; Ef 1:17; 3:3; Ap 1:1

revelaciones 2Co 12:1,7

revelar Am 3:7; Hch 26:16; 1Co 15:51; 1P 1:5; 5:1

revelarlo Mt 11:27

revelarme Dn 2:47; Gá 1:16

revelarse Mt 10:26; Lc 12:2; Ro 8:18

revelárselo Dn 2:11; Lc 10:22

reventar Pr 3:10; Mr 2:22; Lc 5:37

reventarán Mt 9:17

reventaron Gn 7:11

reventó Hch 1:18

reverdecerán Job 15:32; Jl 2:22

reverencia Gn 23:7,12; 43:28; 47:7; Lv 19:30; 26:2; 2S 14:4,22,33; Neh 5:9; Sal 119:120; Ec 8:12; Mal 2:5; Ef 5:21

reverencias Gn 37:7,9-10

reverente Sal 5:7; Os 3:5; Heb 5:7; 11:7; 12:28; 1P 1:17; Ap 19:5

reverentes Sal 95:6; Tit 2:3

revestida Ap 12:1

revestidas 1R 7:28; Is 30:22

revestido Sal 93:1; 104:1; Gá 3:27

revestidos Lc 24:49; 2Co 5:2-4

revestirse 1Co 15:53

revientan Job 26:8; Sal 73:7

revisó Gn 44:12

revista Nm 31:49; Jos 8:10; Jue 21:9; 1S 11:8; 13:15; 14:17; 15:4; 2S 18:1; 1R 20:15,26-27; Esd 8:15; Is 13:4; 1Co 15:54

revivan Ez 37:9

revivido 2R 8:1,5

revivieron Ez 37:10

revivió 2R 8:5; Ap 13:14

revivir Sal 30:3; Ez 37:3

revivirán Is 26:14; Ez 37:6

revocado Sal 89:39; Dn 6:8

revocará Sal 132:11; Ez 7:13

revocarás Dt 27:2,4

revocaré Am 1:3,6,9,11,13; 2:1,4,6

revocarlo Est 8:8

revolcabas Ez 16:22

revolcándote Ez 16:6

revolcarán Ez 27:30

revolcarse Mr 9:20; 2P 2:22

revolotea Dt 32:11

revolotean Is 31:5

revoltoso Pr 17:11

revoltosos Jer 48:45

revoluciones Lc 21:9

revuelcan Lm 4:5

revuélcate Jer 6:26

revuélquense Jer 25:34; Mi 1:10

revuelves Ez 32:2

Rey Gn 14:17; 2S 18:18; Neh 2:14; Sal 24:7-10; 48:2; 95:3; 98:6; 99:4; Is 6:5; Jer 10:7,10; 46:18; 48:15; 51:57; Dn 4:37; Nah 3:18; Zac 14:16-17; Mt 5:35; 25:34,40; 27:42; Lc 19:38; Jn 1:49; 12:13; 19:21; Hch 25:24; 26:2,27; 1Ti 1:17; 6:15; Ap 15:3; 17:14

REY Mt 27:37; Mr 15:26; Lc 23:38; Jn 19:19; Ap 19:16

REYES Ap 19:16

rezagado Dt 28:44

rezagados Dt 25:18; 1S 30:9

Rezín 2R 15:37; 16:5-6,9; Esd 2:48; Neh 7:50; Is 7:1,4,8; 8:6; 9:11

Rezón 1R 11:23,25

rezongón Pr 10:8,10

ría Pr 1:26; 29:9

Ribay 2S 23:29; 1Cr 11:31

ribera Nm 13:29; 34:11; Jue
11:26; 1Cr 6:78
riberas 1Cr 12:15
Riblá Nm 34:11; 2R 23:33;
25:6,20; Jer 39:5; 52:9,26; Ez
6:14
rica Jer 51:13; 2Co 8:2
ricamente Jos 17:14
ricas Sal 21:3; Dn 11:24
ricos Rt 3:10; 2R 15:20; Job
21:7; 27:19; 34:19; Sal 22:29;
45:12; 49:2; Pr 22:7; 26:22; Is
5:17; Jer 5:27; Lm 4:5; Mi
6:12; Zac 11:3; Mr 10:23;
12:41; Lc 1:53; 6:24; 14:12;
18:24; 21:1; 2Co 8:9; 1Ti
6:17-18; Stg 2:5-6; 5:1; Ap
6:15; 13:16
ridículas Jer 10:15
Ridiculizan Hab 1:10
ridiculizo Is 44:25
ridículo Gn 38:23; Dt 28:37;
Job 12:17,19; Sal 44:13; Ez
28:17; Dn 11:18; Mi 6:16
ríe Gn 18:13; Job 39:18; Sal
2:4; 37:13
riega Dt 11:10; Ez 47:12; Os
6:3; 1Co 3:7-8
riegas Sal 104:13
riego Is 27:3
ríen Sal 22:7; 35:21; Jer 20:7;
Hab 1:10; Lc 6:25
rienda Éx 15:7; Job 10:1;
15:13; 20:23; 40:11; Sal 50:19;
78:50; Pr 29:11; Is 57:5; Lm
2:3; 4:11; Ez 23:11; Os 11:9;
Am 1:11; Gá 5:13
riendo Gn 18:15
rieron Ez 25:6
ríes Sal 59:8
riesgo Hch 19:40
Rifat Gn 10:3; 1Cr 1:6
rigen 1Cr 16:14; Job 38:33; Pr
8:16; Jer 33:25
rígido Mr 9:18
rija Is 60:17
Rimón Nm 33:19-20; Jos
15:32; 19:7,13,45; 21:24-25;
Jue 20:45,47; 21:13; 2S
4:2,5,9; 2R 5:18; 1Cr 4:32;
6:69,77; Zac 12:11; 14:10
Riná 1Cr 4:20
rincón Lv 19:9; 23:22; Pr 21:9;
25:24; Hch 26:26
rincones Éx 10:14; 1Cr 21:12;
Job 28:3; 38:16; Sal 74:20; Is
41:9; Jer 8:19
riña Éx 21:18,22; Pr 18:6
riñas Hab 1:3
Riñen Stg 4:2

riñones Éx 29:13,22; Lv
3:4,10,15; 4:9; 7:4; 8:16,25;
9:10,19; Job 16:13; Is 34:6
rió Gn 17:17; 18:12
Río Gn 36:37
riqueza Gn 27:28; 31:16; Dt
8:17-18; 1S 2:7; 1R 10:7; 1Cr
29:12; Est 1:4; 5:11; Sal 52:7;
Pr 10:15; 12:27; 13:8; 18:11;
Is 8:4; 10:14; 60:16; 66:12; Jer
9:23; 15:13; 17:3; 20:5; Ez
7:11; 27:12,18,27; 30:15; Jl
2:22; Hab 2:5; Ro 11:12; 1Co
1:5; Ef 1:18; 2:7; Col 1:27;
2:2; 3:16; Heb 11:26; Stg 5:2;
Ap 5:12; 18:17
risa Ec 2:2; Stg 4:9
Risá Nm 33:21-22
risas Job 8:21; Sal 126:2
Risatayin Jue 3:8,10
riscos Job 39:28
Risiyá 1Cr 7:39
Ritmá Nm 33:18-19
ritmo Is 24:8
rito Lv 8:33; 14:18; 15:13, 28;
Nm 6:20; Mt 15:2; Mr 7:3-4;
Lc 11:38
ritos 2Cr 8:14; Jn 3:25; Hch
21:24; Ap 14:4
ritual Dt 23:17; 1Cr 16:37
rituales Heb 13:9
ritualmente Lv 4:12; 5:2; 6:11;
7:19; 22:3; Nm 5:2; 6:7; 9:6,
10; 18:13; 19:9, 18-19; Dt
12:15,22; 15:22; 1S 20:26;
Esd 6:20; Jn 18:28
rival 1S 1:6; 2S 2:16
rivales Ez 18:8
rivalidad Fil 1:15
rivalidades Lv 18:18; 1Co
1:11; 2Co 12:20; Gá 5:20; Stg
3:14,16
rizos Cnt 7:5
Rizpa 2S 3:7; 21:8,10-11
robadas Pr 9:17
robado Gn 30:33; 31:32; 44:5;
Éx 22:3-4,10,12; Lv 6:4; 1S
12:3-4; 30:18; 2S 17:8; 21:12;
Job 24:2; Sal 69:4; Pr 6:31
robar Gn 44:8; Pr 30:9; Mt
6:19-20; 12:29; Mr 3:27; Jn
10:10
robarles 1Cr 7:21; Tit 2:10
robarnos Jue 14:15
robarse Gn 31:19; Jn 12:6
roble Is 6:13; 44:14
robles Sal 29:9; Is 57:5; 61:3;
Os 4:13; Zac 11:2
robo Is 61:8; Os 4:2; Mt 23:25;
Ro 2:21
robos Mt 15:19; Mr 7:21; Ap
9:21

robustas Gn 30:41; Ez 34:16
robustos Gn 30:42; Jue 3:29;
Sal 78:31; Is 10:16
Roca Gn 49:24; Dt 32:4,15,
18,30; 2S 23:3; Sal 42:9;
92:15; 144:1; Is 17:10; 26:4;
30:29; 44:8; Hab 1:12
rocas Nm 24:21; Dt 8:9; Jos
10:18,27; 1S 13:6; 1R 19:11;
Job 14:19; 18:4; 22:24; 28:6;
29:6; 38:30; Sal 78:15; 137:9;
Pr 30:26; Cnt 2:14; Is 2:19,21;
7:19; 33:16; 57:5; Jer 16:16;
48:28; 49:16; Am 6:12; Nah
1:6; Mt 27:51; Hch 27:29
roce Job 4:15
rociada Heb 12:24
rociadas Heb 9:13
rociamiento Heb 11:28
rocío Gn 27:28,39; Éx
16:13-14; Nm 11:9; Dt 32:2;
33:13,28; Jue 6:37-40; 2S
1:21; 17:12; 1R 17:1; Job
29:19; 38:28; Sal 110:3; 133:3;
Pr 3:20; 19:12; Cnt 5:2; Is
18:4; 26:19; 44:22; Dn 4:15,
23,25,33; 5:21; Os 6:4; 13:3;
14:5; Mi 5:7; Hag 1:10; Zac
8:12
rodado Is 21:9
rodando Jue 7:13
Rodanín Gn 10:4; 1Cr 1:7
rodar 1S 14:33; Sal 83:13; Pr
26:27; Is 22:18; Jer 51:25; Mt
27:60; Mr 15:46
Rodas Ez 27:15; Hch 21:1
Rode Hch 12:13
rodeada Jos 21:42; 1R 7:20; Ez
1:4; 42:20; Nah 3:8; Lc 21:20
rodeado 1S 23:26; Job 17:2;
22:10; Sal 22:16; 40:12; 57:4;
76:4; 89:8; Cnt 7:2; Ez 1:27;
2:6; Os 11:12; Jn 5:2
rodeados Heb 12:1
rodear Dt 2:1
rodeo Éx 13:18
rodeos Jn 16:29
rodilla Sal 95:6; Is 45:23; Ez
7:17; Mr 15:19; Ro 14:11; Fil
2:10
rodillas Gn 30:3; 48:12; 50:23;
Éx 11:8; Dt 28:35; Jue 16:19;
1S 2:36; 1R 8:54; 18:42; 2R
1:13; 4:20; 2Cr 7:3; Esd 9:5;
Job 3:12; 4:4; Sal 109:24; Is
35:3; 66:12; Ez 21:7; 47:4; Dn
5:6; 8:17; 10:10; Nah 2:10;
Mr 1:40; Lc 5:8; Hch 7:60;
9:40; 20:36; Heb 12:12
rodillo 1S 17:7; 2S 21:19; 1Cr
11:23; 20:5

rogar 2S 12:16; Esd 6:10; Jer 42:4; Jn 16:26; Hch 27:29; 2Co 9:5

rogarle 2R 8:3,5; Hch 9:38

rogarles Jud 3

rogártelo Flm 9

Roguelín 2S 17:27; 19:31

Rohegá 1Cr 7:34

Roí Gn 24:62; 25:11

roja Ap 6:12

rojas Ez 27:7

rojiza Lv 13:19,24,42-43; Nm 19:2

rojizas Lv 14:37

rojizo Gn 25:30; Lv 13:49; Mt 16:2

rojo Gn 38:28,30; Éx 25:5; 26:14; 35:7,23; 36:19; 39:34; Jos 2:18,21; Pr 23:31; Jer 22:14; Ez 23:14; 24:11; Ap 1:15; 2:18; 6:4; 9:17; 12:3

Rojo Éx 10:19; 13:18; 15:4, 22; 23:31; Nm 14:25; 21:4,14; 33:10-11; Dt 1:40; 2:1; 11:4; Jos 2:10; 4:23; 24:6; Jue 11:16; 1R 9:26; Neh 9:9; Sal 106:7,9,22; 136:13,15; Jer 49:21; Nah 2:3; Hch 7:36; Heb 11:29

rojos Is 1:18; 63:2

rollizo Dt 32:15

Roma Hch 2:10; 18:2; 19:21; 23:11; 25:21,25; 28:14-16; Ro 1:7,15; 2Ti 1:17

romana Mr 12:15; Lc 20:24; Hch 16:12

romano Lc 2:1; Jn 18:28; 19:15; Hch 21:31; 22:25-27, 29; 23:27

romanos Jn 11:48; Hch 16:21, 37-38; 25:16; 28:17

Romanti 1Cr 25:4,31

romper Pr 17:14; Is 42:3; 58:6; Jer 15:12; 33:20-21; Jl 2:7-8; Nah 1:13; Mt 12:20; Ap 5:2,9

romperla Lv 11:33

romperle Éx 34:20

romperse Lc 6:28

ronda 1P 5:8

rondaban Job 30:3; Cnt 5:7

rondan Sal 55:10; Ec 12:5; Cnt 3:3; Lm 5:18

rondando Dt 2:3

rondar Job 1:7; 2:2

ropaje 1R 22:10,30; Is 63:1; Hch 12:21; Ef 4:22,24; Col 3:9

ropas Gn 41:42; Éx 12:34; 19:10,14; Jue 14:19; Est 8:15; Job 9:31; 37:17; Is 3:22; 23:18; 59:17; 61:10; Jer 38:11-12; Zac 3:3-4; Mt 23:5;

Mr 12:38; Lc 20:46; 24:4; Stg 5:2; Ap 3:18; 6:11; 22:14

Ros Gn 46:21

rosa Cnt 2:1

rosado Lm 4:7

rostros Jue 13:20; Job 40:13; Jer 30:6; Ez 1:10; 41:18; Nah 2:10; Mt 6:16

rota Jer 22:28

rotas Jer 2:13; 10:20; Ez 31:12

roto 2S 16:21; Sal 116:16; Is 14:29; Nah 2:8; Hag 1:6; Gá 5:4; 1P 4:1

rotos Jos 9:4,13

rotura Mt 9:16; Mr 2:21

rozaba 2Cr 3:11-12

rozar Dt 28:56

rozarse Ez 3:13

rubenita Dt 11:6; 1Cr 11:42

rubenitas Nm 16:1; 32:6,25, 29,31,33; Dt 3:12, 16; 4:43; 29:8; Jos 1:12; 12:6; 13:8,23; 22:9,11,30, 32,34; 1Cr 5:6,11,18,26; 11:42

rubí Éx 28:17; 39:10; Ez 28:13

rubíes Job 28:18; Is 54:12; Ez 27:16

rubricar Jer 34:18

ruda Lc 11:42

rudeza Gn 42:7,30; 1Co 13:5

rueda 1R 7:32; Pr 20:26; Is 28:27; Ez 1:15-16; 10:10; Ap 18:21-22

ruedas Éx 14:25; 1R 7:30, 32-33; Is 5:28; 28:28; Jer 47:3; Ez 1:16-21; 3:13; 10:2,6,9-10, 12-13,16-17,19; 11:22; Dn 7:9; Nah 3:2

ruegos Éx 8:13,31; Job 31:16; Sal 5:3; 6:9; 102:17; Cnt 5:9; Is 19:22; 58:4; Ef 6:18

Rufo Mr 15:21; Ro 16:13

rugido 2R 19:28; Job 37:4; Sal 65:7; Is 5:29; 17:12; 37:29; Os 11:10; Zac 11:3; Ap 10:3

Rugido Pr 19:12; 20:2

rugidos Jer 12:8; Ez 19:7,9

rugiente Dt 32:10; Jue 14:5; Pr 28:15; Is 30:30; 1P 5:8

rugientes Ez 22:25; Sof 3:3

rugir Sal 42:7; Am 1:14

ruido Éx 32:17; 1S 24:4; 2S 5:24; 1R 6:7; 18:41; 2R 7:6; 1Cr 14:15; Esd 3:13; Job 37:2; Ec 12:4; Jer 4:29; 25:10; 46:17; Ez 1:24; 3:13; 10:5; 26:13; 37:7; 43:2; Hch 2:2; 1Co 13:1; Ap 9:9; 18:22

ruin 2S 12:6

Rumá 2R 23:36

rumbo Gn 11:31; Nm 11:35; Dt 1:19; Jos 2:16; 16:6,8;

18:17; 19:27; Jue 19:10; 1R 12:15; 2Cr 10:15; Neh 12:31; Job 15:23; 38:41; Pr 16:9; 19:3; 24:11; 26:2; Is 19:13-14; 60:8; Jl 1:18; Am 8:12; Jon 1:3; Mt 20:17-18; Mr 10:33; Lc 18:31; Jn 4:43; Hch 15:39; 18:18; 20:1; 27:1,7; Ro 15:24; Heb 2:1; 11:38; Ap 17:8,11

rumia Dt 14:8

rumian Dt 14:7

rumiante Lv 11:4-7,26; Dt 14:6

rumiantes Lv 11:3-4

rumor Dt 13:12; 2S 13:30,33; 2R 19:7; Neh 6:6; Is 37:7; Jn 21:23; Ap 19:6

rumores Nm 13:32; Jer 51:46; Mt 24:6; Mr 13:7; Jn 7:12

rurales Est 9:19

Rut Rt 1:4,14,16,18,22; 2:2-3,8, 10,14,17-19,21,23; 3:5,7,9, 15-16; 4:5,10,13; Mt 1:5

ruta Gn 25:18; Nm 14:25; 21:4; 33:2; Dt 1:2,22,40; 2:1,8; 3:1; Jue 8:11; 1S 6:12; 2R 3:8; Job 28:26

rutas Job 6:18

Sabá Gn 10:7,28; 25:3; Jos 19:2; 2S 20:1-2,6-7,10, 13-14, 21-22; 1R 10:1,4,10, 13; 1Cr 1:9,22,32; 5:13; 2Cr 9:1,3,9, 12; Job 6:19; Sal 72:10,15; Is 60:6; Jer 6:20; Ez 27:22-23; 38:13

sabactani Mt 27:46; Mr 15:34

sábados Éx 31:13; Lv 19:3, 30; 23:38; 24:8; 26:2,34,43; 2R 16:18; 1Cr 23:31; 2Cr 2:4; 8:13; 31:3; Neh 10:33; Is 56:4; Lm 2:6; Ez 20:12-13,16, 20-21, 24; 22:8,26; 23:38; 44:24; 45:17; 46:1,3; Hch 13:27; 15:21; 17:2; 18:4

sábana Dt 22:17; 1S 19:13; Mt 27:59; Mr 14:51-52; 15:46; Lc 23:53; Hch 10:11,16; 11:5

sabático Lv 25:6; 2Cr 36:21

sabáticos Lv 25:8; 26:34-35

sabeanos Job 1:15

sabeos Is 45:14; Ez 23:42; Jl 3:8

saberlo Gn 18:21; Lv 5:4; Sal 73:11; Pr 24:12; Heb 13:2

saberse Dn 11:19

Sabetay Esd 10:15; Neh 8:7; 11:16

sabia Pr 14:1; Ec 10:10; 1Co 1:25

sabiamente Pr 20:1; Col 4:5

sabias Jue 5:29; Pr 30:24; Zac 9:2; 1Co 2:4

sabiendas Sal 19:13; 1Co 8:7
sabor Job 6:6; Jer 48:11; Mt 5:13; Mr 9:50; Lc 14:34
saborea Job 34:3
saboreado Heb 6:4
saborear 2S 19:35
sabrosa Hab 1:16
Sabtá Gn 10:7; 1Cr 1:9
Sabteca Gn 10:7; 1Cr 1:9
sacada Gn 2:23; Esd 6:11
sacado Gn 3:19; 19:17; Éx 3:12; 18:1; Nm 16:13; Jue 2:12; 14:9; 16:28; Rt 2:9; 2R 17:7; Jer 50:25; Ez 37:13; 38:8; Jn 2:9; 10:4; 19:4; Hch 12:17; Gá 4:15; Heb 11:5
sacar Gn 24:13,19,45; 40:20; Éx 2:16; 3:11; 6:13, 27; 12:42; Nm 27:14; Jue 19:24; 1S 4:4; 9:11; 12:6; 2S 4:6; 2R 6:27; 2Cr 34:14; Esd 1:7; 5:14; Neh 13:8; Job 14:4; Sal 104:14; Is 30:14; Jer 39:14; Ez 20:9; Os 12:13; Hag 2:16; Mt 7:5; Lc 6:42; Jn 4:7,11; 21:6,10; Hch 12:6; Jud 16
Sacar 1Cr 11:35; 26:4
sacarla Lv 26:10; Nm 11:13; Jn 4:15
sacarlas Ez 46:20
sacarle Jue 6:38
sacarles Nm 20:10
sacarlo Hch 23:10
sacarlos Éx 3:8,17; 1S 12:8; 1Cr 9:28; Ez 20:14,22; Jl 3:7
sacarme Sal 25:15
sacarse Job 20:25
sacarte Dt 7:19; Mt 7:4; Lc 6:42
sacerdocio Éx 29:9; 40:15; Nm 3:3-4; 16:10; 18:1,7; 25:13; Dt 10:6; 1R 2:27; 1Cr 6:10; 24:2; 2Cr 11:14; Esd 2:62; Neh 7:64; 13:29; Lc 1:9; 3:2; Heb 7:5,11-12, 14,24; 1P 2:5,9
sacerdotal Lv 22:10,13; Nm 3:10; Jos 18:7; 1S 2:36; Jer 1:1; Ro 15:16; Heb 8:6
sacerdotales Éx 31:10; 39:41; Lv 21:10; Nm 20:26,28; Esd 2:69; Neh 7:70,72; 12:12
sacerdotisas Os 4:14
saciado Dt 8:12; 2S 1:22; Pr 13:25; Ec 6:3; Is 43:24; Jer 50:19; Ez 5:13; Fil 4:12
saciados 1S 2:5; Is 66:11; Os 13:6; Mt 5:6; Lc 6:21, 25
saciar Job 38:27; Is 58:10; Ez 7:19
saciarlos Sal 78:25
saciarnos Éx 16:3

saciarse Lv 25:19; 26:5; Dt 31:20; Job 27:14; Is 56:11; 66:11; Jer 46:10; Jl 2:26; Hag 1:6; Stg 2:16
saco Lv 11:32; 2S 21:10; Job 14:17; Hag 1:6
sacos 2R 5:23-24
sacrificado Éx 12:46; Lv 9:10; Jue 6:28; 1R 1:19; Ez 23:37; Hch 15:29; 21:25; 1Co 5:7; 8:1,4,10; 10:18; Ap 5:6,9,12; 13:8
sacrificados Ap 2:14,20
sacrificar Gn 22:10; Dt 12:21; 18:10; 1R 1:25; 2Cr 35:11; Ez 20:31; Zac 14:21; Mr 14:12
sacrificarse Lc 22:7
sacrilegio Dn 11:31; 12:11; Mt 24:15; Mr 13:14; Hch 19:37
sacrilegios Dn 9:27
sacudida Sal 103:16; Mt 11:7; Lc 6:38; 7:24; Ap 6:13
sacudirte Hab 2:7
Sadrac Dn 1:7; 2:49; 3:12, 16,19,22,26,29-30
saduceos Mt 3:7; 16:1,6, 11-12; 22:23,34; Mr 12:18; Lc 20:27; Hch 4:1; 5:17; 23:6-8
Saduta Gn 31:47
saeta Pr 25:18
saetas Job 6:4; Sal 7:13; 76:3; Ez 21:21
Saf 2S 21:18
Safán 2R 22:3,8,10,12,14; 25:22; 1Cr 5:12; 2Cr 34:8, 15-16,18,20; Jer 26:24; 29:3; 36:10-12; 39:14; 40:5,9,11; 41:2; 43:6; Ez 8:11
Safat Nm 13:5; 1R 19:16, 19; 2R 3:11; 6:31; 1Cr 3:22; 5:12; 27:29
Safir Mi 1:11
Safira Hch 5:1
sagaces Ro 16:19
sagacidad Pr 1:4
Sagaf 1Cr 2:47,49
Sagalbín Jue 19:42
sagaz 2S 22:27; Sal 18:26
sagrada Gn 12:6; Éx 29:6; 30:25,31; 37:29; 39:30; Lv 2:3,10; 6:17; 10:12; 16:4; 22:14; 24:9; Jue 9:6; 1R 14:24; 15:12; 2R 3:2; 10:26-27; 12:4; 23:7; 2Cr 35:3; Ez 48:10; Mt 23:19
Sagradas 2Ti 3:15
sagrado Éx 29:31; 30:32,35-37; 31:14; 40:9-10; Lv 6:25,29; 7:1,6; 10:17; 14:13; Nm 35:25; Jos 5:15; Is 65:5; Abd 17;

Mt 7:6; 23:17; Jn 11:48; 1Co 3:17; 2Co 9:12
sagrados Nm 18:3; 1R 8:4; 1Cr 9:29,32; 22:19; 26:20, 26; 28:13; 2Cr 5:5; 8:11; 24:7; Esd 2:63; 7:19; 8:25; Neh 7:65; 10:39; 13:9; Ez 22:8,26; 44:13; 46:20; Mi 5:13; Zac 14:20; Hch 17:23
Sague 1Cr 11:34
Sajar Jos 13:19; Ez 27:18
Sajarayin Jos 15:36; 1S 17:52; 1Cr 4:31; 8:8
Sajazimá Jos 19:22
Sal 2S 8:13; 2R 14:7; 1Cr 18:12; 2Cr 25:11
sala 1R 7:7; 14:28; 2R 23:12; 2Cr 12:11; Est 5:1; 7:8; Cnt 2:4; Jer 35:4; 36:10,12,20-21; Ez 40:38, 45-46; Dn 5:5,10; Mr 14:14-15; Lc 22:11-12; Hch 25:23
salada Ez 47:9; Mr 9:50; Stg 3:11-12
Salaf Neh 3:30
Salal Is 8:1,3
salamandra Lv 11:30
salamanquesa Lv 11:30
Salamina Hch 13:5
salario Gn 30:28,32; 31:7-8,41; Lv 19:13; 1R 5:6; Pr 10:16; Is 55:2; Hag 1:6; Jn 4:36; 6:7; Ro 4:4; 1Ti 5:18; Stg 5:4; 2P 2:15; Ap 6:6
salas 1Cr 9:26; Jer 35:2; Ez 40:44; 41:5-9,11,26; 44:19
Salatiel 1Cr 3:17; Esd 3:2, 8; 5:2; Neh 12:1; Hag 1:1,12,14; 2:2,23; Mt 1:12; Lc 3:27
Salay Neh 11:8; 12:20
Salbín Jue 1:35; 1R 4:9
salbonita 2S 23:32; 1Cr 11:33
Salcá Dt 3:10; Jos 12:5; 13:11; 1Cr 5:11
saldar Mt 18:25
saldo Lv 25:27
Salén Gn 14:18; Sal 76:2; Heb 7:1-2
Saléquet 1Cr 26:16
salida Éx 5:20; 16:1; 27:13; 38:13; Nm 9:1; Jos 6:15; 19:12; Jue 9:33; 2Cr 32:30; Sal 113:3; Lm 3:53; Hch 16:37; 1Co 10:13; Heb 11:22; 1Jn 2:19; Ap 20:3
salidas Sal 144:14; Cnt 6:6; Ez 42:11; 43:11; 48:30
salientes 1R 6:6
Salín 1S 9:4; Jn 3:23
salinas Ez 47:11
salirle Éx 9:13
salirme Dn 2:9

salirse 1Co 5:10
salírseme Job 37:1
Salisá 1S 9:4; 2R 4:42
salitrosa Sal 107:34
saliva 1S 21:13; Job 7:19; Mr 7:33; Jn 9:6
Salmá 1Cr 2:51,54; Cnt 1:5
Salmán Os 10:14
Salmanasar 2R 17:3; 18:9
Salmay Esd 2:46; Neh 7:48
salmo Sal 47:7; Hch 13:33
Salmón Rt 4:20-21; 1Cr 2:11; Mt 1:4-5; Lc 3:32
Salmona Hch 27:7
Salmos Lc 20:42; Hch 1:20
Salomé Mr 15:40; 16:1
salón 1S 9:22; Mt 22:10
salpicar Lv 6:27
salpicaré Ez 21:32
salpicó 2R 9:33; Is 63:3
saltamontes Lv 11:22; 1R 8:37; 2Cr 6:28; Sal 78:46; 105:34
saltar Lv 11:21; Job 39:20; Ec 3:4; Jl 2:5
salteadores Job 1:17; 12:6; 15:21; Os 6:9; 7:1
salterio Sal 92:3
salto Mr 10:50; Hch 3:8; 14:10
Salu Nm 25:14
Salú 1Cr 9:7; Neh 11:7; 12:7
salud Gn 29:6; Éx 15:26; 1S 6:3; 25:6; Job 21:23; Pr 3:8; 4:22; 16:24; Is 38:16; Jer 8:15,22; 14:19; 15:5; 33:6; Lm 2:13; Mal 4:2; Mt 15:31; Mr 16:18; 3Jn 2; Ap 22:2
saludable Sal 73:4
saludar 1S 17:22; 25:14; Lc 10:4; Hch 18:22; 25:13
saludarlo Mr 9:15
saludarlos Gn 18:2; 1S 30:21; Hch 21:19
saludarte 1S 10:4
saludo 1S 25:5; 2R 5:22; Esd 5:7; Pr 27:14; Lc 1:28-29,41, 44; Ro 16:22; 1Co 16:21; Col 4:18; 2Ts 3:17
saludos Éx 18:7; Lc 11:43; Ro 16:16,23; 1Co 16:19-20; 2Co 13:13; Fil 4:21; Col 4:10,12; 2Ti 4:21; Flm 23; Heb 13:24; 2Jn 13; 3Jn 15
Saludos Esd 4:17; 7:12; Hch 15:23; 23:26; Ro 16:21,23; Fil 4:22; 2Ti 4:19; Tit 3:15; Stg 1:1; 1P 5:13
Salún 2R 15:10,13-15; 22:14; 1Cr 2:40-41; 3:15; 4:25; 6:12-13; 7:13; 9:17,19,31; 2Cr 28:12; 34:22; Esd 2:42; 7:2;

10:24,42; Neh 3:12,15; 7:45; Jer 22:11; 32:7; 35:4
Salvación Is 60:18
Salvador Dt 32:15; 1S 14:39; 2S 22:47; 1Cr 16:35; Sal 18:46; 24:5; 25:5; 42:5,11; 43:5; 65:5; 68:19; Is 45:21; 49:26; 60:16; 62:11; 63:8; Os 13:4; Lc 1:47; 2:11; Jn 4:42; Hch 5:31; Fil 3:20; 1Ti 1:1; 2:3; 4:10; 2Ti 1:10; Tit 1:3-4; 2:10,13; 3:4,6; 2P 1:1,11; 2:20; 3:2,18; 1Jn 4:14; Jud 24
salvadores Neh 9:27
salvaje Gn 16:12; 37:20,33; Nm 23:22; 24:8; 2S 17:8; Job 6:5; 11:12; 28:8; 39:9; Sal 29:6; Jer 2:24; Os 8:9
salvajes Gn 1:24-26; 3:14; 7:14,21; 8:1; 9:2,10; Éx 23:29; Lv 26:6,22; Dt 7:22; Job 5:22-23; 24:5; 39:5,15; 40:20; Sal 79:2; 80:13; 148:10; Is 13:21; 18:6; 43:20; Jer 12:9; 14:6; Ez 5:17; 31:13; 32:4; 34:5,8; 39:4; Dn 4:12,21,23,25,32; 5:21
salvarle Hch 27:43
salvarles Gn 45:7; Stg 1:21
salvarlo Sal 109:31; Dn 6:14; Mt 27:49; Jn 3:17; 12:47; Heb 5:7; Stg 2:14
salvarlos Is 35:4; 46:7; 59:16; Jer 11:12; 42:11; Ez 7:19
salvarme Gn 19:19; Sal 22:1; 71:3; Ro 16:4
salvarnos 1S 14:6; Job 33:30; Sal 80:2; Lm 3:26; 4:17; Os 14:3; Hch 27:20; Ro 5:6
salvarse Gn 7:7; 2R 7:7; Is 44:20; 47:14; Dn 11:42; Mt 19:25; 27:42; Mr 10:26; 15:31; Lc 13:23; 18:26; Hch 27:31
salvarte 2R 6:27; Is 47:15; Jer 15:20; 30:11; Dn 6:16,20; Lc 19:44
salvavidas Hch 27:16,30,32
salvos Jos 10:21; Is 45:22; 64:5; Jn 5:34; Hch 2:47; 4:12; 11:14; 15:1,11; 16:31; 27:44; Ro 10:1; 1Co 10:33; 15:2; 1Ts 2:16; 2Ts 2:10, 13; 1Ti 2:4
Sama Gn 36:13,17; 1S 16:9; 17:13; 2S 23:11,12, 25,33; 1Cr 1:37; 7:37; 11:44
Samaquías 1Cr 26:7
samaritana Jn 4:9
samaritano Lc 9:52; 10:33; 17:16; Jn 4:5; 8:48
samaritanos 2R 17:29; Mt 10:5; Jn 4:9,39-40; Hch 8:14,25

Samay 1Cr 2:28,32,44-45; 4:17
Sambalat Neh 2:10,19; 4:1,7; 6:1-2,5,12,14; 13:28
Samgar Jue 3:31; 5:6; Jer 39:3
Samir Jos 15:48; Jue 10:1-2; 1Cr 24:24
Samla Gn 36:36-37; 1Cr 1:47-48
Samos Hch 20:15
Samot 1Cr 11:27
Samotracia Hch 16:11
Samseray 1Cr 8:26
Samúa Nm 13:4; 2S 5:14; 1Cr 14:4; Neh 11:17; 12:18
Samut 1Cr 27:8
Saná Jos 15:49
Sananín Jos 19:33
sanar Dt 28:27; 2R 5:7; Ec 3:3; Is 61:1; Jer 15:18; Mt 10:1; 12:10; Mr 6:5; Lc 5:17; 7:3; 9:1-2; 14:3; Jn 4:47; Hch 4:30; 1Co 12:9, 28,30
sanarla Lc 8:43
sanarlo Os 5:13; Mt 8:7; 17:16
sanarlos Sal 107:20; Mt 9:28
sanarte 2R 20:5
sanas Zac 11:16
sandalia Gn 14:23; Rt 4:7-8; Sal 60:8; 108:9
sandalias Éx 3:5; 12:11; Dt 25:9; Jos 5:15; 9:5,13; Cnt 7:1; Is 5:27; 11:15; 20:2; Ez 16:10; Dn 3:21; Am 2:6; 8:6; Mt 3:11; 10:10; Mr 1:7; 6:9; Lc 3:16; 10:4; 15:22; 22:35; Jn 1:27; Hch 7:33; 12:8; 13:25
sándalo 1R 10:11-12; 2Cr 2:8; 9:10
sandeces Ec 10:13
sangra Pr 30:33
Sangre Mt 27:8; Hch 1:19
sangrienta 1R 2:9
sangrientas Sal 16:4
sanguijuela Pr 30:15
sanguinaria 2S 21:1; Sal 55:23; 139:19; Ez 21:31; 22:2; 24:6,9
sanidad Dt 32:39; Is 58:8; Jer 30:13
sano Gn 28:21; 33:18; 43:9; 2S 19:24,30; Sal 38:3,7; Pr 18:1; Is 1:6; Ez 30:22; Mt 8:3,8; 17:18; Mr 1:42; 5:15; Lc 7:7, 10; 8:35; 15:27; 17:15; Jn 5:6, 9,14; 7:23; Hch 4:10; 23:24; 1Co 15:34; 1Ts 5:6,8; Tit 2:8
sanos Jos 10:21; Dn 1:15; Mt 9:12; 14:36; Mr 2:17; 6:56; Lc 5:31; Hch 8:7; 19:12; 27:44; Tit 1:13
Sansaná Jos 15:31

santa   Éx 3:5; 15:13; 19:6; Lv
12:4; Nm 16:3; Esd 9:2; Neh
11:1,18; Sal 46:4; 68:5; 78:54;
105:42; 110:3; Is 6:13; 48:2;
52:1; 63:15; Jer 25:30; Ez
45:1,4; Dn 9:24; Zac 2:12-13;
Mt 4:5; 27:53; Hch 7:33; Ro
7:12; 11:16; Ef 5:26-27; 1Ts
2:10; 4:4; 2Ti 1:9; 1P 2:9; Ap
11:2; 21:2,10; 22:19

Santa   Jl 3:17

santas   Nm 18:10; 1Cr
23:13,28; Is 64:10; Jer 23:9;
Ez 42:14; Sof 3:4; Hch 13:34;
1P 3:5

Santiago   Stg 1:1

santidad   Éx 15:11; Lv 10:3;
Nm 20:12-13; 27:14; Dt
32:51; 2Cr 20:21; 30:19; Sal
89:35; 93:5; Is 35:8; Ez 20:41;
28:22,25; 36:23; 38:16,23;
39:27; Am 4:2; Lc 1:75; Ro
1:4; 6:19,22; 2Co 1:12; Ef
4:24; 1Ts 3:13; 4:7; 1Ti 2:15;
Heb 12:10,14

Santidad   Zac 8:3

santificación   1Co 1:30; 2Co
7:1

santificada   Ro 15:16; 1Co
7:14

santificado   2Cr 5:11; Mt 6:9;
Lc 11:2; 1Co 7:14; 2Ti 2:21;
Heb 10:29

santificadora   2Ts 2:13; 1P 1:2

santificados   Jn 17:19; Hch
20:32; 26:18; 1Co 1:2; 6:11;
1Ts 4:3; Heb 2:11; 3:1; 10:10

santificar   Ez 44:19; Heb 13:12

santificarse   Nm 6:11

santísima   Lv 27:28; Ez 48:12;
Jud 20

santísimo   Lv 16:33; 21:22; Sal
28:2; Dn 9:24; Os 11:12

Santísimo   Éx 26:33-34; 1R
6:16-17,19,21,31; 7:49-50;
8:6,8; 1Cr 6:49; 2Cr 3:8, 10;
4:20,22; 5:7,9; Ez 41:4,21,23;
43:12; 45:3; Heb 9:3,8,12,25;
10:19; 13:11

santísimos   Éx 30:29; Ez 44:13

SANTO   Éx 39:30

saña   Sal 41:5; Jer 38:9; Ez
23:25

saqueada   Is 24:3; Jer 50:10

saqueado   Sal 44:10; Is 10:13;
42:22; Hab 2:8

saqueadores   Jer 50:10; Ez
39:10; Abd 5

saqueados   Is 42:22; Jer 30:16;
50:37; Ez 36:4

saquear   1S 27:8; 2R 7:16; Est
3:13

saquearla   Ez 36:5

saquearles   1S 17:53

saquearlo   Is 10:6

saqueo   2R 3:23; Is 33:23;
42:24; Ez 23:46; Am 3:10

Saquías   1Cr 8:10

saquito   Cnt 1:13

Sara   Gn 17:15,17,19,21; 18:6,
9-15; 20:2,14,16,18; 21:1-3,
6-7,9,12; 23:1,19; 24:36,67;
25:10,12; 49:31; Is 51:2; Ro
4:19; 9:9; Heb 11:11; 1P 3:6

Saraf   1Cr 4:22

Sarar   2S 23:33

Saray   Gn 11:29-31; 12:5,
11,14,17; 16:1-2,5-6,8; 17:15;
Esd 10:40

sarcasmo   Job 16:4; 34:7

Sardis   Ap 1:11; 3:1,4

Sarepta   1R 17:9-10; Abd 20;
Lc 4:26

Saretán   Jos 3:16; 1R 4:12;
7:46; 2Cr 4:17

Sarézer   2R 19:37; Is 37:38; Jer
39:3,13; Zac 7:2

Sargón   Is 20:1

Sarid   Jos 19:10,12

sarmiento   Nm 13:23

sarmientos   Is 16:8; 18:5; Jer
5:10; 6:9; 48:32; Nah 2:2

sarna   Lv 21:20; Dt 28:27; Is
3:17

sarnosos   Lv 22:22

Sarón   Jos 12:18; 1Cr 5:16;
27:29; Cnt 2:1; Is 33:9; 35:2;
65:10; Hch 9:35

Sarsequín   Jer 39:3

sartén   Lv 2:5; 6:21; 7:9; 2S
13:9; 1Cr 23:29

sartenes   2Cr 35:13

Sarujén   Jos 19:6

Sarvia   1S 26:6; 2S 2:13,18;
3:39; 8:16; 14:1; 16:9-10;
17:25; 18:2; 19:21-22; 21:17;
23:18,37; 1R 1:7; 2:5,22; 1Cr
2:16; 11:6,39; 18:12,15; 26:28;
27:24

Sasac   1Cr 8:14,25

Sasay   Esd 10:40

Sasgaz   Est 2:14

sátira   Is 14:4

sátiras   Hab 2:6

satisfacción   Sal 22:17; 2Co
1:12; Fil 1:26

satisfacciones   Pr 29:17

satisface   Is 55:2

satisfacer   1R 20:9; Mr 15:15;
Ro 13:14; Stg 4:3

satisfaciendo   1P 4:2

satisfagan   Pr 5:19

satisfagas   Sal 140:8

satisfecha   Rt 2:14,18; Job
20:20; Sal 63:5; Ez 16:29; Mr
8:8

satisfechas   Ez 27:33

satisfecho   Éx 18:23; Lv 10:20;
Dt 8:10; 1R 9:12; Is 53:11; Ez
5:13; Fil 2:16; 4:11; 1Ti 6:6

satisfechos   Dt 11:15; 14:29;
Jos 22:30; Sal 59:15; Pr 27:20;
Is 9:20; Os 4:10; 13:6; Jl 2:19;
Hag 1:6; Mt 14:20; 15:37; Mr
6:42; Lc 9:17; Jn 6:12; Hch
27:38

sátrapas   Esd 8:36; Est 3:12;
8:9; 9:3; Dn 3:2-3,27;
6:1-2,4,6-7

saturado   Lm 3:15

saturaría   Job 9:18

sauce   Ez 17:5

sauces   Lv 23:40; Is 44:4

Sauces   Is 15:7

saulitas   Nm 26:12

Saulo   Hch 7:58; 8:1,3; 9:1,
4,7-8,11,17-19,22,24,27;
11:25,30; 12:25; 13:1-2,4, 7,9;
22:7,13; 26:14

Save   Gn 14:5,17

savia   Ro 11:17

Savsa   1Cr 18:16

sazonada   Pr 15:17

sazonadas   Pr 15:17

sazonados   Mr 9:49

sazonarán   Ez 2:13

Seal   Esd 10:29

Sear   Is 7:3

Searías   1Cr 8:38; 9:44

Seba   Gn 10:7; 1Cr 1:9; Sal
72:10; Is 43:3

Sebán   Nm 32:3

Sebanías   1Cr 15:24; Neh
9:4-5; 10:4,10,12; 12:14

sebat   Zac 1:7

Séber   1Cr 2:48

Sebna   2R 18:18,26,37; 19:2; Is
22:15; 36:3,11,22; 37:2

sebo   Lv 1:8,12; 8:20; 9:19; Is
43:24

Seboyín   Neh 11:34

Sebuel   1Cr 23:16; 25:4; 26:23

seca   Gn 8:13-14; 37:24; Éx
14:21-22,29; 15:19; Lv 7:10;
Job 13:25; Sal 63:1; 66:6;
90:6; 107:33,35; 143:6; Pr
17:22; Is 32:2; 40:7-8; 42:15;
53:2; Jer 12:4,11; Os 2:3; Jl
2:20; Am 1:2; Nah 1:4,10;
Zac 9:11; Jn 15:6; Heb 11:29;
Stg 1:11; 1P 1:24

Secacá   Jos 15:61

Secanías   1Cr 3:21-22; 24:11;
2Cr 31:15; Esd 8:3,5; 10:2;
Neh 3:29; 6:18; 12:3

secar Jer 51:36; Ez 47:10

secas Jue 16:7; Is 27:11; 51:3; Jer 50:38

Secas Ez 19:12

sección Ez 45:3,6-7; 48:10-12,15,18,23-27

secciones Ez 48:21

seco Gn 1:9-10; Éx 14:16; 22:6; Jos 3:17; 4:22-23; Jue 6:37, 39-40; 2R 2:8; Neh 9:11; Sal 106:9; Is 5:24; 44:3; 50:2; 56:3; Ez 17:24; Lc 23:31

secos Job 30:6; Sal 58:9; Is 19:6; 34:4; Jer 51:36; Ez 20:47; 37:2,4

secretamente Jos 2:1

secretario 2S 8:16; 20:24; 1R 4:3; 2R 12:10; 18:18,37; 1Cr 18:15; 2Cr 24:11; 34:8; Is 36:3,22; Hch 19:35

secretarios Est 3:12; 8:9

secretas Éx 7:11,22; 8:7,18; Is 65:4

secretos Lv 19:17; Job 11:6; Sal 44:21; 90:8; Pr 11:13; Is 45:3; Ez 28:3; Mt 13:11; Lc 8:10; Ro 2:16; 1Co 14:25; Ap 2:24

secta Lc 5:30; Hch 5:17; 15:5; 24:5,14; 26:5; 28:22

sectarios 1Co 11:19

sectarismos Gá 5:20

sector Gn 43:32; Jue 18:12; Neh 3:17,20-21,23-26, 28-29,32

Secú 1S 19:22

secuaces Job 9:13; Jer 41:7; Hch 5:37

secuestrado Dt 24:7

secuestrador Dt 24:7

secuestre Éx 21:16

seda 2S 1:24; Ez 16:10,13; Ap 18:12

sede 1S 8:2

Sedeúr Nm 1:5; 2:10; 7:30,35; 10:18

sediciones Esd 4:15,19

sedienta Dt 8:15; Sal 63:1; Is 35:7; 44:3; Nah 3:1

sediento Job 22:7; Sal 107:9; Is 21:14; 29:8; 32:6; Mt 25:37,44

sedientos Éx 17:3; Job 5:5; Sal 107:5; Jer 31:25

sedimento Sof 1:12

seducción Nah 3:4

seducir Dt 11:16; 2R 18:32; 2Cr 32:15; Job 31:9; 36:18; Is 36:18; Jer 20:7,10

seducirla Os 2:14

seducirlo 1R 22:22; 2Cr 18:21

seductor Éx 22:17

seductora Pr 6:24

seductoras Pr 2:16; 7:5

seductores Is 3:16

Sefán Nm 34:10-11; 1Cr 27:27

Sefar Gn 10:30

Sefarad Abd 20

Sefarvayin 2R 17:24,31; 18:34; 19:13; Is 36:19; 37:13

Sefat Jue 1:17

Sefata 2Cr 14:10

Sefatías 2S 3:4; 1Cr 3:3; 9:8; 12:5; 27:16; 2Cr 21:2; Esd 2:4,57; 8:8; Neh 7:9,59; 11:4; Jer 38:1

Sefelá Jue 1:9; 1Cr 27:28; Jer 17:26; Abd 19

Séfer Nm 33:23-24; Jos 15:15-17; Jue 1:11-12

Sefó Gn 36:23; 1Cr 1:40

Séfora Éx 2:21; 4:25-26; 18:2

Sefufán 1Cr 8:5

segada Ap 14:16

segador Sal 129:7; Is 17:5; Jer 9:22; Am 9:13; Jn 4:36; 1Co 9:10

segadores Rt 2:3-5,7,14; 2R 4:18; Mt 13:30,39

segar Ap 14:15

segarás Lv 25:5

Segub 1R 16:34; 1Cr 2:21-22

seguidor 2Co 12:2

seguidores Nm 26:10; Sal 16:3; 106:17; Dn 11:24; Mt 12:27; Lc 11:19; Hch 5:36; 22:4

seguidos 1S 29:2; Sal 68:25; Hch 17:2

seguirlo Jue 6:34; 1S 30:21; 1R 18:21; Job 34:27; Ez 29:16

seguirlos Lv 20:6

seguirme Jer 3:19; Mt 16:24; Jn 12:26; 13:36

seguirte Mt 19:27; Lc 18:28; Jn 13:37

Segundo Hch 20:4

segura Nm 24:21; Jue 18:7; 2R 4:9,13; Job 24:22; Sal 46:1; Pr 11:21; 16:5; 27:24; 31:25; Jer 33:16; Dn 8:25; 11:21; Sof 2:15; Heb 6:19

seguramente Gn 31:42; 43:12; 44:22,31; Éx 8:26; 20:19; 1S 20:3,26; Ez 3:6

Seguramente Jue 5:30; Job 38:5; Lc 4:23

seguras Is 32:18; Ez 34:25, 27-28; Dn 11:24; Hch 13:34

seguridad Gn 43:9; 44:28; Rt 1:9; 2S 13:13; 1R 22:14; 2R 20:19; 2Cr 15:5; Est 9:30; Job 5:11; 18:14; 38:21; Sal 122:7; Is 32:17; 33:6; 39:8; Jer 33:6;

36:29; Ez 12:9; Zac 8:10; Lc 1:4; Jn 3:11; Hch 5:23; 16:23; Fil 3:1; 1Ts 5:3; 1Ti 1:7; Heb 10:22

seguros Lv 25:18-19; 26:5; Nm 32:23; Dt 12:10; Jos 22:31; 1S 12:11; 20:31; 1R 4:25; Job 24:23; Is 14:30; 25:1; Jer 32:37; Ez 28:26; Os 2:18; Mi 5:4; Lc 11:21; 2Co 9:4; Ef 5:5; Heb 6:9; 13:18; 1Jn 2:28; 3:19; 5:15

Seharías 1Cr 8:26

Seír Gn 14:6; 32:3; 33:14, 16; 36:8-9,20-21,30; Nm 24:18; Dt 1:2,44; 2:1,4-5,8, 12,22,29; 33:2; Jos 11:17; 12:7; 15:10; 24:4; Jue 5:4; 1Cr 1:38; 4:42; 2Cr 20:10, 22-23; 25:11,14; Is 21:11; Ez 25:8; 35:2-3,7,15

Seirat Jue 3:26

seiscientas Nm 31:32,37; 1R 10:29; 1Cr 21:25; 2Cr 1:17; Jer 52:30

Sela 1S 23:28

Selá Gn 38:5,11,14,26; 46:12; Nm 26:19; Jue 1:36; 2R 14:7; 1Cr 1:18,24; 2:3; 4:21-22; Is 16:1; 42:11

selaítas Nm 26:19

Selaj Gn 10:24; 11:12-15; Lc 3:35

Sélec 2S 23:37; 1Cr 11:39

selecciona Ez 20:37

seleccionaré Jue 7:4; Ez 20:37

seleccionó Esd 10:16

selecta Jer 2:21

selectas Dt 12:11; 1R 7:11; Is 17:10

selecto Dt 33:15

selectos Dt 32:14; 1R 12:21; 2R 19:23; 1Cr 7:40; 2Cr 11:1; 13:17; Is 16:8; 25:6; 37:24; Ez 31:16; Am 5:11; 6:4

Séled 1Cr 2:30

Sélef Gn 10:26; 1Cr 1:20

Selemías 1Cr 26:14; Esd 10:39,41; Neh 3:30; 13:13; Jer 36:14,26; 37:3,13; 38:1

Seles 1Cr 7:35

Seleucia Hch 13:4

Selisiyá Is 15:5; Jer 48:34

Selomí Nm 34:27

Selomit Lv 24:11; 1Cr 3:19; 23:9,18; 26:25-26,28; 2Cr 11:20; Esd 8:10

Selomot 1Cr 24:22

Selsa 1S 10:2

Selumiel Nm 1:6; 2:12; 7:36,41; 10:19

selva Jer 5:6; 12:8

sellada Jer 32:11,14

selladas Dn 12:9
sellado Nm 18:19; Dt 32:34; Est 8:8; Job 14:17; Sal 40:9; Cnt 4:12; Is 29:11; 2Ti 2:19; Ap 5:1
sellados Ef 4:30; Ap 7:4-5
sellar Hag 2:23
sello Gn 38:18,25; Éx 28:21,36; 39:6,14,30; 1R 21:8; Est 3:10; 8:2; Job 38:14; Cnt 8:6; Jn 6:27; Ro 4:11; 1Co 9:2; Ef 1:13; Ap 6:3,5,7,9,12; 7:2-3; 8:1; 9:4
sellos Éx 28:11; Ap 5:1-2,5,9; 6:1
Sem Gn 5:32; 6:10; 7:13; 9:18,23,26-27; 10:1,21-22, 31; 11:10-11; 1Cr 1:4,17, 24; Lc 3:36
Semá Jos 15:26; 1Cr 2:43-44; 5:8; 8:13; 12:3; Neh 8:4
Semaías 1R 12:22; 1Cr 3:22; 4:37; 5:4; 9:14,16; 15:8,11; 24:6; 26:4,6-7; 2Cr 11:2; 12:5,7,15; 17:8; 29:14; 31:15; 35:9; Esd 8:13,16; 10:21,31; Neh 3:29; 6:10; 10:8; 11:15; 12:6,18,34-36,42; Jer 26:20; 29:24,31-32; 36:12
semana Gn 29:27-28; Dn 9:27; Mt 28:1; Mr 16:2,9; Lc 18:12; 24:1; Jn 20:1,19, 26; Hch 20:7; 28:14; 1Co 16:2
semanas Éx 34:22; Lv 12:5; 23:15; Dt 16:9; Jer 5:24; Dn 9:24-26; 10:2
Semanas Nm 28:26; Dt 16:10,16; 2Cr 8:13
Semarías 1Cr 12:5; 2Cr 11:19; Esd 10:32,41
semblante 1S 1:18; Cnt 2:14; Is 52:14; Dn 1:13
sembrada Mt 13:19; Mr 4:15,32; Stg 1:21
sembrado Éx 22:6; 2S 14:30; 23:11; 1Cr 11:13; Job 31:8; Sal 72:6; Jer 10:5; Lm 3:9; Mt 13:8; 25:24,26; Mr 4:15-16,18, 20; 1Co 9:11
sembrador Am 9:13; Mt 13:3,18; Mr 4:3,14; Lc 8:5; Jn 4:36
sembrados Lv 27:30; Jue 15:5; 1R 8:37; 2Cr 6:28; Sal 78:46; Is 19:7; 40:24; Jer 35:9; Ez 36:9; Mt 12:1; Mr 2:23; Lc 6:1; Jn 4:35
sembrar Is 28:24; Mt 13:3; Mr 4:3; Lc 8:5
sembrarlo Lv 27:16
Semeber Gn 14:2
Sémed 1Cr 8:12

Semeí Lc 3:26
semejantes Gn 9:5; Éx 16:14; 34:1,4; Nm 28:8; Job 35:8; Sal 86:8; Is 58:7; Jer 36:32; 38:4; Dn 5:11; Zac 8:10; Mr 4:33; Jn 9:16; Ro 14:18; 1Ti 4:7; 1Jn 3:2; Ap 9:19
Semejantes Sal 115:8; 135:18
semejanza Gn 1:26; 5:1,3; Éx 20:4; Dt 5:8; 2Co 3:18; Heb 7:3,15
semen Gn 38:9; Lv 15:17; 22:4; Ez 23:20
sementales Job 21:10; Jer 50:11
Semer 2R 12:21; 1Cr 7:32,34
Sémer 1R 16:24; 1Cr 6:46
Semes Jos 15:10; 19:22,38, 41; 21:16; Jue 1:33; 1S 6:9,12-15,18,20; 7:1; 1R 4:9; 2R 14:11,13; 1Cr 6:59; 2Cr 25:21,23; 28:18; Jer 43:13
semicubierto Lv 13:45
Semidá Nm 26:30; Jos 17:2; 1Cr 7:19
semidaítas Nm 26:30
semidesnudo Jn 21:7
semillas Nm 20:5; Dt 11:10; Is 61:11; Jer 35:7; Mt 13:8,32; Mr 4:8
seminal Lv 15:2,32; 22:4
Semiramot 1Cr 15:18,20; 16:5; 2Cr 17:8
sempiterno Dt 33:27
Sen 1S 7:12
Sená Esd 2:35; Neh 3:3; 7:38
Senaquerib 2R 18:13,15; 19:9, 16,20,36; 2Cr 32:1-2, 9-10, 16-18,22; Is 36:1; 37:9,17,21, 37
Senazar 1Cr 3:18
sencilla Sal 116:6
sencillo Sal 19:7; 119:130
sencillos Éx 18:22,26; Mt 10:16; Ro 2:20
senda Sal 1:1,6; 5:8; 16:11; 27:11; 35:6; 44:18; 57:6; 119:35,101,104,128; 142:3; Pr 2:20; 4:14,18; 9:15; 15:19; 21:16; 22:5; Is 3:12; 26:7-8; 30:11; 40:14; 41:3; 43:16; 59:8; Lc 1:79; Ro 3:17; 2P 2:15
sendas Jue 5:6; 1R 2:3; 3:14; Job 23:11; Sal 17:5; 23:3; 25:4,10; 84:5; 119:15; Pr 2:13,15,18; 3:6; 4:11,26; 5:6,21; 7:25; Is 2:3; Jer 18:15; Mi 4:2; Mt 3:3; Mr 1:3; Lc 3:4-5; Heb 12:13

sendero Gn 49:17; Nm 22:24; Sal 119:105; Pr 2:8; 15:24; Is 40:3; Jer 31:21
senderos Job 12:24; 19:8; Sal 8:8; 95:10; 107:40; Pr 1:15; 2:19; 3:17; 8:20; Is 33:8; 42:16; 59:8; Jer 6:16; 18:15; Lm 3:9
Sene 1S 14:4
Senir Dt 3:9; 1Cr 5:23; Cnt 4:8; Ez 27:5
seno Gn 25:22-24; 38:27; 49:25; Job 31:15; Sal 55:11; 128:3; Is 44:2,24; 49:5; 66:9; Jer 20:17; Os 12:3
senos Is 66:11; Ez 16:7; 23:3,21
sensatas 1Co 10:15; Tit 2:5
sensatez Job 12:24; Dn 1:4; 1Ti 2:15
sensato Sal 14:2; 53:2; Hch 26:25; 1Ti 3:2; Tit 1:8
sensatos 2Co 11:19; Tit 2:2,6
sensible Dt 28:54,56
sentada Neh 2:6; Zac 5:7; Mr 3:32; Lc 10:39; Ap 17:1,9,15; 18:7
sentadas Ez 8:14; Mt 27:61
sentados Gn 43:33; Nm 32:6; 1R 13:20; 22:10; 2R 7:3; 18:27; 2Cr 18:9; Is 36:12; Jer 8:14; 32:12; Mt 11:16; 20:30; Mr 2:6; 3:34; 14:18; Lc 5:17; 7:32; 14:15; Jn 6:11; 20:12; Hch 6:15; 26:30; Ap 4:4; 11:16
Sentados Dn 11:27
sentar Ef 2:6
sentarlos 1S 2:8
sentarme 1S 20:5; Cnt 2:3
sentarse Gn 21:16; 2S 19:8; 1R 1:48; Sal 113:8; Is 47:14; Ez 44:3; Zac 3:10; 8:4; Mt 20:23; Mr 10:40; Lc 13:29; Hch 8:31; Ap 3:21
sentarte Lc 17:7
sentencia Éx 12:12; 18:16; Nm 33:4; Dt 17:10; Jue 11:27; 1S 24:15; 1R 3:28; 13:4,32; 20:40; 2R 9:25; 25:6; 2Cr 20:12; Sal 51:4; 82:1; 149:9; Pr 16:10; 29:26; Ec 8:11; Is 30:1,6; Jer 1:16; 4:12; 39:5; 52:9; Ez 16:41; 30:14; Dn 6:17; Os 5:1; 6:5; Ro 3:4; 9:28; Ap 19:11
sentenciado Éx 32:14
sentenciados 1Co 4:9; 2Co 1:9
sentencias Éx 23:8; 2S 22:23; Sal 18:22; 19:9; Ec 3:16; Hab 1:4

sentido 1S 27:5; Est 5:11; Job 7:16; 13:12; 21:34; 38:2; Ec 3:11; 8:17; Is 16:6; 59:4; Jer 44:10; Dn 2:45; Mal 3:7; Lc 18:34; Jn 10:6; 1Co 14:10-11; 2Co 9:11; 11:9; Gá 4:24; Col 1:11; 2Ti 2:23; Tit 3:9; Heb 10:2; 11:19; 1P 2:19; 2P 2:18; Ap 11:8; 16:18

sentidos Ez 27:32; Nah 3:11

sentimientos Jer 11:20; Lm 4:3; Hch 17:11

sentir Nm 14:17; Dt 28:55, 57; 2S 13:39; 17:2; Job 14:9; Is 11:14; Jer 2:19; Jon 2:7; Zac 1:14; Mt 14:30; Mr 14:33; Hch 4:32; 2Co 13:11

sentirlo Cnt 5:4

sentirme Ec 2:20

sentirse Gn 41:55; Dt 4:19; Jue 16:16; 1S 16:23; Job 24:23; Dn 8:11; Mt 26:37; Jn 4:52; 2Co 1:14; 5:12; Stg 1:9; Ap 18:23

Senuá 1Cr 9:7; Neh 11:9

señalada Éx 34:18; Nm 9:2-3

señaladas Lv 23:4; Jer 5:24; Ez 45:17; 46:9,11

señalado Gn 22:9; Lv 20:25; Nm 28:2; Dt 19:14; 2S 24:15; Sal 102:13; 106:34; Ez 43:21; Dn 8:19; Jl 3:1; Hab 2:3; Mt 8:29; Hch 12:21; Ro 5:6; Heb 9:10

señalados Lc 21:24; Jud 4

señalar Éx 12:13; Nm 5:15

señalarles Mt 21:32

señas Pr 6:13; Is 5:26; 13:2; Lc 1:22,62; 5:7; Jn 13:24; Hch 12:17

señora Gn 39:8; 2R 4:12-13,36; Pr 30:23; Is 24:2; Lm 1:1

SEÑORES Ap 19:16

señorial Jer 22:14

Seorín 1Cr 24:8

separadas 1S 5:4

separado Gn 32:16; Nm 16:9; Jue 4:11; 2S 14:14; Esd 9:1; Neh 9:2; 10:28; Ro 9:3

separados Jn 15:5; Ef 2:12; 1Ts 2:17

separar Gn 1:18

separarnos Hch 21:1

separarse Job 41:17; Hch 15:39; 1Co 7:15; Gá 2:12

séptima Jos 6:16; 19:40; 1R 18:44; 1Cr 24:10; 25:14; 27:10; Job 5:19

sepulcros Gn 23:6; Éx 14:11; 2R 23:16; Neh 2:3,5; 3:16; Is 65:4; Mt 8:28; 23:27,29;

27:52-53; Mr 5:2-3,5; Lc 8:27; 11:48; Jn 5:28

sepultar Gn 23:6; 50:5-7; Mt 27:7

sepultura Gn 23:20; 50:13; Dt 34:6; 2S 2:5; 2R 9:10, 34; 2Cr 22:9; Ec 6:3; Is 14:20; Mt 14:12; 26:12; Mr 6:29; 14:8; Jn 12:7; 19:40; Hch 5:6,10; Ap 11:9

sequedad Jer 17:6

sequedal Is 35:1,6; 41:18; Jer 48:18; 50:12; 51:43

sequía Dt 28:22; 1R 8:37; 2Cr 6:28; Job 12:15; 24:19; Jer 14:1; 17:8; Am 4:9; Hag 1:11

sequías Job 6:17

séquito 2S 15:17; 1R 10:2; 2R 25:25; 2Cr 9:1

Sera Gn 46:17; Nm 26:46; Jos 19:50; 24:30; 1Cr 7:30

serafines Is 6:2,6

Seraías 2S 8:17; 2R 25:18,23; 1Cr 4:13-14,35; 6:14; Esd 2:2; 7:1; Neh 10:2; 11:11; 12:1,12; Jer 36:26; 40:8; 51:59,61; 52:24

Serebías Esd 8:18,24; Neh 8:7; 9:4-5; 10:12; 12:8,24

Séred Gn 46:14; Nm 26:26

Seredá 1R 11:26

sereditas Nm 26:26

serenidad Is 30:15; 1Ti 2:11

serenos Is 32:18

Seres 1Cr 7:16

Sergio Hch 13:7

seria Jer 42:19

seriamente Dt 4:39; 1S 8:7

seriedad Tit 2:7

serio Gn 27:24; 34:30; Is 42:25; Hch 15:2,39

serlo Éx 33:19; Ro 9:15; Heb 7:16,20-21

serpiente Gn 3:1,4,13-14; 49:17; Éx 4:3-4; 7:9-10,12, 15; Nm 21:8-9; 2R 18:4; Job 26:12; Sal 140:3; Pr 23:32; 30:19; Ec 10:8,11; Is 14:29; 27:1; 65:25; Jer 46:22; Am 5:19; 9:3; Mt 7:10; Lc 11:11; Jn 3:14; Hch 28:4-5; 2Co 11:3; Ap 12:9,14-15; 20:2

serpientes Nm 21:6-7; Dt 8:15; 32:33; Job 20:16; Sal 58:4; 91:13; Is 30:6; Jer 8:17; Mi 7:17; Mt 10:16; Mr 16:18; Lc 10:19; 1Co 10:9; Ap 9:19

Serpientes Mt 23:33

serranía Jos 24:4

Serug Gn 11:20-23; 1Cr 1:26; Lc 3:35

servicios Dt 15:18; 1Cr 28:13-14; 2Cr 31:16; Neh 12:9; 2Co 8:18; 1Ti 6:2; 2Ti 1:18

servidora 1S 25:27-28,31; 28:21; 2S 14:6-7,12; 20:17; 1R 1:13,17; 2R 4:2,16

servidoras Rt 2:13

servidumbre Jos 24:17; Job 1:3; Pr 27:27

servirle 1S 12:24; 25:41; 2S 13:9; 15:15; Is 40:13; 56:6; Ez 40:46; Zac 3:4; Mt 4:11; 8:15; 27:55

servirles Jos 9:8; Jer 11:10; 25:6; Mr 1:31; Lc 4:39; 12:37; Ro 15:27; 2Co 11:8; 1Ti 6:2

servirlos Jer 13:10; 34:10; 35:15

servirme 2Cr 12:8; Jer 15:19; Ez 43:19; 44:15-16; Jn 12:26

servirnos 1Co 10:6

servirte Neh 9:35; Job 39:9; Jer 2:20

Sesac Jer 25:26; 51:41

Sesán 1Cr 2:31,34

Sesay Nm 13:22; Jos 15:14; Jue 1:10

Sesbasar Esd 1:8,11; 5:14-16

sesión Jer 38:7; Hch 24:22

sesos Pr 6:32; 17:16

Set Gn 4:25-26; 5:3-4,6-8; Nm 24:17; 1Cr 1:1; Lc 3:38

Setar Esd 5:3,6; 6:6,13; Est 1:14

setecientas Nm 16:49; 1R 11:3

setecientos Gn 5:26,31; Nm 1:39; 2:26; 4:36; 26:7, 34,51; Jue 20:15-16; 2S 10:18; 2R 3:26; 1Cr 5:18; 9:13; 12:27; 26:30,32; 2Cr 15:11; 17:11; Esd 2:66-67, 69; Neh 7:68-69; Jer 52:30

Setur Nm 13:13

Seva 2S 20:25; 1Cr 2:49

severa Pr 15:10

severamente Jue 8:1; Mt 24:51; Lc 12:46

severidad Rt 1:17; 2S 19:43; Mr 14:5; Ro 11:22; 1Ts 2:16; Tit 1:13; Stg 3:1

severo 2Co 13:10; Col 2:23

severos 2Co 11:23

sexo Éx 1:16

sexta Éx 26:9; Jos 19:32; 1Cr 24:9; 25:13; 27:9; Ez 45:13; 46:14

sexto Gn 1:31; 30:19; Éx 16:5, 22,29; Lv 25:21; Nm 7:42; 29:29; 2S 3:5; 2R 18:10; 1Cr 2:15; 3:3; 12:11; 26:3,5; 27:9; Esd 6:15; Neh 3:30; Ez 8:1;

Hag 1:1,15; Lc 1:36; Ap 6:12; 9:13; 16:12; 21:20

sexual Lv 15:3; 18:20,23; 20:15-16; Mt 15:19; Mr 7:21; Hch 15:20,29; 21:25; Ro 1:24; 13:13; 1Co 5:1; 6:13,18; 10:8; 2Co 12:21; Gá 5:19; Ef 5:3; Col 3:5; 1Ts 4:3; Jud 7; Ap 9:21

Shibolet Jue 12:6

Siba 2S 9:2-3,9,11-12; 16:1-4; 19:17,26,29

Sibecay 2S 21:18; 1Cr 11:29; 20:4; 27:11

Sibia 2R 12:1; 1Cr 8:9; 2Cr 24:1

Sibma Nm 32:38; Jos 13:19; Is 16:8-9; Jer 48:32

Sibolet Jue 12:6

Sibrayin Ez 47:16

Sicar Jn 4:5

Siclag Jos 15:31; 19:5; 1S 27:6; 30:1,14,26; 2S 1:1-2; 4:10; 1Cr 4:30; 12:1,20; Neh 11:28

siclo Ez 45:12

siclos Ez 45:12

sicómoros 1Cr 27:28

Sicrón Jos 15:11

Sicut Am 5:26

Sidín Gn 14:3,8,10; Jos 19:35

Sidón Gn 10:15,19; 49:13; Jos 11:8; 13:6; 19:28; Jue 1:31; 10:6; 18:28; 2S 24:6; 1R 17:9; 1Cr 1:13; 22:4; Esd 3:7; Is 23:2,4,12; Jer 25:22; 27:3; 47:4; Ez 27:8; 28:21-22; 32:30; Jl 3:4; Zac 9:2; Mt 11:21-22; 15:21; Mr 3:8; 7:31; Lc 4:26; 6:17; 10:13-14; Hch 12:20; 27:3-4

sidonias 1R 11:1

sidonios Dt 3:9; Jos 13:4; Jue 3:3; 10:12; 18:7; 1R 5:6; 11:5,33; 16:31; 2R 23:13

siega 2S 21:9-10; 23:13; Am 7:1

sieguen Lv 19:9; 23:10,22

siembra Gn 8:22; 47:24; Lv 11:37; 26:5; Sal 126:5; Pr 6:19; 11:18; 22:8; 24:27; Ec 11:4,6; Is 28:25; 55:10; Jer 50:16; Mt 13:39; Mr 4:14-15, 31; Jn 4:37; 1Co 3:7-8; 15:42-44; 2Co 9:6, 10; Gá 6:7-8; Stg 3:18

siembras Gn 45:6; Éx 23:16; 1Co 15:36-37

sien Jue 4:21-22

sienes Lv 13:41-42; Nm 24:17; Jue 5:26; Jer 9:26; 25:23; 48:45; 49:32

sierra 1S 1:1; 9:4; 2S 20:21; 2R 5:22; 2Cr 13:4; Is 10:15

sierras 2S 12:31; 1Cr 20:3

sierva Lv 25:6; Jue 19:19; Rt 3:9; 1S 1:11,18; 25:24, 41; Lc 1:38,48; Hch 12:13

siervas Gn 20:17; 24:35; Job 31:13; Is 14:2; Jl 2:29; Hch 2:18

siesta 2S 4:5; Pr 6:10; 24:33; Cnt 1:7

Sifi 1Cr 4:37

Sifmot 1S 30:28

Sifrá Éx 1:15

Siftán Nm 34:24

Sigajá Esd 2:44; Neh 7:47

sigilo Jue 4:21

sigilosamente Rt 3:7

sigionot Hab 3:1

significaba Dn 5:8; Heb 12:2

significado Gn 40:5; 41:11; Ez 24:19; Dn 2:6,36; 4:19; 7:16,19; 10:1; Lc 8:9,11; Hch 10:17,19

significan Gn 33:8; Dt 6:20; 1S 15:14; Dn 2:41; 5:26; Zac 1:9,19; 4:11-13; 6:4; Mt 26:62; Mr 14:60; Hch 17:20

significar Lc 1:29

significará 2R 14:10; 2Cr 25:19

significaría Lv 20:19; Mr 9:10

signo Dt 6:8; 11:18; Pr 16:15

Sijón Nm 21:21,23,26-29, 34; 32:33; Dt 1:4; 2:24,26, 30-32; 3:2,6; 4:46; 29:7; 31:4; Jos 2:10; 9:10; 12:2, 5; 13:10,21, 27; 19:19; Jue 11:19-21; 1R 4:19; Neh 9:22; Sal 135:11; 136:19; Jer 48:45

Sijor Jos 13:3; 19:26; 1Cr 13:5; Is 23:3

Sila 2R 12:20

Silas Hch 15:22,27,32,40; 16:19,22,25,29,38,40; 17:1, 4-5,10,14-15; 18:5

silban Job 39:23

silbando Jer 46:22

silbar Jn 3:8

silbido Job 41:29; Is 5:26; 7:18

silbidos Jue 5:16; Job 27:23; Lm 2:15

Silén Gn 46:24; Nm 26:48

silenciada Jer 48:2

silenciado 1Co 13:8

silenciados Sal 31:18; 63:11

silenciar Sal 8:2

silenciosos Lm 2:10

silenitas Nm 26:48

Siljí 1R 22:42; 2Cr 20:31

Siljín Jos 15:32

Siló Jos 16:6; 18:1,8-9; 19:51; 21:2; 22:9,12; Jue 18:31; 21:12,19,21; 1S 1:3,9,24; 2:14; 3:21; 4:3-4, 12; 14:3; 1R 2:27; 11:29; 14:2,4; Sal 78:60; Jer 7:12,14; 26:6,9; 41:5

Siloé Neh 3:15; Is 8:6; Lc 13:4; Jn 9:7,11

Siloní Neh 11:5

silonita 1R 12:15; 15:29; 2Cr 9:29; 10:15

silonitas 1Cr 9:5

silos Jl 1:17

Silsa 1Cr 7:37

silueta Job 4:16

Silvano 2Co 1:19; 1Ts 1:1; 2Ts 1:1; 1P 5:12

silvestre 2R 4:39; Neh 8:15; Ez 16:7; Mt 3:4; Mr 1:6; Ro 11:17,24

silvestres Gn 3:18; Sal 37:20; Jl 1:19

silla 1S 1:9; 4:13,18; 2R 4:10

Simá 2S 13:3,32; 21:21; 1Cr 2:13; 3:5; 6:30,39; 8:32; 20:7

Simán 1Cr 9:38

Simat 2R 12:21; 2Cr 24:26

simateos 1Cr 2:55

simboliza Dn 8:20; 1P 3:21

simbolizan Dn 8:22

símbolo Lv 8:9; Nm 6:7; Sal 78:61

símbolos Is 57:8

simiente Gn 3:15; Sal 21:10; Is 6:13; 41:8; 65:23; Jer 23:5; 31:27; 1P 1:23

simpatía Éx 3:21; Esd 7:6; Est 2:9,15,17; Ec 9:11; Dn 1:9

simple Gn 6:3; Nm 23:19; Dt 5:24; 1S 26:20; 1Cr 17:1; Job 4:17; 10:4; 12:18; 25:6; Sal 56:4,11; 118:6; Is 50:2; 57:13; Ez 28:2,9; 1Co 15:37; Heb 9:24; 13:6

Simplemente Dt 10:12; Jue 15:11; 2Cr 20:17

simples 2S 11:11; Sal 9:20; 78:39; 146:3; Is 44:11; 51:12

Simrat 1Cr 8:21

Simri 1Cr 4:37; 11:45; 26:10; 2Cr 29:13

Simrit 2Cr 24:26

Simrón Gn 46:13; Nm 26:23; Jos 11:1; 12:20; 19:15; 1Cr 7:1

simronitas Nm 26:23

Simsay Esd 4:8-9,17,23

Sinab Gn 14:2

sinagogas Mt 4:23; 6:2,5; 9:35; 10:17; 23:6,34; Mr 1:39; 12:39; 13:9; Lc 4:15,44; 11:43; 12:11; 13:10; 20:46; 21:12; Jn

16:2; 18:20; Hch 9:2,20; 13:5; 15:21; 24:12

Sinaí Éx 16:1; 19:1-2,11,17, 20,23; 24:16; 31:18; 34:2, 4,29,32; Lv 7:38; 25:1; 26:46; 27:34; Nm 1:1,19; 3:1,4,14; 9:1,5; 10:12; 26:64; 28:6; 33:15-16; Dt 33:2; Jue 5:5; Neh 9:13; Sal 68:8,17; Hch 7:30,38; Gá 4:24-25

Sinar Gn 10:10; 11:2; 14:1,9; Is 11:11

sincera 2Cr 15:15; Job 33:3; Sal 12:1; Pr 24:26; 1Ti 1:5; 2Ti 1:5; Stg 3:17

sinceridad Sal 5:9; Is 48:1; 1Co 5:8; 2Co 1:12; 2:17; 8:8; Fil 1:18

sincero 2S 22:27; 2R 10:19; Sal 18:26; 78:37,72; Ro 12:9; 2Co 6:6; 11:3; Heb 10:22; 1P 1:22

sinceros Sal 41:6; Pr 12:19; 1Ti 3:8

sineos Gn 10:17; 1Cr 1:15

siniestra Pr 4:27; Ez 21:16; Zac 12:6

sinsabores 1Ti 6:10

Síntique Fil 4:2

sinvergüenza Pr 6:12; 10:5; 14:35; 17:2; 19:26; Os 2:5

sinvergüenzas 1R 21:10,13

Sior Jos 15:54

Sipay 1Cr 20:4

siquenitas Nm 26:30

Sira 2S 3:26

Siracusa Hch 28:12

siria 1R 20:29; 1Cr 7:14

sirias 1R 20:26; 2Cr 24:23

sirio 2S 10:18; 2R 5:20; 7:5,14,16; 2Cr 16:7; 24:24; Is 7:4-5; Jer 35:11; Lc 4:27

Sirión Dt 3:9; 4:48

sirofenicia Mr 7:26

Sirte Hch 27:17

sirviente Gn 18:7; Lc 16:13

sirvientes Jos 9:23; Mt 14:2; 22:13; 24:45; Jn 2:5,7,9

Sis 2Cr 20:16

Sisá 1R 4:3

Sisac 1R 11:40; 14:25; 2Cr 12:2,4-5,7,9

Sísara Jue 4:2,7,9,12-18,21-22; 5:20, 25-26,28,30; 1S 12:9; Esd 2:53; Neh 7:55; Sal 83:9

Sismay 1Cr 2:40

sistros 2S 6:5

Sitá Jue 7:22

sitiada Dt 20:20; 1R 15:27; 2R 25:2; 2Cr 32:10; Sal 31:21; Is 1:8; Jer 32:2; 52:5; Ez 4:3; Zac 12:2

sitiado 2S 11:16; Jer 10:17

sitiadores Jer 4:16

sitiados Jer 21:4

sitiar 1S 23:8; 2S 12:28

sitiarla Dt 20:19; 2R 6:24

Sitín Nm 25:1; 33:49; Jos 2:1; 3:1; Os 5:2; Mi 6:5

sitio Gn 22:14; Éx 10:23; Lv 13:19-20,25; Dt 28:53; 1S 5:3; 19:2; 23:28; 2S 6:17; 2R 6:9,25; Esd 2:68; 3:3; 5:15; 6:7; Neh 6:1; 8:7; Job 8:18; 36:20; Is 13:13; 25:10; 27:10; 46:7; Ez 4:2; 5:2; Zac 14:10; Mr 2:2; Jn 19:20; 2Co 11:26

sitios 2Cr 33:19; Neh 12:40

Sitray 1Cr 27:29

Sitri Éx 6:22

situación Jue 10:9; 2S 15:28; 19:9; 2Cr 28:20; Esd 7:14; Neh 4:14; Ec 4:3; Dn 2:17; Jon 1:5; Mt 19:10; Hch 28:15; Fil 4:11; Col 1:11; 1Ts 5:18

situada Jue 18:28; 2S 6:3

situado Nm 2:17; Jue 7:8; 1S 17:1; Hch 1:12

situarse Éx 14:19

situó 2R 16:14; 2Cr 13:13

siván Est 8:9

Sizá 1Cr 11:42

So 2R 17:4

Soa Ez 23:23

Sobá 1S 14:47; 2S 8:3,5,12; 10:6,8; 23:36; 1R 11:23; 1Cr 11:47; 18:3,5,9; 19:6; 2Cr 8:3

Sobab 2S 5:14; 1Cr 2:18; 3:5; 14:4

Sobac 2S 10:16,18

sobacos Jer 38:12

Sobal Gn 36:20,23,29; 1Cr 1:38,40; 2:50,52; 4:1-2

Sobay Esd 2:42; Neh 7:45

Sobec Neh 10:24

soberana Is 47:5,7

soberanía Is 9:6-7; Dn 4:3; Mi 4:8

soberano Nm 24:19; Jos 3:13; Jue 16:28; Job 23:13; Sal 8:1,9; 30:8; Jer 44:26; Ez 38:2; 39:1; Dn 2:47; 4:17,25,32; 5:21; Hch 25:26; Ap 1:5; 3:14

Soberano Jos 3:11; Sal 68:20; 69:6; 71:5,16; 73:28; 109:21; 135:5; 140:7; 141:8; Lc 2:29; Hch 4:24; 1Ti 6:15; Jud 4; Ap 6:10

soberbia Neh 9:29; Job 33:17; Sal 75:5; Pr 18:12; 21:24; Is 13:11; 16:6; Jer 48:29; Ez 7:24; 16:49; 32:12; Sof 2:10

soberbias 1S 2:3

soberbio Dt 17:12; Sal 101:5; Abd 3; Hab 2:5

soberbios Job 40:12; 41:34; Sal 75:4; 94:2; Pr 15:25; Jer 13:15; Dn 4:37; Mal 3:15; 4:1; Lc 1:51; Ro 1:30

Sobí 2S 17:27

sobornado Neh 6:12

sobornar 1S 12:3; Esd 4:5

sobornas Ez 16:33

soborno Éx 23:8; Dt 16:19; 27:25; 2Cr 19:7; Job 15:34; 36:18; Pr 15:27; 17:8,23; Ec 7:7; Is 1:23; 5:23; 33:15; 45:13; Ez 22:12; Am 5:12; Mi 3:11; 7:3

sobornos Dt 10:17; 1S 8:3; Sal 15:5; 26:10

sobra Éx 9:28; 1S 2:5; 2R 4:43-44; Pr 20:13; 30:22; Ec 5:11; Lc 15:17; Fil 4:12, 18

sobraba Éx 16:18; Mr 12:44; Lc 21:4; 2Co 8:15

sobraban Ez 16:13

sobrado 2Cr 31:10; Sal 17:14

Sobran Cnt 1:4

sobrante Éx 26:13

sobrarán Éx 26:13

sobraron Mt 14:20; 15:37; Mr 8:8; Lc 9:17; Jn 6:12-13

sobreabundante 2Co 9:14

sobreabunde Mal 3:10

sobreabundó Ro 5:20

sobrecogido Job 20:25; 30:15; Sal 55:5

sobrecogidos Sal 14:5; 53:5; Ap 11:11

sobrelleva Sal 68:19

sobrepasa Pr 8:19; Ef 3:19; Fil 4:7

sobrepasan Jer 48:32

sobrepasó 1S 20:36; 1R 10:23; 2Cr 9:22

Sobrepasó 1R 4:30

sobresale Neh 3:25-27; Jer 46:18

sobresalen 2Co 8:7

sobresalgan Éx 27:7

sobresalía 1R 6:3; 7:31

sobresalían Ez 41:6

sobresalir 2Co 8:7

sobresaltado Gn 27:33; Rt 3:8

sobresaltos 2S 7:10; 1Cr 17:9

sobrevendrá Gn 44:34; Job 20:22; Pr 6:15; 12:21; Jer 23:17; Ez 30:9

Sobrevendrá Ec 12:5

sobrevendrán Dt 31:17,29; Lc 19:43; Ap 18:8

sobrevendrían Jer 51:60

sobrevenga Éx 30:12; 1R 9:9; 2Cr 7:22; 20:9; Pr 1:26-27; Dn 9:27

sobrevengan Dt 31:21

sobrevenía   Jer 2:3
sobrevenido   Dt 31:17; Job 2:11; 21:17; Sal 41:8; Jer 44:23; Dn 9:11
sobrevenirte   Sal 91:10
sobreviene   Job 27:9,20; Pr 3:25; 11:8; Ec 9:12
sobrevino   Job 3:25; Sal 48:6; 106:29; Lc 15:14; Hch 10:10
sobreviva   Is 4:3; Ez 5:10
sobrevivamos   Esd 9:15
sobrevivan   Gn 6:19; Lv 26:36,39; 1S 2:36; Job 27:15; Is 21:17
sobrevive   2R 19:4; Job 18:19; Is 37:4
sobreviviente   Nm 21:35; Jos 10:40; Jue 12:5; Abd 18
sobrevivientes   Lv 10:16; Nm 24:19; Dt 7:20; Jos 8:22; 11:8; Jue 5:13; 21:17; 2R 19:30-31; Esd 1:4; Is 1:9; 4:2; 10:20; 14:30; 16:14; 17:3; 37:31-32; 66:19; Jer 8:3; 15:9; 24:8; 25:20; Ez 6:9; 14:22; 23:25; Jl 2:32; Abd 14; Sof 2:9; Zac 14:16; Ap 11:13
sobrevivieron   Nm 14:38; Jue 2:7; 1S 11:11
sobrevivió   Jos 10:33; 2R 14:17; 2Cr 25:25
sobrevivir   Gn 6:20; 42:2; 2S 1:10; Am 7:2; Hch 27:34
sobrevivirá   2R 8:10,14; Jer 42:17; 44:14; Am 7:5
sobreviviría   Mt 24:22; Mr 13:20
sobrevivirían   Ez 14:16,18, 20
sobrino   Gn 12:5; 14:12,14, 16; 29:13; Jos 15:17; 2S 13:3,32
sobrios   1P 4:7
sobró   Éx 16:24; Rt 2:14; 2Cr 24:14
socios   Lc 5:10
Soco   Jos 15:35,48; 1S 17:1; 1R 4:10; 1Cr 4:17; 2Cr 11:7; 28:18
socorra   Dt 28:29
socorrer   Ro 12:8; Heb 2:18
socorrerme   Sal 31:2; 70:1
socorrió   Gn 35:3
socorro   Sal 33:20; 40:17; 54:4; 70:5
Sodi   Nm 13:10
sodomitas   1Co 6:9
Sofac   1Cr 19:16,18
Sofán   Nm 32:35
sofás   Est 1:6
Soféret   Esd 2:55; Neh 7:57
sofocante   Dt 28:22
sofocas   Job 37:17

Sofonías   2R 25:18; 1Cr 6:36; Jer 21:1; 29:25,29; 37:3; 52:24; Sof 1:1; Zac 6:10,14
soga   Jos 2:15; Is 3:24
sogas   Jue 15:13-14; 16:11-12; 2S 17:13; Is 5:18; 33:20; Jer 38:11-13; Ez 3:25; 4:8; Hch 27:17
Soján   1Cr 24:27
Sol   Is 19:18
solamente   Gn 6:3; Lv 25:12; Dt 3:19; 6:13; 16:6, 20; 32:52; Jue 3:2; 2S 17:2; 1R 14:8; 2R 18:22; 1Cr 7:15; 23:22; Sal 71:16; Pr 5:17; Is 35:9; 36:7; Ez 46:18; Mt 4:10; 5:46-47; Lc 4:8; Jn 5:19; 21:23; Hch 8:16; Ro 7:1; 14:14; 1Co 9:8
Solamente   Dt 13:4; 1S 4:18; Mt 19:17
solano   Gn 41:6,23,27; Sal 78:26; Os 12:1; 13:15
solapadas   Pr 7:10
solas   Mt 14:23; 18:15; Mr 4:34; 7:33
solaz   Sal 119:35; Mi 4:4
solaza   Pr 23:24
soldado   Nm 31:53; 1S 4:12-13; 2S 2:16; 17:10; 18:10,21; 19:7; 20:12; 1R 20:20; 2R 5:1; Hch 10:7; 28:16; 1Co 9:7; 2Ti 2:3-4
soldadura   Is 41:7
soledad   Dt 32:10
solemne   Gn 50:11; Éx 12:16; Lv 23:3,7-8,21,24, 27,32, 35-36; Nm 15:3; 28:18,25-26; 29:1,7,12,35; Dt 16:8,10; Jue 11:30; 21:5; 1S 14:28; 2Cr 7:9; Neh 8:18; Sal 47:7; Is 30:29; Lm 2:22; Jl 1:14; 2:15; Jn 7:37; 19:31; Hch 10:42; 2Ti 4:1
solemnemente   Dt 32:46; 2S 23:17; 1Cr 11:19
Solemnemente   Jue 17:3
solemnes   Gn 50:10; Lv 23:2,4,37; Nm 10:10; 2Cr 31:3; Esd 3:5; Neh 10:33; Lm 1:4; 2:6; Ez 36:38; Os 2:11; Am 5:21
solía   Gn 37:2; 1S 1:4,6; 2:15; 9:9; 17:15; Sal 42:4; Lc 5:16; Gá 2:12
solían   Éx 2:16; Ec 8:10
solicitado   Jos 19:50
solicitamos   Esd 5:17
solicite   Esd 7:21
solicitó   2Cr 28:16
solicitud   Dn 2:49
solidaridad   2Co 9:13
solidarios   Ro 12:16

solidarizaron   Heb 10:33
sólidas   Ez 26:11
sólido   Job 41:24; Dn 2:40; 1Co 3:2; 2Ti 2:19; Heb 5:12,14
sólidos   Job 37:18; Ez 45:11; Heb 11:10
solitaria   Sal 102:7
solitario   Ec 4:8; Mi 7:14; Mt 14:13; Mr 1:35; 6:32; Lc 4:42
solitarios   Mr 1:45; Lc 5:16; 8:29
solos   1R 11:29; Esd 4:3; Is 5:8; Mr 6:31-32; 9:2; Lc 9:10; Jn 6:22; 1Ts 3:1
soltar   Gn 8:10,12; Lv 16:26; Ec 7:18; Mt 27:15, 20; Lc 23:20
soltarles   Mr 15:6
soltarlo   Lv 16:8; Cnt 3:4; Hch 3:13
soltarme   Hch 28:18
soltera   Lv 21:3; 22:13; 1R 1:2; Ez 44:25; 1Co 7:34
solteras   2S 13:18; Lm 5:11; Mt 25:1; Hch 21:9; 1Co 7:25
soltero   Éx 21:3; 1Co 7:27,32
solteros   1Co 7:8
solución   Jue 14:12,16-17; Pr 13:17
solloza   Lm 1:11
sollozan   Lm 1:4
sollozar   Gn 21:17; Sal 6:6
sollozo   Jer 48:31
sollozos   Gn 21:17
sombras   Jue 9:36; 1S 2:9; Job 3:5; 10:21-22; 12:22; 30:26; 34:22; Sal 11:2; 39:6; 91:6; 102:11; 104:20; 107:14; Pr 2:18; 7:9; Cnt 2:17; 4:6; Is 26:14; Jer 6:4; Dn 2:22; Stg 1:17
sombreó   2R 9:30
sombría   Is 5:30
sombrío   Am 5:20
sombríos   Jer 13:16
someter   Gn 37:8; Jue 1:28; Is 45:1; Jer 34:11; Lc 10:20; 17:20; Jud 15
someterlas   Jer 28:14
someterlo   Job 41:9; Hch 12:6
someterlos   Job 34:23
someternos   Gá 2:5; Heb 12:9
someterse   Jer 27:8; 34:16; Ro 13:1,5; Ef 5:24; Tit 2:9
sometido   Nm 32:22; Jue 3:30; 16:5; Sal 60:3; Jer 27:7; Hch 20:19; Ro 6:17; 1Co 15:27-28
sometidos   Jue 1:30,35; 3:8,14; 8:28; 9:28; 11:33; 1Cr 22:18; Is 14:3; 31:8; 1Co 9:20; Heb 2:15; 1P 3:22

sonándose   Pr 30:33

sonar   Jos 6:9; Jue 7:22; Is 3:16; Os 5:8

sonará   Is 27:13; 1Co 15:52

sonda   Hch 27:28

sondea   Sal 139:23

sondeas   Jer 20:12

sondeo   Jer 17:10

sonido   Éx 19:19; Dt 4:12; 1R 1:41; 14:6; Sal 115:7; 150:3; Is 6:4; 14:11; Jer 42:14; 48:36; Ez 33:5; Mt 24:31; Heb 12:19; Ap 4:1; 14:2

sonidos   Éx 20:18; Job 15:21; 1Co 14:7

sonoros   Sal 150:5

sonreía   Job 29:24

Sonríele   Dt 33:29

sonriente   Job 29:24

sonrisa   Job 9:27

sonrojará   Is 24:23

soñado   Gn 37:6; Dn 2:2

soñador   Gn 37:19

soñando   Sal 126:1

soñaron   Gn 40:8

soñé   Dn 2:5-6,9

Soñé   Gn 40:9

soñó   Gn 28:12; Dn 2:7

Sópater   Hch 20:4

sopla   Is 40:7,24; Jer 4:11; Lc 12:55; Jn 3:8

soplaba   Jn 6:18

soplan   Jer 6:29

soplar   Is 27:8; Hch 27:13

soplara   Gn 8:1; Éx 10:13

soplaré   Ez 21:31

soplaron   Mt 7:25,27

sople   Sal 147:18

Soplen   Cnt 4:16

soplo   Éx 15:8,10; Job 4:9; 26:12; Sal 33:6; 39:5,11; Is 2:22; 27:8; 30:33; 57:13; 59:19; Hag 1:9; 2Ts 2:8

sopló   Gn 2:7; Jn 20:22

sopor   Job 33:15; Sal 76:5

soportar   Gn 4:13; Jue 10:16; Sal 55:12; 69:10; Is 1:14; Jer 10:10; 44:22; Ez 34:29; 36:15; Mi 6:16; Mal 3:2; Lc 11:46; Jn 16:12; Hch 15:10; 1Co 6:7; 2Co 1:6; 2Ts 1:4; 2Ti 1:8; Heb 12:20; Ap 2:2

soportarla   Jer 10:19

soportarlo   1Ts 3:1,5

soportarlos   Mt 17:17; Mr 9:19; Lc 9:41

soportes   1R 7:30,34-36; Cnt 3:10; Ez 41:6

sorda   Sal 58:4

sordo   Éx 4:11; Lv 19:14; Sal 38:13; Is 42:19; 43:8; 59:1; Mr 7:32; 9:25

sordos   Is 29:18; 35:5; Mt 11:5; Mr 7:37; Lc 7:22

Sordos   Is 42:18

Sorec   Jue 16:4

sorna   Jer 20:10

sorprendente   Lm 1:9; Dn 5:14; Jn 9:30

sorprendentes   Hab 1:5

sorprenderse   2Co 11:15

sorprendida   Nm 5:13; Jer 50:24; Jn 8:3

sorprendido   Nm 15:32; Dt 22:22; Jos 7:15; Jer 48:27; Dn 3:24; Mr 15:44; Jn 8:4; Gá 6:1

sorpresa   Jos 10:9; 11:7; Neh 4:11; Sal 35:8; Jer 6:26; Os 10:9

sortearán   Ez 47:22

sorteo   Nm 26:55-56; 33:54; 34:13; 36:2-3; Jos 14:2; 18:8,10; 19:51; 21:4,6,10; 23:4; 1Cr 6:54,61,63, 65-66; 24:5,31; 26:14; Neh 11:1; Ez 45:1; 48:29

sortijas   Nm 31:50

sortilegios   Lv 19:26; Ez 13:18,21

sosegado   Pr 1:33

sosegaron   Sal 107:29

sosiego   Job 3:26

Sosípater   Ro 16:21

sospecha   Nm 5:14; Tit 1:6

sospechar   1S 20:39; 2S 15:11

sospeche   Nm 5:30

sostener   Is 50:4; Ez 41:6; Fil 1:30

sostenerlo   Is 9:7; Ro 14:4

sostenerme   Sal 41:12

sostenerse   Lv 25:35; Job 8:15; Dn 5:6

sostenerte   Job 36:19

Sóstenes   Hch 18:17; 1Co 1:1

sostenida   1Ts 1:3

sostenidas   Est 1:6

sostenido   Ef 4:16; Col 2:19

Sotay   Esd 2:55; Neh 7:57

SOY   Éx 3:14

Suá   1Cr 7:32

Súa   Gn 38:2,12

Súah   1Cr 1:32; Job 2:11; 8:1; 18:1; 25:1; 42:9

Súaj   Gn 25:2; 1Cr 2:3; 7:36

Súal   Jos 15:28; 19:3; 1S 13:17; 1Cr 4:28; 7:36; Neh 11:27

suave   1R 19:12; Sal 107:29; Pr 5:3; Mt 11:30; Hch 27:13; 1P 3:4

suaves   Sal 55:21; Ro 16:18

suavice   1S 6:5

suavidad   Pr 23:31

Subael   1Cr 24:20; 25:20

subalternos   2R 19:6; Is 37:6

súbdito   Dt 2:30

súbditos   1S 22:8; 1R 10:8; 2Cr 9:7; Pr 14:28; Ez 31:18; Mt 8:12; 20:25; Mr 10:42; Lc 19:14; 22:25

subida   1Cr 26:16

subirlo   Hch 27:17

subirse   Gn 41:43

sublevado   2S 20:21; Ez 2:3

sublevan   Sal 2:1; Hch 4:25

sublevaron   2R 8:20; 2Cr 21:8

sublevarse   Nm 16:2; Ez 17:14

subleve   1S 22:8,13

sublevó   2R 8:22; 2Cr 21:10

sublime   Sal 139:6; Is 6:1; 57:15; 2Co 4:7

sublimes   2Co 12:7

subsiste   Sal 119:91

subsistencia   Dt 24:6

subsistir   Neh 5:2; Ez 17:14

subterráneas   Ez 31:16,18

subterráneo   2Cr 32:30; Jer 37:16; Ez 31:15

subyugaba   Is 9:4

subyugado   2S 8:11; Pr 12:24

subyugados   1S 7:13; Ro 7:6

subyugó   2S 8:1; 1Cr 18:1

sucateos   1Cr 2:55

suceder   Gn 49:1; 1R 5:1; 2R 7:2,19; Ec 8:7; 10:14; Is 41:22; 44:7; Ez 18:10; 21:7; 39:8; Dn 2:29; 10:14; 11:36; Am 7:3,6; Jon 4:5; Mt 26:54; Mr 10:32; Lc 1:34; 21:7,28,36; Jn 18:4; Hch 2:31; Ap 1:1; 4:1; 22:6

sucederle   Gn 42:4; Lc 21:26

sucederlo   2R 3:27

sucederme   Lv 10:19

sucedernos   Ec 1:11

sucederte   2Cr 1:12

sucesivamente   Lc 20:31

sucesivo   Ez 41:7

sucesor   Lv 16:32; Jue 3:31; 1R 1:48; 2:4; 5:5; 1Cr 27:7; Ec 2:12,18; 4:16; Jer 33:21; Hch 24:27

sucesos   Job 42:16; Mt 28:15; Hch 5:11; 11:22; 19:21,40

sucias   Zac 3:3-4

suciedad   2P 2:13

sucios   Lm 4:8

Sucot   Gn 33:17; Éx 12:37; 13:20; Nm 33:5-6; Jos 13:27; Jue 8:5-6,8,14-16; 1R 7:46; 2R 17:30; 2Cr 4:17; Sal 60:6; 108:7

suculenta   Hab 1:16

suculento   Sal 63:5; Is 30:23

sucumbieron   1Co 10:10

sudario   Jn 11:44; 20:7

sudoeste   1Cr 26:30

sudor   Gn 3:19; Lc 22:44

suegra   Dt 27:23; Rt 1:14;
2:2,11,18-19,23; 3:1,6, 16-17;
Mi 7:6; Mt 8:14; 10:35; Mr
1:30; Lc 4:38; 12:53

suegro   Gn 38:13,25; Éx 3:1;
4:18; 18:1,6-8,12,14, 17,24,27;
Nm 10:29; Jue 1:16; 4:11;
19:4,7,9; 1S 4:19,21; Jn 18:13

sueldo   Éx 12:45; Lv 25:50; Lc
10:7

suelen   Lv 17:5

suelos   Sal 7:5; 57:6; 89:39;
118:7; Lm 2:2,11; Ez 13:14

suelta   Éx 15:7; 1S 17:35; Job
10:1; 15:13; 20:13,23; 40:11;
Sal 50:19; 78:50; Pr 23:30;
29:11; Is 7:25; 57:5; Lm 2:3;
4:11; Ez 23:11; Os 11:9; Am
1:11; Lc 9:39; Jn 18:40; Gá
5:13

suelto   Pr 26:13

sueltos   Éx 22:5; Job 39:5; Is
32:20; Ap 9:15

suena   Job 39:25

suenan   Hch 17:20

suene   Is 18:3

suenen   Ap 8:13

sueña   Pr 12:11; 28:19; Is 29:8

sueños   Gn 20:3; 37:8,20;
41:8,12,25; 42:9; Nm 12:6; 1S
28:6,15; Job 7:14; 33:15; Jer
23:27,32; 27:9; 29:8; Dn 2:1;
5:12; Jl 2:28; Zac 10:2; Mt
1:20; 2:12-13,19,22; Hch 2:17

suertes   Lv 16:8; Jos 7:14; 18:6;
Jue 20:9; 1S 14:42; 1Cr 25:8;
26:13; Neh 10:34; Job 6:27;
Sal 22:18; Pr 16:33; 18:18; Jl
3:3; Jon 1:7; Nah 3:10; Mt
27:35; Mr 15:24; Lc 23:34; Jn
19:24; Hch 1:26

Suf   Dt 1:1

Sufán   Nm 26:38

sufanitas   Nm 26:38

suficiencia   Sal 75:5

suficiente   Gn 24:20; 31:29;
33:9; 34:21; Éx 36:7; Lv
25:26,28; 1R 20:10; 1Cr
28:17-18; 2Cr 31:10; Est 7:4;
Sal 49:8; Ec 5:10; Ez 39:9; Mt
15:33; Mr 8:4; Lc 14:28; Jn
6:7; 2Co 2:6; Flm 8

suficientes   Jos 7:3; 2S 8:4; 1Cr
18:4

sufragados   Esd 6:4

sufragando   Esd 6:8

sufridos   Job 3:20

sufrimiento   Dt 28:53; Jue
10:16; Job 2:13; 9:28; 30:16,
27; 36:15; Sal 22:24; 44:24;
55:3; Is 14:3; 53:3, 11; Lm
1:12,18; Hab 1:3, 13; Hch

7:11; Ro 2:9; 5:3; 12:12; 1Co
12:26; 2Co 4:17; 1Ts 1:6; 2Ts
1:6; Heb 2:10; 5:8; 10:32; Stg
5:10; Ap 1:9

sufrimientos   Nm 20:14; Neh
9:32; Job 5:6; Sal 88:15; Ec
2:23; Hch 20:23; Ro 5:3; 8:18;
2Co 1:5-7; 4:17; 6:4; Ef 3:13;
Fil 3:10; Col 1:24; 1Ts 3:3-4,
7; 2Ts 1:4; 2Ti 1:8,12; 2:3;
3:11; 4:5; 1P 1:11; 4:13; 5:1,9;
Ap 2:9

sugerencia   Est 5:14

sugerencias   Éx 18:24

sugería   1R 22:20; 2Cr 18:19

sugerido   Est 2:15; 6:10

sugerirte   Rt 4:4

sugieren   1S 24:6

sugirió   1S 16:18; 2S 13:5

suicidarse   Jn 8:22

Sujá   1Cr 4:11

Suján   Nm 26:42

sujanitas   Nm 26:42

sujetar   Éx 36:13; Dn 4:23;
Hch 27:16

sujetarla   Éx 39:31

sujetarlo   Mr 5:3

sujetarse   Éx 28:7,28

sujeto   Éx 21:29; 2Cr 33:11;
36:6; Job 18:9; Mt 5:21-22;
8:9; Lc 2:51; Hch 12:6; Ro
7:1; 1Co 2:15; Heb 2:8; 5:2

sujetos   2S 4:2; Est 1:6; Hch
4:16; Ro 3:19; Gá 3:25

Sulamita   Cnt 6:13

suma   Lv 25:51; Nm 2:32;
3:48; 2Cr 25:6; Sal 119:160;
139:17; Jer 8:6; Mt 28:12

sumaban   Jos 19:30,38; 1R
20:15; 1Cr 7:7; Esd 2:65;
Neh 7:67; 11:13

sumada   Ec 7:11

sumamente   Lv 2:3,10;
6:17,25,29; 7:1,6; 10:12,17;
14:13; 24:9; Nm 16:15; 2S
11:2; 1R 7:14; Sal 42:6; Mr
6:51; 7:37; Hch 17:22; Ap
17:6

suman   Nm 2:9,16,24,31

sumarían   Sal 139:18

sumaron   Gn 50:8

sumatitas   1Cr 2:53

sumen   Lv 25:8

sumergió   2R 5:14

sumida   Lc 23:44

sumido   Jn 9:34; Ap 16:10

suministrarle   Nm 4:9

suministrarles   Esd 6:9

sumiré   Ez 14:13

sumisa   1P 3:5

sumisas   1Co 14:34; Tit 2:5

sumisión   1Ti 2:11; Heb 5:7

sumisos   2Ti 2:26; Tit 3:1

sumos   Heb 7:27-28

sunamita   1R 1:3,15; 2:17, 21;
2R 4:25

Sunén   Jos 19:18; 1S 28:4; 2R
4:8

Suni   Gn 46:16; Nm 26:15

sunitas   Nm 26:15

suntuosas   Sal 49:14; Ap 18:14

suntuosos   Ez 26:12

supera   Rt 3:10; Ez 15:2; Heb
1:4

superaban   Is 10:10

superado   Sal 119:140

superapóstoles   2Co 11:5;
12:11

superarlos   2P 2:11

superas   1R 10:7; 2Cr 9:6; Pr
31:29

supere   Mt 5:20

superficie   Gn 1:2; 2:6; Éx
10:5,15; Nm 11:31; Is 28:25;
Ez 20:47; Am 9:6

superficies   1R 7:36

superiores   1Cr 28:11; 2Cr 3:9;
Sal 38:16; Jer 22:13; Ez 16:50;
Am 6:2; Mt 8:9; Lc 7:8; Fil
2:3; Heb 9:23

supersticiosos   2P 1:16

supervisaba   2S 20:24

supervisaban   1R 9:23; 2R
12:11; 2Cr 8:10; 24:12; 34:10

supervisado   Nm 4:28,33

supervisan   2R 22:5

supervisar   1R 11:28; Esd
3:8-9

supervisara   1R 12:18; 2Cr
10:18

supervisión   Nm 8:22; 1R 5:14

supervisor   1R 4:6

supervisores   2R 22:9; 2Cr
24:13; 34:17

Supín   1Cr 7:12,15; 26:16

supla   2Co 8:14

suplanta   Pr 30:23

suplantó   1R 16:10; Os 12:3

suple   2Co 9:10,12

suplí   Jer 5:7

súplica   Nm 20:16; 21:3; 2S
7:27; 1R 8:28,30,45,49, 52,54;
9:3; 1Cr 17:25; 2Cr 6:19,35;
Sal 55:1; 88:2; 119:170; 143:1;
Jer 3:21; 42:2; Zac 12:10

suplicante   Sal 28:2,6; 30:8;
31:22; 77:1; 116:1; 130:2;
140:6; Pr 18:23; 19:7; Is 44:17

suplicantes   Is 45:14

suplicarle   Jer 38:26; Mr 5:17;
Lc 15:28

suplicarme   Jer 29:12; Os 8:2

suplicarte   Job 41:3

súplicas 2Cr 6:21,39; 33:13;
Sal 5:2; Dn 9:3,17; 1Ti 2:1;
5:5; Heb 5:7
suplicio Pr 24:11
suplido 1Co 16:17
suplieron 2Co 11:9
suplir Fil 2:30; 4:16; 1Ts 3:10
suplirá 2Co 8:14; 9:10
supone 1S 20:5
suponen Hch 2:15; 13:25
suponga 2Co 12:6
supongamos Nm 5:13; Lc
14:31; 15:8
Supongamos Éx 3:13; Nm
5:12; Job 34:31; Jer 3:1; Hag
2:12-13; Lc 11:5; 14:28; 15:4;
17:7; Stg 2:2,15
Supongo Lc 7:43
suponía Hch 7:25
suponían Hch 21:29
suprema Sal 48:1; Stg 2:8; 1P
2:13
supremo Is 55:4; Ez 38:3; 1P
5:4
suprimió 2Cr 34:33
supuestamente 2Ts 2:2
supuesto Jos 10:2; Hch 25:18;
1Co 5:10; 9:10
supuestos 1Ti 1:3
supura Job 7:5
supuran Sal 38:5
suquíes 2Cr 12:3
Sur Gn 16:7; 20:1; 25:18; Éx
15:22; 1S 15:7; 27:8; 2R 11:6;
Mt 12:42; Lc 11:31
surca Sal 8:8
surcada Is 18:2,7
surcan Hab 3:9
surcará Is 33:21
surcaron Sal 107:23
surco Job 39:10
surcó 2S 22:11; Sal 18:10
surcos Job 31:38; Sal 65:10;
129:3; 141:7; Jer 4:3; 5:10; Os
12:11
sureña Jos 18:13
sureñas Jos 15:21
sureste 1R 7:39; 2Cr 4:10
surgir Dt 34:10; Jue 2:16; Jer
23:5; Dn 7:8; Hch 3:22; 7:37
suroeste Hch 27:12
surtido Gn 40:17
Susa Esd 4:9; Neh 1:1; Est
1:2,5; 2:3,5,8; 3:15; 4:8,16;
8:14-15; 9:6,11-15,18; Dn 8:2
Susá Jos 19:5
Susana Lc 8:3
susciten Ez 12:24
suscriben Esd 4:10
Susi Nm 13:11
Susín 1Cr 4:31
suspenda Neh 4:11; Dn 12:11

suspendan Esd 4:21
suspender 1S 23:13
suspenderán Dn 11:31
suspendida Job 26:7; Hch
10:11; 11:5
suspendidas Job 37:16; Jl 1:13
suspendido Esd 4:24
suspendieron Éx 36:4
suspendió 2S 10:14; 2Cr 16:5;
Hch 24:22
suspenso Jn 10:24
suspicacias 1Ti 6:4
suspiramos 2Co 5:2
suspiran Am 5:18
suspirando 2Co 5:4
suspiro Gn 49:33; Job 7:7;
11:20; 14:10; Sal 39:6;
78:33,39; 90:9; 144:4; Lm
2:12; Mr 8:12
suspiró Mr 7:34
suspiros Gn 35:18; Job 3:24
sustenta Sal 104:15
sustentada Ap 12:14
sustentado Gn 27:37
susténtame Sal 119:28
sustentará Rt 4:15
sustentaran Ap 12:6
sustentaste Neh 9:21
susténtenme Cnt 2:5
sustento 1S 2:36; 2S 9:10; 1R
11:18; Job 28:5; Is 3:1; Mt
10:10; Mr 12:44; Lc 21:4; 1Co
9:12
sustitución Lv 27:33; Nm
3:41,45
sustituirlos Job 34:24
sustituirse Lv 27:10
sustitutos Nm 3:12
susto Dn 5:6
susurra Mt 10:27
susurraba Job 4:16
susurrado Lc 12:3
susurran Is 8:19
susurrar Is 26:16
susurro Lv 26:36; Is 29:4
Sutela Nm 26:35-36; 1Cr
7:20-21
sutelaítas Nm 26:35
sutiles 2P 1:16
ta 1Co 16:22
tábano Éx 8:31; Jer 46:20
tábanos Éx 8:21-22,24,29, 31;
Jos 24:12; Sal 78:45
Tabaot Esd 2:43; Neh 7:46
Tabat Jue 7:22
Tabel Esd 4:7; Is 7:6
Taberá Nm 11:3; Dt 9:22
tabernáculo Sal 27:5; 78:60;
Hch 7:43-45; Heb 8:2,5;
9:2,6,8,11,21; 13:10; Ap 15:5
Tabernáculos Jn 7:2
Tabernas Hch 28:15

Tabita Hch 9:36,40
tabla Jer 17:1
Tabla Mt 1:1
tablas Éx 24:12; 27:8; 31:18;
32:15-16,19; 34:1,4, 28-29;
38:7; Dt 4:13; 5:22; 9:9-11,15,
17; 10:1-5; Jos 8:32; 1R
6:15-16; 8:9; 2Cr 5:10; Hch
27:44; 2Co 3:3; Heb 9:4
tablilla Pr 7:3; Is 8:1; 30:8; Lc
1:63
tablillas Hab 2:2
tablón Éx 26:16-17,19,21,25;
36:21,24,26,30
tablones Éx 26:15,17-20,
22-26,28-29; 35:11; 36:20,
22-23,25,27-34; 39:33; 40:18;
1R 6:9,15
Tabor Jos 19:12,22,34; Jue
4:6,12,14; 8:18; 1S 10:3; 1Cr
6:77; Sal 89:12; Jer 46:18; Os
5:1
Tabrimón 1R 15:18
tacañería 2Co 9:5
tacaño Pr 23:6; 28:22
tacmonita 2S 23:8
táctica Jue 20:33
tacto Dn 2:14
tacha Sal 84:11; Pr 20:7; Jud
24
Tadeo Mt 10:3; Mr 3:18
Tadmor 1R 9:18; 2Cr 8:4
Tafat 1R 4:11
Tafnes Jer 2:16; 43:7-9; 44:1;
46:14; Ez 30:18
Taján Nm 26:35; 1Cr 7:25
tajanitas Nm 26:35
tajante Nm 20:20
Tajás Gn 22:24
Tajat Nm 33:26-27; 1Cr
6:24,37; 7:20
Tajtín 2S 24:6
talado Ez 31:12
talados Is 10:33
taladra Job 30:17
talan Jer 46:23
talando Sal 74:5
talar 1R 5:6; Is 6:13
talarán Jer 22:7
Talé 2R 19:23; Is 37:24
talen 1R 5:6
Talen Jer 6:6
Talita Mr 5:41
Talmay Nm 13:22; Jos 15:14;
Jue 1:10; 2S 3:3; 13:37; 1Cr
3:2
Talmón 1Cr 9:17; Esd 2:42;
Neh 7:45; 11:19; 12:25
talón Gn 3:15; 25:26
talones Gn 49:17; Éx 14:10;
Lm 5:5
Talla Dt 10:1

tallada Jue 17:3-4; 18:14,
  17-18,20,30-31; Is 9:10; 48:5
talladas 1Cr 29:2; Ez 40:42;
  Nah 1:14
tallado Dt 27:15; 1R 6:18
tallados Éx 31:5; 35:33; Is 51:1
tallar 2Cr 3:10
tallaron 1R 5:18
tallas Is 22:16
talle Cnt 7:7
tallé Dt 10:3
tallo Gn 41:5,22; Éx 25:31, 35;
  37:17; Os 8:7; Mr 4:28
talló 1R 6:29,32,35
tamaño 1R 6:25; 7:37; 1Cr
  11:23; 2Cr 26:15; Ez 40:10;
  46:22; Dn 2:31; Jn 21:11; Ap
  18:21
Tamar Gn 14:7; 38:6,11,13,
  18,24,27; Jue 20:33; Rt 4:12;
  2S 13:1-2,4-8,10, 18,20,22,32;
  14:27; 1Cr 2:4; 3:9; 2Cr 20:2;
  Ez 47:18-19; 48:28; Mt 1:3
tamarisco Gn 21:33; 1S 22:6;
  31:13
tambalea Is 3:8; 19:14; 24:20
tambaleaban Sal 107:27
tambalean Job 12:25; Sal 46:6;
  Is 28:7
tambalear Is 51:22; Lc 6:48
tambalearán Jer 25:16
tambalearon 2S 22:8
tambalee Is 41:7; Jer 10:4
tambaleen Is 54:10
tambaléense Is 29:9
tambores Gn 31:27; Is 5:12;
  24:8
tamboril Job 21:12
tamo Job 21:18
Tamuz Ez 8:14
Tanac Jos 12:21; 17:11; 21:25;
  Jue 1:27; 5:19; 1R 4:12; 1Cr
  7:29
Tanat Jos 16:6
Tanjumet 2R 25:23; Jer 40:8
tañen Ap 14:2
tañía 2R 3:15
tapa Éx 21:33; 2S 17:19; 2R
  12:9; Job 5:16; 9:24; Zac 5:7-8
tapada Nm 19:15; Jn 11:38
tapados Jer 6:10
taparles Tit 1:11
taparme Lm 3:53
taparrabo Job 12:18
Tapenés Jr 11:19-20
tapete Dt 33:29
tapices Jue 5:10; Is 21:5; Ez
  27:24
tapizó Cnt 3:10
Tapúaj Jos 12:17; 15:34,53;
  16:8; 17:7-8; 1Cr 2:43
Taralá Jos 18:27

tardanza 2P 3:9
tardar 1S 20:12; Dn 8:14; Hab
  2:3
tardías Job 29:23
tardos Lc 24:25
tarea Gn 5:29; Éx 5:11,13;
  18:18; Dt 21:5; 2Cr 34:13;
  Esd 3:8; Neh 4:19; 5:18; Ec
  1:13; 2:26; 3:10; 4:8; Is 28:21;
  Jer 50:25; Mr 13:34; Jn 5:36;
  Ro 15:28; 1Co 9:17; 2Co
  2:16; Col 4:17; Heb 13:17
Tarea 1Cr 8:35; 9:41
tareas Éx 5:9; Neh 13:30; Sal
  104:23; Pr 31:15; Ec 2:23; Ap
  14:13
Tarsis Gn 10:4; 1R 10:22; 1Cr
  1:7; 7:10; 2Cr 9:21; 20:36-37;
  Est 1:14; Sal 48:7; 72:10; Is
  2:16; 23:1,6, 10,14; 60:9;
  66:19; Jer 10:9; Ez 27:12,25;
  38:13; Jon 1:3; 4:2
Tarso Hch 9:11,30; 11:25;
  21:39; 22:3
Tartac 2R 17:31
tartamuda Is 32:4
tartamudo Mr 7:32
tasación Éx 30:13,24;
  38:24-26; Lv 5:15; 27:3,25;
  Nm 7:13,19,25,31,37,43,
  49,55,61,67,73,79,85-86; 2R
  23:35
tasado Lv 5:15
tataranietos Nm 14:18
Tatenay Esd 5:3,6; 6:6,13
tatuajes Lv 19:28
taza Jue 5:25; 6:38
tazas Esd 1:10; 8:27; Is 22:24
tazón 1R 7:41; 2Cr 4:12; Zac
  9:15
tazones Éx 24:6; 25:29; 37:16;
  Nm 4:7; 1Cr 28:17; Esd 1:9;
  Neh 7:70; Jer 52:18; Am 6:6;
  Zac 14:20
teatro Hch 19:29,31
Tébaj Gn 22:24; 2S 8:8; 1Cr
  18:8
Tebalías 1Cr 26:11
Tebas Jer 46:25; Ez 30:14-16;
  Nah 3:8,10
Tebes Jue 9:50; 2S 11:21
tébet Est 2:16
Tecoa 2S 14:2,4,9; 1Cr 2:24;
  4:5; 2Cr 11:6; 20:20; Neh
  3:5,27; Jer 6:1; Am 1:1
tecoíta 2S 23:26; 1Cr 11:28;
  27:9
techadas Hag 1:4
techado 2R 16:18
techándolo 1R 6:9
techo Gn 6:16; 19:8; Éx
  9:19-20; Jos 2:6,8; Jue 9:51;

1R 6:15-16; 7:3; 2R 19:26; Job
  31:31; Sal 101:7; 129:6; Pr
  21:9; 25:24; Ec 10:18; Cnt
  1:17; Is 37:27; 58:7; Ez 40:13;
  Mt 8:8; Mr 2:4; Lc 7:6
techó Neh 3:15
techos Is 15:3; Jer 48:38
teja Job 2:8; Sal 22:15
tejado Sal 102:7
tejas Lc 5:19
tejedor Is 38:12
tejedores Éx 35:35; Is 19:9
tejen Is 59:5
tejían 2R 23:7
tejida Lv 19:19; Jn 19:23
tejidas Éx 31:10; 35:19;
  39:1,27,41
tejido Éx 39:22; 1S 19:13, 16;
  Job 41:15,23; Jn 19:2
tejidos Is 59:6
Tejiná 1Cr 4:12
tejió Job 10:11
tejón Dt 14:7
tejones Sal 104:18; Pr 30:26
Tel Esd 2:59; Neh 7:61; Ez
  3:15
tela Jue 5:30; 16:13-14; Est 1:6;
  Mt 9:16; Mr 2:21
Télaj 1Cr 7:25
telar Jue 16:13-14; 1S 17:7; 2S
  21:19; 1Cr 11:23; 20:5; Is
  38:12
telaraña Job 8:14
telarañas Is 59:5
telas Jue 5:30; Is 3:23; 19:10;
  Ez 16:13; 27:7,16, 24; Hch
  16:14; Ap 18:12
Telasar 2R 19:12; Is 37:12
Telayin 1S 15:4
Telén Jos 15:24; Esd 10:24
tema Job 30:9; Sal 45:1; Ec
  3:14; Is 7:4; Hch 17:32; Heb
  5:11
Temá Gn 25:15; 1Cr 1:30; Esd
  2:53; Neh 7:55; Job 6:19; Is
  21:14; Jer 25:23
Temán Gn 36:11,15,34,42;
  1Cr 1:36,45,53; Job 2:11; 4:1;
  15:1; 22:1; 42:7,9; Jer 49:7,20;
  Ez 25:13; Am 1:12; Abd 9;
  Hab 3:3
temas Gn 15:1; 21:17; 26:24;
  35:17; Dt 7:18; 10:12; 18:22;
  20:1; 31:8; Jue 6:23; 2S 9:7;
  1R 17:13; 2R 19:6; Is 37:6;
  40:9; 41:10,13-14; 43:1,5;
  44:2; 54:4; Jer 1:8,17; 30:10;
  46:27-28; Lm 3:57; Ez 2:6;
  Dn 1:20; Jl 2:21; Sof 3:16; Mt
  1:20; Lc 5:10; Jn 12:15; 2P
  3:16

temblar Gn 27:33; Éx 19:16; Sal 104:32; Pr 30:21; Is 2:19,21; 10:29; 14:16,31; 21:4; 23:11; 32:11; Jer 5:22; Ez 31:16; 32:9; Hag 2:7; Mt 28:4; Hch 7:32

temblarle Dn 5:6

temblor Job 4:14; Sal 2:11; Is 33:14; 2Co 7:15; Fil 2:12

temblores Sal 77:18

temblorosas Is 35:3

Temblorosas Mr 16:8

tembloroso Dn 10:11

Temeni 1Cr 4:6

temer Dt 14:23; 17:19; 31:12-13; 1S 12:24; 28:13; Job 11:19; Sal 49:5; 53:5; 76:7; 86:11; Pr 1:29; Is 54:14; Mi 6:9; Lc 12:5; 2Co 5:11

Temer Job 28:28; Pr 29:25

temerariamente Dt 1:43

temerle Dt 6:24; Lc 12:5

temerlo Jos 4:24; Job 22:4; Is 8:13

temerme Dt 4:10; 5:29; Job 33:7; Jer 5:22

temerosa Sal 76:8

temerosas Éx 1:21

temeroso Gn 42:18; 2S 6:9; 1Cr 13:12; Neh 7:2; Job 31:23; 32:6; Is 35:4; Hch 10:22; Ro 11:20

temerosos Éx 18:21; Sal 66:16; Jer 36:16; Mi 7:17; Lc 21:26; Hch 10:2; 13:16, 26

temible Dt 7:21; 1Cr 16:25; Neh 1:5; 4:14; 9:32; Sal 76:11; 96:4; Is 21:1; Hab 1:7

temido Sal 76:12; 89:7; 130:4; Is 18:2,7; Os 10:3; Mal 1:14

temores Job 21:9; 22:10; Sal 34:4; 2Co 7:5

tempestad Job 27:20; 37:9; 38:1; 40:6; Sal 55:8; 107:29; Is 28:2; Jer 25:32; 30:23; Am 1:14; Mt 16:3; Hch 27:15,18,20

tempestades Sal 83:15; Os 8:7; Zac 9:14

tempestuoso Sal 148:8

templos Jer 43:12-13; Jl 3:5; Hch 17:24; Ro 2:22

temporada Nm 13:20

temporadas Stg 5:7

temporal Éx 12:45

temprana Hch 26:4

tempranas Sal 84:6

temprano Gn 26:31; 28:18; 29:7; 44:3; Éx 2:18; Jos 6:12; Jue 6:38; 20:19; 1S 15:12; 29:10-11; 2S 15:2; Ec 10:16;

Cnt 7:12; Os 6:4; 13:3; Lc 24:22; 1Ti 5:25

tenaz Cnt 8:6

tenazas Éx 27:3; 38:3; Nm 4:14; 1R 7:40,45,49; 2R 25:14; 2Cr 4:16,21; Is 6:6; Jer 52:18

tenazmente Job 20:13; 2Ti 4:15

tendedero Ez 26:5,14

tendencia Os 4:12; 5:4

tender 2R 9:13; Sal 64:5; Pr 1:17

tenderle 2Cr 13:13; Mt 22:15; Mr 12:13

tenderme 1S 28:9; Job 17:13

tendernos Sal 78:19

tenderse Dt 25:2; 2S 8:2; 2R 4:35

tendida Jue 19:27; Job 18:10; Os 5:1

tendidas Jer 25:33

tendido Jue 3:25; 4:22; 5:27; 20:36; 1R 13:24-25, 28; 2R 4:32; 6:9; Sal 31:4; 44:20; 119:110; 140:5; 142:3; Pr 7:16; Is 14:8; Lm 3:5; Ez 31:18; 32:4

tendidos Éx 14:30; 2R 19:35; Is 37:36; 43:17; 50:11; Jer 9:22; 49:26; Lm 2:19; Ez 6:13; 32:21,23-25, 29-30; Jn 5:3; 1Co 10:5; Ap 11:8

tendón Gn 32:32; Is 48:4

tendones Job 10:11; 40:17; Ez 37:6,8

tenebrosa Job 38:17; Is 45:19; Jer 2:6,31

tenebrosas Sal 107:14; Pr 2:13; 2P 2:4

tenebroso Sal 88:6

tenebrosos Sal 23:4; Ec 11:8

tenedor 1S 2:13-14

tenedores Nm 4:14; 1Cr 28:17; 2Cr 4:16

tenerla Éx 33:19; Mt 14:4; Ro 9:15,18

tenerlas Lv 18:8,12-13, 15-16; Pr 22:18

tenerle Gn 26:14; Heb 11:27

tenerles Éx 1:12; Is 30:18

tenerlo Lv 6:3; Ec 7:2

tenerme Nm 14:34; 1S 23:21; Flm 22

tenernos Sal 77:9; Jn 10:24

tenerte Jer 15:6; Ez 7:4,9

tensado 2R 9:24

tensan Sal 11:2; 37:14; Jer 50:14,29

Tensan Jer 9:3

tensar 2S 22:35; Sal 18:34; 58:7

tensará Sal 7:12

Tensaré Zac 9:13

tense Jer 51:3

tensen Jer 46:9

tenses Sal 21:12

tenso Is 21:15; Lm 3:12

tensó Lm 2:4

tensos Is 5:28

tentación Mt 4:1; 6:13; 26:41; Mr 14:38; Lc 4:13; 11:4; 22:40,46; 1Co 7:5; 10:13; 1Ti 6:9; Heb 2:18; Stg 1:12; Ap 3:10

tentado Mr 1:13; Lc 4:2; Gá 6:1; Heb 4:15; Stg 1:13-14

tentador Mt 4:3; 1Ts 3:5

tentados Dt 4:19; 1Co 10:13; Heb 2:18

tentaron Sal 95:9; Heb 3:9

tentó Mt 4:8

teñida Éx 25:4; 26:1,4; 36:37; 38:18,23; 39:1-3,5, 8,22,29,31; 2R 3:22; Is 9:5

teñidas Éx 25:5; 35:7,23; 36:19; 39:34; Ez 27:16

teñido Éx 26:14; Ap 19:13

Teófilo Lc 1:3; Hch 1:1

Téquel Dn 5:25,27

Téraj Gn 11:24-28,31-32; Nm 33:27-28; Jos 24:2; 1Cr 1:26; Lc 3:34

terceras Zac 13:8

tercero Gn 2:14; Nm 19:12,19; 1S 13:18; 17:13; 2S 3:3; 1Cr 2:13; 3:2,15; 8:1,39; 12:9; 23:19; 24:23; 26:2,4,11; 2Cr 15:10; 17:7; 31:7; Est 8:9; Ez 31:1; Dn 1:1; Zac 6:3; Mt 21:35; Mr 12:21; Lc 20:12,31; Ap 4:7; 6:5; 11:14; 21:19

tercio Lv 14:10

Tercio Ro 16:22

terco Éx 32:9; 33:3,5; 34:9; Dt 9:6,13; 10:16; 2Cr 36:13; Jer 5:23; 7:24; 23:17; Ez 2:4; 3:7-8; Os 8:9

tercos Dt 31:27; 2R 17:14; 2Cr 30:8; Neh 9:29

Tercos Hch 7:51

Teres Est 2:21; 6:2

tergiversan 2P 3:16

tergiversar Gá 1:7

termales Gn 36:24

terminada Éx 39:32; 1R 7:51; 2Cr 5:1

Terminada Jer 36:16; Lc 2:43

terminado Gn 2:2; 24:15,45; 27:30; Lv 16:20; Nm 4:15; Dt 20:9; Jos 18:6; Rt 3:3; 2S 11:19; 13:36; 1R 7:22; 2R 6:33; 1Cr 28:20; 2Cr 8:16; Esd 5:11,16; Job 1:5,16-18; 21:3; 31:40; Jer 5:31; Ez

43:23; Dn 4:31; Jn 19:28; 2Ti 4:7; Heb 4:3; Ap 10:6; 11:7

Terminado Est 2:13

terminados Gn 2:1

terminantemente Mr 3:12; Lc 9:21; Hch 4:18

Terminantemente Hch 5:28

terminar Nm 34:5,9; Dt 16:13; Jos 10:15; 15:4; 1R 1:41; 2Cr 24:13; 29:34; Esd 6:14; Neh 4:2; Jer 20:18; Lc 14:30; Jn 4:34; Hch 13:15

terminarla Lc 14:28-29

término 2Cr 7:11; Job 15:32; 2Co 8:6,11; Stg 1:4

términos Éx 34:28; Dt 29:1; 2Cr 32:17; Neh 8:13; Jer 11:2-3,6; Hch 23:25; Ro 3:5; 6:19; 1Co 2:13

ternera Gn 15:9; Jue 14:18; 1S 16:2

terneras Dt 28:51

terneritos Dt 28:4,18

ternero Gn 18:7-8; Lv 22:27; 1S 28:24; 2S 6:13; 2Cr 13:9; Is 7:21; 11:6; 27:10; Jer 31:18; Ez 1:7; 43:19,21-23,25; 45:18,22, 24; 46:6-7,11; Lc 15:23,27, 30

terneros 1S 14:32; 15:9; 1R 1:9,19,25; Is 34:7; Jer 50:11; Ez 45:23; Am 6:4

ternura Sal 25:6; 116:5; Is 63:15; Os 2:14; 11:4; 2Co 10:1

terquedad Lv 26:19; Dt 9:27; Neh 9:17; Jer 9:14; 11:8; 13:10; 16:12

terraplén 2S 5:9; 1Cr 11:8; Nah 2:1; 3:8

terraplenes 1R 9:15,24; 11:27; 2Cr 32:5; Ez 21:22; Hab 1:10; 2:1

terratenientes Ez 22:29

terraza Dn 4:29

terrazas Job 24:11

terremoto 1R 19:11-12; Ez 3:12; 38:19; Am 1:1; Zac 14:5; Mt 27:54; 28:2; Hch 16:26; Ap 6:12; 8:5; 11:13, 19; 16:18

terremotos Is 29:6; Mt 24:7; Mr 13:8; Lc 21:11

terrenal Jn 3:31; 1Co 15:48-49; Fil 3:19; Col 3:5; Heb 9:1; Stg 3:15; 1P 4:2

terrenales Is 24:21; Jn 3:12; Ef 6:5; Col 3:22

terrenos Gn 34:10; 47:11, 20,22; Sal 107:34; Jer 4:3; Ez 45:7; Mt 19:29; Mr 10:29-30; Hch 4:34

terrestres Dt 4:17; 1Co 15:39-40

terriblemente Mt 8:6; 15:22; 17:15; Lc 16:25; Ap 2:22

terribles Dt 6:22; 28:59; 1R 2:8; Neh 9:18; Job 41:14; Sal 88:15; Ec 10:13; Jer 23:14; 36:7; 50:38; Ez 6:11; Ap 16:9

terrones Job 38:38; Sal 65:10

Terror Jer 20:3

terrores Job 6:4; 18:14; 27:20; Lm 3:47

Tértulo Hch 24:1-2

Tesalónica Hch 17:1,11, 13; 20:4; 27:2; Fil 4:16; 1Ts 3:6; 2Ti 4:10

tesalonicenses 1Ts 1:1; 2Ts 1:1

tesón 1Co 15:10

tesorería Neh 10:38

tesorero 2R 12:5; 1Cr 26:23; Esd 1:8; Ro 16:23

tesoreros 2R 12:7; Esd 7:21; Dn 3:2-3

tesoro Gn 43:23; Dt 28:12; 33:4; Jos 6:19,24; 1R 7:51; 2R 14:14; 16:8; 1Cr 29:8; 2Cr 5:1; Esd 4:13; 6:4,8; 7:20; Neh 7:70; Est 3:9; 4:7; Job 3:21; Pr 2:4; Is 33:6; Dn 1:2; Nah 2:9; Mt 6:21; 13:44; 19:21; 27:6; Mr 10:21; 12:43; Lc 12:33-34; 18:22; Hch 8:27; 2Co 4:7

testa Sal 68:21

testador Heb 9:16-17

testamento Heb 9:16-17

testículos Lv 22:24; Dt 23:1

testificar 1R 21:10; Sal 50:7; Mal 3:5; Hch 8:25

Testimonio Jos 22:34

testimonios Éx 23:1; Lv 19:16; Mt 15:19; Lc 22:71

tetrarca Mt 14:1; Lc 3:1,19; 9:7; Hch 13:1

Teudas Hch 5:36

texto Est 4:8

tez Cnt 1:6

tía Éx 6:20; Lv 18:14; 20:19-20

tiara Éx 29:6; Lv 8:9; 16:4

Tiatira Hch 16:14; Ap 1:11; 2:18,24

Tiberíades Jn 6:1,23; 21:1

Tiberio Lc 3:1

tibio Ap 3:16

Tibni 1R 16:21-22

Ticio Hch 18:7

Ticvá 2R 22:14; 2Cr 34:22; Esd 10:15

Tidal Gn 14:1,9

Tiempo Gn 4:3; 38:4; 40:1; 44:25; 50:24; Dt 2:10; Jos

24:5,29; 1R 3:16; 2Cr 35:20; Ez 16:8

tiendas Gn 4:20; 13:5; Nm 16:24,26-27; 19:14; 24:5; 2R 7:7-8,10; Sal 69:25; 78:28,55; 106:25; 120:5; Jer 35:7,10; Lm 2:4; Hch 18:3; Heb 11:9

tienta Stg 1:13

tientas Dt 28:29; Job 5:14; 12:25; Is 59:10; Hch 13:11; 17:27

tierna Dt 28:56; Is 47:1

tiernas Dt 32:2; Mt 24:32; Mr 13:28

tierno Gn 18:7; Dt 28:54; Is 53:2; Mi 7:1

tiernos 2R 19:26; Is 37:27; Ez 17:9; Os 9:10

TIERRA Ap 17:5

tiesto Is 45:9

tiestos Job 41:30; Is 45:9

Tifsa 1R 4:24; 2R 15:16

Tiglat 2R 15:19,29; 16:7,10; 1Cr 5:6,26; 2Cr 28:20

Tigris Gn 2:14; Dn 10:4

tilde Mt 5:18; Lc 16:17

Tilón 1Cr 4:20

Timeo Mr 10:46

timidez 2Ti 1:7

tímido 2Co 10:1

Timná Gn 36:12,22,40; Jos 15:10,57; 1Cr 1:36,39,51; 2Cr 28:18

Timnat Gn 38:12-14; Jos 19:43,50; 24:30; Jue 2:9; 14:1-2,5

timnateo Jue 15:6

timón Stg 3:4

Timón Hch 6:5

timonel Hch 27:11

timoneles Ez 27:8,27-29

timones Hch 27:40

Timoteo Hch 16:1-2; 17:14-15; 18:5; 19:22; 20:4; Ro 16:21; 1Co 4:17; 16:10; 2Co 1:1,19; Fil 1:1; 2:19,22; Col 1:1; 1Ts 1:1; 3:2,5-6; 2Ts 1:1; 1Ti 1:2, 18; 6:20; 2Ti 1:2; Flm 1; Heb 13:23

tinaja 1R 17:12,14,16

tinajas Jn 2:6-7

tinta Jer 36:18; 2Co 3:3

tintineo Éx 28:35

tiña Lv 13:30-32,34-37; 14:54; 21:20

tiñosa Lv 13:31

tiñosos Lv 22:22

tío Gn 28:2; 29:10,18; Lv 10:4; 20:20; 25:49; 1S 10:14-16; 14:50; 2R 24:17; 1Cr 27:32; Est 2:15; Jer 32:7

tipo Gn 7:21; Lv 14:54; 16:29; 23:28; Nm 28:18, 25-26; 29:1,7,12,35; Jos 23:15; 1S 25:21; 1R 20:7; 22:27; 2R 5:7; 1Cr 12:37; 2Cr 18:26; Esd 1:6; Jer 17:22; Ez 4:14; 8:10; Hch 13:10; 22:22; Ap 18:22

Tíquico Hch 20:4; Ef 6:21; Col 4:7; 2Ti 4:12; Tit 3:12

Tiracá 2R 19:9; Is 37:9

tirada 1S 5:3-4

tirado 2S 12:16; Is 21:9; Zac 6:2; Jn 5:6

tirados Nm 14:29,32; Is 21:7; Am 8:3

tiranía Jue 6:2

tirano Is 49:24-25

Tirano Hch 19:9

tiranos Job 6:23; Is 14:5; 25:5; Ez 34:27; 1P 5:3

tirar Am 7:8

tirarla Lc 14:35

tirarlas Lv 14:40

tirarles 2S 16:6

tirarlo Lc 4:29

Tirás Gn 10:2; 1Cr 1:5

tirateos 1Cr 2:55

Tirías 1Cr 4:16

tirios Neh 13:16

Tirjaná 1Cr 2:48

tiro 2S 8:4; 1R 4:28; 1Cr 18:4

Tirsá Nm 26:33; 27:1; 36:11; Jos 12:24; 17:3; 1R 14:17; 15:21,33; 16:6,8-9, 15,17,23; 2R 15:14,16; Cnt 6:4

Tisbé 1R 17:1

tisbita 1R 21:17,28; 2R 1:3,8; 9:36

Tito 2Co 2:13; 7:6,13-14; 8:6,16,23; 12:18; Gá 2:1,3; 2Ti 4:10; Tit 1:4

titubeaba Gn 19:16

titubean Is 28:7

titubear Sal 26:1

titubeos Jue 5:16

título Est 1:19; Is 45:4

tizita 1Cr 11:45

tizón Zac 3:2

tizones Is 7:4; Am 4:11

Toa 1Cr 6:34

toalla Jn 13:4-5

Tob Jue 11:3,5; 2S 10:6,8

Tobadonías 2Cr 17:8

Tobías 2Cr 17:8; Esd 2:60; Neh 2:10,19; 4:3,7; 6:1,12, 14,17,19; 7:62; 13:4,7-8; Zac 6:10,14

tobillos 2S 22:37; Job 18:9; Sal 18:36; Ez 47:3; Hch 3:7

Tocante Is 8:1

tocantes Hch 25:19

tocar Dt 14:8; Jos 19:11,28; Jue 7:20; 16:26; 1S 16:16, 18; 26:23; 2S 2:28; 18:16; 20:22; 2Cr 34:12; Neh 8:6; Job 20:6; Lm 4:14; Dn 8:5; Os 3:3; Mt 9:21; 14:36; Mr 5:28; 6:56; Heb 12:18; Ap 8:13; 10:7

tocarla Gn 20:6; Pr 6:29

tocarlas Ap 8:6

tocarlo Gn 27:22; Éx 19:13; Nm 4:15; Mr 3:10; Lc 6:19; 1Jn 5:18

tocarte Gn 27:21

tocayo Jer 35:3

tocón Dn 4:15,23,26

Tofel Dt 1:1

Tofet 2R 23:10; Is 30:33; Jer 7:31-32; 19:6,11-14

Togarma Gn 10:3; 1Cr 1:6; Ez 27:14; 38:6

Tohu 1S 1:1

Tola Gn 46:13; Nm 26:23; Jue 10:1,3; 1Cr 7:1-2

Tolad 1Cr 4:29

tolaítas Nm 26:23

toldo Éx 26:14; 35:11,18; 36:19; 38:20,31; 39:34,40; 40:19; Nm 3:25; 4:25; 2S 7:2; Is 4:5; 40:22; Jer 43:10; Ez 27:7

toldos Jer 10:20; 49:29

Tolemaida Hch 21:7

tolera 1Co 5:1

tolerable Mt 10:15; 11:22,24; Lc 10:12,14

tolerancia Ro 2:4

tolerándose Est 3:4

tolerantes Ef 4:2

tolerar Sal 35:17; Mi 6:10; 2Ti 4:3

tolerará Jos 24:19

tolerarlos Est 3:8

toleras Hab 1:13; Ap 2:14,20

Toleras Ap 2:15

toleren Col 3:13

Tolérenme Job 21:3

tomados Hch 16:4

tomarla Éx 22:16; Dt 4:34; 21:11; 2R 16:5; Jer 34:22

tomarme Sal 40:17

Tomás Mt 10:3; Mr 3:18; Lc 6:15; Jn 11:16; 14:5; 20:24-28; 21:2; Hch 1:13

tonel Is 5:10

tonelada Éx 38:24

toneladas Éx 38:25; Nm 11:32; 1Cr 22:14; 2Cr 3:8

tono 1Cr 15:20; Job 30:31; Pr 18:23; Ez 27:32

tontería Lc 24:11; 1Co 15:36

tonterías Job 35:16; Pr 15:14; Ec 5:3; 2Co 11:1

tonto Dt 32:6; Stg 2:20

tontos Job 18:3

topacio Éx 28:20; 39:13; Job 28:19; Ez 1:16; 27:16; 28:13; Dn 10:6; Ap 21:20

topacios Cnt 5:14

topan Job 5:14

toparon Éx 14:27; Jue 1:5

toparse Pr 17:12

topos Is 2:20

Toquén 1Cr 4:32

torbellino 2R 2:1,11; Sal 77:18; Pr 1:27; Is 5:28; 9:18; 66:15; Jer 23:19; Os 4:19; Zac 7:14

torbellinos Is 21:1

torcemos 2Co 4:2

torcer Hch 13:10

torcida Dt 32:5; Fil 2:15

torcidas Pr 5:6

torcido Éx 35:25; Ec 1:15; 7:13; Lm 3:9; Mi 7:4

Torcido Pr 21:8

torcidos Sal 119:29; 125:5; Pr 2:15; Lc 3:5

torcieron Éx 35:26

tormenta Éx 9:24; Job 9:17; 21:18; 30:22; 36:33; 38:25; Sal 50:3; Pr 1:27; 10:25; Is 4:6; 10:3; 25:4; 28:2; 29:6; 30:30; 32:2; Am 1:14; Jon 1:4,12; Nah 1:3; Mt 8:24; Mr 4:37; Lc 8:23-24; Heb 12:18; 2P 2:17

tormentas Job 28:26; Sal 83:15

tormento Is 14:3; Lc 16:28; Ap 9:5; 14:11; 18:7

tormentos Is 50:11; Lc 16:23

torno Éx 16:3; 28:33; 40:33; Job 8:17; 16:16; 21:8; 36:30; 39:23; Sal 7:7; 26:6; 34:7; 48:12; 50:3; 139:11; 142:7; Jer 18:3; 50:15; Ez 6:5; 31:4; 32:22,24,26; 40:16; Dn 3:27; Hab 2:5; Zac 2:5; Jn 3:25

tornó Lc 9:29; Hch 23:10; Ap 6:12

toro Éx 21:28-29,31-32, 35-36; 22:1,4,9-10; 23:4; Lv 9:4, 18-19; Nm 18:17; 23:22; 24:8; Dt 33:17; Jue 6:25-26,28; 1S 14:34; 2S 6:13; Job 39:9; Sal 29:6; 69:31; 92:10; 106:20; Ez 1:10; Ap 4:7

toros Gn 49:6; Éx 20:24; 22:30; Dt 32:14; 1S 15:3; 1R 1:19,25; 1Cr 12:40; 15:26; 2Cr 29:22; Job 21:10; 42:8; Sal 22:12,21; 50:13; 66:15; 68:30; Is 1:11; 34:7; 66:3; Jer 52:20; Os 12:11; Hch 14:13; Heb 9:13; 10:4

torpe   Sal 119:70; Os 7:11

torpes   Mt 15:16; Lc 24:25; Hch 7:51; Gá 3:1,3

torre   Gn 11:4-5; Jue 8:9,17; 9:46,49,51-52; 1R 16:18; 2R 9:17; 15:25; 2Cr 20:24; Neh 3:1,11,25-27; 12:38-39; Cnt 4:4; 7:4; Is 5:2; 21:8; Jer 31:38; Zac 14:10; Mt 21:33; Mr 12:1; Lc 13:4; 14:28

Torre   Pr 18:10; Mi 4:8

torrencial   Ez 13:11,13

torrenciales   Job 22:11; 38:25,34; Is 28:2; Ez 38:22

torrente   Gn 49:4; Jue 5:21; Sal 124:4; Is 27:12; 28:2; 30:28, 33; 59:19; 66:12; Jer 15:18; 47:2; Ez 47:19; Dn 7:10; Os 5:10; Am 6:14; Mi 1:4; Lc 6:48-49

torrentes   2S 22:5; Job 14:19; Sal 18:4; 78:15,20; Is 35:6; Ez 36:4,6; Hab 3:10

torrentoso   1R 18:41

torres   2R 17:9; 18:8; 2Cr 14:7; 26:9-10,15; 27:4; 32:5; Sal 48:12; Cnt 8:10; Is 2:15; 23:13; 29:3; 30:25; 33:18; Jer 50:15; Lm 4:17; Ez 4:2; 17:17; 21:22; 26:4,9; 27:11

torta   Éx 29:23; Lv 8:26; 24:5; Nm 15:20; 1S 30:12; 2S 6:19; 1Cr 16:3; Ez 4:12; Os 7:8

tortas   Éx 16:31; 29:2-3; Lv 24:5-6; 1S 25:18; 30:12; 2S 13:6,8,10; 16:1; 1R 14:3; 1Cr 9:31; 12:40; Is 16:7; Jer 7:18; 44:19; Os 3:1

tórtola   Gn 15:9; Lv 1:14; 12:6; Sal 74:19; Jer 8:7

tórtolas   Lv 5:7,11; 12:8; 14:22,30; 15:14,29; Nm 6:10; Cnt 2:12; Lc 2:24

tortuosa   Is 27:1

tortuosos   Is 59:8

Torturados   Lm 4:9

torturar   Ap 9:10

torturaran   Mt 18:34

torturarlas   Ap 9:5

torturen   Jer 38:19

tostado   Lv 2:14; 23:14; Jos 5:11; Rt 2:14; 1S 17:17; 25:18; 2S 17:28

totalidad   Jer 13:19; Ro 11:25

totalmente   Nm 3:9; 17:12; Dt 13:16; Jos 3:17; 10:33; 17:13; Jue 3:22; 1S 7:3; 2S 3:28; 1R 15:17; 2Cr 16:1; 28:19; Sal 73:19; 79:8; Is 24:3; 27:4; Jer 4:7; Ez 3:15; Dn 10:8

Tou   2S 8:9-10; 1Cr 18:9-10

trabajador   Éx 12:45; Ec 5:12; Mt 10:10; Lc 10:7; 1Ti 5:18

trabajadores   1R 5:16; 9:15,23; 2R 12:14-15; 22:5,9; 2Cr 2:18; 34:10,17; Ez 48:18-19; Stg 5:4

trabajar   Gn 4:2; 29:15,18,30; 41:46; Éx 5:5,18; 31:15; Lv 25:39; Nm 4:3; Dt 15:19; 21:3; Jue 19:16; Rt 2:7; 2S 12:31; 1Cr 20:3; 2Cr 2:7,14; 8:9; 29:12; Job 24:18; Pr 16:26; 21:25; Ec 2:21; Jer 22:13; Hag 1:14; Mt 20:4,7,13; 21:28; Lc 13:14; Jn 9:4; Hch 20:35; Ro 15:23; 1Ts 4:11; 2Ts 3:10-12

trabajos   Gn 3:17; 5:29; Éx 1:11,13-14; 31:4; 35:32; 36:1; Dt 15:10; 26:6; Jos 16:10; Jue 1:28,30,33,35; 1R 9:20; 1Cr 22:15; 28:21; 2Cr 8:7; Sal 107:12; Is 31:8; 1Co 9:6; 2Co 6:5; 11:27

trabándolo   Éx 28:28

trabará   Dn 11:40

trabas   Hch 15:19

trabó   2S 18:9

trace   1R 20:22

Tracen   Is 8:10

Traconite   Lc 3:1

tradición   Mt 15:2-3,6; Mr 7:3,5,13; Hch 15:1

tradiciones   Mr 7:4,8-9; Hch 6:14; 26:3; Gá 1:14; Col 2:8

traducida   Esd 4:7,18

traducido   Hch 9:36

traerlas   Is 46:13; Jn 10:16

traerle   1S 28:22; Hch 24:17

traerles   Gn 18:5

traerlos   1R 2:40

traérmela   Éx 25:2

traérselas   Gn 19:8

traérselos   2S 1:10

trafica   Ez 27:3

trafican   2Co 2:17

traficantes   1Ti 1:10

tráfico   1R 10:15

traga   Nm 13:32; Job 40:23; Pr 1:12; Is 28:4

tragado   Sal 35:25; 124:3; Jer 10:25; 51:44; Os 8:8

tragan   Hab 1:13; Mt 23:24

tragar   Job 7:19

tragara   Dt 11:6; Jon 1:17

tragarían   Os 8:7

tragaron   Éx 14:28; 15:5

trago   1S 15:32; Pr 23:35; Mt 20:22; 26:39,42; Mr 10:38; 14:36; Lc 22:42; Jn 18:11

tragó   Éx 7:12; 15:10,12; Nm 16:32; 26:10; Sal 78:53;

106:17; Jer 51:34; Jon 2:6; Ap 12:16

trague   Nm 16:30,34; Sal 69:15

traguémonos   Pr 1:12

traición   Lv 26:40; Dt 27:24; 1R 1:21; Is 59:13

Traición   2R 9:23; 11:14; 2Cr 23:13

traicionar   Is 33:1; Mt 26:21,23,25; Mr 14:18; Jn 13:11,21

traicionarlo   1S 24:11; Jn 6:64,71

traicionarme   Lc 22:21

traicionarnos   Mal 2:10

traicionarte   Jn 21:20

traicionera   Hab 2:5

traicionero   Is 48:8; Mal 2:11

traicioneros   Sal 35:19; Sof 3:4; Mal 2:16; 2Ti 3:4

traiciones   Pr 25:9; Is 16:3; 24:16

traidor   Pr 21:18; 22:12; Is 21:2; 33:1; Mt 26:48; Mr 14:44; Lc 6:16; Jn 18:5

traidores   1S 14:33; Sal 59:5; 78:57; Is 24:16; Jer 9:2; 12:1; Mi 2:4; Hab 1:13

traje   Gn 31:39; Éx 15:26; Nm 23:11; Jos 24:8; Is 61:3; Jer 2:7; 32:42; Mt 17:16; 22:11-12

trajes   Is 3:24

trajines   Sal 139:3

trama   Lv 13:48,51-53, 56-59; Sal 36:4; 52:2; Pr 6:14; 16:30; Is 32:7; Nah 1:11

tramaba   1S 23:9; Mi 6:5; Hch 23:30

tramaban   Mt 12:14; Hch 20:3

tramado   Est 6:2; Sal 64:6; Is 7:5

traman   Sal 31:13; 35:4; 58:2; Pr 24:2; Nah 1:9

tramando   2R 7:12; Ez 11:2

tramar   Mr 3:6

tramaron   Gn 37:18; Esd 4:19; Est 2:21; Mt 22:15; Hch 23:12

tramemos   Jer 18:18

tramen   Sal 21:11

trámites   2S 10:6

tramo   Neh 3:2,4-5,7-9, 11-12,16-17, 19-20,22-23, 25,27,29-31

tramó   2R 14:19; 2Cr 25:27

trampas   2S 22:6; Job 22:10; 30:12; 34:30; Sal 18:5; 38:12; 64:5; 91:3; 119:85; 140:5; 141:9; Pr 22:5; Is 8:15; 29:21; Jer 5:26; 18:22; Ez 14:3-4,7; 19:8; Os 9:8; Mt 22:18; Mr 12:15; Lc 11:54

tramposo 2S 22:27; Sal 18:26; Mal 1:14
tramposos Sal 5:6
trance Nm 24:4,16; 1S 10:10; 18:10; 19:20-21, 23-24
tranquila Jue 18:7; 1S 25:35; 2R 11:20; 1Cr 4:40; 2Cr 23:21; Job 12:5; Sal 116:7; Is 14:7; Jer 12:5; Zac 1:11; Mr 7:29; Heb 13:18
tranquilamente 2Ts 3:12
tranquilas Sal 23:2; Ec 9:17; Ez 32:14; 34:25
tranquilidad 1Cr 22:9; 2Cr 14:5; 20:30; Pr 29:17; Ec 4:6; 6:5; Is 32:17; Jer 30:10; Zac 14:11; 1Ti 2:2
tranquilizaban Neh 8:11
tranquilizado Gn 27:45; 1Co 16:18
tranquilizó 2Cr 32:8
tranquilo Gn 23:15; 25:27; Dt 33:12; Jue 6:23; 18:27; 1S 20:42; 2S 2:21; 3:21-22; 15:9,27; Job 3:13; 11:18; 16:12; Sal 94:13; Pr 1:33; 3:23-24; 14:30; 19:23; Ec 5:12; Jer 38:27; 46:27; Ez 16:42; Dn 11:8; Mt 8:26; Mr 4:39; 6:31; Lc 8:24
tranquilos Gn 44:17; 2R 13:5; Job 12:6; 21:14; 22:17; Jer 12:1; Lm 1:5; Ez 39:26; Am 6:1; Sof 1:12
Tranquilos Neh 8:11
transacción Gn 23:18
transacciones Lv 25:14
Transcurren Job 9:25
Transcurría Ez 40:1
transcurrido Lv 25:50; 1R 6:1; Dn 4:16; 12:12
transcurridos Lv 25:27
Transcurridos Hch 24:27
transcurrieran Dn 4:23
transcurrirán Dn 4:32; 12:11
transferida Nm 36:3
transfiguró Mt 17:2; Mr 9:2
transformación Heb 12:27
transformados Ro 8:29; 12:2; 1Co 15:51-52; 2Co 3:18
transforman Job 28:5
transformará Ez 47:9; Fil 3:21
transformaré Jer 31:13
Transformaré Is 41:18
transformó Gn 50:20; Lc 9:29
transgredieron 2Cr 30:18
transgresión Is 53:8; Mi 1:5; Ro 4:15; 5:15,17-18, 20; 11:11-12; Heb 2:2; 1Jn 3:4
transgresiones Lv 16:16, 21; Job 13:23; 14:17; Sal 25:7; 32:1,5; 39:8; 51:1,3; 69:5;

89:32; 103:12; Is 43:25; 44:22; 50:1; Dn 9:24; Ro 4:7; 5:16; Gá 3:19; Ef 2:1
transgresor Gá 2:18
transgresores Sal 51:13; Is 53:12; Lc 22:37; Stg 2:9
transita Jos 23:14; Is 33:8; Jer 2:6; 9:10
transitaba Is 60:15
transitables Is 58:12
transitadas Pr 1:21
transitará Is 34:10
transitarán Is 35:8
transite Ez 36:12
transiten Jer 6:25
transito Sal 142:3
transitorio Lv 25:6,35,40, 47
transmiten Mr 7:13
transmití 1Co 11:2,23; 15:3
transmitida Est 1:15; Ro 6:17
transmitido 2Ts 2:15
transmitieron Lc 1:2
transparente Ap 4:6; 21:11,21
transpirar Ez 44:18
transportaban Nm 10:17; Dt 31:9,25; 1Cr 15:26-27; Ez 27:25
transportado Éx 27:7; Jue 3:18
transportados Jer 10:5
transportan Is 52:11
transportando Nm 4:27
transportar Éx 25:27; 37:14; Nm 4:15,19,31-32, 49; Dt 14:24; 1Cr 15:2,14
transportarán Nm 1:50; 4:15,26; 1R 5:9
transportarla Éx 25:14; 37:5; Nm 4:6,8,47
transportarlo Éx 30:4; 37:27; 38:7; Nm 4:11,14
transportaron 1Cr 15:13
transporte Lv 15:10; Nm 4:24,27
transvasará Jer 48:12
trapos Is 64:6; Jer 38:11-12
trasera 2S 2:23
traseras Dn 7:4
traseros 1R 7:25; 2Cr 4:4
traslada Dt 18:6
trasladado Gn 39:1
trasladar Nm 1:51; 2S 6:2; 1R 8:1; 1Cr 13:5-6; 15:3, 25; 2Cr 5:2; Hch 25:3; 1Co 13:2
trasladará Mt 17:20
trasladaran 2S 6:10; 21:13; 1Cr 13:13
trasladarlos Gn 46:5
trasladaron Dt 10:6; 1S 5:9; 1R 8:4; 2R 9:28; 1Cr 8:6; 2Cr 5:5; 35:24
trasladarse Jer 37:12; 42:15,17
Trasládate Mt 17:20

trasladen 1Cr 22:19
Trasládenla 1S 5:8
trasladó Gn 36:6; 1S 27:2; 2S 5:13; 6:12; 8:7; 1R 9:24; 2R 23:8; 1Cr 8:7; 18:7; 2Cr 1:4; 8:11; Est 2:9; Ez 11:24; 40:2; Hch 7:4; Col 1:13
traspasa 2R 18:21; Is 36:6
traspasada Nm 27:8
traspasado Sal 22:16; Is 53:5; Jn 19:37
traspasados Jer 51:4
Traspásales Nm 27:7
traspasarán Is 13:15,18
traspasaron Zac 12:10; Ap 1:7
traspaso Rt 4:7
traspasó Is 51:9
trasplantada Ez 17:10
trasquiladas Cnt 4:2
trasquilador Is 53:7; Hch 8:32
trastabillan Is 28:7; Jer 46:6
trastorna Job 9:5; Is 24:1
trastornado Hch 17:6
Trastornados Sal 107:17
trastornan 2Ti 2:18
trastorne Dn 4:16
trastornó Sal 105:25
tratado Gn 21:23; 26:29; 31:15; 39:19; Éx 18:9; Jos 9:3,6-7,11,15-16; 10:1,4; 11:19; Jue 8:1; 9:16; 1S 8:8; 24:18-19; 1R 5:12; 9:8; 15:19; 20:34; 1Cr 17:17; 2Cr 7:21; Neh 9:10; Jer 22:8; 30:15; Lm 1:22; Ez 17:13-16,18-19; Zac 1:6; Mt 20:12; 1Ts 2:11
tratados Gn 18:25; 2Cr 30:9; Mt 5:7; Heb 10:33
tratamiento Est 2:3,9,12-13
tratar Gn 19:9; 2R 21:13; Esd 10:16; Est 6:6; Lc 22:4; Hch 15:2; Heb 5:2
tratarla Éx 21:9; Dt 21:14
tratarlo Éx 22:25
tratarse Mt 10:41-42
tratarte Jer 3:19; Ez 7:4,9
trato Lv 18:20,23; 20:15-16; Nm 11:15; Dt 34:10; 2R 18:23; Pr 27:17; Is 36:8; Lc 6:34; 16:8; Jn 5:7; 1Co 12:24; 2Co 10:9; 13:3; Fil 4:17; Col 2:23; Tit 3:2; 1P 5:5
tratos Dt 28:33; Pr 6:1; Is 2:6; Lm 5:6; Os 10:4
travesaño Éx 26:28; 36:33
travesaños Éx 26:26,29; 35:11; 36:31,34; 39:33; 40:18; Nm 3:36; 4:31; 1R 8:7-8; 2Cr 5:8-9
trayecto Esd 8:31
traza Pr 16:9; Is 44:13; Ez 21:19

Traza Ez 21:20

trazado Dt 5:33; 9:16; Pr 21:1; Hch 27:7

trazar Mt 28:12

trazaste Sal 74:17

trazó Pr 8:27

trece Gn 14:4; 17:25; Éx 26:8; 36:15; Nm 29:13-14; Jos 19:6; 21:4,6,19,33; 1R 4:22; 6:2; 7:1-2,6,23; 1Cr 6:60,62; 26:11; 2Cr 4:2; Est 3:12-13; 8:12; 9:1, 17-18; Jer 1:2; 25:3

tregua Ez 35:6

tremenda Jos 10:10-11; Jue 15:8; 16:5-6,15; Job 39:11; Dn 4:10

tremendamente Abd 2

tremendo 2R 6:23; Ez 29:18; Ap 19:1

trenzadas 1R 7:17; 2Cr 3:16; Ez 27:24

trenzaron Mt 27:29; Mr 15:17

trenzas Jue 16:13,19; 1R 7:17

trepa Jer 46:8; Jn 10:1

trepan Gn 49:22; Jer 4:29; Jl 2:9

treparán Éx 8:4

treparé Cnt 7:8

trepó 1S 14:13

trescientas Gn 45:22; Nm 3:50; 31:43; Jue 7:22; 15:4; 1R 11:3; 1Cr 22:14; Esd 2:64; Neh 7:66

Trescientas Nm 31:36

tribal Jos 11:23

tribales Jos 12:7; 18:10

Tribu Mi 6:9

tribulación 2Cr 15:4; Mt 24:21,29; Mr 13:19,24; Ro 8:35; Ap 7:14

tribulaciones Sal 25:17; Lm 3:5; 2Co 1:4

tribunal Dt 25:1; Jue 4:5; 1R 7:7; Job 5:4; 9:32; Pr 14:19; 20:8; 25:8; Is 28:6; 29:21; Am 5:10; Mt 5:21-22; 27:19; Jn 19:13; Hch 18:12,16-17; 25:6,10, 17; Ro 14:10; 1Co 4:3; 2Co 5:10

tribunales Job 31:21; Sal 122:5; 127:5; Pr 22:22; Am 5:12,15; Zac 8:16; Mt 10:17; Mr 13:9; Hch 19:38; Stg 2:6

tributamos 1Cr 29:13

tributarios 2S 8:2,6,14; 1R 4:21; 1Cr 18:2,6,13; 2Cr 26:8

tributen 1Cr 16:28-29; Sal 29:1; 96:7

Tributen 1Cr 16:28; Sal 29:1-2; 96:7-8

tributo Jue 3:15,17-18; 2R 3:4; 17:3-4; 18:14; 23:33; 2Cr

17:11; 27:5; 36:3; Neh 5:4; Est 10:1; Sal 68:18; 72:10; 76:11; 89:22; Os 10:6; 12:1; Am 5:11

tributos Lv 23:38; Esd 4:13,20; Pr 29:4; Mt 17:25

tridentes Éx 27:3; 38:3

Trifena Ro 16:12

Trifosa Ro 16:12

trigal Éx 22:6; Dt 23:25

trigales Lv 26:26; Sal 65:13; 72:16; 105:16; Os 9:1

trigueño 1S 16:12; 17:42; Cnt 5:10

trilla Lv 26:5; Is 28:27-28; Jer 51:33; Dn 2:35; 1Co 9:10

trillado Is 21:10

trilladora Is 41:15

trillados Job 22:15

trillando Dt 25:4; Jue 6:11; 1Cr 21:20; 1Co 9:9; 1Ti 5:18

trillar Os 10:11; Mi 4:13

trillará Is 27:12

Trillarás Is 41:15

trillaron Am 1:3

trillas Job 39:12; Hab 3:12

trillos 2S 12:31; 24:22; 1Cr 21:23; Am 1:3

trinos Ec 12:4

tripulación Ez 27:27,34

tripulada 2Cr 9:21

triste Neh 2:1-3; Est 6:12; Mt 6:16; 19:22; 26:37; Mr 10:22

tristes Neh 8:9-11; Lm 1:7; Mr 14:19; Jn 16:20,22; 2Co 6:10

tristeza Gn 42:38; 44:29, 31; Job 30:31; Sal 31:10; 88:9; Pr 14:13; Is 35:10; Lm 5:15; Ez 7:27; Mr 14:33; Lc 22:45; Jn 16:20; Ro 9:2; 2Co 2:1,3-5,7; 7:7, 9-11; Fil 2:27; Stg 4:9

tristezas Sof 3:18

tritura Is 28:28

triturado Dn 6:24

trituran Is 28:28

triunfal Éx 14:8; Col 2:15

Triunfante Sal 60:6; 108:7

triunfantes 2Co 2:14

triunfar Sal 101:2; Mt 12:20

triunfo Éx 15:1,21; Sal 60:8; 98:2; 108:9; 149:5; Is 13:3; Dn 11:12

triunfos 1R 10:6; 2Cr 9:5

trizas Am 6:11

Troas Hch 16:8,11; 20:5-6; 2Co 2:12; 2Ti 4:13

Trófimo Hch 20:4; 21:29; 2Ti 4:20

trompetistas 2Cr 5:13; 29:28

tronar Job 37:5; 40:9; Jer 25:30

tronará Jl 3:16

tronco 1S 5:4; 2R 6:5; Job 14:8; 18:16; Is 6:13; 11:1; Jer 10:3; Ez 31:13

Trono Jer 3:17

tronos 1R 22:10; 2Cr 18:9; Is 14:9; Ez 26:16; Dn 7:9; Hag 2:22; Mt 19:28; Lc 1:52; 22:30; Col 1:16; Ap 4:4; 11:16; 20:4

tropa Nm 31:48; Jos 8:5, 13-15; 1S 13:17; 30:6; 2S 3:23; 23:13; 2R 11:13; 1Cr 12:18; Job 29:25; Mt 27:27; Mr 15:16

tropel Job 19:12; Jer 5:7

tropezadero Ro 11:9

tropezar Sal 37:24; 116:8; 119:165; Is 59:14; Mal 2:8; Mt 16:23; Ro 14:20; 1Co 10:32; 2Co 11:29; 1Jn 2:10

tropiezo Is 8:14; Ez 33:12; 36:15; Dn 11:19; Lc 17:2; Jn 6:61; Ro 9:32-33; 1Co 1:23; 8:9; 2Co 6:3; 1P 2:8

tropiezos Lv 19:14; Sal 56:13; Lc 17:1; Ro 14:13; Ap 2:14

trozo Jer 2:27

trozos Lv 1:6,8,12; 8:20; 9:13; Ez 24:4,6

truena Am 1:2

Truena Jl 2:11

trueno Éx 19:19; 2S 22:14; Job 26:14; 36:33; Sal 18:13; 29:3; 68:33; Jer 51:16; Mr 3:17; Jn 12:29; Ap 6:1; 14:2

truenos Éx 9:23,28-29, 33-34; 19:16; 20:18; 1S 2:10; 7:10; 12:17-18; Is 29:6; Ap 4:5; 8:5; 10:3-4; 11:19; 16:18; 19:6

Tubal Gn 4:22; 10:2; 1Cr 1:5; Is 66:19; Ez 27:13; 32:26; 38:2-3; 39:1

tubos Zac 4:2,12

tuerce Éx 23:8; Dt 16:19; Job 8:3; Pr 17:23; 31:19

tuercen Sal 56:5; Is 3:12; Mi 3:9

tuerto Mt 18:9; Mr 9:47

tuerzas Éx 23:6

tullido 2S 4:4; 9:3; Pr 26:7; Zac 11:17

Tullido 2S 9:13

tullidos Job 29:15

tumba Gn 23:6; 35:20; 50:5; Jue 8:32; 16:31; 1S 10:2; 2S 2:32; 3:32; 17:23; 19:37; 21:14; 1R 13:22, 30-31; 2R 9:28; 13:21; 23:30; 2Cr 16:14; Job 10:19; 17:1; 21:32; 33:24, 28; Is 14:18; Jer 20:17; Ez 32:23,25; 39:11; Nah 1:14

tumbar 2R 10:27

tumbas 2Cr 34:4; Sal 49:11; Ez 37:12-13; 43:7,9; Lc 11:44
tumbos Pr 24:11
tumim Éx 28:30; Lv 8:8; Dt 33:8; Esd 2:63; Neh 7:65
tumor 1S 6:4,17
tumores Dt 28:27; 1S 5:6,9, 12; 6:5,11
tumulto Sal 65:7; 74:23; Is 13:4; 25:5; 31:4; Mt 27:24
tumultos Is 22:2; 2Co 6:5
tumultuosas Sal 144:7
tumultuoso Ez 1:24
túneles Job 28:4,10
túnica Gn 37:3,23,31-33; Éx 28:4,39; 29:5; Lv 6:10; 8:7; 16:4; 1S 2:19; 18:4; 2S 13:18-19; 2R 6:30; Esd 9:3,5; Is 22:21; Jn 19:23; Ap 1:13
túnicas Éx 28:40; 29:8; 39:27; 40:14; Lv 8:13; 10:5; Esd 2:69; Neh 7:70, 72; Hch 9:39; Ap 7:9,14
tupida Ez 6:13
tupido Ez 17:3
tupidos Zac 11:2
turba 2S 22:44; Sal 18:43; Is 21:4; Mt 26:47,55; Mr 14:43; Lc 22:47; Hch 17:5; 19:29; 21:35
turbado Sal 77:4
turbados Job 20:2
turban Lm 1:4
turbante Éx 28:4,37,39; 29:6; 39:28,31; Job 29:14; Ez 21:26; 24:17,23; Zac 3:5
turbantes Is 3:23; Ez 23:15; 44:18; Dn 3:21
turben Éx 23:27
turbes Is 54:4
turbio Pr 25:26
turbó Mt 2:3; Jn 11:33
turbulentas Éx 15:10; Sal 124:5
turnaban 1Cr 9:25; 27:1
turnándose Lc 2:8
turnarse Job 1:4
turno 1Cr 27:3; 28:1; Neh 12:24; Est 2:15; Lc 1:8; Jn 18:16; 1Co 14:27,31
turnos 2R 11:6; 1Cr 24:3, 19; 25:8; 26:16; 2Cr 8:14; 23:8,18; 31:2,15-17; 35:4, 10; Esd 6:18
turquesa Éx 28:18; 39:11
turquesas Is 54:11
tutela Hch 22:3
tutores 1Co 4:15; Gá 4:2
ubicada Jos 13:9,16; 15:2; 17:7-8; 19:1,8; 2R 2:19; 23:8; Ez 16:46
ubicadas Jos 15:21
ubicado Jos 18:11,16; Jer 20:2

ubicará Jos 20:4
ubicarán Ez 48:22
Uel Esd 10:34
ufanado Job 31:25
ufanan 2Co 11:18; Col 2:18
ufanarse Sal 94:3
ufano Ez 31:10
Ufaz Jer 10:9
Ula 1Cr 7:39
Ulán 1Cr 7:16-17; 8:39-40
Ulay Dn 8:2,16
úlceras Éx 9:9-11; Dt 28:27
ulcerosa Lv 13:14,16
última Gn 18:32; 2S 14:7; 1R 17:12; 19:19; Job 27:19; Jer 50:12; Am 4:2; Hch 28:25
últimas 2S 23:1; 1Cr 23:27; Ec 10:13; Hch 17:21; Ap 2:19; 15:1; 21:9
Último Ap 1:17; 2:8; 22:13
últimos Gn 14:3; 35:18; Nm 16:27; Jos 12:4; 21:40; 2S 19:11-12; 1Cr 7:21; Esd 8:13; Job 42:12; Ec 1:11; Is 2:2; 52:4; Ez 38:16; Os 3:5; Mi 4:1; Zac 7:5; Mt 19:30; 20:8,12,16; Mr 10:31; Lc 13:30; Hch 2:17; Fil 1:16; 1Ti 4:1; 2Ti 3:1; Stg 5:3; 1P 1:5,20; 2P 3:3; Jud 18; Ap 8:13
ultraja Mi 7:6
ultrajan Sal 44:16; 89:51
ultrajaré Nah 3:6
ultrajaron Jue 19:25
ultraje Ez 36:15
Uma Jos 19:30
umbilical Ez 16:4
umbral Jue 19:27; 1S 5:4-5; 1R 14:17; Job 33:18; 36:12; Jer 35:4; Ez 9:3; 10:4,18; 40:6-7; 43:8; 46:2; 47:1; Sof 1:9
umbrales 2Cr 3:7; Job 38:17; Is 6:4; Ez 41:16; Am 9:1; Sof 2:14
unánime 1Cr 12:38
unánimes 2Cr 30:12; Hch 4:24; Fil 1:27
unción Éx 25:6; 29:7,21; 30:25,31; 31:11; 35:8,15, 28; 37:29; 39:38; 40:9,15; Lv 8:2,10,12,30; 10:7; 21:10,12; Nm 4:16; 1Jn 2:20,27
uncir Os 10:11
undécima 1Cr 24:12; 25:18; 27:14
undécimo Nm 7:72; Dt 1:3; 1R 6:38; 2R 9:29; 25:2; 1Cr 12:13; 27:14; Jer 1:3; 39:2; 52:5; Ez 26:1; 30:20; 31:1; Zac 1:7; Ap 21:20
Ungido Hch 4:26

ungir Éx 30:26; Jue 9:8; Mr 16:1
ungirlo Lv 8:11
ungirme Jue 9:15
ungirte 1S 15:1
ungüento Job 41:31; Sal 141:5
Uni 1Cr 15:18,20; Neh 12:9
única Éx 8:22; Jue 11:34; 2S 7:23; 12:4; 1Cr 17:21; Neh 2:12; Est 4:11,13; Sal 35:17; Is 27:9; Lc 8:42
únicamente Gn 50:8; Éx 8:11; Nm 10:4; 18:23; Gá 6:12; 1Ti 5:9; Heb 9:7; 2P 2:12
únicas Jos 11:13; Jer 34:7
únicos Gn 47:22; Nm 26:42; 1S 30:17; Job 32:9; 35:8; Ez 40:46; Ro 12:16; 1Co 14:36; Col 4:11
unida Gn 44:30; Dn 2:43; 2Ts 1:1
unidad Éx 26:6,11; 36:13; 2S 18:2; Ez 45:11; Jn 17:23; Ef 4:3,13
unidades 2S 18:2
unidas Ez 37:19
unido Nm 25:5; 1S 14:21; 2S 15:31; 1R 6:10; 2Cr 15:9; Esd 6:20; Sal 83:8; Is 56:3,6; Mt 19:6; Mr 10:9; Jn 6:17; Ro 12:5; Fil 3:9
unidos Éx 26:24; 28:28; 36:29; Jos 22:5; 1R 7:32, 34; Job 41:15,17; Ro 6:5; 8:1; 1Co 1:10,30; Fil 2:2; Col 2:2,19; 1Jn 2:5
Unidos 1Co 1:5
unificarlos Jn 11:52
uniforme 1S 17:38; 2S 20:8
unigénito Jn 1:14,18; 3:16, 18; 1Jn 4:9
unión Dt 23:2; Jn 1:18; 8:16; 1Co 7:14; Ef 2:6; Fil 2:1; Col 2:13; 1Ts 4:14; Ap 1:9
Unión Zac 11:7,14
unir Éx 36:18; 39:21
unirlos 1Co 6:15
unirme Is 54:7
unirnos Ro 6:3
unirse Gn 4:25; 6:4; Nm 25:3; 1S 11:7; 1R 12:27; 2Cr 11:13; Ez 37:7; Mt 1:18; 1Co 7:5; 10:2
unirte Dt 21:13
unísono 2Cr 5:13; Hch 19:34
universo 1Co 3:22; 4:9; Heb 1:2; 11:3
untadas Éx 29:2; Lv 2:4; 7:12; Nm 6:15
untará Lv 4:7,18,25,30,34; 14:14,17,25,28-29; 16:18
untarán Éx 12:7

untarás Éx 29:12
untaron 2Cr 28:15
unten Éx 12:22
untó Lv 8:15,23-24; 9:9; Jn 9:6,11,15
uñas Dt 21:12; Dn 4:33
Ur Gn 11:28,31; 15:7; 1Cr 11:35; Neh 9:7
urbano Ez 48:35
Urbano Ro 16:9
urdas Pr 3:29
urden Sal 35:20; 38:12; 140:2
urdimbre Lv 13:48,51-53, 56-59
urgente 1S 21:8
urgentemente Fil 2:28
Uri Éx 31:2; 35:30; 38:22; 1R 4:19; 1Cr 2:20; 2Cr 1:5; Esd 10:24
Urías 2S 11:3,6-8,10-17,21, 24,26; 12:9-10,15; 23:39; 1R 15:5; 2R 16:10-11, 15-16; 1Cr 11:41; Esd 8:33; Neh 3:4,21; 8:4; Is 8:2; Jer 26:20-21,23; Mt 1:6
Uriel 1Cr 6:24; 15:5,11; 2Cr 13:2
urim Éx 28:30; Lv 8:8; Nm 27:21; Dt 33:8; 1S 28:6; Esd 2:63; Neh 7:65
urna Heb 9:4
usados Éx 38:21
usar Jue 8:24; 16:11; 2S 24:22; 1Cr 12:33; 28:14; Mr 4:30
usarlo Éx 5:12; 2R 12:5
usarse Lv 7:24
uso Lv 11:32; 1Cr 28:15; Neh 10:28; Pr 20:23; Ez 48:15; Lc 16:11; Hch 18:24; 2Co 13:10; Col 2:22
usos Ro 9:21; 2Ti 2:20
usura Pr 28:8; Ez 18:8,13, 17; 22:12
usurpa Dt 22:30
usurpando 2R 15:10,14
usurpará Dn 11:7,21,23
usurpó 1R 16:11; 2R 8:15; 15:25,30
Utay 1Cr 9:4; Esd 8:14
utensilio Lv 11:32; 15:12
útil 1Ti 4:8; 2Ti 2:21; 3:16; Flm 11
utilicé Neh 5:18
utilizado 2Cr 4:18
utilizamos Neh 5:14
utilizaron 2Cr 24:14
uva Dt 32:14; Is 16:10; 18:5; Jer 25:30
Uz Gn 10:23; 22:21; 36:28; 1Cr 1:17,42; Job 1:1; Jer 25:20; Lm 4:21

Uza 2S 6:3,6-8; 2R 21:18, 26; 1Cr 6:29; 8:7; 13:7, 9-11; Esd 2:49; Neh 7:51
Uzal Gn 10:27; 1Cr 1:21; Ez 27:19
Uzay Neh 3:25
Uzén 1Cr 7:24
Uzi 1Cr 6:5-6,51; 7:2-3,7; 9:8; Esd 7:4; Neh 11:22; 12:19,42
Uzías 2R 15:13,30,32,34; 1Cr 6:24; 11:44; 27:25; 2Cr 26:1-6,8-9,11,14-16, 19-23; 27:2; Esd 10:21; Neh 11:4; Is 1:1; 6:1; 7:1; Os 1:1; Am 1:1; Zac 14:5; Mt 1:8-9
Uziel Éx 6:18,22; Lv 10:4; Nm 3:19,27,30; 1Cr 4:42; 6:2,18; 7:7; 15:10; 23:12, 20; 24:24; 25:4; 2Cr 29:14; Neh 3:8
uzielitas 1Cr 26:23
vaca Lv 22:28; Nm 15:3; 19:2,5-6,8-10; 1S 15:14; 2S 17:29; Is 11:7; Ez 4:15
vacía Gn 37:24; Is 45:18; 55:11; Jer 51:2; Ez 24:11
Vacía Job 40:23
vaciando Hab 1:17
vaciar Gn 42:35; 2Cr 24:11; Job 38:37
vaciará Jer 48:12
vaciarlo 2R 12:10
vaciaron 1R 18:34; Sal 68:8
vacías Gn 31:42; Éx 3:21; 23:15; 34:20; Dt 15:13; 16:16; Rt 3:17; Jer 50:9; Mr 12:3; Lc 1:53; 20:10-11
vacíenlos 1R 18:34
vacilado Hch 20:20
vacilan Job 30:10; Is 28:7
vacilar 2S 2:19; Hch 20:27
vacilará Is 42:4; 54:10
vaciló Ro 4:20
vació Gn 24:20
vacío Jue 21:15; Job 26:7; Pr 14:4; Is 45:19; Jer 51:34; Mi 3:5
vacíos Jue 7:16; Jer 14:3
vacuno Lv 1:2-3; 3:1; 7:23; 22:19,21; Neh 10:36; Ec 2:7; Jon 3:7; Ap 18:13
vadearon Jos 2:23; 2S 19:18
vado Gn 32:22; Is 10:29
vados Jos 2:7; Jue 3:28; 7:24; 12:5-6; Is 16:2; Jer 51:32; Ez 34:13
vaga Pr 27:8; Zac 10:2
Vaga Job 15:23
Vagaban Sal 107:4
vagabundear Jer 14:10
vagabundo Pr 6:12
vagabundos Lm 4:15
vagan Lm 1:6

Vagan Jl 1:18
vagando Sal 109:10; Cnt 1:7
Vagando Am 4:8
vagar Nm 32:13; Job 12:24; Sal 107:40; Jer 50:6
vagará Am 8:12
vago 2Ts 3:6
vagos 2Ts 3:11
vaguen Is 8:21
vaina Jer 47:6; Ez 21:30
Vaizata Est 9:9
vajilla 1R 7:50; 10:21; 2R 25:14; 2Cr 4:22; 9:20; Is 22:24; Jer 52:18
valentía Jue 8:21; 1S 18:17; Hch 19:8
valentones Is 5:22
valer Lv 25:33; Job 36:6; 1Co 9:18
valerme Job 6:13
valerosamente 2Cr 25:8; Ef 6:20
valerse Job 19:5; Am 2:14
válidas Heb 9:10
validez Jer 7:8; Heb 2:2; 9:17
válido Éx 40:15; Lv 7:18; 19:7; Jn 5:31-33; 8:13-14, 17
válidos Jn 8:16
valiente Gn 10:9; Dt 31:7, 23; Jos 1:6,9,18; Jue 6:12; 11:1; 1S 14:52; 16:18; 26:15; 2S 23:11; 2R 5:1; 1Cr 12:21,28; 22:13; 28:20; 2Cr 17:17; Job 16:2; Sal 24:8; 33:16; 45:3; 89:19; Pr 16:32; Is 3:2; Jl 3:10; Am 2:14,16; Sof 1:14
Valiente Zac 11:13
valientemente Hch 13:46; 14:3; 18:26
valiosa Sal 72:14; 119:72; Pr 3:15; 31:10
valiosos 2Cr 32:27; 36:10; Esd 1:6; Pr 20:15; Jl 3:5
valorado 1S 26:21
valorar 1S 26:24
valoraron Ap 12:11
valoras 1R 20:6
valoré 1S 26:24
Valle Nm 13:24; 2Cr 26:9; Neh 2:13,15; 3:13; Jer 7:32; 19:6; Ez 39:11,15
valles Nm 21:14-15; Dt 8:7; 11:11; Jos 11:2; 12:8; 1R 20:28; 1Cr 12:15; 27:29; 2Cr 26:10; Job 39:10; Sal 23:4; 65:13; 104:8; Cnt 2:1; Is 22:7; 40:4; 41:18; Jer 49:4; Ez 6:3; 31:12; 32:5; 35:8; 36:4,6; Mi 1:4
vana Job 15:2; Col 2:8
Vana Job 41:9; Sal 33:17
vanagloria Jn 7:18; Ap 18:7

vanas Dt 32:47; Job 15:31; 35:13; Sal 119:37; Is 1:13; Jer 14:14; Ef 5:6

vanguardia Éx 14:19; Nm 32:27; 1R 20:17; Jl 2:20

Vanías Esd 10:36

vanidad Gá 5:26; Fil 2:3

vanidosos 2Ti 3:4

vano Lv 26:16,20; Job 3:9; 7:3; 9:29; 39:16; Sal 2:1; 127:1-2; 139:20; Is 16:12; 49:4; 65:23; Jer 2:30; 4:30; 15:19; 46:11; 51:58; Lm 4:17; Ez 6:10; 7:25; Mal 1:10; Mt 15:9; Mr 7:7; Hch 4:25; Ro 13:4; 1Co 15:2,58; 2Co 6:1; 9:3; Gá 2:2,21; 4:11; Fil 2:16; 1Ts 3:5; Stg 4:5

vanos Job 15:3; Sal 4:2; 24:4; 31:6; Pr 17:24; Jon 2:8

Vapsi Nm 13:14

Vara Pr 17:8

varada Hch 27:41

varas Éx 7:12; 25:13-15, 27-28; 27:6-7; 30:4-5; 35:12-13, 15-16; 37:4,14-15,27-28; 38:5-6; 39:35,39; 40:20; Nm 4:6,8, 11,14; 17:2,6-7,9; 2S 7:14; 1Cr 15:15; Ez 37:20; Zac 11:7; 2Co 11:25

variadas Est 1:7

variados Ez 47:10; Ap 18:12

varias Jos 17:9; 2R 4:39; 6:10; 13:15; Heb 1:1

varios Nm 35:30; 1S 19:11; 2S 11:24; 2R 7:8; Dn 2:1; 8:27; Mr 5:26; Hch 9:19; 16:12; 21:10; 24:17; 25:14; 1Co 11:30

varón Gn 4:1; 17:14; 35:17; Éx 23:17; Lv 6:29; 7:6; Nm 3:15; 18:10; 24:3,15; 1S 1:11; 1R 14:10; 16:11; 21:21; 2R 9:8; Sal 52:1; Pr 30:1; Is 53:3; 66:7; Jer 20:15; Mi 2:2; Lc 2:23; Jn 7:23; Ap 12:5,13

vasallo 2R 16:7; 17:3

vasallos 2S 8:2,6,14; 10:19; 1R 4:21; 1Cr 18:2,6,13; 19:19; Esd 4:14

vasija Éx 16:33; Lv 6:28; 11:33-34; 14:5,50; 15:12; Nm 5:18; 19:15,17; 1R 17:10; 2R 2:20; Sal 31:12; Pr 26:23; Ec 12:6; Is 29:16; 30:14; 45:9; Jer 18:4; 22:28; 32:14; 48:11,38; Lc 8:16; Jn 19:29

vasijas Éx 7:19; Rt 2:9; 2S 17:28; 2R 4:3-5; Sal 2:9; 33:7; Jer 48:12; Lm 4:2; Mt 25:4; Ro 9:21; 2Co 4:7; Ap 2:27

Vasni 1Cr 6:28

vaso 2S 12:3; Mt 10:42; 23:25-26; Mr 9:41; Lc 11:39; 2Ti 2:21

vasos 1Cr 9:29; 2Cr 24:14; 2Ti 2:20

vástago Sal 80:15; Is 11:1; 14:19,22; 53:2; Jer 23:5

vástagos Gn 35:11; Sal 128:3; Is 22:24; 44:3; 61:9; Os 14:6

Vasti Est 1:9,15-17,19; 2:1, 4,17

vasto Dt 8:15; Job 9:4

vastos 1R 4:29

vaticinaban 1R 22:12; 2Cr 18:11

vaticinios Ez 13:2

vecina Éx 3:22; Zac 9:2

vecinas Gn 35:5; Éx 11:2; Lv 25:44; Dt 1:7; 20:15; 21:2; Rt 4:17; 1R 4:31; 2R 17:15; 2Cr 15:15; 17:10; Neh 6:16; Jer 25:9; 34:1; 49:18; 50:40; Ez 19:8; 36:7; Jl 3:11; Zac 14:14; Lc 7:17; 15:9; Jud 7

vecindad Dt 11:30

vecino Éx 32:27; Dt 22:2; Sal 15:3; Pr 6:1; 27:10; Is 3:5; Zac 3:10

vegetación Gn 1:11-12; 19:25; Sal 105:35; Is 15:6; 19:7; 42:15

vehemencia Mr 14:31; Lc 23:10

veinticuatro Nm 7:88; 25:9; 2S 21:20; 1R 15:33; 1Cr 20:6; 23:4; 27:1-2,4-5, 7-15; Neh 9:1; Dn 10:4; Hag 1:15; 2:10,18,20; Zac 1:7; Ap 4:4,10; 5:8; 11:16; 19:4

veintidós Éx 27:12-13,18; 38:12-13; Nm 3:39,43; 26:14; Jos 19:30; Jue 7:3; 10:3; 20:21; 2S 8:5; 1R 7:2,6,35; 8:63; 10:14; 16:29; 2R 8:26; 21:19; 1Cr 7:2,7; 12:28; 18:5; 2Cr 7:5; 9:13; 13:21; 33:21; Esd 7:22; Neh 11:12; Zac 5:6

veintinueve Gn 11:24; Jos 15:32; 2R 14:2; 18:2; 2Cr 25:1; 29:1

veintiocho 2R 10:36; 1Cr 12:35; 2Cr 11:21; Esd 8:11; Neh 11:8,14

veintiséis Jue 20:15; 1R 16:8; 1Cr 7:40

veintisiete Gn 8:14; 23:1; Nm 7:85; 1R 6:2; 16:10, 15; 20:30; 2R 15:1; 25:27; 2Cr 3:3; Esd 6:3; Est 1:1; 8:9; 9:30; Jer 52:31; Ez 29:17; Dn 3:1; Hch 27:28

veintitrés Gn 6:15; Nm 26:62; 33:39; Jue 10:2; 2R 12:6; 13:1; 23:31; 1Cr 2:22; 2Cr 3:8; 7:10; 36:2; Est 8:9; Jer 25:3; 52:28,30; 1Co 10:8

veintiún 2R 24:18; 2Cr 36:11; Esd 8:26; Jer 52:1; Dn 10:13

veintiuno Éx 12:18; Hag 2:1

vejez Gn 18:13; 21:2,7; 24:36; 25:8; 37:3; 44:20; Rt 4:15; 1R 15:23; Sal 92:14; Pr 22:6; Is 46:4; Lc 1:36

vela Éx 12:42; Pr 27:18; Hch 27:40

velaba Esd 5:1,5; Cnt 5:2

velada 1Co 13:12

velados Is 44:18; Lc 24:16

velar Fil 2:4

velaré Sal 32:8

velas Is 33:23; Ez 27:7

velo Gn 24:65; 38:14,19; Éx 34:33-34; Sal 104:2; Cnt 4:1,3; 6:7; Is 25:7; 47:2; 1Co 11:15; 2Co 3:13-16

veloces 2S 1:23; 1Cr 12:8; Est 8:10,14; Job 7:6; 9:26; Ec 9:11; Is 18:2; 30:16; Jer 4:13; Lm 4:19; Hab 1:8; 3:11

Veloces Ro 3:15

velos Is 3:19

veloz Dt 28:49; Is 5:26; Jer 46:6

vello Gn 25:25; Lv 13:3-4, 10,20-21,25-26; Is 7:20; Ez 16:7

vellón Jue 6:37-40

velludas Gn 27:23

velludo Gn 27:11

venado Dt 14:5; 2S 22:34; Sal 18:33; Cnt 2:9,17; 8:14

venados 1R 4:23; Lm 1:6

vencedor 2Ti 2:5; Ap 2:7,11, 17,26; 3:5,12,21; 6:2; 21:7

vencedores Gn 14:11; 1R 8:47; 2Cr 6:37; Ro 8:37

vencer Gn 32:25; Jer 1:19; 15:20; Lc 10:19; Ro 12:21; Ap 12:8

vencerlo Jue 16:5; 2Cr 13:12; Dn 11:25

vencerlos Nm 22:6; Ap 13:7

vencerme Sal 129:2

vencidos Jos 7:5; Jue 20:36; Sal 20:8; Gá 6:9; 2P 2:20

venda Gn 23:9; Éx 21:16; 1R 21:3; Job 5:18; Is 30:26; Lc 22:36

vendadas Is 1:6

vendado Ez 30:21

vendará Os 6:1

vendaré Ez 34:16

vendaron Mr 14:65; Lc 22:64

vendas Sal 147:3; Pr 23:23; Lc 24:12; Jn 11:44; 19:40; 20:5-7

vendaval Is 17:13; 41:16; Ap 6:13

vendedor Is 24:2; Ez 7:13

vendedores Neh 13:20

vender Gn 41:56; 47:22; Lv 25:25; 27:28; 2R 4:7; Neh 5:5; 10:31; 13:15; Ez 48:14; Am 8:5-6; Ap 13:17

venderla Dt 21:14

venderlas Am 1:6

venderlo Job 41:6; Hch 5:4

venderse Lv 25:39,47; Is 23:17

vendérsela Éx 21:8

vendérselo Dt 14:21

vendérselos 1R 10:29

venderte 1R 21:15

vendido Gn 31:15; 45:5; Éx 22:3; Lv 25:25,48; Dt 32:30; 1R 21:20; Est 7:4; Sal 44:12; 105:17; Is 50:1; Jer 34:14; Ez 7:13; Mt 26:9; Mr 14:5; Hch 5:4; Ro 7:14

vendidos Lv 25:42; Neh 5:8; Is 50:1; 52:3; Jl 3:7; Ap 18:13

vendimia Lv 26:5; Dt 16:13; Jue 8:2; Is 16:10; 18:4-5; 24:13; 32:10; 62:9; Jer 48:32; Mi 7:1

vendimiador Jer 6:9

vendimiadores Jer 49:9; Abd 5

vendimiarán Lv 25:11

vendimiarás Lv 25:5

vendimias 1S 8:15

vendó Lc 10:34

veneno Dt 32:24,32-33; 2R 4:40; Job 6:4; 20:14,16; Sal 58:4; 140:3; Am 6:12; Stg 3:8

Veneno Ro 3:13

venenosa Dt 29:18

venenosas Nm 21:6; Dt 8:15; Jer 8:17

venenoso Mr 16:18

veneraba 1R 18:3

venerable Dn 7:9,13,23

veneran Sal 31:6

Venérenlo Sal 22:23

venéreo Nm 5:2

vengador Nm 35:12,19,21, 24-25,27; Dt 19:6,12; Jos 20:3,5,9; Sal 9:12; Nah 1:2

venganza Gn 34:27; Lv 26:25; Nm 31:3; Dt 32:35; Sal 44:16; 58:10; 79:10; 149:7; Pr 6:34; Is 34:8; 35:4; 47:3; 59:17; 61:2; 63:4; Jer 15:15; 20:12; 46:10; 50:15,28; 51:6,11, 36; Lm 3:60; Ez 24:8; 25:14,17; Jl 3:4,7; Nah 1:2; Ro 12:19; Heb 10:30

venganzas Sal 94:1

vengar 2S 4:11; 14:7,11; Ap 6:10

vengarme Jue 16:28; 1S 14:24; 25:33; Jer 5:9,29; 9:9

vengarse Gn 27:42; 50:15; 1S 18:25; Est 8:13; Jl 3:4

vengarte Nm 31:2

vengativo Lv 19:18

venida Gn 30:30; Mal 3:2; Mt 24:3,27,37,39; Lc 17:20; Hch 7:52; 13:24; 1Ts 4:15; 5:23; 2Ts 2:1,8; 1Ti 6:14; 2Ti 1:10; 4:8; Tit 2:13; Stg 5:7-8; 2P 1:16; 3:4,12; 1Jn 2:28

venidera Sal 71:18; 78:4; Mr 10:30; Lc 18:30; 1Ti 4:8; Heb 13:14

venideras Éx 31:13; 40:15; Lv 23:41; 24:3; Nm 18:23; Sal 78:6

venidero Ec 11:8; Mt 12:32; Mr 11:10; Lc 20:35; Hch 24:25; Ef 1:21; 1Ts 1:10; Heb 2:5; 6:4

venideros Dt 31:29; Is 13:20; 30:8; Jer 48:47; 49:39; Dn 2:28; Ef 2:7; Heb 10:1

venta Lv 25:27,29; Sal 44:12; Am 8:5

ventaja Job 22:3; Ec 6:8; 7:12; Jud 16

ventana Gn 8:6; 26:8; Jos 2:15, 18,21; Jue 3:23; 5:28; 1S 19:12; 2S 6:16; 2R 1:2; 9:30, 32; 13:17; 1Cr 15:29; Pr 7:6; Hch 20:9; 2Co 11:33

ventanales 1R 6:4

ventanas 1R 7:4; 2R 7:2, 19; Ec 12:3; Cnt 2:9; Is 24:18; Jer 9:21; 22:14; Ez 40:16,22,25, 29,33,36; 41:16,26; Dn 6:10; Jl 2:9; Sof 2:14

ventas Hch 4:34

ventiscas Sal 147:17

vera 2S 15:2; 1R 20:38; Pr 8:2; Jer 48:19

veraces 2Co 6:8

veracidad Ec 12:10

verano Gn 8:22; Jue 3:20; Sal 32:4; 74:17; Pr 6:8; 10:5; 25:13; 26:1; 30:25; Is 18:6; Jer 8:20; 40:10,12; Dn 2:35; Am 3:15; Mi 7:1; Zac 14:8; Mt 24:32; Mr 13:28; Lc 21:30

veras Gn 18:23; 27:21; 37:8; 47:29; Jue 6:31; 9:15; 11:9; 1R 18:7; 2R 10:6; 1Cr 16:10; Job 38:4,18; Jer 15:11; 17:24; 22:4; 27:18; Mt 27:43; Jn 3:3; 13:38; 21:18; Hch 9:26; 1Co

4:8; Gá 3:4; Ef 4:21; Fil 2:20; 1Ti 5:3; Stg 2:8

veraz Sal 105:19; Pr 14:25; Jn 3:33; 8:26; Ro 3:4; Ap 3:14; 6:10

verbalmente Pr 6:2

Verbo Jn 1:1,14; 1Jn 1:1; Ap 19:13

verborrea Job 15:2

Verdad Zac 8:3

verdadera Dt 22:20; 1R 3:26; Dn 8:26; Zac 7:9; Jn 1:9; 6:55; 15:1; Ef 4:24; 1Ti 2:7; 6:3,6,19; Tit 1:1; 1P 5:12; 1Jn 2:8

verdaderamente Nm 22:3; Jue 11:30; Jer 28:9; Jn 4:42; 8:36

Verdaderamente Is 63:8; Mt 14:33; 27:54; Mr 15:39; Lc 23:47; Jn 7:40

verdaderas Neh 9:13; Sal 19:9; Lc 16:11; Ap 19:9; 21:5; 22:6

verdadero Gn 49:10; Éx 6:3; Dt 7:9; 9:19; 21:16; 1R 18:21, 24,39; 1Cr 21:22,24; 2Cr 15:3; Pr 12:17; 14:5; Is 10:20; Jer 10:10; 42:5; Dn 2:45; 4:26; 7:16,19; 10:1; Jn 1:47; 6:32; 17:3; Ro 2:29; Fil 4:8; 1Ts 1:9; 1Ti 1:2; Tit 1:4; Heb 8:2; 9:24; 1Jn 5:20; 3Jn 12

Verdadero 1Jn 5:20; Ap 3:7; 19:11

verdaderos Job 21:10; Jn 4:23; Ap 15:3; 16:7; 19:2

verdades 1Co 2:13; 1Ti 3:9; 4:6; Heb 5:12

verde Gn 1:30; Éx 10:15; Sal 52:8; Is 15:6; Ez 17:24; Os 14:8; Mr 6:39; Lc 23:31; Ap 8:7

verdes Gn 30:37; 2R 19:26; Job 15:33; 39:8; Sal 23:2; 58:9; Is 37:27; Jer 17:8; 49:19; 50:44; Ez 20:47; Ap 6:13

verdor Sal 37:2; Pr 27:25; Cnt 1:16; Is 19:7; Nah 1:4

verdugo Os 9:13; Mr 6:27

verdugos Ez 9:1; 28:9

verduras Gn 9:3; Pr 15:17; Dn 1:12,16; Ro 14:2

verduscas Lv 14:37

verdusco Lv 13:49

veredas Lc 14:23

veredicto Dt 17:9,11; Sal 76:8; Pr 16:10,33; Dn 4:17

vergonzosa Jer 3:24; 13:27; Ap 3:18

vergonzosas Ez 22:11; Ro 1:26; 2P 2:2

vergonzoso Lv 20:17; Pr 18:13; 1Co 11:6; 2Co 4:2

vergonzosos Jud 13

vergüenzas Sal 119:6; Pr 6:33; Jer 13:26; Ez 16:36; Nah 3:5

verídico Jn 19:35; 21:24

verla Éx 12:13; Dt 3:11; Jue 16:5; 19:3; 1S 4:20; 2S 13:5; Sal 48:5; Ez 12:13; Mr 12:15; Lc 7:13; Hch 5:10; Ap 17:6

verlas Pr 23:5

verlos Gn 18:2; 19:1; 32:2; 37:13; 40:6; Éx 14:13; 2S 22:38; Sal 18:37; 97:4; 106:44; Jer 39:4; Ez 23:16; Lc 17:14; Jn 16:22; Hch 18:2; 28:15,20; Ro 1:11; 15:23; 1Co 4:18,21; 16:5,7; 2Co 1:16; 8:17; 12:18, 20; 13:2; Fil 1:27; 1Ts 2:17; 3:10-11; Heb 13:23

verme Gn 26:27; 45:9; Éx 10:28; 11:8; 18:15; 19:21; 24:1; 33:20,23; Nm 22:16; Jue 11:7; 2S 1:7; 3:13; 1R 12:5; 2R 2:10; 20:14; 2Cr 10:5; Job 29:8; Sal 41:6; 119:74; Is 39:3; Jer 32:8; Dn 9:21; Mt 23:39; Lc 1:43; 13:35; Jn 16:10, 16-17,19; Hch 11:11; 20:25; 22:12; 2Ti 4:9; Tit 3:12

vernos Job 22:14; Sal 80:14; Hch 21:11; 1Ts 3:6

versado Esd 7:6,12,21

verse Gn 8:5; Éx 10:5,15, 23; 34:3; Nm 21:20; 23:28; Jue 2:15; 1S 31:3; 2S 10:15; 1R 10:12; 1Cr 10:3; 19:16; Sal 68:24; Ez 41:19; Dn 4:11,20; Lc 17:15

versión Mt 28:15

versos Sal 45:1

verte Gn 18:10; 48:11; Éx 10:29; 18:6; 33:18; Jue 11:8; 2S 13:5; 2R 19:21; Sal 17:15; Is 37:22; Lm 2:15; Ez 28:19; Dn 1:10; 10:11,20; Lc 8:20; 1Ti 3:14; 2Ti 1:4; 3Jn 14

vertedero Lv 4:12

verter Éx 25:29

vertical Éx 36:20

vertido Ez 24:8

Vertió Gn 35:14

vespertina 2R 16:15; Sal 109:23

vespertino 1R 18:29,36; Sal 141:2; Dn 9:21

vespertinos 2Cr 31:3

vestíbulo 1R 6:3; 7:6,12,19, 21; 2Cr 3:4; Ez 8:16; 40:7-9,14-16,21-22,24-26,

29,31, 33-34,36,37-40, 48-49; 41:25-26; 44:3; 46:2,8

vestíbulos Ez 40:30; 41:15

vestida Ez 16:13; Jl 1:8; Ap 17:4; 18:16; 21:2

Vestida Sal 45:14

vestidura Est 6:8-11

vestimentas Esd 3:10

vestir Éx 3:22; Lv 16:24; Is 58:7

vestirlo Lc 15:22

vestirme Gn 28:20; Cnt 5:3

vestirnos Is 4:1; Mal 3:14

vestirse Ez 42:14; Stg 2:15; Ap 19:8

vestirte Zac 3:4

vestuario 2R 22:14; 2Cr 34:22

veteranos Ez 27:9

vía Jos 10:10; 12:3; Neh 2:7

viajaba Lc 10:31

viajaban Hch 9:7

viajado 2S 19:31; Job 38:16

viajamos Dt 2:8

viajar Éx 13:21; 2R 9:1; 1Co 9:5

viajarán Is 35:8

viajero Jue 19:17-18; 2S 12:4; 2Cr 15:5; Job 31:32; Jer 14:8

viajeros Jue 5:6; Job 21:29; Ez 39:11; Zac 8:10; Lc 2:44

Viajeros Ez 39:11

viajes Dt 33:18; Hch 26:12

viajó 1R 19:8; Hch 12:19; 15:41

víbora Gn 49:17; Sal 91:13; 140:3; Pr 23:32; Is 11:8; 14:29; Hch 28:3; Ro 3:13

víboras Dt 32:24,33; Is 30:6; 59:5; Mt 3:7; 12:34; 23:33; Lc 3:7

vibra Is 16:11

vibran Is 16:11

vibrará Is 60:5

vicio Lc 21:34

vicios 2Co 12:21; Col 3:9; Jud 7

víctima Lv 1:4,6; 6:25; 7:2,8,30; 8:29; 9:12,16; 14:19; Nah 3:19

víctimas Lv 9:20-21; 14:13; Nm 14:37; 23:24; Jue 16:24; Job 3:17; Sal 10:8,10,14; Pr 7:26; 26:28; Is 22:2; Jer 25:33; 51:47,49; Ez 21:15; 32:23; 35:8; 44:29; Dn 7:7,19; 1Co 10:9

victorias 2S 22:51; 2R 5:1; Sal 18:50; 20:6; 21:1,5; 44:4

victoriosa Dt 33:29; 2R 13:17; Is 41:10

victorioso Jue 8:9; 2S 8:13; Sal 45:4; Is 41:2; Lm 1:16; Dn 11:7; Sof 3:17

victoriosos 2Cr 13:18; Dn 11:14; Hab 3:8

vid Gn 40:9-10; 49:11; Nm 6:4; Jue 9:12-13; 13:14; 2R 18:31; Job 15:33; Sal 80:8, 14,16; 128:3; Is 24:7; 34:4; 36:16; Jer 2:21; Ez 15:2,6; 17:6-9; 19:10; Os 10:1; 14:7; Jl 1:12; 2:22; Hag 2:19; Zac 3:10; Mt 26:29; Mr 14:25; Lc 22:18; Jn 15:1,4-5; Stg 3:12

vidas Gn 45:5; Pr 11:30; Jer 34:21; Ez 18:4; 22:27; Hch 27:10; 1P 2:25

vidente 1S 9:9,11,18-19; 2S 15:27; 24:11; 1Cr 9:22; 21:9; 25:5; 26:28; 29:29; 2Cr 9:29; 12:15; 16:7,10; 19:2; 29:25,30; 35:15; Am 7:12

videntes 2R 17:13; Is 29:10; 30:10; Mi 3:7

vides Dt 28:39; Sal 105:33; Cnt 6:11; 7:12; Is 16:8; 17:10; Os 2:12; Jl 1:7; Hab 3:17; Zac 8:12; Mal 3:11

vidrio Ap 4:6; 15:2

vieja Jos 9:5; Rt 1:12; Ro 6:6; 1Co 5:7-8; Ef 4:22; Col 3:9

viejas Hab 3:6

viejo Gn 18:12; 19:31; 27:1-2; 42:38; 44:29; Jos 13:1; 23:2; 1S 2:31-32; 4:18; 12:2; 1R 2:6,9; 11:4; 2R 2:23; Sal 37:25; 71:9; Ec 4:13; Mt 9:16; Mr 2:21; Lc 5:36; Jn 3:4; 21:18; 2Co 5:17

viejos Dt 28:50; Jos 9:4; Job 21:7; Is 20:4; Jer 38:11-12; Ez 9:6; Mt 9:17; 13:52; Mr 2:22; Lc 5:37; Jn 8:9

Viento Cnt 4:16

vientos Job 37:9; 38:24; Sal 104:4; 135:7; Jer 49:32,36; Ez 5:10,12; 12:14; 17:21; 37:9; Dn 7:2; 8:8; 11:4; Os 8:7; Zac 2:6; Mt 7:25,27; 8:26-27; 24:31; Mr 13:27; Lc 8:25; Hch 27:4; Heb 1:7; Stg 3:4; Ap 7:1

vientres Os 9:14

viertan Sal 104:10

viértelos Ez 4:9

viga Esd 6:11; Mt 7:3-5; Lc 6:41-42

vigas 1R 6:6,9-10,36; 7:2, 11-12; 2Cr 3:7; 34:11; Neh 3:3,6; Cnt 1:17; Is 9:10; Ez 26:12; Hab 2:11; Sof 2:14; Zac 5:4

vigente Gn 47:26; 1S 30:25; Heb 4:1

vigésima 1Cr 24:16; 25:27

vigesimocuarta 1Cr 24:18; 25:31

vigesimoprimera 1Cr 24:17; 25:28

vigesimosegunda 1Cr 24:17; 25:29

vigesimotercera 1Cr 24:18; 25:30

vigía Jer 6:27

vigilancia 2S 20:3; 2R 17:9; 18:8; Neh 3:31; Job 7:12; 21:32; 27:18; Lm 2:19; Mt 21:33; Mr 12:1; Hch 12:4

vigilante Job 7:20; Zac 9:8; 12:4

vigilantes Sal 127:1; Lc 21:36

vigilarlo Mt 27:36

vigilarlos Jer 31:28

vigilias Is 65:4

vigor Dt 21:17; 34:7; Jue 5:21; Job 18:7; 20:11; Sal 22:15; Pr 5:9; 31:3; Jer 50:34; Heb 9:17

vigorosamente Hch 18:28; Jud 3

vigorosas Ez 19:11-12,14

vigoroso Job 5:26

vigorosos Sal 92:14

vil Job 15:16; 30:8; Ez 16:30; Ap 22:11

viles Jue 19:23; Sal 59:5; Mal 2:9

vilezas Jer 11:15

vilo Hch 21:35

vinagre Nm 6:3; Rt 2:14; Sal 69:21; Pr 10:26; 25:20; Mt 27:48; Mr 15:36; Lc 23:36; Jn 19:29-30

vínculo Zac 11:14; Ef 4:3; Col 3:14

vindica 2S 22:48; Sal 18:47

vindicada Gn 20:16; Is 45:25

vindicado Sal 9:4; Jer 51:10; 1Ti 3:16; Ap 19:2

vindícalo 1R 8:32; 2Cr 6:23

vinos Is 25:6

viña Gn 9:20; Éx 22:5; Nm 20:17; 21:22; Dt 20:6; 22:9; 23:24; 24:21; 28:30; 32:32; Pr 24:30; Cnt 1:6; 8:11-12; Is 3:14; 5:1,3-5,7, 10; 27:2-3; Jer 5:10; 6:9; 8:13; 12:10; 48:32

viñador Lc 13:7-8

viñadores 2Cr 26:10; Jl 1:11

viñas Éx 23:11; Lv 19:10; 25:3-5,11; Nm 16:14; 20:5; 22:24; Dt 6:11; 8:8; 28:39; 2R 19:29; Job 24:6; Sal 78:47; Cnt 1:6,14; 2:13; Is 37:30; 65:21-22; Jer 5:17; Sof 1:13

viñedo 1R 21:1-2,6-7, 15-16,18; Pr 31:16; Is 1:8; Ez 19:10; Mt 20:1-2,4,7-8; 21:28,33,39,41; Mr 12:1; 8-9; Lc 13:6; 20:9,13, 15-16; 1Co 9:7; Ap 14:18

viola Lv 20:21; Dt 22:25; Hch 23:3

violadas Lm 5:11

violado Gn 34:5; Dt 17:2; Jos 7:11,15; Jue 2:20; 2S 13:22; 1Cr 2:7; Is 24:5; Jer 13:22; 34:18; Ez 17:19; Stg 2:11

violan Sal 89:31; Ez 22:11,26

violando Lv 26:15; Ez 44:7

violar Est 7:8; Ez 17:15

violará Dt 28:30

violarán Is 13:16; Zac 14:2

violaré Sal 89:34

violarla 2S 13:15

violaron Jue 19:25; 20:5; 2R 18:12

viole Lv 4:2; Dt 27:19

violenta Job 15:2; Pr 21:14; 22:24; 28:3; Is 27:1; 29:6; Ez 28:8; Dn 11:14; Jon 1:4; Mi 6:12; Hch 2:2

violentada Is 23:12

violentamente Éx 19:18; 2S 3:29; Mr 1:26; 9:26

violentan Sof 3:4

violentando Jer 22:13

violentas Ez 7:24; Jud 13

violento Éx 23:1; 1R 19:11; Sal 25:19; Pr 11:30; 16:29; 29:22; Is 27:8; Jer 25:30; Ez 18:10; Dn 2:15; Mt 28:2; Hch 23:10; Tit 1:7; Ap 11:13; 16:18

violentos 2S 22:49; Sal 18:48; 54:3; 71:4; 88:16; 140:1,4; Pr 3:31; 11:16; Is 13:11; Jer 15:21; Jon 3:8; Mt 8:28

violeta Ap 9:17

violó Gn 34:2; 2S 13:14,32; Ez 17:16,18

viperina Job 5:15; Sal 140:11; Pr 25:23

virgen Gn 24:16; Éx 22:16; Lv 21:7,13-14; Dt 22:14-15,17, 19,23,28; Jue 11:39; 19:24; 2S 13:2; Ez 44:22; Jl 1:8; Mt 1:23; Lc 1:27,34; 2Co 11:2

Virgen Is 23:12

vírgenes Gn 19:8; Éx 22:17; Jue 21:11; Est 2:2,17,19; Cnt 6:8

virginal 2R 19:21; Is 37:22; 47:1; Jer 14:17; 18:13; 31:4,21; Lm 1:15; 2:13

Virginal Jer 46:11

virginales Ez 23:3,8,21

virginidad Dt 22:20

virilidad Gn 49:3

virrey 2R 18:17

virtud Hch 3:12; Heb 10:10; 2P 1:5

virtudes 1Co 13:13

vísceras Éx 29:22; Hch 1:18

visible Ec 6:9; 2Co 4:18; Ef 5:13-14; Heb 11:3

visibles Col 1:16

Visión Is 22:1,5

visionario Dt 13:1,3,5

visitantes Gn 18:16,22; Hch 2:10

visitar Gn 34:1; Jue 15:1; 2R 9:16; 10:13; 2Cr 19:4; 22:7; Job 38:22; Lc 1:27; Jn 3:2; Hch 9:32; 15:36; 18:23; 19:21; 27:3; Gá 1:18

visitarlo Gn 48:1; 1R 10:24; 2R 8:29; 2Cr 9:23; 18:2; 19:2; 22:6

visitarlos Ro 1:10,13; 15:22,24; 1Co 4:19; 14:6; 2Co 1:15-16; 9:5; 12:14, 21; Col 4:10; 1Ts 2:18; 2Jn 12

visitarme Ez 14:1

visitarnos Hch 14:11

visitarte Gn 18:14

visitas Lc 18:5

vislumbra Jer 31:17

víspera Mr 15:42

vistos Pr 24:25

vistosas Mt 23:5

vistosos Ez 16:16

vítores 2S 6:15; 1Cr 15:28

viudas Éx 22:22,24; Dt 14:29; 16:11,14; 25 20:3; Job 22:9; 24:3; 27:15; 29:13; 31:16,18; Sal 68:5; 78:64; 94:6; Pr 15:25; Is 9:17; 10:2; Jer 15:8; 18:21; 49:11; Lm 5:3; Ez 22:25; Zac 7:10; Mal 3:5; Mr 12:40; Lc 4:25; 20:47; Hch 6:1; 9:39,41; 1Co 7:8; 1Ti 5:3,9,11,14,16; Stg 1:27

viudez Is 47:9; 54:4

vivas Gn 20:7; Lv 14:4; Dt 8:1; 12:19; 25:15; Rt 1:16; 1R 11:12; Sal 128:6; Pr 18:4; Cnt 4:15; Jer 17:13; Ez 2:6; 1P 2:5

víveres Lv 25:36-37; 2Cr 11:11,23; Neh 10:31; 13:15

vivienda Jn 14:23

viviendas 1Cr 4:41; Ez 48:15; Zac 12:7; Lc 16:9; Jn 14:2

viviente Gn 2:7; 3:20; 7:4,21,23; Dt 5:26; Jos 3:10; 1S 17:26,36; 2R 19:4,16; Sal 136:25; 145:16; Is 37:4,17; Jer 10:10; 23:36; Ez 47:9; Dn 6:20; Os 1:10; Mt 16:16; 26:63; Jn 6:57; Hch 14:15; Ro

9:26; 1Co 15:45; 2Co 3:3;
6:16; 1Ti 3:15; 4:10; Heb
9:14; 12:22; Ap 6:3,7; 16:3
Viviente Gn 16:14
vivos Gn 2:19; Nm 16:30,
33,48; Dt 4:4; 5:3; Rt 2:20; 2S
17:12; 1R 18:5; 20:18; 2R
7:12; 10:14; 2Cr 25:12; Sal
55:15; 124:3; Ec 9:4-5; Is
8:19; Ez 17:3; Mt 22:32; Mr
12:27; Lc 20:38; Hch 10:42;
Ro 6:11; 1Ts 4:15, 17; 2Ti 4:1;
1P 4:5; Ap 19:20
voceros Is 43:27
voces 2S 19:35; Esd 3:13; Sal
33:3; 35:27; 42:4; 65:13; Is
6:4; 65:19; Jer 7:34; Lc 17:15;
Jn 10:5; Ap 10:3; 11:15; 14:9;
19:6
vociferaron Jn 19:15
voladora Is 14:29
voladoras Is 30:6
voladores Dt 14:19
volar Sal 55:6; Ez 13:20
Volcaré Lv 26:30; Hag 2:22
volcaron Jer 5:7
Volcó Mt 21:12; Mr 11:15
volteaba Jue 7:13
volumen Job 28:25
voluntaria Lv 7:16; 22:18,
21,23; Nm 15:3; 1Cr 28:21;
Esd 8:28; Sal 54:6; Ez 46:12
voluntariamente Jue 5:2; 1Cr
29:9,17; 2Cr 17:16; Esd 3:5;
7:15; Neh 11:2; Fil 2:7
voluntarias Éx 35:29; 36:3; Lv
23:38; Nm 29:39; Dt 12:6,17;
16:10; 2R 12:4; 1Cr 29:6,14;
2Cr 31:14; Esd 1:4,6; Am 4:5
voluntarios Jue 5:9
voluptuosa Is 47:8
volverme Ap 1:12
volvernos Mal 3:7
volverse Nm 22:26; 1S 7:3;
2Cr 36:13; Neh 9:26; Jer
3:10; Ez 1:17; 10:11; Os 5:4;
11:5; Jn 21:20
volverte Os 12:6
vomitado Is 14:19
vomitando Pr 23:8
vomitará Lv 18:28
Vomitará Job 20:15
vomitarme Jer 51:34
vomitarte Ap 3:16
vomite Lv 20:22; Jer 51:44
vomiten Jer 25:27
vomitó Lv 18:25,28; Jon 2:10
vómito Pr 26:11; Is 19:14;
28:8; Jer 48:26; 2P 2:22
voracidad Job 20:21
voraz Nm 11:4; Is 56:11
votivas Lv 23:38

voto Lv 7:16; 22:18,21,23;
27:2,8; Nm 5:21; 6:2,4-5, 21;
15:3,8; 21:2; 30:2-4,6,
8-10,13; 1S 1:11; 2S 15:7-8;
Ec 5:4; Hch 18:18; 21:23-24
votos Nm 29:39; 30:4-5,7,
11-12,14; 2R 12:4; Job 22:27;
Sal 56:12; 61:5,8; 65:1;
66:13-14; 76:11; 116:18;
132:2; Pr 7:14; 31:2; Ec 5:4-5;
Is 19:21; Jer 44:25; Jon 1:16;
Nah 1:15
vozarrón Ap 16:17
vuelcos Os 11:8
vuelo Job 39:27; Jer 49:22; Dn
9:21; Ap 4:7
vuelque Hab 2:16
vueltas Job 7:4; Jn 16:29
Vueltos Mr 10:10
vulnerables Neh 4:13
Yabín Jue 4:3
Yacán Nm 33:31-32; Dt 10:6;
1Cr 1:42
yace 2S 1:19,25; Sal 88:5; Is
24:5,10; Jer 48:9
yacen Job 21:26; 38:40; Sal
17:12; 76:5; Jer 44:2; 46:15;
Lm 2:10,21; Ez 26:2; 31:12;
32:23,25,27, 29-30; Jl 1:10
Yacen Jer 9:22; Ez 32:21,24,29
yaceré Job 7:21
yaces Is 14:8; Ez 27:34; 29:3
yacía Ez 36:35; Dn 7:1
yacían 2Cr 20:24; Jer 4:26
Yada 1Cr 2:28,32
Yaday 1Cr 2:47
Yadiel 1Cr 5:24
Yadó 1Cr 5:14
Yagar Sal 132:6
Yahaza Nm 21:23; Dt 2:32;
Jos 13:18; 21:36; Jue 11:20; Is
15:4; Jer 48:21,34
Yaír Nm 32:41; Dt 3:14; Jos
13:30; Jue 10:3-5; 1R 4:13;
1Cr 2:22-23; 20:5; Est 2:5
yairita 2S 20:26
Yajat 1Cr 4:2; 6:20,43;
23:10-11; 24:22; 2Cr 34:12
Yalel Gn 46:14; Nm 26:26
Yalelel 1Cr 4:16; 2Cr 29:12
yalelitas Nm 26:26
Yamay 1Cr 7:2
Yanún Jos 15:53
Yaquín 1Cr 8:19; 24:12
Yaré 2S 21:19
Yarjá 1Cr 2:34
Yasobeán 1Cr 11:11; 12:6;
27:2
Yasub Nm 26:23; Jos 17:7;
1Cr 7:1; Esd 10:29; Is 7:3
yasubitas Nm 26:23
Yatray 1Cr 6:21

Yazel Gn 46:24; Nm 26:48;
1Cr 7:13
yazelitas Nm 26:48
Yearín Jos 9:17; 15:9-10, 60;
18:14-15; Jue 18:12; 1S 6:21;
7:1-2; 1Cr 2:50, 52-53; 13:5-6;
2Cr 1:4; Esd 2:25; Neh 7:29;
Jer 26:20
Yecabsel Neh 11:25
Yegar Gn 31:47
yeguas Cnt 1:9
Yehubá 1Cr 7:34
Yehudi Jer 36:14,21,23
yelmo Sal 60:7; 108:8
yelmos Ez 38:5
Yeraj Gn 10:26; 1Cr 1:20
yerba Os 10:4
yergue Job 41:25; Cnt 7:5
yermo Dt 32:10; Job 38:27;
39:6
yerno Jue 15:6; 19:5; 1S
18:18,21-23,26-27; 22:14;
Neh 6:18; 13:28
yernos Gn 19:12,14
yerra Pr 10:19; 19:2
Yerubaal Jue 6:32; 7:1;
8:29,35; 9:1-2,5,16,19,
24,28,57; 1S 12:11
Yerubéset 2S 11:21
Yesimot Nm 33:49; Jos 12:3;
13:20; Ez 25:9
Yesojaías 1Cr 4:36
Yezojar 1Cr 4:7
Yidlaf Gn 22:22
YO Éx 3:14
Yogbea Nm 32:35; Jue 8:11
Yojá 1Cr 8:16; 11:45
Yojanán Lc 3:27
yunque Is 41:7
yunta Dt 22:10; 1R 19:21; 2Co
6:14
yuntas 2S 24:22; 1R 19:19; Job
1:3; 42:12; Jer 51:23; Lc 14:19
Yusab 1Cr 3:20
Yutá Jos 15:55; 21:16
Zabad 1Cr 2:36-37; 7:21;
11:41; 2Cr 24:26; Esd
10:27,33,43
Zabay Esd 10:28; Neh 3:20
Zabdí Jos 7:1,17-18; 1Cr 8:19;
27:27; Neh 11:17
Zabdiel 1Cr 27:2; Neh 11:14
Zabud 1R 4:5; Esd 8:14
zabulonita Jue 12:12
Zacay Esd 2:9; Neh 7:14
Zacur Nm 13:4; 1Cr 4:26;
24:27; 25:2,10; Neh 3:2;
10:12; 12:35; 13:13
zafen Job 31:22
Zafenat Gn 41:45

ÍNDICE DE TÍTULOS

Este *Índice de títulos* de la **Nueva Versión Internacional** (NVI) consta de una lista de palabras en orden alfabético con las respectivas citas en las que ocurre cada palabra incluida. Se elaboró la lista de la siguiente manera: En primer lugar, se creó una lista de todas las palabras que ocurren en los títulos de la NVI. (Se entiende por «palabra» cada conjunto de letras con ortografía única.) Esa lista inicial contenía el número de veces y todas las citas bíblicas en que ocurre cada palabra en los títulos. Luego se eliminaron de la lista aquellas palabras que ocurren con demasiada frecuencia para que sea útil su inclusión. Por eso **aparecen únicamente las palabras que ocurren hasta cuarenta veces**.

En los casos en que el título se encuentra al comienzo de un capítulo, las palabras que lo conforman tienen como cita el número del capítulo seguido del versículo 0 (p.ej., las palabras «diez» y «Mandamientos» que conforman el título «Los Diez Mandamientos», las cuales aparecen al comienzo del capítulo 20 de Éxodo y del capítulo 5 de Deuteronomio, tienen las citas Éx 20:0 y Dt 5:0). En cambio, en los casos en que el título no se halla al comienzo de un capítulo, las palabras que lo conforman tienen como cita el número del capítulo seguido del número del versículo que lo antecede (p.ej., los nombres «Moisés» y «Aarón» que conforman los títulos «Antepasados de Moisés y de Aarón» y «Aarón, vocero de Moisés» en el capítulo 6 de Éxodo, tienen la cita Éx 6:13,27, que corresponde a los números de los versículos 13 y 27 que los anteceden).

Tal vez la mayor utilidad que tiene este *Índice de títulos* es la de proporcionar una lista de palabras que conforman el tema de cada sección del texto bíblico, algunas de las cuales no aparecen en el texto mismo, de modo que no se encuentran en ninguna Concordancia de la Biblia (p.ej. «Transjordania» en Nm 32:0; «entrada» y «triunfal» de «La entrada triunfal» en Mt 21:0; Mr 11:0; Lc 19:27 y Jn 12:11). En ese sentido es un índice temático, escueto pero adecuado en lo que a títulos se refiere.

Álef Sal 9:0; 25:0; 34:0; 37:0; 111:1; 112:1; 119:0; 145:0; Pr 31:9; Lm 0:0; 1:22; 2:22; 3:66

alegría Is 35:0; Ro 5:0; 2Co 7:1

Aleluya Ap 19:0

alentador 1Ts 3:5

alfarero Jer 18:0

Alguien Ap 1:8

alimenta Mt 14:12; 15:28; Mr 6:29; 8:0; Lc 9:9; Jn 6:0

Alimentación 2R 4:41

alimentado 1R 17:0

Alimentos Dt 14:0

altar Éx 20:21; 27:0; 30:0; 37:24; 38:0; Nm 7:9; Dt 27:0; 2S 24:17; 1Cr 21:17; Esd 3:0; Ez 43:12

alumbramiento Lv 12:0

amada Cnt 1:1,4,11,15; 2:0, 2,8,14-15; 4:15; 5:1,9; 6:1; 7:9; 8:5,9,13

amado Cnt 1:8,14,16; 2:1, 6,13-14; 3:4; 4:0; 5:0; 6:3, 10,13; 8:3,5,12

amalecitas Éx 17:7; 1S 30:0

Amán Est 3:0; 5:8; 7:0

Amasías 2R 14:0; 2Cr 25:0; Am 7:9

Amémonos 1Jn 3:10

amemos 1Jn 2:14

amenaza 2R 18:16; Is 36:0; Jer 4:4; 26:0

amigos Job 2:10; Cnt 1:4,7; 5:1; 6:12

Amnón 2S 13:0,22

Amón 2R 21:18; 2Cr 20:0; 33:20; Jer 49:0; Ez 25:0; Sof 2:7

amonitas 2S 10:0; 1Cr 19:0

amor Dt 6:0; 11:0; Os 11:0; Mal 1:1; Mt 5:42; Lc 6:26; Jn 3:13; Ro 12:8; 1Co 12:31; 1Ti 6:2; 1Jn 4:6

amorreos Jos 10:0,5,15

amos Ef 6:4

Amós Am 3:0; 7:9

amparo Is 41:0

Ana 1S 1:20; 2:0

Analogía Ro 7:0

Ananías Hch 5:0

Anás Jn 18:11

Anciano Dn 7:8

ancianos Hch 20:12; 1Ti 5:0; 1P 5:0

ancha Mt 7:12

anexos Ez 40:37

ángel Gn 32:21; Éx 23:19; Jue 2:0; Ap 10:0

ángeles Lc 2:7; Heb 1:0; Ap 14:5; 15:0

Angustia Is 33:0

anhela Ro 1:7; 1Ts 2:16

animal Lv 11:23

animales Lv 11:0,31; Dt 15:18

Antepasados Éx 6:13

anticristos 1Jn 2:17

Antioquía Hch 11:18; 13:12; 14:20

anuales Éx 23:13

Anuncio Nm 27:11; Dt 32:47; Ez 4:0; Nah 1:14; Lc 1:4,25

año Lv 25:0,7; Dt 15:0; Is 61:0

años Jer 25:0; Ap 20:0

Aod Jue 3:11

aparece 1R 19:9; Lc 24:35; Jn 20:9,18,23

Apariciones Mr 16:8

Apolos Hch 18:17

apostasía Heb 5:10

apóstol 1Co 9:0

apóstoles Mr 3:12; Lc 6:11; Hch 5:11,16; 1Co 4:0; 2Co 11:0; Gá 2:0

apoyan 2Cr 11:12

apresaron Sal 56:0

aprobado 2Ti 2:13

Aquila Hch 18:17

Arabia Is 21:12

Arad Nm 21:0

Aram Gn 29:0

arameos Sal 60:0

árbol Dn 4:0; Mt 7:14; Lc 6:42

arca Éx 25:9; 37:0; 1S 4:0; 5:0; 6:0; 2S 6:0; 1R 8:0; 1Cr 13:0; 15:0; 2Cr 5:1

ardiente Éx 3:0

armadura Ef 6:9

arrayanes Zac 1:6

arrepentidas Mt 11:19

arrepentimiento Dt 30:0; Os 14:0; Jl 1:12; 2:11

arrepiente Lc 13:0

Arresto Mt 26:46; Mr 14:42; Lc 22:46; Jn 18:0; Hch 6:7; 21:26

arrojó Sal 34:0

Artajerjes Esd 7:10

Asá 1R 15:8; 2Cr 14:1; 15:0; 16:0

Asaf Sal 50:0; 73:0; 74:0; 75:0; 76:0; 77:0; 78:0; 79:0; 80:0; 81:0; 82:0; 83:0

asamblea Dt 23:0

ascensión Mr 16:8; Lc 24:49

Asdod 1S 5:0

Aser Nm 7:71; Jos 19:23; 1Cr 7:29

asesina 2S 3:21; 2R 9:13

Asesinato 2S 4:0; 13:22; Jer 40:6

Asiria Is 8:0; 10:4; 14:23; Sof 2:12

Astucia Jos 9:0

astuto Lc 16:0

Asuero Est 2:18; 5:0

ataca 1S 13:15; 1R 20:0

Atalía 2R 11:0; 2Cr 22:9

Ataque Jos 10:0

Atenas Hch 17:15

atención Heb 2:0

atrio Éx 27:8; 38:8; Ez 40:16,27,31,34,46

aurora Sal 22:0

autoridad Mt 21:22; Mr 11:25; Lc 20:0

autoridades Jn 9:12; Ro 13:0

auxilio Is 33:0

Ay Is 28:0; 29:0; 30:0; 31:0

ayes Mt 11:19; Lc 6:16

Ayin Sal 10:8; 25:14; 34:14; 37:28; 111:8; 112:8; 119:120; 145:14; Pr 31:24; Lm 1:15; 2:16; 3:48; 4:16

ayuda Gá 6:0; Fil 4:9

ayuno Is 58:0; Zac 7:0; Mt 6:15; 9:13; Mr 2:17; Lc 5:32

Azarías 2R 15:0

Baal 2R 10:17

Babel Gn 11:0

Babilonia 2R 20:11; Is 13:0; 21:0; 39:0; 46:0; 47:0; Jer 50:0; Dn 1:0; Ap 18:0

Balac Nm 22:0,35

Balán Nm 22:0,20,35; 23:0,12,26; 24:14,19

banquete Mt 22:0; Lc 14:14

barba Lv 13:28

barro 2Co 4:0

Bartimeo Mr 10:45

Baruc Jer 45:0

Basá 1R 15:32

basadas 1Co 10:0

Basán Nm 21:31; Dt 3:0

Bautismo Mt 3:12; Mr 1:8; Lc 3:20

Bautista Mt 3:0; 11:0; 14:0; Mr 1:0; 6:13; Lc 1:4,56; 3:0; 7:17; Jn 1:18; 3:21

becerro Éx 32:0; Dt 9:6

becerros 1R 12:24

Beelzebú Mt 12:21; Mr 3:19; Lc 11:13

belicoso Mi 5:9

Ben Adad 1R 20:0,12; 2Cr 16:0

bendecir Zac 8:0

bendice Gn 26:33; 49:0; Dt 33:0

bendición Gn 48:0; Nm 6:21; Dt 30:0; Os 14:0

Bendiciones Lv 26:0; Dt 28:0; Jl 3:16; Lc 6:16; Ef 1:2

benignas Lv 13:37

Benjamín Nm 7:59; Jos 18:10; 1Cr 7:5; 8:0

benjaminita Sal 7:0

benjaminitas   Jue 20:0; 21:0

Berea   Hch 17:9

Bernabé   Hch 13:0; 15:35

bestia   Nah 2:10; Ap 13:1, 10; 17:0

bestias   Dn 7:0

Bet   Sal 9:2; 25:1; 34:1; 37:2; 111:1; 112:1; 119:8; 145:1; Pr 31:10; Lm 1:1; 2:1; 3:3; 4:1

Betania   Mt 26:5; Mr 14:0; Jn 12:0

Betel   Gn 28:9; 35:0; 1R 12:24

Betsabé   2S 11:0; Sal 51:0

Betsaida   Mr 8:21

Bezalel   Éx 31:0; 35:29

bien   1P 3:7

bienaventuranzas   Mt 5:0

bienes   Hch 4:31

Bildad   Job 8:0; 18:0; 25:0; 26:4

blancas   Ap 7:8

blanco   Ap 19:10

blasfemo   Lv 24:9

bodas   Mt 22:0

Booz   Rt 2:0; 3:0; 4:0

Boquín   Jue 2:0

botín   Nm 31:24

bronce   Nm 21:3

buen   Lc 10:24; Jn 10:0

buen   Lc 10:24; Jn 10:0

burlan   Mt 27:26; Mr 15:15; Lc 22:62

burra   Nm 22:20

buscar   Pr 1:7

busquen   Mt 7:6

caballo   Ap 19:10

cabelludo   Lv 13:28

cabras   Mt 25:30

cabrío   Dn 8:0

Caf   Sal 9:17; 25:9; 34:9; 37:19; 111:5; 112:6; 119:80; 145:10; Pr 31:19; Lm 1:10; 2:10; 3:30; 4:10

caída   Gn 3:0; 2R 25:0; 2Cr 36:16; Is 47:0; Jer 39:0; 52:0; Ez 27:0; 33:20; Abd 1; Mi 3:8; Nah 2:4; Ap 18:0

caído   Dn 4:0

Caín   Gn 4:0

Caleb   Jos 14:5; 15:12; 1Cr 2:41

Calendario   Lv 23:0; Nm 28:0

calma   Mt 8:22; Mr 4:34; Lc 8:21

calvicie   Lv 13:39

cambia   Jn 2:0; 2Co 1:11

camina   Mt 14:21; Mr 6:44; Jn 6:15

Caminemos   1Jn 1:4

camino   Nm 21:9; Mt 3:0; Mr 1:0; Lc 3:0; 24:12; Jn 14:4

campamento   Nm 2:0; 5:0; Dt 23:8

Canaán   Nm 13:0; 34:0

cananea   Mt 15:20

cananeos   Jue 1:0

canastas   Jer 24:0

canción   Jue 5:0; Sal 8:0; 18:0; 46:0; 48:0; 81:0; 84:0; Is 42:9

Canciones   Is 12:0

candelabro   Éx 25:30; 27:19; 37:16; Nm 8:0; Zac 4:0

cansados   Mt 11:24

cántaros   Jer 13:11

cantarse   Sal 92:0

cántico   Éx 15:0,18; Dt 31:29; Sal 30:0; 65:0; 66:0; 67:0; 68:0; 75:0; 76:0; 83:0; 87:0; 88:0; 108:0; 120:0; 121:0; 122:0; 123:0; 124:0; 125:0; 126:0; 127:0; 128:0; 129:0; 130:0; 131:0; 132:0; 133:0; 134:0; Lc 1:45,66

canto   Sal 45:0; Cnt 11:1; 1:8; 3:5; 5:2; 6:3; 8:5; Is 5:0; 25:0; 26:0; Dn 7:8

Cantores   1Cr 6:30

capitanes   Nm 31:47

captura   2R 6:7

capturan   1S 4:0

cárcel   Hch 12:0; 16:15

Carmelo   1R 18:15

carnero   Dn 8:0

carros   Zac 6:0

Carta   Esd 7:10; Jer 29:0; Hch 15:21

casa   Gn 29:14; 1Cr 13:0; 14:0; Sal 30:0; 52:0; 59:0; Lc 10:37; 14:0; Hch 10:23

casas   Lv 14:32

caso   Lv 5:6; 10:15; Dt 21:0

Casos   Nm 9:5

castigo   Jos 7:15; Jer 8:3; Ez 9:0; Os 2:1; 9:0; Am 3:8; Mi 2:0; 3:0; 4:8; 6:8

Castigos   Lv 20:0

causa   Dt 30:0; Mi 3:8

causado   Jer 44:0

cautiverio   Jer 25:0

Cedar   Jer 49:27

cedro   Ez 31:0

ceguera   Jn 9:34

Celebración   Lv 23:2; Jos 5:9; 2Cr 30:0; 35:0; Esd 6:18; Est 9:17

celestial   2Co 5:0

celos   Nm 5:10

cena   Lc 22:6

Cena   Mt 26:16; Mr 14:11; 1Co 10:13; 11:16

censo   Nm 1:0,4,16; 3:13; 4:33,37,41; 26:0,56; 2S 24:0; 1Cr 21:0

centinela   Ez 33:0

central   Sal 60:0

centurión   Mt 8:4; Lc 7:0

cereal   Lv 2:0; 6:13

certeza   Heb 6:12

césar   Mt 22:14; Mr 12:12; Lc 20:19

Cesarea   Hch 23:22

ciego   Is 42:17; Mr 8:21; 10:45; Lc 18:34; Jn 9:0,12

ciegos   Mt 9:26; 20:28

cielo   2R 2:0; Mt 6:18; Jn 3:30; Hch 1:0; Fil 3:11; Ap 4:0

cielos   Is 65:16; Mt 18:0

cien   2R 4:41

cierva   Sal 22:0

cinco   Mt 14:12; Mr 6:29; Lc 9:9; Jn 6:0

cinturón   Jer 13:0

circuncisión   Gn 17:0; Gá 6:10

Ciro   2Cr 36:21; Esd 1:0

cisterna   Jer 38:0

ciudad   1S 11:0; 23:0

Ciudad (de David)   Is 29:0

ciudadano   Hch 22:21

Ciudadanos   Fil 3:11

ciudades   Nm 35:0,8; Dt 4:40; 19:0; Jos 10:28; 15:19; 20:0; 1Cr 6:53; 2Cr 11:4; Neh 11:24; Mt 11:19

clan   Nm 4:33,37,41

clanes   Nm 3:20,26,32

clases   Stg 3:12

Coat   Nm 4:33

coatitas   Nm 3:26; 4:0; 1Cr 23:11

codornices   Éx 16:0; Nm 11:30

colaboradores   Fil 2:18

colecta   1Co 16:0

comandante   Jos 5:12

combatientes   Nm 31:18

comer   Lv 17:0

cometido   Sal 51:0

comida   2R 4:37

comienza   Esd 3:6; Mt 4:11

comisión   Mt 28:15

comparten   Hch 4:31

comportamiento   Hch 11:0

compromete   Neh 10:0

común   Ec 9:0

comunidad   Lv 4:12; Hch 2:40

comunión   Lv 3:0; 7:10

concilio   Hch 15:0,21

Conclusión   Lv 11:45; Nm 4:45; 7:83

conclusiones   Ec 1:11

concubina   Jue 19:0

condena   Ez 13:0,16; 1R 20:34

condenación   Jud 2

conducta   Tit 3:0

confesión   Is 59:0; Mt 16:12; Mr 8:26; Lc 9:17

confían   Is 31:0

confianza   Fil 3:0

confiesa   Esd 9:0

confiesan Neh 9:0
confirmado 1S 11:11
Conflicto Ro 7:6
conmemorativo Jos 4:0
conocer Gn 45:0
conquista Jos 6:0; 10:28;
11:0,15; 15:12; 2S 5:5; 1Cr
11:3; 20:0
conquistado Jos 13:0
conquistar Nm 14:38
consagración Éx 13:0; 29:0;
Nm 7:0; 8:4
Consecuencias Lv 25:17
consejo 2S 16:14
Consejo Mt 26:56; Mr 14:52;
Hch 4:0; 7:0; 22:29
Consejos 1Co 7:0
consolación 2Co 1:2
consolida 1R 2:12
conspira 2S 15:0
conspiración Est 2:18; 3:0; Mt
26:0; Jn 11:44; Hch 23:11
construcción 1R 5:0; 1Cr 28:0;
2Cr 2:0; 3:0
construye 2S 24:17; 1R 6:0;
7:0; 1Cr 21:17
consuela Jn 11:16; 14:0
Consuelo Is 40:0; 57:13
consulta Hag 2:9; Hch 25:12
contacto Lv 11:31
continúa Jue 1:0
Contradicciones Ec 3:15
Contraste Mi 3:4
Contribución Neh 12:43
contritos Is 57:13
Conversión Hch 9:0; 16:10
conyugales Ef 5:20; 1P 3:0
copa Gn 44:0; Is 51:16
copas Ap 16:0
copero Gn 40:0
cordel Zac 2:0
Cordero Jn 1:28; Ap 5:0; 14:0
Coré Nm 16:0; Sal 42:0; 44:0;
45:0; 46:0; 47:0; 48:0; 49:0;
84:0; 85:0; 87:0; 88:0
corintios 2Co 12:10
Corinto Hch 18:0; 2Co 8:15
Cornelio Hch 10:0,23
coro Cnt 3:5; 5:8; 6:0,9; 8:4,7
corona Zac 6:8
Coronación 1Cr 29:20
corrupción Jer 5:0
corrupta Mi 7:0
corrupto Mi 3:8
corruptos Mi 3:0
cosas Ec 7:22
cosecha Ap 14:13
cosechan Os 8:0
Costumbres Dt 18:8
creación Gn 1:0; Gá 6:10
Creador Ec 11:8
crece Mr 4:25

creen Jn 4:38
Creta Tit 1:4
creyente 1Co 10:22; Tit 3:0
creyentes Jn 17:19; Hch 2:40;
4:22,31; 15:21; 1Co 6:0
cristiana Col 3:17
Cristo Mt 22:40; Mr 12:34; Lc
20:40; Jn 1:18; 7:24; Ro 5:11;
6:0; 1Co 1:17; 4:0; 15:0; Gá
5:0; Ef 1:2; 2:0,10; 3:0; 4:0; Fil
1:11; 2:0; 3:0; Col 1:14; 2:5;
Heb 9:10; 10:0; 1P 4:0,11; Ap
22:6
cruce Jos 3:0
crucifixión Mt 27:31; Mr
15:20; Lc 23:25; Jn 19:16
cruzar Dt 3:22
Cuarta Am 8:0
Cuarto Nm 24:14; Job 12:0;
36:0; Hag 2:19
cuatro Dn 7:0; Zac 6:0; Mt
15:28; Mr 8:0
cuerda Sal 4:0; 6:0; 54:0; 55:0;
61:0; 67:0; 76:0
cuero Lv 13:28
cuerpo Lc 11:32; 1Co 12:11;
15:34; Ef 4:0
cuervos 1R 17:0
cuesta Mt 8:17; Lc 9:56
cueva Sal 57:0; 142:0
cuidará Zac 10:0
Cuidémonos 1Jn 2:17
culpa Lv 5:13; 7:0
culpables Esd 10:17; Ez 9:0
culto Lv 10:7; 2Cr 31:1; Mal
1:5; 1Co 11:1; Heb 9:0
cultos 1Co 14:25
cumple Nm 11:20
cumplimiento Mt 5:16
cumplir Ec 5:0
curación 2Cr 32:23
Cus Sal 7:0; Is 20:0; Sof 2:11
custodia Hch 28:16
cutáneas Lv 13:0,37; 14:0
Chipre Hch 13:3
da Gn 45:0; Sal 102:0
Dálet Sal 25:3; 34:3; 37:6;
111:2; 112:2; 119:24; 145:3;
Pr 31:12; Lm 1:3; 2:3; 3:9; 4:3
Dalila Jue 16:0
Damasco Is 17:0; Jer 49:22;
Hch 9:19
Dan Nm 7:65; Jos 19:39; Jue
18:0; 1R 12:24
Daniel Dn 1:0; 2:23; 4:18; 6:0;
9:0; 10:0
daños Nm 5:4
dar Mt 6:0
Darío Esd 6:0
Datán Nm 16:0
davídica Mi 5:0
debe Tit 2:0

deber Lc 17:0
deberes Lv 19:29
Deberes Nm 18:0; Ez 44:0; Ef
5:20; 6:0,4; 1P 3:0
débiles Ro 14:0
debilidad 2Co 12:0
Debir Jos 15:12
Débora Jue 4:0; 5:0
Decapitación Mt 14:0; Mr
6:13
decirle Sal 54:0
Declaración Jn 8:47
Decoro 1Co 11:1
Decreto 2Cr 36:21; Esd 1:10;
6:0
dedica 1S 1:20
dedicación Nm 7:9; 1R 8:61;
2Cr 7:0; Esd 6:12; Neh
12:26; Sal 30:0; Jn 10:21
dedicó Sal 18:0
defender Neh 7:0
Defensa Nah 3:13
defiende Neh 5:0; 2Co 10:0
delitos Mi 6:8
demandas Dt 10:9
demente Sal 34:0
denuncia Mt 23:0; Lc 11:36
Depravación 2Cr 24:16
Derbe Hch 14:7
derecho Dt 21:14
derechos Lv 7:6; 1Co 9:0
derrota Jos 7:1; Jue 2:5; 7:0; 1S
7:1; 14:14; 30:0; 2S 5:16; 10:0;
1R 20:12; 1Cr 14:7; 2Cr 20:0
Derrota Éx 17:7; Nm 21:0; Dt
2:23; 3:0; Jos 10:5; Ez 39:0
derrotados Jos 12:0,6
derrotan Jue 20:0
Desacuerdo Hch 15:35
Desastre Jer 44:0
Descanso Mt 11:24
Descendientes Gn 5:0;
11:9,26; 25:11; 36:0; 1Cr
1:0,4,23,27,34; 2:2,41; 3:9;
4:0,23; 5:0,10; 6:0; 7:0,5,
12-13,19,29; 8:0
desciende Hch 2:0
desconfían 1S 29:0
desconocen Mt 24:35; Mr
13:31
Descripción Nah 3:0
desfallecer Sal 102:0
desierto Nm 33:0; Dt 2:0; Sal
63:0
Deslealtad Mal 2:9
desobedece Jon 1:0
desobediencia Lv 26:13; Dt
28:14
Desobediencia Jue 2:5
despedida Jos 23:0; 1S 12:0;
Jn 16:16; Hch 13:0
despiadado Mt 18:20

despide Hch 20:12
destino Ec 9:0
Destitución Est 1:0
destrucción Gn 19:0; Jer 10:16; Nah 1:6; 2:0; 3:7; Sof 1:1; 2P 2:0
destruyas Sal 57:0; 58:0; 59:0; 75:0
deudas Dt 15:0
devuelven 1S 6:0
día Lv 23:25; Nm 15:31; 29:6; Is 2:5; 63:0; Jl 2:27; Sof 1:13; Mal 4:0; Mt 24:35; Mr 13:31; Jn 7:36; 2P 3:0
diablo Jn 8:41
diáconos 1Ti 3:0
diario Nm 28:2
días 2Ti 3:0
dichos Pr 22:16; 24:22; 29:27; 30:33; Ec 10:0
didáctico Sal 60:0
diez Éx 20:0; Dt 5:0; Mt 25:0; Lc 17:10
diezmo Nm 18:24
diezmos Nm 18:24; Dt 14:21; 26:0
difusión 2Ts 3:0
diluvio Gn 6:8
Dina Gn 34:0
dinastía Mi 5:0
dinero Éx 30:10; Lc 19:10; 1Ti 6:2
dio 1Ti 1:11
dioses Is 46:0
dirige Hch 2:13; 3:10; 21:36
dirigente Lc 18:17
dirigentes Jn 7:44
disciplina Heb 12:0
discipulado Lc 14:24
discípulos Mt 4:17; Mr 1:13; Lc 5:0; 24:35; Jn 1:34; 4:26; 6:59; 13:0; 14:0; 15:17; 17:5; 20:18
discurso 1S 12:0; Job 3:0; 4:0; 6:0; 8:0; 9:0; 11:0; 12:0; 15:0; 16:0; 18:0; 19:0; 20:0; 21:0; 22:0; 23:0; 25:0; 26:4; 27:0,12; 32:6; 34:0; 35:0; 36:0; Ec 1:0; Hch 7:0
dispersa Hch 8:1
dispersas Zac 13:6
Disposición Nm 2:0
disturbio Hch 19:22
División Dt 3:11; Jos 13:7; 14:0; 1R 12:0; 2Cr 10:0; Ez 45:0; Lc 12:48
divisiones 1Cr 27:0; 1Co 1:9; 3:0
divorcio Mt 5:30; 19:0; Mr 10:0
doce Sal 60:0; Mt 10:0; Mr 3:12; 6:6; Lc 6:11; 9:0

Doeg Sal 52:0
domar Stg 3:0
don 1Co 14:0
dones 1Co 12:0
Dorcas Hch 9:31
dos Jer 24:0; Ez 23:0; Zac 4:0; 11:3; Mt 8:27; 20:28; 21:27; Lc 10:0; Fil 2:18; Stg 3:12; Ap 11:0
doxología Ro 11:32; Jud 23; Ap 1:3
dragón Ap 12:0
duda Mt 21:22; Mr 11:25; Lc 20:0
duelo Lv 10:5; 2S 18:18
Dureza Am 4:5
Ebal Dt 27:0,8; Jos 8:29
económicos Mi 6:8
Ecrón 1S 5:0
Edicto Est 8:0
Edom Gn 36:30; Nm 20:13; 1Cr 1:42; 13:0; Is 21:10; Jer 49:6; Ez 25:11; 35:0; Abd 1
edomita Sal 52:0
edomitas Sal 60:0
efesios Ef 3:13
Éfeso Hch 19:0,22; 20:12; Ap 2:0
efod Éx 28:5; 39:1; Jue 8:21
Efraín Gn 48:0; Nm 7:47; Jos 16:0,4; Jue 12:0; 1Cr 7:19; Is 28:0
egipcio Jos 5:1
egipcios Éx 1:0; 12:28
Egipto Gn 12:9; 41:40; 42:0; 43:0; 46:0; Éx 4:17; Is 19:0; 20:0; 31:0; Jer 41:15; 46:0; Ez 29:0; 30:0; Mt 2:12
ejemplar Pr 31:9
ejemplares Fil 2:18
ejemplo Jer 35:0; 1P 4:0
ejercer Lv 21:15
ejército Jos 5:12; 2S 23:7; 1Cr 11:9; 27:0; Jl 2:0
Elá 1R 16:7
Elam Jer 49:33
elección Nm 3:10; Dt 30:10; Est 2:0; Hch 1:11; 6:0; Ro 9:0; 2P 1:2
elevó Sal 7:0
Elí 1S 2:11,26; 4:11
Elías 1R 17:0; 18:0,15; 19:0,9; 2R 2:0
Elifaz Job 4:0; 15:0; 22:0
Elim Éx 15:21
elimina 1S 22:5; 2R 10:17
Elisabet Lc 1:38
Eliseo 1R 19:18; 2R 2:18,22; 5:0; 6:7; 13:13
Eliú Job 32:0,6; 34:0; 35:0; 36:0
Elogio Job 28:0

Elón Jue 12:7
Emanuel Is 7:0
Emaús Lc 24:12
Encarcelamiento Jer 37:0
encargados Nm 1:4
Encargo 1Ti 6:10; 2Ti 3:9
Encargos 1Co 16:4
encorvada Lc 13:9
encuentra Nm 22:35
encuentro Gn 33:0; Éx 5:0; Rt 2:0
endemoniado Mt 17:13; Mr 5:0; 9:13; Lc 8:25; 9:36
endemoniados Mt 8:27
Endor 1S 28:0
Eneas Hch 9:31
enemigos Neh 6:0; Sal 18:0; Zac 9:0; 12:0; Mt 5:42; Lc 6:26
enferma Mt 9:17; Mr 5:20; Lc 8:39
Enfermedad 2R 20:0; 2Cr 32:23; Is 38:0
enfermedades Lv 13:0,8,28; 14:0
enfermos Mt 4:22; 8:13; Mr 1:28; Lc 4:37
engaño Pr 1:7
enojo Is 9:7; Jon 4:0
Enramadas Lv 23:32; Nm 29:11; Dt 16:12; Neh 8:12
enriquece Gn 30:24
enseña Lc 11:0; Jn 3:0; 7:13
enseñanzas Lc 16:15
enseñar Tit 2:0
Entierros Jos 24:28
entrada Mt 21:0; Mr 11:0; Lc 19:27; Jn 12:11
envía Gn 32:0; Mt 10:0; Mr 6:6; Lc 9:0; 10:0
enviado 2Co 8:15
Envidia 1S 18:0
Epílogo Job 42:6; Pr 31:9; Ec 12:8
era Rt 3:0
Esaú Gn 25:18; 27:40; 32:0; 33:0; 36:0; 1Cr 1:34
escala Ec 7:0
escapa Hch 12:0
esclavos Éx 21:0; Dt 15:11; Jer 34:7; Ro 6:14; Ef 6:4; 1Ti 5:0
escogido Is 44:0; Mt 12:14; 1P 2:3
escondido Sal 54:0; Mt 13:43
escrito Is 38:8; Ap 5:0
escritura Dn 5:0
Escritura 2P 1:11
Esdras Esd 7:0,10,26; 8:0; 9:0; Neh 7:73
Esmirna Ap 2:7
espada Jer 14:0; Ez 21:0
especial Lv 10:15; Dt 21:0

espectadores Hch 3:10
esperanza Is 66:0; Mi 7:7; 1P 1:2
esperanzas Ez 14:11
espías Dt 1:18; Jos 2:0
espíritu Mr 1:20; Lc 4:30
Espíritu Jn 14:14; 16:4; Hch 2:0; Ro 8:0; 1Co 2:5; Gá 5:15; 1Jn 4:0
espiritual Jn 9:34
espirituales 1Co 12:0; Ef 1:2
esplendor 1R 10:13; 2Cr 9:12
esposa Gn 39:0; Ez 24:14; Os 1:1; 3:0
Esposas Jue 21:0; 2Cr 11:17
establece Jue 18:0
establecen Nm 32:0
establecieron Neh 11:0
Esteban Hch 6:7; 7:0,53
Ester Est 2:0; 4:0; 5:0
Estímulo 2Co 8:0
estímulos Lc 12:0
estrecha Mt 7:12; Lc 13:21
Etán Sal 89:0
eterna Is 51:0
etíope Hch 8:25
Etiopía Is 18:0
Eva Gn 2:4
evangelio Gá 1:5; 2Ts 3:0
exalta Dn 11:35
exaltación Est 6:0; Mi 4:0; 5:0; Fil 2:0
excepcionales Nm 9:5
Exclusión Dt 23:0
Exhortación Dt 4:0; 16:20; 26:15; Jl 2:11; Hag 1:0; 2Ts 2:12; 3:5; 2Ti 1:2; 1P 5:0; Jud 16
Exhortaciones Pr 1:7; Fil 4:1; Heb 13:0
exigencias Lv 19:18
exiliados Jer 29:0
exilio Ez 12:0
éxodo Éx 12:36
expertos Lc 11:36
expiación Éx 30:10; Lv 16:0
expiatorio Lv 4:0,2,12,21, 26; 5:0; 6:23
explica Hch 11:0
Explicación Mt 13:35
exploradores Nm 13:24
exploran Nm 13:0
explotadores Is 5:7
expulsa Mr 1:20; Lc 4:30
Expulsen 1Co 5:0
Expulsión Gn 21:7; Dt 7:0
exterior Ez 40:16
extermina 2R 10:0
Ezequías 2R 18:0; 19:13; 20:0; 2Cr 29:0; 32:23,26; Is 37:13; 38:0,8
Ezequiel Ez 2:0; 24:14

ezraíta Sal 88:0; 89:0
falsa Jer 7:0
falsas Jer 23:32; Ez 14:11
falso Jer 28:0; Mi 3:4
falsos Ez 13:0; Mi 2:5; 2Co 11:0; 1Ti 1:2; 2P 2:0
familia 1S 2:26; 14:48; 2R 10:0; 1Cr 14:0; Col 3:17
faraón Gn 41:0; Éx 5:0; Ez 32:0
fariseo Lc 14:0; 18:8
fariseos Mt 16:4; 23:0; Mr 8:13; Lc 11:36
favor Gn 18:15; Est 8:0; Is 61:0; Mr 9:37; Jn 5:30
favoritismo Stg 2:0
fe Mt 8:4; 15:20; Mr 7:23; Lc 7:0; 17:0; Ro 3:20; 4:0; Gá 3:0; Heb 11:0; Stg 2:13; 5:12; 1Jn 5:0
fecha Nm 9:0
Felipe Jn 1:42; Hch 8:3,25
Félix Hch 24:0
Festo Hch 25:0,12
fidelidad Mal 3:5; Ro 3:0; 2Ti 1:2
fiesta Lv 23:3,8,14,22,32; Nm 28:25; 29:0,11; Dt 16:0,8,12; Neh 8:12; Jn 7:0,13,36; 10:21
fiestas Éx 23:13; Lv 23:0; 1Co 10:13
Filadelfia Ap 3:6
filiales Ef 6:0
Filipos Hch 16:10
filisteos Jue 15:0; 1S 4:0; 6:0; 7:1; 13:15; 14:14; 27:0; 29:0; 2S 5:16; 1Cr 14:7; 20:3; Sal 56:0; Is 14:27; Jer 47:0; Ez 25:14; Sof 2:3
fin 2Cr 20:30; Ez 7:0; Nah 3:0; Mt 24:0; Mr 13:0; Lc 21:4
final Neh 13:0; Dn 12:0; Ap 20:6
finales 1Co 16:18; 2Co 13:0,10; Ef 6:20; Fil 4:20; Col 4:6; 1Ts 5:11; 2Ts 3:15; 2Ti 4:18; Tit 3:11; Heb 13:0; 1P 5:11; 1Jn 5:12
fingió Sal 34:0
Firmeza 2P 1:2
flautas Sal 5:0
Flecos Nm 15:36
formen 2Co 6:13
fortifica 2Cr 11:4
foso Dn 6:0
Fronteras Nm 34:0
fruto Lc 6:42
frutos Nm 15:16; Mt 7:14
fuego Nm 11:0
fuertes Ro 14:0
fuerza Ec 4:6; 9:10
funcionario Jn 4:42

Futilidad Ec 5:7
futura Is 54:0; Mi 4:0,5; Ro 8:17
futuro Ez 40:0; Sof 3:0
gabaonitas Jos 9:0; 2S 21:0
Gad Nm 7:41; 32:0; 1Cr 5:10
Galaad 2Cr 18:27
gálatas Gá 4:7
ganado Éx 9:0
Gat 1S 21:9; Sal 56:0
Gedeón Jue 6:0; 7:0; 8:21,27
genealogía Rt 4:12; 1Cr 9:34; Mt 1:0; Lc 3:20
genealógico 1Cr 1:0
generosidad 2Co 8:0; 9:5
gente Sal 54:0
gentiles Hch 15:21; Ro 15:13
Getsemaní Mt 26:35; Mr 14:31
gloria Éx 33:11; 40:33; Is 52:12; 54:0; 60:0; Ez 10:0; 11:21; 43:0; Ro 8:17; 2Co 3:6
gobernador Gn 41:40
gobernante Lv 4:21; 1R 3:15
gobernantes Mi 3:0; 1P 2:12
gobierno Mi 3:8
Gog Ez 38:0
Goliat 1S 17:0
Gomorra Gn 19:0
gracia 1Ti 1:11
gracias Sal 100:0; 1Co 1:3; Ef 1:14; Fil 1:2; Col 1:2; 1Ts 1:1; 2Ts 1:2; Flm 3
gran Sof 1:13; Mt 28:15; Lc 14:14; Heb 4:13; Ap 7:8
Grandeza Est 10:0
granizo Éx 9:12
grano Mt 13:30; Mr 4:29; Lc 13:17
grasa Lv 7:21
Gratitud Fil 4:9
Grecia Hch 20:0
guardia Mt 27:61
guardias Mt 28:10
Guedalías Jer 40:6
guerra Nm 31:0; Dt 20:0; 21:9; 2S 2:7; 1Cr 19:0; 20:3
Guerreros 1Cr 12:0
Guersón Nm 4:37
guersonitas Nm 3:20; 4:20; 1Cr 23:6
Guímel Sal 9:4; 25:2; 34:2; 37:4; 111:1; 112:1; 119:16; 145:2; Pr 31:11; Lm 1:2; 2:2; 3:6; 4:2
Habacuc Hab 1:1,11; 3:0
habitaciones Ez 40:43; 42:0
habitada Is 44:23
habitadas Neh 11:24
hacha 2R 6:0
Hai Jos 7:1
Hallazgo 2Cr 34:13

hambre   2R 6:23; Jer 14:0
Hatavá   Nm 11:3,9
Hazañas   2S 21:14
He   Sal 9:6; 25:4; 34:4; 37:7;
   111:2; 112:2; 119:32; 145:4;
   Pr 31:13; Lm 1:4; 2:4; 3:12;
   4:4
hebreos   Éx 21:0
Hebrón   Jos 14:5; 15:12; 1Cr
   12:22
hechicero   Hch 8:8
Hemán   Sal 88:0
Herencia   Nm 36:0
herido   Zac 13:6
hermanas   Ez 23:0; Jn 11:16
hermano   Mt 18:14; 1Co 5:0
hermanos   Gn 37:11; 42:0;
   43:0; 50:14; Mt 12:45; Mr
   3:30; Lc 8:18; Heb 2:4
Herodes   Mr 8:13; Lc 22:65;
   Hch 12:19
Héroes   2S 23:7
Hesbón   Dt 2:23
hierba   Mt 13:23,35
Higiene   Dt 23:8
higos   Jer 24:0
higuera   Mt 21:17; Mr 11:19
hijas   Gn 19:29; Nm 27:0
hijo   Dt 21:17; 2R 4:7; Sal 3:0;
   9:0; Mt 22:40; Mr 12:34; Lc
   7:10; 15:10; 20:41; Jn 4:42
Hijo   Jn 5:15,30; Heb 1:0; Ap
   1:8
hijos   Gn 9:17; 22:19; 29:30;
   49:0; Lv 8:0; 1S 2:11; 1Cr 2:0;
   3:0; 2Cr 11:17; Sal 42:0; 44:0;
   45:0; 46:0; 47:0; 48:0; 49:0;
   84:0; 85:0; 87:0; 88:0; Os 1:1;
   Mt 21:27; Jn 8:30,41; Gá
   3:25; Ef 4:16; Heb 12:0
hirviente   Ez 24:0
historia   Ez 20:0; 1Co 10:0
Hobab   Nm 10:28
holocausto   Lv 1:0; 6:7
holocaustos   Éx 27:0; 38:0
hombre   Lv 15:0; 1R 13:0; Sal
   90:0; Zac 1:6; 2:0; Jn 1:0;
   Hch 16:5; Ap 1:8
hombres   2R 4:41
homicidio   Dt 21:0; Mt 5:20
honra   Mt 13:52; Mr 6:0
hora   Dn 12:0; Mt 24:35; Mr
   13:31
Horeb   Dt 1:0; 1R 19:0
horno   Dn 3:0
huesos   Ez 37:0
huía   Sal 3:0
huida   Éx 2:10; Jer 41:15; Mt
   2:12
huido   Sal 57:0
humana   Gn 6:0
humanidad   Ro 1:17

humano   Gn 3:0
Humillación   Est 7:0; Mi 5:0;
   Fil 2:0
Husay   2S 16:14
huye   Gn 27:40; 31:0; 1S 22:0;
   1R 19:0
Ibsán   Jue 12:7
Iconio   Hch 14:0
idólatra   Mi 5:9
idólatras   1Co 10:13
idolatría   Dt 4:14; 13:0; 16:20;
   Jer 44:0; Ez 8:0; 14:0
ídolos   Jue 17:0; Is 44:5; Jer
   10:0; 1Co 8:0
iglesia   Hch 8:1; 11:18; 1Co
   1:9; 3:0; Col 1:23; Ap
   2:0,7,11,17; 3:0,6,13
igual   Heb 2:4
ilícitas   Lv 18:0,18
Iluminación   Lv 24:0
Impartición   Dt 16:17
Impedimentos   Lv 21:15
Impenitencia   Os 6:0
impiedad   2Ti 3:0
impíos   Jud 2
importante   Mt 18:0; 22:33;
   Mr 9:32; 12:27; Lc 9:45
impuesto   Mt 17:23
impuestos   Mt 22:14; Mr
   12:12; Lc 18:8; 19:0; 20:19
impureza   Lv 11:23
Impurezas   Lv 15:0,18
impuro   Lv 11:23; Mt 15:0; Mr
   7:0
impuros   Lv 11:0,31; Nm 19:0;
   Dt 14:0
inaceptables   Lv 22:16
inadvertidos   Nm 15:21
incensario   Ap 8:0
incensarios   Nm 16:35
incienso   Éx 30:0,33; 37:24
incredulidad   Jn 7:44; 12:36;
   Ro 9:29; Heb 3:6
incrédulos   2Co 6:13
infecciones   Lv 13:44
infecciosas   Lv 13:8
infectadas   Lv 14:32
infidelidad   Nm 25:0; Is 43:13;
   Jer 3:5; Ez 16:0
informarle   Sal 52:0
informe   Nm 13:24; Mt 28:10;
   1Ts 3:5
inicia   Neh 3:0
inicial   Ec 1:0
inician   Lv 9:0
injertadas   Ro 11:10
Injurias   Éx 21:11
inminente   Jer 10:16
inmoral   1Co 5:0
inmoralidad   1Co 6:11
insensatez   Pr 5:23

insensato   Mt 7:23; Lc 6:45;
   12:12
insistente   Lc 18:0
Insolencia   Mal 3:12
inspecciona   Éx 39:31; Neh
   2:10
instrucciones   Nm 26:51;
   33:49; Dt 3:20; 20:0; 1R 2:0;
   1Cr 28:0; Col 4:1; 1Ts 5:11;
   1Ti 2:0; 4:0; 2Ti 4:8; Tit 3:11
instrumento   Is 8:0
instrumentos   Sal 4:0; 6:0;
   54:0; 55:0; 61:0; 67:0; 76:0
intenta   Nm 14:38; 1S 19:0
intercede   Gn 18:15; Nm
   12:12; 16:40
intercesión   Ef 1:14; Fil 1:2;
   Col 1:2; Flm 7
interior   Ez 40:27,31,34,46
interpreta   Dn 2:23; 4:18
interpretación   Dn 7:14
interroga   Jer 38:13
Interrupción   Job 24:17; 26:0
Intervención   Job 32:0
Introducción   Dt 4:43
inútil   Jer 7:0; Ez 15:0; Nah
   3:13
invade   2Cr 12:0; 32:0
inválido   Jn 5:0
invasión   Jl 1:1
investigan   Jn 9:12
invita   Nm 10:28
Invitación   Pr 8:36; Is 55:0
ira   Is 51:16; Os 13:0; Ro 1:17;
   Ap 16:0
Isaac   Gn 21:0; 24:0; 26:0,33;
   35:15
Isacar   Nm 7:17; Jos 19:16; 1Cr
   7:0
Isaí   Is 11:0
Isaías   2R 19:0; Is 6:0
Isboset   2S 4:0
isla   Hch 28:0
Ismael   Gn 16:0; 21:7; 25:11
israelitas   Éx 1:0; 13:0; 19:0;
   20:17; Nm 13:0; Jue 20:0; 1S
   8:0; 2R 13:21; Neh 9:0
Jabés   1S 11:0
Jacob   Gn 25:18; 26:33; 27:40;
   28:9; 29:0,14,30; 30:24;
   31:0,21; 32:0,21; 33:0; 35:0;
   46:0; 49:0,28
Jacobo   Mr 10:34
Jananías   Jer 28:0
Jazael   2R 8:6; 13:21
Jazor   Jer 49:27
Jedutún   Sal 39:0; 62:0; 77:0
jefes   Dt 1:8; 1Cr 11:9; 27:15
Jefté   Jue 10:5; 12:0
Jehú   2R 9:0,13; 10:0,17; 2Cr
   22:6

Jeremías   Jer 1:3; 10:22; 12:0; 20:0,6; 26:0; 36:0; 37:0; 38:0,13; 40:0

Jericó   Jos 6:0

Jeroboán II   2R 14:22

Jeroboán   1R 11:25; 14:0

Jesucristo   Mt 1:0,17

Jet   Sal 9:12; 25:6; 34:6; 37:13; 111:4; 112:4; 119:56; 145:7; Pr 31:16; Lm 1:7; 2:7; 3:21; 4:7

Jetro   Éx 18:0

Jezabel   2R 9:29

jinete   Ap 19:10

Joab   2S 3:21; Sal 60:0

Joacaz   2R 13:0; 23:30; 2Cr 36:0

Joacim   2R 23:35; 2Cr 36:4; Jer 36:0

Joaquín   2R 24:7; 25:26; 2Cr 36:8; Jer 52:30

Joás   2R 11:0; 12:0; 13:9; 2Cr 22:9; 24:0,16

Job   Job 1:5; 2:0,10; 3:0; 6:0; 9:0; 12:0; 16:0; 19:0; 21:0; 23:0; 26:0; 27:0; 29:0; 42:0

Jonás   Jon 1:0; 2:0; 3:0; 4:0; Mt 12:37; Lc 11:28

Jonatán   1S 13:15; 20:0; 2S 1:16

Jorán   2R 8:15; 9:13; 2Cr 21:0

Jordán   Dt 3:22; Jos 3:0; 13:7; 14:0

Josafat   1R 22:40; 2Cr 17:0; 19:3; 20:0,30

José   Gn 37:0,11; 39:0; 41:40; 42:0; 43:0; 44:0; 45:0; 47:12; 50:14,21

Josías   2R 22:0; 2Cr 34:0; 35:19

Josué   Dt 3:20; 31:0; Jos 1:0; 12:6; 19:48; 23:0; Zac 6:8

Jotán   2R 15:31; 2Cr 27:0

joven   Mt 19:15; Mr 10:16

jóvenes   Mt 25:0; 1P 5:0

Juan   Mt 3:0; 11:0; 14:0; Mr 1:0; 6:13; 10:34; Lc 1:4,56; 3:0; 7:17; Jn 1:18; 3:21; Hch 4:0

jubileo   Lv 25:7

Judas   Mt 26:13; 27:0; Lc 22:0; Jn 13:17; Hch 1:11

judíos   Esd 1:4; Est 3:0; 8:0; 9:0; Jn 7:44; 12:36; Ro 2:16

jueces   2Cr 19:3

juicio   2R 1:0; Is 3:0; 10:4; 24:0; 34:0; 65:0; 66:0; Jer 16:0; 22:0; Ez 11:0; 20:29; Os 5:0; Jl 2:32; Am 1:2; 2:5; Sof 1:3; 2:3,7,11-12; Zac 9:0; Mal 2:0; Ro 2:0; 2Ts 2:0; Ap 20:6,10

juramento   1S 14:23

juramentos   Mt 5:32

justicia   Éx 23:0; Dt 16:17; Is 32:0; Zac 7:0; Ro 3:20; 6:14

justiciera   Ez 21:0

justificado   Ro 4:0

justo   Jer 23:0; Ro 2:0; 3:8

Juventud   Ec 4:12

juzgar   Mt 7:0; Lc 6:36

Labán   Gn 31:0,21

labradores   Mt 21:32; Mr 12:0; Lc 20:8

lagar   Sal 8:0; 81:0; 84:0

Lais   Jue 18:0

Lámed   Sal 10:0; 25:10; 34:10; 37:20; 111:6; 112:5; 119:88; 145:11; Pr 31:20; Lm 1:11; 2:11; 3:33; 4:11

lamento   2S 1:16; Sal 102:0; Ez 19:0; 27:0; 30:0; 32:0; Mi 1:7; 7:0; Zac 12:8; Lc 13:30

lamentos   Am 5:0

lámpara   Mr 4:20; Lc 8:15; 11:32

lámparas   Nm 8:0

langostas   Éx 10:0; Jl 1:1; 2:0

Laodicea   Ap 3:13

Lapidación   Lv 24:9

lava   Jn 13:0

lavamanos   Éx 30:16

Lázaro   Lc 16:18; Jn 11:0, 16,37

Lea   Gn 29:14

leannot   Sal 88:0

lectura   Dt 31:8; Jos 8:29

lee   Neh 7:73

lejanos   Sal 56:0

Lemuel   Pr 30:33

lengua   Stg 3:0

lenguas   1Co 14:0

leones   Dn 6:0

leproso   Mt 8:0; Mr 1:39; Lc 5:11

leprosos   Lc 17:10

letra   Sal 18:0

levadura   Mt 13:30; 16:4; Mr 8:13; Lc 13:17

levanta   Éx 40:0

Leví   Nm 3:0,13,37; 1Cr 6:0; Mr 2:12; Lc 5:26

levita   Jue 19:0

levitas   Nm 1:46; 3:4,10,39; 8:4; 18:0,19; 26:56; Dt 10:5; 18:0; Jos 21:0; 1Cr 6:53; 23:0; 24:19; 2Cr 11:12; Neh 12:0,43; Ez 44:0,3

levíticas   Nm 35:0

ley   Lv 24:16; Dt 4:43; 10:0; 31:8; Jos 8:29; 2Cr 34:13; Neh 7:73; 10:0; Mt 5:16; 23:0; Lc 11:36; Ro 2:16; Gá 3:0,14; 1Ti 1:2

Ley   Lv 10:5,7; 13:44; Nm 5:10

leyes   Éx 23:0,9; Lv 11:0,23, 31; 13:0,8,17,23,28,39,46; 16:0;

25:22; Nm 15:0; Dt 21:21; 23:14

Líbano   Ez 31:0

libera   1S 11:0; 23:0

liberación   Éx 5:21; Dt 15:11; Jos 5:1; 2R 7:2; 19:0; 25:26; Is 27:0; 37:0; 48:11; Jer 34:7; 40:0; 52:30; Mi 2:11; Nah 1:11; Mt 8:27; Mr 5:0; Lc 8:25

libertad   1Co 10:22; Gá 5:0; Col 2:5

libro   2Cr 34:13

libró   Sal 18:0

licor   Lv 10:7

líder   Nm 27:14

líderes   Ez 11:0

Lidia   Hch 16:10

límites   Ez 47:12

limpias   Zac 3:0

Limpieza   Zac 13:0

limpio   Mt 15:0

lino   Jer 13:0

lirio   Sal 60:0

lirios   Sal 45:0; 69:0; 80:0

lisiado   Hch 3:0

Lista   Esd 2:0; 8:0; 10:17; Neh 7:4

Listra   Hch 14:7

litúrgico   Nm 28:0

Lot   Gn 13:0; 14:0; 19:29

lucha   Gn 32:21; Jue 1:0

luchó   Sal 60:0

lugar   Dt 12:0; Zac 7:0; Mr 1:34

luz   Mt 5:12; Ef 4:16; Fil 2:11; 1Jn 1:4

llama   1S 3:0; Jn 1:42

Llamada   Heb 10:18

llamado   Lv 19:0; Pr 7:27; Jl 1:12; Zac 1:0; Gá 1:10

llamamiento   Gn 12:0; 1R 19:18; Jer 1:3; Ez 2:0; Mt 4:17; 9:8; Mr 1:13; 2:12; Lc 5:0,26; 2P 1:2

llamar   Nm 22:0; Hch 10:0

llamas   Dn 3:0

llamen   Mt 7:6

llega   Gn 29:0; Esd 7:0

Llegada   Hch 21:16; 28:10

llegado   Ez 7:0

llegó   1R 13:0

lleva   2S 6:0; 1Cr 15:0

llevado   2R 2:0; Hch 1:0

Macedonia   Hch 20:0

macedonio   Hch 16:5

macho   Dn 8:0

Madián   Éx 2:10; Nm 31:0

madianitas   Jue 7:0

madre   Mt 12:45; 20:19; Mr 3:30; Lc 8:18

Nadab   Lv 10:0; 1R 15:24
Najor   Gn 22:19
Natán   2S 12:0; Sal 51:0
Natanael   Jn 1:42
naufragio   Hch 27:26
nazareos   Nm 6:0
Nazaret   Mt 2:18; Lc 4:13
necedad   Pr 8:36
necesitados   Mt 6:0
Neftalí   Nm 7:77; Jos 19:31;
   1Cr 7:12
negación   Mt 26:30; Mr 14:26;
   Jn 13:30
Nehemías   Neh 1:0; 2:0,10;
   5:0; 13:0
Nicodemo   Jn 3:0
niega   Nm 20:13; Mt 26:68; Mr
   14:65; Lc 22:53; Jn 1:18;
   18:14,24
Nínive   Nah 1:6,14; 2:0,4;
   3:0,7
niña   Mt 9:17; Mr 5:20; Lc 8:39
niño   Is 9:0; Lc 2:40
niños   Mt 19:12; Mr 10:12; Lc
   18:14
no   Lv 18:5; Dt 9:0; Jos 13:0;
   Sal 54:0; 57:0; 58:0; 59:0;
   75:0; Mt 11:19; Mr 9:37; Lc
   13:0; 12:21; Jn 8:20; Ro 3:8;
   2Co 6:13; Gá 1:5; 6:10; 1Jn
   2:14
Nob   1S 21:0; 22:5
Noé   Gn 9:0,17; 1Cr 1:4
Noemí   Rt 1:0
nombra   2Cr 19:3
Nombramiento   Dt 1:8; Mr
   3:12
nombre   Is 62:0
Normas   Éx 35:0; Col 3:0,17
noroeste   Sal 60:0
norte   Jos 11:0; Jer 4:4; Ez
   40:19,34; Dn 11:1
Noticia   2S 1:0
Noveno   Job 27:0
nube   Nm 9:14
nueva   Neh 6:0; Ec 7:0; Is
   65:16; Gá 6:10; Ap 21:0
nuevas   Éx 34:0; Dt 10:0
nuevo   Is 62:0; Mt 20:16; Mr
   10:31; Lc 18:30; Jn 18:24;
   2Co 2:11; 3:6; Heb 8:0
Nuevos   Is 65:16
Nun   Sal 25:12; 34:12; 37:24;
   111:7; 112:7; 119:104; 145:13;
   Pr 31:22; Lm 1:13; 2:13; 3:39;
   4:13
nupcial   Sal 45:0
Obed   1Cr 13:0
obedece   Jon 3:0
obedecer   Neh 10:0

obediencia   Lv 25:17; 26:0; Dt
   4:0; 11:0; 28:0; Jos 8:0; Ec
   8:1; Is 50:0
Obispos   1Ti 3:0
obra   Jn 16:4
obras   Stg 2:13
obrero   2Ti 2:13
obreros   Mt 9:34
Observaciones   1Jn 5:12
observancia   Jer 17:18; Gá 3:0
obstaculiza   Neh 4:0
obstinada   Is 30:0
obstinado   Is 48:0
occidente   Jos 14:0
Ocozías   1R 22:50; 2R 1:0;
   8:24; 9:13; 2Cr 22:0,6
octava   Sal 6:0; 12:0
Octavo   Job 23:0
Odio   Est 5:8
oficiales   2S 8:14; 21:14; 1Cr
   18:13; 26:19
ofrecido   Heb 10:0
ofrecidos   Lv 24:4
ofrenda   Lv 2:0; 6:13,18; Nm
   7:11,17,23,29,35,41,
   47,53,59,65,71,77; 15:16;
   28:10; 31:47; Mr 12:40
ofrendas   Éx 25:0; Lv 22:0;
   27:0; Nm 7:0,9; 15:0,21; 28:8;
   Dt 18:0; 1Cr 29:0; Sal 38:0;
   Mal 3:5
Og   Nm 21:31; Dt 3:0; Ez 39:0
ojo   Mt 5:37
olivos   Zac 4:0
Olivos   Lc 22:38
olla   Ez 24:0
Omrí   1R 16:20
Onésimo   Flm 7
opone   Gá 2:10
oportuna   Jer 13:14
oposición   Esd 4:0; Neh 6:0;
   Lc 9:50
opresor   Nah 1:11
opresores   Ec 4:0; Mi 2:0; Stg
   5:0
oprime   2R 13:21
oprimen   Éx 1:0
oprimidos   Ec 4:0
oprobio   Jos 5:1
ora   Neh 1:0; Mr 1:34; Lc
   22:38; Jn 17:0,5,19
oración   1S 2:0; 2S 7:17; 1R
   8:21; 2R 19:13; 1Cr 17:15;
   29:9; 2Cr 6:11; Esd 7:26; Sal
   17:0; 86:0; 90:0; 102:0; 142:0;
   Is 37:13; 63:6; Jer 10:22; Dn
   9:0; Jon 2:0; Hab 3:0; Mt 6:4;
   Lc 11:0; Hch 4:22; Ef 3:13;
   2Ts 1:2; 3:0; Stg 5:12
oráculo   Nm 23:0,12,26; 24:14;
   Hag 1:0; 2:0,9,19
oráculos   Nm 24:19

Orden   Jos 1:0; 1Co 14:25
ordena   Dt 1:0
ordenación   Lv 8:0
ordenado   Sal 59:0
Organización   1Cr 24:0; 25:0;
   26:0
Orgullo   Abd 1
oriental   Ez 40:4,31
orientales   Jos 22:0
oriente   Jos 13:7
oro   Éx 32:0; Dt 9:6; 1R 12:24;
   Zac 4:0; Mt 25:13; Ap 8:0
Oseas   2R 17:0; Os 1:1; 3:0
Otoniel   Jue 3:6
oveja   Mt 18:9; Lc 15:0
ovejas   Ez 34:0; Zac 13:6; Mt
   25:30
Pablo   Hch 15:35; 16:0,5, 15;
   19:0; 20:6,12; 21:16,26, 36;
   22:21,29; 23:11,22; 25:22;
   27:0; 28:16; Ro 1:7; 15:13,22;
   2Co 1:11; 6:2; 7:1; 10:0;
   11:0,15; 12:0,10; Gá 1:10;
   2:0,10; 4:7; Ef 3:0; Col 1:23;
   1Ts 2:0,16; 1Ti 1:11; 6:10; 2Ti
   3:9; Flm 0:7
Paciencia   Stg 5:6
pacto   Gn 9:0; 15:0; 17:0;
   21:21; Éx 24:0; Dt 29:0; Jos
   24:0; 2S 3:5; 1R 9:0; 2R 23:0;
   2Cr 5:1; 7:10; 16:0; 34:28; Sal
   60:0; 80:0; Jer 11:0; 2Co 2:11;
   3:6; Heb 8:0
Padán   Gn 29:0
Padre   Jn 3:13; 14:4
pago   Mt 22:14; Mr 12:12; Lc
   20:19
país   Ez 47:12
palabra   Nm 11:20; Stg 1:18
palabras   2S 23:0
palacio   1R 7:0
pan   Jn 6:24
panadero   Gn 40:0
panes   Lv 24:4
parábola   Jer 18:0; 27:0; 32:0;
   Mt 13:0,23,35,46; 18:9,20;
   20:0; 21:27,32; 22:0; 25:0,13;
   Mr 4:0,25, 29; 12:0; Lc 8:0;
   10:24; 12:12; 14:14; 15:0,7,10;
   16:0; 18:0,8; 19:10; 20:8
Parábolas   Mt 13:30,43; Lc
   13:17
paralítico   Mt 9:0; Mr 2:0; Lc
   5:16
paran   Ec 2:11
Parán   Nm 10:10
pared   Dn 5:0
Pascua   Éx 12:0,42; Lv 23:3;
   Nm 9:0; 28:15; Dt 16:0; Jos
   5:9; 2Cr 30:0; 35:0; Esd 6:18
paso   Éx 13:16; Nm 20:13
pastor   Zac 13:6; Jn 10:0

pastores Ez 34:0; Zac 11:3; Lc 2:7

Pasur Jer 20:0

paz Lc 12:48; Ro 5:0

Pe Sal 10:6; 25:15; 34:15; 37:29; 111:8; 112:8; 119:128; 145:15; Pr 31:25; Lm 1:16; 2:15; 3:45; 4:15

peca Mt 18:14

pecado Lv 4:2,12,21,26; 20:0; Jos 7:0; 2R 17:6; Esd 9:0; 10:0; Is 50:0; 59:0; Jer 8:3; Os 11:11; Zac 13:0; Lc 17:0; Ro 6:0; 7:6; Jud 2

pecador 2Co 2:4

pecadora Lc 7:35

pecados Lv 5:0; 16:0; Nm 15:21; Neh 9:0; Ez 22:0

Pecaj 2R 15:26

Pecajías 2R 15:22

pecar Mr 9:41

pectoral Éx 28:14; 39:7

Pedro Mt 16:12; 26:30,68; Mr 8:26; 14:26,65; Lc 9:17; 22:53; Jn 13:30; 18:14,24; 21:14; Hch 2:13; 3:0,10; 4:0; 10:0,8,23; 11:0; 12:0; Gá 2:10

Pentecostés Hch 2:0

pequeño Ap 10:0

perdida Mt 18:9; Lc 15:0,7

perdido Lc 15:10

perdón Dt 15:0

Perdón Lv 23:25; Nm 29:6; 2Co 2:4

perdona 1S 24:0; 26:0

perecerá Lc 13:0

Peregrinación Dt 2:0

peregrinos Sal 120:0; 121:0; 122:0; 123:0; 124:0; 125:0; 126:0; 127:0; 128:0; 129:0; 130:0; 131:0; 132:0; 133:0; 134:0

Pérgamo Ap 2:11

perla Mt 13:43

Permanezcamos 1Jn 2:27; 4:6

permitidas Lv 18:5

perseguida Hch 8:1

perseverancia 2Ts 2:12; Heb 10:18; Jud 16

persigue Gn 31:21; 1S 23:6

Persiguen Hch 5:16

personal Ez 18:0

personales Éx 21:11; Ro 16:0; 1Co 16:4; 2Ti 4:8; Tit 3:11

personas Hch 5:11

Perversidad 1S 2:11

pesca Jn 21:0

petición Est 5:0; Sal 70:0; Jer 21:0; Mt 20:19; Mr 10:34; Flm 3

Pidan Mt 7:6

pide Nm 27:14; 1R 3:0; 2Cr 1:0

piden 1S 8:0; Mt 16:0

piedra Éx 20:21; 34:0; 1P 2:3

piensa Ro 15:22

pies Jn 13:0

Pilato Mt 27:10; Mr 15:0; Lc 22:65; Jn 18:27

Pisidia Hch 13:12

plaga Éx 7:13,24; 8:15,19; 9:0,7,12; 10:0,20; 11:0

plagas Ap 15:0

Plan Neh 7:0

planes 2Co 1:11

Pleito Os 4:0

Pleitos 1Co 6:0

Plena Fil 3:0

poblaciones Jos 21:0

pobre Lv 5:6

pobres Neh 5:0

pocos Mt 9:34

poder 1Co 1:17

pone Nm 10:32

poner Stg 1:18

porción Lv 7:27; 10:11

porteros 1Cr 26:0

Potifar Gn 39:0

práctica Stg 1:18

precio Lc 14:24

predica Hch 28:16

predicar Mt 4:11

Predicción Dt 31:13

predice Mt 16:20; 20:16; 26:30; Mr 8:30; 10:31; 14:26; Lc 18:30; Jn 12:19; 13:17,30

preguntan Mt 9:13; Mr 2:17; Lc 5:32

Preocupación 2Co 12:10; Gá 4:7

preocuparse Mt 6:24

preocupen Lc 12:21

prepara Mt 3:0; Mr 1:0; Lc 3:0

Preparativos 1R 5:0; 1Cr 22:1; 2Cr 2:0

presencia Sal 34:0; Hag 2:0

Presentación Lc 2:20

prestar Heb 2:0

Primer Éx 5:0; Nm 23:0; Job 3:0; 4:0; 8:0; 11:0; 32:6; Hag 1:0

primera Job 1:5; Hab 1:1

Primeras Ec 1:11

primeros Nm 15:16; Mt 4:17; Mr 1:13; Lc 5:0; Jn 1:34

primicias Lv 23:8; Dt 26:0

primogénito Dt 21:14

primogénitos Éx 11:0; 12:28; 13:0; Nm 3:39; Dt 15:18

príncipes Ez 19:0

Priscila Hch 18:17

prisioneras Dt 21:9

prisioneros Nm 31:18

Privaciones 2Co 6:2

Privilegios Nm 18:7,19

procedente 1Co 2:5

proceso Hch 24:0; 25:0

proclama 1R 1:27

Proclamación 1Cr 11:0

proclamado 1S 10:8

profecía 1S 2:26; 1R 14:0; 1Co 14:0; Is 13:0; 14:23, 27; 15:0; 17:0; 18:0; 19:0; 20:0; 21:0,10,12; 22:0; 23:0; Ez 6:0; 20:44; 25:0,7, 11,14; 26:0; 28:0,19; 29:0; 35:0; 36:0; 38:0

Profecías Jer 23:32

profeta Dt 18:13; 1R 20:34; Sal 51:0; Jer 28:0; Ez 33:0; Am 3:0; Mi 3:4; Mt 13:52; Mr 6:0

profetas Jer 23:8; Ez 13:0; Mi 2:5

profetisas Ez 13:16

profetiza 1R 22:0; 2R 19:0; 2Cr 18:0; Is 37:0

prohíbe Dt 3:22

Prohibición Lv 17:0; Dt 4:14; Stg 2:0

Prohibiciones Lv 7:21

Prólogo Job 1:0; Pr 0:0; Lc 1:0; Ap 1:0

promesa Gn 50:14; 2S 7:0; 1Cr 17:0; Mi 2:11; Gá 3:14; Heb 6:12

Promesas Jer 33:0; Hag 2:19

promete Éx 5:21; Zac 8:0; Jn 14:14

prometida Nm 33:49; Jos 24:28

pronto Ap 22:6

propiedad Éx 22:0

propiedades Lv 25:22

propósito Sal 59:0; Pr 0:0

Prosperidad 1R 4:19; 2Cr 32:26

Protección Éx 22:0

proverbios Pr 9:18; 24:34

prudente Mt 7:23; Lc 6:45

prueba Gn 22:0; Job 1:5; 2:0

Pruebas Stg 1:1

pueblo Lv 4:26; Nm 7:88; 11:3; 14:0,38; 16:40; Esd 9:0; 10:0; Neh 1:0; 10:0; Is 40:0; Ez 33:0; Jl 3:16; Abd 18; Mi 5:9; 6:0; Mal 1:1; 1Co 16:0; Heb 4:0; 1P 2:3

puerta Ez 40:4,19,23,27, 31,34; Mt 7:12; Lc 13:21

puertas Ez 40:27,37; 48:29

puesta Mt 21:22; Mr 11:25; Lc 20:0

punto Sal 102:0

pureza Nm 5:0

purifica 2R 2:18; Mr 11:11; Jn 2:12

purificación   Lv 12:0; 14:0,32;
  Nm 19:0,10; 31:18; Mi 5:9
Purim   Est 9:17
puro   Mr 7:0
puros   Lv 11:0; Dt 14:0
Qof   Sal 10:11; 34:17; 37:33;
  111:9; 112:9; 119:144; 145:17;
  Pr 31:27; Lm 1:18; 2:18; 3:54;
  4:18
Quebrantamiento   Nm 15:31
Queilá   1S 23:0
queja   Hab 1:1,11
Queja   Nm 11:3,9; Jer 12:0
Quejas   Nm 12:0; Jer 20:6
quema   Jer 36:0
quemaduras   Lv 13:23
Querella   Mi 6:0
Quibrot   Nm 11:3,9
Quinta   Am 9:0
Quinto   Job 16:0
Rabá   1Cr 20:0
radiante   Éx 34:28
Rajab   Jos 2:0
Ramas   Ro 11:10
Ramot   2Cr 18:27
ranas   Éx 7:24
Rapto   Gn 34:0
Raquel   Gn 29:14; 35:15
Ratificación   Éx 24:0
razón   Ec 7:22
Reacción   Éx 20:17
real   Est 8:0
reanuda   Job 26:4
Rebeca   Gn 24:0
rebela   Nm 14:0; 2S 20:0; 1R
  11:25
rebelan   2R 3:0
rebelde   Dt 21:17; Is 1:1
rebeldía   Dt 31:13
rebelión   Nm 16:0; Dt 1:25; Ez
  20:0
recabitas   Jer 35:0
recaudador   Lc 18:8; 19:0
recibe   Jos 14:5; Mr 10:45; Lc
  18:34
reciben   Mt 20:28
recibida   Fil 4:9
recipiente   Zac 5:4
reconcilia   Os 3:0
reconciliación   2Co 5:10
reconoce   Esd 10:0
reconstrucción   Esd 3:6; 5:0;
  Neh 3:0; 4:0; 6:14
recordatorios   Nm 15:36
Recorrido   Hch 20:0
Recuerda   Dt 8:0
recupera   2R 8:0
rechaza   1S 15:0; Jer 21:0
rechazan   Lc 4:13; Heb 12:13
rechazo   Pr 1:19
red   Mt 13:46
redención   Is 59:0; 63:0; Mi 7:7

redimidos   Is 35:0
reedificar   Hag 1:0
reemplazar   Hch 1:11
Reforma   Neh 13:0
Reformas   2Cr 15:0
refugio   Nm 35:8; Dt 4:40;
  19:0; Jos 20:0
Registro   1Cr 1:0
reglas   Dt 22:12
regresa   Éx 4:17; 2S 14:0; 19:8
regresaron   1Cr 9:1; Esd 2:0;
  8:0
regreso   Esd 1:4; 8:14; Mt 2:18;
  Hch 14:20
reina   1R 10:0; 2Cr 9:0; Est 1:0;
  2:0
reinado   2Cr 20:30; Zac 14:0
reinicia   Esd 5:0
reino   1R 2:12; 4:0; 12:0; 2Cr
  10:0; Is 32:0; Mt 18:0; Lc
  17:19
reinos   Jos 11:0
relaciones   Lv 18:0,5,18; 19:8
religión   Jer 7:0
remanente   Is 10:19; Mi 5:6;
  Ro 11:0
renovación   Dt 29:0; Jos 24:0;
  2R 23:0; 2Cr 34:28
Reorganización   2Cr 31:1
Repartición   Nm 34:15
reparto   Nm 26:51; 31:24; Ez
  48:0
repatriados   Neh 7:4; 12:0
repisa   Mr 4:20; Lc 8:15
Repoblación   2R 17:23
reposo   Nm 15:31; Heb 4:0
reprende   1S 13:0; 2S 12:0
reptiles   Lv 11:40
requeridos   Dt 19:14
rescata   Gn 14:0
rescate   Lv 25:22; 27:0
Resh   Sal 10:13; 25:18; 34:18;
  37:34; 111:9; 112:9; 119:152;
  145:18; Pr 31:28; Lm 1:19;
  2:19; 3:57; 4:19
respeto   Ro 13:0
responde   Nm 11:15
responsabilidad   Ez 18:0; Ro
  13:7
Responsabilidades   Éx 22:15
respuesta   Job 38:0; 42:0; Jer
  12:4; Os 14:3; Jl 2:17; Hab
  1:4; 2:1
restauración   Esd 3:0; Is 49:7;
  Jer 30:0; 33:0; Ez 20:29; Os
  2:1; Am 9:10; Abd 18; Mi
  4:5; Zac 9:10
Restitución   Nm 5:4
restituye   Jn 21:14
resto   1Cr 24:19
Restricciones   Éx 12:42
resucita   Lc 7:10; Jn 11:37

resucitado   1Co 15:34
resultados   Nm 1:16
Resumen   Lv 11:40
resurrección   Mt 22:22; 28:0;
  Mr 12:17; 16:0; Lc 20:26;
  24:0; 1Co 15:0,11
retoño   Is 11:0
Retorno   Jos 22:0
reunión   Éx 33:6
reunirse   Jn 4:26
revela   Nm 7:88
Rey   Jer 23:0
reyes   Gn 36:30; Jos 10:0,5, 15;
  12:0,6; 1Cr 1:42; Jer 22:0; Dn
  11:1
rico   Mt 19:15; Mr 10:16; Lc
  12:12; 16:18; 18:17
ricos   Mi 2:0; Stg 5:0
rienda   Sal 102:0
río   Jos 3:0; Ez 47:0; Dn 10:0;
  Ap 22:0
riquezas   Ec 5:7
robles   Sal 56:0
Roboán   1R 14:20; 2Cr
  11:4,12,17
roca   Éx 17:0; Nm 20:0
Rojo (Mar)   Éx 13:16
rollo   Jer 36:0; Zac 5:0; Ap 5:0;
  10:0
Roma   Hch 27:0; 28:10,16; Ro
  1:7; 15:22
romano   Hch 22:21
Ropas   Zac 3:0
rostro   Éx 34:28
rotos   Jer 13:11
Rubén   Nm 7:29; 32:0; 1Cr 5:0
Rumbo   Hch 21:0
Rut   Rt 1:0; 2:0; 3:0; 4:0
Ruta   Nm 33:0
Sabá   2S 20:0; 1R 10:0; 2Cr 9:0
sábado   Éx 31:11; 35:0; Lv
  23:2; Nm 28:8; Sal 92:0; Jer
  17:18; Mt 12:0; Mr 2:22; Lc
  6:0; 13:9
sabáticas   Éx 23:9
sabático   Lv 25:0
sabiduría   1R 3:0; 4:28; 2Cr
  1:0; Job 28:0; Pr 1:7,19,33;
  2:22; 3:35; 7:27; 8:36; Ec 4:12;
  10:0; 1Co 1:17; 2:5; Stg 3:12
sabio   1R 3:15
sabios   Pr 22:16; 24:22; Mt 2:0
sacerdocio   Lv 21:15; Heb 7:0
sacerdotal   Lv 10:5; Nm 6:21;
  1Cr 24:0
sacerdotales   Éx 28:0,30;
  39:0,21
sacerdote   Lv 4:2; 21:9; Zac
  3:0; Jn 18:18; Heb 4:13; 8:0
sacerdotes   Éx 29:0; Lv 6:18;
  7:6,27; 9:0; 10:11; 21:0; Nm
  3:1; 18:0,7; Dt 18:0; 1S 22:5;

sueño Gn 28:9; Dn 2:0,23; 4:18; 7:14

sueños Gn 37:0; 41:0

Sufriendo 1P 3:7; 4:11

sufrimiento Is 52:12

sufrimientos 2Co 11:15; Stg 5:6

Sumisión 1P 2:12

sumo Lv 21:9; Zac 3:0; Jn 18:18; Heb 4:13; 8:0

sunamita 2R 4:7; 8:0

Superintendentes 1Cr 27:24

superior Heb 1:0; 3:0

superiores 1P 2:12

supremacía Col 1:14

sur Jos 10:28; Ez 20:44; 40:23,27; Dn 11:1

surge Ap 13:1

tábanos Éx 8:19

Taberá Nm 11:0

tabernáculo Heb 9:0

Tabernáculos Jn 7:0

tablas Éx 34:0; Dt 10:0

talión Lv 24:16

Tamar Gn 38:0; 2S 13:0

Tarea Tit 1:4

Tav Sal 10:16; 25:20; 34:20; 37:38; 111:10; 112:10; 119:168; 145:20; Pr 31:30; Lm 1:21; 2:21; 3:63; 4:21

tema Pr 0:0

temer Is 8:10

temerosa Éx 20:17

tempestad Hch 27:12

templo 1R 5:0; 6:0; 7:12; 8:0,61; 1Cr 6:30; 22:1; 28:0; 29:0; 2Cr 2:0; 3:0; 4:0; 7:0; Esd 3:6; 5:0; 6:12; Ez 8:0; 10:0; 40:0,46; 43:0; 47:0; Hag 1:0; Mt 17:23; 21:11; Mr 11:11; Lc 2:20, 40; 19:40; Jn 2:12

tentación Mt 4:0; Mr 1:8; Lc 4:0

tentaciones Stg 1:1

Téraj Gn 11:26

Tercer Nm 23:26; Job 9:0; 22:0; 25:0; 27:12; 35:0; Hag 2:9

Termina Neh 6:14

Terminación Esd 6:12

terrenal Heb 9:0

terreno 2R 8:0; Jer 32:0

territorio Jos 13:0; 16:4; 17:0; 18:10; 19:0,9,16,23, 31,39,48

territorios Jos 13:7; 14:0; 15:0; 16:0; 18:0

Tesalónica Hch 17:0; 1Ts 2:0

tesalonicenses 1Ts 1:1; 2:16

tesoreros 1Cr 26:19

tesoro Mt 13:43

Tesoros Mt 6:18; 2Co 4:0

testigos Dt 19:14; Ap 11:0

testimonio Jn 3:21; 8:11; Fil 2:11

testimonios Jn 5:30

Tet Sal 9:14; 25:7; 34:7; 37:15; 111:4; 112:4; 119:64; 145:8; Pr 31:17; Lm 1:8; 2:8; 3:24; 4:8

Tiatira Ap 2:17

tiempo Ec 3:0

tiempos Lc 12:53

Tienda Éx 33:6

tierra Gn 10:0; Nm 14:38; 26:51; 33:49; 34:15; Dt 3:11; Jos 24:28; Is 65:16; Ez 45:0; 48:0; Ap 13:10; 14:13

Tigris Dn 10:0

Timoteo Hch 16:0; 1Ts 3:5; 1Ti 4:0; 6:10; 2Ti 3:9

tinieblas Éx 10:20

Tiro Is 23:0; Ez 26:0; 27:0; 28:0

Tito 2Co 8:15; Tit 1:4

tocar Lv 11:23

toda 2Co 1:2

todo Ec 3:0; Ro 11:24

todos Sal 18:0; Ec 2:11; Jn 17:19

Tola Jue 10:0

tomada Ro 7:0

Tomás Jn 20:23

tonada Sal 8:0; 9:0; 22:0; 45:0; 56:0; 57:0; 58:0; 59:0; 60:0; 69:0; 75:0; 80:0; 81:0; 84:0

torbellinos Os 8:0

tormenta Mt 8:22; Mr 4:34; Lc 8:21

torre Gn 11:0

tórtola Sal 56:0

total Nah 3:7

trabajo Col 1:23; 2Ts 3:5

traer Os 14:0

traición Jn 13:17

traicionar Mt 26:13; Lc 22:0

transfiguración Mt 17:0; Mr 9:1; Lc 9:27

Transjordania Nm 32:0

Trasladan Hch 23:22

Traslado 1R 8:0; 1Cr 13:0

traspasado Zac 12:8

tratar 1Ti 5:0

treinta Pr 22:16

tres Éx 23:13; Job 2:10; Am 7:0; Ap 14:5

tribu Nm 3:0,13,37; Jue 18:0; 1Cr 5:22

tribunales Dt 17:7

tribus Nm 1:0; 2:0; 26:0; Dt 33:0; Jos 18:0; 22:0; 2S 2:7; 1Cr 27:15

triunfal Mt 21:0; Mr 11:0; Lc 19:27; Jn 12:11

triunfo Est 9:0; Mi 4:8

Troas Hch 20:6

trompeta Ap 11:14

trompetas Lv 23:22; Nm 10:0; 29:0; Ap 8:5

trono 1R 1:0; Ap 4:0

tropa 2R 6:7

Tsade Sal 25:16; 34:16; 37:31; 111:9; 112:9; 119:136; 145:16; Pr 31:26; Lm 1:17; 2:17; 3:51; 4:17

túnicas Ap 7:8

úlceras Éx 9:7

última Lc 22:6

Últimas 2S 23:0; 1R 2:0

último Jn 7:36

últimos Nm 24:19; 2Ti 3:0

unción Éx 30:21

une Hch 16:0

unge 1S 9:0; 16:0; Mt 26:5; Mr 14:0; Lc 7:35; Jn 12:0

ungido 2S 2:0; 5:0; 2R 9:0

único Dt 12:0; Is 43:0

Unidad Ef 2:10; 4:0

unieron 1Cr 12:0,22

Unificación Ez 37:14

unión Ec 4:6

universal Is 24:0

usados Éx 38:20

uso Nm 19:10

usurpa 1R 1:0

Uzías 2Cr 26:0

vacío Jn 20:0

vale Ec 9:10

Validez Jn 8:11

valores Ec 7:0

valle Sal 60:0; Jer 7:29; Ez 37:0

vara Éx 7:5; Nm 17:0

vasijas 2Co 4:0

Vasti Est 1:0

Vav Sal 9:8; 25:5; 37:9; 111:3; 112:3; 119:40; 145:5; Pr 31:14; Lm 1:5; 2:5; 3:15; 4:5

vecinas Am 1:2

vencedores Ro 8:27

vendido Gn 37:11

venga Jue 15:0

vengan 2S 21:0

venganza Is 63:0

venida Mi 1:1; Lc 17:19; 1Ts 4:12

venidera Sof 1:1

venidero Zac 14:0

ventajas Pr 1:33; 2:22

ver 1Ts 2:16

veracidad 2P 1:11

Verbo Jn 1:0; 1Jn 1:0

verdadera Jn 15:0

verdadero Is 58:0; Mi 3:4

verlo Sal 51:0

vestiduras Éx 28:0,30; 39:0,21

vez Lc 12:48; Heb 10:0

viaja Gn 46:0; Hch 27:0

victoria Nm 21:20,31; Jos 8:0; Is 26:0; Nah 1:14

Victorias 2S 8:0; 1Cr 18:0

vid Ez 15:0; 17:0; Jn 15:0

vida Dt 30:10; 1S 24:0; 26:0; Ec 3:15; 6:0; 8:8; Jn 5:15; 6:24; Ro 5:11; 8:0; Gá 5:15; Ef 2:0; Col 3:0; 1Ts 4:0; 1Jn 1:0; Ap 22:0

viene Jn 3:30; Ap 22:6

vientos Os 8:0

vigilancia Lc 12:34

vigilaran Sal 59:0

vino Jn 2:0

viña Is 5:0

viñadores Mt 20:0

viñedo 1R 21:0

violación Gn 34:0; Dt 22:12; Jer 11:0

visión Ez 40:0; Dn 8:0,14; Am 8:0; 9:0; Hch 10:8; 16:5; 2Co 12:0

visiones Am 7:0

visita Gn 18:0; Éx 18:0; 1R 10:0; 2Cr 9:0; Mt 2:0; Lc 1:38; Hch 20:6

visitar Ro 1:7; 15:22

vista Mt 20:28; Mr 10:45; Lc 18:34

viuda 1R 17:6; 2R 4:0; Mr 12:40; Lc 7:10; 18:0; 21:0

viudas 1Ti 5:0

viva 1P 1:2; 2:3

Vivamos 1Jn 4:0; 5:0

Vivan Ef 4:16

Viviendo 1P 4:0

vivir Fil 1:11

vivos Ro 6:0; 12:0

Vocación Am 3:0

vocero Éx 6:27

volaba Zac 5:0

volver Zac 1:0

volvió Sal 60:0

votos Nm 30:0; Ec 5:0

vuelve Gn 35:0; Neh 2:0; Is 44:23; Ez 43:0

vuelven Gn 43:0; Jn 4:26

Yaír Jue 10:2

Yo Jn 8:20

Yod Sal 9:16; 25:8; 34:8; 37:17; 111:5; 112:5; 119:72; 145:9; Pr 31:18; Lm 1:9; 2:9; 3:27; 4:9

yugo Jer 27:0

yunta 2Co 6:13

Zabulón Nm 7:23; Jos 19:9

Zacarías 2R 15:7; Lc 1:66

Zalmuna Jue 8:0

Zaqueo Lc 19:0

zarza Éx 3:0

Zayin Sal 9:10; 25:5; 34:5; 37:11; 111:3; 112:3; 119:48; 145:6; Pr 31:15; Lm 1:6; 2:6; 3:18; 4:6

Zeba Jue 8:0

Zelofejad Nm 27:0

Zif Sal 54:0

Zimri 1R 16:14

Zofar Job 11:0; 20:0; 24:17; 27:12

Zorobabel Hag 2:19